# The ASTRO WORLD EPHEMERIS

## 2001-2050 at MIDNIGHT

Featuring Longitudes and Declinations
for the Sun, Moon, Planets, Chiron
and the Asteroids

Preface by Robert Hand

*Whitford Press*

A Division of Schiffer Publishing, Ltd.
4880 Lower Valley Road, Atglen, PA 19310 USA

The Astrolabe World Ephemeris
2001 - 2050 at Midnight

ISBN: 0-924608-22-6
Printed in the United States of America

Calculations created by Astrolabe, Inc. with programming by Robert Hand and final output
programming by Raymond White

Typeset output using Astrolabe 1 font (special edition)
Type Font developed by Gary Christen
Ephemeris pages designed by Gary Christen and Robert Hand
Cover illustration and design by Gary Christen
History of Astrolabe by Patricia White
Copy editing by Madalyn Hillis-Dineen
Front matter designed by Douglas Congdon-Martin
    Typeset in Chart BT : 11/13

Published by Whitford Press
4880 Lower Valley Road
Atglen, PA 19310
Phone: (610) 593-1777; Fax: (610) 593-2002
E-mail: Schifferbk@aol.com
Please write for a free catalog.
This book may be purchased from the publisher.
Please include $3.95 for shipping.

In Europe, Schiffer books are distributed by
Bushwood Books
6 Marksbury Avenue
Kew Gardens
Surrey TW9 4JF England
Phone: 44 (0)181 392-8585;
Fax: 44 (0)181 392-9876
E-mail: Bushwd@aol.com


Please try your bookstore first.


We are interested in hearing from authors
with book ideas on related subjects.

# Preface to the
# *Astrolabe World Ephemeris*

With these volumes of the *Astrolabe World Ephemeris* we have continued the *World Ephemeris* for 20th century into the first half of the 21st century. These new volumes extend from Jan. 1, 2001 through Dec. 31, 2050. Subsequent volumes will extend the *Astrolabe World Ephemeris* from 2051 through 2100 giving complete coverage to 21st Century. And once again this ephemeris is being published in both noon and midnight Greenwich time versions so that it will be easily useable by all astrologers.

## Changes in the Astrolabe World Ephemeris for the 21st Century

These volumes are not merely continuations of the World Ephemeris for the 20th Century. These new volumes contain considerably more information than did the old *World Ephemeris*. Here are the most important additions.

o Due to improvements in computerized desktop publishing, astrological glyphs are used throughout the new volumes of the World Ephemeris. These glyphs have been designed and modified for the purpose by Gary Christen of Astrolabe Inc., which computed this ephemeris.

o The Moon is given for both 00:00 E.T. and for 12:00 E.T. [note: See below for a discussion of Ephemeris time.]

o The geocentric positions of Ceres, Pallas, Juno, Vesta and Chiron are provided daily in addition to the standard bodies. The *Astrolabe World Ephemeris* for the 21st Century is the first ephemeris to our knowledge that integrates these bodies into a standard ephemeris along with the conventional planets.

o There is complete Void-of-Course Moon data for each month. The last aspect of the Moon in each sign plus the time of its entry into the next sign are given. See below for technical information on this subject.

o Declinations are given daily for all planetary bodies including the four major asteroids and Chiron.

Because of the greatly expanded information given for each month, we have placed only one month on each page rather than the two months of each page of the old *World Ephemeris* for the 20th Century.

## How to Read This Ephemeris

Each page of both the noon and midnight versions of the World Ephemeris for the 21st Century is divided into three large areas. At the very top is a heading "Longitudes of the Main Planets" which also shows the month and whether the ephemeris positions are for 00:00 E.T. or 12:00 E.T. The uppermost area on the page below this heading gives the longitudes for the standard planets plus sidereal time, date etc. These are as follows according to the column headings:

**D** — The date of each day of the month. Breaks between weeks are indicated by blank rows between Saturdays and Sundays.

**S.T.** — The sidereal time on that day corresponding to noon or midnight Ephemeris Time depending on whether the particular version of the ephemeris is for noon or midnight E.T.

☉ — The longitude of the Sun in the usual notation of degrees, sign, minutes and seconds.

☽ — The longitude of the Moon for 00:00 E.T. in the midnight ephemeris or for 12:00 E.T. in the noon ephemeris given in the usual notation of degree, sign and minutes.

☽ **12:00** or ☽ **00:00** — The longitude of the Moon for 12:00 E.T. in the midnight ephemeris or for 00:00 E.T. in the noon ephemeris given in the usual notation of degrees, sign and minutes. This column always gives the Moon 12 hours after the previous Moon column.

The rest of the columns show the longitudes of the Moon, planets, and mean north (or ascending) node of the Moon in the following order ☿ ♀ ♂ ♃ ♄ ♅ ♆ ♇ ☊ in the usual notation of degree, sign and minutes.

The middle area of the page consists of two major sections. The section on the left, headed "Longitudes of the Major Asteroids and Chiron" gives the geocentric longitudes of the four major asteroids and Chiron. Please note that there are two subdivisions of this section. The subdivision on the left gives the longitudes for the first half of the month, while the subdivision on the right gives the longitudes for the second half of the month.

The section of the middle page headed "Lunar Data" on the far right gives the Void-of-Course Moon data consisting of the E.T. of the last lunar aspect in each sign plus the E.T. of the Moon's ingress into the next sign.

The lowermost area of each page headed "Declinations" gives declinations daily for all of the bodies given in this ephemeris except the nodes of the Moon. This follows customary astrological practice. A '+' sign at the beginning of each declination indicates North declination while a '-' sign indicates South declination. The standard bodies are given first in the order ☉ ☽ ☿ ♀ ♂ ♃ ♄ ♅ ♆ ♇ followed by the four major asteroids and Chiron in the order ⚳ ⚴ ⚵ ⚶ ⚷.

At the bottom of each page is a line beginning "Lunar Phases" which gives the phases of the Moon, eclipse data, and the time and date of the entry of the Sun into the new sign that month. The symbols are as follows: The New Moon is a solid black circle ●. If there is an eclipse of the Sun, the black circle contains a white 'E' ◐. The first quarter is represented by a circle with a black left side ◑. The Full Moon is an open circle ○. If there is an eclipse of the Moon, then there is a black letter 'E' in the circle ⊜. The last quarter is a reversed first quarter with the dark side on the right ◐. Each of these glyphs is preceded by the date during the month on which the phase occurs and is followed by the E.T. of the phase. A typical entry will read as "Lunar Phases -- 2 ◑ 01:46  9 ● 04:27  15 ◑ 20:03  23 ○ 15:12  31 ◐19:41". At the end of the line with lunar phases is "Sun enters" followed by the glyph of the zodiacal sign into which the Sun is entering followed by the E.T. A typical entry will read as "Sun Enters ≈ 1/20 00:44".

## The Void-of-Course Moon, Technical Details

The traditional definition of the Void-of-Course Moon relates to the transiting Moon. As Moon transits through a sign it makes aspects to the other planets. In the transit of each sign the Moon reaches a point where it has made all of the aspects it is going to make while in that sign. The Moon will make no more aspects until it has entered the next sign. For the purpose of determining the Void-of-Course it has been the tradition to count as aspects only the original Greek aspects (often referred to as the Ptolemaic aspects after Claudius Ptolemy the greatest of the Greek astrologers). These are the conjunction, sextile, square, trine and opposition. In this respect the modern determination of Void-of-Course is the same as the ancient one. The main difference is that we now have new planets and asteroids. In modern usage it has become the convention to use the Ptolemaic aspects of the Moon to Uranus, Neptune and Pluto as well as the traditional planets when determining the Void-of-Course Moon. However, there is a problem. Many astrologers now use the four major asteroids Ceres, Pallas, Juno, and Vesta as well as Chiron (probably a comet). Should these be considered in determining Void-of-Course? The general convention has been to say "no." The Void-of-Course Moon data in this ephemeris has been computed on this basis. The Moon becomes Void-of-Course when, while transiting a sign, it has made its last Ptolemaic aspect to any of the seven classical planets or to the three modern planets, Uranus, Neptune, and Pluto. But the aspects of the Moon to Ceres, Pallas, Juno, Vesta, or Chiron are not counted.

## What Is Ephemeris Time?

Time, as we measure it by our clocks, is based on the Sun's apparent motion in the sky from east to west caused by the Earth turning on its axis. The most direct way to measure this kind of time is by a sundial. Sundials show Apparent Solar Time. The apparent solar day is the interval between two successive passages of the Sun over a given meridian (a north-south great circle passing directly over the head of the observer).

But the Sun does not appear to move at a constant speed. At some times of year the apparent solar day is slightly more than twenty-four hours and at other times slightly less. The apparent solar day is inconvenient when you are using clocks instead of sundials to tell time because it means that you have to reset the clocks every few days to make the Sun's meridian passage coincide with noon.

Therefore, the mean solar day was invented so that days could be the same length. The mean solar day is an average of the length of the apparent day over the course of a year. It is defined as the interval between two successive upper meridian passages of a fictional mean Sun (which is defined as traveling a constant 59' 08" per day forward along the celestial equator). The mean solar day gives rise to Mean Solar Time, which, with days, hours and minutes of a standard length, is the basis for modern time-keeping.

The use of Mean Solar Time allowed a great advance in ephemeris-making. In the eighteenth century, ephemerides were still based on apparent time, which, with days of unequal length, gave the positions of the planets at unequal intervals. When Mean Solar Time was adopted in the nineteenth century, the planetary positions could be given once every twenty-four hours, exactly, every day in the year. The Greenwich Mean Time in which most ephemerides came to be calculated is the local mean time at 0 longitude, the meridian passing through Greenwich, England. According to modern usage, the term Greenwich Mean Time is reserved for this kind of time stated as A.M. and P.M. When Greenwich Mean Time is stated in twenty-four-hour terms beginning at midnight, it is called Universal Time.

Universal Time remained the standard for ephemerides until the mid-twentieth century. Then, measuring time with extremely accurate quartz crystal and atomic clocks made it apparent that something was slightly amiss. Predictions of the position of the Moon still departed by a tiny amount from what lunar theory predicted. At first, astronomers put small corrections into their Moon equations to account for the discrepancy. But gradually it became clear that it was not the Moon equations that were at fault. The rotation of the Earth, which was the ultimate basis of time-keeping and which had been assumed to be constant, was found in fact to vary by tiny amounts each day.

To correct for this, astronomers invented Ephemeris Time. Roughly speaking, Ephemeris Time is a perfect mean time that would be the same as Universal Time if the Earth rotated constantly on its axis. The astronomers arbitrarily created a standard tropical year, defining it as the time it took for the Sun to travel exactly 360 degrees in the zodiac from January 0.5, 1900 (in the civil calendar, December 31, 1899 at noon GMT). Then they created standard-length days defined as divisions of the year 1900. Instead of giving planetary positions as of noon or midnight Greenwich Mean Time or Universal Time, present-day ephemerides give the positions as of noon or midnight Ephemeris Time.

4

Our clocks are still set according to Universal Time, however. This is the only way that the mean Sun can be made always to transit the Greenwich meridian at exactly noon. Universal Time and the standard times (Eastern Standard, Central Standard, etc.) that are derived from it keep our lives synchronized with the daily cycle of the Sun. To keep pace with the tiny variations in the Earth's rotation, Universal Time is reset a number of times a year. Once or twice a year, when the difference becomes great enough, the news media announce a "leap-second," and people reset their watches.

Since the 1890's the net effect of the variations in the Earth's rotational speed has been that the Earth has been slowing down. By 1890, the actual rotation of the Earth had fallen behind its assumed uniform rotation by fifty seconds of time. This difference is called the Delta T correction for 1890. The table following this introduction gives the values for each year since 1900.

## How to Use the Delta T Correction

If you do not require great precision in casting charts, you do not need to concern yourself with the Delta T table. Leaving the Delta T correction out in 2000 can cause an error no greater than 2' of arc for the Moon, and it will be even less for the other planets. Other factors actually will cause the Moon to be off by more than that amount. If you require greater accuracy, you can make the correction very simply by following these steps:

1. For erecting houses, use the Sidereal Time as given in the ephemeris without any changes, and use conventional Universal Time (U.T.), GMT, standard time or local mean time as you normally do. It is never appropriate to do house calculations in Ephemeris Time.

2. It is, however, appropriate to compute planetary positions using Ephemeris Time. Simply add the Delta T value for the birth year to the U.T. or GMT corresponding to the birth time. Then compute the planets using this time instead of the uncorrected GMT. (If the Delta T value is negative, as it was in 1900, subtract it from the U.T. or GMT.)

3. If you are erecting a chart for the time of a solar ingress or phase of the Moon as given in this ephemeris, remember that these times are already in E.T. Therefore, *do not* add the Delta T correction when computing the planetary positions. Instead, when you are computing the houses, subtract Delta T from the time of the ingress or phase to convert this time from E.T. to U.T. (if Delta T was negative, as it was in 1900, add it to the E.T.) Then erect the houses as you normally do. In this case, not correcting would cause an error of up to 10' of arc in the house cusps in 1982. This, however, is still not a serious error.

4. If you are computing a lunar or solar return, remember that the time of the return that you get using this ephemeris will also be in E.T. Therefore, you should follow the same procedure as in step #3.

## The Delta T Table

The following table is only an approximation. Delta T cannot be precisely computed in advance. It has to be observed at the time. Current Delta T values can be obtained from the *Astronomical Ephemeris* published by the U.S. Government for each year. These values have been computed using one of the standard polynomial approximations that are used for estimated Delta T. These values are accurate to about one minute of time. However, since in the late 20th Century the observed Delta T values and those predicted by this polynomial differ by about one minute, we have taken the liberty of subtracting one minute from the Delta T values predicted by the polynomial. This is a kind of empirical correction. We believed that these corrected values will fit more closely with the observed values, as they become available. For those who may be interested, the following is the polynomial used in these computations.

$$\text{Delta T} = 24.349'' + 72.318''t + 29.95''t^2$$

In the equation given above t = year -1900. The result is rounded to the nearest second.

The following Delta T table for the years 2001-2050 gives the accumulated values for each year since 1900.

| Year | Dt | Year | Dt | Year | Dt |
|------|-----|------|-----|------|-----|
| 2001 | 69 | 2018 | 92 | 2035 | 117 |
| 2002 | 70 | 2019 | 94 | 2036 | 119 |
| 2003 | 71 | 2020 | 95 | 2037 | 120 |
| 2004 | 73 | 2021 | 96 | 2038 | 122 |
| 2005 | 74 | 2022 | 98 | 2039 | 124 |
| 2006 | 75 | 2023 | 99 | 2040 | 125 |
| 2007 | 77 | 2024 | 101 | 2041 | 127 |
| 2008 | 78 | 2025 | 102 | 2042 | 128 |
| 2009 | 79 | 2026 | 104 | 2043 | 130 |
| 2010 | 81 | 2027 | 105 | 2044 | 131 |
| 2011 | 82 | 2028 | 107 | 2045 | 133 |
| 2012 | 84 | 2029 | 108 | 2046 | 135 |
| 2013 | 85 | 2030 | 110 | 2047 | 136 |
| 2014 | 86 | 2031 | 111 | 2048 | 138 |
| 2015 | 88 | 2032 | 113 | 2049 | 139 |
| 2016 | 89 | 2033 | 114 | 2050 | 141 |
| 2017 | 91 | 2034 | 116 | | |

## The Computations in This Ephemeris

In the *Astrolabe World Ephemeris* for the 21st century, we have changed the basis of computation somewhat. The inner planets use the full formulas from Volume 6 of the *Astronomical Papers Prepared for the American Ephemeris and Nautical Almanac (APAE)*. This results in final precision on the inner planets of better than 1" of arc as compared with the *Astronomical Ephemeris*. The results were then rounded to the nearest minute of arc except for the Sun. In the case of Mars, the original elements of Volume 6 have been replaced by Ross's corrected elements. This was the standard procedure used by the U.S. Naval Observatory in computing Mars's positions for *The Astronomical Almanac*. Although these methods have been replaced in the newer volumes of the *Astronomical Ephemeris* by numerical integrations of the whole solar system using starting conditions established by the Jet Propulsion Laboratory (JPL), these Volume 6 computations for the inner planets agree with the JPL computations within 1" of arc in most cases.

The outer planets were computed using the whole solar system integrations in the manner of JPL although these are not the JPL integrations. However, the agreement between our integrations and the JPL integrations for the heliocentric positions are within 1" of arc all around. The previous edition of the World Ephemeris was computed using the starting conditions of Volume 22 of the *APAE*. These two computations differ largely in the position of Neptune by several seconds of arc even at the present time. This appears to be due to the fact that Volume 22 used a mass for Pluto that was way in excess of the value now accepted. The effect of this was mostly upon Neptune. We can therefore assume that the JPL values are more accurate than those of Volume 22.

The Moon was computed from a modified version of the formulae given in the *Improved Lunar Ephemeris*. The positions were computed to within 2" of arc and then rounded to the nearest minute.

The asteroids or minor planets, Ceres, Pallas, Juno, and Vesta were computed using a numerical integration program kindly provided by Mark Pottenger of CCRS based on Volume 20 of the *APAE*. Due to the limits of observational accuracy these cannot be regarded as being more precise than about plus or minus a fraction of a minute of arc, much less accurate than the planets but certainly useable. Chiron was computed using starting conditions provided by the 1984 edition of the Minor Planet Ephemeris from the then Soviet Union. Chiron's accuracy is about the same as that of the four major asteroids.

All positions have been corrected for nutation and aberration. This ephemeris gives apparent longitudes, which is the nearly universal practice of astrological ephemerides.

## Comparison with Other Ephemerides

Occasionally the reader will notice differences between this ephemeris and others widely used by the astrological community. It is not a matter of this or that ephemeris being right and the other wrong. It is the result of certain conventions being used in one or the other and different choices being made.

Sometimes, there will be differences of a minute of arc in a position (a second in the case of the Sun) or a minute in the time of a lunar phase or solar ingress. This is the result of rounding off. The actual positions in these cases were near thirty seconds of arc or time, so one program rounded one way and the other program rounded the other way. The actual difference is never as great as a whole minute of arc or time.

For retrograde dates, different conventions are sometimes employed. Some ephemerides mark planets direct or retrograde on the midnight or noon preceding the actual station. Thus, at midnight or noon on the date given, the planet's motion has not actually changed direction. In the *World Ephemeris* the change of direction is not noted until the first midnight or noon after which the planet has actually changed direction. This is the practice of most of the older style ephemerides, and it seems to me the more rational way of presenting the information.

## The Limits of Ephemeris Accuracy

There are several good reasons for computing this ephemeris to the precision stated above. The most significant reason is that this degree of precision is realistic! Astrologers have a regard for the accuracy of astronomical calculations that is often not warranted by the facts, particularly regarding government ephemerides such as *The Astronomical Ephemeris*.

NASA and the Jet Propulsion Laboratory have done extremely precise planetary computations for calculating the trajectories of lunar and planetary probes and these are now the basis of the Astronomical Ephemeris. However, even with these the Neptune positions are still suspect, as the new computations still do not account for the position of Galileo's sighting of Neptune. The difference between the JPL position for Neptune in Galileo's time and the position consistent with his observation is still about 1 minute of arc, quite large for such a short span of time.

These inaccuracies are not large enough to matter when you are doing calculations for births during this century timed only to the minute. They do, however, prevent you from doing things like computing a chart for the exact time a Uranus-Pluto (or any other outer planet) aspect forms. These planets move so slowly that the time given in an ephemeris for such an aspect may not be accurate even to the day, let alone the hour and minute. Such inaccuracy is not due to the sloppiness of the ephemeris compiler, it is due to the still present (though the situations is much improved) inadequacies of present-day planetary theory.

Several astrologers have expressed a desire for planetary positions accurate enough to use in calculating planetary returns (charts erected for the moment a transiting planet conjoins its natal position). This can be done for the inner planets and Jupiter, but beginning with Saturn the outer planets are not computed with sufficient accuracy to calculate the returns with an accurate Ascendant and Midheaven. When new data make it possible to compute an ephemeris sufficiently accurate to justify giving Uranus, Neptune and Pluto positions accurate to better than a tenth of a second of arc, then we will be justified in computing the times of their mutual aspects and their transits over natal positions. Until then, however, we should be realistic about the shortcomings of all existing ephemerides and work within their limitations.

This ephemeris gives planetary positions using the best information available today. It is photographed directly from computer output so there is no chance of typographical errors.

# 0:00 E.T. Longitudes of Main Planets - January 2001 **Jan. 01**

| D | S.T. | ☉ | ☽ | ☽ 12:00 | ☿ | ♀ | ♂ | ♃ | ♄ | ♅ | ♆ | ♇ | ☊ |
|---|---|---|---|---|---|---|---|---|---|---|---|---|---|
| 1 | 6:42:51 | 10♑37 56 | 18♓42 | 24♓46 | 14♑16 | 26♒58 | 04♏56 | 02♊11℞ | 24♉35℞ | 18♒39 | 05♒20 | 13♐46 | 15♋41 |
| 2 | 6:46:48 | 11 39 06 | 00♈54 | 07♈06 | 15 54 | 28 04 | 05 31 | 02 07 | 24 33 | 18 42 | 05 22 | 13 48 | 15 38 |
| 3 | 6:50:45 | 12 40 15 | 13 23 | 19 45 | 17 31 | 29 10 | 06 06 | 02 02 | 24 30 | 18 45 | 05 24 | 13 50 | 15 35 |
| 4 | 6:54:41 | 13 41 25 | 26 12 | 02♉46 | 19 10 | 00♓16 | 06 41 | 01 58 | 24 28 | 18 48 | 05 26 | 13 52 | 15 32 |
| 5 | 6:58:38 | 14 42 34 | 09♉27 | 16 14 | 20 48 | 01 21 | 07 16 | 01 54 | 24 26 | 18 51 | 05 28 | 13 54 | 15 29 |
| 6 | 7:02:34 | 15 43 42 | 23 08 | 00♊09 | 22 27 | 02 26 | 07 51 | 01 50 | 24 24 | 18 54 | 05 30 | 13 56 | 15 25 |
| 7 | 7:06:31 | 16 44 50 | 07♊17 | 14 31 | 24 06 | 03 31 | 08 26 | 01 46 | 24 22 | 18 57 | 05 33 | 13 59 | 15 22 |
| 8 | 7:10:27 | 17 45 58 | 21 51 | 29 17 | 25 45 | 04 36 | 09 01 | 01 42 | 24 20 | 19 00 | 05 35 | 14 01 | 15 19 |
| 9 | 7:14:24 | 18 47 06 | 06♋46 | 14♋20 | 27 24 | 05 40 | 09 35 | 01 39 | 24 18 | 19 03 | 05 37 | 14 03 | 15 16 |
| 10 | 7:18:20 | 19 48 13 | 21 55 | 29 31 | 29 04 | 06 44 | 10 10 | 01 36 | 24 16 | 19 06 | 05 39 | 14 05 | 15 13 |
| 11 | 7:22:17 | 20 49 21 | 07♌08 | 14♌43 | 00♒44 | 07 47 | 10 44 | 01 33 | 24 15 | 19 09 | 05 41 | 14 06 | 15 10 |
| 12 | 7:26:14 | 21 50 27 | 22 15 | 29 43 | 02 24 | 08 51 | 11 19 | 01 30 | 24 13 | 19 13 | 05 44 | 14 08 | 15 06 |
| 13 | 7:30:10 | 22 51 34 | 07♍08 | 14♍26 | 04 03 | 09 54 | 11 53 | 01 27 | 24 12 | 19 16 | 05 46 | 14 10 | 15 03 |
| 14 | 7:34:07 | 23 52 40 | 21 39 | 28 46 | 05 43 | 10 56 | 12 28 | 01 25 | 24 10 | 19 19 | 05 48 | 14 12 | 15 00 |
| 15 | 7:38:03 | 24 53 47 | 05♎46 | 12♎39 | 07 23 | 11 58 | 13 02 | 01 22 | 24 09 | 19 22 | 05 50 | 14 14 | 14 57 |
| 16 | 7:42:00 | 25 54 53 | 19 27 | 26 07 | 09 02 | 13 00 | 13 36 | 01 20 | 24 08 | 19 26 | 05 52 | 14 16 | 14 54 |
| 17 | 7:45:56 | 26 55 59 | 02♏42 | 09♏11 | 10 40 | 14 02 | 14 11 | 01 19 | 24 07 | 19 29 | 05 55 | 14 18 | 14 50 |
| 18 | 7:49:53 | 27 57 04 | 15 35 | 21 54 | 12 18 | 15 03 | 14 45 | 01 17 | 24 06 | 19 32 | 05 57 | 14 20 | 14 47 |
| 19 | 7:53:49 | 28 58 10 | 28 08 | 04♐19 | 13 54 | 16 03 | 15 19 | 01 15 | 24 06 | 19 35 | 05 59 | 14 22 | 14 44 |
| 20 | 7:57:46 | 29 59 15 | 10♐26 | 16 30 | 15 30 | 17 03 | 15 53 | 01 14 | 24 05 | 19 39 | 06 02 | 14 23 | 14 41 |
| 21 | 8:01:43 | 01♒00 20 | 22 32 | 28 32 | 17 03 | 18 03 | 16 27 | 01 13 | 24 04 | 19 42 | 06 04 | 14 25 | 14 38 |
| 22 | 8:05:39 | 02 01 24 | 04♑29 | 10♑26 | 18 35 | 19 02 | 17 00 | 01 12 | 24 04 | 19 45 | 06 06 | 14 27 | 14 35 |
| 23 | 8:09:36 | 03 02 28 | 16 21 | 22 16 | 20 04 | 20 01 | 17 34 | 01 12 | 24 04 | 19 49 | 06 08 | 14 28 | 14 31 |
| 24 | 8:13:32 | 04 03 31 | 28 10 | 04♒04 | 21 30 | 20 59 | 18 08 | 01 11 | 24 04 | 19 52 | 06 11 | 14 30 | 14 28 |
| 25 | 8:17:29 | 05 04 33 | 09♒57 | 15 52 | 22 53 | 21 57 | 18 41 | 01 11 | 24 04D | 19 56 | 06 13 | 14 32 | 14 25 |
| 26 | 8:21:25 | 06 05 34 | 21 46 | 27 42 | 24 11 | 22 54 | 19 15 | 01 11D | 24 04 | 19 59 | 06 15 | 14 33 | 14 22 |
| 27 | 8:25:22 | 07 06 35 | 03♓38 | 09♓36 | 25 25 | 23 51 | 19 48 | 01 12 | 24 04 | 20 02 | 06 17 | 14 35 | 14 19 |
| 28 | 8:29:18 | 08 07 34 | 15 35 | 21 37 | 26 32 | 24 47 | 20 22 | 01 12 | 24 04 | 20 06 | 06 20 | 14 37 | 14 16 |
| 29 | 8:33:15 | 09 08 32 | 27 40 | 03♈46 | 27 34 | 25 43 | 20 55 | 01 13 | 24 04 | 20 09 | 06 22 | 14 38 | 14 12 |
| 30 | 8:37:12 | 10 09 29 | 09♈55 | 16 08 | 28 28 | 26 38 | 21 28 | 01 13 | 24 05 | 20 13 | 06 24 | 14 40 | 14 09 |
| 31 | 8:41:08 | 11 10 25 | 22 24 | 28 44 | 29 14 | 27 32 | 22 01 | 01 15 | 24 06 | 20 16 | 06 27 | 14 41 | 14 06 |

## 0:00 E.T. Longitudes of the Major Asteroids and Chiron

| D | ⚳ | ⚴ | ⚵ | ⚶ | ⚷ | D | ⚳ | ⚴ | ⚵ | ⚶ | ⚷ |
|---|---|---|---|---|---|---|---|---|---|---|---|
| 1 | 16♐28 | 22♏37 | 06♓08 | 26♒21 | 22♐32 | 17 | 22 53 | 28 39 | 13 30 | 03 46 | 24 16 |
| 2 | 16 52 | 23 00 | 06 35 | 26 49 | 22 39 | 18 | 23 17 | 29 01 | 13 59 | 04 14 | 24 22 |
| 3 | 17 17 | 23 23 | 07 01 | 27 16 | 22 45 | 19 | 23 40 | 29 22 | 14 27 | 04 42 | 24 28 |
| 4 | 17 41 | 23 47 | 07 28 | 27 44 | 22 52 | 20 | 24 03 | 29 44 | 14 56 | 05 10 | 24 34 |
| 5 | 18 05 | 24 10 | 07 55 | 28 11 | 22 59 | 21 | 24 27 | 00♐05 | 15 25 | 05 38 | 24 40 |
| 6 | 18 30 | 24 33 | 08 22 | 28 39 | 23 05 | 22 | 24 50 | 00 26 | 15 55 | 06 06 | 24 46 |
| 7 | 18 54 | 24 56 | 08 50 | 29 07 | 23 12 | 23 | 25 13 | 00 47 | 16 24 | 06 35 | 24 52 |
| 8 | 19 18 | 25 19 | 09 17 | 29 34 | 23 18 | 24 | 25 36 | 01 08 | 16 53 | 07 03 | 24 58 |
| 9 | 19 42 | 25 41 | 09 45 | 00♓02 | 23 25 | 25 | 26 00 | 01 29 | 17 23 | 07 31 | 25 04 |
| 10 | 20 06 | 26 04 | 10 12 | 00 30 | 23 31 | 26 | 26 22 | 01 49 | 17 52 | 07 59 | 25 10 |
| 11 | 20 30 | 26 27 | 10 40 | 00 58 | 23 38 | 27 | 26 45 | 02 10 | 18 22 | 08 28 | 25 15 |
| 12 | 20 54 | 26 49 | 11 08 | 01 26 | 23 44 | 28 | 27 08 | 02 30 | 18 52 | 08 56 | 25 21 |
| 13 | 21 18 | 27 11 | 11 36 | 01 54 | 23 51 | 29 | 27 31 | 02 50 | 19 22 | 09 24 | 25 27 |
| 14 | 21 42 | 27 33 | 12 04 | 02 22 | 23 57 | 30 | 27 54 | 03 10 | 19 52 | 09 53 | 25 32 |
| 15 | 22 06 | 27 55 | 12 33 | 02 50 | 24 03 | 31 | 28 16 | 03 30 | 20 22 | 10 21 | 25 38 |
| 16 | 22 29 | 28 17 | 13 01 | 03 18 | 24 10 | | | | | | |

## Lunar Data

| Last Asp. | | Ingress | | |
|---|---|---|---|---|
| 1 | 11:37 | 1 | ♈ | 22:15 |
| 3 | 10:11 | 4 | ♉ | 06:57 |
| 6 | 02:10 | 6 | ♊ | 11:45 |
| 7 | 19:20 | 8 | ♋ | 13:10 |
| 10 | 12:40 | 10 | ♌ | 12:45 |
| 12 | 03:09 | 12 | ♍ | 12:27 |
| 14 | 04:14 | 14 | ♎ | 14:07 |
| 16 | 12:36 | 16 | ♏ | 19:04 |
| 19 | 01:46 | 19 | ♐ | 03:37 |
| 20 | 18:20 | 21 | ♑ | 14:58 |
| 23 | 15:40 | 24 | ♒ | 03:44 |
| 26 | 05:29 | 26 | ♓ | 16:40 |
| 28 | 19:49 | 29 | ♈ | 04:36 |
| 31 | 13:36 | 31 | ♉ | 14:22 |

## 0:00 E.T. Declinations

| D | ☉ | ☽ | ☿ | ♀ | ♂ | ♃ | ♄ | ♅ | ♆ | ♇ | ⚳ | ⚴ | ⚵ | ⚶ | ⚷ |
|---|---|---|---|---|---|---|---|---|---|---|---|---|---|---|---|
| 1 | -23 01 | -08 50 | -24 38 | -13 57 | -11 59 | +19 48 | +16 47 | -15 53 | -18 46 | -12 12 | -21 00 | +01 49 | -10 37 | -17 24 | -18 14 |
| 2 | 22 56 | 04 21 | 24 30 | 13 31 | 12 11 | 19 48 | 16 47 | 15 52 | 18 46 | 12 13 | 21 04 | 01 52 | 10 30 | 17 14 | 18 15 |
| 3 | 22 50 | +00 24 | 24 19 | 13 04 | 12 22 | 19 47 | 16 46 | 15 51 | 18 45 | 12 13 | 21 08 | 01 56 | 10 23 | 17 04 | 18 15 |
| 4 | 22 44 | 05 15 | 24 08 | 12 37 | 12 34 | 19 46 | 16 46 | 15 50 | 18 45 | 12 13 | 21 12 | 01 59 | 10 16 | 16 55 | 18 15 |
| 5 | 22 38 | 10 02 | 23 54 | 12 10 | 12 46 | 19 46 | 16 46 | 15 49 | 18 44 | 12 13 | 21 16 | 02 03 | 10 09 | 16 45 | 18 15 |
| 6 | 22 31 | 14 29 | 23 40 | 11 43 | 12 57 | 19 45 | 16 46 | 15 48 | 18 44 | 12 13 | 21 20 | 02 07 | 10 02 | 16 35 | 18 15 |
| 7 | 22 23 | 18 17 | 23 23 | 11 15 | 13 08 | 19 45 | 16 45 | 15 47 | 18 43 | 12 13 | 21 23 | 02 11 | 09 54 | 16 25 | 18 15 |
| 8 | 22 16 | 21 04 | 23 05 | 10 47 | 13 20 | 19 44 | 16 45 | 15 46 | 18 43 | 12 13 | 21 27 | 02 15 | 09 47 | 16 15 | 18 15 |
| 9 | 22 07 | 22 28 | 22 46 | 10 20 | 13 31 | 19 44 | 16 45 | 15 45 | 18 42 | 12 14 | 21 30 | 02 19 | 09 39 | 16 05 | 18 15 |
| 10 | 21 59 | 22 14 | 22 25 | 09 51 | 13 42 | 19 43 | 16 45 | 15 44 | 18 42 | 12 14 | 21 34 | 02 24 | 09 32 | 15 55 | 18 15 |
| 11 | 21 50 | 20 23 | 22 02 | 09 23 | 13 53 | 19 43 | 16 45 | 15 43 | 18 41 | 12 14 | 21 37 | 02 28 | 09 24 | 15 45 | 18 15 |
| 12 | 21 40 | 17 06 | 21 38 | 08 55 | 14 04 | 19 43 | 16 44 | 15 42 | 18 41 | 12 14 | 21 40 | 02 33 | 09 16 | 15 35 | 18 15 |
| 13 | 21 30 | 12 45 | 21 12 | 08 26 | 14 14 | 19 42 | 16 44 | 15 41 | 18 40 | 12 14 | 21 43 | 02 38 | 09 08 | 15 25 | 18 15 |
| 14 | 21 20 | 07 45 | 20 45 | 07 58 | 14 25 | 19 42 | 16 44 | 15 40 | 18 40 | 12 14 | 21 47 | 02 43 | 09 00 | 15 15 | 18 15 |
| 15 | 21 09 | 02 30 | 20 16 | 07 29 | 14 36 | 19 42 | 16 44 | 15 39 | 18 39 | 12 14 | 21 50 | 02 48 | 08 52 | 15 05 | 18 14 |
| 16 | 20 58 | -02 43 | 19 46 | 07 00 | 14 46 | 19 42 | 16 44 | 15 38 | 18 38 | 12 14 | 21 53 | 02 53 | 08 44 | 14 54 | 18 14 |
| 17 | 20 46 | 07 39 | 19 15 | 06 31 | 14 57 | 19 42 | 16 44 | 15 37 | 18 38 | 12 14 | 21 56 | 02 59 | 08 36 | 14 44 | 18 14 |
| 18 | 20 34 | 12 07 | 18 43 | 06 02 | 15 07 | 19 42 | 16 44 | 15 36 | 18 37 | 12 14 | 21 58 | 03 04 | 08 28 | 14 34 | 18 14 |
| 19 | 20 22 | 15 57 | 18 09 | 05 33 | 15 17 | 19 42 | 16 45 | 15 35 | 18 37 | 12 14 | 22 01 | 03 10 | 08 19 | 14 23 | 18 14 |
| 20 | 20 09 | 19 00 | 17 34 | 05 04 | 15 27 | 19 42 | 16 45 | 15 34 | 18 36 | 12 14 | 22 04 | 03 16 | 08 11 | 14 13 | 18 14 |
| 21 | 19 56 | 21 10 | 16 58 | 04 35 | 15 37 | 19 42 | 16 45 | 15 33 | 18 36 | 12 14 | 22 07 | 03 22 | 08 02 | 14 02 | 18 14 |
| 22 | 19 43 | 22 21 | 16 22 | 04 06 | 15 47 | 19 42 | 16 45 | 15 32 | 18 35 | 12 14 | 22 09 | 03 28 | 07 53 | 13 52 | 18 13 |
| 23 | 19 29 | 22 31 | 15 45 | 03 37 | 15 57 | 19 42 | 16 45 | 15 31 | 18 35 | 12 14 | 22 12 | 03 34 | 07 45 | 13 41 | 18 13 |
| 24 | 19 14 | 21 40 | 15 07 | 03 08 | 16 06 | 19 42 | 16 45 | 15 30 | 18 34 | 12 14 | 22 14 | 03 41 | 07 36 | 13 31 | 18 13 |
| 25 | 19 00 | 19 51 | 14 30 | 02 39 | 16 16 | 19 42 | 16 46 | 15 29 | 18 33 | 12 14 | 22 17 | 03 47 | 07 27 | 13 20 | 18 13 |
| 26 | 18 45 | 17 12 | 13 53 | 02 10 | 16 25 | 19 42 | 16 46 | 15 28 | 18 33 | 12 14 | 22 19 | 03 54 | 07 18 | 13 09 | 18 13 |
| 27 | 18 30 | 13 49 | 13 16 | 01 41 | 16 35 | 19 43 | 16 46 | 15 27 | 18 32 | 12 14 | 22 21 | 04 01 | 07 09 | 12 59 | 18 12 |
| 28 | 18 14 | 09 53 | 12 40 | 01 12 | 16 44 | 19 43 | 16 47 | 15 26 | 18 32 | 12 14 | 22 23 | 04 08 | 07 00 | 12 48 | 18 12 |
| 29 | 17 58 | 05 31 | 12 05 | 00 43 | 16 53 | 19 43 | 16 47 | 15 24 | 18 31 | 12 14 | 22 26 | 04 15 | 06 51 | 12 37 | 18 12 |
| 30 | 17 42 | 00 52 | 11 32 | 00 15 | 17 02 | 19 44 | 16 47 | 15 23 | 18 31 | 12 14 | 22 28 | 04 22 | 06 42 | 12 26 | 18 12 |
| 31 | 17 25 | +03 53 | 11 01 | +00 14 | 17 11 | 19 44 | 16 48 | 15 22 | 18 30 | 12 14 | 22 30 | 04 30 | 06 32 | 12 15 | 18 11 |

Lunar Phases -- 2 ◐ 22:33 9 Ⓔ 20:25 ♪ 16 ◑ 12:36 24 ● 13:08 Sun enters ♒ 1/20 00:18

## Longitudes of Main Planets - February 2001

0:00 E.T.

| D | S.T. | ☉ | ☽ | ☽ 12:00 | ☿ | ♀ | ♂ | ♃ | ♄ | ♅ | ♆ | ♇ | ☊ |
|---|---|---|---|---|---|---|---|---|---|---|---|---|---|
| 1 | 8:45:05 | 12♒11 20 | 05♉09 | 11♉40 | 29♒51 | 28♓25 | 22♏34 | 01♊16 | 24♉06 | 20♒19 | 06♒29 | 14♐43 | 14♋03 |
| 2 | 8:49:01 | 13 12 13 | 18 15 | 24 57 | 00♓18 | 29 18 | 23 07 | 01 17 | 24 07 | 20 23 | 06 31 | 14 44 | 14 00 |
| 3 | 8:52:58 | 14 13 05 | 01♊44 | 08♊38 | 00 35 | 00♈10 | 23 40 | 01 19 | 24 08 | 20 26 | 06 33 | 14 46 | 13 56 |
| 4 | 8:56:54 | 15 13 56 | 15 39 | 22 46 | 00 42 | 01 02 | 24 12 | 01 21 | 24 09 | 20 30 | 06 36 | 14 47 | 13 53 |
| 5 | 9:00:51 | 16 14 45 | 29 59 | 07♋19 | 00 37℞ | 01 52 | 24 45 | 01 23 | 24 10 | 20 33 | 06 38 | 14 48 | 13 50 |
| 6 | 9:04:47 | 17 15 33 | 14♋43 | 22 13 | 00 21 | 02 42 | 25 17 | 01 25 | 24 12 | 20 37 | 06 40 | 14 50 | 13 47 |
| 7 | 9:08:44 | 18 16 20 | 29 46 | 07♌22 | 29♒55 | 03 31 | 25 50 | 01 28 | 24 13 | 20 40 | 06 42 | 14 51 | 13 44 |
| 8 | 9:12:41 | 19 17 05 | 15♌00 | 22 38 | 29 18 | 04 19 | 26 22 | 01 30 | 24 15 | 20 44 | 06 45 | 14 52 | 13 41 |
| 9 | 9:16:37 | 20 17 48 | 00♍15 | 07♍50 | 28 32 | 05 06 | 26 54 | 01 33 | 24 16 | 20 47 | 06 47 | 14 53 | 13 37 |
| 10 | 9:20:34 | 21 18 31 | 15 21 | 22 47 | 27 38 | 05 52 | 27 26 | 01 36 | 24 18 | 20 51 | 06 49 | 14 55 | 13 34 |
| 11 | 9:24:30 | 22 19 12 | 00♎08 | 07♎22 | 26 37 | 06 37 | 27 58 | 01 39 | 24 20 | 20 54 | 06 51 | 14 56 | 13 31 |
| 12 | 9:28:27 | 23 19 52 | 14 30 | 21 30 | 25 31 | 07 21 | 28 30 | 01 43 | 24 22 | 20 58 | 06 54 | 14 57 | 13 28 |
| 13 | 9:32:23 | 24 20 31 | 28 22 | 05♏08 | 24 22 | 08 04 | 29 02 | 01 46 | 24 24 | 21 01 | 06 56 | 14 58 | 13 25 |
| 14 | 9:36:20 | 25 21 09 | 11♏46 | 18 17 | 23 12 | 08 46 | 29 34 | 01 50 | 24 26 | 21 05 | 06 58 | 14 59 | 13 22 |
| 15 | 9:40:16 | 26 21 46 | 24 42 | 01♐01 | 22 03 | 09 27 | 00♐05 | 01 54 | 24 28 | 21 08 | 07 00 | 15 00 | 13 18 |
| 16 | 9:44:13 | 27 22 21 | 07♐15 | 13 24 | 20 56 | 10 06 | 00 36 | 01 58 | 24 31 | 21 12 | 07 02 | 15 01 | 13 15 |
| 17 | 9:48:10 | 28 22 56 | 19 29 | 25 31 | 19 53 | 10 45 | 01 08 | 02 03 | 24 33 | 21 15 | 07 04 | 15 02 | 13 12 |
| 18 | 9:52:06 | 29 23 29 | 01♑30 | 07♑26 | 18 56 | 11 22 | 01 39 | 02 07 | 24 36 | 21 19 | 07 07 | 15 03 | 13 09 |
| 19 | 9:56:03 | 00♓24 01 | 13 21 | 19 15 | 18 04 | 11 57 | 02 10 | 02 12 | 24 38 | 21 22 | 07 09 | 15 04 | 13 06 |
| 20 | 9:59:59 | 01 24 31 | 25 08 | 01♒02 | 17 19 | 12 32 | 02 41 | 02 17 | 24 41 | 21 25 | 07 11 | 15 05 | 13 02 |
| 21 | 10:03:56 | 02 25 00 | 06♒55 | 12 49 | 16 42 | 13 05 | 03 11 | 02 22 | 24 44 | 21 29 | 07 13 | 15 06 | 12 59 |
| 22 | 10:07:52 | 03 25 28 | 18 43 | 24 39 | 16 12 | 13 36 | 03 42 | 02 27 | 24 47 | 21 32 | 07 15 | 15 07 | 12 56 |
| 23 | 10:11:49 | 04 25 54 | 00♓37 | 06♓36 | 15 49 | 14 06 | 04 12 | 02 33 | 24 50 | 21 36 | 07 17 | 15 08 | 12 53 |
| 24 | 10:15:45 | 05 26 18 | 12 36 | 18 39 | 15 34 | 14 34 | 04 43 | 02 38 | 24 53 | 21 39 | 07 19 | 15 08 | 12 50 |
| 25 | 10:19:42 | 06 26 41 | 24 44 | 00♈51 | 15 26 | 15 00 | 05 13 | 02 44 | 24 57 | 21 43 | 07 21 | 15 09 | 12 47 |
| 26 | 10:23:39 | 07 27 01 | 07♈00 | 13 12 | 15 25D | 15 25 | 05 43 | 02 50 | 25 00 | 21 46 | 07 23 | 15 10 | 12 43 |
| 27 | 10:27:35 | 08 27 20 | 19 26 | 25 43 | 15 31 | 15 48 | 06 13 | 02 56 | 25 04 | 21 49 | 07 25 | 15 10 | 12 40 |
| 28 | 10:31:32 | 09 27 37 | 02♉04 | 08♉27 | 15 42 | 16 09 | 06 42 | 03 02 | 25 07 | 21 53 | 07 27 | 15 11 | 12 37 |

0:00 E.T.

## Longitudes of the Major Asteroids and Chiron

| D | ⚳ | ⚴ | ⚵ | ⚶ | ⚷ | D | ⚳ | ⚴ | ⚵ | ⚶ | ⚷ |
|---|---|---|---|---|---|---|---|---|---|---|---|
| 1 | 28♐39 | 03♐50 | 20♓52 | 10♓50 | 25♐43 | 15 | 03 43 | 08 05 | 28 05 | 17 29 | 26 53 |
| 2 | 29 01 | 04 09 | 21 23 | 11 18 | 25 49 | 16 | 04 04 | 08 22 | 28 37 | 17 58 | 26 58 |
| 3 | 29 23 | 04 28 | 21 53 | 11 47 | 25 54 | 17 | 04 25 | 08 38 | 29 09 | 18 27 | 27 02 |
| 4 | 29 46 | 04 47 | 22 24 | 12 15 | 25 59 | 18 | 04 46 | 08 55 | 29 41 | 18 55 | 27 06 |
| 5 | 00♑08 | 05 06 | 22 54 | 12 44 | 26 05 | 19 | 05 07 | 09 11 | 00♈12 | 19 24 | 27 11 |
| 6 | 00 30 | 05 25 | 23 25 | 13 12 | 26 10 | 20 | 05 27 | 09 27 | 00 44 | 19 52 | 27 15 |
| 7 | 00 52 | 05 44 | 23 56 | 13 41 | 26 15 | 21 | 05 48 | 09 42 | 01 16 | 20 21 | 27 19 |
| 8 | 01 13 | 06 02 | 24 27 | 14 09 | 26 20 | 22 | 06 08 | 09 58 | 01 48 | 20 50 | 27 23 |
| 9 | 01 35 | 06 20 | 24 58 | 14 38 | 26 25 | 23 | 06 28 | 10 13 | 02 20 | 21 18 | 27 27 |
| 10 | 01 57 | 06 38 | 25 29 | 15 06 | 26 30 | 24 | 06 48 | 10 28 | 02 53 | 21 47 | 27 31 |
| 11 | 02 18 | 06 56 | 26 00 | 15 35 | 26 35 | 25 | 07 08 | 10 42 | 03 25 | 22 16 | 27 35 |
| 12 | 02 40 | 07 14 | 26 31 | 16 04 | 26 39 | 26 | 07 28 | 10 56 | 03 57 | 22 44 | 27 38 |
| 13 | 03 01 | 07 31 | 27 03 | 16 32 | 26 44 | 27 | 07 47 | 11 11 | 04 30 | 23 13 | 27 42 |
| 14 | 03 22 | 07 48 | 27 34 | 17 01 | 26 49 | 28 | 08 07 | 11 24 | 05 02 | 23 42 | 27 46 |

## Lunar Data

| Last Asp. | | Ingress | | |
|---|---|---|---|---|
| 2 | 10:32 | 2 | ♊ | 20:56 |
| 4 | 08:14 | 5 | ♋ | 00:01 |
| 6 | 17:31 | 7 | ♌ | 00:22 |
| 8 | 21:26 | 8 | ♍ | 23:36 |
| 10 | 20:19 | 10 | ♎ | 23:47 |
| 12 | 17:32 | 13 | ♏ | 02:52 |
| 15 | 03:25 | 15 | ♐ | 10:04 |
| 17 | 19:23 | 17 | ♑ | 20:60 |
| 19 | 23:04 | 20 | ♒ | 09:55 |
| 22 | 12:19 | 22 | ♓ | 22:46 |
| 25 | 00:26 | 25 | ♈ | 10:21 |
| 27 | 04:35 | 27 | ♉ | 20:07 |

0:00 E.T.

## Declinations

| D | ☉ | ☽ | ☿ | ♀ | ♂ | ♃ | ♄ | ♅ | ♆ | ♇ | ⚳ | ⚴ | ⚵ | ⚶ | ⚷ |
|---|---|---|---|---|---|---|---|---|---|---|---|---|---|---|---|
| 1 | -17 08 | +08 36 | -10 33 | +00 42 | -17 20 | +19 45 | +16 48 | -15 21 | -18 30 | -12 14 | -22 32 | +04 38 | -06 23 | -12 04 | -18 11 |
| 2 | 16 51 | 13 02 | 10 07 | 01 11 | 17 28 | 19 45 | 16 49 | 15 20 | 18 29 | 12 14 | 22 34 | 04 45 | 06 14 | 11 54 | 18 11 |
| 3 | 16 34 | 16 58 | 09 45 | 01 39 | 17 37 | 19 46 | 16 49 | 15 19 | 18 28 | 12 14 | 22 35 | 04 53 | 06 04 | 11 43 | 18 10 |
| 4 | 16 16 | 20 06 | 09 27 | 02 07 | 17 45 | 19 47 | 16 50 | 15 18 | 18 28 | 12 14 | 22 37 | 05 01 | 05 55 | 11 32 | 18 10 |
| 5 | 15 58 | 22 04 | 09 13 | 02 34 | 17 54 | 19 47 | 16 50 | 15 17 | 18 27 | 12 14 | 22 39 | 05 10 | 05 45 | 11 21 | 18 10 |
| 6 | 15 40 | 22 35 | 09 03 | 03 02 | 18 02 | 19 48 | 16 51 | 15 16 | 18 27 | 12 14 | 22 41 | 05 18 | 05 35 | 11 10 | 18 09 |
| 7 | 15 21 | 21 29 | 08 58 | 03 29 | 18 10 | 19 49 | 16 52 | 15 15 | 18 26 | 12 14 | 22 42 | 05 27 | 05 26 | 10 59 | 18 09 |
| 8 | 15 02 | 18 49 | 08 57 | 03 56 | 18 18 | 19 49 | 16 52 | 15 13 | 18 26 | 12 14 | 22 44 | 05 35 | 05 16 | 10 48 | 18 09 |
| 9 | 14 43 | 14 50 | 09 01 | 04 23 | 18 26 | 19 50 | 16 53 | 15 12 | 18 25 | 12 14 | 22 46 | 05 44 | 05 06 | 10 36 | 18 08 |
| 10 | 14 24 | 09 56 | 09 09 | 04 49 | 18 34 | 19 51 | 16 54 | 15 11 | 18 25 | 12 14 | 22 47 | 05 53 | 04 56 | 10 25 | 18 08 |
| 11 | 14 04 | 04 33 | 09 21 | 05 15 | 18 41 | 19 52 | 16 54 | 15 10 | 18 24 | 12 14 | 22 49 | 06 02 | 04 46 | 10 14 | 18 08 |
| 12 | 13 44 | -00 56 | 09 37 | 05 41 | 18 49 | 19 53 | 16 55 | 15 09 | 18 24 | 12 13 | 22 50 | 06 11 | 04 36 | 10 03 | 18 07 |
| 13 | 13 24 | 06 11 | 09 56 | 06 07 | 18 56 | 19 54 | 16 56 | 15 08 | 18 23 | 12 13 | 22 51 | 06 21 | 04 26 | 09 52 | 18 07 |
| 14 | 13 04 | 10 58 | 10 16 | 06 32 | 19 03 | 19 55 | 16 57 | 15 07 | 18 22 | 12 13 | 22 53 | 06 30 | 04 16 | 09 41 | 18 06 |
| 15 | 12 44 | 15 05 | 10 39 | 06 56 | 19 11 | 19 56 | 16 58 | 15 06 | 18 22 | 12 13 | 22 54 | 06 40 | 04 06 | 09 30 | 18 06 |
| 16 | 12 23 | 18 24 | 11 03 | 07 21 | 19 18 | 19 57 | 16 58 | 15 05 | 18 21 | 12 13 | 22 55 | 06 50 | 03 56 | 09 18 | 18 05 |
| 17 | 12 02 | 20 49 | 11 27 | 07 45 | 19 25 | 19 58 | 16 59 | 15 03 | 18 21 | 12 13 | 22 56 | 07 00 | 03 46 | 09 07 | 18 05 |
| 18 | 11 41 | 22 14 | 11 51 | 08 08 | 19 31 | 19 59 | 17 00 | 15 02 | 18 20 | 12 13 | 22 58 | 07 10 | 03 36 | 08 56 | 18 04 |
| 19 | 11 20 | 22 39 | 12 14 | 08 31 | 19 38 | 20 00 | 17 01 | 15 01 | 18 20 | 12 12 | 22 59 | 07 20 | 03 25 | 08 45 | 18 04 |
| 20 | 10 58 | 22 01 | 12 37 | 08 53 | 19 45 | 20 01 | 17 02 | 15 00 | 18 19 | 12 12 | 23 00 | 07 31 | 03 15 | 08 34 | 18 04 |
| 21 | 10 37 | 20 26 | 12 58 | 09 15 | 19 51 | 20 03 | 17 03 | 14 59 | 18 19 | 12 12 | 23 01 | 07 41 | 03 05 | 08 22 | 18 03 |
| 22 | 10 15 | 17 57 | 13 18 | 09 37 | 19 58 | 20 04 | 17 04 | 14 58 | 18 18 | 12 12 | 23 02 | 07 52 | 02 54 | 08 11 | 18 03 |
| 23 | 09 53 | 14 42 | 13 37 | 09 58 | 20 04 | 20 05 | 17 05 | 14 57 | 18 18 | 12 12 | 23 03 | 08 03 | 02 44 | 08 00 | 18 02 |
| 24 | 09 31 | 10 50 | 13 54 | 10 18 | 20 10 | 20 06 | 17 06 | 14 56 | 18 17 | 12 12 | 23 04 | 08 14 | 02 34 | 07 48 | 18 01 |
| 25 | 09 09 | 06 30 | 14 08 | 10 37 | 20 16 | 20 08 | 17 07 | 14 55 | 18 17 | 12 11 | 23 05 | 08 25 | 02 23 | 07 37 | 18 01 |
| 26 | 08 46 | 01 52 | 14 21 | 10 56 | 20 22 | 20 09 | 17 08 | 14 54 | 18 16 | 12 11 | 23 06 | 08 36 | 02 13 | 07 26 | 18 00 |
| 27 | 08 24 | +02 55 | 14 33 | 11 14 | 20 28 | 20 11 | 17 09 | 14 53 | 18 16 | 12 11 | 23 07 | 08 47 | 02 02 | 07 15 | 18 00 |
| 28 | 08 01 | 07 39 | 14 42 | 11 32 | 20 34 | 20 12 | 17 10 | 14 51 | 18 15 | 12 11 | 23 07 | 08 59 | 01 52 | 07 03 | 17 59 |

Lunar Phases -- 1 ◐ 14:03   8 ○ 07:13   15 ◑ 03:25   23 ● 08:22   Sun enters ♓ 2/18 14:29

## 0:00 E.T. Longitudes of Main Planets - March 2001 

| D | S.T. | ☉ | ☽ | ☽ 12:00 | ☿ | ♀ | ♂ | ♃ | ♄ | ♅ | ♆ | ♇ | ☊ |
|---|---|---|---|---|---|---|---|---|---|---|---|---|---|
| 1 | 10:35:28 | 10♓27 52 | 14♉54 | 21♉25 | 16♒00 | 16♈28 | 07♐12 | 03♊09 | 25♉11 | 21♒56 | 07♒29 | 15♐12 | 12♋34 |
| 2 | 10:39:25 | 11 28 05 | 28 00 | 04♊39 | 16 23 | 16 45 | 07 41 | 03 15 | 25 15 | 21 59 | 07 31 | 15 12 | 12 31 |
| 3 | 10:43:21 | 12 28 17 | 11♊23 | 18 12 | 16 51 | 17 00 | 08 10 | 03 22 | 25 19 | 22 03 | 07 33 | 15 13 | 12 28 |
| 4 | 10:47:18 | 13 28 26 | 25 06 | 02♋05 | 17 24 | 17 13 | 08 39 | 03 29 | 25 23 | 22 06 | 07 35 | 15 13 | 12 24 |
| 5 | 10:51:14 | 14 28 32 | 09♋10 | 16 20 | 18 01 | 17 24 | 09 08 | 03 36 | 25 27 | 22 09 | 07 37 | 15 14 | 12 21 |
| 6 | 10:55:11 | 15 28 37 | 23 35 | 00♌55 | 18 42 | 17 33 | 09 36 | 03 43 | 25 31 | 22 13 | 07 39 | 15 14 | 12 18 |
| 7 | 10:59:08 | 16 28 40 | 08♌18 | 15 46 | 19 27 | 17 39 | 10 05 | 03 50 | 25 35 | 22 16 | 07 41 | 15 15 | 12 15 |
| 8 | 11:03:04 | 17 28 40 | 23 16 | 00♍47 | 20 16 | 17 42 | 10 33 | 03 58 | 25 39 | 22 19 | 07 43 | 15 15 | 12 12 |
| 9 | 11:07:01 | 18 28 38 | 08♍19 | 15 50 | 21 08 | 17 44 | 11 01 | 04 06 | 25 44 | 22 22 | 07 45 | 15 15 | 12 08 |
| 10 | 11:10:57 | 19 28 35 | 23 19 | 00♎44 | 22 03 | 17 43℞ | 11 29 | 04 13 | 25 48 | 22 25 | 07 47 | 15 16 | 12 05 |
| 11 | 11:14:54 | 20 28 29 | 08♎06 | 15 22 | 23 01 | 17 39 | 11 57 | 04 21 | 25 53 | 22 29 | 07 48 | 15 16 | 12 02 |
| 12 | 11:18:50 | 21 28 22 | 22 31 | 29 35 | 24 02 | 17 33 | 12 24 | 04 29 | 25 58 | 22 32 | 07 50 | 15 16 | 11 59 |
| 13 | 11:22:47 | 22 28 13 | 06♏31 | 13♏20 | 25 05 | 17 24 | 12 51 | 04 38 | 26 02 | 22 35 | 07 52 | 15 16 | 11 56 |
| 14 | 11:26:43 | 23 28 02 | 20 01 | 26 36 | 26 11 | 17 13 | 13 18 | 04 46 | 26 07 | 22 38 | 07 54 | 15 16 | 11 53 |
| 15 | 11:30:40 | 24 27 50 | 03♐04 | 09♐25 | 27 19 | 17 00 | 13 45 | 04 54 | 26 12 | 22 41 | 07 55 | 15 17 | 11 49 |
| 16 | 11:34:37 | 25 27 36 | 15 41 | 21 51 | 28 29 | 16 44 | 14 12 | 05 03 | 26 17 | 22 44 | 07 57 | 15 17 | 11 46 |
| 17 | 11:38:33 | 26 27 20 | 27 57 | 04♑00 | 29 41 | 16 25 | 14 38 | 05 12 | 26 22 | 22 47 | 07 59 | 15 17 | 11 43 |
| 18 | 11:42:30 | 27 27 02 | 09♑59 | 15 55 | 00♓55 | 16 04 | 15 04 | 05 20 | 26 27 | 22 50 | 08 00 | 15 17℞ | 11 40 |
| 19 | 11:46:26 | 28 26 43 | 21 50 | 27 44 | 02 11 | 15 41 | 15 30 | 05 29 | 26 33 | 22 53 | 08 02 | 15 17 | 11 37 |
| 20 | 11:50:23 | 29 26 22 | 03♒37 | 09♒31 | 03 29 | 15 16 | 15 55 | 05 39 | 26 38 | 22 56 | 08 04 | 15 17 | 11 33 |
| 21 | 11:54:19 | 00♈25 59 | 15 25 | 21 20 | 04 49 | 14 49 | 16 21 | 05 48 | 26 43 | 22 59 | 08 05 | 15 17 | 11 30 |
| 22 | 11:58:16 | 01 25 35 | 27 16 | 03♓15 | 06 10 | 14 20 | 16 46 | 05 57 | 26 49 | 23 02 | 08 07 | 15 16 | 11 27 |
| 23 | 12:02:12 | 02 25 08 | 09♓16 | 15 19 | 07 33 | 13 49 | 17 11 | 06 07 | 26 54 | 23 05 | 08 08 | 15 16 | 11 24 |
| 24 | 12:06:09 | 03 24 39 | 21 25 | 27 33 | 08 57 | 13 16 | 17 35 | 06 16 | 27 00 | 23 08 | 08 10 | 15 16 | 11 21 |
| 25 | 12:10:06 | 04 24 09 | 03♈45 | 09♈59 | 10 23 | 12 42 | 17 59 | 06 26 | 27 05 | 23 11 | 08 11 | 15 16 | 11 18 |
| 26 | 12:14:02 | 05 23 36 | 16 17 | 22 37 | 11 51 | 12 07 | 18 23 | 06 36 | 27 11 | 23 13 | 08 13 | 15 16 | 11 14 |
| 27 | 12:17:59 | 06 23 02 | 29 00 | 05♉26 | 13 20 | 11 31 | 18 47 | 06 46 | 27 17 | 23 16 | 08 14 | 15 15 | 11 11 |
| 28 | 12:21:55 | 07 22 25 | 11♉55 | 18 27 | 14 50 | 10 54 | 19 10 | 06 56 | 27 23 | 23 19 | 08 15 | 15 15 | 11 08 |
| 29 | 12:25:52 | 08 21 46 | 25 01 | 01♊39 | 16 22 | 10 16 | 19 33 | 07 06 | 27 29 | 23 22 | 08 17 | 15 15 | 11 05 |
| 30 | 12:29:48 | 09 21 05 | 08♊19 | 15 02 | 17 55 | 09 38 | 19 56 | 07 16 | 27 35 | 23 24 | 08 18 | 15 14 | 11 02 |
| 31 | 12:33:45 | 10 20 22 | 21 48 | 28 38 | 19 30 | 09 01 | 20 18 | 07 26 | 27 41 | 23 27 | 08 19 | 15 14 | 10 59 |

## 0:00 E.T. Longitudes of the Major Asteroids and Chiron

| D | ⚳ | ⚴ | ⚵ | ⚶ | ⚷ |
|---|---|---|---|---|---|
| 1 | 08♑26 | 11♐38 | 05♈35 | 24♓10 | 27♐49 |
| 2 | 08 45 | 11 51 | 06 07 | 24 39 | 27 53 |
| 3 | 09 04 | 12 04 | 06 40 | 25 08 | 27 56 |
| 4 | 09 23 | 12 17 | 07 13 | 25 36 | 27 59 |
| 5 | 09 42 | 12 29 | 07 46 | 26 05 | 28 02 |
| 6 | 10 01 | 12 41 | 08 19 | 26 33 | 28 05 |
| 7 | 10 19 | 12 53 | 08 51 | 27 02 | 28 08 |
| 8 | 10 38 | 13 05 | 09 24 | 27 31 | 28 11 |
| 9 | 10 56 | 13 16 | 09 58 | 27 59 | 28 14 |
| 10 | 11 14 | 13 27 | 10 31 | 28 28 | 28 17 |
| 11 | 11 32 | 13 37 | 11 04 | 28 56 | 28 19 |
| 12 | 11 49 | 13 47 | 11 37 | 29 25 | 28 22 |
| 13 | 12 07 | 13 57 | 12 11 | 29 53 | 28 24 |
| 14 | 12 24 | 14 07 | 12 44 | 00♈22 | 28 27 |
| 15 | 12 42 | 14 16 | 13 17 | 00 50 | 28 29 |
| 16 | 12 59 | 14 25 | 13 51 | 01 19 | 28 31 |
| 17 | 13 15 | 14 33 | 14 24 | 01 48 | 28 33 |
| 18 | 13 32 | 14 41 | 14 58 | 02 16 | 28 35 |
| 19 | 13 49 | 14 49 | 15 32 | 02 44 | 28 37 |
| 20 | 14 05 | 14 56 | 16 05 | 03 13 | 28 39 |
| 21 | 14 21 | 15 03 | 16 39 | 03 41 | 28 41 |
| 22 | 14 37 | 15 10 | 17 13 | 04 10 | 28 42 |
| 23 | 14 53 | 15 16 | 17 47 | 04 38 | 28 44 |
| 24 | 15 08 | 15 22 | 18 21 | 05 07 | 28 45 |
| 25 | 15 24 | 15 28 | 18 55 | 05 35 | 28 47 |
| 26 | 15 39 | 15 33 | 19 29 | 06 03 | 28 48 |
| 27 | 15 54 | 15 37 | 20 03 | 06 32 | 28 49 |
| 28 | 16 09 | 15 41 | 20 37 | 07 00 | 28 50 |
| 29 | 16 23 | 15 45 | 21 12 | 07 28 | 28 51 |
| 30 | 16 37 | 15 49 | 21 46 | 07 57 | 28 52 |
| 31 | 16 51 | 15 52 | 22 20 | 08 25 | 28 53 |

## Lunar Data

| Last Asp. | | Ingress | | |
|---|---|---|---|---|
| 1 | 18:58 | 2 | ♊ | 03:37 |
| 3 | 18:46 | 4 | ♋ | 08:25 |
| 6 | 03:11 | 6 | ♌ | 10:31 |
| 8 | 03:51 | 8 | ♍ | 10:45 |
| 10 | 04:03 | 10 | ♎ | 10:48 |
| 12 | 02:45 | 12 | ♏ | 12:44 |
| 14 | 12:18 | 14 | ♐ | 18:18 |
| 17 | 03:49 | 17 | ♑ | 04:03 |
| 19 | 14:42 | 19 | ♒ | 16:37 |
| 21 | 23:04 | 22 | ♓ | 05:29 |
| 24 | 10:59 | 24 | ♈ | 16:45 |
| 26 | 13:11 | 27 | ♉ | 01:52 |
| 29 | 04:30 | 29 | ♊ | 09:02 |
| 31 | 02:55 | | | |

## 0:00 E.T. Declinations

| D | ☉ | ☽ | ☿ | ♀ | ♂ | ♃ | ♄ | ♅ | ♆ | ♇ | ⚳ | ⚴ | ⚵ | ⚶ | ⚷ |
|---|---|---|---|---|---|---|---|---|---|---|---|---|---|---|---|
| 1 | -07 39 | +12 08 | -14 49 | +11 48 | -20 39 | +20 13 | +17 11 | -14 50 | -18 15 | -12 11 | -23 08 | +09 10 | -01 41 | -06 52 | -17 59 |
| 2 | 07 16 | 16 09 | 14 55 | 12 04 | 20 45 | 20 15 | 17 13 | 14 49 | 18 14 | 12 11 | 23 09 | 09 22 | 01 31 | 06 41 | 17 58 |
| 3 | 06 53 | 19 27 | 14 59 | 12 19 | 20 50 | 20 16 | 17 14 | 14 48 | 18 14 | 12 10 | 23 10 | 09 34 | 01 20 | 06 29 | 17 58 |
| 4 | 06 30 | 21 44 | 15 01 | 12 33 | 20 56 | 20 18 | 17 15 | 14 47 | 18 13 | 12 10 | 23 11 | 09 46 | 01 10 | 06 18 | 17 57 |
| 5 | 06 07 | 22 44 | 15 01 | 12 46 | 21 01 | 20 19 | 17 16 | 14 46 | 18 13 | 12 10 | 23 11 | 09 58 | 00 59 | 06 07 | 17 57 |
| 6 | 05 43 | 22 15 | 14 59 | 12 58 | 21 06 | 20 21 | 17 17 | 14 45 | 18 12 | 12 10 | 23 12 | 10 10 | 00 48 | 05 56 | 17 56 |
| 7 | 05 20 | 20 15 | 14 56 | 13 09 | 21 11 | 20 23 | 17 19 | 14 44 | 18 12 | 12 09 | 23 13 | 10 22 | 00 38 | 05 44 | 17 55 |
| 8 | 04 57 | 16 50 | 14 51 | 13 19 | 21 16 | 20 24 | 17 20 | 14 43 | 18 11 | 12 09 | 23 13 | 10 35 | 00 27 | 05 33 | 17 55 |
| 9 | 04 33 | 12 18 | 14 45 | 13 28 | 21 21 | 20 26 | 17 21 | 14 42 | 18 11 | 12 09 | 23 14 | 10 47 | 00 17 | 05 22 | 17 54 |
| 10 | 04 10 | 07 01 | 14 37 | 13 35 | 21 25 | 20 27 | 17 22 | 14 41 | 18 10 | 12 09 | 23 15 | 11 00 | 00 06 | 05 10 | 17 54 |
| 11 | 03 46 | 01 25 | 14 27 | 13 41 | 21 30 | 20 29 | 17 24 | 14 40 | 18 10 | 12 09 | 23 15 | 11 13 | +00 05 | 04 59 | 17 53 |
| 12 | 03 23 | -04 09 | 14 16 | 13 46 | 21 35 | 20 31 | 17 25 | 14 39 | 18 09 | 12 08 | 23 16 | 11 25 | 00 15 | 04 48 | 17 52 |
| 13 | 02 59 | 09 19 | 14 03 | 13 50 | 21 39 | 20 32 | 17 26 | 14 38 | 18 09 | 12 08 | 23 17 | 11 38 | 00 26 | 04 37 | 17 52 |
| 14 | 02 36 | 13 52 | 13 49 | 13 52 | 21 43 | 20 34 | 17 28 | 14 37 | 18 08 | 12 08 | 23 17 | 11 51 | 00 37 | 04 26 | 17 51 |
| 15 | 02 12 | 17 37 | 13 33 | 13 53 | 21 48 | 20 36 | 17 29 | 14 36 | 18 08 | 12 08 | 23 18 | 12 04 | 00 47 | 04 14 | 17 50 |
| 16 | 01 48 | 20 24 | 13 16 | 13 53 | 21 52 | 20 38 | 17 30 | 14 35 | 18 08 | 12 07 | 23 19 | 12 18 | 00 58 | 04 03 | 17 50 |
| 17 | 01 25 | 22 09 | 12 58 | 13 50 | 21 56 | 20 39 | 17 32 | 14 34 | 18 07 | 12 07 | 23 19 | 12 31 | 01 09 | 03 52 | 17 49 |
| 18 | 01 01 | 22 51 | 12 38 | 13 47 | 22 00 | 20 41 | 17 33 | 14 33 | 18 07 | 12 07 | 23 20 | 12 44 | 01 19 | 03 41 | 17 49 |
| 19 | 00 37 | 22 29 | 12 17 | 13 42 | 22 04 | 20 43 | 17 35 | 14 32 | 18 06 | 12 07 | 23 20 | 12 58 | 01 30 | 03 30 | 17 48 |
| 20 | 00 13 | 21 07 | 11 54 | 13 35 | 22 08 | 20 45 | 17 36 | 14 31 | 18 06 | 12 06 | 23 21 | 13 11 | 01 40 | 03 18 | 17 47 |
| 21 | +00 10 | 18 51 | 11 30 | 13 27 | 22 11 | 20 46 | 17 38 | 14 30 | 18 06 | 12 06 | 23 22 | 13 25 | 01 51 | 03 07 | 17 47 |
| 22 | 00 34 | 15 46 | 11 05 | 13 17 | 22 15 | 20 48 | 17 39 | 14 29 | 18 05 | 12 06 | 23 22 | 13 38 | 02 02 | 02 56 | 17 46 |
| 23 | 00 58 | 12 00 | 10 38 | 13 06 | 22 19 | 20 50 | 17 40 | 14 28 | 18 05 | 12 05 | 23 23 | 13 52 | 02 12 | 02 45 | 17 45 |
| 24 | 01 21 | 07 43 | 10 10 | 12 54 | 22 22 | 20 52 | 17 42 | 14 27 | 18 04 | 12 05 | 23 24 | 14 06 | 02 23 | 02 34 | 17 45 |
| 25 | 01 45 | 03 03 | 09 41 | 12 40 | 22 26 | 20 54 | 17 43 | 14 26 | 18 04 | 12 05 | 23 24 | 14 19 | 02 33 | 02 23 | 17 44 |
| 26 | 02 09 | +01 48 | 09 11 | 12 25 | 22 29 | 20 56 | 17 45 | 14 26 | 18 04 | 12 05 | 23 25 | 14 33 | 02 44 | 02 12 | 17 43 |
| 27 | 02 32 | 06 40 | 08 39 | 12 08 | 22 32 | 20 57 | 17 46 | 14 25 | 18 03 | 12 04 | 23 26 | 14 47 | 02 54 | 02 01 | 17 43 |
| 28 | 02 56 | 11 19 | 08 07 | 11 50 | 22 36 | 20 59 | 17 48 | 14 24 | 18 03 | 12 04 | 23 27 | 15 01 | 03 05 | 01 50 | 17 42 |
| 29 | 03 19 | 15 31 | 07 33 | 11 32 | 22 39 | 21 01 | 17 50 | 14 23 | 18 03 | 12 04 | 23 27 | 15 15 | 03 15 | 01 39 | 17 41 |
| 30 | 03 42 | 19 01 | 06 58 | 11 12 | 22 42 | 21 03 | 17 51 | 14 22 | 18 02 | 12 04 | 23 28 | 15 29 | 03 26 | 01 28 | 17 41 |
| 31 | 04 06 | 21 33 | 06 21 | 10 52 | 22 45 | 21 05 | 17 53 | 14 21 | 18 02 | 12 03 | 23 29 | 15 43 | 03 36 | 01 17 | 17 40 |

Lunar Phases -- 3 ◐ 02:04 9 ○ 17:24 16 ◑ 20:46 25 ● 01:22 Sun enters ♈ 3/20 13:32

# Apr. 01 — Longitudes of Main Planets - April 2001 — 0:00 E.T.

| D | S.T. | ☉ | ☽ | ☽ 12:00 | ☿ | ♀ | ♂ | ♃ | ♄ | ♅ | ♆ | ♇ | ☊ |
|---|---|---|---|---|---|---|---|---|---|---|---|---|---|
| 1 | 12:37:41 | 11♈19 36 | 05♋30 | 12♋27 | 21♓06 | 08♈23℞ | 20♐40 | 07♊37 | 27♉47 | 23♒30 | 08♒21 | 15♐13℞ | 10♋55 |
| 2 | 12:41:38 | 12 18 48 | 19 27 | 26 30 | 22 44 | 07 46 | 21 02 | 07 47 | 27 53 | 23 32 | 08 22 | 15 13 | 10 52 |
| 3 | 12:45:35 | 13 17 58 | 03♌37 | 10♌47 | 24 23 | 07 10 | 21 23 | 07 58 | 27 59 | 23 35 | 08 23 | 15 12 | 10 49 |
| 4 | 12:49:31 | 14 17 05 | 18 00 | 25 16 | 26 03 | 06 34 | 21 44 | 08 09 | 28 06 | 23 37 | 08 24 | 15 12 | 10 46 |
| 5 | 12:53:28 | 15 16 10 | 02♍34 | 09♍53 | 27 45 | 06 00 | 22 05 | 08 20 | 28 12 | 23 40 | 08 26 | 15 11 | 10 43 |
| 6 | 12:57:24 | 16 15 13 | 17 13 | 24 32 | 29 29 | 05 27 | 22 25 | 08 31 | 28 19 | 23 42 | 08 27 | 15· 11 | 10 39 |
| 7 | 13:01:21 | 17 14 13 | 01♎51 | 09♎07 | 01♈13 | 04 56 | 22 45 | 08 42 | 28 25 | 23 45 | 08 28 | 15 10 | 10 36 |
| 8 | 13:05:17 | 18 13 11 | 16 20 | 23 29 | 02 59 | 04 26 | 23 05 | 08 53 | 28 31 | 23 47 | 08 29 | 15 09 | 10 33 |
| 9 | 13:09:14 | 19 12 08 | 00♏34 | 07♏33 | 04 47 | 03 59 | 23 24 | 09 04 | 28 38 | 23 49 | 08 30 | 15 09 | 10 30 |
| 10 | 13:13:10 | 20 11 02 | 14 26 | 21 13 | 06 36 | 03 33 | 23 42 | 09 15 | 28 45 | 23 52 | 08 31 | 15 08 | 10 27 |
| 11 | 13:17:07 | 21 09 55 | 27 54 | 04♐29 | 08 27 | 03 10 | 24 01 | 09 27 | 28 51 | 23 54 | 08 32 | 15 07 | 10 24 |
| 12 | 13:21:04 | 22 08 45 | 10♐57 | 17 20 | 10 19 | 02 49 | 24 19 | 09 38 | 28 58 | 23 56 | 08 33 | 15 07 | 10 20 |
| 13 | 13:25:00 | 23 07 34 | 23 37 | 29 49 | 12 13 | 02 30 | 24 36 | 09 50 | 29 05 | 23 58 | 08 34 | 15 06 | 10 17 |
| 14 | 13:28:57 | 24 06 22 | 05♑56 | 12♑00 | 14 08 | 02 14 | 24 53 | 10 01 | 29 12 | 24 00 | 08 35 | 15 05 | 10 14 |
| 15 | 13:32:53 | 25 05 07 | 18 00 | 23 58 | 16 05 | 02 00 | 25 10 | 10 13 | 29 19 | 24 02 | 08 36 | 15 04 | 10 11 |
| 16 | 13:36:50 | 26 03 51 | 29 54 | 05♒49 | 18 03 | 01 49 | 25 26 | 10 25 | 29 25 | 24 04 | 08 36 | 15 03 | 10 08 |
| 17 | 13:40:46 | 27 02 33 | 11♒43 | 17 38 | 20 02 | 01 40 | 25 41 | 10 37 | 29 32 | 24 06 | 08 37 | 15 02 | 10 05 |
| 18 | 13:44:43 | 28 01 14 | 23 33 | 29 30 | 22 03 | 01 33 | 25 56 | 10 48 | 29 39 | 24 08 | 08 38 | 15 01 | 10 01 |
| 19 | 13:48:39 | 28 59 52 | 05♓28 | 11♓29 | 24 06 | 01 29 | 26 11 | 11 00 | 29 46 | 24 10 | 08 39 | 15 00 | 09 58 |
| 20 | 13:52:36 | 29 58 29 | 17 33 | 23 40 | 26 09 | 01 27 | 26 25 | 11 13 | 29 53 | 24 12 | 08 39 | 14 59 | 09 55 |
| 21 | 13:56:33 | 00♉57 04 | 29 50 | 06♈04 | 28 14 | 01 28D | 26 39 | 11 25 | 00♊01 | 24 14 | 08 40 | 14 58 | 09 52 |
| 22 | 14:00:29 | 01 55 38 | 12♈22 | 18 44 | 00♉20 | 01 31 | 26 52 | 11 37 | 00 08 | 24 16 | 08 41 | 14 57 | 09 49 |
| 23 | 14:04:26 | 02 54 09 | 25 10 | 01♉39 | 02 27 | 01 37 | 27 04 | 11 49 | 00 15 | 24 18 | 08 41 | 14 56 | 09 45 |
| 24 | 14:08:22 | 03 52 39 | 08♉12 | 14 49 | 04 35 | 01 44 | 27 16 | 12 01 | 00 22 | 24 19 | 08 42 | 14 55 | 09 42 |
| 25 | 14:12:19 | 04 51 07 | 21 29 | 28 12 | 06 43 | 01 54 | 27 27 | 12 14 | 00 29 | 24 21 | 08 42 | 14 54 | 09 39 |
| 26 | 14:16:15 | 05 49 33 | 04♊58 | 11♊46 | 08 51 | 02 06 | 27 38 | 12 26 | 00 37 | 24 23 | 08 43 | 14 53 | 09 36 |
| 27 | 14:20:12 | 06 47 57 | 18 37 | 25 29 | 11 00 | 02 20 | 27 48 | 12 39 | 00 44 | 24 24 | 08 43 | 14 52 | 09 33 |
| 28 | 14:24:08 | 07 46 19 | 02♋24 | 09♋20 | 13 09 | 02 36 | 27 58 | 12 51 | 00 51 | 24 26 | 08 44 | 14 51 | 09 30 |
| 29 | 14:28:05 | 08 44 40 | 16 19 | 23 19 | 15 17 | 02 54 | 28 07 | 13 04 | 00 59 | 24 27 | 08 44 | 14 49 | 09 26 |
| 30 | 14:32:02 | 09 42 58 | 00♌20 | 07♌23 | 17 24 | 03 13 | 28 15 | 13 17 | 01 06 | 24 29 | 08 45 | 14 48 | 09 23 |

## 0:00 E.T. — Longitudes of the Major Asteroids and Chiron

| D | ⚳ | ⚴ | ⚵ | ⚶ | ⚷ |
|---|---|---|---|---|---|
| 1 | 17♑05 | 15♐54 | 22♈54 | 08♈53 | 28♐53 |
| 2 | 17 19 | 15 56 | 23 29 | 09 21 | 28 54 |
| 3 | 17 32 | 15 58 | 24 03 | 09 50 | 28 54 |
| 4 | 17 46 | 15 59 | 24 38 | 10 18 | 28 55 |
| 5 | 17 59 | 16 00 | 25 12 | 10 46 | 28 55 |
| 6 | 18 11 | 16 00 | 25 46 | 11 14 | 28 55 |
| 7 | 18 24 | 16 00℞ | 26 21 | 11 42 | 28 56 |
| 8 | 18 36 | 15 59 | 26 56 | 12 10 | 28 56℞ |
| 9 | 18 48 | 15 58 | 27 30 | 12 38 | 28 55 |
| 10 | 19 00 | 15 56 | 28 05 | 13 06 | 28 55 |
| 11 | 19 11 | 15 54 | 28 40 | 13 34 | 28 55 |
| 12 | 19 23 | 15 52 | 29 14 | 14 02 | 28 55 |
| 13 | 19 34 | 15 49 | 29 49 | 14 30 | 28 54 |
| 14 | 19 44 | 15 45 | 00♉24 | 14 58 | 28 54 |
| 15 | 19 55 | 15 41 | 00 59 | 15 26 | 28 53 |
| 16 | 20 05 | 15 37 | 01 34 | 15 54 | 28 52 |
| 17 | 20 15 | 15 32 | 02 08 | 16 22 | 28 52 |
| 18 | 20 25 | 15 26 | 02 43 | 16 49 | 28 51 |
| 19 | 20 34 | 15 21 | 03 18 | 17 17 | 28 50 |
| 20 | 20 43 | 15 14 | 03 53 | 17 45 | 28 49 |
| 21 | 20 52 | 15 07 | 04 28 | 18 13 | 28 47 |
| 22 | 21 00 | 15 00 | 05 03 | 18 40 | 28 46 |
| 23 | 21 09 | 14 52 | 05 39 | 19 08 | 28 45 |
| 24 | 21 16 | 14 44 | 06 14 | 19 35 | 28 43 |
| 25 | 21 24 | 14 35 | 06 49 | 20 03 | 28 42 |
| 26 | 21 31 | 14 26 | 07 24 | 20 30 | 28 40 |
| 27 | 21 38 | 14 16 | 07 59 | 20 58 | 28 39 |
| 28 | 21 45 | 14 06 | 08 34 | 21 25 | 28 37 |
| 29 | 21 51 | 13 55 | 09 10 | 21 53 | 28 35 |
| 30 | 21 57 | 13 44 | 09 45 | 22 20 | 28 33 |

## Lunar Data

| Last Asp. | | Ingress | | |
|---|---|---|---|---|
| 2 | 14:27 | 2 | ♌ | 17:55 |
| 4 | 16:47 | 4 | ♍ | 19:48 |
| 6 | 18:19 | 6 | ♎ | 20:58 |
| 8 | 12:32 | 8 | ♏ | 23:03 |
| 11 | 01:44 | 11 | ♐ | 03:48 |
| 13 | 01:57 | 13 | ♑ | 12:22 |
| 15 | 23:02 | 16 | ♒ | 00:12 |
| 18 | 12:27 | 18 | ♓ | 13:01 |
| 20 | 17:41 | 21 | ♈ | 00:19 |
| 23 | 03:35 | 23 | ♉ | 08:57 |
| 25 | 05:09 | 25 | ♊ | 15:12 |
| 27 | 16:13 | 27 | ♋ | 19:50 |
| 28 | 21:54 | 29 | ♌ | 23:26 |

## 0:00 E.T. — Declinations

| D | ☉ | ☽ | ☿ | ♀ | ♂ | ♃ | ♄ | ♅ | ♆ | ♇ | ⚳ | ⚴ | ⚵ | ⚶ | ⚷ |
|---|---|---|---|---|---|---|---|---|---|---|---|---|---|---|---|
| 1 | +04 29 | +22 52 | -05 44 | +10 30 | -22 48 | +21 07 | +17 54 | -14 20 | -18 02 | -12 03 | -23 30 | +15 57 | +03 47 | -01 06 | -17 39 |
| 2 | 04 52 | 22 47 | 05 05 | 10 08 | 22 51 | 21 09 | 17 56 | 14 20 | 18 01 | 12 03 | 23 31 | 16 11 | 03 57 | 00 55 | 17 39 |
| 3 | 05 15 | 21 15 | 04 26 | 09 46 | 22 54 | 21 10 | 17 57 | 14 19 | 18 01 | 12 02 | 23 32 | 16 25 | 04 07 | 00 45 | 17 38 |
| 4 | 05 38 | 18 20 | 03 45 | 09 24 | 22 57 | 21 12 | 17 59 | 14 18 | 18 01 | 12 02 | 23 33 | 16 39 | 04 17 | 00 34 | 17 37 |
| 5 | 06 01 | 14 15 | 03 03 | 09 01 | 23 00 | 21 14 | 18 00 | 14 17 | 18 00 | 12 02 | 23 34 | 16 53 | 04 28 | 00 23 | 17 37 |
| 6 | 06 24 | 09 18 | 02 20 | 08 38 | 23 02 | 21 16 | 18 02 | 14 16 | 18 00 | 12 02 | 23 35 | 17 07 | 04 38 | 00 12 | 17 36 |
| 7 | 06 46 | 03 49 | 01 36 | 08 15 | 23 05 | 21 18 | 18 04 | 14 16 | 18 00 | 12 01 | 23 36 | 17 21 | 04 48 | 00 02 | 17 35 |
| 8 | 07 09 | -01 49 | 00 51 | 07 53 | 23 08 | 21 20 | 18 05 | 14 15 | 18 00 | 12 01 | 23 37 | 17 35 | 04 58 | +00 09 | 17 35 |
| 9 | 07 31 | 07 16 | 00 05 | 07 31 | 23 11 | 21 22 | 18 07 | 14 14 | 17 59 | 12 01 | 23 38 | 17 49 | 05 08 | 00 20 | 17 34 |
| 10 | 07 53 | 12 13 | +00 42 | 07 09 | 23 13 | 21 24 | 18 08 | 14 13 | 17 59 | 12 00 | 23 39 | 18 03 | 05 18 | 00 30 | 17 33 |
| 11 | 08 15 | 16 26 | 01 29 | 06 48 | 23 16 | 21 25 | 18 10 | 14 13 | 17 59 | 12 00 | 23 40 | 18 16 | 05 28 | 00 41 | 17 33 |
| 12 | 08 37 | 19 42 | 02 18 | 06 27 | 23 19 | 21 27 | 18 12 | 14 12 | 17 59 | 12 00 | 23 42 | 18 30 | 05 38 | 00 51 | 17 32 |
| 13 | 08 59 | 21 54 | 03 07 | 06 07 | 23 21 | 21 29 | 18 13 | 14 11 | 17 58 | 12 00 | 23 43 | 18 44 | 05 48 | 01 02 | 17 31 |
| 14 | 09 21 | 23 00 | 03 57 | 05 48 | 23 24 | 21 31 | 18 15 | 14 11 | 17 58 | 11 59 | 23 44 | 18 58 | 05 58 | 01 12 | 17 31 |
| 15 | 09 43 | 22 59 | 04 48 | 05 30 | 23 26 | 21 33 | 18 17 | 14 10 | 17 58 | 11 59 | 23 46 | 19 11 | 06 08 | 01 23 | 17 30 |
| 16 | 10 04 | 21 55 | 05 40 | 05 13 | 23 29 | 21 35 | 18 18 | 14 09 | 17 58 | 11 59 | 23 47 | 19 25 | 06 17 | 01 33 | 17 29 |
| 17 | 10 25 | 19 53 | 06 32 | 04 56 | 23 32 | 21 37 | 18 20 | 14 09 | 17 57 | 11 58 | 23 49 | 19 38 | 06 27 | 01 44 | 17 29 |
| 18 | 10 46 | 17 00 | 07 25 | 04 41 | 23 34 | 21 38 | 18 21 | 14 08 | 17 57 | 11 58 | 23 50 | 19 51 | 06 37 | 01 54 | 17 28 |
| 19 | 11 07 | 13 25 | 08 18 | 04 27 | 23 37 | 21 40 | 18 23 | 14 07 | 17 57 | 11 58 | 23 52 | 20 05 | 06 46 | 02 04 | 17 27 |
| 20 | 11 28 | 09 14 | 09 11 | 04 14 | 23 39 | 21 42 | 18 25 | 14 07 | 17 57 | 11 58 | 23 54 | 20 18 | 06 56 | 02 14 | 17 27 |
| 21 | 11 48 | 04 38 | 10 04 | 04 02 | 23 42 | 21 44 | 18 26 | 14 06 | 17 57 | 11 57 | 23 55 | 20 31 | 07 05 | 02 25 | 17 26 |
| 22 | 12 09 | +00 15 | 10 58 | 03 50 | 23 45 | 21 46 | 18 28 | 14 06 | 17 57 | 11 57 | 23 57 | 20 44 | 07 15 | 02 35 | 17 25 |
| 23 | 12 29 | 05 14 | 11 51 | 03 40 | 23 47 | 21 47 | 18 30 | 14 05 | 17 56 | 11 57 | 23 59 | 20 56 | 07 24 | 02 45 | 17 25 |
| 24 | 12 49 | 10 05 | 12 44 | 03 31 | 23 50 | 21 49 | 18 31 | 14 05 | 17 56 | 11 57 | 24 01 | 21 09 | 07 33 | 02 55 | 17 24 |
| 25 | 13 08 | 14 34 | 13 36 | 03 23 | 23 52 | 21 51 | 18 33 | 14 04 | 17 56 | 11 56 | 24 03 | 21 21 | 07 42 | 03 05 | 17 24 |
| 26 | 13 28 | 18 23 | 14 28 | 03 17 | 23 55 | 21 53 | 18 34 | 14 04 | 17 56 | 11 56 | 24 05 | 21 34 | 07 51 | 03 15 | 17 23 |
| 27 | 13 47 | 21 16 | 15 18 | 03 11 | 23 58 | 21 54 | 18 36 | 14 03 | 17 56 | 11 56 | 24 07 | 21 46 | 08 00 | 03 25 | 17 22 |
| 28 | 14 06 | 22 55 | 16 08 | 03 06 | 24 01 | 21 56 | 18 38 | 14 03 | 17 56 | 11 56 | 24 10 | 21 58 | 08 09 | 03 35 | 17 22 |
| 29 | 14 25 | 23 11 | 16 56 | 03 02 | 24 03 | 21 58 | 18 39 | 14 02 | 17 56 | 11 55 | 24 12 | 22 09 | 08 18 | 03 44 | 17 21 |
| 30 | 14 43 | 21 59 | 17 43 | 02 59 | 24 06 | 22 00 | 18 41 | 14 02 | 17 56 | 11 55 | 24 14 | 22 21 | 08 27 | 03 54 | 17 20 |

Lunar Phases -- 1 ◐ 10:50 8 ○ 03:23 15 ◑ 15:32 23 ● 15:27 30 ◐ 17:09 Sun enters ♉ 4/20 00:37

# 0:00 E.T. Longitudes of Main Planets - May 2001 **May 01**

| D | S.T. | ☉ | ☽ | ☽ 12:00 | ☿ | ♀ | ♂ | ♃ | ♄ | ♅ | ♆ | ♇ | ☊ |
|---|---|---|---|---|---|---|---|---|---|---|---|---|---|
| 1 | 14:35:58 | 10♉41 13 | 14♌27 | 21♌32 | 19♉31 | 03♈35 | 28♐23 | 13♊29 | 01♊14 | 24♒30 | 08♒45 | 14♐47℞ | 09♋20 |
| 2 | 14:39:55 | 11 39 27 | 28 39 | 05♍46 | 21 36 | 03 58 | 28 30 | 13 42 | 01 21 | 24 32 | 08 45 | 14 46 | 09 17 |
| 3 | 14:43:51 | 12 37 39 | 12♍53 | 20 01 | 23 39 | 04 23 | 28 36 | 13 55 | 01 29 | 24 33 | 08 46 | 14 44 | 09 14 |
| 4 | 14:47:48 | 13 35 48 | 27 08 | 04♎14 | 25 40 | 04 50 | 28 42 | 14 08 | 01 36 | 24 34 | 08 46 | 14 43 | 09 11 |
| 5 | 14:51:44 | 14 33 56 | 11♎18 | 18 21 | 27 40 | 05 18 | 28 47 | 14 21 | 01 44 | 24 35 | 08 46 | 14 42 | 09 07 |
| 6 | 14:55:41 | 15 32 02 | 25 21 | 02♏18 | 29 36 | 05 47 | 28 51 | 14 34 | 01 51 | 24 37 | 08 46 | 14 40 | 09 04 |
| 7 | 14:59:37 | 16 30 06 | 09♏11 | 16 00 | 01♊31 | 06 19 | 28 55 | 14 47 | 01 59 | 24 38 | 08 46 | 14 39 | 09 01 |
| 8 | 15:03:34 | 17 28 08 | 22 44 | 29 24 | 03 22 | 06 51 | 28 58 | 15 00 | 02 06 | 24 39 | 08 46 | 14 38 | 08 58 |
| 9 | 15:07:31 | 18 26 09 | 05♐58 | 12♐28 | 05 10 | 07 25 | 29 00 | 15 13 | 02 14 | 24 40 | 08 47 | 14 36 | 08 55 |
| 10 | 15:11:27 | 19 24 09 | 18 53 | 25 12 | 06 55 | 08 00 | 29 02 | 15 26 | 02 22 | 24 41 | 08 47 | 14 35 | 08 51 |
| 11 | 15:15:24 | 20 22 07 | 01♑28 | 07♑39 | 08 37 | 08 37 | 29 03 | 15 39 | 02 29 | 24 42 | 08 47℞ | 14 33 | 08 48 |
| 12 | 15:19:20 | 21 20 03 | 13 46 | 19 50 | 10 16 | 09 14 | 29 03℞ | 15 53 | 02 37 | 24 43 | 08 47 | 14 32 | 08 45 |
| 13 | 15:23:17 | 22 17 58 | 25 50 | 01♒49 | 11 51 | 09 53 | 29 02 | 16 06 | 02 45 | 24 43 | 08 47 | 14 30 | 08 42 |
| 14 | 15:27:13 | 23 15 52 | 07♒46 | 13 41 | 13 22 | 10 33 | 29 01 | 16 19 | 02 52 | 24 44 | 08 47 | 14 29 | 08 39 |
| 15 | 15:31:10 | 24 13 45 | 19 36 | 25 32 | 14 50 | 11 14 | 28 59 | 16 33 | 03 00 | 24 45 | 08 46 | 14 28 | 08 36 |
| 16 | 15:35:06 | 25 11 36 | 01♓28 | 07♓26 | 16 14 | 11 56 | 28 56 | 16 46 | 03 08 | 24 46 | 08 46 | 14 26 | 08 32 |
| 17 | 15:39:03 | 26 09 27 | 13 25 | 19 27 | 17 35 | 12 39 | 28 52 | 16 59 | 03 15 | 24 46 | 08 46 | 14 25 | 08 29 |
| 18 | 15:43:00 | 27 07 16 | 25 33 | 01♈42 | 18 51 | 13 23 | 28 48 | 17 13 | 03 23 | 24 47 | 08 46 | 14 23 | 08 26 |
| 19 | 15:46:56 | 28 05 03 | 07♈55 | 14 12 | 20 04 | 14 08 | 28 43 | 17 26 | 03 31 | 24 47 | 08 46 | 14 21 | 08 23 |
| 20 | 15:50:53 | 29 02 50 | 20 34 | 27 01 | 21 13 | 14 54 | 28 37 | 17 40 | 03 39 | 24 48 | 08 45 | 14 20 | 08 20 |
| 21 | 15:54:49 | 00♊00 35 | 03♉33 | 10♉09 | 22 18 | 15 40 | 28 30 | 17 53 | 03 46 | 24 48 | 08 45 | 14 18 | 08 17 |
| 22 | 15:58:46 | 00 58 20 | 16 51 | 23 37 | 23 19 | 16 27 | 28 22 | 18 07 | 03 54 | 24 49 | 08 45 | 14 17 | 08 13 |
| 23 | 16:02:42 | 01 56 03 | 00♊27 | 07♊21 | 24 16 | 17 16 | 28 14 | 18 21 | 04 02 | 24 49 | 08 44 | 14 15 | 08 10 |
| 24 | 16:06:39 | 02 53 45 | 14 19 | 21 20 | 25 09 | 18 04 | 28 05 | 18 34 | 04 10 | 24 49 | 08 44 | 14 14 | 08 07 |
| 25 | 16:10:35 | 03 51 25 | 28 23 | 05♋29 | 25 57 | 18 54 | 27 56 | 18 48 | 04 18 | 24 50 | 08 43 | 14 12 | 08 04 |
| 26 | 16:14:32 | 04 49 05 | 12♋36 | 19 45 | 26 42 | 19 44 | 27 45 | 19 02 | 04 25 | 24 50 | 08 43 | 14 11 | 08 01 |
| 27 | 16:18:29 | 05 46 42 | 26 54 | 04♌03 | 27 22 | 20 35 | 27 34 | 19 15 | 04 33 | 24 50 | 08 43 | 14 09 | 07 57 |
| 28 | 16:22:25 | 06 44 19 | 11♌12 | 18 20 | 27 57 | 21 27 | 27 22 | 19 29 | 04 41 | 24 50 | 08 42 | 14 07 | 07 54 |
| 29 | 16:26:22 | 07 41 54 | 25 28 | 02♍35 | 28 28 | 22 19 | 27 10 | 19 43 | 04 49 | 24 50 | 08 41 | 14 06 | 07 51 |
| 30 | 16:30:18 | 08 39 27 | 09♍40 | 16 43 | 28 55 | 23 12 | 26 57 | 19 56 | 04 56 | 24 50℞ | 08 41 | 14 04 | 07 48 |
| 31 | 16:34:15 | 09 36 59 | 23 45 | 00♎45 | 29 17 | 24 05 | 26 43 | 20 10 | 05 04 | 24 50 | 08 40 | 14 03 | 07 45 |

## 0:00 E.T. Longitudes of the Major Asteroids and Chiron

| D | ⚳ | ⚴ | ⚵ | ⚶ | ⚷ |
|---|---|---|---|---|---|
| 1 | 22♑03 | 13♐33℞ | 10♉20 | 22♈47 | 28♐31℞ |
| 2 | 22 09 | 13 21 | 10 56 | 23 15 | 28 29 |
| 3 | 22 14 | 13 09 | 11 31 | 23 42 | 28 27 |
| 4 | 22 18 | 12 56 | 12 06 | 24 09 | 28 25 |
| 5 | 22 23 | 12 43 | 12 42 | 24 36 | 28 22 |
| 6 | 22 27 | 12 29 | 13 17 | 25 03 | 28 20 |
| 7 | 22 31 | 12 16 | 13 52 | 25 31 | 28 17 |
| 8 | 22 34 | 12 01 | 14 28 | 25 58 | 28 15 |
| 9 | 22 37 | 11 47 | 15 03 | 26 25 | 28 12 |
| 10 | 22 40 | 11 32 | 15 39 | 26 51 | 28 10 |
| 11 | 22 42 | 11 17 | 16 14 | 27 18 | 28 07 |
| 12 | 22 44 | 11 01 | 16 50 | 27 45 | 28 04 |
| 13 | 22 46 | 10 45 | 17 25 | 28 12 | 28 01 |
| 14 | 22 47 | 10 29 | 18 01 | 28 39 | 27 58 |
| 15 | 22 48 | 10 13 | 18 36 | 29 06 | 27 55 |
| 16 | 22 48 | 09 56 | 19 12 | 29 32 | 27 52 |
| 17 | 22 49℞ | 09 39 | 19 47 | 29 59 | 27 49 |
| 18 | 22 48 | 09 22 | 20 23 | 00♉25 | 27 46 |
| 19 | 22 48 | 09 05 | 20 58 | 00 52 | 27 43 |
| 20 | 22 47 | 08 48 | 21 34 | 01 18 | 27 39 |
| 21 | 22 46 | 08 30 | 22 10 | 01 45 | 27 36 |
| 22 | 22 44 | 08 12 | 22 45 | 02 11 | 27 33 |
| 23 | 22 42 | 07 55 | 23 21 | 02 37 | 27 29 |
| 24 | 22 40 | 07 37 | 23 56 | 03 04 | 27 26 |
| 25 | 22 37 | 07 19 | 24 32 | 03 30 | 27 22 |
| 26 | 22 34 | 07 01 | 25 08 | 03 56 | 27 18 |
| 27 | 22 30 | 06 43 | 25 43 | 04 22 | 27 15 |
| 28 | 22 26 | 06 25 | 26 19 | 04 48 | 27 11 |
| 29 | 22 22 | 06 07 | 26 55 | 05 14 | 27 07 |
| 30 | 22 18 | 05 49 | 27 30 | 05 40 | 27 04 |
| 31 | 22 13 | 05 31 | 28 06 | 06 06 | 27 00 |

## Lunar Data

| Last Asp. | | Ingress | | |
|---|---|---|---|---|
| 1 | 23:45 | 2 | ♍ | 02:17 |
| 4 | 02:40 | 4 | ♎ | 04:51 |
| 6 | 06:05 | 6 | ♏ | 08:02 |
| 8 | 03:26 | 8 | ♐ | 13:06 |
| 10 | 19:21 | 10 | ♑ | 21:11 |
| 12 | 16:19 | 13 | ♒ | 08:21 |
| 15 | 18:54 | 15 | ♓ | 21:02 |
| 18 | 06:19 | 18 | ♈ | 08:42 |
| 20 | 14:49 | 20 | ♉ | 17:30 |
| 22 | 14:08 | 22 | ♊ | 23:13 |
| 24 | 23:13 | 25 | ♋ | 02:43 |
| 26 | 12:45 | 27 | ♌ | 05:13 |
| 29 | 05:14 | 29 | ♍ | 07:39 |
| 31 | 09:41 | 31 | ♎ | 10:43 |

## 0:00 E.T. Declinations

| D | ☉ | ☽ | ☿ | ♀ | ♂ | ♃ | ♄ | ♅ | ♆ | ♇ | ⚳ | ⚴ | ⚵ | ⚶ | ⚷ |
|---|---|---|---|---|---|---|---|---|---|---|---|---|---|---|---|
| 1 | +15 02 | +19 24 | +18 28 | +02 57 | -24 09 | +22 01 | +18 43 | -14 01 | -17 55 | -11 55 | -24 17 | +22 32 | +08 36 | +04 04 | -17 20 |
| 2 | 15 20 | 15 39 | 19 11 | 02 56 | 24 12 | 22 03 | 18 44 | 14 01 | 17 55 | 11 55 | 24 19 | 22 44 | 08 44 | 04 14 | 17 19 |
| 3 | 15 38 | 10 59 | 19 52 | 02 56 | 24 15 | 22 05 | 18 46 | 14 00 | 17 55 | 11 54 | 24 22 | 22 55 | 08 53 | 04 23 | 17 19 |
| 4 | 15 55 | 05 44 | 20 31 | 02 57 | 24 18 | 22 06 | 18 47 | 14 00 | 17 55 | 11 54 | 24 25 | 23 05 | 09 01 | 04 33 | 17 18 |
| 5 | 16 12 | 00 13 | 21 08 | 02 59 | 24 21 | 22 08 | 18 49 | 14 00 | 17 55 | 11 54 | 24 28 | 23 16 | 09 10 | 04 42 | 17 17 |
| 6 | 16 29 | -05 17 | 21 42 | 03 01 | 24 24 | 22 10 | 18 51 | 13 59 | 17 55 | 11 54 | 24 30 | 23 26 | 09 18 | 04 52 | 17 17 |
| 7 | 16 46 | 10 26 | 22 14 | 03 05 | 24 27 | 22 11 | 18 52 | 13 59 | 17 55 | 11 53 | 24 33 | 23 36 | 09 26 | 05 01 | 17 16 |
| 8 | 17 03 | 14 58 | 22 43 | 03 09 | 24 30 | 22 13 | 18 54 | 13 59 | 17 55 | 11 53 | 24 36 | 23 46 | 09 35 | 05 11 | 17 16 |
| 9 | 17 19 | 18 41 | 23 09 | 03 14 | 24 33 | 22 14 | 18 55 | 13 58 | 17 55 | 11 53 | 24 40 | 23 56 | 09 43 | 05 20 | 17 15 |
| 10 | 17 35 | 21 22 | 23 33 | 03 19 | 24 36 | 22 16 | 18 57 | 13 58 | 17 55 | 11 53 | 24 43 | 24 05 | 09 51 | 05 29 | 17 15 |
| 11 | 17 50 | 22 55 | 23 55 | 03 26 | 24 39 | 22 17 | 18 59 | 13 58 | 17 55 | 11 53 | 24 46 | 24 14 | 09 58 | 05 38 | 17 14 |
| 12 | 18 06 | 23 19 | 24 14 | 03 33 | 24 43 | 22 19 | 19 00 | 13 57 | 17 55 | 11 52 | 24 50 | 24 23 | 10 06 | 05 47 | 17 13 |
| 13 | 18 21 | 22 36 | 24 31 | 03 41 | 24 46 | 22 20 | 19 02 | 13 57 | 17 55 | 11 52 | 24 53 | 24 31 | 10 14 | 05 56 | 17 13 |
| 14 | 18 35 | 20 53 | 24 45 | 03 49 | 24 49 | 22 22 | 19 03 | 13 57 | 17 55 | 11 52 | 24 57 | 24 40 | 10 21 | 06 05 | 17 12 |
| 15 | 18 50 | 18 15 | 24 57 | 03 58 | 24 53 | 22 23 | 19 05 | 13 57 | 17 55 | 11 52 | 25 00 | 24 48 | 10 29 | 06 14 | 17 12 |
| 16 | 19 04 | 14 53 | 25 07 | 04 08 | 24 56 | 22 25 | 19 06 | 13 57 | 17 55 | 11 52 | 25 04 | 24 55 | 10 36 | 06 23 | 17 11 |
| 17 | 19 17 | 10 53 | 25 15 | 04 18 | 25 00 | 22 26 | 19 08 | 13 56 | 17 55 | 11 51 | 25 08 | 25 03 | 10 44 | 06 32 | 17 11 |
| 18 | 19 31 | 06 25 | 25 21 | 04 28 | 25 03 | 22 28 | 19 10 | 13 56 | 17 55 | 11 51 | 25 12 | 25 10 | 10 51 | 06 41 | 17 10 |
| 19 | 19 44 | 01 37 | 25 25 | 04 40 | 25 07 | 22 29 | 19 11 | 13 56 | 17 55 | 11 51 | 25 16 | 25 16 | 10 58 | 06 50 | 17 10 |
| 20 | 19 57 | +03 22 | 25 27 | 04 51 | 25 10 | 22 30 | 19 13 | 13 56 | 17 55 | 11 51 | 25 20 | 25 23 | 11 05 | 06 58 | 17 09 |
| 21 | 20 09 | 08 20 | 25 27 | 05 04 | 25 14 | 22 32 | 19 14 | 13 56 | 17 56 | 11 51 | 25 24 | 25 29 | 11 12 | 07 07 | 17 09 |
| 22 | 20 21 | 13 04 | 25 26 | 05 16 | 25 17 | 22 33 | 19 16 | 13 56 | 17 56 | 11 50 | 25 28 | 25 35 | 11 19 | 07 15 | 17 08 |
| 23 | 20 33 | 17 14 | 25 23 | 05 29 | 25 21 | 22 34 | 19 17 | 13 56 | 17 56 | 11 50 | 25 32 | 25 40 | 11 25 | 07 24 | 17 08 |
| 24 | 20 44 | 20 33 | 25 18 | 05 43 | 25 25 | 22 36 | 19 19 | 13 56 | 17 56 | 11 50 | 25 37 | 25 46 | 11 32 | 07 32 | 17 07 |
| 25 | 20 55 | 22 41 | 25 13 | 05 57 | 25 28 | 22 37 | 19 20 | 13 56 | 17 56 | 11 50 | 25 41 | 25 50 | 11 38 | 07 41 | 17 07 |
| 26 | 21 06 | 23 23 | 25 05 | 06 11 | 25 32 | 22 38 | 19 22 | 13 56 | 17 56 | 11 50 | 25 46 | 25 55 | 11 45 | 07 49 | 17 07 |
| 27 | 21 16 | 22 34 | 24 57 | 06 26 | 25 36 | 22 39 | 19 23 | 13 56 | 17 56 | 11 50 | 25 50 | 25 59 | 11 51 | 07 57 | 17 06 |
| 28 | 21 26 | 20 16 | 24 47 | 06 40 | 25 39 | 22 41 | 19 24 | 13 56 | 17 56 | 11 50 | 25 55 | 26 03 | 11 57 | 08 05 | 17 06 |
| 29 | 21 36 | 16 44 | 24 37 | 06 56 | 25 43 | 22 42 | 19 26 | 13 56 | 17 57 | 11 49 | 26 00 | 26 06 | 12 03 | 08 13 | 17 05 |
| 30 | 21 45 | 12 16 | 24 25 | 07 11 | 25 46 | 22 43 | 19 27 | 13 56 | 17 57 | 11 49 | 26 05 | 26 10 | 12 09 | 08 21 | 17 05 |
| 31 | 21 54 | 07 10 | 24 13 | 07 27 | 25 50 | 22 44 | 19 29 | 13 56 | 17 57 | 11 49 | 26 10 | 26 12 | 12 14 | 08 29 | 17 04 |

Lunar Phases -- 7 ○ 13:54  15 ◑ 10:12  23 ● 02:47  29 ◐ 22:10  Sun enters ♊ 5/20 23:45

**June 01** — Longitudes of Main Planets - June 2001 — 0:00 E.T.

| D | S.T. | ☉ | ☽ | ☽ 12:00 | ☿ | ♀ | ♂ | ♃ | ♄ | ♅ | ♆ | ♇ | ☊ |
|---|---|---|---|---|---|---|---|---|---|---|---|---|---|
| 1 | 16:38:11 | 10♊34 30 | 07♎43 | 14♎38 | 29♊34 | 24♈59 | 26♐29℞ | 20♊24 | 05♊12 | 24♒50℞ | 08♒40℞ | 14♐01℞ | 07♋42 |
| 2 | 16:42:08 | 11 31 59 | 21 30 | 28 20 | 29 47 | 25 53 | 26 14 | 20 38 | 05 20 | 24 50 | 08 39 | 13 59 | 07 38 |
| 3 | 16:46:04 | 12 29 27 | 05♏06 | 11♏50 | 29 54 | 26 48 | 25 58 | 20 51 | 05 27 | 24 50 | 08 38 | 13 58 | 07 35 |
| 4 | 16:50:01 | 13 26 54 | 18 29 | 25 06 | 29 58 | 27 43 | 25 42 | 21 05 | 05 35 | 24 50 | 08 38 | 13 56 | 07 32 |
| 5 | 16:53:58 | 14 24 20 | 01♐38 | 08♐07 | 29 57℞ | 28 39 | 25 26 | 21 19 | 05 43 | 24 49 | 08 37 | 13 54 | 07 29 |
| 6 | 16:57:54 | 15 21 45 | 14 32 | 20 54 | 29 51 | 29 35 | 25 09 | 21 33 | 05 51 | 24 49 | 08 36 | 13 53 | 07 26 |
| 7 | 17:01:51 | 16 19 09 | 27 11 | 03♑25 | 29 41 | 00♉32 | 24 51 | 21 47 | 05 58 | 24 49 | 08 35 | 13 51 | 07 22 |
| 8 | 17:05:47 | 17 16 32 | 09♑36 | 15 43 | 29 27 | 01 29 | 24 34 | 22 00 | 06 06 | 24 48 | 08 34 | 13 50 | 07 19 |
| 9 | 17:09:44 | 18 13 54 | 21 48 | 27 50 | 29 09 | 02 27 | 24 15 | 22 14 | 06 14 | 24 48 | 08 33 | 13 48 | 07 16 |
| 10 | 17:13:40 | 19 11 16 | 03♒49 | 09♒47 | 28 47 | 03 25 | 23 57 | 22 28 | 06 21 | 24 47 | 08 33 | 13 46 | 07 13 |
| 11 | 17:17:37 | 20 08 37 | 15 44 | 21 39 | 28 23 | 04 23 | 23 38 | 22 42 | 06 29 | 24 47 | 08 32 | 13 45 | 07 10 |
| 12 | 17:21:33 | 21 05 58 | 27 35 | 03♓30 | 27 55 | 05 22 | 23 19 | 22 56 | 06 37 | 24 46 | 08 31 | 13 43 | 07 07 |
| 13 | 17:25:30 | 22 03 18 | 09♓27 | 15 24 | 27 25 | 06 21 | 23 00 | 23 10 | 06 44 | 24 45 | 08 30 | 13 42 | 07 03 |
| 14 | 17:29:27 | 23 00 37 | 21 24 | 27 26 | 26 53 | 07 21 | 22 41 | 23 24 | 06 52 | 24 45 | 08 29 | 13 40 | 07 00 |
| 15 | 17:33:23 | 23 57 56 | 03♈31 | 09♈40 | 26 20 | 08 21 | 22 21 | 23 37 | 06 59 | 24 44 | 08 28 | 13 38 | 06 57 |
| 16 | 17:37:20 | 24 55 15 | 15 54 | 22 11 | 25 46 | 09 21 | 22 02 | 23 51 | 07 07 | 24 43 | 08 27 | 13 37 | 06 54 |
| 17 | 17:41:16 | 25 52 34 | 28 34 | 05♉02 | 25 12 | 10 21 | 21 42 | 24 05 | 07 14 | 24 42 | 08 26 | 13 35 | 06 51 |
| 18 | 17:45:13 | 26 49 52 | 11♉36 | 18 16 | 24 39 | 11 22 | 21 23 | 24 19 | 07 22 | 24 41 | 08 24 | 13 34 | 06 48 |
| 19 | 17:49:09 | 27 47 10 | 25 02 | 01♊53 | 24 06 | 12 23 | 21 03 | 24 33 | 07 29 | 24 40 | 08 23 | 13 32 | 06 44 |
| 20 | 17:53:06 | 28 44 27 | 08♊50 | 15 52 | 23 35 | 13 25 | 20 44 | 24 47 | 07 37 | 24 39 | 08 22 | 13 31 | 06 41 |
| 21 | 17:57:02 | 29 41 45 | 22 59 | 00♋11 | 23 06 | 14 26 | 20 25 | 25 00 | 07 44 | 24 38 | 08 21 | 13 29 | 06 38 |
| 22 | 18:00:59 | 00♋39 02 | 07♋26 | 14 44 | 22 40 | 15 28 | 20 06 | 25 14 | 07 52 | 24 37 | 08 20 | 13 27 | 06 35 |
| 23 | 18:04:56 | 01 36 18 | 22 04 | 29 26 | 22 16 | 16 30 | 19 47 | 25 28 | 07 59 | 24 36 | 08 19 | 13 26 | 06 32 |
| 24 | 18:08:52 | 02 33 34 | 06♌48 | 14♌09 | 21 56 | 17 33 | 19 29 | 25 42 | 08 06 | 24 35 | 08 17 | 13 24 | 06 28 |
| 25 | 18:12:49 | 03 30 49 | 21 30 | 28 48 | 21 40 | 18 36 | 19 11 | 25 56 | 08 14 | 24 34 | 08 16 | 13 23 | 06 25 |
| 26 | 18:16:45 | 04 28 04 | 06♍04 | 13♍17 | 21 27 | 19 39 | 18 53 | 26 09 | 08 21 | 24 33 | 08 15 | 13 21 | 06 22 |
| 27 | 18:20:42 | 05 25 18 | 20 26 | 27 32 | 21 20 | 20 42 | 18 36 | 26 23 | 08 28 | 24 31 | 08 14 | 13 20 | 06 19 |
| 28 | 18:24:38 | 06 22 32 | 04♎34 | 11♎31 | 21 16 | 21 45 | 18 19 | 26 37 | 08 35 | 24 30 | 08 12 | 13 19 | 06 16 |
| 29 | 18:28:35 | 07 19 45 | 18 24 | 25 13 | 21 17D | 22 49 | 18 03 | 26 50 | 08 43 | 24 29 | 08 11 | 13 17 | 06 13 |
| 30 | 18:32:31 | 08 16 57 | 01♏58 | 08♏38 | 21 23 | 23 52 | 17 48 | 27 04 | 08 50 | 24 27 | 08 10 | 13 16 | 06 09 |

0:00 E.T. — Longitudes of the Major Asteroids and Chiron

| D | ⚳ | ⚴ | ⚵ | ⚶ | ⚷ | D | ⚳ | ⚴ | ⚵ | ⚶ | ⚷ |
|---|---|---|---|---|---|---|---|---|---|---|---|
| 1 | 22♑07℞ | 05♐13℞ | 28♉41 | 06♉32 | 26♐56℞ | 16 | 20 08 | 01 10 | 07 35 | 12 51 | 25 56 |
| 2 | 22 02 | 04 56 | 29 17 | 06 57 | 26 52 | 17 | 19 58 | 00 56 | 08 10 | 13 15 | 25 52 |
| 3 | 21 56 | 04 38 | 29 53 | 07 23 | 26 48 | 18 | 19 47 | 00 42 | 08 46 | 13 40 | 25 48 |
| 4 | 21 49 | 04 21 | 00♊28 | 07 49 | 26 44 | 19 | 19 36 | 00 29 | 09 21 | 14 04 | 25 44 |
| 5 | 21 43 | 04 03 | 01 04 | 08 14 | 26 41 | 20 | 19 25 | 00 16 | 09 57 | 14 29 | 25 40 |
| 6 | 21 36 | 03 46 | 01 39 | 08 40 | 26 37 | 21 | 19 14 | 00 03 | 10 32 | 14 53 | 25 36 |
| 7 | 21 28 | 03 29 | 02 15 | 09 05 | 26 33 | 22 | 19 02 | 29♏51 | 11 08 | 15 18 | 25 32 |
| 8 | 21 21 | 03 13 | 02 50 | 09 30 | 26 29 | 23 | 18 51 | 29 40 | 11 43 | 15 42 | 25 28 |
| 9 | 21 13 | 02 56 | 03 26 | 09 56 | 26 25 | 24 | 18 39 | 29 28 | 12 18 | 16 06 | 25 24 |
| 10 | 21 04 | 02 40 | 04 02 | 10 21 | 26 21 | 25 | 18 26 | 29 18 | 12 54 | 16 30 | 25 20 |
| 11 | 20 56 | 02 24 | 04 37 | 10 46 | 26 17 | 26 | 18 14 | 29 07 | 13 29 | 16 54 | 25 16 |
| 12 | 20 47 | 02 09 | 05 13 | 11 11 | 26 13 | 27 | 18 02 | 28 57 | 14 04 | 17 18 | 25 12 |
| 13 | 20 37 | 01 54 | 05 48 | 11 36 | 26 08 | 28 | 17 49 | 28 48 | 14 40 | 17 42 | 25 08 |
| 14 | 20 28 | 01 39 | 06 24 | 12 01 | 26 04 | 29 | 17 36 | 28 39 | 15 15 | 18 05 | 25 04 |
| 15 | 20 18 | 01 24 | 06 59 | 12 26 | 26 00 | 30 | 17 24 | 28 30 | 15 50 | 18 29 | 25 00 |

Lunar Data

| Last Asp. | | Ingress | | |
|---|---|---|---|---|
| 2 | 14:43 | 2 | ♏ | 14:57 |
| 4 | 11:30 | 4 | ♐ | 20:59 |
| 7 | 04:42 | 7 | ♑ | 05:24 |
| 7 | 06:58 | 9 | ♒ | 16:21 |
| 12 | 00:40 | 12 | ♓ | 04:55 |
| 14 | 10:27 | 14 | ♈ | 17:04 |
| 16 | 18:32 | 17 | ♉ | 02:40 |
| 18 | 23:22 | 19 | ♊ | 08:43 |
| 21 | 03:26 | 21 | ♋ | 11:42 |
| 22 | 14:12 | 23 | ♌ | 12:56 |
| 25 | 07:23 | 25 | ♍ | 13:59 |
| 27 | 10:13 | 27 | ♎ | 16:12 |
| 29 | 15:08 | 29 | ♏ | 20:30 |

0:00 E.T. — Declinations

| D | ☉ | ☽ | ☿ | ♀ | ♂ | ♃ | ♄ | ♅ | ♆ | ♇ | ⚳ | ⚴ | ⚵ | ⚶ | ⚷ |
|---|---|---|---|---|---|---|---|---|---|---|---|---|---|---|---|
| 1 | +22 02 | +01 45 | +23 59 | +07 43 | -25 53 | +22 45 | +19 30 | -13 56 | -17 57 | -11 49 | -26 14 | +26 15 | +12 20 | +08 37 | -17 04 |
| 2 | 22 10 | -03 42 | 23 45 | 07 59 | 25 57 | 22 46 | 19 32 | 13 56 | 17 57 | 11 49 | 26 20 | 26 17 | 12 26 | 08 45 | 17 04 |
| 3 | 22 18 | 08 53 | 23 30 | 08 16 | 26 00 | 22 47 | 19 33 | 13 56 | 17 57 | 11 49 | 26 25 | 26 19 | 12 31 | 08 53 | 17 03 |
| 4 | 22 25 | 13 35 | 23 14 | 08 32 | 26 03 | 22 48 | 19 34 | 13 56 | 17 58 | 11 49 | 26 30 | 26 20 | 12 36 | 09 00 | 17 03 |
| 5 | 22 32 | 17 33 | 22 58 | 08 49 | 26 06 | 22 49 | 19 36 | 13 56 | 17 58 | 11 49 | 26 35 | 26 21 | 12 41 | 09 08 | 17 03 |
| 6 | 22 38 | 20 36 | 22 42 | 09 06 | 26 10 | 22 50 | 19 37 | 13 56 | 17 58 | 11 49 | 26 40 | 26 22 | 12 46 | 09 15 | 17 02 |
| 7 | 22 44 | 22 34 | 22 25 | 09 24 | 26 13 | 22 51 | 19 39 | 13 56 | 17 58 | 11 49 | 26 45 | 26 23 | 12 51 | 09 23 | 17 02 |
| 8 | 22 50 | 23 23 | 22 08 | 09 41 | 26 16 | 22 52 | 19 40 | 13 57 | 17 58 | 11 48 | 26 51 | 26 23 | 12 56 | 09 30 | 17 01 |
| 9 | 22 55 | 23 04 | 21 50 | 09 58 | 26 18 | 22 53 | 19 41 | 13 57 | 17 59 | 11 48 | 26 56 | 26 23 | 13 01 | 09 37 | 17 01 |
| 10 | 23 00 | 21 40 | 21 33 | 10 16 | 26 21 | 22 54 | 19 43 | 13 57 | 17 59 | 11 48 | 27 01 | 26 22 | 13 05 | 09 45 | 17 01 |
| 11 | 23 04 | 19 19 | 21 16 | 10 33 | 26 24 | 22 55 | 19 44 | 13 57 | 17 59 | 11 48 | 27 07 | 26 21 | 13 10 | 09 52 | 17 01 |
| 12 | 23 08 | 16 10 | 20 59 | 10 51 | 26 26 | 22 56 | 19 45 | 13 58 | 17 59 | 11 48 | 27 12 | 26 20 | 13 14 | 09 59 | 17 00 |
| 13 | 23 12 | 12 23 | 20 42 | 11 09 | 26 29 | 22 57 | 19 46 | 13 58 | 18 00 | 11 48 | 27 18 | 26 19 | 13 18 | 10 06 | 17 00 |
| 14 | 23 15 | 08 06 | 20 26 | 11 27 | 26 31 | 22 57 | 19 48 | 13 58 | 18 00 | 11 48 | 27 23 | 26 17 | 13 22 | 10 13 | 17 00 |
| 15 | 23 18 | 03 26 | 20 10 | 11 44 | 26 33 | 22 58 | 19 49 | 13 58 | 18 00 | 11 48 | 27 29 | 26 15 | 13 26 | 10 20 | 16 59 |
| 16 | 23 20 | +01 27 | 19 55 | 12 02 | 26 35 | 22 59 | 19 50 | 13 59 | 18 01 | 11 48 | 27 34 | 26 12 | 13 30 | 10 26 | 16 59 |
| 17 | 23 22 | 06 24 | 19 42 | 12 20 | 26 37 | 23 00 | 19 51 | 13 59 | 18 01 | 11 48 | 27 40 | 26 10 | 13 33 | 10 33 | 16 59 |
| 18 | 23 24 | 11 12 | 19 29 | 12 38 | 26 39 | 23 00 | 19 53 | 13 59 | 18 01 | 11 48 | 27 45 | 26 07 | 13 37 | 10 40 | 16 59 |
| 19 | 23 25 | 15 38 | 19 17 | 12 56 | 26 41 | 23 01 | 19 54 | 14 00 | 18 01 | 11 48 | 27 51 | 26 03 | 13 40 | 10 46 | 16 58 |
| 20 | 23 26 | 19 21 | 19 06 | 13 13 | 26 42 | 23 02 | 19 55 | 14 00 | 18 02 | 11 48 | 27 56 | 26 00 | 13 43 | 10 53 | 16 58 |
| 21 | 23 26 | 22 02 | 18 57 | 13 31 | 26 43 | 23 02 | 19 56 | 14 00 | 18 02 | 11 48 | 28 02 | 25 56 | 13 47 | 10 59 | 16 58 |
| 22 | 23 26 | 23 20 | 18 50 | 13 48 | 26 45 | 23 03 | 19 57 | 14 01 | 18 02 | 11 48 | 28 07 | 25 52 | 13 50 | 11 06 | 16 58 |
| 23 | 23 26 | 23 03 | 18 44 | 14 06 | 26 46 | 23 03 | 19 59 | 14 01 | 18 03 | 11 48 | 28 13 | 25 47 | 13 52 | 11 12 | 16 58 |
| 24 | 23 25 | 21 10 | 18 39 | 14 23 | 26 47 | 23 04 | 20 00 | 14 02 | 18 03 | 11 48 | 28 18 | 25 42 | 13 55 | 11 18 | 16 57 |
| 25 | 23 24 | 17 53 | 18 37 | 14 40 | 26 48 | 23 04 | 20 01 | 14 02 | 18 03 | 11 48 | 28 24 | 25 37 | 13 58 | 11 24 | 16 57 |
| 26 | 23 22 | 13 32 | 18 35 | 14 57 | 26 48 | 23 05 | 20 02 | 14 02 | 18 04 | 11 48 | 28 29 | 25 32 | 14 00 | 11 30 | 16 57 |
| 27 | 23 20 | 08 28 | 18 36 | 15 14 | 26 49 | 23 05 | 20 03 | 14 03 | 18 04 | 11 48 | 28 34 | 25 26 | 14 02 | 11 36 | 16 57 |
| 28 | 23 17 | 03 02 | 18 38 | 15 31 | 26 50 | 23 06 | 20 04 | 14 03 | 18 04 | 11 48 | 28 39 | 25 21 | 14 04 | 11 42 | 16 57 |
| 29 | 23 14 | -02 26 | 18 41 | 15 47 | 26 50 | 23 06 | 20 05 | 14 04 | 18 05 | 11 49 | 28 45 | 25 15 | 14 06 | 11 48 | 16 57 |
| 30 | 23 11 | 07 40 | 18 46 | 16 03 | 26 51 | 23 07 | 20 06 | 14 04 | 18 05 | 11 49 | 28 50 | 25 08 | 14 08 | 11 53 | 16 57 |

Lunar Phases -- 6 ○ 01:41 14 ◑ 03:29 21 ● 11:59 28 ◐ 03:21 Sun enters ♋ 6/21 07:39

## 0:00 E.T. Longitudes of Main Planets - July 2001

| D | S.T. | ☉ | ☽ | ☽ 12:00 | ☿ | ♀ | ♂ | ♃ | ♄ | ♅ | ♆ | ♇ | ☊ |
|---|---|---|---|---|---|---|---|---|---|---|---|---|---|
| 1 | 18:36:28 | 09♋14 09 | 15♏15 | 21♏47 | 21♊34 | 24♉56 | 17♐33℞ | 27♊18 | 08♊57 | 24♒26℞ | 08♒08℞ | 13♐14℞ | 06♋06 |
| 2 | 18:40:25 | 10 11 21 | 28 16 | 04♐41 | 21 50 | 26 01 | 17 18 | 27 31 | 09 04 | 24 24 | 08 07 | 13 13 | 06 03 |
| 3 | 18:44:21 | 11 08 33 | 11♐02 | 17 21 | 22 11 | 27 05 | 17 04 | 27 45 | 09 11 | 24 23 | 08 06 | 13 11 | 06 00 |
| 4 | 18:48:18 | 12 05 44 | 23 36 | 29 48 | 22 36 | 28 10 | 16 51 | 27 59 | 09 18 | 24 21 | 08 04 | 13 10 | 05 57 |
| 5 | 18:52:14 | 13 02 55 | 05♑58 | 12♑05 | 23 07 | 29 15 | 16 39 | 28 12 | 09 25 | 24 20 | 08 03 | 13 09 | 05 54 |
| 6 | 18:56:11 | 14 00 06 | 18 10 | 24 12 | 23 42 | 00♊20 | 16 27 | 28 26 | 09 32 | 24 18 | 08 01 | 13 07 | 05 50 |
| 7 | 19:00:07 | 14 57 18 | 00♒13 | 06♒12 | 24 23 | 01 25 | 16 16 | 28 39 | 09 38 | 24 17 | 08 00 | 13 06 | 05 47 |
| 8 | 19:04:04 | 15 54 29 | 12 09 | 18 06 | 25 08 | 02 30 | 16 06 | 28 53 | 09 45 | 24 15 | 07 58 | 13 05 | 05 44 |
| 9 | 19:08:00 | 16 51 41 | 24 02 | 29 57 | 25 58 | 03 36 | 15 57 | 29 06 | 09 52 | 24 13 | 07 57 | 13 04 | 05 41 |
| 10 | 19:11:57 | 17 48 53 | 05♓52 | 11♓48 | 26 52 | 04 42 | 15 48 | 29 20 | 09 59 | 24 11 | 07 55 | 13 02 | 05 38 |
| 11 | 19:15:54 | 18 46 05 | 17 44 | 23 42 | 27 51 | 05 47 | 15 40 | 29 33 | 10 05 | 24 10 | 07 54 | 13 01 | 05 34 |
| 12 | 19:19:50 | 19 43 17 | 29 42 | 05♈43 | 28 55 | 06 54 | 15 33 | 29 47 | 10 12 | 24 08 | 07 52 | 13 00 | 05 31 |
| 13 | 19:23:47 | 20 40 30 | 11♈48 | 17 56 | 00♋04 | 08 00 | 15 27 | 00 00 | 10 19 | 24 06 | 07 51 | 12 59 | 05 28 |
| 14 | 19:27:43 | 21 37 44 | 24 08 | 00♉24 | 01 16 | 09 06 | 15 21 | 00♋13 | 10 25 | 24 04 | 07 49 | 12 57 | 05 25 |
| 15 | 19:31:40 | 22 34 58 | 06♉45 | 13 12 | 02 34 | 10 13 | 15 17 | 00 27 | 10 32 | 24 02 | 07 48 | 12 56 | 05 22 |
| 16 | 19:35:36 | 23 32 13 | 19 45 | 26 23 | 03 55 | 11 19 | 15 13 | 00 40 | 10 38 | 24 00 | 07 46 | 12 55 | 05 19 |
| 17 | 19:39:33 | 24 29 28 | 03♊08 | 10♊00 | 05 21 | 12 26 | 15 10 | 00 53 | 10 44 | 23 58 | 07 45 | 12 54 | 05 15 |
| 18 | 19:43:29 | 25 26 44 | 16 58 | 24 03 | 06 51 | 13 33 | 15 08 | 01 06 | 10 51 | 23 56 | 07 43 | 12 53 | 05 12 |
| 19 | 19:47:26 | 26 24 01 | 01♋14 | 08♋31 | 08 25 | 14 40 | 15 07 | 01 19 | 10 57 | 23 54 | 07 41 | 12 52 | 05 09 |
| 20 | 19:51:23 | 27 21 18 | 15 52 | 23 18 | 10 02 | 15 48 | 15 06D | 01 32 | 11 03 | 23 52 | 07 40 | 12 51 | 05 06 |
| 21 | 19:55:19 | 28 18 36 | 00♌48 | 08♌19 | 11 44 | 16 55 | 15 07 | 01 45 | 11 09 | 23 50 | 07 38 | 12 50 | 05 03 |
| 22 | 19:59:16 | 29 15 55 | 15 52 | 23 25 | 13 29 | 18 03 | 15 08 | 01 58 | 11 15 | 23 48 | 07 37 | 12 49 | 05 00 |
| 23 | 20:03:12 | 00♌13 13 | 00♍57 | 08♍26 | 15 17 | 19 10 | 15 10 | 02 11 | 11 21 | 23 46 | 07 35 | 12 48 | 04 56 |
| 24 | 20:07:09 | 01 10 33 | 15 52 | 23 14 | 17 09 | 20 18 | 15 13 | 02 24 | 11 27 | 23 44 | 07 33 | 12 47 | 04 53 |
| 25 | 20:11:05 | 02 07 52 | 00♎31 | 07♎42 | 19 03 | 21 26 | 15 17 | 02 37 | 11 33 | 23 42 | 07 32 | 12 46 | 04 50 |
| 26 | 20:15:02 | 03 05 12 | 14 48 | 21 48 | 21 00 | 22 34 | 15 22 | 02 50 | 11 39 | 23 39 | 07 30 | 12 45 | 04 47 |
| 27 | 20:18:58 | 04 02 32 | 28 42 | 05♏29 | 22 59 | 23 42 | 15 27 | 03 03 | 11 45 | 23 37 | 07 29 | 12 44 | 04 44 |
| 28 | 20:22:55 | 04 59 53 | 12♏11 | 18 47 | 25 00 | 24 50 | 15 34 | 03 15 | 11 51 | 23 35 | 07 27 | 12 43 | 04 40 |
| 29 | 20:26:52 | 05 57 14 | 25 18 | 01♐44 | 27 03 | 25 59 | 15 41 | 03 28 | 11 56 | 23 33 | 07 25 | 12 43 | 04 37 |
| 30 | 20:30:48 | 06 54 35 | 08♐05 | 14 23 | 29 06 | 27 07 | 15 49 | 03 41 | 12 02 | 23 31 | 07 24 | 12 42 | 04 34 |
| 31 | 20:34:45 | 07 51 57 | 20 37 | 26 47 | 01♌11 | 28 16 | 15 57 | 03 53 | 12 07 | 23 28 | 07 22 | 12 41 | 04 31 |

## 0:00 E.T. Longitudes of the Major Asteroids and Chiron

| D | ⚳ | ⚴ | ⚵ | ⚶ | ⚷ |
|---|---|---|---|---|---|
| 1 | 17♑11℞ | 28♏22℞ | 16♊25 | 18♉52 | 24♐56℞ |
| 2 | 16 58 | 28 15 | 17 00 | 19 16 | 24 52 |
| 3 | 16 45 | 28 07 | 17 36 | 19 39 | 24 49 |
| 4 | 16 32 | 28 01 | 18 11 | 20 02 | 24 45 |
| 5 | 16 18 | 27 54 | 18 46 | 20 25 | 24 41 |
| 6 | 16 05 | 27 49 | 19 21 | 20 48 | 24 37 |
| 7 | 15 52 | 27 43 | 19 56 | 21 11 | 24 34 |
| 8 | 15 39 | 27 38 | 20 31 | 21 34 | 24 30 |
| 9 | 15 26 | 27 34 | 21 06 | 21 57 | 24 27 |
| 10 | 15 12 | 27 30 | 21 41 | 22 20 | 24 23 |
| 11 | 14 59 | 27 26 | 22 16 | 22 42 | 24 20 |
| 12 | 14 46 | 27 23 | 22 50 | 23 04 | 24 16 |
| 13 | 14 33 | 27 21 | 23 25 | 23 27 | 24 13 |
| 14 | 14 20 | 27 18 | 24 00 | 23 49 | 24 09 |
| 15 | 14 07 | 27 17 | 24 35 | 24 11 | 24 06 |
| 16 | 13 54 | 27 15 | 25 10 | 24 33 | 24 03 |

| D | ⚳ | ⚴ | ⚵ | ⚶ | ⚷ |
|---|---|---|---|---|---|
| 17 | 13 42 | 27 14 | 25 44 | 24 55 | 24 00 |
| 18 | 13 29 | 27 14 | 26 19 | 25 16 | 23 56 |
| 19 | 13 17 | 27 14D | 26 53 | 25 38 | 23 53 |
| 20 | 13 05 | 27 14 | 27 28 | 25 59 | 23 50 |
| 21 | 12 53 | 27 15 | 28 02 | 26 21 | 23 47 |
| 22 | 12 41 | 27 17 | 28 37 | 26 42 | 23 45 |
| 23 | 12 29 | 27 18 | 29 11 | 27 03 | 23 42 |
| 24 | 12 18 | 27 20 | 29 46 | 27 24 | 23 39 |
| 25 | 12 06 | 27 23 | 00♋20 | 27 45 | 23 36 |
| 26 | 11 55 | 27 26 | 00 54 | 28 05 | 23 34 |
| 27 | 11 45 | 27 29 | 01 28 | 28 26 | 23 31 |
| 28 | 11 34 | 27 33 | 02 03 | 28 46 | 23 29 |
| 29 | 11 24 | 27 37 | 02 37 | 29 06 | 23 26 |
| 30 | 11 14 | 27 41 | 03 11 | 29 27 | 23 24 |
| 31 | 11 04 | 27 46 | 03 45 | 29 46 | 23 22 |

## Lunar Data

| Last Asp. | | Ingress | | |
|---|---|---|---|---|
| 1 | 19:27 | 2 | ♐ | 03:14 |
| 4 | 08:37 | 4 | ♑ | 12:23 |
| 5 | 15:05 | 6 | ♒ | 23:34 |
| 9 | 10:29 | 9 | ♓ | 12:06 |
| 12 | 00:10 | 12 | ♈ | 00:37 |
| 13 | 23:53 | 14 | ♉ | 11:14 |
| 16 | 07:42 | 16 | ♊ | 18:26 |
| 18 | 11:47 | 18 | ♋ | 21:57 |
| 20 | 19:46 | 20 | ♌ | 22:44 |
| 22 | 12:35 | 22 | ♍ | 22:30 |
| 24 | 07:49 | 24 | ♎ | 23:09 |
| 26 | 15:11 | 27 | ♏ | 02:18 |
| 29 | 03:52 | 29 | ♐ | 08:45 |
| 31 | 16:26 | 31 | ♑ | 18:17 |

## 0:00 E.T. Declinations

| D | ☉ | ☽ | ☿ | ♀ | ♂ | ♃ | ♄ | ♅ | ♆ | ♇ | ⚳ | ⚴ | ⚵ | ⚶ | ⚷ |
|---|---|---|---|---|---|---|---|---|---|---|---|---|---|---|---|
| 1 | +23 07 | -12 28 | +18 53 | +16 19 | -26 51 | +23 07 | +20 07 | -14 05 | -18 05 | -11 49 | -28 55 | +25 02 | +14 10 | +11 59 | -16 56 |
| 2 | 23 03 | 16 35 | 19 00 | 16 35 | 26 51 | 23 07 | 20 09 | 14 05 | 18 06 | 11 49 | 29 00 | 24 55 | 14 12 | 12 05 | 16 56 |
| 3 | 22 58 | 19 51 | 19 09 | 16 51 | 26 51 | 23 08 | 20 10 | 14 06 | 18 06 | 11 49 | 29 05 | 24 48 | 14 13 | 12 10 | 16 56 |
| 4 | 22 53 | 22 07 | 19 19 | 17 06 | 26 51 | 23 08 | 20 11 | 14 06 | 18 06 | 11 49 | 29 10 | 24 41 | 14 14 | 12 15 | 16 56 |
| 5 | 22 48 | 23 16 | 19 30 | 17 21 | 26 51 | 23 08 | 20 12 | 14 07 | 18 07 | 11 49 | 29 15 | 24 34 | 14 16 | 12 21 | 16 56 |
| 6 | 22 42 | 23 17 | 19 41 | 17 36 | 26 51 | 23 09 | 20 13 | 14 08 | 18 07 | 11 49 | 29 19 | 24 26 | 14 17 | 12 26 | 16 56 |
| 7 | 22 36 | 22 12 | 19 54 | 17 51 | 26 51 | 23 09 | 20 14 | 14 08 | 18 08 | 11 49 | 29 24 | 24 18 | 14 18 | 12 31 | 16 56 |
| 8 | 22 29 | 20 07 | 20 07 | 18 05 | 26 51 | 23 09 | 20 15 | 14 09 | 18 08 | 11 50 | 29 28 | 24 10 | 14 18 | 12 36 | 16 56 |
| 9 | 22 22 | 17 11 | 20 20 | 18 19 | 26 51 | 23 09 | 20 15 | 14 09 | 18 08 | 11 50 | 29 33 | 24 02 | 14 19 | 12 41 | 16 56 |
| 10 | 22 15 | 13 35 | 20 34 | 18 32 | 26 51 | 23 09 | 20 16 | 14 10 | 18 09 | 11 50 | 29 37 | 23 54 | 14 20 | 12 46 | 16 56 |
| 11 | 22 07 | 09 26 | 20 48 | 18 45 | 26 51 | 23 10 | 20 17 | 14 11 | 18 09 | 11 50 | 29 41 | 23 45 | 14 20 | 12 51 | 16 56 |
| 12 | 21 59 | 04 55 | 21 01 | 18 58 | 26 51 | 23 10 | 20 18 | 14 11 | 18 10 | 11 50 | 29 46 | 23 37 | 14 20 | 12 56 | 16 56 |
| 13 | 21 51 | 00 10 | 21 15 | 19 11 | 26 51 | 23 10 | 20 19 | 14 12 | 18 10 | 11 50 | 29 50 | 23 28 | 14 20 | 13 00 | 16 56 |
| 14 | 21 42 | +04 41 | 21 28 | 19 23 | 26 51 | 23 10 | 20 20 | 14 12 | 18 10 | 11 51 | 29 54 | 23 19 | 14 20 | 13 05 | 16 56 |
| 15 | 21 33 | 09 29 | 21 40 | 19 35 | 26 51 | 23 10 | 20 21 | 14 13 | 18 11 | 11 51 | 29 58 | 23 10 | 14 20 | 13 09 | 16 56 |
| 16 | 21 23 | 13 59 | 21 52 | 19 46 | 26 50 | 23 10 | 20 22 | 14 14 | 18 11 | 11 51 | 30 01 | 23 00 | 14 20 | 13 14 | 16 56 |
| 17 | 21 13 | 17 57 | 22 03 | 19 57 | 26 50 | 23 10 | 20 23 | 14 14 | 18 12 | 11 51 | 30 05 | 22 51 | 14 19 | 13 18 | 16 56 |
| 18 | 21 03 | 21 04 | 22 12 | 20 07 | 26 50 | 23 10 | 20 23 | 14 15 | 18 12 | 11 51 | 30 08 | 22 42 | 14 19 | 13 22 | 16 56 |
| 19 | 20 52 | 22 58 | 22 20 | 20 17 | 26 50 | 23 10 | 20 24 | 14 16 | 18 12 | 11 52 | 30 12 | 22 32 | 14 18 | 13 26 | 16 56 |
| 20 | 20 41 | 23 22 | 22 27 | 20 27 | 26 50 | 23 10 | 20 25 | 14 17 | 18 13 | 11 52 | 30 15 | 22 22 | 14 17 | 13 31 | 16 56 |
| 21 | 20 30 | 22 06 | 22 31 | 20 36 | 26 50 | 23 10 | 20 26 | 14 17 | 18 13 | 11 52 | 30 18 | 22 12 | 14 16 | 13 35 | 16 57 |
| 22 | 20 18 | 19 16 | 22 34 | 20 45 | 26 50 | 23 10 | 20 27 | 14 18 | 18 14 | 11 52 | 30 21 | 22 02 | 14 15 | 13 39 | 16 57 |
| 23 | 20 06 | 15 08 | 22 35 | 20 53 | 26 50 | 23 09 | 20 27 | 14 19 | 18 14 | 11 52 | 30 24 | 21 52 | 14 14 | 13 42 | 16 57 |
| 24 | 19 54 | 10 06 | 22 33 | 21 01 | 26 50 | 23 09 | 20 28 | 14 19 | 18 15 | 11 53 | 30 27 | 21 42 | 14 12 | 13 46 | 16 57 |
| 25 | 19 41 | 04 34 | 22 29 | 21 08 | 26 50 | 23 09 | 20 29 | 14 20 | 18 15 | 11 53 | 30 30 | 21 31 | 14 11 | 13 50 | 16 57 |
| 26 | 19 28 | -01 04 | 22 22 | 21 15 | 26 51 | 23 09 | 20 29 | 14 21 | 18 15 | 11 53 | 30 33 | 21 21 | 14 09 | 13 53 | 16 57 |
| 27 | 19 15 | 06 29 | 22 13 | 21 21 | 26 51 | 23 09 | 20 30 | 14 22 | 18 16 | 11 53 | 30 35 | 21 10 | 14 07 | 13 57 | 16 57 |
| 28 | 19 01 | 11 28 | 22 01 | 21 27 | 26 51 | 23 09 | 20 31 | 14 22 | 18 16 | 11 54 | 30 38 | 21 00 | 14 06 | 14 00 | 16 58 |
| 29 | 18 47 | 15 46 | 21 47 | 21 32 | 26 51 | 23 08 | 20 32 | 14 23 | 18 17 | 11 54 | 30 40 | 20 49 | 14 04 | 14 04 | 16 58 |
| 30 | 18 33 | 19 14 | 21 30 | 21 37 | 26 52 | 23 08 | 20 32 | 14 24 | 18 17 | 11 54 | 30 42 | 20 38 | 14 01 | 14 07 | 16 58 |
| 31 | 18 18 | 21 43 | 21 10 | 21 41 | 26 52 | 23 08 | 20 33 | 14 25 | 18 18 | 11 55 | 30 44 | 20 28 | 13 59 | 14 10 | 16 58 |

Lunar Phases -- 5 Ⓔ 15:05 13 ◑ 18:46 20 ● 19:45 27 ◐ 10:09 Sun enters ♌ 7/22 18:28

## Longitudes of Main Planets - August 2001

0:00 E.T.

| D | S.T. | ☉ | ☽ | ☽ 12:00 | ☿ | ♀ | ♂ | ♃ | ♄ | ♅ | ♆ | ♇ | ☊ |
|---|---|---|---|---|---|---|---|---|---|---|---|---|---|
| 1 | 20:38:41 | 08♌49 20 | 02♑55 | 09♑00 | 03♌17 | 29♊25 | 16♐07 | 04♋06 | 12♊13 | 23♒26℞ | 07♒20℞ | 12♐40℞ | 04♋28 |
| 2 | 20:42:38 | 09 46 44 | 15 03 | 21 04 | 05 22 | 00♋34 | 16 17 | 04 18 | 12 18 | 23 24 | 07 19 | 12 40 | 04 25 |
| 3 | 20:46:34 | 10 44 08 | 27 04 | 03♒02 | 07 28 | 01 42 | 16 28 | 04 30 | 12 23 | 23 21 | 07 17 | 12 39 | 04 21 |
| 4 | 20:50:31 | 11 41 33 | 08♒59 | 14 55 | 09 33 | 02 52 | 16 39 | 04 43 | 12 29 | 23 19 | 07 16 | 12 38 | 04 18 |
| 5 | 20:54:27 | 12 38 59 | 20 51 | 26 47 | 11 38 | 04 01 | 16 52 | 04 55 | 12 34 | 23 17 | 07 14 | 12 38 | 04 15 |
| 6 | 20:58:24 | 13 36 26 | 02♓42 | 08♓38 | 13 42 | 05 10 | 17 05 | 05 07 | 12 39 | 23 14 | 07 12 | 12 37 | 04 12 |
| 7 | 21:02:21 | 14 33 54 | 14 34 | 20 30 | 15 46 | 06 19 | 17 19 | 05 19 | 12 44 | 23 12 | 07 11 | 12 37 | 04 09 |
| 8 | 21:06:17 | 15 31 23 | 26 28 | 02♈27 | 17 48 | 07 29 | 17 33 | 05 31 | 12 49 | 23 10 | 07 09 | 12 36 | 04 06 |
| 9 | 21:10:14 | 16 28 53 | 08♈27 | 14 30 | 19 49 | 08 38 | 17 48 | 05 43 | 12 54 | 23 07 | 07 07 | 12 36 | 04 02 |
| 10 | 21:14:10 | 17 26 25 | 20 35 | 26 42 | 21 49 | 09 48 | 18 04 | 05 55 | 12 58 | 23 05 | 07 06 | 12 35 | 03 59 |
| 11 | 21:18:07 | 18 23 58 | 02♉54 | 09♉09 | 23 48 | 10 58 | 18 20 | 06 07 | 13 03 | 23 03 | 07 04 | 12 35 | 03 56 |
| 12 | 21:22:03 | 19 21 32 | 15 28 | 21 52 | 25 45 | 12 08 | 18 37 | 06 19 | 13 08 | 23 00 | 07 03 | 12 34 | 03 53 |
| 13 | 21:26:00 | 20 19 08 | 28 22 | 04♊57 | 27 41 | 13 18 | 18 55 | 06 31 | 13 12 | 22 58 | 07 01 | 12 34 | 03 50 |
| 14 | 21:29:56 | 21 16 46 | 11♊39 | 18 27 | 29 36 | 14 28 | 19 13 | 06 42 | 13 17 | 22 55 | 07 00 | 12 34 | 03 46 |
| 15 | 21:33:53 | 22 14 25 | 25 22 | 02♋24 | 01♍29 | 15 38 | 19 32 | 06 54 | 13 21 | 22 53 | 06 58 | 12 34 | 03 43 |
| 16 | 21:37:50 | 23 12 05 | 09♋33 | 16 48 | 03 21 | 16 48 | 19 51 | 07 05 | 13 25 | 22 51 | 06 56 | 12 33 | 03 40 |
| 17 | 21:41:46 | 24 09 47 | 24 09 | 01♌36 | 05 11 | 17 59 | 20 11 | 07 17 | 13 30 | 22 48 | 06 55 | 12 33 | 03 37 |
| 18 | 21:45:43 | 25 07 30 | 09♌07 | 16 42 | 07 00 | 19 09 | 20 32 | 07 28 | 13 34 | 22 46 | 06 53 | 12 33 | 03 34 |
| 19 | 21:49:39 | 26 05 15 | 24 20 | 01♍59 | 08 47 | 20 20 | 20 53 | 07 39 | 13 38 | 22 43 | 06 52 | 12 33 | 03 31 |
| 20 | 21:53:36 | 27 03 01 | 09♍37 | 17 14 | 10 33 | 21 31 | 21 15 | 07 50 | 13 42 | 22 41 | 06 50 | 12 33 | 03 27 |
| 21 | 21:57:32 | 28 00 48 | 24 47 | 02♎17 | 12 18 | 22 41 | 21 37 | 08 01 | 13 46 | 22 39 | 06 49 | 12 32 | 03 24 |
| 22 | 22:01:29 | 28 58 37 | 09♎41 | 17 00 | 14 01 | 23 52 | 22 00 | 08 12 | 13 49 | 22 36 | 06 47 | 12 32 | 03 21 |
| 23 | 22:05:25 | 29 56 27 | 24 11 | 01♏16 | 15 43 | 25 03 | 22 23 | 08 23 | 13 53 | 22 34 | 06 46 | 12 32 | 03 18 |
| 24 | 22:09:22 | 00♍54 17 | 08♏13 | 15 03 | 17 23 | 26 14 | 22 47 | 08 34 | 13 56 | 22 32 | 06 44 | 12 32D | 03 15 |
| 25 | 22:13:19 | 01 52 10 | 21 46 | 28 22 | 19 02 | 27 25 | 23 11 | 08 45 | 14 00 | 22 29 | 06 43 | 12 32 | 03 11 |
| 26 | 22:17:15 | 02 50 03 | 04♐52 | 11♐16 | 20 40 | 28 36 | 23 36 | 08 55 | 14 03 | 22 27 | 06 41 | 12 32 | 03 08 |
| 27 | 22:21:12 | 03 47 57 | 17 35 | 23 49 | 22 16 | 29 47 | 24 01 | 09 06 | 14 07 | 22 25 | 06 40 | 12 32 | 03 05 |
| 28 | 22:25:08 | 04 45 53 | 29 59 | 06♑05 | 23 51 | 00♌59 | 24 27 | 09 16 | 14 10 | 22 22 | 06 39 | 12 33 | 03 02 |
| 29 | 22:29:05 | 05 43 50 | 12♑08 | 18 09 | 25 25 | 02 10 | 24 53 | 09 26 | 14 13 | 22 20 | 06 37 | 12 33 | 02 59 |
| 30 | 22:33:01 | 06 41 49 | 24 08 | 00♒06 | 26 57 | 03 22 | 25 20 | 09 37 | 14 16 | 22 18 | 06 36 | 12 33 | 02 56 |
| 31 | 22:36:58 | 07 39 49 | 06♒02 | 11 58 | 28 28 | 04 33 | 25 47 | 09 47 | 14 19 | 22 15 | 06 35 | 12 33 | 02 52 |

## Longitudes of the Major Asteroids and Chiron

0:00 E.T.

| D | ⚳ | ⚴ | ⚵ | ⚶ | ⚷ | D | ⚳ | ⚴ | ⚵ | ⚶ | ⚷ |
|---|---|---|---|---|---|---|---|---|---|---|---|
| 1 | 10♑55℞ | 27♏51 | 04♋19 | 00♊06 | 23♐20℞ | 17 | 09 07 | 00 00 | 13 13 | 05 00 | 22 55 |
| 2 | 10 46 | 27 57 | 04 52 | 00 26 | 23 17 | 18 | 09 03 | 00♐10 | 13 46 | 05 17 | 22 55 |
| 3 | 10 37 | 28 03 | 05 26 | 00 45 | 23 15 | 19 | 09 00 | 00 21 | 14 18 | 05 33 | 22 54 |
| 4 | 10 28 | 28 09 | 06 00 | 01 05 | 23 13 | 20 | 08 57 | 00 33 | 14 51 | 05 50 | 22 53 |
| 5 | 10 20 | 28 16 | 06 34 | 01 24 | 23 12 | 21 | 08 54 | 00 44 | 15 23 | 06 06 | 22 53 |
| 6 | 10 12 | 28 22 | 07 07 | 01 43 | 23 10 | 22 | 08 52 | 00 56 | 15 56 | 06 22 | 22 52 |
| 7 | 10 05 | 28 30 | 07 41 | 02 02 | 23 08 | 23 | 08 50 | 01 08 | 16 28 | 06 38 | 22 52 |
| 8 | 09 57 | 28 37 | 08 14 | 02 20 | 23 06 | 24 | 08 48 | 01 20 | 17 01 | 06 53 | 22 52 |
| 9 | 09 50 | 28 45 | 08 48 | 02 39 | 23 05 | 25 | 08 47 | 01 32 | 17 33 | 07 08 | 22 52 |
| 10 | 09 44 | 28 54 | 09 21 | 02 57 | 23 03 | 26 | 08 46 | 01 45 | 18 05 | 07 23 | 22 51 |
| 11 | 09 37 | 29 02 | 09 54 | 03 15 | 23 02 | 27 | 08 45 | 01 58 | 18 37 | 07 38 | 22 51D |
| 12 | 09 32 | 29 11 | 10 28 | 03 33 | 23 01 | 28 | 08 45 | 02 11 | 19 09 | 07 53 | 22 52 |
| 13 | 09 26 | 29 20 | 11 01 | 03 51 | 22 59 | 29 | 08 45D | 02 25 | 19 41 | 08 07 | 22 52 |
| 14 | 09 21 | 29 30 | 11 34 | 04 08 | 22 58 | 30 | 08 46 | 02 38 | 20 13 | 08 21 | 22 52 |
| 15 | 09 16 | 29 39 | 12 07 | 04 26 | 22 57 | 31 | 08 47 | 02 52 | 20 44 | 08 35 | 22 52 |
| 16 | 09 11 | 29 49 | 12 40 | 04 43 | 22 56 | | | | | | |

## Lunar Data

| Last Asp. | | Ingress | | |
|---|---|---|---|---|
| 1 | 02:22 | 3 | ♒ | 05:54 |
| 5 | 04:53 | 5 | ♓ | 18:31 |
| 7 | 05:40 | 8 | ♈ | 07:06 |
| 10 | 04:54 | 10 | ♉ | 18:24 |
| 12 | 22:32 | 13 | ♊ | 02:59 |
| 14 | 19:43 | 15 | ♋ | 07:55 |
| 16 | 13:04 | 17 | ♌ | 09:26 |
| 19 | 02:56 | 19 | ♍ | 08:54 |
| 20 | 20:22 | 21 | ♎ | 08:20 |
| 23 | 01:36 | 23 | ♏ | 09:51 |
| 25 | 11:18 | 25 | ♐ | 15:01 |
| 27 | 12:51 | 28 | ♑ | 00:03 |
| 30 | 06:29 | 30 | ♒ | 11:49 |

## Declinations

0:00 E.T.

| D | ☉ | ☽ | ☿ | ♀ | ♂ | ♃ | ♄ | ♅ | ♆ | ♇ | ⚳ | ⚴ | ⚵ | ⚶ | ⚷ |
|---|---|---|---|---|---|---|---|---|---|---|---|---|---|---|---|
| 1 | +18 03 | -23 07 | +20 47 | +21 45 | -26 52 | +23 07 | +20 33 | -14 25 | -18 18 | -11 55 | -30 46 | +20 17 | +13 57 | +14 13 | -16 58 |
| 2 | 17 48 | 23 24 | 20 23 | 21 48 | 26 53 | 23 07 | 20 34 | 14 26 | 18 18 | 11 55 | 30 48 | 20 06 | 13 54 | 14 16 | 16 59 |
| 3 | 17 33 | 22 34 | 19 55 | 21 50 | 26 53 | 23 07 | 20 35 | 14 27 | 18 19 | 11 56 | 30 50 | 19 55 | 13 51 | 14 19 | 16 59 |
| 4 | 17 17 | 20 44 | 19 26 | 21 52 | 26 54 | 23 06 | 20 35 | 14 28 | 18 19 | 11 56 | 30 52 | 19 44 | 13 49 | 14 22 | 16 59 |
| 5 | 17 01 | 18 00 | 18 55 | 21 53 | 26 54 | 23 06 | 20 36 | 14 28 | 18 20 | 11 56 | 30 53 | 19 33 | 13 46 | 14 25 | 16 59 |
| 6 | 16 44 | 14 32 | 18 22 | 21 54 | 26 55 | 23 06 | 20 36 | 14 29 | 18 20 | 11 56 | 30 55 | 19 22 | 13 43 | 14 28 | 17 00 |
| 7 | 16 28 | 10 31 | 17 47 | 21 54 | 26 55 | 23 05 | 20 37 | 14 30 | 18 21 | 11 57 | 30 56 | 19 10 | 13 40 | 14 30 | 17 00 |
| 8 | 16 11 | 06 04 | 17 11 | 21 54 | 26 55 | 23 05 | 20 37 | 14 31 | 18 21 | 11 57 | 30 57 | 18 59 | 13 36 | 14 33 | 17 00 |
| 9 | 15 54 | 01 23 | 16 33 | 21 53 | 26 56 | 23 04 | 20 38 | 14 32 | 18 21 | 11 58 | 30 59 | 18 48 | 13 33 | 14 35 | 17 00 |
| 10 | 15 36 | +03 25 | 15 54 | 21 52 | 26 56 | 23 04 | 20 38 | 14 32 | 18 22 | 11 58 | 31 00 | 18 37 | 13 29 | 14 38 | 17 01 |
| 11 | 15 19 | 08 10 | 15 14 | 21 49 | 26 57 | 23 04 | 20 39 | 14 33 | 18 22 | 11 58 | 31 01 | 18 26 | 13 26 | 14 40 | 17 01 |
| 12 | 15 01 | 12 41 | 14 32 | 21 47 | 26 57 | 23 03 | 20 39 | 14 34 | 18 23 | 11 59 | 31 02 | 18 14 | 13 22 | 14 42 | 17 01 |
| 13 | 14 43 | 16 46 | 13 50 | 21 43 | 26 58 | 23 03 | 20 40 | 14 35 | 18 23 | 11 59 | 31 02 | 18 03 | 13 18 | 14 45 | 17 02 |
| 14 | 14 24 | 20 07 | 13 08 | 21 40 | 26 58 | 23 02 | 20 40 | 14 36 | 18 23 | 11 59 | 31 03 | 17 52 | 13 14 | 14 47 | 17 02 |
| 15 | 14 06 | 22 28 | 12 24 | 21 35 | 26 59 | 23 02 | 20 41 | 14 36 | 18 24 | 12 00 | 31 04 | 17 41 | 13 10 | 14 49 | 17 02 |
| 16 | 13 47 | 23 28 | 11 41 | 21 30 | 26 59 | 23 01 | 20 41 | 14 37 | 18 24 | 12 00 | 31 05 | 17 29 | 13 06 | 14 51 | 17 03 |
| 17 | 13 28 | 22 55 | 10 56 | 21 24 | 27 00 | 23 00 | 20 42 | 14 38 | 18 25 | 12 01 | 31 05 | 17 18 | 13 01 | 14 53 | 17 03 |
| 18 | 13 09 | 20 44 | 10 12 | 21 18 | 27 00 | 23 00 | 20 42 | 14 39 | 18 25 | 12 01 | 31 06 | 17 07 | 12 57 | 14 54 | 17 04 |
| 19 | 12 49 | 17 03 | 09 27 | 21 11 | 27 00 | 22 59 | 20 42 | 14 39 | 18 25 | 12 01 | 31 06 | 16 55 | 12 53 | 14 56 | 17 04 |
| 20 | 12 30 | 12 14 | 08 42 | 21 04 | 27 01 | 22 59 | 20 43 | 14 40 | 18 26 | 12 02 | 31 06 | 16 44 | 12 48 | 14 58 | 17 04 |
| 21 | 12 10 | 06 41 | 07 57 | 20 56 | 27 01 | 22 58 | 20 43 | 14 41 | 18 26 | 12 02 | 31 06 | 16 33 | 12 43 | 14 59 | 17 05 |
| 22 | 11 50 | 00 50 | 07 12 | 20 47 | 27 01 | 22 58 | 20 43 | 14 42 | 18 27 | 12 03 | 31 07 | 16 21 | 12 38 | 15 01 | 17 05 |
| 23 | 11 30 | -04 54 | 06 26 | 20 38 | 27 01 | 22 57 | 20 44 | 14 43 | 18 27 | 12 03 | 31 07 | 16 10 | 12 33 | 15 02 | 17 06 |
| 24 | 11 09 | 10 13 | 05 41 | 20 28 | 27 02 | 22 56 | 20 44 | 14 43 | 18 27 | 12 03 | 31 07 | 15 59 | 12 28 | 15 04 | 17 06 |
| 25 | 10 49 | 14 51 | 04 56 | 20 18 | 27 02 | 22 56 | 20 44 | 14 44 | 18 28 | 12 04 | 31 07 | 15 48 | 12 23 | 15 05 | 17 06 |
| 26 | 10 28 | 18 36 | 04 11 | 20 07 | 27 02 | 22 55 | 20 45 | 14 45 | 18 28 | 12 04 | 31 07 | 15 37 | 12 18 | 15 06 | 17 07 |
| 27 | 10 07 | 21 22 | 03 27 | 19 55 | 27 01 | 22 54 | 20 45 | 14 46 | 18 28 | 12 05 | 31 07 | 15 25 | 12 12 | 15 07 | 17 07 |
| 28 | 09 46 | 23 01 | 02 42 | 19 43 | 27 01 | 22 54 | 20 45 | 14 46 | 18 29 | 12 05 | 31 06 | 15 14 | 12 07 | 15 09 | 17 08 |
| 29 | 09 25 | 23 33 | 01 58 | 19 30 | 27 01 | 22 53 | 20 45 | 14 47 | 18 29 | 12 06 | 31 06 | 15 03 | 12 02 | 15 10 | 17 08 |
| 30 | 09 03 | 22 57 | 01 14 | 19 17 | 27 01 | 22 53 | 20 46 | 14 48 | 18 30 | 12 06 | 31 06 | 14 52 | 11 56 | 15 10 | 17 09 |
| 31 | 08 42 | 21 20 | 00 31 | 19 04 | 27 00 | 22 52 | 20 46 | 14 49 | 18 30 | 12 07 | 31 06 | 14 41 | 11 50 | 15 11 | 17 09 |

Lunar Phases -- 4 ○ 05:57 12 ◑ 07:54 19 ● 02:56 25 ◐ 19:56 Sun enters ♍ 8/23 01:29

# 0:00 E.T. Longitudes of Main Planets - September 2001 **Sep. 01**

| D | S.T. | ☉ | ☽ | ☽ 12:00 | ☿ | ♀ | ♂ | ♃ | ♄ | ♅ | ♆ | ♇ | ☊ |
|---|---|---|---|---|---|---|---|---|---|---|---|---|---|
| 1 | 22:40:54 | 08♍37 50 | 17♒53 | 23♒48 | 29♍58 | 05♌45 | 26♐14 | 09♋57 | 14♊22 | 22♒13℞ | 06♒33℞ | 12♐33 | 02♋49 |
| 2 | 22:44:51 | 09 35 53 | 29 44 | 05♓39 | 01♎26 | 06 57 | 26 42 | 10 07 | 14 24 | 22 11 | 06 32 | 12 34 | 02 46 |
| 3 | 22:48:48 | 10 33 58 | 11♓36 | 17 33 | 02 53 | 08 08 | 27 10 | 10 16 | 14 27 | 22 09 | 06 31 | 12 34 | 02 43 |
| 4 | 22:52:44 | 11 32 04 | 23 31 | 29 30 | 04 19 | 09 20 | 27 39 | 10 26 | 14 29 | 22 06 | 06 29 | 12 34 | 02 40 |
| 5 | 22:56:41 | 12 30 12 | 05♈31 | 11♈33 | 05 43 | 10 32 | 28 08 | 10 36 | 14 32 | 22 04 | 06 28 | 12 35 | 02 37 |
| 6 | 23:00:37 | 13 28 21 | 17 37 | 23 43 | 07 06 | 11 44 | 28 37 | 10 45 | 14 34 | 22 02 | 06 27 | 12 35 | 02 33 |
| 7 | 23:04:34 | 14 26 33 | 29 50 | 06♉01 | 08 27 | 12 56 | 29 07 | 10 54 | 14 36 | 22 00 | 06 26 | 12 36 | 02 30 |
| 8 | 23:08:30 | 15 24 46 | 12♉14 | 18 30 | 09 47 | 14 08 | 29 37 | 11 04 | 14 38 | 21 58 | 06 25 | 12 36 | 02 27 |
| 9 | 23:12:27 | 16 23 02 | 24 50 | 01♊14 | 11 06 | 15 21 | 00♑08 | 11 13 | 14 40 | 21 56 | 06 23 | 12 37 | 02 24 |
| 10 | 23:16:23 | 17 21 19 | 07♊42 | 14 15 | 12 23 | 16 33 | 00 39 | 11 22 | 14 42 | 21 53 | 06 22 | 12 37 | 02 21 |
| 11 | 23:20:20 | 18 19 39 | 20 54 | 27 38 | 13 38 | 17 45 | 01 10 | 11 31 | 14 44 | 21 51 | 06 21 | 12 38 | 02 17 |
| 12 | 23:24:17 | 19 18 01 | 04♋28 | 11♋25 | 14 51 | 18 58 | 01 41 | 11 39 | 14 46 | 21 49 | 06 20 | 12 38 | 02 14 |
| 13 | 23:28:13 | 20 16 25 | 18 27 | 25 37 | 16 03 | 20 11 | 02 13 | 11 48 | 14 47 | 21 47 | 06 19 | 12 39 | 02 11 |
| 14 | 23:32:10 | 21 14 51 | 02♌52 | 10♌13 | 17 13 | 21 23 | 02 45 | 11 57 | 14 49 | 21 45 | 06 18 | 12 40 | 02 08 |
| 15 | 23:36:06 | 22 13 19 | 17 39 | 25 10 | 18 21 | 22 36 | 03 18 | 12 05 | 14 50 | 21 43 | 06 17 | 12 41 | 02 05 |
| 16 | 23:40:03 | 23 11 49 | 02♍44 | 10♍20 | 19 27 | 23 49 | 03 51 | 12 13 | 14 52 | 21 41 | 06 16 | 12 41 | 02 02 |
| 17 | 23:43:59 | 24 10 21 | 17 57 | 25 34 | 20 31 | 25 01 | 04 24 | 12 21 | 14 53 | 21 40 | 06 15 | 12 42 | 01 58 |
| 18 | 23:47:56 | 25 08 55 | 03♎09 | 10♎40 | 21 33 | 26 14 | 04 57 | 12 29 | 14 54 | 21 38 | 06 14 | 12 43 | 01 55 |
| 19 | 23:51:52 | 26 07 31 | 18 07 | 25 28 | 22 32 | 27 27 | 05 31 | 12 37 | 14 55 | 21 36 | 06 13 | 12 44 | 01 52 |
| 20 | 23:55:49 | 27 06 09 | 02♏44 | 09♏52 | 23 28 | 28 40 | 06 05 | 12 45 | 14 55 | 21 34 | 06 12 | 12 45 | 01 49 |
| 21 | 23:59:46 | 28 04 49 | 16 52 | 23 46 | 24 22 | 29 53 | 06 39 | 12 52 | 14 56 | 21 32 | 06 11 | 12 45 | 01 46 |
| 22 | 0:03:42 | 29 03 30 | 00♐32 | 07♐10 | 25 12 | 01♍07 | 07 13 | 13 00 | 14 57 | 21 30 | 06 11 | 12 46 | 01 43 |
| 23 | 0:07:39 | 00♎02 13 | 13 42 | 20 07 | 25 59 | 02 20 | 07 48 | 13 07 | 14 57 | 21 29 | 06 10 | 12 47 | 01 39 |
| 24 | 0:11:35 | 01 00 57 | 26 27 | 02♑41 | 26 43 | 03 33 | 08 23 | 13 14 | 14 58 | 21 27 | 06 09 | 12 48 | 01 36 |
| 25 | 0:15:32 | 01 59 44 | 08♑50 | 14 56 | 27 22 | 04 46 | 08 58 | 13 21 | 14 58 | 21 25 | 06 08 | 12 49 | 01 33 |
| 26 | 0:19:28 | 02 58 32 | 20 58 | 26 58 | 27 58 | 06 00 | 09 34 | 13 28 | 14 58 | 21 24 | 06 07 | 12 51 | 01 30 |
| 27 | 0:23:25 | 03 57 21 | 02♒56 | 08♒52 | 28 29 | 07 13 | 10 10 | 13 35 | 14 58℞ | 21 22 | 06 07 | 12 52 | 01 27 |
| 28 | 0:27:21 | 04 56 13 | 14 47 | 20 42 | 28 55 | 08 27 | 10 46 | 13 41 | 14 58 | 21 21 | 06 06 | 12 53 | 01 23 |
| 29 | 0:31:18 | 05 55 06 | 26 37 | 02♓33 | 29 15 | 09 40 | 11 22 | 13 48 | 14 58 | 21 19 | 06 06 | 12 54 | 01 20 |
| 30 | 0:35:15 | 06 54 01 | 08♓29 | 14 26 | 29 30 | 10 54 | 11 58 | 13 54 | 14 58 | 21 18 | 06 05 | 12 55 | 01 17 |

## 0:00 E.T. Longitudes of the Major Asteroids and Chiron

| D | ⚳ | ⚴ | ⚵ | ⚶ | ⚷ | D | ⚳ | ⚴ | ⚵ | ⚶ | ⚷ |
|---|---|---|---|---|---|---|---|---|---|---|---|
| 1 | 08♑48 | 03♐06 | 21♋16 | 08♊48 | 22♐53 | 16 | 09 47 | 07 01 | 28 57 | 11 38 | 23 10 |
| 2 | 08 49 | 03 21 | 21 47 | 09 02 | 22 53 | 17 | 09 53 | 07 18 | 29 26 | 11 47 | 23 12 |
| 3 | 08 51 | 03 35 | 22 19 | 09 15 | 22 54 | 18 | 10 00 | 07 35 | 29 56 | 11 56 | 23 14 |
| 4 | 08 54 | 03 50 | 22 50 | 09 28 | 22 55 | 19 | 10 07 | 07 53 | 00♌26 | 12 04 | 23 16 |
| 5 | 08 56 | 04 05 | 23 21 | 09 40 | 22 56 | 20 | 10 14 | 08 10 | 00 55 | 12 12 | 23 18 |
| 6 | 08 59 | 04 20 | 23 52 | 09 52 | 22 56 | 21 | 10 22 | 08 28 | 01 24 | 12 19 | 23 21 |
| 7 | 09 02 | 04 35 | 24 23 | 10 04 | 22 57 | 22 | 10 30 | 08 46 | 01 54 | 12 26 | 23 23 |
| 8 | 09 06 | 04 51 | 24 54 | 10 16 | 22 59 | 23 | 10 38 | 09 04 | 02 23 | 12 33 | 23 25 |
| 9 | 09 10 | 05 06 | 25 25 | 10 27 | 23 00 | 24 | 10 47 | 09 22 | 02 51 | 12 40 | 23 28 |
| 10 | 09 14 | 05 22 | 25 55 | 10 38 | 23 01 | 25 | 10 55 | 09 40 | 03 20 | 12 46 | 23 30 |
| 11 | 09 19 | 05 38 | 26 26 | 10 49 | 23 02 | 26 | 11 04 | 09 59 | 03 49 | 12 51 | 23 33 |
| 12 | 09 24 | 05 54 | 26 56 | 11 00 | 23 04 | 27 | 11 14 | 10 17 | 04 17 | 12 57 | 23 36 |
| 13 | 09 29 | 06 11 | 27 26 | 11 10 | 23 05 | 28 | 11 23 | 10 36 | 04 45 | 13 02 | 23 38 |
| 14 | 09 34 | 06 27 | 27 57 | 11 20 | 23 07 | 29 | 11 33 | 10 54 | 05 14 | 13 06 | 23 41 |
| 15 | 09 40 | 06 44 | 28 27 | 11 29 | 23 09 | 30 | 11 43 | 11 13 | 05 42 | 13 10 | 23 44 |

## Lunar Data

| Last Asp. | | Ingress | | |
|---|---|---|---|---|
| 1 | 17:37 | 2 | ♓ | 00:33 |
| 4 | 08:38 | 4 | ♈ | 12:59 |
| 6 | 22:32 | 7 | ♉ | 00:19 |
| 8 | 18:31 | 9 | ♊ | 09:42 |
| 11 | 01:42 | 11 | ♋ | 16:10 |
| 13 | 03:17 | 13 | ♌ | 19:17 |
| 15 | 08:36 | 15 | ♍ | 19:40 |
| 17 | 10:29 | 17 | ♎ | 19:01 |
| 19 | 16:39 | 19 | ♏ | 19:28 |
| 21 | 21:11 | 21 | ♐ | 23:04 |
| 24 | 00:33 | 24 | ♑ | 06:50 |
| 26 | 14:39 | 26 | ♒ | 18:06 |
| 29 | 05:29 | 29 | ♓ | 06:51 |

## 0:00 E.T. Declinations

| D | ☉ | ☽ | ☿ | ♀ | ♂ | ♃ | ♄ | ♅ | ♆ | ♇ | ⚳ | ⚴ | ⚵ | ⚶ | ⚷ |
|---|---|---|---|---|---|---|---|---|---|---|---|---|---|---|---|
| 1 | +08 20 | -18 47 | -00 12 | +18 49 | -27 00 | +22 51 | +20 46 | -14 49 | -18 30 | -12 07 | -31 05 | +14 30 | +11 44 | +15 12 | -17 10 |
| 2 | 07 58 | 15 27 | 00 55 | 18 34 | 26 59 | 22 51 | 20 46 | 14 50 | 18 31 | 12 07 | 31 05 | 14 19 | 11 38 | 15 13 | 17 10 |
| 3 | 07 36 | 11 31 | 01 37 | 18 19 | 26 59 | 22 50 | 20 46 | 14 51 | 18 31 | 12 08 | 31 04 | 14 08 | 11 32 | 15 14 | 17 10 |
| 4 | 07 14 | 07 07 | 02 19 | 18 03 | 26 58 | 22 49 | 20 46 | 14 51 | 18 31 | 12 08 | 31 04 | 13 57 | 11 26 | 15 14 | 17 11 |
| 5 | 06 52 | 02 25 | 03 00 | 17 47 | 26 57 | 22 49 | 20 47 | 14 52 | 18 32 | 12 09 | 31 03 | 13 47 | 11 20 | 15 15 | 17 11 |
| 6 | 06 30 | +02 24 | 03 40 | 17 30 | 26 56 | 22 48 | 20 47 | 14 53 | 18 32 | 12 09 | 31 02 | 13 36 | 11 14 | 15 15 | 17 12 |
| 7 | 06 07 | 07 12 | 04 20 | 17 13 | 26 55 | 22 47 | 20 47 | 14 54 | 18 32 | 12 10 | 31 02 | 13 25 | 11 08 | 15 16 | 17 12 |
| 8 | 05 45 | 11 46 | 05 00 | 16 55 | 26 53 | 22 46 | 20 47 | 14 54 | 18 33 | 12 10 | 31 01 | 13 15 | 11 01 | 15 16 | 17 13 |
| 9 | 05 22 | 15 56 | 05 38 | 16 36 | 26 52 | 22 46 | 20 47 | 14 55 | 18 33 | 12 11 | 31 00 | 13 04 | 10 55 | 15 16 | 17 13 |
| 10 | 05 00 | 19 27 | 06 16 | 16 17 | 26 51 | 22 45 | 20 47 | 14 56 | 18 33 | 12 11 | 30 59 | 12 53 | 10 48 | 15 17 | 17 14 |
| 11 | 04 37 | 22 04 | 06 53 | 15 58 | 26 49 | 22 44 | 20 47 | 14 56 | 18 33 | 12 12 | 30 59 | 12 43 | 10 42 | 15 17 | 17 14 |
| 12 | 04 14 | 23 29 | 07 30 | 15 38 | 26 47 | 22 44 | 20 47 | 14 57 | 18 34 | 12 12 | 30 58 | 12 32 | 10 35 | 15 17 | 17 15 |
| 13 | 03 51 | 23 30 | 08 05 | 15 18 | 26 45 | 22 43 | 20 47 | 14 58 | 18 34 | 12 13 | 30 57 | 12 22 | 10 28 | 15 17 | 17 16 |
| 14 | 03 28 | 21 58 | 08 40 | 14 58 | 26 43 | 22 42 | 20 47 | 14 58 | 18 34 | 12 13 | 30 56 | 12 12 | 10 21 | 15 17 | 17 16 |
| 15 | 03 05 | 18 54 | 09 13 | 14 36 | 26 41 | 22 42 | 20 47 | 14 59 | 18 35 | 12 14 | 30 55 | 12 02 | 10 14 | 15 17 | 17 17 |
| 16 | 02 42 | 14 33 | 09 46 | 14 15 | 26 38 | 22 41 | 20 47 | 14 59 | 18 35 | 12 14 | 30 54 | 11 51 | 10 08 | 15 17 | 17 17 |
| 17 | 02 19 | 09 13 | 10 17 | 13 53 | 26 36 | 22 40 | 20 47 | 15 00 | 18 35 | 12 15 | 30 53 | 11 41 | 10 00 | 15 17 | 17 18 |
| 18 | 01 56 | 03 21 | 10 47 | 13 31 | 26 33 | 22 40 | 20 47 | 15 01 | 18 35 | 12 15 | 30 51 | 11 31 | 09 53 | 15 17 | 17 18 |
| 19 | 01 32 | -02 39 | 11 16 | 13 08 | 26 30 | 22 39 | 20 47 | 15 01 | 18 36 | 12 16 | 30 50 | 11 21 | 09 46 | 15 16 | 17 19 |
| 20 | 01 09 | 08 21 | 11 44 | 12 45 | 26 27 | 22 38 | 20 47 | 15 02 | 18 36 | 12 16 | 30 49 | 11 11 | 09 39 | 15 16 | 17 19 |
| 21 | 00 46 | 13 28 | 12 11 | 12 22 | 26 24 | 22 38 | 20 47 | 15 02 | 18 36 | 12 17 | 30 48 | 11 01 | 09 32 | 15 16 | 17 20 |
| 22 | 00 22 | 17 42 | 12 35 | 11 58 | 26 21 | 22 37 | 20 47 | 15 03 | 18 36 | 12 17 | 30 46 | 10 52 | 09 25 | 15 15 | 17 20 |
| 23 | -00 01 | 20 53 | 12 58 | 11 34 | 26 17 | 22 36 | 20 47 | 15 03 | 18 36 | 12 18 | 30 45 | 10 42 | 09 17 | 15 15 | 17 21 |
| 24 | 00 24 | 22 55 | 13 20 | 11 09 | 26 14 | 22 36 | 20 47 | 15 04 | 18 37 | 12 18 | 30 44 | 10 32 | 09 10 | 15 15 | 17 21 |
| 25 | 00 48 | 23 45 | 13 39 | 10 44 | 26 10 | 22 35 | 20 47 | 15 04 | 18 37 | 12 19 | 30 42 | 10 23 | 09 02 | 15 14 | 17 22 |
| 26 | 01 11 | 23 26 | 13 57 | 10 19 | 26 06 | 22 35 | 20 47 | 15 05 | 18 37 | 12 20 | 30 41 | 10 13 | 08 55 | 15 13 | 17 22 |
| 27 | 01 34 | 22 02 | 14 12 | 09 54 | 26 02 | 22 34 | 20 47 | 15 05 | 18 37 | 12 20 | 30 39 | 10 04 | 08 47 | 15 13 | 17 23 |
| 28 | 01 58 | 19 40 | 14 24 | 09 28 | 25 57 | 22 33 | 20 47 | 15 06 | 18 37 | 12 21 | 30 38 | 09 55 | 08 40 | 15 12 | 17 24 |
| 29 | 02 21 | 16 30 | 14 35 | 09 02 | 25 53 | 22 33 | 20 47 | 15 06 | 18 38 | 12 21 | 30 36 | 09 45 | 08 32 | 15 12 | 17 24 |
| 30 | 02 44 | 12 39 | 14 42 | 08 36 | 25 48 | 22 32 | 20 46 | 15 07 | 18 38 | 12 22 | 30 35 | 09 36 | 08 24 | 15 11 | 17 25 |

Lunar Phases -- 2 ○ 21:44 10 ◑ 19:01 17 ● 10:28 24 ◐ 09:32 Sun enters ♎ 9/22 23:06

## Longitudes of Main Planets - October 2001

0:00 E.T.

| D | S.T. | ☉ | ☽ | ☽ 12:00 | ☿ | ♀ | ♂ | ♃ | ♄ | ♅ | ♆ | ♇ | ☊ |
|---|---|---|---|---|---|---|---|---|---|---|---|---|---|
| 1 | 0:39:11 | 07♎52 58 | 20♓25 | 26♓25 | 29♎39 | 12♍07 | 12♑35 | 14♋00 | 14♊57℞ | 21♒16℞ | 06♒04℞ | 12♐56 | 01♋14 |
| 2 | 0:43:08 | 08 51 57 | 02♈27 | 08♈30 | 29 41℞ | 13 21 | 13 12 | 14 06 | 14 57 | 21 15 | 06 04 | 12 57 | 01 11 |
| 3 | 0:47:04 | 09 50 58 | 14 36 | 20 44 | 29 36 | 14 35 | 13 49 | 14 12 | 14 56 | 21 14 | 06 03 | 12 59 | 01 08 |
| 4 | 0:51:01 | 10 50 01 | 26 53 | 03♉05 | 29 24 | 15 49 | 14 26 | 14 17 | 14 56 | 21 12 | 06 03 | 13 00 | 01 04 |
| 5 | 0:54:57 | 11 49 06 | 09♉19 | 15 36 | 29 04 | 17 02 | 15 04 | 14 23 | 14 55 | 21 11 | 06 02 | 13 01 | 01 01 |
| 6 | 0:58:54 | 12 48 13 | 21 55 | 28 17 | 28 36 | 18 16 | 15 41 | 14 28 | 14 54 | 21 10 | 06 02 | 13 03 | 00 58 |
| 7 | 1:02:50 | 13 47 23 | 04♊42 | 11♊10 | 28 00 | 19 30 | 16 19 | 14 33 | 14 53 | 21 09 | 06 02 | 13 04 | 00 55 |
| 8 | 1:06:47 | 14 46 35 | 17 41 | 24 16 | 27 17 | 20 44 | 16 57 | 14 38 | 14 52 | 21 08 | 06 01 | 13 06 | 00 52 |
| 9 | 1:10:44 | 15 45 49 | 00♋55 | 07♋39 | 26 26 | 21 58 | 17 35 | 14 43 | 14 50 | 21 06 | 06 01 | 13 07 | 00 49 |
| 10 | 1:14:40 | 16 45 05 | 14 27 | 21 20 | 25 28 | 23 12 | 18 14 | 14 47 | 14 49 | 21 05 | 06 01 | 13 08 | 00 45 |
| 11 | 1:18:37 | 17 44 24 | 28 17 | 05♌20 | 24 24 | 24 27 | 18 52 | 14 52 | 14 48 | 21 04 | 06 00 | 13 10 | 00 42 |
| 12 | 1:22:33 | 18 43 45 | 12♌28 | 19 41 | 23 16 | 25 41 | 19 31 | 14 56 | 14 46 | 21 03 | 06 00 | 13 11 | 00 39 |
| 13 | 1:26:30 | 19 43 09 | 26 57 | 04♍18 | 22 05 | 26 55 | 20 10 | 15 00 | 14 44 | 21 03 | 06 00 | 13 13 | 00 36 |
| 14 | 1:30:26 | 20 42 34 | 11♍42 | 19 09 | 20 52 | 28 09 | 20 49 | 15 04 | 14 42 | 21 02 | 06 00 | 13 15 | 00 33 |
| 15 | 1:34:23 | 21 42 02 | 26 36 | 04♎04 | 19 40 | 29 24 | 21 28 | 15 07 | 14 41 | 21 01 | 06 00 | 13 16 | 00 29 |
| 16 | 1:38:19 | 22 41 32 | 11♎31 | 18 56 | 18 32 | 00♎38 | 22 08 | 15 11 | 14 39 | 21 00 | 06 00 | 13 18 | 00 26 |
| 17 | 1:42:16 | 23 41 04 | 26 18 | 03♏36 | 17 28 | 01 52 | 22 47 | 15 14 | 14 37 | 20 59 | 06 00 | 13 19 | 00 23 |
| 18 | 1:46:13 | 24 40 39 | 10♏49 | 17 55 | 16 31 | 03 07 | 23 27 | 15 17 | 14 34 | 20 59 | 06 00D | 13 21 | 00 20 |
| 19 | 1:50:09 | 25 40 15 | 24 56 | 01♐50 | 15 42 | 04 21 | 24 07 | 15 20 | 14 32 | 20 58 | 06 00 | 13 23 | 00 17 |
| 20 | 1:54:06 | 26 39 53 | 08♐37 | 15 17 | 15 03 | 05 36 | 24 47 | 15 23 | 14 30 | 20 58 | 06 00 | 13 24 | 00 14 |
| 21 | 1:58:02 | 27 39 33 | 21 50 | 28 18 | 14 35 | 06 51 | 25 27 | 15 26 | 14 27 | 20 57 | 06 00 | 13 26 | 00 10 |
| 22 | 2:01:59 | 28 39 14 | 04♑39 | 10♑55 | 14 18 | 08 05 | 26 07 | 15 28 | 14 25 | 20 57 | 06 00 | 13 28 | 00 07 |
| 23 | 2:05:55 | 29 38 58 | 17 06 | 23 13 | 14 12 | 09 20 | 26 48 | 15 30 | 14 22 | 20 56 | 06 00 | 13 30 | 00 04 |
| 24 | 2:09:52 | 00♏38 43 | 29 16 | 05♒17 | 14 17D | 10 34 | 27 28 | 15 32 | 14 19 | 20 56 | 06 00 | 13 32 | 00 01 |
| 25 | 2:13:48 | 01 38 29 | 11♒15 | 17 11 | 14 34 | 11 49 | 28 09 | 15 34 | 14 16 | 20 55 | 06 00 | 13 33 | 29♊58 |
| 26 | 2:17:45 | 02 38 18 | 23 07 | 29 02 | 15 00 | 13 04 | 28 49 | 15 36 | 14 13 | 20 55 | 06 01 | 13 35 | 29 55 |
| 27 | 2:21:42 | 03 38 08 | 04♓58 | 10♓54 | 15 36 | 14 19 | 29 30 | 15 37 | 14 10 | 20 55 | 06 01 | 13 37 | 29 51 |
| 28 | 2:25:38 | 04 38 00 | 16 52 | 22 51 | 16 20 | 15 33 | 00♒11 | 15 38 | 14 07 | 20 55 | 06 01 | 13 39 | 29 48 |
| 29 | 2:29:35 | 05 37 53 | 28 52 | 04♈55 | 17 12 | 16 48 | 00 52 | 15 39 | 14 04 | 20 55 | 06 02 | 13 41 | 29 45 |
| 30 | 2:33:31 | 06 37 48 | 11♈01 | 17 09 | 18 11 | 18 03 | 01 34 | 15 40 | 14 01 | 20 55 | 06 02 | 13 43 | 29 42 |
| 31 | 2:37:28 | 07 37 46 | 23 20 | 29 35 | 19 16 | 19 18 | 02 15 | 15 41 | 13 57 | 20 55D | 06 02 | 13 45 | 29 39 |

0:00 E.T.

## Longitudes of the Major Asteroids and Chiron

| D | ⚳ | ⚴ | ⚵ | ⚶ | ⚷ | D | ⚳ | ⚴ | ⚵ | ⚶ | ⚷ |
|---|---|---|---|---|---|---|---|---|---|---|---|
| 1 | 11♑54 | 11♐32 | 06♌09 | 13♊14 | 23♐47 | 17 | 15 12 | 16 51 | 13 12 | 13 17 | 24 46 |
| 2 | 12 04 | 11 52 | 06 37 | 13 17 | 23 50 | 18 | 15 26 | 17 12 | 13 37 | 13 13 | 24 50 |
| 3 | 12 15 | 12 11 | 07 05 | 13 20 | 23 54 | 19 | 15 40 | 17 33 | 14 02 | 13 09 | 24 55 |
| 4 | 12 26 | 12 30 | 07 32 | 13 23 | 23 57 | 20 | 15 55 | 17 54 | 14 26 | 13 05 | 24 59 |
| 5 | 12 38 | 12 50 | 07 59 | 13 25 | 24 00 | 21 | 16 10 | 18 15 | 14 50 | 13 00 | 25 04 |
| 6 | 12 49 | 13 09 | 08 26 | 13 27 | 24 04 | 22 | 16 25 | 18 36 | 15 14 | 12 54 | 25 08 |
| 7 | 13 01 | 13 29 | 08 53 | 13 28 | 24 07 | 23 | 16 40 | 18 57 | 15 38 | 12 49 | 25 13 |
| 8 | 13 13 | 13 49 | 09 20 | 13 29 | 24 11 | 24 | 16 55 | 19 19 | 16 01 | 12 42 | 25 17 |
| 9 | 13 26 | 14 09 | 09 46 | 13 29 | 24 14 | 25 | 17 11 | 19 40 | 16 25 | 12 36 | 25 22 |
| 10 | 13 38 | 14 29 | 10 13 | 13 29℞ | 24 18 | 26 | 17 26 | 20 01 | 16 48 | 12 29 | 25 27 |
| 11 | 13 51 | 14 49 | 10 39 | 13 29 | 24 22 | 27 | 17 42 | 20 23 | 17 11 | 12 21 | 25 32 |
| 12 | 14 04 | 15 09 | 11 05 | 13 28 | 24 26 | 28 | 17 58 | 20 44 | 17 33 | 12 13 | 25 37 |
| 13 | 14 17 | 15 29 | 11 31 | 13 26 | 24 30 | 29 | 18 15 | 21 06 | 17 56 | 12 05 | 25 42 |
| 14 | 14 30 | 15 50 | 11 56 | 13 25 | 24 34 | 30 | 18 31 | 21 27 | 18 18 | 11 56 | 25 47 |
| 15 | 14 44 | 16 10 | 12 22 | 13 22 | 24 38 | 31 | 18 47 | 21 49 | 18 40 | 11 47 | 25 52 |
| 16 | 14 58 | 16 31 | 12 47 | 13 20 | 24 42 | | | | | | |

## Lunar Data

| Last Asp. | | Ingress | | |
|---|---|---|---|---|
| 30 | 13:03 | 1 | ♈ | 19:09 |
| 4 | 04:45 | 4 | ♉ | 06:02 |
| 5 | 22:34 | 6 | ♊ | 15:13 |
| 8 | 16:24 | 8 | ♋ | 22:20 |
| 10 | 17:48 | 11 | ♌ | 02:55 |
| 12 | 16:35 | 13 | ♍ | 04:59 |
| 15 | 04:53 | 15 | ♎ | 05:27 |
| 16 | 19:24 | 17 | ♏ | 06:04 |
| 18 | 22:31 | 19 | ♐ | 08:48 |
| 21 | 11:44 | 21 | ♑ | 15:13 |
| 23 | 20:13 | 24 | ♒ | 01:27 |
| 25 | 19:33 | 26 | ♓ | 13:57 |
| 27 | 21:32 | 29 | ♈ | 02:16 |
| 30 | 19:18 | 31 | ♉ | 12:49 |

0:00 E.T.

## Declinations

| D | ☉ | ☽ | ☿ | ♀ | ♂ | ♃ | ♄ | ♅ | ♆ | ♇ | ⚳ | ⚴ | ⚵ | ⚶ | ⚷ |
|---|---|---|---|---|---|---|---|---|---|---|---|---|---|---|---|
| 1 | -03 08 | -08 19 | -14 46 | +08 09 | -25 43 | +22 32 | +20 46 | -15 07 | -18 38 | -12 22 | -30 33 | +09 27 | +08 17 | +15 10 | -17 25 |
| 2 | 03 31 | 03 37 | 14 47 | 07 42 | 25 38 | 22 31 | 20 46 | 15 08 | 18 38 | 12 23 | 30 31 | 09 18 | 08 09 | 15 09 | 17 26 |
| 3 | 03 54 | +01 17 | 14 44 | 07 15 | 25 33 | 22 31 | 20 46 | 15 08 | 18 38 | 12 23 | 30 30 | 09 09 | 08 01 | 15 08 | 17 26 |
| 4 | 04 17 | 06 10 | 14 37 | 06 48 | 25 27 | 22 30 | 20 46 | 15 08 | 18 38 | 12 24 | 30 28 | 09 00 | 07 53 | 15 07 | 17 27 |
| 5 | 04 40 | 10 54 | 14 26 | 06 21 | 25 21 | 22 30 | 20 45 | 15 09 | 18 38 | 12 24 | 30 26 | 08 52 | 07 46 | 15 07 | 17 27 |
| 6 | 05 03 | 15 14 | 14 11 | 05 53 | 25 15 | 22 29 | 20 45 | 15 09 | 18 39 | 12 25 | 30 24 | 08 43 | 07 38 | 15 06 | 17 28 |
| 7 | 05 26 | 18 57 | 13 52 | 05 25 | 25 09 | 22 29 | 20 45 | 15 09 | 18 39 | 12 25 | 30 22 | 08 35 | 07 30 | 15 05 | 17 28 |
| 8 | 05 49 | 21 47 | 13 27 | 04 57 | 25 03 | 22 28 | 20 45 | 15 10 | 18 39 | 12 26 | 30 21 | 08 26 | 07 22 | 15 04 | 17 29 |
| 9 | 06 12 | 23 31 | 12 59 | 04 29 | 24 57 | 22 28 | 20 45 | 15 10 | 18 39 | 12 26 | 30 19 | 08 18 | 07 14 | 15 03 | 17 30 |
| 10 | 06 35 | 23 54 | 12 26 | 04 01 | 24 50 | 22 28 | 20 44 | 15 10 | 18 39 | 12 27 | 30 17 | 08 09 | 07 06 | 15 02 | 17 30 |
| 11 | 06 58 | 22 51 | 11 49 | 03 32 | 24 43 | 22 27 | 20 44 | 15 11 | 18 39 | 12 28 | 30 15 | 08 01 | 06 58 | 15 01 | 17 31 |
| 12 | 07 20 | 20 20 | 11 09 | 03 04 | 24 36 | 22 27 | 20 44 | 15 11 | 18 39 | 12 28 | 30 13 | 07 53 | 06 50 | 14 59 | 17 31 |
| 13 | 07 43 | 16 30 | 10 25 | 02 35 | 24 29 | 22 26 | 20 43 | 15 11 | 18 39 | 12 29 | 30 10 | 07 45 | 06 42 | 14 58 | 17 32 |
| 14 | 08 05 | 11 36 | 09 41 | 02 06 | 24 21 | 22 26 | 20 43 | 15 12 | 18 39 | 12 29 | 30 08 | 07 37 | 06 35 | 14 57 | 17 32 |
| 15 | 08 27 | 05 58 | 08 55 | 01 37 | 24 13 | 22 26 | 20 43 | 15 12 | 18 39 | 12 30 | 30 06 | 07 29 | 06 27 | 14 56 | 17 33 |
| 16 | 08 50 | -00 01 | 08 10 | 01 08 | 24 06 | 22 25 | 20 42 | 15 12 | 18 39 | 12 30 | 30 04 | 07 22 | 06 19 | 14 55 | 17 33 |
| 17 | 09 12 | 05 57 | 07 26 | 00 39 | 23 57 | 22 25 | 20 42 | 15 12 | 18 39 | 12 31 | 30 02 | 07 14 | 06 11 | 14 54 | 17 34 |
| 18 | 09 34 | 11 28 | 06 46 | 00 10 | 23 49 | 22 25 | 20 42 | 15 12 | 18 39 | 12 31 | 29 59 | 07 07 | 06 03 | 14 52 | 17 34 |
| 19 | 09 55 | 16 14 | 06 09 | -00 19 | 23 41 | 22 25 | 20 41 | 15 12 | 18 39 | 12 32 | 29 57 | 06 59 | 05 55 | 14 51 | 17 35 |
| 20 | 10 17 | 19 59 | 05 36 | 00 48 | 23 32 | 22 24 | 20 41 | 15 12 | 18 39 | 12 32 | 29 54 | 06 52 | 05 47 | 14 50 | 17 35 |
| 21 | 10 38 | 22 33 | 05 09 | 01 18 | 23 23 | 22 24 | 20 41 | 15 13 | 18 39 | 12 33 | 29 52 | 06 44 | 05 39 | 14 48 | 17 36 |
| 22 | 11 00 | 23 52 | 04 48 | 01 47 | 23 14 | 22 24 | 20 40 | 15 13 | 18 39 | 12 33 | 29 49 | 06 37 | 05 31 | 14 47 | 17 36 |
| 23 | 11 21 | 23 55 | 04 32 | 02 16 | 23 05 | 22 24 | 20 40 | 15 13 | 18 39 | 12 34 | 29 47 | 06 30 | 05 23 | 14 46 | 17 37 |
| 24 | 11 42 | 22 49 | 04 22 | 02 45 | 22 55 | 22 24 | 20 40 | 15 13 | 18 39 | 12 34 | 29 44 | 06 23 | 05 15 | 14 45 | 17 37 |
| 25 | 12 03 | 20 42 | 04 18 | 03 15 | 22 46 | 22 24 | 20 39 | 15 13 | 18 39 | 12 35 | 29 42 | 06 16 | 05 07 | 14 43 | 17 37 |
| 26 | 12 23 | 17 43 | 04 19 | 03 44 | 22 36 | 22 24 | 20 39 | 15 13 | 18 39 | 12 35 | 29 39 | 06 10 | 04 59 | 14 42 | 17 38 |
| 27 | 12 44 | 14 01 | 04 26 | 04 13 | 22 26 | 22 23 | 20 38 | 15 13 | 18 39 | 12 36 | 29 36 | 06 03 | 04 52 | 14 41 | 17 38 |
| 28 | 13 04 | 09 47 | 04 37 | 04 42 | 22 15 | 22 23 | 20 38 | 15 13 | 18 39 | 12 36 | 29 33 | 05 57 | 04 44 | 14 39 | 17 39 |
| 29 | 13 24 | 05 07 | 04 52 | 05 11 | 22 05 | 22 23 | 20 37 | 15 13 | 18 39 | 12 37 | 29 31 | 05 50 | 04 36 | 14 38 | 17 39 |
| 30 | 13 44 | 00 13 | 05 11 | 05 40 | 21 54 | 22 23 | 20 37 | 15 13 | 18 39 | 12 37 | 29 28 | 05 44 | 04 28 | 14 37 | 17 40 |
| 31 | 14 03 | +04 46 | 05 34 | 06 09 | 21 44 | 22 23 | 20 37 | 15 13 | 18 39 | 12 38 | 29 25 | 05 37 | 04 21 | 14 35 | 17 40 |

Lunar Phases -- 2 ○ 13:50 10 ◑ 04:21 16 ● 19:24 24 ◐ 02:59 Sun enters ♏ 10/23 08:27

## 0:00 E.T. Longitudes of Main Planets - November 2001 Nov. 01

| D | S.T. | ☉ | ☽ | ☽ 12:00 | ☿ | ♀ | ♂ | ♃ | ♄ | ♅ | ♆ | ♇ | ☊ |
|---|---|---|---|---|---|---|---|---|---|---|---|---|---|
| 1 | 2:41:24 | 08♏37 44 | 05♉52 | 12♉12 | 20♎27 | 20♎33 | 02♒56 | 15♋41 | 13♊54℞ | 20♒55 | 06♒03 | 13♐47 | 29♊35 |
| 2 | 2:45:21 | 09 37 45 | 18 35 | 25 01 | 21 42 | 21 48 | 03 38 | 15 41 | 13 50 | 20 55 | 06 03 | 13 49 | 29 32 |
| 3 | 2:49:17 | 10 37 48 | 01♊30 | 08♊02 | 23 01 | 23 03 | 04 20 | 15 41℞ | 13 46 | 20 55 | 06 04 | 13 51 | 29 29 |
| 4 | 2:53:14 | 11 37 53 | 14 37 | 21 14 | 24 23 | 24 18 | 05 01 | 15 41 | 13 43 | 20 55 | 06 04 | 13 53 | 29 26 |
| 5 | 2:57:11 | 12 38 00 | 27 54 | 04♋37 | 25 48 | 25 33 | 05 43 | 15 41 | 13 39 | 20 55 | 06 05 | 13 55 | 29 23 |
| 6 | 3:01:07 | 13 38 08 | 11♋23 | 18 12 | 27 15 | 26 48 | 06 25 | 15 40 | 13 35 | 20 56 | 06 06 | 13 57 | 29 20 |
| 7 | 3:05:04 | 14 38 19 | 25 04 | 01♌58 | 28 45 | 28 03 | 07 07 | 15 40 | 13 31 | 20 56 | 06 06 | 13 59 | 29 16 |
| 8 | 3:09:00 | 15 38 32 | 08♌56 | 15 57 | 00♏16 | 29 18 | 07 49 | 15 39 | 13 27 | 20 56 | 06 07 | 14 01 | 29 13 |
| 9 | 3:12:57 | 16 38 47 | 23 00 | 00♍06 | 01 48 | 00♏33 | 08 31 | 15 37 | 13 23 | 20 57 | 06 08 | 14 03 | 29 10 |
| 10 | 3:16:53 | 17 39 04 | 07♍15 | 14 25 | 03 21 | 01 48 | 09 13 | 15 36 | 13 19 | 20 57 | 06 08 | 14 05 | 29 07 |
| 11 | 3:20:50 | 18 39 23 | 21 38 | 28 51 | 04 55 | 03 03 | 09 56 | 15 35 | 13 15 | 20 58 | 06 09 | 14 07 | 29 04 |
| 12 | 3:24:46 | 19 39 44 | 06♎06 | 13♎20 | 06 30 | 04 18 | 10 38 | 15 33 | 13 11 | 20 58 | 06 10 | 14 09 | 29 00 |
| 13 | 3:28:43 | 20 40 07 | 20 33 | 27 45 | 08 05 | 05 34 | 11 20 | 15 31 | 13 06 | 20 59 | 06 11 | 14 12 | 28 57 |
| 14 | 3:32:40 | 21 40 31 | 04♏55 | 12♏01 | 09 40 | 06 49 | 12 03 | 15 29 | 13 02 | 21 00 | 06 12 | 14 14 | 28 54 |
| 15 | 3:36:36 | 22 40 58 | 19 04 | 26 03 | 11 16 | 08 04 | 12 46 | 15 26 | 12 57 | 21 00 | 06 13 | 14 16 | 28 51 |
| 16 | 3:40:33 | 23 41 26 | 02♐56 | 09♐45 | 12 52 | 09 19 | 13 28 | 15 24 | 12 53 | 21 01 | 06 14 | 14 18 | 28 48 |
| 17 | 3:44:29 | 24 41 56 | 16 28 | 23 06 | 14 27 | 10 34 | 14 11 | 15 21 | 12 48 | 21 02 | 06 15 | 14 20 | 28 45 |
| 18 | 3:48:26 | 25 42 27 | 29 38 | 06♑05 | 16 03 | 11 50 | 14 54 | 15 18 | 12 44 | 21 03 | 06 16 | 14 22 | 28 41 |
| 19 | 3:52:22 | 26 43 00 | 12♑26 | 18 43 | 17 39 | 13 05 | 15 37 | 15 15 | 12 39 | 21 04 | 06 17 | 14 25 | 28 38 |
| 20 | 3:56:19 | 27 43 34 | 24 55 | 01♒03 | 19 15 | 14 20 | 16 20 | 15 11 | 12 35 | 21 05 | 06 18 | 14 27 | 28 35 |
| 21 | 4:00:15 | 28 44 09 | 07♒08 | 13 09 | 20 51 | 15 36 | 17 03 | 15 08 | 12 30 | 21 06 | 06 19 | 14 29 | 28 32 |
| 22 | 4:04:12 | 29 44 45 | 19 09 | 25 06 | 22 26 | 16 51 | 17 46 | 15 04 | 12 25 | 21 07 | 06 20 | 14 31 | 28 29 |
| 23 | 4:08:09 | 00♐45 23 | 01♓03 | 06♓59 | 24 02 | 18 06 | 18 29 | 15 00 | 12 20 | 21 08 | 06 21 | 14 34 | 28 26 |
| 24 | 4:12:05 | 01 46 01 | 12 55 | 18 51 | 25 37 | 19 22 | 19 12 | 14 56 | 12 16 | 21 09 | 06 22 | 14 36 | 28 22 |
| 25 | 4:16:02 | 02 46 41 | 24 49 | 00♈49 | 27 12 | 20 37 | 19 55 | 14 52 | 12 11 | 21 11 | 06 24 | 14 38 | 28 19 |
| 26 | 4:19:58 | 03 47 22 | 06♈51 | 12 56 | 28 47 | 21 52 | 20 38 | 14 47 | 12 06 | 21 12 | 06 25 | 14 40 | 28 16 |
| 27 | 4:23:55 | 04 48 04 | 19 04 | 25 15 | 00♐22 | 23 08 | 21 22 | 14 43 | 12 01 | 21 13 | 06 26 | 14 43 | 28 13 |
| 28 | 4:27:51 | 05 48 47 | 01♉31 | 07♉50 | 01 57 | 24 23 | 22 05 | 14 38 | 11 56 | 21 15 | 06 27 | 14 45 | 28 10 |
| 29 | 4:31:48 | 06 49 31 | 14 13 | 20 41 | 03 31 | 25 39 | 22 48 | 14 33 | 11 51 | 21 16 | 06 29 | 14 47 | 28 06 |
| 30 | 4:35:44 | 07 50 17 | 27 13 | 03♊49 | 05 06 | 26 54 | 23 32 | 14 28 | 11 46 | 21 18 | 06 30 | 14 50 | 28 03 |

## 0:00 E.T. Longitudes of the Major Asteroids and Chiron

| D | ⚳ | ⚴ | ⚵ | ⚶ | ⚷ |
|---|---|---|---|---|---|
| 1 | 19♑04 | 22♐11 | 19♌01 | 11♊37℞ | 25♐57 |
| 2 | 19 21 | 22 33 | 19 23 | 11 27 | 26 02 |
| 3 | 19 38 | 22 55 | 19 44 | 11 17 | 26 07 |
| 4 | 19 55 | 23 17 | 20 05 | 11 06 | 26 12 |
| 5 | 20 12 | 23 39 | 20 25 | 10 55 | 26 18 |
| 6 | 20 30 | 24 01 | 20 46 | 10 43 | 26 23 |
| 7 | 20 47 | 24 23 | 21 06 | 10 31 | 26 28 |
| 8 | 21 05 | 24 45 | 21 26 | 10 19 | 26 34 |
| 9 | 21 23 | 25 07 | 21 45 | 10 07 | 26 39 |
| 10 | 21 41 | 25 30 | 22 04 | 09 54 | 26 45 |
| 11 | 21 59 | 25 52 | 22 23 | 09 41 | 26 51 |
| 12 | 22 17 | 26 14 | 22 42 | 09 27 | 26 56 |
| 13 | 22 36 | 26 37 | 23 00 | 09 14 | 27 02 |
| 14 | 22 54 | 26 59 | 23 18 | 09 00 | 27 08 |
| 15 | 23 13 | 27 22 | 23 36 | 08 45 | 27 13 |
| 16 | 23 32 | 27 44 | 23 53 | 08 31 | 27 19 |
| 17 | 23 51 | 28 07 | 24 10 | 08 16 | 27 25 |
| 18 | 24 10 | 28 29 | 24 27 | 08 01 | 27 31 |
| 19 | 24 29 | 28 52 | 24 43 | 07 46 | 27 37 |
| 20 | 24 48 | 29 15 | 24 59 | 07 31 | 27 43 |
| 21 | 25 08 | 29 37 | 25 15 | 07 16 | 27 49 |
| 22 | 25 27 | 00♑00 | 25 30 | 07 00 | 27 55 |
| 23 | 25 47 | 00 23 | 25 45 | 06 45 | 28 01 |
| 24 | 26 06 | 00 46 | 26 00 | 06 29 | 28 07 |
| 25 | 26 26 | 01 09 | 26 14 | 06 13 | 28 13 |
| 26 | 26 46 | 01 31 | 26 28 | 05 58 | 28 19 |
| 27 | 27 06 | 01 54 | 26 41 | 05 42 | 28 25 |
| 28 | 27 26 | 02 17 | 26 54 | 05 26 | 28 32 |
| 29 | 27 46 | 02 40 | 27 07 | 05 10 | 28 38 |
| 30 | 28 07 | 03 03 | 27 19 | 04 55 | 28 44 |

## Lunar Data

| Last Asp. | | Ingress | | |
|---|---|---|---|---|
| 2 | 04:21 | 2 | ♊ | 21:13 |
| 4 | 19:46 | 5 | ♋ | 03:45 |
| 7 | 07:11 | 7 | ♌ | 08:35 |
| 8 | 20:31 | 9 | ♍ | 11:50 |
| 10 | 18:41 | 11 | ♎ | 13:54 |
| 13 | 00:43 | 13 | ♏ | 15:46 |
| 15 | 06:41 | 15 | ♐ | 18:52 |
| 17 | 08:15 | 18 | ♑ | 00:41 |
| 20 | 05:58 | 20 | ♒ | 09:56 |
| 22 | 07:39 | 22 | ♓ | 21:53 |
| 25 | 05:30 | 25 | ♈ | 10:22 |
| 27 | 04:44 | 27 | ♉ | 21:07 |
| 29 | 23:21 | 30 | ♊ | 05:04 |

## 0:00 E.T. Declinations

| D | ☉ | ☽ | ☿ | ♀ | ♂ | ♃ | ♄ | ♅ | ♆ | ♇ | ⚳ | ⚴ | ⚵ | ⚶ | ⚷ |
|---|---|---|---|---|---|---|---|---|---|---|---|---|---|---|---|
| 1 | -14 23 | +09 39 | -05 59 | -06 37 | -21 33 | +22 23 | +20 36 | -15 13 | -18 39 | -12 38 | -29 22 | +05 31 | +04 13 | +14 34 | -17 41 |
| 2 | 14 42 | 14 13 | 06 27 | 07 06 | 21 21 | 22 24 | 20 36 | 15 13 | 18 39 | 12 39 | 29 19 | 05 25 | 04 05 | 14 33 | 17 41 |
| 3 | 15 01 | 18 13 | 06 57 | 07 34 | 21 10 | 22 24 | 20 35 | 15 13 | 18 38 | 12 39 | 29 16 | 05 19 | 03 58 | 14 31 | 17 41 |
| 4 | 15 19 | 21 22 | 07 28 | 08 02 | 20 58 | 22 24 | 20 35 | 15 13 | 18 38 | 12 40 | 29 13 | 05 14 | 03 50 | 14 30 | 17 42 |
| 5 | 15 38 | 23 26 | 08 01 | 08 30 | 20 47 | 22 24 | 20 34 | 15 13 | 18 38 | 12 40 | 29 09 | 05 08 | 03 43 | 14 29 | 17 42 |
| 6 | 15 56 | 24 09 | 08 36 | 08 58 | 20 35 | 22 24 | 20 34 | 15 13 | 18 38 | 12 41 | 29 06 | 05 02 | 03 36 | 14 28 | 17 42 |
| 7 | 16 14 | 23 27 | 09 11 | 09 26 | 20 23 | 22 24 | 20 33 | 15 13 | 18 38 | 12 41 | 29 03 | 04 57 | 03 28 | 14 26 | 17 43 |
| 8 | 16 31 | 21 18 | 09 46 | 09 53 | 20 10 | 22 25 | 20 33 | 15 12 | 18 38 | 12 42 | 29 00 | 04 51 | 03 21 | 14 25 | 17 43 |
| 9 | 16 49 | 17 51 | 10 23 | 10 21 | 19 58 | 22 25 | 20 32 | 15 12 | 18 38 | 12 42 | 28 56 | 04 46 | 03 14 | 14 24 | 17 44 |
| 10 | 17 06 | 13 20 | 10 59 | 10 48 | 19 45 | 22 25 | 20 32 | 15 12 | 18 37 | 12 43 | 28 53 | 04 41 | 03 06 | 14 23 | 17 44 |
| 11 | 17 23 | 08 02 | 11 36 | 11 15 | 19 32 | 22 25 | 20 31 | 15 12 | 18 37 | 12 43 | 28 49 | 04 36 | 02 59 | 14 22 | 17 44 |
| 12 | 17 39 | 02 17 | 12 12 | 11 41 | 19 19 | 22 26 | 20 31 | 15 12 | 18 37 | 12 44 | 28 46 | 04 31 | 02 52 | 14 20 | 17 45 |
| 13 | 17 55 | -03 36 | 12 48 | 12 07 | 19 06 | 22 26 | 20 30 | 15 11 | 18 37 | 12 44 | 28 42 | 04 26 | 02 45 | 14 19 | 17 45 |
| 14 | 18 11 | 09 16 | 13 25 | 12 33 | 18 53 | 22 26 | 20 29 | 15 11 | 18 37 | 12 44 | 28 39 | 04 21 | 02 38 | 14 18 | 17 45 |
| 15 | 18 27 | 14 23 | 14 00 | 12 59 | 18 40 | 22 27 | 20 29 | 15 11 | 18 36 | 12 45 | 28 35 | 04 16 | 02 32 | 14 17 | 17 45 |
| 16 | 18 42 | 18 38 | 14 36 | 13 24 | 18 26 | 22 27 | 20 28 | 15 11 | 18 36 | 12 45 | 28 31 | 04 12 | 02 25 | 14 16 | 17 46 |
| 17 | 18 57 | 21 46 | 15 11 | 13 49 | 18 12 | 22 28 | 20 28 | 15 10 | 18 36 | 12 46 | 28 27 | 04 07 | 02 18 | 14 15 | 17 46 |
| 18 | 19 11 | 23 39 | 15 45 | 14 14 | 17 58 | 22 28 | 20 27 | 15 10 | 18 36 | 12 46 | 28 23 | 04 03 | 02 12 | 14 14 | 17 46 |
| 19 | 19 25 | 24 13 | 16 18 | 14 38 | 17 44 | 22 28 | 20 27 | 15 10 | 18 36 | 12 47 | 28 20 | 03 59 | 02 05 | 14 13 | 17 47 |
| 20 | 19 39 | 23 32 | 16 51 | 15 02 | 17 30 | 22 29 | 20 26 | 15 09 | 18 35 | 12 47 | 28 16 | 03 54 | 01 59 | 14 12 | 17 47 |
| 21 | 19 53 | 21 44 | 17 24 | 15 26 | 17 15 | 22 30 | 20 26 | 15 09 | 18 35 | 12 48 | 28 12 | 03 50 | 01 53 | 14 11 | 17 47 |
| 22 | 20 06 | 18 59 | 17 55 | 15 49 | 17 01 | 22 30 | 20 25 | 15 09 | 18 35 | 12 48 | 28 08 | 03 46 | 01 47 | 14 11 | 17 47 |
| 23 | 20 19 | 15 29 | 18 26 | 16 12 | 16 46 | 22 31 | 20 24 | 15 08 | 18 34 | 12 48 | 28 03 | 03 43 | 01 41 | 14 10 | 17 47 |
| 24 | 20 31 | 11 23 | 18 55 | 16 34 | 16 31 | 22 31 | 20 24 | 15 08 | 18 34 | 12 49 | 27 59 | 03 39 | 01 35 | 14 09 | 17 48 |
| 25 | 20 43 | 06 51 | 19 24 | 16 56 | 16 16 | 22 32 | 20 23 | 15 07 | 18 34 | 12 49 | 27 55 | 03 35 | 01 29 | 14 09 | 17 48 |
| 26 | 20 55 | 02 02 | 19 52 | 17 18 | 16 01 | 22 32 | 20 23 | 15 07 | 18 34 | 12 50 | 27 51 | 03 32 | 01 23 | 14 08 | 17 48 |
| 27 | 21 06 | +02 57 | 20 19 | 17 39 | 15 46 | 22 33 | 20 22 | 15 06 | 18 33 | 12 50 | 27 46 | 03 28 | 01 18 | 14 07 | 17 48 |
| 28 | 21 17 | 07 56 | 20 45 | 17 59 | 15 31 | 22 34 | 20 21 | 15 06 | 18 33 | 12 50 | 27 42 | 03 25 | 01 12 | 14 07 | 17 48 |
| 29 | 21 27 | 12 41 | 21 10 | 18 19 | 15 15 | 22 34 | 20 21 | 15 05 | 18 33 | 12 51 | 27 38 | 03 22 | 01 07 | 14 07 | 17 49 |
| 30 | 21 37 | 16 59 | 21 34 | 18 39 | 14 59 | 22 35 | 20 20 | 15 05 | 18 32 | 12 51 | 27 33 | 03 19 | 01 02 | 14 06 | 17 49 |

Lunar Phases -- 1 ○ 05:42  8 ◑ 12:22  15 ● 06:41  22 ◐ 23:22  30 Ⓔ 20:50  Sun enters ♐ 11/22 06:02

# Dec. 01 — Longitudes of Main Planets - December 2001 — 0:00 E.T.

| D | S.T. | ☉ | ☽ | ☽ 12:00 | ☿ | ♀ | ♂ | ♃ | ♄ | ♅ | ♆ | ♇ | ☊ |
|---|---|---|---|---|---|---|---|---|---|---|---|---|---|
| 1 | 4:39:41 | 08♐51 03 | 10♊29 | 17♊13 | 06♐41 | 28♏09 | 24♒15 | 14♋23℞ | 11♊42℞ | 21♒19 | 06♒32 | 14♐52 | 28♊00 |
| 2 | 4:43:38 | 09 51 51 | 24 00 | 00♋51 | 08 15 | 29 25 | 24 59 | 14 17 | 11 37 | 21 21 | 06 33 | 14 54 | 27 57 |
| 3 | 4:47:34 | 10 52 41 | 07♋45 | 14 41 | 09 49 | 00♐40 | 25 42 | 14 12 | 11 32 | 21 22 | 06 34 | 14 56 | 27 54 |
| 4 | 4:51:31 | 11 53 31 | 21 39 | 28 40 | 11 23 | 01 56 | 26 26 | 14 06 | 11 27 | 21 24 | 06 36 | 14 59 | 27 51 |
| 5 | 4:55:27 | 12 54 23 | 05♌42 | 12♌46 | 12 58 | 03 11 | 27 09 | 14 00 | 11 22 | 21 26 | 06 37 | 15 01 | 27 47 |
| 6 | 4:59:24 | 13 55 16 | 19 50 | 26 56 | 14 32 | 04 27 | 27 53 | 13 54 | 11 17 | 21 27 | 06 39 | 15 03 | 27 44 |
| 7 | 5:03:20 | 14 56 10 | 04♍01 | 11♍07 | 16 06 | 05 42 | 28 36 | 13 48 | 11 12 | 21 29 | 06 40 | 15 06 | 27 41 |
| 8 | 5:07:17 | 15 57 06 | 18 13 | 25 18 | 17 40 | 06 57 | 29 20 | 13 41 | 11 07 | 21 31 | 06 42 | 15 08 | 27 38 |
| 9 | 5:11:13 | 16 58 02 | 02♎23 | 09♎26 | 19 15 | 08 13 | 00♓04 | 13 35 | 11 02 | 21 33 | 06 44 | 15 10 | 27 35 |
| 10 | 5:15:10 | 17 59 00 | 16 29 | 23 30 | 20 49 | 09 28 | 00 48 | 13 28 | 10 57 | 21 35 | 06 45 | 15 13 | 27 32 |
| 11 | 5:19:07 | 19 00 00 | 00♏29 | 07♏26 | 22 23 | 10 44 | 01 31 | 13 21 | 10 52 | 21 37 | 06 47 | 15 15 | 27 28 |
| 12 | 5:23:03 | 20 01 00 | 14 20 | 21 12 | 23 58 | 11 59 | 02 15 | 13 14 | 10 48 | 21 39 | 06 49 | 15 17 | 27 25 |
| 13 | 5:27:00 | 21 02 02 | 28 01 | 04♐46 | 25 32 | 13 15 | 02 59 | 13 08 | 10 43 | 21 41 | 06 50 | 15 20 | 27 22 |
| 14 | 5:30:56 | 22 03 04 | 11♐28 | 18 06 | 27 07 | 14 30 | 03 43 | 13 00 | 10 38 | 21 43 | 06 52 | 15 22 | 27 19 |
| 15 | 5:34:53 | 23 04 07 | 24 40 | 01♑11 | 28 41 | 15 46 | 04 26 | 12 53 | 10 33 | 21 45 | 06 54 | 15 24 | 27 16 |
| 16 | 5:38:49 | 24 05 11 | 07♑37 | 13 59 | 00♑16 | 17 01 | 05 10 | 12 46 | 10 29 | 21 47 | 06 56 | 15 26 | 27 12 |
| 17 | 5:42:46 | 25 06 16 | 20 17 | 26 32 | 01 51 | 18 17 | 05 54 | 12 39 | 10 24 | 21 50 | 06 57 | 15 29 | 27 09 |
| 18 | 5:46:42 | 26 07 21 | 02♒42 | 08♒50 | 03 26 | 19 32 | 06 38 | 12 31 | 10 19 | 21 52 | 06 59 | 15 31 | 27 06 |
| 19 | 5:50:39 | 27 08 27 | 14 54 | 20 56 | 05 01 | 20 48 | 07 22 | 12 23 | 10 15 | 21 54 | 07 01 | 15 33 | 27 03 |
| 20 | 5:54:36 | 28 09 32 | 26 56 | 02♓54 | 06 36 | 22 04 | 08 06 | 12 16 | 10 10 | 21 57 | 07 03 | 15 36 | 27 00 |
| 21 | 5:58:32 | 29 10 39 | 08♓50 | 14 46 | 08 11 | 23 19 | 08 50 | 12 08 | 10 05 | 21 59 | 07 05 | 15 38 | 26 57 |
| 22 | 6:02:29 | 00♑11 45 | 20 42 | 26 38 | 09 47 | 24 35 | 09 34 | 12 00 | 10 01 | 22 01 | 07 07 | 15 40 | 26 53 |
| 23 | 6:06:25 | 01 12 52 | 02♈36 | 08♈35 | 11 22 | 25 50 | 10 17 | 11 52 | 09 57 | 22 04 | 07 09 | 15 42 | 26 50 |
| 24 | 6:10:22 | 02 13 58 | 14 36 | 20 40 | 12 58 | 27 06 | 11 01 | 11 45 | 09 52 | 22 06 | 07 11 | 15 45 | 26 47 |
| 25 | 6:14:18 | 03 15 05 | 26 48 | 02♉59 | 14 33 | 28 21 | 11 45 | 11 37 | 09 48 | 22 09 | 07 13 | 15 47 | 26 44 |
| 26 | 6:18:15 | 04 16 12 | 09♉15 | 15 36 | 16 08 | 29 37 | 12 29 | 11 29 | 09 44 | 22 11 | 07 14 | 15 49 | 26 41 |
| 27 | 6:22:11 | 05 17 20 | 22 01 | 28 32 | 17 44 | 00♑52 | 13 13 | 11 21 | 09 39 | 22 14 | 07 16 | 15 51 | 26 38 |
| 28 | 6:26:08 | 06 18 27 | 05♊09 | 11♊51 | 19 19 | 02 08 | 13 57 | 11 12 | 09 35 | 22 17 | 07 18 | 15 53 | 26 34 |
| 29 | 6:30:05 | 07 19 34 | 18 39 | 25 33 | 20 54 | 03 23 | 14 41 | 11 04 | 09 31 | 22 19 | 07 21 | 15 56 | 26 31 |
| 30 | 6:34:01 | 08 20 42 | 02♋31 | 09♋34 | 22 28 | 04 39 | 15 25 | 10 56 | 09 27 | 22 22 | 07 23 | 15 58 | 26 28 |
| 31 | 6:37:58 | 09 21 50 | 16 42 | 23 53 | 24 02 | 05 54 | 16 09 | 10 48 | 09 23 | 22 25 | 07 25 | 16 00 | 26 25 |

## 0:00 E.T. — Longitudes of the Major Asteroids and Chiron

| D | ⚳ | ⚴ | ⚵ | ⚶ | ⚷ | D | ⚳ | ⚴ | ⚵ | ⚶ | ⚷ |
|---|---|---|---|---|---|---|---|---|---|---|---|
| 1 | 28♑27 | 03♑26 | 27♌31 | 04♊39℞ | 28♐50 | 17 | 04 05 | 09 36 | 29 43 | 00 50 | 00 33 |
| 2 | 28 48 | 03 49 | 27 43 | 04 23 | 28 57 | 18 | 04 27 | 09 59 | 29 47 | 00 38 | 00 39 |
| 3 | 29 08 | 04 12 | 27 54 | 04 08 | 29 03 | 19 | 04 49 | 10 23 | 29 51 | 00 27 | 00 46 |
| 4 | 29 29 | 04 35 | 28 05 | 03 52 | 29 09 | 20 | 05 11 | 10 46 | 29 54 | 00 15 | 00 52 |
| 5 | 29 50 | 04 58 | 28 15 | 03 37 | 29 15 | 21 | 05 33 | 11 09 | 29 57 | 00 04 | 00 59 |
| 6 | 00♒10 | 05 21 | 28 25 | 03 22 | 29 22 | 22 | 05 55 | 11 32 | 29 59 | 29♉54 | 01 05 |
| 7 | 00 31 | 05 45 | 28 34 | 03 07 | 29 28 | 23 | 06 17 | 11 55 | 00♍01 | 29 43 | 01 12 |
| 8 | 00 52 | 06 08 | 28 43 | 02 52 | 29 35 | 24 | 06 39 | 12 19 | 00 02 | 29 34 | 01 18 |
| 9 | 01 14 | 06 31 | 28 51 | 02 38 | 29 41 | 25 | 07 01 | 12 42 | 00 03 | 29 24 | 01 25 |
| 10 | 01 35 | 06 54 | 29 00 | 02 23 | 29 47 | 26 | 07 23 | 13 05 | 00 03℞ | 29 15 | 01 31 |
| 11 | 01 56 | 07 17 | 29 07 | 02 09 | 29 54 | 27 | 07 46 | 13 28 | 00 03 | 29 07 | 01 38 |
| 12 | 02 17 | 07 40 | 29 14 | 01 55 | 00♑00 | 28 | 08 08 | 13 51 | 00 02 | 28 58 | 01 44 |
| 13 | 02 39 | 08 03 | 29 21 | 01 42 | 00 07 | 29 | 08 30 | 14 14 | 00 01 | 28 51 | 01 51 |
| 14 | 03 00 | 08 27 | 29 27 | 01 28 | 00 13 | 30 | 08 53 | 14 38 | 29♌59 | 28 43 | 01 57 |
| 15 | 03 22 | 08 50 | 29 33 | 01 15 | 00 20 | 31 | 09 15 | 15 01 | 29 57 | 28 37 | 02 04 |
| 16 | 03 43 | 09 13 | 29 38 | 01 03 | 00 26 | | | | | | |

## Lunar Data

| Last Asp. | | Ingress | | |
|---|---|---|---|---|
| 2 | 01:48 | 2 | ♋ | 10:31 |
| 3 | 11:05 | 4 | ♌ | 14:16 |
| 6 | 14:21 | 6 | ♍ | 17:12 |
| 7 | 22:58 | 8 | ♎ | 19:58 |
| 10 | 08:44 | 10 | ♏ | 23:10 |
| 12 | 12:49 | 13 | ♐ | 03:31 |
| 15 | 08:25 | 15 | ♑ | 09:49 |
| 16 | 09:36 | 17 | ♒ | 18:44 |
| 20 | 02:42 | 20 | ♓ | 06:11 |
| 22 | 08:45 | 22 | ♈ | 18:46 |
| 25 | 03:22 | 25 | ♉ | 06:13 |
| 27 | 00:23 | 27 | ♊ | 14:40 |
| 29 | 06:25 | 29 | ♋ | 19:41 |
| 31 | 13:44 | | | |

## 0:00 E.T. — Declinations

| D | ☉ | ☽ | ☿ | ♀ | ♂ | ♃ | ♄ | ♅ | ♆ | ♇ | ⚳ | ⚴ | ⚵ | ⚶ | ⚷ |
|---|---|---|---|---|---|---|---|---|---|---|---|---|---|---|---|
| 1 | -21 47 | +20 31 | -21 57 | -18 58 | -14 44 | +22 36 | +20 20 | -15 04 | -18 32 | -12 51 | -27 28 | +03 16 | +00 57 | +14 06 | -17 49 |
| 2 | 21 56 | 23 01 | 22 19 | 19 16 | 14 28 | 22 36 | 20 19 | 15 04 | 18 32 | 12 52 | 27 24 | 03 13 | 00 52 | 14 06 | 17 49 |
| 3 | 22 05 | 24 11 | 22 39 | 19 34 | 14 12 | 22 37 | 20 19 | 15 03 | 18 31 | 12 52 | 27 19 | 03 10 | 00 47 | 14 05 | 17 49 |
| 4 | 22 13 | 23 52 | 22 59 | 19 52 | 13 56 | 22 38 | 20 18 | 15 03 | 18 31 | 12 52 | 27 14 | 03 07 | 00 43 | 14 05 | 17 49 |
| 5 | 22 21 | 22 02 | 23 17 | 20 09 | 13 40 | 22 39 | 20 17 | 15 02 | 18 31 | 12 53 | 27 10 | 03 05 | 00 38 | 14 05 | 17 49 |
| 6 | 22 28 | 18 51 | 23 35 | 20 25 | 13 23 | 22 39 | 20 17 | 15 02 | 18 30 | 12 53 | 27 05 | 03 02 | 00 34 | 14 05 | 17 49 |
| 7 | 22 35 | 14 33 | 23 51 | 20 41 | 13 07 | 22 40 | 20 16 | 15 01 | 18 30 | 12 53 | 27 00 | 03 00 | 00 30 | 14 05 | 17 49 |
| 8 | 22 42 | 09 27 | 24 06 | 20 56 | 12 50 | 22 41 | 20 16 | 15 00 | 18 29 | 12 54 | 26 55 | 02 58 | 00 26 | 14 06 | 17 49 |
| 9 | 22 48 | 03 53 | 24 19 | 21 10 | 12 34 | 22 42 | 20 15 | 15 00 | 18 29 | 12 54 | 26 50 | 02 56 | 00 22 | 14 06 | 17 49 |
| 10 | 22 54 | -01 53 | 24 31 | 21 24 | 12 17 | 22 43 | 20 15 | 14 59 | 18 29 | 12 54 | 26 45 | 02 54 | 00 19 | 14 06 | 17 49 |
| 11 | 22 59 | 07 30 | 24 42 | 21 38 | 12 00 | 22 43 | 20 14 | 14 58 | 18 28 | 12 55 | 26 40 | 02 52 | 00 15 | 14 07 | 17 49 |
| 12 | 23 04 | 12 42 | 24 52 | 21 50 | 11 43 | 22 44 | 20 13 | 14 58 | 18 28 | 12 55 | 26 35 | 02 50 | 00 12 | 14 07 | 17 49 |
| 13 | 23 08 | 17 12 | 25 00 | 22 02 | 11 26 | 22 45 | 20 13 | 14 57 | 18 27 | 12 55 | 26 29 | 02 48 | 00 09 | 14 08 | 17 49 |
| 14 | 23 12 | 20 44 | 25 07 | 22 14 | 11 09 | 22 46 | 20 12 | 14 56 | 18 27 | 12 56 | 26 24 | 02 47 | 00 06 | 14 08 | 17 49 |
| 15 | 23 15 | 23 06 | 25 13 | 22 24 | 10 52 | 22 47 | 20 12 | 14 56 | 18 27 | 12 56 | 26 19 | 02 45 | 00 03 | 14 09 | 17 49 |
| 16 | 23 18 | 24 11 | 25 17 | 22 34 | 10 35 | 22 47 | 20 11 | 14 55 | 18 26 | 12 56 | 26 14 | 02 44 | 00 01 | 14 10 | 17 49 |
| 17 | 23 21 | 23 58 | 25 20 | 22 44 | 10 17 | 22 48 | 20 11 | 14 54 | 18 26 | 12 56 | 26 08 | 02 43 | -00 01 | 14 11 | 17 49 |
| 18 | 23 23 | 22 33 | 25 21 | 22 52 | 10 00 | 22 49 | 20 10 | 14 53 | 18 25 | 12 57 | 26 03 | 02 41 | 00 03 | 14 12 | 17 49 |
| 19 | 23 24 | 20 06 | 25 21 | 23 00 | 09 42 | 22 50 | 20 10 | 14 53 | 18 25 | 12 57 | 25 57 | 02 40 | 00 05 | 14 13 | 17 49 |
| 20 | 23 26 | 16 50 | 25 20 | 23 08 | 09 25 | 22 51 | 20 09 | 14 52 | 18 24 | 12 57 | 25 52 | 02 39 | 00 07 | 14 14 | 17 49 |
| 21 | 23 26 | 12 54 | 25 17 | 23 14 | 09 07 | 22 52 | 20 09 | 14 51 | 18 24 | 12 57 | 25 46 | 02 38 | 00 08 | 14 16 | 17 49 |
| 22 | 23 26 | 08 31 | 25 12 | 23 20 | 08 49 | 22 53 | 20 08 | 14 50 | 18 23 | 12 58 | 25 40 | 02 38 | 00 09 | 14 17 | 17 49 |
| 23 | 23 26 | 03 48 | 25 06 | 23 25 | 08 32 | 22 53 | 20 08 | 14 49 | 18 23 | 12 58 | 25 34 | 02 37 | 00 10 | 14 19 | 17 49 |
| 24 | 23 25 | +01 06 | 24 58 | 23 30 | 08 14 | 22 54 | 20 07 | 14 49 | 18 22 | 12 58 | 25 29 | 02 36 | 00 11 | 14 20 | 17 48 |
| 25 | 23 24 | 06 02 | 24 49 | 23 33 | 07 56 | 22 55 | 20 07 | 14 48 | 18 22 | 12 58 | 25 23 | 02 36 | 00 12 | 14 22 | 17 48 |
| 26 | 23 22 | 10 51 | 24 39 | 23 36 | 07 38 | 22 56 | 20 06 | 14 47 | 18 22 | 12 59 | 25 17 | 02 36 | 00 12 | 14 24 | 17 48 |
| 27 | 23 20 | 15 20 | 24 26 | 23 39 | 07 20 | 22 57 | 20 06 | 14 46 | 18 21 | 12 59 | 25 11 | 02 35 | 00 12 | 14 26 | 17 48 |
| 28 | 23 17 | 19 12 | 24 13 | 23 40 | 07 02 | 22 58 | 20 05 | 14 45 | 18 21 | 12 59 | 25 05 | 02 35 | 00 12 | 14 28 | 17 48 |
| 29 | 23 14 | 22 10 | 23 57 | 23 41 | 06 44 | 22 58 | 20 05 | 14 44 | 18 20 | 12 59 | 24 59 | 02 35 | 00 11 | 14 30 | 17 47 |
| 30 | 23 11 | 23 54 | 23 40 | 23 41 | 06 26 | 22 59 | 20 05 | 14 43 | 18 20 | 12 59 | 24 53 | 02 35 | 00 10 | 14 32 | 17 47 |
| 31 | 23 07 | 24 09 | 23 22 | 23 40 | 06 08 | 23 00 | 20 04 | 14 42 | 18 19 | 13 00 | 24 47 | 02 35 | 00 09 | 14 34 | 17 47 |

Lunar Phases -- 7 ◑ 19:53 14 ● 20:49 • 22 ◐ 20:58 30 Ⓔ 10:42 Sun enters ♑ 12/21 19:23

## 0:00 E.T. Longitudes of Main Planets - January 2002

| D | S.T. | ☉ | ☽ | ☽ 12:00 | ☿ | ♀ | ♂ | ♃ | ♄ | ♅ | ♆ | ♇ | ☊ |
|---|---|---|---|---|---|---|---|---|---|---|---|---|---|
| 1 | 6:41:54 | 10♑22 58 | 01♌06 | 08♌22 | 25♑35 | 07♑10 | 16♓53 | 10♋40℞ | 09♊19℞ | 22♒28 | 07♒27 | 16♐02 | 26♊22 |
| 2 | 6:45:51 | 11 24 06 | 15 40 | 22 57 | 27 07 | 08 25 | 17 37 | 10 32 | 09 16 | 22 30 | 07 29 | 16 04 | 26 18 |
| 3 | 6:49:47 | 12 25 14 | 00♍15 | 07♍32 | 28 39 | 09 41 | 18 21 | 10 24 | 09 12 | 22 33 | 07 31 | 16 06 | 26 15 |
| 4 | 6:53:44 | 13 26 22 | 14 47 | 21 59 | 00♒09 | 10 56 | 19 05 | 10 16 | 09 08 | 22 36 | 07 33 | 16 09 | 26 12 |
| 5 | 6:57:40 | 14 27 31 | 29 10 | 06♎17 | 01 37 | 12 12 | 19 48 | 10 08 | 09 05 | 22 39 | 07 35 | 16 11 | 26 09 |
| 6 | 7:01:37 | 15 28 40 | 13♎21 | 20 21 | 03 04 | 13 27 | 20 32 | 10 00 | 09 01 | 22 42 | 07 37 | 16 13 | 26 06 |
| 7 | 7:05:33 | 16 29 49 | 27 18 | 04♏11 | 04 28 | 14 43 | 21 16 | 09 51 | 08 58 | 22 45 | 07 39 | 16 15 | 26 03 |
| 8 | 7:09:30 | 17 30 58 | 11♏00 | 17 46 | 05 49 | 15 58 | 22 00 | 09 43 | 08 55 | 22 48 | 07 42 | 16 17 | 25 59 |
| 9 | 7:13:27 | 18 32 08 | 24 28 | 01♐07 | 07 07 | 17 14 | 22 44 | 09 35 | 08 51 | 22 51 | 07 44 | 16 19 | 25 56 |
| 10 | 7:17:23 | 19 33 18 | 07♐43 | 14 15 | 08 22 | 18 29 | 23 28 | 09 28 | 08 48 | 22 54 | 07 46 | 16 21 | 25 53 |
| 11 | 7:21:20 | 20 34 27 | 20 44 | 27 10 | 09 31 | 19 45 | 24 12 | 09 20 | 08 45 | 22 57 | 07 48 | 16 23 | 25 50 |
| 12 | 7:25:16 | 21 35 37 | 03♑33 | 09♑53 | 10 36 | 21 00 | 24 55 | 09 12 | 08 42 | 23 00 | 07 50 | 16 25 | 25 47 |
| 13 | 7:29:13 | 22 36 46 | 16 10 | 22 25 | 11 34 | 22 16 | 25 39 | 09 04 | 08 39 | 23 03 | 07 53 | 16 27 | 25 44 |
| 14 | 7:33:09 | 23 37 55 | 28 37 | 04♒46 | 12 25 | 23 31 | 26 23 | 08 57 | 08 37 | 23 06 | 07 55 | 16 29 | 25 40 |
| 15 | 7:37:06 | 24 39 03 | 10♒52 | 16 57 | 13 09 | 24 46 | 27 07 | 08 49 | 08 34 | 23 09 | 07 57 | 16 31 | 25 37 |
| 16 | 7:41:02 | 25 40 11 | 22 59 | 29 00 | 13 44 | 26 02 | 27 51 | 08 41 | 08 31 | 23 12 | 07 59 | 16 33 | 25 34 |
| 17 | 7:44:59 | 26 41 18 | 04♓58 | 10♓56 | 14 10 | 27 17 | 28 34 | 08 34 | 08 29 | 23 16 | 08 01 | 16 35 | 25 31 |
| 18 | 7:48:56 | 27 42 25 | 16 52 | 22 48 | 14 25 | 28 33 | 29 18 | 08 27 | 08 27 | 23 19 | 08 04 | 16 36 | 25 28 |
| 19 | 7:52:52 | 28 43 30 | 28 43 | 04♈39 | 14 29℞ | 29 48 | 00♈02 | 08 20 | 08 24 | 23 22 | 08 06 | 16 38 | 25 24 |
| 20 | 7:56:49 | 29 44 35 | 10♈35 | 16 33 | 14 22 | 01♒04 | 00 46 | 08 12 | 08 22 | 23 25 | 08 08 | 16 40 | 25 21 |
| 21 | 8:00:45 | 00♒45 39 | 22 33 | 28 35 | 14 03 | 02 19 | 01 29 | 08 05 | 08 20 | 23 28 | 08 10 | 16 42 | 25 18 |
| 22 | 8:04:42 | 01 46 42 | 04♉40 | 10♉49 | 13 32 | 03 35 | 02 13 | 07 59 | 08 18 | 23 32 | 08 13 | 16 44 | 25 15 |
| 23 | 8:08:38 | 02 47 45 | 17 03 | 23 21 | 12 51 | 04 50 | 02 57 | 07 52 | 08 16 | 23 35 | 08 15 | 16 45 | 25 12 |
| 24 | 8:12:35 | 03 48 46 | 29 45 | 06♊14 | 11 59 | 06 05 | 03 40 | 07 45 | 08 15 | 23 38 | 08 17 | 16 47 | 25 09 |
| 25 | 8:16:31 | 04 49 46 | 12♊50 | 19 33 | 10 59 | 07 21 | 04 24 | 07 39 | 08 13 | 23 42 | 08 20 | 16 49 | 25 05 |
| 26 | 8:20:28 | 05 50 46 | 26 22 | 03♋19 | 09 51 | 08 36 | 05 08 | 07 32 | 08 12 | 23 45 | 08 22 | 16 51 | 25 02 |
| 27 | 8:24:25 | 06 51 44 | 10♋22 | 17 31 | 08 39 | 09 51 | 05 51 | 07 26 | 08 10 | 23 48 | 08 24 | 16 52 | 24 59 |
| 28 | 8:28:21 | 07 52 41 | 24 47 | 02♌08 | 07 24 | 11 07 | 06 35 | 07 20 | 08 09 | 23 52 | 08 26 | 16 54 | 24 56 |
| 29 | 8:32:18 | 08 53 37 | 09♌33 | 17 02 | 06 08 | 12 22 | 07 18 | 07 14 | 08 08 | 23 55 | 08 29 | 16 55 | 24 53 |
| 30 | 8:36:14 | 09 54 32 | 24 33 | 02♍05 | 04 54 | 13 38 | 08 02 | 07 08 | 08 07 | 23 58 | 08 31 | 16 57 | 24 49 |
| 31 | 8:40:11 | 10 55 27 | 09♍37 | 17 07 | 03 44 | 14 53 | 08 45 | 07 03 | 08 06 | 24 02 | 08 33 | 16 59 | 24 46 |

## 0:00 E.T. Longitudes of the Major Asteroids and Chiron

| D | ⚳ | ⚴ | ⚵ | ⚶ | ⚷ |
|---|---|---|---|---|---|
| 1 | 09♒38 | 15♑24 | 29♌54℞ | 28♉30℞ | 02♑10 |
| 2 | 10 00 | 15 47 | 29 51 | 28 24 | 02 16 |
| 3 | 10 23 | 16 10 | 29 47 | 28 19 | 02 23 |
| 4 | 10 46 | 16 33 | 29 42 | 28 14 | 02 29 |
| 5 | 11 09 | 16 56 | 29 37 | 28 09 | 02 36 |
| 6 | 11 31 | 17 19 | 29 32 | 28 05 | 02 42 |
| 7 | 11 54 | 17 42 | 29 26 | 28 01 | 02 48 |
| 8 | 12 17 | 18 05 | 29 20 | 27 58 | 02 55 |
| 9 | 12 40 | 18 28 | 29 13 | 27 55 | 03 01 |
| 10 | 13 03 | 18 51 | 29 06 | 27 53 | 03 07 |
| 11 | 13 26 | 19 14 | 28 58 | 27 51 | 03 14 |
| 12 | 13 49 | 19 37 | 28 49 | 27 49 | 03 20 |
| 13 | 14 12 | 20 00 | 28 41 | 27 48 | 03 26 |
| 14 | 14 35 | 20 23 | 28 31 | 27 47 | 03 32 |
| 15 | 14 58 | 20 46 | 28 22 | 27 47D | 03 38 |
| 16 | 15 21 | 21 08 | 28 11 | 27 48 | 03 45 |
| 17 | 15 44 | 21 31 | 28 01 | 27 48 | 03 51 |
| 18 | 16 08 | 21 54 | 27 50 | 27 49 | 03 57 |
| 19 | 16 31 | 22 17 | 27 39 | 27 51 | 04 03 |
| 20 | 16 54 | 22 39 | 27 27 | 27 53 | 04 09 |
| 21 | 17 17 | 23 02 | 27 15 | 27 55 | 04 15 |
| 22 | 17 41 | 23 25 | 27 02 | 27 58 | 04 21 |
| 23 | 18 04 | 23 47 | 26 50 | 28 02 | 04 27 |
| 24 | 18 27 | 24 10 | 26 36 | 28 05 | 04 33 |
| 25 | 18 51 | 24 32 | 26 23 | 28 09 | 04 39 |
| 26 | 19 14 | 24 55 | 26 09 | 28 14 | 04 44 |
| 27 | 19 38 | 25 17 | 25 55 | 28 19 | 04 50 |
| 28 | 20 01 | 25 40 | 25 41 | 28 24 | 04 56 |
| 29 | 20 24 | 26 02 | 25 27 | 28 30 | 05 02 |
| 30 | 20 48 | 26 24 | 25 12 | 28 36 | 05 07 |
| 31 | 21 11 | 26 47 | 24 57 | 28 42 | 05 13 |

## Lunar Data

| Last Asp. | Ingress |
|---|---|
| 2 11:18 | 2 ♍ 23:35 |
| 4 07:32 | 5 ♎ 01:25 |
| 6 16:06 | 7 ♏ 04:42 |
| 8 21:04 | 9 ♐ 09:59 |
| 11 06:50 | 11 ♑ 17:19 |
| 13 19:25 | 14 ♒ 02:42 |
| 16 00:26 | 16 ♓ 14:01 |
| 19 02:28 | 19 ♈ 02:36 |
| 21 01:51 | 21 ♉ 14:48 |
| 23 12:30 | 24 ♊ 00:28 |
| 25 19:23 | 26 ♋ 06:18 |
| 26 19:04 | 28 ♌ 08:32 |
| 29 23:05 | 30 ♍ 08:41 |

## 0:00 E.T. Declinations

| D | ☉ | ☽ | ☿ | ♀ | ♂ | ♃ | ♄ | ♅ | ♆ | ♇ | ⚳ | ⚴ | ⚵ | ⚶ | ⚷ |
|---|---|---|---|---|---|---|---|---|---|---|---|---|---|---|---|
| 1 | -23 02 | +22 47 | -23 02 | -23 39 | -05 50 | +23 01 | +20 04 | -14 41 | -18 18 | -13 00 | -24 41 | +02 36 | -00 08 | +14 36 | -17 47 |
| 2 | 22 57 | 19 54 | 22 41 | 23 37 | 05 31 | 23 02 | 20 03 | 14 41 | 18 18 | 13 00 | 24 34 | 02 36 | 00 07 | 14 39 | 17 46 |
| 3 | 22 52 | 15 46 | 22 19 | 23 34 | 05 13 | 23 02 | 20 03 | 14 40 | 18 17 | 13 00 | 24 28 | 02 36 | 00 05 | 14 41 | 17 46 |
| 4 | 22 46 | 10 44 | 21 55 | 23 30 | 04 55 | 23 03 | 20 03 | 14 39 | 18 17 | 13 00 | 24 22 | 02 37 | 00 03 | 14 44 | 17 46 |
| 5 | 22 39 | 05 09 | 21 30 | 23 26 | 04 37 | 23 04 | 20 02 | 14 38 | 18 16 | 13 00 | 24 15 | 02 38 | 00 01 | 14 47 | 17 46 |
| 6 | 22 32 | -00 37 | 21 04 | 23 21 | 04 18 | 23 05 | 20 02 | 14 37 | 18 16 | 13 00 | 24 09 | 02 38 | +00 02 | 14 49 | 17 45 |
| 7 | 22 25 | 06 16 | 20 37 | 23 15 | 04 00 | 23 05 | 20 02 | 14 36 | 18 15 | 13 01 | 24 03 | 02 39 | 00 05 | 14 52 | 17 45 |
| 8 | 22 18 | 11 31 | 20 09 | 23 08 | 03 42 | 23 06 | 20 01 | 14 35 | 18 15 | 13 01 | 23 56 | 02 40 | 00 08 | 14 55 | 17 45 |
| 9 | 22 09 | 16 08 | 19 41 | 23 01 | 03 23 | 23 07 | 20 01 | 14 34 | 18 14 | 13 01 | 23 50 | 02 41 | 00 11 | 14 58 | 17 44 |
| 10 | 22 01 | 19 52 | 19 12 | 22 53 | 03 05 | 23 08 | 20 01 | 14 33 | 18 14 | 13 01 | 23 43 | 02 42 | 00 15 | 15 01 | 17 44 |
| 11 | 21 52 | 22 32 | 18 43 | 22 45 | 02 46 | 23 08 | 20 01 | 14 32 | 18 13 | 13 01 | 23 36 | 02 43 | 00 19 | 15 05 | 17 43 |
| 12 | 21 42 | 23 59 | 18 13 | 22 35 | 02 28 | 23 09 | 20 00 | 14 31 | 18 13 | 13 01 | 23 30 | 02 45 | 00 23 | 15 08 | 17 43 |
| 13 | 21 33 | 24 10 | 17 45 | 22 25 | 02 10 | 23 10 | 20 00 | 14 30 | 18 12 | 13 01 | 23 23 | 02 46 | 00 27 | 15 11 | 17 43 |
| 14 | 21 22 | 23 07 | 17 17 | 22 15 | 01 51 | 23 10 | 20 00 | 14 29 | 18 11 | 13 01 | 23 16 | 02 48 | 00 32 | 15 15 | 17 42 |
| 15 | 21 12 | 20 59 | 16 50 | 22 03 | 01 33 | 23 11 | 20 00 | 14 28 | 18 11 | 13 01 | 23 09 | 02 49 | 00 37 | 15 18 | 17 42 |
| 16 | 21 01 | 17 56 | 16 25 | 21 51 | 01 14 | 23 11 | 20 00 | 14 27 | 18 10 | 13 01 | 23 02 | 02 51 | 00 42 | 15 22 | 17 41 |
| 17 | 20 49 | 14 11 | 16 01 | 21 38 | 00 56 | 23 12 | 20 00 | 14 25 | 18 10 | 13 01 | 22 56 | 02 53 | 00 48 | 15 25 | 17 41 |
| 18 | 20 37 | 09 54 | 15 40 | 21 25 | 00 38 | 23 13 | 19 59 | 14 24 | 18 09 | 13 02 | 22 49 | 02 55 | 00 53 | 15 29 | 17 41 |
| 19 | 20 25 | 05 16 | 15 22 | 21 11 | 00 19 | 23 13 | 19 59 | 14 23 | 18 09 | 13 02 | 22 42 | 02 57 | 00 59 | 15 33 | 17 40 |
| 20 | 20 12 | 00 27 | 15 06 | 20 56 | 00 01 | 23 14 | 19 59 | 14 22 | 18 08 | 13 02 | 22 35 | 02 59 | 01 06 | 15 37 | 17 40 |
| 21 | 19 59 | +04 26 | 14 54 | 20 41 | +00 17 | 23 14 | 19 59 | 14 21 | 18 07 | 13 02 | 22 28 | 03 01 | 01 12 | 15 41 | 17 39 |
| 22 | 19 46 | 09 13 | 14 45 | 20 25 | 00 36 | 23 15 | 19 59 | 14 20 | 18 07 | 13 02 | 22 21 | 03 03 | 01 19 | 15 45 | 17 39 |
| 23 | 19 32 | 13 45 | 14 40 | 20 09 | 00 54 | 23 16 | 19 59 | 14 19 | 18 06 | 13 02 | 22 13 | 03 05 | 01 26 | 15 49 | 17 38 |
| 24 | 19 18 | 17 48 | 14 39 | 19 52 | 01 12 | 23 16 | 19 59 | 14 18 | 18 06 | 13 02 | 22 06 | 03 08 | 01 33 | 15 53 | 17 38 |
| 25 | 19 03 | 21 06 | 14 41 | 19 34 | 01 31 | 23 17 | 19 59 | 14 17 | 18 05 | 13 02 | 21 59 | 03 10 | 01 41 | 15 57 | 17 37 |
| 26 | 18 49 | 23 22 | 14 47 | 19 16 | 01 49 | 23 17 | 19 59 | 14 16 | 18 05 | 13 02 | 21 52 | 03 13 | 01 48 | 16 02 | 17 37 |
| 27 | 18 33 | 24 16 | 14 55 | 18 57 | 02 07 | 23 18 | 19 59 | 14 15 | 18 04 | 13 02 | 21 45 | 03 16 | 01 56 | 16 06 | 17 36 |
| 28 | 18 18 | 23 35 | 15 06 | 18 38 | 02 25 | 23 18 | 19 59 | 14 13 | 18 03 | 13 02 | 21 37 | 03 18 | 02 04 | 16 10 | 17 36 |
| 29 | 18 02 | 21 15 | 15 19 | 18 18 | 02 43 | 23 18 | 19 59 | 14 12 | 18 03 | 13 02 | 21 30 | 03 21 | 02 13 | 16 15 | 17 35 |
| 30 | 17 46 | 17 27 | 15 33 | 17 57 | 03 01 | 23 19 | 19 59 | 14 11 | 18 02 | 13 02 | 21 23 | 03 24 | 02 21 | 16 19 | 17 34 |
| 31 | 17 29 | 12 31 | 15 48 | 17 37 | 03 19 | 23 19 | 19 59 | 14 10 | 18 02 | 13 02 | 21 15 | 03 27 | 02 30 | 16 24 | 17 34 |

Lunar Phases -- 6 ◑ 03:56   13 ● 13:30   21 ◐ 17:48   28 ○ 22:52   Sun enters ♒ 1/20 06:03

# Feb. 02 — Longitudes of Main Planets - February 2002 — 0:00 E.T.

| D | S.T. | ☉ | ☽ | ☽ 12:00 | ☿ | ♀ | ♂ | ♃ | ♄ | ♅ | ♆ | ♇ | ☊ |
|---|---|---|---|---|---|---|---|---|---|---|---|---|---|
| 1 | 8:44:07 | 11♒56 20 | 24♍35 | 02♎00 | 02♒39℞ | 16♒08 | 09♈29 | 06♋57℞ | 08♊05℞ | 24♒05 | 08♒35 | 17♐00 | 24♊43 |
| 2 | 8:48:04 | 12 57 13 | 09♎20 | 16 35 | 01 40 | 17 23 | 10 12 | 06 52 | 08 04 | 24 09 | 08 38 | 17 02 | 24 40 |
| 3 | 8:52:00 | 13 58 05 | 23 45 | 00♏49 | 00 50 | 18 39 | 10 55 | 06 47 | 08 03 | 24 12 | 08 40 | 17 03 | 24 37 |
| 4 | 8:55:57 | 14 58 56 | 07♏47 | 14 40 | 00 07 | 19 54 | 11 39 | 06 42 | 08 03 | 24 16 | 08 42 | 17 05 | 24 34 |
| 5 | 8:59:54 | 15 59 46 | 21 27 | 28 08 | 29♑32 | 21 09 | 12 22 | 06 37 | 08 02 | 24 19 | 08 45 | 17 06 | 24 30 |
| 6 | 9:03:50 | 17 00 35 | 04♐44 | 11♐16 | 29 07 | 22 25 | 13 05 | 06 32 | 08 02 | 24 22 | 08 47 | 17 07 | 24 27 |
| 7 | 9:07:47 | 18 01 24 | 17 43 | 24 07 | 28 49 | 23 40 | 13 49 | 06 28 | 08 02 | 24 26 | 08 49 | 17 09 | 24 24 |
| 8 | 9:11:43 | 19 02 11 | 00♑27 | 06♑43 | 28 40 | 24 55 | 14 32 | 06 24 | 08 02 | 24 29 | 08 51 | 17 10 | 24 21 |
| 9 | 9:15:40 | 20 02 58 | 12 57 | 19 08 | 28 38D | 26 10 | 15 15 | 06 19 | 08 02D | 24 33 | 08 54 | 17 11 | 24 18 |
| 10 | 9:19:36 | 21 03 43 | 25 17 | 01♒23 | 28 44 | 27 25 | 15 58 | 06 15 | 08 02 | 24 36 | 08 56 | 17 13 | 24 15 |
| 11 | 9:23:33 | 22 04 28 | 07♒28 | 13 32 | 28 56 | 28 41 | 16 42 | 06 12 | 08 02 | 24 40 | 08 58 | 17 14 | 24 11 |
| 12 | 9:27:29 | 23 05 10 | 19 33 | 25 34 | 29 15 | 29 56 | 17 25 | 06 08 | 08 03 | 24 43 | 09 00 | 17 15 | 24 08 |
| 13 | 9:31:26 | 24 05 52 | 01♓33 | 07♓31 | 29 39 | 01♓11 | 18 08 | 06 05 | 08 03 | 24 47 | 09 03 | 17 16 | 24 05 |
| 14 | 9:35:23 | 25 06 32 | 13 28 | 19 24 | 00♒09 | 02 26 | 18 51 | 06 02 | 08 04 | 24 50 | 09 05 | 17 18 | 24 02 |
| 15 | 9:39:19 | 26 07 11 | 25 20 | 01♈16 | 00 44 | 03 41 | 19 34 | 05 59 | 08 05 | 24 54 | 09 07 | 17 19 | 23 59 |
| 16 | 9:43:16 | 27 07 47 | 07♈11 | 13 07 | 01 23 | 04 56 | 20 17 | 05 56 | 08 05 | 24 57 | 09 09 | 17 20 | 23 55 |
| 17 | 9:47:12 | 28 08 23 | 19 04 | 25 01 | 02 06 | 06 12 | 21 00 | 05 53 | 08 06 | 25 01 | 09 11 | 17 21 | 23 52 |
| 18 | 9:51:09 | 29 08 56 | 01♉01 | 07♉02 | 02 54 | 07 27 | 21 43 | 05 51 | 08 07 | 25 04 | 09 14 | 17 22 | 23 49 |
| 19 | 9:55:05 | 00♓09 28 | 13 06 | 19 13 | 03 44 | 08 42 | 22 26 | 05 49 | 08 09 | 25 08 | 09 16 | 17 23 | 23 46 |
| 20 | 9:59:02 | 01 09 58 | 25 24 | 01♊39 | 04 39 | 09 57 | 23 09 | 05 47 | 08 10 | 25 11 | 09 18 | 17 24 | 23 43 |
| 21 | 10:02:58 | 02 10 27 | 07♊59 | 14 25 | 05 36 | 11 12 | 23 52 | 05 45 | 08 11 | 25 14 | 09 20 | 17 25 | 23 40 |
| 22 | 10:06:55 | 03 10 53 | 20 57 | 27 36 | 06 36 | 12 27 | 24 34 | 05 43 | 08 13 | 25 18 | 09 22 | 17 26 | 23 36 |
| 23 | 10:10:52 | 04 11 18 | 04♋22 | 11♋15 | 07 38 | 13 42 | 25 17 | 05 42 | 08 15 | 25 21 | 09 24 | 17 27 | 23 33 |
| 24 | 10:14:48 | 05 11 40 | 18 16 | 25 24 | 08 43 | 14 57 | 26 00 | 05 41 | 08 16 | 25 25 | 09 26 | 17 27 | 23 30 |
| 25 | 10:18:45 | 06 12 01 | 02♌40 | 10♌02 | 09 50 | 16 12 | 26 43 | 05 40 | 08 18 | 25 28 | 09 28 | 17 28 | 23 27 |
| 26 | 10:22:41 | 07 12 20 | 17 30 | 25 03 | 11 00 | 17 27 | 27 25 | 05 39 | 08 20 | 25 32 | 09 31 | 17 29 | 23 24 |
| 27 | 10:26:38 | 08 12 37 | 02♍40 | 10♍20 | 12 11 | 18 42 | 28 08 | 05 38 | 08 22 | 25 35 | 09 33 | 17 30 | 23 21 |
| 28 | 10:30:34 | 09 12 52 | 18 00 | 25 40 | 13 24 | 19 56 | 28 51 | 05 38 | 08 24 | 25 38 | 09 35 | 17 30 | 23 17 |

## 0:00 E.T. — Longitudes of the Major Asteroids and Chiron

| D | ⚳ | ⚴ | ⚵ | ⚶ | ⚷ |
|---|---|---|---|---|---|
| 1 | 21♒35 | 27♑09 | 24♌42℞ | 28♉49 | 05♑18 |
| 2 | 21 58 | 27 31 | 24 27 | 28 56 | 05 24 |
| 3 | 22 22 | 27 53 | 24 12 | 29 03 | 05 29 |
| 4 | 22 45 | 28 15 | 23 56 | 29 11 | 05 35 |
| 5 | 23 09 | 28 37 | 23 41 | 29 19 | 05 40 |
| 6 | 23 33 | 28 59 | 23 25 | 29 28 | 05 46 |
| 7 | 23 56 | 29 21 | 23 09 | 29 37 | 05 51 |
| 8 | 24 20 | 29 43 | 22 54 | 29 46 | 05 56 |
| 9 | 24 43 | 00♒05 | 22 38 | 29 55 | 06 01 |
| 10 | 25 07 | 00 27 | 22 22 | 00♊05 | 06 07 |
| 11 | 25 30 | 00 48 | 22 07 | 00 15 | 06 12 |
| 12 | 25 54 | 01 10 | 21 51 | 00 26 | 06 17 |
| 13 | 26 18 | 01 32 | 21 36 | 00 37 | 06 22 |
| 14 | 26 41 | 01 53 | 21 20 | 00 48 | 06 27 |
| 15 | 27 05 | 02 15 | 21 05 | 00 59 | 06 31 |
| 16 | 27 28 | 02 36 | 20 50 | 01 11 | 06 36 |
| 17 | 27 52 | 02 57 | 20 35 | 01 23 | 06 41 |
| 18 | 28 15 | 03 19 | 20 20 | 01 35 | 06 46 |
| 19 | 28 39 | 03 40 | 20 06 | 01 48 | 06 50 |
| 20 | 29 03 | 04 01 | 19 51 | 02 01 | 06 55 |
| 21 | 29 26 | 04 22 | 19 37 | 02 14 | 06 59 |
| 22 | 29 50 | 04 43 | 19 23 | 02 27 | 07 04 |
| 23 | 00♓13 | 05 04 | 19 10 | 02 41 | 07 08 |
| 24 | 00 37 | 05 25 | 18 56 | 02 55 | 07 12 |
| 25 | 01 00 | 05 46 | 18 43 | 03 09 | 07 17 |
| 26 | 01 24 | 06 06 | 18 31 | 03 23 | 07 21 |
| 27 | 01 47 | 06 27 | 18 18 | 03 38 | 07 25 |
| 28 | 02 11 | 06 47 | 18 06 | 03 52 | 07 29 |

## Lunar Data

| Last Asp. | | Ingress | | |
|---|---|---|---|---|
| 31 | 11:47 | 1 | ♎ | 08:45 |
| 3 | 00:46 | 3 | ♏ | 10:36 |
| 5 | 14:03 | 5 | ♐ | 15:22 |
| 7 | 12:40 | 7 | ♑ | 23:10 |
| 10 | 06:51 | 10 | ♒ | 09:16 |
| 12 | 10:22 | 12 | ♓ | 20:54 |
| 14 | 07:44 | 15 | ♈ | 09:27 |
| 17 | 19:56 | 17 | ♉ | 21:59 |
| 19 | 23:35 | 20 | ♊ | 08:51 |
| 22 | 07:54 | 22 | ♋ | 16:17 |
| 24 | 13:40 | 24 | ♌ | 19:37 |
| 26 | 16:31 | 26 | ♍ | 19:48 |
| 28 | 03:18 | | | |

## 0:00 E.T. — Declinations

| D | ☉ | ☽ | ☿ | ♀ | ♂ | ♃ | ♄ | ♅ | ♆ | ♇ | ⚳ | ⚴ | ⚵ | ⚶ | ⚷ |
|---|---|---|---|---|---|---|---|---|---|---|---|---|---|---|---|
| 1 | -17 13 | +06 51 | -16 04 | -17 15 | +03 37 | +23 20 | +19 59 | -14 09 | -18 01 | -13 02 | -21 08 | +03 30 | +02 39 | +16 28 | -17 33 |
| 2 | 16 56 | 00 54 | 16 20 | 16 53 | 03 55 | 23 20 | 20 00 | 14 08 | 18 01 | 13 02 | 21 01 | 03 33 | 02 48 | 16 33 | 17 33 |
| 3 | 16 38 | -04 59 | 16 36 | 16 31 | 04 13 | 23 21 | 20 00 | 14 07 | 18 00 | 13 02 | 20 53 | 03 36 | 02 57 | 16 38 | 17 32 |
| 4 | 16 20 | 10 29 | 16 52 | 16 08 | 04 31 | 23 21 | 20 00 | 14 05 | 17 59 | 13 02 | 20 46 | 03 40 | 03 06 | 16 42 | 17 31 |
| 5 | 16 03 | 15 18 | 17 07 | 15 45 | 04 49 | 23 21 | 20 00 | 14 04 | 17 59 | 13 01 | 20 38 | 03 43 | 03 16 | 16 47 | 17 31 |
| 6 | 15 44 | 19 15 | 17 22 | 15 21 | 05 06 | 23 22 | 20 00 | 14 03 | 17 58 | 13 01 | 20 31 | 03 47 | 03 26 | 16 52 | 17 30 |
| 7 | 15 26 | 22 08 | 17 35 | 14 57 | 05 24 | 23 22 | 20 01 | 14 02 | 17 58 | 13 01 | 20 23 | 03 50 | 03 35 | 16 57 | 17 30 |
| 8 | 15 07 | 23 50 | 17 48 | 14 33 | 05 42 | 23 22 | 20 01 | 14 01 | 17 57 | 13 01 | 20 15 | 03 54 | 03 45 | 17 02 | 17 29 |
| 9 | 14 48 | 24 18 | 17 59 | 14 08 | 05 59 | 23 23 | 20 01 | 14 00 | 17 56 | 13 01 | 20 08 | 03 58 | 03 55 | 17 07 | 17 28 |
| 10 | 14 29 | 23 33 | 18 09 | 13 42 | 06 17 | 23 23 | 20 01 | 13 59 | 17 56 | 13 01 | 20 00 | 04 01 | 04 05 | 17 11 | 17 28 |
| 11 | 14 09 | 21 40 | 18 19 | 13 17 | 06 34 | 23 23 | 20 02 | 13 57 | 17 55 | 13 01 | 19 52 | 04 05 | 04 16 | 17 16 | 17 27 |
| 12 | 13 49 | 18 51 | 18 27 | 12 51 | 06 51 | 23 24 | 20 02 | 13 56 | 17 55 | 13 01 | 19 45 | 04 09 | 04 26 | 17 21 | 17 26 |
| 13 | 13 29 | 15 15 | 18 33 | 12 24 | 07 09 | 23 24 | 20 02 | 13 55 | 17 54 | 13 01 | 19 37 | 04 13 | 04 36 | 17 26 | 17 26 |
| 14 | 13 09 | 11 04 | 18 39 | 11 58 | 07 26 | 23 24 | 20 03 | 13 54 | 17 54 | 13 01 | 19 29 | 04 17 | 04 47 | 17 31 | 17 25 |
| 15 | 12 49 | 06 29 | 18 43 | 11 31 | 07 43 | 23 24 | 20 03 | 13 53 | 17 53 | 13 01 | 19 22 | 04 21 | 04 57 | 17 36 | 17 24 |
| 16 | 12 28 | 01 41 | 18 46 | 11 03 | 08 00 | 23 25 | 20 03 | 13 52 | 17 52 | 13 00 | 19 14 | 04 26 | 05 08 | 17 42 | 17 24 |
| 17 | 12 07 | +03 12 | 18 48 | 10 36 | 08 17 | 23 25 | 20 04 | 13 50 | 17 52 | 13 00 | 19 06 | 04 30 | 05 18 | 17 47 | 17 23 |
| 18 | 11 46 | 08 00 | 18 48 | 10 08 | 08 34 | 23 25 | 20 04 | 13 49 | 17 51 | 13 00 | 18 58 | 04 34 | 05 29 | 17 52 | 17 22 |
| 19 | 11 25 | 12 34 | 18 47 | 09 40 | 08 51 | 23 25 | 20 05 | 13 48 | 17 51 | 13 00 | 18 50 | 04 39 | 05 39 | 17 57 | 17 21 |
| 20 | 11 04 | 16 42 | 18 45 | 09 11 | 09 07 | 23 25 | 20 05 | 13 47 | 17 50 | 13 00 | 18 43 | 04 43 | 05 50 | 18 02 | 17 21 |
| 21 | 10 42 | 20 13 | 18 41 | 08 43 | 09 24 | 23 26 | 20 06 | 13 46 | 17 50 | 13 00 | 18 35 | 04 48 | 06 00 | 18 07 | 17 20 |
| 22 | 10 20 | 22 49 | 18 36 | 08 14 | 09 40 | 23 26 | 20 06 | 13 45 | 17 49 | 13 00 | 18 27 | 04 53 | 06 11 | 18 12 | 17 19 |
| 23 | 09 58 | 24 14 | 18 30 | 07 45 | 09 57 | 23 26 | 20 07 | 13 43 | 17 48 | 12 59 | 18 19 | 04 57 | 06 21 | 18 17 | 17 19 |
| 24 | 09 36 | 24 13 | 18 22 | 07 15 | 10 13 | 23 26 | 20 07 | 13 42 | 17 48 | 12 59 | 18 11 | 05 02 | 06 32 | 18 23 | 17 18 |
| 25 | 09 14 | 22 36 | 18 13 | 06 46 | 10 29 | 23 26 | 20 08 | 13 41 | 17 47 | 12 59 | 18 03 | 05 07 | 06 42 | 18 28 | 17 17 |
| 26 | 08 52 | 19 25 | 18 03 | 06 16 | 10 45 | 23 26 | 20 08 | 13 40 | 17 47 | 12 59 | 17 55 | 05 12 | 06 53 | 18 33 | 17 16 |
| 27 | 08 29 | 14 53 | 17 51 | 05 46 | 11 01 | 23 27 | 20 09 | 13 39 | 17 46 | 12 59 | 17 47 | 05 17 | 07 03 | 18 38 | 17 16 |
| 28 | 08 07 | 09 20 | 17 38 | 05 16 | 11 17 | 23 27 | 20 09 | 13 38 | 17 46 | 12 59 | 17 39 | 05 22 | 07 13 | 18 43 | 17 15 |

Lunar Phases -- 4 ◑ 13:34 12 ● 07:42 20 ◐ 12:03 27 ○ 09:18 Sun enters ♓ 2/18 20:15

## 0:00 E.T. — Longitudes of Main Planets - March 2002 — Mar. 02

| D | S.T. | ☉ | ☽ | ☽ 12:00 | ☿ | ♀ | ♂ | ♃ | ♄ | ♅ | ♆ | ♇ | ☊ |
|---|------|---|---|---------|---|---|---|---|---|---|---|---|---|
| 1 | 10:34:31 | 10♓13 05 | 03♎18 | 10♎53 | 14♒39 | 21♓11 | 29♈33 | 05♋37℞ | 08♊27 | 25♒42 | 09♒37 | 17♐31 | 23♊14 |
| 2 | 10:38:27 | 11 13 17 | 18 23 | 25 48 | 15 56 | 22 26 | 00♉16 | 05 37D | 08 29 | 25 45 | 09 39 | 17 32 | 23 11 |
| 3 | 10:42:24 | 12 13 27 | 03♏06 | 10♏18 | 17 14 | 23 41 | 00 58 | 05 38 | 08 31 | 25 49 | 09 41 | 17 32 | 23 08 |
| 4 | 10:46:21 | 13 13 36 | 17 23 | 24 20 | 18 34 | 24 56 | 01 41 | 05 38 | 08 34 | 25 52 | 09 43 | 17 33 | 23 05 |
| 5 | 10:50:17 | 14 13 43 | 01♐10 | 07♐54 | 19 55 | 26 10 | 02 23 | 05 39 | 08 37 | 25 55 | 09 45 | 17 34 | 23 01 |
| 6 | 10:54:14 | 15 13 49 | 14 31 | 21 01 | 21 18 | 27 25 | 03 06 | 05 39 | 08 39 | 25 59 | 09 47 | 17 34 | 22 58 |
| 7 | 10:58:10 | 16 13 53 | 27 27 | 03♑47 | 22 42 | 28 40 | 03 48 | 05 40 | 08 42 | 26 02 | 09 48 | 17 35 | 22 55 |
| 8 | 11:02:07 | 17 13 55 | 10♑03 | 16 15 | 24 07 | 29 55 | 04 30 | 05 41 | 08 45 | 26 05 | 09 50 | 17 35 | 22 52 |
| 9 | 11:06:03 | 18 13 56 | 22 24 | 28 30 | 25 34 | 01♈09 | 05 13 | 05 43 | 08 48 | 26 09 | 09 52 | 17 35 | 22 49 |
| 10 | 11:10:00 | 19 13 56 | 04♒34 | 10♒35 | 27 02 | 02 24 | 05 55 | 05 44 | 08 52 | 26 12 | 09 54 | 17 36 | 22 46 |
| 11 | 11:13:56 | 20 13 53 | 16 35 | 22 34 | 28 31 | 03 39 | 06 37 | 05 46 | 08 55 | 26 15 | 09 56 | 17 36 | 22 42 |
| 12 | 11:17:53 | 21 13 49 | 28 32 | 04♓29 | 00♓02 | 04 53 | 07 19 | 05 48 | 08 58 | 26 18 | 09 58 | 17 36 | 22 39 |
| 13 | 11:21:50 | 22 13 43 | 10♓25 | 16 22 | 01 33 | 06 08 | 08 01 | 05 50 | 09 02 | 26 21 | 10 00 | 17 37 | 22 36 |
| 14 | 11:25:46 | 23 13 35 | 22 18 | 28 14 | 03 06 | 07 22 | 08 44 | 05 52 | 09 05 | 26 25 | 10 01 | 17 37 | 22 33 |
| 15 | 11:29:43 | 24 13 25 | 04♈10 | 10♈06 | 04 41 | 08 37 | 09 26 | 05 55 | 09 09 | 26 28 | 10 03 | 17 37 | 22 30 |
| 16 | 11:33:39 | 25 13 13 | 16 03 | 22 01 | 06 16 | 09 51 | 10 08 | 05 58 | 09 13 | 26 31 | 10 05 | 17 37 | 22 27 |
| 17 | 11:37:36 | 26 12 59 | 27 59 | 03♉59 | 07 53 | 11 06 | 10 50 | 06 00 | 09 17 | 26 34 | 10 07 | 17 37 | 22 23 |
| 18 | 11:41:32 | 27 12 43 | 10♉00 | 16 03 | 09 31 | 12 20 | 11 32 | 06 04 | 09 21 | 26 37 | 10 08 | 17 38 | 22 20 |
| 19 | 11:45:29 | 28 12 24 | 22 09 | 28 17 | 11 10 | 13 35 | 12 14 | 06 07 | 09 25 | 26 40 | 10 10 | 17 38 | 22 17 |
| 20 | 11:49:25 | 29 12 04 | 04♊28 | 10♊43 | 12 50 | 14 49 | 12 56 | 06 10 | 09 29 | 26 43 | 10 12 | 17 38 | 22 14 |
| 21 | 11:53:22 | 00♈11 41 | 17 02 | 23 27 | 14 32 | 16 04 | 13 37 | 06 14 | 09 33 | 26 46 | 10 13 | 17 38℞ | 22 11 |
| 22 | 11:57:19 | 01 11 16 | 29 56 | 06♋41 | 16 14 | 17 18 | 14 19 | 06 18 | 09 38 | 26 49 | 10 15 | 17 38 | 22 07 |
| 23 | 12:01:15 | 02 10 49 | 13♋13 | 20 01 | 17 59 | 18 32 | 15 01 | 06 22 | 09 42 | 26 52 | 10 17 | 17 38 | 22 04 |
| 24 | 12:05:12 | 03 10 20 | 26 57 | 03♌59 | 19 44 | 19 46 | 15 43 | 06 26 | 09 46 | 26 55 | 10 18 | 17 37 | 22 01 |
| 25 | 12:09:08 | 04 09 48 | 11♌09 | 18 25 | 21 31 | 21 01 | 16 24 | 06 30 | 09 51 | 26 58 | 10 20 | 17 37 | 21 58 |
| 26 | 12:13:05 | 05 09 13 | 25 48 | 03♍17 | 23 19 | 22 15 | 17 06 | 06 34 | 09 56 | 27 01 | 10 21 | 17 37 | 21 55 |
| 27 | 12:17:01 | 06 08 37 | 10♍51 | 18 28 | 25 08 | 23 29 | 17 48 | 06 39 | 10 00 | 27 04 | 10 23 | 17 37 | 21 52 |
| 28 | 12:20:58 | 07 07 58 | 26 07 | 03♎47 | 26 59 | 24 43 | 18 29 | 06 44 | 10 05 | 27 07 | 10 24 | 17 37 | 21 48 |
| 29 | 12:24:54 | 08 07 17 | 11♎27 | 19 04 | 28 50 | 25 57 | 19 11 | 06 49 | 10 10 | 27 10 | 10 26 | 17 36 | 21 45 |
| 30 | 12:28:51 | 09 06 34 | 26 38 | 04♏07 | 00♈44 | 27 11 | 19 52 | 06 54 | 10 15 | 27 13 | 10 27 | 17 36 | 21 42 |
| 31 | 12:32:48 | 10 05 50 | 11♏31 | 18 48 | 02 38 | 28 25 | 20 34 | 06 59 | 10 20 | 27 15 | 10 28 | 17 36 | 21 39 |

## 0:00 E.T. — Longitudes of the Major Asteroids and Chiron — Lunar Data

| D | ♀ (Ceres) | ♀ (Pallas) | ⚵ (Juno) | ⚶ (Vesta) | ⚷ (Chiron) | D | Ceres | Pallas | Juno | Vesta | Chiron | Last Asp. | Ingress |
|---|-----------|------------|-----------|-----------|------------|---|-------|--------|------|-------|--------|-----------|---------|
| 1 | 02♓34 | 07♒08 | 17♌55℞ | 04♊08 | 07♑33 | 17 | 08 48 | 12 23 | 15 42 | 08 38 | 08 26 | 2 11:58 | 2 ♏ 18:52 |
| 2 | 02 58 | 07 28 | 17 43 | 04 23 | 07 37 | 18 | 09 11 | 12 42 | 15 38 | 08 56 | 08 29 | 4 14:44 | 4 ♐ 21:56 |
| 3 | 03 21 | 07 49 | 17 33 | 04 38 | 07 41 | 19 | 09 34 | 13 01 | 15 33 | 09 15 | 08 31 | 7 02:33 | 7 ♑ 04:49 |
| 4 | 03 45 | 08 09 | 17 22 | 04 54 | 07 44 | 20 | 09 57 | 13 20 | 15 30 | 09 34 | 08 34 | 8 15:08 | 9 ♒ 14:58 |
| 5 | 04 08 | 08 29 | 17 12 | 05 10 | 07 48 | 21 | 10 20 | 13 38 | 15 26 | 09 53 | 08 36 | 11 19:30 | 12 ♓ 02:58 |
| 6 | 04 32 | 08 49 | 17 02 | 05 26 | 07 52 | 22 | 10 43 | 13 57 | 15 23 | 10 12 | 08 39 | 14 02:04 | 14 ♈ 15:35 |
| 7 | 04 55 | 09 09 | 16 53 | 05 43 | 07 55 | 23 | 11 06 | 14 15 | 15 21 | 10 31 | 08 41 | 16 21:09 | 17 ♉ 04:02 |
| 8 | 05 18 | 09 29 | 16 44 | 05 59 | 07 59 | 24 | 11 29 | 14 33 | 15 19 | 10 51 | 08 43 | 19 12:54 | 19 ♊ 15:21 |
| 9 | 05 42 | 09 49 | 16 35 | 06 16 | 08 02 | 25 | 11 52 | 14 51 | 15 18 | 11 10 | 08 45 | 21 18:15 | 22 ♋ 00:07 |
| 10 | 06 05 | 10 08 | 16 27 | 06 33 | 08 05 | 26 | 12 15 | 15 09 | 15 16 | 11 30 | 08 47 | 23 10:20 | 24 ♌ 05:14 |
| 11 | 06 28 | 10 28 | 16 19 | 06 50 | 08 09 | 27 | 12 38 | 15 27 | 15 16 | 11 50 | 08 49 | 26 01:58 | 26 ♍ 06:45 |
| 12 | 06 52 | 10 47 | 16 12 | 07 08 | 08 12 | 28 | 13 00 | 15 45 | 15 15 | 12 10 | 08 51 | 28 01:32 | 28 ♎ 06:05 |
| 13 | 07 15 | 11 07 | 16 05 | 07 25 | 08 15 | 29 | 13 23 | 16 02 | 15 16D | 12 30 | 08 53 | 30 00:58 | 30 ♏ 05:23 |
| 14 | 07 38 | 11 26 | 15 59 | 07 43 | 08 18 | 30 | 13 46 | 16 20 | 15 16 | 12 50 | 08 54 | | |
| 15 | 08 01 | 11 45 | 15 53 | 08 01 | 08 21 | 31 | 14 09 | 16 37 | 15 17 | 13 11 | 08 56 | | |
| 16 | 08 25 | 12 04 | 15 47 | 08 19 | 08 23 | | | | | | | | |

## 0:00 E.T. — Declinations

| D | ☉ | ☽ | ☿ | ♀ | ♂ | ♃ | ♄ | ♅ | ♆ | ♇ | ♀(Ceres) | ♀(Pallas) | ⚵ | ⚶ | ⚷ |
|---|---|---|---|---|---|---|---|---|---|---|---|---|---|---|---|
| 1 | -07 44 | +03 14 | -17 24 | -04 46 | +11 33 | +23 27 | +20 10 | -13 37 | -17 45 | -12 59 | -17 31 | +05 27 | +07 23 | +18 48 | -17 14 |
| 2 | 07 21 | -02 59 | 17 09 | 04 16 | 11 49 | 23 27 | 20 11 | 13 35 | 17 45 | 12 58 | 17 23 | 05 32 | 07 33 | 18 53 | 17 13 |
| 3 | 06 59 | 08 54 | 16 52 | 03 45 | 12 04 | 23 27 | 20 11 | 13 34 | 17 44 | 12 58 | 17 16 | 05 37 | 07 43 | 18 59 | 17 13 |
| 4 | 06 35 | 14 11 | 16 34 | 03 15 | 12 20 | 23 27 | 20 12 | 13 33 | 17 44 | 12 58 | 17 08 | 05 42 | 07 53 | 19 04 | 17 12 |
| 5 | 06 12 | 18 32 | 16 14 | 02 44 | 12 35 | 23 27 | 20 13 | 13 32 | 17 43 | 12 58 | 17 00 | 05 48 | 08 03 | 19 09 | 17 11 |
| 6 | 05 49 | 21 46 | 15 53 | 02 14 | 12 50 | 23 27 | 20 13 | 13 31 | 17 43 | 12 58 | 16 52 | 05 53 | 08 12 | 19 14 | 17 10 |
| 7 | 05 26 | 23 46 | 15 31 | 01 43 | 13 05 | 23 27 | 20 14 | 13 30 | 17 42 | 12 57 | 16 44 | 05 58 | 08 22 | 19 19 | 17 09 |
| 8 | 05 03 | 24 30 | 15 08 | 01 12 | 13 20 | 23 27 | 20 15 | 13 28 | 17 41 | 12 57 | 16 36 | 06 04 | 08 31 | 19 24 | 17 09 |
| 9 | 04 39 | 23 59 | 14 43 | 00 42 | 13 35 | 23 27 | 20 15 | 13 28 | 17 41 | 12 57 | 16 28 | 06 09 | 08 40 | 19 29 | 17 08 |
| 10 | 04 16 | 22 20 | 14 17 | 00 11 | 13 50 | 23 27 | 20 16 | 13 27 | 17 41 | 12 57 | 16 20 | 06 15 | 08 49 | 19 34 | 17 07 |
| 11 | 03 52 | 19 42 | 13 50 | +00 20 | 14 05 | 23 27 | 20 17 | 13 26 | 17 40 | 12 57 | 16 12 | 06 20 | 08 58 | 19 39 | 17 06 |
| 12 | 03 29 | 16 15 | 13 22 | 00 51 | 14 19 | 23 27 | 20 18 | 13 24 | 17 40 | 12 56 | 16 04 | 06 26 | 09 07 | 19 44 | 17 06 |
| 13 | 03 05 | 12 10 | 12 52 | 01 22 | 14 33 | 23 27 | 20 18 | 13 23 | 17 39 | 12 56 | 15 56 | 06 32 | 09 16 | 19 49 | 17 05 |
| 14 | 02 41 | 07 38 | 12 21 | 01 53 | 14 48 | 23 27 | 20 19 | 13 22 | 17 39 | 12 56 | 15 48 | 06 38 | 09 24 | 19 54 | 17 04 |
| 15 | 02 18 | 02 49 | 11 49 | 02 24 | 15 02 | 23 27 | 20 20 | 13 21 | 17 38 | 12 56 | 15 40 | 06 43 | 09 33 | 19 59 | 17 03 |
| 16 | 01 54 | +02 06 | 11 16 | 02 54 | 15 16 | 23 27 | 20 21 | 13 20 | 17 38 | 12 55 | 15 32 | 06 49 | 09 41 | 20 04 | 17 02 |
| 17 | 01 30 | 06 59 | 10 41 | 03 25 | 15 29 | 23 27 | 20 21 | 13 19 | 17 37 | 12 55 | 15 24 | 06 55 | 09 49 | 20 09 | 17 02 |
| 18 | 01 07 | 11 39 | 10 06 | 03 56 | 15 43 | 23 27 | 20 22 | 13 18 | 17 37 | 12 55 | 15 16 | 07 01 | 09 57 | 20 14 | 17 01 |
| 19 | 00 43 | 15 55 | 09 29 | 04 26 | 15 57 | 23 27 | 20 23 | 13 17 | 17 36 | 12 55 | 15 08 | 07 07 | 10 04 | 20 19 | 17 00 |
| 20 | 00 19 | 19 35 | 08 50 | 04 57 | 16 10 | 23 27 | 20 24 | 13 16 | 17 36 | 12 55 | 15 00 | 07 13 | 10 12 | 20 23 | 16 59 |
| 21 | +00 05 | 22 25 | 08 11 | 05 27 | 16 23 | 23 27 | 20 25 | 13 15 | 17 36 | 12 54 | 14 52 | 07 19 | 10 19 | 20 28 | 16 59 |
| 22 | 00 28 | 24 11 | 07 31 | 05 57 | 16 36 | 23 27 | 20 26 | 13 14 | 17 35 | 12 54 | 14 44 | 07 25 | 10 27 | 20 33 | 16 58 |
| 23 | 00 52 | 24 39 | 06 49 | 06 27 | 16 49 | 23 26 | 20 26 | 13 13 | 17 35 | 12 54 | 14 36 | 07 31 | 10 34 | 20 38 | 16 57 |
| 24 | 01 16 | 23 38 | 06 06 | 06 57 | 17 02 | 23 27 | 20 27 | 13 12 | 17 34 | 12 54 | 14 28 | 07 38 | 10 40 | 20 42 | 16 56 |
| 25 | 01 39 | 21 07 | 05 22 | 07 27 | 17 15 | 23 26 | 20 28 | 13 11 | 17 34 | 12 53 | 14 20 | 07 44 | 10 47 | 20 47 | 16 56 |
| 26 | 02 03 | 17 11 | 04 37 | 07 57 | 17 27 | 23 26 | 20 29 | 13 10 | 17 34 | 12 53 | 14 12 | 07 50 | 10 54 | 20 51 | 16 55 |
| 27 | 02 26 | 12 04 | 03 51 | 08 26 | 17 39 | 23 26 | 20 30 | 13 09 | 17 33 | 12 53 | 14 05 | 07 56 | 11 00 | 20 56 | 16 54 |
| 28 | 02 50 | 06 08 | 03 04 | 08 55 | 17 52 | 23 26 | 20 31 | 13 08 | 17 33 | 12 53 | 13 57 | 08 03 | 11 06 | 21 00 | 16 53 |
| 29 | 03 13 | -00 12 | 02 15 | 09 25 | 18 04 | 23 26 | 20 32 | 13 07 | 17 32 | 12 52 | 13 49 | 08 09 | 11 12 | 21 05 | 16 53 |
| 30 | 03 37 | 06 29 | 01 26 | 09 53 | 18 15 | 23 26 | 20 33 | 13 06 | 17 32 | 12 52 | 13 41 | 08 15 | 11 18 | 21 09 | 16 52 |
| 31 | 04 00 | 12 16 | 00 36 | 10 22 | 18 27 | 23 26 | 20 34 | 13 05 | 17 32 | 12 52 | 13 33 | 08 22 | 11 23 | 21 14 | 16 51 |

Lunar Phases -- 6 ◗ 01:26  14 ● 02:04  22 ◖ 02:29  28 ○ 18:26   Sun enters ♈ 3/20 19:18

## Longitudes of Main Planets - April 2002 — 0:00 E.T.

| D | S.T. | ☉ | ☽ | ☽ 12:00 | ☿ | ♀ | ♂ | ♃ | ♄ | ♅ | ♆ | ♇ | ☊ |
|---|------|---|---|---------|---|---|---|---|---|---|---|---|---|
| 1 | 12:36:44 | 11♈05 03 | 25♏59 | 03♐02 | 04♈34 | 29♈39 | 21♉15 | 07♋05 | 10♊25 | 27♒18 | 10♒30 | 17♐35℞ | 21♊36 |
| 2 | 12:40:41 | 12 04 15 | 09♐57 | 06 45 | 06 32 | 00♉53 | 21 57 | 07 11 | 10 31 | 27 21 | 10 31 | 17 35 | 21 33 |
| 3 | 12:44:37 | 13 03 25 | 23 26 | 00♑00 | 08 30 | 02 07 | 22 38 | 07 16 | 10 36 | 27 24 | 10 32 | 17 35 | 21 29 |
| 4 | 12:48:34 | 14 02 33 | 06♑28 | 12 50 | 10 30 | 03 21 | 23 19 | 07 22 | 10 41 | 27 26 | 10 34 | 17 34 | 21 26 |
| 5 | 12:52:30 | 15 01 39 | 19 07 | 25 19 | 12 31 | 04 35 | 24 01 | 07 28 | 10 47 | 27 29 | 10 35 | 17 34 | 21 23 |
| 6 | 12:56:27 | 16 00 44 | 01♒28 | 07♒33 | 14 33 | 05 49 | 24 42 | 07 35 | 10 52 | 27 31 | 10 36 | 17 33 | 21 20 |
| 7 | 13:00:23 | 16 59 47 | 13 35 | 19 35 | 16 36 | 07 03 | 25 23 | 07 41 | 10 58 | 27 34 | 10 37 | 17 33 | 21 17 |
| 8 | 13:04:20 | 17 58 48 | 25 33 | 01♓30 | 18 40 | 08 17 | 26 04 | 07 48 | 11 03 | 27 36 | 10 38 | 17 32 | 21 13 |
| 9 | 13:08:17 | 18 57 47 | 07♓26 | 13 21 | 20 44 | 09 30 | 26 46 | 07 54 | 11 09 | 27 39 | 10 40 | 17 31 | 21 10 |
| 10 | 13:12:13 | 19 56 44 | 19 17 | 25 12 | 22 50 | 10 44 | 27 27 | 08 01 | 11 15 | 27 41 | 10 41 | 17 31 | 21 07 |
| 11 | 13:16:10 | 20 55 39 | 01♈08 | 07♈05 | 24 55 | 11 58 | 28 08 | 08 08 | 11 21 | 27 44 | 10 42 | 17 30 | 21 04 |
| 12 | 13:20:06 | 21 54 33 | 13 03 | 19 01 | 27 01 | 13 11 | 28 49 | 08 15 | 11 27 | 27 46 | 10 43 | 17 29 | 21 01 |
| 13 | 13:24:03 | 22 53 24 | 25 01 | 01♉02 | 29 07 | 14 24 | 29 30 | 08 23 | 11 33 | 27 49 | 10 44 | 17 29 | 20 58 |
| 14 | 13:27:59 | 23 52 14 | 07♉05 | 13 09 | 01♉12 | 15 39 | 00♊11 | 08 30 | 11 39 | 27 51 | 10 45 | 17 28 | 20 54 |
| 15 | 13:31:56 | 24 51 02 | 19 15 | 25 24 | 03 17 | 16 52 | 00 52 | 08 38 | 11 45 | 27 53 | 10 46 | 17 27 | 20 51 |
| 16 | 13:35:52 | 25 49 47 | 01♊34 | 07♊47 | 05 20 | 18 06 | 01 33 | 08 45 | 11 51 | 27 55 | 10 47 | 17 26 | 20 48 |
| 17 | 13:39:49 | 26 48 31 | 14 04 | 20 23 | 07 23 | 19 19 | 02 14 | 08 53 | 11 57 | 27 57 | 10 47 | 17 26 | 20 45 |
| 18 | 13:43:46 | 27 47 12 | 26 46 | 03♋13 | 09 23 | 20 32 | 02 54 | 09 01 | 12 04 | 28 00 | 10 48 | 17 25 | 20 42 |
| 19 | 13:47:42 | 28 45 51 | 09♋44 | 16 20 | 11 22 | 21 46 | 03 35 | 09 09 | 12 10 | 28 02 | 10 49 | 17 24 | 20 38 |
| 20 | 13:51:39 | 29 44 28 | 23 01 | 29 48 | 13 18 | 22 59 | 04 16 | 09 17 | 12 16 | 28 04 | 10 50 | 17 23 | 20 35 |
| 21 | 13:55:35 | 00♉43 03 | 06♌40 | 13♌37 | 15 12 | 24 13 | 04 57 | 09 26 | 12 23 | 28 06 | 10 51 | 17 22 | 20 32 |
| 22 | 13:59:32 | 01 41 35 | 20 41 | 27 16 | 17 03 | 25 26 | 05 38 | 09 34 | 12 29 | 28 08 | 10 51 | 17 21 | 20 29 |
| 23 | 14:03:28 | 02 40 05 | 05♍05 | 12♍24 | 18 50 | 26 39 | 06 18 | 09 43 | 12 36 | 28 10 | 10 52 | 17 20 | 20 26 |
| 24 | 14:07:25 | 03 38 33 | 19 48 | 27 16 | 20 35 | 27 52 | 06 59 | 09 52 | 12 43 | 28 12 | 10 53 | 17 19 | 20 23 |
| 25 | 14:11:21 | 04 36 59 | 04♎46 | 12♎17 | 22 15 | 29 05 | 07 39 | 10 00 | 12 49 | 28 13 | 10 53 | 17 18 | 20 19 |
| 26 | 14:15:18 | 05 35 23 | 19 25 | 26 52 | 23 52 | 00♊20 | 08 20 | 10 09 | 12 56 | 28 15 | 10 54 | 17 17 | 20 16 |
| 27 | 14:19:15 | 06 33 45 | 04♏49 | 12♏14 | 25 24 | 01 31 | 09 00 | 10 18 | 13 03 | 28 17 | 10 54 | 17 16 | 20 13 |
| 28 | 14:23:11 | 07 32 05 | 19 35 | 26 52 | 26 53 | 02 44 | 09 41 | 10 27 | 13 10 | 28 19 | 10 55 | 17 15 | 20 10 |
| 29 | 14:27:08 | 08 30 23 | 04♐02 | 11♐06 | 28 17 | 03 57 | 10 21 | 10 37 | 13 16 | 28 20 | 10 55 | 17 13 | 20 07 |
| 30 | 14:31:04 | 09 28 40 | 18 04 | 24 54 | 29 37 | 05 01 | 11 02 | 10 46 | 13 23 | 28 22 | 10 56 | 17 12 | 20 04 |

## 0:00 E.T. — Longitudes of the Major Asteroids and Chiron — Lunar Data

| D | ⚳ | ⚴ | ⚵ | ⚶ | ⚷ | D | ⚳ | ⚴ | ⚵ | ⚶ | ⚷ |
|---|---|---|---|---|---|---|---|---|---|---|---|
| 1 | 14♓31 | 16♒54 | 15♌18 | 13♊31 | 08♑57 | 16 | 20 05 | 20 56 | 16 25 | 18 55 | 09 09 |
| 2 | 14 54 | 17 12 | 15 20 | 13 52 | 08 59 | 17 | 20 27 | 21 11 | 16 32 | 19 17 | 09 09 |
| 3 | 15 16 | 17 29 | 15 22 | 14 13 | 09 00 | 18 | 20 49 | 21 25 | 16 40 | 19 39 | 09 09℞ |
| 4 | 15 39 | 17 45 | 15 25 | 14 34 | 09 01 | 19 | 21 10 | 21 40 | 16 48 | 20 02 | 09 09 |
| 5 | 16 01 | 18 02 | 15 28 | 14 55 | 09 02 | 20 | 21 32 | 21 54 | 16 56 | 20 25 | 09 09 |
| 6 | 16 24 | 18 19 | 15 31 | 15 16 | 09 03 | 21 | 21 53 | 22 08 | 17 05 | 20 48 | 09 08 |
| 7 | 16 46 | 18 35 | 15 35 | 15 38 | 09 04 | 22 | 22 15 | 22 22 | 17 13 | 21 10 | 09 08 |
| 8 | 17 08 | 18 51 | 15 39 | 15 59 | 09 05 | 23 | 22 36 | 22 36 | 17 23 | 21 33 | 09 07 |
| 9 | 17 31 | 19 07 | 15 44 | 16 21 | 09 06 | 24 | 22 58 | 22 50 | 17 32 | 21 56 | 09 07 |
| 10 | 17 53 | 19 23 | 15 49 | 16 42 | 09 07 | 25 | 23 19 | 23 03 | 17 42 | 22 20 | 09 06 |
| 11 | 18 15 | 19 39 | 15 54 | 17 04 | 09 07 | 26 | 23 40 | 23 16 | 17 52 | 22 43 | 09 06 |
| 12 | 18 37 | 19 55 | 15 59 | 17 26 | 09 08 | 27 | 24 01 | 23 29 | 18 02 | 23 06 | 09 05 |
| 13 | 18 59 | 20 10 | 16 05 | 17 48 | 09 08 | 28 | 24 23 | 23 42 | 18 13 | 23 29 | 09 04 |
| 14 | 19 21 | 20 26 | 16 11 | 18 10 | 09 09 | 29 | 24 44 | 23 55 | 18 23 | 23 53 | 09 03 |
| 15 | 19 43 | 20 41 | 16 18 | 18 32 | 09 09 | 30 | 25 05 | 24 07 | 18 34 | 24 16 | 09 02 |

### Lunar Data

| Last Asp. | Ingress |
|-----------|---------|
| 1 — 02:15 | 1 ♐ 06:50 |
| 3 — 07:14 | 3 ♑ 11:06 |
| 5 — 10:01 | 5 ♒ 21:08 |
| 8 — 04:10 | 8 ♓ 08:59 |
| 10 — 17:32 | 10 ♈ 21:42 |
| 13 — 09:53 | 13 ♉ 09:56 |
| 15 — 16:54 | 15 ♊ 20:57 |
| 18 — 02:18 | 18 ♋ 06:02 |
| 19 — 23:56 | 20 ♌ 12:22 |
| 22 — 12:31 | 22 ♍ 15:36 |
| 24 — 14:07 | 24 ♎ 16:23 |
| 26 — 13:30 | 26 ♏ 16:16 |
| 28 — 14:27 | 28 ♐ 17:14 |
| 30 — 18:11 | |

## 0:00 E.T. — Declinations

| D | ☉ | ☽ | ☿ | ♀ | ♂ | ♃ | ♄ | ♅ | ♆ | ♇ | ⚳ | ⚴ | ⚵ | ⚶ | ⚷ |
|---|---|---|---|---|---|---|---|---|---|---|---|---|---|---|---|
| 1 | +04 23 | -17 13 | +00 15 | +10 50 | +18 38 | +23 25 | +20 35 | -13 04 | -17 31 | -12 52 | -13 26 | +08 28 | +11 29 | +21 18 | -16 50 |
| 2 | 04 46 | 21 02 | 01 07 | 11 18 | 18 50 | 23 25 | 20 36 | 13 03 | 17 31 | 12 51 | 13 18 | 08 35 | 11 34 | 21 22 | 16 50 |
| 3 | 05 09 | 23 33 | 02 00 | 11 46 | 19 01 | 23 25 | 20 37 | 13 03 | 17 31 | 12 51 | 13 10 | 08 41 | 11 39 | 21 26 | 16 49 |
| 4 | 05 32 | 24 42 | 02 54 | 12 14 | 19 12 | 23 25 | 20 38 | 13 02 | 17 30 | 12 51 | 13 02 | 08 47 | 11 44 | 21 31 | 16 48 |
| 5 | 05 55 | 24 30 | 03 48 | 12 41 | 19 23 | 23 24 | 20 38 | 13 01 | 17 30 | 12 50 | 12 55 | 08 54 | 11 49 | 21 35 | 16 47 |
| 6 | 06 18 | 23 05 | 04 43 | 13 08 | 19 33 | 23 24 | 20 39 | 13 00 | 17 30 | 12 50 | 12 47 | 09 01 | 11 53 | 21 39 | 16 47 |
| 7 | 06 41 | 20 38 | 05 38 | 13 35 | 19 44 | 23 24 | 20 40 | 12 59 | 17 29 | 12 50 | 12 39 | 09 07 | 11 58 | 21 43 | 16 46 |
| 8 | 07 03 | 17 20 | 06 34 | 14 01 | 19 54 | 23 24 | 20 41 | 12 58 | 17 29 | 12 50 | 12 32 | 09 14 | 12 02 | 21 47 | 16 45 |
| 9 | 07 26 | 13 21 | 07 29 | 14 27 | 20 04 | 23 23 | 20 42 | 12 57 | 17 29 | 12 50 | 12 24 | 09 20 | 12 06 | 21 51 | 16 45 |
| 10 | 07 48 | 08 53 | 08 25 | 14 53 | 20 14 | 23 23 | 20 43 | 12 57 | 17 28 | 12 49 | 12 16 | 09 27 | 12 10 | 21 54 | 16 44 |
| 11 | 08 10 | 04 06 | 09 21 | 15 18 | 20 24 | 23 23 | 20 44 | 12 56 | 17 28 | 12 49 | 12 09 | 09 33 | 12 14 | 21 58 | 16 43 |
| 12 | 08 32 | +00 52 | 10 16 | 15 43 | 20 34 | 23 22 | 20 45 | 12 55 | 17 28 | 12 49 | 12 01 | 09 40 | 12 17 | 22 02 | 16 43 |
| 13 | 08 54 | 05 51 | 11 11 | 16 07 | 20 43 | 23 22 | 20 46 | 12 54 | 17 28 | 12 49 | 11 54 | 09 47 | 12 21 | 22 06 | 16 42 |
| 14 | 09 16 | 10 39 | 12 06 | 16 31 | 20 52 | 23 21 | 20 47 | 12 53 | 17 27 | 12 48 | 11 46 | 09 53 | 12 24 | 22 09 | 16 41 |
| 15 | 09 37 | 15 06 | 12 59 | 16 55 | 21 01 | 23 21 | 20 48 | 12 53 | 17 27 | 12 48 | 11 39 | 10 00 | 12 27 | 22 13 | 16 41 |
| 16 | 09 59 | 18 59 | 13 51 | 17 18 | 21 10 | 23 21 | 20 49 | 12 52 | 17 27 | 12 48 | 11 32 | 10 07 | 12 30 | 22 16 | 16 40 |
| 17 | 10 20 | 22 03 | 14 42 | 17 41 | 21 19 | 23 20 | 20 50 | 12 51 | 17 27 | 12 48 | 11 24 | 10 13 | 12 32 | 22 20 | 16 39 |
| 18 | 10 41 | 24 06 | 15 31 | 18 03 | 21 27 | 23 20 | 20 51 | 12 51 | 17 26 | 12 47 | 11 17 | 10 20 | 12 35 | 22 23 | 16 38 |
| 19 | 11 02 | 24 54 | 16 19 | 18 26 | 21 36 | 23 19 | 20 52 | 12 50 | 17 26 | 12 47 | 11 10 | 10 27 | 12 37 | 22 26 | 16 38 |
| 20 | 11 23 | 24 19 | 17 04 | 18 47 | 21 44 | 23 19 | 20 53 | 12 49 | 17 26 | 12 47 | 11 02 | 10 33 | 12 40 | 22 29 | 16 37 |
| 21 | 11 43 | 22 17 | 17 48 | 19 08 | 21 52 | 23 18 | 20 54 | 12 48 | 17 26 | 12 47 | 10 55 | 10 40 | 12 42 | 22 33 | 16 37 |
| 22 | 12 04 | 18 53 | 18 29 | 19 28 | 22 00 | 23 18 | 20 55 | 12 48 | 17 26 | 12 46 | 10 48 | 10 47 | 12 44 | 22 36 | 16 36 |
| 23 | 12 24 | 14 17 | 19 09 | 19 48 | 22 07 | 23 17 | 20 56 | 12 47 | 17 25 | 12 46 | 10 41 | 10 53 | 12 45 | 22 39 | 16 35 |
| 24 | 12 44 | 08 45 | 19 45 | 20 08 | 22 14 | 23 16 | 20 57 | 12 47 | 17 25 | 12 46 | 10 34 | 11 00 | 12 47 | 22 42 | 16 35 |
| 25 | 13 04 | 02 38 | 20 19 | 20 26 | 22 21 | 23 16 | 20 58 | 12 46 | 17 25 | 12 46 | 10 27 | 11 07 | 12 48 | 22 44 | 16 34 |
| 26 | 13 23 | -03 41 | 20 51 | 20 45 | 22 28 | 23 15 | 20 59 | 12 46 | 17 25 | 12 45 | 10 20 | 11 13 | 12 50 | 22 47 | 16 34 |
| 27 | 13 42 | 09 46 | 21 20 | 21 03 | 22 35 | 23 15 | 21 00 | 12 45 | 17 25 | 12 45 | 10 13 | 11 20 | 12 51 | 22 50 | 16 33 |
| 28 | 14 02 | 15 14 | 21 47 | 21 20 | 22 42 | 23 14 | 21 01 | 12 44 | 17 25 | 12 45 | 10 06 | 11 27 | 12 52 | 22 53 | 16 33 |
| 29 | 14 20 | 19 42 | 22 11 | 21 36 | 22 48 | 23 14 | 21 02 | 12 44 | 17 24 | 12 45 | 09 59 | 11 33 | 12 53 | 22 55 | 16 32 |
| 30 | 14 39 | 22 53 | 22 32 | 21 52 | 22 54 | 23 13 | 21 03 | 12 43 | 17 24 | 12 45 | 09 52 | 11 40 | 12 54 | 22 58 | 16 31 |

Lunar Phases -- 4 ◐ 15:30    12 ● 19:22    20 ◑ 12:49    27 ○ 03:01     Sun enters ♉ 4/20 06:22

## 0:00 E.T. Longitudes of Main Planets - May 2002

| D | S.T. | ☉ | ☽ | ☽ 12:00 | ☿ | ♀ | ♂ | ♃ | ♄ | ♅ | ♆ | ♇ | ☊ |
|---|---|---|---|---|---|---|---|---|---|---|---|---|---|
| 1 | 14:35:01 | 10♉26 56 | 01♑38 | 08♑16 | 00♊52 | 06♊23 | 11♊42 | 10♋56 | 13♊30 | 28♒24 | 10♒56 | 17♐11℞ | 20♊00 |
| 2 | 14:38:57 | 11 25 09 | 14 47 | 21 12 | 02 03 | 07 36 | 12 22 | 11 05 | 13 37 | 28 25 | 10 57 | 17 10 | 19 57 |
| 3 | 14:42:54 | 12 23 22 | 27 31 | 03♒46 | 03 09 | 08 49 | 13 03 | 11 15 | 13 44 | 28 27 | 10 57 | 17 09 | 19 54 |
| 4 | 14:46:50 | 13 21 32 | 09♒56 | 16 03 | 04 10 | 10 02 | 13 43 | 11 25 | 13 51 | 28 28 | 10 57 | 17 07 | 19 51 |
| 5 | 14:50:47 | 14 19 42 | 22 06 | 28 07 | 05 07 | 11 14 | 14 23 | 11 35 | 13 58 | 28 30 | 10 58 | 17 06 | 19 48 |
| 6 | 14:54:44 | 15 17 49 | 04♓05 | 10♓02 | 05 58 | 12 27 | 15 04 | 11 45 | 14 06 | 28 31 | 10 58 | 17 05 | 19 44 |
| 7 | 14:58:40 | 16 15 56 | 15 58 | 21 54 | 06 45 | 13 40 | 15 44 | 11 55 | 14 13 | 28 32 | 10 58 | 17 04 | 19 41 |
| 8 | 15:02:37 | 17 14 01 | 27 50 | 03♈46 | 07 27 | 14 52 | 16 24 | 12 05 | 14 20 | 28 34 | 10 58 | 17 02 | 19 38 |
| 9 | 15:06:33 | 18 12 04 | 09♈43 | 15 41 | 08 04 | 16 05 | 17 04 | 12 15 | 14 27 | 28 35 | 10 59 | 17 01 | 19 35 |
| 10 | 15:10:30 | 19 10 06 | 21 42 | 27 42 | 08 35 | 17 17 | 17 44 | 12 26 | 14 35 | 28 36 | 10 59 | 17 00 | 19 32 |
| 11 | 15:14:26 | 20 08 07 | 03♉46 | 09♉52 | 09 02 | 18 30 | 18 24 | 12 36 | 14 42 | 28 37 | 10 59 | 16 58 | 19 29 |
| 12 | 15:18:23 | 21 06 06 | 16 00 | 22 10 | 09 24 | 19 42 | 19 04 | 12 47 | 14 49 | 28 38 | 10 59 | 16 57 | 19 25 |
| 13 | 15:22:19 | 22 04 03 | 28 23 | 04♊40 | 09 40 | 20 54 | 19 44 | 12 57 | 14 57 | 28 39 | 10 59 | 16 55 | 19 22 |
| 14 | 15:26:16 | 23 01 59 | 10♊59 | 17 21 | 09 51 | 22 07 | 20 24 | 13 08 | 15 04 | 28 40 | 10 59℞ | 16 54 | 19 19 |
| 15 | 15:30:13 | 23 59 54 | 23 46 | 00♋14 | 09 58 | 23 19 | 21 04 | 13 19 | 15 12 | 28 41 | 10 59 | 16 53 | 19 16 |
| 16 | 15:34:09 | 24 57 47 | 06♋45 | 13 21 | 09 59℞ | 24 31 | 21 44 | 13 30 | 15 19 | 28 42 | 10 59 | 16 51 | 19 13 |
| 17 | 15:38:06 | 25 55 38 | 19 59 | 26 41 | 09 56 | 25 43 | 22 24 | 13 41 | 15 27 | 28 43 | 10 59 | 16 50 | 19 10 |
| 18 | 15:42:02 | 26 53 28 | 03♌27 | 10♌17 | 09 48 | 26 56 | 23 04 | 13 52 | 15 34 | 28 44 | 10 59 | 16 48 | 19 06 |
| 19 | 15:45:59 | 27 51 16 | 17 11 | 24 08 | 09 35 | 28 08 | 23 44 | 14 03 | 15 42 | 28 45 | 10 58 | 16 47 | 19 03 |
| 20 | 15:49:55 | 28 49 02 | 01♍09 | 08♍14 | 09 19 | 29 20 | 24 23 | 14 14 | 15 49 | 28 45 | 10 58 | 16 45 | 19 00 |
| 21 | 15:53:52 | 29 46 46 | 15 23 | 22 34 | 08 58 | 00♋32 | 25 03 | 14 26 | 15 57 | 28 46 | 10 58 | 16 44 | 18 57 |
| 22 | 15:57:48 | 00♊44 29 | 29 48 | 07♎04 | 08 34 | 01 43 | 25 43 | 14 37 | 16 04 | 28 47 | 10 58 | 16 42 | 18 54 |
| 23 | 16:01:45 | 01 42 10 | 14♎22 | 21 41 | 08 07 | 02 55 | 26 23 | 14 48 | 16 12 | 28 47 | 10 57 | 16 41 | 18 50 |
| 24 | 16:05:42 | 02 39 49 | 29 00 | 06♏18 | 07 38 | 04 07 | 27 02 | 15 00 | 16 20 | 28 48 | 10 57 | 16 39 | 18 47 |
| 25 | 16:09:38 | 03 37 28 | 13♏34 | 20 49 | 07 07 | 05 19 | 27 42 | 15 12 | 16 27 | 28 48 | 10 57 | 16 37 | 18 44 |
| 26 | 16:13:35 | 04 35 04 | 28 00 | 05♐08 | 06 34 | 06 30 | 28 22 | 15 23 | 16 35 | 28 49 | 10 56 | 16 36 | 18 41 |
| 27 | 16:17:31 | 05 32 40 | 12♐12 | 19 10 | 06 00 | 07 42 | 29 01 | 15 35 | 16 43 | 28 49 | 10 56 | 16 34 | 18 38 |
| 28 | 16:21:28 | 06 30 15 | 26 04 | 02♑52 | 05 26 | 08 54 | 29 41 | 15 47 | 16 50 | 28 49 | 10 56 | 16 33 | 18 35 |
| 29 | 16:25:24 | 07 27 48 | 09♑35 | 16 11 | 04 52 | 10 05 | 00♋20 | 15 59 | 16 58 | 28 50 | 10 55 | 16 31 | 18 31 |
| 30 | 16:29:21 | 08 25 21 | 22 43 | 29 09 | 04 20 | 11 17 | 01 00 | 16 10 | 17 06 | 28 50 | 10 55 | 16 30 | 18 28 |
| 31 | 16:33:17 | 09 22 52 | 05♒30 | 11♒46 | 03 48 | 12 28 | 01 39 | 16 22 | 17 14 | 28 50 | 10 54 | 16 28 | 18 25 |

## 0:00 E.T. Longitudes of the Major Asteroids and Chiron

| D | ⚳ | ⚴ | ⚵ | ⚶ | ⚷ |
|---|---|---|---|---|---|
| 1 | 25♓25 | 24♒19 | 18♌46 | 24♊40 | 09♑01℞ |
| 2 | 25 46 | 24 31 | 18 57 | 25 04 | 09 00 |
| 3 | 26 07 | 24 43 | 19 09 | 25 28 | 08 58 |
| 4 | 26 28 | 24 55 | 19 21 | 25 51 | 08 57 |
| 5 | 26 48 | 25 06 | 19 33 | 26 15 | 08 56 |
| 6 | 27 09 | 25 18 | 19 46 | 26 39 | 08 54 |
| 7 | 27 29 | 25 28 | 19 59 | 27 03 | 08 52 |
| 8 | 27 49 | 25 39 | 20 12 | 27 27 | 08 51 |
| 9 | 28 09 | 25 50 | 20 25 | 27 52 | 08 49 |
| 10 | 28 30 | 26 00 | 20 38 | 28 16 | 08 47 |
| 11 | 28 50 | 26 10 | 20 52 | 28 40 | 08 45 |
| 12 | 29 10 | 26 20 | 21 06 | 29 05 | 08 43 |
| 13 | 29 29 | 26 29 | 21 20 | 29 29 | 08 41 |
| 14 | 29 49 | 26 39 | 21 34 | 29 53 | 08 39 |
| 15 | 00♈09 | 26 48 | 21 48 | 00♋18 | 08 37 |
| 16 | 00 28 | 26 57 | 22 03 | 00 43 | 08 35 |
| 17 | 00 48 | 27 05 | 22 18 | 01 07 | 08 32 |
| 18 | 01 07 | 27 13 | 22 33 | 01 32 | 08 30 |
| 19 | 01 26 | 27 22 | 22 48 | 01 57 | 08 27 |
| 20 | 01 45 | 27 29 | 23 04 | 02 22 | 08 25 |
| 21 | 02 05 | 27 37 | 23 19 | 02 47 | 08 22 |
| 22 | 02 23 | 27 44 | 23 35 | 03 12 | 08 19 |
| 23 | 02 42 | 27 51 | 23 51 | 03 37 | 08 17 |
| 24 | 03 01 | 27 58 | 24 07 | 04 02 | 08 14 |
| 25 | 03 19 | 28 04 | 24 23 | 04 27 | 08 11 |
| 26 | 03 38 | 28 10 | 24 39 | 04 52 | 08 08 |
| 27 | 03 56 | 28 16 | 24 56 | 05 17 | 08 05 |
| 28 | 04 15 | 28 22 | 25 12 | 05 42 | 08 02 |
| 29 | 04 33 | 28 27 | 25 29 | 06 07 | 07 59 |
| 30 | 04 51 | 28 32 | 25 46 | 06 33 | 07 56 |
| 31 | 05 08 | 28 36 | 26 03 | 06 58 | 07 53 |

## Lunar Data

| Last Asp. | | Ingress | | |
|---|---|---|---|---|
| 1 | 17:18 | 3 | ♒ | 04:45 |
| 5 | 12:48 | 5 | ♓ | 15:47 |
| 7 | 02:12 | 8 | ♈ | 04:23 |
| 10 | 13:48 | 10 | ♉ | 16:33 |
| 13 | 00:30 | 13 | ♊ | 03:05 |
| 15 | 09:10 | 15 | ♋ | 11:34 |
| 17 | 11:28 | 17 | ♌ | 17:53 |
| 19 | 20:35 | 19 | ♍ | 22:02 |
| 21 | 16:54 | 22 | ♎ | 00:20 |
| 23 | 23:41 | 24 | ♏ | 01:39 |
| 26 | 01:21 | 26 | ♐ | 03:21 |
| 28 | 06:41 | 28 | ♑ | 06:56 |
| 29 | 11:47 | 30 | ♒ | 13:36 |

## 0:00 E.T. Declinations

| D | ☉ | ☽ | ☿ | ♀ | ♂ | ♃ | ♄ | ♅ | ♆ | ♇ | ⚳ | ⚴ | ⚵ | ⚶ | ⚷ |
|---|---|---|---|---|---|---|---|---|---|---|---|---|---|---|---|
| 1 | +14 57 | -24 37 | +22 52 | +22 08 | +23 00 | +23 12 | +21 04 | -12 43 | -17 24 | -12 44 | -09 45 | +11 46 | +12 54 | +23 00 | -16 31 |
| 2 | 15 15 | 24 55 | 23 08 | 22 23 | 23 06 | 23 11 | 21 05 | 12 42 | 17 24 | 12 44 | 09 38 | 11 53 | 12 55 | 23 03 | 16 30 |
| 3 | 15 33 | 23 52 | 23 23 | 22 37 | 23 12 | 23 11 | 21 06 | 12 42 | 17 24 | 12 44 | 09 32 | 12 00 | 12 55 | 23 05 | 16 30 |
| 4 | 15 51 | 21 41 | 23 35 | 22 50 | 23 17 | 23 10 | 21 07 | 12 41 | 17 24 | 12 44 | 09 25 | 12 06 | 12 55 | 23 07 | 16 29 |
| 5 | 16 08 | 18 33 | 23 44 | 23 03 | 23 22 | 23 09 | 21 08 | 12 41 | 17 24 | 12 43 | 09 18 | 12 13 | 12 55 | 23 09 | 16 29 |
| 6 | 16 25 | 14 42 | 23 52 | 23 16 | 23 27 | 23 08 | 21 09 | 12 40 | 17 24 | 12 43 | 09 12 | 12 19 | 12 55 | 23 11 | 16 28 |
| 7 | 16 42 | 10 19 | 23 57 | 23 27 | 23 32 | 23 07 | 21 10 | 12 40 | 17 24 | 12 43 | 09 05 | 12 25 | 12 55 | 23 13 | 16 28 |
| 8 | 16 59 | 05 34 | 24 00 | 23 38 | 23 36 | 23 07 | 21 11 | 12 39 | 17 24 | 12 43 | 08 59 | 12 32 | 12 55 | 23 15 | 16 27 |
| 9 | 17 15 | 00 36 | 24 01 | 23 49 | 23 41 | 23 06 | 21 12 | 12 39 | 17 24 | 12 43 | 08 52 | 12 38 | 12 54 | 23 17 | 16 27 |
| 10 | 17 31 | +04 26 | 24 00 | 23 58 | 23 45 | 23 05 | 21 13 | 12 39 | 17 24 | 12 42 | 08 46 | 12 45 | 12 54 | 23 19 | 16 27 |
| 11 | 17 47 | 09 21 | 23 57 | 24 07 | 23 49 | 23 04 | 21 14 | 12 38 | 17 24 | 12 42 | 08 40 | 12 51 | 12 53 | 23 20 | 16 26 |
| 12 | 18 02 | 13 58 | 23 52 | 24 16 | 23 53 | 23 03 | 21 15 | 12 38 | 17 24 | 12 42 | 08 33 | 12 57 | 12 52 | 23 22 | 16 26 |
| 13 | 18 17 | 18 06 | 23 45 | 24 23 | 23 56 | 23 02 | 21 16 | 12 38 | 17 24 | 12 42 | 08 27 | 13 03 | 12 51 | 23 23 | 16 25 |
| 14 | 18 32 | 21 28 | 23 36 | 24 30 | 23 59 | 23 01 | 21 17 | 12 37 | 17 24 | 12 42 | 08 21 | 13 10 | 12 50 | 23 25 | 16 25 |
| 15 | 18 46 | 23 50 | 23 26 | 24 36 | 24 03 | 23 00 | 21 18 | 12 37 | 17 24 | 12 42 | 08 15 | 13 16 | 12 49 | 23 26 | 16 25 |
| 16 | 19 00 | 24 58 | 23 14 | 24 42 | 24 06 | 22 59 | 21 19 | 12 37 | 17 24 | 12 41 | 08 09 | 13 22 | 12 47 | 23 27 | 16 24 |
| 17 | 19 14 | 24 43 | 23 00 | 24 47 | 24 08 | 22 58 | 21 20 | 12 36 | 17 24 | 12 41 | 08 03 | 13 28 | 12 46 | 23 29 | 16 24 |
| 18 | 19 28 | 23 02 | 22 44 | 24 51 | 24 11 | 22 57 | 21 21 | 12 36 | 17 24 | 12 41 | 07 57 | 13 34 | 12 44 | 23 30 | 16 23 |
| 19 | 19 41 | 19 59 | 22 27 | 24 54 | 24 13 | 22 56 | 21 21 | 12 36 | 17 24 | 12 41 | 07 51 | 13 40 | 12 43 | 23 31 | 16 23 |
| 20 | 19 54 | 15 46 | 22 09 | 24 57 | 24 15 | 22 55 | 21 22 | 12 36 | 17 24 | 12 41 | 07 46 | 13 46 | 12 41 | 23 32 | 16 23 |
| 21 | 20 06 | 10 36 | 21 50 | 24 59 | 24 17 | 22 54 | 21 23 | 12 36 | 17 24 | 12 41 | 07 40 | 13 51 | 12 39 | 23 32 | 16 22 |
| 22 | 20 18 | 04 48 | 21 29 | 25 00 | 24 19 | 22 52 | 21 24 | 12 35 | 17 24 | 12 40 | 07 34 | 13 57 | 12 37 | 23 33 | 16 22 |
| 23 | 20 30 | -01 19 | 21 08 | 25 01 | 24 20 | 22 51 | 21 25 | 12 35 | 17 24 | 12 40 | 07 29 | 14 03 | 12 35 | 23 34 | 16 22 |
| 24 | 20 42 | 07 24 | 20 46 | 25 01 | 24 22 | 22 50 | 21 26 | 12 35 | 17 24 | 12 40 | 07 23 | 14 08 | 12 32 | 23 34 | 16 21 |
| 25 | 20 53 | 13 05 | 20 23 | 25 00 | 24 23 | 22 49 | 21 27 | 12 35 | 17 24 | 12 40 | 07 18 | 14 14 | 12 30 | 23 35 | 16 21 |
| 26 | 21 03 | 17 58 | 20 01 | 24 58 | 24 24 | 22 47 | 21 28 | 12 35 | 17 24 | 12 40 | 07 13 | 14 19 | 12 28 | 23 35 | 16 21 |
| 27 | 21 14 | 21 44 | 19 38 | 24 56 | 24 24 | 22 46 | 21 28 | 12 35 | 17 25 | 12 40 | 07 07 | 14 25 | 12 25 | 23 36 | 16 21 |
| 28 | 21 24 | 24 08 | 19 16 | 24 53 | 24 25 | 22 45 | 21 29 | 12 35 | 17 25 | 12 40 | 07 02 | 14 30 | 12 22 | 23 36 | 16 20 |
| 29 | 21 33 | 25 03 | 18 54 | 24 49 | 24 25 | 22 44 | 21 30 | 12 35 | 17 25 | 12 40 | 06 57 | 14 35 | 12 20 | 23 36 | 16 20 |
| 30 | 21 43 | 24 30 | 18 33 | 24 45 | 24 25 | 22 42 | 21 31 | 12 35 | 17 25 | 12 39 | 06 52 | 14 40 | 12 17 | 23 36 | 16 20 |
| 31 | 21 51 | 22 41 | 18 13 | 24 40 | 24 25 | 22 41 | 21 32 | 12 35 | 17 25 | 12 39 | 06 47 | 14 45 | 12 14 | 23 36 | 16 20 |

Lunar Phases -- 4 ◑ 07:17 12 ● 10:46 19 ◐ 19:43 26 Ⓔ 11:52 Sun enters ♊ 5/21 05:30

## June 02 — Longitudes of Main Planets - June 2002 — 0:00 E.T.

| D | S.T. | ☉ | ☽ | ☽ 12:00 | ☿ | ♀ | ♂ | ♃ | ♄ | ♅ | ♆ | ♇ | ☊ |
|---|---|---|---|---|---|---|---|---|---|---|---|---|---|
| 1 | 16:37:14 | 10♊20 23 | 17♒58 | 24♒06 | 03♊19℞ | 13♋39 | 02♋19 | 16♋34 | 17♊21 | 28♒50 | 10♒53℞ | 16♐26℞ | 18♊22 |
| 2 | 16:41:11 | 11 17 53 | 00♓11 | 06♓13 | 02 52 | 14 50 | 02 58 | 16 47 | 17 29 | 28 50 | 10 53 | 16 25 | 18 19 |
| 3 | 16:45:07 | 12 15 22 | 12 12 | 18 10 | 02 28 | 16 02 | 03 37 | 16 59 | 17 37 | 28 50℞ | 10 52 | 16 23 | 18 16 |
| 4 | 16:49:04 | 13 12 50 | 24 07 | 00♈04 | 02 07 | 17 13 | 04 17 | 17 11 | 17 45 | 28 50 | 10 52 | 16 22 | 18 12 |
| 5 | 16:53:00 | 14 10 18 | 06♈00 | 11 57 | 01 50 | 18 24 | 04 56 | 17 23 | 17 52 | 28 50 | 10 51 | 16 20 | 18 09 |
| 6 | 16:56:57 | 15 07 45 | 17 55 | 23 55 | 01 36 | 19 35 | 05 35 | 17 35 | 18 00 | 28 50 | 10 50 | 16 18 | 18 06 |
| 7 | 17:00:53 | 16 05 11 | 29 56 | 06♉00 | 01 27 | 20 46 | 06 15 | 17 48 | 18 08 | 28 50 | 10 49 | 16 17 | 18 03 |
| 8 | 17:04:50 | 17 02 37 | 12♉07 | 18 17 | 01 22 | 21 57 | 06 54 | 18 00 | 18 16 | 28 50 | 10 49 | 16 15 | 18 00 |
| 9 | 17:08:46 | 18 00 01 | 24 30 | 00♊47 | 01 22D | 23 07 | 07 33 | 18 13 | 18 24 | 28 49 | 10 48 | 16 14 | 17 56 |
| 10 | 17:12:43 | 18 57 26 | 07♊08 | 13 32 | 01 25 | 24 18 | 08 13 | 18 25 | 18 31 | 28 49 | 10 47 | 16 12 | 17 53 |
| 11 | 17:16:40 | 19 54 49 | 20 01 | 26 33 | 01 34 | 25 29 | 08 52 | 18 38 | 18 39 | 28 49 | 10 46 | 16 10 | 17 50 |
| 12 | 17:20:36 | 20 52 12 | 03♋10 | 09♋50 | 01 47 | 26 40 | 09 31 | 18 50 | 18 47 | 28 48 | 10 45 | 16 09 | 17 47 |
| 13 | 17:24:33 | 21 49 34 | 16 34 | 23 21 | 02 04 | 27 50 | 10 10 | 19 03 | 18 55 | 28 48 | 10 44 | 16 07 | 17 44 |
| 14 | 17:28:29 | 22 46 55 | 00♌11 | 07♌05 | 02 26 | 29 00 | 10 49 | 19 16 | 19 03 | 28 47 | 10 43 | 16 06 | 17 41 |
| 15 | 17:32:26 | 23 44 16 | 14 01 | 20 59 | 02 52 | 00♌11 | 11 28 | 19 28 | 19 10 | 28 47 | 10 42 | 16 04 | 17 37 |
| 16 | 17:36:22 | 24 41 35 | 28 00 | 05♍03 | 03 23 | 01 21 | 12 07 | 19 41 | 19 18 | 28 46 | 10 41 | 16 02 | 17 34 |
| 17 | 17:40:19 | 25 38 53 | 12♍07 | 19 13 | 03 58 | 02 31 | 12 47 | 19 54 | 19 26 | 28 45 | 10 40 | 16 01 | 17 31 |
| 18 | 17:44:15 | 26 36 11 | 26 19 | 03♎27 | 04 38 | 03 42 | 13 26 | 20 07 | 19 34 | 28 45 | 10 39 | 15 59 | 17 28 |
| 19 | 17:48:12 | 27 33 28 | 10♎34 | 17 42 | 05 21 | 04 52 | 14 05 | 20 20 | 19 41 | 28 44 | 10 38 | 15 58 | 17 25 |
| 20 | 17:52:09 | 28 30 43 | 24 50 | 01♏56 | 06 09 | 06 02 | 14 44 | 20 33 | 19 49 | 28 43 | 10 37 | 15 56 | 17 22 |
| 21 | 17:56:05 | 29 27 59 | 09♏02 | 16 07 | 07 00 | 07 11 | 15 23 | 20 45 | 19 57 | 28 42 | 10 36 | 15 55 | 17 18 |
| 22 | 18:00:02 | 00♋25 13 | 23 09 | 00♐10 | 07 56 | 08 21 | 16 02 | 20 58 | 20 05 | 28 42 | 10 35 | 15 53 | 17 15 |
| 23 | 18:03:58 | 01 22 27 | 07♐08 | 14 03 | 08 56 | 09 31 | 16 40 | 21 11 | 20 12 | 28 41 | 10 34 | 15 51 | 17 12 |
| 24 | 18:07:55 | 02 19 40 | 20 55 | 27 43 | 09 59 | 10 41 | 17 19 | 21 24 | 20 20 | 28 40 | 10 33 | 15 50 | 17 09 |
| 25 | 18:11:51 | 03 16 53 | 04♑28 | 11♑08 | 11 06 | 11 50 | 17 58 | 21 38 | 20 28 | 28 39 | 10 32 | 15 48 | 17 06 |
| 26 | 18:15:48 | 04 14 06 | 17 45 | 24 17 | 12 17 | 12 59 | 18 37 | 21 51 | 20 35 | 28 38 | 10 30 | 15 47 | 17 02 |
| 27 | 18:19:44 | 05 11 19 | 00♒44 | 07♒08 | 13 32 | 14 09 | 19 16 | 22 04 | 20 43 | 28 37 | 10 29 | 15 45 | 16 59 |
| 28 | 18:23:41 | 06 08 31 | 13 27 | 19 42 | 14 50 | 15 18 | 19 55 | 22 17 | 20 51 | 28 35 | 10 28 | 15 44 | 16 56 |
| 29 | 18:27:38 | 07 05 43 | 25 54 | 02♓01 | 16 12 | 16 27 | 20 34 | 22 30 | 20 58 | 28 34 | 10 27 | 15 42 | 16 53 |
| 30 | 18:31:34 | 08 02 55 | 08♓06 | 14 08 | 17 37 | 17 36 | 21 12 | 22 43 | 21 06 | 28 33 | 10 25 | 15 41 | 16 50 |

## 0:00 E.T. — Longitudes of the Major Asteroids and Chiron

| D | ⚳ | ⚴ | ⚵ | ⚶ | ⚷ | D | ⚳ | ⚴ | ⚵ | ⚶ | ⚷ |
|---|---|---|---|---|---|---|---|---|---|---|---|
| 1 | 05♈26 | 28♒41 | 26♌20 | 07♋24 | 07♑49℞ | 16 | 09 35 | 29 07 | 00 53 | 13 50 | 06 56 |
| 2 | 05 44 | 28 45 | 26 38 | 07 49 | 07 46 | 17 | 09 50 | 29 06 | 01 12 | 14 16 | 06 52 |
| 3 | 06 01 | 28 49 | 26 55 | 08 15 | 07 43 | 18 | 10 06 | 29 05 | 01 31 | 14 42 | 06 48 |
| 4 | 06 19 | 28 52 | 27 13 | 08 40 | 07 39 | 19 | 10 21 | 29 03 | 01 51 | 15 08 | 06 45 |
| 5 | 06 36 | 28 55 | 27 30 | 09 06 | 07 36 | 20 | 10 35 | 29 01 | 02 10 | 15 34 | 06 41 |
| 6 | 06 53 | 28 58 | 27 48 | 09 31 | 07 33 | 21 | 10 50 | 28 59 | 02 29 | 16 00 | 06 37 |
| 7 | 07 10 | 29 00 | 28 06 | 09 57 | 07 29 | 22 | 11 05 | 28 56 | 02 49 | 16 26 | 06 33 |
| 8 | 07 26 | 29 02 | 28 24 | 10 23 | 07 26 | 23 | 11 19 | 28 53 | 03 09 | 16 53 | 06 29 |
| 9 | 07 43 | 29 04 | 28 43 | 10 48 | 07 22 | 24 | 11 33 | 28 50 | 03 28 | 17 19 | 06 25 |
| 10 | 08 00 | 29 06 | 29 01 | 11 14 | 07 18 | 25 | 11 47 | 28 46 | 03 48 | 17 45 | 06 21 |
| 11 | 08 16 | 29 07 | 29 19 | 11 40 | 07 15 | 26 | 12 01 | 28 42 | 04 08 | 18 11 | 06 17 |
| 12 | 08 32 | 29 08 | 29 38 | 12 06 | 07 11 | 27 | 12 14 | 28 37 | 04 28 | 18 38 | 06 14 |
| 13 | 08 48 | 29 08 | 29 56 | 12 32 | 07 07 | 28 | 12 27 | 28 32 | 04 48 | 19 04 | 06 10 |
| 14 | 09 04 | 29 08℞ | 00♍15 | 12 58 | 07 04 | 29 | 12 41 | 28 27 | 05 08 | 19 30 | 06 06 |
| 15 | 09 20 | 29 08 | 00 34 | 13 24 | 07 00 | 30 | 12 54 | 28 21 | 05 28 | 19 57 | 06 02 |

## Lunar Data

| Last Asp. | | Ingress | | |
|---|---|---|---|---|
| 1 | 21:20 | 1 | ♓ | 23:38 |
| 3 | 10:60 | 4 | ♈ | 11:53 |
| 6 | 21:48 | 7 | ♉ | 00:07 |
| 9 | 08:15 | 9 | ♊ | 10:30 |
| 11 | 16:06 | 11 | ♋ | 18:16 |
| 13 | 21:45 | 13 | ♌ | 23:40 |
| 16 | 01:18 | 16 | ♍ | 03:24 |
| 18 | 00:30 | 18 | ♎ | 06:12 |
| 20 | 06:40 | 20 | ♏ | 08:44 |
| 22 | 09:28 | 22 | ♐ | 11:43 |
| 24 | 13:39 | 24 | ♑ | 16:03 |
| 26 | 07:38 | 26 | ♒ | 22:37 |
| 29 | 05:13 | 29 | ♓ | 08:02 |

## 0:00 E.T. — Declinations

| D | ☉ | ☽ | ☿ | ♀ | ♂ | ♃ | ♄ | ♅ | ♆ | ♇ | ⚳ | ⚴ | ⚵ | ⚶ | ⚷ |
|---|---|---|---|---|---|---|---|---|---|---|---|---|---|---|---|
| 1 | +22 00 | -19 48 | +17 54 | +24 34 | +24 25 | +22 39 | +21 33 | -12 35 | -17 25 | -12 39 | -06 42 | +14 50 | +12 11 | +23 36 | -16 20 |
| 2 | 22 08 | 16 07 | 17 36 | 24 27 | 24 24 | 22 38 | 21 33 | 12 35 | 17 25 | 12 39 | 06 37 | 14 55 | 12 08 | 23 36 | 16 19 |
| 3 | 22 16 | 11 50 | 17 21 | 24 20 | 24 23 | 22 37 | 21 34 | 12 35 | 17 26 | 12 39 | 06 33 | 15 00 | 12 04 | 23 35 | 16 19 |
| 4 | 22 23 | 07 09 | 17 07 | 24 12 | 24 22 | 22 35 | 21 35 | 12 35 | 17 26 | 12 39 | 06 28 | 15 04 | 12 01 | 23 35 | 16 19 |
| 5 | 22 30 | 02 14 | 16 54 | 24 04 | 24 21 | 22 34 | 21 36 | 12 35 | 17 26 | 12 39 | 06 23 | 15 09 | 11 58 | 23 35 | 16 19 |
| 6 | 22 37 | +02 48 | 16 44 | 23 55 | 24 20 | 22 32 | 21 37 | 12 35 | 17 26 | 12 39 | 06 19 | 15 13 | 11 54 | 23 34 | 16 19 |
| 7 | 22 43 | 07 46 | 16 36 | 23 45 | 24 18 | 22 31 | 21 37 | 12 35 | 17 26 | 12 39 | 06 15 | 15 18 | 11 51 | 23 33 | 16 19 |
| 8 | 22 49 | 12 32 | 16 30 | 23 34 | 24 17 | 22 29 | 21 38 | 12 35 | 17 27 | 12 39 | 06 10 | 15 22 | 11 47 | 23 33 | 16 18 |
| 9 | 22 54 | 16 52 | 16 26 | 23 23 | 24 15 | 22 27 | 21 39 | 12 35 | 17 27 | 12 39 | 06 06 | 15 26 | 11 43 | 23 32 | 16 18 |
| 10 | 22 59 | 20 32 | 16 24 | 23 11 | 24 13 | 22 26 | 21 40 | 12 35 | 17 27 | 12 39 | 06 02 | 15 30 | 11 39 | 23 31 | 16 18 |
| 11 | 23 03 | 23 16 | 16 24 | 22 59 | 24 10 | 22 24 | 21 40 | 12 35 | 17 27 | 12 39 | 05 58 | 15 34 | 11 35 | 23 30 | 16 18 |
| 12 | 23 08 | 24 48 | 16 26 | 22 46 | 24 08 | 22 22 | 21 41 | 12 36 | 17 28 | 12 39 | 05 54 | 15 38 | 11 31 | 23 29 | 16 18 |
| 13 | 23 11 | 24 56 | 16 30 | 22 32 | 24 05 | 22 21 | 21 42 | 12 36 | 17 28 | 12 39 | 05 50 | 15 41 | 11 27 | 23 28 | 16 18 |
| 14 | 23 15 | 23 35 | 16 36 | 22 18 | 24 02 | 22 19 | 21 43 | 12 36 | 17 28 | 12 39 | 05 46 | 15 45 | 11 23 | 23 27 | 16 18 |
| 15 | 23 17 | 20 49 | 16 44 | 22 03 | 23 59 | 22 17 | 21 43 | 12 36 | 17 28 | 12 38 | 05 42 | 15 48 | 11 19 | 23 25 | 16 18 |
| 16 | 23 20 | 16 49 | 16 53 | 21 48 | 23 56 | 22 16 | 21 44 | 12 37 | 17 29 | 12 38 | 05 39 | 15 51 | 11 14 | 23 24 | 16 18 |
| 17 | 23 22 | 11 52 | 17 04 | 21 32 | 23 52 | 22 14 | 21 45 | 12 37 | 17 29 | 12 38 | 05 35 | 15 54 | 11 10 | 23 22 | 16 18 |
| 18 | 23 24 | 06 15 | 17 16 | 21 15 | 23 49 | 22 12 | 21 45 | 12 37 | 17 29 | 12 38 | 05 32 | 15 57 | 11 05 | 23 21 | 16 18 |
| 19 | 23 25 | 00 18 | 17 30 | 20 58 | 23 45 | 22 10 | 21 46 | 12 37 | 17 30 | 12 38 | 05 29 | 16 00 | 11 01 | 23 19 | 16 18 |
| 20 | 23 26 | -05 41 | 17 45 | 20 41 | 23 41 | 22 08 | 21 47 | 12 38 | 17 30 | 12 39 | 05 25 | 16 02 | 10 56 | 23 17 | 16 18 |
| 21 | 23 26 | 11 22 | 18 01 | 20 23 | 23 37 | 22 06 | 21 47 | 12 38 | 17 30 | 12 39 | 05 22 | 16 04 | 10 51 | 23 15 | 16 18 |
| 22 | 23 26 | 16 26 | 18 18 | 20 04 | 23 32 | 22 04 | 21 48 | 12 38 | 17 30 | 12 39 | 05 19 | 16 07 | 10 47 | 23 13 | 16 18 |
| 23 | 23 26 | 20 32 | 18 36 | 19 45 | 23 28 | 22 03 | 21 48 | 12 39 | 17 31 | 12 39 | 05 16 | 16 09 | 10 42 | 23 11 | 16 18 |
| 24 | 23 25 | 23 25 | 18 54 | 19 25 | 23 23 | 22 01 | 21 49 | 12 39 | 17 31 | 12 39 | 05 13 | 16 11 | 10 37 | 23 09 | 16 18 |
| 25 | 23 24 | 24 52 | 19 13 | 19 05 | 23 18 | 21 59 | 21 50 | 12 39 | 17 31 | 12 39 | 05 11 | 16 12 | 10 32 | 23 07 | 16 18 |
| 26 | 23 22 | 24 52 | 19 33 | 18 45 | 23 13 | 21 57 | 21 50 | 12 40 | 17 32 | 12 39 | 05 08 | 16 14 | 10 27 | 23 05 | 16 18 |
| 27 | 23 20 | 23 29 | 19 53 | 18 23 | 23 07 | 21 55 | 21 51 | 12 40 | 17 32 | 12 39 | 05 06 | 16 15 | 10 21 | 23 02 | 16 18 |
| 28 | 23 18 | 20 56 | 20 13 | 18 02 | 23 02 | 21 53 | 21 51 | 12 41 | 17 32 | 12 39 | 05 03 | 16 16 | 10 16 | 23 00 | 16 18 |
| 29 | 23 15 | 17 28 | 20 33 | 17 40 | 22 56 | 21 50 | 21 52 | 12 41 | 17 33 | 12 39 | 05 01 | 16 17 | 10 11 | 22 57 | 16 18 |
| 30 | 23 12 | 13 19 | 20 53 | 17 18 | 22 51 | 21 48 | 21 52 | 12 42 | 17 33 | 12 39 | 04 59 | 16 18 | 10 06 | 22 55 | 16 19 |

Lunar Phases -- 3 ◑ 00:06 10 ● 23:48 ☄ 18 ◐ 00:30 24 Ⓔ 21:43 Sun enters ♋ 6/21 13:26

## 0:00 E.T. Longitudes of Main Planets - July 2002

| D | S.T. | ☉ | ☽ | ☽ 12:00 | ☿ | ♀ | ♂ | ♃ | ♄ | ♅ | ♆ | ♇ | ☊ |
|---|---|---|---|---|---|---|---|---|---|---|---|---|---|
| 1 | 18:35:31 | 09♋00 08 | 20♓08 | 26♓07 | 19♊06 | 18♌45 | 21♋51 | 22♋56 | 21♊13 | 28♒32℞ | 10♒24℞ | 15♐40℞ | 16♊47 |
| 2 | 18:39:27 | 09 57 20 | 02♈04 | 08♈00 | 20 39 | 19 54 | 22 30 | 23 10 | 21 21 | 28 30 | 10 23 | 15 38 | 16 43 |
| 3 | 18:43:24 | 10 54 32 | 13 56 | 19 53 | 22 15 | 21 02 | 23 09 | 23 23 | 21 29 | 28 29 | 10 21 | 15 37 | 16 40 |
| 4 | 18:47:20 | 11 51 45 | 25 52 | 01♉52 | 23 54 | 22 11 | 23 47 | 23 36 | 21 36 | 28 28 | 10 20 | 15 35 | 16 37 |
| 5 | 18:51:17 | 12 48 58 | 07♉54 | 13 59 | 25 36 | 23 20 | 24 26 | 23 49 | 21 44 | 28 26 | 10 19 | 15 34 | 16 34 |
| 6 | 18:55:13 | 13 46 11 | 20 07 | 26 20 | 27 22 | 24 28 | 25 05 | 24 03 | 21 51 | 28 25 | 10 17 | 15 33 | 16 31 |
| 7 | 18:59:10 | 14 43 24 | 02♊37 | 08♊58 | 29 11 | 25 36 | 25 43 | 24 16 | 21 58 | 28 23 | 10 16 | 15 31 | 16 27 |
| 8 | 19:03:07 | 15 40 38 | 15 24 | 21 56 | 01♋03 | 26 44 | 26 22 | 24 29 | 22 06 | 28 22 | 10 14 | 15 30 | 16 24 |
| 9 | 19:07:03 | 16 37 52 | 28 32 | 05♋14 | 02 57 | 27 52 | 27 01 | 24 43 | 22 13 | 28 20 | 10 13 | 15 29 | 16 21 |
| 10 | 19:11:00 | 17 35 06 | 12♋01 | 18 53 | 04 54 | 29 00 | 27 39 | 24 56 | 22 21 | 28 19 | 10 11 | 15 27 | 16 18 |
| 11 | 19:14:56 | 18 32 21 | 25 50 | 02♌51 | 06 54 | 00♍08 | 28 18 | 25 09 | 22 28 | 28 17 | 10 10 | 15 26 | 16 15 |
| 12 | 19:18:53 | 19 29 35 | 09♌55 | 17 02 | 08 56 | 01 16 | 28 57 | 25 23 | 22 35 | 28 15 | 10 08 | 15 25 | 16 12 |
| 13 | 19:22:49 | 20 26 50 | 24 12 | 01♍23 | 10 59 | 02 23 | 29 35 | 25 36 | 22 42 | 28 14 | 10 07 | 15 23 | 16 08 |
| 14 | 19:26:46 | 21 24 05 | 08♍35 | 15 48 | 13 04 | 03 31 | 00♌14 | 25 50 | 22 50 | 28 12 | 10 05 | 15 22 | 16 05 |
| 15 | 19:30:42 | 22 21 19 | 23 00 | 00♎12 | 15 11 | 04 38 | 00 52 | 26 03 | 22 57 | 28 10 | 10 04 | 15 21 | 16 02 |
| 16 | 19:34:39 | 23 18 34 | 07♎22 | 14 31 | 17 18 | 05 45 | 01 31 | 26 16 | 23 04 | 28 08 | 10 02 | 15 20 | 15 59 |
| 17 | 19:38:36 | 24 15 49 | 21 37 | 28 41 | 19 26 | 06 52 | 02 09 | 26 30 | 23 11 | 28 07 | 10 01 | 15 19 | 15 56 |
| 18 | 19:42:32 | 25 13 03 | 05♏43 | 12♏42 | 21 35 | 07 59 | 02 48 | 26 43 | 23 18 | 28 05 | 09 59 | 15 18 | 15 53 |
| 19 | 19:46:29 | 26 10 18 | 19 39 | 26 32 | 23 43 | 09 05 | 03 26 | 26 57 | 23 25 | 28 03 | 09 58 | 15 16 | 15 49 |
| 20 | 19:50:25 | 27 07 34 | 03♐23 | 10♐11 | 25 52 | 10 12 | 04 05 | 27 10 | 23 32 | 28 01 | 09 56 | 15 15 | 15 46 |
| 21 | 19:54:22 | 28 04 49 | 16 57 | 23 39 | 28 00 | 11 18 | 04 43 | 27 23 | 23 39 | 27 59 | 09 54 | 15 14 | 15 43 |
| 22 | 19:58:18 | 29 02 05 | 00♑18 | 06♑55 | 00♌07 | 12 24 | 05 22 | 27 37 | 23 46 | 27 57 | 09 53 | 15 13 | 15 40 |
| 23 | 20:02:15 | 29 59 21 | 13 28 | 19 59 | 02 13 | 13 30 | 06 00 | 27 50 | 23 53 | 27 55 | 09 51 | 15 12 | 15 37 |
| 24 | 20:06:11 | 00♌56 38 | 26 26 | 02♒50 | 04 19 | 14 36 | 06 39 | 28 04 | 23 59 | 27 53 | 09 50 | 15 11 | 15 33 |
| 25 | 20:10:08 | 01 53 55 | 09♒11 | 15 28 | 06 23 | 15 42 | 07 17 | 28 17 | 24 06 | 27 51 | 09 48 | 15 10 | 15 30 |
| 26 | 20:14:05 | 02 51 13 | 21 43 | 27 54 | 08 26 | 16 47 | 07 56 | 28 30 | 24 13 | 27 49 | 09 46 | 15 09 | 15 27 |
| 27 | 20:18:01 | 03 48 31 | 04♓02 | 10♓08 | 10 27 | 17 52 | 08 34 | 28 44 | 24 19 | 27 47 | 09 45 | 15 08 | 15 24 |
| 28 | 20:21:58 | 04 45 51 | 16 11 | 22 12 | 12 27 | 18 57 | 09 12 | 28 57 | 24 26 | 27 44 | 09 43 | 15 07 | 15 21 |
| 29 | 20:25:54 | 05 43 11 | 28 11 | 04♈08 | 14 26 | 20 02 | 09 51 | 29 10 | 24 33 | 27 42 | 09 42 | 15 07 | 15 18 |
| 30 | 20:29:51 | 06 40 32 | 10♈05 | 16 00 | 16 23 | 21 07 | 10 29 | 29 24 | 24 39 | 27 40 | 09 40 | 15 06 | 15 14 |
| 31 | 20:33:47 | 07 37 54 | 21 56 | 27 52 | 18 18 | 22 11 | 11 07 | 29 37 | 24 46 | 27 38 | 09 38 | 15 05 | 15 11 |

## 0:00 E.T. Longitudes of the Major Asteroids and Chiron

| D | ⚳ | ⚴ | ⚵ | ⚶ | ⚷ |
|---|---|---|---|---|---|
| 1 | 13♈06 | 28♒15℞ | 05♍48 | 20♋23 | 05♑58℞ |
| 2 | 13 19 | 28 09 | 06 09 | 20 50 | 05 54 |
| 3 | 13 31 | 28 02 | 06 29 | 21 16 | 05 50 |
| 4 | 13 43 | 27 55 | 06 49 | 21 42 | 05 46 |
| 5 | 13 55 | 27 48 | 07 10 | 22 09 | 05 42 |
| 6 | 14 07 | 27 40 | 07 30 | 22 36 | 05 39 |
| 7 | 14 18 | 27 32 | 07 51 | 23 02 | 05 35 |
| 8 | 14 29 | 27 23 | 08 12 | 23 29 | 05 31 |
| 9 | 14 40 | 27 15 | 08 33 | 23 55 | 05 27 |
| 10 | 14 51 | 27 06 | 08 53 | 24 22 | 05 23 |
| 11 | 15 01 | 26 56 | 09 14 | 24 49 | 05 20 |
| 12 | 15 11 | 26 46 | 09 35 | 25 15 | 05 16 |
| 13 | 15 21 | 26 36 | 09 56 | 25 42 | 05 12 |
| 14 | 15 31 | 26 26 | 10 17 | 26 09 | 05 09 |
| 15 | 15 40 | 26 15 | 10 38 | 26 35 | 05 05 |
| 16 | 15 50 | 26 04 | 10 59 | 27 02 | 05 01 |
| 17 | 15 59 | 25 52 | 11 21 | 27 29 | 04 58 |
| 18 | 16 07 | 25 41 | 11 42 | 27 56 | 04 54 |
| 19 | 16 16 | 25 29 | 12 03 | 28 22 | 04 51 |
| 20 | 16 24 | 25 17 | 12 25 | 28 49 | 04 47 |
| 21 | 16 31 | 25 04 | 12 46 | 29 16 | 04 44 |
| 22 | 16 39 | 24 51 | 13 07 | 29 43 | 04 41 |
| 23 | 16 46 | 24 38 | 13 29 | 00♌10 | 04 37 |
| 24 | 16 53 | 24 25 | 13 50 | 00 36 | 04 34 |
| 25 | 17 00 | 24 12 | 14 12 | 01 03 | 04 31 |
| 26 | 17 06 | 23 58 | 14 34 | 01 30 | 04 28 |
| 27 | 17 12 | 23 44 | 14 55 | 01 57 | 04 24 |
| 28 | 17 18 | 23 30 | 15 17 | 02 24 | 04 21 |
| 29 | 17 23 | 23 16 | 15 39 | 02 51 | 04 18 |
| 30 | 17 29 | 23 01 | 16 00 | 03 18 | 04 15 |
| 31 | 17 33 | 22 47 | 16 22 | 03 45 | 04 12 |

## Lunar Data

| Last Asp. | | Ingress | | |
|---|---|---|---|---|
| 1 | 05:44 | 1 | ♈ | 19:50 |
| 4 | 05:12 | 4 | ♉ | 08:17 |
| 6 | 15:58 | 6 | ♊ | 19:02 |
| 8 | 23:38 | 9 | ♋ | 02:37 |
| 11 | 04:26 | 11 | ♌ | 07:09 |
| 13 | 06:43 | 13 | ♍ | 09:42 |
| 15 | 05:09 | 15 | ♎ | 11:40 |
| 17 | 10:59 | 17 | ♏ | 14:14 |
| 19 | 14:36 | 19 | ♐ | 18:03 |
| 21 | 19:45 | 21 | ♑ | 23:27 |
| 24 | 03:06 | 24 | ♒ | 06:41 |
| 26 | 11:48 | 26 | ♓ | 16:06 |
| 29 | 02:02 | 29 | ♈ | 03:40 |
| 31 | 15:49 | | | |

## 0:00 E.T. Declinations

| D | ☉ | ☽ | ☿ | ♀ | ♂ | ♃ | ♄ | ♅ | ♆ | ♇ | ⚳ | ⚴ | ⚵ | ⚶ | ⚷ |
|---|---|---|---|---|---|---|---|---|---|---|---|---|---|---|---|
| 1 | +23 08 | -08 43 | +21 12 | +16 55 | +22 45 | +21 46 | +21 53 | -12 42 | -17 34 | -12 39 | -04 56 | +16 19 | +10 00 | +22 52 | -16 19 |
| 2 | 23 04 | 03 50 | 21 31 | 16 32 | 22 38 | 21 44 | 21 53 | 12 42 | 17 34 | 12 39 | 04 54 | 16 19 | 09 55 | 22 49 | 16 19 |
| 3 | 22 59 | +01 10 | 21 50 | 16 08 | 22 32 | 21 42 | 21 54 | 12 43 | 17 34 | 12 39 | 04 53 | 16 19 | 09 49 | 22 46 | 16 19 |
| 4 | 22 55 | 06 09 | 22 07 | 15 45 | 22 26 | 21 40 | 21 54 | 12 43 | 17 35 | 12 39 | 04 51 | 16 19 | 09 44 | 22 43 | 16 19 |
| 5 | 22 49 | 10 58 | 22 24 | 15 20 | 22 19 | 21 38 | 21 55 | 12 44 | 17 35 | 12 39 | 04 49 | 16 19 | 09 38 | 22 40 | 16 19 |
| 6 | 22 44 | 15 26 | 22 39 | 14 56 | 22 12 | 21 35 | 21 55 | 12 45 | 17 35 | 12 40 | 04 48 | 16 18 | 09 32 | 22 37 | 16 19 |
| 7 | 22 38 | 19 21 | 22 53 | 14 31 | 22 05 | 21 33 | 21 56 | 12 45 | 17 36 | 12 40 | 04 46 | 16 18 | 09 26 | 22 34 | 16 20 |
| 8 | 22 31 | 22 26 | 23 05 | 14 06 | 21 58 | 21 31 | 21 56 | 12 46 | 17 36 | 12 40 | 04 45 | 16 17 | 09 21 | 22 30 | 16 20 |
| 9 | 22 24 | 24 25 | 23 15 | 13 40 | 21 51 | 21 29 | 21 57 | 12 46 | 17 37 | 12 40 | 04 44 | 16 16 | 09 15 | 22 27 | 16 20 |
| 10 | 22 17 | 25 02 | 23 23 | 13 14 | 21 43 | 21 26 | 21 57 | 12 47 | 17 37 | 12 40 | 04 43 | 16 14 | 09 09 | 22 23 | 16 20 |
| 11 | 22 09 | 24 09 | 23 29 | 12 48 | 21 35 | 21 24 | 21 58 | 12 47 | 17 37 | 12 40 | 04 42 | 16 13 | 09 03 | 22 20 | 16 20 |
| 12 | 22 01 | 21 44 | 23 33 | 12 21 | 21 28 | 21 22 | 21 58 | 12 48 | 17 38 | 12 40 | 04 41 | 16 11 | 08 57 | 22 16 | 16 21 |
| 13 | 21 53 | 17 57 | 23 34 | 11 55 | 21 20 | 21 19 | 21 59 | 12 49 | 17 38 | 12 41 | 04 40 | 16 09 | 08 51 | 22 12 | 16 21 |
| 14 | 21 44 | 13 06 | 23 32 | 11 28 | 21 12 | 21 17 | 21 59 | 12 49 | 17 39 | 12 41 | 04 39 | 16 07 | 08 45 | 22 09 | 16 21 |
| 15 | 21 35 | 07 31 | 23 28 | 11 01 | 21 03 | 21 14 | 21 59 | 12 50 | 17 39 | 12 41 | 04 39 | 16 04 | 08 38 | 22 05 | 16 21 |
| 16 | 21 26 | 01 33 | 23 21 | 10 33 | 20 55 | 21 12 | 22 00 | 12 51 | 17 40 | 12 41 | 04 39 | 16 01 | 08 32 | 22 01 | 16 22 |
| 17 | 21 16 | -04 27 | 23 12 | 10 05 | 20 46 | 21 09 | 22 00 | 12 51 | 17 40 | 12 41 | 04 38 | 15 58 | 08 26 | 21 57 | 16 22 |
| 18 | 21 06 | 10 10 | 22 59 | 09 38 | 20 38 | 21 07 | 22 00 | 12 52 | 17 40 | 12 42 | 04 38 | 15 55 | 08 20 | 21 53 | 16 22 |
| 19 | 20 55 | 15 19 | 22 44 | 09 09 | 20 29 | 21 04 | 22 01 | 12 53 | 17 41 | 12 42 | 04 38 | 15 52 | 08 13 | 21 48 | 16 22 |
| 20 | 20 44 | 19 36 | 22 26 | 08 41 | 20 20 | 21 02 | 22 01 | 12 53 | 17 41 | 12 42 | 04 38 | 15 48 | 08 07 | 21 44 | 16 23 |
| 21 | 20 33 | 22 46 | 22 06 | 08 13 | 20 11 | 20 59 | 22 02 | 12 54 | 17 42 | 12 42 | 04 39 | 15 44 | 08 00 | 21 40 | 16 23 |
| 22 | 20 21 | 24 36 | 21 44 | 07 44 | 20 01 | 20 57 | 22 02 | 12 55 | 17 42 | 12 42 | 04 39 | 15 40 | 07 54 | 21 35 | 16 23 |
| 23 | 20 09 | 25 01 | 21 19 | 07 15 | 19 52 | 20 54 | 22 02 | 12 55 | 17 43 | 12 43 | 04 39 | 15 35 | 07 47 | 21 31 | 16 24 |
| 24 | 19 57 | 24 04 | 20 52 | 06 47 | 19 42 | 20 52 | 22 02 | 12 56 | 17 43 | 12 43 | 04 40 | 15 30 | 07 41 | 21 26 | 16 24 |
| 25 | 19 44 | 21 52 | 20 23 | 06 18 | 19 33 | 20 49 | 22 03 | 12 57 | 17 43 | 12 43 | 04 41 | 15 25 | 07 34 | 21 21 | 16 24 |
| 26 | 19 31 | 18 39 | 19 53 | 05 48 | 19 23 | 20 47 | 22 03 | 12 58 | 17 44 | 12 43 | 04 42 | 15 20 | 07 28 | 21 17 | 16 25 |
| 27 | 19 18 | 14 40 | 19 20 | 05 19 | 19 13 | 20 44 | 22 03 | 12 58 | 17 44 | 12 44 | 04 43 | 15 15 | 07 21 | 21 12 | 16 25 |
| 28 | 19 04 | 10 10 | 18 47 | 04 50 | 19 03 | 20 41 | 22 04 | 12 59 | 17 45 | 12 44 | 04 44 | 15 09 | 07 14 | 21 07 | 16 25 |
| 29 | 18 50 | 05 19 | 18 12 | 04 20 | 18 53 | 20 39 | 22 04 | 13 00 | 17 45 | 12 44 | 04 45 | 15 03 | 07 07 | 21 02 | 16 26 |
| 30 | 18 36 | 00 20 | 17 35 | 03 51 | 18 42 | 20 36 | 22 04 | 13 01 | 17 46 | 12 44 | 04 46 | 14 57 | 07 01 | 20 57 | 16 26 |
| 31 | 18 22 | +04 40 | 16 58 | 03 21 | 18 32 | 20 33 | 22 04 | 13 01 | 17 46 | 12 45 | 04 48 | 14 50 | 06 54 | 20 52 | 16 26 |

Lunar Phases -- 2 ◑ 17:20 10 ● 10:27 17 ◐ 04:48 24 ○ 09:08 Sun enters ♌ 7/23 00:16

## Aug. 02 — Longitudes of Main Planets - August 2002 — 0:00 E.T.

| D | S.T. | ☉ | ☽ | ☽ 12:00 | ☿ | ♀ | ♂ | ♃ | ♄ | ♅ | ♆ | ♇ | ☊ |
|---|---|---|---|---|---|---|---|---|---|---|---|---|---|
| 1 | 20:37:44 | 08♌35 17 | 03♉49 | 09♉49 | 20♌12 | 23♍15 | 11♌46 | 29♋50 | 24♊52 | 27♒36℞ | 09♒37℞ | 15♐04℞ | 15♊08 |
| 2 | 20:41:40 | 09 32 42 | 15 50 | 21 55 | 22 04 | 24 19 | 12 24 | 00♌04 | 24 58 | 27 34 | 09 35 | 15 03 | 15 05 |
| 3 | 20:45:37 | 10 30 07 | 28 03 | 04♊15 | 23 55 | 25 23 | 13 02 | 00 17 | 25 05 | 27 31 | 09 33 | 15 03 | 15 02 |
| 4 | 20:49:34 | 11 27 34 | 10♊33 | 16 55 | 25 44 | 26 27 | 13 41 | 00 30 | 25 11 | 27 29 | 09 32 | 15 02 | 14 59 |
| 5 | 20:53:30 | 12 25 02 | 23 24 | 29 58 | 27 31 | 27 30 | 14 19 | 00 43 | 25 17 | 27 27 | 09 30 | 15 01 | 14 55 |
| 6 | 20:57:27 | 13 22 31 | 06♋40 | 13♋27 | 29 17 | 28 33 | 14 57 | 00 57 | 25 23 | 27 24 | 09 29 | 15 01 | 14 52 |
| 7 | 21:01:23 | 14 20 01 | 20 21 | 27 22 | 01♍01 | 29 36 | 15 36 | 01 10 | 25 29 | 27 22 | 09 27 | 15 00 | 14 49 |
| 8 | 21:05:20 | 15 17 33 | 04♌28 | 11♌40 | 02 44 | 00♎39 | 16 14 | 01 23 | 25 35 | 27 20 | 09 25 | 14 59 | 14 46 |
| 9 | 21:09:16 | 16 15 05 | 18 56 | 26 16 | 04 25 | 01 41 | 16 52 | 01 36 | 25 41 | 27 18 | 09 24 | 14 59 | 14 43 |
| 10 | 21:13:13 | 17 12 39 | 03♍39 | 11♍04 | 06 04 | 02 43 | 17 31 | 01 49 | 25 47 | 27 15 | 09 22 | 14 58 | 14 39 |
| 11 | 21:17:09 | 18 10 13 | 18 29 | 25 54 | 07 42 | 03 45 | 18 09 | 02 03 | 25 53 | 27 13 | 09 20 | 14 58 | 14 36 |
| 12 | 21:21:06 | 19 07 49 | 03♎18 | 10♎39 | 09 18 | 04 46 | 18 47 | 02 16 | 25 58 | 27 10 | 09 19 | 14 57 | 14 33 |
| 13 | 21:25:03 | 20 05 25 | 17 57 | 25 12 | 10 53 | 05 48 | 19 25 | 02 29 | 26 04 | 27 08 | 09 17 | 14 57 | 14 30 |
| 14 | 21:28:59 | 21 03 02 | 02♏22 | 09♏28 | 12 26 | 06 48 | 20 04 | 02 42 | 26 10 | 27 06 | 09 16 | 14 56 | 14 27 |
| 15 | 21:32:56 | 22 00 40 | 16 30 | 23 27 | 13 57 | 07 49 | 20 42 | 02 55 | 26 15 | 27 03 | 09 14 | 14 56 | 14 24 |
| 16 | 21:36:52 | 22 58 20 | 00♐19 | 07♐07 | 15 27 | 08 49 | 21 20 | 03 08 | 26 21 | 27 01 | 09 13 | 14 56 | 14 20 |
| 17 | 21:40:49 | 23 56 00 | 13 51 | 20 31 | 16 56 | 09 49 | 21 58 | 03 21 | 26 26 | 26 59 | 09 11 | 14 55 | 14 17 |
| 18 | 21:44:45 | 24 53 41 | 27 07 | 03♑40 | 18 23 | 10 49 | 22 37 | 03 34 | 26 31 | 26 56 | 09 09 | 14 55 | 14 14 |
| 19 | 21:48:42 | 25 51 23 | 10♑09 | 16 35 | 19 48 | 11 48 | 23 15 | 03 46 | 26 37 | 26 54 | 09 08 | 14 55 | 14 11 |
| 20 | 21:52:38 | 26 49 07 | 22 59 | 29 19 | 21 12 | 12 47 | 23 53 | 03 59 | 26 42 | 26 51 | 09 06 | 14 55 | 14 08 |
| 21 | 21:56:35 | 27 46 51 | 05♒37 | 11♒53 | 22 34 | 13 45 | 24 31 | 04 12 | 26 47 | 26 49 | 09 05 | 14 54 | 14 05 |
| 22 | 22:00:32 | 28 44 37 | 18 06 | 24 16 | 23 54 | 14 43 | 25 09 | 04 25 | 26 52 | 26 47 | 09 03 | 14 54 | 14 01 |
| 23 | 22:04:28 | 29 42 24 | 00♓25 | 06♓31 | 25 12 | 15 41 | 25 48 | 04 37 | 26 57 | 26 44 | 09 02 | 14 54 | 13 58 |
| 24 | 22:08:25 | 00♍40 13 | 12 35 | 18 37 | 26 29 | 16 38 | 26 26 | 04 50 | 27 02 | 26 42 | 09 00 | 14 54 | 13 55 |
| 25 | 22:12:21 | 01 38 03 | 24 37 | 00♈35 | 27 44 | 17 35 | 27 04 | 05 03 | 27 06 | 26 39 | 08 59 | 14 54 | 13 52 |
| 26 | 22:16:18 | 02 35 54 | 06♈33 | 12 29 | 28 57 | 18 31 | 27 42 | 05 15 | 27 11 | 26 37 | 08 57 | 14 54 | 13 49 |
| 27 | 22:20:14 | 03 33 48 | 18 24 | 24 19 | 00♎08 | 19 27 | 28 20 | 05 28 | 27 16 | 26 35 | 08 56 | 14 54D | 13 45 |
| 28 | 22:24:11 | 04 31 42 | 00♉14 | 06♉09 | 01 17 | 20 22 | 28 59 | 05 40 | 27 20 | 26 32 | 08 54 | 14 54 | 13 42 |
| 29 | 22:28:07 | 05 29 39 | 12 05 | 18 03 | 02 24 | 21 17 | 29 37 | 05 53 | 27 25 | 26 30 | 08 53 | 14 54 | 13 39 |
| 30 | 22:32:04 | 06 27 38 | 24 04 | 00♊07 | 03 29 | 22 11 | 00♍15 | 06 05 | 27 29 | 26 28 | 08 52 | 14 54 | 13 36 |
| 31 | 22:36:01 | 07 25 38 | 06♊14 | 12 25 | 04 31 | 23 05 | 00 53 | 06 18 | 27 33 | 26 25 | 08 50 | 14 54 | 13 33 |

## 0:00 E.T. — Longitudes of the Major Asteroids and Chiron

| D | ⚳ | ⚴ | ⚵ | ⚶ | ⚷ |
|---|---|---|---|---|---|
| 1 | 17♈38 | 22♒32℞ | 16♍44 | 04♌12 | 04♑10℞ |
| 2 | 17 42 | 22 17 | 17 06 | 04 38 | 04 07 |
| 3 | 17 46 | 22 02 | 17 28 | 05 05 | 04 04 |
| 4 | 17 49 | 21 47 | 17 50 | 05 32 | 04 01 |
| 5 | 17 53 | 21 32 | 18 11 | 05 59 | 03 59 |
| 6 | 17 56 | 21 16 | 18 33 | 06 26 | 03 56 |
| 7 | 17 58 | 21 01 | 18 55 | 06 53 | 03 54 |
| 8 | 18 00 | 20 46 | 19 17 | 07 20 | 03 51 |
| 9 | 18 02 | 20 30 | 19 40 | 07 47 | 03 49 |
| 10 | 18 03 | 20 14 | 20 02 | 08 14 | 03 47 |
| 11 | 18 05 | 19 59 | 20 24 | 08 41 | 03 44 |
| 12 | 18 05 | 19 43 | 20 46 | 09 08 | 03 42 |
| 13 | 18 06 | 19 28 | 21 08 | 09 35 | 03 40 |
| 14 | 18 06℞ | 19 12 | 21 30 | 10 02 | 03 38 |
| 15 | 18 06 | 18 57 | 21 52 | 10 29 | 03 36 |
| 16 | 18 05 | 18 41 | 22 15 | 10 56 | 03 34 |
| 17 | 18 04 | 18 26 | 22 37 | 11 23 | 03 33 |
| 18 | 18 02 | 18 11 | 22 59 | 11 50 | 03 31 |
| 19 | 18 01 | 17 55 | 23 21 | 12 17 | 03 29 |
| 20 | 17 59 | 17 40 | 23 44 | 12 44 | 03 28 |
| 21 | 17 56 | 17 25 | 24 06 | 13 11 | 03 26 |
| 22 | 17 53 | 17 10 | 24 28 | 13 39 | 03 25 |
| 23 | 17 50 | 16 56 | 24 51 | 14 06 | 03 23 |
| 24 | 17 46 | 16 41 | 25 13 | 14 33 | 03 22 |
| 25 | 17 42 | 16 27 | 25 35 | 15 00 | 03 21 |
| 26 | 17 38 | 16 13 | 25 58 | 15 27 | 03 20 |
| 27 | 17 34 | 15 59 | 26 20 | 15 54 | 03 19 |
| 28 | 17 28 | 15 45 | 26 42 | 16 21 | 03 18 |
| 29 | 17 23 | 15 31 | 27 05 | 16 48 | 03 17 |
| 30 | 17 17 | 15 18 | 27 27 | 17 15 | 03 16 |
| 31 | 17 11 | 15 05 | 27 50 | 17 41 | 03 16 |

## Lunar Data

| Last Asp. | | Ingress | | |
|---|---|---|---|---|
| 2 | 22:59 | 3 | ♊ | 03:48 |
| 5 | 08:43 | 5 | ♋ | 12:02 |
| 9 | 13:38 | 7 | ♌ | 16:28 |
| 11 | 12:03 | 9 | ♍ | 18:04 |
| 13 | 15:12 | 11 | ♎ | 18:39 |
| 15 | 18:14 | 13 | ♏ | 20:02 |
| 17 | 23:41 | 15 | ♐ | 23:27 |
| 19 | 20:14 | 18 | ♑ | 05:17 |
| 22 | 22:30 | 20 | ♒ | 13:18 |
| 25 | 06:59 | 22 | ♓ | 23:12 |
| 27 | 21:19 | 25 | ♈ | 10:49 |
| 30 | 04:45 | 27 | ♉ | 23:33 |
| | | 30 | ♊ | 11:46 |

## 0:00 E.T. — Declinations

| D | ☉ | ☽ | ☿ | ♀ | ♂ | ♃ | ♄ | ♅ | ♆ | ♇ | ⚳ | ⚴ | ⚵ | ⚶ | ⚷ |
|---|---|---|---|---|---|---|---|---|---|---|---|---|---|---|---|
| 1 | +18 07 | +09 31 | +16 19 | +02 52 | +18 21 | +20 31 | +22 05 | -13 02 | -17 47 | -12 45 | -04 49 | +14 44 | +06 47 | +20 47 | -16 27 |
| 2 | 17 52 | 14 05 | 15 40 | 02 22 | 18 11 | 20 28 | 22 05 | 13 03 | 17 47 | 12 45 | 04 51 | 14 37 | 06 40 | 20 41 | 16 27 |
| 3 | 17 36 | 18 09 | 15 00 | 01 52 | 18 00 | 20 25 | 22 05 | 13 04 | 17 47 | 12 45 | 04 53 | 14 30 | 06 33 | 20 36 | 16 28 |
| 4 | 17 21 | 21 30 | 14 20 | 01 23 | 17 49 | 20 22 | 22 05 | 13 04 | 17 48 | 12 46 | 04 55 | 14 22 | 06 26 | 20 31 | 16 28 |
| 5 | 17 05 | 23 54 | 13 39 | 00 53 | 17 38 | 20 20 | 22 05 | 13 05 | 17 48 | 12 46 | 04 57 | 14 15 | 06 19 | 20 25 | 16 28 |
| 6 | 16 48 | 25 02 | 12 57 | 00 23 | 17 27 | 20 17 | 22 06 | 13 06 | 17 49 | 12 46 | 04 59 | 14 07 | 06 12 | 20 20 | 16 29 |
| 7 | 16 32 | 24 43 | 12 15 | -00 07 | 17 15 | 20 14 | 22 06 | 13 07 | 17 49 | 12 47 | 05 02 | 13 59 | 06 05 | 20 14 | 16 29 |
| 8 | 16 15 | 22 49 | 11 33 | 00 36 | 17 04 | 20 11 | 22 06 | 13 08 | 17 50 | 12 47 | 05 04 | 13 50 | 05 58 | 20 08 | 16 30 |
| 9 | 15 58 | 19 26 | 10 50 | 01 06 | 16 52 | 20 08 | 22 06 | 13 08 | 17 50 | 12 47 | 05 07 | 13 42 | 05 51 | 20 03 | 16 30 |
| 10 | 15 41 | 14 46 | 10 08 | 01 36 | 16 41 | 20 06 | 22 06 | 13 09 | 17 51 | 12 48 | 05 10 | 13 33 | 05 44 | 19 57 | 16 30 |
| 11 | 15 23 | 09 12 | 09 25 | 02 05 | 16 29 | 20 03 | 22 07 | 13 10 | 17 51 | 12 48 | 05 13 | 13 24 | 05 37 | 19 51 | 16 31 |
| 12 | 15 05 | 03 07 | 08 42 | 02 35 | 16 17 | 20 00 | 22 07 | 13 11 | 17 51 | 12 48 | 05 16 | 13 15 | 05 30 | 19 45 | 16 31 |
| 13 | 14 47 | -03 05 | 08 00 | 03 05 | 16 05 | 19 57 | 22 07 | 13 12 | 17 52 | 12 49 | 05 19 | 13 06 | 05 22 | 19 39 | 16 32 |
| 14 | 14 29 | 09 02 | 07 17 | 03 34 | 15 53 | 19 54 | 22 07 | 13 13 | 17 52 | 12 49 | 05 22 | 12 56 | 05 15 | 19 33 | 16 32 |
| 15 | 14 10 | 14 25 | 06 35 | 04 03 | 15 41 | 19 51 | 22 07 | 13 13 | 17 53 | 12 49 | 05 25 | 12 46 | 05 08 | 19 27 | 16 33 |
| 16 | 13 52 | 18 55 | 05 52 | 04 33 | 15 29 | 19 48 | 22 07 | 13 14 | 17 53 | 12 50 | 05 29 | 12 37 | 05 01 | 19 21 | 16 33 |
| 17 | 13 33 | 22 19 | 05 10 | 05 02 | 15 16 | 19 45 | 22 07 | 13 15 | 17 54 | 12 50 | 05 32 | 12 26 | 04 54 | 19 14 | 16 34 |
| 18 | 13 13 | 24 26 | 04 29 | 05 31 | 15 04 | 19 43 | 22 07 | 13 16 | 17 54 | 12 51 | 05 36 | 12 16 | 04 46 | 19 08 | 16 34 |
| 19 | 12 54 | 25 10 | 03 47 | 06 00 | 14 51 | 19 40 | 22 08 | 13 17 | 17 54 | 12 51 | 05 40 | 12 06 | 04 39 | 19 02 | 16 35 |
| 20 | 12 34 | 24 31 | 03 06 | 06 28 | 14 39 | 19 37 | 22 08 | 13 18 | 17 55 | 12 51 | 05 44 | 11 55 | 04 32 | 18 55 | 16 35 |
| 21 | 12 15 | 22 37 | 02 26 | 06 57 | 14 26 | 19 34 | 22 08 | 13 18 | 17 55 | 12 52 | 05 48 | 11 44 | 04 24 | 18 49 | 16 35 |
| 22 | 11 55 | 19 40 | 01 45 | 07 25 | 14 13 | 19 31 | 22 08 | 13 19 | 17 56 | 12 52 | 05 52 | 11 34 | 04 17 | 18 42 | 16 36 |
| 23 | 11 35 | 15 52 | 01 06 | 07 54 | 14 00 | 19 28 | 22 08 | 13 20 | 17 56 | 12 52 | 05 56 | 11 22 | 04 10 | 18 36 | 16 36 |
| 24 | 11 14 | 11 28 | 00 27 | 08 22 | 13 47 | 19 25 | 22 08 | 13 21 | 17 56 | 12 53 | 06 00 | 11 11 | 04 02 | 18 29 | 16 37 |
| 25 | 10 54 | 06 40 | -00 11 | 08 50 | 13 34 | 19 22 | 22 08 | 13 22 | 17 57 | 12 53 | 06 04 | 11 00 | 03 55 | 18 22 | 16 37 |
| 26 | 10 33 | 01 40 | 00 49 | 09 17 | 13 21 | 19 19 | 22 08 | 13 22 | 17 57 | 12 54 | 06 09 | 10 49 | 03 48 | 18 16 | 16 38 |
| 27 | 10 12 | +03 22 | 01 26 | 09 45 | 13 08 | 19 16 | 22 08 | 13 23 | 17 58 | 12 54 | 06 14 | 10 37 | 03 40 | 18 09 | 16 38 |
| 28 | 09 51 | 08 17 | 02 02 | 10 12 | 12 54 | 19 13 | 22 08 | 13 24 | 17 58 | 12 55 | 06 18 | 10 25 | 03 33 | 18 02 | 16 39 |
| 29 | 09 30 | 12 56 | 02 37 | 10 39 | 12 41 | 19 10 | 22 08 | 13 25 | 17 58 | 12 55 | 06 23 | 10 14 | 03 25 | 17 55 | 16 39 |
| 30 | 09 08 | 17 08 | 03 12 | 11 06 | 12 27 | 19 07 | 22 08 | 13 26 | 17 59 | 12 55 | 06 28 | 10 02 | 03 18 | 17 48 | 16 40 |
| 31 | 08 47 | 20 41 | 03 45 | 11 32 | 12 14 | 19 04 | 22 08 | 13 26 | 17 59 | 12 56 | 06 33 | 09 50 | 03 11 | 17 41 | 16 40 |

Lunar Phases -- 1 ◑ 10:23   8 ● 19:16   15 ◐ 10:14   22 ○ 22:30   31 ◑ 02:32   Sun enters ♍ 8/23 07:18

## Longitudes of Main Planets - September 2002

| D | S.T. | ☉ | ☽ | ☽ 12:00 | ☿ | ♀ | ♂ | ♃ | ♄ | ♅ | ♆ | ♇ | ☊ |
|---|---|---|---|---|---|---|---|---|---|---|---|---|---|
| 1 | 22:39:57 | 08♍23 41 | 18♊40 | 25♊02 | 05♎31 | 23♎58 | 01♍31 | 06♌30 | 27♊37 | 26♒23℞ | 08♒49℞ | 14♐54 | 13♊30 |
| 2 | 22:43:54 | 09 21 45 | 01♋29 | 08♋03 | 06 28 | 24 51 | 02 09 | 06 42 | 27 42 | 26 21 | 08 47 | 14 55 | 13 26 |
| 3 | 22:47:50 | 10 19 51 | 14 44 | 21 33 | 07 22 | 25 43 | 02 48 | 06 54 | 27 46 | 26 18 | 08 46 | 14 55 | 13 23 |
| 4 | 22:51:47 | 11 17 59 | 28 28 | 05♌31 | 08 14 | 26 35 | 03 26 | 07 06 | 27 50 | 26 16 | 08 45 | 14 55 | 13 20 |
| 5 | 22:55:43 | 12 16 09 | 12♌41 | 19 58 | 09 02 | 27 25 | 04 04 | 07 19 | 27 53 | 26 14 | 08 44 | 14 55 | 13 17 |
| 6 | 22:59:40 | 13 14 21 | 27 21 | 04♍48 | 09 47 | 28 16 | 04 42 | 07 31 | 27 57 | 26 12 | 08 42 | 14 56 | 13 14 |
| 7 | 23:03:36 | 14 12 34 | 12♍20 | 19 54 | 10 28 | 29 05 | 05 20 | 07 42 | 28 01 | 26 09 | 08 41 | 14 56 | 13 11 |
| 8 | 23:07:33 | 15 10 50 | 27 29 | 05♎05 | 11 05 | 29 54 | 05 58 | 07 54 | 28 04 | 26 07 | 08 40 | 14 57 | 13 07 |
| 9 | 23:11:30 | 16 09 07 | 12♎39 | 20 10 | 11 39 | 00♏42 | 06 37 | 08 06 | 28 08 | 26 05 | 08 39 | 14 57 | 13 04 |
| 10 | 23:15:26 | 17 07 25 | 27 38 | 05♏02 | 12 08 | 01 29 | 07 15 | 08 18 | 28 11 | 26 03 | 08 37 | 14 57 | 13 01 |
| 11 | 23:19:23 | 18 05 46 | 12♏19 | 19 32 | 12 32 | 02 15 | 07 53 | 08 30 | 28 15 | 26 00 | 08 36 | 14 58 | 12 58 |
| 12 | 23:23:19 | 19 04 07 | 26 38 | 03♐38 | 12 51 | 03 01 | 08 31 | 08 41 | 28 18 | 25 58 | 08 35 | 14 58 | 12 55 |
| 13 | 23:27:16 | 20 02 31 | 10♐32 | 17 20 | 13 05 | 03 46 | 09 09 | 08 53 | 28 21 | 25 56 | 08 34 | 14 59 | 12 51 |
| 14 | 23:31:12 | 21 00 56 | 24 02 | 00♑39 | 13 13 | 04 30 | 09 48 | 09 04 | 28 24 | 25 54 | 08 33 | 15 00 | 12 48 |
| 15 | 23:35:09 | 21 59 22 | 07♑11 | 13 39 | 13 15℞ | 05 12 | 10 26 | 09 16 | 28 27 | 25 52 | 08 32 | 15 00 | 12 45 |
| 16 | 23:39:05 | 22 57 50 | 20 02 | 26 22 | 13 10 | 05 54 | 11 04 | 09 27 | 28 29 | 25 50 | 08 31 | 15 01 | 12 42 |
| 17 | 23:43:02 | 23 56 20 | 02♒39 | 08♒52 | 12 59 | 06 35 | 11 42 | 09 38 | 28 32 | 25 48 | 08 30 | 15 02 | 12 39 |
| 18 | 23:46:59 | 24 54 51 | 15 03 | 21 12 | 12 41 | 07 15 | 12 20 | 09 50 | 28 35 | 25 46 | 08 29 | 15 02 | 12 36 |
| 19 | 23:50:55 | 25 53 24 | 27 18 | 03♓23 | 12 17 | 07 53 | 12 58 | 10 01 | 28 37 | 25 44 | 08 28 | 15 03 | 12 32 |
| 20 | 23:54:52 | 26 51 59 | 09♓26 | 15 27 | 11 45 | 08 31 | 13 37 | 10 12 | 28 40 | 25 42 | 08 27 | 15 04 | 12 29 |
| 21 | 23:58:48 | 27 50 36 | 21 27 | 27 25 | 11 06 | 09 07 | 14 15 | 10 23 | 28 42 | 25 40 | 08 26 | 15 05 | 12 26 |
| 22 | 0:02:45 | 28 49 14 | 03♈22 | 09♈19 | 10 21 | 09 42 | 14 53 | 10 34 | 28 44 | 25 38 | 08 25 | 15 06 | 12 23 |
| 23 | 0:06:41 | 29 47 54 | 15 15 | 21 10 | 09 29 | 10 16 | 15 31 | 10 44 | 28 46 | 25 36 | 08 24 | 15 06 | 12 20 |
| 24 | 0:10:38 | 00♎46 37 | 27 05 | 03♉00 | 08 32 | 10 48 | 16 09 | 10 55 | 28 48 | 25 35 | 08 23 | 15 07 | 12 16 |
| 25 | 0:14:34 | 01 45 22 | 08♉55 | 14 51 | 07 31 | 11 19 | 16 47 | 11 06 | 28 50 | 25 33 | 08 22 | 15 08 | 12 13 |
| 26 | 0:18:31 | 02 44 08 | 20 48 | 26 46 | 06 26 | 11 49 | 17 26 | 11 16 | 28 52 | 25 31 | 08 22 | 15 09 | 12 10 |
| 27 | 0:22:28 | 03 42 57 | 02♊47 | 08♊50 | 05 20 | 12 17 | 18 04 | 11 27 | 28 53 | 25 29 | 08 21 | 15 10 | 12 07 |
| 28 | 0:26:24 | 04 41 49 | 14 56 | 21 07 | 04 13 | 12 43 | 18 42 | 11 37 | 28 55 | 25 28 | 08 20 | 15 11 | 12 04 |
| 29 | 0:30:21 | 05 40 42 | 27 21 | 03♋41 | 03 08 | 13 08 | 19 20 | 11 47 | 28 56 | 25 26 | 08 19 | 15 12 | 12 01 |
| 30 | 0:34:17 | 06 39 38 | 10♋06 | 16 37 | 02 06 | 13 31 | 19 58 | 11 57 | 28 58 | 25 24 | 08 19 | 15 13 | 11 57 |

## 0:00 E.T. Longitudes of the Major Asteroids and Chiron

| D | ⚳ | ⚴ | ⚵ | ⚶ | ⚷ |
|---|---|---|---|---|---|
| 1 | 17♈05℞ | 14♒52℞ | 28♍12 | 18♌08 | 03♑15℞ |
| 2 | 16 58 | 14 39 | 28 35 | 18 35 | 03 15 |
| 3 | 16 51 | 14 27 | 28 57 | 19 02 | 03 14 |
| 4 | 16 43 | 14 15 | 29 19 | 19 29 | 03 14 |
| 5 | 16 35 | 14 03 | 29 42 | 19 56 | 03 14 |
| 6 | 16 27 | 13 51 | 00♎04 | 20 23 | 03 13 |
| 7 | 16 19 | 13 40 | 00 27 | 20 50 | 03 13 |
| 8 | 16 10 | 13 29 | 00 49 | 21 17 | 03 13D |
| 9 | 16 01 | 13 18 | 01 12 | 21 44 | 03 13 |
| 10 | 15 51 | 13 08 | 01 34 | 22 11 | 03 14 |
| 11 | 15 42 | 12 58 | 01 57 | 22 38 | 03 14 |
| 12 | 15 32 | 12 48 | 02 19 | 23 05 | 03 14 |
| 13 | 15 21 | 12 39 | 02 42 | 23 31 | 03 15 |
| 14 | 15 11 | 12 30 | 03 04 | 23 58 | 03 15 |
| 15 | 15 00 | 12 21 | 03 27 | 24 25 | 03 16 |
| 16 | 14 49 | 12 13 | 03 49 | 24 52 | 03 16 |
| 17 | 14 37 | 12 05 | 04 12 | 25 19 | 03 17 |
| 18 | 14 26 | 11 57 | 04 34 | 25 45 | 03 18 |
| 19 | 14 14 | 11 50 | 04 56 | 26 12 | 03 19 |
| 20 | 14 02 | 11 43 | 05 19 | 26 39 | 03 20 |
| 21 | 13 50 | 11 36 | 05 41 | 27 06 | 03 21 |
| 22 | 13 37 | 11 30 | 06 04 | 27 32 | 03 22 |
| 23 | 13 25 | 11 24 | 06 26 | 27 59 | 03 24 |
| 24 | 13 12 | 11 19 | 06 49 | 28 26 | 03 25 |
| 25 | 12 59 | 11 14 | 07 11 | 28 52 | 03 26 |
| 26 | 12 46 | 11 09 | 07 33 | 29 19 | 03 28 |
| 27 | 12 33 | 11 04 | 07 56 | 29 45 | 03 29 |
| 28 | 12 20 | 11 00 | 08 18 | 00♍12 | 03 31 |
| 29 | 12 06 | 10 56 | 08 40 | 00 38 | 03 33 |
| 30 | 11 53 | 10 53 | 09 03 | 01 05 | 03 35 |

## Lunar Data

| Last Asp. | | Ingress | | |
|---|---|---|---|---|
| 1 | 16:56 | 1 | ♋ | 21:15 |
| 3 | 20:31 | 4 | ♌ | 02:37 |
| 6 | 01:34 | 6 | ♍ | 04:17 |
| 8 | 00:55 | 8 | ♎ | 03:58 |
| 10 | 00:54 | 10 | ♏ | 03:50 |
| 11 | 22:53 | 12 | ♐ | 05:45 |
| 14 | 07:56 | 14 | ♑ | 10:49 |
| 16 | 05:59 | 16 | ♒ | 18:56 |
| 19 | 02:36 | 19 | ♓ | 05:19 |
| 21 | 14:37 | 21 | ♈ | 17:12 |
| 24 | 03:30 | 24 | ♉ | 05:56 |
| 26 | 09:28 | 26 | ♊ | 18:27 |
| 29 | 03:02 | 29 | ♋ | 05:02 |

## 0:00 E.T. Declinations

| D | ☉ | ☽ | ☿ | ♀ | ♂ | ♃ | ♄ | ♅ | ♆ | ♇ | ⚳ | ⚴ | ⚵ | ⚶ | ⚷ |
|---|---|---|---|---|---|---|---|---|---|---|---|---|---|---|---|
| 1 | +08 25 | +23 23 | -04 17 | -11 58 | +12 00 | +19 01 | +22 08 | -13 27 | -18 00 | -12 56 | -06 38 | +09 38 | +03 03 | +17 34 | -16 41 |
| 2 | 08 04 | 24 58 | 04 48 | 12 24 | 11 47 | 18 59 | 22 08 | 13 28 | 18 00 | 12 57 | 06 43 | 09 26 | 02 56 | 17 27 | 16 41 |
| 3 | 07 42 | 25 12 | 05 18 | 12 50 | 11 33 | 18 56 | 22 08 | 13 29 | 18 00 | 12 57 | 06 48 | 09 14 | 02 48 | 17 20 | 16 42 |
| 4 | 07 20 | 23 56 | 05 47 | 13 16 | 11 19 | 18 53 | 22 08 | 13 30 | 18 01 | 12 58 | 06 53 | 09 01 | 02 41 | 17 13 | 16 42 |
| 5 | 06 57 | 21 08 | 06 14 | 13 41 | 11 05 | 18 50 | 22 08 | 13 30 | 18 01 | 12 58 | 06 58 | 08 49 | 02 33 | 17 05 | 16 43 |
| 6 | 06 35 | 16 54 | 06 39 | 14 05 | 10 51 | 18 47 | 22 08 | 13 31 | 18 01 | 12 58 | 07 03 | 08 37 | 02 26 | 16 58 | 16 43 |
| 7 | 06 13 | 11 33 | 07 03 | 14 30 | 10 37 | 18 44 | 22 08 | 13 32 | 18 02 | 12 59 | 07 09 | 08 25 | 02 18 | 16 51 | 16 44 |
| 8 | 05 50 | 05 27 | 07 25 | 14 54 | 10 23 | 18 41 | 22 08 | 13 33 | 18 02 | 12 59 | 07 14 | 08 12 | 02 11 | 16 44 | 16 44 |
| 9 | 05 28 | -00 59 | 07 45 | 15 18 | 10 09 | 18 38 | 22 08 | 13 33 | 18 02 | 13 00 | 07 19 | 08 00 | 02 03 | 16 36 | 16 45 |
| 10 | 05 05 | 07 18 | 08 03 | 15 41 | 09 54 | 18 35 | 22 08 | 13 34 | 18 03 | 13 00 | 07 25 | 07 47 | 01 56 | 16 29 | 16 45 |
| 11 | 04 42 | 13 07 | 08 19 | 16 04 | 09 40 | 18 32 | 22 08 | 13 35 | 18 03 | 13 01 | 07 30 | 07 35 | 01 49 | 16 21 | 16 46 |
| 12 | 04 20 | 18 03 | 08 32 | 16 27 | 09 26 | 18 29 | 22 08 | 13 35 | 18 03 | 13 01 | 07 35 | 07 23 | 01 41 | 16 14 | 16 46 |
| 13 | 03 57 | 21 51 | 08 42 | 16 49 | 09 11 | 18 26 | 22 08 | 13 36 | 18 04 | 13 02 | 07 41 | 07 10 | 01 34 | 16 06 | 16 47 |
| 14 | 03 34 | 24 18 | 08 49 | 17 11 | 08 57 | 18 23 | 22 08 | 13 37 | 18 04 | 13 02 | 07 46 | 06 58 | 01 26 | 15 59 | 16 47 |
| 15 | 03 11 | 25 20 | 08 53 | 17 32 | 08 42 | 18 20 | 22 08 | 13 38 | 18 04 | 13 03 | 07 52 | 06 45 | 01 19 | 15 51 | 16 48 |
| 16 | 02 48 | 24 58 | 08 54 | 17 53 | 08 28 | 18 18 | 22 08 | 13 38 | 18 05 | 13 03 | 07 57 | 06 33 | 01 11 | 15 44 | 16 48 |
| 17 | 02 24 | 23 19 | 08 51 | 18 14 | 08 13 | 18 15 | 22 08 | 13 39 | 18 05 | 13 04 | 08 03 | 06 21 | 01 04 | 15 36 | 16 49 |
| 18 | 02 01 | 20 35 | 08 44 | 18 34 | 07 59 | 18 12 | 22 08 | 13 40 | 18 05 | 13 04 | 08 08 | 06 08 | 00 57 | 15 28 | 16 49 |
| 19 | 01 38 | 16 57 | 08 33 | 18 53 | 07 44 | 18 09 | 22 08 | 13 40 | 18 05 | 13 05 | 08 13 | 05 56 | 00 49 | 15 21 | 16 50 |
| 20 | 01 15 | 12 40 | 08 18 | 19 12 | 07 29 | 18 06 | 22 08 | 13 41 | 18 06 | 13 05 | 08 19 | 05 44 | 00 42 | 15 13 | 16 50 |
| 21 | 00 51 | 07 56 | 07 59 | 19 31 | 07 14 | 18 03 | 22 08 | 13 41 | 18 06 | 13 05 | 08 24 | 05 32 | 00 34 | 15 05 | 16 51 |
| 22 | 00 28 | 02 56 | 07 36 | 19 49 | 07 00 | 18 01 | 22 08 | 13 42 | 18 06 | 13 06 | 08 29 | 05 19 | 00 27 | 14 57 | 16 51 |
| 23 | 00 05 | +02 09 | 07 08 | 20 06 | 06 45 | 17 58 | 22 08 | 13 43 | 18 06 | 13 06 | 08 35 | 05 07 | 00 20 | 14 49 | 16 52 |
| 24 | -00 19 | 07 09 | 06 36 | 20 23 | 06 30 | 17 55 | 22 08 | 13 43 | 18 07 | 13 07 | 08 40 | 04 55 | 00 12 | 14 42 | 16 52 |
| 25 | 00 42 | 11 55 | 06 01 | 20 39 | 06 15 | 17 52 | 22 08 | 13 44 | 18 07 | 13 07 | 08 45 | 04 43 | 00 05 | 14 34 | 16 52 |
| 26 | 01 05 | 16 16 | 05 23 | 20 55 | 06 00 | 17 49 | 22 08 | 13 44 | 18 07 | 13 08 | 08 50 | 04 31 | -00 02 | 14 26 | 16 53 |
| 27 | 01 29 | 20 01 | 04 42 | 21 10 | 05 45 | 17 47 | 22 08 | 13 45 | 18 07 | 13 08 | 08 55 | 04 20 | 00 10 | 14 18 | 16 53 |
| 28 | 01 52 | 22 57 | 04 00 | 21 24 | 05 30 | 17 44 | 22 08 | 13 46 | 18 07 | 13 09 | 09 00 | 04 08 | 00 17 | 14 10 | 16 54 |
| 29 | 02 15 | 24 51 | 03 17 | 21 38 | 05 15 | 17 41 | 22 08 | 13 46 | 18 08 | 13 09 | 09 05 | 03 56 | 00 24 | 14 02 | 16 54 |
| 30 | 02 39 | 25 32 | 02 35 | 21 50 | 05 00 | 17 39 | 22 08 | 13 47 | 18 08 | 13 10 | 09 09 | 03 45 | 00 31 | 13 54 | 16 55 |

Lunar Phases -- 7 ● 03:11 13 ◐ 18:09 21 ○ 14:00 29 ◑ 17:04 Sun enters ♎ 9/23 04:57

# Oct. 02 — Longitudes of Main Planets - October 2002 — 0:00 E.T.

| D | S.T. | ☉ | ☽ | ☽ 12:00 | ☿ | ♀ | ♂ | ♃ | ♄ | ♅ | ♆ | ♇ | ☊ |
|---|---|---|---|---|---|---|---|---|---|---|---|---|---|
| 1 | 0:38:14 | 07♎38 36 | 23♋15 | 00♌00 | 01♎09℞ | 13♏52 | 20♍37 | 12♌07 | 28♊59 | 25♒23℞ | 08♒18℞ | 15♐15 | 11♊54 |
| 2 | 0:42:10 | 08 37 36 | 06♌53 | 13 53 | 00 18 | 14 12 | 21 15 | 12 17 | 29 00 | 25 21 | 08 17 | 15 16 | 11 51 |
| 3 | 0:46:07 | 09 36 39 | 21 00 | 28 15 | 29♍35 | 14 29 | 21 53 | 12 27 | 29 01 | 25 20 | 08 17 | 15 17 | 11 48 |
| 4 | 0:50:03 | 10 35 44 | 05♍36 | 13♍03 | 29 01 | 14 45 | 22 31 | 12 37 | 29 02 | 25 18 | 08 16 | 15 18 | 11 45 |
| 5 | 0:54:00 | 11 34 51 | 20 35 | 28 10 | 28 37 | 14 59 | 23 09 | 12 47 | 29 03 | 25 17 | 08 16 | 15 19 | 11 42 |
| 6 | 0:57:57 | 12 34 00 | 05♎49 | 13♎28 | 28 23 | 15 11 | 23 48 | 12 56 | 29 03 | 25 15 | 08 15 | 15 21 | 11 38 |
| 7 | 1:01:53 | 13 33 11 | 21 07 | 28 45 | 28 19D | 15 20 | 24 26 | 13 06 | 29 04 | 25 14 | 08 15 | 15 22 | 11 35 |
| 8 | 1:05:50 | 14 32 24 | 06♏19 | 13♏50 | 28 27 | 15 28 | 25 04 | 13 15 | 29 04 | 25 13 | 08 14 | 15 23 | 11 32 |
| 9 | 1:09:46 | 15 31 40 | 21 15 | 28 34 | 28 44 | 15 33 | 25 42 | 13 24 | 29 05 | 25 11 | 08 14 | 15 25 | 11 29 |
| 10 | 1:13:43 | 16 30 57 | 05♐47 | 12♐53 | 29 12 | 15 36 | 26 21 | 13 33 | 29 05 | 25 10 | 08 14 | 15 26 | 11 26 |
| 11 | 1:17:39 | 17 30 16 | 19 52 | 26 44 | 29 49 | 15 36℞ | 26 59 | 13 42 | 29 05 | 25 09 | 08 13 | 15 27 | 11 22 |
| 12 | 1:21:36 | 18 29 36 | 03♑30 | 10♑09 | 00♎35 | 15 35 | 27 37 | 13 51 | 29 05℞ | 25 08 | 08 13 | 15 29 | 11 19 |
| 13 | 1:25:32 | 19 28 59 | 16 42 | 23 10 | 01 29 | 15 31 | 28 15 | 14 00 | 29 05 | 25 07 | 08 13 | 15 30 | 11 16 |
| 14 | 1:29:29 | 20 28 23 | 29 32 | 05♒50 | 02 31 | 15 24 | 28 54 | 14 08 | 29 05 | 25 06 | 08 12 | 15 32 | 11 13 |
| 15 | 1:33:26 | 21 27 49 | 12♒04 | 18 15 | 03 39 | 15 15 | 29 32 | 14 17 | 29 04 | 25 05 | 08 12 | 15 33 | 11 10 |
| 16 | 1:37:22 | 22 27 17 | 24 22 | 00♓26 | 04 52 | 15 04 | 00♎10 | 14 25 | 29 04 | 25 04 | 08 12 | 15 35 | 11 07 |
| 17 | 1:41:19 | 23 26 46 | 06♓29 | 12 29 | 06 11 | 14 50 | 00 48 | 14 33 | 29 03 | 25 03 | 08 12 | 15 36 | 11 03 |
| 18 | 1:45:15 | 24 26 17 | 18 28 | 24 26 | 07 33 | 14 34 | 01 27 | 14 42 | 29 03 | 25 02 | 08 12 | 15 38 | 11 00 |
| 19 | 1:49:12 | 25 25 50 | 00♈23 | 06♈19 | 09 00 | 14 15 | 02 05 | 14 50 | 29 02 | 25 01 | 08 12 | 15 40 | 10 57 |
| 20 | 1:53:08 | 26 25 25 | 12 14 | 18 10 | 10 29 | 13 54 | 02 43 | 14 57 | 29 01 | 25 00 | 08 12 | 15 41 | 10 54 |
| 21 | 1:57:05 | 27 25 02 | 24 05 | 00♉01 | 12 01 | 13 31 | 03 21 | 15 05 | 29 00 | 25 00 | 08 12D | 15 43 | 10 51 |
| 22 | 2:01:01 | 28 24 41 | 05♉57 | 11 54 | 13 36 | 13 06 | 04 00 | 15 13 | 28 59 | 24 59 | 08 12 | 15 45 | 10 48 |
| 23 | 2:04:58 | 29 24 22 | 17 52 | 23 51 | 15 11 | 12 39 | 04 38 | 15 20 | 28 58 | 24 58 | 08 12 | 15 46 | 10 44 |
| 24 | 2:08:55 | 00♏24 05 | 29 51 | 05♊53 | 16 48 | 12 10 | 05 16 | 15 27 | 28 57 | 24 58 | 08 12 | 15 48 | 10 41 |
| 25 | 2:12:51 | 01 23 50 | 11♊57 | 18 03 | 18 27 | 11 40 | 05 55 | 15 35 | 28 55 | 24 57 | 08 12 | 15 50 | 10 38 |
| 26 | 2:16:48 | 02 23 38 | 24 13 | 00♋25 | 20 06 | 11 07 | 06 33 | 15 42 | 28 54 | 24 57 | 08 12 | 15 52 | 10 35 |
| 27 | 2:20:44 | 03 23 27 | 06♋42 | 13 02 | 21 45 | 10 34 | 07 11 | 15 49 | 28 52 | 24 56 | 08 12 | 15 53 | 10 32 |
| 28 | 2:24:41 | 04 23 19 | 19 28 | 25 58 | 23 25 | 10 00 | 07 50 | 15 55 | 28 50 | 24 56 | 08 13 | 15 55 | 10 28 |
| 29 | 2:28:37 | 05 23 13 | 02♌34 | 09♌16 | 25 05 | 09 24 | 08 28 | 16 02 | 28 48 | 24 55 | 08 13 | 15 57 | 10 25 |
| 30 | 2:32:34 | 06 23 09 | 16 04 | 22 59 | 26 45 | 08 48 | 09 06 | 16 08 | 28 46 | 24 55 | 08 13 | 15 59 | 10 22 |
| 31 | 2:36:30 | 07 23 07 | 00 00 | 07♍07 | 28 25 | 08 12 | 09 45 | 16 15 | 28 44 | 24 55 | 08 14 | 16 01 | 10 19 |

## 0:00 E.T. — Longitudes of the Major Asteroids and Chiron

| D | ⚳ | ⚴ | ⚵ | ⚶ | ⚷ |
|---|---|---|---|---|---|
| 1 | 11♈39℞ | 10♒50℞ | 09♎25 | 01♍31 | 03♑37 |
| 2 | 11 26 | 10 47 | 09 47 | 01 58 | 03 39 |
| 3 | 11 12 | 10 45 | 10 10 | 02 24 | 03 41 |
| 4 | 10 59 | 10 43 | 10 32 | 02 50 | 03 43 |
| 5 | 10 45 | 10 41 | 10 54 | 03 17 | 03 45 |
| 6 | 10 31 | 10 40 | 11 16 | 03 43 | 03 48 |
| 7 | 10 18 | 10 39 | 11 39 | 04 09 | 03 50 |
| 8 | 10 04 | 10 38 | 12 01 | 04 35 | 03 52 |
| 9 | 09 51 | 10 38 | 12 23 | 05 02 | 03 55 |
| 10 | 09 37 | 10 38D | 12 45 | 05 28 | 03 58 |
| 11 | 09 24 | 10 39 | 13 07 | 05 54 | 04 00 |
| 12 | 09 11 | 10 39 | 13 29 | 06 20 | 04 03 |
| 13 | 08 57 | 10 40 | 13 52 | 06 46 | 04 06 |
| 14 | 08 44 | 10 42 | 14 14 | 07 12 | 04 09 |
| 15 | 08 32 | 10 44 | 14 36 | 07 38 | 04 12 |
| 16 | 08 19 | 10 46 | 14 58 | 08 04 | 04 15 |
| 17 | 08 06 | 10 48 | 15 20 | 08 29 | 04 18 |
| 18 | 07 54 | 10 51 | 15 42 | 08 55 | 04 21 |
| 19 | 07 42 | 10 54 | 16 03 | 09 21 | 04 25 |
| 20 | 07 30 | 10 57 | 16 25 | 09 47 | 04 28 |
| 21 | 07 18 | 11 01 | 16 47 | 10 12 | 04 32 |
| 22 | 07 07 | 11 05 | 17 09 | 10 38 | 04 35 |
| 23 | 06 55 | 11 09 | 17 31 | 11 03 | 04 39 |
| 24 | 06 44 | 11 13 | 17 52 | 11 29 | 04 42 |
| 25 | 06 34 | 11 18 | 18 14 | 11 54 | 04 46 |
| 26 | 06 23 | 11 23 | 18 36 | 12 19 | 04 50 |
| 27 | 06 13 | 11 29 | 18 57 | 12 45 | 04 54 |
| 28 | 06 03 | 11 34 | 19 19 | 13 10 | 04 58 |
| 29 | 05 54 | 11 40 | 19 41 | 13 35 | 05 02 |
| 30 | 05 44 | 11 47 | 20 02 | 14 00 | 05 06 |
| 31 | 05 35 | 11 53 | 20 24 | 14 25 | 05 10 |

## Lunar Data

| Last Asp. | | Ingress | | |
|---|---|---|---|---|
| 30 | 18:60 | 1 | ♌ | 11:59 |
| 3 | 13:17 | 3 | ♍ | 14:53 |
| 5 | 13:23 | 5 | ♎ | 14:52 |
| 7 | 12:31 | 7 | ♏ | 13:59 |
| 9 | 12:39 | 9 | ♐ | 14:22 |
| 11 | 16:09 | 11 | ♑ | 17:46 |
| 13 | 22:43 | 14 | ♒ | 00:53 |
| 16 | 09:17 | 16 | ♓ | 11:08 |
| 18 | 21:18 | 18 | ♈ | 23:15 |
| 21 | 09:56 | 21 | ♉ | 11:58 |
| 23 | 14:15 | 24 | ♊ | 00:18 |
| 26 | 09:02 | 26 | ♋ | 11:11 |
| 28 | 08:22 | 28 | ♌ | 19:21 |
| 30 | 21:52 | 31 | ♍ | 00:00 |

## 0:00 E.T. — Declinations

| D | ☉ | ☽ | ☿ | ♀ | ♂ | ♃ | ♄ | ♅ | ♆ | ♇ | ⚳ | ⚴ | ⚵ | ⚶ | ⚷ |
|---|---|---|---|---|---|---|---|---|---|---|---|---|---|---|---|
| 1 | -03 02 | +24 49 | -01 54 | -22 03 | +04 44 | +17 36 | +22 08 | -13 47 | -18 08 | -13 10 | -09 14 | +03 33 | -00 39 | +13 46 | -16 55 |
| 2 | 03 25 | 22 38 | 01 15 | 22 14 | 04 29 | 17 33 | 22 08 | 13 48 | 18 08 | 13 11 | 09 18 | 03 22 | 00 46 | 13 38 | 16 56 |
| 3 | 03 48 | 19 01 | 00 39 | 22 24 | 04 14 | 17 31 | 22 08 | 13 48 | 18 08 | 13 11 | 09 23 | 03 11 | 00 53 | 13 30 | 16 56 |
| 4 | 04 12 | 14 09 | 00 07 | 22 34 | 03 59 | 17 28 | 22 07 | 13 49 | 18 08 | 13 12 | 09 27 | 03 00 | 01 00 | 13 22 | 16 56 |
| 5 | 04 35 | 08 20 | +00 20 | 22 43 | 03 44 | 17 26 | 22 07 | 13 49 | 18 09 | 13 12 | 09 31 | 02 49 | 01 07 | 13 14 | 16 57 |
| 6 | 04 58 | 01 54 | 00 43 | 22 51 | 03 28 | 17 23 | 22 07 | 13 50 | 18 09 | 13 13 | 09 35 | 02 38 | 01 14 | 13 06 | 16 57 |
| 7 | 05 21 | -04 40 | 01 00 | 22 58 | 03 13 | 17 20 | 22 07 | 13 50 | 18 09 | 13 13 | 09 39 | 02 27 | 01 22 | 12 58 | 16 58 |
| 8 | 05 44 | 10 57 | 01 12 | 23 04 | 02 58 | 17 18 | 22 07 | 13 50 | 18 09 | 13 14 | 09 43 | 02 16 | 01 29 | 12 50 | 16 58 |
| 9 | 06 07 | 16 29 | 01 18 | 23 09 | 02 42 | 17 15 | 22 07 | 13 51 | 18 09 | 13 14 | 09 46 | 02 05 | 01 36 | 12 42 | 16 59 |
| 10 | 06 30 | 20 54 | 01 19 | 23 13 | 02 27 | 17 13 | 22 07 | 13 51 | 18 09 | 13 15 | 09 50 | 01 55 | 01 43 | 12 34 | 16 59 |
| 11 | 06 52 | 23 56 | 01 15 | 23 16 | 02 12 | 17 11 | 22 07 | 13 52 | 18 09 | 13 15 | 09 53 | 01 45 | 01 50 | 12 26 | 16 59 |
| 12 | 07 15 | 25 27 | 01 06 | 23 18 | 01 57 | 17 08 | 22 07 | 13 52 | 18 09 | 13 16 | 09 56 | 01 34 | 01 57 | 12 18 | 17 00 |
| 13 | 07 37 | 25 27 | 00 53 | 23 18 | 01 41 | 17 06 | 22 07 | 13 52 | 18 10 | 13 16 | 09 59 | 01 24 | 02 04 | 12 10 | 17 00 |
| 14 | 08 00 | 24 04 | 00 35 | 23 18 | 01 26 | 17 04 | 22 07 | 13 53 | 18 10 | 13 17 | 10 02 | 01 14 | 02 11 | 12 02 | 17 00 |
| 15 | 08 22 | 21 32 | 00 14 | 23 16 | 01 10 | 17 01 | 22 07 | 13 53 | 18 10 | 13 17 | 10 05 | 01 05 | 02 17 | 11 54 | 17 01 |
| 16 | 08 44 | 18 03 | -00 11 | 23 13 | 00 55 | 16 59 | 22 07 | 13 53 | 18 10 | 13 18 | 10 07 | 00 55 | 02 24 | 11 46 | 17 01 |
| 17 | 09 06 | 13 53 | 00 39 | 23 08 | 00 40 | 16 57 | 22 07 | 13 53 | 18 10 | 13 18 | 10 09 | 00 45 | 02 31 | 11 38 | 17 01 |
| 18 | 09 28 | 09 13 | 01 09 | 23 02 | 00 24 | 16 55 | 22 07 | 13 54 | 18 10 | 13 19 | 10 12 | 00 36 | 02 38 | 11 30 | 17 02 |
| 19 | 09 50 | 04 15 | 01 42 | 22 55 | 00 09 | 16 52 | 22 07 | 13 54 | 18 10 | 13 19 | 10 14 | 00 26 | 02 45 | 11 22 | 17 02 |
| 20 | 10 12 | +00 51 | 02 17 | 22 46 | -00 06 | 16 50 | 22 07 | 13 54 | 18 10 | 13 20 | 10 15 | 00 17 | 02 51 | 11 14 | 17 02 |
| 21 | 10 33 | 05 56 | 02 53 | 22 36 | 00 22 | 16 48 | 22 07 | 13 54 | 18 10 | 13 20 | 10 17 | 00 08 | 02 58 | 11 06 | 17 03 |
| 22 | 10 55 | 10 50 | 03 31 | 22 24 | 00 37 | 16 46 | 22 06 | 13 55 | 18 10 | 13 21 | 10 18 | -00 01 | 03 05 | 10 58 | 17 03 |
| 23 | 11 16 | 15 21 | 04 10 | 22 11 | 00 52 | 16 44 | 22 06 | 13 55 | 18 10 | 13 21 | 10 19 | 00 09 | 03 11 | 10 50 | 17 03 |
| 24 | 11 37 | 19 18 | 04 49 | 21 57 | 01 08 | 16 42 | 22 06 | 13 55 | 18 10 | 13 22 | 10 20 | 00 18 | 03 18 | 10 42 | 17 04 |
| 25 | 11 58 | 22 29 | 05 30 | 21 41 | 01 23 | 16 40 | 22 06 | 13 55 | 18 10 | 13 22 | 10 21 | 00 26 | 03 24 | 10 34 | 17 04 |
| 26 | 12 18 | 24 40 | 06 10 | 21 24 | 01 38 | 16 38 | 22 06 | 13 55 | 18 10 | 13 23 | 10 22 | 00 35 | 03 31 | 10 26 | 17 04 |
| 27 | 12 39 | 25 41 | 06 51 | 21 06 | 01 54 | 16 36 | 22 06 | 13 55 | 18 10 | 13 23 | 10 22 | 00 43 | 03 37 | 10 18 | 17 04 |
| 28 | 12 59 | 25 22 | 07 33 | 20 47 | 02 09 | 16 35 | 22 06 | 13 55 | 18 10 | 13 24 | 10 22 | 00 51 | 03 44 | 10 10 | 17 05 |
| 29 | 13 19 | 23 40 | 08 14 | 20 26 | 02 24 | 16 33 | 22 06 | 13 55 | 18 10 | 13 24 | 10 23 | 00 59 | 03 50 | 10 02 | 17 05 |
| 30 | 13 39 | 20 36 | 08 55 | 20 05 | 02 40 | 16 31 | 22 06 | 13 56 | 18 10 | 13 25 | 10 22 | 01 07 | 03 56 | 09 55 | 17 05 |
| 31 | 13 59 | 16 17 | 09 36 | 19 43 | 02 55 | 16 29 | 22 06 | 13 56 | 18 10 | 13 25 | 10 22 | 01 14 | 04 03 | 09 47 | 17 05 |

Lunar Phases -- 6 ● 11:18 13 ◐ 05:34 21 ○ 07:21 29 ◑ 05:29 Sun enters ♏ 10/23 14:19

## 0:00 E.T. Longitudes of Main Planets - November 2002

| D | S.T. | ☉ | ☽ | ☽ 12:00 | ☿ | ♀ | ♂ | ♃ | ♄ | ♅ | ♆ | ♇ | ☊ |
|---|---|---|---|---|---|---|---|---|---|---|---|---|---|
| 1 | 2:40:27 | 08♏23 08 | 14♍21 | 21♍40 | 00♏05 | 07♏35℞ | 10♎23 | 16♌21 | 28♊42℞ | 24♒55℞ | 08♒14 | 16♐03 | 10♊16 |
| 2 | 2:44:24 | 09 23 10 | 29 05 | 06♎33 | 01 45 | 06 59 | 11 01 | 16 27 | 28 40 | 24 55 | 08 14 | 16 05 | 10 13 |
| 3 | 2:48:20 | 10 23 15 | 14♎05 | 21 40 | 03 25 | 06 23 | 11 40 | 16 33 | 28 38 | 24 55 | 08 15 | 16 07 | 10 09 |
| 4 | 2:52:17 | 11 23 22 | 29 15 | 06♏50 | 05 04 | 05 47 | 12 18 | 16 38 | 28 35 | 24 54 | 08 15 | 16 08 | 10 06 |
| 5 | 2:56:13 | 12 23 30 | 14♏24 | 21 54 | 06 43 | 05 13 | 12 57 | 16 44 | 28 33 | 24 55D | 08 16 | 16 10 | 10 03 |
| 6 | 3:00:10 | 13 23 41 | 29 21 | 06♐44 | 08 22 | 04 39 | 13 35 | 16 49 | 28 30 | 24 55 | 08 16 | 16 12 | 10 00 |
| 7 | 3:04:06 | 14 23 53 | 14♐01 | 21 11 | 10 00 | 04 06 | 14 13 | 16 54 | 28 27 | 24 55 | 08 17 | 16 14 | 09 57 |
| 8 | 3:08:03 | 15 24 07 | 28 15 | 05♑12 | 11 38 | 03 36 | 14 52 | 16 59 | 28 24 | 24 55 | 08 17 | 16 16 | 09 54 |
| 9 | 3:11:59 | 16 24 23 | 12♑03 | 18 47 | 13 16 | 03 06 | 15 30 | 17 04 | 28 21 | 24 55 | 08 18 | 16 19 | 09 50 |
| 10 | 3:15:56 | 17 24 40 | 25 24 | 01♒55 | 14 53 | 02 39 | 16 09 | 17 09 | 28 18 | 24 55 | 08 19 | 16 21 | 09 47 |
| 11 | 3:19:53 | 18 24 58 | 08♒20 | 14 39 | 16 30 | 02 13 | 16 47 | 17 13 | 28 15 | 24 56 | 08 20 | 16 23 | 09 44 |
| 12 | 3:23:49 | 19 25 18 | 20 54 | 27 05 | 18 07 | 01 49 | 17 25 | 17 18 | 28 12 | 24 56 | 08 20 | 16 25 | 09 41 |
| 13 | 3:27:46 | 20 25 39 | 03♓12 | 09♓15 | 19 43 | 01 28 | 18 04 | 17 22 | 28 09 | 24 56 | 08 21 | 16 27 | 09 38 |
| 14 | 3:31:42 | 21 26 01 | 15 16 | 21 15 | 21 19 | 01 09 | 18 42 | 17 26 | 28 05 | 24 57 | 08 22 | 16 29 | 09 34 |
| 15 | 3:35:39 | 22 26 25 | 27 12 | 03♈08 | 22 55 | 00 52 | 19 21 | 17 29 | 28 02 | 24 57 | 08 23 | 16 31 | 09 31 |
| 16 | 3:39:35 | 23 26 51 | 09♈04 | 14 59 | 24 30 | 00 38 | 19 59 | 17 33 | 27 58 | 24 58 | 08 24 | 16 33 | 09 28 |
| 17 | 3:43:32 | 24 27 17 | 20 54 | 26 50 | 26 05 | 00 26 | 20 38 | 17 36 | 27 55 | 24 59 | 08 24 | 16 35 | 09 25 |
| 18 | 3:47:28 | 25 27 46 | 02♉46 | 08♉44 | 27 40 | 00 17 | 21 16 | 17 40 | 27 51 | 24 59 | 08 25 | 16 38 | 09 22 |
| 19 | 3:51:25 | 26 28 15 | 14 42 | 20 43 | 29 15 | 00 10 | 21 55 | 17 43 | 27 47 | 25 00 | 08 26 | 16 40 | 09 19 |
| 20 | 3:55:22 | 27 28 47 | 26 45 | 02♊49 | 00♐49 | 00 05 | 22 33 | 17 46 | 27 43 | 25 01 | 08 27 | 16 42 | 09 15 |
| 21 | 3:59:18 | 28 29 19 | 08♊55 | 15 04 | 02 23 | 00 03 | 23 12 | 17 48 | 27 39 | 25 02 | 08 28 | 16 44 | 09 12 |
| 22 | 4:03:15 | 29 29 54 | 21 15 | 27 29 | 03 57 | 00 04D | 23 50 | 17 51 | 27 35 | 25 03 | 08 29 | 16 46 | 09 09 |
| 23 | 4:07:11 | 00♐30 30 | 03♋46 | 10♋06 | 05 31 | 00 07 | 24 29 | 17 53 | 27 31 | 25 03 | 08 31 | 16 49 | 09 06 |
| 24 | 4:11:08 | 01 31 07 | 16 29 | 22 56 | 07 05 | 00 12 | 25 07 | 17 55 | 27 27 | 25 04 | 08 32 | 16 51 | 09 03 |
| 25 | 4:15:04 | 02 31 46 | 29 27 | 06♌01 | 08 38 | 00 20 | 25 46 | 17 57 | 27 23 | 25 06 | 08 33 | 16 53 | 09 00 |
| 26 | 4:19:01 | 03 32 27 | 12♌40 | 19 23 | 10 11 | 00 30 | 26 24 | 17 59 | 27 19 | 25 07 | 08 34 | 16 55 | 08 56 |
| 27 | 4:22:57 | 04 33 09 | 26 10 | 03♍02 | 11 44 | 00 42 | 27 03 | 18 01 | 27 14 | 25 08 | 08 35 | 16 57 | 08 53 |
| 28 | 4:26:54 | 05 33 53 | 09♍59 | 17 00 | 13 18 | 00 56 | 27 41 | 18 02 | 27 10 | 25 09 | 08 36 | 17 00 | 08 50 |
| 29 | 4:30:51 | 06 34 39 | 24 05 | 01♎15 | 14 50 | 01 12 | 28 20 | 18 03 | 27 06 | 25 10 | 08 38 | 17 02 | 08 47 |
| 30 | 4:34:47 | 07 35 26 | 08♎28 | 15 45 | 16 23 | 01 31 | 28 58 | 18 04 | 27 01 | 25 11 | 08 39 | 17 04 | 08 44 |

## 0:00 E.T. Longitudes of the Major Asteroids and Chiron

| D | ⚳ | ⚴ | ⚵ | ⚶ | ⚷ |
|---|---|---|---|---|---|
| 1 | 05♈27℞ | 12♒00 | 20♎45 | 14♍50 | 05♑14 |
| 2 | 05 18 | 12 07 | 21 06 | 15 15 | 05 18 |
| 3 | 05 10 | 12 14 | 21 28 | 15 40 | 05 22 |
| 4 | 05 03 | 12 22 | 21 49 | 16 05 | 05 27 |
| 5 | 04 55 | 12 29 | 22 10 | 16 29 | 05 31 |
| 6 | 04 49 | 12 37 | 22 32 | 16 54 | 05 35 |
| 7 | 04 42 | 12 46 | 22 53 | 17 18 | 05 40 |
| 8 | 04 36 | 12 54 | 23 14 | 17 43 | 05 45 |
| 9 | 04 30 | 13 03 | 23 35 | 18 07 | 05 49 |
| 10 | 04 25 | 13 12 | 23 56 | 18 31 | 05 54 |
| 11 | 04 19 | 13 21 | 24 17 | 18 55 | 05 59 |
| 12 | 04 15 | 13 31 | 24 38 | 19 19 | 06 03 |
| 13 | 04 11 | 13 40 | 24 58 | 19 43 | 06 08 |
| 14 | 04 07 | 13 50 | 25 19 | 20 07 | 06 13 |
| 15 | 04 03 | 14 01 | 25 40 | 20 31 | 06 18 |

| D | ⚳ | ⚴ | ⚵ | ⚶ | ⚷ |
|---|---|---|---|---|---|
| 16 | 04 00 | 14 11 | 26 01 | 20 55 | 06 23 |
| 17 | 03 57 | 14 21 | 26 21 | 21 18 | 06 28 |
| 18 | 03 55 | 14 32 | 26 42 | 21 42 | 06 33 |
| 19 | 03 53 | 14 43 | 27 02 | 22 05 | 06 38 |
| 20 | 03 51 | 14 54 | 27 23 | 22 28 | 06 43 |
| 21 | 03 50 | 15 06 | 27 43 | 22 52 | 06 48 |
| 22 | 03 49 | 15 17 | 28 03 | 23 15 | 06 54 |
| 23 | 03 49 | 15 29 | 28 23 | 23 38 | 06 59 |
| 24 | 03 49D | 15 41 | 28 43 | 24 00 | 07 04 |
| 25 | 03 49 | 15 53 | 29 03 | 24 23 | 07 10 |
| 26 | 03 49 | 16 05 | 29 23 | 24 46 | 07 15 |
| 27 | 03 51 | 16 18 | 29 43 | 25 08 | 07 20 |
| 28 | 03 52 | 16 31 | 00♏03 | 25 30 | 07 26 |
| 29 | 03 54 | 16 43 | 00 23 | 25 53 | 07 31 |
| 30 | 03 56 | 16 56 | 00 43 | 26 15 | 07 37 |

## Lunar Data

| Last Asp. | Ingress |
|---|---|
| 1 23:20 | 2 ♎ 01:29 |
| 3 22:57 | 4 ♏ 01:11 |
| 5 16:49 | 6 ♐ 01:03 |
| 8 00:16 | 8 ♑ 03:00 |
| 9 08:23 | 10 ♒ 08:28 |
| 12 14:08 | 12 ♓ 17:43 |
| 15 01:39 | 15 ♈ 05:39 |
| 17 14:07 | 17 ♉ 18:25 |
| 20 01:35 | 20 ♊ 06:26 |
| 22 12:08 | 22 ♋ 16:48 |
| 24 16:52 | 25 ♌ 01:01 |
| 27 01:52 | 27 ♍ 06:43 |
| 29 05:02 | 29 ♎ 09:55 |

## 0:00 E.T. Declinations

| D | ☉ | ☽ | ☿ | ♀ | ♂ | ♃ | ♄ | ♅ | ♆ | ♇ | ⚳ | ⚴ | ⚵ | ⚶ | ⚷ |
|---|---|---|---|---|---|---|---|---|---|---|---|---|---|---|---|
| 1 | -14 18 | +10 57 | -10 16 | -19 20 | -03 10 | +16 28 | +22 06 | -13 56 | -18 09 | -13 25 | -10 21 | -01 22 | -04 09 | +09 39 | -17 06 |
| 2 | 14 37 | 04 52 | 10 57 | 18 56 | 03 25 | 16 26 | 22 06 | 13 56 | 18 09 | 13 26 | 10 21 | 01 29 | 04 15 | 09 31 | 17 06 |
| 3 | 14 56 | -01 37 | 11 36 | 18 32 | 03 41 | 16 24 | 22 06 | 13 56 | 18 09 | 13 26 | 10 20 | 01 36 | 04 21 | 09 23 | 17 06 |
| 4 | 15 15 | 08 05 | 12 16 | 18 07 | 03 56 | 16 23 | 22 06 | 13 56 | 18 09 | 13 27 | 10 19 | 01 43 | 04 27 | 09 16 | 17 06 |
| 5 | 15 33 | 14 05 | 12 55 | 17 42 | 04 11 | 16 22 | 22 06 | 13 56 | 18 09 | 13 27 | 10 17 | 01 50 | 04 34 | 09 08 | 17 06 |
| 6 | 15 52 | 19 10 | 13 33 | 17 17 | 04 26 | 16 20 | 22 06 | 13 56 | 18 09 | 13 28 | 10 16 | 01 57 | 04 40 | 09 00 | 17 07 |
| 7 | 16 10 | 22 57 | 14 10 | 16 53 | 04 41 | 16 19 | 22 06 | 13 55 | 18 09 | 13 28 | 10 14 | 02 03 | 04 45 | 08 53 | 17 07 |
| 8 | 16 27 | 25 11 | 14 47 | 16 28 | 04 56 | 16 17 | 22 06 | 13 55 | 18 09 | 13 29 | 10 12 | 02 10 | 04 51 | 08 45 | 17 07 |
| 9 | 16 45 | 25 46 | 15 23 | 16 04 | 05 11 | 16 16 | 22 06 | 13 55 | 18 08 | 13 29 | 10 10 | 02 16 | 04 57 | 08 38 | 17 07 |
| 10 | 17 02 | 24 49 | 15 58 | 15 40 | 05 26 | 16 15 | 22 05 | 13 55 | 18 08 | 13 30 | 10 08 | 02 22 | 05 03 | 08 30 | 17 07 |
| 11 | 17 19 | 22 34 | 16 33 | 15 17 | 05 41 | 16 14 | 22 05 | 13 55 | 18 08 | 13 30 | 10 06 | 02 28 | 05 09 | 08 23 | 17 07 |
| 12 | 17 35 | 19 16 | 17 07 | 14 54 | 05 56 | 16 13 | 22 05 | 13 55 | 18 08 | 13 30 | 10 03 | 02 34 | 05 15 | 08 16 | 17 07 |
| 13 | 17 51 | 15 13 | 17 40 | 14 32 | 06 11 | 16 12 | 22 05 | 13 55 | 18 08 | 13 31 | 10 00 | 02 40 | 05 20 | 08 08 | 17 07 |
| 14 | 18 07 | 10 37 | 18 12 | 14 11 | 06 26 | 16 11 | 22 05 | 13 54 | 18 08 | 13 31 | 09 57 | 02 46 | 05 26 | 08 01 | 17 07 |
| 15 | 18 23 | 05 42 | 18 43 | 13 51 | 06 41 | 16 10 | 22 05 | 13 54 | 18 07 | 13 32 | 09 54 | 02 51 | 05 31 | 07 54 | 17 08 |
| 16 | 18 38 | 00 35 | 19 13 | 13 32 | 06 55 | 16 09 | 22 05 | 13 54 | 18 07 | 13 32 | 09 51 | 02 56 | 05 37 | 07 47 | 17 08 |
| 17 | 18 53 | +04 32 | 19 42 | 13 14 | 07 10 | 16 08 | 22 05 | 13 54 | 18 07 | 13 32 | 09 47 | 03 02 | 05 42 | 07 39 | 17 08 |
| 18 | 19 08 | 09 31 | 20 10 | 12 57 | 07 25 | 16 07 | 22 05 | 13 54 | 18 07 | 13 33 | 09 44 | 03 07 | 05 48 | 07 32 | 17 08 |
| 19 | 19 22 | 14 12 | 20 38 | 12 41 | 07 39 | 16 06 | 22 05 | 13 53 | 18 06 | 13 33 | 09 40 | 03 12 | 05 53 | 07 25 | 17 08 |
| 20 | 19 36 | 18 22 | 21 04 | 12 27 | 07 54 | 16 06 | 22 05 | 13 53 | 18 06 | 13 34 | 09 36 | 03 16 | 05 58 | 07 18 | 17 08 |
| 21 | 19 49 | 21 49 | 21 29 | 12 13 | 08 08 | 16 05 | 22 05 | 13 53 | 18 06 | 13 34 | 09 32 | 03 21 | 06 03 | 07 11 | 17 08 |
| 22 | 20 03 | 24 18 | 21 53 | 12 01 | 08 23 | 16 04 | 22 05 | 13 52 | 18 06 | 13 34 | 09 27 | 03 25 | 06 09 | 07 05 | 17 08 |
| 23 | 20 15 | 25 38 | 22 16 | 11 50 | 08 37 | 16 04 | 22 05 | 13 52 | 18 05 | 13 35 | 09 23 | 03 30 | 06 14 | 06 58 | 17 08 |
| 24 | 20 28 | 25 39 | 22 38 | 11 40 | 08 51 | 16 03 | 22 05 | 13 52 | 18 05 | 13 35 | 09 18 | 03 34 | 06 19 | 06 51 | 17 08 |
| 25 | 20 40 | 24 17 | 22 59 | 11 31 | 09 06 | 16 03 | 22 05 | 13 51 | 18 05 | 13 36 | 09 14 | 03 38 | 06 24 | 06 44 | 17 08 |
| 26 | 20 52 | 21 34 | 23 19 | 11 24 | 09 20 | 16 03 | 22 05 | 13 51 | 18 05 | 13 36 | 09 09 | 03 42 | 06 28 | 06 38 | 17 07 |
| 27 | 21 03 | 17 39 | 23 37 | 11 17 | 09 34 | 16 03 | 22 05 | 13 50 | 18 04 | 13 36 | 09 04 | 03 46 | 06 33 | 06 31 | 17 07 |
| 28 | 21 14 | 12 43 | 23 54 | 11 12 | 09 48 | 16 02 | 22 05 | 13 50 | 18 04 | 13 37 | 08 59 | 03 50 | 06 38 | 06 25 | 17 07 |
| 29 | 21 24 | 07 02 | 24 10 | 11 08 | 10 02 | 16 02 | 22 04 | 13 50 | 18 04 | 13 37 | 08 53 | 03 53 | 06 43 | 06 19 | 17 07 |
| 30 | 21 35 | 00 52 | 24 25 | 11 05 | 10 16 | 16 02 | 22 04 | 13 49 | 18 03 | 13 37 | 08 48 | 03 57 | 06 47 | 06 12 | 17 07 |

Lunar Phases -- 4 ● 20:36 11 ◐ 20:53 20 Ⓔ 01:35 27 ◑ 15:47 Sun enters ♐ 11/22 11:55

# Dec. 02 — Longitudes of Main Planets - December 2002 — 0:00 E.T.

| D | S.T. | ☉ | ☽ | ☽ 12:00 | ☿ | ♀ | ♂ | ♃ | ♄ | ♅ | ♆ | ♇ | ☊ |
|---|---|---|---|---|---|---|---|---|---|---|---|---|---|
| 1 | 4:38:44 | 08♐36 14 | 23♎05 | 00♏27 | 17♐56 | 01♏51 | 29♎37 | 18♌05 | 26♊57℞ | 25♒13 | 08♒40 | 17♐07 | 08♊40 |
| 2 | 4:42:40 | 09 37 04 | 07♏50 | 15 14 | 19 29 | 02 14 | 00♏15 | 18 06 | 26 52 | 25 14 | 08 42 | 17 09 | 08 37 |
| 3 | 4:46:37 | 10 37 56 | 22 38 | 00♐01 | 21 01 | 02 38 | 00 54 | 18 06 | 26 47 | 25 16 | 08 43 | 17 11 | 08 34 |
| 4 | 4:50:33 | 11 38 48 | 07♐21 | 14 38 | 22 34 | 03 04 | 01 32 | 18 06 | 26 43 | 25 17 | 08 44 | 17 13 | 08 31 |
| 5 | 4:54:30 | 12 39 42 | 21 52 | 29 01 | 24 06 | 03 32 | 02 11 | 18 06℞ | 26 38 | 25 19 | 08 46 | 17 16 | 08 28 |
| 6 | 4:58:26 | 13 40 37 | 06♑05 | 13♑03 | 25 38 | 04 01 | 02 50 | 18 06 | 26 33 | 25 20 | 08 47 | 17 18 | 08 25 |
| 7 | 5:02:23 | 14 41 33 | 19 56 | 26 42 | 27 10 | 04 32 | 03 28 | 18 06 | 26 28 | 25 22 | 08 49 | 17 20 | 08 21 |
| 8 | 5:06:20 | 15 42 30 | 03♒22 | 09♒56 | 28 42 | 05 04 | 04 07 | 18 05 | 26 24 | 25 23 | 08 50 | 17 23 | 08 18 |
| 9 | 5:10:16 | 16 43 27 | 16 24 | 22 47 | 00♑14 | 05 38 | 04 45 | 18 04 | 26 19 | 25 25 | 08 52 | 17 25 | 08 15 |
| 10 | 5:14:13 | 17 44 25 | 29 04 | 05♓17 | 01 45 | 06 14 | 05 24 | 18 03 | 26 14 | 25 27 | 08 54 | 17 27 | 08 12 |
| 11 | 5:18:09 | 18 45 24 | 11♓25 | 17 30 | 03 16 | 06 50 | 06 03 | 18 02 | 26 09 | 25 29 | 08 55 | 17 29 | 08 09 |
| 12 | 5:22:06 | 19 46 23 | 23 32 | 29 31 | 04 47 | 07 28 | 06 41 | 18 01 | 26 04 | 25 30 | 08 57 | 17 32 | 08 05 |
| 13 | 5:26:02 | 20 47 23 | 05♈28 | 11♈23 | 06 17 | 08 08 | 07 20 | 17 59 | 25 59 | 25 32 | 08 58 | 17 34 | 08 02 |
| 14 | 5:29:59 | 21 48 23 | 17 18 | 23 13 | 07 47 | 08 48 | 07 58 | 17 57 | 25 54 | 25 34 | 09 00 | 17 36 | 07 59 |
| 15 | 5:33:55 | 22 49 24 | 29 08 | 05♉05 | 09 16 | 09 30 | 08 37 | 17 55 | 25 49 | 25 36 | 09 02 | 17 39 | 07 56 |
| 16 | 5:37:52 | 23 50 26 | 11♉02 | 17 01 | 10 44 | 10 12 | 09 16 | 17 53 | 25 45 | 25 38 | 09 04 | 17 41 | 07 53 |
| 17 | 5:41:49 | 24 51 28 | 23 03 | 29 07 | 12 11 | 10 56 | 09 54 | 17 51 | 25 40 | 25 40 | 09 05 | 17 43 | 07 50 |
| 18 | 5:45:45 | 25 52 30 | 05♊14 | 11♊24 | 13 37 | 11 41 | 10 33 | 17 48 | 25 35 | 25 42 | 09 07 | 17 45 | 07 46 |
| 19 | 5:49:42 | 26 53 34 | 17 38 | 23 55 | 15 02 | 12 27 | 11 11 | 17 46 | 25 30 | 25 44 | 09 09 | 17 48 | 07 43 |
| 20 | 5:53:38 | 27 54 37 | 00♋15 | 06♋40 | 16 25 | 13 14 | 11 50 | 17 43 | 25 25 | 25 47 | 09 11 | 17 50 | 07 40 |
| 21 | 5:57:35 | 28 55 42 | 13 08 | 19 39 | 17 46 | 14 02 | 12 29 | 17 40 | 25 20 | 25 49 | 09 12 | 17 52 | 07 37 |
| 22 | 6:01:31 | 29 56 47 | 26 14 | 02♌52 | 19 05 | 14 51 | 13 07 | 17 36 | 25 15 | 25 51 | 09 14 | 17 55 | 07 34 |
| 23 | 6:05:28 | 00♑57 52 | 09♌34 | 16 18 | 20 22 | 15 40 | 13 46 | 17 33 | 25 10 | 25 53 | 09 16 | 17 57 | 07 31 |
| 24 | 6:09:24 | 01 58 58 | 23 06 | 29 57 | 21 35 | 16 31 | 14 25 | 17 29 | 25 05 | 25 56 | 09 18 | 17 59 | 07 27 |
| 25 | 6:13:21 | 03 00 05 | 06♍50 | 13♍45 | 22 44 | 17 22 | 15 03 | 17 25 | 25 00 | 25 58 | 09 20 | 18 01 | 07 24 |
| 26 | 6:17:18 | 04 01 12 | 20 43 | 27 43 | 23 50 | 18 14 | 15 42 | 17 21 | 24 55 | 26 01 | 09 22 | 18 04 | 07 21 |
| 27 | 6:21:14 | 05 02 20 | 04♎45 | 11♎49 | 24 50 | 19 07 | 16 21 | 17 17 | 24 50 | 26 03 | 09 24 | 18 06 | 07 18 |
| 28 | 6:25:11 | 06 03 29 | 18 54 | 26 01 | 25 45 | 20 00 | 16 59 | 17 13 | 24 46 | 26 05 | 09 26 | 18 08 | 07 15 |
| 29 | 6:29:07 | 07 04 38 | 03♏09 | 10♏18 | 26 33 | 20 54 | 17 38 | 17 08 | 24 41 | 26 08 | 09 28 | 18 10 | 07 11 |
| 30 | 6:33:04 | 08 05 48 | 17 27 | 24 37 | 27 14 | 21 49 | 18 17 | 17 03 | 24 36 | 26 11 | 09 30 | 18 12 | 07 08 |
| 31 | 6:37:00 | 09 06 58 | 01♐46 | 08♐54 | 27 47 | 22 44 | 18 55 | 16 58 | 24 31 | 26 13 | 09 32 | 18 15 | 07 05 |

## 0:00 E.T. — Longitudes of the Major Asteroids and Chiron

| D | ⚳ | ⚴ | ⚵ | ⚶ | ⚷ |
|---|---|---|---|---|---|
| 1 | 03♈58 | 17♒10 | 01♏02 | 26♍37 | 07♑42 |
| 2 | 04 01 | 17 23 | 01 22 | 26 58 | 07 48 |
| 3 | 04 05 | 17 36 | 01 41 | 27 20 | 07 54 |
| 4 | 04 08 | 17 50 | 02 00 | 27 42 | 07 59 |
| 5 | 04 12 | 18 04 | 02 20 | 28 03 | 08 05 |
| 6 | 04 16 | 18 18 | 02 39 | 28 24 | 08 11 |
| 7 | 04 21 | 18 32 | 02 58 | 28 45 | 08 16 |
| 8 | 04 26 | 18 46 | 03 17 | 29 06 | 08 22 |
| 9 | 04 32 | 19 01 | 03 36 | 29 27 | 08 28 |
| 10 | 04 37 | 19 16 | 03 54 | 29 47 | 08 34 |
| 11 | 04 43 | 19 30 | 04 13 | 00♎08 | 08 40 |
| 12 | 04 50 | 19 45 | 04 32 | 00 28 | 08 46 |
| 13 | 04 56 | 20 00 | 04 50 | 00 48 | 08 51 |
| 14 | 05 03 | 20 15 | 05 08 | 01 08 | 08 57 |
| 15 | 05 11 | 20 31 | 05 27 | 01 28 | 09 03 |
| 16 | 05 18 | 20 46 | 05 45 | 01 47 | 09 09 |
| 17 | 05 26 | 21 02 | 06 03 | 02 06 | 09 15 |
| 18 | 05 35 | 21 17 | 06 21 | 02 25 | 09 21 |
| 19 | 05 43 | 21 33 | 06 39 | 02 44 | 09 27 |
| 20 | 05 52 | 21 49 | 06 56 | 03 03 | 09 33 |
| 21 | 06 01 | 22 05 | 07 14 | 03 22 | 09 39 |
| 22 | 06 11 | 22 21 | 07 31 | 03 40 | 09 45 |
| 23 | 06 21 | 22 37 | 07 49 | 03 58 | 09 51 |
| 24 | 06 31 | 22 54 | 08 06 | 04 16 | 09 57 |
| 25 | 06 41 | 23 10 | 08 23 | 04 33 | 10 03 |
| 26 | 06 51 | 23 27 | 08 40 | 04 51 | 10 09 |
| 27 | 07 02 | 23 43 | 08 57 | 05 08 | 10 15 |
| 28 | 07 13 | 24 00 | 09 13 | 05 25 | 10 21 |
| 29 | 07 25 | 24 17 | 09 30 | 05 42 | 10 27 |
| 30 | 07 37 | 24 34 | 09 46 | 05 58 | 10 33 |
| 31 | 07 48 | 24 51 | 10 03 | 06 14 | 10 39 |

## Lunar Data

| Last Asp. | | Ingress | | |
|---|---|---|---|---|
| 1 | 11:07 | 1 | ♏ | 11:16 |
| 3 | 04:16 | 3 | ♐ | 11:59 |
| 5 | 07:57 | 5 | ♑ | 13:40 |
| 5 | 20:21 | 7 | ♒ | 17:55 |
| 9 | 18:36 | 10 | ♓ | 01:47 |
| 12 | 05:04 | 12 | ♈ | 12:59 |
| 14 | 17:20 | 15 | ♉ | 01:44 |
| 17 | 05:12 | 17 | ♊ | 13:44 |
| 19 | 19:11 | 19 | ♋ | 23:31 |
| 21 | 09:32 | 22 | ♌ | 06:49 |
| 24 | 04:59 | 24 | ♍ | 12:06 |
| 26 | 07:11 | 26 | ♎ | 15:54 |
| 28 | 12:16 | 28 | ♏ | 18:42 |
| 30 | 17:05 | 30 | ♐ | 21:02 |

## 0:00 E.T. — Declinations

| D | ☉ | ☽ | ☿ | ♀ | ♂ | ♃ | ♄ | ♅ | ♆ | ♇ | ⚳ | ⚴ | ⚵ | ⚶ | ⚷ |
|---|---|---|---|---|---|---|---|---|---|---|---|---|---|---|---|
| 1 | -21 44 | -05 27 | -24 39 | -11 02 | -10 30 | +16 02 | +22 04 | -13 49 | -18 03 | -13 38 | -08 42 | -04 00 | -06 52 | +06 06 | -17 07 |
| 2 | 21 54 | 11 33 | 24 51 | 11 01 | 10 44 | 16 02 | 22 04 | 13 48 | 18 03 | 13 38 | 08 37 | 04 03 | 06 56 | 06 00 | 17 07 |
| 3 | 22 02 | 17 01 | 25 02 | 11 01 | 10 58 | 16 02 | 22 04 | 13 48 | 18 02 | 13 38 | 08 31 | 04 06 | 07 01 | 05 54 | 17 07 |
| 4 | 22 11 | 21 25 | 25 11 | 11 02 | 11 11 | 16 02 | 22 04 | 13 47 | 18 02 | 13 39 | 08 25 | 04 09 | 07 05 | 05 48 | 17 07 |
| 5 | 22 19 | 24 24 | 25 20 | 11 03 | 11 25 | 16 03 | 22 04 | 13 47 | 18 02 | 13 39 | 08 19 | 04 12 | 07 09 | 05 42 | 17 06 |
| 6 | 22 27 | 25 44 | 25 27 | 11 06 | 11 38 | 16 03 | 22 04 | 13 46 | 18 01 | 13 39 | 08 13 | 04 15 | 07 14 | 05 36 | 17 06 |
| 7 | 22 34 | 25 25 | 25 32 | 11 09 | 11 52 | 16 03 | 22 04 | 13 45 | 18 01 | 13 40 | 08 06 | 04 17 | 07 18 | 05 30 | 17 06 |
| 8 | 22 40 | 23 36 | 25 36 | 11 13 | 12 05 | 16 04 | 22 04 | 13 45 | 18 00 | 13 40 | 08 00 | 04 20 | 07 22 | 05 25 | 17 06 |
| 9 | 22 47 | 20 35 | 25 39 | 11 18 | 12 19 | 16 04 | 22 04 | 13 44 | 18 00 | 13 40 | 07 53 | 04 22 | 07 26 | 05 19 | 17 06 |
| 10 | 22 52 | 16 41 | 25 40 | 11 23 | 12 32 | 16 05 | 22 04 | 13 44 | 18 00 | 13 40 | 07 47 | 04 24 | 07 30 | 05 14 | 17 05 |
| 11 | 22 58 | 12 10 | 25 40 | 11 29 | 12 45 | 16 05 | 22 04 | 13 43 | 17 59 | 13 41 | 07 40 | 04 26 | 07 34 | 05 09 | 17 05 |
| 12 | 23 03 | 07 16 | 25 38 | 11 36 | 12 58 | 16 06 | 22 04 | 13 42 | 17 59 | 13 41 | 07 33 | 04 28 | 07 37 | 05 03 | 17 05 |
| 13 | 23 07 | 02 10 | 25 35 | 11 43 | 13 11 | 16 06 | 22 04 | 13 42 | 17 58 | 13 41 | 07 26 | 04 30 | 07 41 | 04 58 | 17 04 |
| 14 | 23 11 | +02 58 | 25 30 | 11 51 | 13 24 | 16 07 | 22 04 | 13 41 | 17 58 | 13 42 | 07 19 | 04 32 | 07 45 | 04 53 | 17 04 |
| 15 | 23 15 | 08 01 | 25 24 | 11 59 | 13 37 | 16 08 | 22 03 | 13 40 | 17 57 | 13 42 | 07 12 | 04 33 | 07 48 | 04 48 | 17 04 |
| 16 | 23 18 | 12 48 | 25 16 | 12 08 | 13 49 | 16 09 | 22 03 | 13 40 | 17 57 | 13 42 | 07 04 | 04 35 | 07 52 | 04 43 | 17 04 |
| 17 | 23 20 | 17 09 | 25 07 | 12 18 | 14 02 | 16 10 | 22 03 | 13 39 | 17 57 | 13 42 | 06 57 | 04 36 | 07 55 | 04 39 | 17 03 |
| 18 | 23 23 | 20 51 | 24 56 | 12 27 | 14 14 | 16 11 | 22 03 | 13 38 | 17 56 | 13 43 | 06 50 | 04 37 | 07 58 | 04 34 | 17 03 |
| 19 | 23 24 | 23 41 | 24 44 | 12 38 | 14 27 | 16 12 | 22 03 | 13 37 | 17 56 | 13 43 | 06 42 | 04 38 | 08 01 | 04 30 | 17 03 |
| 20 | 23 25 | 25 22 | 24 31 | 12 48 | 14 39 | 16 13 | 22 03 | 13 37 | 17 55 | 13 43 | 06 34 | 04 40 | 08 05 | 04 25 | 17 02 |
| 21 | 23 26 | 25 45 | 24 17 | 12 59 | 14 51 | 16 14 | 22 03 | 13 36 | 17 55 | 13 43 | 06 27 | 04 40 | 08 08 | 04 21 | 17 02 |
| 22 | 23 26 | 24 43 | 24 01 | 13 10 | 15 03 | 16 15 | 22 03 | 13 35 | 17 54 | 13 44 | 06 19 | 04 41 | 08 11 | 04 17 | 17 01 |
| 23 | 23 26 | 22 16 | 23 44 | 13 22 | 15 15 | 16 17 | 22 03 | 13 34 | 17 54 | 13 44 | 06 11 | 04 42 | 08 13 | 04 13 | 17 01 |
| 24 | 23 25 | 18 35 | 23 26 | 13 34 | 15 27 | 16 18 | 22 03 | 13 33 | 17 53 | 13 44 | 06 03 | 04 43 | 08 16 | 04 09 | 17 01 |
| 25 | 23 24 | 13 52 | 23 07 | 13 46 | 15 39 | 16 19 | 22 03 | 13 33 | 17 53 | 13 44 | 05 55 | 04 43 | 08 19 | 04 05 | 17 00 |
| 26 | 23 23 | 08 23 | 22 47 | 13 58 | 15 50 | 16 21 | 22 03 | 13 32 | 17 52 | 13 44 | 05 47 | 04 44 | 08 22 | 04 02 | 17 00 |
| 27 | 23 21 | 02 26 | 22 26 | 14 11 | 16 02 | 16 22 | 22 03 | 13 31 | 17 52 | 13 45 | 05 39 | 04 44 | 08 24 | 03 58 | 16 59 |
| 28 | 23 18 | -03 43 | 22 06 | 14 23 | 16 13 | 16 24 | 22 03 | 13 30 | 17 51 | 13 45 | 05 30 | 04 44 | 08 27 | 03 55 | 16 59 |
| 29 | 23 15 | 09 43 | 21 45 | 14 36 | 16 25 | 16 25 | 22 03 | 13 29 | 17 51 | 13 45 | 05 22 | 04 44 | 08 29 | 03 51 | 16 58 |
| 30 | 23 12 | 15 14 | 21 24 | 14 49 | 16 36 | 16 27 | 22 03 | 13 28 | 17 50 | 13 45 | 05 14 | 04 44 | 08 31 | 03 48 | 16 58 |
| 31 | 23 08 | 19 55 | 21 03 | 15 02 | 16 47 | 16 29 | 22 02 | 13 27 | 17 50 | 13 45 | 05 05 | 04 44 | 08 33 | 03 45 | 16 57 |

Lunar Phases -- 4 ● 07:35 • 11 ◐ 15:50 19 ○ 19:11 27 ◑ 00:32 Sun enters ♑ 12/22 01:16

## 0:00 E.T. Longitudes of Main Planets - January 2003

| D | S.T. | ☉ | ☽ | ☽ 12:00 | ☿ | ♀ | ♂ | ♃ | ♄ | ♅ | ♆ | ♇ | ☊ |
|---|---|---|---|---|---|---|---|---|---|---|---|---|---|
| 1 | 6:40:57 | 10♑08 09 | 16♐02 | 23♐07 | 28♑11 | 23♏40 | 19♏34 | 16♌53℞ | 24♊27℞ | 26♒16 | 09♒34 | 18♐17 | 07♊02 |
| 2 | 6:44:53 | 11 09 20 | 00♑10 | 07♑10 | 28 24 | 24 37 | 20 13 | 16 48 | 24 22 | 26 18 | 09 36 | 18 19 | 06 59 |
| 3 | 6:48:50 | 12 10 31 | 14 06 | 20 58 | 28 27℞ | 25 34 | 20 51 | 16 43 | 24 17 | 26 21 | 09 38 | 18 21 | 06 56 |
| 4 | 6:52:47 | 13 11 42 | 27 46 | 04♒30 | 28 19 | 26 32 | 21 30 | 16 37 | 24 13 | 26 24 | 09 40 | 18 23 | 06 52 |
| 5 | 6:56:43 | 14 12 53 | 11♒08 | 17 41 | 27 59 | 27 30 | 22 09 | 16 32 | 24 08 | 26 27 | 09 42 | 18 25 | 06 49 |
| 6 | 7:00:40 | 15 14 03 | 24 10 | 00♓33 | 27 27 | 28 28 | 22 47 | 16 26 | 24 04 | 26 29 | 09 44 | 18 27 | 06 46 |
| 7 | 7:04:36 | 16 15 14 | 06♓51 | 13 05 | 26 43 | 29 27 | 23 26 | 16 20 | 24 00 | 26 32 | 09 46 | 18 29 | 06 43 |
| 8 | 7:08:33 | 17 16 24 | 19 14 | 25 20 | 25 49 | 00♐27 | 24 05 | 16 14 | 23 55 | 26 35 | 09 49 | 18 32 | 06 40 |
| 9 | 7:12:29 | 18 17 33 | 01♈22 | 07♈22 | 24 45 | 01 27 | 24 44 | 16 07 | 23 51 | 26 38 | 09 51 | 18 34 | 06 37 |
| 10 | 7:16:26 | 19 18 42 | 13 19 | 19 15 | 23 34 | 02 27 | 25 22 | 16 01 | 23 47 | 26 41 | 09 53 | 18 36 | 06 33 |
| 11 | 7:20:22 | 20 19 51 | 25 10 | 01♉05 | 22 17 | 03 28 | 26 01 | 15 54 | 23 43 | 26 44 | 09 55 | 18 38 | 06 30 |
| 12 | 7:24:19 | 21 20 59 | 07♉00 | 12 56 | 20 58 | 04 30 | 26 40 | 15 48 | 23 38 | 26 47 | 09 57 | 18 40 | 06 27 |
| 13 | 7:28:16 | 22 22 07 | 18 53 | 24 53 | 19 38 | 05 31 | 27 18 | 15 41 | 23 34 | 26 50 | 09 59 | 18 42 | 06 24 |
| 14 | 7:32:12 | 23 23 14 | 00♊56 | 07♊03 | 18 21 | 06 33 | 27 57 | 15 34 | 23 30 | 26 53 | 10 02 | 18 44 | 06 21 |
| 15 | 7:36:09 | 24 24 20 | 13 13 | 19 27 | 17 07 | 07 35 | 28 36 | 15 27 | 23 27 | 26 56 | 10 04 | 18 46 | 06 17 |
| 16 | 7:40:05 | 25 25 26 | 25 46 | 02♋10 | 16 01 | 08 38 | 29 14 | 15 20 | 23 23 | 26 59 | 10 06 | 18 48 | 06 14 |
| 17 | 7:44:02 | 26 26 31 | 08♋39 | 15 13 | 15 01 | 09 41 | 29 53 | 15 13 | 23 19 | 27 02 | 10 08 | 18 50 | 06 11 |
| 18 | 7:47:58 | 27 27 36 | 21 52 | 28 35 | 14 11 | 10 45 | 00♐32 | 15 06 | 23 15 | 27 05 | 10 10 | 18 51 | 06 08 |
| 19 | 7:51:55 | 28 28 40 | 05♌23 | 12♌16 | 13 30 | 11 48 | 01 10 | 14 58 | 23 12 | 27 08 | 10 13 | 18 53 | 06 05 |
| 20 | 7:55:51 | 29 29 44 | 19 11 | 26 10 | 12 58 | 12 52 | 01 49 | 14 51 | 23 08 | 27 11 | 10 15 | 18 55 | 06 02 |
| 21 | 7:59:48 | 00♒30 47 | 03♍12 | 10♍15 | 12 36 | 13 56 | 02 28 | 14 43 | 23 05 | 27 14 | 10 17 | 18 57 | 05 58 |
| 22 | 8:03:45 | 01 31 49 | 17 20 | 24 26 | 12 22 | 15 01 | 03 06 | 14 36 | 23 02 | 27 18 | 10 19 | 18 59 | 05 55 |
| 23 | 8:07:41 | 02 32 51 | 01♎33 | 08♎39 | 12 18 | 16 06 | 03 45 | 14 28 | 22 58 | 27 21 | 10 22 | 19 01 | 05 52 |
| 24 | 8:11:38 | 03 33 53 | 15 45 | 22 50 | 12 21D | 17 11 | 04 24 | 14 20 | 22 55 | 27 24 | 10 24 | 19 02 | 05 49 |
| 25 | 8:15:34 | 04 34 54 | 29 54 | 06♏58 | 12 33 | 18 16 | 05 02 | 14 13 | 22 52 | 27 27 | 10 26 | 19 04 | 05 46 |
| 26 | 8:19:31 | 05 35 55 | 14♏00 | 21 00 | 12 51 | 19 22 | 05 41 | 14 05 | 22 49 | 27 31 | 10 28 | 19 06 | 05 43 |
| 27 | 8:23:27 | 06 36 55 | 28 00 | 04♐58 | 13 15 | 20 28 | 06 20 | 13 57 | 22 46 | 27 34 | 10 31 | 19 08 | 05 39 |
| 28 | 8:27:24 | 07 37 55 | 11♐54 | 18 49 | 13 46 | 21 34 | 06 58 | 13 49 | 22 44 | 27 37 | 10 33 | 19 09 | 05 36 |
| 29 | 8:31:20 | 08 38 54 | 25 42 | 02♑34 | 14 22 | 22 40 | 07 37 | 13 41 | 22 41 | 27 40 | 10 35 | 19 11 | 05 33 |
| 30 | 8:35:17 | 09 39 52 | 09♑23 | 16 09 | 15 02 | 23 47 | 08 16 | 13 33 | 22 38 | 27 44 | 10 38 | 19 13 | 05 30 |
| 31 | 8:39:14 | 10 40 50 | 22 54 | 29 35 | 15 47 | 24 53 | 08 54 | 13 25 | 22 36 | 27 47 | 10 40 | 19 14 | 05 27 |

## 0:00 E.T. Longitudes of the Major Asteroids and Chiron

| D | ⚳ | ⚴ | ⚵ | ⚶ | ⚷ | D | ⚳ | ⚴ | ⚵ | ⚶ | ⚷ |
|---|---|---|---|---|---|---|---|---|---|---|---|
| 1 | 08♈01 | 25♒08 | 10♏19 | 06♎30 | 10♑45 | 17 | 11 47 | 29 55 | 14 16 | 10 06 | 12 22 |
| 2 | 08 13 | 25 26 | 10 35 | 06 46 | 10 51 | 18 | 12 02 | 00♓14 | 14 29 | 10 17 | 12 27 |
| 3 | 08 26 | 25 43 | 10 51 | 07 01 | 10 58 | 19 | 12 19 | 00 32 | 14 42 | 10 27 | 12 33 |
| 4 | 08 39 | 26 00 | 11 06 | 07 17 | 11 04 | 20 | 12 35 | 00 51 | 14 55 | 10 37 | 12 39 |
| 5 | 08 52 | 26 18 | 11 22 | 07 31 | 11 10 | 21 | 12 51 | 01 10 | 15 08 | 10 47 | 12 45 |
| 6 | 09 05 | 26 36 | 11 37 | 07 46 | 11 16 | 22 | 13 08 | 01 29 | 15 20 | 10 56 | 12 51 |
| 7 | 09 19 | 26 53 | 11 53 | 08 00 | 11 22 | 23 | 13 25 | 01 47 | 15 33 | 11 05 | 12 57 |
| 8 | 09 33 | 27 11 | 12 08 | 08 14 | 11 28 | 24 | 13 42 | 02 06 | 15 45 | 11 14 | 13 02 |
| 9 | 09 47 | 27 29 | 12 23 | 08 28 | 11 34 | 25 | 13 59 | 02 25 | 15 57 | 11 22 | 13 08 |
| 10 | 10 01 | 27 47 | 12 37 | 08 41 | 11 40 | 26 | 14 16 | 02 44 | 16 09 | 11 30 | 13 14 |
| 11 | 10 15 | 28 05 | 12 52 | 08 54 | 11 46 | 27 | 14 33 | 03 04 | 16 20 | 11 37 | 13 19 |
| 12 | 10 30 | 28 23 | 13 06 | 09 07 | 11 52 | 28 | 14 51 | 03 23 | 16 32 | 11 44 | 13 25 |
| 13 | 10 45 | 28 42 | 13 21 | 09 20 | 11 58 | 29 | 15 09 | 03 42 | 16 43 | 11 51 | 13 31 |
| 14 | 11 00 | 29 00 | 13 35 | 09 32 | 12 04 | 30 | 15 27 | 04 01 | 16 54 | 11 57 | 13 36 |
| 15 | 11 15 | 29 18 | 13 48 | 09 43 | 12 10 | 31 | 15 45 | 04 21 | 17 04 | 12 02 | 13 42 |
| 16 | 11 31 | 29 37 | 14 02 | 09 55 | 12 16 | | | | | | |

## Lunar Data

| Last Asp. | | Ingress | | |
|---|---|---|---|---|
| 1 | 17:25 | 1 | ♑ | 23:44 |
| 4 | 00:57 | 4 | ♒ | 03:58 |
| 6 | 08:46 | 6 | ♓ | 10:58 |
| 8 | 11:56 | 8 | ♈ | 21:16 |
| 11 | 03:11 | 11 | ♉ | 09:49 |
| 13 | 17:45 | 13 | ♊ | 22:09 |
| 16 | 02:17 | 16 | ♋ | 07:57 |
| 18 | 10:48 | 18 | ♌ | 14:30 |
| 20 | 13:47 | 20 | ♍ | 18:33 |
| 22 | 09:35 | 22 | ♎ | 21:24 |
| 24 | 19:49 | 25 | ♏ | 00:10 |
| 26 | 23:15 | 27 | ♐ | 03:27 |
| 29 | 03:27 | 29 | ♑ | 07:31 |
| 30 | 10:35 | | | |

## 0:00 E.T. Declinations

| D | ☉ | ☽ | ☿ | ♀ | ♂ | ♃ | ♄ | ♅ | ♆ | ♇ | ⚳ | ⚴ | ⚵ | ⚶ | ⚷ |
|---|---|---|---|---|---|---|---|---|---|---|---|---|---|---|---|
| 1 | -23 03 | -23 23 | -20 43 | -15 15 | -16 58 | +16 31 | +22 02 | -13 26 | -17 49 | -13 45 | -04 57 | -04 44 | -08 36 | +03 42 | -16 57 |
| 2 | 22 58 | 25 22 | 20 24 | 15 28 | 17 09 | 16 32 | 22 02 | 13 25 | 17 49 | 13 46 | 04 48 | 04 44 | 08 38 | 03 40 | 16 56 |
| 3 | 22 53 | 25 43 | 20 07 | 15 41 | 17 19 | 16 34 | 22 02 | 13 25 | 17 48 | 13 46 | 04 39 | 04 43 | 08 39 | 03 37 | 16 56 |
| 4 | 22 47 | 24 28 | 19 50 | 15 54 | 17 30 | 16 36 | 22 02 | 13 24 | 17 48 | 13 46 | 04 31 | 04 43 | 08 41 | 03 35 | 16 55 |
| 5 | 22 41 | 21 52 | 19 36 | 16 07 | 17 41 | 16 38 | 22 02 | 13 23 | 17 47 | 13 46 | 04 22 | 04 42 | 08 43 | 03 32 | 16 55 |
| 6 | 22 34 | 18 12 | 19 23 | 16 20 | 17 51 | 16 40 | 22 02 | 13 22 | 17 46 | 13 46 | 04 13 | 04 42 | 08 45 | 03 30 | 16 54 |
| 7 | 22 27 | 13 48 | 19 13 | 16 33 | 18 01 | 16 42 | 22 02 | 13 21 | 17 46 | 13 46 | 04 04 | 04 41 | 08 46 | 03 28 | 16 54 |
| 8 | 22 19 | 08 56 | 19 04 | 16 45 | 18 11 | 16 44 | 22 02 | 13 20 | 17 45 | 13 46 | 03 55 | 04 40 | 08 48 | 03 27 | 16 53 |
| 9 | 22 11 | 03 49 | 18 58 | 16 58 | 18 21 | 16 46 | 22 02 | 13 19 | 17 45 | 13 46 | 03 46 | 04 39 | 08 49 | 03 25 | 16 52 |
| 10 | 22 03 | +01 22 | 18 54 | 17 11 | 18 31 | 16 48 | 22 02 | 13 18 | 17 44 | 13 47 | 03 37 | 04 38 | 08 50 | 03 24 | 16 52 |
| 11 | 21 54 | 06 28 | 18 52 | 17 23 | 18 41 | 16 50 | 22 02 | 13 17 | 17 44 | 13 47 | 03 28 | 04 37 | 08 51 | 03 22 | 16 51 |
| 12 | 21 45 | 11 20 | 18 52 | 17 35 | 18 50 | 16 52 | 22 02 | 13 16 | 17 43 | 13 47 | 03 19 | 04 36 | 08 52 | 03 21 | 16 50 |
| 13 | 21 35 | 15 49 | 18 53 | 17 47 | 19 00 | 16 55 | 22 02 | 13 15 | 17 42 | 13 47 | 03 10 | 04 35 | 08 53 | 03 20 | 16 50 |
| 14 | 21 25 | 19 44 | 18 56 | 17 59 | 19 09 | 16 57 | 22 02 | 13 14 | 17 42 | 13 47 | 03 01 | 04 33 | 08 54 | 03 19 | 16 49 |
| 15 | 21 14 | 22 52 | 19 00 | 18 11 | 19 18 | 16 59 | 22 02 | 13 13 | 17 41 | 13 47 | 02 51 | 04 32 | 08 55 | 03 19 | 16 48 |
| 16 | 21 03 | 24 57 | 19 05 | 18 22 | 19 27 | 17 01 | 22 02 | 13 11 | 17 41 | 13 47 | 02 42 | 04 31 | 08 56 | 03 18 | 16 48 |
| 17 | 20 52 | 25 47 | 19 11 | 18 33 | 19 36 | 17 04 | 22 02 | 13 10 | 17 40 | 13 47 | 02 33 | 04 29 | 08 56 | 03 18 | 16 47 |
| 18 | 20 40 | 25 11 | 19 18 | 18 44 | 19 44 | 17 06 | 22 02 | 13 09 | 17 40 | 13 47 | 02 23 | 04 27 | 08 57 | 03 18 | 16 46 |
| 19 | 20 28 | 23 07 | 19 26 | 18 54 | 19 53 | 17 08 | 22 02 | 13 08 | 17 39 | 13 47 | 02 14 | 04 26 | 08 57 | 03 18 | 16 46 |
| 20 | 20 15 | 19 40 | 19 34 | 19 05 | 20 01 | 17 11 | 22 02 | 13 07 | 17 38 | 13 47 | 02 04 | 04 24 | 08 57 | 03 18 | 16 45 |
| 21 | 20 02 | 15 04 | 19 43 | 19 14 | 20 10 | 17 13 | 22 02 | 13 06 | 17 38 | 13 47 | 01 55 | 04 22 | 08 58 | 03 18 | 16 44 |
| 22 | 19 49 | 09 37 | 19 51 | 19 24 | 20 18 | 17 15 | 22 02 | 13 05 | 17 37 | 13 47 | 01 45 | 04 20 | 08 58 | 03 19 | 16 44 |
| 23 | 19 35 | 03 39 | 20 00 | 19 33 | 20 26 | 17 18 | 22 02 | 13 04 | 17 37 | 13 47 | 01 36 | 04 18 | 08 58 | 03 19 | 16 43 |
| 24 | 19 21 | -02 31 | 20 09 | 19 42 | 20 34 | 17 20 | 22 02 | 13 03 | 17 36 | 13 47 | 01 26 | 04 16 | 08 58 | 03 20 | 16 42 |
| 25 | 19 07 | 08 33 | 20 18 | 19 51 | 20 41 | 17 22 | 22 02 | 13 02 | 17 35 | 13 47 | 01 17 | 04 14 | 08 57 | 03 21 | 16 41 |
| 26 | 18 52 | 14 08 | 20 26 | 19 59 | 20 49 | 17 25 | 22 02 | 13 00 | 17 35 | 13 47 | 01 07 | 04 12 | 08 57 | 03 23 | 16 41 |
| 27 | 18 37 | 18 56 | 20 34 | 20 06 | 20 56 | 17 27 | 22 02 | 12 59 | 17 34 | 13 47 | 00 57 | 04 09 | 08 57 | 03 24 | 16 40 |
| 28 | 18 22 | 22 39 | 20 42 | 20 13 | 21 03 | 17 30 | 22 02 | 12 58 | 17 34 | 13 47 | 00 48 | 04 07 | 08 56 | 03 26 | 16 39 |
| 29 | 18 06 | 25 00 | 20 49 | 20 20 | 21 10 | 17 32 | 22 02 | 12 57 | 17 33 | 13 47 | 00 38 | 04 05 | 08 55 | 03 27 | 16 38 |
| 30 | 17 50 | 25 50 | 20 55 | 20 27 | 21 17 | 17 34 | 22 02 | 12 56 | 17 32 | 13 47 | 00 28 | 04 02 | 08 55 | 03 30 | 16 37 |
| 31 | 17 33 | 25 06 | 21 01 | 20 33 | 21 24 | 17 37 | 22 02 | 12 55 | 17 32 | 13 47 | 00 18 | 04 00 | 08 54 | 03 32 | 16 37 |

Lunar Phases -- 2 ● 20:24 10 ◐ 13:16 18 ○ 10:49 25 ◑ 08:34 Sun enters ♒ 1/20 11:54

# Longitudes of Main Planets - February 2003

0:00 E.T.

| D | S.T. | ☉ | ☽ | ☽ 12:00 | ☿ | ♀ | ♂ | ♃ | ♄ | ♅ | ♆ | ♇ | ☊ |
|---|---|---|---|---|---|---|---|---|---|---|---|---|---|
| 1 | 8:43:10 | 11♒41 47 | 06♒13 | 12♒48 | 16♑36 | 26♐00 | 09♐33 | 13♌17℞ | 22♊33℞ | 27♒50 | 10♒42 | 19♐16 | 05♊23 |
| 2 | 8:47:07 | 12 42 42 | 19 19 | 25 46 | 17 29 | 27 07 | 10 12 | 13 09 | 22 31 | 27 54 | 10 44 | 19 17 | 05 20 |
| 3 | 8:51:03 | 13 43 37 | 02♓10 | 08♓29 | 18 25 | 28 15 | 10 50 | 13 01 | 22 29 | 27 57 | 10 47 | 19 19 | 05 17 |
| 4 | 8:55:00 | 14 44 30 | 14 45 | 20 56 | 19 24 | 29 22 | 11 29 | 12 53 | 22 27 | 28 01 | 10 49 | 19 20 | 05 14 |
| 5 | 8:58:56 | 15 45 22 | 27 05 | 03♈09 | 20 26 | 00♑30 | 12 07 | 12 45 | 22 25 | 28 04 | 10 51 | 19 22 | 05 11 |
| 6 | 9:02:53 | 16 46 13 | 09♈11 | 15 10 | 21 30 | 01 37 | 12 46 | 12 37 | 22 23 | 28 07 | 10 54 | 19 23 | 05 08 |
| 7 | 9:06:49 | 17 47 02 | 21 07 | 27 03 | 22 37 | 02 45 | 13 25 | 12 29 | 22 21 | 28 11 | 10 56 | 19 25 | 05 04 |
| 8 | 9:10:46 | 18 47 50 | 02♉57 | 08♉51 | 23 46 | 03 53 | 14 03 | 12 21 | 22 20 | 28 14 | 10 58 | 19 26 | 05 01 |
| 9 | 9:14:43 | 19 48 36 | 14 45 | 20 41 | 24 56 | 05 02 | 14 42 | 12 13 | 22 18 | 28 18 | 11 00 | 19 28 | 04 58 |
| 10 | 9:18:39 | 20 49 21 | 26 38 | 02♊37 | 26 09 | 06 10 | 15 20 | 12 06 | 22 17 | 28 21 | 11 03 | 19 29 | 04 55 |
| 11 | 9:22:36 | 21 50 04 | 08♊39 | 14 45 | 27 23 | 07 19 | 15 59 | 11 58 | 22 15 | 28 25 | 11 05 | 19 30 | 04 52 |
| 12 | 9:26:32 | 22 50 46 | 20 56 | 27 11 | 28 39 | 08 27 | 16 37 | 11 50 | 22 14 | 28 28 | 11 07 | 19 32 | 04 49 |
| 13 | 9:30:29 | 23 51 26 | 03♋32 | 09♋59 | 29 57 | 09 36 | 17 16 | 11 42 | 22 13 | 28 31 | 11 09 | 19 33 | 04 45 |
| 14 | 9:34:25 | 24 52 05 | 16 32 | 23 11 | 01♒15 | 10 45 | 17 54 | 11 35 | 22 12 | 28 35 | 11 12 | 19 34 | 04 42 |
| 15 | 9:38:22 | 25 52 42 | 29 57 | 06♌49 | 02 36 | 11 54 | 18 33 | 11 27 | 22 11 | 28 38 | 11 14 | 19 35 | 04 39 |
| 16 | 9:42:18 | 26 53 17 | 13♌47 | 20 50 | 03 57 | 13 03 | 19 12 | 11 20 | 22 10 | 28 42 | 11 16 | 19 36 | 04 36 |
| 17 | 9:46:15 | 27 53 51 | 27 58 | 05♍11 | 05 20 | 14 12 | 19 50 | 11 12 | 22 10 | 28 45 | 11 18 | 19 38 | 04 33 |
| 18 | 9:50:12 | 28 54 23 | 12♍26 | 19 44 | 06 44 | 15 22 | 20 28 | 11 05 | 22 09 | 28 49 | 11 20 | 19 39 | 04 29 |
| 19 | 9:54:08 | 29 54 53 | 27 03 | 04♎23 | 08 09 | 16 31 | 21 07 | 10 58 | 22 09 | 28 52 | 11 23 | 19 40 | 04 26 |
| 20 | 9:58:05 | 00♓55 23 | 11♎43 | 19 01 | 09 35 | 17 41 | 21 45 | 10 51 | 22 08 | 28 56 | 11 25 | 19 41 | 04 23 |
| 21 | 10:02:01 | 01 55 51 | 26 17 | 03♏30 | 11 02 | 18 51 | 22 24 | 10 44 | 22 08 | 28 59 | 11 27 | 19 42 | 04 20 |
| 22 | 10:05:58 | 02 56 17 | 10♏41 | 17 48 | 12 31 | 20 01 | 23 02 | 10 37 | 22 08 | 29 03 | 11 29 | 19 43 | 04 17 |
| 23 | 10:09:54 | 03 56 43 | 24 52 | 01♐52 | 14 00 | 21 11 | 23 41 | 10 30 | 22 08D | 29 06 | 11 31 | 19 44 | 04 14 |
| 24 | 10:13:51 | 04 57 07 | 08♐49 | 15 43 | 15 31 | 22 21 | 24 19 | 10 23 | 22 08 | 29 10 | 11 33 | 19 45 | 04 10 |
| 25 | 10:17:47 | 05 57 30 | 22 33 | 29 19 | 17 02 | 23 31 | 24 58 | 10 16 | 22 09 | 29 13 | 11 36 | 19 46 | 04 07 |
| 26 | 10:21:44 | 06 57 51 | 06♑03 | 12♑44 | 18 35 | 24 41 | 25 36 | 10 10 | 22 09 | 29 16 | 11 38 | 19 46 | 04 04 |
| 27 | 10:25:41 | 07 58 11 | 19 22 | 25 57 | 20 08 | 25 51 | 26 14 | 10 04 | 22 09 | 29 20 | 11 40 | 19 47 | 04 01 |
| 28 | 10:29:37 | 08 58 30 | 02♒29 | 08♒59 | 21 43 | 27 02 | 26 53 | 09 57 | 22 10 | 29 23 | 11 42 | 19 48 | 03 58 |

## Longitudes of the Major Asteroids and Chiron

0:00 E.T.

| D | ⚳ | ⚴ | ⚵ | ⚶ | ⚷ | D | ⚳ | ⚴ | ⚵ | ⚶ | ⚷ |
|---|---|---|---|---|---|---|---|---|---|---|---|
| 1 | 16♈03 | 04♓40 | 17♏15 | 12♎08 | 13♑48 | 15 | 20 33 | 09 15 | 19 14 | 12 33 | 15 01 |
| 2 | 16 22 | 04 59 | 17 25 | 12 12 | 13 53 | 16 | 20 53 | 09 35 | 19 21 | 12 31 | 15 06 |
| 3 | 16 40 | 05 19 | 17 35 | 12 17 | 13 58 | 17 | 21 13 | 09 55 | 19 27 | 12 29 | 15 11 |
| 4 | 16 59 | 05 38 | 17 44 | 12 21 | 14 04 | 18 | 21 34 | 10 15 | 19 33 | 12 26 | 15 16 |
| 5 | 17 18 | 05 58 | 17 54 | 12 24 | 14 09 | 19 | 21 54 | 10 35 | 19 39 | 12 23 | 15 20 |
| 6 | 17 37 | 06 17 | 18 03 | 12 27 | 14 15 | 20 | 22 15 | 10 55 | 19 44 | 12 19 | 15 25 |
| 7 | 17 56 | 06 37 | 18 12 | 12 30 | 14 20 | 21 | 22 36 | 11 15 | 19 49 | 12 15 | 15 30 |
| 8 | 18 15 | 06 57 | 18 21 | 12 32 | 14 25 | 22 | 22 57 | 11 35 | 19 54 | 12 11 | 15 35 |
| 9 | 18 34 | 07 16 | 18 29 | 12 33 | 14 31 | 23 | 23 17 | 11 55 | 19 59 | 12 05 | 15 39 |
| 10 | 18 54 | 07 36 | 18 37 | 12 34 | 14 36 | 24 | 23 39 | 12 15 | 20 03 | 12 00 | 15 44 |
| 11 | 19 13 | 07 56 | 18 45 | 12 35 | 14 41 | 25 | 24 00 | 12 36 | 20 07 | 11 54 | 15 48 |
| 12 | 19 33 | 08 16 | 18 53 | 12 35℞ | 14 46 | 26 | 24 21 | 12 56 | 20 10 | 11 47 | 15 53 |
| 13 | 19 53 | 08 36 | 19 00 | 12 35 | 14 51 | 27 | 24 42 | 13 16 | 20 14 | 11 40 | 15 57 |
| 14 | 20 13 | 08 55 | 19 07 | 12 34 | 14 56 | 28 | 25 04 | 13 36 | 20 17 | 11 33 | 16 01 |

## Lunar Data

| Last Asp. | | Ingress | | |
|---|---|---|---|---|
| 2 | 16:03 | 2 | ♓ | 19:56 |
| 4 | 14:54 | 5 | ♈ | 05:46 |
| 7 | 14:23 | 7 | ♉ | 18:00 |
| 10 | 03:29 | 10 | ♊ | 06:46 |
| 12 | 14:29 | 12 | ♋ | 17:20 |
| 13 | 12:23 | 15 | ♌ | 00:05 |
| 17 | 01:19 | 17 | ♍ | 03:23 |
| 18 | 15:57 | 19 | ♎ | 04:49 |
| 21 | 04:31 | 21 | ♏ | 06:10 |
| 23 | 07:16 | 23 | ♐ | 08:47 |
| 25 | 11:52 | 25 | ♑ | 13:12 |
| 27 | 12:59 | 27 | ♒ | 19:26 |

## Declinations

0:00 E.T.

| D | ☉ | ☽ | ☿ | ♀ | ♂ | ♃ | ♄ | ♅ | ♆ | ♇ | ⚳ | ⚴ | ⚵ | ⚶ | ⚷ |
|---|---|---|---|---|---|---|---|---|---|---|---|---|---|---|---|
| 1 | -17 17 | -22 56 | -21 05 | -20 38 | -21 30 | +17 39 | +22 02 | -12 53 | -17 31 | -13 47 | -00 09 | -03 57 | -08 53 | +03 34 | -16 36 |
| 2 | 17 00 | 19 36 | 21 09 | 20 43 | 21 37 | 17 42 | 22 02 | 12 52 | 17 31 | 13 47 | +00 01 | 03 54 | 08 52 | 03 37 | 16 35 |
| 3 | 16 42 | 15 23 | 21 12 | 20 47 | 21 43 | 17 44 | 22 02 | 12 51 | 17 30 | 13 47 | 00 11 | 03 52 | 08 50 | 03 39 | 16 34 |
| 4 | 16 25 | 10 36 | 21 14 | 20 51 | 21 49 | 17 46 | 22 03 | 12 50 | 17 29 | 13 47 | 00 21 | 03 49 | 08 49 | 03 42 | 16 33 |
| 5 | 16 07 | 05 28 | 21 15 | 20 55 | 21 55 | 17 49 | 22 03 | 12 49 | 17 29 | 13 47 | 00 31 | 03 46 | 08 48 | 03 46 | 16 32 |
| 6 | 15 49 | 00 14 | 21 15 | 20 58 | 22 01 | 17 51 | 22 03 | 12 48 | 17 28 | 13 47 | 00 41 | 03 43 | 08 46 | 03 49 | 16 32 |
| 7 | 15 30 | +04 57 | 21 14 | 21 00 | 22 06 | 17 54 | 22 03 | 12 46 | 17 27 | 13 47 | 00 50 | 03 40 | 08 45 | 03 52 | 16 31 |
| 8 | 15 11 | 09 56 | 21 12 | 21 02 | 22 12 | 17 56 | 22 03 | 12 45 | 17 27 | 13 47 | 01 00 | 03 37 | 08 43 | 03 56 | 16 30 |
| 9 | 14 52 | 14 33 | 21 08 | 21 04 | 22 17 | 17 58 | 22 03 | 12 44 | 17 26 | 13 47 | 01 10 | 03 34 | 08 41 | 04 00 | 16 29 |
| 10 | 14 33 | 18 38 | 21 04 | 21 04 | 22 22 | 18 00 | 22 03 | 12 43 | 17 26 | 13 47 | 01 20 | 03 31 | 08 39 | 04 04 | 16 28 |
| 11 | 14 14 | 22 01 | 20 58 | 21 05 | 22 27 | 18 03 | 22 03 | 12 42 | 17 25 | 13 47 | 01 30 | 03 28 | 08 37 | 04 08 | 16 27 |
| 12 | 13 54 | 24 29 | 20 51 | 21 05 | 22 32 | 18 05 | 22 04 | 12 40 | 17 24 | 13 47 | 01 40 | 03 25 | 08 35 | 04 13 | 16 26 |
| 13 | 13 34 | 25 46 | 20 43 | 21 04 | 22 36 | 18 07 | 22 04 | 12 39 | 17 24 | 13 47 | 01 50 | 03 22 | 08 33 | 04 18 | 16 25 |
| 14 | 13 14 | 25 43 | 20 33 | 21 02 | 22 41 | 18 09 | 22 04 | 12 38 | 17 23 | 13 47 | 02 00 | 03 18 | 08 30 | 04 22 | 16 24 |
| 15 | 12 54 | 24 10 | 20 23 | 21 01 | 22 45 | 18 12 | 22 04 | 12 37 | 17 23 | 13 46 | 02 10 | 03 15 | 08 28 | 04 27 | 16 24 |
| 16 | 12 33 | 21 10 | 20 11 | 20 58 | 22 49 | 18 14 | 22 04 | 12 36 | 17 22 | 13 46 | 02 20 | 03 12 | 08 25 | 04 32 | 16 23 |
| 17 | 12 12 | 16 50 | 19 58 | 20 55 | 22 53 | 18 16 | 22 04 | 12 34 | 17 21 | 13 46 | 02 30 | 03 08 | 08 23 | 04 38 | 16 22 |
| 18 | 11 51 | 11 28 | 19 43 | 20 51 | 22 56 | 18 18 | 22 05 | 12 33 | 17 21 | 13 46 | 02 40 | 03 05 | 08 20 | 04 43 | 16 21 |
| 19 | 11 30 | 05 25 | 19 28 | 20 47 | 23 00 | 18 20 | 22 05 | 12 32 | 17 20 | 13 46 | 02 50 | 03 01 | 08 17 | 04 49 | 16 20 |
| 20 | 11 09 | -00 57 | 19 11 | 20 42 | 23 03 | 18 22 | 22 05 | 12 31 | 17 20 | 13 46 | 03 00 | 02 58 | 08 14 | 04 55 | 16 19 |
| 21 | 10 47 | 07 16 | 18 52 | 20 37 | 23 07 | 18 24 | 22 05 | 12 30 | 17 19 | 13 46 | 03 10 | 02 54 | 08 11 | 05 01 | 16 18 |
| 22 | 10 26 | 13 07 | 18 33 | 20 31 | 23 10 | 18 26 | 22 05 | 12 28 | 17 18 | 13 46 | 03 20 | 02 50 | 08 08 | 05 07 | 16 17 |
| 23 | 10 04 | 18 12 | 18 12 | 20 25 | 23 12 | 18 28 | 22 06 | 12 27 | 17 18 | 13 45 | 03 30 | 02 47 | 08 04 | 05 13 | 16 16 |
| 24 | 09 42 | 22 11 | 17 50 | 20 18 | 23 15 | 18 30 | 22 06 | 12 26 | 17 17 | 13 45 | 03 40 | 02 43 | 08 01 | 05 20 | 16 15 |
| 25 | 09 20 | 24 49 | 17 26 | 20 10 | 23 18 | 18 31 | 22 06 | 12 25 | 17 17 | 13 45 | 03 50 | 02 39 | 07 57 | 05 26 | 16 14 |
| 26 | 08 57 | 25 58 | 17 02 | 20 02 | 23 20 | 18 33 | 22 06 | 12 24 | 17 16 | 13 45 | 04 00 | 02 36 | 07 54 | 05 33 | 16 13 |
| 27 | 08 35 | 25 35 | 16 36 | 19 53 | 23 22 | 18 35 | 22 06 | 12 22 | 17 16 | 13 45 | 04 10 | 02 32 | 07 50 | 05 40 | 16 13 |
| 28 | 08 12 | 23 46 | 16 08 | 19 44 | 23 24 | 18 37 | 22 07 | 12 21 | 17 15 | 13 45 | 04 20 | 02 28 | 07 46 | 05 47 | 16 12 |

Lunar Phases -- 1 ● 10:49 9 ◐ 11:12 16 ○ 23:52 23 ◑ 16:47 Sun enters ♓ 2/19 02:02

## 0:00 E.T. Longitudes of Main Planets - March 2003 

| D | S.T. | ☉ | ☽ | ☽ 12:00 | ☿ | ♀ | ♂ | ♃ | ♄ | ♅ | ♆ | ♇ | ☊ |
|---|---|---|---|---|---|---|---|---|---|---|---|---|---|
| 1 | 10:33:34 | 09♓58 47 | 15♒26 | 21♒50 | 23♒18 | 28♑12 | 27♐31 | 09♌51℞ | 22♊11 | 29♒27 | 11♒44 | 19♐49 | 03♊54 |
| 2 | 10:37:30 | 10 59 02 | 28 11 | 04♓29 | 24 55 | 29 23 | 28 09 | 09 45 | 22 11 | 29 30 | 11 46 | 19 49 | 03 51 |
| 3 | 10:41:27 | 11 59 15 | 10♓45 | 16 57 | 26 33 | 00♒33 | 28 48 | 09 40 | 22 12 | 29 34 | 11 48 | 19 50 | 03 48 |
| 4 | 10:45:23 | 12 59 27 | 23 07 | 29 14 | 28 11 | 01 44 | 29 26 | 09 34 | 22 13 | 29 37 | 11 50 | 19 51 | 03 45 |
| 5 | 10:49:20 | 13 59 36 | 05♈18 | 11♈20 | 29 51 | 02 55 | 00♑04 | 09 28 | 22 15 | 29 40 | 11 52 | 19 51 | 03 42 |
| 6 | 10:53:16 | 14 59 44 | 17 19 | 23 16 | 01♓32 | 04 06 | 00 43 | 09 23 | 22 16 | 29 44 | 11 54 | 19 52 | 03 39 |
| 7 | 10:57:13 | 15 59 50 | 29 12 | 05♉06 | 03 14 | 05 16 | 01 21 | 09 18 | 22 17 | 29 47 | 11 56 | 19 53 | 03 35 |
| 8 | 11:01:10 | 16 59 54 | 11♉00 | 16 53 | 04 57 | 06 27 | 01 59 | 09 13 | 22 19 | 29 50 | 11 58 | 19 53 | 03 32 |
| 9 | 11:05:06 | 17 59 55 | 22 47 | 28 42 | 06 41 | 07 38 | 02 37 | 09 08 | 22 20 | 29 54 | 12 00 | 19 54 | 03 29 |
| 10 | 11:09:03 | 18 59 55 | 04♊38 | 10♊36 | 08 26 | 08 50 | 03 15 | 09 03 | 22 22 | 29 57 | 12 02 | 19 54 | 03 26 |
| 11 | 11:12:59 | 19 59 53 | 16 37 | 22 42 | 10 13 | 10 01 | 03 53 | 08 59 | 22 24 | 00♓00 | 12 04 | 19 55 | 03 23 |
| 12 | 11:16:56 | 20 59 48 | 28 51 | 05♋06 | 12 00 | 11 12 | 04 31 | 08 54 | 22 26 | 00 04 | 12 06 | 19 55 | 03 20 |
| 13 | 11:20:52 | 21 59 41 | 11♋25 | 17 51 | 13 49 | 12 23 | 05 09 | 08 50 | 22 28 | 00 07 | 12 07 | 19 55 | 03 16 |
| 14 | 11:24:49 | 22 59 32 | 24 23 | 01♌03 | 15 39 | 13 34 | 05 48 | 08 46 | 22 30 | 00 10 | 12 09 | 19 56 | 03 13 |
| 15 | 11:28:45 | 23 59 21 | 07♌49 | 14 43 | 17 30 | 14 46 | 06 26 | 08 42 | 22 32 | 00 14 | 12 11 | 19 56 | 03 10 |
| 16 | 11:32:42 | 24 59 07 | 21 44 | 28 52 | 19 22 | 15 57 | 07 04 | 08 38 | 22 34 | 00 17 | 12 13 | 19 56 | 03 07 |
| 17 | 11:36:39 | 25 58 51 | 06♍06 | 13♍26 | 21 15 | 17 08 | 07 41 | 08 35 | 22 37 | 00 20 | 12 15 | 19 56 | 03 04 |
| 18 | 11:40:35 | 26 58 33 | 20 50 | 28 18 | 23 09 | 18 20 | 08 19 | 08 32 | 22 39 | 00 23 | 12 16 | 19 57 | 03 00 |
| 19 | 11:44:32 | 27 58 14 | 05♎48 | 13♎19 | 25 05 | 19 31 | 08 57 | 08 28 | 22 42 | 00 26 | 12 18 | 19 57 | 02 57 |
| 20 | 11:48:28 | 28 57 52 | 20 51 | 28 21 | 27 02 | 20 43 | 09 35 | 08 25 | 22 45 | 00 29 | 12 20 | 19 57 | 02 54 |
| 21 | 11:52:25 | 29 57 28 | 05♏49 | 13♏14 | 28 59 | 21 55 | 10 13 | 08 23 | 22 48 | 00 33 | 12 22 | 19 57 | 02 51 |
| 22 | 11:56:21 | 00♈57 03 | 20 35 | 27 51 | 00♈58 | 23 06 | 10 51 | 08 20 | 22 51 | 00 36 | 12 23 | 19 57 | 02 48 |
| 23 | 12:00:18 | 01 56 35 | 05♐03 | 12♐09 | 02 58 | 24 18 | 11 29 | 08 18 | 22 54 | 00 39 | 12 25 | 19 57℞ | 02 45 |
| 24 | 12:04:14 | 02 56 06 | 19 10 | 26 06 | 04 58 | 25 30 | 12 06 | 08 16 | 22 57 | 00 42 | 12 27 | 19 57 | 02 41 |
| 25 | 12:08:11 | 03 55 36 | 02♑57 | 09♑42 | 06 59 | 26 42 | 12 44 | 08 13 | 23 00 | 00 45 | 12 28 | 19 57 | 02 38 |
| 26 | 12:12:08 | 04 55 03 | 16 23 | 23 00 | 09 01 | 27 53 | 13 22 | 08 12 | 23 04 | 00 48 | 12 30 | 19 57 | 02 35 |
| 27 | 12:16:04 | 05 54 29 | 29 32 | 06♒00 | 11 03 | 29 05 | 13 59 | 08 10 | 23 07 | 00 51 | 12 31 | 19 57 | 02 32 |
| 28 | 12:20:01 | 06 53 53 | 12♒25 | 18 46 | 13 05 | 00♓17 | 14 37 | 08 09 | 23 11 | 00 54 | 12 33 | 19 57 | 02 29 |
| 29 | 12:23:57 | 07 53 16 | 25 04 | 01♓20 | 15 07 | 01 29 | 15 15 | 08 07 | 23 14 | 00 57 | 12 34 | 19 56 | 02 26 |
| 30 | 12:27:54 | 08 52 36 | 07♓32 | 13 42 | 17 09 | 02 41 | 15 52 | 08 06 | 23 18 | 01 00 | 12 36 | 19 56 | 02 22 |
| 31 | 12:31:50 | 09 51 55 | 19 50 | 25 55 | 19 10 | 03 53 | 16 30 | 08 05 | 23 22 | 01 03 | 12 37 | 19 56 | 02 19 |

## 0:00 E.T. Longitudes of the Major Asteroids and Chiron

| D | ⚳ | ⚴ | ⚵ | ⚶ | ⚷ | D | ⚳ | ⚴ | ⚵ | ⚶ | ⚷ |
|---|---|---|---|---|---|---|---|---|---|---|---|
| 1 | 25♈25 | 13♓56 | 20♏19 | 11♎25℞ | 16♑05 | 17 | 01 20 | 19 21 | 20 16 | 08 22 | 17 05 |
| 2 | 25 47 | 14 17 | 20 22 | 11 16 | 16 10 | 18 | 01 42 | 19 42 | 20 13 | 08 07 | 17 08 |
| 3 | 26 08 | 14 37 | 20 24 | 11 07 | 16 14 | 19 | 02 05 | 20 02 | 20 10 | 07 53 | 17 11 |
| 4 | 26 30 | 14 57 | 20 25 | 10 58 | 16 18 | 20 | 02 28 | 20 22 | 20 06 | 07 38 | 17 14 |
| 5 | 26 52 | 15 17 | 20 27 | 10 48 | 16 22 | 21 | 02 51 | 20 42 | 20 02 | 07 24 | 17 17 |
| 6 | 27 14 | 15 38 | 20 28 | 10 38 | 16 26 | 22 | 03 14 | 21 03 | 19 58 | 07 09 | 17 20 |
| 7 | 27 36 | 15 58 | 20 28 | 10 27 | 16 30 | 23 | 03 37 | 21 23 | 19 53 | 06 54 | 17 22 |
| 8 | 27 58 | 16 18 | 20 29 | 10 16 | 16 33 | 24 | 04 00 | 21 43 | 19 48 | 06 38 | 17 25 |
| 9 | 28 20 | 16 39 | 20 29℞ | 10 05 | 16 37 | 25 | 04 23 | 22 04 | 19 42 | 06 23 | 17 28 |
| 10 | 28 42 | 16 59 | 20 28 | 09 53 | 16 41 | 26 | 04 46 | 22 24 | 19 37 | 06 08 | 17 30 |
| 11 | 29 04 | 17 19 | 20 28 | 09 41 | 16 44 | 27 | 05 10 | 22 44 | 19 30 | 05 52 | 17 33 |
| 12 | 29 27 | 17 40 | 20 27 | 09 28 | 16 48 | 28 | 05 33 | 23 05 | 19 24 | 05 37 | 17 35 |
| 13 | 29 49 | 18 00 | 20 25 | 09 16 | 16 51 | 29 | 05 56 | 23 25 | 19 17 | 05 21 | 17 37 |
| 14 | 00♉12 | 18 20 | 20 24 | 09 03 | 16 55 | 30 | 06 20 | 23 45 | 19 10 | 05 06 | 17 39 |
| 15 | 00 34 | 18 41 | 20 21 | 08 49 | 16 58 | 31 | 06 43 | 24 05 | 19 03 | 04 51 | 17 42 |
| 16 | 00 57 | 19 01 | 20 19 | 08 36 | 17 01 | | | | | | |

## Lunar Data

| Last Asp. | | Ingress | | |
|---|---|---|---|---|
| 2 | 02:31 | 2 | ♓ | 03:27 |
| 4 | 13:05 | 4 | ♈ | 13:31 |
| 7 | 01:11 | 7 | ♉ | 01:37 |
| 9 | 14:30 | 9 | ♊ | 14:39 |
| 11 | 11:25 | 12 | ♋ | 02:13 |
| 13 | 21:14 | 14 | ♌ | 10:07 |
| 16 | 01:25 | 16 | ♍ | 13:53 |
| 18 | 10:35 | 18 | ♎ | 14:44 |
| 20 | 03:03 | 20 | ♏ | 14:39 |
| 22 | 04:32 | 22 | ♐ | 15:34 |
| 24 | 11:60 | 24 | ♑ | 18:49 |
| 25 | 18:17 | 27 | ♒ | 00:52 |
| 28 | 20:29 | 29 | ♓ | 09:27 |
| 31 | 06:60 | | | |

## 0:00 E.T. Declinations

| D | ☉ | ☽ | ☿ | ♀ | ♂ | ♃ | ♄ | ♅ | ♆ | ♇ | ⚳ | ⚴ | ⚵ | ⚶ | ⚷ |
|---|---|---|---|---|---|---|---|---|---|---|---|---|---|---|---|
| 1 | -07 50 | -20 45 | -15 40 | -19 34 | -23 26 | +18 38 | +22 07 | -12 20 | -17 14 | -13 45 | +04 30 | -02 24 | -07 42 | +05 54 | -16 11 |
| 2 | 07 27 | 16 46 | 15 10 | 19 24 | 23 27 | 18 40 | 22 07 | 12 19 | 17 14 | 13 44 | 04 40 | 02 20 | 07 38 | 06 01 | 16 10 |
| 3 | 07 04 | 12 07 | 14 39 | 19 13 | 23 29 | 18 41 | 22 07 | 12 18 | 17 13 | 13 44 | 04 50 | 02 16 | 07 34 | 06 08 | 16 09 |
| 4 | 06 41 | 07 03 | 14 06 | 19 01 | 23 30 | 18 43 | 22 08 | 12 16 | 17 13 | 13 44 | 05 00 | 02 13 | 07 30 | 06 16 | 16 08 |
| 5 | 06 18 | 01 47 | 13 32 | 18 49 | 23 31 | 18 44 | 22 08 | 12 15 | 17 12 | 13 44 | 05 10 | 02 09 | 07 25 | 06 23 | 16 07 |
| 6 | 05 55 | +03 30 | 12 57 | 18 36 | 23 32 | 18 46 | 22 08 | 12 14 | 17 12 | 13 44 | 05 20 | 02 05 | 07 21 | 06 31 | 16 06 |
| 7 | 05 31 | 08 36 | 12 21 | 18 23 | 23 33 | 18 47 | 22 09 | 12 13 | 17 11 | 13 44 | 05 30 | 02 01 | 07 16 | 06 38 | 16 05 |
| 8 | 05 08 | 13 22 | 11 43 | 18 10 | 23 34 | 18 49 | 22 09 | 12 12 | 17 11 | 13 43 | 05 40 | 01 57 | 07 12 | 06 46 | 16 04 |
| 9 | 04 45 | 17 39 | 11 05 | 17 56 | 23 34 | 18 50 | 22 09 | 12 11 | 17 10 | 13 43 | 05 49 | 01 53 | 07 07 | 06 54 | 16 03 |
| 10 | 04 21 | 21 16 | 10 25 | 17 41 | 23 34 | 18 51 | 22 09 | 12 09 | 17 10 | 13 43 | 05 59 | 01 49 | 07 02 | 07 02 | 16 02 |
| 11 | 03 58 | 24 01 | 09 43 | 17 26 | 23 34 | 18 52 | 22 10 | 12 08 | 17 09 | 13 43 | 06 09 | 01 44 | 06 57 | 07 09 | 16 01 |
| 12 | 03 34 | 25 42 | 09 01 | 17 10 | 23 34 | 18 53 | 22 10 | 12 07 | 17 09 | 13 43 | 06 19 | 01 40 | 06 52 | 07 17 | 16 00 |
| 13 | 03 11 | 26 08 | 08 17 | 16 54 | 23 34 | 18 54 | 22 10 | 12 06 | 17 08 | 13 42 | 06 29 | 01 36 | 06 47 | 07 25 | 15 59 |
| 14 | 02 47 | 25 10 | 07 32 | 16 37 | 23 34 | 18 56 | 22 11 | 12 05 | 17 08 | 13 42 | 06 39 | 01 32 | 06 42 | 07 33 | 15 58 |
| 15 | 02 23 | 22 46 | 06 45 | 16 20 | 23 33 | 18 56 | 22 11 | 12 04 | 17 07 | 13 42 | 06 49 | 01 28 | 06 37 | 07 41 | 15 58 |
| 16 | 02 00 | 18 58 | 05 58 | 16 03 | 23 32 | 18 57 | 22 11 | 12 03 | 17 07 | 13 42 | 06 58 | 01 24 | 06 31 | 07 49 | 15 57 |
| 17 | 01 36 | 13 57 | 05 10 | 15 45 | 23 31 | 18 58 | 22 12 | 12 01 | 17 06 | 13 42 | 07 08 | 01 20 | 06 26 | 07 57 | 15 56 |
| 18 | 01 12 | 08 01 | 04 20 | 15 26 | 23 30 | 18 59 | 22 12 | 12 00 | 17 06 | 13 41 | 07 18 | 01 16 | 06 20 | 08 04 | 15 55 |
| 19 | 00 48 | 01 32 | 03 29 | 15 07 | 23 29 | 19 00 | 22 12 | 11 59 | 17 05 | 13 41 | 07 27 | 01 11 | 06 15 | 08 12 | 15 54 |
| 20 | 00 25 | -05 04 | 02 38 | 14 48 | 23 28 | 19 01 | 22 13 | 11 58 | 17 05 | 13 41 | 07 37 | 01 07 | 06 09 | 08 20 | 15 53 |
| 21 | 00 01 | 11 23 | 01 45 | 14 28 | 23 26 | 19 01 | 22 13 | 11 57 | 17 04 | 13 41 | 07 47 | 01 03 | 06 03 | 08 27 | 15 52 |
| 22 | +00 23 | 16 59 | 00 51 | 14 08 | 23 24 | 19 02 | 22 14 | 11 56 | 17 04 | 13 41 | 07 57 | 00 59 | 05 57 | 08 35 | 15 51 |
| 23 | 00 46 | 21 28 | +00 03 | 13 47 | 23 22 | 19 03 | 22 14 | 11 55 | 17 03 | 13 40 | 08 06 | 00 55 | 05 51 | 08 42 | 15 50 |
| 24 | 01 10 | 24 34 | 00 58 | 13 26 | 23 20 | 19 03 | 22 14 | 11 54 | 17 03 | 13 40 | 08 16 | 00 50 | 05 45 | 08 50 | 15 49 |
| 25 | 01 34 | 26 05 | 01 54 | 13 05 | 23 18 | 19 04 | 22 15 | 11 53 | 17 02 | 13 40 | 08 25 | 00 46 | 05 39 | 08 57 | 15 48 |
| 26 | 01 57 | 26 02 | 02 50 | 12 43 | 23 16 | 19 04 | 22 15 | 11 52 | 17 02 | 13 40 | 08 35 | 00 42 | 05 33 | 09 04 | 15 48 |
| 27 | 02 21 | 24 30 | 03 47 | 12 21 | 23 13 | 19 04 | 22 15 | 11 51 | 17 01 | 13 40 | 08 44 | 00 38 | 05 27 | 09 11 | 15 47 |
| 28 | 02 44 | 21 43 | 04 43 | 11 59 | 23 11 | 19 05 | 22 16 | 11 50 | 17 01 | 13 39 | 08 54 | 00 34 | 05 21 | 09 18 | 15 46 |
| 29 | 03 08 | 17 56 | 05 40 | 11 36 | 23 08 | 19 05 | 22 16 | 11 49 | 17 01 | 13 39 | 09 03 | 00 29 | 05 15 | 09 24 | 15 45 |
| 30 | 03 31 | 13 26 | 06 37 | 11 13 | 23 05 | 19 05 | 22 16 | 11 48 | 17 00 | 13 39 | 09 13 | 00 25 | 05 08 | 09 31 | 15 44 |
| 31 | 03 54 | 08 28 | 07 33 | 10 49 | 23 02 | 19 05 | 22 17 | 11 47 | 17 00 | 13 39 | 09 22 | 00 21 | 05 02 | 09 37 | 15 43 |

Lunar Phases -- 3 ● 02:36 11 ◐ 07:16 18 ○ 10:35 25 ◑ 01:52 Sun enters ♈ 3/21 01:01

# Apr. 03 — Longitudes of Main Planets - April 2003 — 0:00 E.T.

| D | S.T. | ☉ | ☽ | ☽ 12:00 | ☿ | ♀ | ♂ | ♃ | ♄ | ♅ | ♆ | ♇ | ☊ |
|---|---|---|---|---|---|---|---|---|---|---|---|---|---|
| 1 | 12:35:47 | 10♈51 11 | 01♈58 | 07♈59 | 21♈10 | 05♓05 | 17♑07 | 08♌05℞ | 23♊26 | 01♓05 | 12♒39 | 19♐56℞ | 02♊16 |
| 2 | 12:39:43 | 11 50 25 | 13 59 | 19 56 | 23 08 | 06 17 | 17 44 | 08 04 | 23 30 | 01 08 | 12 40 | 19 55 | 02 13 |
| 3 | 12:43:40 | 12 49 38 | 25 53 | 01♉48 | 25 05 | 07 29 | 18 22 | 08 04 | 23 34 | 01 11 | 12 41 | 19 55 | 02 10 |
| 4 | 12:47:37 | 13 48 48 | 07♉42 | 13 36 | 27 00 | 08 41 | 18 59 | 08 04 | 23 38 | 01 14 | 12 43 | 19 55 | 02 06 |
| 5 | 12:51:33 | 14 47 56 | 19 29 | 25 22 | 28 53 | 09 54 | 19 36 | 08 04D | 23 42 | 01 17 | 12 44 | 19 54 | 02 03 |
| 6 | 12:55:30 | 15 47 02 | 01♊16 | 07♊11 | 00♉42 | 11 06 | 20 13 | 08 04 | 23 47 | 01 19 | 12 45 | 19 54 | 02 00 |
| 7 | 12:59:26 | 16 46 06 | 13 08 | 19 07 | 02 29 | 12 18 | 20 51 | 08 04 | 23 51 | 01 22 | 12 47 | 19 53 | 01 57 |
| 8 | 13:03:23 | 17 45 08 | 25 08 | 01♋13 | 04 12 | 13 30 | 21 28 | 08 05 | 23 56 | 01 25 | 12 48 | 19 53 | 01 54 |
| 9 | 13:07:19 | 18 44 07 | 07♋21 | 13 34 | 05 50 | 14 42 | 22 05 | 08 06 | 24 00 | 01 27 | 12 49 | 19 52 | 01 51 |
| 10 | 13:11:16 | 19 43 04 | 19 52 | 26 16 | 07 25 | 15 55 | 22 42 | 08 07 | 24 05 | 01 30 | 12 50 | 19 52 | 01 47 |
| 11 | 13:15:12 | 20 41 59 | 02♌46 | 09♌23 | 08 55 | 17 07 | 23 19 | 08 08 | 24 10 | 01 32 | 12 51 | 19 51 | 01 44 |
| 12 | 13:19:09 | 21 40 51 | 16 06 | 22 57 | 10 21 | 18 19 | 23 55 | 08 10 | 24 15 | 01 35 | 12 52 | 19 51 | 01 41 |
| 13 | 13:23:06 | 22 39 41 | 29 55 | 07♍01 | 11 41 | 19 32 | 24 32 | 08 11 | 24 20 | 01 37 | 12 53 | 19 50 | 01 38 |
| 14 | 13:27:02 | 23 38 29 | 14♍13 | 21 32 | 12 56 | 20 44 | 25 09 | 08 13 | 24 25 | 01 40 | 12 54 | 19 49 | 01 35 |
| 15 | 13:30:59 | 24 37 15 | 28 56 | 06♎25 | 14 06 | 21 56 | 25 46 | 08 15 | 24 30 | 01 42 | 12 55 | 19 49 | 01 32 |
| 16 | 13:34:55 | 25 35 58 | 13♎59 | 21 34 | 15 10 | 23 09 | 26 22 | 08 17 | 24 35 | 01 45 | 12 56 | 19 48 | 01 28 |
| 17 | 13:38:52 | 26 34 39 | 29 11 | 06♏48 | 16 09 | 24 21 | 26 59 | 08 19 | 24 40 | 01 47 | 12 57 | 19 47 | 01 25 |
| 18 | 13:42:48 | 27 33 19 | 14♏24 | 21 57 | 17 02 | 25 33 | 27 35 | 08 22 | 24 46 | 01 49 | 12 58 | 19 46 | 01 22 |
| 19 | 13:46:45 | 28 31 57 | 29 27 | 06♐53 | 17 49 | 26 46 | 28 12 | 08 24 | 24 51 | 01 52 | 12 59 | 19 45 | 01 19 |
| 20 | 13:50:41 | 29 30 33 | 14♐13 | 21 28 | 18 30 | 27 58 | 28 48 | 08 27 | 24 56 | 01 54 | 13 00 | 19 45 | 01 16 |
| 21 | 13:54:38 | 00♉29 07 | 28 37 | 05♑39 | 19 05 | 29 11 | 29 24 | 08 30 | 25 02 | 01 56 | 13 01 | 19 44 | 01 12 |
| 22 | 13:58:35 | 01 27 40 | 12♑35 | 19 24 | 19 35 | 00♈23 | 00♒00 | 08 33 | 25 08 | 01 58 | 13 02 | 19 43 | 01 09 |
| 23 | 14:02:31 | 02 26 11 | 26 08 | 02♒46 | 19 58 | 01 36 | 00 36 | 08 37 | 25 13 | 02 00 | 13 03 | 19 42 | 01 06 |
| 24 | 14:06:28 | 03 24 40 | 09♒18 | 15 45 | 20 15 | 02 48 | 01 12 | 08 40 | 25 19 | 02 02 | 13 03 | 19 41 | 01 03 |
| 25 | 14:10:24 | 04 23 08 | 22 07 | 28 24 | 20 27 | 04 01 | 01 48 | 08 44 | 25 25 | 02 04 | 13 04 | 19 40 | 01 00 |
| 26 | 14:14:21 | 05 21 34 | 04♓38 | 10♓49 | 20 33 | 05 13 | 02 24 | 08 48 | 25 31 | 02 06 | 13 05 | 19 39 | 00 57 |
| 27 | 14:18:17 | 06 19 59 | 16 56 | 23 00 | 20 33℞ | 06 26 | 03 00 | 08 52 | 25 37 | 02 08 | 13 05 | 19 38 | 00 53 |
| 28 | 14:22:14 | 07 18 22 | 29 02 | 05♈02 | 20 27 | 07 38 | 03 36 | 08 56 | 25 43 | 02 10 | 13 06 | 19 37 | 00 50 |
| 29 | 14:26:10 | 08 16 43 | 11♈00 | 16 57 | 20 16 | 08 51 | 04 11 | 09 01 | 25 49 | 02 12 | 13 06 | 19 36 | 00 47 |
| 30 | 14:30:07 | 09 15 02 | 22 53 | 28 47 | 20 01 | 10 04 | 04 47 | 09 05 | 25 55 | 02 14 | 13 07 | 19 35 | 00 44 |

## 0:00 E.T. — Longitudes of the Major Asteroids and Chiron — Lunar Data

| D | ⚳ | ⚴ | ⚵ | ⚶ | ⚷ | D | ⚳ | ⚴ | ⚵ | ⚶ | ⚷ | Last Asp. | Ingress |
|---|---|---|---|---|---|---|---|---|---|---|---|---|---|
| 1 | 07♉07 | 24♓26 | 18♏55℞ | 04♎35℞ | 17♑44 | 16 | 13 04 | 29 27 | 16 25 | 01 07 | 18 05 | 2 22:06 | 3 ♉ 08:21 |
| 2 | 07 30 | 24 46 | 18 47 | 04 20 | 17 46 | 17 | 13 28 | 29 46 | 16 13 | 00 55 | 18 06 | 5 00:16 | 5 ♊ 21:25 |
| 3 | 07 54 | 25 06 | 18 39 | 04 05 | 17 48 | 18 | 13 52 | 00♈06 | 16 01 | 00 44 | 18 06 | 7 21:35 | 8 ♋ 09:37 |
| 4 | 08 18 | 25 26 | 18 30 | 03 50 | 17 49 | 19 | 14 16 | 00 26 | 15 48 | 00 33 | 18 07 | 10 05:35 | 10 ♌ 18:55 |
| 5 | 08 41 | 25 46 | 18 21 | 03 35 | 17 51 | 20 | 14 41 | 00 46 | 15 36 | 00 23 | 18 08 | 12 14:19 | 13 ♍ 00:08 |
| 6 | 09 05 | 26 06 | 18 12 | 03 20 | 17 53 | 21 | 15 05 | 01 06 | 15 23 | 00 13 | 18 08 | 14 18:39 | 15 ♎ 01:43 |
| 7 | 09 29 | 26 27 | 18 02 | 03 05 | 17 54 | 22 | 15 29 | 01 25 | 15 11 | 00 03 | 18 08 | 16 20:23 | 17 ♏ 01:17 |
| 8 | 09 52 | 26 47 | 17 52 | 02 51 | 17 56 | 23 | 15 53 | 01 45 | 14 58 | 29♍54 | 18 09 | 18 21:53 | 19 ♐ 00:53 |
| 9 | 10 16 | 27 07 | 17 42 | 02 37 | 17 57 | 24 | 16 17 | 02 05 | 14 45 | 29 45 | 18 09 | 21 01:03 | 21 ♑ 02:21 |
| 10 | 10 40 | 27 27 | 17 32 | 02 23 | 17 59 | 25 | 16 42 | 02 24 | 14 31 | 29 37 | 18 09 | 22 12:42 | 23 ♒ 06:59 |
| 11 | 11 04 | 27 47 | 17 21 | 02 10 | 18 00 | 26 | 17 06 | 02 44 | 14 18 | 29 29 | 18 09℞ | 25 06:20 | 25 ♓ 15:03 |
| 12 | 11 28 | 28 07 | 17 10 | 01 56 | 18 01 | 27 | 17 30 | 03 03 | 14 05 | 29 22 | 18 09 | 27 17:20 | 28 ♈ 01:56 |
| 13 | 11 52 | 28 27 | 16 59 | 01 44 | 18 02 | 28 | 17 55 | 03 23 | 13 51 | 29 15 | 18 09 | 30 06:13 | 30 ♉ 14:27 |
| 14 | 12 16 | 28 47 | 16 48 | 01 31 | 18 03 | 29 | 18 19 | 03 42 | 13 38 | 29 09 | 18 08 | | |
| 15 | 12 40 | 29 07 | 16 37 | 01 19 | 18 04 | 30 | 18 44 | 04 02 | 13 24 | 29 03 | 18 08 | | |

## 0:00 E.T. — Declinations

| D | ☉ | ☽ | ☿ | ♀ | ♂ | ♃ | ♄ | ♅ | ♆ | ♇ | ⚳ | ⚴ | ⚵ | ⚶ | ⚷ |
|---|---|---|---|---|---|---|---|---|---|---|---|---|---|---|---|
| 1 | +04 18 | -03 13 | +08 29 | -10 26 | -22 58 | +19 06 | +22 17 | -11 46 | -16 59 | -13 38 | +09 32 | -00 17 | -04 55 | +09 43 | -15 42 |
| 2 | 04 41 | +02 05 | 09 24 | 10 02 | 22 55 | 19 06 | 22 18 | 11 45 | 16 59 | 13 38 | 09 41 | 00 13 | 04 49 | 09 49 | 15 42 |
| 3 | 05 04 | 07 17 | 10 18 | 09 37 | 22 51 | 19 06 | 22 18 | 11 44 | 16 59 | 13 38 | 09 50 | 00 08 | 04 42 | 09 55 | 15 41 |
| 4 | 05 27 | 12 13 | 11 10 | 09 13 | 22 48 | 19 06 | 22 18 | 11 43 | 16 58 | 13 38 | 10 00 | 00 04 | 04 36 | 10 01 | 15 40 |
| 5 | 05 50 | 16 41 | 12 02 | 08 48 | 22 44 | 19 06 | 22 19 | 11 42 | 16 58 | 13 38 | 10 09 | 00 00 | 04 29 | 10 06 | 15 39 |
| 6 | 06 13 | 20 31 | 12 51 | 08 23 | 22 40 | 19 05 | 22 19 | 11 41 | 16 58 | 13 37 | 10 18 | +00 04 | 04 23 | 10 11 | 15 38 |
| 7 | 06 35 | 23 32 | 13 39 | 07 57 | 22 36 | 19 05 | 22 20 | 11 40 | 16 57 | 13 37 | 10 27 | 00 08 | 04 16 | 10 16 | 15 37 |
| 8 | 06 58 | 25 33 | 14 24 | 07 32 | 22 32 | 19 05 | 22 20 | 11 39 | 16 57 | 13 37 | 10 36 | 00 12 | 04 10 | 10 21 | 15 37 |
| 9 | 07 20 | 26 22 | 15 08 | 07 06 | 22 27 | 19 05 | 22 20 | 11 38 | 16 57 | 13 37 | 10 45 | 00 16 | 04 03 | 10 26 | 15 36 |
| 10 | 07 43 | 25 53 | 15 48 | 06 40 | 22 23 | 19 04 | 22 21 | 11 37 | 16 56 | 13 36 | 10 55 | 00 20 | 03 56 | 10 30 | 15 35 |
| 11 | 08 05 | 24 01 | 16 27 | 06 14 | 22 18 | 19 04 | 22 21 | 11 36 | 16 56 | 13 36 | 11 04 | 00 24 | 03 50 | 10 34 | 15 34 |
| 12 | 08 27 | 20 48 | 17 03 | 05 47 | 22 13 | 19 04 | 22 22 | 11 35 | 16 56 | 13 36 | 11 13 | 00 28 | 03 43 | 10 37 | 15 34 |
| 13 | 08 49 | 16 21 | 17 36 | 05 21 | 22 08 | 19 03 | 22 22 | 11 34 | 16 55 | 13 36 | 11 22 | 00 32 | 03 36 | 10 41 | 15 33 |
| 14 | 09 11 | 10 51 | 18 06 | 04 54 | 22 03 | 19 03 | 22 22 | 11 34 | 16 55 | 13 36 | 11 30 | 00 36 | 03 30 | 10 44 | 15 32 |
| 15 | 09 32 | 04 35 | 18 33 | 04 27 | 21 58 | 19 02 | 22 23 | 11 33 | 16 55 | 13 35 | 11 39 | 00 40 | 03 23 | 10 47 | 15 31 |
| 16 | 09 54 | -02 04 | 18 58 | 04 00 | 21 53 | 19 01 | 22 23 | 11 32 | 16 55 | 13 35 | 11 48 | 00 44 | 03 17 | 10 50 | 15 31 |
| 17 | 10 15 | 08 42 | 19 20 | 03 33 | 21 48 | 19 01 | 22 23 | 11 31 | 16 54 | 13 35 | 11 57 | 00 48 | 03 10 | 10 52 | 15 30 |
| 18 | 10 36 | 14 50 | 19 39 | 03 05 | 21 42 | 19 00 | 22 24 | 11 30 | 16 54 | 13 35 | 12 06 | 00 52 | 03 04 | 10 54 | 15 29 |
| 19 | 10 57 | 20 00 | 19 55 | 02 38 | 21 37 | 18 59 | 22 24 | 11 30 | 16 54 | 13 34 | 12 14 | 00 56 | 02 57 | 10 56 | 15 29 |
| 20 | 11 18 | 23 48 | 20 08 | 02 10 | 21 31 | 18 58 | 22 25 | 11 29 | 16 54 | 13 34 | 12 23 | 01 00 | 02 51 | 10 58 | 15 28 |
| 21 | 11 39 | 25 58 | 20 18 | 01 43 | 21 25 | 18 58 | 22 25 | 11 28 | 16 53 | 13 34 | 12 32 | 01 04 | 02 44 | 10 59 | 15 27 |
| 22 | 11 59 | 26 23 | 20 26 | 01 15 | 21 19 | 18 57 | 22 25 | 11 27 | 16 53 | 13 34 | 12 40 | 01 08 | 02 38 | 11 01 | 15 27 |
| 23 | 12 19 | 25 12 | 20 30 | 00 47 | 21 13 | 18 56 | 22 26 | 11 27 | 16 53 | 13 34 | 12 49 | 01 11 | 02 32 | 11 01 | 15 26 |
| 24 | 12 39 | 22 39 | 20 32 | 00 20 | 21 07 | 18 55 | 22 26 | 11 26 | 16 53 | 13 33 | 12 57 | 01 15 | 02 25 | 11 02 | 15 25 |
| 25 | 12 59 | 19 03 | 20 30 | +00 08 | 21 01 | 18 54 | 22 26 | 11 25 | 16 53 | 13 33 | 13 06 | 01 19 | 02 19 | 11 02 | 15 25 |
| 26 | 13 19 | 14 40 | 20 26 | 00 36 | 20 55 | 18 53 | 22 27 | 11 25 | 16 52 | 13 33 | 13 14 | 01 22 | 02 13 | 11 02 | 15 24 |
| 27 | 13 38 | 09 46 | 20 19 | 01 04 | 20 49 | 18 52 | 22 27 | 11 24 | 16 52 | 13 33 | 13 22 | 01 26 | 02 07 | 11 02 | 15 24 |
| 28 | 13 57 | 04 34 | 20 09 | 01 32 | 20 42 | 18 50 | 22 27 | 11 23 | 16 52 | 13 33 | 13 31 | 01 30 | 02 01 | 11 02 | 15 23 |
| 29 | 14 16 | +00 44 | 19 57 | 02 00 | 20 36 | 18 49 | 22 28 | 11 23 | 16 52 | 13 32 | 13 39 | 01 33 | 01 55 | 11 01 | 15 22 |
| 30 | 14 35 | 05 59 | 19 42 | 02 28 | 20 29 | 18 48 | 22 28 | 11 22 | 16 52 | 13 32 | 13 47 | 01 37 | 01 49 | 11 00 | 15 22 |

Lunar Phases -- 1 ● 19:20 9 ◐ 23:41 16 ○ 19:37 23 ◑ 12:19 Sun enters ♉ 4/20 12:04

# 0:00 E.T. Longitudes of Main Planets - May 2003 **May 03**

| D | S.T. | ☉ | ☽ | ☽ 12:00 | ☿ | ♀ | ♂ | ♃ | ♄ | ♅ | ♆ | ♇ | ☊ |
|---|---|---|---|---|---|---|---|---|---|---|---|---|---|
| 1 | 14:34:04 | 10♉13 20 | 04♉42 | 10♉35 | 19♉41℞ | 11♈16 | 05♒22 | 09♌10 | 26♊01 | 02♓16 | 13♒07 | 19♐34℞ | 00♊41 |
| 2 | 14:38:00 | 11 11 36 | 16 29 | 22 23 | 19 16 | 12 29 | 05 57 | 09 15 | 26 07 | 02 17 | 13 08 | 19 32 | 00 38 |
| 3 | 14:41:57 | 12 09 50 | 28 17 | 04♊12 | 18 48 | 13 42 | 06 32 | 09 20 | 26 14 | 02 19 | 13 08 | 19 31 | 00 34 |
| 4 | 14:45:53 | 13 08 03 | 10♊09 | 16 06 | 18 17 | 14 54 | 07 07 | 09 25 | 26 20 | 02 21 | 13 09 | 19 30 | 00 31 |
| 5 | 14:49:50 | 14 06 14 | 22 06 | 28 07 | 17 44 | 16 07 | 07 42 | 09 30 | 26 26 | 02 22 | 13 09 | 19 29 | 00 28 |
| 6 | 14:53:46 | 15 04 23 | 04♋12 | 10♋19 | 17 08 | 17 20 | 08 17 | 09 36 | 26 33 | 02 24 | 13 10 | 19 28 | 00 25 |
| 7 | 14:57:43 | 16 02 30 | 16 29 | 22 44 | 16 32 | 18 32 | 08 52 | 09 41 | 26 40 | 02 25 | 13 10 | 19 26 | 00 22 |
| 8 | 15:01:39 | 17 00 35 | 29 03 | 05♌27 | 15 54 | 19 45 | 09 26 | 09 47 | 26 46 | 02 27 | 13 10 | 19 25 | 00 18 |
| 9 | 15:05:36 | 17 58 38 | 11♌56 | 18 31 | 15 17 | 20 58 | 10 01 | 09 53 | 26 53 | 02 28 | 13 10 | 19 24 | 00 15 |
| 10 | 15:09:33 | 18 56 39 | 25 11 | 01♍58 | 14 41 | 22 10 | 10 35 | 09 59 | 26 59 | 02 30 | 13 11 | 19 23 | 00 12 |
| 11 | 15:13:29 | 19 54 38 | 08♍52 | 15 51 | 14 06 | 23 23 | 11 09 | 10 05 | 27 06 | 02 31 | 13 11 | 19 21 | 00 09 |
| 12 | 15:17:26 | 20 52 36 | 22 58 | 00♎10 | 13 32 | 24 36 | 11 43 | 10 12 | 27 13 | 02 32 | 13 11 | 19 20 | 00 06 |
| 13 | 15:21:22 | 21 50 31 | 07♎28 | 14 52 | 13 02 | 25 48 | 12 17 | 10 18 | 27 20 | 02 34 | 13 11 | 19 19 | 00 03 |
| 14 | 15:25:19 | 22 48 25 | 22 19 | 29 51 | 12 34 | 27 01 | 12 51 | 10 25 | 27 27 | 02 35 | 13 11 | 19 17 | 29♉59 |
| 15 | 15:29:15 | 23 46 17 | 07♏25 | 15♏00 | 12 10 | 28 14 | 13 24 | 10 32 | 27 34 | 02 36 | 13 11 | 19 16 | 29 56 |
| 16 | 15:33:12 | 24 44 07 | 22 36 | 00♐10 | 11 49 | 29 27 | 13 58 | 10 39 | 27 41 | 02 37 | 13 11℞ | 19 14 | 29 53 |
| 17 | 15:37:08 | 25 41 57 | 07♐43 | 15 12 | 11 32 | 00♉39 | 14 31 | 10 46 | 27 48 | 02 38 | 13 11 | 19 13 | 29 50 |
| 18 | 15:41:05 | 26 39 44 | 22 37 | 29 57 | 11 20 | 01 52 | 15 04 | 10 53 | 27 55 | 02 39 | 13 11 | 19 12 | 29 47 |
| 19 | 15:45:02 | 27 37 31 | 07♑12 | 14♑20 | 11 11 | 03 05 | 15 37 | 11 00 | 28 02 | 02 40 | 13 11 | 19 10 | 29 43 |
| 20 | 15:48:58 | 28 35 16 | 21 21 | 28 16 | 11 08 | 04 18 | 16 10 | 11 08 | 28 09 | 02 41 | 13 11 | 19 09 | 29 40 |
| 21 | 15:52:55 | 29 33 00 | 05♒04 | 11♒46 | 11 08D | 05 31 | 16 43 | 11 15 | 28 16 | 02 42 | 13 11 | 19 07 | 29 37 |
| 22 | 15:56:51 | 00♊30 43 | 18 21 | 24 50 | 11 14 | 06 43 | 17 15 | 11 23 | 28 23 | 02 43 | 13 11 | 19 06 | 29 34 |
| 23 | 16:00:48 | 01 28 25 | 01♓13 | 07♓31 | 11 24 | 07 56 | 17 47 | 11 31 | 28 30 | 02 43 | 13 10 | 19 04 | 29 31 |
| 24 | 16:04:44 | 02 26 06 | 13 44 | 19 53 | 11 38 | 09 09 | 18 20 | 11 39 | 28 38 | 02 44 | 13 10 | 19 03 | 29 28 |
| 25 | 16:08:41 | 03 23 46 | 25 58 | 02♈00 | 11 57 | 10 22 | 18 52 | 11 47 | 28 45 | 02 45 | 13 10 | 19 01 | 29 24 |
| 26 | 16:12:37 | 04 21 25 | 08♈00 | 13 57 | 12 20 | 11 35 | 19 23 | 11 55 | 28 52 | 02 46 | 13 10 | 19 00 | 29 21 |
| 27 | 16:16:34 | 05 19 03 | 19 53 | 25 48 | 12 48 | 12 48 | 19 55 | 12 03 | 29 00 | 02 46 | 13 09 | 18 58 | 29 18 |
| 28 | 16:20:31 | 06 16 39 | 01♉41 | 07♉35 | 13 20 | 14 01 | 20 26 | 12 12 | 29 07 | 02 47 | 13 09 | 18 57 | 29 15 |
| 29 | 16:24:27 | 07 14 15 | 13 28 | 19 22 | 13 55 | 15 14 | 20 57 | 12 20 | 29 14 | 02 47 | 13 08 | 18 55 | 29 12 |
| 30 | 16:28:24 | 08 11 50 | 25 17 | 01♊13 | 14 35 | 16 27 | 21 28 | 12 29 | 29 22 | 02 48 | 13 08 | 18 53 | 29 09 |
| 31 | 16:32:20 | 09 09 24 | 07♊10 | 13 09 | 15 19 | 17 39 | 21 59 | 12 38 | 29 29 | 02 48 | 13 08 | 18 52 | 29 05 |

## 0:00 E.T. Longitudes of the Major Asteroids and Chiron

| D | ⚳ | ⚴ | ⚵ | ⚶ | ⚷ |
|---|---|---|---|---|---|
| 1 | 19♉08 | 04♈21 | 13♏11℞ | 28♏58℞ | 18♑08℞ |
| 2 | 19 32 | 04 40 | 12 57 | 28 53 | 18 07 |
| 3 | 19 57 | 05 00 | 12 43 | 28 49 | 18 07 |
| 4 | 20 21 | 05 19 | 12 30 | 28 45 | 18 06 |
| 5 | 20 46 | 05 38 | 12 16 | 28 41 | 18 05 |
| 6 | 21 10 | 05 57 | 12 02 | 28 38 | 18 05 |
| 7 | 21 35 | 06 16 | 11 49 | 28 36 | 18 04 |
| 8 | 21 59 | 06 35 | 11 35 | 28 34 | 18 03 |
| 9 | 22 24 | 06 54 | 11 22 | 28 33 | 18 02 |
| 10 | 22 48 | 07 13 | 11 08 | 28 32 | 18 01 |
| 11 | 23 13 | 07 32 | 10 55 | 28 32 | 17 59 |
| 12 | 23 38 | 07 51 | 10 42 | 28 32D | 17 58 |
| 13 | 24 02 | 08 09 | 10 29 | 28 32 | 17 57 |
| 14 | 24 27 | 08 28 | 10 16 | 28 33 | 17 55 |
| 15 | 24 51 | 08 47 | 10 03 | 28 35 | 17 54 |
| 16 | 25 16 | 09 05 | 09 50 | 28 37 | 17 52 |
| 17 | 25 41 | 09 24 | 09 38 | 28 40 | 17 51 |
| 18 | 26 05 | 09 42 | 09 25 | 28 43 | 17 49 |
| 19 | 26 30 | 10 01 | 09 13 | 28 46 | 17 47 |
| 20 | 26 54 | 10 19 | 09 01 | 28 50 | 17 45 |
| 21 | 27 19 | 10 37 | 08 49 | 28 55 | 17 43 |
| 22 | 27 44 | 10 55 | 08 37 | 28 59 | 17 41 |
| 23 | 28 08 | 11 13 | 08 26 | 29 05 | 17 39 |
| 24 | 28 33 | 11 31 | 08 15 | 29 11 | 17 37 |
| 25 | 28 58 | 11 49 | 08 04 | 29 17 | 17 35 |
| 26 | 29 22 | 12 07 | 07 53 | 29 23 | 17 33 |
| 27 | 29 47 | 12 25 | 07 42 | 29 30 | 17 31 |
| 28 | 00♊12 | 12 43 | 07 32 | 29 38 | 17 28 |
| 29 | 00 36 | 13 00 | 07 22 | 29 46 | 17 26 |
| 30 | 01 01 | 13 18 | 07 12 | 29 54 | 17 23 |
| 31 | 01 25 | 13 35 | 07 03 | 00♎03 | 17 21 |

## Lunar Data

| Last Asp. | | Ingress | | |
|---|---|---|---|---|
| 2 | 05:28 | 3 | ♊ | 03:28 |
| 5 | 08:44 | 5 | ♋ | 15:43 |
| 7 | 04:22 | 8 | ♌ | 01:47 |
| 10 | 03:14 | 10 | ♍ | 08:32 |
| 12 | 07:10 | 12 | ♎ | 11:43 |
| 14 | 08:14 | 14 | ♏ | 12:14 |
| 16 | 03:37 | 16 | ♐ | 11:44 |
| 18 | 08:43 | 18 | ♑ | 12:05 |
| 20 | 13:30 | 20 | ♒ | 15:02 |
| 22 | 18:51 | 22 | ♓ | 21:42 |
| 25 | 05:34 | 25 | ♈ | 07:60 |
| 27 | 18:42 | 27 | ♉ | 20:34 |
| 29 | 15:54 | 30 | ♊ | 09:33 |

## 0:00 E.T. Declinations

| D | ☉ | ☽ | ☿ | ♀ | ♂ | ♃ | ♄ | ♅ | ♆ | ♇ | ⚳ | ⚴ | ⚵ | ⚶ | ⚷ |
|---|---|---|---|---|---|---|---|---|---|---|---|---|---|---|---|
| 1 | +14 53 | +11 00 | +19 25 | +02 56 | -20 22 | +18 47 | +22 28 | -11 21 | -16 52 | -13 32 | +13 55 | +01 40 | -01 43 | +10 59 | -15 21 |
| 2 | 15 11 | 15 38 | 19 05 | 03 24 | 20 16 | 18 45 | 22 29 | 11 21 | 16 51 | 13 32 | 14 03 | 01 43 | 01 38 | 10 57 | 15 21 |
| 3 | 15 29 | 19 40 | 18 44 | 03 52 | 20 09 | 18 44 | 22 29 | 11 20 | 16 51 | 13 32 | 14 12 | 01 47 | 01 32 | 10 55 | 15 20 |
| 4 | 15 47 | 22 56 | 18 21 | 04 20 | 20 02 | 18 42 | 22 29 | 11 20 | 16 51 | 13 31 | 14 20 | 01 50 | 01 27 | 10 53 | 15 20 |
| 5 | 16 04 | 25 14 | 17 56 | 04 47 | 19 55 | 18 41 | 22 30 | 11 19 | 16 51 | 13 31 | 14 28 | 01 53 | 01 21 | 10 51 | 15 19 |
| 6 | 16 21 | 26 23 | 17 30 | 05 15 | 19 48 | 18 39 | 22 30 | 11 19 | 16 51 | 13 31 | 14 35 | 01 57 | 01 16 | 10 49 | 15 19 |
| 7 | 16 38 | 26 16 | 17 03 | 05 43 | 19 41 | 18 38 | 22 30 | 11 18 | 16 51 | 13 31 | 14 43 | 02 00 | 01 11 | 10 46 | 15 18 |
| 8 | 16 55 | 24 49 | 16 36 | 06 10 | 19 34 | 18 36 | 22 31 | 11 18 | 16 51 | 13 31 | 14 51 | 02 03 | 01 06 | 10 43 | 15 18 |
| 9 | 17 11 | 22 03 | 16 08 | 06 37 | 19 26 | 18 34 | 22 31 | 11 17 | 16 51 | 13 31 | 14 59 | 02 06 | 01 01 | 10 40 | 15 17 |
| 10 | 17 27 | 18 05 | 15 41 | 07 05 | 19 19 | 18 33 | 22 31 | 11 17 | 16 51 | 13 30 | 15 06 | 02 09 | 00 56 | 10 36 | 15 17 |
| 11 | 17 43 | 13 05 | 15 14 | 07 32 | 19 12 | 18 31 | 22 32 | 11 16 | 16 51 | 13 30 | 15 14 | 02 12 | 00 52 | 10 32 | 15 17 |
| 12 | 17 59 | 07 15 | 14 48 | 07 59 | 19 05 | 18 29 | 22 32 | 11 16 | 16 51 | 13 30 | 15 22 | 02 15 | 00 47 | 10 29 | 15 16 |
| 13 | 18 14 | 00 52 | 14 24 | 08 25 | 18 57 | 18 27 | 22 32 | 11 15 | 16 51 | 13 30 | 15 29 | 02 18 | 00 43 | 10 24 | 15 16 |
| 14 | 18 28 | -05 43 | 14 00 | 08 52 | 18 50 | 18 26 | 22 32 | 11 15 | 16 51 | 13 30 | 15 37 | 02 20 | 00 39 | 10 20 | 15 15 |
| 15 | 18 43 | 12 06 | 13 39 | 09 18 | 18 43 | 18 24 | 22 33 | 11 15 | 16 51 | 13 30 | 15 44 | 02 23 | 00 35 | 10 16 | 15 15 |
| 16 | 18 57 | 17 48 | 13 19 | 09 45 | 18 35 | 18 22 | 22 33 | 11 14 | 16 51 | 13 29 | 15 51 | 02 26 | 00 31 | 10 11 | 15 15 |
| 17 | 19 11 | 22 21 | 13 01 | 10 11 | 18 28 | 18 20 | 22 33 | 11 14 | 16 51 | 13 29 | 15 59 | 02 28 | 00 27 | 10 06 | 15 14 |
| 18 | 19 25 | 25 19 | 12 46 | 10 37 | 18 20 | 18 18 | 22 33 | 11 14 | 16 51 | 13 29 | 16 06 | 02 31 | 00 23 | 10 01 | 15 14 |
| 19 | 19 38 | 26 29 | 12 33 | 11 02 | 18 13 | 18 16 | 22 34 | 11 13 | 16 51 | 13 29 | 16 13 | 02 33 | 00 20 | 09 55 | 15 14 |
| 20 | 19 51 | 25 52 | 12 22 | 11 28 | 18 05 | 18 14 | 22 34 | 11 13 | 16 51 | 13 29 | 16 20 | 02 36 | 00 16 | 09 50 | 15 14 |
| 21 | 20 03 | 23 41 | 12 13 | 11 53 | 17 58 | 18 11 | 22 34 | 11 13 | 16 51 | 13 29 | 16 27 | 02 38 | 00 13 | 09 44 | 15 13 |
| 22 | 20 16 | 20 16 | 12 07 | 12 18 | 17 50 | 18 09 | 22 34 | 11 12 | 16 51 | 13 29 | 16 34 | 02 40 | 00 10 | 09 38 | 15 13 |
| 23 | 20 27 | 15 59 | 12 04 | 12 42 | 17 42 | 18 07 | 22 35 | 11 12 | 16 51 | 13 29 | 16 41 | 02 42 | 00 07 | 09 32 | 15 13 |
| 24 | 20 39 | 11 08 | 12 02 | 13 06 | 17 35 | 18 05 | 22 35 | 11 12 | 16 51 | 13 28 | 16 48 | 02 45 | 00 04 | 09 26 | 15 13 |
| 25 | 20 50 | 05 57 | 12 03 | 13 30 | 17 27 | 18 02 | 22 35 | 11 12 | 16 51 | 13 28 | 16 55 | 02 47 | 00 02 | 09 20 | 15 12 |
| 26 | 21 01 | 00 38 | 12 07 | 13 54 | 17 20 | 18 00 | 22 35 | 11 12 | 16 51 | 13 28 | 17 02 | 02 49 | +00 01 | 09 13 | 15 12 |
| 27 | 21 11 | +04 39 | 12 12 | 14 17 | 17 12 | 17 58 | 22 35 | 11 11 | 16 51 | 13 28 | 17 08 | 02 50 | 00 03 | 09 06 | 15 12 |
| 28 | 21 21 | 09 44 | 12 19 | 14 41 | 17 05 | 17 55 | 22 35 | 11 11 | 16 51 | 13 28 | 17 15 | 02 52 | 00 05 | 08 59 | 15 12 |
| 29 | 21 31 | 14 29 | 12 29 | 15 03 | 16 58 | 17 53 | 22 36 | 11 11 | 16 52 | 13 28 | 17 22 | 02 54 | 00 07 | 08 52 | 15 12 |
| 30 | 21 40 | 18 42 | 12 40 | 15 26 | 16 50 | 17 50 | 22 36 | 11 11 | 16 52 | 13 28 | 17 28 | 02 55 | 00 09 | 08 45 | 15 12 |
| 31 | 21 49 | 22 12 | 12 53 | 15 48 | 16 43 | 17 48 | 22 36 | 11 11 | 16 52 | 13 28 | 17 35 | 02 57 | 00 11 | 08 38 | 15 11 |

Lunar Phases -- 1 ● 12:16 9 ◐ 11:54 16 Ⓔ 03:37 ♪ 23 ◑ 00:32 31 ● 04:21 Sun enters ♊ 5/21 11:13

# Longitudes of Main Planets - June 2003

0:00 E.T.

| D | S.T. | ☉ | ☽ | ☽ 12:00 | ☿ | ♀ | ♂ | ♃ | ♄ | ♅ | ♆ | ♇ | ☊ |
|---|---|---|---|---|---|---|---|---|---|---|---|---|---|
| 1 | 16:36:17 | 10♊06 57 | 19♊09 | 25♊12 | 16♉06 | 18♉52 | 22♒29 | 12♌47 | 29♊37 | 02♓48 | 13♒07℞ | 18♐50℞ | 29♉02 |
| 2 | 16:40:13 | 11 04 28 | 01♋17 | 07♋25 | 16 57 | 20 05 | 22 59 | 12 56 | 29 44 | 02 49 | 13 07 | 18 49 | 28 59 |
| 3 | 16:44:10 | 12 01 59 | 13 35 | 19 48 | 17 51 | 21 18 | 23 29 | 13 05 | 29 52 | 02 49 | 13 06 | 18 47 | 28 56 |
| 4 | 16:48:06 | 12 59 28 | 26 05 | 02♌25 | 18 49 | 22 31 | 23 59 | 13 14 | 00 00 | 02 49 | 13 05 | 18 46 | 28 53 |
| 5 | 16:52:03 | 13 56 56 | 08♌49 | 15 17 | 19 50 | 23 44 | 24 28 | 13 23 | 00♋07 | 02 49 | 13 05 | 18 44 | 28 49 |
| 6 | 16:56:00 | 14 54 23 | 21 48 | 28 25 | 20 55 | 24 57 | 24 57 | 13 33 | 00 15 | 02 49 | 13 04 | 18 42 | 28 46 |
| 7 | 16:59:56 | 15 51 49 | 05♍06 | 11♍51 | 22 03 | 26 10 | 25 26 | 13 42 | 00 22 | 02 49 | 13 04 | 18 41 | 28 43 |
| 8 | 17:03:53 | 16 49 13 | 18 42 | 25 37 | 23 14 | 27 23 | 25 54 | 13 52 | 00 30 | 02 49℞ | 13 03 | 18 39 | 28 40 |
| 9 | 17:07:49 | 17 46 37 | 02♎38 | 09♎43 | 24 28 | 28 36 | 26 23 | 14 02 | 00 38 | 02 49 | 13 02 | 18 38 | 28 37 |
| 10 | 17:11:46 | 18 43 59 | 16 53 | 24 07 | 25 45 | 29 49 | 26 51 | 14 11 | 00 45 | 02 49 | 13 01 | 18 36 | 28 34 |
| 11 | 17:15:42 | 19 41 20 | 01♏26 | 08♏47 | 27 05 | 01♊02 | 27 18 | 14 21 | 00 53 | 02 49 | 13 01 | 18 34 | 28 30 |
| 12 | 17:19:39 | 20 38 40 | 16 12 | 23 39 | 28 28 | 02 15 | 27 46 | 14 31 | 01 01 | 02 49 | 13 00 | 18 33 | 28 27 |
| 13 | 17:23:35 | 21 36 00 | 01♐06 | 08♐34 | 29 54 | 03 28 | 28 13 | 14 41 | 01 09 | 02 48 | 12 59 | 18 31 | 28 24 |
| 14 | 17:27:32 | 22 33 18 | 16 01 | 23 27 | 01♊23 | 04 41 | 28 39 | 14 51 | 01 16 | 02 48 | 12 58 | 18 30 | 28 21 |
| 15 | 17:31:29 | 23 30 36 | 00♑49 | 08♑08 | 02 55 | 05 54 | 29 06 | 15 02 | 01 24 | 02 48 | 12 57 | 18 28 | 28 18 |
| 16 | 17:35:25 | 24 27 53 | 15 23 | 22 32 | 04 30 | 07 08 | 29 32 | 15 12 | 01 32 | 02 47 | 12 56 | 18 26 | 28 15 |
| 17 | 17:39:22 | 25 25 10 | 29 35 | 06♒32 | 06 08 | 08 21 | 29 57 | 15 23 | 01 40 | 02 47 | 12 55 | 18 25 | 28 11 |
| 18 | 17:43:18 | 26 22 26 | 13♒23 | 20 07 | 07 49 | 09 34 | 00♓23 | 15 33 | 01 47 | 02 46 | 12 54 | 18 23 | 28 08 |
| 19 | 17:47:15 | 27 19 42 | 26 45 | 03♓16 | 09 32 | 10 47 | 00 48 | 15 44 | 01 55 | 02 46 | 12 53 | 18 22 | 28 05 |
| 20 | 17:51:11 | 28 16 58 | 09♓41 | 16 01 | 11 18 | 12 00 | 01 12 | 15 54 | 02 03 | 02 45 | 12 52 | 18 20 | 28 02 |
| 21 | 17:55:08 | 29 14 13 | 22 15 | 28 25 | 13 07 | 13 13 | 01 36 | 16 05 | 02 11 | 02 45 | 12 51 | 18 18 | 27 59 |
| 22 | 17:59:04 | 00♋11 28 | 04♈30 | 10♈32 | 14 59 | 14 26 | 02 00 | 16 16 | 02 19 | 02 44 | 12 50 | 18 17 | 27 55 |
| 23 | 18:03:01 | 01 08 43 | 16 31 | 22 28 | 16 53 | 15 40 | 02 24 | 16 27 | 02 26 | 02 43 | 12 49 | 18 15 | 27 52 |
| 24 | 18:06:58 | 02 05 58 | 28 23 | 04♉17 | 18 50 | 16 53 | 02 46 | 16 38 | 02 34 | 02 43 | 12 48 | 18 14 | 27 49 |
| 25 | 18:10:54 | 03 03 12 | 10♉11 | 16 05 | 20 49 | 18 06 | 03 09 | 16 49 | 02 42 | 02 42 | 12 47 | 18 12 | 27 46 |
| 26 | 18:14:51 | 04 00 27 | 21 59 | 27 54 | 22 50 | 19 19 | 03 31 | 17 00 | 02 50 | 02 41 | 12 46 | 18 11 | 27 43 |
| 27 | 18:18:47 | 04 57 41 | 03♊51 | 09♊50 | 24 53 | 20 33 | 03 53 | 17 11 | 02 58 | 02 40 | 12 44 | 18 09 | 27 40 |
| 28 | 18:22:44 | 05 54 56 | 15 51 | 21 54 | 26 58 | 21 46 | 04 14 | 17 22 | 03 05 | 02 39 | 12 43 | 18 08 | 27 36 |
| 29 | 18:26:40 | 06 52 10 | 28 01 | 04♋10 | 29 05 | 22 59 | 04 34 | 17 34 | 03 13 | 02 38 | 12 42 | 18 06 | 27 33 |
| 30 | 18:30:37 | 07 49 24 | 10♋23 | 16 39 | 01♋13 | 24 13 | 04 54 | 17 45 | 03 21 | 02 37 | 12 41 | 18 05 | 27 30 |

0:00 E.T.

## Longitudes of the Major Asteroids and Chiron

| D | ⚳ | ⚴ | ⚵ | ⚶ | ⚷ |
|---|---|---|---|---|---|
| 1 | 01♊50 | 13♈53 | 06♏54℞ | 00♎12 | 17♑18℞ |
| 2 | 02 15 | 14 10 | 06 45 | 00 22 | 17 15 |
| 3 | 02 39 | 14 27 | 06 36 | 00 32 | 17 13 |
| 4 | 03 04 | 14 44 | 06 28 | 00 42 | 17 10 |
| 5 | 03 29 | 15 01 | 06 20 | 00 53 | 17 07 |
| 6 | 03 53 | 15 18 | 06 12 | 01 04 | 17 04 |
| 7 | 04 18 | 15 35 | 06 05 | 01 15 | 17 01 |
| 8 | 04 42 | 15 52 | 05 58 | 01 27 | 16 58 |
| 9 | 05 07 | 16 09 | 05 51 | 01 39 | 16 55 |
| 10 | 05 32 | 16 25 | 05 44 | 01 52 | 16 52 |
| 11 | 05 56 | 16 42 | 05 38 | 02 05 | 16 49 |
| 12 | 06 21 | 16 58 | 05 32 | 02 18 | 16 46 |
| 13 | 06 45 | 17 14 | 05 27 | 02 32 | 16 42 |
| 14 | 07 10 | 17 30 | 05 22 | 02 46 | 16 39 |
| 15 | 07 34 | 17 46 | 05 17 | 03 00 | 16 36 |

| D | ⚳ | ⚴ | ⚵ | ⚶ | ⚷ |
|---|---|---|---|---|---|
| 16 | 07 59 | 18 02 | 05 12 | 03 14 | 16 33 |
| 17 | 08 23 | 18 18 | 05 08 | 03 29 | 16 29 |
| 18 | 08 48 | 18 33 | 05 04 | 03 45 | 16 26 |
| 19 | 09 12 | 18 49 | 05 01 | 04 00 | 16 22 |
| 20 | 09 37 | 19 04 | 04 57 | 04 16 | 16 19 |
| 21 | 10 01 | 19 20 | 04 54 | 04 32 | 16 15 |
| 22 | 10 25 | 19 35 | 04 52 | 04 48 | 16 12 |
| 23 | 10 50 | 19 50 | 04 49 | 05 05 | 16 08 |
| 24 | 11 14 | 20 05 | 04 48 | 05 22 | 16 05 |
| 25 | 11 38 | 20 19 | 04 46 | 05 39 | 16 01 |
| 26 | 12 03 | 20 34 | 04 45 | 05 56 | 15 57 |
| 27 | 12 27 | 20 48 | 04 44 | 06 14 | 15 54 |
| 28 | 12 51 | 21 03 | 04 43 | 06 32 | 15 50 |
| 29 | 13 16 | 21 17 | 04 43 | 06 51 | 15 46 |
| 30 | 13 40 | 21 31 | 04 43D | 07 09 | 15 43 |

## Lunar Data

| Last Asp. | | Ingress | | |
|---|---|---|---|---|
| 1 | 20:56 | 1 | ♋ | 21:28 |
| 3 | 16:28 | 4 | ♌ | 07:26 |
| 6 | 06:18 | 6 | ♍ | 14:52 |
| 8 | 16:28 | 8 | ♎ | 19:31 |
| 10 | 17:01 | 10 | ♏ | 21:40 |
| 12 | 21:52 | 12 | ♐ | 22:13 |
| 14 | 21:06 | 14 | ♑ | 22:39 |
| 15 | 03:13 | 17 | ♒ | 00:43 |
| 19 | 01:09 | 19 | ♓ | 05:58 |
| 21 | 14:46 | 21 | ♈ | 15:07 |
| 23 | 03:29 | 24 | ♉ | 03:16 |
| 25 | 13:42 | 26 | ♊ | 16:14 |
| 29 | 02:32 | 29 | ♋ | 03:53 |

0:00 E.T.

## Declinations

| D | ☉ | ☽ | ☿ | ♀ | ♂ | ♃ | ♄ | ♅ | ♆ | ♇ | ⚳ | ⚴ | ⚵ | ⚶ | ⚷ |
|---|---|---|---|---|---|---|---|---|---|---|---|---|---|---|---|
| 1 | +21 58 | +24 46 | +13 08 | +16 09 | -16 35 | +17 45 | +22 36 | -11 11 | -16 52 | -13 28 | +17 41 | +02 58 | +00 12 | +08 30 | -15 11 |
| 2 | 22 06 | 26 13 | 13 25 | 16 30 | 16 28 | 17 43 | 22 36 | 11 11 | 16 52 | 13 28 | 17 47 | 03 00 | 00 13 | 08 23 | 15 11 |
| 3 | 22 14 | 26 24 | 13 43 | 16 51 | 16 21 | 17 40 | 22 36 | 11 11 | 16 52 | 13 28 | 17 53 | 03 01 | 00 15 | 08 15 | 15 11 |
| 4 | 22 21 | 25 15 | 14 02 | 17 12 | 16 14 | 17 37 | 22 36 | 11 11 | 16 53 | 13 27 | 18 00 | 03 02 | 00 16 | 08 07 | 15 11 |
| 5 | 22 29 | 22 49 | 14 23 | 17 31 | 16 07 | 17 35 | 22 36 | 11 11 | 16 53 | 13 27 | 18 06 | 03 03 | 00 17 | 07 59 | 15 11 |
| 6 | 22 35 | 19 11 | 14 44 | 17 51 | 15 59 | 17 32 | 22 37 | 11 11 | 16 53 | 13 27 | 18 12 | 03 04 | 00 17 | 07 51 | 15 11 |
| 7 | 22 41 | 14 31 | 15 07 | 18 10 | 15 52 | 17 29 | 22 37 | 11 11 | 16 53 | 13 27 | 18 18 | 03 05 | 00 18 | 07 42 | 15 11 |
| 8 | 22 47 | 09 03 | 15 31 | 18 29 | 15 45 | 17 26 | 22 37 | 11 11 | 16 53 | 13 27 | 18 24 | 03 06 | 00 18 | 07 34 | 15 11 |
| 9 | 22 53 | 03 00 | 15 56 | 18 47 | 15 39 | 17 24 | 22 37 | 11 11 | 16 54 | 13 27 | 18 30 | 03 07 | 00 19 | 07 25 | 15 11 |
| 10 | 22 58 | -03 20 | 16 21 | 19 04 | 15 32 | 17 21 | 22 37 | 11 11 | 16 54 | 13 27 | 18 35 | 03 07 | 00 19 | 07 17 | 15 11 |
| 11 | 23 02 | 09 39 | 16 48 | 19 22 | 15 25 | 17 18 | 22 37 | 11 11 | 16 54 | 13 27 | 18 41 | 03 08 | 00 19 | 07 08 | 15 11 |
| 12 | 23 07 | 15 32 | 17 14 | 19 38 | 15 19 | 17 15 | 22 37 | 11 11 | 16 54 | 13 27 | 18 47 | 03 08 | 00 19 | 06 59 | 15 11 |
| 13 | 23 10 | 20 32 | 17 42 | 19 54 | 15 12 | 17 12 | 22 37 | 11 11 | 16 54 | 13 27 | 18 52 | 03 08 | 00 18 | 06 50 | 15 11 |
| 14 | 23 14 | 24 12 | 18 09 | 20 10 | 15 06 | 17 09 | 22 37 | 11 11 | 16 55 | 13 27 | 18 58 | 03 09 | 00 18 | 06 41 | 15 11 |
| 15 | 23 17 | 26 11 | 18 37 | 20 25 | 14 59 | 17 06 | 22 37 | 11 11 | 16 55 | 13 27 | 19 03 | 03 09 | 00 17 | 06 31 | 15 11 |
| 16 | 23 19 | 26 18 | 19 04 | 20 40 | 14 53 | 17 03 | 22 37 | 11 12 | 16 55 | 13 27 | 19 09 | 03 09 | 00 16 | 06 22 | 15 11 |
| 17 | 23 22 | 24 41 | 19 32 | 20 54 | 14 47 | 17 00 | 22 37 | 11 12 | 16 56 | 13 27 | 19 14 | 03 08 | 00 15 | 06 13 | 15 11 |
| 18 | 23 23 | 21 37 | 19 59 | 21 07 | 14 41 | 16 56 | 22 37 | 11 12 | 16 56 | 13 27 | 19 19 | 03 08 | 00 14 | 06 03 | 15 12 |
| 19 | 23 25 | 17 30 | 20 26 | 21 20 | 14 35 | 16 53 | 22 37 | 11 12 | 16 56 | 13 27 | 19 25 | 03 08 | 00 13 | 05 54 | 15 12 |
| 20 | 23 26 | 12 42 | 20 52 | 21 32 | 14 29 | 16 50 | 22 37 | 11 12 | 16 56 | 13 27 | 19 30 | 03 07 | 00 12 | 05 44 | 15 12 |
| 21 | 23 26 | 07 30 | 21 18 | 21 44 | 14 24 | 16 47 | 22 37 | 11 13 | 16 57 | 13 27 | 19 35 | 03 06 | 00 11 | 05 34 | 15 12 |
| 22 | 23 26 | 02 08 | 21 42 | 21 55 | 14 18 | 16 44 | 22 37 | 11 13 | 16 57 | 13 27 | 19 40 | 03 06 | 00 09 | 05 24 | 15 12 |
| 23 | 23 26 | +03 13 | 22 06 | 22 05 | 14 13 | 16 40 | 22 37 | 11 13 | 16 57 | 13 27 | 19 45 | 03 05 | 00 07 | 05 14 | 15 12 |
| 24 | 23 25 | 08 24 | 22 28 | 22 15 | 14 08 | 16 37 | 22 37 | 11 14 | 16 58 | 13 27 | 19 50 | 03 04 | 00 06 | 05 04 | 15 13 |
| 25 | 23 24 | 13 15 | 22 48 | 22 24 | 14 03 | 16 34 | 22 37 | 11 14 | 16 58 | 13 27 | 19 55 | 03 03 | 00 04 | 04 54 | 15 13 |
| 26 | 23 23 | 17 38 | 23 07 | 22 33 | 13 58 | 16 30 | 22 37 | 11 14 | 16 58 | 13 27 | 19 59 | 03 01 | 00 02 | 04 44 | 15 13 |
| 27 | 23 21 | 21 20 | 23 24 | 22 41 | 13 53 | 16 27 | 22 37 | 11 15 | 16 59 | 13 27 | 20 04 | 03 00 | -00 01 | 04 33 | 15 13 |
| 28 | 23 18 | 24 10 | 23 39 | 22 48 | 13 49 | 16 23 | 22 36 | 11 15 | 16 59 | 13 28 | 20 09 | 02 58 | 00 03 | 04 23 | 15 14 |
| 29 | 23 16 | 25 56 | 23 51 | 22 55 | 13 44 | 16 20 | 22 36 | 11 15 | 16 59 | 13 28 | 20 13 | 02 57 | 00 05 | 04 13 | 15 14 |
| 30 | 23 13 | 26 27 | 24 01 | 23 01 | 13 40 | 16 16 | 22 36 | 11 16 | 17 00 | 13 28 | 20 18 | 02 55 | 00 08 | 04 02 | 15 14 |

Lunar Phases -- 7 ◐ 20:29 14 ○ 11:17 21 ◑ 14:46 29 ● 18:40 Sun enters ♋ 6/21 19:12

## 0:00 E.T. Longitudes of Main Planets - July 2003 **July 03**

| D | S.T. | ☉ | ☽ | ☽ 12:00 | ☿ | ♀ | ♂ | ♃ | ♄ | ♅ | ♆ | ♇ | ☊ |
|---|---|---|---|---|---|---|---|---|---|---|---|---|---|
| 1 | 18:34:33 | 08♋46 38 | 22♋58 | 29♋20 | 03♋22 | 25♊26 | 05♓14 | 17♌56 | 03♋29 | 02♓36℞ | 12♒40℞ | 18♐03℞ | 27♉27 |
| 2 | 18:38:30 | 09 43 52 | 05♌46 | 12♌16 | 05 32 | 26 39 | 05 33 | 18 08 | 03 37 | 02 35 | 12 38 | 18 02 | 27 24 |
| 3 | 18:42:27 | 10 41 05 | 18 49 | 25 25 | 07 43 | 27 53 | 05 51 | 18 20 | 03 44 | 02 34 | 12 37 | 18 00 | 27 21 |
| 4 | 18:46:23 | 11 38 18 | 02♍04 | 08♍47 | 09 53 | 29 06 | 06 09 | 18 31 | 03 52 | 02 33 | 12 36 | 17 59 | 27 17 |
| 5 | 18:50:20 | 12 35 31 | 15 32 | 22 21 | 12 04 | 00♋19 | 06 27 | 18 43 | 04 00 | 02 31 | 12 34 | 17 58 | 27 14 |
| 6 | 18:54:16 | 13 32 44 | 29 13 | 06♎08 | 14 14 | 01 33 | 06 44 | 18 55 | 04 08 | 02 30 | 12 33 | 17 56 | 27 11 |
| 7 | 18:58:13 | 14 29 56 | 13♎07 | 20 08 | 16 24 | 02 46 | 07 00 | 19 06 | 04 15 | 02 29 | 12 32 | 17 55 | 27 08 |
| 8 | 19:02:09 | 15 27 08 | 27 12 | 04♏18 | 18 33 | 04 00 | 07 15 | 19 18 | 04 23 | 02 27 | 12 30 | 17 53 | 27 05 |
| 9 | 19:06:06 | 16 24 20 | 11♏28 | 18 39 | 20 40 | 05 13 | 07 31 | 19 30 | 04 31 | 02 26 | 12 29 | 17 52 | 27 01 |
| 10 | 19:10:02 | 17 21 31 | 25 53 | 03♐08 | 22 47 | 06 27 | 07 45 | 19 42 | 04 38 | 02 24 | 12 27 | 17 51 | 26 58 |
| 11 | 19:13:59 | 18 18 43 | 10♐24 | 17 40 | 24 52 | 07 40 | 07 59 | 19 54 | 04 46 | 02 23 | 12 26 | 17 49 | 26 55 |
| 12 | 19:17:56 | 19 15 55 | 24 56 | 02♑12 | 26 56 | 08 54 | 08 12 | 20 06 | 04 54 | 02 21 | 12 24 | 17 48 | 26 52 |
| 13 | 19:21:52 | 20 13 06 | 09♑25 | 16 36 | 28 59 | 10 07 | 08 25 | 20 18 | 05 01 | 02 20 | 12 23 | 17 47 | 26 49 |
| 14 | 19:25:49 | 21 10 18 | 23 44 | 00♒47 | 00♌59 | 11 21 | 08 37 | 20 31 | 05 09 | 02 18 | 12 21 | 17 45 | 26 46 |
| 15 | 19:29:45 | 22 07 31 | 07♒47 | 14 41 | 02 58 | 12 34 | 08 48 | 20 43 | 05 17 | 02 17 | 12 20 | 17 44 | 26 42 |
| 16 | 19:33:42 | 23 04 43 | 21 29 | 28 12 | 04 55 | 13 48 | 08 58 | 20 55 | 05 24 | 02 15 | 12 18 | 17 43 | 26 39 |
| 17 | 19:37:38 | 24 01 56 | 04♓49 | 11♓20 | 06 51 | 15 01 | 09 08 | 21 07 | 05 32 | 02 13 | 12 17 | 17 42 | 26 36 |
| 18 | 19:41:35 | 24 59 10 | 17 46 | 24 06 | 08 44 | 16 15 | 09 17 | 21 20 | 05 39 | 02 12 | 12 15 | 17 41 | 26 33 |
| 19 | 19:45:31 | 25 56 24 | 00♈20 | 06♈30 | 10 36 | 17 29 | 09 26 | 21 32 | 05 47 | 02 10 | 12 14 | 17 39 | 26 30 |
| 20 | 19:49:28 | 26 53 38 | 12 36 | 18 39 | 12 26 | 18 42 | 09 34 | 21 45 | 05 54 | 02 08 | 12 12 | 17 38 | 26 27 |
| 21 | 19:53:25 | 27 50 54 | 24 38 | 00♉35 | 14 14 | 19 56 | 09 40 | 21 57 | 06 02 | 02 06 | 12 11 | 17 37 | 26 23 |
| 22 | 19:57:21 | 28 48 10 | 06♉30 | 12 25 | 16 01 | 21 10 | 09 47 | 22 09 | 06 09 | 02 04 | 12 09 | 17 36 | 26 20 |
| 23 | 20:01:18 | 29 45 27 | 18 19 | 24 13 | 17 45 | 22 23 | 09 52 | 22 22 | 06 17 | 02 03 | 12 08 | 17 35 | 26 17 |
| 24 | 20:05:14 | 00♌42 45 | 00♊08 | 06♊05 | 19 28 | 23 37 | 09 57 | 22 35 | 06 24 | 02 01 | 12 06 | 17 34 | 26 14 |
| 25 | 20:09:11 | 01 40 04 | 12 04 | 18 06 | 21 09 | 24 51 | 10 01 | 22 47 | 06 31 | 01 59 | 12 04 | 17 33 | 26 11 |
| 26 | 20:13:07 | 02 37 24 | 24 10 | 00♋18 | 22 48 | 26 05 | 10 04 | 23 00 | 06 39 | 01 57 | 12 03 | 17 32 | 26 07 |
| 27 | 20:17:04 | 03 34 44 | 06♋31 | 12 47 | 24 25 | 27 19 | 10 06 | 23 13 | 06 46 | 01 55 | 12 01 | 17 31 | 26 04 |
| 28 | 20:21:00 | 04 32 06 | 19 07 | 25 32 | 26 01 | 28 32 | 10 07 | 23 25 | 06 53 | 01 53 | 12 00 | 17 30 | 26 01 |
| 29 | 20:24:57 | 05 29 28 | 02♌00 | 08♌34 | 27 35 | 29 46 | 10 08 | 23 38 | 07 00 | 01 51 | 11 58 | 17 29 | 25 58 |
| 30 | 20:28:54 | 06 26 50 | 15 11 | 21 52 | 29 07 | 01♌00 | 10 08℞ | 23 51 | 07 07 | 01 49 | 11 56 | 17 28 | 25 55 |
| 31 | 20:32:50 | 07 24 14 | 28 36 | 05♍24 | 00♍37 | 02 14 | 10 07 | 24 04 | 07 15 | 01 46 | 11 55 | 17 27 | 25 52 |

## 0:00 E.T. Longitudes of the Major Asteroids and Chiron

| D | ⚳ | ⚴ | ⚵ | ⚶ | ⚷ | D | ⚳ | ⚴ | ⚵ | ⚶ | ⚷ |
|---|---|---|---|---|---|---|---|---|---|---|---|
| 1 | 14♊04 | 21♈45 | 04♏43 | 07♎28 | 15♑39℞ | 17 | 20 28 | 25 03 | 05 29 | 12 59 | 14 39 |
| 2 | 14 28 | 21 58 | 04 43 | 07 47 | 15 35 | 18 | 20 51 | 25 14 | 05 34 | 13 21 | 14 36 |
| 3 | 14 53 | 22 12 | 04 44 | 08 06 | 15 32 | 19 | 21 15 | 25 24 | 05 39 | 13 44 | 14 32 |
| 4 | 15 17 | 22 25 | 04 46 | 08 26 | 15 28 | 20 | 21 39 | 25 34 | 05 45 | 14 07 | 14 29 |
| 5 | 15 41 | 22 38 | 04 47 | 08 45 | 15 24 | 21 | 22 02 | 25 45 | 05 51 | 14 30 | 14 25 |
| 6 | 16 05 | 22 51 | 04 49 | 09 05 | 15 20 | 22 | 22 26 | 25 54 | 05 58 | 14 53 | 14 21 |
| 7 | 16 29 | 23 04 | 04 51 | 09 26 | 15 17 | 23 | 22 49 | 26 04 | 06 04 | 15 16 | 14 18 |
| 8 | 16 53 | 23 17 | 04 54 | 09 46 | 15 13 | 24 | 23 13 | 26 13 | 06 11 | 15 40 | 14 14 |
| 9 | 17 17 | 23 30 | 04 56 | 10 07 | 15 09 | 25 | 23 36 | 26 23 | 06 18 | 16 03 | 14 11 |
| 10 | 17 41 | 23 42 | 04 59 | 10 28 | 15 05 | 26 | 23 59 | 26 32 | 06 25 | 16 27 | 14 07 |
| 11 | 18 05 | 23 54 | 05 03 | 10 49 | 15 02 | 27 | 24 23 | 26 40 | 06 33 | 16 51 | 14 04 |
| 12 | 18 29 | 24 06 | 05 06 | 11 10 | 14 58 | 28 | 24 46 | 26 49 | 06 41 | 17 15 | 14 01 |
| 13 | 18 53 | 24 18 | 05 10 | 11 31 | 14 54 | 29 | 25 09 | 26 57 | 06 49 | 17 39 | 13 57 |
| 14 | 19 16 | 24 29 | 05 14 | 11 53 | 14 50 | 30 | 25 32 | 27 05 | 06 57 | 18 04 | 13 54 |
| 15 | 19 40 | 24 41 | 05 19 | 12 15 | 14 47 | 31 | 25 55 | 27 12 | 07 06 | 18 28 | 13 51 |
| 16 | 20 04 | 24 52 | 05 24 | 12 37 | 14 43 | | | | | | |

## Lunar Data

| Last Asp. | | Ingress | | |
|---|---|---|---|---|
| 29 | 18:40 | 1 | ♌ | 13:14 |
| 3 | 18:07 | 3 | ♍ | 20:17 |
| 5 | 04:16 | 6 | ♎ | 01:21 |
| 7 | 10:24 | 8 | ♏ | 04:45 |
| 9 | 17:60 | 10 | ♐ | 06:49 |
| 11 | 15:54 | 12 | ♑ | 08:22 |
| 13 | 19:23 | 14 | ♒ | 10:39 |
| 15 | 22:59 | 16 | ♓ | 15:15 |
| 18 | 14:50 | 18 | ♈ | 23:21 |
| 21 | 07:02 | 21 | ♉ | 10:49 |
| 23 | 09:15 | 23 | ♊ | 23:43 |
| 25 | 21:39 | 26 | ♋ | 11:24 |
| 28 | 19:26 | 28 | ♌ | 20:18 |
| 30 | 15:47 | 31 | ♍ | 02:28 |

## 0:00 E.T. Declinations

| D | ☉ | ☽ | ☿ | ♀ | ♂ | ♃ | ♄ | ♅ | ♆ | ♇ | ⚳ | ⚴ | ⚵ | ⚶ | ⚷ |
|---|---|---|---|---|---|---|---|---|---|---|---|---|---|---|---|
| 1 | +23 09 | +25 36 | +24 09 | +23 06 | -13 36 | +16 13 | +22 36 | -11 16 | -17 00 | -13 28 | +20 22 | +02 53 | -00 11 | +03 51 | -15 14 |
| 2 | 23 05 | 23 25 | 24 14 | 23 11 | 13 33 | 16 09 | 22 36 | 11 17 | 17 01 | 13 28 | 20 26 | 02 51 | 00 13 | 03 41 | 15 15 |
| 3 | 23 01 | 20 00 | 24 16 | 23 15 | 13 29 | 16 06 | 22 36 | 11 17 | 17 01 | 13 28 | 20 30 | 02 48 | 00 16 | 03 30 | 15 15 |
| 4 | 22 56 | 15 32 | 24 15 | 23 18 | 13 26 | 16 02 | 22 36 | 11 18 | 17 01 | 13 28 | 20 35 | 02 46 | 00 19 | 03 19 | 15 15 |
| 5 | 22 51 | 10 15 | 24 11 | 23 21 | 13 23 | 15 59 | 22 36 | 11 18 | 17 02 | 13 28 | 20 39 | 02 43 | 00 22 | 03 08 | 15 16 |
| 6 | 22 45 | 04 23 | 24 05 | 23 23 | 13 20 | 15 55 | 22 35 | 11 19 | 17 02 | 13 28 | 20 43 | 02 40 | 00 25 | 02 57 | 15 16 |
| 7 | 22 39 | -01 47 | 23 56 | 23 24 | 13 17 | 15 51 | 22 35 | 11 19 | 17 02 | 13 28 | 20 47 | 02 38 | 00 29 | 02 46 | 15 16 |
| 8 | 22 33 | 07 58 | 23 44 | 23 24 | 13 14 | 15 47 | 22 35 | 11 20 | 17 03 | 13 29 | 20 51 | 02 35 | 00 32 | 02 35 | 15 17 |
| 9 | 22 26 | 13 50 | 23 29 | 23 24 | 13 12 | 15 44 | 22 35 | 11 20 | 17 03 | 13 29 | 20 55 | 02 31 | 00 35 | 02 24 | 15 17 |
| 10 | 22 19 | 19 00 | 23 13 | 23 23 | 13 10 | 15 40 | 22 35 | 11 21 | 17 04 | 13 29 | 20 58 | 02 28 | 00 39 | 02 13 | 15 18 |
| 11 | 22 11 | 23 04 | 22 53 | 23 22 | 13 08 | 15 36 | 22 34 | 11 21 | 17 04 | 13 29 | 21 02 | 02 24 | 00 43 | 02 02 | 15 18 |
| 12 | 22 03 | 25 38 | 22 32 | 23 20 | 13 07 | 15 32 | 22 34 | 11 22 | 17 05 | 13 29 | 21 06 | 02 21 | 00 46 | 01 51 | 15 18 |
| 13 | 21 55 | 26 28 | 22 09 | 23 17 | 13 05 | 15 28 | 22 34 | 11 22 | 17 05 | 13 29 | 21 09 | 02 17 | 00 50 | 01 40 | 15 19 |
| 14 | 21 46 | 25 30 | 21 44 | 23 13 | 13 04 | 15 25 | 22 34 | 11 23 | 17 05 | 13 29 | 21 13 | 02 13 | 00 54 | 01 28 | 15 19 |
| 15 | 21 37 | 22 57 | 21 17 | 23 09 | 13 03 | 15 21 | 22 33 | 11 24 | 17 06 | 13 30 | 21 16 | 02 09 | 00 58 | 01 17 | 15 20 |
| 16 | 21 28 | 19 08 | 20 48 | 23 04 | 13 03 | 15 17 | 22 33 | 11 24 | 17 06 | 13 30 | 21 20 | 02 04 | 01 02 | 01 05 | 15 20 |
| 17 | 21 18 | 14 27 | 20 18 | 22 59 | 13 02 | 15 13 | 22 33 | 11 25 | 17 07 | 13 30 | 21 23 | 02 00 | 01 06 | 00 54 | 15 20 |
| 18 | 21 08 | 09 15 | 19 47 | 22 52 | 13 02 | 15 09 | 22 33 | 11 25 | 17 07 | 13 30 | 21 26 | 01 55 | 01 10 | 00 43 | 15 21 |
| 19 | 20 58 | 03 49 | 19 14 | 22 45 | 13 02 | 15 05 | 22 32 | 11 26 | 17 08 | 13 30 | 21 30 | 01 50 | 01 15 | 00 31 | 15 21 |
| 20 | 20 47 | +01 39 | 18 40 | 22 38 | 13 03 | 15 01 | 22 32 | 11 27 | 17 08 | 13 31 | 21 33 | 01 45 | 01 19 | 00 19 | 15 22 |
| 21 | 20 36 | 06 57 | 18 06 | 22 29 | 13 03 | 14 57 | 22 32 | 11 27 | 17 08 | 13 31 | 21 36 | 01 40 | 01 23 | 00 08 | 15 22 |
| 22 | 20 24 | 11 57 | 17 30 | 22 20 | 13 04 | 14 53 | 22 32 | 11 28 | 17 09 | 13 31 | 21 39 | 01 34 | 01 28 | -00 04 | 15 23 |
| 23 | 20 12 | 16 29 | 16 54 | 22 11 | 13 05 | 14 49 | 22 31 | 11 29 | 17 09 | 13 31 | 21 42 | 01 28 | 01 32 | 00 15 | 15 23 |
| 24 | 20 00 | 20 24 | 16 17 | 22 01 | 13 07 | 14 45 | 22 31 | 11 30 | 17 10 | 13 31 | 21 45 | 01 22 | 01 37 | 00 27 | 15 24 |
| 25 | 19 47 | 23 30 | 15 39 | 21 50 | 13 09 | 14 41 | 22 31 | 11 30 | 17 10 | 13 32 | 21 47 | 01 16 | 01 42 | 00 39 | 15 24 |
| 26 | 19 34 | 25 36 | 15 02 | 21 38 | 13 11 | 14 37 | 22 30 | 11 31 | 17 11 | 13 32 | 21 50 | 01 10 | 01 46 | 00 51 | 15 25 |
| 27 | 19 21 | 26 28 | 14 23 | 21 26 | 13 13 | 14 32 | 22 30 | 11 32 | 17 11 | 13 32 | 21 53 | 01 04 | 01 51 | 01 02 | 15 25 |
| 28 | 19 08 | 26 01 | 13 45 | 21 13 | 13 15 | 14 28 | 22 30 | 11 32 | 17 12 | 13 32 | 21 56 | 00 57 | 01 56 | 01 14 | 15 26 |
| 29 | 18 54 | 24 10 | 13 06 | 21 00 | 13 18 | 14 24 | 22 29 | 11 33 | 17 12 | 13 33 | 21 58 | 00 50 | 02 01 | 01 26 | 15 26 |
| 30 | 18 40 | 21 00 | 12 27 | 20 46 | 13 21 | 14 20 | 22 29 | 11 34 | 17 13 | 13 33 | 22 01 | 00 43 | 02 06 | 01 38 | 15 27 |
| 31 | 18 25 | 16 40 | 11 47 | 20 31 | 13 24 | 14 16 | 22 29 | 11 35 | 17 13 | 13 33 | 22 03 | 00 36 | 02 11 | 01 50 | 15 27 |

Lunar Phases -- 7 ◐ 02:33 13 ○ 19:22 21 ◑ 07:02 29 ● 06:54 Sun enters ♌ 7/23 06:06

## Aug. 03 — Longitudes of Main Planets - August 2003 — 0:00 E.T.

| D | S.T. | ☉ | ☽ | ☽ 12:00 | ☿ | ♀ | ♂ | ♃ | ♄ | ♅ | ♆ | ♇ | ☊ |
|---|---|---|---|---|---|---|---|---|---|---|---|---|---|
| 1 | 20:36:47 | 08♌21 38 | 12♍15 | 19♍08 | 02♍05 | 03♌28 | 10♓05℞ | 24♌16 | 07♋22 | 01♓44℞ | 11♒53℞ | 17♐26℞ | 25♉48 |
| 2 | 20:40:43 | 09 19 03 | 26 03 | 03♎00 | 03 32 | 04 42 | 10 03 | 24 29 | 07 29 | 01 42 | 11 51 | 17 25 | 25 45 |
| 3 | 20:44:40 | 10 16 28 | 09♎59 | 16 59 | 04 56 | 05 56 | 09 59 | 24 42 | 07 36 | 01 40 | 11 50 | 17 25 | 25 42 |
| 4 | 20:48:36 | 11 13 54 | 24 00 | 01♏03 | 06 19 | 07 10 | 09 55 | 24 55 | 07 43 | 01 38 | 11 48 | 17 24 | 25 39 |
| 5 | 20:52:33 | 12 11 21 | 08♏05 | 15 09 | 07 40 | 08 24 | 09 50 | 25 08 | 07 50 | 01 36 | 11 47 | 17 23 | 25 36 |
| 6 | 20:56:29 | 13 08 49 | 22 13 | 29 18 | 08 59 | 09 38 | 09 45 | 25 21 | 07 57 | 01 33 | 11 45 | 17 22 | 25 32 |
| 7 | 21:00:26 | 14 06 17 | 06♐22 | 13♐27 | 10 16 | 10 52 | 09 38 | 25 34 | 08 03 | 01 31 | 11 43 | 17 22 | 25 29 |
| 8 | 21:04:23 | 15 03 46 | 20 32 | 27 37 | 11 30 | 12 06 | 09 31 | 25 47 | 08 10 | 01 29 | 11 42 | 17 21 | 25 26 |
| 9 | 21:08:19 | 16 01 15 | 04♑40 | 11♑43 | 12 43 | 13 20 | 09 24 | 26 00 | 08 17 | 01 27 | 11 40 | 17 20 | 25 23 |
| 10 | 21:12:16 | 16 58 46 | 18 44 | 25 43 | 13 53 | 14 34 | 09 15 | 26 13 | 08 24 | 01 24 | 11 38 | 17 20 | 25 20 |
| 11 | 21:16:12 | 17 56 18 | 02♒39 | 09♒32 | 15 01 | 15 48 | 09 06 | 26 26 | 08 30 | 01 22 | 11 37 | 17 19 | 25 17 |
| 12 | 21:20:09 | 18 53 50 | 16 22 | 23 08 | 16 07 | 17 02 | 08 56 | 26 39 | 08 37 | 01 20 | 11 35 | 17 19 | 25 13 |
| 13 | 21:24:05 | 19 51 24 | 29 49 | 06♓26 | 17 10 | 18 16 | 08 46 | 26 52 | 08 43 | 01 17 | 11 34 | 17 18 | 25 10 |
| 14 | 21:28:02 | 20 48 58 | 12♓58 | 19 25 | 18 11 | 19 30 | 08 35 | 27 05 | 08 50 | 01 15 | 11 32 | 17 18 | 25 07 |
| 15 | 21:31:58 | 21 46 34 | 25 47 | 02♈05 | 19 09 | 20 45 | 08 23 | 27 18 | 08 56 | 01 13 | 11 30 | 17 17 | 25 04 |
| 16 | 21:35:55 | 22 44 12 | 08♈18 | 14 27 | 20 04 | 21 59 | 08 11 | 27 31 | 09 03 | 01 10 | 11 29 | 17 17 | 25 01 |
| 17 | 21:39:51 | 23 41 51 | 20 32 | 26 34 | 20 56 | 23 13 | 07 58 | 27 44 | 09 09 | 01 08 | 11 27 | 17 16 | 24 58 |
| 18 | 21:43:48 | 24 39 31 | 02♉33 | 08♉29 | 21 45 | 24 27 | 07 45 | 27 57 | 09 15 | 01 06 | 11 26 | 17 16 | 24 54 |
| 19 | 21:47:45 | 25 37 13 | 14 24 | 20 19 | 22 31 | 25 41 | 07 31 | 28 10 | 09 22 | 01 03 | 11 24 | 17 16 | 24 51 |
| 20 | 21:51:41 | 26 34 57 | 26 13 | 02♊07 | 23 13 | 26 56 | 07 17 | 28 23 | 09 28 | 01 01 | 11 22 | 17 15 | 24 48 |
| 21 | 21:55:38 | 27 32 42 | 08♊03 | 14 00 | 23 52 | 28 10 | 07 02 | 28 36 | 09 34 | 00 59 | 11 21 | 17 15 | 24 45 |
| 22 | 21:59:34 | 28 30 29 | 20 00 | 26 03 | 24 26 | 29 24 | 06 47 | 28 49 | 09 40 | 00 56 | 11 19 | 17 15 | 24 42 |
| 23 | 22:03:31 | 29 28 18 | 02♋10 | 08♋21 | 24 57 | 00♍38 | 06 32 | 29 02 | 09 46 | 00 54 | 11 18 | 17 15 | 24 38 |
| 24 | 22:07:27 | 00♍26 08 | 14 37 | 20 57 | 25 23 | 01 53 | 06 17 | 29 16 | 09 52 | 00 51 | 11 16 | 17 14 | 24 35 |
| 25 | 22:11:24 | 01 24 00 | 27 23 | 03♌55 | 25 44 | 03 07 | 06 01 | 29 29 | 09 58 | 00 49 | 11 15 | 17 14 | 24 32 |
| 26 | 22:15:20 | 02 21 53 | 10♌31 | 17 14 | 26 01 | 04 21 | 05 45 | 29 42 | 10 04 | 00 47 | 11 13 | 17 14 | 24 29 |
| 27 | 22:19:17 | 03 19 48 | 24 01 | 00♍53 | 26 12 | 05 36 | 05 29 | 29 55 | 10 09 | 00 44 | 11 12 | 17 14 | 24 26 |
| 28 | 22:23:14 | 04 17 45 | 07♍50 | 14 50 | 26 18 | 06 50 | 05 13 | 00♍08 | 10 15 | 00 42 | 11 10 | 17 14 | 24 23 |
| 29 | 22:27:10 | 05 15 43 | 21 53 | 28 59 | 26 19℞ | 08 04 | 04 57 | 00 21 | 10 21 | 00 39 | 11 09 | 17 14D | 24 19 |
| 30 | 22:31:07 | 06 13 42 | 06♎07 | 13♎16 | 26 13 | 09 19 | 04 41 | 00 34 | 10 26 | 00 37 | 11 07 | 17 14 | 24 16 |
| 31 | 22:35:03 | 07 11 43 | 20 26 | 27 36 | 26 02 | 10 33 | 04 25 | 00 47 | 10 32 | 00 35 | 11 06 | 17 14 | 24 13 |

## 0:00 E.T. — Longitudes of the Major Asteroids and Chiron — Lunar Data

| D | ⚳ | ⚴ | ⚵ | ⚶ | ⚷ | D | ⚳ | ⚴ | ⚵ | ⚶ | ⚷ | Last Asp. | Ingress |
|---|---|---|---|---|---|---|---|---|---|---|---|---|---|
| 1 | 26♊18 | 27♈20 | 07♏14 | 18♎53 | 13♑47℞ | 17 | 02 18 | 28 36 | 10 03 | 25 47 | 13 02 | 1 09:03 | 2 ♎ 06:49 |
| 2 | 26 41 | 27 27 | 07 23 | 19 18 | 13 44 | 18 | 02 40 | 28 38 | 10 15 | 26 14 | 13 00 | 4 01:35 | 4 ♏ 10:13 |
| 3 | 27 04 | 27 34 | 07 32 | 19 43 | 13 41 | 19 | 03 02 | 28 40 | 10 27 | 26 41 | 12 58 | 6 05:23 | 6 ♐ 13:12 |
| 4 | 27 27 | 27 40 | 07 42 | 20 08 | 13 38 | 20 | 03 24 | 28 41 | 10 40 | 27 08 | 12 55 | 8 09:02 | 8 ♑ 16:04 |
| 5 | 27 50 | 27 46 | 07 52 | 20 33 | 13 35 | 21 | 03 46 | 28 42 | 10 52 | 27 35 | 12 53 | 9 14:58 | 10 ♒ 19:25 |
| 6 | 28 13 | 27 52 | 08 01 | 20 59 | 13 32 | 22 | 04 07 | 28 43 | 11 05 | 28 02 | 12 51 | 12 18:36 | 13 ♓ 00:20 |
| 7 | 28 35 | 27 58 | 08 11 | 21 24 | 13 29 | 23 | 04 29 | 28 43℞ | 11 18 | 28 30 | 12 49 | 14 10:30 | 15 ♈ 08:01 |
| 8 | 28 58 | 28 03 | 08 22 | 21 50 | 13 26 | 24 | 04 50 | 28 43 | 11 31 | 28 57 | 12 47 | 17 14:37 | 17 ♉ 18:54 |
| 9 | 29 20 | 28 08 | 08 32 | 22 16 | 13 23 | 25 | 05 12 | 28 42 | 11 45 | 29 25 | 12 45 | 20 04:30 | 20 ♊ 07:42 |
| 10 | 29 43 | 28 13 | 08 43 | 22 42 | 13 20 | 26 | 05 33 | 28 41 | 11 58 | 29 53 | 12 43 | 22 18:16 | 22 ♋ 19:45 |
| 11 | 00♋05 | 28 17 | 08 54 | 23 08 | 13 18 | 27 | 05 54 | 28 40 | 12 12 | 00♏20 | 12 42 | 24 20:52 | 25 ♌ 04:49 |
| 12 | 00 28 | 28 21 | 09 05 | 23 34 | 13 15 | 28 | 06 15 | 28 38 | 12 26 | 00 48 | 12 40 | 26 12:01 | 27 ♍ 10:28 |
| 13 | 00 50 | 28 25 | 09 16 | 24 00 | 13 12 | 29 | 06 36 | 28 35 | 12 39 | 01 16 | 12 38 | 29 07:27 | 29 ♎ 13:42 |
| 14 | 01 12 | 28 28 | 09 27 | 24 27 | 13 10 | 30 | 06 57 | 28 33 | 12 54 | 01 44 | 12 37 | 30 18:38 | 31 ♏ 16:01 |
| 15 | 01 34 | 28 31 | 09 39 | 24 53 | 13 07 | 31 | 07 18 | 28 30 | 13 08 | 02 13 | 12 35 | | |
| 16 | 01 56 | 28 34 | 09 51 | 25 20 | 13 05 | | | | | | | | |

## 0:00 E.T. — Declinations

| D | ☉ | ☽ | ☿ | ♀ | ♂ | ♃ | ♄ | ♅ | ♆ | ♇ | ⚳ | ⚴ | ⚵ | ⚶ | ⚷ |
|---|---|---|---|---|---|---|---|---|---|---|---|---|---|---|---|
| 1 | +18 10 | +11 27 | +11 08 | +20 16 | -13 28 | +14 11 | +22 28 | -11 36 | -17 13 | -13 33 | +22 05 | +00 28 | -02 16 | -02 01 | -15 28 |
| 2 | 17 55 | 05 36 | 10 29 | 20 00 | 13 31 | 14 07 | 22 28 | 11 36 | 17 14 | 13 34 | 22 08 | 00 21 | 02 21 | 02 13 | 15 29 |
| 3 | 17 40 | -00 35 | 09 50 | 19 44 | 13 35 | 14 03 | 22 28 | 11 37 | 17 14 | 13 34 | 22 10 | 00 13 | 02 26 | 02 25 | 15 29 |
| 4 | 17 24 | 06 48 | 09 11 | 19 27 | 13 39 | 13 59 | 22 27 | 11 38 | 17 15 | 13 34 | 22 12 | 00 05 | 02 32 | 02 37 | 15 30 |
| 5 | 17 09 | 12 42 | 08 33 | 19 09 | 13 43 | 13 54 | 22 27 | 11 39 | 17 15 | 13 34 | 22 14 | -00 04 | 02 37 | 02 49 | 15 30 |
| 6 | 16 52 | 17 59 | 07 54 | 18 51 | 13 48 | 13 50 | 22 27 | 11 40 | 17 16 | 13 35 | 22 17 | 00 12 | 02 42 | 03 01 | 15 31 |
| 7 | 16 36 | 22 15 | 07 17 | 18 32 | 13 53 | 13 46 | 22 26 | 11 40 | 17 16 | 13 35 | 22 19 | 00 21 | 02 47 | 03 13 | 15 31 |
| 8 | 16 19 | 25 11 | 06 39 | 18 13 | 13 57 | 13 41 | 22 26 | 11 41 | 17 17 | 13 35 | 22 21 | 00 30 | 02 53 | 03 25 | 15 32 |
| 9 | 16 02 | 26 30 | 06 02 | 17 54 | 14 02 | 13 37 | 22 26 | 11 42 | 17 17 | 13 36 | 22 23 | 00 39 | 02 58 | 03 37 | 15 33 |
| 10 | 15 45 | 26 05 | 05 26 | 17 34 | 14 07 | 13 33 | 22 25 | 11 43 | 17 18 | 13 36 | 22 24 | 00 49 | 03 04 | 03 49 | 15 33 |
| 11 | 15 27 | 24 03 | 04 50 | 17 13 | 14 13 | 13 28 | 22 25 | 11 44 | 17 18 | 13 36 | 22 26 | 00 58 | 03 09 | 04 01 | 15 34 |
| 12 | 15 10 | 20 39 | 04 15 | 16 52 | 14 18 | 13 24 | 22 24 | 11 44 | 17 19 | 13 37 | 22 28 | 01 08 | 03 15 | 04 13 | 15 34 |
| 13 | 14 52 | 16 13 | 03 40 | 16 30 | 14 23 | 13 19 | 22 24 | 11 45 | 17 19 | 13 37 | 22 30 | 01 18 | 03 20 | 04 25 | 15 35 |
| 14 | 14 33 | 11 06 | 03 07 | 16 08 | 14 29 | 13 15 | 22 24 | 11 46 | 17 19 | 13 37 | 22 32 | 01 29 | 03 26 | 04 37 | 15 35 |
| 15 | 14 15 | 05 38 | 02 34 | 15 46 | 14 34 | 13 10 | 22 23 | 11 47 | 17 20 | 13 38 | 22 33 | 01 39 | 03 31 | 04 49 | 15 36 |
| 16 | 13 56 | 00 05 | 02 03 | 15 23 | 14 40 | 13 06 | 22 23 | 11 48 | 17 20 | 13 38 | 22 35 | 01 50 | 03 37 | 05 00 | 15 37 |
| 17 | 13 37 | +05 22 | 01 33 | 15 00 | 14 46 | 13 02 | 22 22 | 11 49 | 17 21 | 13 38 | 22 36 | 02 01 | 03 43 | 05 12 | 15 37 |
| 18 | 13 18 | 10 33 | 01 04 | 14 36 | 14 52 | 12 57 | 22 22 | 11 50 | 17 21 | 13 39 | 22 38 | 02 12 | 03 48 | 05 24 | 15 38 |
| 19 | 12 59 | 15 17 | 00 36 | 14 12 | 14 57 | 12 53 | 22 22 | 11 50 | 17 22 | 13 39 | 22 39 | 02 24 | 03 54 | 05 36 | 15 38 |
| 20 | 12 39 | 19 25 | 00 09 | 13 47 | 15 03 | 12 48 | 22 21 | 11 51 | 17 22 | 13 39 | 22 41 | 02 35 | 04 00 | 05 48 | 15 39 |
| 21 | 12 20 | 22 48 | -00 15 | 13 22 | 15 09 | 12 44 | 22 21 | 11 52 | 17 23 | 13 40 | 22 42 | 02 47 | 04 05 | 06 00 | 15 40 |
| 22 | 12 00 | 25 13 | 00 38 | 12 57 | 15 14 | 12 39 | 22 20 | 11 53 | 17 23 | 13 40 | 22 43 | 03 00 | 04 11 | 06 12 | 15 40 |
| 23 | 11 39 | 26 29 | 01 00 | 12 31 | 15 20 | 12 35 | 22 20 | 11 54 | 17 23 | 13 40 | 22 45 | 03 12 | 04 17 | 06 24 | 15 41 |
| 24 | 11 19 | 26 28 | 01 19 | 12 06 | 15 25 | 12 30 | 22 20 | 11 55 | 17 24 | 13 41 | 22 46 | 03 25 | 04 23 | 06 36 | 15 41 |
| 25 | 10 59 | 25 04 | 01 36 | 11 39 | 15 30 | 12 26 | 22 19 | 11 55 | 17 24 | 13 41 | 22 47 | 03 37 | 04 28 | 06 48 | 15 42 |
| 26 | 10 38 | 22 17 | 01 50 | 11 13 | 15 36 | 12 21 | 22 19 | 11 56 | 17 25 | 13 42 | 22 48 | 03 50 | 04 34 | 06 59 | 15 43 |
| 27 | 10 17 | 18 15 | 02 02 | 10 46 | 15 41 | 12 17 | 22 18 | 11 57 | 17 25 | 13 42 | 22 49 | 04 04 | 04 40 | 07 11 | 15 43 |
| 28 | 09 56 | 13 09 | 02 12 | 10 18 | 15 46 | 12 12 | 22 18 | 11 58 | 17 26 | 13 42 | 22 50 | 04 17 | 04 46 | 07 23 | 15 44 |
| 29 | 09 35 | 07 17 | 02 18 | 09 51 | 15 50 | 12 07 | 22 18 | 11 59 | 17 26 | 13 43 | 22 51 | 04 31 | 04 52 | 07 35 | 15 44 |
| 30 | 09 14 | 00 59 | 02 22 | 09 23 | 15 55 | 12 03 | 22 17 | 12 00 | 17 26 | 13 43 | 22 52 | 04 45 | 04 57 | 07 47 | 15 45 |
| 31 | 08 52 | -05 26 | 02 22 | 08 55 | 15 59 | 11 58 | 22 17 | 12 01 | 17 27 | 13 44 | 22 53 | 04 59 | 05 03 | 07 58 | 15 46 |

Lunar Phases -- 5 ◐ 07:29 12 ○ 04:49 20 ◑ 00:49 27 ● 17:27 Sun enters ♍ 8/23 13:10

## 0:00 E.T. Longitudes of Main Planets - September 2003 **Sep. 03**

| D | S.T. | ☉ | ☽ | ☽ 12:00 | ☿ | ♀ | ♂ | ♃ | ♄ | ♅ | ♆ | ♇ | ☊ |
|---|---|---|---|---|---|---|---|---|---|---|---|---|---|
| 1 | 22:39:00 | 08♍09 46 | 04♏46 | 11♏54 | 25♍44℞ | 11♍48 | 04♓10℞ | 01♍00 | 10♋37 | 00♓32℞ | 11♒05℞ | 17♐14 | 24♉10 |
| 2 | 22:42:56 | 09 07 50 | 19 02 | 26 08 | 25 21 | 13 02 | 03 54 | 01 13 | 10 42 | 00 30 | 11 03 | 17 14 | 24 07 |
| 3 | 22:46:53 | 10 05 55 | 03♐13 | 10♐16 | 24 51 | 14 16 | 03 39 | 01 26 | 10 47 | 00 28 | 11 02 | 17 14 | 24 04 |
| 4 | 22:50:49 | 11 04 01 | 17 17 | 24 16 | 24 15 | 15 31 | 03 23 | 01 39 | 10 53 | 00 25 | 11 00 | 17 15 | 24 00 |
| 5 | 22:54:46 | 12 02 09 | 01♑14 | 08♑09 | 23 33 | 16 45 | 03 09 | 01 52 | 10 58 | 00 23 | 10 59 | 17 15 | 23 57 |
| 6 | 22:58:43 | 13 00 19 | 15 03 | 21 54 | 22 46 | 18 00 | 02 54 | 02 05 | 11 03 | 00 21 | 10 58 | 17 15 | 23 54 |
| 7 | 23:02:39 | 13 58 30 | 28 43 | 05♒30 | 21 55 | 19 14 | 02 40 | 02 18 | 11 08 | 00 18 | 10 56 | 17 15 | 23 51 |
| 8 | 23:06:36 | 14 56 42 | 12♒13 | 18 54 | 21 00 | 20 29 | 02 27 | 02 31 | 11 12 | 00 16 | 10 55 | 17 16 | 23 48 |
| 9 | 23:10:32 | 15 54 56 | 25 32 | 02♓07 | 20 01 | 21 43 | 02 14 | 02 44 | 11 17 | 00 14 | 10 54 | 17 16 | 23 44 |
| 10 | 23:14:29 | 16 53 12 | 08♓38 | 15 05 | 19 02 | 22 58 | 02 01 | 02 57 | 11 22 | 00 11 | 10 53 | 17 16 | 23 41 |
| 11 | 23:18:25 | 17 51 29 | 21 29 | 27 49 | 18 01 | 24 12 | 01 49 | 03 10 | 11 27 | 00 09 | 10 51 | 17 17 | 23 38 |
| 12 | 23:22:22 | 18 49 48 | 04♈05 | 10♈18 | 17 02 | 25 27 | 01 37 | 03 23 | 11 31 | 00 07 | 10 50 | 17 17 | 23 35 |
| 13 | 23:26:18 | 19 48 09 | 16 26 | 22 32 | 16 05 | 26 41 | 01 27 | 03 35 | 11 36 | 00 05 | 10 49 | 17 18 | 23 32 |
| 14 | 23:30:15 | 20 46 32 | 28 34 | 04♉34 | 15 11 | 27 56 | 01 16 | 03 48 | 11 40 | 00 03 | 10 48 | 17 18 | 23 29 |
| 15 | 23:34:12 | 21 44 57 | 10♉32 | 16 27 | 14 23 | 29 10 | 01 07 | 04 01 | 11 44 | 00 00 | 10 47 | 17 19 | 23 25 |
| 16 | 23:38:08 | 22 43 24 | 22 22 | 28 15 | 13 41 | 00♎25 | 00 58 | 04 14 | 11 48 | 29♒58 | 10 46 | 17 19 | 23 22 |
| 17 | 23:42:05 | 23 41 53 | 04♊09 | 10♊03 | 13 06 | 01 39 | 00 49 | 04 26 | 11 52 | 29 56 | 10 44 | 17 20 | 23 19 |
| 18 | 23:46:01 | 24 40 24 | 15 58 | 21 56 | 12 39 | 02 54 | 00 42 | 04 39 | 11 56 | 29 54 | 10 43 | 17 21 | 23 16 |
| 19 | 23:49:58 | 25 38 58 | 27 55 | 03♋58 | 12 21 | 04 09 | 00 35 | 04 52 | 12 00 | 29 52 | 10 42 | 17 21 | 23 13 |
| 20 | 23:53:54 | 26 37 34 | 10♋05 | 16 16 | 12 13 | 05 23 | 00 29 | 05 04 | 12 04 | 29 50 | 10 41 | 17 22 | 23 10 |
| 21 | 23:57:51 | 27 36 12 | 22 32 | 28 54 | 12 14D | 06 38 | 00 23 | 05 17 | 12 08 | 29 48 | 10 40 | 17 23 | 23 06 |
| 22 | 0:01:47 | 28 34 52 | 05♌21 | 11♌55 | 12 25 | 07 52 | 00 19 | 05 29 | 12 12 | 29 46 | 10 39 | 17 23 | 23 03 |
| 23 | 0:05:44 | 29 33 34 | 18 36 | 25 22 | 12 46 | 09 07 | 00 15 | 05 42 | 12 15 | 29 44 | 10 38 | 17 24 | 23 00 |
| 24 | 0:09:41 | 00♎32 18 | 02♍15 | 09♍14 | 13 16 | 10 22 | 00 12 | 05 54 | 12 19 | 29 42 | 10 38 | 17 25 | 22 57 |
| 25 | 0:13:37 | 01 31 05 | 16 19 | 23 28 | 13 55 | 11 36 | 00 09 | 06 07 | 12 22 | 29 40 | 10 37 | 17 26 | 22 54 |
| 26 | 0:17:34 | 02 29 53 | 00♎42 | 08♎00 | 14 43 | 12 51 | 00 08 | 06 19 | 12 25 | 29 38 | 10 36 | 17 27 | 22 50 |
| 27 | 0:21:30 | 03 28 44 | 15 20 | 22 42 | 15 39 | 14 05 | 00 07 | 06 32 | 12 28 | 29 36 | 10 35 | 17 28 | 22 47 |
| 28 | 0:25:27 | 04 27 36 | 00♏04 | 07♏27 | 16 42 | 15 20 | 00 07D | 06 44 | 12 31 | 29 34 | 10 34 | 17 29 | 22 44 |
| 29 | 0:29:23 | 05 26 31 | 14 48 | 22 08 | 17 52 | 16 35 | 00 08 | 06 56 | 12 34 | 29 32 | 10 33 | 17 30 | 22 41 |
| 30 | 0:33:20 | 06 25 27 | 29 25 | 06♐39 | 19 08 | 17 49 | 00 10 | 07 08 | 12 37 | 29 31 | 10 33 | 17 31 | 22 38 |

## 0:00 E.T. Longitudes of the Major Asteroids and Chiron

| D | ⚳ | ⚴ | ⚵ | ⚶ | ⚷ |
|---|---|---|---|---|---|
| 1 | 07♋38 | 28♈26℞ | 13♏22 | 02♏41 | 12♑34℞ |
| 2 | 07 59 | 28 22 | 13 37 | 03 09 | 12 33 |
| 3 | 08 19 | 28 18 | 13 51 | 03 38 | 12 31 |
| 4 | 08 40 | 28 13 | 14 06 | 04 06 | 12 30 |
| 5 | 09 00 | 28 08 | 14 21 | 04 35 | 12 29 |
| 6 | 09 20 | 28 03 | 14 36 | 05 03 | 12 28 |
| 7 | 09 40 | 27 57 | 14 52 | 05 32 | 12 27 |
| 8 | 10 00 | 27 50 | 15 07 | 06 01 | 12 26 |
| 9 | 10 20 | 27 43 | 15 22 | 06 30 | 12 26 |
| 10 | 10 39 | 27 36 | 15 38 | 06 59 | 12 25 |
| 11 | 10 59 | 27 28 | 15 54 | 07 28 | 12 24 |
| 12 | 11 18 | 27 20 | 16 09 | 07 57 | 12 24 |
| 13 | 11 38 | 27 12 | 16 25 | 08 27 | 12 23 |
| 14 | 11 57 | 27 03 | 16 41 | 08 56 | 12 23 |
| 15 | 12 16 | 26 53 | 16 58 | 09 25 | 12 23 |
| 16 | 12 35 | 26 43 | 17 14 | 09 55 | 12 22 |
| 17 | 12 53 | 26 33 | 17 30 | 10 24 | 12 22 |
| 18 | 13 12 | 26 22 | 17 47 | 10 54 | 12 22 |
| 19 | 13 30 | 26 11 | 18 04 | 11 23 | 12 22D |
| 20 | 13 49 | 26 00 | 18 20 | 11 53 | 12 22 |
| 21 | 14 07 | 25 48 | 18 37 | 12 23 | 12 23 |
| 22 | 14 25 | 25 35 | 18 54 | 12 53 | 12 23 |
| 23 | 14 43 | 25 23 | 19 11 | 13 23 | 12 23 |
| 24 | 15 00 | 25 10 | 19 28 | 13 53 | 12 24 |
| 25 | 15 18 | 24 56 | 19 46 | 14 23 | 12 24 |
| 26 | 15 35 | 24 42 | 20 03 | 14 53 | 12 25 |
| 27 | 15 53 | 24 28 | 20 20 | 15 23 | 12 25 |
| 28 | 16 10 | 24 14 | 20 38 | 15 53 | 12 26 |
| 29 | 16 26 | 23 59 | 20 56 | 16 24 | 12 27 |
| 30 | 16 43 | 23 44 | 21 13 | 16 54 | 12 28 |

## Lunar Data

| Last Asp. | | Ingress | | |
|---|---|---|---|---|
| 2 | 10:19 | 2 | ♐ | 18:33 |
| 4 | 11:24 | 4 | ♑ | 21:52 |
| 6 | 12:45 | 7 | ♒ | 02:16 |
| 8 | 09:02 | 9 | ♓ | 08:08 |
| 11 | 05:42 | 11 | ♈ | 16:10 |
| 13 | 01:41 | 14 | ♉ | 02:51 |
| 16 | 15:26 | 16 | ♊ | 15:33 |
| 19 | 03:52 | 19 | ♋ | 04:08 |
| 21 | 10:22 | 21 | ♌ | 14:03 |
| 23 | 19:34 | 23 | ♍ | 20:05 |
| 25 | 01:53 | 25 | ♎ | 22:50 |
| 27 | 23:11 | 27 | ♏ | 23:53 |
| 30 | 00:10 | 30 | ♐ | 00:58 |

## 0:00 E.T. Declinations

| D | ☉ | ☽ | ☿ | ♀ | ♂ | ♃ | ♄ | ♅ | ♆ | ♇ | ⚳ | ⚴ | ⚵ | ⚶ | ⚷ |
|---|---|---|---|---|---|---|---|---|---|---|---|---|---|---|---|
| 1 | +08 31 | -11 35 | -02 18 | +08 27 | -16 03 | +11 54 | +22 16 | -12 01 | -17 27 | -13 44 | +22 54 | -05 13 | -05 09 | -08 10 | -15 46 |
| 2 | 08 09 | 17 06 | 02 11 | 07 58 | 16 07 | 11 49 | 22 16 | 12 02 | 17 28 | 13 44 | 22 55 | 05 28 | 05 15 | 08 22 | 15 47 |
| 3 | 07 47 | 21 39 | 02 01 | 07 30 | 16 10 | 11 45 | 22 16 | 12 03 | 17 28 | 13 45 | 22 56 | 05 43 | 05 21 | 08 33 | 15 47 |
| 4 | 07 25 | 24 52 | 01 46 | 07 01 | 16 14 | 11 40 | 22 15 | 12 04 | 17 28 | 13 45 | 22 57 | 05 58 | 05 27 | 08 45 | 15 48 |
| 5 | 07 03 | 26 32 | 01 28 | 06 32 | 16 17 | 11 35 | 22 15 | 12 05 | 17 29 | 13 46 | 22 58 | 06 13 | 05 33 | 08 57 | 15 48 |
| 6 | 06 41 | 26 32 | 01 06 | 06 02 | 16 19 | 11 31 | 22 14 | 12 06 | 17 29 | 13 46 | 22 59 | 06 28 | 05 38 | 09 08 | 15 49 |
| 7 | 06 18 | 24 55 | 00 41 | 05 33 | 16 22 | 11 26 | 22 14 | 12 06 | 17 30 | 13 46 | 23 00 | 06 44 | 05 44 | 09 20 | 15 50 |
| 8 | 05 56 | 21 53 | 00 13 | 05 03 | 16 24 | 11 22 | 22 14 | 12 07 | 17 30 | 13 47 | 23 00 | 07 00 | 05 50 | 09 31 | 15 50 |
| 9 | 05 33 | 17 45 | +00 19 | 04 34 | 16 25 | 11 17 | 22 13 | 12 08 | 17 30 | 13 47 | 23 01 | 07 15 | 05 56 | 09 43 | 15 51 |
| 10 | 05 11 | 12 50 | 00 53 | 04 04 | 16 27 | 11 13 | 22 13 | 12 09 | 17 31 | 13 48 | 23 02 | 07 32 | 06 02 | 09 54 | 15 51 |
| 11 | 04 48 | 07 27 | 01 28 | 03 34 | 16 28 | 11 08 | 22 12 | 12 10 | 17 31 | 13 48 | 23 02 | 07 48 | 06 08 | 10 06 | 15 52 |
| 12 | 04 25 | 01 51 | 02 05 | 03 03 | 16 28 | 11 03 | 22 12 | 12 10 | 17 31 | 13 49 | 23 03 | 08 04 | 06 13 | 10 17 | 15 52 |
| 13 | 04 02 | +03 43 | 02 42 | 02 33 | 16 29 | 10 59 | 22 12 | 12 11 | 17 32 | 13 49 | 23 04 | 08 21 | 06 19 | 10 28 | 15 53 |
| 14 | 03 39 | 09 03 | 03 19 | 02 03 | 16 29 | 10 54 | 22 11 | 12 12 | 17 32 | 13 49 | 23 04 | 08 37 | 06 25 | 10 39 | 15 54 |
| 15 | 03 16 | 14 00 | 03 55 | 01 32 | 16 29 | 10 50 | 22 11 | 12 13 | 17 32 | 13 50 | 23 05 | 08 54 | 06 31 | 10 51 | 15 54 |
| 16 | 02 53 | 18 23 | 04 29 | 01 02 | 16 28 | 10 45 | 22 11 | 12 13 | 17 33 | 13 50 | 23 06 | 09 11 | 06 37 | 11 02 | 15 55 |
| 17 | 02 30 | 22 02 | 05 00 | 00 31 | 16 27 | 10 41 | 22 10 | 12 14 | 17 33 | 13 51 | 23 06 | 09 28 | 06 42 | 11 13 | 15 55 |
| 18 | 02 07 | 24 46 | 05 29 | 00 01 | 16 26 | 10 36 | 22 10 | 12 15 | 17 33 | 13 51 | 23 07 | 09 45 | 06 48 | 11 24 | 15 56 |
| 19 | 01 44 | 26 26 | 05 54 | -00 30 | 16 24 | 10 32 | 22 10 | 12 16 | 17 33 | 13 52 | 23 08 | 10 02 | 06 54 | 11 35 | 15 56 |
| 20 | 01 20 | 26 51 | 06 15 | 01 00 | 16 22 | 10 27 | 22 09 | 12 16 | 17 34 | 13 52 | 23 08 | 10 20 | 07 00 | 11 46 | 15 57 |
| 21 | 00 57 | 25 57 | 06 32 | 01 31 | 16 20 | 10 23 | 22 09 | 12 17 | 17 34 | 13 53 | 23 09 | 10 37 | 07 05 | 11 57 | 15 57 |
| 22 | 00 34 | 23 41 | 06 44 | 02 01 | 16 17 | 10 18 | 22 09 | 12 18 | 17 34 | 13 53 | 23 09 | 10 55 | 07 11 | 12 08 | 15 58 |
| 23 | 00 11 | 20 06 | 06 52 | 02 32 | 16 15 | 10 14 | 22 08 | 12 18 | 17 35 | 13 53 | 23 10 | 11 12 | 07 17 | 12 19 | 15 58 |
| 24 | -00 13 | 15 22 | 06 55 | 03 03 | 16 11 | 10 09 | 22 08 | 12 19 | 17 35 | 13 54 | 23 11 | 11 30 | 07 22 | 12 29 | 15 59 |
| 25 | 00 36 | 09 41 | 06 53 | 03 33 | 16 08 | 10 05 | 22 08 | 12 20 | 17 35 | 13 54 | 23 11 | 11 47 | 07 28 | 12 40 | 15 59 |
| 26 | 01 00 | 03 22 | 06 47 | 04 03 | 16 04 | 10 00 | 22 07 | 12 20 | 17 35 | 13 55 | 23 12 | 12 05 | 07 34 | 12 51 | 16 00 |
| 27 | 01 23 | -03 14 | 06 37 | 04 34 | 16 00 | 09 56 | 22 07 | 12 21 | 17 36 | 13 55 | 23 13 | 12 23 | 07 39 | 13 01 | 16 00 |
| 28 | 01 46 | 09 45 | 06 22 | 05 04 | 15 55 | 09 51 | 22 07 | 12 22 | 17 36 | 13 56 | 23 13 | 12 40 | 07 45 | 13 12 | 16 01 |
| 29 | 02 10 | 15 43 | 06 04 | 05 34 | 15 50 | 09 47 | 22 07 | 12 22 | 17 36 | 13 56 | 23 14 | 12 58 | 07 50 | 13 22 | 16 01 |
| 30 | 02 33 | 20 44 | 05 41 | 06 04 | 15 45 | 09 42 | 22 06 | 12 23 | 17 36 | 13 57 | 23 15 | 13 16 | 07 56 | 13 33 | 16 01 |

Lunar Phases -- 3 ◐ 12:35 10 ○ 16:37 18 ◑ 19:04 26 ● 03:10 Sun enters ♎ 9/23 10:48

**Oct. 03** | **Longitudes of Main Planets - October 2003** | **0:00 E.T.**

| D | S.T. | ☉ | ☽ | ☽ 12:00 | ☿ | ♀ | ♂ | ♃ | ♄ | ♅ | ♆ | ♇ | ☊ |
|---|---|---|---|---|---|---|---|---|---|---|---|---|---|
| 1 | 0:37:16 | 07♎24 25 | 13♐50 | 20♐58 | 20♍29 | 19♎04 | 00♓13 | 07♍20 | 12♋40 | 29♒29℞ | 10♒32℞ | 17♐32 | 22♉35 |
| 2 | 0:41:13 | 08 23 25 | 28 02 | 05♑01 | 21 55 | 20 19 | 00 16 | 07 33 | 12 43 | 29 27 | 10 31 | 17 33 | 22 31 |
| 3 | 0:45:10 | 09 22 26 | 11♑57 | 18 49 | 23 25 | 21 33 | 00 20 | 07 45 | 12 45 | 29 26 | 10 31 | 17 34 | 22 28 |
| 4 | 0:49:06 | 10 21 29 | 25 38 | 02♒22 | 24 58 | 22 48 | 00 25 | 07 57 | 12 48 | 29 24 | 10 30 | 17 35 | 22 25 |
| 5 | 0:53:03 | 11 20 34 | 09♒03 | 15 40 | 26 35 | 24 03 | 00 31 | 08 09 | 12 50 | 29 22 | 10 29 | 17 36 | 22 22 |
| 6 | 0:56:59 | 12 19 41 | 22 14 | 28 44 | 28 13 | 25 17 | 00 37 | 08 20 | 12 52 | 29 21 | 10 29 | 17 37 | 22 19 |
| 7 | 1:00:56 | 13 18 49 | 05♓11 | 11♓34 | 29 54 | 26 32 | 00 45 | 08 32 | 12 54 | 29 19 | 10 28 | 17 38 | 22 16 |
| 8 | 1:04:52 | 14 17 59 | 17 55 | 24 12 | 01♎36 | 27 46 | 00 53 | 08 44 | 12 56 | 29 18 | 10 28 | 17 40 | 22 12 |
| 9 | 1:08:49 | 15 17 12 | 00♈27 | 06♈38 | 03 19 | 29 01 | 01 01 | 08 56 | 12 58 | 29 16 | 10 27 | 17 41 | 22 09 |
| 10 | 1:12:45 | 16 16 26 | 12 47 | 18 53 | 05 03 | 00♏16 | 01 11 | 09 07 | 13 00 | 29 15 | 10 27 | 17 42 | 22 06 |
| 11 | 1:16:42 | 17 15 42 | 24 56 | 00♉57 | 06 47 | 01 30 | 01 21 | 09 19 | 13 02 | 29 14 | 10 26 | 17 44 | 22 03 |
| 12 | 1:20:39 | 18 15 00 | 06♉56 | 12 53 | 08 32 | 02 45 | 01 32 | 09 30 | 13 03 | 29 12 | 10 26 | 17 45 | 22 00 |
| 13 | 1:24:35 | 19 14 20 | 18 49 | 24 43 | 10 17 | 04 00 | 01 44 | 09 42 | 13 05 | 29 11 | 10 26 | 17 46 | 21 56 |
| 14 | 1:28:32 | 20 13 43 | 00♊36 | 06♊30 | 12 02 | 05 14 | 01 56 | 09 53 | 13 06 | 29 10 | 10 25 | 17 48 | 21 53 |
| 15 | 1:32:28 | 21 13 08 | 12 23 | 18 17 | 13 47 | 06 29 | 02 09 | 10 05 | 13 08 | 29 09 | 10 25 | 17 49 | 21 50 |
| 16 | 1:36:25 | 22 12 35 | 24 12 | 00♋09 | 15 32 | 07 44 | 02 22 | 10 16 | 13 09 | 29 07 | 10 25 | 17 51 | 21 47 |
| 17 | 1:40:21 | 23 12 04 | 06♋08 | 12 10 | 17 16 | 08 58 | 02 36 | 10 27 | 13 10 | 29 06 | 10 25 | 17 52 | 21 44 |
| 18 | 1:44:18 | 24 11 36 | 18 16 | 24 26 | 19 00 | 10 13 | 02 51 | 10 38 | 13 11 | 29 05 | 10 24 | 17 54 | 21 41 |
| 19 | 1:48:14 | 25 11 10 | 00♌41 | 07♌01 | 20 43 | 11 27 | 03 07 | 10 49 | 13 12 | 29 04 | 10 24 | 17 55 | 21 37 |
| 20 | 1:52:11 | 26 10 46 | 13 26 | 19 58 | 22 26 | 12 42 | 03 23 | 11 00 | 13 12 | 29 03 | 10 24 | 17 57 | 21 34 |
| 21 | 1:56:08 | 27 10 24 | 26 37 | 03♍22 | 24 09 | 13 57 | 03 39 | 11 11 | 13 13 | 29 02 | 10 24 | 17 58 | 21 31 |
| 22 | 2:00:04 | 28 10 05 | 10♍14 | 17 14 | 25 50 | 15 11 | 03 57 | 11 22 | 13 14 | 29 01 | 10 24 | 18 00 | 21 28 |
| 23 | 2:04:01 | 29 09 48 | 24 20 | 01♎32 | 27 32 | 16 26 | 04 14 | 11 32 | 13 14 | 29 01 | 10 24D | 18 02 | 21 25 |
| 24 | 2:07:57 | 00♏09 33 | 08♎50 | 16 12 | 29 13 | 17 41 | 04 33 | 11 43 | 13 14 | 29 00 | 10 24 | 18 03 | 21 21 |
| 25 | 2:11:54 | 01 09 20 | 23 39 | 01♏09 | 00♏53 | 18 55 | 04 52 | 11 54 | 13 14 | 28 59 | 10 24 | 18 05 | 21 18 |
| 26 | 2:15:50 | 02 09 09 | 08♏41 | 16 14 | 02 32 | 20 10 | 05 11 | 12 04 | 13 14℞ | 28 58 | 10 24 | 18 07 | 21 15 |
| 27 | 2:19:47 | 03 09 00 | 23 46 | 01♐18 | 04 11 | 21 25 | 05 31 | 12 14 | 13 14 | 28 58 | 10 24 | 18 08 | 21 12 |
| 28 | 2:23:43 | 04 08 53 | 08♐46 | 16 12 | 05 50 | 22 39 | 05 52 | 12 25 | 13 14 | 28 57 | 10 24 | 18 10 | 21 09 |
| 29 | 2:27:40 | 05 08 48 | 23 33 | 00♑50 | 07 28 | 23 54 | 06 13 | 12 35 | 13 14 | 28 56 | 10 25 | 18 12 | 21 06 |
| 30 | 2:31:37 | 06 08 45 | 08♑01 | 15 07 | 09 05 | 25 09 | 06 34 | 12 45 | 13 14 | 28 56 | 10 25 | 18 14 | 21 02 |
| 31 | 2:35:33 | 07 08 43 | 22 07 | 29 02 | 10 42 | 26 23 | 06 56 | 12 55 | 13 13 | 28 56 | 10 25 | 18 16 | 20 59 |

**0:00 E.T.** | **Longitudes of the Major Asteroids and Chiron**

| D | ⚳ | ⚴ | ⚵ | ⚶ | ⚷ |
|---|---|---|---|---|---|
| 1 | 16♋59 | 23♈28℞ | 21♏31 | 17♏24 | 12♑29 |
| 2 | 17 16 | 23 12 | 21 49 | 17 55 | 12 30 |
| 3 | 17 32 | 22 56 | 22 07 | 18 25 | 12 31 |
| 4 | 17 48 | 22 40 | 22 25 | 18 56 | 12 32 |
| 5 | 18 03 | 22 23 | 22 43 | 19 27 | 12 34 |
| 6 | 18 19 | 22 07 | 23 02 | 19 57 | 12 35 |
| 7 | 18 34 | 21 50 | 23 20 | 20 28 | 12 36 |
| 8 | 18 49 | 21 32 | 23 38 | 20 59 | 12 38 |
| 9 | 19 04 | 21 15 | 23 57 | 21 30 | 12 40 |
| 10 | 19 19 | 20 57 | 24 15 | 22 00 | 12 41 |
| 11 | 19 33 | 20 40 | 24 34 | 22 31 | 12 43 |
| 12 | 19 47 | 20 22 | 24 53 | 23 02 | 12 45 |
| 13 | 20 01 | 20 04 | 25 11 | 23 33 | 12 47 |
| 14 | 20 15 | 19 46 | 25 30 | 24 04 | 12 49 |
| 15 | 20 29 | 19 27 | 25 49 | 24 35 | 12 51 |
| 16 | 20 42 | 19 09 | 26 08 | 25 06 | 12 53 |
| 17 | 20 55 | 18 51 | 26 27 | 25 38 | 12 55 |
| 18 | 21 08 | 18 33 | 26 46 | 26 09 | 12 58 |
| 19 | 21 20 | 18 14 | 27 05 | 26 40 | 13 00 |
| 20 | 21 33 | 17 56 | 27 25 | 27 11 | 13 02 |
| 21 | 21 45 | 17 38 | 27 44 | 27 43 | 13 05 |
| 22 | 21 56 | 17 20 | 28 03 | 28 14 | 13 08 |
| 23 | 22 08 | 17 02 | 28 23 | 28 45 | 13 10 |
| 24 | 22 19 | 16 44 | 28 42 | 29 17 | 13 13 |
| 25 | 22 30 | 16 26 | 29 02 | 29 48 | 13 16 |
| 26 | 22 40 | 16 09 | 29 21 | 00♐20 | 13 19 |
| 27 | 22 51 | 15 51 | 29 41 | 00 51 | 13 22 |
| 28 | 23 01 | 15 34 | 00♐01 | 01 23 | 13 25 |
| 29 | 23 11 | 15 17 | 00 20 | 01 55 | 13 28 |
| 30 | 23 20 | 15 00 | 00 40 | 02 26 | 13 31 |
| 31 | 23 29 | 14 43 | 01 00 | 02 58 | 13 34 |

**Lunar Data**

| Last Asp. | | Ingress | | |
|---|---|---|---|---|
| 2 | 02:26 | 2 | ♑ | 03:23 |
| 3 | 22:41 | 4 | ♒ | 07:46 |
| 6 | 13:07 | 6 | ♓ | 14:21 |
| 7 | 23:31 | 8 | ♈ | 23:09 |
| 11 | 08:32 | 11 | ♉ | 10:06 |
| 13 | 21:04 | 13 | ♊ | 22:46 |
| 16 | 09:55 | 16 | ♋ | 11:42 |
| 18 | 12:32 | 18 | ♌ | 22:42 |
| 21 | 04:19 | 21 | ♍ | 06:02 |
| 22 | 13:20 | 23 | ♎ | 09:28 |
| 25 | 08:32 | 25 | ♏ | 10:09 |
| 27 | 08:16 | 27 | ♐ | 09:56 |
| 29 | 08:53 | 29 | ♑ | 10:38 |
| 31 | 08:08 | | | |

**0:00 E.T.** | **Declinations**

| D | ☉ | ☽ | ☿ | ♀ | ♂ | ♃ | ♄ | ♅ | ♆ | ♇ | ⚳ | ⚴ | ⚵ | ⚶ | ⚷ |
|---|---|---|---|---|---|---|---|---|---|---|---|---|---|---|---|
| 1 | -02 56 | -24 26 | +05 16 | -06 34 | -15 40 | +09 38 | +22 06 | -12 23 | -17 36 | -13 57 | +23 15 | -13 33 | -08 01 | -13 43 | -16 02 |
| 2 | 03 20 | 26 32 | 04 47 | 07 04 | 15 34 | 09 34 | 22 06 | 12 24 | 17 37 | 13 58 | 23 16 | 13 51 | 08 07 | 13 53 | 16 02 |
| 3 | 03 43 | 26 54 | 04 16 | 07 34 | 15 28 | 09 29 | 22 06 | 12 24 | 17 37 | 13 58 | 23 17 | 14 08 | 08 12 | 14 04 | 16 03 |
| 4 | 04 06 | 25 36 | 03 42 | 08 03 | 15 22 | 09 25 | 22 05 | 12 25 | 17 37 | 13 59 | 23 17 | 14 26 | 08 18 | 14 14 | 16 03 |
| 5 | 04 29 | 22 52 | 03 06 | 08 32 | 15 16 | 09 21 | 22 05 | 12 26 | 17 37 | 13 59 | 23 18 | 14 43 | 08 23 | 14 24 | 16 04 |
| 6 | 04 52 | 18 59 | 02 28 | 09 02 | 15 09 | 09 16 | 22 05 | 12 26 | 17 37 | 13 59 | 23 19 | 15 00 | 08 29 | 14 34 | 16 04 |
| 7 | 05 15 | 14 17 | 01 49 | 09 30 | 15 02 | 09 12 | 22 05 | 12 27 | 17 38 | 14 00 | 23 20 | 15 17 | 08 34 | 14 44 | 16 04 |
| 8 | 05 38 | 09 02 | 01 08 | 09 59 | 14 55 | 09 08 | 22 05 | 12 27 | 17 38 | 14 00 | 23 21 | 15 34 | 08 39 | 14 54 | 16 05 |
| 9 | 06 01 | 03 30 | 00 26 | 10 28 | 14 47 | 09 03 | 22 05 | 12 28 | 17 38 | 14 01 | 23 22 | 15 51 | 08 45 | 15 03 | 16 05 |
| 10 | 06 24 | +02 06 | -00 17 | 10 56 | 14 40 | 08 59 | 22 04 | 12 28 | 17 38 | 14 01 | 23 23 | 16 08 | 08 50 | 15 13 | 16 05 |
| 11 | 06 47 | 07 32 | 01 00 | 11 24 | 14 32 | 08 55 | 22 04 | 12 28 | 17 38 | 14 02 | 23 24 | 16 24 | 08 55 | 15 23 | 16 06 |
| 12 | 07 09 | 12 39 | 01 44 | 11 52 | 14 23 | 08 51 | 22 04 | 12 29 | 17 38 | 14 02 | 23 25 | 16 40 | 09 00 | 15 32 | 16 06 |
| 13 | 07 32 | 17 15 | 02 28 | 12 19 | 14 15 | 08 47 | 22 04 | 12 29 | 17 38 | 14 03 | 23 26 | 16 56 | 09 05 | 15 42 | 16 07 |
| 14 | 07 54 | 21 10 | 03 13 | 12 46 | 14 06 | 08 42 | 22 04 | 12 30 | 17 38 | 14 03 | 23 27 | 17 12 | 09 10 | 15 51 | 16 07 |
| 15 | 08 17 | 24 12 | 03 57 | 13 13 | 13 58 | 08 38 | 22 04 | 12 30 | 17 38 | 14 04 | 23 28 | 17 28 | 09 15 | 16 00 | 16 07 |
| 16 | 08 39 | 26 13 | 04 42 | 13 40 | 13 49 | 08 34 | 22 04 | 12 30 | 17 39 | 14 04 | 23 29 | 17 43 | 09 21 | 16 10 | 16 07 |
| 17 | 09 01 | 27 02 | 05 26 | 14 06 | 13 39 | 08 30 | 22 03 | 12 31 | 17 39 | 14 04 | 23 30 | 17 59 | 09 26 | 16 19 | 16 08 |
| 18 | 09 23 | 26 35 | 06 11 | 14 32 | 13 30 | 08 26 | 22 03 | 12 31 | 17 39 | 14 05 | 23 32 | 18 14 | 09 30 | 16 28 | 16 08 |
| 19 | 09 45 | 24 49 | 06 55 | 14 57 | 13 20 | 08 22 | 22 03 | 12 32 | 17 39 | 14 05 | 23 33 | 18 28 | 09 35 | 16 37 | 16 08 |
| 20 | 10 06 | 21 47 | 07 38 | 15 22 | 13 11 | 08 18 | 22 03 | 12 32 | 17 39 | 14 06 | 23 35 | 18 43 | 09 40 | 16 45 | 16 09 |
| 21 | 10 28 | 17 33 | 08 22 | 15 47 | 13 01 | 08 14 | 22 03 | 12 32 | 17 39 | 14 06 | 23 36 | 18 57 | 09 45 | 16 54 | 16 09 |
| 22 | 10 49 | 12 18 | 09 04 | 16 12 | 12 51 | 08 10 | 22 03 | 12 32 | 17 39 | 14 07 | 23 38 | 19 11 | 09 50 | 17 03 | 16 09 |
| 23 | 11 11 | 06 16 | 09 47 | 16 36 | 12 40 | 08 06 | 22 03 | 12 33 | 17 39 | 14 07 | 23 39 | 19 24 | 09 55 | 17 12 | 16 09 |
| 24 | 11 32 | -00 16 | 10 28 | 16 59 | 12 30 | 08 02 | 22 03 | 12 33 | 17 39 | 14 08 | 23 41 | 19 38 | 09 59 | 17 20 | 16 09 |
| 25 | 11 53 | 06 58 | 11 10 | 17 22 | 12 19 | 07 58 | 22 03 | 12 33 | 17 39 | 14 08 | 23 43 | 19 50 | 10 04 | 17 28 | 16 10 |
| 26 | 12 13 | 13 22 | 11 50 | 17 45 | 12 08 | 07 54 | 22 03 | 12 33 | 17 39 | 14 09 | 23 44 | 20 03 | 10 09 | 17 37 | 16 10 |
| 27 | 12 34 | 19 00 | 12 30 | 18 07 | 11 57 | 07 51 | 22 03 | 12 34 | 17 39 | 14 09 | 23 46 | 20 15 | 10 13 | 17 45 | 16 10 |
| 28 | 12 54 | 23 24 | 13 09 | 18 29 | 11 46 | 07 47 | 22 03 | 12 34 | 17 39 | 14 09 | 23 48 | 20 27 | 10 18 | 17 53 | 16 10 |
| 29 | 13 14 | 26 10 | 13 48 | 18 50 | 11 35 | 07 43 | 22 03 | 12 34 | 17 39 | 14 10 | 23 50 | 20 39 | 10 22 | 18 01 | 16 10 |
| 30 | 13 34 | 27 05 | 14 26 | 19 11 | 11 23 | 07 39 | 22 03 | 12 34 | 17 39 | 14 10 | 23 52 | 20 50 | 10 27 | 18 09 | 16 11 |
| 31 | 13 54 | 26 13 | 15 03 | 19 31 | 11 12 | 07 36 | 22 03 | 12 34 | 17 39 | 14 11 | 23 55 | 21 01 | 10 31 | 18 17 | 16 11 |

Lunar Phases -- 2 ◐ 19:10  10 ○ 07:29  18 ◑ 12:32  25 ● 12:51  Sun enters ♏ 10/23 20:10

# 0:00 E.T. Longitudes of Main Planets - November 2003 **Nov. 03**

| D | S.T. | ☉ | ☽ | ☽ 12:00 | ☿ | ♀ | ♂ | ♃ | ♄ | ♅ | ♆ | ♇ | ☊ |
|---|---|---|---|---|---|---|---|---|---|---|---|---|---|
| 1 | 2:39:30 | 08♏08 43 | 05♒50 | 12♒34 | 12♏19 | 27♏38 | 07♓18 | 13♍05 | 13♋12R | 28♒55R | 10♒25 | 18♐17 | 20♉56 |
| 2 | 2:43:26 | 09 08 44 | 19 12 | 25 44 | 13 55 | 28 52 | 07 41 | 13 15 | 13 12 | 28 55 | 10 26 | 18 19 | 20 53 |
| 3 | 2:47:23 | 10 08 47 | 02♓13 | 08♓36 | 15 30 | 00♐07 | 08 05 | 13 24 | 13 11 | 28 54 | 10 26 | 18 21 | 20 50 |
| 4 | 2:51:19 | 11 08 51 | 14 56 | 21 12 | 17 05 | 01 22 | 08 29 | 13 34 | 13 10 | 28 54 | 10 26 | 18 23 | 20 47 |
| 5 | 2:55:16 | 12 08 57 | 27 24 | 03♈33 | 18 40 | 02 36 | 08 53 | 13 43 | 13 09 | 28 54 | 10 27 | 18 25 | 20 43 |
| 6 | 2:59:12 | 13 09 05 | 09♈40 | 15 44 | 20 14 | 03 51 | 09 17 | 13 53 | 13 08 | 28 54 | 10 27 | 18 27 | 20 40 |
| 7 | 3:03:09 | 14 09 14 | 21 45 | 27 45 | 21 48 | 05 05 | 09 42 | 14 02 | 13 06 | 28 54 | 10 28 | 18 29 | 20 37 |
| 8 | 3:07:06 | 15 09 25 | 03♉44 | 09♉40 | 23 22 | 06 20 | 10 08 | 14 11 | 13 05 | 28 54 | 10 28 | 18 31 | 20 34 |
| 9 | 3:11:02 | 16 09 37 | 15 36 | 21 31 | 24 55 | 07 35 | 10 33 | 14 20 | 13 03 | 28 54D | 10 29 | 18 33 | 20 31 |
| 10 | 3:14:59 | 17 09 52 | 27 25 | 03♊19 | 26 27 | 08 49 | 11 00 | 14 29 | 13 02 | 28 54 | 10 29 | 18 35 | 20 27 |
| 11 | 3:18:55 | 18 10 08 | 09♊12 | 15 06 | 28 00 | 10 04 | 11 26 | 14 38 | 13 00 | 28 54 | 10 30 | 18 37 | 20 24 |
| 12 | 3:22:52 | 19 10 26 | 21 01 | 26 56 | 29 32 | 11 18 | 11 53 | 14 47 | 12 58 | 28 54 | 10 31 | 18 39 | 20 21 |
| 13 | 3:26:48 | 20 10 46 | 02♋53 | 08♋51 | 01♐04 | 12 33 | 12 20 | 14 55 | 12 56 | 28 54 | 10 31 | 18 41 | 20 18 |
| 14 | 3:30:45 | 21 11 08 | 14 52 | 20 55 | 02 35 | 13 48 | 12 48 | 15 04 | 12 54 | 28 54 | 10 32 | 18 43 | 20 15 |
| 15 | 3:34:41 | 22 11 32 | 27 01 | 03♌11 | 04 06 | 15 02 | 13 15 | 15 12 | 12 52 | 28 55 | 10 33 | 18 45 | 20 12 |
| 16 | 3:38:38 | 23 11 58 | 09♌24 | 15 43 | 05 37 | 16 17 | 13 44 | 15 20 | 12 50 | 28 55 | 10 34 | 18 47 | 20 08 |
| 17 | 3:42:35 | 24 12 25 | 22 06 | 28 34 | 07 08 | 17 31 | 14 12 | 15 28 | 12 48 | 28 56 | 10 35 | 18 49 | 20 05 |
| 18 | 3:46:31 | 25 12 54 | 05♍09 | 11♍49 | 08 38 | 18 46 | 14 41 | 15 36 | 12 45 | 28 56 | 10 35 | 18 51 | 20 02 |
| 19 | 3:50:28 | 26 13 25 | 18 36 | 25 30 | 10 08 | 20 00 | 15 10 | 15 44 | 12 43 | 28 57 | 10 36 | 18 53 | 19 59 |
| 20 | 3:54:24 | 27 13 58 | 02♎31 | 09♎38 | 11 37 | 21 15 | 15 39 | 15 52 | 12 40 | 28 57 | 10 37 | 18 56 | 19 56 |
| 21 | 3:58:21 | 28 14 33 | 16 52 | 24 11 | 13 06 | 22 29 | 16 09 | 15 59 | 12 37 | 28 58 | 10 38 | 18 58 | 19 53 |
| 22 | 4:02:17 | 29 15 09 | 01♏36 | 09♏06 | 14 35 | 23 44 | 16 38 | 16 07 | 12 35 | 28 58 | 10 39 | 19 00 | 19 49 |
| 23 | 4:06:14 | 00♐15 47 | 16 39 | 24 15 | 16 03 | 24 58 | 17 09 | 16 14 | 12 32 | 28 59 | 10 40 | 19 02 | 19 46 |
| 24 | 4:10:10 | 01 16 27 | 01♐52 | 09♐29 | 17 31 | 26 13 | 17 39 | 16 21 | 12 29 | 29 00 | 10 41 | 19 04 | 19 43 |
| 25 | 4:14:07 | 02 17 08 | 17 05 | 24 39 | 18 59 | 27 27 | 18 10 | 16 28 | 12 25 | 29 01 | 10 42 | 19 06 | 19 40 |
| 26 | 4:18:04 | 03 17 51 | 02♑09 | 09♑35 | 20 25 | 28 42 | 18 41 | 16 35 | 12 22 | 29 02 | 10 43 | 19 09 | 19 37 |
| 27 | 4:22:00 | 04 18 34 | 16 55 | 24 10 | 21 51 | 29 56 | 19 12 | 16 42 | 12 19 | 29 02 | 10 45 | 19 11 | 19 33 |
| 28 | 4:25:57 | 05 19 19 | 01♒17 | 08♒18 | 23 17 | 01♑11 | 19 43 | 16 48 | 12 16 | 29 03 | 10 46 | 19 13 | 19 30 |
| 29 | 4:29:53 | 06 20 05 | 15 12 | 21 59 | 24 41 | 02 25 | 20 15 | 16 55 | 12 12 | 29 04 | 10 47 | 19 15 | 19 27 |
| 30 | 4:33:50 | 07 20 51 | 28 39 | 05♓13 | 26 05 | 03 40 | 20 46 | 17 01 | 12 09 | 29 05 | 10 48 | 19 18 | 19 24 |

## 0:00 E.T. Longitudes of the Major Asteroids and Chiron — Lunar Data

| D | ⚳ | ⚴ | ⚵ | ⚶ | ⚷ | D | ⚳ | ⚴ | ⚵ | ⚶ | ⚷ | Last Asp. | Ingress |
|---|---|---|---|---|---|---|---|---|---|---|---|---|---|
| 1 | 23♋38 | 14♈27R | 01♐20 | 03♐30 | 13♑37 | 16 | 25 08 | 11 06 | 06 23 | 11 28 | 14 34 | 2 19:41 | 2 ♓ 19:53 |
| 2 | 23 46 | 14 11 | 01 40 | 04 01 | 13 41 | 17 | 25 11 | 10 55 | 06 44 | 12 01 | 14 38 | 4 06:37 | 5 ♈ 05:04 |
| 3 | 23 54 | 13 55 | 02 00 | 04 33 | 13 44 | 18 | 25 14 | 10 46 | 07 05 | 12 33 | 14 43 | 7 14:17 | 7 ♉ 16:30 |
| 4 | 24 02 | 13 40 | 02 20 | 05 05 | 13 48 | 19 | 25 16 | 10 37 | 07 25 | 13 05 | 14 47 | 10 03:01 | 10 ♊ 05:15 |
| 5 | 24 10 | 13 25 | 02 40 | 05 37 | 13 51 | 20 | 25 18 | 10 28 | 07 46 | 13 37 | 14 51 | 12 15:58 | 12 ♋ 18:11 |
| 6 | 24 17 | 13 10 | 03 00 | 06 09 | 13 55 | 21 | 25 20 | 10 20 | 08 06 | 14 09 | 14 56 | 14 13:40 | 15 ♌ 05:49 |
| 7 | 24 24 | 12 56 | 03 20 | 06 41 | 13 58 | 22 | 25 21 | 10 12 | 08 27 | 14 41 | 15 00 | 17 12:39 | 17 ♍ 14:37 |
| 8 | 24 30 | 12 42 | 03 41 | 07 12 | 14 02 | 23 | 25 22 | 10 05 | 08 48 | 15 14 | 15 05 | 19 14:16 | 19 ♎ 19:43 |
| 9 | 24 36 | 12 29 | 04 01 | 07 44 | 14 06 | 24 | 25 22 | 09 59 | 09 08 | 15 46 | 15 09 | 21 19:45 | 21 ♏ 21:25 |
| 10 | 24 42 | 12 15 | 04 21 | 08 16 | 14 10 | 25 | 25 22R | 09 52 | 09 29 | 16 18 | 15 14 | 23 19:29 | 23 ♐ 21:04 |
| 11 | 24 47 | 12 03 | 04 41 | 08 48 | 14 14 | 26 | 25 21 | 09 47 | 09 50 | 16 50 | 15 19 | 25 18:59 | 25 ♑ 20:33 |
| 12 | 24 52 | 11 50 | 05 02 | 09 20 | 14 18 | 27 | 25 20 | 09 42 | 10 11 | 17 23 | 15 23 | 27 03:54 | 27 ♒ 21:49 |
| 13 | 24 57 | 11 38 | 05 22 | 09 52 | 14 22 | 28 | 25 19 | 09 37 | 10 31 | 17 55 | 15 28 | 30 00:48 | 30 ♓ 02:27 |
| 14 | 25 01 | 11 27 | 05 43 | 10 24 | 14 26 | 29 | 25 17 | 09 33 | 10 52 | 18 27 | 15 33 | | |
| 15 | 25 05 | 11 16 | 06 03 | 10 56 | 14 30 | 30 | 25 15 | 09 30 | 11 13 | 18 59 | 15 38 | | |

## 0:00 E.T. Declinations

| D | ☉ | ☽ | ☿ | ♀ | ♂ | ♃ | ♄ | ♅ | ♆ | ♇ | ⚳ | ⚴ | ⚵ | ⚶ | ⚷ |
|---|---|---|---|---|---|---|---|---|---|---|---|---|---|---|---|
| 1 | -14 13 | -23 46 | -15 39 | -19 51 | -11 00 | +07 32 | +22 03 | -12 34 | -17 39 | -14 11 | +23 57 | -21 11 | -10 35 | -18 24 | -16 11 |
| 2 | 14 33 | 20 05 | 16 14 | 20 10 | 10 48 | 07 29 | 22 04 | 12 34 | 17 38 | 14 12 | 23 59 | 21 22 | 10 40 | 18 32 | 16 11 |
| 3 | 14 52 | 15 31 | 16 49 | 20 28 | 10 36 | 07 25 | 22 04 | 12 34 | 17 38 | 14 12 | 24 02 | 21 31 | 10 44 | 18 40 | 16 11 |
| 4 | 15 10 | 10 23 | 17 23 | 20 47 | 10 24 | 07 22 | 22 04 | 12 34 | 17 38 | 14 12 | 24 04 | 21 41 | 10 48 | 18 47 | 16 11 |
| 5 | 15 29 | 04 55 | 17 55 | 21 04 | 10 12 | 07 18 | 22 04 | 12 35 | 17 38 | 14 13 | 24 07 | 21 50 | 10 52 | 18 54 | 16 11 |
| 6 | 15 47 | +00 38 | 18 27 | 21 21 | 09 59 | 07 15 | 22 04 | 12 35 | 17 38 | 14 13 | 24 10 | 21 59 | 10 56 | 19 01 | 16 11 |
| 7 | 16 05 | 06 07 | 18 58 | 21 37 | 09 47 | 07 11 | 22 04 | 12 35 | 17 38 | 14 14 | 24 13 | 22 07 | 11 00 | 19 09 | 16 11 |
| 8 | 16 23 | 11 19 | 19 28 | 21 53 | 09 34 | 07 08 | 22 04 | 12 35 | 17 38 | 14 14 | 24 16 | 22 15 | 11 04 | 19 15 | 16 11 |
| 9 | 16 40 | 16 05 | 19 57 | 22 08 | 09 21 | 07 05 | 22 05 | 12 34 | 17 38 | 14 14 | 24 19 | 22 22 | 11 08 | 19 22 | 16 11 |
| 10 | 16 58 | 20 12 | 20 26 | 22 22 | 09 08 | 07 01 | 22 05 | 12 34 | 17 38 | 14 15 | 24 22 | 22 30 | 11 12 | 19 29 | 16 11 |
| 11 | 17 14 | 23 31 | 20 53 | 22 36 | 08 55 | 06 58 | 22 05 | 12 34 | 17 37 | 14 15 | 24 25 | 22 36 | 11 16 | 19 36 | 16 11 |
| 12 | 17 31 | 25 50 | 21 19 | 22 49 | 08 42 | 06 55 | 22 05 | 12 34 | 17 37 | 14 16 | 24 29 | 22 43 | 11 20 | 19 42 | 16 11 |
| 13 | 17 47 | 26 59 | 21 44 | 23 02 | 08 29 | 06 52 | 22 05 | 12 34 | 17 37 | 14 16 | 24 32 | 22 49 | 11 23 | 19 49 | 16 11 |
| 14 | 18 03 | 26 54 | 22 08 | 23 13 | 08 16 | 06 49 | 22 06 | 12 34 | 17 37 | 14 16 | 24 36 | 22 55 | 11 27 | 19 55 | 16 11 |
| 15 | 18 19 | 25 31 | 22 31 | 23 25 | 08 02 | 06 46 | 22 06 | 12 34 | 17 37 | 14 17 | 24 39 | 23 00 | 11 31 | 20 01 | 16 11 |
| 16 | 18 34 | 22 55 | 22 53 | 23 35 | 07 49 | 06 43 | 22 06 | 12 34 | 17 36 | 14 17 | 24 43 | 23 05 | 11 34 | 20 07 | 16 11 |
| 17 | 18 49 | 19 09 | 23 13 | 23 45 | 07 35 | 06 40 | 22 06 | 12 34 | 17 36 | 14 18 | 24 47 | 23 09 | 11 38 | 20 13 | 16 11 |
| 18 | 19 04 | 14 23 | 23 33 | 23 54 | 07 21 | 06 37 | 22 07 | 12 33 | 17 36 | 14 18 | 24 51 | 23 14 | 11 41 | 20 19 | 16 11 |
| 19 | 19 18 | 08 48 | 23 51 | 24 02 | 07 08 | 06 34 | 22 07 | 12 33 | 17 36 | 14 18 | 24 55 | 23 18 | 11 44 | 20 25 | 16 11 |
| 20 | 19 33 | 02 37 | 24 08 | 24 10 | 06 54 | 06 31 | 22 07 | 12 33 | 17 36 | 14 19 | 24 59 | 23 21 | 11 48 | 20 30 | 16 11 |
| 21 | 19 46 | -03 55 | 24 24 | 24 17 | 06 40 | 06 29 | 22 07 | 12 33 | 17 35 | 14 19 | 25 04 | 23 24 | 11 51 | 20 36 | 16 11 |
| 22 | 19 59 | 10 25 | 24 39 | 24 23 | 06 26 | 06 26 | 22 08 | 12 32 | 17 35 | 14 19 | 25 08 | 23 27 | 11 54 | 20 41 | 16 10 |
| 23 | 20 12 | 16 28 | 24 52 | 24 28 | 06 11 | 06 23 | 22 08 | 12 32 | 17 35 | 14 20 | 25 13 | 23 30 | 11 57 | 20 46 | 16 10 |
| 24 | 20 25 | 21 33 | 25 04 | 24 33 | 05 57 | 06 21 | 22 08 | 12 32 | 17 34 | 14 20 | 25 17 | 23 32 | 12 00 | 20 51 | 16 10 |
| 25 | 20 37 | 25 10 | 25 15 | 24 37 | 05 43 | 06 18 | 22 09 | 12 32 | 17 34 | 14 20 | 25 22 | 23 34 | 12 03 | 20 56 | 16 10 |
| 26 | 20 49 | 26 56 | 25 24 | 24 40 | 05 28 | 06 16 | 22 09 | 12 31 | 17 34 | 14 21 | 25 27 | 23 35 | 12 06 | 21 01 | 16 10 |
| 27 | 21 00 | 26 44 | 25 32 | 24 42 | 05 14 | 06 13 | 22 09 | 12 31 | 17 34 | 14 21 | 25 32 | 23 36 | 12 09 | 21 06 | 16 09 |
| 28 | 21 11 | 24 44 | 25 39 | 24 44 | 04 59 | 06 11 | 22 10 | 12 30 | 17 33 | 14 21 | 25 37 | 23 37 | 12 12 | 21 10 | 16 09 |
| 29 | 21 22 | 21 18 | 25 44 | 24 45 | 04 45 | 06 09 | 22 10 | 12 30 | 17 33 | 14 22 | 25 42 | 23 38 | 12 14 | 21 15 | 16 09 |
| 30 | 21 32 | 16 50 | 25 48 | 24 45 | 04 30 | 06 07 | 22 11 | 12 30 | 17 33 | 14 22 | 25 48 | 23 38 | 12 17 | 21 19 | 16 09 |

Lunar Phases -- 1 ◐ 04:26 9 Ⓔ 01:15 17 ◑ 04:16 23 ● 23:00 30 ◐ 17:17 Sun enters ♐ 11/22 17:45

# Longitudes of Main Planets - December 2003

0:00 E.T.

| D | S.T. | ☉ | ☽ | ☽ 12:00 | ☿ | ♀ | ♂ | ♃ | ♄ | ♅ | ♆ | ♇ | ☊ |
|---|---|---|---|---|---|---|---|---|---|---|---|---|---|
| 1 | 4:37:46 | 08♐21 39 | 11♓41 | 18♓03 | 27♐27 | 04♑54 | 21♓19 | 17♍07 | 12♋05℞ | 29♒07 | 10♒49 | 19♐20 | 19♉21 |
| 2 | 4:41:43 | 09 22 28 | 24 20 | 00♈32 | 28 48 | 06 09 | 21 51 | 17 13 | 12 01 | 29 08 | 10 51 | 19 22 | 19 18 |
| 3 | 4:45:39 | 10 23 17 | 06♈41 | 12 46 | 00♑08 | 07 23 | 22 23 | 17 19 | 11 58 | 29 09 | 10 52 | 19 24 | 19 14 |
| 4 | 4:49:36 | 11 24 07 | 18 47 | 24 47 | 01 26 | 08 38 | 22 56 | 17 25 | 11 54 | 29 10 | 10 53 | 19 27 | 19 11 |
| 5 | 4:53:33 | 12 24 58 | 00♉44 | 06♉40 | 02 42 | 09 52 | 23 29 | 17 30 | 11 50 | 29 12 | 10 55 | 19 29 | 19 08 |
| 6 | 4:57:29 | 13 25 50 | 12 35 | 18 29 | 03 55 | 11 06 | 24 02 | 17 36 | 11 46 | 29 13 | 10 56 | 19 31 | 19 05 |
| 7 | 5:01:26 | 14 26 43 | 24 22 | 00♊16 | 05 06 | 12 21 | 24 35 | 17 41 | 11 42 | 29 14 | 10 58 | 19 33 | 19 02 |
| 8 | 5:05:22 | 15 27 37 | 06♊10 | 12 05 | 06 14 | 13 35 | 25 08 | 17 46 | 11 38 | 29 16 | 10 59 | 19 36 | 18 59 |
| 9 | 5:09:19 | 16 28 32 | 18 00 | 23 56 | 07 19 | 14 49 | 25 42 | 17 51 | 11 33 | 29 17 | 11 01 | 19 38 | 18 55 |
| 10 | 5:13:15 | 17 29 28 | 29 54 | 05♋53 | 08 19 | 16 04 | 26 15 | 17 55 | 11 29 | 29 19 | 11 02 | 19 40 | 18 52 |
| 11 | 5:17:12 | 18 30 25 | 11♋54 | 17 57 | 09 15 | 17 18 | 26 49 | 18 00 | 11 25 | 29 20 | 11 04 | 19 42 | 18 49 |
| 12 | 5:21:08 | 19 31 23 | 24 02 | 00♌09 | 10 06 | 18 32 | 27 23 | 18 04 | 11 21 | 29 22 | 11 05 | 19 45 | 18 46 |
| 13 | 5:25:05 | 20 32 22 | 06♌20 | 12 33 | 10 50 | 19 46 | 27 57 | 18 08 | 11 16 | 29 24 | 11 07 | 19 47 | 18 43 |
| 14 | 5:29:02 | 21 33 22 | 18 49 | 25 08 | 11 28 | 21 01 | 28 32 | 18 12 | 11 12 | 29 26 | 11 08 | 19 49 | 18 39 |
| 15 | 5:32:58 | 22 34 23 | 01♍32 | 08♍00 | 11 58 | 22 15 | 29 06 | 18 16 | 11 07 | 29 27 | 11 10 | 19 52 | 18 36 |
| 16 | 5:36:55 | 23 35 25 | 14 32 | 21 09 | 12 19 | 23 29 | 29 41 | 18 20 | 11 03 | 29 29 | 11 12 | 19 54 | 18 33 |
| 17 | 5:40:51 | 24 36 28 | 27 52 | 04♎40 | 12 31 | 24 43 | 00♈15 | 18 23 | 10 58 | 29 31 | 11 13 | 19 56 | 18 30 |
| 18 | 5:44:48 | 25 37 32 | 11♎33 | 18 32 | 12 33℞ | 25 57 | 00 50 | 18 27 | 10 53 | 29 33 | 11 15 | 19 58 | 18 27 |
| 19 | 5:48:44 | 26 38 37 | 25 37 | 02♏48 | 12 24 | 27 12 | 01 25 | 18 30 | 10 49 | 29 35 | 11 17 | 20 01 | 18 24 |
| 20 | 5:52:41 | 27 39 42 | 10♏04 | 17 25 | 12 03 | 28 26 | 02 00 | 18 33 | 10 44 | 29 37 | 11 19 | 20 03 | 18 20 |
| 21 | 5:56:37 | 28 40 49 | 24 50 | 02♐20 | 11 31 | 29 40 | 02 35 | 18 35 | 10 39 | 29 39 | 11 20 | 20 05 | 18 17 |
| 22 | 6:00:34 | 29 41 56 | 09♐52 | 17 25 | 10 47 | 00♒54 | 03 11 | 18 38 | 10 34 | 29 41 | 11 22 | 20 07 | 18 14 |
| 23 | 6:04:31 | 00♑43 05 | 25 00 | 02♑33 | 09 52 | 02 08 | 03 46 | 18 40 | 10 29 | 29 43 | 11 24 | 20 10 | 18 11 |
| 24 | 6:08:27 | 01 44 13 | 10♑05 | 17 34 | 08 48 | 03 22 | 04 22 | 18 43 | 10 25 | 29 45 | 11 26 | 20 12 | 18 08 |
| 25 | 6:12:24 | 02 45 22 | 24 58 | 02♒17 | 07 35 | 04 36 | 04 57 | 18 45 | 10 20 | 29 47 | 11 28 | 20 14 | 18 04 |
| 26 | 6:16:20 | 03 46 31 | 09♒30 | 16 37 | 06 17 | 05 50 | 05 33 | 18 46 | 10 15 | 29 50 | 11 30 | 20 16 | 18 01 |
| 27 | 6:20:17 | 04 47 40 | 23 36 | 00♓28 | 04 55 | 07 04 | 06 09 | 18 48 | 10 10 | 29 52 | 11 31 | 20 19 | 17 58 |
| 28 | 6:24:13 | 05 48 50 | 07♓13 | 13 50 | 03 33 | 08 18 | 06 45 | 18 50 | 10 05 | 29 54 | 11 33 | 20 21 | 17 55 |
| 29 | 6:28:10 | 06 49 59 | 20 21 | 26 45 | 02 13 | 09 32 | 07 21 | 18 51 | 10 00 | 29 57 | 11 35 | 20 23 | 17 52 |
| 30 | 6:32:06 | 07 51 08 | 03♈03 | 09♈16 | 00 57 | 10 45 | 07 57 | 18 52 | 09 55 | 29 59 | 11 37 | 20 25 | 17 49 |
| 31 | 6:36:03 | 08 52 17 | 15 25 | 21 29 | 29♐49 | 11 59 | 08 34 | 18 53 | 09 50 | 00♓01 | 11 39 | 20 28 | 17 45 |

0:00 E.T.

## Longitudes of the Major Asteroids and Chiron

| D | ⚳ | ⚴ | ⚵ | ⚶ | ⚷ |
|---|---|---|---|---|---|
| 1 | 25♋12℞ | 09♈27℞ | 11♐34 | 19♐32 | 15♑43 |
| 2 | 25 09 | 09 24 | 11 55 | 20 04 | 15 48 |
| 3 | 25 05 | 09 22 | 12 16 | 20 36 | 15 52 |
| 4 | 25 01 | 09 21 | 12 36 | 21 09 | 15 57 |
| 5 | 24 57 | 09 20 | 12 57 | 21 41 | 16 02 |
| 6 | 24 52 | 09 19 | 13 18 | 22 13 | 16 08 |
| 7 | 24 47 | 09 19D | 13 39 | 22 46 | 16 13 |
| 8 | 24 41 | 09 20 | 14 00 | 23 18 | 16 18 |
| 9 | 24 35 | 09 21 | 14 21 | 23 50 | 16 23 |
| 10 | 24 29 | 09 22 | 14 42 | 24 23 | 16 28 |
| 11 | 24 22 | 09 24 | 15 03 | 24 55 | 16 33 |
| 12 | 24 15 | 09 26 | 15 24 | 25 28 | 16 39 |
| 13 | 24 07 | 09 29 | 15 45 | 26 00 | 16 44 |
| 14 | 23 59 | 09 33 | 16 06 | 26 32 | 16 49 |
| 15 | 23 51 | 09 37 | 16 27 | 27 05 | 16 55 |
| 16 | 23 42 | 09 41 | 16 47 | 27 37 | 17 00 |
| 17 | 23 33 | 09 46 | 17 08 | 28 09 | 17 05 |
| 18 | 23 23 | 09 51 | 17 29 | 28 42 | 17 11 |
| 19 | 23 13 | 09 57 | 17 50 | 29 14 | 17 16 |
| 20 | 23 03 | 10 03 | 18 11 | 29 47 | 17 22 |
| 21 | 22 52 | 10 10 | 18 32 | 00♑19 | 17 27 |
| 22 | 22 42 | 10 17 | 18 53 | 00 51 | 17 33 |
| 23 | 22 30 | 10 24 | 19 14 | 01 24 | 17 38 |
| 24 | 22 19 | 10 32 | 19 35 | 01 56 | 17 44 |
| 25 | 22 07 | 10 41 | 19 56 | 02 29 | 17 49 |
| 26 | 21 55 | 10 49 | 20 17 | 03 01 | 17 55 |
| 27 | 21 43 | 10 59 | 20 37 | 03 33 | 18 00 |
| 28 | 21 30 | 11 08 | 20 58 | 04 06 | 18 06 |
| 29 | 21 17 | 11 18 | 21 19 | 04 38 | 18 12 |
| 30 | 21 04 | 11 29 | 21 40 | 05 10 | 18 17 |
| 31 | 20 51 | 11 39 | 22 01 | 05 42 | 18 23 |

## Lunar Data

| Last Asp. | | Ingress | | |
|---|---|---|---|---|
| 2 | 09:41 | 2 | ♈ | 10:57 |
| 4 | 20:53 | 4 | ♉ | 22:31 |
| 7 | 09:56 | 7 | ♊ | 11:27 |
| 9 | 22:49 | 10 | ♋ | 00:12 |
| 12 | 06:54 | 12 | ♌ | 11:41 |
| 14 | 20:06 | 14 | ♍ | 21:08 |
| 16 | 17:49 | 17 | ♎ | 03:47 |
| 19 | 06:40 | 19 | ♏ | 07:21 |
| 21 | 07:44 | 21 | ♐ | 08:17 |
| 23 | 07:31 | 23 | ♑ | 07:56 |
| 24 | 13:53 | 25 | ♒ | 08:14 |
| 27 | 10:59 | 27 | ♓ | 11:11 |
| 29 | 00:05 | 29 | ♈ | 18:10 |

0:00 E.T.

## Declinations

| D | ☉ | ☽ | ☿ | ♀ | ♂ | ♃ | ♄ | ♅ | ♆ | ♇ | ⚳ | ⚴ | ⚵ | ⚶ | ⚷ |
|---|---|---|---|---|---|---|---|---|---|---|---|---|---|---|---|
| 1 | -21 42 | -11 44 | -25 50 | -24 45 | -04 15 | +06 04 | +22 11 | -12 29 | -17 32 | -14 22 | +25 53 | -23 38 | -12 20 | -21 23 | -16 08 |
| 2 | 21 51 | 06 16 | 25 51 | 24 43 | 04 01 | 06 02 | 22 11 | 12 29 | 17 32 | 14 23 | 25 59 | 23 38 | 12 22 | 21 27 | 16 08 |
| 3 | 22 00 | 00 42 | 25 51 | 24 41 | 03 46 | 06 00 | 22 12 | 12 28 | 17 32 | 14 23 | 26 04 | 23 37 | 12 25 | 21 31 | 16 08 |
| 4 | 22 09 | +04 48 | 25 49 | 24 38 | 03 31 | 05 58 | 22 12 | 12 28 | 17 31 | 14 23 | 26 10 | 23 36 | 12 27 | 21 35 | 16 08 |
| 5 | 22 17 | 10 03 | 25 46 | 24 35 | 03 16 | 05 56 | 22 12 | 12 27 | 17 31 | 14 24 | 26 16 | 23 35 | 12 29 | 21 39 | 16 07 |
| 6 | 22 25 | 14 55 | 25 41 | 24 30 | 03 01 | 05 54 | 22 13 | 12 27 | 17 31 | 14 24 | 26 22 | 23 33 | 12 32 | 21 42 | 16 07 |
| 7 | 22 32 | 19 13 | 25 35 | 24 25 | 02 46 | 05 53 | 22 13 | 12 26 | 17 30 | 14 24 | 26 28 | 23 32 | 12 34 | 21 46 | 16 06 |
| 8 | 22 39 | 22 44 | 25 28 | 24 20 | 02 30 | 05 51 | 22 14 | 12 26 | 17 30 | 14 24 | 26 34 | 23 30 | 12 36 | 21 49 | 16 06 |
| 9 | 22 45 | 25 19 | 25 20 | 24 13 | 02 15 | 05 49 | 22 14 | 12 25 | 17 29 | 14 25 | 26 40 | 23 28 | 12 38 | 21 52 | 16 06 |
| 10 | 22 51 | 26 46 | 25 10 | 24 06 | 02 00 | 05 48 | 22 15 | 12 25 | 17 29 | 14 25 | 26 47 | 23 25 | 12 40 | 21 55 | 16 05 |
| 11 | 22 57 | 26 59 | 24 59 | 23 58 | 01 45 | 05 46 | 22 15 | 12 24 | 17 29 | 14 25 | 26 53 | 23 22 | 12 42 | 21 58 | 16 05 |
| 12 | 23 02 | 25 55 | 24 47 | 23 49 | 01 29 | 05 45 | 22 15 | 12 23 | 17 28 | 14 26 | 26 59 | 23 19 | 12 44 | 22 01 | 16 04 |
| 13 | 23 06 | 23 35 | 24 34 | 23 40 | 01 14 | 05 43 | 22 16 | 12 23 | 17 28 | 14 26 | 27 06 | 23 16 | 12 46 | 22 04 | 16 04 |
| 14 | 23 10 | 20 08 | 24 20 | 23 29 | 00 59 | 05 42 | 22 16 | 12 22 | 17 27 | 14 26 | 27 12 | 23 13 | 12 47 | 22 06 | 16 04 |
| 15 | 23 14 | 15 42 | 24 05 | 23 19 | 00 43 | 05 41 | 22 17 | 12 22 | 17 27 | 14 26 | 27 19 | 23 09 | 12 49 | 22 09 | 16 03 |
| 16 | 23 17 | 10 28 | 23 50 | 23 07 | 00 28 | 05 40 | 22 17 | 12 21 | 17 26 | 14 27 | 27 26 | 23 05 | 12 51 | 22 11 | 16 03 |
| 17 | 23 20 | 04 38 | 23 35 | 22 55 | 00 12 | 05 38 | 22 18 | 12 20 | 17 26 | 14 27 | 27 32 | 23 01 | 12 52 | 22 13 | 16 02 |
| 18 | 23 22 | -01 35 | 23 19 | 22 42 | +00 03 | 05 37 | 22 18 | 12 19 | 17 25 | 14 27 | 27 39 | 22 57 | 12 54 | 22 15 | 16 02 |
| 19 | 23 24 | 07 54 | 23 03 | 22 28 | 00 19 | 05 36 | 22 19 | 12 19 | 17 25 | 14 27 | 27 46 | 22 52 | 12 55 | 22 17 | 16 01 |
| 20 | 23 25 | 13 59 | 22 46 | 22 14 | 00 34 | 05 36 | 22 19 | 12 18 | 17 25 | 14 27 | 27 53 | 22 48 | 12 56 | 22 19 | 16 01 |
| 21 | 23 26 | 19 24 | 22 30 | 21 59 | 00 50 | 05 35 | 22 20 | 12 17 | 17 24 | 14 28 | 28 00 | 22 43 | 12 58 | 22 20 | 16 00 |
| 22 | 23 26 | 23 41 | 22 14 | 21 44 | 01 05 | 05 34 | 22 20 | 12 17 | 17 24 | 14 28 | 28 06 | 22 38 | 12 59 | 22 22 | 15 59 |
| 23 | 23 26 | 26 19 | 21 59 | 21 28 | 01 21 | 05 33 | 22 21 | 12 16 | 17 23 | 14 28 | 28 13 | 22 33 | 13 00 | 22 23 | 15 59 |
| 24 | 23 26 | 27 01 | 21 43 | 21 11 | 01 36 | 05 33 | 22 21 | 12 15 | 17 23 | 14 28 | 28 20 | 22 27 | 13 01 | 22 24 | 15 58 |
| 25 | 23 25 | 25 44 | 21 29 | 20 54 | 01 52 | 05 32 | 22 21 | 12 14 | 17 22 | 14 28 | 28 27 | 22 22 | 13 02 | 22 25 | 15 58 |
| 26 | 23 23 | 22 45 | 21 15 | 20 36 | 02 08 | 05 32 | 22 22 | 12 13 | 17 22 | 14 29 | 28 34 | 22 16 | 13 03 | 22 26 | 15 57 |
| 27 | 23 21 | 18 30 | 21 02 | 20 17 | 02 23 | 05 31 | 22 22 | 12 12 | 17 21 | 14 29 | 28 41 | 22 10 | 13 04 | 22 27 | 15 56 |
| 28 | 23 19 | 13 25 | 20 50 | 19 58 | 02 39 | 05 31 | 22 23 | 12 12 | 17 21 | 14 29 | 28 47 | 22 04 | 13 04 | 22 28 | 15 56 |
| 29 | 23 16 | 07 53 | 20 39 | 19 38 | 02 54 | 05 31 | 22 23 | 12 11 | 17 20 | 14 29 | 28 54 | 21 58 | 13 05 | 22 28 | 15 55 |
| 30 | 23 12 | 02 12 | 20 30 | 19 18 | 03 10 | 05 31 | 22 24 | 12 10 | 17 19 | 14 29 | 29 01 | 21 51 | 13 06 | 22 29 | 15 55 |
| 31 | 23 09 | +03 24 | 20 23 | 18 57 | 03 26 | 05 31 | 22 24 | 12 09 | 17 19 | 14 29 | 29 08 | 21 45 | 13 06 | 22 29 | 15 54 |

Lunar Phases -- 8 ○ 20:38 16 ◑ 17:43 23 ● 09:44 30 ◐ 10:04 Sun enters ♑ 12/22 07:05

## 0:00 E.T. Longitudes of Main Planets - January 2004 **Jan. 04**

| D | S.T. | ☉ | ☽ | ☽ 12:00 | ☿ | ♀ | ♂ | ♃ | ♄ | ♅ | ♆ | ♇ | ☊ |
|---|---|---|---|---|---|---|---|---|---|---|---|---|---|
| 1 | 6:40:00 | 09♑53 26 | 27♈29 | 03♉27 | 28♐49℞ | 13♒13 | 09♈10 | 18♍53 | 09♋45℞ | 00♓04 | 11♒41 | 20♐30 | 17♉42 |
| 2 | 6:43:56 | 10 54 35 | 09♉23 | 15 17 | 27 58 | 14 27 | 09 46 | 18 54 | 09 40 | 00 06 | 11 43 | 20 32 | 17 39 |
| 3 | 6:47:53 | 11 55 44 | 21 11 | 27 04 | 27 18 | 15 40 | 10 23 | 18 54 | 09 35 | 00 09 | 11 45 | 20 34 | 17 36 |
| 4 | 6:51:49 | 12 56 52 | 02♊57 | 08♊51 | 26 48 | 16 54 | 11 00 | 18 54℞ | 09 30 | 00 12 | 11 47 | 20 36 | 17 33 |
| 5 | 6:55:46 | 13 58 01 | 14 46 | 20 42 | 26 28 | 18 07 | 11 36 | 18 54 | 09 25 | 00 14 | 11 49 | 20 38 | 17 30 |
| 6 | 6:59:42 | 14 59 09 | 26 40 | 02♋40 | 26 18 | 19 21 | 12 13 | 18 54 | 09 20 | 00 17 | 11 51 | 20 40 | 17 26 |
| 7 | 7:03:39 | 16 00 17 | 08♋43 | 14 48 | 26 17D | 20 34 | 12 50 | 18 53 | 09 16 | 00 20 | 11 54 | 20 43 | 17 23 |
| 8 | 7:07:35 | 17 01 25 | 20 55 | 27 05 | 26 25 | 21 48 | 13 27 | 18 53 | 09 11 | 00 22 | 11 56 | 20 45 | 17 20 |
| 9 | 7:11:32 | 18 02 33 | 03♌17 | 09♌33 | 26 41 | 23 01 | 14 04 | 18 52 | 09 06 | 00 25 | 11 58 | 20 47 | 17 17 |
| 10 | 7:15:29 | 19 03 41 | 15 51 | 22 12 | 27 04 | 24 15 | 14 41 | 18 51 | 09 01 | 00 28 | 12 00 | 20 49 | 17 14 |
| 11 | 7:19:25 | 20 04 48 | 28 35 | 05♍02 | 27 34 | 25 28 | 15 18 | 18 49 | 08 56 | 00 31 | 12 02 | 20 51 | 17 10 |
| 12 | 7:23:22 | 21 05 56 | 11♍31 | 18 04 | 28 10 | 26 41 | 15 55 | 18 48 | 08 51 | 00 33 | 12 04 | 20 53 | 17 07 |
| 13 | 7:27:18 | 22 07 03 | 24 39 | 01♎18 | 28 51 | 27 54 | 16 32 | 18 46 | 08 47 | 00 36 | 12 06 | 20 55 | 17 04 |
| 14 | 7:31:15 | 23 08 10 | 08♎01 | 14 47 | 29 37 | 29 07 | 17 09 | 18 45 | 08 42 | 00 39 | 12 08 | 20 57 | 17 01 |
| 15 | 7:35:11 | 24 09 18 | 21 37 | 28 31 | 00♑28 | 00♓20 | 17 47 | 18 43 | 08 37 | 00 42 | 12 11 | 20 59 | 16 58 |
| 16 | 7:39:08 | 25 10 25 | 05♏29 | 12♏31 | 01 22 | 01 33 | 18 24 | 18 40 | 08 32 | 00 45 | 12 13 | 21 01 | 16 55 |
| 17 | 7:43:04 | 26 11 32 | 19 38 | 26 48 | 02 20 | 02 46 | 19 01 | 18 38 | 08 28 | 00 48 | 12 15 | 21 03 | 16 51 |
| 18 | 7:47:01 | 27 12 39 | 04♐02 | 11♐20 | 03 21 | 03 59 | 19 39 | 18 35 | 08 23 | 00 51 | 12 17 | 21 05 | 16 48 |
| 19 | 7:50:58 | 28 13 46 | 18 40 | 26 03 | 04 24 | 05 12 | 20 16 | 18 33 | 08 19 | 00 54 | 12 20 | 21 07 | 16 45 |
| 20 | 7:54:54 | 29 14 52 | 03♑26 | 10♑51 | 05 31 | 06 25 | 20 54 | 18 30 | 08 14 | 00 57 | 12 22 | 21 09 | 16 42 |
| 21 | 7:58:51 | 00♒15 58 | 18 14 | 25 36 | 06 39 | 07 38 | 21 31 | 18 26 | 08 10 | 01 00 | 12 24 | 21 11 | 16 39 |
| 22 | 8:02:47 | 01 17 03 | 02♒56 | 10♒11 | 07 50 | 08 50 | 22 09 | 18 23 | 08 06 | 01 03 | 12 26 | 21 12 | 16 36 |
| 23 | 8:06:44 | 02 18 08 | 17 22 | 24 27 | 09 02 | 10 03 | 22 47 | 18 20 | 08 01 | 01 06 | 12 28 | 21 14 | 16 32 |
| 24 | 8:10:40 | 03 19 11 | 01♓27 | 08♓20 | 10 16 | 11 15 | 23 25 | 18 16 | 07 57 | 01 09 | 12 31 | 21 16 | 16 29 |
| 25 | 8:14:37 | 04 20 14 | 15 07 | 21 46 | 11 32 | 12 28 | 24 02 | 18 12 | 07 53 | 01 13 | 12 33 | 21 18 | 16 26 |
| 26 | 8:18:33 | 05 21 16 | 28 19 | 04♈46 | 12 49 | 13 40 | 24 40 | 18 08 | 07 49 | 01 16 | 12 35 | 21 20 | 16 23 |
| 27 | 8:22:30 | 06 22 17 | 11♈06 | 17 21 | 14 08 | 14 52 | 25 18 | 18 04 | 07 45 | 01 19 | 12 38 | 21 21 | 16 20 |
| 28 | 8:26:27 | 07 23 16 | 23 31 | 29 36 | 15 28 | 16 04 | 25 56 | 17 59 | 07 41 | 01 22 | 12 40 | 21 23 | 16 16 |
| 29 | 8:30:23 | 08 24 15 | 05♉38 | 11♉37 | 16 49 | 17 16 | 26 34 | 17 55 | 07 37 | 01 25 | 12 42 | 21 25 | 16 13 |
| 30 | 8:34:20 | 09 25 12 | 17 33 | 23 27 | 18 11 | 18 28 | 27 12 | 17 50 | 07 33 | 01 29 | 12 44 | 21 27 | 16 10 |
| 31 | 8:38:16 | 10 26 08 | 29 21 | 05♊15 | 19 35 | 19 40 | 27 50 | 17 45 | 07 29 | 01 32 | 12 47 | 21 28 | 16 07 |

## 0:00 E.T. Longitudes of the Major Asteroids and Chiron / Lunar Data

| D | ⚳ | ⚴ | ⚵ | ⚶ | ⚷ | D | ⚳ | ⚴ | ⚵ | ⚶ | ⚷ | Last Asp. | Ingress |
|---|---|---|---|---|---|---|---|---|---|---|---|---|---|
| 1 | 20♋38℞ | 11♈51 | 22♐21 | 06♑15 | 18♑28 | 17 | 16 53 | 15 39 | 27 50 | 14 50 | 19 59 | 1 02:28 | 1 ♉ 05:03 |
| 2 | 20 24 | 12 02 | 22 42 | 06 47 | 18 34 | 18 | 16 39 | 15 56 | 28 10 | 15 22 | 20 05 | 2 19:22 | 3 ♊ 17:59 |
| 3 | 20 11 | 12 14 | 23 03 | 07 19 | 18 40 | 19 | 16 26 | 16 13 | 28 31 | 15 54 | 20 10 | 5 23:15 | 6 ♋ 06:40 |
| 4 | 19 57 | 12 27 | 23 24 | 07 52 | 18 45 | 20 | 16 12 | 16 31 | 28 51 | 16 26 | 20 16 | 7 20:01 | 8 ♌ 17:39 |
| 5 | 19 43 | 12 39 | 23 44 | 08 24 | 18 51 | 21 | 15 59 | 16 49 | 29 11 | 16 58 | 20 21 | 10 22:01 | 11 ♍ 02:38 |
| 6 | 19 29 | 12 52 | 24 05 | 08 56 | 18 57 | 22 | 15 46 | 17 07 | 29 31 | 17 29 | 20 27 | 13 08:02 | 13 ♎ 09:39 |
| 7 | 19 15 | 13 06 | 24 26 | 09 28 | 19 02 | 23 | 15 33 | 17 25 | 29 51 | 18 01 | 20 33 | 15 04:46 | 15 ♏ 14:33 |
| 8 | 19 00 | 13 20 | 24 46 | 10 00 | 19 08 | 24 | 15 20 | 17 44 | 00♑11 | 18 33 | 20 38 | 17 11:49 | 17 ♐ 17:19 |
| 9 | 18 46 | 13 34 | 25 07 | 10 33 | 19 14 | 25 | 15 08 | 18 03 | 00 31 | 19 05 | 20 44 | 19 03:59 | 19 ♑ 18:25 |
| 10 | 18 32 | 13 48 | 25 27 | 11 05 | 19 19 | 26 | 14 55 | 18 23 | 00 51 | 19 37 | 20 49 | 21 05:35 | 21 ♒ 19:12 |
| 11 | 18 18 | 14 03 | 25 48 | 11 37 | 19 25 | 27 | 14 43 | 18 42 | 01 11 | 20 09 | 20 55 | 23 09:35 | 23 ♓ 21:30 |
| 12 | 18 03 | 14 18 | 26 08 | 12 09 | 19 31 | 28 | 14 32 | 19 02 | 01 31 | 20 40 | 21 00 | 25 11:10 | 26 ♈ 03:07 |
| 13 | 17 49 | 14 34 | 26 29 | 12 41 | 19 36 | 29 | 14 20 | 19 22 | 01 50 | 21 12 | 21 06 | 28 05:01 | 28 ♉ 12:47 |
| 14 | 17 35 | 14 49 | 26 49 | 13 13 | 19 42 | 30 | 14 09 | 19 43 | 02 10 | 21 44 | 21 11 | 30 02:05 | 31 ♊ 01:19 |
| 15 | 17 21 | 15 05 | 27 10 | 13 45 | 19 48 | 31 | 13 59 | 20 03 | 02 30 | 22 16 | 21 17 | | |
| 16 | 17 07 | 15 22 | 27 30 | 14 17 | 19 53 | | | | | | | | |

## 0:00 E.T. Declinations

| D | ☉ | ☽ | ☿ | ♀ | ♂ | ♃ | ♄ | ♅ | ♆ | ♇ | ⚳ | ⚴ | ⚵ | ⚶ | ⚷ |
|---|---|---|---|---|---|---|---|---|---|---|---|---|---|---|---|
| 1 | -23 04 | +08 47 | -20 18 | -18 36 | +03 41 | +05 31 | +22 25 | -12 08 | -17 18 | -14 30 | +29 14 | -21 38 | -13 07 | -22 29 | -15 53 |
| 2 | 23 00 | 13 46 | 20 15 | 18 14 | 03 57 | 05 31 | 22 25 | 12 07 | 17 18 | 14 30 | 29 21 | 21 31 | 13 07 | 22 29 | 15 52 |
| 3 | 22 54 | 18 13 | 20 13 | 17 52 | 04 13 | 05 31 | 22 26 | 12 06 | 17 17 | 14 30 | 29 27 | 21 24 | 13 07 | 22 29 | 15 52 |
| 4 | 22 49 | 21 56 | 20 14 | 17 29 | 04 28 | 05 31 | 22 26 | 12 05 | 17 17 | 14 30 | 29 34 | 21 17 | 13 07 | 22 29 | 15 51 |
| 5 | 22 42 | 24 46 | 20 17 | 17 06 | 04 44 | 05 31 | 22 27 | 12 04 | 17 16 | 14 30 | 29 40 | 21 10 | 13 08 | 22 29 | 15 50 |
| 6 | 22 36 | 26 30 | 20 21 | 16 42 | 04 59 | 05 32 | 22 27 | 12 03 | 17 16 | 14 30 | 29 46 | 21 03 | 13 08 | 22 28 | 15 50 |
| 7 | 22 29 | 27 01 | 20 26 | 16 18 | 05 15 | 05 32 | 22 28 | 12 03 | 17 15 | 14 30 | 29 52 | 20 55 | 13 08 | 22 28 | 15 49 |
| 8 | 22 21 | 26 15 | 20 33 | 15 54 | 05 30 | 05 33 | 22 28 | 12 02 | 17 14 | 14 30 | 29 59 | 20 48 | 13 08 | 22 27 | 15 48 |
| 9 | 22 13 | 24 10 | 20 41 | 15 29 | 05 46 | 05 33 | 22 28 | 12 01 | 17 14 | 14 31 | 30 05 | 20 40 | 13 08 | 22 26 | 15 47 |
| 10 | 22 05 | 20 55 | 20 50 | 15 04 | 06 01 | 05 34 | 22 29 | 12 00 | 17 13 | 14 31 | 30 10 | 20 32 | 13 07 | 22 25 | 15 46 |
| 11 | 21 56 | 16 38 | 20 59 | 14 38 | 06 17 | 05 35 | 22 29 | 11 59 | 17 13 | 14 31 | 30 16 | 20 24 | 13 07 | 22 24 | 15 46 |
| 12 | 21 47 | 11 33 | 21 08 | 14 12 | 06 32 | 05 35 | 22 30 | 11 57 | 17 12 | 14 31 | 30 22 | 20 16 | 13 07 | 22 23 | 15 45 |
| 13 | 21 37 | 05 52 | 21 18 | 13 45 | 06 47 | 05 36 | 22 30 | 11 56 | 17 12 | 14 31 | 30 27 | 20 08 | 13 06 | 22 21 | 15 44 |
| 14 | 21 27 | -00 11 | 21 27 | 13 18 | 07 03 | 05 37 | 22 31 | 11 55 | 17 11 | 14 31 | 30 33 | 20 00 | 13 06 | 22 20 | 15 43 |
| 15 | 21 17 | 06 20 | 21 37 | 12 51 | 07 18 | 05 38 | 22 31 | 11 54 | 17 10 | 14 31 | 30 38 | 19 52 | 13 05 | 22 18 | 15 42 |
| 16 | 21 06 | 12 19 | 21 46 | 12 24 | 07 33 | 05 39 | 22 32 | 11 53 | 17 10 | 14 31 | 30 43 | 19 44 | 13 05 | 22 17 | 15 42 |
| 17 | 20 55 | 17 47 | 21 55 | 11 56 | 07 49 | 05 41 | 22 32 | 11 52 | 17 09 | 14 31 | 30 48 | 19 35 | 13 04 | 22 15 | 15 41 |
| 18 | 20 43 | 22 20 | 22 03 | 11 28 | 08 04 | 05 42 | 22 32 | 11 51 | 17 08 | 14 31 | 30 53 | 19 27 | 13 03 | 22 13 | 15 40 |
| 19 | 20 31 | 25 32 | 22 11 | 10 59 | 08 19 | 05 43 | 22 33 | 11 50 | 17 08 | 14 31 | 30 58 | 19 18 | 13 02 | 22 11 | 15 39 |
| 20 | 20 19 | 27 00 | 22 18 | 10 31 | 08 34 | 05 45 | 22 33 | 11 49 | 17 07 | 14 31 | 31 02 | 19 10 | 13 01 | 22 09 | 15 38 |
| 21 | 20 06 | 26 33 | 22 24 | 10 02 | 08 49 | 05 46 | 22 34 | 11 48 | 17 07 | 14 31 | 31 06 | 19 01 | 13 01 | 22 06 | 15 37 |
| 22 | 19 52 | 24 14 | 22 30 | 09 32 | 09 04 | 05 48 | 22 34 | 11 47 | 17 06 | 14 31 | 31 11 | 18 52 | 12 59 | 22 04 | 15 36 |
| 23 | 19 39 | 20 25 | 22 34 | 09 03 | 09 19 | 05 49 | 22 34 | 11 46 | 17 05 | 14 31 | 31 15 | 18 43 | 12 58 | 22 01 | 15 35 |
| 24 | 19 25 | 15 30 | 22 38 | 08 33 | 09 34 | 05 51 | 22 35 | 11 44 | 17 05 | 14 31 | 31 19 | 18 34 | 12 57 | 21 59 | 15 34 |
| 25 | 19 11 | 09 57 | 22 40 | 08 03 | 09 49 | 05 53 | 22 35 | 11 43 | 17 04 | 14 31 | 31 23 | 18 25 | 12 56 | 21 56 | 15 33 |
| 26 | 18 56 | 04 08 | 22 42 | 07 33 | 10 04 | 05 54 | 22 36 | 11 42 | 17 04 | 14 31 | 31 26 | 18 16 | 12 55 | 21 53 | 15 32 |
| 27 | 18 41 | +01 41 | 22 42 | 07 03 | 10 18 | 05 56 | 22 36 | 11 41 | 17 03 | 14 31 | 31 30 | 18 07 | 12 53 | 21 50 | 15 31 |
| 28 | 18 26 | 07 17 | 22 42 | 06 33 | 10 33 | 05 58 | 22 36 | 11 40 | 17 02 | 14 31 | 31 33 | 17 58 | 12 52 | 21 47 | 15 31 |
| 29 | 18 10 | 12 29 | 22 40 | 06 02 | 10 48 | 06 00 | 22 37 | 11 39 | 17 02 | 14 31 | 31 36 | 17 49 | 12 50 | 21 44 | 15 30 |
| 30 | 17 54 | 17 08 | 22 37 | 05 32 | 11 02 | 06 02 | 22 37 | 11 38 | 17 01 | 14 31 | 31 39 | 17 39 | 12 49 | 21 40 | 15 29 |
| 31 | 17 37 | 21 06 | 22 33 | 05 01 | 11 17 | 06 04 | 22 37 | 11 36 | 17 00 | 14 31 | 31 42 | 17 30 | 12 47 | 21 37 | 15 28 |

Lunar Phases -- 7 ○ 15:41 15 ◑ 04:47 21 ● 21:06 29 ◐ 06:05 Sun enters ♒ 1/20 17:44

# Longitudes of Main Planets - February 2004

0:00 E.T.

| D | S.T. | ☉ | ☽ | ☽ 12:00 | ☿ | ♀ | ♂ | ♃ | ♄ | ♅ | ♆ | ♇ | ☊ |
|---|---|---|---|---|---|---|---|---|---|---|---|---|---|
| 1 | 8:42:13 | 11♒27 03 | 11♊08 | 17♊03 | 20♑59 | 20♓52 | 28♈28 | 17♍40℞ | 07♋26℞ | 01♓35 | 12♒49 | 21♐30 | 16♉04 |
| 2 | 8:46:09 | 12 27 57 | 23 00 | 28 58 | 22 24 | 22 04 | 29 06 | 17 35 | 07 22 | 01 39 | 12 51 | 21 31 | 16 01 |
| 3 | 8:50:06 | 13 28 50 | 04♋59 | 11♋02 | 23 50 | 23 15 | 29 44 | 17 30 | 07 18 | 01 42 | 12 53 | 21 33 | 15 57 |
| 4 | 8:54:02 | 14 29 41 | 17 09 | 23 20 | 25 17 | 24 27 | 00♉22 | 17 24 | 07 15 | 01 45 | 12 56 | 21 35 | 15 54 |
| 5 | 8:57:59 | 15 30 31 | 29 33 | 05♌51 | 26 45 | 25 38 | 01 00 | 17 19 | 07 12 | 01 49 | 12 58 | 21 36 | 15 51 |
| 6 | 9:01:56 | 16 31 20 | 12♌12 | 18 37 | 28 14 | 26 49 | 01 38 | 17 13 | 07 08 | 01 52 | 13 00 | 21 38 | 15 48 |
| 7 | 9:05:52 | 17 32 07 | 25 05 | 01♍36 | 29 44 | 28 01 | 02 17 | 17 07 | 07 05 | 01 55 | 13 03 | 21 39 | 15 45 |
| 8 | 9:09:49 | 18 32 54 | 08♍11 | 14 48 | 01♒14 | 29 12 | 02 55 | 17 01 | 07 02 | 01 59 | 13 05 | 21 41 | 15 42 |
| 9 | 9:13:45 | 19 33 39 | 21 28 | 28 11 | 02 45 | 00♈23 | 03 33 | 16 55 | 06 59 | 02 02 | 13 07 | 21 42 | 15 38 |
| 10 | 9:17:42 | 20 34 23 | 04♎57 | 11♎44 | 04 18 | 01 33 | 04 11 | 16 48 | 06 56 | 02 06 | 13 09 | 21 43 | 15 35 |
| 11 | 9:21:38 | 21 35 06 | 18 34 | 25 25 | 05 50 | 02 44 | 04 49 | 16 42 | 06 53 | 02 09 | 13 12 | 21 45 | 15 32 |
| 12 | 9:25:35 | 22 35 48 | 02♏19 | 09♏15 | 07 24 | 03 55 | 05 28 | 16 35 | 06 51 | 02 12 | 13 14 | 21 46 | 15 29 |
| 13 | 9:29:31 | 23 36 29 | 16 12 | 23 12 | 08 59 | 05 05 | 06 06 | 16 29 | 06 48 | 02 16 | 13 16 | 21 47 | 15 26 |
| 14 | 9:33:28 | 24 37 08 | 00♐14 | 07♐18 | 10 34 | 06 15 | 06 44 | 16 22 | 06 46 | 02 19 | 13 18 | 21 49 | 15 22 |
| 15 | 9:37:25 | 25 37 47 | 14 23 | 21 31 | 12 11 | 07 26 | 07 22 | 16 15 | 06 43 | 02 23 | 13 21 | 21 50 | 15 19 |
| 16 | 9:41:21 | 26 38 25 | 28 39 | 05♑49 | 13 48 | 08 36 | 08 01 | 16 08 | 06 41 | 02 26 | 13 23 | 21 51 | 15 16 |
| 17 | 9:45:18 | 27 39 02 | 13♑00 | 20 10 | 15 26 | 09 46 | 08 39 | 16 01 | 06 39 | 02 30 | 13 25 | 21 52 | 15 13 |
| 18 | 9:49:14 | 28 39 37 | 27 20 | 04♒29 | 17 05 | 10 55 | 09 17 | 15 54 | 06 37 | 02 33 | 13 27 | 21 54 | 15 10 |
| 19 | 9:53:11 | 29 40 11 | 11♒36 | 18 40 | 18 44 | 12 05 | 09 56 | 15 47 | 06 35 | 02 36 | 13 30 | 21 55 | 15 07 |
| 20 | 9:57:07 | 00♓40 43 | 25 40 | 02♓37 | 20 25 | 13 14 | 10 34 | 15 39 | 06 33 | 02 40 | 13 32 | 21 56 | 15 03 |
| 21 | 10:01:04 | 01 41 14 | 09♓29 | 16 17 | 22 07 | 14 24 | 11 13 | 15 32 | 06 31 | 02 43 | 13 34 | 21 57 | 15 00 |
| 22 | 10:05:00 | 02 41 43 | 22 58 | 29 35 | 23 49 | 15 33 | 11 51 | 15 25 | 06 29 | 02 47 | 13 36 | 21 58 | 14 57 |
| 23 | 10:08:57 | 03 42 11 | 06♈06 | 12♈31 | 25 33 | 16 42 | 12 29 | 15 17 | 06 28 | 02 50 | 13 38 | 21 59 | 14 54 |
| 24 | 10:12:54 | 04 42 36 | 18 51 | 25 06 | 27 17 | 17 51 | 13 08 | 15 09 | 06 26 | 02 54 | 13 40 | 22 00 | 14 51 |
| 25 | 10:16:50 | 05 43 00 | 01♉16 | 07♉22 | 29 03 | 19 00 | 13 46 | 15 02 | 06 25 | 02 57 | 13 43 | 22 01 | 14 48 |
| 26 | 10:20:47 | 06 43 22 | 13 25 | 19 24 | 00♓49 | 20 08 | 14 25 | 14 54 | 06 24 | 03 01 | 13 45 | 22 02 | 14 44 |
| 27 | 10:24:43 | 07 43 42 | 25 22 | 01♊17 | 02 36 | 21 16 | 15 03 | 14 46 | 06 22 | 03 04 | 13 47 | 22 03 | 14 41 |
| 28 | 10:28:40 | 08 44 00 | 07♊12 | 13 06 | 04 25 | 22 25 | 15 42 | 14 39 | 06 21 | 03 08 | 13 49 | 22 04 | 14 38 |
| 29 | 10:32:36 | 09 44 16 | 19 00 | 24 56 | 06 14 | 23 33 | 16 20 | 14 31 | 06 20 | 03 11 | 13 51 | 22 05 | 14 35 |

0:00 E.T.

## Longitudes of the Major Asteroids and Chiron

| D | ⚳ | ⚴ | ⚵ | ⚶ | ⚷ |
|---|---|---|---|---|---|
| 1 | 13♋48℞ | 20♈24 | 02♑49 | 22♑47 | 21♑22 |
| 2 | 13 38 | 20 45 | 03 09 | 23 19 | 21 27 |
| 3 | 13 29 | 21 07 | 03 28 | 23 50 | 21 33 |
| 4 | 13 19 | 21 28 | 03 48 | 24 22 | 21 38 |
| 5 | 13 10 | 21 50 | 04 07 | 24 53 | 21 43 |
| 6 | 13 02 | 22 12 | 04 26 | 25 25 | 21 49 |
| 7 | 12 54 | 22 35 | 04 45 | 25 56 | 21 54 |
| 8 | 12 46 | 22 57 | 05 04 | 26 28 | 21 59 |
| 9 | 12 38 | 23 20 | 05 23 | 26 59 | 22 04 |
| 10 | 12 31 | 23 43 | 05 42 | 27 30 | 22 10 |
| 11 | 12 25 | 24 06 | 06 01 | 28 02 | 22 15 |
| 12 | 12 19 | 24 30 | 06 20 | 28 33 | 22 20 |
| 13 | 12 13 | 24 53 | 06 39 | 29 04 | 22 25 |
| 14 | 12 07 | 25 17 | 06 58 | 29 35 | 22 30 |
| 15 | 12 03 | 25 41 | 07 16 | 00♒06 | 22 35 |
| 16 | 11 58 | 26 06 | 07 35 | 00 37 | 22 40 |
| 17 | 11 54 | 26 30 | 07 53 | 01 08 | 22 45 |
| 18 | 11 50 | 26 55 | 08 11 | 01 39 | 22 50 |
| 19 | 11 47 | 27 20 | 08 30 | 02 10 | 22 54 |
| 20 | 11 44 | 27 45 | 08 48 | 02 41 | 22 59 |
| 21 | 11 42 | 28 10 | 09 06 | 03 12 | 23 04 |
| 22 | 11 40 | 28 35 | 09 24 | 03 43 | 23 09 |
| 23 | 11 39 | 29 01 | 09 42 | 04 14 | 23 13 |
| 24 | 11 38 | 29 27 | 09 59 | 04 44 | 23 18 |
| 25 | 11 37 | 29 53 | 10 17 | 05 15 | 23 23 |
| 26 | 11 37D | 00♉19 | 10 35 | 05 46 | 23 27 |
| 27 | 11 37 | 00 45 | 10 52 | 06 16 | 23 32 |
| 28 | 11 38 | 01 12 | 11 09 | 06 47 | 23 36 |
| 29 | 11 39 | 01 39 | 11 27 | 07 17 | 23 40 |

## Lunar Data

| Last Asp. | Ingress |
|---|---|
| 2 12:57 | 2 ♋ 14:04 |
| 4 17:54 | 5 ♌ 00:51 |
| 6 17:39 | 7 ♍ 09:04 |
| 9 00:24 | 9 ♎ 15:13 |
| 11 05:43 | 11 ♏ 19:59 |
| 13 13:41 | 13 ♐ 23:36 |
| 15 20:21 | 16 ♑ 02:15 |
| 17 05:01 | 18 ♒ 04:28 |
| 19 17:35 | 20 ♓ 07:28 |
| 21 22:11 | 22 ♈ 12:46 |
| 24 18:56 | 24 ♉ 21:31 |
| 26 02:56 | 27 ♊ 09:24 |
| 29 10:09 | |

0:00 E.T.

## Declinations

| D | ☉ | ☽ | ☿ | ♀ | ♂ | ♃ | ♄ | ♅ | ♆ | ♇ | ⚳ | ⚴ | ⚵ | ⚶ | ⚷ |
|---|---|---|---|---|---|---|---|---|---|---|---|---|---|---|---|
| 1 | -17 21 | +24 11 | -22 27 | -04 30 | +11 31 | +06 07 | +22 38 | -11 35 | -17 00 | -14 31 | +31 45 | -17 21 | -12 45 | -21 33 | -15 27 |
| 2 | 17 04 | 26 15 | 22 21 | 03 59 | 11 45 | 06 09 | 22 38 | 11 34 | 16 59 | 14 31 | 31 47 | 17 11 | 12 43 | 21 30 | 15 26 |
| 3 | 16 47 | 27 07 | 22 13 | 03 28 | 12 00 | 06 11 | 22 38 | 11 33 | 16 58 | 14 31 | 31 50 | 17 02 | 12 41 | 21 26 | 15 25 |
| 4 | 16 29 | 26 41 | 22 04 | 02 56 | 12 14 | 06 14 | 22 39 | 11 32 | 16 58 | 14 31 | 31 52 | 16 52 | 12 39 | 21 22 | 15 24 |
| 5 | 16 11 | 24 56 | 21 54 | 02 25 | 12 28 | 06 16 | 22 39 | 11 30 | 16 57 | 14 31 | 31 54 | 16 43 | 12 37 | 21 18 | 15 23 |
| 6 | 15 53 | 21 55 | 21 42 | 01 54 | 12 42 | 06 18 | 22 39 | 11 29 | 16 57 | 14 31 | 31 56 | 16 33 | 12 35 | 21 14 | 15 22 |
| 7 | 15 35 | 17 48 | 21 29 | 01 22 | 12 56 | 06 21 | 22 40 | 11 28 | 16 56 | 14 31 | 31 58 | 16 24 | 12 33 | 21 10 | 15 21 |
| 8 | 15 16 | 12 47 | 21 15 | 00 51 | 13 10 | 06 23 | 22 40 | 11 27 | 16 55 | 14 31 | 32 00 | 16 14 | 12 31 | 21 06 | 15 20 |
| 9 | 14 57 | 07 06 | 20 59 | 00 19 | 13 23 | 06 26 | 22 40 | 11 26 | 16 55 | 14 31 | 32 02 | 16 04 | 12 29 | 21 02 | 15 18 |
| 10 | 14 38 | 01 01 | 20 42 | +00 12 | 13 37 | 06 29 | 22 41 | 11 24 | 16 54 | 14 31 | 32 03 | 15 55 | 12 26 | 20 57 | 15 17 |
| 11 | 14 19 | -05 12 | 20 24 | 00 44 | 13 51 | 06 31 | 22 41 | 11 23 | 16 53 | 14 31 | 32 04 | 15 45 | 12 24 | 20 53 | 15 16 |
| 12 | 13 59 | 11 14 | 20 05 | 01 15 | 14 04 | 06 34 | 22 41 | 11 22 | 16 53 | 14 31 | 32 06 | 15 35 | 12 22 | 20 48 | 15 15 |
| 13 | 13 39 | 16 48 | 19 44 | 01 46 | 14 17 | 06 37 | 22 42 | 11 21 | 16 52 | 14 31 | 32 07 | 15 25 | 12 19 | 20 43 | 15 14 |
| 14 | 13 19 | 21 30 | 19 22 | 02 18 | 14 31 | 06 40 | 22 42 | 11 19 | 16 52 | 14 31 | 32 08 | 15 16 | 12 16 | 20 38 | 15 13 |
| 15 | 12 59 | 25 00 | 18 58 | 02 49 | 14 44 | 06 42 | 22 42 | 11 18 | 16 51 | 14 31 | 32 09 | 15 06 | 12 14 | 20 34 | 15 12 |
| 16 | 12 38 | 26 55 | 18 33 | 03 21 | 14 57 | 06 45 | 22 42 | 11 17 | 16 50 | 14 31 | 32 09 | 14 56 | 12 11 | 20 29 | 15 11 |
| 17 | 12 17 | 27 04 | 18 07 | 03 52 | 15 10 | 06 48 | 22 43 | 11 16 | 16 50 | 14 30 | 32 10 | 14 46 | 12 08 | 20 24 | 15 10 |
| 18 | 11 56 | 25 24 | 17 39 | 04 23 | 15 23 | 06 51 | 22 43 | 11 14 | 16 49 | 14 30 | 32 11 | 14 36 | 12 06 | 20 18 | 15 09 |
| 19 | 11 35 | 22 07 | 17 10 | 04 54 | 15 36 | 06 54 | 22 43 | 11 13 | 16 48 | 14 30 | 32 11 | 14 27 | 12 03 | 20 13 | 15 08 |
| 20 | 11 14 | 17 36 | 16 40 | 05 25 | 15 48 | 06 57 | 22 43 | 11 12 | 16 48 | 14 30 | 32 11 | 14 17 | 12 00 | 20 08 | 15 07 |
| 21 | 10 53 | 12 13 | 16 08 | 05 56 | 16 01 | 07 00 | 22 44 | 11 11 | 16 47 | 14 30 | 32 12 | 14 07 | 11 57 | 20 02 | 15 06 |
| 22 | 10 31 | 06 23 | 15 35 | 06 26 | 16 13 | 07 03 | 22 44 | 11 09 | 16 47 | 14 30 | 32 12 | 13 57 | 11 54 | 19 57 | 15 05 |
| 23 | 10 09 | 00 25 | 15 00 | 06 57 | 16 26 | 07 06 | 22 44 | 11 08 | 16 46 | 14 30 | 32 12 | 13 47 | 11 51 | 19 51 | 15 04 |
| 24 | 09 47 | +05 25 | 14 24 | 07 27 | 16 38 | 07 09 | 22 44 | 11 07 | 16 45 | 14 30 | 32 12 | 13 37 | 11 47 | 19 46 | 15 02 |
| 25 | 09 25 | 10 54 | 13 47 | 07 58 | 16 50 | 07 12 | 22 45 | 11 06 | 16 45 | 14 30 | 32 12 | 13 27 | 11 44 | 19 40 | 15 01 |
| 26 | 09 03 | 15 51 | 13 08 | 08 28 | 17 02 | 07 15 | 22 45 | 11 04 | 16 44 | 14 29 | 32 11 | 13 17 | 11 41 | 19 34 | 15 00 |
| 27 | 08 40 | 20 07 | 12 29 | 08 58 | 17 14 | 07 18 | 22 45 | 11 03 | 16 43 | 14 29 | 32 11 | 13 08 | 11 38 | 19 29 | 14 59 |
| 28 | 08 18 | 23 32 | 11 47 | 09 27 | 17 26 | 07 21 | 22 45 | 11 02 | 16 43 | 14 29 | 32 11 | 12 58 | 11 34 | 19 23 | 14 58 |
| 29 | 07 55 | 25 56 | 11 05 | 09 57 | 17 37 | 07 25 | 22 45 | 11 01 | 16 42 | 14 29 | 32 10 | 12 48 | 11 31 | 19 17 | 14 57 |

Lunar Phases -- 6 ○ 08:48  13 ◑ 13:41  20 ● 09:19  28 ◐ 03:25  Sun enters ♓ 2/19 07:51

| 0:00 E.T. | Longitudes of Main Planets - March 2004 | | | | | | | | | | | | Mar. 04 |
|---|---|---|---|---|---|---|---|---|---|---|---|---|---|
| D | S.T. | ☉ | ☽ | ☽ 12:00 | ☿ | ♀ | ♂ | ♃ | ♄ | ♅ | ♆ | ♇ | ☊ |
| 1 | 10:36:33 | 10♓44 30 | 00♋53 | 06♋53 | 08♓04 | 24♈40 | 16♉59 | 14♍23℞ | 06♋20℞ | 03♓14 | 13♒53 | 22♐05 | 14♉32 |
| 2 | 10:40:29 | 11 44 42 | 12 55 | 19 01 | 09 56 | 25 48 | 17 37 | 14 15 | 06 19 | 03 18 | 13 55 | 22 06 | 14 28 |
| 3 | 10:44:26 | 12 44 52 | 25 10 | 01♌24 | 11 48 | 26 55 | 18 16 | 14 07 | 06 18 | 03 21 | 13 57 | 22 07 | 14 25 |
| 4 | 10:48:23 | 13 45 00 | 07♌42 | 14 05 | 13 41 | 28 02 | 18 54 | 13 59 | 06 18 | 03 25 | 13 59 | 22 08 | 14 22 |
| 5 | 10:52:19 | 14 45 06 | 20 32 | 27 05 | 15 35 | 29 09 | 19 32 | 13 52 | 06 18 | 03 28 | 14 01 | 22 08 | 14 19 |
| 6 | 10:56:16 | 15 45 10 | 03♍42 | 10♍23 | 17 30 | 00♉16 | 20 11 | 13 44 | 06 17 | 03 31 | 14 03 | 22 09 | 14 16 |
| 7 | 11:00:12 | 16 45 12 | 17 09 | 23 58 | 19 26 | 01 22 | 20 49 | 13 36 | 06 17 | 03 35 | 14 05 | 22 10 | 14 13 |
| 8 | 11:04:09 | 17 45 12 | 00♎51 | 07♎47 | 21 22 | 02 29 | 21 28 | 13 28 | 06 17D | 03 38 | 14 07 | 22 10 | 14 09 |
| 9 | 11:08:05 | 18 45 10 | 14 45 | 21 45 | 23 19 | 03 35 | 22 06 | 13 20 | 06 17 | 03 42 | 14 09 | 22 11 | 14 06 |
| 10 | 11:12:02 | 19 45 07 | 28 47 | 05♏50 | 25 17 | 04 40 | 22 45 | 13 13 | 06 17 | 03 45 | 14 11 | 22 11 | 14 03 |
| 11 | 11:15:58 | 20 45 02 | 12♏55 | 19 59 | 27 14 | 05 46 | 23 23 | 13 05 | 06 18 | 03 48 | 14 13 | 22 12 | 14 00 |
| 12 | 11:19:55 | 21 44 55 | 27 04 | 04♐09 | 29 12 | 06 51 | 24 02 | 12 57 | 06 18 | 03 52 | 14 15 | 22 12 | 13 57 |
| 13 | 11:23:52 | 22 44 47 | 11♐14 | 18 18 | 01♈10 | 07 56 | 24 40 | 12 49 | 06 19 | 03 55 | 14 17 | 22 12 | 13 53 |
| 14 | 11:27:48 | 23 44 37 | 25 22 | 02♑25 | 03 07 | 09 01 | 25 19 | 12 42 | 06 19 | 03 58 | 14 19 | 22 13 | 13 50 |
| 15 | 11:31:45 | 24 44 25 | 09♑28 | 16 29 | 05 04 | 10 05 | 25 57 | 12 34 | 06 20 | 04 02 | 14 21 | 22 13 | 13 47 |
| 16 | 11:35:41 | 25 44 12 | 23 29 | 00♒28 | 06 59 | 11 10 | 26 35 | 12 27 | 06 21 | 04 05 | 14 23 | 22 13 | 13 44 |
| 17 | 11:39:38 | 26 43 57 | 07♒25 | 14 20 | 08 53 | 12 13 | 27 14 | 12 19 | 06 22 | 04 08 | 14 24 | 22 14 | 13 41 |
| 18 | 11:43:34 | 27 43 40 | 21 13 | 28 03 | 10 46 | 13 17 | 27 52 | 12 12 | 06 23 | 04 11 | 14 26 | 22 14 | 13 38 |
| 19 | 11:47:31 | 28 43 22 | 04♓50 | 11♓33 | 12 36 | 14 20 | 28 31 | 12 05 | 06 24 | 04 15 | 14 28 | 22 14 | 13 34 |
| 20 | 11:51:27 | 29 43 01 | 18 13 | 24 49 | 14 24 | 15 23 | 29 09 | 11 58 | 06 26 | 04 18 | 14 30 | 22 14 | 13 31 |
| 21 | 11:55:24 | 00♈42 38 | 01♈21 | 07♈49 | 16 08 | 16 26 | 29 48 | 11 50 | 06 27 | 04 21 | 14 31 | 22 14 | 13 28 |
| 22 | 11:59:21 | 01 42 14 | 14 13 | 20 33 | 17 49 | 17 28 | 00♊26 | 11 43 | 06 29 | 04 24 | 14 33 | 22 15 | 13 25 |
| 23 | 12:03:17 | 02 41 47 | 26 48 | 03♉00 | 19 26 | 18 30 | 01 05 | 11 36 | 06 30 | 04 27 | 14 35 | 22 15 | 13 22 |
| 24 | 12:07:14 | 03 41 18 | 09♉08 | 15 12 | 20 59 | 19 32 | 01 43 | 11 30 | 06 32 | 04 30 | 14 37 | 22 15 | 13 19 |
| 25 | 12:11:10 | 04 40 47 | 21 14 | 27 13 | 22 27 | 20 33 | 02 21 | 11 23 | 06 34 | 04 34 | 14 38 | 22 15℞ | 13 15 |
| 26 | 12:15:07 | 05 40 14 | 03♊10 | 09♊06 | 23 49 | 21 34 | 03 00 | 11 16 | 06 36 | 04 37 | 14 40 | 22 15 | 13 12 |
| 27 | 12:19:03 | 06 39 39 | 15 01 | 20 55 | 25 06 | 22 34 | 03 38 | 11 10 | 06 38 | 04 40 | 14 41 | 22 15 | 13 09 |
| 28 | 12:23:00 | 07 39 01 | 26 50 | 02♋46 | 26 17 | 23 34 | 04 17 | 11 03 | 06 40 | 04 43 | 14 43 | 22 15 | 13 06 |
| 29 | 12:26:56 | 08 38 21 | 08♋43 | 14 43 | 27 21 | 24 34 | 04 55 | 10 57 | 06 42 | 04 46 | 14 44 | 22 14 | 13 03 |
| 30 | 12:30:53 | 09 37 39 | 20 45 | 26 51 | 28 20 | 25 33 | 05 34 | 10 51 | 06 45 | 04 49 | 14 46 | 22 14 | 12 59 |
| 31 | 12:34:50 | 10 36 54 | 03♌01 | 09♌15 | 29 11 | 26 31 | 06 12 | 10 45 | 06 47 | 04 52 | 14 47 | 22 14 | 12 56 |

| 0:00 E.T. | Longitudes of the Major Asteroids and Chiron | | | | | | | | | | | Lunar Data | |
|---|---|---|---|---|---|---|---|---|---|---|---|---|---|
| D | ⚳ | ⚴ | ⚵ | ⚶ | ⚷ | D | ⚳ | ⚴ | ⚵ | ⚶ | ⚷ | Last Asp. | Ingress |
| 1 | 11♋41 | 02♉06 | 11♑44 | 07♒47 | 23♑45 | 17 | 13 01 | 09 37 | 16 01 | 15 45 | 24 47 | 3 03:43 | 3 ♌ 09:19 |
| 2 | 11 43 | 02 33 | 12 01 | 08 18 | 23 49 | 18 | 13 09 | 10 06 | 16 16 | 16 15 | 24 50 | 5 17:14 | 5 ♍ 17:19 |
| 3 | 11 45 | 03 00 | 12 18 | 08 48 | 23 53 | 19 | 13 18 | 10 36 | 16 31 | 16 44 | 24 53 | 7 08:50 | 7 ♎ 22:32 |
| 4 | 11 48 | 03 27 | 12 34 | 09 18 | 23 57 | 20 | 13 27 | 11 05 | 16 46 | 17 13 | 24 57 | 9 12:44 | 10 ♏ 02:04 |
| 5 | 11 52 | 03 55 | 12 51 | 09 48 | 24 02 | 21 | 13 36 | 11 35 | 17 00 | 17 42 | 25 00 | 12 04:12 | 12 ♐ 04:58 |
| 6 | 11 55 | 04 22 | 13 08 | 10 18 | 24 06 | 22 | 13 45 | 12 05 | 17 14 | 18 11 | 25 03 | 13 21:02 | 14 ♑ 07:53 |
| 7 | 11 59 | 04 50 | 13 24 | 10 48 | 24 10 | 23 | 13 55 | 12 35 | 17 29 | 18 40 | 25 06 | 16 05:35 | 16 ♒ 11:11 |
| 8 | 12 04 | 05 18 | 13 40 | 11 18 | 24 14 | 24 | 14 06 | 13 06 | 17 42 | 19 09 | 25 09 | 18 12:17 | 18 ♓ 15:27 |
| 9 | 12 09 | 05 46 | 13 57 | 11 48 | 24 17 | 25 | 14 16 | 13 36 | 17 56 | 19 38 | 25 12 | 20 20:58 | 20 ♈ 21:30 |
| 10 | 12 14 | 06 15 | 14 13 | 12 18 | 24 21 | 26 | 14 27 | 14 06 | 18 10 | 20 07 | 25 15 | 22 15:15 | 23 ♉ 06:11 |
| 11 | 12 19 | 06 43 | 14 29 | 12 48 | 24 25 | 27 | 14 38 | 14 37 | 18 23 | 20 35 | 25 17 | 24 22:30 | 25 ♊ 17:36 |
| 12 | 12 25 | 07 12 | 14 44 | 13 18 | 24 29 | 28 | 14 50 | 15 08 | 18 37 | 21 04 | 25 20 | 27 22:45 | 28 ♋ 06:24 |
| 13 | 12 32 | 07 40 | 15 00 | 13 47 | 24 33 | 29 | 15 02 | 15 38 | 18 50 | 21 32 | 25 23 | 30 16:01 | 30 ♌ 18:08 |
| 14 | 12 39 | 08 09 | 15 16 | 14 17 | 24 36 | 30 | 15 14 | 16 09 | 19 03 | 22 01 | 25 25 | | |
| 15 | 12 46 | 08 38 | 15 31 | 14 47 | 24 40 | 31 | 15 26 | 16 40 | 19 15 | 22 29 | 25 28 | | |
| 16 | 12 53 | 09 07 | 15 46 | 15 16 | 24 43 | | | | | | | | |

| 0:00 E.T. | Declinations | | | | | | | | | | | | | | |
|---|---|---|---|---|---|---|---|---|---|---|---|---|---|---|---|
| D | ☉ | ☽ | ☿ | ♀ | ♂ | ♃ | ♄ | ♅ | ♆ | ♇ | ⚳ | ⚴ | ⚵ | ⚶ | ⚷ |
| 1 | -07 32 | +27 11 | -10 21 | +10 26 | +17 49 | +07 28 | +22 46 | -10 59 | -16 42 | -14 29 | +32 10 | -12 38 | -11 27 | -19 11 | -14 56 |
| 2 | 07 09 | 27 10 | 09 36 | 10 55 | 18 00 | 07 31 | 22 46 | 10 58 | 16 41 | 14 29 | 32 09 | 12 28 | 11 24 | 19 05 | 14 55 |
| 3 | 06 47 | 25 51 | 08 49 | 11 24 | 18 12 | 07 34 | 22 46 | 10 57 | 16 41 | 14 29 | 32 08 | 12 18 | 11 20 | 18 58 | 14 54 |
| 4 | 06 23 | 23 13 | 08 02 | 11 53 | 18 23 | 07 37 | 22 46 | 10 56 | 16 40 | 14 28 | 32 08 | 12 08 | 11 16 | 18 52 | 14 53 |
| 5 | 06 00 | 19 25 | 07 13 | 12 21 | 18 34 | 07 40 | 22 46 | 10 55 | 16 39 | 14 28 | 32 07 | 11 59 | 11 13 | 18 46 | 14 52 |
| 6 | 05 37 | 14 34 | 06 23 | 12 49 | 18 44 | 07 43 | 22 46 | 10 53 | 16 39 | 14 28 | 32 06 | 11 49 | 11 09 | 18 40 | 14 50 |
| 7 | 05 14 | 08 57 | 05 32 | 13 17 | 18 55 | 07 46 | 22 47 | 10 52 | 16 38 | 14 28 | 32 05 | 11 39 | 11 05 | 18 33 | 14 49 |
| 8 | 04 50 | 02 47 | 04 40 | 13 44 | 19 06 | 07 49 | 22 47 | 10 51 | 16 38 | 14 28 | 32 04 | 11 29 | 11 01 | 18 27 | 14 48 |
| 9 | 04 27 | -03 37 | 03 47 | 14 11 | 19 16 | 07 52 | 22 47 | 10 50 | 16 37 | 14 28 | 32 03 | 11 20 | 10 57 | 18 20 | 14 47 |
| 10 | 04 03 | 09 55 | 02 53 | 14 38 | 19 26 | 07 55 | 22 47 | 10 48 | 16 37 | 14 27 | 32 02 | 11 10 | 10 54 | 18 14 | 14 46 |
| 11 | 03 40 | 15 45 | 01 58 | 15 05 | 19 37 | 07 58 | 22 47 | 10 47 | 16 36 | 14 27 | 32 00 | 11 00 | 10 50 | 18 07 | 14 45 |
| 12 | 03 16 | 20 46 | 01 03 | 15 31 | 19 47 | 08 01 | 22 47 | 10 46 | 16 35 | 14 27 | 31 59 | 10 50 | 10 46 | 18 00 | 14 44 |
| 13 | 02 53 | 24 35 | 00 07 | 15 57 | 19 57 | 08 04 | 22 47 | 10 45 | 16 35 | 14 27 | 31 58 | 10 41 | 10 41 | 17 54 | 14 43 |
| 14 | 02 29 | 26 52 | +00 48 | 16 22 | 20 06 | 08 07 | 22 48 | 10 44 | 16 34 | 14 27 | 31 56 | 10 31 | 10 37 | 17 47 | 14 42 |
| 15 | 02 05 | 27 25 | 01 44 | 16 47 | 20 16 | 08 10 | 22 48 | 10 42 | 16 34 | 14 27 | 31 55 | 10 22 | 10 33 | 17 40 | 14 41 |
| 16 | 01 42 | 26 11 | 02 40 | 17 12 | 20 25 | 08 13 | 22 48 | 10 41 | 16 33 | 14 26 | 31 53 | 10 12 | 10 29 | 17 33 | 14 40 |
| 17 | 01 18 | 23 22 | 03 36 | 17 36 | 20 34 | 08 16 | 22 48 | 10 40 | 16 33 | 14 26 | 31 51 | 10 02 | 10 25 | 17 26 | 14 39 |
| 18 | 00 54 | 19 14 | 04 31 | 18 00 | 20 44 | 08 18 | 22 48 | 10 39 | 16 32 | 14 26 | 31 50 | 09 53 | 10 21 | 17 19 | 14 38 |
| 19 | 00 30 | 14 09 | 05 25 | 18 24 | 20 53 | 08 21 | 22 48 | 10 38 | 16 32 | 14 26 | 31 48 | 09 43 | 10 16 | 17 13 | 14 37 |
| 20 | 00 07 | 08 29 | 06 18 | 18 47 | 21 01 | 08 24 | 22 48 | 10 37 | 16 31 | 14 26 | 31 46 | 09 34 | 10 12 | 17 06 | 14 36 |
| 21 | +00 17 | 02 32 | 07 10 | 19 10 | 21 10 | 08 27 | 22 48 | 10 36 | 16 31 | 14 25 | 31 44 | 09 25 | 10 08 | 16 58 | 14 35 |
| 22 | 00 41 | +03 24 | 08 01 | 19 32 | 21 19 | 08 29 | 22 48 | 10 34 | 16 30 | 14 25 | 31 42 | 09 15 | 10 03 | 16 51 | 14 34 |
| 23 | 01 04 | 09 05 | 08 49 | 19 54 | 21 27 | 08 32 | 22 48 | 10 33 | 16 30 | 14 25 | 31 41 | 09 06 | 09 59 | 16 44 | 14 33 |
| 24 | 01 28 | 14 19 | 09 36 | 20 16 | 21 35 | 08 34 | 22 48 | 10 32 | 16 29 | 14 25 | 31 38 | 08 57 | 09 54 | 16 37 | 14 32 |
| 25 | 01 52 | 18 54 | 10 20 | 20 37 | 21 43 | 08 37 | 22 49 | 10 31 | 16 29 | 14 25 | 31 36 | 08 47 | 09 50 | 16 30 | 14 31 |
| 26 | 02 15 | 22 40 | 11 01 | 20 57 | 21 51 | 08 39 | 22 49 | 10 30 | 16 29 | 14 25 | 31 34 | 08 38 | 09 45 | 16 23 | 14 30 |
| 27 | 02 39 | 25 27 | 11 40 | 21 18 | 21 59 | 08 42 | 22 49 | 10 29 | 16 28 | 14 24 | 31 32 | 08 29 | 09 41 | 16 16 | 14 29 |
| 28 | 03 02 | 27 06 | 12 16 | 21 37 | 22 06 | 08 44 | 22 49 | 10 28 | 16 28 | 14 24 | 31 30 | 08 20 | 09 36 | 16 09 | 14 28 |
| 29 | 03 26 | 27 31 | 12 49 | 21 57 | 22 13 | 08 47 | 22 49 | 10 27 | 16 27 | 14 24 | 31 27 | 08 11 | 09 32 | 16 01 | 14 27 |
| 30 | 03 49 | 26 39 | 13 19 | 22 15 | 22 21 | 08 49 | 22 49 | 10 26 | 16 27 | 14 24 | 31 25 | 08 02 | 09 27 | 15 54 | 14 26 |
| 31 | 04 12 | 24 30 | 13 45 | 22 33 | 22 28 | 08 51 | 22 49 | 10 24 | 16 26 | 14 24 | 31 23 | 07 53 | 09 22 | 15 47 | 14 25 |

Lunar Phases -- 6 ○ 23:15 13 ◑ 21:02 20 ● 22:42 28 ◐ 23:49 Sun enters ♈ 3/20 06:50

# Apr. 04 — Longitudes of Main Planets - April 2004 — 0:00 E.T.

| D | S.T. | ☉ | ☽ | ☽ 12:00 | ☿ | ♀ | ♂ | ♃ | ♄ | ♅ | ♆ | ♇ | ☊ |
|---|---|---|---|---|---|---|---|---|---|---|---|---|---|
| 1 | 12:38:46 | 11♈36 08 | 15♌35 | 21♌59 | 29♈56 | 27♉30 | 06♊50 | 10♍39℞ | 06♋50 | 04♓55 | 14♒49 | 22♐14℞ | 12♉53 |
| 2 | 12:42:43 | 12 35 18 | 28 29 | 05♍05 | 00♉33 | 28 27 | 07 29 | 10 33 | 06 53 | 04 58 | 14 50 | 22 14 | 12 50 |
| 3 | 12:46:39 | 13 34 27 | 11♍46 | 18 33 | 01 04 | 29 25 | 08 07 | 10 28 | 06 55 | 05 00 | 14 52 | 22 13 | 12 47 |
| 4 | 12:50:36 | 14 33 33 | 25 26 | 02♎24 | 01 27 | 00♊21 | 08 45 | 10 22 | 06 58 | 05 03 | 14 53 | 22 13 | 12 44 |
| 5 | 12:54:32 | 15 32 37 | 09♎26 | 16 33 | 01 44 | 01 17 | 09 24 | 10 17 | 07 01 | 05 06 | 14 54 | 22 13 | 12 40 |
| 6 | 12:58:29 | 16 31 39 | 23 44 | 00♏57 | 01 53 | 02 13 | 10 02 | 10 12 | 07 04 | 05 09 | 14 56 | 22 12 | 12 37 |
| 7 | 13:02:25 | 17 30 39 | 08♏13 | 15 30 | 01 55℞ | 03 08 | 10 40 | 10 07 | 07 08 | 05 12 | 14 57 | 22 12 | 12 34 |
| 8 | 13:06:22 | 18 29 37 | 22 47 | 00♐05 | 01 51 | 04 03 | 11 19 | 10 02 | 07 11 | 05 14 | 14 58 | 22 11 | 12 31 |
| 9 | 13:10:19 | 19 28 34 | 07♐22 | 14 38 | 01 40 | 04 56 | 11 57 | 09 57 | 07 14 | 05 17 | 15 00 | 22 11 | 12 28 |
| 10 | 13:14:15 | 20 27 29 | 21 52 | 29 04 | 01 24 | 05 50 | 12 35 | 09 52 | 07 18 | 05 20 | 15 01 | 22 10 | 12 25 |
| 11 | 13:18:12 | 21 26 22 | 06♑13 | 13♑19 | 01 01 | 06 42 | 13 14 | 09 48 | 07 21 | 05 23 | 15 02 | 22 10 | 12 21 |
| 12 | 13:22:08 | 22 25 13 | 20 22 | 27 21 | 00 34 | 07 34 | 13 52 | 09 44 | 07 25 | 05 25 | 15 03 | 22 09 | 12 18 |
| 13 | 13:26:05 | 23 24 02 | 04♒17 | 11♒10 | 00 02 | 08 25 | 14 30 | 09 40 | 07 29 | 05 28 | 15 04 | 22 09 | 12 15 |
| 14 | 13:30:01 | 24 22 50 | 17 59 | 24 44 | 29♈26 | 09 16 | 15 08 | 09 36 | 07 33 | 05 30 | 15 05 | 22 08 | 12 12 |
| 15 | 13:33:58 | 25 21 36 | 01♓26 | 08♓04 | 28 47 | 10 05 | 15 47 | 09 32 | 07 37 | 05 33 | 15 06 | 22 07 | 12 09 |
| 16 | 13:37:54 | 26 20 21 | 14 39 | 21 10 | 28 06 | 10 54 | 16 25 | 09 28 | 07 41 | 05 35 | 15 07 | 22 07 | 12 05 |
| 17 | 13:41:51 | 27 19 03 | 27 38 | 04♈02 | 27 24 | 11 43 | 17 03 | 09 25 | 07 45 | 05 38 | 15 08 | 22 06 | 12 02 |
| 18 | 13:45:48 | 28 17 44 | 10♈23 | 16 41 | 26 40 | 12 30 | 17 41 | 09 22 | 07 49 | 05 40 | 15 09 | 22 05 | 11 59 |
| 19 | 13:49:44 | 29 16 23 | 22 55 | 29 07 | 25 57 | 13 16 | 18 20 | 09 19 | 07 53 | 05 43 | 15 10 | 22 04 | 11 56 |
| 20 | 13:53:41 | 00♉14 59 | 05♉15 | 11♉21 | 25 15 | 14 02 | 18 58 | 09 16 | 07 58 | 05 45 | 15 11 | 22 04 | 11 53 |
| 21 | 13:57:37 | 01 13 34 | 17 25 | 23 26 | 24 34 | 14 46 | 19 36 | 09 13 | 08 02 | 05 47 | 15 12 | 22 03 | 11 50 |
| 22 | 14:01:34 | 02 12 07 | 29 25 | 05♊22 | 23 56 | 15 30 | 20 14 | 09 11 | 08 07 | 05 50 | 15 13 | 22 02 | 11 46 |
| 23 | 14:05:30 | 03 10 39 | 11♊18 | 17 13 | 23 21 | 16 13 | 20 52 | 09 08 | 08 11 | 05 52 | 15 14 | 22 01 | 11 43 |
| 24 | 14:09:27 | 04 09 08 | 23 08 | 29 02 | 22 49 | 16 54 | 21 31 | 09 06 | 08 16 | 05 54 | 15 15 | 22 00 | 11 40 |
| 25 | 14:13:23 | 05 07 35 | 04♋57 | 10♋53 | 22 21 | 17 35 | 22 09 | 09 04 | 08 21 | 05 56 | 15 15 | 21 59 | 11 37 |
| 26 | 14:17:20 | 06 06 00 | 16 50 | 22 50 | 21 57 | 18 14 | 22 47 | 09 03 | 08 26 | 05 58 | 15 16 | 21 58 | 11 34 |
| 27 | 14:21:17 | 07 04 22 | 28 52 | 04♌57 | 21 37 | 18 52 | 23 25 | 09 01 | 08 31 | 06 00 | 15 17 | 21 57 | 11 31 |
| 28 | 14:25:13 | 08 02 43 | 11♌06 | 17 19 | 21 23 | 19 29 | 24 03 | 09 00 | 08 36 | 06 02 | 15 17 | 21 56 | 11 27 |
| 29 | 14:29:10 | 09 01 01 | 23 36 | 29 59 | 21 13 | 20 05 | 24 41 | 08 58 | 08 41 | 06 04 | 15 18 | 21 55 | 11 24 |
| 30 | 14:33:06 | 09 59 18 | 06♍28 | 13♍03 | 21 08 | 20 40 | 25 20 | 08 57 | 08 46 | 06 06 | 15 19 | 21 54 | 11 21 |

## 0:00 E.T. — Longitudes of the Major Asteroids and Chiron

| D | ⚳ | ⚴ | ⚵ | ⚶ | ⚷ |
|---|---|---|---|---|---|
| 1 | 15♋39 | 17♉12 | 19♑28 | 22♒57 | 25♑30 |
| 2 | 15 52 | 17 43 | 19 40 | 23 25 | 25 33 |
| 3 | 16 05 | 18 14 | 19 53 | 23 53 | 25 35 |
| 4 | 16 18 | 18 46 | 20 05 | 24 21 | 25 37 |
| 5 | 16 32 | 19 17 | 20 16 | 24 49 | 25 39 |
| 6 | 16 46 | 19 49 | 20 28 | 25 17 | 25 41 |
| 7 | 17 01 | 20 21 | 20 39 | 25 44 | 25 43 |
| 8 | 17 15 | 20 53 | 20 50 | 26 12 | 25 45 |
| 9 | 17 30 | 21 25 | 21 01 | 26 40 | 25 47 |
| 10 | 17 45 | 21 57 | 21 12 | 27 07 | 25 49 |
| 11 | 18 00 | 22 29 | 21 23 | 27 34 | 25 50 |
| 12 | 18 16 | 23 01 | 21 33 | 28 01 | 25 52 |
| 13 | 18 31 | 23 34 | 21 43 | 28 28 | 25 54 |
| 14 | 18 47 | 24 06 | 21 53 | 28 55 | 25 55 |
| 15 | 19 04 | 24 39 | 22 02 | 29 22 | 25 56 |
| 16 | 19 20 | 25 12 | 22 12 | 29 49 | 25 58 |
| 17 | 19 37 | 25 44 | 22 21 | 00♓16 | 25 59 |
| 18 | 19 54 | 26 17 | 22 30 | 00 42 | 26 00 |
| 19 | 20 11 | 26 50 | 22 38 | 01 09 | 26 01 |
| 20 | 20 28 | 27 23 | 22 47 | 01 35 | 26 02 |
| 21 | 20 46 | 27 56 | 22 55 | 02 01 | 26 03 |
| 22 | 21 03 | 28 30 | 23 03 | 02 27 | 26 04 |
| 23 | 21 21 | 29 03 | 23 10 | 02 53 | 26 05 |
| 24 | 21 39 | 29 36 | 23 18 | 03 19 | 26 05 |
| 25 | 21 58 | 00♊10 | 23 25 | 03 45 | 26 06 |
| 26 | 22 16 | 00 43 | 23 31 | 04 11 | 26 07 |
| 27 | 22 35 | 01 17 | 23 38 | 04 36 | 26 07 |
| 28 | 22 54 | 01 51 | 23 44 | 05 01 | 26 07 |
| 29 | 23 13 | 02 24 | 23 50 | 05 27 | 26 08 |
| 30 | 23 32 | 02 58 | 23 56 | 05 52 | 26 08 |

## Lunar Data

| Last Asp. | | Ingress | | |
|---|---|---|---|---|
| 1 | 23:57 | 2 | ♍ | 02:46 |
| 3 | 18:25 | 4 | ♎ | 07:53 |
| 5 | 21:27 | 6 | ♏ | 10:25 |
| 7 | 11:07 | 8 | ♐ | 11:52 |
| 10 | 00:31 | 10 | ♑ | 13:34 |
| 12 | 03:47 | 12 | ♒ | 16:34 |
| 14 | 19:28 | 14 | ♓ | 21:25 |
| 16 | 13:44 | 17 | ♈ | 04:26 |
| 19 | 13:22 | 19 | ♉ | 13:44 |
| 20 | 19:37 | 22 | ♊ | 01:11 |
| 23 | 23:23 | 24 | ♋ | 13:57 |
| 26 | 09:57 | 27 | ♌ | 02:15 |
| 29 | 02:09 | 29 | ♍ | 12:01 |

## 0:00 E.T. — Declinations

| D | ☉ | ☽ | ☿ | ♀ | ♂ | ♃ | ♄ | ♅ | ♆ | ♇ | ⚳ | ⚴ | ⚵ | ⚶ | ⚷ |
|---|---|---|---|---|---|---|---|---|---|---|---|---|---|---|---|
| 1 | +04 35 | +21 08 | +14 08 | +22 51 | +22 35 | +08 53 | +22 49 | -10 23 | -16 26 | -14 23 | +31 20 | -07 44 | -09 18 | -15 40 | -14 24 |
| 2 | 04 58 | 16 41 | 14 27 | 23 09 | 22 41 | 08 55 | 22 49 | 10 22 | 16 26 | 14 23 | 31 18 | 07 35 | 09 13 | 15 32 | 14 23 |
| 3 | 05 21 | 11 19 | 14 43 | 23 25 | 22 48 | 08 57 | 22 49 | 10 21 | 16 25 | 14 23 | 31 15 | 07 26 | 09 08 | 15 25 | 14 22 |
| 4 | 05 44 | 05 16 | 14 55 | 23 42 | 22 54 | 08 59 | 22 49 | 10 20 | 16 25 | 14 23 | 31 12 | 07 18 | 09 04 | 15 18 | 14 21 |
| 5 | 06 07 | -01 11 | 15 04 | 23 57 | 23 00 | 09 01 | 22 49 | 10 19 | 16 24 | 14 23 | 31 10 | 07 09 | 08 59 | 15 10 | 14 20 |
| 6 | 06 30 | 07 44 | 15 08 | 24 12 | 23 06 | 09 03 | 22 49 | 10 18 | 16 24 | 14 22 | 31 07 | 07 00 | 08 54 | 15 03 | 14 19 |
| 7 | 06 52 | 13 58 | 15 09 | 24 27 | 23 12 | 09 05 | 22 49 | 10 17 | 16 24 | 14 22 | 31 04 | 06 52 | 08 49 | 14 56 | 14 18 |
| 8 | 07 15 | 19 29 | 15 07 | 24 41 | 23 18 | 09 07 | 22 49 | 10 16 | 16 23 | 14 22 | 31 01 | 06 43 | 08 45 | 14 48 | 14 17 |
| 9 | 07 37 | 23 49 | 15 00 | 24 55 | 23 23 | 09 08 | 22 49 | 10 15 | 16 23 | 14 22 | 30 58 | 06 35 | 08 40 | 14 41 | 14 16 |
| 10 | 08 00 | 26 36 | 14 50 | 25 08 | 23 28 | 09 10 | 22 49 | 10 14 | 16 23 | 14 22 | 30 55 | 06 26 | 08 35 | 14 34 | 14 16 |
| 11 | 08 22 | 27 36 | 14 37 | 25 21 | 23 33 | 09 11 | 22 49 | 10 13 | 16 22 | 14 21 | 30 52 | 06 18 | 08 30 | 14 26 | 14 15 |
| 12 | 08 44 | 26 45 | 14 20 | 25 33 | 23 38 | 09 13 | 22 48 | 10 12 | 16 22 | 14 21 | 30 49 | 06 10 | 08 26 | 14 19 | 14 14 |
| 13 | 09 05 | 24 15 | 14 00 | 25 45 | 23 43 | 09 14 | 22 48 | 10 12 | 16 22 | 14 21 | 30 46 | 06 02 | 08 21 | 14 12 | 14 13 |
| 14 | 09 27 | 20 25 | 13 38 | 25 56 | 23 47 | 09 16 | 22 48 | 10 11 | 16 21 | 14 21 | 30 43 | 05 53 | 08 16 | 14 04 | 14 12 |
| 15 | 09 49 | 15 35 | 13 13 | 26 06 | 23 52 | 09 17 | 22 48 | 10 10 | 16 21 | 14 21 | 30 39 | 05 45 | 08 11 | 13 57 | 14 11 |
| 16 | 10 10 | 10 06 | 12 46 | 26 16 | 23 56 | 09 18 | 22 48 | 10 09 | 16 21 | 14 20 | 30 36 | 05 37 | 08 06 | 13 50 | 14 11 |
| 17 | 10 31 | 04 17 | 12 18 | 26 26 | 24 00 | 09 19 | 22 48 | 10 08 | 16 20 | 14 20 | 30 33 | 05 29 | 08 02 | 13 43 | 14 10 |
| 18 | 10 52 | +01 37 | 11 48 | 26 35 | 24 04 | 09 20 | 22 48 | 10 07 | 16 20 | 14 20 | 30 29 | 05 22 | 07 57 | 13 35 | 14 09 |
| 19 | 11 13 | 07 22 | 11 18 | 26 43 | 24 07 | 09 21 | 22 48 | 10 06 | 16 20 | 14 20 | 30 26 | 05 14 | 07 52 | 13 28 | 14 08 |
| 20 | 11 34 | 12 45 | 10 47 | 26 51 | 24 11 | 09 22 | 22 48 | 10 05 | 16 20 | 14 20 | 30 22 | 05 06 | 07 47 | 13 21 | 14 08 |
| 21 | 11 54 | 17 34 | 10 17 | 26 58 | 24 14 | 09 23 | 22 47 | 10 05 | 16 19 | 14 19 | 30 18 | 04 58 | 07 42 | 13 14 | 14 07 |
| 22 | 12 14 | 21 38 | 09 47 | 27 05 | 24 17 | 09 24 | 22 47 | 10 04 | 16 19 | 14 19 | 30 15 | 04 51 | 07 38 | 13 07 | 14 06 |
| 23 | 12 34 | 24 46 | 09 18 | 27 12 | 24 20 | 09 25 | 22 47 | 10 03 | 16 19 | 14 19 | 30 11 | 04 43 | 07 33 | 12 59 | 14 06 |
| 24 | 12 54 | 26 48 | 08 50 | 27 17 | 24 23 | 09 25 | 22 47 | 10 02 | 16 19 | 14 19 | 30 07 | 04 36 | 07 28 | 12 52 | 14 05 |
| 25 | 13 14 | 27 37 | 08 25 | 27 23 | 24 25 | 09 26 | 22 47 | 10 01 | 16 18 | 14 19 | 30 03 | 04 29 | 07 23 | 12 45 | 14 04 |
| 26 | 13 33 | 27 10 | 08 01 | 27 28 | 24 28 | 09 26 | 22 47 | 10 01 | 16 18 | 14 19 | 29 59 | 04 21 | 07 19 | 12 38 | 14 04 |
| 27 | 13 53 | 25 27 | 07 39 | 27 32 | 24 30 | 09 27 | 22 46 | 10 00 | 16 18 | 14 18 | 29 55 | 04 14 | 07 14 | 12 31 | 14 03 |
| 28 | 14 11 | 22 32 | 07 19 | 27 36 | 24 32 | 09 27 | 22 46 | 09 59 | 16 18 | 14 18 | 29 51 | 04 07 | 07 09 | 12 24 | 14 02 |
| 29 | 14 30 | 18 32 | 07 02 | 27 39 | 24 33 | 09 27 | 22 46 | 09 59 | 16 18 | 14 18 | 29 46 | 04 00 | 07 05 | 12 17 | 14 02 |
| 30 | 14 49 | 13 35 | 06 48 | 27 42 | 24 35 | 09 28 | 22 46 | 09 58 | 16 18 | 14 18 | 29 42 | 03 53 | 07 00 | 12 10 | 14 01 |

Lunar Phases -- 5 ○ 11:04 12 ◑ 03:47 19 ● 13:22 27 ◐ 17:34 Sun enters ♉ 4/19 17:52

## 0:00 E.T. Longitudes of Main Planets - May 2004

| D | S.T. | ☉ | ☽ | ☽ 12:00 | ☿ | ♀ | ♂ | ♃ | ♄ | ♅ | ♆ | ♇ | ☊ |
|---|---|---|---|---|---|---|---|---|---|---|---|---|---|
| 1 | 14:37:03 | 10♉57 32 | 19♍44 | 26♍32 | 21♈07 | 21♊12 | 25♊58 | 08♍56℞ | 08♋51 | 06♓08 | 15♒19 | 21♐53℞ | 11♉18 |
| 2 | 14:40:59 | 11 55 45 | 03♎26 | 10♎26 | 21 12 | 21 44 | 26 36 | 08 56 | 08 57 | 06 10 | 15 20 | 21 52 | 11 15 |
| 3 | 14:44:56 | 12 53 55 | 17 33 | 24 45 | 21 21 | 22 14 | 27 14 | 08 55 | 09 02 | 06 12 | 15 20 | 21 51 | 11 11 |
| 4 | 14:48:52 | 13 52 04 | 02♏02 | 09♏24 | 21 36 | 22 43 | 27 52 | 08 55 | 09 08 | 06 14 | 15 21 | 21 50 | 11 08 |
| 5 | 14:52:49 | 14 50 10 | 16 49 | 24 17 | 21 54 | 23 10 | 28 30 | 08 55 | 09 13 | 06 15 | 15 21 | 21 49 | 11 05 |
| 6 | 14:56:46 | 15 48 16 | 01♐47 | 09♐17 | 22 17 | 23 35 | 29 08 | 08 55D | 09 19 | 06 17 | 15 21 | 21 47 | 11 02 |
| 7 | 15:00:42 | 16 46 19 | 16 47 | 24 15 | 22 45 | 23 58 | 29 46 | 08 55 | 09 24 | 06 19 | 15 22 | 21 46 | 10 59 |
| 8 | 15:04:39 | 17 44 22 | 01♑40 | 09♑02 | 23 16 | 24 20 | 00♋24 | 08 56 | 09 30 | 06 20 | 15 22 | 21 45 | 10 56 |
| 9 | 15:08:35 | 18 42 22 | 16 21 | 23 34 | 23 52 | 24 40 | 01 02 | 08 56 | 09 36 | 06 22 | 15 22 | 21 44 | 10 52 |
| 10 | 15:12:32 | 19 40 22 | 00♒43 | 07♒46 | 24 31 | 24 58 | 01 40 | 08 57 | 09 42 | 06 24 | 15 23 | 21 43 | 10 49 |
| 11 | 15:16:28 | 20 38 20 | 14 44 | 21 36 | 25 15 | 25 14 | 02 18 | 08 58 | 09 48 | 06 25 | 15 23 | 21 41 | 10 46 |
| 12 | 15:20:25 | 21 36 17 | 28 23 | 05♓04 | 26 01 | 25 28 | 02 56 | 08 59 | 09 54 | 06 26 | 15 23 | 21 40 | 10 43 |
| 13 | 15:24:21 | 22 34 12 | 11♓41 | 18 12 | 26 52 | 25 41 | 03 34 | 09 01 | 10 00 | 06 28 | 15 23 | 21 39 | 10 40 |
| 14 | 15:28:18 | 23 32 07 | 24 39 | 01♈02 | 27 45 | 25 51 | 04 12 | 09 02 | 10 06 | 06 29 | 15 23 | 21 37 | 10 37 |
| 15 | 15:32:15 | 24 30 00 | 07♈20 | 13 36 | 28 42 | 25 58 | 04 50 | 09 04 | 10 12 | 06 31 | 15 24 | 21 36 | 10 33 |
| 16 | 15:36:11 | 25 27 51 | 19 47 | 25 56 | 29 42 | 26 04 | 05 28 | 09 06 | 10 18 | 06 32 | 15 24 | 21 35 | 10 30 |
| 17 | 15:40:08 | 26 25 42 | 02♉03 | 08♉07 | 00♉45 | 26 07 | 06 06 | 09 08 | 10 25 | 06 33 | 15 24 | 21 33 | 10 27 |
| 18 | 15:44:04 | 27 23 31 | 14 09 | 20 09 | 01 51 | 26 08℞ | 06 44 | 09 10 | 10 31 | 06 34 | 15 24℞ | 21 32 | 10 24 |
| 19 | 15:48:01 | 28 21 19 | 26 08 | 02♊05 | 03 00 | 26 07 | 07 22 | 09 12 | 10 38 | 06 35 | 15 24 | 21 30 | 10 21 |
| 20 | 15:51:57 | 29 19 05 | 08♊01 | 13 56 | 04 11 | 26 03 | 08 00 | 09 15 | 10 44 | 06 36 | 15 24 | 21 29 | 10 17 |
| 21 | 15:55:54 | 00♊16 50 | 19 51 | 25 46 | 05 26 | 25 57 | 08 38 | 09 18 | 10 51 | 06 37 | 15 23 | 21 27 | 10 14 |
| 22 | 15:59:50 | 01 14 34 | 01♋41 | 07♋36 | 06 42 | 25 49 | 09 16 | 09 21 | 10 57 | 06 38 | 15 23 | 21 26 | 10 11 |
| 23 | 16:03:47 | 02 12 16 | 13 31 | 19 28 | 08 02 | 25 38 | 09 54 | 09 24 | 11 04 | 06 39 | 15 23 | 21 25 | 10 08 |
| 24 | 16:07:44 | 03 09 57 | 25 26 | 01♌26 | 09 24 | 25 24 | 10 32 | 09 27 | 11 10 | 06 40 | 15 23 | 21 23 | 10 05 |
| 25 | 16:11:40 | 04 07 36 | 07♌28 | 13 33 | 10 48 | 25 08 | 11 10 | 09 30 | 11 17 | 06 41 | 15 23 | 21 22 | 10 02 |
| 26 | 16:15:37 | 05 05 14 | 19 41 | 25 53 | 12 16 | 24 50 | 11 48 | 09 34 | 11 24 | 06 42 | 15 22 | 21 20 | 09 58 |
| 27 | 16:19:33 | 06 02 50 | 02♍10 | 08♍31 | 13 45 | 24 30 | 12 26 | 09 38 | 11 31 | 06 43 | 15 22 | 21 19 | 09 55 |
| 28 | 16:23:30 | 07 00 25 | 14 57 | 21 29 | 15 17 | 24 07 | 13 04 | 09 42 | 11 38 | 06 43 | 15 22 | 21 17 | 09 52 |
| 29 | 16:27:26 | 07 57 58 | 28 06 | 04♎51 | 16 51 | 23 42 | 13 41 | 09 46 | 11 45 | 06 44 | 15 21 | 21 15 | 09 49 |
| 30 | 16:31:23 | 08 55 30 | 11♎42 | 18 39 | 18 28 | 23 15 | 14 19 | 09 50 | 11 51 | 06 44 | 15 21 | 21 14 | 09 46 |
| 31 | 16:35:19 | 09 53 00 | 25 44 | 02♏55 | 20 07 | 22 46 | 14 57 | 09 54 | 11 58 | 06 45 | 15 21 | 21 12 | 09 42 |

## 0:00 E.T. Longitudes of the Major Asteroids and Chiron

| D | ⚳ | ⚴ | ⚵ | ⚶ | ⚷ |
|---|---|---|---|---|---|
| 1 | 23♋51 | 03♊32 | 24♑01 | 06♓17 | 26♑08 |
| 2 | 24 11 | 04 06 | 24 06 | 06 41 | 26 08 |
| 3 | 24 30 | 04 40 | 24 11 | 07 06 | 26 08℞ |
| 4 | 24 50 | 05 14 | 24 15 | 07 31 | 26 08 |
| 5 | 25 10 | 05 49 | 24 20 | 07 55 | 26 08 |
| 6 | 25 30 | 06 23 | 24 23 | 08 19 | 26 08 |
| 7 | 25 51 | 06 57 | 24 27 | 08 43 | 26 07 |
| 8 | 26 11 | 07 32 | 24 30 | 09 07 | 26 07 |
| 9 | 26 32 | 08 06 | 24 33 | 09 31 | 26 06 |
| 10 | 26 53 | 08 40 | 24 36 | 09 55 | 26 06 |
| 11 | 27 13 | 09 15 | 24 38 | 10 19 | 26 05 |
| 12 | 27 34 | 09 50 | 24 40 | 10 42 | 26 04 |
| 13 | 27 56 | 10 24 | 24 42 | 11 05 | 26 04 |
| 14 | 28 17 | 10 59 | 24 43 | 11 28 | 26 03 |
| 15 | 28 38 | 11 34 | 24 44 | 11 51 | 26 02 |
| 16 | 29 00 | 12 09 | 24 45 | 12 14 | 26 01 |
| 17 | 29 22 | 12 44 | 24 45 | 12 36 | 26 00 |
| 18 | 29 44 | 13 19 | 24 45℞ | 12 59 | 25 59 |
| 19 | 00♌06 | 13 54 | 24 44 | 13 21 | 25 57 |
| 20 | 00 28 | 14 29 | 24 44 | 13 43 | 25 56 |
| 21 | 00 50 | 15 04 | 24 42 | 14 05 | 25 55 |
| 22 | 01 12 | 15 39 | 24 41 | 14 26 | 25 53 |
| 23 | 01 35 | 16 14 | 24 39 | 14 48 | 25 52 |
| 24 | 01 57 | 16 49 | 24 37 | 15 09 | 25 50 |
| 25 | 02 20 | 17 25 | 24 34 | 15 30 | 25 48 |
| 26 | 02 43 | 18 00 | 24 32 | 15 51 | 25 47 |
| 27 | 03 05 | 18 35 | 24 28 | 16 12 | 25 45 |
| 28 | 03 28 | 19 11 | 24 25 | 16 32 | 25 43 |
| 29 | 03 52 | 19 46 | 24 21 | 16 53 | 25 41 |
| 30 | 04 15 | 20 21 | 24 17 | 17 13 | 25 39 |
| 31 | 04 38 | 20 57 | 24 12 | 17 33 | 25 37 |

## Lunar Data

| Last Asp. | | Ingress | | |
|---|---|---|---|---|
| 1 | 11:32 | 1 | ♎ | 18:04 |
| 3 | 16:50 | 3 | ♏ | 20:39 |
| 4 | 21:38 | 5 | ♐ | 21:09 |
| 7 | 11:52 | 7 | ♑ | 21:18 |
| 9 | 13:05 | 9 | ♒ | 22:48 |
| 11 | 19:33 | 12 | ♓ | 02:53 |
| 14 | 02:16 | 14 | ♈ | 10:04 |
| 16 | 12:19 | 16 | ♉ | 19:58 |
| 19 | 04:53 | 19 | ♊ | 07:48 |
| 21 | 12:14 | 21 | ♋ | 20:36 |
| 22 | 18:59 | 24 | ♌ | 09:08 |
| 26 | 09:43 | 26 | ♍ | 19:53 |
| 28 | 16:18 | 29 | ♎ | 03:23 |
| 30 | 19:10 | 31 | ♏ | 07:09 |

## 0:00 E.T. Declinations

| D | ☉ | ☽ | ☿ | ♀ | ♂ | ♃ | ♄ | ♅ | ♆ | ♇ | ⚳ | ⚴ | ⚵ | ⚶ | ⚷ |
|---|---|---|---|---|---|---|---|---|---|---|---|---|---|---|---|
| 1 | +15 07 | +07 53 | +06 36 | +27 44 | +24 36 | +09 28 | +22 46 | -09 57 | -16 17 | -14 18 | +29 38 | -03 46 | -06 56 | -12 03 | -14 00 |
| 2 | 15 25 | 01 37 | 06 26 | 27 46 | 24 37 | 09 28 | 22 45 | 09 57 | 16 17 | 14 18 | 29 33 | 03 40 | 06 51 | 11 56 | 14 00 |
| 3 | 15 43 | -04 55 | 06 19 | 27 47 | 24 38 | 09 28 | 22 45 | 09 56 | 16 17 | 14 17 | 29 29 | 03 33 | 06 47 | 11 50 | 13 59 |
| 4 | 16 00 | 11 23 | 06 15 | 27 48 | 24 39 | 09 28 | 22 45 | 09 55 | 16 17 | 14 17 | 29 24 | 03 27 | 06 42 | 11 43 | 13 59 |
| 5 | 16 17 | 17 21 | 06 13 | 27 49 | 24 40 | 09 28 | 22 45 | 09 55 | 16 17 | 14 17 | 29 20 | 03 20 | 06 38 | 11 36 | 13 58 |
| 6 | 16 34 | 22 20 | 06 14 | 27 49 | 24 40 | 09 27 | 22 44 | 09 54 | 16 17 | 14 17 | 29 15 | 03 14 | 06 33 | 11 30 | 13 58 |
| 7 | 16 51 | 25 50 | 06 17 | 27 48 | 24 41 | 09 27 | 22 44 | 09 53 | 16 17 | 14 17 | 29 10 | 03 07 | 06 29 | 11 23 | 13 57 |
| 8 | 17 07 | 27 30 | 06 22 | 27 47 | 24 41 | 09 27 | 22 44 | 09 53 | 16 17 | 14 17 | 29 06 | 03 01 | 06 25 | 11 16 | 13 57 |
| 9 | 17 23 | 27 12 | 06 30 | 27 46 | 24 40 | 09 26 | 22 44 | 09 52 | 16 17 | 14 17 | 29 01 | 02 55 | 06 20 | 11 10 | 13 56 |
| 10 | 17 39 | 25 04 | 06 39 | 27 44 | 24 40 | 09 26 | 22 43 | 09 52 | 16 16 | 14 16 | 28 56 | 02 49 | 06 16 | 11 03 | 13 56 |
| 11 | 17 55 | 21 27 | 06 51 | 27 41 | 24 40 | 09 25 | 22 43 | 09 51 | 16 16 | 14 16 | 28 51 | 02 43 | 06 12 | 10 57 | 13 55 |
| 12 | 18 10 | 16 46 | 07 05 | 27 38 | 24 39 | 09 25 | 22 43 | 09 51 | 16 16 | 14 16 | 28 46 | 02 37 | 06 08 | 10 51 | 13 55 |
| 13 | 18 25 | 11 24 | 07 20 | 27 35 | 24 38 | 09 24 | 22 42 | 09 50 | 16 16 | 14 16 | 28 41 | 02 32 | 06 04 | 10 45 | 13 55 |
| 14 | 18 39 | 05 39 | 07 37 | 27 31 | 24 37 | 09 23 | 22 42 | 09 50 | 16 16 | 14 16 | 28 35 | 02 26 | 06 00 | 10 38 | 13 54 |
| 15 | 18 54 | +00 12 | 07 56 | 27 26 | 24 36 | 09 23 | 22 42 | 09 49 | 16 16 | 14 16 | 28 30 | 02 20 | 05 56 | 10 32 | 13 54 |
| 16 | 19 08 | 05 57 | 08 17 | 27 21 | 24 34 | 09 22 | 22 41 | 09 49 | 16 16 | 14 16 | 28 25 | 02 15 | 05 52 | 10 26 | 13 54 |
| 17 | 19 21 | 11 23 | 08 39 | 27 16 | 24 33 | 09 21 | 22 41 | 09 49 | 16 16 | 14 16 | 28 19 | 02 10 | 05 48 | 10 20 | 13 53 |
| 18 | 19 35 | 16 20 | 09 03 | 27 10 | 24 31 | 09 20 | 22 40 | 09 48 | 16 16 | 14 15 | 28 14 | 02 04 | 05 45 | 10 14 | 13 53 |
| 19 | 19 48 | 20 36 | 09 27 | 27 03 | 24 29 | 09 19 | 22 40 | 09 48 | 16 16 | 14 15 | 28 08 | 01 59 | 05 41 | 10 08 | 13 53 |
| 20 | 20 00 | 23 59 | 09 54 | 26 56 | 24 27 | 09 17 | 22 40 | 09 47 | 16 16 | 14 15 | 28 03 | 01 54 | 05 37 | 10 03 | 13 52 |
| 21 | 20 13 | 26 19 | 10 21 | 26 49 | 24 24 | 09 16 | 22 39 | 09 47 | 16 16 | 14 15 | 27 57 | 01 49 | 05 34 | 09 57 | 13 52 |
| 22 | 20 25 | 27 29 | 10 49 | 26 40 | 24 22 | 09 15 | 22 39 | 09 47 | 16 16 | 14 15 | 27 51 | 01 45 | 05 30 | 09 51 | 13 52 |
| 23 | 20 36 | 27 22 | 11 19 | 26 31 | 24 19 | 09 14 | 22 38 | 09 46 | 16 16 | 14 15 | 27 45 | 01 40 | 05 27 | 09 46 | 13 52 |
| 24 | 20 47 | 26 01 | 11 49 | 26 22 | 24 16 | 09 12 | 22 38 | 09 46 | 16 17 | 14 15 | 27 39 | 01 35 | 05 24 | 09 40 | 13 51 |
| 25 | 20 58 | 23 27 | 12 21 | 26 12 | 24 13 | 09 11 | 22 37 | 09 46 | 16 17 | 14 15 | 27 33 | 01 31 | 05 21 | 09 35 | 13 51 |
| 26 | 21 09 | 19 49 | 12 53 | 26 01 | 24 10 | 09 09 | 22 37 | 09 46 | 16 17 | 14 15 | 27 27 | 01 26 | 05 17 | 09 30 | 13 51 |
| 27 | 21 19 | 15 16 | 13 25 | 25 50 | 24 06 | 09 08 | 22 37 | 09 45 | 16 17 | 14 15 | 27 21 | 01 22 | 05 14 | 09 25 | 13 51 |
| 28 | 21 29 | 09 57 | 13 59 | 25 38 | 24 02 | 09 06 | 22 36 | 09 45 | 16 17 | 14 14 | 27 15 | 01 18 | 05 12 | 09 20 | 13 51 |
| 29 | 21 38 | 04 02 | 14 33 | 25 25 | 23 59 | 09 04 | 22 36 | 09 45 | 16 17 | 14 14 | 27 09 | 01 14 | 05 09 | 09 15 | 13 51 |
| 30 | 21 47 | -02 15 | 15 07 | 25 12 | 23 55 | 09 02 | 22 35 | 09 45 | 16 17 | 14 14 | 27 02 | 01 10 | 05 06 | 09 10 | 13 51 |
| 31 | 21 56 | 08 39 | 15 42 | 24 58 | 23 50 | 09 01 | 22 34 | 09 45 | 16 17 | 14 14 | 26 56 | 01 06 | 05 03 | 09 05 | 13 51 |

Lunar Phases -- 4 Ⓔ 20:34 11 ◑ 11:05 19 ● 04:53 27 ◐ 07:58 Sun enters ♊ 5/20 17:00

## June 04 — Longitudes of Main Planets - June 2004 — 0:00 E.T.

| D | S.T. | ☉ | ☽ | ☽ 12:00 | ☿ | ♀ | ♂ | ♃ | ♄ | ♅ | ♆ | ♇ | ☊ |
|---|---|---|---|---|---|---|---|---|---|---|---|---|---|
| 1 | 16:39:16 | 10♊50 30 | 10♏12 | 17♏35 | 21♉49 | 22♊16℞ | 15♋35 | 09♍59 | 12♋06 | 06♓45 | 15♒20℞ | 21♐11℞ | 09♉39 |
| 2 | 16:43:13 | 11 47 58 | 25 03 | 02♐35 | 23 33 | 21 43 | 16 13 | 10 04 | 12 13 | 06 46 | 15 20 | 21 09 | 09 36 |
| 3 | 16:47:09 | 12 45 25 | 10♐11 | 17 48 | 25 20 | 21 10 | 16 51 | 10 08 | 12 20 | 06 46 | 15 19 | 21 08 | 09 33 |
| 4 | 16:51:06 | 13 42 51 | 25 25 | 03♑02 | 27 08 | 20 35 | 17 29 | 10 13 | 12 27 | 06 47 | 15 19 | 21 06 | 09 30 |
| 5 | 16:55:02 | 14 40 16 | 10♑36 | 18 08 | 29 00 | 19 59 | 18 06 | 10 19 | 12 34 | 06 47 | 15 18 | 21 05 | 09 27 |
| 6 | 16:58:59 | 15 37 41 | 25 35 | 02♒57 | 00♊53 | 19 22 | 18 44 | 10 24 | 12 41 | 06 47 | 15 18 | 21 03 | 09 23 |
| 7 | 17:02:55 | 16 35 05 | 10♒13 | 17 22 | 02 49 | 18 45 | 19 22 | 10 29 | 12 48 | 06 47 | 15 17 | 21 01 | 09 20 |
| 8 | 17:06:52 | 17 32 28 | 24 25 | 01♓21 | 04 47 | 18 07 | 20 00 | 10 35 | 12 56 | 06 48 | 15 16 | 21 00 | 09 17 |
| 9 | 17:10:48 | 18 29 50 | 08♓09 | 14 51 | 06 47 | 17 29 | 20 38 | 10 41 | 13 03 | 06 48 | 15 16 | 20 58 | 09 14 |
| 10 | 17:14:45 | 19 27 12 | 21 27 | 27 57 | 08 49 | 16 52 | 21 16 | 10 47 | 13 10 | 06 48 | 15 15 | 20 57 | 09 11 |
| 11 | 17:18:42 | 20 24 33 | 04♈21 | 10♈39 | 10 53 | 16 15 | 21 53 | 10 53 | 13 18 | 06 48℞ | 15 14 | 20 55 | 09 08 |
| 12 | 17:22:38 | 21 21 54 | 16 54 | 23 04 | 12 59 | 15 38 | 22 31 | 10 59 | 13 25 | 06 48 | 15 13 | 20 53 | 09 04 |
| 13 | 17:26:35 | 22 19 15 | 29 10 | 05♉14 | 15 07 | 15 03 | 23 09 | 11 05 | 13 33 | 06 48 | 15 13 | 20 52 | 09 01 |
| 14 | 17:30:31 | 23 16 35 | 11♉15 | 17 14 | 17 15 | 14 28 | 23 47 | 11 12 | 13 40 | 06 47 | 15 12 | 20 50 | 08 58 |
| 15 | 17:34:28 | 24 13 54 | 23 12 | 29 08 | 19 25 | 13 55 | 24 25 | 11 18 | 13 48 | 06 47 | 15 11 | 20 49 | 08 55 |
| 16 | 17:38:24 | 25 11 14 | 05♊03 | 10♊58 | 21 36 | 13 23 | 25 03 | 11 25 | 13 55 | 06 47 | 15 10 | 20 47 | 08 52 |
| 17 | 17:42:21 | 26 08 32 | 16 53 | 22 47 | 23 48 | 12 53 | 25 40 | 11 32 | 14 03 | 06 47 | 15 09 | 20 46 | 08 48 |
| 18 | 17:46:17 | 27 05 50 | 28 42 | 04♋37 | 25 59 | 12 25 | 26 18 | 11 39 | 14 10 | 06 46 | 15 08 | 20 44 | 08 45 |
| 19 | 17:50:14 | 28 03 08 | 10♋33 | 16 30 | 28 11 | 11 59 | 26 56 | 11 46 | 14 18 | 06 46 | 15 07 | 20 42 | 08 42 |
| 20 | 17:54:11 | 29 00 25 | 22 28 | 28 27 | 00♋23 | 11 35 | 27 34 | 11 53 | 14 25 | 06 46 | 15 06 | 20 41 | 08 39 |
| 21 | 17:58:07 | 29 57 42 | 04♌28 | 10♌30 | 02 34 | 11 12 | 28 12 | 12 01 | 14 33 | 06 45 | 15 05 | 20 39 | 08 36 |
| 22 | 18:02:04 | 00♋54 57 | 16 35 | 22 42 | 04 44 | 10 52 | 28 49 | 12 08 | 14 41 | 06 45 | 15 04 | 20 38 | 08 33 |
| 23 | 18:06:00 | 01 52 13 | 28 52 | 05♍05 | 06 54 | 10 35 | 29 27 | 12 16 | 14 48 | 06 44 | 15 03 | 20 36 | 08 29 |
| 24 | 18:09:57 | 02 49 27 | 11♍22 | 17 43 | 09 02 | 10 20 | 00♌05 | 12 24 | 14 56 | 06 43 | 15 02 | 20 35 | 08 26 |
| 25 | 18:13:53 | 03 46 41 | 24 08 | 00♎38 | 11 09 | 10 07 | 00 43 | 12 32 | 15 04 | 06 43 | 15 01 | 20 33 | 08 23 |
| 26 | 18:17:50 | 04 43 54 | 07♎13 | 13 53 | 13 15 | 09 56 | 01 21 | 12 40 | 15 11 | 06 42 | 15 00 | 20 31 | 08 20 |
| 27 | 18:21:46 | 05 41 07 | 20 40 | 27 33 | 15 18 | 09 48 | 01 58 | 12 48 | 15 19 | 06 41 | 14 59 | 20 30 | 08 17 |
| 28 | 18:25:43 | 06 38 20 | 04♏32 | 11♏38 | 17 20 | 09 42 | 02 36 | 12 56 | 15 27 | 06 41 | 14 58 | 20 28 | 08 14 |
| 29 | 18:29:40 | 07 35 31 | 18 50 | 26 08 | 19 21 | 09 39 | 03 14 | 13 04 | 15 35 | 06 40 | 14 56 | 20 27 | 08 10 |
| 30 | 18:33:36 | 08 32 43 | 03♐32 | 11♐01 | 21 19 | 09 38D | 03 52 | 13 13 | 15 42 | 06 39 | 14 55 | 20 25 | 08 07 |

## 0:00 E.T. — Longitudes of the Major Asteroids and Chiron

| D | ⚳ | ⚴ | ⚵ | ⚶ | ⚷ | D | ⚳ | ⚴ | ⚵ | ⚶ | ⚷ |
|---|---|---|---|---|---|---|---|---|---|---|---|
| 1 | 05♌01 | 21♊32 | 24♑07℞ | 17♓52 | 25♑35℞ | 16 | 11 03 | 00♋28 | 22 11 | 22 19 | 24 57 |
| 2 | 05 25 | 22 08 | 24 02 | 18 12 | 25 33 | 17 | 11 28 | 01 04 | 22 01 | 22 35 | 24 54 |
| 3 | 05 49 | 22 44 | 23 56 | 18 31 | 25 31 | 18 | 11 53 | 01 40 | 21 50 | 22 50 | 24 51 |
| 4 | 06 12 | 23 19 | 23 50 | 18 50 | 25 28 | 19 | 12 17 | 02 16 | 21 39 | 23 06 | 24 48 |
| 5 | 06 36 | 23 55 | 23 43 | 19 09 | 25 26 | 20 | 12 42 | 02 52 | 21 28 | 23 20 | 24 45 |
| 6 | 07 00 | 24 30 | 23 37 | 19 27 | 25 24 | 21 | 13 07 | 03 28 | 21 17 | 23 35 | 24 42 |
| 7 | 07 24 | 25 06 | 23 30 | 19 46 | 25 21 | 22 | 13 33 | 04 03 | 21 05 | 23 49 | 24 38 |
| 8 | 07 48 | 25 42 | 23 22 | 20 04 | 25 19 | 23 | 13 58 | 04 39 | 20 54 | 24 03 | 24 35 |
| 9 | 08 12 | 26 17 | 23 14 | 20 22 | 25 16 | 24 | 14 23 | 05 15 | 20 41 | 24 17 | 24 32 |
| 10 | 08 36 | 26 53 | 23 06 | 20 39 | 25 14 | 25 | 14 48 | 05 51 | 20 29 | 24 30 | 24 29 |
| 11 | 09 00 | 27 29 | 22 58 | 20 56 | 25 11 | 26 | 15 14 | 06 27 | 20 17 | 24 43 | 24 25 |
| 12 | 09 25 | 28 05 | 22 49 | 21 14 | 25 08 | 27 | 15 39 | 07 03 | 20 04 | 24 56 | 24 22 |
| 13 | 09 49 | 28 41 | 22 40 | 21 30 | 25 05 | 28 | 16 05 | 07 39 | 19 51 | 25 08 | 24 19 |
| 14 | 10 14 | 29 16 | 22 31 | 21 47 | 25 03 | 29 | 16 30 | 08 15 | 19 38 | 25 20 | 24 15 |
| 15 | 10 38 | 29 52 | 22 21 | 22 03 | 25 00 | 30 | 16 56 | 08 51 | 19 25 | 25 32 | 24 12 |

## Lunar Data

| Last Asp. | | Ingress | | |
|---|---|---|---|---|
| 1 | 21:16 | 2 | ♐ | 07:53 |
| 3 | 17:13 | 4 | ♑ | 07:13 |
| 5 | 12:29 | 6 | ♒ | 07:11 |
| 7 | 18:10 | 8 | ♓ | 09:40 |
| 9 | 23:38 | 10 | ♈ | 15:51 |
| 12 | 11:32 | 13 | ♉ | 01:38 |
| 15 | 02:35 | 15 | ♊ | 13:45 |
| 17 | 20:28 | 18 | ♋ | 02:38 |
| 20 | 10:47 | 20 | ♌ | 15:06 |
| 22 | 07:55 | 23 | ♍ | 02:11 |
| 24 | 17:20 | 25 | ♎ | 10:51 |
| 26 | 23:42 | 27 | ♏ | 16:13 |
| 29 | 00:58 | 29 | ♐ | 18:16 |

## 0:00 E.T. — Declinations

| D | ☉ | ☽ | ☿ | ♀ | ♂ | ♃ | ♄ | ♅ | ♆ | ♇ | ⚳ | ⚴ | ⚵ | ⚶ | ⚷ |
|---|---|---|---|---|---|---|---|---|---|---|---|---|---|---|---|
| 1 | +22 04 | -14 48 | +16 17 | +24 44 | +23 46 | +08 59 | +22 34 | -09 44 | -16 17 | -14 14 | +26 49 | -01 02 | -05 01 | -09 00 | -13 50 |
| 2 | 22 12 | 20 16 | 16 52 | 24 29 | 23 42 | 08 57 | 22 33 | 09 44 | 16 18 | 14 14 | 26 43 | 00 59 | 04 59 | 08 56 | 13 50 |
| 3 | 22 20 | 24 30 | 17 27 | 24 13 | 23 37 | 08 55 | 22 33 | 09 44 | 16 18 | 14 14 | 26 36 | 00 55 | 04 56 | 08 51 | 13 50 |
| 4 | 22 27 | 27 00 | 18 02 | 23 57 | 23 32 | 08 53 | 22 32 | 09 44 | 16 18 | 14 14 | 26 30 | 00 52 | 04 54 | 08 47 | 13 50 |
| 5 | 22 34 | 27 29 | 18 36 | 23 41 | 23 27 | 08 51 | 22 32 | 09 44 | 16 18 | 14 14 | 26 23 | 00 48 | 04 52 | 08 43 | 13 50 |
| 6 | 22 40 | 25 57 | 19 10 | 23 24 | 23 22 | 08 48 | 22 31 | 09 44 | 16 18 | 14 14 | 26 16 | 00 45 | 04 50 | 08 38 | 13 50 |
| 7 | 22 46 | 22 41 | 19 44 | 23 07 | 23 16 | 08 46 | 22 31 | 09 44 | 16 18 | 14 14 | 26 09 | 00 42 | 04 48 | 08 34 | 13 50 |
| 8 | 22 51 | 18 08 | 20 17 | 22 49 | 23 11 | 08 44 | 22 30 | 09 44 | 16 19 | 14 14 | 26 02 | 00 39 | 04 47 | 08 31 | 13 50 |
| 9 | 22 57 | 12 47 | 20 48 | 22 32 | 23 05 | 08 42 | 22 29 | 09 44 | 16 19 | 14 14 | 25 55 | 00 36 | 04 45 | 08 27 | 13 51 |
| 10 | 23 01 | 07 00 | 21 19 | 22 14 | 22 59 | 08 39 | 22 29 | 09 44 | 16 19 | 14 14 | 25 48 | 00 33 | 04 44 | 08 23 | 13 51 |
| 11 | 23 06 | 01 06 | 21 48 | 21 56 | 22 53 | 08 37 | 22 28 | 09 44 | 16 19 | 14 14 | 25 41 | 00 31 | 04 42 | 08 20 | 13 51 |
| 12 | 23 10 | +04 42 | 22 16 | 21 39 | 22 47 | 08 34 | 22 28 | 09 44 | 16 20 | 14 14 | 25 34 | 00 28 | 04 41 | 08 16 | 13 51 |
| 13 | 23 13 | 10 13 | 22 41 | 21 21 | 22 41 | 08 32 | 22 27 | 09 44 | 16 20 | 14 14 | 25 26 | 00 26 | 04 40 | 08 13 | 13 51 |
| 14 | 23 16 | 15 15 | 23 05 | 21 04 | 22 34 | 08 29 | 22 26 | 09 44 | 16 20 | 14 14 | 25 19 | 00 24 | 04 39 | 08 10 | 13 51 |
| 15 | 23 19 | 19 39 | 23 27 | 20 47 | 22 27 | 08 26 | 22 26 | 09 44 | 16 20 | 14 14 | 25 11 | 00 21 | 04 38 | 08 07 | 13 51 |
| 16 | 23 21 | 23 14 | 23 46 | 20 31 | 22 20 | 08 24 | 22 25 | 09 44 | 16 21 | 14 14 | 25 04 | 00 19 | 04 38 | 08 04 | 13 51 |
| 17 | 23 23 | 25 50 | 24 03 | 20 15 | 22 13 | 08 21 | 22 24 | 09 45 | 16 21 | 14 14 | 24 56 | 00 17 | 04 37 | 08 01 | 13 52 |
| 18 | 23 25 | 27 16 | 24 18 | 20 00 | 22 06 | 08 18 | 22 23 | 09 45 | 16 21 | 14 14 | 24 49 | 00 15 | 04 37 | 07 58 | 13 52 |
| 19 | 23 26 | 27 27 | 24 29 | 19 45 | 21 59 | 08 15 | 22 23 | 09 45 | 16 21 | 14 14 | 24 41 | 00 14 | 04 36 | 07 56 | 13 52 |
| 20 | 23 26 | 26 22 | 24 38 | 19 31 | 21 51 | 08 12 | 22 22 | 09 45 | 16 22 | 14 14 | 24 33 | 00 12 | 04 36 | 07 54 | 13 52 |
| 21 | 23 26 | 24 05 | 24 44 | 19 18 | 21 44 | 08 09 | 22 21 | 09 45 | 16 22 | 14 14 | 24 26 | 00 11 | 04 36 | 07 51 | 13 53 |
| 22 | 23 26 | 20 42 | 24 47 | 19 05 | 21 36 | 08 06 | 22 21 | 09 46 | 16 22 | 14 14 | 24 18 | 00 09 | 04 37 | 07 49 | 13 53 |
| 23 | 23 26 | 16 23 | 24 47 | 18 53 | 21 28 | 08 03 | 22 20 | 09 46 | 16 23 | 14 14 | 24 10 | 00 08 | 04 37 | 07 47 | 13 53 |
| 24 | 23 25 | 11 19 | 24 45 | 18 42 | 21 20 | 08 00 | 22 19 | 09 46 | 16 23 | 14 14 | 24 02 | 00 07 | 04 37 | 07 46 | 13 53 |
| 25 | 23 23 | 05 41 | 24 40 | 18 32 | 21 12 | 07 57 | 22 18 | 09 46 | 16 23 | 14 14 | 23 54 | 00 06 | 04 38 | 07 44 | 13 54 |
| 26 | 23 21 | -00 20 | 24 32 | 18 23 | 21 03 | 07 54 | 22 18 | 09 47 | 16 24 | 14 14 | 23 45 | 00 05 | 04 39 | 07 43 | 13 54 |
| 27 | 23 19 | 06 31 | 24 22 | 18 14 | 20 55 | 07 50 | 22 17 | 09 47 | 16 24 | 14 15 | 23 37 | 00 04 | 04 40 | 07 41 | 13 54 |
| 28 | 23 16 | 12 36 | 24 09 | 18 06 | 20 46 | 07 47 | 22 16 | 09 47 | 16 24 | 14 15 | 23 29 | 00 03 | 04 41 | 07 40 | 13 55 |
| 29 | 23 13 | 18 13 | 23 54 | 18 00 | 20 37 | 07 44 | 22 15 | 09 48 | 16 25 | 14 15 | 23 21 | 00 03 | 04 42 | 07 39 | 13 55 |
| 30 | 23 10 | 22 54 | 23 38 | 17 54 | 20 28 | 07 40 | 22 14 | 09 48 | 16 25 | 14 15 | 23 12 | 00 02 | 04 44 | 07 39 | 13 56 |

Lunar Phases -- 3 ○ 04:21 9 ◑ 20:03 17 ● 20:28 25 ◐ 19:09 Sun enters ♋ 6/21 00:58

## 0:00 E.T. Longitudes of Main Planets - July 2004

| D | S.T. | ☉ | ☽ | ☽ 12:00 | ☿ | ♀ | ♂ | ♃ | ♄ | ♅ | ♆ | ♇ | ☊ |
|---|---|---|---|---|---|---|---|---|---|---|---|---|---|
| 1 | 18:37:33 | 09♋29 54 | 18♐34 | 26♐10 | 23♋15 | 09♊39 | 04♌29 | 13♍21 | 15♋50 | 06♓38℞ | 14♒54℞ | 20♐24℞ | 08♉04 |
| 2 | 18:41:29 | 10 27 05 | 03♑47 | 11♑26 | 25 10 | 09 42 | 05 07 | 13 30 | 15 58 | 06 37 | 14 53 | 20 22 | 08 01 |
| 3 | 18:45:26 | 11 24 16 | 19 03 | 26 37 | 27 02 | 09 48 | 05 45 | 13 39 | 16 06 | 06 36 | 14 51 | 20 21 | 07 58 |
| 4 | 18:49:22 | 12 21 27 | 04♒08 | 11♒35 | 28 53 | 09 56 | 06 23 | 13 48 | 16 13 | 06 35 | 14 50 | 20 20 | 07 54 |
| 5 | 18:53:19 | 13 18 38 | 18 55 | 26 09 | 00♌41 | 10 06 | 07 01 | 13 57 | 16 21 | 06 34 | 14 49 | 20 18 | 07 51 |
| 6 | 18:57:15 | 14 15 49 | 03♓16 | 10♓16 | 02 27 | 10 18 | 07 38 | 14 06 | 16 29 | 06 33 | 14 47 | 20 17 | 07 48 |
| 7 | 19:01:12 | 15 13 00 | 17 08 | 23 53 | 04 11 | 10 32 | 08 16 | 14 15 | 16 37 | 06 31 | 14 46 | 20 15 | 07 45 |
| 8 | 19:05:09 | 16 10 12 | 00♈31 | 07♈01 | 05 54 | 10 49 | 08 54 | 14 24 | 16 44 | 06 30 | 14 45 | 20 14 | 07 42 |
| 9 | 19:09:05 | 17 07 24 | 13 26 | 19 44 | 07 34 | 11 07 | 09 32 | 14 34 | 16 52 | 06 29 | 14 43 | 20 13 | 07 39 |
| 10 | 19:13:02 | 18 04 36 | 25 58 | 02♉07 | 09 12 | 11 26 | 10 10 | 14 43 | 17 00 | 06 28 | 14 42 | 20 11 | 07 35 |
| 11 | 19:16:58 | 19 01 49 | 08♉12 | 14 14 | 10 48 | 11 48 | 10 47 | 14 53 | 17 08 | 06 26 | 14 40 | 20 10 | 07 32 |
| 12 | 19:20:55 | 19 59 02 | 20 13 | 26 10 | 12 22 | 12 12 | 11 25 | 15 02 | 17 16 | 06 25 | 14 39 | 20 08 | 07 29 |
| 13 | 19:24:51 | 20 56 16 | 02♊05 | 08♊00 | 13 53 | 12 37 | 12 03 | 15 12 | 17 23 | 06 24 | 14 38 | 20 07 | 07 26 |
| 14 | 19:28:48 | 21 53 31 | 13 54 | 19 48 | 15 23 | 13 03 | 12 41 | 15 22 | 17 31 | 06 22 | 14 36 | 20 06 | 07 23 |
| 15 | 19:32:44 | 22 50 46 | 25 43 | 01♋38 | 16 51 | 13 32 | 13 19 | 15 32 | 17 39 | 06 21 | 14 35 | 20 05 | 07 20 |
| 16 | 19:36:41 | 23 48 01 | 07♋34 | 13 31 | 18 16 | 14 01 | 13 56 | 15 42 | 17 47 | 06 19 | 14 33 | 20 03 | 07 16 |
| 17 | 19:40:38 | 24 45 17 | 19 30 | 25 30 | 19 40 | 14 32 | 14 34 | 15 52 | 17 55 | 06 17 | 14 32 | 20 02 | 07 13 |
| 18 | 19:44:34 | 25 42 33 | 01♌32 | 07♌36 | 21 01 | 15 05 | 15 12 | 16 02 | 18 02 | 06 16 | 14 30 | 20 01 | 07 10 |
| 19 | 19:48:31 | 26 39 49 | 13 42 | 19 50 | 22 20 | 15 39 | 15 50 | 16 13 | 18 10 | 06 14 | 14 29 | 20 00 | 07 07 |
| 20 | 19:52:27 | 27 37 06 | 26 00 | 02♍12 | 23 37 | 16 14 | 16 28 | 16 23 | 18 18 | 06 12 | 14 27 | 19 59 | 07 04 |
| 21 | 19:56:24 | 28 34 23 | 08♍27 | 14 45 | 24 51 | 16 50 | 17 06 | 16 34 | 18 25 | 06 11 | 14 26 | 19 57 | 07 00 |
| 22 | 20:00:20 | 29 31 41 | 21 06 | 27 30 | 26 03 | 17 27 | 17 43 | 16 44 | 18 33 | 06 09 | 14 24 | 19 56 | 06 57 |
| 23 | 20:04:17 | 00♌28 59 | 03♎57 | 10♎29 | 27 12 | 18 06 | 18 21 | 16 55 | 18 41 | 06 07 | 14 22 | 19 55 | 06 54 |
| 24 | 20:08:13 | 01 26 17 | 17 04 | 23 44 | 28 19 | 18 46 | 18 59 | 17 06 | 18 49 | 06 05 | 14 21 | 19 54 | 06 51 |
| 25 | 20:12:10 | 02 23 36 | 00♏29 | 07♏18 | 29 24 | 19 26 | 19 37 | 17 16 | 18 56 | 06 04 | 14 19 | 19 53 | 06 48 |
| 26 | 20:16:07 | 03 20 55 | 14 13 | 21 14 | 00♍25 | 20 08 | 20 15 | 17 27 | 19 04 | 06 02 | 14 18 | 19 52 | 06 45 |
| 27 | 20:20:03 | 04 18 14 | 28 19 | 05♐30 | 01 24 | 20 51 | 20 53 | 17 38 | 19 11 | 06 00 | 14 16 | 19 51 | 06 41 |
| 28 | 20:24:00 | 05 15 34 | 12♐46 | 20 07 | 02 20 | 21 34 | 21 31 | 17 49 | 19 19 | 05 58 | 14 14 | 19 50 | 06 38 |
| 29 | 20:27:56 | 06 12 54 | 27 32 | 05♑00 | 03 13 | 22 19 | 22 09 | 18 00 | 19 27 | 05 56 | 14 13 | 19 49 | 06 35 |
| 30 | 20:31:53 | 07 10 15 | 12♑30 | 20 01 | 04 02 | 23 04 | 22 46 | 18 11 | 19 34 | 05 54 | 14 11 | 19 48 | 06 32 |
| 31 | 20:35:49 | 08 07 37 | 27 33 | 05♒03 | 04 48 | 23 51 | 23 24 | 18 23 | 19 42 | 05 52 | 14 10 | 19 47 | 06 29 |

## 0:00 E.T. Longitudes of the Major Asteroids and Chiron

| D | ⚳ | ⚴ | ⚵ | ⚶ | ⚷ |
|---|---|---|---|---|---|
| 1 | 17♌21 | 09♋27 | 19♑11℞ | 25♓44 | 24♑08℞ |
| 2 | 17 47 | 10 03 | 18 58 | 25 55 | 24 05 |
| 3 | 18 13 | 10 39 | 18 44 | 26 05 | 24 02 |
| 4 | 18 39 | 11 14 | 18 30 | 26 16 | 23 58 |
| 5 | 19 04 | 11 50 | 18 17 | 26 26 | 23 55 |
| 6 | 19 30 | 12 26 | 18 03 | 26 35 | 23 51 |
| 7 | 19 56 | 13 02 | 17 49 | 26 44 | 23 47 |
| 8 | 20 22 | 13 38 | 17 35 | 26 53 | 23 44 |
| 9 | 20 48 | 14 14 | 17 20 | 27 02 | 23 40 |
| 10 | 21 15 | 14 50 | 17 06 | 27 10 | 23 37 |
| 11 | 21 41 | 15 25 | 16 52 | 27 17 | 23 33 |
| 12 | 22 07 | 16 01 | 16 38 | 27 25 | 23 30 |
| 13 | 22 33 | 16 37 | 16 24 | 27 32 | 23 26 |
| 14 | 23 00 | 17 13 | 16 10 | 27 38 | 23 22 |
| 15 | 23 26 | 17 48 | 15 56 | 27 44 | 23 19 |
| 16 | 23 52 | 18 24 | 15 41 | 27 50 | 23 15 |
| 17 | 24 19 | 19 00 | 15 27 | 27 55 | 23 12 |
| 18 | 24 45 | 19 35 | 15 14 | 28 00 | 23 08 |
| 19 | 25 12 | 20 11 | 15 00 | 28 04 | 23 04 |
| 20 | 25 38 | 20 47 | 14 46 | 28 08 | 23 01 |
| 21 | 26 05 | 21 22 | 14 33 | 28 11 | 22 57 |
| 22 | 26 32 | 21 58 | 14 19 | 28 14 | 22 54 |
| 23 | 26 58 | 22 33 | 14 06 | 28 17 | 22 50 |
| 24 | 27 25 | 23 09 | 13 53 | 28 19 | 22 47 |
| 25 | 27 52 | 23 44 | 13 40 | 28 21 | 22 43 |
| 26 | 28 19 | 24 20 | 13 27 | 28 22 | 22 39 |
| 27 | 28 45 | 24 55 | 13 15 | 28 23 | 22 36 |
| 28 | 29 12 | 25 30 | 13 02 | 28 23 | 22 33 |
| 29 | 29 39 | 26 06 | 12 50 | 28 23℞ | 22 29 |
| 30 | 00♍06 | 26 41 | 12 39 | 28 22 | 22 26 |
| 31 | 00 33 | 27 16 | 12 27 | 28 21 | 22 22 |

## Lunar Data

| Last Asp. | | Ingress | | |
|---|---|---|---|---|
| 1 | 02:53 | 1 | ♑ | 18:02 |
| 3 | 14:26 | 3 | ♒ | 17:23 |
| 5 | 02:17 | 5 | ♓ | 18:27 |
| 7 | 05:31 | 7 | ♈ | 23:05 |
| 9 | 12:53 | 10 | ♉ | 07:52 |
| 11 | 23:30 | 12 | ♊ | 19:46 |
| 14 | 12:34 | 15 | ♋ | 08:42 |
| 17 | 11:25 | 17 | ♌ | 20:57 |
| 19 | 18:51 | 20 | ♍ | 07:45 |
| 21 | 21:49 | 22 | ♎ | 16:40 |
| 24 | 21:55 | 24 | ♏ | 23:09 |
| 26 | 10:49 | 27 | ♐ | 02:49 |
| 28 | 15:07 | 29 | ♑ | 03:58 |
| 30 | 11:22 | 31 | ♒ | 03:55 |

## 0:00 E.T. Declinations

| D | ☉ | ☽ | ☿ | ♀ | ♂ | ♃ | ♄ | ♅ | ♆ | ♇ | ⚳ | ⚴ | ⚵ | ⚶ | ⚷ |
|---|---|---|---|---|---|---|---|---|---|---|---|---|---|---|---|
| 1 | +23 06 | -26 08 | +23 19 | +17 48 | +20 19 | +07 37 | +22 14 | -09 48 | -16 26 | -14 15 | +23 04 | -00 02 | -04 45 | -07 38 | -13 56 |
| 2 | 23 02 | 27 31 | 22 58 | 17 44 | 20 10 | 07 34 | 22 13 | 09 49 | 16 26 | 14 15 | 22 55 | 00 02 | 04 47 | 07 37 | 13 56 |
| 3 | 22 57 | 26 48 | 22 35 | 17 40 | 20 01 | 07 30 | 22 12 | 09 49 | 16 26 | 14 15 | 22 47 | 00 01 | 04 49 | 07 37 | 13 57 |
| 4 | 22 52 | 24 07 | 22 11 | 17 37 | 19 51 | 07 26 | 22 11 | 09 50 | 16 27 | 14 15 | 22 38 | 00 01 | 04 51 | 07 37 | 13 57 |
| 5 | 22 46 | 19 53 | 21 46 | 17 35 | 19 41 | 07 23 | 22 10 | 09 50 | 16 27 | 14 15 | 22 30 | 00 01 | 04 53 | 07 37 | 13 58 |
| 6 | 22 41 | 14 36 | 21 19 | 17 33 | 19 32 | 07 19 | 22 09 | 09 50 | 16 27 | 14 15 | 22 21 | 00 02 | 04 55 | 07 37 | 13 58 |
| 7 | 22 34 | 08 45 | 20 51 | 17 33 | 19 22 | 07 16 | 22 08 | 09 51 | 16 28 | 14 16 | 22 12 | 00 02 | 04 58 | 07 38 | 13 59 |
| 8 | 22 28 | 02 41 | 20 22 | 17 32 | 19 12 | 07 12 | 22 08 | 09 51 | 16 28 | 14 16 | 22 03 | 00 02 | 05 00 | 07 38 | 13 59 |
| 9 | 22 21 | +03 18 | 19 52 | 17 32 | 19 01 | 07 08 | 22 07 | 09 52 | 16 29 | 14 16 | 21 54 | 00 03 | 05 03 | 07 39 | 14 00 |
| 10 | 22 13 | 08 59 | 19 21 | 17 33 | 18 51 | 07 04 | 22 06 | 09 52 | 16 29 | 14 16 | 21 45 | 00 04 | 05 06 | 07 40 | 14 00 |
| 11 | 22 05 | 14 11 | 18 50 | 17 35 | 18 41 | 07 01 | 22 05 | 09 53 | 16 30 | 14 16 | 21 36 | 00 04 | 05 09 | 07 41 | 14 01 |
| 12 | 21 57 | 18 46 | 18 18 | 17 36 | 18 30 | 06 57 | 22 04 | 09 53 | 16 30 | 14 16 | 21 27 | 00 05 | 05 12 | 07 42 | 14 01 |
| 13 | 21 49 | 22 33 | 17 45 | 17 39 | 18 20 | 06 53 | 22 03 | 09 54 | 16 30 | 14 16 | 21 18 | 00 06 | 05 15 | 07 44 | 14 02 |
| 14 | 21 40 | 25 22 | 17 11 | 17 41 | 18 09 | 06 49 | 22 02 | 09 55 | 16 31 | 14 17 | 21 09 | 00 07 | 05 18 | 07 45 | 14 02 |
| 15 | 21 30 | 27 04 | 16 38 | 17 44 | 17 58 | 06 45 | 22 01 | 09 55 | 16 31 | 14 17 | 21 00 | 00 08 | 05 22 | 07 47 | 14 03 |
| 16 | 21 21 | 27 32 | 16 04 | 17 48 | 17 47 | 06 41 | 22 00 | 09 56 | 16 32 | 14 17 | 20 51 | 00 10 | 05 26 | 07 49 | 14 03 |
| 17 | 21 11 | 26 43 | 15 30 | 17 51 | 17 36 | 06 37 | 21 59 | 09 56 | 16 32 | 14 17 | 20 41 | 00 11 | 05 29 | 07 52 | 14 04 |
| 18 | 21 00 | 24 40 | 14 55 | 17 55 | 17 24 | 06 33 | 21 58 | 09 57 | 16 33 | 14 17 | 20 32 | 00 12 | 05 33 | 07 54 | 14 05 |
| 19 | 20 49 | 21 29 | 14 21 | 18 00 | 17 13 | 06 29 | 21 58 | 09 58 | 16 33 | 14 17 | 20 22 | 00 14 | 05 37 | 07 57 | 14 05 |
| 20 | 20 38 | 17 19 | 13 47 | 18 04 | 17 01 | 06 25 | 21 57 | 09 58 | 16 34 | 14 18 | 20 13 | 00 16 | 05 42 | 07 59 | 14 06 |
| 21 | 20 27 | 12 23 | 13 13 | 18 09 | 16 50 | 06 20 | 21 56 | 09 59 | 16 34 | 14 18 | 20 03 | 00 18 | 05 46 | 08 02 | 14 06 |
| 22 | 20 15 | 06 51 | 12 39 | 18 13 | 16 38 | 06 16 | 21 55 | 10 00 | 16 35 | 14 18 | 19 54 | 00 19 | 05 50 | 08 06 | 14 07 |
| 23 | 20 03 | 00 57 | 12 05 | 18 18 | 16 26 | 06 12 | 21 54 | 10 00 | 16 35 | 14 18 | 19 44 | 00 21 | 05 55 | 08 09 | 14 08 |
| 24 | 19 50 | -05 07 | 11 32 | 18 23 | 16 14 | 06 08 | 21 53 | 10 01 | 16 35 | 14 19 | 19 35 | 00 24 | 05 59 | 08 12 | 14 08 |
| 25 | 19 38 | 11 06 | 10 59 | 18 28 | 16 02 | 06 03 | 21 52 | 10 02 | 16 36 | 14 19 | 19 25 | 00 26 | 06 04 | 08 16 | 14 09 |
| 26 | 19 24 | 16 42 | 10 27 | 18 33 | 15 50 | 05 59 | 21 51 | 10 02 | 16 36 | 14 19 | 19 15 | 00 28 | 06 09 | 08 20 | 14 10 |
| 27 | 19 11 | 21 34 | 09 55 | 18 39 | 15 38 | 05 55 | 21 50 | 10 03 | 16 37 | 14 19 | 19 05 | 00 31 | 06 14 | 08 24 | 14 10 |
| 28 | 18 57 | 25 15 | 09 25 | 18 44 | 15 26 | 05 50 | 21 49 | 10 04 | 16 37 | 14 19 | 18 56 | 00 33 | 06 19 | 08 29 | 14 11 |
| 29 | 18 43 | 27 18 | 08 54 | 18 49 | 15 13 | 05 46 | 21 48 | 10 05 | 16 38 | 14 20 | 18 46 | 00 36 | 06 24 | 08 33 | 14 12 |
| 30 | 18 29 | 27 24 | 08 25 | 18 54 | 15 01 | 05 41 | 21 47 | 10 05 | 16 38 | 14 20 | 18 36 | 00 38 | 06 29 | 08 38 | 14 12 |
| 31 | 18 14 | 25 30 | 07 57 | 18 59 | 14 48 | 05 37 | 21 46 | 10 06 | 16 39 | 14 20 | 18 26 | 00 41 | 06 34 | 08 43 | 14 13 |

Lunar Phases -- 2 ○ 11:10 9 ◑ 07:35 17 ● 11:25 25 ◐ 03:38 31 ○ 18:06 Sun enters ♌ 7/22 11:52

## Longitudes of Main Planets - August 2004

0:00 E.T.

| D | S.T. | ☉ | ☽ | ☽ 12:00 | ☿ | ♀ | ♂ | ♃ | ♄ | ♅ | ♆ | ♇ | ☊ |
|---|---|---|---|---|---|---|---|---|---|---|---|---|---|
| 1 | 20:39:46 | 09♌04 59 | 12♒30 | 19♒54 | 05♍31 | 24♊38 | 24♌02 | 18♍34 | 19♋49 | 05♓50℞ | 14♒08℞ | 19♐46℞ | 06♉26 |
| 2 | 20:43:42 | 10 02 23 | 27 13 | 04♓27 | 06 10 | 25 26 | 24 40 | 18 45 | 19 57 | 05 48 | 14 06 | 19 45 | 06 22 |
| 3 | 20:47:39 | 10 59 47 | 11♓34 | 18 35 | 06 45 | 26 14 | 25 18 | 18 57 | 20 04 | 05 46 | 14 05 | 19 44 | 06 19 |
| 4 | 20:51:36 | 11 57 12 | 25 28 | 02♈14 | 07 16 | 27 04 | 25 56 | 19 08 | 20 12 | 05 44 | 14 03 | 19 44 | 06 16 |
| 5 | 20:55:32 | 12 54 38 | 08♈54 | 15 26 | 07 43 | 27 54 | 26 34 | 19 19 | 20 19 | 05 42 | 14 01 | 19 43 | 06 13 |
| 6 | 20:59:29 | 13 52 06 | 21 52 | 28 12 | 08 05 | 28 45 | 27 12 | 19 31 | 20 26 | 05 39 | 14 00 | 19 42 | 06 10 |
| 7 | 21:03:25 | 14 49 35 | 04♉26 | 10♉36 | 08 23 | 29 36 | 27 50 | 19 43 | 20 34 | 05 37 | 13 58 | 19 41 | 06 06 |
| 8 | 21:07:22 | 15 47 05 | 16 42 | 22 44 | 08 36 | 00♋28 | 28 28 | 19 54 | 20 41 | 05 35 | 13 57 | 19 41 | 06 03 |
| 9 | 21:11:18 | 16 44 36 | 28 44 | 04♊41 | 08 44 | 01 21 | 29 06 | 20 06 | 20 48 | 05 33 | 13 55 | 19 40 | 06 00 |
| 10 | 21:15:15 | 17 42 09 | 10♊37 | 16 31 | 08 46 | 02 14 | 29 44 | 20 18 | 20 56 | 05 31 | 13 53 | 19 39 | 05 57 |
| 11 | 21:19:11 | 18 39 44 | 22 26 | 28 21 | 08 44℞ | 03 08 | 00♍22 | 20 30 | 21 03 | 05 28 | 13 52 | 19 39 | 05 54 |
| 12 | 21:23:08 | 19 37 19 | 04♋16 | 10♋13 | 08 36 | 04 02 | 01 00 | 20 42 | 21 10 | 05 26 | 13 50 | 19 38 | 05 51 |
| 13 | 21:27:05 | 20 34 56 | 16 11 | 22 11 | 08 22 | 04 57 | 01 38 | 20 54 | 21 17 | 05 24 | 13 48 | 19 38 | 05 47 |
| 14 | 21:31:01 | 21 32 35 | 28 13 | 04♌18 | 08 04 | 05 53 | 02 16 | 21 06 | 21 24 | 05 21 | 13 47 | 19 37 | 05 44 |
| 15 | 21:34:58 | 22 30 14 | 10♌25 | 16 35 | 07 39 | 06 49 | 02 54 | 21 18 | 21 32 | 05 19 | 13 45 | 19 36 | 05 41 |
| 16 | 21:38:54 | 23 27 55 | 22 47 | 29 02 | 07 09 | 07 45 | 03 32 | 21 30 | 21 39 | 05 17 | 13 44 | 19 36 | 05 38 |
| 17 | 21:42:51 | 24 25 37 | 05♍20 | 11♍41 | 06 35 | 08 42 | 04 10 | 21 42 | 21 46 | 05 14 | 13 42 | 19 36 | 05 35 |
| 18 | 21:46:47 | 25 23 21 | 18 04 | 24 30 | 05 55 | 09 40 | 04 48 | 21 54 | 21 53 | 05 12 | 13 40 | 19 35 | 05 31 |
| 19 | 21:50:44 | 26 21 05 | 00♎59 | 07♎31 | 05 12 | 10 37 | 05 26 | 22 06 | 21 59 | 05 10 | 13 39 | 19 35 | 05 28 |
| 20 | 21:54:40 | 27 18 51 | 14 06 | 20 44 | 04 24 | 11 36 | 06 04 | 22 19 | 22 06 | 05 07 | 13 37 | 19 34 | 05 25 |
| 21 | 21:58:37 | 28 16 38 | 27 24 | 04♏08 | 03 34 | 12 34 | 06 42 | 22 31 | 22 13 | 05 05 | 13 36 | 19 34 | 05 22 |
| 22 | 22:02:34 | 29 14 26 | 10♏56 | 17 47 | 02 42 | 13 33 | 07 21 | 22 43 | 22 20 | 05 03 | 13 34 | 19 34 | 05 19 |
| 23 | 22:06:30 | 00♍12 16 | 24 41 | 01♐39 | 01 49 | 14 33 | 07 59 | 22 56 | 22 27 | 05 00 | 13 33 | 19 33 | 05 16 |
| 24 | 22:10:27 | 01 10 06 | 08♐41 | 15 47 | 00 56 | 15 33 | 08 37 | 23 08 | 22 33 | 04 58 | 13 31 | 19 33 | 05 12 |
| 25 | 22:14:23 | 02 07 58 | 22 55 | 00♑07 | 00 03 | 16 33 | 09 15 | 23 21 | 22 40 | 04 56 | 13 29 | 19 33 | 05 09 |
| 26 | 22:18:20 | 03 05 51 | 07♑22 | 14 39 | 29♌13 | 17 33 | 09 53 | 23 33 | 22 47 | 04 53 | 13 28 | 19 33 | 05 06 |
| 27 | 22:22:16 | 04 03 45 | 21 58 | 29 18 | 28 26 | 18 34 | 10 31 | 23 46 | 22 53 | 04 51 | 13 26 | 19 33 | 05 03 |
| 28 | 22:26:13 | 05 01 41 | 06♒37 | 13♒56 | 27 44 | 19 35 | 11 10 | 23 58 | 23 00 | 04 48 | 13 25 | 19 33 | 05 00 |
| 29 | 22:30:09 | 05 59 38 | 21 13 | 28 27 | 27 06 | 20 37 | 11 48 | 24 11 | 23 06 | 04 46 | 13 23 | 19 33 | 04 57 |
| 30 | 22:34:06 | 06 57 36 | 05♓38 | 12♓44 | 26 35 | 21 39 | 12 26 | 24 23 | 23 12 | 04 44 | 13 22 | 19 33 | 04 53 |
| 31 | 22:38:03 | 07 55 36 | 19 46 | 26 42 | 26 11 | 22 41 | 13 04 | 24 36 | 23 19 | 04 41 | 13 21 | 19 33D | 04 50 |

0:00 E.T.

## Longitudes of the Major Asteroids and Chiron

| D | ⚳ | ⚴ | ⚵ | ⚶ | ⚷ |
|---|---|---|---|---|---|
| 1 | 01♍00 | 27♋51 | 12♑16℞ | 28♓19℞ | 22♑19℞ |
| 2 | 01 27 | 28 27 | 12 05 | 28 17 | 22 16 |
| 3 | 01 54 | 29 02 | 11 54 | 28 15 | 22 12 |
| 4 | 02 21 | 29 37 | 11 43 | 28 12 | 22 09 |
| 5 | 02 48 | 00♌12 | 11 33 | 28 08 | 22 06 |
| 6 | 03 15 | 00 47 | 11 23 | 28 05 | 22 02 |
| 7 | 03 42 | 01 22 | 11 14 | 28 00 | 21 59 |
| 8 | 04 09 | 01 57 | 11 04 | 27 55 | 21 56 |
| 9 | 04 37 | 02 31 | 10 55 | 27 50 | 21 53 |
| 10 | 05 04 | 03 06 | 10 47 | 27 44 | 21 50 |
| 11 | 05 31 | 03 41 | 10 39 | 27 38 | 21 47 |
| 12 | 05 58 | 04 16 | 10 31 | 27 31 | 21 44 |
| 13 | 06 26 | 04 50 | 10 23 | 27 24 | 21 41 |
| 14 | 06 53 | 05 25 | 10 16 | 27 16 | 21 38 |
| 15 | 07 20 | 06 00 | 10 09 | 27 08 | 21 35 |
| 16 | 07 48 | 06 34 | 10 02 | 27 00 | 21 32 |
| 17 | 08 15 | 07 09 | 09 56 | 26 51 | 21 30 |
| 18 | 08 42 | 07 43 | 09 51 | 26 41 | 21 27 |
| 19 | 09 10 | 08 17 | 09 45 | 26 32 | 21 24 |
| 20 | 09 37 | 08 52 | 09 40 | 26 22 | 21 22 |
| 21 | 10 05 | 09 26 | 09 36 | 26 11 | 21 19 |
| 22 | 10 32 | 10 00 | 09 31 | 26 00 | 21 17 |
| 23 | 11 00 | 10 34 | 09 27 | 25 49 | 21 14 |
| 24 | 11 27 | 11 08 | 09 24 | 25 37 | 21 12 |
| 25 | 11 55 | 11 42 | 09 21 | 25 25 | 21 09 |
| 26 | 12 22 | 12 16 | 09 18 | 25 13 | 21 07 |
| 27 | 12 50 | 12 50 | 09 16 | 25 00 | 21 05 |
| 28 | 13 17 | 13 24 | 09 14 | 24 47 | 21 03 |
| 29 | 13 45 | 13 57 | 09 12 | 24 34 | 21 01 |
| 30 | 14 12 | 14 31 | 09 11 | 24 21 | 20 59 |
| 31 | 14 40 | 15 05 | 09 10 | 24 07 | 20 57 |

## Lunar Data

| Last Asp. | | Ingress | |
|---|---|---|---|
| 1 | 20:53 | 2 ♓ | 04:36 |
| 4 | 02:60 | 4 ♈ | 08:01 |
| 6 | 14:00 | 6 ♉ | 15:27 |
| 9 | 00:47 | 9 ♊ | 02:34 |
| 10 | 20:00 | 11 ♋ | 15:21 |
| 13 | 10:18 | 14 ♌ | 03:31 |
| 16 | 01:25 | 16 ♍ | 13:50 |
| 18 | 07:16 | 18 ♎ | 22:10 |
| 21 | 01:40 | 21 ♏ | 04:38 |
| 22 | 20:54 | 23 ♐ | 09:09 |
| 25 | 11:14 | 25 ♑ | 11:47 |
| 27 | 02:59 | 27 ♒ | 13:09 |
| 29 | 09:24 | 29 ♓ | 14:34 |
| 31 | 08:29 | | |

0:00 E.T.

## Declinations

| D | ☉ | ☽ | ☿ | ♀ | ♂ | ♃ | ♄ | ♅ | ♆ | ♇ | ⚳ | ⚴ | ⚵ | ⚶ | ⚷ |
|---|---|---|---|---|---|---|---|---|---|---|---|---|---|---|---|
| 1 | +17 59 | -21 50 | +07 30 | +19 04 | +14 35 | +05 33 | +21 45 | -10 07 | -16 39 | -14 20 | +18 16 | -00 44 | -06 39 | -08 48 | -14 14 |
| 2 | 17 44 | 16 50 | 07 05 | 19 09 | 14 22 | 05 28 | 21 44 | 10 08 | 16 40 | 14 21 | 18 06 | 00 47 | 06 45 | 08 53 | 14 14 |
| 3 | 17 28 | 11 00 | 06 40 | 19 13 | 14 09 | 05 23 | 21 43 | 10 08 | 16 40 | 14 21 | 17 56 | 00 50 | 06 50 | 08 58 | 14 15 |
| 4 | 17 12 | 04 48 | 06 18 | 19 18 | 13 56 | 05 19 | 21 42 | 10 09 | 16 41 | 14 21 | 17 46 | 00 53 | 06 56 | 09 04 | 14 16 |
| 5 | 16 56 | +01 25 | 05 56 | 19 22 | 13 43 | 05 14 | 21 41 | 10 10 | 16 41 | 14 22 | 17 36 | 00 57 | 07 01 | 09 09 | 14 16 |
| 6 | 16 40 | 07 23 | 05 37 | 19 26 | 13 30 | 05 10 | 21 40 | 10 11 | 16 42 | 14 22 | 17 26 | 01 00 | 07 07 | 09 15 | 14 17 |
| 7 | 16 23 | 12 53 | 05 20 | 19 30 | 13 17 | 05 05 | 21 39 | 10 12 | 16 42 | 14 22 | 17 15 | 01 03 | 07 13 | 09 21 | 14 18 |
| 8 | 16 06 | 17 44 | 05 04 | 19 34 | 13 04 | 05 00 | 21 38 | 10 13 | 16 43 | 14 22 | 17 05 | 01 07 | 07 19 | 09 28 | 14 19 |
| 9 | 15 49 | 21 47 | 04 51 | 19 37 | 12 50 | 04 56 | 21 37 | 10 13 | 16 43 | 14 23 | 16 55 | 01 10 | 07 24 | 09 34 | 14 19 |
| 10 | 15 32 | 24 53 | 04 40 | 19 40 | 12 37 | 04 51 | 21 36 | 10 14 | 16 44 | 14 23 | 16 45 | 01 14 | 07 30 | 09 41 | 14 20 |
| 11 | 15 14 | 26 53 | 04 32 | 19 43 | 12 23 | 04 46 | 21 34 | 10 15 | 16 44 | 14 23 | 16 34 | 01 18 | 07 36 | 09 47 | 14 21 |
| 12 | 14 56 | 27 40 | 04 27 | 19 46 | 12 09 | 04 42 | 21 33 | 10 16 | 16 45 | 14 24 | 16 24 | 01 22 | 07 42 | 09 54 | 14 21 |
| 13 | 14 38 | 27 10 | 04 24 | 19 48 | 11 55 | 04 37 | 21 32 | 10 17 | 16 45 | 14 24 | 16 13 | 01 26 | 07 48 | 10 01 | 14 22 |
| 14 | 14 19 | 25 24 | 04 24 | 19 50 | 11 42 | 04 32 | 21 31 | 10 18 | 16 46 | 14 24 | 16 03 | 01 30 | 07 54 | 10 08 | 14 23 |
| 15 | 14 01 | 22 26 | 04 28 | 19 52 | 11 28 | 04 27 | 21 30 | 10 18 | 16 46 | 14 24 | 15 53 | 01 34 | 08 00 | 10 15 | 14 24 |
| 16 | 13 42 | 18 26 | 04 34 | 19 53 | 11 14 | 04 22 | 21 29 | 10 19 | 16 46 | 14 25 | 15 42 | 01 38 | 08 06 | 10 23 | 14 24 |
| 17 | 13 23 | 13 35 | 04 43 | 19 54 | 11 00 | 04 18 | 21 28 | 10 20 | 16 47 | 14 25 | 15 32 | 01 42 | 08 12 | 10 30 | 14 25 |
| 18 | 13 04 | 08 05 | 04 56 | 19 54 | 10 46 | 04 13 | 21 27 | 10 21 | 16 47 | 14 25 | 15 21 | 01 47 | 08 18 | 10 38 | 14 26 |
| 19 | 12 44 | 02 10 | 05 12 | 19 54 | 10 31 | 04 08 | 21 26 | 10 22 | 16 48 | 14 26 | 15 11 | 01 51 | 08 24 | 10 45 | 14 27 |
| 20 | 12 24 | -03 57 | 05 30 | 19 54 | 10 17 | 04 03 | 21 25 | 10 23 | 16 48 | 14 26 | 15 00 | 01 55 | 08 31 | 10 53 | 14 27 |
| 21 | 12 04 | 09 59 | 05 51 | 19 53 | 10 03 | 03 58 | 21 24 | 10 24 | 16 49 | 14 26 | 14 49 | 02 00 | 08 37 | 11 01 | 14 28 |
| 22 | 11 44 | 15 40 | 06 14 | 19 52 | 09 48 | 03 53 | 21 23 | 10 25 | 16 49 | 14 27 | 14 39 | 02 05 | 08 43 | 11 09 | 14 29 |
| 23 | 11 24 | 20 40 | 06 40 | 19 51 | 09 34 | 03 48 | 21 22 | 10 25 | 16 50 | 14 27 | 14 28 | 02 09 | 08 49 | 11 17 | 14 29 |
| 24 | 11 04 | 24 35 | 07 07 | 19 49 | 09 19 | 03 43 | 21 21 | 10 26 | 16 50 | 14 28 | 14 17 | 02 14 | 08 55 | 11 25 | 14 30 |
| 25 | 10 43 | 27 04 | 07 36 | 19 46 | 09 05 | 03 38 | 21 20 | 10 27 | 16 51 | 14 28 | 14 07 | 02 19 | 09 01 | 11 33 | 14 31 |
| 26 | 10 22 | 27 46 | 08 05 | 19 43 | 08 50 | 03 33 | 21 19 | 10 28 | 16 51 | 14 28 | 13 56 | 02 24 | 09 07 | 11 41 | 14 32 |
| 27 | 10 01 | 26 33 | 08 34 | 19 40 | 08 36 | 03 28 | 21 18 | 10 29 | 16 51 | 14 29 | 13 45 | 02 29 | 09 14 | 11 49 | 14 32 |
| 28 | 09 40 | 23 31 | 09 03 | 19 36 | 08 21 | 03 23 | 21 17 | 10 30 | 16 52 | 14 29 | 13 35 | 02 34 | 09 20 | 11 57 | 14 33 |
| 29 | 09 19 | 19 01 | 09 31 | 19 32 | 08 06 | 03 18 | 21 16 | 10 31 | 16 52 | 14 29 | 13 24 | 02 39 | 09 26 | 12 05 | 14 34 |
| 30 | 08 57 | 13 27 | 09 58 | 19 28 | 07 51 | 03 13 | 21 15 | 10 32 | 16 53 | 14 30 | 13 13 | 02 44 | 09 32 | 12 13 | 14 34 |
| 31 | 08 36 | 07 18 | 10 24 | 19 22 | 07 36 | 03 08 | 21 14 | 10 32 | 16 53 | 14 30 | 13 02 | 02 49 | 09 38 | 12 21 | 14 35 |

Lunar Phases -- 7 ◑ 22:03  16 ● 01:25  23 ◐ 10:13  30 ○ 02:23   Sun enters ♍ 8/22 18:55

## 0:00 E.T. — Longitudes of Main Planets - September 2004 — Sep. 04

| D | S.T. | ☉ | ☽ | ☽ 12:00 | ☿ | ♀ | ♂ | ♃ | ♄ | ♅ | ♆ | ♇ | ☊ |
|---|---|---|---|---|---|---|---|---|---|---|---|---|---|
| 1 | 22:41:59 | 08♍53 37 | 03♈32 | 10♈16 | 25♌54℞ | 23♋43 | 13♍43 | 24♍49 | 23♋25 | 04♓39℞ | 13♒19℞ | 19♐33 | 04♉47 |
| 2 | 22:45:56 | 09 51 41 | 16 53 | 23 25 | 25 45 | 24 46 | 14 21 | 25 01 | 23 31 | 04 36 | 13 18 | 19 33 | 04 44 |
| 3 | 22:49:52 | 10 49 46 | 29 51 | 06♉12 | 25 45D | 25 49 | 14 59 | 25 14 | 23 37 | 04 34 | 13 16 | 19 33 | 04 41 |
| 4 | 22:53:49 | 11 47 53 | 12♉27 | 18 38 | 25 53 | 26 53 | 15 37 | 25 27 | 23 43 | 04 32 | 13 15 | 19 33 | 04 37 |
| 5 | 22:57:45 | 12 46 02 | 24 44 | 00♊47 | 26 10 | 27 56 | 16 16 | 25 40 | 23 49 | 04 29 | 13 14 | 19 33 | 04 34 |
| 6 | 23:01:42 | 13 44 13 | 06♊48 | 12 46 | 26 36 | 29 00 | 16 54 | 25 53 | 23 55 | 04 27 | 13 12 | 19 33 | 04 31 |
| 7 | 23:05:38 | 14 42 26 | 18 43 | 24 38 | 27 10 | 00♌05 | 17 33 | 26 05 | 24 01 | 04 25 | 13 11 | 19 33 | 04 28 |
| 8 | 23:09:35 | 15 40 41 | 00♋34 | 06♋30 | 27 52 | 01 09 | 18 11 | 26 18 | 24 07 | 04 22 | 13 10 | 19 34 | 04 25 |
| 9 | 23:13:32 | 16 38 59 | 12 26 | 18 24 | 28 42 | 02 14 | 18 49 | 26 31 | 24 13 | 04 20 | 13 08 | 19 34 | 04 22 |
| 10 | 23:17:28 | 17 37 18 | 24 24 | 00♌27 | 29 40 | 03 19 | 19 28 | 26 44 | 24 19 | 04 18 | 13 07 | 19 34 | 04 18 |
| 11 | 23:21:25 | 18 35 39 | 06♌32 | 12 40 | 00♍45 | 04 24 | 20 06 | 26 57 | 24 24 | 04 15 | 13 06 | 19 35 | 04 15 |
| 12 | 23:25:21 | 19 34 02 | 18 52 | 25 07 | 01 57 | 05 30 | 20 45 | 27 10 | 24 30 | 04 13 | 13 04 | 19 35 | 04 12 |
| 13 | 23:29:18 | 20 32 27 | 01♍26 | 07♍48 | 03 15 | 06 35 | 21 23 | 27 23 | 24 35 | 04 11 | 13 03 | 19 35 | 04 09 |
| 14 | 23:33:14 | 21 30 54 | 14 15 | 20 45 | 04 38 | 07 41 | 22 02 | 27 36 | 24 41 | 04 08 | 13 02 | 19 36 | 04 06 |
| 15 | 23:37:11 | 22 29 23 | 27 18 | 03♎55 | 06 06 | 08 47 | 22 40 | 27 48 | 24 46 | 04 06 | 13 01 | 19 36 | 04 03 |
| 16 | 23:41:07 | 23 27 54 | 10♎35 | 17 18 | 07 39 | 09 54 | 23 19 | 28 01 | 24 51 | 04 04 | 13 00 | 19 37 | 03 59 |
| 17 | 23:45:04 | 24 26 26 | 24 05 | 00♏53 | 09 15 | 11 00 | 23 57 | 28 14 | 24 57 | 04 02 | 12 59 | 19 37 | 03 56 |
| 18 | 23:49:01 | 25 25 01 | 07♏45 | 14 38 | 10 55 | 12 07 | 24 36 | 28 27 | 25 02 | 04 00 | 12 57 | 19 38 | 03 53 |
| 19 | 23:52:57 | 26 23 37 | 21 34 | 28 32 | 12 38 | 13 14 | 25 14 | 28 40 | 25 07 | 03 57 | 12 56 | 19 39 | 03 50 |
| 20 | 23:56:54 | 27 22 15 | 05♐34 | 12♐34 | 14 22 | 14 21 | 25 53 | 28 53 | 25 12 | 03 55 | 12 55 | 19 39 | 03 47 |
| 21 | 0:00:50 | 28 20 54 | 19 37 | 26 41 | 16 09 | 15 28 | 26 32 | 29 06 | 25 17 | 03 53 | 12 54 | 19 40 | 03 43 |
| 22 | 0:04:47 | 29 19 35 | 03♑47 | 10♑54 | 17 57 | 16 36 | 27 10 | 29 19 | 25 21 | 03 51 | 12 53 | 19 41 | 03 40 |
| 23 | 0:08:43 | 00♎18 18 | 18 01 | 25 09 | 19 45 | 17 43 | 27 49 | 29 32 | 25 26 | 03 49 | 12 52 | 19 41 | 03 37 |
| 24 | 0:12:40 | 01 17 03 | 02♒16 | 09♒23 | 21 35 | 18 51 | 28 28 | 29 45 | 25 31 | 03 47 | 12 51 | 19 42 | 03 34 |
| 25 | 0:16:36 | 02 15 49 | 16 30 | 23 34 | 23 25 | 19 59 | 29 06 | 29 58 | 25 35 | 03 45 | 12 50 | 19 43 | 03 31 |
| 26 | 0:20:33 | 03 14 37 | 00♓37 | 07♓38 | 25 15 | 21 08 | 29 45 | 00♎11 | 25 40 | 03 43 | 12 50 | 19 44 | 03 28 |
| 27 | 0:24:30 | 04 13 26 | 14 35 | 21 29 | 27 05 | 22 16 | 00♎24 | 00 24 | 25 44 | 03 41 | 12 49 | 19 45 | 03 24 |
| 28 | 0:28:26 | 05 12 18 | 28 19 | 05♈05 | 28 55 | 23 25 | 01 03 | 00 37 | 25 49 | 03 39 | 12 48 | 19 45 | 03 21 |
| 29 | 0:32:23 | 06 11 11 | 11♈47 | 18 24 | 00♎45 | 24 33 | 01 41 | 00 50 | 25 53 | 03 37 | 12 47 | 19 46 | 03 18 |
| 30 | 0:36:19 | 07 10 07 | 24 56 | 01♉23 | 02 34 | 25 42 | 02 20 | 01 03 | 25 57 | 03 35 | 12 46 | 19 47 | 03 15 |

## 0:00 E.T. — Longitudes of the Major Asteroids and Chiron — Lunar Data

| D | ⚳ | ⚴ | ⚵ | ⚶ | ⚷ | D | ⚳ | ⚴ | ⚵ | ⚶ | ⚷ | Last Asp. | Ingress |
|---|---|---|---|---|---|---|---|---|---|---|---|---|---|
| 1 | 15♍07 | 15♌38 | 09♑10℞ | 23♓53℞ | 20♑55℞ | 16 | 22 02 | 23 52 | 09 48 | 20 08 | 20 35 | 2 16:19 | 3 ♉ 00:17 |
| 2 | 15 35 | 16 11 | 09 10D | 23 39 | 20 53 | 17 | 22 29 | 24 24 | 09 53 | 19 53 | 20 34 | 5 06:57 | 5 ♊ 10:26 |
| 3 | 16 03 | 16 45 | 09 10 | 23 25 | 20 51 | 18 | 22 57 | 24 56 | 09 59 | 19 38 | 20 33 | 7 18:09 | 7 ♋ 22:51 |
| 4 | 16 30 | 17 18 | 09 11 | 23 10 | 20 50 | 19 | 23 25 | 25 29 | 10 05 | 19 23 | 20 33 | 10 04:43 | 10 ♌ 11:07 |
| 5 | 16 58 | 17 51 | 09 12 | 22 55 | 20 48 | 20 | 23 52 | 26 01 | 10 11 | 19 08 | 20 32 | 12 01:23 | 12 ♍ 21:17 |
| 6 | 17 25 | 18 25 | 09 13 | 22 40 | 20 46 | 21 | 24 20 | 26 33 | 10 18 | 18 54 | 20 32 | 15 00:56 | 15 ♎ 04:54 |
| 7 | 17 53 | 18 58 | 09 15 | 22 25 | 20 45 | 22 | 24 47 | 27 04 | 10 25 | 18 39 | 20 31 | 17 01:32 | 17 ♏ 10:26 |
| 8 | 18 21 | 19 31 | 09 17 | 22 10 | 20 43 | 23 | 25 15 | 27 36 | 10 32 | 18 25 | 20 31 | 19 12:25 | 19 ♐ 14:31 |
| 9 | 18 48 | 20 04 | 09 20 | 21 55 | 20 42 | 24 | 25 43 | 28 08 | 10 40 | 18 11 | 20 31 | 21 16:20 | 21 ♑ 17:36 |
| 10 | 19 16 | 20 36 | 09 23 | 21 40 | 20 41 | 25 | 26 10 | 28 39 | 10 48 | 17 58 | 20 30 | 23 19:42 | 23 ♒ 20:11 |
| 11 | 19 43 | 21 09 | 09 26 | 21 25 | 20 40 | 26 | 26 38 | 29 11 | 10 56 | 17 44 | 20 30 | 25 06:26 | 25 ♓ 22:57 |
| 12 | 20 11 | 21 42 | 09 30 | 21 09 | 20 38 | 27 | 27 05 | 29 42 | 11 05 | 17 31 | 20 30D | 28 01:13 | 28 ♈ 02:58 |
| 13 | 20 39 | 22 15 | 09 34 | 20 54 | 20 37 | 28 | 27 33 | 00♍14 | 11 14 | 17 18 | 20 30 | 30 01:54 | 30 ♉ 09:25 |
| 14 | 21 06 | 22 47 | 09 38 | 20 39 | 20 36 | 29 | 28 01 | 00 45 | 11 23 | 17 05 | 20 30 | | |
| 15 | 21 34 | 23 20 | 09 43 | 20 23 | 20 35 | 30 | 28 28 | 01 16 | 11 33 | 16 53 | 20 31 | | |

## 0:00 E.T. — Declinations

| D | ☉ | ☽ | ☿ | ♀ | ♂ | ♃ | ♄ | ♅ | ♆ | ♇ | ⚳ | ⚴ | ⚵ | ⚶ | ⚷ |
|---|---|---|---|---|---|---|---|---|---|---|---|---|---|---|---|
| 1 | +08 14 | -00 56 | +10 47 | +19 17 | +07 21 | +03 03 | +21 13 | -10 33 | -16 54 | -14 30 | +12 51 | -02 54 | -09 44 | -12 29 | -14 36 |
| 2 | 07 52 | +05 17 | 11 07 | 19 11 | 07 06 | 02 58 | 21 12 | 10 34 | 16 54 | 14 31 | 12 41 | 03 00 | 09 50 | 12 38 | 14 37 |
| 3 | 07 30 | 11 07 | 11 25 | 19 04 | 06 51 | 02 53 | 21 11 | 10 35 | 16 54 | 14 31 | 12 30 | 03 05 | 09 56 | 12 46 | 14 37 |
| 4 | 07 08 | 16 21 | 11 40 | 18 57 | 06 36 | 02 48 | 21 10 | 10 36 | 16 55 | 14 32 | 12 19 | 03 11 | 10 02 | 12 54 | 14 38 |
| 5 | 06 46 | 20 46 | 11 52 | 18 49 | 06 21 | 02 43 | 21 09 | 10 37 | 16 55 | 14 32 | 12 08 | 03 16 | 10 08 | 13 02 | 14 39 |
| 6 | 06 24 | 24 14 | 12 00 | 18 41 | 06 06 | 02 38 | 21 08 | 10 38 | 16 56 | 14 32 | 11 57 | 03 21 | 10 14 | 13 09 | 14 39 |
| 7 | 06 01 | 26 36 | 12 05 | 18 33 | 05 51 | 02 33 | 21 07 | 10 38 | 16 56 | 14 33 | 11 46 | 03 27 | 10 20 | 13 17 | 14 40 |
| 8 | 05 39 | 27 46 | 12 05 | 18 23 | 05 35 | 02 28 | 21 06 | 10 39 | 16 56 | 14 33 | 11 35 | 03 33 | 10 25 | 13 25 | 14 41 |
| 9 | 05 16 | 27 38 | 12 03 | 18 14 | 05 20 | 02 22 | 21 05 | 10 40 | 16 57 | 14 34 | 11 25 | 03 38 | 10 31 | 13 33 | 14 41 |
| 10 | 04 54 | 26 14 | 11 56 | 18 04 | 05 05 | 02 17 | 21 05 | 10 41 | 16 57 | 14 34 | 11 14 | 03 44 | 10 37 | 13 40 | 14 42 |
| 11 | 04 31 | 23 36 | 11 46 | 17 53 | 04 49 | 02 12 | 21 04 | 10 42 | 16 58 | 14 34 | 11 03 | 03 50 | 10 43 | 13 47 | 14 43 |
| 12 | 04 08 | 19 52 | 11 31 | 17 42 | 04 34 | 02 07 | 21 03 | 10 43 | 16 58 | 14 35 | 10 52 | 03 56 | 10 54 | 13 55 | 14 43 |
| 13 | 03 45 | 15 11 | 11 14 | 17 30 | 04 19 | 02 02 | 21 02 | 10 43 | 16 58 | 14 35 | 10 41 | 04 01 | 10 54 | 14 02 | 14 44 |
| 14 | 03 22 | 09 46 | 10 53 | 17 18 | 04 03 | 01 57 | 21 01 | 10 44 | 16 59 | 14 36 | 10 30 | 04 07 | 11 00 | 14 09 | 14 45 |
| 15 | 02 59 | 03 49 | 10 29 | 17 06 | 03 48 | 01 52 | 21 00 | 10 45 | 16 59 | 14 36 | 10 19 | 04 13 | 11 05 | 14 16 | 14 45 |
| 16 | 02 36 | -02 24 | 10 01 | 16 53 | 03 32 | 01 47 | 20 59 | 10 46 | 16 59 | 14 36 | 10 08 | 04 19 | 11 11 | 14 22 | 14 46 |
| 17 | 02 13 | 08 37 | 09 31 | 16 39 | 03 17 | 01 41 | 20 58 | 10 47 | 17 00 | 14 37 | 09 57 | 04 25 | 11 16 | 14 29 | 14 46 |
| 18 | 01 49 | 14 32 | 08 59 | 16 25 | 03 01 | 01 36 | 20 57 | 10 47 | 17 00 | 14 37 | 09 46 | 04 31 | 11 21 | 14 35 | 14 47 |
| 19 | 01 26 | 19 48 | 08 24 | 16 11 | 02 45 | 01 31 | 20 57 | 10 48 | 17 00 | 14 38 | 09 35 | 04 37 | 11 27 | 14 41 | 14 48 |
| 20 | 01 03 | 24 01 | 07 47 | 15 56 | 02 30 | 01 26 | 20 56 | 10 49 | 17 01 | 14 38 | 09 25 | 04 43 | 11 32 | 14 47 | 14 48 |
| 21 | 00 39 | 26 50 | 07 08 | 15 40 | 02 14 | 01 21 | 20 55 | 10 50 | 17 01 | 14 38 | 09 14 | 04 49 | 11 37 | 14 53 | 14 49 |
| 22 | 00 16 | 27 57 | 06 27 | 15 25 | 01 59 | 01 16 | 20 54 | 10 50 | 17 01 | 14 39 | 09 03 | 04 55 | 11 42 | 14 58 | 14 49 |
| 23 | -00 07 | 27 13 | 05 45 | 15 08 | 01 43 | 01 11 | 20 53 | 10 51 | 17 01 | 14 39 | 08 52 | 05 02 | 11 47 | 15 04 | 14 50 |
| 24 | 00 31 | 24 43 | 05 02 | 14 52 | 01 27 | 01 05 | 20 53 | 10 52 | 17 02 | 14 40 | 08 41 | 05 08 | 11 52 | 15 09 | 14 51 |
| 25 | 00 54 | 20 42 | 04 18 | 14 34 | 01 12 | 01 00 | 20 52 | 10 53 | 17 02 | 14 40 | 08 30 | 05 14 | 11 57 | 15 14 | 14 51 |
| 26 | 01 17 | 15 33 | 03 33 | 14 17 | 00 56 | 00 55 | 20 51 | 10 53 | 17 02 | 14 41 | 08 19 | 05 20 | 12 02 | 15 18 | 14 52 |
| 27 | 01 41 | 09 38 | 02 48 | 13 59 | 00 40 | 00 50 | 20 50 | 10 54 | 17 03 | 14 41 | 08 08 | 05 26 | 12 07 | 15 23 | 14 52 |
| 28 | 02 04 | 03 21 | 02 02 | 13 40 | 00 25 | 00 45 | 20 50 | 10 55 | 17 03 | 14 41 | 07 58 | 05 32 | 12 11 | 15 27 | 14 53 |
| 29 | 02 27 | +02 58 | 01 16 | 13 21 | 00 09 | 00 40 | 20 49 | 10 55 | 17 03 | 14 42 | 07 47 | 05 39 | 12 16 | 15 31 | 14 53 |
| 30 | 02 51 | 09 02 | 00 29 | 13 02 | -00 07 | 00 35 | 20 48 | 10 56 | 17 03 | 14 42 | 07 36 | 05 45 | 12 21 | 15 35 | 14 54 |

Lunar Phases -- 6 ◑ 15:12  14 ● 14:30  21 ◐ 15:54  28 ○ 13:10    Sun enters ♎ 9/22 16:31

# Longitudes of Main Planets - October 2004

0:00 E.T.

| D | S.T. | ☉ | ☽ | ☽ 12:00 | ☿ | ♀ | ♂ | ♃ | ♄ | ♅ | ♆ | ♇ | ☊ |
|---|---|---|---|---|---|---|---|---|---|---|---|---|---|
| 1 | 0:40:16 | 08♎09 04 | 07♉46 | 14♉04 | 04♎22 | 26♌51 | 02♎59 | 01♎16 | 26♋01 | 03♓33℞ | 12♒45℞ | 19♐48 | 03♉12 |
| 2 | 0:44:12 | 09 08 04 | 20 18 | 26 28 | 06 10 | 28 00 | 03 38 | 01 29 | 26 05 | 03 32 | 12 45 | 19 49 | 03 09 |
| 3 | 0:48:09 | 10 07 06 | 02♊34 | 08♊38 | 07 57 | 29 10 | 04 17 | 01 42 | 26 09 | 03 30 | 12 44 | 19 50 | 03 05 |
| 4 | 0:52:05 | 11 06 11 | 14 39 | 20 37 | 09 44 | 00♍19 | 04 56 | 01 55 | 26 13 | 03 28 | 12 43 | 19 51 | 03 02 |
| 5 | 0:56:02 | 12 05 17 | 26 34 | 02♋31 | 11 30 | 01 29 | 05 34 | 02 07 | 26 16 | 03 26 | 12 43 | 19 53 | 02 59 |
| 6 | 0:59:59 | 13 04 26 | 08♋27 | 14 23 | 13 15 | 02 39 | 06 13 | 02 20 | 26 20 | 03 25 | 12 42 | 19 54 | 02 56 |
| 7 | 1:03:55 | 14 03 38 | 20 20 | 26 18 | 14 59 | 03 49 | 06 52 | 02 33 | 26 23 | 03 23 | 12 41 | 19 55 | 02 53 |
| 8 | 1:07:52 | 15 02 51 | 02♌19 | 08♌22 | 16 43 | 04 59 | 07 31 | 02 46 | 26 27 | 03 21 | 12 41 | 19 56 | 02 49 |
| 9 | 1:11:48 | 16 02 07 | 14 28 | 20 37 | 18 26 | 06 09 | 08 10 | 02 59 | 26 30 | 03 20 | 12 40 | 19 57 | 02 46 |
| 10 | 1:15:45 | 17 01 25 | 26 51 | 03♍09 | 20 08 | 07 19 | 08 49 | 03 12 | 26 33 | 03 18 | 12 40 | 19 58 | 02 43 |
| 11 | 1:19:41 | 18 00 45 | 09♍31 | 15 59 | 21 49 | 08 30 | 09 28 | 03 24 | 26 36 | 03 17 | 12 39 | 20 00 | 02 40 |
| 12 | 1:23:38 | 19 00 08 | 22 31 | 29 08 | 23 29 | 09 41 | 10 07 | 03 37 | 26 39 | 03 15 | 12 39 | 20 01 | 02 37 |
| 13 | 1:27:34 | 19 59 32 | 05♎51 | 12♎37 | 25 09 | 10 51 | 10 47 | 03 50 | 26 42 | 03 14 | 12 39 | 20 02 | 02 34 |
| 14 | 1:31:31 | 20 58 59 | 19 29 | 26 24 | 26 48 | 12 02 | 11 26 | 04 03 | 26 45 | 03 13 | 12 38 | 20 04 | 02 30 |
| 15 | 1:35:28 | 21 58 28 | 03♏23 | 10♏26 | 28 27 | 13 13 | 12 05 | 04 15 | 26 48 | 03 11 | 12 38 | 20 05 | 02 27 |
| 16 | 1:39:24 | 22 57 59 | 17 31 | 24 39 | 00♏04 | 14 24 | 12 44 | 04 28 | 26 50 | 03 10 | 12 38 | 20 07 | 02 24 |
| 17 | 1:43:21 | 23 57 32 | 01♐48 | 08♐58 | 01 41 | 15 35 | 13 23 | 04 41 | 26 53 | 03 09 | 12 37 | 20 08 | 02 21 |
| 18 | 1:47:17 | 24 57 06 | 16 09 | 23 21 | 03 18 | 16 47 | 14 02 | 04 53 | 26 55 | 03 07 | 12 37 | 20 09 | 02 18 |
| 19 | 1:51:14 | 25 56 43 | 00♑31 | 07♑41 | 04 53 | 17 58 | 14 42 | 05 06 | 26 58 | 03 06 | 12 37 | 20 11 | 02 15 |
| 20 | 1:55:10 | 26 56 21 | 14 50 | 21 57 | 06 28 | 19 10 | 15 21 | 05 18 | 27 00 | 03 05 | 12 37 | 20 12 | 02 11 |
| 21 | 1:59:07 | 27 56 01 | 29 02 | 06♒05 | 08 03 | 20 21 | 16 00 | 05 31 | 27 02 | 03 04 | 12 37 | 20 14 | 02 08 |
| 22 | 2:03:03 | 28 55 42 | 13♒06 | 20 04 | 09 37 | 21 33 | 16 40 | 05 43 | 27 04 | 03 03 | 12 37 | 20 16 | 02 05 |
| 23 | 2:07:00 | 29 55 25 | 27 00 | 03♓52 | 11 10 | 22 45 | 17 19 | 05 56 | 27 06 | 03 02 | 12 36 | 20 17 | 02 02 |
| 24 | 2:10:57 | 00♏55 10 | 10♓42 | 17 29 | 12 43 | 23 57 | 17 58 | 06 08 | 27 07 | 03 01 | 12 36 | 20 19 | 01 59 |
| 25 | 2:14:53 | 01 54 57 | 24 12 | 00♈52 | 14 15 | 25 09 | 18 38 | 06 20 | 27 09 | 03 00 | 12 36D | 20 20 | 01 55 |
| 26 | 2:18:50 | 02 54 45 | 07♈29 | 14 03 | 15 47 | 26 21 | 19 17 | 06 33 | 27 11 | 02 59 | 12 36 | 20 22 | 01 52 |
| 27 | 2:22:46 | 03 54 35 | 20 33 | 26 59 | 17 18 | 27 33 | 19 57 | 06 45 | 27 12 | 02 59 | 12 37 | 20 24 | 01 49 |
| 28 | 2:26:43 | 04 54 27 | 03♉23 | 09♉42 | 18 48 | 28 46 | 20 36 | 06 57 | 27 13 | 02 58 | 12 37 | 20 25 | 01 46 |
| 29 | 2:30:39 | 05 54 21 | 15 59 | 22 12 | 20 18 | 29 58 | 21 15 | 07 09 | 27 15 | 02 57 | 12 37 | 20 27 | 01 43 |
| 30 | 2:34:36 | 06 54 17 | 28 22 | 04♊29 | 21 48 | 01♎10 | 21 55 | 07 21 | 27 16 | 02 56 | 12 37 | 20 29 | 01 40 |
| 31 | 2:38:32 | 07 54 15 | 10♊33 | 16 35 | 23 17 | 02 23 | 22 35 | 07 33 | 27 17 | 02 56 | 12 37 | 20 31 | 01 36 |

## 0:00 E.T. Longitudes of the Major Asteroids and Chiron

| D | ⚳ | ⚴ | ⚵ | ⚶ | ⚷ |
|---|---|---|---|---|---|
| 1 | 28♍56 | 01♍47 | 11♑43 | 16♓41℞ | 20♑31 |
| 2 | 29 23 | 02 18 | 11 53 | 16 29 | 20 31 |
| 3 | 29 51 | 02 49 | 12 03 | 16 18 | 20 32 |
| 4 | 00♎18 | 03 19 | 12 14 | 16 07 | 20 32 |
| 5 | 00 46 | 03 50 | 12 25 | 15 57 | 20 33 |
| 6 | 01 13 | 04 21 | 12 36 | 15 47 | 20 34 |
| 7 | 01 41 | 04 51 | 12 48 | 15 37 | 20 34 |
| 8 | 02 08 | 05 21 | 12 59 | 15 27 | 20 35 |
| 9 | 02 36 | 05 51 | 13 12 | 15 18 | 20 36 |
| 10 | 03 03 | 06 22 | 13 24 | 15 10 | 20 37 |
| 11 | 03 30 | 06 52 | 13 36 | 15 02 | 20 38 |
| 12 | 03 58 | 07 21 | 13 49 | 14 54 | 20 39 |
| 13 | 04 25 | 07 51 | 14 02 | 14 47 | 20 40 |
| 14 | 04 52 | 08 21 | 14 16 | 14 40 | 20 42 |
| 15 | 05 20 | 08 50 | 14 29 | 14 34 | 20 43 |
| 16 | 05 47 | 09 20 | 14 43 | 14 28 | 20 45 |
| 17 | 06 14 | 09 49 | 14 57 | 14 22 | 20 46 |
| 18 | 06 41 | 10 18 | 15 12 | 14 17 | 20 48 |
| 19 | 07 09 | 10 47 | 15 26 | 14 13 | 20 49 |
| 20 | 07 36 | 11 16 | 15 41 | 14 09 | 20 51 |
| 21 | 08 03 | 11 45 | 15 56 | 14 05 | 20 53 |
| 22 | 08 30 | 12 14 | 16 11 | 14 02 | 20 55 |
| 23 | 08 57 | 12 42 | 16 27 | 14 00 | 20 57 |
| 24 | 09 24 | 13 11 | 16 43 | 13 57 | 20 59 |
| 25 | 09 51 | 13 39 | 16 58 | 13 56 | 21 01 |
| 26 | 10 18 | 14 07 | 17 15 | 13 54 | 21 03 |
| 27 | 10 45 | 14 35 | 17 31 | 13 54 | 21 05 |
| 28 | 11 12 | 15 03 | 17 47 | 13 53 | 21 07 |
| 29 | 11 39 | 15 31 | 18 04 | 13 53D | 21 10 |
| 30 | 12 06 | 15 59 | 18 21 | 13 54 | 21 12 |
| 31 | 12 33 | 16 26 | 18 38 | 13 55 | 21 15 |

## Lunar Data

| Last Asp. | | Ingress | | |
|---|---|---|---|---|
| 2 | 16:35 | 2 | ♊ | 18:56 |
| 4 | 10:29 | 5 | ♋ | 06:55 |
| 7 | 12:14 | 7 | ♌ | 19:24 |
| 9 | 10:43 | 10 | ♍ | 06:01 |
| 12 | 07:33 | 12 | ♎ | 13:33 |
| 14 | 14:23 | 14 | ♏ | 18:11 |
| 16 | 15:44 | 16 | ♐ | 20:59 |
| 18 | 15:47 | 18 | ♑ | 23:08 |
| 20 | 21:60 | 21 | ♒ | 01:39 |
| 22 | 12:22 | 23 | ♓ | 05:14 |
| 25 | 05:18 | 25 | ♈ | 10:26 |
| 27 | 12:25 | 27 | ♉ | 17:39 |
| 29 | 21:51 | 30 | ♊ | 03:12 |

## 0:00 E.T. Declinations

| D | ☉ | ☽ | ☿ | ♀ | ♂ | ♃ | ♄ | ♅ | ♆ | ♇ | ⚳ | ⚴ | ⚵ | ⚶ | ⚷ |
|---|---|---|---|---|---|---|---|---|---|---|---|---|---|---|---|
| 1 | -03 14 | +14 35 | -00 18 | +12 42 | -00 23 | +00 30 | +20 48 | -10 57 | -17 03 | -14 43 | +07 25 | -05 51 | -12 25 | -15 38 | -14 54 |
| 2 | 03 37 | 19 23 | 01 04 | 12 22 | 00 38 | 00 24 | 20 47 | 10 57 | 17 04 | 14 43 | 07 14 | 05 57 | 12 30 | 15 41 | 14 55 |
| 3 | 04 00 | 23 17 | 01 51 | 12 02 | 00 54 | 00 19 | 20 46 | 10 58 | 17 04 | 14 44 | 07 03 | 06 04 | 12 34 | 15 44 | 14 55 |
| 4 | 04 24 | 26 05 | 02 38 | 11 41 | 01 10 | 00 14 | 20 46 | 10 59 | 17 04 | 14 44 | 06 53 | 06 10 | 12 39 | 15 47 | 14 56 |
| 5 | 04 47 | 27 40 | 03 24 | 11 19 | 01 26 | 00 09 | 20 45 | 10 59 | 17 04 | 14 44 | 06 42 | 06 16 | 12 43 | 15 49 | 14 56 |
| 6 | 05 10 | 27 58 | 04 10 | 10 58 | 01 41 | 00 04 | 20 44 | 11 00 | 17 04 | 14 45 | 06 31 | 06 23 | 12 47 | 15 52 | 14 56 |
| 7 | 05 33 | 26 59 | 04 55 | 10 36 | 01 57 | -00 01 | 20 44 | 11 00 | 17 05 | 14 45 | 06 20 | 06 29 | 12 51 | 15 54 | 14 57 |
| 8 | 05 56 | 24 46 | 05 41 | 10 13 | 02 13 | 00 06 | 20 43 | 11 01 | 17 05 | 14 46 | 06 10 | 06 35 | 12 55 | 15 56 | 14 57 |
| 9 | 06 19 | 21 25 | 06 26 | 09 51 | 02 28 | 00 11 | 20 43 | 11 01 | 17 05 | 14 46 | 05 59 | 06 41 | 12 59 | 15 57 | 14 58 |
| 10 | 06 41 | 17 04 | 07 10 | 09 28 | 02 44 | 00 16 | 20 42 | 11 02 | 17 05 | 14 47 | 05 48 | 06 48 | 13 03 | 15 58 | 14 58 |
| 11 | 07 04 | 11 53 | 07 54 | 09 05 | 03 00 | 00 21 | 20 42 | 11 03 | 17 05 | 14 47 | 05 38 | 06 54 | 13 07 | 15 59 | 14 58 |
| 12 | 07 27 | 06 04 | 08 37 | 08 41 | 03 15 | 00 26 | 20 41 | 11 03 | 17 05 | 14 47 | 05 27 | 07 00 | 13 10 | 16 00 | 14 59 |
| 13 | 07 49 | -00 10 | 09 20 | 08 17 | 03 31 | 00 31 | 20 41 | 11 03 | 17 06 | 14 48 | 05 17 | 07 06 | 13 14 | 16 01 | 14 59 |
| 14 | 08 11 | 06 33 | 10 02 | 07 53 | 03 47 | 00 36 | 20 40 | 11 04 | 17 06 | 14 48 | 05 06 | 07 13 | 13 17 | 16 01 | 14 59 |
| 15 | 08 34 | 12 45 | 10 44 | 07 28 | 04 02 | 00 41 | 20 40 | 11 04 | 17 06 | 14 49 | 04 55 | 07 19 | 13 21 | 16 01 | 15 00 |
| 16 | 08 56 | 18 24 | 11 25 | 07 04 | 04 18 | 00 46 | 20 39 | 11 05 | 17 06 | 14 49 | 04 45 | 07 25 | 13 24 | 16 01 | 15 00 |
| 17 | 09 18 | 23 05 | 12 05 | 06 39 | 04 34 | 00 51 | 20 39 | 11 05 | 17 06 | 14 50 | 04 34 | 07 31 | 13 27 | 16 00 | 15 00 |
| 18 | 09 40 | 26 23 | 12 44 | 06 14 | 04 49 | 00 56 | 20 39 | 11 06 | 17 06 | 14 50 | 04 24 | 07 37 | 13 31 | 16 00 | 15 01 |
| 19 | 10 01 | 27 57 | 13 23 | 05 48 | 05 05 | 01 01 | 20 38 | 11 06 | 17 06 | 14 50 | 04 14 | 07 44 | 13 34 | 15 59 | 15 01 |
| 20 | 10 23 | 27 38 | 14 01 | 05 23 | 05 20 | 01 06 | 20 38 | 11 06 | 17 06 | 14 51 | 04 03 | 07 50 | 13 37 | 15 58 | 15 01 |
| 21 | 10 44 | 25 31 | 14 39 | 04 57 | 05 36 | 01 11 | 20 38 | 11 07 | 17 06 | 14 51 | 03 53 | 07 56 | 13 40 | 15 56 | 15 01 |
| 22 | 11 06 | 21 52 | 15 15 | 04 31 | 05 51 | 01 15 | 20 37 | 11 07 | 17 06 | 14 52 | 03 42 | 08 02 | 13 42 | 15 55 | 15 02 |
| 23 | 11 27 | 17 01 | 15 51 | 04 04 | 06 06 | 01 20 | 20 37 | 11 07 | 17 06 | 14 52 | 03 32 | 08 08 | 13 45 | 15 53 | 15 02 |
| 24 | 11 48 | 11 23 | 16 26 | 03 38 | 06 22 | 01 25 | 20 37 | 11 08 | 17 06 | 14 52 | 03 22 | 08 14 | 13 48 | 15 51 | 15 02 |
| 25 | 12 08 | 05 18 | 17 00 | 03 11 | 06 37 | 01 30 | 20 37 | 11 08 | 17 06 | 14 53 | 03 12 | 08 20 | 13 50 | 15 49 | 15 02 |
| 26 | 12 29 | +00 56 | 17 33 | 02 45 | 06 52 | 01 35 | 20 36 | 11 08 | 17 06 | 14 53 | 03 01 | 08 26 | 13 53 | 15 47 | 15 02 |
| 27 | 12 49 | 07 02 | 18 06 | 02 18 | 07 08 | 01 39 | 20 36 | 11 09 | 17 06 | 14 54 | 02 51 | 08 31 | 13 55 | 15 44 | 15 03 |
| 28 | 13 10 | 12 45 | 18 37 | 01 51 | 07 23 | 01 44 | 20 36 | 11 09 | 17 06 | 14 54 | 02 41 | 08 37 | 13 57 | 15 41 | 15 03 |
| 29 | 13 29 | 17 50 | 19 08 | 01 24 | 07 38 | 01 49 | 20 36 | 11 09 | 17 06 | 14 54 | 02 31 | 08 43 | 14 00 | 15 38 | 15 03 |
| 30 | 13 49 | 22 04 | 19 37 | 00 56 | 07 53 | 01 54 | 20 36 | 11 09 | 17 06 | 14 55 | 02 21 | 08 49 | 14 02 | 15 35 | 15 03 |
| 31 | 14 09 | 25 17 | 20 06 | 00 29 | 08 08 | 01 58 | 20 36 | 11 09 | 17 06 | 14 55 | 02 11 | 08 54 | 14 04 | 15 32 | 15 03 |

Lunar Phases -- 6 ◑ 10:13 14 ● 02:49 20 ◐ 21:60 28 Ⓔ 03:08 Sun enters ♏ 10/23 01:50

## 0:00 E.T. Longitudes of Main Planets - November 2004 **Nov. 04**

| D | S.T. | ☉ | ☽ | ☽ 12:00 | ☿ | ♀ | ♂ | ♃ | ♄ | ♅ | ♆ | ♇ | ☊ |
|---|---|---|---|---|---|---|---|---|---|---|---|---|---|
| 1 | 2:42:29 | 08♏54 15 | 22♊35 | 28♊34 | 24♏45 | 03♎36 | 23♎14 | 07♎45 | 27♋18 | 02♓55℞ | 12♒37 | 20♐32 | 01♉33 |
| 2 | 2:46:26 | 09 54 17 | 04♋30 | 10♋27 | 26 13 | 04 48 | 23 54 | 07 57 | 27 18 | 02 55 | 12 38 | 20 34 | 01 30 |
| 3 | 2:50:22 | 10 54 21 | 16 22 | 22 18 | 27 40 | 06 01 | 24 33 | 08 09 | 27 19 | 02 55 | 12 38 | 20 36 | 01 27 |
| 4 | 2:54:19 | 11 54 27 | 28 14 | 04♌12 | 29 07 | 07 14 | 25 13 | 08 21 | 27 20 | 02 54 | 12 38 | 20 38 | 01 24 |
| 5 | 2:58:15 | 12 54 36 | 10♌12 | 16 13 | 00♐33 | 08 27 | 25 53 | 08 33 | 27 20 | 02 54 | 12 39 | 20 40 | 01 20 |
| 6 | 3:02:12 | 13 54 46 | 22 18 | 28 27 | 01 59 | 09 40 | 26 32 | 08 45 | 27 20 | 02 53 | 12 39 | 20 42 | 01 17 |
| 7 | 3:06:08 | 14 54 58 | 04♍39 | 10♍56 | 03 24 | 10 53 | 27 12 | 08 56 | 27 21 | 02 53 | 12 40 | 20 44 | 01 14 |
| 8 | 3:10:05 | 15 55 13 | 17 19 | 23 46 | 04 48 | 12 07 | 27 52 | 09 08 | 27 21 | 02 53 | 12 40 | 20 46 | 01 11 |
| 9 | 3:14:01 | 16 55 29 | 00♎20 | 07♎00 | 06 11 | 13 20 | 28 32 | 09 19 | 27 21℞ | 02 53 | 12 40 | 20 47 | 01 08 |
| 10 | 3:17:58 | 17 55 47 | 13 45 | 20 38 | 07 33 | 14 33 | 29 12 | 09 31 | 27 20 | 02 52 | 12 41 | 20 49 | 01 05 |
| 11 | 3:21:55 | 18 56 08 | 27 36 | 04♏40 | 08 55 | 15 47 | 29 51 | 09 42 | 27 20 | 02 52 | 12 42 | 20 51 | 01 01 |
| 12 | 3:25:51 | 19 56 30 | 11♏49 | 19 03 | 10 15 | 17 00 | 00♏31 | 09 54 | 27 20 | 02 52D | 12 42 | 20 53 | 00 58 |
| 13 | 3:29:48 | 20 56 54 | 26 21 | 03♐43 | 11 34 | 18 14 | 01 11 | 10 05 | 27 19 | 02 52 | 12 43 | 20 55 | 00 55 |
| 14 | 3:33:44 | 21 57 19 | 11♐06 | 18 31 | 12 52 | 19 27 | 01 51 | 10 16 | 27 19 | 02 52 | 12 44 | 20 57 | 00 52 |
| 15 | 3:37:41 | 22 57 46 | 25 57 | 03♑21 | 14 08 | 20 41 | 02 31 | 10 27 | 27 18 | 02 53 | 12 44 | 21 00 | 00 49 |
| 16 | 3:41:37 | 23 58 15 | 10♑44 | 18 05 | 15 23 | 21 55 | 03 11 | 10 38 | 27 17 | 02 53 | 12 45 | 21 02 | 00 46 |
| 17 | 3:45:34 | 24 58 45 | 25 23 | 02♒36 | 16 36 | 23 09 | 03 51 | 10 49 | 27 16 | 02 53 | 12 46 | 21 04 | 00 42 |
| 18 | 3:49:30 | 25 59 16 | 09♒46 | 16 51 | 17 47 | 24 22 | 04 31 | 11 00 | 27 15 | 02 53 | 12 47 | 21 06 | 00 39 |
| 19 | 3:53:27 | 26 59 48 | 23 51 | 00♓47 | 18 55 | 25 36 | 05 11 | 11 11 | 27 14 | 02 54 | 12 47 | 21 08 | 00 36 |
| 20 | 3:57:24 | 28 00 22 | 07♓37 | 14 23 | 20 01 | 26 50 | 05 51 | 11 22 | 27 13 | 02 54 | 12 48 | 21 10 | 00 33 |
| 21 | 4:01:20 | 29 00 57 | 21 05 | 27 42 | 21 04 | 28 04 | 06 31 | 11 32 | 27 12 | 02 55 | 12 49 | 21 12 | 00 30 |
| 22 | 4:05:17 | 00♐01 32 | 04♈15 | 10♈44 | 22 03 | 29 18 | 07 11 | 11 43 | 27 10 | 02 55 | 12 50 | 21 14 | 00 26 |
| 23 | 4:09:13 | 01 02 09 | 17 10 | 23 32 | 22 58 | 00♏32 | 07 52 | 11 54 | 27 08 | 02 56 | 12 51 | 21 16 | 00 23 |
| 24 | 4:13:10 | 02 02 48 | 29 51 | 06♉07 | 23 49 | 01 46 | 08 32 | 12 04 | 27 07 | 02 56 | 12 52 | 21 19 | 00 20 |
| 25 | 4:17:06 | 03 03 27 | 12♉21 | 18 32 | 24 35 | 03 01 | 09 12 | 12 14 | 27 05 | 02 57 | 12 53 | 21 21 | 00 17 |
| 26 | 4:21:03 | 04 04 08 | 24 41 | 00♊48 | 25 15 | 04 15 | 09 52 | 12 24 | 27 03 | 02 58 | 12 54 | 21 23 | 00 14 |
| 27 | 4:24:59 | 05 04 50 | 06♊52 | 12 55 | 25 49 | 05 29 | 10 33 | 12 35 | 27 01 | 02 58 | 12 55 | 21 25 | 00 11 |
| 28 | 4:28:56 | 06 05 34 | 18 56 | 24 56 | 26 15 | 06 43 | 11 13 | 12 45 | 26 59 | 02 59 | 12 56 | 21 27 | 00 07 |
| 29 | 4:32:53 | 07 06 18 | 00♋54 | 06♋51 | 26 34 | 07 58 | 11 53 | 12 55 | 26 57 | 03 00 | 12 58 | 21 29 | 00 04 |
| 30 | 4:36:49 | 08 07 05 | 12 47 | 18 43 | 26 43 | 09 12 | 12 34 | 13 04 | 26 54 | 03 01 | 12 59 | 21 32 | 00 01 |

## 0:00 E.T. Longitudes of the Major Asteroids and Chiron

| D | ⚳ | ⚴ | ⚵ | ⚶ | ⚷ | D | ⚳ | ⚴ | ⚵ | ⚶ | ⚷ |
|---|---|---|---|---|---|---|---|---|---|---|---|
| 1 | 12♎59 | 16♍54 | 18♑56 | 13♓56 | 21♑17 | 16 | 19 36 | 23 27 | 23 37 | 15 09 | 22 04 |
| 2 | 13 26 | 17 21 | 19 13 | 13 58 | 21 20 | 17 | 20 02 | 23 52 | 23 58 | 15 17 | 22 07 |
| 3 | 13 53 | 17 48 | 19 31 | 14 01 | 21 23 | 18 | 20 28 | 24 16 | 24 18 | 15 26 | 22 11 |
| 4 | 14 19 | 18 15 | 19 49 | 14 03 | 21 25 | 19 | 20 54 | 24 41 | 24 38 | 15 34 | 22 15 |
| 5 | 14 46 | 18 42 | 20 07 | 14 07 | 21 28 | 20 | 21 19 | 25 05 | 24 59 | 15 44 | 22 18 |
| 6 | 15 13 | 19 09 | 20 25 | 14 10 | 21 31 | 21 | 21 45 | 25 30 | 25 20 | 15 53 | 22 22 |
| 7 | 15 39 | 19 35 | 20 44 | 14 14 | 21 34 | 22 | 22 11 | 25 54 | 25 41 | 16 03 | 22 26 |
| 8 | 16 06 | 20 02 | 21 02 | 14 19 | 21 37 | 23 | 22 36 | 26 17 | 26 02 | 16 13 | 22 30 |
| 9 | 16 32 | 20 28 | 21 21 | 14 24 | 21 40 | 24 | 23 02 | 26 41 | 26 23 | 16 24 | 22 34 |
| 10 | 16 58 | 20 54 | 21 40 | 14 29 | 21 43 | 25 | 23 28 | 27 04 | 26 44 | 16 35 | 22 38 |
| 11 | 17 25 | 21 20 | 21 59 | 14 35 | 21 47 | 26 | 23 53 | 27 28 | 27 06 | 16 46 | 22 42 |
| 12 | 17 51 | 21 45 | 22 18 | 14 41 | 21 50 | 27 | 24 18 | 27 51 | 27 27 | 16 57 | 22 46 |
| 13 | 18 17 | 22 11 | 22 38 | 14 47 | 21 53 | 28 | 24 44 | 28 14 | 27 49 | 17 09 | 22 50 |
| 14 | 18 44 | 22 36 | 22 58 | 14 54 | 21 57 | 29 | 25 09 | 28 36 | 28 11 | 17 21 | 22 54 |
| 15 | 19 10 | 23 02 | 23 17 | 15 01 | 22 00 | 30 | 25 34 | 28 59 | 28 33 | 17 34 | 22 59 |

### Lunar Data

| Last Asp. | | Ingress | | |
|---|---|---|---|---|
| 1 | 01:22 | 1 | ♋ | 14:54 |
| 4 | 02:01 | 4 | ♌ | 03:33 |
| 6 | 08:46 | 6 | ♍ | 15:01 |
| 8 | 18:33 | 8 | ♎ | 23:24 |
| 11 | 04:03 | 11 | ♏ | 04:06 |
| 13 | 01:35 | 13 | ♐ | 05:57 |
| 14 | 15:59 | 15 | ♑ | 06:34 |
| 17 | 03:08 | 17 | ♒ | 07:40 |
| 19 | 05:52 | 19 | ♓ | 10:39 |
| 21 | 15:36 | 21 | ♈ | 16:12 |
| 23 | 18:48 | 24 | ♉ | 00:17 |
| 26 | 04:38 | 26 | ♊ | 10:26 |
| 28 | 15:05 | 28 | ♋ | 22:12 |

## 0:00 E.T. Declinations

| D | ☉ | ☽ | ☿ | ♀ | ♂ | ♃ | ♄ | ♅ | ♆ | ♇ | ⚳ | ⚴ | ⚵ | ⚶ | ⚷ |
|---|---|---|---|---|---|---|---|---|---|---|---|---|---|---|---|
| 1 | -14 28 | +27 18 | -20 33 | +00 02 | -08 23 | -02 03 | +20 35 | -11 10 | -17 06 | -14 56 | +02 01 | -09 00 | -14 06 | -15 28 | -15 03 |
| 2 | 14 47 | 28 02 | 21 00 | -00 26 | 08 38 | 02 07 | 20 35 | 11 10 | 17 06 | 14 56 | 01 51 | 09 06 | 14 07 | 15 24 | 15 03 |
| 3 | 15 06 | 27 29 | 21 26 | 00 54 | 08 53 | 02 12 | 20 35 | 11 10 | 17 06 | 14 56 | 01 41 | 09 11 | 14 09 | 15 20 | 15 03 |
| 4 | 15 25 | 25 40 | 21 50 | 01 21 | 09 08 | 02 17 | 20 35 | 11 10 | 17 06 | 14 57 | 01 32 | 09 17 | 14 11 | 15 16 | 15 03 |
| 5 | 15 43 | 22 43 | 22 14 | 01 49 | 09 23 | 02 21 | 20 35 | 11 10 | 17 06 | 14 57 | 01 22 | 09 22 | 14 12 | 15 12 | 15 03 |
| 6 | 16 01 | 18 45 | 22 36 | 02 17 | 09 38 | 02 26 | 20 35 | 11 10 | 17 06 | 14 58 | 01 12 | 09 27 | 14 14 | 15 07 | 15 03 |
| 7 | 16 19 | 13 57 | 22 57 | 02 44 | 09 52 | 02 30 | 20 35 | 11 10 | 17 05 | 14 58 | 01 02 | 09 33 | 14 15 | 15 03 | 15 03 |
| 8 | 16 36 | 08 27 | 23 17 | 03 12 | 10 07 | 02 35 | 20 35 | 11 10 | 17 05 | 14 58 | 00 53 | 09 38 | 14 16 | 14 58 | 15 03 |
| 9 | 16 54 | 02 26 | 23 36 | 03 40 | 10 22 | 02 39 | 20 36 | 11 10 | 17 05 | 14 59 | 00 43 | 09 43 | 14 17 | 14 53 | 15 03 |
| 10 | 17 11 | -03 53 | 23 54 | 04 07 | 10 36 | 02 43 | 20 36 | 11 10 | 17 05 | 14 59 | 00 33 | 09 48 | 14 18 | 14 48 | 15 03 |
| 11 | 17 27 | 10 13 | 24 10 | 04 35 | 10 51 | 02 48 | 20 36 | 11 10 | 17 05 | 14 59 | 00 24 | 09 53 | 14 19 | 14 43 | 15 03 |
| 12 | 17 44 | 16 13 | 24 25 | 05 03 | 11 05 | 02 52 | 20 36 | 11 10 | 17 05 | 15 00 | 00 15 | 09 58 | 14 20 | 14 37 | 15 03 |
| 13 | 18 00 | 21 26 | 24 39 | 05 30 | 11 19 | 02 56 | 20 36 | 11 10 | 17 05 | 15 00 | 00 05 | 10 03 | 14 21 | 14 32 | 15 03 |
| 14 | 18 15 | 25 23 | 24 52 | 05 58 | 11 34 | 03 01 | 20 36 | 11 10 | 17 04 | 15 00 | -00 04 | 10 08 | 14 22 | 14 26 | 15 03 |
| 15 | 18 31 | 27 37 | 25 03 | 06 25 | 11 48 | 03 05 | 20 37 | 11 10 | 17 04 | 15 01 | 00 13 | 10 12 | 14 22 | 14 20 | 15 03 |
| 16 | 18 46 | 27 52 | 25 13 | 06 52 | 12 02 | 03 09 | 20 37 | 11 10 | 17 04 | 15 01 | 00 23 | 10 17 | 14 23 | 14 14 | 15 03 |
| 17 | 19 01 | 26 11 | 25 21 | 07 19 | 12 16 | 03 13 | 20 37 | 11 10 | 17 04 | 15 01 | 00 32 | 10 21 | 14 23 | 14 08 | 15 03 |
| 18 | 19 15 | 22 48 | 25 28 | 07 46 | 12 30 | 03 17 | 20 37 | 11 10 | 17 04 | 15 02 | 00 41 | 10 26 | 14 23 | 14 02 | 15 03 |
| 19 | 19 29 | 18 09 | 25 34 | 08 13 | 12 44 | 03 22 | 20 38 | 11 10 | 17 03 | 15 02 | 00 50 | 10 30 | 14 23 | 13 55 | 15 02 |
| 20 | 19 43 | 12 40 | 25 38 | 08 40 | 12 57 | 03 26 | 20 38 | 11 09 | 17 03 | 15 02 | 00 59 | 10 34 | 14 23 | 13 49 | 15 02 |
| 21 | 19 56 | 06 42 | 25 40 | 09 07 | 13 11 | 03 30 | 20 38 | 11 09 | 17 03 | 15 03 | 01 08 | 10 39 | 14 23 | 13 42 | 15 02 |
| 22 | 20 09 | 00 33 | 25 41 | 09 33 | 13 25 | 03 34 | 20 39 | 11 09 | 17 03 | 15 03 | 01 17 | 10 43 | 14 23 | 13 35 | 15 02 |
| 23 | 20 22 | +05 30 | 25 41 | 09 59 | 13 38 | 03 38 | 20 39 | 11 09 | 17 02 | 15 03 | 01 26 | 10 46 | 14 23 | 13 28 | 15 01 |
| 24 | 20 34 | 11 14 | 25 39 | 10 25 | 13 52 | 03 42 | 20 40 | 11 09 | 17 02 | 15 04 | 01 34 | 10 50 | 14 23 | 13 21 | 15 01 |
| 25 | 20 46 | 16 26 | 25 35 | 10 51 | 14 05 | 03 45 | 20 40 | 11 08 | 17 02 | 15 04 | 01 43 | 10 54 | 14 22 | 13 14 | 15 01 |
| 26 | 20 58 | 20 53 | 25 30 | 11 17 | 14 18 | 03 49 | 20 41 | 11 08 | 17 01 | 15 04 | 01 52 | 10 58 | 14 22 | 13 07 | 15 01 |
| 27 | 21 09 | 24 24 | 25 24 | 11 42 | 14 31 | 03 53 | 20 41 | 11 08 | 17 01 | 15 05 | 02 00 | 11 01 | 14 21 | 13 00 | 15 00 |
| 28 | 21 20 | 26 46 | 25 15 | 12 07 | 14 44 | 03 57 | 20 41 | 11 07 | 17 01 | 15 05 | 02 09 | 11 04 | 14 20 | 12 52 | 15 00 |
| 29 | 21 30 | 27 53 | 25 05 | 12 32 | 14 57 | 04 00 | 20 42 | 11 07 | 17 00 | 15 05 | 02 17 | 11 08 | 14 19 | 12 45 | 15 00 |
| 30 | 21 40 | 27 42 | 24 54 | 12 56 | 15 10 | 04 04 | 20 43 | 11 07 | 17 00 | 15 06 | 02 26 | 11 11 | 14 18 | 12 37 | 14 59 |

Lunar Phases -- 5 ◑ 05:54 12 ● 14:28 19 ◐ 05:52 26 ○ 20:08 Sun enters ♐ 11/21 23:23

## Dec. 04 — Longitudes of Main Planets - December 2004 — 0:00 E.T.

| D | S.T. | ☉ | ☽ | ☽ 12:00 | ☿ | ♀ | ♂ | ♃ | ♄ | ♅ | ♆ | ♇ | ☊ |
|---|---|---|---|---|---|---|---|---|---|---|---|---|---|
| 1 | 4:40:46 | 09♐07 52 | 24♋39 | 00♌34 | 26♐43℞ | 10♏26 | 13♏14 | 13♎14 | 26♋52℞ | 03♓02 | 13♒00 | 21♐34 | 29♈58 |
| 2 | 4:44:42 | 10 08 41 | 06♌30 | 12 28 | 26 33 | 11 41 | 13 54 | 13 24 | 26 50 | 03 03 | 13 01 | 21 36 | 29 55 |
| 3 | 4:48:39 | 11 09 31 | 18 26 | 24 27 | 26 12 | 12 55 | 14 35 | 13 33 | 26 47 | 03 04 | 13 03 | 21 38 | 29 52 |
| 4 | 4:52:35 | 12 10 23 | 00♍30 | 06♍36 | 25 40 | 14 10 | 15 15 | 13 43 | 26 44 | 03 05 | 13 04 | 21 41 | 29 48 |
| 5 | 4:56:32 | 13 11 16 | 12 46 | 19 00 | 24 57 | 15 24 | 15 56 | 13 52 | 26 41 | 03 06 | 13 05 | 21 43 | 29 45 |
| 6 | 5:00:28 | 14 12 10 | 25 19 | 01♎43 | 24 02 | 16 39 | 16 36 | 14 01 | 26 39 | 03 07 | 13 07 | 21 45 | 29 42 |
| 7 | 5:04:25 | 15 13 05 | 08♎14 | 14 51 | 22 59 | 17 54 | 17 17 | 14 10 | 26 36 | 03 09 | 13 08 | 21 47 | 29 39 |
| 8 | 5:08:22 | 16 14 02 | 21 34 | 28 25 | 21 47 | 19 08 | 17 58 | 14 19 | 26 32 | 03 10 | 13 09 | 21 50 | 29 36 |
| 9 | 5:12:18 | 17 15 00 | 05♏23 | 12♏28 | 20 28 | 20 23 | 18 38 | 14 28 | 26 29 | 03 11 | 13 11 | 21 52 | 29 32 |
| 10 | 5:16:15 | 18 15 59 | 19 40 | 26 58 | 19 06 | 21 38 | 19 19 | 14 37 | 26 26 | 03 13 | 13 12 | 21 54 | 29 29 |
| 11 | 5:20:11 | 19 17 00 | 04♐23 | 11♐52 | 17 43 | 22 52 | 20 00 | 14 46 | 26 23 | 03 14 | 13 14 | 21 56 | 29 26 |
| 12 | 5:24:08 | 20 18 01 | 19 25 | 27 01 | 16 22 | 24 07 | 20 40 | 14 54 | 26 19 | 03 16 | 13 15 | 21 59 | 29 23 |
| 13 | 5:28:04 | 21 19 03 | 04♑38 | 12♑15 | 15 05 | 25 22 | 21 21 | 15 03 | 26 16 | 03 17 | 13 17 | 22 01 | 29 20 |
| 14 | 5:32:01 | 22 20 06 | 19 50 | 27 23 | 13 56 | 26 37 | 22 02 | 15 11 | 26 12 | 03 19 | 13 18 | 22 03 | 29 17 |
| 15 | 5:35:57 | 23 21 09 | 04♒52 | 12♒16 | 12 54 | 27 52 | 22 43 | 15 19 | 26 08 | 03 20 | 13 20 | 22 05 | 29 13 |
| 16 | 5:39:54 | 24 22 13 | 19 35 | 26 47 | 12 03 | 29 06 | 23 24 | 15 27 | 26 05 | 03 22 | 13 22 | 22 08 | 29 10 |
| 17 | 5:43:51 | 25 23 18 | 03♓53 | 10♓52 | 11 23 | 00♐21 | 24 04 | 15 35 | 26 01 | 03 24 | 13 23 | 22 10 | 29 07 |
| 18 | 5:47:47 | 26 24 22 | 17 44 | 24 30 | 10 54 | 01 36 | 24 45 | 15 43 | 25 57 | 03 25 | 13 25 | 22 12 | 29 04 |
| 19 | 5:51:44 | 27 25 27 | 01♈10 | 07♈44 | 10 35 | 02 51 | 25 26 | 15 51 | 25 53 | 03 27 | 13 27 | 22 14 | 29 01 |
| 20 | 5:55:40 | 28 26 32 | 14 12 | 20 36 | 10 27 | 04 06 | 26 07 | 15 58 | 25 49 | 03 29 | 13 28 | 22 17 | 28 58 |
| 21 | 5:59:37 | 29 27 37 | 26 55 | 03♉11 | 10 30D | 05 21 | 26 48 | 16 05 | 25 45 | 03 31 | 13 30 | 22 19 | 28 54 |
| 22 | 6:03:33 | 00♑28 43 | 09♉23 | 15 32 | 10 41 | 06 36 | 27 29 | 16 13 | 25 41 | 03 33 | 13 32 | 22 21 | 28 51 |
| 23 | 6:07:30 | 01 29 49 | 21 38 | 27 42 | 11 01 | 07 51 | 28 10 | 16 20 | 25 36 | 03 35 | 13 34 | 22 23 | 28 48 |
| 24 | 6:11:26 | 02 30 55 | 03♊45 | 09♊46 | 11 29 | 09 06 | 28 51 | 16 27 | 25 32 | 03 37 | 13 36 | 22 26 | 28 45 |
| 25 | 6:15:23 | 03 32 01 | 15 45 | 21 44 | 12 03 | 10 21 | 29 32 | 16 34 | 25 28 | 03 39 | 13 37 | 22 28 | 28 42 |
| 26 | 6:19:20 | 04 33 08 | 27 42 | 03♋39 | 12 44 | 11 36 | 00♐14 | 16 40 | 25 23 | 03 41 | 13 39 | 22 30 | 28 38 |
| 27 | 6:23:16 | 05 34 15 | 09♋35 | 15 32 | 13 30 | 12 51 | 00 55 | 16 47 | 25 19 | 03 43 | 13 41 | 22 32 | 28 35 |
| 28 | 6:27:13 | 06 35 22 | 21 28 | 27 24 | 14 21 | 14 06 | 01 36 | 16 53 | 25 14 | 03 46 | 13 43 | 22 35 | 28 32 |
| 29 | 6:31:09 | 07 36 30 | 03♌20 | 09♌17 | 15 17 | 15 21 | 02 17 | 16 59 | 25 10 | 03 48 | 13 45 | 22 37 | 28 29 |
| 30 | 6:35:06 | 08 37 38 | 15 15 | 21 13 | 16 16 | 16 36 | 02 58 | 17 06 | 25 05 | 03 50 | 13 47 | 22 39 | 28 26 |
| 31 | 6:39:02 | 09 38 46 | 27 13 | 03♍14 | 17 18 | 17 51 | 03 40 | 17 11 | 25 01 | 03 52 | 13 49 | 22 41 | 28 23 |

## 0:00 E.T. — Longitudes of the Major Asteroids and Chiron

| D | ⚳ | ⚴ | ⚵ | ⚶ | ⚷ | D | ⚳ | ⚴ | ⚵ | ⚶ | ⚷ |
|---|---|---|---|---|---|---|---|---|---|---|---|
| 1 | 25♎59 | 29♍21 | 28♑55 | 17♓46 | 23♑03 | 17 | 02 28 | 04 46 | 05 05 | 21 47 | 24 17 |
| 2 | 26 24 | 29 43 | 29 17 | 17 59 | 23 07 | 18 | 02 52 | 05 04 | 05 29 | 22 04 | 24 22 |
| 3 | 26 49 | 00♎05 | 29 39 | 18 13 | 23 12 | 19 | 03 15 | 05 22 | 05 54 | 22 21 | 24 27 |
| 4 | 27 14 | 00 26 | 00♒02 | 18 26 | 23 16 | 20 | 03 39 | 05 39 | 06 18 | 22 39 | 24 32 |
| 5 | 27 39 | 00 48 | 00 25 | 18 40 | 23 20 | 21 | 04 02 | 05 57 | 06 42 | 22 57 | 24 37 |
| 6 | 28 03 | 01 09 | 00 47 | 18 54 | 23 25 | 22 | 04 25 | 06 14 | 07 07 | 23 15 | 24 42 |
| 7 | 28 28 | 01 30 | 01 10 | 19 09 | 23 29 | 23 | 04 48 | 06 30 | 07 31 | 23 33 | 24 47 |
| 8 | 28 52 | 01 51 | 01 33 | 19 23 | 23 34 | 24 | 05 11 | 06 47 | 07 56 | 23 51 | 24 52 |
| 9 | 29 17 | 02 11 | 01 56 | 19 38 | 23 39 | 25 | 05 33 | 07 03 | 08 21 | 24 10 | 24 57 |
| 10 | 29 41 | 02 31 | 02 20 | 19 54 | 23 43 | 26 | 05 56 | 07 19 | 08 46 | 24 28 | 25 02 |
| 11 | 00♏05 | 02 51 | 02 43 | 20 09 | 23 48 | 27 | 06 18 | 07 34 | 09 11 | 24 47 | 25 07 |
| 12 | 00 29 | 03 11 | 03 06 | 20 25 | 23 53 | 28 | 06 41 | 07 49 | 09 36 | 25 06 | 25 12 |
| 13 | 00 53 | 03 31 | 03 30 | 20 41 | 23 57 | 29 | 07 03 | 08 04 | 10 01 | 25 26 | 25 17 |
| 14 | 01 17 | 03 50 | 03 54 | 20 57 | 24 02 | 30 | 07 25 | 08 19 | 10 26 | 25 45 | 25 23 |
| 15 | 01 41 | 04 09 | 04 17 | 21 13 | 24 07 | 31 | 07 47 | 08 33 | 10 51 | 26 05 | 25 28 |
| 16 | 02 05 | 04 27 | 04 41 | 21 30 | 24 12 | | | | | | |

## Lunar Data

| Last Asp. | | Ingress | | |
|---|---|---|---|---|
| 1 | 04:29 | 1 | ♌ | 10:51 |
| 3 | 14:53 | 3 | ♍ | 23:01 |
| 6 | 02:29 | 6 | ♎ | 08:47 |
| 8 | 08:41 | 8 | ♏ | 14:44 |
| 10 | 11:04 | 10 | ♐ | 16:55 |
| 12 | 04:04 | 12 | ♑ | 16:43 |
| 14 | 11:45 | 14 | ♒ | 16:11 |
| 16 | 08:34 | 16 | ♓ | 17:25 |
| 18 | 16:41 | 18 | ♈ | 21:53 |
| 21 | 05:17 | 21 | ♉ | 05:53 |
| 23 | 13:42 | 23 | ♊ | 16:33 |
| 25 | 13:31 | 26 | ♋ | 04:39 |
| 28 | 07:35 | 28 | ♌ | 17:15 |
| 30 | 14:55 | 31 | ♍ | 05:34 |

## 0:00 E.T. — Declinations

| D | ☉ | ☽ | ☿ | ♀ | ♂ | ♃ | ♄ | ♅ | ♆ | ♇ | ⚳ | ⚴ | ⚵ | ⚶ | ⚷ |
|---|---|---|---|---|---|---|---|---|---|---|---|---|---|---|---|
| 1 | -21 49 | +26 14 | -24 40 | -13 21 | -15 23 | -04 08 | +20 43 | -11 06 | -17 00 | -15 06 | -02 34 | -11 14 | -14 17 | -12 29 | -14 59 |
| 2 | 21 58 | 23 37 | 24 25 | 13 44 | 15 35 | 04 11 | 20 44 | 11 06 | 16 59 | 15 06 | 02 42 | 11 17 | 14 16 | 12 21 | 14 59 |
| 3 | 22 07 | 20 00 | 24 09 | 14 08 | 15 48 | 04 15 | 20 44 | 11 05 | 16 59 | 15 06 | 02 50 | 11 19 | 14 15 | 12 13 | 14 58 |
| 4 | 22 15 | 15 31 | 23 50 | 14 31 | 16 00 | 04 18 | 20 45 | 11 05 | 16 59 | 15 07 | 02 59 | 11 22 | 14 14 | 12 05 | 14 58 |
| 5 | 22 23 | 10 21 | 23 30 | 14 54 | 16 12 | 04 22 | 20 46 | 11 05 | 16 58 | 15 07 | 03 07 | 11 24 | 14 12 | 11 57 | 14 57 |
| 6 | 22 30 | 04 39 | 23 08 | 15 17 | 16 24 | 04 25 | 20 46 | 11 04 | 16 58 | 15 07 | 03 15 | 11 27 | 14 11 | 11 49 | 14 57 |
| 7 | 22 37 | -01 24 | 22 45 | 15 39 | 16 36 | 04 29 | 20 47 | 11 04 | 16 58 | 15 07 | 03 22 | 11 29 | 14 09 | 11 41 | 14 57 |
| 8 | 22 44 | 07 36 | 22 21 | 16 01 | 16 48 | 04 32 | 20 48 | 11 03 | 16 57 | 15 08 | 03 30 | 11 31 | 14 07 | 11 32 | 14 56 |
| 9 | 22 50 | 13 40 | 21 55 | 16 22 | 17 00 | 04 35 | 20 48 | 11 03 | 16 57 | 15 08 | 03 38 | 11 33 | 14 05 | 11 24 | 14 56 |
| 10 | 22 55 | 19 13 | 21 30 | 16 43 | 17 12 | 04 38 | 20 49 | 11 02 | 16 56 | 15 08 | 03 46 | 11 34 | 14 03 | 11 15 | 14 55 |
| 11 | 23 00 | 23 47 | 21 05 | 17 04 | 17 23 | 04 42 | 20 50 | 11 01 | 16 56 | 15 08 | 03 53 | 11 36 | 14 01 | 11 06 | 14 55 |
| 12 | 23 05 | 26 50 | 20 41 | 17 24 | 17 35 | 04 45 | 20 50 | 11 01 | 16 56 | 15 09 | 04 01 | 11 37 | 13 59 | 10 58 | 14 54 |
| 13 | 23 09 | 27 56 | 20 19 | 17 44 | 17 46 | 04 48 | 20 51 | 11 00 | 16 55 | 15 09 | 04 08 | 11 38 | 13 57 | 10 49 | 14 53 |
| 14 | 23 13 | 26 56 | 19 59 | 18 03 | 17 57 | 04 51 | 20 52 | 11 00 | 16 55 | 15 09 | 04 16 | 11 39 | 13 55 | 10 40 | 14 53 |
| 15 | 23 16 | 23 59 | 19 42 | 18 21 | 18 08 | 04 54 | 20 53 | 10 59 | 16 54 | 15 09 | 04 23 | 11 40 | 13 52 | 10 31 | 14 52 |
| 16 | 23 19 | 19 31 | 19 29 | 18 40 | 18 19 | 04 57 | 20 54 | 10 58 | 16 54 | 15 10 | 04 30 | 11 41 | 13 50 | 10 22 | 14 52 |
| 17 | 23 22 | 14 04 | 19 18 | 18 57 | 18 30 | 04 59 | 20 54 | 10 58 | 16 53 | 15 10 | 04 37 | 11 41 | 13 47 | 10 13 | 14 51 |
| 18 | 23 24 | 08 03 | 19 11 | 19 15 | 18 40 | 05 02 | 20 55 | 10 57 | 16 53 | 15 10 | 04 44 | 11 42 | 13 44 | 10 04 | 14 51 |
| 19 | 23 25 | 01 50 | 19 08 | 19 31 | 18 50 | 05 05 | 20 56 | 10 56 | 16 52 | 15 10 | 04 51 | 11 42 | 13 41 | 09 54 | 14 50 |
| 20 | 23 26 | +04 16 | 19 07 | 19 47 | 19 01 | 05 08 | 20 57 | 10 56 | 16 52 | 15 10 | 04 58 | 11 42 | 13 38 | 09 45 | 14 49 |
| 21 | 23 26 | 10 04 | 19 10 | 20 03 | 19 11 | 05 10 | 20 58 | 10 55 | 16 51 | 15 11 | 05 05 | 11 41 | 13 35 | 09 36 | 14 49 |
| 22 | 23 26 | 15 21 | 19 15 | 20 18 | 19 21 | 05 13 | 20 59 | 10 54 | 16 51 | 15 11 | 05 12 | 11 41 | 13 32 | 09 26 | 14 48 |
| 23 | 23 26 | 19 57 | 19 22 | 20 33 | 19 31 | 05 15 | 21 00 | 10 53 | 16 50 | 15 11 | 05 18 | 11 40 | 13 29 | 09 17 | 14 47 |
| 24 | 23 25 | 23 38 | 19 31 | 20 46 | 19 40 | 05 18 | 21 00 | 10 53 | 16 50 | 15 11 | 05 25 | 11 39 | 13 26 | 09 07 | 14 47 |
| 25 | 23 24 | 26 16 | 19 42 | 21 00 | 19 50 | 05 20 | 21 01 | 10 52 | 16 49 | 15 11 | 05 32 | 11 38 | 13 22 | 08 58 | 14 46 |
| 26 | 23 22 | 27 41 | 19 54 | 21 12 | 19 59 | 05 23 | 21 02 | 10 51 | 16 49 | 15 11 | 05 38 | 11 37 | 13 19 | 08 48 | 14 45 |
| 27 | 23 19 | 27 48 | 20 07 | 21 25 | 20 08 | 05 25 | 21 03 | 10 50 | 16 48 | 15 12 | 05 44 | 11 35 | 13 15 | 08 38 | 14 44 |
| 28 | 23 17 | 26 38 | 20 20 | 21 36 | 20 17 | 05 27 | 21 04 | 10 50 | 16 48 | 15 12 | 05 51 | 11 34 | 13 11 | 08 28 | 14 44 |
| 29 | 23 13 | 24 17 | 20 34 | 21 47 | 20 26 | 05 29 | 21 05 | 10 49 | 16 47 | 15 12 | 05 57 | 11 32 | 13 08 | 08 19 | 14 43 |
| 30 | 23 10 | 20 53 | 20 49 | 21 57 | 20 35 | 05 31 | 21 06 | 10 48 | 16 47 | 15 12 | 06 03 | 11 29 | 13 04 | 08 09 | 14 42 |
| 31 | 23 05 | 16 36 | 21 03 | 22 07 | 20 43 | 05 34 | 21 07 | 10 47 | 16 46 | 15 12 | 06 09 | 11 27 | 13 00 | 07 59 | 14 41 |

Lunar Phases -- 5 ◑ 00:54 12 ● 01:30 18 ◐ 16:41 26 ○ 15:07 Sun enters ♑ 12/21 12:43

| 0:00 E.T. | Longitudes of Main Planets - January 2005 | Jan. 05 |
|---|---|---|

| D | S.T. | ☉ | ☽ | ☽ 12:00 | ☿ | ♀ | ♂ | ♃ | ♄ | ♅ | ♆ | ♇ | ☊ |
|---|---|---|---|---|---|---|---|---|---|---|---|---|---|
| 1 | 6:42:59 | 10♑39 55 | 09♍17 | 15♍23 | 18♐24 | 19♐06 | 04♐21 | 17♎17 | 24♋56℞ | 03♓55 | 13♒51 | 22♐43 | 28♈19 |
| 2 | 6:46:55 | 11 41 03 | 21 32 | 27 44 | 19 32 | 20 21 | 05 02 | 17 23 | 24 51 | 03 57 | 13 53 | 22 46 | 28 16 |
| 3 | 6:50:52 | 12 42 12 | 04♎01 | 10♎22 | 20 43 | 21 36 | 05 44 | 17 28 | 24 46 | 03 59 | 13 55 | 22 48 | 28 13 |
| 4 | 6:54:49 | 13 43 22 | 16 49 | 23 21 | 21 56 | 22 51 | 06 25 | 17 34 | 24 42 | 04 02 | 13 57 | 22 50 | 28 10 |
| 5 | 6:58:45 | 14 44 31 | 00 00 | 06♏45 | 23 10 | 24 06 | 07 06 | 17 39 | 24 37 | 04 04 | 13 59 | 22 52 | 28 07 |
| 6 | 7:02:42 | 15 45 41 | 13♏38 | 20 38 | 24 27 | 25 21 | 07 48 | 17 44 | 24 32 | 04 07 | 14 01 | 22 54 | 28 04 |
| 7 | 7:06:38 | 16 46 51 | 27 45 | 04♐59 | 25 45 | 26 37 | 08 29 | 17 49 | 24 27 | 04 10 | 14 03 | 22 56 | 28 00 |
| 8 | 7:10:35 | 17 48 02 | 12♐21 | 19 48 | 27 04 | 27 52 | 09 11 | 17 53 | 24 22 | 04 12 | 14 05 | 22 58 | 27 57 |
| 9 | 7:14:31 | 18 49 12 | 27 21 | 04♑58 | 28 24 | 29 07 | 09 53 | 17 58 | 24 17 | 04 15 | 14 07 | 23 00 | 27 54 |
| 10 | 7:18:28 | 19 50 22 | 12♑37 | 20 19 | 29 46 | 00♑22 | 10 34 | 18 02 | 24 12 | 04 17 | 14 09 | 23 03 | 27 51 |
| 11 | 7:22:24 | 20 51 32 | 28 00 | 05♒39 | 01♑08 | 01 37 | 11 16 | 18 06 | 24 07 | 04 20 | 14 11 | 23 05 | 27 48 |
| 12 | 7:26:21 | 21 52 42 | 13♒16 | 20 48 | 02 32 | 02 52 | 11 57 | 18 10 | 24 02 | 04 23 | 14 14 | 23 07 | 27 44 |
| 13 | 7:30:18 | 22 53 51 | 28 15 | 05♓35 | 03 56 | 04 08 | 12 39 | 18 14 | 23 58 | 04 26 | 14 16 | 23 09 | 27 41 |
| 14 | 7:34:14 | 23 54 59 | 12♓48 | 19 54 | 05 22 | 05 23 | 13 21 | 18 18 | 23 53 | 04 28 | 14 18 | 23 11 | 27 38 |
| 15 | 7:38:11 | 24 56 07 | 26 52 | 03♈43 | 06 48 | 06 38 | 14 02 | 18 21 | 23 48 | 04 31 | 14 20 | 23 13 | 27 35 |
| 16 | 7:42:07 | 25 57 14 | 10♈26 | 17 02 | 08 14 | 07 53 | 14 44 | 18 24 | 23 43 | 04 34 | 14 22 | 23 15 | 27 32 |
| 17 | 7:46:04 | 26 58 20 | 23 32 | 29 56 | 09 42 | 09 08 | 15 26 | 18 27 | 23 38 | 04 37 | 14 24 | 23 17 | 27 29 |
| 18 | 7:50:00 | 27 59 26 | 06♉15 | 12♉29 | 11 10 | 10 23 | 16 08 | 18 30 | 23 33 | 04 40 | 14 27 | 23 19 | 27 25 |
| 19 | 7:53:57 | 29 00 30 | 18 38 | 24 44 | 12 39 | 11 39 | 16 50 | 18 33 | 23 28 | 04 43 | 14 29 | 23 21 | 27 22 |
| 20 | 7:57:53 | 00♒01 34 | 00♊48 | 06♊49 | 14 08 | 12 54 | 17 31 | 18 36 | 23 23 | 04 46 | 14 31 | 23 22 | 27 19 |
| 21 | 8:01:50 | 01 02 37 | 12 48 | 18 45 | 15 38 | 14 09 | 18 13 | 18 38 | 23 18 | 04 49 | 14 33 | 23 24 | 27 16 |
| 22 | 8:05:47 | 02 03 39 | 24 42 | 00♋38 | 17 09 | 15 24 | 18 55 | 18 40 | 23 13 | 04 52 | 14 35 | 23 26 | 27 13 |
| 23 | 8:09:43 | 03 04 41 | 06♋34 | 12 29 | 18 40 | 16 39 | 19 37 | 18 42 | 23 08 | 04 55 | 14 38 | 23 28 | 27 09 |
| 24 | 8:13:40 | 04 05 41 | 18 25 | 24 22 | 20 12 | 17 54 | 20 19 | 18 44 | 23 04 | 04 58 | 14 40 | 23 30 | 27 06 |
| 25 | 8:17:36 | 05 06 41 | 00♌19 | 06♌17 | 21 45 | 19 10 | 21 01 | 18 46 | 22 59 | 05 01 | 14 42 | 23 32 | 27 03 |
| 26 | 8:21:33 | 06 07 40 | 12 15 | 18 15 | 23 18 | 20 25 | 21 43 | 18 47 | 22 54 | 05 04 | 14 44 | 23 34 | 27 00 |
| 27 | 8:25:29 | 07 08 38 | 24 16 | 00♍18 | 24 52 | 21 40 | 22 25 | 18 48 | 22 49 | 05 07 | 14 47 | 23 35 | 26 57 |
| 28 | 8:29:26 | 08 09 35 | 06♍21 | 12 26 | 26 27 | 22 55 | 23 07 | 18 49 | 22 45 | 05 10 | 14 49 | 23 37 | 26 54 |
| 29 | 8:33:22 | 09 10 31 | 18 34 | 24 43 | 28 02 | 24 10 | 23 49 | 18 50 | 22 40 | 05 14 | 14 51 | 23 39 | 26 50 |
| 30 | 8:37:19 | 10 11 26 | 00♎55 | 07♎10 | 29 37 | 25 25 | 24 31 | 18 51 | 22 35 | 05 17 | 14 54 | 23 40 | 26 47 |
| 31 | 8:41:16 | 11 12 21 | 13 28 | 19 50 | 01♒14 | 26 40 | 25 14 | 18 51 | 22 31 | 05 20 | 14 56 | 23 42 | 26 44 |

## 0:00 E.T. Longitudes of the Major Asteroids and Chiron

| D | ⚳ | ⚴ | ⚵ | ⚶ | ⚷ | D | ⚳ | ⚴ | ⚵ | ⚶ | ⚷ |
|---|---|---|---|---|---|---|---|---|---|---|---|
| 1 | 08♏09 | 08♎47 | 11♒17 | 26♓25 | 25♑33 | 17 | 13 37 | 11 38 | 18 14 | 02 02 | 26 58 |
| 2 | 08 30 | 09 00 | 11 42 | 26 45 | 25 38 | 18 | 13 56 | 11 45 | 18 41 | 02 24 | 27 03 |
| 3 | 08 52 | 09 14 | 12 08 | 27 05 | 25 43 | 19 | 14 15 | 11 52 | 19 08 | 02 47 | 27 08 |
| 4 | 09 13 | 09 26 | 12 34 | 27 25 | 25 49 | 20 | 14 33 | 11 58 | 19 35 | 03 09 | 27 14 |
| 5 | 09 34 | 09 39 | 12 59 | 27 46 | 25 54 | 21 | 14 52 | 12 04 | 20 02 | 03 32 | 27 19 |
| 6 | 09 55 | 09 51 | 13 25 | 28 06 | 25 59 | 22 | 15 10 | 12 09 | 20 29 | 03 55 | 27 24 |
| 7 | 10 16 | 10 03 | 13 51 | 28 27 | 26 05 | 23 | 15 28 | 12 14 | 20 56 | 04 17 | 27 30 |
| 8 | 10 37 | 10 14 | 14 17 | 28 48 | 26 10 | 24 | 15 46 | 12 18 | 21 23 | 04 40 | 27 35 |
| 9 | 10 58 | 10 25 | 14 43 | 29 09 | 26 15 | 25 | 16 04 | 12 22 | 21 50 | 05 03 | 27 40 |
| 10 | 11 18 | 10 35 | 15 09 | 29 30 | 26 20 | 26 | 16 21 | 12 26 | 22 17 | 05 26 | 27 46 |
| 11 | 11 39 | 10 46 | 15 36 | 29 51 | 26 26 | 27 | 16 38 | 12 29 | 22 45 | 05 50 | 27 51 |
| 12 | 11 59 | 10 55 | 16 02 | 00♈13 | 26 31 | 28 | 16 55 | 12 31 | 23 12 | 06 13 | 27 56 |
| 13 | 12 19 | 11 05 | 16 28 | 00 34 | 26 36 | 29 | 17 12 | 12 33 | 23 39 | 06 36 | 28 01 |
| 14 | 12 38 | 11 14 | 16 55 | 00 56 | 26 42 | 30 | 17 29 | 12 35 | 24 07 | 07 00 | 28 07 |
| 15 | 12 58 | 11 22 | 17 21 | 01 18 | 26 47 | 31 | 17 45 | 12 36 | 24 34 | 07 23 | 28 12 |
| 16 | 13 17 | 11 30 | 17 48 | 01 40 | 26 52 | | | | | | |

## Lunar Data

| Last Asp. | | Ingress | | |
|---|---|---|---|---|
| 2 | 06:24 | 2 | ♎ | 16:20 |
| 4 | 14:21 | 5 | ♏ | 00:00 |
| 6 | 18:30 | 7 | ♐ | 03:45 |
| 9 | 03:03 | 9 | ♑ | 04:11 |
| 10 | 17:59 | 11 | ♒ | 03:08 |
| 12 | 15:45 | 13 | ♓ | 02:52 |
| 14 | 20:23 | 15 | ♈ | 05:28 |
| 17 | 06:59 | 17 | ♉ | 12:07 |
| 19 | 22:20 | 19 | ♊ | 22:25 |
| 21 | 21:27 | 22 | ♋ | 10:43 |
| 24 | 09:18 | 24 | ♌ | 23:22 |
| 26 | 22:40 | 27 | ♍ | 11:25 |
| 29 | 21:08 | 29 | ♎ | 22:14 |

## 0:00 E.T. Declinations

| D | ☉ | ☽ | ☿ | ♀ | ♂ | ♃ | ♄ | ♅ | ♆ | ♇ | ⚳ | ⚴ | ⚵ | ⚶ | ⚷ |
|---|---|---|---|---|---|---|---|---|---|---|---|---|---|---|---|
| 1 | -23 01 | +11 39 | -21 17 | -22 15 | -20 52 | -05 36 | +21 08 | -10 46 | -16 46 | -15 12 | -06 15 | -11 24 | -12 56 | -07 49 | -14 40 |
| 2 | 22 56 | 06 11 | 21 32 | 22 24 | 21 00 | 05 37 | 21 09 | 10 45 | 16 45 | 15 12 | 06 20 | 11 21 | 12 52 | 07 39 | 14 40 |
| 3 | 22 50 | 00 21 | 21 45 | 22 31 | 21 08 | 05 39 | 21 10 | 10 44 | 16 44 | 15 12 | 06 26 | 11 18 | 12 47 | 07 29 | 14 39 |
| 4 | 22 44 | -05 38 | 21 59 | 22 38 | 21 15 | 05 41 | 21 11 | 10 43 | 16 44 | 15 13 | 06 32 | 11 15 | 12 43 | 07 19 | 14 38 |
| 5 | 22 38 | 11 34 | 22 12 | 22 44 | 21 23 | 05 43 | 21 12 | 10 42 | 16 43 | 15 13 | 06 37 | 11 11 | 12 38 | 07 08 | 14 37 |
| 6 | 22 31 | 17 09 | 22 24 | 22 50 | 21 31 | 05 45 | 21 13 | 10 41 | 16 43 | 15 13 | 06 43 | 11 07 | 12 34 | 06 58 | 14 36 |
| 7 | 22 23 | 22 02 | 22 35 | 22 55 | 21 38 | 05 46 | 21 14 | 10 41 | 16 42 | 15 13 | 06 48 | 11 03 | 12 29 | 06 48 | 14 35 |
| 8 | 22 15 | 25 43 | 22 46 | 22 59 | 21 45 | 05 48 | 21 15 | 10 40 | 16 42 | 15 13 | 06 54 | 10 58 | 12 25 | 06 38 | 14 34 |
| 9 | 22 07 | 27 42 | 22 55 | 23 02 | 21 52 | 05 49 | 21 16 | 10 39 | 16 41 | 15 13 | 06 59 | 10 53 | 12 20 | 06 27 | 14 34 |
| 10 | 21 58 | 27 38 | 23 04 | 23 05 | 21 58 | 05 51 | 21 17 | 10 38 | 16 40 | 15 13 | 07 04 | 10 48 | 12 15 | 06 17 | 14 33 |
| 11 | 21 49 | 25 28 | 23 12 | 23 07 | 22 05 | 05 52 | 21 18 | 10 37 | 16 40 | 15 13 | 07 09 | 10 43 | 12 10 | 06 07 | 14 32 |
| 12 | 21 40 | 21 28 | 23 19 | 23 08 | 22 11 | 05 53 | 21 19 | 10 36 | 16 39 | 15 13 | 07 14 | 10 37 | 12 05 | 05 56 | 14 31 |
| 13 | 21 30 | 16 08 | 23 25 | 23 09 | 22 17 | 05 54 | 21 19 | 10 34 | 16 38 | 15 13 | 07 19 | 10 31 | 12 00 | 05 46 | 14 30 |
| 14 | 21 19 | 10 02 | 23 29 | 23 09 | 22 23 | 05 56 | 21 20 | 10 33 | 16 38 | 15 13 | 07 23 | 10 25 | 11 54 | 05 35 | 14 29 |
| 15 | 21 09 | 03 37 | 23 33 | 23 08 | 22 29 | 05 57 | 21 21 | 10 32 | 16 37 | 15 13 | 07 28 | 10 18 | 11 49 | 05 25 | 14 28 |
| 16 | 20 57 | +02 46 | 23 35 | 23 06 | 22 35 | 05 58 | 21 22 | 10 31 | 16 37 | 15 14 | 07 33 | 10 11 | 11 44 | 05 14 | 14 27 |
| 17 | 20 46 | 08 48 | 23 36 | 23 04 | 22 40 | 05 59 | 21 23 | 10 30 | 16 36 | 15 14 | 07 37 | 10 04 | 11 38 | 05 04 | 14 26 |
| 18 | 20 34 | 14 19 | 23 36 | 23 01 | 22 45 | 05 59 | 21 24 | 10 29 | 16 35 | 15 14 | 07 41 | 09 56 | 11 33 | 04 53 | 14 25 |
| 19 | 20 22 | 19 06 | 23 35 | 22 58 | 22 50 | 06 00 | 21 25 | 10 28 | 16 35 | 15 14 | 07 46 | 09 48 | 11 27 | 04 43 | 14 24 |
| 20 | 20 09 | 23 01 | 23 33 | 22 53 | 22 55 | 06 01 | 21 26 | 10 27 | 16 34 | 15 14 | 07 50 | 09 40 | 11 21 | 04 32 | 14 23 |
| 21 | 19 56 | 25 52 | 23 29 | 22 48 | 22 59 | 06 02 | 21 27 | 10 26 | 16 33 | 15 14 | 07 54 | 09 32 | 11 15 | 04 21 | 14 22 |
| 22 | 19 42 | 27 33 | 23 24 | 22 42 | 23 04 | 06 02 | 21 28 | 10 25 | 16 33 | 15 14 | 07 58 | 09 23 | 11 09 | 04 11 | 14 21 |
| 23 | 19 28 | 27 57 | 23 17 | 22 36 | 23 08 | 06 03 | 21 29 | 10 24 | 16 32 | 15 14 | 08 02 | 09 13 | 11 03 | 04 00 | 14 20 |
| 24 | 19 14 | 27 04 | 23 10 | 22 29 | 23 12 | 06 03 | 21 30 | 10 22 | 16 32 | 15 14 | 08 06 | 09 04 | 10 57 | 03 49 | 14 19 |
| 25 | 18 59 | 24 57 | 23 01 | 22 21 | 23 15 | 06 04 | 21 31 | 10 21 | 16 31 | 15 14 | 08 10 | 08 54 | 10 51 | 03 38 | 14 18 |
| 26 | 18 45 | 21 44 | 22 50 | 22 12 | 23 19 | 06 04 | 21 32 | 10 20 | 16 30 | 15 14 | 08 13 | 08 44 | 10 45 | 03 28 | 14 17 |
| 27 | 18 29 | 17 36 | 22 39 | 22 03 | 23 22 | 06 04 | 21 33 | 10 19 | 16 30 | 15 14 | 08 17 | 08 33 | 10 39 | 03 17 | 14 16 |
| 28 | 18 14 | 12 44 | 22 25 | 21 53 | 23 25 | 06 04 | 21 33 | 10 18 | 16 29 | 15 14 | 08 20 | 08 22 | 10 32 | 03 06 | 14 14 |
| 29 | 17 58 | 07 20 | 22 11 | 21 43 | 23 28 | 06 04 | 21 34 | 10 17 | 16 28 | 15 14 | 08 24 | 08 11 | 10 26 | 02 55 | 14 13 |
| 30 | 17 41 | 01 35 | 21 55 | 21 32 | 23 31 | 06 04 | 21 35 | 10 15 | 16 28 | 15 14 | 08 27 | 07 59 | 10 19 | 02 45 | 14 12 |
| 31 | 17 25 | -04 20 | 21 38 | 21 20 | 23 33 | 06 04 | 21 36 | 10 14 | 16 27 | 15 14 | 08 30 | 07 47 | 10 13 | 02 34 | 14 11 |

Lunar Phases -- 3 ◑ 17:47 10 ● 12:04 17 ◐ 06:59 25 ○ 10:33 Sun enters ♒ 1/19 23:23

## Feb. 05 — Longitudes of Main Planets - February 2005 — 0:00 E.T.

| D | S.T. | ☉ | ☽ | ☽ 12:00 | ☿ | ♀ | ♂ | ♃ | ♄ | ♅ | ♆ | ♇ | ☊ |
|---|---|---|---|---|---|---|---|---|---|---|---|---|---|
| 1 | 8:45:12 | 12♒13 15 | 26♎17 | 02♏48 | 02♒51 | 27♑56 | 25♐56 | 18♎52 | 22♋26R | 05♓23 | 14♒58 | 23♐44 | 26♈41 |
| 2 | 8:49:09 | 13 14 08 | 09♏24 | 16 06 | 04 29 | 29 11 | 26 38 | 18 52 | 22 22 | 05 26 | 15 00 | 23 45 | 26 38 |
| 3 | 8:53:05 | 14 15 01 | 22 53 | 29 47 | 06 07 | 00♒26 | 27 20 | 18 52R | 22 17 | 05 30 | 15 03 | 23 47 | 26 35 |
| 4 | 8:57:02 | 15 15 53 | 06♐47 | 13♐54 | 07 47 | 01 41 | 28 03 | 18 51 | 22 13 | 05 33 | 15 05 | 23 49 | 26 31 |
| 5 | 9:00:58 | 16 16 44 | 21 07 | 28 26 | 09 27 | 02 56 | 28 45 | 18 51 | 22 09 | 05 36 | 15 07 | 23 50 | 26 28 |
| 6 | 9:04:55 | 17 17 34 | 05♑50 | 13♑19 | 11 07 | 04 11 | 29 27 | 18 50 | 22 05 | 05 40 | 15 09 | 23 52 | 26 25 |
| 7 | 9:08:51 | 18 18 23 | 20 52 | 28 27 | 12 49 | 05 27 | 00♑10 | 18 49 | 22 00 | 05 43 | 15 12 | 23 53 | 26 22 |
| 8 | 9:12:48 | 19 19 11 | 06♒03 | 13♒39 | 14 31 | 06 42 | 00 52 | 18 48 | 21 56 | 05 46 | 15 14 | 23 55 | 26 19 |
| 9 | 9:16:45 | 20 19 57 | 21 13 | 28 45 | 16 14 | 07 57 | 01 34 | 18 47 | 21 52 | 05 50 | 15 16 | 23 56 | 26 15 |
| 10 | 9:20:41 | 21 20 43 | 06♓12 | 13♓35 | 17 58 | 09 12 | 02 17 | 18 46 | 21 48 | 05 53 | 15 19 | 23 58 | 26 12 |
| 11 | 9:24:38 | 22 21 27 | 20 51 | 28 01 | 19 43 | 10 27 | 02 59 | 18 44 | 21 44 | 05 56 | 15 21 | 23 59 | 26 09 |
| 12 | 9:28:34 | 23 22 09 | 05♈03 | 11♈58 | 21 29 | 11 42 | 03 42 | 18 42 | 21 40 | 06 00 | 15 23 | 24 00 | 26 06 |
| 13 | 9:32:31 | 24 22 50 | 18 46 | 25 27 | 23 15 | 12 57 | 04 24 | 18 40 | 21 37 | 06 03 | 15 25 | 24 02 | 26 03 |
| 14 | 9:36:27 | 25 23 29 | 02♉00 | 08♉28 | 25 02 | 14 12 | 05 07 | 18 38 | 21 33 | 06 07 | 15 28 | 24 03 | 26 00 |
| 15 | 9:40:24 | 26 24 07 | 14 49 | 21 05 | 26 50 | 15 27 | 05 49 | 18 36 | 21 29 | 06 10 | 15 30 | 24 04 | 25 56 |
| 16 | 9:44:20 | 27 24 43 | 27 17 | 03♊24 | 28 39 | 16 43 | 06 32 | 18 33 | 21 26 | 06 13 | 15 32 | 24 06 | 25 53 |
| 17 | 9:48:17 | 28 25 17 | 09♊28 | 15 29 | 00♓28 | 17 58 | 07 15 | 18 31 | 21 22 | 06 17 | 15 34 | 24 07 | 25 50 |
| 18 | 9:52:14 | 29 25 49 | 21 28 | 27 25 | 02 19 | 19 13 | 07 57 | 18 28 | 21 19 | 06 20 | 15 37 | 24 08 | 25 47 |
| 19 | 9:56:10 | 00♓26 20 | 03♋21 | 09♋16 | 04 10 | 20 28 | 08 40 | 18 25 | 21 16 | 06 24 | 15 39 | 24 09 | 25 44 |
| 20 | 10:00:07 | 01 26 49 | 15 12 | 21 07 | 06 01 | 21 43 | 09 23 | 18 21 | 21 13 | 06 27 | 15 41 | 24 11 | 25 41 |
| 21 | 10:04:03 | 02 27 16 | 27 04 | 03♌01 | 07 53 | 22 58 | 10 05 | 18 18 | 21 10 | 06 31 | 15 43 | 24 12 | 25 37 |
| 22 | 10:08:00 | 03 27 41 | 09♌00 | 15 00 | 09 46 | 24 13 | 10 48 | 18 14 | 21 07 | 06 34 | 15 45 | 24 13 | 25 34 |
| 23 | 10:11:56 | 04 28 04 | 21 01 | 27 05 | 11 38 | 25 28 | 11 31 | 18 11 | 21 04 | 06 37 | 15 48 | 24 14 | 25 31 |
| 24 | 10:15:53 | 05 28 26 | 03♍11 | 09♍18 | 13 31 | 26 43 | 12 14 | 18 07 | 21 01 | 06 41 | 15 50 | 24 15 | 25 28 |
| 25 | 10:19:49 | 06 28 46 | 15 28 | 21 40 | 15 24 | 27 58 | 12 56 | 18 03 | 20 58 | 06 44 | 15 52 | 24 16 | 25 25 |
| 26 | 10:23:46 | 07 29 04 | 27 55 | 04♎12 | 17 17 | 29 13 | 13 39 | 17 58 | 20 55 | 06 48 | 15 54 | 24 17 | 25 21 |
| 27 | 10:27:43 | 08 29 21 | 10♎32 | 16 54 | 19 09 | 00♓28 | 14 22 | 17 54 | 20 53 | 06 51 | 15 56 | 24 18 | 25 18 |
| 28 | 10:31:39 | 09 29 36 | 23 20 | 29 48 | 21 01 | 01 43 | 15 05 | 17 49 | 20 51 | 06 55 | 15 58 | 24 19 | 25 15 |

## 0:00 E.T. — Longitudes of the Major Asteroids and Chiron

| D | ⚳ | ⚴ | ⚵ | ⚶ | ⚷ | D | ⚳ | ⚴ | ⚵ | ⚶ | ⚷ |
|---|---|---|---|---|---|---|---|---|---|---|---|
| 1 | 18♏01 | 12♎36 | 25♒02 | 07♈47 | 28♑17 | 15 | 21 21 | 11 47 | 01 34 | 13 27 | 29 28 |
| 2 | 18 17 | 12 36R | 25 30 | 08 11 | 28 22 | 16 | 21 33 | 11 40 | 02 02 | 13 52 | 29 33 |
| 3 | 18 33 | 12 36 | 25 57 | 08 35 | 28 27 | 17 | 21 45 | 11 32 | 02 31 | 14 17 | 29 38 |
| 4 | 18 48 | 12 35 | 26 25 | 08 59 | 28 33 | 18 | 21 57 | 11 23 | 02 59 | 14 42 | 29 42 |
| 5 | 19 04 | 12 33 | 26 53 | 09 23 | 28 38 | 19 | 22 08 | 11 14 | 03 28 | 15 07 | 29 47 |
| 6 | 19 19 | 12 31 | 27 21 | 09 47 | 28 43 | 20 | 22 19 | 11 04 | 03 56 | 15 32 | 29 52 |
| 7 | 19 33 | 12 28 | 27 49 | 10 11 | 28 48 | 21 | 22 30 | 10 54 | 04 25 | 15 57 | 29 57 |
| 8 | 19 48 | 12 25 | 28 17 | 10 35 | 28 53 | 22 | 22 40 | 10 44 | 04 54 | 16 22 | 00♒01 |
| 9 | 20 02 | 12 21 | 28 45 | 11 00 | 28 58 | 23 | 22 50 | 10 32 | 05 22 | 16 47 | 00 06 |
| 10 | 20 16 | 12 17 | 29 13 | 11 24 | 29 03 | 24 | 23 00 | 10 21 | 05 51 | 17 12 | 00 11 |
| 11 | 20 29 | 12 12 | 29 41 | 11 48 | 29 08 | 25 | 23 09 | 10 09 | 06 20 | 17 38 | 00 15 |
| 12 | 20 43 | 12 07 | 00♓09 | 12 13 | 29 13 | 26 | 23 18 | 09 56 | 06 49 | 18 03 | 00 20 |
| 13 | 20 56 | 12 01 | 00 37 | 12 38 | 29 18 | 27 | 23 27 | 09 43 | 07 17 | 18 29 | 00 24 |
| 14 | 21 08 | 11 54 | 01 06 | 13 02 | 29 23 | 28 | 23 35 | 09 29 | 07 46 | 18 54 | 00 29 |

## Lunar Data

| Last Asp. | | Ingress | |
|---|---|---|---|
| 1 | 03:22 | 1 ♏ | 06:52 |
| 2 | 22:57 | 3 ♐ | 12:22 |
| 5 | 13:08 | 5 ♑ | 14:33 |
| 7 | 01:48 | 7 ♒ | 14:27 |
| 9 | 04:19 | 9 ♓ | 14:00 |
| 11 | 05:15 | 11 ♈ | 15:23 |
| 13 | 10:55 | 13 ♉ | 20:19 |
| 16 | 03:09 | 16 ♊ | 05:19 |
| 18 | 05:24 | 18 ♋ | 17:14 |
| 20 | 12:08 | 21 ♌ | 05:56 |
| 23 | 09:49 | 23 ♍ | 17:45 |
| 25 | 17:01 | 26 ♎ | 03:60 |
| 28 | 01:50 | 28 ♏ | 12:21 |

## 0:00 E.T. — Declinations

| D | ☉ | ☽ | ☿ | ♀ | ♂ | ♃ | ♄ | ♅ | ♆ | ♇ | ⚳ | ⚴ | ⚵ | ⚶ | ⚷ |
|---|---|---|---|---|---|---|---|---|---|---|---|---|---|---|---|
| 1 | -17 08 | -10 11 | -21 19 | -21 07 | -23 35 | -06 04 | +21 37 | -10 13 | -16 26 | -15 14 | -08 33 | -07 34 | -10 06 | -02 23 | -14 10 |
| 2 | 16 51 | 15 46 | 20 59 | 20 54 | 23 37 | 06 04 | 21 38 | 10 12 | 16 26 | 15 14 | 08 36 | 07 22 | 09 59 | 02 12 | 14 09 |
| 3 | 16 33 | 20 44 | 20 37 | 20 41 | 23 39 | 06 04 | 21 39 | 10 11 | 16 25 | 15 14 | 08 39 | 07 08 | 09 52 | 02 01 | 14 08 |
| 4 | 16 16 | 24 43 | 20 14 | 20 26 | 23 40 | 06 03 | 21 39 | 10 09 | 16 24 | 15 14 | 08 42 | 06 55 | 09 46 | 01 50 | 14 07 |
| 5 | 15 58 | 27 18 | 19 50 | 20 11 | 23 42 | 06 03 | 21 40 | 10 08 | 16 24 | 15 14 | 08 45 | 06 41 | 09 39 | 01 39 | 14 06 |
| 6 | 15 39 | 28 03 | 19 24 | 19 56 | 23 43 | 06 03 | 21 41 | 10 07 | 16 23 | 15 14 | 08 47 | 06 26 | 09 32 | 01 29 | 14 04 |
| 7 | 15 21 | 26 47 | 18 57 | 19 40 | 23 44 | 06 02 | 21 42 | 10 06 | 16 22 | 15 13 | 08 50 | 06 12 | 09 24 | 01 18 | 14 03 |
| 8 | 15 02 | 23 33 | 18 28 | 19 23 | 23 44 | 06 01 | 21 42 | 10 05 | 16 22 | 15 13 | 08 52 | 05 57 | 09 17 | 01 07 | 14 02 |
| 9 | 14 43 | 18 43 | 17 58 | 19 06 | 23 45 | 06 01 | 21 43 | 10 03 | 16 21 | 15 13 | 08 55 | 05 41 | 09 10 | 00 56 | 14 01 |
| 10 | 14 23 | 12 46 | 17 26 | 18 48 | 23 45 | 06 00 | 21 44 | 10 02 | 16 20 | 15 13 | 08 57 | 05 25 | 09 03 | 00 45 | 14 00 |
| 11 | 14 04 | 06 14 | 16 53 | 18 29 | 23 45 | 05 59 | 21 45 | 10 01 | 16 20 | 15 13 | 08 59 | 05 09 | 08 55 | 00 34 | 13 59 |
| 12 | 13 44 | +00 26 | 16 18 | 18 11 | 23 45 | 05 58 | 21 45 | 10 00 | 16 19 | 15 13 | 09 01 | 04 52 | 08 48 | 00 23 | 13 57 |
| 13 | 13 24 | 06 52 | 15 42 | 17 51 | 23 44 | 05 57 | 21 46 | 09 58 | 16 18 | 15 13 | 09 03 | 04 35 | 08 40 | 00 12 | 13 56 |
| 14 | 13 03 | 12 47 | 15 05 | 17 31 | 23 44 | 05 56 | 21 47 | 09 57 | 16 18 | 15 13 | 09 05 | 04 18 | 08 33 | 00 01 | 13 55 |
| 15 | 12 43 | 17 58 | 14 26 | 17 11 | 23 43 | 05 55 | 21 47 | 09 56 | 16 17 | 15 13 | 09 07 | 04 00 | 08 25 | +00 10 | 13 54 |
| 16 | 12 22 | 22 14 | 13 46 | 16 50 | 23 41 | 05 54 | 21 48 | 09 54 | 16 16 | 15 13 | 09 09 | 03 42 | 08 18 | 00 20 | 13 53 |
| 17 | 12 01 | 25 26 | 13 04 | 16 29 | 23 40 | 05 53 | 21 49 | 09 53 | 16 16 | 15 13 | 09 10 | 03 24 | 08 10 | 00 31 | 13 51 |
| 18 | 11 40 | 27 26 | 12 21 | 16 07 | 23 38 | 05 51 | 21 49 | 09 52 | 16 15 | 15 13 | 09 12 | 03 05 | 08 02 | 00 42 | 13 50 |
| 19 | 11 19 | 28 09 | 11 37 | 15 44 | 23 37 | 05 50 | 21 50 | 09 51 | 16 15 | 15 13 | 09 13 | 02 46 | 07 54 | 00 53 | 13 49 |
| 20 | 10 58 | 27 34 | 10 51 | 15 22 | 23 35 | 05 48 | 21 51 | 09 49 | 16 14 | 15 12 | 09 15 | 02 26 | 07 46 | 01 04 | 13 48 |
| 21 | 10 36 | 25 44 | 10 04 | 14 59 | 23 32 | 05 47 | 21 51 | 09 48 | 16 13 | 15 12 | 09 16 | 02 07 | 07 38 | 01 15 | 13 47 |
| 22 | 10 14 | 22 45 | 09 16 | 14 35 | 23 30 | 05 45 | 21 52 | 09 47 | 16 13 | 15 12 | 09 17 | 01 46 | 07 30 | 01 26 | 13 45 |
| 23 | 09 52 | 18 47 | 08 27 | 14 11 | 23 27 | 05 44 | 21 52 | 09 46 | 16 12 | 15 12 | 09 19 | 01 26 | 07 22 | 01 37 | 13 44 |
| 24 | 09 30 | 14 01 | 07 37 | 13 47 | 23 24 | 05 42 | 21 53 | 09 44 | 16 11 | 15 12 | 09 20 | 01 05 | 07 14 | 01 47 | 13 43 |
| 25 | 09 08 | 08 39 | 06 46 | 13 22 | 23 21 | 05 40 | 21 53 | 09 43 | 16 11 | 15 12 | 09 21 | 00 44 | 07 06 | 01 58 | 13 42 |
| 26 | 08 46 | 02 52 | 05 55 | 12 57 | 23 18 | 05 38 | 21 54 | 09 42 | 16 10 | 15 12 | 09 22 | 00 23 | 06 58 | 02 09 | 13 41 |
| 27 | 08 23 | -03 06 | 05 02 | 12 31 | 23 14 | 05 37 | 21 54 | 09 40 | 16 09 | 15 12 | 09 22 | 00 02 | 06 50 | 02 20 | 13 39 |
| 28 | 08 01 | 09 03 | 04 09 | 12 06 | 23 10 | 05 35 | 21 55 | 09 39 | 16 09 | 15 12 | 09 23 | +00 20 | 06 41 | 02 31 | 13 38 |

Lunar Phases -- 2 ◑ 07:28 8 ● 22:29 16 ◐ 00:17 24 ○ 04:55 Sun enters ♓ 2/18 13:33

# 0:00 E.T.   Longitudes of Main Planets - March 2005   Mar. 05

| D | S.T. | ☉ | ☽ | ☽ 12:00 | ☿ | ♀ | ♂ | ♃ | ♄ | ♅ | ♆ | ♇ | ☊ |
|---|---|---|---|---|---|---|---|---|---|---|---|---|---|
| 1 | 10:35:36 | 10 ♓ 29 50 | 06 ♏ 20 | 12 ♏ 56 | 22 ♓ 51 | 02 ♓ 58 | 15 ♑ 48 | 17 ♎ 44 ℞ | 20 ♋ 48 ℞ | 06 ♓ 58 | 16 ♒ 01 | 24 ♐ 19 | 25 ♈ 12 |
| 2 | 10:39:32 | 11 30 02 | 19 36 | 26 19 | 24 40 | 04 13 | 16 31 | 17 40 | 20 46 | 07 02 | 16 03 | 24 20 | 25 09 |
| 3 | 10:43:29 | 12 30 13 | 03 ♐ 07 | 10 ♐ 00 | 26 27 | 05 27 | 17 14 | 17 34 | 20 44 | 07 05 | 16 05 | 24 21 | 25 06 |
| 4 | 10:47:25 | 13 30 22 | 16 56 | 23 58 | 28 11 | 06 42 | 17 57 | 17 29 | 20 42 | 07 08 | 16 07 | 24 22 | 25 02 |
| 5 | 10:51:22 | 14 30 30 | 01 ♑ 04 | 08 ♑ 14 | 29 53 | 07 57 | 18 40 | 17 24 | 20 40 | 07 12 | 16 09 | 24 23 | 24 59 |
| 6 | 10:55:18 | 15 30 36 | 15 28 | 22 46 | 01 ♈ 32 | 09 12 | 19 23 | 17 18 | 20 38 | 07 15 | 16 11 | 24 23 | 24 56 |
| 7 | 10:59:15 | 16 30 41 | 00 ♒ 06 | 07 ♒ 28 | 03 07 | 10 27 | 20 06 | 17 13 | 20 36 | 07 19 | 16 13 | 24 24 | 24 53 |
| 8 | 11:03:12 | 17 30 44 | 14 52 | 22 16 | 04 37 | 11 42 | 20 49 | 17 07 | 20 35 | 07 22 | 16 15 | 24 25 | 24 50 |
| 9 | 11:07:08 | 18 30 45 | 29 39 | 07 ♓ 01 | 06 02 | 12 57 | 21 32 | 17 01 | 20 33 | 07 26 | 16 17 | 24 25 | 24 47 |
| 10 | 11:11:05 | 19 30 45 | 14 ♓ 20 | 21 35 | 07 22 | 14 12 | 22 15 | 16 55 | 20 32 | 07 29 | 16 19 | 24 26 | 24 43 |
| 11 | 11:15:01 | 20 30 42 | 28 46 | 05 ♈ 52 | 08 36 | 15 27 | 22 58 | 16 49 | 20 31 | 07 32 | 16 21 | 24 26 | 24 40 |
| 12 | 11:18:58 | 21 30 38 | 12 ♈ 52 | 19 47 | 09 43 | 16 41 | 23 42 | 16 43 | 20 29 | 07 36 | 16 23 | 24 27 | 24 37 |
| 13 | 11:22:54 | 22 30 31 | 26 35 | 03 ♉ 17 | 10 44 | 17 56 | 24 25 | 16 36 | 20 28 | 07 39 | 16 25 | 24 27 | 24 34 |
| 14 | 11:26:51 | 23 30 23 | 09 ♉ 52 | 16 22 | 11 37 | 19 11 | 25 08 | 16 30 | 20 27 | 07 42 | 16 27 | 24 28 | 24 31 |
| 15 | 11:30:47 | 24 30 12 | 22 46 | 29 05 | 12 22 | 20 26 | 25 51 | 16 23 | 20 26 | 07 46 | 16 29 | 24 28 | 24 27 |
| 16 | 11:34:44 | 25 29 59 | 05 ♊ 19 | 11 ♊ 29 | 12 59 | 21 41 | 26 34 | 16 16 | 20 26 | 07 49 | 16 31 | 24 29 | 24 24 |
| 17 | 11:38:41 | 26 29 44 | 17 35 | 23 37 | 13 29 | 22 55 | 27 18 | 16 09 | 20 25 | 07 52 | 16 32 | 24 29 | 24 21 |
| 18 | 11:42:37 | 27 29 26 | 29 38 | 05 ♋ 36 | 13 49 | 24 10 | 28 01 | 16 02 | 20 25 | 07 56 | 16 34 | 24 29 | 24 18 |
| 19 | 11:46:34 | 28 29 07 | 11 ♋ 33 | 17 29 | 14 02 | 25 25 | 28 44 | 15 55 | 20 24 | 07 59 | 16 36 | 24 30 | 24 15 |
| 20 | 11:50:30 | 29 28 45 | 23 25 | 29 21 | 14 06 | 26 40 | 29 27 | 15 48 | 20 24 | 08 02 | 16 38 | 24 30 | 24 12 |
| 21 | 11:54:27 | 00 ♈ 28 21 | 05 ♌ 18 | 11 ♌ 17 | 14 02 ℞ | 27 54 | 00 ♒ 11 | 15 41 | 20 24 | 08 06 | 16 40 | 24 30 | 24 08 |
| 22 | 11:58:23 | 01 27 54 | 17 17 | 23 19 | 13 50 | 29 09 | 00 54 | 15 34 | 20 24 | 08 09 | 16 41 | 24 30 | 24 05 |
| 23 | 12:02:20 | 02 27 26 | 29 24 | 05 ♍ 31 | 13 31 | 00 ♈ 24 | 01 37 | 15 27 | 20 24 D | 08 12 | 16 43 | 24 31 | 24 02 |
| 24 | 12:06:16 | 03 26 55 | 11 ♍ 41 | 17 55 | 13 05 | 01 38 | 02 21 | 15 19 | 20 24 | 08 15 | 16 45 | 24 31 | 23 59 |
| 25 | 12:10:13 | 04 26 22 | 24 11 | 00 ♎ 31 | 12 33 | 02 53 | 03 04 | 15 11 | 20 24 | 08 18 | 16 47 | 24 31 | 23 56 |
| 26 | 12:14:09 | 05 25 47 | 06 ♎ 55 | 13 22 | 11 55 | 04 07 | 03 47 | 15 04 | 20 24 | 08 22 | 16 48 | 24 31 | 23 53 |
| 27 | 12:18:06 | 06 25 10 | 19 52 | 26 35 | 11 13 | 05 22 | 04 31 | 14 57 | 20 25 | 08 25 | 16 50 | 24 31 ℞ | 23 49 |
| 28 | 12:22:03 | 07 24 31 | 03 ♏ 02 | 09 ♏ 42 | 10 26 | 06 37 | 05 14 | 14 49 | 20 26 | 08 28 | 16 52 | 24 31 | 23 46 |
| 29 | 12:25:59 | 08 23 50 | 16 26 | 23 12 | 09 38 | 07 51 | 05 58 | 14 42 | 20 26 | 08 31 | 16 53 | 24 31 | 23 43 |
| 30 | 12:29:56 | 09 23 07 | 00 ♐ 01 | 06 ♐ 54 | 08 47 | 09 06 | 06 41 | 14 34 | 20 27 | 08 34 | 16 55 | 24 31 | 23 40 |
| 31 | 12:33:52 | 10 22 23 | 13 48 | 20 46 | 07 57 | 10 20 | 07 24 | 14 26 | 20 28 | 08 37 | 16 56 | 24 31 | 23 37 |

# 0:00 E.T.   Longitudes of the Major Asteroids and Chiron   Lunar Data

| D | ⚷ | ♀(Ceres) | ⚴ | ⚵ | ⚶ | D | ⚷ | ♀(Ceres) | ⚴ | ⚵ | ⚶ | Last Asp. | Ingress |
|---|---|---|---|---|---|---|---|---|---|---|---|---|---|
| 1 | 23 ♏ 43 | 09 ♎ 15 ℞ | 08 ♓ 15 | 19 ♈ 20 | 00 ♒ 33 | 17 | 25 02 | 04 45 | 16 03 | 26 13 | 01 37 | 2  10:26 | 2 ♐ 18:31 |
| 2 | 23 51 | 09 01 | 08 44 | 19 45 | 00 37 | 18 | 25 03 | 04 26 | 16 33 | 26 39 | 01 41 | 4  21:45 | 4 ♑ 22:12 |
| 3 | 23 58 | 08 46 | 09 13 | 20 11 | 00 42 | 19 | 25 04 | 04 07 | 17 02 | 27 05 | 01 44 | 6  08:30 | 6 ♒ 23:50 |
| 4 | 24 05 | 08 31 | 09 42 | 20 36 | 00 46 | 20 | 25 05 | 03 48 | 17 32 | 27 32 | 01 48 | 8  15:29 | 9 ♓ 00:33 |
| 5 | 24 12 | 08 15 | 10 11 | 21 02 | 00 50 | 21 | 25 06 | 03 29 | 18 01 | 27 58 | 01 51 | 10 16:45 | 11 ♈ 02:04 |
| 6 | 24 18 | 07 59 | 10 40 | 21 28 | 00 54 | 22 | 25 05 ℞ | 03 09 | 18 31 | 28 24 | 01 54 | 12 20:14 | 13 ♉ 06:06 |
| 7 | 24 24 | 07 43 | 11 10 | 21 54 | 00 58 | 23 | 25 05 | 02 50 | 19 01 | 28 50 | 01 58 | 15 06:11 | 15 ♊ 13:45 |
| 8 | 24 30 | 07 26 | 11 39 | 22 19 | 01 03 | 24 | 25 04 | 02 31 | 19 30 | 29 17 | 02 01 | 17 19:20 | 18 ♋ 00:45 |
| 9 | 24 35 | 07 09 | 12 08 | 22 45 | 01 07 | 25 | 25 03 | 02 12 | 20 00 | 29 43 | 02 04 | 20 12:60 | 20 ♌ 13:18 |
| 10 | 24 39 | 06 52 | 12 37 | 23 11 | 01 11 | 26 | 25 01 | 01 53 | 20 30 | 00 ♉ 09 | 02 07 | 22 14:21 | 23 ♍ 01:11 |
| 11 | 24 44 | 06 35 | 13 07 | 23 37 | 01 15 | 27 | 24 59 | 01 34 | 21 00 | 00 35 | 02 10 | 25 00:37 | 25 ♎ 11:01 |
| 12 | 24 48 | 06 17 | 13 36 | 24 03 | 01 18 | 28 | 24 57 | 01 16 | 21 29 | 01 02 | 02 13 | 27 08:31 | 27 ♏ 18:30 |
| 13 | 24 51 | 05 59 | 14 05 | 24 29 | 01 22 | 29 | 24 54 | 00 57 | 21 59 | 01 28 | 02 16 | 29 07:07 | 29 ♐ 23:58 |
| 14 | 24 54 | 05 40 | 14 35 | 24 55 | 01 26 | 30 | 24 50 | 00 39 | 22 29 | 01 55 | 02 19 | | |
| 15 | 24 57 | 05 22 | 15 04 | 25 21 | 01 30 | 31 | 24 47 | 00 20 | 22 59 | 02 21 | 02 22 | | |
| 16 | 25 00 | 05 03 | 15 34 | 25 47 | 01 33 | | | | | | | | |

# 0:00 E.T.   Declinations

| D | ☉ | ☽ | ☿ | ♀ | ♂ | ♃ | ♄ | ♅ | ♆ | ♇ | ⚷ | ♀(Ceres) | ⚴ | ⚵ | ⚶ |
|---|---|---|---|---|---|---|---|---|---|---|---|---|---|---|---|
| 1 | -07 38 | -14 43 | -03 16 | -11 40 | -23 06 | -05 33 | +21 55 | -09 38 | -16 08 | -15 11 | -09 24 | +00 42 | -06 33 | +02 41 | -13 37 |
| 2 | 07 15 | 19 50 | 02 23 | 11 13 | 23 02 | 05 31 | 21 56 | 09 37 | 16 08 | 15 11 | 09 24 | 01 04 | 06 24 | 02 52 | 13 36 |
| 3 | 06 52 | 24 01 | 01 30 | 10 46 | 22 57 | 05 28 | 21 56 | 09 35 | 16 07 | 15 11 | 09 25 | 01 27 | 06 16 | 03 03 | 13 35 |
| 4 | 06 29 | 26 56 | 00 37 | 10 19 | 22 53 | 05 26 | 21 56 | 09 34 | 16 06 | 15 11 | 09 25 | 01 49 | 06 08 | 03 13 | 13 33 |
| 5 | 06 06 | 28 13 | +00 15 | 09 52 | 22 48 | 05 24 | 21 57 | 09 33 | 16 06 | 15 11 | 09 26 | 02 12 | 05 59 | 03 24 | 13 32 |
| 6 | 05 43 | 27 38 | 01 06 | 09 25 | 22 43 | 05 22 | 21 57 | 09 32 | 16 05 | 15 11 | 09 26 | 02 35 | 05 50 | 03 35 | 13 31 |
| 7 | 05 19 | 25 09 | 01 56 | 08 57 | 22 37 | 05 20 | 21 58 | 09 30 | 16 05 | 15 11 | 09 26 | 02 58 | 05 42 | 03 45 | 13 30 |
| 8 | 04 56 | 20 58 | 02 44 | 08 29 | 22 32 | 05 17 | 21 58 | 09 29 | 16 04 | 15 10 | 09 26 | 03 21 | 05 33 | 03 56 | 13 29 |
| 9 | 04 33 | 15 30 | 03 30 | 08 00 | 22 26 | 05 15 | 21 58 | 09 28 | 16 03 | 15 10 | 09 26 | 03 45 | 05 24 | 04 07 | 13 27 |
| 10 | 04 09 | 09 10 | 04 14 | 07 32 | 22 20 | 05 12 | 21 58 | 09 26 | 16 03 | 15 10 | 09 26 | 04 08 | 05 16 | 04 17 | 13 26 |
| 11 | 03 46 | 02 27 | 04 56 | 07 03 | 22 14 | 05 10 | 21 59 | 09 25 | 16 02 | 15 10 | 09 26 | 04 32 | 05 07 | 04 28 | 13 25 |
| 12 | 03 22 | +04 14 | 05 35 | 06 34 | 22 07 | 05 07 | 21 59 | 09 23 | 16 02 | 15 10 | 09 26 | 04 58 | 04 58 | 04 38 | 13 24 |
| 13 | 02 58 | 10 33 | 06 11 | 06 05 | 22 01 | 05 05 | 21 59 | 09 23 | 16 01 | 15 10 | 09 26 | 05 19 | 04 49 | 04 49 | 13 23 |
| 14 | 02 35 | 16 13 | 06 43 | 05 36 | 21 54 | 05 02 | 22 00 | 09 21 | 16 00 | 15 09 | 09 26 | 05 42 | 04 40 | 04 59 | 13 22 |
| 15 | 02 11 | 20 58 | 07 12 | 05 07 | 21 47 | 04 59 | 22 00 | 09 20 | 16 00 | 15 09 | 09 25 | 06 06 | 04 31 | 05 10 | 13 19 |
| 16 | 01 47 | 24 39 | 07 37 | 04 37 | 21 40 | 04 57 | 22 00 | 09 19 | 15 59 | 15 09 | 09 25 | 06 29 | 04 22 | 05 20 | 13 19 |
| 17 | 01 24 | 27 06 | 07 57 | 04 08 | 21 32 | 04 54 | 22 00 | 09 18 | 15 59 | 15 09 | 09 25 | 06 52 | 04 13 | 05 31 | 13 18 |
| 18 | 01 00 | 28 14 | 08 14 | 03 38 | 21 25 | 04 51 | 22 00 | 09 17 | 15 58 | 15 09 | 09 24 | 07 16 | 04 04 | 05 41 | 13 17 |
| 19 | 00 36 | 28 03 | 08 26 | 03 08 | 21 17 | 04 48 | 22 00 | 09 15 | 15 58 | 15 09 | 09 24 | 07 39 | 03 55 | 05 51 | 13 16 |
| 20 | 00 12 | 26 34 | 08 34 | 02 38 | 21 09 | 04 46 | 22 01 | 09 14 | 15 57 | 15 09 | 09 23 | 08 02 | 03 46 | 06 02 | 13 15 |
| 21 | +00 11 | 23 54 | 08 38 | 02 08 | 21 00 | 04 43 | 22 01 | 09 12 | 15 57 | 15 08 | 09 22 | 08 25 | 03 37 | 06 12 | 13 13 |
| 22 | 00 35 | 20 12 | 08 37 | 01 38 | 20 52 | 04 40 | 22 01 | 09 12 | 15 56 | 15 08 | 09 22 | 08 48 | 03 28 | 06 22 | 13 12 |
| 23 | 00 59 | 15 38 | 08 32 | 01 08 | 20 43 | 04 37 | 22 01 | 09 11 | 15 56 | 15 08 | 09 21 | 09 10 | 03 19 | 06 32 | 13 11 |
| 24 | 01 22 | 10 23 | 08 24 | 00 38 | 20 35 | 04 34 | 22 01 | 09 08 | 15 55 | 15 08 | 09 20 | 09 32 | 03 10 | 06 42 | 13 10 |
| 25 | 01 46 | 04 37 | 08 08 | 00 08 | 20 26 | 04 31 | 22 01 | 09 08 | 15 55 | 15 08 | 09 19 | 09 55 | 03 01 | 06 52 | 13 09 |
| 26 | 02 09 | -01 25 | 07 51 | +00 22 | 20 17 | 04 28 | 22 01 | 09 07 | 15 54 | 15 08 | 09 18 | 10 17 | 02 52 | 07 03 | 13 08 |
| 27 | 02 33 | 07 31 | 07 30 | 00 53 | 20 07 | 04 25 | 22 01 | 09 06 | 15 54 | 15 07 | 09 17 | 10 38 | 02 42 | 07 13 | 13 07 |
| 28 | 02 56 | 13 24 | 07 07 | 01 23 | 19 58 | 04 22 | 22 01 | 09 05 | 15 53 | 15 07 | 09 16 | 11 00 | 02 33 | 07 23 | 13 06 |
| 29 | 03 20 | 18 47 | 06 39 | 01 53 | 19 48 | 04 19 | 22 01 | 09 04 | 15 53 | 15 07 | 09 15 | 11 21 | 02 24 | 07 33 | 13 05 |
| 30 | 03 43 | 23 17 | 06 10 | 02 23 | 19 38 | 04 16 | 22 01 | 09 02 | 15 52 | 15 07 | 09 14 | 11 41 | 02 15 | 07 42 | 13 04 |
| 31 | 04 06 | 26 32 | 05 39 | 02 53 | 19 28 | 04 13 | 22 01 | 09 01 | 15 52 | 15 07 | 09 13 | 12 02 | 02 05 | 07 52 | 13 03 |

Lunar Phases -- 3 ◗ 17:37   10 ● 09:11   17 ◖ 19:20   25 ○ 20:60   Sun enters ♈ 3/20 12:35

| Apr. 05 | Longitudes of Main Planets - April 2005 | | | | | | | | | | | | 0:00 E.T. |
|---|---|---|---|---|---|---|---|---|---|---|---|---|---|
| D | S.T. | ☉ | ☽ | ☽ 12:00 | ☿ | ♀ | ♂ | ♃ | ♄ | ♅ | ♆ | ♇ | ☊ |
| 1 | 12:37:49 | 11♈21 36 | 27♐46 | 04♑48 | 07♈06℞ | 11♈35 | 08♒08 | 14♎19℞ | 20♋29 | 08♓40 | 16♒58 | 24♐30℞ | 23♈33 |
| 2 | 12:41:45 | 12 20 48 | 11♑52 | 18 59 | 06 17 | 12 49 | 08 52 | 14 11 | 20 30 | 08 43 | 16 59 | 24 30 | 23 30 |
| 3 | 12:45:42 | 13 19 59 | 26 06 | 03♒15 | 05 31 | 14 04 | 09 35 | 14 03 | 20 31 | 08 46 | 17 01 | 24 30 | 23 27 |
| 4 | 12:49:38 | 14 19 07 | 10♒25 | 17 36 | 04 47 | 15 18 | 10 19 | 13 56 | 20 33 | 08 49 | 17 02 | 24 30 | 23 24 |
| 5 | 12:53:35 | 15 18 14 | 24 46 | 01♓56 | 04 07 | 16 33 | 11 02 | 13 48 | 20 34 | 08 52 | 17 04 | 24 30 | 23 21 |
| 6 | 12:57:32 | 16 17 19 | 09♓04 | 16 11 | 03 32 | 17 47 | 11 46 | 13 40 | 20 36 | 08 55 | 17 05 | 24 29 | 23 18 |
| 7 | 13:01:28 | 17 16 22 | 23 16 | 00♈18 | 03 01 | 19 01 | 12 29 | 13 32 | 20 38 | 08 58 | 17 06 | 24 29 | 23 14 |
| 8 | 13:05:25 | 18 15 23 | 07♈17 | 14 12 | 02 35 | 20 16 | 13 13 | 13 25 | 20 39 | 09 01 | 17 08 | 24 29 | 23 11 |
| 9 | 13:09:21 | 19 14 22 | 21 04 | 27 50 | 02 14 | 21 30 | 13 56 | 13 17 | 20 41 | 09 04 | 17 09 | 24 28 | 23 08 |
| 10 | 13:13:18 | 20 13 19 | 04♉33 | 11♉10 | 01 59 | 22 45 | 14 40 | 13 09 | 20 43 | 09 06 | 17 10 | 24 28 | 23 05 |
| 11 | 13:17:14 | 21 12 14 | 17 43 | 24 11 | 01 49 | 23 59 | 15 23 | 13 02 | 20 45 | 09 09 | 17 12 | 24 27 | 23 02 |
| 12 | 13:21:11 | 22 11 07 | 00♊34 | 06♊53 | 01 45 | 25 13 | 16 07 | 12 54 | 20 48 | 09 12 | 17 13 | 24 27 | 22 58 |
| 13 | 13:25:07 | 23 09 58 | 13 07 | 19 18 | 01 46D | 26 28 | 16 51 | 12 47 | 20 50 | 09 15 | 17 14 | 24 26 | 22 55 |
| 14 | 13:29:04 | 24 08 47 | 25 25 | 01♋29 | 01 52 | 27 42 | 17 34 | 12 39 | 20 52 | 09 17 | 17 15 | 24 26 | 22 52 |
| 15 | 13:33:01 | 25 07 34 | 07♋30 | 13 29 | 02 03 | 28 56 | 18 18 | 12 32 | 20 55 | 09 20 | 17 16 | 24 25 | 22 49 |
| 16 | 13:36:57 | 26 06 18 | 19 27 | 25 24 | 02 19 | 00♉10 | 19 01 | 12 24 | 20 57 | 09 23 | 17 17 | 24 24 | 22 46 |
| 17 | 13:40:54 | 27 05 00 | 01♌20 | 07♌17 | 02 40 | 01 25 | 19 45 | 12 17 | 21 00 | 09 25 | 17 18 | 24 24 | 22 43 |
| 18 | 13:44:50 | 28 03 40 | 13 14 | 19 13 | 03 06 | 02 39 | 20 28 | 12 10 | 21 03 | 09 28 | 17 19 | 24 23 | 22 39 |
| 19 | 13:48:47 | 29 02 17 | 25 14 | 01♍17 | 03 35 | 03 53 | 21 12 | 12 03 | 21 06 | 09 30 | 17 21 | 24 22 | 22 36 |
| 20 | 13:52:43 | 00♉00 52 | 07♍23 | 13 32 | 04 09 | 05 07 | 21 56 | 11 56 | 21 09 | 09 33 | 17 21 | 24 22 | 22 33 |
| 21 | 13:56:40 | 00 59 25 | 19 46 | 26 03 | 04 47 | 06 21 | 22 39 | 11 49 | 21 12 | 09 35 | 17 22 | 24 21 | 22 30 |
| 22 | 14:00:36 | 01 57 56 | 02♎25 | 08♎51 | 05 29 | 07 35 | 23 23 | 11 42 | 21 15 | 09 38 | 17 23 | 24 20 | 22 27 |
| 23 | 14:04:33 | 02 56 25 | 15 22 | 21 58 | 06 14 | 08 50 | 24 06 | 11 35 | 21 19 | 09 40 | 17 24 | 24 19 | 22 24 |
| 24 | 14:08:30 | 03 54 53 | 28 38 | 05♏23 | 07 03 | 10 04 | 24 50 | 11 28 | 21 22 | 09 42 | 17 25 | 24 19 | 22 20 |
| 25 | 14:12:26 | 04 53 18 | 12♏12 | 19 06 | 07 55 | 11 18 | 25 33 | 11 22 | 21 25 | 09 45 | 17 26 | 24 18 | 22 17 |
| 26 | 14:16:23 | 05 51 41 | 26 03 | 03♐03 | 08 50 | 12 32 | 26 17 | 11 15 | 21 29 | 09 47 | 17 27 | 24 17 | 22 14 |
| 27 | 14:20:19 | 06 50 03 | 10♐06 | 17 12 | 09 48 | 13 46 | 27 00 | 11 09 | 21 33 | 09 49 | 17 28 | 24 16 | 22 11 |
| 28 | 14:24:16 | 07 48 23 | 24 19 | 01♑27 | 10 49 | 15 00 | 27 44 | 11 02 | 21 37 | 09 51 | 17 28 | 24 15 | 22 08 |
| 29 | 14:28:12 | 08 46 42 | 08♑36 | 15 46 | 11 53 | 16 14 | 28 28 | 10 56 | 21 40 | 09 54 | 17 29 | 24 14 | 22 04 |
| 30 | 14:32:09 | 09 44 59 | 22 55 | 00♒03 | 13 00 | 17 28 | 29 11 | 10 50 | 21 44 | 09 56 | 17 30 | 24 13 | 22 01 |

## 0:00 E.T. Longitudes of the Major Asteroids and Chiron

| D | ⚳ | ⚴ | ⚵ | ⚶ | ⚷ | D | ⚳ | ⚴ | ⚵ | ⚶ | ⚷ |
|---|---|---|---|---|---|---|---|---|---|---|---|
| 1 | 24♏43℞ | 00♎02℞ | 23♓29 | 02♉47 | 02♒25 | 16 | 22 54 | 26 08 | 01 00 | 09 25 | 02 58 |
| 2 | 24 38 | 29♍44 | 23 59 | 03 14 | 02 27 | 17 | 22 44 | 25 56 | 01 30 | 09 52 | 02 59 |
| 3 | 24 33 | 29 27 | 24 29 | 03 40 | 02 30 | 18 | 22 34 | 25 44 | 02 00 | 10 18 | 03 01 |
| 4 | 24 28 | 29 09 | 24 59 | 04 07 | 02 33 | 19 | 22 23 | 25 32 | 02 31 | 10 45 | 03 03 |
| 5 | 24 22 | 28 52 | 25 29 | 04 33 | 02 35 | 20 | 22 13 | 25 21 | 03 01 | 11 11 | 03 04 |
| 6 | 24 16 | 28 36 | 25 59 | 05 00 | 02 37 | 21 | 22 01 | 25 11 | 03 31 | 11 38 | 03 05 |
| 7 | 24 09 | 28 19 | 26 29 | 05 26 | 02 40 | 22 | 21 50 | 25 01 | 04 01 | 12 05 | 03 07 |
| 8 | 24 02 | 28 03 | 26 59 | 05 53 | 02 42 | 23 | 21 38 | 24 51 | 04 32 | 12 31 | 03 08 |
| 9 | 23 55 | 27 47 | 27 29 | 06 19 | 02 44 | 24 | 21 27 | 24 42 | 05 02 | 12 58 | 03 09 |
| 10 | 23 48 | 27 32 | 27 59 | 06 46 | 02 46 | 25 | 21 15 | 24 34 | 05 32 | 13 24 | 03 10 |
| 11 | 23 40 | 27 17 | 28 29 | 07 12 | 02 48 | 26 | 21 02 | 24 26 | 06 03 | 13 51 | 03 11 |
| 12 | 23 31 | 27 02 | 28 59 | 07 39 | 02 51 | 27 | 20 50 | 24 18 | 06 33 | 14 17 | 03 12 |
| 13 | 23 22 | 26 48 | 29 29 | 08 05 | 02 52 | 28 | 20 37 | 24 11 | 07 04 | 14 44 | 03 13 |
| 14 | 23 13 | 26 34 | 29 59 | 08 32 | 02 54 | 29 | 20 24 | 24 04 | 07 34 | 15 11 | 03 14 |
| 15 | 23 04 | 26 21 | 00♈30 | 08 59 | 02 56 | 30 | 20 12 | 23 58 | 08 04 | 15 37 | 03 14 |

## Lunar Data

| Last Asp. | | Ingress | | |
|---|---|---|---|---|
| 31 | 18:25 | 1 | ♑ | 03:49 |
| 2 | 14:35 | 3 | ♒ | 06:32 |
| 4 | 23:33 | 5 | ♓ | 08:46 |
| 7 | 02:04 | 7 | ♈ | 11:29 |
| 9 | 06:01 | 9 | ♉ | 15:51 |
| 11 | 05:38 | 11 | ♊ | 22:56 |
| 14 | 05:02 | 14 | ♋ | 09:04 |
| 16 | 14:39 | 16 | ♌ | 21:18 |
| 19 | 08:13 | 19 | ♍ | 09:28 |
| 21 | 08:45 | 21 | ♎ | 19:28 |
| 23 | 16:47 | 24 | ♏ | 02:26 |
| 26 | 00:25 | 26 | ♐ | 06:47 |
| 28 | 06:04 | 28 | ♑ | 09:34 |
| 29 | 22:02 | | | |

## 0:00 E.T. Declinations

| D | ☉ | ☽ | ☿ | ♀ | ♂ | ♃ | ♄ | ♅ | ♆ | ♇ | ⚳ | ⚴ | ⚵ | ⚶ | ⚷ |
|---|---|---|---|---|---|---|---|---|---|---|---|---|---|---|---|
| 1 | +04 30 | -28 12 | +05 08 | +03 23 | -19 18 | -04 10 | +22 01 | -09 00 | -15 51 | -15 07 | -09 12 | +12 22 | -01 56 | +08 02 | -13 01 |
| 2 | 04 53 | 28 04 | 04 36 | 03 53 | 19 07 | 04 07 | 22 01 | 08 59 | 15 51 | 15 06 | 09 11 | 12 42 | 01 47 | 08 12 | 13 00 |
| 3 | 05 16 | 26 06 | 04 04 | 04 23 | 18 57 | 04 04 | 22 01 | 08 58 | 15 51 | 15 06 | 09 10 | 13 01 | 01 37 | 08 22 | 12 59 |
| 4 | 05 39 | 22 28 | 03 33 | 04 53 | 18 46 | 04 01 | 22 00 | 08 57 | 15 50 | 15 06 | 09 08 | 13 20 | 01 28 | 08 31 | 12 58 |
| 5 | 06 02 | 17 29 | 03 03 | 05 23 | 18 35 | 03 59 | 22 00 | 08 56 | 15 50 | 15 06 | 09 07 | 13 39 | 01 19 | 08 41 | 12 57 |
| 6 | 06 24 | 11 33 | 02 34 | 05 52 | 18 24 | 03 56 | 22 00 | 08 55 | 15 49 | 15 06 | 09 06 | 13 57 | 01 09 | 08 51 | 12 56 |
| 7 | 06 47 | 05 04 | 02 07 | 06 22 | 18 13 | 03 53 | 22 00 | 08 54 | 15 49 | 15 06 | 09 04 | 14 15 | 01 00 | 09 00 | 12 55 |
| 8 | 07 10 | +01 35 | 01 41 | 06 51 | 18 01 | 03 50 | 22 00 | 08 53 | 15 48 | 15 05 | 09 03 | 14 33 | 00 51 | 09 10 | 12 54 |
| 9 | 07 32 | 08 04 | 01 18 | 07 20 | 17 50 | 03 47 | 22 00 | 08 51 | 15 48 | 15 05 | 09 02 | 14 50 | 00 41 | 09 19 | 12 53 |
| 10 | 07 54 | 14 03 | 00 58 | 07 49 | 17 38 | 03 44 | 21 59 | 08 50 | 15 48 | 15 05 | 09 00 | 15 07 | 00 32 | 09 29 | 12 52 |
| 11 | 08 16 | 19 15 | 00 40 | 08 18 | 17 26 | 03 41 | 21 59 | 08 49 | 15 47 | 15 05 | 08 59 | 15 23 | 00 23 | 09 38 | 12 52 |
| 12 | 08 38 | 23 26 | 00 25 | 08 47 | 17 14 | 03 38 | 21 59 | 08 48 | 15 47 | 15 05 | 08 58 | 15 39 | 00 13 | 09 48 | 12 51 |
| 13 | 09 00 | 26 25 | 00 12 | 09 15 | 17 02 | 03 35 | 21 59 | 08 47 | 15 47 | 15 05 | 08 56 | 15 54 | 00 04 | 09 57 | 12 50 |
| 14 | 09 22 | 28 03 | 00 02 | 09 44 | 16 49 | 03 32 | 21 58 | 08 46 | 15 46 | 15 04 | 08 55 | 16 09 | +00 05 | 10 06 | 12 49 |
| 15 | 09 43 | 28 19 | -00 06 | 10 12 | 16 37 | 03 29 | 21 58 | 08 45 | 15 46 | 15 04 | 08 54 | 16 24 | 00 15 | 10 15 | 12 48 |
| 16 | 10 05 | 27 15 | 00 11 | 10 39 | 16 24 | 03 27 | 21 58 | 08 44 | 15 46 | 15 04 | 08 52 | 16 38 | 00 24 | 10 24 | 12 47 |
| 17 | 10 26 | 24 57 | 00 14 | 11 07 | 16 12 | 03 24 | 21 57 | 08 44 | 15 45 | 15 04 | 08 51 | 16 52 | 00 33 | 10 34 | 12 46 |
| 18 | 10 47 | 21 35 | 00 14 | 11 34 | 15 59 | 03 21 | 21 57 | 08 43 | 15 45 | 15 04 | 08 50 | 17 05 | 00 42 | 10 43 | 12 45 |
| 19 | 11 08 | 17 19 | 00 11 | 12 01 | 15 46 | 03 18 | 21 57 | 08 42 | 15 45 | 15 04 | 08 48 | 17 18 | 00 52 | 10 52 | 12 44 |
| 20 | 11 29 | 12 18 | 00 07 | 12 28 | 15 33 | 03 16 | 21 56 | 08 41 | 15 44 | 15 03 | 08 47 | 17 30 | 01 01 | 11 00 | 12 44 |
| 21 | 11 49 | 06 43 | 00 00 | 12 54 | 15 20 | 03 13 | 21 56 | 08 40 | 15 44 | 15 03 | 08 46 | 17 42 | 01 10 | 11 09 | 12 43 |
| 22 | 12 09 | 00 44 | +00 09 | 13 20 | 15 06 | 03 11 | 21 55 | 08 39 | 15 44 | 15 03 | 08 45 | 17 54 | 01 20 | 11 18 | 12 42 |
| 23 | 12 30 | -05 25 | 00 20 | 13 46 | 14 53 | 03 08 | 21 55 | 08 38 | 15 44 | 15 03 | 08 43 | 18 05 | 01 29 | 11 27 | 12 41 |
| 24 | 12 49 | 11 29 | 00 33 | 14 12 | 14 39 | 03 06 | 21 54 | 08 37 | 15 43 | 15 03 | 08 42 | 18 15 | 01 38 | 11 36 | 12 40 |
| 25 | 13 09 | 17 10 | 00 48 | 14 37 | 14 25 | 03 03 | 21 54 | 08 36 | 15 43 | 15 03 | 08 41 | 18 26 | 01 47 | 11 44 | 12 40 |
| 26 | 13 29 | 22 04 | 01 05 | 15 01 | 14 12 | 03 01 | 21 54 | 08 36 | 15 43 | 15 02 | 08 40 | 18 36 | 01 56 | 11 53 | 12 39 |
| 27 | 13 48 | 25 48 | 01 23 | 15 26 | 13 58 | 02 58 | 21 53 | 08 35 | 15 43 | 15 02 | 08 39 | 18 45 | 02 06 | 12 01 | 12 38 |
| 28 | 14 07 | 27 56 | 01 43 | 15 50 | 13 44 | 02 56 | 21 53 | 08 34 | 15 43 | 15 02 | 08 38 | 18 54 | 02 15 | 12 10 | 12 38 |
| 29 | 14 26 | 28 15 | 02 05 | 16 13 | 13 29 | 02 54 | 21 52 | 08 33 | 15 42 | 15 02 | 08 37 | 19 03 | 02 24 | 12 18 | 12 37 |
| 30 | 14 44 | 26 41 | 02 29 | 16 37 | 13 15 | 02 52 | 21 51 | 08 32 | 15 42 | 15 02 | 08 36 | 19 11 | 02 33 | 12 27 | 12 36 |

Lunar Phases -- 2 ◑ 00:51 8 ● 20:33 ✔ 16 ◐ 14:39 24 Ⓔ 10:07 Sun enters ♉ 4/19 23:39

0:00 E.T. **Longitudes of Main Planets - May 2005** **May 05**

| D | S.T. | ☉ | ☽ | ☽ 12:00 | ☿ | ♀ | ♂ | ♃ | ♄ | ♅ | ♆ | ♇ | ☊ |
|---|---|---|---|---|---|---|---|---|---|---|---|---|---|
| 1 | 14:36:05 | 10♉43 14 | 07♒11 | 14♒17 | 14♈09 | 18♉42 | 29♒55 | 10♎44℞ | 21♋48 | 09♓58 | 17♒30 | 24♐12℞ | 21♈58 |
| 2 | 14:40:02 | 11 41 28 | 21 21 | 28 24 | 15 21 | 19 56 | 00♓38 | 10 39 | 21 53 | 10 00 | 17 31 | 24 11 | 21 55 |
| 3 | 14:43:59 | 12 39 41 | 05♓25 | 12♓23 | 16 35 | 21 10 | 01 22 | 10 33 | 21 57 | 10 02 | 17 31 | 24 10 | 21 52 |
| 4 | 14:47:55 | 13 37 52 | 19 20 | 26 13 | 17 51 | 22 24 | 02 05 | 10 27 | 22 01 | 10 04 | 17 32 | 24 09 | 21 49 |
| 5 | 14:51:52 | 14 36 01 | 03♈04 | 09♈52 | 19 10 | 23 38 | 02 49 | 10 22 | 22 05 | 10 06 | 17 33 | 24 08 | 21 45 |
| 6 | 14:55:48 | 15 34 09 | 16 38 | 23 20 | 20 31 | 24 51 | 03 32 | 10 17 | 22 10 | 10 08 | 17 33 | 24 07 | 21 42 |
| 7 | 14:59:45 | 16 32 16 | 29 59 | 06♉34 | 21 55 | 26 05 | 04 15 | 10 12 | 22 14 | 10 10 | 17 33 | 24 05 | 21 39 |
| 8 | 15:03:41 | 17 30 21 | 13♉07 | 19 36 | 23 20 | 27 19 | 04 59 | 10 07 | 22 19 | 10 11 | 17 34 | 24 04 | 21 36 |
| 9 | 15:07:38 | 18 28 24 | 26 01 | 02♊23 | 24 48 | 28 33 | 05 42 | 10 02 | 22 24 | 10 13 | 17 34 | 24 03 | 21 33 |
| 10 | 15:11:34 | 19 26 26 | 08♊41 | 14 56 | 26 18 | 29 47 | 06 26 | 09 57 | 22 29 | 10 15 | 17 35 | 24 02 | 21 30 |
| 11 | 15:15:31 | 20 24 26 | 21 08 | 27 16 | 27 49 | 01♊01 | 07 09 | 09 53 | 22 34 | 10 16 | 17 35 | 24 01 | 21 26 |
| 12 | 15:19:28 | 21 22 24 | 03♋22 | 09♋25 | 29 23 | 02 15 | 07 52 | 09 48 | 22 38 | 10 18 | 17 35 | 23 59 | 21 23 |
| 13 | 15:23:24 | 22 20 21 | 15 26 | 21 25 | 00♉59 | 03 28 | 08 36 | 09 44 | 22 44 | 10 20 | 17 35 | 23 58 | 21 20 |
| 14 | 15:27:21 | 23 18 16 | 27 22 | 03♌19 | 02 37 | 04 42 | 09 19 | 09 40 | 22 49 | 10 21 | 17 36 | 23 57 | 21 17 |
| 15 | 15:31:17 | 24 16 09 | 09♌15 | 15 11 | 04 17 | 05 56 | 10 02 | 09 36 | 22 54 | 10 23 | 17 36 | 23 56 | 21 14 |
| 16 | 15:35:14 | 25 14 01 | 21 08 | 27 06 | 06 00 | 07 09 | 10 45 | 09 33 | 22 59 | 10 24 | 17 36 | 23 54 | 21 10 |
| 17 | 15:39:10 | 26 11 50 | 03♍07 | 09♍09 | 07 44 | 08 23 | 11 28 | 09 29 | 23 04 | 10 26 | 17 36 | 23 53 | 21 07 |
| 18 | 15:43:07 | 27 09 38 | 15 15 | 21 25 | 09 30 | 09 37 | 12 12 | 09 26 | 23 10 | 10 27 | 17 36 | 23 52 | 21 04 |
| 19 | 15:47:03 | 28 07 24 | 27 38 | 03♎57 | 11 18 | 10 51 | 12 55 | 09 23 | 23 15 | 10 28 | 17 36 | 23 50 | 21 01 |
| 20 | 15:51:00 | 29 05 09 | 10♎20 | 16 50 | 13 09 | 12 04 | 13 38 | 09 20 | 23 21 | 10 30 | 17 36℞ | 23 49 | 20 58 |
| 21 | 15:54:57 | 00♊02 52 | 23 25 | 00♏06 | 15 01 | 13 18 | 14 21 | 09 17 | 23 26 | 10 31 | 17 36 | 23 47 | 20 55 |
| 22 | 15:58:53 | 01 00 34 | 06♏53 | 13 46 | 16 56 | 14 31 | 15 04 | 09 14 | 23 32 | 10 32 | 17 36 | 23 46 | 20 51 |
| 23 | 16:02:50 | 01 58 14 | 20 45 | 27 50 | 18 52 | 15 45 | 15 47 | 09 12 | 23 38 | 10 33 | 17 36 | 23 45 | 20 48 |
| 24 | 16:06:46 | 02 55 53 | 04♐59 | 12♐13 | 20 51 | 16 58 | 16 30 | 09 10 | 23 44 | 10 34 | 17 36 | 23 43 | 20 45 |
| 25 | 16:10:43 | 03 53 30 | 19 30 | 26 49 | 22 51 | 18 12 | 17 13 | 09 07 | 23 49 | 10 35 | 17 36 | 23 42 | 20 42 |
| 26 | 16:14:39 | 04 51 07 | 04♑10 | 11♑32 | 24 53 | 19 26 | 17 55 | 09 05 | 23 55 | 10 36 | 17 36 | 23 40 | 20 39 |
| 27 | 16:18:36 | 05 48 42 | 18 54 | 26 14 | 26 57 | 20 39 | 18 38 | 09 04 | 24 01 | 10 37 | 17 35 | 23 39 | 20 36 |
| 28 | 16:22:32 | 06 46 17 | 03♒32 | 10♒48 | 29 03 | 21 53 | 19 21 | 09 02 | 24 07 | 10 38 | 17 35 | 23 37 | 20 32 |
| 29 | 16:26:29 | 07 43 50 | 18 01 | 25 10 | 01♊10 | 23 06 | 20 04 | 09 01 | 24 14 | 10 39 | 17 35 | 23 36 | 20 29 |
| 30 | 16:30:26 | 08 41 23 | 02♓15 | 09♓16 | 03 19 | 24 19 | 20 46 | 08 59 | 24 20 | 10 40 | 17 35 | 23 34 | 20 26 |
| 31 | 16:34:22 | 09 38 55 | 16 13 | 23 06 | 05 29 | 25 33 | 21 29 | 08 58 | 24 26 | 10 40 | 17 34 | 23 33 | 20 23 |

0:00 E.T. **Longitudes of the Major Asteroids and Chiron**

| D | ⚳ | ⚴ | ⚵ | ⚶ | ⚷ |
|---|---|---|---|---|---|
| 1 | 19♏58℞ | 23♍53℞ | 08♈35 | 16♉04 | 03♒15 |
| 2 | 19 45 | 23 47 | 09 05 | 16 30 | 03 16 |
| 3 | 19 32 | 23 43 | 09 36 | 16 57 | 03 16 |
| 4 | 19 19 | 23 39 | 10 06 | 17 23 | 03 17 |
| 5 | 19 05 | 23 35 | 10 37 | 17 50 | 03 17 |
| 6 | 18 52 | 23 32 | 11 07 | 18 16 | 03 17 |
| 7 | 18 38 | 23 29 | 11 38 | 18 43 | 03 17 |
| 8 | 18 25 | 23 27 | 12 08 | 19 09 | 03 17 |
| 9 | 18 11 | 23 25 | 12 39 | 19 36 | 03 17℞ |
| 10 | 17 58 | 23 24 | 13 09 | 20 02 | 03 17 |
| 11 | 17 44 | 23 23 | 13 40 | 20 29 | 03 17 |
| 12 | 17 31 | 23 23 | 14 10 | 20 55 | 03 17 |
| 13 | 17 17 | 23 23D | 14 41 | 21 22 | 03 17 |
| 14 | 17 04 | 23 24 | 15 12 | 21 48 | 03 17 |
| 15 | 16 51 | 23 25 | 15 42 | 22 15 | 03 16 |
| 16 | 16 38 | 23 27 | 16 13 | 22 41 | 03 16 |
| 17 | 16 25 | 23 29 | 16 43 | 23 08 | 03 15 |
| 18 | 16 12 | 23 31 | 17 14 | 23 34 | 03 15 |
| 19 | 15 59 | 23 34 | 17 44 | 24 00 | 03 14 |
| 20 | 15 47 | 23 37 | 18 15 | 24 27 | 03 13 |
| 21 | 15 34 | 23 41 | 18 45 | 24 53 | 03 12 |
| 22 | 15 22 | 23 45 | 19 16 | 25 20 | 03 11 |
| 23 | 15 10 | 23 50 | 19 46 | 25 46 | 03 10 |
| 24 | 14 59 | 23 55 | 20 17 | 26 12 | 03 09 |
| 25 | 14 47 | 24 00 | 20 47 | 26 38 | 03 08 |
| 26 | 14 36 | 24 06 | 21 18 | 27 05 | 03 07 |
| 27 | 14 25 | 24 12 | 21 49 | 27 31 | 03 06 |
| 28 | 14 14 | 24 18 | 22 19 | 27 57 | 03 05 |
| 29 | 14 04 | 24 25 | 22 50 | 28 23 | 03 03 |
| 30 | 13 54 | 24 32 | 23 20 | 28 50 | 03 02 |
| 31 | 13 44 | 24 40 | 23 51 | 29 16 | 03 00 |

**Lunar Data**

| Last Asp. | | Ingress | |
|---|---|---|---|
| 2 | 04:48 | 2 ♓ | 14:44 |
| 4 | 08:23 | 4 ♈ | 18:37 |
| 6 | 13:23 | 7 ♉ | 00:02 |
| 9 | 05:16 | 9 ♊ | 07:30 |
| 11 | 14:60 | 11 ♋ | 17:22 |
| 13 | 15:05 | 14 ♌ | 05:18 |
| 16 | 08:58 | 16 ♍ | 17:47 |
| 19 | 01:00 | 19 ♎ | 04:31 |
| 21 | 00:41 | 21 ♏ | 11:50 |
| 23 | 04:56 | 23 ♐ | 15:39 |
| 25 | 06:52 | 25 ♑ | 17:12 |
| 27 | 15:23 | 27 ♒ | 18:11 |
| 29 | 09:20 | 29 ♓ | 20:10 |
| 31 | 17:54 | | |

0:00 E.T. **Declinations**

| D | ☉ | ☽ | ☿ | ♀ | ♂ | ♃ | ♄ | ♅ | ♆ | ♇ | ⚳ | ⚴ | ⚵ | ⚶ | ⚷ |
|---|---|---|---|---|---|---|---|---|---|---|---|---|---|---|---|
| 1 | +15 02 | -23 24 | +02 53 | +16 59 | -13 01 | -02 49 | +21 51 | -08 32 | -15 42 | -15 02 | -08 35 | +19 19 | +02 42 | +12 35 | -12 36 |
| 2 | 15 21 | 18 45 | 03 20 | 17 22 | 12 46 | 02 47 | 21 50 | 08 31 | 15 42 | 15 02 | 08 34 | 19 26 | 02 51 | 12 43 | 12 35 |
| 3 | 15 38 | 13 07 | 03 47 | 17 43 | 12 32 | 02 45 | 21 50 | 08 30 | 15 42 | 15 02 | 08 34 | 19 33 | 03 00 | 12 51 | 12 34 |
| 4 | 15 56 | 06 54 | 04 16 | 18 05 | 12 17 | 02 43 | 21 49 | 08 29 | 15 41 | 15 01 | 08 33 | 19 40 | 03 09 | 12 59 | 12 34 |
| 5 | 16 13 | 00 25 | 04 46 | 18 26 | 12 02 | 02 41 | 21 48 | 08 29 | 15 41 | 15 01 | 08 32 | 19 46 | 03 18 | 13 07 | 12 33 |
| 6 | 16 30 | +06 01 | 05 18 | 18 46 | 11 48 | 02 39 | 21 48 | 08 28 | 15 41 | 15 01 | 08 32 | 19 52 | 03 27 | 13 15 | 12 33 |
| 7 | 16 47 | 12 05 | 05 50 | 19 06 | 11 33 | 02 38 | 21 47 | 08 27 | 15 41 | 15 01 | 08 31 | 19 58 | 03 36 | 13 23 | 12 32 |
| 8 | 17 03 | 17 31 | 06 24 | 19 26 | 11 18 | 02 36 | 21 46 | 08 27 | 15 41 | 15 01 | 08 31 | 20 03 | 03 45 | 13 31 | 12 31 |
| 9 | 17 20 | 22 03 | 06 58 | 19 44 | 11 03 | 02 34 | 21 46 | 08 26 | 15 41 | 15 01 | 08 30 | 20 08 | 03 54 | 13 39 | 12 31 |
| 10 | 17 35 | 25 28 | 07 34 | 20 03 | 10 48 | 02 32 | 21 45 | 08 26 | 15 41 | 15 01 | 08 30 | 20 12 | 04 02 | 13 47 | 12 30 |
| 11 | 17 51 | 27 35 | 08 10 | 20 21 | 10 33 | 02 31 | 21 44 | 08 25 | 15 41 | 15 01 | 08 30 | 20 17 | 04 11 | 13 54 | 12 30 |
| 12 | 18 06 | 28 19 | 08 48 | 20 38 | 10 17 | 02 29 | 21 44 | 08 24 | 15 41 | 15 00 | 08 30 | 20 21 | 04 20 | 14 02 | 12 29 |
| 13 | 18 21 | 27 41 | 09 26 | 20 55 | 10 02 | 02 28 | 21 43 | 08 24 | 15 41 | 15 00 | 08 30 | 20 24 | 04 29 | 14 09 | 12 29 |
| 14 | 18 36 | 25 46 | 10 04 | 21 11 | 09 47 | 02 27 | 21 42 | 08 23 | 15 40 | 15 00 | 08 30 | 20 27 | 04 37 | 14 17 | 12 29 |
| 15 | 18 50 | 22 44 | 10 44 | 21 26 | 09 31 | 02 25 | 21 41 | 08 23 | 15 40 | 15 00 | 08 30 | 20 30 | 04 46 | 14 24 | 12 28 |
| 16 | 19 04 | 18 46 | 11 24 | 21 41 | 09 16 | 02 24 | 21 40 | 08 22 | 15 40 | 15 00 | 08 30 | 20 33 | 04 54 | 14 31 | 12 28 |
| 17 | 19 18 | 14 02 | 12 04 | 21 56 | 09 00 | 02 23 | 21 40 | 08 22 | 15 40 | 15 00 | 08 31 | 20 35 | 05 03 | 14 39 | 12 27 |
| 18 | 19 32 | 08 43 | 12 45 | 22 10 | 08 45 | 02 22 | 21 39 | 08 21 | 15 40 | 15 00 | 08 31 | 20 37 | 05 11 | 14 46 | 12 27 |
| 19 | 19 45 | 02 56 | 13 26 | 22 23 | 08 29 | 02 21 | 21 38 | 08 21 | 15 40 | 15 00 | 08 32 | 20 39 | 05 20 | 14 53 | 12 27 |
| 20 | 19 57 | -03 06 | 14 08 | 22 35 | 08 13 | 02 20 | 21 37 | 08 20 | 15 40 | 15 00 | 08 32 | 20 41 | 05 28 | 15 00 | 12 26 |
| 21 | 20 10 | 09 11 | 14 49 | 22 47 | 07 58 | 02 19 | 21 36 | 08 20 | 15 40 | 15 00 | 08 33 | 20 42 | 05 36 | 15 07 | 12 26 |
| 22 | 20 22 | 15 02 | 15 31 | 22 58 | 07 42 | 02 18 | 21 35 | 08 19 | 15 40 | 15 00 | 08 34 | 20 43 | 05 44 | 15 14 | 12 26 |
| 23 | 20 33 | 20 19 | 16 12 | 23 09 | 07 26 | 02 17 | 21 34 | 08 19 | 15 40 | 14 59 | 08 35 | 20 44 | 05 53 | 15 20 | 12 26 |
| 24 | 20 45 | 24 34 | 16 53 | 23 19 | 07 10 | 02 17 | 21 33 | 08 19 | 15 41 | 14 59 | 08 36 | 20 44 | 06 01 | 15 27 | 12 25 |
| 25 | 20 56 | 27 21 | 17 34 | 23 28 | 06 55 | 02 16 | 21 33 | 08 18 | 15 41 | 14 59 | 08 37 | 20 44 | 06 09 | 15 34 | 12 25 |
| 26 | 21 06 | 28 16 | 18 14 | 23 36 | 06 39 | 02 16 | 21 32 | 08 18 | 15 41 | 14 59 | 08 38 | 20 44 | 06 17 | 15 40 | 12 25 |
| 27 | 21 17 | 27 11 | 18 53 | 23 44 | 06 23 | 02 15 | 21 31 | 08 18 | 15 41 | 14 59 | 08 40 | 20 44 | 06 25 | 15 47 | 12 25 |
| 28 | 21 26 | 24 15 | 19 32 | 23 51 | 06 07 | 02 15 | 21 30 | 08 17 | 15 41 | 14 59 | 08 41 | 20 44 | 06 32 | 15 53 | 12 25 |
| 29 | 21 36 | 19 49 | 20 09 | 23 58 | 05 51 | 02 14 | 21 29 | 08 17 | 15 41 | 14 59 | 08 43 | 20 43 | 06 40 | 16 00 | 12 24 |
| 30 | 21 45 | 14 20 | 20 45 | 24 04 | 05 35 | 02 14 | 21 28 | 08 17 | 15 41 | 14 59 | 08 44 | 20 42 | 06 48 | 16 06 | 12 24 |
| 31 | 21 54 | 08 12 | 21 19 | 24 09 | 05 19 | 02 14 | 21 27 | 08 17 | 15 41 | 14 59 | 08 46 | 20 41 | 06 56 | 16 12 | 12 24 |

Lunar Phases -- 1 ◑ 06:25 8 ● 08:47 16 ◐ 08:58 23 ○ 20:19 30 ◑ 11:48 Sun enters ♊ 5/20 22:48

**June 05** — Longitudes of Main Planets - June 2005 — 0:00 E.T.

| D | S.T. | ☉ | ☽ | ☽ 12:00 | ☿ | ♀ | ♂ | ♃ | ♄ | ♅ | ♆ | ♇ | ☊ |
|---|---|---|---|---|---|---|---|---|---|---|---|---|---|
| 1 | 16:38:19 | 10♊36 26 | 29♓55 | 06♈40 | 07♊39 | 26♊46 | 22♓12 | 08♎58℞ | 24♋32 | 10♓41 | 17♒34℞ | 23♐31℞ | 20♈20 |
| 2 | 16:42:15 | 11 33 56 | 13♈21 | 19 59 | 09 51 | 28 00 | 22 54 | 08 57 | 24 39 | 10 42 | 17 34 | 23 30 | 20 16 |
| 3 | 16:46:12 | 12 31 25 | 26 33 | 03♉04 | 12 03 | 29 13 | 23 37 | 08 56 | 24 45 | 10 42 | 17 33 | 23 28 | 20 13 |
| 4 | 16:50:08 | 13 28 54 | 09♉32 | 15 56 | 14 15 | 00♋27 | 24 19 | 08 56 | 24 51 | 10 43 | 17 33 | 23 27 | 20 10 |
| 5 | 16:54:05 | 14 26 22 | 22 18 | 28 38 | 16 27 | 01 40 | 25 01 | 08 56 | 24 58 | 10 43 | 17 32 | 23 25 | 20 07 |
| 6 | 16:58:01 | 15 23 49 | 04♊54 | 11♊08 | 18 39 | 02 53 | 25 44 | 08 56D | 25 04 | 10 44 | 17 32 | 23 23 | 20 04 |
| 7 | 17:01:58 | 16 21 16 | 17 20 | 23 29 | 20 50 | 04 07 | 26 26 | 08 56 | 25 11 | 10 44 | 17 31 | 23 22 | 20 01 |
| 8 | 17:05:55 | 17 18 41 | 29 36 | 05♋40 | 23 00 | 05 20 | 27 08 | 08 57 | 25 18 | 10 45 | 17 30 | 23 20 | 19 57 |
| 9 | 17:09:51 | 18 16 06 | 11♋43 | 17 44 | 25 09 | 06 33 | 27 50 | 08 57 | 25 24 | 10 45 | 17 30 | 23 19 | 19 54 |
| 10 | 17:13:48 | 19 13 29 | 23 42 | 29 40 | 27 17 | 07 47 | 28 32 | 08 58 | 25 31 | 10 45 | 17 29 | 23 17 | 19 51 |
| 11 | 17:17:44 | 20 10 52 | 05♌36 | 11♌32 | 29 23 | 09 00 | 29 14 | 08 59 | 25 38 | 10 45 | 17 29 | 23 16 | 19 48 |
| 12 | 17:21:41 | 21 08 14 | 17 27 | 23 23 | 01♋28 | 10 13 | 29 56 | 09 00 | 25 45 | 10 46 | 17 28 | 23 14 | 19 45 |
| 13 | 17:25:37 | 22 05 34 | 29 19 | 05♍16 | 03 30 | 11 26 | 00♈37 | 09 01 | 25 52 | 10 46 | 17 27 | 23 12 | 19 42 |
| 14 | 17:29:34 | 23 02 54 | 11♍15 | 17 17 | 05 31 | 12 39 | 01 19 | 09 03 | 25 59 | 10 46 | 17 26 | 23 11 | 19 38 |
| 15 | 17:33:30 | 24 00 13 | 23 21 | 29 29 | 07 30 | 13 53 | 02 01 | 09 04 | 26 05 | 10 46℞ | 17 26 | 23 09 | 19 35 |
| 16 | 17:37:27 | 24 57 31 | 05♎42 | 11♎59 | 09 26 | 15 06 | 02 42 | 09 06 | 26 12 | 10 46 | 17 25 | 23 08 | 19 32 |
| 17 | 17:41:24 | 25 54 48 | 18 22 | 24 51 | 11 21 | 16 19 | 03 24 | 09 08 | 26 20 | 10 46 | 17 24 | 23 06 | 19 29 |
| 18 | 17:45:20 | 26 52 04 | 01♏26 | 08♏08 | 13 13 | 17 32 | 04 05 | 09 10 | 26 27 | 10 46 | 17 23 | 23 05 | 19 26 |
| 19 | 17:49:17 | 27 49 20 | 14 57 | 21 54 | 15 03 | 18 45 | 04 46 | 09 13 | 26 34 | 10 45 | 17 22 | 23 03 | 19 22 |
| 20 | 17:53:13 | 28 46 35 | 28 57 | 06♐07 | 16 50 | 19 58 | 05 27 | 09 15 | 26 41 | 10 45 | 17 21 | 23 01 | 19 19 |
| 21 | 17:57:10 | 29 43 49 | 13♐24 | 20 46 | 18 35 | 21 11 | 06 08 | 09 18 | 26 48 | 10 45 | 17 20 | 23 00 | 19 16 |
| 22 | 18:01:06 | 00♋41 03 | 28 12 | 05♑42 | 20 18 | 22 24 | 06 49 | 09 21 | 26 55 | 10 45 | 17 19 | 22 58 | 19 13 |
| 23 | 18:05:03 | 01 38 16 | 13♑15 | 20 48 | 21 59 | 23 37 | 07 30 | 09 24 | 27 03 | 10 44 | 17 18 | 22 57 | 19 10 |
| 24 | 18:08:59 | 02 35 29 | 28 21 | 05♒53 | 23 37 | 24 50 | 08 11 | 09 27 | 27 10 | 10 44 | 17 17 | 22 55 | 19 07 |
| 25 | 18:12:56 | 03 32 42 | 13♒22 | 20 47 | 25 12 | 26 03 | 08 52 | 09 30 | 27 17 | 10 43 | 17 16 | 22 54 | 19 03 |
| 26 | 18:16:53 | 04 29 54 | 28 08 | 05♓24 | 26 46 | 27 16 | 09 32 | 09 34 | 27 24 | 10 43 | 17 15 | 22 52 | 19 00 |
| 27 | 18:20:49 | 05 27 07 | 12♓34 | 19 39 | 28 17 | 28 29 | 10 13 | 09 37 | 27 32 | 10 42 | 17 14 | 22 51 | 18 57 |
| 28 | 18:24:46 | 06 24 19 | 26 37 | 03♈30 | 29 45 | 29 42 | 10 53 | 09 41 | 27 39 | 10 42 | 17 13 | 22 49 | 18 54 |
| 29 | 18:28:42 | 07 21 32 | 10♈17 | 16 59 | 01♌11 | 00♌55 | 11 33 | 09 45 | 27 47 | 10 41 | 17 12 | 22 47 | 18 51 |
| 30 | 18:32:39 | 08 18 44 | 23 36 | 00♉08 | 02 35 | 02 08 | 12 13 | 09 49 | 27 54 | 10 40 | 17 11 | 22 46 | 18 47 |

0:00 E.T. — Longitudes of the Major Asteroids and Chiron

| D | ⚳ | ⚴ | ⚵ | ⚶ | ⚷ | D | ⚳ | ⚴ | ⚵ | ⚶ | ⚷ |
|---|---|---|---|---|---|---|---|---|---|---|---|
| 1 | 13♏35℞ | 24♍48 | 24♈21 | 29♉42 | 02♒59℞ | 16 | 11 53 | 27 25 | 01 58 | 06 11 | 02 28 |
| 2 | 13 25 | 24 56 | 24 52 | 00♊08 | 02 57 | 17 | 11 49 | 27 38 | 02 29 | 06 37 | 02 25 |
| 3 | 13 16 | 25 05 | 25 22 | 00 34 | 02 55 | 18 | 11 46 | 27 51 | 02 59 | 07 03 | 02 23 |
| 4 | 13 08 | 25 14 | 25 53 | 01 00 | 02 54 | 19 | 11 43 | 28 05 | 03 29 | 07 29 | 02 20 |
| 5 | 13 00 | 25 23 | 26 23 | 01 26 | 02 52 | 20 | 11 40 | 28 18 | 04 00 | 07 54 | 02 17 |
| 6 | 12 52 | 25 32 | 26 54 | 01 52 | 02 50 | 21 | 11 38 | 28 32 | 04 30 | 08 20 | 02 15 |
| 7 | 12 44 | 25 42 | 27 24 | 02 18 | 02 48 | 22 | 11 36 | 28 46 | 05 00 | 08 45 | 02 12 |
| 8 | 12 37 | 25 53 | 27 55 | 02 44 | 02 46 | 23 | 11 34 | 29 01 | 05 30 | 09 11 | 02 09 |
| 9 | 12 30 | 26 03 | 28 25 | 03 10 | 02 44 | 24 | 11 33 | 29 15 | 06 01 | 09 36 | 02 06 |
| 10 | 12 24 | 26 14 | 28 56 | 03 36 | 02 42 | 25 | 11 33 | 29 30 | 06 31 | 10 02 | 02 03 |
| 11 | 12 18 | 26 25 | 29 26 | 04 02 | 02 39 | 26 | 11 32 | 29 45 | 07 01 | 10 27 | 02 01 |
| 12 | 12 12 | 26 37 | 29 57 | 04 28 | 02 37 | 27 | 11 32D | 00♎01 | 07 31 | 10 53 | 01 58 |
| 13 | 12 07 | 26 48 | 00♉27 | 04 54 | 02 35 | 28 | 11 33 | 00 16 | 08 01 | 11 18 | 01 55 |
| 14 | 12 02 | 27 01 | 00 58 | 05 20 | 02 33 | 29 | 11 33 | 00 32 | 08 31 | 11 43 | 01 52 |
| 15 | 11 57 | 27 13 | 01 28 | 05 46 | 02 30 | 30 | 11 34 | 00 48 | 09 01 | 12 09 | 01 49 |

**Lunar Data**

| Last Asp. | | Ingress | | |
|---|---|---|---|---|
| 31 | 17:54 | 1 | ♈ | 00:09 |
| 3 | 05:25 | 3 | ♉ | 06:21 |
| 5 | 05:27 | 5 | ♊ | 14:37 |
| 7 | 18:51 | 8 | ♋ | 00:48 |
| 10 | 10:19 | 10 | ♌ | 12:41 |
| 12 | 11:41 | 13 | ♍ | 01:23 |
| 15 | 05:25 | 15 | ♎ | 12:60 |
| 17 | 15:03 | 17 | ♏ | 21:24 |
| 19 | 20:08 | 20 | ♐ | 01:46 |
| 21 | 15:35 | 22 | ♑ | 02:53 |
| 23 | 22:06 | 24 | ♒ | 02:37 |
| 25 | 15:24 | 26 | ♓ | 03:04 |
| 28 | 05:52 | 28 | ♈ | 05:53 |
| 30 | 07:58 | 30 | ♉ | 11:46 |

0:00 E.T. — Declinations

| D | ☉ | ☽ | ☿ | ♀ | ♂ | ♃ | ♄ | ♅ | ♆ | ♇ | ⚳ | ⚴ | ⚵ | ⚶ | ⚷ |
|---|---|---|---|---|---|---|---|---|---|---|---|---|---|---|---|
| 1 | +22 02 | -01 48 | +21 52 | +24 13 | -05 03 | -02 14 | +21 26 | -08 16 | -15 41 | -14 59 | -08 48 | +20 39 | +07 03 | +16 18 | -12 24 |
| 2 | 22 10 | +04 34 | 22 22 | 24 17 | 04 47 | 02 14 | 21 24 | 08 16 | 15 41 | 14 59 | 08 50 | 20 38 | 07 11 | 16 24 | 12 24 |
| 3 | 22 18 | 10 38 | 22 51 | 24 20 | 04 31 | 02 14 | 21 23 | 08 16 | 15 42 | 14 59 | 08 52 | 20 36 | 07 18 | 16 30 | 12 24 |
| 4 | 22 25 | 16 09 | 23 17 | 24 22 | 04 15 | 02 14 | 21 22 | 08 16 | 15 42 | 14 59 | 08 54 | 20 34 | 07 25 | 16 36 | 12 24 |
| 5 | 22 32 | 20 52 | 23 41 | 24 24 | 03 59 | 02 14 | 21 21 | 08 16 | 15 42 | 14 59 | 08 57 | 20 32 | 07 33 | 16 42 | 12 24 |
| 6 | 22 38 | 24 33 | 24 02 | 24 24 | 03 43 | 02 14 | 21 20 | 08 15 | 15 42 | 14 59 | 08 59 | 20 30 | 07 40 | 16 48 | 12 24 |
| 7 | 22 44 | 27 02 | 24 20 | 24 24 | 03 27 | 02 15 | 21 19 | 08 15 | 15 42 | 14 59 | 09 02 | 20 27 | 07 47 | 16 54 | 12 24 |
| 8 | 22 50 | 28 09 | 24 36 | 24 24 | 03 11 | 02 15 | 21 18 | 08 15 | 15 42 | 14 59 | 09 04 | 20 25 | 07 54 | 16 59 | 12 24 |
| 9 | 22 55 | 27 54 | 24 49 | 24 22 | 02 55 | 02 16 | 21 17 | 08 15 | 15 43 | 14 59 | 09 07 | 20 22 | 08 01 | 17 05 | 12 24 |
| 10 | 23 00 | 26 21 | 24 59 | 24 20 | 02 39 | 02 16 | 21 16 | 08 15 | 15 43 | 14 59 | 09 10 | 20 19 | 08 08 | 17 10 | 12 24 |
| 11 | 23 05 | 23 37 | 25 07 | 24 17 | 02 24 | 02 17 | 21 14 | 08 15 | 15 43 | 14 59 | 09 13 | 20 16 | 08 15 | 17 16 | 12 24 |
| 12 | 23 09 | 19 55 | 25 11 | 24 14 | 02 08 | 02 17 | 21 13 | 08 15 | 15 43 | 14 59 | 09 16 | 20 12 | 08 22 | 17 21 | 12 24 |
| 13 | 23 12 | 15 26 | 25 13 | 24 10 | 01 52 | 02 18 | 21 12 | 08 15 | 15 43 | 14 59 | 09 19 | 20 09 | 08 28 | 17 26 | 12 24 |
| 14 | 23 16 | 10 20 | 25 13 | 24 05 | 01 36 | 02 19 | 21 11 | 08 15 | 15 44 | 14 59 | 09 23 | 20 05 | 08 35 | 17 31 | 12 25 |
| 15 | 23 18 | 04 47 | 25 09 | 23 59 | 01 20 | 02 20 | 21 10 | 08 15 | 15 44 | 14 59 | 09 26 | 20 02 | 08 41 | 17 36 | 12 25 |
| 16 | 23 21 | -01 04 | 25 04 | 23 53 | 01 05 | 02 21 | 21 08 | 08 15 | 15 44 | 14 59 | 09 29 | 19 58 | 08 48 | 17 41 | 12 25 |
| 17 | 23 23 | 07 01 | 24 56 | 23 46 | 00 49 | 02 22 | 21 07 | 08 15 | 15 45 | 14 59 | 09 33 | 19 54 | 08 54 | 17 46 | 12 25 |
| 18 | 23 24 | 12 52 | 24 46 | 23 38 | 00 33 | 02 23 | 21 06 | 08 15 | 15 45 | 14 59 | 09 37 | 19 49 | 09 00 | 17 51 | 12 25 |
| 19 | 23 25 | 18 20 | 24 34 | 23 30 | 00 18 | 02 24 | 21 04 | 08 15 | 15 45 | 14 59 | 09 41 | 19 45 | 09 06 | 17 56 | 12 26 |
| 20 | 23 26 | 23 00 | 24 21 | 23 21 | 00 02 | 02 25 | 21 03 | 08 15 | 15 45 | 14 59 | 09 45 | 19 41 | 09 12 | 18 00 | 12 26 |
| 21 | 23 26 | 26 25 | 24 05 | 23 11 | +00 13 | 02 27 | 21 02 | 08 16 | 15 46 | 14 59 | 09 49 | 19 36 | 09 18 | 18 05 | 12 26 |
| 22 | 23 26 | 28 06 | 23 48 | 23 00 | 00 29 | 02 28 | 21 01 | 08 16 | 15 46 | 14 59 | 09 53 | 19 31 | 09 24 | 18 10 | 12 26 |
| 23 | 23 26 | 27 45 | 23 29 | 22 49 | 00 44 | 02 29 | 20 59 | 08 16 | 15 46 | 14 59 | 09 57 | 19 27 | 09 29 | 18 14 | 12 27 |
| 24 | 23 25 | 25 22 | 23 09 | 22 37 | 01 00 | 02 31 | 20 58 | 08 16 | 15 47 | 14 59 | 10 01 | 19 22 | 09 35 | 18 18 | 12 27 |
| 25 | 23 24 | 21 13 | 22 48 | 22 25 | 01 15 | 02 32 | 20 57 | 08 16 | 15 47 | 14 59 | 10 05 | 19 17 | 09 40 | 18 23 | 12 27 |
| 26 | 23 22 | 15 49 | 22 25 | 22 12 | 01 30 | 02 34 | 20 55 | 08 17 | 15 47 | 15 00 | 10 10 | 19 12 | 09 46 | 18 27 | 12 28 |
| 27 | 23 20 | 09 39 | 22 02 | 21 58 | 01 45 | 02 36 | 20 54 | 08 17 | 15 48 | 15 00 | 10 14 | 19 06 | 09 51 | 18 31 | 12 28 |
| 28 | 23 17 | 03 09 | 21 38 | 21 44 | 02 00 | 02 37 | 20 52 | 08 17 | 15 48 | 15 00 | 10 19 | 19 01 | 09 56 | 18 35 | 12 29 |
| 29 | 23 14 | +03 20 | 21 12 | 21 29 | 02 15 | 02 39 | 20 51 | 08 17 | 15 48 | 15 00 | 10 24 | 18 56 | 10 01 | 18 39 | 12 29 |
| 30 | 23 11 | 09 30 | 20 46 | 21 14 | 02 30 | 02 41 | 20 50 | 08 18 | 15 49 | 15 00 | 10 29 | 18 50 | 10 06 | 18 43 | 12 29 |

Lunar Phases -- 6 ● 21:56 15 ◐ 01:23 22 ○ 04:15 28 ◑ 18:24 Sun enters ♋ 6/21 06:47

## 0:00 E.T. Longitudes of Main Planets - July 2005

| D | S.T. | ☉ | ☽ | ☽ 12:00 | ☿ | ♀ | ♂ | ♃ | ♄ | ♅ | ♆ | ♇ | ☊ |
|---|---|---|---|---|---|---|---|---|---|---|---|---|---|
| 1 | 18:36:35 | 09♋15 57 | 06♉35 | 12♉59 | 03♌56 | 03♌21 | 12♈53 | 09♎54 | 28♋02 | 10♓40℞ | 17♒10℞ | 22♐44℞ | 18♈44 |
| 2 | 18:40:32 | 10 13 10 | 19 19 | 25 36 | 05 15 | 04 33 | 13 33 | 09 58 | 28 09 | 10 39 | 17 08 | 22 43 | 18 41 |
| 3 | 18:44:28 | 11 10 23 | 01♊51 | 08♊02 | 06 31 | 05 46 | 14 13 | 10 03 | 28 17 | 10 38 | 17 07 | 22 41 | 18 38 |
| 4 | 18:48:25 | 12 07 37 | 14 11 | 20 18 | 07 44 | 06 59 | 14 52 | 10 08 | 28 24 | 10 37 | 17 06 | 22 40 | 18 35 |
| 5 | 18:52:22 | 13 04 50 | 26 23 | 02♋27 | 08 55 | 08 12 | 15 32 | 10 13 | 28 32 | 10 36 | 17 05 | 22 39 | 18 32 |
| 6 | 18:56:18 | 14 02 04 | 08♋29 | 14 29 | 10 03 | 09 25 | 16 11 | 10 18 | 28 39 | 10 35 | 17 03 | 22 37 | 18 28 |
| 7 | 19:00:15 | 14 59 17 | 20 28 | 26 26 | 11 08 | 10 37 | 16 50 | 10 23 | 28 47 | 10 34 | 17 02 | 22 36 | 18 25 |
| 8 | 19:04:11 | 15 56 31 | 02♌23 | 08♌19 | 12 10 | 11 50 | 17 29 | 10 28 | 28 55 | 10 33 | 17 01 | 22 34 | 18 22 |
| 9 | 19:08:08 | 16 53 44 | 14 14 | 20 09 | 13 09 | 13 03 | 18 08 | 10 34 | 29 02 | 10 32 | 16 59 | 22 33 | 18 19 |
| 10 | 19:12:04 | 17 50 58 | 26 04 | 01♍59 | 14 05 | 14 15 | 18 47 | 10 40 | 29 10 | 10 31 | 16 58 | 22 31 | 18 16 |
| 11 | 19:16:01 | 18 48 11 | 07♍55 | 13 53 | 14 58 | 15 28 | 19 25 | 10 45 | 29 17 | 10 30 | 16 57 | 22 30 | 18 13 |
| 12 | 19:19:57 | 19 45 25 | 19 52 | 25 53 | 15 47 | 16 40 | 20 04 | 10 51 | 29 25 | 10 29 | 16 55 | 22 29 | 18 09 |
| 13 | 19:23:54 | 20 42 38 | 01♎56 | 08♎04 | 16 33 | 17 53 | 20 42 | 10 58 | 29 33 | 10 28 | 16 54 | 22 27 | 18 06 |
| 14 | 19:27:51 | 21 39 52 | 14 15 | 20 31 | 17 15 | 19 06 | 21 20 | 11 04 | 29 41 | 10 26 | 16 52 | 22 26 | 18 03 |
| 15 | 19:31:47 | 22 37 06 | 26 52 | 03♏19 | 17 54 | 20 18 | 21 58 | 11 10 | 29 48 | 10 25 | 16 51 | 22 25 | 18 00 |
| 16 | 19:35:44 | 23 34 19 | 09♏52 | 16 32 | 18 28 | 21 31 | 22 35 | 11 17 | 29 56 | 10 24 | 16 50 | 22 23 | 17 57 |
| 17 | 19:39:40 | 24 31 33 | 23 19 | 00♐14 | 18 59 | 22 43 | 23 13 | 11 23 | 00♌04 | 10 22 | 16 48 | 22 22 | 17 53 |
| 18 | 19:43:37 | 25 28 47 | 07♐16 | 14 26 | 19 25 | 23 55 | 23 50 | 11 30 | 00 11 | 10 21 | 16 47 | 22 21 | 17 50 |
| 19 | 19:47:33 | 26 26 01 | 21 43 | 29 06 | 19 47 | 25 08 | 24 27 | 11 37 | 00 19 | 10 19 | 16 45 | 22 20 | 17 47 |
| 20 | 19:51:30 | 27 23 16 | 06♑35 | 14♑08 | 20 04 | 26 20 | 25 04 | 11 44 | 00 27 | 10 18 | 16 44 | 22 18 | 17 44 |
| 21 | 19:55:26 | 28 20 30 | 21 45 | 29 24 | 20 17 | 27 32 | 25 41 | 11 51 | 00 35 | 10 16 | 16 42 | 22 17 | 17 41 |
| 22 | 19:59:23 | 29 17 46 | 07♒04 | 14♒42 | 20 25 | 28 45 | 26 18 | 11 59 | 00 42 | 10 14 | 16 41 | 22 16 | 17 38 |
| 23 | 20:03:20 | 00♌15 01 | 22 19 | 29 52 | 20 28 | 29 57 | 26 54 | 12 06 | 00 50 | 10 13 | 16 39 | 22 15 | 17 34 |
| 24 | 20:07:16 | 01 12 18 | 07♓21 | 14♓43 | 20 26℞ | 01♍09 | 27 30 | 12 14 | 00 58 | 10 11 | 16 37 | 22 14 | 17 31 |
| 25 | 20:11:13 | 02 09 35 | 22 00 | 29 10 | 20 19 | 02 21 | 28 06 | 12 21 | 01 06 | 10 09 | 16 36 | 22 13 | 17 28 |
| 26 | 20:15:09 | 03 06 53 | 06♈14 | 13♈10 | 20 08 | 03 33 | 28 42 | 12 29 | 01 13 | 10 08 | 16 34 | 22 11 | 17 25 |
| 27 | 20:19:06 | 04 04 12 | 20 00 | 26 43 | 19 51 | 04 45 | 29 17 | 12 37 | 01 21 | 10 06 | 16 33 | 22 10 | 17 22 |
| 28 | 20:23:02 | 05 01 32 | 03♉20 | 09♉52 | 19 29 | 05 58 | 29 52 | 12 45 | 01 29 | 10 04 | 16 31 | 22 09 | 17 19 |
| 29 | 20:26:59 | 05 58 53 | 16 18 | 22 39 | 19 03 | 07 10 | 00♉27 | 12 53 | 01 37 | 10 02 | 16 30 | 22 08 | 17 15 |
| 30 | 20:30:55 | 06 56 16 | 28 56 | 05♊09 | 18 32 | 08 22 | 01 02 | 13 02 | 01 44 | 10 01 | 16 28 | 22 07 | 17 12 |
| 31 | 20:34:52 | 07 53 39 | 11♊19 | 17 26 | 17 58 | 09 34 | 01 37 | 13 10 | 01 52 | 09 59 | 16 26 | 22 06 | 17 09 |

## 0:00 E.T. Longitudes of the Major Asteroids and Chiron

| D | ⚳ | ⚴ | ⚵ | ⚶ | ⚷ | D | ⚳ | ⚴ | ⚵ | ⚶ | ⚷ |
|---|---|---|---|---|---|---|---|---|---|---|---|
| 1 | 11♏36 | 01♎04 | 09♉31 | 12♊34 | 01♒45℞ | 17 | 12 47 | 05 48 | 17 26 | 19 12 | 00 52 |
| 2 | 11 38 | 01 20 | 10 01 | 12 59 | 01 42 | 18 | 12 55 | 06 07 | 17 55 | 19 36 | 00 49 |
| 3 | 11 40 | 01 37 | 10 31 | 13 24 | 01 39 | 19 | 13 02 | 06 26 | 18 24 | 20 01 | 00 46 |
| 4 | 11 42 | 01 54 | 11 01 | 13 49 | 01 36 | 20 | 13 10 | 06 46 | 18 53 | 20 25 | 00 42 |
| 5 | 11 45 | 02 10 | 11 31 | 14 15 | 01 33 | 21 | 13 18 | 07 05 | 19 22 | 20 49 | 00 39 |
| 6 | 11 49 | 02 28 | 12 01 | 14 40 | 01 29 | 22 | 13 27 | 07 25 | 19 51 | 21 14 | 00 35 |
| 7 | 11 52 | 02 45 | 12 31 | 15 05 | 01 26 | 23 | 13 36 | 07 45 | 20 20 | 21 38 | 00 32 |
| 8 | 11 56 | 03 02 | 13 01 | 15 30 | 01 23 | 24 | 13 45 | 08 05 | 20 49 | 22 02 | 00 28 |
| 9 | 12 01 | 03 20 | 13 30 | 15 54 | 01 20 | 25 | 13 54 | 08 25 | 21 18 | 22 26 | 00 25 |
| 10 | 12 05 | 03 38 | 14 00 | 16 19 | 01 16 | 26 | 14 03 | 08 46 | 21 47 | 22 50 | 00 21 |
| 11 | 12 10 | 03 56 | 14 29 | 16 44 | 01 13 | 27 | 14 13 | 09 06 | 22 15 | 23 14 | 00 18 |
| 12 | 12 16 | 04 14 | 14 59 | 17 09 | 01 10 | 28 | 14 23 | 09 27 | 22 44 | 23 38 | 00 14 |
| 13 | 12 21 | 04 33 | 15 29 | 17 34 | 01 06 | 29 | 14 34 | 09 47 | 23 13 | 24 01 | 00 11 |
| 14 | 12 27 | 04 51 | 15 58 | 17 58 | 01 03 | 30 | 14 45 | 10 08 | 23 41 | 24 25 | 00 07 |
| 15 | 12 34 | 05 10 | 16 27 | 18 23 | 00 59 | 31 | 14 56 | 10 29 | 24 09 | 24 49 | 00 04 |
| 16 | 12 40 | 05 29 | 16 57 | 18 47 | 00 56 | | | | | | |

## Lunar Data

| Last Asp. | | Ingress | | |
|---|---|---|---|---|
| 2 | 17:04 | 2 | ♊ | 20:27 |
| 4 | 16:37 | 5 | ♋ | 07:09 |
| 7 | 16:55 | 7 | ♌ | 19:12 |
| 9 | 16:50 | 10 | ♍ | 07:58 |
| 12 | 19:13 | 12 | ♎ | 20:10 |
| 15 | 05:33 | 15 | ♏ | 05:52 |
| 17 | 02:16 | 17 | ♐ | 11:36 |
| 19 | 06:04 | 19 | ♑ | 13:27 |
| 21 | 11:02 | 21 | ♒ | 12:56 |
| 23 | 07:34 | 23 | ♓ | 12:13 |
| 25 | 00:20 | 25 | ♈ | 13:24 |
| 27 | 17:24 | 27 | ♉ | 17:56 |
| 29 | 05:00 | 30 | ♊ | 02:03 |

## 0:00 E.T. Declinations

| D | ☉ | ☽ | ☿ | ♀ | ♂ | ♃ | ♄ | ♅ | ♆ | ♇ | ⚳ | ⚴ | ⚵ | ⚶ | ⚷ |
|---|---|---|---|---|---|---|---|---|---|---|---|---|---|---|---|
| 1 | +23 07 | +15 07 | +20 20 | +20 58 | +02 45 | -02 43 | +20 48 | -08 18 | -15 49 | -15 00 | -10 34 | +18 45 | +10 11 | +18 47 | -12 30 |
| 2 | 23 03 | 19 58 | 19 53 | 20 41 | 03 00 | 02 45 | 20 47 | 08 18 | 15 49 | 15 00 | 10 38 | 18 39 | 10 16 | 18 50 | 12 30 |
| 3 | 22 58 | 23 51 | 19 26 | 20 24 | 03 15 | 02 47 | 20 45 | 08 19 | 15 50 | 15 00 | 10 44 | 18 33 | 10 20 | 18 54 | 12 31 |
| 4 | 22 53 | 26 35 | 18 58 | 20 06 | 03 30 | 02 49 | 20 44 | 08 19 | 15 50 | 15 00 | 10 49 | 18 27 | 10 25 | 18 57 | 12 31 |
| 5 | 22 48 | 28 00 | 18 30 | 19 48 | 03 44 | 02 51 | 20 42 | 08 19 | 15 51 | 15 00 | 10 54 | 18 21 | 10 29 | 19 01 | 12 32 |
| 6 | 22 42 | 28 04 | 18 02 | 19 29 | 03 59 | 02 53 | 20 41 | 08 20 | 15 51 | 15 01 | 10 59 | 18 15 | 10 33 | 19 04 | 12 32 |
| 7 | 22 36 | 26 49 | 17 34 | 19 09 | 04 13 | 02 56 | 20 40 | 08 20 | 15 51 | 15 01 | 11 04 | 18 09 | 10 37 | 19 08 | 12 33 |
| 8 | 22 29 | 24 21 | 17 06 | 18 49 | 04 27 | 02 58 | 20 38 | 08 21 | 15 52 | 15 01 | 11 10 | 18 03 | 10 41 | 19 11 | 12 33 |
| 9 | 22 22 | 20 51 | 16 38 | 18 29 | 04 41 | 03 00 | 20 37 | 08 21 | 15 52 | 15 01 | 11 15 | 17 57 | 10 45 | 19 14 | 12 34 |
| 10 | 22 15 | 16 32 | 16 11 | 18 08 | 04 56 | 03 03 | 20 35 | 08 21 | 15 53 | 15 01 | 11 21 | 17 50 | 10 49 | 19 17 | 12 34 |
| 11 | 22 07 | 11 35 | 15 43 | 17 47 | 05 10 | 03 05 | 20 34 | 08 22 | 15 53 | 15 01 | 11 27 | 17 44 | 10 53 | 19 20 | 12 35 |
| 12 | 21 59 | 06 11 | 15 17 | 17 25 | 05 23 | 03 08 | 20 32 | 08 22 | 15 54 | 15 01 | 11 32 | 17 37 | 10 56 | 19 23 | 12 36 |
| 13 | 21 51 | 00 29 | 14 51 | 17 02 | 05 37 | 03 11 | 20 31 | 08 23 | 15 54 | 15 02 | 11 38 | 17 31 | 10 59 | 19 26 | 12 36 |
| 14 | 21 42 | -05 20 | 14 25 | 16 40 | 05 51 | 03 13 | 20 29 | 08 23 | 15 54 | 15 02 | 11 44 | 17 24 | 11 03 | 19 29 | 12 37 |
| 15 | 21 33 | 11 06 | 14 01 | 16 16 | 06 05 | 03 16 | 20 27 | 08 24 | 15 55 | 15 02 | 11 50 | 17 18 | 11 06 | 19 31 | 12 38 |
| 16 | 21 23 | 16 34 | 13 37 | 15 53 | 06 18 | 03 19 | 20 26 | 08 25 | 15 55 | 15 02 | 11 56 | 17 11 | 11 09 | 19 34 | 12 38 |
| 17 | 21 13 | 21 27 | 13 15 | 15 29 | 06 31 | 03 22 | 20 24 | 08 25 | 15 56 | 15 02 | 12 02 | 17 04 | 11 11 | 19 37 | 12 39 |
| 18 | 21 03 | 25 18 | 12 53 | 15 04 | 06 45 | 03 24 | 20 23 | 08 26 | 15 56 | 15 02 | 12 08 | 16 57 | 11 14 | 19 39 | 12 39 |
| 19 | 20 52 | 27 42 | 12 33 | 14 40 | 06 58 | 03 27 | 20 21 | 08 26 | 15 57 | 15 03 | 12 14 | 16 51 | 11 17 | 19 41 | 12 40 |
| 20 | 20 41 | 28 12 | 12 15 | 14 14 | 07 11 | 03 30 | 20 20 | 08 27 | 15 57 | 15 03 | 12 20 | 16 44 | 11 19 | 19 44 | 12 41 |
| 21 | 20 30 | 26 37 | 11 58 | 13 49 | 07 24 | 03 33 | 20 18 | 08 27 | 15 58 | 15 03 | 12 26 | 16 37 | 11 21 | 19 46 | 12 42 |
| 22 | 20 18 | 23 04 | 11 42 | 13 23 | 07 36 | 03 36 | 20 16 | 08 28 | 15 58 | 15 03 | 12 32 | 16 30 | 11 23 | 19 48 | 12 42 |
| 23 | 20 06 | 17 57 | 11 29 | 12 57 | 07 49 | 03 39 | 20 15 | 08 29 | 15 59 | 15 03 | 12 38 | 16 23 | 11 25 | 19 50 | 12 43 |
| 24 | 19 54 | 11 47 | 11 17 | 12 30 | 08 02 | 03 43 | 20 13 | 08 29 | 15 59 | 15 04 | 12 45 | 16 16 | 11 27 | 19 52 | 12 44 |
| 25 | 19 41 | 05 07 | 11 07 | 12 03 | 08 14 | 03 46 | 20 12 | 08 30 | 16 00 | 15 04 | 12 51 | 16 08 | 11 29 | 19 54 | 12 44 |
| 26 | 19 28 | +01 38 | 10 59 | 11 36 | 08 26 | 03 49 | 20 10 | 08 31 | 16 00 | 15 04 | 12 58 | 16 01 | 11 30 | 19 56 | 12 45 |
| 27 | 19 14 | 08 06 | 10 54 | 11 09 | 08 38 | 03 52 | 20 08 | 08 31 | 16 01 | 15 04 | 13 04 | 15 54 | 11 32 | 19 58 | 12 46 |
| 28 | 19 01 | 14 00 | 10 51 | 10 41 | 08 50 | 03 56 | 20 07 | 08 32 | 16 01 | 15 05 | 13 10 | 15 47 | 11 33 | 20 00 | 12 47 |
| 29 | 18 47 | 19 07 | 10 50 | 10 13 | 09 02 | 03 59 | 20 05 | 08 33 | 16 02 | 15 05 | 13 17 | 15 40 | 11 34 | 20 01 | 12 47 |
| 30 | 18 32 | 23 15 | 10 52 | 09 44 | 09 14 | 04 02 | 20 03 | 08 34 | 16 02 | 15 05 | 13 23 | 15 32 | 11 35 | 20 03 | 12 48 |
| 31 | 18 18 | 26 13 | 10 56 | 09 16 | 09 26 | 04 06 | 20 02 | 08 34 | 16 03 | 15 05 | 13 30 | 15 25 | 11 36 | 20 04 | 12 49 |

Lunar Phases -- 6 ● 12:04 14 ◐ 15:21 21 ○ 11:01 28 ◑ 03:20 Sun enters ♌ 7/22 17:42

## Aug. 05 — Longitudes of Main Planets - August 2005 — 0:00 E.T.

| D | S.T. | ☉ | ☽ | ☽ 12:00 | ☿ | ♀ | ♂ | ♃ | ♄ | ♅ | ♆ | ♇ | ☊ |
|---|---|---|---|---|---|---|---|---|---|---|---|---|---|
| 1 | 20:38:49 | 08♌51 03 | 23♊31 | 29♊33 | 17♌20℞ | 10♍45 | 02♉11 | 13♎19 | 02♌00 | 09♓57℞ | 16♒25℞ | 22♐05℞ | 17♈06 |
| 2 | 20:42:45 | 09 48 29 | 05♋34 | 11♋33 | 16 38 | 11 57 | 02 45 | 13 27 | 02 08 | 09 55 | 16 23 | 22 04 | 17 03 |
| 3 | 20:46:42 | 10 45 55 | 17 31 | 23 29 | 15 55 | 13 09 | 03 19 | 13 36 | 02 15 | 09 53 | 16 21 | 22 04 | 16 59 |
| 4 | 20:50:38 | 11 43 22 | 29 25 | 05♌21 | 15 09 | 14 21 | 03 52 | 13 45 | 02 23 | 09 51 | 16 20 | 22 03 | 16 56 |
| 5 | 20:54:35 | 12 40 51 | 11♌17 | 17 12 | 14 23 | 15 33 | 04 25 | 13 54 | 02 31 | 09 49 | 16 18 | 22 02 | 16 53 |
| 6 | 20:58:31 | 13 38 20 | 23 07 | 29 03 | 13 37 | 16 45 | 04 58 | 14 03 | 02 38 | 09 47 | 16 17 | 22 01 | 16 50 |
| 7 | 21:02:28 | 14 35 50 | 04♍59 | 10♍56 | 12 51 | 17 56 | 05 31 | 14 12 | 02 46 | 09 45 | 16 15 | 22 00 | 16 47 |
| 8 | 21:06:24 | 15 33 22 | 16 54 | 22 54 | 12 07 | 19 08 | 06 03 | 14 21 | 02 54 | 09 42 | 16 13 | 21 59 | 16 44 |
| 9 | 21:10:21 | 16 30 54 | 28 55 | 04♎58 | 11 25 | 20 20 | 06 35 | 14 31 | 03 01 | 09 40 | 16 12 | 21 59 | 16 40 |
| 10 | 21:14:18 | 17 28 27 | 11♎04 | 17 13 | 10 47 | 21 31 | 07 06 | 14 40 | 03 09 | 09 38 | 16 10 | 21 58 | 16 37 |
| 11 | 21:18:14 | 18 26 00 | 23 25 | 29 41 | 10 13 | 22 43 | 07 38 | 14 50 | 03 16 | 09 36 | 16 08 | 21 57 | 16 34 |
| 12 | 21:22:11 | 19 23 35 | 06♏02 | 12♏28 | 09 43 | 23 54 | 08 09 | 14 59 | 03 24 | 09 34 | 16 07 | 21 57 | 16 31 |
| 13 | 21:26:07 | 20 21 11 | 19 00 | 25 38 | 09 19 | 25 06 | 08 39 | 15 09 | 03 32 | 09 32 | 16 05 | 21 56 | 16 28 |
| 14 | 21:30:04 | 21 18 48 | 02♐22 | 09♐13 | 09 01 | 26 17 | 09 10 | 15 19 | 03 39 | 09 29 | 16 03 | 21 55 | 16 25 |
| 15 | 21:34:00 | 22 16 25 | 16 11 | 23 16 | 08 50 | 27 28 | 09 40 | 15 29 | 03 47 | 09 27 | 16 02 | 21 55 | 16 21 |
| 16 | 21:37:57 | 23 14 04 | 00♑28 | 07♑46 | 08 45 | 28 40 | 10 09 | 15 39 | 03 54 | 09 25 | 16 00 | 21 54 | 16 18 |
| 17 | 21:41:53 | 24 11 44 | 15 10 | 22 39 | 08 48D | 29 51 | 10 38 | 15 49 | 04 02 | 09 23 | 15 59 | 21 54 | 16 15 |
| 18 | 21:45:50 | 25 09 24 | 00♒13 | 07♒49 | 08 57 | 01♎02 | 11 07 | 15 59 | 04 09 | 09 20 | 15 57 | 21 53 | 16 12 |
| 19 | 21:49:47 | 26 07 06 | 15 27 | 23 05 | 09 15 | 02 13 | 11 36 | 16 10 | 04 16 | 09 18 | 15 55 | 21 53 | 16 09 |
| 20 | 21:53:43 | 27 04 49 | 00♓42 | 08♓17 | 09 39 | 03 24 | 12 04 | 16 20 | 04 24 | 09 16 | 15 54 | 21 52 | 16 05 |
| 21 | 21:57:40 | 28 02 34 | 15 48 | 23 14 | 10 12 | 04 35 | 12 31 | 16 30 | 04 31 | 09 13 | 15 52 | 21 52 | 16 02 |
| 22 | 22:01:36 | 29 00 20 | 00♈35 | 07♈50 | 10 51 | 05 46 | 12 59 | 16 41 | 04 38 | 09 11 | 15 51 | 21 51 | 15 59 |
| 23 | 22:05:33 | 29 58 07 | 14 58 | 21 59 | 11 38 | 06 57 | 13 26 | 16 51 | 04 46 | 09 09 | 15 49 | 21 51 | 15 56 |
| 24 | 22:09:29 | 00♍55 56 | 28 52 | 05♉39 | 12 32 | 08 08 | 13 52 | 17 02 | 04 53 | 09 06 | 15 48 | 21 51 | 15 53 |
| 25 | 22:13:26 | 01 53 47 | 12♉20 | 18 53 | 13 33 | 09 19 | 14 18 | 17 13 | 05 00 | 09 04 | 15 46 | 21 51 | 15 50 |
| 26 | 22:17:22 | 02 51 40 | 25 21 | 01♊44 | 14 41 | 10 29 | 14 44 | 17 24 | 05 07 | 09 02 | 15 44 | 21 50 | 15 46 |
| 27 | 22:21:19 | 03 49 34 | 08♊01 | 14 14 | 15 54 | 11 40 | 15 09 | 17 35 | 05 15 | 08 59 | 15 43 | 21 50 | 15 43 |
| 28 | 22:25:16 | 04 47 31 | 20 23 | 26 29 | 17 14 | 12 51 | 15 33 | 17 46 | 05 22 | 08 57 | 15 41 | 21 50 | 15 40 |
| 29 | 22:29:12 | 05 45 29 | 02♋32 | 08♋33 | 18 39 | 14 01 | 15 57 | 17 57 | 05 29 | 08 54 | 15 40 | 21 50 | 15 37 |
| 30 | 22:33:09 | 06 43 29 | 14 31 | 20 29 | 20 09 | 15 12 | 16 21 | 18 08 | 05 36 | 08 52 | 15 38 | 21 50 | 15 34 |
| 31 | 22:37:05 | 07 41 31 | 26 25 | 02♌21 | 21 44 | 16 22 | 16 44 | 18 19 | 05 43 | 08 50 | 15 37 | 21 49 | 15 31 |

## 0:00 E.T. — Longitudes of the Major Asteroids and Chiron

| D | ⚳ | ⚴ | ⚵ | ⚶ | ⚷ |
|---|---|---|---|---|---|
| 1 | 15♏07 | 10♎50 | 24♉38 | 25♊12 | 00♒01℞ |
| 2 | 15 18 | 11 11 | 25 06 | 25 36 | 29♑57 |
| 3 | 15 30 | 11 33 | 25 34 | 25 59 | 29 54 |
| 4 | 15 42 | 11 54 | 26 02 | 26 23 | 29 50 |
| 5 | 15 54 | 12 15 | 26 30 | 26 46 | 29 47 |
| 6 | 16 06 | 12 37 | 26 58 | 27 09 | 29 44 |
| 7 | 16 19 | 12 59 | 27 25 | 27 33 | 29 41 |
| 8 | 16 32 | 13 21 | 27 53 | 27 56 | 29 37 |
| 9 | 16 45 | 13 43 | 28 20 | 28 19 | 29 34 |
| 10 | 16 58 | 14 05 | 28 48 | 28 42 | 29 31 |
| 11 | 17 12 | 14 27 | 29 15 | 29 04 | 29 28 |
| 12 | 17 26 | 14 49 | 29 42 | 29 27 | 29 24 |
| 13 | 17 40 | 15 11 | 00♊09 | 29 50 | 29 21 |
| 14 | 17 54 | 15 34 | 00 36 | 00♋12 | 29 18 |
| 15 | 18 08 | 15 56 | 01 03 | 00 35 | 29 15 |
| 16 | 18 23 | 16 19 | 01 30 | 00 57 | 29 12 |
| 17 | 18 38 | 16 42 | 01 56 | 01 20 | 29 09 |
| 18 | 18 52 | 17 05 | 02 23 | 01 42 | 29 06 |
| 19 | 19 08 | 17 28 | 02 49 | 02 04 | 29 03 |
| 20 | 19 23 | 17 51 | 03 15 | 02 26 | 29 00 |
| 21 | 19 39 | 18 14 | 03 41 | 02 48 | 28 57 |
| 22 | 19 54 | 18 37 | 04 07 | 03 10 | 28 55 |
| 23 | 20 10 | 19 00 | 04 33 | 03 32 | 28 52 |
| 24 | 20 26 | 19 23 | 04 58 | 03 53 | 28 49 |
| 25 | 20 42 | 19 47 | 05 23 | 04 15 | 28 46 |
| 26 | 20 59 | 20 10 | 05 49 | 04 36 | 28 44 |
| 27 | 21 15 | 20 34 | 06 14 | 04 57 | 28 41 |
| 28 | 21 32 | 20 57 | 06 39 | 05 19 | 28 39 |
| 29 | 21 49 | 21 21 | 07 03 | 05 40 | 28 36 |
| 30 | 22 06 | 21 45 | 07 28 | 06 01 | 28 34 |
| 31 | 22 23 | 22 09 | 07 52 | 06 22 | 28 31 |

## Lunar Data

| Last Asp. | Ingress |
|---|---|
| 31 21:11 | 1 ♋ 12:54 |
| 2 16:01 | 4 ♌ 01:11 |
| 5 21:45 | 6 ♍ 13:55 |
| 8 10:10 | 9 ♎ 02:09 |
| 10 21:11 | 11 ♏ 12:36 |
| 13 12:07 | 13 ♐ 19:48 |
| 15 20:44 | 15 ♑ 23:14 |
| 17 01:03 | 17 ♒ 23:40 |
| 19 17:54 | 19 ♓ 22:54 |
| 21 09:46 | 21 ♈ 23:03 |
| 23 11:47 | 24 ♉ 01:59 |
| 25 06:15 | 26 ♊ 08:44 |
| 28 02:50 | 28 ♋ 18:58 |
| 30 07:23 | 31 ♌ 07:15 |

## 0:00 E.T. — Declinations

| D | ☉ | ☽ | ☿ | ♀ | ♂ | ♃ | ♄ | ♅ | ♆ | ♇ | ⚳ | ⚴ | ⚵ | ⚶ | ⚷ |
|---|---|---|---|---|---|---|---|---|---|---|---|---|---|---|---|
| 1 | +18 03 | +27 55 | +11 02 | +08 47 | +09 37 | -04 09 | +20 00 | -08 35 | -16 03 | -15 05 | -13 37 | +15 18 | +11 36 | +20 06 | -12 50 |
| 2 | 17 48 | 28 16 | 11 11 | 08 18 | 09 49 | 04 13 | 19 59 | 08 36 | 16 04 | 15 06 | 13 43 | 15 10 | 11 37 | 20 07 | 12 51 |
| 3 | 17 32 | 27 17 | 11 21 | 07 49 | 10 00 | 04 16 | 19 57 | 08 37 | 16 04 | 15 06 | 13 50 | 15 03 | 11 37 | 20 08 | 12 51 |
| 4 | 17 16 | 25 04 | 11 34 | 07 20 | 10 11 | 04 20 | 19 55 | 08 37 | 16 05 | 15 06 | 13 57 | 14 55 | 11 37 | 20 10 | 12 52 |
| 5 | 17 00 | 21 46 | 11 49 | 06 50 | 10 22 | 04 24 | 19 54 | 08 38 | 16 05 | 15 06 | 14 03 | 14 48 | 11 37 | 20 11 | 12 53 |
| 6 | 16 44 | 17 36 | 12 05 | 06 20 | 10 32 | 04 27 | 19 52 | 08 39 | 16 06 | 15 07 | 14 10 | 14 40 | 11 37 | 20 12 | 12 54 |
| 7 | 16 27 | 12 44 | 12 23 | 05 50 | 10 43 | 04 31 | 19 50 | 08 40 | 16 06 | 15 07 | 14 17 | 14 33 | 11 37 | 20 13 | 12 55 |
| 8 | 16 10 | 07 24 | 12 41 | 05 20 | 10 53 | 04 35 | 19 49 | 08 41 | 16 07 | 15 07 | 14 24 | 14 25 | 11 37 | 20 14 | 12 55 |
| 9 | 15 53 | 01 45 | 13 01 | 04 50 | 11 04 | 04 39 | 19 47 | 08 41 | 16 07 | 15 08 | 14 30 | 14 18 | 11 36 | 20 15 | 12 56 |
| 10 | 15 36 | -04 02 | 13 21 | 04 20 | 11 14 | 04 42 | 19 45 | 08 42 | 16 08 | 15 08 | 14 37 | 14 10 | 11 35 | 20 16 | 12 57 |
| 11 | 15 18 | 09 47 | 13 41 | 03 49 | 11 24 | 04 46 | 19 44 | 08 43 | 16 08 | 15 08 | 14 44 | 14 03 | 11 34 | 20 16 | 12 58 |
| 12 | 15 00 | 15 15 | 14 02 | 03 19 | 11 34 | 04 50 | 19 42 | 08 44 | 16 09 | 15 08 | 14 51 | 13 55 | 11 33 | 20 17 | 12 59 |
| 13 | 14 42 | 20 13 | 14 22 | 02 48 | 11 44 | 04 54 | 19 40 | 08 45 | 16 09 | 15 09 | 14 58 | 13 48 | 11 32 | 20 18 | 13 00 |
| 14 | 14 24 | 24 19 | 14 41 | 02 18 | 11 53 | 04 58 | 19 39 | 08 46 | 16 09 | 15 09 | 15 05 | 13 40 | 11 31 | 20 18 | 13 00 |
| 15 | 14 05 | 27 11 | 14 59 | 01 47 | 12 02 | 05 02 | 19 37 | 08 46 | 16 10 | 15 09 | 15 12 | 13 33 | 11 29 | 20 19 | 13 01 |
| 16 | 13 46 | 28 23 | 15 17 | 01 16 | 12 12 | 05 06 | 19 35 | 08 47 | 16 10 | 15 10 | 15 19 | 13 25 | 11 27 | 20 19 | 13 02 |
| 17 | 13 27 | 27 39 | 15 33 | 00 45 | 12 21 | 05 10 | 19 34 | 08 48 | 16 11 | 15 10 | 15 26 | 13 17 | 11 26 | 20 20 | 13 03 |
| 18 | 13 08 | 24 55 | 15 47 | 00 14 | 12 30 | 05 14 | 19 32 | 08 49 | 16 11 | 15 10 | 15 32 | 13 10 | 11 23 | 20 20 | 13 04 |
| 19 | 12 49 | 20 25 | 15 59 | -00 17 | 12 39 | 05 18 | 19 30 | 08 50 | 16 12 | 15 11 | 15 39 | 13 02 | 11 21 | 20 20 | 13 05 |
| 20 | 12 29 | 14 33 | 16 10 | 00 48 | 12 47 | 05 22 | 19 29 | 08 51 | 16 12 | 15 11 | 15 46 | 12 55 | 11 19 | 20 21 | 13 06 |
| 21 | 12 09 | 07 53 | 16 18 | 01 19 | 12 56 | 05 26 | 19 27 | 08 52 | 16 13 | 15 11 | 15 53 | 12 47 | 11 16 | 20 21 | 13 06 |
| 22 | 11 49 | 00 54 | 16 24 | 01 50 | 13 04 | 05 31 | 19 25 | 08 53 | 16 13 | 15 11 | 16 00 | 12 39 | 11 14 | 20 21 | 13 07 |
| 23 | 11 29 | +05 56 | 16 27 | 02 21 | 13 12 | 05 35 | 19 24 | 08 53 | 16 14 | 15 12 | 16 07 | 12 32 | 11 11 | 20 21 | 13 08 |
| 24 | 11 09 | 12 17 | 16 28 | 02 52 | 13 20 | 05 39 | 19 22 | 08 54 | 16 14 | 15 12 | 16 14 | 12 24 | 11 08 | 20 21 | 13 09 |
| 25 | 10 48 | 17 50 | 16 26 | 03 22 | 13 28 | 05 43 | 19 20 | 08 55 | 16 15 | 15 12 | 16 21 | 12 17 | 11 05 | 20 21 | 13 10 |
| 26 | 10 27 | 22 23 | 16 20 | 03 53 | 13 36 | 05 48 | 19 19 | 08 56 | 16 15 | 15 13 | 16 28 | 12 09 | 11 01 | 20 21 | 13 11 |
| 27 | 10 06 | 25 45 | 16 12 | 04 24 | 13 43 | 05 52 | 19 17 | 08 57 | 16 16 | 15 13 | 16 35 | 12 02 | 10 58 | 20 21 | 13 11 |
| 28 | 09 45 | 27 48 | 16 01 | 04 55 | 13 51 | 05 56 | 19 15 | 08 58 | 16 16 | 15 13 | 16 42 | 11 54 | 10 54 | 20 20 | 13 12 |
| 29 | 09 24 | 28 28 | 15 47 | 05 25 | 13 58 | 06 00 | 19 14 | 08 59 | 16 17 | 15 14 | 16 49 | 11 47 | 10 50 | 20 20 | 13 13 |
| 30 | 09 03 | 27 47 | 15 30 | 05 56 | 14 05 | 06 05 | 19 12 | 09 00 | 16 17 | 15 14 | 16 56 | 11 39 | 10 46 | 20 20 | 13 14 |
| 31 | 08 41 | 25 50 | 15 09 | 06 26 | 14 12 | 06 09 | 19 11 | 09 01 | 16 18 | 15 15 | 17 03 | 11 32 | 10 42 | 20 20 | 13 15 |

Lunar Phases -- 5 ● 03:06 13 ◐ 02:40 19 ○ 17:54 26 ◑ 15:19 Sun enters ♍ 8/23 00:47

## 0:00 E.T. Longitudes of Main Planets - September 2005 

| D | S.T. | ☉ | ☽ | ☽ 12:00 | ☿ | ♀ | ♂ | ♃ | ♄ | ♅ | ♆ | ♇ | ☊ |
|---|---|---|---|---|---|---|---|---|---|---|---|---|---|
| 1 | 22:41:02 | 08♍39 35 | 08♌16 | 14♌11 | 23♌22 | 17♎33 | 17♉07 | 18♎30 | 05♌50 | 08♓47℞ | 15♒35℞ | 21♐49℞ | 15♈27 |
| 2 | 22:44:58 | 09 37 40 | 20 07 | 26 03 | 25 05 | 18 43 | 17 29 | 18 42 | 05 57 | 08 45 | 15 34 | 21 49 | 15 24 |
| 3 | 22:48:55 | 10 35 47 | 02♍00 | 07♍59 | 26 50 | 19 53 | 17 50 | 18 53 | 06 04 | 08 43 | 15 32 | 21 49D | 15 21 |
| 4 | 22:52:51 | 11 33 56 | 13 58 | 19 59 | 28 38 | 21 03 | 18 11 | 19 05 | 06 10 | 08 40 | 15 31 | 21 49 | 15 18 |
| 5 | 22:56:48 | 12 32 06 | 26 01 | 02♎05 | 00♍28 | 22 14 | 18 32 | 19 16 | 06 17 | 08 38 | 15 30 | 21 49 | 15 15 |
| 6 | 23:00:45 | 13 30 18 | 08♎12 | 14 20 | 02 20 | 23 24 | 18 51 | 19 28 | 06 24 | 08 35 | 15 28 | 21 50 | 15 11 |
| 7 | 23:04:41 | 14 28 32 | 20 32 | 26 46 | 04 13 | 24 34 | 19 11 | 19 40 | 06 31 | 08 33 | 15 27 | 21 50 | 15 08 |
| 8 | 23:08:38 | 15 26 47 | 03♏03 | 09♏24 | 06 07 | 25 44 | 19 29 | 19 51 | 06 37 | 08 31 | 15 25 | 21 50 | 15 05 |
| 9 | 23:12:34 | 16 25 04 | 15 49 | 22 18 | 08 02 | 26 53 | 19 47 | 20 03 | 06 44 | 08 28 | 15 24 | 21 50 | 15 02 |
| 10 | 23:16:31 | 17 23 22 | 28 52 | 05♐30 | 09 57 | 28 03 | 20 05 | 20 15 | 06 50 | 08 26 | 15 23 | 21 50 | 14 59 |
| 11 | 23:20:27 | 18 21 43 | 12♐14 | 19 03 | 11 52 | 29 13 | 20 21 | 20 27 | 06 57 | 08 23 | 15 21 | 21 51 | 14 56 |
| 12 | 23:24:24 | 19 20 04 | 25 57 | 02♑57 | 13 47 | 00♏22 | 20 37 | 20 39 | 07 03 | 08 21 | 15 20 | 21 51 | 14 52 |
| 13 | 23:28:20 | 20 18 27 | 10♑02 | 17 13 | 15 41 | 01 32 | 20 53 | 20 51 | 07 10 | 08 19 | 15 19 | 21 51 | 14 49 |
| 14 | 23:32:17 | 21 16 52 | 24 28 | 01♒48 | 17 36 | 02 41 | 21 07 | 21 03 | 07 16 | 08 16 | 15 18 | 21 52 | 14 46 |
| 15 | 23:36:14 | 22 15 18 | 09♒12 | 16 38 | 19 29 | 03 51 | 21 21 | 21 15 | 07 22 | 08 14 | 15 16 | 21 52 | 14 43 |
| 16 | 23:40:10 | 23 13 46 | 24 07 | 01♓37 | 21 22 | 05 00 | 21 35 | 21 27 | 07 29 | 08 12 | 15 15 | 21 52 | 14 40 |
| 17 | 23:44:07 | 24 12 16 | 09♓06 | 16 34 | 23 14 | 06 09 | 21 47 | 21 39 | 07 35 | 08 10 | 15 14 | 21 53 | 14 36 |
| 18 | 23:48:03 | 25 10 47 | 24 01 | 01♈23 | 25 05 | 07 18 | 21 59 | 21 51 | 07 41 | 08 07 | 15 13 | 21 53 | 14 33 |
| 19 | 23:52:00 | 26 09 20 | 08♈42 | 15 56 | 26 55 | 08 27 | 22 11 | 22 04 | 07 47 | 08 05 | 15 12 | 21 54 | 14 30 |
| 20 | 23:55:56 | 27 07 55 | 23 04 | 00♉07 | 28 45 | 09 36 | 22 21 | 22 16 | 07 53 | 08 03 | 15 11 | 21 54 | 14 27 |
| 21 | 23:59:53 | 28 06 32 | 07♉03 | 13 52 | 00♎33 | 10 45 | 22 31 | 22 28 | 07 59 | 08 01 | 15 10 | 21 55 | 14 24 |
| 22 | 0:03:49 | 29 05 12 | 20 35 | 27 12 | 02 20 | 11 54 | 22 39 | 22 41 | 08 05 | 07 58 | 15 08 | 21 56 | 14 21 |
| 23 | 0:07:46 | 00♎03 54 | 03♊43 | 10♊08 | 04 07 | 13 02 | 22 48 | 22 53 | 08 10 | 07 56 | 15 07 | 21 56 | 14 17 |
| 24 | 0:11:43 | 01 02 38 | 16 28 | 22 42 | 05 52 | 14 11 | 22 55 | 23 06 | 08 16 | 07 54 | 15 06 | 21 57 | 14 14 |
| 25 | 0:15:39 | 02 01 24 | 28 53 | 04♋59 | 07 37 | 15 19 | 23 01 | 23 18 | 08 22 | 07 52 | 15 05 | 21 58 | 14 11 |
| 26 | 0:19:36 | 03 00 12 | 11♋03 | 17 03 | 09 20 | 16 27 | 23 07 | 23 31 | 08 27 | 07 50 | 15 04 | 21 58 | 14 08 |
| 27 | 0:23:32 | 03 59 03 | 23 02 | 28 59 | 11 03 | 17 35 | 23 12 | 23 43 | 08 33 | 07 48 | 15 03 | 21 59 | 14 05 |
| 28 | 0:27:29 | 04 57 56 | 04♌55 | 10♌50 | 12 44 | 18 43 | 23 16 | 23 56 | 08 38 | 07 46 | 15 03 | 22 00 | 14 02 |
| 29 | 0:31:25 | 05 56 51 | 16 46 | 22 41 | 14 25 | 19 51 | 23 19 | 24 09 | 08 44 | 07 44 | 15 02 | 22 01 | 13 58 |
| 30 | 0:35:22 | 06 55 49 | 28 38 | 04♍36 | 16 05 | 20 59 | 23 21 | 24 21 | 08 49 | 07 42 | 15 01 | 22 02 | 13 55 |

## 0:00 E.T. Longitudes of the Major Asteroids and Chiron — Lunar Data

| D | ⚳ | ⚴ | ⚵ | ⚶ | ⚷ | D | ⚳ | ⚴ | ⚵ | ⚶ | ⚷ | Last Asp. | Ingress |
|---|---|---|---|---|---|---|---|---|---|---|---|---|---|
| 1 | 22♏41 | 22♎33 | 08♊16 | 06♋42 | 28♑29℞ | 16 | 27 19 | 28 39 | 13 52 | 11 38 | 28 02 | 2 11:45 | 2 ♍ 19:57 |
| 2 | 22 58 | 22 56 | 08 40 | 07 03 | 28 27 | 17 | 27 38 | 29 04 | 14 12 | 11 56 | 28 00 | 4 15:40 | 5 ♎ 07:53 |
| 3 | 23 16 | 23 21 | 09 04 | 07 24 | 28 25 | 18 | 27 58 | 29 29 | 14 32 | 12 15 | 27 59 | 7 08:34 | 7 ♏ 18:11 |
| 4 | 23 34 | 23 45 | 09 27 | 07 44 | 28 23 | 19 | 28 18 | 29 54 | 14 52 | 12 33 | 27 58 | 9 07:32 | 10 ♐ 02:04 |
| 5 | 23 52 | 24 09 | 09 51 | 08 04 | 28 20 | 20 | 28 37 | 00♏19 | 15 12 | 12 51 | 27 57 | 11 16:53 | 12 ♑ 06:58 |
| 6 | 24 10 | 24 33 | 10 14 | 08 24 | 28 18 | 21 | 28 57 | 00 44 | 15 31 | 13 09 | 27 56 | 13 18:23 | 14 ♒ 09:03 |
| 7 | 24 28 | 24 57 | 10 37 | 08 44 | 28 16 | 22 | 29 18 | 01 09 | 15 50 | 13 26 | 27 55 | 15 20:24 | 16 ♓ 09:25 |
| 8 | 24 47 | 25 22 | 10 59 | 09 04 | 28 15 | 23 | 29 38 | 01 34 | 16 09 | 13 44 | 27 54 | 18 02:02 | 18 ♈ 09:44 |
| 9 | 25 05 | 25 46 | 11 22 | 09 24 | 28 13 | 24 | 29 58 | 01 59 | 16 27 | 14 01 | 27 53 | 19 22:37 | 20 ♉ 11:49 |
| 10 | 25 24 | 26 11 | 11 44 | 09 43 | 28 11 | 25 | 00♐18 | 02 24 | 16 45 | 14 18 | 27 52 | 22 16:42 | 22 ♊ 17:08 |
| 11 | 25 43 | 26 35 | 12 06 | 10 03 | 28 09 | 26 | 00 39 | 02 50 | 17 03 | 14 35 | 27 51 | 24 12:59 | 25 ♋ 02:12 |
| 12 | 26 02 | 27 00 | 12 28 | 10 22 | 28 08 | 27 | 01 00 | 03 15 | 17 20 | 14 52 | 27 51 | 27 01:25 | 27 ♌ 14:04 |
| 13 | 26 21 | 27 25 | 12 49 | 10 41 | 28 06 | 28 | 01 20 | 03 40 | 17 37 | 15 08 | 27 50 | 29 15:13 | 30 ♍ 02:45 |
| 14 | 26 40 | 27 49 | 13 10 | 11 00 | 28 04 | 29 | 01 41 | 04 06 | 17 53 | 15 25 | 27 50 | | |
| 15 | 26 59 | 28 14 | 13 31 | 11 19 | 28 03 | 30 | 02 02 | 04 31 | 18 10 | 15 41 | 27 49 | | |

## 0:00 E.T. Declinations

| D | ☉ | ☽ | ☿ | ♀ | ♂ | ♃ | ♄ | ♅ | ♆ | ♇ | ⚳ | ⚴ | ⚵ | ⚶ | ⚷ |
|---|---|---|---|---|---|---|---|---|---|---|---|---|---|---|---|
| 1 | +08 19 | +22 45 | +14 46 | -06 56 | +14 19 | -06 14 | +19 09 | -09 02 | -16 18 | -15 15 | -17 09 | +11 24 | +10 38 | +20 19 | -13 16 |
| 2 | 07 58 | 18 45 | 14 20 | 07 27 | 14 25 | 06 18 | 19 07 | 09 02 | 16 18 | 15 15 | 17 16 | 11 17 | 10 33 | 20 19 | 13 16 |
| 3 | 07 36 | 14 00 | 13 51 | 07 57 | 14 32 | 06 22 | 19 06 | 09 03 | 16 19 | 15 16 | 17 23 | 11 09 | 10 29 | 20 18 | 13 17 |
| 4 | 07 14 | 08 42 | 13 20 | 08 27 | 14 38 | 06 27 | 19 04 | 09 04 | 16 19 | 15 16 | 17 30 | 11 02 | 10 24 | 20 18 | 13 18 |
| 5 | 06 51 | 03 03 | 12 46 | 08 56 | 14 44 | 06 31 | 19 03 | 09 05 | 16 20 | 15 16 | 17 37 | 10 54 | 10 19 | 20 17 | 13 19 |
| 6 | 06 29 | -02 47 | 12 11 | 09 26 | 14 50 | 06 36 | 19 01 | 09 06 | 16 20 | 15 17 | 17 44 | 10 47 | 10 14 | 20 17 | 13 20 |
| 7 | 06 07 | 08 35 | 11 33 | 09 55 | 14 56 | 06 40 | 18 59 | 09 07 | 16 21 | 15 17 | 17 51 | 10 40 | 10 08 | 20 16 | 13 20 |
| 8 | 05 44 | 14 09 | 10 53 | 10 24 | 15 01 | 06 45 | 18 58 | 09 08 | 16 21 | 15 17 | 17 57 | 10 32 | 10 03 | 20 15 | 13 21 |
| 9 | 05 22 | 19 14 | 10 12 | 10 53 | 15 07 | 06 50 | 18 56 | 09 09 | 16 21 | 15 18 | 18 04 | 10 25 | 09 57 | 20 15 | 13 22 |
| 10 | 04 59 | 23 31 | 09 30 | 11 22 | 15 12 | 06 54 | 18 55 | 09 10 | 16 22 | 15 18 | 18 11 | 10 18 | 09 51 | 20 14 | 13 23 |
| 11 | 04 36 | 26 41 | 08 47 | 11 51 | 15 17 | 06 59 | 18 53 | 09 10 | 16 22 | 15 19 | 18 18 | 10 10 | 09 45 | 20 13 | 13 23 |
| 12 | 04 13 | 28 22 | 08 02 | 12 19 | 15 22 | 07 03 | 18 52 | 09 11 | 16 23 | 15 19 | 18 25 | 10 03 | 09 39 | 20 13 | 13 24 |
| 13 | 03 50 | 28 17 | 07 17 | 12 47 | 15 27 | 07 08 | 18 50 | 09 12 | 16 23 | 15 19 | 18 31 | 09 56 | 09 33 | 20 12 | 13 25 |
| 14 | 03 27 | 26 18 | 06 31 | 13 15 | 15 32 | 07 12 | 18 49 | 09 13 | 16 23 | 15 20 | 18 38 | 09 49 | 09 27 | 20 11 | 13 26 |
| 15 | 03 04 | 22 31 | 05 44 | 13 42 | 15 36 | 07 17 | 18 47 | 09 14 | 16 24 | 15 20 | 18 45 | 09 42 | 09 20 | 20 10 | 13 26 |
| 16 | 02 41 | 17 15 | 04 57 | 14 09 | 15 41 | 07 22 | 18 46 | 09 15 | 16 24 | 15 20 | 18 51 | 09 35 | 09 13 | 20 09 | 13 27 |
| 17 | 02 18 | 10 56 | 04 10 | 14 36 | 15 45 | 07 26 | 18 44 | 09 16 | 16 24 | 15 21 | 18 58 | 09 28 | 09 07 | 20 08 | 13 28 |
| 18 | 01 55 | 04 01 | 03 23 | 15 03 | 15 49 | 07 31 | 18 43 | 09 16 | 16 25 | 15 21 | 19 04 | 09 21 | 09 00 | 20 07 | 13 29 |
| 19 | 01 32 | +03 02 | 02 35 | 15 29 | 15 53 | 07 36 | 18 41 | 09 17 | 16 25 | 15 22 | 19 11 | 09 14 | 08 52 | 20 06 | 13 29 |
| 20 | 01 08 | 09 46 | 01 47 | 15 55 | 15 57 | 07 40 | 18 40 | 09 18 | 16 25 | 15 22 | 19 17 | 09 07 | 08 45 | 20 05 | 13 30 |
| 21 | 00 45 | 15 51 | 01 00 | 16 20 | 16 00 | 07 45 | 18 39 | 09 19 | 16 26 | 15 22 | 19 24 | 09 00 | 08 38 | 20 05 | 13 31 |
| 22 | 00 22 | 20 57 | 00 12 | 16 46 | 16 04 | 07 50 | 18 37 | 09 20 | 16 26 | 15 23 | 19 30 | 08 53 | 08 30 | 20 04 | 13 31 |
| 23 | -00 02 | 24 52 | -00 35 | 17 11 | 16 07 | 07 54 | 18 36 | 09 20 | 16 26 | 15 23 | 19 37 | 08 46 | 08 22 | 20 03 | 13 32 |
| 24 | 00 25 | 27 25 | 01 22 | 17 35 | 16 10 | 07 59 | 18 34 | 09 21 | 16 27 | 15 23 | 19 43 | 08 39 | 08 15 | 20 02 | 13 33 |
| 25 | 00 48 | 28 32 | 02 08 | 17 59 | 16 13 | 08 04 | 18 33 | 09 22 | 16 27 | 15 24 | 19 49 | 08 33 | 08 07 | 20 00 | 13 33 |
| 26 | 01 12 | 28 14 | 02 55 | 18 23 | 16 16 | 08 08 | 18 32 | 09 23 | 16 27 | 15 24 | 19 56 | 08 26 | 07 59 | 19 59 | 13 34 |
| 27 | 01 35 | 26 37 | 03 41 | 18 46 | 16 19 | 08 13 | 18 30 | 09 24 | 16 28 | 15 25 | 20 02 | 08 19 | 07 50 | 19 58 | 13 35 |
| 28 | 01 58 | 23 49 | 04 26 | 19 09 | 16 21 | 08 18 | 18 29 | 09 24 | 16 28 | 15 25 | 20 08 | 08 13 | 07 42 | 19 57 | 13 35 |
| 29 | 02 22 | 20 02 | 05 12 | 19 32 | 16 24 | 08 23 | 18 28 | 09 25 | 16 28 | 15 25 | 20 14 | 08 06 | 07 33 | 19 56 | 13 36 |
| 30 | 02 45 | 15 27 | 05 56 | 19 54 | 16 26 | 08 27 | 18 27 | 09 26 | 16 28 | 15 26 | 20 21 | 08 00 | 07 25 | 19 55 | 13 36 |

Lunar Phases -- 3 ● 18:46 11 ◐ 11:38 18 Ⓔ 02:02 25 ◑ 06:42 Sun enters ♎ 9/22 22:24

## Oct. 05 — Longitudes of Main Planets - October 2005 — 0:00 E.T.

| D | S.T. | ☉ | ☽ | ☽ 12:00 | ☿ | ♀ | ♂ | ♃ | ♄ | ♅ | ♆ | ♇ | ☊ |
|---|---|---|---|---|---|---|---|---|---|---|---|---|---|
| 1 | 0:39:18 | 07♎54 48 | 10♍35 | 16♍37 | 17♎44 | 22♏07 | 23♉22 | 24♎34 | 08♌54 | 07♓40℞ | 15♒00℞ | 22♐03 | 13♈52 |
| 2 | 0:43:15 | 08 53 50 | 22 40 | 28 46 | 19 22 | 23 15 | 23 22℞ | 24 47 | 08 59 | 07 38 | 14 59 | 22 03 | 13 49 |
| 3 | 0:47:12 | 09 52 53 | 04♎55 | 11♎06 | 20 59 | 24 22 | 23 22 | 25 00 | 09 04 | 07 36 | 14 58 | 22 04 | 13 46 |
| 4 | 0:51:08 | 10 51 59 | 17 20 | 23 37 | 22 36 | 25 29 | 23 20 | 25 13 | 09 09 | 07 34 | 14 58 | 22 05 | 13 42 |
| 5 | 0:55:05 | 11 51 07 | 29 58 | 06♏21 | 24 11 | 26 36 | 23 18 | 25 25 | 09 14 | 07 32 | 14 57 | 22 06 | 13 39 |
| 6 | 0:59:01 | 12 50 17 | 12♏48 | 19 19 | 25 46 | 27 44 | 23 15 | 25 38 | 09 19 | 07 30 | 14 56 | 22 07 | 13 36 |
| 7 | 1:02:58 | 13 49 28 | 25 53 | 02♐30 | 27 20 | 28 50 | 23 11 | 25 51 | 09 24 | 07 29 | 14 56 | 22 09 | 13 33 |
| 8 | 1:06:54 | 14 48 42 | 09♐11 | 15 55 | 28 53 | 29 57 | 23 06 | 26 04 | 09 28 | 07 27 | 14 55 | 22 10 | 13 30 |
| 9 | 1:10:51 | 15 47 57 | 22 43 | 29 34 | 00♏26 | 01♐04 | 23 00 | 26 17 | 09 33 | 07 25 | 14 54 | 22 11 | 13 27 |
| 10 | 1:14:47 | 16 47 15 | 06♑29 | 13♑28 | 01 58 | 02 10 | 22 53 | 26 30 | 09 38 | 07 23 | 14 54 | 22 12 | 13 23 |
| 11 | 1:18:44 | 17 46 34 | 20 29 | 27 34 | 03 29 | 03 16 | 22 45 | 26 43 | 09 42 | 07 22 | 14 53 | 22 13 | 13 20 |
| 12 | 1:22:41 | 18 45 54 | 04♒42 | 11♒52 | 04 59 | 04 23 | 22 37 | 26 56 | 09 46 | 07 20 | 14 53 | 22 14 | 13 17 |
| 13 | 1:26:37 | 19 45 17 | 19 04 | 26 19 | 06 28 | 05 28 | 22 27 | 27 09 | 09 51 | 07 19 | 14 52 | 22 16 | 13 14 |
| 14 | 1:30:34 | 20 44 41 | 03♓34 | 10♓50 | 07 57 | 06 34 | 22 17 | 27 22 | 09 55 | 07 17 | 14 52 | 22 17 | 13 11 |
| 15 | 1:34:30 | 21 44 07 | 18 07 | 25 22 | 09 25 | 07 40 | 22 06 | 27 35 | 09 59 | 07 15 | 14 51 | 22 18 | 13 08 |
| 16 | 1:38:27 | 22 43 34 | 02♈37 | 09♈49 | 10 52 | 08 45 | 21 54 | 27 48 | 10 03 | 07 14 | 14 51 | 22 20 | 13 04 |
| 17 | 1:42:23 | 23 43 04 | 16 59 | 24 05 | 12 18 | 09 50 | 21 42 | 28 01 | 10 07 | 07 13 | 14 51 | 22 21 | 13 01 |
| 18 | 1:46:20 | 24 42 35 | 01♉07 | 08♉05 | 13 44 | 10 55 | 21 28 | 28 14 | 10 10 | 07 11 | 14 50 | 22 22 | 12 58 |
| 19 | 1:50:16 | 25 42 09 | 14 58 | 21 46 | 15 09 | 12 00 | 21 14 | 28 27 | 10 14 | 07 10 | 14 50 | 22 24 | 12 55 |
| 20 | 1:54:13 | 26 41 45 | 28 28 | 05♊05 | 16 33 | 13 04 | 20 59 | 28 40 | 10 18 | 07 09 | 14 50 | 22 25 | 12 52 |
| 21 | 1:58:10 | 27 41 23 | 11♊37 | 18 03 | 17 56 | 14 09 | 20 44 | 28 53 | 10 21 | 07 07 | 14 50 | 22 27 | 12 48 |
| 22 | 2:02:06 | 28 41 03 | 24 24 | 00♋41 | 19 18 | 15 13 | 20 27 | 29 06 | 10 25 | 07 06 | 14 49 | 22 28 | 12 45 |
| 23 | 2:06:03 | 29 40 45 | 06♋52 | 13 00 | 20 39 | 16 16 | 20 10 | 29 19 | 10 28 | 07 05 | 14 49 | 22 30 | 12 42 |
| 24 | 2:09:59 | 00♏40 30 | 19 04 | 25 06 | 21 59 | 17 20 | 19 53 | 29 32 | 10 31 | 07 04 | 14 49 | 22 31 | 12 39 |
| 25 | 2:13:56 | 01 40 17 | 01♌05 | 07♌02 | 23 18 | 18 23 | 19 35 | 29 45 | 10 34 | 07 03 | 14 49 | 22 33 | 12 36 |
| 26 | 2:17:52 | 02 40 06 | 12 58 | 18 53 | 24 36 | 19 26 | 19 16 | 29 58 | 10 37 | 07 02 | 14 49 | 22 34 | 12 33 |
| 27 | 2:21:49 | 03 39 57 | 24 49 | 00♍45 | 25 53 | 20 29 | 18 57 | 00♏11 | 10 40 | 07 01 | 14 49D | 22 36 | 12 29 |
| 28 | 2:25:45 | 04 39 51 | 06♍42 | 12 41 | 27 08 | 21 31 | 18 37 | 00 25 | 10 43 | 07 00 | 14 49 | 22 38 | 12 26 |
| 29 | 2:29:42 | 05 39 46 | 18 42 | 24 46 | 28 21 | 22 34 | 18 17 | 00 38 | 10 46 | 06 59 | 14 49 | 22 39 | 12 23 |
| 30 | 2:33:39 | 06 39 44 | 00♎53 | 07♎04 | 29 33 | 23 35 | 17 57 | 00 51 | 10 48 | 06 58 | 14 49 | 22 41 | 12 20 |
| 31 | 2:37:35 | 07 39 44 | 13 18 | 19 36 | 00♐43 | 24 37 | 17 36 | 01 04 | 10 51 | 06 57 | 14 49 | 22 43 | 12 17 |

## 0:00 E.T. — Longitudes of the Major Asteroids and Chiron

| D | ⚳ | ⚴ | ⚵ | ⚶ | ⚷ |
|---|---|---|---|---|---|
| 1 | 02♐23 | 04♏57 | 18♊26 | 15♋57 | 27♑49℞ |
| 2 | 02 44 | 05 22 | 18 41 | 16 13 | 27 49 |
| 3 | 03 05 | 05 48 | 18 56 | 16 28 | 27 48 |
| 4 | 03 26 | 06 13 | 19 11 | 16 43 | 27 48 |
| 5 | 03 48 | 06 39 | 19 25 | 16 59 | 27 48 |
| 6 | 04 09 | 07 05 | 19 39 | 17 13 | 27 48D |
| 7 | 04 31 | 07 30 | 19 52 | 17 28 | 27 48 |
| 8 | 04 52 | 07 56 | 20 05 | 17 42 | 27 48 |
| 9 | 05 14 | 08 22 | 20 18 | 17 57 | 27 49 |
| 10 | 05 36 | 08 48 | 20 30 | 18 10 | 27 49 |
| 11 | 05 58 | 09 14 | 20 42 | 18 24 | 27 49 |
| 12 | 06 20 | 09 39 | 20 53 | 18 37 | 27 50 |
| 13 | 06 42 | 10 05 | 21 04 | 18 51 | 27 50 |
| 14 | 07 04 | 10 31 | 21 14 | 19 04 | 27 51 |
| 15 | 07 26 | 10 57 | 21 24 | 19 16 | 27 52 |
| 16 | 07 48 | 11 23 | 21 34 | 19 28 | 27 53 |

| D | ⚳ | ⚴ | ⚵ | ⚶ | ⚷ |
|---|---|---|---|---|---|
| 17 | 08 10 | 11 49 | 21 42 | 19 41 | 27 53 |
| 18 | 08 33 | 12 15 | 21 51 | 19 52 | 27 54 |
| 19 | 08 55 | 12 41 | 21 59 | 20 04 | 27 55 |
| 20 | 09 17 | 13 07 | 22 06 | 20 15 | 27 56 |
| 21 | 09 40 | 13 33 | 22 13 | 20 26 | 27 57 |
| 22 | 10 02 | 13 59 | 22 19 | 20 37 | 27 59 |
| 23 | 10 25 | 14 25 | 22 25 | 20 47 | 28 00 |
| 24 | 10 48 | 14 51 | 22 30 | 20 57 | 28 01 |
| 25 | 11 11 | 15 18 | 22 35 | 21 07 | 28 03 |
| 26 | 11 33 | 15 44 | 22 39 | 21 16 | 28 04 |
| 27 | 11 56 | 16 10 | 22 43 | 21 25 | 28 06 |
| 28 | 12 19 | 16 36 | 22 46 | 21 34 | 28 07 |
| 29 | 12 42 | 17 02 | 22 49 | 21 42 | 28 09 |
| 30 | 13 05 | 17 29 | 22 50 | 21 50 | 28 11 |
| 31 | 13 28 | 17 55 | 22 52 | 21 58 | 28 13 |

## Lunar Data

| Last Asp. | | Ingress | | |
|---|---|---|---|---|
| 2 | 01:23 | 2 | ♎ | 14:25 |
| 4 | 15:16 | 5 | ♏ | 00:04 |
| 7 | 05:52 | 7 | ♐ | 07:29 |
| 9 | 06:21 | 9 | ♑ | 12:44 |
| 11 | 10:43 | 11 | ♒ | 16:06 |
| 13 | 13:35 | 13 | ♓ | 18:06 |
| 15 | 06:56 | 15 | ♈ | 19:40 |
| 17 | 18:59 | 17 | ♉ | 22:05 |
| 19 | 10:52 | 20 | ♊ | 02:45 |
| 22 | 09:08 | 22 | ♋ | 10:42 |
| 24 | 21:17 | 24 | ♌ | 21:50 |
| 27 | 02:24 | 27 | ♍ | 10:29 |
| 29 | 21:07 | 29 | ♎ | 22:16 |

## 0:00 E.T. — Declinations

| D | ☉ | ☽ | ☿ | ♀ | ♂ | ♃ | ♄ | ♅ | ♆ | ♇ | ⚳ | ⚴ | ⚵ | ⚶ | ⚷ |
|---|---|---|---|---|---|---|---|---|---|---|---|---|---|---|---|
| 1 | -03 08 | +10 16 | -06 40 | -20 15 | +16 28 | -08 32 | +18 25 | -09 27 | -16 29 | -15 26 | -20 27 | +07 53 | +07 16 | +19 54 | -13 37 |
| 2 | 03 32 | 04 39 | 07 24 | 20 36 | 16 30 | 08 37 | 18 24 | 09 27 | 16 29 | 15 27 | 20 33 | 07 47 | 07 07 | 19 53 | 13 37 |
| 3 | 03 55 | -01 12 | 08 07 | 20 57 | 16 31 | 08 41 | 18 23 | 09 28 | 16 29 | 15 27 | 20 39 | 07 40 | 06 58 | 19 52 | 13 38 |
| 4 | 04 18 | 07 07 | 08 50 | 21 17 | 16 33 | 08 46 | 18 22 | 09 29 | 16 29 | 15 27 | 20 45 | 07 34 | 06 49 | 19 51 | 13 39 |
| 5 | 04 41 | 12 51 | 09 31 | 21 37 | 16 34 | 08 51 | 18 21 | 09 29 | 16 30 | 15 28 | 20 51 | 07 28 | 06 40 | 19 50 | 13 39 |
| 6 | 05 04 | 18 08 | 10 13 | 21 56 | 16 35 | 08 56 | 18 19 | 09 30 | 16 30 | 15 28 | 20 57 | 07 22 | 06 31 | 19 49 | 13 40 |
| 7 | 05 27 | 22 41 | 10 53 | 22 15 | 16 36 | 09 00 | 18 18 | 09 31 | 16 30 | 15 29 | 21 03 | 07 16 | 06 21 | 19 48 | 13 40 |
| 8 | 05 50 | 26 08 | 11 33 | 22 33 | 16 37 | 09 05 | 18 17 | 09 31 | 16 30 | 15 29 | 21 08 | 07 09 | 06 12 | 19 47 | 13 41 |
| 9 | 06 13 | 28 10 | 12 13 | 22 50 | 16 38 | 09 10 | 18 16 | 09 32 | 16 30 | 15 29 | 21 14 | 07 03 | 06 02 | 19 46 | 13 41 |
| 10 | 06 36 | 28 31 | 12 51 | 23 08 | 16 38 | 09 15 | 18 15 | 09 32 | 16 31 | 15 30 | 21 20 | 06 57 | 05 52 | 19 45 | 13 41 |
| 11 | 06 59 | 27 04 | 13 29 | 23 24 | 16 39 | 09 19 | 18 14 | 09 33 | 16 31 | 15 30 | 21 26 | 06 52 | 05 43 | 19 45 | 13 42 |
| 12 | 07 21 | 23 53 | 14 06 | 23 40 | 16 39 | 09 24 | 18 13 | 09 34 | 16 31 | 15 31 | 21 31 | 06 46 | 05 33 | 19 44 | 13 42 |
| 13 | 07 44 | 19 12 | 14 42 | 23 56 | 16 39 | 09 29 | 18 12 | 09 34 | 16 31 | 15 31 | 21 37 | 06 40 | 05 23 | 19 43 | 13 43 |
| 14 | 08 06 | 13 23 | 15 18 | 24 10 | 16 39 | 09 33 | 18 11 | 09 35 | 16 31 | 15 31 | 21 42 | 06 34 | 05 13 | 19 42 | 13 43 |
| 15 | 08 28 | 06 48 | 15 53 | 24 25 | 16 39 | 09 38 | 18 10 | 09 35 | 16 31 | 15 32 | 21 48 | 06 29 | 05 03 | 19 41 | 13 44 |
| 16 | 08 50 | +00 06 | 16 27 | 24 38 | 16 38 | 09 43 | 18 09 | 09 36 | 16 31 | 15 32 | 21 53 | 06 23 | 04 53 | 19 40 | 13 44 |
| 17 | 09 12 | 06 57 | 17 00 | 24 52 | 16 38 | 09 47 | 18 08 | 09 36 | 16 32 | 15 32 | 21 59 | 06 18 | 04 43 | 19 40 | 13 44 |
| 18 | 09 34 | 13 21 | 17 32 | 25 04 | 16 37 | 09 52 | 18 07 | 09 37 | 16 32 | 15 33 | 22 04 | 06 12 | 04 33 | 19 39 | 13 45 |
| 19 | 09 56 | 18 57 | 18 03 | 25 16 | 16 36 | 09 57 | 18 06 | 09 37 | 16 32 | 15 33 | 22 09 | 06 07 | 04 22 | 19 38 | 13 45 |
| 20 | 10 18 | 23 27 | 18 33 | 25 27 | 16 35 | 10 01 | 18 05 | 09 38 | 16 32 | 15 34 | 22 14 | 06 01 | 04 12 | 19 38 | 13 45 |
| 21 | 10 39 | 26 36 | 19 03 | 25 38 | 16 34 | 10 06 | 18 05 | 09 38 | 16 32 | 15 34 | 22 19 | 05 56 | 04 02 | 19 37 | 13 46 |
| 22 | 11 00 | 28 18 | 19 31 | 25 48 | 16 32 | 10 11 | 18 04 | 09 39 | 16 32 | 15 34 | 22 25 | 05 51 | 03 52 | 19 37 | 13 46 |
| 23 | 11 22 | 28 29 | 19 58 | 25 58 | 16 31 | 10 15 | 18 03 | 09 39 | 16 32 | 15 35 | 22 30 | 05 46 | 03 41 | 19 36 | 13 46 |
| 24 | 11 43 | 27 16 | 20 25 | 26 07 | 16 29 | 10 20 | 18 02 | 09 39 | 16 32 | 15 35 | 22 35 | 05 41 | 03 31 | 19 36 | 13 46 |
| 25 | 12 03 | 24 49 | 20 50 | 26 15 | 16 28 | 10 25 | 18 02 | 09 40 | 16 32 | 15 35 | 22 39 | 05 36 | 03 21 | 19 36 | 13 47 |
| 26 | 12 24 | 21 19 | 21 14 | 26 22 | 16 26 | 10 29 | 18 01 | 09 40 | 16 32 | 15 36 | 22 44 | 05 31 | 03 10 | 19 35 | 13 47 |
| 27 | 12 44 | 16 59 | 21 37 | 26 29 | 16 24 | 10 34 | 18 00 | 09 40 | 16 32 | 15 36 | 22 49 | 05 26 | 03 00 | 19 35 | 13 47 |
| 28 | 13 05 | 11 59 | 21 59 | 26 36 | 16 21 | 10 38 | 18 00 | 09 41 | 16 32 | 15 37 | 22 54 | 05 22 | 02 50 | 19 35 | 13 47 |
| 29 | 13 25 | 06 31 | 22 19 | 26 42 | 16 19 | 10 43 | 17 59 | 09 41 | 16 32 | 15 37 | 22 59 | 05 17 | 02 40 | 19 35 | 13 47 |
| 30 | 13 44 | 00 43 | 22 39 | 26 47 | 16 17 | 10 48 | 17 58 | 09 41 | 16 32 | 15 37 | 23 03 | 05 12 | 02 29 | 19 35 | 13 48 |
| 31 | 14 04 | -05 13 | 22 57 | 26 51 | 16 14 | 10 52 | 17 58 | 09 42 | 16 32 | 15 38 | 23 08 | 05 08 | 02 19 | 19 35 | 13 48 |

Lunar Phases -- 3 ● 10:29 ✱ 10 ◐ 19:02 17 Ⓔ 12:15 ✱ 25 ◑ 01:18 Sun enters ♏ 10/23 07:44

# 0:00 E.T. Longitudes of Main Planets - November 2005 Nov. 05

| D | S.T. | ☉ | ☽ | ☽ 12:00 | ☿ | ♀ | ♂ | ♃ | ♄ | ♅ | ♆ | ♇ | ☊ |
|---|---|---|---|---|---|---|---|---|---|---|---|---|---|
| 1 | 2:41:32 | 08♏39 46 | 25♎59 | 02♏26 | 01♐51 | 25♐38 | 17♉15℞ | 01♏17 | 10♌53 | 06♓56℞ | 14♒49 | 22♐44 | 12♈14 |
| 2 | 2:45:28 | 09 39 49 | 08♏57 | 15 32 | 02 57 | 26 39 | 16 54 | 01 30 | 10 56 | 06 56 | 14 50 | 22 46 | 12 10 |
| 3 | 2:49:25 | 10 39 55 | 22 11 | 28 55 | 04 01 | 27 40 | 16 33 | 01 43 | 10 58 | 06 55 | 14 50 | 22 48 | 12 07 |
| 4 | 2:53:21 | 11 40 03 | 05♐41 | 12♐32 | 05 01 | 28 40 | 16 12 | 01 56 | 11 00 | 06 54 | 14 50 | 22 50 | 12 04 |
| 5 | 2:57:18 | 12 40 12 | 19 25 | 26 21 | 05 58 | 29 40 | 15 50 | 02 09 | 11 02 | 06 54 | 14 50 | 22 51 | 12 01 |
| 6 | 3:01:14 | 13 40 23 | 03♑19 | 10♑19 | 06 52 | 00♑39 | 15 29 | 02 22 | 11 04 | 06 53 | 14 51 | 22 53 | 11 58 |
| 7 | 3:05:11 | 14 40 35 | 17 21 | 24 23 | 07 42 | 01 38 | 15 08 | 02 35 | 11 05 | 06 53 | 14 51 | 22 55 | 11 54 |
| 8 | 3:09:08 | 15 40 49 | 01♒27 | 08♒32 | 08 28 | 02 37 | 14 47 | 02 48 | 11 07 | 06 52 | 14 51 | 22 57 | 11 51 |
| 9 | 3:13:04 | 16 41 05 | 15 36 | 22 41 | 09 08 | 03 35 | 14 26 | 03 01 | 11 09 | 06 52 | 14 52 | 22 59 | 11 48 |
| 10 | 3:17:01 | 17 41 21 | 29 46 | 06♓51 | 09 44 | 04 32 | 14 05 | 03 13 | 11 10 | 06 51 | 14 52 | 23 01 | 11 45 |
| 11 | 3:20:57 | 18 41 39 | 13♓55 | 20 58 | 10 13 | 05 30 | 13 44 | 03 26 | 11 11 | 06 51 | 14 53 | 23 03 | 11 42 |
| 12 | 3:24:54 | 19 41 59 | 28 01 | 05♈02 | 10 35 | 06 26 | 13 24 | 03 39 | 11 13 | 06 51 | 14 53 | 23 05 | 11 39 |
| 13 | 3:28:50 | 20 42 20 | 12♈02 | 19 00 | 10 49 | 07 22 | 13 04 | 03 52 | 11 14 | 06 51 | 14 54 | 23 07 | 11 35 |
| 14 | 3:32:47 | 21 42 42 | 25 56 | 02♉50 | 10 56 | 08 18 | 12 45 | 04 05 | 11 15 | 06 51 | 14 55 | 23 09 | 11 32 |
| 15 | 3:36:43 | 22 43 06 | 09♉41 | 16 29 | 10 54℞ | 09 13 | 12 26 | 04 17 | 11 16 | 06 51 | 14 55 | 23 11 | 11 29 |
| 16 | 3:40:40 | 23 43 32 | 23 13 | 29 54 | 10 42 | 10 07 | 12 08 | 04 30 | 11 16 | 06 51D | 14 56 | 23 13 | 11 26 |
| 17 | 3:44:37 | 24 43 59 | 06♊31 | 13♊03 | 10 20 | 11 01 | 11 50 | 04 43 | 11 17 | 06 51 | 14 57 | 23 15 | 11 23 |
| 18 | 3:48:33 | 25 44 28 | 19 31 | 25 55 | 09 47 | 11 55 | 11 32 | 04 56 | 11 18 | 06 51 | 14 57 | 23 17 | 11 20 |
| 19 | 3:52:30 | 26 44 58 | 02♋15 | 08♋30 | 09 04 | 12 47 | 11 16 | 05 08 | 11 18 | 06 51 | 14 58 | 23 19 | 11 16 |
| 20 | 3:56:26 | 27 45 31 | 14 42 | 20 49 | 08 11 | 13 39 | 10 59 | 05 21 | 11 18 | 06 51 | 14 59 | 23 21 | 11 13 |
| 21 | 4:00:23 | 28 46 04 | 26 54 | 02♌55 | 07 09 | 14 30 | 10 44 | 05 33 | 11 19 | 06 51 | 15 00 | 23 23 | 11 10 |
| 22 | 4:04:19 | 29 46 40 | 08♌54 | 14 51 | 05 59 | 15 20 | 10 29 | 05 46 | 11 19 | 06 51 | 15 01 | 23 25 | 11 07 |
| 23 | 4:08:16 | 00♐47 17 | 20 47 | 26 42 | 04 42 | 16 10 | 10 15 | 05 58 | 11 19℞ | 06 52 | 15 01 | 23 27 | 11 04 |
| 24 | 4:12:12 | 01 47 56 | 02♍37 | 08♍32 | 03 21 | 16 59 | 10 01 | 06 11 | 11 19 | 06 52 | 15 02 | 23 29 | 11 00 |
| 25 | 4:16:09 | 02 48 37 | 14 29 | 20 27 | 01 59 | 17 47 | 09 49 | 06 23 | 11 18 | 06 53 | 15 03 | 23 31 | 10 57 |
| 26 | 4:20:06 | 03 49 19 | 26 29 | 02♎33 | 00 39 | 18 34 | 09 37 | 06 36 | 11 18 | 06 53 | 15 04 | 23 33 | 10 54 |
| 27 | 4:24:02 | 04 50 02 | 08♎41 | 14 53 | 29♏22 | 19 20 | 09 25 | 06 48 | 11 17 | 06 54 | 15 05 | 23 36 | 10 51 |
| 28 | 4:27:59 | 05 50 48 | 21 11 | 27 33 | 28 12 | 20 06 | 09 15 | 07 00 | 11 17 | 06 54 | 15 06 | 23 38 | 10 48 |
| 29 | 4:31:55 | 06 51 34 | 04♏01 | 10♏35 | 27 10 | 20 50 | 09 05 | 07 12 | 11 16 | 06 55 | 15 07 | 23 40 | 10 45 |
| 30 | 4:35:52 | 07 52 23 | 17 14 | 23 59 | 26 18 | 21 33 | 08 57 | 07 24 | 11 15 | 06 56 | 15 09 | 23 42 | 10 41 |

# 0:00 E.T. Longitudes of the Major Asteroids and Chiron

| D | ⚳ | ⚴ | ⚵ | ⚶ | ⚷ | D | ⚳ | ⚴ | ⚵ | ⚶ | ⚷ |
|---|---|---|---|---|---|---|---|---|---|---|---|
| 1 | 13♐51 | 18♏21 | 22♊53 | 22♋05 | 28♑14 | 16 | 19 44 | 24 55 | 21 58 | 23 10 | 28 51 |
| 2 | 14 15 | 18 47 | 22 53℞ | 22 12 | 28 16 | 17 | 20 08 | 25 22 | 21 50 | 23 11 | 28 54 |
| 3 | 14 38 | 19 14 | 22 52 | 22 19 | 28 18 | 18 | 20 31 | 25 48 | 21 41 | 23 12 | 28 57 |
| 4 | 15 01 | 19 40 | 22 52 | 22 25 | 28 21 | 19 | 20 55 | 26 14 | 21 32 | 23 12℞ | 29 00 |
| 5 | 15 25 | 20 06 | 22 50 | 22 31 | 28 23 | 20 | 21 19 | 26 40 | 21 23 | 23 12 | 29 03 |
| 6 | 15 48 | 20 32 | 22 48 | 22 37 | 28 25 | 21 | 21 43 | 27 07 | 21 13 | 23 11 | 29 06 |
| 7 | 16 11 | 20 59 | 22 45 | 22 42 | 28 27 | 22 | 22 07 | 27 33 | 21 03 | 23 10 | 29 09 |
| 8 | 16 35 | 21 25 | 22 42 | 22 47 | 28 30 | 23 | 22 31 | 27 59 | 20 53 | 23 08 | 29 13 |
| 9 | 16 58 | 21 51 | 22 39 | 22 51 | 28 32 | 24 | 22 55 | 28 25 | 20 42 | 23 06 | 29 16 |
| 10 | 17 22 | 22 18 | 22 34 | 22 55 | 28 35 | 25 | 23 19 | 28 52 | 20 30 | 23 04 | 29 19 |
| 11 | 17 45 | 22 44 | 22 30 | 22 58 | 28 37 | 26 | 23 43 | 29 18 | 20 19 | 23 01 | 29 23 |
| 12 | 18 09 | 23 10 | 22 24 | 23 02 | 28 40 | 27 | 24 07 | 29 44 | 20 07 | 22 58 | 29 26 |
| 13 | 18 33 | 23 36 | 22 18 | 23 04 | 28 42 | 28 | 24 31 | 00♐10 | 19 54 | 22 54 | 29 30 |
| 14 | 18 56 | 24 03 | 22 12 | 23 07 | 28 45 | 29 | 24 55 | 00 36 | 19 42 | 22 50 | 29 33 |
| 15 | 19 20 | 24 29 | 22 05 | 23 09 | 28 48 | 30 | 25 20 | 01 03 | 19 29 | 22 45 | 29 37 |

## Lunar Data

| Last Asp. | | Ingress | | |
|---|---|---|---|---|
| 31 | 23:18 | 1 | ♏ | 07:30 |
| 2 | 14:06 | 3 | ♐ | 13:56 |
| 5 | 05:59 | 5 | ♑ | 18:18 |
| 6 | 20:19 | 7 | ♒ | 21:32 |
| 9 | 12:32 | 10 | ♓ | 00:24 |
| 11 | 15:34 | 12 | ♈ | 03:23 |
| 13 | 19:08 | 14 | ♉ | 07:04 |
| 16 | 00:59 | 16 | ♊ | 12:11 |
| 18 | 07:03 | 18 | ♋ | 19:44 |
| 21 | 04:04 | 21 | ♌ | 06:11 |
| 23 | 05:26 | 23 | ♍ | 18:42 |
| 25 | 18:10 | 26 | ♎ | 06:59 |
| 28 | 04:39 | 28 | ♏ | 16:34 |
| 30 | 15:17 | | | |

# 0:00 E.T. Declinations

| D | ☉ | ☽ | ☿ | ♀ | ♂ | ♃ | ♄ | ♅ | ♆ | ♇ | ⚳ | ⚴ | ⚵ | ⚶ | ⚷ |
|---|---|---|---|---|---|---|---|---|---|---|---|---|---|---|---|
| 1 | -14 23 | -11 05 | -23 13 | -26 55 | +16 12 | -10 57 | +17 57 | -09 42 | -16 32 | -15 38 | -23 12 | +05 03 | +02 09 | +19 35 | -13 48 |
| 2 | 14 43 | 16 36 | 23 29 | 26 58 | 16 09 | 11 01 | 17 57 | 09 42 | 16 32 | 15 38 | 23 17 | 04 59 | 01 59 | 19 35 | 13 48 |
| 3 | 15 01 | 21 28 | 23 42 | 27 01 | 16 06 | 11 06 | 17 56 | 09 42 | 16 32 | 15 39 | 23 21 | 04 55 | 01 49 | 19 35 | 13 48 |
| 4 | 15 20 | 25 19 | 23 55 | 27 03 | 16 04 | 11 10 | 17 56 | 09 43 | 16 32 | 15 39 | 23 25 | 04 51 | 01 39 | 19 35 | 13 48 |
| 5 | 15 39 | 27 46 | 24 05 | 27 04 | 16 01 | 11 15 | 17 56 | 09 43 | 16 32 | 15 39 | 23 29 | 04 47 | 01 29 | 19 36 | 13 48 |
| 6 | 15 57 | 28 32 | 24 14 | 27 05 | 15 58 | 11 19 | 17 55 | 09 43 | 16 32 | 15 40 | 23 34 | 04 43 | 01 20 | 19 36 | 13 48 |
| 7 | 16 15 | 27 28 | 24 22 | 27 05 | 15 55 | 11 23 | 17 55 | 09 43 | 16 32 | 15 40 | 23 38 | 04 39 | 01 10 | 19 37 | 13 48 |
| 8 | 16 32 | 24 40 | 24 27 | 27 05 | 15 52 | 11 28 | 17 55 | 09 43 | 16 31 | 15 40 | 23 42 | 04 35 | 01 01 | 19 37 | 13 48 |
| 9 | 16 49 | 20 22 | 24 31 | 27 04 | 15 49 | 11 32 | 17 54 | 09 43 | 16 31 | 15 41 | 23 46 | 04 31 | 00 51 | 19 38 | 13 48 |
| 10 | 17 07 | 14 55 | 24 32 | 27 02 | 15 46 | 11 37 | 17 54 | 09 43 | 16 31 | 15 41 | 23 50 | 04 28 | 00 42 | 19 39 | 13 48 |
| 11 | 17 23 | 08 41 | 24 32 | 27 00 | 15 44 | 11 41 | 17 54 | 09 43 | 16 31 | 15 41 | 23 53 | 04 24 | 00 33 | 19 40 | 13 48 |
| 12 | 17 40 | 02 03 | 24 29 | 26 57 | 15 41 | 11 45 | 17 54 | 09 43 | 16 31 | 15 42 | 23 57 | 04 21 | 00 25 | 19 41 | 13 48 |
| 13 | 17 56 | +04 39 | 24 23 | 26 54 | 15 38 | 11 50 | 17 54 | 09 43 | 16 31 | 15 42 | 24 01 | 04 17 | 00 16 | 19 42 | 13 48 |
| 14 | 18 12 | 11 05 | 24 15 | 26 50 | 15 35 | 11 54 | 17 53 | 09 43 | 16 31 | 15 42 | 24 04 | 04 14 | 00 07 | 19 43 | 13 48 |
| 15 | 18 27 | 16 54 | 24 05 | 26 46 | 15 33 | 11 58 | 17 53 | 09 43 | 16 30 | 15 43 | 24 08 | 04 11 | -00 01 | 19 44 | 13 48 |
| 16 | 18 42 | 21 48 | 23 51 | 26 41 | 15 30 | 12 02 | 17 53 | 09 43 | 16 30 | 15 43 | 24 11 | 04 08 | 00 09 | 19 46 | 13 48 |
| 17 | 18 57 | 25 29 | 23 35 | 26 35 | 15 28 | 12 07 | 17 53 | 09 43 | 16 30 | 15 43 | 24 15 | 04 05 | 00 17 | 19 47 | 13 48 |
| 18 | 19 12 | 27 44 | 23 15 | 26 29 | 15 25 | 12 11 | 17 53 | 09 43 | 16 30 | 15 44 | 24 18 | 04 02 | 00 24 | 19 49 | 13 47 |
| 19 | 19 26 | 28 28 | 22 52 | 26 23 | 15 23 | 12 15 | 17 53 | 09 43 | 16 30 | 15 44 | 24 21 | 03 59 | 00 32 | 19 50 | 13 47 |
| 20 | 19 40 | 27 44 | 22 26 | 26 16 | 15 21 | 12 19 | 17 53 | 09 43 | 16 29 | 15 44 | 24 25 | 03 56 | 00 39 | 19 52 | 13 47 |
| 21 | 19 53 | 25 40 | 21 57 | 26 08 | 15 19 | 12 23 | 17 53 | 09 43 | 16 29 | 15 45 | 24 28 | 03 54 | 00 46 | 19 54 | 13 47 |
| 22 | 20 06 | 22 29 | 21 26 | 26 01 | 15 17 | 12 27 | 17 53 | 09 43 | 16 29 | 15 45 | 24 31 | 03 51 | 00 53 | 19 56 | 13 47 |
| 23 | 20 19 | 18 24 | 20 52 | 25 52 | 15 16 | 12 31 | 17 54 | 09 43 | 16 29 | 15 45 | 24 34 | 03 49 | 00 59 | 19 58 | 13 46 |
| 24 | 20 31 | 13 37 | 20 17 | 25 43 | 15 14 | 12 36 | 17 54 | 09 43 | 16 28 | 15 45 | 24 37 | 03 46 | 01 05 | 20 00 | 13 46 |
| 25 | 20 43 | 08 20 | 19 41 | 25 34 | 15 13 | 12 40 | 17 54 | 09 42 | 16 28 | 15 46 | 24 39 | 03 44 | 01 11 | 20 02 | 13 46 |
| 26 | 20 55 | 02 42 | 19 06 | 25 25 | 15 12 | 12 44 | 17 54 | 09 42 | 16 28 | 15 46 | 24 42 | 03 42 | 01 17 | 20 05 | 13 46 |
| 27 | 21 06 | -03 08 | 18 33 | 25 15 | 15 11 | 12 48 | 17 55 | 09 42 | 16 27 | 15 46 | 24 45 | 03 40 | 01 22 | 20 07 | 13 45 |
| 28 | 21 17 | 08 59 | 18 02 | 25 04 | 15 10 | 12 52 | 17 55 | 09 42 | 16 27 | 15 47 | 24 47 | 03 38 | 01 27 | 20 10 | 13 45 |
| 29 | 21 27 | 14 38 | 17 34 | 24 54 | 15 09 | 12 55 | 17 55 | 09 41 | 16 27 | 15 47 | 24 50 | 03 36 | 01 31 | 20 13 | 13 45 |
| 30 | 21 37 | 19 47 | 17 11 | 24 43 | 15 09 | 12 59 | 17 56 | 09 41 | 16 27 | 15 47 | 24 52 | 03 34 | 01 36 | 20 15 | 13 44 |

Lunar Phases -- 2 ● 01:26 9 ◐ 01:58 16 ○ 00:59 23 ◑ 22:12 Sun enters ♐ 11/22 05:17

# Longitudes of Main Planets - December 2005

0:00 E.T.

| D | S.T. | ☉ | ☽ | ☽ 12:00 | ☿ | ♀ | ♂ | ♃ | ♄ | ♅ | ♆ | ♇ | ☊ |
|---|---|---|---|---|---|---|---|---|---|---|---|---|---|
| 1 | 4:39:48 | 08♐53 12 | 00♐50 | 07♐45 | 25♏38℞ | 22♑16 | 08♉49℞ | 07♏37 | 11♌14℞ | 06♓56 | 15♒10 | 23♐44 | 10♈38 |
| 2 | 4:43:45 | 09 54 03 | 14 46 | 21 50 | 25 08 | 22 57 | 08 42 | 07 49 | 11 13 | 06 57 | 15 11 | 23 46 | 10 35 |
| 3 | 4:47:41 | 10 54 55 | 28 58 | 06♑09 | 24 51 | 23 37 | 08 35 | 08 01 | 11 12 | 06 58 | 15 12 | 23 49 | 10 32 |
| 4 | 4:51:38 | 11 55 48 | 13♑22 | 20 35 | 24 44 | 24 15 | 08 30 | 08 13 | 11 11 | 06 59 | 15 13 | 23 51 | 10 29 |
| 5 | 4:55:35 | 12 56 42 | 27 49 | 05♒03 | 24 48D | 24 53 | 08 25 | 08 25 | 11 10 | 07 00 | 15 15 | 23 53 | 10 25 |
| 6 | 4:59:31 | 13 57 37 | 12♒15 | 19 26 | 25 02 | 25 29 | 08 21 | 08 36 | 11 08 | 07 01 | 15 16 | 23 55 | 10 22 |
| 7 | 5:03:28 | 14 58 33 | 26 35 | 03♓42 | 25 25 | 26 04 | 08 18 | 08 48 | 11 07 | 07 02 | 15 17 | 23 57 | 10 19 |
| 8 | 5:07:24 | 15 59 29 | 10♓46 | 17 47 | 25 57 | 26 38 | 08 16 | 09 00 | 11 05 | 07 03 | 15 19 | 24 00 | 10 16 |
| 9 | 5:11:21 | 17 00 25 | 24 46 | 01♈42 | 26 35 | 27 10 | 08 15 | 09 11 | 11 03 | 07 04 | 15 20 | 24 02 | 10 13 |
| 10 | 5:15:17 | 18 01 23 | 08♈35 | 15 26 | 27 20 | 27 40 | 08 14 | 09 23 | 11 01 | 07 05 | 15 21 | 24 04 | 10 10 |
| 11 | 5:19:14 | 19 02 21 | 22 14 | 29 00 | 28 11 | 28 09 | 08 14D | 09 35 | 10 59 | 07 07 | 15 23 | 24 06 | 10 06 |
| 12 | 5:23:10 | 20 03 19 | 05♉43 | 12♉24 | 29 07 | 28 36 | 08 15 | 09 46 | 10 57 | 07 08 | 15 24 | 24 09 | 10 03 |
| 13 | 5:27:07 | 21 04 19 | 19 02 | 25 37 | 00♐07 | 29 01 | 08 17 | 09 57 | 10 55 | 07 09 | 15 26 | 24 11 | 10 00 |
| 14 | 5:31:04 | 22 05 18 | 02♊10 | 08♊40 | 01 11 | 29 25 | 08 20 | 10 09 | 10 53 | 07 11 | 15 27 | 24 13 | 09 57 |
| 15 | 5:35:00 | 23 06 19 | 15 07 | 21 32 | 02 18 | 29 47 | 08 23 | 10 20 | 10 50 | 07 12 | 15 29 | 24 15 | 09 54 |
| 16 | 5:38:57 | 24 07 20 | 27 53 | 04♋10 | 03 29 | 00♒06 | 08 27 | 10 31 | 10 48 | 07 13 | 15 30 | 24 18 | 09 51 |
| 17 | 5:42:53 | 25 08 22 | 10♋25 | 16 36 | 04 42 | 00 24 | 08 32 | 10 42 | 10 45 | 07 15 | 15 32 | 24 20 | 09 47 |
| 18 | 5:46:50 | 26 09 25 | 22 45 | 28 50 | 05 57 | 00 40 | 08 38 | 10 53 | 10 42 | 07 17 | 15 34 | 24 22 | 09 44 |
| 19 | 5:50:46 | 27 10 29 | 04♌52 | 10♌52 | 07 14 | 00 54 | 08 44 | 11 04 | 10 40 | 07 18 | 15 35 | 24 24 | 09 41 |
| 20 | 5:54:43 | 28 11 33 | 16 50 | 22 46 | 08 33 | 01 05 | 08 51 | 11 15 | 10 37 | 07 20 | 15 37 | 24 27 | 09 38 |
| 21 | 5:58:39 | 29 12 38 | 28 41 | 04♍36 | 09 53 | 01 14 | 08 59 | 11 26 | 10 34 | 07 22 | 15 39 | 24 29 | 09 35 |
| 22 | 6:02:36 | 00♑13 43 | 10♍29 | 16 24 | 11 15 | 01 21 | 09 07 | 11 36 | 10 31 | 07 23 | 15 40 | 24 31 | 09 31 |
| 23 | 6:06:33 | 01 14 50 | 22 19 | 28 17 | 12 38 | 01 26 | 09 16 | 11 47 | 10 28 | 07 25 | 15 42 | 24 33 | 09 28 |
| 24 | 6:10:29 | 02 15 57 | 04♎16 | 10♎19 | 14 02 | 01 28 | 09 26 | 11 57 | 10 24 | 07 27 | 15 44 | 24 36 | 09 25 |
| 25 | 6:14:26 | 03 17 04 | 16 26 | 22 38 | 15 27 | 01 28℞ | 09 36 | 12 08 | 10 21 | 07 29 | 15 46 | 24 38 | 09 22 |
| 26 | 6:18:22 | 04 18 13 | 28 54 | 05♏17 | 16 52 | 01 25 | 09 47 | 12 18 | 10 18 | 07 31 | 15 47 | 24 40 | 09 19 |
| 27 | 6:22:19 | 05 19 21 | 11♏45 | 18 20 | 18 19 | 01 20 | 09 58 | 12 28 | 10 14 | 07 33 | 15 49 | 24 42 | 09 16 |
| 28 | 6:26:15 | 06 20 31 | 25 03 | 01♐52 | 19 46 | 01 12 | 10 10 | 12 39 | 10 10 | 07 35 | 15 51 | 24 44 | 09 12 |
| 29 | 6:30:12 | 07 21 41 | 08♐48 | 15 51 | 21 13 | 01 02 | 10 23 | 12 49 | 10 07 | 07 37 | 15 53 | 24 47 | 09 09 |
| 30 | 6:34:08 | 08 22 51 | 23 00 | 00♑14 | 22 41 | 00 49 | 10 36 | 12 58 | 10 03 | 07 39 | 15 55 | 24 49 | 09 06 |
| 31 | 6:38:05 | 09 24 02 | 07♑34 | 14 57 | 24 10 | 00 34 | 10 50 | 13 08 | 09 59 | 07 41 | 15 57 | 24 51 | 09 03 |

## 0:00 E.T. Longitudes of the Major Asteroids and Chiron

| D | ⚳ | ⚴ | ⚵ | ⚶ | ⚷ |
|---|---|---|---|---|---|
| 1 | 25♐44 | 01♐29 | 19♊16℞ | 22♋40℞ | 29♑41 |
| 2 | 26 08 | 01 55 | 19 02 | 22 34 | 29 44 |
| 3 | 26 32 | 02 21 | 18 49 | 22 28 | 29 48 |
| 4 | 26 56 | 02 47 | 18 35 | 22 22 | 29 52 |
| 5 | 27 21 | 03 13 | 18 22 | 22 15 | 29 56 |
| 6 | 27 45 | 03 39 | 18 08 | 22 07 | 00 00 |
| 7 | 28 09 | 04 05 | 17 54 | 21 59 | 00♒04 |
| 8 | 28 33 | 04 31 | 17 40 | 21 51 | 00 08 |
| 9 | 28 58 | 04 57 | 17 26 | 21 42 | 00 12 |
| 10 | 29 22 | 05 23 | 17 12 | 21 33 | 00 16 |
| 11 | 29 46 | 05 49 | 16 58 | 21 24 | 00 20 |
| 12 | 00♑10 | 06 15 | 16 44 | 21 14 | 00 24 |
| 13 | 00 35 | 06 41 | 16 31 | 21 03 | 00 29 |
| 14 | 00 59 | 07 07 | 16 17 | 20 53 | 00 33 |
| 15 | 01 23 | 07 33 | 16 04 | 20 42 | 00 37 |
| 16 | 01 48 | 07 58 | 15 51 | 20 30 | 00 42 |
| 17 | 02 12 | 08 24 | 15 38 | 20 18 | 00 46 |
| 18 | 02 36 | 08 50 | 15 25 | 20 06 | 00 50 |
| 19 | 03 01 | 09 16 | 15 13 | 19 54 | 00 55 |
| 20 | 03 25 | 09 41 | 15 00 | 19 41 | 00 59 |
| 21 | 03 49 | 10 07 | 14 48 | 19 28 | 01 04 |
| 22 | 04 14 | 10 32 | 14 37 | 19 14 | 01 08 |
| 23 | 04 38 | 10 58 | 14 26 | 19 01 | 01 13 |
| 24 | 05 02 | 11 23 | 14 15 | 18 47 | 01 17 |
| 25 | 05 27 | 11 49 | 14 04 | 18 32 | 01 22 |
| 26 | 05 51 | 12 14 | 13 54 | 18 18 | 01 27 |
| 27 | 06 15 | 12 40 | 13 44 | 18 03 | 01 31 |
| 28 | 06 40 | 13 05 | 13 35 | 17 48 | 01 36 |
| 29 | 07 04 | 13 30 | 13 26 | 17 33 | 01 41 |
| 30 | 07 28 | 13 55 | 13 18 | 17 18 | 01 46 |
| 31 | 07 53 | 14 21 | 13 10 | 17 02 | 01 50 |

## Lunar Data

| Last Asp. | | Ingress | | |
|---|---|---|---|---|
| 2 | 15:18 | 3 | ♑ | 01:43 |
| 4 | 18:57 | 5 | ♒ | 03:37 |
| 6 | 21:59 | 7 | ♓ | 05:46 |
| 9 | 04:18 | 9 | ♈ | 09:03 |
| 11 | 10:51 | 11 | ♉ | 13:47 |
| 13 | 18:47 | 13 | ♊ | 20:01 |
| 15 | 17:12 | 16 | ♋ | 04:02 |
| 17 | 00:34 | 18 | ♌ | 14:19 |
| 21 | 01:10 | 21 | ♍ | 02:40 |
| 23 | 04:31 | 23 | ♎ | 15:27 |
| 25 | 15:54 | 26 | ♏ | 02:04 |
| 27 | 07:27 | 28 | ♐ | 08:44 |
| 30 | 03:02 | 30 | ♑ | 11:36 |

## 0:00 E.T. Declinations

| D | ☉ | ☽ | ☿ | ♀ | ♂ | ♃ | ♄ | ♅ | ♆ | ♇ | ⚳ | ⚴ | ⚵ | ⚶ | ⚷ |
|---|---|---|---|---|---|---|---|---|---|---|---|---|---|---|---|
| 1 | -21 47 | -24 04 | -16 52 | -24 31 | +15 08 | -13 03 | +17 56 | -09 41 | -16 26 | -15 47 | -24 55 | +03 33 | -01 39 | +20 18 | -13 44 |
| 2 | 21 56 | 27 03 | 16 38 | 24 20 | 15 08 | 13 07 | 17 56 | 09 40 | 16 26 | 15 48 | 24 57 | 03 31 | 01 43 | 20 21 | 13 43 |
| 3 | 22 05 | 28 23 | 16 28 | 24 08 | 15 09 | 13 11 | 17 57 | 09 40 | 16 25 | 15 48 | 24 59 | 03 30 | 01 46 | 20 24 | 13 43 |
| 4 | 22 13 | 27 49 | 16 23 | 23 55 | 15 09 | 13 15 | 17 57 | 09 40 | 16 25 | 15 48 | 25 01 | 03 28 | 01 49 | 20 28 | 13 43 |
| 5 | 22 21 | 25 22 | 16 22 | 23 43 | 15 10 | 13 18 | 17 58 | 09 39 | 16 25 | 15 48 | 25 03 | 03 27 | 01 52 | 20 31 | 13 42 |
| 6 | 22 29 | 21 18 | 16 26 | 23 30 | 15 10 | 13 22 | 17 58 | 09 39 | 16 24 | 15 49 | 25 05 | 03 26 | 01 54 | 20 34 | 13 42 |
| 7 | 22 36 | 16 01 | 16 32 | 23 17 | 15 11 | 13 26 | 17 59 | 09 39 | 16 24 | 15 49 | 25 07 | 03 25 | 01 56 | 20 38 | 13 41 |
| 8 | 22 42 | 09 56 | 16 41 | 23 04 | 15 13 | 13 30 | 18 00 | 09 38 | 16 24 | 15 49 | 25 09 | 03 24 | 01 57 | 20 41 | 13 41 |
| 9 | 22 48 | 03 25 | 16 53 | 22 51 | 15 14 | 13 33 | 18 00 | 09 38 | 16 23 | 15 49 | 25 11 | 03 23 | 01 58 | 20 45 | 13 40 |
| 10 | 22 54 | +03 10 | 17 08 | 22 38 | 15 16 | 13 37 | 18 01 | 09 37 | 16 23 | 15 49 | 25 13 | 03 23 | 01 59 | 20 49 | 13 40 |
| 11 | 22 59 | 09 33 | 17 24 | 22 24 | 15 17 | 13 40 | 18 02 | 09 37 | 16 22 | 15 50 | 25 14 | 03 22 | 01 59 | 20 53 | 13 39 |
| 12 | 23 04 | 15 24 | 17 41 | 22 10 | 15 19 | 13 44 | 18 02 | 09 36 | 16 22 | 15 50 | 25 16 | 03 22 | 01 59 | 20 57 | 13 39 |
| 13 | 23 08 | 20 27 | 18 00 | 21 57 | 15 22 | 13 47 | 18 03 | 09 36 | 16 22 | 15 50 | 25 17 | 03 21 | 01 59 | 21 01 | 13 38 |
| 14 | 23 12 | 24 26 | 18 19 | 21 43 | 15 24 | 13 51 | 18 04 | 09 35 | 16 21 | 15 50 | 25 19 | 03 21 | 01 58 | 21 05 | 13 37 |
| 15 | 23 16 | 27 06 | 18 39 | 21 29 | 15 27 | 13 54 | 18 05 | 09 34 | 16 21 | 15 50 | 25 20 | 03 21 | 01 57 | 21 09 | 13 37 |
| 16 | 23 19 | 28 19 | 19 00 | 21 15 | 15 30 | 13 58 | 18 06 | 09 34 | 16 20 | 15 51 | 25 21 | 03 21 | 01 56 | 21 13 | 13 36 |
| 17 | 23 21 | 28 02 | 19 20 | 21 02 | 15 33 | 14 01 | 18 06 | 09 33 | 16 20 | 15 51 | 25 22 | 03 21 | 01 54 | 21 18 | 13 35 |
| 18 | 23 23 | 26 21 | 19 41 | 20 48 | 15 36 | 14 04 | 18 07 | 09 33 | 16 19 | 15 51 | 25 24 | 03 21 | 01 52 | 21 22 | 13 35 |
| 19 | 23 25 | 23 28 | 20 02 | 20 34 | 15 39 | 14 08 | 18 08 | 09 32 | 16 19 | 15 51 | 25 25 | 03 21 | 01 49 | 21 26 | 13 34 |
| 20 | 23 26 | 19 37 | 20 22 | 20 21 | 15 43 | 14 11 | 18 09 | 09 31 | 16 18 | 15 51 | 25 26 | 03 22 | 01 46 | 21 31 | 13 33 |
| 21 | 23 26 | 15 02 | 20 42 | 20 07 | 15 46 | 14 14 | 18 10 | 09 31 | 16 18 | 15 51 | 25 26 | 03 22 | 01 43 | 21 35 | 13 33 |
| 22 | 23 26 | 09 55 | 21 01 | 19 54 | 15 50 | 14 17 | 18 11 | 09 30 | 16 17 | 15 52 | 25 27 | 03 23 | 01 39 | 21 40 | 13 32 |
| 23 | 23 26 | 04 26 | 21 20 | 19 40 | 15 54 | 14 21 | 18 12 | 09 29 | 16 17 | 15 52 | 25 28 | 03 23 | 01 35 | 21 45 | 13 31 |
| 24 | 23 25 | -01 15 | 21 38 | 19 27 | 15 58 | 14 24 | 18 13 | 09 29 | 16 16 | 15 52 | 25 29 | 03 24 | 01 31 | 21 49 | 13 31 |
| 25 | 23 24 | 07 00 | 21 56 | 19 14 | 16 03 | 14 27 | 18 14 | 09 28 | 16 16 | 15 52 | 25 29 | 03 25 | 01 27 | 21 54 | 13 30 |
| 26 | 23 22 | 12 38 | 22 12 | 19 01 | 16 07 | 14 30 | 18 15 | 09 27 | 16 15 | 15 52 | 25 30 | 03 26 | 01 22 | 21 59 | 13 29 |
| 27 | 23 20 | 17 54 | 22 28 | 18 49 | 16 12 | 14 33 | 18 16 | 09 26 | 16 15 | 15 52 | 25 30 | 03 27 | 01 17 | 22 03 | 13 28 |
| 28 | 23 17 | 22 30 | 22 43 | 18 36 | 16 17 | 14 36 | 18 17 | 09 26 | 16 14 | 15 52 | 25 30 | 03 29 | 01 11 | 22 08 | 13 27 |
| 29 | 23 14 | 26 02 | 22 57 | 18 24 | 16 22 | 14 39 | 18 19 | 09 25 | 16 14 | 15 53 | 25 31 | 03 30 | 01 05 | 22 13 | 13 27 |
| 30 | 23 11 | 28 03 | 23 10 | 18 12 | 16 27 | 14 42 | 18 20 | 09 24 | 16 13 | 15 53 | 25 31 | 03 32 | 00 59 | 22 18 | 13 26 |
| 31 | 23 06 | 28 13 | 23 21 | 18 01 | 16 32 | 14 44 | 18 21 | 09 23 | 16 12 | 15 53 | 25 31 | 03 33 | 00 53 | 22 22 | 13 25 |

Lunar Phases -- 1 ● 15:02 8 ◐ 09:37 15 ○ 16:17 23 ◑ 19:37 31 ● 03:13 Sun enters ♑ 12/21 18:37

## 0:00 E.T. Longitudes of Main Planets - January 2006

| D | S.T. | ☉ | ☽ | ☽ 12:00 | ☿ | ♀ | ♂ | ♃ | ♄ | ♅ | ♆ | ♇ | ☊ |
|---|---|---|---|---|---|---|---|---|---|---|---|---|---|
| 1 | 6:42:02 | 10♑25 13 | 22♑23 | 29♑50 | 25♐39 | 00♒17℞ | 11♉05 | 13♏18 | 09♌55℞ | 07♓43 | 15♒59 | 24♐53 | 09♈00 |
| 2 | 6:45:58 | 11 26 23 | 07♒18 | 14♒45 | 27 09 | 29♑57 | 11 19 | 13 28 | 09 51 | 07 45 | 16 01 | 24 55 | 08 57 |
| 3 | 6:49:55 | 12 27 34 | 22 10 | 29 33 | 28 39 | 29 35 | 11 35 | 13 37 | 09 47 | 07 48 | 16 03 | 24 58 | 08 53 |
| 4 | 6:53:51 | 13 28 44 | 06♓52 | 14♓07 | 00♑10 | 29 10 | 11 51 | 13 47 | 09 43 | 07 50 | 16 05 | 25 00 | 08 50 |
| 5 | 6:57:48 | 14 29 55 | 21 17 | 28 23 | 01 41 | 28 44 | 12 07 | 13 56 | 09 39 | 07 52 | 16 07 | 25 02 | 08 47 |
| 6 | 7:01:44 | 15 31 04 | 05♈24 | 12♈20 | 03 12 | 28 15 | 12 24 | 14 05 | 09 35 | 07 55 | 16 09 | 25 04 | 08 44 |
| 7 | 7:05:41 | 16 32 13 | 19 12 | 25 59 | 04 44 | 27 45 | 12 42 | 14 14 | 09 31 | 07 57 | 16 11 | 25 06 | 08 41 |
| 8 | 7:09:37 | 17 33 22 | 02♉42 | 09♉20 | 06 16 | 27 13 | 13 00 | 14 23 | 09 26 | 08 00 | 16 13 | 25 08 | 08 37 |
| 9 | 7:13:34 | 18 34 31 | 15 56 | 22 27 | 07 48 | 26 40 | 13 18 | 14 32 | 09 22 | 08 02 | 16 15 | 25 10 | 08 34 |
| 10 | 7:17:31 | 19 35 39 | 28 56 | 05♊21 | 09 21 | 26 05 | 13 37 | 14 41 | 09 17 | 08 05 | 16 17 | 25 13 | 08 31 |
| 11 | 7:21:27 | 20 36 46 | 11♊44 | 18 04 | 10 55 | 25 30 | 13 56 | 14 49 | 09 13 | 08 07 | 16 19 | 25 15 | 08 28 |
| 12 | 7:25:24 | 21 37 53 | 24 21 | 00♋36 | 12 29 | 24 54 | 14 16 | 14 58 | 09 08 | 08 10 | 16 21 | 25 17 | 08 25 |
| 13 | 7:29:20 | 22 39 00 | 06♋48 | 12 58 | 14 03 | 24 17 | 14 36 | 15 06 | 09 04 | 08 12 | 16 23 | 25 19 | 08 22 |
| 14 | 7:33:17 | 23 40 06 | 19 06 | 25 11 | 15 38 | 23 40 | 14 57 | 15 14 | 08 59 | 08 15 | 16 25 | 25 21 | 08 18 |
| 15 | 7:37:13 | 24 41 12 | 01♌15 | 07♌16 | 17 13 | 23 03 | 15 17 | 15 23 | 08 55 | 08 18 | 16 27 | 25 23 | 08 15 |
| 16 | 7:41:10 | 25 42 17 | 13 15 | 19 13 | 18 49 | 22 27 | 15 39 | 15 31 | 08 50 | 08 20 | 16 30 | 25 25 | 08 12 |
| 17 | 7:45:06 | 26 43 22 | 25 09 | 01♍04 | 20 25 | 21 50 | 16 00 | 15 38 | 08 45 | 08 23 | 16 32 | 25 27 | 08 09 |
| 18 | 7:49:03 | 27 44 27 | 06♍58 | 12 52 | 22 02 | 21 15 | 16 22 | 15 46 | 08 40 | 08 26 | 16 34 | 25 29 | 08 06 |
| 19 | 7:53:00 | 28 45 31 | 18 46 | 24 40 | 23 39 | 20 41 | 16 45 | 15 54 | 08 36 | 08 29 | 16 36 | 25 31 | 08 03 |
| 20 | 7:56:56 | 29 46 34 | 00♎35 | 06♎31 | 25 17 | 20 08 | 17 07 | 16 01 | 08 31 | 08 32 | 16 38 | 25 33 | 07 59 |
| 21 | 8:00:53 | 00♒47 38 | 12 30 | 18 32 | 26 55 | 19 37 | 17 30 | 16 09 | 08 26 | 08 35 | 16 40 | 25 35 | 07 56 |
| 22 | 8:04:49 | 01 48 41 | 24 37 | 00♏47 | 28 34 | 19 07 | 17 54 | 16 16 | 08 21 | 08 37 | 16 43 | 25 37 | 07 53 |
| 23 | 8:08:46 | 02 49 43 | 07♏01 | 13 21 | 00♒14 | 18 39 | 18 17 | 16 23 | 08 16 | 08 40 | 16 45 | 25 38 | 07 50 |
| 24 | 8:12:42 | 03 50 45 | 19 47 | 26 20 | 01 54 | 18 13 | 18 41 | 16 30 | 08 11 | 08 43 | 16 47 | 25 40 | 07 47 |
| 25 | 8:16:39 | 04 51 47 | 02♐59 | 09♐46 | 03 35 | 17 49 | 19 05 | 16 36 | 08 06 | 08 46 | 16 49 | 25 42 | 07 43 |
| 26 | 8:20:35 | 05 52 48 | 16 41 | 23 43 | 05 16 | 17 28 | 19 30 | 16 43 | 08 01 | 08 49 | 16 52 | 25 44 | 07 40 |
| 27 | 8:24:32 | 06 53 49 | 00♑53 | 08♑09 | 06 58 | 17 08 | 19 55 | 16 50 | 07 57 | 08 52 | 16 54 | 25 46 | 07 37 |
| 28 | 8:28:29 | 07 54 49 | 15 32 | 22 59 | 08 41 | 16 51 | 20 20 | 16 56 | 07 52 | 08 55 | 16 56 | 25 48 | 07 34 |
| 29 | 8:32:25 | 08 55 48 | 00♒31 | 08♒06 | 10 24 | 16 37 | 20 45 | 17 02 | 07 47 | 08 58 | 16 58 | 25 49 | 07 31 |
| 30 | 8:36:22 | 09 56 46 | 15 43 | 23 19 | 12 08 | 16 25 | 21 11 | 17 08 | 07 42 | 09 02 | 17 01 | 25 51 | 07 28 |
| 31 | 8:40:18 | 10 57 43 | 00♓55 | 08♓28 | 13 52 | 16 15 | 21 37 | 17 14 | 07 37 | 09 05 | 17 03 | 25 53 | 07 24 |

## 0:00 E.T. Longitudes of the Major Asteroids and Chiron

| D | ⚳ | ⚴ | ⚵ | ⚶ | ⚷ | D | ⚳ | ⚴ | ⚵ | ⚶ | ⚷ |
|---|---|---|---|---|---|---|---|---|---|---|---|
| 1 | 08♑17 | 14♐46 | 13♊03℞ | 16♋47℞ | 01♒55 | 17 | 14 44 | 21 20 | 12 16 | 12 37 | 03 14 |
| 2 | 08 41 | 15 11 | 12 56 | 16 31 | 02 00 | 18 | 15 08 | 21 44 | 12 17 | 12 22 | 03 19 |
| 3 | 09 06 | 15 36 | 12 49 | 16 15 | 02 05 | 19 | 15 31 | 22 08 | 12 19 | 12 07 | 03 24 |
| 4 | 09 30 | 16 01 | 12 43 | 15 59 | 02 10 | 20 | 15 55 | 22 32 | 12 22 | 11 53 | 03 29 |
| 5 | 09 54 | 16 26 | 12 38 | 15 44 | 02 15 | 21 | 16 19 | 22 55 | 12 25 | 11 39 | 03 35 |
| 6 | 10 18 | 16 51 | 12 33 | 15 28 | 02 20 | 22 | 16 43 | 23 19 | 12 29 | 11 25 | 03 40 |
| 7 | 10 42 | 17 15 | 12 29 | 15 12 | 02 25 | 23 | 17 07 | 23 43 | 12 33 | 11 12 | 03 45 |
| 8 | 11 07 | 17 40 | 12 25 | 14 56 | 02 29 | 24 | 17 31 | 24 06 | 12 38 | 10 59 | 03 50 |
| 9 | 11 31 | 18 05 | 12 22 | 14 40 | 02 34 | 25 | 17 55 | 24 30 | 12 43 | 10 46 | 03 55 |
| 10 | 11 55 | 18 29 | 12 19 | 14 24 | 02 39 | 26 | 18 18 | 24 53 | 12 49 | 10 33 | 04 00 |
| 11 | 12 19 | 18 54 | 12 17 | 14 08 | 02 44 | 27 | 18 42 | 25 17 | 12 55 | 10 21 | 04 05 |
| 12 | 12 43 | 19 18 | 12 15 | 13 53 | 02 49 | 28 | 19 06 | 25 40 | 13 02 | 10 09 | 04 10 |
| 13 | 13 07 | 19 43 | 12 14 | 13 37 | 02 54 | 29 | 19 29 | 26 03 | 13 09 | 09 58 | 04 15 |
| 14 | 13 31 | 20 07 | 12 14 | 13 22 | 02 59 | 30 | 19 53 | 26 26 | 13 17 | 09 47 | 04 20 |
| 15 | 13 56 | 20 31 | 12 14D | 13 07 | 03 04 | 31 | 20 17 | 26 49 | 13 25 | 09 36 | 04 25 |
| 16 | 14 20 | 20 56 | 12 14 | 12 51 | 03 09 | | | | | | |

## Lunar Data

| Last Asp. | | Ingress | | |
|---|---|---|---|---|
| 31 | 09:10 | 1 | ♒ | 12:16 |
| 3 | 11:45 | 3 | ♓ | 12:45 |
| 5 | 12:11 | 5 | ♈ | 14:46 |
| 7 | 14:35 | 7 | ♉ | 19:10 |
| 9 | 18:57 | 10 | ♊ | 01:60 |
| 12 | 01:47 | 12 | ♋ | 10:51 |
| 14 | 09:49 | 14 | ♌ | 21:32 |
| 17 | 00:36 | 17 | ♍ | 09:50 |
| 19 | 22:13 | 19 | ♎ | 22:50 |
| 22 | 08:54 | 22 | ♏ | 10:29 |
| 23 | 21:54 | 24 | ♐ | 18:38 |
| 26 | 15:25 | 26 | ♑ | 22:32 |
| 28 | 07:58 | 28 | ♒ | 23:10 |
| 30 | 16:01 | 30 | ♓ | 22:33 |

## 0:00 E.T. Declinations

| D | ☉ | ☽ | ☿ | ♀ | ♂ | ♃ | ♄ | ♅ | ♆ | ♇ | ⚳ | ⚴ | ⚵ | ⚶ | ⚷ |
|---|---|---|---|---|---|---|---|---|---|---|---|---|---|---|---|
| 1 | -23 02 | -26 23 | -23 32 | -17 49 | +16 37 | -14 47 | +18 22 | -09 22 | -16 12 | -15 53 | -25 31 | +03 35 | -00 46 | +22 27 | -13 24 |
| 2 | 22 57 | 22 42 | 23 42 | 17 38 | 16 43 | 14 50 | 18 23 | 09 21 | 16 11 | 15 53 | 25 31 | 03 37 | 00 40 | 22 32 | 13 23 |
| 3 | 22 51 | 17 33 | 23 50 | 17 28 | 16 48 | 14 53 | 18 24 | 09 21 | 16 11 | 15 53 | 25 31 | 03 39 | 00 32 | 22 37 | 13 22 |
| 4 | 22 46 | 11 26 | 23 57 | 17 17 | 16 54 | 14 55 | 18 26 | 09 20 | 16 10 | 15 53 | 25 31 | 03 41 | 00 25 | 22 41 | 13 21 |
| 5 | 22 39 | 04 49 | 24 03 | 17 07 | 17 00 | 14 58 | 18 27 | 09 19 | 16 10 | 15 53 | 25 31 | 03 43 | 00 17 | 22 46 | 13 20 |
| 6 | 22 32 | +01 54 | 24 08 | 16 58 | 17 06 | 15 01 | 18 28 | 09 18 | 16 09 | 15 53 | 25 30 | 03 46 | 00 10 | 22 51 | 13 20 |
| 7 | 22 25 | 08 24 | 24 12 | 16 48 | 17 12 | 15 03 | 18 29 | 09 17 | 16 08 | 15 54 | 25 30 | 03 48 | 00 02 | 22 55 | 13 19 |
| 8 | 22 17 | 14 22 | 24 14 | 16 40 | 17 18 | 15 06 | 18 31 | 09 16 | 16 08 | 15 54 | 25 30 | 03 50 | +00 07 | 23 00 | 13 18 |
| 9 | 22 09 | 19 33 | 24 15 | 16 31 | 17 24 | 15 08 | 18 32 | 09 15 | 16 07 | 15 54 | 25 29 | 03 53 | 00 15 | 23 05 | 13 17 |
| 10 | 22 01 | 23 43 | 24 15 | 16 23 | 17 30 | 15 11 | 18 33 | 09 14 | 16 07 | 15 54 | 25 29 | 03 56 | 00 24 | 23 09 | 13 16 |
| 11 | 21 52 | 26 39 | 24 13 | 16 16 | 17 37 | 15 13 | 18 35 | 09 13 | 16 06 | 15 54 | 25 28 | 03 59 | 00 33 | 23 14 | 13 15 |
| 12 | 21 42 | 28 11 | 24 10 | 16 09 | 17 43 | 15 15 | 18 36 | 09 12 | 16 05 | 15 54 | 25 27 | 04 02 | 00 42 | 23 18 | 13 14 |
| 13 | 21 32 | 28 16 | 24 05 | 16 02 | 17 49 | 15 18 | 18 37 | 09 11 | 16 05 | 15 54 | 25 27 | 04 05 | 00 51 | 23 22 | 13 13 |
| 14 | 21 22 | 26 56 | 24 00 | 15 56 | 17 56 | 15 20 | 18 39 | 09 10 | 16 04 | 15 54 | 25 26 | 04 08 | 01 00 | 23 27 | 13 12 |
| 15 | 21 11 | 24 21 | 23 52 | 15 50 | 18 03 | 15 22 | 18 40 | 09 09 | 16 03 | 15 54 | 25 25 | 04 12 | 01 09 | 23 31 | 13 11 |
| 16 | 21 00 | 20 44 | 23 44 | 15 45 | 18 09 | 15 24 | 18 41 | 09 08 | 16 03 | 15 54 | 25 24 | 04 15 | 01 19 | 23 35 | 13 10 |
| 17 | 20 49 | 16 18 | 23 34 | 15 40 | 18 16 | 15 27 | 18 43 | 09 07 | 16 02 | 15 54 | 25 23 | 04 19 | 01 29 | 23 39 | 13 09 |
| 18 | 20 37 | 11 17 | 23 22 | 15 36 | 18 23 | 15 29 | 18 44 | 09 06 | 16 02 | 15 54 | 25 22 | 04 22 | 01 38 | 23 44 | 13 07 |
| 19 | 20 25 | 05 53 | 23 09 | 15 33 | 18 30 | 15 31 | 18 45 | 09 05 | 16 01 | 15 54 | 25 21 | 04 26 | 01 48 | 23 48 | 13 06 |
| 20 | 20 12 | 00 16 | 22 55 | 15 29 | 18 36 | 15 33 | 18 47 | 09 04 | 16 00 | 15 54 | 25 20 | 04 30 | 01 58 | 23 52 | 13 05 |
| 21 | 19 59 | -05 25 | 22 39 | 15 27 | 18 43 | 15 35 | 18 48 | 09 03 | 16 00 | 15 54 | 25 18 | 04 34 | 02 08 | 23 55 | 13 04 |
| 22 | 19 45 | 11 00 | 22 22 | 15 24 | 18 50 | 15 37 | 18 50 | 09 01 | 15 59 | 15 54 | 25 17 | 04 38 | 02 19 | 23 59 | 13 03 |
| 23 | 19 32 | 16 18 | 22 03 | 15 22 | 18 57 | 15 38 | 18 51 | 09 00 | 15 58 | 15 54 | 25 16 | 04 42 | 02 29 | 24 03 | 13 02 |
| 24 | 19 18 | 21 02 | 21 43 | 15 21 | 19 04 | 15 40 | 18 52 | 08 59 | 15 58 | 15 54 | 25 14 | 04 47 | 02 39 | 24 07 | 13 01 |
| 25 | 19 03 | 24 55 | 21 21 | 15 20 | 19 11 | 15 42 | 18 54 | 08 58 | 15 57 | 15 54 | 25 13 | 04 51 | 02 50 | 24 10 | 13 00 |
| 26 | 18 48 | 27 32 | 20 57 | 15 20 | 19 18 | 15 44 | 18 55 | 08 57 | 15 56 | 15 54 | 25 11 | 04 56 | 03 00 | 24 14 | 12 59 |
| 27 | 18 33 | 28 29 | 20 33 | 15 20 | 19 25 | 15 45 | 18 56 | 08 56 | 15 56 | 15 54 | 25 10 | 05 00 | 03 11 | 24 17 | 12 57 |
| 28 | 18 17 | 27 31 | 20 06 | 15 20 | 19 32 | 15 47 | 18 58 | 08 55 | 15 55 | 15 54 | 25 08 | 05 05 | 03 21 | 24 21 | 12 56 |
| 29 | 18 02 | 24 33 | 19 38 | 15 20 | 19 39 | 15 49 | 18 59 | 08 53 | 15 54 | 15 54 | 25 06 | 05 10 | 03 32 | 24 24 | 12 55 |
| 30 | 17 45 | 19 52 | 19 09 | 15 21 | 19 46 | 15 50 | 19 01 | 08 52 | 15 54 | 15 54 | 25 04 | 05 15 | 03 43 | 24 27 | 12 54 |
| 31 | 17 29 | 13 53 | 18 38 | 15 23 | 19 53 | 15 52 | 19 02 | 08 51 | 15 53 | 15 54 | 25 03 | 05 20 | 03 53 | 24 30 | 12 53 |

Lunar Phases -- 6 ◐ 18:58 14 ○ 09:49 22 ◑ 15:15 29 ● 14:16 Sun enters ♒ 1/20 05:17

## Longitudes of Main Planets - February 2006

0:00 E.T.

| D | S.T. | ☉ | ☽ | ☽ 12:00 | ☿ | ♀ | ♂ | ♃ | ♄ | ♅ | ♆ | ♇ | ☊ |
|---|---|---|---|---|---|---|---|---|---|---|---|---|---|
| 1 | 8:44:15 | 11♒58 39 | 15♓58 | 23♓24 | 15♒37 | 16♑08℞ | 22♉03 | 17♏20 | 07♌32℞ | 09♓08 | 17♒05 | 25♐55 | 07♈21 |
| 2 | 8:48:11 | 12 59 34 | 00♈44 | 07♈59 | 17 23 | 16 04 | 22 30 | 17 25 | 07 27 | 09 11 | 17 07 | 25 56 | 07 18 |
| 3 | 8:52:08 | 14 00 27 | 15 08 | 22 11 | 19 09 | 16 01 | 22 56 | 17 31 | 07 22 | 09 14 | 17 10 | 25 58 | 07 15 |
| 4 | 8:56:04 | 15 01 20 | 29 07 | 05♉57 | 20 56 | 16 02D | 23 23 | 17 36 | 07 17 | 09 17 | 17 12 | 26 00 | 07 12 |
| 5 | 9:00:01 | 16 02 10 | 12♉42 | 19 21 | 22 43 | 16 04 | 23 50 | 17 41 | 07 12 | 09 21 | 17 14 | 26 01 | 07 09 |
| 6 | 9:03:58 | 17 02 59 | 25 55 | 02♊23 | 24 30 | 16 09 | 24 18 | 17 46 | 07 08 | 09 24 | 17 17 | 26 03 | 07 05 |
| 7 | 9:07:54 | 18 03 47 | 08♊48 | 15 08 | 26 18 | 16 17 | 24 45 | 17 50 | 07 03 | 09 27 | 17 19 | 26 04 | 07 02 |
| 8 | 9:11:51 | 19 04 34 | 21 25 | 27 38 | 28 06 | 16 26 | 25 13 | 17 55 | 06 58 | 09 30 | 17 21 | 26 06 | 06 59 |
| 9 | 9:15:47 | 20 05 19 | 03♋49 | 09♋57 | 29 54 | 16 38 | 25 41 | 17 59 | 06 53 | 09 34 | 17 23 | 26 07 | 06 56 |
| 10 | 9:19:44 | 21 06 02 | 16 02 | 22 06 | 01♓41 | 16 52 | 26 09 | 18 04 | 06 49 | 09 37 | 17 26 | 26 09 | 06 53 |
| 11 | 9:23:40 | 22 06 44 | 28 07 | 04♌07 | 03 29 | 17 08 | 26 38 | 18 08 | 06 44 | 09 40 | 17 28 | 26 10 | 06 49 |
| 12 | 9:27:37 | 23 07 24 | 10♌06 | 16 03 | 05 15 | 17 26 | 27 06 | 18 12 | 06 39 | 09 44 | 17 30 | 26 12 | 06 46 |
| 13 | 9:31:33 | 24 08 03 | 21 59 | 27 55 | 07 01 | 17 46 | 27 35 | 18 15 | 06 35 | 09 47 | 17 33 | 26 13 | 06 43 |
| 14 | 9:35:30 | 25 08 41 | 03♍49 | 09♍44 | 08 45 | 18 08 | 28 04 | 18 19 | 06 30 | 09 50 | 17 35 | 26 15 | 06 40 |
| 15 | 9:39:27 | 26 09 17 | 15 38 | 21 32 | 10 28 | 18 31 | 28 33 | 18 22 | 06 26 | 09 54 | 17 37 | 26 16 | 06 37 |
| 16 | 9:43:23 | 27 09 52 | 27 27 | 03♎23 | 12 09 | 18 57 | 29 02 | 18 25 | 06 21 | 09 57 | 17 39 | 26 17 | 06 34 |
| 17 | 9:47:20 | 28 10 25 | 09♎20 | 15 18 | 13 48 | 19 24 | 29 32 | 18 28 | 06 17 | 10 00 | 17 42 | 26 18 | 06 30 |
| 18 | 9:51:16 | 29 10 57 | 21 18 | 27 22 | 15 23 | 19 53 | 00♊02 | 18 31 | 06 13 | 10 04 | 17 44 | 26 20 | 06 27 |
| 19 | 9:55:13 | 00♓11 28 | 03♏28 | 09♏38 | 16 55 | 20 23 | 00 31 | 18 34 | 06 08 | 10 07 | 17 46 | 26 21 | 06 24 |
| 20 | 9:59:09 | 01 11 58 | 15 52 | 22 10 | 18 22 | 20 55 | 01 01 | 18 36 | 06 04 | 10 11 | 17 48 | 26 22 | 06 21 |
| 21 | 10:03:06 | 02 12 26 | 28 34 | 05♐04 | 19 45 | 21 28 | 01 31 | 18 39 | 06 00 | 10 14 | 17 51 | 26 23 | 06 18 |
| 22 | 10:07:02 | 03 12 53 | 11♐40 | 18 23 | 21 03 | 22 03 | 02 02 | 18 41 | 05 56 | 10 17 | 17 53 | 26 25 | 06 14 |
| 23 | 10:10:59 | 04 13 19 | 25 13 | 02♑10 | 22 14 | 22 39 | 02 32 | 18 43 | 05 52 | 10 21 | 17 55 | 26 26 | 06 11 |
| 24 | 10:14:56 | 05 13 44 | 09♑14 | 16 24 | 23 18 | 23 17 | 03 03 | 18 44 | 05 48 | 10 24 | 17 57 | 26 27 | 06 08 |
| 25 | 10:18:52 | 06 14 07 | 23 42 | 01♒05 | 24 15 | 23 55 | 03 33 | 18 46 | 05 44 | 10 28 | 17 59 | 26 28 | 06 05 |
| 26 | 10:22:49 | 07 14 28 | 08♒33 | 16 05 | 25 04 | 24 35 | 04 04 | 18 47 | 05 40 | 10 31 | 18 02 | 26 29 | 06 02 |
| 27 | 10:26:45 | 08 14 48 | 23 41 | 01♓18 | 25 45 | 25 16 | 04 35 | 18 49 | 05 36 | 10 35 | 18 04 | 26 30 | 05 59 |
| 28 | 10:30:42 | 09 15 06 | 08♓56 | 16 33 | 26 17 | 25 58 | 05 06 | 18 50 | 05 33 | 10 38 | 18 06 | 26 31 | 05 55 |

0:00 E.T.

## Longitudes of the Major Asteroids and Chiron

| D | ⚳ | ⚴ | ⚵ | ⚶ | ⚷ | D | ⚳ | ⚴ | ⚵ | ⚶ | ⚷ |
|---|---|---|---|---|---|---|---|---|---|---|---|
| 1 | 20♑40 | 27♐12 | 13♊33 | 09♋26℞ | 04♒30 | 15 | 26 05 | 02 20 | 16 18 | 07 47 | 05 39 |
| 2 | 21 04 | 27 35 | 13 42 | 09 16 | 04 35 | 16 | 26 27 | 02 42 | 16 33 | 07 44 | 05 43 |
| 3 | 21 27 | 27 57 | 13 52 | 09 07 | 04 40 | 17 | 26 50 | 03 03 | 16 47 | 07 41 | 05 48 |
| 4 | 21 50 | 28 20 | 14 02 | 08 58 | 04 45 | 18 | 27 13 | 03 24 | 17 03 | 07 38 | 05 53 |
| 5 | 22 14 | 28 42 | 14 12 | 08 49 | 04 50 | 19 | 27 36 | 03 44 | 17 18 | 07 36 | 05 58 |
| 6 | 22 37 | 29 05 | 14 23 | 08 41 | 04 55 | 20 | 27 58 | 04 05 | 17 34 | 07 34 | 06 02 |
| 7 | 23 00 | 29 27 | 14 34 | 08 33 | 05 00 | 21 | 28 21 | 04 25 | 17 50 | 07 32 | 06 07 |
| 8 | 23 24 | 29 49 | 14 46 | 08 26 | 05 05 | 22 | 28 43 | 04 46 | 18 07 | 07 31 | 06 12 |
| 9 | 23 47 | 00♑11 | 14 58 | 08 19 | 05 10 | 23 | 29 05 | 05 06 | 18 24 | 07 31 | 06 16 |
| 10 | 24 10 | 00 33 | 15 10 | 08 13 | 05 14 | 24 | 29 28 | 05 26 | 18 41 | 07 31D | 06 21 |
| 11 | 24 33 | 00 55 | 15 23 | 08 07 | 05 19 | 25 | 29 50 | 05 46 | 18 58 | 07 31 | 06 25 |
| 12 | 24 56 | 01 16 | 15 36 | 08 01 | 05 24 | 26 | 00♒12 | 06 06 | 19 16 | 07 32 | 06 30 |
| 13 | 25 19 | 01 38 | 15 50 | 07 56 | 05 29 | 27 | 00 34 | 06 25 | 19 34 | 07 34 | 06 34 |
| 14 | 25 42 | 01 59 | 16 04 | 07 52 | 05 34 | 28 | 00 56 | 06 45 | 19 52 | 07 35 | 06 39 |

## Lunar Data

| Last Asp. | | Ingress | | |
|---|---|---|---|---|
| 1 | 16:07 | 1 | ♈ | 22:47 |
| 3 | 18:34 | 4 | ♉ | 01:32 |
| 5 | 21:01 | 6 | ♊ | 07:34 |
| 8 | 15:05 | 8 | ♋ | 16:34 |
| 10 | 20:54 | 11 | ♌ | 03:45 |
| 13 | 11:49 | 13 | ♍ | 16:14 |
| 16 | 03:22 | 16 | ♎ | 05:10 |
| 18 | 17:00 | 18 | ♏ | 17:12 |
| 20 | 10:04 | 21 | ♐ | 02:39 |
| 23 | 02:06 | 23 | ♑ | 08:17 |
| 25 | 00:58 | 25 | ♒ | 10:15 |
| 27 | 04:26 | 27 | ♓ | 09:57 |

0:00 E.T.

## Declinations

| D | ☉ | ☽ | ☿ | ♀ | ♂ | ♃ | ♄ | ♅ | ♆ | ♇ | ⚳ | ⚴ | ⚵ | ⚶ | ⚷ |
|---|---|---|---|---|---|---|---|---|---|---|---|---|---|---|---|
| 1 | -17 12 | -07 08 | -18 06 | -15 24 | +20 00 | -15 53 | +19 03 | -08 50 | -15 52 | -15 54 | -25 01 | +05 26 | +04 04 | +24 34 | -12 52 |
| 2 | 16 55 | 00 07 | 17 32 | 15 26 | 20 07 | 15 55 | 19 05 | 08 49 | 15 52 | 15 54 | 24 59 | 05 31 | 04 15 | 24 37 | 12 50 |
| 3 | 16 38 | +06 44 | 16 56 | 15 28 | 20 14 | 15 56 | 19 06 | 08 47 | 15 51 | 15 54 | 24 57 | 05 36 | 04 25 | 24 39 | 12 49 |
| 4 | 16 20 | 13 05 | 16 19 | 15 30 | 20 21 | 15 57 | 19 07 | 08 46 | 15 50 | 15 54 | 24 55 | 05 42 | 04 36 | 24 42 | 12 48 |
| 5 | 16 02 | 18 36 | 15 41 | 15 33 | 20 28 | 15 58 | 19 09 | 08 45 | 15 49 | 15 54 | 24 53 | 05 48 | 04 47 | 24 45 | 12 47 |
| 6 | 15 44 | 23 04 | 15 01 | 15 36 | 20 35 | 16 00 | 19 10 | 08 44 | 15 49 | 15 54 | 24 51 | 05 53 | 04 58 | 24 48 | 12 45 |
| 7 | 15 25 | 26 18 | 14 20 | 15 38 | 20 42 | 16 01 | 19 11 | 08 43 | 15 48 | 15 54 | 24 49 | 05 59 | 05 08 | 24 51 | 12 44 |
| 8 | 15 06 | 28 08 | 13 38 | 15 41 | 20 49 | 16 02 | 19 13 | 08 41 | 15 47 | 15 54 | 24 46 | 06 05 | 05 19 | 24 53 | 12 43 |
| 9 | 14 47 | 28 31 | 12 55 | 15 44 | 20 56 | 16 03 | 19 14 | 08 40 | 15 47 | 15 54 | 24 44 | 06 11 | 05 30 | 24 56 | 12 42 |
| 10 | 14 28 | 27 29 | 12 10 | 15 47 | 21 02 | 16 04 | 19 15 | 08 39 | 15 46 | 15 54 | 24 42 | 06 18 | 05 40 | 24 58 | 12 41 |
| 11 | 14 08 | 25 11 | 11 25 | 15 50 | 21 09 | 16 05 | 19 16 | 08 38 | 15 45 | 15 54 | 24 40 | 06 24 | 05 51 | 25 00 | 12 39 |
| 12 | 13 49 | 21 47 | 10 38 | 15 53 | 21 16 | 16 06 | 19 18 | 08 36 | 15 45 | 15 54 | 24 37 | 06 30 | 06 02 | 25 03 | 12 38 |
| 13 | 13 29 | 17 31 | 09 51 | 15 56 | 21 22 | 16 07 | 19 19 | 08 35 | 15 44 | 15 54 | 24 35 | 06 37 | 06 12 | 25 05 | 12 37 |
| 14 | 13 08 | 12 36 | 09 03 | 15 59 | 21 29 | 16 08 | 19 20 | 08 34 | 15 43 | 15 54 | 24 32 | 06 44 | 06 23 | 25 07 | 12 35 |
| 15 | 12 48 | 07 14 | 08 15 | 16 01 | 21 36 | 16 08 | 19 21 | 08 32 | 15 43 | 15 53 | 24 30 | 06 50 | 06 33 | 25 09 | 12 34 |
| 16 | 12 27 | 01 37 | 07 26 | 16 04 | 21 42 | 16 09 | 19 22 | 08 31 | 15 42 | 15 53 | 24 27 | 06 57 | 06 43 | 25 11 | 12 33 |
| 17 | 12 07 | -04 05 | 06 38 | 16 07 | 21 49 | 16 10 | 19 24 | 08 30 | 15 41 | 15 53 | 24 25 | 07 04 | 06 54 | 25 13 | 12 32 |
| 18 | 11 46 | 09 41 | 05 50 | 16 09 | 21 55 | 16 10 | 19 25 | 08 29 | 15 41 | 15 53 | 24 22 | 07 11 | 07 04 | 25 15 | 12 30 |
| 19 | 11 24 | 15 02 | 05 02 | 16 11 | 22 01 | 16 11 | 19 26 | 08 27 | 15 40 | 15 53 | 24 20 | 07 18 | 07 14 | 25 17 | 12 29 |
| 20 | 11 03 | 19 52 | 04 16 | 16 13 | 22 08 | 16 11 | 19 27 | 08 26 | 15 39 | 15 53 | 24 17 | 07 25 | 07 24 | 25 19 | 12 28 |
| 21 | 10 41 | 23 57 | 03 30 | 16 14 | 22 14 | 16 12 | 19 28 | 08 25 | 15 39 | 15 53 | 24 14 | 07 33 | 07 34 | 25 21 | 12 27 |
| 22 | 10 20 | 26 57 | 02 47 | 16 16 | 22 20 | 16 12 | 19 29 | 08 23 | 15 38 | 15 53 | 24 12 | 07 40 | 07 44 | 25 23 | 12 25 |
| 23 | 09 58 | 28 30 | 02 05 | 16 17 | 22 26 | 16 13 | 19 30 | 08 22 | 15 37 | 15 53 | 24 09 | 07 48 | 07 54 | 25 24 | 12 24 |
| 24 | 09 36 | 28 19 | 01 26 | 16 18 | 22 32 | 16 13 | 19 31 | 08 21 | 15 37 | 15 53 | 24 06 | 07 55 | 08 04 | 25 26 | 12 23 |
| 25 | 09 14 | 26 14 | 00 50 | 16 18 | 22 38 | 16 13 | 19 32 | 08 19 | 15 36 | 15 53 | 24 03 | 08 03 | 08 14 | 25 27 | 12 21 |
| 26 | 08 51 | 22 19 | 00 17 | 16 19 | 22 43 | 16 13 | 19 33 | 08 18 | 15 35 | 15 52 | 24 00 | 08 11 | 08 24 | 25 29 | 12 20 |
| 27 | 08 29 | 16 52 | +00 13 | 16 18 | 22 49 | 16 14 | 19 34 | 08 17 | 15 35 | 15 52 | 23 58 | 08 19 | 08 33 | 25 30 | 12 19 |
| 28 | 08 06 | 10 19 | 00 39 | 16 18 | 22 55 | 16 14 | 19 35 | 08 16 | 15 34 | 15 52 | 23 55 | 08 27 | 08 43 | 25 32 | 12 18 |

Lunar Phases -- 5 ◐ 06:30 13 ○ 04:45 21 ◑ 07:18 28 ● 00:32 Sun enters ♓ 2/18 19:27

# 0:00 E.T. Longitudes of Main Planets - March 2006 **Mar. 06**

| D | S.T. | ☉ | ☽ | ☽ 12:00 | ☿ | ♀ | ♂ | ♃ | ♄ | ♅ | ♆ | ♇ | ☊ |
|---|---|---|---|---|---|---|---|---|---|---|---|---|---|
| 1 | 10:34:38 | 10♓15 23 | 24♓08 | 01♈40 | 26♓39 | 26♑41 | 05♊37 | 18♏50 | 05♌29℞ | 10♓42 | 18♒08 | 26♐32 | 05♈52 |
| 2 | 10:38:35 | 11 15 37 | 09♈08 | 16 30 | 26 52 | 27 25 | 06 09 | 18 51 | 05 26 | 10 45 | 18 10 | 26 33 | 05 49 |
| 3 | 10:42:31 | 12 15 50 | 23 47 | 00♉57 | 26 55℞ | 28 10 | 06 40 | 18 51 | 05 22 | 10 48 | 18 12 | 26 34 | 05 46 |
| 4 | 10:46:28 | 13 16 01 | 08♉01 | 14 58 | 26 49 | 28 56 | 07 12 | 18 52 | 05 19 | 10 52 | 18 14 | 26 34 | 05 43 |
| 5 | 10:50:25 | 14 16 10 | 21 48 | 28 32 | 26 34 | 29 43 | 07 43 | 18 52℞ | 05 15 | 10 55 | 18 17 | 26 35 | 05 40 |
| 6 | 10:54:21 | 15 16 16 | 05♊09 | 11♊40 | 26 10 | 00♒31 | 08 15 | 18 52 | 05 12 | 10 59 | 18 19 | 26 36 | 05 36 |
| 7 | 10:58:18 | 16 16 21 | 18 06 | 24 26 | 25 38 | 01 19 | 08 47 | 18 51 | 05 09 | 11 02 | 18 21 | 26 37 | 05 33 |
| 8 | 11:02:14 | 17 16 23 | 00♋42 | 06♋54 | 24 58 | 02 08 | 09 19 | 18 51 | 05 06 | 11 06 | 18 23 | 26 38 | 05 30 |
| 9 | 11:06:11 | 18 16 23 | 13 02 | 19 06 | 24 13 | 02 58 | 09 51 | 18 50 | 05 03 | 11 09 | 18 25 | 26 38 | 05 27 |
| 10 | 11:10:07 | 19 16 21 | 25 08 | 01♌08 | 23 22 | 03 49 | 10 23 | 18 49 | 05 00 | 11 13 | 18 27 | 26 39 | 05 24 |
| 11 | 11:14:04 | 20 16 17 | 07♌06 | 13 02 | 22 27 | 04 41 | 10 56 | 18 48 | 04 58 | 11 16 | 18 29 | 26 40 | 05 20 |
| 12 | 11:18:00 | 21 16 11 | 18 58 | 24 53 | 21 30 | 05 33 | 11 28 | 18 47 | 04 55 | 11 19 | 18 31 | 26 40 | 05 17 |
| 13 | 11:21:57 | 22 16 03 | 00♍47 | 06♍41 | 20 31 | 06 25 | 12 00 | 18 45 | 04 53 | 11 23 | 18 33 | 26 41 | 05 14 |
| 14 | 11:25:54 | 23 15 53 | 12 36 | 18 31 | 19 33 | 07 19 | 12 33 | 18 44 | 04 50 | 11 26 | 18 35 | 26 41 | 05 11 |
| 15 | 11:29:50 | 24 15 40 | 24 26 | 00♎23 | 18 35 | 08 13 | 13 06 | 18 42 | 04 48 | 11 29 | 18 37 | 26 42 | 05 08 |
| 16 | 11:33:47 | 25 15 26 | 06♎21 | 12 20 | 17 41 | 09 07 | 13 38 | 18 40 | 04 45 | 11 33 | 18 39 | 26 42 | 05 05 |
| 17 | 11:37:43 | 26 15 10 | 18 22 | 24 25 | 16 50 | 10 03 | 14 11 | 18 38 | 04 43 | 11 36 | 18 41 | 26 43 | 05 01 |
| 18 | 11:41:40 | 27 14 52 | 00♏31 | 06♏39 | 16 03 | 10 58 | 14 44 | 18 35 | 04 41 | 11 40 | 18 42 | 26 43 | 04 58 |
| 19 | 11:45:36 | 28 14 32 | 12 50 | 19 04 | 15 21 | 11 54 | 15 17 | 18 33 | 04 39 | 11 43 | 18 44 | 26 43 | 04 55 |
| 20 | 11:49:33 | 29 14 10 | 25 22 | 01♐44 | 14 44 | 12 51 | 15 50 | 18 30 | 04 38 | 11 46 | 18 46 | 26 44 | 04 52 |
| 21 | 11:53:29 | 00♈13 47 | 08♐11 | 14 41 | 14 14 | 13 48 | 16 23 | 18 27 | 04 36 | 11 50 | 18 48 | 26 44 | 04 49 |
| 22 | 11:57:26 | 01 13 22 | 21 17 | 27 58 | 13 49 | 14 46 | 16 57 | 18 24 | 04 34 | 11 53 | 18 50 | 26 44 | 04 46 |
| 23 | 12:01:23 | 02 12 55 | 04♑44 | 11♑36 | 13 30 | 15 44 | 17 30 | 18 21 | 04 33 | 11 56 | 18 52 | 26 45 | 04 42 |
| 24 | 12:05:19 | 03 12 26 | 18 34 | 25 37 | 13 18 | 16 43 | 18 03 | 18 17 | 04 31 | 11 59 | 18 53 | 26 45 | 04 39 |
| 25 | 12:09:16 | 04 11 56 | 02♒46 | 10♒00 | 13 12 | 17 42 | 18 37 | 18 14 | 04 30 | 12 03 | 18 55 | 26 45 | 04 36 |
| 26 | 12:13:12 | 05 11 24 | 17 19 | 24 42 | 13 11D | 18 41 | 19 10 | 18 10 | 04 29 | 12 06 | 18 57 | 26 45 | 04 33 |
| 27 | 12:17:09 | 06 10 50 | 02♓08 | 09♓37 | 13 17 | 19 41 | 19 44 | 18 06 | 04 28 | 12 09 | 18 59 | 26 45 | 04 30 |
| 28 | 12:21:05 | 07 10 15 | 17 08 | 24 39 | 13 27 | 20 41 | 20 17 | 18 02 | 04 27 | 12 12 | 19 00 | 26 45 | 04 26 |
| 29 | 12:25:02 | 08 09 37 | 02♈10 | 09♈40 | 13 43 | 21 41 | 20 51 | 17 58 | 04 26 | 12 16 | 19 02 | 26 45 | 04 23 |
| 30 | 12:28:58 | 09 08 57 | 17 06 | 24 29 | 14 04 | 22 42 | 21 25 | 17 53 | 04 25 | 12 19 | 19 03 | 26 45℞ | 04 20 |
| 31 | 12:32:55 | 10 08 15 | 01♉48 | 09♉02 | 14 30 | 23 43 | 21 59 | 17 49 | 04 24 | 12 22 | 19 05 | 26 45 | 04 17 |

## 0:00 E.T. Longitudes of the Major Asteroids and Chiron

| D | ⚳ | ⚴ | ⚵ | ⚶ | ⚷ | D | ⚳ | ⚴ | ⚵ | ⚶ | ⚷ |
|---|---|---|---|---|---|---|---|---|---|---|---|
| 1 | 01♒18 | 07♑04 | 20♊10 | 07♋37 | 06♒43 | 17 | 06 59 | 11 49 | 25 37 | 09 08 | 07 48 |
| 2 | 01 40 | 07 23 | 20 29 | 07 40 | 06 47 | 18 | 07 19 | 12 05 | 25 59 | 09 17 | 07 52 |
| 3 | 02 02 | 07 42 | 20 48 | 07 43 | 06 52 | 19 | 07 40 | 12 21 | 26 21 | 09 26 | 07 56 |
| 4 | 02 24 | 08 01 | 21 07 | 07 47 | 06 56 | 20 | 08 00 | 12 37 | 26 44 | 09 36 | 07 59 |
| 5 | 02 45 | 08 20 | 21 27 | 07 50 | 07 00 | 21 | 08 20 | 12 52 | 27 06 | 09 45 | 08 03 |
| 6 | 03 07 | 08 38 | 21 47 | 07 55 | 07 05 | 22 | 08 40 | 13 08 | 27 29 | 09 56 | 08 06 |
| 7 | 03 28 | 08 56 | 22 07 | 08 00 | 07 09 | 23 | 09 00 | 13 23 | 27 52 | 10 06 | 08 10 |
| 8 | 03 50 | 09 15 | 22 27 | 08 05 | 07 13 | 24 | 09 20 | 13 37 | 28 15 | 10 17 | 08 13 |
| 9 | 04 11 | 09 32 | 22 47 | 08 10 | 07 17 | 25 | 09 40 | 13 52 | 28 38 | 10 28 | 08 17 |
| 10 | 04 32 | 09 50 | 23 08 | 08 16 | 07 21 | 26 | 10 00 | 14 06 | 29 01 | 10 40 | 08 20 |
| 11 | 04 54 | 10 08 | 23 28 | 08 22 | 07 25 | 27 | 10 19 | 14 20 | 29 25 | 10 52 | 08 23 |
| 12 | 05 15 | 10 25 | 23 49 | 08 29 | 07 29 | 28 | 10 39 | 14 34 | 29 48 | 11 04 | 08 26 |
| 13 | 05 36 | 10 42 | 24 11 | 08 36 | 07 33 | 29 | 10 58 | 14 48 | 00♋12 | 11 16 | 08 30 |
| 14 | 05 56 | 10 59 | 24 32 | 08 44 | 07 37 | 30 | 11 17 | 15 01 | 00 36 | 11 29 | 08 33 |
| 15 | 06 17 | 11 16 | 24 53 | 08 51 | 07 41 | 31 | 11 36 | 15 14 | 01 00 | 11 42 | 08 36 |
| 16 | 06 38 | 11 33 | 25 15 | 08 59 | 07 45 | | | | | | |

## Lunar Data

| Last Asp. | | Ingress | | |
|---|---|---|---|---|
| 1 | 04:15 | 1 | ♈ | 09:20 |
| 3 | 07:44 | 3 | ♉ | 10:23 |
| 5 | 08:15 | 5 | ♊ | 14:39 |
| 7 | 16:10 | 7 | ♋ | 22:39 |
| 9 | 20:42 | 10 | ♌ | 09:43 |
| 12 | 15:39 | 12 | ♍ | 22:25 |
| 15 | 04:34 | 15 | ♎ | 11:14 |
| 17 | 16:32 | 17 | ♏ | 22:60 |
| 20 | 07:55 | 20 | ♐ | 08:44 |
| 22 | 09:48 | 22 | ♑ | 15:37 |
| 23 | 23:31 | 24 | ♒ | 19:22 |
| 26 | 15:19 | 26 | ♓ | 20:34 |
| 28 | 15:21 | 28 | ♈ | 20:32 |
| 30 | 15:42 | 30 | ♉ | 21:02 |

## 0:00 E.T. Declinations

| D | ☉ | ☽ | ☿ | ♀ | ♂ | ♃ | ♄ | ♅ | ♆ | ♇ | ⚳ | ⚴ | ⚵ | ⚶ | ⚷ |
|---|---|---|---|---|---|---|---|---|---|---|---|---|---|---|---|
| 1 | -07 43 | -03 12 | +01 00 | -16 17 | +23 00 | -16 14 | +19 36 | -08 14 | -15 33 | -15 52 | -23 52 | +08 35 | +08 52 | +25 33 | -12 16 |
| 2 | 07 21 | +04 01 | 01 17 | 16 16 | 23 06 | 16 14 | 19 37 | 08 13 | 15 33 | 15 52 | 23 49 | 08 43 | 09 02 | 25 34 | 12 15 |
| 3 | 06 58 | 10 51 | 01 29 | 16 14 | 23 11 | 16 14 | 19 38 | 08 12 | 15 32 | 15 52 | 23 46 | 08 51 | 09 11 | 25 36 | 12 14 |
| 4 | 06 35 | 16 56 | 01 37 | 16 12 | 23 16 | 16 14 | 19 39 | 08 10 | 15 31 | 15 52 | 23 43 | 09 00 | 09 20 | 25 37 | 12 12 |
| 5 | 06 11 | 21 57 | 01 40 | 16 10 | 23 22 | 16 13 | 19 40 | 08 09 | 15 31 | 15 52 | 23 40 | 09 08 | 09 29 | 25 38 | 12 11 |
| 6 | 05 48 | 25 40 | 01 37 | 16 07 | 23 27 | 16 13 | 19 40 | 08 08 | 15 30 | 15 51 | 23 37 | 09 17 | 09 38 | 25 39 | 12 10 |
| 7 | 05 25 | 27 56 | 01 30 | 16 04 | 23 32 | 16 13 | 19 41 | 08 06 | 15 29 | 15 51 | 23 34 | 09 25 | 09 47 | 25 40 | 12 09 |
| 8 | 05 02 | 28 42 | 01 19 | 16 00 | 23 36 | 16 13 | 19 42 | 08 05 | 15 29 | 15 51 | 23 31 | 09 34 | 09 56 | 25 41 | 12 07 |
| 9 | 04 38 | 27 59 | 01 03 | 15 56 | 23 41 | 16 12 | 19 43 | 08 04 | 15 28 | 15 51 | 23 28 | 09 43 | 10 04 | 25 42 | 12 06 |
| 10 | 04 15 | 25 57 | 00 43 | 15 52 | 23 46 | 16 12 | 19 44 | 08 03 | 15 28 | 15 51 | 23 25 | 09 51 | 10 13 | 25 43 | 12 05 |
| 11 | 03 51 | 22 47 | 00 20 | 15 47 | 23 50 | 16 11 | 19 44 | 08 01 | 15 27 | 15 51 | 23 22 | 10 00 | 10 21 | 25 44 | 12 03 |
| 12 | 03 28 | 18 43 | -00 06 | 15 41 | 23 55 | 16 11 | 19 45 | 08 00 | 15 26 | 15 51 | 23 19 | 10 09 | 10 29 | 25 44 | 12 02 |
| 13 | 03 04 | 13 56 | 00 34 | 15 36 | 23 59 | 16 10 | 19 46 | 07 59 | 15 26 | 15 51 | 23 16 | 10 18 | 10 38 | 25 45 | 12 01 |
| 14 | 02 40 | 08 39 | 01 04 | 15 29 | 24 03 | 16 10 | 19 46 | 07 57 | 15 25 | 15 50 | 23 13 | 10 28 | 10 46 | 25 46 | 12 00 |
| 15 | 02 17 | 03 03 | 01 35 | 15 22 | 24 07 | 16 09 | 19 47 | 07 56 | 15 25 | 15 50 | 23 10 | 10 37 | 10 54 | 25 46 | 11 58 |
| 16 | 01 53 | -02 41 | 02 06 | 15 15 | 24 11 | 16 08 | 19 47 | 07 55 | 15 24 | 15 50 | 23 07 | 10 46 | 11 02 | 25 47 | 11 57 |
| 17 | 01 29 | 08 23 | 02 37 | 15 07 | 24 15 | 16 08 | 19 48 | 07 54 | 15 23 | 15 50 | 23 04 | 10 55 | 11 09 | 25 47 | 11 56 |
| 18 | 01 06 | 13 50 | 03 07 | 14 59 | 24 18 | 16 07 | 19 48 | 07 52 | 15 23 | 15 50 | 23 01 | 11 05 | 11 17 | 25 48 | 11 55 |
| 19 | 00 42 | 18 50 | 03 36 | 14 51 | 24 22 | 16 06 | 19 49 | 07 51 | 15 22 | 15 50 | 22 58 | 11 14 | 11 25 | 25 48 | 11 53 |
| 20 | 00 18 | 23 06 | 04 03 | 14 41 | 24 25 | 16 05 | 19 49 | 07 50 | 15 22 | 15 50 | 22 55 | 11 24 | 11 32 | 25 49 | 11 52 |
| 21 | +00 05 | 26 22 | 04 29 | 14 32 | 24 29 | 16 04 | 19 50 | 07 48 | 15 21 | 15 49 | 22 52 | 11 33 | 11 39 | 25 49 | 11 51 |
| 22 | 00 29 | 28 18 | 04 52 | 14 22 | 24 32 | 16 03 | 19 50 | 07 47 | 15 21 | 15 49 | 22 49 | 11 43 | 11 46 | 25 49 | 11 50 |
| 23 | 00 53 | 28 39 | 05 13 | 14 11 | 24 35 | 16 02 | 19 51 | 07 46 | 15 20 | 15 49 | 22 46 | 11 53 | 11 53 | 25 49 | 11 49 |
| 24 | 01 17 | 27 15 | 05 32 | 14 00 | 24 38 | 16 01 | 19 51 | 07 45 | 15 20 | 15 49 | 22 43 | 12 03 | 12 00 | 25 49 | 11 47 |
| 25 | 01 40 | 24 05 | 05 48 | 13 49 | 24 41 | 16 00 | 19 51 | 07 44 | 15 19 | 15 49 | 22 40 | 12 12 | 12 07 | 25 50 | 11 46 |
| 26 | 02 04 | 19 21 | 06 02 | 13 37 | 24 43 | 15 59 | 19 52 | 07 42 | 15 19 | 15 49 | 22 37 | 12 22 | 12 14 | 25 50 | 11 45 |
| 27 | 02 27 | 13 21 | 06 14 | 13 24 | 24 46 | 15 58 | 19 52 | 07 41 | 15 18 | 15 49 | 22 34 | 12 32 | 12 20 | 25 49 | 11 44 |
| 28 | 02 51 | 06 32 | 06 22 | 13 11 | 24 48 | 15 56 | 19 52 | 07 40 | 15 18 | 15 48 | 22 31 | 12 42 | 12 27 | 25 49 | 11 43 |
| 29 | 03 14 | +00 40 | 06 29 | 12 58 | 24 50 | 15 55 | 19 52 | 07 39 | 15 17 | 15 48 | 22 28 | 12 52 | 12 33 | 25 49 | 11 41 |
| 30 | 03 38 | 07 48 | 06 33 | 12 44 | 24 52 | 15 54 | 19 53 | 07 37 | 15 17 | 15 48 | 22 25 | 13 02 | 12 39 | 25 49 | 11 40 |
| 31 | 04 01 | 14 23 | 06 34 | 12 30 | 24 54 | 15 52 | 19 53 | 07 36 | 15 16 | 15 48 | 22 22 | 13 13 | 12 45 | 25 49 | 11 39 |

Lunar Phases -- 6 ◐ 20:17 14 Ⓔ 23:36 22 ◑ 19:12 29 ● 10:16 Sun enters ♈ 3/20 18:27

## Longitudes of Main Planets - April 2006

0:00 E.T.

| D | S.T. | ☉ | ☽ | ☽ 12:00 | ☿ | ♀ | ♂ | ♃ | ♄ | ♅ | ♆ | ♇ | ☊ |
|---|---|---|---|---|---|---|---|---|---|---|---|---|---|
| 1 | 12:36:52 | 11♈07 31 | 16♉09 | 23♉11 | 15♓01 | 24♒45 | 22♊33 | 17♏44℞ | 04♌24℞ | 12♓25 | 19♒07 | 26♐45℞ | 04♈14 |
| 2 | 12:40:48 | 12 06 45 | 00♊06 | 06♊54 | 15 35 | 25 47 | 23 07 | 17 39 | 04 23 | 12 28 | 19 08 | 26 45 | 04 11 |
| 3 | 12:44:45 | 13 05 57 | 13 35 | 20 10 | 16 14 | 26 49 | 23 41 | 17 34 | 04 23 | 12 31 | 19 10 | 26 45 | 04 07 |
| 4 | 12:48:41 | 14 05 07 | 26 39 | 03♋02 | 16 56 | 27 51 | 24 15 | 17 29 | 04 23 | 12 34 | 19 11 | 26 45 | 04 04 |
| 5 | 12:52:38 | 15 04 14 | 09♋20 | 15 33 | 17 42 | 28 54 | 24 49 | 17 23 | 04 23 | 12 37 | 19 13 | 26 45 | 04 01 |
| 6 | 12:56:34 | 16 03 19 | 21 41 | 27 46 | 18 31 | 29 56 | 25 23 | 17 18 | 04 23D | 12 40 | 19 14 | 26 44 | 03 58 |
| 7 | 13:00:31 | 17 02 21 | 03♌47 | 09♌46 | 19 24 | 01♓00 | 25 57 | 17 12 | 04 23 | 12 43 | 19 16 | 26 44 | 03 55 |
| 8 | 13:04:27 | 18 01 21 | 15 43 | 21 38 | 20 20 | 02 03 | 26 32 | 17 06 | 04 23 | 12 46 | 19 17 | 26 44 | 03 52 |
| 9 | 13:08:24 | 19 00 19 | 27 33 | 03♍27 | 21 18 | 03 07 | 27 06 | 17 01 | 04 23 | 12 49 | 19 18 | 26 43 | 03 48 |
| 10 | 13:12:21 | 19 59 15 | 09♍21 | 15 15 | 22 20 | 04 10 | 27 41 | 16 55 | 04 24 | 12 52 | 19 20 | 26 43 | 03 45 |
| 11 | 13:16:17 | 20 58 08 | 21 11 | 27 07 | 23 24 | 05 14 | 28 15 | 16 48 | 04 24 | 12 55 | 19 21 | 26 43 | 03 42 |
| 12 | 13:20:14 | 21 56 59 | 03♎06 | 09♎06 | 24 30 | 06 19 | 28 49 | 16 42 | 04 25 | 12 58 | 19 22 | 26 42 | 03 39 |
| 13 | 13:24:10 | 22 55 49 | 15 08 | 21 13 | 25 39 | 07 23 | 29 24 | 16 36 | 04 26 | 13 01 | 19 24 | 26 42 | 03 36 |
| 14 | 13:28:07 | 23 54 36 | 27 21 | 03♏32 | 26 51 | 08 28 | 29 59 | 16 29 | 04 26 | 13 04 | 19 25 | 26 41 | 03 32 |
| 15 | 13:32:03 | 24 53 21 | 09♏45 | 16 02 | 28 04 | 09 33 | 00♋33 | 16 23 | 04 27 | 13 06 | 19 26 | 26 41 | 03 29 |
| 16 | 13:36:00 | 25 52 05 | 22 22 | 28 45 | 29 20 | 10 38 | 01 08 | 16 16 | 04 29 | 13 09 | 19 27 | 26 40 | 03 26 |
| 17 | 13:39:56 | 26 50 46 | 05♐11 | 11♐41 | 00♈38 | 11 43 | 01 43 | 16 09 | 04 30 | 13 12 | 19 28 | 26 40 | 03 23 |
| 18 | 13:43:53 | 27 49 26 | 18 15 | 24 52 | 01 58 | 12 49 | 02 17 | 16 03 | 04 31 | 13 15 | 19 30 | 26 39 | 03 20 |
| 19 | 13:47:50 | 28 48 04 | 01♑33 | 08♑17 | 03 20 | 13 55 | 02 52 | 15 56 | 04 32 | 13 17 | 19 31 | 26 39 | 03 17 |
| 20 | 13:51:46 | 29 46 41 | 15 05 | 21 57 | 04 44 | 15 01 | 03 27 | 15 49 | 04 34 | 13 20 | 19 32 | 26 38 | 03 13 |
| 21 | 13:55:43 | 00♉45 16 | 28 52 | 05♒51 | 06 09 | 16 07 | 04 02 | 15 41 | 04 36 | 13 22 | 19 33 | 26 37 | 03 10 |
| 22 | 13:59:39 | 01 43 49 | 12♒54 | 20 00 | 07 37 | 17 13 | 04 37 | 15 34 | 04 37 | 13 25 | 19 34 | 26 37 | 03 07 |
| 23 | 14:03:36 | 02 42 20 | 27 10 | 04♓22 | 09 07 | 18 19 | 05 12 | 15 27 | 04 39 | 13 28 | 19 35 | 26 36 | 03 04 |
| 24 | 14:07:32 | 03 40 50 | 11♓37 | 18 54 | 10 38 | 19 26 | 05 47 | 15 20 | 04 41 | 13 30 | 19 36 | 26 35 | 03 01 |
| 25 | 14:11:29 | 04 39 19 | 26 12 | 03♈32 | 12 11 | 20 32 | 06 22 | 15 12 | 04 43 | 13 32 | 19 37 | 26 34 | 02 58 |
| 26 | 14:15:25 | 05 37 45 | 10♈52 | 18 11 | 13 46 | 21 39 | 06 57 | 15 05 | 04 45 | 13 35 | 19 37 | 26 33 | 02 54 |
| 27 | 14:19:22 | 06 36 10 | 25 29 | 02♉44 | 15 23 | 22 46 | 07 32 | 14 57 | 04 47 | 13 37 | 19 38 | 26 33 | 02 51 |
| 28 | 14:23:19 | 07 34 33 | 09♉57 | 17 06 | 17 01 | 23 53 | 08 07 | 14 50 | 04 50 | 13 40 | 19 39 | 26 32 | 02 48 |
| 29 | 14:27:15 | 08 32 55 | 24 11 | 01♊10 | 18 41 | 25 00 | 08 42 | 14 42 | 04 52 | 13 42 | 19 40 | 26 31 | 02 45 |
| 30 | 14:31:12 | 09 31 14 | 08♊04 | 14 53 | 20 23 | 26 08 | 09 17 | 14 35 | 04 55 | 13 44 | 19 41 | 26 30 | 02 42 |

0:00 E.T.

## Longitudes of the Major Asteroids and Chiron

| D | ⚳ | ⚴ | ⚵ | ⚶ | ⚷ |
|---|---|---|---|---|---|
| 1 | 11♒55 | 15♑27 | 01♋24 | 11♋55 | 08♒39 |
| 2 | 12 14 | 15 40 | 01 48 | 12 09 | 08 42 |
| 3 | 12 33 | 15 52 | 02 12 | 12 22 | 08 44 |
| 4 | 12 51 | 16 04 | 02 36 | 12 36 | 08 47 |
| 5 | 13 10 | 16 16 | 03 01 | 12 51 | 08 50 |
| 6 | 13 28 | 16 27 | 03 26 | 13 05 | 08 53 |
| 7 | 13 46 | 16 38 | 03 50 | 13 20 | 08 55 |
| 8 | 14 05 | 16 49 | 04 15 | 13 35 | 08 58 |
| 9 | 14 22 | 17 00 | 04 40 | 13 51 | 09 00 |
| 10 | 14 40 | 17 10 | 05 05 | 14 06 | 09 03 |
| 11 | 14 58 | 17 20 | 05 30 | 14 22 | 09 05 |
| 12 | 15 15 | 17 30 | 05 55 | 14 38 | 09 08 |
| 13 | 15 33 | 17 39 | 06 20 | 14 55 | 09 10 |
| 14 | 15 50 | 17 48 | 06 46 | 15 11 | 09 12 |
| 15 | 16 07 | 17 57 | 07 11 | 15 28 | 09 14 |
| 16 | 16 24 | 18 05 | 07 37 | 15 45 | 09 16 |
| 17 | 16 41 | 18 13 | 08 02 | 16 02 | 09 18 |
| 18 | 16 57 | 18 21 | 08 28 | 16 19 | 09 20 |
| 19 | 17 14 | 18 28 | 08 53 | 16 37 | 09 22 |
| 20 | 17 30 | 18 35 | 09 19 | 16 55 | 09 24 |
| 21 | 17 46 | 18 42 | 09 45 | 17 13 | 09 25 |
| 22 | 18 02 | 18 48 | 10 11 | 17 31 | 09 27 |
| 23 | 18 18 | 18 54 | 10 37 | 17 49 | 09 29 |
| 24 | 18 34 | 19 00 | 11 03 | 18 08 | 09 30 |
| 25 | 18 49 | 19 05 | 11 29 | 18 27 | 09 32 |
| 26 | 19 04 | 19 10 | 11 55 | 18 46 | 09 33 |
| 27 | 19 19 | 19 14 | 12 21 | 19 05 | 09 34 |
| 28 | 19 34 | 19 18 | 12 47 | 19 24 | 09 36 |
| 29 | 19 49 | 19 22 | 13 14 | 19 44 | 09 37 |
| 30 | 20 03 | 19 25 | 13 40 | 20 03 | 09 38 |

## Lunar Data

| Last Asp. | | Ingress | | |
|---|---|---|---|---|
| 1 | 15:53 | 1 | ♊ | 23:51 |
| 4 | 02:26 | 4 | ♋ | 06:16 |
| 5 | 17:21 | 6 | ♌ | 16:26 |
| 8 | 23:03 | 9 | ♍ | 04:59 |
| 11 | 14:60 | 11 | ♎ | 17:48 |
| 13 | 22:42 | 14 | ♏ | 05:09 |
| 15 | 18:29 | 16 | ♐ | 14:20 |
| 18 | 18:42 | 18 | ♑ | 21:14 |
| 20 | 01:16 | 21 | ♒ | 01:57 |
| 22 | 23:04 | 23 | ♓ | 04:44 |
| 25 | 00:36 | 25 | ♈ | 06:13 |
| 27 | 01:45 | 27 | ♉ | 07:28 |
| 29 | 01:33 | 29 | ♊ | 09:59 |

0:00 E.T.

## Declinations

| D | ☉ | ☽ | ☿ | ♀ | ♂ | ♃ | ♄ | ♅ | ♆ | ♇ | ⚳ | ⚴ | ⚵ | ⚶ | ⚷ |
|---|---|---|---|---|---|---|---|---|---|---|---|---|---|---|---|
| 1 | +04 24 | +20 03 | -06 34 | -12 16 | +24 56 | -15 51 | +19 53 | -07 35 | -15 16 | -15 48 | -22 19 | +13 23 | +12 51 | +25 48 | -11 38 |
| 2 | 04 47 | 24 27 | 06 31 | 12 01 | 24 58 | 15 50 | 19 53 | 07 34 | 15 15 | 15 48 | 22 16 | 13 33 | 12 57 | 25 48 | 11 37 |
| 3 | 05 10 | 27 20 | 06 26 | 11 45 | 24 59 | 15 48 | 19 53 | 07 33 | 15 15 | 15 48 | 22 14 | 13 43 | 13 03 | 25 48 | 11 36 |
| 4 | 05 33 | 28 38 | 06 19 | 11 29 | 25 01 | 15 46 | 19 53 | 07 32 | 15 14 | 15 47 | 22 11 | 13 53 | 13 08 | 25 47 | 11 35 |
| 5 | 05 56 | 28 22 | 06 10 | 11 13 | 25 02 | 15 45 | 19 53 | 07 30 | 15 14 | 15 47 | 22 08 | 14 04 | 13 14 | 25 46 | 11 34 |
| 6 | 06 19 | 26 41 | 05 59 | 10 56 | 25 03 | 15 43 | 19 53 | 07 29 | 15 13 | 15 47 | 22 05 | 14 14 | 13 19 | 25 46 | 11 32 |
| 7 | 06 42 | 23 47 | 05 46 | 10 39 | 25 04 | 15 42 | 19 53 | 07 28 | 15 13 | 15 47 | 22 03 | 14 24 | 13 24 | 25 45 | 11 31 |
| 8 | 07 04 | 19 55 | 05 32 | 10 22 | 25 04 | 15 40 | 19 53 | 07 27 | 15 12 | 15 47 | 22 00 | 14 35 | 13 29 | 25 44 | 11 30 |
| 9 | 07 27 | 15 18 | 05 15 | 10 04 | 25 05 | 15 38 | 19 53 | 07 26 | 15 12 | 15 47 | 21 57 | 14 45 | 13 34 | 25 44 | 11 29 |
| 10 | 07 49 | 10 09 | 04 57 | 09 46 | 25 05 | 15 36 | 19 53 | 07 25 | 15 12 | 15 46 | 21 55 | 14 56 | 13 39 | 25 43 | 11 28 |
| 11 | 08 11 | 04 37 | 04 38 | 09 27 | 25 06 | 15 35 | 19 53 | 07 24 | 15 11 | 15 46 | 21 52 | 15 06 | 13 43 | 25 42 | 11 27 |
| 12 | 08 33 | -01 07 | 04 16 | 09 08 | 25 06 | 15 33 | 19 53 | 07 23 | 15 11 | 15 46 | 21 50 | 15 16 | 13 48 | 25 41 | 11 26 |
| 13 | 08 55 | 06 52 | 03 53 | 08 49 | 25 06 | 15 31 | 19 53 | 07 22 | 15 10 | 15 46 | 21 47 | 15 27 | 13 52 | 25 40 | 11 25 |
| 14 | 09 17 | 12 27 | 03 29 | 08 30 | 25 06 | 15 29 | 19 52 | 07 21 | 15 10 | 15 46 | 21 45 | 15 37 | 13 56 | 25 38 | 11 24 |
| 15 | 09 38 | 17 37 | 03 04 | 08 10 | 25 05 | 15 27 | 19 52 | 07 20 | 15 10 | 15 46 | 21 43 | 15 48 | 14 00 | 25 37 | 11 23 |
| 16 | 10 00 | 22 08 | 02 36 | 07 49 | 25 05 | 15 25 | 19 52 | 07 18 | 15 09 | 15 46 | 21 40 | 15 58 | 14 04 | 25 36 | 11 22 |
| 17 | 10 21 | 25 40 | 02 08 | 07 29 | 25 04 | 15 23 | 19 52 | 07 17 | 15 09 | 15 46 | 21 38 | 16 09 | 14 08 | 25 35 | 11 21 |
| 18 | 10 42 | 27 56 | 01 38 | 07 08 | 25 03 | 15 21 | 19 51 | 07 16 | 15 09 | 15 45 | 21 36 | 16 19 | 14 12 | 25 33 | 11 20 |
| 19 | 11 03 | 28 40 | 01 07 | 06 47 | 25 02 | 15 19 | 19 51 | 07 15 | 15 08 | 15 45 | 21 34 | 16 29 | 14 15 | 25 32 | 11 19 |
| 20 | 11 24 | 27 42 | 00 35 | 06 25 | 25 01 | 15 17 | 19 51 | 07 14 | 15 08 | 15 45 | 21 32 | 16 40 | 14 19 | 25 30 | 11 19 |
| 21 | 11 44 | 25 03 | 00 02 | 06 04 | 25 00 | 15 15 | 19 50 | 07 14 | 15 08 | 15 45 | 21 29 | 16 50 | 14 22 | 25 28 | 11 18 |
| 22 | 12 05 | 20 52 | +00 33 | 05 42 | 24 59 | 15 13 | 19 50 | 07 13 | 15 07 | 15 45 | 21 27 | 17 00 | 14 25 | 25 27 | 11 17 |
| 23 | 12 25 | 15 25 | 01 09 | 05 20 | 24 57 | 15 11 | 19 50 | 07 12 | 15 07 | 15 45 | 21 26 | 17 11 | 14 28 | 25 25 | 11 16 |
| 24 | 12 45 | 09 04 | 01 45 | 04 57 | 24 55 | 15 09 | 19 49 | 07 11 | 15 07 | 15 45 | 21 24 | 17 21 | 14 31 | 25 23 | 11 15 |
| 25 | 13 04 | 02 11 | 02 23 | 04 34 | 24 53 | 15 07 | 19 49 | 07 10 | 15 07 | 15 44 | 21 22 | 17 31 | 14 34 | 25 21 | 11 14 |
| 26 | 13 24 | +04 52 | 03 02 | 04 11 | 24 51 | 15 05 | 19 48 | 07 09 | 15 06 | 15 44 | 21 20 | 17 42 | 14 36 | 25 19 | 11 13 |
| 27 | 13 43 | 11 37 | 03 41 | 03 48 | 24 49 | 15 02 | 19 48 | 07 08 | 15 06 | 15 44 | 21 18 | 17 52 | 14 39 | 25 17 | 11 13 |
| 28 | 14 02 | 17 42 | 04 22 | 03 25 | 24 47 | 15 00 | 19 47 | 07 07 | 15 06 | 15 44 | 21 17 | 18 02 | 14 41 | 25 15 | 11 12 |
| 29 | 14 21 | 22 41 | 05 04 | 03 01 | 24 44 | 14 58 | 19 46 | 07 06 | 15 06 | 15 44 | 21 15 | 18 12 | 14 44 | 25 13 | 11 11 |
| 30 | 14 40 | 26 16 | 05 46 | 02 38 | 24 42 | 14 56 | 19 46 | 07 05 | 15 05 | 15 44 | 21 14 | 18 22 | 14 46 | 25 10 | 11 10 |

Lunar Phases -- 5 ◐ 12:02 13 Ⓔ 16:41 21 ◑ 03:29 27 ● 19:45 Sun enters ♉ 4/20 05:27

## 0:00 E.T. Longitudes of Main Planets - May 2006 **May 06**

| D | S.T. | ☉ | ☽ | ☽ 12:00 | ☿ | ♀ | ♂ | ♃ | ♄ | ♅ | ♆ | ♇ | ☊ |
|---|---|---|---|---|---|---|---|---|---|---|---|---|---|
| 1 | 14:35:08 | 10♉29 32 | 21♊35 | 28♊12 | 22♈07 | 27♓15 | 09♋53 | 14♏27℞ | 04♌57 | 13♓47 | 19♒41 | 26♐29℞ | 02♈38 |
| 2 | 14:39:05 | 11 27 48 | 04♋42 | 11♋07 | 23 53 | 28 23 | 10 28 | 14 20 | 05 00 | 13 49 | 19 42 | 26 28 | 02 35 |
| 3 | 14:43:01 | 12 26 02 | 17 26 | 23 41 | 25 40 | 29 31 | 11 03 | 14 12 | 05 03 | 13 51 | 19 43 | 26 27 | 02 32 |
| 4 | 14:46:58 | 13 24 13 | 29 50 | 05♌56 | 27 29 | 00♈38 | 11 39 | 14 04 | 05 06 | 13 53 | 19 43 | 26 26 | 02 29 |
| 5 | 14:50:54 | 14 22 23 | 11♌58 | 17 57 | 29 20 | 01 46 | 12 14 | 13 57 | 05 09 | 13 55 | 19 44 | 26 25 | 02 26 |
| 6 | 14:54:51 | 15 20 31 | 23 54 | 29 50 | 01♉13 | 02 54 | 12 49 | 13 49 | 05 12 | 13 57 | 19 44 | 26 24 | 02 23 |
| 7 | 14:58:48 | 16 18 36 | 05♍44 | 11♍38 | 03 08 | 04 02 | 13 25 | 13 41 | 05 15 | 13 59 | 19 45 | 26 23 | 02 19 |
| 8 | 15:02:44 | 17 16 40 | 17 33 | 23 28 | 05 04 | 05 11 | 14 00 | 13 34 | 05 19 | 14 01 | 19 46 | 26 22 | 02 16 |
| 9 | 15:06:41 | 18 14 42 | 29 25 | 05♎23 | 07 02 | 06 19 | 14 36 | 13 26 | 05 22 | 14 03 | 19 46 | 26 21 | 02 13 |
| 10 | 15:10:37 | 19 12 42 | 11♎25 | 17 29 | 09 02 | 07 27 | 15 11 | 13 19 | 05 26 | 14 05 | 19 46 | 26 19 | 02 10 |
| 11 | 15:14:34 | 20 10 41 | 23 36 | 29 47 | 11 04 | 08 36 | 15 47 | 13 11 | 05 29 | 14 07 | 19 47 | 26 18 | 02 07 |
| 12 | 15:18:30 | 21 08 37 | 06♏01 | 12♏20 | 13 07 | 09 44 | 16 22 | 13 03 | 05 33 | 14 09 | 19 47 | 26 17 | 02 03 |
| 13 | 15:22:27 | 22 06 32 | 18 42 | 25 09 | 15 12 | 10 53 | 16 58 | 12 56 | 05 37 | 14 10 | 19 48 | 26 16 | 02 00 |
| 14 | 15:26:23 | 23 04 26 | 01♐39 | 08♐14 | 17 18 | 12 02 | 17 34 | 12 48 | 05 40 | 14 12 | 19 48 | 26 15 | 01 57 |
| 15 | 15:30:20 | 24 02 18 | 14 52 | 21 34 | 19 26 | 13 11 | 18 09 | 12 41 | 05 44 | 14 14 | 19 48 | 26 13 | 01 54 |
| 16 | 15:34:17 | 25 00 09 | 28 18 | 05♑06 | 21 34 | 14 20 | 18 45 | 12 34 | 05 48 | 14 15 | 19 48 | 26 12 | 01 51 |
| 17 | 15:38:13 | 25 57 58 | 11♑57 | 18 50 | 23 44 | 15 29 | 19 21 | 12 26 | 05 53 | 14 17 | 19 49 | 26 11 | 01 48 |
| 18 | 15:42:10 | 26 55 47 | 25 45 | 02♒42 | 25 55 | 16 38 | 19 56 | 12 19 | 05 57 | 14 19 | 19 49 | 26 10 | 01 44 |
| 19 | 15:46:06 | 27 53 34 | 09♒41 | 16 42 | 28 06 | 17 47 | 20 32 | 12 12 | 06 01 | 14 20 | 19 49 | 26 08 | 01 41 |
| 20 | 15:50:03 | 28 51 20 | 23 44 | 00♓47 | 00♊17 | 18 56 | 21 08 | 12 05 | 06 05 | 14 22 | 19 49 | 26 07 | 01 38 |
| 21 | 15:53:59 | 29 49 04 | 07♓51 | 14 57 | 02 29 | 20 06 | 21 44 | 11 58 | 06 10 | 14 23 | 19 49 | 26 06 | 01 35 |
| 22 | 15:57:56 | 00♊46 48 | 22 03 | 29 10 | 04 40 | 21 15 | 22 20 | 11 51 | 06 14 | 14 24 | 19 49 | 26 04 | 01 32 |
| 23 | 16:01:52 | 01 44 31 | 06♈17 | 13♈24 | 06 51 | 22 25 | 22 55 | 11 44 | 06 19 | 14 26 | 19 49℞ | 26 03 | 01 29 |
| 24 | 16:05:49 | 02 42 12 | 20 31 | 27 37 | 09 01 | 23 34 | 23 31 | 11 37 | 06 24 | 14 27 | 19 49 | 26 01 | 01 25 |
| 25 | 16:09:46 | 03 39 53 | 04♉42 | 11♉46 | 11 10 | 24 44 | 24 07 | 11 31 | 06 29 | 14 28 | 19 49 | 26 00 | 01 22 |
| 26 | 16:13:42 | 04 37 32 | 18 47 | 25 46 | 13 17 | 25 53 | 24 43 | 11 24 | 06 33 | 14 29 | 19 49 | 25 59 | 01 19 |
| 27 | 16:17:39 | 05 35 11 | 02♊41 | 09♊33 | 15 23 | 27 03 | 25 19 | 11 18 | 06 38 | 14 31 | 19 49 | 25 57 | 01 16 |
| 28 | 16:21:35 | 06 32 48 | 16 20 | 23 03 | 17 28 | 28 13 | 25 55 | 11 11 | 06 43 | 14 32 | 19 49 | 25 56 | 01 13 |
| 29 | 16:25:32 | 07 30 24 | 29 41 | 06♋14 | 19 30 | 29 23 | 26 31 | 11 05 | 06 48 | 14 33 | 19 48 | 25 54 | 01 09 |
| 30 | 16:29:28 | 08 27 59 | 12♋42 | 19 05 | 21 31 | 00♉33 | 27 07 | 10 59 | 06 54 | 14 34 | 19 48 | 25 53 | 01 06 |
| 31 | 16:33:25 | 09 25 33 | 25 23 | 01♌37 | 23 29 | 01 43 | 27 43 | 10 53 | 06 59 | 14 35 | 19 48 | 25 51 | 01 03 |

## 0:00 E.T. Longitudes of the Major Asteroids and Chiron

| D | ⚳ | ⚴ | ⚵ | ⚶ | ⚷ |
|---|---|---|---|---|---|
| 1 | 20♒18 | 19♑28 | 14♋06 | 20♋23 | 09♒39 |
| 2 | 20 32 | 19 31 | 14 33 | 20 43 | 09 40 |
| 3 | 20 46 | 19 33 | 14 59 | 21 03 | 09 41 |
| 4 | 20 59 | 19 34 | 15 26 | 21 24 | 09 42 |
| 5 | 21 13 | 19 36 | 15 52 | 21 44 | 09 42 |
| 6 | 21 26 | 19 36 | 16 19 | 22 05 | 09 43 |
| 7 | 21 39 | 19 37 | 16 46 | 22 26 | 09 44 |
| 8 | 21 52 | 19 37℞ | 17 12 | 22 47 | 09 44 |
| 9 | 22 05 | 19 36 | 17 39 | 23 08 | 09 45 |
| 10 | 22 17 | 19 36 | 18 06 | 23 29 | 09 45 |
| 11 | 22 29 | 19 34 | 18 33 | 23 50 | 09 45 |
| 12 | 22 41 | 19 33 | 18 59 | 24 12 | 09 46 |
| 13 | 22 53 | 19 31 | 19 26 | 24 33 | 09 46 |
| 14 | 23 05 | 19 28 | 19 53 | 24 55 | 09 46 |
| 15 | 23 16 | 19 25 | 20 20 | 25 17 | 09 46 |
| 16 | 23 27 | 19 22 | 20 47 | 25 39 | 09 46℞ |
| 17 | 23 38 | 19 18 | 21 14 | 26 01 | 09 46 |
| 18 | 23 48 | 19 14 | 21 41 | 26 24 | 09 46 |
| 19 | 23 59 | 19 09 | 22 08 | 26 46 | 09 46 |
| 20 | 24 09 | 19 04 | 22 35 | 27 09 | 09 45 |
| 21 | 24 19 | 18 58 | 23 02 | 27 31 | 09 45 |
| 22 | 24 28 | 18 52 | 23 29 | 27 54 | 09 45 |
| 23 | 24 37 | 18 46 | 23 56 | 28 17 | 09 44 |
| 24 | 24 47 | 18 39 | 24 23 | 28 40 | 09 44 |
| 25 | 24 55 | 18 31 | 24 50 | 29 03 | 09 43 |
| 26 | 25 04 | 18 24 | 25 17 | 29 26 | 09 42 |
| 27 | 25 12 | 18 16 | 25 44 | 29 50 | 09 41 |
| 28 | 25 20 | 18 07 | 26 12 | 00♌13 | 09 41 |
| 29 | 25 27 | 17 58 | 26 39 | 00 37 | 09 40 |
| 30 | 25 35 | 17 48 | 27 06 | 01 00 | 09 39 |
| 31 | 25 42 | 17 39 | 27 33 | 01 24 | 09 38 |

## Lunar Data

| Last Asp. | | Ingress | | |
|---|---|---|---|---|
| 1 | 11:15 | 1 | ♋ | 15:18 |
| 3 | 18:36 | 4 | ♌ | 00:19 |
| 6 | 05:03 | 6 | ♍ | 12:21 |
| 8 | 17:49 | 9 | ♎ | 01:11 |
| 11 | 05:15 | 11 | ♏ | 12:25 |
| 13 | 06:52 | 13 | ♐ | 20:57 |
| 15 | 20:16 | 16 | ♑ | 02:60 |
| 18 | 02:11 | 18 | ♒ | 07:20 |
| 20 | 09:22 | 20 | ♓ | 10:40 |
| 22 | 06:46 | 22 | ♈ | 13:25 |
| 24 | 09:17 | 24 | ♉ | 16:02 |
| 26 | 10:40 | 26 | ♊ | 19:20 |
| 28 | 23:24 | 29 | ♋ | 00:35 |
| 31 | 04:43 | 31 | ♌ | 08:53 |

## 0:00 E.T. Declinations

| D | ☉ | ☽ | ☿ | ♀ | ♂ | ♃ | ♄ | ♅ | ♆ | ♇ | ⚳ | ⚴ | ⚵ | ⚶ | ⚷ |
|---|---|---|---|---|---|---|---|---|---|---|---|---|---|---|---|
| 1 | +14 58 | +28 14 | +06 29 | -02 14 | +24 39 | -14 54 | +19 45 | -07 05 | -15 05 | -15 44 | -21 12 | +18 32 | +14 48 | +25 08 | -11 10 |
| 2 | 15 16 | 28 32 | 07 13 | 01 50 | 24 36 | 14 52 | 19 45 | 07 04 | 15 05 | 15 44 | 21 11 | 18 42 | 14 50 | 25 05 | 11 09 |
| 3 | 15 34 | 27 18 | 07 57 | 01 26 | 24 33 | 14 49 | 19 44 | 07 03 | 15 05 | 15 44 | 21 10 | 18 52 | 14 51 | 25 03 | 11 08 |
| 4 | 15 52 | 24 44 | 08 42 | 01 01 | 24 29 | 14 47 | 19 43 | 07 02 | 15 05 | 15 43 | 21 09 | 19 01 | 14 53 | 25 00 | 11 07 |
| 5 | 16 09 | 21 07 | 09 28 | 00 37 | 24 26 | 14 45 | 19 42 | 07 01 | 15 04 | 15 43 | 21 08 | 19 11 | 14 54 | 24 57 | 11 07 |
| 6 | 16 26 | 16 41 | 10 14 | 00 12 | 24 22 | 14 43 | 19 42 | 07 01 | 15 04 | 15 43 | 21 07 | 19 21 | 14 56 | 24 55 | 11 06 |
| 7 | 16 43 | 11 40 | 11 00 | +00 12 | 24 18 | 14 41 | 19 41 | 07 00 | 15 04 | 15 43 | 21 06 | 19 30 | 14 57 | 24 52 | 11 06 |
| 8 | 17 00 | 06 15 | 11 47 | 00 37 | 24 14 | 14 38 | 19 40 | 06 59 | 15 04 | 15 43 | 21 05 | 19 39 | 14 58 | 24 49 | 11 05 |
| 9 | 17 16 | 00 35 | 12 34 | 01 02 | 24 10 | 14 36 | 19 39 | 06 58 | 15 04 | 15 43 | 21 04 | 19 49 | 14 59 | 24 46 | 11 04 |
| 10 | 17 32 | -05 09 | 13 21 | 01 27 | 24 06 | 14 34 | 19 38 | 06 58 | 15 04 | 15 43 | 21 04 | 19 58 | 15 00 | 24 43 | 11 04 |
| 11 | 17 47 | 10 48 | 14 08 | 01 52 | 24 01 | 14 32 | 19 38 | 06 57 | 15 04 | 15 43 | 21 03 | 20 07 | 15 01 | 24 40 | 11 03 |
| 12 | 18 03 | 16 08 | 14 55 | 02 17 | 23 57 | 14 30 | 19 37 | 06 56 | 15 04 | 15 43 | 21 03 | 20 16 | 15 01 | 24 36 | 11 03 |
| 13 | 18 18 | 20 53 | 15 41 | 02 42 | 23 52 | 14 28 | 19 36 | 06 56 | 15 03 | 15 43 | 21 02 | 20 25 | 15 02 | 24 33 | 11 02 |
| 14 | 18 33 | 24 45 | 16 27 | 03 07 | 23 47 | 14 25 | 19 35 | 06 55 | 15 03 | 15 43 | 21 02 | 20 33 | 15 02 | 24 30 | 11 02 |
| 15 | 18 47 | 27 24 | 17 12 | 03 33 | 23 42 | 14 23 | 19 34 | 06 54 | 15 03 | 15 43 | 21 02 | 20 42 | 15 02 | 24 26 | 11 01 |
| 16 | 19 01 | 28 31 | 17 56 | 03 58 | 23 37 | 14 21 | 19 33 | 06 54 | 15 03 | 15 42 | 21 02 | 20 50 | 15 03 | 24 22 | 11 01 |
| 17 | 19 15 | 27 56 | 18 39 | 04 23 | 23 32 | 14 19 | 19 32 | 06 53 | 15 03 | 15 42 | 21 02 | 20 59 | 15 03 | 24 19 | 11 00 |
| 18 | 19 28 | 25 37 | 19 21 | 04 48 | 23 26 | 14 17 | 19 31 | 06 53 | 15 03 | 15 42 | 21 02 | 21 07 | 15 02 | 24 15 | 11 00 |
| 19 | 19 42 | 21 46 | 20 02 | 05 13 | 23 20 | 14 15 | 19 30 | 06 52 | 15 03 | 15 42 | 21 02 | 21 15 | 15 02 | 24 11 | 10 59 |
| 20 | 19 54 | 16 39 | 20 40 | 05 39 | 23 15 | 14 13 | 19 29 | 06 52 | 15 03 | 15 42 | 21 03 | 21 23 | 15 02 | 24 07 | 10 59 |
| 21 | 20 07 | 10 38 | 21 17 | 06 04 | 23 09 | 14 11 | 19 28 | 06 51 | 15 03 | 15 42 | 21 03 | 21 31 | 15 01 | 24 03 | 10 59 |
| 22 | 20 19 | 04 02 | 21 52 | 06 29 | 23 03 | 14 09 | 19 27 | 06 51 | 15 03 | 15 42 | 21 04 | 21 38 | 15 01 | 23 59 | 10 58 |
| 23 | 20 31 | +02 47 | 22 24 | 06 54 | 22 56 | 14 07 | 19 25 | 06 50 | 15 03 | 15 42 | 21 05 | 21 45 | 15 00 | 23 55 | 10 58 |
| 24 | 20 42 | 09 27 | 22 54 | 07 19 | 22 50 | 14 05 | 19 24 | 06 50 | 15 03 | 15 42 | 21 05 | 21 53 | 14 59 | 23 51 | 10 58 |
| 25 | 20 53 | 15 38 | 23 22 | 07 43 | 22 43 | 14 03 | 19 23 | 06 49 | 15 03 | 15 42 | 21 06 | 22 00 | 14 58 | 23 47 | 10 57 |
| 26 | 21 04 | 20 56 | 23 47 | 08 08 | 22 37 | 14 01 | 19 22 | 06 49 | 15 03 | 15 42 | 21 07 | 22 06 | 14 57 | 23 42 | 10 57 |
| 27 | 21 14 | 25 01 | 24 09 | 08 33 | 22 30 | 14 00 | 19 21 | 06 48 | 15 03 | 15 42 | 21 09 | 22 13 | 14 56 | 23 38 | 10 57 |
| 28 | 21 24 | 27 35 | 24 29 | 08 57 | 22 23 | 13 58 | 19 19 | 06 48 | 15 03 | 15 42 | 21 10 | 22 19 | 14 55 | 23 33 | 10 57 |
| 29 | 21 34 | 28 30 | 24 46 | 09 22 | 22 15 | 13 56 | 19 18 | 06 48 | 15 03 | 15 42 | 21 11 | 22 26 | 14 53 | 23 29 | 10 57 |
| 30 | 21 43 | 27 47 | 25 00 | 09 46 | 22 08 | 13 54 | 19 17 | 06 47 | 15 04 | 15 42 | 21 13 | 22 32 | 14 52 | 23 24 | 10 56 |
| 31 | 21 52 | 25 37 | 25 12 | 10 10 | 22 01 | 13 53 | 19 16 | 06 47 | 15 04 | 15 42 | 21 14 | 22 37 | 14 50 | 23 19 | 10 56 |

Lunar Phases -- 5 ◐ 05:14 13 ○ 06:52 20 ◑ 09:22 27 ● 05:27 Sun enters ♊ 5/21 04:33

## Longitudes of Main Planets - June 2006

0:00 E.T.

| D | S.T. | ☉ | ☽ | ☽ 12:00 | ☿ | ♀ | ♂ | ♃ | ♄ | ♅ | ♆ | ♇ | ☊ |
|---|---|---|---|---|---|---|---|---|---|---|---|---|---|
| 1 | 16:37:21 | 10♊23 05 | 07♌46 | 13♌51 | 25♊24 | 02♉53 | 28♋19 | 10♏47℞ | 07♌04 | 14♓36 | 19♒48℞ | 25♐50℞ | 01♈00 |
| 2 | 16:41:18 | 11 20 36 | 19 54 | 25 53 | 27 18 | 04 03 | 28 56 | 10 41 | 07 10 | 14 36 | 19 47 | 25 48 | 00 57 |
| 3 | 16:45:15 | 12 18 06 | 01♍50 | 07♍45 | 29 08 | 05 13 | 29 32 | 10 36 | 07 15 | 14 37 | 19 47 | 25 47 | 00 54 |
| 4 | 16:49:11 | 13 15 34 | 13 40 | 19 34 | 00♋57 | 06 23 | 00♌08 | 10 30 | 07 21 | 14 38 | 19 47 | 25 45 | 00 50 |
| 5 | 16:53:08 | 14 13 01 | 25 29 | 01♎24 | 02 42 | 07 34 | 00 44 | 10 25 | 07 26 | 14 39 | 19 46 | 25 44 | 00 47 |
| 6 | 16:57:04 | 15 10 27 | 07♎22 | 13 22 | 04 25 | 08 44 | 01 20 | 10 20 | 07 32 | 14 39 | 19 46 | 25 42 | 00 44 |
| 7 | 17:01:01 | 16 07 51 | 19 25 | 25 32 | 06 05 | 09 54 | 01 57 | 10 15 | 07 37 | 14 40 | 19 45 | 25 41 | 00 41 |
| 8 | 17:04:57 | 17 05 15 | 01♏42 | 07♏58 | 07 42 | 11 05 | 02 33 | 10 10 | 07 43 | 14 41 | 19 45 | 25 39 | 00 38 |
| 9 | 17:08:54 | 18 02 38 | 14 17 | 20 42 | 09 17 | 12 15 | 03 09 | 10 05 | 07 49 | 14 41 | 19 44 | 25 37 | 00 35 |
| 10 | 17:12:50 | 18 59 59 | 27 13 | 03♐48 | 10 49 | 13 26 | 03 45 | 10 00 | 07 55 | 14 42 | 19 44 | 25 36 | 00 31 |
| 11 | 17:16:47 | 19 57 20 | 10♐28 | 17 14 | 12 18 | 14 36 | 04 22 | 09 56 | 08 01 | 14 42 | 19 43 | 25 34 | 00 28 |
| 12 | 17:20:44 | 20 54 40 | 24 04 | 00♑58 | 13 44 | 15 47 | 04 58 | 09 51 | 08 07 | 14 42 | 19 42 | 25 33 | 00 25 |
| 13 | 17:24:40 | 21 52 00 | 07♑55 | 14 56 | 15 08 | 16 58 | 05 34 | 09 47 | 08 13 | 14 43 | 19 42 | 25 31 | 00 22 |
| 14 | 17:28:37 | 22 49 18 | 22 00 | 29 05 | 16 28 | 18 08 | 06 11 | 09 43 | 08 19 | 14 43 | 19 41 | 25 30 | 00 19 |
| 15 | 17:32:33 | 23 46 36 | 06♒11 | 13♒19 | 17 46 | 19 19 | 06 47 | 09 39 | 08 25 | 14 43 | 19 40 | 25 28 | 00 15 |
| 16 | 17:36:30 | 24 43 54 | 20 26 | 27 34 | 19 00 | 20 30 | 07 24 | 09 36 | 08 32 | 14 43 | 19 40 | 25 27 | 00 12 |
| 17 | 17:40:26 | 25 41 11 | 04♓41 | 11♓47 | 20 12 | 21 41 | 08 00 | 09 32 | 08 38 | 14 44 | 19 39 | 25 25 | 00 09 |
| 18 | 17:44:23 | 26 38 28 | 18 52 | 25 56 | 21 20 | 22 52 | 08 37 | 09 29 | 08 44 | 14 44 | 19 38 | 25 23 | 00 06 |
| 19 | 17:48:19 | 27 35 45 | 02♈59 | 10♈00 | 22 25 | 24 03 | 09 13 | 09 26 | 08 51 | 14 44 | 19 37 | 25 22 | 00 03 |
| 20 | 17:52:16 | 28 33 01 | 17 00 | 23 59 | 23 27 | 25 14 | 09 50 | 09 23 | 08 57 | 14 44℞ | 19 36 | 25 20 | 00♓00 |
| 21 | 17:56:13 | 29 30 17 | 00♉56 | 07♉51 | 24 26 | 26 25 | 10 26 | 09 20 | 09 04 | 14 44 | 19 35 | 25 19 | 29 56 |
| 22 | 18:00:09 | 00♋27 34 | 14 44 | 21 35 | 25 21 | 27 36 | 11 03 | 09 17 | 09 10 | 14 44 | 19 35 | 25 17 | 29 53 |
| 23 | 18:04:06 | 01 24 50 | 28 24 | 05♊10 | 26 13 | 28 47 | 11 39 | 09 15 | 09 17 | 14 43 | 19 34 | 25 16 | 29 50 |
| 24 | 18:08:02 | 02 22 05 | 11♊53 | 18 34 | 27 01 | 29 58 | 12 16 | 09 12 | 09 23 | 14 43 | 19 33 | 25 14 | 29 47 |
| 25 | 18:11:59 | 03 19 21 | 25 11 | 01♋44 | 27 46 | 01♊10 | 12 53 | 09 10 | 09 30 | 14 43 | 19 32 | 25 12 | 29 44 |
| 26 | 18:15:55 | 04 16 36 | 08♋14 | 14 39 | 28 27 | 02 21 | 13 29 | 09 08 | 09 37 | 14 43 | 19 31 | 25 11 | 29 41 |
| 27 | 18:19:52 | 05 13 51 | 21 01 | 27 19 | 29 03 | 03 32 | 14 06 | 09 07 | 09 44 | 14 42 | 19 30 | 25 09 | 29 37 |
| 28 | 18:23:48 | 06 11 05 | 03♌32 | 09♌42 | 29 36 | 04 44 | 14 43 | 09 05 | 09 50 | 14 42 | 19 29 | 25 08 | 29 34 |
| 29 | 18:27:45 | 07 08 20 | 15 49 | 21 52 | 00♌04 | 05 55 | 15 19 | 09 04 | 09 57 | 14 42 | 19 28 | 25 06 | 29 31 |
| 30 | 18:31:42 | 08 05 33 | 27 53 | 03♍51 | 00 29 | 07 07 | 15 56 | 09 02 | 10 04 | 14 41 | 19 26 | 25 05 | 29 28 |

0:00 E.T.

## Longitudes of the Major Asteroids and Chiron

| D | ⚳ | ⚴ | ⚵ | ⚶ | ⚷ | D | ⚳ | ⚴ | ⚵ | ⚶ | ⚷ |
|---|---|---|---|---|---|---|---|---|---|---|---|
| 1 | 25♒49 | 17♑28℞ | 28♋00 | 01♌48 | 09♒37℞ | 16 | 26 52 | 14 12 | 04 49 | 07 58 | 09 12 |
| 2 | 25 55 | 17 18 | 28 27 | 02 12 | 09 35 | 17 | 26 54 | 13 56 | 05 16 | 08 23 | 09 10 |
| 3 | 26 01 | 17 07 | 28 55 | 02 36 | 09 34 | 18 | 26 55 | 13 40 | 05 43 | 08 48 | 09 08 |
| 4 | 26 07 | 16 55 | 29 22 | 03 00 | 09 33 | 19 | 26 56 | 13 24 | 06 11 | 09 14 | 09 06 |
| 5 | 26 13 | 16 43 | 29 49 | 03 25 | 09 31 | 20 | 26 57 | 13 08 | 06 38 | 09 39 | 09 04 |
| 6 | 26 18 | 16 31 | 00♌16 | 03 49 | 09 30 | 21 | 26 57 | 12 52 | 07 05 | 10 05 | 09 02 |
| 7 | 26 23 | 16 19 | 00 44 | 04 13 | 09 29 | 22 | 26 57℞ | 12 36 | 07 32 | 10 31 | 08 59 |
| 8 | 26 27 | 16 06 | 01 11 | 04 38 | 09 27 | 23 | 26 57 | 12 19 | 08 00 | 10 56 | 08 57 |
| 9 | 26 32 | 15 52 | 01 38 | 05 03 | 09 25 | 24 | 26 56 | 12 02 | 08 27 | 11 22 | 08 54 |
| 10 | 26 36 | 15 39 | 02 05 | 05 27 | 09 24 | 25 | 26 55 | 11 45 | 08 54 | 11 48 | 08 52 |
| 11 | 26 39 | 15 25 | 02 33 | 05 52 | 09 22 | 26 | 26 53 | 11 29 | 09 21 | 12 14 | 08 49 |
| 12 | 26 43 | 15 11 | 03 00 | 06 17 | 09 20 | 27 | 26 51 | 11 12 | 09 48 | 12 40 | 08 47 |
| 13 | 26 46 | 14 56 | 03 27 | 06 42 | 09 18 | 28 | 26 49 | 10 55 | 10 16 | 13 06 | 08 44 |
| 14 | 26 48 | 14 42 | 03 54 | 07 07 | 09 16 | 29 | 26 46 | 10 37 | 10 43 | 13 32 | 08 42 |
| 15 | 26 51 | 14 27 | 04 22 | 07 32 | 09 14 | 30 | 26 43 | 10 20 | 11 10 | 13 59 | 08 39 |

## Lunar Data

| Last Asp. | | Ingress | | |
|---|---|---|---|---|
| 2 | 17:35 | 2 | ♍ | 20:18 |
| 5 | 00:30 | 5 | ♎ | 09:09 |
| 7 | 12:16 | 7 | ♏ | 20:42 |
| 9 | 10:11 | 10 | ♐ | 05:06 |
| 12 | 02:35 | 12 | ♑ | 10:20 |
| 13 | 16:51 | 14 | ♒ | 13:33 |
| 16 | 08:25 | 16 | ♓ | 16:06 |
| 18 | 14:09 | 18 | ♈ | 18:55 |
| 20 | 21:22 | 20 | ♉ | 22:24 |
| 23 | 00:45 | 23 | ♊ | 02:50 |
| 25 | 00:03 | 25 | ♋ | 08:49 |
| 27 | 16:04 | 27 | ♌ | 17:10 |
| 29 | 18:25 | 30 | ♍ | 04:16 |

0:00 E.T.

## Declinations

| D | ☉ | ☽ | ☿ | ♀ | ♂ | ♃ | ♄ | ♅ | ♆ | ♇ | ⚳ | ⚴ | ⚵ | ⚶ | ⚷ |
|---|---|---|---|---|---|---|---|---|---|---|---|---|---|---|---|
| 1 | +22 00 | +22 17 | +25 20 | +10 34 | +21 53 | -13 51 | +19 14 | -06 47 | -15 04 | -15 42 | -21 16 | +22 43 | +14 49 | +23 14 | -10 56 |
| 2 | 22 09 | 18 03 | 25 27 | 10 57 | 21 45 | 13 49 | 19 13 | 06 46 | 15 04 | 15 42 | 21 18 | 22 48 | 14 47 | 23 09 | 10 56 |
| 3 | 22 16 | 13 11 | 25 31 | 11 21 | 21 37 | 13 48 | 19 11 | 06 46 | 15 04 | 15 42 | 21 20 | 22 53 | 14 45 | 23 04 | 10 56 |
| 4 | 22 24 | 07 52 | 25 33 | 11 44 | 21 29 | 13 46 | 19 10 | 06 46 | 15 04 | 15 42 | 21 22 | 22 58 | 14 43 | 22 59 | 10 56 |
| 5 | 22 30 | 02 18 | 25 32 | 12 07 | 21 21 | 13 45 | 19 09 | 06 46 | 15 04 | 15 42 | 21 25 | 23 03 | 14 41 | 22 54 | 10 56 |
| 6 | 22 37 | -03 24 | 25 29 | 12 30 | 21 13 | 13 43 | 19 07 | 06 45 | 15 04 | 15 42 | 21 27 | 23 07 | 14 38 | 22 48 | 10 56 |
| 7 | 22 43 | 09 02 | 25 25 | 12 53 | 21 05 | 13 42 | 19 06 | 06 45 | 15 05 | 15 42 | 21 30 | 23 11 | 14 36 | 22 43 | 10 56 |
| 8 | 22 49 | 14 27 | 25 18 | 13 15 | 20 56 | 13 41 | 19 04 | 06 45 | 15 05 | 15 42 | 21 32 | 23 15 | 14 34 | 22 38 | 10 56 |
| 9 | 22 54 | 19 24 | 25 10 | 13 37 | 20 47 | 13 40 | 19 03 | 06 45 | 15 05 | 15 42 | 21 35 | 23 19 | 14 31 | 22 32 | 10 56 |
| 10 | 22 59 | 23 36 | 25 00 | 13 59 | 20 38 | 13 38 | 19 01 | 06 45 | 15 05 | 15 42 | 21 38 | 23 22 | 14 28 | 22 26 | 10 56 |
| 11 | 23 04 | 26 40 | 24 49 | 14 21 | 20 29 | 13 37 | 19 00 | 06 44 | 15 05 | 15 42 | 21 41 | 23 25 | 14 26 | 22 21 | 10 56 |
| 12 | 23 08 | 28 17 | 24 36 | 14 42 | 20 20 | 13 36 | 18 58 | 06 44 | 15 06 | 15 42 | 21 44 | 23 28 | 14 23 | 22 15 | 10 56 |
| 13 | 23 11 | 28 10 | 24 22 | 15 03 | 20 11 | 13 35 | 18 57 | 06 44 | 15 06 | 15 42 | 21 48 | 23 31 | 14 20 | 22 09 | 10 56 |
| 14 | 23 15 | 26 15 | 24 06 | 15 24 | 20 02 | 13 34 | 18 55 | 06 44 | 15 06 | 15 42 | 21 51 | 23 33 | 14 17 | 22 03 | 10 56 |
| 15 | 23 18 | 22 41 | 23 50 | 15 44 | 19 52 | 13 33 | 18 54 | 06 44 | 15 06 | 15 42 | 21 55 | 23 35 | 14 14 | 21 57 | 10 56 |
| 16 | 23 20 | 17 44 | 23 33 | 16 04 | 19 43 | 13 32 | 18 52 | 06 44 | 15 06 | 15 42 | 21 59 | 23 37 | 14 10 | 21 51 | 10 56 |
| 17 | 23 22 | 11 49 | 23 15 | 16 24 | 19 33 | 13 31 | 18 50 | 06 44 | 15 07 | 15 42 | 22 02 | 23 38 | 14 07 | 21 45 | 10 57 |
| 18 | 23 24 | 05 19 | 22 56 | 16 43 | 19 23 | 13 30 | 18 49 | 06 44 | 15 07 | 15 42 | 22 06 | 23 39 | 14 03 | 21 38 | 10 57 |
| 19 | 23 25 | +01 24 | 22 36 | 17 02 | 19 13 | 13 29 | 18 47 | 06 44 | 15 07 | 15 42 | 22 11 | 23 40 | 14 00 | 21 32 | 10 57 |
| 20 | 23 26 | 08 02 | 22 16 | 17 20 | 19 03 | 13 29 | 18 45 | 06 44 | 15 08 | 15 42 | 22 15 | 23 41 | 13 56 | 21 26 | 10 57 |
| 21 | 23 26 | 14 13 | 21 56 | 17 39 | 18 53 | 13 28 | 18 44 | 06 44 | 15 08 | 15 42 | 22 19 | 23 41 | 13 53 | 21 19 | 10 57 |
| 22 | 23 26 | 19 38 | 21 35 | 17 56 | 18 42 | 13 28 | 18 42 | 06 44 | 15 08 | 15 42 | 22 24 | 23 41 | 13 49 | 21 13 | 10 58 |
| 23 | 23 26 | 23 58 | 21 14 | 18 14 | 18 32 | 13 27 | 18 40 | 06 44 | 15 08 | 15 42 | 22 29 | 23 41 | 13 45 | 21 06 | 10 58 |
| 24 | 23 25 | 26 56 | 20 53 | 18 30 | 18 21 | 13 26 | 18 39 | 06 44 | 15 09 | 15 43 | 22 33 | 23 40 | 13 41 | 20 59 | 10 58 |
| 25 | 23 24 | 28 21 | 20 31 | 18 47 | 18 10 | 13 26 | 18 37 | 06 45 | 15 09 | 15 43 | 22 38 | 23 40 | 13 37 | 20 52 | 10 59 |
| 26 | 23 22 | 28 08 | 20 10 | 19 03 | 18 00 | 13 26 | 18 35 | 06 45 | 15 09 | 15 43 | 22 43 | 23 38 | 13 33 | 20 45 | 10 59 |
| 27 | 23 20 | 26 24 | 19 50 | 19 18 | 17 49 | 13 25 | 18 33 | 06 45 | 15 10 | 15 43 | 22 48 | 23 37 | 13 28 | 20 38 | 10 59 |
| 28 | 23 18 | 23 23 | 19 29 | 19 33 | 17 38 | 13 25 | 18 31 | 06 45 | 15 10 | 15 43 | 22 54 | 23 35 | 13 24 | 20 31 | 11 00 |
| 29 | 23 15 | 19 23 | 19 09 | 19 48 | 17 26 | 13 25 | 18 30 | 06 45 | 15 10 | 15 43 | 22 59 | 23 33 | 13 20 | 20 24 | 11 00 |
| 30 | 23 12 | 14 39 | 18 49 | 20 02 | 17 15 | 13 25 | 18 28 | 06 46 | 15 11 | 15 43 | 23 05 | 23 31 | 13 15 | 20 17 | 11 01 |

Lunar Phases -- 3 ◐ 23:07 11 ○ 18:04 18 ◑ 14:09 25 ● 16:06 Sun enters ♋ 6/21 12:27

## 0:00 E.T. Longitudes of Main Planets - July 2006 **July 06**

| D | S.T. | ☉ | ☽ | ☽ 12:00 | ☿ | ♀ | ♂ | ♃ | ♄ | ♅ | ♆ | ♇ | ☊ |
|---|---|---|---|---|---|---|---|---|---|---|---|---|---|
| 1 | 18:35:38 | 09♋02 47 | 09♍47 | 15♍41 | 00♌49 | 08♊18 | 16♌33 | 09♏01℞ | 10♌11 | 14♓40℞ | 19♒25℞ | 25♐03℞ | 29♓25 |
| 2 | 18:39:35 | 09 59 59 | 21 35 | 27 29 | 01 04 | 09 30 | 17 10 | 09 00 | 10 18 | 14 40 | 19 24 | 25 02 | 29 21 |
| 3 | 18:43:31 | 10 57 12 | 03♎24 | 09♎19 | 01 15 | 10 41 | 17 47 | 09 00 | 10 25 | 14 39 | 19 23 | 25 00 | 29 18 |
| 4 | 18:47:28 | 11 54 24 | 15 17 | 21 17 | 01 21 | 11 53 | 18 23 | 08 59 | 10 32 | 14 39 | 19 22 | 24 59 | 29 15 |
| 5 | 18:51:24 | 12 51 36 | 27 20 | 03♏28 | 01 22℞ | 13 04 | 19 00 | 08 59 | 10 39 | 14 38 | 19 21 | 24 57 | 29 12 |
| 6 | 18:55:21 | 13 48 48 | 09♏39 | 15 56 | 01 19 | 14 16 | 19 37 | 08 59 | 10 47 | 14 37 | 19 19 | 24 56 | 29 09 |
| 7 | 18:59:17 | 14 45 59 | 22 19 | 28 47 | 01 11 | 15 28 | 20 14 | 08 59D | 10 54 | 14 36 | 19 18 | 24 54 | 29 06 |
| 8 | 19:03:14 | 15 43 11 | 05♐21 | 12♐02 | 00 59 | 16 40 | 20 51 | 08 59 | 11 01 | 14 35 | 19 17 | 24 53 | 29 02 |
| 9 | 19:07:11 | 16 40 22 | 18 49 | 25 41 | 00 42 | 17 51 | 21 28 | 08 59 | 11 08 | 14 35 | 19 16 | 24 51 | 28 59 |
| 10 | 19:11:07 | 17 37 33 | 02♑40 | 09♑44 | 00 21 | 19 03 | 22 05 | 09 00 | 11 15 | 14 34 | 19 14 | 24 50 | 28 56 |
| 11 | 19:15:04 | 18 34 45 | 16 52 | 24 05 | 29♋56 | 20 15 | 22 42 | 09 01 | 11 23 | 14 33 | 19 13 | 24 49 | 28 53 |
| 12 | 19:19:00 | 19 31 56 | 01♒20 | 08♒38 | 29 27 | 21 27 | 23 19 | 09 02 | 11 30 | 14 32 | 19 12 | 24 47 | 28 50 |
| 13 | 19:22:57 | 20 29 08 | 15 57 | 23 17 | 28 55 | 22 39 | 23 56 | 09 03 | 11 37 | 14 31 | 19 10 | 24 46 | 28 46 |
| 14 | 19:26:53 | 21 26 20 | 00♓36 | 07♓54 | 28 20 | 23 51 | 24 33 | 09 04 | 11 45 | 14 29 | 19 09 | 24 44 | 28 43 |
| 15 | 19:30:50 | 22 23 33 | 15 11 | 22 25 | 27 43 | 25 03 | 25 10 | 09 06 | 11 52 | 14 28 | 19 07 | 24 43 | 28 40 |
| 16 | 19:34:46 | 23 20 46 | 29 36 | 06♈45 | 27 04 | 26 15 | 25 47 | 09 07 | 12 00 | 14 27 | 19 06 | 24 42 | 28 37 |
| 17 | 19:38:43 | 24 17 59 | 13♈50 | 20 51 | 26 25 | 27 27 | 26 24 | 09 09 | 12 07 | 14 26 | 19 05 | 24 40 | 28 34 |
| 18 | 19:42:40 | 25 15 14 | 27 50 | 04♉45 | 25 44 | 28 40 | 27 02 | 09 11 | 12 15 | 14 25 | 19 03 | 24 39 | 28 31 |
| 19 | 19:46:36 | 26 12 29 | 11♉37 | 18 25 | 25 04 | 29 52 | 27 39 | 09 13 | 12 22 | 14 23 | 19 02 | 24 38 | 28 27 |
| 20 | 19:50:33 | 27 09 45 | 25 10 | 01♊52 | 24 25 | 01♋04 | 28 16 | 09 15 | 12 30 | 14 22 | 19 00 | 24 37 | 28 24 |
| 21 | 19:54:29 | 28 07 02 | 08♊30 | 15 06 | 23 48 | 02 16 | 28 53 | 09 18 | 12 37 | 14 20 | 18 59 | 24 35 | 28 21 |
| 22 | 19:58:26 | 29 04 19 | 21 38 | 28 08 | 23 13 | 03 29 | 29 31 | 09 21 | 12 45 | 14 19 | 18 57 | 24 34 | 28 18 |
| 23 | 20:02:22 | 00♌01 37 | 04♋34 | 10♋57 | 22 41 | 04 41 | 00♍08 | 09 24 | 12 52 | 14 18 | 18 56 | 24 33 | 28 15 |
| 24 | 20:06:19 | 00 58 56 | 17 17 | 23 33 | 22 13 | 05 54 | 00 45 | 09 27 | 13 00 | 14 16 | 18 54 | 24 32 | 28 12 |
| 25 | 20:10:15 | 01 56 16 | 29 47 | 05♌57 | 21 49 | 07 06 | 01 23 | 09 30 | 13 07 | 14 15 | 18 53 | 24 31 | 28 08 |
| 26 | 20:14:12 | 02 53 36 | 12♌05 | 18 10 | 21 30 | 08 19 | 02 00 | 09 33 | 13 15 | 14 13 | 18 51 | 24 29 | 28 05 |
| 27 | 20:18:09 | 03 50 57 | 24 12 | 00♍11 | 21 16 | 09 31 | 02 37 | 09 37 | 13 23 | 14 11 | 18 49 | 24 28 | 28 02 |
| 28 | 20:22:05 | 04 48 18 | 06♍09 | 12 05 | 21 07 | 10 44 | 03 15 | 09 40 | 13 30 | 14 10 | 18 48 | 24 27 | 27 59 |
| 29 | 20:26:02 | 05 45 40 | 17 59 | 23 53 | 21 04 | 11 57 | 03 52 | 09 44 | 13 38 | 14 08 | 18 46 | 24 26 | 27 56 |
| 30 | 20:29:58 | 06 43 02 | 29 46 | 05♎39 | 21 07D | 13 09 | 04 30 | 09 48 | 13 46 | 14 06 | 18 45 | 24 25 | 27 52 |
| 31 | 20:33:55 | 07 40 25 | 11♎33 | 17 29 | 21 16 | 14 22 | 05 07 | 09 52 | 13 53 | 14 04 | 18 43 | 24 24 | 27 49 |

## 0:00 E.T. Longitudes of the Major Asteroids and Chiron

| D | ⚳ | ⚴ | ⚵ | ⚶ | ⚷ |
|---|---|---|---|---|---|
| 1 | 26♒40℞ | 10♑03℞ | 11♌37 | 14♌25 | 08♒36℞ |
| 2 | 26 36 | 09 46 | 12 04 | 14 51 | 08 33 |
| 3 | 26 32 | 09 29 | 12 32 | 15 18 | 08 30 |
| 4 | 26 28 | 09 12 | 12 59 | 15 44 | 08 28 |
| 5 | 26 23 | 08 55 | 13 26 | 16 11 | 08 25 |
| 6 | 26 18 | 08 39 | 13 53 | 16 38 | 08 22 |
| 7 | 26 12 | 08 22 | 14 20 | 17 04 | 08 19 |
| 8 | 26 07 | 08 05 | 14 47 | 17 31 | 08 16 |
| 9 | 26 01 | 07 49 | 15 14 | 17 58 | 08 13 |
| 10 | 25 54 | 07 33 | 15 41 | 18 25 | 08 10 |
| 11 | 25 47 | 07 16 | 16 08 | 18 52 | 08 07 |
| 12 | 25 40 | 07 01 | 16 35 | 19 19 | 08 04 |
| 13 | 25 33 | 06 45 | 17 02 | 19 46 | 08 00 |
| 14 | 25 25 | 06 29 | 17 29 | 20 13 | 07 57 |
| 15 | 25 17 | 06 14 | 17 56 | 20 40 | 07 54 |
| 16 | 25 08 | 05 59 | 18 23 | 21 07 | 07 51 |
| 17 | 25 00 | 05 44 | 18 50 | 21 35 | 07 48 |
| 18 | 24 51 | 05 30 | 19 17 | 22 02 | 07 44 |
| 19 | 24 41 | 05 15 | 19 44 | 22 29 | 07 41 |
| 20 | 24 32 | 05 02 | 20 11 | 22 57 | 07 38 |
| 21 | 24 22 | 04 48 | 20 38 | 23 24 | 07 35 |
| 22 | 24 12 | 04 35 | 21 05 | 23 52 | 07 31 |
| 23 | 24 01 | 04 22 | 21 32 | 24 19 | 07 28 |
| 24 | 23 51 | 04 09 | 21 59 | 24 47 | 07 25 |
| 25 | 23 40 | 03 57 | 22 25 | 25 15 | 07 21 |
| 26 | 23 29 | 03 45 | 22 52 | 25 42 | 07 18 |
| 27 | 23 17 | 03 33 | 23 19 | 26 10 | 07 15 |
| 28 | 23 06 | 03 22 | 23 46 | 26 38 | 07 11 |
| 29 | 22 54 | 03 11 | 24 13 | 27 06 | 07 08 |
| 30 | 22 42 | 03 00 | 24 39 | 27 34 | 07 05 |
| 31 | 22 30 | 02 50 | 25 06 | 28 02 | 07 01 |

## Lunar Data

| Last Asp. | | Ingress | | |
|---|---|---|---|---|
| 2 | 06:59 | 2 | ♎ | 17:07 |
| 4 | 19:18 | 5 | ♏ | 05:14 |
| 6 | 19:55 | 7 | ♐ | 14:14 |
| 9 | 10:32 | 9 | ♑ | 19:26 |
| 11 | 20:59 | 11 | ♒ | 21:47 |
| 13 | 14:24 | 13 | ♓ | 23:00 |
| 15 | 19:57 | 16 | ♈ | 00:40 |
| 18 | 01:34 | 18 | ♉ | 03:45 |
| 20 | 05:49 | 20 | ♊ | 08:39 |
| 22 | 15:19 | 22 | ♋ | 15:29 |
| 24 | 09:08 | 25 | ♌ | 00:26 |
| 27 | 00:33 | 27 | ♍ | 11:37 |
| 29 | 13:06 | 30 | ♎ | 00:28 |

## 0:00 E.T. Declinations

| D | ☉ | ☽ | ☿ | ♀ | ♂ | ♃ | ♄ | ♅ | ♆ | ♇ | ⚳ | ⚴ | ⚵ | ⚶ | ⚷ |
|---|---|---|---|---|---|---|---|---|---|---|---|---|---|---|---|
| 1 | +23 08 | +09 26 | +18 30 | +20 16 | +17 04 | -13 25 | +18 26 | -06 46 | -15 11 | -15 43 | -23 10 | +23 28 | +13 11 | +20 10 | -11 01 |
| 2 | 23 04 | 03 55 | 18 12 | 20 29 | 16 52 | 13 25 | 18 24 | 06 46 | 15 12 | 15 43 | 23 16 | 23 25 | 13 06 | 20 02 | 11 02 |
| 3 | 22 59 | -01 44 | 17 55 | 20 41 | 16 40 | 13 25 | 18 22 | 06 46 | 15 12 | 15 43 | 23 22 | 23 22 | 13 01 | 19 55 | 11 02 |
| 4 | 22 54 | 07 21 | 17 38 | 20 53 | 16 29 | 13 25 | 18 20 | 06 47 | 15 12 | 15 44 | 23 28 | 23 19 | 12 56 | 19 48 | 11 03 |
| 5 | 22 49 | 12 48 | 17 23 | 21 05 | 16 17 | 13 25 | 18 19 | 06 47 | 15 13 | 15 44 | 23 34 | 23 15 | 12 51 | 19 40 | 11 03 |
| 6 | 22 43 | 17 51 | 17 08 | 21 15 | 16 05 | 13 25 | 18 17 | 06 47 | 15 13 | 15 44 | 23 40 | 23 11 | 12 46 | 19 32 | 11 04 |
| 7 | 22 37 | 22 17 | 16 55 | 21 26 | 15 53 | 13 25 | 18 15 | 06 48 | 15 14 | 15 44 | 23 46 | 23 06 | 12 41 | 19 25 | 11 04 |
| 8 | 22 31 | 25 46 | 16 43 | 21 36 | 15 41 | 13 26 | 18 13 | 06 48 | 15 14 | 15 44 | 23 53 | 23 02 | 12 36 | 19 17 | 11 05 |
| 9 | 22 24 | 27 55 | 16 33 | 21 45 | 15 29 | 13 26 | 18 11 | 06 48 | 15 14 | 15 44 | 23 59 | 22 57 | 12 31 | 19 09 | 11 05 |
| 10 | 22 17 | 28 26 | 16 24 | 21 53 | 15 16 | 13 27 | 18 09 | 06 49 | 15 15 | 15 44 | 24 06 | 22 52 | 12 26 | 19 01 | 11 06 |
| 11 | 22 09 | 27 07 | 16 17 | 22 01 | 15 04 | 13 27 | 18 07 | 06 49 | 15 15 | 15 45 | 24 12 | 22 46 | 12 20 | 18 53 | 11 06 |
| 12 | 22 01 | 23 58 | 16 11 | 22 09 | 14 51 | 13 28 | 18 05 | 06 50 | 15 16 | 15 45 | 24 19 | 22 41 | 12 15 | 18 45 | 11 07 |
| 13 | 21 53 | 19 16 | 16 07 | 22 16 | 14 39 | 13 28 | 18 03 | 06 50 | 15 16 | 15 45 | 24 26 | 22 35 | 12 10 | 18 37 | 11 08 |
| 14 | 21 44 | 13 25 | 16 04 | 22 22 | 14 26 | 13 29 | 18 01 | 06 50 | 15 17 | 15 45 | 24 32 | 22 28 | 12 04 | 18 29 | 11 08 |
| 15 | 21 35 | 06 51 | 16 03 | 22 27 | 14 13 | 13 30 | 17 59 | 06 51 | 15 17 | 15 45 | 24 39 | 22 22 | 11 58 | 18 20 | 11 09 |
| 16 | 21 25 | +00 01 | 16 04 | 22 32 | 14 00 | 13 30 | 17 57 | 06 51 | 15 17 | 15 45 | 24 46 | 22 15 | 11 53 | 18 12 | 11 10 |
| 17 | 21 15 | 06 46 | 16 06 | 22 37 | 13 47 | 13 31 | 17 55 | 06 52 | 15 18 | 15 46 | 24 53 | 22 08 | 11 47 | 18 04 | 11 10 |
| 18 | 21 05 | 13 06 | 16 10 | 22 40 | 13 34 | 13 32 | 17 53 | 06 52 | 15 18 | 15 46 | 25 00 | 22 01 | 11 41 | 17 55 | 11 11 |
| 19 | 20 55 | 18 41 | 16 15 | 22 43 | 13 21 | 13 33 | 17 51 | 06 53 | 15 19 | 15 46 | 25 07 | 21 54 | 11 35 | 17 47 | 11 12 |
| 20 | 20 44 | 23 14 | 16 21 | 22 46 | 13 08 | 13 34 | 17 49 | 06 54 | 15 19 | 15 46 | 25 14 | 21 46 | 11 29 | 17 38 | 11 12 |
| 21 | 20 32 | 26 28 | 16 29 | 22 48 | 12 54 | 13 35 | 17 47 | 06 54 | 15 20 | 15 46 | 25 21 | 21 38 | 11 23 | 17 29 | 11 13 |
| 22 | 20 21 | 28 13 | 16 38 | 22 49 | 12 41 | 13 36 | 17 45 | 06 55 | 15 20 | 15 46 | 25 29 | 21 30 | 11 17 | 17 21 | 11 14 |
| 23 | 20 09 | 28 24 | 16 48 | 22 49 | 12 27 | 13 37 | 17 42 | 06 55 | 15 21 | 15 47 | 25 36 | 21 22 | 11 11 | 17 12 | 11 15 |
| 24 | 19 56 | 27 03 | 16 58 | 22 49 | 12 14 | 13 38 | 17 40 | 06 56 | 15 21 | 15 47 | 25 43 | 21 13 | 11 05 | 17 03 | 11 15 |
| 25 | 19 44 | 24 22 | 17 10 | 22 48 | 12 00 | 13 40 | 17 38 | 06 57 | 15 22 | 15 47 | 25 50 | 21 05 | 10 59 | 16 54 | 11 16 |
| 26 | 19 31 | 20 37 | 17 22 | 22 47 | 11 46 | 13 41 | 17 36 | 06 57 | 15 22 | 15 47 | 25 57 | 20 56 | 10 52 | 16 45 | 11 17 |
| 27 | 19 18 | 16 03 | 17 34 | 22 45 | 11 32 | 13 42 | 17 34 | 06 58 | 15 23 | 15 48 | 26 04 | 20 47 | 10 46 | 16 36 | 11 18 |
| 28 | 19 04 | 10 55 | 17 47 | 22 42 | 11 19 | 13 44 | 17 32 | 06 58 | 15 23 | 15 48 | 26 11 | 20 37 | 10 40 | 16 27 | 11 19 |
| 29 | 18 50 | 05 27 | 18 00 | 22 38 | 11 05 | 13 45 | 17 30 | 06 59 | 15 24 | 15 48 | 26 18 | 20 28 | 10 33 | 16 18 | 11 19 |
| 30 | 18 36 | -00 11 | 18 13 | 22 34 | 10 51 | 13 47 | 17 28 | 07 00 | 15 24 | 15 48 | 26 25 | 20 18 | 10 27 | 16 09 | 11 20 |
| 31 | 18 21 | 05 49 | 18 25 | 22 30 | 10 36 | 13 48 | 17 25 | 07 01 | 15 25 | 15 48 | 26 32 | 20 08 | 10 20 | 15 59 | 11 21 |

Lunar Phases -- 3 ◐ 16:38 11 ○ 03:03 17 ◑ 19:14 25 ● 04:32 Sun enters ♌ 7/22 23:19

# Aug. 06 — Longitudes of Main Planets - August 2006 — 0:00 E.T.

| D | S.T. | ☉ | ☽ | ☽ 12:00 | ☿ | ♀ | ♂ | ♃ | ♄ | ♅ | ♆ | ♇ | ☊ |
|---|---|---|---|---|---|---|---|---|---|---|---|---|---|
| 1 | 20:37:51 | 08♌37 48 | 23♎26 | 29♎25 | 21♋31 | 15♋35 | 05♍45 | 09♏57 | 14♌01 | 14♓03℞ | 18♒42℞ | 24♐23℞ | 27♓46 |
| 2 | 20:41:48 | 09 35 13 | 05♏28 | 11♏35 | 21 52 | 16 48 | 06 22 | 10 01 | 14 09 | 14 01 | 18 40 | 24 22 | 27 43 |
| 3 | 20:45:44 | 10 32 37 | 17 46 | 24 02 | 22 20 | 18 00 | 07 00 | 10 06 | 14 16 | 13 59 | 18 38 | 24 21 | 27 40 |
| 4 | 20:49:41 | 11 30 03 | 00♐24 | 06♐52 | 22 54 | 19 13 | 07 38 | 10 11 | 14 24 | 13 57 | 18 37 | 24 20 | 27 37 |
| 5 | 20:53:38 | 12 27 29 | 13 27 | 20 08 | 23 35 | 20 26 | 08 15 | 10 16 | 14 32 | 13 55 | 18 35 | 24 19 | 27 33 |
| 6 | 20:57:34 | 13 24 56 | 26 56 | 03♑51 | 24 22 | 21 39 | 08 53 | 10 21 | 14 39 | 13 53 | 18 33 | 24 18 | 27 30 |
| 7 | 21:01:31 | 14 22 24 | 10♑53 | 18 01 | 25 15 | 22 52 | 09 31 | 10 26 | 14 47 | 13 51 | 18 32 | 24 17 | 27 27 |
| 8 | 21:05:27 | 15 19 52 | 25 15 | 02♒34 | 26 14 | 24 05 | 10 08 | 10 32 | 14 55 | 13 49 | 18 30 | 24 17 | 27 24 |
| 9 | 21:09:24 | 16 17 21 | 09♒57 | 17 24 | 27 19 | 25 18 | 10 46 | 10 37 | 15 03 | 13 47 | 18 29 | 24 16 | 27 21 |
| 10 | 21:13:20 | 17 14 52 | 24 53 | 02♓23 | 28 30 | 26 31 | 11 24 | 10 43 | 15 10 | 13 45 | 18 27 | 24 15 | 27 18 |
| 11 | 21:17:17 | 18 12 23 | 09♓53 | 17 22 | 29 46 | 27 45 | 12 02 | 10 49 | 15 18 | 13 43 | 18 25 | 24 14 | 27 14 |
| 12 | 21:21:13 | 19 09 56 | 24 49 | 02♈14 | 01♌08 | 28 58 | 12 40 | 10 55 | 15 26 | 13 41 | 18 24 | 24 13 | 27 11 |
| 13 | 21:25:10 | 20 07 30 | 09♈35 | 16 51 | 02 35 | 00♌11 | 13 17 | 11 01 | 15 33 | 13 39 | 18 22 | 24 13 | 27 08 |
| 14 | 21:29:07 | 21 05 05 | 24 03 | 01♉10 | 04 06 | 01 24 | 13 55 | 11 07 | 15 41 | 13 37 | 18 20 | 24 12 | 27 05 |
| 15 | 21:33:03 | 22 02 42 | 08♉13 | 15 09 | 05 42 | 02 38 | 14 33 | 11 14 | 15 49 | 13 35 | 18 19 | 24 11 | 27 02 |
| 16 | 21:37:00 | 23 00 21 | 22 01 | 28 48 | 07 22 | 03 51 | 15 11 | 11 21 | 15 56 | 13 32 | 18 17 | 24 11 | 26 58 |
| 17 | 21:40:56 | 23 58 01 | 05♊30 | 12♊07 | 09 06 | 05 05 | 15 49 | 11 27 | 16 04 | 13 30 | 18 16 | 24 10 | 26 55 |
| 18 | 21:44:53 | 24 55 42 | 18 40 | 25 09 | 10 54 | 06 18 | 16 27 | 11 34 | 16 12 | 13 28 | 18 14 | 24 10 | 26 52 |
| 19 | 21:48:49 | 25 53 26 | 01♋34 | 07♋55 | 12 44 | 07 31 | 17 05 | 11 41 | 16 19 | 13 26 | 18 12 | 24 09 | 26 49 |
| 20 | 21:52:46 | 26 51 11 | 14 12 | 20 27 | 14 36 | 08 45 | 17 43 | 11 48 | 16 27 | 13 24 | 18 11 | 24 09 | 26 46 |
| 21 | 21:56:42 | 27 48 57 | 26 38 | 02♌46 | 16 31 | 09 59 | 18 22 | 11 56 | 16 35 | 13 21 | 18 09 | 24 08 | 26 43 |
| 22 | 22:00:39 | 28 46 45 | 08♌52 | 14 56 | 18 28 | 11 12 | 19 00 | 12 03 | 16 42 | 13 19 | 18 07 | 24 08 | 26 39 |
| 23 | 22:04:36 | 29 44 35 | 20 57 | 26 57 | 20 25 | 12 26 | 19 38 | 12 11 | 16 50 | 13 17 | 18 06 | 24 07 | 26 36 |
| 24 | 22:08:32 | 00♍42 25 | 02♍54 | 08♍50 | 22 24 | 13 40 | 20 16 | 12 18 | 16 57 | 13 14 | 18 04 | 24 07 | 26 33 |
| 25 | 22:12:29 | 01 40 18 | 14 45 | 20 39 | 24 24 | 14 53 | 20 54 | 12 26 | 17 05 | 13 12 | 18 03 | 24 06 | 26 30 |
| 26 | 22:16:25 | 02 38 11 | 26 33 | 02♎26 | 26 23 | 16 07 | 21 33 | 12 34 | 17 12 | 13 10 | 18 01 | 24 06 | 26 27 |
| 27 | 22:20:22 | 03 36 06 | 08♎19 | 14 13 | 28 23 | 17 21 | 22 11 | 12 42 | 17 20 | 13 07 | 18 00 | 24 06 | 26 24 |
| 28 | 22:24:18 | 04 34 02 | 20 07 | 26 03 | 00♍22 | 18 35 | 22 49 | 12 50 | 17 27 | 13 05 | 17 58 | 24 06 | 26 20 |
| 29 | 22:28:15 | 05 32 00 | 02♏01 | 08♏01 | 02 21 | 19 49 | 23 28 | 12 59 | 17 35 | 13 03 | 17 56 | 24 05 | 26 17 |
| 30 | 22:32:11 | 06 29 59 | 14 04 | 20 11 | 04 20 | 21 02 | 24 06 | 13 07 | 17 42 | 13 00 | 17 55 | 24 05 | 26 14 |
| 31 | 22:36:08 | 07 28 00 | 26 21 | 02♐36 | 06 17 | 22 16 | 24 44 | 13 15 | 17 50 | 12 58 | 17 53 | 24 05 | 26 11 |

## 0:00 E.T. — Longitudes of the Major Asteroids and Chiron

| D | ⚳ | ⚴ | ⚵ | ⚶ | ⚷ |
|---|---|---|---|---|---|
| 1 | 22♒18℞ | 02♑41℞ | 25♌33 | 28♌30 | 06♒58℞ |
| 2 | 22 05 | 02 31 | 25 59 | 28 58 | 06 55 |
| 3 | 21 53 | 02 22 | 26 26 | 29 26 | 06 51 |
| 4 | 21 40 | 02 14 | 26 53 | 29 54 | 06 48 |
| 5 | 21 27 | 02 06 | 27 19 | 00♍22 | 06 45 |
| 6 | 21 14 | 01 58 | 27 46 | 00 50 | 06 41 |
| 7 | 21 01 | 01 51 | 28 12 | 01 19 | 06 38 |
| 8 | 20 48 | 01 44 | 28 39 | 01 47 | 06 35 |
| 9 | 20 35 | 01 38 | 29 05 | 02 15 | 06 31 |
| 10 | 20 22 | 01 31 | 29 32 | 02 44 | 06 28 |
| 11 | 20 08 | 01 26 | 29 58 | 03 12 | 06 25 |
| 12 | 19 55 | 01 21 | 00♍24 | 03 40 | 06 22 |
| 13 | 19 42 | 01 16 | 00 51 | 04 09 | 06 18 |
| 14 | 19 29 | 01 11 | 01 17 | 04 37 | 06 15 |
| 15 | 19 15 | 01 07 | 01 43 | 05 06 | 06 12 |
| 16 | 19 02 | 01 04 | 02 10 | 05 34 | 06 09 |
| 17 | 18 49 | 01 00 | 02 36 | 06 03 | 06 06 |
| 18 | 18 36 | 00 58 | 03 02 | 06 32 | 06 03 |
| 19 | 18 23 | 00 55 | 03 28 | 07 00 | 06 00 |
| 20 | 18 10 | 00 53 | 03 55 | 07 29 | 05 56 |
| 21 | 17 57 | 00 52 | 04 21 | 07 58 | 05 53 |
| 22 | 17 45 | 00 50 | 04 47 | 08 27 | 05 50 |
| 23 | 17 32 | 00 50 | 05 13 | 08 56 | 05 48 |
| 24 | 17 19 | 00 49 | 05 39 | 09 25 | 05 45 |
| 25 | 17 07 | 00 49D | 06 05 | 09 53 | 05 42 |
| 26 | 16 55 | 00 49 | 06 31 | 10 22 | 05 39 |
| 27 | 16 43 | 00 50 | 06 57 | 10 51 | 05 36 |
| 28 | 16 31 | 00 51 | 07 23 | 11 20 | 05 33 |
| 29 | 16 20 | 00 53 | 07 49 | 11 49 | 05 31 |
| 30 | 16 09 | 00 55 | 08 15 | 12 18 | 05 28 |
| 31 | 15 58 | 00 57 | 08 40 | 12 48 | 05 25 |

## Lunar Data

| Last Asp. | | Ingress | | |
|---|---|---|---|---|
| 1 | 01:55 | 1 | ♏ | 13:09 |
| 3 | 09:09 | 3 | ♐ | 23:14 |
| 5 | 19:23 | 6 | ♑ | 05:20 |
| 8 | 01:45 | 8 | ♒ | 07:48 |
| 9 | 22:59 | 10 | ♓ | 08:11 |
| 12 | 07:18 | 12 | ♈ | 08:23 |
| 14 | 00:15 | 14 | ♉ | 10:01 |
| 16 | 01:52 | 16 | ♊ | 14:08 |
| 18 | 12:32 | 18 | ♋ | 21:04 |
| 20 | 07:07 | 21 | ♌ | 06:34 |
| 23 | 06:20 | 23 | ♍ | 18:09 |
| 25 | 19:01 | 26 | ♎ | 07:02 |
| 28 | 08:02 | 28 | ♏ | 19:57 |
| 30 | 20:42 | 31 | ♐ | 07:01 |

## 0:00 E.T. — Declinations

| D | ☉ | ☽ | ☿ | ♀ | ♂ | ♃ | ♄ | ♅ | ♆ | ♇ | ⚳ | ⚴ | ⚵ | ⚶ | ⚷ |
|---|---|---|---|---|---|---|---|---|---|---|---|---|---|---|---|
| 1 | +18 06 | -11 17 | +18 38 | +22 24 | +10 22 | -13 50 | +17 23 | -07 01 | -15 25 | -15 49 | -26 39 | +19 58 | +10 14 | +15 50 | -11 22 |
| 2 | 17 51 | 16 25 | 18 49 | 22 18 | 10 08 | 13 52 | 17 21 | 07 02 | 15 26 | 15 49 | 26 46 | 19 48 | 10 07 | 15 41 | 11 23 |
| 3 | 17 36 | 21 00 | 19 00 | 22 11 | 09 54 | 13 53 | 17 19 | 07 03 | 15 26 | 15 49 | 26 53 | 19 38 | 10 00 | 15 31 | 11 24 |
| 4 | 17 20 | 24 47 | 19 10 | 22 04 | 09 39 | 13 55 | 17 17 | 07 03 | 15 27 | 15 49 | 27 00 | 19 28 | 09 54 | 15 22 | 11 25 |
| 5 | 17 04 | 27 25 | 19 19 | 21 56 | 09 25 | 13 57 | 17 15 | 07 04 | 15 27 | 15 50 | 27 06 | 19 17 | 09 47 | 15 12 | 11 25 |
| 6 | 16 48 | 28 34 | 19 27 | 21 48 | 09 10 | 13 59 | 17 13 | 07 05 | 15 28 | 15 50 | 27 13 | 19 06 | 09 40 | 15 03 | 11 26 |
| 7 | 16 31 | 27 58 | 19 34 | 21 38 | 08 56 | 14 01 | 17 10 | 07 06 | 15 28 | 15 50 | 27 19 | 18 56 | 09 33 | 14 53 | 11 27 |
| 8 | 16 14 | 25 32 | 19 38 | 21 28 | 08 41 | 14 02 | 17 08 | 07 07 | 15 29 | 15 50 | 27 26 | 18 45 | 09 26 | 14 43 | 11 28 |
| 9 | 15 57 | 21 21 | 19 41 | 21 18 | 08 26 | 14 04 | 17 06 | 07 07 | 15 29 | 15 51 | 27 32 | 18 34 | 09 19 | 14 34 | 11 29 |
| 10 | 15 40 | 15 45 | 19 42 | 21 07 | 08 12 | 14 06 | 17 04 | 07 08 | 15 30 | 15 51 | 27 38 | 18 23 | 09 12 | 14 24 | 11 30 |
| 11 | 15 22 | 09 12 | 19 41 | 20 55 | 07 57 | 14 09 | 17 02 | 07 09 | 15 30 | 15 51 | 27 44 | 18 11 | 09 05 | 14 14 | 11 31 |
| 12 | 15 05 | 02 09 | 19 38 | 20 43 | 07 42 | 14 11 | 16 59 | 07 10 | 15 31 | 15 51 | 27 50 | 18 00 | 08 58 | 14 04 | 11 32 |
| 13 | 14 47 | +04 56 | 19 32 | 20 30 | 07 27 | 14 13 | 16 57 | 07 11 | 15 31 | 15 52 | 27 56 | 17 49 | 08 51 | 13 54 | 11 33 |
| 14 | 14 28 | 11 37 | 19 23 | 20 16 | 07 12 | 14 15 | 16 55 | 07 11 | 15 32 | 15 52 | 28 02 | 17 37 | 08 44 | 13 44 | 11 34 |
| 15 | 14 10 | 17 34 | 19 12 | 20 02 | 06 57 | 14 17 | 16 53 | 07 12 | 15 32 | 15 52 | 28 07 | 17 26 | 08 37 | 13 34 | 11 35 |
| 16 | 13 51 | 22 28 | 18 58 | 19 47 | 06 42 | 14 19 | 16 51 | 07 13 | 15 33 | 15 53 | 28 13 | 17 14 | 08 29 | 13 24 | 11 35 |
| 17 | 13 32 | 26 02 | 18 42 | 19 32 | 06 27 | 14 22 | 16 48 | 07 14 | 15 33 | 15 53 | 28 18 | 17 03 | 08 22 | 13 14 | 11 36 |
| 18 | 13 13 | 28 07 | 18 23 | 19 16 | 06 12 | 14 24 | 16 46 | 07 15 | 15 34 | 15 53 | 28 23 | 16 51 | 08 15 | 13 04 | 11 37 |
| 19 | 12 53 | 28 37 | 18 01 | 19 00 | 05 56 | 14 26 | 16 44 | 07 16 | 15 34 | 15 53 | 28 28 | 16 39 | 08 07 | 12 54 | 11 38 |
| 20 | 12 34 | 27 36 | 17 36 | 18 43 | 05 41 | 14 29 | 16 42 | 07 17 | 15 35 | 15 54 | 28 33 | 16 27 | 08 00 | 12 43 | 11 39 |
| 21 | 12 14 | 25 13 | 17 09 | 18 26 | 05 26 | 14 31 | 16 40 | 07 18 | 15 35 | 15 54 | 28 37 | 16 15 | 07 53 | 12 33 | 11 40 |
| 22 | 11 54 | 21 43 | 16 39 | 18 08 | 05 10 | 14 34 | 16 37 | 07 18 | 15 36 | 15 54 | 28 42 | 16 03 | 07 45 | 12 23 | 11 41 |
| 23 | 11 34 | 17 20 | 16 07 | 17 49 | 04 55 | 14 36 | 16 35 | 07 19 | 15 36 | 15 55 | 28 46 | 15 52 | 07 38 | 12 12 | 11 42 |
| 24 | 11 13 | 12 19 | 15 33 | 17 30 | 04 40 | 14 39 | 16 33 | 07 20 | 15 37 | 15 55 | 28 50 | 15 40 | 07 30 | 12 02 | 11 43 |
| 25 | 10 53 | 06 54 | 14 57 | 17 11 | 04 24 | 14 41 | 16 31 | 07 21 | 15 37 | 15 55 | 28 54 | 15 28 | 07 23 | 11 51 | 11 44 |
| 26 | 10 32 | 01 17 | 14 20 | 16 51 | 04 09 | 14 44 | 16 29 | 07 22 | 15 38 | 15 56 | 28 58 | 15 16 | 07 15 | 11 41 | 11 45 |
| 27 | 10 11 | -04 23 | 13 40 | 16 30 | 03 53 | 14 47 | 16 26 | 07 23 | 15 38 | 15 56 | 29 01 | 15 04 | 07 08 | 11 30 | 11 46 |
| 28 | 09 50 | 09 54 | 12 59 | 16 09 | 03 38 | 14 49 | 16 24 | 07 24 | 15 39 | 15 56 | 29 05 | 14 52 | 07 00 | 11 20 | 11 47 |
| 29 | 09 29 | 15 07 | 12 17 | 15 48 | 03 22 | 14 52 | 16 22 | 07 25 | 15 39 | 15 57 | 29 08 | 14 40 | 06 53 | 11 09 | 11 48 |
| 30 | 09 08 | 19 50 | 11 34 | 15 26 | 03 06 | 14 55 | 16 20 | 07 26 | 15 40 | 15 57 | 29 11 | 14 28 | 06 45 | 10 59 | 11 49 |
| 31 | 08 46 | 23 49 | 10 50 | 15 04 | 02 51 | 14 57 | 16 18 | 07 27 | 15 40 | 15 57 | 29 14 | 14 16 | 06 37 | 10 48 | 11 49 |

Lunar Phases -- 2 ◐ 08:47 9 ○ 10:55 16 ◑ 01:52 23 ● 19:11 31 ◐ 22:58 Sun enters ♍ 8/23 06:24

## 0:00 E.T. Longitudes of Main Planets - September 2006 Sep. 06

| D | S.T. | ☉ | ☽ | ☽ 12:00 | ☿ | ♀ | ♂ | ♃ | ♄ | ♅ | ♆ | ♇ | ☊ |
|---|---|---|---|---|---|---|---|---|---|---|---|---|---|
| 1 | 22:40:05 | 08♍26 02 | 08♐57 | 15♐23 | 08♍14 | 23♌30 | 25♍23 | 13♏24 | 17♌57 | 12♓56℞ | 17♒52℞ | 24♐05℞ | 26♓08 |
| 2 | 22:44:01 | 09 24 05 | 21 55 | 28 33 | 10 10 | 24 44 | 26 01 | 13 33 | 18 05 | 12 53 | 17 50 | 24 05 | 26 04 |
| 3 | 22:47:58 | 10 22 10 | 05♑18 | 12♑10 | 12 05 | 25 58 | 26 40 | 13 42 | 18 12 | 12 51 | 17 49 | 24 05 | 26 01 |
| 4 | 22:51:54 | 11 20 16 | 19 09 | 26 15 | 13 59 | 27 12 | 27 18 | 13 51 | 18 19 | 12 48 | 17 47 | 24 05 | 25 58 |
| 5 | 22:55:51 | 12 18 24 | 03♒28 | 10♒46 | 15 52 | 28 27 | 27 57 | 14 00 | 18 26 | 12 46 | 17 46 | 24 05D | 25 55 |
| 6 | 22:59:47 | 13 16 33 | 18 10 | 25 38 | 17 43 | 29 41 | 28 36 | 14 09 | 18 34 | 12 44 | 17 45 | 24 05 | 25 52 |
| 7 | 23:03:44 | 14 14 43 | 03♓10 | 10♓45 | 19 34 | 00♍55 | 29 14 | 14 18 | 18 41 | 12 41 | 17 43 | 24 05 | 25 49 |
| 8 | 23:07:40 | 15 12 55 | 18 21 | 25 57 | 21 23 | 02 09 | 29 53 | 14 28 | 18 48 | 12 39 | 17 42 | 24 05 | 25 45 |
| 9 | 23:11:37 | 16 11 09 | 03♈32 | 11♈05 | 23 11 | 03 23 | 00♎32 | 14 37 | 18 55 | 12 36 | 17 40 | 24 05 | 25 42 |
| 10 | 23:15:34 | 17 09 25 | 18 35 | 26 00 | 24 58 | 04 37 | 01 10 | 14 47 | 19 02 | 12 34 | 17 39 | 24 05 | 25 39 |
| 11 | 23:19:30 | 18 07 43 | 03♉21 | 10♉36 | 26 44 | 05 52 | 01 49 | 14 57 | 19 10 | 12 32 | 17 38 | 24 05 | 25 36 |
| 12 | 23:23:27 | 19 06 02 | 17 45 | 24 47 | 28 29 | 07 06 | 02 28 | 15 06 | 19 17 | 12 29 | 17 36 | 24 05 | 25 33 |
| 13 | 23:27:23 | 20 04 24 | 01♊43 | 08♊33 | 00♎12 | 08 20 | 03 07 | 15 16 | 19 24 | 12 27 | 17 35 | 24 06 | 25 30 |
| 14 | 23:31:20 | 21 02 49 | 15 17 | 21 54 | 01 55 | 09 35 | 03 46 | 15 26 | 19 31 | 12 24 | 17 34 | 24 06 | 25 26 |
| 15 | 23:35:16 | 22 01 15 | 28 26 | 04♋52 | 03 36 | 10 49 | 04 25 | 15 36 | 19 37 | 12 22 | 17 32 | 24 06 | 25 23 |
| 16 | 23:39:13 | 22 59 43 | 11♋13 | 17 30 | 05 16 | 12 04 | 05 04 | 15 47 | 19 44 | 12 20 | 17 31 | 24 07 | 25 20 |
| 17 | 23:43:09 | 23 58 14 | 23 43 | 29 52 | 06 56 | 13 18 | 05 43 | 15 57 | 19 51 | 12 17 | 17 30 | 24 07 | 25 17 |
| 18 | 23:47:06 | 24 56 47 | 05♌57 | 12♌00 | 08 34 | 14 33 | 06 22 | 16 07 | 19 58 | 12 15 | 17 29 | 24 07 | 25 14 |
| 19 | 23:51:03 | 25 55 22 | 18 01 | 23 59 | 10 11 | 15 47 | 07 01 | 16 18 | 20 05 | 12 13 | 17 27 | 24 08 | 25 10 |
| 20 | 23:54:59 | 26 53 59 | 29 56 | 05♍52 | 11 47 | 17 02 | 07 40 | 16 28 | 20 12 | 12 11 | 17 26 | 24 08 | 25 07 |
| 21 | 23:58:56 | 27 52 37 | 11♍46 | 17 40 | 13 22 | 18 16 | 08 19 | 16 39 | 20 18 | 12 08 | 17 25 | 24 09 | 25 04 |
| 22 | 0:02:52 | 28 51 18 | 23 33 | 29 27 | 14 56 | 19 31 | 08 58 | 16 50 | 20 25 | 12 06 | 17 24 | 24 09 | 25 01 |
| 23 | 0:06:49 | 29 50 01 | 05♎21 | 11♎15 | 16 29 | 20 46 | 09 38 | 17 01 | 20 31 | 12 04 | 17 23 | 24 10 | 24 58 |
| 24 | 0:10:45 | 00♎48 46 | 17 10 | 23 05 | 18 02 | 22 00 | 10 17 | 17 11 | 20 38 | 12 01 | 17 22 | 24 10 | 24 55 |
| 25 | 0:14:42 | 01 47 33 | 29 03 | 05♏02 | 19 33 | 23 15 | 10 56 | 17 22 | 20 44 | 11 59 | 17 21 | 24 11 | 24 51 |
| 26 | 0:18:38 | 02 46 21 | 11♏02 | 17 06 | 21 03 | 24 30 | 11 35 | 17 34 | 20 51 | 11 57 | 17 20 | 24 12 | 24 48 |
| 27 | 0:22:35 | 03 45 12 | 23 11 | 29 20 | 22 32 | 25 44 | 12 15 | 17 45 | 20 57 | 11 55 | 17 19 | 24 12 | 24 45 |
| 28 | 0:26:32 | 04 44 04 | 05♐33 | 11♐49 | 24 01 | 26 59 | 12 54 | 17 56 | 21 03 | 11 53 | 17 18 | 24 13 | 24 42 |
| 29 | 0:30:28 | 05 42 58 | 18 09 | 24 34 | 25 28 | 28 14 | 13 34 | 18 07 | 21 10 | 11 51 | 17 17 | 24 14 | 24 39 |
| 30 | 0:34:25 | 06 41 54 | 01♑04 | 07♑40 | 26 54 | 29 29 | 14 13 | 18 19 | 21 16 | 11 48 | 17 16 | 24 15 | 24 35 |

## 0:00 E.T. Longitudes of the Major Asteroids and Chiron — Lunar Data

| D | ⚳ | ⚴ | ⚵ | ⚶ | ⚷ | D | ⚳ | ⚴ | ⚵ | ⚶ | ⚷ | Last Asp. | | Ingress | | |
|---|---|---|---|---|---|---|---|---|---|---|---|---|---|---|---|---|
| 1 | 15♒47℞ | 00♑59 | 09♍06 | 13♍17 | 05♒23℞ | 16 | 13 38 | 02 17 | 15 28 | 20 36 | 04 50 | 2 | 07:50 | 2 | ♑ | 14:35 |
| 2 | 15 36 | 01 02 | 09 32 | 13 46 | 05 20 | 17 | 13 32 | 02 25 | 15 53 | 21 06 | 04 48 | 4 | 14:25 | 4 | ♒ | 18:16 |
| 3 | 15 26 | 01 05 | 09 58 | 14 15 | 05 18 | 18 | 13 27 | 02 33 | 16 18 | 21 35 | 04 46 | 6 | 09:30 | 6 | ♓ | 18:57 |
| 4 | 15 16 | 01 09 | 10 23 | 14 44 | 05 15 | 19 | 13 21 | 02 41 | 16 43 | 22 05 | 04 45 | 8 | 09:03 | 8 | ♈ | 18:24 |
| 5 | 15 06 | 01 13 | 10 49 | 15 13 | 05 13 | 20 | 13 16 | 02 49 | 17 08 | 22 34 | 04 43 | 10 | 08:53 | 10 | ♉ | 18:31 |
| 6 | 14 56 | 01 17 | 11 15 | 15 43 | 05 10 | 21 | 13 12 | 02 58 | 17 33 | 23 04 | 04 42 | 12 | 20:59 | 12 | ♊ | 21:00 |
| 7 | 14 47 | 01 22 | 11 40 | 16 12 | 05 08 | 22 | 13 08 | 03 07 | 17 58 | 23 34 | 04 40 | 14 | 16:02 | 15 | ♋ | 02:55 |
| 8 | 14 38 | 01 27 | 12 06 | 16 41 | 05 06 | 23 | 13 04 | 03 17 | 18 23 | 24 03 | 04 39 | 17 | 00:33 | 17 | ♌ | 12:16 |
| 9 | 14 30 | 01 32 | 12 31 | 17 10 | 05 04 | 24 | 13 00 | 03 26 | 18 48 | 24 33 | 04 37 | 19 | 12:17 | 20 | ♍ | 00:08 |
| 10 | 14 21 | 01 37 | 12 56 | 17 40 | 05 01 | 25 | 12 57 | 03 36 | 19 13 | 25 03 | 04 36 | 22 | 11:46 | 22 | ♎ | 13:07 |
| 11 | 14 13 | 01 43 | 13 22 | 18 09 | 04 59 | 26 | 12 54 | 03 46 | 19 37 | 25 32 | 04 35 | 24 | 14:12 | 25 | ♏ | 01:55 |
| 12 | 14 06 | 01 50 | 13 47 | 18 39 | 04 57 | 27 | 12 52 | 03 56 | 20 02 | 26 02 | 04 34 | 27 | 05:33 | 27 | ♐ | 13:17 |
| 13 | 13 58 | 01 56 | 14 12 | 19 08 | 04 55 | 28 | 12 50 | 04 07 | 20 26 | 26 32 | 04 33 | 29 | 20:46 | 29 | ♑ | 22:02 |
| 14 | 13 51 | 02 03 | 14 38 | 19 37 | 04 53 | 29 | 12 48 | 04 17 | 20 51 | 27 01 | 04 32 | | | | | |
| 15 | 13 45 | 02 10 | 15 03 | 20 07 | 04 52 | 30 | 12 47 | 04 28 | 21 15 | 27 31 | 04 31 | | | | | |

## 0:00 E.T. Declinations

| D | ☉ | ☽ | ☿ | ♀ | ♂ | ♃ | ♄ | ♅ | ♆ | ♇ | ⚳ | ⚴ | ⚵ | ⚶ | ⚷ |
|---|---|---|---|---|---|---|---|---|---|---|---|---|---|---|---|
| 1 | +08 24 | -26 47 | +10 05 | +14 41 | +02 35 | -15 00 | +16 15 | -07 27 | -15 41 | -15 58 | -29 17 | +14 03 | +06 30 | +10 37 | -11 50 |
| 2 | 08 03 | 28 27 | 09 20 | 14 18 | 02 19 | 15 03 | 16 13 | 07 28 | 15 41 | 15 58 | 29 19 | 13 52 | 06 22 | 10 26 | 11 51 |
| 3 | 07 41 | 28 32 | 08 33 | 13 55 | 02 04 | 15 06 | 16 11 | 07 29 | 15 42 | 15 58 | 29 21 | 13 40 | 06 14 | 10 16 | 11 52 |
| 4 | 07 19 | 26 51 | 07 47 | 13 31 | 01 48 | 15 09 | 16 09 | 07 30 | 15 42 | 15 59 | 29 23 | 13 28 | 06 07 | 10 05 | 11 53 |
| 5 | 06 57 | 23 26 | 07 00 | 13 06 | 01 32 | 15 12 | 16 07 | 07 31 | 15 43 | 15 59 | 29 25 | 13 16 | 05 59 | 09 54 | 11 54 |
| 6 | 06 34 | 18 26 | 06 13 | 12 42 | 01 16 | 15 14 | 16 05 | 07 32 | 15 43 | 15 59 | 29 27 | 13 04 | 05 51 | 09 43 | 11 55 |
| 7 | 06 12 | 12 13 | 05 26 | 12 17 | 01 01 | 15 17 | 16 03 | 07 33 | 15 44 | 16 00 | 29 28 | 12 52 | 05 44 | 09 32 | 11 56 |
| 8 | 05 50 | 05 13 | 04 38 | 11 51 | 00 45 | 15 20 | 16 00 | 07 34 | 15 44 | 16 00 | 29 30 | 12 40 | 05 36 | 09 22 | 11 57 |
| 9 | 05 27 | +02 05 | 03 51 | 11 26 | 00 29 | 15 23 | 15 58 | 07 35 | 15 44 | 16 00 | 29 31 | 12 28 | 05 28 | 09 11 | 11 58 |
| 10 | 05 04 | 09 12 | 03 04 | 11 00 | 00 13 | 15 26 | 15 56 | 07 36 | 15 45 | 16 01 | 29 32 | 12 17 | 05 20 | 09 00 | 11 58 |
| 11 | 04 42 | 15 41 | 02 16 | 10 34 | -00 03 | 15 29 | 15 54 | 07 37 | 15 45 | 16 01 | 29 33 | 12 05 | 05 13 | 08 49 | 11 59 |
| 12 | 04 19 | 21 09 | 01 29 | 10 07 | 00 19 | 15 32 | 15 52 | 07 38 | 15 46 | 16 01 | 29 33 | 11 53 | 05 05 | 08 38 | 12 00 |
| 13 | 03 56 | 25 15 | 00 43 | 09 40 | 00 34 | 15 35 | 15 50 | 07 38 | 15 46 | 16 02 | 29 34 | 11 42 | 04 57 | 08 27 | 12 01 |
| 14 | 03 33 | 27 49 | -00 04 | 09 13 | 00 50 | 15 39 | 15 48 | 07 39 | 15 47 | 16 02 | 29 34 | 11 30 | 04 49 | 08 16 | 12 02 |
| 15 | 03 10 | 28 43 | 00 50 | 08 46 | 01 06 | 15 42 | 15 46 | 07 40 | 15 47 | 16 02 | 29 34 | 11 19 | 04 41 | 08 05 | 12 03 |
| 16 | 02 47 | 28 03 | 01 36 | 08 18 | 01 22 | 15 45 | 15 44 | 07 41 | 15 47 | 16 03 | 29 34 | 11 07 | 04 34 | 07 54 | 12 03 |
| 17 | 02 24 | 25 57 | 02 22 | 07 50 | 01 38 | 15 48 | 15 42 | 07 42 | 15 48 | 16 03 | 29 34 | 10 56 | 04 26 | 07 43 | 12 04 |
| 18 | 02 00 | 22 41 | 03 07 | 07 22 | 01 54 | 15 51 | 15 40 | 07 43 | 15 48 | 16 03 | 29 33 | 10 45 | 04 18 | 07 31 | 12 05 |
| 19 | 01 37 | 18 30 | 03 52 | 06 54 | 02 10 | 15 54 | 15 38 | 07 44 | 15 48 | 16 04 | 29 33 | 10 33 | 04 10 | 07 20 | 12 06 |
| 20 | 01 14 | 13 38 | 04 36 | 06 25 | 02 26 | 15 57 | 15 36 | 07 45 | 15 49 | 16 04 | 29 32 | 10 22 | 04 02 | 07 09 | 12 07 |
| 21 | 00 51 | 08 18 | 05 20 | 05 56 | 02 42 | 16 01 | 15 34 | 07 46 | 15 49 | 16 04 | 29 31 | 10 11 | 03 55 | 06 58 | 12 07 |
| 22 | 00 27 | 02 43 | 06 03 | 05 27 | 02 57 | 16 04 | 15 32 | 07 46 | 15 50 | 16 05 | 29 30 | 10 00 | 03 47 | 06 47 | 12 08 |
| 23 | 00 04 | -02 58 | 06 46 | 04 58 | 03 13 | 16 07 | 15 30 | 07 47 | 15 50 | 16 05 | 29 29 | 09 49 | 03 39 | 06 36 | 12 09 |
| 24 | -00 19 | 08 33 | 07 28 | 04 29 | 03 29 | 16 10 | 15 28 | 07 48 | 15 50 | 16 06 | 29 27 | 09 38 | 03 31 | 06 25 | 12 10 |
| 25 | 00 43 | 13 53 | 08 09 | 04 00 | 03 45 | 16 13 | 15 26 | 07 49 | 15 51 | 16 06 | 29 26 | 09 28 | 03 23 | 06 13 | 12 11 |
| 26 | 01 06 | 18 44 | 08 50 | 03 30 | 04 01 | 16 17 | 15 24 | 07 50 | 15 51 | 16 06 | 29 24 | 09 17 | 03 16 | 06 02 | 12 11 |
| 27 | 01 30 | 22 54 | 09 31 | 03 01 | 04 17 | 16 20 | 15 22 | 07 51 | 15 51 | 16 07 | 29 22 | 09 06 | 03 08 | 05 51 | 12 12 |
| 28 | 01 53 | 26 07 | 10 10 | 02 31 | 04 32 | 16 23 | 15 20 | 07 51 | 15 51 | 16 07 | 29 20 | 08 56 | 03 00 | 05 40 | 12 13 |
| 29 | 02 16 | 28 08 | 10 49 | 02 01 | 04 48 | 16 26 | 15 18 | 07 52 | 15 52 | 16 07 | 29 18 | 08 45 | 02 52 | 05 29 | 12 13 |
| 30 | 02 40 | 28 42 | 11 27 | 01 31 | 05 04 | 16 30 | 15 16 | 07 53 | 15 52 | 16 08 | 29 15 | 08 35 | 02 45 | 05 17 | 12 14 |

Lunar Phases -- 7 Ⓔ 18:43 14 ◑ 11:16 22 ● 11:46 30 ◐ 11:05 Sun enters ♎ 9/23 04:05

## Longitudes of Main Planets - October 2006

0:00 E.T.

| D | S.T. | ☉ | ☽ | ☽ 12:00 | ☿ | ♀ | ♂ | ♃ | ♄ | ♅ | ♆ | ♇ | ☊ |
|---|---|---|---|---|---|---|---|---|---|---|---|---|---|
| 1 | 0:38:21 | 07♎40 52 | 14♑21 | 21♑08 | 28♎19 | 00♎43 | 14♎53 | 18♏30 | 21♌22 | 11♓46℞ | 17♒15℞ | 24♐15 | 24♓32 |
| 2 | 0:42:18 | 08 39 51 | 28 01 | 05♒01 | 29 44 | 01 58 | 15 32 | 18 41 | 21 28 | 11 44 | 17 14 | 24 16 | 24 29 |
| 3 | 0:46:14 | 09 38 52 | 12♒06 | 19 18 | 01♏07 | 03 13 | 16 12 | 18 53 | 21 34 | 11 42 | 17 13 | 24 17 | 24 26 |
| 4 | 0:50:11 | 10 37 55 | 26 35 | 03♓58 | 02 29 | 04 28 | 16 51 | 19 05 | 21 40 | 11 40 | 17 12 | 24 18 | 24 23 |
| 5 | 0:54:07 | 11 36 59 | 11♓25 | 18 56 | 03 50 | 05 43 | 17 31 | 19 16 | 21 46 | 11 38 | 17 12 | 24 19 | 24 20 |
| 6 | 0:58:04 | 12 36 05 | 26 30 | 04♈05 | 05 10 | 06 58 | 18 11 | 19 28 | 21 52 | 11 36 | 17 11 | 24 20 | 24 16 |
| 7 | 1:02:01 | 13 35 14 | 11♈41 | 19 16 | 06 29 | 08 13 | 18 51 | 19 40 | 21 57 | 11 34 | 17 10 | 24 21 | 24 13 |
| 8 | 1:05:57 | 14 34 24 | 26 49 | 04♉19 | 07 46 | 09 28 | 19 30 | 19 52 | 22 03 | 11 32 | 17 09 | 24 22 | 24 10 |
| 9 | 1:09:54 | 15 33 36 | 11♉45 | 19 06 | 09 02 | 10 43 | 20 10 | 20 04 | 22 09 | 11 31 | 17 09 | 24 23 | 24 07 |
| 10 | 1:13:50 | 16 32 51 | 26 21 | 03♊29 | 10 17 | 11 58 | 20 50 | 20 16 | 22 14 | 11 29 | 17 08 | 24 24 | 24 04 |
| 11 | 1:17:47 | 17 32 08 | 10♊31 | 17 26 | 11 30 | 13 13 | 21 30 | 20 28 | 22 20 | 11 27 | 17 07 | 24 25 | 24 01 |
| 12 | 1:21:43 | 18 31 27 | 24 13 | 00♋54 | 12 41 | 14 28 | 22 10 | 20 40 | 22 25 | 11 25 | 17 07 | 24 26 | 23 57 |
| 13 | 1:25:40 | 19 30 49 | 07♋28 | 13 56 | 13 51 | 15 43 | 22 50 | 20 52 | 22 31 | 11 23 | 17 06 | 24 27 | 23 54 |
| 14 | 1:29:36 | 20 30 13 | 20 17 | 26 34 | 14 58 | 16 58 | 23 30 | 21 05 | 22 36 | 11 22 | 17 06 | 24 29 | 23 51 |
| 15 | 1:33:33 | 21 29 39 | 02♌45 | 08♌52 | 16 04 | 18 13 | 24 10 | 21 17 | 22 41 | 11 20 | 17 05 | 24 30 | 23 48 |
| 16 | 1:37:30 | 22 29 08 | 14 56 | 20 56 | 17 07 | 19 28 | 24 50 | 21 29 | 22 46 | 11 18 | 17 05 | 24 31 | 23 45 |
| 17 | 1:41:26 | 23 28 38 | 26 54 | 02♍50 | 18 08 | 20 43 | 25 30 | 21 42 | 22 51 | 11 17 | 17 04 | 24 32 | 23 41 |
| 18 | 1:45:23 | 24 28 11 | 08♍44 | 14 38 | 19 07 | 21 58 | 26 10 | 21 54 | 22 56 | 11 15 | 17 04 | 24 34 | 23 38 |
| 19 | 1:49:19 | 25 27 47 | 20 31 | 26 24 | 20 02 | 23 13 | 26 51 | 22 07 | 23 01 | 11 14 | 17 04 | 24 35 | 23 35 |
| 20 | 1:53:16 | 26 27 24 | 02♎17 | 08♎12 | 20 54 | 24 28 | 27 31 | 22 19 | 23 06 | 11 12 | 17 03 | 24 36 | 23 32 |
| 21 | 1:57:12 | 27 27 03 | 14 07 | 20 04 | 21 42 | 25 43 | 28 11 | 22 32 | 23 11 | 11 11 | 17 03 | 24 38 | 23 29 |
| 22 | 2:01:09 | 28 26 45 | 26 02 | 02♏03 | 22 26 | 26 58 | 28 52 | 22 44 | 23 15 | 11 09 | 17 03 | 24 39 | 23 26 |
| 23 | 2:05:05 | 29 26 28 | 08♏05 | 14 10 | 23 06 | 28 14 | 29 32 | 22 57 | 23 20 | 11 08 | 17 03 | 24 41 | 23 22 |
| 24 | 2:09:02 | 00♏26 14 | 20 17 | 26 26 | 23 41 | 29 29 | 00♏12 | 23 10 | 23 24 | 11 07 | 17 02 | 24 42 | 23 19 |
| 25 | 2:12:58 | 01 26 01 | 02♐38 | 08♐53 | 24 11 | 00♏44 | 00 53 | 23 22 | 23 29 | 11 06 | 17 02 | 24 44 | 23 16 |
| 26 | 2:16:55 | 02 25 51 | 15 12 | 21 33 | 24 35 | 01 59 | 01 33 | 23 35 | 23 33 | 11 04 | 17 02 | 24 45 | 23 13 |
| 27 | 2:20:52 | 03 25 42 | 27 57 | 04♑26 | 24 52 | 03 14 | 02 14 | 23 48 | 23 37 | 11 03 | 17 02 | 24 47 | 23 10 |
| 28 | 2:24:48 | 04 25 35 | 10♑57 | 17 33 | 25 02 | 04 30 | 02 55 | 24 01 | 23 41 | 11 02 | 17 02 | 24 48 | 23 07 |
| 29 | 2:28:45 | 05 25 29 | 24 13 | 00♒58 | 25 05℞ | 05 45 | 03 35 | 24 14 | 23 45 | 11 01 | 17 02 | 24 50 | 23 03 |
| 30 | 2:32:41 | 06 25 25 | 07♒47 | 14 40 | 24 59 | 07 00 | 04 16 | 24 27 | 23 49 | 11 00 | 17 02D | 24 51 | 23 00 |
| 31 | 2:36:38 | 07 25 23 | 21 39 | 28 42 | 24 44 | 08 15 | 04 57 | 24 40 | 23 53 | 10 59 | 17 02 | 24 53 | 22 57 |

0:00 E.T.

## Longitudes of the Major Asteroids and Chiron

| D | ⚳ | ⚴ | ⚵ | ⚶ | ⚷ |
|---|---|---|---|---|---|
| 1 | 12♒46℞ | 04♑40 | 21♍40 | 28♍01 | 04♒30℞ |
| 2 | 12 45 | 04 51 | 22 04 | 28 31 | 04 29 |
| 3 | 12 45 | 05 03 | 22 29 | 29 00 | 04 28 |
| 4 | 12 45D | 05 15 | 22 53 | 29 30 | 04 28 |
| 5 | 12 46 | 05 27 | 23 17 | 00 00 | 04 27 |
| 6 | 12 47 | 05 39 | 23 41 | 00♎30 | 04 27 |
| 7 | 12 48 | 05 52 | 24 05 | 01 00 | 04 26 |
| 8 | 12 49 | 06 04 | 24 29 | 01 29 | 04 26 |
| 9 | 12 51 | 06 17 | 24 53 | 01 59 | 04 26 |
| 10 | 12 54 | 06 30 | 25 17 | 02 29 | 04 25 |
| 11 | 12 56 | 06 43 | 25 41 | 02 59 | 04 25 |
| 12 | 12 59 | 06 57 | 26 05 | 03 29 | 04 25 |
| 13 | 13 02 | 07 11 | 26 28 | 03 59 | 04 25D |
| 14 | 13 06 | 07 24 | 26 52 | 04 29 | 04 25 |
| 15 | 13 10 | 07 38 | 27 16 | 04 58 | 04 25 |
| 16 | 13 14 | 07 53 | 27 39 | 05 28 | 04 25 |
| 17 | 13 19 | 08 07 | 28 03 | 05 58 | 04 26 |
| 18 | 13 24 | 08 21 | 28 26 | 06 28 | 04 26 |
| 19 | 13 29 | 08 36 | 28 49 | 06 58 | 04 26 |
| 20 | 13 35 | 08 51 | 29 13 | 07 28 | 04 27 |
| 21 | 13 41 | 09 06 | 29 36 | 07 58 | 04 27 |
| 22 | 13 47 | 09 21 | 29 59 | 08 28 | 04 28 |
| 23 | 13 53 | 09 36 | 00♎22 | 08 58 | 04 29 |
| 24 | 14 00 | 09 52 | 00 45 | 09 28 | 04 29 |
| 25 | 14 08 | 10 08 | 01 08 | 09 58 | 04 30 |
| 26 | 14 15 | 10 23 | 01 30 | 10 27 | 04 31 |
| 27 | 14 23 | 10 39 | 01 53 | 10 57 | 04 32 |
| 28 | 14 31 | 10 55 | 02 16 | 11 27 | 04 33 |
| 29 | 14 39 | 11 11 | 02 38 | 11 57 | 04 34 |
| 30 | 14 48 | 11 28 | 03 01 | 12 27 | 04 35 |
| 31 | 14 57 | 11 44 | 03 23 | 12 57 | 04 37 |

## Lunar Data

| Last Asp. | | Ingress | | |
|---|---|---|---|---|
| 2 | 03:17 | 2 | ♒ | 03:25 |
| 3 | 20:14 | 4 | ♓ | 05:34 |
| 5 | 20:34 | 6 | ♈ | 05:33 |
| 7 | 20:06 | 8 | ♉ | 05:05 |
| 9 | 17:09 | 10 | ♊ | 06:08 |
| 12 | 00:23 | 12 | ♋ | 10:22 |
| 14 | 06:28 | 14 | ♌ | 18:39 |
| 16 | 21:02 | 17 | ♍ | 06:17 |
| 19 | 08:19 | 19 | ♎ | 19:20 |
| 22 | 05:59 | 22 | ♏ | 07:55 |
| 24 | 06:57 | 24 | ♐ | 18:54 |
| 26 | 18:03 | 27 | ♑ | 03:48 |
| 29 | 01:31 | 29 | ♒ | 10:18 |
| 31 | 05:32 | 31 | ♓ | 14:11 |

0:00 E.T.

## Declinations

| D | ☉ | ☽ | ☿ | ♀ | ♂ | ♃ | ♄ | ♅ | ♆ | ♇ | ⚳ | ⚴ | ⚵ | ⚶ | ⚷ |
|---|---|---|---|---|---|---|---|---|---|---|---|---|---|---|---|
| 1 | -03 03 | -27 38 | -12 05 | +01 01 | -05 20 | -16 33 | +15 15 | -07 54 | -15 52 | -16 08 | -29 13 | +08 25 | +02 37 | +05 06 | -12 15 |
| 2 | 03 26 | 24 55 | 12 42 | 00 31 | 05 35 | 16 36 | 15 13 | 07 54 | 15 53 | 16 08 | 29 10 | 08 15 | 02 29 | 04 55 | 12 15 |
| 3 | 03 49 | 20 39 | 13 18 | 00 01 | 05 51 | 16 40 | 15 11 | 07 55 | 15 53 | 16 09 | 29 08 | 08 05 | 02 21 | 04 44 | 12 16 |
| 4 | 04 13 | 15 03 | 13 53 | -00 29 | 06 07 | 16 43 | 15 09 | 07 56 | 15 53 | 16 09 | 29 05 | 07 55 | 02 14 | 04 33 | 12 17 |
| 5 | 04 36 | 08 28 | 14 27 | 00 59 | 06 22 | 16 46 | 15 07 | 07 57 | 15 53 | 16 09 | 29 02 | 07 45 | 02 06 | 04 21 | 12 17 |
| 6 | 04 59 | 01 18 | 15 01 | 01 29 | 06 38 | 16 50 | 15 06 | 07 57 | 15 54 | 16 10 | 28 59 | 07 35 | 01 58 | 04 10 | 12 18 |
| 7 | 05 22 | +05 59 | 15 33 | 01 59 | 06 54 | 16 53 | 15 04 | 07 58 | 15 54 | 16 10 | 28 56 | 07 25 | 01 51 | 03 59 | 12 18 |
| 8 | 05 45 | 12 54 | 16 05 | 02 29 | 07 09 | 16 56 | 15 02 | 07 59 | 15 54 | 16 11 | 28 52 | 07 16 | 01 43 | 03 48 | 12 19 |
| 9 | 06 08 | 18 59 | 16 36 | 02 59 | 07 25 | 17 00 | 15 01 | 08 00 | 15 54 | 16 11 | 28 49 | 07 06 | 01 36 | 03 36 | 12 20 |
| 10 | 06 30 | 23 48 | 17 05 | 03 29 | 07 40 | 17 03 | 14 59 | 08 00 | 15 54 | 16 11 | 28 45 | 06 57 | 01 28 | 03 25 | 12 20 |
| 11 | 06 53 | 27 03 | 17 34 | 03 59 | 07 55 | 17 06 | 14 57 | 08 01 | 15 55 | 16 12 | 28 42 | 06 48 | 01 21 | 03 14 | 12 21 |
| 12 | 07 16 | 28 34 | 18 02 | 04 29 | 08 11 | 17 10 | 14 56 | 08 02 | 15 55 | 16 12 | 28 38 | 06 39 | 01 13 | 03 03 | 12 21 |
| 13 | 07 38 | 28 21 | 18 28 | 04 59 | 08 26 | 17 13 | 14 54 | 08 02 | 15 55 | 16 12 | 28 34 | 06 30 | 01 05 | 02 52 | 12 22 |
| 14 | 08 01 | 26 37 | 18 53 | 05 28 | 08 41 | 17 16 | 14 53 | 08 03 | 15 55 | 16 13 | 28 30 | 06 21 | 00 58 | 02 41 | 12 22 |
| 15 | 08 23 | 23 36 | 19 17 | 05 58 | 08 57 | 17 20 | 14 51 | 08 03 | 15 55 | 16 13 | 28 26 | 06 12 | 00 51 | 02 29 | 12 23 |
| 16 | 08 45 | 19 37 | 19 40 | 06 27 | 09 12 | 17 23 | 14 50 | 08 04 | 15 55 | 16 13 | 28 22 | 06 03 | 00 43 | 02 18 | 12 23 |
| 17 | 09 07 | 14 54 | 20 01 | 06 57 | 09 27 | 17 26 | 14 48 | 08 05 | 15 56 | 16 14 | 28 18 | 05 54 | 00 36 | 02 07 | 12 24 |
| 18 | 09 29 | 09 41 | 20 20 | 07 26 | 09 42 | 17 30 | 14 47 | 08 05 | 15 56 | 16 14 | 28 13 | 05 46 | 00 28 | 01 56 | 12 24 |
| 19 | 09 51 | 04 10 | 20 39 | 07 55 | 09 57 | 17 33 | 14 45 | 08 06 | 15 56 | 16 14 | 28 09 | 05 38 | 00 21 | 01 45 | 12 24 |
| 20 | 10 13 | -01 30 | 20 55 | 08 24 | 10 12 | 17 36 | 14 44 | 08 06 | 15 56 | 16 15 | 28 04 | 05 29 | 00 14 | 01 34 | 12 25 |
| 21 | 10 34 | 07 08 | 21 10 | 08 52 | 10 27 | 17 40 | 14 42 | 08 07 | 15 56 | 16 15 | 28 00 | 05 21 | 00 06 | 01 23 | 12 25 |
| 22 | 10 55 | 12 33 | 21 23 | 09 21 | 10 42 | 17 43 | 14 41 | 08 07 | 15 56 | 16 15 | 27 55 | 05 13 | -00 01 | 01 12 | 12 25 |
| 23 | 11 17 | 17 33 | 21 33 | 09 49 | 10 57 | 17 46 | 14 40 | 08 08 | 15 56 | 16 16 | 27 50 | 05 05 | 00 08 | 01 01 | 12 26 |
| 24 | 11 38 | 21 55 | 21 42 | 10 17 | 11 11 | 17 49 | 14 38 | 08 08 | 15 56 | 16 16 | 27 45 | 04 57 | 00 15 | 00 50 | 12 26 |
| 25 | 11 58 | 25 23 | 21 48 | 10 45 | 11 26 | 17 53 | 14 37 | 08 09 | 15 56 | 16 16 | 27 40 | 04 50 | 00 22 | 00 39 | 12 26 |
| 26 | 12 19 | 27 41 | 21 52 | 11 13 | 11 41 | 17 56 | 14 36 | 08 09 | 15 56 | 16 17 | 27 35 | 04 42 | 00 29 | 00 28 | 12 27 |
| 27 | 12 40 | 28 35 | 21 53 | 11 40 | 11 55 | 17 59 | 14 35 | 08 10 | 15 56 | 16 17 | 27 30 | 04 34 | 00 37 | 00 17 | 12 27 |
| 28 | 13 00 | 27 56 | 21 51 | 12 07 | 12 09 | 18 03 | 14 33 | 08 10 | 15 56 | 16 17 | 27 24 | 04 27 | 00 44 | 00 06 | 12 27 |
| 29 | 13 20 | 25 42 | 21 46 | 12 34 | 12 24 | 18 06 | 14 32 | 08 10 | 15 56 | 16 18 | 27 19 | 04 20 | 00 51 | -00 05 | 12 28 |
| 30 | 13 40 | 21 58 | 21 38 | 13 00 | 12 38 | 18 09 | 14 31 | 08 11 | 15 56 | 16 18 | 27 14 | 04 13 | 00 57 | 00 16 | 12 28 |
| 31 | 13 59 | 16 57 | 21 25 | 13 26 | 12 52 | 18 12 | 14 30 | 08 11 | 15 56 | 16 18 | 27 08 | 04 06 | 01 04 | 00 27 | 12 28 |

Lunar Phases -- 7 ○ 03:14 14 ◑ 00:27 22 ● 05:15 29 ◐ 21:26 Sun enters ♏ 10/23 13:28

| D | S.T. | ☉ | ☽ | ☽ 12:00 | ☿ | ♀ | ♂ | ♃ | ♄ | ♅ | ♆ | ♇ | ☊ |
|---|------|---|---|---------|---|---|---|---|---|---|---|---|---|
| 1 | 2:40:34 | 08♏25 22 | 05♓50 | 13♓03 | 24♏20℞ | 09♏30 | 05♏37 | 24♏53 | 23♌57 | 10♓58℞ | 17♒02 | 24♐55 | 22♓54 |
| 2 | 2:44:31 | 09 25 23 | 20 20 | 27 40 | 23 47 | 10 46 | 06 18 | 25 06 | 24 01 | 10 57 | 17 02 | 24 56 | 22 51 |
| 3 | 2:48:27 | 10 25 25 | 05♈04 | 12♈30 | 23 04 | 12 01 | 06 59 | 25 19 | 24 04 | 10 56 | 17 02 | 24 58 | 22 47 |
| 4 | 2:52:24 | 11 25 29 | 19 58 | 27 27 | 22 12 | 13 16 | 07 40 | 25 32 | 24 08 | 10 55 | 17 02 | 25 00 | 22 44 |
| 5 | 2:56:21 | 12 25 35 | 04♉55 | 12♉21 | 21 11 | 14 31 | 08 21 | 25 45 | 24 11 | 10 54 | 17 03 | 25 02 | 22 41 |
| 6 | 3:00:17 | 13 25 43 | 19 45 | 27 06 | 20 03 | 15 47 | 09 02 | 25 58 | 24 14 | 10 54 | 17 03 | 25 03 | 22 38 |
| 7 | 3:04:14 | 14 25 52 | 04♊11 | 11♊31 | 18 49 | 17 02 | 09 43 | 26 11 | 24 17 | 10 53 | 17 03 | 25 05 | 22 35 |
| 8 | 3:08:10 | 15 26 04 | 18 35 | 25 33 | 17 31 | 18 17 | 10 24 | 26 25 | 24 21 | 10 52 | 17 03 | 25 07 | 22 32 |
| 9 | 3:12:07 | 16 26 17 | 02♋24 | 09♋07 | 16 12 | 19 32 | 11 05 | 26 38 | 24 24 | 10 52 | 17 04 | 25 09 | 22 28 |
| 10 | 3:16:03 | 17 26 33 | 15 44 | 22 14 | 14 53 | 20 48 | 11 46 | 26 51 | 24 26 | 10 51 | 17 04 | 25 11 | 22 25 |
| 11 | 3:20:00 | 18 26 50 | 28 38 | 04♌56 | 13 38 | 22 03 | 12 27 | 27 04 | 24 29 | 10 51 | 17 05 | 25 12 | 22 22 |
| 12 | 3:23:56 | 19 27 09 | 11♌09 | 17 16 | 12 29 | 23 18 | 13 09 | 27 17 | 24 32 | 10 50 | 17 05 | 25 14 | 22 19 |
| 13 | 3:27:53 | 20 27 31 | 23 20 | 29 20 | 11 28 | 24 33 | 13 50 | 27 31 | 24 35 | 10 50 | 17 05 | 25 16 | 22 16 |
| 14 | 3:31:50 | 21 27 54 | 05♍18 | 11♍13 | 10 37 | 25 49 | 14 31 | 27 44 | 24 37 | 10 50 | 17 06 | 25 18 | 22 13 |
| 15 | 3:35:46 | 22 28 19 | 17 07 | 23 00 | 09 56 | 27 04 | 15 12 | 27 57 | 24 39 | 10 49 | 17 07 | 25 20 | 22 09 |
| 16 | 3:39:43 | 23 28 46 | 28 54 | 04♎47 | 09 27 | 28 19 | 15 54 | 28 11 | 24 42 | 10 49 | 17 07 | 25 22 | 22 06 |
| 17 | 3:43:39 | 24 29 14 | 10♎42 | 16 38 | 09 09 | 29 35 | 16 35 | 28 24 | 24 44 | 10 49 | 17 08 | 25 24 | 22 03 |
| 18 | 3:47:36 | 25 29 45 | 22 36 | 28 38 | 09 04 | 00♐50 | 17 17 | 28 37 | 24 46 | 10 49 | 17 08 | 25 26 | 22 00 |
| 19 | 3:51:32 | 26 30 17 | 04♏39 | 10♏44 | 09 09D | 02 05 | 17 58 | 28 51 | 24 48 | 10 49 | 17 09 | 25 28 | 21 57 |
| 20 | 3:55:29 | 27 30 51 | 16 53 | 23 05 | 09 24 | 03 21 | 18 40 | 29 04 | 24 50 | 10 49 | 17 10 | 25 30 | 21 53 |
| 21 | 3:59:25 | 28 31 27 | 29 20 | 05♐38 | 09 50 | 04 36 | 19 22 | 29 17 | 24 51 | 10 49D | 17 11 | 25 32 | 21 50 |
| 22 | 4:03:22 | 29 32 04 | 12♐00 | 18 25 | 10 24 | 05 51 | 20 03 | 29 31 | 24 53 | 10 49 | 17 11 | 25 34 | 21 47 |
| 23 | 4:07:19 | 00♐32 42 | 24 53 | 01♑24 | 11 05 | 07 07 | 20 45 | 29 44 | 24 55 | 10 49 | 17 12 | 25 36 | 21 44 |
| 24 | 4:11:15 | 01 33 22 | 07♑58 | 14 34 | 11 54 | 08 22 | 21 27 | 29 57 | 24 56 | 10 49 | 17 13 | 25 38 | 21 41 |
| 25 | 4:15:12 | 02 34 03 | 21 14 | 27 56 | 12 49 | 09 37 | 22 09 | 00♐11 | 24 57 | 10 49 | 17 14 | 25 40 | 21 38 |
| 26 | 4:19:08 | 03 34 45 | 04♒40 | 11♒28 | 13 49 | 10 53 | 22 50 | 00 24 | 24 59 | 10 49 | 17 15 | 25 42 | 21 34 |
| 27 | 4:23:05 | 04 35 28 | 18 18 | 25 14 | 14 54 | 12 08 | 23 32 | 00 37 | 25 00 | 10 50 | 17 16 | 25 45 | 21 31 |
| 28 | 4:27:01 | 05 36 12 | 02♓06 | 09♓05 | 16 03 | 13 23 | 24 14 | 00 51 | 25 01 | 10 50 | 17 17 | 25 47 | 21 28 |
| 29 | 4:30:58 | 06 36 57 | 16 06 | 23 10 | 17 15 | 14 39 | 24 56 | 01 04 | 25 01 | 10 51 | 17 18 | 25 49 | 21 25 |
| 30 | 4:34:54 | 07 37 44 | 00♈17 | 07♈27 | 18 30 | 15 54 | 25 38 | 01 17 | 25 02 | 10 51 | 17 19 | 25 51 | 21 22 |

| D | ⚳ | ⚴ | ⚵ | ⚶ | ⚷ | D | ⚳ | ⚴ | ⚵ | ⚶ | ⚷ |
|---|---|---|---|---|---|---|---|---|---|---|---|
| 1 | 15♒06 | 12♑01 | 03♎45 | 13♎27 | 04♒38 | 16 | 17 54 | 16 23 | 09 08 | 20 54 | 05 05 |
| 2 | 15 15 | 12 18 | 04 07 | 13 57 | 04 39 | 17 | 18 08 | 16 41 | 09 29 | 21 24 | 05 08 |
| 3 | 15 25 | 12 34 | 04 29 | 14 27 | 04 41 | 18 | 18 21 | 17 00 | 09 49 | 21 53 | 05 10 |
| 4 | 15 35 | 12 51 | 04 51 | 14 56 | 04 42 | 19 | 18 34 | 17 18 | 10 10 | 22 23 | 05 13 |
| 5 | 15 45 | 13 08 | 05 13 | 15 26 | 04 44 | 20 | 18 48 | 17 37 | 10 30 | 22 53 | 05 15 |
| 6 | 15 56 | 13 26 | 05 35 | 15 56 | 04 45 | 21 | 19 02 | 17 56 | 10 50 | 23 22 | 05 18 |
| 7 | 16 07 | 13 43 | 05 57 | 16 26 | 04 47 | 22 | 19 16 | 18 14 | 11 11 | 23 52 | 05 21 |
| 8 | 16 18 | 14 00 | 06 19 | 16 56 | 04 49 | 23 | 19 31 | 18 33 | 11 31 | 24 21 | 05 23 |
| 9 | 16 29 | 14 18 | 06 40 | 17 26 | 04 51 | 24 | 19 45 | 18 52 | 11 50 | 24 51 | 05 26 |
| 10 | 16 40 | 14 35 | 07 02 | 17 55 | 04 53 | 25 | 20 00 | 19 11 | 12 10 | 25 20 | 05 29 |
| 11 | 16 52 | 14 53 | 07 23 | 18 25 | 04 55 | 26 | 20 15 | 19 30 | 12 30 | 25 50 | 05 32 |
| 12 | 17 04 | 15 11 | 07 44 | 18 55 | 04 57 | 27 | 20 30 | 19 49 | 12 49 | 26 19 | 05 35 |
| 13 | 17 16 | 15 29 | 08 05 | 19 25 | 04 59 | 28 | 20 46 | 20 09 | 13 09 | 26 49 | 05 38 |
| 14 | 17 29 | 15 47 | 08 26 | 19 54 | 05 01 | 29 | 21 01 | 20 28 | 13 28 | 27 18 | 05 41 |
| 15 | 17 41 | 16 05 | 08 47 | 20 24 | 05 03 | 30 | 21 17 | 20 47 | 13 47 | 27 48 | 05 44 |

**Lunar Data**

| Last Asp. | Ingress |
|-----------|---------|
| 2  07:55 | 2 ♈ 15:47 |
| 4  08:05 | 4 ♉ 16:06 |
| 6  10:19 | 6 ♊ 16:48 |
| 8  11:17 | 8 ♋ 19:47 |
| 10  20:60 | 11 ♌ 02:35 |
| 13  08:30 | 13 ♍ 13:20 |
| 15  22:42 | 16 ♎ 02:15 |
| 18  05:42 | 18 ♏ 14:48 |
| 20  23:55 | 21 ♐ 01:16 |
| 23  01:20 | 23 ♑ 09:26 |
| 25  01:44 | 25 ♒ 15:42 |
| 27  13:01 | 27 ♓ 20:22 |
| 29  16:30 | 29 ♈ 23:31 |

| D | ☉ | ☽ | ☿ | ♀ | ♂ | ♃ | ♄ | ♅ | ♆ | ♇ | ⚳ | ⚴ | ⚵ | ⚶ | ⚷ |
|---|---|---|---|---|---|---|---|---|---|---|---|---|---|---|---|
| 1 | -14 19 | -10 55 | -21 09 | -13 52 | -13 06 | -18 16 | +14 29 | -08 11 | -15 56 | -16 19 | -27 02 | +03 59 | -01 11 | -00 37 | -12 28 |
| 2 | 14 38 | 04 11 | 20 49 | 14 17 | 13 20 | 18 19 | 14 28 | 08 12 | 15 56 | 16 19 | 26 57 | 03 52 | 01 18 | 00 48 | 12 28 |
| 3 | 14 57 | +02 53 | 20 25 | 14 42 | 13 34 | 18 22 | 14 27 | 08 12 | 15 56 | 16 19 | 26 51 | 03 45 | 01 25 | 00 59 | 12 28 |
| 4 | 15 16 | 09 51 | 19 57 | 15 07 | 13 48 | 18 25 | 14 26 | 08 12 | 15 56 | 16 20 | 26 45 | 03 39 | 01 32 | 01 10 | 12 29 |
| 5 | 15 34 | 16 18 | 19 24 | 15 31 | 14 02 | 18 28 | 14 25 | 08 13 | 15 56 | 16 20 | 26 39 | 03 32 | 01 38 | 01 20 | 12 29 |
| 6 | 15 52 | 21 44 | 18 48 | 15 55 | 14 16 | 18 32 | 14 24 | 08 13 | 15 56 | 16 20 | 26 33 | 03 26 | 01 45 | 01 31 | 12 29 |
| 7 | 16 09 | 25 44 | 18 09 | 16 19 | 14 29 | 18 35 | 14 23 | 08 13 | 15 56 | 16 21 | 26 27 | 03 20 | 01 51 | 01 42 | 12 29 |
| 8 | 16 28 | 28 01 | 17 28 | 16 42 | 14 43 | 18 38 | 14 22 | 08 13 | 15 56 | 16 21 | 26 21 | 03 14 | 01 58 | 01 52 | 12 29 |
| 9 | 16 45 | 28 29 | 16 46 | 17 05 | 14 56 | 18 41 | 14 21 | 08 13 | 15 56 | 16 21 | 26 15 | 03 08 | 02 04 | 02 03 | 12 29 |
| 10 | 17 02 | 27 14 | 16 03 | 17 27 | 15 09 | 18 44 | 14 21 | 08 14 | 15 56 | 16 22 | 26 09 | 03 02 | 02 11 | 02 13 | 12 29 |
| 11 | 17 19 | 24 33 | 15 22 | 17 49 | 15 22 | 18 47 | 14 20 | 08 14 | 15 56 | 16 22 | 26 03 | 02 56 | 02 17 | 02 24 | 12 29 |
| 12 | 17 36 | 20 46 | 14 43 | 18 10 | 15 35 | 18 50 | 14 19 | 08 14 | 15 56 | 16 22 | 25 56 | 02 50 | 02 23 | 02 34 | 12 29 |
| 13 | 17 52 | 16 12 | 14 08 | 18 31 | 15 48 | 18 53 | 14 19 | 08 14 | 15 55 | 16 22 | 25 50 | 02 45 | 02 30 | 02 44 | 12 29 |
| 14 | 18 08 | 11 05 | 13 37 | 18 51 | 16 01 | 18 57 | 14 18 | 08 14 | 15 55 | 16 23 | 25 43 | 02 40 | 02 36 | 02 55 | 12 29 |
| 15 | 18 23 | 05 38 | 13 11 | 19 11 | 16 14 | 19 00 | 14 17 | 08 14 | 15 55 | 16 23 | 25 37 | 02 34 | 02 42 | 03 05 | 12 29 |
| 16 | 18 39 | 00 01 | 12 50 | 19 30 | 16 26 | 19 03 | 14 17 | 08 14 | 15 55 | 16 23 | 25 30 | 02 29 | 02 48 | 03 15 | 12 29 |
| 17 | 18 54 | -05 36 | 12 35 | 19 49 | 16 39 | 19 06 | 14 16 | 08 14 | 15 55 | 16 24 | 25 24 | 02 24 | 02 54 | 03 25 | 12 29 |
| 18 | 19 08 | 11 05 | 12 26 | 20 07 | 16 51 | 19 09 | 14 16 | 08 14 | 15 55 | 16 24 | 25 17 | 02 19 | 03 00 | 03 35 | 12 29 |
| 19 | 19 22 | 16 13 | 12 22 | 20 24 | 17 03 | 19 12 | 14 15 | 08 14 | 15 54 | 16 24 | 25 10 | 02 14 | 03 06 | 03 46 | 12 28 |
| 20 | 19 36 | 20 47 | 12 22 | 20 41 | 17 15 | 19 15 | 14 15 | 08 14 | 15 54 | 16 24 | 25 03 | 02 09 | 03 12 | 03 56 | 12 28 |
| 21 | 19 50 | 24 31 | 12 27 | 20 58 | 17 27 | 19 18 | 14 14 | 08 14 | 15 54 | 16 25 | 24 56 | 02 05 | 03 17 | 04 06 | 12 28 |
| 22 | 20 03 | 27 08 | 12 37 | 21 14 | 17 39 | 19 20 | 14 14 | 08 14 | 15 54 | 16 25 | 24 49 | 02 01 | 03 23 | 04 16 | 12 28 |
| 23 | 20 16 | 28 22 | 12 49 | 21 29 | 17 51 | 19 23 | 14 14 | 08 14 | 15 53 | 16 25 | 24 42 | 01 56 | 03 29 | 04 25 | 12 28 |
| 24 | 20 28 | 28 03 | 13 05 | 21 44 | 18 02 | 19 26 | 14 13 | 08 14 | 15 53 | 16 25 | 24 35 | 01 52 | 03 34 | 04 35 | 12 27 |
| 25 | 20 41 | 26 08 | 13 24 | 21 57 | 18 14 | 19 29 | 14 13 | 08 14 | 15 53 | 16 26 | 24 28 | 01 48 | 03 40 | 04 45 | 12 27 |
| 26 | 20 52 | 22 44 | 13 44 | 22 11 | 18 25 | 19 32 | 14 13 | 08 14 | 15 53 | 16 26 | 24 21 | 01 44 | 03 45 | 04 55 | 12 27 |
| 27 | 21 04 | 18 02 | 14 07 | 22 23 | 18 36 | 19 35 | 14 13 | 08 14 | 15 52 | 16 26 | 24 14 | 01 40 | 03 50 | 05 04 | 12 27 |
| 28 | 21 14 | 12 22 | 14 31 | 22 35 | 18 47 | 19 38 | 14 13 | 08 13 | 15 52 | 16 26 | 24 06 | 01 36 | 03 56 | 05 14 | 12 26 |
| 29 | 21 25 | 05 59 | 14 56 | 22 47 | 18 58 | 19 40 | 14 13 | 08 13 | 15 52 | 16 27 | 23 59 | 01 32 | 04 01 | 05 23 | 12 26 |
| 30 | 21 35 | +00 46 | 15 22 | 22 57 | 19 08 | 19 43 | 14 13 | 08 13 | 15 51 | 16 27 | 23 52 | 01 29 | 04 06 | 05 33 | 12 26 |

Lunar Phases -- 5 ○ 12:59  12 ◐ 17:46  20 ● 22:19  28 ◑ 06:30    Sun enters ♐ 11/22 11:04

# Longitudes of Main Planets - December 2006

0:00 E.T.

| D | S.T. | ☉ | ☽ | ☽ 12:00 | ☿ | ♀ | ♂ | ♃ | ♄ | ♅ | ♆ | ♇ | ☊ |
|---|---|---|---|---|---|---|---|---|---|---|---|---|---|
| 1 | 4:38:51 | 08♐38 30 | 14♈38 | 21♈52 | 19♏48 | 17♐09 | 26♏20 | 01♐31 | 25♌03 | 10♓52 | 17♒20 | 25♐53 | 21♓19 |
| 2 | 4:42:48 | 09 39 18 | 29 07 | 06♉23 | 21 08 | 18 25 | 27 02 | 01 44 | 25 03 | 10 52 | 17 21 | 25 55 | 21 15 |
| 3 | 4:46:44 | 10 40 07 | 13♉39 | 20 54 | 22 30 | 19 40 | 27 45 | 01 57 | 25 04 | 10 53 | 17 22 | 25 57 | 21 12 |
| 4 | 4:50:41 | 11 40 57 | 28 08 | 05♊19 | 23 53 | 20 55 | 28 27 | 02 11 | 25 04 | 10 53 | 17 23 | 26 00 | 21 09 |
| 5 | 4:54:37 | 12 41 48 | 12♊28 | 19 32 | 25 18 | 22 11 | 29 09 | 02 24 | 25 04 | 10 54 | 17 24 | 26 02 | 21 06 |
| 6 | 4:58:34 | 13 42 41 | 26 31 | 03♋26 | 26 44 | 23 26 | 29 51 | 02 37 | 25 04 | 10 55 | 17 26 | 26 04 | 21 03 |
| 7 | 5:02:30 | 14 43 34 | 10♋14 | 16 57 | 28 11 | 24 41 | 00♐34 | 02 50 | 25 04℞ | 10 56 | 17 27 | 26 06 | 20 59 |
| 8 | 5:06:27 | 15 44 28 | 23 33 | 00♌04 | 29 38 | 25 57 | 01 16 | 03 04 | 25 04 | 10 57 | 17 28 | 26 08 | 20 56 |
| 9 | 5:10:23 | 16 45 24 | 06♌28 | 12 47 | 01♐07 | 27 12 | 01 58 | 03 17 | 25 04 | 10 58 | 17 29 | 26 10 | 20 53 |
| 10 | 5:14:20 | 17 46 21 | 19 01 | 25 10 | 02 36 | 28 27 | 02 41 | 03 30 | 25 03 | 10 59 | 17 31 | 26 13 | 20 50 |
| 11 | 5:18:17 | 18 47 18 | 01♍15 | 07♍16 | 04 05 | 29 43 | 03 23 | 03 43 | 25 03 | 11 00 | 17 32 | 26 15 | 20 47 |
| 12 | 5:22:13 | 19 48 17 | 13 14 | 19 10 | 05 35 | 00♑58 | 04 06 | 03 56 | 25 02 | 11 01 | 17 34 | 26 17 | 20 44 |
| 13 | 5:26:10 | 20 49 17 | 25 04 | 00♎58 | 07 06 | 02 13 | 04 48 | 04 09 | 25 02 | 11 02 | 17 35 | 26 19 | 20 40 |
| 14 | 5:30:06 | 21 50 18 | 06♎52 | 12 46 | 08 37 | 03 28 | 05 31 | 04 22 | 25 01 | 11 03 | 17 36 | 26 22 | 20 37 |
| 15 | 5:34:03 | 22 51 20 | 18 41 | 24 39 | 10 08 | 04 44 | 06 14 | 04 35 | 25 00 | 11 04 | 17 38 | 26 24 | 20 34 |
| 16 | 5:37:59 | 23 52 24 | 00♏38 | 06♏41 | 11 39 | 05 59 | 06 56 | 04 48 | 24 59 | 11 05 | 17 39 | 26 26 | 20 31 |
| 17 | 5:41:56 | 24 53 28 | 12 47 | 18 57 | 13 11 | 07 14 | 07 39 | 05 01 | 24 58 | 11 07 | 17 41 | 26 28 | 20 28 |
| 18 | 5:45:52 | 25 54 33 | 25 11 | 01♐29 | 14 42 | 08 30 | 08 22 | 05 14 | 24 56 | 11 08 | 17 43 | 26 30 | 20 24 |
| 19 | 5:49:49 | 26 55 38 | 07♐52 | 14 18 | 16 14 | 09 45 | 09 05 | 05 27 | 24 55 | 11 10 | 17 44 | 26 33 | 20 21 |
| 20 | 5:53:46 | 27 56 45 | 20 50 | 27 25 | 17 47 | 11 00 | 09 48 | 05 40 | 24 54 | 11 11 | 17 46 | 26 35 | 20 18 |
| 21 | 5:57:42 | 28 57 52 | 04♑05 | 10♑48 | 19 19 | 12 16 | 10 31 | 05 53 | 24 52 | 11 13 | 17 47 | 26 37 | 20 15 |
| 22 | 6:01:39 | 29 59 00 | 17 34 | 24 23 | 20 52 | 13 31 | 11 14 | 06 06 | 24 50 | 11 14 | 17 49 | 26 39 | 20 12 |
| 23 | 6:05:35 | 01♑00 07 | 01♒15 | 08♒08 | 22 25 | 14 46 | 11 57 | 06 19 | 24 49 | 11 16 | 17 51 | 26 42 | 20 09 |
| 24 | 6:09:32 | 02 01 16 | 15 04 | 22 01 | 23 58 | 16 01 | 12 40 | 06 31 | 24 47 | 11 17 | 17 52 | 26 44 | 20 05 |
| 25 | 6:13:28 | 03 02 24 | 28 59 | 05♓59 | 25 31 | 17 17 | 13 23 | 06 44 | 24 45 | 11 19 | 17 54 | 26 46 | 20 02 |
| 26 | 6:17:25 | 04 03 32 | 12♓59 | 20 00 | 27 04 | 18 32 | 14 06 | 06 57 | 24 42 | 11 21 | 17 56 | 26 48 | 19 59 |
| 27 | 6:21:21 | 05 04 41 | 27 01 | 04♈03 | 28 38 | 19 47 | 14 49 | 07 09 | 24 40 | 11 23 | 17 58 | 26 51 | 19 56 |
| 28 | 6:25:18 | 06 05 49 | 11♈06 | 18 09 | 00♑12 | 21 02 | 15 32 | 07 22 | 24 38 | 11 25 | 17 59 | 26 53 | 19 53 |
| 29 | 6:29:15 | 07 06 58 | 25 12 | 02♉16 | 01 46 | 22 18 | 16 16 | 07 34 | 24 36 | 11 26 | 18 01 | 26 55 | 19 50 |
| 30 | 6:33:11 | 08 08 06 | 09♉19 | 16 22 | 03 21 | 23 33 | 16 59 | 07 47 | 24 33 | 11 28 | 18 03 | 26 57 | 19 46 |
| 31 | 6:37:08 | 09 09 14 | 23 24 | 00♊25 | 04 55 | 24 48 | 17 42 | 07 59 | 24 30 | 11 30 | 18 05 | 26 59 | 19 43 |

## Longitudes of the Major Asteroids and Chiron

0:00 E.T.

| D | ⚳ | ⚴ | ⚵ | ⚶ | ⚷ |
|---|---|---|---|---|---|
| 1 | 21♒33 | 21♑07 | 14♎06 | 28♎17 | 05♒47 |
| 2 | 21 49 | 21 26 | 14 25 | 28 46 | 05 50 |
| 3 | 22 05 | 21 46 | 14 43 | 29 15 | 05 53 |
| 4 | 22 22 | 22 05 | 15 02 | 29 45 | 05 57 |
| 5 | 22 38 | 22 25 | 15 20 | 00♏14 | 06 00 |
| 6 | 22 55 | 22 45 | 15 39 | 00 43 | 06 04 |
| 7 | 23 12 | 23 04 | 15 57 | 01 12 | 06 07 |
| 8 | 23 29 | 23 24 | 16 15 | 01 41 | 06 11 |
| 9 | 23 46 | 23 44 | 16 32 | 02 10 | 06 14 |
| 10 | 24 04 | 24 04 | 16 50 | 02 39 | 06 18 |
| 11 | 24 21 | 24 24 | 17 08 | 03 08 | 06 21 |
| 12 | 24 39 | 24 44 | 17 25 | 03 37 | 06 25 |
| 13 | 24 56 | 25 04 | 17 42 | 04 06 | 06 29 |
| 14 | 25 14 | 25 24 | 17 59 | 04 35 | 06 33 |
| 15 | 25 33 | 25 44 | 18 16 | 05 04 | 06 36 |
| 16 | 25 51 | 26 05 | 18 32 | 05 32 | 06 40 |
| 17 | 26 09 | 26 25 | 18 49 | 06 01 | 06 44 |
| 18 | 26 28 | 26 45 | 19 05 | 06 30 | 06 48 |
| 19 | 26 46 | 27 06 | 19 21 | 06 58 | 06 52 |
| 20 | 27 05 | 27 26 | 19 37 | 07 27 | 06 56 |
| 21 | 27 24 | 27 47 | 19 53 | 07 55 | 07 00 |
| 22 | 27 43 | 28 07 | 20 08 | 08 23 | 07 04 |
| 23 | 28 02 | 28 27 | 20 24 | 08 52 | 07 08 |
| 24 | 28 21 | 28 48 | 20 39 | 09 20 | 07 13 |
| 25 | 28 41 | 29 09 | 20 54 | 09 48 | 07 17 |
| 26 | 29 00 | 29 29 | 21 09 | 10 16 | 07 21 |
| 27 | 29 20 | 29 50 | 21 23 | 10 44 | 07 25 |
| 28 | 29 39 | 00♒10 | 21 37 | 11 12 | 07 29 |
| 29 | 29 59 | 00 31 | 21 52 | 11 40 | 07 34 |
| 30 | 00♓19 | 00 52 | 22 05 | 12 08 | 07 38 |
| 31 | 00 39 | 01 13 | 22 19 | 12 36 | 07 43 |

## Lunar Data

| Last Asp. | | Ingress | | |
|---|---|---|---|---|
| 1 | 18:42 | 2 | ♉ | 01:27 |
| 4 | 00:33 | 4 | ♊ | 03:07 |
| 5 | 23:13 | 6 | ♋ | 06:02 |
| 7 | 01:14 | 8 | ♌ | 11:53 |
| 10 | 20:37 | 10 | ♍ | 21:32 |
| 13 | 02:33 | 13 | ♎ | 10:02 |
| 15 | 15:34 | 15 | ♏ | 22:43 |
| 17 | 23:33 | 18 | ♐ | 09:11 |
| 20 | 14:02 | 20 | ♑ | 16:40 |
| 21 | 16:06 | 22 | ♒ | 21:50 |
| 24 | 20:10 | 25 | ♓ | 01:44 |
| 27 | 03:06 | 27 | ♈ | 05:05 |
| 29 | 02:55 | 29 | ♉ | 08:10 |
| 31 | 02:38 | 31 | ♊ | 11:17 |

## Declinations

0:00 E.T.

| D | ☉ | ☽ | ☿ | ♀ | ♂ | ♃ | ♄ | ♅ | ♆ | ♇ | ⚳ | ⚴ | ⚵ | ⚶ | ⚷ |
|---|---|---|---|---|---|---|---|---|---|---|---|---|---|---|---|
| 1 | -21 45 | +07 33 | -15 48 | -23 07 | -19 19 | -19 46 | +14 13 | -08 13 | -15 51 | -16 27 | -23 44 | +01 25 | -04 11 | -05 42 | -12 25 |
| 2 | 21 54 | 13 59 | 16 15 | 23 17 | 19 29 | 19 49 | 14 13 | 08 12 | 15 51 | 16 27 | 23 37 | 01 22 | 04 16 | 05 52 | 12 25 |
| 3 | 22 03 | 19 41 | 16 42 | 23 25 | 19 39 | 19 51 | 14 13 | 08 12 | 15 50 | 16 27 | 23 29 | 01 19 | 04 21 | 06 01 | 12 25 |
| 4 | 22 11 | 24 13 | 17 10 | 23 33 | 19 49 | 19 54 | 14 13 | 08 12 | 15 50 | 16 28 | 23 22 | 01 16 | 04 25 | 06 10 | 12 24 |
| 5 | 22 19 | 27 12 | 17 37 | 23 40 | 19 59 | 19 57 | 14 13 | 08 12 | 15 50 | 16 28 | 23 14 | 01 13 | 04 30 | 06 19 | 12 24 |
| 6 | 22 27 | 28 23 | 18 04 | 23 47 | 20 09 | 19 59 | 14 13 | 08 11 | 15 49 | 16 28 | 23 06 | 01 10 | 04 35 | 06 28 | 12 23 |
| 7 | 22 34 | 27 47 | 18 30 | 23 52 | 20 18 | 20 02 | 14 13 | 08 11 | 15 49 | 16 28 | 22 59 | 01 07 | 04 39 | 06 37 | 12 23 |
| 8 | 22 41 | 25 34 | 18 56 | 23 57 | 20 28 | 20 05 | 14 13 | 08 10 | 15 49 | 16 28 | 22 51 | 01 05 | 04 44 | 06 46 | 12 22 |
| 9 | 22 47 | 22 05 | 19 22 | 24 02 | 20 37 | 20 07 | 14 14 | 08 10 | 15 48 | 16 29 | 22 43 | 01 02 | 04 48 | 06 55 | 12 22 |
| 10 | 22 53 | 17 40 | 19 47 | 24 05 | 20 46 | 20 10 | 14 14 | 08 10 | 15 48 | 16 29 | 22 35 | 01 00 | 04 52 | 07 04 | 12 21 |
| 11 | 22 58 | 12 37 | 20 11 | 24 08 | 20 55 | 20 12 | 14 14 | 08 09 | 15 47 | 16 29 | 22 27 | 00 57 | 04 57 | 07 13 | 12 21 |
| 12 | 23 03 | 07 13 | 20 35 | 24 10 | 21 03 | 20 15 | 14 15 | 08 09 | 15 47 | 16 29 | 22 19 | 00 55 | 05 01 | 07 22 | 12 20 |
| 13 | 23 07 | 01 37 | 20 57 | 24 11 | 21 12 | 20 17 | 14 15 | 08 08 | 15 47 | 16 29 | 22 11 | 00 53 | 05 05 | 07 30 | 12 20 |
| 14 | 23 11 | -04 00 | 21 19 | 24 12 | 21 20 | 20 20 | 14 16 | 08 08 | 15 46 | 16 30 | 22 03 | 00 51 | 05 09 | 07 39 | 12 19 |
| 15 | 23 15 | 09 30 | 21 40 | 24 11 | 21 28 | 20 22 | 14 16 | 08 07 | 15 46 | 16 30 | 21 55 | 00 49 | 05 12 | 07 47 | 12 18 |
| 16 | 23 18 | 14 43 | 22 00 | 24 10 | 21 36 | 20 24 | 14 17 | 08 07 | 15 45 | 16 30 | 21 47 | 00 47 | 05 16 | 07 55 | 12 18 |
| 17 | 23 21 | 19 27 | 22 19 | 24 09 | 21 44 | 20 27 | 14 17 | 08 06 | 15 45 | 16 30 | 21 39 | 00 46 | 05 20 | 08 04 | 12 17 |
| 18 | 23 23 | 23 28 | 22 37 | 24 06 | 21 51 | 20 29 | 14 18 | 08 06 | 15 44 | 16 30 | 21 30 | 00 44 | 05 23 | 08 12 | 12 16 |
| 19 | 23 24 | 26 27 | 22 54 | 24 03 | 21 59 | 20 31 | 14 19 | 08 05 | 15 44 | 16 30 | 21 22 | 00 42 | 05 27 | 08 20 | 12 16 |
| 20 | 23 25 | 28 07 | 23 10 | 23 59 | 22 06 | 20 34 | 14 19 | 08 05 | 15 43 | 16 31 | 21 14 | 00 41 | 05 30 | 08 28 | 12 15 |
| 21 | 23 26 | 28 14 | 23 25 | 23 54 | 22 12 | 20 36 | 14 20 | 08 04 | 15 43 | 16 31 | 21 05 | 00 40 | 05 33 | 08 36 | 12 14 |
| 22 | 23 26 | 26 41 | 23 38 | 23 49 | 22 19 | 20 38 | 14 21 | 08 03 | 15 42 | 16 31 | 20 57 | 00 39 | 05 36 | 08 44 | 12 14 |
| 23 | 23 26 | 23 32 | 23 50 | 23 43 | 22 26 | 20 40 | 14 22 | 08 03 | 15 42 | 16 31 | 20 48 | 00 38 | 05 39 | 08 52 | 12 13 |
| 24 | 23 26 | 19 02 | 24 02 | 23 36 | 22 32 | 20 43 | 14 22 | 08 02 | 15 41 | 16 31 | 20 40 | 00 37 | 05 42 | 09 00 | 12 12 |
| 25 | 23 24 | 13 28 | 24 11 | 23 28 | 22 38 | 20 45 | 14 23 | 08 01 | 15 41 | 16 31 | 20 31 | 00 36 | 05 45 | 09 07 | 12 11 |
| 26 | 23 23 | 07 12 | 24 20 | 23 20 | 22 44 | 20 47 | 14 24 | 08 01 | 15 40 | 16 31 | 20 23 | 00 35 | 05 48 | 09 15 | 12 11 |
| 27 | 23 21 | 00 33 | 24 28 | 23 11 | 22 49 | 20 49 | 14 25 | 08 00 | 15 40 | 16 31 | 20 14 | 00 34 | 05 50 | 09 22 | 12 10 |
| 28 | 23 18 | +06 08 | 24 34 | 23 01 | 22 55 | 20 51 | 14 26 | 07 59 | 15 39 | 16 32 | 20 06 | 00 34 | 05 53 | 09 30 | 12 09 |
| 29 | 23 15 | 12 31 | 24 38 | 22 50 | 23 00 | 20 53 | 14 27 | 07 58 | 15 39 | 16 32 | 19 57 | 00 33 | 05 55 | 09 37 | 12 08 |
| 30 | 23 11 | 18 16 | 24 42 | 22 39 | 23 05 | 20 55 | 14 28 | 07 58 | 15 38 | 16 32 | 19 48 | 00 33 | 05 57 | 09 44 | 12 07 |
| 31 | 23 07 | 23 01 | 24 44 | 22 27 | 23 10 | 20 57 | 14 29 | 07 57 | 15 37 | 16 32 | 19 39 | 00 33 | 06 00 | 09 51 | 12 06 |

Lunar Phases -- 5 ○ 00:26 12 ◑ 14:33 20 ● 14:02 27 ◐ 14:49 Sun enters ♑ 12/22 00:24

## 0:00 E.T. Longitudes of Main Planets - January 2007

| D | S.T. | ☉ | ☽ | ☽ 12:00 | ☿ | ♀ | ♂ | ♃ | ♄ | ♅ | ♆ | ♇ | ☊ |
|---|---|---|---|---|---|---|---|---|---|---|---|---|---|
| 1 | 6:41:04 | 10♑10 23 | 07♊25 | 14♊22 | 06♑31 | 26♑03 | 18♐26 | 08♐12 | 24♌28℞ | 11♓32 | 18♒07 | 27♐02 | 19♓40 |
| 2 | 6:45:01 | 11 11 31 | 21 17 | 28 09 | 08 06 | 27 19 | 19 09 | 08 24 | 24 25 | 11 34 | 18 09 | 27 04 | 19 37 |
| 3 | 6:48:57 | 12 12 39 | 04♋58 | 11♋42 | 09 42 | 28 34 | 19 53 | 08 36 | 24 22 | 11 36 | 18 11 | 27 06 | 19 34 |
| 4 | 6:52:54 | 13 13 47 | 18 22 | 24 58 | 11 18 | 29 49 | 20 36 | 08 48 | 24 19 | 11 39 | 18 13 | 27 08 | 19 30 |
| 5 | 6:56:50 | 14 14 56 | 01♌29 | 07♌55 | 12 54 | 01♒04 | 21 20 | 09 00 | 24 16 | 11 41 | 18 15 | 27 10 | 19 27 |
| 6 | 7:00:47 | 15 16 04 | 14 17 | 20 33 | 14 31 | 02 19 | 22 03 | 09 13 | 24 13 | 11 43 | 18 17 | 27 12 | 19 24 |
| 7 | 7:04:44 | 16 17 12 | 26 46 | 02♍54 | 16 08 | 03 34 | 22 47 | 09 25 | 24 10 | 11 45 | 18 19 | 27 15 | 19 21 |
| 8 | 7:08:40 | 17 18 20 | 08♍58 | 14 59 | 17 46 | 04 49 | 23 31 | 09 37 | 24 06 | 11 48 | 18 21 | 27 17 | 19 18 |
| 9 | 7:12:37 | 18 19 28 | 20 58 | 26 54 | 19 24 | 06 05 | 24 14 | 09 48 | 24 03 | 11 50 | 18 23 | 27 19 | 19 15 |
| 10 | 7:16:33 | 19 20 37 | 02♎49 | 08♎43 | 21 02 | 07 20 | 24 58 | 10 00 | 23 59 | 11 52 | 18 25 | 27 21 | 19 11 |
| 11 | 7:20:30 | 20 21 45 | 14 37 | 20 32 | 22 41 | 08 35 | 25 42 | 10 12 | 23 56 | 11 55 | 18 27 | 27 23 | 19 08 |
| 12 | 7:24:26 | 21 22 53 | 26 27 | 02♏25 | 24 20 | 09 50 | 26 26 | 10 24 | 23 52 | 11 57 | 18 29 | 27 25 | 19 05 |
| 13 | 7:28:23 | 22 24 02 | 08♏25 | 14 28 | 26 00 | 11 05 | 27 10 | 10 35 | 23 48 | 12 00 | 18 31 | 27 27 | 19 02 |
| 14 | 7:32:19 | 23 25 10 | 20 35 | 26 46 | 27 40 | 12 20 | 27 54 | 10 47 | 23 44 | 12 02 | 18 33 | 27 29 | 18 59 |
| 15 | 7:36:16 | 24 26 18 | 03♐02 | 09♐23 | 29 20 | 13 35 | 28 38 | 10 58 | 23 41 | 12 05 | 18 35 | 27 31 | 18 56 |
| 16 | 7:40:13 | 25 27 26 | 15 49 | 22 21 | 01♒01 | 14 50 | 29 22 | 11 10 | 23 37 | 12 07 | 18 37 | 27 33 | 18 52 |
| 17 | 7:44:09 | 26 28 34 | 28 59 | 05♑41 | 02 43 | 16 05 | 00♑06 | 11 21 | 23 33 | 12 10 | 18 39 | 27 35 | 18 49 |
| 18 | 7:48:06 | 27 29 41 | 12♑30 | 19 23 | 04 24 | 17 20 | 00 50 | 11 32 | 23 29 | 12 12 | 18 41 | 27 37 | 18 46 |
| 19 | 7:52:02 | 28 30 48 | 26 20 | 03♒21 | 06 06 | 18 35 | 01 34 | 11 43 | 23 24 | 12 15 | 18 44 | 27 39 | 18 43 |
| 20 | 7:55:59 | 29 31 54 | 10♒26 | 17 34 | 07 49 | 19 50 | 02 18 | 11 54 | 23 20 | 12 18 | 18 46 | 27 41 | 18 40 |
| 21 | 7:59:55 | 00♒33 00 | 24 43 | 01♓54 | 09 31 | 21 05 | 03 02 | 12 05 | 23 16 | 12 21 | 18 48 | 27 43 | 18 36 |
| 22 | 8:03:52 | 01 34 04 | 09♓06 | 16 18 | 11 14 | 22 20 | 03 47 | 12 16 | 23 12 | 12 23 | 18 50 | 27 45 | 18 33 |
| 23 | 8:07:48 | 02 35 08 | 23 29 | 00♈40 | 12 57 | 23 35 | 04 31 | 12 27 | 23 07 | 12 26 | 18 52 | 27 47 | 18 30 |
| 24 | 8:11:45 | 03 36 11 | 07♈49 | 14 57 | 14 39 | 24 50 | 05 15 | 12 38 | 23 03 | 12 29 | 18 55 | 27 49 | 18 27 |
| 25 | 8:15:42 | 04 37 13 | 22 03 | 29 07 | 16 22 | 26 05 | 05 59 | 12 48 | 22 58 | 12 32 | 18 57 | 27 51 | 18 24 |
| 26 | 8:19:38 | 05 38 14 | 06♉09 | 13♉09 | 18 04 | 27 19 | 06 44 | 12 59 | 22 54 | 12 35 | 18 59 | 27 53 | 18 21 |
| 27 | 8:23:35 | 06 39 13 | 20 07 | 27 02 | 19 45 | 28 34 | 07 28 | 13 09 | 22 49 | 12 38 | 19 01 | 27 55 | 18 17 |
| 28 | 8:27:31 | 07 40 12 | 03♊54 | 10♊44 | 21 26 | 29 49 | 08 13 | 13 20 | 22 45 | 12 41 | 19 04 | 27 56 | 18 14 |
| 29 | 8:31:28 | 08 41 09 | 17 31 | 24 16 | 23 05 | 01♓04 | 08 57 | 13 30 | 22 40 | 12 44 | 19 06 | 27 58 | 18 11 |
| 30 | 8:35:24 | 09 42 06 | 00♋57 | 07♋35 | 24 43 | 02 18 | 09 42 | 13 40 | 22 35 | 12 47 | 19 08 | 28 00 | 18 08 |
| 31 | 8:39:21 | 10 43 01 | 14 10 | 20 42 | 26 20 | 03 33 | 10 26 | 13 50 | 22 31 | 12 50 | 19 10 | 28 02 | 18 05 |

## 0:00 E.T. Longitudes of the Major Asteroids and Chiron

| D | ⚳ | ⚴ | ⚵ | ⚶ | ⚷ |
|---|---|---|---|---|---|
| 1 | 00♓59 | 01♒33 | 22♎33 | 13♏03 | 07♒47 |
| 2 | 01 20 | 01 54 | 22 46 | 13 31 | 07 51 |
| 3 | 01 40 | 02 15 | 22 59 | 13 59 | 07 56 |
| 4 | 02 00 | 02 36 | 23 12 | 14 26 | 08 00 |
| 5 | 02 21 | 02 57 | 23 24 | 14 53 | 08 05 |
| 6 | 02 41 | 03 17 | 23 36 | 15 21 | 08 09 |
| 7 | 03 02 | 03 38 | 23 49 | 15 48 | 08 14 |
| 8 | 03 23 | 03 59 | 24 00 | 16 15 | 08 19 |
| 9 | 03 44 | 04 20 | 24 12 | 16 42 | 08 23 |
| 10 | 04 05 | 04 41 | 24 23 | 17 09 | 08 28 |
| 11 | 04 26 | 05 02 | 24 34 | 17 36 | 08 32 |
| 12 | 04 47 | 05 23 | 24 45 | 18 03 | 08 37 |
| 13 | 05 08 | 05 44 | 24 56 | 18 29 | 08 42 |
| 14 | 05 29 | 06 05 | 25 06 | 18 56 | 08 46 |
| 15 | 05 51 | 06 26 | 25 16 | 19 22 | 08 51 |
| 16 | 06 12 | 06 46 | 25 26 | 19 49 | 08 56 |
| 17 | 06 34 | 07 07 | 25 35 | 20 15 | 09 00 |
| 18 | 06 55 | 07 28 | 25 45 | 20 41 | 09 05 |
| 19 | 07 17 | 07 49 | 25 53 | 21 07 | 09 10 |
| 20 | 07 39 | 08 10 | 26 02 | 21 33 | 09 15 |
| 21 | 08 01 | 08 31 | 26 10 | 21 59 | 09 19 |
| 22 | 08 22 | 08 52 | 26 18 | 22 24 | 09 24 |
| 23 | 08 44 | 09 13 | 26 26 | 22 50 | 09 29 |
| 24 | 09 06 | 09 34 | 26 34 | 23 15 | 09 34 |
| 25 | 09 28 | 09 55 | 26 41 | 23 40 | 09 39 |
| 26 | 09 51 | 10 16 | 26 47 | 24 06 | 09 43 |
| 27 | 10 13 | 10 37 | 26 54 | 24 31 | 09 48 |
| 28 | 10 35 | 10 58 | 27 00 | 24 55 | 09 53 |
| 29 | 10 57 | 11 19 | 27 06 | 25 20 | 09 58 |
| 30 | 11 20 | 11 40 | 27 12 | 25 45 | 10 03 |
| 31 | 11 42 | 12 01 | 27 17 | 26 09 | 10 07 |

## Lunar Data

| Last Asp. | | Ingress | | |
|---|---|---|---|---|
| 2 | 10:07 | 2 | ♋ | 15:15 |
| 3 | 13:59 | 4 | ♌ | 21:16 |
| 7 | 00:57 | 7 | ♍ | 06:19 |
| 9 | 12:52 | 9 | ♎ | 18:16 |
| 12 | 01:57 | 12 | ♏ | 07:09 |
| 14 | 15:50 | 14 | ♐ | 18:12 |
| 16 | 21:29 | 17 | ♑ | 01:50 |
| 19 | 04:02 | 19 | ♒ | 06:17 |
| 21 | 05:01 | 21 | ♓ | 08:49 |
| 23 | 07:12 | 23 | ♈ | 10:53 |
| 25 | 09:51 | 25 | ♉ | 13:30 |
| 27 | 16:09 | 27 | ♊ | 17:11 |
| 29 | 18:41 | 29 | ♋ | 22:18 |
| 30 | 21:32 | | | |

## 0:00 E.T. Declinations

| D | ☉ | ☽ | ☿ | ♀ | ♂ | ♃ | ♄ | ♅ | ♆ | ♇ | ⚳ | ⚴ | ⚵ | ⚶ | ⚷ |
|---|---|---|---|---|---|---|---|---|---|---|---|---|---|---|---|
| 1 | -23 03 | +26 25 | -24 45 | -22 15 | -23 14 | -20 59 | +14 30 | -07 56 | -15 37 | -16 32 | -19 31 | +00 33 | -06 02 | -09 58 | -12 06 |
| 2 | 22 58 | 28 11 | 24 44 | 22 02 | 23 19 | 21 01 | 14 31 | 07 55 | 15 36 | 16 32 | 19 22 | 00 33 | 06 04 | 10 05 | 12 05 |
| 3 | 22 53 | 28 11 | 24 42 | 21 48 | 23 23 | 21 03 | 14 33 | 07 54 | 15 36 | 16 32 | 19 13 | 00 33 | 06 05 | 10 12 | 12 04 |
| 4 | 22 47 | 26 31 | 24 38 | 21 33 | 23 26 | 21 05 | 14 34 | 07 54 | 15 35 | 16 32 | 19 04 | 00 33 | 06 07 | 10 19 | 12 03 |
| 5 | 22 41 | 23 26 | 24 33 | 21 18 | 23 30 | 21 07 | 14 35 | 07 53 | 15 34 | 16 32 | 18 55 | 00 33 | 06 09 | 10 26 | 12 02 |
| 6 | 22 34 | 19 15 | 24 27 | 21 02 | 23 33 | 21 09 | 14 36 | 07 52 | 15 34 | 16 32 | 18 46 | 00 33 | 06 10 | 10 32 | 12 01 |
| 7 | 22 27 | 14 20 | 24 19 | 20 46 | 23 37 | 21 11 | 14 37 | 07 51 | 15 33 | 16 32 | 18 37 | 00 34 | 06 11 | 10 39 | 12 00 |
| 8 | 22 19 | 08 57 | 24 09 | 20 29 | 23 40 | 21 12 | 14 39 | 07 50 | 15 33 | 16 33 | 18 28 | 00 34 | 06 13 | 10 45 | 11 59 |
| 9 | 22 11 | 03 20 | 23 59 | 20 11 | 23 42 | 21 14 | 14 40 | 07 49 | 15 32 | 16 33 | 18 19 | 00 35 | 06 14 | 10 51 | 11 58 |
| 10 | 22 03 | -02 20 | 23 46 | 19 53 | 23 45 | 21 16 | 14 41 | 07 48 | 15 31 | 16 33 | 18 10 | 00 35 | 06 15 | 10 58 | 11 57 |
| 11 | 21 54 | 07 53 | 23 32 | 19 35 | 23 47 | 21 18 | 14 43 | 07 47 | 15 31 | 16 33 | 18 01 | 00 36 | 06 15 | 11 04 | 11 56 |
| 12 | 21 45 | 13 11 | 23 17 | 19 15 | 23 49 | 21 19 | 14 44 | 07 46 | 15 30 | 16 33 | 17 52 | 00 37 | 06 16 | 11 10 | 11 55 |
| 13 | 21 35 | 18 03 | 23 00 | 18 55 | 23 51 | 21 21 | 14 45 | 07 45 | 15 30 | 16 33 | 17 42 | 00 38 | 06 17 | 11 16 | 11 54 |
| 14 | 21 25 | 22 17 | 22 41 | 18 35 | 23 52 | 21 23 | 14 47 | 07 44 | 15 29 | 16 33 | 17 33 | 00 39 | 06 17 | 11 22 | 11 53 |
| 15 | 21 14 | 25 37 | 22 21 | 18 14 | 23 53 | 21 24 | 14 48 | 07 43 | 15 28 | 16 33 | 17 24 | 00 40 | 06 17 | 11 27 | 11 52 |
| 16 | 21 03 | 27 46 | 21 59 | 17 53 | 23 54 | 21 26 | 14 50 | 07 42 | 15 28 | 16 33 | 17 15 | 00 41 | 06 17 | 11 33 | 11 51 |
| 17 | 20 52 | 28 27 | 21 36 | 17 31 | 23 55 | 21 27 | 14 51 | 07 41 | 15 27 | 16 33 | 17 05 | 00 42 | 06 18 | 11 39 | 11 50 |
| 18 | 20 40 | 27 28 | 21 11 | 17 08 | 23 56 | 21 29 | 14 53 | 07 40 | 15 26 | 16 33 | 16 56 | 00 44 | 06 17 | 11 44 | 11 49 |
| 19 | 20 28 | 24 47 | 20 45 | 16 45 | 23 56 | 21 30 | 14 54 | 07 39 | 15 26 | 16 33 | 16 47 | 00 45 | 06 17 | 11 49 | 11 47 |
| 20 | 20 15 | 20 35 | 20 17 | 16 22 | 23 56 | 21 32 | 14 56 | 07 38 | 15 25 | 16 33 | 16 37 | 00 47 | 06 17 | 11 55 | 11 46 |
| 21 | 20 02 | 15 07 | 19 47 | 15 58 | 23 56 | 21 33 | 14 57 | 07 37 | 15 24 | 16 33 | 16 28 | 00 48 | 06 16 | 12 00 | 11 45 |
| 22 | 19 49 | 08 49 | 19 17 | 15 34 | 23 55 | 21 35 | 14 59 | 07 36 | 15 24 | 16 33 | 16 18 | 00 50 | 06 16 | 12 05 | 11 44 |
| 23 | 19 35 | 02 03 | 18 44 | 15 09 | 23 54 | 21 36 | 15 01 | 07 35 | 15 23 | 16 33 | 16 09 | 00 52 | 06 15 | 12 10 | 11 43 |
| 24 | 19 21 | +04 48 | 18 11 | 14 44 | 23 53 | 21 37 | 15 02 | 07 34 | 15 22 | 16 33 | 16 00 | 00 54 | 06 14 | 12 15 | 11 42 |
| 25 | 19 07 | 11 21 | 17 35 | 14 18 | 23 52 | 21 39 | 15 04 | 07 33 | 15 22 | 16 33 | 15 50 | 00 56 | 06 13 | 12 19 | 11 41 |
| 26 | 18 52 | 17 16 | 16 59 | 13 53 | 23 51 | 21 40 | 15 05 | 07 32 | 15 21 | 16 33 | 15 41 | 00 58 | 06 12 | 12 24 | 11 39 |
| 27 | 18 37 | 22 13 | 16 21 | 13 26 | 23 49 | 21 41 | 15 07 | 07 30 | 15 20 | 16 33 | 15 31 | 01 00 | 06 10 | 12 29 | 11 38 |
| 28 | 18 21 | 25 53 | 15 43 | 13 00 | 23 47 | 21 43 | 15 09 | 07 29 | 15 19 | 16 33 | 15 21 | 01 02 | 06 09 | 12 33 | 11 37 |
| 29 | 18 05 | 28 00 | 15 03 | 12 33 | 23 45 | 21 44 | 15 10 | 07 28 | 15 19 | 16 33 | 15 12 | 01 04 | 06 07 | 12 37 | 11 36 |
| 30 | 17 49 | 28 27 | 14 23 | 12 06 | 23 42 | 21 45 | 15 12 | 07 27 | 15 18 | 16 33 | 15 02 | 01 07 | 06 05 | 12 42 | 11 35 |
| 31 | 17 33 | 27 16 | 13 41 | 11 38 | 23 40 | 21 46 | 15 14 | 07 26 | 15 17 | 16 33 | 14 53 | 01 09 | 06 03 | 12 46 | 11 33 |

Lunar Phases -- 3 ○ 13:58 11 ◑ 12:46 19 ● 04:02 25 ◐ 23:03 Sun enters ♒ 1/20 11:02

# Feb. 07 — Longitudes of Main Planets - February 2007

| D | S.T. | ☉ | ☽ | ☽ 12:00 | ☿ | ♀ | ♂ | ♃ | ♄ | ♅ | ♆ | ♇ | ☊ |
|---|------|---|---|---------|---|---|---|---|---|---|---|---|---|
| 1 | 8:43:17 | 11♒43 55 | 27♋11 | 03♌36 | 27♒54 | 04♓48 | 11♑11 | 14♐00 | 22♌26℞ | 12♓53 | 19♒13 | 28♐04 | 18♓02 |
| 2 | 8:47:14 | 12 44 48 | 09♌57 | 16 15 | 29 25 | 06 02 | 11 56 | 14 10 | 22 21 | 12 56 | 19 15 | 28 05 | 17 58 |
| 3 | 8:51:11 | 13 45 39 | 22 30 | 28 41 | 00♓53 | 07 17 | 12 40 | 14 19 | 22 16 | 12 59 | 19 17 | 28 07 | 17 55 |
| 4 | 8:55:07 | 14 46 30 | 04♍48 | 10♍53 | 02 18 | 08 32 | 13 25 | 14 29 | 22 12 | 13 02 | 19 19 | 28 09 | 17 52 |
| 5 | 8:59:04 | 15 47 20 | 16 55 | 22 55 | 03 37 | 09 46 | 14 10 | 14 39 | 22 07 | 13 05 | 19 22 | 28 10 | 17 49 |
| 6 | 9:03:00 | 16 48 08 | 28 53 | 04♎49 | 04 52 | 11 01 | 14 55 | 14 48 | 22 02 | 13 08 | 19 24 | 28 12 | 17 46 |
| 7 | 9:06:57 | 17 48 56 | 10♎43 | 16 38 | 06 01 | 12 15 | 15 39 | 14 57 | 21 57 | 13 11 | 19 26 | 28 14 | 17 42 |
| 8 | 9:10:53 | 18 49 42 | 22 32 | 28 26 | 07 03 | 13 30 | 16 24 | 15 06 | 21 52 | 13 15 | 19 28 | 28 15 | 17 39 |
| 9 | 9:14:50 | 19 50 28 | 04♏22 | 10♏19 | 07 57 | 14 44 | 17 09 | 15 15 | 21 47 | 13 18 | 19 31 | 28 17 | 17 36 |
| 10 | 9:18:46 | 20 51 12 | 16 18 | 22 21 | 08 43 | 15 58 | 17 54 | 15 24 | 21 42 | 13 21 | 19 33 | 28 18 | 17 33 |
| 11 | 9:22:43 | 21 51 56 | 28 27 | 04♐37 | 09 21 | 17 13 | 18 39 | 15 33 | 21 38 | 13 24 | 19 35 | 28 20 | 17 30 |
| 12 | 9:26:40 | 22 52 39 | 10♐52 | 17 12 | 09 48 | 18 27 | 19 24 | 15 42 | 21 33 | 13 28 | 19 38 | 28 21 | 17 27 |
| 13 | 9:30:36 | 23 53 20 | 23 37 | 00♑09 | 10 06 | 19 41 | 20 09 | 15 50 | 21 28 | 13 31 | 19 40 | 28 23 | 17 23 |
| 14 | 9:34:33 | 24 54 00 | 06♑47 | 13 31 | 10 14 | 20 56 | 20 54 | 15 59 | 21 23 | 13 34 | 19 42 | 28 24 | 17 20 |
| 15 | 9:38:29 | 25 54 40 | 20 22 | 27 19 | 10 10℞ | 22 10 | 21 39 | 16 07 | 21 18 | 13 37 | 19 44 | 28 26 | 17 17 |
| 16 | 9:42:26 | 26 55 18 | 04♒22 | 11♒30 | 09 57 | 23 24 | 22 24 | 16 15 | 21 13 | 13 41 | 19 47 | 28 27 | 17 14 |
| 17 | 9:46:22 | 27 55 54 | 18 43 | 26 01 | 09 33 | 24 38 | 23 09 | 16 23 | 21 08 | 13 44 | 19 49 | 28 28 | 17 11 |
| 18 | 9:50:19 | 28 56 29 | 03♓22 | 10♓45 | 08 59 | 25 52 | 23 55 | 16 31 | 21 04 | 13 47 | 19 51 | 28 30 | 17 08 |
| 19 | 9:54:15 | 29 57 03 | 18 08 | 25 36 | 08 16 | 27 06 | 24 40 | 16 39 | 20 59 | 13 51 | 19 53 | 28 31 | 17 04 |
| 20 | 9:58:12 | 00♓57 34 | 03♈01 | 10♈25 | 07 26 | 28 20 | 25 25 | 16 47 | 20 54 | 13 54 | 19 56 | 28 32 | 17 01 |
| 21 | 10:02:09 | 01 58 04 | 17 47 | 25 06 | 06 30 | 29 34 | 26 10 | 16 54 | 20 49 | 13 58 | 19 58 | 28 33 | 16 58 |
| 22 | 10:06:05 | 02 58 33 | 02♉22 | 09♉34 | 05 29 | 00♈48 | 26 56 | 17 02 | 20 44 | 14 01 | 20 00 | 28 35 | 16 55 |
| 23 | 10:10:02 | 03 58 59 | 16 42 | 23 46 | 04 24 | 02 02 | 27 41 | 17 09 | 20 40 | 14 04 | 20 02 | 28 36 | 16 52 |
| 24 | 10:13:58 | 04 59 23 | 00♊45 | 07♊39 | 03 18 | 03 16 | 28 26 | 17 16 | 20 35 | 14 08 | 20 05 | 28 37 | 16 48 |
| 25 | 10:17:55 | 05 59 46 | 14 28 | 21 13 | 02 12 | 04 30 | 29 12 | 17 23 | 20 30 | 14 11 | 20 07 | 28 38 | 16 45 |
| 26 | 10:21:51 | 07 00 07 | 27 54 | 04♋30 | 01 08 | 05 43 | 29 57 | 17 30 | 20 26 | 14 15 | 20 09 | 28 39 | 16 42 |
| 27 | 10:25:48 | 08 00 25 | 11♋02 | 17 30 | 00 07 | 06 57 | 00♒42 | 17 36 | 20 21 | 14 18 | 20 11 | 28 40 | 16 39 |
| 28 | 10:29:44 | 09 00 42 | 23 55 | 00♌15 | 29♒11 | 08 11 | 01 28 | 17 43 | 20 17 | 14 21 | 20 13 | 28 41 | 16 36 |

## 0:00 E.T. — Longitudes of the Major Asteroids and Chiron

| D | ⚳ | ⚴ | ⚵ | ⚶ | ⚷ |
|---|---|---|---|---|---|
| 1 | 12♓04 | 12♒21 | 27♎22 | 26♏33 | 10♒12 |
| 2 | 12 27 | 12 42 | 27 26 | 26 58 | 10 17 |
| 3 | 12 50 | 13 03 | 27 30 | 27 22 | 10 22 |
| 4 | 13 12 | 13 24 | 27 34 | 27 45 | 10 26 |
| 5 | 13 35 | 13 45 | 27 38 | 28 09 | 10 31 |
| 6 | 13 57 | 14 06 | 27 41 | 28 33 | 10 36 |
| 7 | 14 20 | 14 26 | 27 44 | 28 56 | 10 41 |
| 8 | 14 43 | 14 47 | 27 46 | 29 19 | 10 46 |
| 9 | 15 06 | 15 08 | 27 49 | 29 42 | 10 50 |
| 10 | 15 29 | 15 29 | 27 50 | 00♐05 | 10 55 |
| 11 | 15 52 | 15 49 | 27 52 | 00 28 | 11 00 |
| 12 | 16 15 | 16 10 | 27 53 | 00 50 | 11 04 |
| 13 | 16 38 | 16 31 | 27 54 | 01 13 | 11 09 |
| 14 | 17 01 | 16 51 | 27 54 | 01 35 | 11 14 |
| 15 | 17 24 | 17 12 | 27 54℞ | 01 57 | 11 19 |
| 16 | 17 47 | 17 32 | 27 53 | 02 19 | 11 23 |
| 17 | 18 10 | 17 53 | 27 53 | 02 40 | 11 28 |
| 18 | 18 33 | 18 13 | 27 51 | 03 01 | 11 32 |
| 19 | 18 56 | 18 34 | 27 50 | 03 23 | 11 37 |
| 20 | 19 20 | 18 54 | 27 48 | 03 43 | 11 42 |
| 21 | 19 43 | 19 15 | 27 46 | 04 04 | 11 46 |
| 22 | 20 06 | 19 35 | 27 43 | 04 25 | 11 51 |
| 23 | 20 29 | 19 55 | 27 40 | 04 45 | 11 55 |
| 24 | 20 53 | 20 16 | 27 37 | 05 05 | 12 00 |
| 25 | 21 16 | 20 36 | 27 33 | 05 25 | 12 04 |
| 26 | 21 40 | 20 56 | 27 29 | 05 44 | 12 09 |
| 27 | 22 03 | 21 16 | 27 24 | 06 04 | 12 13 |
| 28 | 22 26 | 21 36 | 27 19 | 06 23 | 12 18 |

### Lunar Data

| Last Asp. | | Ingress | | |
|-----------|------|---------|-----|-------|
| 30 | 21:32 | 1 | ♌ | 05:16 |
| 3 | 10:56 | 3 | ♍ | 14:35 |
| 5 | 22:38 | 6 | ♎ | 02:16 |
| 8 | 11:39 | 8 | ♏ | 15:10 |
| 10 | 10:40 | 11 | ♐ | 03:02 |
| 13 | 08:46 | 13 | ♑ | 11:43 |
| 15 | 03:25 | 15 | ♒ | 16:35 |
| 17 | 16:15 | 17 | ♓ | 18:31 |
| 19 | 16:44 | 19 | ♈ | 19:07 |
| 21 | 17:43 | 21 | ♉ | 20:04 |
| 23 | 19:48 | 23 | ♊ | 22:43 |
| 26 | 01:23 | 26 | ♋ | 03:49 |
| 27 | 06:05 | 28 | ♌ | 11:31 |

## 0:00 E.T. — Declinations

| D | ☉ | ☽ | ☿ | ♀ | ♂ | ♃ | ♄ | ♅ | ♆ | ♇ | ⚳ | ⚴ | ⚵ | ⚶ | ⚷ |
|---|---|---|---|---|---|---|---|---|---|---|---|---|---|---|---|
| 1 | -17 16 | +24 35 | -13 00 | -11 10 | -23 37 | -21 47 | +15 15 | -07 25 | -15 17 | -16 33 | -14 43 | +01 12 | -06 01 | -12 50 | -11 32 |
| 2 | 16 59 | 20 44 | 12 18 | 10 42 | 23 33 | 21 48 | 15 17 | 07 23 | 15 16 | 16 33 | 14 33 | 01 14 | 05 59 | 12 54 | 11 31 |
| 3 | 16 42 | 16 01 | 11 36 | 10 13 | 23 30 | 21 50 | 15 19 | 07 22 | 15 15 | 16 33 | 14 24 | 01 17 | 05 57 | 12 58 | 11 30 |
| 4 | 16 24 | 10 44 | 10 54 | 09 45 | 23 26 | 21 51 | 15 20 | 07 21 | 15 15 | 16 33 | 14 14 | 01 19 | 05 54 | 13 02 | 11 28 |
| 5 | 16 06 | 05 07 | 10 13 | 09 16 | 23 22 | 21 52 | 15 22 | 07 20 | 15 14 | 16 33 | 14 04 | 01 22 | 05 51 | 13 05 | 11 27 |
| 6 | 15 48 | -00 36 | 09 33 | 08 47 | 23 18 | 21 53 | 15 24 | 07 19 | 15 13 | 16 33 | 13 55 | 01 25 | 05 49 | 13 09 | 11 26 |
| 7 | 15 30 | 06 14 | 08 55 | 08 17 | 23 14 | 21 54 | 15 25 | 07 17 | 15 13 | 16 33 | 13 45 | 01 28 | 05 46 | 13 12 | 11 25 |
| 8 | 15 11 | 11 38 | 08 18 | 07 47 | 23 09 | 21 55 | 15 27 | 07 16 | 15 12 | 16 33 | 13 35 | 01 31 | 05 42 | 13 16 | 11 23 |
| 9 | 14 52 | 16 39 | 07 43 | 07 18 | 23 04 | 21 56 | 15 29 | 07 15 | 15 11 | 16 32 | 13 25 | 01 34 | 05 39 | 13 19 | 11 22 |
| 10 | 14 33 | 21 04 | 07 11 | 06 47 | 22 59 | 21 57 | 15 30 | 07 14 | 15 10 | 16 32 | 13 16 | 01 37 | 05 36 | 13 22 | 11 21 |
| 11 | 14 13 | 24 41 | 06 42 | 06 17 | 22 53 | 21 58 | 15 32 | 07 12 | 15 10 | 16 32 | 13 06 | 01 40 | 05 32 | 13 25 | 11 19 |
| 12 | 13 53 | 27 15 | 06 16 | 05 47 | 22 48 | 21 59 | 15 34 | 07 11 | 15 09 | 16 32 | 12 56 | 01 43 | 05 28 | 13 28 | 11 18 |
| 13 | 13 34 | 28 30 | 05 54 | 05 16 | 22 42 | 21 59 | 15 35 | 07 09 | 15 08 | 16 32 | 12 46 | 01 46 | 05 25 | 13 31 | 11 17 |
| 14 | 13 13 | 28 11 | 05 37 | 04 46 | 22 35 | 22 00 | 15 37 | 07 09 | 15 07 | 16 32 | 12 37 | 01 50 | 05 21 | 13 34 | 11 15 |
| 15 | 12 53 | 26 12 | 05 24 | 04 15 | 22 29 | 22 01 | 15 39 | 07 07 | 15 07 | 16 32 | 12 27 | 01 53 | 05 16 | 13 37 | 11 14 |
| 16 | 12 32 | 22 35 | 05 16 | 03 44 | 22 22 | 22 02 | 15 40 | 07 06 | 15 06 | 16 32 | 12 17 | 01 57 | 05 12 | 13 39 | 11 13 |
| 17 | 12 12 | 17 32 | 05 12 | 03 13 | 22 16 | 22 03 | 15 42 | 07 05 | 15 05 | 16 32 | 12 07 | 02 00 | 05 08 | 13 42 | 11 11 |
| 18 | 11 51 | 11 22 | 05 14 | 02 42 | 22 08 | 22 03 | 15 44 | 07 05 | 15 05 | 16 32 | 11 57 | 02 04 | 05 03 | 13 44 | 11 09 |
| 19 | 11 29 | 04 31 | 05 20 | 02 11 | 22 01 | 22 04 | 15 45 | 07 02 | 15 04 | 16 32 | 11 47 | 02 07 | 04 58 | 13 47 | 11 09 |
| 20 | 11 08 | +02 36 | 05 31 | 01 39 | 21 53 | 22 05 | 15 47 | 07 01 | 15 03 | 16 32 | 11 37 | 02 11 | 04 53 | 13 49 | 11 07 |
| 21 | 10 47 | 09 32 | 05 45 | 01 08 | 21 46 | 22 06 | 15 48 | 06 59 | 15 03 | 16 32 | 11 28 | 02 15 | 04 48 | 13 51 | 11 06 |
| 22 | 10 25 | 15 52 | 06 04 | 00 37 | 21 38 | 22 06 | 15 50 | 06 58 | 15 02 | 16 31 | 11 18 | 02 19 | 04 43 | 13 53 | 11 05 |
| 23 | 10 03 | 21 14 | 06 26 | 00 05 | 21 29 | 22 07 | 15 51 | 06 57 | 15 01 | 16 31 | 11 08 | 02 22 | 04 38 | 13 55 | 11 03 |
| 24 | 09 41 | 25 17 | 06 50 | +00 26 | 21 21 | 22 08 | 15 53 | 06 55 | 15 01 | 16 31 | 10 58 | 02 26 | 04 32 | 13 57 | 11 02 |
| 25 | 09 19 | 27 47 | 07 16 | 00 57 | 21 12 | 22 08 | 15 55 | 06 54 | 15 00 | 16 31 | 10 48 | 02 30 | 04 27 | 13 59 | 11 01 |
| 26 | 08 56 | 28 36 | 07 43 | 01 29 | 21 03 | 22 09 | 15 56 | 06 52 | 14 59 | 16 31 | 10 38 | 02 34 | 04 21 | 14 00 | 10 59 |
| 27 | 08 34 | 27 46 | 08 10 | 02 00 | 20 54 | 22 09 | 15 58 | 06 50 | 14 59 | 16 31 | 10 28 | 02 38 | 04 15 | 14 02 | 10 58 |
| 28 | 08 11 | 25 27 | 08 38 | 02 31 | 20 45 | 22 10 | 15 59 | 06 50 | 14 58 | 16 31 | 10 19 | 02 42 | 04 09 | 14 03 | 10 57 |

Lunar Phases -- 2 ○ 05:46   10 ◐ 09:52   17 ● 16:15   24 ◑ 07:57   Sun enters ♓ 2/19 01:10

## 0:00 E.T. Longitudes of Main Planets - March 2007 Mar. 07

| D | S.T. | ☉ | ☽ | ☽ 12:00 | ☿ | ♀ | ♂ | ♃ | ♄ | ♅ | ♆ | ♇ | ☊ |
|---|---|---|---|---|---|---|---|---|---|---|---|---|---|
| 1 | 10:33:41 | 10♓00 57 | 06♌33 | 12♌48 | 28♒19℞ | 09♈24 | 02♒13 | 17♐49 | 20♌12℞ | 14♓25 | 20♒16 | 28♐42 | 16♓33 |
| 2 | 10:37:38 | 11 01 09 | 18 59 | 25 08 | 27 34 | 10 38 | 02 59 | 17 56 | 20 08 | 14 28 | 20 18 | 28 43 | 16 29 |
| 3 | 10:41:34 | 12 01 20 | 01♍15 | 07♍19 | 26 55 | 11 51 | 03 44 | 18 02 | 20 04 | 14 32 | 20 20 | 28 44 | 16 26 |
| 4 | 10:45:31 | 13 01 29 | 13 21 | 19 21 | 26 23 | 13 05 | 04 30 | 18 07 | 19 59 | 14 35 | 20 22 | 28 45 | 16 23 |
| 5 | 10:49:27 | 14 01 36 | 25 19 | 01♎16 | 25 58 | 14 18 | 05 15 | 18 13 | 19 55 | 14 39 | 20 24 | 28 46 | 16 20 |
| 6 | 10:53:24 | 15 01 41 | 07♎12 | 13 07 | 25 40 | 15 31 | 06 01 | 18 19 | 19 51 | 14 42 | 20 26 | 28 47 | 16 17 |
| 7 | 10:57:20 | 16 01 45 | 19 02 | 24 56 | 25 29 | 16 44 | 06 47 | 18 24 | 19 47 | 14 45 | 20 28 | 28 48 | 16 13 |
| 8 | 11:01:17 | 17 01 47 | 00♏50 | 06♏46 | 25 25 | 17 58 | 07 32 | 18 30 | 19 43 | 14 49 | 20 31 | 28 49 | 16 10 |
| 9 | 11:05:13 | 18 01 47 | 12 42 | 18 39 | 25 27D | 19 11 | 08 18 | 18 35 | 19 39 | 14 52 | 20 33 | 28 49 | 16 07 |
| 10 | 11:09:10 | 19 01 46 | 24 39 | 00♐41 | 25 35 | 20 24 | 09 04 | 18 40 | 19 35 | 14 56 | 20 35 | 28 50 | 16 04 |
| 11 | 11:13:07 | 20 01 43 | 06♐47 | 12 56 | 25 48 | 21 37 | 09 49 | 18 44 | 19 31 | 14 59 | 20 37 | 28 51 | 16 01 |
| 12 | 11:17:03 | 21 01 38 | 19 09 | 25 26 | 26 08 | 22 50 | 10 35 | 18 49 | 19 27 | 15 03 | 20 39 | 28 51 | 15 58 |
| 13 | 11:21:00 | 22 01 32 | 01♑49 | 08♑18 | 26 32 | 24 03 | 11 21 | 18 53 | 19 23 | 15 06 | 20 41 | 28 52 | 15 54 |
| 14 | 11:24:56 | 23 01 24 | 14 52 | 21 33 | 27 01 | 25 15 | 12 07 | 18 58 | 19 20 | 15 10 | 20 43 | 28 53 | 15 51 |
| 15 | 11:28:53 | 24 01 14 | 28 21 | 05♒16 | 27 35 | 26 28 | 12 52 | 19 02 | 19 16 | 15 13 | 20 45 | 28 53 | 15 48 |
| 16 | 11:32:49 | 25 01 03 | 12♒17 | 19 24 | 28 13 | 27 41 | 13 38 | 19 06 | 19 13 | 15 16 | 20 47 | 28 54 | 15 45 |
| 17 | 11:36:46 | 26 00 50 | 26 38 | 03♓58 | 28 55 | 28 53 | 14 24 | 19 10 | 19 09 | 15 20 | 20 49 | 28 54 | 15 42 |
| 18 | 11:40:42 | 27 00 35 | 11♓23 | 18 52 | 29 41 | 00♉06 | 15 10 | 19 13 | 19 06 | 15 23 | 20 51 | 28 55 | 15 39 |
| 19 | 11:44:39 | 28 00 18 | 26 24 | 03♈58 | 00♓30 | 01 18 | 15 56 | 19 17 | 19 03 | 15 27 | 20 53 | 28 55 | 15 35 |
| 20 | 11:48:36 | 28 59 59 | 11♈33 | 19 08 | 01 22 | 02 31 | 16 42 | 19 20 | 18 59 | 15 30 | 20 55 | 28 56 | 15 32 |
| 21 | 11:52:32 | 29 59 38 | 26 42 | 04♉12 | 02 18 | 03 43 | 17 28 | 19 23 | 18 56 | 15 33 | 20 56 | 28 56 | 15 29 |
| 22 | 11:56:29 | 00♈59 15 | 11♉39 | 19 02 | 03 16 | 04 55 | 18 13 | 19 26 | 18 53 | 15 37 | 20 58 | 28 56 | 15 26 |
| 23 | 12:00:25 | 01 58 49 | 26 19 | 03♊30 | 04 17 | 06 08 | 18 59 | 19 28 | 18 50 | 15 40 | 21 00 | 28 57 | 15 23 |
| 24 | 12:04:22 | 02 58 22 | 10♊36 | 17 35 | 05 21 | 07 20 | 19 45 | 19 31 | 18 48 | 15 43 | 21 02 | 28 57 | 15 19 |
| 25 | 12:08:18 | 03 57 52 | 24 27 | 01♋13 | 06 27 | 08 32 | 20 31 | 19 33 | 18 45 | 15 47 | 21 04 | 28 57 | 15 16 |
| 26 | 12:12:15 | 04 57 20 | 07♋53 | 14 27 | 07 35 | 09 44 | 21 17 | 19 35 | 18 42 | 15 50 | 21 05 | 28 57 | 15 13 |
| 27 | 12:16:11 | 05 56 45 | 20 55 | 27 19 | 08 46 | 10 56 | 22 03 | 19 37 | 18 40 | 15 53 | 21 07 | 28 58 | 15 10 |
| 28 | 12:20:08 | 06 56 09 | 03♌38 | 09♌52 | 09 58 | 12 07 | 22 49 | 19 39 | 18 37 | 15 56 | 21 09 | 28 58 | 15 07 |
| 29 | 12:24:05 | 07 55 30 | 16 03 | 22 10 | 11 13 | 13 19 | 23 35 | 19 41 | 18 35 | 16 00 | 21 11 | 28 58 | 15 04 |
| 30 | 12:28:01 | 08 54 48 | 28 15 | 04♍17 | 12 30 | 14 31 | 24 21 | 19 42 | 18 33 | 16 03 | 21 12 | 28 58 | 15 00 |
| 31 | 12:31:58 | 09 54 04 | 10♍18 | 16 16 | 13 48 | 15 42 | 25 07 | 19 43 | 18 31 | 16 06 | 21 14 | 28 58 | 14 57 |

## 0:00 E.T. Longitudes of the Major Asteroids and Chiron

| D | ⚳ | ⚴ | ⚵ | ⚶ | ⚷ |
|---|---|---|---|---|---|
| 1 | 22♓50 | 21♒56 | 27♎14℞ | 06♐41 | 12♒22 |
| 2 | 23 13 | 22 16 | 27 09 | 07 00 | 12 26 |
| 3 | 23 37 | 22 36 | 27 03 | 07 18 | 12 31 |
| 4 | 24 00 | 22 56 | 26 56 | 07 36 | 12 35 |
| 5 | 24 24 | 23 16 | 26 50 | 07 54 | 12 39 |
| 6 | 24 47 | 23 36 | 26 43 | 08 12 | 12 43 |
| 7 | 25 11 | 23 56 | 26 35 | 08 29 | 12 48 |
| 8 | 25 35 | 24 15 | 26 27 | 08 46 | 12 52 |
| 9 | 25 58 | 24 35 | 26 19 | 09 02 | 12 56 |
| 10 | 26 22 | 24 55 | 26 11 | 09 19 | 13 00 |
| 11 | 26 45 | 25 14 | 26 02 | 09 35 | 13 04 |
| 12 | 27 09 | 25 34 | 25 53 | 09 50 | 13 08 |
| 13 | 27 33 | 25 53 | 25 44 | 10 06 | 13 12 |
| 14 | 27 56 | 26 13 | 25 34 | 10 21 | 13 16 |
| 15 | 28 20 | 26 32 | 25 24 | 10 36 | 13 20 |
| 16 | 28 44 | 26 51 | 25 14 | 10 50 | 13 24 |
| 17 | 29 07 | 27 11 | 25 03 | 11 04 | 13 28 |
| 18 | 29 31 | 27 30 | 24 53 | 11 18 | 13 31 |
| 19 | 29 55 | 27 49 | 24 41 | 11 32 | 13 35 |
| 20 | 00♈18 | 28 08 | 24 30 | 11 45 | 13 39 |
| 21 | 00 42 | 28 27 | 24 18 | 11 57 | 13 43 |
| 22 | 01 06 | 28 46 | 24 07 | 12 10 | 13 46 |
| 23 | 01 29 | 29 05 | 23 54 | 12 22 | 13 50 |
| 24 | 01 53 | 29 23 | 23 42 | 12 33 | 13 53 |
| 25 | 02 17 | 29 42 | 23 30 | 12 45 | 13 57 |
| 26 | 02 40 | 00♓01 | 23 17 | 12 55 | 14 00 |
| 27 | 03 04 | 00 19 | 23 04 | 13 06 | 14 04 |
| 28 | 03 28 | 00 38 | 22 51 | 13 16 | 14 07 |
| 29 | 03 51 | 00 56 | 22 38 | 13 26 | 14 10 |
| 30 | 04 15 | 01 14 | 22 24 | 13 35 | 14 14 |
| 31 | 04 39 | 01 32 | 22 11 | 13 44 | 14 17 |

## Lunar Data

| Last Asp. | | Ingress | | |
|---|---|---|---|---|
| 2 | 19:04 | 2 | ♍ | 21:33 |
| 5 | 06:57 | 5 | ♎ | 09:26 |
| 7 | 19:52 | 7 | ♏ | 22:18 |
| 10 | 01:52 | 10 | ♐ | 10:38 |
| 12 | 18:28 | 12 | ♑ | 20:35 |
| 14 | 20:22 | 15 | ♒ | 02:53 |
| 17 | 04:02 | 17 | ♓ | 05:31 |
| 19 | 03:60 | 19 | ♈ | 05:43 |
| 21 | 03:34 | 21 | ♉ | 05:16 |
| 22 | 15:13 | 23 | ♊ | 06:08 |
| 25 | 07:58 | 25 | ♋ | 09:50 |
| 26 | 14:37 | 27 | ♌ | 17:06 |
| 30 | 01:25 | 30 | ♍ | 03:28 |

## 0:00 E.T. Declinations

| D | ☉ | ☽ | ☿ | ♀ | ♂ | ♃ | ♄ | ♅ | ♆ | ♇ | ⚳ | ⚴ | ⚵ | ⚶ | ⚷ |
|---|---|---|---|---|---|---|---|---|---|---|---|---|---|---|---|
| 1 | -07 49 | +21 54 | -09 04 | +03 03 | -20 35 | -22 11 | +16 00 | -06 49 | -14 57 | -16 31 | -10 09 | +02 47 | -04 03 | -14 05 | -10 55 |
| 2 | 07 26 | 17 26 | 09 30 | 03 34 | 20 25 | 22 11 | 16 02 | 06 48 | 14 57 | 16 31 | 09 59 | 02 51 | 03 57 | 14 06 | 10 54 |
| 3 | 07 03 | 12 19 | 09 55 | 04 05 | 20 15 | 22 12 | 16 03 | 06 46 | 14 56 | 16 31 | 09 49 | 02 55 | 03 50 | 14 08 | 10 53 |
| 4 | 06 40 | 06 47 | 10 18 | 04 36 | 20 05 | 22 12 | 16 05 | 06 45 | 14 55 | 16 30 | 09 39 | 02 59 | 03 44 | 14 09 | 10 51 |
| 5 | 06 17 | 01 05 | 10 39 | 05 07 | 19 55 | 22 13 | 16 06 | 06 44 | 14 55 | 16 30 | 09 29 | 03 03 | 03 37 | 14 10 | 10 50 |
| 6 | 05 54 | -04 36 | 10 58 | 05 38 | 19 44 | 22 13 | 16 07 | 06 42 | 14 54 | 16 30 | 09 19 | 03 08 | 03 30 | 14 11 | 10 49 |
| 7 | 05 31 | 10 07 | 11 15 | 06 08 | 19 33 | 22 13 | 16 09 | 06 41 | 14 53 | 16 30 | 09 10 | 03 12 | 03 23 | 14 12 | 10 47 |
| 8 | 05 07 | 15 15 | 11 29 | 06 39 | 19 22 | 22 14 | 16 10 | 06 40 | 14 53 | 16 30 | 09 00 | 03 17 | 03 16 | 14 13 | 10 46 |
| 9 | 04 44 | 19 51 | 11 42 | 07 09 | 19 11 | 22 14 | 16 11 | 06 38 | 14 52 | 16 30 | 08 50 | 03 21 | 03 09 | 14 14 | 10 45 |
| 10 | 04 21 | 23 43 | 11 53 | 07 40 | 18 59 | 22 15 | 16 13 | 06 37 | 14 51 | 16 30 | 08 40 | 03 26 | 03 02 | 14 14 | 10 43 |
| 11 | 03 57 | 26 35 | 12 01 | 08 10 | 18 48 | 22 15 | 16 14 | 06 36 | 14 51 | 16 30 | 08 30 | 03 30 | 02 55 | 14 15 | 10 42 |
| 12 | 03 33 | 28 16 | 12 07 | 08 40 | 18 36 | 22 15 | 16 15 | 06 34 | 14 50 | 16 30 | 08 20 | 03 35 | 02 47 | 14 16 | 10 41 |
| 13 | 03 10 | 28 32 | 12 11 | 09 09 | 18 24 | 22 16 | 16 16 | 06 33 | 14 49 | 16 29 | 08 11 | 03 39 | 02 40 | 14 16 | 10 39 |
| 14 | 02 46 | 27 14 | 12 13 | 09 39 | 18 12 | 22 16 | 16 17 | 06 32 | 14 49 | 16 29 | 08 01 | 03 44 | 02 32 | 14 16 | 10 38 |
| 15 | 02 23 | 24 20 | 12 13 | 10 08 | 17 59 | 22 16 | 16 18 | 06 30 | 14 48 | 16 29 | 07 51 | 03 49 | 02 25 | 14 17 | 10 37 |
| 16 | 01 59 | 19 57 | 12 11 | 10 37 | 17 47 | 22 17 | 16 20 | 06 29 | 14 47 | 16 29 | 07 41 | 03 53 | 02 17 | 14 17 | 10 35 |
| 17 | 01 35 | 14 18 | 12 07 | 11 06 | 17 34 | 22 17 | 16 21 | 06 28 | 14 47 | 16 29 | 07 31 | 03 58 | 02 09 | 14 17 | 10 34 |
| 18 | 01 11 | 07 42 | 12 02 | 11 35 | 17 21 | 22 17 | 16 22 | 06 26 | 14 46 | 16 29 | 07 22 | 04 03 | 02 01 | 14 18 | 10 33 |
| 19 | 00 48 | 00 34 | 11 54 | 12 03 | 17 08 | 22 17 | 16 23 | 06 25 | 14 46 | 16 29 | 07 12 | 04 08 | 01 53 | 14 18 | 10 31 |
| 20 | 00 24 | +06 39 | 11 45 | 12 31 | 16 55 | 22 18 | 16 24 | 06 24 | 14 45 | 16 29 | 07 02 | 04 13 | 01 46 | 14 18 | 10 30 |
| 21 | 00 00 | 13 29 | 11 34 | 12 59 | 16 41 | 22 18 | 16 25 | 06 22 | 14 44 | 16 28 | 06 52 | 04 18 | 01 37 | 14 18 | 10 29 |
| 22 | +00 24 | 19 28 | 11 22 | 13 26 | 16 28 | 22 18 | 16 26 | 06 21 | 14 44 | 16 28 | 06 43 | 04 22 | 01 29 | 14 18 | 10 27 |
| 23 | 00 47 | 24 09 | 11 08 | 13 53 | 16 14 | 22 18 | 16 26 | 06 20 | 14 43 | 16 28 | 06 33 | 04 27 | 01 21 | 14 18 | 10 26 |
| 24 | 01 11 | 27 14 | 10 52 | 14 20 | 16 00 | 22 18 | 16 27 | 06 19 | 14 43 | 16 28 | 06 23 | 04 32 | 01 13 | 14 17 | 10 25 |
| 25 | 01 35 | 28 32 | 10 35 | 14 47 | 15 46 | 22 18 | 16 28 | 06 17 | 14 42 | 16 28 | 06 14 | 04 37 | 01 05 | 14 17 | 10 24 |
| 26 | 01 58 | 28 06 | 10 16 | 15 13 | 15 32 | 22 19 | 16 29 | 06 16 | 14 42 | 16 28 | 06 04 | 04 42 | 00 57 | 14 17 | 10 22 |
| 27 | 02 22 | 26 05 | 09 56 | 15 39 | 15 17 | 22 19 | 16 30 | 06 15 | 14 41 | 16 28 | 05 54 | 04 47 | 00 49 | 14 17 | 10 21 |
| 28 | 02 45 | 22 49 | 09 34 | 16 04 | 15 03 | 22 19 | 16 30 | 06 14 | 14 41 | 16 28 | 05 45 | 04 52 | 00 40 | 14 16 | 10 20 |
| 29 | 03 09 | 18 33 | 09 11 | 16 29 | 14 48 | 22 19 | 16 31 | 06 12 | 14 40 | 16 27 | 05 35 | 04 57 | 00 32 | 14 16 | 10 19 |
| 30 | 03 32 | 13 36 | 08 47 | 16 54 | 14 33 | 22 19 | 16 32 | 06 11 | 14 40 | 16 27 | 05 26 | 05 02 | 00 24 | 14 16 | 10 17 |
| 31 | 03 55 | 08 12 | 08 21 | 17 18 | 14 19 | 22 19 | 16 32 | 06 10 | 14 39 | 16 27 | 05 16 | 05 07 | 00 16 | 14 15 | 10 16 |

Lunar Phases -- 3 Ⓔ 23:18 ♪ 12 ◑ 03:55 19 ● 02:44 25 ◐ 18:17 Sun enters ♈ 3/21 00:09

## Apr. 07 — Longitudes of Main Planets - April 2007 — 0:00 E.T.

| D | S.T. | ☉ | ☽ | ☽ 12:00 | ☿ | ♀ | ♂ | ♃ | ♄ | ♅ | ♆ | ♇ | ☊ |
|---|---|---|---|---|---|---|---|---|---|---|---|---|---|
| 1 | 12:35:54 | 10♈53 19 | 22♍13 | 28♍09 | 15♓09 | 16♉54 | 25♒53 | 19♐44 | 18♌29℞ | 16♓09 | 21♒16 | 28♐58℞ | 14♓54 |
| 2 | 12:39:51 | 11 52 30 | 04♎05 | 09♎59 | 16 31 | 18 05 | 26 39 | 19 45 | 18 27 | 16 13 | 21 17 | 28 58 | 14 51 |
| 3 | 12:43:47 | 12 51 40 | 15 54 | 21 49 | 17 55 | 19 16 | 27 25 | 19 46 | 18 25 | 16 16 | 21 19 | 28 58 | 14 48 |
| 4 | 12:47:44 | 13 50 48 | 27 43 | 03♏39 | 19 20 | 20 28 | 28 11 | 19 46 | 18 23 | 16 19 | 21 20 | 28 58 | 14 45 |
| 5 | 12:51:40 | 14 49 54 | 09♏35 | 15 32 | 20 47 | 21 39 | 28 57 | 19 47 | 18 21 | 16 22 | 21 22 | 28 58 | 14 41 |
| 6 | 12:55:37 | 15 48 58 | 21 31 | 27 31 | 22 16 | 22 50 | 29 43 | 19 47℞ | 18 20 | 16 25 | 21 24 | 28 58 | 14 38 |
| 7 | 12:59:34 | 16 48 01 | 03♐33 | 09♐37 | 23 46 | 24 00 | 00♓29 | 19 47 | 18 18 | 16 28 | 21 25 | 28 57 | 14 35 |
| 8 | 13:03:30 | 17 47 01 | 15 44 | 21 53 | 25 18 | 25 11 | 01 15 | 19 46 | 18 17 | 16 31 | 21 27 | 28 57 | 14 32 |
| 9 | 13:07:27 | 18 46 00 | 28 07 | 04♑24 | 26 52 | 26 22 | 02 01 | 19 46 | 18 16 | 16 34 | 21 28 | 28 57 | 14 29 |
| 10 | 13:11:23 | 19 44 57 | 10♑45 | 17 12 | 28 27 | 27 32 | 02 47 | 19 45 | 18 15 | 16 37 | 21 29 | 28 57 | 14 25 |
| 11 | 13:15:20 | 20 43 52 | 23 43 | 00♒20 | 00♈03 | 28 43 | 03 33 | 19 44 | 18 14 | 16 40 | 21 31 | 28 56 | 14 22 |
| 12 | 13:19:16 | 21 42 45 | 07♒03 | 13 52 | 01 42 | 29 53 | 04 19 | 19 43 | 18 13 | 16 43 | 21 32 | 28 56 | 14 19 |
| 13 | 13:23:13 | 22 41 37 | 20 48 | 27 50 | 03 21 | 01♊04 | 05 05 | 19 42 | 18 12 | 16 46 | 21 33 | 28 56 | 14 16 |
| 14 | 13:27:09 | 23 40 27 | 04♓59 | 12♓13 | 05 03 | 02 14 | 05 51 | 19 41 | 18 11 | 16 49 | 21 35 | 28 55 | 14 13 |
| 15 | 13:31:06 | 24 39 15 | 19 34 | 27 00 | 06 45 | 03 24 | 06 37 | 19 39 | 18 11 | 16 52 | 21 36 | 28 55 | 14 10 |
| 16 | 13:35:03 | 25 38 01 | 04♈31 | 12♈05 | 08 30 | 04 34 | 07 23 | 19 37 | 18 10 | 16 55 | 21 37 | 28 54 | 14 06 |
| 17 | 13:38:59 | 26 36 46 | 19 42 | 27 20 | 10 16 | 05 44 | 08 10 | 19 35 | 18 10 | 16 58 | 21 39 | 28 54 | 14 03 |
| 18 | 13:42:56 | 27 35 28 | 04♉57 | 12♉34 | 12 03 | 06 53 | 08 56 | 19 33 | 18 10 | 17 01 | 21 40 | 28 53 | 14 00 |
| 19 | 13:46:52 | 28 34 09 | 20 07 | 27 36 | 13 52 | 08 03 | 09 42 | 19 31 | 18 09 | 17 03 | 21 41 | 28 53 | 13 57 |
| 20 | 13:50:49 | 29 32 48 | 05♊01 | 12♊19 | 15 43 | 09 13 | 10 28 | 19 29 | 18 09D | 17 06 | 21 42 | 28 52 | 13 54 |
| 21 | 13:54:45 | 00♉31 24 | 19 31 | 26 35 | 17 36 | 10 22 | 11 14 | 19 26 | 18 09 | 17 09 | 21 43 | 28 52 | 13 51 |
| 22 | 13:58:42 | 01 29 59 | 03♋33 | 10♋23 | 19 29 | 11 31 | 12 00 | 19 23 | 18 10 | 17 12 | 21 44 | 28 51 | 13 47 |
| 23 | 14:02:38 | 02 28 31 | 17 06 | 23 42 | 21 25 | 12 40 | 12 46 | 19 20 | 18 10 | 17 14 | 21 45 | 28 50 | 13 44 |
| 24 | 14:06:35 | 03 27 01 | 00♌11 | 06♌35 | 23 22 | 13 49 | 13 32 | 19 17 | 18 10 | 17 17 | 21 46 | 28 50 | 13 41 |
| 25 | 14:10:32 | 04 25 29 | 12 52 | 19 05 | 25 21 | 14 58 | 14 17 | 19 13 | 18 11 | 17 19 | 21 47 | 28 49 | 13 38 |
| 26 | 14:14:28 | 05 23 54 | 25 14 | 01♍18 | 27 21 | 16 07 | 15 03 | 19 10 | 18 11 | 17 22 | 21 48 | 28 48 | 13 35 |
| 27 | 14:18:25 | 06 22 18 | 07♍20 | 13 19 | 29 23 | 17 15 | 15 49 | 19 06 | 18 12 | 17 25 | 21 49 | 28 47 | 13 31 |
| 28 | 14:22:21 | 07 20 39 | 19 16 | 25 11 | 01♉26 | 18 24 | 16 35 | 19 02 | 18 13 | 17 27 | 21 50 | 28 47 | 13 28 |
| 29 | 14:26:18 | 08 18 59 | 01♎06 | 07♎00 | 03 30 | 19 32 | 17 21 | 18 58 | 18 14 | 17 30 | 21 51 | 28 46 | 13 25 |
| 30 | 14:30:14 | 09 17 16 | 12 54 | 18 48 | 05 36 | 20 40 | 18 07 | 18 54 | 18 15 | 17 32 | 21 52 | 28 45 | 13 22 |

## 0:00 E.T. — Longitudes of the Major Asteroids and Chiron

| D | ⚳ | ⚴ | ⚵ | ⚶ | ⚷ | D | ⚳ | ⚴ | ⚵ | ⚶ | ⚷ |
|---|---|---|---|---|---|---|---|---|---|---|---|
| 1 | 05♈02 | 01♓50 | 21♎57℞ | 13♐52 | 14♒20 | 16 | 10 56 | 06 11 | 18 27 | 15 05 | 15 01 |
| 2 | 05 26 | 02 08 | 21 43 | 14 00 | 14 23 | 17 | 11 19 | 06 28 | 18 13 | 15 06 | 15 03 |
| 3 | 05 50 | 02 26 | 21 29 | 14 08 | 14 26 | 18 | 11 42 | 06 45 | 18 00 | 15 07 | 15 05 |
| 4 | 06 13 | 02 44 | 21 16 | 14 15 | 14 29 | 19 | 12 06 | 07 01 | 17 46 | 15 07℞ | 15 07 |
| 5 | 06 37 | 03 02 | 21 02 | 14 22 | 14 32 | 20 | 12 29 | 07 17 | 17 33 | 15 06 | 15 09 |
| 6 | 07 00 | 03 20 | 20 48 | 14 28 | 14 35 | 21 | 12 53 | 07 33 | 17 20 | 15 05 | 15 11 |
| 7 | 07 24 | 03 37 | 20 33 | 14 34 | 14 38 | 22 | 13 16 | 07 49 | 17 06 | 15 04 | 15 13 |
| 8 | 07 48 | 03 55 | 20 19 | 14 39 | 14 40 | 23 | 13 39 | 08 05 | 16 54 | 15 02 | 15 15 |
| 9 | 08 11 | 04 12 | 20 05 | 14 44 | 14 43 | 24 | 14 02 | 08 21 | 16 41 | 14 59 | 15 17 |
| 10 | 08 35 | 04 30 | 19 51 | 14 48 | 14 46 | 25 | 14 26 | 08 37 | 16 28 | 14 56 | 15 19 |
| 11 | 08 58 | 04 47 | 19 37 | 14 52 | 14 48 | 26 | 14 49 | 08 52 | 16 16 | 14 53 | 15 20 |
| 12 | 09 22 | 05 04 | 19 23 | 14 56 | 14 51 | 27 | 15 12 | 09 08 | 16 04 | 14 49 | 15 22 |
| 13 | 09 45 | 05 21 | 19 09 | 14 59 | 14 53 | 28 | 15 35 | 09 23 | 15 52 | 14 45 | 15 24 |
| 14 | 10 09 | 05 38 | 18 55 | 15 01 | 14 56 | 29 | 15 58 | 09 38 | 15 40 | 14 40 | 15 25 |
| 15 | 10 32 | 05 55 | 18 41 | 15 03 | 14 58 | 30 | 16 21 | 09 53 | 15 29 | 14 34 | 15 27 |

## Lunar Data

| Last Asp. | | Ingress | | |
|---|---|---|---|---|
| 1 | 13:39 | 1 | ♎ | 15:44 |
| 4 | 02:31 | 4 | ♏ | 04:37 |
| 6 | 02:56 | 6 | ♐ | 16:58 |
| 9 | 01:36 | 9 | ♑ | 03:37 |
| 11 | 09:58 | 11 | ♒ | 11:24 |
| 13 | 13:51 | 13 | ♓ | 15:40 |
| 15 | 15:03 | 15 | ♈ | 16:48 |
| 17 | 14:28 | 17 | ♉ | 16:12 |
| 19 | 02:30 | 19 | ♊ | 15:52 |
| 21 | 15:53 | 21 | ♋ | 17:52 |
| 23 | 09:11 | 23 | ♌ | 23:39 |
| 26 | 07:03 | 26 | ♍ | 09:25 |
| 28 | 19:15 | 28 | ♎ | 21:46 |

## 0:00 E.T. — Declinations

| D | ☉ | ☽ | ☿ | ♀ | ♂ | ♃ | ♄ | ♅ | ♆ | ♇ | ⚳ | ⚴ | ⚵ | ⚶ | ⚷ |
|---|---|---|---|---|---|---|---|---|---|---|---|---|---|---|---|
| 1 | +04 19 | +02 35 | -07 54 | +17 42 | -14 03 | -22 19 | +16 33 | -06 09 | -14 38 | -16 27 | -05 06 | +05 13 | -00 08 | -14 15 | -10 15 |
| 2 | 04 42 | -03 06 | 07 25 | 18 05 | 13 48 | 22 19 | 16 34 | 06 07 | 14 38 | 16 27 | 04 57 | 05 18 | +00 00 | 14 14 | 10 14 |
| 3 | 05 05 | 08 39 | 06 56 | 18 28 | 13 33 | 22 19 | 16 34 | 06 06 | 14 37 | 16 27 | 04 47 | 05 23 | 00 09 | 14 14 | 10 13 |
| 4 | 05 28 | 13 54 | 06 25 | 18 50 | 13 17 | 22 19 | 16 35 | 06 05 | 14 37 | 16 27 | 04 38 | 05 28 | 00 17 | 14 13 | 10 11 |
| 5 | 05 51 | 18 40 | 05 52 | 19 12 | 13 02 | 22 19 | 16 35 | 06 04 | 14 37 | 16 27 | 04 29 | 05 33 | 00 25 | 14 12 | 10 10 |
| 6 | 06 13 | 22 43 | 05 19 | 19 34 | 12 46 | 22 19 | 16 36 | 06 03 | 14 36 | 16 26 | 04 19 | 05 38 | 00 33 | 14 12 | 10 09 |
| 7 | 06 36 | 25 51 | 04 45 | 19 55 | 12 30 | 22 19 | 16 36 | 06 01 | 14 36 | 16 26 | 04 10 | 05 43 | 00 41 | 14 11 | 10 08 |
| 8 | 06 59 | 27 51 | 04 09 | 20 15 | 12 14 | 22 19 | 16 36 | 06 00 | 14 35 | 16 26 | 04 00 | 05 48 | 00 48 | 14 10 | 10 07 |
| 9 | 07 21 | 28 31 | 03 32 | 20 35 | 11 58 | 22 19 | 16 37 | 05 59 | 14 35 | 16 26 | 03 51 | 05 54 | 00 56 | 14 10 | 10 06 |
| 10 | 07 43 | 27 42 | 02 54 | 20 55 | 11 42 | 22 19 | 16 37 | 05 58 | 14 34 | 16 26 | 03 42 | 05 59 | 01 04 | 14 09 | 10 05 |
| 11 | 08 06 | 25 24 | 02 15 | 21 14 | 11 26 | 22 19 | 16 37 | 05 57 | 14 34 | 16 26 | 03 32 | 06 04 | 01 12 | 14 08 | 10 04 |
| 12 | 08 28 | 21 40 | 01 35 | 21 32 | 11 10 | 22 19 | 16 38 | 05 56 | 14 33 | 16 26 | 03 23 | 06 09 | 01 19 | 14 07 | 10 02 |
| 13 | 08 50 | 16 39 | 00 54 | 21 50 | 10 53 | 22 19 | 16 38 | 05 54 | 14 33 | 16 26 | 03 14 | 06 14 | 01 27 | 14 07 | 10 01 |
| 14 | 09 11 | 10 35 | 00 12 | 22 07 | 10 37 | 22 18 | 16 38 | 05 53 | 14 33 | 16 25 | 03 05 | 06 19 | 01 34 | 14 06 | 10 00 |
| 15 | 09 33 | 03 48 | +00 31 | 22 24 | 10 20 | 22 18 | 16 38 | 05 52 | 14 32 | 16 25 | 02 56 | 06 25 | 01 41 | 14 05 | 09 59 |
| 16 | 09 55 | +03 20 | 01 15 | 22 40 | 10 03 | 22 18 | 16 38 | 05 51 | 14 32 | 16 25 | 02 46 | 06 30 | 01 48 | 14 04 | 09 58 |
| 17 | 10 16 | 10 24 | 02 00 | 22 56 | 09 46 | 22 18 | 16 38 | 05 50 | 14 31 | 16 25 | 02 37 | 06 35 | 01 55 | 14 03 | 09 57 |
| 18 | 10 37 | 16 52 | 02 46 | 23 11 | 09 29 | 22 18 | 16 38 | 05 49 | 14 31 | 16 25 | 02 28 | 06 40 | 02 02 | 14 03 | 09 56 |
| 19 | 10 58 | 22 16 | 03 33 | 23 25 | 09 12 | 22 18 | 16 38 | 05 48 | 14 31 | 16 25 | 02 19 | 06 45 | 02 09 | 14 02 | 09 55 |
| 20 | 11 19 | 26 07 | 04 20 | 23 39 | 08 55 | 22 17 | 16 38 | 05 47 | 14 30 | 16 25 | 02 10 | 06 50 | 02 16 | 14 01 | 09 54 |
| 21 | 11 39 | 28 09 | 05 08 | 23 52 | 08 38 | 22 17 | 16 38 | 05 46 | 14 30 | 16 25 | 02 01 | 06 56 | 02 22 | 14 00 | 09 53 |
| 22 | 12 00 | 28 17 | 05 57 | 24 05 | 08 21 | 22 17 | 16 38 | 05 45 | 14 30 | 16 25 | 01 52 | 07 01 | 02 29 | 14 00 | 09 52 |
| 23 | 12 20 | 26 41 | 06 47 | 24 17 | 08 04 | 22 17 | 16 38 | 05 44 | 14 29 | 16 25 | 01 43 | 07 06 | 02 35 | 13 59 | 09 51 |
| 24 | 12 40 | 23 40 | 07 37 | 24 28 | 07 46 | 22 16 | 16 38 | 05 43 | 14 29 | 16 24 | 01 34 | 07 11 | 02 41 | 13 58 | 09 50 |
| 25 | 13 00 | 19 35 | 08 27 | 24 39 | 07 29 | 22 16 | 16 37 | 05 42 | 14 29 | 16 24 | 01 26 | 07 16 | 02 47 | 13 57 | 09 50 |
| 26 | 13 19 | 14 46 | 09 18 | 24 49 | 07 12 | 22 16 | 16 37 | 05 41 | 14 28 | 16 24 | 01 17 | 07 21 | 02 53 | 13 57 | 09 49 |
| 27 | 13 39 | 09 28 | 10 09 | 24 58 | 06 54 | 22 16 | 16 37 | 05 40 | 14 28 | 16 24 | 01 08 | 07 26 | 02 58 | 13 56 | 09 48 |
| 28 | 13 58 | 03 54 | 11 01 | 25 07 | 06 37 | 22 15 | 16 37 | 05 39 | 14 28 | 16 24 | 00 59 | 07 31 | 03 04 | 13 56 | 09 47 |
| 29 | 14 17 | -01 44 | 11 52 | 25 15 | 06 19 | 22 15 | 16 36 | 05 38 | 14 28 | 16 24 | 00 51 | 07 36 | 03 09 | 13 55 | 09 46 |
| 30 | 14 35 | 07 18 | 12 43 | 25 22 | 06 01 | 22 15 | 16 36 | 05 37 | 14 27 | 16 24 | 00 42 | 07 41 | 03 14 | 13 54 | 09 45 |

Lunar Phases -- 2 ○ 17:16 10 ◑ 18:05 17 ● 11:37 24 ◐ 06:37 Sun enters ♉ 4/20 11:08

## 0:00 E.T. Longitudes of Main Planets - May 2007

| D | S.T. | ☉ | ☽ | ☽ 12:00 | ☿ | ♀ | ♂ | ♃ | ♄ | ♅ | ♆ | ♇ | ☊ |
|---|---|---|---|---|---|---|---|---|---|---|---|---|---|
| 1 | 14:34:11 | 10♉15 32 | 24♎43 | 00♏38 | 07♉43 | 21♊48 | 18♓53 | 18♐50℞ | 18♌16 | 17♓34 | 21♒53 | 28♐44℞ | 13♓19 |
| 2 | 14:38:07 | 11 13 46 | 06♏35 | 12 33 | 09 51 | 22 56 | 19 39 | 18 45 | 18 17 | 17 37 | 21 53 | 28 43 | 13 16 |
| 3 | 14:42:04 | 12 11 58 | 18 32 | 24 33 | 12 00 | 24 04 | 20 25 | 18 40 | 18 19 | 17 39 | 21 54 | 28 42 | 13 12 |
| 4 | 14:46:01 | 13 10 08 | 00♐36 | 06♐41 | 14 09 | 25 11 | 21 10 | 18 35 | 18 20 | 17 41 | 21 55 | 28 41 | 13 09 |
| 5 | 14:49:57 | 14 08 17 | 12 47 | 18 57 | 16 19 | 26 18 | 21 56 | 18 30 | 18 22 | 17 44 | 21 55 | 28 40 | 13 06 |
| 6 | 14:53:54 | 15 06 24 | 25 08 | 01♑22 | 18 29 | 27 25 | 22 42 | 18 25 | 18 23 | 17 46 | 21 56 | 28 39 | 13 03 |
| 7 | 14:57:50 | 16 04 29 | 07♑39 | 14 00 | 20 39 | 28 32 | 23 28 | 18 20 | 18 25 | 17 48 | 21 57 | 28 38 | 13 00 |
| 8 | 15:01:47 | 17 02 34 | 20 23 | 26 51 | 22 48 | 29 39 | 24 14 | 18 15 | 18 27 | 17 50 | 21 57 | 28 37 | 12 57 |
| 9 | 15:05:43 | 18 00 36 | 03♒22 | 09♒58 | 24 57 | 00♋46 | 24 59 | 18 09 | 18 29 | 17 52 | 21 58 | 28 36 | 12 53 |
| 10 | 15:09:40 | 18 58 38 | 16 39 | 23 25 | 27 05 | 01 52 | 25 45 | 18 03 | 18 31 | 17 54 | 21 58 | 28 35 | 12 50 |
| 11 | 15:13:36 | 19 56 38 | 00♓16 | 07♓12 | 29 11 | 02 58 | 26 31 | 17 58 | 18 33 | 17 56 | 21 59 | 28 34 | 12 47 |
| 12 | 15:17:33 | 20 54 37 | 14 14 | 21 22 | 01♊16 | 04 05 | 27 16 | 17 52 | 18 35 | 17 58 | 21 59 | 28 33 | 12 44 |
| 13 | 15:21:30 | 21 52 34 | 28 35 | 05♈54 | 03 20 | 05 10 | 28 02 | 17 46 | 18 38 | 18 00 | 22 00 | 28 32 | 12 41 |
| 14 | 15:25:26 | 22 50 30 | 13♈17 | 20 44 | 05 21 | 06 16 | 28 48 | 17 39 | 18 40 | 18 02 | 22 00 | 28 31 | 12 37 |
| 15 | 15:29:23 | 23 48 25 | 28 14 | 05♉46 | 07 20 | 07 21 | 29 33 | 17 33 | 18 43 | 18 04 | 22 00 | 28 29 | 12 34 |
| 16 | 15:33:19 | 24 46 19 | 13♉19 | 20 52 | 09 16 | 08 27 | 00♈19 | 17 27 | 18 45 | 18 06 | 22 01 | 28 28 | 12 31 |
| 17 | 15:37:16 | 25 44 11 | 28 23 | 05♊52 | 11 10 | 09 32 | 01 04 | 17 20 | 18 48 | 18 08 | 22 01 | 28 27 | 12 28 |
| 18 | 15:41:12 | 26 42 02 | 13♊16 | 20 36 | 13 01 | 10 36 | 01 50 | 17 13 | 18 51 | 18 09 | 22 01 | 28 26 | 12 25 |
| 19 | 15:45:09 | 27 39 51 | 27 49 | 04♋56 | 14 49 | 11 41 | 02 35 | 17 07 | 18 54 | 18 11 | 22 01 | 28 24 | 12 22 |
| 20 | 15:49:05 | 28 37 39 | 11♋56 | 18 49 | 16 34 | 12 45 | 03 21 | 17 00 | 18 57 | 18 13 | 22 02 | 28 23 | 12 18 |
| 21 | 15:53:02 | 29 35 25 | 25 35 | 02♌13 | 18 17 | 13 49 | 04 06 | 16 53 | 19 00 | 18 14 | 22 02 | 28 22 | 12 15 |
| 22 | 15:56:59 | 00♊33 10 | 08♌45 | 15 10 | 19 56 | 14 53 | 04 51 | 16 46 | 19 03 | 18 16 | 22 02 | 28 20 | 12 12 |
| 23 | 16:00:55 | 01 30 52 | 21 29 | 27 43 | 21 32 | 15 57 | 05 37 | 16 39 | 19 07 | 18 17 | 22 02 | 28 19 | 12 09 |
| 24 | 16:04:52 | 02 28 34 | 03♍52 | 09♍56 | 23 04 | 17 00 | 06 22 | 16 32 | 19 10 | 18 19 | 22 02 | 28 18 | 12 06 |
| 25 | 16:08:48 | 03 26 13 | 15 58 | 21 56 | 24 33 | 18 03 | 07 07 | 16 25 | 19 14 | 18 20 | 22 02℞ | 28 16 | 12 02 |
| 26 | 16:12:45 | 04 23 51 | 27 53 | 03♎48 | 25 59 | 19 06 | 07 52 | 16 17 | 19 17 | 18 22 | 22 02 | 28 15 | 11 59 |
| 27 | 16:16:41 | 05 21 28 | 09♎42 | 15 36 | 27 22 | 20 08 | 08 37 | 16 10 | 19 21 | 18 23 | 22 02 | 28 14 | 11 56 |
| 28 | 16:20:38 | 06 19 03 | 21 31 | 27 26 | 28 41 | 21 11 | 09 23 | 16 02 | 19 25 | 18 24 | 22 02 | 28 12 | 11 53 |
| 29 | 16:24:34 | 07 16 37 | 03♏22 | 09♏19 | 29 57 | 22 12 | 10 08 | 15 55 | 19 29 | 18 26 | 22 02 | 28 11 | 11 50 |
| 30 | 16:28:31 | 08 14 10 | 15 19 | 21 20 | 01♋09 | 23 14 | 10 53 | 15 48 | 19 33 | 18 27 | 22 02 | 28 09 | 11 47 |
| 31 | 16:32:28 | 09 11 41 | 27 24 | 03♐30 | 02 18 | 24 15 | 11 38 | 15 40 | 19 37 | 18 28 | 22 01 | 28 08 | 11 43 |

## 0:00 E.T. Longitudes of the Major Asteroids and Chiron

| D | ⚳ | ⚴ | ⚵ | ⚶ | ⚷ |
|---|---|---|---|---|---|
| 1 | 16♈44 | 10♓08 | 15♎18℞ | 14♐28℞ | 15♒28 |
| 2 | 17 07 | 10 23 | 15 07 | 14 22 | 15 29 |
| 3 | 17 30 | 10 37 | 14 56 | 14 15 | 15 30 |
| 4 | 17 53 | 10 52 | 14 46 | 14 08 | 15 32 |
| 5 | 18 16 | 11 06 | 14 36 | 14 00 | 15 33 |
| 6 | 18 39 | 11 20 | 14 26 | 13 52 | 15 34 |
| 7 | 19 02 | 11 34 | 14 17 | 13 44 | 15 35 |
| 8 | 19 25 | 11 48 | 14 07 | 13 35 | 15 36 |
| 9 | 19 47 | 12 02 | 13 59 | 13 25 | 15 37 |
| 10 | 20 10 | 12 16 | 13 50 | 13 15 | 15 37 |
| 11 | 20 33 | 12 29 | 13 42 | 13 05 | 15 38 |
| 12 | 20 55 | 12 42 | 13 34 | 12 55 | 15 39 |
| 13 | 21 18 | 12 55 | 13 26 | 12 44 | 15 39 |
| 14 | 21 41 | 13 08 | 13 19 | 12 32 | 15 40 |
| 15 | 22 03 | 13 21 | 13 12 | 12 20 | 15 40 |
| 16 | 22 26 | 13 34 | 13 05 | 12 08 | 15 41 |
| 17 | 22 48 | 13 46 | 12 59 | 11 56 | 15 41 |
| 18 | 23 10 | 13 58 | 12 53 | 11 43 | 15 41 |
| 19 | 23 33 | 14 11 | 12 47 | 11 31 | 15 41 |
| 20 | 23 55 | 14 22 | 12 42 | 11 17 | 15 41 |
| 21 | 24 17 | 14 34 | 12 37 | 11 04 | 15 41℞ |
| 22 | 24 39 | 14 46 | 12 32 | 10 50 | 15 41 |
| 23 | 25 01 | 14 57 | 12 28 | 10 37 | 15 41 |
| 24 | 25 23 | 15 08 | 12 24 | 10 23 | 15 41 |
| 25 | 25 45 | 15 19 | 12 20 | 10 09 | 15 41 |
| 26 | 26 07 | 15 30 | 12 17 | 09 54 | 15 41 |
| 27 | 26 29 | 15 40 | 12 14 | 09 40 | 15 40 |
| 28 | 26 51 | 15 51 | 12 12 | 09 26 | 15 40 |
| 29 | 27 13 | 16 01 | 12 09 | 09 11 | 15 39 |
| 30 | 27 34 | 16 11 | 12 08 | 08 57 | 15 39 |
| 31 | 27 56 | 16 21 | 12 06 | 08 42 | 15 38 |

## Lunar Data

| Last Asp. | | Ingress | | |
|---|---|---|---|---|
| 1 | 08:08 | 1 | ♏ | 10:42 |
| 3 | 06:43 | 3 | ♐ | 22:49 |
| 6 | 06:46 | 6 | ♑ | 09:22 |
| 8 | 07:35 | 8 | ♒ | 17:49 |
| 10 | 21:48 | 10 | ♓ | 23:32 |
| 12 | 23:54 | 13 | ♈ | 02:20 |
| 15 | 00:25 | 15 | ♉ | 02:49 |
| 16 | 19:28 | 17 | ♊ | 02:35 |
| 19 | 00:59 | 19 | ♋ | 03:39 |
| 21 | 07:47 | 21 | ♌ | 07:58 |
| 23 | 13:10 | 23 | ♍ | 16:27 |
| 26 | 00:45 | 26 | ♎ | 04:17 |
| 28 | 16:18 | 28 | ♏ | 17:12 |
| 30 | 17:12 | 31 | ♐ | 05:08 |

## 0:00 E.T. Declinations

| D | ☉ | ☽ | ☿ | ♀ | ♂ | ♃ | ♄ | ♅ | ♆ | ♇ | ⚳ | ⚴ | ⚵ | ⚶ | ⚷ |
|---|---|---|---|---|---|---|---|---|---|---|---|---|---|---|---|
| 1 | +14 54 | -12 37 | +13 34 | +25 29 | -05 44 | -22 14 | +16 36 | -05 36 | -14 27 | -16 24 | -00 33 | +07 46 | +03 19 | -13 54 | -09 44 |
| 2 | 15 12 | 17 29 | 14 25 | 25 35 | 05 26 | 22 14 | 16 35 | 05 35 | 14 27 | 16 24 | 00 25 | 07 51 | 03 24 | 13 53 | 09 44 |
| 3 | 15 30 | 21 43 | 15 14 | 25 41 | 05 08 | 22 13 | 16 35 | 05 34 | 14 27 | 16 24 | 00 16 | 07 56 | 03 29 | 13 53 | 09 43 |
| 4 | 15 48 | 25 05 | 16 03 | 25 45 | 04 50 | 22 13 | 16 34 | 05 33 | 14 26 | 16 24 | 00 08 | 08 01 | 03 33 | 13 53 | 09 42 |
| 5 | 16 05 | 27 21 | 16 51 | 25 49 | 04 32 | 22 13 | 16 34 | 05 33 | 14 26 | 16 23 | +00 01 | 08 06 | 03 37 | 13 52 | 09 41 |
| 6 | 16 22 | 28 19 | 17 38 | 25 53 | 04 15 | 22 12 | 16 33 | 05 32 | 14 26 | 16 23 | 00 09 | 08 11 | 03 41 | 13 52 | 09 41 |
| 7 | 16 39 | 27 51 | 18 24 | 25 56 | 03 57 | 22 12 | 16 32 | 05 31 | 14 26 | 16 23 | 00 17 | 08 15 | 03 45 | 13 52 | 09 40 |
| 8 | 16 56 | 25 56 | 19 07 | 25 58 | 03 39 | 22 11 | 16 32 | 05 30 | 14 26 | 16 23 | 00 26 | 08 20 | 03 49 | 13 51 | 09 39 |
| 9 | 17 12 | 22 37 | 19 49 | 25 59 | 03 21 | 22 11 | 16 31 | 05 29 | 14 26 | 16 23 | 00 34 | 08 25 | 03 53 | 13 51 | 09 39 |
| 10 | 17 28 | 18 04 | 20 29 | 26 00 | 03 03 | 22 10 | 16 30 | 05 29 | 14 25 | 16 23 | 00 42 | 08 30 | 03 56 | 13 51 | 09 38 |
| 11 | 17 44 | 12 30 | 21 07 | 26 00 | 02 45 | 22 10 | 16 30 | 05 28 | 14 25 | 16 23 | 00 50 | 08 34 | 03 59 | 13 51 | 09 37 |
| 12 | 17 59 | 06 10 | 21 42 | 26 00 | 02 27 | 22 09 | 16 29 | 05 27 | 14 25 | 16 23 | 00 59 | 08 39 | 04 03 | 13 51 | 09 37 |
| 13 | 18 14 | +00 38 | 22 15 | 25 58 | 02 09 | 22 09 | 16 28 | 05 26 | 14 25 | 16 23 | 01 07 | 08 43 | 04 05 | 13 51 | 09 36 |
| 14 | 18 29 | 07 33 | 22 46 | 25 56 | 01 51 | 22 08 | 16 27 | 05 26 | 14 25 | 16 23 | 01 15 | 08 48 | 04 08 | 13 51 | 09 36 |
| 15 | 18 44 | 14 09 | 23 14 | 25 54 | 01 33 | 22 08 | 16 26 | 05 25 | 14 25 | 16 23 | 01 23 | 08 52 | 04 11 | 13 52 | 09 35 |
| 16 | 18 58 | 19 59 | 23 39 | 25 51 | 01 15 | 22 07 | 16 26 | 05 24 | 14 25 | 16 23 | 01 31 | 08 57 | 04 13 | 13 52 | 09 34 |
| 17 | 19 12 | 24 32 | 24 02 | 25 47 | 00 57 | 22 07 | 16 25 | 05 24 | 14 25 | 16 23 | 01 39 | 09 01 | 04 15 | 13 52 | 09 34 |
| 18 | 19 25 | 27 23 | 24 22 | 25 43 | 00 39 | 22 06 | 16 24 | 05 23 | 14 25 | 16 23 | 01 46 | 09 06 | 04 17 | 13 53 | 09 33 |
| 19 | 19 38 | 28 17 | 24 40 | 25 38 | 00 21 | 22 06 | 16 23 | 05 22 | 14 25 | 16 23 | 01 54 | 09 10 | 04 19 | 13 53 | 09 33 |
| 20 | 19 51 | 27 17 | 24 55 | 25 32 | 00 03 | 22 05 | 16 22 | 05 22 | 14 25 | 16 23 | 02 02 | 09 14 | 04 21 | 13 54 | 09 32 |
| 21 | 20 04 | 24 40 | 25 08 | 25 26 | +00 14 | 22 04 | 16 21 | 05 21 | 14 25 | 16 23 | 02 10 | 09 18 | 04 22 | 13 54 | 09 32 |
| 22 | 20 16 | 20 48 | 25 19 | 25 19 | 00 32 | 22 04 | 16 20 | 05 20 | 14 24 | 16 23 | 02 17 | 09 23 | 04 23 | 13 55 | 09 32 |
| 23 | 20 28 | 16 05 | 25 27 | 25 12 | 00 50 | 22 03 | 16 19 | 05 20 | 14 24 | 16 23 | 02 25 | 09 27 | 04 25 | 13 56 | 09 31 |
| 24 | 20 39 | 10 49 | 25 33 | 25 04 | 01 08 | 22 03 | 16 17 | 05 19 | 14 24 | 16 23 | 02 32 | 09 31 | 04 26 | 13 57 | 09 31 |
| 25 | 20 51 | 05 16 | 25 37 | 24 55 | 01 26 | 22 02 | 16 16 | 05 19 | 14 25 | 16 23 | 02 40 | 09 35 | 04 26 | 13 57 | 09 31 |
| 26 | 21 01 | -00 23 | 25 39 | 24 46 | 01 44 | 22 01 | 16 15 | 05 18 | 14 25 | 16 23 | 02 47 | 09 39 | 04 27 | 13 59 | 09 30 |
| 27 | 21 12 | 05 58 | 25 39 | 24 36 | 02 01 | 22 01 | 16 14 | 05 18 | 14 25 | 16 23 | 02 55 | 09 42 | 04 28 | 14 00 | 09 30 |
| 28 | 21 22 | 11 19 | 25 37 | 24 26 | 02 19 | 22 00 | 16 13 | 05 17 | 14 25 | 16 23 | 03 02 | 09 46 | 04 28 | 14 01 | 09 30 |
| 29 | 21 32 | 16 18 | 25 34 | 24 15 | 02 37 | 21 59 | 16 11 | 05 17 | 14 25 | 16 23 | 03 09 | 09 50 | 04 28 | 14 02 | 09 29 |
| 30 | 21 41 | 20 42 | 25 29 | 24 04 | 02 54 | 21 59 | 16 10 | 05 16 | 14 25 | 16 23 | 03 16 | 09 53 | 04 28 | 14 03 | 09 29 |
| 31 | 21 50 | 24 17 | 25 23 | 23 52 | 03 12 | 21 58 | 16 09 | 05 16 | 14 25 | 16 23 | 03 24 | 09 57 | 04 28 | 14 05 | 09 29 |

Lunar Phases -- 2 ○ 10:11 10 ◑ 04:28 16 ● 19:28 23 ◐ 21:04 Sun enters ♊ 5/21 10:13

| D | S.T. | ☉ | ☽ | ☽ 12:00 | ☿ | ♀ | ♂ | ♃ | ♄ | ♅ | ♆ | ♇ | ☊ |
|---|---|---|---|---|---|---|---|---|---|---|---|---|---|
| 1 | 16:36:24 | 10♊09 12 | 09♐39 | 15♐50 | 03♋23 | 25♋16 | 12♈22 | 15♐32℞ | 19♌41 | 18♓29 | 22♒01℞ | 28♐06℞ | 11♓40 |
| 2 | 16:40:21 | 11 06 41 | 22 04 | 28 20 | 04 25 | 26 16 | 13 07 | 15 25 | 19 45 | 18 30 | 22 01 | 28 05 | 11 37 |
| 3 | 16:44:17 | 12 04 09 | 04♑39 | 11♑01 | 05 22 | 27 17 | 13 52 | 15 17 | 19 49 | 18 31 | 22 01 | 28 03 | 11 34 |
| 4 | 16:48:14 | 13 01 37 | 17 26 | 23 53 | 06 16 | 28 16 | 14 37 | 15 10 | 19 54 | 18 32 | 22 00 | 28 02 | 11 31 |
| 5 | 16:52:10 | 13 59 03 | 00♒24 | 06♒57 | 07 06 | 29 16 | 15 22 | 15 02 | 19 58 | 18 33 | 22 00 | 28 00 | 11 28 |
| 6 | 16:56:07 | 14 56 29 | 13 34 | 20 14 | 07 52 | 00♌15 | 16 06 | 14 54 | 20 03 | 18 34 | 22 00 | 27 59 | 11 24 |
| 7 | 17:00:03 | 15 53 54 | 26 57 | 03♓44 | 08 34 | 01 13 | 16 51 | 14 47 | 20 07 | 18 35 | 21 59 | 27 57 | 11 21 |
| 8 | 17:04:00 | 16 51 19 | 10♓34 | 17 29 | 09 12 | 02 11 | 17 36 | 14 39 | 20 12 | 18 36 | 21 59 | 27 56 | 11 18 |
| 9 | 17:07:57 | 17 48 43 | 24 27 | 01♈30 | 09 45 | 03 09 | 18 20 | 14 31 | 20 17 | 18 36 | 21 58 | 27 54 | 11 15 |
| 10 | 17:11:53 | 18 46 06 | 08♈37 | 15 47 | 10 15 | 04 07 | 19 05 | 14 24 | 20 22 | 18 37 | 21 58 | 27 53 | 11 12 |
| 11 | 17:15:50 | 19 43 29 | 23 01 | 00♉18 | 10 39 | 05 03 | 19 49 | 14 16 | 20 26 | 18 38 | 21 57 | 27 51 | 11 08 |
| 12 | 17:19:46 | 20 40 51 | 07♉38 | 14 59 | 11 00 | 06 00 | 20 34 | 14 09 | 20 31 | 18 38 | 21 57 | 27 50 | 11 05 |
| 13 | 17:23:43 | 21 38 13 | 22 22 | 29 45 | 11 16 | 06 56 | 21 18 | 14 01 | 20 37 | 18 39 | 21 56 | 27 48 | 11 02 |
| 14 | 17:27:39 | 22 35 34 | 07♊07 | 14♊26 | 11 27 | 07 51 | 22 02 | 13 54 | 20 42 | 18 39 | 21 56 | 27 47 | 10 59 |
| 15 | 17:31:36 | 23 32 55 | 21 43 | 28 57 | 11 34 | 08 46 | 22 46 | 13 46 | 20 47 | 18 40 | 21 55 | 27 45 | 10 56 |
| 16 | 17:35:32 | 24 30 15 | 06♋05 | 13♋08 | 11 36℞ | 09 41 | 23 30 | 13 39 | 20 52 | 18 40 | 21 54 | 27 44 | 10 53 |
| 17 | 17:39:29 | 25 27 35 | 20 05 | 26 56 | 11 34 | 10 34 | 24 15 | 13 31 | 20 58 | 18 40 | 21 54 | 27 42 | 10 49 |
| 18 | 17:43:26 | 26 24 54 | 03♌41 | 10♌18 | 11 27 | 11 28 | 24 59 | 13 24 | 21 03 | 18 41 | 21 53 | 27 40 | 10 46 |
| 19 | 17:47:22 | 27 22 12 | 16 50 | 23 16 | 11 16 | 12 20 | 25 42 | 13 17 | 21 08 | 18 41 | 21 52 | 27 39 | 10 43 |
| 20 | 17:51:19 | 28 19 29 | 29 36 | 05♍50 | 11 01 | 13 12 | 26 26 | 13 10 | 21 14 | 18 41 | 21 52 | 27 37 | 10 40 |
| 21 | 17:55:15 | 29 16 45 | 12♍00 | 18 06 | 10 42 | 14 04 | 27 10 | 13 02 | 21 20 | 18 41 | 21 51 | 27 36 | 10 37 |
| 22 | 17:59:12 | 00♋14 01 | 24 08 | 00♎08 | 10 19 | 14 55 | 27 54 | 12 55 | 21 25 | 18 41 | 21 50 | 27 34 | 10 34 |
| 23 | 18:03:08 | 01 11 16 | 06♎05 | 12 01 | 09 53 | 15 45 | 28 38 | 12 48 | 21 31 | 18 42 | 21 49 | 27 33 | 10 30 |
| 24 | 18:07:05 | 02 08 30 | 17 56 | 23 51 | 09 24 | 16 34 | 29 21 | 12 42 | 21 37 | 18 42℞ | 21 48 | 27 31 | 10 27 |
| 25 | 18:11:01 | 03 05 43 | 29 46 | 05♏43 | 08 53 | 17 23 | 00♉05 | 12 35 | 21 43 | 18 41 | 21 47 | 27 30 | 10 24 |
| 26 | 18:14:58 | 04 02 57 | 11♏41 | 17 40 | 08 20 | 18 10 | 00 48 | 12 28 | 21 49 | 18 41 | 21 46 | 27 28 | 10 21 |
| 27 | 18:18:55 | 05 00 09 | 23 41 | 29 46 | 07 45 | 18 57 | 01 31 | 12 21 | 21 55 | 18 41 | 21 45 | 27 26 | 10 18 |
| 28 | 18:22:51 | 05 57 21 | 05♐55 | 12♐07 | 07 10 | 19 44 | 02 15 | 12 15 | 22 01 | 18 41 | 21 44 | 27 25 | 10 14 |
| 29 | 18:26:48 | 06 54 33 | 18 21 | 24 39 | 06 34 | 20 29 | 02 58 | 12 09 | 22 07 | 18 41 | 21 43 | 27 23 | 10 11 |
| 30 | 18:30:44 | 07 51 45 | 01♑01 | 07♑26 | 05 59 | 21 13 | 03 41 | 12 02 | 22 13 | 18 41 | 21 42 | 27 22 | 10 08 |

## 0:00 E.T. — Longitudes of the Major Asteroids and Chiron     Lunar Data

| D | ⚳ | ⚴ | ⚵ | ⚶ | ⚷ | D | ⚳ | ⚴ | ⚵ | ⚶ | ⚷ |
|---|---|---|---|---|---|---|---|---|---|---|---|
| 1 | 28♈18 | 16♓30 | 12♎05℞ | 08♐28℞ | 15♐37℞ | 16 | 03 33 | 18 25 | 12 25 | 05 05 | 15 20 |
| 2 | 28 39 | 16 39 | 12 04 | 08 13 | 15 37 | 17 | 03 53 | 18 31 | 12 29 | 04 53 | 15 18 |
| 3 | 29 01 | 16 49 | 12 03 | 07 59 | 15 36 | 18 | 04 13 | 18 36 | 12 33 | 04 42 | 15 16 |
| 4 | 29 22 | 16 57 | 12 03 | 07 44 | 15 35 | 19 | 04 33 | 18 41 | 12 37 | 04 31 | 15 14 |
| 5 | 29 43 | 17 06 | 12 03D | 07 30 | 15 34 | 20 | 04 54 | 18 46 | 12 42 | 04 21 | 15 13 |
| 6 | 00♉04 | 17 15 | 12 04 | 07 16 | 15 33 | 21 | 05 14 | 18 51 | 12 47 | 04 11 | 15 11 |
| 7 | 00 26 | 17 23 | 12 04 | 07 02 | 15 32 | 22 | 05 34 | 18 55 | 12 52 | 04 01 | 15 09 |
| 8 | 00 47 | 17 31 | 12 05 | 06 48 | 15 31 | 23 | 05 53 | 18 59 | 12 58 | 03 52 | 15 07 |
| 9 | 01 08 | 17 38 | 12 07 | 06 34 | 15 30 | 24 | 06 13 | 19 03 | 13 04 | 03 43 | 15 05 |
| 10 | 01 29 | 17 46 | 12 08 | 06 21 | 15 28 | 25 | 06 33 | 19 06 | 13 10 | 03 34 | 15 02 |
| 11 | 01 50 | 17 53 | 12 10 | 06 07 | 15 27 | 26 | 06 52 | 19 09 | 13 16 | 03 26 | 15 00 |
| 12 | 02 10 | 18 00 | 12 13 | 05 54 | 15 26 | 27 | 07 12 | 19 12 | 13 22 | 03 19 | 14 58 |
| 13 | 02 31 | 18 07 | 12 15 | 05 41 | 15 24 | 28 | 07 31 | 19 14 | 13 29 | 03 12 | 14 56 |
| 14 | 02 52 | 18 13 | 12 18 | 05 29 | 15 23 | 29 | 07 50 | 19 17 | 13 36 | 03 05 | 14 54 |
| 15 | 03 12 | 18 19 | 12 22 | 05 17 | 15 21 | 30 | 08 09 | 19 19 | 13 44 | 02 59 | 14 51 |

### Lunar Data

| Last Asp. | | Ingress | | |
|---|---|---|---|---|
| 2 | 11:30 | 2 | ♑ | 15:10 |
| 4 | 21:44 | 4 | ♒ | 23:16 |
| 7 | 01:47 | 7 | ♓ | 05:25 |
| 9 | 05:53 | 9 | ♈ | 09:27 |
| 11 | 07:58 | 11 | ♉ | 11:30 |
| 12 | 23:18 | 13 | ♊ | 12:25 |
| 15 | 09:60 | 15 | ♋ | 13:46 |
| 17 | 07:41 | 17 | ♌ | 17:26 |
| 19 | 21:23 | 20 | ♍ | 00:47 |
| 22 | 06:51 | 22 | ♎ | 11:44 |
| 24 | 19:23 | 25 | ♏ | 00:28 |
| 26 | 20:24 | 27 | ♐ | 12:24 |
| 29 | 17:09 | 29 | ♑ | 22:06 |

## 0:00 E.T. — Declinations

| D | ☉ | ☽ | ☿ | ♀ | ♂ | ♃ | ♄ | ♅ | ♆ | ♇ | ⚳ | ⚴ | ⚵ | ⚶ | ⚷ |
|---|---|---|---|---|---|---|---|---|---|---|---|---|---|---|---|
| 1 | +21 58 | -26 50 | +25 16 | +23 40 | +03 29 | -21 57 | +16 07 | -05 16 | -14 25 | -16 23 | +03 31 | +10 00 | +04 28 | -14 06 | -09 29 |
| 2 | 22 07 | 28 07 | 25 07 | 23 27 | 03 47 | 21 56 | 16 06 | 05 15 | 14 25 | 16 23 | 03 38 | 10 04 | 04 27 | 14 08 | 09 28 |
| 3 | 22 14 | 27 57 | 24 57 | 23 14 | 04 04 | 21 56 | 16 05 | 05 15 | 14 25 | 16 23 | 03 45 | 10 07 | 04 26 | 14 10 | 09 28 |
| 4 | 22 22 | 26 19 | 24 46 | 23 00 | 04 21 | 21 55 | 16 03 | 05 15 | 14 25 | 16 23 | 03 52 | 10 10 | 04 26 | 14 12 | 09 28 |
| 5 | 22 29 | 23 16 | 24 34 | 22 46 | 04 39 | 21 54 | 16 02 | 05 14 | 14 25 | 16 23 | 03 58 | 10 14 | 04 25 | 14 14 | 09 28 |
| 6 | 22 35 | 18 59 | 24 21 | 22 32 | 04 56 | 21 54 | 16 00 | 05 14 | 14 26 | 16 23 | 04 05 | 10 17 | 04 24 | 14 16 | 09 28 |
| 7 | 22 42 | 13 41 | 24 08 | 22 17 | 05 13 | 21 53 | 15 59 | 05 14 | 14 26 | 16 23 | 04 12 | 10 20 | 04 23 | 14 18 | 09 28 |
| 8 | 22 47 | 07 38 | 23 53 | 22 01 | 05 30 | 21 52 | 15 57 | 05 13 | 14 26 | 16 23 | 04 19 | 10 22 | 04 21 | 14 20 | 09 28 |
| 9 | 22 53 | 01 07 | 23 38 | 21 45 | 05 47 | 21 51 | 15 56 | 05 13 | 14 26 | 16 23 | 04 25 | 10 25 | 04 20 | 14 22 | 09 28 |
| 10 | 22 58 | +05 34 | 23 23 | 21 29 | 06 04 | 21 51 | 15 54 | 05 13 | 14 26 | 16 23 | 04 32 | 10 28 | 04 18 | 14 25 | 09 28 |
| 11 | 23 03 | 12 05 | 23 07 | 21 13 | 06 21 | 21 50 | 15 53 | 05 13 | 14 26 | 16 23 | 04 38 | 10 31 | 04 17 | 14 27 | 09 28 |
| 12 | 23 07 | 18 02 | 22 51 | 20 56 | 06 38 | 21 49 | 15 51 | 05 12 | 14 26 | 16 23 | 04 45 | 10 33 | 04 15 | 14 30 | 09 28 |
| 13 | 23 11 | 22 58 | 22 35 | 20 39 | 06 54 | 21 48 | 15 49 | 05 12 | 14 27 | 16 23 | 04 51 | 10 35 | 04 13 | 14 32 | 09 28 |
| 14 | 23 14 | 26 26 | 22 19 | 20 21 | 07 11 | 21 48 | 15 48 | 05 12 | 14 27 | 16 23 | 04 58 | 10 38 | 04 11 | 14 35 | 09 28 |
| 15 | 23 17 | 28 06 | 22 02 | 20 03 | 07 27 | 21 47 | 15 46 | 05 12 | 14 27 | 16 23 | 05 04 | 10 40 | 04 08 | 14 38 | 09 28 |
| 16 | 23 20 | 27 49 | 21 46 | 19 45 | 07 44 | 21 46 | 15 44 | 05 12 | 14 27 | 16 23 | 05 10 | 10 42 | 04 06 | 14 41 | 09 28 |
| 17 | 23 22 | 25 45 | 21 30 | 19 27 | 08 00 | 21 45 | 15 42 | 05 12 | 14 28 | 16 23 | 05 16 | 10 44 | 04 04 | 14 44 | 09 28 |
| 18 | 23 24 | 22 14 | 21 14 | 19 08 | 08 16 | 21 45 | 15 41 | 05 12 | 14 28 | 16 23 | 05 22 | 10 46 | 04 01 | 14 47 | 09 28 |
| 19 | 23 25 | 17 41 | 20 58 | 18 49 | 08 32 | 21 44 | 15 39 | 05 12 | 14 28 | 16 23 | 05 28 | 10 48 | 03 58 | 14 50 | 09 29 |
| 20 | 23 26 | 12 27 | 20 42 | 18 30 | 08 48 | 21 43 | 15 37 | 05 12 | 14 28 | 16 23 | 05 34 | 10 49 | 03 55 | 14 53 | 09 29 |
| 21 | 23 26 | 06 53 | 20 28 | 18 11 | 09 04 | 21 42 | 15 35 | 05 12 | 14 29 | 16 23 | 05 40 | 10 51 | 03 52 | 14 57 | 09 29 |
| 22 | 23 26 | 01 10 | 20 13 | 17 51 | 09 20 | 21 42 | 15 33 | 05 12 | 14 29 | 16 24 | 05 46 | 10 52 | 03 49 | 15 00 | 09 30 |
| 23 | 23 26 | -04 29 | 20 00 | 17 31 | 09 36 | 21 41 | 15 31 | 05 12 | 14 29 | 16 24 | 05 51 | 10 53 | 03 46 | 15 04 | 09 30 |
| 24 | 23 25 | 09 56 | 19 47 | 17 11 | 09 51 | 21 40 | 15 30 | 05 12 | 14 30 | 16 24 | 05 57 | 10 54 | 03 43 | 15 08 | 09 30 |
| 25 | 23 24 | 15 02 | 19 35 | 16 51 | 10 07 | 21 40 | 15 28 | 05 12 | 14 30 | 16 24 | 06 03 | 10 55 | 03 40 | 15 11 | 09 30 |
| 26 | 23 23 | 19 35 | 19 24 | 16 31 | 10 22 | 21 39 | 15 24 | 05 12 | 14 30 | 16 24 | 06 08 | 10 56 | 03 36 | 15 15 | 09 30 |
| 27 | 23 21 | 23 25 | 19 14 | 16 11 | 10 38 | 21 38 | 15 22 | 05 12 | 14 31 | 16 24 | 06 14 | 10 57 | 03 33 | 15 19 | 09 31 |
| 28 | 23 18 | 26 16 | 19 05 | 15 50 | 10 53 | 21 38 | 15 20 | 05 12 | 14 31 | 16 24 | 06 19 | 10 57 | 03 29 | 15 23 | 09 31 |
| 29 | 23 16 | 27 54 | 18 57 | 15 30 | 11 08 | 21 37 | 15 20 | 05 12 | 14 31 | 16 24 | 06 24 | 10 58 | 03 25 | 15 27 | 09 31 |
| 30 | 23 12 | 28 08 | 18 50 | 15 09 | 11 23 | 21 36 | 15 18 | 05 12 | 14 32 | 16 24 | 06 29 | 10 58 | 03 22 | 15 32 | 09 32 |

Lunar Phases -- 1 ○ 01:05   8 ◐ 11:44   15 ● 03:14   22 ◑ 13:16   30 ○ 13:50    Sun enters ♋ 6/21 18:08

## 0:00 E.T. Longitudes of Main Planets - July 2007

| D | S.T. | ☉ | ☽ | ☽ 12:00 | ☿ | ♀ | ♂ | ♃ | ♄ | ♅ | ♆ | ♇ | ☊ |
|---|---|---|---|---|---|---|---|---|---|---|---|---|---|
| 1 | 18:34:41 | 08♋48 56 | 13♑54 | 20♑26 | 05♋25℞ | 21♌57 | 04♉24 | 11♐56℞ | 22♌19 | 18♓40℞ | 21♒41℞ | 27♐20℞ | 10♓05 |
| 2 | 18:38:37 | 09 46 08 | 27 01 | 03♒39 | 04 52 | 22 39 | 05 07 | 11 50 | 22 25 | 18 40 | 21 40 | 27 19 | 10 02 |
| 3 | 18:42:34 | 10 43 19 | 10♒20 | 17 03 | 04 22 | 23 21 | 05 50 | 11 44 | 22 32 | 18 39 | 21 39 | 27 17 | 09 59 |
| 4 | 18:46:30 | 11 40 30 | 23 49 | 00♓38 | 03 54 | 24 01 | 06 33 | 11 39 | 22 38 | 18 39 | 21 38 | 27 16 | 09 55 |
| 5 | 18:50:27 | 12 37 41 | 07♓29 | 14 23 | 03 29 | 24 41 | 07 16 | 11 33 | 22 44 | 18 38 | 21 37 | 27 14 | 09 52 |
| 6 | 18:54:24 | 13 34 53 | 21 19 | 28 17 | 03 09 | 25 19 | 07 58 | 11 27 | 22 51 | 18 38 | 21 36 | 27 13 | 09 49 |
| 7 | 18:58:20 | 14 32 04 | 05♈17 | 12♈19 | 02 52 | 25 56 | 08 41 | 11 22 | 22 57 | 18 37 | 21 34 | 27 11 | 09 46 |
| 8 | 19:02:17 | 15 29 16 | 19 23 | 26 29 | 02 39 | 26 32 | 09 23 | 11 17 | 23 04 | 18 37 | 21 33 | 27 10 | 09 43 |
| 9 | 19:06:13 | 16 26 29 | 03♉37 | 10♉46 | 02 31 | 27 07 | 10 06 | 11 12 | 23 11 | 18 36 | 21 32 | 27 08 | 09 40 |
| 10 | 19:10:10 | 17 23 42 | 17 56 | 25 06 | 02 28 | 27 40 | 10 48 | 11 07 | 23 17 | 18 35 | 21 31 | 27 07 | 09 36 |
| 11 | 19:14:06 | 18 20 55 | 02♊17 | 09♊27 | 02 30D | 28 12 | 11 30 | 11 02 | 23 24 | 18 34 | 21 29 | 27 05 | 09 33 |
| 12 | 19:18:03 | 19 18 09 | 16 35 | 23 42 | 02 38 | 28 43 | 12 12 | 10 57 | 23 31 | 18 34 | 21 28 | 27 04 | 09 30 |
| 13 | 19:21:59 | 20 15 24 | 00♋47 | 07♋48 | 02 50 | 29 12 | 12 55 | 10 53 | 23 37 | 18 33 | 21 27 | 27 03 | 09 27 |
| 14 | 19:25:56 | 21 12 38 | 14 45 | 21 39 | 03 08 | 29 40 | 13 36 | 10 48 | 23 44 | 18 32 | 21 25 | 27 01 | 09 24 |
| 15 | 19:29:53 | 22 09 53 | 28 27 | 05♌11 | 03 31 | 00♍06 | 14 18 | 10 44 | 23 51 | 18 31 | 21 24 | 27 00 | 09 20 |
| 16 | 19:33:49 | 23 07 08 | 11♌50 | 18 23 | 04 00 | 00 30 | 15 00 | 10 40 | 23 58 | 18 30 | 21 23 | 26 59 | 09 17 |
| 17 | 19:37:46 | 24 04 24 | 24 51 | 01♍14 | 04 34 | 00 53 | 15 42 | 10 36 | 24 05 | 18 29 | 21 21 | 26 57 | 09 14 |
| 18 | 19:41:42 | 25 01 39 | 07♍32 | 13 46 | 05 13 | 01 15 | 16 23 | 10 33 | 24 12 | 18 28 | 21 20 | 26 56 | 09 11 |
| 19 | 19:45:39 | 25 58 55 | 19 55 | 26 01 | 05 57 | 01 34 | 17 05 | 10 29 | 24 19 | 18 26 | 21 18 | 26 54 | 09 08 |
| 20 | 19:49:35 | 26 56 11 | 02♎03 | 08♎03 | 06 47 | 01 51 | 17 46 | 10 26 | 24 26 | 18 25 | 21 17 | 26 53 | 09 05 |
| 21 | 19:53:32 | 27 53 27 | 14 01 | 19 58 | 07 42 | 02 07 | 18 27 | 10 22 | 24 33 | 18 24 | 21 15 | 26 52 | 09 01 |
| 22 | 19:57:28 | 28 50 43 | 25 54 | 01♏49 | 08 42 | 02 21 | 19 08 | 10 19 | 24 40 | 18 23 | 21 14 | 26 51 | 08 58 |
| 23 | 20:01:25 | 29 48 00 | 07♏45 | 13 42 | 09 48 | 02 32 | 19 49 | 10 17 | 24 47 | 18 21 | 21 12 | 26 49 | 08 55 |
| 24 | 20:05:22 | 00♌45 17 | 19 41 | 25 42 | 10 58 | 02 42 | 20 30 | 10 14 | 24 55 | 18 20 | 21 11 | 26 48 | 08 52 |
| 25 | 20:09:18 | 01 42 34 | 01♐46 | 07♐53 | 12 13 | 02 49 | 21 11 | 10 12 | 25 02 | 18 19 | 21 09 | 26 47 | 08 49 |
| 26 | 20:13:15 | 02 39 52 | 14 04 | 20 18 | 13 32 | 02 54 | 21 52 | 10 09 | 25 09 | 18 17 | 21 08 | 26 46 | 08 46 |
| 27 | 20:17:11 | 03 37 11 | 26 37 | 03♑00 | 14 57 | 02 57 | 22 32 | 10 07 | 25 16 | 18 16 | 21 06 | 26 45 | 08 42 |
| 28 | 20:21:08 | 04 34 29 | 09♑28 | 16 00 | 16 26 | 02 57℞ | 23 13 | 10 05 | 25 24 | 18 14 | 21 05 | 26 43 | 08 39 |
| 29 | 20:25:04 | 05 31 49 | 22 37 | 29 18 | 17 59 | 02 55 | 23 53 | 10 03 | 25 31 | 18 13 | 21 03 | 26 42 | 08 36 |
| 30 | 20:29:01 | 06 29 09 | 06♒03 | 12♒53 | 19 36 | 02 51 | 24 33 | 10 02 | 25 38 | 18 11 | 21 02 | 26 41 | 08 33 |
| 31 | 20:32:57 | 07 26 29 | 19 46 | 26 42 | 21 18 | 02 45 | 25 13 | 10 00 | 25 46 | 18 10 | 21 00 | 26 40 | 08 30 |

## 0:00 E.T. Longitudes of the Major Asteroids and Chiron

| D | ⚳ | ⚴ | ⚵ | ⚶ | ⚷ | D | ⚳ | ⚴ | ⚵ | ⚶ | ⚷ |
|---|---|---|---|---|---|---|---|---|---|---|---|
| 1 | 08♉28 | 19♓20 | 13♎51 | 02♐53℞ | 14♒49℞ | 17 | 13 16 | 19 01 | 16 23 | 02 27 | 14 05 |
| 2 | 08 47 | 19 21 | 13 59 | 02 48 | 14 46 | 18 | 13 33 | 18 57 | 16 34 | 02 30 | 14 02 |
| 3 | 09 06 | 19 22 | 14 07 | 02 43 | 14 44 | 19 | 13 49 | 18 52 | 16 46 | 02 33 | 13 59 |
| 4 | 09 25 | 19 23 | 14 15 | 02 39 | 14 41 | 20 | 14 06 | 18 47 | 16 57 | 02 36 | 13 56 |
| 5 | 09 43 | 19 23 | 14 24 | 02 35 | 14 39 | 21 | 14 22 | 18 42 | 17 09 | 02 40 | 13 53 |
| 6 | 10 02 | 19 23℞ | 14 33 | 02 32 | 14 36 | 22 | 14 38 | 18 37 | 17 21 | 02 44 | 13 50 |
| 7 | 10 20 | 19 23 | 14 42 | 02 29 | 14 34 | 23 | 14 54 | 18 31 | 17 33 | 02 49 | 13 47 |
| 8 | 10 38 | 19 22 | 14 51 | 02 26 | 14 31 | 24 | 15 10 | 18 25 | 17 45 | 02 54 | 13 44 |
| 9 | 10 56 | 19 21 | 15 00 | 02 24 | 14 28 | 25 | 15 26 | 18 18 | 17 58 | 03 00 | 13 41 |
| 10 | 11 14 | 19 20 | 15 10 | 02 23 | 14 25 | 26 | 15 41 | 18 11 | 18 11 | 03 06 | 13 37 |
| 11 | 11 32 | 19 18 | 15 20 | 02 22 | 14 23 | 27 | 15 57 | 18 04 | 18 23 | 03 13 | 13 34 |
| 12 | 11 49 | 19 16 | 15 30 | 02 22 | 14 20 | 28 | 16 12 | 17 57 | 18 36 | 03 20 | 13 31 |
| 13 | 12 07 | 19 14 | 15 40 | 02 22D | 14 17 | 29 | 16 27 | 17 49 | 18 50 | 03 28 | 13 28 |
| 14 | 12 24 | 19 11 | 15 50 | 02 22 | 14 14 | 30 | 16 42 | 17 40 | 19 03 | 03 35 | 13 25 |
| 15 | 12 42 | 19 08 | 16 01 | 02 23 | 14 11 | 31 | 16 57 | 17 32 | 19 16 | 03 44 | 13 21 |
| 16 | 12 59 | 19 05 | 16 12 | 02 25 | 14 08 | | | | | | |

## Lunar Data

| Last Asp. | | Ingress | | |
|---|---|---|---|---|
| 1 | 08:46 | 2 | ♒ | 05:25 |
| 4 | 06:03 | 4 | ♓ | 10:53 |
| 6 | 10:09 | 6 | ♈ | 14:58 |
| 8 | 13:07 | 8 | ♉ | 17:55 |
| 10 | 16:55 | 10 | ♊ | 20:11 |
| 12 | 21:13 | 12 | ♋ | 22:41 |
| 14 | 12:05 | 15 | ♌ | 02:45 |
| 17 | 03:56 | 17 | ♍ | 09:40 |
| 19 | 13:45 | 19 | ♎ | 19:55 |
| 22 | 06:30 | 22 | ♏ | 08:19 |
| 24 | 10:31 | 24 | ♐ | 20:30 |
| 27 | 00:14 | 27 | ♑ | 06:22 |
| 29 | 02:24 | 29 | ♒ | 13:14 |
| 31 | 11:56 | 31 | ♓ | 17:42 |

## 0:00 E.T. Declinations

| D | ☉ | ☽ | ☿ | ♀ | ♂ | ♃ | ♄ | ♅ | ♆ | ♇ | ⚳ | ⚴ | ⚵ | ⚶ | ⚷ |
|---|---|---|---|---|---|---|---|---|---|---|---|---|---|---|---|
| 1 | +23 09 | -26 51 | +18 45 | +14 49 | +11 37 | -21 36 | +15 16 | -05 12 | -14 32 | -16 24 | +06 35 | +10 58 | +03 18 | -15 36 | -09 32 |
| 2 | 23 05 | 24 04 | 18 41 | 14 28 | 11 52 | 21 35 | 15 14 | 05 13 | 14 32 | 16 25 | 06 40 | 10 58 | 03 14 | 15 40 | 09 33 |
| 3 | 23 00 | 19 59 | 18 38 | 14 07 | 12 07 | 21 34 | 15 12 | 05 13 | 14 33 | 16 25 | 06 45 | 10 58 | 03 10 | 15 45 | 09 33 |
| 4 | 22 56 | 14 48 | 18 37 | 13 47 | 12 21 | 21 34 | 15 09 | 05 13 | 14 33 | 16 25 | 06 50 | 10 57 | 03 05 | 15 49 | 09 34 |
| 5 | 22 50 | 08 51 | 18 37 | 13 26 | 12 35 | 21 33 | 15 07 | 05 13 | 14 33 | 16 25 | 06 55 | 10 57 | 03 01 | 15 54 | 09 34 |
| 6 | 22 45 | 02 24 | 18 39 | 13 06 | 12 49 | 21 33 | 15 05 | 05 13 | 14 34 | 16 25 | 06 59 | 10 56 | 02 57 | 15 58 | 09 35 |
| 7 | 22 39 | +04 13 | 18 42 | 12 46 | 13 03 | 21 32 | 15 03 | 05 14 | 14 34 | 16 25 | 07 04 | 10 55 | 02 52 | 16 03 | 09 35 |
| 8 | 22 32 | 10 42 | 18 46 | 12 25 | 13 17 | 21 32 | 15 01 | 05 14 | 14 35 | 16 25 | 07 09 | 10 54 | 02 48 | 16 08 | 09 36 |
| 9 | 22 26 | 16 40 | 18 51 | 12 05 | 13 31 | 21 31 | 14 59 | 05 14 | 14 35 | 16 26 | 07 13 | 10 53 | 02 43 | 16 13 | 09 36 |
| 10 | 22 19 | 21 47 | 18 58 | 11 45 | 13 45 | 21 31 | 14 57 | 05 15 | 14 35 | 16 26 | 07 18 | 10 51 | 02 39 | 16 18 | 09 37 |
| 11 | 22 11 | 25 36 | 19 05 | 11 25 | 13 58 | 21 30 | 14 54 | 05 15 | 14 36 | 16 26 | 07 22 | 10 50 | 02 34 | 16 23 | 09 37 |
| 12 | 22 03 | 27 48 | 19 14 | 11 05 | 14 11 | 21 30 | 14 52 | 05 15 | 14 36 | 16 26 | 07 27 | 10 48 | 02 29 | 16 28 | 09 38 |
| 13 | 21 55 | 28 10 | 19 23 | 10 46 | 14 24 | 21 29 | 14 50 | 05 16 | 14 37 | 16 26 | 07 31 | 10 46 | 02 24 | 16 33 | 09 39 |
| 14 | 21 46 | 26 43 | 19 33 | 10 27 | 14 37 | 21 29 | 14 48 | 05 16 | 14 37 | 16 26 | 07 35 | 10 44 | 02 20 | 16 38 | 09 39 |
| 15 | 21 37 | 23 40 | 19 43 | 10 08 | 14 50 | 21 28 | 14 45 | 05 16 | 14 38 | 16 26 | 07 40 | 10 41 | 02 15 | 16 44 | 09 40 |
| 16 | 21 28 | 19 25 | 19 55 | 09 49 | 15 03 | 21 28 | 14 43 | 05 17 | 14 38 | 16 27 | 07 44 | 10 39 | 02 10 | 16 49 | 09 41 |
| 17 | 21 18 | 14 20 | 20 06 | 09 31 | 15 15 | 21 28 | 14 41 | 05 17 | 14 39 | 16 27 | 07 48 | 10 36 | 02 04 | 16 54 | 09 41 |
| 18 | 21 08 | 08 46 | 20 18 | 09 13 | 15 28 | 21 27 | 14 38 | 05 18 | 14 39 | 16 27 | 07 51 | 10 33 | 01 59 | 17 00 | 09 42 |
| 19 | 20 57 | 02 59 | 20 29 | 08 55 | 15 40 | 21 27 | 14 36 | 05 18 | 14 40 | 16 27 | 07 55 | 10 30 | 01 54 | 17 05 | 09 43 |
| 20 | 20 46 | -02 47 | 20 41 | 08 38 | 15 52 | 21 27 | 14 34 | 05 19 | 14 40 | 16 27 | 07 59 | 10 27 | 01 49 | 17 11 | 09 43 |
| 21 | 20 35 | 08 22 | 20 52 | 08 21 | 16 04 | 21 26 | 14 31 | 05 19 | 14 40 | 16 28 | 08 03 | 10 23 | 01 44 | 17 16 | 09 44 |
| 22 | 20 24 | 13 36 | 21 02 | 08 05 | 16 16 | 21 26 | 14 29 | 05 20 | 14 41 | 16 28 | 08 06 | 10 19 | 01 38 | 17 22 | 09 45 |
| 23 | 20 12 | 18 21 | 21 12 | 07 49 | 16 27 | 21 26 | 14 27 | 05 20 | 14 41 | 16 28 | 08 10 | 10 15 | 01 33 | 17 28 | 09 46 |
| 24 | 19 59 | 22 24 | 21 21 | 07 34 | 16 39 | 21 26 | 14 24 | 05 21 | 14 42 | 16 28 | 08 13 | 10 11 | 01 27 | 17 33 | 09 46 |
| 25 | 19 47 | 25 34 | 21 29 | 07 20 | 16 50 | 21 26 | 14 22 | 05 22 | 14 42 | 16 28 | 08 17 | 10 07 | 01 22 | 17 39 | 09 47 |
| 26 | 19 34 | 27 36 | 21 36 | 07 06 | 17 01 | 21 26 | 14 19 | 05 22 | 14 43 | 16 29 | 08 20 | 10 02 | 01 16 | 17 45 | 09 48 |
| 27 | 19 21 | 28 18 | 21 41 | 06 53 | 17 12 | 21 25 | 14 17 | 05 23 | 14 43 | 16 29 | 08 23 | 09 57 | 01 11 | 17 51 | 09 49 |
| 28 | 19 07 | 27 30 | 21 45 | 06 40 | 17 23 | 21 25 | 14 15 | 05 23 | 14 44 | 16 29 | 08 27 | 09 52 | 01 05 | 17 56 | 09 50 |
| 29 | 18 53 | 25 10 | 21 46 | 06 28 | 17 33 | 21 25 | 14 12 | 05 24 | 14 44 | 16 29 | 08 30 | 09 47 | 00 59 | 18 02 | 09 51 |
| 30 | 18 39 | 21 23 | 21 46 | 06 17 | 17 44 | 21 25 | 14 10 | 05 25 | 14 45 | 16 29 | 08 33 | 09 42 | 00 53 | 18 08 | 09 51 |
| 31 | 18 25 | 16 23 | 21 44 | 06 07 | 17 54 | 21 25 | 14 07 | 05 25 | 14 46 | 16 30 | 08 36 | 09 36 | 00 48 | 18 14 | 09 52 |

Lunar Phases -- 7 ◑ 16:55 14 ● 12:05 22 ◐ 06:30 30 ○ 00:49 Sun enters ♌ 7/23 05:02

**Aug. 07** | Longitudes of Main Planets - August 2007 | 0:00 E.T.

| D | S.T. | ☉ | ☽ | ☽ 12:00 | ☿ | ♀ | ♂ | ♃ | ♄ | ♅ | ♆ | ♇ | ☊ |
|---|---|---|---|---|---|---|---|---|---|---|---|---|---|
| 1 | 20:36:54 | 08♌23 51 | 03♓40 | 10♓42 | 23♋02 | 02♍36℞ | 25♉53 | 09♐59℞ | 25♌53 | 18♓08℞ | 20♒59℞ | 26♐39℞ | 08♓26 |
| 2 | 20:40:51 | 09 21 13 | 17 45 | 24 50 | 24 51 | 02 24 | 26 33 | 09 58 | 26 01 | 18 06 | 20 57 | 26 38 | 08 23 |
| 3 | 20:44:47 | 10 18 37 | 01♈56 | 09♈03 | 26 42 | 02 11 | 27 13 | 09 57 | 26 08 | 18 05 | 20 55 | 26 37 | 08 20 |
| 4 | 20:48:44 | 11 16 01 | 16 11 | 23 18 | 28 36 | 01 55 | 27 52 | 09 57 | 26 15 | 18 03 | 20 54 | 26 36 | 08 17 |
| 5 | 20:52:40 | 12 13 27 | 00♉26 | 07♉33 | 00♌33 | 01 36 | 28 32 | 09 56 | 26 23 | 18 01 | 20 52 | 26 35 | 08 14 |
| 6 | 20:56:37 | 13 10 54 | 14 39 | 21 44 | 02 32 | 01 16 | 29 11 | 09 56 | 26 30 | 17 59 | 20 51 | 26 34 | 08 11 |
| 7 | 21:00:33 | 14 08 23 | 28 48 | 05♊50 | 04 32 | 00 53 | 29 50 | 09 56 | 26 38 | 17 57 | 20 49 | 26 33 | 08 07 |
| 8 | 21:04:30 | 15 05 53 | 12♊51 | 19 50 | 06 34 | 00 28 | 00♊29 | 09 56D | 26 45 | 17 56 | 20 47 | 26. 32 | 08 04 |
| 9 | 21:08:26 | 16 03 24 | 26 46 | 03♋40 | 08 36 | 00 01 | 01 08 | 09 56 | 26 53 | 17 54 | 20 46 | 26 31 | 08 01 |
| 10 | 21:12:23 | 17 00 56 | 10♋30 | 17 18 | 10 39 | 29♌33 | 01 47 | 09 57 | 27 01 | 17 52 | 20 44 | 26 30 | 07 58 |
| 11 | 21:16:20 | 17 58 30 | 24 02 | 00♌43 | 12 43 | 29 02 | 02 26 | 09 57 | 27 08 | 17 50 | 20 42 | 26 30 | 07 55 |
| 12 | 21:20:16 | 18 56 05 | 07♌20 | 13 53 | 14 47 | 28 30 | 03 04 | 09 58 | 27 16 | 17 48 | 20 41 | 26 29 | 07 51 |
| 13 | 21:24:13 | 19 53 41 | 20 22 | 26 47 | 16 50 | 27 57 | 03 42 | 09 59 | 27 23 | 17 46 | 20 39 | 26 28 | 07 48 |
| 14 | 21:28:09 | 20 51 19 | 03♍08 | 09♍25 | 18 53 | 27 22 | 04 20 | 10 00 | 27 31 | 17 44 | 20 38 | 26 27 | 07 45 |
| 15 | 21:32:06 | 21 48 57 | 15 39 | 21 49 | 20 56 | 26 47 | 04 58 | 10 02 | 27 38 | 17 42 | 20 36 | 26 27 | 07 42 |
| 16 | 21:36:02 | 22 46 36 | 27 56 | 04♎00 | 22 57 | 26 11 | 05 36 | 10 03 | 27 46 | 17 40 | 20 34 | 26 26 | 07 39 |
| 17 | 21:39:59 | 23 44 17 | 10♎01 | 16 00 | 24 58 | 25 34 | 06 14 | 10 05 | 27 54 | 17 37 | 20 33 | 26 25 | 07 36 |
| 18 | 21:43:55 | 24 41 58 | 21 58 | 27 54 | 26 58 | 24 57 | 06 52 | 10 07 | 28 01 | 17 35 | 20 31 | 26 25 | 07 32 |
| 19 | 21:47:52 | 25 39 41 | 03♏50 | 09♏46 | 28 56 | 24 19 | 07 29 | 10 09 | 28 09 | 17 33 | 20 29 | 26 24 | 07 29 |
| 20 | 21:51:49 | 26 37 25 | 15 42 | 21 39 | 00♍53 | 23 42 | 08 06 | 10 11 | 28 17 | 17 31 | 20 28 | 26 23 | 07 26 |
| 21 | 21:55:45 | 27 35 10 | 27 37 | 03♐38 | 02 49 | 23 05 | 08 43 | 10 14 | 28 24 | 17 29 | 20 26 | 26 23 | 07 23 |
| 22 | 21:59:42 | 28 32 56 | 09♐42 | 15 49 | 04 44 | 22 29 | 09 20 | 10 16 | 28 32 | 17 27 | 20 25 | 26 22 | 07 20 |
| 23 | 22:03:38 | 29 30 43 | 21 59 | 28 15 | 06 38 | 21 54 | 09 57 | 10 19 | 28 40 | 17 24 | 20 23 | 26 22 | 07 17 |
| 24 | 22:07:35 | 00♍28 32 | 04♑34 | 10♑59 | 08 30 | 21 20 | 10 33 | 10 22 | 28 47 | 17 22 | 20 21 | 26 21 | 07 13 |
| 25 | 22:11:31 | 01 26 21 | 17 30 | 24 06 | 10 20 | 20 47 | 11 09 | 10 25 | 28 55 | 17 20 | 20 20 | 26 21 | 07 10 |
| 26 | 22:15:28 | 02 24 12 | 00♒47 | 07♒34 | 12 10 | 20 15 | 11 46 | 10 29 | 29 02 | 17 18 | 20 18 | 26 21 | 07 07 |
| 27 | 22:19:24 | 03 22 05 | 14 27 | 21 25 | 13 58 | 19 46 | 12 22 | 10 32 | 29 10 | 17 15 | 20 17 | 26 20 | 07 04 |
| 28 | 22:23:21 | 04 19 58 | 28 28 | 05♓36 | 15 45 | 19 18 | 12 57 | 10 36 | 29 18 | 17 13 | 20 15 | 26 20 | 07 01 |
| 29 | 22:27:18 | 05 17 53 | 12♓47 | 20 01 | 17 30 | 18 52 | 13 33 | 10 40 | 29 25 | 17 11 | 20 13 | 26 19 | 06 57 |
| 30 | 22:31:14 | 06 15 50 | 27 18 | 04♈37 | 19 14 | 18 28 | 14 08 | 10 44 | 29 33 | 17 08 | 20 12 | 26 19 | 06 54 |
| 31 | 22:35:11 | 07 13 48 | 11♈56 | 19 16 | 20 57 | 18 06 | 14 44 | 10 48 | 29 40 | 17 06 | 20 10 | 26 19 | 06 51 |

0:00 E.T. | Longitudes of the Major Asteroids and Chiron

| D | ⚳ | ⚴ | ⚵ | ⚶ | ⚷ |
|---|---|---|---|---|---|
| 1 | 17♉11 | 17♓23℞ | 19♎30 | 03♐52 | 13♒18℞ |
| 2 | 17 25 | 17 14 | 19 44 | 04 01 | 13 15 |
| 3 | 17 39 | 17 04 | 19 58 | 04 11 | 13 12 |
| 4 | 17 53 | 16 54 | 20 12 | 04 21 | 13 08 |
| 5 | 18 07 | 16 44 | 20 26 | 04 31 | 13 05 |
| 6 | 18 21 | 16 34 | 20 40 | 04 42 | 13 02 |
| 7 | 18 34 | 16 23 | 20 55 | 04 53 | 12 59 |
| 8 | 18 47 | 16 12 | 21 09 | 05 04 | 12 55 |
| 9 | 19 00 | 16 00 | 21 24 | 05 16 | 12 52 |
| 10 | 19 12 | 15 49 | 21 39 | 05 28 | 12 49 |
| 11 | 19 25 | 15 37 | 21 54 | 05 41 | 12 46 |
| 12 | 19 37 | 15 25 | 22 09 | 05 53 | 12 42 |
| 13 | 19 49 | 15 12 | 22 24 | 06 07 | 12 39 |
| 14 | 20 01 | 14 59 | 22 40 | 06 20 | 12 36 |
| 15 | 20 12 | 14 46 | 22 55 | 06 34 | 12 33 |
| 16 | 20 23 | 14 33 | 23 11 | 06 48 | 12 30 |
| 17 | 20 35 | 14 20 | 23 27 | 07 03 | 12 26 |
| 18 | 20 45 | 14 06 | 23 43 | 07 17 | 12 23 |
| 19 | 20 56 | 13 52 | 23 59 | 07 33 | 12 20 |
| 20 | 21 06 | 13 38 | 24 15 | 07 48 | 12 17 |
| 21 | 21 16 | 13 24 | 24 31 | 08 04 | 12 14 |
| 22 | 21 26 | 13 10 | 24 47 | 08 20 | 12 11 |
| 23 | 21 35 | 12 55 | 25 04 | 08 36 | 12 08 |
| 24 | 21 44 | 12 40 | 25 20 | 08 53 | 12 05 |
| 25 | 21 53 | 12 26 | 25 37 | 09 10 | 12 02 |
| 26 | 22 02 | 12 11 | 25 54 | 09 27 | 11 59 |
| 27 | 22 10 | 11 55 | 26 10 | 09 44 | 11 56 |
| 28 | 22 18 | 11 40 | 26 27 | 10 02 | 11 53 |
| 29 | 22 26 | 11 25 | 26 44 | 10 20 | 11 50 |
| 30 | 22 34 | 11 10 | 27 01 | 10 38 | 11 47 |
| 31 | 22 41 | 10 54 | 27 19 | 10 56 | 11 45 |

Lunar Data

| Last Asp. | Ingress |
|---|---|
| 2 15:38 | 2 ♈ 20:44 |
| 4 17:32 | 4 ♉ 23:17 |
| 7 01:51 | 7 ♊ 02:03 |
| 9 05:29 | 9 ♋ 05:37 |
| 10 12:58 | 11 ♌ 10:43 |
| 13 13:35 | 13 ♍ 18:04 |
| 15 21:03 | 16 ♎ 04:05 |
| 18 12:22 | 18 ♏ 16:14 |
| 21 01:35 | 21 ♐ 04:45 |
| 23 12:55 | 23 ♑ 15:21 |
| 24 23:42 | 25 ♒ 22:36 |
| 28 01:24 | 28 ♓ 02:35 |
| 29 22:23 | 30 ♈ 04:26 |
| 1 05:20 | |

0:00 E.T. | Declinations

| D | ☉ | ☽ | ☿ | ♀ | ♂ | ♃ | ♄ | ♅ | ♆ | ♇ | ⚳ | ⚴ | ⚵ | ⚶ | ⚷ |
|---|---|---|---|---|---|---|---|---|---|---|---|---|---|---|---|
| 1 | +18 10 | -10 28 | +21 39 | +05 57 | +18 04 | -21 25 | +14 05 | -05 26 | -14 46 | -16 30 | +08 38 | +09 30 | +00 42 | -18 20 | -09 53 |
| 2 | 17 55 | 03 58 | 21 31 | 05 49 | 18 14 | 21 25 | 14 02 | 05 27 | 14 47 | 16 30 | 08 41 | 09 24 | 00 36 | 18 26 | 09 54 |
| 3 | 17 40 | +02 47 | 21 22 | 05 41 | 18 24 | 21 25 | 14 00 | 05 27 | 14 47 | 16 30 | 08 44 | 09 17 | 00 30 | 18 32 | 09 55 |
| 4 | 17 24 | 09 24 | 21 09 | 05 35 | 18 34 | 21 26 | 13 57 | 05 28 | 14 48 | 16 31 | 08 46 | 09 11 | 00 24 | 18 38 | 09 56 |
| 5 | 17 08 | 15 33 | 20 54 | 05 29 | 18 43 | 21 26 | 13 55 | 05 29 | 14 48 | 16 31 | 08 49 | 09 04 | 00 18 | 18 44 | 09 57 |
| 6 | 16 52 | 20 51 | 20 36 | 05 24 | 18 52 | 21 26 | 13 52 | 05 29 | 14 49 | 16 31 | 08 51 | 08 57 | 00 12 | 18 50 | 09 58 |
| 7 | 16 35 | 24 57 | 20 16 | 05 20 | 19 01 | 21 26 | 13 50 | 05 30 | 14 49 | 16 31 | 08 54 | 08 49 | 00 06 | 18 56 | 09 59 |
| 8 | 16 19 | 27 31 | 19 53 | 05 17 | 19 10 | 21 26 | 13 47 | 05 31 | 14 50 | 16 32 | 08 56 | 08 42 | 00 00 | 19 02 | 10 00 |
| 9 | 16 01 | 28 21 | 19 28 | 05 15 | 19 19 | 21 27 | 13 45 | 05 32 | 14 50 | 16 32 | 08 58 | 08 34 | -00 06 | 19 08 | 10 01 |
| 10 | 15 44 | 27 24 | 19 00 | 05 14 | 19 28 | 21 27 | 13 42 | 05 32 | 14 51 | 16 32 | 09 01 | 08 26 | 00 12 | 19 14 | 10 01 |
| 11 | 15 27 | 24 50 | 18 30 | 05 14 | 19 36 | 21 27 | 13 40 | 05 33 | 14 51 | 16 32 | 09 03 | 08 18 | 00 18 | 19 20 | 10 02 |
| 12 | 15 09 | 20 58 | 17 58 | 05 15 | 19 44 | 21 27 | 13 37 | 05 34 | 14 52 | 16 33 | 09 05 | 08 10 | 00 24 | 19 26 | 10 03 |
| 13 | 14 51 | 16 08 | 17 24 | 05 18 | 19 52 | 21 28 | 13 34 | 05 35 | 14 52 | 16 33 | 09 06 | 08 01 | 00 30 | 19 32 | 10 04 |
| 14 | 14 33 | 10 42 | 16 48 | 05 21 | 20 00 | 21 28 | 13 32 | 05 36 | 14 53 | 16 33 | 09 08 | 07 52 | 00 37 | 19 38 | 10 05 |
| 15 | 14 14 | 04 56 | 16 11 | 05 24 | 20 08 | 21 29 | 13 29 | 05 36 | 14 53 | 16 33 | 09 10 | 07 43 | 00 43 | 19 45 | 10 06 |
| 16 | 13 55 | -00 54 | 15 32 | 05 29 | 20 15 | 21 29 | 13 27 | 05 37 | 14 54 | 16 34 | 09 12 | 07 34 | 00 49 | 19 51 | 10 07 |
| 17 | 13 37 | 06 36 | 14 52 | 05 35 | 20 23 | 21 29 | 13 24 | 05 38 | 14 54 | 16 34 | 09 13 | 07 24 | 00 55 | 19 57 | 10 08 |
| 18 | 13 17 | 12 01 | 14 10 | 05 41 | 20 30 | 21 30 | 13 22 | 05 39 | 14 55 | 16 34 | 09 15 | 07 15 | 01 02 | 20 03 | 10 09 |
| 19 | 12 58 | 16 57 | 13 28 | 05 48 | 20 37 | 21 30 | 13 19 | 05 40 | 14 56 | 16 35 | 09 16 | 07 05 | 01 08 | 20 09 | 10 10 |
| 20 | 12 38 | 21 14 | 12 45 | 05 56 | 20 44 | 21 31 | 13 16 | 05 41 | 14 56 | 16 35 | 09 18 | 06 55 | 01 14 | 20 15 | 10 11 |
| 21 | 12 19 | 24 42 | 12 01 | 06 05 | 20 51 | 21 31 | 13 14 | 05 42 | 14 57 | 16 35 | 09 19 | 06 44 | 01 21 | 20 20 | 10 12 |
| 22 | 11 59 | 27 07 | 11 17 | 06 14 | 20 57 | 21 32 | 13 11 | 05 42 | 14 57 | 16 35 | 09 20 | 06 34 | 01 27 | 20 26 | 10 13 |
| 23 | 11 39 | 28 18 | 10 32 | 06 23 | 21 04 | 21 33 | 13 09 | 05 43 | 14 58 | 16 36 | 09 21 | 06 23 | 01 33 | 20 32 | 10 14 |
| 24 | 11 18 | 28 03 | 09 46 | 06 33 | 21 10 | 21 33 | 13 06 | 05 44 | 14 58 | 16 36 | 09 22 | 06 12 | 01 40 | 20 38 | 10 15 |
| 25 | 10 58 | 26 18 | 09 01 | 06 44 | 21 16 | 21 34 | 13 03 | 05 45 | 14 59 | 16 36 | 09 23 | 06 01 | 01 46 | 20 44 | 10 16 |
| 26 | 10 37 | 23 03 | 08 15 | 06 54 | 21 22 | 21 35 | 13 01 | 05 46 | 14 59 | 16 37 | 09 24 | 05 50 | 01 52 | 20 50 | 10 17 |
| 27 | 10 16 | 18 27 | 07 28 | 07 05 | 21 28 | 21 35 | 12 58 | 05 47 | 15 00 | 16 37 | 09 25 | 05 39 | 01 59 | 20 56 | 10 18 |
| 28 | 09 55 | 12 45 | 06 42 | 07 16 | 21 33 | 21 36 | 12 56 | 05 48 | 15 00 | 16 37 | 09 26 | 05 27 | 02 05 | 21 01 | 10 19 |
| 29 | 09 34 | 06 17 | 05 56 | 07 27 | 21 39 | 21 37 | 12 53 | 05 49 | 15 01 | 16 37 | 09 26 | 05 16 | 02 12 | 21 07 | 10 20 |
| 30 | 09 13 | +00 36 | 05 10 | 07 38 | 21 44 | 21 37 | 12 50 | 05 50 | 15 01 | 16 38 | 09 27 | 05 04 | 02 18 | 21 13 | 10 21 |
| 31 | 08 51 | 07 30 | 04 24 | 07 49 | 21 49 | 21 38 | 12 48 | 05 51 | 15 02 | 16 38 | 09 28 | 04 52 | 02 25 | 21 19 | 10 22 |

Lunar Phases -- 5 ◑ 21:21 12 ● 23:04 20 ◐ 23:55 28 Ⓔ 10:36 ☋ Sun enters ♍ 8/23 12:09

## 0:00 E.T. Longitudes of Main Planets - September 2007 Sep. 07

| D | S.T. | ☉ | ☽ | ☽ 12:00 | ☿ | ♀ | ♂ | ♃ | ♄ | ♅ | ♆ | ♇ | ☊ |
|---|---|---|---|---|---|---|---|---|---|---|---|---|---|
| 1 | 22:39:07 | 08♍11 48 | 26♈35 | 03♉53 | 22♍38 | 17♌46℞ | 15♊19 | 10♐52 | 29♌48 | 17♓04℞ | 20♒09℞ | 26♐19℞ | 06♓48 |
| 2 | 22:43:04 | 09 09 51 | 11♉09 | 18 22 | 24 19 | 17 29 | 15 53 | 10 57 | 29 56 | 17 01 | 20 07 | 26 19 | 06 45 |
| 3 | 22:47:00 | 10 07 55 | 25 32 | 02♊39 | 25 58 | 17 14 | 16 28 | 11 01 | 00♍03 | 16 59 | 20 06 | 26 18 | 06 42 |
| 4 | 22:50:57 | 11 06 01 | 09♊42 | 16 42 | 27 35 | 17 02 | 17 02 | 11 06 | 00 11 | 16 56 | 20 04 | 26 18 | 06 38 |
| 5 | 22:54:53 | 12 04 09 | 23 37 | 00♋29 | 29 12 | 16 52 | 17 37 | 11 11 | 00 18 | 16 54 | 20 03 | 26 18 | 06 35 |
| 6 | 22:58:50 | 13 02 19 | 07♋17 | 14 00 | 00♎47 | 16 44 | 18 10 | 11 16 | 00 26 | 16 52 | 20 01 | 26 18 | 06 32 |
| 7 | 23:02:47 | 14 00 31 | 20 40 | 27 16 | 02 21 | 16 39 | 18 44 | 11 22 | 00 33 | 16 49 | 20 00 | 26 18 | 06 29 |
| 8 | 23:06:43 | 14 58 45 | 03♌48 | 10♌17 | 03 54 | 16 36 | 19 18 | 11 27 | 00 41 | 16 47 | 19 58 | 26 18D | 06 26 |
| 9 | 23:10:40 | 15 57 01 | 16 42 | 23 04 | 05 26 | 16 36D | 19 51 | 11 33 | 00 48 | 16 45 | 19 57 | 26 18 | 06 23 |
| 10 | 23:14:36 | 16 55 19 | 29 23 | 05♍39 | 06 57 | 16 37 | 20 24 | 11 39 | 00 56 | 16 42 | 19 55 | 26 18 | 06 19 |
| 11 | 23:18:33 | 17 53 39 | 11♍51 | 18 01 | 08 26 | 16 42 | 20 57 | 11 45 | 01 03 | 16 40 | 19 54 | 26 18 | 06 16 |
| 12 | 23:22:29 | 18 52 00 | 24 09 | 00♎14 | 09 54 | 16 48 | 21 29 | 11 51 | 01 11 | 16 37 | 19 53 | 26 18 | 06 13 |
| 13 | 23:26:26 | 19 50 23 | 06♎17 | 12 18 | 11 21 | 16 57 | 22 02 | 11 57 | 01 18 | 16 35 | 19 51 | 26 18 | 06 10 |
| 14 | 23:30:22 | 20 48 48 | 18 17 | 24 14 | 12 47 | 17 08 | 22 34 | 12 03 | 01 25 | 16 33 | 19 50 | 26 19 | 06 07 |
| 15 | 23:34:19 | 21 47 15 | 00♏11 | 06♏07 | 14 12 | 17 20 | 23 05 | 12 10 | 01 33 | 16 30 | 19 49 | 26 19 | 06 03 |
| 16 | 23:38:16 | 22 45 44 | 12 02 | 17 57 | 15 35 | 17 35 | 23 37 | 12 17 | 01 40 | 16 28 | 19 47 | 26 19 | 06 00 |
| 17 | 23:42:12 | 23 44 14 | 23 53 | 29 49 | 16 57 | 17 52 | 24 08 | 12 24 | 01 47 | 16 25 | 19 46 | 26 19 | 05 57 |
| 18 | 23:46:09 | 24 42 46 | 05♐47 | 11♐47 | 18 17 | 18 11 | 24 39 | 12 31 | 01 55 | 16 23 | 19 45 | 26 20 | 05 54 |
| 19 | 23:50:05 | 25 41 20 | 17 49 | 23 55 | 19 37 | 18 32 | 25 10 | 12 38 | 02 02 | 16 21 | 19 44 | 26 20 | 05 51 |
| 20 | 23:54:02 | 26 39 55 | 00♑04 | 06♑17 | 20 55 | 18 54 | 25 40 | 12 45 | 02 09 | 16 18 | 19 42 | 26 20 | 05 48 |
| 21 | 23:57:58 | 27 38 32 | 12 35 | 18 58 | 22 11 | 19 19 | 26 10 | 12 52 | 02 16 | 16 16 | 19 41 | 26 21 | 05 44 |
| 22 | 0:01:55 | 28 37 11 | 25 27 | 02♒02 | 23 26 | 19 44 | 26 40 | 13 00 | 02 23 | 16 14 | 19 40 | 26 21 | 05 41 |
| 23 | 0:05:51 | 29 35 51 | 08♒43 | 15 31 | 24 39 | 20 12 | 27 10 | 13 08 | 02 30 | 16 11 | 19 39 | 26 22 | 05 38 |
| 24 | 0:09:48 | 00♎34 33 | 22 26 | 29 27 | 25 51 | 20 41 | 27 39 | 13 15 | 02 38 | 16 09 | 19 38 | 26 22 | 05 35 |
| 25 | 0:13:45 | 01 33 17 | 06♓35 | 13♓48 | 27 00 | 21 12 | 28 08 | 13 23 | 02 45 | 16 07 | 19 36 | 26 23 | 05 32 |
| 26 | 0:17:41 | 02 32 02 | 21 07 | 28 31 | 28 08 | 21 44 | 28 36 | 13 31 | 02 52 | 16 04 | 19 35 | 26 23 | 05 29 |
| 27 | 0:21:38 | 03 30 50 | 05♈59 | 13♈29 | 29 14 | 22 17 | 29 05 | 13 40 | 02 58 | 16 02 | 19 34 | 26 24 | 05 25 |
| 28 | 0:25:34 | 04 29 39 | 21 01 | 28 33 | 00♏17 | 22 52 | 29 32 | 13 48 | 03 05 | 16 00 | 19 33 | 26 25 | 05 22 |
| 29 | 0:29:31 | 05 28 31 | 06♉05 | 13♉35 | 01 19 | 23 28 | 00♋00 | 13 56 | 03 12 | 15 58 | 19 32 | 26 25 | 05 19 |
| 30 | 0:33:27 | 06 27 25 | 21 02 | 28 25 | 02 17 | 24 06 | 00 27 | 14 05 | 03 19 | 15 56 | 19 31 | 26 26 | 05 16 |

## 0:00 E.T. Longitudes of the Major Asteroids and Chiron

| D | ⚳ | ⚴ | ⚵ | ⚶ | ⚷ |
|---|---|---|---|---|---|
| 1 | 22♉48 | 10♓39℞ | 27♎36 | 11♐15 | 11♒42℞ |
| 2 | 22 54 | 10 23 | 27 53 | 11 34 | 11 39 |
| 3 | 23 01 | 10 08 | 28 11 | 11 53 | 11 36 |
| 4 | 23 07 | 09 52 | 28 28 | 12 13 | 11 34 |
| 5 | 23 12 | 09 37 | 28 46 | 12 32 | 11 31 |
| 6 | 23 18 | 09 21 | 29 04 | 12 52 | 11 28 |
| 7 | 23 23 | 09 06 | 29 21 | 13 12 | 11 26 |
| 8 | 23 27 | 08 51 | 29 39 | 13 32 | 11 23 |
| 9 | 23 32 | 08 35 | 29 57 | 13 53 | 11 21 |
| 10 | 23 36 | 08 20 | 00♏15 | 14 14 | 11 18 |
| 11 | 23 39 | 08 05 | 00 34 | 14 35 | 11 16 |
| 12 | 23 43 | 07 50 | 00 52 | 14 56 | 11 14 |
| 13 | 23 45 | 07 35 | 01 10 | 15 17 | 11 11 |
| 14 | 23 48 | 07 20 | 01 28 | 15 39 | 11 09 |
| 15 | 23 50 | 07 05 | 01 47 | 16 00 | 11 07 |
| 16 | 23 52 | 06 51 | 02 05 | 16 22 | 11 05 |
| 17 | 23 54 | 06 36 | 02 24 | 16 44 | 11 03 |
| 18 | 23 55 | 06 22 | 02 42 | 17 07 | 11 01 |
| 19 | 23 56 | 06 08 | 03 01 | 17 29 | 10 59 |
| 20 | 23 56 | 05 55 | 03 20 | 17 52 | 10 57 |
| 21 | 23 56℞ | 05 41 | 03 39 | 18 14 | 10 55 |
| 22 | 23 56 | 05 28 | 03 57 | 18 37 | 10 53 |
| 23 | 23 55 | 05 15 | 04 16 | 19 01 | 10 52 |
| 24 | 23 54 | 05 02 | 04 35 | 19 24 | 10 50 |
| 25 | 23 52 | 04 49 | 04 54 | 19 47 | 10 48 |
| 26 | 23 50 | 04 37 | 05 13 | 20 11 | 10 47 |
| 27 | 23 48 | 04 25 | 05 33 | 20 35 | 10 45 |
| 28 | 23 45 | 04 13 | 05 52 | 20 59 | 10 44 |
| 29 | 23 42 | 04 01 | 06 11 | 21 23 | 10 42 |
| 30 | 23 39 | 03 50 | 06 30 | 21 47 | 10 41 |

## Lunar Data

| Last Asp. | | Ingress | | |
|---|---|---|---|---|
| 1 | 05:20 | 1 | ♉ | 05:37 |
| 3 | 00:48 | 3 | ♊ | 07:31 |
| 5 | 11:02 | 5 | ♋ | 11:09 |
| 6 | 17:05 | 7 | ♌ | 17:00 |
| 9 | 18:08 | 10 | ♍ | 01:11 |
| 12 | 04:15 | 12 | ♎ | 11:32 |
| 14 | 16:11 | 14 | ♏ | 23:38 |
| 16 | 23:41 | 17 | ♐ | 12:22 |
| 19 | 16:49 | 19 | ♑ | 23:52 |
| 22 | 06:16 | 22 | ♒ | 08:19 |
| 24 | 09:15 | 24 | ♓ | 12:56 |
| 26 | 12:32 | 26 | ♈ | 14:23 |
| 28 | 13:60 | 28 | ♉ | 14:18 |
| 30 | 05:11 | 30 | ♊ | 14:35 |

## 0:00 E.T. Declinations

| D | ☉ | ☽ | ☿ | ♀ | ♂ | ♃ | ♄ | ♅ | ♆ | ♇ | ⚳ | ⚴ | ⚵ | ⚶ | ⚷ |
|---|---|---|---|---|---|---|---|---|---|---|---|---|---|---|---|
| 1 | +08 30 | +14 00 | +03 38 | +07 59 | +21 54 | -21 39 | +12 45 | -05 52 | -15 02 | -16 38 | +09 28 | +04 40 | -02 31 | -21 24 | -10 23 |
| 2 | 08 08 | 19 41 | 02 52 | 08 10 | 21 59 | 21 40 | 12 43 | 05 52 | 15 03 | 16 39 | 09 28 | 04 28 | 02 37 | 21 30 | 10 24 |
| 3 | 07 46 | 24 10 | 02 06 | 08 21 | 22 03 | 21 41 | 12 40 | 05 53 | 15 03 | 16 39 | 09 29 | 04 16 | 02 44 | 21 35 | 10 25 |
| 4 | 07 24 | 27 08 | 01 21 | 08 31 | 22 08 | 21 41 | 12 37 | 05 54 | 15 04 | 16 39 | 09 29 | 04 03 | 02 50 | 21 41 | 10 26 |
| 5 | 07 02 | 28 21 | 00 36 | 08 41 | 22 12 | 21 42 | 12 35 | 05 55 | 15 04 | 16 40 | 09 29 | 03 51 | 02 57 | 21 46 | 10 27 |
| 6 | 06 40 | 27 49 | -00 09 | 08 50 | 22 16 | 21 43 | 12 32 | 05 56 | 15 05 | 16 40 | 09 29 | 03 38 | 03 03 | 21 52 | 10 28 |
| 7 | 06 18 | 25 39 | 00 53 | 08 59 | 22 21 | 21 44 | 12 30 | 05 57 | 15 05 | 16 40 | 09 29 | 03 25 | 03 10 | 21 57 | 10 29 |
| 8 | 05 55 | 22 08 | 01 37 | 09 08 | 22 24 | 21 45 | 12 27 | 05 58 | 15 06 | 16 41 | 09 29 | 03 13 | 03 16 | 22 02 | 10 30 |
| 9 | 05 33 | 17 36 | 02 21 | 09 17 | 22 28 | 21 46 | 12 25 | 05 59 | 15 06 | 16 41 | 09 29 | 03 00 | 03 22 | 22 07 | 10 31 |
| 10 | 05 10 | 12 22 | 03 04 | 09 24 | 22 32 | 21 47 | 12 22 | 06 00 | 15 06 | 16 41 | 09 29 | 02 47 | 03 29 | 22 13 | 10 32 |
| 11 | 04 47 | 06 43 | 03 46 | 09 32 | 22 35 | 21 48 | 12 19 | 06 01 | 15 07 | 16 42 | 09 29 | 02 34 | 03 35 | 22 18 | 10 33 |
| 12 | 04 24 | 00 54 | 04 28 | 09 39 | 22 39 | 21 49 | 12 17 | 06 02 | 15 07 | 16 42 | 09 28 | 02 21 | 03 42 | 22 23 | 10 34 |
| 13 | 04 01 | -04 51 | 05 10 | 09 45 | 22 42 | 21 50 | 12 14 | 06 03 | 15 08 | 16 42 | 09 28 | 02 08 | 03 48 | 22 28 | 10 35 |
| 14 | 03 38 | 10 22 | 05 51 | 09 51 | 22 45 | 21 51 | 12 12 | 06 04 | 15 08 | 16 42 | 09 27 | 01 55 | 03 54 | 22 33 | 10 36 |
| 15 | 03 15 | 15 28 | 06 31 | 09 57 | 22 48 | 21 52 | 12 09 | 06 05 | 15 09 | 16 43 | 09 27 | 01 42 | 04 01 | 22 38 | 10 37 |
| 16 | 02 52 | 19 59 | 07 11 | 10 01 | 22 51 | 21 53 | 12 07 | 06 05 | 15 09 | 16 43 | 09 26 | 01 29 | 04 07 | 22 42 | 10 38 |
| 17 | 02 29 | 23 42 | 07 50 | 10 06 | 22 54 | 21 54 | 12 04 | 06 06 | 15 09 | 16 43 | 09 26 | 01 16 | 04 14 | 22 47 | 10 39 |
| 18 | 02 06 | 26 26 | 08 28 | 10 10 | 22 57 | 21 55 | 12 02 | 06 07 | 15 10 | 16 44 | 09 25 | 01 03 | 04 20 | 22 52 | 10 39 |
| 19 | 01 43 | 28 01 | 09 05 | 10 13 | 22 59 | 21 56 | 11 59 | 06 08 | 15 10 | 16 44 | 09 24 | 00 50 | 04 26 | 22 56 | 10 40 |
| 20 | 01 20 | 28 17 | 09 42 | 10 15 | 23 02 | 21 57 | 11 57 | 06 09 | 15 11 | 16 44 | 09 23 | 00 37 | 04 33 | 23 01 | 10 41 |
| 21 | 00 56 | 27 06 | 10 18 | 10 17 | 23 04 | 21 58 | 11 54 | 06 10 | 15 11 | 16 45 | 09 22 | 00 24 | 04 39 | 23 05 | 10 42 |
| 22 | 00 33 | 24 29 | 10 53 | 10 19 | 23 06 | 22 00 | 11 52 | 06 11 | 15 11 | 16 45 | 09 21 | 00 11 | 04 45 | 23 10 | 10 43 |
| 23 | 00 10 | 20 29 | 11 27 | 10 20 | 23 08 | 22 01 | 11 50 | 06 12 | 15 12 | 16 45 | 09 20 | -00 02 | 04 51 | 23 14 | 10 44 |
| 24 | -00 14 | 15 17 | 12 01 | 10 20 | 23 10 | 22 02 | 11 47 | 06 13 | 15 12 | 16 46 | 09 19 | 00 15 | 04 58 | 23 18 | 10 45 |
| 25 | 00 37 | 09 08 | 12 33 | 10 19 | 23 12 | 22 03 | 11 45 | 06 14 | 15 13 | 16 46 | 09 18 | 00 28 | 05 04 | 23 22 | 10 46 |
| 26 | 01 00 | 02 21 | 13 04 | 10 19 | 23 14 | 22 04 | 11 42 | 06 14 | 15 13 | 16 46 | 09 17 | 00 41 | 05 10 | 23 26 | 10 46 |
| 27 | 01 24 | +04 42 | 13 34 | 10 17 | 23 16 | 22 05 | 11 40 | 06 15 | 15 13 | 16 47 | 09 16 | 00 54 | 05 16 | 23 30 | 10 47 |
| 28 | 01 47 | 11 34 | 14 03 | 10 15 | 23 18 | 22 06 | 11 38 | 06 16 | 15 14 | 16 47 | 09 15 | 01 06 | 05 23 | 23 34 | 10 48 |
| 29 | 02 11 | 17 46 | 14 30 | 10 12 | 23 19 | 22 08 | 11 35 | 06 17 | 15 14 | 16 47 | 09 13 | 01 19 | 05 29 | 23 38 | 10 49 |
| 30 | 02 34 | 22 51 | 14 57 | 10 09 | 23 21 | 22 09 | 11 33 | 06 18 | 15 14 | 16 48 | 09 12 | 01 31 | 05 35 | 23 42 | 10 50 |

Lunar Phases -- 4 ◑ 02:34 11 ● 12:45 19 ◐ 16:49 26 ○ 19:46 Sun enters ♎ 9/23 09:53

## Longitudes of Main Planets - October 2007

0:00 E.T.

| D | S.T. | ☉ | ☽ | ☽ 12:00 | ☿ | ♀ | ♂ | ♃ | ♄ | ♅ | ♆ | ♇ | ☊ |
|---|---|---|---|---|---|---|---|---|---|---|---|---|---|
| 1 | 0:37:24 | 07♎26 21 | 05♊44 | 12♊57 | 03♏13 | 24♌45 | 00♋54 | 14♐14 | 03♍26 | 15♓53℞ | 19♒30℞ | 26♐27 | 05♓13 |
| 2 | 0:41:20 | 08 25 19 | 20 05 | 27 07 | 04 07 | 25 25 | 01 21 | 14 23 | 03 33 | 15 51 | 19 29 | 26 27 | 05 09 |
| 3 | 0:45:17 | 09 24 20 | 04♋03 | 10♋53 | 04 56 | 26 06 | 01 47 | 14 32 | 03 39 | 15 49 | 19 28 | 26 28 | 05 06 |
| 4 | 0:49:14 | 10 23 23 | 17 38 | 24 16 | 05 43 | 26 48 | 02 13 | 14 41 | 03 46 | 15 47 | 19 28 | 26 29 | 05 03 |
| 5 | 0:53:10 | 11 22 29 | 00♌50 | 07♌19 | 06 25 | 27 31 | 02 38 | 14 50 | 03 53 | 15 45 | 19 27 | 26 30 | 05 00 |
| 6 | 0:57:07 | 12 21 37 | 13 43 | 20 03 | 07 04 | 28 15 | 03 03 | 14 59 | 03 59 | 15 43 | 19 26 | 26 31 | 04 57 |
| 7 | 1:01:03 | 13 20 47 | 26 20 | 02♍33 | 07 38 | 29 00 | 03 28 | 15 09 | 04 06 | 15 41 | 19 25 | 26 32 | 04 54 |
| 8 | 1:05:00 | 14 19 59 | 08♍43 | 14 51 | 08 07 | 29 47 | 03 52 | 15 18 | 04 12 | 15 39 | 19 24 | 26 33 | 04 50 |
| 9 | 1:08:56 | 15 19 13 | 20 56 | 27 00 | 08 30 | 00♍34 | 04 16 | 15 28 | 04 19 | 15 37 | 19 23 | 26 34 | 04 47 |
| 10 | 1:12:53 | 16 18 30 | 03♎01 | 09♎01 | 08 48 | 01 22 | 04 39 | 15 37 | 04 25 | 15 35 | 19 23 | 26 35 | 04 44 |
| 11 | 1:16:49 | 17 17 48 | 15 00 | 20 58 | 09 00 | 02 10 | 05 02 | 15 47 | 04 31 | 15 33 | 19 22 | 26 36 | 04 41 |
| 12 | 1:20:46 | 18 17 09 | 26 55 | 02♏51 | 09 05 | 03 00 | 05 25 | 15 57 | 04 38 | 15 31 | 19 21 | 26 37 | 04 38 |
| 13 | 1:24:43 | 19 16 32 | 08♏46 | 14 42 | 09 02℞ | 03 50 | 05 47 | 16 07 | 04 44 | 15 29 | 19 21 | 26 38 | 04 35 |
| 14 | 1:28:39 | 20 15 57 | 20 37 | 26 33 | 08 52 | 04 41 | 06 08 | 16 18 | 04 50 | 15 27 | 19 20 | 26 39 | 04 31 |
| 15 | 1:32:36 | 21 15 23 | 02♐29 | 08♐26 | 08 34 | 05 33 | 06 29 | 16 28 | 04 56 | 15 25 | 19 20 | 26 40 | 04 28 |
| 16 | 1:36:32 | 22 14 52 | 14 24 | 20 24 | 08 07 | 06 26 | 06 50 | 16 38 | 05 02 | 15 24 | 19 19 | 26 41 | 04 25 |
| 17 | 1:40:29 | 23 14 22 | 26 26 | 02♑30 | 07 32 | 07 19 | 07 10 | 16 49 | 05 08 | 15 22 | 19 19 | 26 42 | 04 22 |
| 18 | 1:44:25 | 24 13 55 | 08♑38 | 14 49 | 06 48 | 08 13 | 07 30 | 16 59 | 05 14 | 15 20 | 19 18 | 26 44 | 04 19 |
| 19 | 1:48:22 | 25 13 29 | 21 04 | 27 24 | 05 56 | 09 07 | 07 49 | 17 10 | 05 20 | 15 18 | 19 18 | 26 45 | 04 15 |
| 20 | 1:52:18 | 26 13 04 | 03♒49 | 10♒20 | 04 57 | 10 02 | 08 07 | 17 21 | 05 25 | 15 17 | 19 17 | 26 46 | 04 12 |
| 21 | 1:56:15 | 27 12 42 | 16 58 | 23 42 | 03 52 | 10 58 | 08 25 | 17 31 | 05 31 | 15 15 | 19 17 | 26 48 | 04 09 |
| 22 | 2:00:12 | 28 12 21 | 00♓33 | 07♓31 | 02 41 | 11 54 | 08 43 | 17 42 | 05 37 | 15 14 | 19 17 | 26 49 | 04 06 |
| 23 | 2:04:08 | 29 12 02 | 14 36 | 21 49 | 01 27 | 12 51 | 09 00 | 17 53 | 05 42 | 15 12 | 19 16 | 26 50 | 04 03 |
| 24 | 2:08:05 | 00♏11 44 | 29 08 | 06♈33 | 00 11 | 13 48 | 09 16 | 18 05 | 05 48 | 15 11 | 19 16 | 26 52 | 04 00 |
| 25 | 2:12:01 | 01 11 29 | 14♈04 | 21 39 | 28♎57 | 14 46 | 09 32 | 18 16 | 05 53 | 15 09 | 19 16 | 26 53 | 03 56 |
| 26 | 2:15:58 | 02 11 15 | 29 17 | 06♉56 | 27 45 | 15 45 | 09 47 | 18 27 | 05 59 | 15 08 | 19 15 | 26 54 | 03 53 |
| 27 | 2:19:54 | 03 11 03 | 14♉37 | 22 16 | 26 39 | 16 44 | 10 02 | 18 38 | 06 04 | 15 06 | 19 15 | 26 56 | 03 50 |
| 28 | 2:23:51 | 04 10 54 | 29 52 | 07♊25 | 25 41 | 17 43 | 10 15 | 18 50 | 06 09 | 15 05 | 19 15 | 26 57 | 03 47 |
| 29 | 2:27:47 | 05 10 46 | 14♊53 | 22 14 | 24 51 | 18 43 | 10 29 | 19 01 | 06 14 | 15 04 | 19 15 | 26 59 | 03 44 |
| 30 | 2:31:44 | 06 10 41 | 29 30 | 06♋38 | 24 12 | 19 43 | 10 42 | 19 13 | 06 19 | 15 02 | 19 15 | 27 01 | 03 40 |
| 31 | 2:35:41 | 07 10 38 | 13♋39 | 20 32 | 23 43 | 20 44 | 10 54 | 19 25 | 06 24 | 15 01 | 19 15 | 27 02 | 03 37 |

## Longitudes of the Major Asteroids and Chiron

0:00 E.T.

| D | ⚳ | ⚴ | ⚵ | ⚶ | ⚷ |
|---|---|---|---|---|---|
| 1 | 23♉35℞ | 03♓39℞ | 06♏50 | 22♐11 | 10♒40℞ |
| 2 | 23 31 | 03 29 | 07 09 | 22 36 | 10 38 |
| 3 | 23 27 | 03 18 | 07 28 | 23 00 | 10 37 |
| 4 | 23 22 | 03 08 | 07 48 | 23 25 | 10 36 |
| 5 | 23 16 | 02 59 | 08 07 | 23 50 | 10 35 |
| 6 | 23 11 | 02 49 | 08 27 | 24 15 | 10 34 |
| 7 | 23 05 | 02 40 | 08 47 | 24 40 | 10 33 |
| 8 | 22 58 | 02 32 | 09 06 | 25 06 | 10 33 |
| 9 | 22 51 | 02 24 | 09 26 | 25 31 | 10 32 |
| 10 | 22 44 | 02 16 | 09 46 | 25 56 | 10 31 |
| 11 | 22 37 | 02 08 | 10 06 | 26 22 | 10 30 |
| 12 | 22 29 | 02 01 | 10 25 | 26 48 | 10 30 |
| 13 | 22 20 | 01 54 | 10 45 | 27 14 | 10 29 |
| 14 | 22 12 | 01 47 | 11 05 | 27 40 | 10 29 |
| 15 | 22 03 | 01 41 | 11 25 | 28 06 | 10 29 |
| 16 | 21 54 | 01 35 | 11 45 | 28 32 | 10 28 |

| D | ⚳ | ⚴ | ⚵ | ⚶ | ⚷ |
|---|---|---|---|---|---|
| 17 | 21 44 | 01 30 | 12 05 | 28 58 | 10 28 |
| 18 | 21 34 | 01 25 | 12 25 | 29 25 | 10 28 |
| 19 | 21 24 | 01 20 | 12 45 | 29 51 | 10 28 |
| 20 | 21 13 | 01 16 | 13 05 | 00♑18 | 10 28D |
| 21 | 21 03 | 01 12 | 13 25 | 00 45 | 10 28 |
| 22 | 20 51 | 01 08 | 13 46 | 01 12 | 10 28 |
| 23 | 20 40 | 01 05 | 14 06 | 01 39 | 10 28 |
| 24 | 20 29 | 01 02 | 14 26 | 02 06 | 10 28 |
| 25 | 20 17 | 01 00 | 14 46 | 02 33 | 10 29 |
| 26 | 20 05 | 00 57 | 15 06 | 03 00 | 10 29 |
| 27 | 19 52 | 00 56 | 15 27 | 03 27 | 10 29 |
| 28 | 19 40 | 00 54 | 15 47 | 03 55 | 10 30 |
| 29 | 19 27 | 00 53 | 16 07 | 04 22 | 10 31 |
| 30 | 19 14 | 00 52 | 16 27 | 04 50 | 10 31 |
| 31 | 19 01 | 00 52 | 16 48 | 05 17 | 10 32 |

## Lunar Data

| Last Asp. | | Ingress | | |
|---|---|---|---|---|
| 2 | 10:53 | 2 | ♋ | 16:58 |
| 3 | 20:42 | 4 | ♌ | 22:28 |
| 7 | 05:30 | 7 | ♍ | 07:04 |
| 9 | 11:09 | 9 | ♎ | 17:59 |
| 11 | 23:24 | 12 | ♏ | 06:14 |
| 13 | 21:24 | 14 | ♐ | 18:59 |
| 17 | 00:33 | 17 | ♑ | 07:04 |
| 19 | 08:34 | 19 | ♒ | 16:52 |
| 21 | 19:36 | 21 | ♓ | 23:03 |
| 23 | 20:18 | 24 | ♈ | 01:25 |
| 25 | 21:47 | 26 | ♉ | 01:08 |
| 27 | 07:17 | 28 | ♊ | 00:13 |
| 29 | 19:52 | 30 | ♋ | 00:51 |

## Declinations

0:00 E.T.

| D | ☉ | ☽ | ☿ | ♀ | ♂ | ♃ | ♄ | ♅ | ♆ | ♇ | ⚳ | ⚴ | ⚵ | ⚶ | ⚷ |
|---|---|---|---|---|---|---|---|---|---|---|---|---|---|---|---|
| 1 | -02 57 | +26 23 | -15 22 | +10 05 | +23 22 | -22 10 | +11 31 | -06 19 | -15 14 | -16 48 | +09 11 | -01 43 | -05 41 | -23 45 | -10 50 |
| 2 | 03 20 | 28 07 | 15 45 | 10 00 | 23 24 | 22 11 | 11 28 | 06 19 | 15 15 | 16 48 | 09 09 | 01 56 | 05 47 | 23 49 | 10 51 |
| 3 | 03 44 | 28 00 | 16 07 | 09 55 | 23 25 | 22 12 | 11 26 | 06 20 | 15 15 | 16 49 | 09 08 | 02 08 | 05 53 | 23 52 | 10 52 |
| 4 | 04 07 | 26 11 | 16 27 | 09 50 | 23 26 | 22 13 | 11 24 | 06 21 | 15 15 | 16 49 | 09 06 | 02 20 | 05 59 | 23 56 | 10 52 |
| 5 | 04 30 | 22 57 | 16 45 | 09 43 | 23 28 | 22 15 | 11 21 | 06 22 | 15 16 | 16 49 | 09 05 | 02 32 | 06 05 | 23 59 | 10 53 |
| 6 | 04 53 | 18 40 | 17 01 | 09 36 | 23 29 | 22 16 | 11 19 | 06 23 | 15 16 | 16 50 | 09 03 | 02 43 | 06 11 | 24 02 | 10 54 |
| 7 | 05 16 | 13 38 | 17 15 | 09 29 | 23 30 | 22 17 | 11 17 | 06 23 | 15 16 | 16 50 | 09 01 | 02 55 | 06 17 | 24 05 | 10 55 |
| 8 | 05 39 | 08 08 | 17 26 | 09 21 | 23 31 | 22 18 | 11 15 | 06 24 | 15 16 | 16 50 | 09 00 | 03 07 | 06 23 | 24 08 | 10 55 |
| 9 | 06 02 | 02 25 | 17 35 | 09 13 | 23 32 | 22 19 | 11 12 | 06 25 | 15 17 | 16 51 | 08 58 | 03 18 | 06 29 | 24 11 | 10 56 |
| 10 | 06 25 | -03 19 | 17 42 | 09 03 | 23 33 | 22 21 | 11 10 | 06 26 | 15 17 | 16 51 | 08 56 | 03 29 | 06 35 | 24 14 | 10 57 |
| 11 | 06 48 | 08 52 | 17 45 | 08 54 | 23 34 | 22 22 | 11 08 | 06 26 | 15 17 | 16 51 | 08 55 | 03 40 | 06 41 | 24 17 | 10 57 |
| 12 | 07 10 | 14 04 | 17 45 | 08 44 | 23 35 | 22 23 | 11 06 | 06 27 | 15 17 | 16 52 | 08 53 | 03 51 | 06 47 | 24 19 | 10 58 |
| 13 | 07 33 | 18 44 | 17 41 | 08 33 | 23 36 | 22 24 | 11 04 | 06 28 | 15 17 | 16 52 | 08 51 | 04 02 | 06 52 | 24 22 | 10 58 |
| 14 | 07 55 | 22 40 | 17 34 | 08 22 | 23 37 | 22 25 | 11 02 | 06 29 | 15 18 | 16 52 | 08 49 | 04 13 | 06 58 | 24 24 | 10 59 |
| 15 | 08 18 | 25 40 | 17 23 | 08 10 | 23 38 | 22 27 | 11 00 | 06 29 | 15 18 | 16 53 | 08 47 | 04 23 | 07 04 | 24 26 | 10 59 |
| 16 | 08 40 | 27 34 | 17 07 | 07 58 | 23 39 | 22 28 | 10 58 | 06 30 | 15 18 | 16 53 | 08 46 | 04 33 | 07 10 | 24 29 | 11 00 |
| 17 | 09 02 | 28 12 | 16 47 | 07 45 | 23 40 | 22 29 | 10 56 | 06 31 | 15 18 | 16 53 | 08 44 | 04 43 | 07 15 | 24 31 | 11 01 |
| 18 | 09 24 | 27 28 | 16 22 | 07 32 | 23 41 | 22 30 | 10 54 | 06 31 | 15 18 | 16 53 | 08 42 | 04 53 | 07 21 | 24 33 | 11 01 |
| 19 | 09 46 | 25 22 | 15 53 | 07 18 | 23 42 | 22 31 | 10 52 | 06 32 | 15 18 | 16 54 | 08 40 | 05 03 | 07 26 | 24 35 | 11 02 |
| 20 | 10 07 | 21 57 | 15 19 | 07 04 | 23 43 | 22 32 | 10 50 | 06 32 | 15 19 | 16 54 | 08 38 | 05 13 | 07 32 | 24 36 | 11 02 |
| 21 | 10 29 | 17 20 | 14 42 | 06 50 | 23 44 | 22 34 | 10 48 | 06 33 | 15 19 | 16 54 | 08 37 | 05 22 | 07 38 | 24 38 | 11 03 |
| 22 | 10 50 | 11 44 | 14 01 | 06 35 | 23 45 | 22 35 | 10 46 | 06 34 | 15 19 | 16 55 | 08 35 | 05 32 | 07 43 | 24 39 | 11 03 |
| 23 | 11 11 | 05 21 | 13 17 | 06 19 | 23 46 | 22 36 | 10 44 | 06 34 | 15 19 | 16 55 | 08 33 | 05 41 | 07 48 | 24 41 | 11 03 |
| 24 | 11 32 | +01 31 | 12 32 | 06 03 | 23 47 | 22 37 | 10 42 | 06 35 | 15 19 | 16 55 | 08 31 | 05 50 | 07 54 | 24 42 | 11 04 |
| 25 | 11 53 | 08 28 | 11 47 | 05 47 | 23 48 | 22 38 | 10 40 | 06 35 | 15 19 | 16 56 | 08 29 | 05 58 | 07 59 | 24 43 | 11 04 |
| 26 | 12 14 | 15 03 | 11 02 | 05 30 | 23 49 | 22 39 | 10 39 | 06 36 | 15 19 | 16 56 | 08 28 | 06 07 | 08 05 | 24 45 | 11 05 |
| 27 | 12 35 | 20 45 | 10 19 | 05 13 | 23 50 | 22 40 | 10 37 | 06 36 | 15 19 | 16 56 | 08 26 | 06 15 | 08 10 | 24 46 | 11 05 |
| 28 | 12 55 | 25 03 | 09 39 | 04 55 | 23 51 | 22 41 | 10 35 | 06 37 | 15 19 | 16 57 | 08 24 | 06 24 | 08 15 | 24 46 | 11 05 |
| 29 | 13 15 | 27 33 | 09 04 | 04 37 | 23 53 | 22 42 | 10 33 | 06 37 | 15 19 | 16 57 | 08 23 | 06 32 | 08 20 | 24 47 | 11 06 |
| 30 | 13 35 | 28 04 | 08 33 | 04 19 | 23 54 | 22 43 | 10 32 | 06 38 | 15 19 | 16 57 | 08 21 | 06 39 | 08 25 | 24 48 | 11 06 |
| 31 | 13 55 | 26 41 | 08 08 | 04 00 | 23 55 | 22 45 | 10 30 | 06 38 | 15 19 | 16 57 | 08 19 | 06 47 | 08 30 | 24 48 | 11 06 |

Lunar Phases -- 3 ◑ 10:07 11 ● 05:02 19 ◐ 08:34 26 ○ 04:53 Sun enters ♏ 10/23 19:17

## 0:00 E.T. Longitudes of Main Planets - November 2007

| D | S.T. | ☉ | ☽ | ☽ 12:00 | ☿ | ♀ | ♂ | ♃ | ♄ | ♅ | ♆ | ♇ | ☊ |
|---|---|---|---|---|---|---|---|---|---|---|---|---|---|
| 1 | 2:39:37 | 08♏10 37 | 27♋19 | 03♌58 | 23♎27℞ | 21♍45 | 11♋05 | 19♐36 | 06♍29 | 15♓00℞ | 19♒15 | 27♐04 | 03♓34 |
| 2 | 2:43:34 | 09 10 38 | 10♌31 | 16 58 | 23 22D | 22 47 | 11 16 | 19 48 | 06 34 | 14 59 | 19 15 | 27 05 | 03 31 |
| 3 | 2:47:30 | 10 10 41 | 23 20 | 29 36 | 23 28 | 23 48 | 11 26 | 20 00 | 06 39 | 14 58 | 19 15 | 27 07 | 03 28 |
| 4 | 2:51:27 | 11 10 47 | 05♍49 | 11♍57 | 23 44 | 24 51 | 11 35 | 20 12 | 06 43 | 14 57 | 19 15 | 27 09 | 03 25 |
| 5 | 2:55:23 | 12 10 54 | 18 03 | 24 05 | 24 11 | 25 54 | 11 44 | 20 24 | 06 48 | 14 56 | 19 15 | 27 10 | 03 21 |
| 6 | 2:59:20 | 13 11 03 | 00♎06 | 06♎05 | 24 47 | 26 57 | 11 51 | 20 36 | 06 52 | 14 55 | 19 15 | 27 12 | 03 18 |
| 7 | 3:03:16 | 14 11 15 | 12 02 | 17 59 | 25 31 | 28 00 | 11 59 | 20 48 | 06 57 | 14 54 | 19 16 | 27 14 | 03 15 |
| 8 | 3:07:13 | 15 11 28 | 23 55 | 29 50 | 26 23 | 29 04 | 12 05 | 21 01 | 07 01 | 14 53 | 19 16 | 27 15 | 03 12 |
| 9 | 3:11:10 | 16 11 44 | 05♏46 | 11♏41 | 27 21 | 00♎08 | 12 10 | 21 13 | 07 05 | 14 52 | 19 16 | 27 17 | 03 09 |
| 10 | 3:15:06 | 17 12 01 | 17 37 | 23 33 | 28 25 | 01 12 | 12 15 | 21 25 | 07 10 | 14 52 | 19 16 | 27 19 | 03 06 |
| 11 | 3:19:03 | 18 12 20 | 29 30 | 05♐28 | 29 34 | 02 17 | 12 19 | 21 38 | 07 14 | 14 51 | 19 17 | 27 21 | 03 02 |
| 12 | 3:22:59 | 19 12 41 | 11♐26 | 17 26 | 00♏47 | 03 22 | 12 22 | 21 50 | 07 18 | 14 50 | 19 17 | 27 23 | 02 59 |
| 13 | 3:26:56 | 20 13 03 | 23 27 | 29 29 | 02 04 | 04 27 | 12 25 | 22 03 | 07 21 | 14 50 | 19 17 | 27 24 | 02 56 |
| 14 | 3:30:52 | 21 13 27 | 05♑33 | 11♑40 | 03 24 | 05 32 | 12 26 | 22 16 | 07 25 | 14 49 | 19 18 | 27 26 | 02 53 |
| 15 | 3:34:49 | 22 13 52 | 17 48 | 24 00 | 04 47 | 06 38 | 12 27 | 22 28 | 07 29 | 14 49 | 19 18 | 27 28 | 02 50 |
| 16 | 3:38:45 | 23 14 19 | 00♒15 | 06♒34 | 06 12 | 07 44 | 12 27℞ | 22 41 | 07 33 | 14 48 | 19 19 | 27 30 | 02 46 |
| 17 | 3:42:42 | 24 14 47 | 12 58 | 19 26 | 07 38 | 08 51 | 12 26 | 22 54 | 07 36 | 14 48 | 19 19 | 27 32 | 02 43 |
| 18 | 3:46:39 | 25 15 16 | 25 59 | 02♓38 | 09 06 | 09 57 | 12 24 | 23 07 | 07 40 | 14 47 | 19 20 | 27 34 | 02 40 |
| 19 | 3:50:35 | 26 15 47 | 09♓24 | 16 16 | 10 36 | 11 04 | 12 21 | 23 19 | 07 43 | 14 47 | 19 20 | 27 36 | 02 37 |
| 20 | 3:54:32 | 27 16 19 | 23 15 | 00♈21 | 12 06 | 12 11 | 12 18 | 23 32 | 07 46 | 14 47 | 19 21 | 27 38 | 02 34 |
| 21 | 3:58:28 | 28 16 52 | 07♈33 | 14 52 | 13 38 | 13 18 | 12 14 | 23 45 | 07 49 | 14 47 | 19 22 | 27 40 | 02 31 |
| 22 | 4:02:25 | 29 17 26 | 22 17 | 29 48 | 15 10 | 14 26 | 12 08 | 23 58 | 07 52 | 14 47 | 19 22 | 27 42 | 02 27 |
| 23 | 4:06:21 | 00♐18 02 | 07♉22 | 15♉00 | 16 42 | 15 33 | 12 02 | 24 11 | 07 55 | 14 46 | 19 23 | 27 44 | 02 24 |
| 24 | 4:10:18 | 01 18 38 | 22 39 | 00♊19 | 18 15 | 16 41 | 11 55 | 24 25 | 07 58 | 14 46 | 19 24 | 27 46 | 02 21 |
| 25 | 4:14:14 | 02 19 17 | 07♊57 | 15 33 | 19 49 | 17 49 | 11 47 | 24 38 | 08 01 | 14 46D | 19 25 | 27 48 | 02 18 |
| 26 | 4:18:11 | 03 19 57 | 23 05 | 00♋32 | 21 22 | 18 58 | 11 39 | 24 51 | 08 03 | 14 46 | 19 26 | 27 50 | 02 15 |
| 27 | 4:22:08 | 04 20 38 | 07♋53 | 15 06 | 22 56 | 20 06 | 11 29 | 25 04 | 08 06 | 14 47 | 19 27 | 27 52 | 02 12 |
| 28 | 4:26:04 | 05 21 21 | 22 13 | 29 11 | 24 30 | 21 15 | 11 19 | 25 17 | 08 08 | 14 47 | 19 27 | 27 54 | 02 08 |
| 29 | 4:30:01 | 06 22 05 | 06♌02 | 12♌46 | 26 04 | 22 24 | 11 07 | 25 31 | 08 11 | 14 47 | 19 28 | 27 56 | 02 05 |
| 30 | 4:33:57 | 07 22 51 | 19 22 | 25 52 | 27 38 | 23 33 | 10 55 | 25 44 | 08 13 | 14 47 | 19 29 | 27 58 | 02 02 |

## 0:00 E.T. Longitudes of the Major Asteroids and Chiron

| D | ⚳ | ⚴ | ⚵ | ⚶ | ⚷ | D | ⚳ | ⚴ | ⚵ | ⚶ | ⚷ |
|---|---|---|---|---|---|---|---|---|---|---|---|
| 1 | 18♉48℞ | 00♓52 | 17♏08 | 05♑45 | 10♒33 | 16 | 15 21 | 01 32 | 22 15 | 12 50 | 10 53 |
| 2 | 18 34 | 00 52 | 17 28 | 06 13 | 10 34 | 17 | 15 07 | 01 37 | 22 35 | 13 19 | 10 54 |
| 3 | 18 21 | 00 53 | 17 49 | 06 41 | 10 35 | 18 | 14 54 | 01 43 | 22 56 | 13 47 | 10 56 |
| 4 | 18 07 | 00 54 | 18 09 | 07 09 | 10 36 | 19 | 14 40 | 01 49 | 23 16 | 14 16 | 10 58 |
| 5 | 17 54 | 00 55 | 18 30 | 07 37 | 10 37 | 20 | 14 27 | 01 55 | 23 37 | 14 45 | 11 00 |
| 6 | 17 40 | 00 57 | 18 50 | 08 05 | 10 38 | 21 | 14 14 | 02 01 | 23 57 | 15 14 | 11 02 |
| 7 | 17 26 | 00 59 | 19 11 | 08 33 | 10 39 | 22 | 14 01 | 02 08 | 24 17 | 15 44 | 11 05 |
| 8 | 17 12 | 01 01 | 19 31 | 09 01 | 10 40 | 23 | 13 48 | 02 15 | 24 38 | 16 13 | 11 07 |
| 9 | 16 58 | 01 04 | 19 51 | 09 30 | 10 42 | 24 | 13 36 | 02 22 | 24 58 | 16 42 | 11 09 |
| 10 | 16 44 | 01 07 | 20 12 | 09 58 | 10 43 | 25 | 13 24 | 02 30 | 25 19 | 17 11 | 11 11 |
| 11 | 16 30 | 01 10 | 20 32 | 10 26 | 10 44 | 26 | 13 12 | 02 37 | 25 39 | 17 41 | 11 14 |
| 12 | 16 16 | 01 14 | 20 53 | 10 55 | 10 46 | 27 | 13 00 | 02 45 | 26 00 | 18 10 | 11 16 |
| 13 | 16 02 | 01 18 | 21 13 | 11 24 | 10 47 | 28 | 12 48 | 02 54 | 26 20 | 18 39 | 11 19 |
| 14 | 15 48 | 01 22 | 21 34 | 11 52 | 10 49 | 29 | 12 37 | 03 02 | 26 40 | 19 09 | 11 21 |
| 15 | 15 35 | 01 27 | 21 54 | 12 21 | 10 51 | 30 | 12 26 | 03 11 | 27 01 | 19 38 | 11 24 |

## Lunar Data

| Last Asp. | | Ingress | | |
|---|---|---|---|---|
| 31 | 17:14 | 1 | ♌ | 04:50 |
| 3 | 07:14 | 3 | ♍ | 12:46 |
| 5 | 18:11 | 5 | ♎ | 23:48 |
| 8 | 06:47 | 8 | ♏ | 12:19 |
| 10 | 03:20 | 11 | ♐ | 00:60 |
| 13 | 07:54 | 13 | ♑ | 13:02 |
| 15 | 09:20 | 15 | ♒ | 23:31 |
| 18 | 02:52 | 18 | ♓ | 07:15 |
| 20 | 07:27 | 20 | ♈ | 11:25 |
| 22 | 08:40 | 22 | ♉ | 12:20 |
| 23 | 18:54 | 24 | ♊ | 11:30 |
| 26 | 07:39 | 26 | ♋ | 11:08 |
| 28 | 04:24 | 28 | ♌ | 13:25 |
| 30 | 17:26 | | | |

## 0:00 E.T. Declinations

| D | ☉ | ☽ | ☿ | ♀ | ♂ | ♃ | ♄ | ♅ | ♆ | ♇ | ⚳ | ⚴ | ⚵ | ⚶ | ⚷ |
|---|---|---|---|---|---|---|---|---|---|---|---|---|---|---|---|
| 1 | -14 14 | +23 45 | -07 49 | +03 41 | +23 57 | -22 46 | +10 28 | -06 39 | -15 19 | -16 58 | +08 18 | -06 55 | -08 35 | -24 49 | -11 06 |
| 2 | 14 33 | 19 38 | 07 35 | 03 22 | 23 58 | 22 47 | 10 27 | 06 39 | 15 19 | 16 58 | 08 16 | 07 02 | 08 40 | 24 49 | 11 07 |
| 3 | 14 52 | 14 43 | 07 28 | 03 02 | 24 00 | 22 48 | 10 25 | 06 39 | 15 19 | 16 58 | 08 15 | 07 09 | 08 45 | 24 49 | 11 07 |
| 4 | 15 11 | 09 19 | 07 26 | 02 42 | 24 02 | 22 49 | 10 24 | 06 40 | 15 19 | 16 59 | 08 13 | 07 16 | 08 50 | 24 49 | 11 07 |
| 5 | 15 30 | 03 40 | 07 29 | 02 22 | 24 04 | 22 50 | 10 22 | 06 40 | 15 19 | 16 59 | 08 12 | 07 23 | 08 55 | 24 49 | 11 07 |
| 6 | 15 48 | -02 01 | 07 37 | 02 01 | 24 05 | 22 51 | 10 21 | 06 40 | 15 19 | 16 59 | 08 11 | 07 29 | 09 00 | 24 49 | 11 07 |
| 7 | 16 06 | 07 34 | 07 50 | 01 40 | 24 07 | 22 52 | 10 19 | 06 41 | 15 19 | 16 59 | 08 10 | 07 36 | 09 05 | 24 49 | 11 08 |
| 8 | 16 24 | 12 49 | 08 06 | 01 19 | 24 10 | 22 53 | 10 18 | 06 41 | 15 19 | 17 00 | 08 08 | 07 42 | 09 10 | 24 49 | 11 08 |
| 9 | 16 41 | 17 36 | 08 25 | 00 58 | 24 12 | 22 54 | 10 16 | 06 41 | 15 19 | 17 00 | 08 07 | 07 48 | 09 14 | 24 48 | 11 08 |
| 10 | 16 58 | 21 41 | 08 48 | 00 36 | 24 14 | 22 54 | 10 15 | 06 41 | 15 19 | 17 00 | 08 06 | 07 54 | 09 19 | 24 47 | 11 08 |
| 11 | 17 15 | 24 55 | 09 13 | 00 14 | 24 16 | 22 55 | 10 14 | 06 42 | 15 19 | 17 00 | 08 05 | 08 00 | 09 23 | 24 47 | 11 08 |
| 12 | 17 32 | 27 04 | 09 40 | -00 08 | 24 19 | 22 56 | 10 12 | 06 42 | 15 19 | 17 01 | 08 04 | 08 05 | 09 28 | 24 46 | 11 08 |
| 13 | 17 48 | 27 59 | 10 09 | 00 30 | 24 21 | 22 57 | 10 11 | 06 42 | 15 19 | 17 01 | 08 04 | 08 11 | 09 32 | 24 45 | 11 08 |
| 14 | 18 04 | 27 34 | 10 39 | 00 53 | 24 24 | 22 58 | 10 10 | 06 42 | 15 18 | 17 01 | 08 03 | 08 16 | 09 37 | 24 44 | 11 08 |
| 15 | 18 20 | 25 48 | 11 10 | 01 16 | 24 27 | 22 59 | 10 09 | 06 42 | 15 18 | 17 01 | 08 02 | 08 21 | 09 41 | 24 42 | 11 08 |
| 16 | 18 35 | 22 46 | 11 42 | 01 38 | 24 30 | 23 00 | 10 08 | 06 43 | 15 18 | 17 02 | 08 02 | 08 26 | 09 45 | 24 41 | 11 08 |
| 17 | 18 50 | 18 36 | 12 15 | 02 01 | 24 33 | 23 00 | 10 07 | 06 43 | 15 18 | 17 02 | 08 01 | 08 30 | 09 50 | 24 40 | 11 08 |
| 18 | 19 05 | 13 27 | 12 48 | 02 25 | 24 36 | 23 01 | 10 06 | 06 43 | 15 18 | 17 02 | 08 01 | 08 35 | 09 54 | 24 38 | 11 08 |
| 19 | 19 19 | 07 32 | 13 21 | 02 48 | 24 39 | 23 02 | 10 05 | 06 43 | 15 18 | 17 02 | 08 01 | 08 39 | 09 58 | 24 36 | 11 08 |
| 20 | 19 33 | 01 05 | 13 55 | 03 11 | 24 42 | 23 03 | 10 04 | 06 43 | 15 17 | 17 03 | 08 01 | 08 43 | 10 02 | 24 35 | 11 08 |
| 21 | 19 47 | +05 37 | 14 28 | 03 35 | 24 45 | 23 03 | 10 03 | 06 43 | 15 17 | 17 03 | 08 01 | 08 47 | 10 06 | 24 33 | 11 08 |
| 22 | 20 00 | 12 12 | 15 01 | 03 59 | 24 49 | 23 04 | 10 02 | 06 43 | 15 17 | 17 03 | 08 01 | 08 51 | 10 10 | 24 31 | 11 08 |
| 23 | 20 13 | 18 14 | 15 34 | 04 22 | 24 52 | 23 05 | 10 01 | 06 43 | 15 17 | 17 03 | 08 01 | 08 55 | 10 14 | 24 28 | 11 07 |
| 24 | 20 25 | 23 12 | 16 06 | 04 46 | 24 56 | 23 06 | 10 00 | 06 43 | 15 17 | 17 04 | 08 01 | 08 58 | 10 18 | 24 26 | 11 07 |
| 25 | 20 38 | 26 33 | 16 38 | 05 10 | 25 00 | 23 06 | 09 59 | 06 43 | 15 16 | 17 04 | 08 02 | 09 02 | 10 22 | 24 24 | 11 07 |
| 26 | 20 49 | 27 56 | 17 09 | 05 34 | 25 03 | 23 07 | 09 58 | 06 43 | 15 16 | 17 04 | 08 02 | 09 05 | 10 25 | 24 21 | 11 07 |
| 27 | 21 01 | 27 16 | 17 40 | 05 58 | 25 07 | 23 07 | 09 58 | 06 43 | 15 16 | 17 04 | 08 03 | 09 08 | 10 29 | 24 18 | 11 07 |
| 28 | 21 12 | 24 47 | 18 10 | 06 22 | 25 11 | 23 08 | 09 57 | 06 43 | 15 15 | 17 04 | 08 03 | 09 11 | 10 33 | 24 16 | 11 06 |
| 29 | 21 22 | 20 53 | 18 39 | 06 46 | 25 15 | 23 09 | 09 56 | 06 43 | 15 15 | 17 05 | 08 04 | 09 14 | 10 36 | 24 13 | 11 06 |
| 30 | 21 33 | 16 03 | 19 08 | 07 10 | 25 19 | 23 09 | 09 56 | 06 42 | 15 15 | 17 05 | 08 05 | 09 16 | 10 40 | 24 10 | 11 06 |

Lunar Phases -- 1 ◑ 21:19 9 ● 23:04 17 ◐ 22:34 24 ○ 14:31 Sun enters ♐ 11/22 16:52

## Longitudes of Main Planets - December 2007

0:00 E.T.

| D | S.T. | ☉ | ☽ | ☽ 12:00 | ☿ | ♀ | ♂ | ♃ | ♄ | ♅ | ♆ | ♇ | ☊ |
|---|---|---|---|---|---|---|---|---|---|---|---|---|---|
| 1 | 4:37:54 | 08♐23 38 | 02♍15 | 08♍32 | 29♏12 | 24♎42 | 10♋42℞ | 25♐57 | 08♍15 | 14♓48 | 19♒30 | 28♐00 | 01♓59 |
| 2 | 4:41:50 | 09 24 27 | 14 45 | 20 53 | 00♐46 | 25 51 | 10 29 | 26 11 | 08 17 | 14 48 | 19 31 | 28 02 | 01 56 |
| 3 | 4:45:47 | 10 25 17 | 26 58 | 02♎59 | 02 20 | 27 01 | 10 14 | 26 24 | 08 19 | 14 48 | 19 32 | 28 05 | 01 52 |
| 4 | 4:49:43 | 11 26 09 | 08♎58 | 14 56 | 03 54 | 28 11 | 09 59 | 26 38 | 08 21 | 14 49 | 19 33 | 28 07 | 01 49 |
| 5 | 4:53:40 | 12 27 02 | 20 52 | 26 47 | 05 28 | 29 21 | 09 43 | 26 51 | 08 22 | 14 49 | 19 35 | 28 09 | 01 46 |
| 6 | 4:57:37 | 13 27 56 | 02♏42 | 08♏37 | 07 02 | 00♏31 | 09 26 | 27 05 | 08 24 | 14 50 | 19 36 | 28 11 | 01 43 |
| 7 | 5:01:33 | 14 28 52 | 14 32 | 20 28 | 08 36 | 01 41 | 09 08 | 27 18 | 08 25 | 14 50 | 19 37 | 28 13 | 01 40 |
| 8 | 5:05:30 | 15 29 48 | 26 25 | 02♐23 | 10 10 | 02 51 | 08 50 | 27 32 | 08 27 | 14 51 | 19 38 | 28 15 | 01 37 |
| 9 | 5:09:26 | 16 30 46 | 08♐23 | 14 24 | 11 44 | 04 02 | 08 31 | 27 45 | 08 28 | 14 52 | 19 39 | 28 17 | 01 33 |
| 10 | 5:13:23 | 17 31 45 | 20 27 | 26 31 | 13 18 | 05 12 | 08 12 | 27 59 | 08 29 | 14 53 | 19 41 | 28 20 | 01 30 |
| 11 | 5:17:19 | 18 32 45 | 02♑37 | 08♑45 | 14 52 | 06 23 | 07 52 | 28 13 | 08 30 | 14 53 | 19 42 | 28 22 | 01 27 |
| 12 | 5:21:16 | 19 33 45 | 14 55 | 21 07 | 16 26 | 07 34 | 07 31 | 28 26 | 08 31 | 14 54 | 19 43 | 28 24 | 01 24 |
| 13 | 5:25:12 | 20 34 47 | 27 22 | 03♒39 | 18 00 | 08 45 | 07 10 | 28 40 | 08 32 | 14 55 | 19 45 | 28 26 | 01 21 |
| 14 | 5:29:09 | 21 35 49 | 09♒59 | 16 22 | 19 34 | 09 56 | 06 48 | 28 54 | 08 32 | 14 56 | 19 46 | 28 28 | 01 18 |
| 15 | 5:33:06 | 22 36 51 | 22 48 | 29 19 | 21 08 | 11 07 | 06 26 | 29 07 | 08 33 | 14 57 | 19 47 | 28 31 | 01 14 |
| 16 | 5:37:02 | 23 37 54 | 05♓53 | 12♓31 | 22 43 | 12 18 | 06 04 | 29 21 | 08 33 | 14 58 | 19 49 | 28 33 | 01 11 |
| 17 | 5:40:59 | 24 38 58 | 19 15 | 26 03 | 24 17 | 13 29 | 05 41 | 29 35 | 08 34 | 14 59 | 19 50 | 28 35 | 01 08 |
| 18 | 5:44:55 | 25 40 01 | 02♈57 | 09♈56 | 25 52 | 14 41 | 05 18 | 29 48 | 08 34 | 15 01 | 19 52 | 28 37 | 01 05 |
| 19 | 5:48:52 | 26 41 05 | 17 00 | 24 10 | 27 27 | 15 52 | 04 55 | 00♑02 | 08 34 | 15 02 | 19 53 | 28 39 | 01 02 |
| 20 | 5:52:48 | 27 42 10 | 01♉26 | 08♉45 | 29 02 | 17 04 | 04 31 | 00 16 | 08 34℞ | 15 03 | 19 55 | 28 42 | 00 58 |
| 21 | 5:56:45 | 28 43 14 | 16 09 | 23 36 | 00♑37 | 18 16 | 04 08 | 00 30 | 08 34 | 15 04 | 19 56 | 28 44 | 00 55 |
| 22 | 6:00:41 | 29 44 20 | 01♊05 | 08♊36 | 02 12 | 19 28 | 03 44 | 00 43 | 08 34 | 15 06 | 19 58 | 28 46 | 00 52 |
| 23 | 6:04:38 | 00♑45 25 | 16 06 | 23 36 | 03 47 | 20 40 | 03 20 | 00 57 | 08 33 | 15 07 | 20 00 | 28 48 | 00 49 |
| 24 | 6:08:35 | 01 46 31 | 01♋02 | 08♋26 | 05 23 | 21 52 | 02 56 | 01 11 | 08 33 | 15 09 | 20 01 | 28 51 | 00 46 |
| 25 | 6:12:31 | 02 47 37 | 15 44 | 22 57 | 06 59 | 23 04 | 02 33 | 01 25 | 08 32 | 15 10 | 20 03 | 28 53 | 00 43 |
| 26 | 6:16:28 | 03 48 44 | 00♌04 | 07♌04 | 08 35 | 24 16 | 02 09 | 01 38 | 08 32 | 15 12 | 20 05 | 28 55 | 00 39 |
| 27 | 6:20:24 | 04 49 51 | 13 58 | 20 44 | 10 11 | 25 28 | 01 46 | 01 52 | 08 31 | 15 13 | 20 06 | 28 57 | 00 36 |
| 28 | 6:24:21 | 05 50 59 | 27 24 | 03♍57 | 11 48 | 26 40 | 01 23 | 02 06 | 08 30 | 15 15 | 20 08 | 28 59 | 00 33 |
| 29 | 6:28:17 | 06 52 07 | 10♍23 | 16 44 | 13 25 | 27 53 | 01 00 | 02 20 | 08 29 | 15 17 | 20 10 | 29 02 | 00 30 |
| 30 | 6:32:14 | 07 53 15 | 22 59 | 29 10 | 15 02 | 29 05 | 00 37 | 02 33 | 08 28 | 15 18 | 20 12 | 29 04 | 00 27 |
| 31 | 6:36:10 | 08 54 24 | 05♎16 | 11♎19 | 16 39 | 00♐18 | 00 15 | 02 47 | 08 27 | 15 20 | 20 14 | 29 06 | 00 24 |

## Longitudes of the Major Asteroids and Chiron

0:00 E.T.

| D | ⚳ | ⚴ | ⚵ | ⚶ | ⚷ | D | ⚳ | ⚴ | ⚵ | ⚶ | ⚷ |
|---|---|---|---|---|---|---|---|---|---|---|---|
| 1 | 12♉15℞ | 03♓20 | 27♏21 | 20♑08 | 11♒27 | 17 | 10 10 | 06 18 | 02 44 | 28 05 | 12 16 |
| 2 | 12 05 | 03 30 | 27 41 | 20 37 | 11 29 | 18 | 10 05 | 06 31 | 03 04 | 28 35 | 12 20 |
| 3 | 11 55 | 03 39 | 28 02 | 21 07 | 11 32 | 19 | 10 01 | 06 44 | 03 23 | 29 06 | 12 23 |
| 4 | 11 45 | 03 49 | 28 22 | 21 37 | 11 35 | 20 | 09 57 | 06 57 | 03 43 | 29 36 | 12 27 |
| 5 | 11 35 | 03 59 | 28 42 | 22 06 | 11 38 | 21 | 09 54 | 07 11 | 04 03 | 00♒06 | 12 31 |
| 6 | 11 26 | 04 09 | 29 03 | 22 36 | 11 41 | 22 | 09 51 | 07 24 | 04 23 | 00 36 | 12 34 |
| 7 | 11 17 | 04 20 | 29 23 | 23 06 | 11 44 | 23 | 09 48 | 07 38 | 04 43 | 01 06 | 12 38 |
| 8 | 11 09 | 04 31 | 29 43 | 23 36 | 11 47 | 24 | 09 46 | 07 52 | 05 02 | 01 37 | 12 42 |
| 9 | 11 01 | 04 42 | 00♐03 | 24 05 | 11 50 | 25 | 09 44 | 08 07 | 05 22 | 02 07 | 12 46 |
| 10 | 10 53 | 04 53 | 00 23 | 24 35 | 11 53 | 26 | 09 43 | 08 21 | 05 41 | 02 37 | 12 49 |
| 11 | 10 46 | 05 05 | 00 44 | 25 05 | 11 56 | 27 | 09 42 | 08 36 | 06 01 | 03 08 | 12 53 |
| 12 | 10 39 | 05 16 | 01 04 | 25 35 | 11 59 | 28 | 09 41 | 08 50 | 06 20 | 03 38 | 12 57 |
| 13 | 10 32 | 05 28 | 01 24 | 26 05 | 12 03 | 29 | 09 41D | 09 05 | 06 40 | 04 08 | 13 01 |
| 14 | 10 26 | 05 40 | 01 44 | 26 35 | 12 06 | 30 | 09 41 | 09 20 | 06 59 | 04 39 | 13 05 |
| 15 | 10 20 | 05 53 | 02 04 | 27 05 | 12 09 | 31 | 09 42 | 09 36 | 07 18 | 05 09 | 13 09 |
| 16 | 10 15 | 06 05 | 02 24 | 27 35 | 12 13 | | | | | | |

## Lunar Data

| Last Asp. | | Ingress | | |
|---|---|---|---|---|
| 3 | 02:13 | 3 | ♎ | 06:02 |
| 5 | 14:49 | 5 | ♏ | 18:32 |
| 7 | 10:18 | 8 | ♐ | 07:12 |
| 10 | 15:37 | 10 | ♑ | 18:52 |
| 11 | 23:58 | 13 | ♒ | 05:02 |
| 15 | 11:51 | 15 | ♓ | 13:16 |
| 17 | 18:28 | 17 | ♈ | 18:53 |
| 19 | 19:34 | 19 | ♉ | 21:39 |
| 21 | 06:07 | 21 | ♊ | 22:15 |
| 23 | 20:27 | 23 | ♋ | 22:19 |
| 25 | 13:18 | 25 | ♌ | 23:53 |
| 28 | 02:55 | 28 | ♍ | 04:45 |
| 30 | 13:10 | 30 | ♎ | 13:38 |

## Declinations

0:00 E.T.

| D | ☉ | ☽ | ☿ | ♀ | ♂ | ♃ | ♄ | ♅ | ♆ | ♇ | ⚳ | ⚴ | ⚵ | ⚶ | ⚷ |
|---|---|---|---|---|---|---|---|---|---|---|---|---|---|---|---|
| 1 | -21 42 | +10 38 | -19 36 | -07 33 | +25 23 | -23 10 | +09 55 | -06 42 | -15 15 | -17 05 | +08 06 | -09 19 | -10 43 | -24 07 | -11 05 |
| 2 | 21 52 | 04 58 | 20 02 | 07 57 | 25 27 | 23 10 | 09 55 | 06 42 | 15 14 | 17 05 | 08 07 | 09 21 | 10 46 | 24 03 | 11 05 |
| 3 | 22 01 | -00 46 | 20 28 | 08 21 | 25 31 | 23 11 | 09 54 | 06 42 | 15 14 | 17 05 | 08 09 | 09 23 | 10 50 | 24 00 | 11 05 |
| 4 | 22 09 | 06 21 | 20 53 | 08 45 | 25 35 | 23 11 | 09 54 | 06 42 | 15 14 | 17 06 | 08 10 | 09 25 | 10 53 | 23 57 | 11 04 |
| 5 | 22 17 | 11 40 | 21 17 | 09 09 | 25 39 | 23 11 | 09 53 | 06 41 | 15 13 | 17 06 | 08 12 | 09 27 | 10 56 | 23 53 | 11 04 |
| 6 | 22 25 | 16 32 | 21 40 | 09 32 | 25 44 | 23 12 | 09 53 | 06 41 | 15 13 | 17 06 | 08 13 | 09 29 | 10 59 | 23 49 | 11 04 |
| 7 | 22 32 | 20 46 | 22 02 | 09 56 | 25 48 | 23 12 | 09 53 | 06 41 | 15 12 | 17 06 | 08 15 | 09 31 | 11 02 | 23 46 | 11 03 |
| 8 | 22 39 | 24 12 | 22 22 | 10 19 | 25 52 | 23 13 | 09 52 | 06 41 | 15 12 | 17 06 | 08 17 | 09 32 | 11 05 | 23 42 | 11 03 |
| 9 | 22 45 | 26 36 | 22 42 | 10 42 | 25 56 | 23 13 | 09 52 | 06 40 | 15 12 | 17 06 | 08 19 | 09 33 | 11 08 | 23 38 | 11 02 |
| 10 | 22 51 | 27 48 | 23 01 | 11 05 | 26 00 | 23 13 | 09 52 | 06 40 | 15 11 | 17 07 | 08 21 | 09 35 | 11 11 | 23 33 | 11 02 |
| 11 | 22 57 | 27 40 | 23 18 | 11 28 | 26 04 | 23 14 | 09 52 | 06 40 | 15 11 | 17 07 | 08 24 | 09 36 | 11 14 | 23 29 | 11 01 |
| 12 | 23 02 | 26 10 | 23 34 | 11 51 | 26 07 | 23 14 | 09 52 | 06 39 | 15 11 | 17 07 | 08 26 | 09 37 | 11 16 | 23 25 | 11 01 |
| 13 | 23 06 | 23 22 | 23 49 | 12 14 | 26 11 | 23 14 | 09 52 | 06 39 | 15 10 | 17 07 | 08 29 | 09 37 | 11 19 | 23 20 | 11 00 |
| 14 | 23 10 | 19 25 | 24 03 | 12 36 | 26 15 | 23 14 | 09 52 | 06 38 | 15 10 | 17 07 | 08 31 | 09 38 | 11 21 | 23 16 | 11 00 |
| 15 | 23 14 | 14 31 | 24 16 | 12 58 | 26 18 | 23 15 | 09 52 | 06 38 | 15 09 | 17 07 | 08 34 | 09 39 | 11 24 | 23 11 | 10 59 |
| 16 | 23 17 | 08 53 | 24 27 | 13 20 | 26 22 | 23 15 | 09 52 | 06 38 | 15 09 | 17 07 | 08 37 | 09 39 | 11 26 | 23 06 | 10 58 |
| 17 | 23 20 | 02 43 | 24 37 | 13 42 | 26 25 | 23 15 | 09 52 | 06 37 | 15 08 | 17 08 | 08 40 | 09 39 | 11 29 | 23 01 | 10 58 |
| 18 | 23 22 | +03 42 | 24 46 | 14 03 | 26 28 | 23 15 | 09 52 | 06 37 | 15 08 | 17 08 | 08 43 | 09 39 | 11 31 | 22 56 | 10 57 |
| 19 | 23 24 | 10 06 | 24 53 | 14 24 | 26 31 | 23 15 | 09 52 | 06 36 | 15 07 | 17 08 | 08 46 | 09 40 | 11 33 | 22 51 | 10 57 |
| 20 | 23 25 | 16 09 | 24 59 | 14 45 | 26 34 | 23 15 | 09 52 | 06 36 | 15 07 | 17 08 | 08 50 | 09 39 | 11 35 | 22 46 | 10 56 |
| 21 | 23 26 | 21 23 | 25 04 | 15 06 | 26 37 | 23 15 | 09 53 | 06 35 | 15 06 | 17 08 | 08 53 | 09 39 | 11 37 | 22 40 | 10 55 |
| 22 | 23 26 | 25 20 | 25 07 | 15 26 | 26 40 | 23 15 | 09 53 | 06 34 | 15 06 | 17 08 | 08 57 | 09 39 | 11 39 | 22 35 | 10 55 |
| 23 | 23 26 | 27 33 | 25 09 | 15 46 | 26 42 | 23 15 | 09 53 | 06 34 | 15 05 | 17 08 | 09 01 | 09 39 | 11 41 | 22 29 | 10 54 |
| 24 | 23 26 | 27 46 | 25 09 | 16 05 | 26 44 | 23 15 | 09 54 | 06 33 | 15 05 | 17 08 | 09 04 | 09 38 | 11 43 | 22 24 | 10 53 |
| 25 | 23 25 | 26 00 | 25 08 | 16 24 | 26 46 | 23 15 | 09 54 | 06 33 | 15 04 | 17 09 | 09 08 | 09 37 | 11 45 | 22 18 | 10 52 |
| 26 | 23 23 | 22 34 | 25 05 | 16 43 | 26 48 | 23 15 | 09 55 | 06 32 | 15 04 | 17 09 | 09 12 | 09 37 | 11 47 | 22 12 | 10 52 |
| 27 | 23 21 | 17 55 | 25 01 | 17 02 | 26 50 | 23 15 | 09 55 | 06 31 | 15 03 | 17 09 | 09 16 | 09 36 | 11 48 | 22 06 | 10 51 |
| 28 | 23 19 | 12 31 | 24 56 | 17 20 | 26 52 | 23 15 | 09 56 | 06 31 | 15 03 | 17 09 | 09 21 | 09 35 | 11 50 | 22 00 | 10 50 |
| 29 | 23 16 | 06 44 | 24 49 | 17 38 | 26 53 | 23 15 | 09 56 | 06 30 | 15 02 | 17 09 | 09 25 | 09 34 | 11 52 | 21 54 | 10 49 |
| 30 | 23 12 | 00 52 | 24 40 | 17 55 | 26 54 | 23 15 | 09 57 | 06 29 | 15 02 | 17 09 | 09 30 | 09 33 | 11 53 | 21 47 | 10 48 |
| 31 | 23 08 | -04 53 | 24 30 | 18 12 | 26 56 | 23 14 | 09 58 | 06 29 | 15 01 | 17 09 | 09 34 | 09 32 | 11 54 | 21 41 | 10 47 |

Lunar Phases -- 1 ◑ 12:45 9 ● 17:41 17 ◐ 10:19 24 ○ 01:17 31 ◑ 07:52 Sun enters ♑ 12/22 06:09

## 0:00 E.T. Longitudes of Main Planets - January 2008



| D | S.T. | ☉ | ☽ | ☽ 12:00 | ☿ | ♀ | ♂ | ♃ | ♄ | ♅ | ♆ | ♇ | ☊ |
|---|---|---|---|---|---|---|---|---|---|---|---|---|---|
| 1 | 6:40:07 | 09♑55 34 | 17♎19 | 23♎17 | 18♑16 | 01♐31 | 29♊53℞ | 03♑01 | 08♍26℞ | 15♓22 | 20♒15 | 29♐08 | 00♓20 |
| 2 | 6:44:04 | 10 56 44 | 29 14 | 05♏10 | 19 54 | 02 43 | 29 31 | 03 15 | 08 24 | 15 24 | 20 17 | 29 10 | 00 17 |
| 3 | 6:48:00 | 11 57 54 | 11♏05 | 17 00 | 21 32 | 03 56 | 29 10 | 03 28 | 08 23 | 15 26 | 20 19 | 29 13 | 00 14 |
| 4 | 6:51:57 | 12 59 04 | 22 56 | 28 53 | 23 10 | 05 09 | 28 50 | 03 42 | 08 21 | 15 28 | 20 21 | 29 15 | 00 11 |
| 5 | 6:55:53 | 14 00 15 | 04♐52 | 10♐52 | 24 47 | 06 22 | 28 30 | 03 56 | 08 19 | 15 30 | 20 23 | 29 17 | 00 08 |
| 6 | 6:59:50 | 15 01 26 | 16 55 | 22 59 | 26 25 | 07 35 | 28 10 | 04 09 | 08 17 | 15 32 | 20 25 | 29 19 | 00 04 |
| 7 | 7:03:46 | 16 02 37 | 29 07 | 05♑17 | 28 03 | 08 48 | 27 51 | 04 23 | 08 16 | 15 34 | 20 27 | 29 21 | 00 01 |
| 8 | 7:07:43 | 17 03 48 | 11♑29 | 17 45 | 29 41 | 10 01 | 27 33 | 04 37 | 08 13 | 15 36 | 20 29 | 29 23 | 29♒58 |
| 9 | 7:11:39 | 18 04 58 | 24 03 | 00♒24 | 01♒18 | 11 14 | 27 15 | 04 50 | 08 11 | 15 38 | 20 31 | 29 25 | 29 55 |
| 10 | 7:15:36 | 19 06 09 | 06♒48 | 13 15 | 02 55 | 12 27 | 26 58 | 05 04 | 08 09 | 15 40 | 20 33 | 29 28 | 29 52 |
| 11 | 7:19:33 | 20 07 19 | 19 45 | 26 18 | 04 31 | 13 40 | 26 42 | 05 18 | 08 07 | 15 43 | 20 35 | 29 30 | 29 49 |
| 12 | 7:23:29 | 21 08 29 | 02♓53 | 09♓32 | 06 06 | 14 53 | 26 27 | 05 31 | 08 04 | 15 45 | 20 37 | 29 32 | 29 45 |
| 13 | 7:27:26 | 22 09 38 | 16 14 | 22 58 | 07 40 | 16 07 | 26 12 | 05 45 | 08 02 | 15 47 | 20 39 | 29 34 | 29 42 |
| 14 | 7:31:22 | 23 10 47 | 29 46 | 06♈37 | 09 13 | 17 20 | 25 58 | 05 58 | 07 59 | 15 50 | 20 41 | 29 36 | 29 39 |
| 15 | 7:35:19 | 24 11 55 | 13♈32 | 20 30 | 10 45 | 18 33 | 25 45 | 06 12 | 07 56 | 15 52 | 20 43 | 29 38 | 29 36 |
| 16 | 7:39:15 | 25 13 02 | 27 31 | 04♉35 | 12 14 | 19 47 | 25 33 | 06 25 | 07 54 | 15 54 | 20 45 | 29 40 | 29 33 |
| 17 | 7:43:12 | 26 14 08 | 11♉42 | 18 52 | 13 41 | 21 00 | 25 21 | 06 38 | 07 51 | 15 57 | 20 47 | 29 42 | 29 29 |
| 18 | 7:47:08 | 27 15 14 | 26 05 | 03♊19 | 15 04 | 22 14 | 25 11 | 06 52 | 07 48 | 15 59 | 20 49 | 29 44 | 29 26 |
| 19 | 7:51:05 | 28 16 19 | 10♊34 | 17 50 | 16 25 | 23 27 | 25 01 | 07 05 | 07 45 | 16 02 | 20 51 | 29 46 | 29 23 |
| 20 | 7:55:02 | 29 17 23 | 25 06 | 02♋21 | 17 41 | 24 41 | 24 52 | 07 18 | 07 41 | 16 05 | 20 54 | 29 48 | 29 20 |
| 21 | 7:58:58 | 00♒18 27 | 09♋35 | 16 46 | 18 52 | 25 54 | 24 43 | 07 32 | 07 38 | 16 07 | 20 56 | 29 50 | 29 17 |
| 22 | 8:02:55 | 01 19 29 | 23 54 | 00♌58 | 19 58 | 27 08 | 24 36 | 07 45 | 07 35 | 16 10 | 20 58 | 29 52 | 29 14 |
| 23 | 8:06:51 | 02 20 31 | 07♌58 | 14 52 | 20 57 | 28 21 | 24 29 | 07 58 | 07 31 | 16 12 | 21 00 | 29 54 | 29 10 |
| 24 | 8:10:48 | 03 21 32 | 21 42 | 28 26 | 21 49 | 29 35 | 24 23 | 08 11 | 07 28 | 16 15 | 21 02 | 29 56 | 29 07 |
| 25 | 8:14:44 | 04 22 33 | 05♍04 | 11♍37 | 22 33 | 00♑49 | 24 18 | 08 24 | 07 24 | 16 18 | 21 04 | 29 58 | 29 04 |
| 26 | 8:18:41 | 05 23 33 | 18 04 | 24 27 | 23 08 | 02 02 | 24 14 | 08 37 | 07 21 | 16 21 | 21 07 | 00 00 | 29 01 |
| 27 | 8:22:37 | 06 24 32 | 00♎44 | 06♎56 | 23 34 | 03 16 | 24 11 | 08 50 | 07 17 | 16 23 | 21 09 | 00♑02 | 28 58 |
| 28 | 8:26:34 | 07 25 30 | 13 05 | 19 10 | 23 49 | 04 30 | 24 08 | 09 03 | 07 13 | 16 26 | 21 11 | 00 03 | 28 55 |
| 29 | 8:30:31 | 08 26 28 | 25 12 | 01♏12 | 23 53℞ | 05 44 | 24 06 | 09 16 | 07 09 | 16 29 | 21 13 | 00 05 | 28 51 |
| 30 | 8:34:27 | 09 27 26 | 07♏10 | 13 06 | 23 45 | 06 58 | 24 05 | 09 29 | 07 05 | 16 32 | 21 16 | 00 07 | 28 48 |
| 31 | 8:38:24 | 10 28 22 | 19 02 | 24 58 | 23 27 | 08 11 | 24 05D | 09 42 | 07 01 | 16 35 | 21 18 | 00 09 | 28 45 |

## 0:00 E.T. Longitudes of the Major Asteroids and Chiron

| D | ⚳ | ⚴ | ⚵ | ⚶ | ⚷ |
|---|---|---|---|---|---|
| 1 | 09♉43 | 09♓51 | 07♐38 | 05♒39 | 13♒13 |
| 2 | 09 44 | 10 07 | 07 57 | 06 10 | 13 17 |
| 3 | 09 46 | 10 22 | 08 16 | 06 40 | 13 21 |
| 4 | 09 48 | 10 38 | 08 35 | 07 11 | 13 25 |
| 5 | 09 51 | 10 54 | 08 54 | 07 41 | 13 29 |
| 6 | 09 54 | 11 10 | 09 13 | 08 12 | 13 34 |
| 7 | 09 57 | 11 27 | 09 32 | 08 42 | 13 38 |
| 8 | 10 01 | 11 43 | 09 51 | 09 13 | 13 42 |
| 9 | 10 05 | 12 00 | 10 10 | 09 43 | 13 46 |
| 10 | 10 09 | 12 17 | 10 28 | 10 14 | 13 51 |
| 11 | 10 14 | 12 34 | 10 47 | 10 44 | 13 55 |
| 12 | 10 19 | 12 51 | 11 06 | 11 15 | 13 59 |
| 13 | 10 25 | 13 08 | 11 24 | 11 45 | 14 04 |
| 14 | 10 31 | 13 25 | 11 42 | 12 16 | 14 08 |
| 15 | 10 37 | 13 42 | 12 01 | 12 46 | 14 12 |
| 16 | 10 44 | 14 00 | 12 19 | 13 17 | 14 17 |
| 17 | 10 51 | 14 18 | 12 37 | 13 47 | 14 21 |
| 18 | 10 58 | 14 35 | 12 55 | 14 18 | 14 26 |
| 19 | 11 05 | 14 53 | 13 13 | 14 48 | 14 30 |
| 20 | 11 13 | 15 11 | 13 31 | 15 19 | 14 35 |
| 21 | 11 22 | 15 30 | 13 49 | 15 49 | 14 39 |
| 22 | 11 30 | 15 48 | 14 07 | 16 20 | 14 44 |
| 23 | 11 39 | 16 06 | 14 24 | 16 51 | 14 48 |
| 24 | 11 48 | 16 25 | 14 42 | 17 21 | 14 53 |
| 25 | 11 58 | 16 43 | 14 59 | 17 52 | 14 57 |
| 26 | 12 08 | 17 02 | 15 17 | 18 22 | 15 02 |
| 27 | 12 18 | 17 21 | 15 34 | 18 53 | 15 06 |
| 28 | 12 28 | 17 40 | 15 51 | 19 23 | 15 11 |
| 29 | 12 39 | 17 59 | 16 08 | 19 54 | 15 15 |
| 30 | 12 50 | 18 18 | 16 25 | 20 24 | 15 20 |
| 31 | 13 01 | 18 37 | 16 42 | 20 55 | 15 24 |

## Lunar Data

| Last Asp. | Ingress |
|---|---|
| 2 00:34 | 2 ♏ 01:33 |
| 4 00:31 | 4 ♐ 14:14 |
| 7 00:28 | 7 ♑ 01:44 |
| 8 11:38 | 9 ♒ 11:14 |
| 11 17:53 | 11 ♓ 18:45 |
| 13 23:42 | 14 ♈ 00:24 |
| 16 03:40 | 16 ♉ 04:14 |
| 18 02:06 | 18 ♊ 06:31 |
| 20 07:47 | 20 ♋ 08:06 |
| 21 10:57 | 22 ♌ 10:21 |
| 24 14:44 | 24 ♍ 14:49 |
| 26 11:33 | 26 ♎ 22:36 |
| 28 21:49 | 29 ♏ 09:36 |
| 31 08:36 | |

## 0:00 E.T. Declinations

| D | ☉ | ☽ | ☿ | ♀ | ♂ | ♃ | ♄ | ♅ | ♆ | ♇ | ⚳ | ⚴ | ⚵ | ⚶ | ⚷ |
|---|---|---|---|---|---|---|---|---|---|---|---|---|---|---|---|
| 1 | -23 04 | -10 21 | -24 19 | -18 28 | +26 56 | -23 14 | +09 58 | -06 28 | -15 00 | -17 09 | +09 39 | -09 30 | -11 56 | -21 35 | -10 47 |
| 2 | 22 59 | 15 22 | 24 05 | 18 44 | 26 57 | 23 14 | 09 59 | 06 27 | 15 00 | 17 09 | 09 43 | 09 29 | 11 57 | 21 28 | 10 46 |
| 3 | 22 54 | 19 47 | 23 51 | 19 00 | 26 58 | 23 14 | 10 00 | 06 26 | 14 59 | 17 09 | 09 48 | 09 27 | 11 58 | 21 21 | 10 45 |
| 4 | 22 48 | 23 26 | 23 34 | 19 15 | 26 58 | 23 13 | 10 01 | 06 26 | 14 59 | 17 09 | 09 53 | 09 26 | 11 59 | 21 15 | 10 44 |
| 5 | 22 42 | 26 07 | 23 17 | 19 29 | 26 59 | 23 13 | 10 02 | 06 25 | 14 58 | 17 09 | 09 58 | 09 24 | 12 00 | 21 08 | 10 43 |
| 6 | 22 36 | 27 39 | 22 57 | 19 43 | 26 59 | 23 13 | 10 02 | 06 24 | 14 57 | 17 09 | 10 03 | 09 22 | 12 01 | 21 01 | 10 42 |
| 7 | 22 29 | 27 52 | 22 36 | 19 57 | 26 59 | 23 12 | 10 03 | 06 23 | 14 57 | 17 10 | 10 09 | 09 20 | 12 02 | 20 54 | 10 41 |
| 8 | 22 21 | 26 41 | 22 14 | 20 10 | 26 59 | 23 12 | 10 04 | 06 22 | 14 56 | 17 10 | 10 14 | 09 18 | 12 03 | 20 47 | 10 40 |
| 9 | 22 13 | 24 10 | 21 50 | 20 22 | 26 59 | 23 12 | 10 05 | 06 21 | 14 56 | 17 10 | 10 19 | 09 16 | 12 03 | 20 39 | 10 39 |
| 10 | 22 05 | 20 24 | 21 25 | 20 34 | 26 59 | 23 11 | 10 06 | 06 20 | 14 55 | 17 10 | 10 25 | 09 14 | 12 04 | 20 32 | 10 38 |
| 11 | 21 56 | 15 37 | 20 58 | 20 45 | 26 58 | 23 11 | 10 08 | 06 20 | 14 54 | 17 10 | 10 30 | 09 12 | 12 05 | 20 25 | 10 37 |
| 12 | 21 47 | 10 03 | 20 30 | 20 56 | 26 58 | 23 10 | 10 09 | 06 19 | 14 54 | 17 10 | 10 36 | 09 09 | 12 05 | 20 17 | 10 36 |
| 13 | 21 37 | 03 57 | 20 00 | 21 06 | 26 57 | 23 10 | 10 10 | 06 18 | 14 53 | 17 10 | 10 42 | 09 07 | 12 05 | 20 10 | 10 35 |
| 14 | 21 27 | +02 25 | 19 30 | 21 16 | 26 57 | 23 09 | 10 11 | 06 17 | 14 52 | 17 10 | 10 47 | 09 05 | 12 06 | 20 02 | 10 34 |
| 15 | 21 16 | 08 45 | 18 59 | 21 25 | 26 56 | 23 09 | 10 12 | 06 16 | 14 52 | 17 10 | 10 53 | 09 02 | 12 06 | 19 54 | 10 33 |
| 16 | 21 06 | 14 46 | 18 26 | 21 34 | 26 55 | 23 08 | 10 13 | 06 15 | 14 51 | 17 10 | 10 59 | 08 59 | 12 06 | 19 47 | 10 32 |
| 17 | 20 54 | 20 05 | 17 53 | 21 41 | 26 54 | 23 08 | 10 15 | 06 14 | 14 50 | 17 10 | 11 05 | 08 57 | 12 06 | 19 39 | 10 31 |
| 18 | 20 43 | 24 20 | 17 19 | 21 49 | 26 54 | 23 07 | 10 16 | 06 13 | 14 50 | 17 10 | 11 11 | 08 54 | 12 06 | 19 31 | 10 30 |
| 19 | 20 30 | 27 04 | 16 45 | 21 55 | 26 53 | 23 06 | 10 17 | 06 12 | 14 49 | 17 10 | 11 17 | 08 51 | 12 06 | 19 23 | 10 29 |
| 20 | 20 18 | 27 59 | 16 11 | 22 01 | 26 52 | 23 06 | 10 19 | 06 11 | 14 48 | 17 10 | 11 24 | 08 48 | 12 06 | 19 15 | 10 27 |
| 21 | 20 05 | 26 59 | 15 37 | 22 06 | 26 51 | 23 05 | 10 20 | 06 10 | 14 48 | 17 10 | 11 30 | 08 45 | 12 06 | 19 06 | 10 26 |
| 22 | 19 52 | 24 12 | 15 04 | 22 11 | 26 50 | 23 05 | 10 22 | 06 09 | 14 47 | 17 10 | 11 36 | 08 42 | 12 06 | 18 58 | 10 25 |
| 23 | 19 38 | 20 00 | 14 32 | 22 15 | 26 49 | 23 04 | 10 23 | 06 08 | 14 46 | 17 10 | 11 43 | 08 39 | 12 05 | 18 50 | 10 24 |
| 24 | 19 24 | 14 48 | 14 01 | 22 19 | 26 48 | 23 03 | 10 25 | 06 07 | 14 46 | 17 10 | 11 49 | 08 36 | 12 05 | 18 41 | 10 23 |
| 25 | 19 10 | 09 02 | 13 32 | 22 21 | 26 47 | 23 02 | 10 26 | 06 06 | 14 45 | 17 10 | 11 56 | 08 32 | 12 04 | 18 33 | 10 22 |
| 26 | 18 55 | 03 02 | 13 05 | 22 24 | 26 46 | 23 02 | 10 28 | 06 04 | 14 44 | 17 10 | 12 02 | 08 29 | 12 04 | 18 24 | 10 20 |
| 27 | 18 40 | -02 55 | 12 40 | 22 25 | 26 45 | 23 01 | 10 29 | 06 03 | 14 44 | 17 10 | 12 09 | 08 26 | 12 03 | 18 16 | 10 19 |
| 28 | 18 25 | 08 36 | 12 19 | 22 26 | 26 44 | 23 00 | 10 31 | 06 02 | 14 43 | 17 10 | 12 15 | 08 22 | 12 03 | 18 07 | 10 18 |
| 29 | 18 09 | 13 52 | 12 01 | 22 26 | 26 43 | 22 59 | 10 32 | 06 01 | 14 42 | 17 10 | 12 22 | 08 19 | 12 02 | 17 58 | 10 17 |
| 30 | 17 53 | 18 33 | 11 46 | 22 25 | 26 42 | 22 58 | 10 34 | 06 00 | 14 41 | 17 10 | 12 29 | 08 15 | 12 01 | 17 50 | 10 16 |
| 31 | 17 37 | 22 29 | 11 36 | 22 24 | 26 41 | 22 58 | 10 36 | 05 59 | 14 41 | 17 10 | 12 36 | 08 12 | 12 00 | 17 41 | 10 14 |

Lunar Phases -- 8 ● 11:38 15 ◐ 19:47 22 ○ 13:36 30 ◑ 05:04 Sun enters ♒ 1/20 16:45

## Feb. 08 — Longitudes of Main Planets - February 2008 — 0:00 E.T.

| D | S.T. | ☉ | ☽ | ☽ 12:00 | ☿ | ♀ | ♂ | ♃ | ♄ | ♅ | ♆ | ♇ | ☊ |
|---|---|---|---|---|---|---|---|---|---|---|---|---|---|
| 1 | 8:42:20 | 11♒29 18 | 00♐55 | 06♐53 | 22♒57℞ | 09♑25 | 24♊05 | 09♑55 | 06♍57℞ | 16♓38 | 21♒20 | 00♑11 | 28♒42 |
| 2 | 8:46:17 | 12 30 13 | 12 52 | 18 54 | 22 17 | 10 39 | 24 06 | 10 08 | 06 53 | 16 41 | 21 22 | 00 12 | 28 39 |
| 3 | 8:50:13 | 13 31 08 | 24 58 | 01♑05 | 21 27 | 11 53 | 24 08 | 10 20 | 06 49 | 16 44 | 21 25 | 00 14 | 28 35 |
| 4 | 8:54:10 | 14 32 01 | 07♑16 | 13 30 | 20 29 | 13 07 | 24 11 | 10 33 | 06 45 | 16 47 | 21 27 | 00 16 | 28 32 |
| 5 | 8:58:06 | 15 32 54 | 19 48 | 26 10 | 19 24 | 14 21 | 24 14 | 10 45 | 06 40 | 16 50 | 21 29 | 00 18 | 28 29 |
| 6 | 9:02:03 | 16 33 45 | 02♒36 | 09♒06 | 18 15 | 15 35 | 24 18 | 10 58 | 06 36 | 16 53 | 21 31 | 00 19 | 28 26 |
| 7 | 9:06:00 | 17 34 36 | 15 40 | 22 18 | 17 03 | 16 49 | 24 23 | 11 10 | 06 31 | 16 56 | 21 34 | 00 21 | 28 23 |
| 8 | 9:09:56 | 18 35 25 | 29 00 | 05♓45 | 15 51 | 18 03 | 24 29 | 11 23 | 06 27 | 16 59 | 21 36 | 00 23 | 28 20 |
| 9 | 9:13:53 | 19 36 13 | 12♓34 | 19 26 | 14 40 | 19 17 | 24 35 | 11 35 | 06 23 | 17 02 | 21 38 | 00 24 | 28 16 |
| 10 | 9:17:49 | 20 36 59 | 26 21 | 03♈18 | 13 32 | 20 31 | 24 41 | 11 47 | 06 18 | 17 05 | 21 41 | 00 26 | 28 13 |
| 11 | 9:21:46 | 21 37 44 | 10♈18 | 17 19 | 12 28 | 21 45 | 24 49 | 11 59 | 06 13 | 17 09 | 21 43 | 00 27 | 28 10 |
| 12 | 9:25:42 | 22 38 27 | 24 22 | 01♉26 | 11 31 | 22 59 | 24 57 | 12 12 | 06 09 | 17 12 | 21 45 | 00 29 | 28 07 |
| 13 | 9:29:39 | 23 39 09 | 08♉30 | 15 36 | 10 41 | 24 13 | 25 06 | 12 24 | 06 04 | 17 15 | 21 47 | 00 30 | 28 04 |
| 14 | 9:33:35 | 24 39 49 | 22 42 | 29 48 | 09 58 | 25 27 | 25 15 | 12 36 | 05 59 | 17 18 | 21 50 | 00 32 | 28 01 |
| 15 | 9:37:32 | 25 40 27 | 06♊54 | 13♊59 | 09 22 | 26 41 | 25 25 | 12 47 | 05 55 | 17 21 | 21 52 | 00 33 | 27 57 |
| 16 | 9:41:29 | 26 41 04 | 21 03 | 28 07 | 08 55 | 27 55 | 25 36 | 12 59 | 05 50 | 17 25 | 21 54 | 00 35 | 27 54 |
| 17 | 9:45:25 | 27 41 39 | 05♋09 | 12♋09 | 08 36 | 29 09 | 25 47 | 13 11 | 05 45 | 17 28 | 21 56 | 00 36 | 27 51 |
| 18 | 9:49:22 | 28 42 12 | 19 07 | 26 03 | 08 24 | 00♒23 | 25 58 | 13 23 | 05 41 | 17 31 | 21 59 | 00 38 | 27 48 |
| 19 | 9:53:18 | 29 42 44 | 02♌56 | 09♌46 | 08 19 | 01 38 | 26 11 | 13 34 | 05 36 | 17 35 | 22 01 | 00 39 | 27 45 |
| 20 | 9:57:15 | 00♓43 14 | 16 33 | 23 16 | 08 22D | 02 52 | 26 23 | 13 46 | 05 31 | 17 38 | 22 03 | 00 40 | 27 41 |
| 21 | 10:01:11 | 01 43 42 | 29 56 | 06♍32 | 08 31 | 04 06 | 26 37 | 13 57 | 05 26 | 17 41 | 22 06 | 00 42 | 27 38 |
| 22 | 10:05:08 | 02 44 08 | 13♍03 | 19 31 | 08 46 | 05 20 | 26 50 | 14 08 | 05 21 | 17 45 | 22 08 | 00 43 | 27 35 |
| 23 | 10:09:04 | 03 44 33 | 25 54 | 02♎14 | 09 08 | 06 34 | 27 05 | 14 20 | 05 16 | 17 48 | 22 10 | 00 44 | 27 32 |
| 24 | 10:13:01 | 04 44 56 | 08♎29 | 14 41 | 09 34 | 07 48 | 27 19 | 14 31 | 05 12 | 17 51 | 22 12 | 00 45 | 27 29 |
| 25 | 10:16:58 | 05 45 18 | 20 50 | 26 55 | 10 06 | 09 02 | 27 35 | 14 42 | 05 07 | 17 55 | 22 15 | 00 46 | 27 26 |
| 26 | 10:20:54 | 06 45 38 | 02♏58 | 08♏58 | 10 42 | 10 16 | 27 50 | 14 53 | 05 02 | 17 58 | 22 17 | 00 48 | 27 22 |
| 27 | 10:24:51 | 07 45 57 | 14 57 | 20 54 | 11 22 | 11 31 | 28 06 | 15 04 | 04 57 | 18 01 | 22 19 | 00 49 | 27 19 |
| 28 | 10:28:47 | 08 46 15 | 26 50 | 02♐47 | 12 07 | 12 45 | 28 23 | 15 15 | 04 52 | 18 05 | 22 21 | 00 50 | 27 16 |
| 29 | 10:32:44 | 09 46 31 | 08♐43 | 14 41 | 12 55 | 13 59 | 28 40 | 15 25 | 04 47 | 18 08 | 22 23 | 00 51 | 27 13 |

## 0:00 E.T. — Longitudes of the Major Asteroids and Chiron

| D | ⚳ | ⚴ | ⚵ | ⚶ | ⚷ |
|---|---|---|---|---|---|
| 1 | 13♉13 | 18♓56 | 16♐59 | 21♒25 | 15♒29 |
| 2 | 13 25 | 19 16 | 17 15 | 21 56 | 15 34 |
| 3 | 13 37 | 19 35 | 17 32 | 22 26 | 15 38 |
| 4 | 13 49 | 19 55 | 17 48 | 22 57 | 15 43 |
| 5 | 14 02 | 20 15 | 18 05 | 23 27 | 15 47 |
| 6 | 14 15 | 20 34 | 18 21 | 23 58 | 15 52 |
| 7 | 14 28 | 20 54 | 18 37 | 24 28 | 15 56 |
| 8 | 14 41 | 21 14 | 18 53 | 24 58 | 16 01 |
| 9 | 14 55 | 21 34 | 19 09 | 25 29 | 16 06 |
| 10 | 15 09 | 21 54 | 19 24 | 25 59 | 16 10 |
| 11 | 15 23 | 22 15 | 19 40 | 26 30 | 16 15 |
| 12 | 15 37 | 22 35 | 19 55 | 27 00 | 16 19 |
| 13 | 15 52 | 22 55 | 20 10 | 27 30 | 16 24 |
| 14 | 16 06 | 23 16 | 20 26 | 28 01 | 16 28 |
| 15 | 16 21 | 23 36 | 20 41 | 28 31 | 16 33 |
| 16 | 16 37 | 23 57 | 20 55 | 29 01 | 16 37 |
| 17 | 16 52 | 24 18 | 21 10 | 29 32 | 16 42 |
| 18 | 17 08 | 24 38 | 21 25 | 00♓02 | 16 46 |
| 19 | 17 24 | 24 59 | 21 39 | 00 32 | 16 51 |
| 20 | 17 40 | 25 20 | 21 53 | 01 02 | 16 55 |
| 21 | 17 56 | 25 41 | 22 07 | 01 33 | 17 00 |
| 22 | 18 13 | 26 02 | 22 21 | 02 03 | 17 04 |
| 23 | 18 29 | 26 23 | 22 35 | 02 33 | 17 09 |
| 24 | 18 46 | 26 44 | 22 49 | 03 03 | 17 13 |
| 25 | 19 03 | 27 06 | 23 02 | 03 33 | 17 18 |
| 26 | 19 20 | 27 27 | 23 16 | 04 03 | 17 22 |
| 27 | 19 38 | 27 48 | 23 29 | 04 34 | 17 26 |
| 28 | 19 55 | 28 10 | 23 42 | 05 04 | 17 31 |
| 29 | 20 13 | 28 31 | 23 54 | 05 34 | 17 35 |

## Lunar Data

| Last Asp. | | Ingress | | |
|---|---|---|---|---|
| 2 | 22:22 | 3 | ♑ | 09:53 |
| 4 | 18:21 | 5 | ♒ | 19:10 |
| 7 | 15:51 | 8 | ♓ | 01:47 |
| 9 | 21:06 | 10 | ♈ | 06:18 |
| 12 | 01:01 | 12 | ♉ | 09:35 |
| 14 | 05:06 | 14 | ♊ | 12:20 |
| 16 | 10:18 | 16 | ♋ | 15:13 |
| 17 | 21:14 | 18 | ♌ | 18:53 |
| 20 | 17:54 | 21 | ♍ | 00:08 |
| 23 | 02:16 | 23 | ♎ | 07:46 |
| 25 | 13:36 | 25 | ♏ | 18:07 |
| 27 | 14:54 | 28 | ♐ | 06:23 |

## 0:00 E.T. — Declinations

| D | ☉ | ☽ | ☿ | ♀ | ♂ | ♃ | ♄ | ♅ | ♆ | ♇ | ⚳ | ⚴ | ⚵ | ⚶ | ⚷ |
|---|---|---|---|---|---|---|---|---|---|---|---|---|---|---|---|
| 1 | -17 20 | -25 29 | -11 30 | -22 22 | +26 40 | -22 57 | +10 37 | -05 58 | -14 40 | -17 10 | +12 42 | -08 08 | -11 59 | -17 32 | -10 13 |
| 2 | 17 03 | 27 23 | 11 28 | 22 20 | 26 39 | 22 56 | 10 39 | 05 56 | 14 39 | 17 10 | 12 49 | 08 04 | 11 58 | 17 23 | 10 12 |
| 3 | 16 46 | 28 02 | 11 31 | 22 16 | 26 38 | 22 55 | 10 41 | 05 55 | 14 39 | 17 10 | 12 56 | 08 01 | 11 57 | 17 14 | 10 10 |
| 4 | 16 28 | 27 18 | 11 37 | 22 13 | 26 37 | 22 54 | 10 43 | 05 54 | 14 38 | 17 09 | 13 03 | 07 57 | 11 56 | 17 05 | 10 09 |
| 5 | 16 11 | 25 12 | 11 48 | 22 08 | 26 37 | 22 53 | 10 44 | 05 53 | 14 37 | 17 09 | 13 10 | 07 53 | 11 54 | 16 55 | 10 08 |
| 6 | 15 52 | 21 46 | 12 01 | 22 03 | 26 36 | 22 52 | 10 46 | 05 52 | 14 36 | 17 09 | 13 17 | 07 49 | 11 53 | 16 46 | 10 07 |
| 7 | 15 34 | 17 12 | 12 17 | 21 57 | 26 35 | 22 51 | 10 48 | 05 50 | 14 36 | 17 09 | 13 24 | 07 45 | 11 52 | 16 37 | 10 05 |
| 8 | 15 15 | 11 43 | 12 35 | 21 50 | 26 34 | 22 50 | 10 50 | 05 49 | 14 35 | 17 09 | 13 31 | 07 41 | 11 50 | 16 28 | 10 04 |
| 9 | 14 56 | 05 35 | 12 55 | 21 43 | 26 33 | 22 49 | 10 51 | 05 48 | 14 34 | 17 09 | 13 38 | 07 37 | 11 48 | 16 18 | 10 03 |
| 10 | 14 37 | +00 52 | 13 15 | 21 35 | 26 32 | 22 48 | 10 53 | 05 47 | 14 34 | 17 09 | 13 45 | 07 33 | 11 47 | 16 09 | 10 01 |
| 11 | 14 18 | 07 22 | 13 36 | 21 27 | 26 31 | 22 47 | 10 55 | 05 45 | 14 33 | 17 09 | 13 53 | 07 29 | 11 45 | 15 59 | 10 00 |
| 12 | 13 58 | 13 33 | 13 57 | 21 18 | 26 31 | 22 46 | 10 57 | 05 44 | 14 32 | 17 09 | 14 00 | 07 24 | 11 43 | 15 50 | 09 59 |
| 13 | 13 38 | 19 04 | 14 18 | 21 08 | 26 30 | 22 45 | 10 59 | 05 43 | 14 31 | 17 09 | 14 07 | 07 20 | 11 41 | 15 40 | 09 57 |
| 14 | 13 18 | 23 32 | 14 38 | 20 58 | 26 29 | 22 44 | 11 01 | 05 42 | 14 31 | 17 09 | 14 14 | 07 16 | 11 40 | 15 30 | 09 56 |
| 15 | 12 58 | 26 36 | 14 56 | 20 47 | 26 28 | 22 43 | 11 02 | 05 40 | 14 30 | 17 09 | 14 22 | 07 12 | 11 38 | 15 21 | 09 55 |
| 16 | 12 37 | 27 59 | 15 14 | 20 35 | 26 28 | 22 42 | 11 04 | 05 39 | 14 29 | 17 09 | 14 29 | 07 07 | 11 35 | 15 11 | 09 53 |
| 17 | 12 16 | 27 33 | 15 30 | 20 23 | 26 27 | 22 41 | 11 06 | 05 38 | 14 28 | 17 09 | 14 36 | 07 03 | 11 33 | 15 01 | 09 52 |
| 18 | 11 56 | 25 21 | 15 45 | 20 10 | 26 26 | 22 40 | 11 08 | 05 36 | 14 28 | 17 09 | 14 43 | 06 59 | 11 31 | 14 52 | 09 51 |
| 19 | 11 34 | 21 40 | 15 58 | 19 57 | 26 25 | 22 39 | 11 10 | 05 35 | 14 27 | 17 09 | 14 51 | 06 54 | 11 29 | 14 42 | 09 49 |
| 20 | 11 13 | 16 52 | 16 10 | 19 43 | 26 24 | 22 38 | 11 12 | 05 34 | 14 26 | 17 08 | 14 58 | 06 50 | 11 27 | 14 32 | 09 48 |
| 21 | 10 52 | 11 19 | 16 20 | 19 28 | 26 24 | 22 37 | 11 14 | 05 33 | 14 26 | 17 08 | 15 05 | 06 45 | 11 24 | 14 22 | 09 47 |
| 22 | 10 30 | 05 22 | 16 28 | 19 13 | 26 23 | 22 36 | 11 16 | 05 31 | 14 25 | 17 08 | 15 13 | 06 41 | 11 22 | 14 12 | 09 45 |
| 23 | 10 08 | -00 40 | 16 35 | 18 57 | 26 22 | 22 35 | 11 17 | 05 30 | 14 24 | 17 08 | 15 20 | 06 36 | 11 19 | 14 02 | 09 44 |
| 24 | 09 46 | 06 32 | 16 40 | 18 41 | 26 21 | 22 34 | 11 19 | 05 29 | 14 23 | 17 08 | 15 27 | 06 32 | 11 17 | 13 52 | 09 42 |
| 25 | 09 24 | 12 02 | 16 43 | 18 24 | 26 20 | 22 32 | 11 21 | 05 27 | 14 23 | 17 08 | 15 35 | 06 27 | 11 14 | 13 42 | 09 41 |
| 26 | 09 02 | 17 00 | 16 45 | 18 07 | 26 19 | 22 31 | 11 23 | 05 26 | 14 22 | 17 08 | 15 42 | 06 23 | 11 11 | 13 32 | 09 40 |
| 27 | 08 39 | 21 14 | 16 46 | 17 49 | 26 19 | 22 30 | 11 25 | 05 25 | 14 21 | 17 08 | 15 49 | 06 18 | 11 08 | 13 22 | 09 38 |
| 28 | 08 17 | 24 35 | 16 45 | 17 31 | 26 18 | 22 29 | 11 27 | 05 23 | 14 21 | 17 08 | 15 57 | 06 13 | 11 06 | 13 12 | 09 37 |
| 29 | 07 54 | 26 52 | 16 42 | 17 12 | 26 17 | 22 28 | 11 28 | 05 22 | 14 20 | 17 08 | 16 04 | 06 09 | 11 03 | 13 01 | 09 35 |

Lunar Phases -- 7 ● 03:46 ☊ 14 ◐ 03:35 21 Ⓔ 03:32 ☋ 29 ◑ 02:19 Sun enters ♓ 2/19 06:51

## 0:00 E.T. — Longitudes of Main Planets - March 2008 — Mar. 08

| D | S.T. | ☉ | ☽ | ☽ 12:00 | ☿ | ♀ | ♂ | ♃ | ♄ | ♅ | ♆ | ♇ | ☊ |
|---|------|---|---|---------|---|---|---|---|---|---|---|---|---|
| 1 | 10:36:40 | 10♓46 45 | 20♐40 | 26♐41 | 13♒46 | 15♒13 | 28♊57 | 15♑36 | 04♍43℞ | 18♓12 | 22♒26 | 00♑52 | 27♒10 |
| 2 | 10:40:37 | 11 46 58 | 02♑45 | 08♑52 | 14 41 | 16 27 | 29 15 | 15 46 | 04 38 | 18 15 | 22 28 | 00 53 | 27 07 |
| 3 | 10:44:33 | 12 47 10 | 15 03 | 21 19 | 15 39 | 17 42 | 29 33 | 15 57 | 04 33 | 18 18 | 22 30 | 00 54 | 27 03 |
| 4 | 10:48:30 | 13 47 19 | 27 39 | 04♒04 | 16 39 | 18 56 | 29 52 | 16 07 | 04 28 | 18 22 | 22 32 | 00 55 | 27 00 |
| 5 | 10:52:27 | 14 47 28 | 10♒34 | 17 10 | 17 42 | 20 10 | 00♋11 | 16 17 | 04 24 | 18 25 | 22 34 | 00 56 | 26 57 |
| 6 | 10:56:23 | 15 47 34 | 23 51 | 00♓38 | 18 47 | 21 24 | 00 31 | 16 27 | 04 19 | 18 29 | 22 36 | 00 57 | 26 54 |
| 7 | 11:00:20 | 16 47 39 | 07♓30 | 14 27 | 19 55 | 22 38 | 00 50 | 16 37 | 04 14 | 18 32 | 22 39 | 00 58 | 26 51 |
| 8 | 11:04:16 | 17 47 42 | 21 28 | 28 34 | 21 05 | 23 53 | 01 10 | 16 47 | 04 10 | 18 36 | 22 41 | 00 58 | 26 47 |
| 9 | 11:08:13 | 18 47 43 | 05♈44 | 12♈56 | 22 16 | 25 07 | 01 31 | 16 57 | 04 05 | 18 39 | 22 43 | 00 59 | 26 44 |
| 10 | 11:12:09 | 19 47 42 | 20 10 | 27 26 | 23 30 | 26 21 | 01 52 | 17 07 | 04 00 | 18 43 | 22 45 | 01 00 | 26 41 |
| 11 | 11:16:06 | 20 47 39 | 04♉42 | 11♉58 | 24 46 | 27 35 | 02 13 | 17 16 | 03 56 | 18 46 | 22 47 | 01 01 | 26 38 |
| 12 | 11:20:02 | 21 47 33 | 19 13 | 26 27 | 26 03 | 28 49 | 02 35 | 17 26 | 03 51 | 18 49 | 22 49 | 01 01 | 26 35 |
| 13 | 11:23:59 | 22 47 26 | 03♊38 | 10♊47 | 27 22 | 00♓03 | 02 56 | 17 35 | 03 47 | 18 53 | 22 51 | 01 02 | 26 32 |
| 14 | 11:27:56 | 23 47 16 | 17 54 | 24 57 | 28 42 | 01 18 | 03 19 | 17 44 | 03 43 | 18 56 | 22 53 | 01 03 | 26 28 |
| 15 | 11:31:52 | 24 47 05 | 01♋57 | 08♋54 | 00♓04 | 02 32 | 03 41 | 17 53 | 03 38 | 19 00 | 22 55 | 01 03 | 26 25 |
| 16 | 11:35:49 | 25 46 51 | 15 47 | 22 37 | 01 28 | 03 46 | 04 04 | 18 02 | 03 34 | 19 03 | 22 57 | 01 04 | 26 22 |
| 17 | 11:39:45 | 26 46 34 | 29 24 | 06♌07 | 02 53 | 05 00 | 04 27 | 18 11 | 03 30 | 19 07 | 22 59 | 01 05 | 26 19 |
| 18 | 11:43:42 | 27 46 15 | 12♌47 | 19 24 | 04 19 | 06 14 | 04 50 | 18 20 | 03 25 | 19 10 | 23 01 | 01 05 | 26 16 |
| 19 | 11:47:38 | 28 45 55 | 25 57 | 02♍28 | 05 47 | 07 28 | 05 14 | 18 28 | 03 21 | 19 13 | 23 03 | 01 06 | 26 13 |
| 20 | 11:51:35 | 29 45 31 | 08♍56 | 15 21 | 07 16 | 08 43 | 05 38 | 18 37 | 03 17 | 19 17 | 23 05 | 01 06 | 26 09 |
| 21 | 11:55:31 | 00♈45 06 | 21 43 | 28 02 | 08 47 | 09 57 | 06 02 | 18 45 | 03 13 | 19 20 | 23 07 | 01 06 | 26 06 |
| 22 | 11:59:28 | 01 44 39 | 04♎18 | 10♎31 | 10 19 | 11 11 | 06 26 | 18 53 | 03 09 | 19 23 | 23 09 | 01 07 | 26 03 |
| 23 | 12:03:25 | 02 44 09 | 16 42 | 22 50 | 11 52 | 12 25 | 06 51 | 19 01 | 03 05 | 19 27 | 23 11 | 01 07 | 26 00 |
| 24 | 12:07:21 | 03 43 38 | 28 56 | 04♏59 | 13 27 | 13 39 | 07 16 | 19 09 | 03 02 | 19 30 | 23 12 | 01 07 | 25 57 |
| 25 | 12:11:18 | 04 43 05 | 11♏00 | 17 00 | 15 03 | 14 53 | 07 41 | 19 17 | 02 58 | 19 34 | 23 14 | 01 08 | 25 53 |
| 26 | 12:15:14 | 05 42 30 | 22 58 | 28 55 | 16 40 | 16 07 | 08 06 | 19 25 | 02 54 | 19 37 | 23 16 | 01 08 | 25 50 |
| 27 | 12:19:11 | 06 41 53 | 04♐47 | 10♐47 | 18 19 | 17 22 | 08 32 | 19 32 | 02 51 | 19 40 | 23 18 | 01 08 | 25 47 |
| 28 | 12:23:07 | 07 41 14 | 16 43 | 22 40 | 19 59 | 18 36 | 08 58 | 19 40 | 02 47 | 19 44 | 23 20 | 01 08 | 25 44 |
| 29 | 12:27:04 | 08 40 34 | 28 38 | 04♑38 | 21 41 | 19 50 | 09 24 | 19 47 | 02 44 | 19 47 | 23 21 | 01 09 | 25 41 |
| 30 | 12:31:00 | 09 39 52 | 10♑41 | 16 47 | 23 23 | 21 04 | 09 50 | 19 54 | 02 40 | 19 50 | 23 23 | 01 09 | 25 38 |
| 31 | 12:34:57 | 10 39 08 | 22 56 | 29 10 | 25 07 | 22 18 | 10 16 | 20 01 | 02 37 | 19 53 | 23 25 | 01 09 | 25 34 |

## 0:00 E.T. — Longitudes of the Major Asteroids and Chiron — Lunar Data

| D | ⚳ | ⚴ | ⚵ | ⚶ | ⚷ | D | ⚳ | ⚴ | ⚵ | ⚶ | ⚷ |
|---|---|---|---|---|---|---|---|---|---|---|---|
| 1 | 20♉31 | 28♓53 | 24♐07 | 06♓04 | 17♒39 | 17 | 25 39 | 04 45 | 27 02 | 14 00 | 18 44 |
| 2 | 20 49 | 29 14 | 24 19 | 06 34 | 17 44 | 18 | 25 59 | 05 08 | 27 11 | 14 29 | 18 48 |
| 3 | 21 07 | 29 36 | 24 32 | 07 04 | 17 48 | 19 | 26 20 | 05 30 | 27 20 | 14 59 | 18 52 |
| 4 | 21 26 | 29 58 | 24 44 | 07 34 | 17 52 | 20 | 26 40 | 05 53 | 27 28 | 15 28 | 18 56 |
| 5 | 21 44 | 00♈20 | 24 55 | 08 03 | 17 56 | 21 | 27 01 | 06 15 | 27 36 | 15 58 | 18 59 |
| 6 | 22 03 | 00 41 | 25 07 | 08 33 | 18 00 | 22 | 27 22 | 06 38 | 27 45 | 16 27 | 19 03 |
| 7 | 22 22 | 01 03 | 25 19 | 09 03 | 18 05 | 23 | 27 43 | 07 01 | 27 53 | 16 56 | 19 07 |
| 8 | 22 41 | 01 25 | 25 30 | 09 33 | 18 09 | 24 | 28 04 | 07 23 | 28 00 | 17 26 | 19 10 |
| 9 | 23 00 | 01 47 | 25 41 | 10 03 | 18 13 | 25 | 28 25 | 07 46 | 28 08 | 17 55 | 19 14 |
| 10 | 23 20 | 02 09 | 25 52 | 10 33 | 18 17 | 26 | 28 47 | 08 09 | 28 15 | 18 24 | 19 17 |
| 11 | 23 39 | 02 32 | 26 02 | 11 02 | 18 21 | 27 | 29 08 | 08 32 | 28 21 | 18 53 | 19 21 |
| 12 | 23 59 | 02 54 | 26 13 | 11 32 | 18 25 | 28 | 29 30 | 08 55 | 28 28 | 19 22 | 19 24 |
| 13 | 24 18 | 03 16 | 26 23 | 12 02 | 18 29 | 29 | 29 52 | 09 18 | 28 34 | 19 51 | 19 27 |
| 14 | 24 38 | 03 38 | 26 33 | 12 31 | 18 33 | 30 | 00♊13 | 09 40 | 28 40 | 20 20 | 19 31 |
| 15 | 24 58 | 04 01 | 26 43 | 13 01 | 18 37 | 31 | 00 35 | 10 03 | 28 46 | 20 49 | 19 34 |
| 16 | 25 19 | 04 23 | 26 52 | 13 30 | 18 41 | | | | | | |

### Lunar Data

| Last Asp. | Ingress |
|-----------|---------|
| 1 16:55 | 1 ♑ 18:34 |
| 3 06:17 | 4 ♒ 04:25 |
| 5 21:46 | 6 ♓ 10:54 |
| 7 19:05 | 8 ♈ 14:24 |
| 10 11:10 | 10 ♉ 16:15 |
| 12 17:28 | 12 ♊ 17:55 |
| 14 20:25 | 14 ♋ 20:39 |
| 16 18:59 | 17 ♌ 01:05 |
| 18 18:39 | 19 ♍ 07:26 |
| 20 19:30 | 21 ♎ 15:46 |
| 23 12:42 | 24 ♏ 02:07 |
| 26 00:37 | 26 ♐ 14:12 |
| 28 13:22 | 29 ♑ 02:44 |
| 31 04:55 | |

## 0:00 E.T. — Declinations

| D | ☉ | ☽ | ☿ | ♀ | ♂ | ♃ | ♄ | ♅ | ♆ | ♇ | ⚳ | ⚴ | ⚵ | ⚶ | ⚷ |
|---|---|---|---|---|---|---|---|---|---|---|---|---|---|---|---|
| 1 | -07 32 | -27 58 | -16 38 | -16 53 | +26 16 | -22 27 | +11 30 | -05 21 | -14 19 | -17 08 | +16 12 | -06 04 | -11 00 | -12 51 | -09 34 |
| 2 | 07 09 | 27 44 | 16 32 | 16 33 | 26 15 | 22 26 | 11 32 | 05 19 | 14 18 | 17 07 | 16 19 | 05 59 | 10 57 | 12 41 | 09 33 |
| 3 | 06 46 | 26 09 | 16 25 | 16 13 | 26 14 | 22 25 | 11 34 | 05 18 | 14 18 | 17 07 | 16 26 | 05 54 | 10 54 | 12 31 | 09 31 |
| 4 | 06 23 | 23 14 | 16 16 | 15 52 | 26 13 | 22 23 | 11 36 | 05 17 | 14 17 | 17 07 | 16 34 | 05 50 | 10 50 | 12 21 | 09 30 |
| 5 | 05 59 | 19 06 | 16 06 | 15 31 | 26 12 | 22 22 | 11 37 | 05 16 | 14 16 | 17 07 | 16 41 | 05 45 | 10 47 | 12 00 | 09 29 |
| 6 | 05 36 | 13 55 | 15 54 | 15 09 | 26 10 | 22 21 | 11 39 | 05 14 | 14 15 | 17 07 | 16 48 | 05 40 | 10 44 | 12 00 | 09 27 |
| 7 | 05 13 | 07 56 | 15 41 | 14 47 | 26 09 | 22 20 | 11 41 | 05 13 | 14 15 | 17 07 | 16 56 | 05 35 | 10 41 | 11 50 | 09 26 |
| 8 | 04 49 | 01 26 | 15 27 | 14 25 | 26 08 | 22 19 | 11 43 | 05 11 | 14 14 | 17 07 | 17 03 | 05 31 | 10 37 | 11 39 | 09 24 |
| 9 | 04 26 | +05 15 | 15 11 | 14 02 | 26 07 | 22 18 | 11 44 | 05 09 | 14 14 | 17 07 | 17 10 | 05 26 | 10 34 | 11 29 | 09 23 |
| 10 | 04 02 | 11 44 | 14 54 | 13 39 | 26 05 | 22 17 | 11 46 | 05 09 | 14 13 | 17 07 | 17 17 | 05 21 | 10 30 | 11 19 | 09 22 |
| 11 | 03 39 | 17 37 | 14 36 | 13 15 | 26 04 | 22 16 | 11 48 | 05 07 | 14 12 | 17 06 | 17 25 | 05 16 | 10 27 | 11 08 | 09 20 |
| 12 | 03 15 | 22 30 | 14 16 | 12 51 | 26 02 | 22 14 | 11 49 | 05 06 | 14 12 | 17 06 | 17 32 | 05 12 | 10 23 | 10 58 | 09 19 |
| 13 | 02 52 | 25 59 | 13 55 | 12 27 | 26 01 | 22 13 | 11 51 | 05 04 | 14 11 | 17 06 | 17 39 | 05 07 | 10 20 | 10 47 | 09 17 |
| 14 | 02 28 | 27 47 | 13 32 | 12 02 | 25 59 | 22 12 | 11 53 | 05 03 | 14 10 | 17 06 | 17 46 | 05 02 | 10 16 | 10 37 | 09 16 |
| 15 | 02 04 | 27 45 | 13 09 | 11 37 | 25 58 | 22 11 | 11 54 | 05 02 | 14 10 | 17 06 | 17 54 | 04 57 | 10 12 | 10 27 | 09 15 |
| 16 | 01 41 | 25 58 | 12 44 | 11 12 | 25 56 | 22 10 | 11 56 | 05 00 | 14 09 | 17 06 | 18 01 | 04 52 | 10 08 | 10 16 | 09 13 |
| 17 | 01 17 | 22 42 | 12 17 | 10 47 | 25 54 | 22 09 | 11 57 | 04 59 | 14 08 | 17 06 | 18 08 | 04 48 | 10 05 | 10 06 | 09 12 |
| 18 | 00 53 | 18 16 | 11 50 | 10 21 | 25 52 | 22 08 | 11 59 | 04 58 | 14 08 | 17 06 | 18 15 | 04 43 | 10 01 | 09 55 | 09 11 |
| 19 | 00 29 | 13 01 | 11 21 | 09 54 | 25 50 | 22 07 | 12 00 | 04 56 | 14 07 | 17 06 | 18 22 | 04 38 | 09 57 | 09 45 | 09 09 |
| 20 | 00 06 | 07 16 | 10 51 | 09 28 | 25 48 | 22 06 | 12 02 | 04 55 | 14 07 | 17 05 | 18 29 | 04 33 | 09 53 | 09 34 | 09 08 |
| 21 | +00 18 | 01 20 | 10 19 | 09 01 | 25 46 | 22 05 | 12 03 | 04 54 | 14 06 | 17 05 | 18 36 | 04 28 | 09 49 | 09 24 | 09 07 |
| 22 | 00 42 | -04 34 | 09 47 | 08 34 | 25 44 | 22 04 | 12 05 | 04 52 | 14 05 | 17 05 | 18 43 | 04 24 | 09 45 | 09 13 | 09 05 |
| 23 | 01 05 | 10 11 | 09 13 | 08 07 | 25 42 | 22 03 | 12 06 | 04 51 | 14 04 | 17 05 | 18 50 | 04 19 | 09 41 | 09 03 | 09 04 |
| 24 | 01 29 | 15 21 | 08 38 | 07 40 | 25 39 | 22 02 | 12 07 | 04 50 | 14 04 | 17 05 | 18 57 | 04 14 | 09 36 | 08 53 | 09 03 |
| 25 | 01 52 | 19 50 | 08 02 | 07 12 | 25 37 | 22 01 | 12 09 | 04 48 | 14 03 | 17 05 | 19 04 | 04 09 | 09 32 | 08 42 | 09 01 |
| 26 | 02 16 | 23 29 | 07 25 | 06 45 | 25 34 | 22 00 | 12 10 | 04 47 | 14 03 | 17 05 | 19 11 | 04 05 | 09 28 | 08 31 | 09 00 |
| 27 | 02 40 | 26 08 | 06 46 | 06 17 | 25 32 | 21 59 | 12 11 | 04 46 | 14 02 | 17 05 | 19 18 | 04 00 | 09 24 | 08 21 | 08 59 |
| 28 | 03 03 | 27 37 | 06 07 | 05 48 | 25 29 | 21 58 | 12 12 | 04 45 | 14 02 | 17 05 | 19 25 | 03 55 | 09 19 | 08 11 | 08 57 |
| 29 | 03 26 | 27 50 | 05 29 | 05 20 | 25 26 | 21 57 | 12 14 | 04 43 | 14 01 | 17 05 | 19 31 | 03 50 | 09 15 | 08 00 | 08 56 |
| 30 | 03 50 | 26 44 | 04 44 | 04 52 | 25 23 | 21 56 | 12 15 | 04 42 | 14 01 | 17 04 | 19 38 | 03 46 | 09 11 | 07 50 | 08 55 |
| 31 | 04 13 | 24 20 | 04 01 | 04 23 | 25 20 | 21 55 | 12 16 | 04 41 | 14 00 | 17 04 | 19 45 | 03 41 | 09 06 | 07 40 | 08 54 |

Lunar Phases -- 7 ● 17:15   14 ◐ 10:47   21 ○ 18:41   29 ◑ 21:48      Sun enters ♈ 3/20 05:50

**Apr. 08** — Longitudes of Main Planets - April 2008 — 0:00 E.T.

| D | S.T. | ☉ | ☽ | ☽ 12:00 | ☿ | ♀ | ♂ | ♃ | ♄ | ♅ | ♆ | ♇ | ☊ |
|---|---|---|---|---|---|---|---|---|---|---|---|---|---|
| 1 | 12:38:54 | 11♈38 22 | 05♒29 | 11♒54 | 26♓53 | 23♓32 | 10♋43 | 20♑08 | 02♍34℞ | 19♓57 | 23♒26 | 01♑09 | 25♒31 |
| 2 | 12:42:50 | 12 37 34 | 18 24 | 25 00 | 28 40 | 24 46 | 11 10 | 20 14 | 02 31 | 20 00 | 23 28 | 01 09 | 25 28 |
| 3 | 12:46:47 | 13 36 45 | 01♓44 | 08♓34 | 00♈28 | 26 00 | 11 37 | 20 21 | 02 27 | 20 03 | 23 30 | 01 09℞ | 25 25 |
| 4 | 12:50:43 | 14 35 53 | 15 30 | 22 34 | 02 18 | 27 15 | 12 04 | 20 27 | 02 25 | 20 06 | 23 31 | 01 09 | 25 22 |
| 5 | 12:54:40 | 15 35 00 | 29 43 | 06♈58 | 04 09 | 28 29 | 12 32 | 20 33 | 02 22 | 20 10 | 23 33 | 01 09 | 25 18 |
| 6 | 12:58:36 | 16 34 05 | 14♈18 | 21 43 | 06 02 | 29 43 | 12 59 | 20 39 | 02 19 | 20 13 | 23 34 | 01 09 | 25 15 |
| 7 | 13:02:33 | 17 33 08 | 29 10 | 06♉39 | 07 56 | 00♈57 | 13 27 | 20 45 | 02 16 | 20 16 | 23 36 | 01 09 | 25 12 |
| 8 | 13:06:29 | 18 32 08 | 14♉09 | 21 38 | 09 51 | 02 11 | 13 55 | 20 51 | 02 14 | 20 19 | 23 38 | 01 08 | 25 09 |
| 9 | 13:10:26 | 19 31 07 | 29 06 | 06♊31 | 11 48 | 03 25 | 14 23 | 20 56 | 02 11 | 20 22 | 23 39 | 01 08 | 25 06 |
| 10 | 13:14:23 | 20 30 03 | 13♊52 | 21 09 | 13 46 | 04 39 | 14 52 | 21 02 | 02 09 | 20 25 | 23 40 | 01 08 | 25 03 |
| 11 | 13:18:19 | 21 28 58 | 28 22 | 05♋30 | 15 46 | 05 53 | 15 20 | 21 07 | 02 06 | 20 28 | 23 42 | 01 08 | 24 59 |
| 12 | 13:22:16 | 22 27 50 | 12♋32 | 19 28 | 17 47 | 07 07 | 15 49 | 21 12 | 02 04 | 20 31 | 23 43 | 01 07 | 24 56 |
| 13 | 13:26:12 | 23 26 39 | 26 20 | 03♌06 | 19 49 | 08 21 | 16 18 | 21 17 | 02 02 | 20 34 | 23 45 | 01 07 | 24 53 |
| 14 | 13:30:09 | 24 25 26 | 09♌47 | 16 23 | 21 52 | 09 35 | 16 47 | 21 22 | 02 00 | 20 37 | 23 46 | 01 07 | 24 50 |
| 15 | 13:34:05 | 25 24 11 | 22 56 | 29 24 | 23 57 | 10 49 | 17 16 | 21 26 | 01 58 | 20 40 | 23 47 | 01 06 | 24 47 |
| 16 | 13:38:02 | 26 22 54 | 05♍48 | 12♍10 | 26 02 | 12 03 | 17 45 | 21 31 | 01 56 | 20 43 | 23 49 | 01 06 | 24 44 |
| 17 | 13:41:58 | 27 21 35 | 18 28 | 24 43 | 28 08 | 13 17 | 18 14 | 21 35 | 01 54 | 20 46 | 23 50 | 01 05 | 24 40 |
| 18 | 13:45:55 | 28 20 13 | 00♎56 | 07♎07 | 00♉15 | 14 31 | 18 44 | 21 39 | 01 53 | 20 49 | 23 51 | 01 05 | 24 37 |
| 19 | 13:49:52 | 29 18 49 | 13 15 | 19 22 | 02 22 | 15 45 | 19 14 | 21 43 | 01 51 | 20 52 | 23 52 | 01 05 | 24 34 |
| 20 | 13:53:48 | 00♉17 23 | 25 27 | 01♏30 | 04 30 | 16 59 | 19 43 | 21 46 | 01 50 | 20 55 | 23 54 | 01 04 | 24 31 |
| 21 | 13:57:45 | 01 15 56 | 07♏32 | 13 32 | 06 37 | 18 13 | 20 13 | 21 50 | 01 49 | 20 58 | 23 55 | 01 03 | 24 28 |
| 22 | 14:01:41 | 02 14 26 | 19 30 | 25 28 | 08 45 | 19 27 | 20 44 | 21 53 | 01 47 | 21 00 | 23 56 | 01 03 | 24 24 |
| 23 | 14:05:38 | 03 12 55 | 01♐25 | 07♐21 | 10 51 | 20 41 | 21 14 | 21 56 | 01 46 | 21 03 | 23 57 | 01 02 | 24 21 |
| 24 | 14:09:34 | 04 11 22 | 13 17 | 19 13 | 12 57 | 21 55 | 21 44 | 21 59 | 01 45 | 21 06 | 23 58 | 01 02 | 24 18 |
| 25 | 14:13:31 | 05 09 47 | 25 09 | 01♑06 | 15 01 | 23 09 | 22 15 | 22 02 | 01 44 | 21 09 | 23 59 | 01 01 | 24 15 |
| 26 | 14:17:27 | 06 08 11 | 07♑04 | 13 03 | 17 04 | 24 23 | 22 45 | 22 05 | 01 44 | 21 11 | 24 00 | 01 00 | 24 12 |
| 27 | 14:21:24 | 07 06 33 | 19 05 | 25 10 | 19 05 | 25 36 | 23 16 | 22 07 | 01 43 | 21 14 | 24 01 | 00 59 | 24 09 |
| 28 | 14:25:21 | 08 04 53 | 01♒18 | 07♒30 | 21 04 | 26 50 | 23 47 | 22 10 | 01 42 | 21 17 | 24 02 | 00 59 | 24 05 |
| 29 | 14:29:17 | 09 03 12 | 13 47 | 20 09 | 23 00 | 28 04 | 24 18 | 22 12 | 01 42 | 21 19 | 24 03 | 00 58 | 24 02 |
| 30 | 14:33:14 | 10 01 29 | 26 37 | 03♓12 | 24 54 | 29 18 | 24 49 | 22 14 | 01 41 | 21 22 | 24 04 | 00 57 | 23 59 |

0:00 E.T. — Longitudes of the Major Asteroids and Chiron

| D | ⚳ | ⚴ | ⚵ | ⚶ | ⚷ | D | ⚳ | ⚴ | ⚵ | ⚶ | ⚷ |
|---|---|---|---|---|---|---|---|---|---|---|---|
| 1 | 00♊57 | 10♈26 | 28♐52 | 21♓18 | 19♒37 | 16 | 06 37 | 16 16 | 29 39 | 28 26 | 20 20 |
| 2 | 01 19 | 10 50 | 28 57 | 21 47 | 19 40 | 17 | 07 01 | 16 39 | 29 40 | 28 54 | 20 22 |
| 3 | 01 41 | 11 13 | 29 02 | 22 16 | 19 44 | 18 | 07 24 | 17 03 | 29 40 | 29 22 | 20 24 |
| 4 | 02 04 | 11 36 | 29 07 | 22 45 | 19 47 | 19 | 07 47 | 17 26 | 29 40℞ | 29 50 | 20 27 |
| 5 | 02 26 | 11 59 | 29 11 | 23 13 | 19 50 | 20 | 08 11 | 17 50 | 29 40 | 00♈18 | 20 29 |
| 6 | 02 48 | 12 22 | 29 15 | 23 42 | 19 53 | 21 | 08 35 | 18 13 | 29 39 | 00 46 | 20 31 |
| 7 | 03 11 | 12 45 | 29 19 | 24 11 | 19 56 | 22 | 08 58 | 18 37 | 29 38 | 01 14 | 20 33 |
| 8 | 03 33 | 13 09 | 29 22 | 24 39 | 19 59 | 23 | 09 22 | 19 01 | 29 37 | 01 42 | 20 35 |
| 9 | 03 56 | 13 32 | 29 25 | 25 08 | 20 01 | 24 | 09 46 | 19 24 | 29 35 | 02 10 | 20 37 |
| 10 | 04 19 | 13 55 | 29 28 | 25 36 | 20 04 | 25 | 10 10 | 19 48 | 29 33 | 02 37 | 20 39 |
| 11 | 04 42 | 14 19 | 29 31 | 26 05 | 20 07 | 26 | 10 33 | 20 12 | 29 31 | 03 05 | 20 41 |
| 12 | 05 05 | 14 42 | 29 33 | 26 33 | 20 10 | 27 | 10 57 | 20 35 | 29 28 | 03 32 | 20 43 |
| 13 | 05 28 | 15 05 | 29 35 | 27 02 | 20 12 | 28 | 11 21 | 20 59 | 29 25 | 04 00 | 20 45 |
| 14 | 05 51 | 15 29 | 29 37 | 27 30 | 20 15 | 29 | 11 45 | 21 23 | 29 22 | 04 27 | 20 47 |
| 15 | 06 14 | 15 52 | 29 38 | 27 58 | 20 17 | 30 | 12 10 | 21 47 | 29 18 | 04 55 | 20 48 |

Lunar Data

| Last Asp. | Ingress |
|---|---|
| 2 09:14 | 2 ♓ 20:56 |
| 4 21:44 | 5 ♈ 00:28 |
| 6 15:02 | 7 ♉ 01:21 |
| 8 15:14 | 9 ♊ 01:28 |
| 10 16:12 | 11 ♋ 02:44 |
| 12 18:33 | 13 ♌ 06:30 |
| 15 04:58 | 15 ♍ 13:08 |
| 17 06:00 | 17 ♎ 22:11 |
| 19 20:55 | 20 ♏ 09:01 |
| 22 08:55 | 22 ♐ 21:08 |
| 24 21:39 | 25 ♑ 09:48 |
| 27 14:19 | 27 ♒ 21:28 |
| 30 05:26 | 30 ♓ 06:12 |

0:00 E.T. — Declinations

| D | ☉ | ☽ | ☿ | ♀ | ♂ | ♃ | ♄ | ♅ | ♆ | ♇ | ⚳ | ⚴ | ⚵ | ⚶ | ⚷ |
|---|---|---|---|---|---|---|---|---|---|---|---|---|---|---|---|
| 1 | +04 36 | -20 44 | -03 17 | -03 54 | +25 17 | -21 54 | +12 17 | -04 40 | -14 00 | -17 04 | +19 51 | -03 37 | -09 02 | -07 29 | -08 52 |
| 2 | 04 59 | 16 03 | 02 32 | 03 25 | 25 14 | 21 53 | 12 18 | 04 38 | 13 59 | 17 04 | 19 58 | 03 32 | 08 57 | 07 19 | 08 51 |
| 3 | 05 22 | 10 27 | 01 46 | 02 56 | 25 11 | 21 52 | 12 19 | 04 37 | 13 59 | 17 04 | 20 05 | 03 27 | 08 53 | 07 08 | 08 50 |
| 4 | 05 45 | 04 12 | 00 59 | 02 27 | 25 08 | 21 51 | 12 20 | 04 36 | 13 58 | 17 04 | 20 11 | 03 23 | 08 48 | 06 58 | 08 49 |
| 5 | 06 08 | +02 27 | 00 11 | 01 58 | 25 04 | 21 51 | 12 21 | 04 35 | 13 58 | 17 04 | 20 18 | 03 18 | 08 44 | 06 48 | 08 47 |
| 6 | 06 31 | 09 07 | +00 37 | 01 29 | 25 00 | 21 50 | 12 22 | 04 33 | 13 57 | 17 04 | 20 24 | 03 14 | 08 39 | 06 37 | 08 46 |
| 7 | 06 53 | 15 25 | 01 27 | 01 00 | 24 57 | 21 49 | 12 23 | 04 32 | 13 57 | 17 04 | 20 30 | 03 09 | 08 35 | 06 27 | 08 45 |
| 8 | 07 16 | 20 50 | 02 18 | 00 31 | 24 53 | 21 48 | 12 24 | 04 31 | 13 56 | 17 03 | 20 37 | 03 05 | 08 30 | 06 17 | 08 44 |
| 9 | 07 38 | 24 55 | 03 09 | 00 01 | 24 49 | 21 48 | 12 25 | 04 30 | 13 56 | 17 03 | 20 43 | 03 00 | 08 25 | 06 06 | 08 43 |
| 10 | 08 01 | 27 17 | 04 02 | +00 28 | 24 45 | 21 47 | 12 25 | 04 28 | 13 55 | 17 03 | 20 49 | 02 56 | 08 21 | 05 56 | 08 42 |
| 11 | 08 23 | 27 45 | 04 54 | 00 57 | 24 41 | 21 46 | 12 26 | 04 27 | 13 55 | 17 03 | 20 55 | 02 51 | 08 16 | 05 46 | 08 40 |
| 12 | 08 45 | 26 22 | 05 48 | 01 27 | 24 37 | 21 46 | 12 27 | 04 26 | 13 54 | 17 03 | 21 02 | 02 47 | 08 11 | 05 36 | 08 39 |
| 13 | 09 06 | 23 23 | 06 42 | 01 56 | 24 32 | 21 45 | 12 28 | 04 25 | 13 54 | 17 03 | 21 08 | 02 43 | 08 07 | 05 26 | 08 38 |
| 14 | 09 28 | 19 11 | 07 36 | 02 25 | 24 28 | 21 44 | 12 28 | 04 24 | 13 53 | 17 03 | 21 14 | 02 39 | 08 02 | 05 15 | 08 37 |
| 15 | 09 50 | 14 09 | 08 30 | 02 55 | 24 23 | 21 44 | 12 29 | 04 23 | 13 53 | 17 03 | 21 20 | 02 34 | 07 57 | 05 05 | 08 36 |
| 16 | 10 11 | 08 35 | 09 25 | 03 24 | 24 19 | 21 43 | 12 29 | 04 21 | 13 53 | 17 03 | 21 26 | 02 30 | 07 53 | 04 55 | 08 35 |
| 17 | 10 32 | 02 47 | 10 19 | 03 53 | 24 14 | 21 43 | 12 30 | 04 20 | 13 52 | 17 03 | 21 31 | 02 26 | 07 48 | 04 45 | 08 34 |
| 18 | 10 53 | -03 02 | 11 13 | 04 22 | 24 09 | 21 42 | 12 30 | 04 19 | 13 52 | 17 03 | 21 37 | 02 22 | 07 43 | 04 35 | 08 33 |
| 19 | 11 14 | 08 40 | 12 07 | 04 51 | 24 04 | 21 42 | 12 31 | 04 18 | 13 51 | 17 02 | 21 43 | 02 18 | 07 39 | 04 25 | 08 32 |
| 20 | 11 34 | 13 54 | 13 01 | 05 20 | 23 59 | 21 41 | 12 31 | 04 17 | 13 51 | 17 02 | 21 49 | 02 14 | 07 34 | 04 15 | 08 31 |
| 21 | 11 55 | 18 33 | 13 53 | 05 49 | 23 53 | 21 41 | 12 32 | 04 16 | 13 51 | 17 02 | 21 54 | 02 10 | 07 29 | 04 05 | 08 30 |
| 22 | 12 15 | 22 25 | 14 45 | 06 17 | 23 48 | 21 40 | 12 32 | 04 15 | 13 50 | 17 02 | 22 00 | 02 06 | 07 24 | 03 55 | 08 29 |
| 23 | 12 35 | 25 20 | 15 35 | 06 46 | 23 42 | 21 40 | 12 32 | 04 14 | 13 50 | 17 02 | 22 06 | 02 02 | 07 20 | 03 45 | 08 28 |
| 24 | 12 55 | 27 08 | 16 24 | 07 14 | 23 37 | 21 39 | 12 33 | 04 13 | 13 50 | 17 02 | 22 11 | 01 58 | 07 15 | 03 35 | 08 27 |
| 25 | 13 15 | 27 42 | 17 11 | 07 43 | 23 31 | 21 39 | 12 33 | 04 12 | 13 49 | 17 02 | 22 16 | 01 54 | 07 10 | 03 26 | 08 26 |
| 26 | 13 34 | 26 58 | 17 57 | 08 11 | 23 25 | 21 39 | 12 33 | 04 11 | 13 49 | 17 02 | 22 22 | 01 50 | 07 06 | 03 16 | 08 25 |
| 27 | 13 53 | 24 59 | 18 41 | 08 39 | 23 19 | 21 39 | 12 33 | 04 10 | 13 49 | 17 02 | 22 27 | 01 47 | 07 01 | 03 06 | 08 24 |
| 28 | 14 12 | 21 49 | 19 22 | 09 06 | 23 13 | 21 38 | 12 33 | 04 09 | 13 48 | 17 02 | 22 32 | 01 43 | 06 57 | 02 56 | 08 23 |
| 29 | 14 31 | 17 36 | 20 01 | 09 34 | 23 07 | 21 38 | 12 33 | 04 08 | 13 48 | 17 02 | 22 37 | 01 39 | 06 52 | 02 47 | 08 22 |
| 30 | 14 49 | 12 29 | 20 38 | 10 01 | 23 00 | 21 38 | 12 33 | 04 07 | 13 48 | 17 02 | 22 42 | 01 36 | 06 47 | 02 37 | 08 21 |

Lunar Phases -- 6 ● 03:56 12 ◐ 18:33 20 ○ 10:26 28 ◑ 14:13 Sun enters ♉ 4/19 16:52

## 0:00 E.T. Longitudes of Main Planets - May 2008 **May 08**

| D | S.T. | ☉ | ☽ | ☽ 12:00 | ☿ | ♀ | ♂ | ♃ | ♄ | ♅ | ♆ | ♇ | ☊ |
|---|---|---|---|---|---|---|---|---|---|---|---|---|---|
| 1 | 14:37:10 | 10♉59 45 | 09♓53 | 16♓41 | 26♉45 | 00♉32 | 25♋20 | 22♑15 | 01♍41℞ | 21♓24 | 24♒05 | 00♑56℞ | 23♒56 |
| 2 | 14:41:07 | 11 57 59 | 23 37 | 00♈40 | 28 33 | 01 46 | 25 51 | 22 17 | 01 41 | 21 27 | 24 05 | 00 55 | 23 53 |
| 3 | 14:45:03 | 12 56 12 | 07♈51 | 15 08 | 00♊17 | 03 00 | 26 22 | 22 18 | 01 41 | 21 29 | 24 06 | 00 55 | 23 50 |
| 4 | 14:49:00 | 13 54 23 | 22 32 | 00♉01 | 01 58 | 04 14 | 26 54 | 22 19 | 01 41D | 21 32 | 24 07 | 00 54 | 23 46 |
| 5 | 14:52:56 | 14 52 33 | 07♉34 | 15 10 | 03 35 | 05 28 | 27 25 | 22 20 | 01 41 | 21 34 | 24 08 | 00 53 | 23 43 |
| 6 | 14:56:53 | 15 50 41 | 22 48 | 00♊26 | 05 09 | 06 41 | 27 57 | 22 21 | 01 41 | 21 36 | 24 08 | 00 52 | 23 40 |
| 7 | 15:00:50 | 16 48 47 | 08♊04 | 15 38 | 06 39 | 07 55 | 28 29 | 22 22 | 01 42 | 21 39 | 24 09 | 00 51 | 23 37 |
| 8 | 15:04:46 | 17 46 52 | 23 09 | 00♋35 | 08 05 | 09 09 | 29 01 | 22 22 | 01 42 | 21 41 | 24 10 | 00 50 | 23 34 |
| 9 | 15:08:43 | 18 44 55 | 07♋56 | 15 10 | 09 27 | 10 23 | 29 33 | 22 22 | 01 43 | 21 43 | 24 10 | 00 49 | 23 30 |
| 10 | 15:12:39 | 19 42 56 | 22 18 | 29 19 | 10 45 | 11 37 | 00♌05 | 22 22℞ | 01 43 | 21 45 | 24 11 | 00 48 | 23 27 |
| 11 | 15:16:36 | 20 40 55 | 06♌13 | 13♌01 | 11 58 | 12 51 | 00 37 | 22 22 | 01 44 | 21 47 | 24 11 | 00 47 | 23 24 |
| 12 | 15:20:32 | 21 38 52 | 19 42 | 26 18 | 13 08 | 14 04 | 01 09 | 22 22 | 01 45 | 21 49 | 24 12 | 00 46 | 23 21 |
| 13 | 15:24:29 | 22 36 48 | 02♍48 | 09♍13 | 14 13 | 15 18 | 01 42 | 22 21 | 01 46 | 21 52 | 24 12 | 00 44 | 23 18 |
| 14 | 15:28:25 | 23 34 41 | 15 33 | 21 50 | 15 15 | 16 32 | 02 14 | 22 20 | 01 47 | 21 54 | 24 13 | 00 43 | 23 15 |
| 15 | 15:32:22 | 24 32 33 | 28 03 | 04♎13 | 16 11 | 17 46 | 02 47 | 22 19 | 01 48 | 21 56 | 24 13 | 00 42 | 23 11 |
| 16 | 15:36:19 | 25 30 23 | 10♎20 | 16 25 | 17 04 | 19 00 | 03 19 | 22 18 | 01 50 | 21 58 | 24 13 | 00 41 | 23 08 |
| 17 | 15:40:15 | 26 28 11 | 22 28 | 28 30 | 17 51 | 20 13 | 03 52 | 22 17 | 01 51 | 21 59 | 24 14 | 00 40 | 23 05 |
| 18 | 15:44:12 | 27 25 58 | 04♏30 | 10♏29 | 18 35 | 21 27 | 04 25 | 22 15 | 01 53 | 22 01 | 24 14 | 00 39 | 23 02 |
| 19 | 15:48:08 | 28 23 43 | 16 27 | 22 24 | 19 13 | 22 41 | 04 58 | 22 14 | 01 54 | 22 03 | 24 14 | 00 37 | 22 59 |
| 20 | 15:52:05 | 29 21 27 | 28 21 | 04♐18 | 19 47 | 23 55 | 05 31 | 22 12 | 01 56 | 22 05 | 24 15 | 00 36 | 22 56 |
| 21 | 15:56:01 | 00♊19 09 | 10♐14 | 16 10 | 20 17 | 25 08 | 06 04 | 22 10 | 01 58 | 22 07 | 24 15 | 00 35 | 22 52 |
| 22 | 15:59:58 | 01 16 51 | 22 06 | 28 03 | 20 41 | 26 22 | 06 37 | 22 07 | 02 00 | 22 08 | 24 15 | 00 33 | 22 49 |
| 23 | 16:03:54 | 02 14 31 | 04♑00 | 09♑58 | 21 01 | 27 36 | 07 10 | 22 05 | 02 02 | 22 10 | 24 15 | 00 32 | 22 46 |
| 24 | 16:07:51 | 03 12 10 | 15 58 | 21 59 | 21 16 | 28 50 | 07 43 | 22 02 | 02 04 | 22 12 | 24 15 | 00 31 | 22 43 |
| 25 | 16:11:48 | 04 09 48 | 28 02 | 04♒08 | 21 26 | 00♊03 | 08 16 | 22 00 | 02 06 | 22 13 | 24 15 | 00 30 | 22 40 |
| 26 | 16:15:44 | 05 07 24 | 10♒17 | 16 29 | 21 31 | 01 17 | 08 50 | 21 57 | 02 08 | 22 15 | 24 15 | 00 28 | 22 36 |
| 27 | 16:19:41 | 06 05 00 | 22 46 | 29 07 | 21 32℞ | 02 31 | 09 23 | 21 54 | 02 11 | 22 16 | 24 15℞ | 00 27 | 22 33 |
| 28 | 16:23:37 | 07 02 35 | 05♓34 | 12♓06 | 21 28 | 03 45 | 09 57 | 21 50 | 02 13 | 22 18 | 24 15 | 00 25 | 22 30 |
| 29 | 16:27:34 | 08 00 09 | 18 44 | 25 30 | 21 20 | 04 58 | 10 30 | 21 47 | 02 16 | 22 19 | 24 15 | 00 24 | 22 27 |
| 30 | 16:31:30 | 08 57 42 | 02♈22 | 09♈21 | 21 08 | 06 12 | 11 04 | 21 43 | 02 19 | 22 21 | 24 15 | 00 23 | 22 24 |
| 31 | 16:35:27 | 09 55 14 | 16 28 | 23 42 | 20 51 | 07 26 | 11 38 | 21 39 | 02 21 | 22 22 | 24 15 | 00 21 | 22 21 |

## 0:00 E.T. Longitudes of the Major Asteroids and Chiron

| D | ⚳ | ⚴ | ⚵ | ⚶ | ⚷ | D | ⚳ | ⚴ | ⚵ | ⚶ | ⚷ |
|---|---|---|---|---|---|---|---|---|---|---|---|
| 1 | 12♊34 | 22♈11 | 29♐14℞ | 05♈22 | 20♒50 | 17 | 19 08 | 28 34 | 27 26 | 12 29 | 21 07 |
| 2 | 12 58 | 22 34 | 29 10 | 05 49 | 20 51 | 18 | 19 33 | 28 58 | 27 17 | 12 55 | 21 07 |
| 3 | 13 22 | 22 58 | 29 05 | 06 16 | 20 53 | 19 | 19 58 | 29 22 | 27 07 | 13 20 | 21 08 |
| 4 | 13 47 | 23 22 | 29 00 | 06 43 | 20 54 | 20 | 20 23 | 29 46 | 26 57 | 13 46 | 21 08 |
| 5 | 14 11 | 23 46 | 28 55 | 07 10 | 20 56 | 21 | 20 48 | 00♉10 | 26 47 | 14 12 | 21 08 |
| 6 | 14 36 | 24 10 | 28 49 | 07 37 | 20 57 | 22 | 21 13 | 00 34 | 26 36 | 14 38 | 21 09 |
| 7 | 15 00 | 24 34 | 28 43 | 08 04 | 20 58 | 23 | 21 38 | 00 58 | 26 26 | 15 03 | 21 09 |
| 8 | 15 25 | 24 58 | 28 37 | 08 31 | 20 59 | 24 | 22 04 | 01 22 | 26 15 | 15 29 | 21 09 |
| 9 | 15 49 | 25 22 | 28 30 | 08 58 | 21 00 | 25 | 22 29 | 01 46 | 26 04 | 15 54 | 21 09 |
| 10 | 16 14 | 25 46 | 28 23 | 09 24 | 21 01 | 26 | 22 54 | 02 11 | 25 52 | 16 19 | 21 09℞ |
| 11 | 16 39 | 26 10 | 28 16 | 09 51 | 21 02 | 27 | 23 20 | 02 35 | 25 40 | 16 45 | 21 09 |
| 12 | 17 04 | 26 34 | 28 08 | 10 17 | 21 03 | 28 | 23 45 | 02 59 | 25 29 | 17 10 | 21 09 |
| 13 | 17 28 | 26 58 | 28 01 | 10 44 | 21 04 | 29 | 24 10 | 03 23 | 25 17 | 17 35 | 21 09 |
| 14 | 17 53 | 27 22 | 27 52 | 11 10 | 21 05 | 30 | 24 36 | 03 47 | 25 04 | 18 00 | 21 08 |
| 15 | 18 18 | 27 46 | 27 44 | 11 36 | 21 06 | 31 | 25 01 | 04 11 | 24 52 | 18 25 | 21 08 |
| 16 | 18 43 | 28 10 | 27 35 | 12 02 | 21 06 | | | | | | |

## Lunar Data

| Last Asp. | | Ingress | | |
|---|---|---|---|---|
| 2 | 09:35 | 2 | ♈ | 10:52 |
| 4 | 07:17 | 4 | ♉ | 11:59 |
| 6 | 08:23 | 6 | ♊ | 11:18 |
| 8 | 01:38 | 8 | ♋ | 11:03 |
| 10 | 00:07 | 10 | ♌ | 13:11 |
| 12 | 08:10 | 12 | ♍ | 18:49 |
| 14 | 16:39 | 15 | ♎ | 03:48 |
| 17 | 03:30 | 17 | ♏ | 15:00 |
| 20 | 02:12 | 20 | ♐ | 03:20 |
| 22 | 04:20 | 22 | ♑ | 15:56 |
| 24 | 12:27 | 25 | ♒ | 03:52 |
| 27 | 02:50 | 27 | ♓ | 13:39 |
| 29 | 06:24 | 29 | ♈ | 19:53 |
| 31 | 12:55 | 31 | ♉ | 22:19 |

## 0:00 E.T. Declinations

| D | ☉ | ☽ | ☿ | ♀ | ♂ | ♃ | ♄ | ♅ | ♆ | ♇ | ⚳ | ⚴ | ⚵ | ⚶ | ⚷ |
|---|---|---|---|---|---|---|---|---|---|---|---|---|---|---|---|
| 1 | +15 08 | -06 38 | +21 13 | +10 28 | +22 54 | -21 38 | +12 33 | -04 06 | -13 48 | -17 02 | +22 48 | -01 32 | -06 43 | -02 27 | -08 20 |
| 2 | 15 26 | 00 17 | 21 45 | 10 55 | 22 47 | 21 38 | 12 33 | 04 05 | 13 47 | 17 02 | 22 52 | 01 29 | 06 38 | 02 18 | 08 19 |
| 3 | 15 43 | +06 17 | 22 14 | 11 22 | 22 41 | 21 38 | 12 33 | 04 04 | 13 47 | 17 02 | 22 57 | 01 26 | 06 34 | 02 08 | 08 19 |
| 4 | 16 01 | 12 43 | 22 41 | 11 48 | 22 34 | 21 37 | 12 33 | 04 03 | 13 47 | 17 01 | 23 02 | 01 22 | 06 30 | 01 59 | 08 18 |
| 5 | 16 18 | 18 34 | 23 06 | 12 14 | 22 27 | 21 37 | 12 33 | 04 02 | 13 47 | 17 01 | 23 07 | 01 19 | 06 25 | 01 50 | 08 17 |
| 6 | 16 35 | 23 19 | 23 28 | 12 40 | 22 20 | 21 37 | 12 33 | 04 01 | 13 46 | 17 01 | 23 12 | 01 16 | 06 21 | 01 40 | 08 16 |
| 7 | 16 52 | 26 27 | 23 47 | 13 05 | 22 12 | 21 38 | 12 33 | 04 00 | 13 46 | 17 01 | 23 16 | 01 13 | 06 16 | 01 31 | 08 15 |
| 8 | 17 08 | 27 37 | 24 04 | 13 30 | 22 05 | 21 38 | 12 32 | 03 59 | 13 46 | 17 01 | 23 21 | 01 10 | 06 12 | 01 22 | 08 15 |
| 9 | 17 24 | 26 47 | 24 19 | 13 55 | 21 58 | 21 38 | 12 32 | 03 58 | 13 46 | 17 01 | 23 25 | 01 07 | 06 08 | 01 12 | 08 14 |
| 10 | 17 40 | 24 10 | 24 32 | 14 20 | 21 50 | 21 38 | 12 32 | 03 58 | 13 46 | 17 01 | 23 30 | 01 04 | 06 04 | 01 03 | 08 13 |
| 11 | 17 55 | 20 10 | 24 42 | 14 44 | 21 42 | 21 38 | 12 31 | 03 57 | 13 46 | 17 01 | 23 34 | 01 01 | 06 00 | 00 54 | 08 13 |
| 12 | 18 11 | 15 13 | 24 51 | 15 07 | 21 35 | 21 38 | 12 31 | 03 56 | 13 45 | 17 01 | 23 38 | 00 58 | 05 56 | 00 45 | 08 12 |
| 13 | 18 26 | 09 43 | 24 57 | 15 31 | 21 27 | 21 38 | 12 30 | 03 55 | 13 45 | 17 01 | 23 42 | 00 55 | 05 52 | 00 36 | 08 11 |
| 14 | 18 40 | 03 57 | 25 01 | 15 54 | 21 19 | 21 39 | 12 30 | 03 54 | 13 45 | 17 01 | 23 46 | 00 52 | 05 48 | 00 27 | 08 11 |
| 15 | 18 54 | -01 51 | 25 04 | 16 16 | 21 10 | 21 39 | 12 29 | 03 54 | 13 45 | 17 01 | 23 50 | 00 50 | 05 44 | 00 18 | 08 10 |
| 16 | 19 08 | 07 28 | 25 04 | 16 39 | 21 02 | 21 39 | 12 29 | 03 53 | 13 45 | 17 01 | 23 54 | 00 47 | 05 40 | 00 09 | 08 09 |
| 17 | 19 22 | 12 44 | 25 03 | 17 00 | 20 54 | 21 40 | 12 28 | 03 52 | 13 45 | 17 01 | 23 58 | 00 45 | 05 37 | 00 01 | 08 09 |
| 18 | 19 35 | 17 29 | 25 00 | 17 22 | 20 45 | 21 40 | 12 27 | 03 51 | 13 45 | 17 01 | 24 02 | 00 43 | 05 33 | +00 08 | 08 08 |
| 19 | 19 48 | 21 30 | 24 56 | 17 43 | 20 36 | 21 40 | 12 27 | 03 51 | 13 45 | 17 01 | 24 06 | 00 40 | 05 29 | 00 17 | 08 08 |
| 20 | 20 01 | 24 38 | 24 50 | 18 03 | 20 28 | 21 41 | 12 26 | 03 50 | 13 45 | 17 01 | 24 09 | 00 38 | 05 26 | 00 25 | 08 07 |
| 21 | 20 13 | 26 41 | 24 43 | 18 23 | 20 19 | 21 41 | 12 25 | 03 49 | 13 45 | 17 01 | 24 13 | 00 36 | 05 22 | 00 34 | 08 07 |
| 22 | 20 25 | 27 32 | 24 34 | 18 43 | 20 10 | 21 42 | 12 24 | 03 49 | 13 45 | 17 01 | 24 16 | 00 34 | 05 19 | 00 42 | 08 06 |
| 23 | 20 37 | 27 06 | 24 24 | 19 02 | 20 01 | 21 42 | 12 24 | 03 48 | 13 45 | 17 01 | 24 20 | 00 32 | 05 16 | 00 51 | 08 06 |
| 24 | 20 48 | 25 24 | 24 12 | 19 20 | 19 51 | 21 43 | 12 23 | 03 48 | 13 45 | 17 01 | 24 23 | 00 30 | 05 13 | 00 59 | 08 05 |
| 25 | 20 59 | 22 32 | 24 00 | 19 38 | 19 42 | 21 44 | 12 22 | 03 47 | 13 45 | 17 01 | 24 26 | 00 28 | 05 10 | 01 07 | 08 05 |
| 26 | 21 09 | 18 37 | 23 46 | 19 55 | 19 33 | 21 44 | 12 21 | 03 46 | 13 45 | 17 01 | 24 30 | 00 27 | 05 07 | 01 16 | 08 05 |
| 27 | 21 19 | 13 50 | 23 31 | 20 12 | 19 23 | 21 45 | 12 20 | 03 46 | 13 45 | 17 01 | 24 33 | 00 25 | 05 04 | 01 24 | 08 04 |
| 28 | 21 29 | 08 20 | 23 15 | 20 29 | 19 13 | 21 45 | 12 19 | 03 45 | 13 45 | 17 01 | 24 36 | 00 23 | 05 01 | 01 32 | 08 04 |
| 29 | 21 39 | 02 20 | 22 59 | 20 45 | 19 03 | 21 46 | 12 18 | 03 45 | 13 45 | 17 01 | 24 39 | 00 22 | 04 59 | 01 40 | 08 04 |
| 30 | 21 48 | +03 58 | 22 41 | 21 00 | 18 54 | 21 47 | 12 17 | 03 44 | 13 45 | 17 01 | 24 42 | 00 21 | 04 56 | 01 48 | 08 03 |
| 31 | 21 56 | 10 17 | 22 23 | 21 14 | 18 43 | 21 48 | 12 16 | 03 44 | 13 45 | 17 01 | 24 44 | 00 19 | 04 54 | 01 56 | 08 03 |

Lunar Phases -- 5 ● 12:19 12 ◐ 03:48 20 ○ 02:12 28 ◑ 02:58 Sun enters ♊ 5/20 16:02

# June 08 — Longitudes of Main Planets - June 2008 — 0:00 E.T.

| D | S.T. | ☉ | ☽ | ☽ 12:00 | ☿ | ♀ | ♂ | ♃ | ♄ | ♅ | ♆ | ♇ | ☊ |
|---|---|---|---|---|---|---|---|---|---|---|---|---|---|
| 1 | 16:39:23 | 10♊52 46 | 01♉02 | 08♉28 | 20♊31℞ | 08♊40 | 12♌12 | 21♑35℞ | 02♍24 | 22♓23 | 24♒15℞ | 00♑20℞ | 22♒17 |
| 2 | 16:43:20 | 11 50 17 | 15 59 | 23 34 | 20 08 | 09 53 | 12 46 | 21 31 | 02 27 | 22 24 | 24 15 | 00 18 | 22 14 |
| 3 | 16:47:16 | 12 47 47 | 01♊12 | 08♊51 | 19 41 | 11 07 | 13 20 | 21 27 | 02 30 | 22 25 | 24 14 | 00 17 | 22 11 |
| 4 | 16:51:13 | 13 45 16 | 16 30 | 24 08 | 19 13 | 12 21 | 13 54 | 21 22 | 02 33 | 22 27 | 24 14 | 00 15 | 22 08 |
| 5 | 16:55:10 | 14 42 44 | 01♋43 | 09♋13 | 18 42 | 13 35 | 14 28 | 21 17 | 02 37 | 22 28 | 24 14 | 00 14 | 22 05 |
| 6 | 16:59:06 | 15 40 11 | 16 39 | 23 58 | 18 09 | 14 48 | 15 02 | 21 13 | 02 40 | 22 29 | 24 14 | 00 12 | 22 02 |
| 7 | 17:03:03 | 16 37 37 | 01♌11 | 08♌17 | 17 36 | 16 02 | 15 36 | 21 08 | 02 44 | 22 30 | 24 13 | 00 11 | 21 58 |
| 8 | 17:06:59 | 17 35 02 | 15 16 | 22 07 | 17 03 | 17 16 | 16 10 | 21 03 | 02 47 | 22 31 | 24 13 | 00 09 | 21 55 |
| 9 | 17:10:56 | 18 32 26 | 28 52 | 05♍30 | 16 29 | 18 29 | 16 45 | 20 57 | 02 51 | 22 32 | 24 12 | 00 08 | 21 52 |
| 10 | 17:14:52 | 19 29 48 | 12♍02 | 18 28 | 15 57 | 19 43 | 17 19 | 20 52 | 02 54 | 22 32 | 24 12 | 00 06 | 21 49 |
| 11 | 17:18:49 | 20 27 10 | 24 48 | 01♎04 | 15 26 | 20 57 | 17 54 | 20 46 | 02 58 | 22 33 | 24 12 | 00 05 | 21 46 |
| 12 | 17:22:45 | 21 24 30 | 07♎25 | 13 25 | 14 56 | 22 11 | 18 28 | 20 41 | 03 02 | 22 34 | 24 11 | 00 03 | 21 42 |
| 13 | 17:26:42 | 22 21 49 | 19 30 | 25 32 | 14 29 | 23 24 | 19 03 | 20 35 | 03 06 | 22 35 | 24 10 | 00 02 | 21 39 |
| 14 | 17:30:39 | 23 19 08 | 01♏33 | 07♏32 | 14 05 | 24 38 | 19 38 | 20 29 | 03 10 | 22 35 | 24 10 | 00 00 | 21 36 |
| 15 | 17:34:35 | 24 16 26 | 13 30 | 19 26 | 13 45 | 25 52 | 20 12 | 20 23 | 03 14 | 22 36 | 24 09 | 29♐59 | 21 33 |
| 16 | 17:38:32 | 25 13 43 | 25 23 | 01♐19 | 13 27 | 27 05 | 20 47 | 20 17 | 03 18 | 22 36 | 24 09 | 29 57 | 21 30 |
| 17 | 17:42:28 | 26 10 59 | 07♐15 | 13 11 | 13 14 | 28 19 | 21 22 | 20 10 | 03 23 | 22 37 | 24 08 | 29 56 | 21 27 |
| 18 | 17:46:25 | 27 08 15 | 19 08 | 25 05 | 13 05 | 29 33 | 21 57 | 20 04 | 03 27 | 22 37 | 24 07 | 29 54 | 21 23 |
| 19 | 17:50:21 | 28 05 30 | 01♑03 | 07♑03 | 13 00 | 00♋47 | 22 32 | 19 57 | 03 32 | 22 38 | 24 07 | 29 53 | 21 20 |
| 20 | 17:54:18 | 29 02 45 | 13 03 | 19 05 | 12 59D | 02 00 | 23 07 | 19 51 | 03 36 | 22 38 | 24 06 | 29 51 | 21 17 |
| 21 | 17:58:14 | 29 59 59 | 25 09 | 01♒14 | 13 03 | 03 14 | 23 42 | 19 44 | 03 41 | 22 38 | 24 05 | 29 49 | 21 14 |
| 22 | 18:02:11 | 00♋57 13 | 07♒22 | 13 32 | 13 12 | 04 28 | 24 17 | 19 37 | 03 45 | 22 39 | 24 04 | 29 48 | 21 11 |
| 23 | 18:06:08 | 01 54 26 | 19 45 | 26 01 | 13 25 | 05 41 | 24 52 | 19 30 | 03 50 | 22 39 | 24 03 | 29 46 | 21 07 |
| 24 | 18:10:04 | 02 51 39 | 02♓21 | 08♓45 | 13 44 | 06 55 | 25 27 | 19 23 | 03 55 | 22 39 | 24 02 | 29 45 | 21 04 |
| 25 | 18:14:01 | 03 48 53 | 15 13 | 21 47 | 14 07 | 08 09 | 26 03 | 19 16 | 04 00 | 22 39 | 24 02 | 29 43 | 21 01 |
| 26 | 18:17:57 | 04 46 06 | 28 25 | 05♈09 | 14 34 | 09 23 | 26 38 | 19 09 | 04 05 | 22 39 | 24 01 | 29 42 | 20 58 |
| 27 | 18:21:54 | 05 43 19 | 11♈59 | 18 54 | 15 06 | 10 36 | 27 13 | 19 02 | 04 10 | 22 39℞ | 24 00 | 29 40 | 20 55 |
| 28 | 18:25:50 | 06 40 32 | 25 56 | 03♉08 | 15 43 | 11 50 | 27 49 | 18 54 | 04 15 | 22 39 | 23 59 | 29 39 | 20 52 |
| 29 | 18:29:47 | 07 37 46 | 10♉17 | 17 36 | 16 25 | 13 04 | 28 24 | 18 47 | 04 20 | 22 39 | 23 58 | 29 37 | 20 48 |
| 30 | 18:33:43 | 08 34 59 | 24 59 | 02♊27 | 17 10 | 14 18 | 29 00 | 18 39 | 04 25 | 22 39 | 23 57 | 29 35 | 20 45 |

## 0:00 E.T. — Longitudes of the Major Asteroids and Chiron

| D | ⚳ | ⚴ | ⚵ | ⚶ | ⚷ | D | ⚳ | ⚴ | ⚵ | ⚶ | ⚷ |
|---|---|---|---|---|---|---|---|---|---|---|---|
| 1 | 25♊27 | 04♉35 | 24♐39℞ | 18♈49 | 21♒08℞ | 16 | 01 52 | 10 38 | 21 19 | 24 47 | 20 54 |
| 2 | 25 52 | 05 00 | 24 27 | 19 14 | 21 07 | 17 | 02 18 | 11 02 | 21 05 | 25 10 | 20 53 |
| 3 | 26 18 | 05 24 | 24 14 | 19 38 | 21 07 | 18 | 02 44 | 11 26 | 20 51 | 25 33 | 20 52 |
| 4 | 26 43 | 05 48 | 24 01 | 20 03 | 21 06 | 19 | 03 09 | 11 50 | 20 38 | 25 55 | 20 50 |
| 5 | 27 09 | 06 12 | 23 48 | 20 27 | 21 06 | 20 | 03 35 | 12 14 | 20 24 | 26 18 | 20 49 |
| 6 | 27 34 | 06 36 | 23 34 | 20 51 | 21 05 | 21 | 04 01 | 12 38 | 20 11 | 26 40 | 20 47 |
| 7 | 28 00 | 07 00 | 23 21 | 21 15 | 21 04 | 22 | 04 27 | 13 02 | 19 58 | 27 03 | 20 45 |
| 8 | 28 26 | 07 25 | 23 08 | 21 39 | 21 03 | 23 | 04 53 | 13 26 | 19 44 | 27 25 | 20 44 |
| 9 | 28 51 | 07 49 | 22 54 | 22 03 | 21 02 | 24 | 05 19 | 13 50 | 19 31 | 27 47 | 20 42 |
| 10 | 29 17 | 08 13 | 22 40 | 22 27 | 21 01 | 25 | 05 45 | 14 14 | 19 18 | 28 09 | 20 40 |
| 11 | 29 43 | 08 37 | 22 27 | 22 51 | 21 00 | 26 | 06 11 | 14 38 | 19 05 | 28 30 | 20 38 |
| 12 | 00♋09 | 09 01 | 22 13 | 23 14 | 20 59 | 27 | 06 37 | 15 02 | 18 53 | 28 52 | 20 36 |
| 13 | 00 34 | 09 25 | 22 00 | 23 38 | 20 58 | 28 | 07 03 | 15 26 | 18 40 | 29 13 | 20 34 |
| 14 | 01 00 | 09 49 | 21 46 | 24 01 | 20 57 | 29 | 07 29 | 15 50 | 18 28 | 29 35 | 20 32 |
| 15 | 01 26 | 10 14 | 21 32 | 24 24 | 20 56 | 30 | 07 55 | 16 14 | 18 16 | 29 56 | 20 30 |

### Lunar Data

| Last Asp. | Ingress |
|---|---|
| 2 13:03 | 2 ♊ 22:07 |
| 4 12:10 | 4 ♋ 21:17 |
| 6 09:34 | 6 ♌ 22:01 |
| 8 15:42 | 9 ♍ 02:03 |
| 10 19:43 | 11 ♎ 09:56 |
| 13 09:16 | 13 ♏ 20:54 |
| 15 21:30 | 16 ♐ 09:21 |
| 18 21:38 | 18 ♑ 21:53 |
| 20 19:03 | 21 ♒ 09:34 |
| 23 19:05 | 23 ♓ 19:33 |
| 26 02:17 | 26 ♈ 02:50 |
| 28 06:15 | 28 ♉ 06:51 |
| 30 06:44 | 30 ♊ 08:04 |

## 0:00 E.T. — Declinations

| D | ☉ | ☽ | ☿ | ♀ | ♂ | ♃ | ♄ | ♅ | ♆ | ♇ | ⚳ | ⚴ | ⚵ | ⚶ | ⚷ |
|---|---|---|---|---|---|---|---|---|---|---|---|---|---|---|---|
| 1 | +22 05 | +16 15 | +22 05 | +21 29 | +18 33 | -21 48 | +12 14 | -03 43 | -13 45 | -17 01 | +24 47 | -00 18 | -04 51 | +02 04 | -08 03 |
| 2 | 22 12 | 21 25 | 21 45 | 21 42 | 18 23 | 21 49 | 12 13 | 03 43 | 13 45 | 17 01 | 24 50 | 00 17 | 04 49 | 02 11 | 08 03 |
| 3 | 22 20 | 25 15 | 21 26 | 21 55 | 18 13 | 21 50 | 12 12 | 03 42 | 13 45 | 17 01 | 24 52 | 00 16 | 04 47 | 02 19 | 08 02 |
| 4 | 22 27 | 27 17 | 21 07 | 22 07 | 18 02 | 21 51 | 12 11 | 03 42 | 13 45 | 17 01 | 24 55 | 00 15 | 04 45 | 02 27 | 08 02 |
| 5 | 22 34 | 27 15 | 20 47 | 22 19 | 17 52 | 21 52 | 12 09 | 03 42 | 13 45 | 17 01 | 24 57 | 00 15 | 04 43 | 02 34 | 08 02 |
| 6 | 22 40 | 25 13 | 20 28 | 22 30 | 17 41 | 21 53 | 12 08 | 03 41 | 13 45 | 17 01 | 24 59 | 00 14 | 04 41 | 02 41 | 08 02 |
| 7 | 22 46 | 21 33 | 20 10 | 22 40 | 17 30 | 21 54 | 12 07 | 03 41 | 13 46 | 17 01 | 25 01 | 00 13 | 04 40 | 02 49 | 08 02 |
| 8 | 22 52 | 16 43 | 19 52 | 22 50 | 17 19 | 21 55 | 12 05 | 03 41 | 13 46 | 17 02 | 25 03 | 00 13 | 04 38 | 02 56 | 08 02 |
| 9 | 22 57 | 11 11 | 19 34 | 22 59 | 17 08 | 21 55 | 12 04 | 03 40 | 13 46 | 17 02 | 25 06 | 00 13 | 04 37 | 03 03 | 08 02 |
| 10 | 23 01 | 05 20 | 19 18 | 23 07 | 16 57 | 21 56 | 12 03 | 03 40 | 13 46 | 17 02 | 25 07 | 00 12 | 04 36 | 03 10 | 08 02 |
| 11 | 23 06 | -00 34 | 19 03 | 23 15 | 16 46 | 21 57 | 12 01 | 03 40 | 13 46 | 17 02 | 25 09 | 00 12 | 04 34 | 03 18 | 08 01 |
| 12 | 23 10 | 06 17 | 18 49 | 23 22 | 16 34 | 21 58 | 12 00 | 03 39 | 13 46 | 17 02 | 25 11 | 00 12 | 04 33 | 03 25 | 08 01 |
| 13 | 23 13 | 11 40 | 18 37 | 23 29 | 16 23 | 22 00 | 11 58 | 03 39 | 13 47 | 17 02 | 25 13 | 00 12 | 04 33 | 03 31 | 08 01 |
| 14 | 23 16 | 16 31 | 18 26 | 23 34 | 16 11 | 22 01 | 11 56 | 03 39 | 13 47 | 17 02 | 25 14 | 00 12 | 04 32 | 03 38 | 08 02 |
| 15 | 23 19 | 20 42 | 18 17 | 23 39 | 16 00 | 22 02 | 11 55 | 03 39 | 13 47 | 17 02 | 25 16 | 00 13 | 04 31 | 03 45 | 08 02 |
| 16 | 23 21 | 24 01 | 18 10 | 23 43 | 15 48 | 22 03 | 11 53 | 03 39 | 13 47 | 17 02 | 25 17 | 00 13 | 04 31 | 03 52 | 08 02 |
| 17 | 23 23 | 26 18 | 18 04 | 23 47 | 15 36 | 22 04 | 11 52 | 03 38 | 13 47 | 17 02 | 25 19 | 00 14 | 04 31 | 03 58 | 08 02 |
| 18 | 23 25 | 27 25 | 18 01 | 23 50 | 15 24 | 22 05 | 11 50 | 03 38 | 13 48 | 17 02 | 25 20 | 00 14 | 04 30 | 04 05 | 08 02 |
| 19 | 23 26 | 27 16 | 17 59 | 23 52 | 15 12 | 22 06 | 11 48 | 03 38 | 13 48 | 17 02 | 25 21 | 00 15 | 04 30 | 04 11 | 08 02 |
| 20 | 23 26 | 25 50 | 17 59 | 23 54 | 15 00 | 22 07 | 11 46 | 03 38 | 13 48 | 17 02 | 25 22 | 00 16 | 04 30 | 04 17 | 08 02 |
| 21 | 23 26 | 23 11 | 18 00 | 23 54 | 14 48 | 22 08 | 11 45 | 03 38 | 13 48 | 17 03 | 25 23 | 00 17 | 04 30 | 04 24 | 08 02 |
| 22 | 23 26 | 19 28 | 18 04 | 23 55 | 14 36 | 22 09 | 11 43 | 03 38 | 13 49 | 17 03 | 25 24 | 00 18 | 04 31 | 04 30 | 08 03 |
| 23 | 23 26 | 14 52 | 18 09 | 23 54 | 14 23 | 22 11 | 11 41 | 03 38 | 13 49 | 17 03 | 25 25 | 00 20 | 04 32 | 04 36 | 08 03 |
| 24 | 23 25 | 09 34 | 18 16 | 23 53 | 14 11 | 22 12 | 11 39 | 03 38 | 13 49 | 17 03 | 25 26 | 00 21 | 04 32 | 04 42 | 08 03 |
| 25 | 23 23 | 03 45 | 18 24 | 23 51 | 13 58 | 22 13 | 11 37 | 03 38 | 13 50 | 17 03 | 25 26 | 00 23 | 04 33 | 04 48 | 08 03 |
| 26 | 23 21 | +02 21 | 18 33 | 23 48 | 13 46 | 22 14 | 11 36 | 03 38 | 13 50 | 17 03 | 25 27 | 00 24 | 04 33 | 04 53 | 08 04 |
| 27 | 23 19 | 08 30 | 18 44 | 23 44 | 13 33 | 22 15 | 11 34 | 03 38 | 13 50 | 17 03 | 25 27 | 00 26 | 04 34 | 04 59 | 08 04 |
| 28 | 23 16 | 14 25 | 18 56 | 23 40 | 13 20 | 22 16 | 11 32 | 03 38 | 13 51 | 17 04 | 25 28 | 00 28 | 04 35 | 05 05 | 08 04 |
| 29 | 23 13 | 19 44 | 19 09 | 23 35 | 13 07 | 22 17 | 11 30 | 03 38 | 13 51 | 17 04 | 25 28 | 00 30 | 04 37 | 05 10 | 08 04 |
| 30 | 23 10 | 23 59 | 19 22 | 23 30 | 12 54 | 22 19 | 11 28 | 03 38 | 13 51 | 17 04 | 25 28 | 00 32 | 04 38 | 05 16 | 08 05 |

Lunar Phases -- 3 ● 19:24   10 ◐ 15:05   18 ○ 17:32   26 ◑ 12:11     Sun enters ♋ 6/21 00:00

# 0:00 E.T. — Longitudes of Main Planets - July 2008 — July 08

| D | S.T. | ☉ | ☽ | ☽ 12:00 | ☿ | ♀ | ♂ | ♃ | ♄ | ♅ | ♆ | ♇ | ☊ |
|---|---|---|---|---|---|---|---|---|---|---|---|---|---|
| 1 | 18:37:40 | 09♋32 13 | 09♊57 | 17♊29 | 18♊01 | 15♋31 | 29♌36 | 18♑32℞ | 04♍31 | 22♓39℞ | 23♒56℞ | 29♐34℞ | 20♒42 |
| 2 | 18:41:37 | 10 29 27 | 25 02 | 02♋34 | 18 55 | 16 45 | 00♍11 | 18 24 | 04 36 | 22 39 | 23 55 | 29 32 | 20 39 |
| 3 | 18:45:33 | 11 26 40 | 10♋05 | 17 33 | 19 54 | 17 59 | 00 47 | 18 17 | 04 42 | 22 39 | 23 54 | 29 31 | 20 36 |
| 4 | 18:49:30 | 12 23 54 | 24 57 | 02♌16 | 20 58 | 19 13 | 01 23 | 18 09 | 04 47 | 22 38 | 23 53 | 29 29 | 20 33 |
| 5 | 18:53:26 | 13 21 08 | 09♌29 | 16 36 | 22 05 | 20 26 | 01 59 | 18 02 | 04 53 | 22 38 | 23 52 | 29 28 | 20 29 |
| 6 | 18:57:23 | 14 18 21 | 23 37 | 00♍31 | 23 17 | 21 40 | 02 35 | 17 54 | 04 58 | 22 37 | 23 51 | 29 26 | 20 26 |
| 7 | 19:01:19 | 15 15 34 | 07♍19 | 14 00 | 24 32 | 22 54 | 03 11 | 17 46 | 05 04 | 22 37 | 23 49 | 29 25 | 20 23 |
| 8 | 19:05:16 | 16 12 47 | 20 34 | 27 03 | 25 52 | 24 08 | 03 47 | 17 38 | 05 10 | 22 36 | 23 48 | 29 23 | 20 20 |
| 9 | 19:09:12 | 17 10 00 | 03♎25 | 09♎43 | 27 15 | 25 21 | 04 23 | 17 31 | 05 16 | 22 36 | 23 47 | 29 22 | 20 17 |
| 10 | 19:13:09 | 18 07 12 | 15 56 | 22 05 | 28 43 | 26 35 | 04 59 | 17 23 | 05 22 | 22 35 | 23 46 | 29 21 | 20 13 |
| 11 | 19:17:06 | 19 04 25 | 28 11 | 04♏14 | 00♋14 | 27 49 | 05 35 | 17 15 | 05 28 | 22 35 | 23 44 | 29 19 | 20 10 |
| 12 | 19:21:02 | 20 01 38 | 10♏14 | 16 12 | 01 49 | 29 03 | 06 11 | 17 08 | 05 34 | 22 34 | 23 43 | 29 18 | 20 07 |
| 13 | 19:24:59 | 20 58 50 | 22 06 | 28 06 | 03 28 | 00♌16 | 06 47 | 17 00 | 05 40 | 22 33 | 23 42 | 29 16 | 20 04 |
| 14 | 19:28:55 | 21 56 03 | 04♐02 | 09♐58 | 05 10 | 01 30 | 07 24 | 16 52 | 05 46 | 22 32 | 23 41 | 29 15 | 20 01 |
| 15 | 19:32:52 | 22 53 15 | 15 54 | 21 51 | 06 56 | 02 44 | 08 00 | 16 45 | 05 52 | 22 32 | 23 39 | 29 13 | 19 58 |
| 16 | 19:36:48 | 23 50 28 | 27 50 | 03♑49 | 08 45 | 03 58 | 08 36 | 16 37 | 05 58 | 22 31 | 23 38 | 29 12 | 19 54 |
| 17 | 19:40:45 | 24 47 42 | 09♑51 | 15 54 | 10 37 | 05 11 | 09 13 | 16 29 | 06 05 | 22 30 | 23 37 | 29 11 | 19 51 |
| 18 | 19:44:41 | 25 44 55 | 21 59 | 28 07 | 12 32 | 06 25 | 09 49 | 16 22 | 06 11 | 22 29 | 23 35 | 29 09 | 19 48 |
| 19 | 19:48:38 | 26 42 09 | 04♒17 | 10♒29 | 14 29 | 07 39 | 10 26 | 16 14 | 06 17 | 22 28 | 23 34 | 29 08 | 19 45 |
| 20 | 19:52:35 | 27 39 24 | 16 44 | 23 02 | 16 29 | 08 53 | 11 03 | 16 07 | 06 24 | 22 27 | 23 32 | 29 07 | 19 42 |
| 21 | 19:56:31 | 28 36 38 | 29 23 | 05♓48 | 18 30 | 10 06 | 11 39 | 16 00 | 06 30 | 22 26 | 23 31 | 29 05 | 19 39 |
| 22 | 20:00:28 | 29 33 54 | 12♓15 | 18 47 | 20 34 | 11 20 | 12 16 | 15 52 | 06 37 | 22 25 | 23 29 | 29 04 | 19 35 |
| 23 | 20:04:24 | 00♌31 10 | 25 22 | 02♈00 | 22 38 | 12 34 | 12 53 | 15 45 | 06 43 | 22 24 | 23 28 | 29 03 | 19 32 |
| 24 | 20:08:21 | 01 28 27 | 08♈43 | 15 30 | 24 44 | 13 48 | 13 29 | 15 38 | 06 50 | 22 22 | 23 27 | 29 02 | 19 29 |
| 25 | 20:12:17 | 02 25 45 | 22 19 | 29 08 | 26 51 | 15 01 | 14 06 | 15 31 | 06 57 | 22 21 | 23 25 | 29 00 | 19 26 |
| 26 | 20:16:14 | 03 23 04 | 06♉16 | 13♉19 | 28 57 | 16 15 | 14 43 | 15 24 | 07 03 | 22 20 | 23 24 | 28 59 | 19 23 |
| 27 | 20:20:10 | 04 20 24 | 20 27 | 27 38 | 01♌04 | 17 29 | 15 20 | 15 17 | 07 10 | 22 18 | 23 22 | 28 58 | 19 19 |
| 28 | 20:24:07 | 05 17 45 | 04♊52 | 12♊09 | 03 11 | 18 43 | 15 57 | 15 10 | 07 17 | 22 17 | 23 21 | 28 57 | 19 16 |
| 29 | 20:28:03 | 06 15 08 | 19 28 | 26 48 | 05 18 | 19 56 | 16 34 | 15 03 | 07 24 | 22 16 | 23 19 | 28 56 | 19 13 |
| 30 | 20:32:00 | 07 12 31 | 04♋10 | 11♋30 | 07 24 | 21 10 | 17 11 | 14 56 | 07 30 | 22 14 | 23 17 | 28 54 | 19 10 |
| 31 | 20:35:57 | 08 09 55 | 18 50 | 26 08 | 09 29 | 22 24 | 17 48 | 14 50 | 07 37 | 22 13 | 23 16 | 28 53 | 19 07 |

# 0:00 E.T. — Longitudes of the Major Asteroids and Chiron

| D | ⚳ | ⚴ | ⚵ | ⚶ | ⚷ | D | ⚳ | ⚴ | ⚵ | ⚶ | ⚷ |
|---|---|---|---|---|---|---|---|---|---|---|---|
| 1 | 08♋21 | 16♉38 | 18♐04℞ | 00♉17 | 20♒28℞ | 17 | 15 19 | 22 58 | 15 26 | 05 28 | 19 49 |
| 2 | 08 47 | 17 02 | 17 52 | 00 37 | 20 26 | 18 | 15 45 | 23 21 | 15 18 | 05 46 | 19 46 |
| 3 | 09 13 | 17 26 | 17 40 | 00 58 | 20 24 | 19 | 16 11 | 23 45 | 15 11 | 06 04 | 19 43 |
| 4 | 09 39 | 17 50 | 17 29 | 01 18 | 20 22 | 20 | 16 37 | 24 08 | 15 04 | 06 21 | 19 40 |
| 5 | 10 05 | 18 14 | 17 18 | 01 39 | 20 19 | 21 | 17 03 | 24 31 | 14 58 | 06 39 | 19 37 |
| 6 | 10 31 | 18 38 | 17 07 | 01 59 | 20 17 | 22 | 17 29 | 24 55 | 14 52 | 06 56 | 19 35 |
| 7 | 10 58 | 19 02 | 16 56 | 02 19 | 20 15 | 23 | 17 55 | 25 18 | 14 46 | 07 13 | 19 32 |
| 8 | 11 24 | 19 25 | 16 46 | 02 39 | 20 12 | 24 | 18 22 | 25 41 | 14 40 | 07 29 | 19 29 |
| 9 | 11 50 | 19 49 | 16 36 | 02 58 | 20 10 | 25 | 18 48 | 26 04 | 14 35 | 07 46 | 19 26 |
| 10 | 12 16 | 20 13 | 16 26 | 03 18 | 20 07 | 26 | 19 14 | 26 27 | 14 31 | 08 02 | 19 23 |
| 11 | 12 42 | 20 36 | 16 17 | 03 37 | 20 05 | 27 | 19 40 | 26 51 | 14 26 | 08 18 | 19 20 |
| 12 | 13 08 | 21 00 | 16 07 | 03 56 | 20 02 | 28 | 20 06 | 27 14 | 14 22 | 08 33 | 19 17 |
| 13 | 13 34 | 21 24 | 15 58 | 04 15 | 20 00 | 29 | 20 32 | 27 37 | 14 18 | 08 49 | 19 14 |
| 14 | 14 00 | 21 47 | 15 50 | 04 34 | 19 57 | 30 | 20 58 | 27 59 | 14 15 | 09 04 | 19 11 |
| 15 | 14 26 | 22 11 | 15 41 | 04 52 | 19 54 | 31 | 21 24 | 28 22 | 14 12 | 09 19 | 19 07 |
| 16 | 14 53 | 22 34 | 15 33 | 05 10 | 19 51 | | | | | | |

## Lunar Data

| Last Asp. | Ingress |
|---|---|
| 2 07:09 | 2 ♋ 07:54 |
| 3 20:15 | 4 ♌ 08:16 |
| 6 10:05 | 6 ♍ 11:05 |
| 8 16:22 | 8 ♎ 17:33 |
| 11 02:15 | 11 ♏ 03:36 |
| 13 03:06 | 13 ♐ 15:51 |
| 16 02:45 | 16 ♑ 04:21 |
| 18 08:00 | 18 ♒ 15:41 |
| 20 23:26 | 21 ♓ 01:09 |
| 23 06:39 | 23 ♈ 08:23 |
| 25 11:31 | 25 ♉ 13:15 |
| 27 04:53 | 27 ♊ 15:56 |
| 29 15:26 | 29 ♋ 17:13 |
| 31 05:32 | |

# 0:00 E.T. — Declinations

| D | ☉ | ☽ | ☿ | ♀ | ♂ | ♃ | ♄ | ♅ | ♆ | ♇ | ⚳ | ⚴ | ⚵ | ⚶ | ⚷ |
|---|---|---|---|---|---|---|---|---|---|---|---|---|---|---|---|
| 1 | +23 06 | +26 43 | +19 37 | +23 23 | +12 41 | -22 20 | +11 26 | -03 38 | -13 52 | -17 04 | +25 29 | -00 34 | -04 40 | +05 21 | -08 05 |
| 2 | 23 02 | 27 32 | 19 52 | 23 16 | 12 28 | 22 21 | 11 24 | 03 38 | 13 52 | 17 04 | 25 29 | +00 37 | 04 41 | 05 26 | 08 06 |
| 3 | 22 57 | 26 18 | 20 08 | 23 09 | 12 15 | 22 22 | 11 22 | 03 38 | 13 52 | 17 04 | 25 29 | 00 40 | 04 43 | 05 31 | 08 06 |
| 4 | 22 52 | 23 13 | 20 24 | 23 00 | 12 01 | 22 23 | 11 19 | 03 38 | 13 53 | 17 04 | 25 29 | 00 42 | 04 45 | 05 36 | 08 07 |
| 5 | 22 46 | 18 42 | 20 40 | 22 51 | 11 48 | 22 25 | 11 17 | 03 39 | 13 53 | 17 04 | 25 28 | 00 45 | 04 47 | 05 41 | 08 07 |
| 6 | 22 40 | 13 15 | 20 56 | 22 42 | 11 34 | 22 26 | 11 15 | 03 39 | 13 54 | 17 04 | 25 28 | 00 48 | 04 49 | 05 46 | 08 07 |
| 7 | 22 34 | 07 18 | 21 12 | 22 31 | 11 21 | 22 27 | 11 13 | 03 39 | 13 54 | 17 05 | 25 28 | 00 51 | 04 51 | 05 51 | 08 08 |
| 8 | 22 27 | 01 13 | 21 27 | 22 20 | 11 07 | 22 28 | 11 11 | 03 39 | 13 54 | 17 05 | 25 27 | 00 55 | 04 53 | 05 55 | 08 08 |
| 9 | 22 20 | -04 43 | 21 42 | 22 09 | 10 53 | 22 29 | 11 09 | 03 40 | 13 55 | 17 05 | 25 27 | 00 58 | 04 56 | 06 00 | 08 09 |
| 10 | 22 13 | 10 18 | 21 57 | 21 56 | 10 39 | 22 30 | 11 06 | 03 40 | 13 55 | 17 05 | 25 26 | 01 02 | 04 58 | 06 04 | 08 10 |
| 11 | 22 05 | 15 23 | 22 10 | 21 44 | 10 26 | 22 31 | 11 04 | 03 40 | 13 56 | 17 05 | 25 26 | 01 06 | 05 01 | 06 09 | 08 10 |
| 12 | 21 57 | 19 46 | 22 22 | 21 30 | 10 12 | 22 33 | 11 02 | 03 40 | 13 56 | 17 05 | 25 25 | 01 09 | 05 04 | 06 13 | 08 11 |
| 13 | 21 48 | 23 20 | 22 33 | 21 16 | 09 58 | 22 34 | 11 00 | 03 41 | 13 57 | 17 06 | 25 24 | 01 14 | 05 07 | 06 17 | 08 11 |
| 14 | 21 39 | 25 54 | 22 43 | 21 01 | 09 44 | 22 35 | 10 57 | 03 41 | 13 57 | 17 06 | 25 23 | 01 18 | 05 10 | 06 21 | 08 12 |
| 15 | 21 30 | 27 19 | 22 51 | 20 46 | 09 29 | 22 36 | 10 55 | 03 41 | 13 58 | 17 06 | 25 22 | 01 22 | 05 13 | 06 25 | 08 13 |
| 16 | 21 20 | 27 29 | 22 57 | 20 30 | 09 15 | 22 37 | 10 53 | 03 42 | 13 58 | 17 06 | 25 21 | 01 27 | 05 16 | 06 29 | 08 13 |
| 17 | 21 10 | 26 21 | 23 01 | 20 13 | 09 01 | 22 38 | 10 50 | 03 42 | 13 58 | 17 06 | 25 20 | 01 31 | 05 19 | 06 33 | 08 14 |
| 18 | 21 00 | 23 58 | 23 02 | 19 56 | 08 46 | 22 39 | 10 48 | 03 43 | 13 59 | 17 07 | 25 19 | 01 36 | 05 23 | 06 36 | 08 15 |
| 19 | 20 49 | 20 27 | 23 02 | 19 38 | 08 32 | 22 40 | 10 45 | 03 43 | 13 59 | 17 07 | 25 18 | 01 41 | 05 26 | 06 40 | 08 15 |
| 20 | 20 38 | 15 59 | 22 58 | 19 20 | 08 18 | 22 41 | 10 43 | 03 43 | 14 00 | 17 07 | 25 16 | 01 46 | 05 30 | 06 43 | 08 16 |
| 21 | 20 26 | 10 46 | 22 53 | 19 01 | 08 03 | 22 42 | 10 41 | 03 44 | 14 00 | 17 07 | 25 15 | 01 52 | 05 33 | 06 46 | 08 17 |
| 22 | 20 15 | 05 05 | 22 44 | 18 42 | 07 48 | 22 43 | 10 38 | 03 45 | 14 01 | 17 07 | 25 13 | 01 57 | 05 37 | 06 50 | 08 18 |
| 23 | 20 02 | +01 03 | 22 33 | 18 22 | 07 34 | 22 44 | 10 36 | 03 45 | 14 02 | 17 08 | 25 12 | 02 03 | 05 41 | 06 53 | 08 18 |
| 24 | 19 50 | 07 10 | 22 19 | 18 02 | 07 19 | 22 45 | 10 33 | 03 45 | 14 02 | 17 08 | 25 10 | 02 09 | 05 45 | 06 56 | 08 19 |
| 25 | 19 37 | 13 05 | 22 03 | 17 41 | 07 04 | 22 46 | 10 31 | 03 46 | 14 02 | 17 08 | 25 08 | 02 15 | 05 49 | 06 58 | 08 20 |
| 26 | 19 24 | 18 27 | 21 43 | 17 20 | 06 50 | 22 47 | 10 28 | 03 46 | 14 03 | 17 08 | 25 06 | 02 21 | 05 53 | 07 01 | 08 21 |
| 27 | 19 11 | 22 56 | 21 22 | 16 58 | 06 35 | 22 48 | 10 26 | 03 47 | 14 03 | 17 08 | 25 04 | 02 27 | 05 57 | 07 04 | 08 22 |
| 28 | 18 57 | 26 05 | 20 58 | 16 36 | 06 20 | 22 49 | 10 23 | 03 48 | 14 04 | 17 09 | 25 02 | 02 34 | 06 01 | 07 06 | 08 22 |
| 29 | 18 43 | 27 32 | 20 31 | 16 13 | 06 05 | 22 50 | 10 20 | 03 48 | 14 04 | 17 09 | 25 00 | 02 40 | 06 05 | 07 09 | 08 23 |
| 30 | 18 28 | 27 04 | 20 03 | 15 50 | 05 50 | 22 50 | 10 18 | 03 48 | 14 04 | 17 09 | 24 58 | 02 47 | 06 10 | 07 11 | 08 24 |
| 31 | 18 14 | 24 43 | 19 32 | 15 26 | 05 35 | 22 51 | 10 15 | 03 49 | 14 05 | 17 09 | 24 56 | 02 54 | 06 14 | 07 13 | 08 25 |

Lunar Phases -- 3 ● 02:20   10 ◐ 04:36   18 ○ 08:00   25 ◑ 18:43      Sun enters ♌ 7/22 10:56

## Aug. 08 — Longitudes of Main Planets - August 2008 — 0:00 E.T.

| D | S.T. | ☉ | ☽ | ☽ 12:00 | ☿ | ♀ | ♂ | ♃ | ♄ | ♅ | ♆ | ♇ | ☊ |
|---|---|---|---|---|---|---|---|---|---|---|---|---|---|
| 1 | 20:39:53 | 09♌07 20 | 03♌24 | 10♌35 | 11♌33 | 23♌38 | 18♍26 | 14♑43℞ | 07♍44 | 22♓11℞ | 23♒14℞ | 28♐52℞ | 19♒04 |
| 2 | 20:43:50 | 10 04 46 | 17 43 | 24 46 | 13 36 | 24 52 | 19 03 | 14 37 | 07 51 | 22 10 | 23 13 | 28 51 | 19 00 |
| 3 | 20:47:46 | 11 02 12 | 01♍44 | 08♍36 | 15 37 | 26 05 | 19 40 | 14 31 | 07 58 | 22 08 | 23 11 | 28 50 | 18 57 |
| 4 | 20:51:43 | 11 59 40 | 15 23 | 22 04 | 17 38 | 27 19 | 20 18 | 14 25 | 08 05 | 22 06 | 23 10 | 28 49 | 18 54 |
| 5 | 20:55:39 | 12 57 08 | 28 39 | 05♎08 | 19 37 | 28 33 | 20 55 | 14 19 | 08 12 | 22 05 | 23 08 | 28 48 | 18 51 |
| 6 | 20:59:36 | 13 54 37 | 11♎33 | 17 52 | 21 34 | 29 47 | 21 33 | 14 13 | 08 19 | 22 03 | 23 06 | 28 47 | 18 48 |
| 7 | 21:03:33 | 14 52 06 | 24 06 | 00♏17 | 23 31 | 01♍00 | 22 10 | 14 07 | 08 27 | 22 01 | 23 05 | 28 46 | 18 45 |
| 8 | 21:07:29 | 15 49 37 | 06♏23 | 12 27 | 25 25 | 02 14 | 22 48 | 14 02 | 08 34 | 22 00 | 23 03 | 28 45 | 18 41 |
| 9 | 21:11:26 | 16 47 08 | 18 28 | 24 27 | 27 18 | 03 28 | 23 25 | 13 56 | 08 41 | 21 58 | 23 01 | 28 44 | 18 38 |
| 10 | 21:15:22 | 17 44 40 | 00♐24 | 06♐21 | 29 10 | 04 42 | 24 03 | 13 51 | 08 48 | 21 56 | 23 00 | 28 43 | 18 35 |
| 11 | 21:19:19 | 18 42 13 | 12 17 | 18 13 | 01♍00 | 05 55 | 24 41 | 13 46 | 08 55 | 21 54 | 22 58 | 28 43 | 18 32 |
| 12 | 21:23:15 | 19 39 47 | 24 10 | 00♑08 | 02 49 | 07 09 | 25 18 | 13 41 | 09 03 | 21 52 | 22 57 | 28 42 | 18 29 |
| 13 | 21:27:12 | 20 37 22 | 06♑08 | 12 10 | 04 36 | 08 23 | 25 56 | 13 36 | 09 10 | 21 50 | 22 55 | 28 41 | 18 25 |
| 14 | 21:31:08 | 21 34 58 | 18 15 | 24 22 | 06 21 | 09 36 | 26 34 | 13 31 | 09 17 | 21 48 | 22 53 | 28 40 | 18 22 |
| 15 | 21:35:05 | 22 32 35 | 00♒32 | 06♒46 | 08 05 | 10 50 | 27 12 | 13 27 | 09 25 | 21 46 | 22 52 | 28 39 | 18 19 |
| 16 | 21:39:02 | 23 30 13 | 13 03 | 19 24 | 09 48 | 12 04 | 27 50 | 13 23 | 09 32 | 21 44 | 22 50 | 28 39 | 18 16 |
| 17 | 21:42:58 | 24 27 53 | 25 48 | 02♓17 | 11 29 | 13 18 | 28 28 | 13 18 | 09 39 | 21 42 | 22 48 | 28 38 | 18 13 |
| 18 | 21:46:55 | 25 25 33 | 08♓49 | 15 24 | 13 08 | 14 31 | 29 06 | 13 14 | 09 47 | 21 40 | 22 47 | 28 37 | 18 10 |
| 19 | 21:50:51 | 26 23 15 | 22 04 | 28 46 | 14 47 | 15 45 | 29 44 | 13 11 | 09 54 | 21 38 | 22 45 | 28 37 | 18 06 |
| 20 | 21:54:48 | 27 20 58 | 05♈32 | 12♈22 | 16 23 | 16 59 | 00♎22 | 13 07 | 10 02 | 21 36 | 22 44 | 28 36 | 18 03 |
| 21 | 21:58:44 | 28 18 43 | 19 14 | 26 09 | 17 59 | 18 12 | 01 00 | 13 03 | 10 09 | 21 34 | 22 42 | 28 35 | 18 00 |
| 22 | 22:02:41 | 29 16 30 | 03♉06 | 10♉06 | 19 33 | 19 26 | 01 39 | 13 00 | 10 17 | 21 32 | 22 40 | 28 35 | 17 57 |
| 23 | 22:06:37 | 00♍14 18 | 17 08 | 24 12 | 21 05 | 20 40 | 02 17 | 12 57 | 10 24 | 21 30 | 22 39 | 28 34 | 17 54 |
| 24 | 22:10:34 | 01 12 09 | 01♊17 | 08♊24 | 22 36 | 21 53 | 02 55 | 12 54 | 10 32 | 21 27 | 22 37 | 28 34 | 17 51 |
| 25 | 22:14:31 | 02 10 01 | 15 31 | 22 40 | 24 06 | 23 07 | 03 34 | 12 51 | 10 39 | 21 25 | 22 35 | 28 33 | 17 47 |
| 26 | 22:18:27 | 03 07 54 | 29 48 | 06♋57 | 25 34 | 24 20 | 04 12 | 12 49 | 10 47 | 21 23 | 22 34 | 28 33 | 17 44 |
| 27 | 22:22:24 | 04 05 50 | 14♋05 | 21 12 | 27 01 | 25 34 | 04 51 | 12 46 | 10 54 | 21 21 | 22 32 | 28 32 | 17 41 |
| 28 | 22:26:20 | 05 03 47 | 28 19 | 05♌23 | 28 26 | 26 48 | 05 29 | 12 44 | 11 02 | 21 18 | 22 31 | 28 32 | 17 38 |
| 29 | 22:30:17 | 06 01 46 | 12♌25 | 19 25 | 29 50 | 28 01 | 06 08 | 12 42 | 11 09 | 21 16 | 22 29 | 28 32 | 17 35 |
| 30 | 22:34:13 | 06 59 47 | 26 22 | 03♍15 | 01♎12 | 29 15 | 06 46 | 12 40 | 11 17 | 21 14 | 22 27 | 28 31 | 17 31 |
| 31 | 22:38:10 | 07 57 49 | 10♍05 | 16 50 | 02 33 | 00♎28 | 07 25 | 12 38 | 11 24 | 21 12 | 22 26 | 28 31 | 17 28 |

## 0:00 E.T. — Longitudes of the Major Asteroids and Chiron

| D | ⚳ | ⚴ | ⚵ | ⚶ | ⚷ |
|---|---|---|---|---|---|
| 1 | 21♋50 | 28♉45 | 14♐09℞ | 09♉34 | 19♒04℞ |
| 2 | 22 16 | 29 08 | 14 07 | 09 48 | 19 01 |
| 3 | 22 42 | 29 30 | 14 05 | 10 02 | 18 58 |
| 4 | 23 08 | 29 53 | 14 03 | 10 16 | 18 55 |
| 5 | 23 34 | 00♊15 | 14 02 | 10 30 | 18 52 |
| 6 | 24 00 | 00 38 | 14 01 | 10 43 | 18 49 |
| 7 | 24 26 | 01 00 | 14 00 | 10 56 | 18 46 |
| 8 | 24 52 | 01 22 | 14 00 | 11 09 | 18 42 |
| 9 | 25 18 | 01 45 | 14 00D | 11 21 | 18 39 |
| 10 | 25 44 | 02 07 | 14 00 | 11 33 | 18 36 |
| 11 | 26 10 | 02 29 | 14 01 | 11 45 | 18 33 |
| 12 | 26 36 | 02 51 | 14 02 | 11 57 | 18 30 |
| 13 | 27 02 | 03 13 | 14 03 | 12 08 | 18 27 |
| 14 | 27 28 | 03 34 | 14 05 | 12 19 | 18 23 |
| 15 | 27 54 | 03 56 | 14 07 | 12 30 | 18 20 |
| 16 | 28 20 | 04 17 | 14 09 | 12 40 | 18 17 |
| 17 | 28 45 | 04 39 | 14 12 | 12 50 | 18 14 |
| 18 | 29 11 | 05 00 | 14 15 | 12 59 | 18 11 |
| 19 | 29 37 | 05 22 | 14 18 | 13 09 | 18 08 |
| 20 | 00♌03 | 05 43 | 14 22 | 13 18 | 18 05 |
| 21 | 00 28 | 06 04 | 14 26 | 13 26 | 18 02 |
| 22 | 00 54 | 06 25 | 14 30 | 13 35 | 17 59 |
| 23 | 01 20 | 06 45 | 14 35 | 13 42 | 17 56 |
| 24 | 01 46 | 07 06 | 14 39 | 13 50 | 17 52 |
| 25 | 02 11 | 07 27 | 14 45 | 13 57 | 17 49 |
| 26 | 02 37 | 07 47 | 14 50 | 14 04 | 17 46 |
| 27 | 03 02 | 08 07 | 14 56 | 14 10 | 17 43 |
| 28 | 03 28 | 08 28 | 15 02 | 14 16 | 17 40 |
| 29 | 03 53 | 08 48 | 15 08 | 14 22 | 17 38 |
| 30 | 04 19 | 09 07 | 15 15 | 14 27 | 17 35 |
| 31 | 04 44 | 09 27 | 15 22 | 14 32 | 17 32 |

## Lunar Data

| Last Asp. | | Ingress | | |
|---|---|---|---|---|
| 2 | 18:60 | 2 | ♍ | 21:00 |
| 5 | 00:17 | 5 | ♎ | 02:29 |
| 7 | 09:03 | 7 | ♏ | 11:28 |
| 9 | 21:03 | 9 | ♐ | 23:11 |
| 12 | 09:05 | 12 | ♑ | 11:43 |
| 14 | 17:10 | 14 | ♒ | 22:57 |
| 17 | 05:15 | 17 | ♓ | 07:47 |
| 19 | 11:42 | 19 | ♈ | 14:11 |
| 21 | 16:54 | 21 | ♉ | 18:39 |
| 23 | 09:20 | 23 | ♊ | 21:49 |
| 25 | 21:53 | 26 | ♋ | 00:20 |
| 28 | 00:15 | 28 | ♌ | 02:52 |
| 30 | 03:45 | 30 | ♍ | 06:19 |

## 0:00 E.T. — Declinations

| D | ☉ | ☽ | ☿ | ♀ | ♂ | ♃ | ♄ | ♅ | ♆ | ♇ | ⚳ | ⚴ | ⚵ | ⚶ | ⚷ |
|---|---|---|---|---|---|---|---|---|---|---|---|---|---|---|---|
| 1 | +17 59 | +20 45 | +19 00 | +15 02 | +05 20 | -22 52 | +10 13 | -03 50 | -14 06 | -17 09 | +24 54 | -03 01 | -06 19 | +07 15 | -08 26 |
| 2 | 17 43 | 15 36 | 18 26 | 14 38 | 05 04 | 22 53 | 10 10 | 03 51 | 14 06 | 17 10 | 24 51 | 03 09 | 06 23 | 07 17 | 08 27 |
| 3 | 17 28 | 09 44 | 17 51 | 14 13 | 04 49 | 22 54 | 10 07 | 03 51 | 14 07 | 17 10 | 24 49 | 03 16 | 06 28 | 07 19 | 08 28 |
| 4 | 17 12 | 03 34 | 17 14 | 13 48 | 04 34 | 22 55 | 10 05 | 03 52 | 14 08 | 17 10 | 24 46 | 03 24 | 06 32 | 07 21 | 08 29 |
| 5 | 16 56 | -02 35 | 16 36 | 13 22 | 04 19 | 22 55 | 10 02 | 03 53 | 14 08 | 17 10 | 24 44 | 03 32 | 06 37 | 07 22 | 08 30 |
| 6 | 16 39 | 08 27 | 15 57 | 12 56 | 04 03 | 22 56 | 09 59 | 03 53 | 14 09 | 17 11 | 24 41 | 03 40 | 06 42 | 07 24 | 08 31 |
| 7 | 16 23 | 13 49 | 15 17 | 12 30 | 03 48 | 22 57 | 09 57 | 03 54 | 14 09 | 17 11 | 24 39 | 03 48 | 06 47 | 07 25 | 08 32 |
| 8 | 16 06 | 18 31 | 14 36 | 12 04 | 03 33 | 22 57 | 09 54 | 03 55 | 14 10 | 17 11 | 24 36 | 03 57 | 06 51 | 07 27 | 08 32 |
| 9 | 15 48 | 22 24 | 13 54 | 11 37 | 03 17 | 22 58 | 09 51 | 03 55 | 14 10 | 17 11 | 24 33 | 04 05 | 06 56 | 07 28 | 08 33 |
| 10 | 15 31 | 25 17 | 13 12 | 11 09 | 03 02 | 22 59 | 09 49 | 03 56 | 14 11 | 17 12 | 24 30 | 04 14 | 07 01 | 07 29 | 08 34 |
| 11 | 15 13 | 27 04 | 12 29 | 10 42 | 02 46 | 22 59 | 09 46 | 03 57 | 14 11 | 17 12 | 24 27 | 04 23 | 07 06 | 07 30 | 08 35 |
| 12 | 14 55 | 27 37 | 11 46 | 10 14 | 02 31 | 23 00 | 09 43 | 03 58 | 14 12 | 17 12 | 24 24 | 04 32 | 07 11 | 07 30 | 08 36 |
| 13 | 14 37 | 26 52 | 11 02 | 09 46 | 02 15 | 23 01 | 09 40 | 03 59 | 14 12 | 17 12 | 24 21 | 04 42 | 07 16 | 07 31 | 08 37 |
| 14 | 14 19 | 24 51 | 10 18 | 09 18 | 01 59 | 23 01 | 09 38 | 03 59 | 14 13 | 17 13 | 24 18 | 04 51 | 07 21 | 07 32 | 08 38 |
| 15 | 14 00 | 21 38 | 09 34 | 08 49 | 01 44 | 23 02 | 09 35 | 04 00 | 14 14 | 17 13 | 24 15 | 05 01 | 07 26 | 07 32 | 08 39 |
| 16 | 13 41 | 17 24 | 08 50 | 08 21 | 01 28 | 23 02 | 09 32 | 04 01 | 14 14 | 17 13 | 24 12 | 05 11 | 07 32 | 07 32 | 08 40 |
| 17 | 13 22 | 12 18 | 08 06 | 07 52 | 01 12 | 23 03 | 09 29 | 04 02 | 14 15 | 17 13 | 24 08 | 05 21 | 07 37 | 07 33 | 08 41 |
| 18 | 13 03 | 06 34 | 07 21 | 07 22 | 00 57 | 23 03 | 09 27 | 04 03 | 14 15 | 17 14 | 24 05 | 05 31 | 07 42 | 07 33 | 08 42 |
| 19 | 12 43 | 00 28 | 06 37 | 06 53 | 00 41 | 23 04 | 09 24 | 04 03 | 14 16 | 17 14 | 24 02 | 05 42 | 07 47 | 07 33 | 08 44 |
| 20 | 12 24 | +05 44 | 05 53 | 06 24 | 00 25 | 23 04 | 09 21 | 04 04 | 14 16 | 17 14 | 23 58 | 05 53 | 07 52 | 07 33 | 08 45 |
| 21 | 12 04 | 11 47 | 05 09 | 05 54 | 00 10 | 23 05 | 09 18 | 04 05 | 14 17 | 17 15 | 23 55 | 06 03 | 07 57 | 07 32 | 08 46 |
| 22 | 11 44 | 17 19 | 04 25 | 05 24 | -00 06 | 23 05 | 09 15 | 04 06 | 14 17 | 17 15 | 23 51 | 06 14 | 08 03 | 07 32 | 08 47 |
| 23 | 11 23 | 22 00 | 03 42 | 04 54 | 00 22 | 23 05 | 09 13 | 04 07 | 14 18 | 17 15 | 23 47 | 06 26 | 08 08 | 07 31 | 08 48 |
| 24 | 11 03 | 25 27 | 02 58 | 04 24 | 00 38 | 23 06 | 09 10 | 04 08 | 14 18 | 17 15 | 23 44 | 06 37 | 08 13 | 07 31 | 08 49 |
| 25 | 10 42 | 27 20 | 02 15 | 03 53 | 00 54 | 23 06 | 09 07 | 04 09 | 14 19 | 17 16 | 23 40 | 06 49 | 08 18 | 07 30 | 08 50 |
| 26 | 10 21 | 27 24 | 01 33 | 03 23 | 01 09 | 23 06 | 09 04 | 04 09 | 14 19 | 17 16 | 23 36 | 07 01 | 08 24 | 07 29 | 08 51 |
| 27 | 10 00 | 25 40 | 00 51 | 02 52 | 01 25 | 23 07 | 09 01 | 04 10 | 14 20 | 17 16 | 23 32 | 07 13 | 08 29 | 07 28 | 08 52 |
| 28 | 09 39 | 22 18 | 00 09 | 02 22 | 01 41 | 23 07 | 08 58 | 04 11 | 14 21 | 17 16 | 23 28 | 07 25 | 08 34 | 07 27 | 08 53 |
| 29 | 09 18 | 17 37 | -00 32 | 01 51 | 01 57 | 23 07 | 08 56 | 04 12 | 14 21 | 17 17 | 23 24 | 07 37 | 08 40 | 07 26 | 08 54 |
| 30 | 08 57 | 12 04 | 01 13 | 01 20 | 02 13 | 23 08 | 08 53 | 04 13 | 14 22 | 17 17 | 23 20 | 07 50 | 08 45 | 07 24 | 08 55 |
| 31 | 08 35 | 06 00 | 01 53 | 00 49 | 02 29 | 23 08 | 08 50 | 04 14 | 14 22 | 17 17 | 23 16 | 08 02 | 08 50 | 07 23 | 08 56 |

Lunar Phases -- 1 ● 10:14 8 ◐ 20:21 16 Ⓔ 21:18 23 ◑ 23:51 30 ● 19:59 Sun enters ♍ 8/22 18:04

## 0:00 E.T. Longitudes of Main Planets - September 2008 **Sep. 08**

| D | S.T. | ☉ | ☽ | ☽ 12:00 | ☿ | ♀ | ♂ | ♃ | ♄ | ♅ | ♆ | ♇ | ☊ |
|---|---|---|---|---|---|---|---|---|---|---|---|---|---|
| 1 | 22:42:06 | 08♍55 53 | 23♍31 | 00♎08 | 03♎53 | 01♎42 | 08♎04 | 12♑37℞ | 11♍32 | 21♓09℞ | 22♒24℞ | 28♐31℞ | 17♒25 |
| 2 | 22:46:03 | 09 53 59 | 06♎40 | 13 07 | 05 10 | 02 56 | 08 43 | 12 36 | 11 39 | 21 07 | 22 23 | 28 30 | 17 22 |
| 3 | 22:50:00 | 10 52 06 | 19 30 | 25 49 | 06 26 | 04 09 | 09 22 | 12 35 | 11 47 | 21 05 | 22 21 | 28 30 | 17 19 |
| 4 | 22:53:56 | 11 50 14 | 02♏03 | 08♏13 | 07 40 | 05 23 | 10 01 | 12 34 | 11 55 | 21 02 | 22 20 | 28 30 | 17 16 |
| 5 | 22:57:53 | 12 48 24 | 14 20 | 20 23 | 08 53 | 06 36 | 10 40 | 12 33 | 12 02 | 21 00 | 22 18 | 28 30 | 17 12 |
| 6 | 23:01:49 | 13 46 36 | 26 25 | 02♐23 | 10 03 | 07 50 | 11 19 | 12 32 | 12 10 | 20 57 | 22 17 | 28 30 | 17 09 |
| 7 | 23:05:46 | 14 44 49 | 08♐21 | 14 17 | 11 12 | 09 03 | 11 58 | 12 32 | 12 17 | 20 55 | 22 15 | 28 30 | 17 06 |
| 8 | 23:09:42 | 15 43 03 | 20 13 | 26 09 | 12 18 | 10 17 | 12 37 | 12 32 | 12 25 | 20 53 | 22 14 | 28 30 | 17 03 |
| 9 | 23:13:39 | 16 41 20 | 02♑06 | 08♑05 | 13 22 | 11 30 | 13 16 | 12 32D | 12 32 | 20 50 | 22 12 | 28 30 | 17 00 |
| 10 | 23:17:35 | 17 39 37 | 14 05 | 20 08 | 14 24 | 12 44 | 13 55 | 12 32 | 12 40 | 20 48 | 22 11 | 28 30D | 16 56 |
| 11 | 23:21:32 | 18 37 56 | 26 14 | 02♒24 | 15 23 | 13 57 | 14 34 | 12 33 | 12 47 | 20 45 | 22 09 | 28 30 | 16 53 |
| 12 | 23:25:29 | 19 36 17 | 08♒38 | 14 56 | 16 20 | 15 11 | 15 14 | 12 33 | 12 55 | 20 43 | 22 08 | 28 30 | 16 50 |
| 13 | 23:29:25 | 20 34 39 | 21 19 | 27 47 | 17 14 | 16 24 | 15 53 | 12 34 | 13 02 | 20 41 | 22 07 | 28 30 | 16 47 |
| 14 | 23:33:22 | 21 33 03 | 04♓19 | 10♓57 | 18 05 | 17 38 | 16 33 | 12 35 | 13 10 | 20 38 | 22 05 | 28 30 | 16 44 |
| 15 | 23:37:18 | 22 31 29 | 17 40 | 24 28 | 18 53 | 18 51 | 17 12 | 12 36 | 13 17 | 20 36 | 22 04 | 28 30 | 16 41 |
| 16 | 23:41:15 | 23 29 57 | 01♈20 | 08♈17 | 19 37 | 20 04 | 17 52 | 12 38 | 13 25 | 20 33 | 22 03 | 28 30 | 16 37 |
| 17 | 23:45:11 | 24 28 26 | 15 17 | 22 20 | 20 18 | 21 18 | 18 31 | 12 39 | 13 32 | 20 31 | 22 01 | 28 31 | 16 34 |
| 18 | 23:49:08 | 25 26 58 | 29 26 | 06♉33 | 20 54 | 22 31 | 19 11 | 12 41 | 13 40 | 20 29 | 22 00 | 28 31 | 16 31 |
| 19 | 23:53:04 | 26 25 32 | 13♉42 | 20 52 | 21 26 | 23 44 | 19 50 | 12 43 | 13 47 | 20 26 | 21 59 | 28 31 | 16 28 |
| 20 | 23:57:01 | 27 24 08 | 28 02 | 05♊11 | 21 54 | 24 58 | 20 30 | 12 45 | 13 55 | 20 24 | 21 57 | 28 32 | 16 25 |
| 21 | 0:00:58 | 28 22 46 | 12♊20 | 19 28 | 22 16 | 26 11 | 21 10 | 12 48 | 14 02 | 20 22 | 21 56 | 28 32 | 16 22 |
| 22 | 0:04:54 | 29 21 26 | 26 34 | 03♋38 | 22 33 | 27 24 | 21 50 | 12 50 | 14 10 | 20 19 | 21 55 | 28 32 | 16 18 |
| 23 | 0:08:51 | 00♎20 09 | 10♋40 | 17 41 | 22 45 | 28 38 | 22 30 | 12 53 | 14 17 | 20 17 | 21 54 | 28 33 | 16 15 |
| 24 | 0:12:47 | 01 18 54 | 24 39 | 01♌35 | 22 50 | 29 51 | 23 10 | 12 56 | 14 24 | 20 14 | 21 53 | 28 33 | 16 12 |
| 25 | 0:16:44 | 02 17 41 | 08♌29 | 15 21 | 22 49℞ | 01♏04 | 23 50 | 12 59 | 14 32 | 20 12 | 21 51 | 28 34 | 16 09 |
| 26 | 0:20:40 | 03 16 31 | 22 10 | 28 56 | 22 40 | 02 17 | 24 30 | 13 02 | 14 39 | 20 10 | 21 50 | 28 34 | 16 06 |
| 27 | 0:24:37 | 04 15 22 | 05♍40 | 12♍21 | 22 25 | 03 31 | 25 10 | 13 06 | 14 46 | 20 08 | 21 49 | 28 35 | 16 02 |
| 28 | 0:28:33 | 05 14 16 | 19 00 | 25 35 | 22 02 | 04 44 | 25 50 | 13 09 | 14 54 | 20 05 | 21 48 | 28 35 | 15 59 |
| 29 | 0:32:30 | 06 13 12 | 02♎07 | 08♎35 | 21 32 | 05 57 | 26 30 | 13 13 | 15 01 | 20 03 | 21 47 | 28 36 | 15 56 |
| 30 | 0:36:27 | 07 12 10 | 15 01 | 21 22 | 20 54 | 07 10 | 27 11 | 13 17 | 15 08 | 20 01 | 21 46 | 28 37 | 15 53 |

## 0:00 E.T. Longitudes of the Major Asteroids and Chiron

| D | ⚳ | ⚴ | ⚵ | ⚶ | ⚷ |
|---|---|---|---|---|---|
| 1 | 05♌10 | 09♊47 | 15♐29 | 14♉37 | 17♒29℞ |
| 2 | 05 35 | 10 06 | 15 36 | 14 41 | 17 26 |
| 3 | 06 01 | 10 25 | 15 44 | 14 44 | 17 23 |
| 4 | 06 26 | 10 44 | 15 52 | 14 48 | 17 20 |
| 5 | 06 51 | 11 03 | 16 00 | 14 50 | 17 18 |
| 6 | 07 16 | 11 22 | 16 09 | 14 53 | 17 15 |
| 7 | 07 42 | 11 40 | 16 18 | 14 55 | 17 12 |
| 8 | 08 07 | 11 59 | 16 27 | 14 56 | 17 10 |
| 9 | 08 32 | 12 17 | 16 36 | 14 57 | 17 07 |
| 10 | 08 57 | 12 35 | 16 46 | 14 58 | 17 05 |
| 11 | 09 22 | 12 52 | 16 56 | 14 58℞ | 17 02 |
| 12 | 09 47 | 13 10 | 17 06 | 14 58 | 17 00 |
| 13 | 10 12 | 13 27 | 17 16 | 14 57 | 16 57 |
| 14 | 10 37 | 13 44 | 17 27 | 14 56 | 16 55 |
| 15 | 11 01 | 14 01 | 17 37 | 14 55 | 16 52 |
| 16 | 11 26 | 14 18 | 17 48 | 14 53 | 16 50 |
| 17 | 11 51 | 14 34 | 18 00 | 14 50 | 16 48 |
| 18 | 12 16 | 14 50 | 18 11 | 14 47 | 16 46 |
| 19 | 12 40 | 15 06 | 18 23 | 14 44 | 16 43 |
| 20 | 13 05 | 15 22 | 18 35 | 14 40 | 16 41 |
| 21 | 13 29 | 15 37 | 18 47 | 14 36 | 16 39 |
| 22 | 13 54 | 15 52 | 18 59 | 14 31 | 16 37 |
| 23 | 14 18 | 16 07 | 19 12 | 14 26 | 16 35 |
| 24 | 14 42 | 16 22 | 19 25 | 14 20 | 16 33 |
| 25 | 15 07 | 16 36 | 19 38 | 14 14 | 16 31 |
| 26 | 15 31 | 16 50 | 19 51 | 14 08 | 16 29 |
| 27 | 15 55 | 17 03 | 20 04 | 14 01 | 16 28 |
| 28 | 16 19 | 17 16 | 20 18 | 13 53 | 16 26 |
| 29 | 16 43 | 17 29 | 20 31 | 13 46 | 16 24 |
| 30 | 17 07 | 17 42 | 20 45 | 13 37 | 16 23 |

## Lunar Data

| Last Asp. | | Ingress | | |
|---|---|---|---|---|
| 1 | 09:03 | 1 | ♎ | 11:46 |
| 3 | 17:10 | 3 | ♏ | 20:03 |
| 5 | 15:46 | 6 | ♐ | 07:12 |
| 8 | 16:44 | 8 | ♑ | 19:46 |
| 10 | 13:16 | 11 | ♒ | 07:21 |
| 13 | 13:20 | 13 | ♓ | 16:05 |
| 15 | 19:04 | 15 | ♈ | 21:40 |
| 17 | 22:27 | 18 | ♉ | 00:58 |
| 19 | 22:52 | 20 | ♊ | 03:18 |
| 22 | 05:06 | 22 | ♋ | 05:50 |
| 23 | 21:18 | 24 | ♌ | 09:15 |
| 26 | 11:21 | 26 | ♍ | 13:53 |
| 28 | 17:32 | 28 | ♎ | 20:07 |

## 0:00 E.T. Declinations

| D | ☉ | ☽ | ☿ | ♀ | ♂ | ♃ | ♄ | ♅ | ♆ | ♇ | ⚳ | ⚴ | ⚵ | ⚶ | ⚷ |
|---|---|---|---|---|---|---|---|---|---|---|---|---|---|---|---|
| 1 | +08 13 | -00 12 | -02 33 | +00 19 | -02 45 | -23 08 | +08 47 | -04 15 | -14 23 | -17 18 | +23 12 | -08 15 | -08 56 | +07 21 | -08 57 |
| 2 | 07 51 | 06 14 | 03 12 | -00 12 | 03 00 | 23 08 | 08 44 | 04 16 | 14 23 | 17 18 | 23 08 | 08 28 | 09 01 | 07 20 | 08 58 |
| 3 | 07 29 | 11 52 | 03 50 | 00 43 | 03 16 | 23 08 | 08 41 | 04 17 | 14 24 | 17 18 | 23 04 | 08 42 | 09 06 | 07 18 | 08 59 |
| 4 | 07 07 | 16 54 | 04 27 | 01 14 | 03 32 | 23 09 | 08 39 | 04 18 | 14 24 | 17 18 | 23 00 | 08 55 | 09 11 | 07 16 | 09 00 |
| 5 | 06 45 | 21 07 | 05 04 | 01 45 | 03 48 | 23 09 | 08 36 | 04 19 | 14 25 | 17 19 | 22 56 | 09 09 | 09 17 | 07 14 | 09 01 |
| 6 | 06 23 | 24 23 | 05 40 | 02 16 | 04 04 | 23 09 | 08 33 | 04 20 | 14 25 | 17 19 | 22 52 | 09 23 | 09 22 | 07 12 | 09 02 |
| 7 | 06 00 | 26 33 | 06 15 | 02 47 | 04 20 | 23 09 | 08 30 | 04 21 | 14 26 | 17 19 | 22 47 | 09 37 | 09 27 | 07 09 | 09 03 |
| 8 | 05 38 | 27 31 | 06 49 | 03 18 | 04 35 | 23 09 | 08 27 | 04 21 | 14 26 | 17 20 | 22 43 | 09 51 | 09 32 | 07 07 | 09 04 |
| 9 | 05 15 | 27 12 | 07 22 | 03 49 | 04 51 | 23 09 | 08 24 | 04 22 | 14 27 | 17 20 | 22 39 | 10 05 | 09 38 | 07 05 | 09 05 |
| 10 | 04 53 | 25 38 | 07 54 | 04 19 | 05 07 | 23 09 | 08 22 | 04 23 | 14 27 | 17 20 | 22 34 | 10 20 | 09 43 | 07 02 | 09 06 |
| 11 | 04 30 | 22 50 | 08 24 | 04 50 | 05 23 | 23 09 | 08 19 | 04 24 | 14 28 | 17 21 | 22 30 | 10 35 | 09 48 | 06 59 | 09 08 |
| 12 | 04 07 | 18 58 | 08 54 | 05 20 | 05 39 | 23 09 | 08 16 | 04 25 | 14 28 | 17 21 | 22 25 | 10 50 | 09 53 | 06 57 | 09 09 |
| 13 | 03 44 | 14 09 | 09 22 | 05 51 | 05 54 | 23 09 | 08 13 | 04 26 | 14 28 | 17 21 | 22 21 | 11 05 | 09 58 | 06 54 | 09 10 |
| 14 | 03 21 | 08 35 | 09 49 | 06 21 | 06 10 | 23 09 | 08 10 | 04 27 | 14 29 | 17 21 | 22 16 | 11 20 | 10 03 | 06 51 | 09 11 |
| 15 | 02 58 | 02 31 | 10 14 | 06 51 | 06 26 | 23 09 | 08 07 | 04 28 | 14 29 | 17 22 | 22 12 | 11 35 | 10 09 | 06 48 | 09 12 |
| 16 | 02 35 | +03 47 | 10 37 | 07 21 | 06 41 | 23 09 | 08 05 | 04 29 | 14 30 | 17 22 | 22 07 | 11 51 | 10 14 | 06 44 | 09 13 |
| 17 | 02 12 | 10 02 | 10 59 | 07 51 | 06 57 | 23 09 | 08 02 | 04 30 | 14 30 | 17 22 | 22 03 | 12 07 | 10 19 | 06 41 | 09 13 |
| 18 | 01 49 | 15 51 | 11 18 | 08 21 | 07 13 | 23 09 | 07 59 | 04 31 | 14 31 | 17 23 | 21 58 | 12 23 | 10 24 | 06 38 | 09 14 |
| 19 | 01 25 | 20 52 | 11 36 | 08 51 | 07 28 | 23 09 | 07 56 | 04 32 | 14 31 | 17 23 | 21 53 | 12 39 | 10 29 | 06 34 | 09 15 |
| 20 | 01 02 | 24 41 | 11 51 | 09 20 | 07 44 | 23 09 | 07 53 | 04 33 | 14 31 | 17 23 | 21 49 | 12 55 | 10 34 | 06 31 | 09 16 |
| 21 | 00 39 | 26 56 | 12 04 | 09 49 | 07 59 | 23 08 | 07 51 | 04 34 | 14 32 | 17 24 | 21 44 | 13 11 | 10 39 | 06 27 | 09 17 |
| 22 | 00 15 | 27 26 | 12 14 | 10 18 | 08 15 | 23 08 | 07 48 | 04 35 | 14 32 | 17 24 | 21 39 | 13 28 | 10 43 | 06 23 | 09 18 |
| 23 | -00 08 | 26 08 | 12 21 | 10 47 | 08 30 | 23 08 | 07 45 | 04 36 | 14 33 | 17 24 | 21 35 | 13 45 | 10 48 | 06 19 | 09 19 |
| 24 | 00 31 | 23 12 | 12 24 | 11 16 | 08 45 | 23 08 | 07 42 | 04 36 | 14 33 | 17 24 | 21 30 | 14 01 | 10 53 | 06 15 | 09 20 |
| 25 | 00 55 | 18 57 | 12 25 | 11 44 | 09 01 | 23 08 | 07 40 | 04 37 | 14 33 | 17 25 | 21 25 | 14 18 | 10 58 | 06 11 | 09 21 |
| 26 | 01 18 | 13 46 | 12 22 | 12 12 | 09 16 | 23 07 | 07 37 | 04 38 | 14 34 | 17 25 | 21 21 | 14 35 | 11 03 | 06 07 | 09 22 |
| 27 | 01 42 | 07 58 | 12 15 | 12 40 | 09 31 | 23 07 | 07 34 | 04 39 | 14 34 | 17 25 | 21 16 | 14 53 | 11 07 | 06 03 | 09 23 |
| 28 | 02 05 | 01 54 | 12 03 | 13 07 | 09 47 | 23 07 | 07 32 | 04 40 | 14 34 | 17 26 | 21 11 | 15 10 | 11 12 | 05 59 | 09 24 |
| 29 | 02 28 | -04 08 | 11 48 | 13 34 | 10 02 | 23 06 | 07 29 | 04 41 | 14 35 | 17 26 | 21 06 | 15 27 | 11 17 | 05 55 | 09 25 |
| 30 | 02 52 | 09 53 | 11 28 | 14 01 | 10 17 | 23 06 | 07 26 | 04 42 | 14 35 | 17 26 | 21 02 | 15 45 | 11 21 | 05 50 | 09 25 |

Lunar Phases -- 7 ◐ 14:05 15 ○ 09:15 22 ◑ 05:06 29 ● 08:13 Sun enters ♎ 9/22 15:46

# Oct. 08 — Longitudes of Main Planets - October 2008 — 0:00 E.T.

| D | S.T. | ☉ | ☽ | ☽ 12:00 | ☿ | ♀ | ♂ | ♃ | ♄ | ♅ | ♆ | ♇ | ☊ |
|---|---|---|---|---|---|---|---|---|---|---|---|---|---|
| 1 | 0:40:23 | 08♎11 09 | 27♎41 | 03♏55 | 20♎09℞ | 08♏23 | 27♎51 | 13♑21 | 15♍15 | 19♓58℞ | 21♒45℞ | 28♐37 | 15♒50 |
| 2 | 0:44:20 | 09 10 11 | 10♏07 | 16 15 | 19 17 | 09 36 | 28 31 | 13 26 | 15 22 | 19 56 | 21 44 | 28 38 | 15 47 |
| 3 | 0:48:16 | 10 09 15 | 22 20 | 28 22 | 18 19 | 10 50 | 29 12 | 13 30 | 15 29 | 19 54 | 21 43 | 28 39 | 15 43 |
| 4 | 0:52:13 | 11 08 20 | 04♐22 | 10♐20 | 17 16 | 12 03 | 29 52 | 13 35 | 15 37 | 19 52 | 21 42 | 28 39 | 15 40 |
| 5 | 0:56:09 | 12 07 28 | 16 16 | 22 12 | 16 09 | 13 16 | 00♏33 | 13 40 | 15 44 | 19 50 | 21 41 | 28 40 | 15 37 |
| 6 | 1:00:06 | 13 06 37 | 28 07 | 04♑02 | 14 59 | 14 29 | 01 13 | 13 45 | 15 51 | 19 47 | 21 40 | 28 41 | 15 34 |
| 7 | 1:04:02 | 14 05 48 | 09♑58 | 15 55 | 13 49 | 15 42 | 01 54 | 13 50 | 15 58 | 19 45 | 21 39 | 28 42 | 15 31 |
| 8 | 1:07:59 | 15 05 01 | 21 54 | 27 57 | 12 40 | 16 55 | 02 35 | 13 55 | 16 05 | 19 43 | 21 39 | 28 43 | 15 28 |
| 9 | 1:11:56 | 16 04 15 | 04♒02 | 10♒12 | 11 35 | 18 08 | 03 16 | 14 01 | 16 12 | 19 41 | 21 38 | 28 44 | 15 24 |
| 10 | 1:15:52 | 17 03 32 | 16 26 | 22 45 | 10 34 | 19 21 | 03 56 | 14 06 | 16 18 | 19 39 | 21 37 | 28 45 | 15 21 |
| 11 | 1:19:49 | 18 02 50 | 29 10 | 05♓41 | 09 40 | 20 34 | 04 37 | 14 12 | 16 25 | 19 37 | 21 36 | 28 46 | 15 18 |
| 12 | 1:23:45 | 19 02 10 | 12♓19 | 19 03 | 08 54 | 21 47 | 05 18 | 14 18 | 16 32 | 19 35 | 21 36 | 28 47 | 15 15 |
| 13 | 1:27:42 | 20 01 31 | 25 53 | 02♈50 | 08 18 | 23 00 | 05 59 | 14 25 | 16 39 | 19 33 | 21 35 | 28 48 | 15 12 |
| 14 | 1:31:38 | 21 00 55 | 09♈52 | 17 00 | 07 53 | 24 13 | 06 40 | 14 31 | 16 46 | 19 31 | 21 34 | 28 49 | 15 08 |
| 15 | 1:35:35 | 22 00 21 | 24 13 | 01♉30 | 07 38 | 25 25 | 07 21 | 14 37 | 16 52 | 19 29 | 21 34 | 28 50 | 15 05 |
| 16 | 1:39:31 | 22 59 48 | 08♉50 | 16 12 | 07 34D | 26 38 | 08 02 | 14 44 | 16 59 | 19 27 | 21 33 | 28 51 | 15 02 |
| 17 | 1:43:28 | 23 59 18 | 23 35 | 00♊57 | 07 41 | 27 51 | 08 44 | 14 51 | 17 05 | 19 25 | 21 33 | 28 52 | 14 59 |
| 18 | 1:47:25 | 24 58 50 | 08♊19 | 15 39 | 07 59 | 29 04 | 09 25 | 14 58 | 17 12 | 19 24 | 21 32 | 28 53 | 14 56 |
| 19 | 1:51:21 | 25 58 25 | 22 57 | 00♋11 | 08 27 | 00♐17 | 10 06 | 15 05 | 17 18 | 19 22 | 21 32 | 28 54 | 14 53 |
| 20 | 1:55:18 | 26 58 01 | 07♋22 | 14 29 | 09 05 | 01 29 | 10 47 | 15 12 | 17 25 | 19 20 | 21 31 | 28 56 | 14 49 |
| 21 | 1:59:14 | 27 57 40 | 21 31 | 28 30 | 09 51 | 02 42 | 11 29 | 15 20 | 17 31 | 19 18 | 21 31 | 28 57 | 14 46 |
| 22 | 2:03:11 | 28 57 22 | 05♌24 | 12♌15 | 10 44 | 03 55 | 12 10 | 15 27 | 17 38 | 19 17 | 21 30 | 28 58 | 14 43 |
| 23 | 2:07:07 | 29 57 05 | 19 01 | 25 44 | 11 45 | 05 07 | 12 52 | 15 35 | 17 44 | 19 15 | 21 30 | 29 00 | 14 40 |
| 24 | 2:11:04 | 00♏56 51 | 02♍23 | 08♍59 | 12 52 | 06 20 | 13 33 | 15 43 | 17 50 | 19 13 | 21 30 | 29 01 | 14 37 |
| 25 | 2:15:00 | 01 56 39 | 15 32 | 22 02 | 14 05 | 07 33 | 14 15 | 15 51 | 17 56 | 19 12 | 21 29 | 29 02 | 14 34 |
| 26 | 2:18:57 | 02 56 29 | 28 30 | 04♎54 | 15 22 | 08 45 | 14 57 | 15 59 | 18 02 | 19 10 | 21 29 | 29 04 | 14 30 |
| 27 | 2:22:54 | 03 56 21 | 11♎16 | 17 35 | 16 43 | 09 58 | 15 39 | 16 07 | 18 08 | 19 09 | 21 29 | 29 05 | 14 27 |
| 28 | 2:26:50 | 04 56 15 | 23 52 | 00♏06 | 18 08 | 11 10 | 16 20 | 16 15 | 18 14 | 19 07 | 21 29 | 29 07 | 14 24 |
| 29 | 2:30:47 | 05 56 12 | 06♏18 | 12 27 | 19 35 | 12 23 | 17 02 | 16 24 | 18 20 | 19 06 | 21 28 | 29 08 | 14 21 |
| 30 | 2:34:43 | 06 56 10 | 18 33 | 24 37 | 21 05 | 13 35 | 17 44 | 16 33 | 18 26 | 19 05 | 21 28 | 29 10 | 14 18 |
| 31 | 2:38:40 | 07 56 10 | 00♐39 | 06♐39 | 22 36 | 14 48 | 18 26 | 16 41 | 18 32 | 19 03 | 21 28 | 29 11 | 14 14 |

## 0:00 E.T. — Longitudes of the Major Asteroids and Chiron

| D | ⚳ | ⚴ | ⚵ | ⚶ | ⚷ | D | ⚳ | ⚴ | ⚵ | ⚶ | ⚷ |
|---|---|---|---|---|---|---|---|---|---|---|---|
| 1 | 17♌31 | 17♊54 | 21♐00 | 13♉29℞ | 16♒21℞ | 17 | 23 41 | 20 15 | 25 10 | 10 19 | 16 04 |
| 2 | 17 55 | 18 06 | 21 14 | 13 19 | 16 20 | 18 | 24 04 | 20 20 | 25 27 | 10 05 | 16 04 |
| 3 | 18 18 | 18 17 | 21 29 | 13 10 | 16 18 | 19 | 24 26 | 20 24 | 25 44 | 09 51 | 16 04 |
| 4 | 18 42 | 18 29 | 21 43 | 13 00 | 16 17 | 20 | 24 48 | 20 28 | 26 02 | 09 36 | 16 03 |
| 5 | 19 06 | 18 39 | 21 58 | 12 50 | 16 16 | 21 | 25 10 | 20 31 | 26 19 | 09 21 | 16 03 |
| 6 | 19 29 | 18 50 | 22 13 | 12 39 | 16 14 | 22 | 25 32 | 20 34 | 26 37 | 09 06 | 16 03 |
| 7 | 19 53 | 19 00 | 22 29 | 12 28 | 16 13 | 23 | 25 54 | 20 36 | 26 55 | 08 51 | 16 02 |
| 8 | 20 16 | 19 09 | 22 44 | 12 17 | 16 12 | 24 | 26 16 | 20 38 | 27 12 | 08 35 | 16 02 |
| 9 | 20 39 | 19 18 | 23 00 | 12 05 | 16 11 | 25 | 26 37 | 20 39 | 27 30 | 08 20 | 16 02 |
| 10 | 21 02 | 19 27 | 23 15 | 11 53 | 16 10 | 26 | 26 59 | 20 39 | 27 49 | 08 04 | 16 02D |
| 11 | 21 25 | 19 35 | 23 31 | 11 40 | 16 09 | 27 | 27 20 | 20 39℞ | 28 07 | 07 49 | 16 02 |
| 12 | 21 48 | 19 43 | 23 47 | 11 27 | 16 08 | 28 | 27 41 | 20 38 | 28 25 | 07 33 | 16 02 |
| 13 | 22 11 | 19 50 | 24 04 | 11 14 | 16 07 | 29 | 28 02 | 20 37 | 28 44 | 07 17 | 16 03 |
| 14 | 22 34 | 19 57 | 24 20 | 11 01 | 16 06 | 30 | 28 23 | 20 35 | 29 03 | 07 01 | 16 03 |
| 15 | 22 56 | 20 03 | 24 37 | 10 47 | 16 06 | 31 | 28 44 | 20 32 | 29 21 | 06 46 | 16 03 |
| 16 | 23 19 | 20 09 | 24 53 | 10 34 | 16 05 | | | | | | |

## Lunar Data

| Last Asp. | | Ingress | | |
|---|---|---|---|---|
| 1 | 01:49 | 1 | ♏ | 04:27 |
| 2 | 22:48 | 3 | ♐ | 15:16 |
| 6 | 01:09 | 6 | ♑ | 03:49 |
| 7 | 19:38 | 8 | ♒ | 16:04 |
| 10 | 23:14 | 11 | ♓ | 01:32 |
| 13 | 05:03 | 13 | ♈ | 07:08 |
| 15 | 07:37 | 15 | ♉ | 09:32 |
| 17 | 07:34 | 17 | ♊ | 10:27 |
| 19 | 09:53 | 19 | ♋ | 11:42 |
| 21 | 11:56 | 21 | ♌ | 14:36 |
| 23 | 17:54 | 23 | ♍ | 19:41 |
| 26 | 01:04 | 26 | ♎ | 02:49 |
| 28 | 10:07 | 28 | ♏ | 11:49 |
| 30 | 05:46 | | | |

## 0:00 E.T. — Declinations

| D | ☉ | ☽ | ☿ | ♀ | ♂ | ♃ | ♄ | ♅ | ♆ | ♇ | ⚳ | ⚴ | ⚵ | ⚶ | ⚷ |
|---|---|---|---|---|---|---|---|---|---|---|---|---|---|---|---|
| 1 | -03 15 | -15 08 | -11 03 | -14 28 | -10 32 | -23 06 | +07 23 | -04 43 | -14 36 | -17 26 | +20 57 | -16 03 | -11 26 | +05 46 | -09 26 |
| 2 | 03 38 | 19 39 | 10 34 | 14 54 | 10 47 | 23 05 | 07 21 | 04 44 | 14 36 | 17 27 | 20 52 | 16 21 | 11 30 | 05 41 | 09 27 |
| 3 | 04 01 | 23 15 | 10 01 | 15 20 | 11 02 | 23 05 | 07 18 | 04 44 | 14 36 | 17 27 | 20 47 | 16 38 | 11 35 | 05 37 | 09 28 |
| 4 | 04 24 | 25 48 | 09 25 | 15 45 | 11 17 | 23 04 | 07 16 | 04 45 | 14 36 | 17 27 | 20 43 | 16 56 | 11 39 | 05 32 | 09 29 |
| 5 | 04 48 | 27 09 | 08 45 | 16 11 | 11 31 | 23 04 | 07 13 | 04 46 | 14 37 | 17 28 | 20 38 | 17 15 | 11 44 | 05 28 | 09 29 |
| 6 | 05 11 | 27 16 | 08 02 | 16 35 | 11 46 | 23 04 | 07 10 | 04 47 | 14 37 | 17 28 | 20 33 | 17 33 | 11 48 | 05 23 | 09 30 |
| 7 | 05 34 | 26 07 | 07 18 | 17 00 | 12 01 | 23 03 | 07 08 | 04 48 | 14 37 | 17 28 | 20 28 | 17 51 | 11 52 | 05 19 | 09 31 |
| 8 | 05 57 | 23 47 | 06 33 | 17 23 | 12 15 | 23 03 | 07 05 | 04 49 | 14 38 | 17 29 | 20 24 | 18 09 | 11 57 | 05 14 | 09 32 |
| 9 | 06 19 | 20 21 | 05 49 | 17 47 | 12 30 | 23 02 | 07 03 | 04 49 | 14 38 | 17 29 | 20 19 | 18 28 | 12 01 | 05 09 | 09 32 |
| 10 | 06 42 | 15 57 | 05 06 | 18 10 | 12 44 | 23 01 | 07 00 | 04 50 | 14 38 | 17 29 | 20 14 | 18 46 | 12 05 | 05 05 | 09 33 |
| 11 | 07 05 | 10 44 | 04 26 | 18 33 | 12 59 | 23 01 | 06 57 | 04 51 | 14 38 | 17 29 | 20 10 | 19 05 | 12 09 | 05 00 | 09 34 |
| 12 | 07 27 | 04 55 | 03 50 | 18 55 | 13 13 | 23 00 | 06 55 | 04 52 | 14 39 | 17 30 | 20 05 | 19 23 | 12 13 | 04 55 | 09 35 |
| 13 | 07 50 | +01 18 | 03 18 | 19 16 | 13 27 | 23 00 | 06 52 | 04 52 | 14 39 | 17 30 | 20 00 | 19 42 | 12 17 | 04 51 | 09 35 |
| 14 | 08 12 | 07 38 | 02 50 | 19 38 | 13 41 | 22 59 | 06 50 | 04 53 | 14 39 | 17 30 | 19 56 | 20 00 | 12 21 | 04 46 | 09 36 |
| 15 | 08 34 | 13 44 | 02 29 | 19 58 | 13 55 | 22 58 | 06 48 | 04 54 | 14 39 | 17 31 | 19 51 | 20 19 | 12 25 | 04 41 | 09 36 |
| 16 | 08 56 | 19 10 | 02 13 | 20 18 | 14 09 | 22 58 | 06 45 | 04 55 | 14 39 | 17 31 | 19 47 | 20 37 | 12 29 | 04 37 | 09 37 |
| 17 | 09 18 | 23 30 | 02 03 | 20 38 | 14 23 | 22 57 | 06 43 | 04 55 | 14 40 | 17 31 | 19 42 | 20 56 | 12 32 | 04 32 | 09 38 |
| 18 | 09 40 | 26 18 | 01 58 | 20 57 | 14 37 | 22 56 | 06 40 | 04 56 | 14 40 | 17 31 | 19 38 | 21 15 | 12 36 | 04 27 | 09 38 |
| 19 | 10 02 | 27 16 | 01 59 | 21 16 | 14 50 | 22 56 | 06 38 | 04 57 | 14 40 | 17 32 | 19 33 | 21 33 | 12 40 | 04 23 | 09 39 |
| 20 | 10 24 | 26 22 | 02 05 | 21 34 | 15 04 | 22 55 | 06 36 | 04 57 | 14 40 | 17 32 | 19 29 | 21 52 | 12 43 | 04 18 | 09 39 |
| 21 | 10 45 | 23 46 | 02 16 | 21 51 | 15 17 | 22 54 | 06 33 | 04 58 | 14 40 | 17 32 | 19 24 | 22 10 | 12 47 | 04 14 | 09 40 |
| 22 | 11 06 | 19 48 | 02 31 | 22 08 | 15 31 | 22 53 | 06 31 | 04 59 | 14 40 | 17 32 | 19 20 | 22 29 | 12 50 | 04 10 | 09 40 |
| 23 | 11 27 | 14 51 | 02 50 | 22 24 | 15 44 | 22 52 | 06 29 | 04 59 | 14 40 | 17 33 | 19 16 | 22 47 | 12 54 | 04 05 | 09 41 |
| 24 | 11 48 | 09 16 | 03 13 | 22 40 | 15 57 | 22 51 | 06 26 | 05 00 | 14 40 | 17 33 | 19 11 | 23 06 | 12 57 | 04 01 | 09 41 |
| 25 | 12 09 | 03 23 | 03 38 | 22 55 | 16 10 | 22 51 | 06 24 | 05 00 | 14 41 | 17 33 | 19 07 | 23 24 | 13 00 | 03 57 | 09 42 |
| 26 | 12 30 | -02 33 | 04 07 | 23 09 | 16 23 | 22 50 | 06 22 | 05 01 | 14 41 | 17 34 | 19 03 | 23 42 | 13 03 | 03 53 | 09 42 |
| 27 | 12 50 | 08 17 | 04 38 | 23 23 | 16 35 | 22 49 | 06 20 | 05 02 | 14 41 | 17 34 | 18 59 | 24 01 | 13 07 | 03 49 | 09 43 |
| 28 | 13 10 | 13 35 | 05 10 | 23 36 | 16 48 | 22 48 | 06 18 | 05 02 | 14 41 | 17 34 | 18 54 | 24 19 | 13 10 | 03 45 | 09 43 |
| 29 | 13 30 | 18 17 | 05 44 | 23 49 | 17 01 | 22 47 | 06 15 | 05 03 | 14 41 | 17 34 | 18 50 | 24 36 | 13 13 | 03 41 | 09 44 |
| 30 | 13 50 | 22 08 | 06 20 | 24 00 | 17 13 | 22 46 | 06 13 | 05 03 | 14 41 | 17 35 | 18 46 | 24 54 | 13 16 | 03 37 | 09 44 |
| 31 | 14 09 | 24 59 | 06 56 | 24 11 | 17 25 | 22 45 | 06 11 | 05 04 | 14 41 | 17 35 | 18 42 | 25 12 | 13 18 | 03 34 | 09 44 |

Lunar Phases -- 7 ◐ 09:05 14 ○ 20:04 21 ◑ 11:56 28 ● 23:15 Sun enters ♏ 10/23 01:10

# 0:00 E.T. Longitudes of Main Planets - November 2008 **Nov. 08**

| D | S.T. | ☉ | ☽ | ☽ 12:00 | ☿ | ♀ | ♂ | ♃ | ♄ | ♅ | ♆ | ♇ | ☊ |
|---|---|---|---|---|---|---|---|---|---|---|---|---|---|
| 1 | 2:42:36 | 08♏56 12 | 12♐37 | 18♐33 | 24♎09 | 16♐00 | 19♏08 | 16♑50 | 18♍38 | 19♓02℞ | 21♒28℞ | 29♐13 | 14♒11 |
| 2 | 2:46:33 | 09 56 16 | 24 28 | 00♑22 | 25 44 | 17 12 | 19 50 | 16 59 | 18 43 | 19 01 | 21 28 | 29 14 | 14 08 |
| 3 | 2:50:29 | 10 56 21 | 06♑16 | 12 10 | 27 19 | 18 25 | 20 32 | 17 09 | 18 49 | 18 59 | 21 28D | 29 16 | 14 05 |
| 4 | 2:54:26 | 11 56 28 | 18 05 | 24 01 | 28 55 | 19 37 | 21 15 | 17 18 | 18 55 | 18 58 | 21 28 | 29 17 | 14 02 |
| 5 | 2:58:23 | 12 56 37 | 29 59 | 05♒59 | 00♏32 | 20 49 | 21 57 | 17 27 | 19 00 | 18 57 | 21 28 | 29 19 | 13 59 |
| 6 | 3:02:19 | 13 56 47 | 12♒03 | 18 10 | 02 09 | 22 01 | 22 39 | 17 37 | 19 05 | 18 56 | 21 28 | 29 21 | 13 55 |
| 7 | 3:06:16 | 14 56 59 | 24 22 | 00♓40 | 03 47 | 23 14 | 23 21 | 17 47 | 19 11 | 18 55 | 21 28 | 29 22 | 13 52 |
| 8 | 3:10:12 | 15 57 12 | 07♓03 | 13 33 | 05 24 | 24 26 | 24 04 | 17 56 | 19 16 | 18 54 | 21 29 | 29 24 | 13 49 |
| 9 | 3:14:09 | 16 57 26 | 20 10 | 26 54 | 07 02 | 25 38 | 24 46 | 18 06 | 19 21 | 18 53 | 21 29 | 29 26 | 13 46 |
| 10 | 3:18:05 | 17 57 42 | 03♈45 | 10♈44 | 08 39 | 26 50 | 25 29 | 18 16 | 19 26 | 18 52 | 21 29 | 29 27 | 13 43 |
| 11 | 3:22:02 | 18 58 00 | 17 51 | 25 04 | 10 17 | 28 02 | 26 11 | 18 27 | 19 31 | 18 51 | 21 29 | 29 29 | 13 40 |
| 12 | 3:25:58 | 19 58 19 | 02♉23 | 09♉48 | 11 54 | 29 14 | 26 54 | 18 37 | 19 36 | 18 51 | 21 30 | 29 31 | 13 36 |
| 13 | 3:29:55 | 20 58 40 | 17 17 | 24 49 | 13 31 | 00♑26 | 27 37 | 18 47 | 19 41 | 18 50 | 21 30 | 29 33 | 13 33 |
| 14 | 3:33:52 | 21 59 02 | 02♊24 | 09♊58 | 15 08 | 01 37 | 28 19 | 18 58 | 19 46 | 18 49 | 21 30 | 29 35 | 13 30 |
| 15 | 3:37:48 | 22 59 27 | 17 32 | 25 04 | 16 45 | 02 49 | 29 02 | 19 08 | 19 51 | 18 48 | 21 31 | 29 36 | 13 27 |
| 16 | 3:41:45 | 23 59 53 | 02♋33 | 09♋58 | 18 22 | 04 01 | 29 45 | 19 19 | 19 55 | 18 48 | 21 31 | 29 38 | 13 24 |
| 17 | 3:45:41 | 25 00 21 | 17 18 | 24 33 | 19 58 | 05 13 | 00♐28 | 19 30 | 20 00 | 18 47 | 21 32 | 29 40 | 13 20 |
| 18 | 3:49:38 | 26 00 50 | 01♌42 | 08♌45 | 21 34 | 06 24 | 01 11 | 19 40 | 20 04 | 18 47 | 21 32 | 29 42 | 13 17 |
| 19 | 3:53:34 | 27 01 22 | 15 42 | 22 33 | 23 10 | 07 36 | 01 54 | 19 51 | 20 09 | 18 46 | 21 33 | 29 44 | 13 14 |
| 20 | 3:57:31 | 28 01 55 | 29 19 | 05♍59 | 24 46 | 08 47 | 02 37 | 20 03 | 20 13 | 18 46 | 21 33 | 29 46 | 13 11 |
| 21 | 4:01:27 | 29 02 30 | 12♍35 | 19 06 | 26 21 | 09 59 | 03 20 | 20 14 | 20 17 | 18 45 | 21 34 | 29 48 | 13 08 |
| 22 | 4:05:24 | 00♐03 07 | 25 33 | 01♎56 | 27 57 | 11 10 | 04 03 | 20 25 | 20 21 | 18 45 | 21 35 | 29 50 | 13 05 |
| 23 | 4:09:21 | 01 03 45 | 08♎16 | 14 33 | 29 32 | 12 21 | 04 46 | 20 36 | 20 26 | 18 45 | 21 35 | 29 52 | 13 01 |
| 24 | 4:13:17 | 02 04 25 | 20 46 | 26 58 | 01♐07 | 13 32 | 05 29 | 20 48 | 20 29 | 18 45 | 21 36 | 29 54 | 12 58 |
| 25 | 4:17:14 | 03 05 07 | 03♏07 | 09♏13 | 02 41 | 14 44 | 06 13 | 20 59 | 20 33 | 18 44 | 21 37 | 29 56 | 12 55 |
| 26 | 4:21:10 | 04 05 50 | 15 18 | 21 21 | 04 16 | 15 55 | 06 56 | 21 11 | 20 37 | 18 44 | 21 38 | 29 58 | 12 52 |
| 27 | 4:25:07 | 05 06 35 | 27 22 | 03♐22 | 05 50 | 17 06 | 07 40 | 21 23 | 20 41 | 18 44 | 21 38 | 00 00 | 12 49 |
| 28 | 4:29:03 | 06 07 21 | 09♐20 | 15 17 | 07 25 | 18 17 | 08 23 | 21 34 | 20 44 | 18 44D | 21 39 | 00♑02 | 12 45 |
| 29 | 4:33:00 | 07 08 08 | 21 13 | 27 08 | 08 59 | 19 28 | 09 07 | 21 46 | 20 48 | 18 44 | 21 40 | 00 04 | 12 42 |
| 30 | 4:36:56 | 08 08 57 | 03♑03 | 08♑57 | 10 33 | 20 38 | 09 50 | 21 58 | 20 51 | 18 44 | 21 41 | 00 06 | 12 39 |

## 0:00 E.T. Longitudes of the Major Asteroids and Chiron

| D | ⚳ | ⚴ | ⚵ | ⚶ | ⚷ |
|---|---|---|---|---|---|
| 1 | 29♌05 | 20♊29℞ | 29♐40 | 06♉30℞ | 16♒04 |
| 2 | 29 25 | 20 25 | 29 59 | 06 15 | 16 04 |
| 3 | 29 45 | 20 21 | 00♑19 | 05 59 | 16 05 |
| 4 | 00♍06 | 20 16 | 00 38 | 05 44 | 16 05 |
| 5 | 00 26 | 20 10 | 00 57 | 05 28 | 16 06 |
| 6 | 00 45 | 20 03 | 01 17 | 05 13 | 16 07 |
| 7 | 01 05 | 19 56 | 01 36 | 04 58 | 16 08 |
| 8 | 01 25 | 19 49 | 01 56 | 04 43 | 16 08 |
| 9 | 01 44 | 19 40 | 02 16 | 04 29 | 16 09 |
| 10 | 02 03 | 19 31 | 02 36 | 04 14 | 16 10 |
| 11 | 02 22 | 19 21 | 02 56 | 04 00 | 16 11 |
| 12 | 02 41 | 19 11 | 03 16 | 03 46 | 16 13 |
| 13 | 03 00 | 19 00 | 03 36 | 03 33 | 16 14 |
| 14 | 03 19 | 18 49 | 03 57 | 03 19 | 16 15 |
| 15 | 03 37 | 18 37 | 04 17 | 03 06 | 16 16 |
| 16 | 03 55 | 18 24 | 04 38 | 02 53 | 16 18 |
| 17 | 04 13 | 18 10 | 04 58 | 02 41 | 16 19 |
| 18 | 04 31 | 17 57 | 05 19 | 02 29 | 16 21 |
| 19 | 04 48 | 17 42 | 05 40 | 02 17 | 16 22 |
| 20 | 05 06 | 17 27 | 06 01 | 02 05 | 16 24 |
| 21 | 05 23 | 17 11 | 06 22 | 01 54 | 16 26 |
| 22 | 05 40 | 16 55 | 06 43 | 01 43 | 16 27 |
| 23 | 05 57 | 16 39 | 07 04 | 01 33 | 16 29 |
| 24 | 06 13 | 16 22 | 07 25 | 01 23 | 16 31 |
| 25 | 06 30 | 16 04 | 07 47 | 01 13 | 16 33 |
| 26 | 06 46 | 15 46 | 08 08 | 01 04 | 16 35 |
| 27 | 07 01 | 15 28 | 08 30 | 00 55 | 16 37 |
| 28 | 07 17 | 15 09 | 08 51 | 00 47 | 16 39 |
| 29 | 07 32 | 14 50 | 09 13 | 00 39 | 16 41 |
| 30 | 07 47 | 14 30 | 09 35 | 00 32 | 16 43 |

## Lunar Data

| Last Asp. | | Ingress | | |
|---|---|---|---|---|
| 2 | 09:42 | 2 | ♑ | 11:14 |
| 4 | 06:48 | 5 | ♒ | 00:02 |
| 7 | 09:34 | 7 | ♓ | 10:44 |
| 9 | 16:29 | 9 | ♈ | 17:27 |
| 11 | 19:18 | 11 | ♉ | 20:06 |
| 13 | 17:14 | 13 | ♊ | 20:13 |
| 15 | 19:18 | 15 | ♋ | 19:54 |
| 17 | 13:44 | 17 | ♌ | 21:09 |
| 20 | 00:49 | 20 | ♍ | 01:14 |
| 22 | 08:03 | 22 | ♎ | 08:21 |
| 24 | 17:46 | 24 | ♏ | 17:55 |
| 26 | 12:34 | 27 | ♐ | 05:15 |
| 29 | 00:55 | 29 | ♑ | 17:49 |

## 0:00 E.T. Declinations

| D | ☉ | ☽ | ☿ | ♀ | ♂ | ♃ | ♄ | ♅ | ♆ | ♇ | ⚳ | ⚴ | ⚵ | ⚶ | ⚷ |
|---|---|---|---|---|---|---|---|---|---|---|---|---|---|---|---|
| 1 | -14 29 | -26 41 | -07 34 | -24 22 | -17 37 | -22 44 | +06 09 | -05 04 | -14 41 | -17 35 | +18 39 | -25 29 | -13 21 | +03 30 | -09 45 |
| 2 | 14 48 | 27 09 | 08 12 | 24 32 | 17 49 | 22 43 | 06 07 | 05 05 | 14 41 | 17 35 | 18 35 | 25 47 | 13 24 | 03 27 | 09 45 |
| 3 | 15 07 | 26 22 | 08 50 | 24 41 | 18 01 | 22 41 | 06 05 | 05 05 | 14 41 | 17 36 | 18 31 | 26 04 | 13 27 | 03 24 | 09 45 |
| 4 | 15 25 | 24 24 | 09 29 | 24 49 | 18 13 | 22 40 | 06 03 | 05 05 | 14 41 | 17 36 | 18 27 | 26 21 | 13 29 | 03 21 | 09 45 |
| 5 | 15 43 | 21 21 | 10 07 | 24 57 | 18 25 | 22 39 | 06 01 | 05 06 | 14 41 | 17 36 | 18 24 | 26 38 | 13 32 | 03 18 | 09 46 |
| 6 | 16 02 | 17 20 | 10 46 | 25 04 | 18 36 | 22 38 | 05 59 | 05 06 | 14 41 | 17 36 | 18 20 | 26 54 | 13 34 | 03 15 | 09 46 |
| 7 | 16 19 | 12 32 | 11 24 | 25 10 | 18 47 | 22 37 | 05 57 | 05 07 | 14 41 | 17 37 | 18 16 | 27 10 | 13 37 | 03 12 | 09 46 |
| 8 | 16 37 | 07 05 | 12 02 | 25 16 | 18 58 | 22 36 | 05 55 | 05 07 | 14 41 | 17 37 | 18 13 | 27 26 | 13 39 | 03 10 | 09 46 |
| 9 | 16 54 | 01 09 | 12 40 | 25 20 | 19 09 | 22 34 | 05 54 | 05 07 | 14 41 | 17 37 | 18 10 | 27 42 | 13 41 | 03 07 | 09 47 |
| 10 | 17 11 | +05 02 | 13 18 | 25 24 | 19 20 | 22 33 | 05 52 | 05 08 | 14 41 | 17 37 | 18 06 | 27 58 | 13 43 | 03 05 | 09 47 |
| 11 | 17 28 | 11 10 | 13 55 | 25 28 | 19 31 | 22 32 | 05 50 | 05 08 | 14 41 | 17 37 | 18 03 | 28 13 | 13 46 | 03 03 | 09 47 |
| 12 | 17 44 | 16 55 | 14 31 | 25 30 | 19 41 | 22 30 | 05 48 | 05 08 | 14 40 | 17 38 | 18 00 | 28 28 | 13 48 | 03 01 | 09 47 |
| 13 | 18 00 | 21 47 | 15 07 | 25 32 | 19 52 | 22 29 | 05 46 | 05 09 | 14 40 | 17 38 | 17 57 | 28 43 | 13 49 | 03 00 | 09 47 |
| 14 | 18 16 | 25 17 | 15 42 | 25 33 | 20 02 | 22 27 | 05 45 | 05 09 | 14 40 | 17 38 | 17 54 | 28 57 | 13 51 | 02 58 | 09 47 |
| 15 | 18 31 | 26 58 | 16 16 | 25 34 | 20 12 | 22 26 | 05 43 | 05 09 | 14 40 | 17 38 | 17 51 | 29 11 | 13 53 | 02 57 | 09 47 |
| 16 | 18 46 | 26 40 | 16 50 | 25 33 | 20 22 | 22 25 | 05 41 | 05 09 | 14 40 | 17 39 | 17 48 | 29 25 | 13 55 | 02 55 | 09 47 |
| 17 | 19 01 | 24 28 | 17 22 | 25 32 | 20 31 | 22 23 | 05 40 | 05 09 | 14 40 | 17 39 | 17 46 | 29 38 | 13 57 | 02 54 | 09 47 |
| 18 | 19 16 | 20 43 | 17 54 | 25 31 | 20 41 | 22 22 | 05 38 | 05 10 | 14 40 | 17 39 | 17 43 | 29 51 | 13 58 | 02 54 | 09 47 |
| 19 | 19 30 | 15 52 | 18 25 | 25 28 | 20 50 | 22 20 | 05 37 | 05 10 | 14 39 | 17 39 | 17 40 | 30 04 | 14 00 | 02 53 | 09 47 |
| 20 | 19 43 | 10 21 | 18 56 | 25 25 | 20 59 | 22 18 | 05 35 | 05 10 | 14 39 | 17 39 | 17 38 | 30 16 | 14 01 | 02 52 | 09 47 |
| 21 | 19 57 | 04 30 | 19 25 | 25 21 | 21 08 | 22 17 | 05 34 | 05 10 | 14 39 | 17 40 | 17 36 | 30 28 | 14 02 | 02 52 | 09 47 |
| 22 | 20 10 | -01 24 | 19 53 | 25 16 | 21 17 | 22 15 | 05 32 | 05 10 | 14 39 | 17 40 | 17 34 | 30 40 | 14 04 | 02 52 | 09 47 |
| 23 | 20 22 | 07 06 | 20 21 | 25 11 | 21 25 | 22 14 | 05 31 | 05 10 | 14 39 | 17 40 | 17 31 | 30 51 | 14 05 | 02 52 | 09 47 |
| 24 | 20 35 | 12 27 | 20 47 | 25 05 | 21 34 | 22 12 | 05 30 | 05 10 | 14 38 | 17 40 | 17 30 | 31 02 | 14 06 | 02 52 | 09 47 |
| 25 | 20 47 | 17 13 | 21 13 | 24 58 | 21 42 | 22 10 | 05 28 | 05 10 | 14 38 | 17 40 | 17 28 | 31 12 | 14 07 | 02 53 | 09 47 |
| 26 | 20 58 | 21 13 | 21 37 | 24 50 | 21 50 | 22 08 | 05 27 | 05 10 | 14 38 | 17 40 | 17 26 | 31 22 | 14 08 | 02 53 | 09 46 |
| 27 | 21 09 | 24 17 | 22 00 | 24 42 | 21 58 | 22 07 | 05 26 | 05 10 | 14 38 | 17 41 | 17 24 | 31 31 | 14 09 | 02 54 | 09 46 |
| 28 | 21 20 | 26 15 | 22 22 | 24 33 | 22 05 | 22 05 | 05 25 | 05 10 | 14 37 | 17 41 | 17 23 | 31 40 | 14 10 | 02 55 | 09 46 |
| 29 | 21 30 | 27 01 | 22 43 | 24 23 | 22 13 | 22 03 | 05 24 | 05 10 | 14 37 | 17 41 | 17 21 | 31 48 | 14 10 | 02 56 | 09 46 |
| 30 | 21 40 | 26 32 | 23 03 | 24 13 | 22 20 | 22 01 | 05 23 | 05 10 | 14 37 | 17 41 | 17 20 | 31 56 | 14 11 | 02 57 | 09 46 |

Lunar Phases -- 6 ◐ 04:04 13 ○ 06:18 19 ◑ 21:32 27 ● 16:56 Sun enters ♐ 11/21 22:46

# Dec. 08 — Longitudes of Main Planets - December 2008 — 0:00 E.T.

| D | S.T. | ☉ | ☽ | ☽ 12:00 | ☿ | ♀ | ♂ | ♃ | ♄ | ♅ | ♆ | ♇ | ☊ |
|---|---|---|---|---|---|---|---|---|---|---|---|---|---|
| 1 | 4:40:53 | 09♐09 46 | 14♑50 | 20♑45 | 12♐07 | 21♑49 | 10♐34 | 22♑10 | 20♍55 | 18♓45 | 21♒42 | 00♑08 | 12♒36 |
| 2 | 4:44:50 | 10 10 37 | 26 39 | 02♒36 | 13 41 | 23 00 | 11 18 | 22 23 | 20 58 | 18 45 | 21 43 | 00 10 | 12 33 |
| 3 | 4:48:46 | 11 11 29 | 08♒33 | 14 34 | 15 15 | 24 10 | 12 01 | 22 35 | 21 01 | 18 45 | 21 44 | 00 12 | 12 30 |
| 4 | 4:52:43 | 12 12 21 | 20 36 | 26 43 | 16 49 | 25 21 | 12 45 | 22 47 | 21 04 | 18 45 | 21 45 | 00 14 | 12 26 |
| 5 | 4:56:39 | 13 13 14 | 02♓53 | 09♓09 | 18 23 | 26 31 | 13 29 | 22 59 | 21 07 | 18 46 | 21 46 | 00 16 | 12 23 |
| 6 | 5:00:36 | 14 14 09 | 15 29 | 21 56 | 19 57 | 27 41 | 14 13 | 23 12 | 21 10 | 18 46 | 21 47 | 00 19 | 12 20 |
| 7 | 5:04:32 | 15 15 03 | 28 29 | 05♈09 | 21 30 | 28 51 | 14 57 | 23 24 | 21 12 | 18 47 | 21 48 | 00 21 | 12 17 |
| 8 | 5:08:29 | 16 15 59 | 11♈56 | 18 51 | 23 04 | 00♒01 | 15 41 | 23 37 | 21 15 | 18 47 | 21 50 | 00 23 | 12 14 |
| 9 | 5:12:25 | 17 16 55 | 25 54 | 03♉04 | 24 38 | 01 11 | 16 25 | 23 49 | 21 18 | 18 48 | 21 51 | 00 25 | 12 11 |
| 10 | 5:16:22 | 18 17 52 | 10♉21 | 17 45 | 26 12 | 02 21 | 17 09 | 24 02 | 21 20 | 18 48 | 21 52 | 00 27 | 12 07 |
| 11 | 5:20:19 | 19 18 50 | 25 14 | 02♊48 | 27 46 | 03 30 | 17 53 | 24 15 | 21 22 | 18 49 | 21 53 | 00 29 | 12 04 |
| 12 | 5:24:15 | 20 19 48 | 10♊25 | 18 04 | 29 20 | 04 40 | 18 37 | 24 28 | 21 24 | 18 50 | 21 55 | 00 31 | 12 01 |
| 13 | 5:28:12 | 21 20 48 | 25 44 | 03♋23 | 00♑54 | 05 49 | 19 21 | 24 41 | 21 27 | 18 50 | 21 56 | 00 34 | 11 58 |
| 14 | 5:32:08 | 22 21 48 | 11♋00 | 18 34 | 02 28 | 06 58 | 20 06 | 24 54 | 21 29 | 18 51 | 21 57 | 00 36 | 11 55 |
| 15 | 5:36:05 | 23 22 49 | 26 03 | 03♌27 | 04 02 | 08 07 | 20 50 | 25 07 | 21 30 | 18 52 | 21 59 | 00 38 | 11 51 |
| 16 | 5:40:01 | 24 23 51 | 10♌44 | 17 55 | 05 36 | 09 16 | 21 34 | 25 20 | 21 32 | 18 53 | 22 00 | 00 40 | 11 48 |
| 17 | 5:43:58 | 25 24 53 | 25 00 | 01♍57 | 07 09 | 10 25 | 22 19 | 25 33 | 21 34 | 18 54 | 22 01 | 00 42 | 11 45 |
| 18 | 5:47:54 | 26 25 57 | 08♍48 | 15 32 | 08 43 | 11 34 | 23 03 | 25 46 | 21 36 | 18 55 | 22 03 | 00 45 | 11 42 |
| 19 | 5:51:51 | 27 27 01 | 22 10 | 28 42 | 10 17 | 12 42 | 23 48 | 25 59 | 21 37 | 18 56 | 22 04 | 00 47 | 11 39 |
| 20 | 5:55:48 | 28 28 07 | 05♎09 | 11♎31 | 11 50 | 13 50 | 24 32 | 26 12 | 21 38 | 18 57 | 22 06 | 00 49 | 11 36 |
| 21 | 5:59:44 | 29 29 13 | 17 48 | 24 02 | 13 23 | 14 58 | 25 17 | 26 26 | 21 40 | 18 58 | 22 07 | 00 51 | 11 32 |
| 22 | 6:03:41 | 00♑30 20 | 00♏11 | 06♏18 | 14 56 | 16 06 | 26 02 | 26 39 | 21 41 | 18 59 | 22 09 | 00 53 | 11 29 |
| 23 | 6:07:37 | 01 31 27 | 12 22 | 18 24 | 16 28 | 17 14 | 26 46 | 26 53 | 21 42 | 19 01 | 22 11 | 00 56 | 11 26 |
| 24 | 6:11:34 | 02 32 36 | 24 24 | 00♐23 | 18 00 | 18 22 | 27 31 | 27 06 | 21 43 | 19 02 | 22 12 | 00 58 | 11 23 |
| 25 | 6:15:30 | 03 33 45 | 06♐20 | 12 16 | 19 31 | 19 29 | 28 16 | 27 20 | 21 43 | 19 03 | 22 14 | 01 00 | 11 20 |
| 26 | 6:19:27 | 04 34 54 | 18 12 | 24 07 | 21 01 | 20 36 | 29 01 | 27 33 | 21 44 | 19 05 | 22 15 | 01 02 | 11 17 |
| 27 | 6:23:23 | 05 36 04 | 00♑02 | 05♑56 | 22 30 | 21 43 | 29 46 | 27 47 | 21 45 | 19 06 | 22 17 | 01 04 | 11 13 |
| 28 | 6:27:20 | 06 37 14 | 11 51 | 17 46 | 23 58 | 22 50 | 00♑31 | 28 00 | 21 45 | 19 08 | 22 19 | 01 07 | 11 10 |
| 29 | 6:31:17 | 07 38 25 | 23 42 | 29 38 | 25 24 | 23 57 | 01 16 | 28 14 | 21 46 | 19 09 | 22 21 | 01 09 | 11 07 |
| 30 | 6:35:13 | 08 39 35 | 05♒36 | 11♒35 | 26 48 | 25 03 | 02 01 | 28 28 | 21 46 | 19 11 | 22 22 | 01 11 | 11 04 |
| 31 | 6:39:10 | 09 40 46 | 17 37 | 23 40 | 28 09 | 26 09 | 02 46 | 28 42 | 21 46 | 19 13 | 22 24 | 01 13 | 11 01 |

## 0:00 E.T. Longitudes of the Major Asteroids and Chiron

| D | ⚳ | ⚴ | ⚵ | ⚶ | ⚷ |
|---|---|---|---|---|---|
| 1 | 08♍02 | 14♊11℞ | 09♑57 | 00♉25℞ | 16♒46 |
| 2 | 08 17 | 13 51 | 10 19 | 00 18 | 16 48 |
| 3 | 08 31 | 13 31 | 10 41 | 00 12 | 16 51 |
| 4 | 08 45 | 13 11 | 11 03 | 00 06 | 16 53 |
| 5 | 08 59 | 12 51 | 11 25 | 00 01 | 16 55 |
| 6 | 09 13 | 12 30 | 11 47 | 29♈56 | 16 58 |
| 7 | 09 26 | 12 10 | 12 09 | 29 52 | 17 01 |
| 8 | 09 39 | 11 49 | 12 32 | 29 48 | 17 03 |
| 9 | 09 52 | 11 29 | 12 54 | 29 45 | 17 06 |
| 10 | 10 04 | 11 09 | 13 17 | 29 42 | 17 09 |
| 11 | 10 16 | 10 48 | 13 39 | 29 39 | 17 12 |
| 12 | 10 28 | 10 28 | 14 02 | 29 37 | 17 14 |
| 13 | 10 39 | 10 09 | 14 25 | 29 35 | 17 17 |
| 14 | 10 50 | 09 49 | 14 47 | 29 34 | 17 20 |
| 15 | 11 01 | 09 30 | 15 10 | 29 33 | 17 23 |
| 16 | 11 12 | 09 11 | 15 33 | 29 33 | 17 26 |
| 17 | 11 22 | 08 52 | 15 56 | 29 33D | 17 30 |
| 18 | 11 32 | 08 33 | 16 19 | 29 34 | 17 33 |
| 19 | 11 41 | 08 15 | 16 42 | 29 35 | 17 36 |
| 20 | 11 51 | 07 58 | 17 05 | 29 36 | 17 39 |
| 21 | 11 59 | 07 41 | 17 28 | 29 38 | 17 42 |
| 22 | 12 08 | 07 24 | 17 51 | 29 40 | 17 46 |
| 23 | 12 16 | 07 08 | 18 15 | 29 43 | 17 49 |
| 24 | 12 24 | 06 52 | 18 38 | 29 46 | 17 53 |
| 25 | 12 31 | 06 37 | 19 01 | 29 50 | 17 56 |
| 26 | 12 38 | 06 23 | 19 25 | 29 54 | 17 59 |
| 27 | 12 45 | 06 09 | 19 48 | 29 58 | 18 03 |
| 28 | 12 51 | 05 56 | 20 12 | 00♉03 | 18 07 |
| 29 | 12 57 | 05 43 | 20 35 | 00 08 | 18 10 |
| 30 | 13 02 | 05 32 | 20 59 | 00 14 | 18 14 |
| 31 | 13 07 | 05 20 | 21 23 | 00 19 | 18 17 |

## Lunar Data

| Last Asp. | | Ingress | | |
|---|---|---|---|---|
| 1 | 15:45 | 2 | ♒ | 06:46 |
| 4 | 02:16 | 4 | ♓ | 18:24 |
| 7 | 00:44 | 7 | ♈ | 02:45 |
| 8 | 21:36 | 9 | ♉ | 06:53 |
| 10 | 22:24 | 11 | ♊ | 07:34 |
| 12 | 18:02 | 13 | ♋ | 06:41 |
| 14 | 22:28 | 15 | ♌ | 06:24 |
| 17 | 00:47 | 17 | ♍ | 08:37 |
| 19 | 10:31 | 19 | ♎ | 14:24 |
| 21 | 16:59 | 21 | ♏ | 23:38 |
| 24 | 05:31 | 24 | ♐ | 11:14 |
| 26 | 23:26 | 26 | ♑ | 23:57 |
| 29 | 09:21 | 29 | ♒ | 12:43 |
| 31 | 18:35 | 1 | ♓ | 00:28 |

## 0:00 E.T. Declinations

| D | ☉ | ☽ | ☿ | ♀ | ♂ | ♃ | ♄ | ♅ | ♆ | ♇ | ⚳ | ⚴ | ⚵ | ⚶ | ⚷ |
|---|---|---|---|---|---|---|---|---|---|---|---|---|---|---|---|
| 1 | -21 49 | -24 51 | -23 22 | -24 02 | -22 27 | -21 59 | +05 21 | -05 10 | -14 36 | -17 41 | +17 19 | -32 03 | -14 11 | +02 59 | -09 45 |
| 2 | 21 59 | 22 04 | 23 40 | 23 50 | 22 33 | 21 57 | 05 20 | 05 10 | 14 36 | 17 41 | 17 18 | 32 10 | 14 12 | 03 00 | 09 45 |
| 3 | 22 07 | 18 20 | 23 56 | 23 38 | 22 40 | 21 55 | 05 19 | 05 10 | 14 36 | 17 42 | 17 17 | 32 17 | 14 12 | 03 02 | 09 45 |
| 4 | 22 15 | 13 49 | 24 11 | 23 25 | 22 46 | 21 53 | 05 18 | 05 09 | 14 35 | 17 42 | 17 16 | 32 23 | 14 13 | 03 04 | 09 44 |
| 5 | 22 23 | 08 40 | 24 25 | 23 11 | 22 52 | 21 51 | 05 18 | 05 09 | 14 35 | 17 42 | 17 16 | 32 28 | 14 13 | 03 06 | 09 44 |
| 6 | 22 31 | 03 03 | 24 37 | 22 57 | 22 58 | 21 49 | 05 17 | 05 09 | 14 35 | 17 42 | 17 15 | 32 33 | 14 13 | 03 09 | 09 44 |
| 7 | 22 37 | +02 51 | 24 49 | 22 42 | 23 04 | 21 47 | 05 16 | 05 09 | 14 34 | 17 42 | 17 15 | 32 37 | 14 13 | 03 11 | 09 43 |
| 8 | 22 44 | 08 50 | 24 59 | 22 27 | 23 09 | 21 45 | 05 15 | 05 09 | 14 34 | 17 42 | 17 15 | 32 41 | 14 13 | 03 14 | 09 43 |
| 9 | 22 50 | 14 36 | 25 07 | 22 11 | 23 14 | 21 43 | 05 14 | 05 08 | 14 34 | 17 42 | 17 15 | 32 45 | 14 13 | 03 17 | 09 42 |
| 10 | 22 55 | 19 46 | 25 15 | 21 54 | 23 19 | 21 41 | 05 14 | 05 08 | 14 33 | 17 43 | 17 15 | 32 47 | 14 13 | 03 20 | 09 42 |
| 11 | 23 01 | 23 52 | 25 20 | 21 37 | 23 24 | 21 39 | 05 13 | 05 08 | 14 33 | 17 43 | 17 15 | 32 50 | 14 12 | 03 23 | 09 41 |
| 12 | 23 05 | 26 24 | 25 25 | 21 20 | 23 28 | 21 37 | 05 12 | 05 08 | 14 32 | 17 43 | 17 15 | 32 51 | 14 12 | 03 26 | 09 41 |
| 13 | 23 09 | 26 59 | 25 28 | 21 01 | 23 32 | 21 34 | 05 12 | 05 07 | 14 32 | 17 43 | 17 16 | 32 53 | 14 11 | 03 30 | 09 40 |
| 14 | 23 13 | 25 30 | 25 30 | 20 43 | 23 36 | 21 32 | 05 11 | 05 07 | 14 31 | 17 43 | 17 17 | 32 53 | 14 11 | 03 33 | 09 40 |
| 15 | 23 16 | 22 11 | 25 30 | 20 23 | 23 40 | 21 30 | 05 11 | 05 06 | 14 31 | 17 43 | 17 17 | 32 53 | 14 10 | 03 37 | 09 39 |
| 16 | 23 19 | 17 30 | 25 28 | 20 04 | 23 44 | 21 27 | 05 10 | 05 06 | 14 31 | 17 43 | 17 18 | 32 53 | 14 10 | 03 41 | 09 39 |
| 17 | 23 22 | 11 57 | 25 26 | 19 43 | 23 47 | 21 25 | 05 10 | 05 06 | 14 30 | 17 43 | 17 20 | 32 52 | 14 09 | 03 45 | 09 38 |
| 18 | 23 24 | 05 58 | 25 21 | 19 23 | 23 50 | 21 23 | 05 09 | 05 05 | 14 30 | 17 44 | 17 21 | 32 51 | 14 08 | 03 49 | 09 38 |
| 19 | 23 25 | -00 04 | 25 15 | 19 01 | 23 53 | 21 20 | 05 09 | 05 05 | 14 29 | 17 44 | 17 22 | 32 49 | 14 07 | 03 53 | 09 37 |
| 20 | 23 26 | 05 56 | 25 08 | 18 40 | 23 55 | 21 18 | 05 09 | 05 04 | 14 29 | 17 44 | 17 24 | 32 46 | 14 06 | 03 58 | 09 36 |
| 21 | 23 26 | 11 24 | 24 59 | 18 18 | 23 57 | 21 15 | 05 09 | 05 04 | 14 28 | 17 44 | 17 26 | 32 43 | 14 05 | 04 02 | 09 36 |
| 22 | 23 26 | 16 18 | 24 49 | 17 55 | 24 00 | 21 13 | 05 08 | 05 03 | 14 28 | 17 44 | 17 28 | 32 40 | 14 04 | 04 07 | 09 35 |
| 23 | 23 26 | 20 28 | 24 37 | 17 32 | 24 01 | 21 10 | 05 08 | 05 03 | 14 27 | 17 44 | 17 30 | 32 36 | 14 02 | 04 12 | 09 34 |
| 24 | 23 25 | 23 43 | 24 24 | 17 09 | 24 03 | 21 08 | 05 08 | 05 02 | 14 27 | 17 44 | 17 32 | 32 31 | 14 01 | 04 17 | 09 34 |
| 25 | 23 24 | 25 56 | 24 09 | 16 45 | 24 04 | 21 05 | 05 08 | 05 02 | 14 26 | 17 44 | 17 35 | 32 26 | 14 00 | 04 22 | 09 33 |
| 26 | 23 22 | 26 58 | 23 53 | 16 21 | 24 05 | 21 03 | 05 08 | 05 01 | 14 26 | 17 44 | 17 38 | 32 20 | 13 58 | 04 27 | 09 32 |
| 27 | 23 19 | 26 45 | 23 35 | 15 56 | 24 06 | 21 00 | 05 08 | 05 00 | 14 25 | 17 44 | 17 40 | 32 14 | 13 57 | 04 33 | 09 31 |
| 28 | 23 16 | 25 20 | 23 16 | 15 32 | 24 06 | 20 57 | 05 08 | 05 00 | 14 24 | 17 44 | 17 43 | 32 08 | 13 55 | 04 38 | 09 31 |
| 29 | 23 13 | 22 46 | 22 56 | 15 06 | 24 06 | 20 55 | 05 08 | 04 59 | 14 24 | 17 44 | 17 47 | 32 01 | 13 53 | 04 44 | 09 30 |
| 30 | 23 09 | 19 13 | 22 34 | 14 41 | 24 06 | 20 52 | 05 08 | 04 59 | 14 23 | 17 44 | 17 50 | 31 53 | 13 51 | 04 49 | 09 29 |
| 31 | 23 05 | 14 51 | 22 12 | 14 15 | 24 06 | 20 49 | 05 09 | 04 58 | 14 23 | 17 44 | 17 54 | 31 45 | 13 49 | 04 55 | 09 28 |

Lunar Phases -- 5 ◐ 21:27 12 ○ 16:38 19 ◑ 10:31 27 ● 12:24 Sun enters ♑ 12/21 12:05

## 0:00 E.T. Longitudes of Main Planets - January 2009

| D | S.T. | ☉ | ☽ | ☽ 12:00 | ☿ | ♀ | ♂ | ♃ | ♄ | ♅ | ♆ | ♇ | ☊ |
|---|---|---|---|---|---|---|---|---|---|---|---|---|---|
| 1 | 6:43:06 | 10♑41 56 | 29♒46 | 05♓54 | 29♑28 | 27♒15 | 03♑31 | 28♑55 | 21♍46℞ | 19♓14 | 22♒26 | 01♑15 | 10♒57 |
| 2 | 6:47:03 | 11 43 06 | 12♓07 | 18 23 | 00♒44 | 28 20 | 04 16 | 29 09 | 21 46 | 19 16 | 22 28 | 01 17 | 10 54 |
| 3 | 6:50:59 | 12 44 16 | 24 44 | 01♈10 | 01 56 | 29 26 | 05 02 | 29 23 | 21 46 | 19 18 | 22 30 | 01 20 | 10 51 |
| 4 | 6:54:56 | 13 45 26 | 07♈41 | 14 17 | 03 03 | 00♓31 | 05 47 | 29 37 | 21 45 | 19 20 | 22 31 | 01 22 | 10 48 |
| 5 | 6:58:52 | 14 46 36 | 21 00 | 27 50 | 04 05 | 01 36 | 06 32 | 29 51 | 21 45 | 19 21 | 22 33 | 01 24 | 10 45 |
| 6 | 7:02:49 | 15 47 45 | 04♉46 | 11♉48 | 05 02 | 02 40 | 07 18 | 00♒05 | 21 45 | 19 23 | 22 35 | 01 26 | 10 42 |
| 7 | 7:06:46 | 16 48 54 | 18 57 | 26 12 | 05 51 | 03 44 | 08 03 | 00 19 | 21 44 | 19 25 | 22 37 | 01 28 | 10 38 |
| 8 | 7:10:42 | 17 50 02 | 03♊33 | 10♊59 | 06 33 | 04 48 | 08 48 | 00 33 | 21 43 | 19 27 | 22 39 | 01 30 | 10 35 |
| 9 | 7:14:39 | 18 51 10 | 18 30 | 26 03 | 07 06 | 05 52 | 09 34 | 00 47 | 21 42 | 19 29 | 22 41 | 01 32 | 10 32 |
| 10 | 7:18:35 | 19 52 18 | 03♋39 | 11♋15 | 07 29 | 06 55 | 10 19 | 01 01 | 21 41 | 19 31 | 22 43 | 01 35 | 10 29 |
| 11 | 7:22:32 | 20 53 25 | 18 51 | 26 25 | 07 43 | 07 58 | 11 05 | 01 15 | 21 40 | 19 33 | 22 45 | 01 37 | 10 26 |
| 12 | 7:26:28 | 21 54 32 | 03♌57 | 11♌24 | 07 45℞ | 09 00 | 11 50 | 01 29 | 21 39 | 19 36 | 22 47 | 01 39 | 10 23 |
| 13 | 7:30:25 | 22 55 39 | 18 47 | 26 04 | 07 36 | 10 02 | 12 36 | 01 43 | 21 38 | 19 38 | 22 49 | 01 41 | 10 19 |
| 14 | 7:34:21 | 23 56 45 | 03♍14 | 10♍18 | 07 14 | 11 04 | 13 22 | 01 57 | 21 36 | 19 40 | 22 51 | 01 43 | 10 16 |
| 15 | 7:38:18 | 24 57 52 | 17 16 | 24 06 | 06 42 | 12 05 | 14 07 | 02 11 | 21 35 | 19 42 | 22 53 | 01 45 | 10 13 |
| 16 | 7:42:15 | 25 58 58 | 00♎49 | 07♎26 | 05 58 | 13 06 | 14 53 | 02 25 | 21 33 | 19 45 | 22 55 | 01 47 | 10 10 |
| 17 | 7:46:11 | 27 00 03 | 13 57 | 20 22 | 05 03 | 14 06 | 15 39 | 02 40 | 21 32 | 19 47 | 22 57 | 01 49 | 10 07 |
| 18 | 7:50:08 | 28 01 09 | 26 41 | 02♏55 | 04 00 | 15 07 | 16 25 | 02 54 | 21 30 | 19 49 | 22 59 | 01 51 | 10 03 |
| 19 | 7:54:04 | 29 02 14 | 09♏06 | 15 12 | 02 50 | 16 06 | 17 11 | 03 08 | 21 28 | 19 52 | 23 02 | 01 53 | 10 00 |
| 20 | 7:58:01 | 00♒03 19 | 21 15 | 27 15 | 01 35 | 17 05 | 17 57 | 03 22 | 21 26 | 19 54 | 23 04 | 01 55 | 09 57 |
| 21 | 8:01:57 | 01 04 24 | 03♐13 | 09♐10 | 00 18 | 18 04 | 18 43 | 03 36 | 21 24 | 19 57 | 23 06 | 01 57 | 09 54 |
| 22 | 8:05:54 | 02 05 28 | 15 05 | 20 59 | 29♑01 | 19 02 | 19 29 | 03 50 | 21 22 | 19 59 | 23 08 | 01 59 | 09 51 |
| 23 | 8:09:50 | 03 06 32 | 26 53 | 02♑48 | 27 46 | 20 00 | 20 15 | 04 05 | 21 19 | 20 02 | 23 10 | 02 01 | 09 48 |
| 24 | 8:13:47 | 04 07 35 | 08♑42 | 14 38 | 26 35 | 20 57 | 21 01 | 04 19 | 21 17 | 20 04 | 23 12 | 02 03 | 09 44 |
| 25 | 8:17:44 | 05 08 38 | 20 34 | 26 32 | 25 30 | 21 53 | 21 47 | 04 33 | 21 14 | 20 07 | 23 15 | 02 05 | 09 41 |
| 26 | 8:21:40 | 06 09 39 | 02♒31 | 08♒32 | 24 32 | 22 49 | 22 33 | 04 47 | 21 12 | 20 10 | 23 17 | 02 07 | 09 38 |
| 27 | 8:25:37 | 07 10 40 | 14 35 | 20 41 | 23 42 | 23 44 | 23 19 | 05 01 | 21 09 | 20 12 | 23 19 | 02 09 | 09 35 |
| 28 | 8:29:33 | 08 11 40 | 26 48 | 02♓59 | 23 01 | 24 39 | 24 05 | 05 16 | 21 06 | 20 15 | 23 21 | 02 11 | 09 32 |
| 29 | 8:33:30 | 09 12 39 | 09♓12 | 15 28 | 22 29 | 25 33 | 24 51 | 05 30 | 21 04 | 20 18 | 23 23 | 02 12 | 09 29 |
| 30 | 8:37:26 | 10 13 37 | 21 47 | 28 10 | 22 06 | 26 26 | 25 38 | 05 44 | 21 01 | 20 21 | 23 26 | 02 14 | 09 25 |
| 31 | 8:41:23 | 11 14 33 | 04♈36 | 11♈06 | 21 51 | 27 19 | 26 24 | 05 58 | 20 58 | 20 24 | 23 28 | 02 16 | 09 22 |

## 0:00 E.T. Longitudes of the Major Asteroids and Chiron

| D | ⚳ | ⚴ | ⚵ | ⚶ | ⚷ | D | ⚳ | ⚴ | ⚵ | ⚶ | ⚷ |
|---|---|---|---|---|---|---|---|---|---|---|---|
| 1 | 13♍12 | 05♊10℞ | 21♑46 | 00♉26 | 18♒21 | 17 | 13 29 | 04 02 | 28 10 | 02 54 | 19 25 |
| 2 | 13 16 | 05 00 | 22 10 | 00 32 | 18 25 | 18 | 13 27 | 04 04 | 28 35 | 03 06 | 19 29 |
| 3 | 13 20 | 04 51 | 22 34 | 00 40 | 18 29 | 19 | 13 24 | 04 06 | 28 59 | 03 19 | 19 33 |
| 4 | 13 24 | 04 43 | 22 58 | 00 47 | 18 33 | 20 | 13 20 | 04 09 | 29 23 | 03 31 | 19 37 |
| 5 | 13 27 | 04 35 | 23 21 | 00 55 | 18 36 | 21 | 13 16 | 04 13 | 29 48 | 03 44 | 19 41 |
| 6 | 13 29 | 04 28 | 23 45 | 01 03 | 18 40 | 22 | 13 12 | 04 18 | 00♒12 | 03 57 | 19 46 |
| 7 | 13 31 | 04 22 | 24 09 | 01 11 | 18 44 | 23 | 13 07 | 04 23 | 00 37 | 04 11 | 19 50 |
| 8 | 13 33 | 04 17 | 24 33 | 01 20 | 18 48 | 24 | 13 02 | 04 29 | 01 01 | 04 24 | 19 54 |
| 9 | 13 34 | 04 12 | 24 57 | 01 29 | 18 52 | 25 | 12 56 | 04 36 | 01 26 | 04 38 | 19 59 |
| 10 | 13 35 | 04 09 | 25 21 | 01 39 | 18 56 | 26 | 12 50 | 04 43 | 01 50 | 04 52 | 20 03 |
| 11 | 13 36 | 04 05 | 25 45 | 01 49 | 19 00 | 27 | 12 43 | 04 51 | 02 15 | 05 07 | 20 07 |
| 12 | 13 36℞ | 04 03 | 26 09 | 01 59 | 19 04 | 28 | 12 36 | 05 00 | 02 39 | 05 21 | 20 12 |
| 13 | 13 35 | 04 01 | 26 34 | 02 09 | 19 08 | 29 | 12 29 | 05 09 | 03 04 | 05 36 | 20 16 |
| 14 | 13 35 | 04 00 | 26 58 | 02 20 | 19 12 | 30 | 12 21 | 05 18 | 03 28 | 05 51 | 20 20 |
| 15 | 13 33 | 04 00D | 27 22 | 02 31 | 19 16 | 31 | 12 13 | 05 29 | 03 53 | 06 07 | 20 25 |
| 16 | 13 32 | 04 00 | 27 46 | 02 43 | 19 21 | | | | | | |

## Lunar Data

| Last Asp. | | Ingress | | |
|---|---|---|---|---|
| 31 | 18:35 | 1 | ♓ | 00:28 |
| 3 | 08:51 | 3 | ♈ | 09:50 |
| 5 | 02:45 | 5 | ♉ | 15:46 |
| 7 | 06:06 | 7 | ♊ | 18:13 |
| 9 | 06:41 | 9 | ♋ | 18:15 |
| 11 | 04:28 | 11 | ♌ | 17:42 |
| 13 | 06:39 | 13 | ♍ | 18:34 |
| 15 | 14:38 | 15 | ♎ | 22:32 |
| 18 | 02:47 | 18 | ♏ | 06:22 |
| 20 | 03:38 | 20 | ♐ | 17:31 |
| 22 | 16:25 | 23 | ♑ | 06:19 |
| 25 | 09:09 | 25 | ♒ | 18:57 |
| 27 | 17:14 | 28 | ♓ | 06:13 |
| 30 | 09:24 | 30 | ♈ | 15:26 |

## 0:00 E.T. Declinations

| D | ☉ | ☽ | ☿ | ♀ | ♂ | ♃ | ♄ | ♅ | ♆ | ♇ | ⚳ | ⚴ | ⚵ | ⚶ | ⚷ |
|---|---|---|---|---|---|---|---|---|---|---|---|---|---|---|---|
| 1 | -23 01 | -09 51 | -21 48 | -13 49 | -24 06 | -20 47 | +05 09 | -04 57 | -14 22 | -17 45 | +17 57 | -31 37 | -13 47 | +05 01 | -09 27 |
| 2 | 22 55 | 04 24 | 21 24 | 13 23 | 24 05 | 20 44 | 05 09 | 04 56 | 14 22 | 17 45 | 18 01 | 31 28 | 13 45 | 05 07 | 09 26 |
| 3 | 22 50 | +01 20 | 20 59 | 12 56 | 24 04 | 20 41 | 05 09 | 04 56 | 14 21 | 17 45 | 18 05 | 31 19 | 13 43 | 05 13 | 09 26 |
| 4 | 22 44 | 07 09 | 20 33 | 12 29 | 24 02 | 20 38 | 05 10 | 04 55 | 14 20 | 17 45 | 18 10 | 31 09 | 13 41 | 05 19 | 09 25 |
| 5 | 22 37 | 12 48 | 20 08 | 12 02 | 24 01 | 20 35 | 05 10 | 04 54 | 14 20 | 17 45 | 18 14 | 30 59 | 13 38 | 05 25 | 09 24 |
| 6 | 22 30 | 18 02 | 19 42 | 11 35 | 23 59 | 20 32 | 05 11 | 04 53 | 14 19 | 17 45 | 18 19 | 30 48 | 13 36 | 05 32 | 09 23 |
| 7 | 22 23 | 22 26 | 19 17 | 11 08 | 23 57 | 20 29 | 05 11 | 04 53 | 14 19 | 17 45 | 18 23 | 30 37 | 13 33 | 05 38 | 09 22 |
| 8 | 22 15 | 25 34 | 18 53 | 10 40 | 23 54 | 20 27 | 05 12 | 04 52 | 14 18 | 17 45 | 18 28 | 30 26 | 13 31 | 05 45 | 09 21 |
| 9 | 22 07 | 27 00 | 18 29 | 10 12 | 23 52 | 20 24 | 05 12 | 04 51 | 14 17 | 17 45 | 18 33 | 30 14 | 13 28 | 05 51 | 09 20 |
| 10 | 21 58 | 26 28 | 18 07 | 09 44 | 23 49 | 20 21 | 05 13 | 04 50 | 14 17 | 17 45 | 18 39 | 30 02 | 13 25 | 05 58 | 09 19 |
| 11 | 21 49 | 23 57 | 17 47 | 09 16 | 23 46 | 20 18 | 05 14 | 04 49 | 14 16 | 17 45 | 18 44 | 29 50 | 13 23 | 06 05 | 09 18 |
| 12 | 21 39 | 19 45 | 17 29 | 08 48 | 23 42 | 20 15 | 05 14 | 04 48 | 14 15 | 17 45 | 18 50 | 29 37 | 13 20 | 06 12 | 09 17 |
| 13 | 21 29 | 14 22 | 17 14 | 08 19 | 23 38 | 20 12 | 05 15 | 04 47 | 14 15 | 17 45 | 18 55 | 29 24 | 13 17 | 06 18 | 09 16 |
| 14 | 21 19 | 08 19 | 17 01 | 07 51 | 23 34 | 20 08 | 05 16 | 04 47 | 14 14 | 17 45 | 19 01 | 29 10 | 13 14 | 06 25 | 09 15 |
| 15 | 21 08 | 02 02 | 16 51 | 07 22 | 23 30 | 20 05 | 05 17 | 04 46 | 14 13 | 17 45 | 19 07 | 28 57 | 13 10 | 06 32 | 09 14 |
| 16 | 20 57 | -04 07 | 16 44 | 06 53 | 23 26 | 20 02 | 05 18 | 04 45 | 14 13 | 17 45 | 19 14 | 28 42 | 13 07 | 06 40 | 09 13 |
| 17 | 20 46 | 09 54 | 16 40 | 06 25 | 23 21 | 19 59 | 05 18 | 04 44 | 14 12 | 17 45 | 19 20 | 28 28 | 13 04 | 06 47 | 09 12 |
| 18 | 20 34 | 15 06 | 16 39 | 05 56 | 23 16 | 19 56 | 05 19 | 04 43 | 14 11 | 17 45 | 19 27 | 28 13 | 13 01 | 06 54 | 09 10 |
| 19 | 20 21 | 19 32 | 16 41 | 05 27 | 23 11 | 19 53 | 05 20 | 04 42 | 14 11 | 17 45 | 19 33 | 27 58 | 12 57 | 07 01 | 09 09 |
| 20 | 20 08 | 23 04 | 16 46 | 04 58 | 23 05 | 19 50 | 05 21 | 04 41 | 14 10 | 17 45 | 19 40 | 27 43 | 12 54 | 07 09 | 09 08 |
| 21 | 19 55 | 25 33 | 16 53 | 04 29 | 22 59 | 19 46 | 05 23 | 04 40 | 14 09 | 17 45 | 19 47 | 27 28 | 12 50 | 07 16 | 09 07 |
| 22 | 19 42 | 26 52 | 17 01 | 04 00 | 22 53 | 19 43 | 05 24 | 04 39 | 14 09 | 17 45 | 19 54 | 27 12 | 12 46 | 07 23 | 09 06 |
| 23 | 19 28 | 26 59 | 17 11 | 03 32 | 22 47 | 19 40 | 05 25 | 04 38 | 14 08 | 17 45 | 20 01 | 26 56 | 12 43 | 07 31 | 09 05 |
| 24 | 19 14 | 25 51 | 17 22 | 03 03 | 22 40 | 19 37 | 05 26 | 04 37 | 14 07 | 17 45 | 20 09 | 26 40 | 12 39 | 07 38 | 09 04 |
| 25 | 18 59 | 23 33 | 17 34 | 02 34 | 22 34 | 19 33 | 05 27 | 04 36 | 14 06 | 17 45 | 20 16 | 26 23 | 12 35 | 07 46 | 09 02 |
| 26 | 18 44 | 20 13 | 17 46 | 02 05 | 22 26 | 19 30 | 05 28 | 04 35 | 14 06 | 17 45 | 20 24 | 26 07 | 12 31 | 07 54 | 09 01 |
| 27 | 18 29 | 15 59 | 17 58 | 01 37 | 22 19 | 19 27 | 05 30 | 04 33 | 14 05 | 17 45 | 20 31 | 25 50 | 12 27 | 08 01 | 09 00 |
| 28 | 18 13 | 11 05 | 18 11 | 01 08 | 22 12 | 19 23 | 05 31 | 04 32 | 14 04 | 17 45 | 20 39 | 25 33 | 12 23 | 08 09 | 08 59 |
| 29 | 17 57 | 05 40 | 18 23 | 00 40 | 22 04 | 19 20 | 05 32 | 04 31 | 14 04 | 17 45 | 20 47 | 25 15 | 12 18 | 08 17 | 08 58 |
| 30 | 17 41 | +00 02 | 18 35 | 00 11 | 21 56 | 19 16 | 05 34 | 04 30 | 14 03 | 17 45 | 20 55 | 24 58 | 12 14 | 08 25 | 08 56 |
| 31 | 17 24 | 05 50 | 18 46 | +00 17 | 21 47 | 19 13 | 05 35 | 04 29 | 14 02 | 17 44 | 21 03 | 24 40 | 12 10 | 08 33 | 08 55 |

Lunar Phases -- 4 ◐ 11:57 11 Ⓔ 03:28 18 ◑ 02:47 26 ● 07:56 Sun enters ♒ 1/19 22:42

# Feb. 09 — Longitudes of Main Planets - February 2009 — 0:00 E.T.

| D | S.T. | ☉ | ☽ | ☽ 12:00 | ☿ | ♀ | ♂ | ♃ | ♄ | ♅ | ♆ | ♇ | ☊ |
|---|---|---|---|---|---|---|---|---|---|---|---|---|---|
| 1 | 8:45:19 | 12♒15 29 | 17♈41 | 24♈19 | 21♑45℞ | 28♓11 | 27♑10 | 06♒12 | 20♍54℞ | 20♓26 | 23♒30 | 02♑18 | 09♒19 |
| 2 | 8:49:16 | 13 16 23 | 01♉02 | 07♉50 | 21 47D | 29 02 | 27 56 | 06 27 | 20 51 | 20 29 | 23 32 | 02 20 | 09 16 |
| 3 | 8:53:13 | 14 17 16 | 14 42 | 21 39 | 21 55 | 29 52 | 28 43 | 06 41 | 20 48 | 20 32 | 23 35 | 02 21 | 09 13 |
| 4 | 8:57:09 | 15 18 07 | 28 40 | 05♊46 | 22 11 | 00♈42 | 29 29 | 06 55 | 20 45 | 20 35 | 23 37 | 02 23 | 09 09 |
| 5 | 9:01:06 | 16 18 57 | 12♊57 | 20 11 | 22 33 | 01 30 | 00♒16 | 07 09 | 20 41 | 20 38 | 23 39 | 02 25 | 09 06 |
| 6 | 9:05:02 | 17 19 46 | 27 29 | 04♋50 | 23 01 | 02 18 | 01 02 | 07 23 | 20 38 | 20 41 | 23 41 | 02 27 | 09 03 |
| 7 | 9:08:59 | 18 20 33 | 12♋14 | 19 38 | 23 34 | 03 05 | 01 48 | 07 37 | 20 34 | 20 44 | 23 44 | 02 28 | 09 00 |
| 8 | 9:12:55 | 19 21 19 | 27 04 | 04♌29 | 24 11 | 03 51 | 02 35 | 07 51 | 20 30 | 20 47 | 23 46 | 02 30 | 08 57 |
| 9 | 9:16:52 | 20 22 03 | 11♌54 | 19 16 | 24 54 | 04 36 | 03 21 | 08 05 | 20 27 | 20 50 | 23 48 | 02 31 | 08 54 |
| 10 | 9:20:48 | 21 22 46 | 26 34 | 03♍50 | 25 40 | 05 19 | 04 08 | 08 19 | 20 23 | 20 53 | 23 50 | 02 33 | 08 50 |
| 11 | 9:24:45 | 22 23 27 | 11♍00 | 18 05 | 26 30 | 06 02 | 04 55 | 08 33 | 20 19 | 20 56 | 23 53 | 02 35 | 08 47 |
| 12 | 9:28:42 | 23 24 07 | 25 04 | 01♎58 | 27 24 | 06 44 | 05 41 | 08 47 | 20 15 | 20 59 | 23 55 | 02 36 | 08 44 |
| 13 | 9:32:38 | 24 24 47 | 08♎45 | 15 26 | 28 20 | 07 24 | 06 28 | 09 01 | 20 11 | 21 03 | 23 57 | 02 38 | 08 41 |
| 14 | 9:36:35 | 25 25 24 | 22 00 | 28 28 | 29 20 | 08 03 | 07 14 | 09 15 | 20 07 | 21 06 | 24 00 | 02 39 | 08 38 |
| 15 | 9:40:31 | 26 26 01 | 04♏51 | 11♏08 | 00♒22 | 08 41 | 08 01 | 09 29 | 20 03 | 21 09 | 24 02 | 02 41 | 08 34 |
| 16 | 9:44:28 | 27 26 36 | 17 20 | 23 28 | 01 26 | 09 18 | 08 48 | 09 43 | 19 59 | 21 12 | 24 04 | 02 42 | 08 31 |
| 17 | 9:48:24 | 28 27 11 | 29 33 | 05♐34 | 02 33 | 09 53 | 09 34 | 09 57 | 19 54 | 21 15 | 24 06 | 02 44 | 08 28 |
| 18 | 9:52:21 | 29 27 44 | 11♐32 | 17 28 | 03 42 | 10 27 | 10 21 | 10 11 | 19 50 | 21 19 | 24 09 | 02 45 | 08 25 |
| 19 | 9:56:17 | 00♓28 16 | 23 23 | 29 18 | 04 53 | 10 59 | 11 08 | 10 25 | 19 46 | 21 22 | 24 11 | 02 46 | 08 22 |
| 20 | 10:00:14 | 01 28 46 | 05♑12 | 11♑06 | 06 06 | 11 30 | 11 55 | 10 38 | 19 41 | 21 25 | 24 13 | 02 48 | 08 19 |
| 21 | 10:04:11 | 02 29 16 | 17 01 | 22 58 | 07 21 | 11 59 | 12 41 | 10 52 | 19 37 | 21 28 | 24 16 | 02 49 | 08 15 |
| 22 | 10:08:07 | 03 29 43 | 28 56 | 04♒57 | 08 37 | 12 27 | 13 28 | 11 06 | 19 32 | 21 32 | 24 18 | 02 50 | 08 12 |
| 23 | 10:12:04 | 04 30 10 | 11♒00 | 17 07 | 09 55 | 12 53 | 14 15 | 11 19 | 19 28 | 21 35 | 24 20 | 02 52 | 08 09 |
| 24 | 10:16:00 | 05 30 34 | 23 16 | 29 28 | 11 14 | 13 17 | 15 02 | 11 33 | 19 23 | 21 38 | 24 22 | 02 53 | 08 06 |
| 25 | 10:19:57 | 06 30 57 | 05♓44 | 12♓04 | 12 35 | 13 39 | 15 49 | 11 47 | 19 19 | 21 42 | 24 25 | 02 54 | 08 03 |
| 26 | 10:23:53 | 07 31 18 | 18 27 | 24 54 | 13 57 | 13 59 | 16 36 | 12 00 | 19 14 | 21 45 | 24 27 | 02 55 | 08 00 |
| 27 | 10:27:50 | 08 31 38 | 01♈24 | 07♈58 | 15 20 | 14 18 | 17 22 | 12 14 | 19 09 | 21 48 | 24 29 | 02 56 | 07 56 |
| 28 | 10:31:46 | 09 31 56 | 14 35 | 21 16 | 16 45 | 14 34 | 18 09 | 12 27 | 19 05 | 21 52 | 24 31 | 02 58 | 07 53 |

## 0:00 E.T. — Longitudes of the Major Asteroids and Chiron

| D | ⚳ | ⚴ | ⚵ | ⚶ | ⚷ | D | ⚳ | ⚴ | ⚵ | ⚶ | ⚷ |
|---|---|---|---|---|---|---|---|---|---|---|---|
| 1 | 12♍04℞ | 05♊40 | 04♒17 | 06♉22 | 20♒29 | 15 | 09 30 | 09 06 | 10 03 | 10 22 | 21 30 |
| 2 | 11 55 | 05 51 | 04 42 | 06 38 | 20 33 | 16 | 09 17 | 09 25 | 10 28 | 10 41 | 21 35 |
| 3 | 11 46 | 06 03 | 05 07 | 06 54 | 20 38 | 17 | 09 04 | 09 43 | 10 52 | 11 00 | 21 39 |
| 4 | 11 36 | 06 16 | 05 31 | 07 10 | 20 42 | 18 | 08 50 | 10 02 | 11 17 | 11 18 | 21 44 |
| 5 | 11 26 | 06 29 | 05 56 | 07 27 | 20 46 | 19 | 08 37 | 10 21 | 11 42 | 11 37 | 21 48 |
| 6 | 11 16 | 06 42 | 06 21 | 07 44 | 20 51 | 20 | 08 23 | 10 41 | 12 07 | 11 57 | 21 52 |
| 7 | 11 05 | 06 57 | 06 45 | 08 00 | 20 55 | 21 | 08 09 | 11 01 | 12 31 | 12 16 | 21 57 |
| 8 | 10 54 | 07 11 | 07 10 | 08 18 | 21 00 | 22 | 07 55 | 11 22 | 12 56 | 12 36 | 22 01 |
| 9 | 10 43 | 07 26 | 07 35 | 08 35 | 21 04 | 23 | 07 42 | 11 42 | 13 21 | 12 55 | 22 05 |
| 10 | 10 32 | 07 42 | 07 59 | 08 52 | 21 08 | 24 | 07 28 | 12 03 | 13 46 | 13 15 | 22 10 |
| 11 | 10 20 | 07 58 | 08 24 | 09 10 | 21 13 | 25 | 07 14 | 12 25 | 14 10 | 13 35 | 22 14 |
| 12 | 10 08 | 08 14 | 08 49 | 09 28 | 21 17 | 26 | 07 00 | 12 47 | 14 35 | 13 55 | 22 18 |
| 13 | 09 55 | 08 31 | 09 13 | 09 46 | 21 22 | 27 | 06 45 | 13 09 | 15 00 | 14 15 | 22 22 |
| 14 | 09 43 | 08 49 | 09 38 | 10 04 | 21 26 | 28 | 06 31 | 13 31 | 15 25 | 14 36 | 22 27 |

## Lunar Data

| Last Asp. | | Ingress | | |
|---|---|---|---|---|
| 1 | 18:09 | 1 | ♉ | 22:10 |
| 4 | 01:28 | 4 | ♊ | 02:15 |
| 5 | 17:45 | 6 | ♋ | 04:07 |
| 7 | 19:08 | 8 | ♌ | 04:44 |
| 9 | 19:30 | 10 | ♍ | 05:40 |
| 12 | 04:19 | 12 | ♎ | 08:34 |
| 14 | 14:47 | 14 | ♏ | 14:52 |
| 16 | 21:38 | 17 | ♐ | 00:55 |
| 19 | 01:37 | 19 | ♑ | 13:26 |
| 21 | 09:02 | 22 | ♒ | 02:07 |
| 24 | 02:09 | 24 | ♓ | 13:00 |
| 26 | 06:10 | 26 | ♈ | 21:25 |

## 0:00 E.T. — Declinations

| D | ☉ | ☽ | ☿ | ♀ | ♂ | ♃ | ♄ | ♅ | ♆ | ♇ | ⚳ | ⚴ | ⚵ | ⚶ | ⚷ |
|---|---|---|---|---|---|---|---|---|---|---|---|---|---|---|---|
| 1 | -17 07 | +11 29 | -18 57 | +00 45 | -21 39 | -19 10 | +05 37 | -04 28 | -14 01 | -17 44 | +21 11 | -24 23 | -12 05 | +08 40 | -08 54 |
| 2 | 16 50 | 16 44 | 19 07 | 01 13 | 21 30 | 19 06 | 05 38 | 04 27 | 14 01 | 17 44 | 21 19 | 24 05 | 12 01 | 08 48 | 08 52 |
| 3 | 16 33 | 21 17 | 19 17 | 01 41 | 21 21 | 19 03 | 05 39 | 04 26 | 14 00 | 17 44 | 21 27 | 23 47 | 11 56 | 08 56 | 08 51 |
| 4 | 16 15 | 24 44 | 19 25 | 02 08 | 21 12 | 18 59 | 05 41 | 04 24 | 13 59 | 17 44 | 21 35 | 23 29 | 11 52 | 09 04 | 08 50 |
| 5 | 15 57 | 26 44 | 19 33 | 02 35 | 21 02 | 18 56 | 05 43 | 04 23 | 13 58 | 17 44 | 21 43 | 23 10 | 11 47 | 09 12 | 08 49 |
| 6 | 15 38 | 26 57 | 19 40 | 03 02 | 20 53 | 18 52 | 05 44 | 04 22 | 13 58 | 17 44 | 21 51 | 22 52 | 11 42 | 09 20 | 08 47 |
| 7 | 15 20 | 25 17 | 19 46 | 03 29 | 20 43 | 18 49 | 05 46 | 04 21 | 13 57 | 17 44 | 22 00 | 22 34 | 11 38 | 09 28 | 08 46 |
| 8 | 15 01 | 21 51 | 19 51 | 03 55 | 20 33 | 18 45 | 05 47 | 04 20 | 13 56 | 17 44 | 22 08 | 22 15 | 11 33 | 09 36 | 08 45 |
| 9 | 14 42 | 17 00 | 19 54 | 04 22 | 20 22 | 18 42 | 05 49 | 04 18 | 13 55 | 17 44 | 22 16 | 21 56 | 11 28 | 09 44 | 08 43 |
| 10 | 14 23 | 11 11 | 19 57 | 04 47 | 20 12 | 18 38 | 05 51 | 04 17 | 13 55 | 17 44 | 22 24 | 21 38 | 11 23 | 09 52 | 08 42 |
| 11 | 14 03 | 04 52 | 19 58 | 05 13 | 20 01 | 18 35 | 05 52 | 04 16 | 13 54 | 17 44 | 22 32 | 21 19 | 11 18 | 10 00 | 08 41 |
| 12 | 13 43 | -01 31 | 19 59 | 05 38 | 19 50 | 18 31 | 05 54 | 04 15 | 13 53 | 17 44 | 22 40 | 21 00 | 11 13 | 10 08 | 08 39 |
| 13 | 13 23 | 07 39 | 19 58 | 06 03 | 19 39 | 18 27 | 05 56 | 04 13 | 13 52 | 17 44 | 22 48 | 20 41 | 11 07 | 10 17 | 08 38 |
| 14 | 13 03 | 13 14 | 19 56 | 06 27 | 19 27 | 18 24 | 05 58 | 04 12 | 13 52 | 17 44 | 22 56 | 20 22 | 11 02 | 10 25 | 08 37 |
| 15 | 12 42 | 18 05 | 19 53 | 06 51 | 19 15 | 18 20 | 05 59 | 04 11 | 13 51 | 17 44 | 23 04 | 20 03 | 10 57 | 10 33 | 08 35 |
| 16 | 12 22 | 22 01 | 19 48 | 07 15 | 19 03 | 18 17 | 06 01 | 04 10 | 13 50 | 17 43 | 23 12 | 19 44 | 10 51 | 10 41 | 08 34 |
| 17 | 12 01 | 24 53 | 19 42 | 07 38 | 18 51 | 18 13 | 06 03 | 04 08 | 13 49 | 17 43 | 23 20 | 19 25 | 10 46 | 10 49 | 08 33 |
| 18 | 11 40 | 26 35 | 19 35 | 08 00 | 18 39 | 18 09 | 06 05 | 04 07 | 13 49 | 17 43 | 23 27 | 19 06 | 10 40 | 10 57 | 08 31 |
| 19 | 11 18 | 27 03 | 19 27 | 08 22 | 18 27 | 18 06 | 06 07 | 04 06 | 13 48 | 17 43 | 23 35 | 18 47 | 10 35 | 11 05 | 08 30 |
| 20 | 10 57 | 26 17 | 19 17 | 08 44 | 18 14 | 18 02 | 06 09 | 04 04 | 13 47 | 17 43 | 23 42 | 18 28 | 10 29 | 11 13 | 08 28 |
| 21 | 10 35 | 24 20 | 19 07 | 09 04 | 18 01 | 17 59 | 06 10 | 04 03 | 13 46 | 17 43 | 23 50 | 18 08 | 10 23 | 11 22 | 08 27 |
| 22 | 10 14 | 21 18 | 18 55 | 09 25 | 17 48 | 17 55 | 06 12 | 04 02 | 13 46 | 17 43 | 23 57 | 17 49 | 10 18 | 11 30 | 08 26 |
| 23 | 09 52 | 17 19 | 18 41 | 09 44 | 17 35 | 17 51 | 06 14 | 04 00 | 13 45 | 17 43 | 24 04 | 17 30 | 10 12 | 11 38 | 08 24 |
| 24 | 09 29 | 12 34 | 18 27 | 10 03 | 17 21 | 17 48 | 06 16 | 03 59 | 13 44 | 17 43 | 24 11 | 17 11 | 10 06 | 11 46 | 08 23 |
| 25 | 09 07 | 07 14 | 18 11 | 10 21 | 17 08 | 17 44 | 06 18 | 03 58 | 13 44 | 17 43 | 24 17 | 16 52 | 10 00 | 11 54 | 08 21 |
| 26 | 08 45 | 01 31 | 17 54 | 10 39 | 16 54 | 17 40 | 06 20 | 03 57 | 13 43 | 17 43 | 24 24 | 16 33 | 09 54 | 12 02 | 08 20 |
| 27 | 08 22 | +04 21 | 17 35 | 10 55 | 16 40 | 17 37 | 06 22 | 03 55 | 13 42 | 17 43 | 24 30 | 16 14 | 09 48 | 12 10 | 08 19 |
| 28 | 08 00 | 10 07 | 17 15 | 11 11 | 16 26 | 17 33 | 06 24 | 03 54 | 13 41 | 17 42 | 24 36 | 15 55 | 09 42 | 12 18 | 08 17 |

Lunar Phases -- 2 ◐ 23:14   9 Ⓔ 14:50   16 ◑ 21:38   25 ● 01:36   Sun enters ♓ 2/18 12:48

## 0:00 E.T. — Longitudes of Main Planets - March 2009 — Mar. 09

| D | S.T. | ☉ | ☽ | ☽ 12:00 | ☿ | ♀ | ♂ | ♃ | ♄ | ♅ | ♆ | ♇ | ☊ |
|---|---|---|---|---|---|---|---|---|---|---|---|---|---|
| 1 | 10:35:43 | 10♓32 11 | 27♈59 | 04♉46 | 18♒11 | 14♈49 | 18♒56 | 12♒41 | 19♍00℞ | 21♓55 | 24♒33 | 02♑59 | 07♒50 |
| 2 | 10:39:40 | 11 32 25 | 11♉35 | 18 27 | 19 38 | 15 01 | 19 43 | 12 54 | 18 55 | 21 59 | 24 36 | 03 00 | 07 47 |
| 3 | 10:43:36 | 12 32 37 | 25 22 | 02♊19 | 21 06 | 15 11 | 20 30 | 13 07 | 18 51 | 22 02 | 24 38 | 03 01 | 07 44 |
| 4 | 10:47:33 | 13 32 47 | 09♊19 | 16 21 | 22 36 | 15 18 | 21 17 | 13 21 | 18 46 | 22 05 | 24 40 | 03 02 | 07 40 |
| 5 | 10:51:29 | 14 32 55 | 23 25 | 00♋31 | 24 06 | 15 24 | 22 04 | 13 34 | 18 41 | 22 09 | 24 42 | 03 03 | 07 37 |
| 6 | 10:55:26 | 15 33 00 | 07♋38 | 14 47 | 25 38 | 15 27 | 22 51 | 13 47 | 18 36 | 22 12 | 24 44 | 03 04 | 07 34 |
| 7 | 10:59:22 | 16 33 03 | 21 58 | 29 09 | 27 11 | 15 27℞ | 23 38 | 14 00 | 18 32 | 22 16 | 24 47 | 03 05 | 07 31 |
| 8 | 11:03:19 | 17 33 05 | 06♌20 | 13♌32 | 28 45 | 15 25 | 24 25 | 14 13 | 18 27 | 22 19 | 24 49 | 03 06 | 07 28 |
| 9 | 11:07:15 | 18 33 04 | 20 42 | 27 52 | 00♓20 | 15 21 | 25 12 | 14 26 | 18 22 | 22 22 | 24 51 | 03 06 | 07 25 |
| 10 | 11:11:12 | 19 33 01 | 05♍00 | 12♍05 | 01 56 | 15 14 | 25 59 | 14 39 | 18 17 | 22 26 | 24 53 | 03 07 | 07 21 |
| 11 | 11:15:09 | 20 32 55 | 19 07 | 26 05 | 03 34 | 15 05 | 26 46 | 14 52 | 18 12 | 22 29 | 24 55 | 03 08 | 07 18 |
| 12 | 11:19:05 | 21 32 48 | 03♎00 | 09♎49 | 05 12 | 14 53 | 27 32 | 15 05 | 18 08 | 22 33 | 24 57 | 03 09 | 07 15 |
| 13 | 11:23:02 | 22 32 39 | 16 34 | 23 13 | 06 52 | 14 38 | 28 19 | 15 17 | 18 03 | 22 36 | 24 59 | 03 10 | 07 12 |
| 14 | 11:26:58 | 23 32 29 | 29 47 | 06♏16 | 08 33 | 14 21 | 29 06 | 15 30 | 17 58 | 22 40 | 25 01 | 03 10 | 07 09 |
| 15 | 11:30:55 | 24 32 16 | 12♏39 | 18 58 | 10 15 | 14 02 | 29 53 | 15 43 | 17 53 | 22 43 | 25 03 | 03 11 | 07 06 |
| 16 | 11:34:51 | 25 32 02 | 25 11 | 01♐20 | 11 59 | 13 40 | 00♓40 | 15 55 | 17 49 | 22 46 | 25 05 | 03 12 | 07 02 |
| 17 | 11:38:48 | 26 31 46 | 07♐26 | 13 28 | 13 43 | 13 16 | 01 27 | 16 08 | 17 44 | 22 50 | 25 07 | 03 12 | 06 59 |
| 18 | 11:42:44 | 27 31 28 | 19 27 | 25 24 | 15 29 | 12 50 | 02 14 | 16 20 | 17 39 | 22 53 | 25 09 | 03 13 | 06 56 |
| 19 | 11:46:41 | 28 31 09 | 01♑19 | 07♑14 | 17 16 | 12 22 | 03 01 | 16 33 | 17 35 | 22 57 | 25 11 | 03 13 | 06 53 |
| 20 | 11:50:38 | 29 30 48 | 13 08 | 19 03 | 19 04 | 11 52 | 03 48 | 16 45 | 17 30 | 23 00 | 25 13 | 03 14 | 06 50 |
| 21 | 11:54:34 | 00♈30 25 | 24 58 | 00♒56 | 20 53 | 11 21 | 04 35 | 16 57 | 17 25 | 23 04 | 25 15 | 03 14 | 06 46 |
| 22 | 11:58:31 | 01 30 00 | 06♒56 | 12 59 | 22 44 | 10 47 | 05 22 | 17 09 | 17 21 | 23 07 | 25 17 | 03 15 | 06 43 |
| 23 | 12:02:27 | 02 29 34 | 19 05 | 25 15 | 24 36 | 10 13 | 06 09 | 17 21 | 17 16 | 23 10 | 25 19 | 03 15 | 06 40 |
| 24 | 12:06:24 | 03 29 06 | 01♓29 | 07♓48 | 26 29 | 09 37 | 06 56 | 17 33 | 17 12 | 23 14 | 25 21 | 03 16 | 06 37 |
| 25 | 12:10:20 | 04 28 35 | 14 11 | 20 40 | 28 24 | 09 01 | 07 43 | 17 45 | 17 07 | 23 17 | 25 23 | 03 16 | 06 34 |
| 26 | 12:14:17 | 05 28 03 | 27 13 | 03♈50 | 00♈20 | 08 24 | 08 30 | 17 57 | 17 03 | 23 21 | 25 25 | 03 16 | 06 31 |
| 27 | 12:18:13 | 06 27 29 | 10♈33 | 17 19 | 02 17 | 07 46 | 09 17 | 18 09 | 16 59 | 23 24 | 25 27 | 03 17 | 06 27 |
| 28 | 12:22:10 | 07 26 52 | 24 10 | 01♉03 | 04 15 | 07 08 | 10 04 | 18 20 | 16 54 | 23 27 | 25 28 | 03 17 | 06 24 |
| 29 | 12:26:07 | 08 26 14 | 08♉00 | 14 59 | 06 14 | 06 31 | 10 51 | 18 32 | 16 50 | 23 31 | 25 30 | 03 17 | 06 21 |
| 30 | 12:30:03 | 09 25 34 | 22 00 | 29 03 | 08 14 | 05 53 | 11 38 | 18 43 | 16 46 | 23 34 | 25 32 | 03 17 | 06 18 |
| 31 | 12:34:00 | 10 24 51 | 06♊07 | 13♊11 | 10 16 | 05 17 | 12 25 | 18 55 | 16 41 | 23 37 | 25 34 | 03 18 | 06 15 |

## 0:00 E.T. — Longitudes of the Major Asteroids and Chiron

| D | ⚳ | ⚴ | ⚵ | ⚶ | ⚷ |
|---|---|---|---|---|---|
| 1 | 06♍17℞ | 13♊54 | 15♒49 | 14♉56 | 22♒31 |
| 2 | 06 04 | 14 17 | 16 14 | 15 17 | 22 35 |
| 3 | 05 50 | 14 40 | 16 39 | 15 38 | 22 39 |
| 4 | 05 36 | 15 04 | 17 03 | 15 58 | 22 43 |
| 5 | 05 22 | 15 27 | 17 28 | 16 20 | 22 48 |
| 6 | 05 09 | 15 52 | 17 53 | 16 41 | 22 52 |
| 7 | 04 56 | 16 16 | 18 17 | 17 02 | 22 56 |
| 8 | 04 43 | 16 40 | 18 42 | 17 23 | 23 00 |
| 9 | 04 30 | 17 05 | 19 07 | 17 45 | 23 04 |
| 10 | 04 17 | 17 30 | 19 31 | 18 06 | 23 08 |
| 11 | 04 04 | 17 55 | 19 56 | 18 28 | 23 12 |
| 12 | 03 52 | 18 21 | 20 21 | 18 50 | 23 16 |
| 13 | 03 40 | 18 47 | 20 45 | 19 12 | 23 20 |
| 14 | 03 28 | 19 12 | 21 10 | 19 34 | 23 24 |
| 15 | 03 17 | 19 39 | 21 34 | 19 56 | 23 28 |
| 16 | 03 05 | 20 05 | 21 59 | 20 18 | 23 32 |
| 17 | 02 55 | 20 31 | 22 23 | 20 40 | 23 36 |
| 18 | 02 44 | 20 58 | 22 48 | 21 03 | 23 39 |
| 19 | 02 34 | 21 25 | 23 12 | 21 25 | 23 43 |
| 20 | 02 24 | 21 52 | 23 37 | 21 48 | 23 47 |
| 21 | 02 14 | 22 19 | 24 01 | 22 11 | 23 51 |
| 22 | 02 05 | 22 46 | 24 26 | 22 33 | 23 54 |
| 23 | 01 56 | 23 14 | 24 50 | 22 56 | 23 58 |
| 24 | 01 48 | 23 41 | 25 14 | 23 19 | 24 02 |
| 25 | 01 39 | 24 09 | 25 39 | 23 42 | 24 05 |
| 26 | 01 32 | 24 37 | 26 03 | 24 05 | 24 09 |
| 27 | 01 24 | 25 05 | 26 27 | 24 28 | 24 12 |
| 28 | 01 17 | 25 33 | 26 51 | 24 52 | 24 16 |
| 29 | 01 11 | 26 01 | 27 16 | 25 15 | 24 19 |
| 30 | 01 05 | 26 30 | 27 40 | 25 39 | 24 23 |
| 31 | 00 59 | 26 58 | 28 04 | 26 02 | 24 26 |

## Lunar Data

| Last Asp. | | Ingress | | |
|---|---|---|---|---|
| 28 | 17:52 | 1 | ♉ | 03:34 |
| 2 | 22:43 | 3 | ♊ | 07:60 |
| 5 | 02:11 | 5 | ♋ | 11:08 |
| 7 | 00:30 | 7 | ♌ | 13:25 |
| 9 | 07:57 | 9 | ♍ | 15:35 |
| 11 | 05:49 | 11 | ♎ | 18:47 |
| 13 | 22:40 | 14 | ♏ | 00:24 |
| 16 | 00:44 | 16 | ♐ | 09:23 |
| 18 | 17:49 | 18 | ♑ | 21:20 |
| 20 | 20:07 | 21 | ♒ | 10:07 |
| 23 | 12:10 | 23 | ♓ | 21:09 |
| 25 | 16:54 | 26 | ♈ | 05:04 |
| 28 | 02:18 | 28 | ♉ | 10:10 |
| 30 | 06:01 | 30 | ♊ | 13:37 |

## 0:00 E.T. — Declinations

| D | ☉ | ☽ | ☿ | ♀ | ♂ | ♃ | ♄ | ♅ | ♆ | ♇ | ⚳ | ⚴ | ⚵ | ⚶ | ⚷ |
|---|---|---|---|---|---|---|---|---|---|---|---|---|---|---|---|
| 1 | -07 37 | +15 32 | -16 54 | +11 26 | -16 11 | -17 29 | +06 26 | -03 53 | -13 41 | -17 42 | +24 42 | -15 36 | -09 36 | +12 26 | -08 16 |
| 2 | 07 14 | 20 15 | 16 32 | 11 40 | 15 57 | 17 26 | 06 28 | 03 51 | 13 40 | 17 42 | 24 48 | 15 17 | 09 30 | 12 35 | 08 14 |
| 3 | 06 51 | 23 57 | 16 08 | 11 53 | 15 42 | 17 22 | 06 30 | 03 50 | 13 39 | 17 42 | 24 53 | 14 58 | 09 24 | 12 43 | 08 13 |
| 4 | 06 28 | 26 17 | 15 44 | 12 05 | 15 27 | 17 18 | 06 32 | 03 48 | 13 38 | 17 42 | 24 58 | 14 39 | 09 17 | 12 51 | 08 11 |
| 5 | 06 05 | 26 59 | 15 17 | 12 16 | 15 12 | 17 15 | 06 34 | 03 47 | 13 38 | 17 42 | 25 03 | 14 20 | 09 11 | 12 59 | 08 10 |
| 6 | 05 42 | 25 55 | 14 50 | 12 26 | 14 57 | 17 11 | 06 35 | 03 46 | 13 37 | 17 42 | 25 08 | 14 02 | 09 05 | 13 07 | 08 09 |
| 7 | 05 19 | 23 09 | 14 21 | 12 35 | 14 42 | 17 07 | 06 37 | 03 44 | 13 36 | 17 42 | 25 13 | 13 43 | 08 58 | 13 15 | 08 07 |
| 8 | 04 55 | 18 55 | 13 51 | 12 42 | 14 27 | 17 04 | 06 39 | 03 43 | 13 36 | 17 42 | 25 17 | 13 25 | 08 52 | 13 23 | 08 06 |
| 9 | 04 32 | 13 35 | 13 20 | 12 49 | 14 11 | 17 00 | 06 41 | 03 42 | 13 35 | 17 42 | 25 21 | 13 06 | 08 45 | 13 30 | 08 04 |
| 10 | 04 08 | 07 33 | 12 48 | 12 54 | 13 55 | 16 56 | 06 43 | 03 40 | 13 34 | 17 41 | 25 25 | 12 48 | 08 39 | 13 38 | 08 03 |
| 11 | 03 45 | 01 13 | 12 14 | 12 57 | 13 40 | 16 53 | 06 45 | 03 39 | 13 34 | 17 41 | 25 29 | 12 29 | 08 32 | 13 46 | 08 02 |
| 12 | 03 21 | -05 02 | 11 39 | 12 59 | 13 24 | 16 49 | 06 47 | 03 38 | 13 33 | 17 41 | 25 32 | 12 11 | 08 26 | 13 54 | 08 00 |
| 13 | 02 58 | 10 55 | 11 03 | 13 00 | 13 07 | 16 46 | 06 49 | 03 36 | 13 32 | 17 41 | 25 35 | 11 53 | 08 19 | 14 02 | 07 59 |
| 14 | 02 34 | 16 09 | 10 26 | 12 59 | 12 51 | 16 42 | 06 51 | 03 35 | 13 32 | 17 41 | 25 38 | 11 35 | 08 12 | 14 10 | 07 57 |
| 15 | 02 10 | 20 31 | 09 47 | 12 57 | 12 35 | 16 38 | 06 53 | 03 34 | 13 31 | 17 41 | 25 41 | 11 17 | 08 06 | 14 18 | 07 56 |
| 16 | 01 47 | 23 50 | 09 07 | 12 54 | 12 18 | 16 35 | 06 55 | 03 32 | 13 30 | 17 41 | 25 43 | 10 59 | 07 59 | 14 25 | 07 55 |
| 17 | 01 23 | 25 59 | 08 26 | 12 48 | 12 02 | 16 31 | 06 56 | 03 31 | 13 29 | 17 41 | 25 45 | 10 42 | 07 52 | 14 33 | 07 53 |
| 18 | 00 59 | 26 52 | 07 44 | 12 42 | 11 45 | 16 28 | 06 58 | 03 29 | 13 29 | 17 41 | 25 47 | 10 24 | 07 45 | 14 41 | 07 52 |
| 19 | 00 35 | 26 31 | 07 01 | 12 33 | 11 28 | 16 24 | 07 00 | 03 28 | 13 28 | 17 41 | 25 48 | 10 07 | 07 38 | 14 48 | 07 50 |
| 20 | 00 12 | 24 57 | 06 16 | 12 24 | 11 11 | 16 20 | 07 02 | 03 27 | 13 28 | 17 40 | 25 50 | 09 49 | 07 31 | 14 56 | 07 49 |
| 21 | +00 12 | 22 17 | 05 30 | 12 13 | 10 54 | 16 17 | 07 04 | 03 25 | 13 27 | 17 40 | 25 51 | 09 32 | 07 24 | 15 03 | 07 48 |
| 22 | 00 36 | 18 38 | 04 44 | 12 00 | 10 37 | 16 13 | 07 06 | 03 24 | 13 26 | 17 40 | 25 51 | 09 15 | 07 17 | 15 11 | 07 46 |
| 23 | 00 59 | 14 10 | 03 56 | 11 46 | 10 20 | 16 10 | 07 07 | 03 23 | 13 26 | 17 40 | 25 52 | 08 58 | 07 10 | 15 18 | 07 45 |
| 24 | 01 23 | 09 02 | 03 07 | 11 31 | 10 03 | 16 06 | 07 09 | 03 21 | 13 25 | 17 40 | 25 52 | 08 41 | 07 03 | 15 26 | 07 44 |
| 25 | 01 47 | 03 26 | 02 17 | 11 14 | 09 45 | 16 03 | 07 11 | 03 20 | 13 24 | 17 40 | 25 52 | 08 24 | 06 56 | 15 33 | 07 42 |
| 26 | 02 10 | +02 26 | 01 26 | 10 57 | 09 28 | 15 59 | 07 13 | 03 19 | 13 24 | 17 40 | 25 52 | 08 07 | 06 49 | 15 41 | 07 41 |
| 27 | 02 34 | 08 20 | 00 34 | 10 38 | 09 10 | 15 56 | 07 14 | 03 17 | 13 23 | 17 40 | 25 51 | 07 51 | 06 42 | 15 48 | 07 40 |
| 28 | 02 57 | 13 57 | +00 19 | 10 19 | 08 52 | 15 52 | 07 16 | 03 16 | 13 23 | 17 40 | 25 50 | 07 35 | 06 35 | 15 55 | 07 38 |
| 29 | 03 21 | 18 58 | 01 12 | 09 58 | 08 35 | 15 49 | 07 18 | 03 15 | 13 22 | 17 40 | 25 49 | 07 18 | 06 28 | 16 03 | 07 37 |
| 30 | 03 44 | 23 00 | 02 07 | 09 37 | 08 17 | 15 46 | 07 19 | 03 13 | 13 21 | 17 40 | 25 48 | 07 02 | 06 21 | 16 10 | 07 36 |
| 31 | 04 07 | 25 42 | 03 02 | 09 16 | 07 59 | 15 42 | 07 21 | 03 12 | 13 21 | 17 39 | 25 47 | 06 46 | 06 13 | 16 17 | 07 34 |

Lunar Phases -- 4 ◐ 07:47   11 ○ 02:39   18 ◑ 17:49   26 ● 16:07   Sun enters ♈ 3/20 11:45

# Apr. 09 — Longitudes of Main Planets - April 2009 — 0:00 E.T.

| D | S.T. | ☉ | ☽ | ☽ 12:00 | ☿ | ♀ | ♂ | ♃ | ♄ | ♅ | ♆ | ♇ | ☊ |
|---|---|---|---|---|---|---|---|---|---|---|---|---|---|
| 1 | 12:37:56 | 11♈24 06 | 20♊15 | 27♊20 | 12♈18 | 04♈41℞ | 13♓12 | 19♒06 | 16♍37℞ | 23♓41 | 25♒36 | 03♑18 | 06♒12 |
| 2 | 12:41:53 | 12 23 19 | 04♋24 | 11♋28 | 14 21 | 04 06 | 13 59 | 19 17 | 16 33 | 23 44 | 25 37 | 03 18 | 06 08 |
| 3 | 12:45:49 | 13 22 29 | 18 32 | 25 34 | 16 25 | 03 32 | 14 46 | 19 28 | 16 29 | 23 47 | 25 39 | 03 18 | 06 05 |
| 4 | 12:49:46 | 14 21 37 | 02♌36 | 09♌37 | 18 29 | 03 00 | 15 33 | 19 39 | 16 25 | 23 50 | 25 41 | 03 18 | 06 02 |
| 5 | 12:53:42 | 15 20 42 | 16 37 | 23 36 | 20 33 | 02 29 | 16 19 | 19 50 | 16 21 | 23 54 | 25 42 | 03 18℞ | 05 59 |
| 6 | 12:57:39 | 16 19 46 | 00♍33 | 07♍29 | 22 37 | 02 01 | 17 06 | 20 01 | 16 18 | 23 57 | 25 44 | 03 18 | 05 56 |
| 7 | 13:01:36 | 17 18 47 | 14 23 | 21 15 | 24 41 | 01 34 | 17 53 | 20 12 | 16 14 | 24 00 | 25 45 | 03 18 | 05 52 |
| 8 | 13:05:32 | 18 17 45 | 28 05 | 04♎52 | 26 45 | 01 09 | 18 40 | 20 22 | 16 10 | 24 03 | 25 47 | 03 18 | 05 49 |
| 9 | 13:09:29 | 19 16 42 | 11♎35 | 18 16 | 28 47 | 00 47 | 19 27 | 20 33 | 16 07 | 24 07 | 25 49 | 03 18 | 05 46 |
| 10 | 13:13:25 | 20 15 36 | 24 52 | 01♏25 | 00♉48 | 00 26 | 20 13 | 20 43 | 16 03 | 24 10 | 25 50 | 03 17 | 05 43 |
| 11 | 13:17:22 | 21 14 29 | 07♏53 | 14 17 | 02 48 | 00 08 | 21 00 | 20 54 | 16 00 | 24 13 | 25 52 | 03 17 | 05 40 |
| 12 | 13:21:18 | 22 13 19 | 20 37 | 26 53 | 04 46 | 29♓53 | 21 47 | 21 04 | 15 56 | 24 16 | 25 53 | 03 17 | 05 37 |
| 13 | 13:25:15 | 23 12 08 | 03♐05 | 09♐12 | 06 42 | 29 40 | 22 34 | 21 14 | 15 53 | 24 19 | 25 55 | 03 17 | 05 33 |
| 14 | 13:29:11 | 24 10 55 | 15 17 | 21 18 | 08 35 | 29 30 | 23 20 | 21 24 | 15 50 | 24 22 | 25 56 | 03 17 | 05 30 |
| 15 | 13:33:08 | 25 09 41 | 27 17 | 03♑14 | 10 25 | 29 21 | 24 07 | 21 34 | 15 46 | 24 25 | 25 57 | 03 16 | 05 27 |
| 16 | 13:37:05 | 26 08 24 | 09♑09 | 15 03 | 12 11 | 29 16 | 24 54 | 21 44 | 15 43 | 24 28 | 25 59 | 03 16 | 05 24 |
| 17 | 13:41:01 | 27 07 06 | 20 58 | 26 52 | 13 54 | 29 13 | 25 40 | 21 53 | 15 40 | 24 31 | 26 00 | 03 16 | 05 21 |
| 18 | 13:44:58 | 28 05 46 | 02♒48 | 08♒46 | 15 34 | 29 12D | 26 27 | 22 03 | 15 38 | 24 34 | 26 01 | 03 15 | 05 17 |
| 19 | 13:48:54 | 29 04 25 | 14 46 | 20 50 | 17 09 | 29 14 | 27 14 | 22 12 | 15 35 | 24 37 | 26 03 | 03 15 | 05 14 |
| 20 | 13:52:51 | 00♉03 01 | 26 57 | 03♓08 | 18 40 | 29 18 | 28 00 | 22 21 | 15 32 | 24 40 | 26 04 | 03 14 | 05 11 |
| 21 | 13:56:47 | 01 01 36 | 09♓25 | 15 47 | 20 07 | 29 24 | 28 47 | 22 31 | 15 29 | 24 43 | 26 05 | 03 14 | 05 08 |
| 22 | 14:00:44 | 02 00 09 | 22 15 | 28 48 | 21 29 | 29 32 | 29 33 | 22 40 | 15 27 | 24 46 | 26 06 | 03 13 | 05 05 |
| 23 | 14:04:40 | 02 58 41 | 05♈28 | 12♈14 | 22 46 | 29 43 | 00♈20 | 22 49 | 15 24 | 24 49 | 26 07 | 03 13 | 05 02 |
| 24 | 14:08:37 | 03 57 11 | 19 05 | 26 02 | 23 59 | 29 56 | 01 06 | 22 57 | 15 22 | 24 52 | 26 09 | 03 12 | 04 58 |
| 25 | 14:12:34 | 04 55 39 | 03♉04 | 10♉10 | 25 06 | 00♈10 | 01 53 | 23 06 | 15 20 | 24 55 | 26 10 | 03 12 | 04 55 |
| 26 | 14:16:30 | 05 54 05 | 17 20 | 24 32 | 26 09 | 00 27 | 02 39 | 23 15 | 15 17 | 24 58 | 26 11 | 03 11 | 04 52 |
| 27 | 14:20:27 | 06 52 30 | 01♊47 | 09♊03 | 27 06 | 00 46 | 03 26 | 23 23 | 15 15 | 25 00 | 26 12 | 03 10 | 04 49 |
| 28 | 14:24:23 | 07 50 52 | 16 19 | 23 34 | 27 58 | 01 06 | 04 12 | 23 31 | 15 13 | 25 03 | 26 13 | 03 10 | 04 46 |
| 29 | 14:28:20 | 08 49 13 | 00♋49 | 08♋02 | 28 45 | 01 29 | 04 58 | 23 39 | 15 12 | 25 06 | 26 14 | 03 09 | 04 43 |
| 30 | 14:32:16 | 09 47 31 | 15 12 | 22 21 | 29 26 | 01 53 | 05 45 | 23 47 | 15 10 | 25 08 | 26 15 | 03 08 | 04 39 |

## 0:00 E.T. — Longitudes of the Major Asteroids and Chiron — Lunar Data

| D | ⚳ | ⚴ | ⚵ | ⚶ | ⚷ | D | ⚳ | ⚴ | ⚵ | ⚶ | ⚷ | Last Asp. | Ingress |
|---|---|---|---|---|---|---|---|---|---|---|---|---|---|
| 1 | 00♍54℞ | 27♊27 | 28♒28 | 26♉26 | 24♒29 | 16 | 00 27 | 04 49 | 04 25 | 02 27 | 25 14 | 1 09:04 | 1 ♋ 16:31 |
| 2 | 00 49 | 27 56 | 28 52 | 26 49 | 24 33 | 17 | 00 28 | 05 19 | 04 48 | 02 51 | 25 16 | 3 08:60 | 3 ♌ 19:34 |
| 3 | 00 45 | 28 25 | 29 16 | 27 13 | 24 36 | 18 | 00 30 | 05 49 | 05 11 | 03 16 | 25 19 | 5 15:40 | 5 ♍ 23:03 |
| 4 | 00 41 | 28 54 | 29 40 | 27 37 | 24 39 | 19 | 00 33 | 06 19 | 05 35 | 03 40 | 25 21 | 7 16:53 | 8 ♎ 03:23 |
| 5 | 00 37 | 29 23 | 00♓04 | 28 01 | 24 42 | 20 | 00 35 | 06 49 | 05 58 | 04 05 | 25 24 | 10 01:46 | 10 ♏ 09:24 |
| 6 | 00 34 | 29 52 | 00 28 | 28 24 | 24 45 | 21 | 00 39 | 07 19 | 06 21 | 04 30 | 25 26 | 12 17:30 | 12 ♐ 18:02 |
| 7 | 00 31 | 00♋21 | 00 52 | 28 48 | 24 48 | 22 | ·00 42 | 07 50 | 06 44 | 04 54 | 25 29 | 15 04:08 | 15 ♑ 05:29 |
| 8 | 00 29 | 00 51 | 01 16 | 29 12 | 24 51 | 23 | 00 46 | 08 20 | 07 07 | 05 19 | 25 31 | 17 16:43 | 17 ♒ 18:20 |
| 9 | 00 27 | 01 20 | 01 39 | 29 36 | 24 54 | 24 | 00 51 | 08 50 | 07 30 | 05 44 | 25 33 | 19 22:16 | 20 ♓ 05:56 |
| 10 | 00 26 | 01 50 | 02 03 | 00♊01 | 24 57 | 25 | 00 55 | 09 21 | 07 53 | 06 09 | 25 35 | 22 13:30 | 22 ♈ 14:10 |
| 11 | 00 25 | 02 19 | 02 27 | 00 25 | 25 00 | 26 | 01 01 | 09 51 | 08 16 | 06 34 | 25 37 | 24 12:12 | 24 ♉ 18:47 |
| 12 | 00 24 | 02 49 | 02 50 | 00 49 | 25 03 | 27 | 01 06 | 10 22 | 08 39 | 06 59 | 25 39 | 26 15:43 | 26 ♊ 21:03 |
| 13 | 00 24D | 03 19 | 03 14 | 01 13 | 25 06 | 28 | 01 12 | 10 53 | 09 02 | 07 24 | 25 41 | 28 16:24 | 28 ♋ 22:39 |
| 14 | 00 25 | 03 49 | 03 38 | 01 38 | 25 08 | 29 | 01 18 | 11 23 | 09 25 | 07 49 | 25 43 | 30 16:46 | 1 ♌ 00:57 |
| 15 | 00 25 | 04 19 | 04 01 | 02 02 | 25 11 | 30 | 01 25 | 11 54 | 09 47 | 08 14 | 25 45 | | |

## 0:00 E.T. — Declinations

| D | ☉ | ☽ | ☿ | ♀ | ♂ | ♃ | ♄ | ♅ | ♆ | ♇ | ⚳ | ⚴ | ⚵ | ⚶ | ⚷ |
|---|---|---|---|---|---|---|---|---|---|---|---|---|---|---|---|
| 1 | +04 31 | +26 46 | +03 57 | +08 54 | -07 41 | -15 39 | +07 22 | -03 11 | -13 20 | -17 39 | +25 45 | -06 31 | -06 06 | +16 24 | -07 33 |
| 2 | 04 54 | 26 06 | 04 53 | 08 31 | 07 23 | 15 36 | 07 24 | 03 10 | 13 20 | 17 39 | 25 43 | 06 15 | 05 59 | 16 31 | 07 32 |
| 3 | 05 17 | 23 45 | 05 50 | 08 09 | 07 05 | 15 32 | 07 25 | 03 08 | 13 19 | 17 39 | 25 41 | 05 59 | 05 52 | 16 38 | 07 30 |
| 4 | 05 40 | 19 58 | 06 46 | 07 46 | 06 47 | 15 29 | 07 27 | 03 07 | 13 19 | 17 39 | 25 38 | 05 44 | 05 44 | 16 45 | 07 29 |
| 5 | 06 03 | 15 03 | 07 42 | 07 24 | 06 29 | 15 26 | 07 28 | 03 06 | 13 18 | 17 39 | 25 36 | 05 29 | 05 37 | 16 52 | 07 28 |
| 6 | 06 25 | 09 22 | 08 39 | 07 02 | 06 10 | 15 22 | 07 30 | 03 04 | 13 18 | 17 39 | 25 33 | 05 14 | 05 30 | 16 59 | 07 27 |
| 7 | 06 48 | 03 18 | 09 34 | 06 40 | 05 52 | 15 19 | 07 31 | 03 03 | 13 17 | 17 39 | 25 30 | 04 59 | 05 22 | 17 06 | 07 25 |
| 8 | 07 10 | -02 51 | 10 30 | 06 19 | 05 34 | 15 16 | 07 32 | 03 02 | 13 17 | 17 39 | 25 26 | 04 44 | 05 15 | 17 12 | 07 24 |
| 9 | 07 33 | 08 47 | 11 24 | 05 58 | 05 15 | 15 13 | 07 34 | 03 01 | 13 16 | 17 39 | 25 23 | 04 30 | 05 08 | 17 19 | 07 23 |
| 10 | 07 55 | 14 12 | 12 17 | 05 38 | 04 57 | 15 10 | 07 35 | 02 59 | 13 16 | 17 39 | 25 19 | 04 15 | 05 00 | 17 26 | 07 22 |
| 11 | 08 17 | 18 53 | 13 10 | 05 19 | 04 38 | 15 07 | 07 36 | 02 58 | 13 15 | 17 39 | 25 15 | 04 01 | 04 53 | 17 32 | 07 20 |
| 12 | 08 39 | 22 35 | 14 00 | 05 00 | 04 20 | 15 03 | 07 38 | 02 57 | 13 15 | 17 38 | 25 11 | 03 47 | 04 45 | 17 39 | 07 19 |
| 13 | 09 01 | 25 10 | 14 49 | 04 43 | 04 01 | 15 00 | 07 39 | 02 56 | 13 14 | 17 38 | 25 07 | 03 33 | 04 38 | 17 45 | 07 18 |
| 14 | 09 23 | 26 29 | 15 36 | 04 26 | 03 43 | 14 57 | 07 40 | 02 54 | 13 14 | 17 38 | 25 02 | 03 20 | 04 31 | 17 52 | 07 17 |
| 15 | 09 44 | 26 32 | 16 21 | 04 10 | 03 24 | 14 54 | 07 41 | 02 53 | 13 13 | 17 38 | 24 58 | 03 06 | 04 23 | 17 58 | 07 16 |
| 16 | 10 06 | 25 22 | 17 04 | 03 55 | 03 06 | 14 51 | 07 42 | 02 52 | 13 13 | 17 38 | 24 53 | 02 53 | 04 16 | 18 04 | 07 15 |
| 17 | 10 27 | 23 04 | 17 45 | 03 41 | 02 47 | 14 48 | 07 43 | 02 51 | 13 12 | 17 38 | 24 48 | 02 39 | 04 08 | 18 10 | 07 13 |
| 18 | 10 48 | 19 46 | 18 23 | 03 29 | 02 29 | 14 46 | 07 44 | 02 50 | 13 12 | 17 38 | 24 43 | 02 26 | 04 01 | 18 17 | 07 12 |
| 19 | 11 09 | 15 37 | 18 59 | 03 17 | 02 10 | 14 43 | 07 45 | 02 49 | 13 11 | 17 38 | 24 38 | 02 13 | 03 53 | 18 23 | 07 11 |
| 20 | 11 29 | 10 47 | 19 32 | 03 06 | 01 51 | 14 40 | 07 46 | 02 47 | 13 11 | 17 38 | 24 32 | 02 01 | 03 46 | 18 29 | 07 10 |
| 21 | 11 50 | 05 25 | 20 02 | 02 57 | 01 33 | 14 37 | 07 47 | 02 46 | 13 11 | 17 38 | 24 26 | 01 48 | 03 38 | 18 35 | 07 09 |
| 22 | 12 10 | +00 18 | 20 30 | 02 48 | 01 14 | 14 34 | 07 48 | 02 45 | 13 10 | 17 38 | 24 21 | 01 36 | 03 31 | 18 41 | 07 08 |
| 23 | 12 30 | 06 10 | 20 56 | 02 40 | 00 55 | 14 32 | 07 49 | 02 44 | 13 10 | 17 38 | 24 15 | 01 24 | 03 24 | 18 46 | 07 07 |
| 24 | 12 50 | 11 56 | 21 18 | 02 34 | 00 37 | 14 29 | 07 50 | 02 43 | 13 10 | 17 38 | 24 09 | 01 12 | 03 16 | 18 52 | 07 06 |
| 25 | 13 10 | 17 14 | 21 39 | 02 28 | 00 18 | 14 26 | 07 50 | 02 42 | 13 09 | 17 38 | 24 02 | 01 00 | 03 09 | 18 58 | 07 05 |
| 26 | 13 29 | 21 41 | 21 56 | 02 24 | +00 00 | 14 24 | 07 51 | 02 41 | 13 09 | 17 38 | 23 56 | 00 48 | 03 01 | 19 04 | 07 04 |
| 27 | 13 49 | 24 53 | 22 11 | 02 20 | 00 19 | 14 21 | 07 52 | 02 40 | 13 09 | 17 38 | 23 49 | 00 37 | 02 54 | 19 09 | 07 03 |
| 28 | 14 08 | 26 27 | 22 24 | 02 18 | 00 38 | 14 18 | 07 52 | 02 39 | 13 08 | 17 38 | 23 43 | 00 25 | 02 47 | 19 15 | 07 02 |
| 29 | 14 26 | 26 13 | 22 34 | 02 16 | 00 56 | 14 16 | 07 53 | 02 37 | 13 08 | 17 38 | 23 36 | 00 14 | 02 39 | 19 20 | 07 01 |
| 30 | 14 45 | 24 12 | 22 41 | 02 16 | 01 15 | 14 14 | 07 54 | 02 36 | 13 08 | 17 38 | 23 29 | 00 03 | 02 32 | 19 25 | 07 00 |

Lunar Phases -- 2 ◐ 14:35 9 ○ 14:57 17 ◑ 13:37 25 ● 03:24 Sun enters ♉ 4/19 22:46

## 0:00 E.T. Longitudes of Main Planets - May 2009 **May 09**

| D | S.T. | ☉ | ☽ | ☽ 12:00 | ☿ | ♀ | ♂ | ♃ | ♄ | ♅ | ♆ | ♇ | ☊ |
|---|---|---|---|---|---|---|---|---|---|---|---|---|---|
| 1 | 14:36:13 | 10♉45 47 | 29♋26 | 06♌29 | 00♊02 | 02♈18 | 06♈31 | 23♒55 | 15♍08℞ | 25♓11 | 26♒16 | 03♑07℞ | 04♒36 |
| 2 | 14:40:09 | 11 44 02 | 13♌29 | 20 27 | 00 33 | 02 46 | 07 17 | 24 03 | 15 06 | 25 14 | 26 17 | 03 07 | 04 33 |
| 3 | 14:44:06 | 12 42 14 | 27 21 | 04♍12 | 00 58 | 03 14 | 08 03 | 24 10 | 15 05 | 25 16 | 26 17 | 03 06 | 04 30 |
| 4 | 14:48:03 | 13 40 24 | 11♍01 | 17 47 | 01 18 | 03 45 | 08 49 | 24 18 | 15 04 | 25 19 | 26 18 | 03 05 | 04 27 |
| 5 | 14:51:59 | 14 38 32 | 24 30 | 01♎11 | 01 32 | 04 16 | 09 35 | 24 25 | 15 02 | 25 21 | 26 19 | 03 04 | 04 23 |
| 6 | 14:55:56 | 15 36 38 | 07♎49 | 14 23 | 01 41 | 04 50 | 10 22 | 24 32 | 15 01 | 25 24 | 26 20 | 03 03 | 04 20 |
| 7 | 14:59:52 | 16 34 42 | 20 56 | 27 25 | 01 44 | 05 24 | 11 08 | 24 39 | 15 00 | 25 26 | 26 21 | 03 02 | 04 17 |
| 8 | 15:03:49 | 17 32 45 | 03♏51 | 10♏14 | 01 43℞ | 06 00 | 11 54 | 24 46 | 14 59 | 25 29 | 26 21 | 03 01 | 04 14 |
| 9 | 15:07:45 | 18 30 46 | 16 33 | 22 50 | 01 37 | 06 37 | 12 40 | 24 53 | 14 58 | 25 31 | 26 22 | 03 00 | 04 11 |
| 10 | 15:11:42 | 19 28 45 | 29 03 | 05♐13 | 01 25 | 07 15 | 13 25 | 24 59 | 14 57 | 25 33 | 26 23 | 02 59 | 04 08 |
| 11 | 15:15:38 | 20 26 43 | 11♐20 | 17 24 | 01 10 | 07 54 | 14 11 | 25 06 | 14 57 | 25 36 | 26 23 | 02 58 | 04 04 |
| 12 | 15:19:35 | 21 24 39 | 23 26 | 29 25 | 00 50 | 08 34 | 14 57 | 25 12 | 14 56 | 25 38 | 26 24 | 02 57 | 04 01 |
| 13 | 15:23:32 | 22 22 34 | 05♑22 | 11♑18 | 00 27 | 09 16 | 15 43 | 25 18 | 14 56 | 25 40 | 26 24 | 02 56 | 03 58 |
| 14 | 15:27:28 | 23 20 28 | 17 12 | 23 06 | 00♊00 | 09 58 | 16 29 | 25 24 | 14 55 | 25 42 | 26 25 | 02 55 | 03 55 |
| 15 | 15:31:25 | 24 18 20 | 29 00 | 04♒54 | 29 30 | 10 41 | 17 15 | 25 30 | 14 55 | 25 45 | 26 25 | 02 54 | 03 52 |
| 16 | 15:35:21 | 25 16 11 | 10♒50 | 16 47 | 28 59 | 11 26 | 18 00 | 25 35 | 14 55 | 25 47 | 26 26 | 02 53 | 03 49 |
| 17 | 15:39:18 | 26 14 00 | 22 47 | 28 50 | 28 25 | 12 11 | 18 46 | 25 41 | 14 55 | 25 49 | 26 26 | 02 52 | 03 45 |
| 18 | 15:43:14 | 27 11 49 | 04♓57 | 11♓08 | 27 51 | 12 57 | 19 31 | 25 46 | 14 55D | 25 51 | 26 27 | 02 51 | 03 42 |
| 19 | 15:47:11 | 28 09 36 | 17 25 | 23 47 | 27 16 | 13 44 | 20 17 | 25 51 | 14 55 | 25 53 | 26 27 | 02 49 | 03 39 |
| 20 | 15:51:07 | 29 07 22 | 00♈16 | 06♈51 | 26 41 | 14 32 | 21 03 | 25 56 | 14 55 | 25 55 | 26 27 | 02 48 | 03 36 |
| 21 | 15:55:04 | 00♊05 07 | 13 32 | 20 21 | 26 07 | 15 20 | 21 48 | 26 01 | 14 56 | 25 57 | 26 28 | 02 47 | 03 33 |
| 22 | 15:59:01 | 01 02 51 | 27 16 | 04♉18 | 25 34 | 16 09 | 22 33 | 26 05 | 14 56 | 25 59 | 26 28 | 02 46 | 03 29 |
| 23 | 16:02:57 | 02 00 34 | 11♉26 | 18 40 | 25 03 | 16 59 | 23 19 | 26 10 | 14 57 | 26 01 | 26 28 | 02 45 | 03 26 |
| 24 | 16:06:54 | 02 58 16 | 25 58 | 03♊20 | 24 35 | 17 50 | 24 04 | 26 14 | 14 57 | 26 02 | 26 28 | 02 43 | 03 23 |
| 25 | 16:10:50 | 03 55 57 | 10♊45 | 18 12 | 24 09 | 18 41 | 24 49 | 26 18 | 14 58 | 26 04 | 26 28 | 02 42 | 03 20 |
| 26 | 16:14:47 | 04 53 36 | 25 40 | 03♋07 | 23 46 | 19 33 | 25 35 | 26 22 | 14 59 | 26 06 | 26 29 | 02 41 | 03 17 |
| 27 | 16:18:43 | 05 51 14 | 10♋33 | 17 56 | 23 28 | 20 25 | 26 20 | 26 26 | 15 00 | 26 07 | 26 29 | 02 39 | 03 14 |
| 28 | 16:22:40 | 06 48 51 | 25 17 | 02♌34 | 23 12 | 21 18 | 27 05 | 26 29 | 15 01 | 26 09 | 26 29 | 02 38 | 03 10 |
| 29 | 16:26:36 | 07 46 26 | 09♌47 | 16 55 | 23 01 | 22 12 | 27 50 | 26 33 | 15 02 | 26 11 | 26 29℞ | 02 37 | 03 07 |
| 30 | 16:30:33 | 08 44 00 | 23 59 | 00♍59 | 22 55 | 23 06 | 28 35 | 26 36 | 15 03 | 26 12 | 26 29 | 02 35 | 03 04 |
| 31 | 16:34:30 | 09 41 32 | 07♍53 | 14 43 | 22 52 | 24 01 | 29 20 | 26 39 | 15 05 | 26 14 | 26 29 | 02 34 | 03 01 |

## 0:00 E.T. Longitudes of the Major Asteroids and Chiron

| D | ⚳ | ⚴ | ⚵ | ⚶ | ⚷ |
|---|---|---|---|---|---|
| 1 | 01♍32 | 12♋25 | 10♓10 | 08♊39 | 25♒47 |
| 2 | 01 40 | 12 55 | 10 32 | 09 04 | 25 49 |
| 3 | 01 47 | 13 26 | 10 55 | 09 30 | 25 50 |
| 4 | 01 56 | 13 57 | 11 17 | 09 55 | 25 52 |
| 5 | 02 04 | 14 28 | 11 39 | 10 20 | 25 54 |
| 6 | 02 13 | 14 59 | 12 01 | 10 45 | 25 55 |
| 7 | 02 22 | 15 29 | 12 24 | 11 11 | 25 57 |
| 8 | 02 31 | 16 00 | 12 46 | 11 36 | 25 58 |
| 9 | 02 41 | 16 31 | 13 08 | 12 01 | 25 59 |
| 10 | 02 51 | 17 02 | 13 29 | 12 27 | 26 01 |
| 11 | 03 02 | 17 33 | 13 51 | 12 52 | 26 02 |
| 12 | 03 12 | 18 04 | 14 13 | 13 18 | 26 03 |
| 13 | 03 23 | 18 35 | 14 34 | 13 43 | 26 04 |
| 14 | 03 35 | 19 06 | 14 56 | 14 09 | 26 05 |
| 15 | 03 46 | 19 37 | 15 17 | 14 34 | 26 06 |
| 16 | 03 58 | 20 08 | 15 39 | 15 00 | 26 07 |
| 17 | 04 11 | 20 39 | 16 00 | 15 26 | 26 08 |
| 18 | 04 23 | 21 10 | 16 21 | 15 51 | 26 09 |
| 19 | 04 36 | 21 41 | 16 42 | 16 17 | 26 10 |
| 20 | 04 49 | 22 12 | 17 03 | 16 42 | 26 10 |
| 21 | 05 02 | 22 43 | 17 24 | 17 08 | 26 11 |
| 22 | 05 16 | 23 14 | 17 44 | 17 34 | 26 12 |
| 23 | 05 29 | 23 45 | 18 05 | 18 00 | 26 12 |
| 24 | 05 43 | 24 16 | 18 25 | 18 25 | 26 13 |
| 25 | 05 58 | 24 47 | 18 46 | 18 51 | 26 13 |
| 26 | 06 12 | 25 18 | 19 06 | 19 17 | 26 13 |
| 27 | 06 27 | 25 49 | 19 26 | 19 43 | 26 13 |
| 28 | 06 42 | 26 20 | 19 46 | 20 09 | 26 14 |
| 29 | 06 57 | 26 51 | 20 06 | 20 35 | 26 14 |
| 30 | 07 13 | 27 22 | 20 26 | 21 00 | 26 14 |
| 31 | 07 29 | 27 53 | 20 45 | 21 26 | 26 14℞ |

## Lunar Data

| Last Asp. | | Ingress | | |
|---|---|---|---|---|
| 30 | 16:46 | 1 | ♌ | 00:57 |
| 2 | 22:09 | 3 | ♍ | 04:38 |
| 5 | 01:32 | 5 | ♎ | 09:52 |
| 7 | 10:02 | 7 | ♏ | 16:49 |
| 9 | 18:50 | 10 | ♐ | 01:50 |
| 12 | 05:56 | 12 | ♑ | 13:10 |
| 15 | 00:60 | 15 | ♒ | 02:02 |
| 17 | 10:41 | 17 | ♓ | 14:18 |
| 19 | 21:44 | 19 | ♈ | 23:31 |
| 21 | 22:37 | 22 | ♉ | 04:41 |
| 24 | 00:49 | 24 | ♊ | 06:35 |
| 26 | 01:19 | 26 | ♋ | 06:59 |
| 28 | 03:07 | 28 | ♌ | 07:46 |
| 30 | 08:20 | 30 | ♍ | 10:19 |

## 0:00 E.T. Declinations

| D | ☉ | ☽ | ☿ | ♀ | ♂ | ♃ | ♄ | ♅ | ♆ | ♇ | ⚳ | ⚴ | ⚵ | ⚶ | ⚷ |
|---|---|---|---|---|---|---|---|---|---|---|---|---|---|---|---|
| 1 | +15 03 | +20 40 | +22 46 | +02 16 | +01 33 | -14 11 | +07 54 | -02 35 | -13 07 | -17 37 | +23 22 | +00 07 | -02 24 | +19 31 | -06 59 |
| 2 | 15 21 | 15 59 | 22 49 | 02 17 | 01 52 | 14 09 | 07 55 | 02 34 | 13 07 | 17 37 | 23 15 | 00 18 | 02 17 | 19 36 | 06 58 |
| 3 | 15 39 | 10 31 | 22 49 | 02 19 | 02 10 | 14 07 | 07 55 | 02 33 | 13 07 | 17 37 | 23 08 | 00 28 | 02 10 | 19 41 | 06 57 |
| 4 | 15 57 | 04 38 | 22 47 | 02 21 | 02 28 | 14 04 | 07 55 | 02 32 | 13 06 | 17 37 | 23 00 | 00 39 | 02 02 | 19 46 | 06 56 |
| 5 | 16 14 | -01 23 | 22 42 | 02 25 | 02 47 | 14 02 | 07 56 | 02 31 | 13 06 | 17 37 | 22 53 | 00 49 | 01 55 | 19 51 | 06 56 |
| 6 | 16 31 | 07 15 | 22 36 | 02 29 | 03 05 | 14 00 | 07 56 | 02 30 | 13 06 | 17 37 | 22 45 | 00 58 | 01 48 | 19 56 | 06 55 |
| 7 | 16 48 | 12 42 | 22 27 | 02 34 | 03 23 | 13 58 | 07 56 | 02 30 | 13 06 | 17 37 | 22 37 | 01 08 | 01 41 | 20 01 | 06 54 |
| 8 | 17 04 | 17 31 | 22 15 | 02 40 | 03 41 | 13 56 | 07 57 | 02 29 | 13 06 | 17 37 | 22 29 | 01 18 | 01 33 | 20 06 | 06 53 |
| 9 | 17 20 | 21 28 | 22 02 | 02 47 | 04 00 | 13 54 | 07 57 | 02 28 | 13 05 | 17 37 | 22 22 | 01 27 | 01 26 | 20 10 | 06 52 |
| 10 | 17 36 | 24 21 | 21 47 | 02 54 | 04 18 | 13 52 | 07 57 | 02 27 | 13 05 | 17 37 | 22 13 | 01 36 | 01 19 | 20 15 | 06 52 |
| 11 | 17 52 | 26 03 | 21 30 | 03 02 | 04 36 | 13 50 | 07 57 | 02 26 | 13 05 | 17 37 | 22 05 | 01 45 | 01 12 | 20 20 | 06 51 |
| 12 | 18 07 | 26 29 | 21 11 | 03 11 | 04 54 | 13 48 | 07 57 | 02 25 | 13 05 | 17 37 | 21 57 | 01 54 | 01 05 | 20 24 | 06 50 |
| 13 | 18 22 | 25 39 | 20 51 | 03 20 | 05 12 | 13 46 | 07 57 | 02 24 | 13 05 | 17 37 | 21 49 | 02 02 | 00 58 | 20 29 | 06 49 |
| 14 | 18 37 | 23 40 | 20 29 | 03 29 | 05 29 | 13 44 | 07 57 | 02 23 | 13 04 | 17 37 | 21 40 | 02 11 | 00 51 | 20 33 | 06 49 |
| 15 | 18 51 | 20 40 | 20 06 | 03 40 | 05 47 | 13 43 | 07 57 | 02 22 | 13 04 | 17 37 | 21 32 | 02 19 | 00 44 | 20 37 | 06 48 |
| 16 | 19 05 | 16 49 | 19 43 | 03 51 | 06 05 | 13 41 | 07 57 | 02 22 | 13 04 | 17 37 | 21 23 | 02 27 | 00 37 | 20 41 | 06 47 |
| 17 | 19 19 | 12 15 | 19 18 | 04 02 | 06 23 | 13 39 | 07 57 | 02 21 | 13 04 | 17 37 | 21 15 | 02 35 | 00 30 | 20 45 | 06 47 |
| 18 | 19 32 | 07 09 | 18 53 | 04 14 | 06 40 | 13 38 | 07 57 | 02 20 | 13 04 | 17 37 | 21 06 | 02 43 | 00 23 | 20 49 | 06 46 |
| 19 | 19 45 | 01 40 | 18 28 | 04 26 | 06 58 | 13 36 | 07 56 | 02 19 | 13 04 | 17 37 | 20 57 | 02 50 | 00 16 | 20 53 | 06 45 |
| 20 | 19 58 | +04 03 | 18 04 | 04 39 | 07 15 | 13 35 | 07 56 | 02 19 | 13 04 | 17 37 | 20 48 | 02 58 | 00 09 | 20 57 | 06 45 |
| 21 | 20 10 | 09 46 | 17 40 | 04 52 | 07 32 | 13 33 | 07 56 | 02 18 | 13 04 | 17 37 | 20 39 | 03 05 | 00 03 | 21 01 | 06 44 |
| 22 | 20 22 | 15 13 | 17 16 | 05 06 | 07 50 | 13 32 | 07 56 | 02 17 | 13 04 | 17 37 | 20 30 | 03 12 | +00 04 | 21 05 | 06 44 |
| 23 | 20 34 | 20 01 | 16 54 | 05 20 | 08 07 | 13 31 | 07 55 | 02 16 | 13 04 | 17 37 | 20 21 | 03 19 | 00 11 | 21 08 | 06 43 |
| 24 | 20 45 | 23 45 | 16 33 | 05 34 | 08 24 | 13 30 | 07 55 | 02 16 | 13 04 | 17 37 | 20 12 | 03 26 | 00 17 | 21 12 | 06 43 |
| 25 | 20 56 | 25 59 | 16 13 | 05 49 | 08 41 | 13 28 | 07 54 | 02 15 | 13 03 | 17 37 | 20 02 | 03 32 | 00 24 | 21 15 | 06 42 |
| 26 | 21 07 | 26 22 | 15 56 | 06 04 | 08 58 | 13 27 | 07 54 | 02 14 | 13 03 | 17 38 | 19 53 | 03 38 | 00 31 | 21 18 | 06 42 |
| 27 | 21 17 | 24 52 | 15 40 | 06 20 | 09 14 | 13 26 | 07 53 | 02 14 | 13 03 | 17 38 | 19 44 | 03 45 | 00 37 | 21 22 | 06 41 |
| 28 | 21 27 | 21 38 | 15 26 | 06 35 | 09 31 | 13 25 | 07 53 | 02 13 | 13 03 | 17 38 | 19 34 | 03 51 | 00 43 | 21 25 | 06 41 |
| 29 | 21 36 | 17 06 | 15 14 | 06 51 | 09 47 | 13 24 | 07 52 | 02 12 | 13 03 | 17 38 | 19 24 | 03 56 | 00 50 | 21 28 | 06 41 |
| 30 | 21 45 | 11 41 | 15 04 | 07 08 | 10 04 | 13 24 | 07 51 | 02 12 | 13 04 | 17 38 | 19 15 | 04 02 | 00 56 | 21 31 | 06 40 |
| 31 | 21 54 | 05 47 | 14 57 | 07 24 | 10 20 | 13 23 | 07 51 | 02 11 | 13 04 | 17 38 | 19 05 | 04 08 | 01 02 | 21 34 | 06 40 |

Lunar Phases -- 1 ◐ 20:45 9 ○ 04:03 17 ◑ 07:27 24 ● 12:12 31 ◐ 03:23 Sun enters ♊ 5/20 21:52

## June 09 — Longitudes of Main Planets - June 2009 — 0:00 E.T.

| D | S.T. | ☉ | ☽ | ☽ 12:00 | ☿ | ♀ | ♂ | ♃ | ♄ | ♅ | ♆ | ♇ | ☊ |
|---|---|---|---|---|---|---|---|---|---|---|---|---|---|
| 1 | 16:38:26 | 10♊39 03 | 21♍29 | 28♍10 | 22♉54 | 24♈56 | 00♉05 | 26♒41 | 15♍06 | 26♓15 | 26♒29℞ | 02♑33℞ | 02♒58 |
| 2 | 16:42:23 | 11 36 32 | 04♎48 | 11♎21 | 23 01 | 25 51 | 00 50 | 26 44 | 15 08 | 26 17 | 26 28 | 02 31 | 02 55 |
| 3 | 16:46:19 | 12 34 01 | 17 51 | 24 17 | 23 11 | 26 47 | 01 35 | 26 47 | 15 10 | 26 18 | 26 28 | 02 30 | 02 51 |
| 4 | 16:50:16 | 13 31 28 | 00♏40 | 07♏00 | 23 27 | 27 44 | 02 19 | 26 49 | 15 11 | 26 19 | 26 28 | 02 28 | 02 48 |
| 5 | 16:54:12 | 14 28 54 | 13 16 | 19 30 | 23 47 | 28 41 | 03 04 | 26 51 | 15 13 | 26 21 | 26 28 | 02 27 | 02 45 |
| 6 | 16:58:09 | 15 26 18 | 25 41 | 01♐50 | 24 11 | 29 38 | 03 49 | 26 53 | 15 15 | 26 22 | 26 28 | 02 25 | 02 42 |
| 7 | 17:02:05 | 16 23 42 | 07♐56 | 14 00 | 24 39 | 00♉36 | 04 33 | 26 54 | 15 17 | 26 23 | 26 27 | 02 24 | 02 39 |
| 8 | 17:06:02 | 17 21 05 | 20 01 | 26 01 | 25 12 | 01 34 | 05 18 | 26 56 | 15 20 | 26 24 | 26 27 | 02 22 | 02 35 |
| 9 | 17:09:59 | 18 18 28 | 01♑59 | 07♑55 | 25 49 | 02 33 | 06 02 | 26 57 | 15 22 | 26 25 | 26 27 | 02 21 | 02 32 |
| 10 | 17:13:55 | 19 15 49 | 13 50 | 19 44 | 26 30 | 03 31 | 06 47 | 26 58 | 15 24 | 26 26 | 26 26 | 02 19 | 02 29 |
| 11 | 17:17:52 | 20 13 10 | 25 38 | 01♒32 | 27 15 | 04 31 | 07 31 | 26 59 | 15 27 | 26 27 | 26 26 | 02 18 | 02 26 |
| 12 | 17:21:48 | 21 10 30 | 07♒25 | 13 20 | 28 04 | 05 30 | 08 15 | 27 00 | 15 29 | 26 28 | 26 26 | 02 16 | 02 23 |
| 13 | 17:25:45 | 22 07 50 | 19 16 | 25 14 | 28 57 | 06 30 | 09 00 | 27 01 | 15 32 | 26 29 | 26 25 | 02 15 | 02 20 |
| 14 | 17:29:41 | 23 05 09 | 01♓14 | 07♓17 | 29 53 | 07 31 | 09 44 | 27 01 | 15 35 | 26 30 | 26 25 | 02 13 | 02 16 |
| 15 | 17:33:38 | 24 02 27 | 13 24 | 19 35 | 00♊53 | 08 31 | 10 28 | 27 01 | 15 37 | 26 31 | 26 24 | 02 12 | 02 13 |
| 16 | 17:37:34 | 24 59 45 | 25 50 | 02♈12 | 01 57 | 09 32 | 11 12 | 27 01℞ | 15 40 | 26 32 | 26 24 | 02 10 | 02 10 |
| 17 | 17:41:31 | 25 57 03 | 08♈39 | 15 12 | 03 04 | 10 34 | 11 56 | 27 01 | 15 43 | 26 32 | 26 23 | 02 09 | 02 07 |
| 18 | 17:45:28 | 26 54 21 | 21 52 | 28 39 | 04 15 | 11 35 | 12 40 | 27 00 | 15 47 | 26 33 | 26 22 | 02 07 | 02 04 |
| 19 | 17:49:24 | 27 51 38 | 05♉33 | 12♉34 | 05 29 | 12 37 | 13 24 | 27 00 | 15 50 | 26 34 | 26 22 | 02 06 | 02 01 |
| 20 | 17:53:21 | 28 48 56 | 19 42 | 26 57 | 06 47 | 13 39 | 14 08 | 26 59 | 15 53 | 26 34 | 26 21 | 02 04 | 01 57 |
| 21 | 17:57:17 | 29 46 13 | 04♊17 | 11♊42 | 08 07 | 14 41 | 14 52 | 26 58 | 15 56 | 26 35 | 26 20 | 02 03 | 01 54 |
| 22 | 18:01:14 | 00♋43 29 | 19 11 | 26 43 | 09 32 | 15 44 | 15 35 | 26 57 | 16 00 | 26 35 | 26 20 | 02 01 | 01 51 |
| 23 | 18:05:10 | 01 40 46 | 04♋17 | 11♋51 | 10 59 | 16 47 | 16 19 | 26 55 | 16 04 | 26 36 | 26 19 | 02 00 | 01 48 |
| 24 | 18:09:07 | 02 38 02 | 19 25 | 26 58 | 12 30 | 17 50 | 17 03 | 26 54 | 16 07 | 26 36 | 26 18 | 01 58 | 01 45 |
| 25 | 18:13:03 | 03 35 17 | 04♌27 | 11♌53 | 14 04 | 18 53 | 17 46 | 26 52 | 16 11 | 26 36 | 26 17 | 01 56 | 01 41 |
| 26 | 18:17:00 | 04 32 32 | 19 15 | 26 31 | 15 41 | 19 57 | 18 29 | 26 50 | 16 15 | 26 37 | 26 17 | 01 55 | 01 38 |
| 27 | 18:20:57 | 05 29 46 | 03♍42 | 10♍47 | 17 21 | 21 00 | 19 13 | 26 48 | 16 19 | 26 37 | 26 16 | 01 53 | 01 35 |
| 28 | 18:24:53 | 06 27 00 | 17 46 | 24 40 | 19 04 | 22 04 | 19 56 | 26 46 | 16 23 | 26 37 | 26 15 | 01 52 | 01 32 |
| 29 | 18:28:50 | 07 24 13 | 01♎27 | 08♎09 | 20 51 | 23 08 | 20 39 | 26 43 | 16 27 | 26 37 | 26 14 | 01 50 | 01 29 |
| 30 | 18:32:46 | 08 21 26 | 14 45 | 21 16 | 22 40 | 24 13 | 21 22 | 26 40 | 16 31 | 26 37 | 26 13 | 01 49 | 01 26 |

## 0:00 E.T. — Longitudes of the Major Asteroids and Chiron

| D | ⚳ | ⚴ | ⚵ | ⚶ | ⚷ | D | ⚳ | ⚴ | ⚵ | ⚶ | ⚷ |
|---|---|---|---|---|---|---|---|---|---|---|---|
| 1 | 07♍45 | 28♋24 | 21♓05 | 21♊52 | 26♒14℞ | 16 | 12 08 | 06 07 | 25 39 | 28 22 | 26 06 |
| 2 | 08 01 | 28 55 | 21 24 | 22 18 | 26 14 | 17 | 12 27 | 06 38 | 25 56 | 28 48 | 26 04 |
| 3 | 08 17 | 29 26 | 21 43 | 22 44 | 26 13 | 18 | 12 46 | 07 09 | 26 13 | 29 14 | 26 03 |
| 4 | 08 34 | 29 57 | 22 02 | 23 10 | 26 13 | 19 | 13 05 | 07 40 | 26 29 | 29 40 | 26 02 |
| 5 | 08 51 | 00♌28 | 22 21 | 23 36 | 26 13 | 20 | 13 25 | 08 11 | 26 46 | 00♋06 | 26 01 |
| 6 | 09 08 | 00 59 | 22 40 | 24 02 | 26 13 | 21 | 13 44 | 08 41 | 27 02 | 00 32 | 26 00 |
| 7 | 09 25 | 01 30 | 22 59 | 24 28 | 26 12 | 22 | 14 04 | 09 12 | 27 18 | 00 58 | 25 58 |
| 8 | 09 42 | 02 01 | 23 17 | 24 54 | 26 12 | 23 | 14 24 | 09 43 | 27 34 | 01 25 | 25 57 |
| 9 | 10 00 | 02 32 | 23 35 | 25 20 | 26 11 | 24 | 14 44 | 10 13 | 27 49 | 01 51 | 25 56 |
| 10 | 10 18 | 03 02 | 23 53 | 25 46 | 26 10 | 25 | 15 04 | 10 44 | 28 05 | 02 17 | 25 54 |
| 11 | 10 35 | 03 33 | 24 11 | 26 12 | 26 10 | 26 | 15 25 | 11 15 | 28 20 | 02 43 | 25 53 |
| 12 | 10 54 | 04 04 | 24 29 | 26 38 | 26 09 | 27 | 15 45 | 11 45 | 28 35 | 03 09 | 25 51 |
| 13 | 11 12 | 04 35 | 24 47 | 27 04 | 26 08 | 28 | 16 06 | 12 16 | 28 49 | 03 35 | 25 49 |
| 14 | 11 30 | 05 06 | 25 04 | 27 30 | 26 07 | 29 | 16 27 | 12 47 | 29 04 | 04 01 | 25 48 |
| 15 | 11 49 | 05 37 | 25 22 | 27 56 | 26 06 | 30 | 16 47 | 13 17 | 29 18 | 04 27 | 25 46 |

## Lunar Data

| Last Asp. | | Ingress | | |
|---|---|---|---|---|
| 1 | 08:34 | 1 | ♎ | 15:18 |
| 3 | 18:02 | 3 | ♏ | 22:45 |
| 6 | 02:19 | 6 | ♐ | 08:25 |
| 8 | 13:52 | 8 | ♑ | 20:01 |
| 11 | 03:32 | 11 | ♒ | 08:53 |
| 13 | 21:05 | 13 | ♓ | 21:33 |
| 16 | 01:18 | 16 | ♈ | 07:52 |
| 18 | 09:36 | 18 | ♉ | 14:21 |
| 20 | 12:03 | 20 | ♊ | 17:01 |
| 22 | 12:21 | 22 | ♋ | 17:13 |
| 24 | 11:26 | 24 | ♌ | 16:51 |
| 26 | 12:30 | 26 | ♍ | 17:48 |
| 28 | 15:27 | 28 | ♎ | 21:26 |

## 0:00 E.T. — Declinations

| D | ☉ | ☽ | ☿ | ♀ | ♂ | ♃ | ♄ | ♅ | ♆ | ♇ | ⚳ | ⚴ | ⚵ | ⚶ | ⚷ |
|---|---|---|---|---|---|---|---|---|---|---|---|---|---|---|---|
| 1 | +22 03 | -00 14 | +14 52 | +07 41 | +10 36 | -13 22 | +07 50 | -02 11 | -13 04 | -17 38 | +18 55 | +04 13 | +01 08 | +21 37 | -06 40 |
| 2 | 22 11 | 06 07 | 14 49 | 07 58 | 10 52 | 13 21 | 07 49 | 02 10 | 13 04 | 17 38 | 18 46 | 04 18 | 01 14 | 21 40 | 06 39 |
| 3 | 22 18 | 11 36 | 14 48 | 08 15 | 11 08 | 13 21 | 07 48 | 02 10 | 13 04 | 17 38 | 18 36 | 04 23 | 01 20 | 21 42 | 06 39 |
| 4 | 22 25 | 16 30 | 14 49 | 08 32 | 11 24 | 13 20 | 07 47 | 02 09 | 13 04 | 17 38 | 18 26 | 04 28 | 01 26 | 21 45 | 06 39 |
| 5 | 22 32 | 20 36 | 14 53 | 08 50 | 11 40 | 13 20 | 07 47 | 02 09 | 13 04 | 17 38 | 18 16 | 04 32 | 01 32 | 21 47 | 06 39 |
| 6 | 22 39 | 23 43 | 14 58 | 09 07 | 11 56 | 13 20 | 07 46 | 02 08 | 13 04 | 17 38 | 18 06 | 04 37 | 01 38 | 21 50 | 06 38 |
| 7 | 22 45 | 25 41 | 15 06 | 09 25 | 12 11 | 13 19 | 07 45 | 02 08 | 13 04 | 17 38 | 17 56 | 04 41 | 01 44 | 21 52 | 06 38 |
| 8 | 22 50 | 26 26 | 15 15 | 09 43 | 12 26 | 13 19 | 07 44 | 02 07 | 13 04 | 17 38 | 17 45 | 04 45 | 01 49 | 21 54 | 06 38 |
| 9 | 22 55 | 25 55 | 15 26 | 10 01 | 12 42 | 13 19 | 07 43 | 02 07 | 13 04 | 17 38 | 17 35 | 04 50 | 01 55 | 21 57 | 06 38 |
| 10 | 23 00 | 24 13 | 15 38 | 10 19 | 12 57 | 13 19 | 07 42 | 02 07 | 13 05 | 17 38 | 17 25 | 04 53 | 02 00 | 21 59 | 06 38 |
| 11 | 23 05 | 21 28 | 15 52 | 10 37 | 13 12 | 13 19 | 07 40 | 02 06 | 13 05 | 17 39 | 17 15 | 04 57 | 02 06 | 22 01 | 06 38 |
| 12 | 23 09 | 17 50 | 16 08 | 10 55 | 13 26 | 13 19 | 07 39 | 02 06 | 13 05 | 17 39 | 17 04 | 05 01 | 02 11 | 22 03 | 06 37 |
| 13 | 23 12 | 13 28 | 16 25 | 11 13 | 13 41 | 13 19 | 07 38 | 02 06 | 13 05 | 17 39 | 16 54 | 05 04 | 02 16 | 22 04 | 06 37 |
| 14 | 23 16 | 08 34 | 16 43 | 11 31 | 13 55 | 13 19 | 07 37 | 02 05 | 13 05 | 17 39 | 16 43 | 05 07 | 02 21 | 22 06 | 06 37 |
| 15 | 23 18 | 03 16 | 17 02 | 11 49 | 14 10 | 13 19 | 07 36 | 02 05 | 13 05 | 17 39 | 16 33 | 05 10 | 02 26 | 22 08 | 06 37 |
| 16 | 23 21 | +02 16 | 17 22 | 12 07 | 14 24 | 13 19 | 07 34 | 02 05 | 13 06 | 17 39 | 16 22 | 05 13 | 02 31 | 22 09 | 06 37 |
| 17 | 23 23 | 07 52 | 17 43 | 12 25 | 14 38 | 13 19 | 07 33 | 02 05 | 13 06 | 17 39 | 16 12 | 05 16 | 02 36 | 22 11 | 06 37 |
| 18 | 23 24 | 13 17 | 18 04 | 12 43 | 14 52 | 13 20 | 07 32 | 02 04 | 13 06 | 17 39 | 16 01 | 05 19 | 02 41 | 22 12 | 06 37 |
| 19 | 23 25 | 18 16 | 18 27 | 13 01 | 15 06 | 13 20 | 07 30 | 02 04 | 13 06 | 17 39 | 15 50 | 05 21 | 02 46 | 22 14 | 06 38 |
| 20 | 23 26 | 22 24 | 18 49 | 13 19 | 15 19 | 13 21 | 07 29 | 02 04 | 13 07 | 17 39 | 15 40 | 05 24 | 02 50 | 22 15 | 06 38 |
| 21 | 23 26 | 25 16 | 19 12 | 13 37 | 15 33 | 13 21 | 07 27 | 02 04 | 13 07 | 17 40 | 15 29 | 05 26 | 02 55 | 22 16 | 06 38 |
| 22 | 23 26 | 26 26 | 19 35 | 13 55 | 15 46 | 13 22 | 07 26 | 02 04 | 13 07 | 17 40 | 15 18 | 05 28 | 02 59 | 22 17 | 06 38 |
| 23 | 23 26 | 25 41 | 19 59 | 14 12 | 15 59 | 13 23 | 07 24 | 02 03 | 13 07 | 17 40 | 15 07 | 05 30 | 03 03 | 22 18 | 06 38 |
| 24 | 23 25 | 23 01 | 20 22 | 14 30 | 16 12 | 13 24 | 07 23 | 02 03 | 13 08 | 17 40 | 14 56 | 05 32 | 03 07 | 22 19 | 06 38 |
| 25 | 23 23 | 18 47 | 20 45 | 14 47 | 16 25 | 13 24 | 07 21 | 02 03 | 13 08 | 17 40 | 14 46 | 05 33 | 03 11 | 22 20 | 06 38 |
| 26 | 23 22 | 13 26 | 21 07 | 15 04 | 16 38 | 13 25 | 07 19 | 02 03 | 13 08 | 17 40 | 14 35 | 05 35 | 03 15 | 22 20 | 06 39 |
| 27 | 23 20 | 07 28 | 21 29 | 15 21 | 16 50 | 13 26 | 07 18 | 02 03 | 13 09 | 17 40 | 14 24 | 05 36 | 03 19 | 22 21 | 06 39 |
| 28 | 23 17 | 01 16 | 21 50 | 15 38 | 17 02 | 13 27 | 07 16 | 02 03 | 13 09 | 17 40 | 14 13 | 05 38 | 03 22 | 22 22 | 06 39 |
| 29 | 23 14 | -04 48 | 22 10 | 15 54 | 17 14 | 13 29 | 07 14 | 02 03 | 13 09 | 17 41 | 14 02 | 05 39 | 03 26 | 22 22 | 06 39 |
| 30 | 23 11 | 10 28 | 22 28 | 16 11 | 17 26 | 13 30 | 07 13 | 02 03 | 13 10 | 17 41 | 13 50 | 05 40 | 03 29 | 22 22 | 06 40 |

Lunar Phases -- 7 ○ 18:13 15 ◑ 22:16 22 ● 19:36 29 ◐ 11:30 Sun enters ♋ 6/21 05:47

## Longitudes of Main Planets - July 2009

| D | S.T. | ☉ | ☽ | ☽ 12:00 | ☿ | ♀ | ♂ | ♃ | ♄ | ♅ | ♆ | ♇ | ☊ |
|---|---|---|---|---|---|---|---|---|---|---|---|---|---|
| 1 | 18:36:43 | 09♋18 39 | 27♎42 | 04♏04 | 24♊32 | 25♉17 | 22♉06 | 26♒37℞ | 16♍35 | 26♓37 | 26♒12℞ | 01♑47℞ | 01♒22 |
| 2 | 18:40:39 | 10 15 51 | 10♏21 | 16 35 | 26 26 | 26 22 | 22 49 | 26 34 | 16 39 | 26 37℞ | 26 11 | 01 46 | 01 19 |
| 3 | 18:44:36 | 11 13 02 | 22 46 | 28 53 | 28 24 | 27 27 | 23 32 | 26 31 | 16 44 | 26 37 | 26 10 | 01 44 | 01 16 |
| 4 | 18:48:32 | 12 10 14 | 04♐58 | 11♐00 | 00♋23 | 28 32 | 24 14 | 26 28 | 16 48 | 26 37 | 26 09 | 01 43 | 01 13 |
| 5 | 18:52:29 | 13 07 25 | 17 01 | 22 59 | 02 25 | 29 37 | 24 57 | 26 24 | 16 53 | 26 37 | 26 08 | 01 41 | 01 10 |
| 6 | 18:56:26 | 14 04 36 | 28 56 | 04♑52 | 04 29 | 00♊43 | 25 40 | 26 20 | 16 57 | 26 37 | 26 07 | 01 40 | 01 06 |
| 7 | 19:00:22 | 15 01 48 | 10♑47 | 16 42 | 06 34 | 01 48 | 26 23 | 26 16 | 17 02 | 26 37 | 26 06 | 01 38 | 01 03 |
| 8 | 19:04:19 | 15 58 59 | 22 36 | 28 29 | 08 41 | 02 54 | 27 05 | 26 12 | 17 07 | 26 36 | 26 05 | 01 37 | 01 00 |
| 9 | 19:08:15 | 16 56 10 | 04♒23 | 10♒18 | 10 49 | 04 00 | 27 48 | 26 08 | 17 12 | 26 36 | 26 03 | 01 35 | 00 57 |
| 10 | 19:12:12 | 17 53 22 | 16 13 | 22 10 | 12 58 | 05 06 | 28 30 | 26 04 | 17 17 | 26 36 | 26 02 | 01 34 | 00 54 |
| 11 | 19:16:08 | 18 50 33 | 28 08 | 04♓08 | 15 07 | 06 12 | 29 12 | 25 59 | 17 22 | 26 35 | 26 01 | 01 32 | 00 51 |
| 12 | 19:20:05 | 19 47 45 | 10♓10 | 16 16 | 17 17 | 07 19 | 29 55 | 25 54 | 17 27 | 26 35 | 26 00 | 01 31 | 00 47 |
| 13 | 19:24:01 | 20 44 58 | 22 24 | 28 36 | 19 26 | 08 25 | 00♊37 | 25 49 | 17 32 | 26 34 | 25 59 | 01 29 | 00 44 |
| 14 | 19:27:58 | 21 42 11 | 04♈53 | 11♈14 | 21 35 | 09 32 | 01 19 | 25 44 | 17 37 | 26 33 | 25 57 | 01 28 | 00 41 |
| 15 | 19:31:55 | 22 39 24 | 17 40 | 24 12 | 23 44 | 10 39 | 02 01 | 25 39 | 17 42 | 26 33 | 25 56 | 01 27 | 00 38 |
| 16 | 19:35:51 | 23 36 39 | 00♉50 | 07♉33 | 25 52 | 11 46 | 02 43 | 25 33 | 17 48 | 26 32 | 25 55 | 01 25 | 00 35 |
| 17 | 19:39:48 | 24 33 54 | 14 24 | 21 20 | 27 59 | 12 53 | 03 25 | 25 28 | 17 53 | 26 31 | 25 53 | 01 24 | 00 32 |
| 18 | 19:43:44 | 25 31 09 | 28 24 | 05♊33 | 00♌04 | 14 01 | 04 07 | 25 22 | 17 59 | 26 31 | 25 52 | 01 22 | 00 28 |
| 19 | 19:47:41 | 26 28 26 | 12♊49 | 20 10 | 02 09 | 15 08 | 04 49 | 25 16 | 18 04 | 26 30 | 25 51 | 01 21 | 00 25 |
| 20 | 19:51:37 | 27 25 43 | 27 35 | 05♋05 | 04 12 | 16 16 | 05 31 | 25 10 | 18 10 | 26 29 | 25 49 | 01 20 | 00 22 |
| 21 | 19:55:34 | 28 23 00 | 12♋38 | 20 13 | 06 14 | 17 23 | 06 12 | 25 04 | 18 15 | 26 28 | 25 48 | 01 18 | 00 19 |
| 22 | 19:59:30 | 29 20 19 | 27 48 | 05♌23 | 08 14 | 18 31 | 06 54 | 24 58 | 18 21 | 26 27 | 25 47 | 01 17 | 00 16 |
| 23 | 20:03:27 | 00♌17 37 | 12♌57 | 20 27 | 10 12 | 19 39 | 07 35 | 24 52 | 18 27 | 26 26 | 25 45 | 01 16 | 00 12 |
| 24 | 20:07:24 | 01 14 57 | 27 54 | 05♍17 | 12 09 | 20 47 | 08 16 | 24 45 | 18 33 | 26 25 | 25 44 | 01 14 | 00 09 |
| 25 | 20:11:20 | 02 12 16 | 12♍34 | 19 45 | 14 04 | 21 55 | 08 58 | 24 39 | 18 39 | 26 24 | 25 42 | 01 13 | 00 06 |
| 26 | 20:15:17 | 03 09 36 | 26 49 | 03♎48 | 15 57 | 23 04 | 09 39 | 24 32 | 18 44 | 26 23 | 25 41 | 01 12 | 00 03 |
| 27 | 20:19:13 | 04 06 57 | 10♎39 | 17 24 | 17 49 | 24 12 | 10 20 | 24 25 | 18 50 | 26 22 | 25 39 | 01 11 | 00♒00 |
| 28 | 20:23:10 | 05 04 18 | 24 02 | 00♏34 | 19 39 | 25 21 | 11 01 | 24 18 | 18 57 | 26 21 | 25 38 | 01 09 | 29 57 |
| 29 | 20:27:06 | 06 01 39 | 07♏00 | 13 21 | 21 27 | 26 29 | 11 42 | 24 11 | 19 03 | 26 19 | 25 36 | 01 08 | 29 53 |
| 30 | 20:31:03 | 06 59 01 | 19 37 | 25 49 | 23 14 | 27 38 | 12 23 | 24 04 | 19 09 | 26 18 | 25 35 | 01 07 | 29 50 |
| 31 | 20:34:59 | 07 56 23 | 01♐57 | 08♐01 | 24 59 | 28 47 | 13 04 | 23 57 | 19 15 | 26 17 | 25 33 | 01 06 | 29 47 |

0:00 E.T.

## Longitudes of the Major Asteroids and Chiron

| D | ⚳ | ⚴ | ⚵ | ⚶ | ⚷ |
|---|---|---|---|---|---|
| 1 | 17♍08 | 13♌48 | 29♓32 | 04♋53 | 25♒44℞ |
| 2 | 17 30 | 14 18 | 29 46 | 05 19 | 25 42 |
| 3 | 17 51 | 14 49 | 29 59 | 05 45 | 25 40 |
| 4 | 18 12 | 15 19 | 00♈12 | 06 12 | 25 38 |
| 5 | 18 34 | 15 50 | 00 25 | 06 38 | 25 36 |
| 6 | 18 55 | 16 20 | 00 38 | 07 04 | 25 34 |
| 7 | 19 17 | 16 51 | 00 50 | 07 30 | 25 32 |
| 8 | 19 39 | 17 21 | 01 03 | 07 56 | 25 30 |
| 9 | 20 01 | 17 51 | 01 15 | 08 22 | 25 28 |
| 10 | 20 23 | 18 22 | 01 26 | 08 48 | 25 26 |
| 11 | 20 45 | 18 52 | 01 37 | 09 14 | 25 24 |
| 12 | 21 07 | 19 22 | 01 49 | 09 40 | 25 21 |
| 13 | 21 30 | 19 53 | 01 59 | 10 06 | 25 19 |
| 14 | 21 52 | 20 23 | 02 10 | 10 32 | 25 17 |
| 15 | 22 15 | 20 53 | 02 20 | 10 58 | 25 14 |
| 16 | 22 37 | 21 23 | 02 30 | 11 24 | 25 12 |
| 17 | 23 00 | 21 53 | 02 39 | 11 50 | 25 09 |
| 18 | 23 23 | 22 24 | 02 48 | 12 16 | 25 07 |
| 19 | 23 46 | 22 54 | 02 57 | 12 42 | 25 04 |
| 20 | 24 09 | 23 24 | 03 06 | 13 08 | 25 01 |
| 21 | 24 32 | 23 54 | 03 14 | 13 34 | 24 59 |
| 22 | 24 55 | 24 24 | 03 21 | 14 00 | 24 56 |
| 23 | 25 19 | 24 54 | 03 29 | 14 26 | 24 53 |
| 24 | 25 42 | 25 24 | 03 36 | 14 52 | 24 51 |
| 25 | 26 06 | 25 54 | 03 43 | 15 18 | 24 48 |
| 26 | 26 29 | 26 24 | 03 49 | 15 44 | 24 45 |
| 27 | 26 53 | 26 54 | 03 55 | 16 10 | 24 42 |
| 28 | 27 16 | 27 24 | 04 00 | 16 36 | 24 40 |
| 29 | 27 40 | 27 54 | 04 06 | 17 02 | 24 37 |
| 30 | 28 04 | 28 24 | 04 11 | 17 27 | 24 34 |
| 31 | 28 28 | 28 54 | 04 15 | 17 53 | 24 31 |

## Lunar Data

| Last Asp. | | Ingress | | |
|---|---|---|---|---|
| 30 | 21:60 | 1 | ♏ | 04:20 |
| 3 | 10:04 | 3 | ♐ | 14:12 |
| 5 | 19:18 | 6 | ♑ | 02:09 |
| 8 | 09:44 | 8 | ♒ | 15:04 |
| 11 | 02:18 | 11 | ♓ | 03:45 |
| 13 | 08:04 | 13 | ♈ | 14:41 |
| 15 | 15:08 | 15 | ♉ | 22:31 |
| 17 | 20:49 | 18 | ♊ | 02:42 |
| 19 | 22:13 | 20 | ♋ | 03:52 |
| 22 | 02:36 | 22 | ♌ | 03:29 |
| 23 | 20:29 | 24 | ♍ | 03:24 |
| 25 | 23:15 | 26 | ♎ | 05:27 |
| 28 | 02:55 | 28 | ♏ | 10:57 |
| 30 | 12:56 | 30 | ♐ | 20:11 |

0:00 E.T.

## Declinations

| D | ☉ | ☽ | ☿ | ♀ | ♂ | ♃ | ♄ | ♅ | ♆ | ♇ | ⚳ | ⚴ | ⚵ | ⚶ | ⚷ |
|---|---|---|---|---|---|---|---|---|---|---|---|---|---|---|---|
| 1 | +23 07 | -15 33 | +22 46 | +16 27 | +17 38 | -13 31 | +07 11 | -02 03 | -13 10 | -17 41 | +13 39 | +05 41 | +03 32 | +22 23 | -06 40 |
| 2 | 23 03 | 19 50 | 23 01 | 16 43 | 17 50 | 13 32 | 07 09 | 02 03 | 13 10 | 17 41 | 13 28 | 05 41 | 03 35 | 22 23 | 06 40 |
| 3 | 22 58 | 23 09 | 23 15 | 16 58 | 18 01 | 13 34 | 07 07 | 02 03 | 13 11 | 17 41 | 13 17 | 05 42 | 03 38 | 22 23 | 06 41 |
| 4 | 22 53 | 25 23 | 23 27 | 17 14 | 18 12 | 13 35 | 07 05 | 02 03 | 13 11 | 17 41 | 13 06 | 05 42 | 03 41 | 22 23 | 06 41 |
| 5 | 22 48 | 26 24 | 23 37 | 17 29 | 18 23 | 13 36 | 07 03 | 02 03 | 13 11 | 17 42 | 12 54 | 05 43 | 03 43 | 22 23 | 06 42 |
| 6 | 22 42 | 26 10 | 23 45 | 17 44 | 18 34 | 13 38 | 07 01 | 02 03 | 13 12 | 17 42 | 12 43 | 05 43 | 03 46 | 22 23 | 06 42 |
| 7 | 22 36 | 24 45 | 23 50 | 17 58 | 18 45 | 13 40 | 07 00 | 02 04 | 13 12 | 17 42 | 12 32 | 05 43 | 03 48 | 22 23 | 06 42 |
| 8 | 22 29 | 22 14 | 23 52 | 18 12 | 18 55 | 13 41 | 06 58 | 02 04 | 13 13 | 17 42 | 12 21 | 05 43 | 03 50 | 22 22 | 06 43 |
| 9 | 22 22 | 18 47 | 23 52 | 18 26 | 19 06 | 13 43 | 06 56 | 02 04 | 13 13 | 17 42 | 12 09 | 05 43 | 03 52 | 22 22 | 06 43 |
| 10 | 22 15 | 14 35 | 23 49 | 18 40 | 19 16 | 13 45 | 06 53 | 02 04 | 13 13 | 17 42 | 11 58 | 05 43 | 03 54 | 22 21 | 06 44 |
| 11 | 22 07 | 09 48 | 23 44 | 18 53 | 19 26 | 13 46 | 06 51 | 02 04 | 13 14 | 17 43 | 11 46 | 05 42 | 03 55 | 22 21 | 06 44 |
| 12 | 21 59 | 04 36 | 23 35 | 19 06 | 19 36 | 13 48 | 06 49 | 02 04 | 13 14 | 17 43 | 11 35 | 05 42 | 03 57 | 22 20 | 06 45 |
| 13 | 21 50 | +00 50 | 23 24 | 19 18 | 19 45 | 13 50 | 06 47 | 02 05 | 13 15 | 17 43 | 11 24 | 05 41 | 03 58 | 22 19 | 06 46 |
| 14 | 21 41 | 06 20 | 23 10 | 19 30 | 19 55 | 13 52 | 06 45 | 02 05 | 13 15 | 17 43 | 11 12 | 05 41 | 03 59 | 22 19 | 06 46 |
| 15 | 21 32 | 11 42 | 22 54 | 19 42 | 20 04 | 13 54 | 06 43 | 02 05 | 13 16 | 17 43 | 11 01 | 05 40 | 04 00 | 22 18 | 06 47 |
| 16 | 21 23 | 16 43 | 22 35 | 19 53 | 20 13 | 13 56 | 06 41 | 02 06 | 13 16 | 17 43 | 10 49 | 05 39 | 04 01 | 22 17 | 06 47 |
| 17 | 21 13 | 21 03 | 22 14 | 20 04 | 20 21 | 13 58 | 06 38 | 02 06 | 13 16 | 17 44 | 10 38 | 05 38 | 04 02 | 22 16 | 06 48 |
| 18 | 21 02 | 24 21 | 21 50 | 20 14 | 20 30 | 14 00 | 06 36 | 02 06 | 13 17 | 17 44 | 10 26 | 05 37 | 04 02 | 22 15 | 06 49 |
| 19 | 20 52 | 26 12 | 21 25 | 20 24 | 20 38 | 14 03 | 06 34 | 02 07 | 13 17 | 17 44 | 10 14 | 05 36 | 04 02 | 22 13 | 06 49 |
| 20 | 20 40 | 26 17 | 20 57 | 20 33 | 20 47 | 14 05 | 06 32 | 02 07 | 13 18 | 17 44 | 10 03 | 05 34 | 04 02 | 22 12 | 06 50 |
| 21 | 20 29 | 24 26 | 20 28 | 20 42 | 20 55 | 14 07 | 06 29 | 02 07 | 13 18 | 17 44 | 09 51 | 05 33 | 04 02 | 22 11 | 06 51 |
| 22 | 20 17 | 20 49 | 19 57 | 20 51 | 21 02 | 14 09 | 06 27 | 02 08 | 13 19 | 17 45 | 09 40 | 05 31 | 04 01 | 22 09 | 06 51 |
| 23 | 20 05 | 15 49 | 19 25 | 20 59 | 21 10 | 14 12 | 06 25 | 02 08 | 13 19 | 17 45 | 09 28 | 05 30 | 04 01 | 22 08 | 06 52 |
| 24 | 19 53 | 09 53 | 18 51 | 21 07 | 21 18 | 14 14 | 06 22 | 02 09 | 13 20 | 17 45 | 09 16 | 05 28 | 04 00 | 22 06 | 06 53 |
| 25 | 19 40 | 03 33 | 18 16 | 21 14 | 21 25 | 14 16 | 06 20 | 02 09 | 13 20 | 17 45 | 09 05 | 05 26 | 03 59 | 22 04 | 06 54 |
| 26 | 19 27 | -02 48 | 17 40 | 21 20 | 21 32 | 14 19 | 06 17 | 02 09 | 13 21 | 17 45 | 08 53 | 05 24 | 03 58 | 22 03 | 06 55 |
| 27 | 19 14 | 08 48 | 17 03 | 21 26 | 21 39 | 14 21 | 06 15 | 02 10 | 13 21 | 17 46 | 08 41 | 05 22 | 03 56 | 22 01 | 06 55 |
| 28 | 19 00 | 14 13 | 16 25 | 21 32 | 21 45 | 14 24 | 06 13 | 02 10 | 13 22 | 17 46 | 08 30 | 05 20 | 03 54 | 21 59 | 06 56 |
| 29 | 18 46 | 18 49 | 15 47 | 21 37 | 21 52 | 14 26 | 06 10 | 02 11 | 13 22 | 17 46 | 08 18 | 05 18 | 03 53 | 21 57 | 06 57 |
| 30 | 18 32 | 22 27 | 15 08 | 21 41 | 21 58 | 14 29 | 06 08 | 02 12 | 13 23 | 17 46 | 08 06 | 05 16 | 03 50 | 21 55 | 06 58 |
| 31 | 18 17 | 24 58 | 14 28 | 21 45 | 22 04 | 14 31 | 06 05 | 02 12 | 13 24 | 17 47 | 07 54 | 05 13 | 03 48 | 21 53 | 06 59 |

Lunar Phases -- 7 Ⓔ 09:23 15 ◑ 09:54 22 ● 02:36 28 ◐ 22:01 Sun enters ♌ 7/22 16:37

## Aug. 09 — Longitudes of Main Planets - August 2009 — 0:00 E.T.

| D | S.T. | ☉ | ☽ | ☽ 12:00 | ☿ | ♀ | ♂ | ♃ | ♄ | ♅ | ♆ | ♇ | ☊ |
|---|---|---|---|---|---|---|---|---|---|---|---|---|---|
| 1 | 20:38:56 | 08♌53 46 | 14♐02 | 20♐01 | 26♌42 | 29♊56 | 13♊44 | 23♒50℞ | 19♍21 | 26♓15℞ | 25♒32℞ | 01♑05℞ | 29♑44 |
| 2 | 20:42:53 | 09 51 10 | 25 58 | 01♑54 | 28 24 | 01♋05 | 14 25 | 23 42 | 19 28 | 26 14 | 25 30 | 01 04 | 29 41 |
| 3 | 20:46:49 | 10 48 35 | 07♑48 | 13 42 | 00♍04 | 02 14 | 15 05 | 23 35 | 19 34 | 26 13 | 25 29 | 01 02 | 29 38 |
| 4 | 20:50:46 | 11 46 00 | 19 36 | 25 30 | 01 42 | 03 23 | 15 46 | 23 27 | 19 40 | 26 11 | 25 27 | 01 01 | 29 34 |
| 5 | 20:54:42 | 12 43 26 | 01♒24 | 07♒19 | 03 18 | 04 33 | 16 26 | 23 20 | 19 47 | 26 10 | 25 25 | 01 00 | 29 31 |
| 6 | 20:58:39 | 13 40 53 | 13 15 | 19 13 | 04 53 | 05 42 | 17 06 | 23 12 | 19 53 | 26 08 | 25 24 | 00 59 | 29 28 |
| 7 | 21:02:35 | 14 38 20 | 25 12 | 01♓13 | 06 26 | 06 52 | 17 46 | 23 05 | 20 00 | 26 07 | 25 22 | 00 58 | 29 25 |
| 8 | 21:06:32 | 15 35 49 | 07♓16 | 13 21 | 07 58 | 08 01 | 18 26 | 22 57 | 20 06 | 26 05 | 25 21 | 00 57 | 29 22 |
| 9 | 21:10:28 | 16 33 19 | 19 28 | 25 39 | 09 28 | 09 11 | 19 06 | 22 49 | 20 13 | 26 03 | 25 19 | 00 56 | 29 18 |
| 10 | 21:14:25 | 17 30 50 | 01♈52 | 08♈09 | 10 56 | 10 21 | 19 46 | 22 41 | 20 20 | 26 02 | 25 17 | 00 55 | 29 15 |
| 11 | 21:18:22 | 18 28 23 | 14 29 | 20 54 | 12 23 | 11 31 | 20 26 | 22 34 | 20 26 | 26 00 | 25 16 | 00 54 | 29 12 |
| 12 | 21:22:18 | 19 25 57 | 27 22 | 03♉55 | 13 47 | 12 41 | 21 06 | 22 26 | 20 33 | 25 58 | 25 14 | 00 54 | 29 09 |
| 13 | 21:26:15 | 20 23 32 | 10♉32 | 17 14 | 15 11 | 13 51 | 21 45 | 22 18 | 20 40 | 25 56 | 25 12 | 00 53 | 29 06 |
| 14 | 21:30:11 | 21 21 09 | 24 01 | 00♊54 | 16 32 | 15 02 | 22 25 | 22 10 | 20 47 | 25 54 | 25 11 | 00 52 | 29 03 |
| 15 | 21:34:08 | 22 18 47 | 07♊51 | 14 54 | 17 51 | 16 12 | 23 04 | 22 02 | 20 54 | 25 53 | 25 09 | 00 51 | 28 59 |
| 16 | 21:38:04 | 23 16 27 | 22 02 | 29 15 | 19 09 | 17 22 | 23 43 | 21 54 | 21 01 | 25 51 | 25 08 | 00 50 | 28 56 |
| 17 | 21:42:01 | 24 14 09 | 06♋33 | 13♋54 | 20 25 | 18 33 | 24 23 | 21 46 | 21 07 | 25 49 | 25 06 | 00 49 | 28 53 |
| 18 | 21:45:57 | 25 11 52 | 21 19 | 28 47 | 21 39 | 19 44 | 25 02 | 21 39 | 21 14 | 25 47 | 25 04 | 00 49 | 28 50 |
| 19 | 21:49:54 | 26 09 37 | 06♌16 | 13♌46 | 22 50 | 20 54 | 25 41 | 21 31 | 21 21 | 25 45 | 25 03 | 00 48 | 28 47 |
| 20 | 21:53:51 | 27 07 22 | 21 16 | 28 45 | 24 00 | 22 05 | 26 20 | 21 23 | 21 28 | 25 43 | 25 01 | 00 47 | 28 44 |
| 21 | 21:57:47 | 28 05 10 | 06♍11 | 13♍33 | 25 07 | 23 16 | 26 58 | 21 15 | 21 36 | 25 41 | 24 59 | 00 47 | 28 40 |
| 22 | 22:01:44 | 29 02 58 | 20 52 | 28 05 | 26 13 | 24 27 | 27 37 | 21 08 | 21 43 | 25 39 | 24 58 | 00 46 | 28 37 |
| 23 | 22:05:40 | 00♍00 48 | 05♎12 | 12♎13 | 27 15 | 25 38 | 28 16 | 21 00 | 21 50 | 25 37 | 24 56 | 00 45 | 28 34 |
| 24 | 22:09:37 | 00 58 39 | 19 08 | 25 56 | 28 16 | 26 49 | 28 54 | 20 52 | 21 57 | 25 35 | 24 54 | 00 45 | 28 31 |
| 25 | 22:13:33 | 01 56 32 | 02♏37 | 09♏11 | 29 13 | 28 00 | 29 32 | 20 45 | 22 04 | 25 32 | 24 53 | 00 44 | 28 28 |
| 26 | 22:17:30 | 02 54 25 | 15 39 | 22 01 | 00♎08 | 29 12 | 00♋11 | 20 37 | 22 11 | 25 30 | 24 51 | 00 44 | 28 24 |
| 27 | 22:21:26 | 03 52 20 | 28 18 | 04♐29 | 01 00 | 00♌23 | 00 49 | 20 30 | 22 18 | 25 28 | 24 50 | 00 43 | 28 21 |
| 28 | 22:25:23 | 04 50 16 | 10♐37 | 16 40 | 01 49 | 01 35 | 01 27 | 20 22 | 22 26 | 25 26 | 24 48 | 00 43 | 28 18 |
| 29 | 22:29:20 | 05 48 14 | 22 40 | 28 38 | 02 34 | 02 46 | 02 05 | 20 15 | 22 33 | 25 24 | 24 46 | 00 42 | 28 15 |
| 30 | 22:33:16 | 06 46 13 | 04♑34 | 10♑29 | 03 16 | 03 58 | 02 43 | 20 08 | 22 40 | 25 22 | 24 45 | 00 42 | 28 12 |
| 31 | 22:37:13 | 07 44 13 | 16 22 | 22 16 | 03 54 | 05 09 | 03 20 | 20 01 | 22 48 | 25 19 | 24 43 | 00 42 | 28 09 |

## 0:00 E.T. — Longitudes of the Major Asteroids and Chiron

| D | ⚳ | ⚴ | ⚵ | ⚶ | ⚷ |
|---|---|---|---|---|---|
| 1 | 28♍52 | 29♌23 | 04♈19 | 18♋19 | 24♒28℞ |
| 2 | 29 16 | 29 53 | 04 23 | 18 45 | 24 25 |
| 3 | 29 40 | 00♍23 | 04 26 | 19 11 | 24 22 |
| 4 | 00♎04 | 00 53 | 04 29 | 19 36 | 24 19 |
| 5 | 00 29 | 01 22 | 04 31 | 20 02 | 24 16 |
| 6 | 00 53 | 01 52 | 04 33 | 20 28 | 24 13 |
| 7 | 01 18 | 02 22 | 04 35 | 20 53 | 24 10 |
| 8 | 01 42 | 02 51 | 04 36 | 21 19 | 24 07 |
| 9 | 02 06 | 03 21 | 04 37 | 21 45 | 24 04 |
| 10 | 02 31 | 03 51 | 04 37℞ | 22 10 | 24 01 |
| 11 | 02 56 | 04 20 | 04 37 | 22 36 | 23 58 |
| 12 | 03 20 | 04 50 | 04 36 | 23 02 | 23 55 |
| 13 | 03 45 | 05 19 | 04 35 | 23 27 | 23 52 |
| 14 | 04 10 | 05 49 | 04 33 | 23 53 | 23 49 |
| 15 | 04 35 | 06 18 | 04 31 | 24 18 | 23 46 |
| 16 | 05 00 | 06 48 | 04 29 | 24 44 | 23 43 |

| D | ⚳ | ⚴ | ⚵ | ⚶ | ⚷ |
|---|---|---|---|---|---|
| 17 | 05 25 | 07 17 | 04 26 | 25 09 | 23 40 |
| 18 | 05 50 | 07 46 | 04 23 | 25 34 | 23 36 |
| 19 | 06 15 | 08 16 | 04 19 | 26 00 | 23 33 |
| 20 | 06 40 | 08 45 | 04 14 | 26 25 | 23 30 |
| 21 | 07 05 | 09 14 | 04 10 | 26 50 | 23 27 |
| 22 | 07 31 | 09 44 | 04 04 | 27 16 | 23 24 |
| 23 | 07 56 | 10 13 | 03 59 | 27 41 | 23 21 |
| 24 | 08 21 | 10 42 | 03 53 | 28 06 | 23 18 |
| 25 | 08 47 | 11 11 | 03 46 | 28 31 | 23 15 |
| 26 | 09 12 | 11 40 | 03 39 | 28 56 | 23 12 |
| 27 | 09 37 | 12 10 | 03 32 | 29 22 | 23 09 |
| 28 | 10 03 | 12 39 | 03 24 | 29 47 | 23 06 |
| 29 | 10 28 | 13 08 | 03 15 | 00♌12 | 23 03 |
| 30 | 10 54 | 13 37 | 03 07 | 00 37 | 23 00 |
| 31 | 11 20 | 14 06 | 02 58 | 01 02 | 22 57 |

### Lunar Data

| Last Asp. | | Ingress | | |
|---|---|---|---|---|
| 2 | 05:43 | 2 | ♑ | 08:09 |
| 4 | 13:22 | 4 | ♒ | 21:09 |
| 7 | 00:21 | 7 | ♓ | 09:35 |
| 9 | 12:45 | 9 | ♈ | 20:24 |
| 11 | 20:04 | 12 | ♉ | 04:51 |
| 14 | 03:18 | 14 | ♊ | 10:26 |
| 16 | 06:20 | 16 | ♋ | 13:14 |
| 18 | 07:10 | 18 | ♌ | 13:58 |
| 20 | 10:03 | 20 | ♍ | 14:01 |
| 22 | 11:45 | 22 | ♎ | 15:13 |
| 24 | 18:12 | 24 | ♏ | 19:18 |
| 26 | 18:36 | 27 | ♐ | 03:18 |
| 29 | 05:27 | 29 | ♑ | 14:45 |

## 0:00 E.T. — Declinations

| D | ☉ | ☽ | ☿ | ♀ | ♂ | ♃ | ♄ | ♅ | ♆ | ♇ | ⚳ | ⚴ | ⚵ | ⚶ | ⚷ |
|---|---|---|---|---|---|---|---|---|---|---|---|---|---|---|---|
| 1 | +18 02 | -26 17 | +13 48 | +21 48 | +22 10 | -14 34 | +06 03 | -02 13 | -13 24 | -17 47 | +07 43 | +05 11 | +03 45 | +21 51 | -07 00 |
| 2 | 17 47 | 26 22 | 13 07 | 21 51 | 22 15 | 14 37 | 06 00 | 02 13 | 13 25 | 17 47 | 07 31 | 05 09 | 03 42 | 21 48 | 07 00 |
| 3 | 17 31 | 25 14 | 12 26 | 21 53 | 22 21 | 14 39 | 05 57 | 02 14 | 13 25 | 17 47 | 07 19 | 05 06 | 03 39 | 21 46 | 07 01 |
| 4 | 17 16 | 22 59 | 11 45 | 21 55 | 22 26 | 14 42 | 05 55 | 02 14 | 13 26 | 17 47 | 07 07 | 05 03 | 03 36 | 21 44 | 07 02 |
| 5 | 16 59 | 19 45 | 11 04 | 21 56 | 22 31 | 14 45 | 05 52 | 02 15 | 13 26 | 17 48 | 06 56 | 05 01 | 03 32 | 21 41 | 07 03 |
| 6 | 16 43 | 15 42 | 10 22 | 21 57 | 22 36 | 14 47 | 05 50 | 02 16 | 13 27 | 17 48 | 06 44 | 04 58 | 03 29 | 21 39 | 07 04 |
| 7 | 16 27 | 11 02 | 09 41 | 21 56 | 22 40 | 14 50 | 05 47 | 02 16 | 13 27 | 17 48 | 06 32 | 04 55 | 03 24 | 21 36 | 07 05 |
| 8 | 16 10 | 05 54 | 09 00 | 21 56 | 22 45 | 14 52 | 05 44 | 02 17 | 13 28 | 17 48 | 06 20 | 04 52 | 03 20 | 21 33 | 07 06 |
| 9 | 15 52 | 00 30 | 08 19 | 21 55 | 22 49 | 14 55 | 05 42 | 02 18 | 13 28 | 17 49 | 06 08 | 04 49 | 03 15 | 21 30 | 07 07 |
| 10 | 15 35 | +05 00 | 07 37 | 21 53 | 22 53 | 14 58 | 05 39 | 02 18 | 13 29 | 17 49 | 05 57 | 04 46 | 03 11 | 21 28 | 07 08 |
| 11 | 15 17 | 10 23 | 06 57 | 21 50 | 22 57 | 15 01 | 05 36 | 02 19 | 13 30 | 17 49 | 05 45 | 04 43 | 03 05 | 21 25 | 07 09 |
| 12 | 15 00 | 15 26 | 06 16 | 21 47 | 23 01 | 15 03 | 05 34 | 02 20 | 13 30 | 17 49 | 05 33 | 04 40 | 03 00 | 21 22 | 07 10 |
| 13 | 14 41 | 19 53 | 05 36 | 21 44 | 23 04 | 15 06 | 05 31 | 02 21 | 13 31 | 17 50 | 05 21 | 04 36 | 02 54 | 21 19 | 07 11 |
| 14 | 14 23 | 23 26 | 04 56 | 21 39 | 23 07 | 15 09 | 05 28 | 02 21 | 13 31 | 17 50 | 05 09 | 04 33 | 02 49 | 21 16 | 07 12 |
| 15 | 14 04 | 25 43 | 04 16 | 21 35 | 23 10 | 15 11 | 05 25 | 02 22 | 13 32 | 17 50 | 04 58 | 04 30 | 02 42 | 21 12 | 07 13 |
| 16 | 13 46 | 26 26 | 03 37 | 21 29 | 23 13 | 15 14 | 05 23 | 02 23 | 13 32 | 17 50 | 04 46 | 04 26 | 02 36 | 21 09 | 07 14 |
| 17 | 13 27 | 25 23 | 02 58 | 21 23 | 23 16 | 15 16 | 05 20 | 02 24 | 13 33 | 17 51 | 04 34 | 04 23 | 02 29 | 21 06 | 07 15 |
| 18 | 13 07 | 22 33 | 02 21 | 21 16 | 23 19 | 15 19 | 05 17 | 02 24 | 13 33 | 17 51 | 04 22 | 04 19 | 02 22 | 21 03 | 07 16 |
| 19 | 12 48 | 18 10 | 01 43 | 21 09 | 23 21 | 15 22 | 05 14 | 02 25 | 13 34 | 17 51 | 04 10 | 04 15 | 02 15 | 20 59 | 07 17 |
| 20 | 12 28 | 12 37 | 01 07 | 21 01 | 23 23 | 15 24 | 05 11 | 02 26 | 13 35 | 17 51 | 03 59 | 04 12 | 02 07 | 20 56 | 07 18 |
| 21 | 12 08 | 06 23 | 00 31 | 20 53 | 23 25 | 15 27 | 05 09 | 02 27 | 13 35 | 17 52 | 03 47 | 04 08 | 02 00 | 20 52 | 07 19 |
| 22 | 11 48 | -00 06 | -00 04 | 20 44 | 23 27 | 15 29 | 05 06 | 02 28 | 13 36 | 17 52 | 03 35 | 04 04 | 01 52 | 20 49 | 07 20 |
| 23 | 11 28 | 06 25 | 00 38 | 20 35 | 23 28 | 15 32 | 05 03 | 02 28 | 13 36 | 17 52 | 03 23 | 04 00 | 01 43 | 20 45 | 07 21 |
| 24 | 11 08 | 12 14 | 01 11 | 20 24 | 23 30 | 15 35 | 05 00 | 02 29 | 13 37 | 17 52 | 03 11 | 03 57 | 01 35 | 20 41 | 07 22 |
| 25 | 10 47 | 17 16 | 01 43 | 20 14 | 23 31 | 15 37 | 04 57 | 02 30 | 13 37 | 17 53 | 03 00 | 03 53 | 01 26 | 20 37 | 07 24 |
| 26 | 10 26 | 21 19 | 02 14 | 20 02 | 23 32 | 15 39 | 04 54 | 02 31 | 13 38 | 17 53 | 02 48 | 03 49 | 01 17 | 20 34 | 07 25 |
| 27 | 10 05 | 24 15 | 02 44 | 19 51 | 23 33 | 15 42 | 04 52 | 02 32 | 13 38 | 17 53 | 02 36 | 03 45 | 01 07 | 20 30 | 07 26 |
| 28 | 09 44 | 25 57 | 03 12 | 19 38 | 23 33 | 15 44 | 04 49 | 02 33 | 13 39 | 17 54 | 02 24 | 03 41 | 00 58 | 20 26 | 07 27 |
| 29 | 09 23 | 26 23 | 03 39 | 19 25 | 23 34 | 15 47 | 04 46 | 02 34 | 13 40 | 17 54 | 02 13 | 03 37 | 00 48 | 20 22 | 07 28 |
| 30 | 09 02 | 25 35 | 04 04 | 19 12 | 23 34 | 15 49 | 04 43 | 02 35 | 13 40 | 17 54 | 02 01 | 03 32 | 00 38 | 20 18 | 07 29 |
| 31 | 08 40 | 23 38 | 04 27 | 18 58 | 23 34 | 15 51 | 04 40 | 02 35 | 13 41 | 17 54 | 01 49 | 03 28 | 00 28 | 20 14 | 07 30 |

Lunar Phases -- 6 Ⓔ 00:56   13 ◑ 18:56   20 ● 10:03   27 ◐ 11:43   Sun enters ♍ 8/22 23:40

## 0:00 E.T. Longitudes of Main Planets - September 2009 Sep. 09

| D | S.T. | ☉ | ☽ | ☽ 12:00 | ☿ | ♀ | ♂ | ♃ | ♄ | ♅ | ♆ | ♇ | ☊ |
|---|---|---|---|---|---|---|---|---|---|---|---|---|---|
| 1 | 22:41:09 | 08♍42 15 | 28♑10 | 04♒05 | 04♎28 | 06♌21 | 03♋58 | 19♒53℞ | 22♍55 | 25♓17℞ | 24♒42℞ | 00♑41℞ | 28♑05 |
| 2 | 22:45:06 | 09 40 18 | 10♒00 | 15 58 | 04 58 | 07 33 | 04 35 | 19 46 | 23 02 | 25 15 | 24 40 | 00 41 | 28 02 |
| 3 | 22:49:02 | 10 38 22 | 21 58 | 27 59 | 05 23 | 08 45 | 05 12 | 19 40 | 23 10 | 25 12 | 24 39 | 00 41 | 27 59 |
| 4 | 22:52:59 | 11 36 28 | 04♓04 | 10♓11 | 05 44 | 09 57 | 05 50 | 19 33 | 23 17 | 25 10 | 24 37 | 00 40 | 27 56 |
| 5 | 22:56:55 | 12 34 36 | 16 20 | 22 33 | 05 59 | 11 09 | 06 27 | 19 26 | 23 24 | 25 08 | 24 35 | 00 40 | 27 53 |
| 6 | 23:00:52 | 13 32 45 | 28 49 | 05♈08 | 06 09 | 12 21 | 07 04 | 19 20 | 23 32 | 25 06 | 24 34 | 00 40 | 27 50 |
| 7 | 23:04:49 | 14 30 56 | 11♈30 | 17 55 | 06 13 | 13 33 | 07 41 | 19 13 | 23 39 | 25 03 | 24 32 | 00 40 | 27 46 |
| 8 | 23:08:45 | 15 29 09 | 24 24 | 00♉55 | 06 11℞ | 14 46 | 08 17 | 19 07 | 23 47 | 25 01 | 24 31 | 00 40 | 27 43 |
| 9 | 23:12:42 | 16 27 24 | 07♉30 | 14 08 | 06 03 | 15 58 | 08 54 | 19 01 | 23 54 | 24 58 | 24 29 | 00 40 | 27 40 |
| 10 | 23:16:38 | 17 25 41 | 20 50 | 27 34 | 05 49 | 17 10 | 09 30 | 18 55 | 24 02 | 24 56 | 24 28 | 00 40 | 27 37 |
| 11 | 23:20:35 | 18 24 01 | 04♊22 | 11♊14 | 05 28 | 18 23 | 10 07 | 18 49 | 24 09 | 24 54 | 24 26 | 00 39 | 27 34 |
| 12 | 23:24:31 | 19 22 22 | 18 09 | 25 07 | 05 00 | 19 36 | 10 43 | 18 43 | 24 16 | 24 51 | 24 25 | 00 39D | 27 30 |
| 13 | 23:28:28 | 20 20 46 | 02♋09 | 09♋14 | 04 25 | 20 48 | 11 19 | 18 38 | 24 24 | 24 49 | 24 24 | 00 39 | 27 27 |
| 14 | 23:32:24 | 21 19 11 | 16 23 | 23 34 | 03 45 | 22 01 | 11 55 | 18 32 | 24 31 | 24 47 | 24 22 | 00 40 | 27 24 |
| 15 | 23:36:21 | 22 17 39 | 00♌48 | 08♌05 | 02 58 | 23 14 | 12 31 | 18 27 | 24 39 | 24 44 | 24 21 | 00 40 | 27 21 |
| 16 | 23:40:18 | 23 16 09 | 15 23 | 22 42 | 02 06 | 24 27 | 13 06 | 18 22 | 24 46 | 24 42 | 24 19 | 00 40 | 27 18 |
| 17 | 23:44:14 | 24 14 40 | 00♍02 | 07♍21 | 01 09 | 25 40 | 13 42 | 18 17 | 24 54 | 24 39 | 24 18 | 00 40 | 27 15 |
| 18 | 23:48:11 | 25 13 14 | 14 39 | 21 55 | 00 09 | 26 53 | 14 17 | 18 12 | 25 01 | 24 37 | 24 17 | 00 40 | 27 11 |
| 19 | 23:52:07 | 26 11 50 | 29 08 | 06♎17 | 29♍06 | 28 06 | 14 53 | 18 07 | 25 09 | 24 35 | 24 15 | 00 40 | 27 08 |
| 20 | 23:56:04 | 27 10 28 | 13♎21 | 20 20 | 28 02 | 29 19 | 15 28 | 18 03 | 25 16 | 24 32 | 24 14 | 00 41 | 27 05 |
| 21 | 0:00:00 | 28 09 07 | 27 13 | 04♏01 | 26 58 | 00♍32 | 16 03 | 17 58 | 25 24 | 24 30 | 24 13 | 00 41 | 27 02 |
| 22 | 0:03:57 | 29 07 49 | 10♏42 | 17 17 | 25 57 | 01 45 | 16 37 | 17 54 | 25 31 | 24 27 | 24 11 | 00 41 | 26 59 |
| 23 | 0:07:53 | 00♎06 32 | 23 46 | 00♐08 | 24 59 | 02 58 | 17 12 | 17 50 | 25 39 | 24 25 | 24 10 | 00 41 | 26 55 |
| 24 | 0:11:50 | 01 05 17 | 06♐26 | 12 38 | 24 06 | 04 12 | 17 46 | 17 46 | 25 46 | 24 23 | 24 09 | 00 42 | 26 52 |
| 25 | 0:15:47 | 02 04 03 | 18 46 | 24 50 | 23 19 | 05 25 | 18 21 | 17 43 | 25 54 | 24 20 | 24 08 | 00 42 | 26 49 |
| 26 | 0:19:43 | 03 02 52 | 00♑50 | 06♑48 | 22 40 | 06 39 | 18 55 | 17 39 | 26 01 | 24 18 | 24 06 | 00 43 | 26 46 |
| 27 | 0:23:40 | 04 01 42 | 12 44 | 18 38 | 22 10 | 07 52 | 19 29 | 17 36 | 26 09 | 24 15 | 24 05 | 00 43 | 26 43 |
| 28 | 0:27:36 | 05 00 34 | 24 32 | 00♒26 | 21 49 | 09 06 | 20 03 | 17 33 | 26 16 | 24 13 | 24 04 | 00 44 | 26 40 |
| 29 | 0:31:33 | 05 59 27 | 06♒20 | 12 16 | 21 38 | 10 19 | 20 36 | 17 30 | 26 23 | 24 11 | 24 03 | 00 44 | 26 36 |
| 30 | 0:35:29 | 06 58 22 | 18 14 | 24 14 | 21 38D | 11 33 | 21 10 | 17 27 | 26 31 | 24 08 | 24 02 | 00 45 | 26 33 |

## 0:00 E.T. Longitudes of the Major Asteroids and Chiron

| D | ⚳ | ⚴ | ⚵ | ⚶ | ⚷ | D | ⚳ | ⚴ | ⚵ | ⚶ | ⚷ |
|---|---|---|---|---|---|---|---|---|---|---|---|
| 1 | 11♎45 | 14♍35 | 02♈48℞ | 01♌26 | 22♒54℞ | 16 | 18 14 | 21 46 | 29 46 | 07 34 | 22 14 |
| 2 | 12 11 | 15 04 | 02 38 | 01 51 | 22 51 | 17 | 18 40 | 22 15 | 29 32 | 07 58 | 22 11 |
| 3 | 12 37 | 15 33 | 02 28 | 02 16 | 22 48 | 18 | 19 06 | 22 43 | 29 17 | 08 22 | 22 09 |
| 4 | 13 02 | 16 02 | 02 17 | 02 41 | 22 46 | 19 | 19 33 | 23 12 | 29 03 | 08 46 | 22 06 |
| 5 | 13 28 | 16 30 | 02 06 | 03 06 | 22 43 | 20 | 19 59 | 23 40 | 28 48 | 09 10 | 22 04 |
| 6 | 13 54 | 16 59 | 01 55 | 03 30 | 22 40 | 21 | 20 25 | 24 08 | 28 34 | 09 34 | 22 02 |
| 7 | 14 20 | 17 28 | 01 43 | 03 55 | 22 37 | 22 | 20 51 | 24 37 | 28 19 | 09 58 | 21 59 |
| 8 | 14 46 | 17 57 | 01 31 | 04 19 | 22 34 | 23 | 21 18 | 25 05 | 28 04 | 10 21 | 21 57 |
| 9 | 15 12 | 18 26 | 01 19 | 04 44 | 22 32 | 24 | 21 44 | 25 33 | 27 50 | 10 45 | 21 55 |
| 10 | 15 38 | 18 54 | 01 06 | 05 08 | 22 29 | 25 | 22 10 | 26 02 | 27 35 | 11 08 | 21 53 |
| 11 | 16 04 | 19 23 | 00 54 | 05 33 | 22 26 | 26 | 22 36 | 26 30 | 27 20 | 11 32 | 21 51 |
| 12 | 16 30 | 19 52 | 00 40 | 05 57 | 22 24 | 27 | 23 03 | 26 58 | 27 06 | 11 55 | 21 49 |
| 13 | 16 56 | 20 20 | 00 27 | 06 22 | 22 21 | 28 | 23 29 | 27 26 | 26 51 | 12 19 | 21 47 |
| 14 | 17 22 | 20 49 | 00 14 | 06 46 | 22 19 | 29 | 23 56 | 27 54 | 26 37 | 12 42 | 21 45 |
| 15 | 17 48 | 21 18 | 00∞00 | 07 10 | 22 16 | 30 | 24 22 | 28 22 | 26 22 | 13 05 | 21 43 |

## Lunar Data

| Last Asp. | | Ingress | |
|---|---|---|---|
| 31 | 18:10 | 1 ♒ | 03:44 |
| 3 | 05:20 | 3 ♓ | 15:59 |
| 5 | 16:54 | 6 ♈ | 02:15 |
| 8 | 00:13 | 8 ♉ | 10:19 |
| 10 | 07:18 | 10 ♊ | 16:18 |
| 12 | 11:31 | 12 ♋ | 20:21 |
| 14 | 13:58 | 14 ♌ | 22:40 |
| 16 | 16:12 | 16 ♍ | 23:57 |
| 18 | 23:58 | 19 ♎ | 01:28 |
| 20 | 18:45 | 21 ♏ | 04:53 |
| 23 | 03:34 | 23 ♐ | 11:44 |
| 25 | 14:16 | 25 ♑ | 22:20 |
| 28 | 03:34 | 28 ♒ | 11:08 |
| 30 | 11:35 | 30 ♓ | 23:27 |

## 0:00 E.T. Declinations

| D | ☉ | ☽ | ☿ | ♀ | ♂ | ♃ | ♄ | ♅ | ♆ | ♇ | ⚳ | ⚴ | ⚵ | ⚶ | ⚷ |
|---|---|---|---|---|---|---|---|---|---|---|---|---|---|---|---|
| 1 | +08 18 | -20 41 | -04 49 | +18 43 | +23 34 | -15 54 | +04 37 | -02 36 | -13 41 | -17 55 | +01 37 | +03 24 | +00 17 | +20 10 | -07 31 |
| 2 | 07 57 | 16 51 | 05 08 | 18 28 | 23 34 | 15 56 | 04 34 | 02 37 | 13 42 | 17 55 | 01 26 | 03 20 | 00 07 | 20 06 | 07 32 |
| 3 | 07 35 | 12 20 | 05 26 | 18 12 | 23 34 | 15 58 | 04 31 | 02 38 | 13 42 | 17 55 | 01 14 | 03 16 | -00 04 | 20 01 | 07 33 |
| 4 | 07 13 | 07 18 | 05 41 | 17 56 | 23 33 | 16 00 | 04 28 | 02 39 | 13 43 | 17 55 | 01 02 | 03 11 | 00 16 | 19 57 | 07 34 |
| 5 | 06 50 | 01 56 | 05 53 | 17 39 | 23 33 | 16 02 | 04 25 | 02 40 | 13 43 | 17 56 | 00 51 | 03 07 | 00 27 | 19 53 | 07 35 |
| 6 | 06 28 | +03 35 | 06 03 | 17 22 | 23 32 | 16 04 | 04 22 | 02 41 | 13 44 | 17 56 | 00 39 | 03 03 | 00 38 | 19 49 | 07 37 |
| 7 | 06 06 | 09 03 | 06 09 | 17 04 | 23 31 | 16 06 | 04 20 | 02 42 | 13 44 | 17 56 | 00 28 | 02 59 | 00 50 | 19 44 | 07 38 |
| 8 | 05 43 | 14 12 | 06 13 | 16 46 | 23 30 | 16 08 | 04 17 | 02 43 | 13 45 | 17 56 | 00 16 | 02 54 | 01 02 | 19 40 | 07 39 |
| 9 | 05 21 | 18 49 | 06 13 | 16 28 | 23 28 | 16 10 | 04 14 | 02 44 | 13 45 | 17 57 | 00 04 | 02 50 | 01 14 | 19 35 | 07 40 |
| 10 | 04 58 | 22 33 | 06 09 | 16 08 | 23 27 | 16 12 | 04 11 | 02 45 | 13 46 | 17 57 | -00 07 | 02 45 | 01 26 | 19 31 | 07 41 |
| 11 | 04 35 | 25 08 | 06 02 | 15 49 | 23 25 | 16 14 | 04 08 | 02 46 | 13 46 | 17 57 | 00 19 | 02 41 | 01 38 | 19 26 | 07 42 |
| 12 | 04 12 | 26 16 | 05 51 | 15 29 | 23 24 | 16 16 | 04 05 | 02 47 | 13 47 | 17 58 | 00 30 | 02 37 | 01 51 | 19 22 | 07 43 |
| 13 | 03 49 | 25 45 | 05 35 | 15 08 | 23 22 | 16 17 | 04 02 | 02 48 | 13 47 | 17 58 | 00 42 | 02 32 | 02 04 | 19 17 | 07 44 |
| 14 | 03 27 | 23 33 | 05 16 | 14 47 | 23 20 | 16 19 | 03 59 | 02 49 | 13 48 | 17 58 | 00 53 | 02 28 | 02 16 | 19 13 | 07 45 |
| 15 | 03 03 | 19 49 | 04 53 | 14 26 | 23 18 | 16 21 | 03 56 | 02 50 | 13 48 | 17 58 | 01 05 | 02 23 | 02 29 | 19 08 | 07 46 |
| 16 | 02 40 | 14 50 | 04 25 | 14 04 | 23 15 | 16 22 | 03 53 | 02 50 | 13 49 | 17 59 | 01 16 | 02 19 | 02 42 | 19 03 | 07 47 |
| 17 | 02 17 | 08 59 | 03 54 | 13 42 | 23 13 | 16 24 | 03 50 | 02 51 | 13 49 | 17 59 | 01 27 | 02 14 | 02 55 | 18 59 | 07 48 |
| 18 | 01 54 | 02 40 | 03 20 | 13 20 | 23 10 | 16 25 | 03 47 | 02 52 | 13 50 | 17 59 | 01 39 | 02 10 | 03 08 | 18 54 | 07 49 |
| 19 | 01 31 | -03 43 | 02 43 | 12 57 | 23 08 | 16 27 | 03 44 | 02 53 | 13 50 | 18 00 | 01 50 | 02 05 | 03 21 | 18 49 | 07 50 |
| 20 | 01 07 | 09 47 | 02 05 | 12 33 | 23 05 | 16 28 | 03 41 | 02 54 | 13 51 | 18 00 | 02 01 | 02 01 | 03 34 | 18 44 | 07 51 |
| 21 | 00 44 | 15 13 | 01 24 | 12 10 | 23 02 | 16 29 | 03 38 | 02 55 | 13 51 | 18 00 | 02 13 | 01 56 | 03 47 | 18 40 | 07 52 |
| 22 | 00 21 | 19 44 | 00 44 | 11 46 | 22 59 | 16 30 | 03 36 | 02 56 | 13 51 | 18 00 | 02 24 | 01 52 | 04 00 | 18 35 | 07 53 |
| 23 | -00 03 | 23 09 | 00 03 | 11 21 | 22 56 | 16 32 | 03 33 | 02 57 | 13 52 | 18 01 | 02 35 | 01 47 | 04 13 | 18 30 | 07 54 |
| 24 | 00 26 | 25 19 | +00 36 | 10 56 | 22 52 | 16 33 | 03 30 | 02 58 | 13 52 | 18 01 | 02 46 | 01 43 | 04 26 | 18 25 | 07 55 |
| 25 | 00 49 | 26 11 | 01 13 | 10 31 | 22 49 | 16 34 | 03 27 | 02 59 | 13 53 | 18 01 | 02 58 | 01 38 | 04 39 | 18 20 | 07 56 |
| 26 | 01 13 | 25 46 | 01 46 | 10 06 | 22 45 | 16 35 | 03 24 | 03 00 | 13 53 | 18 01 | 03 09 | 01 33 | 04 52 | 18 15 | 07 57 |
| 27 | 01 36 | 24 10 | 02 17 | 09 40 | 22 42 | 16 36 | 03 21 | 03 01 | 13 53 | 18 02 | 03 20 | 01 29 | 05 05 | 18 10 | 07 58 |
| 28 | 01 59 | 21 31 | 02 43 | 09 15 | 22 38 | 16 37 | 03 18 | 03 02 | 13 54 | 18 02 | 03 31 | 01 25 | 05 18 | 18 05 | 07 59 |
| 29 | 02 23 | 17 58 | 03 05 | 08 48 | 22 34 | 16 37 | 03 15 | 03 03 | 13 54 | 18 02 | 03 42 | 01 20 | 05 31 | 18 00 | 08 00 |
| 30 | 02 46 | 13 41 | 03 21 | 08 22 | 22 30 | 16 38 | 03 12 | 03 04 | 13 55 | 18 03 | 03 53 | 01 16 | 05 43 | 17 55 | 08 01 |

Lunar Phases -- 4 ○ 16:04 12 ◑ 02:17 18 ● 18:45 26 ◐ 04:51 Sun enters ♎ 9/22 21:20

## Longitudes of Main Planets - October 2009

0:00 E.T.

| D | S.T. | ☉ | ☽ | ☽ 12:00 | ☿ | ♀ | ♂ | ♃ | ♄ | ♅ | ♆ | ♇ | ☊ |
|---|---|---|---|---|---|---|---|---|---|---|---|---|---|
| 1 | 0:39:26 | 07♎57 19 | 00♓17 | 06♓23 | 21♍47 | 12♍47 | 21♋43 | 17♒25℞ | 26♍38 | 24♓06℞ | 24♒01℞ | 00♑45 | 26♑30 |
| 2 | 0:43:22 | 08 56 18 | 12 32 | 18 46 | 22 07 | 14 00 | 22 16 | 17 22 | 26 46 | 24 04 | 24 00 | 00 46 | 26 27 |
| 3 | 0:47:19 | 09 55 19 | 25 03 | 01♈24 | 22 37 | 15 14 | 22 49 | 17 20 | 26 53 | 24 02 | 23 59 | 00 47 | 26 24 |
| 4 | 0:51:16 | 10 54 22 | 07♈49 | 14 19 | 23 16 | 16 28 | 23 22 | 17 18 | 27 00 | 23 59 | 23 58 | 00 47 | 26 21 |
| 5 | 0:55:12 | 11 53 26 | 20 52 | 27 28 | 24 03 | 17 42 | 23 55 | 17 17 | 27 08 | 23 57 | 23 57 | 00 48 | 26 17 |
| 6 | 0:59:09 | 12 52 33 | 04♉08 | 10♉51 | 24 59 | 18 56 | 24 27 | 17 15 | 27 15 | 23 55 | 23 56 | 00 49 | 26 14 |
| 7 | 1:03:05 | 13 51 42 | 17 37 | 24 25 | 26 02 | 20 10 | 24 59 | 17 14 | 27 22 | 23 53 | 23 55 | 00 50 | 26 11 |
| 8 | 1:07:02 | 14 50 54 | 01♊16 | 08♊08 | 27 11 | 21 24 | 25 31 | 17 13 | 27 30 | 23 50 | 23 54 | 00 50 | 26 08 |
| 9 | 1:10:58 | 15 50 07 | 15 03 | 21 59 | 28 27 | 22 38 | 26 03 | 17 12 | 27 37 | 23 48 | 23 53 | 00 51 | 26 05 |
| 10 | 1:14:55 | 16 49 23 | 28 57 | 05♋56 | 29 47 | 23 52 | 26 35 | 17 11 | 27 44 | 23 46 | 23 52 | 00 52 | 26 01 |
| 11 | 1:18:51 | 17 48 41 | 12♋56 | 19 58 | 01♎12 | 25 06 | 27 06 | 17 10 | 27 51 | 23 44 | 23 52 | 00 53 | 25 58 |
| 12 | 1:22:48 | 18 48 02 | 27 01 | 04♌05 | 02 40 | 26 21 | 27 38 | 17 10 | 27 58 | 23 42 | 23 51 | 00 54 | 25 55 |
| 13 | 1:26:45 | 19 47 25 | 11♌11 | 18 17 | 04 12 | 27 35 | 28 09 | 17 10 | 28 06 | 23 40 | 23 50 | 00 55 | 25 52 |
| 14 | 1:30:41 | 20 46 50 | 25 23 | 02♍30 | 05 46 | 28 49 | 28 39 | 17 10D | 28 13 | 23 38 | 23 49 | 00 56 | 25 49 |
| 15 | 1:34:38 | 21 46 17 | 09♍37 | 16 44 | 07 22 | 00♎04 | 29 10 | 17 10 | 28 20 | 23 36 | 23 49 | 00 57 | 25 46 |
| 16 | 1:38:34 | 22 45 47 | 23 49 | 00♎53 | 09 00 | 01 18 | 29 40 | 17 11 | 28 27 | 23 34 | 23 48 | 00 58 | 25 42 |
| 17 | 1:42:31 | 23 45 19 | 07♎54 | 14 52 | 10 40 | 02 33 | 00♌11 | 17 11 | 28 34 | 23 32 | 23 47 | 00 59 | 25 39 |
| 18 | 1:46:27 | 24 44 53 | 21 47 | 28 38 | 12 20 | 03 47 | 00 41 | 17 12 | 28 41 | 23 30 | 23 47 | 01 00 | 25 36 |
| 19 | 1:50:24 | 25 44 29 | 05♏25 | 12♏07 | 14 01 | 05 02 | 01 10 | 17 13 | 28 48 | 23 28 | 23 46 | 01 01 | 25 33 |
| 20 | 1:54:20 | 26 44 07 | 18 44 | 25 15 | 15 43 | 06 16 | 01 40 | 17 15 | 28 55 | 23 26 | 23 46 | 01 02 | 25 30 |
| 21 | 1:58:17 | 27 43 46 | 01♐41 | 08♐03 | 17 25 | 07 31 | 02 09 | 17 16 | 29 02 | 23 24 | 23 45 | 01 03 | 25 27 |
| 22 | 2:02:14 | 28 43 28 | 14 19 | 20 30 | 19 07 | 08 46 | 02 38 | 17 18 | 29 08 | 23 22 | 23 45 | 01 05 | 25 23 |
| 23 | 2:06:10 | 29 43 12 | 26 37 | 02♑41 | 20 49 | 10 00 | 03 06 | 17 20 | 29 15 | 23 20 | 23 44 | 01 06 | 25 20 |
| 24 | 2:10:07 | 00♏42 57 | 08♑41 | 14 39 | 22 32 | 11 15 | 03 35 | 17 22 | 29 22 | 23 18 | 23 44 | 01 07 | 25 17 |
| 25 | 2:14:03 | 01 42 44 | 20 35 | 26 29 | 24 13 | 12 30 | 04 03 | 17 24 | 29 29 | 23 17 | 23 43 | 01 08 | 25 14 |
| 26 | 2:18:00 | 02 42 33 | 02♒23 | 08♒17 | 25 55 | 13 44 | 04 31 | 17 26 | 29 36 | 23 15 | 23 43 | 01 10 | 25 11 |
| 27 | 2:21:56 | 03 42 23 | 14 12 | 20 08 | 27 36 | 14 59 | 04 59 | 17 29 | 29 42 | 23 13 | 23 43 | 01 11 | 25 07 |
| 28 | 2:25:53 | 04 42 15 | 26 06 | 02♓08 | 29 17 | 16 14 | 05 26 | 17 32 | 29 49 | 23 12 | 23 42 | 01 13 | 25 04 |
| 29 | 2:29:49 | 05 42 09 | 08♓12 | 14 21 | 00♏58 | 17 29 | 05 53 | 17 35 | 29 55 | 23 10 | 23 42 | 01 14 | 25 01 |
| 30 | 2:33:46 | 06 42 04 | 20 33 | 26 51 | 02 38 | 18 44 | 06 20 | 17 38 | 00♎02 | 23 09 | 23 42 | 01 15 | 24 58 |
| 31 | 2:37:43 | 07 42 01 | 03♈13 | 09♈41 | 04 18 | 19 59 | 06 46 | 17 42 | 00 08 | 23 07 | 23 42 | 01 17 | 24 55 |

0:00 E.T.

## Longitudes of the Major Asteroids and Chiron

| D | ⚳ | ⚴ | ⚵ | ⚶ | ⚷ |
|---|---|---|---|---|---|
| 1 | 24♎48 | 28♍50 | 26♓08℞ | 13♌28 | 21♒41℞ |
| 2 | 25 15 | 29 18 | 25 54 | 13 51 | 21 39 |
| 3 | 25 41 | 29 46 | 25 40 | 14 14 | 21 38 |
| 4 | 26 08 | 00♎14 | 25 26 | 14 37 | 21 36 |
| 5 | 26 34 | 00 42 | 25 13 | 14 59 | 21 34 |
| 6 | 27 01 | 01 10 | 25 00 | 15 22 | 21 33 |
| 7 | 27 27 | 01 38 | 24 47 | 15 45 | 21 31 |
| 8 | 27 54 | 02 06 | 24 34 | 16 07 | 21 30 |
| 9 | 28 20 | 02 33 | 24 22 | 16 29 | 21 29 |
| 10 | 28 47 | 03 01 | 24 10 | 16 52 | 21 27 |
| 11 | 29 13 | 03 29 | 23 58 | 17 14 | 21 26 |
| 12 | 29 40 | 03 56 | 23 47 | 17 36 | 21 25 |
| 13 | 00♏06 | 04 24 | 23 36 | 17 58 | 21 24 |
| 14 | 00 33 | 04 51 | 23 25 | 18 20 | 21 22 |
| 15 | 00 59 | 05 19 | 23 15 | 18 41 | 21 21 |
| 16 | 01 26 | 05 46 | 23 05 | 19 03 | 21 20 |
| 17 | 01 52 | 06 14 | 22 56 | 19 25 | 21 20 |
| 18 | 02 19 | 06 41 | 22 47 | 19 46 | 21 19 |
| 19 | 02 45 | 07 09 | 22 38 | 20 07 | 21 18 |
| 20 | 03 12 | 07 36 | 22 30 | 20 28 | 21 17 |
| 21 | 03 38 | 08 03 | 22 23 | 20 49 | 21 16 |
| 22 | 04 05 | 08 30 | 22 16 | 21 10 | 21 16 |
| 23 | 04 31 | 08 57 | 22 09 | 21 31 | 21 15 |
| 24 | 04 58 | 09 25 | 22 03 | 21 52 | 21 15 |
| 25 | 05 25 | 09 52 | 21 58 | 22 12 | 21 14 |
| 26 | 05 51 | 10 19 | 21 53 | 22 32 | 21 14 |
| 27 | 06 18 | 10 46 | 21 48 | 22 53 | 21 14 |
| 28 | 06 44 | 11 13 | 21 45 | 23 13 | 21 13 |
| 29 | 07 11 | 11 39 | 21 41 | 23 33 | 21 13 |
| 30 | 07 37 | 12 06 | 21 38 | 23 52 | 21 13 |
| 31 | 08 04 | 12 33 | 21 36 | 24 12 | 21 13 |

## Lunar Data

| Last Asp. | | Ingress | | |
|---|---|---|---|---|
| 3 | 03:30 | 3 | ♈ | 09:21 |
| 5 | 05:47 | 5 | ♉ | 16:34 |
| 7 | 17:20 | 7 | ♊ | 21:47 |
| 10 | 01:36 | 10 | ♋ | 01:49 |
| 12 | 01:38 | 12 | ♌ | 05:04 |
| 13 | 21:21 | 14 | ♍ | 07:46 |
| 16 | 10:19 | 16 | ♎ | 10:31 |
| 18 | 05:34 | 18 | ♏ | 14:24 |
| 20 | 18:59 | 20 | ♐ | 20:50 |
| 23 | 06:40 | 23 | ♑ | 06:40 |
| 25 | 18:16 | 25 | ♒ | 19:09 |
| 28 | 07:23 | 28 | ♓ | 07:46 |
| 30 | 04:57 | 30 | ♈ | 17:57 |

0:00 E.T.

## Declinations

| D | ☉ | ☽ | ☿ | ♀ | ♂ | ♃ | ♄ | ♅ | ♆ | ♇ | ⚳ | ⚴ | ⚵ | ⚶ | ⚷ |
|---|---|---|---|---|---|---|---|---|---|---|---|---|---|---|---|
| 1 | -03 09 | -08 50 | +03 33 | +07 55 | +22 26 | -16 39 | +03 09 | -03 04 | -13 55 | -18 03 | -04 04 | +01 11 | -05 56 | +17 51 | -08 02 |
| 2 | 03 33 | 03 34 | 03 40 | 07 28 | 22 22 | 16 39 | 03 07 | 03 05 | 13 55 | 18 03 | 04 15 | 01 07 | 06 08 | 17 46 | 08 03 |
| 3 | 03 56 | +01 56 | 03 41 | 07 01 | 22 18 | 16 40 | 03 04 | 03 06 | 13 56 | 18 03 | 04 26 | 01 02 | 06 21 | 17 41 | 08 04 |
| 4 | 04 19 | 07 27 | 03 37 | 06 34 | 22 14 | 16 40 | 03 01 | 03 07 | 13 56 | 18 04 | 04 37 | 00 58 | 06 33 | 17 36 | 08 05 |
| 5 | 04 42 | 12 46 | 03 29 | 06 06 | 22 10 | 16 41 | 02 58 | 03 08 | 13 56 | 18 04 | 04 48 | 00 54 | 06 44 | 17 31 | 08 06 |
| 6 | 05 05 | 17 35 | 03 16 | 05 38 | 22 05 | 16 41 | 02 55 | 03 09 | 13 57 | 18 04 | 04 59 | 00 49 | 06 56 | 17 26 | 08 06 |
| 7 | 05 28 | 21 35 | 02 59 | 05 10 | 22 01 | 16 42 | 02 52 | 03 10 | 13 57 | 18 04 | 05 09 | 00 45 | 07 08 | 17 21 | 08 07 |
| 8 | 05 51 | 24 28 | 02 39 | 04 42 | 21 56 | 16 42 | 02 50 | 03 11 | 13 57 | 18 05 | 05 20 | 00 41 | 07 19 | 17 16 | 08 08 |
| 9 | 06 14 | 25 55 | 02 14 | 04 14 | 21 52 | 16 42 | 02 47 | 03 11 | 13 57 | 18 05 | 05 31 | 00 36 | 07 30 | 17 11 | 08 09 |
| 10 | 06 37 | 25 46 | 01 47 | 03 46 | 21 47 | 16 42 | 02 44 | 03 12 | 13 58 | 18 05 | 05 41 | 00 32 | 07 41 | 17 06 | 08 10 |
| 11 | 06 59 | 23 59 | 01 16 | 03 17 | 21 42 | 16 42 | 02 41 | 03 13 | 13 58 | 18 05 | 05 52 | 00 28 | 07 52 | 17 01 | 08 10 |
| 12 | 07 22 | 20 42 | 00 44 | 02 48 | 21 37 | 16 42 | 02 39 | 03 14 | 13 58 | 18 06 | 06 03 | 00 24 | 08 02 | 16 56 | 08 11 |
| 13 | 07 44 | 16 11 | 00 09 | 02 19 | 21 32 | 16 42 | 02 36 | 03 15 | 13 58 | 18 06 | 06 13 | 00 19 | 08 12 | 16 51 | 08 12 |
| 14 | 08 07 | 10 45 | -00 28 | 01 50 | 21 28 | 16 42 | 02 33 | 03 16 | 13 59 | 18 06 | 06 24 | 00 15 | 08 22 | 16 46 | 08 13 |
| 15 | 08 29 | 04 46 | 01 06 | 01 21 | 21 23 | 16 42 | 02 30 | 03 16 | 13 59 | 18 06 | 06 34 | 00 11 | 08 32 | 16 41 | 08 13 |
| 16 | 08 51 | -01 26 | 01 46 | 00 52 | 21 18 | 16 42 | 02 28 | 03 17 | 13 59 | 18 07 | 06 44 | 00 07 | 08 41 | 16 36 | 08 14 |
| 17 | 09 13 | 07 30 | 02 26 | 00 23 | 21 13 | 16 41 | 02 25 | 03 18 | 13 59 | 18 07 | 06 55 | 00 03 | 08 51 | 16 31 | 08 15 |
| 18 | 09 35 | 13 07 | 03 08 | -00 06 | 21 08 | 16 41 | 02 22 | 03 19 | 14 00 | 18 07 | 07 05 | -00 01 | 08 59 | 16 26 | 08 15 |
| 19 | 09 57 | 17 58 | 03 50 | 00 35 | 21 03 | 16 41 | 02 20 | 03 19 | 14 00 | 18 07 | 07 15 | 00 05 | 09 08 | 16 22 | 08 16 |
| 20 | 10 19 | 21 49 | 04 32 | 01 04 | 20 57 | 16 40 | 02 17 | 03 20 | 14 00 | 18 08 | 07 26 | 00 09 | 09 16 | 16 17 | 08 17 |
| 21 | 10 40 | 24 27 | 05 15 | 01 34 | 20 52 | 16 39 | 02 14 | 03 21 | 14 00 | 18 08 | 07 36 | 00 12 | 09 24 | 16 12 | 08 17 |
| 22 | 11 01 | 25 47 | 05 57 | 02 03 | 20 47 | 16 39 | 02 12 | 03 22 | 14 00 | 18 08 | 07 46 | 00 16 | 09 32 | 16 07 | 08 18 |
| 23 | 11 22 | 25 48 | 06 40 | 02 32 | 20 42 | 16 38 | 02 09 | 03 22 | 14 00 | 18 08 | 07 56 | 00 20 | 09 39 | 16 02 | 08 19 |
| 24 | 11 43 | 24 34 | 07 23 | 03 02 | 20 37 | 16 37 | 02 07 | 03 23 | 14 00 | 18 09 | 08 06 | 00 24 | 09 46 | 15 58 | 08 19 |
| 25 | 12 04 | 22 15 | 08 05 | 03 31 | 20 32 | 16 37 | 02 04 | 03 24 | 14 01 | 18 09 | 08 16 | 00 27 | 09 53 | 15 53 | 08 20 |
| 26 | 12 25 | 19 00 | 08 48 | 04 00 | 20 27 | 16 36 | 02 02 | 03 24 | 14 01 | 18 09 | 08 26 | 00 31 | 09 59 | 15 49 | 08 20 |
| 27 | 12 45 | 14 58 | 09 29 | 04 29 | 20 21 | 16 35 | 01 59 | 03 25 | 14 01 | 18 09 | 08 36 | 00 34 | 10 06 | 15 44 | 08 21 |
| 28 | 13 05 | 10 21 | 10 11 | 04 58 | 20 16 | 16 34 | 01 57 | 03 25 | 14 01 | 18 10 | 08 46 | 00 38 | 10 11 | 15 39 | 08 21 |
| 29 | 13 25 | 05 17 | 10 52 | 05 27 | 20 11 | 16 33 | 01 54 | 03 26 | 14 01 | 18 10 | 08 55 | 00 41 | 10 17 | 15 35 | 08 22 |
| 30 | 13 45 | +00 05 | 11 32 | 05 56 | 20 06 | 16 32 | 01 52 | 03 27 | 14 01 | 18 10 | 09 05 | 00 45 | 10 22 | 15 30 | 08 22 |
| 31 | 14 05 | 05 35 | 12 12 | 06 25 | 20 01 | 16 31 | 01 49 | 03 27 | 14 01 | 18 10 | 09 15 | 00 48 | 10 27 | 15 26 | 08 23 |

Lunar Phases -- 4 ○ 06:11 11 ◑ 08:57 18 ● 05:34 26 ◐ 00:43 Sun enters ♏ 10/23 06:45

## 0:00 E.T. Longitudes of Main Planets - November 2009 Nov. 09

| D | S.T. | ☉ | ☽ | ☽ 12:00 | ☿ | ♀ | ♂ | ♃ | ♄ | ♅ | ♆ | ♇ | ☊ |
|---|---|---|---|---|---|---|---|---|---|---|---|---|---|
| 1 | 2:41:39 | 08♏42 00 | 16♈14 | 22♈51 | 05♏57 | 21♎14 | 07♌13 | 17♒45 | 00♎15 | 23♓06R | 23♒42R | 01♑18 | 24♑52 |
| 2 | 2:45:36 | 09 42 00 | 29 34 | 06♉22 | 07 36 | 22 28 | 07 38 | 17 49 | 00 21 | 23 04 | 23 42 | 01 20 | 24 48 |
| 3 | 2:49:32 | 10 42 03 | 13♉14 | 20 09 | 09 14 | 23 43 | 08 04 | 17 53 | 00 27 | 23 03 | 23 42 | 01 21 | 24 45 |
| 4 | 2:53:29 | 11 42 07 | 27 08 | 04♊10 | 10 52 | 24 58 | 08 29 | 17 57 | 00 34 | 23 01 | 23 41 | 01 23 | 24 42 |
| 5 | 2:57:25 | 12 42 13 | 11♊14 | 18 19 | 12 30 | 26 13 | 08 54 | 18 02 | 00 40 | 23 00 | 23 41D | 01 24 | 24 39 |
| 6 | 3:01:22 | 13 42 21 | 25 25 | 02♋32 | 14 07 | 27 29 | 09 19 | 18 06 | 00 46 | 22 59 | 23 41 | 01 26 | 24 36 |
| 7 | 3:05:18 | 14 42 32 | 09♋39 | 16 46 | 15 44 | 28 44 | 09 43 | 18 11 | 00 52 | 22 58 | 23 42 | 01 28 | 24 33 |
| 8 | 3:09:15 | 15 42 44 | 23 51 | 00♌57 | 17 20 | 29 59 | 10 07 | 18 16 | 00 58 | 22 56 | 23 42 | 01 29 | 24 29 |
| 9 | 3:13:12 | 16 42 58 | 08♌01 | 15 04 | 18 56 | 01♏14 | 10 31 | 18 21 | 01 04 | 22 55 | 23 42 | 01 31 | 24 26 |
| 10 | 3:17:08 | 17 43 15 | 22 06 | 29 07 | 20 31 | 02 29 | 10 54 | 18 26 | 01 10 | 22 54 | 23 42 | 01 33 | 24 23 |
| 11 | 3:21:05 | 18 43 33 | 06♍06 | 13♍04 | 22 07 | 03 44 | 11 17 | 18 31 | 01 16 | 22 53 | 23 42 | 01 34 | 24 20 |
| 12 | 3:25:01 | 19 43 53 | 20 00 | 26 54 | 23 41 | 04 59 | 11 40 | 18 37 | 01 22 | 22 52 | 23 42 | 01 36 | 24 17 |
| 13 | 3:28:58 | 20 44 16 | 03♎47 | 10♎37 | 25 16 | 06 15 | 12 02 | 18 43 | 01 28 | 22 51 | 23 43 | 01 38 | 24 13 |
| 14 | 3:32:54 | 21 44 40 | 17 25 | 24 11 | 26 50 | 07 30 | 12 23 | 18 49 | 01 33 | 22 50 | 23 43 | 01 39 | 24 10 |
| 15 | 3:36:51 | 22 45 06 | 00♏53 | 07♏32 | 28 24 | 08 45 | 12 45 | 18 55 | 01 39 | 22 49 | 23 43 | 01 41 | 24 07 |
| 16 | 3:40:47 | 23 45 33 | 14 07 | 20 39 | 29 58 | 10 00 | 13 06 | 19 01 | 01 44 | 22 49 | 23 44 | 01 43 | 24 04 |
| 17 | 3:44:44 | 24 46 03 | 27 07 | 03♐31 | 01♐32 | 11 16 | 13 26 | 19 08 | 01 50 | 22 48 | 23 44 | 01 45 | 24 01 |
| 18 | 3:48:41 | 25 46 34 | 09♐51 | 16 07 | 03 05 | 12 31 | 13 46 | 19 14 | 01 55 | 22 47 | 23 44 | 01 47 | 23 58 |
| 19 | 3:52:37 | 26 47 06 | 22 19 | 28 28 | 04 38 | 13 46 | 14 06 | 19 21 | 02 01 | 22 46 | 23 45 | 01 49 | 23 54 |
| 20 | 3:56:34 | 27 47 40 | 04♑33 | 10♑34 | 06 11 | 15 01 | 14 25 | 19 28 | 02 06 | 22 46 | 23 45 | 01 50 | 23 51 |
| 21 | 4:00:30 | 28 48 16 | 16 34 | 22 30 | 07 43 | 16 17 | 14 44 | 19 35 | 02 11 | 22 45 | 23 46 | 01 52 | 23 48 |
| 22 | 4:04:27 | 29 48 52 | 28 26 | 04♒20 | 09 16 | 17 32 | 15 02 | 19 42 | 02 16 | 22 45 | 23 47 | 01 54 | 23 45 |
| 23 | 4:08:23 | 00♐49 30 | 10♒13 | 16 07 | 10 48 | 18 48 | 15 20 | 19 50 | 02 21 | 22 44 | 23 47 | 01 56 | 23 42 |
| 24 | 4:12:20 | 01 50 09 | 22 01 | 27 57 | 12 20 | 20 03 | 15 37 | 19 57 | 02 26 | 22 44 | 23 48 | 01 58 | 23 39 |
| 25 | 4:16:16 | 02 50 49 | 03♓55 | 09♓55 | 13 51 | 21 18 | 15 54 | 20 05 | 02 31 | 22 43 | 23 48 | 02 00 | 23 35 |
| 26 | 4:20:13 | 03 51 30 | 15 59 | 22 07 | 15 23 | 22 34 | 16 10 | 20 13 | 02 36 | 22 43 | 23 49 | 02 02 | 23 32 |
| 27 | 4:24:10 | 04 52 12 | 28 20 | 04♈38 | 16 54 | 23 49 | 16 26 | 20 21 | 02 41 | 22 43 | 23 50 | 02 04 | 23 29 |
| 28 | 4:28:06 | 05 52 55 | 11♈01 | 17 30 | 18 26 | 25 04 | 16 41 | 20 29 | 02 46 | 22 43 | 23 51 | 02 06 | 23 26 |
| 29 | 4:32:03 | 06 53 39 | 24 06 | 00♉48 | 19 57 | 26 20 | 16 56 | 20 38 | 02 50 | 22 42 | 23 51 | 02 08 | 23 23 |
| 30 | 4:35:59 | 07 54 25 | 07♉36 | 14 29 | 21 27 | 27 35 | 17 10 | 20 46 | 02 55 | 22 42 | 23 52 | 02 10 | 23 19 |

## 0:00 E.T. Longitudes of the Major Asteroids and Chiron

| D | ⚳ | ⚴ | ⚵ | ⚶ | ⚷ | D | ⚳ | ⚴ | ⚵ | ⚶ | ⚷ |
|---|---|---|---|---|---|---|---|---|---|---|---|
| 1 | 08♏30 | 13♎00 | 21♓34R | 24♌31 | 21♒13 | 16 | 15 06 | 19 33 | 22 11 | 29 02 | 21 21 |
| 2 | 08 56 | 13 26 | 21 33 | 24 51 | 21 13 | 17 | 15 32 | 19 59 | 22 17 | 29 19 | 21 22 |
| 3 | 09 23 | 13 53 | 21 32 | 25 10 | 21 13 | 18 | 15 58 | 20 25 | 22 24 | 29 35 | 21 23 |
| 4 | 09 49 | 14 19 | 21 32D | 25 29 | 21 14 | 19 | 16 24 | 20 50 | 22 32 | 29 51 | 21 24 |
| 5 | 10 16 | 14 46 | 21 32 | 25 48 | 21 14 | 20 | 16 50 | 21 16 | 22 40 | 00♍07 | 21 26 |
| 6 | 10 42 | 15 12 | 21 33 | 26 06 | 21 14 | 21 | 17 16 | 21 42 | 22 49 | 00 22 | 21 27 |
| 7 | 11 09 | 15 39 | 21 34 | 26 25 | 21 15 | 22 | 17 43 | 22 07 | 22 58 | 00 38 | 21 28 |
| 8 | 11 35 | 16 05 | 21 36 | 26 43 | 21 15 | 23 | 18 09 | 22 32 | 23 07 | 00 53 | 21 30 |
| 9 | 12 01 | 16 31 | 21 39 | 27 01 | 21 16 | 24 | 18 35 | 22 58 | 23 17 | 01 08 | 21 31 |
| 10 | 12 28 | 16 57 | 21 42 | 27 19 | 21 16 | 25 | 19 01 | 23 23 | 23 28 | 01 22 | 21 33 |
| 11 | 12 54 | 17 24 | 21 45 | 27 37 | 21 17 | 26 | 19 27 | 23 48 | 23 38 | 01 36 | 21 34 |
| 12 | 13 20 | 17 50 | 21 49 | 27 54 | 21 18 | 27 | 19 53 | 24 13 | 23 50 | 01 51 | 21 36 |
| 13 | 13 47 | 18 16 | 21 54 | 28 11 | 21 18 | 28 | 20 19 | 24 38 | 24 02 | 02 04 | 21 38 |
| 14 | 14 13 | 18 42 | 21 59 | 28 29 | 21 19 | 29 | 20 44 | 25 03 | 24 14 | 02 18 | 21 39 |
| 15 | 14 39 | 19 08 | 22 04 | 28 45 | 21 20 | 30 | 21 10 | 25 27 | 24 26 | 02 31 | 21 41 |

## Lunar Data

| Last Asp. | | Ingress | | |
|---|---|---|---|---|
| 1 | 13:30 | 2 | ♉ | 00:46 |
| 3 | 18:05 | 4 | ♊ | 04:54 |
| 6 | 03:48 | 6 | ♋ | 07:43 |
| 7 | 22:27 | 8 | ♌ | 10:24 |
| 10 | 02:44 | 10 | ♍ | 13:32 |
| 12 | 07:14 | 12 | ♎ | 17:23 |
| 14 | 11:11 | 14 | ♏ | 22:25 |
| 16 | 19:15 | 17 | ♐ | 05:23 |
| 19 | 02:47 | 19 | ♑ | 15:02 |
| 22 | 03:05 | 22 | ♒ | 03:12 |
| 24 | 03:36 | 24 | ♓ | 16:08 |
| 26 | 14:18 | 27 | ♈ | 03:11 |
| 28 | 23:34 | 29 | ♉ | 10:35 |

## 0:00 E.T. Declinations

| D | ☉ | ☽ | ☿ | ♀ | ♂ | ♃ | ♄ | ♅ | ♆ | ♇ | ⚳ | ⚴ | ⚵ | ⚶ | ⚷ |
|---|---|---|---|---|---|---|---|---|---|---|---|---|---|---|---|
| 1 | -14 24 | +10 58 | -12 51 | -06 53 | +19 56 | -16 29 | +01 47 | -03 28 | -14 01 | -18 10 | -09 24 | -00 51 | -10 32 | +15 22 | -08 23 |
| 2 | 14 43 | 16 00 | 13 30 | 07 22 | 19 51 | 16 28 | 01 44 | 03 28 | 14 01 | 18 11 | 09 34 | 00 54 | 10 36 | 15 17 | 08 23 |
| 3 | 15 02 | 20 20 | 14 08 | 07 50 | 19 46 | 16 27 | 01 42 | 03 29 | 14 01 | 18 11 | 09 43 | 00 57 | 10 40 | 15 13 | 08 24 |
| 4 | 15 21 | 23 37 | 14 45 | 08 18 | 19 41 | 16 25 | 01 40 | 03 29 | 14 01 | 18 11 | 09 53 | 01 01 | 10 43 | 15 09 | 08 24 |
| 5 | 15 39 | 25 30 | 15 21 | 08 46 | 19 36 | 16 24 | 01 37 | 03 30 | 14 01 | 18 11 | 10 02 | 01 03 | 10 47 | 15 05 | 08 24 |
| 6 | 15 57 | 25 45 | 15 57 | 09 14 | 19 31 | 16 22 | 01 35 | 03 30 | 14 01 | 18 11 | 10 12 | 01 06 | 10 50 | 15 01 | 08 25 |
| 7 | 16 15 | 24 18 | 16 32 | 09 42 | 19 26 | 16 21 | 01 33 | 03 31 | 14 01 | 18 12 | 10 21 | 01 09 | 10 52 | 14 57 | 08 25 |
| 8 | 16 33 | 21 18 | 17 06 | 10 09 | 19 21 | 16 19 | 01 31 | 03 31 | 14 01 | 18 12 | 10 30 | 01 12 | 10 55 | 14 53 | 08 25 |
| 9 | 16 50 | 17 02 | 17 39 | 10 36 | 19 17 | 16 17 | 01 28 | 03 32 | 14 01 | 18 12 | 10 39 | 01 15 | 10 57 | 14 49 | 08 26 |
| 10 | 17 07 | 11 50 | 18 11 | 11 03 | 19 12 | 16 16 | 01 26 | 03 32 | 14 01 | 18 12 | 10 48 | 01 17 | 10 59 | 14 45 | 08 26 |
| 11 | 17 24 | 06 04 | 18 43 | 11 30 | 19 08 | 16 14 | 01 24 | 03 32 | 14 01 | 18 12 | 10 57 | 01 20 | 11 00 | 14 41 | 08 26 |
| 12 | 17 40 | 00 04 | 19 13 | 11 56 | 19 03 | 16 12 | 01 22 | 03 33 | 14 01 | 18 13 | 11 06 | 01 22 | 11 02 | 14 38 | 08 26 |
| 13 | 17 56 | -05 53 | 19 42 | 12 22 | 18 59 | 16 10 | 01 20 | 03 33 | 14 01 | 18 13 | 11 15 | 01 24 | 11 03 | 14 34 | 08 26 |
| 14 | 18 12 | 11 30 | 20 11 | 12 48 | 18 54 | 16 08 | 01 18 | 03 33 | 14 01 | 18 13 | 11 24 | 01 27 | 11 03 | 14 30 | 08 27 |
| 15 | 18 28 | 16 29 | 20 38 | 13 13 | 18 50 | 16 06 | 01 16 | 03 34 | 14 01 | 18 13 | 11 33 | 01 29 | 11 04 | 14 27 | 08 27 |
| 16 | 18 43 | 20 35 | 21 05 | 13 39 | 18 46 | 16 04 | 01 14 | 03 34 | 14 00 | 18 13 | 11 42 | 01 31 | 11 04 | 14 24 | 08 27 |
| 17 | 18 58 | 23 36 | 21 30 | 14 04 | 18 42 | 16 02 | 01 12 | 03 34 | 14 00 | 18 14 | 11 50 | 01 33 | 11 04 | 14 20 | 08 27 |
| 18 | 19 12 | 25 21 | 21 55 | 14 28 | 18 38 | 16 00 | 01 10 | 03 35 | 14 00 | 18 14 | 11 59 | 01 35 | 11 03 | 14 17 | 08 27 |
| 19 | 19 26 | 25 47 | 22 18 | 14 52 | 18 34 | 15 58 | 01 08 | 03 35 | 14 00 | 18 14 | 12 07 | 01 37 | 11 03 | 14 14 | 08 27 |
| 20 | 19 40 | 24 56 | 22 40 | 15 16 | 18 31 | 15 55 | 01 06 | 03 35 | 14 00 | 18 14 | 12 16 | 01 38 | 11 02 | 14 11 | 08 27 |
| 21 | 19 54 | 22 56 | 23 01 | 15 39 | 18 27 | 15 53 | 01 04 | 03 35 | 14 00 | 18 14 | 12 24 | 01 40 | 11 00 | 14 08 | 08 27 |
| 22 | 20 07 | 19 56 | 23 21 | 16 02 | 18 24 | 15 51 | 01 02 | 03 35 | 13 59 | 18 14 | 12 32 | 01 41 | 10 59 | 14 05 | 08 27 |
| 23 | 20 19 | 16 09 | 23 40 | 16 25 | 18 20 | 15 48 | 01 00 | 03 35 | 13 59 | 18 15 | 12 41 | 01 43 | 10 57 | 14 03 | 08 27 |
| 24 | 20 32 | 11 45 | 23 57 | 16 47 | 18 17 | 15 46 | 00 59 | 03 36 | 13 59 | 18 15 | 12 49 | 01 44 | 10 55 | 14 00 | 08 27 |
| 25 | 20 44 | 06 53 | 24 13 | 17 09 | 18 14 | 15 43 | 00 57 | 03 36 | 13 59 | 18 15 | 12 57 | 01 45 | 10 53 | 13 58 | 08 27 |
| 26 | 20 55 | 01 42 | 24 28 | 17 30 | 18 11 | 15 41 | 00 55 | 03 36 | 13 59 | 18 15 | 13 05 | 01 46 | 10 50 | 13 55 | 08 27 |
| 27 | 21 06 | +03 39 | 24 42 | 17 51 | 18 08 | 15 38 | 00 54 | 03 36 | 13 58 | 18 15 | 13 13 | 01 47 | 10 48 | 13 53 | 08 27 |
| 28 | 21 17 | 09 00 | 24 55 | 18 11 | 18 06 | 15 35 | 00 52 | 03 36 | 13 58 | 18 15 | 13 21 | 01 48 | 10 45 | 13 51 | 08 27 |
| 29 | 21 28 | 14 08 | 25 06 | 18 31 | 18 03 | 15 32 | 00 50 | 03 36 | 13 58 | 18 15 | 13 29 | 01 49 | 10 42 | 13 49 | 08 26 |
| 30 | 21 38 | 18 44 | 25 16 | 18 50 | 18 01 | 15 30 | 00 49 | 03 36 | 13 58 | 18 16 | 13 37 | 01 50 | 10 38 | 13 47 | 08 26 |

Lunar Phases -- 2 ○ 19:15 9 ◑ 15:57 16 ● 19:15 24 ◐ 21:40 Sun enters ♐ 11/22 04:24

# Longitudes of Main Planets - December 2009

0:00 E.T.

| D | S.T. | ☉ | ☽ | ☽ 12:00 | ☿ | ♀ | ♂ | ♃ | ♄ | ♅ | ♆ | ♇ | ☊ |
|---|---|---|---|---|---|---|---|---|---|---|---|---|---|
| 1 | 4:39:56 | 08♐55 11 | 21♉29 | 28♉34 | 22♐58 | 28♏51 | 17♌24 | 20♒55 | 02♎59 | 22♓42℞ | 23♒53 | 02♑12 | 23♑16 |
| 2 | 4:43:52 | 09 55 59 | 05♊44 | 12♊57 | 24 28 | 00♐06 | 17 37 | 21 03 | 03 03 | 22 42D | 23 54 | 02 14 | 23 13 |
| 3 | 4:47:49 | 10 56 48 | 20 14 | 27 32 | 25 58 | 01 21 | 17 49 | 21 12 | 03 08 | 22 42 | 23 55 | 02 16 | 23 10 |
| 4 | 4:51:45 | 11 57 38 | 04♋53 | 12♋13 | 27 27 | 02 37 | 18 01 | 21 21 | 03 12 | 22 42 | 23 56 | 02 18 | 23 07 |
| 5 | 4:55:42 | 12 58 29 | 19 34 | 26 53 | 28 56 | 03 52 | 18 12 | 21 30 | 03 16 | 22 43 | 23 57 | 02 20 | 23 04 |
| 6 | 4:59:39 | 13 59 21 | 04♌10 | 11♌25 | 00♑24 | 05 08 | 18 23 | 21 40 | 03 20 | 22 43 | 23 58 | 02 22 | 23 00 |
| 7 | 5:03:35 | 15 00 15 | 18 38 | 25 47 | 01 52 | 06 23 | 18 33 | 21 49 | 03 24 | 22 43 | 23 59 | 02 24 | 22 57 |
| 8 | 5:07:32 | 16 01 10 | 02♍53 | 09♍56 | 03 19 | 07 39 | 18 43 | 21 59 | 03 28 | 22 43 | 24 00 | 02 27 | 22 54 |
| 9 | 5:11:28 | 17 02 06 | 16 54 | 23 49 | 04 45 | 08 54 | 18 51 | 22 08 | 03 31 | 22 44 | 24 01 | 02 29 | 22 51 |
| 10 | 5:15:25 | 18 03 04 | 00♎41 | 07♎29 | 06 10 | 10 10 | 19 00 | 22 18 | 03 35 | 22 44 | 24 02 | 02 31 | 22 48 |
| 11 | 5:19:21 | 19 04 02 | 14 13 | 20 53 | 07 34 | 11 25 | 19 07 | 22 28 | 03 39 | 22 44 | 24 04 | 02 33 | 22 44 |
| 12 | 5:23:18 | 20 05 02 | 27 31 | 04♏04 | 08 56 | 12 41 | 19 14 | 22 38 | 03 42 | 22 45 | 24 05 | 02 35 | 22 41 |
| 13 | 5:27:14 | 21 06 03 | 10♏35 | 17 02 | 10 17 | 13 56 | 19 20 | 22 48 | 03 45 | 22 45 | 24 06 | 02 37 | 22 38 |
| 14 | 5:31:11 | 22 07 05 | 23 26 | 29 46 | 11 35 | 15 12 | 19 25 | 22 58 | 03 49 | 22 46 | 24 07 | 02 39 | 22 35 |
| 15 | 5:35:08 | 23 08 08 | 06♐04 | 12♐18 | 12 52 | 16 27 | 19 30 | 23 09 | 03 52 | 22 47 | 24 09 | 02 41 | 22 32 |
| 16 | 5:39:04 | 24 09 12 | 18 30 | 24 38 | 14 06 | 17 43 | 19 34 | 23 19 | 03 55 | 22 47 | 24 10 | 02 44 | 22 29 |
| 17 | 5:43:01 | 25 10 16 | 00♑44 | 06♑47 | 15 16 | 18 58 | 19 37 | 23 30 | 03 58 | 22 48 | 24 11 | 02 46 | 22 25 |
| 18 | 5:46:57 | 26 11 21 | 12 48 | 18 47 | 16 23 | 20 14 | 19 39 | 23 41 | 04 01 | 22 49 | 24 13 | 02 48 | 22 22 |
| 19 | 5:50:54 | 27 12 27 | 24 44 | 00♒40 | 17 26 | 21 29 | 19 41 | 23 51 | 04 04 | 22 50 | 24 14 | 02 50 | 22 19 |
| 20 | 5:54:50 | 28 13 33 | 06♒34 | 12 27 | 18 24 | 22 45 | 19 42 | 24 02 | 04 06 | 22 51 | 24 16 | 02 52 | 22 16 |
| 21 | 5:58:47 | 29 14 39 | 18 21 | 24 14 | 19 16 | 24 00 | 19 42℞ | 24 13 | 04 09 | 22 52 | 24 17 | 02 54 | 22 13 |
| 22 | 6:02:43 | 00♑15 46 | 00♓08 | 06♓04 | 20 02 | 25 16 | 19 41 | 24 25 | 04 11 | 22 53 | 24 19 | 02 57 | 22 10 |
| 23 | 6:06:40 | 01 16 53 | 12 01 | 18 01 | 20 41 | 26 31 | 19 39 | 24 36 | 04 14 | 22 54 | 24 20 | 02 59 | 22 06 |
| 24 | 6:10:37 | 02 18 00 | 24 04 | 00♈10 | 21 12 | 27 47 | 19 37 | 24 47 | 04 16 | 22 55 | 24 22 | 03 01 | 22 03 |
| 25 | 6:14:33 | 03 19 07 | 06♈21 | 12 36 | 21 34 | 29 02 | 19 34 | 24 59 | 04 18 | 22 56 | 24 23 | 03 03 | 22 00 |
| 26 | 6:18:30 | 04 20 15 | 18 57 | 25 24 | 21 46 | 00♑18 | 19 30 | 25 10 | 04 20 | 22 57 | 24 25 | 03 05 | 21 57 |
| 27 | 6:22:26 | 05 21 22 | 01♉57 | 08♉36 | 21 47℞ | 01 33 | 19 25 | 25 22 | 04 22 | 22 58 | 24 26 | 03 08 | 21 54 |
| 28 | 6:26:23 | 06 22 30 | 15 23 | 22 16 | 21 37 | 02 49 | 19 20 | 25 34 | 04 24 | 23 00 | 24 28 | 03 10 | 21 50 |
| 29 | 6:30:19 | 07 23 37 | 29 16 | 06♊23 | 21 15 | 04 04 | 19 13 | 25 45 | 04 26 | 23 01 | 24 30 | 03 12 | 21 47 |
| 30 | 6:34:16 | 08 24 45 | 13♊36 | 20 54 | 20 41 | 05 20 | 19 06 | 25 57 | 04 27 | 23 02 | 24 31 | 03 14 | 21 44 |
| 31 | 6:38:12 | 09 25 52 | 28 17 | 05♋44 | 19 56 | 06 35 | 18 58 | 26 09 | 04 29 | 23 04 | 24 33 | 03 16 | 21 41 |

0:00 E.T.

## Longitudes of the Major Asteroids and Chiron

| D | ⚳ | ⚴ | ⚵ | ⚶ | ⚷ |
|---|---|---|---|---|---|
| 1 | 21♏36 | 25♎52 | 24♓39 | 02♍44 | 21♒43 |
| 2 | 22 02 | 26 17 | 24 53 | 02 57 | 21 45 |
| 3 | 22 28 | 26 41 | 25 07 | 03 09 | 21 47 |
| 4 | 22 53 | 27 06 | 25 21 | 03 21 | 21 49 |
| 5 | 23 19 | 27 30 | 25 36 | 03 33 | 21 51 |
| 6 | 23 45 | 27 54 | 25 51 | 03 45 | 21 53 |
| 7 | 24 10 | 28 18 | 26 06 | 03 56 | 21 56 |
| 8 | 24 36 | 28 42 | 26 22 | 04 07 | 21 58 |
| 9 | 25 01 | 29 06 | 26 39 | 04 17 | 22 00 |
| 10 | 25 27 | 29 30 | 26 55 | 04 28 | 22 02 |
| 11 | 25 52 | 29 54 | 27 12 | 04 37 | 22 05 |
| 12 | 26 18 | 00♏18 | 27 30 | 04 47 | 22 07 |
| 13 | 26 43 | 00 41 | 27 47 | 04 56 | 22 10 |
| 14 | 27 08 | 01 05 | 28 05 | 05 05 | 22 13 |
| 15 | 27 33 | 01 28 | 28 24 | 05 14 | 22 15 |
| 16 | 27 59 | 01 51 | 28 43 | 05 22 | 22 18 |
| 17 | 28 24 | 02 15 | 29 02 | 05 29 | 22 21 |
| 18 | 28 49 | 02 38 | 29 21 | 05 37 | 22 23 |
| 19 | 29 14 | 03 01 | 29 41 | 05 44 | 22 26 |
| 20 | 29 39 | 03 23 | 00♈01 | 05 50 | 22 29 |
| 21 | 00♐04 | 03 46 | 00 22 | 05 57 | 22 32 |
| 22 | 00 29 | 04 09 | 00 42 | 06 02 | 22 35 |
| 23 | 00 53 | 04 31 | 01 03 | 06 08 | 22 38 |
| 24 | 01 18 | 04 53 | 01 25 | 06 13 | 22 41 |
| 25 | 01 43 | 05 15 | 01 46 | 06 17 | 22 44 |
| 26 | 02 07 | 05 37 | 02 08 | 06 22 | 22 47 |
| 27 | 02 32 | 05 59 | 02 30 | 06 25 | 22 50 |
| 28 | 02 56 | 06 21 | 02 53 | 06 29 | 22 54 |
| 29 | 03 21 | 06 43 | 03 16 | 06 32 | 22 57 |
| 30 | 03 45 | 07 04 | 03 39 | 06 34 | 23 00 |
| 31 | 04 09 | 07 26 | 04 02 | 06 36 | 23 04 |

## Lunar Data

| Last Asp. | | Ingress | | |
|---|---|---|---|---|
| 1 | 13:40 | 1 | ♊ | 14:24 |
| 3 | 10:29 | 3 | ♋ | 16:02 |
| 5 | 05:10 | 5 | ♌ | 17:08 |
| 7 | 08:59 | 7 | ♍ | 19:07 |
| 9 | 10:06 | 9 | ♎ | 22:48 |
| 11 | 17:46 | 12 | ♏ | 04:33 |
| 14 | 01:19 | 14 | ♐ | 12:26 |
| 16 | 12:03 | 16 | ♑ | 22:33 |
| 18 | 20:09 | 19 | ♒ | 10:40 |
| 21 | 12:55 | 21 | ♓ | 23:43 |
| 24 | 08:10 | 24 | ♈ | 11:40 |
| 26 | 11:45 | 26 | ♉ | 20:27 |
| 28 | 17:55 | 29 | ♊ | 01:14 |
| 30 | 20:30 | 31 | ♋ | 02:46 |

0:00 E.T.

## Declinations

| D | ☉ | ☽ | ☿ | ♀ | ♂ | ♃ | ♄ | ♅ | ♆ | ♇ | ⚳ | ⚴ | ⚵ | ⚶ | ⚷ |
|---|---|---|---|---|---|---|---|---|---|---|---|---|---|---|---|
| 1 | -21 47 | +22 28 | -25 24 | -19 09 | +17 59 | -15 27 | +00 47 | -03 36 | -13 57 | -18 16 | -13 44 | -01 50 | -10 35 | +13 45 | -08 26 |
| 2 | 21 56 | 24 55 | 25 31 | 19 27 | 17 57 | 15 24 | 00 46 | 03 36 | 13 57 | 18 16 | 13 52 | 01 51 | 10 31 | 13 44 | 08 26 |
| 3 | 22 05 | 25 47 | 25 37 | 19 45 | 17 56 | 15 21 | 00 44 | 03 36 | 13 57 | 18 16 | 14 00 | 01 51 | 10 27 | 13 42 | 08 26 |
| 4 | 22 13 | 24 51 | 25 41 | 20 02 | 17 54 | 15 18 | 00 43 | 03 36 | 13 56 | 18 16 | 14 07 | 01 51 | 10 23 | 13 41 | 08 25 |
| 5 | 22 21 | 22 12 | 25 44 | 20 19 | 17 53 | 15 15 | 00 41 | 03 36 | 13 56 | 18 16 | 14 15 | 01 51 | 10 18 | 13 40 | 08 25 |
| 6 | 22 29 | 18 07 | 25 46 | 20 35 | 17 52 | 15 12 | 00 40 | 03 36 | 13 56 | 18 16 | 14 22 | 01 51 | 10 14 | 13 38 | 08 25 |
| 7 | 22 36 | 12 59 | 25 46 | 20 50 | 17 51 | 15 09 | 00 39 | 03 35 | 13 55 | 18 16 | 14 29 | 01 51 | 10 09 | 13 38 | 08 24 |
| 8 | 22 42 | 07 14 | 25 44 | 21 05 | 17 50 | 15 06 | 00 37 | 03 35 | 13 55 | 18 16 | 14 37 | 01 51 | 10 04 | 13 37 | 08 24 |
| 9 | 22 48 | 01 13 | 25 42 | 21 19 | 17 50 | 15 02 | 00 36 | 03 35 | 13 55 | 18 17 | 14 44 | 01 50 | 09 58 | 13 36 | 08 24 |
| 10 | 22 54 | -04 44 | 25 37 | 21 33 | 17 49 | 14 59 | 00 35 | 03 35 | 13 54 | 18 17 | 14 51 | 01 50 | 09 53 | 13 36 | 08 23 |
| 11 | 22 59 | 10 22 | 25 31 | 21 45 | 17 49 | 14 56 | 00 34 | 03 35 | 13 54 | 18 17 | 14 58 | 01 49 | 09 47 | 13 35 | 08 23 |
| 12 | 23 04 | 15 25 | 25 24 | 21 58 | 17 49 | 14 52 | 00 33 | 03 35 | 13 53 | 18 17 | 15 05 | 01 48 | 09 42 | 13 35 | 08 22 |
| 13 | 23 08 | 19 40 | 25 16 | 22 09 | 17 50 | 14 49 | 00 32 | 03 34 | 13 53 | 18 17 | 15 12 | 01 47 | 09 36 | 13 35 | 08 22 |
| 14 | 23 12 | 22 55 | 25 06 | 22 20 | 17 51 | 14 46 | 00 30 | 03 34 | 13 53 | 18 17 | 15 18 | 01 46 | 09 30 | 13 35 | 08 22 |
| 15 | 23 16 | 24 58 | 24 55 | 22 31 | 17 51 | 14 42 | 00 29 | 03 34 | 13 52 | 18 17 | 15 25 | 01 45 | 09 23 | 13 35 | 08 21 |
| 16 | 23 19 | 25 46 | 24 42 | 22 40 | 17 53 | 14 39 | 00 29 | 03 33 | 13 52 | 18 17 | 15 32 | 01 44 | 09 17 | 13 36 | 08 21 |
| 17 | 23 21 | 25 16 | 24 29 | 22 49 | 17 54 | 14 35 | 00 28 | 03 33 | 13 51 | 18 17 | 15 38 | 01 42 | 09 10 | 13 36 | 08 20 |
| 18 | 23 23 | 23 35 | 24 14 | 22 58 | 17 56 | 14 31 | 00 27 | 03 33 | 13 51 | 18 17 | 15 45 | 01 40 | 09 03 | 13 37 | 08 20 |
| 19 | 23 25 | 20 51 | 23 58 | 23 05 | 17 58 | 14 28 | 00 26 | 03 32 | 13 50 | 18 17 | 15 51 | 01 39 | 08 56 | 13 38 | 08 19 |
| 20 | 23 26 | 17 17 | 23 42 | 23 12 | 18 00 | 14 24 | 00 25 | 03 32 | 13 50 | 18 17 | 15 58 | 01 37 | 08 49 | 13 39 | 08 18 |
| 21 | 23 26 | 13 02 | 23 24 | 23 18 | 18 02 | 14 20 | 00 24 | 03 32 | 13 49 | 18 18 | 16 04 | 01 35 | 08 42 | 13 40 | 08 18 |
| 22 | 23 26 | 08 19 | 23 07 | 23 24 | 18 05 | 14 17 | 00 24 | 03 31 | 13 49 | 18 18 | 16 10 | 01 32 | 08 34 | 13 42 | 08 17 |
| 23 | 23 26 | 03 16 | 22 49 | 23 29 | 18 08 | 14 13 | 00 23 | 03 31 | 13 48 | 18 18 | 16 16 | 01 30 | 08 27 | 13 44 | 08 16 |
| 24 | 23 25 | +01 57 | 22 30 | 23 33 | 18 11 | 14 09 | 00 22 | 03 30 | 13 48 | 18 18 | 16 22 | 01 27 | 08 19 | 13 45 | 08 16 |
| 25 | 23 24 | 07 12 | 22 12 | 23 36 | 18 14 | 14 05 | 00 22 | 03 30 | 13 47 | 18 18 | 16 28 | 01 25 | 08 11 | 13 47 | 08 15 |
| 26 | 23 22 | 12 18 | 21 55 | 23 39 | 18 18 | 14 01 | 00 21 | 03 29 | 13 47 | 18 18 | 16 34 | 01 22 | 08 03 | 13 50 | 08 14 |
| 27 | 23 20 | 17 01 | 21 38 | 23 40 | 18 22 | 13 57 | 00 21 | 03 29 | 13 46 | 18 18 | 16 40 | 01 19 | 07 55 | 13 52 | 08 14 |
| 28 | 23 17 | 21 03 | 21 22 | 23 41 | 18 26 | 13 53 | 00 20 | 03 28 | 13 46 | 18 18 | 16 46 | 01 16 | 07 47 | 13 55 | 08 13 |
| 29 | 23 14 | 24 03 | 21 06 | 23 42 | 18 30 | 13 49 | 00 20 | 03 28 | 13 45 | 18 18 | 16 51 | 01 12 | 07 39 | 13 57 | 08 12 |
| 30 | 23 10 | 25 38 | 20 52 | 23 41 | 18 35 | 13 45 | 00 19 | 03 27 | 13 44 | 18 18 | 16 57 | 01 09 | 07 30 | 14 00 | 08 11 |
| 31 | 23 06 | 25 29 | 20 40 | 23 40 | 18 40 | 13 41 | 00 19 | 03 26 | 13 44 | 18 18 | 17 02 | 01 05 | 07 21 | 14 03 | 08 11 |

Lunar Phases -- 2 ○ 07:32 9 ◑ 00:15 16 ● 12:03 24 ◐ 17:37 31 Ⓔ 19:14 Sun enters ♑ 12/21 17:48

## 0:00 E.T. Longitudes of Main Planets - January 2010

| D | S.T. | ☉ | ☽ | ☽ 12:00 | ☿ | ♀ | ♂ | ♃ | ♄ | ♅ | ♆ | ♇ | ☊ |
|---|---|---|---|---|---|---|---|---|---|---|---|---|---|
| 1 | 6:42:09 | 10♑27 00 | 13♋14 | 20♋46 | 19♑00℞ | 07♑51 | 18♌49℞ | 26♒22 | 04♎30 | 23♓05 | 24♒35 | 03♑18 | 21♑38 |
| 2 | 6:46:06 | 11 28 08 | 28 18 | 05♌50 | 17 54 | 09 06 | 18 39 | 26 34 | 04 32 | 23 07 | 24 37 | 03 21 | 21 35 |
| 3 | 6:50:02 | 12 29 16 | 13♌21 | 20 49 | 16 42 | 10 22 | 18 29 | 26 46 | 04 33 | 23 09 | 24 39 | 03 23 | 21 31 |
| 4 | 6:53:59 | 13 30 24 | 28 13 | 05♍34 | 15 23 | 11 37 | 18 18 | 26 58 | 04 34 | 23 10 | 24 40 | 03 25 | 21 28 |
| 5 | 6:57:55 | 14 31 32 | 12♍50 | 20 00 | 14 03 | 12 53 | 18 06 | 27 11 | 04 35 | 23 12 | 24 42 | 03 27 | 21 25 |
| 6 | 7:01:52 | 15 32 41 | 27 05 | 04♎04 | 12 42 | 14 08 | 17 53 | 27 23 | 04 36 | 23 14 | 24 44 | 03 29 | 21 22 |
| 7 | 7:05:48 | 16 33 50 | 10♎58 | 17 46 | 11 23 | 15 24 | 17 39 | 27 36 | 04 37 | 23 15 | 24 46 | 03 31 | 21 19 |
| 8 | 7:09:45 | 17 34 58 | 24 28 | 01♏05 | 10 10 | 16 39 | 17 24 | 27 48 | 04 37 | 23 17 | 24 48 | 03 33 | 21 16 |
| 9 | 7:13:41 | 18 36 08 | 07♏37 | 14 04 | 09 03 | 17 55 | 17 09 | 28 01 | 04 38 | 23 19 | 24 50 | 03 36 | 21 12 |
| 10 | 7:17:38 | 19 37 17 | 20 27 | 26 46 | 08 05 | 19 10 | 16 53 | 28 14 | 04 38 | 23 21 | 24 52 | 03 38 | 21 09 |
| 11 | 7:21:34 | 20 38 26 | 03♐01 | 09♐13 | 07 15 | 20 26 | 16 37 | 28 27 | 04 39 | 23 23 | 24 54 | 03 40 | 21 06 |
| 12 | 7:25:31 | 21 39 35 | 15 22 | 21 28 | 06 36 | 21 41 | 16 19 | 28 40 | 04 39 | 23 25 | 24 56 | 03 42 | 21 03 |
| 13 | 7:29:28 | 22 40 44 | 27 32 | 03♑33 | 06 06 | 22 57 | 16 01 | 28 53 | 04 39 | 23 27 | 24 58 | 03 44 | 21 00 |
| 14 | 7:33:24 | 23 41 53 | 09♑33 | 15 31 | 05 46 | 24 12 | 15 42 | 29 06 | 04 39℞ | 23 29 | 25 00 | 03 46 | 20 56 |
| 15 | 7:37:21 | 24 43 01 | 21 28 | 27 23 | 05 35 | 25 28 | 15 23 | 29 19 | 04 39 | 23 31 | 25 02 | 03 48 | 20 53 |
| 16 | 7:41:17 | 25 44 09 | 03♒18 | 09♒12 | 05 34D | 26 43 | 15 03 | 29 32 | 04 39 | 23 33 | 25 04 | 03 50 | 20 50 |
| 17 | 7:45:14 | 26 45 17 | 15 06 | 21 00 | 05 40 | 27 59 | 14 43 | 29 45 | 04 39 | 23 35 | 25 06 | 03 52 | 20 47 |
| 18 | 7:49:10 | 27 46 24 | 26 54 | 02♓48 | 05 54 | 29 14 | 14 22 | 29 59 | 04 38 | 23 38 | 25 08 | 03 54 | 20 44 |
| 19 | 7:53:07 | 28 47 30 | 08♓44 | 14 41 | 06 16 | 00♒30 | 14 00 | 00♓12 | 04 38 | 23 40 | 25 10 | 03 56 | 20 41 |
| 20 | 7:57:03 | 29 48 35 | 20 39 | 26 40 | 06 43 | 01 45 | 13 38 | 00 26 | 04 37 | 23 42 | 25 12 | 03 58 | 20 37 |
| 21 | 8:01:00 | 00♒49 40 | 02♈43 | 08♈49 | 07 17 | 03 00 | 13 16 | 00 39 | 04 36 | 23 44 | 25 14 | 04 00 | 20 34 |
| 22 | 8:04:57 | 01 50 43 | 14 59 | 21 13 | 07 55 | 04 16 | 12 53 | 00 53 | 04 35 | 23 47 | 25 16 | 04 02 | 20 31 |
| 23 | 8:08:53 | 02 51 46 | 27 31 | 03♉55 | 08 39 | 05 31 | 12 30 | 01 06 | 04 34 | 23 49 | 25 18 | 04 04 | 20 28 |
| 24 | 8:12:50 | 03 52 48 | 10♉24 | 16 58 | 09 27 | 06 47 | 12 07 | 01 20 | 04 33 | 23 52 | 25 20 | 04 06 | 20 25 |
| 25 | 8:16:46 | 04 53 49 | 23 39 | 00♊27 | 10 18 | 08 02 | 11 43 | 01 34 | 04 32 | 23 54 | 25 23 | 04 08 | 20 22 |
| 26 | 8:20:43 | 05 54 48 | 07♊22 | 14 23 | 11 14 | 09 17 | 11 19 | 01 47 | 04 31 | 23 57 | 25 25 | 04 10 | 20 18 |
| 27 | 8:24:39 | 06 55 47 | 21 31 | 28 45 | 12 12 | 10 33 | 10 56 | 02 01 | 04 30 | 23 59 | 25 27 | 04 12 | 20 15 |
| 28 | 8:28:36 | 07 56 45 | 06♋06 | 13♋32 | 13 13 | 11 48 | 10 32 | 02 15 | 04 28 | 24 02 | 25 29 | 04 14 | 20 12 |
| 29 | 8:32:32 | 08 57 41 | 21 03 | 28 37 | 14 17 | 13 03 | 10 08 | 02 29 | 04 26 | 24 05 | 25 31 | 04 16 | 20 09 |
| 30 | 8:36:29 | 09 58 37 | 06♌14 | 13♌52 | 15 24 | 14 19 | 09 44 | 02 43 | 04 25 | 24 07 | 25 34 | 04 18 | 20 06 |
| 31 | 8:40:26 | 10 59 31 | 21 30 | 29 07 | 16 32 | 15 34 | 09 20 | 02 57 | 04 23 | 24 10 | 25 36 | 04 20 | 20 02 |

## 0:00 E.T. Longitudes of the Major Asteroids and Chiron

| D | ⚳ | ⚴ | ⚵ | ⚶ | ⚷ |
|---|---|---|---|---|---|
| 1 | 04♐34 | 07♏47 | 04♈26 | 06♍38 | 23♒07 |
| 2 | 04 58 | 08 08 | 04 49 | 06 39 | 23 10 |
| 3 | 05 22 | 08 29 | 05 13 | 06 39 | 23 14 |
| 4 | 05 46 | 08 50 | 05 38 | 06 40℞ | 23 17 |
| 5 | 06 10 | 09 10 | 06 02 | 06 39 | 23 21 |
| 6 | 06 34 | 09 31 | 06 27 | 06 39 | 23 24 |
| 7 | 06 57 | 09 51 | 06 52 | 06 38 | 23 28 |
| 8 | 07 21 | 10 11 | 07 17 | 06 36 | 23 32 |
| 9 | 07 45 | 10 31 | 07 43 | 06 34 | 23 35 |
| 10 | 08 08 | 10 51 | 08 08 | 06 31 | 23 39 |
| 11 | 08 32 | 11 11 | 08 34 | 06 28 | 23 43 |
| 12 | 08 55 | 11 30 | 09 00 | 06 25 | 23 46 |
| 13 | 09 18 | 11 49 | 09 26 | 06 21 | 23 50 |
| 14 | 09 42 | 12 09 | 09 53 | 06 16 | 23 54 |
| 15 | 10 05 | 12 27 | 10 20 | 06 11 | 23 58 |
| 16 | 10 28 | 12 46 | 10 46 | 06 06 | 24 02 |
| 17 | 10 51 | 13 05 | 11 14 | 06 00 | 24 06 |
| 18 | 11 13 | 13 23 | 11 41 | 05 54 | 24 10 |
| 19 | 11 36 | 13 41 | 12 08 | 05 47 | 24 13 |
| 20 | 11 59 | 13 59 | 12 36 | 05 40 | 24 17 |
| 21 | 12 21 | 14 17 | 13 04 | 05 32 | 24 21 |
| 22 | 12 44 | 14 34 | 13 32 | 05 24 | 24 25 |
| 23 | 13 06 | 14 52 | 14 00 | 05 15 | 24 29 |
| 24 | 13 28 | 15 09 | 14 28 | 05 06 | 24 33 |
| 25 | 13 50 | 15 26 | 14 57 | 04 56 | 24 38 |
| 26 | 14 12 | 15 42 | 15 26 | 04 47 | 24 42 |
| 27 | 14 34 | 15 59 | 15 54 | 04 36 | 24 46 |
| 28 | 14 56 | 16 15 | 16 23 | 04 26 | 24 50 |
| 29 | 15 18 | 16 31 | 16 53 | 04 14 | 24 54 |
| 30 | 15 39 | 16 46 | 17 22 | 04 03 | 24 58 |
| 31 | 16 01 | 17 02 | 17 51 | 03 51 | 25 02 |

## Lunar Data

| Last Asp. | | Ingress | | |
|---|---|---|---|---|
| 1 | 15:44 | 2 | ♌ | 02:42 |
| 3 | 21:56 | 4 | ♍ | 02:54 |
| 5 | 17:26 | 6 | ♎ | 04:60 |
| 8 | 06:08 | 8 | ♏ | 10:02 |
| 10 | 15:03 | 10 | ♐ | 18:11 |
| 13 | 02:44 | 13 | ♑ | 04:55 |
| 15 | 09:03 | 15 | ♒ | 17:18 |
| 17 | 20:24 | 18 | ♓ | 06:18 |
| 20 | 06:07 | 20 | ♈ | 18:37 |
| 22 | 19:47 | 23 | ♉ | 04:40 |
| 25 | 03:04 | 25 | ♊ | 11:12 |
| 27 | 06:33 | 27 | ♋ | 14:02 |
| 29 | 04:50 | 29 | ♌ | 14:11 |
| 31 | 06:28 | 31 | ♍ | 13:24 |

## 0:00 E.T. Declinations

| D | ☉ | ☽ | ☿ | ♀ | ♂ | ♃ | ♄ | ♅ | ♆ | ♇ | ⚳ | ⚴ | ⚵ | ⚶ | ⚷ |
|---|---|---|---|---|---|---|---|---|---|---|---|---|---|---|---|
| 1 | -23 02 | +23 30 | -20 28 | -23 39 | +18 45 | -13 37 | +00 19 | -03 26 | -13 43 | -18 18 | -17 08 | -01 01 | -07 13 | +14 07 | -08 10 |
| 2 | 22 57 | 19 51 | 20 19 | 23 36 | 18 51 | 13 32 | 00 18 | 03 25 | 13 43 | 18 18 | 17 13 | 00 57 | 07 04 | 14 10 | 08 09 |
| 3 | 22 51 | 14 53 | 20 10 | 23 33 | 18 56 | 13 28 | 00 18 | 03 24 | 13 42 | 18 18 | 17 19 | 00 53 | 06 55 | 14 14 | 08 08 |
| 4 | 22 45 | 09 05 | 20 03 | 23 29 | 19 02 | 13 24 | 00 18 | 03 24 | 13 42 | 18 18 | 17 24 | 00 49 | 06 46 | 14 18 | 08 07 |
| 5 | 22 39 | 02 54 | 19 58 | 23 24 | 19 08 | 13 20 | 00 18 | 03 23 | 13 41 | 18 18 | 17 29 | 00 44 | 06 37 | 14 22 | 08 06 |
| 6 | 22 32 | -03 17 | 19 54 | 23 18 | 19 14 | 13 15 | 00 18 | 03 22 | 13 40 | 18 18 | 17 34 | 00 40 | 06 27 | 14 26 | 08 06 |
| 7 | 22 25 | 09 08 | 19 51 | 23 12 | 19 21 | 13 11 | 00 18 | 03 22 | 13 40 | 18 18 | 17 39 | 00 35 | 06 18 | 14 31 | 08 05 |
| 8 | 22 17 | 14 24 | 19 50 | 23 05 | 19 27 | 13 06 | 00 18 | 03 21 | 13 39 | 18 18 | 17 44 | 00 30 | 06 09 | 14 36 | 08 04 |
| 9 | 22 09 | 18 51 | 19 51 | 22 58 | 19 34 | 13 02 | 00 18 | 03 20 | 13 38 | 18 18 | 17 49 | 00 25 | 05 59 | 14 40 | 08 03 |
| 10 | 22 00 | 22 19 | 19 52 | 22 49 | 19 41 | 12 58 | 00 18 | 03 19 | 13 38 | 18 18 | 17 54 | 00 19 | 05 49 | 14 46 | 08 02 |
| 11 | 21 51 | 24 38 | 19 55 | 22 40 | 19 48 | 12 53 | 00 18 | 03 18 | 13 37 | 18 18 | 17 59 | 00 14 | 05 40 | 14 51 | 08 01 |
| 12 | 21 42 | 25 43 | 19 59 | 22 31 | 19 55 | 12 48 | 00 18 | 03 18 | 13 36 | 18 18 | 18 03 | 00 08 | 05 30 | 14 56 | 08 00 |
| 13 | 21 32 | 25 32 | 20 04 | 22 20 | 20 03 | 12 44 | 00 18 | 03 17 | 13 36 | 18 18 | 18 08 | 00 02 | 05 20 | 15 02 | 07 59 |
| 14 | 21 22 | 24 10 | 20 11 | 22 09 | 20 10 | 12 39 | 00 19 | 03 16 | 13 35 | 18 18 | 18 12 | +00 04 | 05 10 | 15 08 | 07 58 |
| 15 | 21 11 | 21 42 | 20 17 | 21 57 | 20 18 | 12 35 | 00 19 | 03 15 | 13 34 | 18 18 | 18 17 | 00 10 | 05 00 | 15 14 | 07 57 |
| 16 | 21 00 | 18 20 | 20 25 | 21 45 | 20 25 | 12 30 | 00 19 | 03 14 | 13 34 | 18 18 | 18 21 | 00 17 | 04 50 | 15 20 | 07 56 |
| 17 | 20 48 | 14 15 | 20 33 | 21 32 | 20 33 | 12 25 | 00 20 | 03 13 | 13 33 | 18 18 | 18 25 | 00 23 | 04 39 | 15 26 | 07 55 |
| 18 | 20 36 | 09 38 | 20 41 | 21 18 | 20 41 | 12 21 | 00 20 | 03 12 | 13 32 | 18 18 | 18 30 | 00 30 | 04 29 | 15 33 | 07 54 |
| 19 | 20 24 | 04 40 | 20 50 | 21 04 | 20 48 | 12 16 | 00 20 | 03 11 | 13 32 | 18 18 | 18 34 | 00 37 | 04 19 | 15 40 | 07 53 |
| 20 | 20 11 | +00 30 | 20 58 | 20 49 | 20 56 | 12 11 | 00 21 | 03 11 | 13 31 | 18 18 | 18 38 | 00 44 | 04 08 | 15 46 | 07 51 |
| 21 | 19 58 | 05 41 | 21 06 | 20 33 | 21 04 | 12 06 | 00 21 | 03 10 | 13 30 | 18 18 | 18 42 | 00 52 | 03 58 | 15 53 | 07 50 |
| 22 | 19 45 | 10 45 | 21 14 | 20 17 | 21 12 | 12 02 | 00 22 | 03 09 | 13 30 | 18 18 | 18 46 | 00 59 | 03 47 | 16 01 | 07 49 |
| 23 | 19 31 | 15 29 | 21 22 | 20 00 | 21 19 | 11 57 | 00 23 | 03 08 | 13 29 | 18 18 | 18 50 | 01 07 | 03 37 | 16 08 | 07 48 |
| 24 | 19 17 | 19 40 | 21 29 | 19 43 | 21 27 | 11 52 | 00 23 | 03 07 | 13 28 | 18 18 | 18 54 | 01 15 | 03 26 | 16 15 | 07 47 |
| 25 | 19 02 | 23 00 | 21 35 | 19 25 | 21 34 | 11 47 | 00 24 | 03 06 | 13 27 | 18 18 | 18 57 | 01 23 | 03 15 | 16 23 | 07 46 |
| 26 | 18 48 | 25 09 | 21 41 | 19 06 | 21 42 | 11 42 | 00 25 | 03 05 | 13 27 | 18 18 | 19 01 | 01 31 | 03 04 | 16 31 | 07 45 |
| 27 | 18 32 | 25 46 | 21 46 | 18 47 | 21 49 | 11 37 | 00 26 | 03 04 | 13 26 | 18 18 | 19 05 | 01 40 | 02 54 | 16 38 | 07 43 |
| 28 | 18 17 | 24 40 | 21 50 | 18 27 | 21 56 | 11 32 | 00 27 | 03 02 | 13 25 | 18 18 | 19 08 | 01 49 | 02 43 | 16 46 | 07 42 |
| 29 | 18 01 | 21 48 | 21 53 | 18 07 | 22 03 | 11 27 | 00 27 | 03 01 | 13 25 | 18 18 | 19 12 | 01 58 | 02 32 | 16 54 | 07 41 |
| 30 | 17 45 | 17 23 | 21 55 | 17 47 | 22 10 | 11 22 | 00 28 | 03 00 | 13 24 | 18 17 | 19 15 | 02 07 | 02 21 | 17 02 | 07 40 |
| 31 | 17 28 | 11 48 | 21 57 | 17 25 | 22 17 | 11 17 | 00 29 | 02 59 | 13 23 | 18 17 | 19 19 | 02 16 | 02 10 | 17 11 | 07 39 |

Lunar Phases -- 7 ◑ 10:41 15 ● 07:13 • 23 ◐ 10:54 30 Ⓔ 06:19 Sun enters ♒ 1/20 04:29

**Feb. 10** — Longitudes of Main Planets - February 2010 — 0:00 E.T.

| D | S.T. | ☉ | ☽ | ☽ 12:00 | ☿ | ♀ | ♂ | ♃ | ♄ | ♅ | ♆ | ♇ | ☊ |
|---|---|---|---|---|---|---|---|---|---|---|---|---|---|
| 1 | 8:44:22 | 12♒00 25 | 06♍41 | 14♍12 | 17♑43 | 16♒49 | 08♌56℞ | 03♓11 | 04♎21℞ | 24♓13 | 25♒38 | 04♑21 | 19♑59 |
| 2 | 8:48:19 | 13 01 17 | 21 37 | 28 58 | 18 55 | 18 05 | 08 32 | 03 25 | 04 19 | 24 15 | 25 40 | 04 23 | 19 56 |
| 3 | 8:52:15 | 14 02 09 | 06♎12 | 13♎19 | 20 09 | 19 20 | 08 08 | 03 39 | 04 17 | 24 18 | 25 42 | 04 25 | 19 53 |
| 4 | 8:56:12 | 15 02 59 | 20 19 | 27 12 | 21 25 | 20 35 | 07 45 | 03 53 | 04 15 | 24 21 | 25 45 | 04 27 | 19 50 |
| 5 | 9:00:08 | 16 03 49 | 03♏58 | 10♏37 | 22 42 | 21 50 | 07 22 | 04 07 | 04 13 | 24 24 | 25 47 | 04 28 | 19 47 |
| 6 | 9:04:05 | 17 04 39 | 17 10 | 23 36 | 24 01 | 23 06 | 06 59 | 04 21 | 04 10 | 24 27 | 25 49 | 04 30 | 19 43 |
| 7 | 9:08:01 | 18 05 27 | 29 58 | 06♐14 | 25 21 | 24 21 | 06 37 | 04 35 | 04 08 | 24 30 | 25 51 | 04 32 | 19 40 |
| 8 | 9:11:58 | 19 06 14 | 12♐25 | 18 32 | 26 42 | 25 36 | 06 15 | 04 49 | 04 05 | 24 32 | 25 54 | 04 34 | 19 37 |
| 9 | 9:15:55 | 20 07 01 | 24 37 | 00♑38 | 28 04 | 26 51 | 05 53 | 05 04 | 04 02 | 24 35 | 25 56 | 04 35 | 19 34 |
| 10 | 9:19:51 | 21 07 46 | 06♑37 | 12 33 | 29 28 | 28 07 | 05 32 | 05 18 | 04 00 | 24 38 | 25 58 | 04 37 | 19 31 |
| 11 | 9:23:48 | 22 08 30 | 18 29 | 24 23 | 00♒53 | 29 22 | 05 11 | 05 32 | 03 57 | 24 41 | 26 01 | 04 39 | 19 28 |
| 12 | 9:27:44 | 23 09 13 | 00♒17 | 06♒11 | 02 18 | 00♓37 | 04 51 | 05 47 | 03 54 | 24 44 | 26 03 | 04 40 | 19 24 |
| 13 | 9:31:41 | 24 09 55 | 12 04 | 17 58 | 03 45 | 01 52 | 04 31 | 06 01 | 03 51 | 24 47 | 26 05 | 04 42 | 19 21 |
| 14 | 9:35:37 | 25 10 36 | 23 53 | 29 48 | 05 13 | 03 07 | 04 12 | 06 15 | 03 48 | 24 51 | 26 07 | 04 43 | 19 18 |
| 15 | 9:39:34 | 26 11 14 | 05♓44 | 11♓42 | 06 41 | 04 22 | 03 54 | 06 30 | 03 45 | 24 54 | 26 10 | 04 45 | 19 15 |
| 16 | 9:43:30 | 27 11 52 | 17 41 | 23 42 | 08 11 | 05 38 | 03 36 | 06 44 | 03 41 | 24 57 | 26 12 | 04 46 | 19 12 |
| 17 | 9:47:27 | 28 12 28 | 29 44 | 05♈49 | 09 41 | 06 53 | 03 19 | 06 58 | 03 38 | 25 00 | 26 14 | 04 48 | 19 08 |
| 18 | 9:51:24 | 29 13 02 | 11♈56 | 18 05 | 11 13 | 08 08 | 03 03 | 07 13 | 03 35 | 25 03 | 26 16 | 04 49 | 19 05 |
| 19 | 9:55:20 | 00♓13 35 | 24 18 | 00♉33 | 12 45 | 09 23 | 02 47 | 07 27 | 03 31 | 25 06 | 26 19 | 04 51 | 19 02 |
| 20 | 9:59:17 | 01 14 05 | 06♉53 | 13 16 | 14 19 | 10 38 | 02 32 | 07 42 | 03 28 | 25 09 | 26 21 | 04 52 | 18 59 |
| 21 | 10:03:13 | 02 14 34 | 19 43 | 26 16 | 15 53 | 11 53 | 02 18 | 07 56 | 03 24 | 25 13 | 26 23 | 04 53 | 18 56 |
| 22 | 10:07:10 | 03 15 02 | 02♊53 | 09♊35 | 17 28 | 13 08 | 02 05 | 08 11 | 03 20 | 25 16 | 26 26 | 04 55 | 18 53 |
| 23 | 10:11:06 | 04 15 27 | 16 23 | 23 18 | 19 05 | 14 23 | 01 52 | 08 25 | 03 17 | 25 19 | 26 28 | 04 56 | 18 49 |
| 24 | 10:15:03 | 05 15 50 | 00♋18 | 07♋24 | 20 42 | 15 38 | 01 41 | 08 40 | 03 13 | 25 22 | 26 30 | 04 57 | 18 46 |
| 25 | 10:18:59 | 06 16 12 | 14 36 | 21 54 | 22 20 | 16 53 | 01 30 | 08 54 | 03 09 | 25 26 | 26 32 | 04 59 | 18 43 |
| 26 | 10:22:56 | 07 16 31 | 29 17 | 06♌45 | 23 59 | 18 08 | 01 19 | 09 09 | 03 05 | 25 29 | 26 35 | 05 00 | 18 40 |
| 27 | 10:26:53 | 08 16 49 | 14♌16 | 21 50 | 25 39 | 19 23 | 01 10 | 09 23 | 03 01 | 25 32 | 26 37 | 05 01 | 18 37 |
| 28 | 10:30:49 | 09 17 04 | 29 26 | 07♍02 | 27 20 | 20 37 | 01 01 | 09 38 | 02 57 | 25 36 | 26 39 | 05 02 | 18 33 |

**0:00 E.T.** — Longitudes of the Major Asteroids and Chiron

| D | ⚳ | ⚴ | ⚵ | ⚶ | ⚷ | D | ⚳ | ⚴ | ⚵ | ⚶ | ⚷ |
|---|---|---|---|---|---|---|---|---|---|---|---|
| 1 | 16♐22 | 17♏17 | 18♈21 | 03♍39℞ | 25♒06 | 15 | 21 06 | 20 21 | 25 29 | 00 18 | 26 05 |
| 2 | 16 43 | 17 32 | 18 51 | 03 26 | 25 11 | 16 | 21 26 | 20 32 | 26 01 | 00 02 | 26 10 |
| 3 | 17 04 | 17 47 | 19 21 | 03 13 | 25 15 | 17 | 21 45 | 20 42 | 26 32 | 29♌47 | 26 14 |
| 4 | 17 25 | 18 01 | 19 51 | 03 00 | 25 19 | 18 | 22 04 | 20 52 | 27 04 | 29 31 | 26 18 |
| 5 | 17 46 | 18 15 | 20 21 | 02 47 | 25 23 | 19 | 22 23 | 21 02 | 27 36 | 29 15 | 26 22 |
| 6 | 18 07 | 18 29 | 20 51 | 02 33 | 25 27 | 20 | 22 41 | 21 12 | 28 08 | 28 59 | 26 27 |
| 7 | 18 27 | 18 43 | 21 22 | 02 19 | 25 31 | 21 | 23 00 | 21 21 | 28 40 | 28 43 | 26 31 |
| 8 | 18 47 | 18 56 | 21 52 | 02 04 | 25 36 | 22 | 23 18 | 21 30 | 29 12 | 28 27 | 26 35 |
| 9 | 19 08 | 19 09 | 22 23 | 01 50 | 25 40 | 23 | 23 36 | 21 38 | 29 44 | 28 12 | 26 39 |
| 10 | 19 28 | 19 22 | 22 54 | 01 35 | 25 44 | 24 | 23 54 | 21 46 | 00♉16 | 27 56 | 26 43 |
| 11 | 19 48 | 19 34 | 23 24 | 01 20 | 25 48 | 25 | 24 12 | 21 54 | 00 49 | 27 40 | 26 48 |
| 12 | 20 08 | 19 46 | 23 56 | 01 05 | 25 53 | 26 | 24 29 | 22 01 | 01 21 | 27 25 | 26 52 |
| 13 | 20 28 | 19 58 | 24 27 | 00 49 | 25 57 | 27 | 24 47 | 22 08 | 01 54 | 27 09 | 26 56 |
| 14 | 20 47 | 20 10 | 24 58 | 00 34 | 26 01 | 28 | 25 04 | 22 15 | 02 26 | 26 54 | 27 00 |

**Lunar Data**

| Last Asp. | | Ingress | | |
|---|---|---|---|---|
| 2 | 04:18 | 2 | ♎ | 13:43 |
| 4 | 09:29 | 4 | ♏ | 16:57 |
| 6 | 16:13 | 7 | ♐ | 00:05 |
| 9 | 04:60 | 9 | ♑ | 10:45 |
| 11 | 12:40 | 11 | ♒ | 23:25 |
| 14 | 04:34 | 14 | ♓ | 12:24 |
| 16 | 14:33 | 17 | ♈ | 00:31 |
| 19 | 03:53 | 19 | ♉ | 10:56 |
| 21 | 12:16 | 21 | ♊ | 18:48 |
| 23 | 17:30 | 23 | ♋ | 23:30 |
| 25 | 17:49 | 26 | ♌ | 01:09 |
| 27 | 20:16 | 28 | ♍ | 00:53 |

**0:00 E.T.** — Declinations

| D | ☉ | ☽ | ☿ | ♀ | ♂ | ♃ | ♄ | ♅ | ♆ | ♇ | ⚳ | ⚴ | ⚵ | ⚶ | ⚷ |
|---|---|---|---|---|---|---|---|---|---|---|---|---|---|---|---|
| 1 | -17 12 | +05 34 | -21 57 | -17 04 | +22 23 | -11 12 | +00 30 | -02 58 | -13 22 | -18 17 | -19 22 | +02 26 | -01 59 | +17 19 | -07 37 |
| 2 | 16 54 | -00 53 | 21 56 | 16 42 | 22 30 | 11 07 | 00 31 | 02 57 | 13 22 | 18 17 | 19 25 | 02 35 | 01 48 | 17 27 | 07 36 |
| 3 | 16 37 | 07 07 | 21 54 | 16 19 | 22 36 | 11 02 | 00 32 | 02 56 | 13 21 | 18 17 | 19 29 | 02 45 | 01 37 | 17 36 | 07 35 |
| 4 | 16 19 | 12 48 | 21 51 | 15 56 | 22 42 | 10 57 | 00 33 | 02 55 | 13 20 | 18 17 | 19 32 | 02 55 | 01 26 | 17 44 | 07 33 |
| 5 | 16 01 | 17 39 | 21 47 | 15 32 | 22 48 | 10 52 | 00 35 | 02 54 | 13 19 | 18 17 | 19 35 | 03 06 | 01 15 | 17 53 | 07 32 |
| 6 | 15 43 | 21 28 | 21 42 | 15 08 | 22 53 | 10 46 | 00 36 | 02 52 | 13 19 | 18 17 | 19 38 | 03 16 | 01 03 | 18 01 | 07 31 |
| 7 | 15 24 | 24 08 | 21 36 | 14 44 | 22 58 | 10 41 | 00 37 | 02 51 | 13 18 | 18 17 | 19 41 | 03 27 | 00 52 | 18 10 | 07 30 |
| 8 | 15 06 | 25 32 | 21 28 | 14 19 | 23 03 | 10 36 | 00 38 | 02 50 | 13 17 | 18 17 | 19 44 | 03 38 | 00 41 | 18 18 | 07 28 |
| 9 | 14 47 | 25 39 | 21 19 | 13 54 | 23 08 | 10 31 | 00 39 | 02 49 | 13 16 | 18 17 | 19 47 | 03 49 | 00 30 | 18 27 | 07 27 |
| 10 | 14 27 | 24 34 | 21 09 | 13 29 | 23 13 | 10 26 | 00 41 | 02 48 | 13 15 | 18 17 | 19 50 | 04 00 | 00 18 | 18 36 | 07 26 |
| 11 | 14 08 | 22 23 | 20 57 | 13 03 | 23 17 | 10 20 | 00 42 | 02 47 | 13 15 | 18 17 | 19 52 | 04 12 | 00 07 | 18 44 | 07 24 |
| 12 | 13 48 | 19 15 | 20 44 | 12 37 | 23 21 | 10 15 | 00 43 | 02 45 | 13 14 | 18 17 | 19 55 | 04 23 | +00 04 | 18 53 | 07 23 |
| 13 | 13 28 | 15 22 | 20 30 | 12 10 | 23 25 | 10 10 | 00 45 | 02 44 | 13 13 | 18 17 | 19 58 | 04 35 | 00 15 | 19 01 | 07 22 |
| 14 | 13 08 | 10 53 | 20 15 | 11 43 | 23 28 | 10 05 | 00 46 | 02 43 | 13 12 | 18 16 | 20 00 | 04 47 | 00 27 | 19 10 | 07 20 |
| 15 | 12 47 | 05 59 | 19 59 | 11 16 | 23 31 | 09 59 | 00 48 | 02 42 | 13 12 | 18 16 | 20 03 | 04 59 | 00 38 | 19 18 | 07 19 |
| 16 | 12 27 | 00 52 | 19 41 | 10 48 | 23 34 | 09 54 | 00 49 | 02 40 | 13 11 | 18 16 | 20 06 | 05 12 | 00 49 | 19 27 | 07 18 |
| 17 | 12 06 | +04 20 | 19 22 | 10 21 | 23 37 | 09 49 | 00 51 | 02 39 | 13 10 | 18 16 | 20 08 | 05 24 | 01 00 | 19 35 | 07 16 |
| 18 | 11 45 | 09 25 | 19 01 | 09 53 | 23 39 | 09 43 | 00 52 | 02 38 | 13 09 | 18 16 | 20 10 | 05 37 | 01 12 | 19 43 | 07 15 |
| 19 | 11 24 | 14 13 | 18 39 | 09 24 | 23 42 | 09 38 | 00 54 | 02 37 | 13 09 | 18 16 | 20 13 | 05 50 | 01 23 | 19 51 | 07 13 |
| 20 | 11 02 | 18 29 | 18 16 | 08 56 | 23 43 | 09 33 | 00 55 | 02 35 | 13 08 | 18 16 | 20 15 | 06 03 | 01 34 | 19 59 | 07 12 |
| 21 | 10 41 | 22 00 | 17 52 | 08 27 | 23 45 | 09 27 | 00 57 | 02 34 | 13 07 | 18 16 | 20 18 | 06 17 | 01 46 | 20 07 | 07 11 |
| 22 | 10 19 | 24 28 | 17 26 | 07 58 | 23 47 | 09 22 | 00 59 | 02 33 | 13 06 | 18 16 | 20 20 | 06 30 | 01 57 | 20 14 | 07 09 |
| 23 | 09 57 | 25 37 | 16 59 | 07 29 | 23 48 | 09 16 | 01 00 | 02 31 | 13 06 | 18 16 | 20 22 | 06 44 | 02 08 | 20 22 | 07 08 |
| 24 | 09 35 | 25 12 | 16 31 | 06 59 | 23 49 | 09 11 | 01 02 | 02 30 | 13 05 | 18 16 | 20 24 | 06 58 | 02 19 | 20 29 | 07 06 |
| 25 | 09 13 | 23 08 | 16 01 | 06 29 | 23 49 | 09 06 | 01 04 | 02 29 | 13 04 | 18 16 | 20 26 | 07 12 | 02 30 | 20 37 | 07 05 |
| 26 | 08 50 | 19 30 | 15 30 | 06 00 | 23 50 | 09 00 | 01 06 | 02 27 | 13 03 | 18 15 | 20 29 | 07 26 | 02 42 | 20 44 | 07 04 |
| 27 | 08 28 | 14 32 | 14 58 | 05 30 | 23 50 | 08 55 | 01 07 | 02 26 | 13 03 | 18 15 | 20 31 | 07 41 | 02 53 | 20 51 | 07 02 |
| 28 | 08 05 | 08 37 | 14 24 | 05 00 | 23 50 | 08 49 | 01 09 | 02 25 | 13 02 | 18 15 | 20 33 | 07 55 | 03 04 | 20 57 | 07 01 |

Lunar Phases -- 5 ◑ 23:50 14 ● 02:52 22 ◐ 00:43 28 ○ 16:39 Sun enters ♓ 2/18 18:37

## 0:00 E.T. Longitudes of Main Planets - March 2010

| D | S.T. | ☉ | ☽ | ☽ 12:00 | ☿ | ♀ | ♂ | ♃ | ♄ | ♅ | ♆ | ♇ | ☊ |
|---|---|---|---|---|---|---|---|---|---|---|---|---|---|
| 1 | 10:34:46 | 10♓17 18 | 14♍38 | 22♍11 | 29♒02 | 21♓52 | 00♌54℞ | 09♓52 | 02♎53℞ | 25♓39 | 26♒41 | 05♑03 | 18♑30 |
| 2 | 10:38:42 | 11 17 30 | 29 40 | 07♎05 | 00♓45 | 23 07 | 00 46 | 10 07 | 02 48 | 25 42 | 26 44 | 05 05 | 18 27 |
| 3 | 10:42:39 | 12 17 40 | 14♎24 | 21 37 | 02 29 | 24 22 | 00 40 | 10 21 | 02 44 | 25 46 | 26 46 | 05 06 | 18 24 |
| 4 | 10:46:35 | 13 17 49 | 28 43 | 05♏41 | 04 15 | 25 37 | 00 35 | 10 36 | 02 40 | 25 49 | 26 48 | 05 07 | 18 21 |
| 5 | 10:50:32 | 14 17 56 | 12♏32 | 19 16 | 06 01 | 26 51 | 00 30 | 10 50 | 02 36 | 25 52 | 26 50 | 05 08 | 18 18 |
| 6 | 10:54:28 | 15 18 02 | 25 52 | 02♐21 | 07 48 | 28 06 | 00 26 | 11 05 | 02 31 | 25 56 | 26 52 | 05 09 | 18 14 |
| 7 | 10:58:25 | 16 18 06 | 08♐45 | 15 02 | 09 37 | 29 21 | 00 23 | 11 19 | 02 27 | 25 59 | 26 55 | 05 10 | 18 11 |
| 8 | 11:02:22 | 17 18 09 | 21 14 | 27 21 | 11 26 | 00♈36 | 00 20 | 11 33 | 02 22 | 26 03 | 26 57 | 05 11 | 18 08 |
| 9 | 11:06:18 | 18 18 10 | 03♑24 | 09♑24 | 13 17 | 01 50 | 00 19 | 11 48 | 02 18 | 26 06 | 26 59 | 05 12 | 18 05 |
| 10 | 11:10:15 | 19 18 09 | 15 22 | 21 17 | 15 09 | 03 05 | 00 18 | 12 02 | 02 13 | 26 09 | 27 01 | 05 13 | 18 02 |
| 11 | 11:14:11 | 20 18 07 | 27 11 | 03♒05 | 17 02 | 04 19 | 00 18D | 12 17 | 02 09 | 26 13 | 27 03 | 05 14 | 17 59 |
| 12 | 11:18:08 | 21 18 02 | 08♒58 | 14 51 | 18 55 | 05 34 | 00 18 | 12 31 | 02 04 | 26 16 | 27 05 | 05 14 | 17 55 |
| 13 | 11:22:04 | 22 17 57 | 20 45 | 26 40 | 20 50 | 06 49 | 00 20 | 12 46 | 02 00 | 26 20 | 27 07 | 05 15 | 17 52 |
| 14 | 11:26:01 | 23 17 49 | 02♓36 | 08♓34 | 22 46 | 08 03 | 00 22 | 13 00 | 01 55 | 26 23 | 27 10 | 05 16 | 17 49 |
| 15 | 11:29:57 | 24 17 39 | 14 34 | 20 36 | 24 43 | 09 18 | 00 24 | 13 14 | 01 50 | 26 26 | 27 12 | 05 17 | 17 46 |
| 16 | 11:33:54 | 25 17 28 | 26 40 | 02♈47 | 26 41 | 10 32 | 00 28 | 13 29 | 01 46 | 26 30 | 27 14 | 05 17 | 17 43 |
| 17 | 11:37:51 | 26 17 14 | 08♈56 | 15 07 | 28 39 | 11 47 | 00 32 | 13 43 | 01 41 | 26 33 | 27 16 | 05 18 | 17 39 |
| 18 | 11:41:47 | 27 16 59 | 21 21 | 27 38 | 00♈39 | 13 01 | 00 37 | 13 57 | 01 36 | 26 37 | 27 18 | 05 19 | 17 36 |
| 19 | 11:45:44 | 28 16 41 | 03♉57 | 10♉19 | 02 38 | 14 15 | 00 42 | 14 12 | 01 31 | 26 40 | 27 20 | 05 19 | 17 33 |
| 20 | 11:49:40 | 29 16 21 | 16 45 | 23 13 | 04 39 | 15 30 | 00 48 | 14 26 | 01 27 | 26 44 | 27 22 | 05 20 | 17 30 |
| 21 | 11:53:37 | 00♈16 00 | 29 44 | 06♊19 | 06 39 | 16 44 | 00 55 | 14 40 | 01 22 | 26 47 | 27 24 | 05 20 | 17 27 |
| 22 | 11:57:33 | 01 15 36 | 12♊57 | 19 39 | 08 39 | 17 58 | 01 02 | 14 54 | 01 17 | 26 50 | 27 26 | 05 21 | 17 24 |
| 23 | 12:01:30 | 02 15 09 | 26 26 | 03♋16 | 10 39 | 19 13 | 01 10 | 15 09 | 01 13 | 26 54 | 27 28 | 05 22 | 17 20 |
| 24 | 12:05:26 | 03 14 40 | 10♋11 | 17 11 | 12 39 | 20 27 | 01 19 | 15 23 | 01 08 | 26 57 | 27 30 | 05 22 | 17 17 |
| 25 | 12:09:23 | 04 14 09 | 24 15 | 01♌24 | 14 37 | 21 41 | 01 28 | 15 37 | 01 03 | 27 01 | 27 32 | 05 22 | 17 14 |
| 26 | 12:13:20 | 05 13 36 | 08♌37 | 15 54 | 16 35 | 22 55 | 01 38 | 15 51 | 00 58 | 27 04 | 27 34 | 05 23 | 17 11 |
| 27 | 12:17:16 | 06 13 00 | 23 15 | 00♍38 | 18 30 | 24 10 | 01 48 | 16 05 | 00 54 | 27 08 | 27 35 | 05 23 | 17 08 |
| 28 | 12:21:13 | 07 12 22 | 08♍04 | 15 31 | 20 24 | 25 24 | 01 59 | 16 19 | 00 49 | 27 11 | 27 37 | 05 24 | 17 05 |
| 29 | 12:25:09 | 08 11 42 | 22 57 | 00♎23 | 22 16 | 26 38 | 02 11 | 16 33 | 00 44 | 27 14 | 27 39 | 05 24 | 17 01 |
| 30 | 12:29:06 | 09 10 59 | 07♎47 | 15 08 | 24 04 | 27 52 | 02 23 | 16 47 | 00 40 | 27 18 | 27 41 | 05 24 | 16 58 |
| 31 | 12:33:02 | 10 10 15 | 22 24 | 29 35 | 25 49 | 29 06 | 02 35 | 17 01 | 00 35 | 27 21 | 27 43 | 05 24 | 16 55 |

## 0:00 E.T. Longitudes of the Major Asteroids and Chiron

| D | ⚳ | ⚴ | ⚵ | ⚶ | ⚷ | D | ⚳ | ⚴ | ⚵ | ⚶ | ⚷ |
|---|---|---|---|---|---|---|---|---|---|---|---|
| 1 | 25♐21 | 22♏21 | 02♉59 | 26♌39℞ | 27♒04 | 17 | 29 26 | 23 01 | 11 51 | 23 17 | 28 08 |
| 2 | 25 38 | 22 26 | 03 32 | 26 24 | 27 08 | 18 | 29 39 | 22 59 | 12 25 | 23 08 | 28 12 |
| 3 | 25 55 | 22 32 | 04 05 | 26 10 | 27 12 | 19 | 29 53 | 22 57 | 12 59 | 22 59 | 28 16 |
| 4 | 26 11 | 22 37 | 04 38 | 25 55 | 27 17 | 20 | 00♑05 | 22 55 | 13 33 | 22 50 | 28 20 |
| 5 | 26 27 | 22 41 | 05 11 | 25 41 | 27 21 | 21 | 00 18 | 22 52 | 14 07 | 22 42 | 28 23 |
| 6 | 26 43 | 22 45 | 05 44 | 25 27 | 27 25 | 22 | 00 31 | 22 49 | 14 41 | 22 35 | 28 27 |
| 7 | 26 59 | 22 49 | 06 17 | 25 14 | 27 29 | 23 | 00 43 | 22 45 | 15 15 | 22 27 | 28 31 |
| 8 | 27 15 | 22 52 | 06 50 | 25 01 | 27 33 | 24 | 00 55 | 22 40 | 15 49 | 22 21 | 28 35 |
| 9 | 27 30 | 22 55 | 07 23 | 24 48 | 27 37 | 25 | 01 06 | 22 36 | 16 23 | 22 14 | 28 38 |
| 10 | 27 46 | 22 57 | 07 57 | 24 35 | 27 41 | 26 | 01 18 | 22 30 | 16 57 | 22 09 | 28 42 |
| 11 | 28 01 | 22 59 | 08 30 | 24 23 | 27 45 | 27 | 01 29 | 22 24 | 17 31 | 22 03 | 28 45 |
| 12 | 28 15 | 23 00 | 09 03 | 24 11 | 27 49 | 28 | 01 39 | 22 18 | 18 06 | 21 59 | 28 49 |
| 13 | 28 30 | 23 01 | 09 37 | 23 59 | 27 53 | 29 | 01 50 | 22 11 | 18 40 | 21 54 | 28 52 |
| 14 | 28 44 | 23 02 | 10 10 | 23 48 | 27 57 | 30 | 02 00 | 22 04 | 19 14 | 21 50 | 28 56 |
| 15 | 28 58 | 23 02℞ | 10 44 | 23 38 | 28 01 | 31 | 02 10 | 21 56 | 19 48 | 21 47 | 28 59 |
| 16 | 29 12 | 23 01 | 11 18 | 23 27 | 28 05 | | | | | | |

## Lunar Data

| Last Asp. | | Ingress | | |
|---|---|---|---|---|
| 1 | 17:37 | 2 | ♎ | 00:32 |
| 3 | 20:45 | 4 | ♏ | 02:12 |
| 6 | 04:33 | 6 | ♐ | 07:37 |
| 8 | 11:15 | 8 | ♑ | 17:14 |
| 10 | 21:60 | 11 | ♒ | 05:43 |
| 13 | 12:58 | 13 | ♓ | 18:45 |
| 16 | 00:02 | 16 | ♈ | 06:33 |
| 18 | 11:24 | 18 | ♉ | 16:30 |
| 20 | 19:42 | 21 | ♊ | 00:29 |
| 23 | 01:50 | 23 | ♋ | 06:17 |
| 25 | 04:40 | 25 | ♌ | 09:40 |
| 27 | 07:05 | 27 | ♍ | 10:58 |
| 29 | 06:56 | 29 | ♎ | 11:22 |
| 31 | 12:14 | 31 | ♏ | 12:42 |

## 0:00 E.T. Declinations

| D | ☉ | ☽ | ☿ | ♀ | ♂ | ♃ | ♄ | ♅ | ♆ | ♇ | ⚳ | ⚴ | ⚵ | ⚶ | ⚷ |
|---|---|---|---|---|---|---|---|---|---|---|---|---|---|---|---|
| 1 | -07 43 | +02 12 | -13 49 | -04 29 | +23 50 | -08 44 | +01 11 | -02 23 | -13 01 | -18 15 | -20 35 | +08 10 | +03 15 | +21 04 | -06 59 |
| 2 | 07 20 | -04 16 | 13 13 | 03 59 | 23 49 | 08 39 | 01 13 | 02 22 | 13 00 | 18 15 | 20 37 | 08 25 | 03 26 | 21 10 | 06 58 |
| 3 | 06 57 | 10 22 | 12 35 | 03 29 | 23 49 | 08 33 | 01 14 | 02 21 | 13 00 | 18 15 | 20 39 | 08 40 | 03 37 | 21 16 | 06 56 |
| 4 | 06 34 | 15 44 | 11 57 | 02 58 | 23 48 | 08 28 | 01 16 | 02 19 | 12 59 | 18 15 | 20 41 | 08 55 | 03 48 | 21 22 | 06 55 |
| 5 | 06 11 | 20 05 | 11 16 | 02 27 | 23 47 | 08 22 | 01 18 | 02 18 | 12 58 | 18 15 | 20 43 | 09 10 | 03 59 | 21 28 | 06 54 |
| 6 | 05 48 | 23 13 | 10 35 | 01 57 | 23 46 | 08 17 | 01 20 | 02 17 | 12 57 | 18 15 | 20 45 | 09 26 | 04 10 | 21 34 | 06 52 |
| 7 | 05 24 | 25 03 | 09 52 | 01 26 | 23 45 | 08 11 | 01 22 | 02 15 | 12 57 | 18 15 | 20 47 | 09 41 | 04 21 | 21 39 | 06 51 |
| 8 | 05 01 | 25 34 | 09 08 | 00 55 | 23 43 | 08 06 | 01 24 | 02 14 | 12 56 | 18 15 | 20 48 | 09 57 | 04 32 | 21 44 | 06 49 |
| 9 | 04 38 | 24 49 | 08 23 | 00 24 | 23 41 | 08 00 | 01 26 | 02 13 | 12 55 | 18 14 | 20 50 | 10 13 | 04 43 | 21 49 | 06 48 |
| 10 | 04 14 | 22 55 | 07 37 | +00 07 | 23 39 | 07 55 | 01 28 | 02 11 | 12 54 | 18 14 | 20 52 | 10 29 | 04 54 | 21 54 | 06 46 |
| 11 | 03 51 | 20 02 | 06 49 | 00 37 | 23 37 | 07 50 | 01 29 | 02 10 | 12 54 | 18 14 | 20 54 | 10 45 | 05 04 | 21 58 | 06 45 |
| 12 | 03 27 | 16 22 | 06 00 | 01 08 | 23 35 | 07 44 | 01 31 | 02 09 | 12 53 | 18 14 | 20 56 | 11 01 | 05 15 | 22 03 | 06 44 |
| 13 | 03 03 | 12 04 | 05 10 | 01 39 | 23 33 | 07 39 | 01 33 | 02 07 | 12 52 | 18 14 | 20 57 | 11 18 | 05 26 | 22 07 | 06 42 |
| 14 | 02 40 | 07 18 | 04 19 | 02 10 | 23 30 | 07 33 | 01 35 | 02 06 | 12 52 | 18 14 | 20 59 | 11 34 | 05 36 | 22 10 | 06 41 |
| 15 | 02 16 | 02 14 | 03 27 | 02 41 | 23 28 | 07 28 | 01 37 | 02 04 | 12 51 | 18 14 | 21 01 | 11 51 | 05 47 | 22 14 | 06 39 |
| 16 | 01 52 | +02 58 | 02 34 | 03 12 | 23 25 | 07 22 | 01 39 | 02 03 | 12 50 | 18 14 | 21 03 | 12 07 | 05 57 | 22 17 | 06 38 |
| 17 | 01 29 | 08 06 | 01 41 | 03 42 | 23 22 | 07 17 | 01 41 | 02 02 | 12 49 | 18 14 | 21 04 | 12 24 | 06 08 | 22 20 | 06 37 |
| 18 | 01 05 | 12 59 | 00 46 | 04 13 | 23 19 | 07 11 | 01 43 | 02 00 | 12 49 | 18 14 | 21 06 | 12 41 | 06 18 | 22 23 | 06 35 |
| 19 | 00 41 | 17 23 | +00 09 | 04 43 | 23 16 | 07 06 | 01 45 | 01 59 | 12 48 | 18 14 | 21 08 | 12 58 | 06 28 | 22 26 | 06 34 |
| 20 | 00 17 | 21 04 | 01 05 | 05 14 | 23 12 | 07 01 | 01 47 | 01 58 | 12 47 | 18 13 | 21 10 | 13 14 | 06 39 | 22 28 | 06 32 |
| 21 | +00 06 | 23 46 | 02 02 | 05 44 | 23 09 | 06 55 | 01 49 | 01 56 | 12 47 | 18 13 | 21 11 | 13 31 | 06 49 | 22 30 | 06 31 |
| 22 | 00 30 | 25 14 | 02 58 | 06 14 | 23 05 | 06 50 | 01 51 | 01 55 | 12 46 | 18 13 | 21 13 | 13 48 | 06 59 | 22 32 | 06 30 |
| 23 | 00 54 | 25 15 | 03 55 | 06 44 | 23 01 | 06 44 | 01 53 | 01 54 | 12 45 | 18 13 | 21 15 | 14 05 | 07 09 | 22 34 | 06 28 |
| 24 | 01 17 | 23 44 | 04 52 | 07 14 | 22 57 | 06 39 | 01 54 | 01 52 | 12 45 | 18 13 | 21 17 | 14 22 | 07 19 | 22 35 | 06 27 |
| 25 | 01 41 | 20 43 | 05 48 | 07 44 | 22 53 | 06 34 | 01 56 | 01 51 | 12 44 | 18 13 | 21 18 | 14 39 | 07 29 | 22 36 | 06 25 |
| 26 | 02 05 | 16 23 | 06 44 | 08 13 | 22 49 | 06 28 | 01 58 | 01 49 | 12 44 | 18 13 | 21 20 | 14 56 | 07 39 | 22 37 | 06 24 |
| 27 | 02 28 | 11 00 | 07 39 | 08 43 | 22 45 | 06 23 | 02 00 | 01 48 | 12 43 | 18 13 | 21 22 | 15 13 | 07 49 | 22 38 | 06 23 |
| 28 | 02 52 | 04 57 | 08 33 | 09 12 | 22 40 | 06 17 | 02 02 | 01 47 | 12 42 | 18 13 | 21 24 | 15 30 | 07 58 | 22 39 | 06 21 |
| 29 | 03 15 | -01 24 | 09 26 | 09 41 | 22 36 | 06 12 | 02 04 | 01 45 | 12 42 | 18 13 | 21 25 | 15 47 | 08 08 | 22 39 | 06 20 |
| 30 | 03 38 | 07 38 | 10 17 | 10 10 | 22 31 | 06 07 | 02 06 | 01 44 | 12 41 | 18 13 | 21 27 | 16 04 | 08 17 | 22 39 | 06 19 |
| 31 | 04 02 | 13 21 | 11 07 | 10 38 | 22 26 | 06 01 | 02 08 | 01 43 | 12 40 | 18 13 | 21 29 | 16 21 | 08 27 | 22 39 | 06 17 |

Lunar Phases -- 7 ◑ 15:43 15 ● 21:02 23 ◐ 11:01 30 ○ 02:27 Sun enters ♈ 3/20 17:34

| D | S.T. | ☉ | ☽ | ☽ 12:00 | ☿ | ♀ | ♂ | ♃ | ♄ | ♅ | ♆ | ♇ | ☊ |
|---|---|---|---|---|---|---|---|---|---|---|---|---|---|
| 1 | 12:36:59 | 11♈09 28 | 06♏40 | 13♏39 | 27♈31 | 00♉20 | 02♌48 | 17♓15 | 00♎31℞ | 27♓24 | 27♒45 | 05♑25 | 16♑52 |
| 2 | 12:40:55 | 12 08 40 | 20 31 | 27 17 | 29 08 | 01 34 | 03 02 | 17 29 | 00 26 | 27 28 | 27 46 | 05 25 | 16 49 |
| 3 | 12:44:52 | 13 07 50 | 03♐55 | 10♐27 | 00♉42 | 02 48 | 03 16 | 17 43 | 00 21 | 27 31 | 27 48 | 05 25 | 16 45 |
| 4 | 12:48:49 | 14 06 58 | 16 52 | 23 11 | 02 10 | 04 01 | 03 30 | 17 56 | 00 17 | 27 34 | 27 50 | 05 25 | 16 42 |
| 5 | 12:52:45 | 15 06 04 | 29 25 | 05♑34 | 03 34 | 05 15 | 03 45 | 18 10 | 00 12 | 27 38 | 27 52 | 05 25 | 16 39 |
| 6 | 12:56:42 | 16 05 09 | 11♑39 | 17 40 | 04 52 | 06 29 | 04 01 | 18 24 | 00 08 | 27 41 | 27 53 | 05 25 | 16 36 |
| 7 | 13:00:38 | 17 04 12 | 23 38 | 29 34 | 06 04 | 07 43 | 04 17 | 18 37 | 00 03 | 27 44 | 27 55 | 05 25℞ | 16 33 |
| 8 | 13:04:35 | 18 03 13 | 05♒29 | 11♒23 | 07 11 | 08 57 | 04 33 | 18 51 | 29♍59 | 27 48 | 27 57 | 05 25 | 16 30 |
| 9 | 13:08:31 | 19 02 12 | 17 17 | 23 11 | 08 12 | 10 10 | 04 50 | 19 04 | 29 55 | 27 51 | 27 58 | 05 25 | 16 26 |
| 10 | 13:12:28 | 20 01 09 | 29 06 | 05♓03 | 09 07 | 11 24 | 05 07 | 19 18 | 29 50 | 27 54 | 28 00 | 05 25 | 16 23 |
| 11 | 13:16:24 | 21 00 05 | 11♓02 | 17 03 | 09 56 | 12 38 | 05 24 | 19 31 | 29 46 | 27 57 | 28 01 | 05 25 | 16 20 |
| 12 | 13:20:21 | 21 58 59 | 23 06 | 29 13 | 10 39 | 13 51 | 05 42 | 19 45 | 29 42 | 28 01 | 28 03 | 05 25 | 16 17 |
| 13 | 13:24:18 | 22 57 50 | 05♈23 | 11♈36 | 11 14 | 15 05 | 06 01 | 19 58 | 29 38 | 28 04 | 28 04 | 05 25 | 16 14 |
| 14 | 13:28:14 | 23 56 40 | 17 52 | 24 11 | 11 44 | 16 18 | 06 19 | 20 11 | 29 34 | 28 07 | 28 06 | 05 24 | 16 11 |
| 15 | 13:32:11 | 24 55 28 | 00♉35 | 07♉00 | 12 07 | 17 32 | 06 39 | 20 25 | 29 30 | 28 10 | 28 07 | 05 24 | 16 07 |
| 16 | 13:36:07 | 25 54 14 | 13 29 | 20 02 | 12 23 | 18 45 | 06 58 | 20 38 | 29 26 | 28 13 | 28 09 | 05 24 | 16 04 |
| 17 | 13:40:04 | 26 52 58 | 26 37 | 03♊14 | 12 34 | 19 59 | 07 18 | 20 51 | 29 22 | 28 16 | 28 10 | 05 24 | 16 01 |
| 18 | 13:44:00 | 27 51 40 | 09♊55 | 16 38 | 12 38 | 21 12 | 07 38 | 21 04 | 29 18 | 28 19 | 28 11 | 05 23 | 15 58 |
| 19 | 13:47:57 | 28 50 20 | 23 23 | 00♋11 | 12 36℞ | 22 25 | 07 59 | 21 17 | 29 14 | 28 23 | 28 13 | 05 23 | 15 55 |
| 20 | 13:51:53 | 29 48 58 | 07♋02 | 13 55 | 12 28 | 23 39 | 08 20 | 21 30 | 29 10 | 28 26 | 28 14 | 05 22 | 15 51 |
| 21 | 13:55:50 | 00♉47 33 | 20 51 | 27 50 | 12 15 | 24 52 | 08 41 | 21 43 | 29 07 | 28 29 | 28 15 | 05 22 | 15 48 |
| 22 | 13:59:47 | 01 46 06 | 04♌51 | 11♌55 | 11 56 | 26 05 | 09 03 | 21 55 | 29 03 | 28 32 | 28 17 | 05 22 | 15 45 |
| 23 | 14:03:43 | 02 44 37 | 19 03 | 26 10 | 11 33 | 27 18 | 09 24 | 22 08 | 29 00 | 28 35 | 28 18 | 05 21 | 15 42 |
| 24 | 14:07:40 | 03 43 06 | 03♍20 | 10♍33 | 11 05 | 28 31 | 09 47 | 22 21 | 28 56 | 28 38 | 28 19 | 05 21 | 15 39 |
| 25 | 14:11:36 | 04 41 33 | 17 46 | 25 00 | 10 34 | 29 44 | 10 09 | 22 33 | 28 53 | 28 41 | 28 20 | 05 20 | 15 36 |
| 26 | 14:15:33 | 05 39 57 | 02♎14 | 09♎27 | 10 00 | 00♊57 | 10 32 | 22 46 | 28 49 | 28 43 | 28 21 | 05 20 | 15 32 |
| 27 | 14:19:29 | 06 38 19 | 16 38 | 23 47 | 09 23 | 02 10 | 10 55 | 22 58 | 28 46 | 28 46 | 28 23 | 05 19 | 15 29 |
| 28 | 14:23:26 | 07 36 40 | 00♏53 | 07♏55 | 08 45 | 03 23 | 11 18 | 23 10 | 28 43 | 28 49 | 28 24 | 05 18 | 15 26 |
| 29 | 14:27:22 | 08 34 58 | 14 53 | 21 45 | 08 05 | 04 36 | 11 42 | 23 23 | 28 40 | 28 52 | 28 25 | 05 18 | 15 23 |
| 30 | 14:31:19 | 09 33 15 | 28 32 | 05♐13 | 07 26 | 05 49 | 12 06 | 23 35 | 28 37 | 28 55 | 28 26 | 05 17 | 15 20 |

## 0:00 E.T.    Longitudes of the Major Asteroids and Chiron    Lunar Data

| D | ⚳ | ⚴ | ⚵ | ⚶ | ⚷ | D | ⚳ | ⚴ | ⚵ | ⚶ | ⚷ | Last Asp. | Ingress |
|---|---|---|---|---|---|---|---|---|---|---|---|---|---|
| 1 | 02♏20 | 21♏48℞ | 20♉23 | 21♌44℞ | 29♒03 | 16 | 04 08 | 18 49 | 29 01 | 21 58 | 29 49 | 2 12:55 | 2 ♐ 16:54 |
| 2 | 02 29 | 21 39 | 20 57 | 21 42 | 29 06 | 17 | 04 12 | 18 34 | 29 35 | 22 02 | 29 51 | 4 20:59 | 5 ♑ 01:08 |
| 3 | 02 38 | 21 30 | 21 31 | 21 40 | 29 09 | 18 | 04 16 | 18 19 | 00♊10 | 22 07 | 29 54 | 7 08:20 | 7 ♒ 12:52 |
| 4 | 02 47 | 21 20 | 22 06 | 21 38 | 29 13 | 19 | 04 20 | 18 03 | 00 45 | 22 13 | 29 57 | 9 21:45 | 10 ♓ 01:49 |
| 5 | 02 56 | 21 10 | 22 40 | 21 37 | 29 16 | 20 | 04 24 | 17 47 | 01 19 | 22 19 | 29 59 | 12 12:52 | 12 ♈ 13:32 |
| 6 | 03 04 | 21 00 | 23 15 | 21 37 | 29 19 | 21 | 04 27 | 17 30 | 01 54 | 22 25 | 00♓02 | 14 19:24 | 14 ♉ 22:56 |
| 7 | 03 12 | 20 48 | 23 49 | 21 37D | 29 22 | 22 | 04 29 | 17 14 | 02 29 | 22 32 | 00 04 | 17 04:58 | 17 ♊ 06:09 |
| 8 | 03 19 | 20 37 | 24 24 | 21 37 | 29 25 | 23 | 04 32 | 16 57 | 03 04 | 22 39 | 00 07 | 19 10:22 | 19 ♋ 11:40 |
| 9 | 03 26 | 20 25 | 24 58 | 21 38 | 29 28 | 24 | 04 34 | 16 40 | 03 38 | 22 46 | 00 09 | 21 14:08 | 21 ♌ 15:43 |
| 10 | 03 33 | 20 13 | 25 33 | 21 40 | 29 31 | 25 | 04 35 | 16 22 | 04 13 | 22 54 | 00 12 | 23 15:36 | 23 ♍ 18:25 |
| 11 | 03 40 | 20 00 | 26 08 | 21 42 | 29 34 | 26 | 04 37 | 16 05 | 04 48 | 23 03 | 00 14 | 25 18:22 | 25 ♎ 20:18 |
| 12 | 03 46 | 19 46 | 26 42 | 21 44 | 29 37 | 27 | 04 38 | 15 47 | 05 22 | 23 11 | 00 16 | 27 19:46 | 27 ♏ 22:30 |
| 13 | 03 52 | 19 33 | 27 17 | 21 47 | 29 40 | 28 | 04 38 | 15 29 | 05 57 | 23 20 | 00 18 | 30 00:41 | 30 ♐ 02:37 |
| 14 | 03 57 | 19 19 | 27 51 | 21 50 | 29 43 | 29 | 04 38℞ | 15 11 | 06 32 | 23 30 | 00 20 | | |
| 15 | 04 03 | 19 04 | 28 26 | 21 54 | 29 46 | 30 | 04 38 | 14 53 | 07 06 | 23 40 | 00 23 | | |

## 0:00 E.T.    Declinations

| D | ☉ | ☽ | ☿ | ♀ | ♂ | ♃ | ♄ | ♅ | ♆ | ♇ | ⚳ | ⚴ | ⚵ | ⚶ | ⚷ |
|---|---|---|---|---|---|---|---|---|---|---|---|---|---|---|---|
| 1 | +04 25 | -18 12 | +11 54 | +11 06 | +22 21 | -05 56 | +02 09 | -01 41 | -12 40 | -18 13 | -21 31 | +16 38 | +08 36 | +22 39 | -06 16 |
| 2 | 04 48 | 21 54 | 12 40 | 11 34 | 22 16 | 05 51 | 02 11 | 01 40 | 12 39 | 18 12 | 21 33 | 16 55 | 08 45 | 22 38 | 06 15 |
| 3 | 05 11 | 24 17 | 13 23 | 12 02 | 22 11 | 05 46 | 02 13 | 01 39 | 12 39 | 18 12 | 21 34 | 17 12 | 08 55 | 22 38 | 06 13 |
| 4 | 05 34 | 25 17 | 14 04 | 12 29 | 22 06 | 05 40 | 02 15 | 01 37 | 12 38 | 18 12 | 21 36 | 17 28 | 09 04 | 22 37 | 06 12 |
| 5 | 05 57 | 24 56 | 14 43 | 12 57 | 22 01 | 05 35 | 02 16 | 01 36 | 12 38 | 18 12 | 21 38 | 17 45 | 09 13 | 22 36 | 06 11 |
| 6 | 06 20 | 23 22 | 15 18 | 13 23 | 21 55 | 05 30 | 02 18 | 01 35 | 12 37 | 18 12 | 21 40 | 18 02 | 09 22 | 22 34 | 06 09 |
| 7 | 06 42 | 20 45 | 15 51 | 13 50 | 21 50 | 05 25 | 02 20 | 01 34 | 12 36 | 18 12 | 21 42 | 18 18 | 09 31 | 22 33 | 06 08 |
| 8 | 07 05 | 17 18 | 16 21 | 14 16 | 21 44 | 05 19 | 02 22 | 01 32 | 12 36 | 18 12 | 21 44 | 18 34 | 09 39 | 22 31 | 06 07 |
| 9 | 07 27 | 13 12 | 16 48 | 14 42 | 21 38 | 05 14 | 02 23 | 01 31 | 12 35 | 18 12 | 21 46 | 18 50 | 09 48 | 22 29 | 06 05 |
| 10 | 07 50 | 08 35 | 17 11 | 15 07 | 21 32 | 05 09 | 02 25 | 01 30 | 12 35 | 18 12 | 21 48 | 19 06 | 09 57 | 22 27 | 06 04 |
| 11 | 08 12 | 03 38 | 17 32 | 15 32 | 21 26 | 05 04 | 02 27 | 01 28 | 12 34 | 18 12 | 21 50 | 19 22 | 10 05 | 22 25 | 06 02 |
| 12 | 08 34 | +01 30 | 17 49 | 15 57 | 21 20 | 04 59 | 02 28 | 01 27 | 12 34 | 18 12 | 21 52 | 19 38 | 10 13 | 22 23 | 06 00 |
| 13 | 08 56 | 06 39 | 18 03 | 16 21 | 21 14 | 04 54 | 02 30 | 01 26 | 12 33 | 18 12 | 21 54 | 19 53 | 10 22 | 22 20 | 06 00 |
| 14 | 09 17 | 11 38 | 18 14 | 16 45 | 21 07 | 04 48 | 02 31 | 01 25 | 12 33 | 18 12 | 21 56 | 20 09 | 10 30 | 22 17 | 05 59 |
| 15 | 09 39 | 16 12 | 18 22 | 17 09 | 21 01 | 04 43 | 02 33 | 01 23 | 12 32 | 18 12 | 21 59 | 20 24 | 10 38 | 22 15 | 05 58 |
| 16 | 10 00 | 20 06 | 18 27 | 17 32 | 20 54 | 04 38 | 02 34 | 01 22 | 12 32 | 18 12 | 22 01 | 20 39 | 10 46 | 22 11 | 05 57 |
| 17 | 10 22 | 23 03 | 18 28 | 17 54 | 20 48 | 04 33 | 02 36 | 01 21 | 12 31 | 18 12 | 22 03 | 20 53 | 10 54 | 22 08 | 05 56 |
| 18 | 10 43 | 24 48 | 18 26 | 18 16 | 20 41 | 04 28 | 02 37 | 01 20 | 12 31 | 18 12 | 22 05 | 21 08 | 11 02 | 22 05 | 05 55 |
| 19 | 11 04 | 25 08 | 18 21 | 18 38 | 20 34 | 04 23 | 02 39 | 01 19 | 12 30 | 18 12 | 22 08 | 21 22 | 11 09 | 22 01 | 05 53 |
| 20 | 11 24 | 23 57 | 18 12 | 18 59 | 20 27 | 04 18 | 02 40 | 01 17 | 12 30 | 18 11 | 22 10 | 21 36 | 11 17 | 21 58 | 05 52 |
| 21 | 11 45 | 21 18 | 18 01 | 19 20 | 20 20 | 04 13 | 02 41 | 01 16 | 12 30 | 18 11 | 22 12 | 21 50 | 11 24 | 21 54 | 05 51 |
| 22 | 12 05 | 17 22 | 17 46 | 19 40 | 20 12 | 04 09 | 02 43 | 01 15 | 12 29 | 18 11 | 22 15 | 22 03 | 11 31 | 21 50 | 05 50 |
| 23 | 12 25 | 12 25 | 17 29 | 20 00 | 20 05 | 04 04 | 02 44 | 01 14 | 12 29 | 18 11 | 22 17 | 22 16 | 11 39 | 21 46 | 05 49 |
| 24 | 12 45 | 06 45 | 17 10 | 20 19 | 19 57 | 03 59 | 02 45 | 01 13 | 12 28 | 18 11 | 22 20 | 22 29 | 11 46 | 21 41 | 05 48 |
| 25 | 13 05 | 00 41 | 16 48 | 20 37 | 19 50 | 03 54 | 02 47 | 01 11 | 12 28 | 18 11 | 22 23 | 22 42 | 11 53 | 21 37 | 05 47 |
| 26 | 13 25 | -05 24 | 16 24 | 20 55 | 19 42 | 03 49 | 02 48 | 01 10 | 12 28 | 18 11 | 22 25 | 22 54 | 12 00 | 21 32 | 05 46 |
| 27 | 13 44 | 11 11 | 15 58 | 21 13 | 19 34 | 03 44 | 02 49 | 01 08 | 12 27 | 18 11 | 22 28 | 23 06 | 12 06 | 21 27 | 05 45 |
| 28 | 14 03 | 16 18 | 15 31 | 21 30 | 19 26 | 03 40 | 02 50 | 01 08 | 12 27 | 18 11 | 22 31 | 23 18 | 12 13 | 21 23 | 05 44 |
| 29 | 14 22 | 20 27 | 15 02 | 21 46 | 19 18 | 03 35 | 02 51 | 01 07 | 12 27 | 18 11 | 22 33 | 23 29 | 12 19 | 21 18 | 05 43 |
| 30 | 14 40 | 23 21 | 14 34 | 22 02 | 19 10 | 03 30 | 02 52 | 01 06 | 12 26 | 18 11 | 22 36 | 23 40 | 12 26 | 21 13 | 05 42 |

Lunar Phases -- 6 ◑ 09:38    14 ● 12:30    21 ◐ 18:21    28 ○ 12:20      Sun enters ♉ 4/20 04:31

## 0:00 E.T. Longitudes of Main Planets - May 2010 **May 10**

| D | S.T. | ☉ | ☽ | ☽ 12:00 | ☿ | ♀ | ♂ | ♃ | ♄ | ♅ | ♆ | ♇ | ☊ |
|---|---|---|---|---|---|---|---|---|---|---|---|---|---|
| 1 | 14:35:16 | 10♉31 31 | 11♐49 | 18♐19 | 06♉46℞ | 07♊02 | 12♌30 | 23♓47 | 28♍34℞ | 28♓58 | 28♒27 | 05♑16℞ | 15♑17 |
| 2 | 14:39:12 | 11 29 44 | 24 43 | 01♑02 | 06 08 | 08 15 | 12 55 | 23 59 | 28 31 | 29 00 | 28 28 | 05 16 | 15 13 |
| 3 | 14:43:09 | 12 27 56 | 07♑16 | 13 26 | 05 32 | 09 27 | 13 19 | 24 11 | 28 28 | 29 03 | 28 29 | 05 15 | 15 10 |
| 4 | 14:47:05 | 13 26 07 | 19 32 | 25 34 | 04 58 | 10 40 | 13 44 | 24 23 | 28 26 | 29 06 | 28 30 | 05 14 | 15 07 |
| 5 | 14:51:02 | 14 24 16 | 01♒33 | 07♒31 | 04 27 | 11 53 | 14 09 | 24 35 | 28 23 | 29 08 | 28 31 | 05 13 | 15 04 |
| 6 | 14:54:58 | 15 22 24 | 13 26 | 19 21 | 03 59 | 13 05 | 14 35 | 24 46 | 28 21 | 29 11 | 28 31 | 05 13 | 15 01 |
| 7 | 14:58:55 | 16 20 30 | 25 16 | 01♓12 | 03 35 | 14 18 | 15 00 | 24 58 | 28 18 | 29 14 | 28 32 | 05 12 | 14 57 |
| 8 | 15:02:51 | 17 18 34 | 07♓08 | 13 06 | 03 15 | 15 30 | 15 26 | 25 09 | 28 16 | 29 16 | 28 33 | 05 11 | 14 54 |
| 9 | 15:06:48 | 18 16 38 | 19 07 | 25 10 | 03 00 | 16 43 | 15 52 | 25 21 | 28 14 | 29 19 | 28 34 | 05 10 | 14 51 |
| 10 | 15:10:45 | 19 14 39 | 01♈17 | 07♈27 | 02 48 | 17 55 | 16 19 | 25 32 | 28 12 | 29 21 | 28 34 | 05 09 | 14 48 |
| 11 | 15:14:41 | 20 12 40 | 13 41 | 19 59 | 02 42 | 19 08 | 16 45 | 25 43 | 28 10 | 29 24 | 28 35 | 05 08 | 14 45 |
| 12 | 15:18:38 | 21 10 39 | 26 21 | 02♉47 | 02 40D | 20 20 | 17 12 | 25 55 | 28 08 | 29 26 | 28 36 | 05 07 | 14 42 |
| 13 | 15:22:34 | 22 08 37 | 09♉18 | 15 53 | 02 42 | 21 32 | 17 39 | 26 06 | 28 06 | 29 28 | 28 36 | 05 06 | 14 38 |
| 14 | 15:26:31 | 23 06 33 | 22 33 | 29 16 | 02 49 | 22 44 | 18 06 | 26 17 | 28 04 | 29 31 | 28 37 | 05 05 | 14 35 |
| 15 | 15:30:27 | 24 04 28 | 06♊02 | 12♊52 | 03 01 | 23 57 | 18 34 | 26 27 | 28 03 | 29 33 | 28 38 | 05 04 | 14 32 |
| 16 | 15:34:24 | 25 02 21 | 19 44 | 26 39 | 03 18 | 25 09 | 19 01 | 26 38 | 28 01 | 29 35 | 28 38 | 05 03 | 14 29 |
| 17 | 15:38:20 | 26 00 13 | 03♋37 | 10♋36 | 03 39 | 26 21 | 19 29 | 26 49 | 28 00 | 29 38 | 28 39 | 05 02 | 14 26 |
| 18 | 15:42:17 | 26 58 03 | 17 36 | 24 38 | 04 04 | 27 33 | 19 57 | 26 59 | 27 58 | 29 40 | 28 39 | 05 01 | 14 22 |
| 19 | 15:46:14 | 27 55 51 | 01♌42 | 08♌45 | 04 33 | 28 45 | 20 25 | 27 10 | 27 57 | 29 42 | 28 40 | 05 00 | 14 19 |
| 20 | 15:50:10 | 28 53 38 | 15 50 | 22 55 | 05 06 | 29 57 | 20 54 | 27 20 | 27 56 | 29 44 | 28 40 | 04 58 | 14 16 |
| 21 | 15:54:07 | 29 51 23 | 00♍00 | 07♍06 | 05 44 | 01♋09 | 21 22 | 27 30 | 27 55 | 29 46 | 28 40 | 04 57 | 14 13 |
| 22 | 15:58:03 | 00♊49 06 | 14 11 | 21 16 | 06 25 | 02 20 | 21 51 | 27 41 | 27 54 | 29 48 | 28 41 | 04 56 | 14 10 |
| 23 | 16:02:00 | 01 46 48 | 28 20 | 05♎23 | 07 10 | 03 32 | 22 20 | 27 51 | 27 53 | 29 50 | 28 41 | 04 55 | 14 07 |
| 24 | 16:05:56 | 02 44 28 | 12♎24 | 19 24 | 07 58 | 04 44 | 22 49 | 28 00 | 27 52 | 29 52 | 28 41 | 04 54 | 14 03 |
| 25 | 16:09:53 | 03 42 06 | 26 22 | 03♏17 | 08 50 | 05 55 | 23 18 | 28 10 | 27 52 | 29 54 | 28 41 | 04 52 | 14 00 |
| 26 | 16:13:49 | 04 39 43 | 10♏09 | 16 58 | 09 46 | 07 07 | 23 48 | 28 20 | 27 51 | 29 56 | 28 42 | 04 51 | 13 57 |
| 27 | 16:17:46 | 05 37 19 | 23 43 | 00♐24 | 10 44 | 08 18 | 24 17 | 28 29 | 27 51 | 29 58 | 28 42 | 04 50 | 13 54 |
| 28 | 16:21:43 | 06 34 54 | 07♐01 | 13 34 | 11 46 | 09 30 | 24 47 | 28 39 | 27 50 | 00 00 | 28 42 | 04 49 | 13 51 |
| 29 | 16:25:39 | 07 32 27 | 20 02 | 26 26 | 12 51 | 10 41 | 25 17 | 28 48 | 27 50 | 00♈02 | 28 42 | 04 47 | 13 48 |
| 30 | 16:29:36 | 08 29 59 | 02♑45 | 09♑01 | 13 59 | 11 53 | 25 47 | 28 57 | 27 50 | 00 03 | 28 42 | 04 46 | 13 44 |
| 31 | 16:33:32 | 09 27 31 | 15 12 | 21 20 | 15 11 | 13 04 | 26 17 | 29 06 | 27 50D | 00 05 | 28 42 | 04 45 | 13 41 |

## 0:00 E.T. Longitudes of the Major Asteroids and Chiron

| D | ⚳ | ⚴ | ⚵ | ⚶ | ⚷ |
|---|---|---|---|---|---|
| 1 | 04♑38℞ | 14♏35℞ | 07♊41 | 23♌50 | 00♓25 |
| 2 | 04 37 | 14 17 | 08 16 | 24 00 | 00 27 |
| 3 | 04 35 | 13 58 | 08 51 | 24 11 | 00 28 |
| 4 | 04 34 | 13 40 | 09 25 | 24 23 | 00 30 |
| 5 | 04 31 | 13 22 | 10 00 | 24 34 | 00 32 |
| 6 | 04 29 | 13 03 | 10 35 | 24 46 | 00 34 |
| 7 | 04 26 | 12 45 | 11 09 | 24 59 | 00 36 |
| 8 | 04 23 | 12 27 | 11 44 | 25 11 | 00 37 |
| 9 | 04 19 | 12 09 | 12 19 | 25 24 | 00 39 |
| 10 | 04 15 | 11 51 | 12 53 | 25 37 | 00 40 |
| 11 | 04 11 | 11 33 | 13 28 | 25 51 | 00 42 |
| 12 | 04 06 | 11 15 | 14 03 | 26 05 | 00 43 |
| 13 | 04 01 | 10 57 | 14 37 | 26 19 | 00 45 |
| 14 | 03 56 | 10 40 | 15 12 | 26 33 | 00 46 |
| 15 | 03 50 | 10 23 | 15 46 | 26 48 | 00 47 |
| 16 | 03 44 | 10 06 | 16 21 | 27 03 | 00 48 |

| D | ⚳ | ⚴ | ⚵ | ⚶ | ⚷ |
|---|---|---|---|---|---|
| 17 | 03 37 | 09 49 | 16 56 | 27 19 | 00 49 |
| 18 | 03 30 | 09 33 | 17 30 | 27 34 | 00 51 |
| 19 | 03 23 | 09 17 | 18 05 | 27 50 | 00 52 |
| 20 | 03 15 | 09 01 | 18 39 | 28 06 | 00 52 |
| 21 | 03 07 | 08 45 | 19 14 | 28 23 | 00 53 |
| 22 | 02 59 | 08 30 | 19 48 | 28 40 | 00 54 |
| 23 | 02 51 | 08 15 | 20 22 | 28 57 | 00 55 |
| 24 | 02 42 | 08 01 | 20 57 | 29 14 | 00 56 |
| 25 | 02 33 | 07 46 | 21 31 | 29 31 | 00 56 |
| 26 | 02 23 | 07 33 | 22 06 | 29 49 | 00 57 |
| 27 | 02 13 | 07 19 | 22 40 | 00♍07 | 00 57 |
| 28 | 02 03 | 07 06 | 23 14 | 00 25 | 00 58 |
| 29 | 01 53 | 06 54 | 23 49 | 00 43 | 00 58 |
| 30 | 01 42 | 06 42 | 24 23 | 01 02 | 00 59 |
| 31 | 01 32 | 06 30 | 24 57 | 01 21 | 00 59 |

## Lunar Data

| Last Asp. | | Ingress | | |
|---|---|---|---|---|
| 2 | 08:09 | 2 | ♑ | 10:01 |
| 4 | 19:08 | 4 | ♒ | 20:53 |
| 7 | 06:37 | 7 | ♓ | 09:35 |
| 9 | 20:13 | 9 | ♈ | 21:30 |
| 12 | 04:12 | 12 | ♉ | 06:49 |
| 14 | 12:29 | 14 | ♊ | 13:19 |
| 16 | 17:07 | 16 | ♋ | 17:46 |
| 18 | 20:36 | 18 | ♌ | 21:07 |
| 20 | 23:44 | 20 | ♍ | 23:60 |
| 23 | 02:35 | 23 | ♎ | 02:51 |
| 25 | 04:02 | 25 | ♏ | 06:18 |
| 27 | 11:15 | 27 | ♐ | 11:17 |
| 29 | 16:41 | 29 | ♑ | 18:45 |

## 0:00 E.T. Declinations

| D | ☉ | ☽ | ☿ | ♀ | ♂ | ♃ | ♄ | ♅ | ♆ | ♇ | ⚳ | ⚴ | ⚵ | ⚶ | ⚷ |
|---|---|---|---|---|---|---|---|---|---|---|---|---|---|---|---|
| 1 | +14 59 | -24 53 | +14 04 | +22 17 | +19 02 | -03 26 | +02 53 | -01 05 | -12 26 | -18 11 | -22 39 | +23 51 | +12 32 | +21 07 | -05 41 |
| 2 | 15 17 | 25 00 | 13 36 | 22 31 | 18 54 | 03 21 | 02 54 | 01 04 | 12 26 | 18 11 | 22 42 | 24 01 | 12 38 | 21 02 | 05 40 |
| 3 | 15 35 | 23 49 | 13 07 | 22 45 | 18 45 | 03 17 | 02 55 | 01 03 | 12 25 | 18 11 | 22 45 | 24 11 | 12 44 | 20 56 | 05 39 |
| 4 | 15 52 | 21 30 | 12 40 | 22 59 | 18 37 | 03 12 | 02 56 | 01 02 | 12 25 | 18 11 | 22 48 | 24 21 | 12 50 | 20 51 | 05 38 |
| 5 | 16 10 | 18 17 | 12 14 | 23 11 | 18 28 | 03 07 | 02 57 | 01 01 | 12 25 | 18 11 | 22 51 | 24 31 | 12 56 | 20 45 | 05 37 |
| 6 | 16 27 | 14 21 | 11 49 | 23 23 | 18 19 | 03 03 | 02 58 | 01 00 | 12 24 | 18 11 | 22 54 | 24 40 | 13 02 | 20 39 | 05 36 |
| 7 | 16 43 | 09 54 | 11 26 | 23 34 | 18 10 | 02 59 | 02 59 | 00 59 | 12 24 | 18 11 | 22 57 | 24 48 | 13 07 | 20 33 | 05 35 |
| 8 | 17 00 | 05 04 | 11 05 | 23 45 | 18 01 | 02 54 | 02 59 | 00 58 | 12 24 | 18 11 | 23 00 | 24 56 | 13 13 | 20 27 | 05 34 |
| 9 | 17 16 | 00 02 | 10 47 | 23 55 | 17 52 | 02 50 | 03 00 | 00 57 | 12 24 | 18 11 | 23 03 | 25 04 | 13 18 | 20 21 | 05 33 |
| 10 | 17 32 | +05 05 | 10 30 | 24 04 | 17 43 | 02 45 | 03 01 | 00 56 | 12 23 | 18 11 | 23 07 | 25 12 | 13 23 | 20 15 | 05 33 |
| 11 | 17 48 | 10 06 | 10 16 | 24 13 | 17 34 | 02 41 | 03 01 | 00 55 | 12 23 | 18 11 | 23 10 | 25 19 | 13 28 | 20 08 | 05 32 |
| 12 | 18 03 | 14 48 | 10 05 | 24 21 | 17 24 | 02 37 | 03 02 | 00 54 | 12 23 | 18 11 | 23 13 | 25 26 | 13 33 | 20 02 | 05 31 |
| 13 | 18 18 | 18 56 | 09 56 | 24 28 | 17 15 | 02 33 | 03 02 | 00 53 | 12 23 | 18 11 | 23 16 | 25 32 | 13 38 | 19 55 | 05 30 |
| 14 | 18 33 | 22 13 | 09 49 | 24 35 | 17 05 | 02 29 | 03 03 | 00 52 | 12 23 | 18 11 | 23 20 | 25 38 | 13 42 | 19 48 | 05 29 |
| 15 | 18 47 | 24 21 | 09 45 | 24 41 | 16 55 | 02 24 | 03 03 | 00 51 | 12 22 | 18 11 | 23 23 | 25 44 | 13 47 | 19 41 | 05 29 |
| 16 | 19 02 | 25 03 | 09 44 | 24 46 | 16 46 | 02 20 | 03 04 | 00 50 | 12 22 | 18 11 | 23 27 | 25 49 | 13 51 | 19 34 | 05 28 |
| 17 | 19 15 | 24 13 | 09 45 | 24 50 | 16 36 | 02 16 | 03 04 | 00 49 | 12 22 | 18 11 | 23 30 | 25 54 | 13 55 | 19 27 | 05 27 |
| 18 | 19 29 | 21 51 | 09 48 | 24 54 | 16 26 | 02 12 | 03 05 | 00 48 | 12 22 | 18 11 | 23 34 | 25 59 | 14 00 | 19 20 | 05 27 |
| 19 | 19 42 | 18 09 | 09 53 | 24 57 | 16 15 | 02 08 | 03 05 | 00 47 | 12 22 | 18 12 | 23 37 | 26 03 | 14 04 | 19 13 | 05 26 |
| 20 | 19 55 | 13 24 | 10 00 | 24 59 | 16 05 | 02 04 | 03 05 | 00 47 | 12 22 | 18 12 | 23 41 | 26 07 | 14 07 | 19 05 | 05 25 |
| 21 | 20 07 | 07 55 | 10 10 | 25 01 | 15 55 | 02 01 | 03 05 | 00 46 | 12 22 | 18 12 | 23 44 | 26 10 | 14 11 | 18 58 | 05 25 |
| 22 | 20 19 | 02 02 | 10 21 | 25 02 | 15 44 | 01 57 | 03 06 | 00 45 | 12 22 | 18 12 | 23 48 | 26 13 | 14 15 | 18 50 | 05 24 |
| 23 | 20 31 | -03 56 | 10 35 | 25 02 | 15 34 | 01 53 | 03 06 | 00 44 | 12 22 | 18 12 | 23 52 | 26 16 | 14 18 | 18 43 | 05 23 |
| 24 | 20 42 | 09 39 | 10 50 | 25 02 | 15 23 | 01 49 | 03 06 | 00 44 | 12 21 | 18 12 | 23 55 | 26 18 | 14 22 | 18 35 | 05 23 |
| 25 | 20 53 | 14 51 | 11 07 | 25 00 | 15 12 | 01 46 | 03 06 | 00 43 | 12 21 | 18 12 | 23 59 | 26 20 | 14 25 | 18 27 | 05 22 |
| 26 | 21 04 | 19 12 | 11 25 | 24 58 | 15 02 | 01 42 | 03 06 | 00 42 | 12 21 | 18 12 | 24 03 | 26 21 | 14 28 | 18 19 | 05 22 |
| 27 | 21 14 | 22 28 | 11 45 | 24 56 | 14 51 | 01 38 | 03 06 | 00 41 | 12 21 | 18 12 | 24 06 | 26 23 | 14 31 | 18 11 | 05 21 |
| 28 | 21 24 | 24 26 | 12 06 | 24 52 | 14 40 | 01 35 | 03 06 | 00 41 | 12 21 | 18 12 | 24 10 | 26 24 | 14 34 | 18 03 | 05 21 |
| 29 | 21 34 | 25 02 | 12 29 | 24 48 | 14 28 | 01 31 | 03 06 | 00 40 | 12 21 | 18 12 | 24 14 | 26 24 | 14 36 | 17 55 | 05 20 |
| 30 | 21 43 | 24 16 | 12 53 | 24 43 | 14 17 | 01 28 | 03 06 | 00 39 | 12 21 | 18 12 | 24 17 | 26 24 | 14 39 | 17 46 | 05 20 |
| 31 | 21 52 | 22 18 | 13 18 | 24 38 | 14 06 | 01 24 | 03 05 | 00 39 | 12 21 | 18 12 | 24 21 | 26 24 | 14 41 | 17 38 | 05 19 |

Lunar Phases -- 6 ◑ 04:16 14 ● 01:05 20 ◐ 23:44 27 ○ 23:08 Sun enters ♊ 5/21 03:35

## June 10 — Longitudes of Main Planets - June 2010 — 0:00 E.T.

| D | S.T. | ☉ | ☽ | ☽ 12:00 | ☿ | ♀ | ♂ | ♃ | ♄ | ♅ | ♆ | ♇ | ☊ |
|---|---|---|---|---|---|---|---|---|---|---|---|---|---|
| 1 | 16:37:29 | 10♊25 01 | 27♑25 | 03♒26 | 16♉25 | 14♋15 | 26♌47 | 29♓15 | 27♍50 | 00♈07 | 28♒42℞ | 04♑43℞ | 13♑38 |
| 2 | 16:41:25 | 11 22 31 | 09♒26 | 15 23 | 17 41 | 15 26 | 27 18 | 29 24 | 27 50 | 00 08 | 28 42 | 04 42 | 13 35 |
| 3 | 16:45:22 | 12 19 59 | 21 19 | 27 15 | 19 01 | 16 37 | 27 48 | 29 33 | 27 51 | 00 10 | 28 42 | 04 40 | 13 32 |
| 4 | 16:49:18 | 13 17 27 | 03♓10 | 09♓06 | 20 24 | 17 48 | 28 19 | 29 41 | 27 51 | 00 11 | 28 42 | 04 39 | 13 28 |
| 5 | 16:53:15 | 14 14 54 | 15 03 | 21 02 | 21 49 | 18 59 | 28 50 | 29 50 | 27 51 | 00 13 | 28 42 | 04 38 | 13 25 |
| 6 | 16:57:12 | 15 12 21 | 27 03 | 03♈07 | 23 17 | 20 10 | 29 21 | 29 58 | 27 52 | 00 14 | 28 42 | 04 36 | 13 22 |
| 7 | 17:01:08 | 16 09 47 | 09♈14 | 15 26 | 24 48 | 21 21 | 29 52 | 00♈06 | 27 53 | 00 16 | 28 42 | 04 35 | 13 19 |
| 8 | 17:05:05 | 17 07 12 | 21 41 | 28 02 | 26 21 | 22 31 | 00♍23 | 00 14 | 27 53 | 00 17 | 28 41 | 04 33 | 13 16 |
| 9 | 17:09:01 | 18 04 36 | 04♉27 | 10♉58 | 27 57 | 23 42 | 00 55 | 00 22 | 27 54 | 00 18 | 28 41 | 04 32 | 13 13 |
| 10 | 17:12:58 | 19 02 00 | 17 34 | 24 15 | 29 36 | 24 53 | 01 26 | 00 29 | 27 55 | 00 20 | 28 41 | 04 30 | 13 09 |
| 11 | 17:16:54 | 19 59 24 | 01♊01 | 07♊53 | 01♊18 | 26 03 | 01 58 | 00 37 | 27 56 | 00 21 | 28 40 | 04 29 | 13 06 |
| 12 | 17:20:51 | 20 56 46 | 14 49 | 21 50 | 03 02 | 27 13 | 02 30 | 00 44 | 27 58 | 00 22 | 28 40 | 04 28 | 13 03 |
| 13 | 17:24:47 | 21 54 09 | 28 54 | 06♋02 | 04 48 | 28 24 | 03 02 | 00 52 | 27 59 | 00 23 | 28 40 | 04 26 | 13 00 |
| 14 | 17:28:44 | 22 51 30 | 13♋12 | 20 24 | 06 38 | 29 34 | 03 34 | 00 59 | 28 00 | 00 24 | 28 39 | 04 25 | 12 57 |
| 15 | 17:32:41 | 23 48 50 | 27 38 | 04♌53 | 08 29 | 00♌44 | 04 06 | 01 06 | 28 02 | 00 25 | 28 39 | 04 23 | 12 54 |
| 16 | 17:36:37 | 24 46 10 | 12♌07 | 19 22 | 10 24 | 01 54 | 04 38 | 01 13 | 28 03 | 00 26 | 28 38 | 04 22 | 12 50 |
| 17 | 17:40:34 | 25 43 29 | 26 35 | 03♍47 | 12 20 | 03 04 | 05 11 | 01 19 | 28 05 | 00 27 | 28 38 | 04 20 | 12 47 |
| 18 | 17:44:30 | 26 40 47 | 10♍57 | 18 04 | 14 19 | 04 14 | 05 43 | 01 26 | 28 07 | 00 28 | 28 37 | 04 18 | 12 44 |
| 19 | 17:48:27 | 27 38 04 | 25 10 | 02♎12 | 16 20 | 05 24 | 06 16 | 01 32 | 28 09 | 00 29 | 28 37 | 04 17 | 12 41 |
| 20 | 17:52:23 | 28 35 20 | 09♎12 | 16 08 | 18 24 | 06 34 | 06 49 | 01 38 | 28 11 | 00 30 | 28 36 | 04 15 | 12 38 |
| 21 | 17:56:20 | 29 32 35 | 23 02 | 29 52 | 20 28 | 07 44 | 07 22 | 01 44 | 28 13 | 00 30 | 28 36 | 04 14 | 12 34 |
| 22 | 18:00:16 | 00♋29 50 | 06♏38 | 13♏21 | 22 35 | 08 53 | 07 55 | 01 50 | 28 15 | 00 31 | 28 35 | 04 12 | 12 31 |
| 23 | 18:04:13 | 01 27 04 | 20 01 | 26 37 | 24 43 | 10 03 | 08 28 | 01 56 | 28 17 | 00 32 | 28 34 | 04 11 | 12 28 |
| 24 | 18:08:10 | 02 24 17 | 03♐10 | 09♐39 | 26 52 | 11 12 | 09 01 | 02 01 | 28 20 | 00 32 | 28 34 | 04 09 | 12 25 |
| 25 | 18:12:06 | 03 21 30 | 16 05 | 22 27 | 29 03 | 12 21 | 09 34 | 02 07 | 28 22 | 00 33 | 28 33 | 04 08 | 12 22 |
| 26 | 18:16:03 | 04 18 43 | 28 45 | 05♑01 | 01♋13 | 13 31 | 10 08 | 02 12 | 28 25 | 00 33 | 28 32 | 04 06 | 12 19 |
| 27 | 18:19:59 | 05 15 55 | 11♑13 | 17 23 | 03 25 | 14 40 | 10 41 | 02 17 | 28 27 | 00 34 | 28 31 | 04 05 | 12 15 |
| 28 | 18:23:56 | 06 13 07 | 23 29 | 29 33 | 05 36 | 15 49 | 11 15 | 02 22 | 28 30 | 00 34 | 28 31 | 04 03 | 12 12 |
| 29 | 18:27:52 | 07 10 19 | 05♒35 | 11♒35 | 07 47 | 16 58 | 11 48 | 02 27 | 28 33 | 00 34 | 28 30 | 04 02 | 12 09 |
| 30 | 18:31:49 | 08 07 31 | 17 33 | 23 29 | 09 57 | 18 06 | 12 22 | 02 31 | 28 36 | 00 35 | 28 29 | 04 00 | 12 06 |

## 0:00 E.T. — Longitudes of the Major Asteroids and Chiron

| D | ⚳ | ⚴ | ⚵ | ⚶ | ⚷ | D | ⚳ | ⚴ | ⚵ | ⚶ | ⚷ |
|---|---|---|---|---|---|---|---|---|---|---|---|
| 1 | 01♑21℞ | 06♏19℞ | 25♊31 | 01♍40 | 00♓59 | 16 | 28 13 | 04 25 | 04 01 | 06 50 | 00 55 |
| 2 | 01 09 | 06 08 | 26 06 | 01 59 | 00 59 | 17 | 28 00 | 04 22 | 04 35 | 07 13 | 00 55 |
| 3 | 00 58 | 05 58 | 26 40 | 02 19 | 01 00 | 18 | 27 47 | 04 18 | 05 08 | 07 35 | 00 54 |
| 4 | 00 46 | 05 48 | 27 14 | 02 39 | 01 00 | 19 | 27 33 | 04 16 | 05 42 | 07 58 | 00 53 |
| 5 | 00 34 | 05 38 | 27 48 | 02 59 | 01 00℞ | 20 | 27 20 | 04 13 | 06 16 | 08 20 | 00 52 |
| 6 | 00 22 | 05 29 | 28 22 | 03 19 | 00 59 | 21 | 27 07 | 04 11 | 06 49 | 08 43 | 00 51 |
| 7 | 00 10 | 05 21 | 28 56 | 03 39 | 00 59 | 22 | 26 54 | 04 10 | 07 23 | 09 06 | 00 50 |
| 8 | 29♐57 | 05 13 | 29 30 | 04 00 | 00 59 | 23 | 26 40 | 04 09 | 07 56 | 09 29 | 00 49 |
| 9 | 29 45 | 05 05 | 00♋04 | 04 20 | 00 59 | 24 | 26 27 | 04 09 | 08 30 | 09 52 | 00 48 |
| 10 | 29 32 | 04 58 | 00 38 | 04 41 | 00 59 | 25 | 26 14 | 04 09D | 09 03 | 10 16 | 00 47 |
| 11 | 29 19 | 04 51 | 01 12 | 05 02 | 00 58 | 26 | 26 01 | 04 09 | 09 36 | 10 39 | 00 46 |
| 12 | 29 06 | 04 45 | 01 46 | 05 24 | 00 58 | 27 | 25 49 | 04 10 | 10 10 | 11 03 | 00 44 |
| 13 | 28 53 | 04 40 | 02 20 | 05 45 | 00 57 | 28 | 25 36 | 04 11 | 10 43 | 11 27 | 00 43 |
| 14 | 28 40 | 04 34 | 02 53 | 06 07 | 00 57 | 29 | 25 23 | 04 13 | 11 16 | 11 51 | 00 42 |
| 15 | 28 27 | 04 30 | 03 27 | 06 28 | 00 56 | 30 | 25 11 | 04 15 | 11 49 | 12 15 | 00 40 |

## Lunar Data

| Last Asp. | | Ingress | |
|---|---|---|---|
| 1 | 03:42 | 1 ♒ | 05:09 |
| 3 | 14:57 | 3 ♓ | 17:35 |
| 6 | 05:50 | 6 ♈ | 05:51 |
| 8 | 13:14 | 8 ♉ | 15:42 |
| 10 | 19:51 | 10 ♊ | 22:12 |
| 12 | 23:36 | 13 ♋ | 01:51 |
| 15 | 00:39 | 15 ♌ | 03:55 |
| 17 | 03:25 | 17 ♍ | 05:42 |
| 19 | 05:05 | 19 ♎ | 08:14 |
| 21 | 09:46 | 21 ♏ | 12:15 |
| 23 | 15:33 | 23 ♐ | 18:11 |
| 25 | 23:35 | 26 ♑ | 02:23 |
| 28 | 09:57 | 28 ♒ | 12:53 |

## 0:00 E.T. — Declinations

| D | ☉ | ☽ | ☿ | ♀ | ♂ | ♃ | ♄ | ♅ | ♆ | ♇ | ⚳ | ⚴ | ⚵ | ⚶ | ⚷ |
|---|---|---|---|---|---|---|---|---|---|---|---|---|---|---|---|
| 1 | +22 01 | -19 20 | +13 44 | +24 32 | +13 55 | -01 21 | +03 05 | -00 38 | -12 21 | -18 12 | -24 25 | +26 24 | +14 43 | +17 30 | -05 19 |
| 2 | 22 09 | 15 35 | 14 11 | 24 25 | 13 43 | 01 18 | 03 05 | 00 37 | 12 21 | 18 12 | 24 28 | 26 23 | 14 46 | 17 21 | 05 19 |
| 3 | 22 16 | 11 16 | 14 39 | 24 17 | 13 31 | 01 15 | 03 05 | 00 37 | 12 21 | 18 12 | 24 32 | 26 22 | 14 48 | 17 12 | 05 18 |
| 4 | 22 24 | 06 33 | 15 07 | 24 09 | 13 20 | 01 11 | 03 04 | 00 36 | 12 21 | 18 13 | 24 36 | 26 20 | 14 49 | 17 04 | 05 18 |
| 5 | 22 31 | 01 35 | 15 37 | 24 00 | 13 08 | 01 08 | 03 04 | 00 36 | 12 21 | 18 13 | 24 39 | 26 18 | 14 51 | 16 55 | 05 18 |
| 6 | 22 37 | +03 28 | 16 06 | 23 51 | 12 56 | 01 05 | 03 03 | 00 35 | 12 22 | 18 13 | 24 43 | 26 16 | 14 53 | 16 46 | 05 17 |
| 7 | 22 43 | 08 28 | 16 37 | 23 41 | 12 44 | 01 02 | 03 03 | 00 35 | 12 22 | 18 13 | 24 47 | 26 14 | 14 54 | 16 37 | 05 17 |
| 8 | 22 49 | 13 14 | 17 07 | 23 30 | 12 32 | 00 59 | 03 02 | 00 34 | 12 22 | 18 13 | 24 50 | 26 11 | 14 56 | 16 28 | 05 17 |
| 9 | 22 54 | 17 34 | 17 38 | 23 18 | 12 20 | 00 56 | 03 02 | 00 34 | 12 22 | 18 13 | 24 54 | 26 08 | 14 57 | 16 19 | 05 17 |
| 10 | 22 59 | 21 10 | 18 09 | 23 06 | 12 08 | 00 54 | 03 01 | 00 33 | 12 22 | 18 13 | 24 57 | 26 05 | 14 58 | 16 10 | 05 16 |
| 11 | 23 04 | 23 44 | 18 40 | 22 54 | 11 55 | 00 51 | 03 01 | 00 33 | 12 22 | 18 13 | 25 01 | 26 02 | 14 59 | 16 00 | 05 16 |
| 12 | 23 08 | 24 58 | 19 10 | 22 40 | 11 43 | 00 48 | 03 00 | 00 32 | 12 22 | 18 13 | 25 04 | 25 58 | 15 00 | 15 51 | 05 16 |
| 13 | 23 11 | 24 38 | 19 40 | 22 26 | 11 30 | 00 46 | 02 59 | 00 32 | 12 22 | 18 13 | 25 08 | 25 54 | 15 00 | 15 42 | 05 16 |
| 14 | 23 15 | 22 40 | 20 10 | 22 12 | 11 18 | 00 43 | 02 59 | 00 32 | 12 23 | 18 14 | 25 11 | 25 50 | 15 01 | 15 32 | 05 16 |
| 15 | 23 18 | 19 14 | 20 39 | 21 57 | 11 05 | 00 40 | 02 58 | 00 31 | 12 23 | 18 14 | 25 15 | 25 45 | 15 01 | 15 22 | 05 16 |
| 16 | 23 20 | 14 37 | 21 07 | 21 41 | 10 52 | 00 38 | 02 57 | 00 31 | 12 23 | 18 14 | 25 18 | 25 40 | 15 02 | 15 13 | 05 16 |
| 17 | 23 22 | 09 10 | 21 34 | 21 25 | 10 40 | 00 36 | 02 56 | 00 30 | 12 23 | 18 14 | 25 21 | 25 35 | 15 02 | 15 03 | 05 16 |
| 18 | 23 24 | 03 17 | 22 00 | 21 08 | 10 27 | 00 33 | 02 55 | 00 30 | 12 23 | 18 14 | 25 24 | 25 30 | 15 02 | 14 53 | 05 16 |
| 19 | 23 25 | -02 43 | 22 25 | 20 51 | 10 14 | 00 31 | 02 54 | 00 30 | 12 24 | 18 14 | 25 28 | 25 24 | 15 02 | 14 43 | 05 16 |
| 20 | 23 26 | 08 29 | 22 47 | 20 33 | 10 01 | 00 29 | 02 53 | 00 30 | 12 24 | 18 14 | 25 31 | 25 19 | 15 01 | 14 33 | 05 16 |
| 21 | 23 26 | 13 45 | 23 08 | 20 15 | 09 48 | 00 27 | 02 52 | 00 29 | 12 24 | 18 14 | 25 34 | 25 13 | 15 01 | 14 23 | 05 16 |
| 22 | 23 26 | 18 15 | 23 27 | 19 56 | 09 34 | 00 25 | 02 51 | 00 29 | 12 24 | 18 15 | 25 37 | 25 07 | 15 01 | 14 13 | 05 16 |
| 23 | 23 26 | 21 45 | 23 44 | 19 36 | 09 21 | 00 22 | 02 50 | 00 29 | 12 25 | 18 15 | 25 40 | 25 00 | 15 00 | 14 03 | 05 16 |
| 24 | 23 25 | 24 02 | 23 58 | 19 17 | 09 08 | 00 21 | 02 49 | 00 29 | 12 25 | 18 15 | 25 43 | 24 54 | 14 59 | 13 53 | 05 16 |
| 25 | 23 24 | 25 00 | 24 10 | 18 56 | 08 54 | 00 19 | 02 48 | 00 28 | 12 25 | 18 15 | 25 46 | 24 47 | 14 58 | 13 43 | 05 16 |
| 26 | 23 22 | 24 38 | 24 19 | 18 36 | 08 41 | 00 17 | 02 46 | 00 28 | 12 25 | 18 15 | 25 49 | 24 40 | 14 57 | 13 32 | 05 16 |
| 27 | 23 20 | 23 02 | 24 25 | 18 14 | 08 27 | 00 15 | 02 45 | 00 28 | 12 26 | 18 15 | 25 52 | 24 33 | 14 56 | 13 22 | 05 16 |
| 28 | 23 18 | 20 21 | 24 29 | 17 53 | 08 13 | 00 13 | 02 44 | 00 28 | 12 26 | 18 15 | 25 54 | 24 26 | 14 55 | 13 12 | 05 17 |
| 29 | 23 15 | 16 49 | 24 30 | 17 31 | 08 00 | 00 12 | 02 43 | 00 28 | 12 26 | 18 16 | 25 57 | 24 19 | 14 54 | 13 01 | 05 17 |
| 30 | 23 11 | 12 38 | 24 28 | 17 08 | 07 46 | 00 10 | 02 41 | 00 28 | 12 27 | 18 16 | 26 00 | 24 11 | 14 52 | 12 51 | 05 17 |

Lunar Phases -- 4 ◑ 22:14 12 ● 11:16 19 ◐ 04:31 26 Ⓔ 11:32 Sun enters ♋ 6/21 11:30

## 0:00 E.T. Longitudes of Main Planets - July 2010

| D | S.T. | ☉ | ☽ | ☽ 12:00 | ☿ | ♀ | ♂ | ♃ | ♄ | ♅ | ♆ | ♇ | ☊ |
|---|---|---|---|---|---|---|---|---|---|---|---|---|---|
| 1 | 18:35:45 | 09♋04 43 | 29♒25 | 05♓21 | 12♋07 | 19♌15 | 12♍56 | 02♈35 | 28♍39 | 00♈35 | 28♒28℞ | 03♑59℞ | 12♑03 |
| 2 | 18:39:42 | 10 01 54 | 11♓16 | 17 12 | 14 16 | 20 23 | 13 30 | 02 40 | 28 42 | 00 35 | 28 27 | 03 57 | 12 00 |
| 3 | 18:43:39 | 10 59 06 | 23 09 | 29 07 | 16 24 | 21 32 | 14 04 | 02 44 | 28 45 | 00 35 | 28 26 | 03 56 | 11 56 |
| 4 | 18:47:35 | 11 56 18 | 05♈08 | 11♈12 | 18 31 | 22 40 | 14 39 | 02 47 | 28 48 | 00 35 | 28 25 | 03 54 | 11 53 |
| 5 | 18:51:32 | 12 53 30 | 17 19 | 23 29 | 20 36 | 23 48 | 15 13 | 02 51 | 28 52 | 00 35 | 28 24 | 03 52 | 11 50 |
| 6 | 18:55:28 | 13 50 43 | 29 44 | 06♉04 | 22 39 | 24 56 | 15 47 | 02 54 | 28 55 | 00 35℞ | 28 23 | 03 51 | 11 47 |
| 7 | 18:59:25 | 14 47 56 | 12♉29 | 19 00 | 24 41 | 26 04 | 16 22 | 02 58 | 28 59 | 00 35 | 28 22 | 03 49 | 11 44 |
| 8 | 19:03:21 | 15 45 09 | 25 37 | 02♊20 | 26 41 | 27 12 | 16 56 | 03 01 | 29 02 | 00 35 | 28 21 | 03 48 | 11 40 |
| 9 | 19:07:18 | 16 42 23 | 09♊09 | 16 04 | 28 40 | 28 20 | 17 31 | 03 04 | 29 06 | 00 35 | 28 20 | 03 46 | 11 37 |
| 10 | 19:11:14 | 17 39 37 | 23 05 | 00♋12 | 00♌36 | 29 28 | 18 06 | 03 06 | 29 10 | 00 35 | 28 19 | 03 45 | 11 34 |
| 11 | 19:15:11 | 18 36 51 | 07♋25 | 14 42 | 02 31 | 00♍35 | 18 41 | 03 09 | 29 14 | 00 35 | 28 18 | 03 43 | 11 31 |
| 12 | 19:19:08 | 19 34 05 | 22 02 | 29 26 | 04 24 | 01 42 | 19 16 | 03 11 | 29 18 | 00 35 | 28 16 | 03 42 | 11 28 |
| 13 | 19:23:04 | 20 31 20 | 06♌52 | 14♌19 | 06 15 | 02 49 | 19 51 | 03 13 | 29 22 | 00 34 | 28 15 | 03 41 | 11 25 |
| 14 | 19:27:01 | 21 28 35 | 21 47 | 29 13 | 08 03 | 03 56 | 20 26 | 03 15 | 29 26 | 00 34 | 28 14 | 03 39 | 11 21 |
| 15 | 19:30:57 | 22 25 49 | 06♍38 | 14♍00 | 09 51 | 05 03 | 21 01 | 03 17 | 29 30 | 00 33 | 28 13 | 03 38 | 11 18 |
| 16 | 19:34:54 | 23 23 04 | 21 18 | 28 33 | 11 36 | 06 10 | 21 37 | 03 19 | 29 34 | 00 33 | 28 11 | 03 36 | 11 15 |
| 17 | 19:38:50 | 24 20 19 | 05♎43 | 12♎48 | 13 19 | 07 17 | 22 12 | 03 20 | 29 39 | 00 32 | 28 10 | 03 35 | 11 12 |
| 18 | 19:42:47 | 25 17 34 | 19 49 | 26 44 | 15 00 | 08 23 | 22 48 | 03 21 | 29 43 | 00 32 | 28 09 | 03 33 | 11 09 |
| 19 | 19:46:43 | 26 14 49 | 03♏34 | 10♏19 | 16 40 | 09 29 | 23 23 | 03 22 | 29 48 | 00 31 | 28 08 | 03 32 | 11 06 |
| 20 | 19:50:40 | 27 12 05 | 16 59 | 23 35 | 18 17 | 10 35 | 23 59 | 03 23 | 29 52 | 00 31 | 28 06 | 03 31 | 11 02 |
| 21 | 19:54:37 | 28 09 20 | 00♐06 | 06♐32 | 19 53 | 11 41 | 24 35 | 03 23 | 29 57 | 00 30 | 28 05 | 03 29 | 10 59 |
| 22 | 19:58:33 | 29 06 36 | 12 55 | 19 15 | 21 26 | 12 47 | 25 11 | 03 24 | 00♎02 | 00 29 | 28 04 | 03 28 | 10 56 |
| 23 | 20:02:30 | 00♌03 52 | 25 30 | 01♑43 | 22 58 | 13 53 | 25 46 | 03 24 | 00 07 | 00 28 | 28 02 | 03 27 | 10 53 |
| 24 | 20:06:26 | 01 01 09 | 07♑53 | 14 01 | 24 28 | 14 58 | 26 22 | 03 24℞ | 00 11 | 00 28 | 28 01 | 03 25 | 10 50 |
| 25 | 20:10:23 | 01 58 26 | 20 06 | 26 09 | 25 56 | 16 03 | 26 59 | 03 24 | 00 16 | 00 27 | 27 59 | 03 24 | 10 46 |
| 26 | 20:14:19 | 02 55 43 | 02♒11 | 08♒10 | 27 22 | 17 08 | 27 35 | 03 23 | 00 21 | 00 26 | 27 58 | 03 23 | 10 43 |
| 27 | 20:18:16 | 03 53 02 | 14 09 | 20 06 | 28 46 | 18 13 | 28 11 | 03 23 | 00 26 | 00 25 | 27 56 | 03 21 | 10 40 |
| 28 | 20:22:12 | 04 50 21 | 26 02 | 01♓58 | 00♍08 | 19 17 | 28 47 | 03 22 | 00 32 | 00 24 | 27 55 | 03 20 | 10 37 |
| 29 | 20:26:09 | 05 47 40 | 07♓54 | 13 49 | 01 27 | 20 22 | 29 24 | 03 21 | 00 37 | 00 23 | 27 53 | 03 19 | 10 34 |
| 30 | 20:30:06 | 06 45 01 | 19 44 | 25 41 | 02 45 | 21 26 | 00♎00 | 03 20 | 00 42 | 00 22 | 27 52 | 03 18 | 10 31 |
| 31 | 20:34:02 | 07 42 23 | 01♈38 | 07♈37 | 04 01 | 22 30 | 00 37 | 03 19 | 00 47 | 00 20 | 27 50 | 03 16 | 10 27 |

## 0:00 E.T. Longitudes of the Major Asteroids and Chiron

| D | ⚳ | ⚴ | ⚵ | ⚶ | ⚷ | D | ⚳ | ⚴ | ⚵ | ⚶ | ⚷ |
|---|---|---|---|---|---|---|---|---|---|---|---|
| 1 | 24♐59℞ | 04♏17 | 12♋23 | 12♍39 | 00♓39℞ | 17 | 22 14 | 05 51 | 21 07 | 19 24 | 00 08 |
| 2 | 24 47 | 04 20 | 12 56 | 13 04 | 00 37 | 18 | 22 06 | 06 00 | 21 39 | 19 51 | 00 06 |
| 3 | 24 35 | 04 24 | 13 29 | 13 28 | 00 35 | 19 | 21 58 | 06 09 | 22 11 | 20 17 | 00 03 |
| 4 | 24 23 | 04 27 | 14 02 | 13 53 | 00 34 | 20 | 21 51 | 06 19 | 22 44 | 20 44 | 00 01 |
| 5 | 24 12 | 04 32 | 14 35 | 14 18 | 00 32 | 21 | 21 44 | 06 29 | 23 16 | 21 10 | 29♒59 |
| 6 | 24 00 | 04 36 | 15 08 | 14 43 | 00 30 | 22 | 21 38 | 06 39 | 23 48 | 21 37 | 29 56 |
| 7 | 23 49 | 04 41 | 15 41 | 15 08 | 00 29 | 23 | 21 32 | 06 49 | 24 20 | 22 04 | 29 54 |
| 8 | 23 39 | 04 46 | 16 13 | 15 33 | 00 27 | 24 | 21 26 | 07 00 | 24 52 | 22 31 | 29 51 |
| 9 | 23 28 | 04 52 | 16 46 | 15 58 | 00 25 | 25 | 21 20 | 07 11 | 25 24 | 22 58 | 29 49 |
| 10 | 23 18 | 04 58 | 17 19 | 16 23 | 00 23 | 26 | 21 15 | 07 22 | 25 56 | 23 25 | 29 46 |
| 11 | 23 08 | 05 05 | 17 52 | 16 49 | 00 21 | 27 | 21 10 | 07 34 | 26 28 | 23 52 | 29 44 |
| 12 | 22 58 | 05 12 | 18 24 | 17 15 | 00 19 | 28 | 21 06 | 07 46 | 27 00 | 24 19 | 29 41 |
| 13 | 22 49 | 05 19 | 18 57 | 17 40 | 00 17 | 29 | 21 02 | 07 58 | 27 31 | 24 46 | 29 38 |
| 14 | 22 39 | 05 26 | 19 29 | 18 06 | 00 15 | 30 | 20 58 | 08 11 | 28 03 | 25 14 | 29 36 |
| 15 | 22 31 | 05 34 | 20 02 | 18 32 | 00 12 | 31 | 20 55 | 08 23 | 28 35 | 25 41 | 29 33 |
| 16 | 22 22 | 05 42 | 20 34 | 18 58 | 00 10 | | | | | | |

### Lunar Data

| Last Asp. | | Ingress | | |
|---|---|---|---|---|
| 30 | 22:04 | 1 | ♓ | 01:11 |
| 3 | 11:18 | 3 | ♈ | 13:45 |
| 5 | 21:25 | 6 | ♉ | 00:30 |
| 8 | 06:10 | 8 | ♊ | 07:51 |
| 10 | 10:18 | 10 | ♋ | 11:39 |
| 12 | 11:50 | 12 | ♌ | 12:55 |
| 14 | 10:24 | 14 | ♍ | 13:16 |
| 16 | 13:47 | 16 | ♎ | 14:25 |
| 18 | 14:27 | 18 | ♏ | 17:43 |
| 20 | 23:44 | 20 | ♐ | 23:50 |
| 23 | 04:52 | 23 | ♑ | 08:40 |
| 25 | 14:21 | 25 | ♒ | 19:39 |
| 28 | 03:47 | 28 | ♓ | 08:01 |
| 30 | 03:45 | 30 | ♈ | 20:43 |

## 0:00 E.T. Declinations

| D | ☉ | ☽ | ☿ | ♀ | ♂ | ♃ | ♄ | ♅ | ♆ | ♇ | ⚳ | ⚴ | ⚵ | ⚶ | ⚷ |
|---|---|---|---|---|---|---|---|---|---|---|---|---|---|---|---|
| 1 | +23 08 | -08 01 | +24 23 | +16 45 | +07 32 | -00 09 | +02 40 | -00 28 | -12 27 | -18 16 | -26 02 | +24 03 | +14 51 | +12 40 | -05 17 |
| 2 | 23 04 | 03 08 | 24 15 | 16 22 | 07 18 | 00 07 | 02 38 | 00 28 | 12 27 | 18 16 | 26 05 | 23 55 | 14 49 | 12 29 | 05 18 |
| 3 | 22 59 | +01 53 | 24 05 | 15 58 | 07 04 | 00 06 | 02 37 | 00 28 | 12 28 | 18 16 | 26 07 | 23 47 | 14 47 | 12 19 | 05 18 |
| 4 | 22 54 | 06 52 | 23 52 | 15 34 | 06 50 | 00 05 | 02 36 | 00 28 | 12 28 | 18 16 | 26 10 | 23 39 | 14 45 | 12 08 | 05 18 |
| 5 | 22 49 | 11 39 | 23 37 | 15 10 | 06 36 | 00 04 | 02 34 | 00 28 | 12 28 | 18 17 | 26 12 | 23 31 | 14 43 | 11 57 | 05 19 |
| 6 | 22 43 | 16 05 | 23 20 | 14 45 | 06 22 | 00 03 | 02 32 | 00 28 | 12 29 | 18 17 | 26 15 | 23 23 | 14 41 | 11 46 | 05 19 |
| 7 | 22 37 | 19 55 | 23 00 | 14 20 | 06 08 | 00 02 | 02 31 | 00 28 | 12 29 | 18 17 | 26 17 | 23 14 | 14 39 | 11 35 | 05 19 |
| 8 | 22 31 | 22 53 | 22 38 | 13 55 | 05 53 | 00 01 | 02 29 | 00 28 | 12 30 | 18 17 | 26 19 | 23 05 | 14 36 | 11 24 | 05 20 |
| 9 | 22 24 | 24 40 | 22 15 | 13 29 | 05 39 | +00 00 | 02 28 | 00 28 | 12 30 | 18 17 | 26 21 | 22 57 | 14 34 | 11 13 | 05 20 |
| 10 | 22 16 | 24 58 | 21 50 | 13 03 | 05 25 | 00 01 | 02 26 | 00 28 | 12 30 | 18 18 | 26 24 | 22 48 | 14 31 | 11 02 | 05 21 |
| 11 | 22 09 | 23 39 | 21 23 | 12 37 | 05 10 | 00 02 | 02 24 | 00 28 | 12 31 | 18 18 | 26 26 | 22 39 | 14 28 | 10 51 | 05 21 |
| 12 | 22 01 | 20 43 | 20 55 | 12 10 | 04 56 | 00 02 | 02 22 | 00 28 | 12 31 | 18 18 | 26 28 | 22 30 | 14 25 | 10 40 | 05 22 |
| 13 | 21 52 | 16 24 | 20 25 | 11 44 | 04 41 | 00 03 | 02 21 | 00 28 | 12 32 | 18 18 | 26 30 | 22 20 | 14 22 | 10 28 | 05 22 |
| 14 | 21 43 | 11 03 | 19 54 | 11 17 | 04 26 | 00 03 | 02 19 | 00 29 | 12 32 | 18 18 | 26 32 | 22 11 | 14 19 | 10 17 | 05 23 |
| 15 | 21 34 | 05 04 | 19 22 | 10 49 | 04 12 | 00 04 | 02 17 | 00 29 | 12 33 | 18 18 | 26 34 | 22 02 | 14 16 | 10 06 | 05 23 |
| 16 | 21 25 | -01 06 | 18 49 | 10 22 | 03 57 | 00 04 | 02 15 | 00 29 | 12 33 | 18 19 | 26 36 | 21 52 | 14 13 | 09 54 | 05 24 |
| 17 | 21 15 | 07 05 | 18 16 | 09 54 | 03 42 | 00 04 | 02 13 | 00 29 | 12 33 | 18 19 | 26 38 | 21 43 | 14 09 | 09 43 | 05 24 |
| 18 | 21 05 | 12 35 | 17 41 | 09 26 | 03 27 | 00 05 | 02 11 | 00 30 | 12 34 | 18 19 | 26 39 | 21 33 | 14 06 | 09 31 | 05 25 |
| 19 | 20 54 | 17 19 | 17 06 | 08 58 | 03 13 | 00 05 | 02 09 | 00 30 | 12 34 | 18 19 | 26 41 | 21 24 | 14 02 | 09 20 | 05 26 |
| 20 | 20 43 | 21 03 | 16 30 | 08 30 | 02 58 | 00 05 | 02 07 | 00 30 | 12 35 | 18 19 | 26 43 | 21 14 | 13 58 | 09 08 | 05 26 |
| 21 | 20 32 | 23 37 | 15 54 | 08 01 | 02 43 | 00 05 | 02 05 | 00 30 | 12 35 | 18 20 | 26 45 | 21 04 | 13 55 | 08 57 | 05 27 |
| 22 | 20 20 | 24 53 | 15 18 | 07 33 | 02 28 | 00 05 | 02 03 | 00 31 | 12 36 | 18 20 | 26 47 | 20 54 | 13 51 | 08 45 | 05 28 |
| 23 | 20 08 | 24 51 | 14 41 | 07 04 | 02 13 | 00 04 | 02 01 | 00 31 | 12 36 | 18 20 | 26 48 | 20 44 | 13 47 | 08 33 | 05 28 |
| 24 | 19 56 | 23 35 | 14 04 | 06 35 | 01 58 | 00 04 | 01 59 | 00 31 | 12 37 | 18 20 | 26 50 | 20 35 | 13 42 | 08 21 | 05 29 |
| 25 | 19 43 | 21 12 | 13 27 | 06 06 | 01 43 | 00 04 | 01 57 | 00 32 | 12 37 | 18 21 | 26 52 | 20 25 | 13 38 | 08 10 | 05 30 |
| 26 | 19 30 | 17 54 | 12 49 | 05 37 | 01 27 | 00 03 | 01 55 | 00 32 | 12 38 | 18 21 | 26 53 | 20 14 | 13 34 | 07 58 | 05 31 |
| 27 | 19 17 | 13 54 | 12 12 | 05 08 | 01 12 | 00 03 | 01 53 | 00 33 | 12 38 | 18 21 | 26 55 | 20 04 | 13 29 | 07 46 | 05 31 |
| 28 | 19 03 | 09 24 | 11 35 | 04 39 | 00 57 | 00 02 | 01 51 | 00 33 | 12 39 | 18 21 | 26 57 | 19 54 | 13 25 | 07 34 | 05 32 |
| 29 | 18 49 | 04 35 | 10 58 | 04 09 | 00 42 | 00 02 | 01 48 | 00 34 | 12 39 | 18 21 | 26 58 | 19 44 | 13 20 | 07 22 | 05 33 |
| 30 | 18 35 | +00 24 | 10 21 | 03 40 | 00 27 | 00 01 | 01 46 | 00 34 | 12 40 | 18 22 | 27 00 | 19 34 | 13 16 | 07 10 | 05 34 |
| 31 | 18 21 | 05 22 | 09 45 | 03 10 | 00 11 | 00 00 | 01 44 | 00 34 | 12 40 | 18 22 | 27 01 | 19 24 | 13 11 | 06 58 | 05 35 |

Lunar Phases -- 4 ◑ 14:36 11 ● 19:42 18 ◐ 10:12 26 ○ 01:38 Sun enters ♌ 7/22 22:23

# Longitudes of Main Planets - August 2010

0:00 E.T.

| D | S.T. | ☉ | ☽ | ☽ 12:00 | ☿ | ♀ | ♂ | ♃ | ♄ | ♅ | ♆ | ♇ | ☊ |
|---|---|---|---|---|---|---|---|---|---|---|---|---|---|
| 1 | 20:37:59 | 08♌39 45 | 13♈38 | 19♈41 | 05♍14 | 23♍33 | 01♎14 | 03♈17℞ | 00♎53 | 00♈19℞ | 27♒49℞ | 03♑15℞ | 10♑24 |
| 2 | 20:41:55 | 09 37 09 | 25 47 | 01♉56 | 06 25 | 24 37 | 01 50 | 03 15 | 00 58 | 00 18 | 27 47 | 03 14 | 10 21 |
| 3 | 20:45:52 | 10 34 34 | 08♉10 | 14 28 | 07 34 | 25 40 | 02 27 | 03 13 | 01 04 | 00 17 | 27 46 | 03 13 | 10 18 |
| 4 | 20:49:48 | 11 32 00 | 20 51 | 27 19 | 08 40 | 26 43 | 03 04 | 03 11 | 01 10 | 00 15 | 27 44 | 03 12 | 10 15 |
| 5 | 20:53:45 | 12 29 27 | 03♊53 | 10♊34 | 09 44 | 27 46 | 03 41 | 03 09 | 01 15 | 00 14 | 27 43 | 03 11 | 10 11 |
| 6 | 20:57:41 | 13 26 56 | 17 21 | 24 15 | 10 45 | 28 48 | 04 18 | 03 06 | 01 21 | 00 13 | 27 41 | 03 10 | 10 08 |
| 7 | 21:01:38 | 14 24 26 | 01♋16 | 08♋23 | 11 44 | 29 50 | 04 55 | 03 04 | 01 27 | 00 11 | 27 40 | 03 09 | 10 05 |
| 8 | 21:05:35 | 15 21 57 | 15 37 | 22 57 | 12 40 | 00♎52 | 05 32 | 03 01 | 01 33 | 00 10 | 27 38 | 03 08 | 10 02 |
| 9 | 21:09:31 | 16 19 29 | 00♌22 | 07♌52 | 13 32 | 01 54 | 06 10 | 02 57 | 01 38 | 00 08 | 27 36 | 03 07 | 09 59 |
| 10 | 21:13:28 | 17 17 02 | 15 25 | 23 00 | 14 22 | 02 55 | 06 47 | 02 54 | 01 44 | 00 07 | 27 35 | 03 06 | 09 56 |
| 11 | 21:17:24 | 18 14 37 | 00♍37 | 08♍13 | 15 08 | 03 56 | 07 25 | 02 51 | 01 50 | 00 05 | 27 33 | 03 05 | 09 52 |
| 12 | 21:21:21 | 19 12 12 | 15 48 | 23 19 | 15 50 | 04 57 | 08 02 | 02 47 | 01 56 | 00 04 | 27 32 | 03 04 | 09 49 |
| 13 | 21:25:17 | 20 09 49 | 00♎47 | 08♎10 | 16 29 | 05 57 | 08 40 | 02 43 | 02 03 | 00 02 | 27 30 | 03 03 | 09 46 |
| 14 | 21:29:14 | 21 07 26 | 15 28 | 22 39 | 17 04 | 06 57 | 09 17 | 02 39 | 02 09 | 00 00 | 27 28 | 03 02 | 09 43 |
| 15 | 21:33:10 | 22 05 04 | 29 44 | 06♏42 | 17 36 | 07 57 | 09 55 | 02 35 | 02 15 | 29♓59 | 27 27 | 03 01 | 09 40 |
| 16 | 21:37:07 | 23 02 44 | 13♏33 | 20 18 | 18 02 | 08 56 | 10 33 | 02 31 | 02 21 | 29 57 | 27 25 | 03 00 | 09 37 |
| 17 | 21:41:04 | 24 00 24 | 26 57 | 03♐29 | 18 24 | 09 55 | 11 11 | 02 26 | 02 27 | 29 55 | 27 24 | 02 59 | 09 33 |
| 18 | 21:45:00 | 24 58 05 | 09♐56 | 16 18 | 18 42 | 10 54 | 11 49 | 02 21 | 02 34 | 29 53 | 27 22 | 02 58 | 09 30 |
| 19 | 21:48:57 | 25 55 48 | 22 36 | 28 49 | 18 54 | 11 52 | 12 27 | 02 16 | 02 40 | 29 51 | 27 20 | 02 58 | 09 27 |
| 20 | 21:52:53 | 26 53 31 | 04♑59 | 11♑05 | 19 02 | 12 50 | 13 05 | 02 11 | 02 47 | 29 49 | 27 19 | 02 57 | 09 24 |
| 21 | 21:56:50 | 27 51 16 | 17 09 | 23 11 | 19 03℞ | 13 48 | 13 43 | 02 06 | 02 53 | 29 48 | 27 17 | 02 56 | 09 21 |
| 22 | 22:00:46 | 28 49 02 | 29 11 | 05♒09 | 19 00 | 14 44 | 14 22 | 02 01 | 03 00 | 29 46 | 27 15 | 02 55 | 09 17 |
| 23 | 22:04:43 | 29 46 49 | 11♒07 | 17 03 | 18 50 | 15 41 | 15 00 | 01 55 | 03 06 | 29 44 | 27 14 | 02 55 | 09 14 |
| 24 | 22:08:39 | 00♍44 38 | 22 59 | 28 55 | 18 35 | 16 37 | 15 38 | 01 50 | 03 13 | 29 42 | 27 12 | 02 54 | 09 11 |
| 25 | 22:12:36 | 01 42 27 | 04♓50 | 10♓46 | 18 14 | 17 33 | 16 17 | 01 44 | 03 20 | 29 40 | 27 10 | 02 54 | 09 08 |
| 26 | 22:16:33 | 02 40 19 | 16 42 | 22 38 | 17 47 | 18 28 | 16 56 | 01 38 | 03 26 | 29 38 | 27 09 | 02 53 | 09 05 |
| 27 | 22:20:29 | 03 38 11 | 28 35 | 04♈34 | 17 14 | 19 22 | 17 34 | 01 32 | 03 33 | 29 36 | 27 07 | 02 52 | 09 02 |
| 28 | 22:24:26 | 04 36 06 | 10♈33 | 16 33 | 16 36 | 20 16 | 18 13 | 01 25 | 03 40 | 29 33 | 27 06 | 02 52 | 08 58 |
| 29 | 22:28:22 | 05 34 02 | 22 36 | 28 41 | 15 52 | 21 10 | 18 52 | 01 19 | 03 47 | 29 31 | 27 04 | 02 51 | 08 55 |
| 30 | 22:32:19 | 06 32 00 | 04♉48 | 10♉57 | 15 05 | 22 03 | 19 31 | 01 13 | 03 53 | 29 29 | 27 02 | 02 51 | 08 52 |
| 31 | 22:36:15 | 07 30 00 | 17 11 | 23 28 | 14 13 | 22 55 | 20 09 | 01 06 | 04 00 | 29 27 | 27 01 | 02 50 | 08 49 |

## Longitudes of the Major Asteroids and Chiron

0:00 E.T.

| D | ⚳ | ⚴ | ⚵ | ⚶ | ⚷ |
|---|---|---|---|---|---|
| 1 | 20♐52℞ | 08♏36 | 29♋06 | 26♍09 | 29♒30℞ |
| 2 | 20 49 | 08 49 | 29 38 | 26 37 | 29 27 |
| 3 | 20 47 | 09 03 | 00♌09 | 27 04 | 29 25 |
| 4 | 20 45 | 09 17 | 00 41 | 27 32 | 29 22 |
| 5 | 20 43 | 09 31 | 01 12 | 28 00 | 29 19 |
| 6 | 20 42 | 09 45 | 01 43 | 28 28 | 29 16 |
| 7 | 20 41 | 09 59 | 02 14 | 28 56 | 29 13 |
| 8 | 20 41 | 10 14 | 02 46 | 29 24 | 29 10 |
| 9 | 20 41D | 10 29 | 03 17 | 29 53 | 29 07 |
| 10 | 20 41 | 10 44 | 03 48 | 00♎21 | 29 04 |
| 11 | 20 42 | 10 59 | 04 19 | 00 49 | 29 01 |
| 12 | 20 43 | 11 15 | 04 50 | 01 18 | 28 59 |
| 13 | 20 44 | 11 30 | 05 20 | 01 47 | 28 56 |
| 14 | 20 46 | 11 46 | 05 51 | 02 15 | 28 53 |
| 15 | 20 48 | 12 02 | 06 22 | 02 44 | 28 50 |
| 16 | 20 50 | 12 19 | 06 52 | 03 13 | 28 47 |

| D | ⚳ | ⚴ | ⚵ | ⚶ | ⚷ |
|---|---|---|---|---|---|
| 17 | 20 53 | 12 35 | 07 23 | 03 41 | 28 44 |
| 18 | 20 56 | 12 52 | 07 54 | 04 10 | 28 41 |
| 19 | 20 59 | 13 09 | 08 24 | 04 39 | 28 38 |
| 20 | 21 03 | 13 26 | 08 54 | 05 08 | 28 35 |
| 21 | 21 07 | 13 43 | 09 25 | 05 38 | 28 32 |
| 22 | 21 12 | 14 01 | 09 55 | 06 07 | 28 29 |
| 23 | 21 16 | 14 18 | 10 25 | 06 36 | 28 26 |
| 24 | 21 21 | 14 36 | 10 55 | 07 05 | 28 23 |
| 25 | 21 27 | 14 54 | 11 25 | 07 35 | 28 20 |
| 26 | 21 32 | 15 12 | 11 55 | 08 04 | 28 17 |
| 27 | 21 38 | 15 31 | 12 25 | 08 34 | 28 14 |
| 28 | 21 45 | 15 49 | 12 55 | 09 03 | 28 11 |
| 29 | 21 51 | 16 08 | 13 24 | 09 33 | 28 08 |
| 30 | 21 58 | 16 26 | 13 54 | 10 02 | 28 05 |
| 31 | 22 05 | 16 45 | 14 24 | 10 32 | 28 02 |

## Lunar Data

| Last Asp. | | Ingress | | |
|---|---|---|---|---|
| 2 | 03:55 | 2 | ♉ | 08:14 |
| 4 | 12:45 | 4 | ♊ | 16:55 |
| 6 | 21:22 | 6 | ♋ | 21:51 |
| 7 | 18:46 | 8 | ♌ | 23:24 |
| 10 | 19:11 | 10 | ♍ | 23:02 |
| 12 | 00:05 | 12 | ♎ | 22:44 |
| 14 | 20:07 | 15 | ♏ | 00:28 |
| 17 | 05:25 | 17 | ♐ | 05:35 |
| 19 | 13:59 | 19 | ♑ | 14:18 |
| 22 | 01:10 | 22 | ♒ | 01:39 |
| 24 | 08:31 | 24 | ♓ | 14:12 |
| 27 | 02:01 | 27 | ♈ | 02:50 |
| 29 | 08:49 | 29 | ♉ | 14:36 |
| 31 | 23:14 | 1 | ♊ | 00:20 |

## Declinations

0:00 E.T.

| D | ☉ | ☽ | ☿ | ♀ | ♂ | ♃ | ♄ | ♅ | ♆ | ♇ | ⚳ | ⚴ | ⚵ | ⚶ | ⚷ |
|---|---|---|---|---|---|---|---|---|---|---|---|---|---|---|---|
| 1 | +18 06 | +10 11 | +09 08 | +02 41 | -00 04 | -00 01 | +01 42 | -00 35 | -12 41 | -18 22 | -27 03 | +19 14 | +13 06 | +06 46 | -05 35 |
| 2 | 17 51 | 14 40 | 08 33 | 02 11 | 00 19 | 00 02 | 01 39 | 00 35 | 12 42 | 18 22 | 27 04 | 19 03 | 13 01 | 06 34 | 05 36 |
| 3 | 17 35 | 18 39 | 07 57 | 01 42 | 00 35 | 00 03 | 01 37 | 00 36 | 12 42 | 18 23 | 27 06 | 18 53 | 12 56 | 06 22 | 05 37 |
| 4 | 17 19 | 21 52 | 07 23 | 01 12 | 00 50 | 00 04 | 01 35 | 00 37 | 12 43 | 18 23 | 27 07 | 18 43 | 12 51 | 06 10 | 05 38 |
| 5 | 17 03 | 24 04 | 06 49 | 00 42 | 01 05 | 00 05 | 01 32 | 00 37 | 12 43 | 18 23 | 27 09 | 18 32 | 12 45 | 05 58 | 05 39 |
| 6 | 16 47 | 24 59 | 06 15 | 00 13 | 01 21 | 00 06 | 01 30 | 00 38 | 12 44 | 18 23 | 27 10 | 18 22 | 12 40 | 05 46 | 05 40 |
| 7 | 16 31 | 24 22 | 05 43 | -00 17 | 01 36 | 00 08 | 01 27 | 00 38 | 12 44 | 18 23 | 27 12 | 18 12 | 12 35 | 05 34 | 05 41 |
| 8 | 16 14 | 22 10 | 05 11 | 00 47 | 01 52 | 00 09 | 01 25 | 00 39 | 12 45 | 18 24 | 27 13 | 18 01 | 12 29 | 05 21 | 05 42 |
| 9 | 15 57 | 18 26 | 04 41 | 01 16 | 02 07 | 00 11 | 01 23 | 00 40 | 12 45 | 18 24 | 27 15 | 17 51 | 12 24 | 05 09 | 05 43 |
| 10 | 15 39 | 13 27 | 04 11 | 01 46 | 02 23 | 00 12 | 01 20 | 00 40 | 12 46 | 18 24 | 27 16 | 17 41 | 12 18 | 04 57 | 05 44 |
| 11 | 15 22 | 07 35 | 03 43 | 02 15 | 02 38 | 00 14 | 01 18 | 00 41 | 12 47 | 18 24 | 27 18 | 17 30 | 12 12 | 04 45 | 05 45 |
| 12 | 15 04 | 01 18 | 03 16 | 02 45 | 02 54 | 00 16 | 01 15 | 00 41 | 12 47 | 18 25 | 27 19 | 17 20 | 12 06 | 04 32 | 05 46 |
| 13 | 14 46 | -04 59 | 02 51 | 03 14 | 03 09 | 00 17 | 01 12 | 00 42 | 12 48 | 18 25 | 27 20 | 17 10 | 12 01 | 04 20 | 05 47 |
| 14 | 14 27 | 10 50 | 02 27 | 03 43 | 03 25 | 00 19 | 01 10 | 00 43 | 12 48 | 18 25 | 27 22 | 16 59 | 11 55 | 04 08 | 05 48 |
| 15 | 14 09 | 15 58 | 02 05 | 04 12 | 03 40 | 00 21 | 01 07 | 00 44 | 12 49 | 18 25 | 27 23 | 16 49 | 11 49 | 03 55 | 05 49 |
| 16 | 13 50 | 20 04 | 01 44 | 04 41 | 03 56 | 00 23 | 01 05 | 00 44 | 12 49 | 18 26 | 27 25 | 16 39 | 11 42 | 03 43 | 05 50 |
| 17 | 13 31 | 22 59 | 01 26 | 05 10 | 04 12 | 00 25 | 01 02 | 00 45 | 12 50 | 18 26 | 27 26 | 16 28 | 11 36 | 03 31 | 05 51 |
| 18 | 13 12 | 24 36 | 01 10 | 05 39 | 04 27 | 00 27 | 01 00 | 00 46 | 12 51 | 18 26 | 27 27 | 16 18 | 11 30 | 03 18 | 05 52 |
| 19 | 12 53 | 24 53 | 00 56 | 06 08 | 04 43 | 00 29 | 00 57 | 00 46 | 12 51 | 18 26 | 27 29 | 16 08 | 11 24 | 03 06 | 05 53 |
| 20 | 12 33 | 23 54 | 00 45 | 06 36 | 04 58 | 00 32 | 00 54 | 00 47 | 12 52 | 18 27 | 27 30 | 15 58 | 11 17 | 02 53 | 05 54 |
| 21 | 12 13 | 21 48 | 00 36 | 07 05 | 05 14 | 00 34 | 00 52 | 00 48 | 12 52 | 18 27 | 27 32 | 15 47 | 11 11 | 02 41 | 05 55 |
| 22 | 11 53 | 18 46 | 00 31 | 07 33 | 05 29 | 00 36 | 00 49 | 00 49 | 12 53 | 18 27 | 27 33 | 15 37 | 11 04 | 02 29 | 05 56 |
| 23 | 11 33 | 14 58 | 00 28 | 08 01 | 05 45 | 00 39 | 00 46 | 00 50 | 12 53 | 18 27 | 27 34 | 15 27 | 10 58 | 02 16 | 05 57 |
| 24 | 11 13 | 10 37 | 00 29 | 08 29 | 06 00 | 00 41 | 00 44 | 00 50 | 12 54 | 18 28 | 27 36 | 15 17 | 10 51 | 02 04 | 05 58 |
| 25 | 10 52 | 05 53 | 00 32 | 08 56 | 06 16 | 00 44 | 00 41 | 00 51 | 12 55 | 18 28 | 27 37 | 15 07 | 10 45 | 01 51 | 05 59 |
| 26 | 10 31 | 00 58 | 00 40 | 09 24 | 06 31 | 00 46 | 00 38 | 00 52 | 12 55 | 18 28 | 27 38 | 14 57 | 10 38 | 01 39 | 06 00 |
| 27 | 10 10 | +04 00 | 00 50 | 09 51 | 06 47 | 00 49 | 00 35 | 00 53 | 12 56 | 18 28 | 27 40 | 14 47 | 10 31 | 01 26 | 06 01 |
| 28 | 09 49 | 08 51 | 01 05 | 10 18 | 07 02 | 00 51 | 00 33 | 00 54 | 12 56 | 18 29 | 27 41 | 14 37 | 10 24 | 01 14 | 06 02 |
| 29 | 09 28 | 13 24 | 01 22 | 10 45 | 07 17 | 00 54 | 00 30 | 00 55 | 12 57 | 18 29 | 27 43 | 14 27 | 10 17 | 01 01 | 06 04 |
| 30 | 09 07 | 17 28 | 01 43 | 11 11 | 07 33 | 00 57 | 00 27 | 00 55 | 12 57 | 18 29 | 27 44 | 14 17 | 10 10 | 00 49 | 06 05 |
| 31 | 08 45 | 20 51 | 02 08 | 11 37 | 07 48 | 01 00 | 00 24 | 00 56 | 12 58 | 18 29 | 27 45 | 14 07 | 10 03 | 00 36 | 06 06 |

Lunar Phases -- 3 ◑ 04:60 10 ● 03:09 16 ◐ 18:15 24 ○ 17:06 Sun enters ♍ 8/23 05:28

# 0:00 E.T. — Longitudes of Main Planets — September 2010 — Sep. 10

| D | S.T. | ☉ | ☽ | ☽ 12:00 | ☿ | ♀ | ♂ | ♃ | ♄ | ♅ | ♆ | ♇ | ☊ |
|---|---|---|---|---|---|---|---|---|---|---|---|---|---|
| 1 | 22:40:12 | 08♍28 02 | 29♉49 | 06♊15 | 13♍19℞ | 23♎47 | 20♎48 | 00♈59℞ | 04♎07 | 29♓25℞ | 26♒59℞ | 02♑50℞ | 08♑46 |
| 2 | 22:44:08 | 09 26 05 | 12♊47 | 19 24 | 12 22 | 24 38 | 21 28 | 00 52 | 04 14 | 29 23 | 26 58 | 02 50 | 08 43 |
| 3 | 22:48:05 | 10 24 11 | 26 07 | 02♋56 | 11 25 | 25 28 | 22 07 | 00 45 | 04 21 | 29 20 | 26 56 | 02 49 | 08 39 |
| 4 | 22:52:02 | 11 22 19 | 09♋53 | 16 56 | 10 28 | 26 18 | 22 46 | 00 38 | 04 28 | 29 18 | 26 54 | 02 49 | 08 36 |
| 5 | 22:55:58 | 12 20 28 | 24 05 | 01♌22 | 09 32 | 27 07 | 23 25 | 00 31 | 04 35 | 29 16 | 26 53 | 02 49 | 08 33 |
| 6 | 22:59:55 | 13 18 39 | 08♌44 | 16 12 | 08 40 | 27 55 | 24 05 | 00 24 | 04 42 | 29 14 | 26 51 | 02 48 | 08 30 |
| 7 | 23:03:51 | 14 16 53 | 23 44 | 01♍20 | 07 51 | 28 43 | 24 44 | 00 17 | 04 49 | 29 11 | 26 50 | 02 48 | 08 27 |
| 8 | 23:07:48 | 15 15 08 | 08♍58 | 16 37 | 07 08 | 29 30 | 25 24 | 00 09 | 04 56 | 29 09 | 26 48 | 02 48 | 08 23 |
| 9 | 23:11:44 | 16 13 25 | 24 16 | 01♎53 | 06 31 | 00♏16 | 26 03 | 00 02 | 05 03 | 29 07 | 26 47 | 02 48 | 08 20 |
| 10 | 23:15:41 | 17 11 43 | 09♎26 | 16 55 | 06 01 | 01 01 | 26 43 | 29♓54 | 05 11 | 29 04 | 26 45 | 02 48 | 08 17 |
| 11 | 23:19:37 | 18 10 04 | 24 18 | 01♏35 | 05 39 | 01 45 | 27 23 | 29 46 | 05 18 | 29 02 | 26 44 | 02 47 | 08 14 |
| 12 | 23:23:34 | 19 08 26 | 08♏45 | 15 48 | 05 26 | 02 28 | 28 02 | 29 39 | 05 25 | 29 00 | 26 42 | 02 47 | 08 11 |
| 13 | 23:27:31 | 20 06 49 | 22 43 | 29 30 | 05 22ᴅ | 03 11 | 28 42 | 29 31 | 05 32 | 28 57 | 26 41 | 02 47 | 08 08 |
| 14 | 23:31:27 | 21 05 14 | 06♐11 | 12♐44 | 05 27 | 03 52 | 29 22 | 29 23 | 05 39 | 28 55 | 26 39 | 02 47 | 08 04 |
| 15 | 23:35:24 | 22 03 41 | 19 11 | 25 33 | 05 41 | 04 32 | 00♏02 | 29 15 | 05 47 | 28 53 | 26 38 | 02 47ᴅ | 08 01 |
| 16 | 23:39:20 | 23 02 09 | 01♑49 | 08♑00 | 06 05 | 05 12 | 00 42 | 29 07 | 05 54 | 28 50 | 26 36 | 02 47 | 07 58 |
| 17 | 23:43:17 | 24 00 39 | 14 07 | 20 11 | 06 37 | 05 50 | 01 23 | 28 59 | 06 01 | 28 48 | 26 35 | 02 47 | 07 55 |
| 18 | 23:47:13 | 24 59 11 | 26 13 | 02♒12 | 07 18 | 06 27 | 02 03 | 28 51 | 06 09 | 28 45 | 26 33 | 02 48 | 07 52 |
| 19 | 23:51:10 | 25 57 44 | 08♒09 | 14 05 | 08 08 | 07 02 | 02 43 | 28 43 | 06 16 | 28 43 | 26 32 | 02 48 | 07 49 |
| 20 | 23:55:06 | 26 56 19 | 20 00 | 25 55 | 09 05 | 07 37 | 03 23 | 28 35 | 06 23 | 28 41 | 26 31 | 02 48 | 07 45 |
| 21 | 23:59:03 | 27 54 56 | 01♓51 | 07♓46 | 10 10 | 08 10 | 04 04 | 28 27 | 06 31 | 28 38 | 26 29 | 02 48 | 07 42 |
| 22 | 0:03:00 | 28 53 34 | 13 42 | 19 39 | 11 21 | 08 41 | 04 44 | 28 19 | 06 38 | 28 36 | 26 28 | 02 48 | 07 39 |
| 23 | 0:06:56 | 29 52 14 | 25 37 | 01♈36 | 12 39 | 09 11 | 05 25 | 28 11 | 06 45 | 28 33 | 26 27 | 02 49 | 07 36 |
| 24 | 0:10:53 | 00♎50 57 | 07♈36 | 13 38 | 14 02 | 09 40 | 06 06 | 28 03 | 06 53 | 28 31 | 26 25 | 02 49 | 07 33 |
| 25 | 0:14:49 | 01 49 41 | 19 41 | 25 47 | 15 29 | 10 07 | 06 46 | 27 55 | 07 00 | 28 29 | 26 24 | 02 49 | 07 29 |
| 26 | 0:18:46 | 02 48 27 | 01♉54 | 08♉03 | 17 01 | 10 33 | 07 27 | 27 47 | 07 07 | 28 26 | 26 23 | 02 49 | 07 26 |
| 27 | 0:22:42 | 03 47 16 | 14 14 | 20 28 | 18 36 | 10 57 | 08 08 | 27 39 | 07 15 | 28 24 | 26 22 | 02 50 | 07 23 |
| 28 | 0:26:39 | 04 46 07 | 26 44 | 03♊04 | 20 14 | 11 19 | 08 49 | 27 31 | 07 22 | 28 21 | 26 20 | 02 50 | 07 20 |
| 29 | 0:30:35 | 05 44 59 | 09♊27 | 15 54 | 21 55 | 11 40 | 09 30 | 27 24 | 07 30 | 28 19 | 26 19 | 02 51 | 07 17 |
| 30 | 0:34:32 | 06 43 55 | 22 25 | 29 01 | 23 37 | 11 58 | 10 11 | 27 16 | 07 37 | 28 17 | 26 18 | 02 51 | 07 14 |

# 0:00 E.T. — Longitudes of the Major Asteroids and Chiron

| D | ⚳ | ⚴ | ⚵ | ⚶ | ⚷ |
|---|---|---|---|---|---|
| 1 | 22♐13 | 17♏04 | 14♌53 | 11♎02 | 27♒59℞ |
| 2 | 22 20 | 17 23 | 15 23 | 11 32 | 27 56 |
| 3 | 22 28 | 17 43 | 15 52 | 12 02 | 27 53 |
| 4 | 22 37 | 18 02 | 16 21 | 12 31 | 27 50 |
| 5 | 22 45 | 18 22 | 16 50 | 13 01 | 27 47 |
| 6 | 22 54 | 18 41 | 17 20 | 13 32 | 27 44 |
| 7 | 23 03 | 19 01 | 17 49 | 14 02 | 27 41 |
| 8 | 23 13 | 19 21 | 18 18 | 14 32 | 27 39 |
| 9 | 23 23 | 19 41 | 18 46 | 15 02 | 27 36 |
| 10 | 23 33 | 20 02 | 19 15 | 15 32 | 27 33 |
| 11 | 23 43 | 20 22 | 19 44 | 16 03 | 27 30 |
| 12 | 23 53 | 20 42 | 20 13 | 16 33 | 27 28 |
| 13 | 24 04 | 21 03 | 20 41 | 17 03 | 27 25 |
| 14 | 24 15 | 21 24 | 21 10 | 17 34 | 27 22 |
| 15 | 24 26 | 21 45 | 21 38 | 18 04 | 27 20 |
| 16 | 24 38 | 22 05 | 22 06 | 18 35 | 27 17 |
| 17 | 24 49 | 22 27 | 22 34 | 19 06 | 27 14 |
| 18 | 25 01 | 22 48 | 23 03 | 19 36 | 27 12 |
| 19 | 25 13 | 23 09 | 23 31 | 20 07 | 27 09 |
| 20 | 25 26 | 23 30 | 23 58 | 20 38 | 27 07 |
| 21 | 25 38 | 23 52 | 24 26 | 21 08 | 27 04 |
| 22 | 25 51 | 24 13 | 24 54 | 21 39 | 27 02 |
| 23 | 26 04 | 24 35 | 25 22 | 22 10 | 27 00 |
| 24 | 26 18 | 24 57 | 25 49 | 22 41 | 26 57 |
| 25 | 26 31 | 25 18 | 26 17 | 23 12 | 26 55 |
| 26 | 26 45 | 25 40 | 26 44 | 23 43 | 26 53 |
| 27 | 26 59 | 26 02 | 27 11 | 24 14 | 26 50 |
| 28 | 27 13 | 26 24 | 27 38 | 24 45 | 26 48 |
| 29 | 27 27 | 26 46 | 28 05 | 25 16 | 26 46 |
| 30 | 27 41 | 27 09 | 28 32 | 25 47 | 26 44 |

## Lunar Data

| Last Asp. | | Ingress | |
|---|---|---|---|
| 31 | 23:14 | 1 ♊ | 00:20 |
| 3 | 05:41 | 3 ♋ | 06:51 |
| 5 | 08:32 | 5 ♌ | 09:46 |
| 7 | 08:18 | 7 ♍ | 09:54 |
| 9 | 08:60 | 9 ♎ | 09:02 |
| 11 | 05:17 | 11 ♏ | 09:22 |
| 13 | 11:54 | 13 ♐ | 12:53 |
| 15 | 18:53 | 15 ♑ | 20:31 |
| 18 | 05:14 | 18 ♒ | 07:36 |
| 20 | 13:10 | 20 ♓ | 20:16 |
| 23 | 05:53 | 23 ♈ | 08:48 |
| 25 | 13:13 | 25 ♉ | 20:18 |
| 28 | 03:04 | 28 ♊ | 06:11 |
| 30 | 10:38 | 30 ♋ | 13:47 |

# 0:00 E.T. — Declinations

| D | ☉ | ☽ | ☿ | ♀ | ♂ | ♃ | ♄ | ♅ | ♆ | ♇ | ⚳ | ⚴ | ⚵ | ⚶ | ⚷ |
|---|---|---|---|---|---|---|---|---|---|---|---|---|---|---|---|
| 1 | +08 24 | +23 20 | +02 35 | -12 03 | -08 03 | -01 02 | +00 21 | -00 57 | -12 59 | -18 30 | -27 47 | +13 57 | +09 56 | +00 24 | -06 07 |
| 2 | 08 02 | 24 04 | 03 04 | 12 29 | 08 19 | 01 05 | 00 19 | 00 58 | 12 59 | 18 30 | 27 48 | 13 47 | 09 49 | 00 11 | 06 08 |
| 3 | 07 40 | 24 37 | 03 35 | 12 54 | 08 34 | 01 08 | 00 16 | 00 59 | 13 00 | 18 30 | 27 49 | 13 37 | 09 42 | -00 01 | 06 09 |
| 4 | 07 18 | 23 05 | 04 08 | 13 19 | 08 49 | 01 11 | 00 13 | 01 00 | 13 00 | 18 30 | 27 50 | 13 27 | 09 35 | 00 14 | 06 10 |
| 5 | 06 56 | 20 04 | 04 42 | 13 44 | 09 05 | 01 14 | 00 10 | 01 01 | 13 01 | 18 31 | 27 52 | 13 18 | 09 28 | 00 26 | 06 11 |
| 6 | 06 34 | 15 43 | 05 16 | 14 08 | 09 20 | 01 17 | 00 07 | 01 02 | 13 01 | 18 31 | 27 53 | 13 08 | 09 20 | 00 39 | 06 12 |
| 7 | 06 11 | 10 17 | 05 50 | 14 32 | 09 35 | 01 20 | 00 05 | 01 03 | 13 02 | 18 31 | 27 54 | 12 58 | 09 13 | 00 51 | 06 14 |
| 8 | 05 49 | 04 11 | 06 22 | 14 56 | 09 50 | 01 23 | 00 02 | 01 04 | 13 02 | 18 31 | 27 56 | 12 49 | 09 06 | 01 04 | 06 15 |
| 9 | 05 26 | -02 11 | 06 53 | 15 19 | 10 05 | 01 26 | -00 01 | 01 04 | 13 03 | 18 32 | 27 57 | 12 39 | 08 58 | 01 16 | 06 16 |
| 10 | 05 03 | 08 22 | 07 22 | 15 42 | 10 20 | 01 30 | 00 04 | 01 05 | 13 03 | 18 32 | 27 58 | 12 30 | 08 51 | 01 29 | 06 17 |
| 11 | 04 41 | 13 57 | 07 48 | 16 05 | 10 35 | 01 33 | 00 07 | 01 06 | 13 04 | 18 32 | 27 59 | 12 20 | 08 43 | 01 41 | 06 18 |
| 12 | 04 18 | 18 34 | 08 11 | 16 27 | 10 50 | 01 36 | 00 11 | 01 07 | 13 04 | 18 32 | 28 00 | 12 11 | 08 36 | 01 54 | 06 19 |
| 13 | 03 55 | 21 59 | 08 31 | 16 49 | 11 05 | 01 39 | 00 14 | 01 08 | 13 05 | 18 33 | 28 02 | 12 02 | 08 28 | 02 06 | 06 20 |
| 14 | 03 32 | 24 03 | 08 46 | 17 10 | 11 20 | 01 42 | 00 16 | 01 09 | 13 05 | 18 33 | 28 03 | 11 52 | 08 21 | 02 18 | 06 21 |
| 15 | 03 09 | 24 43 | 08 58 | 17 31 | 11 34 | 01 46 | 00 18 | 01 10 | 13 06 | 18 33 | 28 04 | 11 43 | 08 13 | 02 31 | 06 22 |
| 16 | 02 46 | 24 04 | 09 05 | 17 51 | 11 49 | 01 49 | 00 21 | 01 11 | 13 06 | 18 33 | 28 05 | 11 34 | 08 05 | 02 43 | 06 24 |
| 17 | 02 23 | 22 15 | 09 09 | 18 11 | 12 04 | 01 52 | 00 24 | 01 12 | 13 07 | 18 34 | 28 06 | 11 25 | 07 58 | 02 56 | 06 25 |
| 18 | 02 00 | 19 26 | 09 08 | 18 30 | 12 18 | 01 55 | 00 27 | 01 13 | 13 07 | 18 34 | 28 07 | 11 16 | 07 50 | 03 08 | 06 26 |
| 19 | 01 36 | 15 51 | 09 03 | 18 49 | 12 33 | 01 58 | 00 30 | 01 14 | 13 08 | 18 34 | 28 08 | 11 07 | 07 42 | 03 20 | 06 27 |
| 20 | 01 13 | 11 40 | 08 53 | 19 07 | 12 47 | 02 02 | 00 33 | 01 15 | 13 08 | 18 34 | 28 09 | 10 58 | 07 35 | 03 32 | 06 28 |
| 21 | 00 50 | 07 04 | 08 40 | 19 25 | 13 01 | 02 05 | 00 36 | 01 16 | 13 09 | 18 35 | 28 10 | 10 49 | 07 27 | 03 45 | 06 29 |
| 22 | 00 27 | 04 54 | 08 23 | 19 42 | 13 16 | 02 08 | 00 39 | 01 17 | 13 09 | 18 35 | 28 11 | 10 40 | 07 19 | 03 57 | 06 30 |
| 23 | 00 03 | +02 44 | 08 02 | 19 58 | 13 30 | 02 11 | 00 42 | 01 18 | 13 10 | 18 35 | 28 12 | 10 31 | 07 11 | 04 09 | 06 31 |
| 24 | -00 20 | 07 36 | 07 37 | 20 14 | 13 44 | 02 14 | 00 45 | 01 19 | 13 10 | 18 35 | 28 13 | 10 23 | 07 03 | 04 21 | 06 32 |
| 25 | 00 44 | 12 13 | 07 10 | 20 30 | 13 58 | 02 18 | 00 48 | 01 20 | 13 11 | 18 36 | 28 14 | 10 14 | 06 56 | 04 34 | 06 33 |
| 26 | 01 07 | 16 24 | 06 40 | 20 44 | 14 12 | 02 21 | 00 50 | 01 21 | 13 11 | 18 36 | 28 15 | 10 06 | 06 48 | 04 46 | 06 34 |
| 27 | 01 30 | 19 56 | 06 07 | 20 58 | 14 26 | 02 24 | 00 53 | 01 22 | 13 11 | 18 36 | 28 16 | 09 57 | 06 40 | 04 58 | 06 35 |
| 28 | 01 54 | 22 36 | 05 32 | 21 11 | 14 40 | 02 27 | 00 56 | 01 23 | 13 12 | 18 36 | 28 17 | 09 49 | 06 32 | 05 10 | 06 36 |
| 29 | 02 17 | 24 11 | 04 54 | 21 23 | 14 53 | 02 30 | 00 59 | 01 23 | 13 12 | 18 37 | 28 18 | 09 41 | 06 24 | 05 22 | 06 37 |
| 30 | 02 40 | 24 30 | 04 15 | 21 35 | 15 07 | 02 33 | 01 02 | 01 24 | 13 13 | 18 37 | 28 19 | 09 32 | 06 16 | 05 34 | 06 38 |

Lunar Phases -- 1 ◗ 17:23   8 ● 10:31   15 ◖ 05:51   23 ○ 09:18    Sun enters ♎ 9/23 03:10

## Longitudes of Main Planets - October 2010

0:00 E.T.

| D | S.T. | ☉ | ☽ | ☽ 12:00 | ☿ | ♀ | ♂ | ♃ | ♄ | ♅ | ♆ | ♇ | ☊ |
|---|---|---|---|---|---|---|---|---|---|---|---|---|---|
| 1 | 0:38:29 | 07♎42 52 | 05♋42 | 12♋27 | 25♍21 | 12♏15 | 10♏52 | 27♓08℞ | 07♎44 | 28♓14℞ | 26♒17℞ | 02♑52 | 07♑10 |
| 2 | 0:42:25 | 08 41 52 | 19 19 | 26 16 | 27 07 | 12 30 | 11 33 | 27 00 | 07 52 | 28 12 | 26 16 | 02 52 | 07 07 |
| 3 | 0:46:22 | 09 40 54 | 03♌19 | 10♌29 | 28 53 | 12 42 | 12 14 | 26 53 | 07 59 | 28 10 | 26 15 | 02 53 | 07 04 |
| 4 | 0:50:18 | 10 39 59 | 17 43 | 25 03 | 00♎40 | 12 53 | 12 56 | 26 45 | 08 07 | 28 07 | 26 14 | 02 53 | 07 01 |
| 5 | 0:54:15 | 11 39 05 | 02♍28 | 09♍57 | 02 27 | 13 02 | 13 37 | 26 38 | 08 14 | 28 05 | 26 13 | 02 54 | 06 58 |
| 6 | 0:58:11 | 12 38 14 | 17 29 | 25 02 | 04 14 | 13 08 | 14 19 | 26 30 | 08 21 | 28 03 | 26 12 | 02 55 | 06 55 |
| 7 | 1:02:08 | 13 37 25 | 02♎36 | 10♎09 | 06 01 | 13 12 | 15 00 | 26 23 | 08 29 | 28 00 | 26 11 | 02 55 | 06 51 |
| 8 | 1:06:04 | 14 36 38 | 17 40 | 25 08 | 07 48 | 13 14 | 15 42 | 26 16 | 08 36 | 27 58 | 26 10 | 02 56 | 06 48 |
| 9 | 1:10:01 | 15 35 53 | 02♏32 | 09♏49 | 09 35 | 13 13℞ | 16 23 | 26 08 | 08 44 | 27 56 | 26 09 | 02 57 | 06 45 |
| 10 | 1:13:58 | 16 35 11 | 17 01 | 24 06 | 11 21 | 13 11 | 17 05 | 26 01 | 08 51 | 27 53 | 26 08 | 02 58 | 06 42 |
| 11 | 1:17:54 | 17 34 30 | 01♐03 | 07♐54 | 13 07 | 13 05 | 17 47 | 25 54 | 08 58 | 27 51 | 26 07 | 02 58 | 06 39 |
| 12 | 1:21:51 | 18 33 51 | 14 37 | 21 13 | 14 52 | 12 58 | 18 29 | 25 48 | 09 06 | 27 49 | 26 06 | 02 59 | 06 35 |
| 13 | 1:25:47 | 19 33 13 | 27 42 | 04♑05 | 16 37 | 12 48 | 19 11 | 25 41 | 09 13 | 27 47 | 26 05 | 03 00 | 06 32 |
| 14 | 1:29:44 | 20 32 38 | 10♑23 | 16 35 | 18 21 | 12 35 | 19 53 | 25 34 | 09 20 | 27 45 | 26 05 | 03 01 | 06 29 |
| 15 | 1:33:40 | 21 32 04 | 22 43 | 28 47 | 20 04 | 12 20 | 20 35 | 25 28 | 09 28 | 27 42 | 26 04 | 03 02 | 06 26 |
| 16 | 1:37:37 | 22 31 32 | 04♒48 | 10♒47 | 21 47 | 12 03 | 21 17 | 25 22 | 09 35 | 27 40 | 26 03 | 03 03 | 06 23 |
| 17 | 1:41:33 | 23 31 02 | 16 44 | 22 40 | 23 29 | 11 43 | 21 59 | 25 15 | 09 42 | 27 38 | 26 02 | 03 04 | 06 20 |
| 18 | 1:45:30 | 24 30 33 | 28 35 | 04♓30 | 25 11 | 11 22 | 22 42 | 25 09 | 09 49 | 27 36 | 26 02 | 03 05 | 06 16 |
| 19 | 1:49:27 | 25 30 06 | 10♓25 | 16 22 | 26 51 | 10 58 | 23 24 | 25 03 | 09 57 | 27 34 | 26 01 | 03 06 | 06 13 |
| 20 | 1:53:23 | 26 29 41 | 22 19 | 28 18 | 28 32 | 10 32 | 24 06 | 24 58 | 10 04 | 27 32 | 26 00 | 03 07 | 06 10 |
| 21 | 1:57:20 | 27 29 18 | 04♈19 | 10♈21 | 00♏11 | 10 04 | 24 49 | 24 52 | 10 11 | 27 30 | 26 00 | 03 08 | 06 07 |
| 22 | 2:01:16 | 28 28 57 | 16 26 | 22 33 | 01 50 | 09 34 | 25 31 | 24 47 | 10 18 | 27 28 | 25 59 | 03 09 | 06 04 |
| 23 | 2:05:13 | 29 28 38 | 28 42 | 04♉54 | 03 28 | 09 03 | 26 14 | 24 41 | 10 25 | 27 26 | 25 59 | 03 11 | 06 00 |
| 24 | 2:09:09 | 00♏28 21 | 11♉08 | 17 25 | 05 06 | 08 30 | 26 56 | 24 36 | 10 33 | 27 24 | 25 58 | 03 12 | 05 57 |
| 25 | 2:13:06 | 01 28 05 | 23 44 | 00♊06 | 06 43 | 07 56 | 27 39 | 24 31 | 10 40 | 27 22 | 25 58 | 03 13 | 05 54 |
| 26 | 2:17:02 | 02 27 52 | 06♊31 | 12 58 | 08 20 | 07 21 | 28 22 | 24 27 | 10 47 | 27 21 | 25 57 | 03 14 | 05 51 |
| 27 | 2:20:59 | 03 27 41 | 19 28 | 26 01 | 09 56 | 06 45 | 29 05 | 24 22 | 10 54 | 27 19 | 25 57 | 03 15 | 05 48 |
| 28 | 2:24:56 | 04 27 33 | 02♋37 | 09♋17 | 11 31 | 06 09 | 29 48 | 24 18 | 11 01 | 27 17 | 25 57 | 03 17 | 05 45 |
| 29 | 2:28:52 | 05 27 26 | 16 00 | 22 46 | 13 06 | 05 32 | 00♐31 | 24 13 | 11 08 | 27 15 | 25 56 | 03 18 | 05 41 |
| 30 | 2:32:49 | 06 27 22 | 29 37 | 06♌32 | 14 40 | 04 56 | 01 14 | 24 09 | 11 15 | 27 14 | 25 56 | 03 19 | 05 38 |
| 31 | 2:36:45 | 07 27 19 | 13♌31 | 20 34 | 16 14 | 04 19 | 01 57 | 24 06 | 11 22 | 27 12 | 25 56 | 03 21 | 05 35 |

0:00 E.T.

## Longitudes of the Major Asteroids and Chiron

| D | ⚳ | ⚴ | ⚵ | ⚶ | ⚷ |
|---|---|---|---|---|---|
| 1 | 27♐56 | 27♏31 | 28♌59 | 26♎18 | 26♒42℞ |
| 2 | 28 11 | 27 53 | 29 26 | 26 49 | 26 40 |
| 3 | 28 26 | 28 16 | 29 53 | 27 21 | 26 38 |
| 4 | 28 41 | 28 38 | 00♍19 | 27 52 | 26 36 |
| 5 | 28 57 | 29 01 | 00 45 | 28 23 | 26 34 |
| 6 | 29 12 | 29 24 | 01 12 | 28 55 | 26 33 |
| 7 | 29 28 | 29 46 | 01 38 | 29 26 | 26 31 |
| 8 | 29 44 | 00♐09 | 02 04 | 29 57 | 26 29 |
| 9 | 00 00 | 00 32 | 02 30 | 00♏29 | 26 27 |
| 10 | 00♑16 | 00 55 | 02 56 | 01 00 | 26 26 |
| 11 | 00 32 | 01 18 | 03 22 | 01 32 | 26 24 |
| 12 | 00 49 | 01 41 | 03 47 | 02 03 | 26 23 |
| 13 | 01 06 | 02 05 | 04 13 | 02 35 | 26 21 |
| 14 | 01 23 | 02 28 | 04 38 | 03 07 | 26 20 |
| 15 | 01 40 | 02 51 | 05 03 | 03 38 | 26 19 |
| 16 | 01 57 | 03 14 | 05 29 | 04 10 | 26 17 |
| 17 | 02 14 | 03 38 | 05 54 | 04 42 | 26 16 |
| 18 | 02 32 | 04 01 | 06 18 | 05 13 | 26 15 |
| 19 | 02 49 | 04 25 | 06 43 | 05 45 | 26 14 |
| 20 | 03 07 | 04 48 | 07 08 | 06 17 | 26 13 |
| 21 | 03 25 | 05 12 | 07 32 | 06 48 | 26 12 |
| 22 | 03 43 | 05 36 | 07 57 | 07 20 | 26 11 |
| 23 | 04 01 | 05 59 | 08 21 | 07 52 | 26 10 |
| 24 | 04 20 | 06 23 | 08 45 | 08 24 | 26 09 |
| 25 | 04 38 | 06 47 | 09 09 | 08 56 | 26 08 |
| 26 | 04 57 | 07 11 | 09 33 | 09 28 | 26 08 |
| 27 | 05 15 | 07 35 | 09 56 | 10 00 | 26 07 |
| 28 | 05 34 | 07 59 | 10 20 | 10 32 | 26 07 |
| 29 | 05 53 | 08 22 | 10 43 | 11 03 | 26 06 |
| 30 | 06 12 | 08 46 | 11 06 | 11 35 | 26 06 |
| 31 | 06 31 | 09 11 | 11 29 | 12 07 | 26 05 |

## Lunar Data

| Last Asp. | | Ingress | | |
|---|---|---|---|---|
| 2 | 15:22 | 2 | ♌ | 18:22 |
| 4 | 13:53 | 4 | ♍ | 20:01 |
| 6 | 16:44 | 6 | ♎ | 19:53 |
| 8 | 13:39 | 8 | ♏ | 19:53 |
| 10 | 18:28 | 10 | ♐ | 22:10 |
| 13 | 00:09 | 13 | ♑ | 04:18 |
| 15 | 09:50 | 15 | ♒ | 14:25 |
| 17 | 18:50 | 18 | ♓ | 02:53 |
| 20 | 10:26 | 20 | ♈ | 15:24 |
| 23 | 01:38 | 23 | ♉ | 02:31 |
| 25 | 07:50 | 25 | ♊ | 11:48 |
| 27 | 14:20 | 27 | ♋ | 19:15 |
| 29 | 19:49 | 30 | ♌ | 00:40 |

0:00 E.T.

## Declinations

| D | ☉ | ☽ | ☿ | ♀ | ♂ | ♃ | ♄ | ♅ | ♆ | ♇ | ⚳ | ⚴ | ⚵ | ⚶ | ⚷ |
|---|---|---|---|---|---|---|---|---|---|---|---|---|---|---|---|
| 1 | -03 04 | +23 27 | +03 35 | -21 46 | -15 20 | -02 36 | -01 05 | -01 25 | -13 13 | -18 37 | -28 19 | +09 24 | +06 08 | -05 46 | -06 39 |
| 2 | 03 27 | 21 00 | 02 53 | 21 56 | 15 34 | 02 39 | 01 08 | 01 26 | 13 13 | 18 37 | 28 20 | 09 16 | 06 01 | 05 58 | 06 40 |
| 3 | 03 50 | 17 15 | 02 10 | 22 05 | 15 47 | 02 42 | 01 11 | 01 27 | 13 14 | 18 38 | 28 21 | 09 08 | 05 53 | 06 10 | 06 41 |
| 4 | 04 13 | 12 24 | 01 26 | 22 13 | 16 00 | 02 45 | 01 14 | 01 28 | 13 14 | 18 38 | 28 22 | 09 00 | 05 45 | 06 22 | 06 42 |
| 5 | 04 36 | 06 44 | 00 42 | 22 20 | 16 13 | 02 48 | 01 16 | 01 29 | 13 14 | 18 38 | 28 22 | 08 52 | 05 37 | 06 34 | 06 43 |
| 6 | 05 00 | 00 36 | -00 03 | 22 26 | 16 26 | 02 51 | 01 19 | 01 30 | 13 15 | 18 38 | 28 23 | 08 44 | 05 29 | 06 46 | 06 44 |
| 7 | 05 23 | -05 37 | 00 48 | 22 31 | 16 39 | 02 54 | 01 22 | 01 31 | 13 15 | 18 39 | 28 23 | 08 37 | 05 21 | 06 58 | 06 45 |
| 8 | 05 46 | 11 28 | 01 34 | 22 35 | 16 52 | 02 57 | 01 25 | 01 32 | 13 15 | 18 39 | 28 24 | 08 29 | 05 13 | 07 09 | 06 46 |
| 9 | 06 08 | 16 34 | 02 19 | 22 38 | 17 04 | 02 59 | 01 28 | 01 33 | 13 16 | 18 39 | 28 24 | 08 21 | 05 05 | 07 21 | 06 47 |
| 10 | 06 31 | 20 34 | 03 05 | 22 40 | 17 17 | 03 02 | 01 31 | 01 33 | 13 16 | 18 39 | 28 25 | 08 14 | 04 57 | 07 33 | 06 47 |
| 11 | 06 54 | 23 12 | 03 51 | 22 40 | 17 29 | 03 05 | 01 34 | 01 34 | 13 16 | 18 40 | 28 25 | 08 07 | 04 49 | 07 44 | 06 48 |
| 12 | 07 17 | 24 23 | 04 36 | 22 40 | 17 41 | 03 07 | 01 36 | 01 35 | 13 17 | 18 40 | 28 26 | 07 59 | 04 42 | 07 56 | 06 49 |
| 13 | 07 39 | 24 09 | 05 21 | 22 38 | 17 54 | 03 10 | 01 39 | 01 36 | 13 17 | 18 40 | 28 26 | 07 52 | 04 34 | 08 07 | 06 50 |
| 14 | 08 01 | 22 39 | 06 06 | 22 34 | 18 06 | 03 12 | 01 42 | 01 37 | 13 17 | 18 40 | 28 26 | 07 45 | 04 26 | 08 19 | 06 51 |
| 15 | 08 24 | 20 05 | 06 50 | 22 30 | 18 17 | 03 15 | 01 45 | 01 38 | 13 17 | 18 40 | 28 27 | 07 38 | 04 18 | 08 30 | 06 52 |
| 16 | 08 46 | 16 42 | 07 34 | 22 23 | 18 29 | 03 17 | 01 48 | 01 39 | 13 18 | 18 41 | 28 27 | 07 31 | 04 10 | 08 42 | 06 52 |
| 17 | 09 08 | 12 40 | 08 18 | 22 16 | 18 41 | 03 20 | 01 50 | 01 39 | 13 18 | 18 41 | 28 27 | 07 24 | 04 03 | 08 53 | 06 53 |
| 18 | 09 30 | 08 12 | 09 01 | 22 07 | 18 52 | 03 22 | 01 53 | 01 40 | 13 18 | 18 41 | 28 27 | 07 17 | 03 55 | 09 04 | 06 54 |
| 19 | 09 52 | 03 26 | 09 43 | 21 57 | 19 03 | 03 24 | 01 56 | 01 41 | 13 18 | 18 41 | 28 27 | 07 10 | 03 47 | 09 16 | 06 55 |
| 20 | 10 13 | +01 27 | 10 25 | 21 45 | 19 14 | 03 26 | 01 59 | 01 42 | 13 19 | 18 42 | 28 27 | 07 04 | 03 39 | 09 27 | 06 55 |
| 21 | 10 35 | 06 20 | 11 07 | 21 31 | 19 25 | 03 28 | 02 02 | 01 43 | 13 19 | 18 42 | 28 27 | 06 57 | 03 32 | 09 38 | 06 56 |
| 22 | 10 56 | 11 01 | 11 47 | 21 17 | 19 36 | 03 30 | 02 04 | 01 43 | 13 19 | 18 42 | 28 27 | 06 51 | 03 24 | 09 49 | 06 57 |
| 23 | 11 17 | 15 19 | 12 27 | 21 01 | 19 47 | 03 32 | 02 07 | 01 44 | 13 19 | 18 42 | 28 27 | 06 44 | 03 16 | 10 00 | 06 57 |
| 24 | 11 38 | 19 02 | 13 07 | 20 44 | 19 57 | 03 34 | 02 10 | 01 45 | 13 19 | 18 42 | 28 27 | 06 38 | 03 09 | 10 11 | 06 58 |
| 25 | 11 59 | 21 55 | 13 45 | 20 25 | 20 08 | 03 36 | 02 12 | 01 46 | 13 19 | 18 43 | 28 27 | 06 32 | 03 01 | 10 22 | 06 59 |
| 26 | 12 20 | 23 45 | 14 23 | 20 05 | 20 18 | 03 37 | 02 15 | 01 46 | 13 20 | 18 43 | 28 27 | 06 26 | 02 54 | 10 33 | 06 59 |
| 27 | 12 40 | 24 20 | 15 00 | 19 45 | 20 28 | 03 39 | 02 18 | 01 47 | 13 20 | 18 43 | 28 26 | 06 20 | 02 46 | 10 43 | 07 00 |
| 28 | 13 00 | 23 34 | 15 36 | 19 23 | 20 38 | 03 41 | 02 20 | 01 48 | 13 20 | 18 43 | 28 26 | 06 14 | 02 39 | 10 54 | 07 00 |
| 29 | 13 20 | 21 28 | 16 12 | 19 00 | 20 47 | 03 42 | 02 23 | 01 48 | 13 20 | 18 43 | 28 26 | 06 08 | 02 31 | 11 05 | 07 01 |
| 30 | 13 40 | 18 06 | 16 46 | 18 37 | 20 57 | 03 43 | 02 26 | 01 49 | 13 20 | 18 44 | 28 25 | 06 02 | 02 24 | 11 15 | 07 02 |
| 31 | 14 00 | 13 40 | 17 20 | 18 13 | 21 06 | 03 45 | 02 28 | 01 50 | 13 20 | 18 44 | 28 25 | 05 56 | 02 16 | 11 26 | 07 02 |

Lunar Phases -- 1 ◑ 03:53 7 ● 18:46 14 ◐ 21:28 23 ○ 01:38 30 ◑ 12:47 Sun enters ♏ 10/23 12:37

# 0:00 E.T. Longitudes of Main Planets - November 2010



| D | S.T. | ☉ | ☽ | ☽ 12:00 | ☿ | ♀ | ♂ | ♃ | ♄ | ♅ | ♆ | ♇ | ☊ |
|---|---|---|---|---|---|---|---|---|---|---|---|---|---|
| 1 | 2:40:42 | 08♏27 19 | 27♌41 | 04♍52 | 17♏48 | 03♏43℞ | 02♐40 | 24♓02℞ | 11♎29 | 27♓10℞ | 25♒56℞ | 03♑22 | 05♑32 |
| 2 | 2:44:38 | 09 27 21 | 12♍07 | 19 24 | 19 21 | 03 08 | 03 23 | 23 58 | 11 35 | 27 09 | 25 55 | 03 24 | 05 29 |
| 3 | 2:48:35 | 10 27 25 | 26 44 | 04♎06 | 20 54 | 02 34 | 04 07 | 23 55 | 11 42 | 27 07 | 25 55 | 03 25 | 05 26 |
| 4 | 2:52:31 | 11 27 32 | 11♎28 | 18 50 | 22 26 | 02 01 | 04 50 | 23 52 | 11 49 | 27 06 | 25 55 | 03 27 | 05 22 |
| 5 | 2:56:28 | 12 27 40 | 26 10 | 03♏29 | 23 58 | 01 29 | 05 34 | 23 49 | 11 56 | 27 04 | 25 55 | 03 28 | 05 19 |
| 6 | 3:00:25 | 13 27 50 | 10♏44 | 17 55 | 25 29 | 00 58 | 06 17 | 23 46 | 12 02 | 27 03 | 25 55 | 03 30 | 05 16 |
| 7 | 3:04:21 | 14 28 02 | 25 02 | 02♐03 | 27 00 | 00 30 | 07 01 | 23 44 | 12 09 | 27 01 | 25 55 | 03 31 | 05 13 |
| 8 | 3:08:18 | 15 28 16 | 08♐58 | 15 47 | 28 31 | 00 03 | 07 44 | 23 42 | 12 16 | 27 00 | 25 55D | 03 33 | 05 10 |
| 9 | 3:12:14 | 16 28 32 | 22 30 | 29 07 | 00♐01 | 29♎39 | 08 28 | 23 39 | 12 22 | 26 59 | 25 55 | 03 34 | 05 06 |
| 10 | 3:16:11 | 17 28 49 | 05♑37 | 12♑02 | 01 31 | 29 16 | 09 12 | 23 38 | 12 29 | 26 57 | 25 55 | 03 36 | 05 03 |
| 11 | 3:20:07 | 18 29 08 | 18 21 | 24 35 | 03 00 | 28 56 | 09 56 | 23 36 | 12 35 | 26 56 | 25 55 | 03 38 | 05 00 |
| 12 | 3:24:04 | 19 29 28 | 00♒45 | 06♒50 | 04 29 | 28 38 | 10 39 | 23 34 | 12 42 | 26 55 | 25 55 | 03 39 | 04 57 |
| 13 | 3:28:00 | 20 29 49 | 12 53 | 18 53 | 05 58 | 28 22 | 11 23 | 23 33 | 12 48 | 26 54 | 25 55 | 03 41 | 04 54 |
| 14 | 3:31:57 | 21 30 12 | 24 50 | 00♓47 | 07 26 | 28 09 | 12 07 | 23 32 | 12 55 | 26 53 | 25 56 | 03 43 | 04 51 |
| 15 | 3:35:54 | 22 30 36 | 06♓43 | 12 38 | 08 53 | 27 58 | 12 51 | 23 31 | 13 01 | 26 51 | 25 56 | 03 44 | 04 47 |
| 16 | 3:39:50 | 23 31 02 | 18 34 | 24 32 | 10 20 | 27 50 | 13 35 | 23 30 | 13 07 | 26 50 | 25 56 | 03 46 | 04 44 |
| 17 | 3:43:47 | 24 31 29 | 00♈30 | 06♈31 | 11 46 | 27 44 | 14 20 | 23 30 | 13 13 | 26 50 | 25 56 | 03 48 | 04 41 |
| 18 | 3:47:43 | 25 31 57 | 12 34 | 18 39 | 13 12 | 27 40 | 15 04 | 23 30 | 13 19 | 26 49 | 25 57 | 03 50 | 04 38 |
| 19 | 3:51:40 | 26 32 26 | 24 48 | 00♉59 | 14 37 | 27 39D | 15 48 | 23 30D | 13 25 | 26 48 | 25 57 | 03 51 | 04 35 |
| 20 | 3:55:36 | 27 32 58 | 07♉14 | 13 33 | 16 02 | 27 41 | 16 33 | 23 30 | 13 31 | 26 47 | 25 58 | 03 53 | 04 32 |
| 21 | 3:59:33 | 28 33 30 | 19 55 | 26 21 | 17 25 | 27 45 | 17 17 | 23 30 | 13 37 | 26 46 | 25 58 | 03 55 | 04 28 |
| 22 | 4:03:29 | 29 34 04 | 02♊50 | 09♊22 | 18 48 | 27 51 | 18 01 | 23 31 | 13 43 | 26 45 | 25 59 | 03 57 | 04 25 |
| 23 | 4:07:26 | 00♐34 40 | 15 58 | 22 36 | 20 09 | 28 00 | 18 46 | 23 32 | 13 49 | 26 45 | 25 59 | 03 59 | 04 22 |
| 24 | 4:11:23 | 01 35 17 | 29 18 | 06♋03 | 21 29 | 28 10 | 19 30 | 23 33 | 13 55 | 26 44 | 26 00 | 04 01 | 04 19 |
| 25 | 4:15:19 | 02 35 55 | 12♋50 | 19 40 | 22 48 | 28 23 | 20 15 | 23 34 | 14 01 | 26 43 | 26 00 | 04 03 | 04 16 |
| 26 | 4:19:16 | 03 36 36 | 26 32 | 03♌26 | 24 06 | 28 39 | 21 00 | 23 35 | 14 06 | 26 43 | 26 01 | 04 04 | 04 12 |
| 27 | 4:23:12 | 04 37 17 | 10♌23 | 17 22 | 25 21 | 28 56 | 21 44 | 23 37 | 14 12 | 26 42 | 26 02 | 04 06 | 04 09 |
| 28 | 4:27:09 | 05 38 00 | 24 23 | 01♍25 | 26 35 | 29 15 | 22 29 | 23 39 | 14 18 | 26 42 | 26 02 | 04 08 | 04 06 |
| 29 | 4:31:05 | 06 38 45 | 08♍30 | 15 35 | 27 46 | 29 36 | 23 14 | 23 41 | 14 23 | 26 42 | 26 03 | 04 10 | 04 03 |
| 30 | 4:35:02 | 07 39 32 | 22 42 | 29 50 | 28 54 | 29 59 | 23 59 | 23 43 | 14 28 | 26 41 | 26 04 | 04 12 | 04 00 |

## 0:00 E.T. Longitudes of the Major Asteroids and Chiron

| D | ⚳ | ⚴ | ⚵ | ⚶ | ⚷ | D | ⚳ | ⚴ | ⚵ | ⚶ | ⚷ |
|---|---|---|---|---|---|---|---|---|---|---|---|
| 1 | 06♑51 | 09♐35 | 11♍52 | 12♏39 | 26♒05℞ | 16 | 11 52 | 15 40 | 17 16 | 20 42 | 26 07 |
| 2 | 07 10 | 09 59 | 12 15 | 13 12 | 26 05 | 17 | 12 13 | 16 04 | 17 36 | 21 14 | 26 08 |
| 3 | 07 29 | 10 23 | 12 38 | 13 44 | 26 04 | 18 | 12 34 | 16 29 | 17 56 | 21 46 | 26 09 |
| 4 | 07 49 | 10 47 | 13 00 | 14 16 | 26 04 | 19 | 12 55 | 16 53 | 18 16 | 22 18 | 26 10 |
| 5 | 08 09 | 11 11 | 13 22 | 14 48 | 26 04 | 20 | 13 16 | 17 18 | 18 35 | 22 50 | 26 10 |
| 6 | 08 29 | 11 36 | 13 45 | 15 20 | 26 04D | 21 | 13 38 | 17 42 | 18 55 | 23 23 | 26 11 |
| 7 | 08 49 | 12 00 | 14 07 | 15 52 | 26 04 | 22 | 13 59 | 18 07 | 19 14 | 23 55 | 26 12 |
| 8 | 09 09 | 12 24 | 14 28 | 16 24 | 26 04 | 23 | 14 20 | 18 32 | 19 33 | 24 27 | 26 13 |
| 9 | 09 29 | 12 49 | 14 50 | 16 56 | 26 04 | 24 | 14 42 | 18 56 | 19 52 | 24 59 | 26 15 |
| 10 | 09 49 | 13 13 | 15 11 | 17 28 | 26 05 | 25 | 15 03 | 19 21 | 20 10 | 25 32 | 26 16 |
| 11 | 10 09 | 13 37 | 15 33 | 18 01 | 26 05 | 26 | 15 25 | 19 45 | 20 28 | 26 04 | 26 17 |
| 12 | 10 30 | 14 02 | 15 54 | 18 33 | 26 05 | 27 | 15 47 | 20 10 | 20 46 | 26 36 | 26 18 |
| 13 | 10 50 | 14 26 | 16 15 | 19 05 | 26 06 | 28 | 16 08 | 20 35 | 21 04 | 27 09 | 26 20 |
| 14 | 11 11 | 14 51 | 16 35 | 19 37 | 26 06 | 29 | 16 30 | 20 59 | 21 22 | 27 41 | 26 21 |
| 15 | 11 32 | 15 15 | 16 56 | 20 09 | 26 07 | 30 | 16 52 | 21 24 | 21 39 | 28 13 | 26 22 |

## Lunar Data

| Last Asp. | | Ingress | | |
|---|---|---|---|---|
| 31 | 21:02 | 1 | ♍ | 03:52 |
| 3 | 00:37 | 3 | ♎ | 05:20 |
| 4 | 23:35 | 5 | ♏ | 06:17 |
| 7 | 03:46 | 7 | ♐ | 08:29 |
| 9 | 12:36 | 9 | ♑ | 13:38 |
| 11 | 19:58 | 11 | ♒ | 22:33 |
| 14 | 06:34 | 14 | ♓ | 10:25 |
| 16 | 16:38 | 16 | ♈ | 22:60 |
| 19 | 05:34 | 19 | ♉ | 10:05 |
| 21 | 17:28 | 21 | ♊ | 18:47 |
| 23 | 21:57 | 24 | ♋ | 01:15 |
| 26 | 03:45 | 26 | ♌ | 06:02 |
| 28 | 08:31 | 28 | ♍ | 09:35 |
| 30 | 11:18 | 30 | ♎ | 12:16 |

## 0:00 E.T. Declinations

| D | ☉ | ☽ | ☿ | ♀ | ♂ | ♃ | ♄ | ♅ | ♆ | ♇ | ⚳ | ⚴ | ⚵ | ⚶ | ⚷ |
|---|---|---|---|---|---|---|---|---|---|---|---|---|---|---|---|
| 1 | -14 19 | +08 26 | -17 53 | -17 49 | -21 15 | -03 46 | -02 31 | -01 50 | -13 20 | -18 44 | -28 24 | +05 51 | +02 09 | -11 36 | -07 03 |
| 2 | 14 38 | 02 39 | 18 25 | 17 24 | 21 24 | 03 47 | 02 33 | 01 51 | 13 20 | 18 44 | 28 23 | 05 45 | 02 02 | 11 46 | 07 03 |
| 3 | 14 57 | -03 20 | 18 56 | 16 59 | 21 33 | 03 48 | 02 36 | 01 51 | 13 20 | 18 44 | 28 23 | 05 40 | 01 55 | 11 57 | 07 04 |
| 4 | 15 16 | 09 11 | 19 26 | 16 35 | 21 41 | 03 49 | 02 38 | 01 52 | 13 20 | 18 44 | 28 22 | 05 35 | 01 47 | 12 07 | 07 04 |
| 5 | 15 35 | 14 30 | 19 55 | 16 10 | 21 50 | 03 50 | 02 41 | 01 53 | 13 20 | 18 45 | 28 21 | 05 30 | 01 40 | 12 17 | 07 04 |
| 6 | 15 53 | 18 56 | 20 24 | 15 45 | 21 58 | 03 51 | 02 43 | 01 53 | 13 20 | 18 45 | 28 20 | 05 24 | 01 33 | 12 27 | 07 05 |
| 7 | 16 11 | 22 08 | 20 51 | 15 21 | 22 06 | 03 52 | 02 46 | 01 54 | 13 20 | 18 45 | 28 20 | 05 19 | 01 26 | 12 37 | 07 05 |
| 8 | 16 28 | 23 55 | 21 17 | 14 58 | 22 13 | 03 53 | 02 48 | 01 54 | 13 20 | 18 45 | 28 19 | 05 15 | 01 19 | 12 47 | 07 06 |
| 9 | 16 46 | 24 13 | 21 42 | 14 34 | 22 21 | 03 53 | 02 51 | 01 55 | 13 20 | 18 45 | 28 18 | 05 10 | 01 12 | 12 57 | 07 06 |
| 10 | 17 03 | 23 08 | 22 06 | 14 12 | 22 28 | 03 54 | 02 53 | 01 55 | 13 20 | 18 45 | 28 17 | 05 05 | 01 05 | 13 07 | 07 06 |
| 11 | 17 20 | 20 53 | 22 29 | 13 51 | 22 35 | 03 54 | 02 55 | 01 56 | 13 20 | 18 46 | 28 15 | 05 00 | 00 58 | 13 16 | 07 06 |
| 12 | 17 36 | 17 41 | 22 51 | 13 30 | 22 42 | 03 55 | 02 58 | 01 56 | 13 20 | 18 46 | 28 14 | 04 56 | 00 52 | 13 26 | 07 07 |
| 13 | 17 52 | 13 48 | 23 12 | 13 10 | 22 49 | 03 55 | 03 00 | 01 56 | 13 20 | 18 46 | 28 13 | 04 52 | 00 45 | 13 36 | 07 07 |
| 14 | 18 08 | 09 26 | 23 32 | 12 51 | 22 55 | 03 55 | 03 02 | 01 57 | 13 20 | 18 46 | 28 12 | 04 47 | 00 38 | 13 45 | 07 07 |
| 15 | 18 24 | 04 46 | 23 50 | 12 34 | 23 01 | 03 55 | 03 05 | 01 57 | 13 20 | 18 46 | 28 10 | 04 43 | 00 32 | 13 54 | 07 07 |
| 16 | 18 39 | +00 05 | 24 07 | 12 17 | 23 07 | 03 55 | 03 07 | 01 58 | 13 20 | 18 46 | 28 09 | 04 39 | 00 25 | 14 04 | 07 08 |
| 17 | 18 54 | 04 56 | 24 23 | 12 02 | 23 13 | 03 55 | 03 09 | 01 58 | 13 20 | 18 46 | 28 08 | 04 35 | 00 19 | 14 13 | 07 08 |
| 18 | 19 09 | 09 39 | 24 38 | 11 48 | 23 19 | 03 55 | 03 12 | 01 58 | 13 20 | 18 47 | 28 06 | 04 31 | 00 13 | 14 22 | 07 08 |
| 19 | 19 23 | 14 05 | 24 51 | 11 35 | 23 24 | 03 55 | 03 14 | 01 59 | 13 19 | 18 47 | 28 04 | 04 27 | 00 06 | 14 31 | 07 08 |
| 20 | 19 37 | 17 59 | 25 03 | 11 23 | 23 29 | 03 54 | 03 16 | 01 59 | 13 19 | 18 47 | 28 03 | 04 24 | 00 00 | 14 40 | 07 08 |
| 21 | 19 50 | 21 08 | 25 14 | 11 12 | 23 34 | 03 54 | 03 18 | 01 59 | 13 19 | 18 47 | 28 01 | 04 20 | -00 06 | 14 49 | 07 08 |
| 22 | 20 03 | 23 17 | 25 24 | 11 02 | 23 38 | 03 54 | 03 20 | 01 59 | 13 19 | 18 47 | 27 59 | 04 17 | 00 12 | 14 57 | 07 08 |
| 23 | 20 16 | 24 13 | 25 32 | 10 54 | 23 43 | 03 53 | 03 22 | 02 00 | 13 19 | 18 47 | 27 57 | 04 13 | 00 18 | 15 06 | 07 08 |
| 24 | 20 29 | 23 46 | 25 39 | 10 47 | 23 47 | 03 52 | 03 24 | 02 00 | 13 19 | 18 47 | 27 56 | 04 10 | 00 24 | 15 14 | 07 08 |
| 25 | 20 41 | 21 55 | 25 44 | 10 41 | 23 51 | 03 52 | 03 26 | 02 00 | 13 18 | 18 47 | 27 54 | 04 07 | 00 29 | 15 23 | 07 08 |
| 26 | 20 52 | 18 47 | 25 48 | 10 36 | 23 54 | 03 51 | 03 28 | 02 00 | 13 18 | 18 48 | 27 52 | 04 04 | 00 35 | 15 31 | 07 08 |
| 27 | 21 04 | 14 34 | 25 50 | 10 32 | 23 58 | 03 50 | 03 30 | 02 00 | 13 18 | 18 48 | 27 50 | 04 01 | 00 41 | 15 40 | 07 08 |
| 28 | 21 15 | 09 32 | 25 51 | 10 29 | 24 01 | 03 49 | 03 32 | 02 01 | 13 18 | 18 48 | 27 47 | 03 58 | 00 46 | 15 48 | 07 08 |
| 29 | 21 25 | 03 58 | 25 51 | 10 27 | 24 04 | 03 48 | 03 34 | 02 01 | 13 17 | 18 48 | 27 45 | 03 55 | 00 52 | 15 56 | 07 08 |
| 30 | 21 35 | -01 50 | 25 49 | 10 26 | 24 06 | 03 47 | 03 36 | 02 01 | 13 17 | 18 48 | 27 43 | 03 52 | 00 57 | 16 04 | 07 08 |

Lunar Phases -- 6 ● 04:53 13 ◐ 16:40 21 ○ 17:28 28 ◑ 20:38 Sun enters ♐ 11/22 10:16

## Longitudes of Main Planets - December 2010

0:00 E.T.

| D | S.T. | ☉ | ☽ | ☽ 12:00 | ☿ | ♀ | ♂ | ♃ | ♄ | ♅ | ♆ | ♇ | ☊ |
|---|---|---|---|---|---|---|---|---|---|---|---|---|---|
| 1 | 4:38:58 | 08♐40 20 | 06♎59 | 14♎07 | 29♐59 | 00♏24 | 24♐44 | 23♓45 | 14♎34 | 26♓41℞ | 26♒04 | 04♑14 | 03♑57 |
| 2 | 4:42:55 | 09 41 09 | 21 15 | 28 23 | 01♑01 | 00 51 | 25 29 | 23 48 | 14 39 | 26 41 | 26 05 | 04 16 | 03 53 |
| 3 | 4:46:52 | 10 42 00 | 05♏28 | 12♏32 | 01 59 | 01 19 | 26 14 | 23 51 | 14 44 | 26 41 | 26 06 | 04 18 | 03 50 |
| 4 | 4:50:48 | 11 42 52 | 19 34 | 26 32 | 02 52 | 01 49 | 26 59 | 23 54 | 14 49 | 26 40 | 26 07 | 04 20 | 03 47 |
| 5 | 4:54:45 | 12 43 46 | 03♐27 | 10♐18 | 03 40 | 02 21 | 27 44 | 23 57 | 14 54 | 26 40 | 26 08 | 04 22 | 03 44 |
| 6 | 4:58:41 | 13 44 41 | 17 04 | 23 46 | 04 22 | 02 54 | 28 30 | 24 00 | 14 59 | 26 40 | 26 09 | 04 24 | 03 41 |
| 7 | 5:02:38 | 14 45 36 | 00♑24 | 06♑56 | 04 58 | 03 29 | 29 15 | 24 04 | 15 04 | 26 40D | 26 10 | 04 26 | 03 38 |
| 8 | 5:06:34 | 15 46 33 | 13 24 | 19 47 | 05 25 | 04 05 | 00♑00 | 24 08 | 15 09 | 26 40 | 26 11 | 04 28 | 03 34 |
| 9 | 5:10:31 | 16 47 30 | 26 05 | 02♒19 | 05 45 | 04 42 | 00 46 | 24 12 | 15 14 | 26 41 | 26 12 | 04 31 | 03 31 |
| 10 | 5:14:27 | 17 48 29 | 08♒29 | 14 36 | 05 55 | 05 21 | 01 31 | 24 16 | 15 19 | 26 41 | 26 13 | 04 33 | 03 28 |
| 11 | 5:18:24 | 18 49 28 | 20 39 | 26 40 | 05 55℞ | 06 00 | 02 17 | 24 20 | 15 23 | 26 41 | 26 14 | 04 35 | 03 25 |
| 12 | 5:22:21 | 19 50 27 | 02♓38 | 08♓36 | 05 44 | 06 41 | 03 02 | 24 25 | 15 28 | 26 41 | 26 15 | 04 37 | 03 22 |
| 13 | 5:26:17 | 20 51 27 | 14 32 | 20 28 | 05 22 | 07 24 | 03 48 | 24 30 | 15 32 | 26 42 | 26 16 | 04 39 | 03 18 |
| 14 | 5:30:14 | 21 52 28 | 26 24 | 02♈21 | 04 48 | 08 07 | 04 33 | 24 35 | 15 37 | 26 42 | 26 18 | 04 41 | 03 15 |
| 15 | 5:34:10 | 22 53 29 | 08♈20 | 14 20 | 04 03 | 08 51 | 05 19 | 24 40 | 15 41 | 26 42 | 26 19 | 04 43 | 03 12 |
| 16 | 5:38:07 | 23 54 30 | 20 24 | 26 30 | 03 08 | 09 36 | 06 05 | 24 45 | 15 45 | 26 43 | 26 20 | 04 45 | 03 09 |
| 17 | 5:42:03 | 24 55 33 | 02♉40 | 08♉54 | 02 02 | 10 23 | 06 51 | 24 50 | 15 49 | 26 43 | 26 21 | 04 47 | 03 06 |
| 18 | 5:46:00 | 25 56 35 | 15 12 | 21 34 | 00 49 | 11 10 | 07 36 | 24 56 | 15 53 | 26 44 | 26 23 | 04 50 | 03 03 |
| 19 | 5:49:56 | 26 57 38 | 28 02 | 04♊34 | 29♐29 | 11 58 | 08 22 | 25 02 | 15 57 | 26 45 | 26 24 | 04 52 | 02 59 |
| 20 | 5:53:53 | 27 58 42 | 11♊11 | 17 53 | 28 07 | 12 47 | 09 08 | 25 08 | 16 01 | 26 45 | 26 25 | 04 54 | 02 56 |
| 21 | 5:57:50 | 28 59 46 | 24 39 | 01♋30 | 26 44 | 13 37 | 09 54 | 25 14 | 16 05 | 26 46 | 26 27 | 04 56 | 02 53 |
| 22 | 6:01:46 | 00♑00 51 | 08♋25 | 15 23 | 25 24 | 14 28 | 10 40 | 25 21 | 16 08 | 26 47 | 26 28 | 04 58 | 02 50 |
| 23 | 6:05:43 | 01 01 56 | 22 25 | 29 29 | 24 09 | 15 19 | 11 26 | 25 27 | 16 12 | 26 48 | 26 30 | 05 00 | 02 47 |
| 24 | 6:09:39 | 02 03 01 | 06♌36 | 13♌44 | 23 00 | 16 12 | 12 12 | 25 34 | 16 15 | 26 49 | 26 31 | 05 02 | 02 44 |
| 25 | 6:13:36 | 03 04 08 | 20 54 | 28 04 | 22 01 | 17 05 | 12 58 | 25 41 | 16 19 | 26 50 | 26 33 | 05 05 | 02 40 |
| 26 | 6:17:32 | 04 05 14 | 05♍13 | 12♍23 | 21 11 | 17 58 | 13 44 | 25 48 | 16 22 | 26 51 | 26 34 | 05 07 | 02 37 |
| 27 | 6:21:29 | 05 06 22 | 19 32 | 26 39 | 20 32 | 18 53 | 14 31 | 25 55 | 16 25 | 26 52 | 26 36 | 05 09 | 02 34 |
| 28 | 6:25:25 | 06 07 30 | 03♎45 | 10♎50 | 20 04 | 19 48 | 15 17 | 26 02 | 16 28 | 26 53 | 26 37 | 05 11 | 02 31 |
| 29 | 6:29:22 | 07 08 38 | 17 52 | 24 52 | 19 46 | 20 43 | 16 03 | 26 10 | 16 31 | 26 54 | 26 39 | 05 13 | 02 28 |
| 30 | 6:33:19 | 08 09 47 | 01♏50 | 08♏45 | 19 38 | 21 40 | 16 49 | 26 17 | 16 34 | 26 55 | 26 41 | 05 15 | 02 24 |
| 31 | 6:37:15 | 09 10 57 | 15 37 | 22 27 | 19 40D | 22 36 | 17 36 | 26 25 | 16 37 | 26 56 | 26 42 | 05 18 | 02 21 |

0:00 E.T.

## Longitudes of the Major Asteroids and Chiron

| D | ⚳ | ⚴ | ⚵ | ⚶ | ⚷ | D | ⚳ | ⚴ | ⚵ | ⚶ | ⚷ |
|---|---|---|---|---|---|---|---|---|---|---|---|
| 1 | 17♑14 | 21♐49 | 21♍56 | 28♏45 | 26♒24 | 17 | 23 12 | 28 23 | 25 55 | 07 21 | 26 56 |
| 2 | 17 36 | 22 13 | 22 13 | 29 18 | 26 25 | 18 | 23 35 | 28 48 | 26 07 | 07 53 | 26 58 |
| 3 | 17 58 | 22 38 | 22 30 | 29 50 | 26 27 | 19 | 23 58 | 29 12 | 26 20 | 08 25 | 27 01 |
| 4 | 18 20 | 23 03 | 22 46 | 00♐22 | 26 29 | 20 | 24 21 | 29 37 | 26 31 | 08 57 | 27 03 |
| 5 | 18 42 | 23 27 | 23 02 | 00 54 | 26 31 | 21 | 24 44 | 00♑02 | 26 43 | 09 30 | 27 06 |
| 6 | 19 04 | 23 52 | 23 18 | 01 27 | 26 32 | 22 | 25 07 | 00 26 | 26 54 | 10 02 | 27 08 |
| 7 | 19 27 | 24 17 | 23 34 | 01 59 | 26 34 | 23 | 25 30 | 00 51 | 27 05 | 10 34 | 27 11 |
| 8 | 19 49 | 24 42 | 23 49 | 02 31 | 26 36 | 24 | 25 53 | 01 15 | 27 16 | 11 06 | 27 14 |
| 9 | 20 11 | 25 06 | 24 04 | 03 03 | 26 38 | 25 | 26 16 | 01 40 | 27 26 | 11 38 | 27 17 |
| 10 | 20 34 | 25 31 | 24 19 | 03 36 | 26 40 | 26 | 26 39 | 02 04 | 27 36 | 12 10 | 27 19 |
| 11 | 20 56 | 25 56 | 24 34 | 04 08 | 26 42 | 27 | 27 03 | 02 28 | 27 46 | 12 42 | 27 22 |
| 12 | 21 19 | 26 20 | 24 48 | 04 40 | 26 44 | 28 | 27 26 | 02 53 | 27 55 | 13 14 | 27 25 |
| 13 | 21 42 | 26 45 | 25 02 | 05 12 | 26 46 | 29 | 27 49 | 03 17 | 28 04 | 13 46 | 27 28 |
| 14 | 22 04 | 27 09 | 25 16 | 05 45 | 26 49 | 30 | 28 12 | 03 41 | 28 12 | 14 18 | 27 31 |
| 15 | 22 27 | 27 34 | 25 29 | 06 17 | 26 51 | 31 | 28 36 | 04 06 | 28 20 | 14 50 | 27 34 |
| 16 | 22 50 | 27 59 | 25 42 | 06 49 | 26 53 | | | | | | |

## Lunar Data

| Last Asp. | | Ingress | | |
|---|---|---|---|---|
| 2 | 08:09 | 2 | ♏ | 14:45 |
| 4 | 12:14 | 4 | ♐ | 18:00 |
| 6 | 21:47 | 6 | ♑ | 23:17 |
| 9 | 01:08 | 9 | ♒ | 07:32 |
| 11 | 11:10 | 11 | ♓ | 18:42 |
| 14 | 00:36 | 14 | ♈ | 07:16 |
| 16 | 11:42 | 16 | ♉ | 18:50 |
| 18 | 21:37 | 19 | ♊ | 03:38 |
| 21 | 08:14 | 21 | ♋ | 09:23 |
| 23 | 07:26 | 23 | ♌ | 12:52 |
| 25 | 09:29 | 25 | ♍ | 15:15 |
| 27 | 12:22 | 27 | ♎ | 17:39 |
| 29 | 15:06 | 29 | ♏ | 20:51 |

0:00 E.T.

## Declinations

| D | ☉ | ☽ | ☿ | ♀ | ♂ | ♃ | ♄ | ♅ | ♆ | ♇ | ⚳ | ⚴ | ⚵ | ⚶ | ⚷ |
|---|---|---|---|---|---|---|---|---|---|---|---|---|---|---|---|
| 1 | -21 45 | -07 34 | -25 46 | -10 26 | -24 09 | -03 46 | -03 38 | -02 01 | -13 17 | -18 48 | -27 41 | +03 50 | -01 02 | -16 12 | -07 08 |
| 2 | 21 54 | 12 54 | 25 42 | 10 27 | 24 11 | 03 44 | 03 40 | 02 01 | 13 17 | 18 48 | 27 38 | 03 47 | 01 07 | 16 19 | 07 08 |
| 3 | 22 03 | 17 30 | 25 36 | 10 29 | 24 13 | 03 43 | 03 42 | 02 01 | 13 16 | 18 48 | 27 36 | 03 45 | 01 12 | 16 27 | 07 08 |
| 4 | 22 11 | 21 05 | 25 29 | 10 32 | 24 14 | 03 42 | 03 43 | 02 01 | 13 16 | 18 48 | 27 33 | 03 43 | 01 17 | 16 35 | 07 08 |
| 5 | 22 19 | 23 22 | 25 20 | 10 35 | 24 15 | 03 40 | 03 45 | 02 01 | 13 16 | 18 48 | 27 31 | 03 40 | 01 22 | 16 42 | 07 07 |
| 6 | 22 27 | 24 14 | 25 10 | 10 39 | 24 17 | 03 38 | 03 47 | 02 01 | 13 15 | 18 49 | 27 28 | 03 38 | 01 27 | 16 49 | 07 07 |
| 7 | 22 34 | 23 39 | 25 00 | 10 44 | 24 17 | 03 37 | 03 49 | 02 01 | 13 15 | 18 49 | 27 25 | 03 36 | 01 31 | 16 57 | 07 07 |
| 8 | 22 41 | 21 48 | 24 47 | 10 50 | 24 18 | 03 35 | 03 50 | 02 01 | 13 15 | 18 49 | 27 22 | 03 35 | 01 36 | 17 04 | 07 07 |
| 9 | 22 47 | 18 53 | 24 34 | 10 56 | 24 18 | 03 33 | 03 52 | 02 01 | 13 14 | 18 49 | 27 20 | 03 33 | 01 40 | 17 11 | 07 06 |
| 10 | 22 53 | 15 10 | 24 20 | 11 03 | 24 18 | 03 31 | 03 53 | 02 01 | 13 14 | 18 49 | 27 17 | 03 31 | 01 44 | 17 18 | 07 06 |
| 11 | 22 58 | 10 53 | 24 05 | 11 11 | 24 18 | 03 29 | 03 55 | 02 00 | 13 14 | 18 49 | 27 14 | 03 30 | 01 48 | 17 25 | 07 06 |
| 12 | 23 03 | 06 16 | 23 50 | 11 19 | 24 17 | 03 27 | 03 57 | 02 00 | 13 13 | 18 49 | 27 11 | 03 28 | 01 52 | 17 31 | 07 05 |
| 13 | 23 07 | 01 28 | 23 33 | 11 28 | 24 16 | 03 25 | 03 58 | 02 00 | 13 13 | 18 49 | 27 08 | 03 27 | 01 56 | 17 38 | 07 05 |
| 14 | 23 11 | +03 23 | 23 16 | 11 37 | 24 15 | 03 23 | 03 59 | 02 00 | 13 12 | 18 49 | 27 04 | 03 26 | 02 00 | 17 45 | 07 05 |
| 15 | 23 15 | 08 08 | 22 58 | 11 47 | 24 14 | 03 21 | 04 01 | 02 00 | 13 12 | 18 49 | 27 01 | 03 25 | 02 03 | 17 51 | 07 04 |
| 16 | 23 18 | 12 38 | 22 39 | 11 57 | 24 12 | 03 18 | 04 02 | 02 00 | 13 12 | 18 49 | 26 58 | 03 24 | 02 07 | 17 57 | 07 04 |
| 17 | 23 20 | 16 42 | 22 20 | 12 07 | 24 10 | 03 16 | 04 04 | 01 59 | 13 11 | 18 49 | 26 55 | 03 23 | 02 10 | 18 03 | 07 03 |
| 18 | 23 23 | 20 07 | 22 01 | 12 18 | 24 08 | 03 14 | 04 05 | 01 59 | 13 11 | 18 49 | 26 51 | 03 22 | 02 13 | 18 09 | 07 03 |
| 19 | 23 24 | 22 39 | 21 42 | 12 30 | 24 06 | 03 11 | 04 06 | 01 59 | 13 10 | 18 49 | 26 48 | 03 21 | 02 16 | 18 15 | 07 02 |
| 20 | 23 25 | 24 03 | 21 24 | 12 41 | 24 03 | 03 08 | 04 07 | 01 58 | 13 10 | 18 49 | 26 44 | 03 21 | 02 19 | 18 21 | 07 02 |
| 21 | 23 26 | 24 04 | 21 07 | 12 53 | 24 00 | 03 06 | 04 09 | 01 58 | 13 09 | 18 49 | 26 41 | 03 20 | 02 22 | 18 27 | 07 01 |
| 22 | 23 26 | 22 39 | 20 50 | 13 05 | 23 57 | 03 03 | 04 10 | 01 58 | 13 09 | 18 49 | 26 37 | 03 20 | 02 25 | 18 33 | 07 01 |
| 23 | 23 26 | 19 49 | 20 36 | 13 18 | 23 53 | 03 00 | 04 11 | 01 57 | 13 08 | 18 49 | 26 33 | 03 20 | 02 27 | 18 38 | 07 00 |
| 24 | 23 25 | 15 46 | 20 24 | 13 30 | 23 50 | 02 57 | 04 12 | 01 57 | 13 08 | 18 50 | 26 29 | 03 20 | 02 29 | 18 43 | 06 59 |
| 25 | 23 24 | 10 47 | 20 14 | 13 43 | 23 46 | 02 54 | 04 13 | 01 57 | 13 07 | 18 50 | 26 26 | 03 20 | 02 32 | 18 49 | 06 59 |
| 26 | 23 22 | 05 14 | 20 07 | 13 56 | 23 41 | 02 51 | 04 14 | 01 56 | 13 07 | 18 50 | 26 22 | 03 20 | 02 34 | 18 54 | 06 58 |
| 27 | 23 20 | -00 36 | 20 02 | 14 09 | 23 37 | 02 48 | 04 15 | 01 56 | 13 06 | 18 50 | 26 18 | 03 20 | 02 35 | 18 59 | 06 57 |
| 28 | 23 18 | 06 21 | 20 00 | 14 23 | 23 32 | 02 45 | 04 16 | 01 55 | 13 06 | 18 50 | 26 14 | 03 20 | 02 37 | 19 04 | 06 57 |
| 29 | 23 15 | 11 43 | 20 00 | 14 36 | 23 27 | 02 42 | 04 17 | 01 55 | 13 05 | 18 50 | 26 10 | 03 20 | 02 39 | 19 09 | 06 56 |
| 30 | 23 11 | 16 27 | 20 02 | 14 49 | 23 21 | 02 39 | 04 18 | 01 54 | 13 04 | 18 50 | 26 06 | 03 21 | 02 40 | 19 13 | 06 55 |
| 31 | 23 07 | 20 14 | 20 07 | 15 03 | 23 16 | 02 35 | 04 19 | 01 54 | 13 04 | 18 50 | 26 01 | 03 21 | 02 41 | 19 18 | 06 55 |

Lunar Phases -- 5 ● 17:37 13 ◐ 13:60 21 Ⓔ 08:15 28 ◑ 04:20 Sun enters ♑ 12/21 23:40

# 0:00 E.T. Longitudes of Main Planets - January 2011 **Jan. 11**

| D | S.T. | ☉ | ☽ | ☽ 12:00 | ☿ | ♀ | ♂ | ♃ | ♄ | ♅ | ♆ | ♇ | ☊ |
|---|---|---|---|---|---|---|---|---|---|---|---|---|---|
| 1 | 6:41:12 | 10♑12 07 | 29♏14 | 05♐58 | 19♐50 | 23♏34 | 18♑22 | 26♓33 | 16♎40 | 26♓58 | 26♒44 | 05♑20 | 02♑18 |
| 2 | 6:45:08 | 11 13 18 | 12♐38 | 19 16 | 20 09 | 24 32 | 19 09 | 26 41 | 16 42 | 26 59 | 26 46 | 05 22 | 02 15 |
| 3 | 6:49:05 | 12 14 28 | 25 50 | 02♑21 | 20 35 | 25 30 | 19 55 | 26 49 | 16 45 | 27 00 | 26 48 | 05 24 | 02 12 |
| 4 | 6:53:01 | 13 15 39 | 08♑48 | 15 13 | 21 08 | 26 29 | 20 42 | 26 58 | 16 47 | 27 02 | 26 49 | 05 26 | 02 09 |
| 5 | 6:56:58 | 14 16 50 | 21 33 | 27 50 | 21 46 | 27 28 | 21 28 | 27 06 | 16 49 | 27 03 | 26 51 | 05 28 | 02 05 |
| 6 | 7:00:54 | 15 18 00 | 04♒04 | 10♒15 | 22 30 | 28 28 | 22 15 | 27 15 | 16 52 | 27 05 | 26 53 | 05 31 | 02 02 |
| 7 | 7:04:51 | 16 19 11 | 16 23 | 22 28 | 23 19 | 29 28 | 23 02 | 27 24 | 16 54 | 27 06 | 26 55 | 05 33 | 01 59 |
| 8 | 7:08:48 | 17 20 21 | 28 31 | 04♓31 | 24 12 | 00♐29 | 23 48 | 27 33 | 16 56 | 27 08 | 26 57 | 05 35 | 01 56 |
| 9 | 7:12:44 | 18 21 31 | 10♓30 | 16 27 | 25 09 | 01 30 | 24 35 | 27 42 | 16 58 | 27 10 | 26 58 | 05 37 | 01 53 |
| 10 | 7:16:41 | 19 22 40 | 22 23 | 28 19 | 26 09 | 02 32 | 25 22 | 27 51 | 16 59 | 27 11 | 27 00 | 05 39 | 01 49 |
| 11 | 7:20:37 | 20 23 49 | 04♈15 | 10♈11 | 27 12 | 03 33 | 26 08 | 28 01 | 17 01 | 27 13 | 27 02 | 05 41 | 01 46 |
| 12 | 7:24:34 | 21 24 58 | 16 09 | 22 08 | 28 18 | 04 36 | 26 55 | 28 10 | 17 03 | 27 15 | 27 04 | 05 43 | 01 43 |
| 13 | 7:28:30 | 22 26 05 | 28 10 | 04♉15 | 29 27 | 05 38 | 27 42 | 28 20 | 17 04 | 27 17 | 27 06 | 05 45 | 01 40 |
| 14 | 7:32:27 | 23 27 13 | 10♉23 | 16 36 | 00♑37 | 06 41 | 28 29 | 28 30 | 17 06 | 27 19 | 27 08 | 05 47 | 01 37 |
| 15 | 7:36:23 | 24 28 19 | 22 53 | 29 15 | 01 50 | 07 44 | 29 16 | 28 40 | 17 07 | 27 21 | 27 10 | 05 50 | 01 34 |
| 16 | 7:40:20 | 25 29 26 | 05♊43 | 12♊17 | 03 04 | 08 48 | 00♒03 | 28 50 | 17 08 | 27 22 | 27 12 | 05 52 | 01 30 |
| 17 | 7:44:17 | 26 30 31 | 18 57 | 25 43 | 04 20 | 09 51 | 00 49 | 29 00 | 17 09 | 27 24 | 27 14 | 05 54 | 01 27 |
| 18 | 7:48:13 | 27 31 36 | 02♋36 | 09♋34 | 05 37 | 10 56 | 01 36 | 29 10 | 17 10 | 27 27 | 27 16 | 05 56 | 01 24 |
| 19 | 7:52:10 | 28 32 40 | 16 38 | 23 48 | 06 56 | 12 00 | 02 23 | 29 20 | 17 11 | 27 29 | 27 18 | 05 58 | 01 21 |
| 20 | 7:56:06 | 29 33 43 | 01♌02 | 08♌21 | 08 16 | 13 05 | 03 10 | 29 31 | 17 11 | 27 31 | 27 20 | 06 00 | 01 18 |
| 21 | 8:00:03 | 00♒34 46 | 15 42 | 23 05 | 09 37 | 14 10 | 03 57 | 29 42 | 17 12 | 27 33 | 27 22 | 06 02 | 01 15 |
| 22 | 8:03:59 | 01 35 48 | 00♍30 | 07♍55 | 10 59 | 15 15 | 04 44 | 29 52 | 17 13 | 27 35 | 27 24 | 06 04 | 01 11 |
| 23 | 8:07:56 | 02 36 50 | 15 19 | 22 41 | 12 22 | 16 20 | 05 31 | 00♈03 | 17 13 | 27 37 | 27 26 | 06 06 | 01 08 |
| 24 | 8:11:52 | 03 37 51 | 00♎00 | 07♎16 | 13 47 | 17 26 | 06 19 | 00 14 | 17 13 | 27 40 | 27 29 | 06 08 | 01 05 |
| 25 | 8:15:49 | 04 38 51 | 14 28 | 21 37 | 15 12 | 18 32 | 07 06 | 00 25 | 17 14 | 27 42 | 27 31 | 06 10 | 01 02 |
| 26 | 8:19:46 | 05 39 52 | 28 40 | 05♏39 | 16 38 | 19 38 | 07 53 | 00 36 | 17 14 | 27 44 | 27 33 | 06 12 | 00 59 |
| 27 | 8:23:42 | 06 40 51 | 12♏33 | 19 23 | 18 04 | 20 45 | 08 40 | 00 47 | 17 14℞ | 27 47 | 27 35 | 06 14 | 00 55 |
| 28 | 8:27:39 | 07 41 50 | 26 08 | 02♐49 | 19 32 | 21 51 | 09 27 | 00 59 | 17 13 | 27 49 | 27 37 | 06 15 | 00 52 |
| 29 | 8:31:35 | 08 42 49 | 09♐25 | 15 58 | 21 00 | 22 58 | 10 14 | 01 10 | 17 13 | 27 52 | 27 39 | 06 17 | 00 49 |
| 30 | 8:35:32 | 09 43 47 | 22 27 | 28 53 | 22 30 | 24 05 | 11 02 | 01 22 | 17 13 | 27 54 | 27 42 | 06 19 | 00 46 |
| 31 | 8:39:28 | 10 44 44 | 05♑16 | 11♑36 | 23 59 | 25 12 | 11 49 | 01 33 | 17 12 | 27 57 | 27 44 | 06 21 | 00 43 |

## 0:00 E.T. Longitudes of the Major Asteroids and Chiron

| D | ⚳ | ⚴ | ⚵ | ⚶ | ⚷ | D | ⚳ | ⚴ | ⚵ | ⚶ | ⚷ |
|---|---|---|---|---|---|---|---|---|---|---|---|
| 1 | 28♑59 | 04♑30 | 28♍28 | 15♐22 | 27♒37 | 17 | 05 15 | 10 54 | 29 40 | 23 48 | 28 31 |
| 2 | 29 22 | 04 54 | 28 36 | 15 53 | 27 40 | 18 | 05 39 | 11 18 | 29 41 | 24 19 | 28 35 |
| 3 | 29 46 | 05 19 | 28 43 | 16 25 | 27 44 | 19 | 06 02 | 11 41 | 29 42 | 24 50 | 28 39 |
| 4 | 00♒09 | 05 43 | 28 49 | 16 57 | 27 47 | 20 | 06 26 | 12 05 | 29 42℞ | 25 22 | 28 42 |
| 5 | 00 32 | 06 07 | 28 56 | 17 29 | 27 50 | 21 | 06 50 | 12 29 | 29 41 | 25 53 | 28 46 |
| 6 | 00 56 | 06 31 | 29 02 | 18 01 | 27 53 | 22 | 07 13 | 12 52 | 29 41 | 26 24 | 28 50 |
| 7 | 01 19 | 06 55 | 29 07 | 18 32 | 27 57 | 23 | 07 37 | 13 15 | 29 40 | 26 55 | 28 54 |
| 8 | 01 43 | 07 19 | 29 12 | 19 04 | 28 00 | 24 | 08 01 | 13 39 | 29 38 | 27 26 | 28 57 |
| 9 | 02 06 | 07 43 | 29 17 | 19 36 | 28 03 | 25 | 08 24 | 14 02 | 29 36 | 27 57 | 29 01 |
| 10 | 02 30 | 08 07 | 29 21 | 20 07 | 28 07 | 26 | 08 48 | 14 25 | 29 34 | 28 28 | 29 05 |
| 11 | 02 54 | 08 31 | 29 25 | 20 39 | 28 10 | 27 | 09 12 | 14 48 | 29 31 | 28 59 | 29 09 |
| 12 | 03 17 | 08 55 | 29 29 | 21 10 | 28 14 | 28 | 09 35 | 15 12 | 29 27 | 29 30 | 29 13 |
| 13 | 03 41 | 09 19 | 29 32 | 21 42 | 28 17 | 29 | 09 59 | 15 35 | 29 24 | 00♑01 | 29 17 |
| 14 | 04 04 | 09 43 | 29 34 | 22 13 | 28 21 | 30 | 10 23 | 15 58 | 29 19 | 00 32 | 29 21 |
| 15 | 04 28 | 10 07 | 29 37 | 22 45 | 28 24 | 31 | 10 47 | 16 21 | 29 15 | 01 02 | 29 25 |
| 16 | 04 51 | 10 31 | 29 39 | 23 16 | 28 28 | | | | | | |

## Lunar Data

| Last Asp. | | Ingress | | |
|---|---|---|---|---|
| 31 | 19:58 | 1 | ♐ | 01:22 |
| 3 | 02:09 | 3 | ♑ | 07:40 |
| 5 | 12:16 | 5 | ♒ | 16:09 |
| 7 | 20:52 | 8 | ♓ | 02:58 |
| 10 | 11:13 | 10 | ♈ | 15:25 |
| 13 | 02:48 | 13 | ♉ | 03:38 |
| 15 | 12:47 | 15 | ♊ | 13:24 |
| 17 | 17:58 | 17 | ♋ | 19:30 |
| 19 | 21:27 | 19 | ♌ | 22:17 |
| 21 | 18:59 | 21 | ♍ | 23:11 |
| 23 | 20:09 | 24 | ♎ | 00:00 |
| 25 | 22:05 | 26 | ♏ | 02:17 |
| 28 | 03:02 | 28 | ♐ | 06:56 |
| 30 | 10:12 | 30 | ♑ | 14:05 |

## 0:00 E.T. Declinations

| D | ☉ | ☽ | ☿ | ♀ | ♂ | ♃ | ♄ | ♅ | ♆ | ♇ | ⚳ | ⚴ | ⚵ | ⚶ | ⚷ |
|---|---|---|---|---|---|---|---|---|---|---|---|---|---|---|---|
| 1 | -23 03 | -22 50 | -20 13 | -15 16 | -23 10 | -02 32 | -04 19 | -01 53 | -13 03 | -18 50 | -25 57 | +03 22 | -02 42 | -19 22 | -06 54 |
| 2 | 22 58 | 24 07 | 20 21 | 15 30 | 23 03 | 02 29 | 04 20 | 01 53 | 13 03 | 18 50 | 25 53 | 03 23 | 02 43 | 19 27 | 06 53 |
| 3 | 22 52 | 24 01 | 20 30 | 15 43 | 22 57 | 02 25 | 04 21 | 01 52 | 13 02 | 18 50 | 25 48 | 03 24 | 02 44 | 19 31 | 06 52 |
| 4 | 22 47 | 22 35 | 20 39 | 15 57 | 22 50 | 02 22 | 04 21 | 01 51 | 13 02 | 18 50 | 25 44 | 03 25 | 02 44 | 19 35 | 06 52 |
| 5 | 22 40 | 20 02 | 20 50 | 16 10 | 22 43 | 02 18 | 04 22 | 01 51 | 13 01 | 18 50 | 25 40 | 03 26 | 02 44 | 19 39 | 06 51 |
| 6 | 22 34 | 16 34 | 21 01 | 16 24 | 22 36 | 02 14 | 04 23 | 01 50 | 13 00 | 18 50 | 25 35 | 03 27 | 02 45 | 19 43 | 06 50 |
| 7 | 22 26 | 12 27 | 21 12 | 16 37 | 22 28 | 02 11 | 04 23 | 01 49 | 13 00 | 18 50 | 25 31 | 03 28 | 02 44 | 19 47 | 06 49 |
| 8 | 22 19 | 07 54 | 21 24 | 16 50 | 22 21 | 02 07 | 04 24 | 01 49 | 12 59 | 18 50 | 25 26 | 03 30 | 02 44 | 19 50 | 06 48 |
| 9 | 22 11 | 03 07 | 21 35 | 17 03 | 22 13 | 02 03 | 04 24 | 01 48 | 12 58 | 18 50 | 25 21 | 03 31 | 02 44 | 19 54 | 06 47 |
| 10 | 22 02 | +01 44 | 21 46 | 17 16 | 22 04 | 01 59 | 04 25 | 01 47 | 12 58 | 18 50 | 25 16 | 03 33 | 02 43 | 19 57 | 06 46 |
| 11 | 21 53 | 06 31 | 21 57 | 17 28 | 21 56 | 01 55 | 04 25 | 01 47 | 12 57 | 18 49 | 25 12 | 03 35 | 02 42 | 20 00 | 06 45 |
| 12 | 21 44 | 11 04 | 22 07 | 17 41 | 21 47 | 01 51 | 04 25 | 01 46 | 12 56 | 18 49 | 25 07 | 03 36 | 02 41 | 20 04 | 06 44 |
| 13 | 21 34 | 15 15 | 22 17 | 17 53 | 21 38 | 01 47 | 04 26 | 01 45 | 12 56 | 18 49 | 25 02 | 03 38 | 02 40 | 20 07 | 06 43 |
| 14 | 21 24 | 18 53 | 22 26 | 18 05 | 21 29 | 01 43 | 04 26 | 01 44 | 12 55 | 18 49 | 24 57 | 03 40 | 02 39 | 20 10 | 06 42 |
| 15 | 21 13 | 21 45 | 22 34 | 18 17 | 21 19 | 01 39 | 04 26 | 01 43 | 12 54 | 18 49 | 24 52 | 03 42 | 02 37 | 20 12 | 06 41 |
| 16 | 21 02 | 23 36 | 22 42 | 18 28 | 21 10 | 01 35 | 04 26 | 01 43 | 12 54 | 18 49 | 24 47 | 03 44 | 02 35 | 20 15 | 06 40 |
| 17 | 20 51 | 24 13 | 22 48 | 18 39 | 21 00 | 01 31 | 04 26 | 01 42 | 12 53 | 18 49 | 24 42 | 03 47 | 02 33 | 20 18 | 06 39 |
| 18 | 20 39 | 23 25 | 22 54 | 18 50 | 20 49 | 01 26 | 04 27 | 01 41 | 12 52 | 18 49 | 24 37 | 03 49 | 02 31 | 20 20 | 06 38 |
| 19 | 20 27 | 21 08 | 22 59 | 19 01 | 20 39 | 01 22 | 04 27 | 01 40 | 12 52 | 18 49 | 24 32 | 03 52 | 02 29 | 20 22 | 06 37 |
| 20 | 20 14 | 17 30 | 23 03 | 19 11 | 20 28 | 01 18 | 04 27 | 01 39 | 12 51 | 18 49 | 24 26 | 03 54 | 02 26 | 20 25 | 06 36 |
| 21 | 20 02 | 12 43 | 23 05 | 19 21 | 20 18 | 01 13 | 04 27 | 01 38 | 12 50 | 18 49 | 24 21 | 03 57 | 02 23 | 20 27 | 06 35 |
| 22 | 19 48 | 07 09 | 23 07 | 19 30 | 20 06 | 01 09 | 04 27 | 01 37 | 12 50 | 18 49 | 24 16 | 04 00 | 02 20 | 20 29 | 06 34 |
| 23 | 19 34 | 01 12 | 23 07 | 19 40 | 19 55 | 01 04 | 04 26 | 01 36 | 12 49 | 18 49 | 24 10 | 04 02 | 02 17 | 20 31 | 06 33 |
| 24 | 19 20 | -04 46 | 23 07 | 19 48 | 19 44 | 01 00 | 04 26 | 01 36 | 12 48 | 18 49 | 24 05 | 04 05 | 02 13 | 20 32 | 06 32 |
| 25 | 19 06 | 10 24 | 23 05 | 19 57 | 19 32 | 00 55 | 04 26 | 01 35 | 12 47 | 18 49 | 23 59 | 04 08 | 02 10 | 20 34 | 06 31 |
| 26 | 18 51 | 15 21 | 23 02 | 20 05 | 19 20 | 00 51 | 04 26 | 01 34 | 12 47 | 18 49 | 23 54 | 04 12 | 02 06 | 20 36 | 06 30 |
| 27 | 18 36 | 19 23 | 22 58 | 20 12 | 19 08 | 00 46 | 04 26 | 01 33 | 12 46 | 18 49 | 23 48 | 04 15 | 02 02 | 20 37 | 06 28 |
| 28 | 18 21 | 22 16 | 22 52 | 20 20 | 18 55 | 00 41 | 04 25 | 01 32 | 12 45 | 18 49 | 23 43 | 04 18 | 01 57 | 20 38 | 06 27 |
| 29 | 18 05 | 23 52 | 22 45 | 20 26 | 18 42 | 00 37 | 04 25 | 01 31 | 12 44 | 18 49 | 23 37 | 04 22 | 01 53 | 20 40 | 06 26 |
| 30 | 17 49 | 24 07 | 22 37 | 20 33 | 18 30 | 00 32 | 04 25 | 01 30 | 12 44 | 18 49 | 23 32 | 04 25 | 01 48 | 20 41 | 06 25 |
| 31 | 17 32 | 23 04 | 22 28 | 20 38 | 18 17 | 00 27 | 04 24 | 01 29 | 12 43 | 18 49 | 23 26 | 04 29 | 01 43 | 20 42 | 06 24 |

Lunar Phases -- 4 ● 09:04 12 ◐ 11:33 19 ○ 21:22 26 ◑ 12:58 Sun enters ♒ 1/20 10:20

## Longitudes of Main Planets - February 2011

0:00 E.T.

| D | S.T. | ☉ | ☽ | ☽ 12:00 | ☿ | ♀ | ♂ | ♃ | ♄ | ♅ | ♆ | ♇ | ☊ |
|---|---|---|---|---|---|---|---|---|---|---|---|---|---|
| 1 | 8:43:25 | 11♒45 41 | 17♑53 | 24♑07 | 25♑30 | 26♐20 | 12♒36 | 01♈45 | 17♎12℞ | 27♓59 | 27♒46 | 06♑23 | 00♑40 |
| 2 | 8:47:21 | 12 46 36 | 00♒19 | 06♒29 | 27 01 | 27 27 | 13 23 | 01 57 | 17 11 | 28 02 | 27 48 | 06 25 | 00 36 |
| 3 | 8:51:18 | 13 47 31 | 12 37 | 18 42 | 28 34 | 28 35 | 14 11 | 02 09 | 17 10 | 28 05 | 27 50 | 06 27 | 00 33 |
| 4 | 8:55:15 | 14 48 24 | 24 46 | 00♓48 | 00♒06 | 29 43 | 14 58 | 02 21 | 17 10 | 28 07 | 27 53 | 06 28 | 00 30 |
| 5 | 8:59:11 | 15 49 16 | 06♓48 | 12 47 | 01 40 | 00♑51 | 15 45 | 02 33 | 17 09 | 28 10 | 27 55 | 06 30 | 00 27 |
| 6 | 9:03:08 | 16 50 07 | 18 44 | 24 40 | 03 14 | 01 59 | 16 32 | 02 45 | 17 07 | 28 13 | 27 57 | 06 32 | 00 24 |
| 7 | 9:07:04 | 17 50 57 | 00♈36 | 06♈32 | 04 49 | 03 08 | 17 20 | 02 58 | 17 06 | 28 16 | 27 59 | 06 34 | 00 21 |
| 8 | 9:11:01 | 18 51 45 | 12 27 | 18 23 | 06 25 | 04 16 | 18 07 | 03 10 | 17 05 | 28 18 | 28 02 | 06 35 | 00 17 |
| 9 | 9:14:57 | 19 52 32 | 24 20 | 00♉18 | 08 02 | 05 25 | 18 54 | 03 22 | 17 04 | 28 21 | 28 04 | 06 37 | 00 14 |
| 10 | 9:18:54 | 20 53 17 | 06♉18 | 12 21 | 09 39 | 06 34 | 19 42 | 03 35 | 17 02 | 28 24 | 28 06 | 06 39 | 00 11 |
| 11 | 9:22:50 | 21 54 01 | 18 27 | 24 37 | 11 18 | 07 42 | 20 29 | 03 47 | 17 00 | 28 27 | 28 08 | 06 40 | 00 08 |
| 12 | 9:26:47 | 22 54 43 | 00♊51 | 07♊11 | 12 57 | 08 52 | 21 17 | 04 00 | 16 59 | 28 30 | 28 11 | 06 42 | 00 05 |
| 13 | 9:30:44 | 23 55 24 | 13 36 | 20 07 | 14 36 | 10 01 | 22 04 | 04 13 | 16 57 | 28 33 | 28 13 | 06 44 | 00 01 |
| 14 | 9:34:40 | 24 56 03 | 26 44 | 03♋29 | 16 17 | 11 10 | 22 51 | 04 26 | 16 55 | 28 36 | 28 15 | 06 45 | 29♐58 |
| 15 | 9:38:37 | 25 56 40 | 10♋21 | 17 20 | 17 59 | 12 19 | 23 39 | 04 39 | 16 53 | 28 39 | 28 17 | 06 47 | 29 55 |
| 16 | 9:42:33 | 26 57 16 | 24 26 | 01♌40 | 19 41 | 13 29 | 24 26 | 04 51 | 16 51 | 28 42 | 28 20 | 06 48 | 29 52 |
| 17 | 9:46:30 | 27 57 50 | 08♌59 | 16 25 | 21 24 | 14 38 | 25 13 | 05 04 | 16 49 | 28 45 | 28 22 | 06 50 | 29 49 |
| 18 | 9:50:26 | 28 58 22 | 23 55 | 01♍28 | 23 08 | 15 48 | 26 01 | 05 18 | 16 46 | 28 48 | 28 24 | 06 51 | 29 46 |
| 19 | 9:54:23 | 29 58 53 | 09♍04 | 16 41 | 24 53 | 16 58 | 26 48 | 05 31 | 16 44 | 28 51 | 28 27 | 06 53 | 29 42 |
| 20 | 9:58:19 | 00♓59 22 | 24 18 | 01♎52 | 26 39 | 18 08 | 27 36 | 05 44 | 16 42 | 28 54 | 28 29 | 06 54 | 29 39 |
| 21 | 10:02:16 | 01 59 50 | 09♎24 | 16 51 | 28 26 | 19 18 | 28 23 | 05 57 | 16 39 | 28 57 | 28 31 | 06 56 | 29 36 |
| 22 | 10:06:13 | 03 00 16 | 24 14 | 01♏31 | 00♓14 | 20 28 | 29 10 | 06 10 | 16 36 | 29 00 | 28 33 | 06 57 | 29 33 |
| 23 | 10:10:09 | 04 00 41 | 08♏41 | 15 45 | 02 03 | 21 38 | 29 58 | 06 24 | 16 34 | 29 04 | 28 36 | 06 59 | 29 30 |
| 24 | 10:14:06 | 05 01 05 | 22 43 | 29 34 | 03 52 | 22 49 | 00♓45 | 06 37 | 16 31 | 29 07 | 28 38 | 07 00 | 29 27 |
| 25 | 10:18:02 | 06 01 27 | 06♐18 | 12♐57 | 05 43 | 23 59 | 01 33 | 06 51 | 16 28 | 29 10 | 28 40 | 07 01 | 29 23 |
| 26 | 10:21:59 | 07 01 49 | 19 30 | 25 58 | 07 34 | 25 09 | 02 20 | 07 04 | 16 25 | 29 13 | 28 42 | 07 02 | 29 20 |
| 27 | 10:25:55 | 08 02 08 | 02♑22 | 08♑41 | 09 26 | 26 20 | 03 07 | 07 18 | 16 22 | 29 17 | 28 45 | 07 04 | 29 17 |
| 28 | 10:29:52 | 09 02 27 | 14 57 | 21 09 | 11 19 | 27 31 | 03 55 | 07 32 | 16 19 | 29 20 | 28 47 | 07 05 | 29 14 |

## Longitudes of the Major Asteroids and Chiron

0:00 E.T.

| D | ⚳ | ⚴ | ⚵ | ⚶ | ⚷ | D | ⚳ | ⚴ | ⚵ | ⚶ | ⚷ |
|---|---|---|---|---|---|---|---|---|---|---|---|
| 1 | 11♒10 | 16♑44 | 29♍10℞ | 01♑33 | 29♒29 | 15 | 16 41 | 21 56 | 27 16 | 08 37 | 00 25 |
| 2 | 11 34 | 17 06 | 29 04 | 02 04 | 29 33 | 16 | 17 04 | 22 18 | 27 05 | 09 06 | 00 29 |
| 3 | 11 58 | 17 29 | 28 58 | 02 34 | 29 37 | 17 | 17 28 | 22 40 | 26 54 | 09 36 | 00 33 |
| 4 | 12 21 | 17 52 | 28 52 | 03 05 | 29 41 | 18 | 17 51 | 23 02 | 26 42 | 10 06 | 00 38 |
| 5 | 12 45 | 18 14 | 28 45 | 03 35 | 29 45 | 19 | 18 15 | 23 23 | 26 31 | 10 35 | 00 42 |
| 6 | 13 09 | 18 37 | 28 38 | 04 06 | 29 49 | 20 | 18 38 | 23 44 | 26 18 | 11 05 | 00 46 |
| 7 | 13 32 | 18 59 | 28 31 | 04 36 | 29 53 | 21 | 19 02 | 24 06 | 26 06 | 11 34 | 00 50 |
| 8 | 13 56 | 19 22 | 28 23 | 05 06 | 29 57 | 22 | 19 25 | 24 27 | 25 53 | 12 03 | 00 54 |
| 9 | 14 19 | 19 44 | 28 14 | 05 37 | 00♓01 | 23 | 19 48 | 24 48 | 25 40 | 12 32 | 00 58 |
| 10 | 14 43 | 20 06 | 28 06 | 06 07 | 00 05 | 24 | 20 12 | 25 09 | 25 27 | 13 02 | 01 02 |
| 11 | 15 07 | 20 29 | 27 56 | 06 37 | 00 09 | 25 | 20 35 | 25 30 | 25 14 | 13 31 | 01 06 |
| 12 | 15 30 | 20 51 | 27 47 | 07 07 | 00 13 | 26 | 20 58 | 25 51 | 25 00 | 14 00 | 01 10 |
| 13 | 15 54 | 21 13 | 27 37 | 07 37 | 00 17 | 27 | 21 22 | 26 12 | 24 46 | 14 28 | 01 14 |
| 14 | 16 17 | 21 35 | 27 27 | 08 07 | 00 21 | 28 | 21 45 | 26 32 | 24 32 | 14 57 | 01 18 |

## Lunar Data

| Last Asp. | | Ingress | | |
|---|---|---|---|---|
| 1 | 19:33 | 1 | ♒ | 23:22 |
| 4 | 06:12 | 4 | ♓ | 10:25 |
| 6 | 19:14 | 6 | ♈ | 22:47 |
| 9 | 07:32 | 9 | ♉ | 11:23 |
| 11 | 19:28 | 11 | ♊ | 22:21 |
| 14 | 03:20 | 14 | ♋ | 05:49 |
| 16 | 07:07 | 16 | ♌ | 09:15 |
| 18 | 08:37 | 18 | ♍ | 09:40 |
| 20 | 07:19 | 20 | ♎ | 09:02 |
| 22 | 08:36 | 22 | ♏ | 09:30 |
| 24 | 11:16 | 24 | ♐ | 12:47 |
| 26 | 18:10 | 26 | ♑ | 19:33 |

## Declinations

0:00 E.T.

| D | ☉ | ☽ | ☿ | ♀ | ♂ | ♃ | ♄ | ♅ | ♆ | ♇ | ⚳ | ⚴ | ⚵ | ⚶ | ⚷ |
|---|---|---|---|---|---|---|---|---|---|---|---|---|---|---|---|
| 1 | -17 16 | -20 52 | -22 17 | -20 44 | -18 03 | -00 22 | -04 24 | -01 27 | -12 42 | -18 48 | -23 20 | +04 32 | -01 38 | -20 42 | -06 23 |
| 2 | 16 58 | 17 42 | 22 05 | 20 48 | 17 50 | 00 18 | 04 23 | 01 26 | 12 41 | 18 48 | 23 14 | 04 36 | 01 33 | 20 43 | 06 21 |
| 3 | 16 41 | 13 49 | 21 52 | 20 53 | 17 36 | 00 13 | 04 23 | 01 25 | 12 41 | 18 48 | 23 08 | 04 40 | 01 27 | 20 44 | 06 20 |
| 4 | 16 23 | 09 24 | 21 37 | 20 56 | 17 23 | 00 08 | 04 22 | 01 24 | 12 40 | 18 48 | 23 03 | 04 44 | 01 21 | 20 44 | 06 19 |
| 5 | 16 06 | 04 42 | 21 21 | 21 00 | 17 09 | 00 03 | 04 21 | 01 23 | 12 39 | 18 48 | 22 57 | 04 48 | 01 15 | 20 45 | 06 18 |
| 6 | 15 47 | +00 08 | 21 04 | 21 03 | 16 54 | +00 02 | 04 21 | 01 22 | 12 38 | 18 48 | 22 51 | 04 52 | 01 09 | 20 45 | 06 16 |
| 7 | 15 29 | 04 56 | 20 45 | 21 05 | 16 40 | 00 07 | 04 20 | 01 21 | 12 38 | 18 48 | 22 45 | 04 56 | 01 03 | 20 46 | 06 15 |
| 8 | 15 10 | 09 33 | 20 25 | 21 06 | 16 26 | 00 12 | 04 19 | 01 20 | 12 37 | 18 48 | 22 39 | 05 01 | 00 56 | 20 46 | 06 14 |
| 9 | 14 51 | 13 49 | 20 03 | 21 08 | 16 11 | 00 17 | 04 18 | 01 19 | 12 36 | 18 48 | 22 33 | 05 05 | 00 50 | 20 46 | 06 12 |
| 10 | 14 32 | 17 35 | 19 41 | 21 08 | 15 56 | 00 22 | 04 18 | 01 17 | 12 35 | 18 48 | 22 27 | 05 10 | 00 43 | 20 46 | 06 11 |
| 11 | 14 12 | 20 41 | 19 16 | 21 08 | 15 41 | 00 27 | 04 17 | 01 16 | 12 34 | 18 48 | 22 21 | 05 14 | 00 35 | 20 45 | 06 10 |
| 12 | 13 53 | 22 53 | 18 51 | 21 08 | 15 26 | 00 33 | 04 16 | 01 15 | 12 34 | 18 48 | 22 15 | 05 19 | 00 28 | 20 45 | 06 08 |
| 13 | 13 33 | 23 59 | 18 24 | 21 07 | 15 11 | 00 38 | 04 15 | 01 14 | 12 33 | 18 48 | 22 08 | 05 24 | 00 21 | 20 45 | 06 07 |
| 14 | 13 13 | 23 49 | 17 55 | 21 05 | 14 55 | 00 43 | 04 14 | 01 13 | 12 32 | 18 47 | 22 02 | 05 28 | 00 13 | 20 44 | 06 06 |
| 15 | 12 52 | 22 14 | 17 25 | 21 03 | 14 39 | 00 48 | 04 13 | 01 11 | 12 31 | 18 47 | 21 56 | 05 33 | 00 05 | 20 44 | 06 04 |
| 16 | 12 32 | 19 15 | 16 54 | 21 00 | 14 24 | 00 53 | 04 12 | 01 10 | 12 31 | 18 47 | 21 50 | 05 38 | +00 03 | 20 43 | 06 03 |
| 17 | 12 11 | 15 00 | 16 22 | 20 57 | 14 08 | 00 59 | 04 11 | 01 09 | 12 30 | 18 47 | 21 44 | 05 43 | 00 11 | 20 42 | 06 02 |
| 18 | 11 50 | 09 43 | 15 47 | 20 53 | 13 52 | 01 04 | 04 10 | 01 08 | 12 29 | 18 47 | 21 37 | 05 48 | 00 19 | 20 42 | 06 00 |
| 19 | 11 29 | 03 48 | 15 12 | 20 49 | 13 35 | 01 09 | 04 09 | 01 07 | 12 28 | 18 47 | 21 31 | 05 54 | 00 28 | 20 41 | 05 59 |
| 20 | 11 07 | -02 21 | 14 35 | 20 43 | 13 19 | 01 15 | 04 08 | 01 05 | 12 27 | 18 47 | 21 25 | 05 59 | 00 36 | 20 40 | 05 58 |
| 21 | 10 46 | 08 19 | 13 57 | 20 38 | 13 03 | 01 20 | 04 06 | 01 04 | 12 27 | 18 47 | 21 18 | 06 04 | 00 45 | 20 38 | 05 56 |
| 22 | 10 24 | 13 42 | 13 17 | 20 32 | 12 46 | 01 25 | 04 05 | 01 03 | 12 26 | 18 47 | 21 12 | 06 10 | 00 54 | 20 37 | 05 55 |
| 23 | 10 02 | 18 10 | 12 36 | 20 25 | 12 29 | 01 31 | 04 04 | 01 01 | 12 25 | 18 47 | 21 06 | 06 15 | 01 03 | 20 36 | 05 53 |
| 24 | 09 40 | 21 27 | 11 54 | 20 17 | 12 12 | 01 36 | 04 03 | 01 00 | 12 24 | 18 47 | 20 59 | 06 21 | 01 12 | 20 35 | 05 52 |
| 25 | 09 18 | 23 24 | 11 11 | 20 10 | 11 55 | 01 42 | 04 01 | 00 59 | 12 24 | 18 46 | 20 53 | 06 26 | 01 21 | 20 33 | 05 51 |
| 26 | 08 56 | 23 59 | 10 26 | 20 01 | 11 38 | 01 47 | 04 00 | 00 58 | 12 23 | 18 46 | 20 46 | 06 32 | 01 30 | 20 32 | 05 49 |
| 27 | 08 33 | 23 15 | 09 39 | 19 52 | 11 21 | 01 52 | 03 59 | 00 56 | 12 22 | 18 46 | 20 40 | 06 38 | 01 40 | 20 30 | 05 48 |
| 28 | 08 11 | 21 20 | 08 52 | 19 42 | 11 04 | 01 58 | 03 57 | 00 55 | 12 21 | 18 46 | 20 33 | 06 44 | 01 49 | 20 28 | 05 46 |

Lunar Phases -- 3 ● 02:32 11 ◐ 07:19 18 ○ 08:37 24 ◑ 23:27 Sun enters ♓ 2/19 00:27

## 0:00 E.T. Longitudes of Main Planets - March 2011

| D | S.T. | ☉ | ☽ | ☽ 12:00 | ☿ | ♀ | ♂ | ♃ | ♄ | ♅ | ♆ | ♇ | ☊ |
|---|---|---|---|---|---|---|---|---|---|---|---|---|---|
| 1 | 10:33:48 | 10♓02 43 | 27♑19 | 03♒26 | 13♓13 | 28♑41 | 04♓42 | 07♈45 | 16♎15℞ | 29♓23 | 28♒49 | 07♑06 | 29♐11 |
| 2 | 10:37:45 | 11 02 59 | 09♒31 | 15 34 | 15 08 | 29 52 | 05 30 | 07 59 | 16 12 | 29 26 | 28 52 | 07 07 | 29 07 |
| 3 | 10:41:42 | 12 03 12 | 21 36 | 27 36 | 17 03 | 01♒03 | 06 17 | 08 13 | 16 09 | 29 30 | 28 54 | 07 09 | 29 04 |
| 4 | 10:45:38 | 13 03 24 | 03♓36 | 09♓34 | 18 58 | 02 14 | 07 04 | 08 27 | 16 05 | 29 33 | 28 56 | 07 10 | 29 01 |
| 5 | 10:49:35 | 14 03 34 | 15 31 | 21 28 | 20 54 | 03 25 | 07 52 | 08 40 | 16 02 | 29 36 | 28 58 | 07 11 | 28 58 |
| 6 | 10:53:31 | 15 03 42 | 27 24 | 03♈20 | 22 50 | 04 36 | 08 39 | 08 54 | 15 58 | 29 40 | 29 00 | 07 12 | 28 55 |
| 7 | 10:57:28 | 16 03 48 | 09♈16 | 15 12 | 24 45 | 05 47 | 09 26 | 09 08 | 15 54 | 29 43 | 29 03 | 07 13 | 28 52 |
| 8 | 11:01:24 | 17 03 52 | 21 08 | 27 05 | 26 41 | 06 58 | 10 14 | 09 22 | 15 51 | 29 46 | 29 05 | 07 14 | 28 48 |
| 9 | 11:05:21 | 18 03 55 | 03♉02 | 09♉01 | 28 35 | 08 09 | 11 01 | 09 36 | 15 47 | 29 50 | 29 07 | 07 15 | 28 45 |
| 10 | 11:09:17 | 19 03 55 | 15 02 | 21 05 | 00♈29 | 09 21 | 11 48 | 09 50 | 15 43 | 29 53 | 29 09 | 07 16 | 28 42 |
| 11 | 11:13:14 | 20 03 53 | 27 10 | 03♊19 | 02 22 | 10 32 | 12 35 | 10 04 | 15 39 | 29 56 | 29 11 | 07 17 | 28 39 |
| 12 | 11:17:11 | 21 03 49 | 09♊32 | 15 49 | 04 13 | 11 43 | 13 23 | 10 19 | 15 35 | 00 00 | 29 13 | 07 18 | 28 36 |
| 13 | 11:21:07 | 22 03 43 | 22 11 | 28 38 | 06 01 | 12 55 | 14 10 | 10 33 | 15 31 | 00♈03 | 29 16 | 07 19 | 28 33 |
| 14 | 11:25:04 | 23 03 35 | 05♋12 | 11♋52 | 07 48 | 14 06 | 14 57 | 10 47 | 15 27 | 00 07 | 29 18 | 07 19 | 28 29 |
| 15 | 11:29:00 | 24 03 24 | 18 40 | 25 34 | 09 31 | 15 18 | 15 44 | 11 01 | 15 23 | 00 10 | 29 20 | 07 20 | 28 26 |
| 16 | 11:32:57 | 25 03 11 | 02♌37 | 09♌47 | 11 10 | 16 29 | 16 32 | 11 15 | 15 19 | 00 14 | 29 22 | 07 21 | 28 23 |
| 17 | 11:36:53 | 26 02 56 | 17 03 | 24 27 | 12 46 | 17 41 | 17 19 | 11 30 | 15 14 | 00 17 | 29 24 | 07 22 | 28 20 |
| 18 | 11:40:50 | 27 02 39 | 01♍57 | 09♍31 | 14 17 | 18 53 | 18 06 | 11 44 | 15 10 | 00 20 | 29 26 | 07 22 | 28 17 |
| 19 | 11:44:46 | 28 02 19 | 17 09 | 24 50 | 15 43 | 20 04 | 18 53 | 11 58 | 15 06 | 00 24 | 29 28 | 07 23 | 28 13 |
| 20 | 11:48:43 | 29 01 57 | 02♎31 | 10♎12 | 17 04 | 21 16 | 19 40 | 12 13 | 15 01 | 00 27 | 29 30 | 07 24 | 28 10 |
| 21 | 11:52:40 | 00♈01 34 | 17 50 | 25 26 | 18 19 | 22 28 | 20 27 | 12 27 | 14 57 | 00 31 | 29 32 | 07 24 | 28 07 |
| 22 | 11:56:36 | 01 01 08 | 02♏56 | 10♏20 | 19 27 | 23 40 | 21 14 | 12 41 | 14 53 | 00 34 | 29 34 | 07 25 | 28 04 |
| 23 | 12:00:33 | 02 00 41 | 17 39 | 24 50 | 20 29 | 24 51 | 22 01 | 12 56 | 14 48 | 00 37 | 29 36 | 07 26 | 28 01 |
| 24 | 12:04:29 | 03 00 12 | 01♐53 | 08♐50 | 21 24 | 26 03 | 22 48 | 13 10 | 14 44 | 00 41 | 29 38 | 07 26 | 27 58 |
| 25 | 12:08:26 | 03 59 41 | 15 39 | 22 20 | 22 12 | 27 15 | 23 35 | 13 25 | 14 39 | 00 44 | 29 40 | 07 27 | 27 54 |
| 26 | 12:12:22 | 04 59 09 | 28 56 | 05♑25 | 22 52 | 28 27 | 24 22 | 13 39 | 14 35 | 00 48 | 29 42 | 07 27 | 27 51 |
| 27 | 12:16:19 | 05 58 35 | 11♑48 | 18 07 | 23 25 | 29 39 | 25 09 | 13 53 | 14 30 | 00 51 | 29 44 | 07 28 | 27 48 |
| 28 | 12:20:15 | 06 57 59 | 24 20 | 00♒30 | 23 51 | 00♓51 | 25 56 | 14 08 | 14 25 | 00 55 | 29 46 | 07 28 | 27 45 |
| 29 | 12:24:12 | 07 57 21 | 06♒37 | 12 41 | 24 08 | 02 03 | 26 43 | 14 22 | 14 21 | 00 58 | 29 48 | 07 28 | 27 42 |
| 30 | 12:28:09 | 08 56 42 | 18 42 | 24 42 | 24 19 | 03 16 | 27 30 | 14 37 | 14 16 | 01 01 | 29 50 | 07 29 | 27 38 |
| 31 | 12:32:05 | 09 56 00 | 00♓40 | 06♓37 | 24 21℞ | 04 28 | 28 17 | 14 51 | 14 11 | 01 05 | 29 52 | 07 29 | 27 35 |

## 0:00 E.T. Longitudes of the Major Asteroids and Chiron

| D | ⚳ | ⚴ | ⚵ | ⚶ | ⚷ | D | ⚳ | ⚴ | ⚵ | ⚶ | ⚷ |
|---|---|---|---|---|---|---|---|---|---|---|---|
| 1 | 22♒08 | 26♑53 | 24♍18℞ | 15♑26 | 01♓23 | 17 | 28 15 | 02 06 | 20 20 | 22 52 | 02 26 |
| 2 | 22 31 | 27 13 | 24 03 | 15 55 | 01 27 | 18 | 28 37 | 02 25 | 20 06 | 23 19 | 02 30 |
| 3 | 22 54 | 27 34 | 23 49 | 16 23 | 01 31 | 19 | 29 00 | 02 43 | 19 51 | 23 46 | 02 33 |
| 4 | 23 18 | 27 54 | 23 34 | 16 52 | 01 35 | 20 | 29 22 | 03 01 | 19 37 | 24 12 | 02 37 |
| 5 | 23 41 | 28 14 | 23 19 | 17 20 | 01 39 | 21 | 29 44 | 03 19 | 19 23 | 24 39 | 02 41 |
| 6 | 24 04 | 28 34 | 23 05 | 17 48 | 01 43 | 22 | 00♓07 | 03 37 | 19 09 | 25 05 | 02 45 |
| 7 | 24 27 | 28 54 | 22 50 | 18 16 | 01 47 | 23 | 00 29 | 03 55 | 18 55 | 25 32 | 02 48 |
| 8 | 24 50 | 29 14 | 22 35 | 18 44 | 01 51 | 24 | 00 51 | 04 13 | 18 42 | 25 58 | 02 52 |
| 9 | 25 13 | 29 34 | 22 20 | 19 12 | 01 55 | 25 | 01 14 | 04 30 | 18 28 | 26 24 | 02 56 |
| 10 | 25 36 | 29 53 | 22 05 | 19 40 | 01 59 | 26 | 01 36 | 04 48 | 18 15 | 26 50 | 02 59 |
| 11 | 25 58 | 00♒12 | 21 50 | 20 08 | 02 03 | 27 | 01 58 | 05 05 | 18 02 | 27 16 | 03 03 |
| 12 | 26 21 | 00 32 | 21 35 | 20 35 | 02 06 | 28 | 02 20 | 05 22 | 17 50 | 27 41 | 03 06 |
| 13 | 26 44 | 00 51 | 21 20 | 21 03 | 02 10 | 29 | 02 42 | 05 39 | 17 37 | 28 07 | 03 10 |
| 14 | 27 07 | 01 10 | 21 05 | 21 30 | 02 14 | 30 | 03 04 | 05 56 | 17 25 | 28 32 | 03 14 |
| 15 | 27 29 | 01 29 | 20 50 | 21 58 | 02 18 | 31 | 03 25 | 06 12 | 17 13 | 28 57 | 03 17 |
| 16 | 27 52 | 01 48 | 20 35 | 22 25 | 02 22 | | | | | | |

## Lunar Data

| Last Asp. | | Ingress | | |
|---|---|---|---|---|
| 1 | 04:04 | 1 | ♒ | 05:16 |
| 3 | 14:38 | 3 | ♓ | 16:48 |
| 6 | 04:35 | 6 | ♈ | 05:15 |
| 8 | 16:05 | 8 | ♉ | 17:53 |
| 11 | 05:27 | 11 | ♊ | 05:32 |
| 13 | 13:11 | 13 | ♋ | 14:30 |
| 15 | 10:06 | 15 | ♌ | 19:34 |
| 17 | 19:59 | 17 | ♍ | 20:54 |
| 19 | 18:11 | 19 | ♎ | 20:04 |
| 21 | 18:36 | 21 | ♏ | 19:18 |
| 23 | 20:09 | 23 | ♐ | 20:46 |
| 26 | 01:26 | 26 | ♑ | 01:58 |
| 28 | 03:19 | 28 | ♒ | 11:01 |
| 30 | 22:22 | 30 | ♓ | 22:39 |

## 0:00 E.T. Declinations

| D | ☉ | ☽ | ☿ | ♀ | ♂ | ♃ | ♄ | ♅ | ♆ | ♇ | ⚳ | ⚴ | ⚵ | ⚶ | ⚷ |
|---|---|---|---|---|---|---|---|---|---|---|---|---|---|---|---|
| 1 | -07 48 | -18 27 | -08 03 | -19 32 | -10 46 | +02 03 | -03 56 | -00 54 | -12 20 | -18 46 | -20 27 | +06 50 | +01 59 | -20 26 | -05 45 |
| 2 | 07 25 | 14 47 | 07 13 | 19 21 | 10 29 | 02 09 | 03 54 | 00 52 | 12 20 | 18 46 | 20 20 | 06 56 | 02 09 | 20 25 | 05 44 |
| 3 | 07 02 | 10 34 | 06 23 | 19 10 | 10 11 | 02 14 | 03 53 | 00 51 | 12 19 | 18 46 | 20 14 | 07 02 | 02 18 | 20 23 | 05 42 |
| 4 | 06 39 | 06 00 | 05 31 | 18 58 | 09 54 | 02 20 | 03 51 | 00 50 | 12 18 | 18 46 | 20 07 | 07 08 | 02 28 | 20 21 | 05 41 |
| 5 | 06 16 | 01 14 | 04 38 | 18 46 | 09 36 | 02 25 | 03 50 | 00 48 | 12 17 | 18 46 | 20 01 | 07 14 | 02 38 | 20 19 | 05 39 |
| 6 | 05 53 | +03 33 | 03 45 | 18 33 | 09 18 | 02 31 | 03 48 | 00 47 | 12 17 | 18 46 | 19 54 | 07 20 | 02 48 | 20 16 | 05 38 |
| 7 | 05 30 | 08 12 | 02 51 | 18 20 | 09 00 | 02 37 | 03 47 | 00 46 | 12 16 | 18 46 | 19 48 | 07 27 | 02 57 | 20 14 | 05 36 |
| 8 | 05 06 | 12 32 | 01 56 | 18 06 | 08 42 | 02 42 | 03 45 | 00 44 | 12 15 | 18 45 | 19 41 | 07 33 | 03 07 | 20 12 | 05 35 |
| 9 | 04 43 | 16 25 | 01 01 | 17 51 | 08 24 | 02 48 | 03 43 | 00 43 | 12 14 | 18 45 | 19 35 | 07 40 | 03 17 | 20 10 | 05 34 |
| 10 | 04 20 | 19 40 | 00 06 | 17 36 | 08 06 | 02 53 | 03 42 | 00 42 | 12 14 | 18 45 | 19 28 | 07 46 | 03 27 | 20 07 | 05 32 |
| 11 | 03 56 | 22 05 | +00 49 | 17 21 | 07 47 | 02 59 | 03 40 | 00 40 | 12 13 | 18 45 | 19 22 | 07 53 | 03 37 | 20 05 | 05 31 |
| 12 | 03 33 | 23 31 | 01 44 | 17 05 | 07 29 | 03 04 | 03 38 | 00 39 | 12 12 | 18 45 | 19 15 | 07 59 | 03 47 | 20 02 | 05 29 |
| 13 | 03 09 | 23 46 | 02 38 | 16 48 | 07 11 | 03 10 | 03 37 | 00 38 | 12 11 | 18 45 | 19 08 | 08 06 | 03 56 | 20 00 | 05 28 |
| 14 | 02 45 | 22 46 | 03 31 | 16 31 | 06 52 | 03 16 | 03 35 | 00 36 | 12 11 | 18 45 | 19 02 | 08 13 | 04 06 | 19 57 | 05 26 |
| 15 | 02 22 | 20 26 | 04 24 | 16 14 | 06 34 | 03 21 | 03 33 | 00 35 | 12 10 | 18 45 | 18 55 | 08 20 | 04 16 | 19 54 | 05 25 |
| 16 | 01 58 | 16 50 | 05 15 | 15 56 | 06 15 | 03 27 | 03 32 | 00 33 | 12 09 | 18 45 | 18 49 | 08 26 | 04 25 | 19 52 | 05 23 |
| 17 | 01 34 | 12 08 | 06 04 | 15 38 | 05 57 | 03 33 | 03 30 | 00 32 | 12 09 | 18 45 | 18 42 | 08 33 | 04 35 | 19 49 | 05 22 |
| 18 | 01 11 | 06 35 | 06 51 | 15 19 | 05 38 | 03 38 | 03 28 | 00 31 | 12 08 | 18 45 | 18 36 | 08 40 | 04 45 | 19 46 | 05 21 |
| 19 | 00 47 | 00 33 | 07 36 | 15 00 | 05 19 | 03 44 | 03 26 | 00 29 | 12 07 | 18 45 | 18 29 | 08 47 | 04 54 | 19 43 | 05 19 |
| 20 | 00 23 | -05 34 | 08 19 | 14 40 | 05 00 | 03 49 | 03 25 | 00 28 | 12 06 | 18 44 | 18 23 | 08 54 | 05 03 | 19 40 | 05 18 |
| 21 | +00 01 | 11 20 | 08 59 | 14 20 | 04 42 | 03 55 | 03 23 | 00 27 | 12 06 | 18 44 | 18 16 | 09 01 | 05 13 | 19 37 | 05 16 |
| 22 | 00 24 | 16 20 | 09 36 | 14 00 | 04 23 | 04 01 | 03 21 | 00 25 | 12 05 | 18 44 | 18 09 | 09 09 | 05 22 | 19 34 | 05 15 |
| 23 | 00 48 | 20 11 | 10 10 | 13 39 | 04 04 | 04 06 | 03 19 | 00 24 | 12 04 | 18 44 | 18 03 | 09 16 | 05 31 | 19 31 | 05 14 |
| 24 | 01 12 | 22 40 | 10 41 | 13 17 | 03 45 | 04 12 | 03 17 | 00 23 | 12 04 | 18 44 | 17 56 | 09 23 | 05 40 | 19 28 | 05 12 |
| 25 | 01 35 | 23 41 | 11 08 | 12 56 | 03 26 | 04 18 | 03 16 | 00 21 | 12 03 | 18 44 | 17 50 | 09 30 | 05 48 | 19 25 | 05 11 |
| 26 | 01 59 | 23 18 | 11 31 | 12 34 | 03 08 | 04 23 | 03 14 | 00 20 | 12 02 | 18 44 | 17 43 | 09 38 | 05 57 | 19 22 | 05 09 |
| 27 | 02 22 | 21 40 | 11 51 | 12 11 | 02 49 | 04 29 | 03 12 | 00 18 | 12 02 | 18 44 | 17 37 | 09 45 | 06 06 | 19 19 | 05 08 |
| 28 | 02 46 | 19 00 | 12 07 | 11 49 | 02 30 | 04 35 | 03 10 | 00 17 | 12 01 | 18 44 | 17 30 | 09 52 | 06 14 | 19 15 | 05 07 |
| 29 | 03 09 | 15 32 | 12 19 | 11 26 | 02 11 | 04 40 | 03 08 | 00 16 | 12 00 | 18 44 | 17 24 | 10 00 | 06 22 | 19 12 | 05 05 |
| 30 | 03 33 | 11 29 | 12 27 | 11 02 | 01 52 | 04 46 | 03 06 | 00 14 | 12 00 | 18 44 | 17 17 | 10 07 | 06 31 | 19 09 | 05 04 |
| 31 | 03 56 | 07 02 | 12 31 | 10 39 | 01 33 | 04 51 | 03 05 | 00 13 | 11 59 | 18 44 | 17 11 | 10 15 | 06 39 | 19 06 | 05 02 |

Lunar Phases -- 4 ● 20:47 12 ◐ 23:46 19 ○ 18:11 26 ◑ 12:08 Sun enters ♈ 3/20 23:22

## Longitudes of Main Planets - April 2011

0:00 E.T.

| D | S.T. | ☉ | ☽ | ☽ 12:00 | ☿ | ♀ | ♂ | ♃ | ♄ | ♅ | ♆ | ♇ | ☊ |
|---|---|---|---|---|---|---|---|---|---|---|---|---|---|
| 1 | 12:36:02 | 10♈55 17 | 12♓34 | 18♓30 | 24♈17℞ | 05♓40 | 29♓04 | 15♈06 | 14♎07℞ | 01♈08 | 29♒54 | 07♑29 | 27♐32 |
| 2 | 12:39:58 | 11 54 31 | 24 26 | 00♈21 | 24 05 | 06 52 | 29 50 | 15 20 | 14 02 | 01 12 | 29 55 | 07 30 | 27 29 |
| 3 | 12:43:55 | 12 53 44 | 06♈17 | 12 14 | 23 47 | 08 04 | 00♈37 | 15 35 | 13 57 | 01 15 | 29 57 | 07 30 | 27 26 |
| 4 | 12:47:51 | 13 52 55 | 18 11 | 24 08 | 23 23 | 09 17 | 01 24 | 15 49 | 13 53 | 01 18 | 29 59 | 07 30 | 27 23 |
| 5 | 12:51:48 | 14 52 04 | 00♉06 | 06♉06 | 22 53 | 10 29 | 02 11 | 16 04 | 13 48 | 01 22 | 00♓01 | 07 30 | 27 19 |
| 6 | 12:55:44 | 15 51 10 | 12 07 | 18 09 | 22 19 | 11 41 | 02 57 | 16 18 | 13 43 | 01 25 | 00 02 | 07 30 | 27 16 |
| 7 | 12:59:41 | 16 50 15 | 24 13 | 00♊19 | 21 40 | 12 53 | 03 44 | 16 33 | 13 39 | 01 28 | 00 04 | 07 30 | 27 13 |
| 8 | 13:03:38 | 17 49 17 | 06♊28 | 12 39 | 20 58 | 14 06 | 04 31 | 16 47 | 13 34 | 01 32 | 00 06 | 07 30 | 27 10 |
| 9 | 13:07:34 | 18 48 17 | 18 54 | 25 12 | 20 14 | 15 18 | 05 17 | 17 02 | 13 30 | 01 35 | 00 08 | 07 30 | 27 07 |
| 10 | 13:11:31 | 19 47 15 | 01♋35 | 08♋02 | 19 28 | 16 30 | 06 04 | 17 17 | 13 25 | 01 38 | 00 09 | 07 30℞ | 27 04 |
| 11 | 13:15:27 | 20 46 11 | 14 34 | 21 12 | 18 42 | 17 43 | 06 50 | 17 31 | 13 20 | 01 42 | 00 11 | 07 30 | 27 00 |
| 12 | 13:19:24 | 21 45 04 | 27 56 | 04♌47 | 17 56 | 18 55 | 07 37 | 17 46 | 13 16 | 01 45 | 00 12 | 07 30 | 26 57 |
| 13 | 13:23:20 | 22 43 55 | 11♌44 | 18 47 | 17 11 | 20 08 | 08 23 | 18 00 | 13 11 | 01 48 | 00 14 | 07 30 | 26 54 |
| 14 | 13:27:17 | 23 42 43 | 25 57 | 03♍14 | 16 27 | 21 20 | 09 10 | 18 14 | 13 07 | 01 51 | 00 16 | 07 30 | 26 51 |
| 15 | 13:31:13 | 24 41 30 | 10♍36 | 18 04 | 15 47 | 22 32 | 09 56 | 18 29 | 13 02 | 01 55 | 00 17 | 07 30 | 26 48 |
| 16 | 13:35:10 | 25 40 14 | 25 35 | 03♎10 | 15 10 | 23 45 | 10 42 | 18 43 | 12 58 | 01 58 | 00 19 | 07 30 | 26 44 |
| 17 | 13:39:07 | 26 38 56 | 10♎47 | 18 24 | 14 36 | 24 57 | 11 28 | 18 58 | 12 53 | 02 01 | 00 20 | 07 29 | 26 41 |
| 18 | 13:43:03 | 27 37 36 | 26 00 | 03♏34 | 14 07 | 26 10 | 12 15 | 19 12 | 12 49 | 02 04 | 00 21 | 07 29 | 26 38 |
| 19 | 13:47:00 | 28 36 14 | 11♏05 | 18 31 | 13 43 | 27 22 | 13 01 | 19 27 | 12 44 | 02 07 | 00 23 | 07 29 | 26 35 |
| 20 | 13:50:56 | 29 34 50 | 25 51 | 03♐06 | 13 23 | 28 35 | 13 47 | 19 41 | 12 40 | 02 11 | 00 24 | 07 29 | 26 32 |
| 21 | 13:54:53 | 00♉33 24 | 10♐13 | 17 14 | 13 08 | 29 48 | 14 33 | 19 55 | 12 35 | 02 14 | 00 26 | 07 28 | 26 29 |
| 22 | 13:58:49 | 01 31 57 | 24 07 | 00♑53 | 12 58 | 01♈00 | 15 19 | 20 10 | 12 31 | 02 17 | 00 27 | 07 28 | 26 25 |
| 23 | 14:02:46 | 02 30 28 | 07♑32 | 14 05 | 12 54 | 02 13 | 16 05 | 20 24 | 12 27 | 02 20 | 00 28 | 07 27 | 26 22 |
| 24 | 14:06:42 | 03 28 57 | 20 31 | 26 52 | 12 54D | 03 25 | 16 51 | 20 38 | 12 23 | 02 23 | 00 30 | 07 27 | 26 19 |
| 25 | 14:10:39 | 04 27 25 | 03♒07 | 09♒18 | 12 59 | 04 38 | 17 37 | 20 53 | 12 19 | 02 26 | 00 31 | 07 27 | 26 16 |
| 26 | 14:14:36 | 05 25 51 | 15 26 | 21 30 | 13 10 | 05 51 | 18 23 | 21 07 | 12 14 | 02 29 | 00 32 | 07 26 | 26 13 |
| 27 | 14:18:32 | 06 24 16 | 27 31 | 03♓30 | 13 25 | 07 03 | 19 09 | 21 21 | 12 10 | 02 32 | 00 33 | 07 26 | 26 10 |
| 28 | 14:22:29 | 07 22 39 | 09♓27 | 15 24 | 13 45 | 08 16 | 19 55 | 21 36 | 12 06 | 02 35 | 00 34 | 07 25 | 26 06 |
| 29 | 14:26:25 | 08 21 00 | 21 19 | 27 15 | 14 09 | 09 29 | 20 41 | 21 50 | 12 02 | 02 38 | 00 36 | 07 24 | 26 03 |
| 30 | 14:30:22 | 09 19 20 | 03♈11 | 09♈07 | 14 37 | 10 41 | 21 26 | 22 04 | 11 59 | 02 41 | 00 37 | 07 24 | 26 00 |

0:00 E.T.

## Longitudes of the Major Asteroids and Chiron

| D | ⚳ | ⚴ | ⚵ | ⚶ | ⚷ | D | ⚳ | ⚴ | ⚵ | ⚶ | ⚷ |
|---|---|---|---|---|---|---|---|---|---|---|---|
| 1 | 03♓47 | 06♒29 | 17♍02℞ | 29♑22 | 03♓20 | 16 | 09 05 | 10 12 | 14 49 | 05 19 | 04 08 |
| 2 | 04 09 | 06 45 | 16 51 | 29 47 | 03 24 | 17 | 09 26 | 10 26 | 14 43 | 05 41 | 04 11 |
| 3 | 04 31 | 07 01 | 16 40 | 00♒12 | 03 27 | 18 | 09 46 | 10 39 | 14 38 | 06 03 | 04 13 |
| 4 | 04 52 | 07 17 | 16 29 | 00 37 | 03 31 | 19 | 10 07 | 10 52 | 14 33 | 06 25 | 04 16 |
| 5 | 05 14 | 07 32 | 16 19 | 01 01 | 03 34 | 20 | 10 27 | 11 04 | 14 28 | 06 47 | 04 19 |
| 6 | 05 35 | 07 48 | 16 09 | 01 26 | 03 37 | 21 | 10 47 | 11 17 | 14 23 | 07 09 | 04 22 |
| 7 | 05 56 | 08 03 | 15 59 | 01 50 | 03 40 | 22 | 11 08 | 11 29 | 14 19 | 07 30 | 04 24 |
| 8 | 06 18 | 08 18 | 15 50 | 02 14 | 03 44 | 23 | 11 28 | 11 41 | 14 16 | 07 51 | 04 27 |
| 9 | 06 39 | 08 33 | 15 41 | 02 37 | 03 47 | 24 | 11 48 | 11 53 | 14 13 | 08 12 | 04 29 |
| 10 | 07 00 | 08 48 | 15 33 | 03 01 | 03 50 | 25 | 12 07 | 12 04 | 14 10 | 08 33 | 04 32 |
| 11 | 07 21 | 09 03 | 15 24 | 03 24 | 03 53 | 26 | 12 27 | 12 15 | 14 07 | 08 53 | 04 34 |
| 12 | 07 42 | 09 17 | 15 17 | 03 48 | 03 56 | 27 | 12 47 | 12 26 | 14 05 | 09 13 | 04 37 |
| 13 | 08 03 | 09 31 | 15 09 | 04 11 | 03 59 | 28 | 13 06 | 12 37 | 14 03 | 09 33 | 04 39 |
| 14 | 08 24 | 09 45 | 15 02 | 04 34 | 04 02 | 29 | 13 26 | 12 48 | 14 02 | 09 53 | 04 41 |
| 15 | 08 45 | 09 59 | 14 55 | 04 56 | 04 05 | 30 | 13 45 | 12 58 | 14 01 | 10 12 | 04 44 |

## Lunar Data

| Last Asp. | | Ingress | |
|---|---|---|---|
| 31 | 13:45 | 2 ♈ | 11:17 |
| 4 | 10:05 | 4 ♉ | 23:47 |
| 5 | 23:03 | 7 ♊ | 11:23 |
| 9 | 02:24 | 9 ♋ | 21:03 |
| 11 | 12:06 | 12 ♌ | 03:38 |
| 13 | 19:59 | 14 ♍ | 06:41 |
| 15 | 20:49 | 16 ♎ | 06:60 |
| 18 | 02:45 | 18 ♏ | 06:20 |
| 20 | 04:54 | 20 ♐ | 06:51 |
| 21 | 16:58 | 22 ♑ | 10:26 |
| 24 | 00:15 | 24 ♒ | 18:00 |
| 26 | 11:29 | 27 ♓ | 04:59 |
| 27 | 19:53 | 29 ♈ | 17:34 |

0:00 E.T.

## Declinations

| D | ☉ | ☽ | ☿ | ♀ | ♂ | ♃ | ♄ | ♅ | ♆ | ♇ | ⚳ | ⚴ | ⚵ | ⚶ | ⚷ |
|---|---|---|---|---|---|---|---|---|---|---|---|---|---|---|---|
| 1 | +04 19 | -02 22 | +12 30 | -10 15 | -01 14 | +04 57 | -03 03 | -00 12 | -11 58 | -18 44 | -17 05 | +10 23 | +06 46 | -19 02 | -05 01 |
| 2 | 04 42 | +02 23 | 12 26 | 09 51 | 00 55 | 05 03 | 03 01 | 00 10 | 11 58 | 18 44 | 16 58 | 10 30 | 06 54 | 18 59 | 05 00 |
| 3 | 05 06 | 07 01 | 12 18 | 09 26 | 00 36 | 05 08 | 02 59 | 00 09 | 11 57 | 18 44 | 16 52 | 10 38 | 07 01 | 18 56 | 04 58 |
| 4 | 05 29 | 11 25 | 12 06 | 09 01 | 00 17 | 05 14 | 02 57 | 00 08 | 11 57 | 18 43 | 16 46 | 10 45 | 07 09 | 18 52 | 04 57 |
| 5 | 05 51 | 15 24 | 11 50 | 08 36 | +00 02 | 05 19 | 02 55 | 00 06 | 11 56 | 18 43 | 16 39 | 10 53 | 07 16 | 18 49 | 04 56 |
| 6 | 06 14 | 18 47 | 11 31 | 08 11 | 00 21 | 05 25 | 02 54 | 00 05 | 11 55 | 18 43 | 16 33 | 11 01 | 07 23 | 18 46 | 04 54 |
| 7 | 06 37 | 21 23 | 11 09 | 07 45 | 00 39 | 05 31 | 02 52 | 00 04 | 11 55 | 18 43 | 16 27 | 11 09 | 07 30 | 18 42 | 04 53 |
| 8 | 07 00 | 23 02 | 10 44 | 07 19 | 00 58 | 05 36 | 02 50 | 00 02 | 11 54 | 18 43 | 16 20 | 11 16 | 07 36 | 18 39 | 04 52 |
| 9 | 07 22 | 23 34 | 10 17 | 06 53 | 01 17 | 05 42 | 02 48 | 00 01 | 11 54 | 18 43 | 16 14 | 11 24 | 07 43 | 18 35 | 04 50 |
| 10 | 07 44 | 22 54 | 09 48 | 06 27 | 01 36 | 05 47 | 02 46 | +00 00 | 11 53 | 18 43 | 16 08 | 11 32 | 07 49 | 18 32 | 04 49 |
| 11 | 08 07 | 21 00 | 09 18 | 06 01 | 01 55 | 05 53 | 02 45 | 00 02 | 11 53 | 18 43 | 16 02 | 11 40 | 07 55 | 18 29 | 04 48 |
| 12 | 08 29 | 17 55 | 08 47 | 05 34 | 02 13 | 05 58 | 02 43 | 00 03 | 11 52 | 18 43 | 15 56 | 11 47 | 08 01 | 18 25 | 04 47 |
| 13 | 08 50 | 13 45 | 08 15 | 05 08 | 02 32 | 06 04 | 02 41 | 00 04 | 11 52 | 18 43 | 15 50 | 11 55 | 08 06 | 18 22 | 04 45 |
| 14 | 09 12 | 08 43 | 07 44 | 04 41 | 02 51 | 06 09 | 02 39 | 00 05 | 11 51 | 18 43 | 15 44 | 12 03 | 08 12 | 18 19 | 04 44 |
| 15 | 09 34 | 03 03 | 07 13 | 04 14 | 03 09 | 06 15 | 02 38 | 00 07 | 11 50 | 18 43 | 15 38 | 12 11 | 08 17 | 18 15 | 04 43 |
| 16 | 09 55 | -02 54 | 06 44 | 03 46 | 03 28 | 06 20 | 02 36 | 00 08 | 11 50 | 18 43 | 15 32 | 12 19 | 08 22 | 18 12 | 04 42 |
| 17 | 10 17 | 08 45 | 06 15 | 03 19 | 03 46 | 06 26 | 02 34 | 00 09 | 11 49 | 18 43 | 15 26 | 12 27 | 08 27 | 18 09 | 04 40 |
| 18 | 10 38 | 14 06 | 05 49 | 02 52 | 04 05 | 06 31 | 02 33 | 00 10 | 11 49 | 18 43 | 15 20 | 12 35 | 08 32 | 18 06 | 04 39 |
| 19 | 10 59 | 18 30 | 05 24 | 02 24 | 04 23 | 06 37 | 02 31 | 00 12 | 11 49 | 18 43 | 15 14 | 12 43 | 08 36 | 18 02 | 04 38 |
| 20 | 11 19 | 21 37 | 05 02 | 01 56 | 04 41 | 06 42 | 02 29 | 00 13 | 11 48 | 18 43 | 15 08 | 12 51 | 08 41 | 17 59 | 04 37 |
| 21 | 11 40 | 23 15 | 04 42 | 01 29 | 05 00 | 06 47 | 02 28 | 00 14 | 11 48 | 18 43 | 15 02 | 12 58 | 08 45 | 17 56 | 04 36 |
| 22 | 12 00 | 23 22 | 04 24 | 01 01 | 05 18 | 06 53 | 02 26 | 00 15 | 11 47 | 18 43 | 14 56 | 13 06 | 08 49 | 17 53 | 04 35 |
| 23 | 12 21 | 22 05 | 04 09 | 00 33 | 05 36 | 06 58 | 02 25 | 00 17 | 11 47 | 18 43 | 14 51 | 13 14 | 08 53 | 17 50 | 04 33 |
| 24 | 12 41 | 19 40 | 03 57 | 00 05 | 05 54 | 07 04 | 02 23 | 00 18 | 11 46 | 18 43 | 14 45 | 13 22 | 08 56 | 17 47 | 04 32 |
| 25 | 13 00 | 16 21 | 03 47 | +00 23 | 06 12 | 07 09 | 02 22 | 00 19 | 11 46 | 18 43 | 14 39 | 13 30 | 09 00 | 17 44 | 04 31 |
| 26 | 13 20 | 12 25 | 03 40 | 00 51 | 06 30 | 07 14 | 02 20 | 00 20 | 11 45 | 18 43 | 14 34 | 13 38 | 09 03 | 17 41 | 04 30 |
| 27 | 13 39 | 08 03 | 03 35 | 01 19 | 06 48 | 07 20 | 02 19 | 00 21 | 11 45 | 18 43 | 14 28 | 13 46 | 09 06 | 17 38 | 04 29 |
| 28 | 13 58 | 03 26 | 03 33 | 01 47 | 07 06 | 07 25 | 02 17 | 00 23 | 11 45 | 18 43 | 14 23 | 13 54 | 09 09 | 17 35 | 04 28 |
| 29 | 14 17 | +01 16 | 03 33 | 02 15 | 07 23 | 07 30 | 02 16 | 00 24 | 11 44 | 18 43 | 14 17 | 14 01 | 09 11 | 17 32 | 04 27 |
| 30 | 14 36 | 05 54 | 03 36 | 02 43 | 07 41 | 07 35 | 02 14 | 00 25 | 11 44 | 18 43 | 14 12 | 14 09 | 09 14 | 17 29 | 04 26 |

Lunar Phases -- 3 ● 14:33   11 ◐ 12:07   18 ○ 02:45   25 ◑ 02:48   Sun enters ♉ 4/20 10:19

## 0:00 E.T. Longitudes of Main Planets - May 2011

| D | S.T. | ☉ | ☽ | ☽ 12:00 | ☿ | ♀ | ♂ | ♃ | ♄ | ♅ | ♆ | ♇ | ☊ |
|---|---|---|---|---|---|---|---|---|---|---|---|---|---|
| 1 | 14:34:18 | 10♉17 38 | 15♈03 | 21♈01 | 15♈10 | 11♈54 | 22♈12 | 22♈18 | 11♎55℞ | 02♈44 | 00♓38 | 07♑23℞ | 25♐57 |
| 2 | 14:38:15 | 11 15 54 | 27 00 | 03♉01 | 15 47 | 13 07 | 22 58 | 22 32 | 11 51 | 02 47 | 00 39 | 07 23 | 25 54 |
| 3 | 14:42:11 | 12 14 09 | 09♉03 | 15 07 | 16 27 | 14 19 | 23 43 | 22 46 | 11 47 | 02 49 | 00 40 | 07 22 | 25 50 |
| 4 | 14:46:08 | 13 12 22 | 21 13 | 27 21 | 17 11 | 15 32 | 24 29 | 23 00 | 11 44 | 02 52 | 00 41 | 07 21 | 25 47 |
| 5 | 14:50:05 | 14 10 33 | 03♊31 | 09♊44 | 17 59 | 16 45 | 25 15 | 23 14 | 11 40 | 02 55 | 00 42 | 07 20 | 25 44 |
| 6 | 14:54:01 | 15 08 43 | 15 59 | 22 17 | 18 50 | 17 58 | 26 00 | 23 28 | 11 37 | 02 58 | 00 43 | 07 20 | 25 41 |
| 7 | 14:57:58 | 16 06 50 | 28 39 | 05♋03 | 19 44 | 19 10 | 26 45 | 23 42 | 11 33 | 03 01 | 00 44 | 07 19 | 25 38 |
| 8 | 15:01:54 | 17 04 56 | 11♋32 | 18 04 | 20 42 | 20 23 | 27 31 | 23 56 | 11 30 | 03 03 | 00 44 | 07 18 | 25 35 |
| 9 | 15:05:51 | 18 03 00 | 24 40 | 01♌20 | 21 42 | 21 36 | 28 16 | 24 10 | 11 26 | 03 06 | 00 45 | 07 17 | 25 31 |
| 10 | 15:09:47 | 19 01 02 | 08♌05 | 14 55 | 22 46 | 22 49 | 29 01 | 24 24 | 11 23 | 03 09 | 00 46 | 07 16 | 25 28 |
| 11 | 15:13:44 | 19 59 02 | 21 50 | 28 50 | 23 52 | 24 01 | 29 47 | 24 38 | 11 20 | 03 11 | 00 47 | 07 15 | 25 25 |
| 12 | 15:17:40 | 20 57 00 | 05♍54 | 13♍03 | 25 01 | 25 14 | 00♉32 | 24 51 | 11 17 | 03 14 | 00 48 | 07 15 | 25 22 |
| 13 | 15:21:37 | 21 54 56 | 20 17 | 27 35 | 26 12 | 26 27 | 01 17 | 25 05 | 11 14 | 03 16 | 00 48 | 07 14 | 25 19 |
| 14 | 15:25:34 | 22 52 51 | 04♎56 | 12♎19 | 27 26 | 27 40 | 02 02 | 25 19 | 11 11 | 03 19 | 00 49 | 07 13 | 25 16 |
| 15 | 15:29:30 | 23 50 43 | 19 45 | 27 11 | 28 43 | 28 53 | 02 47 | 25 32 | 11 08 | 03 21 | 00 50 | 07 12 | 25 12 |
| 16 | 15:33:27 | 24 48 34 | 04♏37 | 12♏02 | 00♉02 | 00♉05 | 03 32 | 25 46 | 11 06 | 03 24 | 00 50 | 07 11 | 25 09 |
| 17 | 15:37:23 | 25 46 24 | 19 25 | 26 44 | 01 24 | 01 18 | 04 17 | 25 59 | 11 03 | 03 26 | 00 51 | 07 10 | 25 06 |
| 18 | 15:41:20 | 26 44 12 | 03♐59 | 11♐10 | 02 48 | 02 31 | 05 02 | 26 13 | 11 00 | 03 28 | 00 51 | 07 09 | 25 03 |
| 19 | 15:45:16 | 27 41 58 | 18 15 | 25 14 | 04 14 | 03 44 | 05 47 | 26 26 | 10 58 | 03 31 | 00 52 | 07 07 | 25 00 |
| 20 | 15:49:13 | 28 39 44 | 02♑07 | 08♑54 | 05 43 | 04 57 | 06 31 | 26 40 | 10 56 | 03 33 | 00 52 | 07 06 | 24 56 |
| 21 | 15:53:09 | 29 37 28 | 15 35 | 22 10 | 07 13 | 06 10 | 07 16 | 26 53 | 10 53 | 03 35 | 00 53 | 07 05 | 24 53 |
| 22 | 15:57:06 | 00♊35 11 | 28 38 | 05♒02 | 08 47 | 07 23 | 08 01 | 27 06 | 10 51 | 03 38 | 00 53 | 07 04 | 24 50 |
| 23 | 16:01:03 | 01 32 53 | 11♒20 | 17 33 | 10 22 | 08 35 | 08 45 | 27 19 | 10 49 | 03 40 | 00 54 | 07 03 | 24 47 |
| 24 | 16:04:59 | 02 30 33 | 23 42 | 29 48 | 12 00 | 09 48 | 09 30 | 27 32 | 10 47 | 03 42 | 00 54 | 07 02 | 24 44 |
| 25 | 16:08:56 | 03 28 13 | 05♓50 | 11♓50 | 13 40 | 11 01 | 10 14 | 27 46 | 10 45 | 03 44 | 00 54 | 07 01 | 24 41 |
| 26 | 16:12:52 | 04 25 52 | 17 48 | 23 45 | 15 22 | 12 14 | 10 59 | 27 59 | 10 43 | 03 46 | 00 55 | 06 59 | 24 37 |
| 27 | 16:16:49 | 05 23 29 | 29 41 | 05♈37 | 17 06 | 13 27 | 11 43 | 28 12 | 10 41 | 03 48 | 00 55 | 06 58 | 24 34 |
| 28 | 16:20:45 | 06 21 06 | 11♈34 | 17 31 | 18 53 | 14 40 | 12 28 | 28 24 | 10 40 | 03 50 | 00 55 | 06 57 | 24 31 |
| 29 | 16:24:42 | 07 18 42 | 23 29 | 29 29 | 20 42 | 15 53 | 13 12 | 28 37 | 10 38 | 03 52 | 00 55 | 06 56 | 24 28 |
| 30 | 16:28:38 | 08 16 17 | 05♉30 | 11♉34 | 22 33 | 17 06 | 13 56 | 28 50 | 10 37 | 03 54 | 00 55 | 06 54 | 24 25 |
| 31 | 16:32:35 | 09 13 50 | 17 40 | 23 49 | 24 27 | 18 19 | 14 40 | 29 03 | 10 35 | 03 56 | 00 55 | 06 53 | 24 22 |

## 0:00 E.T. Longitudes of the Major Asteroids and Chiron

| D | ⚳ | ⚴ | ⚵ | ⚶ | ⚷ | D | ⚳ | ⚴ | ⚵ | ⚶ | ⚷ |
|---|---|---|---|---|---|---|---|---|---|---|---|
| 1 | 14♓05 | 13♒08 | 14♍00℞ | 10♒32 | 04♓46 | 17 | 18 57 | 15 10 | 14 38 | 15 03 | 05 14 |
| 2 | 14 24 | 13 18 | 14 00 | 10 51 | 04 48 | 18 | 19 14 | 15 15 | 14 43 | 15 17 | 05 15 |
| 3 | 14 43 | 13 27 | 14 00D | 11 09 | 04 50 | 19 | 19 31 | 15 20 | 14 48 | 15 32 | 05 16 |
| 4 | 15 02 | 13 37 | 14 01 | 11 28 | 04 52 | 20 | 19 48 | 15 24 | 14 54 | 15 45 | 05 18 |
| 5 | 15 20 | 13 45 | 14 01 | 11 46 | 04 54 | 21 | 20 04 | 15 28 | 15 00 | 15 59 | 05 19 |
| 6 | 15 39 | 13 54 | 14 03 | 12 04 | 04 56 | 22 | 20 21 | 15 32 | 15 07 | 16 12 | 05 20 |
| 7 | 15 58 | 14 02 | 14 04 | 12 22 | 04 58 | 23 | 20 37 | 15 35 | 15 13 | 16 25 | 05 21 |
| 8 | 16 16 | 14 11 | 14 06 | 12 39 | 05 00 | 24 | 20 54 | 15 38 | 15 20 | 16 37 | 05 22 |
| 9 | 16 35 | 14 18 | 14 08 | 12 56 | 05 02 | 25 | 21 10 | 15 41 | 15 27 | 16 49 | 05 23 |
| 10 | 16 53 | 14 26 | 14 11 | 13 13 | 05 03 | 26 | 21 26 | 15 43 | 15 35 | 17 01 | 05 24 |
| 11 | 17 11 | 14 33 | 14 14 | 13 30 | 05 05 | 27 | 21 42 | 15 45 | 15 42 | 17 12 | 05 24 |
| 12 | 17 29 | 14 40 | 14 17 | 13 46 | 05 07 | 28 | 21 57 | 15 47 | 15 50 | 17 23 | 05 25 |
| 13 | 17 47 | 14 47 | 14 20 | 14 02 | 05 08 | 29 | 22 13 | 15 48 | 15 59 | 17 34 | 05 26 |
| 14 | 18 04 | 14 53 | 14 24 | 14 18 | 05 10 | 30 | 22 28 | 15 49 | 16 07 | 17 44 | 05 26 |
| 15 | 18 22 | 14 59 | 14 29 | 14 33 | 05 11 | 31 | 22 43 | 15 50 | 16 16 | 17 54 | 05 27 |
| 16 | 18 39 | 15 05 | 14 33 | 14 48 | 05 13 | | | | | | |

## Lunar Data

| Last Asp. | | Ingress | | |
|---|---|---|---|---|
| 1 | 15:21 | 2 | ♉ | 05:59 |
| 3 | 06:52 | 4 | ♊ | 17:10 |
| 6 | 20:13 | 7 | ♋ | 02:32 |
| 9 | 06:53 | 9 | ♌ | 09:36 |
| 11 | 04:54 | 11 | ♍ | 13:60 |
| 13 | 02:53 | 13 | ♎ | 15:57 |
| 15 | 16:02 | 15 | ♏ | 16:32 |
| 17 | 11:10 | 17 | ♐ | 17:23 |
| 19 | 14:19 | 19 | ♑ | 20:17 |
| 21 | 21:06 | 22 | ♒ | 02:33 |
| 24 | 07:42 | 24 | ♓ | 12:25 |
| 25 | 18:16 | 27 | ♈ | 00:37 |
| 29 | 10:29 | 29 | ♉ | 13:03 |
| 31 | 15:38 | 31 | ♊ | 23:57 |

## 0:00 E.T. Declinations

| D | ☉ | ☽ | ☿ | ♀ | ♂ | ♃ | ♄ | ♅ | ♆ | ♇ | ⚳ | ⚴ | ⚵ | ⚶ | ⚷ |
|---|---|---|---|---|---|---|---|---|---|---|---|---|---|---|---|
| 1 | +14 54 | +10 21 | +03 41 | +03 11 | +07 58 | +07 41 | -02 13 | +00 26 | -11 44 | -18 43 | -14 07 | +14 17 | +09 16 | -17 27 | -04 25 |
| 2 | 15 13 | 14 26 | 03 48 | 03 39 | 08 16 | 07 46 | 02 12 | 00 27 | 11 43 | 18 43 | 14 01 | 14 25 | 09 18 | 17 24 | 04 24 |
| 3 | 15 30 | 17 58 | 03 58 | 04 07 | 08 33 | 07 51 | 02 10 | 00 28 | 11 43 | 18 43 | 13 56 | 14 33 | 09 20 | 17 22 | 04 23 |
| 4 | 15 48 | 20 45 | 04 09 | 04 34 | 08 50 | 07 56 | 02 09 | 00 29 | 11 43 | 18 43 | 13 51 | 14 40 | 09 22 | 17 19 | 04 22 |
| 5 | 16 06 | 22 38 | 04 23 | 05 02 | 09 08 | 08 01 | 02 08 | 00 30 | 11 42 | 18 43 | 13 46 | 14 48 | 09 23 | 17 17 | 04 21 |
| 6 | 16 23 | 23 24 | 04 38 | 05 30 | 09 25 | 08 06 | 02 06 | 00 31 | 11 42 | 18 43 | 13 41 | 14 56 | 09 25 | 17 14 | 04 20 |
| 7 | 16 40 | 23 00 | 04 55 | 05 57 | 09 41 | 08 11 | 02 05 | 00 33 | 11 42 | 18 43 | 13 36 | 15 03 | 09 26 | 17 12 | 04 19 |
| 8 | 16 56 | 21 22 | 05 14 | 06 25 | 09 58 | 08 16 | 02 04 | 00 34 | 11 41 | 18 43 | 13 31 | 15 11 | 09 27 | 17 10 | 04 18 |
| 9 | 17 12 | 18 34 | 05 35 | 06 52 | 10 15 | 08 22 | 02 03 | 00 35 | 11 41 | 18 43 | 13 26 | 15 18 | 09 28 | 17 08 | 04 17 |
| 10 | 17 28 | 14 44 | 05 57 | 07 19 | 10 32 | 08 27 | 02 02 | 00 36 | 11 41 | 18 43 | 13 21 | 15 26 | 09 28 | 17 06 | 04 16 |
| 11 | 17 44 | 10 03 | 06 20 | 07 46 | 10 48 | 08 32 | 02 01 | 00 37 | 11 41 | 18 43 | 13 16 | 15 33 | 09 29 | 17 04 | 04 15 |
| 12 | 18 00 | 04 44 | 06 45 | 08 13 | 11 04 | 08 37 | 02 00 | 00 38 | 11 40 | 18 43 | 13 12 | 15 41 | 09 29 | 17 02 | 04 14 |
| 13 | 18 15 | -00 56 | 07 12 | 08 40 | 11 21 | 08 41 | 01 59 | 00 39 | 11 40 | 18 43 | 13 07 | 15 48 | 09 30 | 17 00 | 04 14 |
| 14 | 18 29 | 06 39 | 07 39 | 09 07 | 11 37 | 08 46 | 01 58 | 00 40 | 11 40 | 18 43 | 13 03 | 15 55 | 09 30 | 16 59 | 04 13 |
| 15 | 18 44 | 12 03 | 08 08 | 09 33 | 11 53 | 08 51 | 01 57 | 00 41 | 11 40 | 18 43 | 12 58 | 16 02 | 09 30 | 16 57 | 04 12 |
| 16 | 18 58 | 16 46 | 08 38 | 09 59 | 12 08 | 08 56 | 01 56 | 00 42 | 11 40 | 18 43 | 12 54 | 16 10 | 09 29 | 16 56 | 04 11 |
| 17 | 19 12 | 20 24 | 09 09 | 10 25 | 12 24 | 09 01 | 01 55 | 00 42 | 11 39 | 18 43 | 12 50 | 16 17 | 09 29 | 16 54 | 04 10 |
| 18 | 19 26 | 22 40 | 09 41 | 10 51 | 12 40 | 09 06 | 01 54 | 00 43 | 11 39 | 18 44 | 12 45 | 16 24 | 09 29 | 16 53 | 04 10 |
| 19 | 19 39 | 23 24 | 10 14 | 11 16 | 12 55 | 09 11 | 01 54 | 00 44 | 11 39 | 18 44 | 12 41 | 16 31 | 09 28 | 16 52 | 04 09 |
| 20 | 19 52 | 22 38 | 10 48 | 11 42 | 13 11 | 09 15 | 01 53 | 00 45 | 11 39 | 18 44 | 12 37 | 16 37 | 09 27 | 16 51 | 04 08 |
| 21 | 20 04 | 20 34 | 11 23 | 12 07 | 13 26 | 09 20 | 01 52 | 00 46 | 11 39 | 18 44 | 12 33 | 16 44 | 09 26 | 16 50 | 04 08 |
| 22 | 20 16 | 17 28 | 11 58 | 12 31 | 13 41 | 09 25 | 01 51 | 00 47 | 11 39 | 18 44 | 12 29 | 16 51 | 09 25 | 16 49 | 04 07 |
| 23 | 20 28 | 13 38 | 12 34 | 12 56 | 13 56 | 09 29 | 01 51 | 00 48 | 11 38 | 18 44 | 12 25 | 16 57 | 09 24 | 16 49 | 04 06 |
| 24 | 20 40 | 09 19 | 13 11 | 13 20 | 14 10 | 09 34 | 01 50 | 00 49 | 11 38 | 18 44 | 12 22 | 17 04 | 09 23 | 16 48 | 04 06 |
| 25 | 20 51 | 04 43 | 13 48 | 13 44 | 14 25 | 09 39 | 01 50 | 00 49 | 11 38 | 18 44 | 12 18 | 17 10 | 09 21 | 16 48 | 04 05 |
| 26 | 21 02 | 00 00 | 14 25 | 14 07 | 14 39 | 09 43 | 01 49 | 00 50 | 11 38 | 18 44 | 12 14 | 17 17 | 09 19 | 16 48 | 04 04 |
| 27 | 21 12 | +04 40 | 15 03 | 14 31 | 14 54 | 09 48 | 01 49 | 00 51 | 11 38 | 18 44 | 12 11 | 17 23 | 09 18 | 16 48 | 04 04 |
| 28 | 21 22 | 09 10 | 15 41 | 14 54 | 15 08 | 09 52 | 01 48 | 00 52 | 11 38 | 18 44 | 12 07 | 17 29 | 09 16 | 16 48 | 04 03 |
| 29 | 21 32 | 13 21 | 16 19 | 15 16 | 15 22 | 09 57 | 01 48 | 00 52 | 11 38 | 18 44 | 12 04 | 17 35 | 09 14 | 16 48 | 04 03 |
| 30 | 21 41 | 17 02 | 16 56 | 15 38 | 15 36 | 10 01 | 01 47 | 00 53 | 11 38 | 18 44 | 12 01 | 17 41 | 09 12 | 16 48 | 04 02 |
| 31 | 21 50 | 20 03 | 17 34 | 16 00 | 15 49 | 10 05 | 01 47 | 00 54 | 11 38 | 18 45 | 11 58 | 17 47 | 09 10 | 16 49 | 04 02 |

Lunar Phases -- 3 ● 06:52 10 ◐ 20:34 17 ○ 11:10 24 ◑ 18:53 Sun enters ♊ 5/21 09:22

# Longitudes of Main Planets - June 2011

0:00 E.T.

| D | S.T. | ☉ | ☽ | ☽ 12:00 | ☿ | ♀ | ♂ | ♃ | ♄ | ♅ | ♆ | ♇ | ☊ |
|---|---|---|---|---|---|---|---|---|---|---|---|---|---|
| 1 | 16:36:32 | 10♊11 23 | 00♊01 | 06♊17 | 26♉22 | 19♉32 | 15♉24 | 29♈15 | 10♎34℞ | 03♈58 | 00♓56 | 06♑52℞ | 24♐18 |
| 2 | 16:40:28 | 11 08 55 | 12 35 | 18 56 | 28 20 | 20 45 | 16 09 | 29 28 | 10 33 | 03 59 | 00 56 | 06 50 | 24 15 |
| 3 | 16:44:25 | 12 06 26 | 25 21 | 01♋50 | 00♊20 | 21 58 | 16 53 | 29 40 | 10 32 | 04 01 | 00 56 | 06 49 | 24 12 |
| 4 | 16:48:21 | 13 03 56 | 08♋21 | 14 56 | 02 22 | 23 11 | 17 37 | 29 53 | 10 31 | 04 03 | 00 56℞ | 06 48 | 24 09 |
| 5 | 16:52:18 | 14 01 25 | 21 35 | 28 17 | 04 25 | 24 24 | 18 20 | 00♉05 | 10 30 | 04 05 | 00 56 | 06 46 | 24 06 |
| 6 | 16:56:14 | 14 58 52 | 05♌02 | 11♌50 | 06 31 | 25 37 | 19 04 | 00 17 | 10 29 | 04 06 | 00 56 | 06 45 | 24 02 |
| 7 | 17:00:11 | 15 56 18 | 18 42 | 25 37 | 08 37 | 26 50 | 19 48 | 00 30 | 10 29 | 04 08 | 00 55 | 06 44 | 23 59 |
| 8 | 17:04:07 | 16 53 43 | 02♍35 | 09♍35 | 10 46 | 28 03 | 20 32 | 00 42 | 10 28 | 04 09 | 00 55 | 06 42 | 23 56 |
| 9 | 17:08:04 | 17 51 07 | 16 39 | 23 44 | 12 55 | 29 16 | 21 15 | 00 54 | 10 28 | 04 11 | 00 55 | 06 41 | 23 53 |
| 10 | 17:12:01 | 18 48 30 | 00♎53 | 08♎02 | 15 06 | 00♊29 | 21 59 | 01 06 | 10 27 | 04 12 | 00 55 | 06 39 | 23 50 |
| 11 | 17:15:57 | 19 45 52 | 15 14 | 22 26 | 17 17 | 01 42 | 22 43 | 01 18 | 10 27 | 04 14 | 00 55 | 06 38 | 23 47 |
| 12 | 17:19:54 | 20 43 12 | 29 39 | 06♏52 | 19 29 | 02 55 | 23 26 | 01 29 | 10 27 | 04 15 | 00 54 | 06 36 | 23 43 |
| 13 | 17:23:50 | 21 40 32 | 14♏05 | 21 16 | 21 41 | 04 08 | 24 10 | 01 41 | 10 27 | 04 16 | 00 54 | 06 35 | 23 40 |
| 14 | 17:27:47 | 22 37 51 | 28 25 | 05♐32 | 23 53 | 05 22 | 24 53 | 01 53 | 10 27D | 04 18 | 00 54 | 06 34 | 23 37 |
| 15 | 17:31:43 | 23 35 09 | 12♐36 | 19 37 | 26 05 | 06 35 | 25 36 | 02 04 | 10 27 | 04 19 | 00 53 | 06 32 | 23 34 |
| 16 | 17:35:40 | 24 32 26 | 26 33 | 03♑26 | 28 16 | 07 48 | 26 19 | 02 16 | 10 27 | 04 20 | 00 53 | 06 31 | 23 31 |
| 17 | 17:39:36 | 25 29 43 | 10♑13 | 16 56 | 00♋26 | 09 01 | 27 03 | 02 27 | 10 27 | 04 21 | 00 53 | 06 29 | 23 27 |
| 18 | 17:43:33 | 26 26 59 | 23 34 | 00♒06 | 02 35 | 10 14 | 27 46 | 02 38 | 10 28 | 04 22 | 00 52 | 06 28 | 23 24 |
| 19 | 17:47:30 | 27 24 15 | 06♒34 | 12 57 | 04 43 | 11 27 | 28 29 | 02 49 | 10 28 | 04 23 | 00 52 | 06 26 | 23 21 |
| 20 | 17:51:26 | 28 21 30 | 19 15 | 25 29 | 06 49 | 12 40 | 29 12 | 03 00 | 10 29 | 04 24 | 00 51 | 06 25 | 23 18 |
| 21 | 17:55:23 | 29 18 45 | 01♓39 | 07♓46 | 08 54 | 13 54 | 29 55 | 03 11 | 10 30 | 04 25 | 00 51 | 06 23 | 23 15 |
| 22 | 17:59:19 | 00♋16 00 | 13 49 | 19 50 | 10 57 | 15 07 | 00♊38 | 03 22 | 10 31 | 04 26 | 00 50 | 06 22 | 23 12 |
| 23 | 18:03:16 | 01 13 14 | 25 49 | 01♈47 | 12 58 | 16 20 | 01 21 | 03 33 | 10 32 | 04 27 | 00 49 | 06 20 | 23 08 |
| 24 | 18:07:12 | 02 10 28 | 07♈43 | 13 40 | 14 58 | 17 33 | 02 03 | 03 44 | 10 33 | 04 28 | 00 49 | 06 19 | 23 05 |
| 25 | 18:11:09 | 03 07 43 | 19 36 | 25 34 | 16 55 | 18 47 | 02 46 | 03 54 | 10 34 | 04 28 | 00 48 | 06 17 | 23 02 |
| 26 | 18:15:05 | 04 04 57 | 01♉33 | 07♉34 | 18 50 | 20 00 | 03 29 | 04 05 | 10 35 | 04 29 | 00 47 | 06 15 | 22 59 |
| 27 | 18:19:02 | 05 02 11 | 13 37 | 19 44 | 20 43 | 21 13 | 04 11 | 04 15 | 10 36 | 04 30 | 00 47 | 06 14 | 22 56 |
| 28 | 18:22:59 | 05 59 25 | 25 53 | 02♊06 | 22 34 | 22 27 | 04 54 | 04 25 | 10 38 | 04 30 | 00 46 | 06 12 | 22 53 |
| 29 | 18:26:55 | 06 56 39 | 08♊24 | 14 45 | 24 23 | 23 40 | 05 37 | 04 36 | 10 39 | 04 31 | 00 45 | 06 11 | 22 49 |
| 30 | 18:30:52 | 07 53 53 | 21 11 | 27 41 | 26 09 | 24 53 | 06 19 | 04 46 | 10 41 | 04 31 | 00 44 | 06 09 | 22 46 |

0:00 E.T.

## Longitudes of the Major Asteroids and Chiron

| D | ⚳ | ⚴ | ⚵ | ⚶ | ⚷ | D | ⚳ | ⚴ | ⚵ | ⚶ | ⚷ |
|---|---|---|---|---|---|---|---|---|---|---|---|
| 1 | 22♓58 | 15♒50℞ | 16♍25 | 18♒03 | 05♓27 | 16 | 26 19 | 15 07 | 19 07 | 19 33 | 05 28 |
| 2 | 23 13 | 15 50 | 16 34 | 18 12 | 05 28 | 17 | 26 31 | 15 01 | 19 20 | 19 35 | 05 27 |
| 3 | 23 27 | 15 49 | 16 44 | 18 21 | 05 28 | 18 | 26 43 | 14 55 | 19 33 | 19 37 | 05 27 |
| 4 | 23 42 | 15 48 | 16 53 | 18 29 | 05 28 | 19 | 26 54 | 14 48 | 19 45 | 19 39 | 05 26 |
| 5 | 23 56 | 15 47 | 17 03 | 18 37 | 05 29 | 20 | 27 05 | 14 41 | 19 58 | 19 40 | 05 26 |
| 6 | 24 10 | 15 45 | 17 14 | 18 44 | 05 29 | 21 | 27 16 | 14 34 | 20 12 | 19 40 | 05 25 |
| 7 | 24 24 | 15 43 | 17 24 | 18 51 | 05 29 | 22 | 27 27 | 14 26 | 20 25 | 19 40℞ | 05 24 |
| 8 | 24 38 | 15 40 | 17 35 | 18 57 | 05 29 | 23 | 27 37 | 14 18 | 20 39 | 19 40 | 05 23 |
| 9 | 24 51 | 15 38 | 17 46 | 19 03 | 05 29℞ | 24 | 27 47 | 14 09 | 20 52 | 19 39 | 05 22 |
| 10 | 25 04 | 15 34 | 17 57 | 19 09 | 05 29 | 25 | 27 57 | 14 00 | 21 06 | 19 37 | 05 22 |
| 11 | 25 17 | 15 31 | 18 08 | 19 14 | 05 29 | 26 | 28 07 | 13 51 | 21 20 | 19 36 | 05 21 |
| 12 | 25 30 | 15 27 | 18 19 | 19 19 | 05 29 | 27 | 28 16 | 13 41 | 21 34 | 19 33 | 05 20 |
| 13 | 25 43 | 15 22 | 18 31 | 19 23 | 05 29 | 28 | 28 25 | 13 31 | 21 49 | 19 30 | 05 19 |
| 14 | 25 55 | 15 18 | 18 43 | 19 27 | 05 28 | 29 | 28 34 | 13 21 | 22 03 | 19 27 | 05 17 |
| 15 | 26 07 | 15 12 | 18 55 | 19 30 | 05 28 | 30 | 28 42 | 13 10 | 22 18 | 19 23 | 05 16 |

## Lunar Data

| Last Asp. | | Ingress | | |
|---|---|---|---|---|
| 3 | 08:09 | 3 | ♋ | 08:37 |
| 5 | 05:34 | 5 | ♌ | 15:04 |
| 7 | 15:28 | 7 | ♍ | 19:34 |
| 9 | 08:14 | 9 | ♎ | 22:32 |
| 11 | 08:05 | 12 | ♏ | 00:34 |
| 13 | 17:44 | 14 | ♐ | 02:39 |
| 16 | 03:32 | 16 | ♑ | 05:60 |
| 18 | 08:08 | 18 | ♒ | 11:48 |
| 20 | 20:24 | 20 | ♓ | 20:46 |
| 22 | 02:52 | 23 | ♈ | 08:25 |
| 24 | 22:08 | 25 | ♉ | 20:54 |
| 27 | 16:25 | 28 | ♊ | 07:57 |
| 30 | 07:34 | 30 | ♋ | 16:14 |

0:00 E.T.

## Declinations

| D | ☉ | ☽ | ☿ | ♀ | ♂ | ♃ | ♄ | ♅ | ♆ | ♇ | ⚳ | ⚴ | ⚵ | ⚶ | ⚷ |
|---|---|---|---|---|---|---|---|---|---|---|---|---|---|---|---|
| 1 | +21 59 | +22 12 | +18 11 | +16 21 | +16 03 | +10 10 | -01 47 | +00 55 | -11 38 | -18 45 | -11 55 | +17 52 | +09 07 | -16 49 | -04 01 |
| 2 | 22 07 | 23 17 | 18 48 | 16 42 | 16 16 | 10 14 | 01 47 | 00 55 | 11 38 | 18 45 | 11 52 | 17 58 | 09 05 | 16 50 | 04 01 |
| 3 | 22 14 | 23 11 | 19 24 | 17 03 | 16 29 | 10 18 | 01 46 | 00 56 | 11 38 | 18 45 | 11 49 | 18 03 | 09 02 | 16 51 | 04 00 |
| 4 | 22 22 | 21 49 | 19 59 | 17 23 | 16 42 | 10 23 | 01 46 | 00 57 | 11 38 | 18 45 | 11 46 | 18 09 | 08 59 | 16 52 | 04 00 |
| 5 | 22 29 | 19 15 | 20 33 | 17 43 | 16 55 | 10 27 | 01 46 | 00 57 | 11 38 | 18 45 | 11 44 | 18 14 | 08 57 | 16 54 | 04 00 |
| 6 | 22 35 | 15 36 | 21 06 | 18 02 | 17 08 | 10 31 | 01 46 | 00 58 | 11 38 | 18 45 | 11 41 | 18 19 | 08 54 | 16 55 | 03 59 |
| 7 | 22 42 | 11 05 | 21 37 | 18 21 | 17 20 | 10 35 | 01 46 | 00 58 | 11 38 | 18 45 | 11 39 | 18 24 | 08 51 | 16 57 | 03 59 |
| 8 | 22 48 | 05 57 | 22 07 | 18 39 | 17 33 | 10 39 | 01 46 | 00 59 | 11 38 | 18 45 | 11 36 | 18 28 | 08 48 | 16 58 | 03 59 |
| 9 | 22 53 | 00 26 | 22 35 | 18 57 | 17 45 | 10 43 | 01 46 | 01 00 | 11 38 | 18 46 | 11 34 | 18 33 | 08 44 | 17 00 | 03 58 |
| 10 | 22 58 | -05 09 | 23 01 | 19 15 | 17 57 | 10 48 | 01 46 | 01 00 | 11 38 | 18 46 | 11 32 | 18 37 | 08 41 | 17 03 | 03 58 |
| 11 | 23 03 | 10 31 | 23 24 | 19 32 | 18 08 | 10 52 | 01 46 | 01 01 | 11 39 | 18 46 | 11 30 | 18 41 | 08 38 | 17 05 | 03 58 |
| 12 | 23 07 | 15 20 | 23 46 | 19 48 | 18 20 | 10 55 | 01 46 | 01 01 | 11 39 | 18 46 | 11 28 | 18 45 | 08 34 | 17 07 | 03 58 |
| 13 | 23 11 | 19 16 | 24 04 | 20 04 | 18 31 | 10 59 | 01 46 | 01 02 | 11 39 | 18 46 | 11 26 | 18 49 | 08 31 | 17 10 | 03 57 |
| 14 | 23 14 | 21 59 | 24 20 | 20 19 | 18 43 | 11 03 | 01 47 | 01 02 | 11 39 | 18 46 | 11 24 | 18 53 | 08 27 | 17 13 | 03 57 |
| 15 | 23 17 | 23 18 | 24 34 | 20 34 | 18 54 | 11 07 | 01 47 | 01 03 | 11 39 | 18 46 | 11 23 | 18 56 | 08 23 | 17 16 | 03 57 |
| 16 | 23 19 | 23 06 | 24 44 | 20 48 | 19 05 | 11 11 | 01 47 | 01 03 | 11 39 | 18 46 | 11 21 | 19 00 | 08 19 | 17 19 | 03 57 |
| 17 | 23 22 | 21 31 | 24 52 | 21 02 | 19 15 | 11 15 | 01 48 | 01 03 | 11 39 | 18 47 | 11 20 | 19 03 | 08 15 | 17 22 | 03 57 |
| 18 | 23 23 | 18 46 | 24 57 | 21 15 | 19 26 | 11 18 | 01 48 | 01 04 | 11 40 | 18 47 | 11 19 | 19 06 | 08 11 | 17 26 | 03 57 |
| 19 | 23 25 | 15 08 | 24 59 | 21 27 | 19 36 | 11 22 | 01 49 | 01 04 | 11 40 | 18 47 | 11 18 | 19 09 | 08 07 | 17 30 | 03 57 |
| 20 | 23 26 | 10 53 | 24 58 | 21 39 | 19 46 | 11 26 | 01 49 | 01 05 | 11 40 | 18 47 | 11 17 | 19 11 | 08 03 | 17 34 | 03 57 |
| 21 | 23 26 | 06 18 | 24 55 | 21 51 | 19 56 | 11 29 | 01 50 | 01 05 | 11 40 | 18 47 | 11 16 | 19 13 | 07 58 | 17 38 | 03 57 |
| 22 | 23 26 | 01 33 | 24 49 | 22 01 | 20 06 | 11 33 | 01 50 | 01 05 | 11 41 | 18 47 | 11 15 | 19 16 | 07 54 | 17 42 | 03 57 |
| 23 | 23 26 | +03 11 | 24 40 | 22 12 | 20 15 | 11 36 | 01 51 | 01 06 | 11 41 | 18 48 | 11 14 | 19 17 | 07 50 | 17 47 | 03 57 |
| 24 | 23 25 | 07 46 | 24 30 | 22 21 | 20 24 | 11 40 | 01 51 | 01 06 | 11 41 | 18 48 | 11 14 | 19 19 | 07 45 | 17 51 | 03 57 |
| 25 | 23 24 | 12 03 | 24 17 | 22 30 | 20 33 | 11 43 | 01 52 | 01 06 | 11 41 | 18 48 | 11 13 | 19 21 | 07 40 | 17 56 | 03 57 |
| 26 | 23 22 | 15 54 | 24 02 | 22 38 | 20 42 | 11 47 | 01 53 | 01 06 | 11 42 | 18 48 | 11 13 | 19 22 | 07 36 | 18 01 | 03 57 |
| 27 | 23 20 | 19 09 | 23 45 | 22 46 | 20 51 | 11 50 | 01 53 | 01 07 | 11 42 | 18 48 | 11 13 | 19 23 | 07 31 | 18 06 | 03 57 |
| 28 | 23 18 | 21 36 | 23 26 | 22 53 | 20 59 | 11 53 | 01 54 | 01 07 | 11 42 | 18 48 | 11 13 | 19 24 | 07 26 | 18 12 | 03 57 |
| 29 | 23 15 | 23 04 | 23 06 | 22 59 | 21 08 | 11 57 | 01 55 | 01 07 | 11 42 | 18 49 | 11 13 | 19 24 | 07 21 | 18 17 | 03 57 |
| 30 | 23 12 | 23 21 | 22 44 | 23 04 | 21 16 | 12 00 | 01 56 | 01 07 | 11 43 | 18 49 | 11 13 | 19 25 | 07 16 | 18 23 | 03 57 |

Lunar Phases -- 1 ● 21:04   9 ◐ 02:12   15 ○ 20:15   23 ◑ 11:49   Sun enters ♋ 6/21 17:18

## 0:00 E.T. Longitudes of Main Planets - July 2011

| D | S.T. | ☉ | ☽ | ☽ 12:00 | ☿ | ♀ | ♂ | ♃ | ♄ | ♅ | ♆ | ♇ | ☊ |
|---|---|---|---|---|---|---|---|---|---|---|---|---|---|
| 1 | 18:34:48 | 08♋51 07 | 04♋16 | 10♋55 | 27♋54 | 26♊07 | 07♊01 | 04♉56 | 10♎43 | 04♈32 | 00♓44℞ | 06♑08℞ | 22♐43 |
| 2 | 18:38:45 | 09 48 21 | 17 39 | 24 27 | 29 36 | 27 20 | 07 44 | 05 05 | 10 44 | 04 32 | 00 43 | 06 06 | 22 40 |
| 3 | 18:42:41 | 10 45 35 | 01♌18 | 08♌13 | 01♌16 | 28 33 | 08 26 | 05 15 | 10 46 | 04 33 | 00 42 | 06 05 | 22 37 |
| 4 | 18:46:38 | 11 42 48 | 15 11 | 22 12 | 02 54 | 29 47 | 09 08 | 05 25 | 10 48 | 04 33 | 00 41 | 06 03 | 22 33 |
| 5 | 18:50:34 | 12 40 01 | 29 15 | 06♍20 | 04 30 | 01♋00 | 09 50 | 05 34 | 10 50 | 04 33 | 00 40 | 06 02 | 22 30 |
| 6 | 18:54:31 | 13 37 14 | 13♍26 | 20 33 | 06 04 | 02 14 | 10 32 | 05 43 | 10 53 | 04 33 | 00 39 | 06 00 | 22 27 |
| 7 | 18:58:28 | 14 34 26 | 27 41 | 04♎48 | 07 35 | 03 27 | 11 14 | 05 53 | 10 55 | 04 34 | 00 38 | 05 59 | 22 24 |
| 8 | 19:02:24 | 15 31 39 | 11♎56 | 19 02 | 09 04 | 04 41 | 11 56 | 06 02 | 10 57 | 04 34 | 00 37 | 05 57 | 22 21 |
| 9 | 19:06:21 | 16 28 51 | 26 08 | 03♏13 | 10 31 | 05 54 | 12 38 | 06 11 | 11 00 | 04 34 | 00 36 | 05 56 | 22 18 |
| 10 | 19:10:17 | 17 26 03 | 10♏17 | 17 18 | 11 56 | 07 08 | 13 20 | 06 19 | 11 02 | 04 34℞ | 00 35 | 05 54 | 22 14 |
| 11 | 19:14:14 | 18 23 15 | 24 19 | 01♐17 | 13 18 | 08 21 | 14 02 | 06 28 | 11 05 | 04 34 | 00 34 | 05 53 | 22 11 |
| 12 | 19:18:10 | 19 20 26 | 08♐12 | 15 06 | 14 38 | 09 35 | 14 43 | 06 37 | 11 08 | 04 34 | 00 33 | 05 51 | 22 08 |
| 13 | 19:22:07 | 20 17 38 | 21 56 | 28 44 | 15 55 | 10 48 | 15 25 | 06 45 | 11 11 | 04 34 | 00 32 | 05 50 | 22 05 |
| 14 | 19:26:03 | 21 14 50 | 05♑29 | 12♑10 | 17 11 | 12 02 | 16 06 | 06 53 | 11 14 | 04 33 | 00 30 | 05 48 | 22 02 |
| 15 | 19:30:00 | 22 12 02 | 18 48 | 25 22 | 18 23 | 13 15 | 16 48 | 07 02 | 11 17 | 04 33 | 00 29 | 05 47 | 21 59 |
| 16 | 19:33:57 | 23 09 15 | 01♒53 | 08♒20 | 19 33 | 14 29 | 17 29 | 07 10 | 11 20 | 04 33 | 00 28 | 05 45 | 21 55 |
| 17 | 19:37:53 | 24 06 27 | 14 43 | 21 02 | 20 41 | 15 43 | 18 11 | 07 17 | 11 23 | 04 33 | 00 27 | 05 44 | 21 52 |
| 18 | 19:41:50 | 25 03 41 | 27 17 | 03♓29 | 21 46 | 16 56 | 18 52 | 07 25 | 11 26 | 04 32 | 00 26 | 05 43 | 21 49 |
| 19 | 19:45:46 | 26 00 54 | 09♓38 | 15 44 | 22 47 | 18 10 | 19 33 | 07 33 | 11 30 | 04 32 | 00 24 | 05 41 | 21 46 |
| 20 | 19:49:43 | 26 58 08 | 21 47 | 27 47 | 23 47 | 19 24 | 20 14 | 07 40 | 11 33 | 04 31 | 00 23 | 05 40 | 21 43 |
| 21 | 19:53:39 | 27 55 23 | 03♈46 | 09♈43 | 24 43 | 20 37 | 20 56 | 07 48 | 11 37 | 04 31 | 00 22 | 05 38 | 21 39 |
| 22 | 19:57:36 | 28 52 39 | 15 39 | 21 35 | 25 35 | 21 51 | 21 37 | 07 55 | 11 40 | 04 30 | 00 20 | 05 37 | 21 36 |
| 23 | 20:01:32 | 29 49 55 | 27 32 | 03♉29 | 26 25 | 23 05 | 22 18 | 08 02 | 11 44 | 04 30 | 00 19 | 05 36 | 21 33 |
| 24 | 20:05:29 | 00♌47 13 | 09♉28 | 15 28 | 27 11 | 24 19 | 22 59 | 08 09 | 11 48 | 04 29 | 00 18 | 05 34 | 21 30 |
| 25 | 20:09:26 | 01 44 31 | 21 32 | 27 39 | 27 54 | 25 32 | 23 39 | 08 15 | 11 52 | 04 29 | 00 16 | 05 33 | 21 27 |
| 26 | 20:13:22 | 02 41 50 | 03♊49 | 10♊04 | 28 33 | 26 46 | 24 20 | 08 22 | 11 56 | 04 28 | 00 15 | 05 32 | 21 24 |
| 27 | 20:17:19 | 03 39 10 | 16 24 | 22 50 | 29 08 | 28 00 | 25 01 | 08 28 | 12 00 | 04 27 | 00 14 | 05 30 | 21 20 |
| 28 | 20:21:15 | 04 36 31 | 29 20 | 05♋57 | 29 39 | 29 14 | 25 42 | 08 35 | 12 04 | 04 26 | 00 12 | 05 29 | 21 17 |
| 29 | 20:25:12 | 05 33 53 | 12♋39 | 19 27 | 00♍06 | 00♌28 | 26 22 | 08 41 | 12 08 | 04 25 | 00 11 | 05 28 | 21 14 |
| 30 | 20:29:08 | 06 31 15 | 26 21 | 03♌20 | 00 29 | 01 42 | 27 03 | 08 47 | 12 12 | 04 24 | 00 09 | 05 26 | 21 11 |
| 31 | 20:33:05 | 07 28 39 | 10♌24 | 17 33 | 00 47 | 02 56 | 27 43 | 08 52 | 12 17 | 04 23 | 00 08 | 05 25 | 21 08 |

## 0:00 E.T. Longitudes of the Major Asteroids and Chiron

| D | ⚳ | ⚴ | ⚵ | ⚶ | ⚷ |
|---|---|---|---|---|---|
| 1 | 28♓51 | 12♒59℞ | 22♍33 | 19♒19℞ | 05♓15℞ |
| 2 | 28 59 | 12 48 | 22 48 | 19 14 | 05 14 |
| 3 | 29 07 | 12 36 | 23 03 | 19 08 | 05 12 |
| 4 | 29 14 | 12 24 | 23 18 | 19 03 | 05 11 |
| 5 | 29 21 | 12 12 | 23 34 | 18 56 | 05 10 |
| 6 | 29 28 | 12 00 | 23 49 | 18 50 | 05 08 |
| 7 | 29 35 | 11 47 | 24 05 | 18 43 | 05 07 |
| 8 | 29 41 | 11 34 | 24 21 | 18 35 | 05 05 |
| 9 | 29 47 | 11 20 | 24 36 | 18 27 | 05 03 |
| 10 | 29 52 | 11 07 | 24 53 | 18 18 | 05 02 |
| 11 | 29 58 | 10 53 | 25 09 | 18 09 | 05 00 |
| 12 | 00♈03 | 10 39 | 25 25 | 18 00 | 04 58 |
| 13 | 00 08 | 10 24 | 25 41 | 17 50 | 04 56 |
| 14 | 00 12 | 10 10 | 25 58 | 17 40 | 04 54 |
| 15 | 00 16 | 09 55 | 26 15 | 17 30 | 04 53 |
| 16 | 00 20 | 09 40 | 26 31 | 17 19 | 04 51 |
| 17 | 00 23 | 09 25 | 26 48 | 17 08 | 04 49 |
| 18 | 00 27 | 09 10 | 27 05 | 16 56 | 04 47 |
| 19 | 00 29 | 08 55 | 27 22 | 16 44 | 04 44 |
| 20 | 00 32 | 08 39 | 27 39 | 16 32 | 04 42 |
| 21 | 00 34 | 08 24 | 27 57 | 16 19 | 04 40 |
| 22 | 00 36 | 08 08 | 28 14 | 16 07 | 04 38 |
| 23 | 00 37 | 07 52 | 28 31 | 15 54 | 04 36 |
| 24 | 00 38 | 07 36 | 28 49 | 15 40 | 04 33 |
| 25 | 00 39 | 07 20 | 29 07 | 15 27 | 04 31 |
| 26 | 00 39 | 07 04 | 29 24 | 15 13 | 04 29 |
| 27 | 00 40℞ | 06 48 | 29 42 | 14 59 | 04 26 |
| 28 | 00 39 | 06 32 | 00♎00 | 14 45 | 04 24 |
| 29 | 00 39 | 06 16 | 00 18 | 14 30 | 04 22 |
| 30 | 00 38 | 06 00 | 00 36 | 14 16 | 04 19 |
| 31 | 00 36 | 05 44 | 00 55 | 14 01 | 04 16 |

## Lunar Data

| Last Asp. | | Ingress | | |
|---|---|---|---|---|
| 1 | 11:38 | 2 | ♌ | 21:44 |
| 3 | 16:27 | 5 | ♍ | 01:16 |
| 6 | 00:20 | 7 | ♎ | 03:55 |
| 8 | 06:31 | 9 | ♏ | 06:32 |
| 10 | 13:06 | 11 | ♐ | 09:48 |
| 12 | 12:22 | 13 | ♑ | 14:15 |
| 15 | 06:41 | 15 | ♒ | 20:31 |
| 17 | 12:24 | 18 | ♓ | 05:14 |
| 20 | 11:16 | 20 | ♈ | 16:26 |
| 22 | 21:36 | 23 | ♉ | 04:59 |
| 25 | 13:13 | 25 | ♊ | 16:35 |
| 28 | 00:36 | 28 | ♋ | 01:12 |
| 28 | 23:04 | 30 | ♌ | 06:17 |

## 0:00 E.T. Declinations

| D | ☉ | ☽ | ☿ | ♀ | ♂ | ♃ | ♄ | ♅ | ♆ | ♇ | ⚳ | ⚴ | ⚵ | ⚶ | ⚷ |
|---|---|---|---|---|---|---|---|---|---|---|---|---|---|---|---|
| 1 | +23 09 | +22 23 | +22 21 | +23 09 | +21 24 | +12 03 | -01 57 | +01 07 | -11 43 | -18 49 | -11 14 | +19 25 | +07 11 | -18 29 | -03 58 |
| 2 | 23 04 | 20 08 | 21 56 | 23 14 | 21 31 | 12 06 | 01 58 | 01 07 | 11 43 | 18 49 | 11 14 | 19 25 | 07 06 | 18 35 | 03 58 |
| 3 | 23 00 | 16 43 | 21 31 | 23 17 | 21 39 | 12 09 | 01 59 | 01 08 | 11 44 | 18 49 | 11 15 | 19 24 | 07 01 | 18 41 | 03 58 |
| 4 | 22 55 | 12 20 | 21 04 | 23 20 | 21 46 | 12 12 | 02 00 | 01 08 | 11 44 | 18 49 | 11 16 | 19 24 | 06 56 | 18 48 | 03 58 |
| 5 | 22 50 | 07 14 | 20 36 | 23 22 | 21 53 | 12 15 | 02 01 | 01 08 | 11 44 | 18 50 | 11 17 | 19 23 | 06 50 | 18 54 | 03 59 |
| 6 | 22 44 | 01 44 | 20 07 | 23 24 | 22 00 | 12 18 | 02 02 | 01 08 | 11 45 | 18 50 | 11 18 | 19 22 | 06 45 | 19 01 | 03 59 |
| 7 | 22 38 | -03 52 | 19 38 | 23 25 | 22 06 | 12 21 | 02 03 | 01 08 | 11 45 | 18 50 | 11 19 | 19 20 | 06 39 | 19 08 | 03 59 |
| 8 | 22 32 | 09 17 | 19 08 | 23 25 | 22 13 | 12 24 | 02 04 | 01 08 | 11 46 | 18 50 | 11 20 | 19 19 | 06 34 | 19 15 | 04 00 |
| 9 | 22 25 | 14 12 | 18 37 | 23 25 | 22 19 | 12 27 | 02 05 | 01 08 | 11 46 | 18 50 | 11 22 | 19 17 | 06 28 | 19 22 | 04 00 |
| 10 | 22 18 | 18 18 | 18 06 | 23 23 | 22 25 | 12 29 | 02 07 | 01 08 | 11 46 | 18 51 | 11 23 | 19 14 | 06 23 | 19 29 | 04 00 |
| 11 | 22 10 | 21 19 | 17 35 | 23 21 | 22 31 | 12 32 | 02 08 | 01 08 | 11 47 | 18 51 | 11 25 | 19 12 | 06 17 | 19 37 | 04 01 |
| 12 | 22 03 | 23 01 | 17 04 | 23 19 | 22 36 | 12 35 | 02 09 | 01 08 | 11 47 | 18 51 | 11 27 | 19 09 | 06 11 | 19 44 | 04 01 |
| 13 | 21 54 | 23 19 | 16 32 | 23 16 | 22 42 | 12 37 | 02 10 | 01 08 | 11 48 | 18 51 | 11 29 | 19 06 | 06 06 | 19 52 | 04 02 |
| 14 | 21 46 | 22 13 | 16 00 | 23 12 | 22 47 | 12 40 | 02 12 | 01 08 | 11 48 | 18 51 | 11 31 | 19 03 | 06 00 | 19 59 | 04 02 |
| 15 | 21 36 | 19 53 | 15 28 | 23 07 | 22 52 | 12 42 | 02 13 | 01 07 | 11 48 | 18 52 | 11 33 | 19 00 | 05 54 | 20 07 | 04 03 |
| 16 | 21 27 | 16 34 | 14 57 | 23 02 | 22 56 | 12 45 | 02 15 | 01 07 | 11 49 | 18 52 | 11 36 | 18 56 | 05 48 | 20 15 | 04 03 |
| 17 | 21 17 | 12 31 | 14 25 | 22 56 | 23 01 | 12 47 | 02 16 | 01 07 | 11 49 | 18 52 | 11 38 | 18 52 | 05 42 | 20 23 | 04 04 |
| 18 | 21 07 | 08 01 | 13 54 | 22 49 | 23 05 | 12 49 | 02 18 | 01 07 | 11 50 | 18 52 | 11 41 | 18 48 | 05 36 | 20 31 | 04 04 |
| 19 | 20 57 | 03 16 | 13 23 | 22 42 | 23 09 | 12 52 | 02 19 | 01 07 | 11 50 | 18 52 | 11 44 | 18 43 | 05 30 | 20 39 | 04 05 |
| 20 | 20 46 | +01 30 | 12 53 | 22 34 | 23 13 | 12 54 | 02 21 | 01 07 | 11 51 | 18 53 | 11 47 | 18 38 | 05 24 | 20 47 | 04 05 |
| 21 | 20 35 | 06 10 | 12 23 | 22 25 | 23 17 | 12 56 | 02 22 | 01 06 | 11 51 | 18 53 | 11 50 | 18 33 | 05 18 | 20 55 | 04 06 |
| 22 | 20 23 | 10 34 | 11 54 | 22 16 | 23 20 | 12 58 | 02 24 | 01 06 | 11 52 | 18 53 | 11 53 | 18 28 | 05 12 | 21 03 | 04 07 |
| 23 | 20 11 | 14 34 | 11 25 | 22 06 | 23 24 | 13 00 | 02 25 | 01 06 | 11 52 | 18 53 | 11 56 | 18 22 | 05 05 | 21 12 | 04 07 |
| 24 | 19 59 | 18 01 | 10 58 | 21 55 | 23 27 | 13 02 | 02 27 | 01 06 | 11 53 | 18 54 | 12 00 | 18 17 | 04 59 | 21 20 | 04 08 |
| 25 | 19 46 | 20 45 | 10 31 | 21 44 | 23 29 | 13 04 | 02 29 | 01 05 | 11 53 | 18 54 | 12 03 | 18 11 | 04 53 | 21 28 | 04 09 |
| 26 | 19 33 | 22 34 | 10 05 | 21 32 | 23 32 | 13 06 | 02 31 | 01 05 | 11 54 | 18 54 | 12 07 | 18 04 | 04 46 | 21 36 | 04 09 |
| 27 | 19 20 | 23 19 | 09 41 | 21 19 | 23 34 | 13 08 | 02 32 | 01 05 | 11 54 | 18 54 | 12 11 | 17 58 | 04 40 | 21 45 | 04 10 |
| 28 | 19 07 | 22 51 | 09 18 | 21 06 | 23 37 | 13 10 | 02 34 | 01 04 | 11 55 | 18 54 | 12 15 | 17 51 | 04 34 | 21 53 | 04 11 |
| 29 | 18 53 | 21 05 | 08 57 | 20 52 | 23 39 | 13 12 | 02 36 | 01 04 | 11 55 | 18 55 | 12 19 | 17 44 | 04 27 | 22 01 | 04 11 |
| 30 | 18 38 | 18 05 | 08 37 | 20 38 | 23 40 | 13 13 | 02 38 | 01 03 | 11 56 | 18 55 | 12 24 | 17 36 | 04 21 | 22 09 | 04 12 |
| 31 | 18 24 | 13 58 | 08 18 | 20 23 | 23 42 | 13 15 | 02 40 | 01 03 | 11 56 | 18 55 | 12 28 | 17 29 | 04 14 | 22 17 | 04 13 |

Lunar Phases -- 1 ● 08:55 8 ◐ 06:31 15 ○ 06:41 23 ◑ 05:03 30 ● 18:41 Sun enters ♌ 7/23 04:13

## Longitudes of Main Planets - August 2011

0:00 E.T.

| D | S.T. | ☉ | ☽ | ☽ 12:00 | ☿ | ♀ | ♂ | ♃ | ♄ | ♅ | ♆ | ♇ | ☊ |
|---|---|---|---|---|---|---|---|---|---|---|---|---|---|
| 1 | 20:37:01 | 08♌26 03 | 24♌45 | 01♍59 | 01♍00 | 04♌09 | 28♊24 | 08♉58 | 12♎21 | 04♈22℞ | 00♓06℞ | 05♑24℞ | 21♐05 |
| 2 | 20:40:58 | 09 23 28 | 09♍16 | 16 34 | 01 09 | 05 23 | 29 04 | 09 03 | 12 26 | 04 21 | 00 05 | 05 23 | 21 01 |
| 3 | 20:44:55 | 10 20 53 | 23 52 | 01♎10 | 01 12 | 06 37 | 29 44 | 09 09 | 12 30 | 04 20 | 00 03 | 05 22 | 20 58 |
| 4 | 20:48:51 | 11 18 19 | 08♎26 | 15 40 | 01 10℞ | 07 51 | 00♋24 | 09 14 | 12 35 | 04 19 | 00 02 | 05 20 | 20 55 |
| 5 | 20:52:48 | 12 15 46 | 22 52 | 00♏01 | 01 03 | 09 05 | 01 05 | 09 19 | 12 39 | 04 18 | 00 00 | 05 19 | 20 52 |
| 6 | 20:56:44 | 13 13 14 | 07♏07 | 14 10 | 00 51 | 10 19 | 01 45 | 09 23 | 12 44 | 04 17 | 29♒59 | 05 18 | 20 49 |
| 7 | 21:00:41 | 14 10 42 | 21 09 | 28 04 | 00 33 | 11 33 | 02 25 | 09 28 | 12 49 | 04 16 | 29 57 | 05 17 | 20 45 |
| 8 | 21:04:37 | 15 08 11 | 04♐56 | 11♐45 | 00 11 | 12 47 | 03 05 | 09 32 | 12 54 | 04 14 | 29 56 | 05 16 | 20 42 |
| 9 | 21:08:34 | 16 05 41 | 18 30 | 25 12 | 29♌43 | 14 01 | 03 44 | 09 36 | 12 59 | 04 13 | 29 54 | 05 15 | 20 39 |
| 10 | 21:12:30 | 17 03 12 | 01♑51 | 08♑27 | 29 10 | 15 15 | 04 24 | 09 40 | 13 04 | 04 12 | 29 52 | 05 14 | 20 36 |
| 11 | 21:16:27 | 18 00 43 | 15 00 | 21 30 | 28 33 | 16 30 | 05 04 | 09 44 | 13 09 | 04 10 | 29 51 | 05 13 | 20 33 |
| 12 | 21:20:24 | 18 58 16 | 27 58 | 04♒22 | 27 53 | 17 44 | 05 44 | 09 48 | 13 15 | 04 09 | 29 49 | 05 12 | 20 30 |
| 13 | 21:24:20 | 19 55 49 | 10♒44 | 17 02 | 27 08 | 18 58 | 06 23 | 09 51 | 13 20 | 04 07 | 29 48 | 05 11 | 20 26 |
| 14 | 21:28:17 | 20 53 23 | 23 18 | 29 32 | 26 21 | 20 12 | 07 03 | 09 55 | 13 25 | 04 06 | 29 46 | 05 10 | 20 23 |
| 15 | 21:32:13 | 21 50 59 | 05♓42 | 11♓50 | 25 32 | 21 26 | 07 42 | 09 58 | 13 31 | 04 04 | 29 44 | 05 09 | 20 20 |
| 16 | 21:36:10 | 22 48 36 | 17 55 | 23 58 | 24 42 | 22 40 | 08 22 | 10 01 | 13 36 | 04 02 | 29 43 | 05 08 | 20 17 |
| 17 | 21:40:06 | 23 46 14 | 29 59 | 05♈58 | 23 51 | 23 54 | 09 01 | 10 03 | 13 41 | 04 01 | 29 41 | 05 07 | 20 14 |
| 18 | 21:44:03 | 24 43 54 | 11♈55 | 17 51 | 23 02 | 25 09 | 09 40 | 10 06 | 13 47 | 03 59 | 29 39 | 05 06 | 20 11 |
| 19 | 21:47:59 | 25 41 36 | 23 46 | 29 42 | 22 14 | 26 23 | 10 19 | 10 08 | 13 53 | 03 57 | 29 38 | 05 05 | 20 07 |
| 20 | 21:51:56 | 26 39 18 | 05♉37 | 11♉33 | 21 29 | 27 37 | 10 58 | 10 11 | 13 58 | 03 56 | 29 36 | 05 05 | 20 04 |
| 21 | 21:55:52 | 27 37 03 | 17 31 | 23 30 | 20 47 | 28 51 | 11 38 | 10 12 | 14 04 | 03 54 | 29 35 | 05 04 | 20 01 |
| 22 | 21:59:49 | 28 34 49 | 29 33 | 05♊38 | 20 11 | 00♍06 | 12 16 | 10 14 | 14 10 | 03 52 | 29 33 | 05 03 | 19 58 |
| 23 | 22:03:46 | 29 32 37 | 11♊48 | 18 02 | 19 39 | 01 20 | 12 55 | 10 16 | 14 16 | 03 50 | 29 31 | 05 02 | 19 55 |
| 24 | 22:07:42 | 00♍30 26 | 24 22 | 00♋47 | 19 14 | 02 34 | 13 34 | 10 17 | 14 22 | 03 48 | 29 30 | 05 02 | 19 51 |
| 25 | 22:11:39 | 01 28 18 | 07♋19 | 13 58 | 18 56 | 03 48 | 14 13 | 10 18 | 14 28 | 03 47 | 29 28 | 05 01 | 19 48 |
| 26 | 22:15:35 | 02 26 11 | 20 43 | 27 35 | 18 45 | 05 03 | 14 52 | 10 19 | 14 34 | 03 45 | 29 26 | 05 00 | 19 45 |
| 27 | 22:19:32 | 03 24 05 | 04♌35 | 11♌41 | 18 42D | 06 17 | 15 30 | 10 20 | 14 40 | 03 43 | 29 25 | 05 00 | 19 42 |
| 28 | 22:23:28 | 04 22 02 | 18 53 | 26 10 | 18 46 | 07 32 | 16 09 | 10 21 | 14 46 | 03 41 | 29 23 | 04 59 | 19 39 |
| 29 | 22:27:25 | 05 20 00 | 03♍33 | 10♍59 | 18 59 | 08 46 | 16 47 | 10 21 | 14 52 | 03 39 | 29 21 | 04 59 | 19 36 |
| 30 | 22:31:21 | 06 17 59 | 18 28 | 25 58 | 19 20 | 10 00 | 17 26 | 10 21 | 14 58 | 03 37 | 29 20 | 04 58 | 19 32 |
| 31 | 22:35:18 | 07 16 00 | 03♎29 | 10♎58 | 19 49 | 11 15 | 18 04 | 10 21℞ | 15 05 | 03 35 | 29 18 | 04 57 | 19 29 |

0:00 E.T.

## Longitudes of the Major Asteroids and Chiron

| D | ⚳ | ⚴ | ⚵ | ⚶ | ⚷ |
|---|---|---|---|---|---|
| 1 | 00♈34℞ | 05♒28℞ | 01♎13 | 13♒46℞ | 04♓14℞ |
| 2 | 00 32 | 05 12 | 01 31 | 13 32 | 04 11 |
| 3 | 00 30 | 04 57 | 01 50 | 13 17 | 04 09 |
| 4 | 00 27 | 04 41 | 02 08 | 13 02 | 04 06 |
| 5 | 00 24 | 04 25 | 02 27 | 12 47 | 04 03 |
| 6 | 00 20 | 04 10 | 02 46 | 12 32 | 04 01 |
| 7 | 00 16 | 03 55 | 03 04 | 12 18 | 03 58 |
| 8 | 00 12 | 03 39 | 03 23 | 12 03 | 03 55 |
| 9 | 00 07 | 03 24 | 03 42 | 11 48 | 03 53 |
| 10 | 00 02 | 03 09 | 04 01 | 11 34 | 03 50 |
| 11 | 29♓57 | 02 55 | 04 20 | 11 19 | 03 47 |
| 12 | 29 51 | 02 40 | 04 39 | 11 05 | 03 44 |
| 13 | 29 45 | 02 26 | 04 58 | 10 51 | 03 41 |
| 14 | 29 39 | 02 12 | 05 18 | 10 37 | 03 38 |
| 15 | 29 32 | 01 58 | 05 37 | 10 23 | 03 36 |
| 16 | 29 25 | 01 45 | 05 56 | 10 10 | 03 33 |

| D | ⚳ | ⚴ | ⚵ | ⚶ | ⚷ |
|---|---|---|---|---|---|
| 17 | 29 18 | 01 31 | 06 16 | 09 56 | 03 30 |
| 18 | 29 10 | 01 18 | 06 35 | 09 43 | 03 27 |
| 19 | 29 02 | 01 06 | 06 55 | 09 30 | 03 24 |
| 20 | 28 54 | 00 53 | 07 14 | 09 18 | 03 21 |
| 21 | 28 45 | 00 41 | 07 34 | 09 06 | 03 18 |
| 22 | 28 36 | 00 29 | 07 54 | 08 54 | 03 15 |
| 23 | 28 27 | 00 17 | 08 13 | 08 42 | 03 12 |
| 24 | 28 17 | 00 06 | 08 33 | 08 31 | 03 09 |
| 25 | 28 07 | 29♑55 | 08 53 | 08 20 | 03 06 |
| 26 | 27 57 | 29 45 | 09 13 | 08 10 | 03 03 |
| 27 | 27 46 | 29 34 | 09 33 | 07 59 | 03 01 |
| 28 | 27 36 | 29 24 | 09 53 | 07 50 | 02 58 |
| 29 | 27 25 | 29 15 | 10 13 | 07 40 | 02 55 |
| 30 | 27 14 | 29 05 | 10 33 | 07 31 | 02 52 |
| 31 | 27 02 | 28 56 | 10 53 | 07 23 | 02 49 |

## Lunar Data

| Last Asp. | | Ingress | | |
|---|---|---|---|---|
| 1 | 06:21 | 1 | ♍ | 08:43 |
| 1 | 23:39 | 3 | ♎ | 10:05 |
| 5 | 11:57 | 5 | ♏ | 11:58 |
| 7 | 15:15 | 7 | ♐ | 15:22 |
| 9 | 20:26 | 9 | ♑ | 20:39 |
| 10 | 20:35 | 12 | ♒ | 03:49 |
| 14 | 12:26 | 14 | ♓ | 12:55 |
| 15 | 08:22 | 17 | ♈ | 00:03 |
| 19 | 11:51 | 19 | ♉ | 12:37 |
| 22 | 00:01 | 22 | ♊ | 00:54 |
| 24 | 09:34 | 24 | ♋ | 10:32 |
| 25 | 13:05 | 26 | ♌ | 16:10 |
| 28 | 17:12 | 28 | ♍ | 18:14 |
| 29 | 22:16 | 30 | ♎ | 18:26 |

0:00 E.T.

## Declinations

| D | ☉ | ☽ | ☿ | ♀ | ♂ | ♃ | ♄ | ♅ | ♆ | ♇ | ⚳ | ⚴ | ⚵ | ⚶ | ⚷ |
|---|---|---|---|---|---|---|---|---|---|---|---|---|---|---|---|
| 1 | +18 09 | +08 59 | +08 02 | +20 07 | +23 43 | +13 17 | -02 42 | +01 03 | -11 57 | -18 55 | -12 33 | +17 21 | +04 08 | -22 25 | -04 14 |
| 2 | 17 54 | 03 28 | 07 48 | 19 51 | 23 44 | 13 18 | 02 44 | 01 02 | 11 57 | 18 56 | 12 37 | 17 13 | 04 01 | 22 33 | 04 15 |
| 3 | 17 39 | -02 16 | 07 35 | 19 35 | 23 45 | 13 20 | 02 46 | 01 02 | 11 58 | 18 56 | 12 42 | 17 05 | 03 55 | 22 41 | 04 15 |
| 4 | 17 23 | 07 52 | 07 25 | 19 17 | 23 46 | 13 21 | 02 47 | 01 01 | 11 59 | 18 56 | 12 47 | 16 56 | 03 48 | 22 49 | 04 16 |
| 5 | 17 07 | 12 59 | 07 18 | 18 59 | 23 47 | 13 22 | 02 49 | 01 01 | 11 59 | 18 56 | 12 52 | 16 48 | 03 41 | 22 57 | 04 17 |
| 6 | 16 51 | 17 19 | 07 13 | 18 41 | 23 47 | 13 24 | 02 52 | 01 00 | 12 00 | 18 56 | 12 57 | 16 39 | 03 35 | 23 04 | 04 18 |
| 7 | 16 34 | 20 36 | 07 11 | 18 22 | 23 47 | 13 25 | 02 54 | 01 00 | 12 00 | 18 57 | 13 02 | 16 30 | 03 28 | 23 12 | 04 19 |
| 8 | 16 18 | 22 37 | 07 11 | 18 03 | 23 47 | 13 26 | 02 56 | 00 59 | 12 01 | 18 57 | 13 08 | 16 21 | 03 21 | 23 19 | 04 20 |
| 9 | 16 01 | 23 16 | 07 14 | 17 43 | 23 47 | 13 27 | 02 58 | 00 59 | 12 01 | 18 57 | 13 13 | 16 11 | 03 14 | 23 26 | 04 21 |
| 10 | 15 43 | 22 34 | 07 20 | 17 22 | 23 46 | 13 28 | 03 00 | 00 58 | 12 02 | 18 57 | 13 19 | 16 02 | 03 08 | 23 33 | 04 22 |
| 11 | 15 26 | 20 37 | 07 29 | 17 02 | 23 46 | 13 29 | 03 02 | 00 57 | 12 02 | 18 58 | 13 24 | 15 52 | 03 01 | 23 40 | 04 23 |
| 12 | 15 08 | 17 38 | 07 40 | 16 40 | 23 45 | 13 30 | 03 04 | 00 57 | 12 03 | 18 58 | 13 30 | 15 42 | 02 54 | 23 47 | 04 24 |
| 13 | 14 50 | 13 52 | 07 54 | 16 18 | 23 44 | 13 31 | 03 06 | 00 56 | 12 04 | 18 58 | 13 36 | 15 32 | 02 47 | 23 54 | 04 25 |
| 14 | 14 32 | 09 32 | 08 11 | 15 56 | 23 43 | 13 32 | 03 09 | 00 56 | 12 04 | 18 58 | 13 42 | 15 21 | 02 40 | 24 00 | 04 26 |
| 15 | 14 13 | 04 53 | 08 30 | 15 33 | 23 41 | 13 33 | 03 11 | 00 55 | 12 05 | 18 59 | 13 48 | 15 11 | 02 33 | 24 06 | 04 27 |
| 16 | 13 55 | 00 08 | 08 51 | 15 10 | 23 40 | 13 33 | 03 13 | 00 54 | 12 05 | 18 59 | 13 54 | 15 00 | 02 26 | 24 12 | 04 28 |
| 17 | 13 36 | +04 34 | 09 13 | 14 47 | 23 38 | 13 34 | 03 15 | 00 54 | 12 06 | 18 59 | 14 00 | 14 49 | 02 20 | 24 18 | 04 29 |
| 18 | 13 17 | 09 04 | 09 37 | 14 23 | 23 36 | 13 35 | 03 18 | 00 53 | 12 07 | 18 59 | 14 06 | 14 38 | 02 13 | 24 24 | 04 30 |
| 19 | 12 57 | 13 11 | 10 02 | 13 58 | 23 34 | 13 35 | 03 20 | 00 52 | 12 07 | 19 00 | 14 12 | 14 27 | 02 06 | 24 30 | 04 31 |
| 20 | 12 38 | 16 47 | 10 28 | 13 34 | 23 31 | 13 36 | 03 22 | 00 52 | 12 08 | 19 00 | 14 18 | 14 16 | 01 59 | 24 35 | 04 32 |
| 21 | 12 18 | 19 44 | 10 53 | 13 08 | 23 29 | 13 36 | 03 25 | 00 51 | 12 08 | 19 00 | 14 25 | 14 05 | 01 52 | 24 40 | 04 33 |
| 22 | 11 58 | 21 51 | 11 19 | 12 43 | 23 26 | 13 36 | 03 27 | 00 50 | 12 09 | 19 00 | 14 31 | 13 54 | 01 45 | 24 45 | 04 34 |
| 23 | 11 38 | 23 00 | 11 43 | 12 17 | 23 23 | 13 37 | 03 30 | 00 49 | 12 09 | 19 01 | 14 37 | 13 42 | 01 38 | 24 50 | 04 35 |
| 24 | 11 18 | 23 00 | 12 07 | 11 51 | 23 20 | 13 37 | 03 32 | 00 49 | 12 10 | 19 01 | 14 44 | 13 31 | 01 31 | 24 55 | 04 36 |
| 25 | 10 57 | 21 48 | 12 29 | 11 25 | 23 17 | 13 37 | 03 34 | 00 48 | 12 11 | 19 01 | 14 50 | 13 19 | 01 24 | 24 59 | 04 37 |
| 26 | 10 36 | 19 21 | 12 49 | 10 58 | 23 13 | 13 37 | 03 37 | 00 47 | 12 11 | 19 01 | 14 57 | 13 07 | 01 17 | 25 03 | 04 38 |
| 27 | 10 15 | 15 43 | 13 08 | 10 31 | 23 10 | 13 37 | 03 39 | 00 46 | 12 12 | 19 02 | 15 03 | 12 55 | 01 10 | 25 07 | 04 39 |
| 28 | 09 54 | 11 05 | 13 24 | 10 03 | 23 06 | 13 37 | 03 42 | 00 45 | 12 12 | 19 02 | 15 10 | 12 43 | 01 03 | 25 11 | 04 40 |
| 29 | 09 33 | 05 43 | 13 37 | 09 36 | 23 02 | 13 37 | 03 44 | 00 45 | 12 13 | 19 02 | 15 16 | 12 31 | 00 56 | 25 15 | 04 41 |
| 30 | 09 12 | -00 03 | 13 48 | 09 08 | 22 58 | 13 37 | 03 47 | 00 44 | 12 14 | 19 02 | 15 23 | 12 19 | 00 49 | 25 18 | 04 43 |
| 31 | 08 50 | 05 52 | 13 56 | 08 39 | 22 54 | 13 37 | 03 49 | 00 43 | 12 14 | 19 03 | 15 29 | 12 07 | 00 42 | 25 21 | 04 44 |

Lunar Phases -- 6 ◐ 11:10 13 ○ 18:59 21 ◑ 21:56 29 ● 03:05 Sun enters ♍ 8/23 11:22

## 0:00 E.T. Longitudes of Main Planets - September 2011

| D | S.T. | ☉ | ☽ | ☽ 12:00 | ☿ | ♀ | ♂ | ♃ | ♄ | ♅ | ♆ | ♇ | ☊ |
|---|---|---|---|---|---|---|---|---|---|---|---|---|---|
| 1 | 22:39:15 | 08♍14 02 | 18♎25 | 25♎49 | 20♌26 | 12♍29 | 18♋42 | 10♉21℞ | 15♎11 | 03♈32℞ | 29♒17℞ | 04♑57℞ | 19♐26 |
| 2 | 22:43:11 | 09 12 06 | 03♏10 | 10♏25 | 21 11 | 13 44 | 19 20 | 10 21 | 15 17 | 03 30 | 29 15 | 04 56 | 19 23 |
| 3 | 22:47:08 | 10 10 11 | 17 36 | 24 42 | 22 04 | 14 58 | 19 59 | 10 20 | 15 24 | 03 28 | 29 13 | 04 56 | 19 20 |
| 4 | 22:51:04 | 11 08 18 | 01♐42 | 08♐37 | 23 04 | 16 12 | 20 37 | 10 19 | 15 30 | 03 26 | 29 12 | 04 56 | 19 16 |
| 5 | 22:55:01 | 12 06 26 | 15 26 | 22 11 | 24 10 | 17 27 | 21 14 | 10 18 | 15 37 | 03 24 | 29 10 | 04 55 | 19 13 |
| 6 | 22:58:57 | 13 04 36 | 28 51 | 05♑27 | 25 23 | 18 41 | 21 52 | 10 17 | 15 43 | 03 22 | 29 09 | 04 55 | 19 10 |
| 7 | 23:02:54 | 14 02 47 | 11♑58 | 18 26 | 26 43 | 19 56 | 22 30 | 10 16 | 15 50 | 03 19 | 29 07 | 04 55 | 19 07 |
| 8 | 23:06:50 | 15 00 59 | 24 51 | 01♒12 | 28 07 | 21 10 | 23 08 | 10 14 | 15 56 | 03 17 | 29 05 | 04 54 | 19 04 |
| 9 | 23:10:47 | 15 59 13 | 07♒31 | 13 46 | 29 37 | 22 25 | 23 45 | 10 12 | 16 03 | 03 15 | 29 04 | 04 54 | 19 01 |
| 10 | 23:14:44 | 16 57 29 | 20 00 | 26 11 | 01♍11 | 23 39 | 24 23 | 10 10 | 16 10 | 03 13 | 29 02 | 04 54 | 18 57 |
| 11 | 23:18:40 | 17 55 46 | 02♓19 | 08♓26 | 02 49 | 24 54 | 25 00 | 10 08 | 16 16 | 03 10 | 29 01 | 04 54 | 18 54 |
| 12 | 23:22:37 | 18 54 05 | 14 31 | 20 34 | 04 30 | 26 08 | 25 38 | 10 05 | 16 23 | 03 08 | 28 59 | 04 54 | 18 51 |
| 13 | 23:26:33 | 19 52 25 | 26 35 | 02♈34 | 06 14 | 27 23 | 26 15 | 10 03 | 16 30 | 03 06 | 28 58 | 04 53 | 18 48 |
| 14 | 23:30:30 | 20 50 48 | 08♈33 | 14 29 | 08 01 | 28 37 | 26 52 | 10 00 | 16 37 | 03 03 | 28 56 | 04 53 | 18 45 |
| 15 | 23:34:26 | 21 49 12 | 20 25 | 26 20 | 09 49 | 29 52 | 27 29 | 09 57 | 16 44 | 03 01 | 28 55 | 04 53 | 18 42 |
| 16 | 23:38:23 | 22 47 39 | 02♉15 | 08♉10 | 11 39 | 01♎06 | 28 06 | 09 54 | 16 51 | 02 59 | 28 53 | 04 53 | 18 38 |
| 17 | 23:42:19 | 23 46 07 | 14 05 | 20 00 | 13 29 | 02 21 | 28 43 | 09 50 | 16 58 | 02 56 | 28 52 | 04 53D | 18 35 |
| 18 | 23:46:16 | 24 44 38 | 25 57 | 01♊56 | 15 21 | 03 35 | 29 20 | 09 47 | 17 04 | 02 54 | 28 50 | 04 53 | 18 32 |
| 19 | 23:50:13 | 25 43 11 | 07♊58 | 14 02 | 17 13 | 04 50 | 29 57 | 09 43 | 17 11 | 02 52 | 28 49 | 04 53 | 18 29 |
| 20 | 23:54:09 | 26 41 46 | 20 10 | 26 23 | 19 05 | 06 04 | 00♌34 | 09 39 | 17 18 | 02 49 | 28 48 | 04 53 | 18 26 |
| 21 | 23:58:06 | 27 40 23 | 02♋41 | 09♋04 | 20 58 | 07 19 | 01 10 | 09 35 | 17 25 | 02 47 | 28 46 | 04 53 | 18 22 |
| 22 | 0:02:02 | 28 39 03 | 15 34 | 22 10 | 22 50 | 08 34 | 01 47 | 09 31 | 17 33 | 02 44 | 28 45 | 04 54 | 18 19 |
| 23 | 0:05:59 | 29 37 44 | 28 54 | 05♌45 | 24 41 | 09 48 | 02 24 | 09 26 | 17 40 | 02 42 | 28 43 | 04 54 | 18 16 |
| 24 | 0:09:55 | 00♎36 28 | 12♌44 | 19 50 | 26 32 | 11 03 | 03 00 | 09 22 | 17 47 | 02 40 | 28 42 | 04 54 | 18 13 |
| 25 | 0:13:52 | 01 35 14 | 27 03 | 04♍23 | 28 23 | 12 17 | 03 36 | 09 17 | 17 54 | 02 37 | 28 41 | 04 54 | 18 10 |
| 26 | 0:17:48 | 02 34 02 | 11♍49 | 19 20 | 00♎13 | 13 32 | 04 12 | 09 12 | 18 01 | 02 35 | 28 39 | 04 55 | 18 07 |
| 27 | 0:21:45 | 03 32 53 | 26 55 | 04♎32 | 02 02 | 14 46 | 04 48 | 09 07 | 18 08 | 02 32 | 28 38 | 04 55 | 18 03 |
| 28 | 0:25:42 | 04 31 45 | 12♎10 | 19 48 | 03 51 | 16 01 | 05 24 | 09 01 | 18 15 | 02 30 | 28 37 | 04 55 | 18 00 |
| 29 | 0:29:38 | 05 30 39 | 27 25 | 04♏58 | 05 38 | 17 16 | 06 00 | 08 56 | 18 23 | 02 27 | 28 36 | 04 56 | 17 57 |
| 30 | 0:33:35 | 06 29 35 | 12♏27 | 19 51 | 07 25 | 18 30 | 06 36 | 08 50 | 18 30 | 02 25 | 28 34 | 04 56 | 17 54 |

## 0:00 E.T. Longitudes of the Major Asteroids and Chiron

| D | ⚳ | ⚴ | ⚵ | ⚶ | ⚷ |
|---|---|---|---|---|---|
| 1 | 26♓50℞ | 28♑48℞ | 11♎13 | 07♒15℞ | 02♓46℞ |
| 2 | 26 39 | 28 40 | 11 33 | 07 07 | 02 43 |
| 3 | 26 27 | 28 32 | 11 54 | 07 00 | 02 40 |
| 4 | 26 14 | 28 24 | 12 14 | 06 53 | 02 37 |
| 5 | 26 02 | 28 17 | 12 34 | 06 47 | 02 34 |
| 6 | 25 49 | 28 10 | 12 55 | 06 41 | 02 31 |
| 7 | 25 37 | 28 04 | 13 15 | 06 36 | 02 28 |
| 8 | 25 24 | 27 58 | 13 36 | 06 31 | 02 26 |
| 9 | 25 11 | 27 52 | 13 56 | 06 27 | 02 23 |
| 10 | 24 58 | 27 47 | 14 17 | 06 23 | 02 20 |
| 11 | 24 44 | 27 42 | 14 37 | 06 19 | 02 17 |
| 12 | 24 31 | 27 37 | 14 58 | 06 16 | 02 14 |
| 13 | 24 18 | 27 33 | 15 18 | 06 14 | 02 12 |
| 14 | 24 04 | 27 29 | 15 39 | 06 12 | 02 09 |
| 15 | 23 51 | 27 26 | 16 00 | 06 10 | 02 06 |
| 16 | 23 38 | 27 23 | 16 20 | 06 09 | 02 03 |
| 17 | 23 24 | 27 20 | 16 41 | 06 08 | 02 01 |
| 18 | 23 11 | 27 18 | 17 02 | 06 08D | 01 58 |
| 19 | 22 57 | 27 16 | 17 22 | 06 08 | 01 55 |
| 20 | 22 44 | 27 14 | 17 43 | 06 09 | 01 53 |
| 21 | 22 30 | 27 13 | 18 04 | 06 10 | 01 50 |
| 22 | 22 17 | 27 12 | 18 25 | 06 12 | 01 48 |
| 23 | 22 04 | 27 11 | 18 46 | 06 14 | 01 45 |
| 24 | 21 51 | 27 11 | 19 07 | 06 17 | 01 43 |
| 25 | 21 38 | 27 11D | 19 27 | 06 20 | 01 40 |
| 26 | 21 25 | 27 12 | 19 48 | 06 23 | 01 38 |
| 27 | 21 12 | 27 13 | 20 09 | 06 27 | 01 36 |
| 28 | 20 59 | 27 14 | 20 30 | 06 31 | 01 33 |
| 29 | 20 47 | 27 15 | 20 51 | 06 36 | 01 31 |
| 30 | 20 34 | 27 17 | 21 12 | 06 41 | 01 29 |

## Lunar Data

| Last Asp. | | Ingress | | |
|---|---|---|---|---|
| 1 | 17:36 | 1 | ♏ | 18:49 |
| 3 | 19:42 | 3 | ♐ | 21:05 |
| 6 | 00:31 | 6 | ♑ | 02:05 |
| 7 | 20:37 | 8 | ♒ | 09:43 |
| 10 | 17:33 | 10 | ♓ | 19:27 |
| 13 | 01:47 | 13 | ♈ | 06:50 |
| 15 | 17:11 | 15 | ♉ | 19:26 |
| 18 | 07:10 | 18 | ♊ | 08:07 |
| 20 | 16:34 | 20 | ♋ | 18:55 |
| 23 | 01:23 | 23 | ♌ | 01:56 |
| 25 | 02:40 | 25 | ♍ | 04:50 |
| 25 | 19:48 | 27 | ♎ | 04:52 |
| 29 | 01:52 | 29 | ♏ | 04:06 |

## 0:00 E.T. Declinations

| D | ☉ | ☽ | ☿ | ♀ | ♂ | ♃ | ♄ | ♅ | ♆ | ♇ | ⚳ | ⚴ | ⚵ | ⚶ | ⚷ |
|---|---|---|---|---|---|---|---|---|---|---|---|---|---|---|---|
| 1 | +08 29 | -11 18 | +14 01 | +08 11 | +22 49 | +13 37 | -03 52 | +00 42 | -12 15 | -19 03 | -15 36 | +11 55 | +00 34 | -25 24 | -04 45 |
| 2 | 08 07 | 16 00 | 14 02 | 07 42 | 22 45 | 13 36 | 03 54 | 00 41 | 12 15 | 19 03 | 15 42 | 11 43 | 00 27 | 25 27 | 04 46 |
| 3 | 07 45 | 19 39 | 14 00 | 07 14 | 22 40 | 13 36 | 03 57 | 00 40 | 12 16 | 19 03 | 15 49 | 11 31 | 00 20 | 25 30 | 04 47 |
| 4 | 07 23 | 22 02 | 13 55 | 06 45 | 22 35 | 13 35 | 04 00 | 00 40 | 12 16 | 19 03 | 15 55 | 11 18 | 00 13 | 25 32 | 04 48 |
| 5 | 07 01 | 23 01 | 13 46 | 06 15 | 22 30 | 13 35 | 04 02 | 00 39 | 12 17 | 19 04 | 16 01 | 11 06 | 00 06 | 25 34 | 04 49 |
| 6 | 06 39 | 22 38 | 13 34 | 05 46 | 22 25 | 13 34 | 04 05 | 00 38 | 12 18 | 19 04 | 16 07 | 10 54 | -00 01 | 25 36 | 04 50 |
| 7 | 06 17 | 21 00 | 13 19 | 05 16 | 22 20 | 13 34 | 04 07 | 00 37 | 12 18 | 19 04 | 16 14 | 10 42 | 00 08 | 25 38 | 04 52 |
| 8 | 05 54 | 18 18 | 13 00 | 04 47 | 22 14 | 13 33 | 04 10 | 00 36 | 12 19 | 19 04 | 16 20 | 10 29 | 00 15 | 25 39 | 04 53 |
| 9 | 05 32 | 14 47 | 12 38 | 04 17 | 22 09 | 13 32 | 04 13 | 00 35 | 12 19 | 19 05 | 16 26 | 10 17 | 00 22 | 25 41 | 04 54 |
| 10 | 05 09 | 10 40 | 12 13 | 03 47 | 22 03 | 13 31 | 04 15 | 00 34 | 12 20 | 19 05 | 16 32 | 10 05 | 00 29 | 25 42 | 04 55 |
| 11 | 04 46 | 06 11 | 11 45 | 03 17 | 21 57 | 13 31 | 04 18 | 00 33 | 12 20 | 19 05 | 16 37 | 09 53 | 00 36 | 25 43 | 04 56 |
| 12 | 04 23 | 01 30 | 11 15 | 02 47 | 21 51 | 13 30 | 04 21 | 00 32 | 12 21 | 19 05 | 16 43 | 09 40 | 00 43 | 25 44 | 04 57 |
| 13 | 04 01 | +03 11 | 10 42 | 02 16 | 21 45 | 13 29 | 04 23 | 00 31 | 12 21 | 19 06 | 16 49 | 09 28 | 00 50 | 25 45 | 04 58 |
| 14 | 03 38 | 07 42 | 10 07 | 01 46 | 21 38 | 13 28 | 04 26 | 00 30 | 12 22 | 19 06 | 16 54 | 09 16 | 00 57 | 25 45 | 04 59 |
| 15 | 03 15 | 11 54 | 09 29 | 01 15 | 21 32 | 13 26 | 04 29 | 00 30 | 12 22 | 19 06 | 17 00 | 09 04 | 01 04 | 25 45 | 05 01 |
| 16 | 02 52 | 15 38 | 08 50 | 00 45 | 21 25 | 13 25 | 04 31 | 00 29 | 12 23 | 19 06 | 17 05 | 08 52 | 01 11 | 25 46 | 05 02 |
| 17 | 02 28 | 18 45 | 08 09 | 00 14 | 21 19 | 13 24 | 04 34 | 00 28 | 12 23 | 19 07 | 17 10 | 08 40 | 01 18 | 25 46 | 05 03 |
| 18 | 02 05 | 21 05 | 07 27 | -00 16 | 21 12 | 13 23 | 04 37 | 00 27 | 12 24 | 19 07 | 17 15 | 08 28 | 01 25 | 25 45 | 05 04 |
| 19 | 01 42 | 22 30 | 06 44 | 00 47 | 21 05 | 13 21 | 04 40 | 00 26 | 12 24 | 19 07 | 17 20 | 08 16 | 01 32 | 25 45 | 05 05 |
| 20 | 01 19 | 22 52 | 06 00 | 01 17 | 20 58 | 13 20 | 04 42 | 00 25 | 12 25 | 19 07 | 17 25 | 08 04 | 01 39 | 25 44 | 05 06 |
| 21 | 00 56 | 22 07 | 05 14 | 01 48 | 20 51 | 13 19 | 04 45 | 00 24 | 12 25 | 19 07 | 17 30 | 07 52 | 01 46 | 25 44 | 05 07 |
| 22 | 00 32 | 20 12 | 04 29 | 02 19 | 20 44 | 13 17 | 04 48 | 00 23 | 12 26 | 19 08 | 17 34 | 07 40 | 01 53 | 25 43 | 05 08 |
| 23 | 00 09 | 17 08 | 03 42 | 02 49 | 20 36 | 13 16 | 04 51 | 00 22 | 12 26 | 19 08 | 17 38 | 07 28 | 02 00 | 25 42 | 05 10 |
| 24 | -00 15 | 13 02 | 02 55 | 03 20 | 20 29 | 13 14 | 04 53 | 00 21 | 12 27 | 19 08 | 17 42 | 07 17 | 02 07 | 25 41 | 05 11 |
| 25 | 00 38 | 08 04 | 02 08 | 03 50 | 20 21 | 13 12 | 04 56 | 00 20 | 12 27 | 19 08 | 17 46 | 07 05 | 02 14 | 25 39 | 05 12 |
| 26 | 01 01 | 02 30 | 01 21 | 04 21 | 20 13 | 13 11 | 04 59 | 00 19 | 12 28 | 19 09 | 17 50 | 06 54 | 02 20 | 25 38 | 05 13 |
| 27 | 01 25 | -03 19 | 00 34 | 04 51 | 20 06 | 13 09 | 05 02 | 00 18 | 12 28 | 19 09 | 17 54 | 06 42 | 02 27 | 25 36 | 05 14 |
| 28 | 01 48 | 09 00 | -00 13 | 05 21 | 19 58 | 13 07 | 05 04 | 00 17 | 12 29 | 19 09 | 17 57 | 06 31 | 02 34 | 25 35 | 05 15 |
| 29 | 02 11 | 14 08 | 01 00 | 05 51 | 19 50 | 13 05 | 05 07 | 00 16 | 12 29 | 19 09 | 18 00 | 06 20 | 02 41 | 25 33 | 05 16 |
| 30 | 02 35 | 18 18 | 01 47 | 06 21 | 19 41 | 13 03 | 05 10 | 00 15 | 12 29 | 19 10 | 18 03 | 06 08 | 02 48 | 25 31 | 05 17 |

Lunar Phases -- 4 ◐ 17:40 12 ○ 09:28 20 ◑ 13:40 27 ● 11:10 Sun enters ♎ 9/23 09:06

## Longitudes of Main Planets - October 2011

0:00 E.T.

| D | S.T. | ☉ | ☽ | ☽ 12:00 | ☿ | ♀ | ♂ | ♃ | ♄ | ♅ | ♆ | ♇ | ☊ |
|---|---|---|---|---|---|---|---|---|---|---|---|---|---|
| 1 | 0:37:31 | 07♎28 34 | 27♏10 | 04♐22 | 09♎11 | 19♎45 | 07♌12 | 08♉44℞ | 18♎37 | 02♈23℞ | 28♒33℞ | 04♑56 | 17♐51 |
| 2 | 0:41:28 | 08 27 33 | 11♐27 | 18 27 | 10 56 | 21 00 | 07 47 | 08 38 | 18 44 | 02 20 | 28 32 | 04 57 | 17 48 |
| 3 | 0:45:24 | 09 26 35 | 25 19 | 02♑05 | 12 40 | 22 14 | 08 23 | 08 32 | 18 52 | 02 18 | 28 31 | 04 57 | 17 44 |
| 4 | 0:49:21 | 10 25 39 | 08♑46 | 15 20 | 14 23 | 23 29 | 08 58 | 08 26 | 18 59 | 02 16 | 28 30 | 04 58 | 17 41 |
| 5 | 0:53:17 | 11 24 44 | 21 50 | 28 14 | 16 06 | 24 43 | 09 34 | 08 20 | 19 06 | 02 13 | 28 29 | 04 58 | 17 38 |
| 6 | 0:57:14 | 12 23 51 | 04♒35 | 10♒51 | 17 47 | 25 58 | 10 09 | 08 13 | 19 13 | 02 11 | 28 28 | 04 59 | 17 35 |
| 7 | 1:01:11 | 13 22 59 | 17 05 | 23 15 | 19 28 | 27 13 | 10 44 | 08 06 | 19 21 | 02 08 | 28 27 | 05 00 | 17 32 |
| 8 | 1:05:07 | 14 22 10 | 29 22 | 05♓27 | 21 08 | 28 27 | 11 19 | 08 00 | 19 28 | 02 06 | 28 26 | 05 00 | 17 28 |
| 9 | 1:09:04 | 15 21 22 | 11♓31 | 17 32 | 22 47 | 29 42 | 11 54 | 07 53 | 19 35 | 02 04 | 28 25 | 05 01 | 17 25 |
| 10 | 1:13:00 | 16 20 36 | 23 32 | 29 31 | 24 26 | 00♏56 | 12 29 | 07 46 | 19 43 | 02 01 | 28 24 | 05 02 | 17 22 |
| 11 | 1:16:57 | 17 19 52 | 05♈29 | 11♈26 | 26 04 | 02 11 | 13 03 | 07 39 | 19 50 | 01 59 | 28 23 | 05 02 | 17 19 |
| 12 | 1:20:53 | 18 19 10 | 17 22 | 23 17 | 27 40 | 03 26 | 13 38 | 07 31 | 19 57 | 01 57 | 28 22 | 05 03 | 17 16 |
| 13 | 1:24:50 | 19 18 30 | 29 13 | 05♉08 | 29 17 | 04 40 | 14 12 | 07 24 | 20 05 | 01 55 | 28 21 | 05 04 | 17 13 |
| 14 | 1:28:46 | 20 17 52 | 11♉03 | 16 59 | 00♏52 | 05 55 | 14 47 | 07 17 | 20 12 | 01 52 | 28 20 | 05 05 | 17 09 |
| 15 | 1:32:43 | 21 17 17 | 22 55 | 28 52 | 02 27 | 07 09 | 15 21 | 07 09 | 20 19 | 01 50 | 28 19 | 05 06 | 17 06 |
| 16 | 1:36:40 | 22 16 43 | 04♊51 | 10♊52 | 04 01 | 08 24 | 15 55 | 07 02 | 20 27 | 01 48 | 28 18 | 05 06 | 17 03 |
| 17 | 1:40:36 | 23 16 12 | 16 55 | 23 00 | 05 34 | 09 39 | 16 29 | 06 54 | 20 34 | 01 46 | 28 18 | 05 07 | 17 00 |
| 18 | 1:44:33 | 24 15 43 | 29 09 | 05♋22 | 07 07 | 10 53 | 17 03 | 06 46 | 20 41 | 01 43 | 28 17 | 05 08 | 16 57 |
| 19 | 1:48:29 | 25 15 16 | 11♋39 | 18 01 | 08 39 | 12 08 | 17 36 | 06 38 | 20 49 | 01 41 | 28 16 | 05 09 | 16 54 |
| 20 | 1:52:26 | 26 14 52 | 24 29 | 01♌02 | 10 11 | 13 22 | 18 10 | 06 30 | 20 56 | 01 39 | 28 15 | 05 10 | 16 50 |
| 21 | 1:56:22 | 27 14 30 | 07♌42 | 14 29 | 11 42 | 14 37 | 18 44 | 06 23 | 21 03 | 01 37 | 28 15 | 05 11 | 16 47 |
| 22 | 2:00:19 | 28 14 10 | 21 23 | 28 24 | 13 12 | 15 52 | 19 17 | 06 15 | 21 10 | 01 35 | 28 14 | 05 12 | 16 44 |
| 23 | 2:04:15 | 29 13 52 | 05♍33 | 12♍48 | 14 42 | 17 06 | 19 50 | 06 07 | 21 18 | 01 33 | 28 14 | 05 14 | 16 41 |
| 24 | 2:08:12 | 00♏13 37 | 20 09 | 27 36 | 16 11 | 18 21 | 20 23 | 05 58 | 21 25 | 01 31 | 28 13 | 05 15 | 16 38 |
| 25 | 2:12:09 | 01 13 24 | 05♎08 | 12♎43 | 17 39 | 19 36 | 20 56 | 05 50 | 21 32 | 01 29 | 28 12 | 05 16 | 16 34 |
| 26 | 2:16:05 | 02 13 13 | 20 21 | 27 59 | 19 07 | 20 50 | 21 29 | 05 42 | 21 40 | 01 27 | 28 12 | 05 17 | 16 31 |
| 27 | 2:20:02 | 03 13 04 | 05♏38 | 13♏14 | 20 34 | 22 05 | 22 02 | 05 34 | 21 47 | 01 25 | 28 11 | 05 18 | 16 28 |
| 28 | 2:23:58 | 04 12 57 | 20 48 | 28 17 | 22 01 | 23 19 | 22 35 | 05 26 | 21 54 | 01 23 | 28 11 | 05 19 | 16 25 |
| 29 | 2:27:55 | 05 12 52 | 05♐41 | 13♐00 | 23 27 | 24 34 | 23 07 | 05 18 | 22 01 | 01 21 | 28 11 | 05 21 | 16 22 |
| 30 | 2:31:51 | 06 12 49 | 20 12 | 27 17 | 24 52 | 25 49 | 23 39 | 05 10 | 22 08 | 01 19 | 28 10 | 05 22 | 16 19 |
| 31 | 2:35:48 | 07 12 47 | 04♑15 | 11♑06 | 26 16 | 27 03 | 24 11 | 05 01 | 22 16 | 01 17 | 28 10 | 05 23 | 16 15 |

0:00 E.T.

## Longitudes of the Major Asteroids and Chiron

| D | ⚳ | ⚴ | ⚵ | ⚶ | ⚷ |
|---|---|---|---|---|---|
| 1 | 20♓22℞ | 27♑19 | 21♎33 | 06♒47 | 01♓26℞ |
| 2 | 20 10 | 27 22 | 21 54 | 06 53 | 01 24 |
| 3 | 19 59 | 27 25 | 22 15 | 06 59 | 01 22 |
| 4 | 19 47 | 27 28 | 22 36 | 07 06 | 01 20 |
| 5 | 19 36 | 27 31 | 22 57 | 07 14 | 01 18 |
| 6 | 19 25 | 27 35 | 23 18 | 07 21 | 01 16 |
| 7 | 19 14 | 27 39 | 23 39 | 07 29 | 01 14 |
| 8 | 19 04 | 27 43 | 24 00 | 07 38 | 01 12 |
| 9 | 18 54 | 27 48 | 24 21 | 07 47 | 01 10 |
| 10 | 18 44 | 27 53 | 24 42 | 07 56 | 01 08 |
| 11 | 18 34 | 27 58 | 25 03 | 08 05 | 01 07 |
| 12 | 18 25 | 28 04 | 25 25 | 08 15 | 01 05 |
| 13 | 18 16 | 28 09 | 25 46 | 08 26 | 01 03 |
| 14 | 18 07 | 28 16 | 26 07 | 08 36 | 01 02 |
| 15 | 17 59 | 28 22 | 26 28 | 08 47 | 01 00 |
| 16 | 17 51 | 28 29 | 26 49 | 08 59 | 00 59 |
| 17 | 17 43 | 28 35 | 27 10 | 09 10 | 00 57 |
| 18 | 17 35 | 28 43 | 27 31 | 09 22 | 00 56 |
| 19 | 17 28 | 28 50 | 27 52 | 09 34 | 00 54 |
| 20 | 17 22 | 28 58 | 28 13 | 09 47 | 00 53 |
| 21 | 17 15 | 29 06 | 28 34 | 10 00 | 00 52 |
| 22 | 17 09 | 29 14 | 28 55 | 10 13 | 00 50 |
| 23 | 17 04 | 29 22 | 29 16 | 10 27 | 00 49 |
| 24 | 16 58 | 29 31 | 29 37 | 10 41 | 00 48 |
| 25 | 16 54 | 29 40 | 29 58 | 10 55 | 00 47 |
| 26 | 16 49 | 29 49 | 00♏19 | 11 09 | 00 46 |
| 27 | 16 45 | 29 59 | 00 40 | 11 24 | 00 45 |
| 28 | 16 41 | 00♒08 | 01 01 | 11 39 | 00 44 |
| 29 | 16 38 | 00 18 | 01 22 | 11 55 | 00 44 |
| 30 | 16 35 | 00 28 | 01 43 | 12 10 | 00 43 |
| 31 | 16 32 | 00 38 | 02 04 | 12 26 | 00 42 |

## Lunar Data

| Last Asp. | | Ingress | | |
|---|---|---|---|---|
| 1 | 02:19 | 1 | ♐ | 04:43 |
| 3 | 05:39 | 3 | ♑ | 08:17 |
| 5 | 05:59 | 5 | ♒ | 15:19 |
| 7 | 22:09 | 8 | ♓ | 01:14 |
| 8 | 16:52 | 10 | ♈ | 12:58 |
| 13 | 00:09 | 13 | ♉ | 01:36 |
| 15 | 10:52 | 15 | ♊ | 14:16 |
| 17 | 22:19 | 18 | ♋ | 01:39 |
| 20 | 03:31 | 20 | ♌ | 10:07 |
| 22 | 12:35 | 22 | ♍ | 14:41 |
| 23 | 20:48 | 24 | ♎ | 15:50 |
| 26 | 12:19 | 26 | ♏ | 15:10 |
| 28 | 11:50 | 28 | ♐ | 14:46 |
| 30 | 13:32 | 30 | ♑ | 16:40 |

0:00 E.T.

## Declinations

| D | ☉ | ☽ | ☿ | ♀ | ♂ | ♃ | ♄ | ♅ | ♆ | ♇ | ⚳ | ⚴ | ⚵ | ⚶ | ⚷ |
|---|---|---|---|---|---|---|---|---|---|---|---|---|---|---|---|
| 1 | -02 58 | -21 11 | -02 34 | -06 51 | +19 33 | +13 01 | -05 13 | +00 14 | -12 30 | -19 10 | -18 06 | +05 57 | -02 55 | -25 28 | -05 18 |
| 2 | 03 21 | 22 37 | 03 20 | 07 21 | 19 25 | 12 59 | 05 15 | 00 13 | 12 30 | 19 10 | 18 09 | 05 46 | 03 01 | 25 26 | 05 19 |
| 3 | 03 44 | 22 36 | 04 06 | 07 50 | 19 17 | 12 57 | 05 18 | 00 12 | 12 31 | 19 10 | 18 11 | 05 35 | 03 08 | 25 24 | 05 20 |
| 4 | 04 08 | 21 15 | 04 52 | 08 20 | 19 08 | 12 55 | 05 21 | 00 11 | 12 31 | 19 10 | 18 13 | 05 25 | 03 15 | 25 21 | 05 21 |
| 5 | 04 31 | 18 47 | 05 37 | 08 49 | 19 00 | 12 53 | 05 24 | 00 11 | 12 31 | 19 11 | 18 15 | 05 14 | 03 21 | 25 18 | 05 22 |
| 6 | 04 54 | 15 28 | 06 22 | 09 18 | 18 51 | 12 51 | 05 26 | 00 10 | 12 32 | 19 11 | 18 17 | 05 03 | 03 28 | 25 15 | 05 23 |
| 7 | 05 17 | 11 31 | 07 06 | 09 47 | 18 42 | 12 49 | 05 29 | 00 09 | 12 32 | 19 11 | 18 19 | 04 53 | 03 35 | 25 12 | 05 24 |
| 8 | 05 40 | 07 09 | 07 50 | 10 15 | 18 34 | 12 46 | 05 32 | 00 08 | 12 33 | 19 11 | 18 20 | 04 43 | 03 41 | 25 09 | 05 25 |
| 9 | 06 03 | 02 35 | 08 33 | 10 44 | 18 25 | 12 44 | 05 35 | 00 07 | 12 33 | 19 11 | 18 22 | 04 32 | 03 48 | 25 06 | 05 26 |
| 10 | 06 26 | +02 03 | 09 16 | 11 12 | 18 16 | 12 42 | 05 38 | 00 06 | 12 33 | 19 12 | 18 23 | 04 22 | 03 54 | 25 03 | 05 27 |
| 11 | 06 48 | 06 33 | 09 58 | 11 40 | 18 07 | 12 39 | 05 40 | 00 05 | 12 34 | 19 12 | 18 23 | 04 12 | 04 01 | 24 59 | 05 28 |
| 12 | 07 11 | 10 49 | 10 39 | 12 07 | 17 58 | 12 37 | 05 43 | 00 04 | 12 34 | 19 12 | 18 24 | 04 02 | 04 07 | 24 56 | 05 29 |
| 13 | 07 33 | 14 38 | 11 20 | 12 35 | 17 49 | 12 35 | 05 46 | 00 03 | 12 34 | 19 12 | 18 24 | 03 53 | 04 14 | 24 52 | 05 30 |
| 14 | 07 56 | 17 53 | 12 00 | 13 02 | 17 40 | 12 32 | 05 49 | 00 02 | 12 34 | 19 12 | 18 25 | 03 43 | 04 20 | 24 48 | 05 30 |
| 15 | 08 18 | 20 24 | 12 39 | 13 28 | 17 30 | 12 30 | 05 51 | 00 02 | 12 35 | 19 13 | 18 25 | 03 33 | 04 27 | 24 44 | 05 31 |
| 16 | 08 40 | 22 02 | 13 18 | 13 55 | 17 21 | 12 27 | 05 54 | 00 01 | 12 35 | 19 13 | 18 24 | 03 24 | 04 33 | 24 40 | 05 32 |
| 17 | 09 02 | 22 39 | 13 56 | 14 21 | 17 12 | 12 25 | 05 57 | -00 00 | 12 35 | 19 13 | 18 24 | 03 15 | 04 39 | 24 36 | 05 33 |
| 18 | 09 24 | 22 12 | 14 33 | 14 46 | 17 02 | 12 22 | 05 59 | 00 01 | 12 36 | 19 13 | 18 23 | 03 05 | 04 46 | 24 32 | 05 34 |
| 19 | 09 46 | 20 39 | 15 10 | 15 12 | 16 53 | 12 20 | 06 02 | 00 02 | 12 36 | 19 13 | 18 22 | 02 56 | 04 52 | 24 28 | 05 35 |
| 20 | 10 08 | 18 01 | 15 45 | 15 37 | 16 44 | 12 17 | 06 05 | 00 03 | 12 36 | 19 14 | 18 21 | 02 47 | 04 58 | 24 23 | 05 35 |
| 21 | 10 29 | 14 24 | 16 20 | 16 01 | 16 34 | 12 14 | 06 08 | 00 04 | 12 36 | 19 14 | 18 20 | 02 39 | 05 04 | 24 18 | 05 36 |
| 22 | 10 51 | 09 55 | 16 54 | 16 25 | 16 25 | 12 12 | 06 10 | 00 04 | 12 36 | 19 14 | 18 19 | 02 30 | 05 11 | 24 14 | 05 37 |
| 23 | 11 12 | 04 46 | 17 27 | 16 49 | 16 15 | 12 09 | 06 13 | 00 05 | 12 37 | 19 14 | 18 17 | 02 21 | 05 17 | 24 09 | 05 38 |
| 24 | 11 33 | -00 49 | 17 59 | 17 12 | 16 05 | 12 07 | 06 16 | 00 06 | 12 37 | 19 14 | 18 15 | 02 13 | 05 23 | 24 04 | 05 38 |
| 25 | 11 54 | 06 29 | 18 30 | 17 35 | 15 56 | 12 04 | 06 18 | 00 07 | 12 37 | 19 14 | 18 13 | 02 05 | 05 29 | 23 59 | 05 39 |
| 26 | 12 15 | 11 51 | 19 01 | 17 58 | 15 46 | 12 01 | 06 21 | 00 07 | 12 37 | 19 15 | 18 11 | 01 56 | 05 35 | 23 54 | 05 40 |
| 27 | 12 35 | 16 29 | 19 30 | 18 20 | 15 37 | 11 59 | 06 24 | 00 08 | 12 37 | 19 15 | 18 09 | 01 48 | 05 41 | 23 49 | 05 41 |
| 28 | 12 55 | 19 59 | 19 59 | 18 41 | 15 27 | 11 56 | 06 26 | 00 09 | 12 37 | 19 15 | 18 06 | 01 40 | 05 47 | 23 43 | 05 41 |
| 29 | 13 16 | 22 04 | 20 26 | 19 02 | 15 17 | 11 53 | 06 29 | 00 10 | 12 38 | 19 15 | 18 04 | 01 33 | 05 53 | 23 38 | 05 42 |
| 30 | 13 35 | 22 35 | 20 53 | 19 23 | 15 07 | 11 51 | 06 31 | 00 10 | 12 38 | 19 15 | 18 01 | 01 25 | 05 59 | 23 33 | 05 42 |
| 31 | 13 55 | 21 38 | 21 18 | 19 42 | 14 58 | 11 48 | 06 34 | 00 11 | 12 38 | 19 15 | 17 58 | 01 18 | 06 04 | 23 27 | 05 43 |

Lunar Phases -- 4 ◐ 03:16 12 ○ 02:07 20 ◑ 03:32 26 ● 19:57 Sun enters ♏ 10/23 18:32

## 0:00 E.T. Longitudes of Main Planets - November 2011

| D | S.T. | ☉ | ☽ | ☽ 12:00 | ☿ | ♀ | ♂ | ♃ | ♄ | ♅ | ♆ | ♇ | ☊ |
|---|---|---|---|---|---|---|---|---|---|---|---|---|---|
| 1 | 2:39:44 | 08♏12 47 | 17♑50 | 24♑28 | 27♏40 | 28♏18 | 24♌43 | 04♉53℞ | 22♎23 | 01♈16℞ | 28♒10℞ | 05♑25 | 16♐12 |
| 2 | 2:43:41 | 09 12 49 | 01♒00 | 07♒26 | 29 02 | 29 32 | 25 15 | 04 45 | 22 30 | 01 14 | 28 09 | 05 26 | 16 09 |
| 3 | 2:47:38 | 10 12 52 | 13 47 | 20 03 | 00♐24 | 00♐47 | 25 47 | 04 37 | 22 37 | 01 12 | 28 09 | 05 27 | 16 06 |
| 4 | 2:51:34 | 11 12 57 | 26 15 | 02♓23 | 01 45 | 02 02 | 26 18 | 04 29 | 22 44 | 01 10 | 28 09 | 05 29 | 16 03 |
| 5 | 2:55:31 | 12 13 03 | 08♓29 | 14 31 | 03 04 | 03 16 | 26 50 | 04 21 | 22 51 | 01 09 | 28 09 | 05 30 | 16 00 |
| 6 | 2:59:27 | 13 13 11 | 20 31 | 26 30 | 04 23 | 04 31 | 27 21 | 04 13 | 22 58 | 01 07 | 28 08 | 05 32 | 15 56 |
| 7 | 3:03:24 | 14 13 20 | 02♈27 | 08♈23 | 05 40 | 05 45 | 27 52 | 04 05 | 23 05 | 01 06 | 28 08 | 05 33 | 15 53 |
| 8 | 3:07:20 | 15 13 31 | 14 19 | 20 14 | 06 56 | 07 00 | 28 23 | 03 57 | 23 12 | 01 04 | 28 08 | 05 35 | 15 50 |
| 9 | 3:11:17 | 16 13 44 | 26 10 | 02♉05 | 08 10 | 08 14 | 28 54 | 03 50 | 23 19 | 01 03 | 28 08 | 05 36 | 15 47 |
| 10 | 3:15:13 | 17 13 58 | 08♉01 | 13 58 | 09 23 | 09 29 | 29 24 | 03 42 | 23 26 | 01 01 | 28 08D | 05 38 | 15 44 |
| 11 | 3:19:10 | 18 14 14 | 19 56 | 25 54 | 10 33 | 10 43 | 29 55 | 03 34 | 23 33 | 01 00 | 28 08 | 05 39 | 15 40 |
| 12 | 3:23:07 | 19 14 32 | 01♊55 | 07♊56 | 11 42 | 11 58 | 00♍25 | 03 27 | 23 40 | 00 58 | 28 08 | 05 41 | 15 37 |
| 13 | 3:27:03 | 20 14 52 | 14 00 | 20 06 | 12 48 | 13 12 | 00 55 | 03 19 | 23 47 | 00 57 | 28 08 | 05 42 | 15 34 |
| 14 | 3:31:00 | 21 15 13 | 26 14 | 02♋25 | 13 51 | 14 27 | 01 25 | 03 12 | 23 54 | 00 56 | 28 09 | 05 44 | 15 31 |
| 15 | 3:34:56 | 22 15 37 | 08♋38 | 14 55 | 14 51 | 15 42 | 01 54 | 03 05 | 24 00 | 00 54 | 28 09 | 05 46 | 15 28 |
| 16 | 3:38:53 | 23 16 02 | 21 16 | 27 41 | 15 47 | 16 56 | 02 24 | 02 57 | 24 07 | 00 53 | 28 09 | 05 47 | 15 25 |
| 17 | 3:42:49 | 24 16 29 | 04♌10 | 10♌44 | 16 40 | 18 11 | 02 53 | 02 50 | 24 14 | 00 52 | 28 09 | 05 49 | 15 21 |
| 18 | 3:46:46 | 25 16 58 | 17 23 | 24 07 | 17 28 | 19 25 | 03 22 | 02 43 | 24 20 | 00 51 | 28 09 | 05 51 | 15 18 |
| 19 | 3:50:42 | 26 17 28 | 00♍57 | 07♍53 | 18 11 | 20 40 | 03 51 | 02 36 | 24 27 | 00 50 | 28 10 | 05 52 | 15 15 |
| 20 | 3:54:39 | 27 18 01 | 14 54 | 22 01 | 18 48 | 21 54 | 04 20 | 02 30 | 24 34 | 00 49 | 28 10 | 05 54 | 15 12 |
| 21 | 3:58:36 | 28 18 35 | 29 13 | 06♎30 | 19 19 | 23 08 | 04 48 | 02 23 | 24 40 | 00 48 | 28 10 | 05 56 | 15 09 |
| 22 | 4:02:32 | 29 19 11 | 13♎52 | 21 17 | 19 43 | 24 23 | 05 16 | 02 17 | 24 47 | 00 47 | 28 11 | 05 58 | 15 05 |
| 23 | 4:06:29 | 00♐19 49 | 28 46 | 06♏16 | 19 59 | 25 37 | 05 44 | 02 10 | 24 53 | 00 46 | 28 11 | 06 00 | 15 02 |
| 24 | 4:10:25 | 01 20 28 | 13♏46 | 21 17 | 20 07 | 26 52 | 06 12 | 02 04 | 24 59 | 00 45 | 28 12 | 06 01 | 14 59 |
| 25 | 4:14:22 | 02 21 09 | 28 46 | 06♐13 | 20 05℞ | 28 06 | 06 40 | 01 58 | 25 06 | 00 44 | 28 12 | 06 03 | 14 56 |
| 26 | 4:18:18 | 03 21 51 | 13♐36 | 20 55 | 19 53 | 29 21 | 07 07 | 01 52 | 25 12 | 00 44 | 28 13 | 06 05 | 14 53 |
| 27 | 4:22:15 | 04 22 35 | 28 09 | 05♑17 | 19 30 | 00♑35 | 07 34 | 01 47 | 25 18 | 00 43 | 28 13 | 06 07 | 14 50 |
| 28 | 4:26:11 | 05 23 20 | 12♑19 | 19 14 | 18 57 | 01 50 | 08 01 | 01 41 | 25 25 | 00 42 | 28 14 | 06 09 | 14 46 |
| 29 | 4:30:08 | 06 24 06 | 26 03 | 02♒45 | 18 13 | 03 04 | 08 28 | 01 36 | 25 31 | 00 42 | 28 15 | 06 11 | 14 43 |
| 30 | 4:34:05 | 07 24 53 | 09♒21 | 15 51 | 17 18 | 04 19 | 08 54 | 01 30 | 25 37 | 00 41 | 28 15 | 06 13 | 14 40 |

## 0:00 E.T. Longitudes of the Major Asteroids and Chiron

| D | ⚳ | ⚴ | ⚵ | ⚶ | ⚷ | D | ⚳ | ⚴ | ⚵ | ⚶ | ⚷ |
|---|---|---|---|---|---|---|---|---|---|---|---|
| 1 | 16♓30℞ | 00♒49 | 02♏25 | 12♒42 | 00♓42℞ | 16 | 16 41 | 03 50 | 07 36 | 17 13 | 00 39 |
| 2 | 16 28 | 01 00 | 02 46 | 12 59 | 00 41 | 17 | 16 44 | 04 04 | 07 57 | 17 32 | 00 40 |
| 3 | 16 26 | 01 11 | 03 07 | 13 15 | 00 40 | 18 | 16 48 | 04 17 | 08 17 | 17 52 | 00 40 |
| 4 | 16 25 | 01 22 | 03 28 | 13 32 | 00 40 | 19 | 16 53 | 04 31 | 08 38 | 18 12 | 00 41 |
| 5 | 16 25 | 01 33 | 03 49 | 13 49 | 00 40 | 20 | 16 57 | 04 45 | 08 58 | 18 33 | 00 41 |
| 6 | 16 24 | 01 45 | 04 10 | 14 07 | 00 39 | 21 | 17 02 | 04 59 | 09 19 | 18 53 | 00 42 |
| 7 | 16 24D | 01 56 | 04 30 | 14 24 | 00 39 | 22 | 17 08 | 05 14 | 09 39 | 19 14 | 00 42 |
| 8 | 16 25 | 02 08 | 04 51 | 14 42 | 00 39 | 23 | 17 13 | 05 28 | 09 59 | 19 35 | 00 43 |
| 9 | 16 25 | 02 20 | 05 12 | 15 00 | 00 39 | 24 | 17 19 | 05 43 | 10 20 | 19 56 | 00 44 |
| 10 | 16 26 | 02 33 | 05 33 | 15 18 | 00 39 | 25 | 17 26 | 05 57 | 10 40 | 20 17 | 00 45 |
| 11 | 16 28 | 02 45 | 05 53 | 15 37 | 00 39D | 26 | 17 32 | 06 12 | 11 00 | 20 38 | 00 45 |
| 12 | 16 30 | 02 58 | 06 14 | 15 56 | 00 39 | 27 | 17 39 | 06 27 | 11 20 | 21 00 | 00 46 |
| 13 | 16 32 | 03 11 | 06 35 | 16 15 | 00 39 | 28 | 17 46 | 06 42 | 11 40 | 21 21 | 00 47 |
| 14 | 16 35 | 03 24 | 06 55 | 16 34 | 00 39 | 29 | 17 54 | 06 58 | 12 00 | 21 43 | 00 48 |
| 15 | 16 37 | 03 37 | 07 16 | 16 53 | 00 39 | 30 | 18 02 | 07 13 | 12 20 | 22 05 | 00 50 |

### Lunar Data

| Last Asp. | | Ingress | | |
|---|---|---|---|---|
| 1 | 21:01 | 1 | ♒ | 22:09 |
| 4 | 03:42 | 4 | ♓ | 07:19 |
| 5 | 08:06 | 6 | ♈ | 19:03 |
| 9 | 05:47 | 9 | ♉ | 07:46 |
| 11 | 16:28 | 11 | ♊ | 20:11 |
| 14 | 03:43 | 14 | ♋ | 07:20 |
| 16 | 05:23 | 16 | ♌ | 16:18 |
| 18 | 19:06 | 18 | ♍ | 22:20 |
| 20 | 22:23 | 21 | ♎ | 01:17 |
| 22 | 23:05 | 23 | ♏ | 01:59 |
| 24 | 23:05 | 25 | ♐ | 01:59 |
| 27 | 00:07 | 27 | ♑ | 03:06 |
| 28 | 23:02 | 29 | ♒ | 07:03 |

## 0:00 E.T. Declinations

| D | ☉ | ☽ | ☿ | ♀ | ♂ | ♃ | ♄ | ♅ | ♆ | ♇ | ⚳ | ⚴ | ⚵ | ⚶ | ⚷ |
|---|---|---|---|---|---|---|---|---|---|---|---|---|---|---|---|
| 1 | -14 15 | -19 26 | -21 42 | -20 02 | +14 48 | +11 45 | -06 37 | -00 12 | -12 38 | -19 16 | -17 54 | +01 10 | -06 10 | -23 21 | -05 44 |
| 2 | 14 34 | 16 16 | 22 06 | 20 21 | 14 38 | 11 43 | 06 39 | 00 12 | 12 38 | 19 16 | 17 51 | 01 03 | 06 16 | 23 15 | 05 44 |
| 3 | 14 53 | 12 25 | 22 28 | 20 39 | 14 28 | 11 40 | 06 42 | 00 13 | 12 38 | 19 16 | 17 47 | 00 56 | 06 21 | 23 10 | 05 45 |
| 4 | 15 12 | 08 07 | 22 49 | 20 57 | 14 19 | 11 38 | 06 44 | 00 14 | 12 38 | 19 16 | 17 43 | 00 49 | 06 27 | 23 04 | 05 45 |
| 5 | 15 30 | 03 35 | 23 08 | 21 14 | 14 09 | 11 35 | 06 47 | 00 14 | 12 38 | 19 16 | 17 40 | 00 42 | 06 33 | 22 57 | 05 46 |
| 6 | 15 48 | +01 00 | 23 27 | 21 30 | 13 59 | 11 33 | 06 49 | 00 15 | 12 38 | 19 16 | 17 35 | 00 35 | 06 38 | 22 51 | 05 46 |
| 7 | 16 06 | 05 31 | 23 44 | 21 46 | 13 49 | 11 30 | 06 52 | 00 16 | 12 38 | 19 16 | 17 31 | 00 29 | 06 44 | 22 45 | 05 47 |
| 8 | 16 24 | 09 49 | 24 00 | 22 02 | 13 40 | 11 28 | 06 54 | 00 16 | 12 38 | 19 17 | 17 27 | 00 22 | 06 49 | 22 39 | 05 47 |
| 9 | 16 41 | 13 44 | 24 15 | 22 16 | 13 30 | 11 25 | 06 57 | 00 17 | 12 38 | 19 17 | 17 22 | 00 16 | 06 54 | 22 32 | 05 48 |
| 10 | 16 59 | 17 07 | 24 28 | 22 31 | 13 20 | 11 23 | 06 59 | 00 17 | 12 38 | 19 17 | 17 18 | 00 10 | 07 00 | 22 26 | 05 48 |
| 11 | 17 15 | 19 48 | 24 40 | 22 44 | 13 11 | 11 20 | 07 02 | 00 18 | 12 38 | 19 17 | 17 13 | 00 04 | 07 05 | 22 19 | 05 48 |
| 12 | 17 32 | 21 39 | 24 51 | 22 57 | 13 01 | 11 18 | 07 04 | 00 18 | 12 38 | 19 17 | 17 08 | -00 02 | 07 10 | 22 12 | 05 49 |
| 13 | 17 48 | 22 30 | 25 00 | 23 09 | 12 51 | 11 15 | 07 07 | 00 19 | 12 38 | 19 17 | 17 03 | 00 08 | 07 15 | 22 06 | 05 49 |
| 14 | 18 04 | 22 18 | 25 08 | 23 20 | 12 42 | 11 13 | 07 09 | 00 19 | 12 38 | 19 17 | 16 57 | 00 14 | 07 21 | 21 59 | 05 49 |
| 15 | 18 20 | 20 59 | 25 14 | 23 31 | 12 32 | 11 11 | 07 11 | 00 20 | 12 38 | 19 17 | 16 52 | 00 19 | 07 26 | 21 52 | 05 50 |
| 16 | 18 35 | 18 37 | 25 18 | 23 41 | 12 23 | 11 08 | 07 14 | 00 20 | 12 38 | 19 17 | 16 46 | 00 25 | 07 31 | 21 45 | 05 50 |
| 17 | 18 50 | 15 18 | 25 21 | 23 50 | 12 13 | 11 06 | 07 16 | 00 21 | 12 38 | 19 18 | 16 41 | 00 30 | 07 36 | 21 38 | 05 50 |
| 18 | 19 05 | 11 09 | 25 22 | 23 59 | 12 04 | 11 04 | 07 18 | 00 21 | 12 38 | 19 18 | 16 35 | 00 35 | 07 41 | 21 30 | 05 50 |
| 19 | 19 19 | 06 20 | 25 22 | 24 07 | 11 54 | 11 02 | 07 21 | 00 22 | 12 38 | 19 18 | 16 29 | 00 40 | 07 45 | 21 23 | 05 51 |
| 20 | 19 33 | 01 05 | 25 19 | 24 14 | 11 45 | 11 00 | 07 23 | 00 22 | 12 38 | 19 18 | 16 23 | 00 45 | 07 50 | 21 16 | 05 51 |
| 21 | 19 47 | -04 22 | 25 15 | 24 21 | 11 36 | 10 58 | 07 25 | 00 22 | 12 37 | 19 18 | 16 17 | 00 50 | 07 55 | 21 08 | 05 51 |
| 22 | 20 00 | 09 42 | 25 09 | 24 27 | 11 26 | 10 56 | 07 27 | 00 23 | 12 37 | 19 18 | 16 11 | 00 55 | 08 00 | 21 01 | 05 51 |
| 23 | 20 13 | 14 33 | 25 01 | 24 32 | 11 17 | 10 54 | 07 30 | 00 23 | 12 37 | 19 18 | 16 04 | 00 59 | 08 04 | 20 53 | 05 51 |
| 24 | 20 26 | 18 32 | 24 51 | 24 36 | 11 08 | 10 52 | 07 32 | 00 23 | 12 37 | 19 18 | 15 58 | 01 04 | 08 09 | 20 46 | 05 51 |
| 25 | 20 38 | 21 16 | 24 38 | 24 39 | 10 59 | 10 50 | 07 34 | 00 23 | 12 37 | 19 18 | 15 51 | 01 08 | 08 13 | 20 38 | 05 52 |
| 26 | 20 50 | 22 30 | 24 24 | 24 42 | 10 50 | 10 48 | 07 36 | 00 24 | 12 37 | 19 18 | 15 44 | 01 12 | 08 18 | 20 30 | 05 52 |
| 27 | 21 01 | 22 09 | 24 07 | 24 44 | 10 41 | 10 47 | 07 38 | 00 24 | 12 36 | 19 19 | 15 38 | 01 16 | 08 22 | 20 22 | 05 52 |
| 28 | 21 12 | 20 23 | 23 47 | 24 46 | 10 32 | 10 45 | 07 40 | 00 24 | 12 36 | 19 19 | 15 31 | 01 20 | 08 26 | 20 14 | 05 52 |
| 29 | 21 23 | 17 28 | 23 26 | 24 46 | 10 23 | 10 43 | 07 43 | 00 24 | 12 36 | 19 19 | 15 24 | 01 24 | 08 31 | 20 06 | 05 52 |
| 30 | 21 33 | 13 43 | 23 01 | 24 46 | 10 14 | 10 42 | 07 45 | 00 25 | 12 36 | 19 19 | 15 17 | 01 27 | 08 35 | 19 58 | 05 52 |

Lunar Phases -- 2 ◐ 16:39 10 ○ 20:17 18 ◑ 15:10 25 ● 06:11 Sun enters ♐ 11/22 16:10

## Longitudes of Main Planets - December 2011

0:00 E.T.

| D | S.T. | ☉ | ☽ | ☽ 12:00 | ☿ | ♀ | ♂ | ♃ | ♄ | ♅ | ♆ | ♇ | ☊ |
|---|---|---|---|---|---|---|---|---|---|---|---|---|---|
| 1 | 4:38:01 | 08♐25 41 | 22♒15 | 28♒33 | 16♐14℞ | 05♑33 | 09♍20 | 01♉25℞ | 25♎43 | 00♈41℞ | 28♒16 | 06♑15 | 14♐37 |
| 2 | 4:41:58 | 09 26 30 | 04♓47 | 10♓56 | 15 02 | 06 47 | 09 46 | 01 21 | 25 49 | 00 40 | 28 17 | 06 17 | 14 34 |
| 3 | 4:45:54 | 10 27 20 | 17 02 | 23 04 | 13 43 | 08 02 | 10 11 | 01 16 | 25 55 | 00 40 | 28 17 | 06 19 | 14 31 |
| 4 | 4:49:51 | 11 28 10 | 29 04 | 05♈02 | 12 21 | 09 16 | 10 37 | 01 11 | 26 01 | 00 40 | 28 18 | 06 21 | 14 27 |
| 5 | 4:53:47 | 12 29 02 | 10♈58 | 16 53 | 10 59 | 10 30 | 11 02 | 01 07 | 26 06 | 00 39 | 28 19 | 06 23 | 14 24 |
| 6 | 4:57:44 | 13 29 54 | 22 48 | 28 43 | 09 38 | 11 45 | 11 26 | 01 03 | 26 12 | 00 39 | 28 20 | 06 25 | 14 21 |
| 7 | 5:01:40 | 14 30 47 | 04♉39 | 10♉35 | 08 21 | 12 59 | 11 51 | 00 59 | 26 18 | 00 39 | 28 21 | 06 27 | 14 18 |
| 8 | 5:05:37 | 15 31 41 | 16 32 | 22 32 | 07 12 | 14 13 | 12 15 | 00 55 | 26 24 | 00 39 | 28 22 | 06 29 | 14 15 |
| 9 | 5:09:34 | 16 32 36 | 28 33 | 04♊36 | 06 12 | 15 28 | 12 39 | 00 52 | 26 29 | 00 39 | 28 23 | 06 31 | 14 11 |
| 10 | 5:13:30 | 17 33 32 | 10♊42 | 16 50 | 05 21 | 16 42 | 13 02 | 00 48 | 26 35 | 00 39 | 28 24 | 06 33 | 14 08 |
| 11 | 5:17:27 | 18 34 29 | 23 01 | 29 15 | 04 42 | 17 56 | 13 25 | 00 45 | 26 40 | 00 39D | 28 25 | 06 35 | 14 05 |
| 12 | 5:21:23 | 19 35 27 | 05♋32 | 11♋52 | 04 14 | 19 10 | 13 48 | 00 42 | 26 45 | 00 39 | 28 26 | 06 37 | 14 02 |
| 13 | 5:25:20 | 20 36 25 | 18 15 | 24 41 | 03 57 | 20 24 | 14 11 | 00 39 | 26 51 | 00 39 | 28 27 | 06 39 | 13 59 |
| 14 | 5:29:16 | 21 37 25 | 01♌11 | 07♌44 | 03 51 | 21 39 | 14 33 | 00 37 | 26 56 | 00 39 | 28 28 | 06 41 | 13 56 |
| 15 | 5:33:13 | 22 38 25 | 14 21 | 21 01 | 03 56D | 22 53 | 14 55 | 00 34 | 27 01 | 00 39 | 28 29 | 06 43 | 13 52 |
| 16 | 5:37:09 | 23 39 27 | 27 45 | 04♍32 | 04 09 | 24 07 | 15 17 | 00 32 | 27 06 | 00 39 | 28 30 | 06 45 | 13 49 |
| 17 | 5:41:06 | 24 40 29 | 11♍23 | 18 17 | 04 32 | 25 21 | 15 38 | 00 30 | 27 11 | 00 40 | 28 32 | 06 47 | 13 46 |
| 18 | 5:45:03 | 25 41 33 | 25 15 | 02♎16 | 05 02 | 26 35 | 15 59 | 00 28 | 27 16 | 00 40 | 28 33 | 06 49 | 13 43 |
| 19 | 5:48:59 | 26 42 37 | 09♎21 | 16 29 | 05 39 | 27 49 | 16 19 | 00 27 | 27 21 | 00 40 | 28 34 | 06 52 | 13 40 |
| 20 | 5:52:56 | 27 43 42 | 23 39 | 00♏52 | 06 22 | 29 03 | 16 39 | 00 26 | 27 26 | 00 41 | 28 35 | 06 54 | 13 37 |
| 21 | 5:56:52 | 28 44 48 | 08♏07 | 15 23 | 07 11 | 00♒17 | 16 59 | 00 24 | 27 31 | 00 41 | 28 37 | 06 56 | 13 33 |
| 22 | 6:00:49 | 29 45 55 | 22 40 | 29 58 | 08 05 | 01 31 | 17 18 | 00 23 | 27 35 | 00 42 | 28 38 | 06 58 | 13 30 |
| 23 | 6:04:45 | 00♑47 03 | 07♐15 | 14♐31 | 09 03 | 02 45 | 17 37 | 00 23 | 27 40 | 00 43 | 28 40 | 07 00 | 13 27 |
| 24 | 6:08:42 | 01 48 11 | 21 44 | 28 56 | 10 04 | 03 59 | 17 55 | 00 22 | 27 44 | 00 43 | 28 41 | 07 02 | 13 24 |
| 25 | 6:12:38 | 02 49 20 | 06♑03 | 13♑07 | 11 09 | 05 13 | 18 13 | 00 22 | 27 49 | 00 44 | 28 42 | 07 04 | 13 21 |
| 26 | 6:16:35 | 03 50 29 | 20 06 | 27 00 | 12 17 | 06 27 | 18 31 | 00 22D | 27 53 | 00 45 | 28 44 | 07 06 | 13 17 |
| 27 | 6:20:32 | 04 51 39 | 03♒49 | 10♒32 | 13 28 | 07 41 | 18 48 | 00 22 | 27 57 | 00 46 | 28 45 | 07 09 | 13 14 |
| 28 | 6:24:28 | 05 52 48 | 17 09 | 23 41 | 14 41 | 08 54 | 19 05 | 00 22 | 28 02 | 00 47 | 28 47 | 07 11 | 13 11 |
| 29 | 6:28:25 | 06 53 58 | 00♓07 | 06♓28 | 15 56 | 10 08 | 19 21 | 00 23 | 28 06 | 00 48 | 28 49 | 07 13 | 13 08 |
| 30 | 6:32:21 | 07 55 07 | 12 44 | 18 55 | 17 12 | 11 22 | 19 37 | 00 24 | 28 10 | 00 48 | 28 50 | 07 15 | 13 05 |
| 31 | 6:36:18 | 08 56 17 | 25 02 | 01♈06 | 18 30 | 12 36 | 19 52 | 00 25 | 28 14 | 00 50 | 28 52 | 07 17 | 13 02 |

## Longitudes of the Major Asteroids and Chiron

0:00 E.T.

| D | ⚳ | ⚴ | ⚵ | ⚶ | ⚷ |
|---|---|---|---|---|---|
| 1 | 18♓10 | 07♒29 | 12♏40 | 22♒27 | 00♓51 |
| 2 | 18 19 | 07 44 | 13 00 | 22 49 | 00 52 |
| 3 | 18 27 | 08 00 | 13 20 | 23 12 | 00 53 |
| 4 | 18 37 | 08 16 | 13 40 | 23 34 | 00 55 |
| 5 | 18 46 | 08 32 | 14 00 | 23 57 | 00 56 |
| 6 | 18 56 | 08 48 | 14 19 | 24 20 | 00 57 |
| 7 | 19 06 | 09 04 | 14 39 | 24 43 | 00 59 |
| 8 | 19 16 | 09 21 | 14 59 | 25 06 | 01 01 |
| 9 | 19 26 | 09 37 | 15 18 | 25 29 | 01 02 |
| 10 | 19 37 | 09 54 | 15 37 | 25 52 | 01 04 |
| 11 | 19 48 | 10 10 | 15 57 | 26 16 | 01 06 |
| 12 | 19 59 | 10 27 | 16 16 | 26 39 | 01 07 |
| 13 | 20 11 | 10 44 | 16 35 | 27 03 | 01 09 |
| 14 | 20 23 | 11 01 | 16 55 | 27 27 | 01 11 |
| 15 | 20 35 | 11 18 | 17 14 | 27 51 | 01 13 |
| 16 | 20 47 | 11 35 | 17 33 | 28 15 | 01 15 |
| 17 | 20 59 | 11 52 | 17 52 | 28 39 | 01 17 |
| 18 | 21 12 | 12 10 | 18 10 | 29 03 | 01 19 |
| 19 | 21 25 | 12 27 | 18 29 | 29 28 | 01 22 |
| 20 | 21 38 | 12 45 | 18 48 | 29 52 | 01 24 |
| 21 | 21 52 | 13 02 | 19 07 | 00♓17 | 01 26 |
| 22 | 22 05 | 13 20 | 19 25 | 00 41 | 01 28 |
| 23 | 22 19 | 13 38 | 19 44 | 01 06 | 01 31 |
| 24 | 22 33 | 13 55 | 20 02 | 01 31 | 01 33 |
| 25 | 22 48 | 14 13 | 20 20 | 01 56 | 01 36 |
| 26 | 23 02 | 14 31 | 20 39 | 02 21 | 01 38 |
| 27 | 23 17 | 14 50 | 20 57 | 02 46 | 01 41 |
| 28 | 23 32 | 15 08 | 21 15 | 03 11 | 01 43 |
| 29 | 23 47 | 15 26 | 21 33 | 03 37 | 01 46 |
| 30 | 24 02 | 15 44 | 21 51 | 04 02 | 01 49 |
| 31 | 24 18 | 16 03 | 22 08 | 04 27 | 01 51 |

## Lunar Data

| Last Asp. | | Ingress | | |
|---|---|---|---|---|
| 1 | 11:28 | 1 | ♓ | 14:47 |
| 2 | 18:07 | 4 | ♈ | 01:52 |
| 6 | 11:14 | 6 | ♉ | 14:36 |
| 8 | 23:40 | 9 | ♊ | 02:53 |
| 11 | 10:25 | 11 | ♋ | 13:27 |
| 13 | 16:06 | 13 | ♌ | 21:49 |
| 16 | 01:21 | 16 | ♍ | 03:59 |
| 18 | 02:30 | 18 | ♎ | 08:07 |
| 20 | 09:50 | 20 | ♏ | 10:34 |
| 22 | 09:50 | 22 | ♐ | 12:04 |
| 24 | 11:37 | 24 | ♑ | 13:48 |
| 26 | 13:37 | 26 | ♒ | 17:16 |
| 28 | 21:32 | 28 | ♓ | 23:47 |
| 30 | 13:39 | 31 | ♈ | 09:50 |

## Declinations

0:00 E.T.

| D | ☉ | ☽ | ☿ | ♀ | ♂ | ♃ | ♄ | ♅ | ♆ | ♇ | ⚳ | ⚴ | ⚵ | ⚶ | ⚷ |
|---|---|---|---|---|---|---|---|---|---|---|---|---|---|---|---|
| 1 | -21 42 | -09 27 | -22 35 | -24 45 | +10 06 | +10 40 | -07 47 | -00 25 | -12 35 | -19 19 | -15 09 | -01 31 | -08 39 | -19 49 | -05 52 |
| 2 | 21 52 | 04 53 | 22 07 | 24 43 | 09 57 | 10 39 | 07 49 | 00 25 | 12 35 | 19 19 | 15 02 | 01 34 | 08 43 | 19 41 | 05 51 |
| 3 | 22 01 | 00 15 | 21 38 | 24 41 | 09 49 | 10 37 | 07 51 | 00 25 | 12 35 | 19 19 | 14 55 | 01 38 | 08 47 | 19 33 | 05 51 |
| 4 | 22 09 | +04 20 | 21 08 | 24 38 | 09 40 | 10 36 | 07 53 | 00 25 | 12 35 | 19 19 | 14 47 | 01 41 | 08 51 | 19 24 | 05 51 |
| 5 | 22 17 | 08 42 | 20 38 | 24 34 | 09 32 | 10 35 | 07 55 | 00 25 | 12 34 | 19 19 | 14 40 | 01 44 | 08 55 | 19 16 | 05 51 |
| 6 | 22 25 | 12 43 | 20 09 | 24 29 | 09 24 | 10 34 | 07 56 | 00 25 | 12 34 | 19 19 | 14 32 | 01 47 | 08 58 | 19 07 | 05 51 |
| 7 | 22 32 | 16 15 | 19 42 | 24 23 | 09 16 | 10 33 | 07 58 | 00 25 | 12 34 | 19 19 | 14 24 | 01 49 | 09 02 | 18 59 | 05 51 |
| 8 | 22 39 | 19 09 | 19 18 | 24 17 | 09 08 | 10 32 | 08 00 | 00 25 | 12 33 | 19 19 | 14 16 | 01 52 | 09 06 | 18 50 | 05 51 |
| 9 | 22 45 | 21 14 | 18 57 | 24 10 | 09 00 | 10 31 | 08 02 | 00 25 | 12 33 | 19 19 | 14 08 | 01 55 | 09 09 | 18 41 | 05 50 |
| 10 | 22 51 | 22 23 | 18 39 | 24 03 | 08 52 | 10 30 | 08 04 | 00 25 | 12 33 | 19 19 | 14 00 | 01 57 | 09 13 | 18 32 | 05 50 |
| 11 | 22 57 | 22 27 | 18 26 | 23 54 | 08 44 | 10 29 | 08 06 | 00 25 | 12 32 | 19 19 | 13 52 | 02 00 | 09 16 | 18 23 | 05 50 |
| 12 | 23 02 | 21 24 | 18 16 | 23 45 | 08 37 | 10 28 | 08 07 | 00 25 | 12 32 | 19 19 | 13 44 | 02 02 | 09 20 | 18 14 | 05 50 |
| 13 | 23 06 | 19 16 | 18 11 | 23 35 | 08 29 | 10 27 | 08 09 | 00 25 | 12 32 | 19 19 | 13 36 | 02 04 | 09 23 | 18 05 | 05 49 |
| 14 | 23 10 | 16 07 | 18 09 | 23 25 | 08 22 | 10 27 | 08 11 | 00 25 | 12 31 | 19 19 | 13 28 | 02 06 | 09 26 | 17 56 | 05 49 |
| 15 | 23 14 | 12 08 | 18 10 | 23 14 | 08 15 | 10 26 | 08 13 | 00 25 | 12 31 | 19 19 | 13 19 | 02 08 | 09 30 | 17 47 | 05 49 |
| 16 | 23 17 | 07 29 | 18 15 | 23 02 | 08 08 | 10 26 | 08 14 | 00 25 | 12 30 | 19 19 | 13 11 | 02 10 | 09 33 | 17 38 | 05 48 |
| 17 | 23 20 | 02 25 | 18 22 | 22 49 | 08 01 | 10 25 | 08 16 | 00 25 | 12 30 | 19 19 | 13 03 | 02 11 | 09 36 | 17 29 | 05 48 |
| 18 | 23 22 | -02 52 | 18 31 | 22 36 | 07 54 | 10 25 | 08 17 | 00 24 | 12 29 | 19 19 | 12 54 | 02 13 | 09 39 | 17 19 | 05 47 |
| 19 | 23 24 | 08 06 | 18 43 | 22 22 | 07 48 | 10 25 | 08 19 | 00 24 | 12 29 | 19 19 | 12 45 | 02 14 | 09 41 | 17 10 | 05 47 |
| 20 | 23 25 | 12 58 | 18 56 | 22 07 | 07 41 | 10 25 | 08 20 | 00 24 | 12 29 | 19 20 | 12 37 | 02 16 | 09 44 | 17 00 | 05 47 |
| 21 | 23 26 | 17 10 | 19 10 | 21 52 | 07 35 | 10 24 | 08 22 | 00 24 | 12 28 | 19 20 | 12 28 | 02 17 | 09 47 | 16 51 | 05 46 |
| 22 | 23 26 | 20 19 | 19 26 | 21 36 | 07 29 | 10 24 | 08 23 | 00 23 | 12 28 | 19 20 | 12 19 | 02 18 | 09 50 | 16 41 | 05 46 |
| 23 | 23 26 | 22 09 | 19 42 | 21 20 | 07 23 | 10 24 | 08 25 | 00 23 | 12 27 | 19 20 | 12 10 | 02 19 | 09 52 | 16 32 | 05 45 |
| 24 | 23 25 | 22 30 | 19 58 | 21 03 | 07 17 | 10 25 | 08 26 | 00 23 | 12 27 | 19 20 | 12 01 | 02 20 | 09 55 | 16 22 | 05 45 |
| 25 | 23 24 | 21 21 | 20 15 | 20 45 | 07 11 | 10 25 | 08 28 | 00 23 | 12 26 | 19 20 | 11 52 | 02 21 | 09 57 | 16 12 | 05 44 |
| 26 | 23 23 | 18 53 | 20 32 | 20 27 | 07 06 | 10 25 | 08 29 | 00 22 | 12 26 | 19 20 | 11 43 | 02 22 | 09 59 | 16 02 | 05 43 |
| 27 | 23 21 | 15 24 | 20 49 | 20 08 | 07 01 | 10 25 | 08 30 | 00 22 | 12 25 | 19 19 | 11 34 | 02 22 | 10 02 | 15 52 | 05 43 |
| 28 | 23 18 | 11 14 | 21 06 | 19 49 | 06 56 | 10 26 | 08 31 | 00 21 | 12 25 | 19 19 | 11 25 | 02 23 | 10 04 | 15 42 | 05 42 |
| 29 | 23 15 | 06 39 | 21 22 | 19 29 | 06 51 | 10 26 | 08 33 | 00 21 | 12 24 | 19 19 | 11 16 | 02 23 | 10 06 | 15 32 | 05 42 |
| 30 | 23 12 | 01 56 | 21 38 | 19 08 | 06 46 | 10 27 | 08 34 | 00 21 | 12 23 | 19 19 | 11 07 | 02 24 | 10 08 | 15 22 | 05 41 |
| 31 | 23 08 | +02 45 | 21 53 | 18 47 | 06 41 | 10 27 | 08 35 | 00 20 | 12 23 | 19 19 | 10 57 | 02 24 | 10 10 | 15 12 | 05 40 |

Lunar Phases -- 2 ◐ 09:53 10 Ⓔ 14:38 18 ◑ 00:49 24 ● 18:07 Sun enters ♑ 12/22 05:32

# 0:00 E.T. Longitudes of Main Planets - January 2012 Jan. 12

| D | S.T. | ☉ | ☽ | ☽ 12:00 | ☿ | ♀ | ♂ | ♃ | ♄ | ♅ | ♆ | ♇ | ☊ |
|---|---|---|---|---|---|---|---|---|---|---|---|---|---|
| 1 | 6:40:14 | 09♑57 26 | 07♈06 | 13♈04 | 19♐50 | 13♒49 | 20♍07 | 00♉26 | 28♎17 | 00♈51 | 28♒53 | 07♑19 | 12♐58 |
| 2 | 6:44:11 | 10 58 35 | 19 01 | 24 56 | 21 11 | 15 03 | 20 21 | 00 27 | 28 21 | 00 52 | 28 55 | 07 21 | 12 55 |
| 3 | 6:48:07 | 11 59 44 | 00♉51 | 06♉46 | 22 33 | 16 16 | 20 35 | 00 29 | 28 25 | 00 53 | 28 57 | 07 24 | 12 52 |
| 4 | 6:52:04 | 13 00 53 | 12 41 | 18 38 | 23 56 | 17 30 | 20 48 | 00 30 | 28 28 | 00 54 | 28 58 | 07 26 | 12 49 |
| 5 | 6:56:01 | 14 02 02 | 24 37 | 00♊38 | 25 20 | 18 43 | 21 01 | 00 32 | 28 32 | 00 55 | 29 00 | 07 28 | 12 46 |
| 6 | 6:59:57 | 15 03 10 | 06♊41 | 12 48 | 26 44 | 19 57 | 21 13 | 00 35 | 28 35 | 00 57 | 29 02 | 07 30 | 12 43 |
| 7 | 7:03:54 | 16 04 18 | 18 59 | 25 13 | 28 10 | 21 10 | 21 24 | 00 37 | 28 38 | 00 58 | 29 04 | 07 32 | 12 39 |
| 8 | 7:07:50 | 17 05 26 | 01♋32 | 07♋54 | 29 36 | 22 24 | 21 35 | 00 40 | 28 42 | 01 00 | 29 05 | 07 34 | 12 36 |
| 9 | 7:11:47 | 18 06 34 | 14 21 | 20 52 | 01♑03 | 23 37 | 21 46 | 00 42 | 28 45 | 01 01 | 29 07 | 07 36 | 12 33 |
| 10 | 7:15:43 | 19 07 41 | 27 27 | 04♌06 | 02 31 | 24 50 | 21 56 | 00 45 | 28 48 | 01 03 | 29 09 | 07 39 | 12 30 |
| 11 | 7:19:40 | 20 08 49 | 10♌49 | 17 36 | 03 59 | 26 03 | 22 05 | 00 49 | 28 51 | 01 04 | 29 11 | 07 41 | 12 27 |
| 12 | 7:23:36 | 21 09 56 | 24 25 | 01♍17 | 05 28 | 27 16 | 22 14 | 00 52 | 28 53 | 01 06 | 29 13 | 07 43 | 12 23 |
| 13 | 7:27:33 | 22 11 03 | 08♍12 | 15 09 | 06 57 | 28 29 | 22 22 | 00 56 | 28 56 | 01 07 | 29 15 | 07 45 | 12 20 |
| 14 | 7:31:30 | 23 12 09 | 22 08 | 29 08 | 08 27 | 29 42 | 22 29 | 00 59 | 28 59 | 01 09 | 29 17 | 07 47 | 12 17 |
| 15 | 7:35:26 | 24 13 16 | 06♎09 | 13♎12 | 09 58 | 00♓55 | 22 36 | 01 03 | 29 01 | 01 11 | 29 19 | 07 49 | 12 14 |
| 16 | 7:39:23 | 25 14 23 | 20 15 | 27 18 | 11 29 | 02 08 | 22 42 | 01 07 | 29 04 | 01 13 | 29 20 | 07 51 | 12 11 |
| 17 | 7:43:19 | 26 15 29 | 04♏22 | 11♏27 | 13 00 | 03 21 | 22 47 | 01 12 | 29 06 | 01 14 | 29 22 | 07 53 | 12 08 |
| 18 | 7:47:16 | 27 16 36 | 18 31 | 25 35 | 14 32 | 04 34 | 22 52 | 01 16 | 29 08 | 01 16 | 29 24 | 07 55 | 12 04 |
| 19 | 7:51:12 | 28 17 42 | 02♐39 | 09♐42 | 16 05 | 05 46 | 22 56 | 01 21 | 29 10 | 01 18 | 29 26 | 07 57 | 12 01 |
| 20 | 7:55:09 | 29 18 48 | 16 45 | 23 46 | 17 38 | 06 59 | 22 59 | 01 26 | 29 12 | 01 20 | 29 28 | 07 59 | 11 58 |
| 21 | 7:59:05 | 00♒19 53 | 00♑46 | 07♑44 | 19 12 | 08 11 | 23 02 | 01 31 | 29 14 | 01 22 | 29 31 | 08 01 | 11 55 |
| 22 | 8:03:02 | 01 20 58 | 14 39 | 21 32 | 20 46 | 09 24 | 23 04 | 01 36 | 29 16 | 01 24 | 29 33 | 08 03 | 11 52 |
| 23 | 8:06:59 | 02 22 03 | 28 21 | 05♒08 | 22 21 | 10 36 | 23 05 | 01 42 | 29 18 | 01 26 | 29 35 | 08 05 | 11 48 |
| 24 | 8:10:55 | 03 23 06 | 11♒50 | 18 28 | 23 56 | 11 49 | 23 06 | 01 47 | 29 19 | 01 29 | 29 37 | 08 07 | 11 45 |
| 25 | 8:14:52 | 04 24 09 | 25 01 | 01♓30 | 25 32 | 13 01 | 23 05℞ | 01 53 | 29 21 | 01 31 | 29 39 | 08 09 | 11 42 |
| 26 | 8:18:48 | 05 25 11 | 07♓55 | 14 14 | 27 09 | 14 13 | 23 04 | 01 59 | 29 22 | 01 33 | 29 41 | 08 11 | 11 39 |
| 27 | 8:22:45 | 06 26 12 | 20 30 | 26 41 | 28 46 | 15 25 | 23 02 | 02 05 | 29 23 | 01 35 | 29 43 | 08 13 | 11 36 |
| 28 | 8:26:41 | 07 27 12 | 02♈48 | 08♈52 | 00♒24 | 16 37 | 23 00 | 02 12 | 29 25 | 01 37 | 29 45 | 08 15 | 11 33 |
| 29 | 8:30:38 | 08 28 11 | 14 53 | 20 51 | 02 02 | 17 49 | 22 56 | 02 18 | 29 26 | 01 40 | 29 47 | 08 17 | 11 29 |
| 30 | 8:34:34 | 09 29 09 | 26 48 | 02♉43 | 03 41 | 19 01 | 22 52 | 02 25 | 29 27 | 01 42 | 29 50 | 08 19 | 11 26 |
| 31 | 8:38:31 | 10 30 05 | 08♉37 | 14 32 | 05 21 | 20 12 | 22 47 | 02 32 | 29 27 | 01 45 | 29 52 | 08 21 | 11 23 |

## 0:00 E.T. Longitudes of the Major Asteroids and Chiron

| D | ⚳ | ⚴ | ⚵ | ⚶ | ⚷ |
|---|---|---|---|---|---|
| 1 | 24♓34 | 16♒21 | 22♏26 | 04♓53 | 01♓54 |
| 2 | 24 50 | 16 39 | 22 44 | 05 19 | 01 57 |
| 3 | 25 06 | 16 58 | 23 01 | 05 44 | 02 00 |
| 4 | 25 22 | 17 17 | 23 18 | 06 10 | 02 03 |
| 5 | 25 38 | 17 35 | 23 36 | 06 36 | 02 06 |
| 6 | 25 55 | 17 54 | 23 53 | 07 02 | 02 09 |
| 7 | 26 12 | 18 13 | 24 10 | 07 28 | 02 12 |
| 8 | 26 29 | 18 32 | 24 27 | 07 54 | 02 15 |
| 9 | 26 46 | 18 51 | 24 43 | 08 20 | 02 18 |
| 10 | 27 03 | 19 10 | 25 00 | 08 46 | 02 21 |
| 11 | 27 21 | 19 29 | 25 17 | 09 12 | 02 24 |
| 12 | 27 38 | 19 48 | 25 33 | 09 39 | 02 27 |
| 13 | 27 56 | 20 07 | 25 49 | 10 05 | 02 31 |
| 14 | 28 14 | 20 26 | 26 06 | 10 31 | 02 34 |
| 15 | 28 32 | 20 45 | 26 22 | 10 58 | 02 37 |
| 16 | 28 50 | 21 04 | 26 38 | 11 24 | 02 41 |
| 17 | 29 08 | 21 24 | 26 53 | 11 51 | 02 44 |
| 18 | 29 27 | 21 43 | 27 09 | 12 18 | 02 47 |
| 19 | 29 45 | 22 02 | 27 25 | 12 44 | 02 51 |
| 20 | 00♈04 | 22 22 | 27 40 | 13 11 | 02 54 |
| 21 | 00 23 | 22 41 | 27 55 | 13 38 | 02 58 |
| 22 | 00 42 | 23 01 | 28 10 | 14 05 | 03 01 |
| 23 | 01 01 | 23 20 | 28 25 | 14 32 | 03 05 |
| 24 | 01 21 | 23 40 | 28 40 | 14 58 | 03 09 |
| 25 | 01 40 | 23 59 | 28 55 | 15 25 | 03 12 |
| 26 | 02 00 | 24 19 | 29 09 | 15 52 | 03 16 |
| 27 | 02 19 | 24 39 | 29 24 | 16 20 | 03 19 |
| 28 | 02 39 | 24 58 | 29 38 | 16 47 | 03 23 |
| 29 | 02 59 | 25 18 | 29 52 | 17 14 | 03 27 |
| 30 | 03 19 | 25 38 | 00♐06 | 17 41 | 03 31 |
| 31 | 03 39 | 25 57 | 00 19 | 18 08 | 03 34 |

## Lunar Data

| Last Asp. | | Ingress | | |
|---|---|---|---|---|
| 2 | 20:08 | 2 | ♉ | 22:17 |
| 5 | 08:47 | 5 | ♊ | 10:45 |
| 7 | 19:53 | 7 | ♋ | 21:06 |
| 10 | 02:26 | 10 | ♌ | 04:36 |
| 12 | 08:24 | 12 | ♍ | 09:45 |
| 14 | 01:59 | 14 | ♎ | 13:29 |
| 16 | 15:30 | 16 | ♏ | 16:35 |
| 18 | 18:32 | 18 | ♐ | 19:30 |
| 20 | 21:51 | 20 | ♑ | 22:42 |
| 23 | 01:40 | 23 | ♒ | 02:54 |
| 25 | 08:34 | 25 | ♓ | 09:12 |
| 27 | 04:54 | 27 | ♈ | 18:29 |
| 30 | 06:09 | 30 | ♉ | 06:30 |

## 0:00 E.T. Declinations

| D | ☉ | ☽ | ☿ | ♀ | ♂ | ♃ | ♄ | ♅ | ♆ | ♇ | ⚳ | ⚴ | ⚵ | ⚶ | ⚷ |
|---|---|---|---|---|---|---|---|---|---|---|---|---|---|---|---|
| 1 | -23 04 | +07 15 | -22 08 | -18 26 | +06 37 | +10 28 | -08 36 | -00 20 | -12 22 | -19 19 | -10 48 | -02 24 | -10 12 | -15 02 | -05 40 |
| 2 | 22 59 | 11 25 | 22 22 | 18 04 | 06 33 | 10 29 | 08 37 | 00 19 | 12 22 | 19 19 | 10 39 | 02 24 | 10 14 | 14 52 | 05 39 |
| 3 | 22 54 | 15 08 | 22 35 | 17 41 | 06 29 | 10 30 | 08 38 | 00 19 | 12 21 | 19 19 | 10 29 | 02 24 | 10 15 | 14 42 | 05 38 |
| 4 | 22 48 | 18 15 | 22 47 | 17 18 | 06 26 | 10 31 | 08 39 | 00 18 | 12 21 | 19 19 | 10 20 | 02 24 | 10 17 | 14 32 | 05 37 |
| 5 | 22 42 | 20 37 | 22 59 | 16 55 | 06 22 | 10 32 | 08 40 | 00 18 | 12 20 | 19 19 | 10 10 | 02 24 | 10 19 | 14 21 | 05 37 |
| 6 | 22 35 | 22 05 | 23 09 | 16 31 | 06 19 | 10 33 | 08 41 | 00 17 | 12 19 | 19 19 | 10 01 | 02 23 | 10 20 | 14 11 | 05 36 |
| 7 | 22 28 | 22 32 | 23 19 | 16 07 | 06 16 | 10 34 | 08 42 | 00 16 | 12 19 | 19 19 | 09 51 | 02 23 | 10 21 | 14 01 | 05 35 |
| 8 | 22 21 | 21 52 | 23 27 | 15 42 | 06 13 | 10 35 | 08 43 | 00 16 | 12 18 | 19 19 | 09 41 | 02 22 | 10 23 | 13 50 | 05 34 |
| 9 | 22 13 | 20 03 | 23 34 | 15 17 | 06 10 | 10 36 | 08 44 | 00 15 | 12 17 | 19 19 | 09 32 | 02 22 | 10 24 | 13 40 | 05 33 |
| 10 | 22 04 | 17 09 | 23 41 | 14 51 | 06 08 | 10 38 | 08 45 | 00 15 | 12 17 | 19 19 | 09 22 | 02 21 | 10 25 | 13 29 | 05 32 |
| 11 | 21 56 | 13 20 | 23 46 | 14 25 | 06 06 | 10 39 | 08 46 | 00 14 | 12 16 | 19 19 | 09 12 | 02 20 | 10 26 | 13 19 | 05 32 |
| 12 | 21 46 | 08 46 | 23 49 | 13 59 | 06 04 | 10 40 | 08 46 | 00 13 | 12 15 | 19 19 | 09 03 | 02 20 | 10 27 | 13 08 | 05 31 |
| 13 | 21 37 | 03 43 | 23 52 | 13 32 | 06 03 | 10 42 | 08 47 | 00 13 | 12 15 | 19 19 | 08 53 | 02 19 | 10 28 | 12 57 | 05 30 |
| 14 | 21 27 | -01 35 | 23 53 | 13 05 | 06 01 | 10 44 | 08 48 | 00 12 | 12 14 | 19 19 | 08 43 | 02 18 | 10 29 | 12 47 | 05 29 |
| 15 | 21 16 | 06 50 | 23 54 | 12 38 | 06 00 | 10 45 | 08 48 | 00 11 | 12 13 | 19 19 | 08 33 | 02 16 | 10 30 | 12 36 | 05 28 |
| 16 | 21 05 | 11 45 | 23 52 | 12 10 | 06 00 | 10 47 | 08 49 | 00 10 | 12 13 | 19 19 | 08 23 | 02 15 | 10 30 | 12 25 | 05 27 |
| 17 | 20 54 | 16 03 | 23 50 | 11 42 | 05 59 | 10 49 | 08 50 | 00 10 | 12 12 | 19 19 | 08 13 | 02 14 | 10 31 | 12 14 | 05 26 |
| 18 | 20 42 | 19 26 | 23 46 | 11 14 | 05 59 | 10 51 | 08 50 | 00 09 | 12 12 | 19 19 | 08 03 | 02 13 | 10 31 | 12 04 | 05 25 |
| 19 | 20 30 | 21 39 | 23 41 | 10 46 | 05 59 | 10 53 | 08 51 | 00 08 | 12 11 | 19 19 | 07 53 | 02 11 | 10 32 | 11 53 | 05 24 |
| 20 | 20 18 | 22 29 | 23 35 | 10 17 | 05 59 | 10 54 | 08 51 | 00 07 | 12 10 | 19 19 | 07 43 | 02 10 | 10 32 | 11 42 | 05 23 |
| 21 | 20 05 | 21 54 | 23 27 | 09 48 | 06 00 | 10 57 | 08 51 | 00 06 | 12 09 | 19 18 | 07 33 | 02 08 | 10 32 | 11 31 | 05 22 |
| 22 | 19 51 | 19 59 | 23 18 | 09 18 | 06 00 | 10 59 | 08 52 | 00 06 | 12 09 | 19 18 | 07 23 | 02 07 | 10 32 | 11 20 | 05 21 |
| 23 | 19 38 | 16 56 | 23 07 | 08 49 | 06 02 | 11 01 | 08 52 | 00 05 | 12 08 | 19 18 | 07 13 | 02 05 | 10 32 | 11 09 | 05 20 |
| 24 | 19 24 | 13 02 | 22 55 | 08 19 | 06 03 | 11 03 | 08 52 | 00 04 | 12 07 | 19 18 | 07 03 | 02 03 | 10 32 | 10 58 | 05 19 |
| 25 | 19 09 | 08 36 | 22 42 | 07 49 | 06 05 | 11 05 | 08 53 | 00 03 | 12 06 | 19 18 | 06 53 | 02 01 | 10 32 | 10 47 | 05 18 |
| 26 | 18 55 | 03 53 | 22 27 | 07 19 | 06 07 | 11 08 | 08 53 | 00 02 | 12 06 | 19 18 | 06 43 | 01 59 | 10 32 | 10 36 | 05 17 |
| 27 | 18 40 | +00 53 | 22 11 | 06 49 | 06 09 | 11 10 | 08 53 | 00 01 | 12 05 | 19 18 | 06 32 | 01 57 | 10 32 | 10 25 | 05 15 |
| 28 | 18 24 | 05 31 | 21 54 | 06 18 | 06 12 | 11 12 | 08 53 | 00 00 | 12 04 | 19 18 | 06 22 | 01 55 | 10 31 | 10 14 | 05 14 |
| 29 | 18 09 | 09 51 | 21 35 | 05 48 | 06 15 | 11 15 | 08 53 | +00 01 | 12 03 | 19 18 | 06 12 | 01 53 | 10 31 | 10 03 | 05 13 |
| 30 | 17 53 | 13 44 | 21 14 | 05 17 | 06 18 | 11 17 | 08 54 | 00 02 | 12 03 | 19 18 | 06 02 | 01 51 | 10 30 | 09 52 | 05 12 |
| 31 | 17 36 | 17 04 | 20 52 | 04 46 | 06 21 | 11 20 | 08 54 | 00 03 | 12 02 | 19 18 | 05 52 | 01 48 | 10 29 | 09 40 | 05 11 |

Lunar Phases -- 1 ◐ 06:16 9 ○ 07:31 16 ◑ 09:09 23 ● 07:40 31 ◐ 04:11 Sun enters ♒ 1/20 16:11

# Feb. 12 — Longitudes of Main Planets - February 2012 — 0:00 E.T.

| D | S.T. | ☉ | ☽ | ☽ 12:00 | ☿ | ♀ | ♂ | ♃ | ♄ | ♅ | ♆ | ♇ | ☊ |
|---|---|---|---|---|---|---|---|---|---|---|---|---|---|
| 1 | 8:42:28 | 11♒31 00 | 20♉27 | 26♉23 | 07♒01 | 21♓24 | 22♍41℞ | 02♉38 | 29♎28 | 01♈47 | 29♒54 | 08♑23 | 11♐20 |
| 2 | 8:46:24 | 12 31 54 | 02♊22 | 08♊23 | 08 43 | 22 36 | 22 35 | 02 46 | 29 29 | 01 49 | 29 56 | 08 25 | 11 17 |
| 3 | 8:50:21 | 13 32 47 | 14 28 | 20 36 | 10 24 | 23 47 | 22 27 | 02 53 | 29 29 | 01 52 | 29 58 | 08 26 | 11 14 |
| 4 | 8:54:17 | 14 33 39 | 26 49 | 03♋07 | 12 07 | 24 58 | 22 19 | 03 00 | 29 30 | 01 55 | 00♓00 | 08 28 | 11 10 |
| 5 | 8:58:14 | 15 34 29 | 09♋30 | 15 59 | 13 50 | 26 09 | 22 10 | 03 08 | 29 30 | 01 57 | 00 03 | 08 30 | 11 07 |
| 6 | 9:02:10 | 16 35 18 | 22 33 | 29 13 | 15 34 | 27 20 | 22 00 | 03 16 | 29 30 | 02 00 | 00 05 | 08 32 | 11 04 |
| 7 | 9:06:07 | 17 36 05 | 05♌58 | 12♌49 | 17 19 | 28 31 | 21 50 | 03 24 | 29 30 | 02 02 | 00 07 | 08 34 | 11 01 |
| 8 | 9:10:03 | 18 36 51 | 19 44 | 26 44 | 19 05 | 29 42 | 21 39 | 03 32 | 29 30℞ | 02 05 | 00 09 | 08 35 | 10 58 |
| 9 | 9:14:00 | 19 37 36 | 03♍48 | 10♍55 | 20 51 | 00♈53 | 21 27 | 03 40 | 29 30 | 02 08 | 00 12 | 08 37 | 10 54 |
| 10 | 9:17:57 | 20 38 20 | 18 04 | 25 15 | 22 38 | 02 03 | 21 14 | 03 48 | 29 30 | 02 11 | 00 14 | 08 39 | 10 51 |
| 11 | 9:21:53 | 21 39 03 | 02♎27 | 09♎39 | 24 26 | 03 14 | 21 00 | 03 57 | 29 30 | 02 13 | 00 16 | 08 40 | 10 48 |
| 12 | 9:25:50 | 22 39 44 | 16 50 | 24 01 | 26 14 | 04 24 | 20 46 | 04 05 | 29 29 | 02 16 | 00 18 | 08 42 | 10 45 |
| 13 | 9:29:46 | 23 40 24 | 01♏10 | 08♏17 | 28 03 | 05 34 | 20 31 | 04 14 | 29 29 | 02 19 | 00 21 | 08 44 | 10 42 |
| 14 | 9:33:43 | 24 41 04 | 15 23 | 22 26 | 29 52 | 06 44 | 20 15 | 04 23 | 29 28 | 02 22 | 00 23 | 08 45 | 10 39 |
| 15 | 9:37:39 | 25 41 42 | 29 26 | 06♐25 | 01♓42 | 07 54 | 19 59 | 04 32 | 29 28 | 02 25 | 00 25 | 08 47 | 10 35 |
| 16 | 9:41:36 | 26 42 19 | 13♐21 | 20 15 | 03 33 | 09 04 | 19 42 | 04 41 | 29 27 | 02 28 | 00 27 | 08 49 | 10 32 |
| 17 | 9:45:32 | 27 42 55 | 27 07 | 03♑56 | 05 23 | 10 14 | 19 24 | 04 50 | 29 26 | 02 31 | 00 30 | 08 50 | 10 29 |
| 18 | 9:49:29 | 28 43 30 | 10♑43 | 17 28 | 07 14 | 11 23 | 19 06 | 05 00 | 29 25 | 02 33 | 00 32 | 08 52 | 10 26 |
| 19 | 9:53:26 | 29 44 04 | 24 10 | 00♒50 | 09 05 | 12 33 | 18 47 | 05 09 | 29 24 | 02 36 | 00 34 | 08 53 | 10 23 |
| 20 | 9:57:22 | 00♓44 36 | 07♒27 | 14 02 | 10 56 | 13 42 | 18 27 | 05 19 | 29 22 | 02 39 | 00 37 | 08 55 | 10 20 |
| 21 | 10:01:19 | 01 45 07 | 20 33 | 27 02 | 12 46 | 14 51 | 18 07 | 05 29 | 29 21 | 02 43 | 00 39 | 08 56 | 10 16 |
| 22 | 10:05:15 | 02 45 36 | 03♓27 | 09♓49 | 14 35 | 16 00 | 17 46 | 05 39 | 29 20 | 02 46 | 00 41 | 08 58 | 10 13 |
| 23 | 10:09:12 | 03 46 03 | 16 07 | 22 22 | 16 23 | 17 08 | 17 25 | 05 49 | 29 18 | 02 49 | 00 43 | 08 59 | 10 10 |
| 24 | 10:13:08 | 04 46 29 | 28 33 | 04♈42 | 18 10 | 18 17 | 17 03 | 05 59 | 29 16 | 02 52 | 00 46 | 09 00 | 10 07 |
| 25 | 10:17:05 | 05 46 53 | 10♈46 | 16 49 | 19 56 | 19 25 | 16 41 | 06 09 | 29 15 | 02 55 | 00 48 | 09 02 | 10 04 |
| 26 | 10:21:01 | 06 47 15 | 22 48 | 28 45 | 21 38 | 20 33 | 16 19 | 06 19 | 29 13 | 02 58 | 00 50 | 09 03 | 10 00 |
| 27 | 10:24:58 | 07 47 36 | 04♉41 | 10♉36 | 23 19 | 21 41 | 15 56 | 06 30 | 29 11 | 03 01 | 00 53 | 09 04 | 09 57 |
| 28 | 10:28:55 | 08 47 54 | 16 29 | 22 23 | 24 56 | 22 49 | 15 33 | 06 40 | 29 09 | 03 04 | 00 55 | 09 06 | 09 54 |
| 29 | 10:32:51 | 09 48 11 | 28 17 | 04♊13 | 26 29 | 23 57 | 15 10 | 06 51 | 29 07 | 03 08 | 00 57 | 09 07 | 09 51 |

## 0:00 E.T. — Longitudes of the Major Asteroids and Chiron

| D | ⚳ | ⚴ | ⚵ | ⚶ | ⚷ | D | ⚳ | ⚴ | ⚵ | ⚶ | ⚷ |
|---|---|---|---|---|---|---|---|---|---|---|---|
| 1 | 03♈59 | 26♒17 | 00♐33 | 18♓36 | 03♓38 | 16 | 09 14 | 01 16 | 03 33 | 25 28 | 04 36 |
| 2 | 04 19 | 26 37 | 00 46 | 19 03 | 03 42 | 17 | 09 36 | 01 36 | 03 44 | 25 56 | 04 40 |
| 3 | 04 40 | 26 57 | 00 59 | 19 30 | 03 46 | 18 | 09 57 | 01 56 | 03 54 | 26 23 | 04 44 |
| 4 | 05 00 | 27 17 | 01 12 | 19 57 | 03 49 | 19 | 10 19 | 02 16 | 04 04 | 26 51 | 04 48 |
| 5 | 05 21 | 27 36 | 01 25 | 20 25 | 03 53 | 20 | 10 41 | 02 36 | 04 13 | 27 19 | 04 52 |
| 6 | 05 42 | 27 56 | 01 38 | 20 52 | 03 57 | 21 | 11 03 | 02 56 | 04 23 | 27 47 | 04 56 |
| 7 | 06 03 | 28 16 | 01 50 | 21 20 | 04 01 | 22 | 11 25 | 03 16 | 04 32 | 28 14 | 05 00 |
| 8 | 06 23 | 28 36 | 02 02 | 21 47 | 04 05 | 23 | 11 47 | 03 36 | 04 41 | 28 42 | 05 04 |
| 9 | 06 44 | 28 56 | 02 14 | 22 15 | 04 09 | 24 | 12 10 | 03 56 | 04 50 | 29 10 | 05 08 |
| 10 | 07 06 | 29 16 | 02 26 | 22 42 | 04 13 | 25 | 12 32 | 04 16 | 04 59 | 29 38 | 05 12 |
| 11 | 07 27 | 29 36 | 02 38 | 23 10 | 04 16 | 26 | 12 54 | 04 36 | 05 07 | 00♈06 | 05 16 |
| 12 | 07 48 | 29 56 | 02 49 | 23 37 | 04 20 | 27 | 13 17 | 04 56 | 05 15 | 00 34 | 05 20 |
| 13 | 08 09 | 00♓16 | 03 01 | 24 05 | 04 24 | 28 | 13 39 | 05 16 | 05 23 | 01 01 | 05 24 |
| 14 | 08 31 | 00 36 | 03 12 | 24 33 | 04 28 | 29 | 14 02 | 05 36 | 05 30 | 01 29 | 05 28 |
| 15 | 08 52 | 00 56 | 03 23 | 25 00 | 04 32 | | | | | | |

## Lunar Data

| Last Asp. | | Ingress | | |
|---|---|---|---|---|
| 1 | 19:07 | 1 | ♊ | 19:16 |
| 4 | 05:07 | 4 | ♋ | 06:05 |
| 6 | 12:32 | 6 | ♌ | 13:25 |
| 8 | 16:43 | 8 | ♍ | 17:33 |
| 10 | 05:13 | 10 | ♎ | 19:55 |
| 12 | 21:10 | 12 | ♏ | 22:03 |
| 14 | 17:05 | 15 | ♐ | 00:58 |
| 17 | 04:04 | 17 | ♑ | 05:04 |
| 19 | 09:23 | 19 | ♒ | 10:30 |
| 21 | 16:18 | 21 | ♓ | 17:32 |
| 23 | 02:25 | 24 | ♈ | 02:49 |
| 26 | 12:53 | 26 | ♉ | 14:31 |
| 28 | 19:47 | 29 | ♊ | 03:28 |

## 0:00 E.T. — Declinations

| D | ☉ | ☽ | ☿ | ♀ | ♂ | ♃ | ♄ | ♅ | ♆ | ♇ | ⚳ | ⚴ | ⚵ | ⚶ | ⚷ |
|---|---|---|---|---|---|---|---|---|---|---|---|---|---|---|---|
| 1 | -17 20 | +19 42 | -20 29 | -04 15 | +06 25 | +11 23 | -08 54 | +00 04 | -12 01 | -19 18 | -05 41 | -01 46 | -10 29 | -09 29 | -05 10 |
| 2 | 17 03 | 21 31 | 20 04 | 03 44 | 06 29 | 11 25 | 08 54 | 00 05 | 12 00 | 19 18 | 05 31 | 01 44 | 10 28 | 09 18 | 05 08 |
| 3 | 16 45 | 22 21 | 19 37 | 03 13 | 06 33 | 11 28 | 08 54 | 00 06 | 12 00 | 19 17 | 05 21 | 01 41 | 10 27 | 09 07 | 05 07 |
| 4 | 16 28 | 22 08 | 19 09 | 02 41 | 06 38 | 11 31 | 08 53 | 00 07 | 11 59 | 19 17 | 05 10 | 01 39 | 10 26 | 08 56 | 05 06 |
| 5 | 16 10 | 20 47 | 18 40 | 02 10 | 06 43 | 11 34 | 08 53 | 00 08 | 11 58 | 19 17 | 05 00 | 01 36 | 10 25 | 08 44 | 05 05 |
| 6 | 15 52 | 18 19 | 18 09 | 01 39 | 06 48 | 11 36 | 08 53 | 00 09 | 11 57 | 19 17 | 04 50 | 01 33 | 10 24 | 08 33 | 05 04 |
| 7 | 15 33 | 14 49 | 17 37 | 01 07 | 06 54 | 11 39 | 08 53 | 00 10 | 11 56 | 19 17 | 04 39 | 01 31 | 10 22 | 08 22 | 05 02 |
| 8 | 15 15 | 10 27 | 17 03 | 00 36 | 06 59 | 11 42 | 08 53 | 00 11 | 11 56 | 19 17 | 04 29 | 01 28 | 10 21 | 08 10 | 05 01 |
| 9 | 14 56 | 05 28 | 16 28 | 00 05 | 07 05 | 11 45 | 08 52 | 00 12 | 11 55 | 19 17 | 04 19 | 01 25 | 10 20 | 07 59 | 05 00 |
| 10 | 14 37 | 00 06 | 15 51 | +00 27 | 07 11 | 11 48 | 08 52 | 00 13 | 11 54 | 19 17 | 04 08 | 01 22 | 10 18 | 07 48 | 04 58 |
| 11 | 14 17 | -05 17 | 15 13 | 00 58 | 07 18 | 11 51 | 08 52 | 00 14 | 11 53 | 19 17 | 03 58 | 01 19 | 10 17 | 07 36 | 04 57 |
| 12 | 13 58 | 10 25 | 14 33 | 01 30 | 07 25 | 11 55 | 08 51 | 00 16 | 11 53 | 19 17 | 03 47 | 01 16 | 10 15 | 07 25 | 04 56 |
| 13 | 13 38 | 14 56 | 13 52 | 02 01 | 07 31 | 11 58 | 08 51 | 00 17 | 11 52 | 19 17 | 03 37 | 01 13 | 10 13 | 07 14 | 04 55 |
| 14 | 13 18 | 18 33 | 13 10 | 02 33 | 07 39 | 12 01 | 08 50 | 00 18 | 11 51 | 19 16 | 03 27 | 01 10 | 10 11 | 07 02 | 04 53 |
| 15 | 12 57 | 21 02 | 12 27 | 03 04 | 07 46 | 12 04 | 08 50 | 00 19 | 11 50 | 19 16 | 03 16 | 01 07 | 10 09 | 06 51 | 04 52 |
| 16 | 12 37 | 22 13 | 11 42 | 03 35 | 07 54 | 12 08 | 08 49 | 00 20 | 11 49 | 19 16 | 03 06 | 01 04 | 10 07 | 06 40 | 04 51 |
| 17 | 12 16 | 22 01 | 10 56 | 04 06 | 08 01 | 12 11 | 08 49 | 00 21 | 11 49 | 19 16 | 02 55 | 01 00 | 10 05 | 06 28 | 04 49 |
| 18 | 11 55 | 20 31 | 10 08 | 04 37 | 08 09 | 12 14 | 08 48 | 00 23 | 11 48 | 19 16 | 02 45 | 00 57 | 10 03 | 06 17 | 04 48 |
| 19 | 11 34 | 17 53 | 09 20 | 05 08 | 08 17 | 12 18 | 08 48 | 00 24 | 11 47 | 19 16 | 02 35 | 00 54 | 10 01 | 06 05 | 04 47 |
| 20 | 11 13 | 14 21 | 08 31 | 05 39 | 08 26 | 12 21 | 08 47 | 00 25 | 11 46 | 19 16 | 02 24 | 00 50 | 09 58 | 05 54 | 04 45 |
| 21 | 10 51 | 10 10 | 07 41 | 06 10 | 08 34 | 12 24 | 08 46 | 00 26 | 11 45 | 19 16 | 02 14 | 00 47 | 09 56 | 05 43 | 04 44 |
| 22 | 10 29 | 05 36 | 06 50 | 06 41 | 08 42 | 12 28 | 08 45 | 00 28 | 11 45 | 19 16 | 02 03 | 00 43 | 09 53 | 05 31 | 04 42 |
| 23 | 10 08 | 00 53 | 05 59 | 07 11 | 08 51 | 12 32 | 08 45 | 00 29 | 11 44 | 19 16 | 01 53 | 00 40 | 09 51 | 05 20 | 04 41 |
| 24 | 09 46 | +03 47 | 05 08 | 07 41 | 09 00 | 12 35 | 08 44 | 00 30 | 11 43 | 19 16 | 01 42 | 00 36 | 09 48 | 05 08 | 04 40 |
| 25 | 09 23 | 08 13 | 04 16 | 08 11 | 09 08 | 12 39 | 08 43 | 00 31 | 11 42 | 19 15 | 01 32 | 00 33 | 09 45 | 04 57 | 04 38 |
| 26 | 09 01 | 12 16 | 03 25 | 08 41 | 09 17 | 12 42 | 08 42 | 00 33 | 11 41 | 19 15 | 01 22 | 00 29 | 09 42 | 04 46 | 04 37 |
| 27 | 08 39 | 15 48 | 02 34 | 09 11 | 09 26 | 12 46 | 08 41 | 00 34 | 11 41 | 19 15 | 01 11 | 00 25 | 09 39 | 04 34 | 04 36 |
| 28 | 08 16 | 18 39 | 01 44 | 09 41 | 09 35 | 12 50 | 08 40 | 00 35 | 11 40 | 19 15 | 01 01 | 00 22 | 09 36 | 04 23 | 04 34 |
| 29 | 07 54 | 20 44 | 00 55 | 10 10 | 09 43 | 12 53 | 08 39 | 00 36 | 11 39 | 19 15 | 00 50 | 00 18 | 09 33 | 04 11 | 04 33 |

Lunar Phases -- 7 ○ 21:55 14 ◑ 17:05 21 ● 22:36 Sun enters ♓ 2/19 06:19

## 0:00 E.T. Longitudes of Main Planets - March 2012

| D | S.T. | ☉ | ☽ | ☽ 12:00 | ☿ | ♀ | ♂ | ♃ | ♄ | ♅ | ♆ | ♇ | ☊ |
|---|---|---|---|---|---|---|---|---|---|---|---|---|---|
| 1 | 10:36:48 | 10♓48 25 | 10♊11 | 16♊11 | 27♓57 | 25♈04 | 14♍47℞ | 07♉02 | 29♎04℞ | 03♈11 | 00♓59 | 09♑08 | 09♐48 |
| 2 | 10:40:44 | 11 48 38 | 22 15 | 28 22 | 29 21 | 26 11 | 14 23 | 07 13 | 29 02 | 03 14 | 01 02 | 09 09 | 09 45 |
| 3 | 10:44:41 | 12 48 48 | 04♋35 | 10♋53 | 00♈39 | 27 18 | 13 59 | 07 24 | 29 00 | 03 17 | 01 04 | 09 11 | 09 41 |
| 4 | 10:48:37 | 13 48 57 | 17 16 | 23 46 | 01 51 | 28 25 | 13 36 | 07 35 | 28 57 | 03 21 | 01 06 | 09 12 | 09 38 |
| 5 | 10:52:34 | 14 49 03 | 00♌23 | 07♌06 | 02 57 | 29 31 | 13 12 | 07 46 | 28 55 | 03 24 | 01 08 | 09 13 | 09 35 |
| 6 | 10:56:30 | 15 49 07 | 13 57 | 20 53 | 03 54 | 00♉37 | 12 48 | 07 57 | 28 52 | 03 27 | 01 11 | 09 14 | 09 32 |
| 7 | 11:00:27 | 16 49 09 | 27 57 | 05♍06 | 04 45 | 01 43 | 12 25 | 08 09 | 28 49 | 03 30 | 01 13 | 09 15 | 09 29 |
| 8 | 11:04:24 | 17 49 09 | 12♍20 | 19 39 | 05 27 | 02 49 | 12 01 | 08 20 | 28 46 | 03 34 | 01 15 | 09 16 | 09 26 |
| 9 | 11:08:20 | 18 49 07 | 27 00 | 04♎25 | 06 01 | 03 55 | 11 38 | 08 32 | 28 44 | 03 37 | 01 17 | 09 17 | 09 22 |
| 10 | 11:12:17 | 19 49 04 | 11♎50 | 19 15 | 06 25 | 05 00 | 11 14 | 08 43 | 28 41 | 03 40 | 01 19 | 09 18 | 09 19 |
| 11 | 11:16:13 | 20 48 58 | 26 40 | 04♏02 | 06 42 | 06 05 | 10 52 | 08 55 | 28 37 | 03 44 | 01 22 | 09 19 | 09 16 |
| 12 | 11:20:10 | 21 48 51 | 11♏23 | 18 39 | 06 49 | 07 09 | 10 29 | 09 07 | 28 34 | 03 47 | 01 24 | 09 20 | 09 13 |
| 13 | 11:24:06 | 22 48 43 | 25 52 | 03♐01 | 06 47℞ | 08 14 | 10 07 | 09 19 | 28 31 | 03 51 | 01 26 | 09 21 | 09 10 |
| 14 | 11:28:03 | 23 48 32 | 10♐06 | 17 06 | 06 37 | 09 18 | 09 45 | 09 31 | 28 28 | 03 54 | 01 28 | 09 22 | 09 06 |
| 15 | 11:31:59 | 24 48 20 | 24 02 | 00♑54 | 06 19 | 10 22 | 09 23 | 09 43 | 28 24 | 03 57 | 01 30 | 09 23 | 09 03 |
| 16 | 11:35:56 | 25 48 07 | 07♑42 | 14 25 | 05 53 | 11 25 | 09 02 | 09 55 | 28 21 | 04 01 | 01 32 | 09 23 | 09 00 |
| 17 | 11:39:53 | 26 47 52 | 21 05 | 27 42 | 05 21 | 12 28 | 08 41 | 10 07 | 28 17 | 04 04 | 01 34 | 09 24 | 08 57 |
| 18 | 11:43:49 | 27 47 35 | 04♒15 | 10♒45 | 04 42 | 13 31 | 08 21 | 10 20 | 28 14 | 04 08 | 01 36 | 09 25 | 08 54 |
| 19 | 11:47:46 | 28 47 16 | 17 12 | 23 36 | 03 57 | 14 34 | 08 02 | 10 32 | 28 10 | 04 11 | 01 39 | 09 26 | 08 51 |
| 20 | 11:51:42 | 29 46 55 | 29 57 | 06♓15 | 03 09 | 15 36 | 07 42 | 10 44 | 28 06 | 04 14 | 01 41 | 09 26 | 08 47 |
| 21 | 11:55:39 | 00♈46 32 | 12♓31 | 18 44 | 02 18 | 16 38 | 07 24 | 10 57 | 28 03 | 04 18 | 01 43 | 09 27 | 08 44 |
| 22 | 11:59:35 | 01 46 08 | 24 54 | 01♈02 | 01 24 | 17 39 | 07 06 | 11 09 | 27 59 | 04 21 | 01 45 | 09 28 | 08 41 |
| 23 | 12:03:32 | 02 45 41 | 07♈07 | 13 10 | 00 30 | 18 41 | 06 49 | 11 22 | 27 55 | 04 25 | 01 47 | 09 28 | 08 38 |
| 24 | 12:07:28 | 03 45 13 | 19 11 | 25 10 | 29♓36 | 19 41 | 06 33 | 11 35 | 27 51 | 04 28 | 01 49 | 09 29 | 08 35 |
| 25 | 12:11:25 | 04 44 42 | 01♉07 | 07♉03 | 28 44 | 20 42 | 06 17 | 11 48 | 27 47 | 04 32 | 01 51 | 09 29 | 08 32 |
| 26 | 12:15:22 | 05 44 09 | 12 57 | 18 51 | 27 54 | 21 42 | 06 02 | 12 00 | 27 43 | 04 35 | 01 53 | 09 30 | 08 28 |
| 27 | 12:19:18 | 06 43 34 | 24 44 | 00♊37 | 27 08 | 22 41 | 05 47 | 12 13 | 27 39 | 04 38 | 01 55 | 09 30 | 08 25 |
| 28 | 12:23:15 | 07 42 57 | 06♊31 | 12 26 | 26 25 | 23 40 | 05 34 | 12 26 | 27 35 | 04 42 | 01 57 | 09 31 | 08 22 |
| 29 | 12:27:11 | 08 42 18 | 18 24 | 24 23 | 25 47 | 24 39 | 05 21 | 12 39 | 27 30 | 04 45 | 01 59 | 09 31 | 08 19 |
| 30 | 12:31:08 | 09 41 36 | 00♋26 | 06♋33 | 25 14 | 25 37 | 05 09 | 12 52 | 27 26 | 04 49 | 02 00 | 09 32 | 08 16 |
| 31 | 12:35:04 | 10 40 52 | 12 44 | 19 00 | 24 46 | 26 35 | 04 57 | 13 06 | 27 22 | 04 52 | 02 02 | 09 32 | 08 12 |

## 0:00 E.T. Longitudes of the Major Asteroids and Chiron

| D | ⚳ | ⚴ | ⚵ | ⚶ | ⚷ |
|---|---|---|---|---|---|
| 1 | 14♈24 | 05♓56 | 05♐37 | 01♈57 | 05♓32 |
| 2 | 14 47 | 06 15 | 05 44 | 02 25 | 05 36 |
| 3 | 15 10 | 06 35 | 05 51 | 02 53 | 05 40 |
| 4 | 15 32 | 06 55 | 05 58 | 03 21 | 05 44 |
| 5 | 15 55 | 07 15 | 06 04 | 03 49 | 05 48 |
| 6 | 16 18 | 07 35 | 06 10 | 04 17 | 05 52 |
| 7 | 16 41 | 07 55 | 06 16 | 04 45 | 05 56 |
| 8 | 17 04 | 08 15 | 06 21 | 05 12 | 05 59 |
| 9 | 17 27 | 08 35 | 06 26 | 05 40 | 06 03 |
| 10 | 17 50 | 08 55 | 06 31 | 06 08 | 06 07 |
| 11 | 18 13 | 09 14 | 06 35 | 06 36 | 06 11 |
| 12 | 18 36 | 09 34 | 06 40 | 07 04 | 06 15 |
| 13 | 19 00 | 09 54 | 06 43 | 07 32 | 06 19 |
| 14 | 19 23 | 10 14 | 06 47 | 08 00 | 06 23 |
| 15 | 19 46 | 10 33 | 06 50 | 08 28 | 06 27 |
| 16 | 20 09 | 10 53 | 06 53 | 08 56 | 06 30 |
| 17 | 20 33 | 11 13 | 06 56 | 09 24 | 06 34 |
| 18 | 20 56 | 11 32 | 06 59 | 09 52 | 06 38 |
| 19 | 21 20 | 11 52 | 07 01 | 10 20 | 06 42 |
| 20 | 21 43 | 12 12 | 07 02 | 10 48 | 06 45 |
| 21 | 22 07 | 12 31 | 07 04 | 11 15 | 06 49 |
| 22 | 22 30 | 12 51 | 07 05 | 11 43 | 06 53 |
| 23 | 22 54 | 13 10 | 07 06 | 12 11 | 06 57 |
| 24 | 23 17 | 13 30 | 07 06 | 12 39 | 07 00 |
| 25 | 23 41 | 13 49 | 07 07℞ | 13 07 | 07 04 |
| 26 | 24 05 | 14 09 | 07 06 | 13 35 | 07 07 |
| 27 | 24 29 | 14 28 | 07 06 | 14 03 | 07 11 |
| 28 | 24 52 | 14 47 | 07 05 | 14 31 | 07 15 |
| 29 | 25 16 | 15 07 | 07 04 | 14 59 | 07 18 |
| 30 | 25 40 | 15 26 | 07 02 | 15 26 | 07 22 |
| 31 | 26 04 | 15 45 | 07 01 | 15 54 | 07 25 |

## Lunar Data

| Last Asp. | | Ingress | | |
|---|---|---|---|---|
| 2 | 13:15 | 2 | ♋ | 15:10 |
| 4 | 22:18 | 4 | ♌ | 23:18 |
| 7 | 01:28 | 7 | ♍ | 03:28 |
| 8 | 09:41 | 9 | ♎ | 04:51 |
| 11 | 03:10 | 11 | ♏ | 05:25 |
| 12 | 18:31 | 13 | ♐ | 06:55 |
| 15 | 07:36 | 15 | ♑ | 10:25 |
| 17 | 13:02 | 17 | ♒ | 16:13 |
| 19 | 20:32 | 20 | ♓ | 00:06 |
| 21 | 08:40 | 22 | ♈ | 09:58 |
| 24 | 17:18 | 24 | ♉ | 21:44 |
| 27 | 04:36 | 27 | ♊ | 10:44 |
| 29 | 18:06 | 29 | ♋ | 23:08 |

## 0:00 E.T. Declinations

| D | ☉ | ☽ | ☿ | ♀ | ♂ | ♃ | ♄ | ♅ | ♆ | ♇ | ⚳ | ⚴ | ⚵ | ⚶ | ⚷ |
|---|---|---|---|---|---|---|---|---|---|---|---|---|---|---|---|
| 1 | -07 31 | +21 55 | -00 07 | +10 39 | +09 52 | +12 57 | -08 38 | +00 38 | -11 38 | -19 15 | -00 40 | -00 14 | -09 30 | -04 00 | -04 31 |
| 2 | 07 08 | 22 06 | +00 39 | 11 08 | 10 01 | 13 01 | 08 37 | 00 39 | 11 37 | 19 15 | 00 30 | 00 10 | 09 27 | 03 49 | 04 30 |
| 3 | 06 45 | 21 13 | 01 23 | 11 37 | 10 10 | 13 04 | 08 36 | 00 40 | 11 37 | 19 15 | 00 19 | 00 06 | 09 23 | 03 37 | 04 28 |
| 4 | 06 22 | 19 15 | 02 04 | 12 05 | 10 18 | 13 08 | 08 35 | 00 42 | 11 36 | 19 15 | 00 09 | 00 02 | 09 20 | 03 26 | 04 27 |
| 5 | 05 59 | 16 14 | 02 43 | 12 33 | 10 27 | 13 12 | 08 34 | 00 43 | 11 35 | 19 15 | +00 02 | +00 01 | 09 16 | 03 15 | 04 26 |
| 6 | 05 36 | 12 17 | 03 19 | 13 01 | 10 35 | 13 16 | 08 33 | 00 44 | 11 34 | 19 15 | 00 12 | 00 05 | 09 13 | 03 03 | 04 24 |
| 7 | 05 12 | 07 34 | 03 52 | 13 29 | 10 43 | 13 20 | 08 32 | 00 46 | 11 34 | 19 14 | 00 22 | 00 09 | 09 09 | 02 52 | 04 23 |
| 8 | 04 49 | 02 18 | 04 20 | 13 56 | 10 51 | 13 24 | 08 31 | 00 47 | 11 33 | 19 14 | 00 33 | 00 13 | 09 05 | 02 41 | 04 21 |
| 9 | 04 25 | -03 11 | 04 45 | 14 23 | 10 59 | 13 27 | 08 29 | 00 48 | 11 32 | 19 14 | 00 43 | 00 17 | 09 01 | 02 29 | 04 20 |
| 10 | 04 02 | 08 32 | 05 06 | 14 50 | 11 07 | 13 31 | 08 28 | 00 50 | 11 31 | 19 14 | 00 53 | 00 21 | 08 57 | 02 18 | 04 18 |
| 11 | 03 38 | 13 24 | 05 22 | 15 16 | 11 14 | 13 35 | 08 27 | 00 51 | 11 30 | 19 14 | 01 04 | 00 26 | 08 54 | 02 07 | 04 17 |
| 12 | 03 15 | 17 25 | 05 34 | 15 42 | 11 21 | 13 39 | 08 26 | 00 52 | 11 30 | 19 14 | 01 14 | 00 30 | 08 49 | 01 56 | 04 16 |
| 13 | 02 51 | 20 16 | 05 41 | 16 08 | 11 29 | 13 43 | 08 24 | 00 54 | 11 29 | 19 14 | 01 24 | 00 34 | 08 45 | 01 44 | 04 14 |
| 14 | 02 27 | 21 47 | 05 44 | 16 33 | 11 35 | 13 47 | 08 23 | 00 55 | 11 28 | 19 14 | 01 34 | 00 38 | 08 41 | 01 33 | 04 13 |
| 15 | 02 04 | 21 55 | 05 41 | 16 58 | 11 42 | 13 51 | 08 22 | 00 56 | 11 27 | 19 14 | 01 45 | 00 42 | 08 37 | 01 22 | 04 11 |
| 16 | 01 40 | 20 43 | 05 35 | 17 23 | 11 48 | 13 55 | 08 20 | 00 58 | 11 27 | 19 14 | 01 55 | 00 46 | 08 33 | 01 11 | 04 10 |
| 17 | 01 16 | 18 22 | 05 23 | 17 47 | 11 55 | 13 59 | 08 19 | 00 59 | 11 26 | 19 14 | 02 05 | 00 51 | 08 28 | 00 59 | 04 08 |
| 18 | 00 53 | 15 07 | 05 08 | 18 11 | 12 00 | 14 03 | 08 17 | 01 00 | 11 25 | 19 14 | 02 15 | 00 55 | 08 24 | 00 48 | 04 07 |
| 19 | 00 29 | 11 11 | 04 49 | 18 34 | 12 06 | 14 07 | 08 16 | 01 02 | 11 24 | 19 14 | 02 25 | 00 59 | 08 19 | 00 37 | 04 06 |
| 20 | 00 05 | 06 49 | 04 26 | 18 57 | 12 11 | 14 11 | 08 15 | 01 03 | 11 24 | 19 13 | 02 36 | 01 03 | 08 15 | 00 26 | 04 04 |
| 21 | +00 19 | 02 13 | 04 00 | 19 20 | 12 16 | 14 15 | 08 13 | 01 04 | 11 23 | 19 13 | 02 46 | 01 08 | 08 10 | 00 15 | 04 03 |
| 22 | 00 42 | +02 23 | 03 32 | 19 42 | 12 21 | 14 19 | 08 12 | 01 06 | 11 22 | 19 13 | 02 56 | 01 12 | 08 05 | 00 04 | 04 01 |
| 23 | 01 06 | 06 51 | 03 03 | 20 04 | 12 25 | 14 23 | 08 10 | 01 07 | 11 22 | 19 13 | 03 06 | 01 16 | 08 00 | +00 07 | 04 00 |
| 24 | 01 30 | 10 59 | 02 31 | 20 25 | 12 29 | 14 27 | 08 09 | 01 09 | 11 21 | 19 13 | 03 16 | 01 20 | 07 56 | 00 18 | 03 58 |
| 25 | 01 53 | 14 38 | 02 00 | 20 46 | 12 33 | 14 31 | 08 07 | 01 10 | 11 20 | 19 13 | 03 26 | 01 25 | 07 51 | 00 29 | 03 57 |
| 26 | 02 17 | 17 41 | 01 28 | 21 06 | 12 36 | 14 36 | 08 05 | 01 11 | 11 20 | 19 13 | 03 36 | 01 29 | 07 46 | 00 40 | 03 56 |
| 27 | 02 40 | 19 58 | 00 56 | 21 26 | 12 39 | 14 40 | 08 04 | 01 13 | 11 19 | 19 13 | 03 46 | 01 33 | 07 41 | 00 51 | 03 54 |
| 28 | 03 04 | 21 24 | 00 26 | 21 46 | 12 42 | 14 44 | 08 02 | 01 14 | 11 18 | 19 13 | 03 56 | 01 38 | 07 36 | 01 02 | 03 53 |
| 29 | 03 27 | 21 53 | -00 03 | 22 05 | 12 45 | 14 48 | 08 01 | 01 15 | 11 18 | 19 13 | 04 06 | 01 42 | 07 31 | 01 13 | 03 51 |
| 30 | 03 50 | 21 22 | 00 31 | 22 23 | 12 47 | 14 52 | 07 59 | 01 17 | 11 17 | 19 13 | 04 16 | 01 46 | 07 25 | 01 23 | 03 50 |
| 31 | 04 14 | 19 49 | 00 56 | 22 41 | 12 49 | 14 56 | 07 58 | 01 18 | 11 16 | 19 13 | 04 26 | 01 51 | 07 20 | 01 34 | 03 49 |

Lunar Phases -- 1 ◐ 01:23   8 ○ 09:41   15 ◑ 01:26   22 ● 14:38   30 ◐ 19:42   Sun enters ♈ 3/20 05:16

## Longitudes of Main Planets - April 2012

0:00 E.T.

| D | S.T. | ☉ | ☽ | ☽ 12:00 | ☿ | ♀ | ♂ | ♃ | ♄ | ♅ | ♆ | ♇ | ☊ |
|---|---|---|---|---|---|---|---|---|---|---|---|---|---|
| 1 | 12:39:01 | 11♈40 06 | 25♋22 | 01♌50 | 24♓24℞ | 27♉32 | 04♍47℞ | 13♉19 | 27♎18℞ | 04♈55 | 02♓04 | 09♑32 | 08♐09 |
| 2 | 12:42:57 | 12 39 18 | 08♌25 | 15 07 | 24 07 | 28 28 | 04 37 | 13 32 | 27 13 | 04 59 | 02 06 | 09 33 | 08 06 |
| 3 | 12:46:54 | 13 38 27 | 21 57 | 28 53 | 23 57 | 29 24 | 04 28 | 13 45 | 27 09 | 05 02 | 02 08 | 09 33 | 08 03 |
| 4 | 12:50:51 | 14 37 33 | 05♍57 | 13♍08 | 23 51 | 00♊20 | 04 20 | 13 59 | 27 04 | 05 06 | 02 10 | 09 33 | 08 00 |
| 5 | 12:54:47 | 15 36 38 | 20 25 | 27 48 | 23 52D | 01 15 | 04 13 | 14 12 | 27 00 | 05 09 | 02 12 | 09 33 | 07 57 |
| 6 | 12:58:44 | 16 35 40 | 05♎15 | 12♎46 | 23 58 | 02 09 | 04 06 | 14 25 | 26 55 | 05 12 | 02 13 | 09 33 | 07 53 |
| 7 | 13:02:40 | 17 34 40 | 20 20 | 27 55 | 24 09 | 03 03 | 04 00 | 14 39 | 26 51 | 05 16 | 02 15 | 09 33 | 07 50 |
| 8 | 13:06:37 | 18 33 38 | 05♏29 | 13♏02 | 24 25 | 03 56 | 03 55 | 14 52 | 26 46 | 05 19 | 02 17 | 09 34 | 07 47 |
| 9 | 13:10:33 | 19 32 35 | 20 33 | 28 00 | 24 46 | 04 48 | 03 51 | 15 06 | 26 42 | 05 23 | 02 18 | 09 34 | 07 44 |
| 10 | 13:14:30 | 20 31 29 | 05♐24 | 12♐42 | 25 11 | 05 40 | 03 47 | 15 20 | 26 37 | 05 26 | 02 20 | 09 34 | 07 41 |
| 11 | 13:18:26 | 21 30 22 | 19 55 | 27 02 | 25 41 | 06 31 | 03 45 | 15 33 | 26 33 | 05 29 | 02 22 | 09 34℞ | 07 37 |
| 12 | 13:22:23 | 22 29 13 | 04♑03 | 10♑59 | 26 16 | 07 21 | 03 43 | 15 47 | 26 28 | 05 33 | 02 23 | 09 34 | 07 34 |
| 13 | 13:26:20 | 23 28 03 | 17 49 | 24 33 | 26 54 | 08 11 | 03 41 | 16 01 | 26 24 | 05 36 | 02 25 | 09 34 | 07 31 |
| 14 | 13:30:16 | 24 26 50 | 01♒12 | 07♒46 | 27 36 | 09 00 | 03 41 | 16 14 | 26 19 | 05 39 | 02 27 | 09 33 | 07 28 |
| 15 | 13:34:13 | 25 25 36 | 14 16 | 20 41 | 28 21 | 09 48 | 03 41D | 16 28 | 26 14 | 05 42 | 02 28 | 09 33 | 07 25 |
| 16 | 13:38:09 | 26 24 20 | 27 02 | 03♓19 | 29 11 | 10 35 | 03 42 | 16 42 | 26 10 | 05 46 | 02 30 | 09 33 | 07 22 |
| 17 | 13:42:06 | 27 23 03 | 09♓33 | 15 44 | 00♈03 | 11 21 | 03 44 | 16 56 | 26 05 | 05 49 | 02 31 | 09 33 | 07 18 |
| 18 | 13:46:02 | 28 21 44 | 21 53 | 27 59 | 00 58 | 12 06 | 03 46 | 17 10 | 26 00 | 05 52 | 02 33 | 09 33 | 07 15 |
| 19 | 13:49:59 | 29 20 23 | 04♈02 | 10♈04 | 01 57 | 12 51 | 03 49 | 17 24 | 25 56 | 05 55 | 02 34 | 09 33 | 07 12 |
| 20 | 13:53:55 | 00♉19 00 | 16 03 | 22 02 | 02 58 | 13 34 | 03 53 | 17 38 | 25 51 | 05 59 | 02 36 | 09 32 | 07 09 |
| 21 | 13:57:52 | 01 17 35 | 27 58 | 03♉54 | 04 02 | 14 16 | 03 58 | 17 51 | 25 47 | 06 02 | 02 37 | 09 32 | 07 06 |
| 22 | 14:01:49 | 02 16 08 | 09♉49 | 15 43 | 05 09 | 14 58 | 04 03 | 18 05 | 25 42 | 06 05 | 02 38 | 09 32 | 07 03 |
| 23 | 14:05:45 | 03 14 40 | 21 36 | 27 30 | 06 18 | 15 38 | 04 09 | 18 19 | 25 38 | 06 08 | 02 40 | 09 31 | 06 59 |
| 24 | 14:09:42 | 04 13 09 | 03♊23 | 09♊18 | 07 29 | 16 17 | 04 15 | 18 34 | 25 33 | 06 11 | 02 41 | 09 31 | 06 56 |
| 25 | 14:13:38 | 05 11 37 | 15 13 | 21 10 | 08 43 | 16 55 | 04 22 | 18 48 | 25 29 | 06 14 | 02 42 | 09 30 | 06 53 |
| 26 | 14:17:35 | 06 10 02 | 27 08 | 03♋09 | 10 00 | 17 31 | 04 30 | 19 02 | 25 24 | 06 17 | 02 44 | 09 30 | 06 50 |
| 27 | 14:21:31 | 07 08 26 | 09♋13 | 15 20 | 11 18 | 18 07 | 04 39 | 19 16 | 25 20 | 06 21 | 02 45 | 09 30 | 06 47 |
| 28 | 14:25:28 | 08 06 47 | 21 32 | 27 48 | 12 38 | 18 41 | 04 48 | 19 30 | 25 15 | 06 24 | 02 46 | 09 29 | 06 43 |
| 29 | 14:29:24 | 09 05 07 | 04♌08 | 10♌35 | 14 01 | 19 13 | 04 57 | 19 44 | 25 11 | 06 27 | 02 47 | 09 29 | 06 40 |
| 30 | 14:33:21 | 10 03 24 | 17 07 | 23 46 | 15 26 | 19 44 | 05 08 | 19 58 | 25 06 | 06 30 | 02 48 | 09 28 | 06 37 |

0:00 E.T.

## Longitudes of the Major Asteroids and Chiron

| D | ⚳ | ⚴ | ⚵ | ⚶ | ⚷ |
|---|---|---|---|---|---|
| 1 | 26♈28 | 16♓04 | 06♐58℞ | 16♈22 | 07♓29 |
| 2 | 26 52 | 16 24 | 06 56 | 16 50 | 07 32 |
| 3 | 27 15 | 16 43 | 06 53 | 17 18 | 07 35 |
| 4 | 27 39 | 17 02 | 06 50 | 17 45 | 07 39 |
| 5 | 28 03 | 17 21 | 06 46 | 18 13 | 07 42 |
| 6 | 28 27 | 17 40 | 06 43 | 18 41 | 07 45 |
| 7 | 28 51 | 17 59 | 06 38 | 19 09 | 07 49 |
| 8 | 29 15 | 18 17 | 06 34 | 19 36 | 07 52 |
| 9 | 29 39 | 18 36 | 06 29 | 20 04 | 07 55 |
| 10 | 00♉03 | 18 55 | 06 24 | 20 32 | 07 58 |
| 11 | 00 27 | 19 14 | 06 19 | 20 59 | 08 01 |
| 12 | 00 51 | 19 32 | 06 13 | 21 27 | 08 04 |
| 13 | 01 16 | 19 51 | 06 07 | 21 55 | 08 07 |
| 14 | 01 40 | 20 10 | 06 00 | 22 22 | 08 10 |
| 15 | 02 04 | 20 28 | 05 53 | 22 50 | 08 13 |
| 16 | 02 28 | 20 46 | 05 46 | 23 17 | 08 16 |
| 17 | 02 52 | 21 05 | 05 39 | 23 45 | 08 19 |
| 18 | 03 16 | 21 23 | 05 31 | 24 12 | 08 22 |
| 19 | 03 40 | 21 41 | 05 23 | 24 40 | 08 25 |
| 20 | 04 05 | 22 00 | 05 15 | 25 07 | 08 28 |
| 21 | 04 29 | 22 18 | 05 06 | 25 35 | 08 31 |
| 22 | 04 53 | 22 36 | 04 57 | 26 02 | 08 33 |
| 23 | 05 17 | 22 54 | 04 48 | 26 30 | 08 36 |
| 24 | 05 41 | 23 12 | 04 39 | 26 57 | 08 39 |
| 25 | 06 06 | 23 30 | 04 29 | 27 25 | 08 41 |
| 26 | 06 30 | 23 47 | 04 19 | 27 52 | 08 44 |
| 27 | 06 54 | 24 05 | 04 09 | 28 19 | 08 46 |
| 28 | 07 18 | 24 23 | 03 58 | 28 46 | 08 49 |
| 29 | 07 43 | 24 40 | 03 47 | 29 14 | 08 51 |
| 30 | 08 07 | 24 58 | 03 36 | 29 41 | 08 53 |

## Lunar Data

| Last Asp. | | Ingress | | |
|---|---|---|---|---|
| 1 | 04:21 | 1 | ♌ | 08:36 |
| 3 | 13:48 | 3 | ♍ | 13:54 |
| 5 | 05:39 | 5 | ♎ | 15:33 |
| 7 | 10:16 | 7 | ♏ | 15:19 |
| 9 | 06:57 | 9 | ♐ | 15:14 |
| 11 | 11:07 | 11 | ♑ | 17:03 |
| 13 | 17:06 | 13 | ♒ | 21:49 |
| 15 | 22:43 | 16 | ♓ | 05:39 |
| 17 | 14:36 | 18 | ♈ | 16:00 |
| 20 | 19:36 | 21 | ♉ | 04:06 |
| 22 | 17:11 | 23 | ♊ | 17:06 |
| 25 | 20:32 | 26 | ♋ | 05:43 |
| 28 | 07:06 | 28 | ♌ | 16:11 |
| 30 | 14:18 | 30 | ♍ | 23:04 |

0:00 E.T.

## Declinations

| D | ☉ | ☽ | ☿ | ♀ | ♂ | ♃ | ♄ | ♅ | ♆ | ♇ | ⚳ | ⚴ | ⚵ | ⚶ | ⚷ |
|---|---|---|---|---|---|---|---|---|---|---|---|---|---|---|---|
| 1 | +04 37 | +17 16 | -01 20 | +22 59 | +12 50 | +15 00 | -07 56 | +01 19 | -11 16 | -19 13 | +04 36 | +01 55 | -07 15 | +01 45 | -03 47 |
| 2 | 05 00 | 13 48 | 01 40 | 23 16 | 12 52 | 15 04 | 07 54 | 01 21 | 11 15 | 19 13 | 04 45 | 01 59 | 07 10 | 01 56 | 03 46 |
| 3 | 05 23 | 09 30 | 01 59 | 23 32 | 12 52 | 15 08 | 07 53 | 01 22 | 11 14 | 19 13 | 04 55 | 02 04 | 07 04 | 02 06 | 03 45 |
| 4 | 05 46 | 04 34 | 02 15 | 23 48 | 12 53 | 15 12 | 07 51 | 01 23 | 11 14 | 19 13 | 05 05 | 02 08 | 06 59 | 02 17 | 03 43 |
| 5 | 06 09 | -00 46 | 02 28 | 24 04 | 12 53 | 15 16 | 07 49 | 01 25 | 11 13 | 19 13 | 05 15 | 02 12 | 06 54 | 02 28 | 03 42 |
| 6 | 06 31 | 06 12 | 02 39 | 24 19 | 12 53 | 15 21 | 07 48 | 01 26 | 11 12 | 19 13 | 05 24 | 02 17 | 06 48 | 02 38 | 03 41 |
| 7 | 06 54 | 11 21 | 02 47 | 24 33 | 12 53 | 15 25 | 07 46 | 01 27 | 11 12 | 19 13 | 05 34 | 02 21 | 06 43 | 02 49 | 03 39 |
| 8 | 07 16 | 15 49 | 02 53 | 24 47 | 12 53 | 15 29 | 07 44 | 01 29 | 11 11 | 19 12 | 05 44 | 02 25 | 06 37 | 02 59 | 03 38 |
| 9 | 07 39 | 19 12 | 02 56 | 25 01 | 12 52 | 15 33 | 07 43 | 01 30 | 11 11 | 19 12 | 05 53 | 02 30 | 06 32 | 03 10 | 03 37 |
| 10 | 08 01 | 21 15 | 02 57 | 25 14 | 12 51 | 15 37 | 07 41 | 01 31 | 11 10 | 19 12 | 06 03 | 02 34 | 06 26 | 03 20 | 03 35 |
| 11 | 08 23 | 21 48 | 02 55 | 25 26 | 12 49 | 15 41 | 07 39 | 01 33 | 11 09 | 19 12 | 06 12 | 02 38 | 06 21 | 03 31 | 03 34 |
| 12 | 08 45 | 20 56 | 02 51 | 25 38 | 12 48 | 15 45 | 07 38 | 01 34 | 11 09 | 19 12 | 06 22 | 02 42 | 06 15 | 03 41 | 03 33 |
| 13 | 09 07 | 18 49 | 02 45 | 25 50 | 12 46 | 15 49 | 07 36 | 01 35 | 11 08 | 19 12 | 06 31 | 02 47 | 06 10 | 03 51 | 03 31 |
| 14 | 09 28 | 15 44 | 02 37 | 26 00 | 12 43 | 15 53 | 07 34 | 01 37 | 11 08 | 19 12 | 06 41 | 02 51 | 06 04 | 04 02 | 03 30 |
| 15 | 09 50 | 11 56 | 02 26 | 26 11 | 12 41 | 15 57 | 07 33 | 01 38 | 11 07 | 19 12 | 06 50 | 02 55 | 05 58 | 04 12 | 03 29 |
| 16 | 10 11 | 07 42 | 02 14 | 26 21 | 12 38 | 16 01 | 07 31 | 01 39 | 11 07 | 19 12 | 07 00 | 02 59 | 05 53 | 04 22 | 03 28 |
| 17 | 10 32 | 03 12 | 02 00 | 26 30 | 12 35 | 16 05 | 07 29 | 01 41 | 11 06 | 19 12 | 07 09 | 03 04 | 05 47 | 04 32 | 03 26 |
| 18 | 10 53 | +01 21 | 01 44 | 26 39 | 12 32 | 16 09 | 07 28 | 01 42 | 11 06 | 19 12 | 07 18 | 03 08 | 05 42 | 04 42 | 03 25 |
| 19 | 11 14 | 05 47 | 01 26 | 26 47 | 12 29 | 16 13 | 07 26 | 01 43 | 11 05 | 19 12 | 07 28 | 03 12 | 05 36 | 04 52 | 03 24 |
| 20 | 11 35 | 09 57 | 01 07 | 26 55 | 12 25 | 16 17 | 07 24 | 01 44 | 11 05 | 19 12 | 07 37 | 03 16 | 05 30 | 05 02 | 03 23 |
| 21 | 11 55 | 13 42 | 00 46 | 27 02 | 12 21 | 16 21 | 07 23 | 01 46 | 11 04 | 19 12 | 07 46 | 03 20 | 05 25 | 05 12 | 03 22 |
| 22 | 12 16 | 16 53 | 00 23 | 27 09 | 12 17 | 16 25 | 07 21 | 01 47 | 11 04 | 19 12 | 07 55 | 03 24 | 05 19 | 05 22 | 03 20 |
| 23 | 12 36 | 19 21 | +00 01 | 27 15 | 12 13 | 16 29 | 07 20 | 01 48 | 11 03 | 19 12 | 08 04 | 03 28 | 05 14 | 05 32 | 03 19 |
| 24 | 12 55 | 21 00 | 00 27 | 27 20 | 12 08 | 16 33 | 07 18 | 01 49 | 11 03 | 19 12 | 08 13 | 03 32 | 05 08 | 05 42 | 03 18 |
| 25 | 13 15 | 21 43 | 00 54 | 27 26 | 12 03 | 16 37 | 07 16 | 01 51 | 11 02 | 19 12 | 08 22 | 03 36 | 05 03 | 05 52 | 03 17 |
| 26 | 13 35 | 21 27 | 01 22 | 27 30 | 11 58 | 16 41 | 07 15 | 01 52 | 11 02 | 19 12 | 08 31 | 03 40 | 04 57 | 06 01 | 03 16 |
| 27 | 13 54 | 20 11 | 01 52 | 27 34 | 11 53 | 16 45 | 07 13 | 01 53 | 11 02 | 19 12 | 08 40 | 03 44 | 04 52 | 06 11 | 03 15 |
| 28 | 14 13 | 17 58 | 02 23 | 27 38 | 11 47 | 16 49 | 07 12 | 01 54 | 11 01 | 19 12 | 08 49 | 03 48 | 04 46 | 06 21 | 03 14 |
| 29 | 14 31 | 14 51 | 02 55 | 27 41 | 11 42 | 16 53 | 07 10 | 01 55 | 11 01 | 19 12 | 08 58 | 03 52 | 04 41 | 06 30 | 03 12 |
| 30 | 14 50 | 10 56 | 03 28 | 27 44 | 11 36 | 16 57 | 07 09 | 01 56 | 11 00 | 19 13 | 09 07 | 03 56 | 04 36 | 06 40 | 03 11 |

Lunar Phases -- 6 ○ 19:20 13 ◑ 10:51 21 ● 07:20 29 ◐ 09:59 Sun enters ♉ 4/19 16:13

## 0:00 E.T. Longitudes of Main Planets - May 2012

| D | S.T. | ☉ | ☽ | ☽ 12:00 | ☿ | ♀ | ♂ | ♃ | ♄ | ♅ | ♆ | ♇ | ☊ |
|---|---|---|---|---|---|---|---|---|---|---|---|---|---|
| 1 | 14:37:18 | 11♉01 39 | 00♍32 | 07♍25 | 16♈53 | 20♊14 | 05♍18 | 20♉12 | 25♎02℞ | 06♈33 | 02♓50 | 09♑27℞ | 06♐34 |
| 2 | 14:41:14 | 11 59 52 | 14 24 | 21 31 | 18 21 | 20 42 | 05 30 | 20 26 | 24 58 | 06 35 | 02 51 | 09 27 | 06 31 |
| 3 | 14:45:11 | 12 58 03 | 28 44 | 06♎04 | 19 52 | 21 09 | 05 42 | 20 41 | 24 53 | 06 38 | 02 52 | 09 26 | 06 28 |
| 4 | 14:49:07 | 13 56 12 | 13♎28 | 20 58 | 21 25 | 21 34 | 05 54 | 20 55 | 24 49 | 06 41 | 02 53 | 09 25 | 06 24 |
| 5 | 14:53:04 | 14 54 19 | 28 31 | 06♏07 | 22 59 | 21 57 | 06 07 | 21 09 | 24 45 | 06 44 | 02 54 | 09 25 | 06 21 |
| 6 | 14:57:00 | 15 52 25 | 13♏44 | 21 21 | 24 36 | 22 18 | 06 21 | 21 23 | 24 41 | 06 47 | 02 55 | 09 24 | 06 18 |
| 7 | 15:00:57 | 16 50 29 | 28 57 | 06♐30 | 26 14 | 22 37 | 06 35 | 21 37 | 24 37 | 06 50 | 02 56 | 09 23 | 06 15 |
| 8 | 15:04:53 | 17 48 31 | 14♐00 | 21 26 | 27 55 | 22 55 | 06 49 | 21 52 | 24 33 | 06 53 | 02 57 | 09 22 | 06 12 |
| 9 | 15:08:50 | 18 46 32 | 28 46 | 06♑01 | 29 37 | 23 10 | 07 04 | 22 06 | 24 29 | 06 55 | 02 57 | 09 22 | 06 09 |
| 10 | 15:12:47 | 19 44 31 | 13♑09 | 20 11 | 01♉22 | 23 24 | 07 20 | 22 20 | 24 25 | 06 58 | 02 58 | 09 21 | 06 05 |
| 11 | 15:16:43 | 20 42 29 | 27 07 | 03♒56 | 03 08 | 23 35 | 07 36 | 22 34 | 24 21 | 07 01 | 02 59 | 09 20 | 06 02 |
| 12 | 15:20:40 | 21 40 26 | 10♒38 | 17 14 | 04 56 | 23 45 | 07 52 | 22 49 | 24 17 | 07 04 | 03 00 | 09 19 | 05 59 |
| 13 | 15:24:36 | 22 38 21 | 23 44 | 00♓09 | 06 46 | 23 52 | 08 09 | 23 03 | 24 13 | 07 06 | 03 01 | 09 18 | 05 56 |
| 14 | 15:28:33 | 23 36 16 | 06♓29 | 12 44 | 08 38 | 23 57 | 08 26 | 23 17 | 24 09 | 07 09 | 03 01 | 09 17 | 05 53 |
| 15 | 15:32:29 | 24 34 08 | 18 55 | 25 03 | 10 33 | 23 59 | 08 44 | 23 31 | 24 06 | 07 11 | 03 02 | 09 16 | 05 49 |
| 16 | 15:36:26 | 25 32 00 | 01♈07 | 07♈09 | 12 29 | 23 59℞ | 09 02 | 23 45 | 24 02 | 07 14 | 03 03 | 09 15 | 05 46 |
| 17 | 15:40:22 | 26 29 51 | 13 08 | 19 06 | 14 26 | 23 57 | 09 21 | 24 00 | 23 59 | 07 16 | 03 03 | 09 14 | 05 43 |
| 18 | 15:44:19 | 27 27 40 | 25 02 | 00♉57 | 16 26 | 23 53 | 09 40 | 24 14 | 23 55 | 07 19 | 03 04 | 09 13 | 05 40 |
| 19 | 15:48:16 | 28 25 28 | 06♉51 | 12 45 | 18 28 | 23 46 | 09 59 | 24 28 | 23 52 | 07 21 | 03 04 | 09 12 | 05 37 |
| 20 | 15:52:12 | 29 23 14 | 18 38 | 24 32 | 20 31 | 23 36 | 10 19 | 24 42 | 23 48 | 07 24 | 03 05 | 09 11 | 05 34 |
| 21 | 15:56:09 | 00♊21 00 | 00♊26 | 06♊21 | 22 36 | 23 25 | 10 39 | 24 56 | 23 45 | 07 26 | 03 06 | 09 10 | 05 30 |
| 22 | 16:00:05 | 01 18 44 | 12 17 | 18 14 | 24 42 | 23 11 | 11 00 | 25 11 | 23 42 | 07 29 | 03 06 | 09 09 | 05 27 |
| 23 | 16:04:02 | 02 16 26 | 24 13 | 00♋14 | 26 50 | 22 54 | 11 20 | 25 25 | 23 39 | 07 31 | 03 06 | 09 08 | 05 24 |
| 24 | 16:07:58 | 03 14 08 | 06♋17 | 12 22 | 28 59 | 22 35 | 11 42 | 25 39 | 23 36 | 07 33 | 03 07 | 09 07 | 05 21 |
| 25 | 16:11:55 | 04 11 48 | 18 30 | 24 41 | 01♊09 | 22 14 | 12 03 | 25 53 | 23 33 | 07 35 | 03 07 | 09 06 | 05 18 |
| 26 | 16:15:51 | 05 09 26 | 00♌56 | 07♌15 | 03 20 | 21 51 | 12 25 | 26 07 | 23 30 | 07 38 | 03 08 | 09 04 | 05 15 |
| 27 | 16:19:48 | 06 07 03 | 13 38 | 20 05 | 05 32 | 21 25 | 12 48 | 26 21 | 23 27 | 07 40 | 03 08 | 09 03 | 05 11 |
| 28 | 16:23:45 | 07 04 39 | 26 38 | 03♍15 | 07 44 | 20 58 | 13 10 | 26 35 | 23 25 | 07 42 | 03 08 | 09 02 | 05 08 |
| 29 | 16:27:41 | 08 02 13 | 09♍59 | 16 48 | 09 56 | 20 28 | 13 33 | 26 49 | 23 22 | 07 44 | 03 08 | 09 01 | 05 05 |
| 30 | 16:31:38 | 08 59 45 | 23 42 | 00♎43 | 12 08 | 19 57 | 13 57 | 27 03 | 23 19 | 07 46 | 03 09 | 09 00 | 05 02 |
| 31 | 16:35:34 | 09 57 16 | 07♎49 | 15 01 | 14 19 | 19 24 | 14 20 | 27 18 | 23 17 | 07 48 | 03 09 | 08 58 | 04 59 |

## 0:00 E.T. Longitudes of the Major Asteroids and Chiron

| D | ⚳ | ⚴ | ⚵ | ⚶ | ⚷ | D | ⚳ | ⚴ | ⚵ | ⚶ | ⚷ |
|---|---|---|---|---|---|---|---|---|---|---|---|
| 1 | 08♉31 | 25♓15 | 03♐25℞ | 00♉08 | 08♓56 | 17 | 14 58 | 29 41 | 00 04 | 07 19 | 09 26 |
| 2 | 08 55 | 25 32 | 03 14 | 00 35 | 08 58 | 18 | 15 22 | 29 57 | 29♏50 | 07 46 | 09 27 |
| 3 | 09 20 | 25 50 | 03 02 | 01 02 | 09 00 | 19 | 15 47 | 00♈13 | 29 37 | 08 12 | 09 29 |
| 4 | 09 44 | 26 07 | 02 50 | 01 30 | 09 02 | 20 | 16 11 | 00 28 | 29 23 | 08 39 | 09 30 |
| 5 | 10 08 | 26 24 | 02 38 | 01 57 | 09 04 | 21 | 16 35 | 00 44 | 29 09 | 09 05 | 09 31 |
| 6 | 10 32 | 26 41 | 02 26 | 02 24 | 09 06 | 22 | 16 59 | 00 59 | 28 56 | 09 32 | 09 32 |
| 7 | 10 56 | 26 58 | 02 14 | 02 51 | 09 08 | 23 | 17 23 | 01 15 | 28 42 | 09 58 | 09 34 |
| 8 | 11 21 | 27 14 | 02 01 | 03 18 | 09 10 | 24 | 17 47 | 01 30 | 28 29 | 10 24 | 09 35 |
| 9 | 11 45 | 27 31 | 01 49 | 03 45 | 09 12 | 25 | 18 11 | 01 45 | 28 16 | 10 51 | 09 36 |
| 10 | 12 09 | 27 48 | 01 36 | 04 11 | 09 14 | 26 | 18 35 | 02 00 | 28 02 | 11 17 | 09 37 |
| 11 | 12 33 | 28 04 | 01 23 | 04 38 | 09 16 | 27 | 18 59 | 02 14 | 27 49 | 11 43 | 09 38 |
| 12 | 12 57 | 28 21 | 01 10 | 05 05 | 09 18 | 28 | 19 23 | 02 29 | 27 36 | 12 10 | 09 39 |
| 13 | 13 22 | 28 37 | 00 57 | 05 32 | 09 19 | 29 | 19 47 | 02 43 | 27 22 | 12 36 | 09 40 |
| 14 | 13 46 | 28 53 | 00 44 | 05 59 | 09 21 | 30 | 20 11 | 02 58 | 27 09 | 13 02 | 09 40 |
| 15 | 14 10 | 29 09 | 00 30 | 06 26 | 09 23 | 31 | 20 35 | 03 12 | 26 57 | 13 28 | 09 41 |
| 16 | 14 34 | 29 25 | 00 17 | 06 52 | 09 24 | | | | | | |

## Lunar Data

| Last Asp. | Ingress |
|---|---|
| 2 10:59 | 3 ♎ 02:05 |
| 4 18:03 | 5 ♏ 02:21 |
| 6 12:15 | 7 ♐ 01:40 |
| 9 01:35 | 9 ♑ 02:02 |
| 10 19:13 | 11 ♒ 05:04 |
| 13 00:54 | 13 ♓ 11:43 |
| 15 12:00 | 15 ♈ 21:47 |
| 17 21:46 | 18 ♉ 10:05 |
| 20 12:36 | 20 ♊ 23:06 |
| 22 22:52 | 23 ♋ 11:32 |
| 25 14:35 | 25 ♌ 22:12 |
| 27 23:55 | 28 ♍ 06:07 |
| 30 05:51 | 30 ♎ 10:47 |

## 0:00 E.T. Declinations

| D | ☉ | ☽ | ☿ | ♀ | ♂ | ♃ | ♄ | ♅ | ♆ | ♇ | ⚳ | ⚴ | ⚵ | ⚶ | ⚷ |
|---|---|---|---|---|---|---|---|---|---|---|---|---|---|---|---|
| 1 | +15 08 | +06 23 | +04 02 | +27 46 | +11 30 | +17 00 | -07 07 | +01 58 | -11 00 | -19 13 | +09 16 | +04 00 | -04 30 | +06 49 | -03 10 |
| 2 | 15 26 | 01 21 | 04 38 | 27 48 | 11 24 | 17 04 | 07 06 | 01 59 | 11 00 | 19 13 | 09 24 | 04 04 | 04 25 | 06 59 | 03 09 |
| 3 | 15 44 | -03 55 | 05 14 | 27 49 | 11 17 | 17 08 | 07 04 | 02 00 | 10 59 | 19 13 | 09 33 | 04 07 | 04 20 | 07 08 | 03 08 |
| 4 | 16 01 | 09 07 | 05 52 | 27 49 | 11 10 | 17 12 | 07 03 | 02 01 | 10 59 | 19 13 | 09 42 | 04 11 | 04 15 | 07 17 | 03 07 |
| 5 | 16 18 | 13 52 | 06 30 | 27 49 | 11 04 | 17 16 | 07 01 | 02 02 | 10 59 | 19 13 | 09 50 | 04 15 | 04 10 | 07 26 | 03 06 |
| 6 | 16 35 | 17 47 | 07 09 | 27 49 | 10 57 | 17 20 | 07 00 | 02 03 | 10 58 | 19 13 | 09 59 | 04 18 | 04 05 | 07 36 | 03 05 |
| 7 | 16 52 | 20 28 | 07 49 | 27 48 | 10 50 | 17 23 | 06 59 | 02 04 | 10 58 | 19 13 | 10 07 | 04 22 | 04 00 | 07 45 | 03 04 |
| 8 | 17 08 | 21 40 | 08 29 | 27 47 | 10 42 | 17 27 | 06 57 | 02 05 | 10 58 | 19 13 | 10 16 | 04 25 | 03 55 | 07 54 | 03 03 |
| 9 | 17 24 | 21 18 | 09 11 | 27 45 | 10 35 | 17 31 | 06 56 | 02 07 | 10 57 | 19 13 | 10 24 | 04 29 | 03 50 | 08 03 | 03 02 |
| 10 | 17 40 | 19 33 | 09 53 | 27 42 | 10 27 | 17 35 | 06 55 | 02 08 | 10 57 | 19 13 | 10 32 | 04 32 | 03 46 | 08 12 | 03 01 |
| 11 | 17 56 | 16 39 | 10 35 | 27 40 | 10 19 | 17 38 | 06 53 | 02 09 | 10 57 | 19 13 | 10 41 | 04 36 | 03 41 | 08 21 | 03 01 |
| 12 | 18 11 | 12 56 | 11 18 | 27 36 | 10 11 | 17 42 | 06 52 | 02 10 | 10 57 | 19 13 | 10 49 | 04 39 | 03 37 | 08 30 | 03 00 |
| 13 | 18 26 | 08 43 | 12 01 | 27 32 | 10 03 | 17 46 | 06 51 | 02 11 | 10 56 | 19 13 | 10 57 | 04 42 | 03 32 | 08 38 | 02 59 |
| 14 | 18 40 | 04 13 | 12 45 | 27 27 | 09 55 | 17 49 | 06 49 | 02 12 | 10 56 | 19 13 | 11 05 | 04 46 | 03 28 | 08 47 | 02 58 |
| 15 | 18 55 | +00 20 | 13 29 | 27 22 | 09 46 | 17 53 | 06 48 | 02 13 | 10 56 | 19 13 | 11 13 | 04 49 | 03 24 | 08 56 | 02 57 |
| 16 | 19 09 | 04 48 | 14 13 | 27 17 | 09 38 | 17 56 | 06 47 | 02 14 | 10 56 | 19 13 | 11 21 | 04 52 | 03 20 | 09 04 | 02 56 |
| 17 | 19 22 | 09 01 | 14 57 | 27 10 | 09 29 | 18 00 | 06 46 | 02 15 | 10 55 | 19 13 | 11 29 | 04 55 | 03 16 | 09 13 | 02 55 |
| 18 | 19 35 | 12 51 | 15 40 | 27 03 | 09 20 | 18 03 | 06 45 | 02 16 | 10 55 | 19 14 | 11 37 | 04 58 | 03 12 | 09 21 | 02 55 |
| 19 | 19 48 | 16 10 | 16 24 | 26 56 | 09 11 | 18 07 | 06 44 | 02 17 | 10 55 | 19 14 | 11 45 | 05 01 | 03 08 | 09 30 | 02 54 |
| 20 | 20 01 | 18 48 | 17 07 | 26 48 | 09 02 | 18 10 | 06 43 | 02 18 | 10 55 | 19 14 | 11 53 | 05 04 | 03 04 | 09 38 | 02 53 |
| 21 | 20 13 | 20 39 | 17 49 | 26 39 | 08 53 | 18 14 | 06 42 | 02 18 | 10 55 | 19 14 | 12 01 | 05 07 | 03 01 | 09 46 | 02 52 |
| 22 | 20 25 | 21 36 | 18 31 | 26 29 | 08 43 | 18 17 | 06 41 | 02 19 | 10 55 | 19 14 | 12 09 | 05 09 | 02 57 | 09 54 | 02 52 |
| 23 | 20 37 | 21 34 | 19 11 | 26 19 | 08 34 | 18 21 | 06 40 | 02 20 | 10 54 | 19 14 | 12 16 | 05 12 | 02 54 | 10 03 | 02 51 |
| 24 | 20 48 | 20 32 | 19 50 | 26 08 | 08 24 | 18 24 | 06 39 | 02 21 | 10 54 | 19 14 | 12 24 | 05 15 | 02 51 | 10 11 | 02 50 |
| 25 | 20 59 | 18 33 | 20 28 | 25 57 | 08 14 | 18 28 | 06 38 | 02 22 | 10 54 | 19 14 | 12 32 | 05 17 | 02 48 | 10 19 | 02 50 |
| 26 | 21 09 | 15 40 | 21 04 | 25 44 | 08 04 | 18 31 | 06 37 | 02 23 | 10 54 | 19 14 | 12 39 | 05 20 | 02 45 | 10 26 | 02 49 |
| 27 | 21 20 | 12 00 | 21 39 | 25 32 | 07 54 | 18 34 | 06 36 | 02 24 | 10 54 | 19 14 | 12 46 | 05 22 | 02 42 | 10 34 | 02 48 |
| 28 | 21 29 | 07 42 | 22 11 | 25 18 | 07 44 | 18 38 | 06 35 | 02 24 | 10 54 | 19 15 | 12 54 | 05 24 | 02 39 | 10 42 | 02 48 |
| 29 | 21 39 | 02 56 | 22 42 | 25 04 | 07 33 | 18 41 | 06 35 | 02 25 | 10 54 | 19 15 | 13 01 | 05 27 | 02 37 | 10 50 | 02 47 |
| 30 | 21 48 | -02 07 | 23 09 | 24 49 | 07 23 | 18 44 | 06 34 | 02 26 | 10 54 | 19 15 | 13 09 | 05 29 | 02 34 | 10 58 | 02 47 |
| 31 | 21 56 | 07 12 | 23 35 | 24 33 | 07 12 | 18 47 | 06 33 | 02 27 | 10 54 | 19 15 | 13 16 | 05 31 | 02 32 | 11 05 | 02 46 |

Lunar Phases -- 6 ○ 03:36 12 ◑ 21:48 20 ● 23:48 28 ◐ 20:17 Sun enters ♊ 5/20 15:17

## Longitudes of Main Planets - June 2012

0:00 E.T.

| D | S.T. | ☉ | ☽ | ☽ 12:00 | ☿ | ♀ | ♂ | ♃ | ♄ | ♅ | ♆ | ♇ | ☊ |
|---|---|---|---|---|---|---|---|---|---|---|---|---|---|
| 1 | 16:39:31 | 10♊54 46 | 22♎18 | 29♎40 | 16♊29 | 18♊50℞ | 14♍44 | 27♉32 | 23♎15℞ | 07♈50 | 03♓09 | 08♑57℞ | 04♐55 |
| 2 | 16:43:27 | 11 52 15 | 07♏06 | 14♏35 | 18 39 | 18 15 | 15 09 | 27 45 | 23 12 | 07 52 | 03 09 | 08 56 | 04 52 |
| 3 | 16:47:24 | 12 49 42 | 22 06 | 29 39 | 20 47 | 17 39 | 15 33 | 27 59 | 23 10 | 07 54 | 03 09 | 08 54 | 04 49 |
| 4 | 16:51:20 | 13 47 09 | 07♐12 | 14♐44 | 22 54 | 17 02 | 15 58 | 28 13 | 23 08 | 07 56 | 03 09 | 08 53 | 04 46 |
| 5 | 16:55:17 | 14 44 34 | 22 14 | 29 40 | 24 59 | 16 24 | 16 23 | 28 27 | 23 06 | 07 57 | 03 09℞ | 08 52 | 04 43 |
| 6 | 16:59:14 | 15 41 59 | 07♑03 | 14♑21 | 27 02 | 15 47 | 16 48 | 28 41 | 23 04 | 07 59 | 03 09 | 08 50 | 04 40 |
| 7 | 17:03:10 | 16 39 23 | 21 33 | 28 39 | 29 04 | 15 09 | 17 14 | 28 55 | 23 02 | 08 01 | 03 09 | 08 49 | 04 36 |
| 8 | 17:07:07 | 17 36 46 | 05♒39 | 12♒32 | 01♋03 | 14 31 | 17 40 | 29 09 | 23 01 | 08 03 | 03 09 | 08 48 | 04 33 |
| 9 | 17:11:03 | 18 34 08 | 19 18 | 25 58 | 03 00 | 13 54 | 18 06 | 29 23 | 22 59 | 08 04 | 03 09 | 08 46 | 04 30 |
| 10 | 17:15:00 | 19 31 30 | 02♓31 | 08♓58 | 04 55 | 13 18 | 18 33 | 29 36 | 22 57 | 08 06 | 03 09 | 08 45 | 04 27 |
| 11 | 17:18:56 | 20 28 51 | 15 19 | 21 35 | 06 47 | 12 43 | 18 59 | 29 50 | 22 56 | 08 07 | 03 08 | 08 43 | 04 24 |
| 12 | 17:22:53 | 21 26 12 | 27 46 | 03♈53 | 08 37 | 12 09 | 19 26 | 00♊04 | 22 55 | 08 09 | 03 08 | 08 42 | 04 21 |
| 13 | 17:26:49 | 22 23 32 | 09♈56 | 15 57 | 10 25 | 11 36 | 19 53 | 00 17 | 22 53 | 08 10 | 03 08 | 08 41 | 04 17 |
| 14 | 17:30:46 | 23 20 52 | 21 54 | 27 50 | 12 10 | 11 05 | 20 21 | 00 31 | 22 52 | 08 12 | 03 08 | 08 39 | 04 14 |
| 15 | 17:34:43 | 24 18 11 | 03♉45 | 09♉39 | 13 52 | 10 35 | 20 49 | 00 45 | 22 51 | 08 13 | 03 07 | 08 38 | 04 11 |
| 16 | 17:38:39 | 25 15 30 | 15 32 | 21 26 | 15 33 | 10 08 | 21 16 | 00 58 | 22 50 | 08 14 | 03 07 | 08 36 | 04 08 |
| 17 | 17:42:36 | 26 12 49 | 27 20 | 03♊15 | 17 10 | 09 42 | 21 45 | 01 12 | 22 49 | 08 16 | 03 07 | 08 35 | 04 05 |
| 18 | 17:46:32 | 27 10 07 | 09♊11 | 15 09 | 18 45 | 09 18 | 22 13 | 01 25 | 22 48 | 08 17 | 03 06 | 08 33 | 04 01 |
| 19 | 17:50:29 | 28 07 25 | 21 09 | 27 11 | 20 18 | 08 57 | 22 42 | 01 39 | 22 48 | 08 18 | 03 06 | 08 32 | 03 58 |
| 20 | 17:54:25 | 29 04 43 | 03♋15 | 09♋22 | 21 48 | 08 38 | 23 10 | 01 52 | 22 47 | 08 19 | 03 05 | 08 30 | 03 55 |
| 21 | 17:58:22 | 00♋01 59 | 15 32 | 21 45 | 23 15 | 08 21 | 23 39 | 02 05 | 22 47 | 08 20 | 03 05 | 08 29 | 03 52 |
| 22 | 18:02:18 | 00 59 16 | 28 00 | 04♌19 | 24 40 | 08 06 | 24 09 | 02 19 | 22 46 | 08 21 | 03 04 | 08 27 | 03 49 |
| 23 | 18:06:15 | 01 56 31 | 10♌41 | 17 07 | 26 02 | 07 54 | 24 38 | 02 32 | 22 46 | 08 22 | 03 04 | 08 26 | 03 46 |
| 24 | 18:10:12 | 02 53 47 | 23 36 | 00♍09 | 27 22 | 07 45 | 25 08 | 02 45 | 22 46 | 08 23 | 03 03 | 08 24 | 03 42 |
| 25 | 18:14:08 | 03 51 01 | 06♍46 | 13 26 | 28 39 | 07 37 | 25 38 | 02 58 | 22 46 | 08 24 | 03 03 | 08 23 | 03 39 |
| 26 | 18:18:05 | 04 48 15 | 20 11 | 26 59 | 29 53 | 07 32 | 26 08 | 03 11 | 22 46D | 08 25 | 03 02 | 08 21 | 03 36 |
| 27 | 18:22:01 | 05 45 28 | 03♎52 | 10♎49 | 01♌04 | 07 30 | 26 38 | 03 24 | 22 46 | 08 26 | 03 01 | 08 20 | 03 33 |
| 28 | 18:25:58 | 06 42 41 | 17 50 | 24 54 | 02 12 | 07 29D | 27 08 | 03 37 | 22 46 | 08 27 | 03 01 | 08 18 | 03 30 |
| 29 | 18:29:54 | 07 39 54 | 02♏03 | 09♏16 | 03 17 | 07 31 | 27 39 | 03 50 | 22 46 | 08 27 | 03 00 | 08 17 | 03 26 |
| 30 | 18:33:51 | 08 37 06 | 16 31 | 23 50 | 04 20 | 07 36 | 28 10 | 04 03 | 22 47 | 08 28 | 02 59 | 08 15 | 03 23 |

## Longitudes of the Major Asteroids and Chiron

0:00 E.T.

| D | ⚳ | ⚴ | ⚵ | ⚶ | ⚷ |
|---|---|---|---|---|---|
| 1 | 20♉59 | 03♈26 | 26♏44℞ | 13♉54 | 09♓42 |
| 2 | 21 23 | 03 40 | 26 31 | 14 20 | 09 42 |
| 3 | 21 47 | 03 54 | 26 19 | 14 46 | 09 43 |
| 4 | 22 10 | 04 07 | 26 06 | 15 12 | 09 43 |
| 5 | 22 34 | 04 21 | 25 54 | 15 37 | 09 44 |
| 6 | 22 58 | 04 34 | 25 42 | 16 03 | 09 44 |
| 7 | 23 22 | 04 48 | 25 30 | 16 29 | 09 45 |
| 8 | 23 46 | 05 01 | 25 19 | 16 55 | 09 45 |
| 9 | 24 09 | 05 14 | 25 08 | 17 20 | 09 45 |
| 10 | 24 33 | 05 26 | 24 56 | 17 46 | 09 45 |
| 11 | 24 57 | 05 39 | 24 45 | 18 11 | 09 45 |
| 12 | 25 20 | 05 51 | 24 35 | 18 37 | 09 45 |
| 13 | 25 44 | 06 04 | 24 24 | 19 02 | 09 45℞ |
| 14 | 26 07 | 06 16 | 24 14 | 19 27 | 09 45 |
| 15 | 26 31 | 06 28 | 24 04 | 19 53 | 09 45 |
| 16 | 26 54 | 06 39 | 23 54 | 20 18 | 09 45 |
| 17 | 27 18 | 06 51 | 23 45 | 20 43 | 09 45 |
| 18 | 27 41 | 07 02 | 23 36 | 21 08 | 09 44 |
| 19 | 28 05 | 07 13 | 23 27 | 21 33 | 09 44 |
| 20 | 28 28 | 07 24 | 23 18 | 21 58 | 09 44 |
| 21 | 28 51 | 07 35 | 23 10 | 22 23 | 09 43 |
| 22 | 29 15 | 07 46 | 23 02 | 22 48 | 09 43 |
| 23 | 29 38 | 07 56 | 22 54 | 23 13 | 09 42 |
| 24 | 00♊01 | 08 06 | 22 47 | 23 37 | 09 41 |
| 25 | 00 24 | 08 16 | 22 40 | 24 02 | 09 41 |
| 26 | 00 47 | 08 26 | 22 33 | 24 27 | 09 40 |
| 27 | 01 10 | 08 36 | 22 26 | 24 51 | 09 39 |
| 28 | 01 33 | 08 45 | 22 20 | 25 15 | 09 38 |
| 29 | 01 56 | 08 54 | 22 14 | 25 40 | 09 37 |
| 30 | 02 19 | 09 03 | 22 09 | 26 04 | 09 36 |

## Lunar Data

| Last Asp. | | Ingress | | |
|---|---|---|---|---|
| 1 | 01:32 | 1 | ♏ | 12:32 |
| 3 | 09:31 | 3 | ♐ | 12:33 |
| 5 | 05:09 | 5 | ♑ | 12:32 |
| 7 | 12:40 | 7 | ♒ | 14:18 |
| 9 | 18:34 | 9 | ♓ | 19:23 |
| 11 | 10:42 | 12 | ♈ | 04:22 |
| 14 | 03:10 | 14 | ♉ | 16:23 |
| 16 | 12:10 | 17 | ♊ | 05:25 |
| 19 | 15:03 | 19 | ♋ | 17:35 |
| 21 | 16:49 | 22 | ♌ | 03:48 |
| 23 | 22:27 | 24 | ♍ | 11:43 |
| 26 | 10:54 | 26 | ♎ | 17:16 |
| 28 | 08:23 | 28 | ♏ | 20:33 |
| 30 | 19:47 | 30 | ♐ | 22:05 |

## Declinations

0:00 E.T.

| D | ☉ | ☽ | ☿ | ♀ | ♂ | ♃ | ♄ | ♅ | ♆ | ♇ | ⚳ | ⚴ | ⚵ | ⚶ | ⚷ |
|---|---|---|---|---|---|---|---|---|---|---|---|---|---|---|---|
| 1 | +22 05 | -12 01 | +23 58 | +24 17 | +07 02 | +18 51 | -06 33 | +02 28 | -10 54 | -19 15 | +13 23 | +05 33 | -02 30 | +11 13 | -02 46 |
| 2 | 22 13 | 16 14 | 24 18 | 24 01 | 06 51 | 18 54 | 06 32 | 02 28 | 10 54 | 19 15 | 13 30 | 05 35 | 02 28 | 11 20 | 02 45 |
| 3 | 22 20 | 19 26 | 24 35 | 23 44 | 06 40 | 18 57 | 06 31 | 02 29 | 10 54 | 19 15 | 13 37 | 05 37 | 02 26 | 11 27 | 02 45 |
| 4 | 22 27 | 21 19 | 24 50 | 23 26 | 06 29 | 19 00 | 06 31 | 02 30 | 10 54 | 19 15 | 13 44 | 05 38 | 02 24 | 11 35 | 02 44 |
| 5 | 22 34 | 21 39 | 25 01 | 23 09 | 06 18 | 19 03 | 06 30 | 02 30 | 10 54 | 19 16 | 13 51 | 05 40 | 02 23 | 11 42 | 02 44 |
| 6 | 22 40 | 20 27 | 25 11 | 22 51 | 06 06 | 19 06 | 06 30 | 02 31 | 10 54 | 19 16 | 13 58 | 05 42 | 02 21 | 11 49 | 02 44 |
| 7 | 22 46 | 17 55 | 25 17 | 22 32 | 05 55 | 19 09 | 06 29 | 02 32 | 10 54 | 19 16 | 14 05 | 05 43 | 02 20 | 11 56 | 02 43 |
| 8 | 22 52 | 14 23 | 25 21 | 22 14 | 05 43 | 19 12 | 06 29 | 02 32 | 10 54 | 19 16 | 14 11 | 05 44 | 02 19 | 12 03 | 02 43 |
| 9 | 22 57 | 10 12 | 25 22 | 21 56 | 05 32 | 19 15 | 06 29 | 02 33 | 10 54 | 19 16 | 14 18 | 05 46 | 02 18 | 12 10 | 02 42 |
| 10 | 23 01 | 05 39 | 25 21 | 21 38 | 05 20 | 19 18 | 06 28 | 02 34 | 10 54 | 19 16 | 14 25 | 05 47 | 02 17 | 12 17 | 02 42 |
| 11 | 23 06 | 01 00 | 25 17 | 21 20 | 05 08 | 19 21 | 06 28 | 02 34 | 10 54 | 19 16 | 14 31 | 05 48 | 02 16 | 12 24 | 02 42 |
| 12 | 23 10 | +03 35 | 25 12 | 21 02 | 04 57 | 19 24 | 06 28 | 02 35 | 10 54 | 19 17 | 14 38 | 05 49 | 02 16 | 12 31 | 02 42 |
| 13 | 23 13 | 07 55 | 25 04 | 20 44 | 04 45 | 19 27 | 06 27 | 02 35 | 10 54 | 19 17 | 14 44 | 05 50 | 02 15 | 12 37 | 02 41 |
| 14 | 23 16 | 11 53 | 24 54 | 20 27 | 04 33 | 19 30 | 06 27 | 02 36 | 10 55 | 19 17 | 14 51 | 05 51 | 02 15 | 12 44 | 02 41 |
| 15 | 23 19 | 15 21 | 24 43 | 20 11 | 04 20 | 19 33 | 06 27 | 02 36 | 10 55 | 19 17 | 14 57 | 05 51 | 02 15 | 12 50 | 02 41 |
| 16 | 23 21 | 18 10 | 24 30 | 19 55 | 04 08 | 19 36 | 06 27 | 02 37 | 10 55 | 19 17 | 15 03 | 05 52 | 02 15 | 12 57 | 02 41 |
| 17 | 23 23 | 20 15 | 24 15 | 19 40 | 03 56 | 19 38 | 06 27 | 02 37 | 10 55 | 19 17 | 15 10 | 05 52 | 02 15 | 13 03 | 02 41 |
| 18 | 23 24 | 21 27 | 23 59 | 19 25 | 03 43 | 19 41 | 06 27 | 02 38 | 10 55 | 19 18 | 15 16 | 05 53 | 02 15 | 13 09 | 02 40 |
| 19 | 23 25 | 21 41 | 23 41 | 19 12 | 03 31 | 19 44 | 06 27 | 02 38 | 10 55 | 19 18 | 15 22 | 05 53 | 02 15 | 13 16 | 02 40 |
| 20 | 23 26 | 20 55 | 23 22 | 18 59 | 03 18 | 19 47 | 06 27 | 02 39 | 10 56 | 19 18 | 15 28 | 05 53 | 02 16 | 13 22 | 02 40 |
| 21 | 23 26 | 19 09 | 23 02 | 18 46 | 03 06 | 19 49 | 06 27 | 02 39 | 10 56 | 19 18 | 15 34 | 05 53 | 02 17 | 13 28 | 02 40 |
| 22 | 23 26 | 16 27 | 22 41 | 18 35 | 02 53 | 19 52 | 06 27 | 02 39 | 10 56 | 19 18 | 15 40 | 05 53 | 02 17 | 13 34 | 02 40 |
| 23 | 23 25 | 12 58 | 22 19 | 18 25 | 02 40 | 19 55 | 06 27 | 02 40 | 10 56 | 19 18 | 15 46 | 05 52 | 02 18 | 13 40 | 02 40 |
| 24 | 23 24 | 08 49 | 21 57 | 18 15 | 02 27 | 19 57 | 06 27 | 02 40 | 10 57 | 19 19 | 15 51 | 05 52 | 02 19 | 13 45 | 02 40 |
| 25 | 23 23 | 04 11 | 21 34 | 18 06 | 02 14 | 20 00 | 06 27 | 02 40 | 10 57 | 19 19 | 15 57 | 05 51 | 02 21 | 13 51 | 02 40 |
| 26 | 23 21 | -00 44 | 21 10 | 17 58 | 02 01 | 20 02 | 06 28 | 02 41 | 10 57 | 19 19 | 16 03 | 05 51 | 02 22 | 13 57 | 02 40 |
| 27 | 23 19 | 05 43 | 20 45 | 17 51 | 01 48 | 20 05 | 06 28 | 02 41 | 10 57 | 19 19 | 16 08 | 05 50 | 02 23 | 14 02 | 02 40 |
| 28 | 23 16 | 10 31 | 20 21 | 17 45 | 01 35 | 20 07 | 06 28 | 02 41 | 10 58 | 19 19 | 16 14 | 05 49 | 02 25 | 14 08 | 02 40 |
| 29 | 23 13 | 14 50 | 19 56 | 17 40 | 01 21 | 20 10 | 06 29 | 02 42 | 10 58 | 19 20 | 16 20 | 05 48 | 02 27 | 14 13 | 02 40 |
| 30 | 23 09 | 18 20 | 19 31 | 17 35 | 01 08 | 20 12 | 06 29 | 02 42 | 10 58 | 19 20 | 16 25 | 05 47 | 02 29 | 14 19 | 02 40 |

Lunar Phases -- 4 Ⓔ 11:13 ♪ 11 ◑ 10:42 19 ● 15:03 27 ◐ 03:31 Sun enters ♋ 6/20 23:10

## 0:00 E.T. Longitudes of Main Planets - July 2012



| D | S.T. | ☉ | ☽ | ☽ 12:00 | ☿ | ♀ | ♂ | ♃ | ♄ | ♅ | ♆ | ♇ | ☊ |
|---|---|---|---|---|---|---|---|---|---|---|---|---|---|
| 1 | 18:37:47 | 09♋34 17 | 01♐11 | 08♐33 | 05♌19 | 07♊42 | 28♍41 | 04♊16 | 22♎47 | 08♈29 | 02♓58℞ | 08♑14℞ | 03♐20 |
| 2 | 18:41:44 | 10 31 28 | 15 56 | 23 19 | 06 15 | 07 51 | 29 12 | 04 28 | 22 48 | 08 29 | 02 57 | 08 12 | 03 17 |
| 3 | 18:45:41 | 11 28 39 | 00♑42 | 08♑02 | 07 07 | 08 01 | 29 44 | 04 41 | 22 49 | 08 30 | 02 57 | 08 11 | 03 14 |
| 4 | 18:49:37 | 12 25 50 | 15 20 | 22 34 | 07 56 | 08 14 | 00♎15 | 04 54 | 22 50 | 08 30 | 02 56 | 08 09 | 03 11 |
| 5 | 18:53:34 | 13 23 01 | 29 44 | 06♒49 | 08 42 | 08 29 | 00 47 | 05 06 | 22 50 | 08 31 | 02 55 | 08 08 | 03 07 |
| 6 | 18:57:30 | 14 20 12 | 13♒48 | 20 42 | 09 24 | 08 46 | 01 19 | 05 19 | 22 51 | 08 31 | 02 54 | 08 06 | 03 04 |
| 7 | 19:01:27 | 15 17 23 | 27 29 | 04♓10 | 10 02 | 09 04 | 01 51 | 05 31 | 22 53 | 08 31 | 02 53 | 08 04 | 03 01 |
| 8 | 19:05:23 | 16 14 35 | 10♓44 | 17 13 | 10 36 | 09 25 | 02 23 | 05 44 | 22 54 | 08 32 | 02 52 | 08 03 | 02 58 |
| 9 | 19:09:20 | 17 11 46 | 23 35 | 29 52 | 11 06 | 09 47 | 02 55 | 05 56 | 22 55 | 08 32 | 02 51 | 08 01 | 02 55 |
| 10 | 19:13:16 | 18 08 58 | 06♈04 | 12♈12 | 11 31 | 10 11 | 03 28 | 06 08 | 22 56 | 08 32 | 02 50 | 08 00 | 02 52 |
| 11 | 19:17:13 | 19 06 11 | 18 16 | 24 16 | 11 53 | 10 37 | 04 00 | 06 20 | 22 58 | 08 32 | 02 49 | 07 58 | 02 48 |
| 12 | 19:21:10 | 20 03 24 | 00♉14 | 06♉10 | 12 10 | 11 04 | 04 33 | 06 32 | 23 00 | 08 32 | 02 48 | 07 57 | 02 45 |
| 13 | 19:25:06 | 21 00 37 | 12 04 | 17 58 | 12 22 | 11 32 | 05 06 | 06 44 | 23 01 | 08 32 | 02 47 | 07 56 | 02 42 |
| 14 | 19:29:03 | 21 57 51 | 23 52 | 29 46 | 12 30 | 12 03 | 05 39 | 06 56 | 23 03 | 08 32℞ | 02 46 | 07 54 | 02 39 |
| 15 | 19:32:59 | 22 55 06 | 05♊42 | 11♊39 | 12 33 | 12 34 | 06 13 | 07 08 | 23 05 | 08 32 | 02 44 | 07 53 | 02 36 |
| 16 | 19:36:56 | 23 52 21 | 17 38 | 23 39 | 12 31℞ | 13 07 | 06 46 | 07 20 | 23 07 | 08 32 | 02 43 | 07 51 | 02 32 |
| 17 | 19:40:52 | 24 49 37 | 29 44 | 05♋51 | 12 24 | 13 41 | 07 20 | 07 31 | 23 09 | 08 32 | 02 42 | 07 50 | 02 29 |
| 18 | 19:44:49 | 25 46 53 | 12♋02 | 18 16 | 12 12 | 14 17 | 07 54 | 07 43 | 23 11 | 08 32 | 02 41 | 07 48 | 02 26 |
| 19 | 19:48:45 | 26 44 09 | 24 35 | 00♌56 | 11 56 | 14 54 | 08 28 | 07 55 | 23 13 | 08 32 | 02 40 | 07 47 | 02 23 |
| 20 | 19:52:42 | 27 41 26 | 07♌22 | 13 51 | 11 35 | 15 31 | 09 02 | 08 06 | 23 16 | 08 31 | 02 38 | 07 45 | 02 20 |
| 21 | 19:56:39 | 28 38 44 | 20 24 | 27 00 | 11 10 | 16 10 | 09 36 | 08 17 | 23 18 | 08 31 | 02 37 | 07 44 | 02 17 |
| 22 | 20:00:35 | 29 36 02 | 03♍39 | 10♍22 | 10 40 | 16 50 | 10 10 | 08 29 | 23 21 | 08 31 | 02 36 | 07 43 | 02 13 |
| 23 | 20:04:32 | 00♌33 20 | 17 07 | 23 55 | 10 07 | 17 32 | 10 45 | 08 40 | 23 23 | 08 30 | 02 35 | 07 41 | 02 10 |
| 24 | 20:08:28 | 01 30 38 | 00♎46 | 07♎39 | 09 31 | 18 14 | 11 19 | 08 51 | 23 26 | 08 30 | 02 33 | 07 40 | 02 07 |
| 25 | 20:12:25 | 02 27 57 | 14 35 | 21 32 | 08 52 | 18 57 | 11 54 | 09 02 | 23 29 | 08 29 | 02 32 | 07 39 | 02 04 |
| 26 | 20:16:21 | 03 25 17 | 28 32 | 05♏34 | 08 11 | 19 41 | 12 29 | 09 13 | 23 32 | 08 29 | 02 30 | 07 37 | 02 01 |
| 27 | 20:20:18 | 04 22 36 | 12♏38 | 19 43 | 07 28 | 20 25 | 13 04 | 09 24 | 23 35 | 08 28 | 02 29 | 07 36 | 01 58 |
| 28 | 20:24:14 | 05 19 57 | 26 50 | 03♐59 | 06 44 | 21 11 | 13 39 | 09 34 | 23 38 | 08 27 | 02 28 | 07 35 | 01 54 |
| 29 | 20:28:11 | 06 17 17 | 11♐09 | 18 19 | 06 00 | 21 58 | 14 14 | 09 45 | 23 41 | 08 27 | 02 26 | 07 33 | 01 51 |
| 30 | 20:32:08 | 07 14 38 | 25 30 | 02♑41 | 05 17 | 22 45 | 14 50 | 09 55 | 23 44 | 08 26 | 02 25 | 07 32 | 01 48 |
| 31 | 20:36:04 | 08 12 00 | 09♑52 | 17 01 | 04 36 | 23 33 | 15 25 | 10 06 | 23 48 | 08 25 | 02 23 | 07 31 | 01 45 |

## 0:00 E.T. Longitudes of the Major Asteroids and Chiron

| D | ⚳ | ⚴ | ⚵ | ⚶ | ⚷ |
|---|---|---|---|---|---|
| 1 | 02♊42 | 09♈12 | 22♏04℞ | 26♉28 | 09♓35℞ |
| 2 | 03 05 | 09 20 | 21 59 | 26 52 | 09 34 |
| 3 | 03 28 | 09 29 | 21 54 | 27 16 | 09 33 |
| 4 | 03 51 | 09 37 | 21 50 | 27 40 | 09 32 |
| 5 | 04 13 | 09 44 | 21 46 | 28 04 | 09 31 |
| 6 | 04 36 | 09 52 | 21 43 | 28 28 | 09 29 |
| 7 | 04 58 | 09 59 | 21 39 | 28 52 | 09 28 |
| 8 | 05 21 | 10 06 | 21 37 | 29 15 | 09 27 |
| 9 | 05 43 | 10 13 | 21 34 | 29 39 | 09 25 |
| 10 | 06 06 | 10 20 | 21 32 | 00♊02 | 09 24 |
| 11 | 06 28 | 10 26 | 21 30 | 00 26 | 09 22 |
| 12 | 06 50 | 10 32 | 21 28 | 00 49 | 09 21 |
| 13 | 07 13 | 10 38 | 21 27 | 01 12 | 09 19 |
| 14 | 07 35 | 10 43 | 21 26 | 01 36 | 09 17 |
| 15 | 07 57 | 10 48 | 21 25 | 01 59 | 09 16 |
| 16 | 08 19 | 10 53 | 21 25 | 02 22 | 09 14 |
| 17 | 08 41 | 10 58 | 21 25D | 02 44 | 09 12 |
| 18 | 09 03 | 11 02 | 21 25 | 03 07 | 09 10 |
| 19 | 09 25 | 11 06 | 21 26 | 03 30 | 09 08 |
| 20 | 09 47 | 11 10 | 21 27 | 03 52 | 09 06 |
| 21 | 10 08 | 11 13 | 21 28 | 04 15 | 09 04 |
| 22 | 10 30 | 11 16 | 21 30 | 04 37 | 09 02 |
| 23 | 10 51 | 11 19 | 21 32 | 04 59 | 09 00 |
| 24 | 11 13 | 11 21 | 21 34 | 05 22 | 08 58 |
| 25 | 11 34 | 11 23 | 21 36 | 05 44 | 08 56 |
| 26 | 11 56 | 11 25 | 21 39 | 06 05 | 08 54 |
| 27 | 12 17 | 11 27 | 21 42 | 06 27 | 08 52 |
| 28 | 12 38 | 11 28 | 21 46 | 06 49 | 08 49 |
| 29 | 12 59 | 11 29 | 21 50 | 07 10 | 08 47 |
| 30 | 13 20 | 11 29 | 21 54 | 07 32 | 08 45 |
| 31 | 13 41 | 11 29℞ | 21 58 | 07 53 | 08 42 |

## Lunar Data

| Last Asp. | | Ingress | | |
|---|---|---|---|---|
| 2 | 22:22 | 2 | ♑ | 22:52 |
| 4 | 12:26 | 5 | ♒ | 00:27 |
| 6 | 15:50 | 7 | ♓ | 04:30 |
| 8 | 11:01 | 9 | ♈ | 12:15 |
| 11 | 09:24 | 11 | ♉ | 23:32 |
| 13 | 19:47 | 14 | ♊ | 12:28 |
| 16 | 10:58 | 17 | ♋ | 00:32 |
| 19 | 04:25 | 19 | ♌ | 10:14 |
| 21 | 05:18 | 21 | ♍ | 17:25 |
| 23 | 00:45 | 23 | ♎ | 22:39 |
| 25 | 15:23 | 26 | ♏ | 02:30 |
| 26 | 15:39 | 28 | ♐ | 05:19 |
| 29 | 21:02 | 30 | ♑ | 07:31 |

## 0:00 E.T. Declinations

| D | ☉ | ☽ | ☿ | ♀ | ♂ | ♃ | ♄ | ♅ | ♆ | ♇ | ⚳ | ⚴ | ⚵ | ⚶ | ⚷ |
|---|---|---|---|---|---|---|---|---|---|---|---|---|---|---|---|
| 1 | +23 05 | -20 42 | +19 06 | +17 31 | +00 55 | +20 14 | -06 30 | +02 42 | -10 58 | -19 20 | +16 30 | +05 45 | -02 31 | +14 24 | -02 41 |
| 2 | 23 01 | 21 41 | 18 40 | 17 28 | 00 41 | 20 17 | 06 30 | 02 42 | 10 59 | 19 20 | 16 36 | 05 44 | 02 33 | 14 29 | 02 41 |
| 3 | 22 56 | 21 09 | 18 16 | 17 26 | 00 28 | 20 19 | 06 30 | 02 42 | 10 59 | 19 20 | 16 41 | 05 42 | 02 35 | 14 34 | 02 41 |
| 4 | 22 51 | 19 11 | 17 51 | 17 24 | 00 14 | 20 21 | 06 31 | 02 43 | 10 59 | 19 21 | 16 46 | 05 40 | 02 37 | 14 39 | 02 41 |
| 5 | 22 46 | 16 02 | 17 26 | 17 23 | 00 00 | 20 24 | 06 32 | 02 43 | 11 00 | 19 21 | 16 51 | 05 38 | 02 40 | 14 44 | 02 41 |
| 6 | 22 40 | 12 02 | 17 03 | 17 23 | -00 13 | 20 26 | 06 32 | 02 43 | 11 00 | 19 21 | 16 56 | 05 36 | 02 42 | 14 49 | 02 42 |
| 7 | 22 34 | 07 31 | 16 39 | 17 23 | 00 27 | 20 28 | 06 33 | 02 43 | 11 01 | 19 21 | 17 01 | 05 34 | 02 45 | 14 54 | 02 42 |
| 8 | 22 27 | 02 47 | 16 17 | 17 24 | 00 41 | 20 30 | 06 34 | 02 43 | 11 01 | 19 21 | 17 06 | 05 31 | 02 48 | 14 59 | 02 42 |
| 9 | 22 20 | +01 56 | 15 55 | 17 26 | 00 55 | 20 32 | 06 34 | 02 43 | 11 01 | 19 22 | 17 11 | 05 29 | 02 50 | 15 03 | 02 43 |
| 10 | 22 12 | 06 27 | 15 34 | 17 27 | 01 09 | 20 34 | 06 35 | 02 43 | 11 02 | 19 22 | 17 16 | 05 26 | 02 53 | 15 08 | 02 43 |
| 11 | 22 05 | 10 36 | 15 14 | 17 30 | 01 23 | 20 36 | 06 36 | 02 43 | 11 02 | 19 22 | 17 20 | 05 23 | 02 56 | 15 12 | 02 43 |
| 12 | 21 56 | 14 15 | 14 55 | 17 33 | 01 37 | 20 38 | 06 37 | 02 43 | 11 03 | 19 22 | 17 25 | 05 20 | 02 59 | 15 17 | 02 44 |
| 13 | 21 48 | 17 19 | 14 38 | 17 36 | 01 51 | 20 40 | 06 38 | 02 43 | 11 03 | 19 22 | 17 30 | 05 17 | 03 03 | 15 21 | 02 44 |
| 14 | 21 39 | 19 38 | 14 22 | 17 39 | 02 05 | 20 42 | 06 38 | 02 43 | 11 03 | 19 23 | 17 34 | 05 13 | 03 06 | 15 25 | 02 45 |
| 15 | 21 29 | 21 07 | 14 07 | 17 43 | 02 19 | 20 44 | 06 39 | 02 43 | 11 04 | 19 23 | 17 39 | 05 10 | 03 09 | 15 30 | 02 45 |
| 16 | 21 20 | 21 40 | 13 54 | 17 47 | 02 33 | 20 46 | 06 40 | 02 43 | 11 04 | 19 23 | 17 43 | 05 06 | 03 13 | 15 34 | 02 45 |
| 17 | 21 10 | 21 13 | 13 43 | 17 52 | 02 47 | 20 48 | 06 41 | 02 43 | 11 05 | 19 23 | 17 48 | 05 02 | 03 17 | 15 38 | 02 46 |
| 18 | 20 59 | 19 45 | 13 33 | 17 56 | 03 02 | 20 50 | 06 42 | 02 43 | 11 05 | 19 24 | 17 52 | 04 58 | 03 20 | 15 42 | 02 46 |
| 19 | 20 48 | 17 19 | 13 26 | 18 01 | 03 16 | 20 52 | 06 43 | 02 43 | 11 06 | 19 24 | 17 56 | 04 53 | 03 24 | 15 46 | 02 47 |
| 20 | 20 37 | 14 00 | 13 20 | 18 06 | 03 30 | 20 54 | 06 45 | 02 42 | 11 06 | 19 24 | 18 00 | 04 49 | 03 28 | 15 49 | 02 48 |
| 21 | 20 26 | 09 59 | 13 16 | 18 11 | 03 45 | 20 56 | 06 46 | 02 42 | 11 07 | 19 24 | 18 05 | 04 44 | 03 32 | 15 53 | 02 48 |
| 22 | 20 14 | 05 25 | 13 15 | 18 17 | 03 59 | 20 57 | 06 47 | 02 42 | 11 07 | 19 24 | 18 09 | 04 39 | 03 36 | 15 57 | 02 49 |
| 23 | 20 02 | 00 32 | 13 15 | 18 22 | 04 13 | 20 59 | 06 48 | 02 42 | 11 08 | 19 25 | 18 13 | 04 34 | 03 40 | 16 00 | 02 49 |
| 24 | 19 49 | -04 27 | 13 17 | 18 28 | 04 28 | 21 01 | 06 49 | 02 42 | 11 08 | 19 25 | 18 17 | 04 29 | 03 44 | 16 04 | 02 50 |
| 25 | 19 36 | 09 16 | 13 22 | 18 33 | 04 42 | 21 02 | 06 51 | 02 41 | 11 09 | 19 25 | 18 20 | 04 23 | 03 48 | 16 07 | 02 51 |
| 26 | 19 23 | 13 40 | 13 28 | 18 39 | 04 57 | 21 04 | 06 52 | 02 41 | 11 09 | 19 25 | 18 24 | 04 17 | 03 53 | 16 11 | 02 51 |
| 27 | 19 10 | 17 20 | 13 36 | 18 44 | 05 11 | 21 06 | 06 53 | 02 41 | 11 10 | 19 26 | 18 28 | 04 11 | 03 57 | 16 14 | 02 52 |
| 28 | 18 56 | 19 59 | 13 46 | 18 49 | 05 26 | 21 07 | 06 55 | 02 41 | 11 10 | 19 26 | 18 32 | 04 05 | 04 01 | 16 17 | 02 53 |
| 29 | 18 42 | 21 24 | 13 58 | 18 55 | 05 40 | 21 09 | 06 56 | 02 40 | 11 11 | 19 26 | 18 36 | 03 59 | 04 06 | 16 20 | 02 53 |
| 30 | 18 28 | 21 25 | 14 11 | 19 00 | 05 55 | 21 10 | 06 57 | 02 40 | 11 11 | 19 26 | 18 39 | 03 52 | 04 10 | 16 23 | 02 54 |
| 31 | 18 13 | 20 02 | 14 25 | 19 05 | 06 10 | 21 12 | 06 59 | 02 40 | 11 12 | 19 27 | 18 43 | 03 45 | 04 15 | 16 26 | 02 55 |

Lunar Phases -- 3 ○ 18:53 11 ◑ 01:49 19 ● 04:25 26 ◐ 08:57 Sun enters ♌ 7/22 10:02

**Aug. 12** — Longitudes of Main Planets - August 2012 — 0:00 E.T.

| D | S.T. | ☉ | ☽ | ☽ 12:00 | ☿ | ♀ | ♂ | ♃ | ♄ | ♅ | ♆ | ♇ | ☊ |
|---|---|---|---|---|---|---|---|---|---|---|---|---|---|
| 1 | 20:40:01 | 09♌09 23 | 24♑08 | 01♒12 | 03♌57℞ | 24♊22 | 16♎01 | 10♊16 | 23♎51 | 08♈24℞ | 02♓22℞ | 07♑30℞ | 01♐42 |
| 2 | 20:43:57 | 10 06 46 | 08♒14 | 15 11 | 03 21 | 25 12 | 16 37 | 10 26 | 23 54 | 08 23 | 02 20 | 07 28 | 01 38 |
| 3 | 20:47:54 | 11 04 10 | 22 05 | 28 53 | 02 49 | 26 02 | 17 13 | 10 36 | 23 58 | 08 22 | 02 19 | 07 27 | 01 35 |
| 4 | 20:51:50 | 12 01 35 | 05♓36 | 12♓14 | 02 21 | 26 53 | 17 49 | 10 46 | 24 02 | 08 21 | 02 17 | 07 26 | 01 32 |
| 5 | 20:55:47 | 12 59 00 | 18 47 | 25 13 | 01 59 | 27 44 | 18 25 | 10 56 | 24 05 | 08 20 | 02 16 | 07 25 | 01 29 |
| 6 | 20:59:43 | 13 56 28 | 01♈35 | 07♈52 | 01 42 | 28 37 | 19 01 | 11 06 | 24 09 | 08 19 | 02 14 | 07 24 | 01 26 |
| 7 | 21:03:40 | 14 53 56 | 14 03 | 20 11 | 01 31 | 29 29 | 19 37 | 11 16 | 24 13 | 08 18 | 02 13 | 07 22 | 01 23 |
| 8 | 21:07:37 | 15 51 25 | 26 15 | 02♉15 | 01 26 | 00♋23 | 20 14 | 11 25 | 24 17 | 08 17 | 02 11 | 07 21 | 01 19 |
| 9 | 21:11:33 | 16 48 56 | 08♉13 | 14 09 | 01 28D | 01 17 | 20 51 | 11 35 | 24 21 | 08 16 | 02 10 | 07 20 | 01 16 |
| 10 | 21:15:30 | 17 46 28 | 20 04 | 25 58 | 01 36 | 02 11 | 21 27 | 11 44 | 24 25 | 08 15 | 02 08 | 07 19 | 01 13 |
| 11 | 21:19:26 | 18 44 02 | 01♊52 | 07♊47 | 01 52 | 03 07 | 22 04 | 11 53 | 24 30 | 08 13 | 02 07 | 07 18 | 01 10 |
| 12 | 21:23:23 | 19 41 37 | 13 43 | 19 42 | 02 14 | 04 02 | 22 41 | 12 02 | 24 34 | 08 12 | 02 05 | 07 17 | 01 07 |
| 13 | 21:27:19 | 20 39 14 | 25 43 | 01♋47 | 02 43 | 04 58 | 23 18 | 12 11 | 24 38 | 08 11 | 02 03 | 07 16 | 01 04 |
| 14 | 21:31:16 | 21 36 52 | 07♋55 | 14 07 | 03 20 | 05 55 | 23 55 | 12 20 | 24 43 | 08 09 | 02 02 | 07 15 | 01 00 |
| 15 | 21:35:12 | 22 34 31 | 20 24 | 26 45 | 04 03 | 06 52 | 24 33 | 12 29 | 24 47 | 08 08 | 02 00 | 07 14 | 00 57 |
| 16 | 21:39:09 | 23 32 12 | 03♌10 | 09♌41 | 04 54 | 07 49 | 25 10 | 12 37 | 24 52 | 08 06 | 01 59 | 07 13 | 00 54 |
| 17 | 21:43:06 | 24 29 53 | 16 16 | 22 56 | 05 50 | 08 47 | 25 48 | 12 46 | 24 57 | 08 05 | 01 57 | 07 12 | 00 51 |
| 18 | 21:47:02 | 25 27 37 | 29 41 | 06♍29 | 06 54 | 09 46 | 26 25 | 12 54 | 25 01 | 08 03 | 01 55 | 07 11 | 00 48 |
| 19 | 21:50:59 | 26 25 21 | 13♍21 | 20 16 | 08 03 | 10 44 | 27 03 | 13 02 | 25 06 | 08 02 | 01 54 | 07 11 | 00 44 |
| 20 | 21:54:55 | 27 23 07 | 27 13 | 04♎13 | 09 19 | 11 44 | 27 41 | 13 10 | 25 11 | 08 00 | 01 52 | 07 10 | 00 41 |
| 21 | 21:58:52 | 28 20 54 | 11♎14 | 18 17 | 10 40 | 12 43 | 28 19 | 13 18 | 25 16 | 07 58 | 01 50 | 07 09 | 00 38 |
| 22 | 22:02:48 | 29 18 43 | 25 20 | 02♏24 | 12 06 | 13 43 | 28 57 | 13 26 | 25 21 | 07 57 | 01 49 | 07 08 | 00 35 |
| 23 | 22:06:45 | 00♍16 32 | 09♏29 | 16 33 | 13 37 | 14 43 | 29 35 | 13 33 | 25 26 | 07 55 | 01 47 | 07 07 | 00 32 |
| 24 | 22:10:41 | 01 14 23 | 23 37 | 00♐40 | 15 13 | 15 44 | 00♏14 | 13 41 | 25 31 | 07 53 | 01 45 | 07 07 | 00 29 |
| 25 | 22:14:38 | 02 12 15 | 07♐44 | 14 47 | 16 53 | 16 45 | 00 52 | 13 48 | 25 36 | 07 51 | 01 44 | 07 06 | 00 25 |
| 26 | 22:18:35 | 03 10 08 | 21 49 | 28 50 | 18 36 | 17 46 | 01 31 | 13 55 | 25 42 | 07 49 | 01 42 | 07 05 | 00 22 |
| 27 | 22:22:31 | 04 08 02 | 05♑51 | 12♑50 | 20 23 | 18 48 | 02 09 | 14 02 | 25 47 | 07 48 | 01 41 | 07 05 | 00 19 |
| 28 | 22:26:28 | 05 05 58 | 19 48 | 26 44 | 22 12 | 19 50 | 02 48 | 14 09 | 25 52 | 07 46 | 01 39 | 07 04 | 00 16 |
| 29 | 22:30:24 | 06 03 54 | 03♒39 | 10♒31 | 24 04 | 20 52 | 03 27 | 14 16 | 25 58 | 07 44 | 01 37 | 07 03 | 00 13 |
| 30 | 22:34:21 | 07 01 53 | 17 20 | 24 06 | 25 57 | 21 54 | 04 06 | 14 23 | 26 03 | 07 42 | 01 36 | 07 03 | 00 10 |
| 31 | 22:38:17 | 07 59 52 | 00♓49 | 07♓28 | 27 52 | 22 57 | 04 45 | 14 29 | 26 09 | 07 40 | 01 34 | 07 02 | 00 06 |

0:00 E.T. — Longitudes of the Major Asteroids and Chiron

| D | ⚳ | ⚴ | ⚵ | ⚶ | ⚷ | D | ⚳ | ⚴ | ⚵ | ⚶ | ⚷ |
|---|---|---|---|---|---|---|---|---|---|---|---|
| 1 | 14♊02 | 11♈29℞ | 22♏02 | 08♊14 | 08♓40℞ | 17 | 19 21 | 10 37 | 23 52 | 13 36 | 07 58 |
| 2 | 14 22 | 11 28 | 22 07 | 08 36 | 08 38 | 18 | 19 40 | 10 31 | 24 01 | 13 55 | 07 55 |
| 3 | 14 43 | 11 28 | 22 12 | 08 57 | 08 35 | 19 | 19 59 | 10 24 | 24 10 | 14 13 | 07 52 |
| 4 | 15 04 | 11 26 | 22 18 | 09 17 | 08 33 | 20 | 20 18 | 10 17 | 24 19 | 14 32 | 07 50 |
| 5 | 15 24 | 11 25 | 22 23 | 09 38 | 08 30 | 21 | 20 36 | 10 09 | 24 29 | 14 50 | 07 47 |
| 6 | 15 44 | 11 23 | 22 29 | 09 59 | 08 28 | 22 | 20 55 | 10 01 | 24 39 | 15 08 | 07 44 |
| 7 | 16 05 | 11 21 | 22 36 | 10 19 | 08 25 | 23 | 21 13 | 09 53 | 24 49 | 15 26 | 07 41 |
| 8 | 16 25 | 11 18 | 22 42 | 10 39 | 08 22 | 24 | 21 31 | 09 44 | 24 59 | 15 44 | 07 38 |
| 9 | 16 45 | 11 15 | 22 49 | 11 00 | 08 20 | 25 | 21 50 | 09 35 | 25 10 | 16 02 | 07 35 |
| 10 | 17 05 | 11 11 | 22 56 | 11 20 | 08 17 | 26 | 22 07 | 09 26 | 25 20 | 16 19 | 07 32 |
| 11 | 17 24 | 11 08 | 23 03 | 11 40 | 08 14 | 27 | 22 25 | 09 16 | 25 31 | 16 36 | 07 29 |
| 12 | 17 44 | 11 03 | 23 11 | 11 59 | 08 12 | 28 | 22 43 | 09 06 | 25 42 | 16 53 | 07 27 |
| 13 | 18 04 | 10 59 | 23 18 | 12 19 | 08 09 | 29 | 23 00 | 08 55 | 25 54 | 17 10 | 07 24 |
| 14 | 18 23 | 10 54 | 23 26 | 12 38 | 08 06 | 30 | 23 18 | 08 45 | 26 05 | 17 27 | 07 21 |
| 15 | 18 43 | 10 49 | 23 35 | 12 58 | 08 04 | 31 | 23 35 | 08 33 | 26 17 | 17 43 | 07 18 |
| 16 | 19 02 | 10 43 | 23 43 | 13 17 | 08 01 | | | | | | |

Lunar Data

| Last Asp. | | Ingress | | |
|---|---|---|---|---|
| 31 | 23:32 | 1 | ♒ | 09:57 |
| 3 | 07:25 | 3 | ♓ | 13:59 |
| 5 | 17:57 | 5 | ♈ | 20:60 |
| 7 | 20:05 | 8 | ♉ | 07:29 |
| 9 | 18:56 | 10 | ♊ | 20:12 |
| 12 | 21:51 | 13 | ♋ | 08:29 |
| 15 | 08:22 | 15 | ♌ | 18:06 |
| 17 | 17:56 | 18 | ♍ | 00:34 |
| 18 | 23:27 | 20 | ♎ | 04:46 |
| 22 | 07:14 | 22 | ♏ | 07:55 |
| 23 | 09:35 | 24 | ♐ | 10:51 |
| 26 | 06:40 | 26 | ♑ | 13:60 |
| 28 | 10:34 | 28 | ♒ | 17:40 |
| 30 | 17:49 | 30 | ♓ | 22:32 |

0:00 E.T. — Declinations

| D | ☉ | ☽ | ☿ | ♀ | ♂ | ♃ | ♄ | ♅ | ♆ | ♇ | ⚳ | ⚴ | ⚵ | ⚶ | ⚷ |
|---|---|---|---|---|---|---|---|---|---|---|---|---|---|---|---|
| 1 | +17 58 | -17 24 | +14 40 | +19 10 | -06 24 | +21 13 | -07 00 | +02 39 | -11 12 | -19 27 | +18 46 | +03 38 | -04 20 | +16 29 | -02 56 |
| 2 | 17 43 | 13 46 | 14 55 | 19 15 | 06 39 | 21 15 | 07 02 | 02 39 | 11 13 | 19 27 | 18 50 | 03 31 | 04 24 | 16 32 | 02 56 |
| 3 | 17 27 | 09 27 | 15 12 | 19 20 | 06 53 | 21 16 | 07 03 | 02 39 | 11 13 | 19 27 | 18 53 | 03 24 | 04 29 | 16 35 | 02 57 |
| 4 | 17 11 | 04 46 | 15 28 | 19 25 | 07 08 | 21 17 | 07 05 | 02 38 | 11 14 | 19 28 | 18 56 | 03 16 | 04 34 | 16 37 | 02 58 |
| 5 | 16 55 | +00 01 | 15 45 | 19 29 | 07 22 | 21 19 | 07 06 | 02 38 | 11 14 | 19 28 | 19 00 | 03 08 | 04 39 | 16 40 | 02 59 |
| 6 | 16 39 | 04 40 | 16 02 | 19 33 | 07 37 | 21 20 | 07 08 | 02 37 | 11 15 | 19 28 | 19 03 | 03 00 | 04 44 | 16 42 | 03 00 |
| 7 | 16 22 | 09 00 | 16 18 | 19 37 | 07 52 | 21 21 | 07 10 | 02 37 | 11 16 | 19 28 | 19 06 | 02 52 | 04 49 | 16 45 | 03 01 |
| 8 | 16 05 | 12 53 | 16 34 | 19 41 | 08 06 | 21 23 | 07 11 | 02 36 | 11 16 | 19 28 | 19 09 | 02 43 | 04 54 | 16 47 | 03 01 |
| 9 | 15 48 | 16 11 | 16 49 | 19 44 | 08 21 | 21 24 | 07 13 | 02 36 | 11 17 | 19 29 | 19 12 | 02 35 | 04 59 | 16 50 | 03 02 |
| 10 | 15 30 | 18 46 | 17 03 | 19 47 | 08 35 | 21 25 | 07 15 | 02 35 | 11 17 | 19 29 | 19 15 | 02 26 | 05 04 | 16 52 | 03 03 |
| 11 | 15 12 | 20 32 | 17 16 | 19 50 | 08 50 | 21 26 | 07 16 | 02 35 | 11 18 | 19 29 | 19 18 | 02 16 | 05 09 | 16 54 | 03 04 |
| 12 | 14 55 | 21 25 | 17 27 | 19 53 | 09 04 | 21 27 | 07 18 | 02 34 | 11 19 | 19 29 | 19 21 | 02 07 | 05 14 | 16 56 | 03 05 |
| 13 | 14 36 | 21 19 | 17 37 | 19 55 | 09 19 | 21 29 | 07 20 | 02 34 | 11 19 | 19 30 | 19 24 | 01 57 | 05 19 | 16 58 | 03 06 |
| 14 | 14 18 | 20 13 | 17 45 | 19 57 | 09 33 | 21 30 | 07 22 | 02 33 | 11 20 | 19 30 | 19 27 | 01 47 | 05 24 | 17 00 | 03 07 |
| 15 | 13 59 | 18 09 | 17 52 | 19 58 | 09 48 | 21 31 | 07 24 | 02 32 | 11 20 | 19 30 | 19 30 | 01 37 | 05 30 | 17 02 | 03 08 |
| 16 | 13 40 | 15 08 | 17 56 | 19 59 | 10 02 | 21 32 | 07 26 | 02 32 | 11 21 | 19 30 | 19 33 | 01 27 | 05 35 | 17 04 | 03 09 |
| 17 | 13 21 | 11 20 | 17 58 | 20 00 | 10 17 | 21 33 | 07 27 | 02 31 | 11 21 | 19 31 | 19 35 | 01 16 | 05 40 | 17 06 | 03 10 |
| 18 | 13 02 | 06 53 | 17 57 | 20 00 | 10 31 | 21 34 | 07 29 | 02 31 | 11 22 | 19 31 | 19 38 | 01 06 | 05 45 | 17 07 | 03 11 |
| 19 | 12 42 | 02 01 | 17 54 | 20 00 | 10 46 | 21 35 | 07 31 | 02 30 | 11 23 | 19 31 | 19 41 | 00 55 | 05 51 | 17 09 | 03 12 |
| 20 | 12 23 | -03 01 | 17 49 | 20 00 | 11 00 | 21 36 | 07 33 | 02 29 | 11 23 | 19 31 | 19 43 | 00 44 | 05 56 | 17 11 | 03 13 |
| 21 | 12 03 | 07 57 | 17 40 | 19 59 | 11 14 | 21 37 | 07 35 | 02 29 | 11 24 | 19 32 | 19 46 | 00 32 | 06 01 | 17 12 | 03 14 |
| 22 | 11 43 | 12 30 | 17 29 | 19 58 | 11 28 | 21 38 | 07 37 | 02 28 | 11 24 | 19 32 | 19 48 | 00 20 | 06 07 | 17 14 | 03 15 |
| 23 | 11 22 | 16 22 | 17 15 | 19 56 | 11 43 | 21 39 | 07 39 | 02 27 | 11 25 | 19 32 | 19 51 | 00 09 | 06 12 | 17 15 | 03 16 |
| 24 | 11 02 | 19 15 | 16 58 | 19 54 | 11 57 | 21 39 | 07 41 | 02 27 | 11 26 | 19 32 | 19 53 | -00 03 | 06 18 | 17 16 | 03 17 |
| 25 | 10 41 | 20 58 | 16 38 | 19 51 | 12 11 | 21 40 | 07 43 | 02 26 | 11 26 | 19 32 | 19 55 | 00 16 | 06 23 | 17 18 | 03 18 |
| 26 | 10 21 | 21 21 | 16 15 | 19 48 | 12 25 | 21 41 | 07 45 | 02 25 | 11 27 | 19 33 | 19 58 | 00 28 | 06 29 | 17 19 | 03 19 |
| 27 | 10 00 | 20 23 | 15 50 | 19 44 | 12 39 | 21 42 | 07 48 | 02 24 | 11 27 | 19 33 | 20 00 | 00 41 | 06 34 | 17 20 | 03 21 |
| 28 | 09 38 | 18 11 | 15 22 | 19 40 | 12 53 | 21 43 | 07 50 | 02 24 | 11 28 | 19 33 | 20 02 | 00 54 | 06 39 | 17 21 | 03 22 |
| 29 | 09 17 | 14 58 | 14 51 | 19 36 | 13 07 | 21 43 | 07 52 | 02 23 | 11 29 | 19 33 | 20 05 | 01 07 | 06 45 | 17 22 | 03 23 |
| 30 | 08 56 | 10 58 | 14 18 | 19 31 | 13 21 | 21 44 | 07 54 | 02 22 | 11 29 | 19 34 | 20 07 | 01 20 | 06 50 | 17 23 | 03 24 |
| 31 | 08 34 | 06 29 | 13 43 | 19 26 | 13 35 | 21 45 | 07 56 | 02 21 | 11 30 | 19 34 | 20 09 | 01 33 | 06 56 | 17 24 | 03 25 |

Lunar Phases -- 2 ○ 03:29 9 ◑ 18:56 17 ● 15:56 24 ◐ 13:55 31 ○ 13:59 Sun enters ♍ 8/22 17:08

## Longitudes of Main Planets - September 2012

| D | S.T. | ☉ | ☽ | ☽ 12:00 | ☿ | ♀ | ♂ | ♃ | ♄ | ♅ | ♆ | ♇ | ☊ |
|---|---|---|---|---|---|---|---|---|---|---|---|---|---|
| 1 | 22:42:14 | 08♍57 54 | 14♓03 | 20♓34 | 29♌48 | 24♋00 | 05♏24 | 14♊35 | 26♎15 | 07♈38℞ | 01♓32℞ | 07♑02℞ | 00♐03 |
| 2 | 22:46:10 | 09 55 56 | 27 00 | 03♈22 | 01♍44 | 25 04 | 06 03 | 14 41 | 26 20 | 07 36 | 01 31 | 07 01 | 00♐00 |
| 3 | 22:50:07 | 10 54 01 | 09♈39 | 15 53 | 03 41 | 26 07 | 06 42 | 14 47 | 26 26 | 07 34 | 01 29 | 07 01 | 29 57 |
| 4 | 22:54:04 | 11 52 08 | 22 02 | 28 08 | 05 38 | 27 11 | 07 22 | 14 53 | 26 32 | 07 32 | 01 28 | 07 00 | 29 54 |
| 5 | 22:58:00 | 12 50 16 | 04♉10 | 10♉10 | 07 35 | 28 16 | 08 01 | 14 59 | 26 38 | 07 29 | 01 26 | 07 00 | 29 50 |
| 6 | 23:01:57 | 13 48 26 | 16 07 | 22 02 | 09 32 | 29 20 | 08 41 | 15 04 | 26 44 | 07 27 | 01 24 | 06 59 | 29 47 |
| 7 | 23:05:53 | 14 46 39 | 27 57 | 03♊51 | 11 28 | 00♌25 | 09 21 | 15 09 | 26 50 | 07 25 | 01 23 | 06 59 | 29 44 |
| 8 | 23:09:50 | 15 44 53 | 09♊45 | 15 40 | 13 23 | 01 30 | 10 00 | 15 14 | 26 56 | 07 23 | 01 21 | 06 59 | 29 41 |
| 9 | 23:13:46 | 16 43 09 | 21 36 | 27 35 | 15 18 | 02 35 | 10 40 | 15 19 | 27 02 | 07 21 | 01 20 | 06 58 | 29 38 |
| 10 | 23:17:43 | 17 41 28 | 03♋36 | 09♋41 | 17 12 | 03 40 | 11 20 | 15 24 | 27 08 | 07 19 | 01 18 | 06 58 | 29 35 |
| 11 | 23:21:39 | 18 39 48 | 15 51 | 22 04 | 19 05 | 04 46 | 12 00 | 15 29 | 27 14 | 07 16 | 01 16 | 06 58 | 29 31 |
| 12 | 23:25:36 | 19 38 11 | 28 24 | 04♌48 | 20 57 | 05 52 | 12 40 | 15 33 | 27 20 | 07 14 | 01 15 | 06 58 | 29 28 |
| 13 | 23:29:33 | 20 36 35 | 11♌18 | 17 55 | 22 49 | 06 58 | 13 21 | 15 37 | 27 27 | 07 12 | 01 13 | 06 58 | 29 25 |
| 14 | 23:33:29 | 21 35 02 | 24 37 | 01♍25 | 24 39 | 08 05 | 14 01 | 15 41 | 27 33 | 07 10 | 01 12 | 06 57 | 29 22 |
| 15 | 23:37:26 | 22 33 30 | 08♍18 | 15 16 | 26 28 | 09 11 | 14 42 | 15 45 | 27 39 | 07 07 | 01 10 | 06 57 | 29 19 |
| 16 | 23:41:22 | 23 32 01 | 22 20 | 29 27 | 28 16 | 10 18 | 15 22 | 15 49 | 27 46 | 07 05 | 01 09 | 06 57 | 29 15 |
| 17 | 23:45:19 | 24 30 33 | 06♎37 | 13♎49 | 00♎03 | 11 25 | 16 03 | 15 53 | 27 52 | 07 03 | 01 07 | 06 57 | 29 12 |
| 18 | 23:49:15 | 25 29 07 | 21 04 | 28 19 | 01 49 | 12 32 | 16 44 | 15 56 | 27 59 | 07 00 | 01 06 | 06 57 | 29 09 |
| 19 | 23:53:12 | 26 27 43 | 05♏34 | 12♏49 | 03 33 | 13 39 | 17 24 | 15 59 | 28 05 | 06 58 | 01 04 | 06 57D | 29 06 |
| 20 | 23:57:08 | 27 26 21 | 20 03 | 27 15 | 05 17 | 14 47 | 18 05 | 16 02 | 28 12 | 06 55 | 01 03 | 06 57 | 29 03 |
| 21 | 0:01:05 | 28 25 01 | 04♐26 | 11♐34 | 07 00 | 15 54 | 18 46 | 16 05 | 28 18 | 06 53 | 01 02 | 06 57 | 29 00 |
| 22 | 0:05:02 | 29 23 42 | 18 39 | 25 42 | 08 42 | 17 02 | 19 27 | 16 07 | 28 25 | 06 51 | 01 00 | 06 57 | 28 56 |
| 23 | 0:08:58 | 00♎22 25 | 02♑42 | 09♑40 | 10 23 | 18 10 | 20 09 | 16 10 | 28 32 | 06 48 | 00 59 | 06 58 | 28 53 |
| 24 | 0:12:55 | 01 21 09 | 16 34 | 23 26 | 12 02 | 19 19 | 20 50 | 16 12 | 28 38 | 06 46 | 00 57 | 06 58 | 28 50 |
| 25 | 0:16:51 | 02 19 56 | 00♒15 | 07♒01 | 13 41 | 20 27 | 21 31 | 16 14 | 28 45 | 06 44 | 00 56 | 06 58 | 28 47 |
| 26 | 0:20:48 | 03 18 44 | 13 44 | 20 25 | 15 19 | 21 35 | 22 13 | 16 16 | 28 52 | 06 41 | 00 55 | 06 58 | 28 44 |
| 27 | 0:24:44 | 04 17 33 | 27 02 | 03♓36 | 16 56 | 22 44 | 22 54 | 16 17 | 28 59 | 06 39 | 00 53 | 06 58 | 28 41 |
| 28 | 0:28:41 | 05 16 25 | 10♓07 | 16 35 | 18 32 | 23 53 | 23 36 | 16 19 | 29 05 | 06 36 | 00 52 | 06 59 | 28 37 |
| 29 | 0:32:37 | 06 15 18 | 22 59 | 29 21 | 20 07 | 25 02 | 24 18 | 16 20 | 29 12 | 06 34 | 00 51 | 06 59 | 28 34 |
| 30 | 0:36:34 | 07 14 13 | 05♈38 | 11♈53 | 21 42 | 26 11 | 24 59 | 16 21 | 29 19 | 06 31 | 00 50 | 06 59 | 28 31 |

## 0:00 E.T. Longitudes of the Major Asteroids and Chiron

| D | ⚳ | ⚴ | ⚵ | ⚶ | ⚷ | D | ⚳ | ⚴ | ⚵ | ⚶ | ⚷ |
|---|---|---|---|---|---|---|---|---|---|---|---|
| 1 | 23♊52 | 08♈22℞ | 26♏29 | 17♊59 | 07♓15℞ | 16 | 27 46 | 04 55 | 29 49 | 21 36 | 06 33 |
| 2 | 24 09 | 08 10 | 26 41 | 18 15 | 07 12 | 17 | 28 00 | 04 39 | 00♐04 | 21 48 | 06 30 |
| 3 | 24 26 | 07 58 | 26 53 | 18 31 | 07 09 | 18 | 28 14 | 04 23 | 00 19 | 22 00 | 06 27 |
| 4 | 24 42 | 07 46 | 27 06 | 18 47 | 07 06 | 19 | 28 28 | 04 07 | 00 34 | 22 12 | 06 24 |
| 5 | 24 58 | 07 33 | 27 18 | 19 02 | 07 03 | 20 | 28 41 | 03 51 | 00 49 | 22 24 | 06 22 |
| 6 | 25 15 | 07 20 | 27 31 | 19 17 | 07 01 | 21 | 28 54 | 03 34 | 01 04 | 22 35 | 06 19 |
| 7 | 25 31 | 07 06 | 27 44 | 19 32 | 06 58 | 22 | 29 07 | 03 18 | 01 19 | 22 46 | 06 17 |
| 8 | 25 47 | 06 53 | 27 58 | 19 47 | 06 55 | 23 | 29 20 | 03 02 | 01 35 | 22 56 | 06 14 |
| 9 | 26 02 | 06 39 | 28 11 | 20 01 | 06 52 | 24 | 29 32 | 02 45 | 01 51 | 23 07 | 06 11 |
| 10 | 26 18 | 06 25 | 28 24 | 20 16 | 06 49 | 25 | 29 45 | 02 28 | 02 06 | 23 17 | 06 09 |
| 11 | 26 33 | 06 10 | 28 38 | 20 30 | 06 46 | 26 | 29 57 | 02 12 | 02 22 | 23 27 | 06 06 |
| 12 | 26 48 | 05 56 | 28 52 | 20 43 | 06 44 | 27 | 00♋08 | 01 55 | 02 38 | 23 36 | 06 04 |
| 13 | 27 03 | 05 41 | 29 06 | 20 57 | 06 41 | 28 | 00 20 | 01 38 | 02 55 | 23 45 | 06 02 |
| 14 | 27 18 | 05 25 | 29 20 | 21 10 | 06 38 | 29 | 00 31 | 01 22 | 03 11 | 23 54 | 05 59 |
| 15 | 27 32 | 05 10 | 29 35 | 21 23 | 06 35 | 30 | 00 42 | 01 05 | 03 27 | 24 02 | 05 57 |

## Lunar Data

| Last Asp. | | Ingress | | |
|---|---|---|---|---|
| 1 | 20:03 | 2 | ♈ | 05:38 |
| 4 | 11:07 | 4 | ♉ | 15:42 |
| 5 | 18:56 | 7 | ♊ | 04:11 |
| 9 | 10:60 | 9 | ♋ | 16:50 |
| 11 | 21:60 | 12 | ♌ | 03:01 |
| 14 | 05:15 | 14 | ♍ | 09:31 |
| 16 | 11:27 | 16 | ♎ | 12:56 |
| 18 | 11:31 | 18 | ♏ | 14:47 |
| 20 | 13:12 | 20 | ♐ | 16:35 |
| 22 | 16:46 | 22 | ♑ | 19:22 |
| 24 | 21:20 | 24 | ♒ | 23:34 |
| 27 | 03:34 | 27 | ♓ | 05:25 |
| 29 | 02:36 | 29 | ♈ | 13:15 |

## 0:00 E.T. Declinations

| D | ☉ | ☽ | ☿ | ♀ | ♂ | ♃ | ♄ | ♅ | ♆ | ♇ | ⚳ | ⚴ | ⚵ | ⚶ | ⚷ |
|---|---|---|---|---|---|---|---|---|---|---|---|---|---|---|---|
| 1 | +08 12 | -01 47 | +13 07 | +19 20 | -13 49 | +21 45 | -07 58 | +02 20 | -11 30 | -19 34 | +20 11 | -01 47 | -07 01 | +17 25 | -03 26 |
| 2 | 07 51 | +02 54 | 12 28 | 19 13 | 14 02 | 21 46 | 08 01 | 02 20 | 11 31 | 19 34 | 20 13 | 02 00 | 07 07 | 17 26 | 03 27 |
| 3 | 07 29 | 07 21 | 11 47 | 19 06 | 14 16 | 21 47 | 08 03 | 02 19 | 11 32 | 19 35 | 20 15 | 02 14 | 07 12 | 17 26 | 03 28 |
| 4 | 07 07 | 11 24 | 11 06 | 18 59 | 14 30 | 21 47 | 08 05 | 02 18 | 11 32 | 19 35 | 20 17 | 02 28 | 07 18 | 17 27 | 03 29 |
| 5 | 06 44 | 14 55 | 10 23 | 18 51 | 14 43 | 21 48 | 08 07 | 02 17 | 11 33 | 19 35 | 20 19 | 02 43 | 07 23 | 17 28 | 03 31 |
| 6 | 06 22 | 17 44 | 09 39 | 18 42 | 14 56 | 21 48 | 08 10 | 02 16 | 11 33 | 19 35 | 20 21 | 02 57 | 07 29 | 17 28 | 03 32 |
| 7 | 06 00 | 19 47 | 08 54 | 18 33 | 15 10 | 21 49 | 08 12 | 02 15 | 11 34 | 19 36 | 20 23 | 03 11 | 07 34 | 17 29 | 03 33 |
| 8 | 05 37 | 20 58 | 08 08 | 18 24 | 15 23 | 21 49 | 08 14 | 02 14 | 11 34 | 19 36 | 20 25 | 03 26 | 07 40 | 17 30 | 03 34 |
| 9 | 05 15 | 21 13 | 07 22 | 18 14 | 15 36 | 21 50 | 08 16 | 02 14 | 11 35 | 19 36 | 20 27 | 03 41 | 07 45 | 17 30 | 03 35 |
| 10 | 04 52 | 20 30 | 06 35 | 18 04 | 15 49 | 21 50 | 08 19 | 02 13 | 11 36 | 19 36 | 20 29 | 03 56 | 07 51 | 17 30 | 03 36 |
| 11 | 04 29 | 18 49 | 05 48 | 17 53 | 16 02 | 21 51 | 08 21 | 02 12 | 11 36 | 19 36 | 20 31 | 04 10 | 07 56 | 17 31 | 03 37 |
| 12 | 04 06 | 16 12 | 05 01 | 17 41 | 16 15 | 21 51 | 08 23 | 02 11 | 11 37 | 19 37 | 20 33 | 04 25 | 08 02 | 17 31 | 03 39 |
| 13 | 03 43 | 12 44 | 04 13 | 17 29 | 16 28 | 21 52 | 08 26 | 02 10 | 11 37 | 19 37 | 20 35 | 04 41 | 08 07 | 17 32 | 03 40 |
| 14 | 03 20 | 08 33 | 03 26 | 17 17 | 16 41 | 21 52 | 08 28 | 02 09 | 11 38 | 19 37 | 20 37 | 04 56 | 08 13 | 17 32 | 03 41 |
| 15 | 02 57 | 03 50 | 02 38 | 17 04 | 16 53 | 21 52 | 08 31 | 02 08 | 11 38 | 19 37 | 20 39 | 05 11 | 08 18 | 17 32 | 03 42 |
| 16 | 02 34 | -01 12 | 01 50 | 16 51 | 17 06 | 21 53 | 08 33 | 02 07 | 11 39 | 19 38 | 20 40 | 05 26 | 08 23 | 17 32 | 03 43 |
| 17 | 02 11 | 06 16 | 01 03 | 16 37 | 17 18 | 21 53 | 08 35 | 02 06 | 11 39 | 19 38 | 20 42 | 05 42 | 08 29 | 17 32 | 03 44 |
| 18 | 01 48 | 11 03 | 00 16 | 16 23 | 17 31 | 21 53 | 08 38 | 02 05 | 11 40 | 19 38 | 20 44 | 05 57 | 08 34 | 17 33 | 03 46 |
| 19 | 01 24 | 15 12 | -00 31 | 16 08 | 17 43 | 21 54 | 08 40 | 02 04 | 11 40 | 19 38 | 20 46 | 06 12 | 08 39 | 17 33 | 03 47 |
| 20 | 01 01 | 18 25 | 01 18 | 15 52 | 17 55 | 21 54 | 08 43 | 02 04 | 11 41 | 19 38 | 20 48 | 06 28 | 08 45 | 17 33 | 03 48 |
| 21 | 00 38 | 20 26 | 02 04 | 15 37 | 18 07 | 21 54 | 08 45 | 02 03 | 11 41 | 19 39 | 20 49 | 06 43 | 08 50 | 17 33 | 03 49 |
| 22 | 00 14 | 21 08 | 02 50 | 15 20 | 18 18 | 21 54 | 08 48 | 02 02 | 11 42 | 19 39 | 20 51 | 06 58 | 08 55 | 17 33 | 03 50 |
| 23 | -00 09 | 20 28 | 03 36 | 15 04 | 18 30 | 21 54 | 08 50 | 02 01 | 11 42 | 19 39 | 20 53 | 07 14 | 09 01 | 17 33 | 03 51 |
| 24 | 00 32 | 18 35 | 04 21 | 14 47 | 18 42 | 21 55 | 08 52 | 02 00 | 11 43 | 19 39 | 20 55 | 07 29 | 09 06 | 17 33 | 03 52 |
| 25 | 00 56 | 15 40 | 05 06 | 14 29 | 18 53 | 21 55 | 08 55 | 01 59 | 11 43 | 19 39 | 20 57 | 07 44 | 09 11 | 17 33 | 03 53 |
| 26 | 01 19 | 11 57 | 05 50 | 14 11 | 19 04 | 21 55 | 08 57 | 01 58 | 11 44 | 19 40 | 20 58 | 08 00 | 09 16 | 17 33 | 03 55 |
| 27 | 01 42 | 07 42 | 06 34 | 13 53 | 19 16 | 21 55 | 09 00 | 01 57 | 11 44 | 19 40 | 21 00 | 08 15 | 09 21 | 17 32 | 03 56 |
| 28 | 02 06 | 03 10 | 07 17 | 13 34 | 19 27 | 21 55 | 09 02 | 01 56 | 11 45 | 19 40 | 21 02 | 08 30 | 09 26 | 17 32 | 03 57 |
| 29 | 02 29 | +01 27 | 08 00 | 13 15 | 19 38 | 21 55 | 09 05 | 01 55 | 11 45 | 19 40 | 21 04 | 08 45 | 09 32 | 17 32 | 03 58 |
| 30 | 02 52 | 05 55 | 08 42 | 12 55 | 19 48 | 21 55 | 09 07 | 01 54 | 11 46 | 19 40 | 21 06 | 09 00 | 09 37 | 17 32 | 03 59 |

Lunar Phases -- 8 ◑ 13:16 16 ● 02:12 22 ◐ 19:42 30 ○ 03:20 Sun enters ♎ 9/22 14:50

| D | S.T. | ☉ | ☽ | ☽ 12:00 | ☿ | ♀ | ♂ | ♃ | ♄ | ♅ | ♆ | ♇ | ☊ |
|---|---|---|---|---|---|---|---|---|---|---|---|---|---|
| 1 | 0:40:31 | 08♎13 10 | 18♈04 | 24♈12 | 23♎15 | 27♌21 | 25♏41 | 16♊22 | 29♎26 | 06♈29℞ | 00♓48℞ | 07♑00 | 28♏28 |
| 2 | 0:44:27 | 09 12 09 | 00♉17 | 06♉19 | 24 48 | 28 30 | 26 23 | 16 22 | 29 33 | 06 27 | 00 47 | 07 00 | 28 25 |
| 3 | 0:48:24 | 10 11 11 | 12 18 | 18 16 | 26 20 | 29 40 | 27 05 | 16 23 | 29 40 | 06 24 | 00 46 | 07 01 | 28 21 |
| 4 | 0:52:20 | 11 10 15 | 24 15 | 00♊06 | 27 50 | 00♍49 | 27 47 | 16 23 | 29 47 | 06 22 | 00 45 | 07 01 | 28 18 |
| 5 | 0:56:17 | 12 09 20 | 06♊00 | 11 53 | 29 20 | 01 59 | 28 29 | 16 23℞ | 29 54 | 06 19 | 00 44 | 07 02 | 28 15 |
| 6 | 1:00:13 | 13 08 29 | 17 47 | 23 41 | 00♏50 | 03 09 | 29 12 | 16 23 | 00♏01 | 06 17 | 00 43 | 07 02 | 28 12 |
| 7 | 1:04:10 | 14 07 39 | 29 37 | 05♋35 | 02 18 | 04 20 | 29 54 | 16 22 | 00 08 | 06 15 | 00 42 | 07 03 | 28 09 |
| 8 | 1:08:06 | 15 06 52 | 11♋36 | 17 40 | 03 46 | 05 30 | 00♐36 | 16 22 | 00 15 | 06 12 | 00 40 | 07 03 | 28 06 |
| 9 | 1:12:03 | 16 06 07 | 23 49 | 00♌02 | 05 12 | 06 40 | 01 19 | 16 21 | 00 22 | 06 10 | 00 39 | 07 04 | 28 02 |
| 10 | 1:16:00 | 17 05 24 | 06♌20 | 12 45 | 06 38 | 07 51 | 02 02 | 16 20 | 00 29 | 06 07 | 00 38 | 07 05 | 27 59 |
| 11 | 1:19:56 | 18 04 44 | 19 15 | 25 52 | 08 03 | 09 02 | 02 44 | 16 19 | 00 37 | 06 05 | 00 37 | 07 05 | 27 56 |
| 12 | 1:23:53 | 19 04 06 | 02♍35 | 09♍22 | 09 27 | 10 13 | 03 27 | 16 17 | 00 44 | 06 03 | 00 36 | 07 06 | 27 53 |
| 13 | 1:27:49 | 20 03 30 | 16 22 | 23 25 | 10 50 | 11 24 | 04 10 | 16 16 | 00 51 | 06 00 | 00 36 | 07 07 | 27 50 |
| 14 | 1:31:46 | 21 02 56 | 00♎34 | 07♎49 | 12 12 | 12 35 | 04 53 | 16 14 | 00 58 | 05 58 | 00 35 | 07 07 | 27 47 |
| 15 | 1:35:42 | 22 02 25 | 15 08 | 22 30 | 13 33 | 13 46 | 05 36 | 16 12 | 01 05 | 05 56 | 00 34 | 07 08 | 27 43 |
| 16 | 1:39:39 | 23 01 55 | 29 55 | 07♏22 | 14 53 | 14 57 | 06 19 | 16 10 | 01 12 | 05 54 | 00 33 | 07 09 | 27 40 |
| 17 | 1:43:35 | 24 01 28 | 14♏50 | 22 17 | 16 12 | 16 08 | 07 02 | 16 07 | 01 20 | 05 51 | 00 32 | 07 10 | 27 37 |
| 18 | 1:47:32 | 25 01 03 | 29 43 | 07♐07 | 17 29 | 17 20 | 07 45 | 16 05 | 01 27 | 05 49 | 00 31 | 07 11 | 27 34 |
| 19 | 1:51:29 | 26 00 39 | 14♐28 | 21 46 | 18 46 | 18 32 | 08 29 | 16 02 | 01 34 | 05 47 | 00 30 | 07 12 | 27 31 |
| 20 | 1:55:25 | 27 00 17 | 28 59 | 06♑08 | 20 01 | 19 43 | 09 12 | 15 59 | 01 41 | 05 45 | 00 30 | 07 13 | 27 27 |
| 21 | 1:59:22 | 27 59 57 | 13♑12 | 20 12 | 21 14 | 20 55 | 09 56 | 15 56 | 01 49 | 05 42 | 00 29 | 07 14 | 27 24 |
| 22 | 2:03:18 | 28 59 39 | 27 07 | 03♒57 | 22 26 | 22 07 | 10 39 | 15 52 | 01 56 | 05 40 | 00 28 | 07 15 | 27 21 |
| 23 | 2:07:15 | 29 59 22 | 10♒42 | 17 23 | 23 36 | 23 19 | 11 23 | 15 49 | 02 03 | 05 38 | 00 28 | 07 16 | 27 18 |
| 24 | 2:11:11 | 00♏59 07 | 24 00 | 00♓32 | 24 44 | 24 31 | 12 06 | 15 45 | 02 10 | 05 36 | 00 27 | 07 17 | 27 15 |
| 25 | 2:15:08 | 01 58 54 | 07♓00 | 13 25 | 25 49 | 25 43 | 12 50 | 15 41 | 02 18 | 05 34 | 00 27 | 07 18 | 27 11 |
| 26 | 2:19:04 | 02 58 42 | 19 46 | 26 04 | 26 53 | 26 56 | 13 34 | 15 37 | 02 25 | 05 32 | 00 26 | 07 19 | 27 08 |
| 27 | 2:23:01 | 03 58 32 | 02♈19 | 08♈31 | 27 54 | 28 08 | 14 18 | 15 33 | 02 32 | 05 30 | 00 25 | 07 20 | 27 05 |
| 28 | 2:26:58 | 04 58 24 | 14 40 | 20 46 | 28 52 | 29 20 | 15 02 | 15 28 | 02 39 | 05 28 | 00 25 | 07 21 | 27 02 |
| 29 | 2:30:54 | 05 58 18 | 26 51 | 02♉52 | 29 46 | 00♎33 | 15 46 | 15 23 | 02 47 | 05 26 | 00 24 | 07 23 | 26 59 |
| 30 | 2:34:51 | 06 58 13 | 08♉52 | 14 50 | 00♐37 | 01 46 | 16 30 | 15 18 | 02 54 | 05 24 | 00 24 | 07 24 | 26 56 |
| 31 | 2:38:47 | 07 58 11 | 20 47 | 26 42 | 01 24 | 02 58 | 17 14 | 15 13 | 03 01 | 05 22 | 00 24 | 07 25 | 26 53 |

## Longitudes of the Major Asteroids and Chiron — 0:00 E.T. / Lunar Data

| D | ⚳ | ⚴ | ⚵ | ⚶ | ⚷ | D | ⚳ | ⚴ | ⚵ | ⚶ | ⚷ |
|---|---|---|---|---|---|---|---|---|---|---|---|
| 1 | 00♋52 | 00♈48℞ | 03♐44 | 24♊11 | 05♓55℞ | 17 | 03 02 | 26 40 | 08 25 | 25 30 | 05 23 |
| 2 | 01 03 | 00 32 | 04 01 | 24 18 | 05 52 | 18 | 03 08 | 26 26 | 08 43 | 25 32 | 05 21 |
| 3 | 01 13 | 00 15 | 04 18 | 24 26 | 05 50 | 19 | 03 13 | 26 13 | 09 02 | 25 33 | 05 20 |
| 4 | 01 23 | 29♓59 | 04 35 | 24 33 | 05 48 | 20 | 03 17 | 26 00 | 09 21 | 25 34 | 05 18 |
| 5 | 01 32 | 29 43 | 04 52 | 24 40 | 05 46 | 21 | 03 22 | 25 47 | 09 39 | 25 34 | 05 17 |
| 6 | 01 42 | 29 26 | 05 09 | 24 46 | 05 43 | 22 | 03 25 | 25 35 | 09 58 | 25 34℞ | 05 15 |
| 7 | 01 50 | 29 10 | 05 26 | 24 52 | 05 41 | 23 | 03 29 | 25 23 | 10 17 | 25 34 | 05 14 |
| 8 | 01 59 | 28 54 | 05 43 | 24 58 | 05 39 | 24 | 03 32 | 25 11 | 10 36 | 25 33 | 05 13 |
| 9 | 02 07 | 28 39 | 06 01 | 25 03 | 05 37 | 25 | 03 35 | 25 00 | 10 55 | 25 31 | 05 12 |
| 10 | 02 15 | 28 23 | 06 19 | 25 08 | 05 35 | 26 | 03 37 | 24 49 | 11 14 | 25 29 | 05 10 |
| 11 | 02 23 | 28 08 | 06 36 | 25 12 | 05 33 | 27 | 03 39 | 24 38 | 11 33 | 25 27 | 05 09 |
| 12 | 02 30 | 27 52 | 06 54 | 25 16 | 05 32 | 28 | 03 41 | 24 28 | 11 53 | 25 24 | 05 08 |
| 13 | 02 38 | 27 37 | 07 12 | 25 20 | 05 30 | 29 | 03 42 | 24 18 | 12 12 | 25 21 | 05 07 |
| 14 | 02 44 | 27 23 | 07 30 | 25 23 | 05 28 | 30 | 03 43 | 24 09 | 12 32 | 25 18 | 05 06 |
| 15 | 02 51 | 27 08 | 07 48 | 25 26 | 05 26 | 31 | 03 43 | 24 00 | 12 51 | 25 14 | 05 05 |
| 16 | 02 57 | 26 54 | 08 07 | 25 28 | 05 25 | | | | | | |

### Lunar Data

| Last Asp. | Ingress |
|---|---|
| 1 22:33 | 1 ♉ 23:27 |
| 4 07:45 | 4 ♊ 11:48 |
| 5 21:09 | 7 ♋ 00:46 |
| 8 07:34 | 9 ♌ 11:56 |
| 10 21:41 | 11 ♍ 19:25 |
| 12 23:49 | 13 ♎ 23:03 |
| 15 12:03 | 16 ♏ 00:07 |
| 17 02:24 | 18 ♐ 00:27 |
| 19 20:28 | 20 ♑ 01:42 |
| 22 03:33 | 22 ♒ 05:04 |
| 24 01:28 | 24 ♓ 11:01 |
| 26 15:06 | 26 ♈ 19:32 |
| 28 01:34 | 29 ♉ 06:16 |
| 29 21:02 | 31 ♊ 18:41 |

## Declinations — 0:00 E.T.

| D | ☉ | ☽ | ☿ | ♀ | ♂ | ♃ | ♄ | ♅ | ♆ | ♇ | ⚳ | ⚴ | ⚵ | ⚶ | ⚷ |
|---|---|---|---|---|---|---|---|---|---|---|---|---|---|---|---|
| 1 | -03 16 | +10 04 | -09 23 | +12 35 | -19 59 | +21 55 | -09 10 | +01 53 | -11 46 | -19 41 | +21 08 | -09 14 | -09 42 | +17 32 | -04 00 |
| 2 | 03 39 | 13 43 | 10 04 | 12 15 | 20 09 | 21 55 | 09 12 | 01 52 | 11 47 | 19 41 | 21 09 | 09 29 | 09 47 | 17 32 | 04 01 |
| 3 | 04 02 | 16 45 | 10 45 | 11 54 | 20 20 | 21 55 | 09 15 | 01 51 | 11 47 | 19 41 | 21 11 | 09 44 | 09 52 | 17 31 | 04 02 |
| 4 | 04 25 | 19 03 | 11 24 | 11 33 | 20 30 | 21 55 | 09 17 | 01 50 | 11 47 | 19 41 | 21 13 | 09 58 | 09 57 | 17 31 | 04 03 |
| 5 | 04 48 | 20 29 | 12 03 | 11 11 | 20 40 | 21 55 | 09 20 | 01 48 | 11 48 | 19 42 | 21 15 | 10 12 | 10 02 | 17 31 | 04 04 |
| 6 | 05 11 | 21 01 | 12 41 | 10 49 | 20 49 | 21 55 | 09 22 | 01 48 | 11 48 | 19 42 | 21 17 | 10 26 | 10 06 | 17 31 | 04 05 |
| 7 | 05 34 | 20 37 | 13 18 | 10 27 | 20 59 | 21 55 | 09 25 | 01 47 | 11 49 | 19 42 | 21 19 | 10 40 | 10 11 | 17 30 | 04 06 |
| 8 | 05 57 | 19 17 | 13 55 | 10 04 | 21 08 | 21 55 | 09 28 | 01 46 | 11 49 | 19 42 | 21 21 | 10 54 | 10 16 | 17 30 | 04 07 |
| 9 | 06 20 | 17 03 | 14 31 | 09 42 | 21 18 | 21 55 | 09 30 | 01 46 | 11 49 | 19 42 | 21 23 | 11 08 | 10 21 | 17 30 | 04 08 |
| 10 | 06 43 | 13 58 | 15 06 | 09 18 | 21 27 | 21 55 | 09 33 | 01 45 | 11 50 | 19 42 | 21 25 | 11 21 | 10 26 | 17 29 | 04 09 |
| 11 | 07 05 | 10 09 | 15 40 | 08 55 | 21 36 | 21 54 | 09 35 | 01 44 | 11 50 | 19 42 | 21 27 | 11 34 | 10 30 | 17 29 | 04 10 |
| 12 | 07 28 | 05 44 | 16 13 | 08 31 | 21 44 | 21 54 | 09 38 | 01 43 | 11 50 | 19 43 | 21 29 | 11 47 | 10 35 | 17 29 | 04 11 |
| 13 | 07 50 | 00 53 | 16 46 | 08 07 | 21 53 | 21 54 | 09 40 | 01 42 | 11 51 | 19 43 | 21 31 | 12 00 | 10 40 | 17 29 | 04 12 |
| 14 | 08 13 | -04 11 | 17 18 | 07 42 | 22 01 | 21 54 | 09 43 | 01 41 | 11 51 | 19 43 | 21 34 | 12 12 | 10 44 | 17 28 | 04 13 |
| 15 | 08 35 | 09 07 | 17 48 | 07 18 | 22 09 | 21 54 | 09 45 | 01 40 | 11 51 | 19 43 | 21 36 | 12 25 | 10 49 | 17 28 | 04 14 |
| 16 | 08 57 | 13 37 | 18 18 | 06 53 | 22 17 | 21 54 | 09 48 | 01 39 | 11 52 | 19 43 | 21 38 | 12 37 | 10 53 | 17 28 | 04 15 |
| 17 | 09 19 | 17 17 | 18 47 | 06 28 | 22 25 | 21 53 | 09 50 | 01 38 | 11 52 | 19 43 | 21 40 | 12 49 | 10 58 | 17 27 | 04 16 |
| 18 | 09 41 | 19 47 | 19 14 | 06 02 | 22 33 | 21 53 | 09 53 | 01 37 | 11 52 | 19 44 | 21 42 | 13 00 | 11 02 | 17 27 | 04 17 |
| 19 | 10 03 | 20 54 | 19 41 | 05 37 | 22 40 | 21 53 | 09 55 | 01 37 | 11 52 | 19 44 | 21 45 | 13 12 | 11 06 | 17 27 | 04 18 |
| 20 | 10 24 | 20 36 | 20 06 | 05 11 | 22 47 | 21 52 | 09 58 | 01 36 | 11 53 | 19 44 | 21 47 | 13 23 | 11 11 | 17 27 | 04 18 |
| 21 | 10 46 | 18 58 | 20 31 | 04 45 | 22 54 | 21 52 | 10 00 | 01 35 | 11 53 | 19 44 | 21 50 | 13 34 | 11 15 | 17 26 | 04 19 |
| 22 | 11 07 | 16 14 | 20 54 | 04 19 | 23 01 | 21 52 | 10 03 | 01 33 | 11 53 | 19 44 | 21 52 | 13 44 | 11 19 | 17 26 | 04 20 |
| 23 | 11 28 | 12 41 | 21 16 | 03 52 | 23 07 | 21 51 | 10 05 | 01 33 | 11 53 | 19 44 | 21 55 | 13 55 | 11 23 | 17 26 | 04 21 |
| 24 | 11 49 | 08 34 | 21 36 | 03 26 | 23 14 | 21 50 | 10 10 | 01 32 | 11 54 | 19 44 | 21 57 | 14 05 | 11 27 | 17 25 | 04 21 |
| 25 | 12 10 | 04 09 | 21 55 | 02 59 | 23 20 | 21 50 | 10 10 | 01 32 | 11 54 | 19 45 | 22 00 | 14 14 | 11 31 | 17 25 | 04 22 |
| 26 | 12 30 | +00 22 | 22 13 | 02 32 | 23 26 | 21 49 | 10 13 | 01 31 | 11 54 | 19 45 | 22 02 | 14 24 | 11 35 | 17 25 | 04 23 |
| 27 | 12 51 | 04 49 | 22 30 | 02 05 | 23 31 | 21 49 | 10 15 | 01 30 | 11 54 | 19 45 | 22 05 | 14 33 | 11 39 | 17 25 | 04 24 |
| 28 | 13 11 | 08 59 | 22 44 | 01 38 | 23 37 | 21 49 | 10 18 | 01 29 | 11 54 | 19 45 | 22 08 | 14 42 | 11 43 | 17 25 | 04 24 |
| 29 | 13 31 | 12 44 | 22 58 | 01 10 | 23 42 | 21 49 | 10 20 | 01 28 | 11 54 | 19 45 | 22 11 | 14 51 | 11 47 | 17 25 | 04 25 |
| 30 | 13 50 | 15 56 | 23 09 | 00 43 | 23 47 | 21 48 | 10 23 | 01 28 | 11 55 | 19 45 | 22 13 | 14 59 | 11 51 | 17 25 | 04 26 |
| 31 | 14 10 | 18 25 | 23 19 | 00 16 | 23 52 | 21 47 | 10 25 | 01 27 | 11 55 | 19 45 | 22 16 | 15 08 | 11 55 | 17 25 | 04 26 |

Lunar Phases -- 8 ◐ 07:34   15 ● 12:04   22 ◑ 03:33   29 ○ 19:51   Sun enters ♏ 10/23 00:15

# 0:00 E.T. Longitudes of Main Planets - November 2012 **Nov. 12**

| D | S.T. | ☉ | ☽ | ☽ 12:00 | ☿ | ♀ | ♂ | ♃ | ♄ | ♅ | ♆ | ♇ | ☊ |
|---|---|---|---|---|---|---|---|---|---|---|---|---|---|
| 1 | 2:42:44 | 08♏58 11 | 02♊37 | 08♊30 | 02♐07 | 04♎11 | 17♐58 | 15♊08R | 03♏08 | 05♈20R | 00♓23R | 07♑26 | 26♏49 |
| 2 | 2:46:40 | 09 58 12 | 14 24 | 20 17 | 02 45 | 05 24 | 18 43 | 15 03 | 03 16 | 05 18 | 00 23 | 07 28 | 26 46 |
| 3 | 2:50:37 | 10 58 16 | 26 11 | 02♋06 | 03 17 | 06 37 | 19 27 | 14 57 | 03 23 | 05 16 | 00 23 | 07 29 | 26 43 |
| 4 | 2:54:33 | 11 58 21 | 08♋03 | 14 01 | 03 43 | 07 50 | 20 11 | 14 52 | 03 30 | 05 14 | 00 22 | 07 30 | 26 40 |
| 5 | 2:58:30 | 12 58 29 | 20 02 | 26 06 | 04 02 | 09 03 | 20 56 | 14 46 | 03 37 | 05 13 | 00 22 | 07 32 | 26 37 |
| 6 | 3:02:27 | 13 58 39 | 02♌13 | 08♌25 | 04 14 | 10 16 | 21 40 | 14 40 | 03 44 | 05 11 | 00 22 | 07 33 | 26 33 |
| 7 | 3:06:23 | 14 58 51 | 14 41 | 21 03 | 04 18R | 11 30 | 22 25 | 14 34 | 03 52 | 05 09 | 00 22 | 07 35 | 26 30 |
| 8 | 3:10:20 | 15 59 04 | 27 30 | 04♍03 | 04 13 | 12 43 | 23 10 | 14 28 | 03 59 | 05 08 | 00 22 | 07 36 | 26 27 |
| 9 | 3:14:16 | 16 59 20 | 10♍43 | 17 30 | 03 59 | 13 56 | 23 55 | 14 21 | 04 06 | 05 06 | 00 22 | 07 38 | 26 24 |
| 10 | 3:18:13 | 17 59 38 | 24 24 | 01♎25 | 03 35 | 15 10 | 24 39 | 14 15 | 04 13 | 05 04 | 00 22 | 07 39 | 26 21 |
| 11 | 3:22:09 | 18 59 58 | 08♎32 | 15 46 | 03 02 | 16 23 | 25 24 | 14 08 | 04 20 | 05 03 | 00 22 | 07 41 | 26 18 |
| 12 | 3:26:06 | 20 00 20 | 23 05 | 00♏30 | 02 18 | 17 37 | 26 09 | 14 01 | 04 27 | 05 01 | 00 22D | 07 42 | 26 14 |
| 13 | 3:30:02 | 21 00 43 | 07♏59 | 15 32 | 01 24 | 18 51 | 26 54 | 13 54 | 04 34 | 05 00 | 00 22 | 07 44 | 26 11 |
| 14 | 3:33:59 | 22 01 09 | 23 07 | 00♐42 | 00 22 | 20 04 | 27 39 | 13 47 | 04 41 | 04 58 | 00 22 | 07 45 | 26 08 |
| 15 | 3:37:56 | 23 01 36 | 08♐18 | 15 52 | 29♏12 | 21 18 | 28 25 | 13 40 | 04 48 | 04 57 | 00 22 | 07 47 | 26 05 |
| 16 | 3:41:52 | 24 02 04 | 23 24 | 00♑52 | 27 56 | 22 32 | 29 10 | 13 33 | 04 56 | 04 56 | 00 22 | 07 49 | 26 02 |
| 17 | 3:45:49 | 25 02 34 | 08♑15 | 15 34 | 26 36 | 23 46 | 29 55 | 13 25 | 05 02 | 04 54 | 00 22 | 07 50 | 25 59 |
| 18 | 3:49:45 | 26 03 06 | 22 47 | 29 53 | 25 15 | 25 00 | 00♑40 | 13 18 | 05 09 | 04 53 | 00 22 | 07 52 | 25 55 |
| 19 | 3:53:42 | 27 03 38 | 06♒54 | 13♒48 | 23 55 | 26 14 | 01 26 | 13 10 | 05 16 | 04 52 | 00 23 | 07 54 | 25 52 |
| 20 | 3:57:38 | 28 04 12 | 20 35 | 27 17 | 22 39 | 27 28 | 02 11 | 13 03 | 05 23 | 04 51 | 00 23 | 07 55 | 25 49 |
| 21 | 4:01:35 | 29 04 47 | 03♓52 | 10♓22 | 21 30 | 28 42 | 02 57 | 12 55 | 05 30 | 04 50 | 00 23 | 07 57 | 25 46 |
| 22 | 4:05:31 | 00♐05 23 | 16 47 | 23 07 | 20 30 | 29 56 | 03 42 | 12 47 | 05 37 | 04 49 | 00 24 | 07 59 | 25 43 |
| 23 | 4:09:28 | 01 06 01 | 29 22 | 05♈34 | 19 39 | 01♏10 | 04 28 | 12 39 | 05 44 | 04 47 | 00 24 | 08 01 | 25 39 |
| 24 | 4:13:25 | 02 06 39 | 11♈42 | 17 47 | 18 59 | 02 24 | 05 13 | 12 31 | 05 51 | 04 46 | 00 24 | 08 02 | 25 36 |
| 25 | 4:17:21 | 03 07 19 | 23 50 | 29 50 | 18 31 | 03 38 | 05 59 | 12 23 | 05 57 | 04 46 | 00 25 | 08 04 | 25 33 |
| 26 | 4:21:18 | 04 08 00 | 05♉49 | 11♉46 | 18 15 | 04 53 | 06 45 | 12 15 | 06 04 | 04 45 | 00 25 | 08 06 | 25 30 |
| 27 | 4:25:14 | 05 08 42 | 17 42 | 23 36 | 18 10D | 06 07 | 07 31 | 12 07 | 06 11 | 04 44 | 00 26 | 08 08 | 25 27 |
| 28 | 4:29:11 | 06 09 25 | 29 31 | 05♊25 | 18 16 | 07 21 | 08 17 | 11 59 | 06 17 | 04 43 | 00 26 | 08 10 | 25 24 |
| 29 | 4:33:07 | 07 10 10 | 11♊19 | 17 13 | 18 32 | 08 36 | 09 02 | 11 51 | 06 24 | 04 42 | 00 27 | 08 12 | 25 20 |
| 30 | 4:37:04 | 08 10 56 | 23 07 | 29 03 | 18 57 | 09 50 | 09 48 | 11 43 | 06 31 | 04 42 | 00 28 | 08 13 | 25 17 |

## 0:00 E.T. Longitudes of the Major Asteroids and Chiron

| D | ⚳ | ⚴ | ⚵ | ⚶ | ⚷ | D | ⚳ | ⚴ | ⚵ | ⚶ | ⚷ |
|---|---|---|---|---|---|---|---|---|---|---|---|
| 1 | 03♋44R | 23♓51R | 13♐11 | 25♊09R | 05♓05R | 16 | 02 56 | 22 32 | 18 13 | 23 10 | 04 59 |
| 2 | 03 43 | 23 43 | 13 30 | 25 04 | 05 04 | 17 | 02 49 | 22 30 | 18 34 | 22 58 | 04 59 |
| 3 | 03 42 | 23 35 | 13 50 | 24 59 | 05 03 | 18 | 02 42 | 22 28 | 18 54 | 22 47 | 04 59 |
| 4 | 03 41 | 23 28 | 14 10 | 24 53 | 05 02 | 19 | 02 35 | 22 27 | 19 15 | 22 35 | 04 59 |
| 5 | 03 40 | 23 21 | 14 30 | 24 47 | 05 02 | 20 | 02 27 | 22 26 | 19 36 | 22 23 | 05 00 |
| 6 | 03 38 | 23 14 | 14 50 | 24 40 | 05 01 | 21 | 02 19 | 22 26 | 19 57 | 22 10 | 05 00 |
| 7 | 03 35 | 23 08 | 15 10 | 24 33 | 05 01 | 22 | 02 11 | 22 26D | 20 18 | 21 57 | 05 00 |
| 8 | 03 33 | 23 02 | 15 30 | 24 25 | 05 00 | 23 | 02 02 | 22 27 | 20 39 | 21 44 | 05 01 |
| 9 | 03 29 | 22 57 | 15 50 | 24 17 | 05 00 | 24 | 01 53 | 22 28 | 21 00 | 21 30 | 05 01 |
| 10 | 03 26 | 22 52 | 16 10 | 24 09 | 05 00 | 25 | 01 44 | 22 29 | 21 21 | 21 17 | 05 02 |
| 11 | 03 22 | 22 48 | 16 31 | 24 00 | 04 59 | 26 | 01 34 | 22 31 | 21 42 | 21 03 | 05 03 |
| 12 | 03 17 | 22 44 | 16 51 | 23 51 | 04 59 | 27 | 01 24 | 22 33 | 22 03 | 20 48 | 05 03 |
| 13 | 03 13 | 22 40 | 17 11 | 23 41 | 04 59 | 28 | 01 14 | 22 36 | 22 24 | 20 34 | 05 04 |
| 14 | 03 07 | 22 37 | 17 32 | 23 31 | 04 59 | 29 | 01 03 | 22 39 | 22 45 | 20 19 | 05 05 |
| 15 | 03 02 | 22 34 | 17 52 | 23 20 | 04 59D | 30 | 00 52 | 22 42 | 23 07 | 20 04 | 05 06 |

## Lunar Data

| Last Asp. | | Ingress | | |
|---|---|---|---|---|
| 2 | 09:23 | 3 | ♋ | 07:44 |
| 4 | 08:37 | 5 | ♌ | 19:40 |
| 7 | 15:28 | 8 | ♍ | 04:36 |
| 10 | 00:28 | 10 | ♎ | 09:36 |
| 12 | 05:14 | 12 | ♏ | 11:11 |
| 14 | 10:40 | 14 | ♐ | 10:53 |
| 16 | 09:45 | 16 | ♑ | 10:37 |
| 18 | 05:55 | 18 | ♒ | 12:11 |
| 20 | 14:33 | 20 | ♓ | 16:56 |
| 22 | 06:33 | 23 | ♈ | 01:13 |
| 24 | 01:36 | 25 | ♉ | 12:19 |
| 27 | 00:58 | 28 | ♊ | 00:60 |
| 29 | 01:05 | 30 | ♋ | 13:56 |

## 0:00 E.T. Declinations

| D | ☉ | ☽ | ☿ | ♀ | ♂ | ♃ | ♄ | ♅ | ♆ | ♇ | ⚳ | ⚴ | ⚵ | ⚶ | ⚷ |
|---|---|---|---|---|---|---|---|---|---|---|---|---|---|---|---|
| 1 | -14 29 | +20 05 | -23 27 | -00 12 | -23 56 | +21 47 | -10 28 | +01 26 | -11 55 | -19 45 | +22 19 | -15 15 | -11 58 | +17 25 | -04 27 |
| 2 | 14 48 | 20 52 | 23 32 | 00 40 | 24 00 | 21 46 | 10 30 | 01 25 | 11 55 | 19 46 | 22 22 | 15 23 | 12 02 | 17 25 | 04 28 |
| 3 | 15 07 | 20 43 | 23 36 | 01 07 | 24 04 | 21 46 | 10 32 | 01 25 | 11 55 | 19 46 | 22 25 | 15 30 | 12 06 | 17 25 | 04 28 |
| 4 | 15 26 | 19 39 | 23 37 | 01 35 | 24 08 | 21 45 | 10 35 | 01 24 | 11 55 | 19 46 | 22 28 | 15 37 | 12 09 | 17 25 | 04 29 |
| 5 | 15 44 | 17 42 | 23 36 | 02 03 | 24 11 | 21 44 | 10 37 | 01 23 | 11 55 | 19 46 | 22 32 | 15 44 | 12 13 | 17 25 | 04 29 |
| 6 | 16 02 | 14 56 | 23 32 | 02 30 | 24 14 | 21 44 | 10 40 | 01 23 | 11 55 | 19 46 | 22 35 | 15 51 | 12 16 | 17 25 | 04 30 |
| 7 | 16 20 | 11 27 | 23 25 | 02 58 | 24 17 | 21 43 | 10 42 | 01 22 | 11 55 | 19 46 | 22 38 | 15 57 | 12 19 | 17 25 | 04 30 |
| 8 | 16 37 | 07 22 | 23 15 | 03 26 | 24 20 | 21 42 | 10 44 | 01 21 | 11 55 | 19 46 | 22 41 | 16 03 | 12 23 | 17 25 | 04 31 |
| 9 | 16 54 | 02 48 | 23 01 | 03 54 | 24 23 | 21 42 | 10 47 | 01 21 | 11 55 | 19 46 | 22 45 | 16 09 | 12 26 | 17 25 | 04 31 |
| 10 | 17 11 | -02 03 | 22 45 | 04 21 | 24 25 | 21 41 | 10 49 | 01 20 | 11 55 | 19 46 | 22 48 | 16 14 | 12 29 | 17 25 | 04 32 |
| 11 | 17 28 | 06 58 | 22 24 | 04 49 | 24 27 | 21 40 | 10 51 | 01 20 | 11 55 | 19 47 | 22 51 | 16 19 | 12 32 | 17 26 | 04 32 |
| 12 | 17 44 | 11 39 | 22 01 | 05 17 | 24 28 | 21 40 | 10 54 | 01 19 | 11 55 | 19 47 | 22 55 | 16 24 | 12 35 | 17 26 | 04 33 |
| 13 | 18 00 | 15 44 | 21 33 | 05 44 | 24 30 | 21 39 | 10 56 | 01 19 | 11 55 | 19 47 | 22 59 | 16 29 | 12 38 | 17 26 | 04 33 |
| 14 | 18 16 | 18 49 | 21 02 | 06 12 | 24 31 | 21 38 | 10 58 | 01 18 | 11 55 | 19 47 | 23 02 | 16 33 | 12 41 | 17 26 | 04 34 |
| 15 | 18 32 | 20 34 | 20 28 | 06 39 | 24 32 | 21 37 | 11 01 | 01 17 | 11 55 | 19 47 | 23 06 | 16 38 | 12 44 | 17 27 | 04 34 |
| 16 | 18 47 | 20 50 | 19 51 | 07 06 | 24 33 | 21 36 | 11 03 | 01 17 | 11 55 | 19 47 | 23 09 | 16 42 | 12 47 | 17 27 | 04 34 |
| 17 | 19 01 | 19 37 | 19 13 | 07 33 | 24 33 | 21 36 | 11 05 | 01 16 | 11 55 | 19 47 | 23 13 | 16 45 | 12 49 | 17 27 | 04 35 |
| 18 | 19 16 | 17 08 | 18 34 | 08 00 | 24 33 | 21 35 | 11 07 | 01 16 | 11 55 | 19 47 | 23 17 | 16 49 | 12 52 | 17 28 | 04 35 |
| 19 | 19 30 | 13 42 | 17 55 | 08 27 | 24 33 | 21 34 | 11 10 | 01 16 | 11 55 | 19 47 | 23 21 | 16 52 | 12 55 | 17 28 | 04 35 |
| 20 | 19 44 | 09 37 | 17 18 | 08 54 | 24 33 | 21 33 | 11 12 | 01 15 | 11 55 | 19 47 | 23 24 | 16 55 | 12 57 | 17 29 | 04 35 |
| 21 | 19 57 | 05 11 | 16 44 | 09 21 | 24 32 | 21 32 | 11 14 | 01 15 | 11 55 | 19 47 | 23 28 | 16 58 | 13 00 | 17 29 | 04 36 |
| 22 | 20 10 | 00 39 | 16 13 | 09 47 | 24 31 | 21 31 | 11 16 | 01 14 | 11 55 | 19 47 | 23 32 | 17 00 | 13 02 | 17 30 | 04 36 |
| 23 | 20 23 | +03 49 | 15 47 | 10 13 | 24 30 | 21 30 | 11 18 | 01 14 | 11 54 | 19 47 | 23 36 | 17 02 | 13 04 | 17 30 | 04 36 |
| 24 | 20 35 | 08 02 | 15 25 | 10 39 | 24 28 | 21 29 | 11 21 | 01 14 | 11 54 | 19 47 | 23 40 | 17 04 | 13 07 | 17 31 | 04 36 |
| 25 | 20 47 | 11 53 | 15 09 | 11 05 | 24 26 | 21 29 | 11 23 | 01 13 | 11 54 | 19 47 | 23 44 | 17 06 | 13 09 | 17 31 | 04 36 |
| 26 | 20 58 | 15 11 | 14 57 | 11 30 | 24 24 | 21 28 | 11 25 | 01 13 | 11 54 | 19 48 | 23 48 | 17 08 | 13 11 | 17 32 | 04 36 |
| 27 | 21 09 | 17 51 | 14 51 | 11 55 | 24 22 | 21 27 | 11 27 | 01 13 | 11 54 | 19 48 | 23 52 | 17 09 | 13 13 | 17 33 | 04 37 |
| 28 | 21 20 | 19 44 | 14 49 | 12 20 | 24 19 | 21 26 | 11 29 | 01 12 | 11 53 | 19 48 | 23 56 | 17 10 | 13 15 | 17 34 | 04 37 |
| 29 | 21 30 | 20 45 | 14 52 | 12 45 | 24 16 | 21 25 | 11 31 | 01 12 | 11 53 | 19 48 | 24 00 | 17 11 | 13 17 | 17 34 | 04 37 |
| 30 | 21 40 | 20 51 | 14 58 | 13 10 | 24 13 | 21 24 | 11 33 | 01 12 | 11 53 | 19 48 | 24 04 | 17 12 | 13 19 | 17 35 | 04 37 |

Lunar Phases -- 7 ◑ 00:37 13 ● 22:09 20 ◐ 14:33 28 ○ 14:47 Sun enters ♐ 11/21 21:52

## Longitudes of Main Planets - December 2012

0:00 E.T.

| D | S.T. | ☉ | ☽ | ☽ 12:00 | ☿ | ♀ | ♂ | ♃ | ♄ | ♅ | ♆ | ♇ | ☊ |
|---|---|---|---|---|---|---|---|---|---|---|---|---|---|
| 1 | 4:41:00 | 09♐11 43 | 04♋59 | 10♋57 | 19♏30 | 11♏05 | 10♑34 | 11♊35℞ | 06♏37 | 04♈41℞ | 00♓28 | 08♑15 | 25♏14 |
| 2 | 4:44:57 | 10 12 32 | 16 56 | 22 57 | 20 11 | 12 19 | 11 20 | 11 27 | 06 44 | 04 40 | 00 29 | 08 17 | 25 11 |
| 3 | 4:48:54 | 11 13 21 | 29 00 | 05♌06 | 20 58 | 13 34 | 12 07 | 11 18 | 06 50 | 04 40 | 00 30 | 08 19 | 25 08 |
| 4 | 4:52:50 | 12 14 12 | 11♌15 | 17 27 | 21 51 | 14 48 | 12 53 | 11 10 | 06 56 | 04 39 | 00 30 | 08 21 | 25 04 |
| 5 | 4:56:47 | 13 15 05 | 23 43 | 00♍04 | 22 50 | 16 03 | 13 39 | 11 02 | 07 03 | 04 39 | 00 31 | 08 23 | 25 01 |
| 6 | 5:00:43 | 14 15 59 | 06♍29 | 12 59 | 23 52 | 17 18 | 14 25 | 10 54 | 07 09 | 04 38 | 00 32 | 08 25 | 24 58 |
| 7 | 5:04:40 | 15 16 54 | 19 35 | 26 16 | 24 59 | 18 32 | 15 11 | 10 46 | 07 15 | 04 38 | 00 33 | 08 27 | 24 55 |
| 8 | 5:08:36 | 16 17 50 | 03♎04 | 09♎58 | 26 09 | 19 47 | 15 58 | 10 38 | 07 21 | 04 38 | 00 34 | 08 29 | 24 52 |
| 9 | 5:12:33 | 17 18 47 | 16 58 | 24 05 | 27 22 | 21 02 | 16 44 | 10 30 | 07 28 | 04 37 | 00 35 | 08 31 | 24 49 |
| 10 | 5:16:29 | 18 19 46 | 01♏17 | 08♏36 | 28 37 | 22 16 | 17 31 | 10 22 | 07 34 | 04 37 | 00 36 | 08 33 | 24 45 |
| 11 | 5:20:26 | 19 20 46 | 16 00 | 23 29 | 29 54 | 23 31 | 18 17 | 10 14 | 07 40 | 04 37 | 00 37 | 08 35 | 24 42 |
| 12 | 5:24:23 | 20 21 47 | 01♐01 | 08♐36 | 01♐14 | 24 46 | 19 04 | 10 06 | 07 46 | 04 37 | 00 38 | 08 37 | 24 39 |
| 13 | 5:28:19 | 21 22 49 | 16 13 | 23 50 | 02 35 | 26 01 | 19 50 | 09 58 | 07 52 | 04 37 | 00 39 | 08 39 | 24 36 |
| 14 | 5:32:16 | 22 23 52 | 01♑26 | 09♑00 | 03 57 | 27 16 | 20 37 | 09 50 | 07 58 | 04 37D | 00 40 | 08 41 | 24 33 |
| 15 | 5:36:12 | 23 24 56 | 16 30 | 23 56 | 05 21 | 28 31 | 21 23 | 09 42 | 08 03 | 04 37 | 00 41 | 08 43 | 24 30 |
| 16 | 5:40:09 | 24 26 00 | 01♒17 | 08♒31 | 06 45 | 29 45 | 22 10 | 09 34 | 08 09 | 04 37 | 00 42 | 08 45 | 24 26 |
| 17 | 5:44:05 | 25 27 05 | 15 38 | 22 39 | 08 11 | 01♐00 | 22 57 | 09 27 | 08 15 | 04 37 | 00 43 | 08 48 | 24 23 |
| 18 | 5:48:02 | 26 28 10 | 29 32 | 06♓18 | 09 37 | 02 15 | 23 43 | 09 19 | 08 21 | 04 37 | 00 44 | 08 50 | 24 20 |
| 19 | 5:51:58 | 27 29 15 | 12♓57 | 19 29 | 11 04 | 03 30 | 24 30 | 09 12 | 08 26 | 04 38 | 00 46 | 08 52 | 24 17 |
| 20 | 5:55:55 | 28 30 20 | 25 54 | 02♈14 | 12 32 | 04 45 | 25 17 | 09 05 | 08 32 | 04 38 | 00 47 | 08 54 | 24 14 |
| 21 | 5:59:52 | 29 31 26 | 08♈29 | 14 39 | 14 00 | 06 00 | 26 04 | 08 57 | 08 37 | 04 38 | 00 48 | 08 56 | 24 10 |
| 22 | 6:03:48 | 00♑32 32 | 20 45 | 26 47 | 15 29 | 07 15 | 26 51 | 08 50 | 08 43 | 04 39 | 00 50 | 08 58 | 24 07 |
| 23 | 6:07:45 | 01 33 38 | 02♉46 | 08♉44 | 16 59 | 08 30 | 27 38 | 08 43 | 08 48 | 04 39 | 00 51 | 09 00 | 24 04 |
| 24 | 6:11:41 | 02 34 45 | 14 39 | 20 33 | 18 28 | 09 45 | 28 24 | 08 36 | 08 53 | 04 40 | 00 52 | 09 02 | 24 01 |
| 25 | 6:15:38 | 03 35 51 | 26 27 | 02♊20 | 19 58 | 11 00 | 29 11 | 08 30 | 08 58 | 04 40 | 00 54 | 09 04 | 23 58 |
| 26 | 6:19:34 | 04 36 58 | 08♊13 | 14 07 | 21 29 | 12 15 | 29 58 | 08 23 | 09 03 | 04 41 | 00 55 | 09 06 | 23 55 |
| 27 | 6:23:31 | 05 38 05 | 20 02 | 25 58 | 22 59 | 13 30 | 00♒45 | 08 17 | 09 08 | 04 42 | 00 57 | 09 09 | 23 51 |
| 28 | 6:27:27 | 06 39 13 | 01♋55 | 07♋54 | 24 31 | 14 45 | 01 32 | 08 10 | 09 13 | 04 42 | 00 58 | 09 11 | 23 48 |
| 29 | 6:31:24 | 07 40 20 | 13 55 | 19 58 | 26 02 | 16 00 | 02 19 | 08 04 | 09 18 | 04 43 | 01 00 | 09 13 | 23 45 |
| 30 | 6:35:21 | 08 41 28 | 26 03 | 02♌10 | 27 34 | 17 15 | 03 07 | 07 58 | 09 23 | 04 44 | 01 01 | 09 15 | 23 42 |
| 31 | 6:39:17 | 09 42 36 | 08♌19 | 14 31 | 29 06 | 18 31 | 03 54 | 07 52 | 09 28 | 04 45 | 01 03 | 09 17 | 23 39 |

0:00 E.T.

## Longitudes of the Major Asteroids and Chiron

| D | ⚳ | ⚴ | ⚵ | ⚶ | ⚷ |
|---|---|---|---|---|---|
| 1 | 00♋40℞ | 22♓46 | 23♐28 | 19♊49℞ | 05♓07 |
| 2 | 00 29 | 22 50 | 23 49 | 19 34 | 05 08 |
| 3 | 00 17 | 22 55 | 24 11 | 19 19 | 05 09 |
| 4 | 00 05 | 23 00 | 24 32 | 19 03 | 05 10 |
| 5 | 29♊52 | 23 05 | 24 53 | 18 48 | 05 11 |
| 6 | 29 40 | 23 11 | 25 15 | 18 32 | 05 12 |
| 7 | 29 27 | 23 17 | 25 36 | 18 16 | 05 13 |
| 8 | 29 14 | 23 23 | 25 58 | 18 00 | 05 15 |
| 9 | 29 01 | 23 30 | 26 20 | 17 44 | 05 16 |
| 10 | 28 47 | 23 37 | 26 41 | 17 29 | 05 18 |
| 11 | 28 34 | 23 44 | 27 03 | 17 13 | 05 19 |
| 12 | 28 20 | 23 52 | 27 24 | 16 57 | 05 21 |
| 13 | 28 06 | 24 00 | 27 46 | 16 41 | 05 22 |
| 14 | 27 52 | 24 09 | 28 08 | 16 26 | 05 24 |
| 15 | 27 38 | 24 17 | 28 30 | 16 10 | 05 26 |
| 16 | 27 24 | 24 26 | 28 51 | 15 55 | 05 27 |
| 17 | 27 10 | 24 36 | 29 13 | 15 39 | 05 29 |
| 18 | 26 55 | 24 46 | 29 35 | 15 24 | 05 31 |
| 19 | 26 41 | 24 56 | 29 57 | 15 09 | 05 33 |
| 20 | 26 27 | 25 06 | 00♑19 | 14 54 | 05 35 |
| 21 | 26 13 | 25 17 | 00 41 | 14 40 | 05 37 |
| 22 | 25 59 | 25 28 | 01 02 | 14 26 | 05 39 |
| 23 | 25 45 | 25 39 | 01 24 | 14 11 | 05 41 |
| 24 | 25 31 | 25 50 | 01 46 | 13 58 | 05 43 |
| 25 | 25 17 | 26 02 | 02 08 | 13 44 | 05 46 |
| 26 | 25 03 | 26 14 | 02 30 | 13 31 | 05 48 |
| 27 | 24 49 | 26 27 | 02 52 | 13 18 | 05 50 |
| 28 | 24 35 | 26 40 | 03 14 | 13 05 | 05 53 |
| 29 | 24 22 | 26 53 | 03 36 | 12 53 | 05 55 |
| 30 | 24 09 | 27 06 | 03 58 | 12 41 | 05 57 |
| 31 | 23 56 | 27 19 | 04 20 | 12 29 | 06 00 |

## Lunar Data

| Last Asp. | | Ingress | | |
|---|---|---|---|---|
| 2 | 06:56 | 3 | ♌ | 01:58 |
| 4 | 22:09 | 5 | ♍ | 11:52 |
| 7 | 10:36 | 7 | ♎ | 18:36 |
| 9 | 00:38 | 9 | ♏ | 21:52 |
| 11 | 13:09 | 11 | ♐ | 22:23 |
| 13 | 08:43 | 13 | ♑ | 21:44 |
| 15 | 21:16 | 15 | ♒ | 21:54 |
| 17 | 18:13 | 18 | ♓ | 00:50 |
| 20 | 05:20 | 20 | ♈ | 07:44 |
| 22 | 12:58 | 22 | ♉ | 18:26 |
| 25 | 05:59 | 25 | ♊ | 07:15 |
| 27 | 06:51 | 27 | ♋ | 20:08 |
| 28 | 14:44 | 30 | ♌ | 07:46 |

0:00 E.T.

## Declinations

| D | ☉ | ☽ | ☿ | ♀ | ♂ | ♃ | ♄ | ♅ | ♆ | ♇ | ⚳ | ⚴ | ⚵ | ⚶ | ⚷ |
|---|---|---|---|---|---|---|---|---|---|---|---|---|---|---|---|
| 1 | -21 50 | +20 01 | -15 08 | -13 34 | -24 10 | +21 23 | -11 35 | +01 12 | -11 53 | -19 48 | +24 08 | -17 13 | -13 21 | +17 36 | -04 37 |
| 2 | 21 59 | 18 18 | 15 21 | 13 57 | 24 06 | 21 22 | 11 37 | 01 11 | 11 52 | 19 48 | 24 12 | 17 13 | 13 22 | 17 37 | 04 37 |
| 3 | 22 07 | 15 45 | 15 36 | 14 21 | 24 02 | 21 21 | 11 39 | 01 11 | 11 52 | 19 48 | 24 16 | 17 13 | 13 24 | 17 37 | 04 37 |
| 4 | 22 15 | 12 29 | 15 53 | 14 44 | 23 58 | 21 20 | 11 41 | 01 11 | 11 52 | 19 48 | 24 20 | 17 13 | 13 25 | 17 38 | 04 37 |
| 5 | 22 23 | 08 38 | 16 12 | 15 07 | 23 53 | 21 19 | 11 43 | 01 11 | 11 52 | 19 48 | 24 24 | 17 13 | 13 27 | 17 39 | 04 37 |
| 6 | 22 31 | 04 19 | 16 33 | 15 29 | 23 49 | 21 18 | 11 45 | 01 11 | 11 51 | 19 48 | 24 28 | 17 13 | 13 28 | 17 40 | 04 36 |
| 7 | 22 37 | -00 19 | 16 55 | 15 51 | 23 43 | 21 17 | 11 47 | 01 11 | 11 51 | 19 48 | 24 32 | 17 12 | 13 30 | 17 41 | 04 36 |
| 8 | 22 44 | 05 04 | 17 17 | 16 13 | 23 38 | 21 16 | 11 49 | 01 11 | 11 51 | 19 48 | 24 36 | 17 11 | 13 31 | 17 42 | 04 36 |
| 9 | 22 50 | 09 43 | 17 40 | 16 34 | 23 33 | 21 15 | 11 51 | 01 11 | 11 50 | 19 48 | 24 40 | 17 10 | 13 32 | 17 43 | 04 36 |
| 10 | 22 55 | 13 59 | 18 03 | 16 55 | 23 27 | 21 14 | 11 52 | 01 10 | 11 50 | 19 48 | 24 44 | 17 09 | 13 33 | 17 44 | 04 36 |
| 11 | 23 01 | 17 30 | 18 27 | 17 15 | 23 20 | 21 13 | 11 54 | 01 10 | 11 50 | 19 48 | 24 48 | 17 08 | 13 35 | 17 45 | 04 36 |
| 12 | 23 05 | 19 54 | 18 50 | 17 35 | 23 14 | 21 12 | 11 56 | 01 10 | 11 49 | 19 48 | 24 52 | 17 07 | 13 35 | 17 47 | 04 35 |
| 13 | 23 09 | 20 55 | 19 13 | 17 54 | 23 07 | 21 11 | 11 58 | 01 10 | 11 49 | 19 48 | 24 56 | 17 05 | 13 36 | 17 48 | 04 35 |
| 14 | 23 13 | 20 23 | 19 36 | 18 13 | 23 00 | 21 10 | 12 00 | 01 10 | 11 49 | 19 48 | 25 00 | 17 03 | 13 37 | 17 49 | 04 35 |
| 15 | 23 16 | 18 24 | 19 59 | 18 32 | 22 53 | 21 09 | 12 01 | 01 11 | 11 48 | 19 48 | 25 04 | 17 01 | 13 38 | 17 50 | 04 35 |
| 16 | 23 19 | 15 14 | 20 21 | 18 50 | 22 46 | 21 08 | 12 03 | 01 11 | 11 48 | 19 48 | 25 07 | 16 59 | 13 39 | 17 52 | 04 34 |
| 17 | 23 21 | 11 14 | 20 42 | 19 07 | 22 38 | 21 07 | 12 05 | 01 11 | 11 47 | 19 48 | 25 11 | 16 57 | 13 39 | 17 53 | 04 34 |
| 18 | 23 23 | 06 45 | 21 03 | 19 24 | 22 30 | 21 06 | 12 06 | 01 11 | 11 47 | 19 48 | 25 15 | 16 55 | 13 40 | 17 54 | 04 34 |
| 19 | 23 25 | 02 05 | 21 23 | 19 41 | 22 22 | 21 05 | 12 08 | 01 11 | 11 46 | 19 48 | 25 19 | 16 52 | 13 40 | 17 56 | 04 33 |
| 20 | 23 26 | +02 31 | 21 43 | 19 57 | 22 13 | 21 04 | 12 10 | 01 11 | 11 46 | 19 48 | 25 22 | 16 50 | 13 41 | 17 57 | 04 33 |
| 21 | 23 26 | 06 53 | 22 01 | 20 12 | 22 05 | 21 03 | 12 11 | 01 11 | 11 45 | 19 48 | 25 26 | 16 47 | 13 41 | 17 58 | 04 32 |
| 22 | 23 26 | 10 52 | 22 19 | 20 27 | 21 56 | 21 02 | 12 13 | 01 12 | 11 45 | 19 48 | 25 29 | 16 44 | 13 41 | 18 00 | 04 32 |
| 23 | 23 26 | 14 20 | 22 35 | 20 41 | 21 46 | 21 01 | 12 14 | 01 12 | 11 45 | 19 48 | 25 33 | 16 41 | 13 42 | 18 01 | 04 31 |
| 24 | 23 25 | 17 11 | 22 51 | 20 54 | 21 37 | 21 01 | 12 16 | 01 12 | 11 44 | 19 48 | 25 36 | 16 38 | 13 42 | 18 03 | 04 31 |
| 25 | 23 23 | 19 17 | 23 05 | 21 07 | 21 27 | 21 00 | 12 17 | 01 12 | 11 44 | 19 48 | 25 39 | 16 35 | 13 42 | 18 05 | 04 30 |
| 26 | 23 21 | 20 33 | 23 19 | 21 20 | 21 17 | 20 59 | 12 19 | 01 13 | 11 43 | 19 48 | 25 43 | 16 31 | 13 42 | 18 06 | 04 30 |
| 27 | 23 19 | 20 55 | 23 31 | 21 31 | 21 07 | 20 58 | 12 20 | 01 13 | 11 42 | 19 48 | 25 46 | 16 28 | 13 42 | 18 08 | 04 29 |
| 28 | 23 16 | 20 21 | 23 42 | 21 43 | 20 57 | 20 57 | 12 22 | 01 13 | 11 42 | 19 48 | 25 49 | 16 24 | 13 41 | 18 10 | 04 29 |
| 29 | 23 13 | 18 52 | 23 52 | 21 53 | 20 46 | 20 57 | 12 23 | 01 13 | 11 41 | 19 47 | 25 52 | 16 20 | 13 41 | 18 12 | 04 28 |
| 30 | 23 09 | 16 31 | 24 01 | 22 03 | 20 35 | 20 56 | 12 24 | 01 14 | 11 41 | 19 47 | 25 55 | 16 17 | 13 41 | 18 13 | 04 28 |
| 31 | 23 05 | 13 26 | 24 09 | 22 12 | 20 24 | 20 55 | 12 26 | 01 14 | 11 40 | 19 47 | 25 58 | 16 13 | 13 40 | 18 15 | 04 27 |

Lunar Phases -- 6 ◑ 15:33 13 ● 08:43 20 ◐ 05:20 28 ○ 10:22 Sun enters ♑ 12/21 11:13

| D | S.T. | ☉ | ☽ | ☽ 12:00 | ☿ | ♀ | ♂ | ♃ | ♄ | ♅ | ♆ | ♇ | ☊ |
|---|---|---|---|---|---|---|---|---|---|---|---|---|---|
| 1 | 6:43:14 | 10♑43 44 | 20♌45 | 27♌03 | 00♑38 | 19♐46 | 04♒41 | 07♊46℞ | 09♏33 | 04♈46 | 01♓04 | 09♑19 | 23♏36 |
| 2 | 6:47:10 | 11 44 52 | 03♍23 | 09♍47 | 02 11 | 21 01 | 05 28 | 07 41 | 09 37 | 04 47 | 01 06 | 09 21 | 23 32 |
| 3 | 6:51:07 | 12 46 01 | 16 14 | 22 45 | 03 44 | 22 16 | 06 15 | 07 35 | 09 42 | 04 48 | 01 08 | 09 23 | 23 29 |
| 4 | 6:55:03 | 13 47 10 | 29 20 | 06♎00 | 05 18 | 23 31 | 07 02 | 07 30 | 09 46 | 04 49 | 01 09 | 09 26 | 23 26 |
| 5 | 6:59:00 | 14 48 19 | 12♎43 | 19 32 | 06 51 | 24 46 | 07 49 | 07 25 | 09 51 | 04 50 | 01 11 | 09 28 | 23 23 |
| 6 | 7:02:56 | 15 49 28 | 26 26 | 03♏24 | 08 25 | 26 01 | 08 37 | 07 20 | 09 55 | 04 51 | 01 13 | 09 30 | 23 20 |
| 7 | 7:06:53 | 16 50 38 | 10♏28 | 17 37 | 10 00 | 27 16 | 09 24 | 07 15 | 09 59 | 04 52 | 01 14 | 09 32 | 23 16 |
| 8 | 7:10:50 | 17 51 48 | 24 50 | 02♐09 | 11 35 | 28 32 | 10 11 | 07 11 | 10 03 | 04 54 | 01 16 | 09 34 | 23 13 |
| 9 | 7:14:46 | 18 52 58 | 09♐31 | 16 57 | 13 10 | 29 47 | 10 59 | 07 06 | 10 07 | 04 55 | 01 18 | 09 36 | 23 10 |
| 10 | 7:18:43 | 19 54 08 | 24 25 | 01♑55 | 14 46 | 01♑02 | 11 46 | 07 02 | 10 11 | 04 56 | 01 20 | 09 38 | 23 07 |
| 11 | 7:22:39 | 20 55 18 | 09♑26 | 16 56 | 16 22 | 02 17 | 12 33 | 06 58 | 10 15 | 04 58 | 01 22 | 09 40 | 23 04 |
| 12 | 7:26:36 | 21 56 27 | 24 24 | 01♒50 | 17 59 | 03 32 | 13 21 | 06 54 | 10 19 | 04 59 | 01 23 | 09 42 | 23 01 |
| 13 | 7:30:32 | 22 57 37 | 09♒11 | 16 27 | 19 36 | 04 48 | 14 08 | 06 51 | 10 23 | 05 01 | 01 25 | 09 45 | 22 57 |
| 14 | 7:34:29 | 23 58 45 | 23 37 | 00♓41 | 21 13 | 06 03 | 14 55 | 06 47 | 10 26 | 05 02 | 01 27 | 09 47 | 22 54 |
| 15 | 7:38:25 | 24 59 53 | 07♓38 | 14 27 | 22 52 | 07 18 | 15 43 | 06 44 | 10 30 | 05 04 | 01 29 | 09 49 | 22 51 |
| 16 | 7:42:22 | 26 01 01 | 21 10 | 27 45 | 24 30 | 08 33 | 16 30 | 06 41 | 10 33 | 05 05 | 01 31 | 09 51 | 22 48 |
| 17 | 7:46:19 | 27 02 08 | 04♈14 | 10♈36 | 26 09 | 09 48 | 17 17 | 06 38 | 10 37 | 05 07 | 01 33 | 09 53 | 22 45 |
| 18 | 7:50:15 | 28 03 13 | 16 53 | 23 04 | 27 49 | 11 04 | 18 05 | 06 36 | 10 40 | 05 09 | 01 35 | 09 55 | 22 42 |
| 19 | 7:54:12 | 29 04 19 | 29 11 | 05♉13 | 29 29 | 12 19 | 18 52 | 06 33 | 10 43 | 05 11 | 01 37 | 09 57 | 22 38 |
| 20 | 7:58:08 | 00♒05 23 | 11♉13 | 17 10 | 01♒09 | 13 34 | 19 40 | 06 31 | 10 46 | 05 12 | 01 39 | 09 59 | 22 35 |
| 21 | 8:02:05 | 01 06 26 | 23 05 | 28 58 | 02 51 | 14 49 | 20 27 | 06 29 | 10 49 | 05 14 | 01 41 | 10 01 | 22 32 |
| 22 | 8:06:01 | 02 07 29 | 04♊52 | 10♊45 | 04 32 | 16 04 | 21 15 | 06 27 | 10 52 | 05 16 | 01 43 | 10 03 | 22 29 |
| 23 | 8:09:58 | 03 08 30 | 16 39 | 22 34 | 06 15 | 17 20 | 22 02 | 06 25 | 10 55 | 05 18 | 01 45 | 10 05 | 22 26 |
| 24 | 8:13:54 | 04 09 31 | 28 30 | 04♋28 | 07 58 | 18 35 | 22 49 | 06 24 | 10 57 | 05 20 | 01 47 | 10 07 | 22 22 |
| 25 | 8:17:51 | 05 10 31 | 10♋29 | 16 32 | 09 41 | 19 50 | 23 37 | 06 23 | 11 00 | 05 22 | 01 49 | 10 09 | 22 19 |
| 26 | 8:21:48 | 06 11 29 | 22 38 | 28 47 | 11 25 | 21 05 | 24 24 | 06 22 | 11 02 | 05 24 | 01 51 | 10 11 | 22 16 |
| 27 | 8:25:44 | 07 12 27 | 04♌59 | 11♌14 | 13 09 | 22 20 | 25 12 | 06 21 | 11 05 | 05 26 | 01 53 | 10 13 | 22 13 |
| 28 | 8:29:41 | 08 13 24 | 17 33 | 23 55 | 14 54 | 23 35 | 25 59 | 06 20 | 11 07 | 05 29 | 01 55 | 10 15 | 22 10 |
| 29 | 8:33:37 | 09 14 20 | 00♍17 | 06♍44 | 16 39 | 24 51 | 26 47 | 06 20 | 11 09 | 05 31 | 01 58 | 10 17 | 22 07 |
| 30 | 8:37:34 | 10 15 15 | 13 13 | 19 46 | 18 24 | 26 06 | 27 34 | 06 20 | 11 11 | 05 33 | 02 00 | 10 19 | 22 03 |
| 31 | 8:41:30 | 11 16 10 | 26 21 | 02♎59 | 20 10 | 27 21 | 28 21 | 06 20D | 11 13 | 05 35 | 02 02 | 10 21 | 22 00 |

0:00 E.T. — Longitudes of the Major Asteroids and Chiron — Lunar Data

| D | ⚳ | ⚴ | ⚵ | ⚶ | ⚷ | D | ⚳ | ⚴ | ⚵ | ⚶ | ⚷ |
|---|---|---|---|---|---|---|---|---|---|---|---|
| 1 | 23♊43℞ | 27♓33 | 04♑42 | 12♊18℞ | 06♓02 | 17 | 20 56 | 01 47 | 10 34 | 10 12 | 06 49 |
| 2 | 23 30 | 27 47 | 05 04 | 12 07 | 06 05 | 18 | 20 48 | 02 05 | 10 56 | 10 08 | 06 52 |
| 3 | 23 18 | 28 01 | 05 26 | 11 56 | 06 08 | 19 | 20 41 | 02 22 | 11 18 | 10 04 | 06 55 |
| 4 | 23 06 | 28 16 | 05 48 | 11 46 | 06 10 | 20 | 20 35 | 02 41 | 11 40 | 10 01 | 06 59 |
| 5 | 22 54 | 28 31 | 06 10 | 11 36 | 06 13 | 21 | 20 28 | 02 59 | 12 02 | 09 58 | 07 02 |
| 6 | 22 42 | 28 46 | 06 32 | 11 27 | 06 16 | 22 | 20 23 | 03 18 | 12 24 | 09 56 | 07 05 |
| 7 | 22 31 | 29 01 | 06 54 | 11 18 | 06 19 | 23 | 20 17 | 03 36 | 12 46 | 09 54 | 07 09 |
| 8 | 22 20 | 29 17 | 07 16 | 11 09 | 06 22 | 24 | 20 12 | 03 55 | 13 07 | 09 52 | 07 12 |
| 9 | 22 09 | 29 32 | 07 38 | 11 01 | 06 24 | 25 | 20 08 | 04 14 | 13 29 | 09 51 | 07 15 |
| 10 | 21 59 | 29 48 | 08 00 | 10 53 | 06 27 | 26 | 20 03 | 04 34 | 13 51 | 09 51 | 07 19 |
| 11 | 21 49 | 00♈05 | 08 22 | 10 46 | 06 30 | 27 | 20 00 | 04 53 | 14 13 | 09 51D | 07 22 |
| 12 | 21 39 | 00 21 | 08 44 | 10 39 | 06 33 | 28 | 19 56 | 05 13 | 14 35 | 09 51 | 07 26 |
| 13 | 21 30 | 00 38 | 09 06 | 10 33 | 06 36 | 29 | 19 53 | 05 33 | 14 56 | 09 52 | 07 29 |
| 14 | 21 21 | 00 55 | 09 28 | 10 27 | 06 39 | 30 | 19 51 | 05 53 | 15 18 | 09 53 | 07 33 |
| 15 | 21 12 | 01 12 | 09 50 | 10 21 | 06 43 | 31 | 19 49 | 06 13 | 15 40 | 09 55 | 07 36 |
| 16 | 21 04 | 01 29 | 10 12 | 10 16 | 06 46 | | | | | | |

**Lunar Data**

| Last Asp. | Ingress |
|---|---|
| 31 21:53 | 1 ♍ 17:36 |
| 3 12:16 | 4 ♎ 01:12 |
| 5 23:14 | 6 ♏ 06:10 |
| 7 11:32 | 8 ♐ 08:29 |
| 9 02:29 | 10 ♑ 08:55 |
| 11 19:45 | 12 ♒ 09:02 |
| 13 08:38 | 14 ♓ 10:51 |
| 16 09:34 | 16 ♈ 16:08 |
| 19 00:42 | 19 ♉ 01:37 |
| 20 18:17 | 21 ♊ 14:05 |
| 23 11:43 | 24 ♋ 03:01 |
| 25 20:36 | 26 ♌ 14:21 |
| 28 16:60 | 28 ♍ 23:28 |
| 31 01:60 | 31 ♎ 06:37 |

0:00 E.T. — Declinations

| D | ☉ | ☽ | ☿ | ♀ | ♂ | ♃ | ♄ | ♅ | ♆ | ♇ | ⚳ | ⚴ | ⚵ | ⚶ | ⚷ |
|---|---|---|---|---|---|---|---|---|---|---|---|---|---|---|---|
| 1 | -23 00 | +09 43 | -24 15 | -22 21 | -20 12 | +20 54 | -12 27 | +01 15 | -11 40 | -19 47 | +26 01 | -16 09 | -13 40 | +18 17 | -04 26 |
| 2 | 22 55 | 05 31 | 24 20 | 22 29 | 20 01 | 20 54 | 12 28 | 01 15 | 11 39 | 19 47 | 26 04 | 16 04 | 13 39 | 18 19 | 04 26 |
| 3 | 22 49 | 01 01 | 24 24 | 22 36 | 19 49 | 20 53 | 12 29 | 01 15 | 11 39 | 19 47 | 26 07 | 16 00 | 13 39 | 18 21 | 04 25 |
| 4 | 22 43 | -03 37 | 24 26 | 22 42 | 19 37 | 20 52 | 12 31 | 01 16 | 11 38 | 19 47 | 26 10 | 15 56 | 13 38 | 18 23 | 04 24 |
| 5 | 22 37 | 08 12 | 24 28 | 22 48 | 19 25 | 20 52 | 12 32 | 01 16 | 11 37 | 19 47 | 26 13 | 15 51 | 13 37 | 18 25 | 04 23 |
| 6 | 22 30 | 12 28 | 24 27 | 22 53 | 19 12 | 20 51 | 12 33 | 01 17 | 11 37 | 19 47 | 26 15 | 15 47 | 13 36 | 18 27 | 04 23 |
| 7 | 22 22 | 16 10 | 24 26 | 22 58 | 19 00 | 20 51 | 12 34 | 01 17 | 11 36 | 19 47 | 26 18 | 15 42 | 13 35 | 18 30 | 04 22 |
| 8 | 22 15 | 18 58 | 24 23 | 23 01 | 18 47 | 20 50 | 12 35 | 01 18 | 11 35 | 19 47 | 26 21 | 15 37 | 13 34 | 18 32 | 04 21 |
| 9 | 22 06 | 20 35 | 24 19 | 23 05 | 18 34 | 20 50 | 12 36 | 01 19 | 11 35 | 19 47 | 26 23 | 15 32 | 13 33 | 18 34 | 04 20 |
| 10 | 21 58 | 20 47 | 24 13 | 23 07 | 18 20 | 20 49 | 12 37 | 01 19 | 11 34 | 19 47 | 26 26 | 15 27 | 13 32 | 18 37 | 04 20 |
| 11 | 21 48 | 19 30 | 24 06 | 23 08 | 18 07 | 20 49 | 12 38 | 01 20 | 11 34 | 19 47 | 26 28 | 15 22 | 13 31 | 18 39 | 04 19 |
| 12 | 21 39 | 16 54 | 23 57 | 23 09 | 17 53 | 20 48 | 12 39 | 01 20 | 11 33 | 19 47 | 26 31 | 15 17 | 13 30 | 18 41 | 04 18 |
| 13 | 21 29 | 13 13 | 23 47 | 23 10 | 17 39 | 20 48 | 12 40 | 01 21 | 11 32 | 19 47 | 26 33 | 15 12 | 13 28 | 18 44 | 04 17 |
| 14 | 21 19 | 08 51 | 23 36 | 23 09 | 17 25 | 20 48 | 12 41 | 01 22 | 11 32 | 19 46 | 26 35 | 15 07 | 13 27 | 18 46 | 04 16 |
| 15 | 21 08 | 04 07 | 23 23 | 23 08 | 17 11 | 20 47 | 12 42 | 01 22 | 11 31 | 19 46 | 26 38 | 15 01 | 13 25 | 18 49 | 04 15 |
| 16 | 20 56 | +00 39 | 23 08 | 23 06 | 16 57 | 20 47 | 12 43 | 01 23 | 11 30 | 19 46 | 26 40 | 14 56 | 13 24 | 18 52 | 04 14 |
| 17 | 20 45 | 05 14 | 22 52 | 23 03 | 16 42 | 20 47 | 12 44 | 01 24 | 11 29 | 19 46 | 26 42 | 14 51 | 13 22 | 18 54 | 04 13 |
| 18 | 20 33 | 09 27 | 22 34 | 23 00 | 16 27 | 20 46 | 12 44 | 01 24 | 11 29 | 19 46 | 26 45 | 14 45 | 13 20 | 18 57 | 04 12 |
| 19 | 20 20 | 13 10 | 22 15 | 22 56 | 16 13 | 20 46 | 12 45 | 01 25 | 11 28 | 19 46 | 26 47 | 14 39 | 13 18 | 19 00 | 04 11 |
| 20 | 20 08 | 16 14 | 21 55 | 22 51 | 15 57 | 20 46 | 12 46 | 01 26 | 11 27 | 19 46 | 26 49 | 14 34 | 13 17 | 19 03 | 04 10 |
| 21 | 19 55 | 18 36 | 21 33 | 22 46 | 15 42 | 20 46 | 12 47 | 01 27 | 11 27 | 19 46 | 26 51 | 14 28 | 13 15 | 19 05 | 04 09 |
| 22 | 19 41 | 20 08 | 21 09 | 22 40 | 15 27 | 20 46 | 12 47 | 01 27 | 11 26 | 19 46 | 26 53 | 14 22 | 13 13 | 19 08 | 04 08 |
| 23 | 19 27 | 20 47 | 20 44 | 22 33 | 15 11 | 20 46 | 12 48 | 01 28 | 11 25 | 19 46 | 26 55 | 14 16 | 13 10 | 19 11 | 04 07 |
| 24 | 19 13 | 20 32 | 20 17 | 22 25 | 14 55 | 20 46 | 12 49 | 01 29 | 11 24 | 19 46 | 26 57 | 14 10 | 13 08 | 19 14 | 04 06 |
| 25 | 18 58 | 19 20 | 19 49 | 22 17 | 14 40 | 20 46 | 12 49 | 01 30 | 11 24 | 19 46 | 26 59 | 14 04 | 13 06 | 19 17 | 04 05 |
| 26 | 18 43 | 17 16 | 19 19 | 22 08 | 14 24 | 20 46 | 12 50 | 01 31 | 11 23 | 19 46 | 27 01 | 13 58 | 13 04 | 19 20 | 04 04 |
| 27 | 18 28 | 14 23 | 18 48 | 21 59 | 14 07 | 20 46 | 12 50 | 01 32 | 11 22 | 19 45 | 27 03 | 13 52 | 13 01 | 19 23 | 04 03 |
| 28 | 18 12 | 10 49 | 18 15 | 21 48 | 13 51 | 20 46 | 12 51 | 01 33 | 11 21 | 19 45 | 27 05 | 13 46 | 12 59 | 19 27 | 04 02 |
| 29 | 17 56 | 06 43 | 17 41 | 21 37 | 13 35 | 20 46 | 12 51 | 01 33 | 11 21 | 19 45 | 27 07 | 13 40 | 12 56 | 19 30 | 04 01 |
| 30 | 17 40 | +02 27 | 17 05 | 21 26 | 13 18 | 20 47 | 12 52 | 01 34 | 11 20 | 19 45 | 27 09 | 13 33 | 12 54 | 19 33 | 04 00 |
| 31 | 17 24 | -02 22 | 16 28 | 21 14 | 13 01 | 20 47 | 12 52 | 01 35 | 11 19 | 19 45 | 27 11 | 13 27 | 12 51 | 19 36 | 03 59 |

Lunar Phases -- 5 ◑ 03:59   11 ● 19:45   18 ◐ 23:46   27 ○ 04:40    Sun enters ♒ 1/19 21:53

**Feb. 13** — Longitudes of Main Planets - February 2013 — 0:00 E.T.

| D | S.T. | ☉ | ☽ | ☽ 12:00 | ☿ | ♀ | ♂ | ♃ | ♄ | ♅ | ♆ | ♇ | ☊ |
|---|---|---|---|---|---|---|---|---|---|---|---|---|---|
| 1 | 8:45:27 | 12♒17 03 | 09♎40 | 16♎23 | 21♒55 | 28♑36 | 29♒09 | 06♊20 | 11♏15 | 05♈38 | 02♓04 | 10♑22 | 21♏57 |
| 2 | 8:49:23 | 13 17 56 | 23 09 | 29 58 | 23 41 | 29 51 | 29 56 | 06 20 | 11 17 | 05 40 | 02 06 | 10 24 | 21 54 |
| 3 | 8:53:20 | 14 18 48 | 06♏51 | 13♏46 | 25 26 | 01♒06 | 00♓44 | 06 21 | 11 19 | 05 42 | 02 08 | 10 26 | 21 51 |
| 4 | 8:57:17 | 15 19 40 | 20 45 | 27 47 | 27 11 | 02 22 | 01 31 | 06 22 | 11 20 | 05 45 | 02 11 | 10 28 | 21 48 |
| 5 | 9:01:13 | 16 20 30 | 04♐52 | 12♐00 | 28 55 | 03 37 | 02 18 | 06 23 | 11 22 | 05 47 | 02 13 | 10 30 | 21 44 |
| 6 | 9:05:10 | 17 21 20 | 19 11 | 26 25 | 00♓39 | 04 52 | 03 06 | 06 24 | 11 23 | 05 50 | 02 15 | 10 32 | 21 41 |
| 7 | 9:09:06 | 18 22 08 | 03♑40 | 10♑58 | 02 21 | 06 07 | 03 53 | 06 25 | 11 24 | 05 52 | 02 17 | 10 33 | 21 38 |
| 8 | 9:13:03 | 19 22 56 | 18 16 | 25 34 | 04 02 | 07 22 | 04 41 | 06 27 | 11 26 | 05 55 | 02 19 | 10 35 | 21 35 |
| 9 | 9:16:59 | 20 23 43 | 02♒51 | 10♒07 | 05 41 | 08 37 | 05 28 | 06 29 | 11 27 | 05 58 | 02 22 | 10 37 | 21 32 |
| 10 | 9:20:56 | 21 24 28 | 17 20 | 24 29 | 07 17 | 09 53 | 06 15 | 06 31 | 11 28 | 06 00 | 02 24 | 10 39 | 21 28 |
| 11 | 9:24:52 | 22 25 12 | 01♓34 | 08♓33 | 08 51 | 11 08 | 07 03 | 06 33 | 11 28 | 06 03 | 02 26 | 10 40 | 21 25 |
| 12 | 9:28:49 | 23 25 55 | 15 28 | 22 16 | 10 20 | 12 23 | 07 50 | 06 36 | 11 29 | 06 06 | 02 28 | 10 42 | 21 22 |
| 13 | 9:32:46 | 24 26 36 | 28 58 | 05♈34 | 11 46 | 13 38 | 08 37 | 06 38 | 11 30 | 06 08 | 02 31 | 10 44 | 21 19 |
| 14 | 9:36:42 | 25 27 15 | 12♈03 | 18 27 | 13 07 | 14 53 | 09 25 | 06 41 | 11 30 | 06 11 | 02 33 | 10 45 | 21 16 |
| 15 | 9:40:39 | 26 27 53 | 24 44 | 00♉57 | 14 23 | 16 08 | 10 12 | 06 44 | 11 31 | 06 14 | 02 35 | 10 47 | 21 13 |
| 16 | 9:44:35 | 27 28 29 | 07♉05 | 13 09 | 15 32 | 17 23 | 10 59 | 06 47 | 11 31 | 06 17 | 02 37 | 10 48 | 21 09 |
| 17 | 9:48:32 | 28 29 04 | 19 10 | 25 08 | 16 35 | 18 38 | 11 47 | 06 51 | 11 31 | 06 20 | 02 40 | 10 50 | 21 06 |
| 18 | 9:52:28 | 29 29 37 | 01♊04 | 06♊58 | 17 30 | 19 53 | 12 34 | 06 54 | 11 32 | 06 22 | 02 42 | 10 52 | 21 03 |
| 19 | 9:56:25 | 00♓30 08 | 12 52 | 18 46 | 18 17 | 21 08 | 13 21 | 06 58 | 11 32℞ | 06 25 | 02 44 | 10 53 | 21 00 |
| 20 | 10:00:21 | 01 30 37 | 24 41 | 00♋37 | 18 55 | 22 23 | 14 08 | 07 02 | 11 31 | 06 28 | 02 47 | 10 55 | 20 57 |
| 21 | 10:04:18 | 02 31 04 | 06♋35 | 12 35 | 19 24 | 23 39 | 14 55 | 07 06 | 11 31 | 06 31 | 02 49 | 10 56 | 20 53 |
| 22 | 10:08:15 | 03 31 30 | 18 38 | 24 45 | 19 43 | 24 54 | 15 43 | 07 10 | 11 31 | 06 34 | 02 51 | 10 58 | 20 50 |
| 23 | 10:12:11 | 04 31 53 | 00♌55 | 07♌09 | 19 52 | 26 09 | 16 30 | 07 15 | 11 31 | 06 37 | 02 53 | 10 59 | 20 47 |
| 24 | 10:16:08 | 05 32 15 | 13 27 | 19 50 | 19 51℞ | 27 24 | 17 17 | 07 19 | 11 30 | 06 40 | 02 56 | 11 00 | 20 44 |
| 25 | 10:20:04 | 06 32 35 | 26 16 | 02♍47 | 19 40 | 28 39 | 18 04 | 07 24 | 11 30 | 06 43 | 02 58 | 11 02 | 20 41 |
| 26 | 10:24:01 | 07 32 53 | 09♍21 | 15 59 | 19 19 | 29 54 | 18 51 | 07 29 | 11 29 | 06 46 | 03 00 | 11 03 | 20 38 |
| 27 | 10:27:57 | 08 33 10 | 22 40 | 29 25 | 18 50 | 01♓09 | 19 38 | 07 35 | 11 28 | 06 49 | 03 03 | 11 04 | 20 34 |
| 28 | 10:31:54 | 09 33 25 | 06♎12 | 13♎01 | 18 12 | 02 23 | 20 25 | 07 40 | 11 27 | 06 53 | 03 05 | 11 06 | 20 31 |

0:00 E.T. — Longitudes of the Major Asteroids and Chiron

| D | ⚳ | ⚴ | ⚵ | ⚶ | ⚷ | D | ⚳ | ⚴ | ⚵ | ⚶ | ⚷ |
|---|---|---|---|---|---|---|---|---|---|---|---|
| 1 | 19♊47℞ | 06♈34 | 16♑02 | 09♊57 | 07♓40 | 15 | 20 08 | 11 36 | 21 02 | 11 08 | 08 32 |
| 2 | 19 46 | 06 54 | 16 23 | 09 59 | 07 44 | 16 | 20 13 | 11 59 | 21 23 | 11 16 | 08 36 |
| 3 | 19 45 | 07 15 | 16 45 | 10 02 | 07 47 | 17 | 20 18 | 12 22 | 21 44 | 11 24 | 08 40 |
| 4 | 19 45 | 07 36 | 17 07 | 10 06 | 07 51 | 18 | 20 23 | 12 45 | 22 05 | 11 33 | 08 44 |
| 5 | 19 45D | 07 57 | 17 28 | 10 09 | 07 55 | 19 | 20 29 | 13 08 | 22 26 | 11 42 | 08 48 |
| 6 | 19 45 | 08 18 | 17 50 | 10 13 | 07 58 | 20 | 20 35 | 13 31 | 22 47 | 11 51 | 08 51 |
| 7 | 19 46 | 08 39 | 18 11 | 10 18 | 08 02 | 21 | 20 41 | 13 55 | 23 08 | 12 01 | 08 55 |
| 8 | 19 48 | 09 01 | 18 33 | 10 23 | 08 06 | 22 | 20 48 | 14 19 | 23 29 | 12 10 | 08 59 |
| 9 | 19 49 | 09 23 | 18 54 | 10 28 | 08 09 | 23 | 20 55 | 14 42 | 23 50 | 12 21 | 09 03 |
| 10 | 19 51 | 09 45 | 19 16 | 10 34 | 08 13 | 24 | 21 03 | 15 06 | 24 11 | 12 31 | 09 07 |
| 11 | 19 54 | 10 07 | 19 37 | 10 40 | 08 17 | 25 | 21 10 | 15 30 | 24 31 | 12 42 | 09 11 |
| 12 | 19 57 | 10 29 | 19 58 | 10 46 | 08 21 | 26 | 21 19 | 15 54 | 24 52 | 12 53 | 09 15 |
| 13 | 20 00 | 10 51 | 20 20 | 10 53 | 08 25 | 27 | 21 27 | 16 18 | 25 13 | 13 05 | 09 19 |
| 14 | 20 04 | 11 14 | 20 41 | 11 00 | 08 28 | 28 | 21 36 | 16 43 | 25 33 | 13 17 | 09 22 |

Lunar Data

| Last Asp. | Ingress |
|---|---|
| 2 01:04 | 2 ♏ 12:03 |
| 4 12:32 | 4 ♐ 15:46 |
| 5 20:43 | 6 ♑ 17:56 |
| 7 12:45 | 8 ♒ 19:18 |
| 10 07:21 | 10 ♓ 21:21 |
| 11 17:04 | 13 ♈ 01:53 |
| 15 03:37 | 15 ♉ 10:09 |
| 17 20:32 | 17 ♊ 21:51 |
| 19 18:49 | 20 ♋ 10:46 |
| 22 02:09 | 22 ♌ 22:13 |
| 25 04:51 | 25 ♍ 06:54 |
| 26 18:14 | 27 ♎ 13:03 |

0:00 E.T. — Declinations

| D | ☉ | ☽ | ☿ | ♀ | ♂ | ♃ | ♄ | ♅ | ♆ | ♇ | ⚳ | ⚴ | ⚵ | ⚶ | ⚷ |
|---|---|---|---|---|---|---|---|---|---|---|---|---|---|---|---|
| 1 | -17 07 | -06 57 | -15 50 | -21 01 | -12 44 | +20 47 | -12 52 | +01 36 | -11 18 | -19 45 | +27 13 | -13 21 | -12 49 | +19 40 | -03 57 |
| 2 | 16 50 | 11 16 | 15 10 | 20 47 | 12 27 | 20 47 | 12 53 | 01 37 | 11 18 | 19 45 | 27 15 | 13 14 | 12 46 | 19 43 | 03 56 |
| 3 | 16 32 | 15 03 | 14 29 | 20 33 | 12 10 | 20 48 | 12 53 | 01 38 | 11 17 | 19 45 | 27 17 | 13 08 | 12 43 | 19 46 | 03 55 |
| 4 | 16 14 | 18 03 | 13 47 | 20 19 | 11 53 | 20 48 | 12 53 | 01 39 | 11 16 | 19 45 | 27 19 | 13 01 | 12 40 | 19 50 | 03 54 |
| 5 | 15 56 | 20 00 | 13 04 | 20 03 | 11 36 | 20 48 | 12 53 | 01 40 | 11 15 | 19 44 | 27 21 | 12 55 | 12 37 | 19 53 | 03 53 |
| 6 | 15 38 | 20 42 | 12 20 | 19 48 | 11 18 | 20 49 | 12 54 | 01 41 | 11 14 | 19 44 | 27 23 | 12 48 | 12 34 | 19 57 | 03 52 |
| 7 | 15 19 | 20 02 | 11 35 | 19 31 | 11 01 | 20 49 | 12 54 | 01 42 | 11 14 | 19 44 | 27 25 | 12 42 | 12 31 | 20 00 | 03 50 |
| 8 | 15 00 | 18 03 | 10 50 | 19 14 | 10 43 | 20 50 | 12 54 | 01 43 | 11 13 | 19 44 | 27 26 | 12 35 | 12 28 | 20 04 | 03 49 |
| 9 | 14 41 | 14 54 | 10 04 | 18 56 | 10 26 | 20 50 | 12 54 | 01 44 | 11 12 | 19 44 | 27 28 | 12 28 | 12 24 | 20 07 | 03 48 |
| 10 | 14 22 | 10 53 | 09 18 | 18 38 | 10 08 | 20 51 | 12 54 | 01 45 | 11 11 | 19 44 | 27 30 | 12 22 | 12 21 | 20 11 | 03 47 |
| 11 | 14 02 | 06 19 | 08 32 | 18 20 | 09 50 | 20 52 | 12 54 | 01 47 | 11 10 | 19 44 | 27 32 | 12 15 | 12 18 | 20 14 | 03 45 |
| 12 | 13 42 | 01 31 | 07 47 | 18 00 | 09 32 | 20 52 | 12 54 | 01 48 | 11 10 | 19 44 | 27 34 | 12 08 | 12 14 | 20 18 | 03 44 |
| 13 | 13 22 | +03 13 | 07 02 | 17 41 | 09 14 | 20 53 | 12 54 | 01 49 | 11 09 | 19 44 | 27 36 | 12 01 | 12 11 | 20 22 | 03 43 |
| 14 | 13 02 | 07 40 | 06 18 | 17 21 | 08 56 | 20 54 | 12 54 | 01 50 | 11 08 | 19 44 | 27 38 | 11 54 | 12 07 | 20 25 | 03 41 |
| 15 | 12 42 | 11 38 | 05 36 | 17 00 | 08 37 | 20 54 | 12 54 | 01 51 | 11 07 | 19 43 | 27 39 | 11 48 | 12 04 | 20 29 | 03 40 |
| 16 | 12 21 | 15 00 | 04 55 | 16 39 | 08 19 | 20 55 | 12 54 | 01 52 | 11 06 | 19 43 | 27 41 | 11 41 | 12 00 | 20 33 | 03 39 |
| 17 | 12 00 | 17 38 | 04 17 | 16 17 | 08 01 | 20 56 | 12 54 | 01 53 | 11 06 | 19 43 | 27 43 | 11 34 | 11 56 | 20 36 | 03 37 |
| 18 | 11 39 | 19 28 | 03 42 | 15 55 | 07 42 | 20 57 | 12 53 | 01 54 | 11 05 | 19 43 | 27 45 | 11 27 | 11 53 | 20 40 | 03 36 |
| 19 | 11 18 | 20 26 | 03 09 | 15 32 | 07 24 | 20 57 | 12 53 | 01 56 | 11 04 | 19 43 | 27 47 | 11 20 | 11 49 | 20 44 | 03 35 |
| 20 | 10 56 | 20 30 | 02 40 | 15 09 | 07 05 | 20 58 | 12 53 | 01 57 | 11 03 | 19 43 | 27 48 | 11 13 | 11 45 | 20 47 | 03 33 |
| 21 | 10 35 | 19 38 | 02 15 | 14 46 | 06 47 | 20 59 | 12 53 | 01 58 | 11 02 | 19 43 | 27 50 | 11 06 | 11 41 | 20 51 | 03 32 |
| 22 | 10 13 | 17 54 | 01 54 | 14 22 | 06 28 | 21 00 | 12 52 | 01 59 | 11 02 | 19 43 | 27 52 | 10 59 | 11 37 | 20 55 | 03 31 |
| 23 | 09 51 | 15 19 | 01 37 | 13 58 | 06 09 | 21 01 | 12 52 | 02 00 | 11 01 | 19 43 | 27 54 | 10 52 | 11 33 | 20 59 | 03 29 |
| 24 | 09 29 | 12 00 | 01 25 | 13 33 | 05 50 | 21 02 | 12 52 | 02 02 | 11 00 | 19 43 | 27 56 | 10 45 | 11 29 | 21 02 | 03 28 |
| 25 | 09 07 | 08 04 | 01 18 | 13 08 | 05 32 | 21 03 | 12 51 | 02 03 | 10 59 | 19 42 | 27 57 | 10 38 | 11 25 | 21 06 | 03 27 |
| 26 | 08 44 | 03 41 | 01 16 | 12 43 | 05 13 | 21 04 | 12 51 | 02 04 | 10 58 | 19 42 | 27 59 | 10 31 | 11 20 | 21 10 | 03 25 |
| 27 | 08 22 | -00 58 | 01 18 | 12 18 | 04 54 | 21 05 | 12 50 | 02 05 | 10 57 | 19 42 | 28 01 | 10 24 | 11 16 | 21 14 | 03 24 |
| 28 | 07 59 | 05 37 | 01 26 | 11 52 | 04 35 | 21 06 | 12 50 | 02 07 | 10 57 | 19 42 | 28 03 | 10 17 | 11 12 | 21 17 | 03 22 |

Lunar Phases -- 3 ◑ 13:58 10 ● 07:21 17 ◐ 20:32 25 ○ 20:27 Sun enters ♓ 2/18 12:03

# 0:00 E.T. Longitudes of Main Planets - March 2013 

| D | S.T. | ☉ | ☽ | ☽ 12:00 | ☿ | ♀ | ♂ | ♃ | ♄ | ♅ | ♆ | ♇ | ☊ |
|---|---|---|---|---|---|---|---|---|---|---|---|---|---|
| 1 | 10:35:50 | 10♓33 38 | 19♎53 | 26♎47 | 17♓27℞ | 03♓38 | 21♓12 | 07♊45 | 11♏26℞ | 06♈56 | 03♓07 | 11♑07 | 20♏28 |
| 2 | 10:39:47 | 11 33 50 | 03♏43 | 10♏40 | 16 35 | 04 53 | 21 59 | 07 51 | 11 25 | 06 59 | 03 09 | 11 08 | 20 25 |
| 3 | 10:43:44 | 12 34 00 | 17 38 | 24 38 | 15 39 | 06 08 | 22 46 | 07 57 | 11 24 | 07 02 | 03 12 | 11 10 | 20 22 |
| 4 | 10:47:40 | 13 34 09 | 01♐38 | 08♐40 | 14 40 | 07 23 | 23 33 | 08 03 | 11 22 | 07 05 | 03 14 | 11 11 | 20 19 |
| 5 | 10:51:37 | 14 34 16 | 15 43 | 22 47 | 13 38 | 08 38 | 24 20 | 08 09 | 11 21 | 07 08 | 03 16 | 11 12 | 20 15 |
| 6 | 10:55:33 | 15 34 22 | 29 51 | 06♑56 | 12 36 | 09 53 | 25 07 | 08 16 | 11 20 | 07 12 | 03 18 | 11 13 | 20 12 |
| 7 | 10:59:30 | 16 34 27 | 14♑02 | 21 07 | 11 36 | 11 08 | 25 54 | 08 22 | 11 18 | 07 15 | 03 21 | 11 14 | 20 09 |
| 8 | 11:03:26 | 17 34 29 | 28 12 | 05♒17 | 10 37 | 12 23 | 26 40 | 08 29 | 11 16 | 07 18 | 03 23 | 11 15 | 20 06 |
| 9 | 11:07:23 | 18 34 30 | 12♒20 | 19 21 | 09 42 | 13 38 | 27 27 | 08 36 | 11 14 | 07 22 | 03 25 | 11 16 | 20 03 |
| 10 | 11:11:19 | 19 34 29 | 26 20 | 03♓16 | 08 51 | 14 53 | 28 14 | 08 43 | 11 13 | 07 25 | 03 27 | 11 17 | 19 59 |
| 11 | 11:15:16 | 20 34 27 | 10♓09 | 16 58 | 08 05 | 16 07 | 29 01 | 08 50 | 11 11 | 07 28 | 03 29 | 11 18 | 19 56 |
| 12 | 11:19:13 | 21 34 22 | 23 43 | 00♈23 | 07 25 | 17 22 | 29 47 | 08 57 | 11 09 | 07 31 | 03 32 | 11 19 | 19 53 |
| 13 | 11:23:09 | 22 34 16 | 06♈58 | 13 29 | 06 51 | 18 37 | 00♈34 | 09 04 | 11 06 | 07 35 | 03 34 | 11 20 | 19 50 |
| 14 | 11:27:06 | 23 34 07 | 19 55 | 26 15 | 06 24 | 19 52 | 01 21 | 09 12 | 11 04 | 07 38 | 03 36 | 11 21 | 19 47 |
| 15 | 11:31:02 | 24 33 57 | 02♉31 | 08♉43 | 06 03 | 21 07 | 02 07 | 09 20 | 11 02 | 07 41 | 03 38 | 11 22 | 19 44 |
| 16 | 11:34:59 | 25 33 44 | 14 50 | 20 54 | 05 48 | 22 21 | 02 54 | 09 28 | 10 59 | 07 45 | 03 40 | 11 23 | 19 40 |
| 17 | 11:38:55 | 26 33 30 | 26 55 | 02♊54 | 05 40 | 23 36 | 03 40 | 09 36 | 10 57 | 07 48 | 03 42 | 11 24 | 19 37 |
| 18 | 11:42:52 | 27 33 13 | 08♊50 | 14 46 | 05 38D | 24 51 | 04 27 | 09 44 | 10 54 | 07 52 | 03 45 | 11 25 | 19 34 |
| 19 | 11:46:48 | 28 32 53 | 20 40 | 26 35 | 05 42 | 26 06 | 05 13 | 09 52 | 10 51 | 07 55 | 03 47 | 11 26 | 19 31 |
| 20 | 11:50:45 | 29 32 32 | 02♋30 | 08♋27 | 05 52 | 27 20 | 06 00 | 10 00 | 10 49 | 07 58 | 03 49 | 11 26 | 19 28 |
| 21 | 11:54:42 | 00♈32 08 | 14 25 | 20 26 | 06 07 | 28 35 | 06 46 | 10 09 | 10 46 | 08 02 | 03 51 | 11 27 | 19 25 |
| 22 | 11:58:38 | 01 31 42 | 26 31 | 02♌38 | 06 27 | 29 50 | 07 32 | 10 18 | 10 43 | 08 05 | 03 53 | 11 28 | 19 21 |
| 23 | 12:02:35 | 02 31 14 | 08♌51 | 15 07 | 06 52 | 01♈04 | 08 19 | 10 26 | 10 40 | 08 09 | 03 55 | 11 28 | 19 18 |
| 24 | 12:06:31 | 03 30 43 | 21 29 | 27 55 | 07 22 | 02 19 | 09 05 | 10 35 | 10 37 | 08 12 | 03 57 | 11 29 | 19 15 |
| 25 | 12:10:28 | 04 30 11 | 04♍27 | 11♍04 | 07 56 | 03 34 | 09 51 | 10 44 | 10 34 | 08 15 | 03 59 | 11 30 | 19 12 |
| 26 | 12:14:24 | 05 29 36 | 17 46 | 24 33 | 08 34 | 04 48 | 10 37 | 10 54 | 10 30 | 08 19 | 04 01 | 11 30 | 19 09 |
| 27 | 12:18:21 | 06 28 59 | 01♎24 | 08♎20 | 09 17 | 06 03 | 11 24 | 11 03 | 10 27 | 08 22 | 04 03 | 11 31 | 19 05 |
| 28 | 12:22:17 | 07 28 19 | 15 20 | 22 22 | 10 02 | 07 17 | 12 10 | 11 12 | 10 24 | 08 26 | 04 05 | 11 31 | 19 02 |
| 29 | 12:26:14 | 08 27 38 | 29 28 | 06♏35 | 10 52 | 08 32 | 12 56 | 11 22 | 10 20 | 08 29 | 04 07 | 11 32 | 18 59 |
| 30 | 12:30:10 | 09 26 55 | 13♏44 | 20 54 | 11 44 | 09 47 | 13 42 | 11 31 | 10 17 | 08 33 | 04 09 | 11 32 | 18 56 |
| 31 | 12:34:07 | 10 26 10 | 28 04 | 05♐14 | 12 40 | 11 01 | 14 28 | 11 41 | 10 13 | 08 36 | 04 11 | 11 33 | 18 53 |

## 0:00 E.T. Longitudes of the Major Asteroids and Chiron

| D | ⚳ | ⚴ | ⚵ | ⚶ | ⚷ | D | ⚳ | ⚴ | ⚵ | ⚶ | ⚷ |
|---|---|---|---|---|---|---|---|---|---|---|---|
| 1 | 21♊45 | 17♈07 | 25♑54 | 13♊29 | 09♓26 | 17 | 24 54 | 23 55 | 01 12 | 17 17 | 10 28 |
| 2 | 21 55 | 17 32 | 26 14 | 13 41 | 09 30 | 18 | 25 08 | 24 22 | 01 31 | 17 33 | 10 31 |
| 3 | 22 05 | 17 57 | 26 34 | 13 54 | 09 34 | 19 | 25 22 | 24 48 | 01 50 | 17 50 | 10 35 |
| 4 | 22 15 | 18 21 | 26 55 | 14 06 | 09 38 | 20 | 25 37 | 25 15 | 02 09 | 18 07 | 10 39 |
| 5 | 22 25 | 18 46 | 27 15 | 14 20 | 09 42 | 21 | 25 52 | 25 41 | 02 28 | 18 24 | 10 43 |
| 6 | 22 36 | 19 12 | 27 35 | 14 33 | 09 46 | 22 | 26 07 | 26 08 | 02 47 | 18 41 | 10 46 |
| 7 | 22 47 | 19 37 | 27 55 | 14 47 | 09 50 | 23 | 26 22 | 26 35 | 03 05 | 18 58 | 10 50 |
| 8 | 22 58 | 20 02 | 28 15 | 15 01 | 09 53 | 24 | 26 38 | 27 02 | 03 24 | 19 15 | 10 54 |
| 9 | 23 10 | 20 28 | 28 35 | 15 15 | 09 57 | 25 | 26 54 | 27 29 | 03 43 | 19 33 | 10 57 |
| 10 | 23 22 | 20 53 | 28 55 | 15 29 | 10 01 | 26 | 27 10 | 27 57 | 04 01 | 19 51 | 11 01 |
| 11 | 23 34 | 21 19 | 29 15 | 15 44 | 10 05 | 27 | 27 26 | 28 24 | 04 19 | 20 09 | 11 04 |
| 12 | 23 47 | 21 45 | 29 34 | 15 59 | 10 09 | 28 | 27 42 | 28 51 | 04 37 | 20 27 | 11 08 |
| 13 | 24 00 | 22 10 | 29 54 | 16 14 | 10 13 | 29 | 27 59 | 29 19 | 04 56 | 20 46 | 11 12 |
| 14 | 24 13 | 22 36 | 00♒14 | 16 30 | 10 16 | 30 | 28 16 | 29 47 | 05 14 | 21 04 | 11 15 |
| 15 | 24 26 | 23 03 | 00 33 | 16 45 | 10 20 | 31 | 28 33 | 00♉14 | 05 31 | 21 23 | 11 19 |
| 16 | 24 40 | 23 29 | 00 52 | 17 01 | 10 24 | | | | | | |

## Lunar Data

| Last Asp. | | Ingress | | |
|---|---|---|---|---|
| 28 | 08:38 | 1 | ♏ | 17:35 |
| 3 | 09:20 | 3 | ♐ | 21:12 |
| 5 | 15:29 | 6 | ♑ | 00:15 |
| 7 | 21:15 | 8 | ♒ | 03:03 |
| 8 | 22:09 | 10 | ♓ | 06:20 |
| 11 | 19:52 | 12 | ♈ | 11:18 |
| 13 | 08:03 | 14 | ♉ | 19:09 |
| 16 | 23:12 | 17 | ♊ | 06:10 |
| 19 | 17:28 | 19 | ♋ | 18:56 |
| 20 | 18:03 | 22 | ♌ | 06:51 |
| 23 | 03:29 | 24 | ♍ | 15:50 |
| 25 | 12:47 | 26 | ♎ | 21:33 |
| 27 | 18:16 | 29 | ♏ | 00:55 |
| 29 | 20:26 | 31 | ♐ | 03:14 |

## 0:00 E.T. Declinations

| D | ☉ | ☽ | ☿ | ♀ | ♂ | ♃ | ♄ | ♅ | ♆ | ♇ | ⚳ | ⚴ | ⚵ | ⚶ | ⚷ |
|---|---|---|---|---|---|---|---|---|---|---|---|---|---|---|---|
| 1 | -07 36 | -10 04 | -01 38 | -11 25 | -04 16 | +21 07 | -12 49 | +02 08 | -10 56 | -19 42 | +28 04 | -10 10 | -11 07 | +21 21 | -03 21 |
| 2 | 07 14 | 14 01 | 01 55 | 10 59 | 03 57 | 21 08 | 12 49 | 02 09 | 10 55 | 19 42 | 28 06 | 10 03 | 11 03 | 21 25 | 03 20 |
| 3 | 06 51 | 17 13 | 02 15 | 10 32 | 03 38 | 21 10 | 12 48 | 02 10 | 10 54 | 19 42 | 28 08 | 09 56 | 10 59 | 21 28 | 03 18 |
| 4 | 06 28 | 19 24 | 02 38 | 10 05 | 03 19 | 21 11 | 12 48 | 02 12 | 10 53 | 19 42 | 28 10 | 09 49 | 10 54 | 21 32 | 03 17 |
| 5 | 06 04 | 20 24 | 03 04 | 09 37 | 03 00 | 21 12 | 12 47 | 02 13 | 10 53 | 19 42 | 28 11 | 09 42 | 10 50 | 21 36 | 03 15 |
| 6 | 05 41 | 20 07 | 03 32 | 09 09 | 02 41 | 21 13 | 12 46 | 02 14 | 10 52 | 19 42 | 28 13 | 09 35 | 10 45 | 21 40 | 03 14 |
| 7 | 05 18 | 18 33 | 04 01 | 08 41 | 02 22 | 21 14 | 12 46 | 02 15 | 10 51 | 19 42 | 28 15 | 09 28 | 10 40 | 21 43 | 03 13 |
| 8 | 04 55 | 15 52 | 04 31 | 08 13 | 02 03 | 21 16 | 12 45 | 02 17 | 10 50 | 19 41 | 28 16 | 09 21 | 10 36 | 21 47 | 03 11 |
| 9 | 04 31 | 12 15 | 05 01 | 07 45 | 01 44 | 21 17 | 12 44 | 02 18 | 10 49 | 19 41 | 28 18 | 09 14 | 10 31 | 21 51 | 03 10 |
| 10 | 04 08 | 08 00 | 05 30 | 07 16 | 01 25 | 21 18 | 12 43 | 02 19 | 10 49 | 19 41 | 28 19 | 09 07 | 10 26 | 21 54 | 03 08 |
| 11 | 03 44 | 03 23 | 05 59 | 06 48 | 01 06 | 21 19 | 12 42 | 02 21 | 10 48 | 19 41 | 28 21 | 09 00 | 10 21 | 21 58 | 03 07 |
| 12 | 03 20 | +01 19 | 06 26 | 06 19 | 00 47 | 21 21 | 12 42 | 02 22 | 10 47 | 19 41 | 28 22 | 08 53 | 10 16 | 22 01 | 03 06 |
| 13 | 02 57 | 05 51 | 06 51 | 05 49 | 00 28 | 21 22 | 12 41 | 02 23 | 10 46 | 19 41 | 28 24 | 08 46 | 10 11 | 22 05 | 03 04 |
| 14 | 02 33 | 10 01 | 07 15 | 05 20 | 00 09 | 21 23 | 12 40 | 02 25 | 10 46 | 19 41 | 28 26 | 08 39 | 10 07 | 22 08 | 03 03 |
| 15 | 02 10 | 13 38 | 07 36 | 04 51 | +00 10 | 21 25 | 12 39 | 02 26 | 10 45 | 19 41 | 28 27 | 08 32 | 10 02 | 22 12 | 03 01 |
| 16 | 01 46 | 16 33 | 07 55 | 04 21 | 00 29 | 21 26 | 12 38 | 02 27 | 10 44 | 19 41 | 28 28 | 08 25 | 09 57 | 22 15 | 03 00 |
| 17 | 01 22 | 18 41 | 08 12 | 03 51 | 00 48 | 21 27 | 12 37 | 02 29 | 10 43 | 19 41 | 28 30 | 08 18 | 09 51 | 22 19 | 02 58 |
| 18 | 00 58 | 19 57 | 08 26 | 03 22 | 01 07 | 21 29 | 12 36 | 02 30 | 10 43 | 19 41 | 28 31 | 08 11 | 09 46 | 22 22 | 02 57 |
| 19 | 00 35 | 20 20 | 08 38 | 02 52 | 01 26 | 21 30 | 12 35 | 02 31 | 10 42 | 19 41 | 28 33 | 08 04 | 09 41 | 22 26 | 02 56 |
| 20 | 00 11 | 19 48 | 08 48 | 02 22 | 01 45 | 21 32 | 12 34 | 02 33 | 10 41 | 19 41 | 28 34 | 07 57 | 09 36 | 22 29 | 02 54 |
| 21 | +00 13 | 18 23 | 08 55 | 01 52 | 02 04 | 21 33 | 12 33 | 02 34 | 10 40 | 19 40 | 28 35 | 07 50 | 09 31 | 22 32 | 02 53 |
| 22 | 00 36 | 16 08 | 09 00 | 01 22 | 02 23 | 21 34 | 12 32 | 02 35 | 10 40 | 19 40 | 28 37 | 07 43 | 09 26 | 22 36 | 02 51 |
| 23 | 01 00 | 13 08 | 09 03 | 00 51 | 02 42 | 21 36 | 12 31 | 02 37 | 10 39 | 19 40 | 28 38 | 07 36 | 09 20 | 22 39 | 02 50 |
| 24 | 01 24 | 09 28 | 09 03 | 00 21 | 03 00 | 21 37 | 12 30 | 02 38 | 10 38 | 19 40 | 28 39 | 07 30 | 09 15 | 22 42 | 02 48 |
| 25 | 01 47 | 05 17 | 09 01 | +00 09 | 03 19 | 21 39 | 12 29 | 02 40 | 10 37 | 19 40 | 28 40 | 07 23 | 09 10 | 22 45 | 02 47 |
| 26 | 02 11 | 00 44 | 08 58 | 00 39 | 03 38 | 21 40 | 12 28 | 02 41 | 10 37 | 19 40 | 28 41 | 07 16 | 09 05 | 22 48 | 02 46 |
| 27 | 02 34 | -03 58 | 08 52 | 01 09 | 03 56 | 21 42 | 12 26 | 02 42 | 10 36 | 19 40 | 28 42 | 07 09 | 08 59 | 22 52 | 02 44 |
| 28 | 02 58 | 08 34 | 08 44 | 01 40 | 04 15 | 21 43 | 12 25 | 02 44 | 10 35 | 19 40 | 28 43 | 07 03 | 08 54 | 22 55 | 02 43 |
| 29 | 03 21 | 12 46 | 08 35 | 02 10 | 04 33 | 21 45 | 12 24 | 02 45 | 10 35 | 19 40 | 28 44 | 06 56 | 08 48 | 22 58 | 02 41 |
| 30 | 03 45 | 16 16 | 08 23 | 02 40 | 04 52 | 21 46 | 12 23 | 02 46 | 10 34 | 19 40 | 28 45 | 06 49 | 08 43 | 23 01 | 02 40 |
| 31 | 04 08 | 18 46 | 08 10 | 03 10 | 05 10 | 21 48 | 12 22 | 02 48 | 10 33 | 19 40 | 28 46 | 06 43 | 08 38 | 23 03 | 02 39 |

Lunar Phases -- 4 ◑ 21:54 11 ● 19:52 19 ◐ 17:28 27 ○ 09:28 Sun enters ♈ 3/20 11:03

## Longitudes of Main Planets - April 2013

0:00 E.T.

| D | S.T. | ☉ | ☽ | ☽ 12:00 | ☿ | ♀ | ♂ | ♃ | ♄ | ♅ | ♆ | ♇ | ☊ |
|---|---|---|---|---|---|---|---|---|---|---|---|---|---|
| 1 | 12:38:04 | 11♈25 24 | 12♐24 | 19♐33 | 13♓38 | 12♈16 | 15♈14 | 11♊51 | 10♏09℞ | 08♈39 | 04♓13 | 11♑33 | 18♏50 |
| 2 | 12:42:00 | 12 24 35 | 26 41 | 03♑47 | 14 40 | 13 30 | 15 59 | 12 01 | 10 06 | 08 43 | 04 15 | 11 33 | 18 46 |
| 3 | 12:45:57 | 13 23 45 | 10♑52 | 17 55 | 15 43 | 14 45 | 16 45 | 12 11 | 10 02 | 08 46 | 04 17 | 11 34 | 18 43 |
| 4 | 12:49:53 | 14 22 54 | 24 56 | 01♒55 | 16 50 | 15 59 | 17 31 | 12 21 | 09 58 | 08 50 | 04 19 | 11 34 | 18 40 |
| 5 | 12:53:50 | 15 22 00 | 08♒51 | 15 45 | 17 58 | 17 13 | 18 17 | 12 31 | 09 54 | 08 53 | 04 20 | 11 34 | 18 37 |
| 6 | 12:57:46 | 16 21 05 | 22 37 | 29 25 | 19 09 | 18 28 | 19 03 | 12 42 | 09 50 | 08 57 | 04 22 | 11 34 | 18 34 |
| 7 | 13:01:43 | 17 20 08 | 06♓11 | 12♓54 | 20 23 | 19 42 | 19 48 | 12 52 | 09 46 | 09 00 | 04 24 | 11 35 | 18 31 |
| 8 | 13:05:39 | 18 19 09 | 19 33 | 26 09 | 21 38 | 20 57 | 20 34 | 13 03 | 09 42 | 09 03 | 04 26 | 11 35 | 18 27 |
| 9 | 13:09:36 | 19 18 08 | 02♈41 | 09♈10 | 22 55 | 22 11 | 21 19 | 13 13 | 09 38 | 09 07 | 04 28 | 11 35 | 18 24 |
| 10 | 13:13:33 | 20 17 05 | 15 35 | 21 56 | 24 15 | 23 25 | 22 05 | 13 24 | 09 34 | 09 10 | 04 29 | 11 35 | 18 21 |
| 11 | 13:17:29 | 21 16 00 | 28 14 | 04♉28 | 25 36 | 24 40 | 22 51 | 13 35 | 09 30 | 09 13 | 04 31 | 11 35 | 18 18 |
| 12 | 13:21:26 | 22 14 53 | 10♉39 | 16 47 | 26 59 | 25 54 | 23 36 | 13 46 | 09 26 | 09 17 | 04 33 | 11 35 | 18 15 |
| 13 | 13:25:22 | 23 13 44 | 22 51 | 28 53 | 28 24 | 27 08 | 24 21 | 13 57 | 09 21 | 09 20 | 04 34 | 11 35℞ | 18 11 |
| 14 | 13:29:19 | 24 12 33 | 04♊53 | 10♊50 | 29 50 | 28 23 | 25 07 | 14 08 | 09 17 | 09 24 | 04 36 | 11 35 | 18 08 |
| 15 | 13:33:15 | 25 11 20 | 16 46 | 22 41 | 01♈19 | 29 37 | 25 52 | 14 19 | 09 13 | 09 27 | 04 38 | 11 35 | 18 05 |
| 16 | 13:37:12 | 26 10 05 | 28 36 | 04♋31 | 02 49 | 00♉51 | 26 37 | 14 31 | 09 08 | 09 30 | 04 39 | 11 35 | 18 02 |
| 17 | 13:41:08 | 27 08 47 | 10♋26 | 16 23 | 04 21 | 02 05 | 27 23 | 14 42 | 09 04 | 09 34 | 04 41 | 11 35 | 17 59 |
| 18 | 13:45:05 | 28 07 28 | 22 21 | 28 22 | 05 54 | 03 20 | 28 08 | 14 54 | 09 00 | 09 37 | 04 42 | 11 35 | 17 56 |
| 19 | 13:49:02 | 29 06 06 | 04♌26 | 10♌33 | 07 30 | 04 34 | 28 53 | 15 05 | 08 55 | 09 40 | 04 44 | 11 34 | 17 52 |
| 20 | 13:52:58 | 00♉04 42 | 16 45 | 23 01 | 09 06 | 05 48 | 29 38 | 15 17 | 08 51 | 09 43 | 04 45 | 11 34 | 17 49 |
| 21 | 13:56:55 | 01 03 15 | 29 23 | 05♍50 | 10 45 | 07 02 | 00♉23 | 15 28 | 08 46 | 09 47 | 04 47 | 11 34 | 17 46 |
| 22 | 14:00:51 | 02 01 47 | 12♍23 | 19 01 | 12 25 | 08 16 | 01 08 | 15 40 | 08 42 | 09 50 | 04 48 | 11 34 | 17 43 |
| 23 | 14:04:48 | 03 00 16 | 25 46 | 02♎37 | 14 07 | 09 30 | 01 53 | 15 52 | 08 37 | 09 53 | 04 50 | 11 33 | 17 40 |
| 24 | 14:08:44 | 03 58 43 | 09♎34 | 16 36 | 15 51 | 10 44 | 02 38 | 16 04 | 08 33 | 09 56 | 04 51 | 11 33 | 17 37 |
| 25 | 14:12:41 | 04 57 09 | 23 44 | 00♏56 | 17 36 | 11 59 | 03 22 | 16 16 | 08 28 | 09 59 | 04 52 | 11 33 | 17 33 |
| 26 | 14:16:37 | 05 55 32 | 08♏12 | 15 32 | 19 23 | 13 13 | 04 07 | 16 28 | 08 24 | 10 03 | 04 54 | 11 32 | 17 30 |
| 27 | 14:20:34 | 06 53 54 | 22 53 | 00♐17 | 21 12 | 14 27 | 04 52 | 16 40 | 08 19 | 10 06 | 04 55 | 11 32 | 17 27 |
| 28 | 14:24:31 | 07 52 14 | 07♐40 | 15 04 | 23 02 | 15 41 | 05 36 | 16 52 | 08 14 | 10 09 | 04 56 | 11 32 | 17 24 |
| 29 | 14:28:27 | 08 50 32 | 22 26 | 29 46 | 24 54 | 16 55 | 06 21 | 17 05 | 08 10 | 10 12 | 04 58 | 11 31 | 17 21 |
| 30 | 14:32:24 | 09 48 49 | 07♑04 | 14♑19 | 26 48 | 18 09 | 07 06 | 17 17 | 08 05 | 10 15 | 04 59 | 11 31 | 17 17 |

## Longitudes of the Major Asteroids and Chiron

0:00 E.T.

| D | ⚳ | ⚴ | ⚵ | ⚶ | ⚷ | D | ⚳ | ⚴ | ⚵ | ⚶ | ⚷ |
|---|---|---|---|---|---|---|---|---|---|---|---|
| 1 | 28♊50 | 00♉42 | 05♒49 | 21♊42 | 11♓22 | 16 | 03 31 | 07 50 | 10 00 | 26 44 | 12 11 |
| 2 | 29 08 | 01 10 | 06 07 | 22 01 | 11 26 | 17 | 03 51 | 08 19 | 10 16 | 27 05 | 12 14 |
| 3 | 29 25 | 01 38 | 06 24 | 22 20 | 11 29 | 18 | 04 12 | 08 49 | 10 31 | 27 27 | 12 17 |
| 4 | 29 43 | 02 06 | 06 42 | 22 40 | 11 32 | 19 | 04 32 | 09 18 | 10 46 | 27 48 | 12 20 |
| 5 | 00♋01 | 02 34 | 06 59 | 22 59 | 11 36 | 20 | 04 52 | 09 48 | 11 01 | 28 10 | 12 23 |
| 6 | 00 20 | 03 03 | 07 16 | 23 19 | 11 39 | 21 | 05 13 | 10 17 | 11 16 | 28 31 | 12 25 |
| 7 | 00 38 | 03 31 | 07 33 | 23 39 | 11 42 | 22 | 05 34 | 10 47 | 11 31 | 28 53 | 12 28 |
| 8 | 00 57 | 03 59 | 07 50 | 23 59 | 11 46 | 23 | 05 55 | 11 16 | 11 46 | 29 15 | 12 31 |
| 9 | 01 15 | 04 28 | 08 07 | 24 19 | 11 49 | 24 | 06 16 | 11 46 | 12 00 | 29 37 | 12 34 |
| 10 | 01 34 | 04 57 | 08 23 | 24 39 | 11 52 | 25 | 06 37 | 12 16 | 12 14 | 29 59 | 12 36 |
| 11 | 01 53 | 05 25 | 08 40 | 25 00 | 11 55 | 26 | 06 58 | 12 46 | 12 28 | 00♋22 | 12 39 |
| 12 | 02 13 | 05 54 | 08 56 | 25 20 | 11 59 | 27 | 07 20 | 13 16 | 12 42 | 00 44 | 12 42 |
| 13 | 02 32 | 06 23 | 09 12 | 25 41 | 12 02 | 28 | 07 41 | 13 46 | 12 56 | 01 06 | 12 44 |
| 14 | 02 52 | 06 52 | 09 28 | 26 02 | 12 05 | 29 | 08 03 | 14 16 | 13 09 | 01 29 | 12 47 |
| 15 | 03 11 | 07 21 | 09 44 | 26 23 | 12 08 | 30 | 08 25 | 14 47 | 13 23 | 01 52 | 12 49 |

## Lunar Data

| Last Asp. | | Ingress | | |
|---|---|---|---|---|
| 1 | 05:01 | 2 | ♑ | 05:37 |
| 3 | 10:36 | 4 | ♒ | 08:42 |
| 5 | 17:23 | 6 | ♓ | 13:01 |
| 8 | 04:11 | 8 | ♈ | 19:04 |
| 10 | 16:26 | 11 | ♉ | 03:23 |
| 13 | 12:31 | 13 | ♊ | 14:14 |
| 15 | 19:43 | 16 | ♋ | 02:51 |
| 18 | 12:32 | 18 | ♌ | 15:15 |
| 19 | 21:07 | 21 | ♍ | 01:09 |
| 22 | 06:03 | 23 | ♎ | 07:26 |
| 24 | 12:13 | 25 | ♏ | 10:27 |
| 26 | 08:58 | 27 | ♐ | 11:33 |
| 29 | 04:38 | 29 | ♑ | 12:23 |

## Declinations

0:00 E.T.

| D | ☉ | ☽ | ☿ | ♀ | ♂ | ♃ | ♄ | ♅ | ♆ | ♇ | ⚳ | ⚴ | ⚵ | ⚶ | ⚷ |
|---|---|---|---|---|---|---|---|---|---|---|---|---|---|---|---|
| 1 | +04 31 | -20 05 | -07 55 | +03 40 | +05 28 | +21 49 | -12 20 | +02 49 | -10 32 | -19 40 | +28 47 | -06 36 | -08 32 | +23 06 | -02 37 |
| 2 | 04 54 | 20 05 | 07 39 | 04 10 | 05 46 | 21 51 | 12 19 | 02 50 | 10 32 | 19 40 | 28 48 | 06 30 | 08 27 | 23 09 | 02 36 |
| 3 | 05 17 | 18 49 | 07 21 | 04 40 | 06 04 | 21 52 | 12 18 | 02 52 | 10 31 | 19 40 | 28 49 | 06 23 | 08 21 | 23 12 | 02 34 |
| 4 | 05 40 | 16 24 | 07 01 | 05 10 | 06 23 | 21 54 | 12 16 | 02 53 | 10 31 | 19 40 | 28 50 | 06 17 | 08 16 | 23 15 | 02 33 |
| 5 | 06 03 | 13 04 | 06 40 | 05 39 | 06 41 | 21 55 | 12 15 | 02 54 | 10 30 | 19 40 | 28 50 | 06 10 | 08 10 | 23 17 | 02 32 |
| 6 | 06 26 | 09 04 | 06 17 | 06 09 | 06 58 | 21 57 | 12 14 | 02 56 | 10 29 | 19 40 | 28 51 | 06 04 | 08 05 | 23 20 | 02 30 |
| 7 | 06 48 | 04 40 | 05 53 | 06 38 | 07 16 | 21 58 | 12 12 | 02 57 | 10 29 | 19 40 | 28 52 | 05 58 | 07 59 | 23 22 | 02 29 |
| 8 | 07 11 | 00 05 | 05 27 | 07 08 | 07 34 | 21 59 | 12 11 | 02 58 | 10 28 | 19 40 | 28 52 | 05 51 | 07 53 | 23 25 | 02 28 |
| 9 | 07 33 | +04 25 | 05 00 | 07 37 | 07 52 | 22 01 | 12 10 | 03 00 | 10 27 | 19 40 | 28 53 | 05 45 | 07 48 | 23 27 | 02 26 |
| 10 | 07 56 | 08 39 | 04 32 | 08 06 | 08 09 | 22 02 | 12 08 | 03 01 | 10 27 | 19 40 | 28 53 | 05 39 | 07 42 | 23 30 | 02 25 |
| 11 | 08 18 | 12 25 | 04 02 | 08 34 | 08 27 | 22 04 | 12 07 | 03 02 | 10 26 | 19 40 | 28 53 | 05 33 | 07 37 | 23 32 | 02 24 |
| 12 | 08 40 | 15 33 | 03 31 | 09 03 | 08 44 | 22 05 | 12 06 | 03 04 | 10 26 | 19 40 | 28 54 | 05 27 | 07 31 | 23 34 | 02 22 |
| 13 | 09 02 | 17 57 | 02 59 | 09 31 | 09 01 | 22 07 | 12 04 | 03 05 | 10 25 | 19 40 | 28 54 | 05 21 | 07 25 | 23 37 | 02 21 |
| 14 | 09 23 | 19 30 | 02 26 | 10 00 | 09 18 | 22 08 | 12 03 | 03 06 | 10 24 | 19 40 | 28 54 | 05 14 | 07 20 | 23 39 | 02 20 |
| 15 | 09 45 | 20 10 | 01 52 | 10 27 | 09 36 | 22 10 | 12 01 | 03 08 | 10 24 | 19 40 | 28 54 | 05 09 | 07 14 | 23 41 | 02 18 |
| 16 | 10 06 | 19 55 | 01 16 | 10 55 | 09 52 | 22 11 | 12 00 | 03 09 | 10 23 | 19 40 | 28 55 | 05 03 | 07 09 | 23 43 | 02 17 |
| 17 | 10 27 | 18 48 | 00 39 | 11 22 | 10 09 | 22 13 | 11 58 | 03 10 | 10 23 | 19 40 | 28 55 | 04 57 | 07 03 | 23 45 | 02 16 |
| 18 | 10 48 | 16 51 | 00 02 | 11 50 | 10 26 | 22 14 | 11 57 | 03 12 | 10 22 | 19 40 | 28 55 | 04 51 | 06 57 | 23 47 | 02 15 |
| 19 | 11 09 | 14 09 | +00 37 | 12 16 | 10 43 | 22 15 | 11 56 | 03 13 | 10 22 | 19 40 | 28 54 | 04 45 | 06 52 | 23 49 | 02 13 |
| 20 | 11 30 | 10 47 | 01 17 | 12 43 | 10 59 | 22 17 | 11 54 | 03 14 | 10 21 | 19 40 | 28 54 | 04 39 | 06 46 | 23 50 | 02 12 |
| 21 | 11 50 | 06 52 | 01 58 | 13 09 | 11 16 | 22 18 | 11 53 | 03 15 | 10 21 | 19 40 | 28 54 | 04 34 | 06 41 | 23 52 | 02 11 |
| 22 | 12 11 | 02 31 | 02 39 | 13 35 | 11 32 | 22 20 | 11 51 | 03 17 | 10 20 | 19 40 | 28 54 | 04 28 | 06 35 | 23 54 | 02 10 |
| 23 | 12 31 | -02 05 | 03 22 | 14 01 | 11 48 | 22 21 | 11 50 | 03 18 | 10 20 | 19 40 | 28 53 | 04 23 | 06 30 | 23 55 | 02 09 |
| 24 | 12 51 | 06 44 | 04 05 | 14 26 | 12 04 | 22 22 | 11 48 | 03 19 | 10 19 | 19 40 | 28 53 | 04 17 | 06 24 | 23 57 | 02 07 |
| 25 | 13 10 | 11 08 | 04 50 | 14 51 | 12 20 | 22 24 | 11 47 | 03 20 | 10 19 | 19 40 | 28 53 | 04 12 | 06 18 | 23 58 | 02 06 |
| 26 | 13 30 | 14 59 | 05 35 | 15 15 | 12 36 | 22 25 | 11 45 | 03 22 | 10 18 | 19 40 | 28 52 | 04 06 | 06 13 | 23 59 | 02 05 |
| 27 | 13 49 | 17 57 | 06 20 | 15 40 | 12 51 | 22 27 | 11 44 | 03 23 | 10 18 | 19 40 | 28 51 | 04 01 | 06 07 | 24 01 | 02 04 |
| 28 | 14 08 | 19 43 | 07 07 | 16 03 | 13 07 | 22 28 | 11 43 | 03 24 | 10 17 | 19 40 | 28 51 | 03 56 | 06 02 | 24 02 | 02 03 |
| 29 | 14 27 | 20 08 | 07 54 | 16 27 | 13 22 | 22 29 | 11 41 | 03 25 | 10 17 | 19 40 | 28 50 | 03 51 | 05 56 | 24 03 | 02 02 |
| 30 | 14 45 | 19 11 | 08 41 | 16 50 | 13 37 | 22 30 | 11 40 | 03 26 | 10 16 | 19 40 | 28 49 | 03 46 | 05 51 | 24 04 | 02 00 |

Lunar Phases -- 3 ◑ 04:38 10 ● 09:36 18 ◐ 12:32 25 Ⓔ 19:58 Sun enters ♉ 4/19 22:05

## 0:00 E.T. Longitudes of Main Planets - May 2013

| D | S.T. | ☉ | ☽ | ☽ 12:00 | ☿ | ♀ | ♂ | ♃ | ♄ | ♅ | ♆ | ♇ | ☊ |
|---|---|---|---|---|---|---|---|---|---|---|---|---|---|
| 1 | 14:36:20 | 10♉47 04 | 21♑30 | 28♑37 | 28♈44 | 19♉23 | 07♉50 | 17♊29 | 08♏01℞ | 10♈18 | 05♓00 | 11♑30℞ | 17♏14 |
| 2 | 14:40:17 | 11 45 18 | 05♒40 | 12♒38 | 00♉41 | 20 37 | 08 35 | 17 42 | 07 56 | 10 21 | 05 01 | 11 30 | 17 11 |
| 3 | 14:44:13 | 12 43 30 | 19 33 | 26 22 | 02 40 | 21 50 | 09 19 | 17 54 | 07 52 | 10 24 | 05 02 | 11 29 | 17 08 |
| 4 | 14:48:10 | 13 41 41 | 03♓07 | 09♓48 | 04 41 | 23 04 | 10 03 | 18 07 | 07 47 | 10 27 | 05 03 | 11 28 | 17 05 |
| 5 | 14:52:06 | 14 39 51 | 16 24 | 22 57 | 06 43 | 24 18 | 10 48 | 18 19 | 07 43 | 10 30 | 05 04 | 11 28 | 17 02 |
| 6 | 14:56:03 | 15 37 58 | 29 25 | 05♈50 | 08 47 | 25 32 | 11 32 | 18 32 | 07 38 | 10 33 | 05 06 | 11 27 | 16 58 |
| 7 | 15:00:00 | 16 36 05 | 12♈12 | 18 30 | 10 52 | 26 46 | 12 16 | 18 45 | 07 34 | 10 36 | 05 07 | 11 26 | 16 55 |
| 8 | 15:03:56 | 17 34 10 | 24 45 | 00♉56 | 12 58 | 28 00 | 13 00 | 18 57 | 07 29 | 10 39 | 05 08 | 11 26 | 16 52 |
| 9 | 15:07:53 | 18 32 13 | 07♉06 | 13 12 | 15 06 | 29 14 | 13 44 | 19 10 | 07 25 | 10 42 | 05 08 | 11 25 | 16 49 |
| 10 | 15:11:49 | 19 30 15 | 19 17 | 25 19 | 17 15 | 00♊27 | 14 28 | 19 23 | 07 20 | 10 45 | 05 09 | 11 24 | 16 46 |
| 11 | 15:15:46 | 20 28 16 | 01♊19 | 07♊17 | 19 24 | 01 41 | 15 12 | 19 36 | 07 16 | 10 48 | 05 10 | 11 23 | 16 42 |
| 12 | 15:19:42 | 21 26 14 | 13 14 | 19 10 | 21 35 | 02 55 | 15 56 | 19 49 | 07 12 | 10 50 | 05 11 | 11 23 | 16 39 |
| 13 | 15:23:39 | 22 24 11 | 25 05 | 01♋00 | 23 46 | 04 09 | 16 40 | 20 02 | 07 07 | 10 53 | 05 12 | 11 22 | 16 36 |
| 14 | 15:27:35 | 23 22 07 | 06♋55 | 12 50 | 25 56 | 05 23 | 17 24 | 20 15 | 07 03 | 10 56 | 05 13 | 11 21 | 16 33 |
| 15 | 15:31:32 | 24 20 01 | 18 45 | 24 42 | 28 07 | 06 36 | 18 08 | 20 28 | 06 59 | 10 59 | 05 14 | 11 20 | 16 30 |
| 16 | 15:35:29 | 25 17 53 | 00♌41 | 06♌41 | 00♊18 | 07 50 | 18 52 | 20 41 | 06 54 | 11 01 | 05 14 | 11 19 | 16 27 |
| 17 | 15:39:25 | 26 15 43 | 12 45 | 18 51 | 02 28 | 09 04 | 19 35 | 20 54 | 06 50 | 11 04 | 05 15 | 11 18 | 16 23 |
| 18 | 15:43:22 | 27 13 32 | 25 02 | 01♍16 | 04 37 | 10 17 | 20 19 | 21 08 | 06 46 | 11 07 | 05 16 | 11 17 | 16 20 |
| 19 | 15:47:18 | 28 11 19 | 07♍36 | 14 01 | 06 44 | 11 31 | 21 02 | 21 21 | 06 42 | 11 09 | 05 16 | 11 16 | 16 17 |
| 20 | 15:51:15 | 29 09 04 | 20 31 | 27 08 | 08 51 | 12 45 | 21 46 | 21 34 | 06 38 | 11 12 | 05 17 | 11 15 | 16 14 |
| 21 | 15:55:11 | 00♊06 48 | 03♎51 | 10♎41 | 10 55 | 13 58 | 22 29 | 21 47 | 06 34 | 11 14 | 05 18 | 11 14 | 16 11 |
| 22 | 15:59:08 | 01 04 30 | 17 38 | 24 41 | 12 58 | 15 12 | 23 13 | 22 01 | 06 30 | 11 17 | 05 18 | 11 13 | 16 08 |
| 23 | 16:03:04 | 02 02 10 | 01♏50 | 09♏06 | 14 58 | 16 25 | 23 56 | 22 14 | 06 26 | 11 19 | 05 19 | 11 12 | 16 04 |
| 24 | 16:07:01 | 02 59 49 | 16 26 | 23 52 | 16 57 | 17 39 | 24 39 | 22 28 | 06 22 | 11 22 | 05 19 | 11 11 | 16 01 |
| 25 | 16:10:58 | 03 57 27 | 01♐21 | 08♐53 | 18 52 | 18 52 | 25 23 | 22 41 | 06 19 | 11 24 | 05 20 | 11 10 | 15 58 |
| 26 | 16:14:54 | 04 55 04 | 16 27 | 24 01 | 20 46 | 20 06 | 26 06 | 22 54 | 06 15 | 11 26 | 05 20 | 11 09 | 15 55 |
| 27 | 16:18:51 | 05 52 39 | 01♑35 | 09♑06 | 22 36 | 21 19 | 26 49 | 23 08 | 06 11 | 11 29 | 05 20 | 11 08 | 15 52 |
| 28 | 16:22:47 | 06 50 13 | 16 35 | 24 00 | 24 24 | 22 33 | 27 32 | 23 21 | 06 08 | 11 31 | 05 21 | 11 06 | 15 48 |
| 29 | 16:26:44 | 07 47 47 | 01♒20 | 08♒34 | 26 09 | 23 46 | 28 15 | 23 35 | 06 04 | 11 33 | 05 21 | 11 05 | 15 45 |
| 30 | 16:30:40 | 08 45 19 | 15 43 | 22 46 | 27 52 | 25 00 | 28 58 | 23 49 | 06 01 | 11 36 | 05 21 | 11 04 | 15 42 |
| 31 | 16:34:37 | 09 42 51 | 29 42 | 06♓32 | 29 31 | 26 13 | 29 41 | 24 02 | 05 57 | 11 38 | 05 22 | 11 03 | 15 39 |

## 0:00 E.T. Longitudes of the Major Asteroids and Chiron

| D | ⚳ | ⚴ | ⚵ | ⚶ | ⚷ | D | ⚳ | ⚴ | ⚵ | ⚶ | ⚷ |
|---|---|---|---|---|---|---|---|---|---|---|---|
| 1 | 08♋47 | 15♉17 | 13♒36 | 02♋14 | 12♓52 | 17 | 14 52 | 23 33 | 16 36 | 08 31 | 13 25 |
| 2 | 09 09 | 15 47 | 13 49 | 02 37 | 12 54 | 18 | 15 15 | 24 04 | 16 45 | 08 55 | 13 26 |
| 3 | 09 31 | 16 18 | 14 01 | 03 00 | 12 56 | 19 | 15 39 | 24 36 | 16 54 | 09 19 | 13 28 |
| 4 | 09 53 | 16 49 | 14 14 | 03 23 | 12 59 | 20 | 16 03 | 25 08 | 17 02 | 09 43 | 13 29 |
| 5 | 10 15 | 17 19 | 14 26 | 03 46 | 13 01 | 21 | 16 27 | 25 39 | 17 11 | 10 08 | 13 31 |
| 6 | 10 38 | 17 50 | 14 38 | 04 09 | 13 03 | 22 | 16 51 | 26 11 | 17 19 | 10 32 | 13 32 |
| 7 | 11 00 | 18 21 | 14 50 | 04 33 | 13 05 | 23 | 17 15 | 26 43 | 17 27 | 10 57 | 13 34 |
| 8 | 11 23 | 18 52 | 15 02 | 04 56 | 13 08 | 24 | 17 39 | 27 15 | 17 34 | 11 21 | 13 35 |
| 9 | 11 46 | 19 23 | 15 13 | 05 20 | 13 10 | 25 | 18 03 | 27 47 | 17 42 | 11 46 | 13 36 |
| 10 | 12 09 | 19 54 | 15 24 | 05 43 | 13 12 | 26 | 18 27 | 28 19 | 17 49 | 12 11 | 13 37 |
| 11 | 12 32 | 20 25 | 15 35 | 06 07 | 13 14 | 27 | 18 52 | 28 51 | 17 55 | 12 35 | 13 38 |
| 12 | 12 55 | 20 56 | 15 46 | 06 31 | 13 16 | 28 | 19 16 | 29 23 | 18 02 | 13 00 | 13 40 |
| 13 | 13 18 | 21 27 | 15 56 | 06 54 | 13 17 | 29 | 19 40 | 29 56 | 18 08 | 13 25 | 13 41 |
| 14 | 13 41 | 21 58 | 16 07 | 07 18 | 13 19 | 30 | 20 05 | 00♊28 | 18 13 | 13 50 | 13 42 |
| 15 | 14 05 | 22 30 | 16 17 | 07 42 | 13 21 | 31 | 20 30 | 01 01 | 18 19 | 14 15 | 13 43 |
| 16 | 14 28 | 23 01 | 16 26 | 08 06 | 13 23 | | | | | | |

## Lunar Data

| Last Asp. | | Ingress | | |
|---|---|---|---|---|
| 1 | 14:08 | 1 | ♒ | 14:21 |
| 3 | 04:26 | 3 | ♓ | 18:26 |
| 5 | 16:02 | 6 | ♈ | 01:04 |
| 7 | 12:42 | 8 | ♉ | 10:10 |
| 10 | 00:30 | 10 | ♊ | 21:22 |
| 12 | 13:33 | 13 | ♋ | 09:58 |
| 15 | 12:15 | 15 | ♌ | 22:39 |
| 18 | 04:35 | 18 | ♍ | 09:34 |
| 20 | 16:49 | 20 | ♎ | 17:08 |
| 22 | 07:36 | 22 | ♏ | 20:56 |
| 24 | 13:57 | 24 | ♐ | 21:50 |
| 26 | 10:24 | 26 | ♑ | 21:30 |
| 28 | 18:42 | 28 | ♒ | 21:50 |
| 30 | 23:58 | 31 | ♓ | 00:31 |

## 0:00 E.T. Declinations

| D | ☉ | ☽ | ☿ | ♀ | ♂ | ♃ | ♄ | ♅ | ♆ | ♇ | ⚳ | ⚴ | ⚵ | ⚶ | ⚷ |
|---|---|---|---|---|---|---|---|---|---|---|---|---|---|---|---|
| 1 | +15 03 | -17 00 | +09 30 | +17 12 | +13 52 | +22 32 | -11 38 | +03 28 | -10 16 | -19 40 | +28 48 | -03 41 | -05 46 | +24 05 | -01 59 |
| 2 | 15 22 | 13 49 | 10 18 | 17 34 | 14 07 | 22 33 | 11 37 | 03 29 | 10 16 | 19 40 | 28 47 | 03 36 | 05 40 | 24 06 | 01 58 |
| 3 | 15 39 | 09 56 | 11 07 | 17 56 | 14 22 | 22 34 | 11 35 | 03 30 | 10 15 | 19 40 | 28 46 | 03 31 | 05 35 | 24 07 | 01 57 |
| 4 | 15 57 | 05 37 | 11 55 | 18 17 | 14 37 | 22 36 | 11 34 | 03 31 | 10 15 | 19 40 | 28 45 | 03 26 | 05 30 | 24 08 | 01 56 |
| 5 | 16 14 | 01 07 | 12 44 | 18 38 | 14 51 | 22 37 | 11 33 | 03 32 | 10 14 | 19 40 | 28 44 | 03 21 | 05 24 | 24 08 | 01 55 |
| 6 | 16 31 | +03 21 | 13 33 | 18 58 | 15 06 | 22 38 | 11 31 | 03 33 | 10 14 | 19 40 | 28 43 | 03 17 | 05 19 | 24 09 | 01 54 |
| 7 | 16 48 | 07 35 | 14 22 | 19 17 | 15 20 | 22 39 | 11 30 | 03 35 | 10 14 | 19 41 | 28 41 | 03 12 | 05 14 | 24 09 | 01 53 |
| 8 | 17 04 | 11 26 | 15 10 | 19 37 | 15 34 | 22 40 | 11 29 | 03 36 | 10 13 | 19 41 | 28 40 | 03 08 | 05 09 | 24 10 | 01 52 |
| 9 | 17 20 | 14 43 | 15 58 | 19 55 | 15 48 | 22 42 | 11 27 | 03 37 | 10 13 | 19 41 | 28 39 | 03 03 | 05 03 | 24 10 | 01 51 |
| 10 | 17 36 | 17 19 | 16 45 | 20 13 | 16 01 | 22 43 | 11 26 | 03 38 | 10 13 | 19 41 | 28 37 | 02 59 | 04 58 | 24 10 | 01 50 |
| 11 | 17 52 | 19 07 | 17 31 | 20 31 | 16 15 | 22 44 | 11 24 | 03 39 | 10 13 | 19 41 | 28 35 | 02 55 | 04 53 | 24 11 | 01 49 |
| 12 | 18 07 | 20 03 | 18 15 | 20 48 | 16 28 | 22 45 | 11 23 | 03 40 | 10 12 | 19 41 | 28 34 | 02 50 | 04 48 | 24 11 | 01 48 |
| 13 | 18 22 | 20 04 | 18 59 | 21 04 | 16 41 | 22 46 | 11 22 | 03 41 | 10 12 | 19 41 | 28 32 | 02 46 | 04 43 | 24 11 | 01 47 |
| 14 | 18 37 | 19 12 | 19 41 | 21 20 | 16 54 | 22 47 | 11 21 | 03 42 | 10 12 | 19 41 | 28 30 | 02 42 | 04 38 | 24 11 | 01 46 |
| 15 | 18 51 | 17 30 | 20 21 | 21 35 | 17 07 | 22 48 | 11 19 | 03 43 | 10 11 | 19 41 | 28 28 | 02 38 | 04 34 | 24 10 | 01 46 |
| 16 | 19 05 | 15 03 | 20 59 | 21 50 | 17 20 | 22 49 | 11 18 | 03 44 | 10 11 | 19 41 | 28 26 | 02 34 | 04 29 | 24 10 | 01 45 |
| 17 | 19 19 | 11 55 | 21 35 | 22 04 | 17 32 | 22 50 | 11 17 | 03 45 | 10 11 | 19 41 | 28 24 | 02 31 | 04 24 | 24 10 | 01 44 |
| 18 | 19 32 | 08 15 | 22 09 | 22 17 | 17 45 | 22 51 | 11 16 | 03 46 | 10 11 | 19 42 | 28 22 | 02 27 | 04 19 | 24 10 | 01 43 |
| 19 | 19 45 | 04 08 | 22 40 | 22 30 | 17 57 | 22 52 | 11 14 | 03 47 | 10 11 | 19 42 | 28 19 | 02 23 | 04 15 | 24 09 | 01 42 |
| 20 | 19 58 | -00 17 | 23 09 | 22 42 | 18 09 | 22 53 | 11 13 | 03 48 | 10 10 | 19 42 | 28 17 | 02 20 | 04 10 | 24 09 | 01 41 |
| 21 | 20 10 | 04 50 | 23 36 | 22 54 | 18 21 | 22 54 | 11 12 | 03 49 | 10 10 | 19 42 | 28 15 | 02 16 | 04 06 | 24 08 | 01 41 |
| 22 | 20 22 | 09 18 | 23 59 | 23 05 | 18 32 | 22 55 | 11 11 | 03 50 | 10 10 | 19 42 | 28 12 | 02 13 | 04 01 | 24 07 | 01 40 |
| 23 | 20 34 | 13 23 | 24 20 | 23 15 | 18 44 | 22 56 | 11 10 | 03 51 | 10 10 | 19 42 | 28 10 | 02 10 | 03 57 | 24 06 | 01 39 |
| 24 | 20 45 | 16 47 | 24 39 | 23 24 | 18 55 | 22 57 | 11 09 | 03 52 | 10 10 | 19 42 | 28 07 | 02 07 | 03 53 | 24 06 | 01 38 |
| 25 | 20 56 | 19 08 | 24 55 | 23 33 | 19 06 | 22 58 | 11 08 | 03 53 | 10 10 | 19 42 | 28 04 | 02 04 | 03 48 | 24 05 | 01 38 |
| 26 | 21 07 | 20 09 | 25 08 | 23 41 | 19 17 | 22 59 | 11 06 | 03 54 | 10 09 | 19 42 | 28 01 | 02 01 | 03 44 | 24 03 | 01 37 |
| 27 | 21 17 | 19 43 | 25 18 | 23 49 | 19 28 | 22 59 | 11 05 | 03 55 | 10 09 | 19 43 | 27 58 | 01 58 | 03 40 | 24 02 | 01 36 |
| 28 | 21 27 | 17 54 | 25 27 | 23 56 | 19 38 | 23 00 | 11 04 | 03 56 | 10 09 | 19 43 | 27 55 | 01 55 | 03 36 | 24 01 | 01 36 |
| 29 | 21 36 | 14 55 | 25 32 | 24 02 | 19 48 | 23 01 | 11 03 | 03 57 | 10 09 | 19 43 | 27 52 | 01 52 | 03 32 | 24 00 | 01 35 |
| 30 | 21 46 | 11 06 | 25 36 | 24 07 | 19 58 | 23 02 | 11 02 | 03 57 | 10 09 | 19 43 | 27 49 | 01 50 | 03 29 | 23 58 | 01 34 |
| 31 | 21 54 | 06 47 | 25 38 | 24 12 | 20 08 | 23 02 | 11 01 | 03 58 | 10 09 | 19 43 | 27 46 | 01 47 | 03 25 | 23 57 | 01 34 |

Lunar Phases -- 2 ◑ 11:15   10 ● 00:30   18 ◐ 04:36   25 Ⓔ 04:26   31 ◑ 18:59   Sun enters ♊ 5/20 21:11

## Longitudes of Main Planets - June 2013

0:00 E.T.

| D | S.T. | ☉ | ☽ | ☽ 12:00 | ☿ | ♀ | ♂ | ♃ | ♄ | ♅ | ♆ | ♇ | ☊ |
|---|---|---|---|---|---|---|---|---|---|---|---|---|---|
| 1 | 16:38:33 | 10♊40 22 | 13♓16 | 19♓55 | 01♋07 | 27♊26 | 00♊24 | 24♊16 | 05♏54R | 11♈40 | 05♓22 | 11♑02R | 15♏36 |
| 2 | 16:42:30 | 11 37 52 | 26 27 | 02♈55 | 02 41 | 28 40 | 01 07 | 24 29 | 05 51 | 11 42 | 05 22 | 11 00 | 15 33 |
| 3 | 16:46:27 | 12 35 22 | 09♈17 | 15 35 | 04 12 | 29 53 | 01 49 | 24 43 | 05 47 | 11 44 | 05 22 | 10 59 | 15 29 |
| 4 | 16:50:23 | 13 32 50 | 21 49 | 28 00 | 05 39 | 01♋07 | 02 32 | 24 57 | 05 44 | 11 46 | 05 22 | 10 58 | 15 26 |
| 5 | 16:54:20 | 14 30 18 | 04♉07 | 10♉12 | 07 04 | 02 20 | 03 15 | 25 10 | 05 41 | 11 48 | 05 22 | 10 56 | 15 23 |
| 6 | 16:58:16 | 15 27 45 | 16 15 | 22 15 | 08 25 | 03 33 | 03 57 | 25 24 | 05 38 | 11 50 | 05 22 | 10 55 | 15 20 |
| 7 | 17:02:13 | 16 25 12 | 28 14 | 04♊12 | 09 43 | 04 46 | 04 40 | 25 38 | 05 35 | 11 52 | 05 22 | 10 54 | 15 17 |
| 8 | 17:06:09 | 17 22 37 | 10♊08 | 16 04 | 10 59 | 06 00 | 05 22 | 25 51 | 05 33 | 11 54 | 05 22R | 10 52 | 15 14 |
| 9 | 17:10:06 | 18 20 02 | 21 59 | 27 53 | 12 10 | 07 13 | 06 05 | 26 05 | 05 30 | 11 56 | 05 22 | 10 51 | 15 10 |
| 10 | 17:14:02 | 19 17 26 | 03♋48 | 09♋43 | 13 19 | 08 26 | 06 47 | 26 19 | 05 27 | 11 57 | 05 22 | 10 50 | 15 07 |
| 11 | 17:17:59 | 20 14 49 | 15 38 | 21 34 | 14 25 | 09 40 | 07 30 | 26 33 | 05 25 | 11 59 | 05 22 | 10 48 | 15 04 |
| 12 | 17:21:56 | 21 12 12 | 27 31 | 03♌30 | 15 26 | 10 53 | 08 12 | 26 46 | 05 22 | 12 01 | 05 22 | 10 47 | 15 01 |
| 13 | 17:25:52 | 22 09 33 | 09♌30 | 15 32 | 16 25 | 12 06 | 08 54 | 27 00 | 05 20 | 12 02 | 05 22 | 10 45 | 14 58 |
| 14 | 17:29:49 | 23 06 53 | 21 36 | 27 43 | 17 20 | 13 19 | 09 36 | 27 14 | 05 17 | 12 04 | 05 22 | 10 44 | 14 54 |
| 15 | 17:33:45 | 24 04 13 | 03♍53 | 10♍07 | 18 11 | 14 32 | 10 19 | 27 28 | 05 15 | 12 06 | 05 22 | 10 43 | 14 51 |
| 16 | 17:37:42 | 25 01 31 | 16 26 | 22 49 | 18 59 | 15 45 | 11 01 | 27 41 | 05 13 | 12 07 | 05 21 | 10 41 | 14 48 |
| 17 | 17:41:38 | 25 58 49 | 29 17 | 05♎50 | 19 42 | 16 58 | 11 43 | 27 55 | 05 11 | 12 09 | 05 21 | 10 40 | 14 45 |
| 18 | 17:45:35 | 26 56 06 | 12♎30 | 19 16 | 20 22 | 18 12 | 12 25 | 28 09 | 05 09 | 12 10 | 05 21 | 10 38 | 14 42 |
| 19 | 17:49:31 | 27 53 22 | 26 08 | 03♏07 | 20 58 | 19 25 | 13 07 | 28 23 | 05 07 | 12 11 | 05 20 | 10 37 | 14 39 |
| 20 | 17:53:28 | 28 50 38 | 10♏13 | 17 26 | 21 29 | 20 38 | 13 48 | 28 37 | 05 05 | 12 13 | 05 20 | 10 35 | 14 35 |
| 21 | 17:57:25 | 29 47 52 | 24 44 | 02♐09 | 21 57 | 21 51 | 14 30 | 28 50 | 05 04 | 12 14 | 05 19 | 10 34 | 14 32 |
| 22 | 18:01:21 | 00♋45 06 | 09♐38 | 17 12 | 22 20 | 23 04 | 15 12 | 29 04 | 05 02 | 12 15 | 05 19 | 10 32 | 14 29 |
| 23 | 18:05:18 | 01 42 20 | 24 49 | 02♑27 | 22 38 | 24 17 | 15 54 | 29 18 | 05 00 | 12 17 | 05 19 | 10 31 | 14 26 |
| 24 | 18:09:14 | 02 39 33 | 10♑06 | 17 43 | 22 52 | 25 30 | 16 35 | 29 32 | 04 59 | 12 18 | 05 18 | 10 29 | 14 23 |
| 25 | 18:13:11 | 03 36 46 | 25 19 | 02♒50 | 23 01 | 26 42 | 17 17 | 29 45 | 04 58 | 12 19 | 05 17 | 10 28 | 14 20 |
| 26 | 18:17:07 | 04 33 58 | 10♒18 | 17 39 | 23 06 | 27 55 | 17 59 | 29 59 | 04 56 | 12 20 | 05 17 | 10 26 | 14 16 |
| 27 | 18:21:04 | 05 31 11 | 24 54 | 02♓02 | 23 06R | 29 08 | 18 40 | 00♋13 | 04 55 | 12 21 | 05 16 | 10 25 | 14 13 |
| 28 | 18:25:00 | 06 28 23 | 09♓03 | 15 57 | 23 02 | 00♌21 | 19 21 | 00 26 | 04 54 | 12 22 | 05 16 | 10 23 | 14 10 |
| 29 | 18:28:57 | 07 25 36 | 22 43 | 29 23 | 22 53 | 01 34 | 20 03 | 00 40 | 04 53 | 12 23 | 05 15 | 10 22 | 14 07 |
| 30 | 18:32:54 | 08 22 48 | 05♈56 | 12♈22 | 22 40 | 02 47 | 20 44 | 00 54 | 04 52 | 12 24 | 05 14 | 10 20 | 14 04 |

0:00 E.T.

## Longitudes of the Major Asteroids and Chiron

| D | ⚳ | ⚴ | ⚵ | ⚶ | ⚷ | D | ⚳ | ⚴ | ⚵ | ⚶ | ⚷ |
|---|---|---|---|---|---|---|---|---|---|---|---|
| 1 | 20♋54 | 01♊33 | 18♒24 | 14♋40 | 13♓43 | 16 | 27 12 | 09 47 | 19 00R | 21 03 | 13 50 |
| 2 | 21 19 | 02 06 | 18 29 | 15 06 | 13 44 | 17 | 27 38 | 10 21 | 19 00 | 21 29 | 13 50R |
| 3 | 21 44 | 02 38 | 18 33 | 15 31 | 13 45 | 18 | 28 04 | 10 54 | 18 59 | 21 55 | 13 50 |
| 4 | 22 09 | 03 11 | 18 37 | 15 56 | 13 46 | 19 | 28 29 | 11 28 | 18 58 | 22 21 | 13 50 |
| 5 | 22 34 | 03 44 | 18 41 | 16 21 | 13 46 | 20 | 28 55 | 12 01 | 18 56 | 22 47 | 13 50 |
| 6 | 22 59 | 04 16 | 18 45 | 16 47 | 13 47 | 21 | 29 21 | 12 35 | 18 54 | 23 13 | 13 50 |
| 7 | 23 24 | 04 49 | 18 48 | 17 12 | 13 48 | 22 | 29 47 | 13 08 | 18 52 | 23 39 | 13 49 |
| 8 | 23 49 | 05 22 | 18 51 | 17 38 | 13 48 | 23 | 00♌13 | 13 42 | 18 49 | 24 05 | 13 49 |
| 9 | 24 14 | 05 55 | 18 53 | 18 03 | 13 49 | 24 | 00 39 | 14 16 | 18 46 | 24 32 | 13 49 |
| 10 | 24 40 | 06 28 | 18 55 | 18 29 | 13 49 | 25 | 01 05 | 14 50 | 18 43 | 24 58 | 13 48 |
| 11 | 25 05 | 07 01 | 18 57 | 18 54 | 13 49 | 26 | 01 31 | 15 23 | 18 39 | 25 24 | 13 48 |
| 12 | 25 30 | 07 34 | 18 58 | 19 20 | 13 50 | 27 | 01 57 | 15 57 | 18 35 | 25 50 | 13 47 |
| 13 | 25 56 | 08 08 | 18 59 | 19 46 | 13 50 | 28 | 02 23 | 16 31 | 18 30 | 26 17 | 13 46 |
| 14 | 26 21 | 08 41 | 19 00 | 20 12 | 13 50 | 29 | 02 49 | 17 05 | 18 25 | 26 43 | 13 46 |
| 15 | 26 47 | 09 14 | 19 00 | 20 37 | 13 50 | 30 | 03 15 | 17 39 | 18 20 | 27 10 | 13 45 |

## Lunar Data

| Last Asp. | | Ingress | | |
|---|---|---|---|---|
| 2 | 04:31 | 2 | ♈ | 06:34 |
| 4 | 06:10 | 4 | ♉ | 15:55 |
| 5 | 13:26 | 7 | ♊ | 03:33 |
| 9 | 08:30 | 9 | ♋ | 16:17 |
| 10 | 21:16 | 12 | ♌ | 04:59 |
| 14 | 11:16 | 14 | ♍ | 16:27 |
| 16 | 21:27 | 17 | ♎ | 01:20 |
| 19 | 03:56 | 19 | ♏ | 06:40 |
| 20 | 19:17 | 21 | ♐ | 08:32 |
| 23 | 07:10 | 23 | ♑ | 08:09 |
| 25 | 02:25 | 25 | ♒ | 07:28 |
| 26 | 13:10 | 27 | ♓ | 08:33 |
| 29 | 00:17 | 29 | ♈ | 13:08 |

0:00 E.T.

## Declinations

| D | ☉ | ☽ | ☿ | ♀ | ♂ | ♃ | ♄ | ♅ | ♆ | ♇ | ⚳ | ⚴ | ⚵ | ⚶ | ⚷ |
|---|---|---|---|---|---|---|---|---|---|---|---|---|---|---|---|
| 1 | +22 03 | -02 14 | +25 37 | +24 16 | +20 18 | +23 03 | -11 01 | +03 59 | -10 09 | -19 43 | +27 43 | -01 45 | -03 21 | +23 55 | -01 33 |
| 2 | 22 11 | +02 18 | 25 34 | 24 19 | 20 28 | 23 04 | 11 00 | 04 00 | 10 09 | 19 43 | 27 39 | 01 42 | 03 18 | 23 54 | 01 33 |
| 3 | 22 18 | 06 37 | 25 30 | 24 22 | 20 37 | 23 04 | 10 59 | 04 01 | 10 09 | 19 44 | 27 36 | 01 40 | 03 15 | 23 52 | 01 32 |
| 4 | 22 25 | 10 33 | 25 24 | 24 24 | 20 46 | 23 05 | 10 58 | 04 01 | 10 09 | 19 44 | 27 32 | 01 38 | 03 11 | 23 50 | 01 32 |
| 5 | 22 32 | 13 58 | 25 17 | 24 25 | 20 55 | 23 06 | 10 57 | 04 02 | 10 09 | 19 44 | 27 29 | 01 36 | 03 08 | 23 48 | 01 31 |
| 6 | 22 39 | 16 44 | 25 07 | 24 25 | 21 04 | 23 06 | 10 56 | 04 03 | 10 09 | 19 44 | 27 25 | 01 34 | 03 05 | 23 46 | 01 31 |
| 7 | 22 45 | 18 44 | 24 57 | 24 25 | 21 12 | 23 07 | 10 56 | 04 04 | 10 09 | 19 44 | 27 21 | 01 32 | 03 02 | 23 44 | 01 30 |
| 8 | 22 50 | 19 54 | 24 45 | 24 24 | 21 20 | 23 07 | 10 55 | 04 04 | 10 09 | 19 44 | 27 17 | 01 31 | 02 59 | 23 42 | 01 30 |
| 9 | 22 55 | 20 11 | 24 32 | 24 22 | 21 28 | 23 08 | 10 54 | 04 05 | 10 09 | 19 45 | 27 13 | 01 29 | 02 57 | 23 39 | 01 29 |
| 10 | 23 00 | 19 34 | 24 18 | 24 19 | 21 36 | 23 08 | 10 53 | 04 06 | 10 09 | 19 45 | 27 09 | 01 28 | 02 54 | 23 37 | 01 29 |
| 11 | 23 05 | 18 06 | 24 04 | 24 16 | 21 44 | 23 09 | 10 53 | 04 06 | 10 09 | 19 45 | 27 05 | 01 26 | 02 52 | 23 35 | 01 29 |
| 12 | 23 09 | 15 50 | 23 48 | 24 12 | 21 51 | 23 09 | 10 52 | 04 07 | 10 09 | 19 45 | 27 01 | 01 25 | 02 49 | 23 32 | 01 28 |
| 13 | 23 12 | 12 55 | 23 32 | 24 08 | 21 59 | 23 10 | 10 52 | 04 08 | 10 09 | 19 45 | 26 56 | 01 24 | 02 47 | 23 30 | 01 28 |
| 14 | 23 15 | 09 25 | 23 15 | 24 02 | 22 06 | 23 10 | 10 51 | 04 08 | 10 09 | 19 45 | 26 52 | 01 23 | 02 45 | 23 27 | 01 28 |
| 15 | 23 18 | 05 29 | 22 57 | 23 56 | 22 13 | 23 11 | 10 51 | 04 09 | 10 09 | 19 46 | 26 48 | 01 22 | 02 43 | 23 24 | 01 28 |
| 16 | 23 21 | 01 14 | 22 39 | 23 50 | 22 19 | 23 11 | 10 50 | 04 09 | 10 10 | 19 46 | 26 43 | 01 21 | 02 41 | 23 21 | 01 27 |
| 17 | 23 22 | -03 11 | 22 21 | 23 42 | 22 26 | 23 11 | 10 50 | 04 10 | 10 10 | 19 46 | 26 38 | 01 20 | 02 40 | 23 18 | 01 27 |
| 18 | 23 24 | 07 35 | 22 03 | 23 34 | 22 32 | 23 12 | 10 49 | 04 10 | 10 10 | 19 46 | 26 34 | 01 20 | 02 38 | 23 15 | 01 27 |
| 19 | 23 25 | 11 44 | 21 44 | 23 25 | 22 38 | 23 12 | 10 49 | 04 11 | 10 10 | 19 46 | 26 29 | 01 19 | 02 37 | 23 12 | 01 27 |
| 20 | 23 26 | 15 23 | 21 25 | 23 16 | 22 44 | 23 12 | 10 48 | 04 11 | 10 10 | 19 47 | 26 24 | 01 19 | 02 36 | 23 09 | 01 26 |
| 21 | 23 26 | 18 12 | 21 07 | 23 06 | 22 49 | 23 12 | 10 48 | 04 12 | 10 10 | 19 47 | 26 19 | 01 18 | 02 35 | 23 05 | 01 26 |
| 22 | 23 26 | 19 51 | 20 49 | 22 55 | 22 54 | 23 12 | 10 48 | 04 12 | 10 11 | 19 47 | 26 14 | 01 18 | 02 34 | 23 02 | 01 26 |
| 23 | 23 25 | 20 06 | 20 31 | 22 43 | 23 00 | 23 13 | 10 48 | 04 13 | 10 11 | 19 47 | 26 09 | 01 18 | 02 33 | 22 59 | 01 26 |
| 24 | 23 25 | 18 54 | 20 13 | 22 31 | 23 05 | 23 13 | 10 47 | 04 13 | 10 11 | 19 47 | 26 04 | 01 18 | 02 32 | 22 55 | 01 26 |
| 25 | 23 23 | 16 21 | 19 56 | 22 19 | 23 09 | 23 13 | 10 47 | 04 14 | 10 11 | 19 48 | 25 59 | 01 18 | 02 32 | 22 51 | 01 26 |
| 26 | 23 21 | 12 45 | 19 39 | 22 05 | 23 14 | 23 13 | 10 47 | 04 14 | 10 11 | 19 48 | 25 53 | 01 19 | 02 32 | 22 48 | 01 26 |
| 27 | 23 19 | 08 27 | 19 23 | 21 51 | 23 18 | 23 13 | 10 47 | 04 14 | 10 12 | 19 48 | 25 48 | 01 19 | 02 32 | 22 44 | 01 26 |
| 28 | 23 17 | 03 49 | 19 08 | 21 37 | 23 22 | 23 13 | 10 47 | 04 15 | 10 12 | 19 48 | 25 42 | 01 20 | 02 32 | 22 40 | 01 26 |
| 29 | 23 14 | +00 52 | 18 54 | 21 21 | 23 26 | 23 13 | 10 47 | 04 15 | 10 12 | 19 48 | 25 37 | 01 20 | 02 32 | 22 36 | 01 26 |
| 30 | 23 10 | 05 21 | 18 41 | 21 06 | 23 29 | 23 13 | 10 47 | 04 15 | 10 13 | 19 49 | 25 31 | 01 21 | 02 33 | 22 32 | 01 26 |

Lunar Phases -- 8 ● 15:58 16 ◐ 17:25 23 ○ 11:33 30 ◑ 04:55 Sun enters ♋ 6/21 05:05

# 0:00 E.T. Longitudes of Main Planets - July 2013 **July 13**

| D | S.T. | ☉ | ☽ | ☽ 12:00 | ☿ | ♀ | ♂ | ♃ | ♄ | ♅ | ♆ | ♇ | ☊ |
|---|---|---|---|---|---|---|---|---|---|---|---|---|---|
| 1 | 18:36:50 | 09♋20 01 | 18♈43 | 24♈59 | 22♋23℞ | 03♌59 | 21♊26 | 01♋08 | 04♏52℞ | 12♈25 | 05♓14℞ | 10♑19℞ | 14♏00 |
| 2 | 18:40:47 | 10 17 14 | 01♉10 | 07♉17 | 22 01 | 05 12 | 22 07 | 01 21 | 04 51 | 12 25 | 05 13 | 10 17 | 13 57 |
| 3 | 18:44:43 | 11 14 27 | 13 21 | 19 22 | 21 36 | 06 25 | 22 48 | 01 35 | 04 50 | 12 26 | 05 12 | 10 16 | 13 54 |
| 4 | 18:48:40 | 12 11 40 | 25 21 | 01♊18 | 21 08 | 07 38 | 23 29 | 01 49 | 04 50 | 12 27 | 05 11 | 10 14 | 13 51 |
| 5 | 18:52:36 | 13 08 53 | 07♊14 | 13 09 | 20 36 | 08 50 | 24 10 | 02 02 | 04 50 | 12 27 | 05 10 | 10 13 | 13 48 |
| 6 | 18:56:33 | 14 06 07 | 19 03 | 24 57 | 20 03 | 10 03 | 24 51 | 02 16 | 04 49 | 12 28 | 05 10 | 10 11 | 13 45 |
| 7 | 19:00:29 | 15 03 20 | 00♋52 | 06♋47 | 19 27 | 11 16 | 25 32 | 02 29 | 04 49 | 12 29 | 05 09 | 10 10 | 13 41 |
| 8 | 19:04:26 | 16 00 34 | 12 42 | 18 39 | 18 50 | 12 28 | 26 13 | 02 43 | 04 49 | 12 29 | 05 08 | 10 08 | 13 38 |
| 9 | 19:08:23 | 16 57 48 | 24 36 | 00♌35 | 18 12 | 13 41 | 26 54 | 02 56 | 04 49D | 12 29 | 05 07 | 10 07 | 13 35 |
| 10 | 19:12:19 | 17 55 02 | 06♌36 | 12 38 | 17 34 | 14 53 | 27 35 | 03 10 | 04 49 | 12 30 | 05 06 | 10 05 | 13 32 |
| 11 | 19:16:16 | 18 52 16 | 18 41 | 24 47 | 16 57 | 16 06 | 28 16 | 03 23 | 04 49 | 12 30 | 05 05 | 10 04 | 13 29 |
| 12 | 19:20:12 | 19 49 30 | 00♍55 | 07♍05 | 16 21 | 17 18 | 28 57 | 03 37 | 04 50 | 12 31 | 05 04 | 10 02 | 13 26 |
| 13 | 19:24:09 | 20 46 44 | 13 18 | 19 35 | 15 46 | 18 31 | 29 37 | 03 50 | 04 50 | 12 31 | 05 03 | 10 01 | 13 22 |
| 14 | 19:28:05 | 21 43 58 | 25 54 | 02♎18 | 15 14 | 19 43 | 00♋18 | 04 04 | 04 51 | 12 31 | 05 02 | 09 59 | 13 19 |
| 15 | 19:32:02 | 22 41 12 | 08♎46 | 15 18 | 14 45 | 20 56 | 00 59 | 04 17 | 04 51 | 12 31 | 05 01 | 09 58 | 13 16 |
| 16 | 19:35:58 | 23 38 27 | 21 55 | 28 38 | 14 20 | 22 08 | 01 39 | 04 31 | 04 52 | 12 31 | 05 00 | 09 56 | 13 13 |
| 17 | 19:39:55 | 24 35 41 | 05♏26 | 12♏20 | 13 59 | 23 21 | 02 20 | 04 44 | 04 53 | 12 31 | 04 58 | 09 55 | 13 10 |
| 18 | 19:43:52 | 25 32 55 | 19 21 | 26 27 | 13 42 | 24 33 | 03 00 | 04 57 | 04 54 | 12 31℞ | 04 57 | 09 54 | 13 06 |
| 19 | 19:47:48 | 26 30 10 | 03♐40 | 10♐58 | 13 30 | 25 45 | 03 40 | 05 10 | 04 55 | 12 31 | 04 56 | 09 52 | 13 03 |
| 20 | 19:51:45 | 27 27 25 | 18 21 | 25 49 | 13 23 | 26 57 | 04 21 | 05 24 | 04 56 | 12 31 | 04 55 | 09 51 | 13 00 |
| 21 | 19:55:41 | 28 24 40 | 03♑21 | 10♑56 | 13 22D | 28 10 | 05 01 | 05 37 | 04 57 | 12 31 | 04 54 | 09 49 | 12 57 |
| 22 | 19:59:38 | 29 21 55 | 18 31 | 26 07 | 13 26 | 29 22 | 05 41 | 05 50 | 04 58 | 12 31 | 04 52 | 09 48 | 12 54 |
| 23 | 20:03:34 | 00♌19 11 | 03♒42 | 11♒14 | 13 36 | 00♍34 | 06 21 | 06 03 | 05 00 | 12 31 | 04 51 | 09 46 | 12 51 |
| 24 | 20:07:31 | 01 16 28 | 18 43 | 26 06 | 13 51 | 01 46 | 07 02 | 06 16 | 05 01 | 12 30 | 04 50 | 09 45 | 12 47 |
| 25 | 20:11:27 | 02 13 45 | 03♓24 | 10♓35 | 14 13 | 02 58 | 07 42 | 06 29 | 05 03 | 12 30 | 04 49 | 09 44 | 12 44 |
| 26 | 20:15:24 | 03 11 03 | 17 39 | 24 35 | 14 40 | 04 10 | 08 22 | 06 42 | 05 05 | 12 30 | 04 47 | 09 42 | 12 41 |
| 27 | 20:19:21 | 04 08 22 | 01♈25 | 08♈06 | 15 14 | 05 22 | 09 02 | 06 55 | 05 06 | 12 29 | 04 46 | 09 41 | 12 38 |
| 28 | 20:23:17 | 05 05 41 | 14 41 | 21 09 | 15 53 | 06 34 | 09 42 | 07 08 | 05 08 | 12 29 | 04 45 | 09 40 | 12 35 |
| 29 | 20:27:14 | 06 03 02 | 27 31 | 03♉47 | 16 38 | 07 46 | 10 22 | 07 21 | 05 10 | 12 28 | 04 43 | 09 38 | 12 31 |
| 30 | 20:31:10 | 07 00 24 | 09♉59 | 16 05 | 17 29 | 08 58 | 11 02 | 07 33 | 05 12 | 12 28 | 04 42 | 09 37 | 12 28 |
| 31 | 20:35:07 | 07 57 47 | 22 09 | 28 09 | 18 26 | 10 10 | 11 41 | 07 46 | 05 14 | 12 27 | 04 40 | 09 36 | 12 25 |

## 0:00 E.T. Longitudes of the Major Asteroids and Chiron

| D | ⚳ | ⚴ | ⚵ | ⚶ | ⚷ | D | ⚳ | ⚴ | ⚵ | ⚶ | ⚷ |
|---|---|---|---|---|---|---|---|---|---|---|---|
| 1 | 03♌42 | 18♊13 | 18♒14℞ | 27♋36 | 13♓44℞ | 17 | 10 47 | 27 23 | 15 52 | 04 44 | 13 25 |
| 2 | 04 08 | 18 47 | 18 08 | 28 03 | 13 43 | 18 | 11 14 | 27 57 | 15 41 | 05 11 | 13 23 |
| 3 | 04 34 | 19 21 | 18 01 | 28 29 | 13 43 | 19 | 11 40 | 28 32 | 15 29 | 05 38 | 13 21 |
| 4 | 05 01 | 19 55 | 17 54 | 28 56 | 13 42 | 20 | 12 07 | 29 07 | 15 17 | 06 05 | 13 20 |
| 5 | 05 27 | 20 30 | 17 47 | 29 22 | 13 41 | 21 | 12 34 | 29 41 | 15 04 | 06 32 | 13 18 |
| 6 | 05 54 | 21 04 | 17 39 | 29 49 | 13 40 | 22 | 13 01 | 00♋16 | 14 52 | 06 59 | 13 16 |
| 7 | 06 20 | 21 38 | 17 31 | 00♌16 | 13 38 | 23 | 13 28 | 00 51 | 14 39 | 07 26 | 13 14 |
| 8 | 06 47 | 22 12 | 17 23 | 00 42 | 13 37 | 24 | 13 55 | 01 25 | 14 26 | 07 53 | 13 12 |
| 9 | 07 13 | 22 47 | 17 14 | 01 09 | 13 36 | 25 | 14 22 | 02 00 | 14 12 | 08 20 | 13 11 |
| 10 | 07 40 | 23 21 | 17 05 | 01 36 | 13 35 | 26 | 14 49 | 02 35 | 13 59 | 08 48 | 13 09 |
| 11 | 08 06 | 23 56 | 16 56 | 02 03 | 13 34 | 27 | 15 16 | 03 10 | 13 45 | 09 15 | 13 07 |
| 12 | 08 33 | 24 30 | 16 46 | 02 29 | 13 32 | 28 | 15 43 | 03 44 | 13 31 | 09 42 | 13 04 |
| 13 | 09 00 | 25 05 | 16 36 | 02 56 | 13 31 | 29 | 16 10 | 04 19 | 13 17 | 10 09 | 13 02 |
| 14 | 09 26 | 25 39 | 16 25 | 03 23 | 13 29 | 30 | 16 37 | 04 54 | 13 03 | 10 37 | 13 00 |
| 15 | 09 53 | 26 14 | 16 15 | 03 50 | 13 28 | 31 | 17 04 | 05 29 | 12 49 | 11 04 | 12 58 |
| 16 | 10 20 | 26 48 | 16 04 | 04 17 | 13 26 | | | | | | |

## Lunar Data

| Last Asp. | | Ingress | | |
|---|---|---|---|---|
| 1 | 06:49 | 1 | ♉ | 21:44 |
| 3 | 15:52 | 4 | ♊ | 09:23 |
| 6 | 12:31 | 6 | ♋ | 22:15 |
| 8 | 11:45 | 9 | ♌ | 10:49 |
| 11 | 19:56 | 11 | ♍ | 22:13 |
| 13 | 15:27 | 14 | ♎ | 07:42 |
| 16 | 03:19 | 16 | ♏ | 14:25 |
| 18 | 11:14 | 18 | ♐ | 17:55 |
| 20 | 15:01 | 20 | ♑ | 18:40 |
| 21 | 15:55 | 22 | ♒ | 18:08 |
| 23 | 14:02 | 24 | ♓ | 18:24 |
| 25 | 18:45 | 26 | ♈ | 21:31 |
| 28 | 02:21 | 29 | ♉ | 04:44 |
| 30 | 15:59 | 31 | ♊ | 15:43 |

## 0:00 E.T. Declinations

| D | ☉ | ☽ | ☿ | ♀ | ♂ | ♃ | ♄ | ♅ | ♆ | ♇ | ⚳ | ⚴ | ⚵ | ⚶ | ⚷ |
|---|---|---|---|---|---|---|---|---|---|---|---|---|---|---|---|
| 1 | +23 06 | +09 28 | +18 28 | +20 49 | +23 33 | +23 13 | -10 47 | +04 16 | -10 13 | -19 49 | +25 26 | -01 22 | -02 33 | +22 28 | -01 26 |
| 2 | 23 02 | 13 04 | 18 17 | 20 32 | 23 36 | 23 13 | 10 47 | 04 16 | 10 13 | 19 49 | 25 20 | 01 23 | 02 34 | 22 23 | 01 26 |
| 3 | 22 58 | 16 01 | 18 07 | 20 15 | 23 39 | 23 13 | 10 47 | 04 16 | 10 13 | 19 49 | 25 14 | 01 24 | 02 35 | 22 19 | 01 26 |
| 4 | 22 53 | 18 14 | 17 58 | 19 57 | 23 42 | 23 13 | 10 47 | 04 16 | 10 14 | 19 50 | 25 08 | 01 25 | 02 36 | 22 15 | 01 27 |
| 5 | 22 47 | 19 38 | 17 50 | 19 38 | 23 44 | 23 13 | 10 47 | 04 17 | 10 14 | 19 50 | 25 02 | 01 26 | 02 38 | 22 10 | 01 27 |
| 6 | 22 41 | 20 10 | 17 44 | 19 19 | 23 47 | 23 13 | 10 47 | 04 17 | 10 14 | 19 50 | 24 56 | 01 28 | 02 39 | 22 06 | 01 27 |
| 7 | 22 35 | 19 48 | 17 39 | 18 59 | 23 49 | 23 13 | 10 47 | 04 17 | 10 15 | 19 50 | 24 50 | 01 29 | 02 41 | 22 01 | 01 27 |
| 8 | 22 29 | 18 34 | 17 36 | 18 39 | 23 51 | 23 12 | 10 47 | 04 17 | 10 15 | 19 50 | 24 44 | 01 31 | 02 43 | 21 56 | 01 27 |
| 9 | 22 22 | 16 32 | 17 33 | 18 18 | 23 52 | 23 12 | 10 48 | 04 17 | 10 15 | 19 51 | 24 37 | 01 33 | 02 45 | 21 51 | 01 28 |
| 10 | 22 14 | 13 47 | 17 32 | 17 57 | 23 54 | 23 12 | 10 48 | 04 17 | 10 16 | 19 51 | 24 31 | 01 35 | 02 47 | 21 46 | 01 28 |
| 11 | 22 06 | 10 26 | 17 33 | 17 35 | 23 55 | 23 12 | 10 48 | 04 18 | 10 16 | 19 51 | 24 24 | 01 37 | 02 50 | 21 41 | 01 28 |
| 12 | 21 58 | 06 37 | 17 35 | 17 13 | 23 56 | 23 12 | 10 49 | 04 18 | 10 17 | 19 51 | 24 18 | 01 39 | 02 53 | 21 36 | 01 29 |
| 13 | 21 50 | 02 29 | 17 38 | 16 51 | 23 57 | 23 11 | 10 49 | 04 18 | 10 17 | 19 52 | 24 11 | 01 41 | 02 56 | 21 31 | 01 29 |
| 14 | 21 41 | -01 50 | 17 42 | 16 28 | 23 57 | 23 11 | 10 50 | 04 18 | 10 17 | 19 52 | 24 05 | 01 44 | 02 59 | 21 26 | 01 29 |
| 15 | 21 32 | 06 10 | 17 48 | 16 04 | 23 58 | 23 11 | 10 50 | 04 18 | 10 18 | 19 52 | 23 58 | 01 46 | 03 02 | 21 21 | 01 30 |
| 16 | 21 22 | 10 19 | 17 54 | 15 40 | 23 58 | 23 10 | 10 50 | 04 18 | 10 18 | 19 52 | 23 51 | 01 49 | 03 05 | 21 15 | 01 30 |
| 17 | 21 12 | 14 03 | 18 02 | 15 16 | 23 58 | 23 10 | 10 51 | 04 18 | 10 19 | 19 52 | 23 44 | 01 51 | 03 09 | 21 10 | 01 30 |
| 18 | 21 02 | 17 07 | 18 10 | 14 52 | 23 58 | 23 09 | 10 52 | 04 18 | 10 19 | 19 53 | 23 38 | 01 54 | 03 13 | 21 04 | 01 31 |
| 19 | 20 51 | 19 12 | 18 20 | 14 27 | 23 57 | 23 09 | 10 52 | 04 18 | 10 20 | 19 53 | 23 31 | 01 57 | 03 17 | 20 59 | 01 31 |
| 20 | 20 40 | 20 05 | 18 30 | 14 01 | 23 57 | 23 09 | 10 53 | 04 18 | 10 20 | 19 53 | 23 24 | 02 00 | 03 21 | 20 53 | 01 32 |
| 21 | 20 29 | 19 34 | 18 40 | 13 35 | 23 56 | 23 08 | 10 53 | 04 18 | 10 21 | 19 53 | 23 16 | 02 04 | 03 26 | 20 47 | 01 32 |
| 22 | 20 17 | 17 39 | 18 51 | 13 09 | 23 55 | 23 08 | 10 54 | 04 18 | 10 21 | 19 54 | 23 09 | 02 07 | 03 30 | 20 42 | 01 33 |
| 23 | 20 05 | 14 30 | 19 03 | 12 43 | 23 54 | 23 07 | 10 55 | 04 17 | 10 22 | 19 54 | 23 02 | 02 10 | 03 35 | 20 36 | 01 33 |
| 24 | 19 52 | 10 27 | 19 14 | 12 16 | 23 52 | 23 07 | 10 56 | 04 17 | 10 22 | 19 54 | 22 55 | 02 14 | 03 40 | 20 30 | 01 34 |
| 25 | 19 40 | 05 52 | 19 25 | 11 49 | 23 51 | 23 06 | 10 56 | 04 17 | 10 23 | 19 54 | 22 47 | 02 18 | 03 45 | 20 24 | 01 35 |
| 26 | 19 27 | 01 04 | 19 36 | 11 22 | 23 49 | 23 06 | 10 57 | 04 17 | 10 23 | 19 55 | 22 40 | 02 21 | 03 51 | 20 18 | 01 35 |
| 27 | 19 13 | +03 38 | 19 47 | 10 54 | 23 47 | 23 05 | 10 58 | 04 17 | 10 24 | 19 55 | 22 33 | 02 25 | 03 56 | 20 11 | 01 36 |
| 28 | 18 59 | 07 59 | 19 58 | 10 26 | 23 45 | 23 04 | 10 59 | 04 17 | 10 24 | 19 55 | 22 25 | 02 29 | 04 02 | 20 05 | 01 36 |
| 29 | 18 45 | 11 51 | 20 07 | 09 58 | 23 42 | 23 04 | 11 00 | 04 16 | 10 25 | 19 55 | 22 17 | 02 33 | 04 08 | 19 59 | 01 37 |
| 30 | 18 31 | 15 03 | 20 16 | 09 30 | 23 39 | 23 03 | 11 01 | 04 16 | 10 25 | 19 56 | 22 10 | 02 38 | 04 14 | 19 52 | 01 38 |
| 31 | 18 16 | 17 31 | 20 24 | 09 01 | 23 37 | 23 02 | 11 02 | 04 16 | 10 26 | 19 56 | 22 02 | 02 42 | 04 20 | 19 46 | 01 39 |

Lunar Phases -- 8 ● 07:16  16 ◐ 03:20  22 ○ 18:17  29 ◑ 17:45  Sun enters ♌ 7/22 15:58

## Aug. 13 — Longitudes of Main Planets - August 2013 — 0:00 E.T.

| D | S.T. | ☉ | ☽ | ☽ 12:00 | ☿ | ♀ | ♂ | ♃ | ♄ | ♅ | ♆ | ♇ | ☊ |
|---|---|---|---|---|---|---|---|---|---|---|---|---|---|
| 1 | 20:39:03 | 08♌55 11 | 04♊07 | 10♊03 | 19♋28 | 11♍22 | 12♋21 | 07♋59 | 05♏17 | 12♈26℞ | 04♓39℞ | 09♑34℞ | 12♏22 |
| 2 | 20:43:00 | 09 52 36 | 15 58 | 21 52 | 20 36 | 12 33 | 13 01 | 08 12 | 05 19 | 12 26 | 04 38 | 09 33 | 12 19 |
| 3 | 20:46:56 | 10 50 02 | 27 47 | 03♋41 | 21 49 | 13 45 | 13 41 | 08 24 | 05 21 | 12 25 | 04 36 | 09 32 | 12 16 |
| 4 | 20:50:53 | 11 47 29 | 09♋37 | 15 33 | 23 07 | 14 57 | 14 20 | 08 37 | 05 24 | 12 24 | 04 35 | 09 31 | 12 12 |
| 5 | 20:54:50 | 12 44 57 | 21 31 | 27 30 | 24 31 | 16 08 | 15 00 | 08 49 | 05 27 | 12 23 | 04 33 | 09 30 | 12 09 |
| 6 | 20:58:46 | 13 42 27 | 03♌32 | 09♌35 | 25 59 | 17 20 | 15 39 | 09 02 | 05 29 | 12 22 | 04 32 | 09 28 | 12 06 |
| 7 | 21:02:43 | 14 39 57 | 15 40 | 21 47 | 27 32 | 18 32 | 16 19 | 09 14 | 05 32 | 12 22 | 04 30 | 09 27 | 12 03 |
| 8 | 21:06:39 | 15 37 28 | 27 57 | 04♍09 | 29 09 | 19 43 | 16 58 | 09 26 | 05 35 | 12 21 | 04 29 | 09 26 | 12 00 |
| 9 | 21:10:36 | 16 35 01 | 10♍24 | 16 41 | 00♌50 | 20 55 | 17 38 | 09 39 | 05 38 | 12 20 | 04 27 | 09 25 | 11 57 |
| 10 | 21:14:32 | 17 32 34 | 23 01 | 29 23 | 02 35 | 22 06 | 18 17 | 09 51 | 05 41 | 12 18 | 04 25 | 09 24 | 11 53 |
| 11 | 21:18:29 | 18 30 08 | 05♎48 | 12♎17 | 04 23 | 23 17 | 18 56 | 10 03 | 05 44 | 12 17 | 04 24 | 09 23 | 11 50 |
| 12 | 21:22:25 | 19 27 43 | 18 49 | 25 24 | 06 14 | 24 29 | 19 35 | 10 15 | 05 47 | 12 16 | 04 22 | 09 22 | 11 47 |
| 13 | 21:26:22 | 20 25 19 | 02♏03 | 08♏46 | 08 08 | 25 40 | 20 15 | 10 27 | 05 51 | 12 15 | 04 21 | 09 21 | 11 44 |
| 14 | 21:30:19 | 21 22 56 | 15 33 | 22 25 | 10 04 | 26 51 | 20 54 | 10 39 | 05 54 | 12 14 | 04 19 | 09 20 | 11 41 |
| 15 | 21:34:15 | 22 20 34 | 29 22 | 06♐23 | 12 02 | 28 03 | 21 33 | 10 51 | 05 58 | 12 12 | 04 18 | 09 19 | 11 37 |
| 16 | 21:38:12 | 23 18 13 | 13♐29 | 20 40 | 14 01 | 29 14 | 22 12 | 11 02 | 06 01 | 12 11 | 04 16 | 09 18 | 11 34 |
| 17 | 21:42:08 | 24 15 53 | 27 55 | 05♑13 | 16 01 | 00♎25 | 22 51 | 11 14 | 06 05 | 12 10 | 04 14 | 09 17 | 11 31 |
| 18 | 21:46:05 | 25 13 34 | 12♑35 | 20 00 | 18 02 | 01 36 | 23 30 | 11 26 | 06 09 | 12 08 | 04 13 | 09 16 | 11 28 |
| 19 | 21:50:01 | 26 11 16 | 27 26 | 04♒53 | 20 03 | 02 47 | 24 09 | 11 37 | 06 12 | 12 07 | 04 11 | 09 15 | 11 25 |
| 20 | 21:53:58 | 27 08 59 | 12♒19 | 19 44 | 22 05 | 03 58 | 24 48 | 11 49 | 06 16 | 12 06 | 04 10 | 09 14 | 11 22 |
| 21 | 21:57:54 | 28 06 44 | 27 06 | 04♓25 | 24 06 | 05 09 | 25 26 | 12 00 | 06 20 | 12 04 | 04 08 | 09 13 | 11 18 |
| 22 | 22:01:51 | 29 04 30 | 11♓38 | 18 47 | 26 07 | 06 19 | 26 05 | 12 11 | 06 24 | 12 02 | 04 06 | 09 12 | 11 15 |
| 23 | 22:05:48 | 00♍02 17 | 25 49 | 02♈44 | 28 07 | 07 30 | 26 44 | 12 23 | 06 28 | 12 01 | 04 05 | 09 11 | 11 12 |
| 24 | 22:09:44 | 01 00 06 | 09♈33 | 16 15 | 00♍07 | 08 41 | 27 22 | 12 34 | 06 33 | 11 59 | 04 03 | 09 10 | 11 09 |
| 25 | 22:13:41 | 01 57 56 | 22 51 | 29 20 | 02 06 | 09 51 | 28 01 | 12 45 | 06 37 | 11 58 | 04 01 | 09 10 | 11 06 |
| 26 | 22:17:37 | 02 55 48 | 05♉43 | 12♉01 | 04 03 | 11 02 | 28 40 | 12 56 | 06 41 | 11 56 | 04 00 | 09 09 | 11 03 |
| 27 | 22:21:34 | 03 53 42 | 18 13 | 24 21 | 06 00 | 12 12 | 29 18 | 13 07 | 06 46 | 11 54 | 03 58 | 09 08 | 10 59 |
| 28 | 22:25:30 | 04 51 38 | 00♊26 | 06♊27 | 07 56 | 13 23 | 29 57 | 13 18 | 06 50 | 11 52 | 03 56 | 09 08 | 10 56 |
| 29 | 22:29:27 | 05 49 35 | 12 25 | 18 22 | 09 51 | 14 33 | 00♌35 | 13 28 | 06 55 | 11 51 | 03 55 | 09 07 | 10 53 |
| 30 | 22:33:23 | 06 47 35 | 24 18 | 00♋13 | 11 44 | 15 43 | 01 13 | 13 39 | 06 59 | 11 49 | 03 53 | 09 06 | 10 50 |
| 31 | 22:37:20 | 07 45 36 | 06♋08 | 12 04 | 13 36 | 16 54 | 01 52 | 13 49 | 07 04 | 11 47 | 03 51 | 09 06 | 10 47 |

## 0:00 E.T. — Longitudes of the Major Asteroids and Chiron

| D | ⚳ | ⚴ | ⚵ | ⚶ | ⚷ |
|---|---|---|---|---|---|
| 1 | 17♌31 | 06♋04 | 12♒35℞ | 11♌31 | 12♓56℞ |
| 2 | 17 58 | 06 39 | 12 20 | 11 58 | 12 54 |
| 3 | 18 26 | 07 13 | 12 06 | 12 26 | 12 51 |
| 4 | 18 53 | 07 48 | 11 51 | 12 53 | 12 49 |
| 5 | 19 20 | 08 23 | 11 37 | 13 21 | 12 47 |
| 6 | 19 47 | 08 58 | 11 22 | 13 48 | 12 44 |
| 7 | 20 14 | 09 33 | 11 07 | 14 15 | 12 42 |
| 8 | 20 42 | 10 08 | 10 53 | 14 43 | 12 39 |
| 9 | 21 09 | 10 43 | 10 38 | 15 10 | 12 37 |
| 10 | 21 36 | 11 17 | 10 23 | 15 38 | 12 34 |
| 11 | 22 03 | 11 52 | 10 09 | 16 05 | 12 32 |
| 12 | 22 31 | 12 27 | 09 54 | 16 33 | 12 29 |
| 13 | 22 58 | 13 02 | 09 40 | 17 00 | 12 27 |
| 14 | 23 25 | 13 37 | 09 26 | 17 28 | 12 24 |
| 15 | 23 53 | 14 12 | 09 12 | 17 55 | 12 22 |
| 16 | 24 20 | 14 46 | 08 58 | 18 23 | 12 19 |
| 17 | 24 47 | 15 21 | 08 44 | 18 50 | 12 16 |
| 18 | 25 15 | 15 56 | 08 30 | 19 18 | 12 14 |
| 19 | 25 42 | 16 31 | 08 17 | 19 45 | 12 11 |
| 20 | 26 09 | 17 05 | 08 04 | 20 13 | 12 08 |
| 21 | 26 37 | 17 40 | 07 51 | 20 41 | 12 05 |
| 22 | 27 04 | 18 15 | 07 38 | 21 08 | 12 03 |
| 23 | 27 31 | 18 49 | 07 25 | 21 36 | 12 00 |
| 24 | 27 59 | 19 24 | 07 13 | 22 03 | 11 57 |
| 25 | 28 26 | 19 58 | 07 01 | 22 31 | 11 54 |
| 26 | 28 53 | 20 33 | 06 49 | 22 59 | 11 52 |
| 27 | 29 21 | 21 08 | 06 38 | 23 26 | 11 49 |
| 28 | 29 48 | 21 42 | 06 27 | 23 54 | 11 46 |
| 29 | 00♍16 | 22 17 | 06 16 | 24 22 | 11 43 |
| 30 | 00 43 | 22 51 | 06 06 | 24 49 | 11 40 |
| 31 | 01 10 | 23 25 | 05 55 | 25 17 | 11 37 |

## Lunar Data

| Last Asp. | | Ingress | | |
|---|---|---|---|---|
| 1 | 16:49 | 3 | ♋ | 04:31 |
| 5 | 06:50 | 5 | ♌ | 16:59 |
| 6 | 21:52 | 8 | ♍ | 03:58 |
| 9 | 22:06 | 10 | ♎ | 13:09 |
| 12 | 01:30 | 12 | ♏ | 20:19 |
| 14 | 21:31 | 15 | ♐ | 01:05 |
| 16 | 17:33 | 17 | ♑ | 03:26 |
| 18 | 18:27 | 19 | ♒ | 04:08 |
| 21 | 01:46 | 21 | ♓ | 04:45 |
| 23 | 01:40 | 23 | ♈ | 07:14 |
| 25 | 10:03 | 25 | ♉ | 13:15 |
| 27 | 22:59 | 27 | ♊ | 23:09 |
| 29 | 04:46 | 30 | ♋ | 11:34 |

## 0:00 E.T. — Declinations

| D | ☉ | ☽ | ☿ | ♀ | ♂ | ♃ | ♄ | ♅ | ♆ | ♇ | ⚳ | ⚴ | ⚵ | ⚶ | ⚷ |
|---|---|---|---|---|---|---|---|---|---|---|---|---|---|---|---|
| 1 | +18 02 | +19 10 | +20 31 | +08 32 | +23 34 | +23 02 | -11 03 | +04 16 | -10 26 | -19 56 | +21 54 | -02 46 | -04 26 | +19 39 | -01 39 |
| 2 | 17 46 | 19 57 | 20 36 | 08 03 | 23 30 | 23 01 | 11 04 | 04 15 | 10 27 | 19 56 | 21 46 | 02 51 | 04 33 | 19 33 | 01 40 |
| 3 | 17 31 | 19 52 | 20 39 | 07 34 | 23 27 | 23 00 | 11 05 | 04 15 | 10 27 | 19 57 | 21 39 | 02 56 | 04 40 | 19 26 | 01 41 |
| 4 | 17 15 | 18 54 | 20 41 | 07 05 | 23 23 | 23 00 | 11 06 | 04 15 | 10 28 | 19 57 | 21 31 | 03 01 | 04 46 | 19 19 | 01 41 |
| 5 | 16 59 | 17 06 | 20 41 | 06 35 | 23 20 | 22 59 | 11 07 | 04 14 | 10 28 | 19 57 | 21 23 | 03 06 | 04 53 | 19 13 | 01 42 |
| 6 | 16 42 | 14 33 | 20 39 | 06 05 | 23 16 | 22 58 | 11 08 | 04 14 | 10 29 | 19 57 | 21 15 | 03 11 | 05 00 | 19 06 | 01 43 |
| 7 | 16 26 | 11 22 | 20 34 | 05 35 | 23 12 | 22 57 | 11 09 | 04 13 | 10 30 | 19 57 | 21 07 | 03 16 | 05 07 | 18 59 | 01 44 |
| 8 | 16 09 | 07 40 | 20 27 | 05 05 | 23 07 | 22 57 | 11 10 | 04 13 | 10 30 | 19 58 | 20 58 | 03 21 | 05 15 | 18 52 | 01 45 |
| 9 | 15 52 | 03 36 | 20 18 | 04 35 | 23 03 | 22 56 | 11 12 | 04 13 | 10 31 | 19 58 | 20 50 | 03 26 | 05 22 | 18 45 | 01 46 |
| 10 | 15 34 | -00 40 | 20 06 | 04 04 | 22 58 | 22 55 | 11 13 | 04 12 | 10 31 | 19 58 | 20 42 | 03 32 | 05 30 | 18 38 | 01 46 |
| 11 | 15 17 | 04 59 | 19 51 | 03 34 | 22 53 | 22 54 | 11 14 | 04 12 | 10 32 | 19 58 | 20 34 | 03 37 | 05 37 | 18 31 | 01 47 |
| 12 | 14 59 | 09 09 | 19 33 | 03 03 | 22 48 | 22 53 | 11 15 | 04 11 | 10 32 | 19 59 | 20 25 | 03 43 | 05 45 | 18 23 | 01 48 |
| 13 | 14 41 | 12 56 | 19 13 | 02 33 | 22 43 | 22 53 | 11 17 | 04 11 | 10 33 | 19 59 | 20 17 | 03 49 | 05 53 | 18 16 | 01 49 |
| 14 | 14 22 | 16 07 | 18 51 | 02 02 | 22 38 | 22 52 | 11 18 | 04 10 | 10 34 | 19 59 | 20 09 | 03 55 | 06 01 | 18 09 | 01 50 |
| 15 | 14 04 | 18 28 | 18 25 | 01 31 | 22 32 | 22 51 | 11 19 | 04 10 | 10 34 | 19 59 | 20 00 | 04 01 | 06 09 | 18 01 | 01 51 |
| 16 | 13 45 | 19 44 | 17 58 | 01 00 | 22 27 | 22 50 | 11 21 | 04 09 | 10 35 | 20 00 | 19 52 | 04 07 | 06 17 | 17 54 | 01 52 |
| 17 | 13 26 | 19 45 | 17 27 | 00 29 | 22 21 | 22 49 | 11 22 | 04 09 | 10 35 | 20 00 | 19 43 | 04 13 | 06 25 | 17 46 | 01 53 |
| 18 | 13 07 | 18 26 | 16 55 | -00 01 | 22 15 | 22 48 | 11 24 | 04 08 | 10 36 | 20 00 | 19 35 | 04 20 | 06 33 | 17 39 | 01 54 |
| 19 | 12 47 | 15 52 | 16 21 | 00 32 | 22 09 | 22 47 | 11 25 | 04 08 | 10 37 | 20 00 | 19 26 | 04 26 | 06 41 | 17 31 | 01 55 |
| 20 | 12 28 | 12 16 | 15 45 | 01 03 | 22 02 | 22 46 | 11 27 | 04 07 | 10 37 | 20 01 | 19 17 | 04 33 | 06 49 | 17 23 | 01 56 |
| 21 | 12 08 | 07 56 | 15 07 | 01 34 | 21 56 | 22 45 | 11 28 | 04 06 | 10 38 | 20 01 | 19 09 | 04 39 | 06 58 | 17 16 | 01 57 |
| 22 | 11 48 | 03 13 | 14 27 | 02 05 | 21 49 | 22 45 | 11 30 | 04 06 | 10 38 | 20 01 | 19 00 | 04 46 | 07 06 | 17 08 | 01 58 |
| 23 | 11 27 | +01 35 | 13 47 | 02 36 | 21 42 | 22 44 | 11 31 | 04 05 | 10 39 | 20 01 | 18 51 | 04 53 | 07 14 | 17 00 | 01 59 |
| 24 | 11 07 | 06 09 | 13 05 | 03 07 | 21 35 | 22 43 | 11 33 | 04 04 | 10 40 | 20 02 | 18 42 | 05 00 | 07 23 | 16 52 | 02 00 |
| 25 | 10 46 | 10 17 | 12 22 | 03 38 | 21 28 | 22 42 | 11 34 | 04 04 | 10 40 | 20 02 | 18 33 | 05 07 | 07 31 | 16 44 | 02 01 |
| 26 | 10 26 | 13 47 | 11 38 | 04 09 | 21 21 | 22 41 | 11 36 | 04 03 | 10 41 | 20 02 | 18 25 | 05 14 | 07 40 | 16 36 | 02 02 |
| 27 | 10 05 | 16 33 | 10 53 | 04 39 | 21 13 | 22 40 | 11 38 | 04 02 | 10 42 | 20 02 | 18 16 | 05 21 | 07 48 | 16 28 | 02 03 |
| 28 | 09 44 | 18 30 | 10 08 | 05 10 | 21 06 | 22 39 | 11 39 | 04 02 | 10 42 | 20 02 | 18 07 | 05 29 | 07 56 | 16 20 | 02 04 |
| 29 | 09 22 | 19 35 | 09 22 | 05 41 | 20 58 | 22 38 | 11 41 | 04 01 | 10 43 | 20 03 | 17 58 | 05 36 | 08 05 | 16 12 | 02 05 |
| 30 | 09 01 | 19 46 | 08 36 | 06 11 | 20 50 | 22 37 | 11 43 | 04 00 | 10 43 | 20 03 | 17 49 | 05 43 | 08 13 | 16 04 | 02 06 |
| 31 | 08 39 | 19 05 | 07 50 | 06 41 | 20 42 | 22 36 | 11 45 | 04 00 | 10 44 | 20 03 | 17 40 | 05 51 | 08 22 | 15 56 | 02 08 |

Lunar Phases -- 6 ● 21:52 14 ◐ 10:57 21 ○ 01:46 28 ◑ 09:36 Sun enters ♍ 8/22 23:03

## 0:00 E.T. Longitudes of Main Planets - September 2013

| D | S.T. | ☉ | ☽ | ☽ 12:00 | ☿ | ♀ | ♂ | ♃ | ♄ | ♅ | ♆ | ♇ | ☊ |
|---|---|---|---|---|---|---|---|---|---|---|---|---|---|
| 1 | 22:41:17 | 08♍43 39 | 18♋01 | 23♋59 | 15♍27 | 18♎04 | 02♌30 | 14♋00 | 07♏09 | 11♈45℞ | 03♓50℞ | 09♑05℞ | 10♏43 |
| 2 | 22:45:13 | 09 41 44 | 29 59 | 06♌02 | 17 17 | 19 14 | 03 08 | 14 10 | 07 14 | 11 43 | 03 48 | 09 04 | 10 40 |
| 3 | 22:49:10 | 10 39 51 | 12♌07 | 18 15 | 19 05 | 20 24 | 03 46 | 14 21 | 07 19 | 11 41 | 03 47 | 09 04 | 10 37 |
| 4 | 22:53:06 | 11 37 59 | 24 25 | 00♍39 | 20 52 | 21 34 | 04 25 | 14 31 | 07 24 | 11 39 | 03 45 | 09 03 | 10 34 |
| 5 | 22:57:03 | 12 36 10 | 06♍56 | 13 16 | 22 38 | 22 44 | 05 03 | 14 41 | 07 29 | 11 37 | 03 43 | 09 03 | 10 31 |
| 6 | 23:00:59 | 13 34 22 | 19 40 | 26 06 | 24 23 | 23 54 | 05 41 | 14 51 | 07 34 | 11 35 | 03 42 | 09 02 | 10 28 |
| 7 | 23:04:56 | 14 32 35 | 02♎35 | 09♎07 | 26 07 | 25 04 | 06 19 | 15 00 | 07 39 | 11 33 | 03 40 | 09 02 | 10 24 |
| 8 | 23:08:52 | 15 30 51 | 15 43 | 22 20 | 27 49 | 26 13 | 06 57 | 15 10 | 07 44 | 11 31 | 03 38 | 09 02 | 10 21 |
| 9 | 23:12:49 | 16 29 08 | 29 01 | 05♏45 | 29 30 | 27 23 | 07 35 | 15 20 | 07 50 | 11 29 | 03 37 | 09 01 | 10 18 |
| 10 | 23:16:46 | 17 27 26 | 12♏31 | 19 20 | 01♎10 | 28 32 | 08 12 | 15 29 | 07 55 | 11 27 | 03 35 | 09 01 | 10 15 |
| 11 | 23:20:42 | 18 25 46 | 26 12 | 03♐07 | 02 49 | 29 42 | 08 50 | 15 39 | 08 00 | 11 25 | 03 34 | 09 01 | 10 12 |
| 12 | 23:24:39 | 19 24 08 | 10♐04 | 17 04 | 04 27 | 00♏51 | 09 28 | 15 48 | 08 06 | 11 22 | 03 32 | 09 00 | 10 09 |
| 13 | 23:28:35 | 20 22 31 | 24 07 | 01♑13 | 06 04 | 02 00 | 10 06 | 15 57 | 08 12 | 11 20 | 03 31 | 09 00 | 10 05 |
| 14 | 23:32:32 | 21 20 56 | 08♑21 | 15 31 | 07 39 | 03 10 | 10 43 | 16 06 | 08 17 | 11 18 | 03 29 | 09 00 | 10 02 |
| 15 | 23:36:28 | 22 19 23 | 22 43 | 29 56 | 09 14 | 04 19 | 11 21 | 16 15 | 08 23 | 11 16 | 03 27 | 09 00 | 09 59 |
| 16 | 23:40:25 | 23 17 50 | 07♒10 | 14♒24 | 10 47 | 05 28 | 11 58 | 16 24 | 08 29 | 11 14 | 03 26 | 09 00 | 09 56 |
| 17 | 23:44:21 | 24 16 20 | 21 37 | 28 49 | 12 19 | 06 37 | 12 36 | 16 33 | 08 34 | 11 11 | 03 24 | 08 59 | 09 53 |
| 18 | 23:48:18 | 25 14 51 | 05♓58 | 13♓05 | 13 51 | 07 45 | 13 13 | 16 41 | 08 40 | 11 09 | 03 23 | 08 59 | 09 49 |
| 19 | 23:52:15 | 26 13 24 | 20 08 | 27 07 | 15 21 | 08 54 | 13 51 | 16 50 | 08 46 | 11 07 | 03 21 | 08 59 | 09 46 |
| 20 | 23:56:11 | 27 11 59 | 04♈02 | 10♈51 | 16 50 | 10 03 | 14 28 | 16 58 | 08 52 | 11 04 | 03 20 | 08 59 | 09 43 |
| 21 | 0:00:08 | 28 10 36 | 17 35 | 24 14 | 18 18 | 11 11 | 15 05 | 17 06 | 08 58 | 11 02 | 03 18 | 08 59D | 09 40 |
| 22 | 0:04:04 | 29 09 15 | 00♉47 | 07♉14 | 19 45 | 12 20 | 15 42 | 17 14 | 09 04 | 11 00 | 03 17 | 08 59 | 09 37 |
| 23 | 0:08:01 | 00♎07 56 | 13 36 | 19 54 | 21 11 | 13 28 | 16 20 | 17 22 | 09 10 | 10 57 | 03 16 | 08 59 | 09 34 |
| 24 | 0:11:57 | 01 06 39 | 26 06 | 02♊15 | 22 36 | 14 36 | 16 57 | 17 30 | 09 16 | 10 55 | 03 14 | 08 59 | 09 30 |
| 25 | 0:15:54 | 02 05 24 | 08♊20 | 14 22 | 23 59 | 15 44 | 17 34 | 17 37 | 09 22 | 10 53 | 03 13 | 09 00 | 09 27 |
| 26 | 0:19:50 | 03 04 12 | 20 22 | 26 19 | 25 22 | 16 52 | 18 11 | 17 45 | 09 29 | 10 50 | 03 11 | 09 00 | 09 24 |
| 27 | 0:23:47 | 04 03 02 | 02♋16 | 08♋12 | 26 43 | 18 00 | 18 48 | 17 52 | 09 35 | 10 48 | 03 10 | 09 00 | 09 21 |
| 28 | 0:27:44 | 05 01 54 | 14 07 | 20 04 | 28 03 | 19 07 | 19 25 | 17 59 | 09 41 | 10 45 | 03 09 | 09 00 | 09 18 |
| 29 | 0:31:40 | 06 00 49 | 26 02 | 02♌01 | 29 22 | 20 15 | 20 02 | 18 06 | 09 48 | 10 43 | 03 07 | 09 00 | 09 15 |
| 30 | 0:35:37 | 06 59 45 | 08♌03 | 14 07 | 00♏40 | 21 22 | 20 38 | 18 13 | 09 54 | 10 41 | 03 06 | 09 01 | 09 11 |

## 0:00 E.T. Longitudes of the Major Asteroids and Chiron

| D | ⚳ | ⚴ | ⚵ | ⚶ | ⚷ | D | ⚳ | ⚴ | ⚵ | ⚶ | ⚷ |
|---|---|---|---|---|---|---|---|---|---|---|---|
| 1 | 01♍38 | 24♋00 | 05♒46℞ | 25♌45 | 11♓35℞ | 16 | 08 28 | 02 29 | 04 05 | 02 40 | 10 52 |
| 2 | 02 05 | 24 34 | 05 36 | 26 12 | 11 32 | 17 | 08 55 | 03 02 | 04 02 | 03 08 | 10 49 |
| 3 | 02 32 | 25 08 | 05 27 | 26 40 | 11 29 | 18 | 09 22 | 03 35 | 03 59 | 03 36 | 10 47 |
| 4 | 03 00 | 25 42 | 05 18 | 27 08 | 11 26 | 19 | 09 49 | 04 08 | 03 57 | 04 03 | 10 44 |
| 5 | 03 27 | 26 17 | 05 10 | 27 36 | 11 23 | 20 | 10 17 | 04 42 | 03 55 | 04 31 | 10 41 |
| 6 | 03 55 | 26 51 | 05 02 | 28 03 | 11 20 | 21 | 10 44 | 05 15 | 03 53 | 04 59 | 10 39 |
| 7 | 04 22 | 27 25 | 04 55 | 28 31 | 11 17 | 22 | 11 11 | 05 48 | 03 52 | 05 26 | 10 36 |
| 8 | 04 49 | 27 59 | 04 47 | 28 59 | 11 15 | 23 | 11 38 | 06 21 | 03 51 | 05 54 | 10 33 |
| 9 | 05 17 | 28 33 | 04 41 | 29 26 | 11 12 | 24 | 12 05 | 06 53 | 03 51 | 06 21 | 10 31 |
| 10 | 05 44 | 29 07 | 04 34 | 29 54 | 11 09 | 25 | 12 32 | 07 26 | 03 51D | 06 49 | 10 28 |
| 11 | 06 11 | 29 40 | 04 28 | 00♍22 | 11 06 | 26 | 12 59 | 07 59 | 03 51 | 07 17 | 10 25 |
| 12 | 06 39 | 00♌14 | 04 23 | 00 49 | 11 03 | 27 | 13 27 | 08 31 | 03 52 | 07 44 | 10 23 |
| 13 | 07 06 | 00 48 | 04 18 | 01 17 | 11 00 | 28 | 13 54 | 09 04 | 03 54 | 08 12 | 10 20 |
| 14 | 07 33 | 01 21 | 04 13 | 01 45 | 10 58 | 29 | 14 21 | 09 36 | 03 55 | 08 40 | 10 18 |
| 15 | 08 00 | 01 55 | 04 09 | 02 13 | 10 55 | 30 | 14 48 | 10 08 | 03 58 | 09 07 | 10 15 |

## Lunar Data

| Last Asp. | | Ingress | | |
|---|---|---|---|---|
| 1 | 00:08 | 2 | ♌ | 00:02 |
| 3 | 17:54 | 4 | ♍ | 10:45 |
| 6 | 10:11 | 6 | ♎ | 19:14 |
| 8 | 20:47 | 9 | ♏ | 01:45 |
| 10 | 09:22 | 11 | ♐ | 06:37 |
| 12 | 17:09 | 13 | ♑ | 09:57 |
| 14 | 23:18 | 15 | ♒ | 12:06 |
| 16 | 08:20 | 17 | ♓ | 13:59 |
| 19 | 11:14 | 19 | ♈ | 16:59 |
| 21 | 01:27 | 21 | ♉ | 22:34 |
| 23 | 07:14 | 24 | ♊ | 07:36 |
| 26 | 11:22 | 26 | ♋ | 19:26 |
| 29 | 07:31 | 29 | ♌ | 07:58 |

## 0:00 E.T. Declinations

| D | ☉ | ☽ | ☿ | ♀ | ♂ | ♃ | ♄ | ♅ | ♆ | ♇ | ⚳ | ⚴ | ⚵ | ⚶ | ⚷ |
|---|---|---|---|---|---|---|---|---|---|---|---|---|---|---|---|
| 1 | +08 18 | +17 33 | +07 03 | -07 11 | +20 34 | +22 35 | -11 46 | +03 59 | -10 45 | -20 03 | +17 31 | -05 59 | -08 30 | +15 47 | -02 09 |
| 2 | 07 56 | 15 16 | 06 16 | 07 42 | 20 26 | 22 34 | 11 48 | 03 58 | 10 45 | 20 04 | 17 21 | 06 07 | 08 38 | 15 39 | 02 10 |
| 3 | 07 34 | 12 18 | 05 29 | 08 11 | 20 18 | 22 33 | 11 50 | 03 57 | 10 46 | 20 04 | 17 12 | 06 14 | 08 46 | 15 31 | 02 11 |
| 4 | 07 12 | 08 45 | 04 42 | 08 41 | 20 09 | 22 32 | 11 52 | 03 56 | 10 46 | 20 04 | 17 03 | 06 22 | 08 55 | 15 22 | 02 12 |
| 5 | 06 50 | 04 47 | 03 55 | 09 11 | 20 00 | 22 31 | 11 53 | 03 56 | 10 47 | 20 04 | 16 54 | 06 30 | 09 03 | 15 14 | 02 13 |
| 6 | 06 27 | 00 32 | 03 08 | 09 40 | 19 52 | 22 30 | 11 55 | 03 55 | 10 48 | 20 04 | 16 45 | 06 38 | 09 11 | 15 05 | 02 14 |
| 7 | 06 05 | -03 48 | 02 21 | 10 10 | 19 43 | 22 29 | 11 57 | 03 54 | 10 48 | 20 05 | 16 36 | 06 47 | 09 19 | 14 57 | 02 15 |
| 8 | 05 43 | 08 02 | 01 35 | 10 39 | 19 34 | 22 28 | 11 59 | 03 53 | 10 49 | 20 05 | 16 26 | 06 55 | 09 27 | 14 48 | 02 17 |
| 9 | 05 20 | 11 56 | 00 49 | 11 07 | 19 25 | 22 27 | 12 01 | 03 52 | 10 49 | 20 05 | 16 17 | 07 03 | 09 35 | 14 40 | 02 18 |
| 10 | 04 57 | 15 16 | 00 03 | 11 36 | 19 15 | 22 26 | 12 03 | 03 51 | 10 50 | 20 05 | 16 08 | 07 12 | 09 43 | 14 31 | 02 19 |
| 11 | 04 35 | 17 48 | -00 43 | 12 04 | 19 06 | 22 25 | 12 05 | 03 51 | 10 50 | 20 06 | 15 58 | 07 20 | 09 51 | 14 23 | 02 20 |
| 12 | 04 12 | 19 19 | 01 28 | 12 33 | 18 56 | 22 24 | 12 07 | 03 50 | 10 51 | 20 06 | 15 49 | 07 29 | 09 58 | 14 14 | 02 21 |
| 13 | 03 49 | 19 39 | 02 13 | 13 00 | 18 47 | 22 23 | 12 09 | 03 49 | 10 52 | 20 06 | 15 40 | 07 37 | 10 06 | 14 05 | 02 22 |
| 14 | 03 26 | 18 45 | 02 58 | 13 28 | 18 37 | 22 22 | 12 11 | 03 48 | 10 52 | 20 06 | 15 30 | 07 46 | 10 13 | 13 56 | 02 24 |
| 15 | 03 03 | 16 39 | 03 42 | 13 55 | 18 27 | 22 21 | 12 13 | 03 47 | 10 53 | 20 06 | 15 21 | 07 55 | 10 21 | 13 48 | 02 25 |
| 16 | 02 40 | 13 30 | 04 25 | 14 22 | 18 17 | 22 20 | 12 15 | 03 46 | 10 53 | 20 07 | 15 12 | 08 04 | 10 28 | 13 39 | 02 26 |
| 17 | 02 16 | 09 33 | 05 08 | 14 49 | 18 07 | 22 19 | 12 17 | 03 45 | 10 54 | 20 07 | 15 02 | 08 13 | 10 35 | 13 30 | 02 27 |
| 18 | 01 53 | 05 04 | 05 51 | 15 16 | 17 57 | 22 18 | 12 19 | 03 44 | 10 54 | 20 07 | 14 53 | 08 22 | 10 43 | 13 21 | 02 28 |
| 19 | 01 30 | 00 22 | 06 33 | 15 42 | 17 47 | 22 17 | 12 21 | 03 44 | 10 55 | 20 07 | 14 43 | 08 31 | 10 50 | 13 12 | 02 29 |
| 20 | 01 07 | +04 16 | 07 14 | 16 07 | 17 37 | 22 16 | 12 23 | 03 43 | 10 55 | 20 07 | 14 34 | 08 40 | 10 57 | 13 03 | 02 30 |
| 21 | 00 44 | 08 35 | 07 55 | 16 33 | 17 26 | 22 15 | 12 25 | 03 42 | 10 56 | 20 08 | 14 25 | 08 49 | 11 03 | 12 55 | 02 32 |
| 22 | 00 20 | 12 22 | 08 35 | 16 58 | 17 16 | 22 14 | 12 27 | 03 41 | 10 57 | 20 08 | 14 15 | 08 58 | 11 10 | 12 46 | 02 33 |
| 23 | -00 03 | 15 27 | 09 15 | 17 23 | 17 05 | 22 13 | 12 29 | 03 40 | 10 57 | 20 08 | 14 06 | 09 08 | 11 17 | 12 37 | 02 34 |
| 24 | 00 27 | 17 43 | 09 53 | 17 47 | 16 54 | 22 12 | 12 31 | 03 39 | 10 58 | 20 08 | 13 56 | 09 17 | 11 23 | 12 28 | 02 35 |
| 25 | 00 50 | 19 06 | 10 32 | 18 11 | 16 44 | 22 12 | 12 33 | 03 38 | 10 58 | 20 08 | 13 47 | 09 26 | 11 30 | 12 19 | 02 36 |
| 26 | 01 13 | 19 36 | 11 09 | 18 34 | 16 33 | 22 11 | 12 35 | 03 37 | 10 59 | 20 08 | 13 37 | 09 36 | 11 36 | 12 10 | 02 37 |
| 27 | 01 37 | 19 12 | 11 46 | 18 57 | 16 22 | 22 10 | 12 37 | 03 36 | 10 59 | 20 09 | 13 28 | 09 45 | 11 42 | 12 01 | 02 38 |
| 28 | 02 00 | 17 57 | 12 21 | 19 20 | 16 11 | 22 09 | 12 39 | 03 35 | 11 00 | 20 09 | 13 18 | 09 55 | 11 48 | 11 51 | 02 40 |
| 29 | 02 23 | 15 56 | 12 56 | 19 42 | 16 00 | 22 08 | 12 41 | 03 34 | 11 00 | 20 09 | 13 09 | 10 05 | 11 54 | 11 42 | 02 41 |
| 30 | 02 47 | 13 13 | 13 30 | 20 04 | 15 48 | 22 07 | 12 43 | 03 33 | 11 00 | 20 09 | 13 00 | 10 14 | 12 00 | 11 33 | 02 42 |

Lunar Phases -- 5 ● 11:37   12 ◐ 17:09   19 ○ 11:14   27 ◑ 03:57   Sun enters ♎ 9/22 20:45

## Longitudes of Main Planets - October 2013

0:00 E.T.

| D | S.T. | ☉ | ☽ | ☽ 12:00 | ☿ | ♀ | ♂ | ♃ | ♄ | ♅ | ♆ | ♇ | ☊ |
|---|---|---|---|---|---|---|---|---|---|---|---|---|---|
| 1 | 0:39:33 | 07♎58 44 | 20♌14 | 26♌25 | 01♏56 | 22♏30 | 21♌15 | 18♋20 | 10♏00 | 10♈38℞ | 03♓05℞ | 09♑01 | 09♏08 |
| 2 | 0:43:30 | 08 57 45 | 02♍40 | 08♍59 | 03 10 | 23 37 | 21 52 | 18 27 | 10 07 | 10 36 | 03 04 | 09 01 | 09 05 |
| 3 | 0:47:26 | 09 56 48 | 15 22 | 21 50 | 04 24 | 24 44 | 22 28 | 18 33 | 10 13 | 10 33 | 03 02 | 09 02 | 09 02 |
| 4 | 0:51:23 | 10 55 54 | 28 21 | 04♎57 | 05 35 | 25 51 | 23 05 | 18 40 | 10 20 | 10 31 | 03 01 | 09 02 | 08 59 |
| 5 | 0:55:19 | 11 55 01 | 11♎37 | 18 20 | 06 45 | 26 57 | 23 42 | 18 46 | 10 27 | 10 28 | 03 00 | 09 02 | 08 55 |
| 6 | 0:59:16 | 12 54 11 | 25 07 | 01♏58 | 07 52 | 28 04 | 24 18 | 18 52 | 10 33 | 10 26 | 02 59 | 09 03 | 08 52 |
| 7 | 1:03:13 | 13 53 22 | 08♏51 | 15 48 | 08 58 | 29 10 | 24 54 | 18 58 | 10 40 | 10 24 | 02 58 | 09 03 | 08 49 |
| 8 | 1:07:09 | 14 52 36 | 22 46 | 29 47 | 10 02 | 00♐17 | 25 31 | 19 03 | 10 47 | 10 21 | 02 56 | 09 04 | 08 46 |
| 9 | 1:11:06 | 15 51 51 | 06♐49 | 13♐53 | 11 03 | 01 23 | 26 07 | 19 09 | 10 53 | 10 19 | 02 55 | 09 05 | 08 43 |
| 10 | 1:15:02 | 16 51 08 | 20 57 | 28 03 | 12 02 | 02 29 | 26 43 | 19 14 | 11 00 | 10 16 | 02 54 | 09 05 | 08 40 |
| 11 | 1:18:59 | 17 50 27 | 05♑09 | 12♑15 | 12 57 | 03 35 | 27 19 | 19 19 | 11 07 | 10 14 | 02 53 | 09 06 | 08 36 |
| 12 | 1:22:55 | 18 49 48 | 19 21 | 26 27 | 13 50 | 04 40 | 27 55 | 19 24 | 11 14 | 10 12 | 02 52 | 09 06 | 08 33 |
| 13 | 1:26:52 | 19 49 11 | 03♒32 | 10♒36 | 14 39 | 05 46 | 28 32 | 19 29 | 11 21 | 10 09 | 02 51 | 09 07 | 08 30 |
| 14 | 1:30:48 | 20 48 35 | 17 39 | 24 41 | 15 25 | 06 51 | 29 08 | 19 34 | 11 27 | 10 07 | 02 50 | 09 08 | 08 27 |
| 15 | 1:34:45 | 21 48 00 | 01♓41 | 08♓39 | 16 06 | 07 56 | 29 43 | 19 38 | 11 34 | 10 04 | 02 49 | 09 08 | 08 24 |
| 16 | 1:38:42 | 22 47 28 | 15 34 | 22 26 | 16 43 | 09 00 | 00♍19 | 19 43 | 11 41 | 10 02 | 02 48 | 09 09 | 08 20 |
| 17 | 1:42:38 | 23 46 57 | 29 15 | 06♈01 | 17 15 | 10 05 | 00 55 | 19 47 | 11 48 | 10 00 | 02 47 | 09 10 | 08 17 |
| 18 | 1:46:35 | 24 46 29 | 12♈44 | 19 22 | 17 41 | 11 09 | 01 31 | 19 51 | 11 55 | 09 57 | 02 47 | 09 11 | 08 14 |
| 19 | 1:50:31 | 25 46 02 | 25 57 | 02♉27 | 18 02 | 12 13 | 02 06 | 19 54 | 12 02 | 09 55 | 02 46 | 09 12 | 08 11 |
| 20 | 1:54:28 | 26 45 37 | 08♉53 | 15 16 | 18 16 | 13 17 | 02 42 | 19 58 | 12 09 | 09 53 | 02 45 | 09 13 | 08 08 |
| 21 | 1:58:24 | 27 45 15 | 21 34 | 27 48 | 18 23 | 14 21 | 03 18 | 20 02 | 12 16 | 09 51 | 02 44 | 09 13 | 08 05 |
| 22 | 2:02:21 | 28 44 54 | 03♊59 | 10♊06 | 18 22℞ | 15 24 | 03 53 | 20 05 | 12 23 | 09 48 | 02 43 | 09 14 | 08 01 |
| 23 | 2:06:17 | 29 44 36 | 16 11 | 22 12 | 18 14 | 16 27 | 04 28 | 20 08 | 12 30 | 09 46 | 02 43 | 09 15 | 07 58 |
| 24 | 2:10:14 | 00♏44 20 | 28 12 | 04♋10 | 17 57 | 17 30 | 05 04 | 20 11 | 12 37 | 09 44 | 02 42 | 09 16 | 07 55 |
| 25 | 2:14:11 | 01 44 06 | 10♋07 | 16 02 | 17 31 | 18 33 | 05 39 | 20 13 | 12 45 | 09 42 | 02 41 | 09 17 | 07 52 |
| 26 | 2:18:07 | 02 43 54 | 21 58 | 27 55 | 16 56 | 19 35 | 06 14 | 20 16 | 12 52 | 09 39 | 02 41 | 09 18 | 07 49 |
| 27 | 2:22:04 | 03 43 45 | 03♌52 | 09♌51 | 16 11 | 20 37 | 06 49 | 20 18 | 12 59 | 09 37 | 02 40 | 09 20 | 07 46 |
| 28 | 2:26:00 | 04 43 37 | 15 52 | 21 57 | 15 19 | 21 38 | 07 24 | 20 20 | 13 06 | 09 35 | 02 39 | 09 21 | 07 42 |
| 29 | 2:29:57 | 05 43 32 | 28 04 | 04♍15 | 14 18 | 22 40 | 07 59 | 20 22 | 13 13 | 09 33 | 02 39 | 09 22 | 07 39 |
| 30 | 2:33:53 | 06 43 29 | 10♍31 | 16 51 | 13 10 | 23 41 | 08 34 | 20 24 | 13 20 | 09 31 | 02 38 | 09 23 | 07 36 |
| 31 | 2:37:50 | 07 43 28 | 23 17 | 29 47 | 11 57 | 24 41 | 09 09 | 20 25 | 13 27 | 09 29 | 02 38 | 09 24 | 07 33 |

0:00 E.T.

## Longitudes of the Major Asteroids and Chiron

| D | ⚳ | ⚴ | ⚵ | ⚶ | ⚷ | D | ⚳ | ⚴ | ⚵ | ⚶ | ⚷ |
|---|---|---|---|---|---|---|---|---|---|---|---|
| 1 | 15♍15 | 10♌40 | 04♒00 | 09♍35 | 10♓13℞ | 17 | 22 22 | 18 57 | 05 37 | 16 53 | 09 39 |
| 2 | 15 42 | 11 12 | 04 03 | 10 02 | 10 11 | 18 | 22 49 | 19 26 | 05 46 | 17 20 | 09 37 |
| 3 | 16 09 | 11 44 | 04 07 | 10 30 | 10 08 | 19 | 23 15 | 19 56 | 05 56 | 17 47 | 09 35 |
| 4 | 16 35 | 12 16 | 04 11 | 10 57 | 10 06 | 20 | 23 41 | 20 26 | 06 06 | 18 14 | 09 34 |
| 5 | 17 02 | 12 48 | 04 15 | 11 25 | 10 04 | 21 | 24 08 | 20 55 | 06 16 | 18 42 | 09 32 |
| 6 | 17 29 | 13 19 | 04 19 | 11 52 | 10 01 | 22 | 24 34 | 21 24 | 06 27 | 19 09 | 09 30 |
| 7 | 17 56 | 13 50 | 04 25 | 12 20 | 09 59 | 23 | 25 00 | 21 53 | 06 38 | 19 36 | 09 29 |
| 8 | 18 23 | 14 22 | 04 30 | 12 47 | 09 57 | 24 | 25 26 | 22 22 | 06 49 | 20 03 | 09 27 |
| 9 | 18 50 | 14 53 | 04 36 | 13 15 | 09 55 | 25 | 25 52 | 22 50 | 07 01 | 20 30 | 09 26 |
| 10 | 19 16 | 15 24 | 04 42 | 13 42 | 09 53 | 26 | 26 18 | 23 19 | 07 13 | 20 56 | 09 25 |
| 11 | 19 43 | 15 55 | 04 49 | 14 09 | 09 50 | 27 | 26 44 | 23 47 | 07 25 | 21 23 | 09 23 |
| 12 | 20 10 | 16 25 | 04 56 | 14 37 | 09 48 | 28 | 27 10 | 24 15 | 07 37 | 21 50 | 09 22 |
| 13 | 20 36 | 16 56 | 05 03 | 15 04 | 09 46 | 29 | 27 36 | 24 43 | 07 50 | 22 17 | 09 21 |
| 14 | 21 03 | 17 26 | 05 11 | 15 31 | 09 44 | 30 | 28 02 | 25 11 | 08 04 | 22 44 | 09 19 |
| 15 | 21 29 | 17 57 | 05 19 | 15 59 | 09 43 | 31 | 28 28 | 25 38 | 08 17 | 23 11 | 09 18 |
| 16 | 21 56 | 18 27 | 05 28 | 16 26 | 09 41 | | | | | | |

## Lunar Data

| Last Asp. | | Ingress | | |
|---|---|---|---|---|
| 1 | 04:49 | 1 | ♍ | 18:53 |
| 3 | 18:59 | 4 | ♎ | 03:01 |
| 5 | 22:29 | 6 | ♏ | 08:34 |
| 8 | 04:55 | 8 | ♐ | 12:23 |
| 10 | 10:12 | 10 | ♑ | 15:18 |
| 12 | 00:06 | 12 | ♒ | 18:01 |
| 14 | 20:29 | 14 | ♓ | 21:07 |
| 16 | 07:16 | 17 | ♈ | 01:19 |
| 18 | 23:39 | 19 | ♉ | 07:28 |
| 20 | 21:03 | 21 | ♊ | 16:15 |
| 23 | 00:36 | 24 | ♋ | 03:37 |
| 25 | 20:32 | 26 | ♌ | 16:13 |
| 28 | 12:27 | 29 | ♍ | 03:46 |
| 31 | 02:49 | | | |

0:00 E.T.

## Declinations

| D | ☉ | ☽ | ☿ | ♀ | ♂ | ♃ | ♄ | ♅ | ♆ | ♇ | ⚳ | ⚴ | ⚵ | ⚶ | ⚷ |
|---|---|---|---|---|---|---|---|---|---|---|---|---|---|---|---|
| 1 | -03 10 | +09 54 | -14 04 | -20 26 | +15 37 | +22 06 | -12 46 | +03 32 | -11 01 | -20 09 | +12 50 | -10 24 | -12 06 | +11 24 | -02 43 |
| 2 | 03 33 | 06 06 | 14 36 | 20 47 | 15 26 | 22 06 | 12 48 | 03 31 | 11 01 | 20 10 | 12 41 | 10 34 | 12 11 | 11 15 | 02 44 |
| 3 | 03 56 | 01 57 | 15 07 | 21 07 | 15 14 | 22 05 | 12 50 | 03 30 | 11 02 | 20 10 | 12 31 | 10 43 | 12 16 | 11 06 | 02 45 |
| 4 | 04 20 | -02 24 | 15 37 | 21 27 | 15 03 | 22 04 | 12 52 | 03 30 | 11 02 | 20 10 | 12 22 | 10 53 | 12 22 | 10 57 | 02 46 |
| 5 | 04 43 | 06 43 | 16 07 | 21 46 | 14 51 | 22 03 | 12 54 | 03 29 | 11 03 | 20 10 | 12 12 | 11 03 | 12 27 | 10 48 | 02 47 |
| 6 | 05 06 | 10 47 | 16 35 | 22 05 | 14 40 | 22 03 | 12 56 | 03 28 | 11 03 | 20 10 | 12 03 | 11 13 | 12 32 | 10 38 | 02 48 |
| 7 | 05 29 | 14 21 | 17 01 | 22 24 | 14 28 | 22 02 | 12 59 | 03 27 | 11 04 | 20 10 | 11 53 | 11 23 | 12 37 | 10 29 | 02 49 |
| 8 | 05 52 | 17 08 | 17 27 | 22 42 | 14 16 | 22 01 | 13 01 | 03 26 | 11 04 | 20 10 | 11 44 | 11 33 | 12 42 | 10 20 | 02 50 |
| 9 | 06 14 | 18 55 | 17 51 | 22 59 | 14 05 | 22 01 | 13 03 | 03 25 | 11 04 | 20 11 | 11 35 | 11 43 | 12 46 | 10 11 | 02 51 |
| 10 | 06 37 | 19 32 | 18 14 | 23 16 | 13 53 | 22 00 | 13 05 | 03 24 | 11 05 | 20 11 | 11 25 | 11 53 | 12 51 | 10 02 | 02 52 |
| 11 | 07 00 | 18 54 | 18 35 | 23 33 | 13 41 | 21 59 | 13 07 | 03 23 | 11 05 | 20 11 | 11 16 | 12 03 | 12 55 | 09 53 | 02 53 |
| 12 | 07 23 | 17 06 | 18 55 | 23 48 | 13 29 | 21 59 | 13 09 | 03 22 | 11 05 | 20 11 | 11 07 | 12 13 | 12 59 | 09 43 | 02 54 |
| 13 | 07 45 | 14 15 | 19 13 | 24 04 | 13 17 | 21 58 | 13 12 | 03 21 | 11 06 | 20 11 | 10 57 | 12 23 | 13 03 | 09 34 | 02 55 |
| 14 | 08 07 | 10 36 | 19 29 | 24 18 | 13 05 | 21 58 | 13 14 | 03 20 | 11 06 | 20 11 | 10 48 | 12 33 | 13 07 | 09 25 | 02 56 |
| 15 | 08 30 | 06 23 | 19 43 | 24 32 | 12 53 | 21 57 | 13 16 | 03 19 | 11 06 | 20 12 | 10 39 | 12 43 | 13 11 | 09 16 | 02 57 |
| 16 | 08 52 | 01 51 | 19 56 | 24 46 | 12 41 | 21 56 | 13 18 | 03 18 | 11 07 | 20 12 | 10 29 | 12 53 | 13 15 | 09 07 | 02 58 |
| 17 | 09 14 | +02 43 | 20 05 | 24 59 | 12 28 | 21 56 | 13 20 | 03 17 | 11 07 | 20 12 | 10 20 | 13 03 | 13 18 | 08 57 | 02 59 |
| 18 | 09 36 | 07 05 | 20 13 | 25 11 | 12 16 | 21 56 | 13 23 | 03 17 | 11 07 | 20 12 | 10 11 | 13 14 | 13 22 | 08 48 | 03 00 |
| 19 | 09 57 | 11 01 | 20 17 | 25 23 | 12 04 | 21 55 | 13 25 | 03 16 | 11 08 | 20 12 | 10 02 | 13 24 | 13 25 | 08 39 | 03 01 |
| 20 | 10 19 | 14 21 | 20 19 | 25 34 | 11 52 | 21 55 | 13 27 | 03 15 | 11 08 | 20 12 | 09 52 | 13 34 | 13 28 | 08 30 | 03 02 |
| 21 | 10 40 | 16 55 | 20 18 | 25 45 | 11 39 | 21 54 | 13 29 | 03 14 | 11 08 | 20 12 | 09 43 | 13 44 | 13 31 | 08 21 | 03 03 |
| 22 | 11 02 | 18 38 | 20 13 | 25 54 | 11 27 | 21 54 | 13 31 | 03 13 | 11 09 | 20 12 | 09 34 | 13 54 | 13 34 | 08 12 | 03 04 |
| 23 | 11 23 | 19 26 | 20 05 | 26 04 | 11 14 | 21 54 | 13 34 | 03 12 | 11 09 | 20 13 | 09 25 | 14 04 | 13 37 | 08 03 | 03 05 |
| 24 | 11 44 | 19 20 | 19 53 | 26 12 | 11 02 | 21 53 | 13 36 | 03 11 | 11 09 | 20 13 | 09 16 | 14 14 | 13 39 | 07 54 | 03 06 |
| 25 | 12 05 | 18 23 | 19 36 | 26 21 | 10 49 | 21 53 | 13 38 | 03 10 | 11 09 | 20 13 | 09 07 | 14 25 | 13 42 | 07 44 | 03 06 |
| 26 | 12 25 | 16 37 | 19 16 | 26 28 | 10 37 | 21 53 | 13 40 | 03 10 | 11 09 | 20 13 | 08 58 | 14 35 | 13 44 | 07 35 | 03 07 |
| 27 | 12 46 | 14 09 | 18 51 | 26 35 | 10 24 | 21 52 | 13 42 | 03 09 | 11 10 | 20 13 | 08 49 | 14 45 | 13 46 | 07 26 | 03 08 |
| 28 | 13 06 | 11 04 | 18 21 | 26 41 | 10 12 | 21 52 | 13 45 | 03 08 | 11 10 | 20 13 | 08 40 | 14 55 | 13 48 | 07 17 | 03 09 |
| 29 | 13 26 | 07 29 | 17 48 | 26 47 | 09 59 | 21 52 | 13 47 | 03 07 | 11 10 | 20 13 | 08 31 | 15 05 | 13 50 | 07 08 | 03 09 |
| 30 | 13 46 | 03 30 | 17 11 | 26 52 | 09 47 | 21 52 | 13 49 | 03 06 | 11 10 | 20 13 | 08 22 | 15 15 | 13 52 | 06 59 | 03 10 |
| 31 | 14 05 | -00 44 | 16 30 | 26 56 | 09 34 | 21 52 | 13 51 | 03 06 | 11 10 | 20 13 | 08 13 | 15 25 | 13 53 | 06 50 | 03 11 |

Lunar Phases -- 5 ● 00:36 11 ◐ 23:03 18 Ⓔ 23:39 26 ◑ 23:42 Sun enters ♏ 10/23 06:11

| 0:00 E.T. | Longitudes of Main Planets - November 2013 | | | | | | | | | | | | Nov. 13 |
|---|---|---|---|---|---|---|---|---|---|---|---|---|---|
| D | S.T. | ☉ | ☽ | ☽ 12:00 | ☿ | ♀ | ♂ | ♃ | ♄ | ♅ | ♆ | ♇ | ☊ |
| 1 | 2:41:46 | 08♏43 29 | 06♎24 | 13♎06 | 10♏40℞ | 25♐41 | 09♍44 | 20♋27 | 13♏35 | 09♈27℞ | 02♓38℞ | 09♑25 | 07♏30 |
| 2 | 2:45:43 | 09 43 33 | 19 53 | 26 46 | 09 23 | 26 41 | 10 18 | 20 28 | 13 42 | 09 25 | 02 37 | 09 27 | 07 26 |
| 3 | 2:49:40 | 10 43 38 | 03♏43 | 10♏46 | 08 06 | 27 41 | 10 53 | 20 29 | 13 49 | 09 23 | 02 37 | 09 28 | 07 23 |
| 4 | 2:53:36 | 11 43 45 | 17 52 | 25 02 | 06 53 | 28 40 | 11 28 | 20 30 | 13 56 | 09 21 | 02 36 | 09 29 | 07 20 |
| 5 | 2:57:33 | 12 43 54 | 02♐15 | 09♐31 | 05 46 | 29 39 | 12 02 | 20 30 | 14 03 | 09 19 | 02 36 | 09 30 | 07 17 |
| 6 | 3:01:29 | 13 44 05 | 16 47 | 24 05 | 04 46 | 00♑37 | 12 36 | 20 31 | 14 11 | 09 17 | 02 36 | 09 32 | 07 14 |
| 7 | 3:05:26 | 14 44 17 | 01♑22 | 08♑38 | 03 56 | 01 35 | 13 11 | 20 31 | 14 18 | 09 15 | 02 36 | 09 33 | 07 11 |
| 8 | 3:09:22 | 15 44 31 | 15 54 | 23 07 | 03 17 | 02 32 | 13 45 | 20 31℞ | 14 25 | 09 13 | 02 35 | 09 35 | 07 07 |
| 9 | 3:13:19 | 16 44 47 | 00♒17 | 07♒25 | 02 50 | 03 29 | 14 19 | 20 30 | 14 32 | 09 12 | 02 35 | 09 36 | 07 04 |
| 10 | 3:17:15 | 17 45 04 | 14 30 | 21 31 | 02 34 | 04 25 | 14 53 | 20 30 | 14 39 | 09 10 | 02 35 | 09 37 | 07 01 |
| 11 | 3:21:12 | 18 45 22 | 28 29 | 05♓23 | 02 30D | 05 21 | 15 27 | 20 29 | 14 47 | 09 08 | 02 35 | 09 39 | 06 58 |
| 12 | 3:25:09 | 19 45 42 | 12♓14 | 19 01 | 02 36 | 06 17 | 16 01 | 20 28 | 14 54 | 09 07 | 02 35 | 09 40 | 06 55 |
| 13 | 3:29:05 | 20 46 03 | 25 44 | 02♈24 | 02 54 | 07 11 | 16 34 | 20 27 | 15 01 | 09 05 | 02 35 | 09 42 | 06 52 |
| 14 | 3:33:02 | 21 46 25 | 09♈00 | 15 33 | 03 21 | 08 05 | 17 08 | 20 26 | 15 08 | 09 03 | 02 35D | 09 43 | 06 48 |
| 15 | 3:36:58 | 22 46 49 | 22 03 | 28 29 | 03 56 | 08 59 | 17 42 | 20 25 | 15 15 | 09 02 | 02 35 | 09 45 | 06 45 |
| 16 | 3:40:55 | 23 47 14 | 04♉52 | 11♉13 | 04 40 | 09 52 | 18 15 | 20 23 | 15 23 | 09 00 | 02 35 | 09 46 | 06 42 |
| 17 | 3:44:51 | 24 47 41 | 17 30 | 23 44 | 05 31 | 10 44 | 18 48 | 20 21 | 15 30 | 08 59 | 02 35 | 09 48 | 06 39 |
| 18 | 3:48:48 | 25 48 09 | 29 56 | 06♊05 | 06 28 | 11 35 | 19 22 | 20 19 | 15 37 | 08 57 | 02 35 | 09 50 | 06 36 |
| 19 | 3:52:44 | 26 48 39 | 12♊12 | 18 16 | 07 30 | 12 26 | 19 55 | 20 17 | 15 44 | 08 56 | 02 35 | 09 51 | 06 32 |
| 20 | 3:56:41 | 27 49 11 | 24 18 | 00♋18 | 08 37 | 13 16 | 20 28 | 20 14 | 15 51 | 08 55 | 02 35 | 09 53 | 06 29 |
| 21 | 4:00:38 | 28 49 44 | 06♋16 | 12 14 | 09 48 | 14 05 | 21 01 | 20 12 | 15 58 | 08 53 | 02 36 | 09 55 | 06 26 |
| 22 | 4:04:34 | 29 50 19 | 18 10 | 24 06 | 11 03 | 14 54 | 21 34 | 20 09 | 16 05 | 08 52 | 02 36 | 09 56 | 06 23 |
| 23 | 4:08:31 | 00♐50 56 | 00♌01 | 05♌57 | 12 21 | 15 41 | 22 07 | 20 06 | 16 12 | 08 51 | 02 36 | 09 58 | 06 20 |
| 24 | 4:12:27 | 01 51 34 | 11 54 | 17 52 | 13 41 | 16 28 | 22 39 | 20 03 | 16 19 | 08 50 | 02 37 | 10 00 | 06 17 |
| 25 | 4:16:24 | 02 52 14 | 23 52 | 29 54 | 15 03 | 17 14 | 23 12 | 19 59 | 16 26 | 08 48 | 02 37 | 10 02 | 06 13 |
| 26 | 4:20:20 | 03 52 55 | 06♍00 | 12♍09 | 16 27 | 17 58 | 23 44 | 19 56 | 16 33 | 08 47 | 02 37 | 10 03 | 06 10 |
| 27 | 4:24:17 | 04 53 38 | 18 22 | 24 40 | 17 53 | 18 42 | 24 17 | 19 52 | 16 40 | 08 46 | 02 38 | 10 05 | 06 07 |
| 28 | 4:28:13 | 05 54 23 | 01♎04 | 07♎33 | 19 20 | 19 25 | 24 49 | 19 48 | 16 47 | 08 45 | 02 38 | 10 07 | 06 04 |
| 29 | 4:32:10 | 06 55 09 | 14 09 | 20 51 | 20 47 | 20 06 | 25 21 | 19 44 | 16 54 | 08 44 | 02 39 | 10 09 | 06 01 |
| 30 | 4:36:07 | 07 55 57 | 27 40 | 04♏35 | 22 16 | 20 47 | 25 53 | 19 39 | 17 01 | 08 43 | 02 39 | 10 11 | 05 58 |

| 0:00 E.T. | Longitudes of the Major Asteroids and Chiron | | | | | | | | | | Lunar Data | |
|---|---|---|---|---|---|---|---|---|---|---|---|---|
| D | ⚳ | ⚴ | ⚵ | ⚶ | ⚷ | D | ⚳ | ⚴ | ⚵ | ⚶ | ⚷ | Last Asp. | Ingress |
| 1 | 28♍54 | 26♌05 | 08♒31 | 23♍37 | 09♓17℞ | 16 | 05 11 | 02 25 | 12 33 | 00♎11 | 09 08 | 2 12:48 | 2 ♏ 17:36 |
| 2 | 29 19 | 26 32 | 08 45 | 24 04 | 09 16 | 17 | 05 36 | 02 48 | 12 51 | 00 37 | 09 07 | 4 04:24 | 4 ♐ 20:15 |
| 3 | 29 45 | 26 59 | 09 00 | 24 30 | 09 15 | 18 | 06 00 | 03 11 | 13 09 | 01 02 | 09 07 | 5 16:49 | 6 ♑ 21:45 |
| 4 | 00♎10 | 27 25 | 09 14 | 24 57 | 09 14 | 19 | 06 25 | 03 33 | 13 28 | 01 28 | 09 07 | 8 07:40 | 8 ♒ 23:31 |
| 5 | 00 36 | 27 52 | 09 29 | 25 23 | 09 13 | 20 | 06 49 | 03 56 | 13 47 | 01 54 | 09 07D | 10 05:58 | 11 ♓ 02:38 |
| 6 | 01 01 | 28 18 | 09 45 | 25 50 | 09 13 | 21 | 07 13 | 04 18 | 14 06 | 02 19 | 09 07 | 12 14:35 | 13 ♈ 07:40 |
| 7 | 01 27 | 28 44 | 10 00 | 26 16 | 09 12 | 22 | 07 37 | 04 40 | 14 25 | 02 45 | 09 07 | 14 20:59 | 15 ♉ 14:50 |
| 8 | 01 52 | 29 09 | 10 16 | 26 43 | 09 11 | 23 | 08 01 | 05 01 | 14 45 | 03 10 | 09 08 | 17 15:17 | 18 ♊ 00:08 |
| 9 | 02 17 | 29 35 | 10 32 | 27 09 | 09 11 | 24 | 08 25 | 05 22 | 15 04 | 03 35 | 09 08 | 19 16:01 | 20 ♋ 11:24 |
| 10 | 02 42 | 00 00 | 10 49 | 27 35 | 09 10 | 25 | 08 49 | 05 43 | 15 24 | 04 00 | 09 08 | 22 07:12 | 22 ♌ 23:58 |
| 11 | 03 07 | 00♍25 | 11 05 | 28 01 | 09 09 | 26 | 09 13 | 06 03 | 15 45 | 04 25 | 09 08 | 24 08:60 | 25 ♍ 12:12 |
| 12 | 03 32 | 00 49 | 11 22 | 28 27 | 09 09 | 27 | 09 36 | 06 23 | 16 05 | 04 50 | 09 09 | 27 11:45 | 27 ♎ 22:00 |
| 13 | 03 57 | 01 13 | 11 40 | 28 53 | 09 09 | 28 | 10 00 | 06 43 | 16 26 | 05 15 | 09 09 | 29 11:14 | 30 ♏ 04:04 |
| 14 | 04 22 | 01 37 | 11 57 | 29 19 | 09 08 | 29 | 10 23 | 07 02 | 16 46 | 05 40 | 09 10 | | |
| 15 | 04 47 | 02 01 | 12 15 | 29 45 | 09 08 | 30 | 10 47 | 07 21 | 17 07 | 06 05 | 09 10 | | |

| 0:00 E.T. | Declinations | | | | | | | | | | | | | | |
|---|---|---|---|---|---|---|---|---|---|---|---|---|---|---|---|
| D | ☉ | ☽ | ☿ | ♀ | ♂ | ♃ | ♄ | ♅ | ♆ | ♇ | ⚳ | ⚴ | ⚵ | ⚶ | ⚷ |
| 1 | -14 24 | -05 04 | -15 47 | -27 00 | +09 22 | +21 52 | -13 53 | +03 05 | -11 11 | -20 13 | +08 05 | -15 35 | -13 55 | +06 41 | -03 12 |
| 2 | 14 44 | 09 17 | 15 03 | 27 03 | 09 09 | 21 52 | 13 55 | 03 04 | 11 11 | 20 14 | 07 56 | 15 45 | 13 56 | 06 32 | 03 12 |
| 3 | 15 02 | 13 06 | 14 19 | 27 05 | 08 56 | 21 52 | 13 58 | 03 03 | 11 11 | 20 14 | 07 47 | 15 55 | 13 57 | 06 24 | 03 13 |
| 4 | 15 21 | 16 15 | 13 36 | 27 07 | 08 44 | 21 52 | 14 00 | 03 03 | 11 11 | 20 14 | 07 38 | 16 05 | 13 58 | 06 15 | 03 14 |
| 5 | 15 39 | 18 27 | 12 55 | 27 09 | 08 31 | 21 52 | 14 02 | 03 02 | 11 11 | 20 14 | 07 30 | 16 15 | 13 59 | 06 06 | 03 14 |
| 6 | 15 58 | 19 28 | 12 18 | 27 09 | 08 19 | 21 52 | 14 04 | 03 01 | 11 11 | 20 14 | 07 21 | 16 25 | 14 00 | 05 57 | 03 15 |
| 7 | 16 15 | 19 10 | 11 45 | 27 10 | 08 06 | 21 52 | 14 06 | 03 00 | 11 11 | 20 14 | 07 13 | 16 34 | 14 00 | 05 48 | 03 16 |
| 8 | 16 33 | 17 37 | 11 18 | 27 09 | 07 53 | 21 52 | 14 08 | 03 00 | 11 11 | 20 14 | 07 04 | 16 44 | 14 01 | 05 40 | 03 16 |
| 9 | 16 50 | 14 58 | 10 56 | 27 08 | 07 41 | 21 52 | 14 10 | 02 59 | 11 11 | 20 14 | 06 56 | 16 54 | 14 01 | 05 31 | 03 17 |
| 10 | 17 07 | 11 27 | 10 39 | 27 06 | 07 28 | 21 52 | 14 13 | 02 58 | 11 11 | 20 14 | 06 47 | 17 03 | 14 02 | 05 22 | 03 17 |
| 11 | 17 24 | 07 22 | 10 29 | 27 04 | 07 15 | 21 53 | 14 15 | 02 58 | 11 11 | 20 14 | 06 39 | 17 13 | 14 02 | 05 14 | 03 18 |
| 12 | 17 40 | 02 57 | 10 23 | 27 02 | 07 03 | 21 53 | 14 17 | 02 57 | 11 11 | 20 14 | 06 31 | 17 23 | 14 02 | 05 05 | 03 18 |
| 13 | 17 57 | +01 33 | 10 24 | 26 58 | 06 50 | 21 53 | 14 19 | 02 56 | 11 11 | 20 14 | 06 22 | 17 32 | 14 01 | 04 56 | 03 19 |
| 14 | 18 12 | 05 54 | 10 29 | 26 54 | 06 38 | 21 54 | 14 21 | 02 56 | 11 11 | 20 14 | 06 14 | 17 41 | 14 01 | 04 48 | 03 19 |
| 15 | 18 28 | 09 55 | 10 38 | 26 50 | 06 25 | 21 54 | 14 23 | 02 55 | 11 11 | 20 14 | 06 06 | 17 51 | 14 01 | 04 39 | 03 20 |
| 16 | 18 43 | 13 24 | 10 51 | 26 45 | 06 12 | 21 54 | 14 25 | 02 55 | 11 11 | 20 14 | 05 58 | 18 00 | 14 00 | 04 31 | 03 20 |
| 17 | 18 58 | 16 11 | 11 07 | 26 40 | 06 00 | 21 55 | 14 27 | 02 54 | 11 11 | 20 14 | 05 50 | 18 09 | 13 59 | 04 23 | 03 20 |
| 18 | 19 12 | 18 11 | 11 27 | 26 34 | 05 47 | 21 55 | 14 29 | 02 54 | 11 11 | 20 15 | 05 42 | 18 18 | 13 58 | 04 14 | 03 21 |
| 19 | 19 26 | 19 18 | 11 49 | 26 28 | 05 35 | 21 56 | 14 31 | 02 53 | 11 11 | 20 15 | 05 34 | 18 27 | 13 57 | 04 06 | 03 21 |
| 20 | 19 40 | 19 30 | 12 13 | 26 21 | 05 22 | 21 56 | 14 33 | 02 53 | 11 11 | 20 15 | 05 26 | 18 36 | 13 56 | 03 58 | 03 21 |
| 21 | 19 54 | 18 49 | 12 38 | 26 13 | 05 10 | 21 57 | 14 35 | 02 52 | 11 11 | 20 15 | 05 18 | 18 45 | 13 55 | 03 50 | 03 22 |
| 22 | 20 07 | 17 18 | 13 05 | 26 06 | 04 57 | 21 57 | 14 37 | 02 52 | 11 11 | 20 15 | 05 11 | 18 54 | 13 54 | 03 41 | 03 22 |
| 23 | 20 19 | 15 04 | 13 33 | 25 58 | 04 45 | 21 58 | 14 39 | 02 51 | 11 11 | 20 15 | 05 03 | 19 02 | 13 52 | 03 33 | 03 22 |
| 24 | 20 32 | 12 12 | 14 02 | 25 49 | 04 33 | 21 58 | 14 41 | 02 51 | 11 11 | 20 15 | 04 55 | 19 11 | 13 51 | 03 25 | 03 23 |
| 25 | 20 44 | 08 49 | 14 31 | 25 40 | 04 20 | 21 59 | 14 43 | 02 50 | 11 10 | 20 15 | 04 48 | 19 19 | 13 49 | 03 17 | 03 23 |
| 26 | 20 55 | 05 02 | 15 01 | 25 31 | 04 08 | 22 00 | 14 45 | 02 50 | 11 10 | 20 15 | 04 40 | 19 28 | 13 47 | 03 09 | 03 23 |
| 27 | 21 07 | 00 57 | 15 31 | 25 21 | 03 56 | 22 00 | 14 47 | 02 50 | 11 10 | 20 15 | 04 33 | 19 36 | 13 45 | 03 02 | 03 23 |
| 28 | 21 17 | -03 16 | 16 01 | 25 11 | 03 44 | 22 01 | 14 49 | 02 49 | 11 10 | 20 15 | 04 26 | 19 44 | 13 43 | 02 54 | 03 23 |
| 29 | 21 28 | 07 29 | 16 30 | 25 00 | 03 31 | 22 02 | 14 51 | 02 49 | 11 10 | 20 15 | 04 18 | 19 52 | 13 40 | 02 46 | 03 23 |
| 30 | 21 38 | 11 28 | 17 00 | 24 50 | 03 19 | 22 03 | 14 53 | 02 49 | 11 10 | 20 15 | 04 11 | 20 00 | 13 38 | 02 38 | 03 24 |

Lunar Phases -- 3 ● 12:51 ☄ 10 ◐ 05:58 17 Ⓔ 15:17 25 ◑ 19:29 Sun enters ♐ 11/22 03:50

## Longitudes of Main Planets - December 2013

0:00 E.T.

| D | S.T. | ☉ | ☽ | ☽ 12:00 | ☿ | ♀ | ♂ | ♃ | ♄ | ♅ | ♆ | ♇ | ☊ |
|---|---|---|---|---|---|---|---|---|---|---|---|---|---|
| 1 | 4:40:03 | 08♐56 46 | 11♏38 | 18♏46 | 23♏46 | 21♑26 | 26♍25 | 19♋35℞ | 17♏08 | 08♈42℞ | 02♓40 | 10♑12 | 05♏54 |
| 2 | 4:44:00 | 09 57 37 | 26 01 | 03♐21 | 25 16 | 22 04 | 26 56 | 19 30 | 17 15 | 08 42 | 02 40 | 10 14 | 05 51 |
| 3 | 4:47:56 | 10 58 28 | 10♐45 | 18 13 | 26 47 | 22 41 | 27 28 | 19 25 | 17 22 | 08 41 | 02 41 | 10 16 | 05 48 |
| 4 | 4:51:53 | 11 59 21 | 25 43 | 03♑14 | 28 18 | 23 17 | 28 00 | 19 20 | 17 28 | 08 40 | 02 42 | 10 18 | 05 45 |
| 5 | 4:55:49 | 13 00 15 | 10♑45 | 18 16 | 29 50 | 23 51 | 28 31 | 19 15 | 17 35 | 08 40 | 02 42 | 10 20 | 05 42 |
| 6 | 4:59:46 | 14 01 10 | 25 44 | 03♒08 | 01♐21 | 24 24 | 29 02 | 19 10 | 17 42 | 08 39 | 02 43 | 10 22 | 05 38 |
| 7 | 5:03:42 | 15 02 06 | 10♒29 | 17 45 | 02 53 | 24 55 | 29 33 | 19 04 | 17 49 | 08 38 | 02 44 | 10 24 | 05 35 |
| 8 | 5:07:39 | 16 03 02 | 24 55 | 02♓00 | 04 26 | 25 25 | 00♎04 | 18 59 | 17 55 | 08 38 | 02 45 | 10 26 | 05 32 |
| 9 | 5:11:36 | 17 03 59 | 08♓59 | 15 53 | 05 58 | 25 53 | 00 35 | 18 53 | 18 02 | 08 37 | 02 46 | 10 28 | 05 29 |
| 10 | 5:15:32 | 18 04 57 | 22 41 | 29 23 | 07 31 | 26 19 | 01 06 | 18 47 | 18 08 | 08 37 | 02 47 | 10 30 | 05 26 |
| 11 | 5:19:29 | 19 05 55 | 06♈00 | 12♈33 | 09 03 | 26 44 | 01 36 | 18 41 | 18 15 | 08 37 | 02 47 | 10 32 | 05 23 |
| 12 | 5:23:25 | 20 06 54 | 19 01 | 25 24 | 10 36 | 27 06 | 02 07 | 18 34 | 18 21 | 08 36 | 02 48 | 10 34 | 05 19 |
| 13 | 5:27:22 | 21 07 54 | 01♉45 | 08♉01 | 12 09 | 27 27 | 02 37 | 18 28 | 18 28 | 08 36 | 02 49 | 10 36 | 05 16 |
| 14 | 5:31:18 | 22 08 54 | 14 15 | 20 26 | 13 42 | 27 46 | 03 07 | 18 21 | 18 34 | 08 36 | 02 50 | 10 38 | 05 13 |
| 15 | 5:35:15 | 23 09 54 | 26 35 | 02♊42 | 15 15 | 28 03 | 03 37 | 18 15 | 18 41 | 08 36 | 02 51 | 10 40 | 05 10 |
| 16 | 5:39:11 | 24 10 55 | 08♊47 | 14 50 | 16 48 | 28 18 | 04 07 | 18 08 | 18 47 | 08 35 | 02 52 | 10 42 | 05 07 |
| 17 | 5:43:08 | 25 11 57 | 20 51 | 26 51 | 18 22 | 28 30 | 04 36 | 18 01 | 18 53 | 08 35 | 02 54 | 10 44 | 05 04 |
| 18 | 5:47:05 | 26 13 00 | 02♋50 | 08♋48 | 19 55 | 28 41 | 05 06 | 17 54 | 19 00 | 08 35D | 02 55 | 10 46 | 05 00 |
| 19 | 5:51:01 | 27 14 03 | 14 46 | 20 42 | 21 29 | 28 49 | 05 35 | 17 47 | 19 06 | 08 35 | 02 56 | 10 48 | 04 57 |
| 20 | 5:54:58 | 28 15 07 | 26 38 | 02♌34 | 23 03 | 28 54 | 06 04 | 17 40 | 19 12 | 08 35 | 02 57 | 10 50 | 04 54 |
| 21 | 5:58:54 | 29 16 12 | 08♌30 | 14 26 | 24 37 | 28 58 | 06 33 | 17 33 | 19 18 | 08 36 | 02 58 | 10 52 | 04 51 |
| 22 | 6:02:51 | 00♑17 17 | 20 23 | 26 20 | 26 11 | 28 59℞ | 07 02 | 17 25 | 19 24 | 08 36 | 03 00 | 10 54 | 04 48 |
| 23 | 6:06:47 | 01 18 23 | 02♍20 | 08♍21 | 27 45 | 28 57 | 07 30 | 17 18 | 19 30 | 08 36 | 03 01 | 10 56 | 04 44 |
| 24 | 6:10:44 | 02 19 29 | 14 26 | 20 33 | 29 20 | 28 54 | 07 59 | 17 10 | 19 36 | 08 36 | 03 02 | 10 58 | 04 41 |
| 25 | 6:14:40 | 03 20 36 | 26 44 | 02♎59 | 00♑54 | 28 47 | 08 27 | 17 02 | 19 42 | 08 37 | 03 03 | 11 01 | 04 38 |
| 26 | 6:18:37 | 04 21 44 | 09♎19 | 15 44 | 02 29 | 28 38 | 08 55 | 16 55 | 19 48 | 08 37 | 03 05 | 11 03 | 04 35 |
| 27 | 6:22:34 | 05 22 52 | 22 16 | 28 53 | 04 05 | 28 27 | 09 23 | 16 47 | 19 53 | 08 38 | 03 06 | 11 05 | 04 32 |
| 28 | 6:26:30 | 06 24 01 | 05♏38 | 12♏31 | 05 40 | 28 13 | 09 50 | 16 39 | 19 59 | 08 38 | 03 08 | 11 07 | 04 29 |
| 29 | 6:30:27 | 07 25 11 | 19 30 | 26 37 | 07 16 | 27 57 | 10 18 | 16 31 | 20 05 | 08 39 | 03 09 | 11 09 | 04 25 |
| 30 | 6:34:23 | 08 26 21 | 03♐51 | 11♐12 | 08 52 | 27 38 | 10 45 | 16 23 | 20 10 | 08 39 | 03 11 | 11 11 | 04 22 |
| 31 | 6:38:20 | 09 27 32 | 18 39 | 26 11 | 10 28 | 27 17 | 11 12 | 16 15 | 20 16 | 08 40 | 03 12 | 11 13 | 04 19 |

0:00 E.T.

## Longitudes of the Major Asteroids and Chiron

| D | ⚳ | ⚴ | ⚵ | ⚶ | ⚷ |
|---|---|---|---|---|---|
| 1 | 11♎10 | 07♍40 | 17♒29 | 06♎30 | 09♓11 |
| 2 | 11 33 | 07 58 | 17 50 | 06 54 | 09 12 |
| 3 | 11 56 | 08 16 | 18 12 | 07 19 | 09 13 |
| 4 | 12 19 | 08 34 | 18 33 | 07 43 | 09 13 |
| 5 | 12 42 | 08 51 | 18 55 | 08 07 | 09 14 |
| 6 | 13 04 | 09 07 | 19 18 | 08 31 | 09 15 |
| 7 | 13 27 | 09 24 | 19 40 | 08 55 | 09 16 |
| 8 | 13 49 | 09 39 | 20 03 | 09 19 | 09 17 |
| 9 | 14 11 | 09 55 | 20 25 | 09 43 | 09 18 |
| 10 | 14 33 | 10 10 | 20 48 | 10 07 | 09 19 |
| 11 | 14 55 | 10 24 | 21 11 | 10 30 | 09 21 |
| 12 | 15 17 | 10 39 | 21 34 | 10 54 | 09 22 |
| 13 | 15 39 | 10 52 | 21 58 | 11 17 | 09 23 |
| 14 | 16 00 | 11 05 | 22 21 | 11 40 | 09 25 |
| 15 | 16 22 | 11 18 | 22 45 | 12 03 | 09 26 |
| 16 | 16 43 | 11 30 | 23 09 | 12 26 | 09 28 |
| 17 | 17 04 | 11 42 | 23 33 | 12 49 | 09 29 |
| 18 | 17 25 | 11 53 | 23 58 | 13 11 | 09 31 |
| 19 | 17 46 | 12 04 | 24 22 | 13 34 | 09 32 |
| 20 | 18 06 | 12 15 | 24 46 | 13 56 | 09 34 |
| 21 | 18 27 | 12 24 | 25 11 | 14 19 | 09 36 |
| 22 | 18 47 | 12 34 | 25 36 | 14 41 | 09 38 |
| 23 | 19 07 | 12 42 | 26 01 | 15 03 | 09 39 |
| 24 | 19 27 | 12 51 | 26 26 | 15 24 | 09 41 |
| 25 | 19 47 | 12 58 | 26 51 | 15 46 | 09 43 |
| 26 | 20 07 | 13 05 | 27 17 | 16 07 | 09 45 |
| 27 | 20 26 | 13 12 | 27 42 | 16 29 | 09 47 |
| 28 | 20 45 | 13 18 | 28 08 | 16 50 | 09 50 |
| 29 | 21 05 | 13 23 | 28 34 | 17 11 | 09 52 |
| 30 | 21 23 | 13 28 | 29 00 | 17 32 | 09 54 |
| 31 | 21 42 | 13 32 | 29 26 | 17 52 | 09 56 |

## Lunar Data

| Last Asp. | | Ingress | | |
|---|---|---|---|---|
| 2 | 01:35 | 2 | ♐ | 06:32 |
| 4 | 03:46 | 4 | ♑ | 06:51 |
| 6 | 05:33 | 6 | ♒ | 06:55 |
| 7 | 12:12 | 8 | ♓ | 08:36 |
| 10 | 06:42 | 10 | ♈ | 13:07 |
| 12 | 15:38 | 12 | ♉ | 20:41 |
| 15 | 02:56 | 15 | ♊ | 06:42 |
| 17 | 09:29 | 17 | ♋ | 18:18 |
| 20 | 04:38 | 20 | ♌ | 06:49 |
| 22 | 13:26 | 22 | ♍ | 19:20 |
| 25 | 03:56 | 25 | ♎ | 06:18 |
| 27 | 11:01 | 27 | ♏ | 13:59 |
| 29 | 13:55 | 29 | ♐ | 17:38 |
| 30 | 11:37 | 31 | ♑ | 18:02 |

0:00 E.T.

## Declinations

| D | ☉ | ☽ | ☿ | ♀ | ♂ | ♃ | ♄ | ♅ | ♆ | ♇ | ⚳ | ⚴ | ⚵ | ⚶ | ⚷ |
|---|---|---|---|---|---|---|---|---|---|---|---|---|---|---|---|
| 1 | -21 47 | -14 57 | -17 29 | -24 39 | +03 07 | +22 03 | -14 55 | +02 48 | -11 09 | -20 15 | +04 04 | -20 08 | -13 36 | +02 31 | -03 24 |
| 2 | 21 56 | 17 38 | 17 58 | 24 27 | 02 55 | 22 04 | 14 57 | 02 48 | 11 09 | 20 15 | 03 57 | 20 15 | 13 33 | 02 23 | 03 24 |
| 3 | 22 05 | 19 13 | 18 26 | 24 16 | 02 43 | 22 05 | 14 58 | 02 48 | 11 09 | 20 15 | 03 50 | 20 23 | 13 30 | 02 16 | 03 24 |
| 4 | 22 13 | 19 29 | 18 53 | 24 04 | 02 31 | 22 06 | 15 00 | 02 47 | 11 09 | 20 15 | 03 43 | 20 30 | 13 27 | 02 08 | 03 24 |
| 5 | 22 21 | 18 23 | 19 20 | 23 52 | 02 19 | 22 07 | 15 02 | 02 47 | 11 08 | 20 15 | 03 37 | 20 37 | 13 24 | 02 01 | 03 24 |
| 6 | 22 29 | 16 00 | 19 46 | 23 40 | 02 07 | 22 08 | 15 04 | 02 47 | 11 08 | 20 15 | 03 30 | 20 44 | 13 21 | 01 54 | 03 24 |
| 7 | 22 36 | 12 38 | 20 12 | 23 27 | 01 55 | 22 08 | 15 06 | 02 47 | 11 08 | 20 15 | 03 23 | 20 51 | 13 18 | 01 47 | 03 24 |
| 8 | 22 42 | 08 34 | 20 36 | 23 15 | 01 44 | 22 09 | 15 07 | 02 47 | 11 07 | 20 15 | 03 17 | 20 57 | 13 14 | 01 40 | 03 24 |
| 9 | 22 48 | 04 07 | 21 00 | 23 02 | 01 32 | 22 10 | 15 09 | 02 46 | 11 07 | 20 15 | 03 10 | 21 04 | 13 11 | 01 33 | 03 24 |
| 10 | 22 54 | +00 25 | 21 22 | 22 49 | 01 20 | 22 11 | 15 11 | 02 46 | 11 07 | 20 15 | 03 04 | 21 10 | 13 07 | 01 26 | 03 23 |
| 11 | 22 59 | 04 50 | 21 44 | 22 36 | 01 09 | 22 12 | 15 13 | 02 46 | 11 06 | 20 15 | 02 58 | 21 16 | 13 03 | 01 19 | 03 23 |
| 12 | 23 04 | 08 56 | 22 04 | 22 23 | 00 57 | 22 13 | 15 14 | 02 46 | 11 06 | 20 15 | 02 51 | 21 22 | 13 00 | 01 12 | 03 23 |
| 13 | 23 08 | 12 32 | 22 24 | 22 10 | 00 46 | 22 14 | 15 16 | 02 46 | 11 06 | 20 15 | 02 45 | 21 28 | 12 56 | 01 05 | 03 23 |
| 14 | 23 12 | 15 30 | 22 43 | 21 57 | 00 35 | 22 15 | 15 18 | 02 46 | 11 05 | 20 15 | 02 39 | 21 33 | 12 51 | 00 59 | 03 23 |
| 15 | 23 16 | 17 42 | 23 00 | 21 44 | 00 23 | 22 16 | 15 19 | 02 46 | 11 05 | 20 15 | 02 33 | 21 38 | 12 47 | 00 52 | 03 23 |
| 16 | 23 18 | 19 05 | 23 16 | 21 30 | 00 12 | 22 17 | 15 21 | 02 46 | 11 05 | 20 14 | 02 27 | 21 43 | 12 43 | 00 46 | 03 22 |
| 17 | 23 21 | 19 34 | 23 31 | 21 17 | 00 01 | 22 19 | 15 23 | 02 46 | 11 04 | 20 14 | 02 22 | 21 48 | 12 38 | 00 40 | 03 22 |
| 18 | 23 23 | 19 10 | 23 45 | 21 04 | -00 10 | 22 20 | 15 24 | 02 46 | 11 04 | 20 14 | 02 16 | 21 53 | 12 34 | 00 33 | 03 22 |
| 19 | 23 24 | 17 55 | 23 58 | 20 51 | 00 21 | 22 21 | 15 26 | 02 46 | 11 03 | 20 14 | 02 11 | 21 57 | 12 29 | 00 27 | 03 21 |
| 20 | 23 25 | 15 54 | 24 10 | 20 38 | 00 32 | 22 22 | 15 27 | 02 46 | 11 03 | 20 14 | 02 05 | 22 01 | 12 24 | 00 21 | 03 21 |
| 21 | 23 26 | 13 14 | 24 20 | 20 25 | 00 43 | 22 23 | 15 29 | 02 46 | 11 02 | 20 14 | 02 00 | 22 05 | 12 19 | 00 15 | 03 21 |
| 22 | 23 26 | 10 01 | 24 29 | 20 12 | 00 54 | 22 24 | 15 30 | 02 46 | 11 02 | 20 14 | 01 54 | 22 09 | 12 14 | 00 09 | 03 20 |
| 23 | 23 26 | 06 23 | 24 37 | 19 59 | 01 04 | 22 25 | 15 32 | 02 46 | 11 02 | 20 14 | 01 49 | 22 12 | 12 09 | 00 03 | 03 20 |
| 24 | 23 25 | 02 27 | 24 43 | 19 47 | 01 15 | 22 26 | 15 33 | 02 47 | 11 01 | 20 14 | 01 44 | 22 15 | 12 04 | -00 02 | 03 20 |
| 25 | 23 24 | -01 39 | 24 48 | 19 34 | 01 25 | 22 27 | 15 35 | 02 47 | 11 01 | 20 14 | 01 39 | 22 18 | 11 59 | 00 08 | 03 19 |
| 26 | 23 22 | 05 47 | 24 52 | 19 22 | 01 36 | 22 28 | 15 36 | 02 47 | 11 00 | 20 14 | 01 34 | 22 20 | 11 53 | 00 13 | 03 19 |
| 27 | 23 20 | 09 47 | 24 54 | 19 10 | 01 46 | 22 30 | 15 38 | 02 47 | 11 00 | 20 14 | 01 30 | 22 22 | 11 48 | 00 19 | 03 18 |
| 28 | 23 17 | 13 25 | 24 55 | 18 58 | 01 56 | 22 31 | 15 39 | 02 47 | 10 59 | 20 14 | 01 25 | 22 24 | 11 42 | 00 24 | 03 18 |
| 29 | 23 14 | 16 26 | 24 54 | 18 46 | 02 06 | 22 32 | 15 40 | 02 48 | 10 58 | 20 14 | 01 20 | 22 26 | 11 36 | 00 29 | 03 17 |
| 30 | 23 10 | 18 34 | 24 52 | 18 35 | 02 16 | 22 33 | 15 42 | 02 48 | 10 58 | 20 14 | 01 16 | 22 27 | 11 30 | 00 34 | 03 17 |
| 31 | 23 06 | 19 30 | 24 49 | 18 24 | 02 26 | 22 34 | 15 43 | 02 48 | 10 57 | 20 14 | 01 12 | 22 28 | 11 24 | 00 39 | 03 16 |

Lunar Phases -- 3 ● 00:23 9 ◐ 15:13 17 ○ 09:29 25 ◑ 13:49 Sun enters ♑ 12/21 17:13

# 0:00 E.T. — Longitudes of Main Planets - January 2014 — Jan. 14

| D | S.T. | ☉ | ☽ | ☽ 12:00 | ☿ | ♀ | ♂ | ♃ | ♄ | ♅ | ♆ | ♇ | ☊ |
|---|------|---|---|---------|---|---|---|---|---|---|---|---|---|
| 1 | 6:42:16 | 10♑28 42 | 03♑47 | 11♑26 | 12♑05 | 26♑54℞ | 11♎39 | 16♋07℞ | 20♏21 | 08♈41 | 03♓14 | 11♑15 | 04♏16 |
| 2 | 6:46:13 | 11 29 53 | 19 06 | 26 46 | 13 42 | 26 29 | 12 05 | 15 59 | 20 27 | 08 41 | 03 15 | 11 17 | 04 13 |
| 3 | 6:50:09 | 12 31 04 | 04♒24 | 12♒00 | 15 19 | 26 01 | 12 31 | 15 51 | 20 32 | 08 42 | 03 17 | 11 20 | 04 09 |
| 4 | 6:54:06 | 13 32 15 | 19 31 | 26 57 | 16 57 | 25 32 | 12 57 | 15 43 | 20 37 | 08 43 | 03 18 | 11 22 | 04 06 |
| 5 | 6:58:03 | 14 33 25 | 04♓16 | 11♓29 | 18 35 | 25 01 | 13 23 | 15 35 | 20 43 | 08 44 | 03 20 | 11 24 | 04 03 |
| 6 | 7:01:59 | 15 34 35 | 18 34 | 25 33 | 20 13 | 24 29 | 13 49 | 15 27 | 20 48 | 08 45 | 03 22 | 11 26 | 04 00 |
| 7 | 7:05:56 | 16 35 45 | 02♈24 | 09♈08 | 21 52 | 23 55 | 14 14 | 15 18 | 20 53 | 08 46 | 03 23 | 11 28 | 03 57 |
| 8 | 7:09:52 | 17 36 54 | 15 46 | 22 17 | 23 31 | 23 20 | 14 39 | 15 10 | 20 58 | 08 47 | 03 25 | 11 30 | 03 54 |
| 9 | 7:13:49 | 18 38 03 | 28 43 | 05♉04 | 25 10 | 22 44 | 15 04 | 15 02 | 21 03 | 08 48 | 03 27 | 11 32 | 03 50 |
| 10 | 7:17:45 | 19 39 11 | 11♉20 | 17 32 | 26 50 | 22 08 | 15 29 | 14 54 | 21 08 | 08 49 | 03 29 | 11 34 | 03 47 |
| 11 | 7:21:42 | 20 40 19 | 23 41 | 29 46 | 28 30 | 21 31 | 15 53 | 14 46 | 21 12 | 08 51 | 03 30 | 11 36 | 03 44 |
| 12 | 7:25:38 | 21 41 27 | 05♊50 | 11♊51 | 00♒10 | 20 54 | 16 17 | 14 38 | 21 17 | 08 52 | 03 32 | 11 38 | 03 41 |
| 13 | 7:29:35 | 22 42 34 | 17 51 | 23 49 | 01 50 | 20 17 | 16 41 | 14 30 | 21 22 | 08 53 | 03 34 | 11 41 | 03 38 |
| 14 | 7:33:32 | 23 43 40 | 29 47 | 05♋44 | 03 31 | 19 41 | 17 04 | 14 22 | 21 26 | 08 54 | 03 36 | 11 43 | 03 35 |
| 15 | 7:37:28 | 24 44 46 | 11♋41 | 17 37 | 05 11 | 19 05 | 17 27 | 14 14 | 21 31 | 08 56 | 03 38 | 11 45 | 03 31 |
| 16 | 7:41:25 | 25 45 51 | 23 33 | 29 29 | 06 52 | 18 31 | 17 50 | 14 07 | 21 35 | 08 57 | 03 39 | 11 47 | 03 28 |
| 17 | 7:45:21 | 26 46 56 | 05♌26 | 11♌23 | 08 32 | 17 57 | 18 13 | 13 59 | 21 40 | 08 59 | 03 41 | 11 49 | 03 25 |
| 18 | 7:49:18 | 27 48 01 | 17 20 | 23 19 | 10 12 | 17 25 | 18 35 | 13 51 | 21 44 | 09 00 | 03 43 | 11 51 | 03 22 |
| 19 | 7:53:14 | 28 49 05 | 29 18 | 05♍18 | 11 52 | 16 54 | 18 57 | 13 44 | 21 48 | 09 02 | 03 45 | 11 53 | 03 19 |
| 20 | 7:57:11 | 29 50 08 | 11♍20 | 17 23 | 13 31 | 16 25 | 19 18 | 13 36 | 21 52 | 09 04 | 03 47 | 11 55 | 03 15 |
| 21 | 8:01:07 | 00♒51 11 | 23 29 | 29 37 | 15 09 | 15 58 | 19 40 | 13 28 | 21 56 | 09 05 | 03 49 | 11 57 | 03 12 |
| 22 | 8:05:04 | 01 52 14 | 05♎48 | 12♎03 | 16 47 | 15 33 | 20 01 | 13 21 | 22 00 | 09 07 | 03 51 | 11 59 | 03 09 |
| 23 | 8:09:01 | 02 53 16 | 18 22 | 24 45 | 18 22 | 15 10 | 20 21 | 13 14 | 22 04 | 09 09 | 03 53 | 12 01 | 03 06 |
| 24 | 8:12:57 | 03 54 17 | 01♏13 | 07♏47 | 19 56 | 14 50 | 20 41 | 13 07 | 22 07 | 09 11 | 03 55 | 12 03 | 03 03 |
| 25 | 8:16:54 | 04 55 19 | 14 27 | 21 14 | 21 28 | 14 32 | 21 01 | 13 00 | 22 11 | 09 12 | 03 57 | 12 05 | 03 00 |
| 26 | 8:20:50 | 05 56 20 | 28 07 | 05♐08 | 22 57 | 14 16 | 21 21 | 12 53 | 22 15 | 09 14 | 03 59 | 12 07 | 02 56 |
| 27 | 8:24:47 | 06 57 20 | 12♐16 | 19 30 | 24 23 | 14 02 | 21 40 | 12 46 | 22 18 | 09 16 | 04 01 | 12 09 | 02 53 |
| 28 | 8:28:43 | 07 58 20 | 26 51 | 04♑18 | 25 46 | 13 52 | 21 59 | 12 39 | 22 22 | 09 18 | 04 03 | 12 11 | 02 50 |
| 29 | 8:32:40 | 08 59 19 | 11♑50 | 19 26 | 27 03 | 13 43 | 22 17 | 12 33 | 22 25 | 09 20 | 04 06 | 12 13 | 02 47 |
| 30 | 8:36:36 | 10 00 17 | 27 05 | 04♒45 | 28 16 | 13 38 | 22 35 | 12 26 | 22 28 | 09 22 | 04 08 | 12 15 | 02 44 |
| 31 | 8:40:33 | 11 01 15 | 12♒25 | 20 03 | 29 23 | 13 34 | 22 52 | 12 20 | 22 31 | 09 25 | 04 10 | 12 17 | 02 41 |

# 0:00 E.T. — Longitudes of the Major Asteroids and Chiron — Lunar Data

| D | ⚷ | ♀ | ⚶ | ⚳ | ⚴ | D | ⚷ | ♀ | ⚶ | ⚳ | ⚴ | | Last Asp. | Ingress |
|---|---|---|---|---|---|---|---|---|---|---|---|---|-----------|---------|
| 1 | 22♎01 | 13♍36 | 29♒52 | 18♎13 | 09♓58 | 17 | 26 26 | 13 10 | 07 09 | 23 11 | 10 41 | | 2  11:13 | 2 ♒ 17:04 |
| 2 | 22 19 | 13 39 | 00♓19 | 18 33 | 10 01 | 18 | 26 40 | 13 03 | 07 37 | 23 27 | 10 44 | | 4  01:48 | 4 ♓ 16:59 |
| 3 | 22 37 | 13 42 | 00 45 | 18 53 | 10 03 | 19 | 26 55 | 12 55 | 08 05 | 23 44 | 10 47 | | 6  09:45 | 6 ♈ 19:47 |
| 4 | 22 55 | 13 43 | 01 12 | 19 13 | 10 06 | 20 | 27 09 | 12 47 | 08 33 | 24 00 | 10 50 | | 8  16:23 | 9 ♉ 02:25 |
| 5 | 23 12 | 13 45 | 01 39 | 19 32 | 10 08 | 21 | 27 22 | 12 38 | 09 02 | 24 15 | 10 53 | | 11 10:59 | 11 ♊ 12:27 |
| 6 | 23 30 | 13 45 | 02 05 | 19 52 | 10 11 | 22 | 27 36 | 12 29 | 09 31 | 24 31 | 10 56 | | 12 21:35 | 14 ♋ 00:26 |
| 7 | 23 47 | 13 45℞ | 02 32 | 20 11 | 10 13 | 23 | 27 49 | 12 18 | 09 59 | 24 46 | 10 59 | | 16 04:53 | 16 ♌ 13:02 |
| 8 | 24 04 | 13 44 | 03 00 | 20 30 | 10 16 | 24 | 28 02 | 12 08 | 10 28 | 25 01 | 11 03 | | 18 08:53 | 19 ♍ 01:24 |
| 9 | 24 21 | 13 43 | 03 27 | 20 49 | 10 18 | 25 | 28 14 | 11 56 | 10 57 | 25 16 | 11 06 | | 20 20:56 | 21 ♎ 12:44 |
| 10 | 24 37 | 13 41 | 03 54 | 21 07 | 10 21 | 26 | 28 27 | 11 44 | 11 26 | 25 30 | 11 09 | | 23 03:51 | 23 ♏ 21:44 |
| 11 | 24 53 | 13 39 | 04 22 | 21 26 | 10 24 | 27 | 28 39 | 11 32 | 11 55 | 25 44 | 11 12 | | 25 13:56 | 26 ♐ 03:14 |
| 12 | 25 10 | 13 35 | 04 49 | 21 44 | 10 27 | 28 | 28 50 | 11 19 | 12 25 | 25 58 | 11 16 | | 27 22:03 | 28 ♑ 05:05 |
| 13 | 25 25 | 13 32 | 05 17 | 22 02 | 10 29 | 29 | 29 02 | 11 05 | 12 54 | 26 12 | 11 19 | | 29 16:48 | 30 ♒ 04:34 |
| 14 | 25 41 | 13 27 | 05 45 | 22 19 | 10 32 | 30 | 29 13 | 10 51 | 13 23 | 26 25 | 11 22 | | | |
| 15 | 25 56 | 13 22 | 06 12 | 22 37 | 10 35 | 31 | 29 23 | 10 36 | 13 53 | 26 38 | 11 26 | | | |
| 16 | 26 11 | 13 16 | 06 40 | 22 54 | 10 38 | | | | | | | | | |

# 0:00 E.T. — Declinations

| D | ☉ | ☽ | ☿ | ♀ | ♂ | ♃ | ♄ | ♅ | ♆ | ♇ | ⚷ | ♀ | ⚶ | ⚳ | ⚴ |
|---|---|---|---|---|---|---|---|---|---|---|---|---|---|---|---|
| 1 | -23 01 | -19 05 | -24 44 | -18 13 | -02 36 | +22 35 | -15 44 | +02 49 | -10 57 | -20 14 | +01 08 | -22 28 | -11 18 | -00 44 | -03 15 |
| 2 | 22 56 | 17 17 | 24 38 | 18 02 | 02 46 | 22 36 | 15 46 | 02 49 | 10 56 | 20 13 | 01 03 | 22 28 | 11 12 | 00 48 | 03 15 |
| 3 | 22 51 | 14 15 | 24 30 | 17 52 | 02 56 | 22 37 | 15 47 | 02 49 | 10 56 | 20 13 | 00 59 | 22 28 | 11 06 | 00 53 | 03 14 |
| 4 | 22 45 | 10 20 | 24 21 | 17 42 | 03 05 | 22 38 | 15 48 | 02 50 | 10 55 | 20 13 | 00 56 | 22 28 | 11 00 | 00 58 | 03 14 |
| 5 | 22 38 | 05 51 | 24 10 | 17 32 | 03 14 | 22 39 | 15 50 | 02 50 | 10 54 | 20 13 | 00 52 | 22 27 | 10 53 | 01 02 | 03 13 |
| 6 | 22 32 | 01 10 | 23 57 | 17 23 | 03 24 | 22 41 | 15 51 | 02 50 | 10 54 | 20 13 | 00 48 | 22 25 | 10 46 | 01 06 | 03 12 |
| 7 | 22 24 | +03 26 | 23 43 | 17 14 | 03 33 | 22 42 | 15 52 | 02 51 | 10 53 | 20 13 | 00 45 | 22 24 | 10 40 | 01 10 | 03 12 |
| 8 | 22 17 | 07 43 | 23 28 | 17 05 | 03 42 | 22 43 | 15 53 | 02 51 | 10 53 | 20 13 | 00 41 | 22 21 | 10 33 | 01 14 | 03 11 |
| 9 | 22 08 | 11 31 | 23 11 | 16 57 | 03 51 | 22 44 | 15 54 | 02 52 | 10 53 | 20 13 | 00 38 | 22 19 | 10 26 | 01 18 | 03 10 |
| 10 | 22 00 | 14 40 | 22 52 | 16 49 | 04 00 | 22 45 | 15 55 | 02 52 | 10 51 | 20 13 | 00 35 | 22 16 | 10 19 | 01 22 | 03 09 |
| 11 | 21 51 | 17 06 | 22 32 | 16 42 | 04 08 | 22 46 | 15 56 | 02 53 | 10 51 | 20 13 | 00 32 | 22 12 | 10 12 | 01 25 | 03 09 |
| 12 | 21 41 | 18 42 | 22 10 | 16 35 | 04 17 | 22 47 | 15 57 | 02 53 | 10 50 | 20 13 | 00 29 | 22 09 | 10 05 | 01 29 | 03 08 |
| 13 | 21 31 | 19 27 | 21 47 | 16 28 | 04 25 | 22 48 | 15 59 | 02 54 | 10 49 | 20 12 | 00 26 | 22 04 | 09 58 | 01 32 | 03 07 |
| 14 | 21 21 | 19 19 | 21 22 | 16 22 | 04 33 | 22 49 | 16 00 | 02 55 | 10 49 | 20 12 | 00 23 | 21 59 | 09 51 | 01 35 | 03 06 |
| 15 | 21 10 | 18 19 | 20 56 | 16 17 | 04 42 | 22 50 | 16 01 | 02 55 | 10 48 | 20 12 | 00 21 | 21 54 | 09 43 | 01 38 | 03 05 |
| 16 | 20 59 | 16 33 | 20 28 | 16 12 | 04 50 | 22 51 | 16 01 | 02 56 | 10 47 | 20 12 | 00 18 | 21 48 | 09 36 | 01 41 | 03 04 |
| 17 | 20 48 | 14 04 | 19 59 | 16 07 | 04 58 | 22 52 | 16 02 | 02 56 | 10 46 | 20 12 | 00 16 | 21 42 | 09 28 | 01 44 | 03 03 |
| 18 | 20 36 | 11 01 | 19 28 | 16 03 | 05 05 | 22 53 | 16 03 | 02 57 | 10 46 | 20 12 | 00 14 | 21 36 | 09 21 | 01 47 | 03 03 |
| 19 | 20 24 | 07 30 | 18 56 | 15 59 | 05 13 | 22 53 | 16 04 | 02 58 | 10 45 | 20 12 | 00 11 | 21 28 | 09 13 | 01 49 | 03 02 |
| 20 | 20 11 | 03 41 | 18 23 | 15 56 | 05 20 | 22 54 | 16 05 | 02 58 | 10 45 | 20 12 | 00 09 | 21 21 | 09 05 | 01 52 | 03 01 |
| 21 | 19 58 | -00 20 | 17 48 | 15 53 | 05 28 | 22 55 | 16 06 | 02 59 | 10 44 | 20 11 | 00 08 | 21 12 | 08 57 | 01 54 | 03 00 |
| 22 | 19 44 | 04 24 | 17 13 | 15 51 | 05 35 | 22 56 | 16 07 | 03 00 | 10 43 | 20 11 | 00 06 | 21 04 | 08 49 | 01 56 | 02 59 |
| 23 | 19 31 | 08 22 | 16 36 | 15 49 | 05 42 | 22 57 | 16 08 | 03 00 | 10 42 | 20 11 | 00 04 | 20 54 | 08 41 | 01 58 | 02 58 |
| 24 | 19 16 | 12 02 | 15 59 | 15 48 | 05 49 | 22 58 | 16 09 | 03 01 | 10 42 | 20 11 | 00 03 | 20 44 | 08 33 | 02 00 | 02 57 |
| 25 | 19 02 | 15 12 | 15 20 | 15 47 | 05 56 | 22 59 | 16 09 | 03 01 | 10 41 | 20 11 | 00 02 | 20 34 | 08 25 | 02 01 | 02 56 |
| 26 | 18 47 | 17 38 | 14 42 | 15 46 | 06 02 | 22 59 | 16 10 | 03 03 | 10 40 | 20 11 | 00 00 | 20 23 | 08 16 | 02 03 | 02 55 |
| 27 | 18 32 | 19 05 | 14 03 | 15 46 | 06 09 | 23 00 | 16 11 | 03 04 | 10 39 | 20 11 | -00 01 | 20 12 | 08 08 | 02 04 | 02 54 |
| 28 | 18 16 | 19 20 | 13 25 | 15 47 | 06 15 | 23 01 | 16 11 | 03 04 | 10 39 | 20 11 | 00 02 | 20 00 | 08 00 | 02 06 | 02 53 |
| 29 | 18 00 | 18 14 | 12 46 | 15 47 | 06 21 | 23 02 | 16 12 | 03 06 | 10 38 | 20 11 | 00 03 | 19 47 | 07 51 | 02 07 | 02 52 |
| 30 | 17 44 | 15 51 | 12 09 | 15 48 | 06 27 | 23 02 | 16 13 | 03 06 | 10 37 | 20 11 | 00 03 | 19 34 | 07 43 | 02 07 | 02 51 |
| 31 | 17 28 | 12 21 | 11 32 | 15 49 | 06 33 | 23 03 | 16 13 | 03 07 | 10 36 | 20 10 | 00 04 | 19 20 | 07 34 | 02 08 | 02 49 |

Lunar Phases --   1 ● 11:15   8 ◐ 03:40   16 ○ 04:53   24 ◑ 05:20   30 ● 21:40        Sun enters ♒ 1/20 03:53

## Feb. 14 — Longitudes of Main Planets - February 2014 — 0:00 E.T.

| D | S.T. | ☉ | ☽ | ☽ 12:00 | ☿ | ♀ | ♂ | ♃ | ♄ | ♅ | ♆ | ♇ | ☊ |
|---|---|---|---|---|---|---|---|---|---|---|---|---|---|
| 1 | 8:44:30 | 12♒02 11 | 27♒38 | 05♓09 | 00♓23 | 13♑33 | 23♎09 | 12♋14℞ | 22♏34 | 09♈27 | 04♓12 | 12♑18 | 02♏37 |
| 2 | 8:48:26 | 13 03 06 | 12♓34 | 19 53 | 01 16 | 13 35 | 23 26 | 12 08 | 22 37 | 09 29 | 04 14 | 12 20 | 02 34 |
| 3 | 8:52:23 | 14 04 00 | 27 05 | 04♈09 | 02 00 | 13 39 | 23 42 | 12 02 | 22 40 | 09 31 | 04 16 | 12 22 | 02 31 |
| 4 | 8:56:19 | 15 04 52 | 11♈06 | 17 55 | 02 35 | 13 45 | 23 58 | 11 56 | 22 43 | 09 33 | 04 18 | 12 24 | 02 28 |
| 5 | 9:00:16 | 16 05 44 | 24 37 | 01♉12 | 03 01 | 13 53 | 24 13 | 11 50 | 22 45 | 09 36 | 04 21 | 12 26 | 02 25 |
| 6 | 9:04:12 | 17 06 33 | 07♉41 | 14 03 | 03 16 | 14 04 | 24 28 | 11 45 | 22 48 | 09 38 | 04 23 | 12 28 | 02 21 |
| 7 | 9:08:09 | 18 07 22 | 20 20 | 26 32 | 03 20℞ | 14 17 | 24 42 | 11 40 | 22 50 | 09 41 | 04 25 | 12 30 | 02 18 |
| 8 | 9:12:05 | 19 08 09 | 02♊41 | 08♊45 | 03 14 | 14 32 | 24 56 | 11 35 | 22 53 | 09 43 | 04 27 | 12 31 | 02 15 |
| 9 | 9:16:02 | 20 08 54 | 14 47 | 20 47 | 02 56 | 14 49 | 25 09 | 11 30 | 22 55 | 09 45 | 04 29 | 12 33 | 02 12 |
| 10 | 9:19:59 | 21 09 38 | 26 45 | 02♋41 | 02 28 | 15 08 | 25 22 | 11 25 | 22 57 | 09 48 | 04 32 | 12 35 | 02 09 |
| 11 | 9:23:55 | 22 10 20 | 08♋37 | 14 33 | 01 50 | 15 29 | 25 34 | 11 20 | 22 59 | 09 50 | 04 34 | 12 37 | 02 06 |
| 12 | 9:27:52 | 23 11 01 | 20 28 | 26 24 | 01 03 | 15 52 | 25 46 | 11 16 | 23 01 | 09 53 | 04 36 | 12 38 | 02 02 |
| 13 | 9:31:48 | 24 11 40 | 02♌20 | 08♌18 | 00 09 | 16 16 | 25 57 | 11 12 | 23 03 | 09 56 | 04 38 | 12 40 | 01 59 |
| 14 | 9:35:45 | 25 12 18 | 14 16 | 20 15 | 29♒08 | 16 42 | 26 07 | 11 08 | 23 05 | 09 58 | 04 41 | 12 42 | 01 56 |
| 15 | 9:39:41 | 26 12 54 | 26 16 | 02♍18 | 28 02 | 17 10 | 26 17 | 11 04 | 23 06 | 10 01 | 04 43 | 12 43 | 01 53 |
| 16 | 9:43:38 | 27 13 29 | 08♍21 | 14 26 | 26 54 | 17 40 | 26 27 | 11 00 | 23 08 | 10 04 | 04 45 | 12 45 | 01 50 |
| 17 | 9:47:34 | 28 14 02 | 20 33 | 26 42 | 25 45 | 18 11 | 26 36 | 10 57 | 23 09 | 10 06 | 04 47 | 12 47 | 01 47 |
| 18 | 9:51:31 | 29 14 34 | 02♎54 | 09♎07 | 24 37 | 18 44 | 26 44 | 10 53 | 23 11 | 10 09 | 04 50 | 12 48 | 01 43 |
| 19 | 9:55:28 | 00♓15 05 | 15 24 | 21 43 | 23 31 | 19 18 | 26 52 | 10 50 | 23 12 | 10 12 | 04 52 | 12 50 | 01 40 |
| 20 | 9:59:24 | 01 15 34 | 28 06 | 04♏32 | 22 30 | 19 53 | 26 59 | 10 47 | 23 13 | 10 15 | 04 54 | 12 51 | 01 37 |
| 21 | 10:03:21 | 02 16 02 | 11♏02 | 17 37 | 21 34 | 20 30 | 27 05 | 10 44 | 23 14 | 10 18 | 04 56 | 12 53 | 01 34 |
| 22 | 10:07:17 | 03 16 29 | 24 16 | 01♐01 | 20 43 | 21 08 | 27 11 | 10 42 | 23 15 | 10 20 | 04 59 | 12 54 | 01 31 |
| 23 | 10:11:14 | 04 16 55 | 07♐50 | 14 46 | 20 00 | 21 47 | 27 16 | 10 40 | 23 16 | 10 23 | 05 01 | 12 56 | 01 27 |
| 24 | 10:15:10 | 05 17 19 | 21 47 | 28 53 | 19 23 | 22 28 | 27 20 | 10 37 | 23 17 | 10 26 | 05 03 | 12 57 | 01 24 |
| 25 | 10:19:07 | 06 17 41 | 06♑06 | 13♑23 | 18 54 | 23 09 | 27 24 | 10 35 | 23 17 | 10 29 | 05 06 | 12 59 | 01 21 |
| 26 | 10:23:03 | 07 18 03 | 20 45 | 28 10 | 18 33 | 23 52 | 27 27 | 10 34 | 23 18 | 10 32 | 05 08 | 13 00 | 01 18 |
| 27 | 10:27:00 | 08 18 23 | 05♒39 | 13♒09 | 18 18 | 24 35 | 27 29 | 10 32 | 23 18 | 10 35 | 05 10 | 13 01 | 01 15 |
| 28 | 10:30:57 | 09 18 41 | 20 41 | 28 12 | 18 11 | 25 20 | 27 31 | 10 31 | 23 19 | 10 38 | 05 12 | 13 03 | 01 12 |

## 0:00 E.T. — Longitudes of the Major Asteroids and Chiron

| D | ⚳ | ⚴ | ⚵ | ⚶ | ⚷ |
|---|---|---|---|---|---|
| 1 | 29♎34 | 10♍21℞ | 14♓22 | 26♎50 | 11♓29 |
| 2 | 29 44 | 10 06 | 14 52 | 27 02 | 11 33 |
| 3 | 29 53 | 09 49 | 15 22 | 27 14 | 11 36 |
| 4 | 00♏03 | 09 33 | 15 52 | 27 25 | 11 40 |
| 5 | 00 12 | 09 16 | 16 22 | 27 36 | 11 43 |
| 6 | 00 20 | 08 58 | 16 52 | 27 47 | 11 47 |
| 7 | 00 28 | 08 41 | 17 22 | 27 57 | 11 50 |
| 8 | 00 36 | 08 23 | 17 52 | 28 07 | 11 54 |
| 9 | 00 44 | 08 04 | 18 22 | 28 17 | 11 57 |
| 10 | 00 51 | 07 45 | 18 53 | 28 26 | 12 01 |
| 11 | 00 58 | 07 26 | 19 23 | 28 35 | 12 05 |
| 12 | 01 04 | 07 07 | 19 54 | 28 43 | 12 08 |
| 13 | 01 10 | 06 48 | 20 24 | 28 51 | 12 12 |
| 14 | 01 16 | 06 28 | 20 55 | 28 59 | 12 15 |
| 15 | 01 21 | 06 08 | 21 26 | 29 06 | 12 19 |
| 16 | 01 26 | 05 48 | 21 56 | 29 13 | 12 23 |
| 17 | 01 31 | 05 28 | 22 27 | 29 19 | 12 27 |
| 18 | 01 35 | 05 08 | 22 58 | 29 25 | 12 30 |
| 19 | 01 38 | 04 48 | 23 29 | 29 30 | 12 34 |
| 20 | 01 42 | 04 28 | 24 00 | 29 35 | 12 38 |
| 21 | 01 45 | 04 08 | 24 31 | 29 40 | 12 41 |
| 22 | 01 47 | 03 47 | 25 03 | 29 44 | 12 45 |
| 23 | 01 49 | 03 27 | 25 34 | 29 47 | 12 49 |
| 24 | 01 51 | 03 07 | 26 05 | 29 51 | 12 53 |
| 25 | 01 52 | 02 48 | 26 37 | 29 53 | 12 57 |
| 26 | 01 53 | 02 28 | 27 08 | 29 56 | 13 00 |
| 27 | 01 53 | 02 08 | 27 40 | 29 57 | 13 04 |
| 28 | 01 53℞ | 01 49 | 28 11 | 29 59 | 13 08 |

## Lunar Data

| Last Asp. | | Ingress | | |
|---|---|---|---|---|
| 31 | 16:46 | 1 | ♓ | 03:46 |
| 2 | 16:36 | 3 | ♈ | 04:56 |
| 4 | 23:15 | 5 | ♉ | 09:48 |
| 7 | 04:51 | 7 | ♊ | 18:45 |
| 9 | 21:10 | 10 | ♋ | 06:34 |
| 12 | 10:52 | 12 | ♌ | 19:16 |
| 15 | 03:14 | 15 | ♍ | 07:27 |
| 17 | 05:05 | 17 | ♎ | 18:24 |
| 19 | 21:53 | 20 | ♏ | 03:34 |
| 21 | 22:11 | 22 | ♐ | 10:13 |
| 24 | 09:26 | 24 | ♑ | 13:51 |
| 26 | 10:52 | 26 | ♒ | 14:56 |
| 28 | 10:56 | 28 | ♓ | 14:54 |

## 0:00 E.T. — Declinations

| D | ☉ | ☽ | ☿ | ♀ | ♂ | ♃ | ♄ | ♅ | ♆ | ♇ | ⚳ | ⚴ | ⚵ | ⚶ | ⚷ |
|---|---|---|---|---|---|---|---|---|---|---|---|---|---|---|---|
| 1 | -17 11 | -08 03 | -10 57 | -15 51 | -06 38 | +23 04 | -16 14 | +03 08 | -10 36 | -20 10 | -00 04 | -19 06 | -07 25 | -02 09 | -02 48 |
| 2 | 16 54 | 03 20 | 10 24 | 15 53 | 06 44 | 23 04 | 16 14 | 03 09 | 10 35 | 20 10 | 00 05 | 18 51 | 07 17 | 02 09 | 02 47 |
| 3 | 16 36 | +01 28 | 09 53 | 15 55 | 06 49 | 23 05 | 16 15 | 03 10 | 10 34 | 20 10 | 00 05 | 18 36 | 07 08 | 02 10 | 02 46 |
| 4 | 16 19 | 06 01 | 09 25 | 15 57 | 06 54 | 23 06 | 16 15 | 03 10 | 10 33 | 20 10 | 00 05 | 18 20 | 06 59 | 02 10 | 02 45 |
| 5 | 16 01 | 10 06 | 09 00 | 15 59 | 06 59 | 23 06 | 16 16 | 03 11 | 10 32 | 20 10 | 00 05 | 18 03 | 06 50 | 02 10 | 02 44 |
| 6 | 15 42 | 13 33 | 08 38 | 16 02 | 07 04 | 23 07 | 16 16 | 03 12 | 10 32 | 20 10 | 00 04 | 17 46 | 06 41 | 02 09 | 02 43 |
| 7 | 15 24 | 16 15 | 08 21 | 16 04 | 07 08 | 23 07 | 16 17 | 03 13 | 10 31 | 20 10 | 00 04 | 17 29 | 06 32 | 02 09 | 02 41 |
| 8 | 15 05 | 18 07 | 08 08 | 16 07 | 07 13 | 23 08 | 16 17 | 03 14 | 10 30 | 20 10 | 00 04 | 17 11 | 06 23 | 02 09 | 02 40 |
| 9 | 14 46 | 19 07 | 08 00 | 16 10 | 07 17 | 23 09 | 16 17 | 03 15 | 10 29 | 20 09 | 00 03 | 16 52 | 06 13 | 02 08 | 02 39 |
| 10 | 14 27 | 19 15 | 07 56 | 16 13 | 07 21 | 23 09 | 16 18 | 03 16 | 10 28 | 20 09 | 00 02 | 16 33 | 06 04 | 02 07 | 02 38 |
| 11 | 14 07 | 18 31 | 07 57 | 16 15 | 07 25 | 23 10 | 16 18 | 03 17 | 10 28 | 20 09 | 00 01 | 16 13 | 05 55 | 02 06 | 02 37 |
| 12 | 13 47 | 16 59 | 08 03 | 16 18 | 07 28 | 23 10 | 16 18 | 03 18 | 10 27 | 20 09 | 00 00 | 15 53 | 05 45 | 02 05 | 02 35 |
| 13 | 13 27 | 14 44 | 08 12 | 16 21 | 07 32 | 23 11 | 16 19 | 03 19 | 10 26 | 20 09 | +00 01 | 15 33 | 05 36 | 02 03 | 02 34 |
| 14 | 13 07 | 11 52 | 08 26 | 16 23 | 07 35 | 23 11 | 16 19 | 03 20 | 10 25 | 20 09 | 00 02 | 15 11 | 05 27 | 02 02 | 02 33 |
| 15 | 12 47 | 08 29 | 08 43 | 16 26 | 07 38 | 23 11 | 16 19 | 03 22 | 10 24 | 20 09 | 00 03 | 14 50 | 05 17 | 02 00 | 02 32 |
| 16 | 12 26 | 04 45 | 09 04 | 16 28 | 07 41 | 23 12 | 16 19 | 03 23 | 10 23 | 20 09 | 00 05 | 14 28 | 05 08 | 01 59 | 02 30 |
| 17 | 12 05 | 00 47 | 09 26 | 16 30 | 07 43 | 23 12 | 16 19 | 03 24 | 10 23 | 20 09 | 00 06 | 14 05 | 04 58 | 01 57 | 02 29 |
| 18 | 11 44 | -03 16 | 09 50 | 16 32 | 07 46 | 23 13 | 16 20 | 03 25 | 10 22 | 20 08 | 00 08 | 13 43 | 04 48 | 01 54 | 02 28 |
| 19 | 11 23 | 07 14 | 10 15 | 16 34 | 07 48 | 23 13 | 16 20 | 03 26 | 10 21 | 20 08 | 00 10 | 13 19 | 04 39 | 01 52 | 02 26 |
| 20 | 11 02 | 10 57 | 10 40 | 16 35 | 07 50 | 23 13 | 16 20 | 03 27 | 10 20 | 20 08 | 00 12 | 12 56 | 04 29 | 01 50 | 02 25 |
| 21 | 10 40 | 14 12 | 11 05 | 16 36 | 07 52 | 23 14 | 16 20 | 03 28 | 10 19 | 20 08 | 00 14 | 12 32 | 04 19 | 01 47 | 02 24 |
| 22 | 10 18 | 16 47 | 11 29 | 16 37 | 07 53 | 23 14 | 16 20 | 03 29 | 10 19 | 20 08 | 00 16 | 12 07 | 04 09 | 01 44 | 02 22 |
| 23 | 09 56 | 18 31 | 11 52 | 16 38 | 07 55 | 23 14 | 16 20 | 03 31 | 10 18 | 20 08 | 00 18 | 11 43 | 03 59 | 01 41 | 02 21 |
| 24 | 09 34 | 19 10 | 12 14 | 16 38 | 07 56 | 23 14 | 16 20 | 03 32 | 10 17 | 20 08 | 00 21 | 11 18 | 03 50 | 01 38 | 02 20 |
| 25 | 09 12 | 18 38 | 12 35 | 16 39 | 07 56 | 23 15 | 16 20 | 03 33 | 10 16 | 20 08 | 00 23 | 10 52 | 03 40 | 01 35 | 02 18 |
| 26 | 08 50 | 16 51 | 12 54 | 16 38 | 07 57 | 23 15 | 16 20 | 03 34 | 10 15 | 20 08 | 00 26 | 10 27 | 03 30 | 01 32 | 02 17 |
| 27 | 08 27 | 13 56 | 13 11 | 16 38 | 07 58 | 23 15 | 16 20 | 03 35 | 10 14 | 20 07 | 00 29 | 10 01 | 03 20 | 01 28 | 02 16 |
| 28 | 08 05 | 10 05 | 13 26 | 16 37 | 07 58 | 23 15 | 16 20 | 03 36 | 10 14 | 20 07 | 00 31 | 09 35 | 03 10 | 01 24 | 02 14 |

Lunar Phases -- 6 ◐ 19:23 14 ○ 23:54 22 ◑ 17:16 Sun enters ♓ 2/18 18:01

## 0:00 E.T. Longitudes of Main Planets - March 2014

| D | S.T. | ☉ | ☽ | ☽ 12:00 | ☿ | ♀ | ♂ | ♃ | ♄ | ♅ | ♆ | ♇ | ☊ |
|---|---|---|---|---|---|---|---|---|---|---|---|---|---|
| 1 | 10:34:53 | 10♓18 58 | 05♓41 | 13♓07 | 18♒10 | 26♑05 | 27♎32 | 10♋29℞ | 23♏19 | 10♈41 | 05♓15 | 13♑04 | 01♏08 |
| 2 | 10:38:50 | 11 19 12 | 20 29 | 27 47 | 18 16 | 26 52 | 27 32℞ | 10 28 | 23 19 | 10 44 | 05 17 | 13 05 | 01 05 |
| 3 | 10:42:46 | 12 19 25 | 04♈59 | 12♈04 | 18 28 | 27 39 | 27 31 | 10 28 | 23 19℞ | 10 47 | 05 19 | 13 07 | 01 02 |
| 4 | 10:46:43 | 13 19 36 | 19 03 | 25 55 | 18 46 | 28 27 | 27 30 | 10 27 | 23 19 | 10 51 | 05 21 | 13 08 | 00 59 |
| 5 | 10:50:39 | 14 19 46 | 02♉41 | 09♉19 | 19 09 | 29 16 | 27 28 | 10 27 | 23 19 | 10 54 | 05 24 | 13 09 | 00 56 |
| 6 | 10:54:36 | 15 19 53 | 15 51 | 22 17 | 19 37 | 00♒06 | 27 25 | 10 27 | 23 19 | 10 57 | 05 26 | 13 10 | 00 53 |
| 7 | 10:58:32 | 16 19 58 | 28 37 | 04♊52 | 20 10 | 00 57 | 27 21 | 10 27D | 23 18 | 11 00 | 05 28 | 13 12 | 00 49 |
| 8 | 11:02:29 | 17 20 01 | 11♊03 | 17 09 | 20 47 | 01 48 | 27 17 | 10 27 | 23 18 | 11 03 | 05 31 | 13 13 | 00 46 |
| 9 | 11:06:26 | 18 20 01 | 23 12 | 29 13 | 21 28 | 02 40 | 27 12 | 10 27 | 23 17 | 11 06 | 05 33 | 13 14 | 00 43 |
| 10 | 11:10:22 | 19 20 00 | 05♋11 | 11♋08 | 22 14 | 03 32 | 27 06 | 10 28 | 23 16 | 11 10 | 05 35 | 13 15 | 00 40 |
| 11 | 11:14:19 | 20 19 56 | 17 05 | 23 00 | 23 02 | 04 25 | 26 59 | 10 29 | 23 16 | 11 13 | 05 37 | 13 16 | 00 37 |
| 12 | 11:18:15 | 21 19 51 | 28 56 | 04♌52 | 23 54 | 05 19 | 26 52 | 10 30 | 23 15 | 11 16 | 05 39 | 13 17 | 00 33 |
| 13 | 11:22:12 | 22 19 43 | 10♌49 | 16 48 | 24 49 | 06 13 | 26 44 | 10 31 | 23 14 | 11 19 | 05 42 | 13 18 | 00 30 |
| 14 | 11:26:08 | 23 19 33 | 22 48 | 28 50 | 25 47 | 07 08 | 26 35 | 10 32 | 23 13 | 11 23 | 05 44 | 13 19 | 00 27 |
| 15 | 11:30:05 | 24 19 21 | 04♍54 | 11♍01 | 26 48 | 08 04 | 26 25 | 10 34 | 23 11 | 11 26 | 05 46 | 13 20 | 00 24 |
| 16 | 11:34:01 | 25 19 06 | 17 10 | 23 21 | 27 51 | 09 00 | 26 14 | 10 35 | 23 10 | 11 29 | 05 48 | 13 21 | 00 21 |
| 17 | 11:37:58 | 26 18 50 | 29 35 | 05♎52 | 28 57 | 09 56 | 26 03 | 10 37 | 23 09 | 11 33 | 05 50 | 13 22 | 00 18 |
| 18 | 11:41:55 | 27 18 32 | 12♎12 | 18 35 | 00♓05 | 10 53 | 25 51 | 10 40 | 23 07 | 11 36 | 05 53 | 13 23 | 00 14 |
| 19 | 11:45:51 | 28 18 12 | 25 01 | 01♏30 | 01 15 | 11 51 | 25 38 | 10 42 | 23 06 | 11 39 | 05 55 | 13 23 | 00 11 |
| 20 | 11:49:48 | 29 17 50 | 08♏01 | 14 37 | 02 27 | 12 49 | 25 25 | 10 44 | 23 04 | 11 43 | 05 57 | 13 24 | 00 08 |
| 21 | 11:53:44 | 00♈17 26 | 21 15 | 27 57 | 03 41 | 13 47 | 25 10 | 10 47 | 23 02 | 11 46 | 05 59 | 13 25 | 00 05 |
| 22 | 11:57:41 | 01 17 01 | 04♐42 | 11♐30 | 04 57 | 14 46 | 24 56 | 10 50 | 23 00 | 11 49 | 06 01 | 13 26 | 00 02 |
| 23 | 12:01:37 | 02 16 34 | 18 23 | 25 18 | 06 15 | 15 45 | 24 40 | 10 53 | 22 58 | 11 53 | 06 03 | 13 27 | 29♎58 |
| 24 | 12:05:34 | 03 16 05 | 02♑18 | 09♑21 | 07 35 | 16 45 | 24 24 | 10 56 | 22 56 | 11 56 | 06 05 | 13 27 | 29 55 |
| 25 | 12:09:30 | 04 15 34 | 16 27 | 23 36 | 08 56 | 17 45 | 24 07 | 11 00 | 22 54 | 12 00 | 06 07 | 13 28 | 29 52 |
| 26 | 12:13:27 | 05 15 02 | 00♒48 | 08♒02 | 10 19 | 18 45 | 23 49 | 11 03 | 22 52 | 12 03 | 06 09 | 13 29 | 29 49 |
| 27 | 12:17:24 | 06 14 28 | 15 18 | 22 36 | 11 44 | 19 46 | 23 31 | 11 07 | 22 50 | 12 06 | 06 11 | 13 29 | 29 46 |
| 28 | 12:21:20 | 07 13 52 | 29 53 | 07♓10 | 13 10 | 20 47 | 23 12 | 11 11 | 22 47 | 12 10 | 06 13 | 13 30 | 29 43 |
| 29 | 12:25:17 | 08 13 14 | 14♓26 | 21 40 | 14 38 | 21 48 | 22 53 | 11 15 | 22 45 | 12 13 | 06 15 | 13 30 | 29 39 |
| 30 | 12:29:13 | 09 12 34 | 28 52 | 05♈59 | 16 07 | 22 50 | 22 33 | 11 19 | 22 42 | 12 17 | 06 17 | 13 31 | 29 36 |
| 31 | 12:33:10 | 10 11 53 | 13♈03 | 20 03 | 17 37 | 23 52 | 22 13 | 11 24 | 22 40 | 12 20 | 06 19 | 13 31 | 29 33 |

## 0:00 E.T. Longitudes of the Major Asteroids and Chiron

| D | ⚳ | ⚴ | ⚵ | ⚶ | ⚷ |
|---|---|---|---|---|---|
| 1 | 01♏53℞ | 01♍30℞ | 28♓43 | 29♎59 | 13♓12 |
| 2 | 01 52 | 01 11 | 29 15 | 00 00 | 13 15 |
| 3 | 01 50 | 00 53 | 29 47 | 29 59℞ | 13 19 |
| 4 | 01 49 | 00 35 | 00♈19 | 29 59 | 13 23 |
| 5 | 01 46 | 00 17 | 00 51 | 29 58 | 13 27 |
| 6 | 01 44 | 29♌59 | 01 23 | 29 56 | 13 31 |
| 7 | 01 41 | 29 42 | 01 55 | 29 54 | 13 34 |
| 8 | 01 37 | 29 26 | 02 27 | 29 51 | 13 38 |
| 9 | 01 33 | 29 09 | 02 59 | 29 48 | 13 42 |
| 10 | 01 29 | 28 53 | 03 31 | 29 44 | 13 46 |
| 11 | 01 24 | 28 38 | 04 03 | 29 40 | 13 50 |
| 12 | 01 19 | 28 23 | 04 36 | 29 36 | 13 53 |
| 13 | 01 13 | 28 09 | 05 08 | 29 30 | 13 57 |
| 14 | 01 07 | 27 55 | 05 41 | 29 25 | 14 01 |
| 15 | 01 01 | 27 41 | 06 13 | 29 19 | 14 05 |
| 16 | 00 54 | 27 28 | 06 46 | 29 12 | 14 08 |
| 17 | 00 47 | 27 16 | 07 18 | 29 05 | 14 12 |
| 18 | 00 40 | 27 04 | 07 51 | 28 58 | 14 16 |
| 19 | 00 32 | 26 52 | 08 24 | 28 50 | 14 20 |
| 20 | 00 23 | 26 42 | 08 56 | 28 41 | 14 23 |
| 21 | 00 15 | 26 31 | 09 29 | 28 33 | 14 27 |
| 22 | 00 06 | 26 21 | 10 02 | 28 23 | 14 31 |
| 23 | 29♎56 | 26 12 | 10 35 | 28 14 | 14 34 |
| 24 | 29 47 | 26 03 | 11 08 | 28 04 | 14 38 |
| 25 | 29 37 | 25 55 | 11 41 | 27 53 | 14 42 |
| 26 | 29 26 | 25 48 | 12 14 | 27 42 | 14 45 |
| 27 | 29 16 | 25 41 | 12 47 | 27 31 | 14 49 |
| 28 | 29 05 | 25 34 | 13 20 | 27 19 | 14 52 |
| 29 | 28 54 | 25 28 | 13 54 | 27 07 | 14 56 |
| 30 | 28 42 | 25 23 | 14 27 | 26 55 | 14 59 |
| 31 | 28 30 | 25 18 | 15 00 | 26 42 | 15 03 |

## Lunar Data

| Last Asp. | | Ingress | | |
|---|---|---|---|---|
| 2 | 11:05 | 2 | ♈ | 15:41 |
| 4 | 17:32 | 4 | ♉ | 19:14 |
| 6 | 13:56 | 7 | ♊ | 02:39 |
| 9 | 07:54 | 9 | ♋ | 13:34 |
| 11 | 19:52 | 12 | ♌ | 02:10 |
| 14 | 07:25 | 14 | ♍ | 14:19 |
| 16 | 17:09 | 17 | ♎ | 00:47 |
| 19 | 01:08 | 19 | ♏ | 09:14 |
| 21 | 03:13 | 21 | ♐ | 15:40 |
| 23 | 10:41 | 23 | ♑ | 20:04 |
| 25 | 12:36 | 25 | ♒ | 22:40 |
| 27 | 13:14 | 28 | ♓ | 00:12 |
| 29 | 13:45 | 30 | ♈ | 01:55 |

## 0:00 E.T. Declinations

| D | ☉ | ☽ | ☿ | ♀ | ♂ | ♃ | ♄ | ♅ | ♆ | ♇ | ⚳ | ⚴ | ⚵ | ⚶ | ⚷ |
|---|---|---|---|---|---|---|---|---|---|---|---|---|---|---|---|
| 1 | -07 42 | -05 35 | -13 39 | -16 36 | -07 58 | +23 15 | -16 19 | +03 38 | -10 13 | -20 07 | +00 34 | -09 09 | -03 00 | -01 20 | -02 13 |
| 2 | 07 19 | 00 49 | 13 50 | 16 34 | 07 57 | 23 16 | 16 19 | 03 39 | 10 12 | 20 07 | 00 37 | 08 43 | 02 50 | 01 16 | 02 12 |
| 3 | 06 56 | +03 55 | 13 59 | 16 32 | 07 57 | 23 16 | 16 19 | 03 40 | 10 11 | 20 07 | 00 41 | 08 17 | 02 39 | 01 12 | 02 10 |
| 4 | 06 33 | 08 18 | 14 06 | 16 29 | 07 56 | 23 16 | 16 19 | 03 41 | 10 10 | 20 07 | 00 44 | 07 50 | 02 29 | 01 08 | 02 09 |
| 5 | 06 10 | 12 06 | 14 11 | 16 26 | 07 55 | 23 16 | 16 19 | 03 43 | 10 09 | 20 07 | 00 47 | 07 24 | 02 19 | 01 03 | 02 07 |
| 6 | 05 47 | 15 09 | 14 15 | 16 23 | 07 54 | 23 16 | 16 18 | 03 44 | 10 09 | 20 07 | 00 51 | 06 57 | 02 09 | 00 59 | 02 06 |
| 7 | 05 24 | 17 22 | 14 16 | 16 19 | 07 52 | 23 16 | 16 18 | 03 45 | 10 08 | 20 07 | 00 54 | 06 30 | 01 59 | 00 54 | 02 05 |
| 8 | 05 00 | 18 40 | 14 16 | 16 15 | 07 50 | 23 16 | 16 18 | 03 46 | 10 07 | 20 07 | 00 58 | 06 04 | 01 49 | 00 49 | 02 03 |
| 9 | 04 37 | 19 05 | 14 14 | 16 11 | 07 48 | 23 16 | 16 17 | 03 48 | 10 06 | 20 07 | 01 01 | 05 37 | 01 38 | 00 44 | 02 02 |
| 10 | 04 13 | 18 37 | 14 10 | 16 06 | 07 46 | 23 16 | 16 17 | 03 49 | 10 05 | 20 06 | 01 05 | 05 11 | 01 28 | 00 39 | 02 00 |
| 11 | 03 50 | 17 20 | 14 05 | 16 00 | 07 44 | 23 16 | 16 17 | 03 50 | 10 05 | 20 06 | 01 09 | 04 44 | 01 18 | 00 34 | 01 59 |
| 12 | 03 26 | 15 19 | 13 58 | 15 54 | 07 41 | 23 16 | 16 16 | 03 52 | 10 04 | 20 06 | 01 12 | 04 18 | 01 08 | 00 29 | 01 57 |
| 13 | 03 03 | 12 39 | 13 49 | 15 48 | 07 38 | 23 16 | 16 16 | 03 53 | 10 03 | 20 06 | 01 16 | 03 51 | 00 57 | 00 23 | 01 56 |
| 14 | 02 39 | 09 26 | 13 38 | 15 41 | 07 35 | 23 16 | 16 15 | 03 54 | 10 02 | 20 06 | 01 20 | 03 25 | 00 47 | 00 18 | 01 55 |
| 15 | 02 15 | 05 49 | 13 27 | 15 34 | 07 32 | 23 16 | 16 15 | 03 55 | 10 01 | 20 06 | 01 24 | 02 59 | 00 37 | 00 12 | 01 53 |
| 16 | 01 52 | 01 54 | 13 13 | 15 26 | 07 28 | 23 16 | 16 14 | 03 57 | 10 01 | 20 06 | 01 28 | 02 33 | 00 26 | 00 06 | 01 52 |
| 17 | 01 28 | -02 09 | 12 58 | 15 18 | 07 24 | 23 16 | 16 14 | 03 58 | 10 00 | 20 06 | 01 32 | 02 07 | 00 16 | 00 00 | 01 50 |
| 18 | 01 04 | 06 10 | 12 42 | 15 09 | 07 20 | 23 16 | 16 13 | 03 59 | 09 59 | 20 06 | 01 36 | 01 42 | 00 06 | +00 06 | 01 49 |
| 19 | 00 40 | 09 58 | 12 24 | 15 00 | 07 16 | 23 16 | 16 13 | 04 01 | 09 58 | 20 06 | 01 41 | 01 17 | +00 05 | 00 12 | 01 48 |
| 20 | 00 17 | 13 21 | 12 04 | 14 50 | 07 11 | 23 16 | 16 12 | 04 02 | 09 58 | 20 06 | 01 45 | 00 52 | 00 15 | 00 18 | 01 46 |
| 21 | +00 07 | 16 07 | 11 44 | 14 40 | 07 06 | 23 15 | 16 11 | 04 03 | 09 57 | 20 06 | 01 49 | 00 27 | 00 25 | 00 24 | 01 45 |
| 22 | 00 31 | 18 02 | 11 22 | 14 29 | 07 02 | 23 15 | 16 11 | 04 05 | 09 56 | 20 06 | 01 53 | 00 02 | 00 36 | 00 30 | 01 43 |
| 23 | 00 54 | 18 56 | 10 58 | 14 18 | 06 56 | 23 15 | 16 10 | 04 06 | 09 55 | 20 06 | 01 57 | +00 22 | 00 46 | 00 36 | 01 42 |
| 24 | 01 18 | 18 43 | 10 33 | 14 07 | 06 51 | 23 15 | 16 10 | 04 07 | 09 55 | 20 05 | 02 02 | 00 46 | 00 56 | 00 42 | 01 40 |
| 25 | 01 42 | 17 20 | 10 07 | 13 55 | 06 46 | 23 15 | 16 09 | 04 09 | 09 54 | 20 05 | 02 06 | 01 10 | 01 07 | 00 49 | 01 39 |
| 26 | 02 05 | 14 52 | 09 40 | 13 42 | 06 40 | 23 14 | 16 08 | 04 10 | 09 53 | 20 05 | 02 10 | 01 33 | 01 17 | 00 55 | 01 38 |
| 27 | 02 29 | 11 27 | 09 11 | 13 29 | 06 34 | 23 14 | 16 07 | 04 11 | 09 52 | 20 05 | 02 14 | 01 56 | 01 27 | 01 01 | 01 36 |
| 28 | 02 52 | 07 19 | 08 41 | 13 16 | 06 28 | 23 14 | 16 07 | 04 13 | 09 52 | 20 05 | 02 18 | 02 19 | 01 38 | 01 08 | 01 35 |
| 29 | 03 16 | 02 46 | 08 10 | 13 02 | 06 22 | 23 14 | 16 06 | 04 14 | 09 51 | 20 05 | 02 22 | 02 41 | 01 48 | 01 14 | 01 33 |
| 30 | 03 39 | +01 55 | 07 38 | 12 48 | 06 15 | 23 13 | 16 05 | 04 15 | 09 50 | 20 05 | 02 26 | 03 03 | 01 58 | 01 21 | 01 32 |
| 31 | 04 02 | 06 26 | 07 04 | 12 33 | 06 09 | 23 13 | 16 04 | 04 17 | 09 49 | 20 05 | 02 31 | 03 25 | 02 08 | 01 27 | 01 31 |

Lunar Phases -- 1 ● 08:01  8 ◐ 13:28  16 ○ 17:10  24 ◑ 01:47  30 ● 18:46  Sun enters ♈ 3/20 16:59

## Apr. 14 — Longitudes of Main Planets - April 2014 — 0:00 E.T.

| D | S.T. | ☉ | ☽ | ☽ 12:00 | ☿ | ♀ | ♂ | ♃ | ♄ | ♅ | ♆ | ♇ | ☊ |
|---|---|---|---|---|---|---|---|---|---|---|---|---|---|
| 1 | 12:37:06 | 11♈11 09 | 26♈57 | 03♉46 | 19♓10 | 24♒54 | 21♎52℞ | 11♋29 | 22♏37℞ | 12♈24 | 06♓21 | 13♑32 | 29♎30 |
| 2 | 12:41:03 | 12 10 23 | 10♉29 | 17 07 | 20 43 | 25 56 | 21 31 | 11 33 | 22 34 | 12 27 | 06 23 | 13 32 | 29 27 |
| 3 | 12:44:59 | 13 09 35 | 23 39 | 00♊06 | 22 19 | 26 59 | 21 09 | 11 38 | 22 31 | 12 30 | 06 25 | 13 32 | 29 24 |
| 4 | 12:48:56 | 14 08 45 | 06♊28 | 12 44 | 23 55 | 28 02 | 20 47 | 11 44 | 22 28 | 12 34 | 06 27 | 13 33 | 29 20 |
| 5 | 12:52:53 | 15 07 52 | 18 57 | 25 05 | 25 33 | 29 06 | 20 25 | 11 49 | 22 25 | 12 37 | 06 29 | 13 33 | 29 17 |
| 6 | 12:56:49 | 16 06 58 | 01♋10 | 07♋12 | 27 13 | 00♓09 | 20 02 | 11 54 | 22 22 | 12 41 | 06 31 | 13 33 | 29 14 |
| 7 | 13:00:46 | 17 06 01 | 13 12 | 19 10 | 28 54 | 01 13 | 19 40 | 12 00 | 22 19 | 12 44 | 06 33 | 13 34 | 29 11 |
| 8 | 13:04:42 | 18 05 01 | 25 07 | 01♌04 | 00♈36 | 02 17 | 19 17 | 12 06 | 22 16 | 12 48 | 06 35 | 13 34 | 29 08 |
| 9 | 13:08:39 | 19 04 00 | 07♌00 | 12 57 | 02 20 | 03 21 | 18 54 | 12 12 | 22 12 | 12 51 | 06 36 | 13 34 | 29 04 |
| 10 | 13:12:35 | 20 02 56 | 18 55 | 24 54 | 04 05 | 04 26 | 18 31 | 12 18 | 22 09 | 12 54 | 06 38 | 13 34 | 29 01 |
| 11 | 13:16:32 | 21 01 50 | 00♍56 | 07♍00 | 05 52 | 05 30 | 18 08 | 12 24 | 22 05 | 12 58 | 06 40 | 13 34 | 28 58 |
| 12 | 13:20:28 | 22 00 41 | 13 07 | 19 17 | 07 40 | 06 35 | 17 45 | 12 30 | 22 02 | 13 01 | 06 42 | 13 35 | 28 55 |
| 13 | 13:24:25 | 22 59 31 | 25 31 | 01♎48 | 09 30 | 07 40 | 17 22 | 12 37 | 21 58 | 13 05 | 06 43 | 13 35 | 28 52 |
| 14 | 13:28:22 | 23 58 18 | 08♎09 | 14 34 | 11 22 | 08 46 | 16 59 | 12 44 | 21 54 | 13 08 | 06 45 | 13 35 | 28 49 |
| 15 | 13:32:18 | 24 57 03 | 21 03 | 27 36 | 13 15 | 09 51 | 16 36 | 12 51 | 21 51 | 13 11 | 06 47 | 13 35℞ | 28 45 |
| 16 | 13:36:15 | 25 55 47 | 04♏13 | 10♏54 | 15 09 | 10 57 | 16 14 | 12 57 | 21 47 | 13 15 | 06 48 | 13 35 | 28 42 |
| 17 | 13:40:11 | 26 54 28 | 17 39 | 24 26 | 17 05 | 12 03 | 15 52 | 13 05 | 21 43 | 13 18 | 06 50 | 13 35 | 28 39 |
| 18 | 13:44:08 | 27 53 08 | 01♐17 | 08♐11 | 19 03 | 13 09 | 15 30 | 13 12 | 21 39 | 13 21 | 06 52 | 13 35 | 28 36 |
| 19 | 13:48:04 | 28 51 46 | 15 08 | 22 07 | 21 02 | 14 15 | 15 08 | 13 19 | 21 35 | 13 25 | 06 53 | 13 34 | 28 33 |
| 20 | 13:52:01 | 29 50 22 | 29 08 | 06♑11 | 23 02 | 15 21 | 14 47 | 13 27 | 21 31 | 13 28 | 06 55 | 13 34 | 28 30 |
| 21 | 13:55:57 | 00♉48 56 | 13♑15 | 20 20 | 25 04 | 16 28 | 14 26 | 13 34 | 21 27 | 13 31 | 06 56 | 13 34 | 28 26 |
| 22 | 13:59:54 | 01 47 29 | 27 26 | 04♒33 | 27 07 | 17 34 | 14 05 | 13 42 | 21 23 | 13 35 | 06 58 | 13 34 | 28 23 |
| 23 | 14:03:51 | 02 46 00 | 11♒40 | 18 47 | 29 12 | 18 41 | 13 45 | 13 50 | 21 19 | 13 38 | 06 59 | 13 34 | 28 20 |
| 24 | 14:07:47 | 03 44 30 | 25 54 | 03♓00 | 01♉17 | 19 48 | 13 25 | 13 58 | 21 15 | 13 41 | 07 01 | 13 33 | 28 17 |
| 25 | 14:11:44 | 04 42 58 | 10♓04 | 17 08 | 03 24 | 20 55 | 13 06 | 14 06 | 21 11 | 13 45 | 07 02 | 13 33 | 28 14 |
| 26 | 14:15:40 | 05 41 25 | 24 09 | 01♈09 | 05 31 | 22 02 | 12 48 | 14 15 | 21 06 | 13 48 | 07 04 | 13 33 | 28 10 |
| 27 | 14:19:37 | 06 39 49 | 08♈06 | 15 00 | 07 40 | 23 10 | 12 30 | 14 23 | 21 02 | 13 51 | 07 05 | 13 33 | 28 07 |
| 28 | 14:23:33 | 07 38 12 | 21 51 | 28 39 | 09 48 | 24 17 | 12 13 | 14 32 | 20 58 | 13 54 | 07 06 | 13 32 | 28 04 |
| 29 | 14:27:30 | 08 36 34 | 05♉23 | 12♉03 | 11 57 | 25 25 | 11 56 | 14 40 | 20 54 | 13 57 | 07 08 | 13 32 | 28 01 |
| 30 | 14:31:26 | 09 34 53 | 18 39 | 25 11 | 14 06 | 26 32 | 11 40 | 14 49 | 20 49 | 14 01 | 07 09 | 13 31 | 27 58 |

## 0:00 E.T. — Longitudes of the Major Asteroids and Chiron

| D | ⚳ | ⚴ | ⚵ | ⚶ | ⚷ | D | ⚳ | ⚴ | ⚵ | ⚶ | ⚷ |
|---|---|---|---|---|---|---|---|---|---|---|---|
| 1 | 28♎18℞ | 25♌14℞ | 15♈34 | 26♎29℞ | 15♓06 | 16 | 25 00 | 25 11 | 23 59 | 22 51 | 15 56 |
| 2 | 28 06 | 25 10 | 16 07 | 26 16 | 15 10 | 17 | 24 47 | 25 15 | 24 33 | 22 36 | 15 59 |
| 3 | 27 54 | 25 07 | 16 40 | 26 02 | 15 13 | 18 | 24 33 | 25 19 | 25 06 | 22 21 | 16 02 |
| 4 | 27 41 | 25 04 | 17 14 | 25 48 | 15 17 | 19 | 24 20 | 25 24 | 25 40 | 22 06 | 16 05 |
| 5 | 27 28 | 25 02 | 17 47 | 25 34 | 15 20 | 20 | 24 06 | 25 29 | 26 15 | 21 51 | 16 08 |
| 6 | 27 15 | 25 00 | 18 21 | 25 20 | 15 24 | 21 | 23 53 | 25 34 | 26 49 | 21 36 | 16 11 |
| 7 | 27 02 | 24 59 | 18 55 | 25 06 | 15 27 | 22 | 23 39 | 25 40 | 27 23 | 21 21 | 16 14 |
| 8 | 26 49 | 24 58 | 19 28 | 24 51 | 15 30 | 23 | 23 26 | 25 46 | 27 57 | 21 07 | 16 17 |
| 9 | 26 36 | 24 58D | 20 02 | 24 36 | 15 34 | 24 | 23 13 | 25 53 | 28 31 | 20 52 | 16 20 |
| 10 | 26 22 | 24 59 | 20 36 | 24 21 | 15 37 | 25 | 23 00 | 26 00 | 29 05 | 20 38 | 16 22 |
| 11 | 26 09 | 25 00 | 21 09 | 24 06 | 15 40 | 26 | 22 48 | 26 07 | 29 39 | 20 25 | 16 25 |
| 12 | 25 55 | 25 01 | 21 43 | 23 51 | 15 43 | 27 | 22 35 | 26 15 | 00♉14 | 20 11 | 16 28 |
| 13 | 25 41 | 25 03 | 22 17 | 23 36 | 15 47 | 28 | 22 23 | 26 23 | 00 48 | 19 58 | 16 30 |
| 14 | 25 28 | 25 05 | 22 51 | 23 21 | 15 50 | 29 | 22 11 | 26 32 | 01 22 | 19 44 | 16 33 |
| 15 | 25 14 | 25 08 | 23 25 | 23 06 | 15 53 | 30 | 21 59 | 26 41 | 01 57 | 19 32 | 16 36 |

## Lunar Data

| Last Asp. | | Ingress | | |
|---|---|---|---|---|
| 31 | 20:08 | 1 | ♉ | 05:22 |
| 3 | 06:45 | 3 | ♊ | 11:49 |
| 5 | 14:56 | 5 | ♋ | 21:41 |
| 7 | 18:15 | 8 | ♌ | 09:51 |
| 10 | 06:27 | 10 | ♍ | 22:08 |
| 12 | 17:13 | 13 | ♎ | 08:34 |
| 15 | 07:44 | 15 | ♏ | 16:21 |
| 17 | 07:10 | 17 | ♐ | 21:45 |
| 20 | 01:18 | 20 | ♑ | 01:29 |
| 21 | 23:22 | 22 | ♒ | 04:19 |
| 23 | 16:12 | 24 | ♓ | 06:56 |
| 25 | 20:04 | 26 | ♈ | 10:02 |
| 27 | 11:03 | 28 | ♉ | 14:25 |
| 30 | 15:55 | | | |

## 0:00 E.T. — Declinations

| D | ☉ | ☽ | ☿ | ♀ | ♂ | ♃ | ♄ | ♅ | ♆ | ♇ | ⚳ | ⚴ | ⚵ | ⚶ | ⚷ |
|---|---|---|---|---|---|---|---|---|---|---|---|---|---|---|---|
| 1 | +04 25 | +10 30 | -06 29 | -12 18 | -06 02 | +23 13 | -16 03 | +04 18 | -09 49 | -20 05 | +02 35 | +03 46 | +02 19 | +01 33 | -01 29 |
| 2 | 04 49 | 13 54 | 05 54 | 12 03 | 05 56 | 23 12 | 16 03 | 04 19 | 09 48 | 20 05 | 02 38 | 04 07 | 02 29 | 01 39 | 01 28 |
| 3 | 05 12 | 16 30 | 05 16 | 11 47 | 05 49 | 23 12 | 16 02 | 04 21 | 09 47 | 20 05 | 02 42 | 04 28 | 02 39 | 01 46 | 01 26 |
| 4 | 05 35 | 18 10 | 04 38 | 11 31 | 05 42 | 23 12 | 16 01 | 04 22 | 09 47 | 20 05 | 02 46 | 04 48 | 02 49 | 01 52 | 01 25 |
| 5 | 05 58 | 18 55 | 03 59 | 11 14 | 05 35 | 23 11 | 16 00 | 04 23 | 09 46 | 20 05 | 02 50 | 05 08 | 03 00 | 01 58 | 01 24 |
| 6 | 06 20 | 18 44 | 03 19 | 10 57 | 05 28 | 23 11 | 15 59 | 04 25 | 09 45 | 20 05 | 02 54 | 05 27 | 03 10 | 02 04 | 01 22 |
| 7 | 06 43 | 17 43 | 02 37 | 10 39 | 05 21 | 23 10 | 15 58 | 04 26 | 09 45 | 20 05 | 02 57 | 05 46 | 03 20 | 02 10 | 01 21 |
| 8 | 07 05 | 15 55 | 01 55 | 10 22 | 05 14 | 23 10 | 15 57 | 04 27 | 09 44 | 20 05 | 03 01 | 06 05 | 03 30 | 02 16 | 01 20 |
| 9 | 07 28 | 13 28 | 01 11 | 10 03 | 05 07 | 23 09 | 15 56 | 04 29 | 09 43 | 20 05 | 03 04 | 06 23 | 03 40 | 02 22 | 01 18 |
| 10 | 07 50 | 10 27 | 00 27 | 09 45 | 05 00 | 23 09 | 15 55 | 04 30 | 09 43 | 20 05 | 03 07 | 06 41 | 03 50 | 02 27 | 01 17 |
| 11 | 08 12 | 06 59 | +00 18 | 09 26 | 04 53 | 23 08 | 15 54 | 04 31 | 09 42 | 20 05 | 03 11 | 06 58 | 04 00 | 02 33 | 01 16 |
| 12 | 08 34 | 03 10 | 01 05 | 09 06 | 04 46 | 23 08 | 15 53 | 04 33 | 09 41 | 20 05 | 03 14 | 07 16 | 04 10 | 02 38 | 01 14 |
| 13 | 08 56 | -00 51 | 01 52 | 08 47 | 04 39 | 23 07 | 15 52 | 04 34 | 09 41 | 20 05 | 03 17 | 07 32 | 04 20 | 02 43 | 01 13 |
| 14 | 09 18 | 04 55 | 02 40 | 08 27 | 04 33 | 23 07 | 15 51 | 04 35 | 09 40 | 20 05 | 03 19 | 07 49 | 04 30 | 02 49 | 01 12 |
| 15 | 09 39 | 08 50 | 03 29 | 08 07 | 04 26 | 23 06 | 15 50 | 04 37 | 09 40 | 20 05 | 03 22 | 08 04 | 04 40 | 02 54 | 01 10 |
| 16 | 10 01 | 12 25 | 04 19 | 07 46 | 04 19 | 23 05 | 15 49 | 04 38 | 09 39 | 20 05 | 03 25 | 08 20 | 04 49 | 02 58 | 01 09 |
| 17 | 10 22 | 15 25 | 05 09 | 07 25 | 04 13 | 23 05 | 15 48 | 04 39 | 09 38 | 20 05 | 03 27 | 08 35 | 04 59 | 03 03 | 01 08 |
| 18 | 10 43 | 17 36 | 06 00 | 07 04 | 04 07 | 23 04 | 15 47 | 04 41 | 09 38 | 20 05 | 03 29 | 08 50 | 05 09 | 03 08 | 01 06 |
| 19 | 11 04 | 18 46 | 06 52 | 06 42 | 04 01 | 23 03 | 15 46 | 04 42 | 09 37 | 20 05 | 03 31 | 09 04 | 05 19 | 03 12 | 01 05 |
| 20 | 11 25 | 18 49 | 07 44 | 06 21 | 03 54 | 23 03 | 15 45 | 04 43 | 09 37 | 20 05 | 03 33 | 09 18 | 05 28 | 03 16 | 01 04 |
| 21 | 11 45 | 17 42 | 08 36 | 05 59 | 03 49 | 23 02 | 15 44 | 04 44 | 09 36 | 20 05 | 03 35 | 09 32 | 05 38 | 03 20 | 01 03 |
| 22 | 12 06 | 15 29 | 09 29 | 05 36 | 03 43 | 23 01 | 15 43 | 04 46 | 09 36 | 20 05 | 03 37 | 09 45 | 05 47 | 03 24 | 01 01 |
| 23 | 12 26 | 12 20 | 10 21 | 05 14 | 03 38 | 23 01 | 15 42 | 04 47 | 09 35 | 20 05 | 03 38 | 09 58 | 05 57 | 03 27 | 01 00 |
| 24 | 12 46 | 08 28 | 11 14 | 04 51 | 03 32 | 23 00 | 15 40 | 04 48 | 09 35 | 20 05 | 03 40 | 10 11 | 06 06 | 03 30 | 00 59 |
| 25 | 13 05 | 04 08 | 12 07 | 04 28 | 03 27 | 22 59 | 15 39 | 04 49 | 09 34 | 20 05 | 03 41 | 10 23 | 06 16 | 03 34 | 00 58 |
| 26 | 13 25 | +00 25 | 12 59 | 04 05 | 03 22 | 22 58 | 15 38 | 04 51 | 09 34 | 20 05 | 03 42 | 10 35 | 06 25 | 03 36 | 00 57 |
| 27 | 13 44 | 04 54 | 13 51 | 03 41 | 03 18 | 22 57 | 15 37 | 04 52 | 09 33 | 20 06 | 03 43 | 10 46 | 06 34 | 03 39 | 00 55 |
| 28 | 14 03 | 09 04 | 14 42 | 03 18 | 03 14 | 22 56 | 15 36 | 04 53 | 09 33 | 20 06 | 03 43 | 10 57 | 06 44 | 03 41 | 00 54 |
| 29 | 14 22 | 12 42 | 15 32 | 02 54 | 03 09 | 22 56 | 15 35 | 04 54 | 09 32 | 20 06 | 03 44 | 11 08 | 06 53 | 03 44 | 00 53 |
| 30 | 14 41 | 15 36 | 16 22 | 02 30 | 03 06 | 22 55 | 15 34 | 04 56 | 09 32 | 20 06 | 03 44 | 11 19 | 07 02 | 03 46 | 00 52 |

Lunar Phases -- 7 ◐ 08:32  15 Ⓔ 07:44 ☋  22 ◑ 07:53  29 ● 06:15  Sun enters ♉ 4/20 03:57

## 0:00 E.T. Longitudes of Main Planets - May 2014 

| D | S.T. | ☉ | ☽ | ☽ 12:00 | ☿ | ♀ | ♂ | ♃ | ♄ | ♅ | ♆ | ♇ | ☊ |
|---|---|---|---|---|---|---|---|---|---|---|---|---|---|
| 1 | 14:35:23 | 10♉33 11 | 01♊38 | 08♊02 | 16♉15 | 27♓40 | 11♎25℞ | 14♋58 | 20♏45℞ | 14♈04 | 07♓10 | 13♑31℞ | 27♎55 |
| 2 | 14:39:20 | 11 31 27 | 14 21 | 20 37 | 18 23 | 28 48 | 11 10 | 15 07 | 20 40 | 14 07 | 07 11 | 13 30 | 27 51 |
| 3 | 14:43:16 | 12 29 41 | 26 48 | 02♋57 | 20 31 | 29 56 | 10 56 | 15 16 | 20 36 | 14 10 | 07 13 | 13 30 | 27 48 |
| 4 | 14:47:13 | 13 27 53 | 09♋02 | 15 04 | 22 37 | 01♈04 | 10 43 | 15 25 | 20 32 | 14 13 | 07 14 | 13 29 | 27 45 |
| 5 | 14:51:09 | 14 26 04 | 21 04 | 27 03 | 24 42 | 02 12 | 10 31 | 15 35 | 20 27 | 14 16 | 07 15 | 13 29 | 27 42 |
| 6 | 14:55:06 | 15 24 12 | 03♌00 | 08♌57 | 26 45 | 03 21 | 10 19 | 15 44 | 20 23 | 14 19 | 07 16 | 13 28 | 27 39 |
| 7 | 14:59:02 | 16 22 18 | 14 53 | 20 50 | 28 46 | 04 29 | 10 09 | 15 54 | 20 18 | 14 22 | 07 17 | 13 28 | 27 36 |
| 8 | 15:02:59 | 17 20 22 | 26 48 | 02♍47 | 00♊44 | 05 38 | 09 59 | 16 03 | 20 14 | 14 25 | 07 18 | 13 27 | 27 32 |
| 9 | 15:06:55 | 18 18 25 | 08♍49 | 14 54 | 02 41 | 06 46 | 09 50 | 16 13 | 20 09 | 14 28 | 07 19 | 13 26 | 27 29 |
| 10 | 15:10:52 | 19 16 25 | 21 02 | 27 13 | 04 34 | 07 55 | 09 41 | 16 23 | 20 05 | 14 31 | 07 20 | 13 26 | 27 26 |
| 11 | 15:14:49 | 20 14 24 | 03♎29 | 09♎50 | 06 25 | 09 04 | 09 34 | 16 33 | 20 00 | 14 34 | 07 21 | 13 25 | 27 23 |
| 12 | 15:18:45 | 21 12 21 | 16 15 | 22 46 | 08 13 | 10 13 | 09 27 | 16 43 | 19 56 | 14 37 | 07 22 | 13 24 | 27 20 |
| 13 | 15:22:42 | 22 10 16 | 29 22 | 06♏04 | 09 57 | 11 22 | 09 21 | 16 53 | 19 51 | 14 40 | 07 23 | 13 23 | 27 16 |
| 14 | 15:26:38 | 23 08 10 | 12♏50 | 19 42 | 11 38 | 12 31 | 09 16 | 17 04 | 19 47 | 14 43 | 07 24 | 13 22 | 27 13 |
| 15 | 15:30:35 | 24 06 02 | 26 39 | 03♐40 | 13 16 | 13 40 | 09 11 | 17 14 | 19 42 | 14 46 | 07 25 | 13 22 | 27 10 |
| 16 | 15:34:31 | 25 03 53 | 10♐45 | 17 53 | 14 51 | 14 49 | 09 08 | 17 24 | 19 38 | 14 49 | 07 26 | 13 21 | 27 07 |
| 17 | 15:38:28 | 26 01 42 | 25 04 | 02♑17 | 16 22 | 15 58 | 09 05 | 17 35 | 19 33 | 14 51 | 07 27 | 13 20 | 27 04 |
| 18 | 15:42:24 | 26 59 30 | 09♑31 | 16 45 | 17 49 | 17 07 | 09 03 | 17 45 | 19 29 | 14 54 | 07 27 | 13 19 | 27 01 |
| 19 | 15:46:21 | 27 57 17 | 23 59 | 01♒13 | 19 13 | 18 17 | 09 02 | 17 56 | 19 24 | 14 57 | 07 28 | 13 18 | 26 57 |
| 20 | 15:50:18 | 28 55 02 | 08♒25 | 15 35 | 20 34 | 19 26 | 09 02 | 18 07 | 19 20 | 15 00 | 07 29 | 13 17 | 26 54 |
| 21 | 15:54:14 | 29 52 47 | 22 43 | 29 49 | 21 50 | 20 36 | 09 02D | 18 18 | 19 15 | 15 02 | 07 29 | 13 16 | 26 51 |
| 22 | 15:58:11 | 00♊50 30 | 06♓51 | 13♓51 | 23 03 | 21 46 | 09 03 | 18 29 | 19 11 | 15 05 | 07 30 | 13 15 | 26 48 |
| 23 | 16:02:07 | 01 48 13 | 20 48 | 27 41 | 24 12 | 22 55 | 09 05 | 18 40 | 19 07 | 15 07 | 07 31 | 13 14 | 26 45 |
| 24 | 16:06:04 | 02 45 54 | 04♈32 | 11♈20 | 25 18 | 24 05 | 09 07 | 18 51 | 19 02 | 15 10 | 07 31 | 13 13 | 26 42 |
| 25 | 16:10:00 | 03 43 34 | 18 04 | 24 45 | 26 19 | 25 15 | 09 11 | 19 02 | 18 58 | 15 13 | 07 32 | 13 12 | 26 38 |
| 26 | 16:13:57 | 04 41 14 | 01♉24 | 07♉59 | 27 16 | 26 25 | 09 15 | 19 13 | 18 54 | 15 15 | 07 32 | 13 11 | 26 35 |
| 27 | 16:17:53 | 05 38 52 | 14 31 | 21 00 | 28 10 | 27 35 | 09 20 | 19 25 | 18 49 | 15 18 | 07 33 | 13 10 | 26 32 |
| 28 | 16:21:50 | 06 36 29 | 27 26 | 03♊49 | 28 59 | 28 45 | 09 25 | 19 36 | 18 45 | 15 20 | 07 33 | 13 09 | 26 29 |
| 29 | 16:25:47 | 07 34 05 | 10♊09 | 16 26 | 29 44 | 29 55 | 09 31 | 19 47 | 18 41 | 15 22 | 07 33 | 13 08 | 26 26 |
| 30 | 16:29:43 | 08 31 40 | 22 40 | 28 51 | 00♋25 | 01♉05 | 09 38 | 19 59 | 18 37 | 15 25 | 07 34 | 13 06 | 26 22 |
| 31 | 16:33:40 | 09 29 14 | 04♋59 | 11♋05 | 01 01 | 02 15 | 09 46 | 20 11 | 18 33 | 15 27 | 07 34 | 13 05 | 26 19 |

## 0:00 E.T. Longitudes of the Major Asteroids and Chiron

| D | ⚳ | ⚴ | ⚵ | ⚶ | ⚷ |
|---|---|---|---|---|---|
| 1 | 21♎47℞ | 26♌50 | 02♉31 | 19♎19℞ | 16♓38 |
| 2 | 21 36 | 27 00 | 03 05 | 19 07 | 16 41 |
| 3 | 21 25 | 27 10 | 03 40 | 18 55 | 16 43 |
| 4 | 21 14 | 27 20 | 04 14 | 18 44 | 16 46 |
| 5 | 21 03 | 27 31 | 04 49 | 18 33 | 16 48 |
| 6 | 20 53 | 27 42 | 05 23 | 18 22 | 16 50 |
| 7 | 20 43 | 27 53 | 05 58 | 18 12 | 16 53 |
| 8 | 20 33 | 28 05 | 06 32 | 18 02 | 16 55 |
| 9 | 20 24 | 28 17 | 07 07 | 17 53 | 16 57 |
| 10 | 20 15 | 28 29 | 07 41 | 17 44 | 16 59 |
| 11 | 20 06 | 28 41 | 08 16 | 17 36 | 17 02 |
| 12 | 19 58 | 28 54 | 08 51 | 17 28 | 17 04 |
| 13 | 19 50 | 29 07 | 09 25 | 17 20 | 17 06 |
| 14 | 19 43 | 29 21 | 10 00 | 17 13 | 17 08 |
| 15 | 19 35 | 29 34 | 10 35 | 17 06 | 17 10 |
| 16 | 19 29 | 29 48 | 11 09 | 17 00 | 17 12 |
| 17 | 19 22 | 00♍02 | 11 44 | 16 55 | 17 13 |
| 18 | 19 16 | 00 17 | 12 19 | 16 49 | 17 15 |
| 19 | 19 10 | 00 31 | 12 53 | 16 45 | 17 17 |
| 20 | 19 05 | 00 46 | 13 28 | 16 40 | 17 19 |
| 21 | 19 00 | 01 01 | 14 03 | 16 37 | 17 20 |
| 22 | 18 56 | 01 16 | 14 38 | 16 34 | 17 22 |
| 23 | 18 52 | 01 32 | 15 13 | 16 31 | 17 23 |
| 24 | 18 48 | 01 48 | 15 47 | 16 29 | 17 25 |
| 25 | 18 45 | 02 04 | 16 22 | 16 27 | 17 26 |
| 26 | 18 42 | 02 20 | 16 57 | 16 26 | 17 28 |
| 27 | 18 39 | 02 36 | 17 32 | 16 25 | 17 29 |
| 28 | 18 37 | 02 53 | 18 07 | 16 25D | 17 30 |
| 29 | 18 35 | 03 10 | 18 41 | 16 25 | 17 32 |
| 30 | 18 34 | 03 27 | 19 16 | 16 26 | 17 33 |
| 31 | 18 33 | 03 44 | 19 51 | 16 27 | 17 34 |

## Lunar Data

| Last Asp. | Ingress |
|---|---|
| 1 23:33 | 3 ♋ 06:14 |
| 5 08:47 | 5 ♌ 17:57 |
| 7 10:52 | 8 ♍ 06:25 |
| 9 22:09 | 10 ♎ 17:20 |
| 12 00:52 | 13 ♏ 01:08 |
| 14 19:17 | 15 ♐ 05:45 |
| 16 07:44 | 17 ♑ 08:13 |
| 19 07:03 | 19 ♒ 09:59 |
| 20 22:23 | 21 ♓ 12:20 |
| 23 06:27 | 23 ♈ 16:02 |
| 25 15:59 | 25 ♉ 21:29 |
| 27 09:11 | 28 ♊ 04:49 |
| 29 10:00 | 30 ♋ 14:14 |

## 0:00 E.T. Declinations

| D | ☉ | ☽ | ☿ | ♀ | ♂ | ♃ | ♄ | ♅ | ♆ | ♇ | ⚳ | ⚴ | ⚵ | ⚶ | ⚷ |
|---|---|---|---|---|---|---|---|---|---|---|---|---|---|---|---|
| 1 | +14 59 | +17 39 | +17 10 | -02 06 | -03 02 | +22 54 | -15 32 | +04 57 | -09 31 | -20 06 | +03 44 | +11 29 | +07 11 | +03 47 | -00 51 |
| 2 | 15 17 | 18 45 | 17 56 | 01 41 | 02 59 | 22 53 | 15 31 | 04 58 | 09 31 | 20 06 | 03 44 | 11 39 | 07 20 | 03 49 | 00 50 |
| 3 | 15 35 | 18 54 | 18 41 | 01 17 | 02 56 | 22 52 | 15 30 | 04 59 | 09 30 | 20 06 | 03 44 | 11 48 | 07 29 | 03 50 | 00 49 |
| 4 | 15 53 | 18 10 | 19 23 | 00 52 | 02 53 | 22 51 | 15 29 | 05 00 | 09 30 | 20 06 | 03 44 | 11 57 | 07 38 | 03 51 | 00 47 |
| 5 | 16 10 | 16 38 | 20 04 | 00 28 | 02 51 | 22 50 | 15 28 | 05 02 | 09 30 | 20 06 | 03 43 | 12 06 | 07 46 | 03 52 | 00 46 |
| 6 | 16 27 | 14 23 | 20 43 | 00 03 | 02 49 | 22 49 | 15 27 | 05 03 | 09 29 | 20 06 | 03 42 | 12 15 | 07 55 | 03 52 | 00 45 |
| 7 | 16 44 | 11 33 | 21 19 | +00 22 | 02 47 | 22 48 | 15 25 | 05 04 | 09 29 | 20 06 | 03 41 | 12 23 | 08 04 | 03 52 | 00 44 |
| 8 | 17 00 | 08 14 | 21 53 | 00 47 | 02 46 | 22 47 | 15 24 | 05 05 | 09 29 | 20 06 | 03 40 | 12 31 | 08 12 | 03 52 | 00 43 |
| 9 | 17 17 | 04 33 | 22 24 | 01 12 | 02 44 | 22 45 | 15 23 | 05 06 | 09 28 | 20 06 | 03 39 | 12 38 | 08 21 | 03 52 | 00 42 |
| 10 | 17 32 | 00 38 | 22 53 | 01 37 | 02 44 | 22 44 | 15 22 | 05 07 | 09 28 | 20 07 | 03 37 | 12 46 | 08 29 | 03 51 | 00 41 |
| 11 | 17 48 | -03 25 | 23 19 | 02 02 | 02 43 | 22 43 | 15 21 | 05 09 | 09 28 | 20 07 | 03 35 | 12 53 | 08 38 | 03 51 | 00 40 |
| 12 | 18 03 | 07 24 | 23 43 | 02 27 | 02 43 | 22 42 | 15 20 | 05 10 | 09 27 | 20 07 | 03 33 | 12 59 | 08 46 | 03 50 | 00 39 |
| 13 | 18 19 | 11 09 | 24 04 | 02 53 | 02 43 | 22 41 | 15 18 | 05 11 | 09 27 | 20 07 | 03 31 | 13 06 | 08 54 | 03 48 | 00 38 |
| 14 | 18 33 | 14 26 | 24 23 | 03 18 | 02 43 | 22 40 | 15 17 | 05 12 | 09 27 | 20 07 | 03 29 | 13 12 | 09 02 | 03 47 | 00 37 |
| 15 | 18 48 | 16 59 | 24 39 | 03 43 | 02 44 | 22 38 | 15 16 | 05 13 | 09 26 | 20 07 | 03 26 | 13 18 | 09 10 | 03 45 | 00 36 |
| 16 | 19 02 | 18 33 | 24 53 | 04 09 | 02 45 | 22 37 | 15 15 | 05 14 | 09 26 | 20 07 | 03 24 | 13 24 | 09 18 | 03 43 | 00 35 |
| 17 | 19 16 | 18 58 | 25 05 | 04 34 | 02 46 | 22 36 | 15 14 | 05 15 | 09 26 | 20 07 | 03 21 | 13 29 | 09 26 | 03 41 | 00 35 |
| 18 | 19 29 | 18 10 | 25 14 | 04 59 | 02 47 | 22 34 | 15 13 | 05 16 | 09 26 | 20 07 | 03 18 | 13 34 | 09 34 | 03 38 | 00 34 |
| 19 | 19 42 | 16 11 | 25 22 | 05 25 | 02 49 | 22 33 | 15 12 | 05 17 | 09 25 | 20 08 | 03 15 | 13 39 | 09 41 | 03 36 | 00 33 |
| 20 | 19 55 | 13 12 | 25 27 | 05 50 | 02 51 | 22 32 | 15 10 | 05 18 | 09 25 | 20 08 | 03 12 | 13 44 | 09 49 | 03 33 | 00 32 |
| 21 | 20 07 | 09 28 | 25 31 | 06 15 | 02 53 | 22 30 | 15 09 | 05 19 | 09 25 | 20 08 | 03 08 | 13 48 | 09 56 | 03 30 | 00 31 |
| 22 | 20 19 | 05 13 | 25 32 | 06 40 | 02 56 | 22 29 | 15 08 | 05 20 | 09 25 | 20 08 | 03 04 | 13 52 | 10 04 | 03 26 | 00 30 |
| 23 | 20 31 | 00 45 | 25 32 | 07 05 | 02 59 | 22 27 | 15 07 | 05 21 | 09 24 | 20 08 | 03 01 | 13 56 | 10 11 | 03 23 | 00 30 |
| 24 | 20 43 | +03 42 | 25 30 | 07 30 | 03 02 | 22 26 | 15 06 | 05 22 | 09 24 | 20 08 | 02 57 | 14 00 | 10 18 | 03 19 | 00 29 |
| 25 | 20 54 | 07 55 | 25 27 | 07 55 | 03 05 | 22 24 | 15 05 | 05 23 | 09 24 | 20 08 | 02 52 | 14 03 | 10 25 | 03 15 | 00 28 |
| 26 | 21 04 | 11 40 | 25 22 | 08 20 | 03 09 | 22 23 | 15 04 | 05 24 | 09 24 | 20 09 | 02 48 | 14 06 | 10 32 | 03 11 | 00 27 |
| 27 | 21 15 | 14 47 | 25 16 | 08 44 | 03 13 | 22 21 | 15 03 | 05 25 | 09 24 | 20 09 | 02 44 | 14 09 | 10 39 | 03 06 | 00 27 |
| 28 | 21 25 | 17 06 | 25 09 | 09 09 | 03 17 | 22 20 | 15 02 | 05 26 | 09 24 | 20 09 | 02 39 | 14 12 | 10 46 | 03 01 | 00 26 |
| 29 | 21 34 | 18 32 | 25 00 | 09 33 | 03 22 | 22 18 | 15 01 | 05 27 | 09 24 | 20 09 | 02 34 | 14 15 | 10 53 | 02 57 | 00 25 |
| 30 | 21 43 | 19 01 | 24 50 | 09 57 | 03 26 | 22 16 | 15 00 | 05 28 | 09 23 | 20 09 | 02 29 | 14 17 | 10 59 | 02 52 | 00 25 |
| 31 | 21 52 | 18 36 | 24 39 | 10 22 | 03 31 | 22 15 | 14 59 | 05 29 | 09 23 | 20 09 | 02 24 | 14 19 | 11 06 | 02 46 | 00 24 |

Lunar Phases -- 7 ◐ 03:16 14 ○ 19:17 21 ◑ 13:00 28 ● 18:41 Sun enters ♊ 5/21 03:00

# Longitudes of Main Planets - June 2014

0:00 E.T.

| D | S.T. | ☉ | ☽ | ☽ 12:00 | ☿ | ♀ | ♂ | ♃ | ♄ | ♅ | ♆ | ♇ | ☊ |
|---|---|---|---|---|---|---|---|---|---|---|---|---|---|
| 1 | 16:37:36 | 10♊26 47 | 17♋08 | 23♋09 | 01♋33 | 03♉25 | 09♎54 | 20♋22 | 18♏29℞ | 15♈29 | 07♓35 | 13♑04℞ | 26♎16 |
| 2 | 16:41:33 | 11 24 18 | 29 08 | 05♌06 | 02 01 | 04 36 | 10 03 | 20 34 | 18 25 | 15 32 | 07 35 | 13 03 | 26 13 |
| 3 | 16:45:29 | 12 21 49 | 11♌02 | 16 58 | 02 24 | 05 46 | 10 13 | 20 46 | 18 21 | 15 34 | 07 35 | 13 02 | 26 10 |
| 4 | 16:49:26 | 13 19 17 | 22 54 | 28 50 | 02 42 | 06 56 | 10 23 | 20 58 | 18 17 | 15 36 | 07 35 | 13 00 | 26 07 |
| 5 | 16:53:22 | 14 16 45 | 04♍47 | 10♍46 | 02 56 | 08 07 | 10 34 | 21 10 | 18 13 | 15 38 | 07 35 | 12 59 | 26 03 |
| 6 | 16:57:19 | 15 14 12 | 16 47 | 22 50 | 03 05 | 09 17 | 10 45 | 21 22 | 18 10 | 15 40 | 07 36 | 12 58 | 26 00 |
| 7 | 17:01:16 | 16 11 37 | 28 57 | 05♎08 | 03 10 | 10 28 | 10 57 | 21 34 | 18 06 | 15 42 | 07 36 | 12 57 | 25 57 |
| 8 | 17:05:12 | 17 09 01 | 11♎24 | 17 45 | 03 10℞ | 11 38 | 11 10 | 21 46 | 18 02 | 15 44 | 07 36 | 12 55 | 25 54 |
| 9 | 17:09:09 | 18 06 24 | 24 12 | 00♏44 | 03 05 | 12 49 | 11 23 | 21 58 | 17 59 | 15 46 | 07 36 | 12 54 | 25 51 |
| 10 | 17:13:05 | 19 03 46 | 07♏23 | 14 09 | 02 56 | 14 00 | 11 37 | 22 10 | 17 55 | 15 48 | 07 36℞ | 12 53 | 25 47 |
| 11 | 17:17:02 | 20 01 07 | 21 01 | 28 00 | 02 43 | 15 10 | 11 51 | 22 22 | 17 52 | 15 50 | 07 36 | 12 51 | 25 44 |
| 12 | 17:20:58 | 20 58 27 | 05♐05 | 12♐16 | 02 26 | 16 21 | 12 06 | 22 35 | 17 48 | 15 52 | 07 36 | 12 50 | 25 41 |
| 13 | 17:24:55 | 21 55 47 | 19 32 | 26 52 | 02 06 | 17 32 | 12 22 | 22 47 | 17 45 | 15 54 | 07 36 | 12 49 | 25 38 |
| 14 | 17:28:51 | 22 53 05 | 04♑16 | 11♑42 | 01 42 | 18 43 | 12 38 | 22 59 | 17 42 | 15 56 | 07 35 | 12 47 | 25 35 |
| 15 | 17:32:48 | 23 50 23 | 19 09 | 26 36 | 01 15 | 19 54 | 12 54 | 23 12 | 17 38 | 15 58 | 07 35 | 12 46 | 25 32 |
| 16 | 17:36:45 | 24 47 41 | 04♒03 | 11♒27 | 00 45 | 21 05 | 13 11 | 23 24 | 17 35 | 15 59 | 07 35 | 12 44 | 25 28 |
| 17 | 17:40:41 | 25 44 58 | 18 49 | 26 07 | 00 14 | 22 16 | 13 29 | 23 37 | 17 32 | 16 01 | 07 35 | 12 43 | 25 25 |
| 18 | 17:44:38 | 26 42 15 | 03♓20 | 10♓30 | 29♊41 | 23 27 | 13 47 | 23 49 | 17 29 | 16 03 | 07 35 | 12 42 | 25 22 |
| 19 | 17:48:34 | 27 39 31 | 17 34 | 24 33 | 29 07 | 24 38 | 14 05 | 24 02 | 17 26 | 16 04 | 07 34 | 12 40 | 25 19 |
| 20 | 17:52:31 | 28 36 47 | 01♈28 | 08♈17 | 28 32 | 25 49 | 14 24 | 24 15 | 17 23 | 16 06 | 07 34 | 12 39 | 25 16 |
| 21 | 17:56:27 | 29 34 03 | 15 02 | 21 43 | 27 58 | 27 00 | 14 44 | 24 27 | 17 21 | 16 07 | 07 34 | 12 37 | 25 13 |
| 22 | 18:00:24 | 00♋31 19 | 28 19 | 04♉52 | 27 25 | 28 11 | 15 03 | 24 40 | 17 18 | 16 09 | 07 33 | 12 36 | 25 09 |
| 23 | 18:04:20 | 01 28 35 | 11♉21 | 17 46 | 26 53 | 29 23 | 15 24 | 24 53 | 17 15 | 16 10 | 07 33 | 12 34 | 25 06 |
| 24 | 18:08:17 | 02 25 50 | 24 09 | 00♊28 | 26 23 | 00♊34 | 15 44 | 25 06 | 17 13 | 16 11 | 07 33 | 12 33 | 25 03 |
| 25 | 18:12:14 | 03 23 06 | 06♊45 | 12 59 | 25 55 | 01 45 | 16 06 | 25 18 | 17 10 | 16 13 | 07 32 | 12 31 | 25 00 |
| 26 | 18:16:10 | 04 20 21 | 19 11 | 25 21 | 25 31 | 02 57 | 16 27 | 25 31 | 17 08 | 16 14 | 07 32 | 12 30 | 24 57 |
| 27 | 18:20:07 | 05 17 36 | 01♋28 | 07♋34 | 25 09 | 04 08 | 16 49 | 25 44 | 17 06 | 16 15 | 07 31 | 12 28 | 24 53 |
| 28 | 18:24:03 | 06 14 51 | 13 37 | 19 39 | 24 51 | 05 20 | 17 12 | 25 57 | 17 04 | 16 16 | 07 31 | 12 27 | 24 50 |
| 29 | 18:28:00 | 07 12 05 | 25 39 | 01♌38 | 24 38 | 06 31 | 17 35 | 26 10 | 17 01 | 16 18 | 07 30 | 12 25 | 24 47 |
| 30 | 18:31:56 | 08 09 19 | 07♌35 | 13 31 | 24 28 | 07 43 | 17 58 | 26 23 | 16 59 | 16 19 | 07 29 | 12 24 | 24 44 |

## 0:00 E.T. Longitudes of the Major Asteroids and Chiron

| D | ⚳ | ⚴ | ⚵ | ⚶ | ⚷ | D | ⚳ | ⚴ | ⚵ | ⚶ | ⚷ |
|---|---|---|---|---|---|---|---|---|---|---|---|
| 1 | 18♎32℞ | 04♍01 | 20♉26 | 16♎29 | 17♓35 | 16 | 19 10 | 08 43 | 29 09 | 17 51 | 17 45 |
| 2 | 18 32D | 04 19 | 21 01 | 16 31 | 17 36 | 17 | 19 16 | 09 03 | 29 44 | 18 00 | 17 45 |
| 3 | 18 33 | 04 37 | 21 36 | 16 34 | 17 37 | 18 | 19 22 | 09 23 | 00♊19 | 18 10 | 17 45 |
| 4 | 18 33 | 04 55 | 22 11 | 16 37 | 17 38 | 19 | 19 28 | 09 43 | 00 54 | 18 19 | 17 46 |
| 5 | 18 34 | 05 13 | 22 45 | 16 41 | 17 39 | 20 | 19 34 | 10 04 | 01 28 | 18 30 | 17 46 |
| 6 | 18 36 | 05 31 | 23 20 | 16 45 | 17 40 | 21 | 19 41 | 10 24 | 02 03 | 18 40 | 17 46℞ |
| 7 | 18 37 | 05 50 | 23 55 | 16 50 | 17 41 | 22 | 19 48 | 10 45 | 02 38 | 18 51 | 17 46 |
| 8 | 18 40 | 06 08 | 24 30 | 16 55 | 17 41 | 23 | 19 55 | 11 06 | 03 13 | 19 02 | 17 45 |
| 9 | 18 42 | 06 27 | 25 05 | 17 00 | 17 42 | 24 | 20 03 | 11 27 | 03 48 | 19 14 | 17 45 |
| 10 | 18 45 | 06 46 | 25 40 | 17 06 | 17 43 | 25 | 20 11 | 11 48 | 04 22 | 19 26 | 17 45 |
| 11 | 18 48 | 07 05 | 26 15 | 17 13 | 17 43 | 26 | 20 20 | 12 09 | 04 57 | 19 39 | 17 45 |
| 12 | 18 52 | 07 25 | 26 50 | 17 20 | 17 44 | 27 | 20 28 | 12 30 | 05 32 | 19 51 | 17 44 |
| 13 | 18 56 | 07 44 | 27 24 | 17 27 | 17 44 | 28 | 20 37 | 12 51 | 06 07 | 20 05 | 17 44 |
| 14 | 19 01 | 08 04 | 27 59 | 17 35 | 17 44 | 29 | 20 47 | 13 13 | 06 41 | 20 18 | 17 44 |
| 15 | 19 05 | 08 23 | 28 34 | 17 43 | 17 45 | 30 | 20 56 | 13 34 | 07 16 | 20 32 | 17 43 |

## Lunar Data

| Last Asp. | | Ingress | | |
|---|---|---|---|---|
| 1 | 06:33 | 2 | ♌ | 01:44 |
| 3 | 14:43 | 4 | ♍ | 14:21 |
| 6 | 09:14 | 7 | ♎ | 02:02 |
| 8 | 19:48 | 9 | ♏ | 10:39 |
| 11 | 02:22 | 11 | ♐ | 15:24 |
| 13 | 04:12 | 13 | ♑ | 17:05 |
| 15 | 06:36 | 15 | ♒ | 17:28 |
| 17 | 18:08 | 17 | ♓ | 18:27 |
| 19 | 19:07 | 19 | ♈ | 21:27 |
| 21 | 22:25 | 22 | ♉ | 03:04 |
| 24 | 01:50 | 24 | ♊ | 11:07 |
| 26 | 11:58 | 26 | ♋ | 21:07 |
| 29 | 01:04 | 29 | ♌ | 08:44 |

## 0:00 E.T. Declinations

| D | ☉ | ☽ | ☿ | ♀ | ♂ | ♃ | ♄ | ♅ | ♆ | ♇ | ⚳ | ⚴ | ⚵ | ⚶ | ⚷ |
|---|---|---|---|---|---|---|---|---|---|---|---|---|---|---|---|
| 1 | +22 01 | +17 19 | +24 28 | +10 45 | -03 36 | +22 13 | -14 58 | +05 29 | -09 23 | -20 10 | +02 19 | +14 21 | +11 12 | +02 41 | -00 23 |
| 2 | 22 09 | 15 18 | 24 15 | 11 09 | 03 42 | 22 11 | 14 57 | 05 30 | 09 23 | 20 10 | 02 14 | 14 23 | 11 19 | 02 35 | 00 23 |
| 3 | 22 16 | 12 39 | 24 02 | 11 33 | 03 47 | 22 10 | 14 56 | 05 31 | 09 23 | 20 10 | 02 08 | 14 25 | 11 25 | 02 29 | 00 22 |
| 4 | 22 24 | 09 30 | 23 47 | 11 56 | 03 53 | 22 08 | 14 55 | 05 32 | 09 23 | 20 10 | 02 03 | 14 26 | 11 31 | 02 23 | 00 22 |
| 5 | 22 31 | 05 57 | 23 33 | 12 19 | 03 59 | 22 06 | 14 54 | 05 33 | 09 23 | 20 10 | 01 57 | 14 27 | 11 37 | 02 17 | 00 21 |
| 6 | 22 37 | 02 09 | 23 17 | 12 42 | 04 05 | 22 04 | 14 53 | 05 34 | 09 23 | 20 10 | 01 51 | 14 28 | 11 43 | 02 11 | 00 20 |
| 7 | 22 43 | -01 49 | 23 02 | 13 04 | 04 12 | 22 03 | 14 53 | 05 34 | 09 23 | 20 11 | 01 45 | 14 29 | 11 48 | 02 05 | 00 20 |
| 8 | 22 49 | 05 48 | 22 45 | 13 27 | 04 19 | 22 01 | 14 52 | 05 35 | 09 23 | 20 11 | 01 39 | 14 29 | 11 54 | 01 58 | 00 19 |
| 9 | 22 54 | 09 38 | 22 29 | 13 49 | 04 25 | 21 59 | 14 51 | 05 36 | 09 23 | 20 11 | 01 33 | 14 30 | 11 59 | 01 51 | 00 19 |
| 10 | 22 59 | 13 07 | 22 12 | 14 11 | 04 33 | 21 57 | 14 50 | 05 37 | 09 23 | 20 11 | 01 27 | 14 30 | 12 05 | 01 44 | 00 19 |
| 11 | 23 04 | 16 00 | 21 56 | 14 32 | 04 40 | 21 55 | 14 49 | 05 37 | 09 23 | 20 11 | 01 20 | 14 30 | 12 10 | 01 37 | 00 18 |
| 12 | 23 08 | 18 03 | 21 39 | 14 53 | 04 47 | 21 53 | 14 49 | 05 38 | 09 23 | 20 12 | 01 14 | 14 30 | 12 15 | 01 30 | 00 18 |
| 13 | 23 11 | 18 59 | 21 22 | 15 14 | 04 55 | 21 51 | 14 48 | 05 39 | 09 23 | 20 12 | 01 07 | 14 30 | 12 20 | 01 22 | 00 17 |
| 14 | 23 15 | 18 40 | 21 06 | 15 35 | 05 03 | 21 49 | 14 47 | 05 39 | 09 23 | 20 12 | 01 00 | 14 30 | 12 25 | 01 15 | 00 17 |
| 15 | 23 18 | 17 05 | 20 49 | 15 55 | 05 11 | 21 47 | 14 46 | 05 40 | 09 23 | 20 12 | 00 53 | 14 29 | 12 30 | 01 07 | 00 17 |
| 16 | 23 20 | 14 21 | 20 34 | 16 15 | 05 19 | 21 45 | 14 46 | 05 41 | 09 23 | 20 12 | 00 46 | 14 28 | 12 35 | 00 59 | 00 16 |
| 17 | 23 22 | 10 43 | 20 19 | 16 34 | 05 27 | 21 43 | 14 45 | 05 41 | 09 24 | 20 13 | 00 39 | 14 28 | 12 39 | 00 51 | 00 16 |
| 18 | 23 24 | 06 29 | 20 04 | 16 53 | 05 36 | 21 41 | 14 44 | 05 42 | 09 24 | 20 13 | 00 32 | 14 27 | 12 43 | 00 43 | 00 16 |
| 19 | 23 25 | 01 58 | 19 50 | 17 12 | 05 44 | 21 39 | 14 44 | 05 42 | 09 24 | 20 13 | 00 25 | 14 25 | 12 48 | 00 35 | 00 16 |
| 20 | 23 26 | +02 33 | 19 38 | 17 30 | 05 53 | 21 36 | 14 43 | 05 43 | 09 24 | 20 13 | 00 18 | 14 24 | 12 52 | 00 27 | 00 15 |
| 21 | 23 26 | 06 51 | 19 26 | 17 48 | 06 02 | 21 34 | 14 43 | 05 44 | 09 24 | 20 13 | 00 10 | 14 23 | 12 56 | 00 18 | 00 15 |
| 22 | 23 26 | 10 43 | 19 16 | 18 06 | 06 11 | 21 32 | 14 42 | 05 44 | 09 24 | 20 14 | 00 03 | 14 21 | 13 00 | 00 10 | 00 15 |
| 23 | 23 26 | 13 59 | 19 06 | 18 23 | 06 20 | 21 30 | 14 42 | 05 45 | 09 25 | 20 14 | -00 05 | 14 20 | 13 04 | 00 01 | 00 15 |
| 24 | 23 25 | 16 30 | 18 59 | 18 40 | 06 30 | 21 28 | 14 41 | 05 45 | 09 25 | 20 14 | 00 13 | 14 18 | 13 07 | -00 08 | 00 15 |
| 25 | 23 23 | 18 11 | 18 52 | 18 56 | 06 39 | 21 25 | 14 41 | 05 46 | 09 25 | 20 14 | 00 20 | 14 16 | 13 11 | 00 16 | 00 15 |
| 26 | 23 22 | 18 58 | 18 47 | 19 12 | 06 49 | 21 23 | 14 40 | 05 46 | 09 25 | 20 15 | 00 28 | 14 14 | 13 14 | 00 25 | 00 14 |
| 27 | 23 20 | 18 51 | 18 44 | 19 27 | 06 58 | 21 21 | 14 40 | 05 46 | 09 25 | 20 15 | 00 36 | 14 11 | 13 18 | 00 34 | 00 14 |
| 28 | 23 17 | 17 51 | 18 42 | 19 42 | 07 08 | 21 18 | 14 39 | 05 47 | 09 26 | 20 15 | 00 44 | 14 09 | 13 21 | 00 44 | 00 14 |
| 29 | 23 14 | 16 04 | 18 42 | 19 56 | 07 18 | 21 16 | 14 39 | 05 47 | 09 26 | 20 15 | 00 52 | 14 07 | 13 24 | 00 53 | 00 14 |
| 30 | 23 11 | 13 38 | 18 43 | 20 10 | 07 28 | 21 14 | 14 39 | 05 48 | 09 26 | 20 15 | 01 00 | 14 04 | 13 27 | 01 02 | 00 14 |

Lunar Phases -- 5 ◐ 20:40   13 ○ 04:13   19 ◑ 18:40   27 ● 08:10   Sun enters ♋ 6/21 10:52

| D | S.T. | ☉ | ☽ | ☽ 12:00 | ☿ | ♀ | ♂ | ♃ | ♄ | ♅ | ♆ | ♇ | ☊ |
|---|---|---|---|---|---|---|---|---|---|---|---|---|---|
| 1 | 18:35:53 | 09♋06 33 | 19♌26 | 25♌22 | 24♊24℞ | 08♊54 | 18♎21 | 26♋36 | 16♏58℞ | 16♈20 | 07♓29℞ | 12♑22℞ | 24♎41 |
| 2 | 18:39:49 | 10 03 47 | 01♍17 | 07♍12 | 24 23D | 10 06 | 18 45 | 26 49 | 16 56 | 16 21 | 07 28 | 12 21 | 24 38 |
| 3 | 18:43:46 | 11 01 00 | 13 08 | 19 06 | 24 28 | 11 18 | 19 10 | 27 02 | 16 54 | 16 22 | 07 27 | 12 19 | 24 34 |
| 4 | 18:47:43 | 11 58 13 | 25 06 | 01♎09 | 24 38 | 12 29 | 19 34 | 27 15 | 16 52 | 16 23 | 07 27 | 12 18 | 24 31 |
| 5 | 18:51:39 | 12 55 25 | 07♎14 | 13 24 | 24 52 | 13 41 | 19 59 | 27 29 | 16 51 | 16 23 | 07 26 | 12 16 | 24 28 |
| 6 | 18:55:36 | 13 52 37 | 19 38 | 25 58 | 25 12 | 14 53 | 20 25 | 27 42 | 16 49 | 16 24 | 07 25 | 12 15 | 24 25 |
| 7 | 18:59:32 | 14 49 49 | 02♏54 | 08♏54 | 25 36 | 16 05 | 20 51 | 27 55 | 16 48 | 16 25 | 07 24 | 12 13 | 24 22 |
| 8 | 19:03:29 | 15 47 01 | 15 32 | 22 18 | 26 06 | 17 17 | 21 17 | 28 08 | 16 47 | 16 26 | 07 23 | 12 12 | 24 19 |
| 9 | 19:07:25 | 16 44 13 | 29 10 | 06♐11 | 26 41 | 18 28 | 21 43 | 28 21 | 16 45 | 16 26 | 07 22 | 12 10 | 24 15 |
| 10 | 19:11:22 | 17 41 25 | 13♐18 | 20 32 | 27 20 | 19 40 | 22 10 | 28 35 | 16 44 | 16 27 | 07 22 | 12 09 | 24 12 |
| 11 | 19:15:18 | 18 38 36 | 27 53 | 05♑19 | 28 05 | 20 52 | 22 37 | 28 48 | 16 43 | 16 27 | 07 21 | 12 07 | 24 09 |
| 12 | 19:19:15 | 19 35 48 | 12♑50 | 20 25 | 28 54 | 22 04 | 23 04 | 29 01 | 16 42 | 16 28 | 07 20 | 12 06 | 24 06 |
| 13 | 19:23:12 | 20 33 00 | 28 01 | 05♒38 | 29 49 | 23 16 | 23 32 | 29 14 | 16 42 | 16 28 | 07 19 | 12 04 | 24 03 |
| 14 | 19:27:08 | 21 30 12 | 13♒14 | 20 48 | 00♋48 | 24 29 | 24 00 | 29 28 | 16 41 | 16 29 | 07 18 | 12 03 | 23 59 |
| 15 | 19:31:05 | 22 27 25 | 28 19 | 05♓46 | 01 51 | 25 41 | 24 28 | 29 41 | 16 40 | 16 29 | 07 17 | 12 01 | 23 56 |
| 16 | 19:35:01 | 23 24 38 | 13♓08 | 20 24 | 03 00 | 26 53 | 24 57 | 29 54 | 16 40 | 16 30 | 07 16 | 12 00 | 23 53 |
| 17 | 19:38:58 | 24 21 51 | 27 34 | 04♈37 | 04 13 | 28 05 | 25 25 | 00♌07 | 16 39 | 16 30 | 07 15 | 11 58 | 23 50 |
| 18 | 19:42:54 | 25 19 05 | 11♈34 | 18 25 | 05 30 | 29 17 | 25 55 | 00 21 | 16 39 | 16 30 | 07 13 | 11 57 | 23 47 |
| 19 | 19:46:51 | 26 16 20 | 25 09 | 01♉48 | 06 52 | 00♋30 | 26 24 | 00 34 | 16 39 | 16 30 | 07 12 | 11 56 | 23 44 |
| 20 | 19:50:47 | 27 13 36 | 08♉22 | 14 50 | 08 18 | 01 42 | 26 54 | 00 47 | 16 39 | 16 30 | 07 11 | 11 54 | 23 40 |
| 21 | 19:54:44 | 28 10 52 | 21 15 | 27 35 | 09 49 | 02 55 | 27 23 | 01 01 | 16 39D | 16 30 | 07 10 | 11 53 | 23 37 |
| 22 | 19:58:41 | 29 08 09 | 03♊51 | 10♊05 | 11 23 | 04 07 | 27 54 | 01 14 | 16 39 | 16 30℞ | 07 09 | 11 51 | 23 34 |
| 23 | 20:02:37 | 00♌05 27 | 16 15 | 22 23 | 13 02 | 05 19 | 28 24 | 01 27 | 16 39 | 16 30 | 07 08 | 11 50 | 23 31 |
| 24 | 20:06:34 | 01 02 46 | 28 29 | 04♋32 | 14 44 | 06 32 | 28 55 | 01 41 | 16 39 | 16 30 | 07 06 | 11 48 | 23 28 |
| 25 | 20:10:30 | 02 00 06 | 10♋35 | 16 35 | 16 30 | 07 45 | 29 26 | 01 54 | 16 39 | 16 30 | 07 05 | 11 47 | 23 25 |
| 26 | 20:14:27 | 02 57 26 | 22 35 | 28 33 | 18 19 | 08 57 | 29 57 | 02 07 | 16 40 | 16 30 | 07 04 | 11 46 | 23 21 |
| 27 | 20:18:23 | 03 54 47 | 04♌30 | 10♌26 | 20 11 | 10 10 | 00♏28 | 02 21 | 16 40 | 16 30 | 07 03 | 11 44 | 23 18 |
| 28 | 20:22:20 | 04 52 08 | 16 22 | 22 17 | 22 06 | 11 23 | 01 00 | 02 34 | 16 41 | 16 30 | 07 01 | 11 43 | 23 15 |
| 29 | 20:26:16 | 05 49 30 | 28 13 | 04♍08 | 24 03 | 12 35 | 01 32 | 02 47 | 16 42 | 16 29 | 07 00 | 11 42 | 23 12 |
| 30 | 20:30:13 | 06 46 53 | 10♍03 | 15 59 | 26 02 | 13 48 | 02 04 | 03 01 | 16 43 | 16 29 | 06 59 | 11 40 | 23 09 |
| 31 | 20:34:10 | 07 44 17 | 21 56 | 27 55 | 28 04 | 15 01 | 02 36 | 03 14 | 16 44 | 16 29 | 06 57 | 11 39 | 23 05 |

## 0:00 E.T.    Longitudes of the Major Asteroids and Chiron    Lunar Data

| D | ⚳ | ⚴ | ⚵ | ⚶ | ⚷ | D | ⚳ | ⚴ | ⚵ | ⚶ | ⚷ | Last Asp. | Ingress |
|---|---|---|---|---|---|---|---|---|---|---|---|---|---|
| 1 | 21♎06 | 13♍56 | 07♊51 | 20♎46 | 17♓43℞ | 17 | 24 20 | 19 56 | 17 02 | 25 13 | 17 27 | 1   10:01 | 1 ♍ 21:25 |
| 2 | 21 16 | 14 18 | 08 25 | 21 00 | 17 42 | 18 | 24 34 | 20 19 | 17 37 | 25 32 | 17 25 | 4   04:22 | 4 ♎ 09:44 |
| 3 | 21 27 | 14 40 | 09 00 | 21 15 | 17 41 | 19 | 24 48 | 20 42 | 18 11 | 25 52 | 17 24 | 6   15:32 | 6 ♏ 19:34 |
| 4 | 21 37 | 15 02 | 09 35 | 21 30 | 17 41 | 20 | 25 03 | 21 06 | 18 45 | 26 11 | 17 22 | 8   22:33 | 9 ♐ 01:25 |
| 5 | 21 48 | 15 24 | 10 09 | 21 46 | 17 40 | 21 | 25 17 | 21 29 | 19 19 | 26 31 | 17 21 | 11   00:20 | 11 ♑ 03:25 |
| 6 | 21 59 | 15 46 | 10 44 | 22 02 | 17 39 | 22 | 25 32 | 21 53 | 19 53 | 26 51 | 17 19 | 13   01:57 | 13 ♒ 03:08 |
| 7 | 22 11 | 16 08 | 11 18 | 22 18 | 17 38 | 23 | 25 47 | 22 16 | 20 27 | 27 11 | 17 18 | 14   19:24 | 15 ♓ 02:41 |
| 8 | 22 23 | 16 31 | 11 53 | 22 34 | 17 37 | 24 | 26 03 | 22 40 | 21 01 | 27 31 | 17 16 | 17   00:58 | 17 ♈ 04:08 |
| 9 | 22 35 | 16 53 | 12 27 | 22 51 | 17 36 | 25 | 26 18 | 23 03 | 21 35 | 27 52 | 17 14 | 19   02:19 | 19 ♉ 08:44 |
| 10 | 22 47 | 17 16 | 13 02 | 23 07 | 17 35 | 26 | 26 34 | 23 27 | 22 09 | 28 13 | 17 12 | 21   14:14 | 21 ♊ 16:37 |
| 11 | 23 00 | 17 38 | 13 36 | 23 25 | 17 34 | 27 | 26 50 | 23 51 | 22 43 | 28 34 | 17 11 | 24   00:54 | 24 ♋ 03:00 |
| 12 | 23 12 | 18 01 | 14 11 | 23 42 | 17 33 | 28 | 27 06 | 24 15 | 23 17 | 28 55 | 17 09 | 25   13:55 | 26 ♌ 14:56 |
| 13 | 23 25 | 18 24 | 14 45 | 24 00 | 17 32 | 29 | 27 23 | 24 39 | 23 50 | 29 17 | 17 07 | 28   00:39 | 29 ♍ 03:38 |
| 14 | 23 39 | 18 47 | 15 19 | 24 18 | 17 31 | 30 | 27 39 | 25 03 | 24 24 | 29 38 | 17 05 | 31   14:49 | 31 ♎ 16:10 |
| 15 | 23 52 | 19 10 | 15 54 | 24 36 | 17 29 | 31 | 27 56 | 25 27 | 24 58 | 00♏00 | 17 03 | | |
| 16 | 24 06 | 19 33 | 16 28 | 24 55 | 17 28 | | | | | | | | |

## 0:00 E.T.    Declinations

| D | ☉ | ☽ | ☿ | ♀ | ♂ | ♃ | ♄ | ♅ | ♆ | ♇ | ⚳ | ⚴ | ⚵ | ⚶ | ⚷ |
|---|---|---|---|---|---|---|---|---|---|---|---|---|---|---|---|
| 1 | +23 07 | +10 38 | +18 46 | +20 23 | -07 39 | +21 11 | -14 38 | +05 48 | -09 26 | -20 16 | -01 08 | +14 02 | +13 29 | -01 12 | -00 14 |
| 2 | 23 03 | 07 14 | 18 50 | 20 36 | 07 49 | 21 09 | 14 38 | 05 48 | 09 27 | 20 16 | 01 17 | 13 59 | 13 32 | 01 21 | 00 14 |
| 3 | 22 59 | 03 31 | 18 55 | 20 48 | 07 59 | 21 06 | 14 38 | 05 49 | 09 27 | 20 16 | 01 25 | 13 56 | 13 34 | 01 31 | 00 14 |
| 4 | 22 54 | -00 21 | 19 02 | 21 00 | 08 10 | 21 04 | 14 38 | 05 49 | 09 27 | 20 16 | 01 33 | 13 53 | 13 37 | 01 40 | 00 14 |
| 5 | 22 48 | 04 16 | 19 10 | 21 11 | 08 21 | 21 01 | 14 37 | 05 49 | 09 28 | 20 17 | 01 42 | 13 50 | 13 39 | 01 50 | 00 15 |
| 6 | 22 43 | 08 06 | 19 19 | 21 22 | 08 31 | 20 59 | 14 37 | 05 50 | 09 28 | 20 17 | 01 50 | 13 47 | 13 41 | 02 00 | 00 15 |
| 7 | 22 37 | 11 40 | 19 29 | 21 32 | 08 42 | 20 56 | 14 37 | 05 50 | 09 28 | 20 17 | 01 59 | 13 43 | 13 43 | 02 10 | 00 15 |
| 8 | 22 30 | 14 46 | 19 40 | 21 41 | 08 53 | 20 54 | 14 37 | 05 50 | 09 29 | 20 18 | 02 07 | 13 40 | 13 45 | 02 20 | 00 15 |
| 9 | 22 23 | 17 11 | 19 51 | 21 50 | 09 04 | 20 51 | 14 37 | 05 50 | 09 29 | 20 18 | 02 16 | 13 36 | 13 46 | 02 30 | 00 15 |
| 10 | 22 16 | 18 39 | 20 04 | 21 59 | 09 15 | 20 49 | 14 37 | 05 51 | 09 29 | 20 18 | 02 25 | 13 33 | 13 48 | 02 40 | 00 16 |
| 11 | 22 08 | 18 56 | 20 16 | 22 06 | 09 26 | 20 46 | 14 37 | 05 51 | 09 30 | 20 18 | 02 33 | 13 29 | 13 49 | 02 50 | 00 16 |
| 12 | 22 00 | 17 56 | 20 29 | 22 13 | 09 37 | 20 43 | 14 37 | 05 51 | 09 30 | 20 19 | 02 42 | 13 25 | 13 50 | 03 00 | 00 16 |
| 13 | 21 52 | 15 39 | 20 42 | 22 20 | 09 49 | 20 41 | 14 37 | 05 51 | 09 30 | 20 19 | 02 51 | 13 22 | 13 52 | 03 10 | 00 16 |
| 14 | 21 43 | 12 18 | 20 55 | 22 26 | 10 00 | 20 38 | 14 37 | 05 51 | 09 31 | 20 19 | 03 00 | 13 18 | 13 53 | 03 21 | 00 16 |
| 15 | 21 34 | 08 10 | 21 08 | 22 31 | 10 11 | 20 35 | 14 37 | 05 51 | 09 31 | 20 19 | 03 09 | 13 14 | 13 53 | 03 31 | 00 17 |
| 16 | 21 24 | 03 36 | 21 20 | 22 36 | 10 23 | 20 33 | 14 37 | 05 51 | 09 32 | 20 19 | 03 18 | 13 10 | 13 54 | 03 42 | 00 17 |
| 17 | 21 14 | +01 04 | 21 32 | 22 40 | 10 34 | 20 31 | 14 37 | 05 52 | 09 32 | 20 20 | 03 27 | 13 05 | 13 54 | 03 52 | 00 17 |
| 18 | 21 04 | 05 33 | 21 43 | 22 43 | 10 46 | 20 27 | 14 37 | 05 52 | 09 33 | 20 20 | 03 36 | 13 01 | 13 55 | 04 02 | 00 18 |
| 19 | 20 54 | 09 36 | 21 53 | 22 46 | 10 57 | 20 24 | 14 37 | 05 52 | 09 33 | 20 20 | 03 45 | 12 57 | 13 55 | 04 13 | 00 18 |
| 20 | 20 43 | 13 04 | 22 02 | 22 48 | 11 09 | 20 21 | 14 38 | 05 52 | 09 33 | 20 20 | 03 54 | 12 52 | 13 55 | 04 24 | 00 19 |
| 21 | 20 31 | 15 49 | 22 09 | 22 49 | 11 21 | 20 16 | 14 38 | 05 52 | 09 34 | 20 21 | 04 03 | 12 48 | 13 55 | 04 34 | 00 19 |
| 22 | 20 20 | 17 43 | 22 15 | 22 50 | 11 33 | 20 13 | 14 38 | 05 52 | 09 34 | 20 21 | 04 12 | 12 43 | 13 55 | 04 45 | 00 20 |
| 23 | 20 08 | 18 45 | 22 19 | 22 50 | 11 44 | 20 13 | 14 38 | 05 52 | 09 35 | 20 22 | 04 21 | 12 39 | 13 55 | 04 55 | 00 20 |
| 24 | 19 55 | 18 53 | 22 22 | 22 50 | 11 56 | 20 10 | 14 39 | 05 52 | 09 35 | 20 22 | 04 30 | 12 34 | 13 55 | 05 06 | 00 21 |
| 25 | 19 43 | 18 09 | 22 22 | 22 48 | 12 08 | 20 07 | 14 39 | 05 51 | 09 36 | 20 22 | 04 40 | 12 29 | 13 53 | 05 17 | 00 21 |
| 26 | 19 30 | 16 37 | 22 20 | 22 47 | 12 20 | 20 04 | 14 39 | 05 51 | 09 36 | 20 22 | 04 49 | 12 25 | 13 53 | 05 28 | 00 22 |
| 27 | 19 16 | 14 23 | 22 15 | 22 44 | 12 32 | 20 01 | 14 40 | 05 51 | 09 37 | 20 22 | 04 58 | 12 20 | 13 53 | 05 39 | 00 22 |
| 28 | 19 03 | 11 33 | 22 09 | 22 41 | 12 44 | 19 58 | 14 40 | 05 51 | 09 37 | 20 22 | 05 07 | 12 15 | 13 52 | 05 49 | 00 23 |
| 29 | 18 49 | 08 17 | 21 59 | 22 37 | 12 56 | 19 55 | 14 41 | 05 51 | 09 38 | 20 23 | 05 17 | 12 10 | 13 51 | 06 00 | 00 23 |
| 30 | 18 34 | 04 40 | 21 47 | 22 33 | 13 07 | 19 52 | 14 41 | 05 51 | 09 38 | 20 23 | 05 26 | 12 05 | 13 49 | 06 11 | 00 24 |
| 31 | 18 20 | 00 52 | 21 32 | 22 28 | 13 19 | 19 49 | 14 42 | 05 51 | 09 39 | 20 23 | 05 35 | 12 00 | 13 48 | 06 22 | 00 25 |

Lunar Phases --   5 ◐ 11:60   12 ○ 11:26   19 ◑ 02:09   26 ● 22:43    Sun enters ♌ 7/22 21:43

## Longitudes of Main Planets - August 2014

0:00 E.T.

| D | S.T. | ☉ | ☽ | ☽ 12:00 | ☿ | ♀ | ♂ | ♃ | ♄ | ♅ | ♆ | ♇ | ☊ |
|---|---|---|---|---|---|---|---|---|---|---|---|---|---|
| 1 | 20:38:06 | 08♌41 41 | 03♎55 | 09♎58 | 00♌06 | 16♋14 | 03♏09 | 03♌27 | 16♏45 | 16♈28℞ | 06♓56℞ | 11♑38℞ | 23♎02 |
| 2 | 20:42:03 | 09 39 05 | 16 04 | 22 13 | 02 10 | 17 27 | 03 42 | 03 41 | 16 46 | 16 28 | 06 54 | 11 36 | 22 59 |
| 3 | 20:45:59 | 10 36 31 | 28 27 | 04♏45 | 04 15 | 18 39 | 04 15 | 03 54 | 16 47 | 16 27 | 06 53 | 11 35 | 22 56 |
| 4 | 20:49:56 | 11 33 57 | 11♏09 | 17 38 | 06 20 | 19 52 | 04 48 | 04 07 | 16 48 | 16 26 | 06 52 | 11 34 | 22 53 |
| 5 | 20:53:52 | 12 31 23 | 24 14 | 00♐56 | 08 25 | 21 05 | 05 21 | 04 21 | 16 50 | 16 26 | 06 50 | 11 33 | 22 50 |
| 6 | 20:57:49 | 13 28 51 | 07♐46 | 14 43 | 10 30 | 22 18 | 05 55 | 04 34 | 16 51 | 16 25 | 06 49 | 11 31 | 22 46 |
| 7 | 21:01:45 | 14 26 19 | 21 48 | 29 00 | 12 35 | 23 31 | 06 29 | 04 47 | 16 53 | 16 24 | 06 47 | 11 30 | 22 43 |
| 8 | 21:05:42 | 15 23 47 | 06♑18 | 13♑43 | 14 39 | 24 45 | 07 03 | 05 00 | 16 55 | 16 24 | 06 46 | 11 29 | 22 40 |
| 9 | 21:09:39 | 16 21 17 | 21 14 | 28 48 | 16 42 | 25 58 | 07 37 | 05 13 | 16 56 | 16 23 | 06 44 | 11 28 | 22 37 |
| 10 | 21:13:35 | 17 18 48 | 06♒26 | 14♒06 | 18 45 | 27 11 | 08 12 | 05 27 | 16 58 | 16 22 | 06 43 | 11 27 | 22 34 |
| 11 | 21:17:32 | 18 16 19 | 21 45 | 29 24 | 20 46 | 28 24 | 08 46 | 05 40 | 17 00 | 16 21 | 06 41 | 11 26 | 22 31 |
| 12 | 21:21:28 | 19 13 52 | 07♓00 | 14♓33 | 22 46 | 29 37 | 09 21 | 05 53 | 17 02 | 16 20 | 06 40 | 11 24 | 22 27 |
| 13 | 21:25:25 | 20 11 26 | 22 01 | 29 23 | 24 45 | 00♌51 | 09 56 | 06 06 | 17 05 | 16 19 | 06 38 | 11 23 | 22 24 |
| 14 | 21:29:21 | 21 09 01 | 06♈38 | 13♈47 | 26 43 | 02 04 | 10 31 | 06 19 | 17 07 | 16 18 | 06 36 | 11 22 | 22 21 |
| 15 | 21:33:18 | 22 06 37 | 20 49 | 27 44 | 28 40 | 03 17 | 11 07 | 06 32 | 17 09 | 16 17 | 06 35 | 11 21 | 22 18 |
| 16 | 21:37:14 | 23 04 16 | 04♉32 | 11♉13 | 00♍35 | 04 31 | 11 42 | 06 45 | 17 12 | 16 16 | 06 33 | 11 20 | 22 15 |
| 17 | 21:41:11 | 24 01 55 | 17 48 | 24 17 | 02 28 | 05 44 | 12 18 | 06 58 | 17 14 | 16 15 | 06 32 | 11 19 | 22 11 |
| 18 | 21:45:08 | 24 59 37 | 00♊41 | 07♊00 | 04 20 | 06 58 | 12 54 | 07 11 | 17 17 | 16 13 | 06 30 | 11 18 | 22 08 |
| 19 | 21:49:04 | 25 57 20 | 13 15 | 19 26 | 06 11 | 08 11 | 13 30 | 07 24 | 17 20 | 16 12 | 06 28 | 11 17 | 22 05 |
| 20 | 21:53:01 | 26 55 04 | 25 33 | 01♋38 | 08 01 | 09 25 | 14 06 | 07 37 | 17 22 | 16 11 | 06 27 | 11 16 | 22 02 |
| 21 | 21:56:57 | 27 52 50 | 07♋40 | 13 41 | 09 49 | 10 39 | 14 43 | 07 50 | 17 25 | 16 09 | 06 25 | 11 15 | 21 59 |
| 22 | 22:00:54 | 28 50 38 | 19 40 | 25 37 | 11 35 | 11 52 | 15 19 | 08 03 | 17 28 | 16 08 | 06 24 | 11 14 | 21 56 |
| 23 | 22:04:50 | 29 48 27 | 01♌34 | 07♌30 | 13 20 | 13 06 | 15 56 | 08 16 | 17 31 | 16 07 | 06 22 | 11 14 | 21 52 |
| 24 | 22:08:47 | 00♍46 18 | 13 26 | 19 21 | 15 04 | 14 20 | 16 33 | 08 29 | 17 35 | 16 05 | 06 20 | 11 13 | 21 49 |
| 25 | 22:12:43 | 01 44 10 | 25 17 | 01♍12 | 16 47 | 15 33 | 17 10 | 08 41 | 17 38 | 16 04 | 06 19 | 11 12 | 21 46 |
| 26 | 22:16:40 | 02 42 04 | 07♍09 | 13 05 | 18 28 | 16 47 | 17 47 | 08 54 | 17 41 | 16 02 | 06 17 | 11 11 | 21 43 |
| 27 | 22:20:37 | 03 39 59 | 19 03 | 25 02 | 20 08 | 18 01 | 18 25 | 09 07 | 17 45 | 16 01 | 06 15 | 11 10 | 21 40 |
| 28 | 22:24:33 | 04 37 56 | 01♎03 | 07♎05 | 21 46 | 19 15 | 19 02 | 09 19 | 17 48 | 15 59 | 06 14 | 11 10 | 21 36 |
| 29 | 22:28:30 | 05 35 54 | 13 09 | 19 15 | 23 23 | 20 29 | 19 40 | 09 32 | 17 52 | 15 57 | 06 12 | 11 09 | 21 33 |
| 30 | 22:32:26 | 06 33 53 | 25 24 | 01♏36 | 24 59 | 21 43 | 20 18 | 09 45 | 17 55 | 15 56 | 06 10 | 11 08 | 21 30 |
| 31 | 22:36:23 | 07 31 54 | 07♏52 | 14 12 | 26 33 | 22 57 | 20 56 | 09 57 | 17 59 | 15 54 | 06 09 | 11 07 | 21 27 |

0:00 E.T.

## Longitudes of the Major Asteroids and Chiron

| D | ⚳ | ⚴ | ⚵ | ⚶ | ⚷ |
|---|---|---|---|---|---|
| 1 | 28♎13 | 25♍51 | 25♊31 | 00♏22 | 17♓01℞ |
| 2 | 28 30 | 26 16 | 26 05 | 00 45 | 16 59 |
| 3 | 28 47 | 26 40 | 26 38 | 01 07 | 16 57 |
| 4 | 29 04 | 27 04 | 27 12 | 01 30 | 16 55 |
| 5 | 29 22 | 27 29 | 27 45 | 01 53 | 16 52 |
| 6 | 29 39 | 27 53 | 28 18 | 02 16 | 16 50 |
| 7 | 29 57 | 28 18 | 28 52 | 02 39 | 16 48 |
| 8 | 00♏15 | 28 42 | 29 25 | 03 02 | 16 46 |
| 9 | 00 33 | 29 07 | 29 58 | 03 26 | 16 43 |
| 10 | 00 52 | 29 32 | 00♋31 | 03 49 | 16 41 |
| 11 | 01 10 | 29 56 | 01 04 | 04 13 | 16 39 |
| 12 | 01 29 | 00♎21 | 01 37 | 04 37 | 16 36 |
| 13 | 01 47 | 00 46 | 02 10 | 05 01 | 16 34 |
| 14 | 02 06 | 01 11 | 02 43 | 05 26 | 16 31 |
| 15 | 02 25 | 01 36 | 03 15 | 05 50 | 16 29 |
| 16 | 02 44 | 02 01 | 03 48 | 06 15 | 16 26 |
| 17 | 03 03 | 02 26 | 04 21 | 06 40 | 16 24 |
| 18 | 03 23 | 02 51 | 04 53 | 07 04 | 16 21 |
| 19 | 03 42 | 03 16 | 05 25 | 07 29 | 16 19 |
| 20 | 04 02 | 03 41 | 05 58 | 07 55 | 16 16 |
| 21 | 04 22 | 04 06 | 06 30 | 08 20 | 16 14 |
| 22 | 04 42 | 04 32 | 07 02 | 08 45 | 16 11 |
| 23 | 05 02 | 04 57 | 07 34 | 09 11 | 16 08 |
| 24 | 05 22 | 05 22 | 08 06 | 09 37 | 16 06 |
| 25 | 05 42 | 05 48 | 08 38 | 10 03 | 16 03 |
| 26 | 06 02 | 06 13 | 09 10 | 10 29 | 16 00 |
| 27 | 06 23 | 06 38 | 09 42 | 10 55 | 15 57 |
| 28 | 06 43 | 07 04 | 10 14 | 11 21 | 15 55 |
| 29 | 07 04 | 07 29 | 10 45 | 11 47 | 15 52 |
| 30 | 07 25 | 07 55 | 11 16 | 12 14 | 15 49 |
| 31 | 07 46 | 08 21 | 11 48 | 12 41 | 15 46 |

## Lunar Data

| Last Asp. | | Ingress | | |
|---|---|---|---|---|
| 2 | 02:59 | 3 | ♏ | 02:58 |
| 4 | 17:44 | 5 | ♐ | 10:20 |
| 6 | 14:53 | 7 | ♑ | 13:39 |
| 9 | 08:10 | 9 | ♒ | 13:53 |
| 10 | 22:13 | 11 | ♓ | 12:56 |
| 12 | 16:02 | 13 | ♈ | 13:01 |
| 15 | 15:51 | 15 | ♉ | 15:59 |
| 17 | 12:27 | 17 | ♊ | 22:42 |
| 20 | 02:55 | 20 | ♋ | 08:46 |
| 21 | 19:35 | 22 | ♌ | 20:50 |
| 24 | 08:27 | 25 | ♍ | 09:34 |
| 27 | 02:30 | 27 | ♎ | 21:55 |
| 29 | 16:01 | 30 | ♏ | 08:54 |

0:00 E.T.

## Declinations

| D | ☉ | ☽ | ☿ | ♀ | ♂ | ♃ | ♄ | ♅ | ♆ | ♇ | ⚳ | ⚴ | ⚵ | ⚶ | ⚷ |
|---|---|---|---|---|---|---|---|---|---|---|---|---|---|---|---|
| 1 | +18 05 | -03 00 | +21 15 | +22 22 | -13 31 | +19 46 | -14 42 | +05 50 | -09 39 | -20 23 | -05 45 | +11 55 | +13 47 | -06 33 | -00 25 |
| 2 | 17 50 | 06 48 | 20 54 | 22 15 | 13 43 | 19 43 | 14 43 | 05 50 | 09 40 | 20 24 | 05 54 | 11 49 | 13 45 | 06 44 | 00 26 |
| 3 | 17 34 | 10 23 | 20 32 | 22 08 | 13 55 | 19 40 | 14 44 | 05 50 | 09 40 | 20 24 | 06 03 | 11 44 | 13 43 | 06 55 | 00 27 |
| 4 | 17 19 | 13 34 | 20 07 | 22 01 | 14 07 | 19 37 | 14 44 | 05 50 | 09 41 | 20 24 | 06 13 | 11 39 | 13 41 | 07 06 | 00 27 |
| 5 | 17 03 | 16 11 | 19 39 | 21 52 | 14 19 | 19 34 | 14 45 | 05 50 | 09 42 | 20 24 | 06 22 | 11 34 | 13 39 | 07 17 | 00 28 |
| 6 | 16 46 | 18 00 | 19 10 | 21 43 | 14 31 | 19 31 | 14 45 | 05 49 | 09 42 | 20 25 | 06 32 | 11 28 | 13 37 | 07 28 | 00 29 |
| 7 | 16 30 | 18 48 | 18 38 | 21 34 | 14 43 | 19 28 | 14 46 | 05 49 | 09 43 | 20 25 | 06 41 | 11 23 | 13 35 | 07 39 | 00 30 |
| 8 | 16 13 | 18 25 | 18 05 | 21 23 | 14 55 | 19 25 | 14 47 | 05 49 | 09 43 | 20 25 | 06 51 | 11 17 | 13 32 | 07 50 | 00 30 |
| 9 | 15 56 | 16 46 | 17 29 | 21 13 | 15 07 | 19 22 | 14 48 | 05 48 | 09 44 | 20 25 | 07 00 | 11 12 | 13 30 | 08 01 | 00 31 |
| 10 | 15 39 | 13 56 | 16 53 | 21 01 | 15 19 | 19 19 | 14 48 | 05 48 | 09 44 | 20 25 | 07 10 | 11 06 | 13 27 | 08 11 | 00 32 |
| 11 | 15 21 | 10 07 | 16 14 | 20 49 | 15 31 | 19 16 | 14 49 | 05 48 | 09 45 | 20 26 | 07 19 | 11 01 | 13 24 | 08 22 | 00 33 |
| 12 | 15 03 | 05 39 | 15 35 | 20 36 | 15 42 | 19 13 | 14 50 | 05 47 | 09 46 | 20 26 | 07 28 | 10 55 | 13 22 | 08 33 | 00 34 |
| 13 | 14 45 | 00 54 | 14 54 | 20 23 | 15 54 | 19 09 | 14 51 | 05 47 | 09 46 | 20 26 | 07 38 | 10 50 | 13 18 | 08 44 | 00 35 |
| 14 | 14 27 | +03 48 | 14 13 | 20 09 | 16 06 | 19 06 | 14 52 | 05 46 | 09 47 | 20 26 | 07 47 | 10 44 | 13 15 | 08 55 | 00 36 |
| 15 | 14 08 | 08 08 | 13 31 | 19 55 | 16 18 | 19 03 | 14 53 | 05 46 | 09 47 | 20 27 | 07 57 | 10 38 | 13 12 | 09 06 | 00 36 |
| 16 | 13 49 | 11 54 | 12 48 | 19 40 | 16 29 | 19 00 | 14 54 | 05 45 | 09 48 | 20 27 | 08 06 | 10 33 | 13 09 | 09 17 | 00 37 |
| 17 | 13 30 | 14 55 | 12 04 | 19 24 | 16 41 | 18 57 | 14 55 | 05 45 | 09 49 | 20 27 | 08 16 | 10 27 | 13 05 | 09 28 | 00 38 |
| 18 | 13 11 | 17 05 | 11 20 | 19 08 | 16 52 | 18 54 | 14 56 | 05 44 | 09 49 | 20 27 | 08 25 | 10 21 | 13 01 | 09 39 | 00 39 |
| 19 | 12 52 | 18 22 | 10 35 | 18 51 | 17 04 | 18 50 | 14 57 | 05 44 | 09 50 | 20 28 | 08 35 | 10 15 | 12 58 | 09 50 | 00 40 |
| 20 | 12 32 | 18 45 | 09 50 | 18 34 | 17 15 | 18 47 | 14 58 | 05 43 | 09 50 | 20 28 | 08 44 | 10 09 | 12 54 | 10 01 | 00 41 |
| 21 | 12 12 | 18 15 | 09 05 | 18 16 | 17 27 | 18 44 | 14 59 | 05 43 | 09 51 | 20 28 | 08 54 | 10 04 | 12 50 | 10 12 | 00 42 |
| 22 | 11 52 | 16 57 | 08 20 | 17 58 | 17 38 | 18 41 | 15 00 | 05 42 | 09 52 | 20 28 | 09 03 | 09 58 | 12 46 | 10 23 | 00 43 |
| 23 | 11 32 | 14 56 | 07 34 | 17 39 | 17 49 | 18 37 | 15 01 | 05 42 | 09 52 | 20 29 | 09 12 | 09 52 | 12 41 | 10 33 | 00 44 |
| 24 | 11 12 | 12 17 | 06 49 | 17 20 | 18 01 | 18 34 | 15 02 | 05 41 | 09 53 | 20 29 | 09 22 | 09 46 | 12 37 | 10 44 | 00 45 |
| 25 | 10 51 | 09 09 | 06 03 | 17 00 | 18 12 | 18 31 | 15 03 | 05 41 | 09 54 | 20 29 | 09 31 | 09 40 | 12 32 | 10 55 | 00 46 |
| 26 | 10 31 | 05 39 | 05 18 | 16 40 | 18 23 | 18 28 | 15 04 | 05 40 | 09 54 | 20 29 | 09 41 | 09 34 | 12 28 | 11 06 | 00 47 |
| 27 | 10 10 | 01 54 | 04 32 | 16 19 | 18 34 | 18 25 | 15 05 | 05 39 | 09 55 | 20 30 | 09 50 | 09 28 | 12 23 | 11 16 | 00 48 |
| 28 | 09 49 | -01 57 | 03 47 | 15 58 | 18 45 | 18 21 | 15 07 | 05 39 | 09 55 | 20 30 | 09 59 | 09 22 | 12 18 | 11 27 | 00 49 |
| 29 | 09 27 | 05 45 | 03 02 | 15 36 | 18 55 | 18 18 | 15 08 | 05 38 | 09 56 | 20 30 | 10 09 | 09 17 | 12 13 | 11 38 | 00 50 |
| 30 | 09 06 | 09 21 | 02 17 | 15 14 | 19 06 | 18 15 | 15 09 | 05 37 | 09 57 | 20 30 | 10 18 | 09 11 | 12 08 | 11 48 | 00 51 |
| 31 | 08 45 | 12 37 | 01 33 | 14 52 | 19 17 | 18 12 | 15 10 | 05 37 | 09 57 | 20 30 | 10 28 | 09 05 | 12 03 | 11 59 | 00 52 |

Lunar Phases -- 4 ◐ 00:51 10 ○ 18:10 17 ◑ 12:27 25 ● 14:14 Sun enters ♍ 8/23 04:47

## 0:00 E.T. Longitudes of Main Planets - September 2014 **Sep. 14**

| D | S.T. | ☉ | ☽ | ☽ 12:00 | ☿ | ♀ | ♂ | ♃ | ♄ | ♅ | ♆ | ♇ | ☊ |
|---|---|---|---|---|---|---|---|---|---|---|---|---|---|
| 1 | 22:40:19 | 08♍29 57 | 20♏37 | 27♏06 | 28♍07 | 24♌11 | 21♏34 | 10♌10 | 18♏03 | 15♈52℞ | 06♓07℞ | 11♑07℞ | 21♎24 |
| 2 | 22:44:16 | 09 28 00 | 03♐41 | 10♐22 | 29 39 | 25 25 | 22 13 | 10 22 | 18 07 | 15 50 | 06 06 | 11 06 | 21 21 |
| 3 | 22:48:12 | 10 26 05 | 17 09 | 24 02 | 01♎09 | 26 39 | 22 51 | 10 34 | 18 11 | 15 49 | 06 04 | 11 06 | 21 17 |
| 4 | 22:52:09 | 11 24 12 | 01♑01 | 08♑07 | 02 39 | 27 53 | 23 30 | 10 47 | 18 15 | 15 47 | 06 02 | 11 05 | 21 14 |
| 5 | 22:56:06 | 12 22 20 | 15 19 | 22 37 | 04 07 | 29 07 | 24 09 | 10 59 | 18 19 | 15 45 | 06 01 | 11 04 | 21 11 |
| 6 | 23:00:02 | 13 20 29 | 00♒00 | 07♒28 | 05 33 | 00♍21 | 24 47 | 11 11 | 18 23 | 15 43 | 05 59 | 11 04 | 21 08 |
| 7 | 23:03:59 | 14 18 40 | 14 59 | 22 33 | 06 59 | 01 35 | 25 26 | 11 23 | 18 27 | 15 41 | 05 57 | 11 03 | 21 05 |
| 8 | 23:07:55 | 15 16 52 | 00♓08 | 07♓43 | 08 23 | 02 50 | 26 06 | 11 36 | 18 32 | 15 39 | 05 56 | 11 03 | 21 02 |
| 9 | 23:11:52 | 16 15 06 | 15 17 | 22 48 | 09 45 | 04 04 | 26 45 | 11 48 | 18 36 | 15 37 | 05 54 | 11 03 | 20 58 |
| 10 | 23:15:48 | 17 13 21 | 00♈16 | 07♈39 | 11 07 | 05 18 | 27 24 | 12 00 | 18 41 | 15 35 | 05 53 | 11 02 | 20 55 |
| 11 | 23:19:45 | 18 11 39 | 14 57 | 22 09 | 12 27 | 06 32 | 28 04 | 12 12 | 18 45 | 15 33 | 05 51 | 11 02 | 20 52 |
| 12 | 23:23:41 | 19 09 58 | 29 14 | 06♉13 | 13 45 | 07 47 | 28 44 | 12 23 | 18 50 | 15 31 | 05 49 | 11 01 | 20 49 |
| 13 | 23:27:38 | 20 08 20 | 13♉05 | 19 50 | 15 02 | 09 01 | 29 23 | 12 35 | 18 55 | 15 29 | 05 48 | 11 01 | 20 46 |
| 14 | 23:31:35 | 21 06 43 | 26 28 | 03♊00 | 16 17 | 10 16 | 00♐03 | 12 47 | 19 00 | 15 27 | 05 46 | 11 01 | 20 42 |
| 15 | 23:35:31 | 22 05 09 | 09♊27 | 15 48 | 17 31 | 11 30 | 00 43 | 12 59 | 19 04 | 15 24 | 05 45 | 11 01 | 20 39 |
| 16 | 23:39:28 | 23 03 37 | 22 03 | 28 15 | 18 42 | 12 44 | 01 24 | 13 10 | 19 09 | 15 22 | 05 43 | 11 00 | 20 36 |
| 17 | 23:43:24 | 24 02 07 | 04♋22 | 10♋27 | 19 52 | 13 59 | 02 04 | 13 22 | 19 14 | 15 20 | 05 41 | 11 00 | 20 33 |
| 18 | 23:47:21 | 25 00 39 | 16 28 | 22 28 | 21 01 | 15 13 | 02 44 | 13 33 | 19 19 | 15 18 | 05 40 | 11 00 | 20 30 |
| 19 | 23:51:17 | 25 59 14 | 28 25 | 04♌22 | 22 07 | 16 28 | 03 25 | 13 45 | 19 25 | 15 16 | 05 38 | 11 00 | 20 27 |
| 20 | 23:55:14 | 26 57 50 | 10♌17 | 16 13 | 23 11 | 17 43 | 04 06 | 13 56 | 19 30 | 15 13 | 05 37 | 11 00 | 20 23 |
| 21 | 23:59:10 | 27 56 29 | 22 08 | 28 04 | 24 12 | 18 57 | 04 46 | 14 07 | 19 35 | 15 11 | 05 35 | 11 00 | 20 20 |
| 22 | 0:03:07 | 28 55 09 | 04♍00 | 09♍58 | 25 11 | 20 12 | 05 27 | 14 19 | 19 40 | 15 09 | 05 34 | 11 00 | 20 17 |
| 23 | 0:07:04 | 29 53 52 | 15 56 | 21 57 | 26 08 | 21 26 | 06 08 | 14 30 | 19 46 | 15 06 | 05 32 | 11 00D | 20 14 |
| 24 | 0:11:00 | 00♎52 36 | 27 59 | 04♎03 | 27 01 | 22 41 | 06 50 | 14 41 | 19 51 | 15 04 | 05 31 | 11 00 | 20 11 |
| 25 | 0:14:57 | 01 51 23 | 10♎09 | 16 17 | 27 52 | 23 56 | 07 31 | 14 52 | 19 57 | 15 02 | 05 30 | 11 00 | 20 08 |
| 26 | 0:18:53 | 02 50 12 | 22 28 | 28 42 | 28 39 | 25 11 | 08 12 | 15 03 | 20 02 | 14 59 | 05 28 | 11 00 | 20 04 |
| 27 | 0:22:50 | 03 49 02 | 04♏58 | 11♏18 | 29 22 | 26 25 | 08 54 | 15 13 | 20 08 | 14 57 | 05 27 | 11 00 | 20 01 |
| 28 | 0:26:46 | 04 47 55 | 17 41 | 24 07 | 00♏02 | 27 40 | 09 35 | 15 24 | 20 13 | 14 55 | 05 25 | 11 00 | 19 58 |
| 29 | 0:30:43 | 05 46 49 | 00♐37 | 07♐11 | 00 37 | 28 55 | 10 17 | 15 35 | 20 19 | 14 52 | 05 24 | 11 00 | 19 55 |
| 30 | 0:34:39 | 06 45 45 | 13 50 | 20 32 | 01 08 | 00♎10 | 10 59 | 15 45 | 20 25 | 14 50 | 05 23 | 11 00 | 19 52 |

## 0:00 E.T. Longitudes of the Major Asteroids and Chiron

| D | ⚳ | ⚴ | ⚵ | ⚶ | ⚷ | D | ⚳ | ⚴ | ⚵ | ⚶ | ⚷ |
|---|---|---|---|---|---|---|---|---|---|---|---|
| 1 | 08♏07 | 08♎46 | 12♋19 | 13♏07 | 15♓44℞ | 16 | 13 32 | 15 14 | 19 54 | 20 01 | 15 02 |
| 2 | 08 28 | 09 12 | 12 50 | 13 34 | 15 41 | 17 | 13 55 | 15 41 | 20 23 | 20 29 | 14 59 |
| 3 | 08 49 | 09 38 | 13 21 | 14 01 | 15 38 | 18 | 14 17 | 16 07 | 20 53 | 20 57 | 14 56 |
| 4 | 09 10 | 10 03 | 13 52 | 14 28 | 15 35 | 19 | 14 40 | 16 33 | 21 22 | 21 26 | 14 53 |
| 5 | 09 32 | 10 29 | 14 23 | 14 55 | 15 32 | 20 | 15 02 | 16 59 | 21 51 | 21 54 | 14 50 |
| 6 | 09 53 | 10 55 | 14 54 | 15 23 | 15 30 | 21 | 15 25 | 17 25 | 22 19 | 22 23 | 14 48 |
| 7 | 10 15 | 11 21 | 15 24 | 15 50 | 15 27 | 22 | 15 48 | 17 51 | 22 48 | 22 52 | 14 45 |
| 8 | 10 36 | 11 47 | 15 55 | 16 17 | 15 24 | 23 | 16 10 | 18 18 | 23 16 | 23 21 | 14 42 |
| 9 | 10 58 | 12 12 | 16 25 | 16 45 | 15 21 | 24 | 16 33 | 18 44 | 23 45 | 23 49 | 14 40 |
| 10 | 11 20 | 12 38 | 16 55 | 17 13 | 15 18 | 25 | 16 56 | 19 10 | 24 13 | 24 18 | 14 37 |
| 11 | 11 42 | 13 04 | 17 25 | 17 40 | 15 16 | 26 | 17 19 | 19 37 | 24 41 | 24 47 | 14 34 |
| 12 | 12 04 | 13 30 | 17 55 | 18 08 | 15 13 | 27 | 17 42 | 20 03 | 25 09 | 25 17 | 14 32 |
| 13 | 12 26 | 13 56 | 18 25 | 18 36 | 15 10 | 28 | 18 05 | 20 29 | 25 36 | 25 46 | 14 29 |
| 14 | 12 48 | 14 22 | 18 55 | 19 04 | 15 07 | 29 | 18 28 | 20 56 | 26 04 | 26 15 | 14 27 |
| 15 | 13 10 | 14 48 | 19 25 | 19 32 | 15 04 | 30 | 18 52 | 21 22 | 26 31 | 26 44 | 14 24 |

## Lunar Data

| Last Asp. | | Ingress | | |
|---|---|---|---|---|
| 1 | 15:41 | 1 | ♐ | 17:18 |
| 3 | 18:07 | 3 | ♑ | 22:16 |
| 5 | 15:09 | 5 | ♒ | 23:60 |
| 7 | 17:20 | 7 | ♓ | 23:48 |
| 9 | 19:11 | 9 | ♈ | 23:34 |
| 11 | 00:59 | 12 | ♉ | 01:18 |
| 13 | 13:32 | 14 | ♊ | 06:28 |
| 16 | 02:06 | 16 | ♋ | 15:25 |
| 18 | 18:39 | 19 | ♌ | 03:11 |
| 21 | 04:34 | 21 | ♍ | 15:55 |
| 23 | 12:16 | 24 | ♎ | 04:01 |
| 26 | 12:39 | 26 | ♏ | 14:30 |
| 28 | 20:32 | 28 | ♐ | 22:51 |

## 0:00 E.T. Declinations

| D | ☉ | ☽ | ☿ | ♀ | ♂ | ♃ | ♄ | ♅ | ♆ | ♇ | ⚳ | ⚴ | ⚵ | ⚶ | ⚷ |
|---|---|---|---|---|---|---|---|---|---|---|---|---|---|---|---|
| 1 | +08 23 | -15 20 | +00 49 | +14 29 | -19 27 | +18 08 | -15 12 | +05 36 | -09 58 | -20 31 | -10 37 | +08 59 | +11 58 | -12 10 | -00 54 |
| 2 | 08 01 | 17 21 | 00 05 | 14 05 | 19 38 | 18 05 | 15 13 | 05 35 | 09 58 | 20 31 | 10 46 | 08 53 | 11 53 | 12 20 | 00 55 |
| 3 | 07 39 | 18 28 | -00 38 | 13 42 | 19 48 | 18 02 | 15 14 | 05 35 | 09 59 | 20 31 | 10 55 | 08 47 | 11 47 | 12 31 | 00 56 |
| 4 | 07 17 | 18 32 | 01 21 | 13 18 | 19 58 | 17 59 | 15 15 | 05 34 | 10 00 | 20 31 | 11 05 | 08 41 | 11 42 | 12 41 | 00 57 |
| 5 | 06 55 | 17 25 | 02 03 | 12 53 | 20 08 | 17 55 | 15 17 | 05 33 | 10 00 | 20 31 | 11 14 | 08 35 | 11 36 | 12 52 | 00 58 |
| 6 | 06 33 | 15 10 | 02 45 | 12 28 | 20 18 | 17 52 | 15 18 | 05 32 | 10 01 | 20 32 | 11 23 | 08 29 | 11 30 | 13 02 | 00 59 |
| 7 | 06 10 | 11 51 | 03 27 | 12 03 | 20 28 | 17 49 | 15 20 | 05 32 | 10 01 | 20 32 | 11 32 | 08 23 | 11 25 | 13 12 | 01 00 |
| 8 | 05 48 | 07 44 | 04 08 | 11 38 | 20 38 | 17 46 | 15 21 | 05 31 | 10 02 | 20 32 | 11 42 | 08 17 | 11 19 | 13 23 | 01 01 |
| 9 | 05 25 | 03 06 | 04 48 | 11 12 | 20 47 | 17 42 | 15 22 | 05 30 | 10 03 | 20 32 | 11 51 | 08 11 | 11 13 | 13 33 | 01 02 |
| 10 | 05 03 | +01 41 | 05 27 | 10 46 | 20 57 | 17 39 | 15 24 | 05 29 | 10 03 | 20 32 | 12 00 | 08 05 | 11 06 | 13 43 | 01 04 |
| 11 | 04 40 | 06 16 | 06 06 | 10 19 | 21 06 | 17 36 | 15 25 | 05 28 | 10 04 | 20 33 | 12 09 | 07 59 | 11 00 | 13 53 | 01 05 |
| 12 | 04 17 | 10 22 | 06 45 | 09 52 | 21 16 | 17 33 | 15 27 | 05 28 | 10 04 | 20 33 | 12 18 | 07 54 | 10 54 | 14 03 | 01 06 |
| 13 | 03 54 | 13 46 | 07 22 | 09 25 | 21 25 | 17 30 | 15 28 | 05 27 | 10 05 | 20 33 | 12 27 | 07 48 | 10 48 | 14 13 | 01 07 |
| 14 | 03 31 | 16 17 | 07 59 | 08 58 | 21 34 | 17 26 | 15 30 | 05 26 | 10 06 | 20 33 | 12 36 | 07 42 | 10 41 | 14 23 | 01 08 |
| 15 | 03 08 | 17 54 | 08 35 | 08 30 | 21 42 | 17 23 | 15 31 | 05 25 | 10 06 | 20 33 | 12 45 | 07 36 | 10 35 | 14 33 | 01 09 |
| 16 | 02 45 | 18 33 | 09 10 | 08 03 | 21 51 | 17 20 | 15 33 | 05 24 | 10 07 | 20 34 | 12 54 | 07 30 | 10 28 | 14 43 | 01 11 |
| 17 | 02 22 | 18 19 | 09 44 | 07 35 | 21 59 | 17 17 | 15 34 | 05 23 | 10 07 | 20 34 | 13 03 | 07 24 | 10 21 | 14 53 | 01 12 |
| 18 | 01 59 | 17 14 | 10 17 | 07 06 | 22 08 | 17 14 | 15 36 | 05 23 | 10 08 | 20 34 | 13 12 | 07 18 | 10 15 | 15 03 | 01 13 |
| 19 | 01 36 | 15 24 | 10 49 | 06 38 | 22 16 | 17 11 | 15 37 | 05 22 | 10 09 | 20 34 | 13 21 | 07 13 | 10 08 | 15 12 | 01 14 |
| 20 | 01 12 | 12 57 | 11 20 | 06 09 | 22 24 | 17 07 | 15 39 | 05 21 | 10 09 | 20 34 | 13 30 | 07 07 | 10 01 | 15 22 | 01 15 |
| 21 | 00 49 | 09 57 | 11 49 | 05 40 | 22 32 | 17 04 | 15 41 | 05 20 | 10 10 | 20 35 | 13 38 | 07 01 | 09 54 | 15 32 | 01 16 |
| 22 | 00 26 | 06 34 | 12 18 | 05 11 | 22 39 | 17 01 | 15 42 | 05 19 | 10 10 | 20 35 | 13 47 | 06 55 | 09 47 | 15 41 | 01 18 |
| 23 | 00 02 | 02 53 | 12 45 | 04 42 | 22 47 | 16 58 | 15 44 | 05 18 | 10 11 | 20 35 | 13 56 | 06 50 | 09 40 | 15 51 | 01 19 |
| 24 | -00 21 | -00 57 | 13 10 | 04 13 | 22 54 | 16 55 | 15 45 | 05 17 | 10 11 | 20 35 | 14 05 | 06 44 | 09 33 | 16 00 | 01 20 |
| 25 | 00 44 | 04 47 | 13 35 | 03 44 | 23 01 | 16 52 | 15 47 | 05 16 | 10 12 | 20 35 | 14 13 | 06 38 | 09 25 | 16 09 | 01 21 |
| 26 | 01 08 | 08 28 | 13 57 | 03 14 | 23 08 | 16 49 | 15 49 | 05 15 | 10 12 | 20 35 | 14 22 | 06 33 | 09 18 | 16 18 | 01 22 |
| 27 | 01 31 | 11 49 | 14 18 | 02 44 | 23 15 | 16 46 | 15 50 | 05 15 | 10 13 | 20 36 | 14 30 | 06 27 | 09 11 | 16 28 | 01 23 |
| 28 | 01 54 | 14 41 | 14 36 | 02 15 | 23 22 | 16 43 | 15 52 | 05 14 | 10 13 | 20 36 | 14 39 | 06 22 | 09 03 | 16 37 | 01 24 |
| 29 | 02 18 | 16 51 | 14 53 | 01 45 | 23 28 | 16 40 | 15 54 | 05 13 | 10 14 | 20 36 | 14 47 | 06 16 | 08 56 | 16 46 | 01 26 |
| 30 | 02 41 | 18 11 | 15 08 | 01 15 | 23 34 | 16 37 | 15 55 | 05 12 | 10 14 | 20 36 | 14 56 | 06 11 | 08 48 | 16 55 | 01 27 |

Lunar Phases -- 2 ◐ 11:12   9 ○ 01:39   16 ◑ 02:06   24 ● 06:15   Sun enters ♎ 9/23 02:30

## Longitudes of Main Planets - October 2014

0:00 E.T.

| D | S.T. | ☉ | ☽ | ☽ 12:00 | ☿ | ♀ | ♂ | ♃ | ♄ | ♅ | ♆ | ♇ | ☊ |
|---|---|---|---|---|---|---|---|---|---|---|---|---|---|
| 1 | 0:38:36 | 07♎44 43 | 27♐19 | 04♑11 | 01♏34 | 01♎25 | 11♐41 | 15♌56 | 20♏31 | 14♈47℞ | 05♓21℞ | 11♑01 | 19♎48 |
| 2 | 0:42:33 | 08 43 42 | 11♑07 | 18 08 | 01 54 | 02 39 | 12 23 | 16 06 | 20 37 | 14 45 | 05 20 | 11 01 | 19 45 |
| 3 | 0:46:29 | 09 42 43 | 25 13 | 02♒23 | 02 09 | 03 54 | 13 05 | 16 16 | 20 43 | 14 43 | 05 19 | 11 01 | 19 42 |
| 4 | 0:50:26 | 10 41 46 | 09♒37 | 16 53 | 02 17 | 05 09 | 13 47 | 16 26 | 20 49 | 14 40 | 05 17 | 11 02 | 19 39 |
| 5 | 0:54:22 | 11 40 51 | 24 13 | 01♓35 | 02 18℞ | 06 24 | 14 30 | 16 36 | 20 55 | 14 38 | 05 16 | 11 02 | 19 36 |
| 6 | 0:58:19 | 12 39 57 | 08♓59 | 16 23 | 02 13 | 07 39 | 15 12 | 16 46 | 21 01 | 14 35 | 05 15 | 11 02 | 19 33 |
| 7 | 1:02:15 | 13 39 05 | 23 46 | 01♈09 | 02 00 | 08 54 | 15 55 | 16 56 | 21 07 | 14 33 | 05 14 | 11 03 | 19 29 |
| 8 | 1:06:12 | 14 38 15 | 08♈29 | 15 46 | 01 38 | 10 09 | 16 37 | 17 06 | 21 13 | 14 31 | 05 12 | 11 03 | 19 26 |
| 9 | 1:10:08 | 15 37 28 | 23 00 | 00♉09 | 01 09 | 11 24 | 17 20 | 17 16 | 21 19 | 14 28 | 05 11 | 11 04 | 19 23 |
| 10 | 1:14:05 | 16 36 42 | 07♉13 | 14 11 | 00 32 | 12 39 | 18 03 | 17 25 | 21 26 | 14 26 | 05 10 | 11 04 | 19 20 |
| 11 | 1:18:02 | 17 35 58 | 21 04 | 27 50 | 29♎47 | 13 54 | 18 46 | 17 35 | 21 32 | 14 23 | 05 09 | 11 05 | 19 17 |
| 12 | 1:21:58 | 18 35 17 | 04♊31 | 11♊05 | 28 54 | 15 09 | 19 29 | 17 44 | 21 38 | 14 21 | 05 08 | 11 05 | 19 14 |
| 13 | 1:25:55 | 19 34 38 | 17 34 | 23 57 | 27 55 | 16 24 | 20 12 | 17 53 | 21 45 | 14 18 | 05 07 | 11 06 | 19 10 |
| 14 | 1:29:51 | 20 34 01 | 00♋15 | 06♋28 | 26 50 | 17 39 | 20 55 | 18 02 | 21 51 | 14 16 | 05 06 | 11 06 | 19 07 |
| 15 | 1:33:48 | 21 33 26 | 12 37 | 18 43 | 25 40 | 18 54 | 21 38 | 18 11 | 21 57 | 14 14 | 05 05 | 11 07 | 19 04 |
| 16 | 1:37:44 | 22 32 54 | 24 45 | 00♌45 | 24 27 | 20 09 | 22 22 | 18 20 | 22 04 | 14 11 | 05 04 | 11 08 | 19 01 |
| 17 | 1:41:41 | 23 32 24 | 06♌42 | 12 39 | 23 14 | 21 24 | 23 05 | 18 29 | 22 11 | 14 09 | 05 03 | 11 08 | 18 58 |
| 18 | 1:45:37 | 24 31 57 | 18 34 | 24 30 | 22 02 | 22 39 | 23 49 | 18 37 | 22 17 | 14 06 | 05 02 | 11 09 | 18 54 |
| 19 | 1:49:34 | 25 31 31 | 00♍25 | 06♍22 | 20 53 | 23 54 | 24 32 | 18 46 | 22 24 | 14 04 | 05 01 | 11 10 | 18 51 |
| 20 | 1:53:31 | 26 31 08 | 12 19 | 18 19 | 19 50 | 25 09 | 25 16 | 18 54 | 22 30 | 14 02 | 05 00 | 11 11 | 18 48 |
| 21 | 1:57:27 | 27 30 47 | 24 20 | 00♎24 | 18 54 | 26 24 | 26 00 | 19 03 | 22 37 | 13 59 | 04 59 | 11 12 | 18 45 |
| 22 | 2:01:24 | 28 30 28 | 06♎31 | 12 40 | 18 07 | 27 39 | 26 44 | 19 11 | 22 44 | 13 57 | 04 58 | 11 13 | 18 42 |
| 23 | 2:05:20 | 29 30 11 | 18 53 | 25 10 | 17 30 | 28 55 | 27 28 | 19 19 | 22 50 | 13 55 | 04 58 | 11 13 | 18 39 |
| 24 | 2:09:17 | 00♏29 56 | 01♏30 | 07♏53 | 17 04 | 00♏10 | 28 12 | 19 27 | 22 57 | 13 52 | 04 57 | 11 14 | 18 35 |
| 25 | 2:13:13 | 01 29 43 | 14 20 | 20 51 | 16 49 | 01 25 | 28 56 | 19 34 | 23 04 | 13 50 | 04 56 | 11 15 | 18 32 |
| 26 | 2:17:10 | 02 29 33 | 27 25 | 04♐03 | 16 46D | 02 40 | 29 40 | 19 42 | 23 11 | 13 48 | 04 55 | 11 16 | 18 29 |
| 27 | 2:21:06 | 03 29 24 | 10♐44 | 17 28 | 16 53 | 03 55 | 00♑24 | 19 50 | 23 18 | 13 46 | 04 55 | 11 17 | 18 26 |
| 28 | 2:25:03 | 04 29 16 | 24 16 | 01♑06 | 17 12 | 05 10 | 01 09 | 19 57 | 23 25 | 13 43 | 04 54 | 11 18 | 18 23 |
| 29 | 2:29:00 | 05 29 11 | 07♑59 | 14 55 | 17 40 | 06 26 | 01 53 | 20 04 | 23 32 | 13 41 | 04 54 | 11 19 | 18 19 |
| 30 | 2:32:56 | 06 29 07 | 21 53 | 28 54 | 18 18 | 07 41 | 02 38 | 20 11 | 23 38 | 13 39 | 04 53 | 11 20 | 18 16 |
| 31 | 2:36:53 | 07 29 05 | 05♒56 | 13♒01 | 19 04 | 08 56 | 03 22 | 20 18 | 23 45 | 13 37 | 04 52 | 11 22 | 18 13 |

## Longitudes of the Major Asteroids and Chiron

0:00 E.T.

| D | ⚳ | ⚴ | ⚵ | ⚶ | ⚷ |
|---|---|---|---|---|---|
| 1 | 19♏15 | 21♎48 | 26♋58 | 27♏14 | 14♓22℞ |
| 2 | 19 38 | 22 15 | 27 25 | 27 43 | 14 19 |
| 3 | 20 02 | 22 41 | 27 52 | 28 13 | 14 17 |
| 4 | 20 25 | 23 08 | 28 19 | 28 43 | 14 14 |
| 5 | 20 49 | 23 34 | 28 45 | 29 12 | 14 12 |
| 6 | 21 12 | 24 01 | 29 11 | 29 42 | 14 09 |
| 7 | 21 36 | 24 27 | 29 37 | 00♐12 | 14 07 |
| 8 | 22 00 | 24 54 | 00♌03 | 00 42 | 14 05 |
| 9 | 22 23 | 25 20 | 00 29 | 01 12 | 14 02 |
| 10 | 22 47 | 25 46 | 00 54 | 01 42 | 14 00 |
| 11 | 23 11 | 26 13 | 01 19 | 02 12 | 13 58 |
| 12 | 23 35 | 26 40 | 01 44 | 02 42 | 13 56 |
| 13 | 23 59 | 27 06 | 02 09 | 03 12 | 13 54 |
| 14 | 24 23 | 27 33 | 02 34 | 03 42 | 13 51 |
| 15 | 24 47 | 27 59 | 02 58 | 04 12 | 13 49 |
| 16 | 25 11 | 28 26 | 03 22 | 04 43 | 13 47 |
| 17 | 25 35 | 28 52 | 03 46 | 05 13 | 13 45 |
| 18 | 25 59 | 29 19 | 04 10 | 05 43 | 13 43 |
| 19 | 26 23 | 29 45 | 04 33 | 06 14 | 13 42 |
| 20 | 26 47 | 00♏12 | 04 56 | 06 44 | 13 40 |
| 21 | 27 11 | 00 39 | 05 19 | 07 15 | 13 38 |
| 22 | 27 36 | 01 05 | 05 42 | 07 46 | 13 36 |
| 23 | 28 00 | 01 32 | 06 04 | 08 16 | 13 34 |
| 24 | 28 24 | 01 58 | 06 26 | 08 47 | 13 33 |
| 25 | 28 49 | 02 25 | 06 48 | 09 18 | 13 31 |
| 26 | 29 13 | 02 51 | 07 09 | 09 49 | 13 29 |
| 27 | 29 37 | 03 18 | 07 31 | 10 19 | 13 28 |
| 28 | 00♐02 | 03 45 | 07 52 | 10 50 | 13 26 |
| 29 | 00 26 | 04 11 | 08 12 | 11 21 | 13 25 |
| 30 | 00 51 | 04 38 | 08 33 | 11 52 | 13 23 |
| 31 | 01 15 | 05 04 | 08 53 | 12 23 | 13 22 |

## Lunar Data

| Last Asp. | | Ingress | | |
|---|---|---|---|---|
| 30 | 03:30 | 1 | ♑ | 04:42 |
| 2 | 16:19 | 3 | ♒ | 08:01 |
| 4 | 18:33 | 5 | ♓ | 09:25 |
| 6 | 19:39 | 7 | ♈ | 10:08 |
| 8 | 14:21 | 9 | ♉ | 11:45 |
| 11 | 00:50 | 11 | ♊ | 15:52 |
| 13 | 17:60 | 13 | ♋ | 23:31 |
| 15 | 23:28 | 16 | ♌ | 10:30 |
| 18 | 13:11 | 18 | ♍ | 23:09 |
| 21 | 03:31 | 21 | ♎ | 11:13 |
| 23 | 17:23 | 23 | ♏ | 21:11 |
| 25 | 16:12 | 26 | ♐ | 04:41 |
| 27 | 16:19 | 28 | ♑ | 10:04 |
| 30 | 03:02 | 30 | ♒ | 13:53 |

## Declinations

0:00 E.T.

| D | ☉ | ☽ | ☿ | ♀ | ♂ | ♃ | ♄ | ♅ | ♆ | ♇ | ⚳ | ⚴ | ⚵ | ⚶ | ⚷ |
|---|---|---|---|---|---|---|---|---|---|---|---|---|---|---|---|
| 1 | -03 04 | -18 30 | -15 20 | +00 45 | -23 40 | +16 34 | -15 57 | +05 11 | -10 15 | -20 36 | -15 04 | +06 05 | +08 41 | -17 03 | -01 28 |
| 2 | 03 28 | 17 45 | 15 29 | 00 15 | 23 46 | 16 31 | 15 59 | 05 10 | 10 15 | 20 36 | 15 13 | 06 00 | 08 33 | 17 12 | 01 29 |
| 3 | 03 51 | 15 55 | 15 35 | -00 15 | 23 51 | 16 28 | 16 00 | 05 09 | 10 16 | 20 37 | 15 21 | 05 55 | 08 26 | 17 21 | 01 30 |
| 4 | 04 14 | 13 04 | 15 38 | 00 45 | 23 57 | 16 25 | 16 02 | 05 08 | 10 16 | 20 37 | 15 29 | 05 49 | 08 18 | 17 30 | 01 31 |
| 5 | 04 37 | 09 21 | 15 38 | 01 15 | 24 02 | 16 22 | 16 04 | 05 07 | 10 17 | 20 37 | 15 38 | 05 44 | 08 10 | 17 38 | 01 32 |
| 6 | 05 00 | 05 02 | 15 35 | 01 46 | 24 07 | 16 19 | 16 06 | 05 06 | 10 17 | 20 37 | 15 46 | 05 39 | 08 03 | 17 47 | 01 33 |
| 7 | 05 23 | 00 23 | 15 27 | 02 16 | 24 12 | 16 17 | 16 07 | 05 05 | 10 18 | 20 37 | 15 54 | 05 33 | 07 55 | 17 55 | 01 35 |
| 8 | 05 46 | +04 16 | 15 15 | 02 46 | 24 16 | 16 14 | 16 09 | 05 04 | 10 18 | 20 37 | 16 02 | 05 28 | 07 47 | 18 03 | 01 36 |
| 9 | 06 09 | 08 37 | 14 59 | 03 16 | 24 20 | 16 11 | 16 11 | 05 03 | 10 18 | 20 37 | 16 10 | 05 23 | 07 39 | 18 11 | 01 37 |
| 10 | 06 32 | 12 22 | 14 38 | 03 46 | 24 25 | 16 08 | 16 13 | 05 02 | 10 19 | 20 37 | 16 18 | 05 18 | 07 31 | 18 20 | 01 38 |
| 11 | 06 54 | 15 19 | 14 13 | 04 16 | 24 28 | 16 06 | 16 14 | 05 02 | 10 19 | 20 38 | 16 26 | 05 13 | 07 23 | 18 28 | 01 39 |
| 12 | 07 17 | 17 20 | 13 44 | 04 45 | 24 32 | 16 03 | 16 16 | 05 01 | 10 20 | 20 38 | 16 34 | 05 08 | 07 15 | 18 35 | 01 40 |
| 13 | 07 40 | 18 22 | 13 10 | 05 15 | 24 35 | 16 00 | 16 18 | 05 00 | 10 20 | 20 38 | 16 42 | 05 03 | 07 07 | 18 43 | 01 41 |
| 14 | 08 02 | 18 26 | 12 32 | 05 45 | 24 38 | 15 58 | 16 20 | 04 59 | 10 20 | 20 38 | 16 50 | 04 58 | 06 59 | 18 51 | 01 42 |
| 15 | 08 24 | 17 36 | 11 51 | 06 14 | 24 41 | 15 55 | 16 21 | 04 58 | 10 21 | 20 38 | 16 57 | 04 54 | 06 51 | 18 59 | 01 43 |
| 16 | 08 46 | 15 59 | 11 07 | 06 44 | 24 44 | 15 52 | 16 23 | 04 57 | 10 21 | 20 38 | 17 05 | 04 49 | 06 43 | 19 06 | 01 44 |
| 17 | 09 08 | 13 42 | 10 22 | 07 13 | 24 46 | 15 50 | 16 25 | 04 56 | 10 21 | 20 38 | 17 13 | 04 44 | 06 35 | 19 14 | 01 45 |
| 18 | 09 30 | 10 52 | 09 36 | 07 42 | 24 49 | 15 47 | 16 27 | 04 55 | 10 22 | 20 38 | 17 20 | 04 39 | 06 27 | 19 21 | 01 46 |
| 19 | 09 52 | 07 35 | 08 51 | 08 11 | 24 51 | 15 45 | 16 29 | 04 54 | 10 22 | 20 39 | 17 28 | 04 35 | 06 19 | 19 28 | 01 47 |
| 20 | 10 14 | 04 00 | 08 08 | 08 40 | 24 52 | 15 43 | 16 30 | 04 53 | 10 22 | 20 39 | 17 35 | 04 30 | 06 11 | 19 35 | 01 48 |
| 21 | 10 35 | 00 12 | 07 28 | 09 08 | 24 54 | 15 40 | 16 32 | 04 52 | 10 23 | 20 39 | 17 43 | 04 26 | 06 03 | 19 42 | 01 49 |
| 22 | 10 57 | -03 39 | 06 52 | 09 37 | 24 55 | 15 38 | 16 34 | 04 51 | 10 23 | 20 39 | 17 50 | 04 21 | 05 55 | 19 49 | 01 50 |
| 23 | 11 18 | 07 26 | 06 21 | 10 05 | 24 56 | 15 35 | 16 36 | 04 51 | 10 23 | 20 39 | 17 57 | 04 17 | 05 47 | 19 56 | 01 51 |
| 24 | 11 39 | 10 56 | 05 56 | 10 33 | 24 56 | 15 33 | 16 38 | 04 50 | 10 24 | 20 39 | 18 05 | 04 13 | 05 39 | 20 03 | 01 51 |
| 25 | 12 00 | 14 00 | 05 36 | 11 00 | 24 57 | 15 31 | 16 39 | 04 49 | 10 24 | 20 39 | 18 12 | 04 08 | 05 31 | 20 10 | 01 52 |
| 26 | 12 20 | 16 24 | 05 22 | 11 28 | 24 57 | 15 29 | 16 41 | 04 48 | 10 24 | 20 39 | 18 19 | 04 04 | 05 23 | 20 16 | 01 53 |
| 27 | 12 41 | 17 58 | 05 14 | 11 55 | 24 57 | 15 27 | 16 43 | 04 47 | 10 24 | 20 39 | 18 26 | 04 00 | 05 16 | 20 22 | 01 54 |
| 28 | 13 01 | 18 32 | 05 11 | 12 22 | 24 57 | 15 24 | 16 45 | 04 46 | 10 25 | 20 39 | 18 33 | 03 56 | 05 08 | 20 29 | 01 55 |
| 29 | 13 21 | 18 02 | 05 14 | 12 48 | 24 56 | 15 22 | 16 47 | 04 45 | 10 25 | 20 39 | 18 40 | 03 52 | 05 00 | 20 35 | 01 56 |
| 30 | 13 41 | 16 28 | 05 22 | 13 15 | 24 55 | 15 20 | 16 48 | 04 45 | 10 25 | 20 39 | 18 47 | 03 48 | 04 52 | 20 41 | 01 57 |
| 31 | 14 00 | 13 54 | 05 34 | 13 41 | 24 54 | 15 18 | 16 50 | 04 44 | 10 25 | 20 40 | 18 54 | 03 45 | 04 44 | 20 47 | 01 57 |

Lunar Phases -- 1 ◐ 19:34  8 Ⓔ 10:52  15 ◑ 19:13  23 ● 21:58  31 ◐ 02:49  Sun enters ♏ 10/23 11:59

| D | S.T. | ☉ | ☽ | ☽ 12:00 | ☿ | ♀ | ♂ | ♃ | ♄ | ♅ | ♆ | ♇ | ☊ |
|---|---|---|---|---|---|---|---|---|---|---|---|---|---|
| 1 | 2:40:49 | 08♏29 04 | 20♒07 | 27♒15 | 19♎57 | 10♏11 | 04♑07 | 20♌25 | 23♏52 | 13♈35℞ | 04♓52℞ | 11♑23 | 18♎10 |
| 2 | 2:44:46 | 09 29 05 | 04♓23 | 11♓33 | 20 57 | 11 27 | 04 52 | 20 31 | 23 59 | 13 32 | 04 51 | 11 24 | 18 07 |
| 3 | 2:48:42 | 10 29 08 | 18 43 | 25 53 | 22 03 | 12 42 | 05 37 | 20 38 | 24 06 | 13 30 | 04 51 | 11 25 | 18 04 |
| 4 | 2:52:39 | 11 29 12 | 03♈02 | 10♈11 | 23 14 | 13 57 | 06 21 | 20 44 | 24 13 | 13 28 | 04 50 | 11 26 | 18 00 |
| 5 | 2:56:35 | 12 29 17 | 17 18 | 24 23 | 24 30 | 15 12 | 07 06 | 20 50 | 24 20 | 13 26 | 04 50 | 11 28 | 17 57 |
| 6 | 3:00:32 | 13 29 24 | 01♉25 | 08♉25 | 25 49 | 16 27 | 07 51 | 20 56 | 24 28 | 13 24 | 04 50 | 11 29 | 17 54 |
| 7 | 3:04:28 | 14 29 34 | 15 21 | 22 13 | 27 11 | 17 43 | 08 36 | 21 02 | 24 35 | 13 22 | 04 49 | 11 30 | 17 51 |
| 8 | 3:08:25 | 15 29 45 | 29 01 | 05♊44 | 28 36 | 18 58 | 09 22 | 21 08 | 24 42 | 13 20 | 04 49 | 11 31 | 17 48 |
| 9 | 3:12:22 | 16 29 57 | 12♊22 | 18 55 | 00♏03 | 20 13 | 10 07 | 21 13 | 24 49 | 13 18 | 04 49 | 11 33 | 17 45 |
| 10 | 3:16:18 | 17 30 12 | 25 23 | 01♋47 | 01 32 | 21 28 | 10 52 | 21 19 | 24 56 | 13 16 | 04 49 | 11 34 | 17 41 |
| 11 | 3:20:15 | 18 30 29 | 08♋05 | 14 19 | 03 02 | 22 44 | 11 37 | 21 24 | 25 03 | 13 15 | 04 48 | 11 36 | 17 38 |
| 12 | 3:24:11 | 19 30 47 | 20 29 | 26 35 | 04 34 | 23 59 | 12 23 | 21 29 | 25 10 | 13 13 | 04 48 | 11 37 | 17 35 |
| 13 | 3:28:08 | 20 31 08 | 02♌38 | 08♌38 | 06 07 | 25 14 | 13 08 | 21 34 | 25 17 | 13 11 | 04 48 | 11 38 | 17 32 |
| 14 | 3:32:04 | 21 31 30 | 14 36 | 20 33 | 07 40 | 26 30 | 13 54 | 21 39 | 25 24 | 13 09 | 04 48 | 11 40 | 17 29 |
| 15 | 3:36:01 | 22 31 54 | 26 28 | 02♍23 | 09 14 | 27 45 | 14 39 | 21 43 | 25 32 | 13 08 | 04 48 | 11 41 | 17 25 |
| 16 | 3:39:57 | 23 32 20 | 08♍19 | 14 15 | 10 49 | 29 00 | 15 25 | 21 48 | 25 39 | 13 06 | 04 48 | 11 43 | 17 22 |
| 17 | 3:43:54 | 24 32 48 | 20 13 | 26 13 | 12 24 | 00♐15 | 16 10 | 21 52 | 25 46 | 13 04 | 04 48D | 11 44 | 17 19 |
| 18 | 3:47:51 | 25 33 18 | 02♎16 | 08♎22 | 13 59 | 01 31 | 16 56 | 21 56 | 25 53 | 13 03 | 04 48 | 11 46 | 17 16 |
| 19 | 3:51:47 | 26 33 50 | 14 32 | 20 46 | 15 34 | 02 46 | 17 42 | 22 00 | 26 00 | 13 01 | 04 48 | 11 48 | 17 13 |
| 20 | 3:55:44 | 27 34 23 | 27 04 | 03♏27 | 17 09 | 04 01 | 18 28 | 22 03 | 26 07 | 12 59 | 04 48 | 11 49 | 17 10 |
| 21 | 3:59:40 | 28 34 58 | 09♏55 | 16 28 | 18 44 | 05 17 | 19 13 | 22 07 | 26 14 | 12 58 | 04 48 | 11 51 | 17 06 |
| 22 | 4:03:37 | 29 35 35 | 23 06 | 29 49 | 20 20 | 06 32 | 19 59 | 22 10 | 26 22 | 12 56 | 04 49 | 11 52 | 17 03 |
| 23 | 4:07:33 | 00♐36 13 | 06♐36 | 13♐27 | 21 55 | 07 47 | 20 45 | 22 13 | 26 29 | 12 55 | 04 49 | 11 54 | 17 00 |
| 24 | 4:11:30 | 01 36 53 | 20 22 | 27 21 | 23 30 | 09 03 | 21 31 | 22 16 | 26 36 | 12 54 | 04 49 | 11 56 | 16 57 |
| 25 | 4:15:26 | 02 37 33 | 04♑22 | 11♑26 | 25 05 | ·10 18 | 22 17 | 22 19 | 26 43 | 12 52 | 04 49 | 11 57 | 16 54 |
| 26 | 4:19:23 | 03 38 16 | 18 31 | 25 37 | 26 41 | 11 33 | 23 03 | 22 22 | 26 50 | 12 51 | 04 50 | 11 59 | 16 51 |
| 27 | 4:23:20 | 04 38 59 | 02♒44 | 09♒51 | 28 15 | 12 49 | 23 50 | 22 24 | 26 57 | 12 50 | 04 50 | 12 01 | 16 47 |
| 28 | 4:27:16 | 05 39 43 | 16 57 | 24 03 | 29 50 | 14 04 | 24 36 | 22 26 | 27 04 | 12 49 | 04 50 | 12 03 | 16 44 |
| 29 | 4:31:13 | 06 40 28 | 01♓08 | 08♓12 | 01♐25 | 15 19 | 25 22 | 22 28 | 27 12 | 12 47 | 04 51 | 12 04 | 16 41 |
| 30 | 4:35:09 | 07 41 14 | 15 15 | 22 16 | 03 00 | 16 35 | 26 08 | 22 30 | 27 19 | 12 46 | 04 51 | 12 06 | 16 38 |

| D | ⚳ | ⚴ | ⚵ | ⚶ | ⚷ | D | ⚳ | ⚴ | ⚵ | ⚶ | ⚷ | Last Asp. | Ingress |
|---|---|---|---|---|---|---|---|---|---|---|---|---|---|
| 1 | 01♐40 | 05♏31 | 09♌13 | 12♐54 | 13♓21℞ | 16 | 07 51 | 12 08 | 13 30 | 20 44 | 13 08 | 1 06:23 | 1 ♓ 16:38 |
| 2 | 02 05 | 05 58 | 09 32 | 13 26 | 13 20 | 17 | 08 16 | 12 35 | 13 44 | 21 16 | 13 07 | 3 09:06 | 3 ♈ 18:54 |
| 3 | 02 29 | 06 24 | 09 51 | 13 57 | 13 18 | 18 | 08 41 | 13 01 | 13 58 | 21 48 | 13 07 | 5 13:26 | 5 ♉ 21:34 |
| 4 | 02 54 | 06 51 | 10 10 | 14 28 | 13 17 | 19 | 09 06 | 13 27 | 14 11 | 22 19 | 13 07 | 7 16:18 | 8 ♊ 01:46 |
| 5 | 03 19 | 07 17 | 10 29 | 14 59 | 13 16 | 20 | 09 31 | 13 54 | 14 24 | 22 51 | 13 06 | 9 16:23 | 10 ♋ 08:39 |
| 6 | 03 43 | 07 44 | 10 47 | 15 30 | 13 15 | 21 | 09 56 | 14 20 | 14 37 | 23 23 | 13 06 | 12 09:18 | 12 ♌ 18:46 |
| 7 | 04 08 | 08 10 | 11 05 | 16 02 | 13 14 | 22 | 10 20 | 14 46 | 14 49 | 23 54 | 13 06 | 15 02:54 | 15 ♍ 07:09 |
| 8 | 04 33 | 08 37 | 11 22 | 16 33 | 13 13 | 23 | 10 45 | 15 13 | 15 00 | 24 26 | 13 06 | 17 11:12 | 17 ♎ 19:31 |
| 9 | 04 57 | 09 03 | 11 39 | 17 04 | 13 12 | 24 | 11 10 | 15 39 | 15 12 | 24 58 | 13 06D | 19 14:26 | 20 ♏ 05:32 |
| 10 | 05 22 | 09 30 | 11 56 | 17 36 | 13 11 | 25 | 11 35 | 16 05 | 15 22 | 25 29 | 13 06 | 22 05:54 | 22 ♐ 12:20 |
| 11 | 05 47 | 09 56 | 12 13 | 18 07 | 13 11 | 26 | 12 00 | 16 31 | 15 33 | 26 01 | 13 06 | 24 03:17 | 24 ♑ 16:32 |
| 12 | 06 12 | 10 23 | 12 29 | 18 38 | 13 10 | 27 | 12 25 | 16 57 | 15 43 | 26 33 | 13 06 | 26 15:31 | 26 ♒ 19:24 |
| 13 | 06 37 | 10 49 | 12 45 | 19 10 | 13 09 | 28 | 12 50 | 17 23 | 15 52 | 27 05 | 13 06 | 28 17:15 | 28 ♓ 22:04 |
| 14 | 07 01 | 11 15 | 13 00 | 19 41 | 13 09 | 29 | 13 15 | 17 50 | 16 01 | 27 37 | 13 07 | 30 20:48 | |
| 15 | 07 26 | 11 42 | 13 15 | 20 13 | 13 08 | 30 | 13 40 | 18 16 | 16 10 | 28 09 | 13 07 | | |

| D | ☉ | ☽ | ☿ | ♀ | ♂ | ♃ | ♄ | ♅ | ♆ | ♇ | ⚳ | ⚴ | ⚵ | ⚶ | ⚷ |
|---|---|---|---|---|---|---|---|---|---|---|---|---|---|---|---|
| 1 | -14 20 | -10 29 | -05 51 | -14 06 | -24 53 | +15 16 | -16 52 | +04 43 | -10 25 | -20 40 | -19 00 | +03 41 | +04 36 | -20 53 | -01 58 |
| 2 | 14 39 | 06 27 | 06 11 | 14 32 | 24 51 | 15 14 | 16 54 | 04 42 | 10 25 | 20 40 | 19 07 | 03 37 | 04 29 | 20 59 | 01 59 |
| 3 | 14 58 | 02 01 | 06 34 | 14 56 | 24 49 | 15 13 | 16 55 | 04 41 | 10 26 | 20 40 | 19 14 | 03 34 | 04 21 | 21 04 | 02 00 |
| 4 | 15 17 | +02 33 | 06 59 | 15 21 | 24 47 | 15 11 | 16 57 | 04 40 | 10 26 | 20 40 | 19 20 | 03 30 | 04 13 | 21 10 | 02 00 |
| 5 | 15 35 | 06 57 | 07 28 | 15 45 | 24 44 | 15 09 | 16 59 | 04 40 | 10 26 | 20 40 | 19 27 | 03 27 | 04 06 | 21 15 | 02 01 |
| 6 | 15 53 | 10 55 | 07 58 | 16 09 | 24 42 | 15 07 | 17 01 | 04 39 | 10 26 | 20 40 | 19 33 | 03 23 | 03 58 | 21 20 | 02 02 |
| 7 | 16 11 | 14 13 | 08 29 | 16 32 | 24 39 | 15 06 | 17 03 | 04 38 | 10 26 | 20 40 | 19 40 | 03 20 | 03 51 | 21 25 | 02 02 |
| 8 | 16 29 | 16 39 | 09 02 | 16 55 | 24 35 | 15 04 | 17 04 | 04 38 | 10 26 | 20 40 | 19 46 | 03 17 | 03 43 | 21 31 | 02 03 |
| 9 | 16 46 | 18 07 | 09 36 | 17 17 | 24 32 | 15 02 | 17 06 | 04 37 | 10 26 | 20 40 | 19 52 | 03 14 | 03 36 | 21 35 | 02 04 |
| 10 | 17 03 | 18 34 | 10 10 | 17 39 | 24 28 | 15 01 | 17 08 | 04 36 | 10 26 | 20 40 | 19 58 | 03 11 | 03 29 | 21 40 | 02 04 |
| 11 | 17 20 | 18 05 | 10 46 | 18 01 | 24 24 | 14 59 | 17 10 | 04 36 | 10 26 | 20 40 | 20 04 | 03 08 | 03 21 | 21 45 | 02 05 |
| 12 | 17 36 | 16 43 | 11 21 | 18 22 | 24 20 | 14 58 | 17 11 | 04 35 | 10 27 | 20 40 | 20 11 | 03 05 | 03 14 | 21 49 | 02 05 |
| 13 | 17 53 | 14 38 | 11 57 | 18 42 | 24 15 | 14 57 | 17 13 | 04 34 | 10 27 | 20 40 | 20 16 | 03 02 | 03 07 | 21 54 | 02 06 |
| 14 | 18 08 | 11 57 | 12 32 | 19 02 | 24 10 | 14 57 | 17 15 | 04 33 | 10 27 | 20 40 | 20 22 | 02 59 | 03 00 | 21 58 | 02 06 |
| 15 | 18 24 | 08 48 | 13 08 | 19 22 | 24 05 | 14 54 | 17 17 | 04 33 | 10 27 | 20 40 | 20 28 | 02 57 | 02 53 | 22 02 | 02 07 |
| 16 | 18 39 | 05 19 | 13 43 | 19 41 | 24 00 | 14 53 | 17 18 | 04 32 | 10 27 | 20 40 | 20 34 | 02 54 | 02 46 | 22 06 | 02 07 |
| 17 | 18 54 | 01 35 | 14 18 | 19 59 | 23 54 | 14 52 | 17 20 | 04 32 | 10 27 | 20 40 | 20 40 | 02 52 | 02 40 | 22 10 | 02 08 |
| 18 | 19 09 | -02 16 | 14 53 | 20 17 | 23 48 | 14 50 | 17 22 | 04 31 | 10 27 | 20 40 | 20 45 | 02 49 | 02 33 | 22 14 | 02 08 |
| 19 | 19 23 | 06 05 | 15 27 | 20 34 | 23 42 | 14 49 | 17 25 | 04 30 | 10 26 | 20 40 | 20 51 | 02 47 | 02 27 | 22 18 | 02 09 |
| 20 | 19 37 | 09 43 | 16 01 | 20 51 | 23 35 | 14 48 | 17 25 | 04 30 | 10 26 | 20 40 | 20 56 | 02 45 | 02 20 | 22 21 | 02 09 |
| 21 | 19 50 | 13 00 | 16 34 | 21 07 | 23 29 | 14 48 | 17 27 | 04 29 | 10 26 | 20 40 | 21 02 | 02 43 | 02 14 | 22 25 | 02 10 |
| 22 | 20 04 | 15 43 | 17 06 | 21 23 | 23 22 | 14 47 | 17 29 | 04 29 | 10 26 | 20 40 | 21 07 | 02 41 | 02 08 | 22 28 | 02 10 |
| 23 | 20 16 | 17 38 | 17 38 | 21 37 | 23 14 | 14 46 | 17 30 | 04 28 | 10 26 | 20 40 | 21 12 | 02 39 | 02 02 | 22 31 | 02 10 |
| 24 | 20 29 | 18 33 | 18 09 | 21 52 | 23 07 | 14 45 | 17 32 | 04 28 | 10 26 | 20 40 | 21 17 | 02 37 | 01 56 | 22 34 | 02 11 |
| 25 | 20 41 | 18 23 | 18 39 | 22 05 | 22 59 | 14 44 | 17 34 | 04 27 | 10 26 | 20 40 | 21 23 | 02 36 | 01 50 | 22 37 | 02 11 |
| 26 | 20 53 | 17 04 | 19 08 | 22 18 | 22 51 | 14 44 | 17 35 | 04 27 | 10 26 | 20 40 | 21 28 | 02 34 | 01 44 | 22 40 | 02 11 |
| 27 | 21 04 | 14 42 | 19 36 | 22 31 | 22 43 | 14 43 | 17 37 | 04 26 | 10 26 | 20 40 | 21 33 | 02 33 | 01 39 | 22 43 | 02 11 |
| 28 | 21 15 | 11 27 | 20 03 | 22 42 | 22 35 | 14 43 | 17 38 | 04 26 | 10 26 | 20 40 | 21 37 | 02 31 | 01 33 | 22 45 | 02 12 |
| 29 | 21 25 | 07 33 | 20 30 | 22 53 | 22 26 | 14 42 | 17 40 | 04 25 | 10 25 | 20 40 | 21 42 | 02 30 | 01 28 | 22 47 | 02 12 |
| 30 | 21 35 | 03 14 | 20 55 | 23 03 | 22 17 | 14 42 | 17 42 | 04 25 | 10 25 | 20 40 | 21 47 | 02 29 | 01 23 | 22 50 | 02 12 |

Lunar Phases -- 6 ○ 22:24　14 ◗ 15:17　22 ● 12:33　29 ◖ 10:08　　Sun enters ♐ 11/22 09:40

## Longitudes of Main Planets - December 2014

0:00 E.T.

| D | S.T. | ☉ | ☽ | ☽ 12:00 | ☿ | ♀ | ♂ | ♃ | ♄ | ♅ | ♆ | ♇ | ☊ |
|---|---|---|---|---|---|---|---|---|---|---|---|---|---|
| 1 | 4:39:06 | 08♐42 01 | 29♓16 | 06♈15 | 04♐34 | 17♐50 | 26♑55 | 22♌32 | 27♏26 | 12♈45℞ | 04♓52 | 12♑08 | 16♎35 |
| 2 | 4:43:02 | 09 42 49 | 13♈11 | 20 06 | 06 09 | 19 05 | 27 41 | 22 33 | 27 33 | 12 44 | 04 52 | 12 10 | 16 31 |
| 3 | 4:46:59 | 10 43 38 | 26 59 | 03♉50 | 07 43 | 20 20 | 28 27 | 22 34 | 27 40 | 12 43 | 04 53 | 12 12 | 16 28 |
| 4 | 4:50:55 | 11 44 28 | 10♉39 | 17 26 | 09 17 | 21 36 | 29 14 | 22 35 | 27 47 | 12 42 | 04 53 | 12 14 | 16 25 |
| 5 | 4:54:52 | 12 45 19 | 24 09 | 00♊50 | 10 52 | 22 51 | 00♒00 | 22 36 | 27 54 | 12 42 | 04 54 | 12 15 | 16 22 |
| 6 | 4:58:49 | 13 46 11 | 07♊28 | 14 03 | 12 26 | 24 06 | 00 47 | 22 37 | 28 01 | 12 41 | 04 55 | 12 17 | 16 19 |
| 7 | 5:02:45 | 14 47 04 | 20 34 | 27 01 | 14 00 | 25 22 | 01 33 | 22 37 | 28 08 | 12 40 | 04 55 | 12 19 | 16 16 |
| 8 | 5:06:42 | 15 47 58 | 03♋24 | 09♋44 | 15 34 | 26 37 | 02 20 | 22 38 | 28 15 | 12 39 | 04 56 | 12 21 | 16 12 |
| 9 | 5:10:38 | 16 48 53 | 16 00 | 22 12 | 17 08 | 27 52 | 03 06 | 22 38℞ | 28 22 | 12 39 | 04 57 | 12 23 | 16 09 |
| 10 | 5:14:35 | 17 49 49 | 28 21 | 04♌26 | 18 43 | 29 08 | 03 53 | 22 38 | 28 29 | 12 38 | 04 58 | 12 25 | 16 06 |
| 11 | 5:18:31 | 18 50 46 | 10♌28 | 16 28 | 20 17 | 00♑23 | 04 39 | 22 37 | 28 35 | 12 37 | 04 58 | 12 27 | 16 03 |
| 12 | 5:22:28 | 19 51 44 | 22 25 | 28 21 | 21 51 | 01 38 | 05 26 | 22 37 | 28 42 | 12 37 | 04 59 | 12 29 | 16 00 |
| 13 | 5:26:24 | 20 52 44 | 04♍16 | 10♍11 | 23 26 | 02 53 | 06 13 | 22 36 | 28 49 | 12 36 | 05 00 | 12 31 | 15 57 |
| 14 | 5:30:21 | 21 53 44 | 16 05 | 22 01 | 25 00 | 04 09 | 06 59 | 22 35 | 28 56 | 12 36 | 05 01 | 12 33 | 15 53 |
| 15 | 5:34:18 | 22 54 45 | 27 58 | 03♎57 | 26 35 | 05 24 | 07 46 | 22 34 | 29 03 | 12 35 | 05 02 | 12 35 | 15 50 |
| 16 | 5:38:14 | 23 55 48 | 09♎59 | 16 05 | 28 10 | 06 39 | 08 33 | 22 33 | 29 09 | 12 35 | 05 03 | 12 37 | 15 47 |
| 17 | 5:42:11 | 24 56 51 | 22 15 | 28 29 | 29 45 | 07 55 | 09 19 | 22 31 | 29 16 | 12 35 | 05 04 | 12 39 | 15 44 |
| 18 | 5:46:07 | 25 57 55 | 04♏49 | 11♏15 | 01♑20 | 09 10 | 10 06 | 22 29 | 29 23 | 12 35 | 05 05 | 12 41 | 15 41 |
| 19 | 5:50:04 | 26 59 01 | 17 47 | 24 25 | 02 55 | 10 25 | 10 53 | 22 27 | 29 29 | 12 34 | 05 06 | 12 43 | 15 37 |
| 20 | 5:54:00 | 28 00 07 | 01♐10 | 08♐01 | 04 30 | 11 40 | 11 40 | 22 25 | 29 36 | 12 34 | 05 07 | 12 45 | 15 34 |
| 21 | 5:57:57 | 29 01 13 | 14 58 | 22 01 | 06 05 | 12 56 | 12 27 | 22 23 | 29 43 | 12 34 | 05 09 | 12 47 | 15 31 |
| 22 | 6:01:53 | 00♑02 21 | 29 08 | 06♑21 | 07 41 | 14 11 | 13 14 | 22 21 | 29 49 | 12 34D | 05 10 | 12 49 | 15 28 |
| 23 | 6:05:50 | 01 03 29 | 13♑36 | 20 54 | 09 17 | 15 26 | 14 01 | 22 18 | 29 56 | 12 34 | 05 11 | 12 51 | 15 25 |
| 24 | 6:09:47 | 02 04 37 | 28 14 | 05♒34 | 10 52 | 16 41 | 14 47 | 22 15 | 00♐02 | 12 34 | 05 12 | 12 53 | 15 22 |
| 25 | 6:13:43 | 03 05 45 | 12♒54 | 20 13 | 12 28 | 17 57 | 15 34 | 22 12 | 00 08 | 12 34 | 05 13 | 12 55 | 15 18 |
| 26 | 6:17:40 | 04 06 54 | 27 30 | 04♓44 | 14 04 | 19 12 | 16 21 | 22 09 | 00 15 | 12 35 | 05 15 | 12 57 | 15 15 |
| 27 | 6:21:36 | 05 08 03 | 11♓56 | 19 04 | 15 40 | 20 27 | 17 08 | 22 05 | 00 21 | 12 35 | 05 16 | 12 59 | 15 12 |
| 28 | 6:25:33 | 06 09 11 | 26 08 | 03♈09 | 17 16 | 21 42 | 17 55 | 22 02 | 00 27 | 12 35 | 05 17 | 13 01 | 15 09 |
| 29 | 6:29:29 | 07 10 20 | 10♈06 | 16 59 | 18 52 | 22 58 | 18 42 | 21 58 | 00 34 | 12 35 | 05 19 | 13 04 | 15 06 |
| 30 | 6:33:26 | 08 11 29 | 23 49 | 00♉35 | 20 28 | 24 13 | 19 29 | 21 54 | 00 40 | 12 36 | 05 20 | 13 06 | 15 03 |
| 31 | 6:37:22 | 09 12 37 | 07♉19 | 13 59 | 22 04 | 25 28 | 20 16 | 21 50 | 00 46 | 12 36 | 05 22 | 13 08 | 14 59 |

## Longitudes of the Major Asteroids and Chiron

0:00 E.T.

| D | ⚳ | ⚴ | ⚵ | ⚶ | ⚷ |
|---|---|---|---|---|---|
| 1 | 14♐05 | 18♏42 | 16♌18 | 28♐40 | 13♓07 |
| 2 | 14 30 | 19 08 | 16 25 | 29 12 | 13 08 |
| 3 | 14 55 | 19 34 | 16 32 | 29 44 | 13 08 |
| 4 | 15 20 | 20 00 | 16 39 | 00♑16 | 13 09 |
| 5 | 15 45 | 20 25 | 16 45 | 00 48 | 13 09 |
| 6 | 16 10 | 20 51 | 16 50 | 01 20 | 13 10 |
| 7 | 16 35 | 21 17 | 16 55 | 01 52 | 13 11 |
| 8 | 17 00 | 21 43 | 17 00 | 02 24 | 13 11 |
| 9 | 17 24 | 22 09 | 17 04 | 02 56 | 13 12 |
| 10 | 17 49 | 22 34 | 17 07 | 03 28 | 13 13 |
| 11 | 18 14 | 23 00 | 17 10 | 04 00 | 13 14 |
| 12 | 18 39 | 23 26 | 17 13 | 04 32 | 13 15 |
| 13 | 19 04 | 23 51 | 17 15 | 05 04 | 13 16 |
| 14 | 19 29 | 24 17 | 17 16 | 05 36 | 13 17 |
| 15 | 19 54 | 24 42 | 17 17 | 06 08 | 13 18 |
| 16 | 20 19 | 25 08 | 17 17℞ | 06 40 | 13 20 |
| 17 | 20 43 | 25 33 | 17 17 | 07 12 | 13 21 |
| 18 | 21 08 | 25 58 | 17 16 | 07 44 | 13 22 |
| 19 | 21 33 | 26 24 | 17 15 | 08 16 | 13 24 |
| 20 | 21 58 | 26 49 | 17 13 | 08 48 | 13 25 |
| 21 | 22 23 | 27 14 | 17 10 | 09 20 | 13 27 |
| 22 | 22 47 | 27 39 | 17 07 | 09 52 | 13 28 |
| 23 | 23 12 | 28 04 | 17 04 | 10 24 | 13 30 |
| 24 | 23 37 | 28 29 | 17 00 | 10 56 | 13 31 |
| 25 | 24 02 | 28 54 | 16 55 | 11 29 | 13 33 |
| 26 | 24 26 | 29 19 | 16 50 | 12 01 | 13 35 |
| 27 | 24 51 | 29 44 | 16 44 | 12 33 | 13 37 |
| 28 | 25 15 | 00♐09 | 16 38 | 13 05 | 13 39 |
| 29 | 25 40 | 00 34 | 16 32 | 13 37 | 13 40 |
| 30 | 26 05 | 00 58 | 16 24 | 14 09 | 13 42 |
| 31 | 26 29 | 01 23 | 16 17 | 14 41 | 13 44 |

## Lunar Data

| Last Asp. | | Ingress | | |
|---|---|---|---|---|
| 30 | 20:48 | 1 | ♈ | 01:15 |
| 3 | 02:43 | 3 | ♉ | 05:16 |
| 5 | 06:46 | 5 | ♊ | 10:29 |
| 7 | 09:53 | 7 | ♋ | 17:36 |
| 10 | 00:16 | 10 | ♌ | 03:15 |
| 12 | 12:50 | 12 | ♍ | 15:20 |
| 15 | 02:12 | 15 | ♎ | 04:06 |
| 17 | 05:41 | 17 | ♏ | 14:53 |
| 19 | 21:12 | 19 | ♐ | 21:56 |
| 21 | 12:35 | 22 | ♑ | 01:26 |
| 23 | 03:18 | 24 | ♒ | 02:53 |
| 25 | 15:12 | 26 | ♓ | 04:08 |
| 27 | 15:45 | 28 | ♈ | 06:36 |
| 30 | 00:47 | 30 | ♉ | 10:57 |

## Declinations

0:00 E.T.

| D | ☉ | ☽ | ☿ | ♀ | ♂ | ♃ | ♄ | ♅ | ♆ | ♇ | ⚳ | ⚴ | ⚵ | ⚶ | ⚷ |
|---|---|---|---|---|---|---|---|---|---|---|---|---|---|---|---|
| 1 | -21 45 | +01 14 | -21 19 | -23 13 | -22 08 | +14 42 | -17 43 | +04 25 | -10 25 | -20 40 | -21 52 | +02 28 | +01 18 | -22 52 | -02 12 |
| 2 | 21 54 | 05 37 | 21 43 | 23 22 | 21 58 | 14 41 | 17 45 | 04 24 | 10 25 | 20 40 | 21 56 | 02 27 | 01 14 | 22 54 | 02 12 |
| 3 | 22 03 | 09 39 | 22 05 | 23 30 | 21 48 | 14 41 | 17 46 | 04 24 | 10 25 | 20 40 | 22 01 | 02 26 | 01 09 | 22 56 | 02 12 |
| 4 | 22 11 | 13 09 | 22 26 | 23 38 | 21 38 | 14 41 | 17 48 | 04 24 | 10 24 | 20 40 | 22 05 | 02 25 | 01 05 | 22 57 | 02 13 |
| 5 | 22 19 | 15 53 | 22 46 | 23 44 | 21 28 | 14 41 | 17 49 | 04 23 | 10 24 | 20 40 | 22 10 | 02 24 | 01 00 | 22 59 | 02 13 |
| 6 | 22 27 | 17 43 | 23 05 | 23 50 | 21 18 | 14 41 | 17 51 | 04 23 | 10 24 | 20 40 | 22 14 | 02 24 | 00 56 | 23 00 | 02 13 |
| 7 | 22 34 | 18 35 | 23 23 | 23 56 | 21 07 | 14 41 | 17 53 | 04 23 | 10 24 | 20 40 | 22 18 | 02 24 | 00 53 | 23 02 | 02 13 |
| 8 | 22 41 | 18 28 | 23 40 | 24 00 | 20 56 | 14 41 | 17 54 | 04 22 | 10 23 | 20 40 | 22 22 | 02 23 | 00 49 | 23 03 | 02 13 |
| 9 | 22 47 | 17 27 | 23 55 | 24 04 | 20 45 | 14 42 | 17 56 | 04 22 | 10 23 | 20 40 | 22 26 | 02 23 | 00 46 | 23 04 | 02 13 |
| 10 | 22 53 | 15 37 | 24 09 | 24 07 | 20 34 | 14 42 | 17 57 | 04 22 | 10 23 | 20 40 | 22 30 | 02 23 | 00 42 | 23 05 | 02 13 |
| 11 | 22 58 | 13 08 | 24 22 | 24 10 | 20 22 | 14 42 | 17 59 | 04 22 | 10 22 | 20 40 | 22 34 | 02 23 | 00 39 | 23 06 | 02 13 |
| 12 | 23 03 | 10 07 | 24 34 | 24 11 | 20 10 | 14 43 | 18 00 | 04 22 | 10 22 | 20 40 | 22 38 | 02 23 | 00 36 | 23 06 | 02 13 |
| 13 | 23 07 | 06 44 | 24 44 | 24 12 | 19 58 | 14 43 | 18 01 | 04 21 | 10 22 | 20 40 | 22 42 | 02 23 | 00 34 | 23 07 | 02 12 |
| 14 | 23 11 | 03 06 | 24 53 | 24 12 | 19 46 | 14 44 | 18 03 | 04 21 | 10 21 | 20 39 | 22 45 | 02 24 | 00 31 | 23 07 | 02 12 |
| 15 | 23 15 | -00 42 | 25 01 | 24 12 | 19 34 | 14 44 | 18 04 | 04 21 | 10 21 | 20 39 | 22 49 | 02 24 | 00 29 | 23 07 | 02 12 |
| 16 | 23 18 | 04 30 | 25 07 | 24 10 | 19 21 | 14 45 | 18 06 | 04 21 | 10 21 | 20 39 | 22 53 | 02 25 | 00 27 | 23 07 | 02 12 |
| 17 | 23 20 | 08 12 | 25 12 | 24 08 | 19 08 | 14 45 | 18 07 | 04 21 | 10 20 | 20 39 | 22 56 | 02 25 | 00 26 | 23 07 | 02 12 |
| 18 | 23 22 | 11 38 | 25 15 | 24 05 | 18 55 | 14 46 | 18 09 | 04 21 | 10 20 | 20 39 | 22 59 | 02 26 | 00 24 | 23 07 | 02 12 |
| 19 | 23 24 | 14 37 | 25 17 | 24 02 | 18 42 | 14 47 | 18 10 | 04 21 | 10 19 | 20 39 | 23 03 | 02 27 | 00 23 | 23 07 | 02 11 |
| 20 | 23 25 | 16 55 | 25 18 | 23 57 | 18 29 | 14 48 | 18 11 | 04 21 | 10 19 | 20 39 | 23 06 | 02 28 | 00 22 | 23 07 | 02 11 |
| 21 | 23 26 | 18 19 | 25 17 | 23 52 | 18 15 | 14 49 | 18 13 | 04 21 | 10 19 | 20 39 | 23 09 | 02 29 | 00 21 | 23 06 | 02 11 |
| 22 | 23 26 | 18 38 | 25 15 | 23 46 | 18 01 | 14 50 | 18 14 | 04 21 | 10 18 | 20 39 | 23 12 | 02 31 | 00 21 | 23 05 | 02 10 |
| 23 | 23 26 | 17 45 | 25 11 | 23 40 | 17 47 | 14 51 | 18 15 | 04 21 | 10 18 | 20 39 | 23 15 | 02 32 | 00 21 | 23 05 | 02 10 |
| 24 | 23 25 | 15 42 | 25 06 | 23 32 | 17 33 | 14 52 | 18 17 | 04 21 | 10 17 | 20 39 | 23 18 | 02 34 | 00 21 | 23 04 | 02 10 |
| 25 | 23 24 | 12 39 | 24 59 | 23 24 | 17 19 | 14 53 | 18 18 | 04 21 | 10 17 | 20 39 | 23 21 | 02 35 | 00 21 | 23 03 | 02 09 |
| 26 | 23 22 | 08 49 | 24 50 | 23 16 | 17 04 | 14 55 | 18 19 | 04 21 | 10 16 | 20 38 | 23 24 | 02 37 | 00 22 | 23 01 | 02 09 |
| 27 | 23 20 | 04 30 | 24 40 | 23 06 | 16 49 | 14 56 | 18 20 | 04 21 | 10 16 | 20 38 | 23 26 | 02 39 | 00 23 | 23 00 | 02 09 |
| 28 | 23 18 | 00 00 | 24 29 | 22 56 | 16 34 | 14 57 | 18 22 | 04 22 | 10 15 | 20 38 | 23 29 | 02 41 | 00 24 | 22 59 | 02 08 |
| 29 | 23 14 | +04 26 | 24 16 | 22 45 | 16 19 | 14 59 | 18 23 | 04 22 | 10 15 | 20 38 | 23 32 | 02 43 | 00 25 | 22 57 | 02 08 |
| 30 | 23 11 | 08 33 | 24 02 | 22 34 | 16 04 | 15 00 | 18 24 | 04 22 | 10 14 | 20 38 | 23 34 | 02 45 | 00 27 | 22 55 | 02 07 |
| 31 | 23 07 | 12 10 | 23 45 | 22 21 | 15 49 | 15 02 | 18 25 | 04 22 | 10 14 | 20 38 | 23 36 | 02 48 | 00 29 | 22 54 | 02 07 |

Lunar Phases -- 6 ○ 12:28 14 ◑ 12:52 22 ● 01:37 28 ◐ 18:32 Sun enters ♑ 12/21 23:05

## 0:00 E.T. Longitudes of Main Planets - January 2015

| D | S.T. | ☉ | ☽ | ☽ 12:00 | ☿ | ♀ | ♂ | ♃ | ♄ | ♅ | ♆ | ♇ | ☊ |
|---|---|---|---|---|---|---|---|---|---|---|---|---|---|
| 1 | 6:41:19 | 10♑13 45 | 20♉36 | 27♉11 | 23♑39 | 26♑43 | 21♒03 | 21♌46℞ | 00♐52 | 12♈37 | 05♓23 | 13♑10 | 14♎56 |
| 2 | 6:45:16 | 11 14 54 | 03♊43 | 10♊12 | 25 14 | 27 58 | 21 50 | 21 41 | 00 58 | 12 37 | 05 25 | 13 12 | 14 53 |
| 3 | 6:49:12 | 12 16 02 | 16 39 | 23 03 | 26 49 | 29 14 | 22 37 | 21 36 | 01 04 | 12 38 | 05 26 | 13 14 | 14 50 |
| 4 | 6:53:09 | 13 17 10 | 29 24 | 05♋42 | 28 23 | 00♒29 | 23 24 | 21 32 | 01 10 | 12 39 | 05 28 | 13 16 | 14 47 |
| 5 | 6:57:05 | 14 18 18 | 11♋58 | 18 11 | 29 56 | 01 44 | 24 11 | 21 27 | 01 16 | 12 39 | 05 29 | 13 18 | 14 43 |
| 6 | 7:01:02 | 15 19 26 | 24 21 | 00♌29 | 01♒27 | 02 59 | 24 58 | 21 21 | 01 22 | 12 40 | 05 31 | 13 20 | 14 40 |
| 7 | 7:04:58 | 16 20 34 | 06♌33 | 12 36 | 02 58 | 04 14 | 25 45 | 21 16 | 01 27 | 12 41 | 05 32 | 13 22 | 14 37 |
| 8 | 7:08:55 | 17 21 42 | 18 36 | 24 34 | 04 27 | 05 29 | 26 32 | 21 11 | 01 33 | 12 42 | 05 34 | 13 24 | 14 34 |
| 9 | 7:12:51 | 18 22 50 | 00♍30 | 06♍25 | 05 53 | 06 44 | 27 19 | 21 05 | 01 39 | 12 43 | 05 36 | 13 27 | 14 31 |
| 10 | 7:16:48 | 19 23 58 | 12 19 | 18 13 | 07 18 | 07 59 | 28 06 | 20 59 | 01 44 | 12 44 | 05 37 | 13 29 | 14 28 |
| 11 | 7:20:45 | 20 25 06 | 24 07 | 00♎01 | 08 39 | 09 14 | 28 53 | 20 53 | 01 50 | 12 45 | 05 39 | 13 31 | 14 24 |
| 12 | 7:24:41 | 21 26 13 | 05♎57 | 11 55 | 09 57 | 10 29 | 29 40 | 20 47 | 01 55 | 12 46 | 05 41 | 13 33 | 14 21 |
| 13 | 7:28:38 | 22 27 21 | 17 55 | 23 59 | 11 11 | 11 44 | 00♓27 | 20 41 | 02 01 | 12 47 | 05 43 | 13 35 | 14 18 |
| 14 | 7:32:34 | 23 28 29 | 00♏08 | 06♏21 | 12 20 | 13 00 | 01 14 | 20 35 | 02 06 | 12 48 | 05 44 | 13 37 | 14 15 |
| 15 | 7:36:31 | 24 29 36 | 12 39 | 19 03 | 13 24 | 14 15 | 02 01 | 20 28 | 02 11 | 12 49 | 05 46 | 13 39 | 14 12 |
| 16 | 7:40:27 | 25 30 44 | 25 34 | 02♐12 | 14 21 | 15 30 | 02 48 | 20 22 | 02 17 | 12 50 | 05 48 | 13 41 | 14 08 |
| 17 | 7:44:24 | 26 31 51 | 08♐58 | 15 50 | 15 11 | 16 44 | 03 34 | 20 15 | 02 22 | 12 52 | 05 50 | 13 43 | 14 05 |
| 18 | 7:48:20 | 27 32 58 | 22 50 | 29 57 | 15 53 | 17 59 | 04 21 | 20 08 | 02 27 | 12 53 | 05 52 | 13 45 | 14 02 |
| 19 | 7:52:17 | 28 34 05 | 07♑10 | 14♑30 | 16 26 | 19 14 | 05 08 | 20 01 | 02 32 | 12 54 | 05 54 | 13 47 | 13 59 |
| 20 | 7:56:14 | 29 35 11 | 21 54 | 29 22 | 16 50 | 20 29 | 05 55 | 19 54 | 02 37 | 12 56 | 05 56 | 13 49 | 13 56 |
| 21 | 8:00:10 | 00♒36 17 | 06♒53 | 14♒25 | 17 03 | 21 44 | 06 42 | 19 47 | 02 42 | 12 57 | 05 58 | 13 51 | 13 53 |
| 22 | 8:04:07 | 01 37 22 | 21 58 | 29 29 | 17 05℞ | 22 59 | 07 29 | 19 40 | 02 46 | 12 59 | 05 59 | 13 53 | 13 49 |
| 23 | 8:08:03 | 02 38 26 | 06♓59 | 14♓25 | 16 55 | 24 14 | 08 16 | 19 33 | 02 51 | 13 00 | 06 01 | 13 55 | 13 46 |
| 24 | 8:12:00 | 03 39 30 | 21 47 | 29 04 | 16 34 | 25 29 | 09 03 | 19 25 | 02 56 | 13 02 | 06 03 | 13 57 | 13 43 |
| 25 | 8:15:56 | 04 40 32 | 06♈17 | 13♈23 | 16 01 | 26 44 | 09 50 | 19 18 | 03 00 | 13 04 | 06 05 | 13 59 | 13 40 |
| 26 | 8:19:53 | 05 41 33 | 20 25 | 27 21 | 15 18 | 27 58 | 10 37 | 19 10 | 03 05 | 13 06 | 06 07 | 14 01 | 13 37 |
| 27 | 8:23:49 | 06 42 33 | 04♉11 | 10♉57 | 14 25 | 29 13 | 11 23 | 19 03 | 03 09 | 13 07 | 06 09 | 14 03 | 13 34 |
| 28 | 8:27:46 | 07 43 32 | 17 37 | 24 13 | 13 23 | 00♓28 | 12 10 | 18 55 | 03 14 | 13 09 | 06 12 | 14 05 | 13 30 |
| 29 | 8:31:43 | 08 44 30 | 00♊45 | 07♊13 | 12 15 | 01 43 | 12 57 | 18 47 | 03 18 | 13 11 | 06 14 | 14 07 | 13 27 |
| 30 | 8:35:39 | 09 45 26 | 13 37 | 19 58 | 11 03 | 02 57 | 13 44 | 18 39 | 03 22 | 13 13 | 06 16 | 14 09 | 13 24 |
| 31 | 8:39:36 | 10 46 22 | 26 16 | 02♋31 | 09 48 | 04 12 | 14 30 | 18 32 | 03 26 | 13 15 | 06 18 | 14 11 | 13 21 |

## 0:00 E.T. Longitudes of the Major Asteroids and Chiron

| D | ⚳ | ⚴ | ⚵ | ⚶ | ⚷ |
|---|---|---|---|---|---|
| 1 | 26♐54 | 01♐47 | 16♌08℞ | 15♑13 | 13♓46 |
| 2 | 27 18 | 02 12 | 16 00 | 15 45 | 13 49 |
| 3 | 27 43 | 02 36 | 15 51 | 16 17 | 13 51 |
| 4 | 28 07 | 03 00 | 15 41 | 16 49 | 13 53 |
| 5 | 28 31 | 03 24 | 15 31 | 17 21 | 13 55 |
| 6 | 28 56 | 03 49 | 15 20 | 17 53 | 13 57 |
| 7 | 29 20 | 04 13 | 15 10 | 18 25 | 14 00 |
| 8 | 29 44 | 04 37 | 14 58 | 18 57 | 14 02 |
| 9 | 00♑09 | 05 01 | 14 46 | 19 29 | 14 05 |
| 10 | 00 33 | 05 24 | 14 34 | 20 01 | 14 07 |
| 11 | 00 57 | 05 48 | 14 22 | 20 33 | 14 09 |
| 12 | 01 21 | 06 12 | 14 09 | 21 05 | 14 12 |
| 13 | 01 45 | 06 35 | 13 56 | 21 37 | 14 15 |
| 14 | 02 09 | 06 59 | 13 42 | 22 09 | 14 17 |
| 15 | 02 33 | 07 22 | 13 29 | 22 41 | 14 20 |
| 16 | 02 57 | 07 45 | 13 15 | 23 13 | 14 23 |
| 17 | 03 21 | 08 08 | 13 00 | 23 44 | 14 25 |
| 18 | 03 45 | 08 32 | 12 46 | 24 16 | 14 28 |
| 19 | 04 09 | 08 55 | 12 31 | 24 48 | 14 31 |
| 20 | 04 33 | 09 17 | 12 16 | 25 20 | 14 34 |
| 21 | 04 57 | 09 40 | 12 01 | 25 52 | 14 37 |
| 22 | 05 20 | 10 03 | 11 46 | 26 24 | 14 40 |
| 23 | 05 44 | 10 25 | 11 30 | 26 55 | 14 43 |
| 24 | 06 08 | 10 48 | 11 15 | 27 27 | 14 46 |
| 25 | 06 31 | 11 10 | 10 59 | 27 59 | 14 49 |
| 26 | 06 55 | 11 32 | 10 44 | 28 31 | 14 52 |
| 27 | 07 18 | 11 54 | 10 28 | 29 02 | 14 55 |
| 28 | 07 41 | 12 16 | 10 13 | 29 34 | 14 58 |
| 29 | 08 05 | 12 38 | 09 57 | 00♒06 | 15 01 |
| 30 | 08 28 | 13 00 | 09 41 | 00 37 | 15 04 |
| 31 | 08 51 | 13 21 | 09 26 | 01 09 | 15 07 |

## Lunar Data

| Last Asp. | | Ingress | | |
|---|---|---|---|---|
| 1 | 12:20 | 1 | ♊ | 17:10 |
| 3 | 11:56 | 4 | ♋ | 01:09 |
| 5 | 04:54 | 6 | ♌ | 11:04 |
| 8 | 17:06 | 8 | ♍ | 22:59 |
| 10 | 15:47 | 11 | ♎ | 11:58 |
| 13 | 09:48 | 13 | ♏ | 23:45 |
| 15 | 23:53 | 16 | ♐ | 08:02 |
| 17 | 19:26 | 18 | ♑ | 12:05 |
| 19 | 10:52 | 20 | ♒ | 13:00 |
| 22 | 01:46 | 22 | ♓ | 12:49 |
| 23 | 11:14 | 24 | ♈ | 13:33 |
| 26 | 14:25 | 26 | ♉ | 16:38 |
| 28 | 02:20 | 28 | ♊ | 22:37 |
| 30 | 09:26 | 31 | ♋ | 07:10 |

## 0:00 E.T. Declinations

| D | ☉ | ☽ | ☿ | ♀ | ♂ | ♃ | ♄ | ♅ | ♆ | ♇ | ⚳ | ⚴ | ⚵ | ⚶ | ⚷ |
|---|---|---|---|---|---|---|---|---|---|---|---|---|---|---|---|
| 1 | -23 02 | +15 06 | -23 28 | -22 08 | -15 33 | +15 04 | -18 26 | +04 22 | -10 13 | -20 38 | -23 39 | +02 50 | +00 32 | -22 52 | -02 06 |
| 2 | 22 58 | 17 12 | 23 09 | 21 55 | 15 18 | 15 05 | 18 27 | 04 23 | 10 12 | 20 38 | 23 41 | 02 53 | 00 34 | 22 50 | 02 06 |
| 3 | 22 52 | 18 23 | 22 48 | 21 41 | 15 02 | 15 07 | 18 29 | 04 23 | 10 12 | 20 38 | 23 43 | 02 56 | 00 37 | 22 47 | 02 05 |
| 4 | 22 46 | 18 37 | 22 26 | 21 26 | 14 46 | 15 09 | 18 30 | 04 23 | 10 11 | 20 38 | 23 45 | 02 58 | 00 40 | 22 45 | 02 05 |
| 5 | 22 40 | 17 56 | 22 03 | 21 10 | 14 30 | 15 11 | 18 31 | 04 23 | 10 11 | 20 37 | 23 47 | 03 01 | 00 44 | 22 43 | 02 04 |
| 6 | 22 33 | 16 24 | 21 38 | 20 54 | 14 13 | 15 12 | 18 32 | 04 24 | 10 10 | 20 37 | 23 49 | 03 05 | 00 47 | 22 40 | 02 03 |
| 7 | 22 26 | 14 09 | 21 13 | 20 37 | 13 57 | 15 14 | 18 33 | 04 24 | 10 10 | 20 37 | 23 51 | 03 08 | 00 51 | 22 37 | 02 03 |
| 8 | 22 18 | 11 19 | 20 46 | 20 20 | 13 40 | 15 16 | 18 34 | 04 25 | 10 09 | 20 37 | 23 53 | 03 11 | 00 56 | 22 35 | 02 02 |
| 9 | 22 10 | 08 04 | 20 18 | 20 02 | 13 24 | 15 18 | 18 35 | 04 25 | 10 08 | 20 37 | 23 55 | 03 15 | 01 00 | 22 32 | 02 01 |
| 10 | 22 02 | 04 31 | 19 49 | 19 44 | 13 07 | 15 20 | 18 36 | 04 25 | 10 08 | 20 37 | 23 56 | 03 18 | 01 05 | 22 29 | 02 01 |
| 11 | 21 53 | 00 47 | 19 19 | 19 25 | 12 50 | 15 22 | 18 37 | 04 26 | 10 07 | 20 37 | 23 58 | 03 22 | 01 10 | 22 25 | 02 00 |
| 12 | 21 44 | -02 59 | 18 49 | 19 05 | 12 33 | 15 25 | 18 38 | 04 26 | 10 06 | 20 37 | 23 59 | 03 26 | 01 16 | 22 22 | 01 59 |
| 13 | 21 34 | 06 41 | 18 18 | 18 45 | 12 16 | 15 27 | 18 39 | 04 27 | 10 06 | 20 37 | 24 01 | 03 30 | 01 21 | 22 19 | 01 59 |
| 14 | 21 24 | 10 10 | 17 48 | 18 24 | 11 59 | 15 29 | 18 40 | 04 27 | 10 05 | 20 36 | 24 02 | 03 34 | 01 27 | 22 15 | 01 58 |
| 15 | 21 13 | 13 17 | 17 18 | 18 03 | 11 41 | 15 31 | 18 41 | 04 28 | 10 04 | 20 36 | 24 04 | 03 39 | 01 34 | 22 12 | 01 57 |
| 16 | 21 02 | 15 52 | 16 48 | 17 41 | 11 24 | 15 33 | 18 42 | 04 28 | 10 04 | 20 36 | 24 05 | 03 43 | 01 40 | 22 08 | 01 56 |
| 17 | 20 51 | 17 41 | 16 19 | 17 19 | 11 06 | 15 36 | 18 43 | 04 29 | 10 03 | 20 36 | 24 06 | 03 48 | 01 47 | 22 04 | 01 55 |
| 18 | 20 39 | 18 32 | 15 52 | 16 56 | 10 49 | 15 38 | 18 44 | 04 29 | 10 02 | 20 36 | 24 07 | 03 52 | 01 54 | 22 00 | 01 55 |
| 19 | 20 27 | 18 15 | 15 27 | 16 33 | 10 31 | 15 40 | 18 44 | 04 30 | 10 02 | 20 36 | 24 08 | 03 57 | 02 01 | 21 56 | 01 54 |
| 20 | 20 14 | 16 45 | 15 03 | 16 10 | 10 13 | 15 43 | 18 45 | 04 30 | 10 01 | 20 36 | 24 09 | 04 02 | 02 09 | 21 52 | 01 53 |
| 21 | 20 01 | 14 06 | 14 43 | 15 46 | 09 55 | 15 45 | 18 46 | 04 31 | 10 00 | 20 36 | 24 10 | 04 07 | 02 16 | 21 47 | 01 52 |
| 22 | 19 48 | 10 29 | 14 25 | 15 21 | 09 37 | 15 48 | 18 47 | 04 32 | 10 00 | 20 35 | 24 11 | 04 12 | 02 24 | 21 43 | 01 51 |
| 23 | 19 34 | 06 13 | 14 10 | 14 56 | 09 19 | 15 50 | 18 48 | 04 32 | 09 59 | 20 35 | 24 12 | 04 18 | 02 32 | 21 38 | 01 50 |
| 24 | 19 20 | 01 37 | 13 59 | 14 31 | 09 01 | 15 53 | 18 49 | 04 33 | 09 58 | 20 35 | 24 13 | 04 23 | 02 41 | 21 34 | 01 49 |
| 25 | 19 05 | +02 59 | 13 52 | 14 05 | 08 42 | 15 55 | 18 49 | 04 34 | 09 57 | 20 35 | 24 13 | 04 29 | 02 49 | 21 29 | 01 48 |
| 26 | 18 51 | 07 19 | 13 49 | 13 39 | 08 24 | 15 58 | 18 50 | 04 34 | 09 57 | 20 35 | 24 14 | 04 35 | 02 58 | 21 24 | 01 47 |
| 27 | 18 36 | 11 08 | 13 50 | 13 13 | 08 06 | 16 00 | 18 51 | 04 35 | 09 56 | 20 35 | 24 15 | 04 41 | 03 07 | 21 19 | 01 46 |
| 28 | 18 20 | 14 16 | 13 54 | 12 46 | 07 47 | 16 03 | 18 51 | 04 36 | 09 55 | 20 35 | 24 15 | 04 47 | 03 16 | 21 14 | 01 45 |
| 29 | 18 04 | 16 35 | 14 01 | 12 19 | 07 29 | 16 05 | 18 52 | 04 37 | 09 54 | 20 34 | 24 16 | 04 53 | 03 25 | 21 09 | 01 44 |
| 30 | 17 48 | 18 01 | 14 12 | 11 51 | 07 10 | 16 08 | 18 53 | 04 37 | 09 54 | 20 34 | 24 16 | 04 59 | 03 35 | 21 04 | 01 43 |
| 31 | 17 32 | 18 31 | 14 24 | 11 23 | 06 52 | 16 10 | 18 53 | 04 38 | 09 53 | 20 34 | 24 16 | 05 05 | 03 44 | 20 59 | 01 42 |

Lunar Phases -- 5 ○ 04:54 13 ◑ 09:48 20 ● 13:15 27 ◐ 04:49 Sun enters ♒ 1/20 09:45

# Longitudes of Main Planets - February 2015

0:00 E.T.

| D | S.T. | ☉ | ☽ | ☽ 12:00 | ☿ | ♀ | ♂ | ♃ | ♄ | ♅ | ♆ | ♇ | ☊ |
|---|---|---|---|---|---|---|---|---|---|---|---|---|---|
| 1 | 8:43:32 | 11♒47 16 | 08♋43 | 14♋53 | 08♒34℞ | 05♓27 | 15♓17 | 18♌24℞ | 03♐30 | 13♈17 | 06♓20 | 14♑13 | 13♎18 |
| 2 | 8:47:29 | 12 48 09 | 21 01 | 27 07 | 07 21 | 06 41 | 16 04 | 18 16 | 03 34 | 13 19 | 06 22 | 14 15 | 13 14 |
| 3 | 8:51:25 | 13 49 01 | 03♌11 | 09♌13 | 06 12 | 07 56 | 16 50 | 18 08 | 03 38 | 13 21 | 06 24 | 14 17 | 13 11 |
| 4 | 8:55:22 | 14 49 52 | 15 13 | 21 11 | 05 09 | 09 10 | 17 37 | 18 00 | 03 42 | 13 23 | 06 26 | 14 19 | 13 08 |
| 5 | 8:59:18 | 15 50 42 | 27 08 | 03♍04 | 04 12 | 10 25 | 18 24 | 17 52 | 03 45 | 13 25 | 06 28 | 14 20 | 13 05 |
| 6 | 9:03:15 | 16 51 30 | 08♍59 | 14 53 | 03 23 | 11 39 | 19 10 | 17 44 | 03 49 | 13 27 | 06 31 | 14 22 | 13 02 |
| 7 | 9:07:12 | 17 52 17 | 20 47 | 26 41 | 02 42 | 12 54 | 19 57 | 17 36 | 03 53 | 13 30 | 06 33 | 14 24 | 12 59 |
| 8 | 9:11:08 | 18 53 04 | 02♎35 | 08♎30 | 02 09 | 14 08 | 20 43 | 17 28 | 03 56 | 13 32 | 06 35 | 14 26 | 12 55 |
| 9 | 9:15:05 | 19 53 49 | 14 26 | 20 24 | 01 44 | 15 22 | 21 30 | 17 20 | 03 59 | 13 34 | 06 37 | 14 28 | 12 52 |
| 10 | 9:19:01 | 20 54 33 | 26 25 | 02♏29 | 01 28 | 16 37 | 22 16 | 17 12 | 04 03 | 13 36 | 06 39 | 14 29 | 12 49 |
| 11 | 9:22:58 | 21 55 16 | 08♏36 | 14 47 | 01 19 | 17 51 | 23 03 | 17 04 | 04 06 | 13 39 | 06 42 | 14 31 | 12 46 |
| 12 | 9:26:54 | 22 55 59 | 21 04 | 27 26 | 01 19D | 19 05 | 23 49 | 16 56 | 04 09 | 13 41 | 06 44 | 14 33 | 12 43 |
| 13 | 9:30:51 | 23 56 40 | 03♐54 | 10♐28 | 01 25 | 20 20 | 24 36 | 16 49 | 04 12 | 13 44 | 06 46 | 14 35 | 12 40 |
| 14 | 9:34:47 | 24 57 20 | 17 10 | 23 59 | 01 38 | 21 34 | 25 22 | 16 41 | 04 15 | 13 46 | 06 48 | 14 36 | 12 36 |
| 15 | 9:38:44 | 25 57 59 | 00♑55 | 07♑59 | 01 57 | 22 48 | 26 08 | 16 33 | 04 17 | 13 49 | 06 50 | 14 38 | 12 33 |
| 16 | 9:42:41 | 26 58 37 | 15 10 | 22 27 | 02 21 | 24 02 | 26 55 | 16 25 | 04 20 | 13 51 | 06 53 | 14 40 | 12 30 |
| 17 | 9:46:37 | 27 59 13 | 29 51 | 07♒20 | 02 51 | 25 16 | 27 41 | 16 17 | 04 23 | 13 54 | 06 55 | 14 41 | 12 27 |
| 18 | 9:50:34 | 28 59 48 | 14♒53 | 22 29 | 03 26 | 26 30 | 28 27 | 16 10 | 04 25 | 13 57 | 06 57 | 14 43 | 12 24 |
| 19 | 9:54:30 | 00♓00 22 | 00♓07 | 07♓45 | 04 06 | 27 44 | 29 13 | 16 02 | 04 28 | 13 59 | 07 00 | 14 45 | 12 20 |
| 20 | 9:58:27 | 01 00 54 | 15 22 | 22 57 | 04 49 | 28 58 | 00 00 | 15 55 | 04 30 | 14 02 | 07 02 | 14 46 | 12 17 |
| 21 | 10:02:23 | 02 01 24 | 00♈29 | 07♈56 | 05 37 | 00♈12 | 00♈46 | 15 47 | 04 32 | 14 05 | 07 04 | 14 48 | 12 14 |
| 22 | 10:06:20 | 03 01 53 | 15 17 | 22 33 | 06 27 | 01 26 | 01 32 | 15 40 | 04 34 | 14 07 | 07 06 | 14 49 | 12 11 |
| 23 | 10:10:16 | 04 02 20 | 29 43 | 06♉46 | 07 21 | 02 40 | 02 18 | 15 33 | 04 36 | 14 10 | 07 09 | 14 51 | 12 08 |
| 24 | 10:14:13 | 05 02 45 | 13♉42 | 20 32 | 08 19 | 03 53 | 03 04 | 15 25 | 04 38 | 14 13 | 07 11 | 14 52 | 12 05 |
| 25 | 10:18:10 | 06 03 08 | 27 16 | 03♊54 | 09 18 | 05 07 | 03 50 | 15 18 | 04 40 | 14 16 | 07 13 | 14 54 | 12 01 |
| 26 | 10:22:06 | 07 03 29 | 10♊26 | 16 53 | 10 21 | 06 21 | 04 36 | 15 11 | 04 42 | 14 19 | 07 15 | 14 55 | 11 58 |
| 27 | 10:26:03 | 08 03 48 | 23 16 | 29 34 | 11 26 | 07 34 | 05 22 | 15 05 | 04 43 | 14 22 | 07 18 | 14 57 | 11 55 |
| 28 | 10:29:59 | 09 04 06 | 05♋48 | 11♋58 | 12 33 | 08 48 | 06 08 | 14 58 | 04 45 | 14 25 | 07 20 | 14 58 | 11 52 |

0:00 E.T.

## Longitudes of the Major Asteroids and Chiron

| D | ⚳ | ⚴ | ⚵ | ⚶ | ⚷ |
|---|---|---|---|---|---|
| 1 | 09♑14 | 13♐43 | 09♌11℞ | 01♒40 | 15♓11 |
| 2 | 09 37 | 14 04 | 08 55 | 02 12 | 15 14 |
| 3 | 10 00 | 14 25 | 08 40 | 02 43 | 15 17 |
| 4 | 10 23 | 14 46 | 08 25 | 03 15 | 15 21 |
| 5 | 10 46 | 15 07 | 08 11 | 03 46 | 15 24 |
| 6 | 11 09 | 15 28 | 07 56 | 04 18 | 15 27 |
| 7 | 11 32 | 15 49 | 07 42 | 04 49 | 15 31 |
| 8 | 11 54 | 16 09 | 07 27 | 05 21 | 15 34 |
| 9 | 12 17 | 16 30 | 07 14 | 05 52 | 15 37 |
| 10 | 12 40 | 16 50 | 07 00 | 06 23 | 15 41 |
| 11 | 13 02 | 17 10 | 06 47 | 06 55 | 15 44 |
| 12 | 13 24 | 17 30 | 06 34 | 07 26 | 15 48 |
| 13 | 13 47 | 17 49 | 06 21 | 07 57 | 15 51 |
| 14 | 14 09 | 18 09 | 06 09 | 08 28 | 15 55 |
| 15 | 14 31 | 18 28 | 05 56 | 08 59 | 15 58 |
| 16 | 14 53 | 18 48 | 05 45 | 09 31 | 16 02 |
| 17 | 15 15 | 19 07 | 05 34 | 10 02 | 16 06 |
| 18 | 15 37 | 19 26 | 05 23 | 10 33 | 16 09 |
| 19 | 15 59 | 19 44 | 05 12 | 11 04 | 16 13 |
| 20 | 16 21 | 20 03 | 05 02 | 11 35 | 16 16 |
| 21 | 16 42 | 20 21 | 04 52 | 12 06 | 16 20 |
| 22 | 17 04 | 20 39 | 04 43 | 12 37 | 16 24 |
| 23 | 17 25 | 20 57 | 04 34 | 13 07 | 16 27 |
| 24 | 17 47 | 21 15 | 04 26 | 13 38 | 16 31 |
| 25 | 18 08 | 21 32 | 04 18 | 14 09 | 16 35 |
| 26 | 18 29 | 21 50 | 04 10 | 14 40 | 16 38 |
| 27 | 18 50 | 22 07 | 04 03 | 15 10 | 16 42 |
| 28 | 19 11 | 22 24 | 03 57 | 15 41 | 16 46 |

## Lunar Data

| Last Asp. | | Ingress | | |
|---|---|---|---|---|
| 1 | 13:38 | 2 | ♌ | 17:42 |
| 4 | 05:32 | 5 | ♍ | 05:47 |
| 6 | 22:10 | 7 | ♎ | 18:45 |
| 9 | 11:59 | 10 | ♏ | 07:07 |
| 12 | 05:33 | 12 | ♐ | 16:47 |
| 14 | 15:16 | 14 | ♑ | 22:25 |
| 16 | 20:18 | 17 | ♒ | 00:14 |
| 18 | 23:48 | 18 | ♓ | 23:49 |
| 19 | 23:03 | 20 | ♈ | 23:14 |
| 22 | 00:37 | 23 | ♉ | 00:29 |
| 24 | 02:59 | 25 | ♊ | 04:55 |
| 26 | 08:45 | 27 | ♋ | 12:51 |

0:00 E.T.

## Declinations

| D | ☉ | ☽ | ☿ | ♀ | ♂ | ♃ | ♄ | ♅ | ♆ | ♇ | ⚳ | ⚴ | ⚵ | ⚶ | ⚷ |
|---|---|---|---|---|---|---|---|---|---|---|---|---|---|---|---|
| 1 | -17 15 | +18 06 | -14 39 | -10 55 | -06 33 | +16 13 | -18 54 | +04 39 | -09 52 | -20 34 | -24 17 | +05 12 | +03 54 | -20 53 | -01 41 |
| 2 | 16 58 | 16 51 | 14 55 | 10 27 | 06 14 | 16 15 | 18 55 | 04 40 | 09 51 | 20 34 | 24 17 | 05 18 | 04 04 | 20 48 | 01 40 |
| 3 | 16 41 | 14 51 | 15 12 | 09 58 | 05 55 | 16 18 | 18 55 | 04 41 | 09 50 | 20 34 | 24 17 | 05 25 | 04 13 | 20 42 | 01 39 |
| 4 | 16 23 | 12 14 | 15 30 | 09 30 | 05 37 | 16 21 | 18 56 | 04 41 | 09 50 | 20 34 | 24 17 | 05 32 | 04 23 | 20 36 | 01 38 |
| 5 | 16 05 | 09 08 | 15 47 | 09 00 | 05 18 | 16 23 | 18 56 | 04 42 | 09 49 | 20 34 | 24 17 | 05 39 | 04 34 | 20 31 | 01 37 |
| 6 | 15 47 | 05 41 | 16 04 | 08 31 | 04 59 | 16 26 | 18 57 | 04 43 | 09 48 | 20 33 | 24 17 | 05 46 | 04 44 | 20 25 | 01 36 |
| 7 | 15 28 | 02 01 | 16 21 | 08 02 | 04 40 | 16 28 | 18 57 | 04 44 | 09 47 | 20 33 | 24 17 | 05 54 | 04 54 | 20 19 | 01 34 |
| 8 | 15 10 | -01 43 | 16 37 | 07 32 | 04 21 | 16 31 | 18 58 | 04 45 | 09 46 | 20 33 | 24 17 | 06 01 | 05 04 | 20 13 | 01 33 |
| 9 | 14 51 | 05 24 | 16 52 | 07 02 | 04 02 | 16 33 | 18 58 | 04 46 | 09 46 | 20 33 | 24 17 | 06 09 | 05 15 | 20 07 | 01 32 |
| 10 | 14 31 | 08 55 | 17 06 | 06 32 | 03 43 | 16 36 | 18 59 | 04 47 | 09 45 | 20 33 | 24 17 | 06 16 | 05 25 | 20 00 | 01 31 |
| 11 | 14 12 | 12 06 | 17 19 | 06 01 | 03 24 | 16 38 | 18 59 | 04 48 | 09 44 | 20 33 | 24 17 | 06 24 | 05 36 | 19 54 | 01 30 |
| 12 | 13 52 | 14 49 | 17 31 | 05 31 | 03 05 | 16 41 | 19 00 | 04 49 | 09 43 | 20 33 | 24 16 | 06 32 | 05 46 | 19 48 | 01 28 |
| 13 | 13 32 | 16 53 | 17 41 | 05 00 | 02 46 | 16 43 | 19 00 | 04 50 | 09 42 | 20 32 | 24 16 | 06 40 | 05 56 | 19 41 | 01 27 |
| 14 | 13 12 | 18 07 | 17 50 | 04 29 | 02 27 | 16 46 | 19 00 | 04 51 | 09 41 | 20 32 | 24 16 | 06 48 | 06 07 | 19 35 | 01 26 |
| 15 | 12 52 | 18 22 | 17 58 | 03 59 | 02 08 | 16 48 | 19 01 | 04 52 | 09 41 | 20 32 | 24 15 | 06 56 | 06 17 | 19 28 | 01 25 |
| 16 | 12 31 | 17 28 | 18 04 | 03 28 | 01 49 | 16 51 | 19 01 | 04 53 | 09 40 | 20 32 | 24 15 | 07 05 | 06 28 | 19 21 | 01 24 |
| 17 | 12 10 | 15 25 | 18 09 | 02 57 | 01 30 | 16 53 | 19 01 | 04 54 | 09 39 | 20 32 | 24 14 | 07 13 | 06 38 | 19 15 | 01 22 |
| 18 | 11 49 | 12 17 | 18 13 | 02 25 | 01 11 | 16 55 | 19 02 | 04 55 | 09 38 | 20 32 | 24 14 | 07 22 | 06 49 | 19 08 | 01 21 |
| 19 | 11 28 | 08 17 | 18 15 | 01 54 | 00 52 | 16 58 | 19 02 | 04 56 | 09 37 | 20 32 | 24 13 | 07 31 | 06 59 | 19 01 | 01 20 |
| 20 | 11 07 | 03 44 | 18 16 | 01 23 | 00 33 | 17 00 | 19 02 | 04 57 | 09 36 | 20 32 | 24 13 | 07 40 | 07 09 | 18 54 | 01 18 |
| 21 | 10 45 | +01 01 | 18 16 | 00 52 | 00 14 | 17 02 | 19 02 | 04 58 | 09 36 | 20 32 | 24 12 | 07 49 | 07 20 | 18 47 | 01 17 |
| 22 | 10 23 | 05 37 | 18 14 | 00 20 | +00 05 | 17 04 | 19 03 | 04 59 | 09 35 | 20 31 | 24 12 | 07 58 | 07 30 | 18 40 | 01 16 |
| 23 | 10 02 | 09 45 | 18 11 | +00 11 | 00 24 | 17 07 | 19 03 | 05 00 | 09 34 | 20 31 | 24 11 | 08 07 | 07 40 | 18 32 | 01 15 |
| 24 | 09 40 | 13 13 | 18 06 | 00 43 | 00 43 | 17 09 | 19 03 | 05 01 | 09 33 | 20 31 | 24 10 | 08 16 | 07 50 | 18 25 | 01 13 |
| 25 | 09 17 | 15 50 | 18 00 | 01 14 | 01 02 | 17 11 | 19 03 | 05 02 | 09 32 | 20 31 | 24 09 | 08 26 | 08 00 | 18 18 | 01 12 |
| 26 | 08 55 | 17 32 | 17 53 | 01 45 | 01 21 | 17 13 | 19 03 | 05 04 | 09 31 | 20 31 | 24 09 | 08 35 | 08 10 | 18 10 | 01 11 |
| 27 | 08 33 | 18 17 | 17 44 | 02 17 | 01 40 | 17 15 | 19 04 | 05 05 | 09 31 | 20 31 | 24 08 | 08 45 | 08 20 | 18 03 | 01 09 |
| 28 | 08 10 | 18 07 | 17 34 | 02 48 | 01 59 | 17 17 | 19 04 | 05 06 | 09 30 | 20 31 | 24 07 | 08 55 | 08 29 | 17 56 | 01 08 |

Lunar Phases -- 3 ○ 23:10 12 ◑ 03:51 18 ● 23:48 25 ◐ 17:15 Sun enters ♓ 2/18 23:51

## 0:00 E.T. Longitudes of Main Planets - March 2015 **Mar. 15**

| D | S.T. | ☉ | ☽ | ☽ 12:00 | ☿ | ♀ | ♂ | ♃ | ♄ | ♅ | ♆ | ♇ | ☊ |
|---|---|---|---|---|---|---|---|---|---|---|---|---|---|
| 1 | 10:33:56 | 10♓04 21 | 18♋05 | 24♋10 | 13♒42 | 10♈01 | 06♈54 | 14♌51℞ | 04♐46 | 14♈27 | 07♓22 | 14♑59 | 11♎49 |
| 2 | 10:37:52 | 11 04 34 | 00♌12 | 06♌13 | 14 54 | 11 15 | 07 39 | 14 45 | 04 48 | 14 30 | 07 25 | 15 01 | 11 46 |
| 3 | 10:41:49 | 12 04 45 | 12 12 | 18 09 | 16 07 | 12 28 | 08 25 | 14 38 | 04 49 | 14 33 | 07 27 | 15 02 | 11 42 |
| 4 | 10:45:45 | 13 04 55 | 24 05 | 00♍01 | 17 22 | 13 42 | 09 11 | 14 32 | 04 50 | 14 36 | 07 29 | 15 03 | 11 39 |
| 5 | 10:49:42 | 14 05 02 | 05♍55 | 11 50 | 18 38 | 14 55 | 09 57 | 14 26 | 04 51 | 14 40 | 07 31 | 15 05 | 11 36 |
| 6 | 10:53:39 | 15 05 07 | 17 44 | 23 39 | 19 57 | 16 08 | 10 42 | 14 20 | 04 52 | 14 43 | 07 34 | 15 06 | 11 33 |
| 7 | 10:57:35 | 16 05 11 | 29 34 | 05♎29 | 21 16 | 17 21 | 11 28 | 14 14 | 04 53 | 14 46 | 07 36 | 15 07 | 11 30 |
| 8 | 11:01:32 | 17 05 13 | 11♎26 | 17 24 | 22 38 | 18 34 | 12 13 | 14 08 | 04 54 | 14 49 | 07 38 | 15 08 | 11 26 |
| 9 | 11:05:28 | 18 05 13 | 23 23 | 29 24 | 24 01 | 19 47 | 12 59 | 14 03 | 04 54 | 14 52 | 07 40 | 15 09 | 11 23 |
| 10 | 11:09:25 | 19 05 11 | 05♏28 | 11♏34 | 25 25 | 21 00 | 13 44 | 13 57 | 04 55 | 14 55 | 07 43 | 15 11 | 11 20 |
| 11 | 11:13:21 | 20 05 08 | 17 44 | 23 57 | 26 50 | 22 13 | 14 30 | 13 52 | 04 55 | 14 58 | 07 45 | 15 12 | 11 17 |
| 12 | 11:17:18 | 21 05 03 | 00♐15 | 06♐37 | 28 17 | 23 26 | 15 15 | 13 47 | 04 55 | 15 01 | 07 47 | 15 13 | 11 14 |
| 13 | 11:21:14 | 22 04 56 | 13 04 | 19 37 | 29 46 | 24 39 | 16 01 | 13 42 | 04 56 | 15 05 | 07 49 | 15 14 | 11 11 |
| 14 | 11:25:11 | 23 04 48 | 26 15 | 03♑00 | 01♓15 | 25 51 | 16 46 | 13 37 | 04 56 | 15 08 | 07 52 | 15 15 | 11 07 |
| 15 | 11:29:08 | 24 04 38 | 09♑51 | 16 49 | 02 46 | 27 04 | 17 31 | 13 33 | 04 56℞ | 15 11 | 07 54 | 15 16 | 11 04 |
| 16 | 11:33:04 | 25 04 27 | 23 53 | 01♒03 | 04 18 | 28 17 | 18 16 | 13 28 | 04 56 | 15 14 | 07 56 | 15 17 | 11 01 |
| 17 | 11:37:01 | 26 04 14 | 08♒20 | 15 41 | 05 51 | 29 29 | 19 02 | 13 24 | 04 56 | 15 18 | 07 58 | 15 18 | 10 58 |
| 18 | 11:40:57 | 27 03 59 | 23 08 | 00♓38 | 07 26 | 00♉41 | 19 47 | 13 20 | 04 55 | 15 21 | 08 00 | 15 19 | 10 55 |
| 19 | 11:44:54 | 28 03 42 | 08♓12 | 15 47 | 09 02 | 01 54 | 20 32 | 13 16 | 04 55 | 15 24 | 08 03 | 15 20 | 10 52 |
| 20 | 11:48:50 | 29 03 23 | 23 22 | 00♈57 | 10 39 | 03 06 | 21 17 | 13 12 | 04 54 | 15 28 | 08 05 | 15 21 | 10 48 |
| 21 | 11:52:47 | 00♈03 02 | 08♈30 | 16 01 | 12 17 | 04 18 | 22 02 | 13 08 | 04 54 | 15 31 | 08 07 | 15 21 | 10 45 |
| 22 | 11:56:43 | 01 02 39 | 23 27 | 00♉48 | 13 57 | 05 30 | 22 47 | 13 05 | 04 53 | 15 34 | 08 09 | 15 22 | 10 42 |
| 23 | 12:00:40 | 02 02 14 | 08♉04 | 15 13 | 15 38 | 06 43 | 23 32 | 13 02 | 04 52 | 15 38 | 08 11 | 15 23 | 10 39 |
| 24 | 12:04:37 | 03 01 47 | 22 16 | 29 12 | 17 20 | 07 54 | 24 17 | 12 59 | 04 51 | 15 41 | 08 13 | 15 24 | 10 36 |
| 25 | 12:08:33 | 04 01 18 | 06♊02 | 12♊44 | 19 03 | 09 06 | 25 02 | 12 56 | 04 50 | 15 44 | 08 15 | 15 24 | 10 32 |
| 26 | 12:12:30 | 05 00 46 | 19 20 | 25 50 | 20 48 | 10 18 | 25 46 | 12 53 | 04 49 | 15 48 | 08 17 | 15 25 | 10 29 |
| 27 | 12:16:26 | 06 00 12 | 02♋15 | 08♋34 | 22 34 | 11 30 | 26 31 | 12 51 | 04 48 | 15 51 | 08 20 | 15 26 | 10 26 |
| 28 | 12:20:23 | 06 59 36 | 14 48 | 20 58 | 24 22 | 12 42 | 27 16 | 12 48 | 04 47 | 15 54 | 08 22 | 15 26 | 10 23 |
| 29 | 12:24:19 | 07 58 58 | 27 04 | 03♌07 | 26 10 | 13 53 | 28 00 | 12 46 | 04 45 | 15 58 | 08 24 | 15 27 | 10 20 |
| 30 | 12:28:16 | 08 58 17 | 09♌07 | 15 05 | 28 00 | 15 05 | 28 45 | 12 44 | 04 44 | 16 01 | 08 26 | 15 28 | 10 17 |
| 31 | 12:32:12 | 09 57 34 | 21 01 | 26 56 | 29 52 | 16 16 | 29 29 | 12 43 | 04 42 | 16 05 | 08 28 | 15 28 | 10 13 |

## 0:00 E.T. Longitudes of the Major Asteroids and Chiron

| D | ⚳ | ⚴ | ⚵ | ⚶ | ⚷ | D | ⚳ | ⚴ | ⚵ | ⚶ | ⚷ |
|---|---|---|---|---|---|---|---|---|---|---|---|
| 1 | 19♑32 | 22♐40 | 03♌51℞ | 16♒12 | 16♓49 | 17 | 24 51 | 26 35 | 03 16 | 24 15 | 17 49 |
| 2 | 19 53 | 22 57 | 03 45 | 16 42 | 16 53 | 18 | 25 10 | 26 48 | 03 17 | 24 44 | 17 53 |
| 3 | 20 13 | 23 13 | 03 40 | 17 13 | 16 57 | 19 | 25 28 | 27 00 | 03 19 | 25 14 | 17 56 |
| 4 | 20 34 | 23 29 | 03 35 | 17 43 | 17 01 | 20 | 25 47 | 27 12 | 03 22 | 25 44 | 18 00 |
| 5 | 20 54 | 23 45 | 03 31 | 18 14 | 17 04 | 21 | 26 05 | 27 23 | 03 25 | 26 13 | 18 04 |
| 6 | 21 15 | 24 01 | 03 27 | 18 44 | 17 08 | 22 | 26 24 | 27 35 | 03 28 | 26 43 | 18 07 |
| 7 | 21 35 | 24 16 | 03 24 | 19 14 | 17 12 | 23 | 26 42 | 27 46 | 03 32 | 27 12 | 18 11 |
| 8 | 21 55 | 24 31 | 03 21 | 19 44 | 17 16 | 24 | 27 00 | 27 56 | 03 36 | 27 41 | 18 15 |
| 9 | 22 15 | 24 46 | 03 19 | 20 15 | 17 19 | 25 | 27 18 | 28 07 | 03 40 | 28 11 | 18 18 |
| 10 | 22 35 | 25 00 | 03 17 | 20 45 | 17 23 | 26 | 27 35 | 28 17 | 03 45 | 28 40 | 18 22 |
| 11 | 22 55 | 25 15 | 03 15 | 21 15 | 17 27 | 27 | 27 53 | 28 26 | 03 51 | 29 09 | 18 25 |
| 12 | 23 14 | 25 29 | 03 14 | 21 45 | 17 30 | 28 | 28 10 | 28 36 | 03 56 | 29 38 | 18 29 |
| 13 | 23 34 | 25 43 | 03 14 | 22 15 | 17 34 | 29 | 28 28 | 28 44 | 04 02 | 00♓07 | 18 33 |
| 14 | 23 53 | 25 56 | 03 13D | 22 45 | 17 38 | 30 | 28 45 | 28 53 | 04 09 | 00 36 | 18 36 |
| 15 | 24 12 | 26 10 | 03 14 | 23 15 | 17 42 | 31 | 29 02 | 29 01 | 04 16 | 01 05 | 18 40 |
| 16 | 24 32 | 26 23 | 03 14 | 23 45 | 17 45 | | | | | | |

## Lunar Data

| Last Asp. | | Ingress | | |
|---|---|---|---|---|
| 28 | 17:54 | 1 | ♌ | 23:35 |
| 3 | 08:49 | 4 | ♍ | 11:59 |
| 5 | 18:37 | 7 | ♎ | 00:53 |
| 9 | 01:25 | 9 | ♏ | 13:11 |
| 11 | 19:47 | 11 | ♐ | 23:31 |
| 13 | 23:12 | 14 | ♑ | 06:41 |
| 16 | 08:03 | 16 | ♒ | 10:15 |
| 17 | 18:19 | 18 | ♓ | 10:59 |
| 20 | 09:37 | 20 | ♈ | 10:29 |
| 21 | 22:52 | 22 | ♉ | 10:42 |
| 23 | 14:26 | 24 | ♊ | 13:24 |
| 26 | 12:36 | 26 | ♋ | 19:47 |
| 29 | 01:59 | 29 | ♌ | 05:49 |
| 30 | 13:58 | 31 | ♍ | 18:13 |

## 0:00 E.T. Declinations

| D | ☉ | ☽ | ☿ | ♀ | ♂ | ♃ | ♄ | ♅ | ♆ | ♇ | ⚳ | ⚴ | ⚵ | ⚶ | ⚷ |
|---|---|---|---|---|---|---|---|---|---|---|---|---|---|---|---|
| 1 | -07 47 | +17 06 | -17 23 | +03 19 | +02 17 | +17 19 | -19 04 | +05 07 | -09 29 | -20 31 | -24 06 | +09 05 | +08 39 | -17 48 | -01 07 |
| 2 | 07 25 | 15 19 | 17 10 | 03 50 | 02 36 | 17 21 | 19 04 | 05 08 | 09 28 | 20 30 | 24 05 | 09 15 | 08 48 | 17 40 | 01 05 |
| 3 | 07 02 | 12 53 | 16 56 | 04 21 | 02 55 | 17 23 | 19 04 | 05 09 | 09 27 | 20 30 | 24 05 | 09 25 | 08 58 | 17 33 | 01 04 |
| 4 | 06 39 | 09 56 | 16 41 | 04 52 | 03 13 | 17 25 | 19 04 | 05 11 | 09 26 | 20 30 | 24 04 | 09 35 | 09 07 | 17 25 | 01 02 |
| 5 | 06 16 | 06 36 | 16 24 | 05 23 | 03 32 | 17 26 | 19 04 | 05 12 | 09 26 | 20 30 | 24 03 | 09 45 | 09 16 | 17 17 | 01 01 |
| 6 | 05 53 | 03 01 | 16 06 | 05 54 | 03 51 | 17 28 | 19 04 | 05 13 | 09 25 | 20 30 | 24 02 | 09 56 | 09 25 | 17 09 | 01 00 |
| 7 | 05 29 | -00 42 | 15 47 | 06 25 | 04 09 | 17 30 | 19 04 | 05 14 | 09 24 | 20 30 | 24 01 | 10 06 | 09 34 | 17 02 | 00 58 |
| 8 | 05 06 | 04 24 | 15 26 | 06 55 | 04 27 | 17 32 | 19 04 | 05 15 | 09 23 | 20 30 | 24 00 | 10 17 | 09 43 | 16 54 | 00 57 |
| 9 | 04 43 | 07 56 | 15 04 | 07 25 | 04 46 | 17 33 | 19 04 | 05 17 | 09 22 | 20 30 | 23 59 | 10 28 | 09 51 | 16 46 | 00 56 |
| 10 | 04 19 | 11 12 | 14 41 | 07 56 | 05 04 | 17 35 | 19 04 | 05 18 | 09 21 | 20 30 | 23 58 | 10 39 | 10 00 | 16 38 | 00 54 |
| 11 | 03 56 | 14 00 | 14 17 | 08 26 | 05 22 | 17 36 | 19 04 | 05 19 | 09 21 | 20 30 | 23 57 | 10 50 | 10 08 | 16 30 | 00 53 |
| 12 | 03 32 | 16 14 | 13 51 | 08 55 | 05 41 | 17 38 | 19 04 | 05 20 | 09 20 | 20 30 | 23 56 | 11 00 | 10 16 | 16 22 | 00 51 |
| 13 | 03 08 | 17 42 | 13 24 | 09 25 | 05 59 | 17 39 | 19 03 | 05 22 | 09 19 | 20 29 | 23 55 | 11 12 | 10 24 | 16 13 | 00 50 |
| 14 | 02 45 | 18 15 | 12 56 | 09 54 | 06 17 | 17 40 | 19 03 | 05 23 | 09 18 | 20 29 | 23 54 | 11 23 | 10 32 | 16 05 | 00 49 |
| 15 | 02 21 | 17 48 | 12 26 | 10 24 | 06 35 | 17 42 | 19 03 | 05 24 | 09 17 | 20 29 | 23 53 | 11 34 | 10 40 | 15 57 | 00 47 |
| 16 | 01 57 | 16 17 | 11 55 | 10 53 | 06 53 | 17 43 | 19 03 | 05 25 | 09 17 | 20 29 | 23 52 | 11 45 | 10 47 | 15 49 | 00 46 |
| 17 | 01 34 | 13 41 | 11 23 | 11 21 | 07 10 | 17 44 | 19 03 | 05 27 | 09 16 | 20 29 | 23 51 | 11 57 | 10 54 | 15 41 | 00 44 |
| 18 | 01 10 | 10 10 | 10 50 | 11 50 | 07 28 | 17 45 | 19 03 | 05 28 | 09 15 | 20 29 | 23 50 | 12 08 | 11 02 | 15 32 | 00 43 |
| 19 | 00 46 | 05 55 | 10 16 | 12 18 | 07 46 | 17 46 | 19 02 | 05 29 | 09 14 | 20 29 | 23 49 | 12 20 | 11 09 | 15 24 | 00 42 |
| 20 | 00 23 | 01 15 | 09 40 | 12 46 | 08 03 | 17 47 | 19 02 | 05 31 | 09 13 | 20 29 | 23 48 | 12 31 | 11 16 | 15 16 | 00 40 |
| 21 | +00 01 | +03 29 | 09 03 | 13 13 | 08 21 | 17 48 | 19 02 | 05 32 | 09 13 | 20 29 | 23 47 | 12 43 | 11 22 | 15 07 | 00 39 |
| 22 | 00 25 | 07 57 | 08 25 | 13 41 | 08 38 | 17 49 | 19 02 | 05 33 | 09 12 | 20 29 | 23 46 | 12 55 | 11 29 | 14 59 | 00 37 |
| 23 | 00 49 | 11 49 | 07 46 | 14 08 | 08 55 | 17 50 | 19 01 | 05 34 | 09 11 | 20 29 | 23 45 | 13 07 | 11 35 | 14 51 | 00 36 |
| 24 | 01 12 | 14 53 | 07 06 | 14 34 | 09 13 | 17 51 | 19 01 | 05 36 | 09 10 | 20 29 | 23 44 | 13 19 | 11 42 | 14 42 | 00 34 |
| 25 | 01 36 | 16 59 | 06 25 | 15 01 | 09 30 | 17 52 | 19 01 | 05 37 | 09 09 | 20 29 | 23 43 | 13 31 | 11 48 | 14 34 | 00 33 |
| 26 | 01 59 | 18 04 | 05 42 | 15 27 | 09 47 | 17 52 | 19 00 | 05 38 | 09 09 | 20 29 | 23 42 | 13 43 | 11 54 | 14 25 | 00 32 |
| 27 | 02 23 | 18 10 | 04 58 | 15 52 | 10 03 | 17 53 | 19 00 | 05 40 | 09 08 | 20 29 | 23 41 | 13 55 | 12 00 | 14 17 | 00 30 |
| 28 | 02 47 | 17 22 | 04 13 | 16 17 | 10 20 | 17 54 | 19 00 | 05 41 | 09 07 | 20 29 | 23 40 | 14 07 | 12 05 | 14 08 | 00 29 |
| 29 | 03 10 | 15 46 | 03 28 | 16 42 | 10 37 | 17 54 | 18 59 | 05 42 | 09 06 | 20 29 | 23 39 | 14 19 | 12 11 | 14 00 | 00 27 |
| 30 | 03 33 | 13 30 | 02 41 | 17 07 | 10 53 | 17 55 | 18 59 | 05 44 | 09 06 | 20 29 | 23 39 | 14 31 | 12 16 | 13 51 | 00 26 |
| 31 | 03 57 | 10 42 | 01 53 | 17 31 | 11 10 | 17 55 | 18 58 | 05 45 | 09 05 | 20 28 | 23 38 | 14 43 | 12 21 | 13 43 | 00 25 |

Lunar Phases -- 5 ○ 18:07 13 ◑ 17:49 20 ● 09:37 27 ◐ 07:44 Sun enters ♈ 3/20 22:47

**Apr. 15** — ## Longitudes of Main Planets - April 2015 — 0:00 E.T.

| D | S.T. | ☉ | ☽ | ☽ 12:00 | ☿ | ♀ | ♂ | ♃ | ♄ | ♅ | ♆ | ♇ | ☊ |
|---|---|---|---|---|---|---|---|---|---|---|---|---|---|
| 1 | 12:36:09 | 10♈56 48 | 02♍51 | 08♍45 | 01♈45 | 17♉27 | 00♉14 | 12♌41℞ | 04♐41℞ | 16♈08 | 08♓30 | 15♑29 | 10♎10 |
| 2 | 12:40:06 | 11 56 00 | 14 39 | 20 33 | 03 39 | 18 38 | 00 58 | 12 40 | 04 39 | 16 12 | 08 32 | 15 29 | 10 07 |
| 3 | 12:44:02 | 12 55 11 | 26 28 | 02♎24 | 05 34 | 19 50 | 01 43 | 12 39 | 04 37 | 16 15 | 08 34 | 15 30 | 10 04 |
| 4 | 12:47:59 | 13 54 19 | 08♎22 | 14 21 | 07 31 | 21 01 | 02 27 | 12 38 | 04 35 | 16 18 | 08 36 | 15 30 | 10 01 |
| 5 | 12:51:55 | 14 53 25 | 20 22 | 26 24 | 09 29 | 22 11 | 03 11 | 12 37 | 04 33 | 16 22 | 08 38 | 15 30 | 09 57 |
| 6 | 12:55:52 | 15 52 29 | 02♏30 | 08♏37 | 11 28 | 23 22 | 03 56 | 12 36 | 04 31 | 16 25 | 08 39 | 15 31 | 09 54 |
| 7 | 12:59:48 | 16 51 31 | 14 48 | 21 01 | 13 29 | 24 33 | 04 40 | 12 36 | 04 29 | 16 29 | 08 41 | 15 31 | 09 51 |
| 8 | 13:03:45 | 17 50 31 | 27 17 | 03♐37 | 15 31 | 25 44 | 05 24 | 12 35 | 04 26 | 16 32 | 08 43 | 15 31 | 09 48 |
| 9 | 13:07:41 | 18 49 29 | 10♐00 | 16 27 | 17 34 | 26 54 | 06 08 | 12 35D | 04 24 | 16 36 | 08 45 | 15 32 | 09 45 |
| 10 | 13:11:38 | 19 48 26 | 22 58 | 29 34 | 19 37 | 28 04 | 06 52 | 12 36 | 04 22 | 16 39 | 08 47 | 15 32 | 09 42 |
| 11 | 13:15:35 | 20 47 21 | 06♑13 | 12♑57 | 21 42 | 29 15 | 07 36 | 12 36 | 04 19 | 16 42 | 08 49 | 15 32 | 09 38 |
| 12 | 13:19:31 | 21 46 14 | 19 46 | 26 40 | 23 48 | 00♊25 | 08 20 | 12 36 | 04 16 | 16 46 | 08 51 | 15 32 | 09 35 |
| 13 | 13:23:28 | 22 45 05 | 03♒39 | 10♒42 | 25 53 | 01 35 | 09 04 | 12 37 | 04 14 | 16 49 | 08 52 | 15 32 | 09 32 |
| 14 | 13:27:24 | 23 43 55 | 17 50 | 25 02 | 28 00 | 02 45 | 09 48 | 12 38 | 04 11 | 16 53 | 08 54 | 15 32 | 09 29 |
| 15 | 13:31:21 | 24 42 43 | 02♓18 | 09♓38 | 00♉06 | 03 55 | 10 32 | 12 39 | 04 08 | 16 56 | 08 56 | 15 33 | 09 26 |
| 16 | 13:35:17 | 25 41 29 | 17 00 | 24 25 | 02 12 | 05 04 | 11 15 | 12 40 | 04 05 | 16 59 | 08 58 | 15 33 | 09 23 |
| 17 | 13:39:14 | 26 40 13 | 01♈51 | 09♈18 | 04 18 | 06 14 | 11 59 | 12 42 | 04 02 | 17 03 | 08 59 | 15 33℞ | 09 19 |
| 18 | 13:43:10 | 27 38 56 | 16 44 | 24 08 | 06 22 | 07 24 | 12 43 | 12 44 | 03 59 | 17 06 | 09 01 | 15 33 | 09 16 |
| 19 | 13:47:07 | 28 37 37 | 01♉30 | 08♉49 | 08 26 | 08 33 | 13 26 | 12 45 | 03 56 | 17 10 | 09 03 | 15 33 | 09 13 |
| 20 | 13:51:04 | 29 36 15 | 16 04 | 23 14 | 10 28 | 09 42 | 14 10 | 12 47 | 03 53 | 17 13 | 09 04 | 15 33 | 09 10 |
| 21 | 13:55:00 | 00♉34 52 | 00♊18 | 07♊17 | 12 29 | 10 51 | 14 53 | 12 50 | 03 49 | 17 16 | 09 06 | 15 32 | 09 07 |
| 22 | 13:58:57 | 01 33 27 | 14 09 | 20 54 | 14 27 | 12 00 | 15 37 | 12 52 | 03 46 | 17 20 | 09 07 | 15 32 | 09 03 |
| 23 | 14:02:53 | 02 32 00 | 27 34 | 04♋07 | 16 23 | 13 09 | 16 20 | 12 54 | 03 43 | 17 23 | 09 09 | 15 32 | 09 00 |
| 24 | 14:06:50 | 03 30 30 | 10♋34 | 16 55 | 18 16 | 14 18 | 17 04 | 12 57 | 03 39 | 17 26 | 09 10 | 15 32 | 08 57 |
| 25 | 14:10:46 | 04 28 59 | 23 11 | 29 22 | 20 06 | 15 26 | 17 47 | 13 00 | 03 35 | 17 30 | 09 12 | 15 32 | 08 54 |
| 26 | 14:14:43 | 05 27 25 | 05♌29 | 11♌32 | 21 53 | 16 35 | 18 30 | 13 03 | 03 32 | 17 33 | 09 13 | 15 31 | 08 51 |
| 27 | 14:18:39 | 06 25 49 | 17 33 | 23 30 | 23 37 | 17 43 | 19 13 | 13 06 | 03 28 | 17 36 | 09 15 | 15 31 | 08 48 |
| 28 | 14:22:36 | 07 24 11 | 29 26 | 05♍21 | 25 17 | 18 51 | 19 56 | 13 10 | 03 24 | 17 40 | 09 16 | 15 31 | 08 44 |
| 29 | 14:26:33 | 08 22 31 | 11♍15 | 17 09 | 26 53 | 19 59 | 20 40 | 13 13 | 03 21 | 17 43 | 09 18 | 15 31 | 08 41 |
| 30 | 14:30:29 | 09 20 49 | 23 03 | 28 59 | 28 25 | 21 07 | 21 23 | 13 17 | 03 17 | 17 46 | 09 19 | 15 30 | 08 38 |

0:00 E.T. — ## Longitudes of the Major Asteroids and Chiron

| D | ⚳ | ⚴ | ⚵ | ⚶ | ⚷ | D | ⚳ | ⚴ | ⚵ | ⚶ | ⚷ |
|---|---|---|---|---|---|---|---|---|---|---|---|
| 1 | 29♑19 | 29♐09 | 04♌23 | 01♓34 | 18♓43 | 16 | 03 09 | 00 22 | 06 49 | 08 38 | 19 33 |
| 2 | 29 35 | 29 17 | 04 30 | 02 03 | 18 47 | 17 | 03 23 | 00 24 | 07 01 | 09 05 | 19 36 |
| 3 | 29 52 | 29 24 | 04 38 | 02 32 | 18 50 | 18 | 03 36 | 00 25 | 07 13 | 09 33 | 19 39 |
| 4 | 00♒08 | 29 31 | 04 46 | 03 00 | 18 54 | 19 | 03 49 | 00 26 | 07 26 | 10 00 | 19 43 |
| 5 | 00 24 | 29 37 | 04 55 | 03 29 | 18 57 | 20 | 04 03 | 00 26 | 07 39 | 10 27 | 19 46 |
| 6 | 00 40 | 29 44 | 05 04 | 03 57 | 19 00 | 21 | 04 15 | 00 26℞ | 07 52 | 10 55 | 19 49 |
| 7 | 00 56 | 29 49 | 05 13 | 04 26 | 19 04 | 22 | 04 28 | 00 25 | 08 05 | 11 22 | 19 52 |
| 8 | 01 11 | 29 55 | 05 22 | 04 54 | 19 07 | 23 | 04 41 | 00 24 | 08 19 | 11 49 | 19 55 |
| 9 | 01 27 | 29 59 | 05 32 | 05 22 | 19 10 | 24 | 04 53 | 00 23 | 08 33 | 12 16 | 19 57 |
| 10 | 01 42 | 00♑04 | 05 42 | 05 50 | 19 14 | 25 | 05 05 | 00 21 | 08 47 | 12 43 | 20 00 |
| 11 | 01 57 | 00 08 | 05 53 | 06 18 | 19 17 | 26 | 05 17 | 00 18 | 09 01 | 13 09 | 20 03 |
| 12 | 02 12 | 00 12 | 06 03 | 06 46 | 19 20 | 27 | 05 28 | 00 15 | 09 15 | 13 36 | 20 06 |
| 13 | 02 26 | 00 15 | 06 14 | 07 14 | 19 24 | 28 | 05 39 | 00 12 | 09 30 | 14 02 | 20 09 |
| 14 | 02 41 | 00 18 | 06 25 | 07 42 | 19 27 | 29 | 05 50 | 00 08 | 09 45 | 14 29 | 20 12 |
| 15 | 02 55 | 00 20 | 06 37 | 08 10 | 19 30 | 30 | 06 01 | 00 04 | 10 00 | 14 55 | 20 14 |

## Lunar Data

| Last Asp. | | Ingress | | |
|---|---|---|---|---|
| 2 | 09:02 | 3 | ♎ | 07:09 |
| 4 | 15:60 | 5 | ♏ | 19:05 |
| 7 | 20:43 | 8 | ♐ | 05:09 |
| 9 | 17:43 | 10 | ♑ | 12:48 |
| 12 | 08:16 | 12 | ♒ | 17:45 |
| 14 | 19:46 | 14 | ♓ | 20:13 |
| 15 | 21:38 | 16 | ♈ | 21:01 |
| 18 | 18:58 | 18 | ♉ | 21:33 |
| 19 | 23:08 | 20 | ♊ | 23:29 |
| 22 | 05:39 | 23 | ♋ | 04:27 |
| 24 | 17:05 | 25 | ♌ | 13:14 |
| 27 | 14:14 | 28 | ♍ | 01:09 |
| 30 | 12:25 | 30 | ♎ | 14:04 |

0:00 E.T. — ## Declinations

| D | ☉ | ☽ | ☿ | ♀ | ♂ | ♃ | ♄ | ♅ | ♆ | ♇ | ⚳ | ⚴ | ⚵ | ⚶ | ⚷ |
|---|---|---|---|---|---|---|---|---|---|---|---|---|---|---|---|
| 1 | +04 20 | +07 28 | -01 04 | +17 54 | +11 26 | +17 55 | -18 58 | +05 46 | -09 04 | -20 28 | -23 37 | +14 56 | +12 26 | -13 34 | -00 23 |
| 2 | 04 43 | 03 57 | 00 14 | 18 17 | 11 42 | 17 56 | 18 58 | 05 48 | 09 04 | 20 28 | 23 36 | 15 08 | 12 31 | 13 25 | 00 22 |
| 3 | 05 06 | 00 16 | +00 37 | 18 40 | 11 58 | 17 56 | 18 57 | 05 49 | 09 03 | 20 28 | 23 35 | 15 20 | 12 36 | 13 17 | 00 20 |
| 4 | 05 29 | -03 27 | 01 29 | 19 02 | 12 14 | 17 56 | 18 57 | 05 50 | 09 02 | 20 28 | 23 35 | 15 33 | 12 40 | 13 08 | 00 19 |
| 5 | 05 52 | 07 04 | 02 21 | 19 24 | 12 30 | 17 56 | 18 56 | 05 52 | 09 01 | 20 28 | 23 34 | 15 45 | 12 44 | 13 00 | 00 18 |
| 6 | 06 15 | 10 26 | 03 14 | 19 45 | 12 46 | 17 57 | 18 56 | 05 53 | 09 01 | 20 28 | 23 33 | 15 57 | 12 49 | 12 51 | 00 16 |
| 7 | 06 37 | 13 23 | 04 08 | 20 06 | 13 01 | 17 57 | 18 55 | 05 54 | 09 00 | 20 28 | 23 33 | 16 10 | 12 53 | 12 43 | 00 15 |
| 8 | 07 00 | 15 45 | 05 02 | 20 26 | 13 16 | 17 57 | 18 54 | 05 56 | 08 59 | 20 28 | 23 32 | 16 22 | 12 56 | 12 34 | 00 14 |
| 9 | 07 22 | 17 24 | 05 57 | 20 46 | 13 32 | 17 56 | 18 54 | 05 57 | 08 59 | 20 28 | 23 32 | 16 35 | 13 00 | 12 25 | 00 12 |
| 10 | 07 45 | 18 12 | 06 53 | 21 05 | 13 47 | 17 56 | 18 53 | 05 58 | 08 58 | 20 28 | 23 31 | 16 47 | 13 04 | 12 17 | 00 11 |
| 11 | 08 07 | 18 01 | 07 48 | 21 24 | 14 02 | 17 56 | 18 53 | 06 00 | 08 57 | 20 28 | 23 31 | 16 59 | 13 07 | 12 08 | 00 10 |
| 12 | 08 29 | 16 49 | 08 43 | 21 42 | 14 17 | 17 56 | 18 52 | 06 01 | 08 57 | 20 28 | 23 30 | 17 12 | 13 10 | 12 00 | 00 08 |
| 13 | 08 51 | 14 38 | 09 39 | 22 00 | 14 31 | 17 56 | 18 52 | 06 02 | 08 56 | 20 28 | 23 30 | 17 24 | 13 13 | 11 51 | 00 07 |
| 14 | 09 13 | 11 31 | 10 34 | 22 17 | 14 46 | 17 55 | 18 51 | 06 03 | 08 55 | 20 28 | 23 30 | 17 36 | 13 16 | 11 43 | 00 06 |
| 15 | 09 34 | 07 38 | 11 29 | 22 33 | 15 00 | 17 55 | 18 50 | 06 05 | 08 55 | 20 28 | 23 29 | 17 49 | 13 19 | 11 34 | 00 04 |
| 16 | 09 56 | 03 14 | 12 23 | 22 49 | 15 15 | 17 55 | 18 50 | 06 06 | 08 54 | 20 29 | 23 29 | 18 01 | 13 22 | 11 26 | 00 03 |
| 17 | 10 17 | +01 25 | 13 16 | 23 04 | 15 29 | 17 54 | 18 49 | 06 07 | 08 54 | 20 29 | 23 29 | 18 13 | 13 24 | 11 17 | 00 02 |
| 18 | 10 38 | 05 59 | 14 08 | 23 19 | 15 43 | 17 53 | 18 48 | 06 09 | 08 53 | 20 29 | 23 29 | 18 25 | 13 27 | 11 09 | 00 00 |
| 19 | 10 59 | 10 10 | 14 59 | 23 33 | 15 56 | 17 53 | 18 48 | 06 10 | 08 52 | 20 29 | 23 29 | 18 38 | 13 29 | 11 00 | +00 01 |
| 20 | 11 20 | 13 40 | 15 48 | 23 47 | 16 10 | 17 52 | 18 47 | 06 11 | 08 52 | 20 29 | 23 29 | 18 50 | 13 31 | 10 52 | 00 02 |
| 21 | 11 40 | 16 14 | 16 35 | 24 00 | 16 24 | 17 52 | 18 46 | 06 13 | 08 51 | 20 29 | 23 29 | 19 02 | 13 33 | 10 43 | 00 04 |
| 22 | 12 01 | 17 47 | 17 21 | 24 12 | 16 37 | 17 51 | 18 46 | 06 14 | 08 51 | 20 29 | 23 29 | 19 14 | 13 35 | 10 35 | 00 05 |
| 23 | 12 21 | 18 17 | 18 05 | 24 24 | 16 50 | 17 50 | 18 45 | 06 15 | 08 50 | 20 29 | 23 30 | 19 25 | 13 36 | 10 26 | 00 06 |
| 24 | 12 41 | 17 47 | 18 46 | 24 35 | 17 03 | 17 49 | 18 44 | 06 16 | 08 50 | 20 29 | 23 30 | 19 37 | 13 38 | 10 18 | 00 07 |
| 25 | 13 01 | 16 24 | 19 25 | 24 45 | 17 16 | 17 48 | 18 44 | 06 18 | 08 49 | 20 29 | 23 30 | 19 49 | 13 39 | 10 10 | 00 09 |
| 26 | 13 20 | 14 18 | 20 02 | 24 55 | 17 28 | 17 47 | 18 43 | 06 19 | 08 48 | 20 29 | 23 31 | 20 01 | 13 40 | 10 02 | 00 10 |
| 27 | 13 40 | 11 37 | 20 36 | 25 04 | 17 41 | 17 46 | 18 42 | 06 20 | 08 48 | 20 29 | 23 31 | 20 12 | 13 42 | 09 53 | 00 11 |
| 28 | 13 59 | 08 29 | 21 08 | 25 12 | 17 53 | 17 45 | 18 41 | 06 21 | 08 47 | 20 29 | 23 32 | 20 23 | 13 42 | 09 45 | 00 12 |
| 29 | 14 18 | 05 02 | 21 37 | 25 20 | 18 05 | 17 44 | 18 41 | 06 23 | 08 47 | 20 29 | 23 33 | 20 35 | 13 43 | 09 37 | 00 13 |
| 30 | 14 36 | 01 22 | 22 04 | 25 27 | 18 17 | 17 43 | 18 40 | 06 24 | 08 46 | 20 29 | 23 33 | 20 46 | 13 44 | 09 29 | 00 15 |

Lunar Phases -- 4 Ⓔ 12:07 12 ◑ 03:46 18 ● 18:58 25 ◐ 23:56 Sun enters ♉ 4/20 09:43

# 0:00 E.T. Longitudes of Main Planets - May 2015 **May 15**

| D | S.T. | ☉ | ☽ | ☽ 12:00 | ☿ | ♀ | ♂ | ♃ | ♄ | ♅ | ♆ | ♇ | ☊ |
|---|---|---|---|---|---|---|---|---|---|---|---|---|---|
| 1 | 14:34:26 | 10♉19 04 | 04♎55 | 10♎54 | 29♉53 | 22♊15 | 22♉06 | 13♌21 | 03♐13℞ | 17♈49 | 09♓20 | 15♑30℞ | 08♎35 |
| 2 | 14:38:22 | 11 17 18 | 16 55 | 22 58 | 01♊17 | 23 22 | 22 49 | 13 25 | 03 09 | 17 53 | 09 22 | 15 29 | 08 32 |
| 3 | 14:42:19 | 12 15 30 | 29 05 | 05♏14 | 02 36 | 24 29 | 23 31 | 13 29 | 03 05 | 17 56 | 09 23 | 15 29 | 08 29 |
| 4 | 14:46:15 | 13 13 41 | 11♏26 | 17 42 | 03 51 | 25 36 | 24 14 | 13 34 | 03 01 | 17 59 | 09 24 | 15 28 | 08 25 |
| 5 | 14:50:12 | 14 11 49 | 24 02 | 00♐25 | 05 02 | 26 43 | 24 57 | 13 38 | 02 57 | 18 02 | 09 25 | 15 28 | 08 22 |
| 6 | 14:54:08 | 15 09 56 | 06♐51 | 13 21 | 06 08 | 27 50 | 25 40 | 13 43 | 02 53 | 18 05 | 09 27 | 15 27 | 08 19 |
| 7 | 14:58:05 | 16 08 02 | 19 54 | 26 31 | 07 09 | 28 57 | 26 22 | 13 48 | 02 49 | 18 08 | 09 28 | 15 27 | 08 16 |
| 8 | 15:02:02 | 17 06 05 | 03♑11 | 09♑54 | 08 06 | 00♋03 | 27 05 | 13 53 | 02 44 | 18 12 | 09 29 | 15 26 | 08 13 |
| 9 | 15:05:58 | 18 04 08 | 16 40 | 23 29 | 08 58 | 01 09 | 27 48 | 13 58 | 02 40 | 18 15 | 09 30 | 15 26 | 08 09 |
| 10 | 15:09:55 | 19 02 09 | 00♒21 | 07♒16 | 09 46 | 02 15 | 28 30 | 14 04 | 02 36 | 18 18 | 09 31 | 15 25 | 08 06 |
| 11 | 15:13:51 | 20 00 09 | 14 14 | 21 14 | 10 28 | 03 21 | 29 13 | 14 09 | 02 32 | 18 21 | 09 32 | 15 24 | 08 03 |
| 12 | 15:17:48 | 20 58 07 | 28 17 | 05♓23 | 11 06 | 04 27 | 29 55 | 14 15 | 02 27 | 18 24 | 09 33 | 15 24 | 08 00 |
| 13 | 15:21:44 | 21 56 04 | 12♓30 | 19 40 | 11 38 | 05 32 | 00♊38 | 14 21 | 02 23 | 18 27 | 09 34 | 15 23 | 07 57 |
| 14 | 15:25:41 | 22 54 00 | 26 51 | 04♈04 | 12 06 | 06 37 | 01 20 | 14 27 | 02 19 | 18 30 | 09 35 | 15 22 | 07 54 |
| 15 | 15:29:37 | 23 51 55 | 11♈17 | 18 31 | 12 28 | 07 42 | 02 02 | 14 33 | 02 14 | 18 33 | 09 36 | 15 21 | 07 50 |
| 16 | 15:33:34 | 24 49 48 | 25 45 | 02♉58 | 12 46 | 08 47 | 02 45 | 14 39 | 02 10 | 18 36 | 09 37 | 15 21 | 07 47 |
| 17 | 15:37:31 | 25 47 40 | 10♉10 | 17 19 | 12 58 | 09 51 | 03 27 | 14 46 | 02 05 | 18 39 | 09 38 | 15 20 | 07 44 |
| 18 | 15:41:27 | 26 45 31 | 24 26 | 01♊29 | 13 06 | 10 56 | 04 09 | 14 52 | 02 01 | 18 41 | 09 39 | 15 19 | 07 41 |
| 19 | 15:45:24 | 27 43 20 | 08♊28 | 15 22 | 13 09 | 12 00 | 04 51 | 14 59 | 01 56 | 18 44 | 09 39 | 15 18 | 07 38 |
| 20 | 15:49:20 | 28 41 08 | 22 11 | 28 55 | 13 07℞ | 13 03 | 05 33 | 15 06 | 01 52 | 18 47 | 09 40 | 15 17 | 07 35 |
| 21 | 15:53:17 | 29 38 55 | 05♋33 | 12♋06 | 13 00 | 14 07 | 06 15 | 15 13 | 01 47 | 18 50 | 09 41 | 15 16 | 07 31 |
| 22 | 15:57:13 | 00♊36 39 | 18 33 | 24 55 | 12 49 | 15 10 | 06 57 | 15 20 | 01 43 | 18 53 | 09 42 | 15 15 | 07 28 |
| 23 | 16:01:10 | 01 34 23 | 01♌11 | 07♌23 | 12 34 | 16 13 | 07 39 | 15 27 | 01 39 | 18 55 | 09 42 | 15 14 | 07 25 |
| 24 | 16:05:06 | 02 32 04 | 13 30 | 19 34 | 12 15 | 17 16 | 08 21 | 15 34 | 01 34 | 18 58 | 09 43 | 15 13 | 07 22 |
| 25 | 16:09:03 | 03 29 45 | 25 35 | 01♍33 | 11 52 | 18 18 | 09 03 | 15 42 | 01 30 | 19 01 | 09 44 | 15 12 | 07 19 |
| 26 | 16:13:00 | 04 27 23 | 07♍29 | 13 24 | 11 27 | 19 20 | 09 45 | 15 49 | 01 25 | 19 03 | 09 44 | 15 11 | 07 15 |
| 27 | 16:16:56 | 05 25 00 | 19 18 | 25 12 | 10 58 | 20 22 | 10 26 | 15 57 | 01 21 | 19 06 | 09 45 | 15 10 | 07 12 |
| 28 | 16:20:53 | 06 22 36 | 01♎07 | 07♎04 | 10 28 | 21 24 | 11 08 | 16 05 | 01 16 | 19 09 | 09 45 | 15 09 | 07 09 |
| 29 | 16:24:49 | 07 20 10 | 13 02 | 19 03 | 09 55 | 22 25 | 11 50 | 16 13 | 01 12 | 19 11 | 09 46 | 15 08 | 07 06 |
| 30 | 16:28:46 | 08 17 43 | 25 07 | 01♏14 | 09 22 | 23 25 | 12 31 | 16 21 | 01 07 | 19 14 | 09 46 | 15 07 | 07 03 |
| 31 | 16:32:42 | 09 15 15 | 07♏25 | 13 41 | 08 48 | 24 26 | 13 13 | 16 29 | 01 03 | 19 16 | 09 47 | 15 06 | 07 00 |

## 0:00 E.T. Longitudes of the Major Asteroids and Chiron

| D | ⚳ | ⚴ | ⚵ | ⚶ | ⚷ | D | ⚳ | ⚴ | ⚵ | ⚶ | ⚷ |
|---|---|---|---|---|---|---|---|---|---|---|---|
| 1 | 06♒12 | 29♐59℞ | 10♌15 | 15♓21 | 20♓17 | 17 | 08 22 | 27 40 | 14 44 | 22 06 | 20 54 |
| 2 | 06 22 | 29 54 | 10 31 | 15 48 | 20 20 | 18 | 08 28 | 27 28 | 15 02 | 22 30 | 20 56 |
| 3 | 06 32 | 29 48 | 10 47 | 16 14 | 20 22 | 19 | 08 33 | 27 15 | 15 21 | 22 54 | 20 58 |
| 4 | 06 41 | 29 42 | 11 03 | 16 40 | 20 25 | 20 | 08 38 | 27 02 | 15 39 | 23 18 | 21 00 |
| 5 | 06 51 | 29 35 | 11 19 | 17 05 | 20 27 | 21 | 08 43 | 26 48 | 15 58 | 23 42 | 21 02 |
| 6 | 07 00 | 29 28 | 11 35 | 17 31 | 20 30 | 22 | 08 47 | 26 34 | 16 16 | 24 05 | 21 03 |
| 7 | 07 09 | 29 20 | 11 51 | 17 57 | 20 32 | 23 | 08 51 | 26 20 | 16 35 | 24 29 | 21 05 |
| 8 | 07 18 | 29 12 | 12 08 | 18 22 | 20 35 | 24 | 08 55 | 26 06 | 16 54 | 24 52 | 21 07 |
| 9 | 07 26 | 29 04 | 12 25 | 18 47 | 20 37 | 25 | 08 58 | 25 51 | 17 13 | 25 15 | 21 09 |
| 10 | 07 34 | 28 55 | 12 42 | 19 13 | 20 39 | 26 | 09 01 | 25 36 | 17 32 | 25 39 | 21 10 |
| 11 | 07 42 | 28 45 | 12 59 | 19 38 | 20 41 | 27 | 09 04 | 25 20 | 17 52 | 26 01 | 21 12 |
| 12 | 07 49 | 28 36 | 13 16 | 20 03 | 20 44 | 28 | 09 06 | 25 05 | 18 11 | 26 24 | 21 13 |
| 13 | 07 57 | 28 25 | 13 33 | 20 28 | 20 46 | 29 | 09 08 | 24 49 | 18 30 | 26 47 | 21 15 |
| 14 | 08 03 | 28 15 | 13 51 | 20 52 | 20 48 | 30 | 09 10 | 24 32 | 18 50 | 27 09 | 21 16 |
| 15 | 08 10 | 28 04 | 14 08 | 21 17 | 20 50 | 31 | 09 11 | 24 16 | 19 10 | 27 31 | 21 17 |
| 16 | 08 16 | 27 52 | 14 26 | 21 41 | 20 52 | | | | | | |

## Lunar Data

| Last Asp. | Ingress |
|---|---|
| 2 14:05 | 3 ♏ 01:48 |
| 5 01:51 | 5 ♐ 11:14 |
| 7 17:52 | 7 ♑ 18:17 |
| 9 20:36 | 9 ♒ 23:23 |
| 11 10:37 | 12 ♓ 02:54 |
| 13 16:56 | 14 ♈ 05:15 |
| 15 12:05 | 16 ♉ 07:03 |
| 18 04:15 | 18 ♊ 09:28 |
| 19 17:59 | 20 ♋ 13:57 |
| 22 00:37 | 22 ♌ 21:43 |
| 24 10:51 | 25 ♍ 08:53 |
| 27 02:23 | 27 ♎ 21:43 |
| 29 20:22 | 30 ♏ 09:35 |

## 0:00 E.T. Declinations

| D | ☉ | ☽ | ☿ | ♀ | ♂ | ♃ | ♄ | ♅ | ♆ | ♇ | ⚳ | ⚴ | ⚵ | ⚶ | ⚷ |
|---|---|---|---|---|---|---|---|---|---|---|---|---|---|---|---|
| 1 | +14 55 | -02 22 | +22 29 | +25 34 | +18 29 | +17 42 | -18 39 | +06 25 | -08 46 | -20 29 | -23 34 | +20 57 | +13 45 | -09 21 | +00 16 |
| 2 | 15 13 | 06 02 | 22 50 | 25 40 | 18 41 | 17 40 | 18 38 | 06 26 | 08 46 | 20 29 | 23 35 | 21 08 | 13 45 | 09 12 | 00 17 |
| 3 | 15 31 | 09 32 | 23 10 | 25 45 | 18 52 | 17 39 | 18 37 | 06 27 | 08 45 | 20 30 | 23 36 | 21 19 | 13 45 | 09 04 | 00 18 |
| 4 | 15 48 | 12 39 | 23 27 | 25 49 | 19 03 | 17 38 | 18 37 | 06 29 | 08 45 | 20 30 | 23 37 | 21 29 | 13 45 | 08 56 | 00 19 |
| 5 | 16 06 | 15 15 | 23 41 | 25 53 | 19 14 | 17 36 | 18 36 | 06 30 | 08 44 | 20 30 | 23 39 | 21 40 | 13 45 | 08 48 | 00 20 |
| 6 | 16 23 | 17 09 | 23 54 | 25 56 | 19 25 | 17 35 | 18 35 | 06 31 | 08 44 | 20 30 | 23 40 | 21 50 | 13 45 | 08 41 | 00 21 |
| 7 | 16 40 | 18 11 | 24 04 | 25 59 | 19 36 | 17 33 | 18 34 | 06 32 | 08 43 | 20 30 | 23 41 | 22 01 | 13 45 | 08 33 | 00 22 |
| 8 | 16 56 | 18 15 | 24 12 | 26 01 | 19 46 | 17 32 | 18 33 | 06 33 | 08 43 | 20 30 | 23 43 | 22 11 | 13 45 | 08 25 | 00 23 |
| 9 | 17 13 | 17 18 | 24 17 | 26 02 | 19 56 | 17 30 | 18 32 | 06 35 | 08 43 | 20 30 | 23 44 | 22 20 | 13 44 | 08 17 | 00 25 |
| 10 | 17 29 | 15 21 | 24 21 | 26 02 | 20 07 | 17 29 | 18 32 | 06 36 | 08 42 | 20 30 | 23 46 | 22 30 | 13 44 | 08 09 | 00 26 |
| 11 | 17 44 | 12 29 | 24 23 | 26 02 | 20 16 | 17 27 | 18 31 | 06 37 | 08 42 | 20 30 | 23 48 | 22 40 | 13 43 | 08 02 | 00 27 |
| 12 | 18 00 | 08 53 | 24 22 | 26 01 | 20 26 | 17 25 | 18 30 | 06 38 | 08 42 | 20 31 | 23 50 | 22 49 | 13 42 | 07 54 | 00 28 |
| 13 | 18 15 | 04 43 | 24 20 | 26 00 | 20 36 | 17 23 | 18 29 | 06 39 | 08 41 | 20 31 | 23 52 | 22 58 | 13 41 | 07 46 | 00 29 |
| 14 | 18 30 | 00 14 | 24 16 | 25 58 | 20 45 | 17 22 | 18 28 | 06 40 | 08 41 | 20 31 | 23 54 | 23 07 | 13 40 | 07 39 | 00 30 |
| 15 | 18 44 | +04 17 | 24 10 | 25 55 | 20 54 | 17 20 | 18 27 | 06 41 | 08 41 | 20 31 | 23 56 | 23 16 | 13 39 | 07 32 | 00 31 |
| 16 | 18 58 | 08 35 | 24 02 | 25 52 | 21 03 | 17 18 | 18 27 | 06 43 | 08 40 | 20 31 | 23 58 | 23 24 | 13 38 | 07 24 | 00 31 |
| 17 | 19 12 | 12 20 | 23 53 | 25 48 | 21 12 | 17 16 | 18 26 | 06 44 | 08 40 | 20 31 | 24 00 | 23 32 | 13 36 | 07 17 | 00 32 |
| 18 | 19 26 | 15 19 | 23 42 | 25 43 | 21 20 | 17 14 | 18 25 | 06 45 | 08 40 | 20 31 | 24 03 | 23 41 | 13 35 | 07 10 | 00 33 |
| 19 | 19 39 | 17 21 | 23 29 | 25 38 | 21 28 | 17 12 | 18 24 | 06 46 | 08 39 | 20 32 | 24 06 | 23 48 | 13 33 | 07 02 | 00 34 |
| 20 | 19 52 | 18 18 | 23 15 | 25 32 | 21 37 | 17 10 | 18 23 | 06 47 | 08 39 | 20 32 | 24 08 | 23 56 | 13 31 | 06 55 | 00 35 |
| 21 | 20 04 | 18 13 | 23 00 | 25 26 | 21 45 | 17 08 | 18 22 | 06 48 | 08 39 | 20 32 | 24 11 | 24 03 | 13 30 | 06 48 | 00 36 |
| 22 | 20 16 | 17 09 | 22 43 | 25 19 | 21 52 | 17 06 | 18 22 | 06 49 | 08 39 | 20 32 | 24 14 | 24 10 | 13 28 | 06 41 | 00 37 |
| 23 | 20 28 | 15 17 | 22 25 | 25 11 | 22 00 | 17 03 | 18 21 | 06 50 | 08 38 | 20 32 | 24 17 | 24 17 | 13 26 | 06 34 | 00 38 |
| 24 | 20 40 | 12 45 | 22 06 | 25 03 | 22 07 | 17 01 | 18 20 | 06 51 | 08 38 | 20 32 | 24 20 | 24 24 | 13 23 | 06 27 | 00 39 |
| 25 | 20 51 | 09 42 | 21 46 | 24 54 | 22 14 | 16 59 | 18 19 | 06 52 | 08 38 | 20 32 | 24 24 | 24 30 | 13 21 | 06 21 | 00 39 |
| 26 | 21 02 | 06 19 | 21 26 | 24 45 | 22 21 | 16 56 | 18 18 | 06 53 | 08 38 | 20 33 | 24 27 | 24 36 | 13 19 | 06 14 | 00 40 |
| 27 | 21 12 | 02 42 | 21 04 | 24 35 | 22 28 | 16 54 | 18 17 | 06 54 | 08 38 | 20 33 | 24 30 | 24 41 | 13 16 | 06 07 | 00 41 |
| 28 | 21 22 | -01 02 | 20 43 | 24 25 | 22 34 | 16 52 | 18 17 | 06 55 | 08 37 | 20 33 | 24 34 | 24 47 | 13 14 | 06 01 | 00 42 |
| 29 | 21 32 | 04 46 | 20 21 | 24 14 | 22 40 | 16 49 | 18 16 | 06 56 | 08 37 | 20 33 | 24 38 | 24 52 | 13 11 | 05 54 | 00 42 |
| 30 | 21 41 | 08 20 | 19 59 | 24 03 | 22 46 | 16 47 | 18 15 | 06 57 | 08 37 | 20 33 | 24 42 | 24 57 | 13 08 | 05 48 | 00 43 |
| 31 | 21 50 | 11 38 | 19 38 | 23 51 | 22 52 | 16 44 | 18 14 | 06 58 | 08 37 | 20 34 | 24 46 | 25 01 | 13 05 | 05 42 | 00 44 |

Lunar Phases -- 4 ○ 03:43 11 ◑ 10:37 18 ● 04:14 25 ◐ 17:20 Sun enters ♊ 5/21 08:46

## Longitudes of Main Planets - June 2015

0:00 E.T.

| D | S.T. | ☉ | ☽ | ☽ 12:00 | ☿ | ♀ | ♂ | ♃ | ♄ | ♅ | ♆ | ♇ | ☊ |
|---|---|---|---|---|---|---|---|---|---|---|---|---|---|
| 1 | 16:36:39 | 10♊12 45 | 20♏00 | 26♏24 | 08♊15℞ | 25♋26 | 13♊54 | 16♌37 | 00♐59℞ | 19♈19 | 09♓47 | 15♑05℞ | 06♎56 |
| 2 | 16:40:35 | 11 10 14 | 02♐53 | 09♐26 | 07 42 | 26 26 | 14 36 | 16 46 | 00 54 | 19 21 | 09 47 | 15 04 | 06 53 |
| 3 | 16:44:32 | 12 07 43 | 16 04 | 22 45 | 07 10 | 27 25 | 15 17 | 16 54 | 00 50 | 19 24 | 09 48 | 15 02 | 06 50 |
| 4 | 16:48:29 | 13 05 10 | 29 31 | 06♑20 | 06 40 | 28 24 | 15 59 | 17 03 | 00 45 | 19 26 | 09 48 | 15 01 | 06 47 |
| 5 | 16:52:25 | 14 02 36 | 13♑12 | 20 07 | 06 12 | 29 22 | 16 40 | 17 12 | 00 41 | 19 28 | 09 48 | 15 00 | 06 44 |
| 6 | 16:56:22 | 15 00 02 | 27 04 | 04♒03 | 05 47 | 00♌20 | 17 21 | 17 21 | 00 37 | 19 30 | 09 48 | 14 59 | 06 41 |
| 7 | 17:00:18 | 15 57 27 | 11♒03 | 18 05 | 05 26 | 01 18 | 18 03 | 17 30 | 00 33 | 19 33 | 09 49 | 14 58 | 06 37 |
| 8 | 17:04:15 | 16 54 51 | 25 08 | 02♓11 | 05 07 | 02 15 | 18 44 | 17 39 | 00 28 | 19 35 | 09 49 | 14 56 | 06 34 |
| 9 | 17:08:11 | 17 52 14 | 09♓15 | 16 19 | 04 53 | 03 12 | 19 25 | 17 48 | 00 24 | 19 37 | 09 49 | 14 55 | 06 31 |
| 10 | 17:12:08 | 18 49 37 | 23 23 | 00♈27 | 04 42 | 04 08 | 20 06 | 17 57 | 00 20 | 19 39 | 09 49 | 14 54 | 06 28 |
| 11 | 17:16:04 | 19 47 00 | 07♈30 | 14 34 | 04 36 | 05 04 | 20 47 | 18 07 | 00 16 | 19 41 | 09 49 | 14 52 | 06 25 |
| 12 | 17:20:01 | 20 44 22 | 21 37 | 28 40 | 04 34D | 05 59 | 21 28 | 18 16 | 00 12 | 19 43 | 09 49 | 14 51 | 06 21 |
| 13 | 17:23:58 | 21 41 43 | 05♉41 | 12♉41 | 04 36 | 06 54 | 22 09 | 18 26 | 00 08 | 19 45 | 09 49℞ | 14 50 | 06 18 |
| 14 | 17:27:54 | 22 39 04 | 19 40 | 26 37 | 04 43 | 07 48 | 22 50 | 18 36 | 00 04 | 19 47 | 09 49 | 14 48 | 06 15 |
| 15 | 17:31:51 | 23 36 25 | 03♊32 | 10♊23 | 04 55 | 08 42 | 23 31 | 18 45 | 00 00 | 19 49 | 09 49 | 14 47 | 06 12 |
| 16 | 17:35:47 | 24 33 45 | 17 12 | 23 57 | 05 11 | 09 35 | 24 12 | 18 55 | 29♏56 | 19 51 | 09 49 | 14 46 | 06 09 |
| 17 | 17:39:44 | 25 31 04 | 00♋38 | 07♋14 | 05 32 | 10 27 | 24 53 | 19 05 | 29 52 | 19 53 | 09 49 | 14 44 | 06 06 |
| 18 | 17:43:40 | 26 28 23 | 13 47 | 20 15 | 05 57 | 11 19 | 25 33 | 19 15 | 29 49 | 19 55 | 09 49 | 14 43 | 06 02 |
| 19 | 17:47:37 | 27 25 41 | 26 38 | 02♌56 | 06 27 | 12 10 | 26 14 | 19 26 | 29 45 | 19 57 | 09 48 | 14 42 | 05 59 |
| 20 | 17:51:33 | 28 22 59 | 09♌10 | 15 21 | 07 01 | 13 01 | 26 55 | 19 36 | 29 41 | 19 58 | 09 48 | 14 40 | 05 56 |
| 21 | 17:55:30 | 29 20 16 | 21 27 | 27 30 | 07 39 | 13 51 | 27 35 | 19 46 | 29 38 | 20 00 | 09 48 | 14 39 | 05 53 |
| 22 | 17:59:27 | 00♋17 32 | 03♍30 | 09♍27 | 08 22 | 14 40 | 28 16 | 19 57 | 29 34 | 20 02 | 09 48 | 14 37 | 05 50 |
| 23 | 18:03:23 | 01 14 47 | 15 23 | 21 18 | 09 09 | 15 28 | 28 57 | 20 07 | 29 31 | 20 03 | 09 47 | 14 36 | 05 46 |
| 24 | 18:07:20 | 02 12 02 | 27 12 | 03♎06 | 10 00 | 16 16 | 29 37 | 20 18 | 29 27 | 20 05 | 09 47 | 14 34 | 05 43 |
| 25 | 18:11:16 | 03 09 16 | 09♎01 | 14 58 | 10 55 | 17 03 | 00♋18 | 20 28 | 29 24 | 20 06 | 09 47 | 14 33 | 05 40 |
| 26 | 18:15:13 | 04 06 30 | 20 57 | 26 59 | 11 54 | 17 48 | 00 58 | 20 39 | 29 21 | 20 08 | 09 46 | 14 31 | 05 37 |
| 27 | 18:19:09 | 05 03 43 | 03♏04 | 09♏14 | 12 57 | 18 33 | 01 38 | 20 50 | 29 17 | 20 09 | 09 46 | 14 30 | 05 34 |
| 28 | 18:23:06 | 06 00 55 | 15 28 | 21 47 | 14 04 | 19 18 | 02 19 | 21 01 | 29 14 | 20 11 | 09 45 | 14 28 | 05 31 |
| 29 | 18:27:02 | 06 58 07 | 28 11 | 04♐41 | 15 15 | 20 01 | 02 59 | 21 12 | 29 11 | 20 12 | 09 45 | 14 27 | 05 27 |
| 30 | 18:30:59 | 07 55 19 | 11♐16 | 17 58 | 16 29 | 20 43 | 03 39 | 21 23 | 29 08 | 20 13 | 09 44 | 14 26 | 05 24 |

0:00 E.T.

## Longitudes of the Major Asteroids and Chiron

| D | ⚳ | ⚴ | ⚵ | ⚶ | ⚷ |
|---|---|---|---|---|---|
| 1 | 09♒12 | 23♐59℞ | 19♌29 | 27♓54 | 21♓19 |
| 2 | 09 13 | 23 43 | 19 49 | 28 15 | 21 20 |
| 3 | 09 13 | 23 26 | 20 09 | 28 37 | 21 21 |
| 4 | 09 13℞ | 23 08 | 20 29 | 28 59 | 21 22 |
| 5 | 09 12 | 22 51 | 20 50 | 29 20 | 21 23 |
| 6 | 09 12 | 22 34 | 21 10 | 29 41 | 21 24 |
| 7 | 09 10 | 22 16 | 21 30 | 00♈03 | 21 25 |
| 8 | 09 09 | 21 59 | 21 51 | 00 23 | 21 26 |
| 9 | 09 07 | 21 41 | 22 11 | 00 44 | 21 27 |
| 10 | 09 05 | 21 24 | 22 32 | 01 05 | 21 28 |
| 11 | 09 02 | 21 06 | 22 52 | 01 25 | 21 28 |
| 12 | 08 59 | 20 48 | 23 13 | 01 45 | 21 29 |
| 13 | 08 56 | 20 31 | 23 34 | 02 05 | 21 30 |
| 14 | 08 52 | 20 13 | 23 55 | 02 25 | 21 30 |
| 15 | 08 48 | 19 55 | 24 16 | 02 44 | 21 31 |
| 16 | 08 43 | 19 38 | 24 37 | 03 04 | 21 31 |
| 17 | 08 39 | 19 21 | 24 58 | 03 23 | 21 32 |
| 18 | 08 33 | 19 03 | 25 19 | 03 41 | 21 32 |
| 19 | 08 28 | 18 46 | 25 41 | 04 00 | 21 33 |
| 20 | 08 22 | 18 29 | 26 02 | 04 19 | 21 33 |
| 21 | 08 16 | 18 12 | 26 24 | 04 37 | 21 33 |
| 22 | 08 09 | 17 56 | 26 45 | 04 55 | 21 33 |
| 23 | 08 02 | 17 40 | 27 07 | 05 12 | 21 33 |
| 24 | 07 55 | 17 23 | 27 28 | 05 30 | 21 33 |
| 25 | 07 48 | 17 08 | 27 50 | 05 47 | 21 33℞ |
| 26 | 07 40 | 16 52 | 28 12 | 06 04 | 21 33 |
| 27 | 07 32 | 16 37 | 28 33 | 06 21 | 21 33 |
| 28 | 07 23 | 16 21 | 28 55 | 06 37 | 21 33 |
| 29 | 07 14 | 16 07 | 29 17 | 06 54 | 21 33 |
| 30 | 07 05 | 15 52 | 29 39 | 07 10 | 21 33 |

## Lunar Data

| Last Asp. | | Ingress | | |
|---|---|---|---|---|
| 1 | 11:02 | 1 | ♐ | 18:40 |
| 3 | 05:60 | 4 | ♑ | 00:51 |
| 5 | 10:55 | 6 | ♒ | 05:03 |
| 7 | 14:31 | 8 | ♓ | 08:17 |
| 9 | 18:09 | 10 | ♈ | 11:15 |
| 11 | 23:44 | 12 | ♉ | 14:17 |
| 13 | 22:07 | 14 | ♊ | 17:52 |
| 16 | 14:07 | 16 | ♋ | 22:52 |
| 19 | 05:54 | 19 | ♌ | 06:24 |
| 21 | 16:11 | 21 | ♍ | 17:00 |
| 24 | 05:13 | 24 | ♎ | 05:42 |
| 25 | 23:24 | 26 | ♏ | 17:58 |
| 29 | 01:51 | 29 | ♐ | 03:22 |

0:00 E.T.

## Declinations

| D | ☉ | ☽ | ☿ | ♀ | ♂ | ♃ | ♄ | ♅ | ♆ | ♇ | ⚳ | ⚴ | ⚵ | ⚶ | ⚷ |
|---|---|---|---|---|---|---|---|---|---|---|---|---|---|---|---|
| 1 | +21 59 | -14 28 | +19 17 | +23 39 | +22 58 | +16 42 | -18 13 | +06 59 | -08 37 | -20 34 | -24 50 | +25 06 | +13 02 | -05 35 | +00 44 |
| 2 | 22 07 | 16 40 | 18 56 | 23 26 | 23 03 | 16 39 | 18 13 | 06 59 | 08 37 | 20 34 | 24 54 | 25 10 | 12 59 | 05 29 | 00 45 |
| 3 | 22 15 | 18 02 | 18 37 | 23 13 | 23 08 | 16 36 | 18 12 | 07 00 | 08 37 | 20 34 | 24 58 | 25 13 | 12 56 | 05 23 | 00 46 |
| 4 | 22 22 | 18 26 | 18 19 | 22 59 | 23 13 | 16 34 | 18 11 | 07 01 | 08 37 | 20 34 | 25 03 | 25 17 | 12 53 | 05 17 | 00 46 |
| 5 | 22 29 | 17 47 | 18 03 | 22 45 | 23 18 | 16 31 | 18 10 | 07 02 | 08 37 | 20 34 | 25 07 | 25 20 | 12 50 | 05 11 | 00 47 |
| 6 | 22 35 | 16 04 | 17 48 | 22 30 | 23 23 | 16 28 | 18 09 | 07 03 | 08 37 | 20 35 | 25 12 | 25 22 | 12 46 | 05 06 | 00 48 |
| 7 | 22 42 | 13 24 | 17 34 | 22 16 | 23 27 | 16 25 | 18 09 | 07 04 | 08 37 | 20 35 | 25 17 | 25 25 | 12 43 | 05 00 | 00 48 |
| 8 | 22 47 | 09 56 | 17 23 | 22 00 | 23 31 | 16 23 | 18 08 | 07 05 | 08 36 | 20 35 | 25 21 | 25 27 | 12 39 | 04 54 | 00 49 |
| 9 | 22 53 | 05 54 | 17 13 | 21 44 | 23 35 | 16 20 | 18 07 | 07 05 | 08 36 | 20 35 | 25 26 | 25 29 | 12 35 | 04 49 | 00 49 |
| 10 | 22 58 | 01 31 | 17 06 | 21 28 | 23 39 | 16 17 | 18 06 | 07 06 | 08 36 | 20 36 | 25 31 | 25 30 | 12 32 | 04 44 | 00 50 |
| 11 | 23 02 | +02 57 | 17 00 | 21 12 | 23 42 | 16 14 | 18 06 | 07 07 | 08 36 | 20 36 | 25 37 | 25 31 | 12 28 | 04 38 | 00 50 |
| 12 | 23 07 | 07 15 | 16 56 | 20 55 | 23 45 | 16 11 | 18 05 | 07 08 | 08 37 | 20 36 | 25 42 | 25 32 | 12 24 | 04 33 | 00 51 |
| 13 | 23 10 | 11 08 | 16 55 | 20 38 | 23 48 | 16 08 | 18 04 | 07 08 | 08 37 | 20 36 | 25 47 | 25 33 | 12 20 | 04 28 | 00 51 |
| 14 | 23 14 | 14 21 | 16 55 | 20 21 | 23 51 | 16 05 | 18 04 | 07 09 | 08 37 | 20 36 | 25 53 | 25 33 | 12 16 | 04 23 | 00 51 |
| 15 | 23 17 | 16 43 | 16 57 | 20 03 | 23 54 | 16 02 | 18 03 | 07 10 | 08 37 | 20 37 | 25 58 | 25 33 | 12 11 | 04 18 | 00 52 |
| 16 | 23 19 | 18 06 | 17 01 | 19 45 | 23 56 | 15 58 | 18 02 | 07 11 | 08 37 | 20 37 | 26 04 | 25 33 | 12 07 | 04 14 | 00 52 |
| 17 | 23 22 | 18 26 | 17 07 | 19 27 | 23 58 | 15 55 | 18 02 | 07 11 | 08 37 | 20 37 | 26 10 | 25 32 | 12 03 | 04 09 | 00 53 |
| 18 | 23 23 | 17 46 | 17 15 | 19 08 | 24 00 | 15 52 | 18 01 | 07 12 | 08 37 | 20 37 | 26 15 | 25 31 | 11 58 | 04 04 | 00 53 |
| 19 | 23 25 | 16 12 | 17 24 | 18 50 | 24 02 | 15 49 | 18 00 | 07 13 | 08 37 | 20 38 | 26 21 | 25 29 | 11 54 | 04 00 | 00 53 |
| 20 | 23 25 | 13 54 | 17 35 | 18 31 | 24 04 | 15 46 | 18 00 | 07 13 | 08 37 | 20 38 | 26 27 | 25 28 | 11 49 | 03 56 | 00 54 |
| 21 | 23 26 | 11 00 | 17 47 | 18 11 | 24 05 | 15 42 | 17 59 | 07 14 | 08 37 | 20 38 | 26 33 | 25 26 | 11 45 | 03 52 | 00 54 |
| 22 | 23 26 | 07 42 | 18 00 | 17 52 | 24 06 | 15 39 | 17 59 | 07 14 | 08 37 | 20 38 | 26 40 | 25 24 | 11 40 | 03 48 | 00 54 |
| 23 | 23 26 | 04 08 | 18 14 | 17 33 | 24 07 | 15 36 | 17 58 | 07 15 | 08 38 | 20 38 | 26 46 | 25 21 | 11 35 | 03 44 | 00 54 |
| 24 | 23 25 | 00 26 | 18 30 | 17 13 | 24 08 | 15 32 | 17 57 | 07 15 | 08 38 | 20 39 | 26 52 | 25 18 | 11 30 | 03 40 | 00 54 |
| 25 | 23 24 | -03 18 | 18 46 | 16 53 | 24 08 | 15 29 | 17 57 | 07 16 | 08 38 | 20 39 | 26 58 | 25 15 | 11 25 | 03 36 | 00 55 |
| 26 | 23 22 | 06 56 | 19 04 | 16 34 | 24 09 | 15 25 | 17 56 | 07 17 | 08 38 | 20 39 | 27 05 | 25 11 | 11 20 | 03 33 | 00 55 |
| 27 | 23 20 | 10 21 | 19 21 | 16 14 | 24 09 | 15 22 | 17 56 | 07 17 | 08 38 | 20 39 | 27 11 | 25 08 | 11 15 | 03 29 | 00 55 |
| 28 | 23 18 | 13 22 | 19 40 | 15 54 | 24 08 | 15 18 | 17 55 | 07 18 | 08 39 | 20 40 | 27 18 | 25 04 | 11 10 | 03 26 | 00 55 |
| 29 | 23 15 | 15 51 | 19 58 | 15 34 | 24 08 | 15 15 | 17 55 | 07 18 | 08 39 | 20 40 | 27 24 | 24 59 | 11 05 | 03 23 | 00 55 |
| 30 | 23 12 | 17 35 | 20 17 | 15 14 | 24 08 | 15 11 | 17 54 | 07 19 | 08 39 | 20 40 | 27 31 | 24 55 | 10 59 | 03 20 | 00 55 |

Lunar Phases -- 2 ○ 16:20   9 ◑ 15:43   16 ● 14:06   24 ◐ 11:04   Sun enters ♋ 6/21 16:39

## 0:00 E.T. Longitudes of Main Planets - July 2015

| D | S.T. | ☉ | ☽ | ☽ 12:00 | ☿ | ♀ | ♂ | ♃ | ♄ | ♅ | ♆ | ♇ | ☊ |
|---|---|---|---|---|---|---|---|---|---|---|---|---|---|
| 1 | 18:34:56 | 08♋52 30 | 24♐44 | 01♑36 | 17♊48 | 21♌24 | 04♋20 | 21♌34 | 29♏05℞ | 20♈14 | 09♓44℞ | 14♑24℞ | 05♎21 |
| 2 | 18:38:52 | 09 49 42 | 08♑33 | 15 34 | 19 10 | 22 04 | 05 00 | 21 45 | 29 02 | 20 16 | 09 43 | 14 23 | 05 18 |
| 3 | 18:42:49 | 10 46 53 | 22 39 | 29 47 | 20 35 | 22 43 | 05 40 | 21 56 | 29 00 | 20 17 | 09 42 | 14 21 | 05 15 |
| 4 | 18:46:45 | 11 44 04 | 06♒57 | 14♒09 | 22 05 | 23 21 | 06 20 | 22 08 | 28 57 | 20 18 | 09 42 | 14 20 | 05 12 |
| 5 | 18:50:42 | 12 41 15 | 21 21 | 28 34 | 23 37 | 23 58 | 07 00 | 22 19 | 28 54 | 20 19 | 09 41 | 14 18 | 05 08 |
| 6 | 18:54:38 | 13 38 26 | 05♓46 | 12♓57 | 25 14 | 24 33 | 07 40 | 22 30 | 28 52 | 20 20 | 09 40 | 14 17 | 05 05 |
| 7 | 18:58:35 | 14 35 38 | 20 07 | 27 15 | 26 54 | 25 08 | 08 20 | 22 42 | 28 49 | 20 21 | 09 39 | 14 15 | 05 02 |
| 8 | 19:02:31 | 15 32 49 | 04♈21 | 11♈25 | 28 37 | 25 41 | 09 00 | 22 53 | 28 47 | 20 22 | 09 39 | 14 14 | 04 59 |
| 9 | 19:06:28 | 16 30 02 | 18 27 | 25 27 | 00♋23 | 26 12 | 09 40 | 23 05 | 28 45 | 20 23 | 09 38 | 14 12 | 04 56 |
| 10 | 19:10:25 | 17 27 14 | 02♉24 | 09♉19 | 02 12 | 26 42 | 10 20 | 23 17 | 28 43 | 20 24 | 09 37 | 14 11 | 04 52 |
| 11 | 19:14:21 | 18 24 27 | 16 12 | 23 02 | 04 05 | 27 11 | 11 00 | 23 28 | 28 40 | 20 24 | 09 36 | 14 09 | 04 49 |
| 12 | 19:18:18 | 19 21 41 | 29 50 | 06♊35 | 06 00 | 27 38 | 11 40 | 23 40 | 28 38 | 20 25 | 09 35 | 14 08 | 04 46 |
| 13 | 19:22:14 | 20 18 55 | 13♊18 | 19 58 | 07 58 | 28 04 | 12 19 | 23 52 | 28 36 | 20 26 | 09 34 | 14 06 | 04 43 |
| 14 | 19:26:11 | 21 16 09 | 26 35 | 03♋08 | 09 58 | 28 28 | 12 59 | 24 04 | 28 35 | 20 26 | 09 33 | 14 05 | 04 40 |
| 15 | 19:30:07 | 22 13 24 | 09♋38 | 16 05 | 12 00 | 28 50 | 13 39 | 24 16 | 28 33 | 20 27 | 09 33 | 14 03 | 04 37 |
| 16 | 19:34:04 | 23 10 39 | 22 29 | 28 49 | 14 04 | 29 10 | 14 19 | 24 28 | 28 31 | 20 27 | 09 32 | 14 02 | 04 33 |
| 17 | 19:38:00 | 24 07 55 | 05♌05 | 11♌18 | 16 09 | 29 29 | 14 58 | 24 40 | 28 30 | 20 28 | 09 31 | 14 00 | 04 30 |
| 18 | 19:41:57 | 25 05 11 | 17 27 | 23 33 | 18 15 | 29 46 | 15 38 | 24 52 | 28 28 | 20 28 | 09 29 | 13 59 | 04 27 |
| 19 | 19:45:54 | 26 02 27 | 29 36 | 05♍36 | 20 23 | 00♍01 | 16 17 | 25 04 | 28 27 | 20 29 | 09 28 | 13 57 | 04 24 |
| 20 | 19:49:50 | 26 59 43 | 11♍34 | 17 30 | 22 31 | 00 14 | 16 57 | 25 17 | 28 25 | 20 29 | 09 27 | 13 56 | 04 21 |
| 21 | 19:53:47 | 27 57 00 | 23 25 | 29 19 | 24 39 | 00 24 | 17 37 | 25 29 | 28 24 | 20 29 | 09 26 | 13 54 | 04 18 |
| 22 | 19:57:43 | 28 54 17 | 05♎12 | 11♎06 | 26 47 | 00 33 | 18 16 | 25 41 | 28 23 | 20 30 | 09 25 | 13 53 | 04 14 |
| 23 | 20:01:40 | 29 51 34 | 17 01 | 22 57 | 28 55 | 00 40 | 18 55 | 25 53 | 28 22 | 20 30 | 09 24 | 13 52 | 04 11 |
| 24 | 20:05:36 | 00♌48 51 | 28 56 | 04♏57 | 01♌02 | 00 44 | 19 35 | 26 06 | 28 21 | 20 30 | 09 23 | 13 50 | 04 08 |
| 25 | 20:09:33 | 01 46 09 | 11♏03 | 17 12 | 03 09 | 00 46 | 20 14 | 26 18 | 28 20 | 20 30 | 09 22 | 13 49 | 04 05 |
| 26 | 20:13:29 | 02 43 28 | 23 27 | 29 46 | 05 14 | 00 46℞ | 20 54 | 26 31 | 28 19 | 20 30 | 09 20 | 13 47 | 04 02 |
| 27 | 20:17:26 | 03 40 46 | 06♐12 | 12♐44 | 07 19 | 00 43 | 21 33 | 26 43 | 28 19 | 20 30℞ | 09 19 | 13 46 | 03 58 |
| 28 | 20:21:23 | 04 38 05 | 19 22 | 26 07 | 09 22 | 00 38 | 22 12 | 26 56 | 28 18 | 20 30 | 09 18 | 13 45 | 03 55 |
| 29 | 20:25:19 | 05 35 25 | 02♑59 | 09♑57 | 11 24 | 00 31 | 22 51 | 27 08 | 28 18 | 20 30 | 09 17 | 13 43 | 03 52 |
| 30 | 20:29:16 | 06 32 45 | 17 00 | 24 10 | 13 25 | 00 21 | 23 30 | 27 21 | 28 17 | 20 30 | 09 15 | 13 42 | 03 49 |
| 31 | 20:33:12 | 07 30 06 | 01♒24 | 08♒42 | 15 24 | 00 09 | 24 10 | 27 33 | 28 17 | 20 30 | 09 14 | 13 41 | 03 46 |

## 0:00 E.T. Longitudes of the Major Asteroids and Chiron

| D | ⚳ | ⚴ | ⚵ | ⚶ | ⚷ | D | ⚳ | ⚴ | ⚵ | ⚶ | ⚷ |
|---|---|---|---|---|---|---|---|---|---|---|---|
| 1 | 06♒56℞ | 15♐38℞ | 00♍01 | 07♈25 | 21♓32℞ | 17 | 03 54 | 12 44 | 05 58 | 10 57 | 21 20 |
| 2 | 06 46 | 15 24 | 00 23 | 07 41 | 21 32 | 18 | 03 41 | 12 37 | 06 21 | 11 08 | 21 19 |
| 3 | 06 36 | 15 11 | 00 45 | 07 56 | 21 31 | 19 | 03 28 | 12 30 | 06 44 | 11 18 | 21 17 |
| 4 | 06 26 | 14 58 | 01 07 | 08 11 | 21 31 | 20 | 03 15 | 12 23 | 07 06 | 11 28 | 21 16 |
| 5 | 06 16 | 14 45 | 01 29 | 08 26 | 21 30 | 21 | 03 02 | 12 17 | 07 29 | 11 37 | 21 15 |
| 6 | 06 05 | 14 33 | 01 51 | 08 40 | 21 30 | 22 | 02 49 | 12 12 | 07 52 | 11 46 | 21 13 |
| 7 | 05 54 | 14 21 | 02 14 | 08 54 | 21 29 | 23 | 02 36 | 12 07 | 08 15 | 11 55 | 21 12 |
| 8 | 05 43 | 14 09 | 02 36 | 09 08 | 21 28 | 24 | 02 23 | 12 02 | 08 38 | 12 03 | 21 11 |
| 9 | 05 32 | 13 58 | 02 58 | 09 21 | 21 28 | 25 | 02 09 | 11 58 | 09 00 | 12 11 | 21 09 |
| 10 | 05 20 | 13 47 | 03 21 | 09 34 | 21 27 | 26 | 01 56 | 11 54 | 09 23 | 12 19 | 21 07 |
| 11 | 05 08 | 13 37 | 03 43 | 09 47 | 21 26 | 27 | 01 43 | 11 51 | 09 46 | 12 26 | 21 06 |
| 12 | 04 56 | 13 27 | 04 06 | 10 00 | 21 25 | 28 | 01 30 | 11 48 | 10 09 | 12 33 | 21 04 |
| 13 | 04 44 | 13 18 | 04 28 | 10 12 | 21 24 | 29 | 01 17 | 11 45 | 10 32 | 12 39 | 21 02 |
| 14 | 04 32 | 13 09 | 04 51 | 10 24 | 21 23 | 30 | 01 04 | 11 43 | 10 55 | 12 45 | 21 01 |
| 15 | 04 19 | 13 00 | 05 13 | 10 35 | 21 22 | 31 | 00 51 | 11 41 | 11 18 | 12 51 | 20 59 |
| 16 | 04 07 | 12 52 | 05 36 | 10 47 | 21 21 | | | | | | |

## Lunar Data

| Last Asp. | | Ingress | | |
|---|---|---|---|---|
| 30 | 18:19 | 1 | ♑ | 09:12 |
| 3 | 10:39 | 3 | ♒ | 12:22 |
| 5 | 12:33 | 5 | ♓ | 14:24 |
| 7 | 14:37 | 7 | ♈ | 16:39 |
| 9 | 13:48 | 9 | ♉ | 19:51 |
| 11 | 21:53 | 12 | ♊ | 00:17 |
| 14 | 03:32 | 14 | ♋ | 06:15 |
| 16 | 11:26 | 16 | ♌ | 14:16 |
| 18 | 21:43 | 19 | ♍ | 00:48 |
| 21 | 10:08 | 21 | ♎ | 13:24 |
| 23 | 18:13 | 24 | ♏ | 02:08 |
| 26 | 09:16 | 26 | ♐ | 12:25 |
| 28 | 13:37 | 28 | ♑ | 18:48 |
| 30 | 18:51 | 30 | ♒ | 21:41 |

## 0:00 E.T. Declinations

| D | ☉ | ☽ | ☿ | ♀ | ♂ | ♃ | ♄ | ♅ | ♆ | ♇ | ⚳ | ⚴ | ⚵ | ⚶ | ⚷ |
|---|---|---|---|---|---|---|---|---|---|---|---|---|---|---|---|
| 1 | +23 08 | -18 24 | +20 36 | +14 53 | +24 07 | +15 08 | -17 54 | +07 19 | -08 39 | -20 40 | -27 37 | +24 50 | +10 54 | -03 17 | +00 55 |
| 2 | 23 04 | 18 10 | 20 55 | 14 33 | 24 06 | 15 04 | 17 54 | 07 19 | 08 39 | 20 41 | 27 44 | 24 45 | 10 49 | 03 14 | 00 55 |
| 3 | 23 00 | 16 49 | 21 13 | 14 13 | 24 05 | 15 00 | 17 53 | 07 20 | 08 40 | 20 41 | 27 50 | 24 39 | 10 43 | 03 12 | 00 55 |
| 4 | 22 55 | 14 25 | 21 32 | 13 53 | 24 03 | 14 57 | 17 53 | 07 20 | 08 40 | 20 41 | 27 57 | 24 33 | 10 38 | 03 09 | 00 55 |
| 5 | 22 50 | 11 07 | 21 49 | 13 33 | 24 02 | 14 53 | 17 52 | 07 21 | 08 40 | 20 41 | 28 04 | 24 27 | 10 32 | 03 07 | 00 55 |
| 6 | 22 44 | 07 09 | 22 05 | 13 14 | 24 00 | 14 49 | 17 52 | 07 21 | 08 41 | 20 42 | 28 10 | 24 21 | 10 26 | 03 05 | 00 55 |
| 7 | 22 38 | 02 46 | 22 21 | 12 54 | 23 58 | 14 45 | 17 52 | 07 21 | 08 41 | 20 42 | 28 17 | 24 15 | 10 21 | 03 03 | 00 55 |
| 8 | 22 32 | +01 44 | 22 35 | 12 34 | 23 56 | 14 42 | 17 52 | 07 22 | 08 41 | 20 42 | 28 23 | 24 08 | 10 15 | 03 01 | 00 55 |
| 9 | 22 25 | 06 05 | 22 48 | 12 15 | 23 53 | 14 38 | 17 51 | 07 22 | 08 42 | 20 42 | 28 30 | 24 01 | 10 09 | 02 59 | 00 55 |
| 10 | 22 18 | 10 04 | 23 00 | 11 56 | 23 51 | 14 34 | 17 51 | 07 22 | 08 42 | 20 43 | 28 36 | 23 54 | 10 03 | 02 57 | 00 55 |
| 11 | 22 10 | 13 27 | 23 09 | 11 37 | 23 48 | 14 30 | 17 51 | 07 22 | 08 42 | 20 43 | 28 43 | 23 47 | 09 57 | 02 56 | 00 55 |
| 12 | 22 02 | 16 03 | 23 16 | 11 18 | 23 45 | 14 26 | 17 50 | 07 23 | 08 43 | 20 43 | 28 49 | 23 39 | 09 51 | 02 55 | 00 54 |
| 13 | 21 54 | 17 43 | 23 22 | 10 59 | 23 42 | 14 22 | 17 50 | 07 23 | 08 43 | 20 44 | 28 56 | 23 31 | 09 45 | 02 53 | 00 54 |
| 14 | 21 45 | 18 24 | 23 25 | 10 41 | 23 38 | 14 18 | 17 50 | 07 23 | 08 43 | 20 44 | 29 02 | 23 23 | 09 39 | 02 52 | 00 54 |
| 15 | 21 36 | 18 06 | 23 25 | 10 23 | 23 35 | 14 14 | 17 50 | 07 23 | 08 44 | 20 44 | 29 09 | 23 15 | 09 33 | 02 52 | 00 54 |
| 16 | 21 27 | 16 52 | 23 23 | 10 05 | 23 31 | 14 10 | 17 50 | 07 23 | 08 44 | 20 44 | 29 15 | 23 07 | 09 27 | 02 51 | 00 53 |
| 17 | 21 17 | 14 50 | 23 18 | 09 48 | 23 27 | 14 06 | 17 50 | 07 24 | 08 45 | 20 45 | 29 21 | 22 58 | 09 21 | 02 51 | 00 53 |
| 18 | 21 07 | 12 09 | 23 11 | 09 31 | 23 23 | 14 02 | 17 50 | 07 24 | 08 45 | 20 45 | 29 27 | 22 49 | 09 14 | 02 50 | 00 53 |
| 19 | 20 56 | 08 59 | 23 01 | 09 15 | 23 19 | 13 58 | 17 49 | 07 24 | 08 45 | 20 45 | 29 33 | 22 40 | 09 08 | 02 50 | 00 52 |
| 20 | 20 45 | 05 30 | 22 48 | 08 59 | 23 14 | 13 54 | 17 49 | 07 24 | 08 46 | 20 45 | 29 39 | 22 31 | 09 02 | 02 50 | 00 52 |
| 21 | 20 34 | 01 50 | 22 32 | 08 44 | 23 10 | 13 50 | 17 49 | 07 24 | 08 46 | 20 46 | 29 45 | 22 22 | 08 55 | 02 50 | 00 52 |
| 22 | 20 22 | -01 53 | 22 14 | 08 29 | 23 05 | 13 46 | 17 49 | 07 24 | 08 47 | 20 46 | 29 51 | 22 13 | 08 49 | 02 50 | 00 51 |
| 23 | 20 11 | 05 32 | 21 53 | 08 14 | 23 00 | 13 42 | 17 49 | 07 24 | 08 47 | 20 46 | 29 57 | 22 03 | 08 42 | 02 51 | 00 51 |
| 24 | 19 58 | 09 00 | 21 30 | 08 01 | 22 55 | 13 37 | 17 49 | 07 24 | 08 48 | 20 46 | 30 02 | 21 53 | 08 36 | 02 52 | 00 50 |
| 25 | 19 46 | 12 08 | 21 05 | 07 48 | 22 49 | 13 33 | 17 49 | 07 24 | 08 48 | 20 47 | 30 08 | 21 43 | 08 29 | 02 52 | 00 50 |
| 26 | 19 33 | 14 48 | 20 37 | 07 35 | 22 44 | 13 29 | 17 50 | 07 24 | 08 49 | 20 47 | 30 13 | 21 33 | 08 22 | 02 53 | 00 50 |
| 27 | 19 20 | 16 51 | 20 08 | 07 23 | 22 38 | 13 25 | 17 50 | 07 24 | 08 49 | 20 47 | 30 18 | 21 23 | 08 16 | 02 55 | 00 49 |
| 28 | 19 06 | 18 04 | 19 37 | 07 13 | 22 32 | 13 20 | 17 50 | 07 24 | 08 50 | 20 47 | 30 24 | 21 13 | 08 09 | 02 56 | 00 48 |
| 29 | 18 52 | 18 18 | 19 04 | 07 02 | 22 26 | 13 16 | 17 50 | 07 24 | 08 50 | 20 48 | 30 29 | 21 03 | 08 02 | 02 57 | 00 48 |
| 30 | 18 38 | 17 27 | 18 30 | 06 53 | 22 20 | 13 12 | 17 50 | 07 24 | 08 51 | 20 48 | 30 33 | 20 52 | 07 55 | 02 59 | 00 47 |
| 31 | 18 24 | 15 29 | 17 54 | 06 45 | 22 13 | 13 07 | 17 50 | 07 24 | 08 51 | 20 48 | 30 38 | 20 42 | 07 48 | 03 01 | 00 47 |

Lunar Phases -- 2 ○ 02:21 8 ◑ 20:25 16 ● 01:26 24 ◐ 04:05 31 ○ 10:44 Sun enters ♌ 7/23 03:32

## Longitudes of Main Planets - August 2015

0:00 E.T.

| D | S.T. | ☉ | ☽ | ☽ 12:00 | ☿ | ♀ | ♂ | ♃ | ♄ | ♅ | ♆ | ♇ | ☊ |
|---|---|---|---|---|---|---|---|---|---|---|---|---|---|
| 1 | 20:37:09 | 08♌27 28 | 16♒03 | 23♒27 | 17♌22 | 29♌55℞ | 24♋49 | 27♌46 | 28♏17℞ | 20♈29℞ | 09♓13℞ | 13♑39℞ | 03♎43 |
| 2 | 20:41:05 | 09 24 50 | 00♓51 | 08♓16 | 19 18 | 29 38 | 25 28 | 27 59 | 28 17 | 20 29 | 09 11 | 13 38 | 03 39 |
| 3 | 20:45:02 | 10 22 13 | 15 39 | 23 01 | 21 12 | 29 18 | 26 07 | 28 11 | 28 17D | 20 29 | 09 10 | 13 37 | 03 36 |
| 4 | 20:48:58 | 11 19 38 | 00♈21 | 07♈38 | 23 05 | 28 57 | 26 46 | 28 24 | 28 17 | 20 28 | 09 08 | 13 35 | 03 33 |
| 5 | 20:52:55 | 12 17 03 | 14 52 | 22 01 | 24 57 | 28 33 | 27 25 | 28 37 | 28 17 | 20 28 | 09 07 | 13 34 | 03 30 |
| 6 | 20:56:52 | 13 14 30 | 29 07 | 06♉08 | 26 46 | 28 08 | 28 04 | 28 50 | 28 18 | 20 27 | 09 06 | 13 33 | 03 27 |
| 7 | 21:00:48 | 14 11 58 | 13♉06 | 19 59 | 28 34 | 27 40 | 28 43 | 29 02 | 28 18 | 20 27 | 09 04 | 13 32 | 03 24 |
| 8 | 21:04:45 | 15 09 28 | 26 48 | 03♊33 | 00♍21 | 27 11 | 29 22 | 29 15 | 28 19 | 20 26 | 09 03 | 13 30 | 03 20 |
| 9 | 21:08:41 | 16 06 59 | 10♊14 | 16 51 | 02 06 | 26 40 | 00♌01 | 29 28 | 28 19 | 20 26 | 09 01 | 13 29 | 03 17 |
| 10 | 21:12:38 | 17 04 31 | 23 25 | 29 55 | 03 49 | 26 07 | 00 40 | 29 41 | 28 20 | 20 25 | 09 00 | 13 28 | 03 14 |
| 11 | 21:16:34 | 18 02 04 | 06♋22 | 12♋45 | 05 31 | 25 33 | 01 18 | 29 54 | 28 21 | 20 24 | 08 58 | 13 27 | 03 11 |
| 12 | 21:20:31 | 18 59 39 | 19 05 | 25 23 | 07 11 | 24 58 | 01 57 | 00♍07 | 28 22 | 20 24 | 08 57 | 13 26 | 03 08 |
| 13 | 21:24:27 | 19 57 15 | 01♌37 | 07♌48 | 08 50 | 24 23 | 02 36 | 00 20 | 28 23 | 20 23 | 08 55 | 13 24 | 03 04 |
| 14 | 21:28:24 | 20 54 53 | 13 57 | 20 02 | 10 27 | 23 46 | 03 15 | 00 33 | 28 24 | 20 22 | 08 54 | 13 23 | 03 01 |
| 15 | 21:32:21 | 21 52 31 | 26 06 | 02♍07 | 12 03 | 23 09 | 03 53 | 00 46 | 28 25 | 20 21 | 08 52 | 13 22 | 02 58 |
| 16 | 21:36:17 | 22 50 11 | 08♍06 | 14 03 | 13 37 | 22 32 | 04 32 | 00 59 | 28 26 | 20 20 | 08 51 | 13 21 | 02 55 |
| 17 | 21:40:14 | 23 47 52 | 19 58 | 25 53 | 15 10 | 21 55 | 05 11 | 01 12 | 28 28 | 20 19 | 08 49 | 13 20 | 02 52 |
| 18 | 21:44:10 | 24 45 34 | 01♎46 | 07♎39 | 16 41 | 21 18 | 05 49 | 01 25 | 28 29 | 20 18 | 08 47 | 13 19 | 02 49 |
| 19 | 21:48:07 | 25 43 17 | 13 32 | 19 26 | 18 11 | 20 41 | 06 28 | 01 38 | 28 31 | 20 17 | 08 46 | 13 18 | 02 45 |
| 20 | 21:52:03 | 26 41 01 | 25 20 | 01♏17 | 19 39 | 20 05 | 07 07 | 01 51 | 28 32 | 20 16 | 08 44 | 13 17 | 02 42 |
| 21 | 21:56:00 | 27 38 47 | 07♏15 | 13 16 | 21 05 | 19 31 | 07 45 | 02 04 | 28 34 | 20 15 | 08 43 | 13 16 | 02 39 |
| 22 | 21:59:56 | 28 36 33 | 19 21 | 25 30 | 22 30 | 18 57 | 08 24 | 02 17 | 28 36 | 20 13 | 08 41 | 13 15 | 02 36 |
| 23 | 22:03:53 | 29 34 21 | 01♐43 | 08♐02 | 23 54 | 18 24 | 09 02 | 02 30 | 28 38 | 20 12 | 08 39 | 13 14 | 02 33 |
| 24 | 22:07:50 | 00♍32 10 | 14 26 | 20 56 | 25 16 | 17 54 | 09 40 | 02 43 | 28 40 | 20 11 | 08 38 | 13 13 | 02 30 |
| 25 | 22:11:46 | 01 30 00 | 27 33 | 04♑17 | 26 36 | 17 24 | 10 19 | 02 56 | 28 42 | 20 10 | 08 36 | 13 12 | 02 26 |
| 26 | 22:15:43 | 02 27 52 | 11♑08 | 18 06 | 27 54 | 16 57 | 10 57 | 03 09 | 28 44 | 20 08 | 08 34 | 13 12 | 02 23 |
| 27 | 22:19:39 | 03 25 44 | 25 11 | 02♒22 | 29 11 | 16 32 | 11 36 | 03 22 | 28 47 | 20 07 | 08 33 | 13 11 | 02 20 |
| 28 | 22:23:36 | 04 23 38 | 09♒39 | 17 01 | 00♎25 | 16 08 | 12 14 | 03 35 | 28 49 | 20 05 | 08 31 | 13 10 | 02 17 |
| 29 | 22:27:32 | 05 21 34 | 24 28 | 01♓58 | 01 38 | 15 47 | 12 52 | 03 48 | 28 51 | 20 04 | 08 30 | 13 09 | 02 14 |
| 30 | 22:31:29 | 06 19 30 | 09♓30 | 17 03 | 02 49 | 15 28 | 13 31 | 04 01 | 28 54 | 20 02 | 08 28 | 13 08 | 02 10 |
| 31 | 22:35:25 | 07 17 29 | 24 37 | 02♈09 | 03 58 | 15 12 | 14 09 | 04 14 | 28 57 | 20 01 | 08 26 | 13 08 | 02 07 |

## Longitudes of the Major Asteroids and Chiron

0:00 E.T.

| D | ⚳ | ⚴ | ⚵ | ⚶ | ⚷ |
|---|---|---|---|---|---|
| 1 | 00♒38℞ | 11♐40℞ | 11♍41 | 12♈56 | 20♓57℞ |
| 2 | 00 25 | 11 39 | 12 04 | 13 01 | 20 55 |
| 3 | 00 12 | 11 39 | 12 27 | 13 05 | 20 53 |
| 4 | 00♒00 | 11 39D | 12 50 | 13 09 | 20 51 |
| 5 | 29 47 | 11 39 | 13 13 | 13 13 | 20 49 |
| 6 | 29 35 | 11 40 | 13 36 | 13 16 | 20 47 |
| 7 | 29 23 | 11 41 | 13 59 | 13 18 | 20 45 |
| 8 | 29 11 | 11 43 | 14 22 | 13 20 | 20 43 |
| 9 | 28 59 | 11 45 | 14 46 | 13 22 | 20 41 |
| 10 | 28 47 | 11 48 | 15 09 | 13 23 | 20 39 |
| 11 | 28 36 | 11 50 | 15 32 | 13 24 | 20 37 |
| 12 | 28 25 | 11 53 | 15 55 | 13 25 | 20 34 |
| 13 | 28 14 | 11 57 | 16 18 | 13 24℞ | 20 32 |
| 14 | 28 03 | 12 01 | 16 41 | 13 24 | 20 30 |
| 15 | 27 53 | 12 05 | 17 05 | 13 23 | 20 27 |
| 16 | 27 42 | 12 10 | 17 28 | 13 21 | 20 25 |
| 17 | 27 32 | 12 15 | 17 51 | 13 19 | 20 23 |
| 18 | 27 23 | 12 20 | 18 14 | 13 17 | 20 20 |
| 19 | 27 13 | 12 26 | 18 37 | 13 14 | 20 18 |
| 20 | 27 04 | 12 32 | 19 01 | 13 11 | 20 15 |
| 21 | 26 56 | 12 38 | 19 24 | 13 07 | 20 13 |
| 22 | 26 47 | 12 45 | 19 47 | 13 02 | 20 10 |
| 23 | 26 39 | 12 52 | 20 10 | 12 58 | 20 08 |
| 24 | 26 31 | 12 59 | 20 34 | 12 52 | 20 05 |
| 25 | 26 24 | 13 07 | 20 57 | 12 47 | 20 03 |
| 26 | 26 16 | 13 15 | 21 20 | 12 41 | 20 00 |
| 27 | 26 10 | 13 23 | 21 43 | 12 34 | 19 57 |
| 28 | 26 03 | 13 31 | 22 07 | 12 27 | 19 55 |
| 29 | 25 57 | 13 40 | 22 30 | 12 20 | 19 52 |
| 30 | 25 51 | 13 49 | 22 53 | 12 12 | 19 49 |
| 31 | 25 46 | 13 59 | 23 16 | 12 03 | 19 47 |

## Lunar Data

| Last Asp. | | Ingress | | |
|---|---|---|---|---|
| 1 | 22:04 | 1 | ♓ | 22:37 |
| 3 | 20:36 | 3 | ♈ | 23:25 |
| 5 | 23:31 | 6 | ♉ | 01:31 |
| 8 | 04:47 | 8 | ♊ | 05:41 |
| 10 | 11:46 | 10 | ♋ | 12:10 |
| 12 | 17:45 | 12 | ♌ | 20:53 |
| 15 | 04:37 | 15 | ♍ | 07:47 |
| 17 | 17:17 | 17 | ♎ | 20:24 |
| 20 | 02:57 | 20 | ♏ | 09:25 |
| 22 | 19:32 | 22 | ♐ | 20:42 |
| 24 | 22:05 | 25 | ♑ | 04:23 |
| 27 | 07:20 | 27 | ♒ | 08:04 |
| 29 | 07:04 | 29 | ♓ | 08:52 |
| 31 | 06:55 | 31 | ♈ | 08:34 |

## Declinations

0:00 E.T.

| D | ☉ | ☽ | ☿ | ♀ | ♂ | ♃ | ♄ | ♅ | ♆ | ♇ | ⚳ | ⚴ | ⚵ | ⚶ | ⚷ |
|---|---|---|---|---|---|---|---|---|---|---|---|---|---|---|---|
| 1 | +18 09 | -12 30 | +17 17 | +06 37 | +22 07 | +13 03 | -17 50 | +07 24 | -08 52 | -20 48 | -30 43 | +20 31 | +07 42 | -03 03 | +00 46 |
| 2 | 17 54 | 08 41 | 16 39 | 06 30 | 22 00 | 12 59 | 17 51 | 07 24 | 08 52 | 20 49 | 30 47 | 20 20 | 07 35 | 03 05 | 00 46 |
| 3 | 17 38 | 04 19 | 16 00 | 06 24 | 21 53 | 12 54 | 17 51 | 07 24 | 08 53 | 20 49 | 30 51 | 20 09 | 07 28 | 03 08 | 00 45 |
| 4 | 17 23 | +00 17 | 15 21 | 06 19 | 21 46 | 12 50 | 17 51 | 07 23 | 08 53 | 20 49 | 30 56 | 19 58 | 07 21 | 03 10 | 00 44 |
| 5 | 17 07 | 04 48 | 14 40 | 06 16 | 21 39 | 12 46 | 17 51 | 07 23 | 08 54 | 20 50 | 31 00 | 19 47 | 07 14 | 03 13 | 00 44 |
| 6 | 16 50 | 08 58 | 13 59 | 06 13 | 21 31 | 12 41 | 17 52 | 07 23 | 08 54 | 20 50 | 31 04 | 19 36 | 07 07 | 03 16 | 00 43 |
| 7 | 16 34 | 12 32 | 13 18 | 06 11 | 21 24 | 12 37 | 17 52 | 07 23 | 08 55 | 20 50 | 31 07 | 19 25 | 07 00 | 03 19 | 00 42 |
| 8 | 16 17 | 15 20 | 12 35 | 06 09 | 21 16 | 12 32 | 17 52 | 07 22 | 08 56 | 20 50 | 31 11 | 19 14 | 06 53 | 03 22 | 00 41 |
| 9 | 16 00 | 17 15 | 11 53 | 06 09 | 21 08 | 12 28 | 17 53 | 07 22 | 08 56 | 20 51 | 31 14 | 19 02 | 06 45 | 03 26 | 00 41 |
| 10 | 15 43 | 18 11 | 11 10 | 06 10 | 21 00 | 12 23 | 17 53 | 07 22 | 08 57 | 20 51 | 31 18 | 18 51 | 06 38 | 03 29 | 00 40 |
| 11 | 15 25 | 18 09 | 10 27 | 06 12 | 20 52 | 12 19 | 17 54 | 07 22 | 08 57 | 20 51 | 31 21 | 18 40 | 06 31 | 03 33 | 00 39 |
| 12 | 15 08 | 17 13 | 09 44 | 06 15 | 20 43 | 12 14 | 17 54 | 07 21 | 08 58 | 20 51 | 31 24 | 18 28 | 06 24 | 03 37 | 00 38 |
| 13 | 14 50 | 15 26 | 09 01 | 06 18 | 20 35 | 12 10 | 17 55 | 07 21 | 08 59 | 20 52 | 31 26 | 18 17 | 06 17 | 03 41 | 00 38 |
| 14 | 14 31 | 12 59 | 08 18 | 06 22 | 20 26 | 12 05 | 17 55 | 07 21 | 08 59 | 20 52 | 31 29 | 18 05 | 06 09 | 03 45 | 00 37 |
| 15 | 14 13 | 10 00 | 07 35 | 06 28 | 20 18 | 12 01 | 17 56 | 07 20 | 09 00 | 20 52 | 31 31 | 17 54 | 06 02 | 03 50 | 00 36 |
| 16 | 13 54 | 06 38 | 06 52 | 06 33 | 20 09 | 11 56 | 17 56 | 07 20 | 09 00 | 20 52 | 31 34 | 17 42 | 05 55 | 03 54 | 00 35 |
| 17 | 13 35 | 03 02 | 06 09 | 06 40 | 20 00 | 11 51 | 17 57 | 07 20 | 09 01 | 20 53 | 31 36 | 17 30 | 05 48 | 03 59 | 00 34 |
| 18 | 13 16 | -00 40 | 05 26 | 06 47 | 19 51 | 11 47 | 17 57 | 07 19 | 09 02 | 20 53 | 31 38 | 17 19 | 05 40 | 04 04 | 00 33 |
| 19 | 12 57 | 04 19 | 04 44 | 06 55 | 19 41 | 11 42 | 17 58 | 07 19 | 09 02 | 20 53 | 31 40 | 17 07 | 05 33 | 04 09 | 00 32 |
| 20 | 12 37 | 07 49 | 04 01 | 07 03 | 19 32 | 11 38 | 17 58 | 07 18 | 09 03 | 20 53 | 31 42 | 16 55 | 05 25 | 04 14 | 00 31 |
| 21 | 12 17 | 11 01 | 03 20 | 07 12 | 19 22 | 11 33 | 17 59 | 07 18 | 09 03 | 20 53 | 31 43 | 16 44 | 05 18 | 04 20 | 00 30 |
| 22 | 11 57 | 13 49 | 02 38 | 07 21 | 19 13 | 11 28 | 18 00 | 07 17 | 09 04 | 20 54 | 31 44 | 16 32 | 05 11 | 04 25 | 00 30 |
| 23 | 11 37 | 16 03 | 01 57 | 07 31 | 19 03 | 11 24 | 18 00 | 07 17 | 09 05 | 20 54 | 31 46 | 16 20 | 05 03 | 04 31 | 00 29 |
| 24 | 11 17 | 17 33 | 01 16 | 07 41 | 18 53 | 11 19 | 18 01 | 07 16 | 09 05 | 20 54 | 31 47 | 16 09 | 04 56 | 04 37 | 00 28 |
| 25 | 10 56 | 18 12 | 00 36 | 07 51 | 18 43 | 11 14 | 18 02 | 07 16 | 09 06 | 20 54 | 31 48 | 15 57 | 04 48 | 04 43 | 00 27 |
| 26 | 10 36 | 17 50 | -00 03 | 08 01 | 18 33 | 11 10 | 18 02 | 07 15 | 09 06 | 20 55 | 31 49 | 15 45 | 04 41 | 04 49 | 00 26 |
| 27 | 10 15 | 16 24 | 00 42 | 08 11 | 18 22 | 11 05 | 18 03 | 07 15 | 09 07 | 20 55 | 31 49 | 15 34 | 04 33 | 04 55 | 00 25 |
| 28 | 09 54 | 13 53 | 01 20 | 08 21 | 18 12 | 11 00 | 18 04 | 07 14 | 09 08 | 20 55 | 31 50 | 15 22 | 04 26 | 05 01 | 00 24 |
| 29 | 09 33 | 10 25 | 01 58 | 08 32 | 18 01 | 10 56 | 18 05 | 07 14 | 09 08 | 20 55 | 31 50 | 15 11 | 04 18 | 05 08 | 00 23 |
| 30 | 09 11 | 06 13 | 02 35 | 08 42 | 17 51 | 10 51 | 18 05 | 07 13 | 09 09 | 20 56 | 31 51 | 14 59 | 04 11 | 05 14 | 00 22 |
| 31 | 08 50 | 01 36 | 03 11 | 08 52 | 17 40 | 10 46 | 18 06 | 07 12 | 09 10 | 20 56 | 31 51 | 14 48 | 04 03 | 05 21 | 00 20 |

Lunar Phases -- 7 ◑ 02:04 14 ● 14:55 22 ◐ 19:32 29 ○ 18:36 Sun enters ♍ 8/23 10:39

## 0:00 E.T. Longitudes of Main Planets - September 2015

| D | S.T. | ☉ | ☽ | ☽ 12:00 | ☿ | ♀ | ♂ | ♃ | ♄ | ♅ | ♆ | ♇ | ☊ |
|---|---|---|---|---|---|---|---|---|---|---|---|---|---|
| 1 | 22:39:22 | 08♍15 29 | 09♈39 | 17♈06 | 05♎05 | 14♌58℞ | 14♌47 | 04♍27 | 28♏59 | 19♈59℞ | 08♓25℞ | 13♑07℞ | 02♎04 |
| 2 | 22:43:19 | 09 13 31 | 24 29 | 01♉47 | 06 10 | 14 46 | 15 25 | 04 40 | 29 02 | 19 57 | 08 23 | 13 06 | 02 01 |
| 3 | 22:47:15 | 10 11 34 | 09♉01 | 16 08 | 07 12 | 14 37 | 16 03 | 04 53 | 29 05 | 19 56 | 08 21 | 13 06 | 01 58 |
| 4 | 22:51:12 | 11 09 40 | 23 10 | 00♊06 | 08 12 | 14 30 | 16 41 | 05 06 | 29 08 | 19 54 | 08 20 | 13 05 | 01 55 |
| 5 | 22:55:08 | 12 07 48 | 06♊57 | 13 42 | 09 09 | 14 25 | 17 20 | 05 19 | 29 11 | 19 52 | 08 18 | 13 04 | 01 51 |
| 6 | 22:59:05 | 13 05 58 | 20 21 | 26 55 | 10 04 | 14 23 | 17 58 | 05 32 | 29 15 | 19 51 | 08 16 | 13 04 | 01 48 |
| 7 | 23:03:01 | 14 04 09 | 03♋24 | 09♋49 | 10 55 | 14 24D | 18 36 | 05 45 | 29 18 | 19 49 | 08 15 | 13 03 | 01 45 |
| 8 | 23:06:58 | 15 02 23 | 16 10 | 22 26 | 11 43 | 14 26 | 19 14 | 05 58 | 29 21 | 19 47 | 08 13 | 13 03 | 01 42 |
| 9 | 23:10:54 | 16 00 39 | 28 39 | 04♌49 | 12 28 | 14 31 | 19 52 | 06 11 | 29 25 | 19 45 | 08 11 | 13 02 | 01 39 |
| 10 | 23:14:51 | 16 58 57 | 10♌56 | 17 00 | 13 10 | 14 39 | 20 30 | 06 24 | 29 28 | 19 43 | 08 10 | 13 02 | 01 35 |
| 11 | 23:18:48 | 17 57 16 | 23 02 | 29 02 | 13 47 | 14 48 | 21 08 | 06 37 | 29 32 | 19 41 | 08 08 | 13 01 | 01 32 |
| 12 | 23:22:44 | 18 55 38 | 05♍00 | 10♍57 | 14 20 | 15 00 | 21 46 | 06 50 | 29 36 | 19 39 | 08 07 | 13 01 | 01 29 |
| 13 | 23:26:41 | 19 54 01 | 16 52 | 22 47 | 14 49 | 15 13 | 22 24 | 07 03 | 29 39 | 19 37 | 08 05 | 13 01 | 01 26 |
| 14 | 23:30:37 | 20 52 26 | 28 40 | 04♎34 | 15 13 | 15 29 | 23 01 | 07 16 | 29 43 | 19 35 | 08 03 | 13 00 | 01 23 |
| 15 | 23:34:34 | 21 50 53 | 10♎27 | 16 20 | 15 32 | 15 46 | 23 39 | 07 29 | 29 47 | 19 33 | 08 02 | 13 00 | 01 20 |
| 16 | 23:38:30 | 22 49 22 | 22 15 | 28 09 | 15 46 | 16 06 | 24 17 | 07 42 | 29 51 | 19 31 | 08 00 | 13 00 | 01 16 |
| 17 | 23:42:27 | 23 47 53 | 04♏06 | 10♏03 | 15 53 | 16 27 | 24 55 | 07 54 | 29 55 | 19 29 | 07 59 | 12 59 | 01 13 |
| 18 | 23:46:23 | 24 46 25 | 16 03 | 22 06 | 15 55℞ | 16 50 | 25 33 | 08 07 | 00 00 | 19 27 | 07 57 | 12 59 | 01 10 |
| 19 | 23:50:20 | 25 44 59 | 28 11 | 04♐20 | 15 50 | 17 15 | 26 10 | 08 20 | 00♐04 | 19 25 | 07 55 | 12 59 | 01 07 |
| 20 | 23:54:17 | 26 43 35 | 10♐34 | 16 51 | 15 39 | 17 41 | 26 48 | 08 33 | 00 08 | 19 22 | 07 54 | 12 59 | 01 04 |
| 21 | 23:58:13 | 27 42 12 | 23 14 | 29 42 | 15 20 | 18 09 | 27 26 | 08 45 | 00 12 | 19 20 | 07 52 | 12 59 | 01 01 |
| 22 | 0:02:10 | 28 40 52 | 06♑15 | 12♑56 | 14 54 | 18 39 | 28 04 | 08 58 | 00 17 | 19 18 | 07 51 | 12 59 | 00 57 |
| 23 | 0:06:06 | 29 39 32 | 19 42 | 26 35 | 14 22 | 19 10 | 28 41 | 09 11 | 00 22 | 19 16 | 07 49 | 12 58 | 00 54 |
| 24 | 0:10:03 | 00♎38 15 | 03♒35 | 10♒42 | 13 42 | 19 43 | 29 19 | 09 23 | 00 26 | 19 14 | 07 48 | 12 58 | 00 51 |
| 25 | 0:13:59 | 01 36 59 | 17 55 | 25 14 | 12 55 | 20 16 | 29 56 | 09 36 | 00 31 | 19 11 | 07 46 | 12 58 | 00 48 |
| 26 | 0:17:56 | 02 35 45 | 02♓38 | 10♓07 | 12 03 | 20 52 | 00♍34 | 09 48 | 00 36 | 19 09 | 07 45 | 12 58D | 00 45 |
| 27 | 0:21:52 | 03 34 32 | 17 40 | 25 15 | 11 04 | 21 28 | 01 11 | 10 01 | 00 40 | 19 07 | 07 44 | 12 58 | 00 41 |
| 28 | 0:25:49 | 04 33 22 | 02♈51 | 10♈28 | 10 02 | 22 06 | 01 49 | 10 13 | 00 45 | 19 04 | 07 42 | 12 58 | 00 38 |
| 29 | 0:29:46 | 05 32 13 | 18 04 | 25 38 | 08 56 | 22 45 | 02 26 | 10 26 | 00 50 | 19 02 | 07 41 | 12 59 | 00 35 |
| 30 | 0:33:42 | 06 31 07 | 03♉08 | 10♉35 | 07 48 | 23 25 | 03 04 | 10 38 | 00 55 | 19 00 | 07 39 | 12 59 | 00 32 |

## 0:00 E.T. Longitudes of the Major Asteroids and Chiron

| D | ⚳ | ⚴ | ⚵ | ⚶ | ⚷ | D | ⚳ | ⚴ | ⚵ | ⚶ | ⚷ |
|---|---|---|---|---|---|---|---|---|---|---|---|
| 1 | 25♑40℞ | 14♐08 | 23♍40 | 11♈55℞ | 19♓44℞ | 16 | 25 06 | 17 04 | 29 27 | 08 58 | 19 02 |
| 2 | 25 36 | 14 18 | 24 03 | 11 45 | 19 41 | 17 | 25 07 | 17 17 | 29 50 | 08 44 | 19 00 |
| 3 | 25 31 | 14 28 | 24 26 | 11 36 | 19 38 | 18 | 25 08 | 17 31 | 00♎13 | 08 30 | 18 57 |
| 4 | 25 27 | 14 39 | 24 49 | 11 26 | 19 36 | 19 | 25 09 | 17 45 | 00 37 | 08 15 | 18 54 |
| 5 | 25 23 | 14 50 | 25 12 | 11 15 | 19 33 | 20 | 25 11 | 17 59 | 01 00 | 08 00 | 18 51 |
| 6 | 25 20 | 15 01 | 25 36 | 11 05 | 19 30 | 21 | 25 13 | 18 13 | 01 23 | 07 45 | 18 49 |
| 7 | 25 17 | 15 12 | 25 59 | 10 53 | 19 27 | 22 | 25 15 | 18 28 | 01 46 | 07 30 | 18 46 |
| 8 | 25 14 | 15 23 | 26 22 | 10 42 | 19 25 | 23 | 25 18 | 18 42 | 02 09 | 07 15 | 18 43 |
| 9 | 25 12 | 15 35 | 26 45 | 10 30 | 19 22 | 24 | 25 21 | 18 57 | 02 32 | 07 00 | 18 40 |
| 10 | 25 10 | 15 47 | 27 08 | 10 18 | 19 19 | 25 | 25 24 | 19 12 | 02 55 | 06 45 | 18 38 |
| 11 | 25 09 | 15 59 | 27 32 | 10 05 | 19 16 | 26 | 25 28 | 19 28 | 03 18 | 06 29 | 18 35 |
| 12 | 25 07 | 16 12 | 27 55 | 09 52 | 19 14 | 27 | 25 32 | 19 43 | 03 40 | 06 14 | 18 32 |
| 13 | 25 07 | 16 24 | 28 18 | 09 39 | 19 11 | 28 | 25 37 | 19 59 | 04 03 | 05 58 | 18 30 |
| 14 | 25 06 | 16 37 | 28 41 | 09 26 | 19 08 | 29 | 25 41 | 20 14 | 04 26 | 05 43 | 18 27 |
| 15 | 25 06D | 16 50 | 29 04 | 09 12 | 19 05 | 30 | 25 46 | 20 30 | 04 49 | 05 28 | 18 25 |

## Lunar Data

| Last Asp. | | Ingress | | |
|---|---|---|---|---|
| 1 | 16:39 | 2 | ♉ | 09:03 |
| 4 | 10:21 | 4 | ♊ | 11:49 |
| 5 | 23:05 | 6 | ♋ | 17:41 |
| 9 | 01:29 | 9 | ♌ | 02:37 |
| 11 | 13:04 | 11 | ♍ | 13:57 |
| 14 | 02:09 | 14 | ♎ | 02:42 |
| 16 | 04:23 | 16 | ♏ | 15:44 |
| 18 | 19:50 | 19 | ♐ | 03:32 |
| 21 | 09:00 | 21 | ♑ | 12:34 |
| 22 | 23:13 | 23 | ♒ | 17:52 |
| 25 | 04:03 | 25 | ♓ | 19:44 |
| 26 | 16:33 | 27 | ♈ | 19:30 |
| 29 | 07:46 | 29 | ♉ | 18:58 |

## 0:00 E.T. Declinations

| D | ☉ | ☽ | ☿ | ♀ | ♂ | ♃ | ♄ | ♅ | ♆ | ♇ | ⚳ | ⚴ | ⚵ | ⚶ | ⚷ |
|---|---|---|---|---|---|---|---|---|---|---|---|---|---|---|---|
| 1 | +08 28 | +03 06 | -03 46 | +09 01 | +17 29 | +10 42 | -18 07 | +07 12 | -09 10 | -20 56 | -31 51 | +14 36 | +03 56 | -05 27 | +00 19 |
| 2 | 08 07 | 07 32 | 04 20 | 09 11 | 17 18 | 10 37 | 18 08 | 07 11 | 09 11 | 20 56 | 31 51 | 14 25 | 03 48 | 05 34 | 00 18 |
| 3 | 07 45 | 11 25 | 04 53 | 09 20 | 17 07 | 10 32 | 18 09 | 07 10 | 09 12 | 20 56 | 31 50 | 14 13 | 03 41 | 05 41 | 00 17 |
| 4 | 07 23 | 14 32 | 05 25 | 09 29 | 16 56 | 10 27 | 18 10 | 07 10 | 09 12 | 20 57 | 31 50 | 14 02 | 03 33 | 05 48 | 00 16 |
| 5 | 07 01 | 16 43 | 05 56 | 09 38 | 16 44 | 10 23 | 18 10 | 07 09 | 09 13 | 20 57 | 31 50 | 13 50 | 03 26 | 05 55 | 00 15 |
| 6 | 06 38 | 17 55 | 06 25 | 09 46 | 16 33 | 10 18 | 18 11 | 07 08 | 09 13 | 20 57 | 31 49 | 13 39 | 03 18 | 06 02 | 00 14 |
| 7 | 06 16 | 18 08 | 06 53 | 09 54 | 16 22 | 10 13 | 18 12 | 07 08 | 09 14 | 20 57 | 31 48 | 13 28 | 03 11 | 06 10 | 00 13 |
| 8 | 05 54 | 17 24 | 07 20 | 10 01 | 16 10 | 10 09 | 18 13 | 07 07 | 09 15 | 20 57 | 31 47 | 13 17 | 03 03 | 06 17 | 00 12 |
| 9 | 05 31 | 15 51 | 07 45 | 10 08 | 15 58 | 10 04 | 18 14 | 07 06 | 09 15 | 20 58 | 31 46 | 13 05 | 02 55 | 06 24 | 00 11 |
| 10 | 05 08 | 13 36 | 08 08 | 10 15 | 15 46 | 09 59 | 18 15 | 07 06 | 09 16 | 20 58 | 31 45 | 12 54 | 02 48 | 06 31 | 00 09 |
| 11 | 04 46 | 10 46 | 08 30 | 10 21 | 15 35 | 09 54 | 18 16 | 07 05 | 09 16 | 20 58 | 31 44 | 12 43 | 02 40 | 06 39 | 00 08 |
| 12 | 04 23 | 07 32 | 08 49 | 10 27 | 15 23 | 09 50 | 18 17 | 07 04 | 09 17 | 20 58 | 31 43 | 12 32 | 02 33 | 06 46 | 00 07 |
| 13 | 04 00 | 04 00 | 09 07 | 10 32 | 15 11 | 09 45 | 18 18 | 07 03 | 09 18 | 20 58 | 31 42 | 12 21 | 02 25 | 06 54 | 00 06 |
| 14 | 03 37 | 00 20 | 09 22 | 10 36 | 14 58 | 09 40 | 18 19 | 07 03 | 09 18 | 20 59 | 31 40 | 12 10 | 02 18 | 07 01 | 00 05 |
| 15 | 03 14 | -03 20 | 09 34 | 10 40 | 14 46 | 09 36 | 18 20 | 07 02 | 09 19 | 20 59 | 31 39 | 12 00 | 02 10 | 07 08 | 00 04 |
| 16 | 02 51 | 06 52 | 09 44 | 10 44 | 14 34 | 09 31 | 18 21 | 07 01 | 09 19 | 20 59 | 31 37 | 11 49 | 02 03 | 07 16 | 00 03 |
| 17 | 02 28 | 10 09 | 09 50 | 10 47 | 14 21 | 09 26 | 18 22 | 07 00 | 09 20 | 20 59 | 31 35 | 11 38 | 01 55 | 07 23 | 00 01 |
| 18 | 02 05 | 13 02 | 09 54 | 10 49 | 14 09 | 09 21 | 18 23 | 06 59 | 09 21 | 20 59 | 31 33 | 11 28 | 01 48 | 07 30 | 00 00 |
| 19 | 01 41 | 15 24 | 09 54 | 10 51 | 13 56 | 09 17 | 18 24 | 06 59 | 09 21 | 20 59 | 31 31 | 11 17 | 01 40 | 07 37 | -00 01 |
| 20 | 01 18 | 17 06 | 09 50 | 10 52 | 13 44 | 09 12 | 18 26 | 06 58 | 09 22 | 21 00 | 31 29 | 11 07 | 01 32 | 07 45 | 00 02 |
| 21 | 00 55 | 18 01 | 09 42 | 10 53 | 13 31 | 09 07 | 18 27 | 06 57 | 09 22 | 21 00 | 31 27 | 10 56 | 01 25 | 07 52 | 00 03 |
| 22 | 00 31 | 18 01 | 09 31 | 10 53 | 13 18 | 09 03 | 18 28 | 06 56 | 09 23 | 21 00 | 31 25 | 10 46 | 01 17 | 07 59 | 00 04 |
| 23 | 00 08 | 17 01 | 09 15 | 10 53 | 13 06 | 08 58 | 18 29 | 06 55 | 09 24 | 21 00 | 31 23 | 10 36 | 01 10 | 08 06 | 00 06 |
| 24 | -00 15 | 15 00 | 08 54 | 10 52 | 12 53 | 08 53 | 18 30 | 06 54 | 09 24 | 21 00 | 31 21 | 10 25 | 01 02 | 08 13 | 00 07 |
| 25 | 00 39 | 12 01 | 08 30 | 10 50 | 12 40 | 08 49 | 18 31 | 06 53 | 09 25 | 21 00 | 31 18 | 10 15 | 00 55 | 08 19 | 00 08 |
| 26 | 01 02 | 08 11 | 08 01 | 10 48 | 12 27 | 08 44 | 18 32 | 06 53 | 09 25 | 21 01 | 31 16 | 10 05 | 00 48 | 08 26 | 00 09 |
| 27 | 01 25 | 03 45 | 07 28 | 10 46 | 12 13 | 08 40 | 18 34 | 06 52 | 09 26 | 21 01 | 31 13 | 09 55 | 00 40 | 08 32 | 00 10 |
| 28 | 01 49 | +00 59 | 06 52 | 10 42 | 12 00 | 08 35 | 18 35 | 06 51 | 09 26 | 21 01 | 31 10 | 09 45 | 00 33 | 08 39 | 00 11 |
| 29 | 02 12 | 05 39 | 06 13 | 10 38 | 11 47 | 08 30 | 18 36 | 06 50 | 09 27 | 21 01 | 31 08 | 09 36 | 00 25 | 08 45 | 00 13 |
| 30 | 02 35 | 09 54 | 05 31 | 10 34 | 11 34 | 08 26 | 18 37 | 06 49 | 09 27 | 21 01 | 31 05 | 09 26 | 00 18 | 08 51 | 00 14 |

Lunar Phases -- 5 ◑ 09:55   13 ● 06:43   21 ◐ 09:00   28 Ⓔ 02:52   Sun enters ♎ 9/23 08:22

## Longitudes of Main Planets - October 2015

0:00 E.T.

| D | S.T. | ☉ | ☽ | ☽ 12:00 | ☿ | ♀ | ♂ | ♃ | ♄ | ♅ | ♆ | ♇ | ☊ |
|---|---|---|---|---|---|---|---|---|---|---|---|---|---|
| 1 | 0:37:39 | 07♎30 03 | 17♉56 | 25♉11 | 06♎41℞ | 24♌07 | 03♍41 | 10♍50 | 01♐00 | 18♈57℞ | 07♓38℞ | 12♑59 | 00♎29 |
| 2 | 0:41:35 | 08 29 01 | 02♊20 | 09♊22 | 05 35 | 24 49 | 04 19 | 11 03 | 01 06 | 18 55 | 07 37 | 12 59 | 00 26 |
| 3 | 0:45:32 | 09 28 01 | 16 17 | 23 06 | 04 33 | 25 33 | 04 56 | 11 15 | 01 11 | 18 53 | 07 35 | 12 59 | 00 22 |
| 4 | 0:49:28 | 10 27 04 | 29 47 | 06♋23 | 03 36 | 26 17 | 05 33 | 11 27 | 01 16 | 18 50 | 07 34 | 13 00 | 00 19 |
| 5 | 0:53:25 | 11 26 09 | 12♋52 | 19 16 | 02 46 | 27 03 | 06 11 | 11 39 | 01 21 | 18 48 | 07 33 | 13 00 | 00 16 |
| 6 | 0:57:21 | 12 25 16 | 25 34 | 01♌48 | 02 04 | 27 49 | 06 48 | 11 51 | 01 27 | 18 45 | 07 31 | 13 00 | 00 13 |
| 7 | 1:01:18 | 13 24 26 | 07♌57 | 14 03 | 01 31 | 28 36 | 07 25 | 12 03 | 01 32 | 18 43 | 07 30 | 13 00 | 00 10 |
| 8 | 1:05:15 | 14 23 38 | 20 05 | 26 05 | 01 08 | 29 24 | 08 03 | 12 15 | 01 38 | 18 40 | 07 29 | 13 01 | 00 07 |
| 9 | 1:09:11 | 15 22 52 | 02♍03 | 07♍59 | 00 56 | 00♍13 | 08 40 | 12 27 | 01 43 | 18 38 | 07 28 | 13 01 | 00 03 |
| 10 | 1:13:08 | 16 22 08 | 13 54 | 19 48 | 00 55D | 01 03 | 09 17 | 12 39 | 01 49 | 18 36 | 07 26 | 13 02 | 00 00 |
| 11 | 1:17:04 | 17 21 27 | 25 42 | 01♎35 | 01 04 | 01 54 | 09 54 | 12 51 | 01 55 | 18 33 | 07 25 | 13 02 | 29♍57 |
| 12 | 1:21:01 | 18 20 47 | 07♎28 | 13 22 | 01 24 | 02 45 | 10 31 | 13 03 | 02 00 | 18 31 | 07 24 | 13 03 | 29 54 |
| 13 | 1:24:57 | 19 20 10 | 19 17 | 25 13 | 01 54 | 03 37 | 11 08 | 13 15 | 02 06 | 18 28 | 07 23 | 13 03 | 29 51 |
| 14 | 1:28:54 | 20 19 35 | 01♏10 | 07♏08 | 02 33 | 04 30 | 11 45 | 13 26 | 02 12 | 18 26 | 07 22 | 13 04 | 29 47 |
| 15 | 1:32:50 | 21 19 01 | 13 09 | 19 11 | 03 20 | 05 23 | 12 22 | 13 38 | 02 18 | 18 23 | 07 21 | 13 04 | 29 44 |
| 16 | 1:36:47 | 22 18 30 | 25 15 | 01♐22 | 04 16 | 06 17 | 13 00 | 13 49 | 02 24 | 18 21 | 07 20 | 13 05 | 29 41 |
| 17 | 1:40:44 | 23 18 01 | 07♐32 | 13 45 | 05 18 | 07 12 | 13 37 | 14 01 | 02 30 | 18 19 | 07 19 | 13 06 | 29 38 |
| 18 | 1:44:40 | 24 17 33 | 20 01 | 26 20 | 06 27 | 08 07 | 14 13 | 14 12 | 02 36 | 18 16 | 07 18 | 13 06 | 29 35 |
| 19 | 1:48:37 | 25 17 08 | 02♑44 | 09♑12 | 07 42 | 09 03 | 14 50 | 14 23 | 02 42 | 18 14 | 07 17 | 13 07 | 29 32 |
| 20 | 1:52:33 | 26 16 44 | 15 44 | 22 22 | 09 01 | 09 59 | 15 27 | 14 35 | 02 48 | 18 11 | 07 16 | 13 08 | 29 28 |
| 21 | 1:56:30 | 27 16 21 | 29 04 | 05♒52 | 10 24 | 10 56 | 16 04 | 14 46 | 02 54 | 18 09 | 07 15 | 13 08 | 29 25 |
| 22 | 2:00:26 | 28 16 01 | 12♒46 | 19 45 | 11 50 | 11 54 | 16 41 | 14 57 | 03 01 | 18 06 | 07 14 | 13 09 | 29 22 |
| 23 | 2:04:23 | 29 15 42 | 26 50 | 04♓01 | 13 20 | 12 52 | 17 18 | 15 08 | 03 07 | 18 04 | 07 13 | 13 10 | 29 19 |
| 24 | 2:08:19 | 00♏15 25 | 11♓16 | 18 37 | 14 52 | 13 50 | 17 55 | 15 19 | 03 13 | 18 02 | 07 12 | 13 11 | 29 16 |
| 25 | 2:12:16 | 01 15 09 | 26 02 | 03♈31 | 16 26 | 14 49 | 18 31 | 15 30 | 03 20 | 17 59 | 07 11 | 13 12 | 29 13 |
| 26 | 2:16:13 | 02 14 56 | 11♈02 | 18 35 | 18 01 | 15 48 | 19 08 | 15 40 | 03 26 | 17 57 | 07 11 | 13 13 | 29 09 |
| 27 | 2:20:09 | 03 14 44 | 26 08 | 03♉41 | 19 38 | 16 48 | 19 45 | 15 51 | 03 33 | 17 55 | 07 10 | 13 14 | 29 06 |
| 28 | 2:24:06 | 04 14 34 | 11♉12 | 18 40 | 21 15 | 17 49 | 20 21 | 16 02 | 03 39 | 17 52 | 07 09 | 13 15 | 29 03 |
| 29 | 2:28:02 | 05 14 26 | 26 04 | 03♊23 | 22 54 | 18 49 | 20 58 | 16 12 | 03 46 | 17 50 | 07 08 | 13 16 | 29 00 |
| 30 | 2:31:59 | 06 14 20 | 10♊37 | 17 44 | 24 32 | 19 51 | 21 35 | 16 23 | 03 52 | 17 48 | 07 08 | 13 17 | 28 57 |
| 31 | 2:35:55 | 07 14 16 | 24 44 | 01♋37 | 26 12 | 20 52 | 22 11 | 16 33 | 03 59 | 17 46 | 07 07 | 13 18 | 28 53 |

0:00 E.T.

## Longitudes of the Major Asteroids and Chiron

| D | ⚳ | ⚴ | ⚵ | ⚶ | ⚷ | D | ⚳ | ⚴ | ⚵ | ⚶ | ⚷ |
|---|---|---|---|---|---|---|---|---|---|---|---|
| 1 | 25♑52 | 20♐46 | 05♎12 | 05♈12℞ | 18♓22℞ | 17 | 27 58 | 25 24 | 11 13 | 01 28 | 17 44 |
| 2 | 25 57 | 21 03 | 05 35 | 04 57 | 18 19 | 18 | 28 08 | 25 42 | 11 36 | 01 16 | 17 42 |
| 3 | 26 03 | 21 19 | 05 58 | 04 42 | 18 17 | 19 | 28 19 | 26 00 | 11 58 | 01 04 | 17 40 |
| 4 | 26 10 | 21 36 | 06 20 | 04 27 | 18 14 | 20 | 28 29 | 26 19 | 12 20 | 00 53 | 17 38 |
| 5 | 26 16 | 21 52 | 06 43 | 04 11 | 18 12 | 21 | 28 40 | 26 38 | 12 42 | 00 43 | 17 36 |
| 6 | 26 23 | 22 09 | 07 06 | 03 57 | 18 09 | 22 | 28 52 | 26 57 | 13 04 | 00 32 | 17 34 |
| 7 | 26 30 | 22 26 | 07 28 | 03 42 | 18 07 | 23 | 29 03 | 27 16 | 13 27 | 00 22 | 17 32 |
| 8 | 26 38 | 22 43 | 07 51 | 03 27 | 18 04 | 24 | 29 15 | 27 35 | 13 49 | 00 13 | 17 30 |
| 9 | 26 45 | 23 01 | 08 14 | 03 13 | 18 02 | 25 | 29 27 | 27 54 | 14 11 | 00 04 | 17 28 |
| 10 | 26 54 | 23 18 | 08 36 | 02 59 | 18 00 | 26 | 29 39 | 28 13 | 14 33 | 29♓55 | 17 27 |
| 11 | 27 02 | 23 36 | 08 59 | 02 45 | 17 57 | 27 | 29 52 | 28 33 | 14 54 | 29 47 | 17 25 |
| 12 | 27 11 | 23 53 | 09 21 | 02 31 | 17 55 | 28 | 00♒04 | 28 52 | 15 16 | 29 39 | 17 23 |
| 13 | 27 19 | 24 11 | 09 44 | 02 18 | 17 53 | 29 | 00 17 | 29 11 | 15 38 | 29 32 | 17 22 |
| 14 | 27 29 | 24 29 | 10 06 | 02 05 | 17 51 | 30 | 00 30 | 29 31 | 16 00 | 29 25 | 17 20 |
| 15 | 27 38 | 24 47 | 10 29 | 01 52 | 17 48 | 31 | 00 44 | 29 51 | 16 22 | 29 18 | 17 18 |
| 16 | 27 48 | 25 05 | 10 51 | 01 40 | 17 46 | | | | | | |

## Lunar Data

| Last Asp. | | Ingress | | |
|---|---|---|---|---|
| 1 | 10:45 | 1 | ♊ | 20:05 |
| 3 | 17:20 | 4 | ♋ | 00:23 |
| 5 | 11:06 | 6 | ♌ | 08:32 |
| 7 | 21:11 | 8 | ♍ | 19:52 |
| 9 | 22:13 | 11 | ♎ | 08:47 |
| 13 | 00:07 | 13 | ♏ | 21:39 |
| 15 | 00:59 | 16 | ♐ | 09:19 |
| 18 | 08:49 | 18 | ♑ | 18:53 |
| 20 | 20:32 | 21 | ♒ | 01:39 |
| 23 | 04:22 | 23 | ♓ | 05:18 |
| 24 | 11:19 | 25 | ♈ | 06:23 |
| 26 | 12:26 | 27 | ♉ | 06:08 |
| 28 | 15:21 | 29 | ♊ | 06:25 |
| 31 | 02:53 | 31 | ♋ | 09:11 |

0:00 E.T.

## Declinations

| D | ☉ | ☽ | ☿ | ♀ | ♂ | ♃ | ♄ | ♅ | ♆ | ♇ | ⚳ | ⚴ | ⚵ | ⚶ | ⚷ |
|---|---|---|---|---|---|---|---|---|---|---|---|---|---|---|---|
| 1 | -02 59 | +13 27 | -04 48 | +10 29 | +11 20 | +08 21 | -18 38 | +06 48 | -09 28 | -21 01 | -31 02 | +09 16 | +00 11 | -08 57 | -00 15 |
| 2 | 03 22 | 16 04 | 04 05 | 10 24 | 11 07 | 08 17 | 18 40 | 06 47 | 09 28 | 21 01 | 30 59 | 09 07 | 00 03 | 09 03 | 00 16 |
| 3 | 03 45 | 17 38 | 03 22 | 10 17 | 10 54 | 08 12 | 18 41 | 06 46 | 09 29 | 21 02 | 30 56 | 08 58 | -00 04 | 09 09 | 00 17 |
| 4 | 04 08 | 18 09 | 02 40 | 10 11 | 10 40 | 08 08 | 18 42 | 06 45 | 09 29 | 21 02 | 30 53 | 08 48 | 00 11 | 09 14 | 00 18 |
| 5 | 04 31 | 17 39 | 02 02 | 10 03 | 10 27 | 08 03 | 18 43 | 06 44 | 09 30 | 21 02 | 30 50 | 08 39 | 00 19 | 09 19 | 00 19 |
| 6 | 04 54 | 16 17 | 01 26 | 09 56 | 10 13 | 07 59 | 18 45 | 06 44 | 09 30 | 21 02 | 30 47 | 08 30 | 00 26 | 09 24 | 00 20 |
| 7 | 05 17 | 14 11 | 00 55 | 09 47 | 09 59 | 07 54 | 18 46 | 06 43 | 09 31 | 21 02 | 30 43 | 08 21 | 00 33 | 09 29 | 00 22 |
| 8 | 05 40 | 11 30 | 00 29 | 09 38 | 09 46 | 07 50 | 18 47 | 06 42 | 09 31 | 21 02 | 30 40 | 08 12 | 00 41 | 09 34 | 00 23 |
| 9 | 06 03 | 08 21 | 00 07 | 09 29 | 09 32 | 07 45 | 18 48 | 06 41 | 09 32 | 21 02 | 30 37 | 08 03 | 00 48 | 09 39 | 00 24 |
| 10 | 06 26 | 04 54 | +00 08 | 09 19 | 09 18 | 07 41 | 18 50 | 06 40 | 09 32 | 21 02 | 30 33 | 07 54 | 00 55 | 09 43 | 00 25 |
| 11 | 06 49 | 01 16 | 00 19 | 09 09 | 09 04 | 07 36 | 18 51 | 06 39 | 09 32 | 21 02 | 30 30 | 07 45 | 01 02 | 09 47 | 00 26 |
| 12 | 07 11 | -02 25 | 00 24 | 08 58 | 08 50 | 07 32 | 18 52 | 06 38 | 09 33 | 21 03 | 30 26 | 07 37 | 01 09 | 09 51 | 00 27 |
| 13 | 07 34 | 06 01 | 00 23 | 08 46 | 08 36 | 07 28 | 18 54 | 06 37 | 09 33 | 21 03 | 30 23 | 07 28 | 01 16 | 09 55 | 00 28 |
| 14 | 07 56 | 09 23 | 00 18 | 08 34 | 08 23 | 07 23 | 18 55 | 06 36 | 09 34 | 21 03 | 30 19 | 07 20 | 01 23 | 09 58 | 00 29 |
| 15 | 08 19 | 12 24 | 00 07 | 08 22 | 08 09 | 07 19 | 18 56 | 06 35 | 09 34 | 21 03 | 30 15 | 07 12 | 01 30 | 10 01 | 00 30 |
| 16 | 08 41 | 14 56 | -00 08 | 08 09 | 07 55 | 07 15 | 18 57 | 06 34 | 09 34 | 21 03 | 30 11 | 07 04 | 01 37 | 10 04 | 00 31 |
| 17 | 09 03 | 16 48 | 00 26 | 07 55 | 07 41 | 07 10 | 18 59 | 06 33 | 09 35 | 21 03 | 30 07 | 06 56 | 01 44 | 10 07 | 00 32 |
| 18 | 09 25 | 17 55 | 00 49 | 07 41 | 07 27 | 07 06 | 19 00 | 06 33 | 09 35 | 21 03 | 30 03 | 06 48 | 01 51 | 10 09 | 00 33 |
| 19 | 09 47 | 18 10 | 01 15 | 07 27 | 07 12 | 07 02 | 19 01 | 06 32 | 09 36 | 21 03 | 29 59 | 06 40 | 01 58 | 10 12 | 00 34 |
| 20 | 10 08 | 17 29 | 01 43 | 07 12 | 06 58 | 06 58 | 19 03 | 06 31 | 09 36 | 21 03 | 29 55 | 06 32 | 02 05 | 10 14 | 00 35 |
| 21 | 10 30 | 15 49 | 02 14 | 06 57 | 06 44 | 06 54 | 19 04 | 06 30 | 09 36 | 21 03 | 29 51 | 06 24 | 02 12 | 10 16 | 00 36 |
| 22 | 10 51 | 13 14 | 02 48 | 06 41 | 06 30 | 06 49 | 19 05 | 06 29 | 09 37 | 21 03 | 29 47 | 06 17 | 02 19 | 10 17 | 00 37 |
| 23 | 11 13 | 09 49 | 03 23 | 06 25 | 06 16 | 06 45 | 19 07 | 06 28 | 09 37 | 21 03 | 29 43 | 06 09 | 02 26 | 10 18 | 00 38 |
| 24 | 11 34 | 05 43 | 03 59 | 06 08 | 06 02 | 06 41 | 19 08 | 06 27 | 09 37 | 21 04 | 29 39 | 06 02 | 02 32 | 10 20 | 00 39 |
| 25 | 11 54 | 01 11 | 04 37 | 05 51 | 05 48 | 06 37 | 19 09 | 06 26 | 09 37 | 21 04 | 29 34 | 05 55 | 02 39 | 10 20 | 00 40 |
| 26 | 12 15 | +03 30 | 05 15 | 05 34 | 05 33 | 06 33 | 19 11 | 06 25 | 09 38 | 21 04 | 29 30 | 05 47 | 02 46 | 10 21 | 00 41 |
| 27 | 12 36 | 08 00 | 05 55 | 05 16 | 05 19 | 06 29 | 19 12 | 06 24 | 09 38 | 21 04 | 29 26 | 05 40 | 02 52 | 10 21 | 00 42 |
| 28 | 12 56 | 11 58 | 06 35 | 04 58 | 05 05 | 06 25 | 19 13 | 06 24 | 09 38 | 21 04 | 29 21 | 05 33 | 02 59 | 10 22 | 00 43 |
| 29 | 13 16 | 15 06 | 07 15 | 04 39 | 04 51 | 06 21 | 19 15 | 06 23 | 09 39 | 21 04 | 29 16 | 05 27 | 03 05 | 10 21 | 00 44 |
| 30 | 13 36 | 17 12 | 07 55 | 04 21 | 04 36 | 06 17 | 19 16 | 06 22 | 09 39 | 21 04 | 29 12 | 05 20 | 03 12 | 10 21 | 00 45 |
| 31 | 13 56 | 18 10 | 08 36 | 04 01 | 04 22 | 06 13 | 19 17 | 06 21 | 09 39 | 21 04 | 29 07 | 05 13 | 03 18 | 10 21 | 00 45 |

Lunar Phases -- 4 ◑ 21:07 13 ● 00:07 20 ◐ 20:32 27 ○ 12:06 Sun enters ♏ 10/23 17:48

## 0:00 E.T. — Longitudes of Main Planets - November 2015 — Nov. 15

| D | S.T. | ☉ | ☽ | ☽ 12:00 | ☿ | ♀ | ♂ | ♃ | ♄ | ♅ | ♆ | ♇ | ☊ |
|---|---|---|---|---|---|---|---|---|---|---|---|---|---|
| 1 | 2:39:52 | 08♏14 15 | 08♋23 | 15♋01 | 27♎51 | 21♍54 | 22♍48 | 16♍43 | 04♐05 | 17♈43℞ | 07♓06℞ | 13♑19 | 28♍50 |
| 2 | 2:43:48 | 09 14 15 | 21 33 | 27 59 | 29 30 | 22 57 | 23 24 | 16 54 | 04 12 | 17 41 | 07 06 | 13 20 | 28 47 |
| 3 | 2:47:45 | 10 14 18 | 04♌18 | 10♌32 | 01♏10 | 23 59 | 24 01 | 17 04 | 04 19 | 17 39 | 07 05 | 13 21 | 28 44 |
| 4 | 2:51:42 | 11 14 23 | 16 42 | 22 47 | 02 49 | 25 02 | 24 37 | 17 14 | 04 25 | 17 37 | 07 05 | 13 22 | 28 41 |
| 5 | 2:55:38 | 12 14 30 | 28 48 | 04♍47 | 04 28 | 26 06 | 25 13 | 17 24 | 04 32 | 17 35 | 07 04 | 13 23 | 28 38 |
| 6 | 2:59:35 | 13 14 38 | 10♍43 | 16 38 | 06 07 | 27 10 | 25 50 | 17 33 | 04 39 | 17 32 | 07 04 | 13 24 | 28 34 |
| 7 | 3:03:31 | 14 14 49 | 22 31 | 28 24 | 07 46 | 28 14 | 26 26 | 17 43 | 04 46 | 17 30 | 07 03 | 13 26 | 28 31 |
| 8 | 3:07:28 | 15 15 02 | 04♎17 | 10♎11 | 09 25 | 29 18 | 27 02 | 17 53 | 04 52 | 17 28 | 07 03 | 13 27 | 28 28 |
| 9 | 3:11:24 | 16 15 17 | 16 05 | 22 01 | 11 03 | 00♎23 | 27 39 | 18 02 | 04 59 | 17 26 | 07 03 | 13 28 | 28 25 |
| 10 | 3:15:21 | 17 15 34 | 27 59 | 03♏58 | 12 40 | 01 28 | 28 15 | 18 12 | 05 06 | 17 24 | 07 02 | 13 30 | 28 22 |
| 11 | 3:19:17 | 18 15 53 | 10♏00 | 16 04 | 14 18 | 02 33 | 28 51 | 18 21 | 05 13 | 17 22 | 07 02 | 13 31 | 28 19 |
| 12 | 3:23:14 | 19 16 13 | 22 10 | 28 19 | 15 55 | 03 39 | 29 27 | 18 30 | 05 20 | 17 20 | 07 02 | 13 32 | 28 15 |
| 13 | 3:27:11 | 20 16 35 | 04♐31 | 10♐46 | 17 32 | 04 45 | 00♎03 | 18 39 | 05 27 | 17 18 | 07 02 | 13 34 | 28 12 |
| 14 | 3:31:07 | 21 16 59 | 17 04 | 23 25 | 19 09 | 05 51 | 00 40 | 18 48 | 05 34 | 17 16 | 07 02 | 13 35 | 28 09 |
| 15 | 3:35:04 | 22 17 25 | 29 48 | 06♑15 | 20 45 | 06 57 | 01 16 | 18 57 | 05 41 | 17 14 | 07 01 | 13 36 | 28 06 |
| 16 | 3:39:00 | 23 17 51 | 12♑44 | 19 17 | 22 21 | 08 04 | 01 52 | 19 06 | 05 48 | 17 13 | 07 01 | 13 38 | 28 03 |
| 17 | 3:42:57 | 24 18 20 | 25 53 | 02♒33 | 23 57 | 09 10 | 02 28 | 19 14 | 05 55 | 17 11 | 07 01 | 13 39 | 27 59 |
| 18 | 3:46:53 | 25 18 49 | 09♒16 | 16 02 | 25 32 | 10 17 | 03 03 | 19 23 | 06 02 | 17 09 | 07 01 | 13 41 | 27 56 |
| 19 | 3:50:50 | 26 19 20 | 22 53 | 29 47 | 27 07 | 11 25 | 03 39 | 19 31 | 06 09 | 17 07 | 07 01D | 13 42 | 27 53 |
| 20 | 3:54:46 | 27 19 52 | 06♓45 | 13♓47 | 28 42 | 12 32 | 04 15 | 19 39 | 06 16 | 17 06 | 07 01 | 13 44 | 27 50 |
| 21 | 3:58:43 | 28 20 25 | 20 54 | 28 04 | 00♐17 | 13 40 | 04 51 | 19 47 | 06 23 | 17 04 | 07 01 | 13 45 | 27 47 |
| 22 | 4:02:40 | 29 20 59 | 05♈17 | 12♈34 | 01 51 | 14 48 | 05 27 | 19 55 | 06 30 | 17 02 | 07 01 | 13 47 | 27 44 |
| 23 | 4:06:36 | 00♐21 35 | 19 54 | 27 16 | 03 25 | 15 56 | 06 02 | 20 03 | 06 37 | 17 01 | 07 01 | 13 49 | 27 40 |
| 24 | 4:10:33 | 01 22 12 | 04♉39 | 12♉02 | 05 00 | 17 04 | 06 38 | 20 11 | 06 44 | 16 59 | 07 02 | 13 50 | 27 37 |
| 25 | 4:14:29 | 02 22 50 | 19 25 | 26 47 | 06 33 | 18 13 | 07 14 | 20 18 | 06 51 | 16 58 | 07 02 | 13 52 | 27 34 |
| 26 | 4:18:26 | 03 23 29 | 04♊06 | 11♊21 | 08 07 | 19 21 | 07 49 | 20 26 | 06 59 | 16 56 | 07 02 | 13 54 | 27 31 |
| 27 | 4:22:22 | 04 24 10 | 18 32 | 25 38 | 09 41 | 20 30 | 08 25 | 20 33 | 07 06 | 16 55 | 07 02 | 13 55 | 27 28 |
| 28 | 4:26:19 | 05 24 52 | 02♋38 | 09♋32 | 11 14 | 21 39 | 09 00 | 20 40 | 07 13 | 16 53 | 07 03 | 13 57 | 27 24 |
| 29 | 4:30:15 | 06 25 36 | 16 19 | 23 00 | 12 48 | 22 49 | 09 36 | 20 47 | 07 20 | 16 52 | 07 03 | 13 59 | 27 21 |
| 30 | 4:34:12 | 07 26 21 | 29 34 | 06♌01 | 14 21 | 23 58 | 10 11 | 20 54 | 07 27 | 16 51 | 07 03 | 14 00 | 27 18 |

## 0:00 E.T. — Longitudes of the Major Asteroids and Chiron — Lunar Data

| D | ⚳ | ⚴ | ⚵ | ⚶ | ⚷ | D | ⚳ | ⚴ | ⚵ | ⚶ | ⚷ | Last Asp. | Ingress |
|---|---|---|---|---|---|---|---|---|---|---|---|---|---|
| 1 | 00♒57 | 00♑11 | 16♎43 | 29♓12℞ | 17♓17℞ | 16 | 04 44 | 05 17 | 22 01 | 28 36 | 17 01 | 2 03:36 | 2 ♌ 15:49 |
| 2 | 01 11 | 00 30 | 17 05 | 29 06 | 17 16 | 17 | 05 00 | 05 38 | 22 22 | 28 37 | 17 00 | 4 01:48 | 5 ♍ 02:24 |
| 3 | 01 25 | 00 50 | 17 26 | 29 01 | 17 14 | 18 | 05 17 | 05 59 | 22 42 | 28 39 | 16 59 | 7 12:49 | 7 ♎ 15:15 |
| 4 | 01 39 | 01 11 | 17 48 | 28 57 | 17 13 | 19 | 05 34 | 06 20 | 23 03 | 28 41 | 16 59 | 9 02:43 | 10 ♏ 04:04 |
| 5 | 01 53 | 01 31 | 18 09 | 28 52 | 17 11 | 20 | 05 51 | 06 41 | 23 23 | 28 43 | 16 58 | 12 14:55 | 12 ♐ 15:15 |
| 6 | 02 08 | 01 51 | 18 31 | 28 49 | 17 10 | 21 | 06 08 | 07 02 | 23 44 | 28 46 | 16 58 | 14 03:20 | 15 ♑ 00:22 |
| 7 | 02 23 | 02 11 | 18 52 | 28 45 | 17 09 | 22 | 06 25 | 07 23 | 24 04 | 28 50 | 16 57 | 16 20:54 | 17 ♒ 07:25 |
| 8 | 02 38 | 02 31 | 19 13 | 28 42 | 17 08 | 23 | 06 43 | 07 45 | 24 24 | 28 54 | 16 57 | 19 08:20 | 19 ♓ 12:22 |
| 9 | 02 53 | 02 52 | 19 35 | 28 40 | 17 07 | 24 | 07 00 | 08 06 | 24 44 | 28 58 | 16 57 | 21 13:24 | 21 ♈ 15:13 |
| 10 | 03 08 | 03 12 | 19 56 | 28 38 | 17 06 | 25 | 07 18 | 08 27 | 25 04 | 29 03 | 16 57 | 22 19:17 | 23 ♉ 16:27 |
| 11 | 03 23 | 03 33 | 20 17 | 28 36 | 17 05 | 26 | 07 36 | 08 49 | 25 24 | 29 08 | 16 56 | 25 01:27 | 25 ♊ 17:16 |
| 12 | 03 39 | 03 54 | 20 38 | 28 35 | 17 04 | 27 | 07 54 | 09 10 | 25 44 | 29 13 | 16 56 | 27 03:36 | 27 ♋ 19:28 |
| 13 | 03 55 | 04 14 | 20 59 | 28 35 | 17 03 | 28 | 08 12 | 09 31 | 26 04 | 29 19 | 16 56 | 29 12:47 | 30 ♌ 00:49 |
| 14 | 04 11 | 04 35 | 21 20 | 28 35D | 17 02 | 29 | 08 30 | 09 53 | 26 24 | 29 25 | 16 56D | | |
| 15 | 04 27 | 04 56 | 21 40 | 28 35 | 17 01 | 30 | 08 49 | 10 15 | 26 43 | 29 32 | 16 56 | | |

## 0:00 E.T. — Declinations

| D | ☉ | ☽ | ☿ | ♀ | ♂ | ♃ | ♄ | ♅ | ♆ | ♇ | ⚳ | ⚴ | ⚵ | ⚶ | ⚷ |
|---|---|---|---|---|---|---|---|---|---|---|---|---|---|---|---|
| 1 | -14 15 | +18 03 | -09 16 | +03 42 | +04 08 | +06 10 | -19 19 | +06 20 | -09 39 | -21 04 | -29 03 | +05 07 | -03 25 | -10 20 | -00 46 |
| 2 | 14 34 | 16 56 | 09 57 | 03 22 | 03 54 | 06 06 | 19 20 | 06 19 | 09 39 | 21 04 | 28 58 | 05 00 | 03 31 | 10 19 | 00 47 |
| 3 | 14 53 | 15 00 | 10 37 | 03 02 | 03 39 | 06 02 | 19 21 | 06 19 | 09 40 | 21 04 | 28 53 | 04 54 | 03 37 | 10 18 | 00 48 |
| 4 | 15 12 | 12 25 | 11 16 | 02 41 | 03 25 | 05 58 | 19 23 | 06 18 | 09 40 | 21 04 | 28 48 | 04 48 | 03 44 | 10 16 | 00 49 |
| 5 | 15 30 | 09 21 | 11 56 | 02 20 | 03 11 | 05 55 | 19 24 | 06 17 | 09 40 | 21 04 | 28 43 | 04 42 | 03 50 | 10 15 | 00 49 |
| 6 | 15 49 | 05 56 | 12 34 | 01 59 | 02 56 | 05 51 | 19 25 | 06 16 | 09 40 | 21 04 | 28 38 | 04 36 | 03 56 | 10 13 | 00 50 |
| 7 | 16 07 | 02 20 | 13 13 | 01 38 | 02 42 | 05 47 | 19 27 | 06 15 | 09 40 | 21 04 | 28 33 | 04 30 | 04 02 | 10 11 | 00 51 |
| 8 | 16 24 | -01 22 | 13 50 | 01 16 | 02 28 | 05 44 | 19 28 | 06 15 | 09 40 | 21 04 | 28 28 | 04 24 | 04 08 | 10 08 | 00 52 |
| 9 | 16 42 | 05 01 | 14 27 | 00 54 | 02 14 | 05 40 | 19 29 | 06 14 | 09 40 | 21 04 | 28 23 | 04 19 | 04 14 | 10 06 | 00 52 |
| 10 | 16 59 | 08 30 | 15 04 | 00 32 | 01 59 | 05 37 | 19 31 | 06 13 | 09 41 | 21 04 | 28 18 | 04 13 | 04 20 | 10 03 | 00 53 |
| 11 | 17 16 | 11 41 | 15 39 | 00 10 | 01 45 | 05 33 | 19 32 | 06 12 | 09 41 | 21 04 | 28 13 | 04 08 | 04 26 | 10 00 | 00 54 |
| 12 | 17 32 | 14 23 | 16 14 | -00 13 | 01 31 | 05 30 | 19 33 | 06 12 | 09 41 | 21 04 | 28 07 | 04 02 | 04 32 | 09 57 | 00 54 |
| 13 | 17 49 | 16 30 | 16 48 | 00 35 | 01 17 | 05 27 | 19 35 | 06 11 | 09 41 | 21 04 | 28 02 | 03 57 | 04 38 | 09 54 | 00 55 |
| 14 | 18 05 | 17 51 | 17 21 | 00 58 | 01 03 | 05 23 | 19 36 | 06 10 | 09 41 | 21 04 | 27 57 | 03 52 | 04 44 | 09 50 | 00 55 |
| 15 | 18 20 | 18 20 | 17 54 | 01 21 | 00 48 | 05 20 | 19 37 | 06 10 | 09 41 | 21 04 | 27 51 | 03 47 | 04 49 | 09 47 | 00 56 |
| 16 | 18 36 | 17 53 | 18 25 | 01 44 | 00 34 | 05 17 | 19 39 | 06 09 | 09 41 | 21 04 | 27 46 | 03 42 | 04 55 | 09 43 | 00 57 |
| 17 | 18 51 | 16 29 | 18 56 | 02 08 | 00 20 | 05 14 | 19 40 | 06 08 | 09 41 | 21 04 | 27 40 | 03 37 | 05 01 | 09 39 | 00 57 |
| 18 | 19 05 | 14 10 | 19 25 | 02 31 | 00 06 | 05 10 | 19 41 | 06 08 | 09 41 | 21 04 | 27 35 | 03 33 | 05 06 | 09 34 | 00 58 |
| 19 | 19 20 | 11 01 | 19 54 | 02 55 | -00 08 | 05 07 | 19 42 | 06 07 | 09 41 | 21 04 | 27 29 | 03 28 | 05 12 | 09 30 | 00 58 |
| 20 | 19 34 | 07 13 | 20 22 | 03 19 | 00 22 | 05 04 | 19 44 | 06 06 | 09 41 | 21 04 | 27 23 | 03 24 | 05 17 | 09 25 | 00 59 |
| 21 | 19 47 | 02 56 | 20 49 | 03 42 | 00 36 | 05 01 | 19 45 | 06 06 | 09 41 | 21 04 | 27 18 | 03 19 | 05 22 | 09 21 | 00 59 |
| 22 | 20 00 | +01 36 | 21 14 | 04 06 | 00 50 | 04 58 | 19 46 | 06 05 | 09 41 | 21 04 | 27 12 | 03 15 | 05 28 | 09 16 | 00 59 |
| 23 | 20 13 | 06 06 | 21 39 | 04 30 | 01 04 | 04 56 | 19 47 | 06 04 | 09 41 | 21 04 | 27 06 | 03 11 | 05 33 | 09 11 | 01 00 |
| 24 | 20 26 | 10 17 | 22 02 | 04 54 | 01 18 | 04 53 | 19 49 | 06 04 | 09 41 | 21 04 | 27 00 | 03 07 | 05 38 | 09 05 | 01 00 |
| 25 | 20 38 | 13 49 | 22 25 | 05 18 | 01 32 | 04 50 | 19 50 | 06 03 | 09 41 | 21 04 | 26 54 | 03 03 | 05 43 | 09 00 | 01 01 |
| 26 | 20 50 | 16 27 | 22 46 | 05 42 | 01 46 | 04 47 | 19 51 | 06 03 | 09 40 | 21 04 | 26 48 | 02 59 | 05 48 | 08 55 | 01 01 |
| 27 | 21 01 | 17 59 | 23 06 | 06 07 | 02 00 | 04 45 | 19 52 | 06 02 | 09 40 | 21 04 | 26 42 | 02 56 | 05 53 | 08 49 | 01 01 |
| 28 | 21 12 | 18 22 | 23 25 | 06 31 | 02 14 | 04 42 | 19 54 | 06 02 | 09 40 | 21 04 | 26 36 | 02 52 | 05 58 | 08 43 | 01 02 |
| 29 | 21 23 | 17 40 | 23 43 | 06 55 | 02 28 | 04 39 | 19 55 | 06 01 | 09 40 | 21 04 | 26 30 | 02 49 | 06 03 | 08 37 | 01 02 |
| 30 | 21 33 | 16 01 | 24 00 | 07 19 | 02 41 | 04 37 | 19 56 | 06 01 | 09 40 | 21 04 | 26 24 | 02 45 | 06 08 | 08 31 | 01 02 |

Lunar Phases -- 3 ◑ 12:25   11 ● 17:48   19 ◐ 06:29   25 ○ 22:45   Sun enters ♐ 11/22 15:27

## Longitudes of Main Planets - December 2015

0:00 E.T.

| D | S.T. | ☉ | ☽ | ☽ 12:00 | ☿ | ♀ | ♂ | ♃ | ♄ | ♅ | ♆ | ♇ | ☊ |
|---|---|---|---|---|---|---|---|---|---|---|---|---|---|
| 1 | 4:38:09 | 08♐27 08 | 12♌23 | 18♌39 | 15♐54 | 25♎08 | 10♎46 | 21♍01 | 07♐34 | 16♈49℞ | 07♓04 | 14♑02 | 27♍15 |
| 2 | 4:42:05 | 09 27 56 | 24 49 | 00♍56 | 17 27 | 26 17 | 11 22 | 21 07 | 07 41 | 16 48 | 07 04 | 14 04 | 27 12 |
| 3 | 4:46:02 | 10 28 45 | 06♍58 | 12 57 | 19 01 | 27 27 | 11 57 | 21 14 | 07 48 | 16 47 | 07 05 | 14 06 | 27 09 |
| 4 | 4:49:58 | 11 29 36 | 18 53 | 24 48 | 20 34 | 28 37 | 12 32 | 21 20 | 07 55 | 16 46 | 07 05 | 14 08 | 27 05 |
| 5 | 4:53:55 | 12 30 28 | 00♎42 | 06♎35 | 22 07 | 29 47 | 13 07 | 21 26 | 08 03 | 16 45 | 07 06 | 14 09 | 27 02 |
| 6 | 4:57:51 | 13 31 22 | 12 29 | 18 23 | 23 39 | 00♏58 | 13 42 | 21 32 | 08 10 | 16 44 | 07 06 | 14 11 | 26 59 |
| 7 | 5:01:48 | 14 32 17 | 24 19 | 00♏17 | 25 12 | 02 08 | 14 17 | 21 38 | 08 17 | 16 43 | 07 07 | 14 13 | 26 56 |
| 8 | 5:05:44 | 15 33 13 | 06♏17 | 12 20 | 26 45 | 03 19 | 14 52 | 21 44 | 08 24 | 16 42 | 07 08 | 14 15 | 26 53 |
| 9 | 5:09:41 | 16 34 10 | 18 26 | 24 36 | 28 18 | 04 30 | 15 27 | 21 49 | 08 31 | 16 41 | 07 08 | 14 17 | 26 50 |
| 10 | 5:13:38 | 17 35 08 | 00♐49 | 07♐06 | 29 50 | 05 40 | 16 02 | 21 55 | 08 38 | 16 40 | 07 09 | 14 19 | 26 46 |
| 11 | 5:17:34 | 18 36 08 | 13 26 | 19 51 | 01♑22 | 06 51 | 16 37 | 22 00 | 08 45 | 16 39 | 07 10 | 14 21 | 26 43 |
| 12 | 5:21:31 | 19 37 08 | 26 19 | 02♑50 | 02 54 | 08 02 | 17 12 | 22 05 | 08 52 | 16 39 | 07 10 | 14 23 | 26 40 |
| 13 | 5:25:27 | 20 38 10 | 09♑25 | 16 03 | 04 26 | 09 14 | 17 47 | 22 10 | 08 59 | 16 38 | 07 11 | 14 24 | 26 37 |
| 14 | 5:29:24 | 21 39 11 | 22 43 | 29 26 | 05 58 | 10 25 | 18 21 | 22 15 | 09 06 | 16 37 | 07 12 | 14 26 | 26 34 |
| 15 | 5:33:20 | 22 40 14 | 06♒12 | 13♒00 | 07 29 | 11 36 | 18 56 | 22 19 | 09 13 | 16 37 | 07 13 | 14 28 | 26 30 |
| 16 | 5:37:17 | 23 41 17 | 19 50 | 26 42 | 09 00 | 12 48 | 19 30 | 22 24 | 09 20 | 16 36 | 07 14 | 14 30 | 26 27 |
| 17 | 5:41:13 | 24 42 20 | 03♓35 | 10♓31 | 10 30 | 13 59 | 20 05 | 22 28 | 09 27 | 16 36 | 07 15 | 14 32 | 26 24 |
| 18 | 5:45:10 | 25 43 24 | 17 29 | 24 28 | 12 00 | 15 11 | 20 39 | 22 32 | 09 34 | 16 35 | 07 16 | 14 34 | 26 21 |
| 19 | 5:49:07 | 26 44 28 | 01♈29 | 08♈33 | 13 29 | 16 23 | 21 13 | 22 36 | 09 41 | 16 35 | 07 17 | 14 36 | 26 18 |
| 20 | 5:53:03 | 27 45 33 | 15 37 | 22 44 | 14 56 | 17 35 | 21 48 | 22 39 | 09 48 | 16 34 | 07 18 | 14 38 | 26 15 |
| 21 | 5:57:00 | 28 46 38 | 29 52 | 07♉01 | 16 23 | 18 47 | 22 22 | 22 43 | 09 55 | 16 34 | 07 19 | 14 40 | 26 11 |
| 22 | 6:00:56 | 29 47 43 | 14♉10 | 21 20 | 17 48 | 19 59 | 22 56 | 22 46 | 10 02 | 16 34 | 07 20 | 14 42 | 26 08 |
| 23 | 6:04:53 | 00♑48 48 | 28 29 | 05♊38 | 19 12 | 21 11 | 23 30 | 22 49 | 10 08 | 16 34 | 07 21 | 14 44 | 26 05 |
| 24 | 6:08:49 | 01 49 54 | 12♊44 | 19 49 | 20 33 | 22 23 | 24 04 | 22 52 | 10 15 | 16 34 | 07 22 | 14 46 | 26 02 |
| 25 | 6:12:46 | 02 51 00 | 26 50 | 03♋47 | 21 52 | 23 35 | 24 38 | 22 55 | 10 22 | 16 34 | 07 24 | 14 48 | 25 59 |
| 26 | 6:16:42 | 03 52 06 | 10♋40 | 17 28 | 23 09 | 24 48 | 25 12 | 22 58 | 10 29 | 16 33 | 07 25 | 14 50 | 25 56 |
| 27 | 6:20:39 | 04 53 13 | 24 11 | 00♌48 | 24 22 | 26 00 | 25 46 | 23 00 | 10 35 | 16 34D | 07 26 | 14 52 | 25 52 |
| 28 | 6:24:36 | 05 54 20 | 07♌20 | 13 46 | 25 31 | 27 13 | 26 19 | 23 02 | 10 42 | 16 34 | 07 27 | 14 55 | 25 49 |
| 29 | 6:28:32 | 06 55 27 | 20 07 | 26 23 | 26 36 | 28 25 | 26 53 | 23 04 | 10 49 | 16 34 | 07 29 | 14 57 | 25 46 |
| 30 | 6:32:29 | 07 56 35 | 02♍34 | 08♍41 | 27 36 | 29 38 | 27 26 | 23 06 | 10 55 | 16 34 | 07 30 | 14 59 | 25 43 |
| 31 | 6:36:25 | 08 57 43 | 14 44 | 20 44 | 28 30 | 00♐51 | 28 00 | 23 08 | 11 02 | 16 34 | 07 31 | 15 01 | 25 40 |

0:00 E.T.

## Longitudes of the Major Asteroids and Chiron

| D | ⚳ | ⚴ | ⚵ | ⚶ | ⚷ |
|---|---|---|---|---|---|
| 1 | 09♒07 | 10♑36 | 27♎03 | 29♓39 | 16♓57 |
| 2 | 09 26 | 10 58 | 27 22 | 29 46 | 16 57 |
| 3 | 09 45 | 11 20 | 27 42 | 29 54 | 16 57 |
| 4 | 10 04 | 11 41 | 28 01 | 00♈02 | 16 57 |
| 5 | 10 23 | 12 03 | 28 20 | 00 11 | 16 58 |
| 6 | 10 42 | 12 25 | 28 39 | 00 19 | 16 58 |
| 7 | 11 01 | 12 47 | 28 58 | 00 29 | 16 58 |
| 8 | 11 21 | 13 08 | 29 17 | 00 38 | 16 59 |
| 9 | 11 40 | 13 30 | 29 35 | 00 48 | 17 00 |
| 10 | 12 00 | 13 52 | 29 54 | 00 58 | 17 00 |
| 11 | 12 20 | 14 14 | 00♏12 | 01 09 | 17 01 |
| 12 | 12 39 | 14 36 | 00 31 | 01 20 | 17 02 |
| 13 | 12 59 | 14 58 | 00 49 | 01 31 | 17 02 |
| 14 | 13 19 | 15 20 | 01 07 | 01 42 | 17 03 |
| 15 | 13 40 | 15 42 | 01 25 | 01 54 | 17 04 |
| 16 | 14 00 | 16 04 | 01 43 | 02 06 | 17 05 |
| 17 | 14 20 | 16 26 | 02 01 | 02 19 | 17 06 |
| 18 | 14 41 | 16 48 | 02 18 | 02 32 | 17 07 |
| 19 | 15 01 | 17 10 | 02 36 | 02 45 | 17 09 |
| 20 | 15 22 | 17 32 | 02 53 | 02 58 | 17 10 |
| 21 | 15 43 | 17 54 | 03 11 | 03 11 | 17 11 |
| 22 | 16 04 | 18 17 | 03 28 | 03 25 | 17 12 |
| 23 | 16 24 | 18 39 | 03 45 | 03 39 | 17 14 |
| 24 | 16 45 | 19 01 | 04 02 | 03 54 | 17 15 |
| 25 | 17 06 | 19 23 | 04 18 | 04 08 | 17 16 |
| 26 | 17 28 | 19 45 | 04 35 | 04 23 | 17 18 |
| 27 | 17 49 | 20 07 | 04 51 | 04 38 | 17 20 |
| 28 | 18 10 | 20 30 | 05 08 | 04 54 | 17 21 |
| 29 | 18 32 | 20 52 | 05 24 | 05 09 | 17 23 |
| 30 | 18 53 | 21 14 | 05 40 | 05 25 | 17 25 |
| 31 | 19 15 | 21 36 | 05 55 | 05 41 | 17 26 |

## Lunar Data

| Last Asp. | | Ingress | | |
|---|---|---|---|---|
| 2 | 03:11 | 2 | ♍ | 10:11 |
| 4 | 05:00 | 4 | ♎ | 22:35 |
| 7 | 02:04 | 7 | ♏ | 11:27 |
| 9 | 06:40 | 9 | ♐ | 22:26 |
| 11 | 16:07 | 12 | ♑ | 06:48 |
| 13 | 23:08 | 14 | ♒ | 12:60 |
| 16 | 07:18 | 16 | ♓ | 17:46 |
| 18 | 15:15 | 18 | ♈ | 21:27 |
| 20 | 22:02 | 21 | ♉ | 00:14 |
| 22 | 14:27 | 23 | ♊ | 02:32 |
| 24 | 20:05 | 25 | ♋ | 05:28 |
| 27 | 03:37 | 27 | ♌ | 10:32 |
| 29 | 17:39 | 29 | ♍ | 18:59 |

0:00 E.T.

## Declinations

| D | ☉ | ☽ | ☿ | ♀ | ♂ | ♃ | ♄ | ♅ | ♆ | ♇ | ⚳ | ⚴ | ⚵ | ⚶ | ⚷ |
|---|---|---|---|---|---|---|---|---|---|---|---|---|---|---|---|
| 1 | -21 43 | +13 36 | -24 15 | -07 43 | -02 55 | +04 35 | -19 57 | +06 00 | -09 40 | -21 04 | -26 17 | +02 42 | -06 12 | -08 25 | -01 02 |
| 2 | 21 52 | 10 37 | 24 29 | 08 07 | 03 09 | 04 32 | 19 58 | 06 00 | 09 40 | 21 04 | 26 11 | 02 39 | 06 17 | 08 18 | 01 03 |
| 3 | 22 01 | 07 16 | 24 42 | 08 31 | 03 23 | 04 30 | 20 00 | 06 00 | 09 39 | 21 03 | 26 05 | 02 36 | 06 22 | 08 12 | 01 03 |
| 4 | 22 09 | 03 39 | 24 54 | 08 55 | 03 36 | 04 28 | 20 01 | 05 59 | 09 39 | 21 03 | 25 58 | 02 33 | 06 26 | 08 05 | 01 03 |
| 5 | 22 17 | -00 03 | 25 04 | 09 18 | 03 50 | 04 25 | 20 02 | 05 59 | 09 39 | 21 03 | 25 52 | 02 30 | 06 31 | 07 59 | 01 03 |
| 6 | 22 25 | 03 45 | 25 13 | 09 42 | 04 03 | 04 23 | 20 03 | 05 58 | 09 39 | 21 03 | 25 45 | 02 28 | 06 35 | 07 52 | 01 03 |
| 7 | 22 32 | 07 20 | 25 20 | 10 06 | 04 17 | 04 21 | 20 04 | 05 58 | 09 38 | 21 03 | 25 39 | 02 25 | 06 39 | 07 45 | 01 03 |
| 8 | 22 39 | 10 39 | 25 27 | 10 29 | 04 30 | 04 19 | 20 05 | 05 58 | 09 38 | 21 03 | 25 32 | 02 23 | 06 43 | 07 38 | 01 03 |
| 9 | 22 45 | 13 34 | 25 31 | 10 52 | 04 43 | 04 17 | 20 07 | 05 57 | 09 38 | 21 03 | 25 26 | 02 20 | 06 47 | 07 30 | 01 03 |
| 10 | 22 51 | 15 56 | 25 35 | 11 16 | 04 57 | 04 15 | 20 08 | 05 57 | 09 38 | 21 03 | 25 19 | 02 18 | 06 51 | 07 23 | 01 03 |
| 11 | 22 57 | 17 35 | 25 37 | 11 39 | 05 10 | 04 14 | 20 09 | 05 57 | 09 37 | 21 03 | 25 12 | 02 16 | 06 55 | 07 16 | 01 04 |
| 12 | 23 02 | 18 23 | 25 37 | 12 01 | 05 23 | 04 12 | 20 10 | 05 57 | 09 37 | 21 03 | 25 05 | 02 14 | 06 59 | 07 08 | 01 03 |
| 13 | 23 06 | 18 14 | 25 36 | 12 24 | 05 36 | 04 10 | 20 11 | 05 56 | 09 37 | 21 03 | 24 59 | 02 12 | 07 03 | 07 00 | 01 03 |
| 14 | 23 10 | 17 05 | 25 33 | 12 46 | 05 49 | 04 08 | 20 12 | 05 56 | 09 36 | 21 03 | 24 52 | 02 10 | 07 07 | 06 53 | 01 03 |
| 15 | 23 14 | 14 59 | 25 29 | 13 08 | 06 02 | 04 07 | 20 13 | 05 56 | 09 36 | 21 02 | 24 45 | 02 08 | 07 10 | 06 45 | 01 03 |
| 16 | 23 17 | 12 01 | 25 24 | 13 30 | 06 15 | 04 05 | 20 14 | 05 56 | 09 36 | 21 02 | 24 38 | 02 07 | 07 14 | 06 37 | 01 03 |
| 17 | 23 20 | 08 22 | 25 17 | 13 52 | 06 28 | 04 04 | 20 15 | 05 56 | 09 35 | 21 02 | 24 31 | 02 05 | 07 17 | 06 29 | 01 03 |
| 18 | 23 22 | 04 14 | 25 09 | 14 13 | 06 41 | 04 03 | 20 16 | 05 55 | 09 35 | 21 02 | 24 24 | 02 04 | 07 21 | 06 21 | 01 03 |
| 19 | 23 24 | +00 10 | 24 59 | 14 34 | 06 54 | 04 01 | 20 17 | 05 55 | 09 35 | 21 02 | 24 17 | 02 02 | 07 24 | 06 13 | 01 03 |
| 20 | 23 25 | 04 36 | 24 47 | 14 55 | 07 07 | 04 00 | 20 18 | 05 55 | 09 34 | 21 02 | 24 10 | 02 01 | 07 27 | 06 04 | 01 03 |
| 21 | 23 26 | 08 48 | 24 34 | 15 16 | 07 19 | 03 59 | 20 19 | 05 55 | 09 34 | 21 02 | 24 02 | 02 00 | 07 31 | 05 56 | 01 02 |
| 22 | 23 26 | 12 31 | 24 20 | 15 36 | 07 32 | 03 58 | 20 20 | 05 55 | 09 33 | 21 02 | 23 55 | 01 59 | 07 34 | 05 47 | 01 02 |
| 23 | 23 26 | 15 29 | 24 05 | 15 56 | 07 44 | 03 57 | 20 21 | 05 55 | 09 33 | 21 02 | 23 48 | 01 58 | 07 37 | 05 39 | 01 02 |
| 24 | 23 25 | 17 29 | 23 48 | 16 15 | 07 57 | 03 56 | 20 22 | 05 55 | 09 32 | 21 02 | 23 40 | 01 57 | 07 39 | 05 30 | 01 02 |
| 25 | 23 24 | 18 23 | 23 30 | 16 34 | 08 09 | 03 55 | 20 23 | 05 55 | 09 32 | 21 01 | 23 33 | 01 57 | 07 42 | 05 22 | 01 01 |
| 26 | 23 23 | 18 11 | 23 11 | 16 53 | 08 21 | 03 54 | 20 24 | 05 55 | 09 31 | 21 01 | 23 26 | 01 56 | 07 45 | 05 13 | 01 01 |
| 27 | 23 21 | 16 57 | 22 51 | 17 11 | 08 34 | 03 54 | 20 25 | 05 55 | 09 31 | 21 01 | 23 18 | 01 56 | 07 47 | 05 04 | 01 01 |
| 28 | 23 18 | 14 50 | 22 30 | 17 29 | 08 46 | 03 53 | 20 26 | 05 55 | 09 31 | 21 01 | 23 11 | 01 55 | 07 50 | 04 55 | 01 00 |
| 29 | 23 15 | 12 02 | 22 09 | 17 47 | 08 58 | 03 53 | 20 27 | 05 55 | 09 30 | 21 01 | 23 03 | 01 55 | 07 52 | 04 46 | 01 00 |
| 30 | 23 12 | 08 46 | 21 47 | 18 04 | 09 10 | 03 52 | 20 28 | 05 55 | 09 30 | 21 01 | 22 56 | 01 55 | 07 55 | 04 37 | 01 00 |
| 31 | 23 08 | 05 11 | 21 25 | 18 21 | 09 22 | 03 52 | 20 29 | 05 56 | 09 29 | 21 01 | 22 48 | 01 55 | 07 57 | 04 28 | 00 59 |

Lunar Phases -- 3 ◑ 07:42 11 ● 10:30 18 ◐ 15:15 25 ○ 11:12 Sun enters ♑ 12/22 04:50

## 0:00 E.T. Longitudes of Main Planets - January 2016

| D | S.T. | ☉ | ☽ | ☽ 12:00 | ☿ | ♀ | ♂ | ♃ | ♄ | ♅ | ♆ | ♇ | ☊ |
|---|---|---|---|---|---|---|---|---|---|---|---|---|---|
| 1 | 6:40:22 | 09♑58 52 | 26♍41 | 02♎37 | 29♑17 | 02♐03 | 28♎33 | 23♍09 | 11♐09 | 16♈34 | 07♓33 | 15♑03 | 25♍36 |
| 2 | 6:44:18 | 11 00 01 | 08♎31 | 14 25 | 29 57 | 03 16 | 29 07 | 23 11 | 11 15 | 16 35 | 07 34 | 15 05 | 25 33 |
| 3 | 6:48:15 | 12 01 11 | 20 19 | 26 14 | 00♒28 | 04 29 | 29 40 | 23 12 | 11 22 | 16 35 | 07 36 | 15 07 | 25 30 |
| 4 | 6:52:11 | 13 02 20 | 02♏10 | 08♏09 | 00 49 | 05 42 | 00♏13 | 23 13 | 11 28 | 16 36 | 07 37 | 15 09 | 25 27 |
| 5 | 6:56:08 | 14 03 30 | 14 11 | 20 16 | 01 01 | 06 55 | 00 46 | 23 13 | 11 34 | 16 36 | 07 39 | 15 11 | 25 24 |
| 6 | 7:00:05 | 15 04 40 | 26 24 | 02♐37 | 01 01℞ | 08 08 | 01 19 | 23 14 | 11 41 | 16 37 | 07 40 | 15 13 | 25 21 |
| 7 | 7:04:01 | 16 05 51 | 08♐55 | 15 17 | 00 50 | 09 21 | 01 52 | 23 14 | 11 47 | 16 37 | 07 42 | 15 15 | 25 17 |
| 8 | 7:07:58 | 17 07 01 | 21 45 | 28 17 | 00 27 | 10 35 | 02 25 | 23 14 | 11 53 | 16 38 | 07 43 | 15 17 | 25 14 |
| 9 | 7:11:54 | 18 08 12 | 04♑54 | 11♑35 | 29♑53 | 11 48 | 02 57 | 23 14℞ | 12 00 | 16 38 | 07 45 | 15 19 | 25 11 |
| 10 | 7:15:51 | 19 09 22 | 18 21 | 25 11 | 29 07 | 13 01 | 03 30 | 23 14 | 12 06 | 16 39 | 07 47 | 15 21 | 25 08 |
| 11 | 7:19:47 | 20 10 32 | 02♒05 | 09♒01 | 28 11 | 14 14 | 04 02 | 23 14 | 12 12 | 16 40 | 07 48 | 15 24 | 25 05 |
| 12 | 7:23:44 | 21 11 42 | 16 00 | 23 01 | 27 05 | 15 28 | 04 35 | 23 13 | 12 18 | 16 41 | 07 50 | 15 26 | 25 02 |
| 13 | 7:27:40 | 22 12 51 | 00♓03 | 07♓07 | 25 53 | 16 41 | 05 07 | 23 12 | 12 24 | 16 42 | 07 52 | 15 28 | 24 58 |
| 14 | 7:31:37 | 23 14 00 | 14 11 | 21 15 | 24 36 | 17 55 | 05 39 | 23 11 | 12 30 | 16 43 | 07 53 | 15 30 | 24 55 |
| 15 | 7:35:34 | 24 15 08 | 28 20 | 05♈25 | 23 17 | 19 08 | 06 11 | 23 10 | 12 36 | 16 44 | 07 55 | 15 32 | 24 52 |
| 16 | 7:39:30 | 25 16 16 | 12♈29 | 19 32 | 21 58 | 20 22 | 06 43 | 23 08 | 12 42 | 16 45 | 07 57 | 15 34 | 24 49 |
| 17 | 7:43:27 | 26 17 22 | 26 35 | 03♉37 | 20 42 | 21 35 | 07 15 | 23 07 | 12 48 | 16 46 | 07 59 | 15 36 | 24 46 |
| 18 | 7:47:23 | 27 18 28 | 10♉39 | 17 39 | 19 31 | 22 49 | 07 47 | 23 05 | 12 53 | 16 47 | 08 00 | 15 38 | 24 42 |
| 19 | 7:51:20 | 28 19 33 | 24 38 | 01♊36 | 18 26 | 24 02 | 08 18 | 23 03 | 12 59 | 16 48 | 08 02 | 15 40 | 24 39 |
| 20 | 7:55:16 | 29 20 37 | 08♊33 | 15 27 | 17 28 | 25 16 | 08 50 | 23 01 | 13 05 | 16 49 | 08 04 | 15 42 | 24 36 |
| 21 | 7:59:13 | 00♒21 41 | 22 20 | 29 09 | 16 40 | 26 29 | 09 21 | 22 58 | 13 10 | 16 51 | 08 06 | 15 44 | 24 33 |
| 22 | 8:03:09 | 01 22 44 | 05♋57 | 12♋41 | 16 01 | 27 43 | 09 52 | 22 56 | 13 16 | 16 52 | 08 08 | 15 46 | 24 30 |
| 23 | 8:07:06 | 02 23 45 | 19 21 | 25 58 | 15 31 | 28 57 | 10 24 | 22 53 | 13 21 | 16 53 | 08 10 | 15 48 | 24 27 |
| 24 | 8:11:03 | 03 24 46 | 02♌31 | 09♌00 | 15 10 | 00♑11 | 10 55 | 22 50 | 13 27 | 16 55 | 08 12 | 15 50 | 24 23 |
| 25 | 8:14:59 | 04 25 47 | 15 25 | 21 46 | 14 58 | 01 24 | 11 25 | 22 47 | 13 32 | 16 56 | 08 14 | 15 52 | 24 20 |
| 26 | 8:18:56 | 05 26 46 | 28 02 | 04♍15 | 14 55D | 02 38 | 11 56 | 22 44 | 13 37 | 16 58 | 08 16 | 15 54 | 24 17 |
| 27 | 8:22:52 | 06 27 45 | 10♍23 | 16 29 | 14 59 | 03 52 | 12 27 | 22 40 | 13 43 | 16 59 | 08 18 | 15 56 | 24 14 |
| 28 | 8:26:49 | 07 28 43 | 22 31 | 28 30 | 15 11 | 05 06 | 12 57 | 22 37 | 13 48 | 17 01 | 08 20 | 15 58 | 24 11 |
| 29 | 8:30:45 | 08 29 41 | 04♎28 | 10♎23 | 15 30 | 06 20 | 13 28 | 22 33 | 13 53 | 17 03 | 08 22 | 16 00 | 24 08 |
| 30 | 8:34:42 | 09 30 37 | 16 18 | 22 12 | 15 55 | 07 34 | 13 58 | 22 29 | 13 58 | 17 04 | 08 24 | 16 02 | 24 04 |
| 31 | 8:38:38 | 10 31 33 | 28 06 | 04♏01 | 16 26 | 08 48 | 14 28 | 22 25 | 14 03 | 17 06 | 08 26 | 16 04 | 24 01 |

## 0:00 E.T. Longitudes of the Major Asteroids and Chiron

| D | ⚳ | ⚴ | ⚵ | ⚶ | ⚷ |
|---|---|---|---|---|---|
| 1 | 19♒36 | 21♑58 | 06♏11 | 05♈58 | 17♓28 |
| 2 | 19 58 | 22 20 | 06 27 | 06 14 | 17 30 |
| 3 | 20 20 | 22 43 | 06 42 | 06 31 | 17 32 |
| 4 | 20 41 | 23 05 | 06 57 | 06 48 | 17 34 |
| 5 | 21 03 | 23 27 | 07 12 | 07 05 | 17 36 |
| 6 | 21 25 | 23 49 | 07 27 | 07 23 | 17 38 |
| 7 | 21 47 | 24 11 | 07 42 | 07 40 | 17 40 |
| 8 | 22 09 | 24 34 | 07 56 | 07 58 | 17 42 |
| 9 | 22 32 | 24 56 | 08 10 | 08 16 | 17 44 |
| 10 | 22 54 | 25 18 | 08 25 | 08 34 | 17 47 |
| 11 | 23 16 | 25 40 | 08 39 | 08 53 | 17 49 |
| 12 | 23 38 | 26 02 | 08 52 | 09 11 | 17 51 |
| 13 | 24 01 | 26 24 | 09 06 | 09 30 | 17 54 |
| 14 | 24 23 | 26 46 | 09 19 | 09 49 | 17 56 |
| 15 | 24 46 | 27 08 | 09 32 | 10 08 | 17 58 |
| 16 | 25 08 | 27 31 | 09 45 | 10 27 | 18 01 |
| 17 | 25 31 | 27 53 | 09 58 | 10 47 | 18 03 |
| 18 | 25 53 | 28 15 | 10 11 | 11 06 | 18 06 |
| 19 | 26 16 | 28 37 | 10 23 | 11 26 | 18 09 |
| 20 | 26 39 | 28 59 | 10 35 | 11 46 | 18 11 |
| 21 | 27 02 | 29 21 | 10 47 | 12 06 | 18 14 |
| 22 | 27 24 | 29 43 | 10 59 | 12 27 | 18 17 |
| 23 | 27 47 | 00♒05 | 11 10 | 12 47 | 18 20 |
| 24 | 28 10 | 00 26 | 11 22 | 13 07 | 18 22 |
| 25 | 28 33 | 00 48 | 11 33 | 13 28 | 18 25 |
| 26 | 28 56 | 01 10 | 11 43 | 13 49 | 18 28 |
| 27 | 29 19 | 01 32 | 11 54 | 14 10 | 18 31 |
| 28 | 29 42 | 01 54 | 12 04 | 14 31 | 18 34 |
| 29 | 00♓05 | 02 16 | 12 14 | 14 52 | 18 37 |
| 30 | 00 28 | 02 37 | 12 24 | 15 14 | 18 40 |
| 31 | 00 51 | 02 59 | 12 34 | 15 35 | 18 43 |

## Lunar Data

| Last Asp. | | Ingress | | |
|---|---|---|---|---|
| 1 | 05:35 | 1 | ♎ | 06:42 |
| 2 | 16:25 | 3 | ♏ | 19:37 |
| 5 | 17:48 | 6 | ♐ | 06:57 |
| 8 | 02:45 | 8 | ♑ | 15:08 |
| 10 | 17:40 | 10 | ♒ | 20:24 |
| 12 | 01:10 | 12 | ♓ | 23:54 |
| 14 | 16:32 | 15 | ♈ | 02:49 |
| 16 | 23:27 | 17 | ♉ | 05:49 |
| 19 | 06:51 | 19 | ♊ | 09:14 |
| 21 | 08:02 | 21 | ♋ | 13:29 |
| 23 | 06:22 | 23 | ♌ | 19:22 |
| 25 | 02:53 | 26 | ♍ | 03:47 |
| 28 | 00:12 | 28 | ♎ | 15:01 |
| 30 | 01:35 | 31 | ♏ | 03:51 |

## 0:00 E.T. Declinations

| D | ☉ | ☽ | ☿ | ♀ | ♂ | ♃ | ♄ | ♅ | ♆ | ♇ | ⚳ | ⚴ | ⚵ | ⚶ | ⚷ |
|---|---|---|---|---|---|---|---|---|---|---|---|---|---|---|---|
| 1 | -23 04 | +01 28 | -21 03 | -18 37 | -09 34 | +03 51 | -20 30 | +05 56 | -09 28 | -21 01 | -22 40 | +01 55 | -07 59 | -04 19 | -00 59 |
| 2 | 22 59 | -02 16 | 20 41 | 18 53 | 09 45 | 03 51 | 20 30 | 05 56 | 09 28 | 21 00 | 22 33 | 01 55 | 08 01 | 04 10 | 00 58 |
| 3 | 22 53 | 05 54 | 20 20 | 19 08 | 09 57 | 03 51 | 20 31 | 05 56 | 09 27 | 21 00 | 22 25 | 01 55 | 08 03 | 04 01 | 00 58 |
| 4 | 22 48 | 09 20 | 19 59 | 19 23 | 10 09 | 03 51 | 20 32 | 05 56 | 09 27 | 21 00 | 22 17 | 01 55 | 08 05 | 03 51 | 00 57 |
| 5 | 22 42 | 12 25 | 19 40 | 19 37 | 10 20 | 03 51 | 20 33 | 05 56 | 09 26 | 21 00 | 22 09 | 01 56 | 08 07 | 03 42 | 00 57 |
| 6 | 22 35 | 15 01 | 19 23 | 19 51 | 10 31 | 03 51 | 20 34 | 05 57 | 09 26 | 21 00 | 22 01 | 01 56 | 08 08 | 03 32 | 00 56 |
| 7 | 22 28 | 16 58 | 19 07 | 20 04 | 10 43 | 03 51 | 20 35 | 05 57 | 09 25 | 21 00 | 21 54 | 01 57 | 08 10 | 03 23 | 00 56 |
| 8 | 22 20 | 18 09 | 18 53 | 20 17 | 10 54 | 03 51 | 20 35 | 05 57 | 09 24 | 21 00 | 21 46 | 01 57 | 08 11 | 03 13 | 00 55 |
| 9 | 22 12 | 18 23 | 18 42 | 20 29 | 11 05 | 03 51 | 20 36 | 05 57 | 09 24 | 20 59 | 21 38 | 01 58 | 08 13 | 03 04 | 00 54 |
| 10 | 22 04 | 17 37 | 18 33 | 20 41 | 11 16 | 03 52 | 20 37 | 05 58 | 09 23 | 20 59 | 21 30 | 01 59 | 08 14 | 02 54 | 00 54 |
| 11 | 21 55 | 15 49 | 18 26 | 20 52 | 11 27 | 03 52 | 20 38 | 05 58 | 09 23 | 20 59 | 21 22 | 02 00 | 08 15 | 02 45 | 00 53 |
| 12 | 21 46 | 13 05 | 18 22 | 21 03 | 11 38 | 03 53 | 20 38 | 05 59 | 09 22 | 20 59 | 21 13 | 02 01 | 08 16 | 02 35 | 00 52 |
| 13 | 21 36 | 09 33 | 18 20 | 21 12 | 11 49 | 03 53 | 20 39 | 05 59 | 09 21 | 20 59 | 21 05 | 02 02 | 08 17 | 02 25 | 00 52 |
| 14 | 21 26 | 05 28 | 18 20 | 21 22 | 12 00 | 03 54 | 20 40 | 05 59 | 09 21 | 20 59 | 20 57 | 02 03 | 08 18 | 02 15 | 00 51 |
| 15 | 21 16 | 01 04 | 18 22 | 21 31 | 12 10 | 03 55 | 20 41 | 06 00 | 09 20 | 20 59 | 20 49 | 02 05 | 08 19 | 02 06 | 00 50 |
| 16 | 21 05 | +03 23 | 18 26 | 21 39 | 12 21 | 03 56 | 20 41 | 06 00 | 09 19 | 20 58 | 20 41 | 02 06 | 08 19 | 01 56 | 00 50 |
| 17 | 20 53 | 07 38 | 18 31 | 21 46 | 12 31 | 03 56 | 20 42 | 06 01 | 09 19 | 20 58 | 20 33 | 02 08 | 08 20 | 01 46 | 00 49 |
| 18 | 20 42 | 11 27 | 18 37 | 21 53 | 12 41 | 03 57 | 20 43 | 06 01 | 09 18 | 20 58 | 20 24 | 02 09 | 08 20 | 01 36 | 00 48 |
| 19 | 20 30 | 14 35 | 18 44 | 22 00 | 12 52 | 03 58 | 20 43 | 06 02 | 09 17 | 20 58 | 20 16 | 02 11 | 08 21 | 01 26 | 00 47 |
| 20 | 20 17 | 16 51 | 18 52 | 22 05 | 13 02 | 04 00 | 20 44 | 06 02 | 09 17 | 20 58 | 20 08 | 02 13 | 08 21 | 01 16 | 00 46 |
| 21 | 20 04 | 18 07 | 19 01 | 22 10 | 13 12 | 04 01 | 20 45 | 06 03 | 09 16 | 20 58 | 19 59 | 02 15 | 08 21 | 01 06 | 00 46 |
| 22 | 19 51 | 18 20 | 19 10 | 22 15 | 13 22 | 04 02 | 20 45 | 06 03 | 09 15 | 20 57 | 19 51 | 02 17 | 08 21 | 00 56 | 00 45 |
| 23 | 19 37 | 17 30 | 19 19 | 22 18 | 13 31 | 04 03 | 20 46 | 06 04 | 09 14 | 20 57 | 19 42 | 02 19 | 08 21 | 00 46 | 00 44 |
| 24 | 19 23 | 15 45 | 19 29 | 22 21 | 13 41 | 04 05 | 20 46 | 06 04 | 09 14 | 20 57 | 19 34 | 02 21 | 08 21 | 00 36 | 00 43 |
| 25 | 19 09 | 13 14 | 19 38 | 22 24 | 13 51 | 04 06 | 20 47 | 06 05 | 09 13 | 20 57 | 19 25 | 02 23 | 08 20 | 00 26 | 00 42 |
| 26 | 18 54 | 10 09 | 19 48 | 22 26 | 14 00 | 04 08 | 20 48 | 06 06 | 09 12 | 20 57 | 19 17 | 02 25 | 08 20 | 00 16 | 00 41 |
| 27 | 18 39 | 06 40 | 19 57 | 22 27 | 14 10 | 04 09 | 20 48 | 06 06 | 09 11 | 20 57 | 19 08 | 02 27 | 08 19 | 00 06 | 00 40 |
| 28 | 18 24 | 02 59 | 20 06 | 22 27 | 14 19 | 04 11 | 20 49 | 06 07 | 09 11 | 20 57 | 19 00 | 02 30 | 08 19 | +00 05 | 00 39 |
| 29 | 18 08 | -00 47 | 20 14 | 22 27 | 14 28 | 04 13 | 20 49 | 06 07 | 09 10 | 20 56 | 18 51 | 02 32 | 08 18 | 00 15 | 00 38 |
| 30 | 17 52 | 04 28 | 20 22 | 22 26 | 14 37 | 04 15 | 20 50 | 06 08 | 09 09 | 20 56 | 18 43 | 02 35 | 08 17 | 00 25 | 00 37 |
| 31 | 17 36 | 07 58 | 20 29 | 22 24 | 14 46 | 04 16 | 20 50 | 06 09 | 09 08 | 20 56 | 18 34 | 02 38 | 08 16 | 00 35 | 00 36 |

Lunar Phases -- 2 ◑ 05:32 10 ● 01:32 16 ◐ 23:27 24 ○ 01:47 Sun enters ♒ 1/20 15:29

**Feb. 16**

## Longitudes of Main Planets - February 2016

0:00 E.T.

| D | S.T. | ☉ | ☽ | ☽ 12:00 | ☿ | ♀ | ♂ | ♃ | ♄ | ♅ | ♆ | ♇ | ☊ |
|---|---|---|---|---|---|---|---|---|---|---|---|---|---|
| 1 | 8:42:35 | 11♒32 28 | 09♏57 | 15♏56 | 17♑02 | 10♑01 | 14♏58 | 22♍20℞ | 14♐08 | 17♈08 | 08♓28 | 16♑06 | 23♍58 |
| 2 | 8:46:32 | 12 33 23 | 21 57 | 28 02 | 17 43 | 11 15 | 15 28 | 22 16 | 14 12 | 17 10 | 08 30 | 16 08 | 23 55 |
| 3 | 8:50:28 | 13 34 17 | 04♐11 | 10♐24 | 18 28 | 12 29 | 15 57 | 22 11 | 14 17 | 17 12 | 08 32 | 16 10 | 23 52 |
| 4 | 8:54:25 | 14 35 10 | 16 42 | 23 06 | 19 18 | 13 43 | 16 27 | 22 06 | 14 22 | 17 14 | 08 34 | 16 11 | 23 48 |
| 5 | 8:58:21 | 15 36 02 | 29 35 | 06♑11 | 20 10 | 14 57 | 16 56 | 22 01 | 14 26 | 17 16 | 08 36 | 16 13 | 23 45 |
| 6 | 9:02:18 | 16 36 53 | 12♑52 | 19 39 | 21 06 | 16 12 | 17 25 | 21 56 | 14 31 | 17 18 | 08 39 | 16 15 | 23 42 |
| 7 | 9:06:14 | 17 37 44 | 26 32 | 03♒30 | 22 05 | 17 26 | 17 54 | 21 51 | 14 35 | 17 20 | 08 41 | 16 17 | 23 39 |
| 8 | 9:10:11 | 18 38 33 | 10♒33 | 17 40 | 23 07 | 18 40 | 18 23 | 21 46 | 14 40 | 17 22 | 08 43 | 16 19 | 23 36 |
| 9 | 9:14:07 | 19 39 21 | 24 51 | 02♓05 | 24 11 | 19 54 | 18 51 | 21 40 | 14 44 | 17 24 | 08 45 | 16 21 | 23 33 |
| 10 | 9:18:04 | 20 40 07 | 09♓22 | 16 39 | 25 18 | 21 08 | 19 20 | 21 34 | 14 48 | 17 26 | 08 47 | 16 22 | 23 29 |
| 11 | 9:22:01 | 21 40 52 | 23 57 | 01♈16 | 26 26 | 22 22 | 19 48 | 21 28 | 14 52 | 17 28 | 08 49 | 16 24 | 23 26 |
| 12 | 9:25:57 | 22 41 36 | 08♈33 | 15 49 | 27 37 | 23 36 | 20 16 | 21 22 | 14 56 | 17 31 | 08 52 | 16 26 | 23 23 |
| 13 | 9:29:54 | 23 42 18 | 23 03 | 00♉14 | 28 50 | 24 50 | 20 44 | 21 16 | 15 00 | 17 33 | 08 54 | 16 28 | 23 20 |
| 14 | 9:33:50 | 24 42 58 | 07♉23 | 14 28 | 00♒04 | 26 04 | 21 11 | 21 10 | 15 04 | 17 35 | 08 56 | 16 29 | 23 17 |
| 15 | 9:37:47 | 25 43 37 | 21 31 | 28 30 | 01 20 | 27 18 | 21 39 | 21 04 | 15 08 | 17 38 | 08 58 | 16 31 | 23 13 |
| 16 | 9:41:43 | 26 44 14 | 05♊26 | 12♊18 | 02 37 | 28 33 | 22 06 | 20 57 | 15 12 | 17 40 | 09 00 | 16 33 | 23 10 |
| 17 | 9:45:40 | 27 44 49 | 19 06 | 25 51 | 03 56 | 29 47 | 22 33 | 20 50 | 15 15 | 17 43 | 09 03 | 16 35 | 23 07 |
| 18 | 9:49:36 | 28 45 23 | 02♋33 | 09♋11 | 05 16 | 01♒01 | 23 00 | 20 44 | 15 19 | 17 45 | 09 05 | 16 36 | 23 04 |
| 19 | 9:53:33 | 29 45 55 | 15 46 | 22 18 | 06 38 | 02 15 | 23 26 | 20 37 | 15 22 | 17 48 | 09 07 | 16 38 | 23 01 |
| 20 | 9:57:30 | 00♓46 25 | 28 46 | 05♌10 | 08 01 | 03 29 | 23 53 | 20 30 | 15 26 | 17 50 | 09 09 | 16 39 | 22 58 |
| 21 | 10:01:26 | 01 46 53 | 11♌32 | 17 50 | 09 25 | 04 43 | 24 19 | 20 23 | 15 29 | 17 53 | 09 12 | 16 41 | 22 54 |
| 22 | 10:05:23 | 02 47 20 | 24 06 | 00♍18 | 10 50 | 05 58 | 24 45 | 20 16 | 15 32 | 17 55 | 09 14 | 16 43 | 22 51 |
| 23 | 10:09:19 | 03 47 45 | 06♍27 | 12 34 | 12 16 | 07 12 | 25 10 | 20 09 | 15 35 | 17 58 | 09 16 | 16 44 | 22 48 |
| 24 | 10:13:16 | 04 48 08 | 18 37 | 24 39 | 13 44 | 08 26 | 25 36 | 20 01 | 15 38 | 18 01 | 09 19 | 16 46 | 22 45 |
| 25 | 10:17:12 | 05 48 29 | 00♎39 | 06♎36 | 15 12 | 09 40 | 26 01 | 19 54 | 15 41 | 18 03 | 09 21 | 16 47 | 22 42 |
| 26 | 10:21:09 | 06 48 49 | 12 32 | 18 27 | 16 42 | 10 54 | 26 26 | 19 47 | 15 44 | 18 06 | 09 23 | 16 49 | 22 39 |
| 27 | 10:25:05 | 07 49 08 | 24 22 | 00♏16 | 18 12 | 12 08 | 26 51 | 19 39 | 15 47 | 18 09 | 09 25 | 16 50 | 22 35 |
| 28 | 10:29:02 | 08 49 25 | 06♏11 | 12 06 | 19 44 | 13 23 | 27 15 | 19 32 | 15 50 | 18 12 | 09 28 | 16 52 | 22 32 |
| 29 | 10:32:59 | 09 49 41 | 18 02 | 24 01 | 21 17 | 14 37 | 27 39 | 19 24 | 15 52 | 18 15 | 09 30 | 16 53 | 22 29 |

## Longitudes of the Major Asteroids and Chiron

0:00 E.T.

| D | ⚳ | ⚴ | ⚵ | ⚶ | ⚷ |
|---|---|---|---|---|---|
| 1 | 01♓15 | 03♒21 | 12♏43 | 15♈57 | 18♓46 |
| 2 | 01 38 | 03 42 | 12 52 | 16 18 | 18 49 |
| 3 | 02 01 | 04 04 | 13 01 | 16 40 | 18 52 |
| 4 | 02 24 | 04 26 | 13 10 | 17 02 | 18 55 |
| 5 | 02 48 | 04 47 | 13 18 | 17 24 | 18 59 |
| 6 | 03 11 | 05 09 | 13 26 | 17 46 | 19 02 |
| 7 | 03 34 | 05 30 | 13 34 | 18 09 | 19 05 |
| 8 | 03 58 | 05 52 | 13 41 | 18 31 | 19 08 |
| 9 | 04 21 | 06 13 | 13 49 | 18 54 | 19 12 |
| 10 | 04 44 | 06 34 | 13 55 | 19 16 | 19 15 |
| 11 | 05 08 | 06 56 | 14 02 | 19 39 | 19 18 |
| 12 | 05 31 | 07 17 | 14 08 | 20 02 | 19 21 |
| 13 | 05 55 | 07 38 | 14 15 | 20 25 | 19 25 |
| 14 | 06 18 | 07 59 | 14 20 | 20 48 | 19 28 |
| 15 | 06 42 | 08 20 | 14 26 | 21 11 | 19 32 |

| D | ⚳ | ⚴ | ⚵ | ⚶ | ⚷ |
|---|---|---|---|---|---|
| 16 | 07 05 | 08 41 | 14 31 | 21 34 | 19 35 |
| 17 | 07 29 | 09 02 | 14 36 | 21 57 | 19 39 |
| 18 | 07 52 | 09 23 | 14 40 | 22 21 | 19 42 |
| 19 | 08 16 | 09 44 | 14 45 | 22 44 | 19 46 |
| 20 | 08 40 | 10 05 | 14 49 | 23 08 | 19 49 |
| 21 | 09 03 | 10 26 | 14 52 | 23 31 | 19 53 |
| 22 | 09 27 | 10 47 | 14 55 | 23 55 | 19 56 |
| 23 | 09 50 | 11 07 | 14 58 | 24 19 | 20 00 |
| 24 | 10 14 | 11 28 | 15 01 | 24 43 | 20 03 |
| 25 | 10 38 | 11 49 | 15 03 | 25 07 | 20 07 |
| 26 | 11 01 | 12 09 | 15 05 | 25 31 | 20 10 |
| 27 | 11 25 | 12 30 | 15 07 | 25 55 | 20 14 |
| 28 | 11 49 | 12 50 | 15 08 | 26 19 | 20 18 |
| 29 | 12 12 | 13 10 | 15 09 | 26 43 | 20 21 |

## Lunar Data

| Last Asp. | | Ingress | | |
|---|---|---|---|---|
| 2 | 00:36 | 2 | ♐ | 15:51 |
| 4 | 10:05 | 5 | ♑ | 00:45 |
| 6 | 15:55 | 7 | ♒ | 05:60 |
| 8 | 14:40 | 9 | ♓ | 08:32 |
| 11 | 04:26 | 11 | ♈ | 09:56 |
| 13 | 10:33 | 13 | ♉ | 11:37 |
| 15 | 10:55 | 15 | ♊ | 14:36 |
| 17 | 16:38 | 17 | ♋ | 19:25 |
| 19 | 14:37 | 20 | ♌ | 02:19 |
| 22 | 01:18 | 22 | ♍ | 11:26 |
| 24 | 14:24 | 24 | ♎ | 22:43 |
| 26 | 11:19 | 27 | ♏ | 11:27 |
| 29 | 19:56 | | | |

## Declinations

0:00 E.T.

| D | ☉ | ☽ | ☿ | ♀ | ♂ | ♃ | ♄ | ♅ | ♆ | ♇ | ⚳ | ⚴ | ⚵ | ⚶ | ⚷ |
|---|---|---|---|---|---|---|---|---|---|---|---|---|---|---|---|
| 1 | -17 19 | -11 10 | -20 35 | -22 22 | -14 55 | +04 18 | -20 51 | +06 10 | -09 08 | -20 56 | -18 25 | +02 40 | -08 15 | +00 45 | -00 35 |
| 2 | 17 02 | 13 56 | 20 41 | 22 19 | 15 04 | 04 20 | 20 51 | 06 10 | 09 07 | 20 56 | 18 17 | 02 43 | 08 14 | 00 56 | 00 34 |
| 3 | 16 45 | 16 08 | 20 46 | 22 16 | 15 13 | 04 22 | 20 52 | 06 11 | 09 06 | 20 56 | 18 08 | 02 46 | 08 12 | 01 06 | 00 33 |
| 4 | 16 27 | 17 38 | 20 50 | 22 12 | 15 21 | 04 25 | 20 52 | 06 12 | 09 05 | 20 56 | 17 59 | 02 49 | 08 11 | 01 16 | 00 32 |
| 5 | 16 09 | 18 17 | 20 53 | 22 07 | 15 30 | 04 27 | 20 53 | 06 13 | 09 04 | 20 55 | 17 50 | 02 52 | 08 09 | 01 27 | 00 31 |
| 6 | 15 51 | 17 59 | 20 55 | 22 01 | 15 38 | 04 29 | 20 53 | 06 13 | 09 04 | 20 55 | 17 42 | 02 55 | 08 07 | 01 37 | 00 30 |
| 7 | 15 33 | 16 38 | 20 56 | 21 55 | 15 46 | 04 31 | 20 53 | 06 14 | 09 03 | 20 55 | 17 33 | 02 59 | 08 06 | 01 47 | 00 29 |
| 8 | 15 14 | 14 16 | 20 56 | 21 48 | 15 54 | 04 34 | 20 54 | 06 15 | 09 02 | 20 55 | 17 24 | 03 02 | 08 04 | 01 57 | 00 28 |
| 9 | 14 55 | 11 00 | 20 54 | 21 41 | 16 02 | 04 36 | 20 54 | 06 16 | 09 01 | 20 55 | 17 15 | 03 05 | 08 02 | 02 08 | 00 27 |
| 10 | 14 36 | 07 00 | 20 52 | 21 32 | 16 10 | 04 38 | 20 55 | 06 17 | 09 00 | 20 55 | 17 06 | 03 09 | 07 59 | 02 18 | 00 26 |
| 11 | 14 17 | 02 34 | 20 48 | 21 24 | 16 18 | 04 41 | 20 55 | 06 18 | 09 00 | 20 54 | 16 57 | 03 12 | 07 57 | 02 28 | 00 24 |
| 12 | 13 57 | +02 01 | 20 44 | 21 14 | 16 26 | 04 44 | 20 55 | 06 19 | 08 59 | 20 54 | 16 48 | 03 16 | 07 55 | 02 39 | 00 23 |
| 13 | 13 37 | 06 26 | 20 38 | 21 04 | 16 33 | 04 46 | 20 56 | 06 19 | 08 58 | 20 54 | 16 40 | 03 19 | 07 52 | 02 49 | 00 22 |
| 14 | 13 17 | 10 26 | 20 31 | 20 53 | 16 41 | 04 49 | 20 56 | 06 20 | 08 57 | 20 54 | 16 31 | 03 23 | 07 50 | 02 59 | 00 21 |
| 15 | 12 57 | 13 46 | 20 22 | 20 42 | 16 48 | 04 51 | 20 56 | 06 21 | 08 56 | 20 54 | 16 22 | 03 27 | 07 47 | 03 10 | 00 20 |
| 16 | 12 36 | 16 15 | 20 13 | 20 30 | 16 56 | 04 54 | 20 57 | 06 22 | 08 55 | 20 54 | 16 13 | 03 31 | 07 44 | 03 20 | 00 18 |
| 17 | 12 15 | 17 46 | 20 02 | 20 17 | 17 03 | 04 57 | 20 57 | 06 23 | 08 55 | 20 54 | 16 04 | 03 35 | 07 41 | 03 30 | 00 17 |
| 18 | 11 54 | 18 15 | 19 50 | 20 04 | 17 10 | 05 00 | 20 57 | 06 24 | 08 54 | 20 53 | 15 55 | 03 39 | 07 38 | 03 41 | 00 16 |
| 19 | 11 33 | 17 44 | 19 37 | 19 51 | 17 17 | 05 03 | 20 57 | 06 25 | 08 53 | 20 53 | 15 46 | 03 43 | 07 35 | 03 51 | 00 15 |
| 20 | 11 12 | 16 18 | 19 22 | 19 36 | 17 24 | 05 05 | 20 58 | 06 26 | 08 52 | 20 53 | 15 37 | 03 47 | 07 31 | 04 01 | 00 14 |
| 21 | 10 50 | 14 03 | 19 06 | 19 21 | 17 30 | 05 08 | 20 58 | 06 27 | 08 51 | 20 53 | 15 28 | 03 51 | 07 28 | 04 11 | 00 12 |
| 22 | 10 29 | 11 11 | 18 49 | 19 06 | 17 37 | 05 11 | 20 58 | 06 28 | 08 50 | 20 53 | 15 19 | 03 55 | 07 24 | 04 22 | 00 11 |
| 23 | 10 07 | 07 51 | 18 31 | 18 50 | 17 43 | 05 14 | 20 58 | 06 29 | 08 49 | 20 53 | 15 10 | 03 59 | 07 21 | 04 32 | 00 10 |
| 24 | 09 45 | 04 14 | 18 11 | 18 33 | 17 50 | 05 17 | 20 59 | 06 30 | 08 49 | 20 53 | 15 01 | 04 04 | 07 17 | 04 42 | 00 08 |
| 25 | 09 23 | 00 30 | 17 50 | 18 16 | 17 56 | 05 20 | 20 59 | 06 31 | 08 48 | 20 53 | 14 52 | 04 08 | 07 13 | 04 52 | 00 07 |
| 26 | 09 01 | -03 13 | 17 28 | 17 59 | 18 02 | 05 23 | 20 59 | 06 32 | 08 47 | 20 52 | 14 43 | 04 13 | 07 09 | 05 03 | 00 06 |
| 27 | 08 38 | 06 47 | 17 04 | 17 41 | 18 09 | 05 26 | 20 59 | 06 34 | 08 46 | 20 52 | 14 34 | 04 17 | 07 05 | 05 13 | 00 05 |
| 28 | 08 16 | 10 04 | 16 39 | 17 22 | 18 15 | 05 29 | 20 59 | 06 35 | 08 45 | 20 52 | 14 25 | 04 22 | 07 01 | 05 23 | 00 03 |
| 29 | 07 53 | 12 58 | 16 13 | 17 03 | 18 20 | 05 33 | 20 59 | 06 36 | 08 44 | 20 52 | 14 15 | 04 26 | 06 56 | 05 33 | 00 02 |

Lunar Phases -- 1 ◑ 03:29 8 ● 14:40 15 ◐ 07:48 22 ⓔ 18:21 Sun enters ♓ 2/19 05:35

# 0:00 E.T. — Longitudes of Main Planets - March 2016 — Mar. 16

| D | S.T. | ☉ | ☽ | ☽ 12:00 | ☿ | ♀ | ♂ | ♃ | ♄ | ♅ | ♆ | ♇ | ☊ |
|---|------|---|---|---------|---|---|---|---|---|---|---|---|---|
| 1 | 10:36:55 | 10♓49 55 | 00♐01 | 06♐05 | 22♒51 | 15♒51 | 28♏03 | 19♍16℞ | 15♐55 | 18♈17 | 09♓32 | 16♑54 | 22♍26 |
| 2 | 10:40:52 | 11 50 07 | 12 13 | 18 25 | 24 26 | 17 05 | 28 26 | 19 09 | 15 57 | 18 20 | 09 34 | 16 56 | 22 23 |
| 3 | 10:44:48 | 12 50 18 | 24 41 | 01♑03 | 26 02 | 18 20 | 28 50 | 19 01 | 15 59 | 18 23 | 09 37 | 16 57 | 22 19 |
| 4 | 10:48:45 | 13 50 28 | 07♑30 | 13 03 | 27 39 | 19 34 | 29 13 | 18 53 | 16 01 | 18 26 | 09 39 | 16 58 | 22 16 |
| 5 | 10:52:41 | 14 50 36 | 20 43 | 27 30 | 29 17 | 20 48 | 29 35 | 18 45 | 16 03 | 18 29 | 09 41 | 17 00 | 22 13 |
| 6 | 10:56:38 | 15 50 42 | 04♒23 | 11♒22 | 00♓56 | 22 02 | 29 58 | 18 38 | 16 05 | 18 32 | 09 44 | 17 01 | 22 10 |
| 7 | 11:00:34 | 16 50 47 | 18 28 | 25 40 | 02 37 | 23 17 | 00♐20 | 18 30 | 16 07 | 18 35 | 09 46 | 17 02 | 22 07 |
| 8 | 11:04:31 | 17 50 50 | 02♓57 | 10♓18 | 04 18 | 24 31 | 00 41 | 18 22 | 16 09 | 18 38 | 09 48 | 17 03 | 22 04 |
| 9 | 11:08:28 | 18 50 51 | 17 44 | 25 12 | 06 00 | 25 45 | 01 03 | 18 14 | 16 11 | 18 41 | 09 50 | 17 05 | 22 00 |
| 10 | 11:12:24 | 19 50 51 | 02♈42 | 10♈13 | 07 44 | 26 59 | 01 24 | 18 06 | 16 12 | 18 44 | 09 53 | 17 06 | 21 57 |
| 11 | 11:16:21 | 20 50 48 | 17 43 | 25 11 | 09 29 | 28 14 | 01 44 | 17 58 | 16 14 | 18 48 | 09 55 | 17 07 | 21 54 |
| 12 | 11:20:17 | 21 50 43 | 02♉38 | 10♉01 | 11 15 | 29 28 | 02 05 | 17 51 | 16 15 | 18 51 | 09 57 | 17 08 | 21 51 |
| 13 | 11:24:14 | 22 50 36 | 17 13 | 24 35 | 13 02 | 00♓42 | 02 24 | 17 43 | 16 17 | 18 54 | 09 59 | 17 09 | 21 48 |
| 14 | 11:28:10 | 23 50 27 | 01♊44 | 08♊48 | 14 50 | 01 56 | 02 44 | 17 35 | 16 18 | 18 57 | 10 02 | 17 10 | 21 45 |
| 15 | 11:32:07 | 24 50 16 | 15 47 | 22 40 | 16 39 | 03 10 | 03 03 | 17 27 | 16 19 | 19 00 | 10 04 | 17 11 | 21 41 |
| 16 | 11:36:03 | 25 50 02 | 29♊47 | 06♋47 | 18 30 | 04 25 | 03 22 | 17 20 | 16 20 | 19 03 | 10 06 | 17 12 | 21 38 |
| 17 | 11:40:00 | 26 49 46 | 12♋47 | 19 19 | 20 22 | 05 39 | 03 40 | 17 12 | 16 21 | 19 07 | 10 08 | 17 13 | 21 35 |
| 18 | 11:43:57 | 27 49 28 | 25 46 | 02♌10 | 22 15 | 06 53 | 03 58 | 17 04 | 16 22 | 19 10 | 10 10 | 17 14 | 21 32 |
| 19 | 11:47:53 | 28 49 08 | 08♌29 | 14 45 | 24 09 | 08 07 | 04 16 | 16 57 | 16 22 | 19 13 | 10 13 | 17 15 | 21 29 |
| 20 | 11:51:50 | 29 48 45 | 20 57 | 27 06 | 26 04 | 09 21 | 04 33 | 16 49 | 16 23 | 19 16 | 10 15 | 17 16 | 21 25 |
| 21 | 11:55:46 | 00♈48 20 | 03♍13 | 09♍20 | 28 01 | 10 36 | 04 49 | 16 42 | 16 23 | 19 20 | 10 17 | 17 17 | 21 22 |
| 22 | 11:59:43 | 01 47 53 | 15 20 | 21 20 | 29 58 | 11 50 | 05 06 | 16 34 | 16 24 | 19 23 | 10 19 | 17 18 | 21 19 |
| 23 | 12:03:39 | 02 47 24 | 27 19 | 03♎16 | 01♈57 | 13 04 | 05 21 | 16 27 | 16 24 | 19 26 | 10 21 | 17 18 | 21 16 |
| 24 | 12:07:36 | 03 46 53 | 09♎08 | 15 08 | 03 56 | 14 18 | 05 37 | 16 20 | 16 24 | 19 30 | 10 23 | 17 19 | 21 13 |
| 25 | 12:11:32 | 04 46 19 | 21 03 | 26 58 | 05 57 | 15 32 | 05 51 | 16 13 | 16 24 | 19 33 | 10 26 | 17 20 | 21 10 |
| 26 | 12:15:29 | 05 45 44 | 02♏52 | 08♏47 | 07 58 | 16 46 | 06 06 | 16 06 | 16 24℞ | 19 36 | 10 28 | 17 21 | 21 06 |
| 27 | 12:19:26 | 06 45 07 | 14 43 | 20 39 | 10 00 | 18 01 | 06 20 | 15 59 | 16 24 | 19 40 | 10 30 | 17 21 | 21 03 |
| 28 | 12:23:22 | 07 44 28 | 26 37 | 02♐36 | 12 02 | 19 15 | 06 33 | 15 52 | 16 24 | 19 43 | 10 32 | 17 22 | 21 00 |
| 29 | 12:27:19 | 08 43 48 | 08♐27 | 14 42 | 14 05 | 20 29 | 06 46 | 15 45 | 16 24 | 19 46 | 10 34 | 17 23 | 20 57 |
| 30 | 12:31:15 | 09 43 05 | 20 50 | 27 00 | 16 08 | 21 43 | 06 58 | 15 39 | 16 23 | 19 50 | 10 36 | 17 23 | 20 54 |
| 31 | 12:35:12 | 10 42 21 | 03♑15 | 09♑35 | 18 10 | 22 57 | 07 10 | 15 32 | 16 23 | 19 53 | 10 38 | 17 24 | 20 51 |

# 0:00 E.T. — Longitudes of the Major Asteroids and Chiron

| D | ⚳ | ⚴ | ⚵ | ⚶ | ⚷ |
|---|---|---|---|---|---|
| 1 | 12♓36 | 13♒31 | 15♏10 | 27♈07 | 20♓25 |
| 2 | 13 00 | 13 51 | 15 10 | 27 32 | 20 28 |
| 3 | 13 23 | 14 11 | 15 10℞ | 27 56 | 20 32 |
| 4 | 13 47 | 14 31 | 15 10 | 28 21 | 20 36 |
| 5 | 14 11 | 14 51 | 15 09 | 28 45 | 20 39 |
| 6 | 14 34 | 15 11 | 15 08 | 29 10 | 20 43 |
| 7 | 14 58 | 15 31 | 15 07 | 29 34 | 20 47 |
| 8 | 15 21 | 15 51 | 15 05 | 29 59 | 20 50 |
| 9 | 15 45 | 16 10 | 15 03 | 00♉24 | 20 54 |
| 10 | 16 09 | 16 30 | 15 01 | 00 49 | 20 58 |
| 11 | 16 32 | 16 49 | 14 58 | 01 14 | 21 01 |
| 12 | 16 56 | 17 09 | 14 55 | 01 38 | 21 05 |
| 13 | 17 20 | 17 28 | 14 51 | 02 03 | 21 09 |
| 14 | 17 43 | 17 47 | 14 47 | 02 28 | 21 12 |
| 15 | 18 07 | 18 07 | 14 43 | 02 54 | 21 16 |
| 16 | 18 30 | 18 26 | 14 38 | 03 19 | 21 20 |
| 17 | 18 54 | 18 45 | 14 33 | 03 44 | 21 23 |
| 18 | 19 18 | 19 04 | 14 28 | 04 09 | 21 27 |
| 19 | 19 41 | 19 23 | 14 23 | 04 34 | 21 31 |
| 20 | 20 05 | 19 41 | 14 17 | 05 00 | 21 34 |
| 21 | 20 28 | 20 00 | 14 10 | 05 25 | 21 38 |
| 22 | 20 52 | 20 19 | 14 04 | 05 50 | 21 41 |
| 23 | 21 15 | 20 37 | 13 57 | 06 16 | 21 45 |
| 24 | 21 39 | 20 55 | 13 50 | 06 41 | 21 49 |
| 25 | 22 02 | 21 14 | 13 42 | 07 06 | 21 52 |
| 26 | 22 25 | 21 32 | 13 34 | 07 32 | 21 56 |
| 27 | 22 49 | 21 50 | 13 26 | 07 58 | 21 59 |
| 28 | 23 12 | 22 08 | 13 18 | 08 23 | 22 03 |
| 29 | 23 36 | 22 26 | 13 09 | 08 49 | 22 07 |
| 30 | 23 59 | 22 44 | 13 00 | 09 14 | 22 10 |
| 31 | 24 22 | 23 01 | 12 50 | 09 40 | 22 14 |

## Lunar Data

| Last Asp. | Ingress |
|-----------|---------|
| 3 02:56 | 3 ♑ 10:02 |
| 5 16:06 | 5 ♒ 16:23 |
| 7 08:47 | 7 ♓ 19:09 |
| 9 01:56 | 9 ♈ 19:41 |
| 11 18:25 | 11 ♉ 19:45 |
| 13 09:48 | 13 ♊ 21:05 |
| 15 17:04 | 16 ♋ 00:58 |
| 18 04:10 | 18 ♌ 07:56 |
| 19 20:44 | 20 ♍ 17:40 |
| 22 03:56 | 23 ♎ 05:24 |
| 24 20:56 | 25 ♏ 18:10 |
| 27 07:26 | 28 ♐ 06:47 |
| 30 01:56 | 30 ♑ 17:46 |

# 0:00 E.T. — Declinations

| D | ☉ | ☽ | ☿ | ♀ | ♂ | ♃ | ♄ | ♅ | ♆ | ♇ | ⚳ | ⚴ | ⚵ | ⚶ | ⚷ |
|---|---|---|---|---|---|---|---|---|---|---|---|---|---|---|---|
| 1 | -07 30 | -15 20 | -15 46 | -16 43 | -18 26 | +05 36 | -21 00 | +06 37 | -08 44 | -20 52 | -14 06 | +04 31 | -06 52 | +05 43 | -00 01 |
| 2 | 07 07 | 17 05 | 15 17 | 16 23 | 18 32 | 05 39 | 21 00 | 06 38 | 08 43 | 20 52 | 13 57 | 04 36 | 06 47 | 05 53 | +00 01 |
| 3 | 06 44 | 18 03 | 14 47 | 16 03 | 18 38 | 05 42 | 21 00 | 06 39 | 08 42 | 20 52 | 13 48 | 04 40 | 06 43 | 06 04 | 00 02 |
| 4 | 06 21 | 18 08 | 14 16 | 15 42 | 18 43 | 05 45 | 21 00 | 06 40 | 08 41 | 20 52 | 13 39 | 04 45 | 06 38 | 06 14 | 00 03 |
| 5 | 05 58 | 17 15 | 13 43 | 15 20 | 18 48 | 05 48 | 21 00 | 06 41 | 08 40 | 20 52 | 13 30 | 04 50 | 06 33 | 06 24 | 00 05 |
| 6 | 05 35 | 15 22 | 13 10 | 14 58 | 18 54 | 05 51 | 21 00 | 06 43 | 08 39 | 20 51 | 13 21 | 04 55 | 06 28 | 06 34 | 00 06 |
| 7 | 05 12 | 12 31 | 12 35 | 14 36 | 18 59 | 05 54 | 21 00 | 06 44 | 08 38 | 20 51 | 13 12 | 05 00 | 06 23 | 06 44 | 00 08 |
| 8 | 04 48 | 08 50 | 11 58 | 14 14 | 19 04 | 05 57 | 21 00 | 06 45 | 08 38 | 20 51 | 13 03 | 05 05 | 06 18 | 06 54 | 00 09 |
| 9 | 04 25 | 04 31 | 11 21 | 13 50 | 19 09 | 06 01 | 21 00 | 06 46 | 08 37 | 20 51 | 12 54 | 05 10 | 06 12 | 07 04 | 00 10 |
| 10 | 04 01 | +00 09 | 10 42 | 13 27 | 19 14 | 06 04 | 21 00 | 06 47 | 08 36 | 20 51 | 12 45 | 05 15 | 06 07 | 07 14 | 00 12 |
| 11 | 03 38 | 04 48 | 10 02 | 13 03 | 19 19 | 06 07 | 21 00 | 06 48 | 08 35 | 20 51 | 12 36 | 05 20 | 06 01 | 07 24 | 00 13 |
| 12 | 03 14 | 09 07 | 09 20 | 12 39 | 19 23 | 06 10 | 21 00 | 06 50 | 08 34 | 20 51 | 12 27 | 05 26 | 05 56 | 07 34 | 00 14 |
| 13 | 02 50 | 12 48 | 08 38 | 12 15 | 19 28 | 06 13 | 21 00 | 06 51 | 08 33 | 20 51 | 12 18 | 05 31 | 05 50 | 07 44 | 00 16 |
| 14 | 02 27 | 15 38 | 07 54 | 11 50 | 19 33 | 06 16 | 21 00 | 06 52 | 08 33 | 20 51 | 12 09 | 05 36 | 05 44 | 07 53 | 00 17 |
| 15 | 02 03 | 17 26 | 07 09 | 11 25 | 19 37 | 06 19 | 21 00 | 06 53 | 08 32 | 20 51 | 12 00 | 05 41 | 05 39 | 08 03 | 00 19 |
| 16 | 01 39 | 18 11 | 06 23 | 10 59 | 19 41 | 06 22 | 21 00 | 06 55 | 08 31 | 20 51 | 11 50 | 05 47 | 05 33 | 08 13 | 00 20 |
| 17 | 01 16 | 17 54 | 05 36 | 10 33 | 19 46 | 06 25 | 21 00 | 06 56 | 08 30 | 20 51 | 11 41 | 05 52 | 05 27 | 08 23 | 00 21 |
| 18 | 00 52 | 16 40 | 04 47 | 10 07 | 19 50 | 06 28 | 21 00 | 06 57 | 08 29 | 20 50 | 11 32 | 05 58 | 05 20 | 08 32 | 00 23 |
| 19 | 00 28 | 14 38 | 03 58 | 09 41 | 19 54 | 06 31 | 21 00 | 06 58 | 08 29 | 20 50 | 11 23 | 06 03 | 05 14 | 08 42 | 00 24 |
| 20 | 00 04 | 11 56 | 03 08 | 09 14 | 19 58 | 06 34 | 21 00 | 07 00 | 08 28 | 20 50 | 11 14 | 06 09 | 05 08 | 08 52 | 00 26 |
| 21 | +00 19 | 08 45 | 02 16 | 08 47 | 20 02 | 06 37 | 21 00 | 07 01 | 08 27 | 20 50 | 11 05 | 06 14 | 05 02 | 09 01 | 00 27 |
| 22 | 00 43 | 05 14 | 01 24 | 08 20 | 20 06 | 06 40 | 21 00 | 07 02 | 08 26 | 20 50 | 10 56 | 06 20 | 04 55 | 09 11 | 00 28 |
| 23 | 01 07 | 01 32 | 00 30 | 07 53 | 20 09 | 06 42 | 21 00 | 07 03 | 08 25 | 20 50 | 10 48 | 06 25 | 04 49 | 09 20 | 00 30 |
| 24 | 01 30 | -02 11 | +00 24 | 07 26 | 20 13 | 06 45 | 21 00 | 07 05 | 08 25 | 20 50 | 10 39 | 06 31 | 04 42 | 09 30 | 00 31 |
| 25 | 01 54 | 05 49 | 01 19 | 06 58 | 20 17 | 06 48 | 21 00 | 07 06 | 08 24 | 20 50 | 10 30 | 06 37 | 04 36 | 09 40 | 00 33 |
| 26 | 02 17 | 09 12 | 02 13 | 06 30 | 20 20 | 06 51 | 21 00 | 07 07 | 08 23 | 20 50 | 10 21 | 06 42 | 04 29 | 09 49 | 00 34 |
| 27 | 02 41 | 12 13 | 03 11 | 06 02 | 20 24 | 06 53 | 21 00 | 07 08 | 08 22 | 20 50 | 10 12 | 06 48 | 04 23 | 09 58 | 00 35 |
| 28 | 03 04 | 14 45 | 04 07 | 05 33 | 20 27 | 06 56 | 20 59 | 07 10 | 08 22 | 20 50 | 10 03 | 06 54 | 04 16 | 10 08 | 00 37 |
| 29 | 03 28 | 16 40 | 05 04 | 05 05 | 20 30 | 06 58 | 20 59 | 07 11 | 08 21 | 20 50 | 09 54 | 06 59 | 04 09 | 10 17 | 00 38 |
| 30 | 03 51 | 17 52 | 06 00 | 04 37 | 20 34 | 07 01 | 20 59 | 07 12 | 08 20 | 20 50 | 09 45 | 07 05 | 04 02 | 10 26 | 00 40 |
| 31 | 04 14 | 18 14 | 06 57 | 04 08 | 20 37 | 07 03 | 20 59 | 07 14 | 08 19 | 20 50 | 09 36 | 07 11 | 03 55 | 10 35 | 00 41 |

Lunar Phases --  1 ◑ 23:12   9 ● 01:56 ◛  15 ◐ 17:04   23 ◯ 12:02   31 ◑ 15:18    Sun enters ♈ 3/20 04:32

## Apr. 16 — Longitudes of Main Planets - April 2016 — 0:00 E.T.

| D | S.T. | ☉ | ☽ | ☽ 12:00 | ☿ | ♀ | ♂ | ♃ | ♄ | ♅ | ♆ | ♇ | ☊ |
|---|---|---|---|---|---|---|---|---|---|---|---|---|---|
| 1 | 12:39:08 | 11♈41 35 | 15♑59 | 22♑30 | 20♈12 | 24♓11 | 07♐21 | 15♍26℞ | 16♐22℞ | 19♈57 | 10♓40 | 17♑24 | 20♍47 |
| 2 | 12:43:05 | 12 40 47 | 29 06 | 05♒48 | 22 13 | 25 26 | 07 31 | 15 19 | 16 21 | 20 00 | 10 42 | 17 25 | 20 44 |
| 3 | 12:47:01 | 13 39 57 | 12♒37 | 19 32 | 24 14 | 26 40 | 07 41 | 15 13 | 16 21 | 20 03 | 10 44 | 17 25 | 20 41 |
| 4 | 12:50:58 | 14 39 06 | 26 34 | 03♓43 | 26 12 | 27 54 | 07 51 | 15 07 | 16 20 | 20 07 | 10 46 | 17 26 | 20 38 |
| 5 | 12:54:55 | 15 38 13 | 10♓58 | 18 19 | 28 09 | 29 08 | 08 00 | 15 01 | 16 19 | 20 10 | 10 48 | 17 26 | 20 35 |
| 6 | 12:58:51 | 16 37 18 | 25 46 | 03♈16 | 00♉04 | 00♈22 | 08 08 | 14 55 | 16 18 | 20 14 | 10 50 | 17 27 | 20 31 |
| 7 | 13:02:48 | 17 36 21 | 10♈50 | 18 27 | 01 56 | 01 36 | 08 15 | 14 50 | 16 16 | 20 17 | 10 52 | 17 27 | 20 28 |
| 8 | 13:06:44 | 18 35 22 | 26 04 | 03♉41 | 03 45 | 02 50 | 08 22 | 14 44 | 16 15 | 20 21 | 10 54 | 17 27 | 20 25 |
| 9 | 13:10:41 | 19 34 20 | 11♉16 | 18 49 | 05 31 | 04 04 | 08 28 | 14 39 | 16 14 | 20 24 | 10 56 | 17 28 | 20 22 |
| 10 | 13:14:37 | 20 33 17 | 26 18 | 03♊41 | 07 13 | 05 18 | 08 34 | 14 34 | 16 12 | 20 27 | 10 57 | 17 28 | 20 19 |
| 11 | 13:18:34 | 21 32 12 | 10♊59 | 18 11 | 08 51 | 06 33 | 08 39 | 14 29 | 16 11 | 20 31 | 10 59 | 17 28 | 20 16 |
| 12 | 13:22:30 | 22 31 04 | 25 16 | 02♋14 | 10 25 | 07 47 | 08 43 | 14 24 | 16 09 | 20 34 | 11 01 | 17 28 | 20 12 |
| 13 | 13:26:27 | 23 29 55 | 09♋05 | 15 50 | 11 55 | 09 01 | 08 47 | 14 19 | 16 07 | 20 38 | 11 03 | 17 29 | 20 09 |
| 14 | 13:30:24 | 24 28 42 | 22 27 | 28 59 | 13 19 | 10 15 | 08 50 | 14 14 | 16 06 | 20 41 | 11 05 | 17 29 | 20 06 |
| 15 | 13:34:20 | 25 27 28 | 05♌24 | 11♌44 | 14 39 | 11 29 | 08 52 | 14 10 | 16 04 | 20 45 | 11 07 | 17 29 | 20 03 |
| 16 | 13:38:17 | 26 26 11 | 18 00 | 24 11 | 15 54 | 12 43 | 08 53 | 14 06 | 16 02 | 20 48 | 11 08 | 17 29 | 20 00 |
| 17 | 13:42:13 | 27 24 52 | 00♍18 | 06♍23 | 17 03 | 13 57 | 08 54 | 14 01 | 15 59 | 20 51 | 11 10 | 17 29 | 19 57 |
| 18 | 13:46:10 | 28 23 31 | 12 24 | 18 23 | 18 07 | 15 11 | 08 54℞ | 13 58 | 15 57 | 20 55 | 11 12 | 17 29 | 19 53 |
| 19 | 13:50:06 | 29 22 08 | 24 21 | 00♎17 | 19 06 | 16 25 | 08 53 | 13 54 | 15 55 | 20 58 | 11 13 | 17 29℞ | 19 50 |
| 20 | 13:54:03 | 00♉20 43 | 06♎13 | 12 07 | 19 59 | 17 39 | 08 52 | 13 50 | 15 53 | 21 02 | 11 15 | 17 29 | 19 47 |
| 21 | 13:57:59 | 01 19 15 | 18 02 | 23 56 | 20 46 | 18 53 | 08 50 | 13 47 | 15 50 | 21 05 | 11 17 | 17 29 | 19 44 |
| 22 | 14:01:56 | 02 17 46 | 29 51 | 05♏46 | 21 28 | 20 07 | 08 47 | 13 43 | 15 48 | 21 08 | 11 18 | 17 29 | 19 41 |
| 23 | 14:05:53 | 03 16 14 | 11♏42 | 17 39 | 22 03 | 21 21 | 08 43 | 13 40 | 15 45 | 21 12 | 11 20 | 17 29 | 19 37 |
| 24 | 14:09:49 | 04 14 41 | 23 37 | 29 36 | 22 33 | 22 35 | 08 38 | 13 37 | 15 42 | 21 15 | 11 21 | 17 28 | 19 34 |
| 25 | 14:13:46 | 05 13 06 | 05♐37 | 11♐40 | 22 57 | 23 48 | 08 33 | 13 35 | 15 40 | 21 19 | 11 23 | 17 28 | 19 31 |
| 26 | 14:17:42 | 06 11 30 | 17 45 | 23 52 | 23 15 | 25 02 | 08 27 | 13 32 | 15 37 | 21 22 | 11 24 | 17 28 | 19 28 |
| 27 | 14:21:39 | 07 09 52 | 00♑02 | 06♑15 | 23 28 | 26 16 | 08 20 | 13 30 | 15 34 | 21 25 | 11 26 | 17 28 | 19 25 |
| 28 | 14:25:35 | 08 08 12 | 12 31 | 18 51 | 23 35 | 27 30 | 08 13 | 13 28 | 15 31 | 21 29 | 11 27 | 17 28 | 19 22 |
| 29 | 14:29:32 | 09 06 30 | 25 16 | 01♒44 | 23 36℞ | 28 44 | 08 05 | 13 26 | 15 28 | 21 32 | 11 29 | 17 27 | 19 18 |
| 30 | 14:33:28 | 10 04 47 | 08♒18 | 14 56 | 23 32 | 29 58 | 07 56 | 13 24 | 15 25 | 21 35 | 11 30 | 17 27 | 19 15 |

## 0:00 E.T. — Longitudes of the Major Asteroids and Chiron

| D | ⚳ | ⚴ | ⚵ | ⚶ | ⚷ | D | ⚳ | ⚴ | ⚵ | ⚶ | ⚷ |
|---|---|---|---|---|---|---|---|---|---|---|---|
| 1 | 24♓46 | 23♒19 | 12♏41℞ | 10♉06 | 22♓17 | 16 | 00 32 | 27 27 | 09 46 | 16 34 | 23 07 |
| 2 | 25 09 | 23 36 | 12 31 | 10 31 | 22 21 | 17 | 00 54 | 27 43 | 09 33 | 17 00 | 23 11 |
| 3 | 25 32 | 23 53 | 12 20 | 10 57 | 22 24 | 18 | 01 17 | 27 58 | 09 20 | 17 26 | 23 14 |
| 4 | 25 55 | 24 11 | 12 10 | 11 23 | 22 28 | 19 | 01 40 | 28 13 | 09 07 | 17 52 | 23 17 |
| 5 | 26 19 | 24 28 | 11 59 | 11 49 | 22 31 | 20 | 02 02 | 28 28 | 08 54 | 18 18 | 23 20 |
| 6 | 26 42 | 24 45 | 11 48 | 12 15 | 22 34 | 21 | 02 25 | 28 43 | 08 40 | 18 45 | 23 23 |
| 7 | 27 05 | 25 02 | 11 37 | 12 40 | 22 38 | 22 | 02 47 | 28 58 | 08 27 | 19 11 | 23 26 |
| 8 | 27 28 | 25 18 | 11 25 | 13 06 | 22 41 | 23 | 03 10 | 29 13 | 08 13 | 19 37 | 23 29 |
| 9 | 27 51 | 25 35 | 11 14 | 13 32 | 22 45 | 24 | 03 32 | 29 27 | 07 59 | 20 03 | 23 32 |
| 10 | 28 14 | 25 51 | 11 02 | 13 58 | 22 48 | 25 | 03 55 | 29 41 | 07 46 | 20 29 | 23 35 |
| 11 | 28 37 | 26 08 | 10 50 | 14 24 | 22 51 | 26 | 04 17 | 29 55 | 07 32 | 20 55 | 23 38 |
| 12 | 29 00 | 26 24 | 10 37 | 14 50 | 22 54 | 27 | 04 40 | 00♓09 | 07 18 | 21 21 | 23 41 |
| 13 | 29 23 | 26 40 | 10 25 | 15 16 | 22 58 | 28 | 05 02 | 00 23 | 07 04 | 21 48 | 23 44 |
| 14 | 29 46 | 26 56 | 10 12 | 15 42 | 23 01 | 29 | 05 24 | 00 37 | 06 51 | 22 14 | 23 46 |
| 15 | 00♈09 | 27 12 | 09 59 | 16 08 | 23 04 | 30 | 05 46 | 00 50 | 06 37 | 22 40 | 23 49 |

## Lunar Data

| Last Asp. | | Ingress | | |
|---|---|---|---|---|
| 1 | 16:40 | 2 | ♒ | 01:38 |
| 3 | 23:17 | 4 | ♓ | 05:47 |
| 5 | 10:34 | 6 | ♈ | 06:47 |
| 7 | 14:57 | 8 | ♉ | 06:12 |
| 9 | 09:51 | 10 | ♊ | 05:60 |
| 11 | 18:58 | 12 | ♋ | 08:08 |
| 14 | 04:01 | 14 | ♌ | 13:54 |
| 16 | 17:50 | 16 | ♍ | 23:24 |
| 18 | 12:31 | 19 | ♎ | 11:25 |
| 21 | 06:14 | 22 | ♏ | 00:19 |
| 23 | 21:47 | 24 | ♐ | 12:47 |
| 26 | 15:52 | 26 | ♑ | 23:56 |
| 29 | 07:08 | 29 | ♒ | 08:48 |

## 0:00 E.T. — Declinations

| D | ☉ | ☽ | ☿ | ♀ | ♂ | ♃ | ♄ | ♅ | ♆ | ♇ | ⚳ | ⚴ | ⚵ | ⚶ | ⚷ |
|---|---|---|---|---|---|---|---|---|---|---|---|---|---|---|---|
| 1 | +04 37 | -17 43 | +07 53 | -03 39 | -20 40 | +07 06 | -20 59 | +07 15 | -08 18 | -20 50 | -09 28 | +07 17 | -03 48 | +10 45 | +00 42 |
| 2 | 05 00 | 16 15 | 08 49 | 03 10 | 20 43 | 07 08 | 20 59 | 07 16 | 08 18 | 20 50 | 09 19 | 07 23 | 03 41 | 10 54 | 00 44 |
| 3 | 05 23 | 13 50 | 09 44 | 02 41 | 20 46 | 07 10 | 20 58 | 07 17 | 08 17 | 20 50 | 09 10 | 07 29 | 03 34 | 11 03 | 00 45 |
| 4 | 05 46 | 10 33 | 10 38 | 02 12 | 20 49 | 07 13 | 20 58 | 07 19 | 08 16 | 20 50 | 09 01 | 07 35 | 03 27 | 11 12 | 00 47 |
| 5 | 06 09 | 06 33 | 11 31 | 01 43 | 20 52 | 07 15 | 20 58 | 07 20 | 08 15 | 20 50 | 08 53 | 07 40 | 03 20 | 11 21 | 00 48 |
| 6 | 06 32 | 02 02 | 12 23 | 01 13 | 20 54 | 07 17 | 20 58 | 07 21 | 08 15 | 20 50 | 08 44 | 07 46 | 03 13 | 11 30 | 00 49 |
| 7 | 06 55 | +02 42 | 13 13 | 00 44 | 20 57 | 07 19 | 20 58 | 07 23 | 08 14 | 20 50 | 08 35 | 07 52 | 03 06 | 11 39 | 00 51 |
| 8 | 07 17 | 07 18 | 14 01 | 00 15 | 21 00 | 07 21 | 20 57 | 07 24 | 08 13 | 20 50 | 08 27 | 07 58 | 02 59 | 11 47 | 00 52 |
| 9 | 07 39 | 11 25 | 14 47 | +00 14 | 21 02 | 07 23 | 20 57 | 07 25 | 08 13 | 20 50 | 08 18 | 08 04 | 02 52 | 11 56 | 00 53 |
| 10 | 08 02 | 14 43 | 15 30 | 00 44 | 21 05 | 07 25 | 20 57 | 07 26 | 08 12 | 20 50 | 08 09 | 08 10 | 02 45 | 12 05 | 00 55 |
| 11 | 08 24 | 17 00 | 16 12 | 01 13 | 21 07 | 07 27 | 20 57 | 07 28 | 08 11 | 20 50 | 08 01 | 08 16 | 02 38 | 12 14 | 00 56 |
| 12 | 08 46 | 18 09 | 16 51 | 01 43 | 21 09 | 07 29 | 20 56 | 07 29 | 08 11 | 20 50 | 07 52 | 08 22 | 02 31 | 12 22 | 00 57 |
| 13 | 09 07 | 18 10 | 17 28 | 02 12 | 21 12 | 07 30 | 20 56 | 07 30 | 08 10 | 20 50 | 07 44 | 08 28 | 02 24 | 12 31 | 00 59 |
| 14 | 09 29 | 17 09 | 18 02 | 02 41 | 21 14 | 07 32 | 20 56 | 07 32 | 08 09 | 20 50 | 07 35 | 08 34 | 02 17 | 12 39 | 01 00 |
| 15 | 09 51 | 15 16 | 18 33 | 03 11 | 21 16 | 07 33 | 20 56 | 07 33 | 08 09 | 20 50 | 07 27 | 08 40 | 02 11 | 12 48 | 01 01 |
| 16 | 10 12 | 12 42 | 19 01 | 03 40 | 21 18 | 07 35 | 20 55 | 07 34 | 08 08 | 20 50 | 07 18 | 08 46 | 02 04 | 12 56 | 01 03 |
| 17 | 10 33 | 09 36 | 19 27 | 04 09 | 21 20 | 07 36 | 20 55 | 07 36 | 08 07 | 20 50 | 07 10 | 08 52 | 01 57 | 13 05 | 01 04 |
| 18 | 10 54 | 06 09 | 19 50 | 04 38 | 21 22 | 07 38 | 20 55 | 07 37 | 08 07 | 20 50 | 07 02 | 08 58 | 01 50 | 13 13 | 01 05 |
| 19 | 11 15 | 02 30 | 20 10 | 05 07 | 21 24 | 07 39 | 20 54 | 07 38 | 08 06 | 20 50 | 06 53 | 09 04 | 01 44 | 13 21 | 01 07 |
| 20 | 11 35 | -01 14 | 20 28 | 05 36 | 21 26 | 07 40 | 20 54 | 07 39 | 08 06 | 20 50 | 06 45 | 09 10 | 01 37 | 13 29 | 01 08 |
| 21 | 11 56 | 04 55 | 20 42 | 06 05 | 21 28 | 07 42 | 20 54 | 07 41 | 08 05 | 20 50 | 06 37 | 09 16 | 01 30 | 13 38 | 01 09 |
| 22 | 12 16 | 08 24 | 20 54 | 06 33 | 21 30 | 07 43 | 20 53 | 07 42 | 08 04 | 20 50 | 06 28 | 09 22 | 01 24 | 13 46 | 01 10 |
| 23 | 12 36 | 11 33 | 21 03 | 07 02 | 21 31 | 07 44 | 20 53 | 07 43 | 08 04 | 20 50 | 06 20 | 09 28 | 01 17 | 13 54 | 01 12 |
| 24 | 12 56 | 14 15 | 21 09 | 07 30 | 21 33 | 07 45 | 20 53 | 07 44 | 08 03 | 20 51 | 06 12 | 09 34 | 01 11 | 14 02 | 01 13 |
| 25 | 13 16 | 16 21 | 21 13 | 07 58 | 21 34 | 07 46 | 20 52 | 07 46 | 08 03 | 20 51 | 06 04 | 09 40 | 01 05 | 14 09 | 01 14 |
| 26 | 13 35 | 17 46 | 21 13 | 08 26 | 21 36 | 07 46 | 20 52 | 07 47 | 08 02 | 20 51 | 05 56 | 09 46 | 00 59 | 14 17 | 01 15 |
| 27 | 13 54 | 18 22 | 21 11 | 08 54 | 21 37 | 07 47 | 20 52 | 07 48 | 08 02 | 20 51 | 05 48 | 09 52 | 00 53 | 14 25 | 01 17 |
| 28 | 14 13 | 18 06 | 21 07 | 09 22 | 21 38 | 07 48 | 20 51 | 07 49 | 08 01 | 20 51 | 05 40 | 09 58 | 00 47 | 14 33 | 01 18 |
| 29 | 14 32 | 16 56 | 20 59 | 09 49 | 21 39 | 07 48 | 20 51 | 07 51 | 08 01 | 20 51 | 05 32 | 10 04 | 00 41 | 14 40 | 01 19 |
| 30 | 14 50 | 14 51 | 20 49 | 10 16 | 21 41 | 07 49 | 20 50 | 07 52 | 08 00 | 20 51 | 05 24 | 10 10 | 00 35 | 14 48 | 01 20 |

Lunar Phases -- 7 ● 11:25 14 ◐ 04:01 22 ○ 05:25 30 ◑ 03:30 Sun enters ♉ 4/19 15:31

## 0:00 E.T. — Longitudes of Main Planets - May 2016 — May 16

| D | S.T. | ☉ | ☽ | ☽ 12:00 | ☿ | ♀ | ♂ | ♃ | ♄ | ♅ | ♆ | ♇ | ☊ |
|---|---|---|---|---|---|---|---|---|---|---|---|---|---|
| 1 | 14:37:25 | 11♉03 03 | 21♒41 | 28♒31 | 23♉22℞ | 01♉12 | 07♐46℞ | 13♍22℞ | 15♐21℞ | 21♈38 | 11♓32 | 17♑27℞ | 19♍12 |
| 2 | 14:41:22 | 12 01 17 | 05♓27 | 12♓30 | 23 08 | 02 26 | 07 35 | 13 21 | 15 18 | 21 42 | 11 33 | 17 26 | 19 09 |
| 3 | 14:45:18 | 12 59 30 | 19 39 | 26 54 | 22 50 | 03 40 | 07 24 | 13 19 | 15 15 | 21 45 | 11 34 | 17 26 | 19 06 |
| 4 | 14:49:15 | 13 57 41 | 04♈14 | 11♈40 | 22 27 | 04 54 | 07 12 | 13 18 | 15 11 | 21 48 | 11 36 | 17 25 | 19 02 |
| 5 | 14:53:11 | 14 55 50 | 19 10 | 26 43 | 22 00 | 06 08 | 06 59 | 13 17 | 15 08 | 21 51 | 11 37 | 17 25 | 18 59 |
| 6 | 14:57:08 | 15 53 58 | 04♉19 | 11♉55 | 21 31 | 07 21 | 06 46 | 13 16 | 15 04 | 21 55 | 11 38 | 17 24 | 18 56 |
| 7 | 15:01:04 | 16 52 05 | 19 32 | 27 07 | 20 58 | 08 35 | 06 32 | 13 16 | 15 01 | 21 58 | 11 39 | 17 24 | 18 53 |
| 8 | 15:05:01 | 17 50 10 | 04♊38 | 12♊06 | 20 24 | 09 49 | 06 17 | 13 16 | 14 57 | 22 01 | 11 40 | 17 23 | 18 50 |
| 9 | 15:08:57 | 18 48 13 | 19 29 | 26 45 | 19 48 | 11 03 | 06 01 | 13 15 | 14 53 | 22 04 | 11 42 | 17 23 | 18 47 |
| 10 | 15:12:54 | 19 46 14 | 03♋55 | 10♋58 | 19 12 | 12 17 | 05 45 | 13 15D | 14 50 | 22 07 | 11 43 | 17 22 | 18 43 |
| 11 | 15:16:51 | 20 44 14 | 17 53 | 24 41 | 18 35 | 13 31 | 05 29 | 13 16 | 14 46 | 22 11 | 11 44 | 17 22 | 18 40 |
| 12 | 15:20:47 | 21 42 12 | 01♌21 | 07♌55 | 17 59 | 14 45 | 05 12 | 13 16 | 14 42 | 22 14 | 11 45 | 17 21 | 18 37 |
| 13 | 15:24:44 | 22 40 07 | 14 22 | 20 43 | 17 24 | 15 58 | 04 54 | 13 16 | 14 38 | 22 17 | 11 46 | 17 20 | 18 34 |
| 14 | 15:28:40 | 23 38 02 | 26 58 | 03♍08 | 16 51 | 17 12 | 04 36 | 13 17 | 14 34 | 22 20 | 11 47 | 17 19 | 18 31 |
| 15 | 15:32:37 | 24 35 54 | 09♍15 | 15 17 | 16 20 | 18 26 | 04 17 | 13 18 | 14 30 | 22 23 | 11 48 | 17 19 | 18 28 |
| 16 | 15:36:33 | 25 33 44 | 21 17 | 27 15 | 15 52 | 19 40 | 03 58 | 13 19 | 14 26 | 22 26 | 11 49 | 17 18 | 18 24 |
| 17 | 15:40:30 | 26 31 33 | 03♎11 | 09♎05 | 15 27 | 20 54 | 03 39 | 13 20 | 14 22 | 22 29 | 11 50 | 17 17 | 18 21 |
| 18 | 15:44:26 | 27 29 20 | 14 59 | 20 53 | 15 06 | 22 07 | 03 19 | 13 22 | 14 18 | 22 32 | 11 51 | 17 16 | 18 18 |
| 19 | 15:48:23 | 28 27 06 | 26 48 | 02♏42 | 14 48 | 23 21 | 02 59 | 13 24 | 14 14 | 22 35 | 11 51 | 17 16 | 18 15 |
| 20 | 15:52:20 | 29 24 50 | 08♏38 | 14 35 | 14 35 | 24 35 | 02 39 | 13 25 | 14 09 | 22 38 | 11 52 | 17 15 | 18 12 |
| 21 | 15:56:16 | 00♊22 32 | 20 34 | 26 34 | 14 26 | 25 49 | 02 18 | 13 27 | 14 05 | 22 40 | 11 53 | 17 14 | 18 08 |
| 22 | 16:00:13 | 01 20 13 | 02♐37 | 08♐41 | 14 21 | 27 02 | 01 57 | 13 29 | 14 01 | 22 43 | 11 54 | 17 13 | 18 05 |
| 23 | 16:04:09 | 02 17 53 | 14 47 | 20 56 | 14 21D | 28 16 | 01 36 | 13 32 | 13 57 | 22 46 | 11 55 | 17 12 | 18 02 |
| 24 | 16:08:06 | 03 15 32 | 27 07 | 03♑20 | 14 25 | 29 30 | 01 15 | 13 34 | 13 52 | 22 49 | 11 55 | 17 11 | 17 59 |
| 25 | 16:12:02 | 04 13 10 | 09♑36 | 15 55 | 14 34 | 00♊44 | 00 54 | 13 37 | 13 48 | 22 52 | 11 56 | 17 10 | 17 56 |
| 26 | 16:15:59 | 05 10 46 | 22 16 | 28 41 | 14 47 | 01 58 | 00 33 | 13 40 | 13 44 | 22 55 | 11 57 | 17 09 | 17 53 |
| 27 | 16:19:55 | 06 08 22 | 05♒08 | 11♒40 | 15 05 | 03 11 | 00 12 | 13 43 | 13 39 | 22 57 | 11 57 | 17 08 | 17 49 |
| 28 | 16:23:52 | 07 05 56 | 18 15 | 24 54 | 15 27 | 04 25 | 29♏51 | 13 46 | 13 35 | 23 00 | 11 58 | 17 07 | 17 46 |
| 29 | 16:27:49 | 08 03 30 | 01♓37 | 08♓25 | 15 53 | 05 39 | 29 30 | 13 49 | 13 30 | 23 03 | 11 58 | 17 06 | 17 43 |
| 30 | 16:31:45 | 09 01 03 | 15 18 | 22 16 | 16 24 | 06 52 | 29 10 | 13 53 | 13 26 | 23 05 | 11 59 | 17 05 | 17 40 |
| 31 | 16:35:42 | 09 58 35 | 29 18 | 06♈26 | 16 59 | 08 06 | 28 49 | 13 57 | 13 22 | 23 08 | 11 59 | 17 04 | 17 37 |

## 0:00 E.T. — Longitudes of the Major Asteroids and Chiron

| D | ⚳ | ⚴ | ⚵ | ⚶ | ⚷ | D | ⚳ | ⚴ | ⚵ | ⚶ | ⚷ |
|---|---|---|---|---|---|---|---|---|---|---|---|
| 1 | 06♈08 | 01♓03 | 06♏23℞ | 23♉06 | 23♓52 | 17 | 11 54 | 04 10 | 03 01 | 00♊06 | 24 30 |
| 2 | 06 30 | 01 17 | 06 10 | 23 32 | 23 55 | 18 | 12 15 | 04 20 | 02 50 | 00 32 | 24 32 |
| 3 | 06 52 | 01 30 | 05 56 | 23 59 | 23 57 | 19 | 12 36 | 04 29 | 02 39 | 00 58 | 24 35 |
| 4 | 07 14 | 01 42 | 05 43 | 24 25 | 24 00 | 20 | 12 57 | 04 39 | 02 28 | 01 25 | 24 36 |
| 5 | 07 36 | 01 55 | 05 29 | 24 51 | 24 02 | 21 | 13 18 | 04 48 | 02 18 | 01 51 | 24 38 |
| 6 | 07 58 | 02 07 | 05 16 | 25 17 | 24 05 | 22 | 13 38 | 04 57 | 02 08 | 02 17 | 24 40 |
| 7 | 08 20 | 02 19 | 05 03 | 25 44 | 24 07 | 23 | 13 59 | 05 06 | 01 58 | 02 43 | 24 42 |
| 8 | 08 42 | 02 31 | 04 50 | 26 10 | 24 10 | 24 | 14 20 | 05 14 | 01 48 | 03 09 | 24 44 |
| 9 | 09 03 | 02 43 | 04 37 | 26 36 | 24 12 | 25 | 14 40 | 05 22 | 01 39 | 03 36 | 24 46 |
| 10 | 09 25 | 02 55 | 04 25 | 27 02 | 24 15 | 26 | 15 00 | 05 30 | 01 30 | 04 02 | 24 47 |
| 11 | 09 46 | 03 06 | 04 12 | 27 29 | 24 17 | 27 | 15 21 | 05 38 | 01 21 | 04 28 | 24 49 |
| 12 | 10 08 | 03 17 | 04 00 | 27 55 | 24 19 | 28 | 15 41 | 05 45 | 01 12 | 04 54 | 24 51 |
| 13 | 10 29 | 03 28 | 03 47 | 28 21 | 24 22 | 29 | 16 01 | 05 53 | 01 04 | 05 20 | 24 52 |
| 14 | 10 51 | 03 39 | 03 35 | 28 47 | 24 24 | 30 | 16 21 | 06 00 | 00 56 | 05 46 | 24 54 |
| 15 | 11 12 | 03 49 | 03 24 | 29 14 | 24 26 | 31 | 16 41 | 06 06 | 00 49 | 06 13 | 24 55 |
| 16 | 11 33 | 04 00 | 03 12 | 29 40 | 24 28 | | | | | | |

## Lunar Data

| Last Asp. | | Ingress | | |
|---|---|---|---|---|
| 1 | 02:57 | 1 | ♓ | 14:35 |
| 3 | 05:09 | 3 | ♈ | 17:05 |
| 5 | 04:18 | 5 | ♉ | 17:11 |
| 7 | 02:12 | 7 | ♊ | 16:36 |
| 9 | 04:17 | 9 | ♋ | 17:25 |
| 11 | 07:35 | 11 | ♌ | 21:33 |
| 13 | 17:04 | 14 | ♍ | 05:53 |
| 16 | 09:22 | 16 | ♎ | 17:34 |
| 18 | 15:24 | 19 | ♏ | 06:31 |
| 21 | 11:41 | 21 | ♐ | 18:49 |
| 23 | 15:39 | 24 | ♑ | 05:35 |
| 26 | 01:12 | 26 | ♒ | 14:28 |
| 28 | 20:20 | 28 | ♓ | 21:07 |
| 30 | 23:11 | 31 | ♈ | 01:10 |

## 0:00 E.T. — Declinations

| D | ☉ | ☽ | ☿ | ♀ | ♂ | ♃ | ♄ | ♅ | ♆ | ♇ | ⚳ | ⚴ | ⚵ | ⚶ | ⚷ |
|---|---|---|---|---|---|---|---|---|---|---|---|---|---|---|---|
| 1 | +15 08 | -11 56 | +20 37 | +10 43 | -21 42 | +07 49 | -20 50 | +07 53 | -08 00 | -20 51 | -05 16 | +10 16 | -00 29 | +14 55 | +01 21 |
| 2 | 15 26 | 08 16 | 20 22 | 11 10 | 21 42 | 07 50 | 20 50 | 07 54 | 07 59 | 20 51 | 05 08 | 10 22 | 00 24 | 15 03 | 01 23 |
| 3 | 15 44 | 04 02 | 20 05 | 11 36 | 21 43 | 07 50 | 20 49 | 07 56 | 07 59 | 20 51 | 05 01 | 10 27 | 00 19 | 15 10 | 01 24 |
| 4 | 16 02 | +00 34 | 19 46 | 12 02 | 21 44 | 07 50 | 20 49 | 07 57 | 07 58 | 20 51 | 04 53 | 10 33 | 00 13 | 15 18 | 01 25 |
| 5 | 16 19 | 05 13 | 19 25 | 12 28 | 21 45 | 07 50 | 20 48 | 07 58 | 07 58 | 20 52 | 04 45 | 10 39 | 00 08 | 15 25 | 01 26 |
| 6 | 16 36 | 09 37 | 19 02 | 12 54 | 21 45 | 07 51 | 20 48 | 07 59 | 07 57 | 20 52 | 04 37 | 10 45 | 00 03 | 15 32 | 01 27 |
| 7 | 16 52 | 13 23 | 18 38 | 13 19 | 21 46 | 07 51 | 20 48 | 08 00 | 07 57 | 20 52 | 04 30 | 10 51 | +00 02 | 15 39 | 01 28 |
| 8 | 17 09 | 16 14 | 18 13 | 13 44 | 21 46 | 07 51 | 20 47 | 08 02 | 07 56 | 20 52 | 04 22 | 10 56 | 00 07 | 15 46 | 01 29 |
| 9 | 17 25 | 17 57 | 17 46 | 14 09 | 21 46 | 07 50 | 20 47 | 08 03 | 07 56 | 20 52 | 04 15 | 11 02 | 00 11 | 15 53 | 01 30 |
| 10 | 17 41 | 18 27 | 17 20 | 14 33 | 21 46 | 07 50 | 20 46 | 08 04 | 07 56 | 20 52 | 04 07 | 11 08 | 00 16 | 16 00 | 01 31 |
| 11 | 17 56 | 17 48 | 16 53 | 14 57 | 21 46 | 07 50 | 20 46 | 08 05 | 07 55 | 20 52 | 04 00 | 11 13 | 00 20 | 16 07 | 01 32 |
| 12 | 18 11 | 16 09 | 16 26 | 15 21 | 21 46 | 07 50 | 20 45 | 08 06 | 07 55 | 20 52 | 03 53 | 11 19 | 00 24 | 16 14 | 01 33 |
| 13 | 18 26 | 13 42 | 16 00 | 15 44 | 21 46 | 07 49 | 20 45 | 08 07 | 07 54 | 20 53 | 03 45 | 11 24 | 00 28 | 16 20 | 01 34 |
| 14 | 18 41 | 10 41 | 15 35 | 16 07 | 21 46 | 07 49 | 20 44 | 08 08 | 07 54 | 20 53 | 03 38 | 11 30 | 00 32 | 16 27 | 01 35 |
| 15 | 18 55 | 07 15 | 15 10 | 16 29 | 21 45 | 07 48 | 20 44 | 08 10 | 07 54 | 20 53 | 03 31 | 11 35 | 00 36 | 16 33 | 01 36 |
| 16 | 19 09 | 03 36 | 14 48 | 16 51 | 21 45 | 07 48 | 20 44 | 08 11 | 07 53 | 20 53 | 03 24 | 11 40 | 00 39 | 16 40 | 01 37 |
| 17 | 19 22 | -00 10 | 14 26 | 17 13 | 21 44 | 07 47 | 20 43 | 08 12 | 07 53 | 20 53 | 03 17 | 11 46 | 00 43 | 16 46 | 01 38 |
| 18 | 19 36 | 03 53 | 14 07 | 17 34 | 21 43 | 07 46 | 20 43 | 08 13 | 07 53 | 20 53 | 03 10 | 11 51 | 00 46 | 16 53 | 01 39 |
| 19 | 19 49 | 07 28 | 13 50 | 17 54 | 21 43 | 07 45 | 20 42 | 08 14 | 07 53 | 20 54 | 03 03 | 11 56 | 00 49 | 16 59 | 01 40 |
| 20 | 20 01 | 10 45 | 13 34 | 18 15 | 21 42 | 07 45 | 20 42 | 08 15 | 07 52 | 20 54 | 02 56 | 12 02 | 00 52 | 17 05 | 01 41 |
| 21 | 20 14 | 13 37 | 13 21 | 18 34 | 21 41 | 07 44 | 20 41 | 08 16 | 07 52 | 20 54 | 02 49 | 12 07 | 00 55 | 17 11 | 01 42 |
| 22 | 20 25 | 15 57 | 13 11 | 18 54 | 21 40 | 07 43 | 20 41 | 08 17 | 07 52 | 20 54 | 02 42 | 12 12 | 00 57 | 17 17 | 01 43 |
| 23 | 20 37 | 17 36 | 13 02 | 19 12 | 21 38 | 07 42 | 20 40 | 08 18 | 07 52 | 20 54 | 02 35 | 12 17 | 01 00 | 17 23 | 01 44 |
| 24 | 20 48 | 18 27 | 12 56 | 19 30 | 21 37 | 07 40 | 20 40 | 08 19 | 07 51 | 20 54 | 02 28 | 12 22 | 01 02 | 17 29 | 01 45 |
| 25 | 20 59 | 18 25 | 12 53 | 19 48 | 21 36 | 07 39 | 20 39 | 08 20 | 07 51 | 20 55 | 02 22 | 12 26 | 01 04 | 17 35 | 01 45 |
| 26 | 21 10 | 17 29 | 12 51 | 20 05 | 21 34 | 07 38 | 20 39 | 08 21 | 07 51 | 20 55 | 02 15 | 12 31 | 01 06 | 17 40 | 01 46 |
| 27 | 21 20 | 15 39 | 12 52 | 20 22 | 21 33 | 07 37 | 20 38 | 08 22 | 07 51 | 20 55 | 02 09 | 12 36 | 01 08 | 17 46 | 01 47 |
| 28 | 21 29 | 12 58 | 12 55 | 20 38 | 21 31 | 07 35 | 20 38 | 08 23 | 07 50 | 20 55 | 02 02 | 12 41 | 01 10 | 17 52 | 01 48 |
| 29 | 21 39 | 09 34 | 13 00 | 20 54 | 21 30 | 07 34 | 20 37 | 08 24 | 07 50 | 20 55 | 01 56 | 12 45 | 01 11 | 17 57 | 01 49 |
| 30 | 21 48 | 05 34 | 13 08 | 21 08 | 21 28 | 07 32 | 20 37 | 08 25 | 07 50 | 20 56 | 01 50 | 12 50 | 01 12 | 18 03 | 01 49 |
| 31 | 21 56 | 01 11 | 13 17 | 21 23 | 21 26 | 07 30 | 20 36 | 08 26 | 07 50 | 20 56 | 01 43 | 12 54 | 01 13 | 18 08 | 01 50 |

Lunar Phases -- 6 ● 19:31 13 ◐ 17:03 21 ○ 21:16 29 ◑ 12:13 Sun enters ♊ 5/20 14:38

## Longitudes of Main Planets - June 2016

0:00 E.T.

| D | S.T. | ☉ | ☽ | ☽ 12:00 | ☿ | ♀ | ♂ | ♃ | ♄ | ♅ | ♆ | ♇ | ☊ |
|---|---|---|---|---|---|---|---|---|---|---|---|---|---|
| 1 | 16:39:38 | 10♊56 06 | 13♈39 | 20♈56 | 17♉38 | 09♊20 | 28♏29℞ | 14♍00 | 13♐17℞ | 23♈10 | 12♓00 | 17♑03℞ | 17♍34 |
| 2 | 16:43:35 | 11 53 36 | 28 17 | 05♉41 | 18 20 | 10 34 | 28 09 | 14 04 | 13 13 | 23 13 | 12 00 | 17 02 | 17 30 |
| 3 | 16:47:31 | 12 51 06 | 13♉08 | 20 37 | 19 07 | 11 47 | 27 49 | 14 09 | 13 08 | 23 15 | 12 00 | 17 00 | 17 27 |
| 4 | 16:51:28 | 13 48 35 | 28 06 | 05♊35 | 19 57 | 13 01 | 27 30 | 14 13 | 13 04 | 23 18 | 12 01 | 16 59 | 17 24 |
| 5 | 16:55:24 | 14 46 03 | 13♊02 | 20 25 | 20 51 | 14 15 | 27 12 | 14 17 | 12 59 | 23 20 | 12 01 | 16 58 | 17 21 |
| 6 | 16:59:21 | 15 43 30 | 27 45 | 05♋00 | 21 48 | 15 29 | 26 53 | 14 22 | 12 55 | 23 23 | 12 01 | 16 57 | 17 18 |
| 7 | 17:03:18 | 16 40 56 | 12♋09 | 19 11 | 22 49 | 16 42 | 26 35 | 14 27 | 12 50 | 23 25 | 12 02 | 16 56 | 17 14 |
| 8 | 17:07:14 | 17 38 21 | 26 07 | 02♌56 | 23 53 | 17 56 | 26 18 | 14 32 | 12 46 | 23 27 | 12 02 | 16 54 | 17 11 |
| 9 | 17:11:11 | 18 35 46 | 09♌38 | 16 13 | 25 00 | 19 10 | 26 02 | 14 37 | 12 42 | 23 30 | 12 02 | 16 53 | 17 08 |
| 10 | 17:15:07 | 19 33 09 | 22 41 | 29 04 | 26 11 | 20 24 | 25 46 | 14 42 | 12 37 | 23 32 | 12 02 | 16 52 | 17 05 |
| 11 | 17:19:04 | 20 30 31 | 05♍20 | 11♍32 | 27 25 | 21 37 | 25 30 | 14 47 | 12 33 | 23 34 | 12 02 | 16 51 | 17 02 |
| 12 | 17:23:00 | 21 27 52 | 17 39 | 23 43 | 28 42 | 22 51 | 25 16 | 14 53 | 12 28 | 23 36 | 12 02 | 16 49 | 16 59 |
| 13 | 17:26:57 | 22 25 11 | 29 43 | 05♎41 | 00♊02 | 24 05 | 25 02 | 14 59 | 12 24 | 23 39 | 12 02 | 16 48 | 16 55 |
| 14 | 17:30:53 | 23 22 30 | 11♎37 | 17 32 | 01 25 | 25 18 | 24 48 | 15 05 | 12 20 | 23 41 | 12 02℞ | 16 47 | 16 52 |
| 15 | 17:34:50 | 24 19 48 | 23 26 | 29 21 | 02 51 | 26 32 | 24 36 | 15 11 | 12 15 | 23 43 | 12 02 | 16 45 | 16 49 |
| 16 | 17:38:46 | 25 17 06 | 05♏16 | 11♏12 | 04 21 | 27 46 | 24 24 | 15 17 | 12 11 | 23 45 | 12 02 | 16 44 | 16 46 |
| 17 | 17:42:43 | 26 14 22 | 17 10 | 23 10 | 05 53 | 29 00 | 24 13 | 15 23 | 12 07 | 23 47 | 12 02 | 16 43 | 16 43 |
| 18 | 17:46:40 | 27 11 38 | 29 12 | 05♐16 | 07 28 | 00♋13 | 24 03 | 15 29 | 12 03 | 23 49 | 12 02 | 16 41 | 16 40 |
| 19 | 17:50:36 | 28 08 53 | 11♐24 | 17 33 | 09 06 | 01 27 | 23 53 | 15 36 | 11 59 | 23 51 | 12 02 | 16 40 | 16 36 |
| 20 | 17:54:33 | 29 06 08 | 23 46 | 00♑02 | 10 47 | 02 41 | 23 45 | 15 43 | 11 54 | 23 53 | 12 02 | 16 38 | 16 33 |
| 21 | 17:58:29 | 00♋03 22 | 06♑21 | 12 43 | 12 31 | 03 54 | 23 37 | 15 49 | 11 50 | 23 54 | 12 02 | 16 37 | 16 30 |
| 22 | 18:02:26 | 01 00 35 | 19 07 | 25 35 | 14 18 | 05 08 | 23 30 | 15 56 | 11 46 | 23 56 | 12 01 | 16 36 | 16 27 |
| 23 | 18:06:22 | 01 57 49 | 02♒05 | 08♒38 | 16 08 | 06 22 | 23 24 | 16 03 | 11 42 | 23 58 | 12 01 | 16 34 | 16 24 |
| 24 | 18:10:19 | 02 55 02 | 15 15 | 21 53 | 18 00 | 07 36 | 23 18 | 16 11 | 11 38 | 24 00 | 12 01 | 16 33 | 16 20 |
| 25 | 18:14:15 | 03 52 15 | 28 35 | 05♓20 | 19 55 | 08 49 | 23 14 | 16 18 | 11 34 | 24 01 | 12 00 | 16 31 | 16 17 |
| 26 | 18:18:12 | 04 49 27 | 12♓07 | 18 58 | 21 52 | 10 03 | 23 10 | 16 25 | 11 30 | 24 03 | 12 00 | 16 30 | 16 14 |
| 27 | 18:22:09 | 05 46 40 | 25 52 | 02♈49 | 23 52 | 11 17 | 23 07 | 16 33 | 11 26 | 24 04 | 12 00 | 16 28 | 16 11 |
| 28 | 18:26:05 | 06 43 53 | 09♈49 | 16 53 | 25 54 | 12 30 | 23 05 | 16 41 | 11 23 | 24 06 | 11 59 | 16 27 | 16 08 |
| 29 | 18:30:02 | 07 41 06 | 24 00 | 01♉09 | 27 57 | 13 44 | 23 04 | 16 48 | 11 19 | 24 07 | 11 59 | 16 26 | 16 05 |
| 30 | 18:33:58 | 08 38 19 | 08♉21 | 15 36 | 00♋03 | 14 58 | 23 03D | 16 56 | 11 15 | 24 09 | 11 58 | 16 24 | 16 01 |

## Longitudes of the Major Asteroids and Chiron

0:00 E.T.

| D | ⚳ | ⚴ | ⚵ | ⚶ | ⚷ | D | ⚳ | ⚴ | ⚵ | ⚶ | ⚷ |
|---|---|---|---|---|---|---|---|---|---|---|---|
| 1 | 17♈01 | 06♓13 | 00♏42℞ | 06♊39 | 24♓57 | 16 | 21 46 | 07 14 | 29 32 | 13 09 | 25 12 |
| 2 | 17 21 | 06 19 | 00 35 | 07 05 | 24 58 | 17 | 22 04 | 07 16 | 29 30 | 13 35 | 25 12 |
| 3 | 17 40 | 06 25 | 00 28 | 07 31 | 24 59 | 18 | 22 22 | 07 17 | 29 28 | 14 01 | 25 13 |
| 4 | 18 00 | 06 30 | 00 22 | 07 57 | 25 00 | 19 | 22 40 | 07 18 | 29 27 | 14 27 | 25 13 |
| 5 | 18 19 | 06 36 | 00 16 | 08 23 | 25 02 | 20 | 22 58 | 07 19 | 29 25 | 14 52 | 25 14 |
| 6 | 18 39 | 06 41 | 00 10 | 08 49 | 25 03 | 21 | 23 15 | 07 19 | 29 25 | 15 18 | 25 14 |
| 7 | 18 58 | 06 45 | 00 05 | 09 15 | 25 04 | 22 | 23 33 | 07 19℞ | 29 24 | 15 44 | 25 14 |
| 8 | 19 17 | 06 50 | 00♏00 | 09 41 | 25 05 | 23 | 23 50 | 07 19 | 29 24D | 16 10 | 25 15 |
| 9 | 19 36 | 06 54 | 29 55 | 10 07 | 25 06 | 24 | 24 07 | 07 18 | 29 24 | 16 35 | 25 15 |
| 10 | 19 55 | 06 58 | 29 51 | 10 33 | 25 07 | 25 | 24 24 | 07 17 | 29 25 | 17 01 | 25 15 |
| 11 | 20 14 | 07 01 | 29 47 | 10 59 | 25 08 | 26 | 24 41 | 07 16 | 29 26 | 17 27 | 25 15 |
| 12 | 20 33 | 07 04 | 29 43 | 11 25 | 25 09 | 27 | 24 58 | 07 14 | 29 27 | 17 52 | 25 15 |
| 13 | 20 51 | 07 07 | 29 40 | 11 51 | 25 09 | 28 | 25 14 | 07 12 | 29 28 | 18 18 | 25 15℞ |
| 14 | 21 10 | 07 10 | 29 37 | 12 17 | 25 10 | 29 | 25 31 | 07 10 | 29 30 | 18 44 | 25 15 |
| 15 | 21 28 | 07 12 | 29 34 | 12 43 | 25 11 | 30 | 25 47 | 07 07 | 29 32 | 19 09 | 25 15 |

### Lunar Data

| Last Asp. | | Ingress | | |
|---|---|---|---|---|
| 1 | 15:43 | 2 | ♉ | 02:48 |
| 3 | 23:03 | 4 | ♊ | 03:02 |
| 5 | 16:49 | 6 | ♋ | 03:43 |
| 8 | 00:19 | 8 | ♌ | 06:48 |
| 10 | 07:15 | 10 | ♍ | 13:47 |
| 12 | 14:48 | 13 | ♎ | 00:34 |
| 15 | 07:01 | 15 | ♏ | 13:19 |
| 17 | 13:54 | 18 | ♐ | 01:35 |
| 20 | 11:03 | 20 | ♑ | 11:56 |
| 22 | 08:58 | 22 | ♒ | 20:10 |
| 24 | 15:49 | 25 | ♓ | 02:31 |
| 26 | 19:56 | 27 | ♈ | 07:09 |
| 29 | 07:47 | 29 | ♉ | 10:04 |

## Declinations

0:00 E.T.

| D | ☉ | ☽ | ☿ | ♀ | ♂ | ♃ | ♄ | ♅ | ♆ | ♇ | ⚳ | ⚴ | ⚵ | ⚶ | ⚷ |
|---|---|---|---|---|---|---|---|---|---|---|---|---|---|---|---|
| 1 | +22 05 | +03 22 | +13 28 | +21 37 | -21 25 | +07 29 | -20 36 | +08 27 | -07 50 | -20 56 | -01 37 | +12 59 | +01 14 | +18 13 | +01 51 |
| 2 | 22 13 | 07 49 | 13 41 | 21 50 | 21 23 | 07 27 | 20 35 | 08 28 | 07 50 | 20 56 | 01 31 | 13 03 | 01 15 | 18 18 | 01 52 |
| 3 | 22 20 | 11 50 | 13 55 | 22 02 | 21 21 | 07 25 | 20 35 | 08 29 | 07 50 | 20 57 | 01 25 | 13 07 | 01 16 | 18 23 | 01 52 |
| 4 | 22 27 | 15 07 | 14 12 | 22 14 | 21 20 | 07 23 | 20 34 | 08 30 | 07 50 | 20 57 | 01 19 | 13 11 | 01 17 | 18 28 | 01 53 |
| 5 | 22 34 | 17 24 | 14 29 | 22 25 | 21 18 | 07 22 | 20 34 | 08 31 | 07 49 | 20 57 | 01 13 | 13 15 | 01 17 | 18 33 | 01 53 |
| 6 | 22 40 | 18 29 | 14 48 | 22 36 | 21 16 | 07 20 | 20 33 | 08 31 | 07 49 | 20 57 | 01 07 | 13 19 | 01 17 | 18 38 | 01 54 |
| 7 | 22 46 | 18 21 | 15 08 | 22 46 | 21 14 | 07 18 | 20 33 | 08 32 | 07 49 | 20 57 | 01 01 | 13 23 | 01 17 | 18 43 | 01 55 |
| 8 | 22 52 | 17 06 | 15 29 | 22 55 | 21 13 | 07 15 | 20 33 | 08 33 | 07 49 | 20 58 | 00 56 | 13 26 | 01 17 | 18 48 | 01 55 |
| 9 | 22 57 | 14 54 | 15 52 | 23 04 | 21 11 | 07 13 | 20 32 | 08 34 | 07 49 | 20 58 | 00 50 | 13 30 | 01 17 | 18 52 | 01 56 |
| 10 | 23 01 | 12 00 | 16 15 | 23 12 | 21 10 | 07 11 | 20 32 | 08 35 | 07 49 | 20 58 | 00 44 | 13 33 | 01 16 | 18 57 | 01 56 |
| 11 | 23 06 | 08 37 | 16 39 | 23 20 | 21 08 | 07 09 | 20 31 | 08 36 | 07 49 | 20 58 | 00 39 | 13 37 | 01 16 | 19 01 | 01 57 |
| 12 | 23 10 | 04 57 | 17 04 | 23 26 | 21 07 | 07 07 | 20 31 | 08 36 | 07 49 | 20 59 | 00 34 | 13 40 | 01 15 | 19 06 | 01 57 |
| 13 | 23 13 | 01 09 | 17 29 | 23 32 | 21 06 | 07 04 | 20 30 | 08 37 | 07 49 | 20 59 | 00 28 | 13 43 | 01 14 | 19 10 | 01 58 |
| 14 | 23 16 | -02 38 | 17 55 | 23 38 | 21 04 | 07 02 | 20 30 | 08 38 | 07 49 | 20 59 | 00 23 | 13 46 | 01 13 | 19 14 | 01 58 |
| 15 | 23 19 | 06 18 | 18 21 | 23 42 | 21 03 | 06 59 | 20 29 | 08 39 | 07 49 | 20 59 | 00 18 | 13 49 | 01 12 | 19 18 | 01 59 |
| 16 | 23 21 | 09 43 | 18 47 | 23 46 | 21 02 | 06 57 | 20 29 | 08 39 | 07 49 | 21 00 | 00 13 | 13 52 | 01 11 | 19 22 | 01 59 |
| 17 | 23 23 | 12 45 | 19 14 | 23 49 | 21 01 | 06 54 | 20 28 | 08 40 | 07 49 | 21 00 | 00 08 | 13 54 | 01 10 | 19 26 | 01 59 |
| 18 | 23 24 | 15 17 | 19 40 | 23 52 | 21 01 | 06 51 | 20 28 | 08 41 | 07 50 | 21 00 | 00 03 | 13 57 | 01 08 | 19 30 | 02 00 |
| 19 | 23 25 | 17 12 | 20 06 | 23 54 | 21 00 | 06 49 | 20 27 | 08 41 | 07 50 | 21 00 | +00 02 | 13 59 | 01 07 | 19 34 | 02 00 |
| 20 | 23 26 | 18 20 | 20 32 | 23 55 | 21 00 | 06 46 | 20 27 | 08 42 | 07 50 | 21 01 | 00 07 | 14 01 | 01 05 | 19 38 | 02 01 |
| 21 | 23 26 | 18 36 | 20 57 | 23 55 | 20 59 | 06 43 | 20 27 | 08 43 | 07 50 | 21 01 | 00 12 | 14 03 | 01 03 | 19 42 | 02 01 |
| 22 | 23 26 | 17 56 | 21 22 | 23 55 | 20 59 | 06 40 | 20 26 | 08 43 | 07 50 | 21 01 | 00 17 | 14 05 | 01 01 | 19 45 | 02 01 |
| 23 | 23 25 | 16 19 | 21 45 | 23 54 | 20 59 | 06 37 | 20 26 | 08 44 | 07 50 | 21 01 | 00 21 | 14 07 | 00 59 | 19 49 | 02 01 |
| 24 | 23 24 | 13 51 | 22 08 | 23 52 | 20 59 | 06 34 | 20 25 | 08 45 | 07 50 | 21 02 | 00 26 | 14 09 | 00 56 | 19 52 | 02 02 |
| 25 | 23 23 | 10 36 | 22 29 | 23 50 | 20 59 | 06 31 | 20 25 | 08 45 | 07 50 | 21 02 | 00 30 | 14 10 | 00 54 | 19 55 | 02 02 |
| 26 | 23 21 | 06 46 | 22 48 | 23 46 | 21 00 | 06 28 | 20 25 | 08 46 | 07 51 | 21 02 | 00 34 | 14 11 | 00 52 | 19 59 | 02 02 |
| 27 | 23 19 | 02 31 | 23 06 | 23 43 | 21 00 | 06 25 | 20 24 | 08 46 | 07 51 | 21 02 | 00 39 | 14 13 | 00 49 | 20 02 | 02 02 |
| 28 | 23 16 | +01 56 | 23 22 | 23 38 | 21 01 | 06 22 | 20 24 | 08 47 | 07 51 | 21 03 | 00 43 | 14 14 | 00 46 | 20 05 | 02 02 |
| 29 | 23 13 | 06 21 | 23 36 | 23 33 | 21 02 | 06 19 | 20 24 | 08 47 | 07 51 | 21 03 | 00 47 | 14 14 | 00 43 | 20 08 | 02 03 |
| 30 | 23 09 | 10 26 | 23 48 | 23 27 | 21 03 | 06 16 | 20 23 | 08 48 | 07 51 | 21 03 | 00 51 | 14 15 | 00 40 | 20 11 | 02 03 |

Lunar Phases -- 5 ● 03:01  12 ◐ 08:11  20 ○ 11:04  27 ◑ 18:20  Sun enters ♋ 6/20 22:35

## 0:00 E.T. Longitudes of Main Planets - July 2016 **July 16**

| D | S.T. | ☉ | ☽ | ☽ 12:00 | ☿ | ♀ | ♂ | ♃ | ♄ | ♅ | ♆ | ♇ | ☊ |
|---|---|---|---|---|---|---|---|---|---|---|---|---|---|
| 1 | 18:37:55 | 09♋35 32 | 22♉52 | 00♊09 | 02♋10 | 16♋12 | 23♏04 | 17♍04 | 11♐12℞ | 24♈10 | 11♓58℞ | 16♑23℞ | 15♍58 |
| 2 | 18:41:51 | 10 32 45 | 07♊26 | 14 43 | 04 18 | 17 25 | 23 05 | 17 13 | 11 08 | 24 12 | 11 57 | 16 21 | 15 55 |
| 3 | 18:45:48 | 11 29 59 | 21 58 | 29 11 | 06 28 | 18 39 | 23 07 | 17 21 | 11 04 | 24 13 | 11 57 | 16 20 | 15 52 |
| 4 | 18:49:44 | 12 27 12 | 06♋21 | 13♋28 | 08 38 | 19 53 | 23 10 | 17 29 | 11 01 | 24 14 | 11 56 | 16 18 | 15 49 |
| 5 | 18:53:41 | 13 24 26 | 20 29 | 27 26 | 10 48 | 21 07 | 23 14 | 17 38 | 10 58 | 24 15 | 11 55 | 16 17 | 15 46 |
| 6 | 18:57:38 | 14 21 40 | 04♌17 | 11♌02 | 12 58 | 22 20 | 23 18 | 17 46 | 10 54 | 24 17 | 11 55 | 16 15 | 15 42 |
| 7 | 19:01:34 | 15 18 53 | 17 41 | 24 14 | 15 09 | 23 34 | 23 24 | 17 55 | 10 51 | 24 18 | 11 54 | 16 14 | 15 39 |
| 8 | 19:05:31 | 16 16 06 | 00♍42 | 07♍03 | 17 18 | 24 48 | 23 30 | 18 04 | 10 48 | 24 19 | 11 53 | 16 12 | 15 36 |
| 9 | 19:09:27 | 17 13 19 | 13 20 | 19 32 | 19 27 | 26 02 | 23 37 | 18 13 | 10 45 | 24 20 | 11 52 | 16 11 | 15 33 |
| 10 | 19:13:24 | 18 10 32 | 25 40 | 01♎44 | 21 36 | 27 15 | 23 44 | 18 22 | 10 41 | 24 21 | 11 52 | 16 09 | 15 30 |
| 11 | 19:17:20 | 19 07 45 | 07♎45 | 13 44 | 23 43 | 28 29 | 23 53 | 18 31 | 10 38 | 24 22 | 11 51 | 16 08 | 15 26 |
| 12 | 19:21:17 | 20 04 58 | 19 41 | 25 37 | 25 48 | 29 43 | 24 02 | 18 40 | 10 36 | 24 23 | 11 50 | 16 06 | 15 23 |
| 13 | 19:25:13 | 21 02 11 | 01♏32 | 07♏28 | 27 53 | 00♌57 | 24 11 | 18 50 | 10 33 | 24 24 | 11 49 | 16 05 | 15 20 |
| 14 | 19:29:10 | 21 59 24 | 13 24 | 19 22 | 29 56 | 02 10 | 24 22 | 18 59 | 10 30 | 24 24 | 11 48 | 16 03 | 15 17 |
| 15 | 19:33:07 | 22 56 37 | 25 21 | 01♐23 | 01♌57 | 03 24 | 24 33 | 19 09 | 10 27 | 24 25 | 11 47 | 16 02 | 15 14 |
| 16 | 19:37:03 | 23 53 50 | 07♐28 | 13 35 | 03 57 | 04 38 | 24 45 | 19 18 | 10 25 | 24 26 | 11 46 | 16 00 | 15 11 |
| 17 | 19:41:00 | 24 51 04 | 19 47 | 26 02 | 05 55 | 05 52 | 24 58 | 19 28 | 10 22 | 24 26 | 11 45 | 15 59 | 15 07 |
| 18 | 19:44:56 | 25 48 17 | 02♑20 | 08♑43 | 07 51 | 07 05 | 25 11 | 19 38 | 10 20 | 24 27 | 11 44 | 15 57 | 15 04 |
| 19 | 19:48:53 | 26 45 31 | 15 10 | 21 40 | 09 46 | 08 19 | 25 25 | 19 48 | 10 17 | 24 28 | 11 43 | 15 56 | 15 01 |
| 20 | 19:52:49 | 27 42 46 | 28 14 | 04♒52 | 11 39 | 09 33 | 25 40 | 19 58 | 10 15 | 24 28 | 11 42 | 15 55 | 14 58 |
| 21 | 19:56:46 | 28 40 00 | 11♒34 | 18 18 | 13 30 | 10 46 | 25 55 | 20 08 | 10 13 | 24 29 | 11 41 | 15 53 | 14 55 |
| 22 | 20:00:42 | 29 37 16 | 25 06 | 01♓56 | 15 19 | 12 00 | 26 11 | 20 18 | 10 11 | 24 29 | 11 40 | 15 52 | 14 51 |
| 23 | 20:04:39 | 00♌34 32 | 08♓49 | 15 44 | 17 06 | 13 14 | 26 27 | 20 28 | 10 09 | 24 29 | 11 39 | 15 50 | 14 48 |
| 24 | 20:08:36 | 01 31 48 | 22 41 | 29 40 | 18 52 | 14 28 | 26 45 | 20 39 | 10 07 | 24 30 | 11 38 | 15 49 | 14 45 |
| 25 | 20:12:32 | 02 29 06 | 06♈41 | 13♈43 | 20 36 | 15 41 | 27 02 | 20 49 | 10 05 | 24 30 | 11 37 | 15 47 | 14 42 |
| 26 | 20:16:29 | 03 26 24 | 20 46 | 27 51 | 22 18 | 16 55 | 27 20 | 21 00 | 10 03 | 24 30 | 11 36 | 15 46 | 14 39 |
| 27 | 20:20:25 | 04 23 44 | 04♉56 | 12♉03 | 23 58 | 18 09 | 27 39 | 21 10 | 10 01 | 24 30 | 11 34 | 15 45 | 14 36 |
| 28 | 20:24:22 | 05 21 05 | 19 09 | 26 16 | 25 37 | 19 23 | 27 59 | 21 21 | 10 00 | 24 30 | 11 33 | 15 43 | 14 32 |
| 29 | 20:28:18 | 06 18 26 | 03♊23 | 10♊29 | 27 14 | 20 36 | 28 18 | 21 32 | 09 58 | 24 30 | 11 32 | 15 42 | 14 29 |
| 30 | 20:32:15 | 07 15 49 | 17 34 | 24 38 | 28 49 | 21 50 | 28 39 | 21 42 | 09 57 | 24 30℞ | 11 31 | 15 41 | 14 26 |
| 31 | 20:36:11 | 08 13 13 | 01♋39 | 08♋39 | 00♍22 | 23 04 | 29 00 | 21 53 | 09 55 | 24 30 | 11 29 | 15 39 | 14 23 |

## 0:00 E.T. Longitudes of the Major Asteroids and Chiron

| D | ⚳ | ⚴ | ⚵ | ⚶ | ⚷ |
|---|---|---|---|---|---|
| 1 | 26♈03 | 07♓04℞ | 29♎35 | 19♊35 | 25♓15℞ |
| 2 | 26 19 | 07 01 | 29 37 | 20 00 | 25 15 |
| 3 | 26 35 | 06 57 | 29 40 | 20 26 | 25 14 |
| 4 | 26 51 | 06 53 | 29 43 | 20 51 | 25 14 |
| 5 | 27 06 | 06 48 | 29 47 | 21 17 | 25 14 |
| 6 | 27 22 | 06 43 | 29 51 | 21 42 | 25 13 |
| 7 | 27 37 | 06 38 | 29 55 | 22 08 | 25 13 |
| 8 | 27 52 | 06 33 | 29 59 | 22 33 | 25 12 |
| 9 | 28 06 | 06 27 | 00♏04 | 22 58 | 25 12 |
| 10 | 28 21 | 06 20 | 00 09 | 23 24 | 25 11 |
| 11 | 28 35 | 06 14 | 00 14 | 23 49 | 25 10 |
| 12 | 28 50 | 06 07 | 00 20 | 24 14 | 25 09 |
| 13 | 29 04 | 06 00 | 00 25 | 24 39 | 25 09 |
| 14 | 29 17 | 05 52 | 00 31 | 25 04 | 25 08 |
| 15 | 29 31 | 05 44 | 00 38 | 25 29 | 25 07 |
| 16 | 29 45 | 05 36 | 00 44 | 25 54 | 25 06 |
| 17 | 29 58 | 05 27 | 00 51 | 26 19 | 25 05 |
| 18 | 00♉11 | 05 18 | 00 58 | 26 44 | 25 04 |
| 19 | 00 24 | 05 09 | 01 05 | 27 09 | 25 03 |
| 20 | 00 36 | 04 59 | 01 13 | 27 34 | 25 02 |
| 21 | 00 49 | 04 49 | 01 21 | 27 59 | 25 01 |
| 22 | 01 01 | 04 39 | 01 29 | 28 24 | 24 59 |
| 23 | 01 13 | 04 28 | 01 37 | 28 49 | 24 58 |
| 24 | 01 24 | 04 18 | 01 45 | 29 13 | 24 57 |
| 25 | 01 36 | 04 06 | 01 54 | 29 38 | 24 55 |
| 26 | 01 47 | 03 55 | 02 03 | 00♋03 | 24 54 |
| 27 | 01 58 | 03 43 | 02 12 | 00 27 | 24 52 |
| 28 | 02 09 | 03 31 | 02 21 | 00 52 | 24 51 |
| 29 | 02 19 | 03 19 | 02 31 | 01 16 | 24 49 |
| 30 | 02 30 | 03 06 | 02 41 | 01 41 | 24 48 |
| 31 | 02 40 | 02 54 | 02 51 | 02 05 | 24 46 |

## Lunar Data

| Last Asp. | | Ingress | | |
|---|---|---|---|---|
| 1 | 00:20 | 1 | ♊ | 11:46 |
| 3 | 03:44 | 3 | ♋ | 13:21 |
| 5 | 06:31 | 5 | ♌ | 16:29 |
| 7 | 12:08 | 7 | ♍ | 22:42 |
| 10 | 03:29 | 10 | ♎ | 08:34 |
| 12 | 15:02 | 12 | ♏ | 20:54 |
| 14 | 22:23 | 15 | ♐ | 09:15 |
| 17 | 08:58 | 17 | ♑ | 19:34 |
| 19 | 22:58 | 20 | ♒ | 03:12 |
| 22 | 01:57 | 22 | ♓ | 08:36 |
| 24 | 07:07 | 24 | ♈ | 12:34 |
| 26 | 06:20 | 26 | ♉ | 15:38 |
| 28 | 15:14 | 28 | ♊ | 18:18 |
| 30 | 11:48 | 30 | ♋ | 21:10 |

## 0:00 E.T. Declinations

| D | ☉ | ☽ | ☿ | ♀ | ♂ | ♃ | ♄ | ♅ | ♆ | ♇ | ⚳ | ⚴ | ⚵ | ⚶ | ⚷ |
|---|---|---|---|---|---|---|---|---|---|---|---|---|---|---|---|
| 1 | +23 05 | +13 57 | +23 57 | +23 20 | -21 04 | +06 12 | -20 23 | +08 48 | -07 52 | -21 03 | +00 55 | +14 15 | +00 37 | +20 14 | +02 03 |
| 2 | 23 01 | 16 36 | 24 04 | 23 13 | 21 06 | 06 09 | 20 23 | 08 49 | 07 52 | 21 04 | 00 58 | 14 16 | 00 34 | 20 16 | 02 03 |
| 3 | 22 56 | 18 11 | 24 08 | 23 05 | 21 07 | 06 06 | 20 22 | 08 49 | 07 52 | 21 04 | 01 02 | 14 16 | 00 31 | 20 19 | 02 03 |
| 4 | 22 51 | 18 35 | 24 09 | 22 56 | 21 09 | 06 02 | 20 22 | 08 50 | 07 52 | 21 04 | 01 06 | 14 16 | 00 28 | 20 22 | 02 03 |
| 5 | 22 46 | 17 49 | 24 08 | 22 47 | 21 11 | 05 59 | 20 22 | 08 50 | 07 53 | 21 05 | 01 09 | 14 15 | 00 24 | 20 24 | 02 03 |
| 6 | 22 40 | 16 00 | 24 03 | 22 37 | 21 13 | 05 55 | 20 21 | 08 51 | 07 53 | 21 05 | 01 13 | 14 15 | 00 21 | 20 27 | 02 03 |
| 7 | 22 33 | 13 22 | 23 56 | 22 26 | 21 15 | 05 52 | 20 21 | 08 51 | 07 53 | 21 05 | 01 16 | 14 14 | 00 17 | 20 29 | 02 03 |
| 8 | 22 27 | 10 07 | 23 46 | 22 15 | 21 17 | 05 48 | 20 21 | 08 51 | 07 54 | 21 05 | 01 19 | 14 13 | 00 13 | 20 31 | 02 03 |
| 9 | 22 20 | 06 29 | 23 34 | 22 03 | 21 20 | 05 45 | 20 20 | 08 52 | 07 54 | 21 06 | 01 23 | 14 12 | 00 10 | 20 33 | 02 03 |
| 10 | 22 12 | 02 40 | 23 19 | 21 50 | 21 22 | 05 41 | 20 20 | 08 52 | 07 54 | 21 06 | 01 26 | 14 11 | 00 06 | 20 35 | 02 03 |
| 11 | 22 04 | -01 11 | 23 02 | 21 37 | 21 25 | 05 37 | 20 20 | 08 52 | 07 55 | 21 06 | 01 29 | 14 09 | 00 02 | 20 38 | 02 03 |
| 12 | 21 56 | 04 56 | 22 42 | 21 23 | 21 28 | 05 33 | 20 20 | 08 53 | 07 55 | 21 07 | 01 32 | 14 08 | -00 02 | 20 39 | 02 02 |
| 13 | 21 47 | 08 28 | 22 20 | 21 08 | 21 31 | 05 30 | 20 19 | 08 53 | 07 55 | 21 07 | 01 34 | 14 06 | 00 07 | 20 41 | 02 02 |
| 14 | 21 38 | 11 39 | 21 56 | 20 53 | 21 34 | 05 26 | 20 19 | 08 53 | 07 56 | 21 07 | 01 37 | 14 04 | 00 11 | 20 43 | 02 02 |
| 15 | 21 29 | 14 23 | 21 30 | 20 37 | 21 37 | 05 22 | 20 19 | 08 54 | 07 56 | 21 07 | 01 40 | 14 01 | 00 15 | 20 45 | 02 02 |
| 16 | 21 19 | 16 32 | 21 02 | 20 21 | 21 41 | 05 18 | 20 19 | 08 54 | 07 56 | 21 08 | 01 42 | 13 59 | 00 19 | 20 46 | 02 02 |
| 17 | 21 09 | 17 58 | 20 33 | 20 04 | 21 44 | 05 14 | 20 19 | 08 54 | 07 57 | 21 08 | 01 45 | 13 56 | 00 24 | 20 48 | 02 01 |
| 18 | 20 59 | 18 34 | 20 02 | 19 47 | 21 48 | 05 10 | 20 19 | 08 54 | 07 57 | 21 08 | 01 47 | 13 53 | 00 28 | 20 50 | 02 01 |
| 19 | 20 48 | 18 14 | 19 30 | 19 29 | 21 52 | 05 06 | 20 18 | 08 54 | 07 58 | 21 08 | 01 49 | 13 50 | 00 33 | 20 51 | 02 01 |
| 20 | 20 37 | 16 56 | 18 57 | 19 10 | 21 55 | 05 02 | 20 18 | 08 55 | 07 58 | 21 09 | 01 51 | 13 46 | 00 38 | 20 52 | 02 00 |
| 21 | 20 25 | 14 42 | 18 22 | 18 51 | 21 59 | 04 58 | 20 18 | 08 55 | 07 59 | 21 09 | 01 53 | 13 42 | 00 42 | 20 54 | 02 00 |
| 22 | 20 14 | 11 38 | 17 47 | 18 31 | 22 04 | 04 54 | 20 18 | 08 55 | 07 59 | 21 09 | 01 55 | 13 38 | 00 47 | 20 55 | 02 00 |
| 23 | 20 01 | 07 53 | 17 11 | 18 11 | 22 08 | 04 50 | 20 18 | 08 55 | 07 59 | 21 10 | 01 57 | 13 34 | 00 52 | 20 56 | 01 59 |
| 24 | 19 49 | 03 41 | 16 34 | 17 51 | 22 12 | 04 46 | 20 18 | 08 55 | 08 00 | 21 10 | 01 59 | 13 30 | 00 57 | 20 57 | 01 59 |
| 25 | 19 36 | +00 45 | 15 56 | 17 30 | 22 16 | 04 41 | 20 18 | 08 55 | 08 00 | 21 10 | 02 00 | 13 25 | 01 02 | 20 58 | 01 59 |
| 26 | 19 23 | 05 11 | 15 18 | 17 08 | 22 21 | 04 37 | 20 18 | 08 55 | 08 01 | 21 10 | 02 02 | 13 20 | 01 07 | 20 59 | 01 58 |
| 27 | 19 09 | 09 20 | 14 39 | 16 46 | 22 25 | 04 33 | 20 18 | 08 55 | 08 01 | 21 11 | 02 03 | 13 15 | 01 12 | 20 59 | 01 58 |
| 28 | 18 56 | 12 57 | 14 00 | 16 23 | 22 30 | 04 29 | 20 18 | 08 55 | 08 02 | 21 11 | 02 05 | 13 10 | 01 17 | 21 00 | 01 57 |
| 29 | 18 42 | 15 49 | 13 21 | 16 01 | 22 34 | 04 24 | 20 18 | 08 55 | 08 02 | 21 11 | 02 06 | 13 04 | 01 22 | 21 01 | 01 57 |
| 30 | 18 27 | 17 42 | 12 42 | 15 37 | 22 39 | 04 20 | 20 18 | 08 55 | 08 03 | 21 11 | 02 07 | 12 58 | 01 27 | 21 01 | 01 56 |
| 31 | 18 12 | 18 31 | 12 02 | 15 13 | 22 44 | 04 16 | 20 18 | 08 55 | 08 03 | 21 12 | 02 08 | 12 52 | 01 32 | 21 02 | 01 56 |

Lunar Phases -- 4 ● 11:02 12 ◐ 00:53 19 ○ 22:58 26 ◑ 23:01 Sun enters ♌ 7/22 09:32

**Aug. 16** | Longitudes of Main Planets - August 2016 | 0:00 E.T.

| D | S.T. | ☉ | ☽ | ☽ 12:00 | ☿ | ♀ | ♂ | ♃ | ♄ | ♅ | ♆ | ♇ | ☊ |
|---|---|---|---|---|---|---|---|---|---|---|---|---|---|
| 1 | 20:40:08 | 09♌10 38 | 15♋36 | 22♋29 | 01♍53 | 24♌18 | 29♏21 | 22♍04 | 09♐54℞ | 24♈30℞ | 11♓28℞ | 15♑38℞ | 14♍20 |
| 2 | 20:44:05 | 10 08 03 | 29 19 | 06♌04 | 03 23 | 25 31 | 29 43 | 22 15 | 09 53 | 24 30 | 11 27 | 15 37 | 14 17 |
| 3 | 20:48:01 | 11 05 30 | 12♌46 | 19 22 | 04 51 | 26 45 | 00♐06 | 22 26 | 09 52 | 24 30 | 11 25 | 15 35 | 14 13 |
| 4 | 20:51:58 | 12 02 58 | 25 55 | 02♍22 | 06 17 | 27 59 | 00 29 | 22 38 | 09 51 | 24 30 | 11 24 | 15 34 | 14 10 |
| 5 | 20:55:54 | 13 00 26 | 08♍45 | 15 03 | 07 42 | 29 12 | 00 52 | 22 49 | 09 50 | 24 30 | 11 23 | 15 33 | 14 07 |
| 6 | 20:59:51 | 13 57 55 | 21 18 | 27 28 | 09 04 | 00♍26 | 01 16 | 23 00 | 09 49 | 24 29 | 11 21 | 15 31 | 14 04 |
| 7 | 21:03:47 | 14 55 25 | 03♎35 | 09♎38 | 10 25 | 01 40 | 01 41 | 23 11 | 09 49 | 24 29 | 11 20 | 15 30 | 14 01 |
| 8 | 21:07:44 | 15 52 56 | 15 39 | 21 38 | 11 43 | 02 54 | 02 05 | 23 23 | 09 48 | 24 28 | 11 18 | 15 29 | 13 57 |
| 9 | 21:11:40 | 16 50 28 | 27 35 | 03♏31 | 13 00 | 04 07 | 02 31 | 23 34 | 09 48 | 24 28 | 11 17 | 15 28 | 13 54 |
| 10 | 21:15:37 | 17 48 00 | 09♏27 | 15 23 | 14 15 | 05 21 | 02 57 | 23 46 | 09 47 | 24 27 | 11 15 | 15 26 | 13 51 |
| 11 | 21:19:34 | 18 45 34 | 21 20 | 27 18 | 15 27 | 06 35 | 03 23 | 23 58 | 09 47 | 24 27 | 11 14 | 15 25 | 13 48 |
| 12 | 21:23:30 | 19 43 08 | 03♐18 | 09♐20 | 16 37 | 07 48 | 03 49 | 24 09 | 09 47 | 24 26 | 11 12 | 15 24 | 13 45 |
| 13 | 21:27:27 | 20 40 44 | 15 26 | 21 35 | 17 46 | 09 02 | 04 16 | 24 21 | 09 47 | 24 26 | 11 11 | 15 23 | 13 42 |
| 14 | 21:31:23 | 21 38 20 | 27 48 | 04♑05 | 18 51 | 10 16 | 04 44 | 24 33 | 09 47D | 24 25 | 11 09 | 15 22 | 13 38 |
| 15 | 21:35:20 | 22 35 57 | 10♑28 | 16 55 | 19 55 | 11 29 | 05 12 | 24 45 | 09 47 | 24 24 | 11 08 | 15 21 | 13 35 |
| 16 | 21:39:16 | 23 33 36 | 23 27 | 00♒04 | 20 55 | 12 43 | 05 40 | 24 56 | 09 47 | 24 23 | 11 06 | 15 20 | 13 32 |
| 17 | 21:43:13 | 24 31 15 | 06♒46 | 13 33 | 21 53 | 13 57 | 06 08 | 25 08 | 09 47 | 24 22 | 11 05 | 15 19 | 13 29 |
| 18 | 21:47:09 | 25 28 56 | 20 24 | 27 20 | 22 49 | 15 10 | 06 37 | 25 20 | 09 48 | 24 22 | 11 03 | 15 17 | 13 26 |
| 19 | 21:51:06 | 26 26 37 | 04♓20 | 11♓23 | 23 41 | 16 24 | 07 06 | 25 32 | 09 48 | 24 21 | 11 02 | 15 16 | 13 23 |
| 20 | 21:55:03 | 27 24 21 | 18 29 | 25 37 | 24 30 | 17 38 | 07 36 | 25 44 | 09 49 | 24 20 | 11 00 | 15 15 | 13 19 |
| 21 | 21:58:59 | 28 22 05 | 02♈48 | 09♈59 | 25 16 | 18 51 | 08 06 | 25 57 | 09 50 | 24 19 | 10 58 | 15 14 | 13 16 |
| 22 | 22:02:56 | 29 19 52 | 17 11 | 24 24 | 25 58 | 20 05 | 08 36 | 26 09 | 09 50 | 24 18 | 10 57 | 15 13 | 13 13 |
| 23 | 22:06:52 | 00♍17 40 | 01♉36 | 08♉47 | 26 37 | 21 18 | 09 07 | 26 21 | 09 51 | 24 16 | 10 55 | 15 13 | 13 10 |
| 24 | 22:10:49 | 01 15 30 | 15 57 | 23 05 | 27 12 | 22 32 | 09 38 | 26 33 | 09 52 | 24 15 | 10 54 | 15 12 | 13 07 |
| 25 | 22:14:45 | 02 13 21 | 00♊11 | 07♊15 | 27 42 | 23 46 | 10 09 | 26 45 | 09 53 | 24 14 | 10 52 | 15 11 | 13 03 |
| 26 | 22:18:42 | 03 11 14 | 14 17 | 21 16 | 28 08 | 24 59 | 10 41 | 26 58 | 09 54 | 24 13 | 10 50 | 15 10 | 13 00 |
| 27 | 22:22:38 | 04 09 10 | 28 12 | 05♋05 | 28 30 | 26 13 | 11 12 | 27 10 | 09 56 | 24 12 | 10 49 | 15 09 | 12 57 |
| 28 | 22:26:35 | 05 07 07 | 11♋55 | 18 42 | 28 46 | 27 26 | 11 45 | 27 23 | 09 57 | 24 10 | 10 47 | 15 08 | 12 54 |
| 29 | 22:30:32 | 06 05 06 | 25 26 | 02♌06 | 28 58 | 28 40 | 12 17 | 27 35 | 09 58 | 24 09 | 10 45 | 15 07 | 12 51 |
| 30 | 22:34:28 | 07 03 06 | 08♌43 | 15 16 | 29 04 | 29 53 | 12 50 | 27 47 | 10 00 | 24 08 | 10 44 | 15 07 | 12 48 |
| 31 | 22:38:25 | 08 01 09 | 21 46 | 28 12 | 29 04℞ | 01♎07 | 13 23 | 28 00 | 10 02 | 24 06 | 10 42 | 15 06 | 12 44 |

0:00 E.T. | Longitudes of the Major Asteroids and Chiron

| D | ⚳ | ⚴ | ⚵ | ⚶ | ⚷ |
|---|---|---|---|---|---|
| 1 | 02♉50 | 02♓41℞ | 03♏01 | 02♋30 | 24♓44℞ |
| 2 | 02 59 | 02 27 | 03 11 | 02 54 | 24 43 |
| 3 | 03 08 | 02 14 | 03 22 | 03 18 | 24 41 |
| 4 | 03 17 | 02 00 | 03 32 | 03 42 | 24 39 |
| 5 | 03 26 | 01 46 | 03 43 | 04 06 | 24 37 |
| 6 | 03 34 | 01 32 | 03 55 | 04 30 | 24 35 |
| 7 | 03 43 | 01 18 | 04 06 | 04 54 | 24 33 |
| 8 | 03 50 | 01 04 | 04 18 | 05 18 | 24 31 |
| 9 | 03 58 | 00 49 | 04 29 | 05 42 | 24 29 |
| 10 | 04 05 | 00 34 | 04 41 | 06 06 | 24 27 |
| 11 | 04 12 | 00 19 | 04 53 | 06 30 | 24 25 |
| 12 | 04 19 | 00 04 | 05 06 | 06 54 | 24 23 |
| 13 | 04 25 | 29♒49 | 05 18 | 07 17 | 24 21 |
| 14 | 04 31 | 29 34 | 05 31 | 07 41 | 24 19 |
| 15 | 04 37 | 29 19 | 05 43 | 08 04 | 24 17 |
| 16 | 04 42 | 29 04 | 05 56 | 08 28 | 24 14 |
| 17 | 04 48 | 28 48 | 06 09 | 08 51 | 24 12 |
| 18 | 04 52 | 28 33 | 06 23 | 09 14 | 24 10 |
| 19 | 04 57 | 28 18 | 06 36 | 09 38 | 24 07 |
| 20 | 05 01 | 28 02 | 06 50 | 10 01 | 24 05 |
| 21 | 05 05 | 27 47 | 07 03 | 10 24 | 24 03 |
| 22 | 05 08 | 27 31 | 07 17 | 10 47 | 24 00 |
| 23 | 05 11 | 27 16 | 07 31 | 11 10 | 23 58 |
| 24 | 05 14 | 27 01 | 07 46 | 11 33 | 23 55 |
| 25 | 05 17 | 26 45 | 08 00 | 11 56 | 23 53 |
| 26 | 05 19 | 26 30 | 08 14 | 12 18 | 23 50 |
| 27 | 05 20 | 26 15 | 08 29 | 12 41 | 23 48 |
| 28 | 05 22 | 26 00 | 08 44 | 13 03 | 23 45 |
| 29 | 05 23 | 25 45 | 08 59 | 13 26 | 23 43 |
| 30 | 05 24 | 25 30 | 09 14 | 13 48 | 23 40 |
| 31 | 05 24 | 25 15 | 09 29 | 14 10 | 23 37 |

Lunar Data

| Last Asp. | | Ingress | | |
|---|---|---|---|---|
| 2 | 00:45 | 2 | ♌ | 01:13 |
| 4 | 04:14 | 4 | ♍ | 07:35 |
| 6 | 03:22 | 6 | ♎ | 16:58 |
| 8 | 17:43 | 9 | ♏ | 04:53 |
| 11 | 05:23 | 11 | ♐ | 17:25 |
| 13 | 17:38 | 14 | ♑ | 04:13 |
| 16 | 02:46 | 16 | ♒ | 11:53 |
| 18 | 09:28 | 18 | ♓ | 16:35 |
| 20 | 12:22 | 20 | ♈ | 19:20 |
| 22 | 11:49 | 22 | ♉ | 21:20 |
| 24 | 19:39 | 24 | ♊ | 23:41 |
| 27 | 00:31 | 27 | ♋ | 03:07 |
| 29 | 06:25 | 29 | ♌ | 08:13 |
| 31 | 04:21 | | | |

0:00 E.T. | Declinations

| D | ☉ | ☽ | ☿ | ♀ | ♂ | ♃ | ♄ | ♅ | ♆ | ♇ | ⚳ | ⚴ | ⚵ | ⚶ | ⚷ |
|---|---|---|---|---|---|---|---|---|---|---|---|---|---|---|---|
| 1 | +17 57 | +18 11 | +11 22 | +14 49 | -22 48 | +04 11 | -20 18 | +08 55 | -08 04 | -21 12 | +02 09 | +12 46 | -01 38 | +21 02 | +01 55 |
| 2 | 17 42 | 16 47 | 10 42 | 14 24 | 22 53 | 04 07 | 20 18 | 08 55 | 08 04 | 21 12 | 02 10 | 12 39 | 01 43 | 21 03 | 01 54 |
| 3 | 17 26 | 14 28 | 10 03 | 13 59 | 22 58 | 04 02 | 20 18 | 08 55 | 08 05 | 21 13 | 02 10 | 12 32 | 01 48 | 21 03 | 01 54 |
| 4 | 17 11 | 11 27 | 09 23 | 13 34 | 23 03 | 03 58 | 20 18 | 08 55 | 08 06 | 21 13 | 02 11 | 12 25 | 01 54 | 21 03 | 01 53 |
| 5 | 16 54 | 07 57 | 08 43 | 13 08 | 23 08 | 03 53 | 20 18 | 08 55 | 08 06 | 21 13 | 02 11 | 12 18 | 01 59 | 21 04 | 01 53 |
| 6 | 16 38 | 04 10 | 08 04 | 12 42 | 23 13 | 03 49 | 20 18 | 08 55 | 08 07 | 21 13 | 02 12 | 12 11 | 02 05 | 21 04 | 01 52 |
| 7 | 16 21 | 00 17 | 07 25 | 12 16 | 23 18 | 03 44 | 20 18 | 08 54 | 08 07 | 21 14 | 02 12 | 12 03 | 02 10 | 21 04 | 01 51 |
| 8 | 16 04 | -03 32 | 06 46 | 11 49 | 23 23 | 03 39 | 20 18 | 08 54 | 08 08 | 21 14 | 02 12 | 11 55 | 02 16 | 21 04 | 01 51 |
| 9 | 15 47 | 07 10 | 06 08 | 11 22 | 23 28 | 03 35 | 20 19 | 08 54 | 08 08 | 21 14 | 02 12 | 11 47 | 02 22 | 21 04 | 01 50 |
| 10 | 15 30 | 10 29 | 05 31 | 10 55 | 23 33 | 03 30 | 20 19 | 08 54 | 08 09 | 21 14 | 02 12 | 11 38 | 02 27 | 21 03 | 01 49 |
| 11 | 15 12 | 13 23 | 04 53 | 10 27 | 23 38 | 03 26 | 20 19 | 08 54 | 08 10 | 21 15 | 02 12 | 11 30 | 02 33 | 21 03 | 01 48 |
| 12 | 14 54 | 15 44 | 04 17 | 09 59 | 23 42 | 03 21 | 20 19 | 08 53 | 08 10 | 21 15 | 02 12 | 11 21 | 02 38 | 21 03 | 01 48 |
| 13 | 14 36 | 17 26 | 03 41 | 09 31 | 23 47 | 03 16 | 20 19 | 08 53 | 08 11 | 21 15 | 02 11 | 11 12 | 02 44 | 21 02 | 01 47 |
| 14 | 14 17 | 18 21 | 03 06 | 09 03 | 23 52 | 03 11 | 20 19 | 08 53 | 08 11 | 21 15 | 02 11 | 11 03 | 02 50 | 21 02 | 01 46 |
| 15 | 13 59 | 18 23 | 02 31 | 08 34 | 23 57 | 03 07 | 20 20 | 08 52 | 08 12 | 21 16 | 02 10 | 10 53 | 02 56 | 21 02 | 01 45 |
| 16 | 13 40 | 17 28 | 01 58 | 08 05 | 24 02 | 03 02 | 20 20 | 08 52 | 08 12 | 21 16 | 02 10 | 10 44 | 03 02 | 21 01 | 01 44 |
| 17 | 13 21 | 15 35 | 01 25 | 07 36 | 24 07 | 02 57 | 20 20 | 08 52 | 08 13 | 21 16 | 02 09 | 10 34 | 03 07 | 21 00 | 01 44 |
| 18 | 13 01 | 12 47 | 00 54 | 07 07 | 24 12 | 02 52 | 20 20 | 08 51 | 08 14 | 21 16 | 02 08 | 10 24 | 03 13 | 21 00 | 01 43 |
| 19 | 12 42 | 09 13 | 00 23 | 06 37 | 24 16 | 02 47 | 20 21 | 08 51 | 08 14 | 21 17 | 02 07 | 10 14 | 03 19 | 20 59 | 01 42 |
| 20 | 12 22 | 05 03 | -00 06 | 06 08 | 24 21 | 02 43 | 20 21 | 08 51 | 08 15 | 21 17 | 02 06 | 10 03 | 03 25 | 20 58 | 01 41 |
| 21 | 12 02 | 00 33 | 00 33 | 05 38 | 24 25 | 02 38 | 20 21 | 08 50 | 08 16 | 21 17 | 02 05 | 09 53 | 03 31 | 20 57 | 01 40 |
| 22 | 11 42 | +03 59 | 00 59 | 05 08 | 24 30 | 02 33 | 20 22 | 08 50 | 08 16 | 21 17 | 02 03 | 09 42 | 03 37 | 20 57 | 01 39 |
| 23 | 11 22 | 08 17 | 01 24 | 04 38 | 24 34 | 02 28 | 20 22 | 08 50 | 08 17 | 21 18 | 02 02 | 09 31 | 03 43 | 20 56 | 01 38 |
| 24 | 11 02 | 12 05 | 01 47 | 04 07 | 24 39 | 02 23 | 20 22 | 08 49 | 08 17 | 21 18 | 02 00 | 09 20 | 03 49 | 20 55 | 01 37 |
| 25 | 10 41 | 15 09 | 02 08 | 03 37 | 24 43 | 02 18 | 20 23 | 08 49 | 08 18 | 21 18 | 01 59 | 09 09 | 03 54 | 20 54 | 01 36 |
| 26 | 10 20 | 17 16 | 02 27 | 03 06 | 24 47 | 02 13 | 20 23 | 08 48 | 08 19 | 21 18 | 01 57 | 08 58 | 04 00 | 20 53 | 01 35 |
| 27 | 09 59 | 18 20 | 02 43 | 02 36 | 24 52 | 02 08 | 20 24 | 08 48 | 08 19 | 21 18 | 01 55 | 08 46 | 04 06 | 20 51 | 01 34 |
| 28 | 09 38 | 18 19 | 02 57 | 02 05 | 24 56 | 02 03 | 20 24 | 08 47 | 08 20 | 21 19 | 01 53 | 08 35 | 04 12 | 20 50 | 01 33 |
| 29 | 09 17 | 17 14 | 03 09 | 01 34 | 25 00 | 01 58 | 20 24 | 08 47 | 08 21 | 21 19 | 01 51 | 08 23 | 04 18 | 20 49 | 01 32 |
| 30 | 08 55 | 15 14 | 03 18 | 01 04 | 25 03 | 01 53 | 20 25 | 08 46 | 08 21 | 21 19 | 01 49 | 08 11 | 04 24 | 20 48 | 01 31 |
| 31 | 08 34 | 12 28 | 03 24 | 00 33 | 25 07 | 01 48 | 20 25 | 08 46 | 08 22 | 21 19 | 01 47 | 07 59 | 04 30 | 20 46 | 01 30 |

Lunar Phases -- 2 ● 20:46 10 ◐ 18:22 18 Ⓔ 09:28 25 ◑ 03:42 Sun enters ♍ 8/22 16:40

## 0:00 E.T. Longitudes of Main Planets - September 2016 **Sep. 16**

| D | S.T. | ☉ | ☽ | ☽ 12:00 | ☿ | ♀ | ♂ | ♃ | ♄ | ♅ | ♆ | ♇ | ☊ |
|---|---|---|---|---|---|---|---|---|---|---|---|---|---|
| 1 | 22:42:21 | 08♍59 13 | 04♍34 | 10♍53 | 28♍58℞ | 02♎21 | 13♐56 | 28♍13 | 10♐03 | 24♈05℞ | 10♓40℞ | 15♑05℞ | 12♍41 |
| 2 | 22:46:18 | 09 57 18 | 17 09 | 23 22 | 28 47 | 03 34 | 14 30 | 28 25 | 10 05 | 24 03 | 10 39 | 15 04 | 12 38 |
| 3 | 22:50:14 | 10 55 25 | 29 31 | 05♎38 | 28 29 | 04 48 | 15 04 | 28 38 | 10 07 | 24 02 | 10 37 | 15 04 | 12 35 |
| 4 | 22:54:11 | 11 53 34 | 11♎41 | 17 43 | 28 04 | 06 01 | 15 38 | 28 50 | 10 09 | 24 00 | 10 35 | 15 03 | 12 32 |
| 5 | 22:58:07 | 12 51 45 | 23 42 | 29 40 | 27 34 | 07 15 | 16 12 | 29 03 | 10 11 | 23 58 | 10 34 | 15 02 | 12 29 |
| 6 | 23:02:04 | 13 49 57 | 05♏37 | 11♏33 | 26 57 | 08 28 | 16 47 | 29 16 | 10 14 | 23 57 | 10 32 | 15 02 | 12 25 |
| 7 | 23:06:01 | 14 48 10 | 17 28 | 23 24 | 26 15 | 09 42 | 17 22 | 29 28 | 10 16 | 23 55 | 10 31 | 15 01 | 12 22 |
| 8 | 23:09:57 | 15 46 25 | 29 20 | 05♐17 | 25 27 | 10 55 | 17 57 | 29 41 | 10 18 | 23 53 | 10 29 | 15 01 | 12 19 |
| 9 | 23:13:54 | 16 44 42 | 11♐17 | 17 18 | 24 34 | 12 08 | 18 33 | 29 54 | 10 21 | 23 51 | 10 27 | 15 00 | 12 16 |
| 10 | 23:17:50 | 17 43 00 | 23 23 | 29 31 | 23 38 | 13 22 | 19 08 | 00♎07 | 10 23 | 23 50 | 10 26 | 15 00 | 12 13 |
| 11 | 23:21:47 | 18 41 20 | 05♑43 | 12♑00 | 22 39 | 14 35 | 19 44 | 00 20 | 10 26 | 23 48 | 10 24 | 14 59 | 12 09 |
| 12 | 23:25:43 | 19 39 41 | 18 22 | 24 49 | 21 38 | 15 49 | 20 20 | 00 32 | 10 29 | 23 46 | 10 22 | 14 59 | 12 06 |
| 13 | 23:29:40 | 20 38 04 | 01♒22 | 08♒02 | 20 37 | 17 02 | 20 57 | 00 45 | 10 32 | 23 44 | 10 21 | 14 58 | 12 03 |
| 14 | 23:33:36 | 21 36 28 | 14 47 | 21 38 | 19 36 | 18 15 | 21 33 | 00 58 | 10 34 | 23 42 | 10 19 | 14 58 | 12 00 |
| 15 | 23:37:33 | 22 34 54 | 28 36 | 05♓39 | 18 39 | 19 29 | 22 10 | 01 11 | 10 37 | 23 40 | 10 18 | 14 58 | 11 57 |
| 16 | 23:41:30 | 23 33 22 | 12♓48 | 20 01 | 17 45 | 20 42 | 22 47 | 01 24 | 10 41 | 23 38 | 10 16 | 14 57 | 11 54 |
| 17 | 23:45:26 | 24 31 52 | 27 19 | 04♈40 | 16 56 | 21 55 | 23 24 | 01 37 | 10 44 | 23 36 | 10 14 | 14 57 | 11 50 |
| 18 | 23:49:23 | 25 30 23 | 12♈04 | 19 29 | 16 14 | 23 09 | 24 02 | 01 50 | 10 47 | 23 34 | 10 13 | 14 57 | 11 47 |
| 19 | 23:53:19 | 26 28 57 | 26 55 | 04♉20 | 15 40 | 24 22 | 24 39 | 02 03 | 10 50 | 23 32 | 10 11 | 14 56 | 11 44 |
| 20 | 23:57:16 | 27 27 32 | 11♉44 | 19 06 | 15 14 | 25 35 | 25 17 | 02 16 | 10 54 | 23 30 | 10 10 | 14 56 | 11 41 |
| 21 | 0:01:12 | 28 26 10 | 26 25 | 03♊41 | 14 57 | 26 48 | 25 55 | 02 28 | 10 57 | 23 28 | 10 08 | 14 56 | 11 38 |
| 22 | 0:05:09 | 29 24 50 | 10♊52 | 17 59 | 14 50 | 28 01 | 26 33 | 02 41 | 11 01 | 23 26 | 10 07 | 14 56 | 11 35 |
| 23 | 0:09:05 | 00♎23 33 | 25 01 | 01♋59 | 14 52D | 29 15 | 27 12 | 02 54 | 11 05 | 23 23 | 10 05 | 14 56 | 11 31 |
| 24 | 0:13:02 | 01 22 17 | 08♋51 | 15 39 | 15 05 | 00♏28 | 27 50 | 03 07 | 11 08 | 23 21 | 10 03 | 14 56 | 11 28 |
| 25 | 0:16:59 | 02 21 04 | 22 22 | 29 00 | 15 27 | 01 41 | 28 29 | 03 20 | 11 12 | 23 19 | 10 02 | 14 56 | 11 25 |
| 26 | 0:20:55 | 03 19 54 | 05♌34 | 12♌04 | 15 59 | 02 54 | 29 08 | 03 33 | 11 16 | 23 17 | 10 01 | 14 56 | 11 22 |
| 27 | 0:24:52 | 04 18 45 | 18 30 | 24 52 | 16 40 | 04 07 | 29 47 | 03 46 | 11 20 | 23 14 | 09 59 | 14 56D | 11 19 |
| 28 | 0:28:48 | 05 17 39 | 01♍11 | 07♍27 | 17 29 | 05 20 | 00♑26 | 03 59 | 11 24 | 23 12 | 09 58 | 14 56 | 11 15 |
| 29 | 0:32:45 | 06 16 34 | 13 41 | 19 51 | 18 26 | 06 34 | 01 05 | 04 12 | 11 28 | 23 10 | 09 56 | 14 56 | 11 12 |
| 30 | 0:36:41 | 07 15 32 | 25 59 | 02♎05 | 19 31 | 07 47 | 01 45 | 04 25 | 11 33 | 23 08 | 09 55 | 14 56 | 11 09 |

## 0:00 E.T. Longitudes of the Major Asteroids and Chiron

| D | ⚳ | ⚴ | ⚵ | ⚶ | ⚷ | D | ⚳ | ⚴ | ⚵ | ⚶ | ⚷ |
|---|---|---|---|---|---|---|---|---|---|---|---|
| 1 | 05♉24℞ | 25♒01℞ | 09♏44 | 14♋33 | 23♓35℞ | 16 | 04 38 | 21 48 | 13 47 | 19 53 | 22 54 |
| 2 | 05 23 | 24 47 | 09 59 | 14 55 | 23 32 | 17 | 04 32 | 21 37 | 14 04 | 20 13 | 22 51 |
| 3 | 05 23 | 24 32 | 10 15 | 15 17 | 23 29 | 18 | 04 26 | 21 27 | 14 21 | 20 33 | 22 48 |
| 4 | 05 21 | 24 18 | 10 30 | 15 39 | 23 27 | 19 | 04 19 | 21 17 | 14 39 | 20 54 | 22 46 |
| 5 | 05 20 | 24 04 | 10 46 | 16 00 | 23 24 | 20 | 04 12 | 21 07 | 14 56 | 21 14 | 22 43 |
| 6 | 05 18 | 23 51 | 11 02 | 16 22 | 23 21 | 21 | 04 04 | 20 57 | 15 13 | 21 34 | 22 40 |
| 7 | 05 16 | 23 37 | 11 18 | 16 44 | 23 19 | 22 | 03 57 | 20 48 | 15 31 | 21 53 | 22 37 |
| 8 | 05 13 | 23 24 | 11 34 | 17 05 | 23 16 | 23 | 03 48 | 20 39 | 15 48 | 22 13 | 22 35 |
| 9 | 05 10 | 23 11 | 11 50 | 17 26 | 23 13 | 24 | 03 40 | 20 31 | 16 06 | 22 32 | 22 32 |
| 10 | 05 06 | 22 59 | 12 07 | 17 48 | 23 10 | 25 | 03 31 | 20 23 | 16 24 | 22 52 | 22 29 |
| 11 | 05 03 | 22 46 | 12 23 | 18 09 | 23 08 | 26 | 03 22 | 20 15 | 16 42 | 23 11 | 22 26 |
| 12 | 04 58 | 22 34 | 12 40 | 18 30 | 23 05 | 27 | 03 13 | 20 07 | 17 00 | 23 30 | 22 24 |
| 13 | 04 54 | 22 22 | 12 56 | 18 51 | 23 02 | 28 | 03 03 | 20 00 | 17 18 | 23 49 | 22 21 |
| 14 | 04 49 | 22 10 | 13 13 | 19 11 | 22 59 | 29 | 02 53 | 19 53 | 17 36 | 24 08 | 22 18 |
| 15 | 04 44 | 21 59 | 13 30 | 19 32 | 22 57 | 30 | 02 42 | 19 47 | 17 54 | 24 26 | 22 16 |

## Lunar Data

| Last Asp. | | Ingress | | |
|---|---|---|---|---|
| 2 | 22:14 | 3 | ♎ | 00:57 |
| 5 | 00:32 | 5 | ♏ | 12:40 |
| 8 | 00:44 | 8 | ♐ | 01:21 |
| 10 | 00:52 | 10 | ♑ | 12:56 |
| 12 | 10:01 | 12 | ♒ | 21:30 |
| 14 | 15:32 | 15 | ♓ | 02:24 |
| 16 | 19:06 | 17 | ♈ | 04:23 |
| 18 | 20:12 | 19 | ♉ | 04:59 |
| 21 | 03:33 | 21 | ♊ | 05:54 |
| 23 | 07:58 | 23 | ♋ | 08:34 |
| 25 | 01:43 | 25 | ♌ | 13:50 |
| 27 | 08:54 | 27 | ♍ | 21:44 |
| 29 | 10:06 | 30 | ♎ | 07:54 |

## 0:00 E.T. Declinations

| D | ☉ | ☽ | ☿ | ♀ | ♂ | ♃ | ♄ | ♅ | ♆ | ♇ | ⚳ | ⚴ | ⚵ | ⚶ | ⚷ |
|---|---|---|---|---|---|---|---|---|---|---|---|---|---|---|---|
| 1 | +08 12 | +09 09 | -03 27 | +00 02 | -25 11 | +01 43 | -20 26 | +08 45 | -08 23 | -21 20 | +01 45 | +07 47 | -04 36 | +20 45 | +01 29 |
| 2 | 07 50 | 05 28 | 03 26 | -00 29 | 25 14 | 01 38 | 20 26 | 08 44 | 08 23 | 21 20 | 01 42 | 07 35 | 04 42 | 20 44 | 01 28 |
| 3 | 07 28 | 01 36 | 03 22 | 01 00 | 25 18 | 01 33 | 20 27 | 08 44 | 08 24 | 21 20 | 01 40 | 07 23 | 04 48 | 20 42 | 01 27 |
| 4 | 07 06 | -02 15 | 03 14 | 01 31 | 25 21 | 01 28 | 20 27 | 08 43 | 08 24 | 21 20 | 01 37 | 07 11 | 04 54 | 20 41 | 01 26 |
| 5 | 06 44 | 05 58 | 03 03 | 02 02 | 25 24 | 01 23 | 20 28 | 08 43 | 08 25 | 21 20 | 01 34 | 06 59 | 05 00 | 20 39 | 01 25 |
| 6 | 06 21 | 09 24 | 02 47 | 02 33 | 25 27 | 01 18 | 20 28 | 08 42 | 08 26 | 21 21 | 01 32 | 06 46 | 05 06 | 20 38 | 01 24 |
| 7 | 05 59 | 12 27 | 02 28 | 03 03 | 25 30 | 01 13 | 20 29 | 08 41 | 08 26 | 21 21 | 01 29 | 06 34 | 05 12 | 20 36 | 01 23 |
| 8 | 05 37 | 14 59 | 02 05 | 03 34 | 25 33 | 01 08 | 20 29 | 08 41 | 08 27 | 21 21 | 01 26 | 06 21 | 05 18 | 20 34 | 01 22 |
| 9 | 05 14 | 16 54 | 01 38 | 04 05 | 25 35 | 01 03 | 20 30 | 08 40 | 08 28 | 21 21 | 01 23 | 06 09 | 05 24 | 20 33 | 01 21 |
| 10 | 04 51 | 18 05 | 01 08 | 04 36 | 25 38 | 00 57 | 20 31 | 08 39 | 08 28 | 21 21 | 01 20 | 05 56 | 05 30 | 20 31 | 01 20 |
| 11 | 04 28 | 18 27 | 00 36 | 05 06 | 25 40 | 00 52 | 20 31 | 08 39 | 08 29 | 21 22 | 01 17 | 05 44 | 05 36 | 20 29 | 01 18 |
| 12 | 04 06 | 17 55 | 00 01 | 05 37 | 25 42 | 00 47 | 20 32 | 08 38 | 08 29 | 21 22 | 01 14 | 05 31 | 05 42 | 20 27 | 01 17 |
| 13 | 03 43 | 16 27 | +00 36 | 06 07 | 25 44 | 00 42 | 20 32 | 08 37 | 08 30 | 21 22 | 01 10 | 05 18 | 05 48 | 20 26 | 01 16 |
| 14 | 03 20 | 14 02 | 01 14 | 06 37 | 25 46 | 00 37 | 20 33 | 08 37 | 08 31 | 21 22 | 01 07 | 05 06 | 05 54 | 20 24 | 01 15 |
| 15 | 02 57 | 10 45 | 01 52 | 07 08 | 25 48 | 00 32 | 20 34 | 08 36 | 08 31 | 21 22 | 01 04 | 04 53 | 06 00 | 20 22 | 01 14 |
| 16 | 02 33 | 06 46 | 02 30 | 07 38 | 25 49 | 00 27 | 20 34 | 08 35 | 08 32 | 21 22 | 01 00 | 04 41 | 06 06 | 20 20 | 01 13 |
| 17 | 02 10 | 02 17 | 03 06 | 08 07 | 25 51 | 00 22 | 20 35 | 08 34 | 08 32 | 21 23 | 00 57 | 04 28 | 06 12 | 20 18 | 01 12 |
| 18 | 01 47 | +02 23 | 03 41 | 08 37 | 25 52 | 00 16 | 20 36 | 08 34 | 08 33 | 21 23 | 00 53 | 04 16 | 06 18 | 20 16 | 01 10 |
| 19 | 01 24 | 06 56 | 04 12 | 09 07 | 25 53 | 00 11 | 20 36 | 08 33 | 08 34 | 21 23 | 00 49 | 04 03 | 06 24 | 20 14 | 01 09 |
| 20 | 01 01 | 11 03 | 04 41 | 09 36 | 25 53 | 00 06 | 20 37 | 08 32 | 08 34 | 21 23 | 00 46 | 03 51 | 06 30 | 20 12 | 01 08 |
| 21 | 00 37 | 14 26 | 05 05 | 10 05 | 25 54 | 00 01 | 20 38 | 08 31 | 08 35 | 21 23 | 00 42 | 03 38 | 06 35 | 20 10 | 01 07 |
| 22 | 00 14 | 16 52 | 05 26 | 10 34 | 25 54 | -00 04 | 20 38 | 08 30 | 08 35 | 21 23 | 00 38 | 03 26 | 06 41 | 20 08 | 01 06 |
| 23 | -00 09 | 18 12 | 05 42 | 11 03 | 25 55 | 00 09 | 20 39 | 08 30 | 08 36 | 21 23 | 00 34 | 03 14 | 06 47 | 20 06 | 01 05 |
| 24 | 00 33 | 18 26 | 05 53 | 11 31 | 25 55 | 00 14 | 20 40 | 08 29 | 08 37 | 21 24 | 00 30 | 03 01 | 06 53 | 20 04 | 01 03 |
| 25 | 00 56 | 17 35 | 06 00 | 11 59 | 25 54 | 00 19 | 20 40 | 08 28 | 08 37 | 21 24 | 00 27 | 02 49 | 06 59 | 20 02 | 01 02 |
| 26 | 01 19 | 15 48 | 06 01 | 12 27 | 25 54 | 00 25 | 20 41 | 08 27 | 08 38 | 21 24 | 00 23 | 02 37 | 07 04 | 20 00 | 01 01 |
| 27 | 01 43 | 13 14 | 05 58 | 12 55 | 25 53 | 00 30 | 20 42 | 08 26 | 08 38 | 21 24 | 00 19 | 02 25 | 07 10 | 19 58 | 01 00 |
| 28 | 02 06 | 10 04 | 05 51 | 13 22 | 25 53 | 00 35 | 20 43 | 08 25 | 08 39 | 21 24 | 00 15 | 02 13 | 07 16 | 19 56 | 00 59 |
| 29 | 02 30 | 06 30 | 05 39 | 13 49 | 25 52 | 00 40 | 20 43 | 08 25 | 08 39 | 21 24 | 00 11 | 02 01 | 07 22 | 19 54 | 00 58 |
| 30 | 02 53 | 02 43 | 05 23 | 14 16 | 25 50 | 00 45 | 20 44 | 08 24 | 08 40 | 21 24 | 00 07 | 01 49 | 07 27 | 19 52 | 00 56 |

Lunar Phases -- 1 ● 09:04 9 ◐ 11:50 16 Ⓔ 19:06 23 ◑ 09:57 Sun enters ♎ 9/22 14:23

# Oct. 16  —  Longitudes of Main Planets - October 2016  —  0:00 E.T.

| D | S.T. | ☉ | ☽ | ☽ 12:00 | ☿ | ♀ | ♂ | ♃ | ♄ | ♅ | ♆ | ♇ | ☊ |
|---|---|---|---|---|---|---|---|---|---|---|---|---|---|
| 1 | 0:40:38 | 08♎14 32 | 08♎09 | 14♎11 | 20♍42 | 09♏00 | 02♑25 | 04♎38 | 11♐37 | 23♈05℞ | 09♓53℞ | 14♑56 | 11♍06 |
| 2 | 0:44:34 | 09 13 34 | 20 11 | 26 10 | 21 59 | 10 13 | 03 04 | 04 51 | 11 41 | 23 03 | 09 52 | 14 56 | 11 03 |
| 3 | 0:48:31 | 10 12 38 | 02♏07 | 08♏03 | 23 21 | 11 26 | 03 44 | 05 04 | 11 46 | 23 01 | 09 51 | 14 56 | 11 00 |
| 4 | 0:52:28 | 11 11 44 | 13 59 | 19 54 | 24 47 | 12 39 | 04 25 | 05 17 | 11 50 | 22 58 | 09 49 | 14 56 | 10 56 |
| 5 | 0:56:24 | 12 10 52 | 25 50 | 01♐45 | 26 18 | 13 52 | 05 05 | 05 30 | 11 55 | 22 56 | 09 48 | 14 57 | 10 53 |
| 6 | 1:00:21 | 13 10 01 | 07♐41 | 13 38 | 27 51 | 15 04 | 05 45 | 05 43 | 12 00 | 22 53 | 09 46 | 14 57 | 10 50 |
| 7 | 1:04:17 | 14 09 13 | 19 37 | 25 37 | 29 28 | 16 18 | 06 26 | 05 56 | 12 04 | 22 51 | 09 45 | 14 57 | 10 47 |
| 8 | 1:08:14 | 15 08 26 | 01♑41 | 07♑47 | 01♎06 | 17 31 | 07 07 | 06 09 | 12 09 | 22 49 | 09 44 | 14 57 | 10 44 |
| 9 | 1:12:10 | 16 07 41 | 13 57 | 20 11 | 02 46 | 18 44 | 07 48 | 06 22 | 12 14 | 22 46 | 09 43 | 14 58 | 10 40 |
| 10 | 1:16:07 | 17 06 58 | 26 30 | 02♒55 | 04 28 | 19 57 | 08 29 | 06 35 | 12 19 | 22 44 | 09 41 | 14 58 | 10 37 |
| 11 | 1:20:03 | 18 06 17 | 09♒25 | 16 01 | 06 11 | 21 09 | 09 10 | 06 47 | 12 24 | 22 41 | 09 40 | 14 59 | 10 34 |
| 12 | 1:24:00 | 19 05 37 | 22 35 | 29 35 | 07 54 | 22 22 | 09 51 | 07 00 | 12 29 | 22 39 | 09 39 | 14 59 | 10 31 |
| 13 | 1:27:57 | 20 04 59 | 06♓32 | 13♓36 | 09 38 | 23 35 | 10 33 | 07 13 | 12 34 | 22 36 | 09 38 | 15 00 | 10 28 |
| 14 | 1:31:53 | 21 04 23 | 20 47 | 28 04 | 11 22 | 24 48 | 11 14 | 07 26 | 12 40 | 22 34 | 09 37 | 15 00 | 10 25 |
| 15 | 1:35:50 | 22 03 49 | 05♈27 | 12♈55 | 13 06 | 26 01 | 11 56 | 07 39 | 12 45 | 22 32 | 09 36 | 15 01 | 10 21 |
| 16 | 1:39:46 | 23 03 17 | 20 27 | 28 02 | 14 50 | 27 13 | 12 38 | 07 51 | 12 50 | 22 29 | 09 34 | 15 01 | 10 18 |
| 17 | 1:43:43 | 24 02 47 | 05♉39 | 13♉16 | 16 35 | 28 26 | 13 19 | 08 04 | 12 56 | 22 27 | 09 33 | 15 02 | 10 15 |
| 18 | 1:47:39 | 25 02 18 | 20 52 | 28 23 | 18 18 | 29 39 | 14 01 | 08 17 | 13 01 | 22 24 | 09 32 | 15 02 | 10 12 |
| 19 | 1:51:36 | 26 01 53 | 05♊55 | 13♊21 | 20 02 | 00♐51 | 14 44 | 08 30 | 13 06 | 22 22 | 09 31 | 15 03 | 10 09 |
| 20 | 1:55:32 | 27 01 29 | 20 41 | 27 55 | 21 45 | 02 04 | 15 26 | 08 42 | 13 12 | 22 19 | 09 30 | 15 04 | 10 06 |
| 21 | 1:59:29 | 28 01 08 | 05♋03 | 12♋04 | 23 28 | 03 17 | 16 08 | 08 55 | 13 18 | 22 17 | 09 29 | 15 05 | 10 02 |
| 22 | 2:03:26 | 29 00 48 | 18 58 | 25 46 | 25 10 | 04 29 | 16 50 | 09 07 | 13 23 | 22 14 | 09 28 | 15 05 | 09 59 |
| 23 | 2:07:22 | 00♏00 32 | 02♌27 | 09♌02 | 26 52 | 05 42 | 17 33 | 09 20 | 13 29 | 22 12 | 09 28 | 15 06 | 09 56 |
| 24 | 2:11:19 | 01 00 19 | 15 32 | 21 55 | 28 33 | 06 54 | 18 15 | 09 32 | 13 35 | 22 10 | 09 27 | 15 07 | 09 53 |
| 25 | 2:15:15 | 02 00 05 | 28 17 | 04♍32 | 00♏13 | 08 07 | 18 58 | 09 45 | 13 41 | 22 07 | 09 26 | 15 08 | 09 50 |
| 26 | 2:19:12 | 02 59 55 | 10♍45 | 16 54 | 01 54 | 09 19 | 19 41 | 09 57 | 13 47 | 22 05 | 09 25 | 15 09 | 09 46 |
| 27 | 2:23:08 | 03 59 47 | 23 00 | 29 00 | 03 33 | 10 32 | 20 24 | 10 10 | 13 53 | 22 02 | 09 24 | 15 09 | 09 43 |
| 28 | 2:27:05 | 04 59 41 | 05♎05 | 11♎06 | 05 12 | 11 44 | 21 07 | 10 22 | 13 59 | 22 00 | 09 23 | 15 10 | 09 40 |
| 29 | 2:31:01 | 05 59 37 | 17 05 | 23 03 | 06 51 | 12 56 | 21 50 | 10 35 | 14 05 | 21 58 | 09 23 | 15 11 | 09 37 |
| 30 | 2:34:58 | 06 59 35 | 29 00 | 04♏56 | 08 29 | 14 09 | 22 33 | 10 47 | 14 11 | 21 55 | 09 22 | 15 12 | 09 34 |
| 31 | 2:38:55 | 07 59 35 | 10♏52 | 16 48 | 10 06 | 15 21 | 23 16 | 10 59 | 14 17 | 21 53 | 09 21 | 15 13 | 09 31 |

## 0:00 E.T. — Longitudes of the Major Asteroids and Chiron

| D | ⚳ | ⚴ | ⚵ | ⚶ | ⚷ |
|---|---|---|---|---|---|
| 1 | 02♉32℞ | 19♒41℞ | 18♏13 | 24♋45 | 22♓13℞ |
| 2 | 02 21 | 19 35 | 18 31 | 25 03 | 22 11 |
| 3 | 02 10 | 19 30 | 18 49 | 25 21 | 22 08 |
| 4 | 01 58 | 19 25 | 19 08 | 25 39 | 22 05 |
| 5 | 01 47 | 19 20 | 19 26 | 25 57 | 22 03 |
| 6 | 01 35 | 19 16 | 19 45 | 26 14 | 22 00 |
| 7 | 01 23 | 19 12 | 20 04 | 26 32 | 21 58 |
| 8 | 01 10 | 19 08 | 20 23 | 26 49 | 21 55 |
| 9 | 00 58 | 19 05 | 20 42 | 27 06 | 21 53 |
| 10 | 00 45 | 19 02 | 21 00 | 27 23 | 21 50 |
| 11 | 00 32 | 18 59 | 21 19 | 27 39 | 21 48 |
| 12 | 00 19 | 18 57 | 21 38 | 27 56 | 21 46 |
| 13 | 00 06 | 18 55 | 21 58 | 28 12 | 21 43 |
| 14 | 29♈53 | 18 54 | 22 17 | 28 28 | 21 41 |
| 15 | 29 39 | 18 53 | 22 36 | 28 44 | 21 39 |
| 16 | 29 26 | 18 52 | 22 55 | 28 59 | 21 36 |
| 17 | 29 12 | 18 52 | 23 15 | 29 15 | 21 34 |
| 18 | 28 59 | 18 52D | 23 34 | 29 30 | 21 32 |
| 19 | 28 45 | 18 52 | 23 53 | 29 45 | 21 30 |
| 20 | 28 31 | 18 52 | 24 13 | 29 59 | 21 28 |
| 21 | 28 17 | 18 53 | 24 33 | 00♌14 | 21 26 |
| 22 | 28 04 | 18 54 | 24 52 | 00 28 | 21 24 |
| 23 | 27 50 | 18 56 | 25 12 | 00 42 | 21 22 |
| 24 | 27 36 | 18 58 | 25 32 | 00 56 | 21 20 |
| 25 | 27 22 | 19 00 | 25 51 | 01 09 | 21 18 |
| 26 | 27 09 | 19 03 | 26 11 | 01 22 | 21 16 |
| 27 | 26 55 | 19 05 | 26 31 | 01 35 | 21 14 |
| 28 | 26 42 | 19 09 | 26 51 | 01 48 | 21 12 |
| 29 | 26 28 | 19 12 | 27 11 | 02 00 | 21 10 |
| 30 | 26 15 | 19 16 | 27 31 | 02 12 | 21 09 |
| 31 | 26 02 | 19 20 | 27 51 | 02 24 | 21 07 |

### Lunar Data

| Last Asp. | Ingress |
|---|---|
| 2 05:44 | 2 ♏ 19:44 |
| 5 01:06 | 5 ♐ 08:27 |
| 7 06:27 | 7 ♑ 20:41 |
| 9 16:52 | 10 ♒ 06:34 |
| 11 23:50 | 12 ♓ 12:44 |
| 14 07:14 | 14 ♈ 15:09 |
| 16 04:24 | 16 ♉ 15:05 |
| 17 14:48 | 17 ♊ 14:31 |
| 20 11:18 | 20 ♋ 15:30 |
| 22 19:15 | 22 ♌ 19:35 |
| 24 12:22 | 25 ♍ 03:18 |
| 26 18:34 | 27 ♎ 13:52 |
| 29 10:11 | 30 ♏ 02:02 |

## 0:00 E.T. — Declinations

| D | ☉ | ☽ | ☿ | ♀ | ♂ | ♃ | ♄ | ♅ | ♆ | ♇ | ⚳ | ⚴ | ⚵ | ⚶ | ⚷ |
|---|---|---|---|---|---|---|---|---|---|---|---|---|---|---|---|
| 1 | -03 16 | -01 09 | +05 03 | -14 42 | -25 49 | -00 50 | -20 45 | +08 23 | -08 40 | -21 25 | +00 03 | +01 38 | -07 33 | +19 50 | +00 55 |
| 2 | 03 39 | +04 56 | 04 39 | 15 08 | 25 47 | 00 55 | 20 46 | 08 22 | 08 41 | 21 25 | -00 01 | 01 26 | 07 38 | 19 48 | 00 53 |
| 3 | 04 03 | 08 28 | 04 12 | 15 34 | 25 45 | 01 01 | 20 46 | 08 21 | 08 41 | 21 25 | +00 05 | 01 15 | 07 44 | 19 46 | 00 53 |
| 4 | 04 26 | 11 39 | 03 43 | 15 59 | 25 43 | 01 06 | 20 47 | 08 20 | 08 42 | 21 25 | 00 09 | 01 03 | 07 50 | 19 44 | 00 52 |
| 5 | 04 49 | 14 22 | 03 10 | 16 24 | 25 41 | 01 11 | 20 48 | 08 19 | 08 42 | 21 25 | 00 13 | 00 52 | 07 55 | 19 42 | 00 51 |
| 6 | 05 12 | 16 28 | 02 36 | 16 48 | 25 39 | 01 16 | 20 49 | 08 18 | 08 43 | 21 25 | 00 17 | 00 41 | 08 01 | 19 40 | 00 50 |
| 7 | 05 35 | 17 53 | 01 59 | 17 13 | 25 36 | 01 21 | 20 50 | 08 18 | 08 43 | 21 25 | 00 20 | 00 30 | 08 06 | 19 38 | 00 48 |
| 8 | 05 58 | 18 31 | 01 21 | 17 36 | 25 33 | 01 26 | 20 50 | 08 17 | 08 44 | 21 25 | 00 24 | 00 19 | 08 12 | 19 36 | 00 47 |
| 9 | 06 21 | 18 18 | 00 41 | 18 00 | 25 30 | 01 31 | 20 51 | 08 16 | 08 44 | 21 25 | 00 28 | 00 08 | 08 17 | 19 34 | 00 46 |
| 10 | 06 43 | 17 12 | -00 00 | 18 22 | 25 26 | 01 36 | 20 52 | 08 15 | 08 45 | 21 26 | 00 32 | -00 02 | 08 22 | 19 32 | 00 45 |
| 11 | 07 06 | 15 11 | 00 42 | 18 45 | 25 23 | 01 41 | 20 54 | 08 14 | 08 45 | 21 26 | 00 35 | 00 13 | 08 28 | 19 30 | 00 44 |
| 12 | 07 28 | 12 18 | 01 25 | 19 07 | 25 19 | 01 46 | 20 54 | 08 13 | 08 46 | 21 26 | 00 39 | 00 23 | 08 33 | 19 28 | 00 43 |
| 13 | 07 51 | 08 38 | 02 08 | 19 28 | 25 15 | 01 51 | 20 54 | 08 12 | 08 46 | 21 26 | 00 42 | 00 34 | 08 38 | 19 27 | 00 41 |
| 14 | 08 13 | 04 22 | 02 52 | 19 49 | 25 10 | 01 56 | 20 55 | 08 11 | 08 46 | 21 26 | 00 46 | 00 44 | 08 43 | 19 25 | 00 41 |
| 15 | 08 36 | +00 17 | 03 36 | 20 09 | 25 06 | 02 01 | 20 56 | 08 10 | 08 47 | 21 26 | 00 49 | 00 54 | 08 49 | 19 23 | 00 40 |
| 16 | 08 58 | -05 01 | 04 20 | 20 29 | 25 01 | 02 06 | 20 57 | 08 09 | 08 47 | 21 26 | 00 53 | 01 03 | 08 54 | 19 21 | 00 39 |
| 17 | 09 20 | 09 29 | 05 04 | 20 49 | 24 56 | 02 11 | 20 58 | 08 09 | 08 48 | 21 26 | 00 56 | 01 13 | 08 59 | 19 20 | 00 38 |
| 18 | 09 41 | 13 20 | 05 48 | 21 08 | 24 51 | 02 16 | 20 59 | 08 08 | 08 48 | 21 26 | 00 59 | 01 23 | 09 04 | 19 18 | 00 37 |
| 19 | 10 03 | 16 15 | 06 32 | 21 26 | 24 45 | 02 21 | 21 00 | 08 07 | 08 49 | 21 26 | 01 02 | 01 32 | 09 09 | 19 16 | 00 35 |
| 20 | 10 25 | 18 03 | 07 16 | 21 43 | 24 40 | 02 26 | 21 00 | 08 06 | 08 49 | 21 26 | 01 05 | 01 41 | 09 14 | 19 15 | 00 34 |
| 21 | 10 46 | 18 37 | 07 59 | 22 01 | 24 34 | 02 31 | 21 01 | 08 05 | 08 50 | 21 26 | 01 08 | 01 50 | 09 19 | 19 13 | 00 33 |
| 22 | 11 07 | 18 03 | 08 42 | 22 17 | 24 27 | 02 36 | 21 02 | 08 04 | 08 50 | 21 26 | 01 11 | 01 59 | 09 24 | 19 11 | 00 32 |
| 23 | 11 28 | 16 27 | 09 24 | 22 33 | 24 21 | 02 41 | 21 03 | 08 03 | 08 50 | 21 26 | 01 14 | 02 08 | 09 29 | 19 10 | 00 31 |
| 24 | 11 49 | 14 01 | 10 06 | 22 48 | 24 14 | 02 45 | 21 04 | 08 02 | 08 50 | 21 26 | 01 16 | 02 17 | 09 34 | 19 09 | 00 30 |
| 25 | 12 10 | 10 57 | 10 48 | 23 03 | 24 07 | 02 50 | 21 05 | 08 01 | 08 51 | 21 26 | 01 19 | 02 25 | 09 39 | 19 07 | 00 29 |
| 26 | 12 31 | 07 28 | 11 28 | 23 17 | 24 00 | 02 55 | 21 05 | 08 00 | 08 51 | 21 26 | 01 21 | 02 34 | 09 43 | 19 06 | 00 28 |
| 27 | 12 51 | 03 43 | 12 09 | 23 31 | 23 53 | 03 00 | 21 06 | 08 00 | 08 51 | 21 26 | 01 23 | 02 42 | 09 48 | 19 05 | 00 28 |
| 28 | 13 11 | -00 09 | 12 48 | 23 44 | 23 45 | 03 05 | 21 07 | 07 59 | 08 51 | 21 26 | 01 25 | 02 50 | 09 53 | 19 03 | 00 27 |
| 29 | 13 31 | +04 01 | 13 27 | 23 56 | 23 38 | 03 09 | 21 08 | 07 58 | 08 51 | 21 26 | 01 27 | 02 58 | 09 58 | 19 02 | 00 26 |
| 30 | 13 51 | 07 36 | 14 05 | 24 07 | 23 30 | 03 14 | 21 09 | 07 57 | 08 52 | 21 26 | 01 29 | 03 05 | 10 02 | 19 01 | 00 25 |
| 31 | 14 10 | 10 55 | 14 43 | 24 18 | 23 21 | 03 19 | 21 09 | 07 56 | 08 52 | 21 26 | 01 30 | 03 13 | 10 06 | 19 00 | 00 24 |

Lunar Phases --  1 ● 00:13   9 ◐ 04:34   16 ○ 04:24   22 ◑ 19:15   30 ● 17:40      Sun enters ♏ 10/22 23:47

## 0:00 E.T. Longitudes of Main Planets - November 2016 **Nov. 16**

| D | S.T. | ☉ | ☽ | ☽ 12:00 | ☿ | ♀ | ♂ | ♃ | ♄ | ♅ | ♆ | ♇ | ☊ |
|---|---|---|---|---|---|---|---|---|---|---|---|---|---|
| 1 | 2:42:51 | 08♏59 37 | 22♏43 | 28♏39 | 11♏43 | 16♐33 | 24♑00 | 11♎11 | 14♐23 | 21♈51℞ | 09♓21℞ | 15♑14 | 09♍27 |
| 2 | 2:46:48 | 09 59 41 | 04♐35 | 10♐31 | 13 20 | 17 45 | 24 43 | 11 24 | 14 29 | 21 48 | 09 20 | 15 15 | 09 24 |
| 3 | 2:50:44 | 10 59 47 | 16 29 | 22 27 | 14 56 | 18 58 | 25 27 | 11 36 | 14 36 | 21 46 | 09 19 | 15 16 | 09 21 |
| 4 | 2:54:41 | 11 59 54 | 28 27 | 04♑28 | 16 32 | 20 10 | 26 10 | 11 48 | 14 42 | 21 44 | 09 19 | 15 18 | 09 18 |
| 5 | 2:58:37 | 13 00 03 | 10♑32 | 16 38 | 18 07 | 21 22 | 26 54 | 12 00 | 14 48 | 21 42 | 09 18 | 15 19 | 09 15 |
| 6 | 3:02:34 | 14 00 14 | 22 47 | 28 59 | 19 42 | 22 34 | 27 38 | 12 12 | 14 55 | 21 39 | 09 18 | 15 20 | 09 12 |
| 7 | 3:06:30 | 15 00 26 | 05♒16 | 11♒37 | 21 16 | 23 46 | 28 21 | 12 24 | 15 01 | 21 37 | 09 17 | 15 21 | 09 08 |
| 8 | 3:10:27 | 16 00 40 | 18 04 | 24 36 | 22 50 | 24 58 | 29 05 | 12 35 | 15 08 | 21 35 | 09 17 | 15 22 | 09 05 |
| 9 | 3:14:24 | 17 00 55 | 01♓14 | 07♓59 | 24 24 | 26 10 | 29 49 | 12 47 | 15 14 | 21 33 | 09 17 | 15 24 | 09 02 |
| 10 | 3:18:20 | 18 01 11 | 14 51 | 21 50 | 25 58 | 27 22 | 00♒33 | 12 59 | 15 21 | 21 31 | 09 16 | 15 25 | 08 59 |
| 11 | 3:22:17 | 19 01 29 | 28 57 | 06♈10 | 27 31 | 28 34 | 01 17 | 13 11 | 15 27 | 21 29 | 09 16 | 15 26 | 08 56 |
| 12 | 3:26:13 | 20 01 49 | 13♈30 | 20 57 | 29 03 | 29 45 | 02 01 | 13 22 | 15 34 | 21 27 | 09 16 | 15 27 | 08 52 |
| 13 | 3:30:10 | 21 02 10 | 28 29 | 06♉05 | 00♐36 | 00♑57 | 02 46 | 13 34 | 15 40 | 21 25 | 09 15 | 15 29 | 08 49 |
| 14 | 3:34:06 | 22 02 32 | 13♉44 | 21 25 | 02 08 | 02 09 | 03 30 | 13 45 | 15 47 | 21 23 | 09 15 | 15 30 | 08 46 |
| 15 | 3:38:03 | 23 02 56 | 29 06 | 06♊46 | 03 40 | 03 20 | 04 14 | 13 57 | 15 54 | 21 21 | 09 15 | 15 32 | 08 43 |
| 16 | 3:41:59 | 24 03 22 | 14♊23 | 21 56 | 05 11 | 04 32 | 04 58 | 14 08 | 16 01 | 21 19 | 09 15 | 15 33 | 08 40 |
| 17 | 3:45:56 | 25 03 49 | 29 24 | 06♋46 | 06 43 | 05 43 | 05 43 | 14 19 | 16 07 | 21 17 | 09 15 | 15 34 | 08 37 |
| 18 | 3:49:53 | 26 04 19 | 14♋00 | 21 08 | 08 14 | 06 55 | 06 27 | 14 31 | 16 14 | 21 15 | 09 15 | 15 36 | 08 33 |
| 19 | 3:53:49 | 27 04 50 | 28 07 | 04♌59 | 09 44 | 08 06 | 07 12 | 14 42 | 16 21 | 21 13 | 09 14 | 15 37 | 08 30 |
| 20 | 3:57:46 | 28 05 22 | 11♌44 | 18 21 | 11 15 | 09 17 | 07 56 | 14 53 | 16 28 | 21 11 | 09 14 | 15 39 | 08 27 |
| 21 | 4:01:42 | 29 05 57 | 24 52 | 01♍17 | 12 45 | 10 28 | 08 41 | 15 04 | 16 35 | 21 09 | 09 14D | 15 40 | 08 24 |
| 22 | 4:05:39 | 00♐06 33 | 07♍36 | 13 50 | 14 15 | 11 40 | 09 25 | 15 15 | 16 41 | 21 08 | 09 15 | 15 42 | 08 21 |
| 23 | 4:09:35 | 01 07 11 | 20 00 | 26 06 | 15 44 | 12 51 | 10 10 | 15 26 | 16 48 | 21 06 | 09 15 | 15 43 | 08 18 |
| 24 | 4:13:32 | 02 07 51 | 02♎09 | 08♎10 | 17 13 | 14 02 | 10 55 | 15 36 | 16 55 | 21 04 | 09 15 | 15 45 | 08 14 |
| 25 | 4:17:28 | 03 08 32 | 14 08 | 20 06 | 18 42 | 15 13 | 11 40 | 15 47 | 17 02 | 21 03 | 09 15 | 15 47 | 08 11 |
| 26 | 4:21:25 | 04 09 15 | 26 02 | 01♏57 | 20 10 | 16 23 | 12 24 | 15 58 | 17 09 | 21 01 | 09 15 | 15 48 | 08 08 |
| 27 | 4:25:22 | 05 09 59 | 07♏52 | 13 48 | 21 38 | 17 34 | 13 09 | 16 08 | 17 16 | 20 59 | 09 15 | 15 50 | 08 05 |
| 28 | 4:29:18 | 06 10 45 | 19 43 | 25 39 | 23 05 | 18 45 | 13 54 | 16 19 | 17 23 | 20 58 | 09 16 | 15 52 | 08 02 |
| 29 | 4:33:15 | 07 11 32 | 01♐36 | 07♐33 | 24 32 | 19 55 | 14 39 | 16 29 | 17 30 | 20 56 | 09 16 | 15 53 | 07 58 |
| 30 | 4:37:11 | 08 12 21 | 13 32 | 19 31 | 25 57 | 21 06 | 15 24 | 16 39 | 17 37 | 20 55 | 09 16 | 15 55 | 07 55 |

## 0:00 E.T. Longitudes of the Major Asteroids and Chiron

| D | ⚳ | ⚴ | ⚵ | ⚶ | ⚷ | D | ⚳ | ⚴ | ⚵ | ⚶ | ⚷ |
|---|---|---|---|---|---|---|---|---|---|---|---|
| 1 | 25♈49℞ | 19♒24 | 28♏11 | 02♌36 | 21♓05℞ | 16 | 23 00 | 21 04 | 03 16 | 04 51 | 20 47 |
| 2 | 25 36 | 19 29 | 28 31 | 02 47 | 21 04 | 17 | 22 51 | 21 12 | 03 36 | 04 57 | 20 46 |
| 3 | 25 23 | 19 34 | 28 51 | 02 58 | 21 02 | 18 | 22 43 | 21 21 | 03 57 | 05 03 | 20 45 |
| 4 | 25 11 | 19 39 | 29 11 | 03 09 | 21 01 | 19 | 22 35 | 21 30 | 04 17 | 05 08 | 20 45 |
| 5 | 24 58 | 19 45 | 29 32 | 03 19 | 20 59 | 20 | 22 27 | 21 40 | 04 38 | 05 13 | 20 44 |
| 6 | 24 46 | 19 51 | 29 52 | 03 29 | 20 58 | 21 | 22 19 | 21 49 | 04 59 | 05 18 | 20 43 |
| 7 | 24 35 | 19 57 | 00♐12 | 03 39 | 20 57 | 22 | 22 12 | 21 59 | 05 19 | 05 22 | 20 43 |
| 8 | 24 23 | 20 03 | 00 32 | 03 48 | 20 55 | 23 | 22 05 | 22 09 | 05 40 | 05 26 | 20 42 |
| 9 | 24 12 | 20 10 | 00 53 | 03 57 | 20 54 | 24 | 21 59 | 22 20 | 06 01 | 05 30 | 20 42 |
| 10 | 24 01 | 20 17 | 01 13 | 04 06 | 20 53 | 25 | 21 53 | 22 30 | 06 21 | 05 33 | 20 41 |
| 11 | 23 50 | 20 24 | 01 33 | 04 14 | 20 52 | 26 | 21 47 | 22 41 | 06 42 | 05 36 | 20 41 |
| 12 | 23 39 | 20 31 | 01 54 | 04 22 | 20 51 | 27 | 21 41 | 22 52 | 07 03 | 05 38 | 20 41 |
| 13 | 23 29 | 20 39 | 02 14 | 04 30 | 20 50 | 28 | 21 37 | 23 03 | 07 23 | 05 40 | 20 41 |
| 14 | 23 19 | 20 47 | 02 35 | 04 37 | 20 49 | 29 | 21 32 | 23 14 | 07 44 | 05 41 | 20 40 |
| 15 | 23 10 | 20 55 | 02 55 | 04 44 | 20 48 | 30 | 21 28 | 23 26 | 08 05 | 05 42 | 20 40 |

## Lunar Data

| Last Asp. | | Ingress | | |
|---|---|---|---|---|
| 1 | 02:45 | 1 | ♐ | 14:44 |
| 3 | 10:36 | 4 | ♑ | 03:06 |
| 6 | 09:57 | 6 | ♒ | 13:56 |
| 8 | 13:56 | 8 | ♓ | 21:46 |
| 10 | 23:17 | 11 | ♈ | 01:46 |
| 12 | 12:46 | 13 | ♉ | 02:25 |
| 14 | 13:53 | 15 | ♊ | 01:24 |
| 16 | 10:59 | 17 | ♋ | 00:58 |
| 18 | 22:04 | 19 | ♌ | 03:16 |
| 21 | 08:34 | 21 | ♍ | 09:35 |
| 22 | 17:43 | 23 | ♎ | 19:43 |
| 25 | 13:54 | 26 | ♏ | 08:03 |
| 27 | 21:49 | 28 | ♐ | 20:47 |

## 0:00 E.T. Declinations

| D | ☉ | ☽ | ☿ | ♀ | ♂ | ♃ | ♄ | ♅ | ♆ | ♇ | ⚳ | ⚴ | ⚵ | ⚶ | ⚷ |
|---|---|---|---|---|---|---|---|---|---|---|---|---|---|---|---|
| 1 | -14 30 | -13 48 | -15 19 | -24 28 | -23 13 | -03 24 | -21 10 | +07 55 | -08 52 | -21 26 | -01 32 | -03 20 | -10 11 | +18 59 | +00 23 |
| 2 | 14 49 | 16 06 | 15 55 | 24 38 | 23 04 | 03 28 | 21 11 | 07 55 | 08 53 | 21 26 | 01 33 | 03 28 | 10 15 | 18 59 | 00 22 |
| 3 | 15 07 | 17 45 | 16 30 | 24 46 | 22 55 | 03 33 | 21 12 | 07 54 | 08 53 | 21 26 | 01 34 | 03 35 | 10 20 | 18 58 | 00 21 |
| 4 | 15 26 | 18 37 | 17 04 | 24 54 | 22 46 | 03 38 | 21 13 | 07 53 | 08 53 | 21 26 | 01 35 | 03 42 | 10 24 | 18 57 | 00 21 |
| 5 | 15 44 | 18 39 | 17 37 | 25 02 | 22 37 | 03 42 | 21 14 | 07 52 | 08 53 | 21 26 | 01 36 | 03 48 | 10 28 | 18 57 | 00 20 |
| 6 | 16 02 | 17 50 | 18 10 | 25 08 | 22 27 | 03 47 | 21 14 | 07 51 | 08 53 | 21 26 | 01 37 | 03 55 | 10 32 | 18 56 | 00 19 |
| 7 | 16 20 | 16 08 | 18 41 | 25 14 | 22 17 | 03 51 | 21 15 | 07 50 | 08 54 | 21 26 | 01 38 | 04 02 | 10 37 | 18 56 | 00 18 |
| 8 | 16 38 | 13 36 | 19 12 | 25 19 | 22 07 | 03 56 | 21 16 | 07 50 | 08 54 | 21 26 | 01 38 | 04 08 | 10 41 | 18 55 | 00 18 |
| 9 | 16 55 | 10 18 | 19 42 | 25 24 | 21 57 | 04 00 | 21 17 | 07 49 | 08 54 | 21 26 | 01 38 | 04 14 | 10 45 | 18 55 | 00 17 |
| 10 | 17 12 | 06 21 | 20 10 | 25 28 | 21 46 | 04 05 | 21 18 | 07 48 | 08 54 | 21 26 | 01 38 | 04 20 | 10 49 | 18 55 | 00 16 |
| 11 | 17 28 | 01 55 | 20 38 | 25 31 | 21 36 | 04 09 | 21 19 | 07 47 | 08 54 | 21 26 | 01 38 | 04 26 | 10 53 | 18 55 | 00 15 |
| 12 | 17 45 | +02 46 | 21 04 | 25 33 | 21 25 | 04 14 | 21 19 | 07 47 | 08 54 | 21 26 | 01 38 | 04 32 | 10 57 | 18 55 | 00 15 |
| 13 | 18 01 | 07 24 | 21 30 | 25 34 | 21 14 | 04 18 | 21 20 | 07 46 | 08 54 | 21 26 | 01 38 | 04 37 | 11 01 | 18 55 | 00 14 |
| 14 | 18 16 | 11 39 | 21 55 | 25 35 | 21 02 | 04 22 | 21 21 | 07 45 | 08 54 | 21 26 | 01 37 | 04 43 | 11 04 | 18 55 | 00 13 |
| 15 | 18 32 | 15 08 | 22 18 | 25 35 | 20 51 | 04 27 | 21 22 | 07 44 | 08 54 | 21 26 | 01 36 | 04 48 | 11 08 | 18 56 | 00 13 |
| 16 | 18 47 | 17 33 | 22 40 | 25 35 | 20 39 | 04 31 | 21 23 | 07 44 | 08 54 | 21 26 | 01 35 | 04 53 | 11 12 | 18 56 | 00 12 |
| 17 | 19 02 | 18 43 | 23 02 | 25 33 | 20 27 | 04 35 | 21 23 | 07 43 | 08 54 | 21 26 | 01 34 | 04 58 | 11 15 | 18 57 | 00 12 |
| 18 | 19 16 | 18 36 | 23 22 | 25 31 | 20 15 | 04 39 | 21 24 | 07 42 | 08 54 | 21 26 | 01 33 | 05 03 | 11 19 | 18 57 | 00 11 |
| 19 | 19 30 | 17 18 | 23 41 | 25 28 | 20 03 | 04 44 | 21 25 | 07 42 | 08 54 | 21 26 | 01 31 | 05 07 | 11 22 | 18 58 | 00 11 |
| 20 | 19 44 | 15 03 | 23 58 | 25 25 | 19 50 | 04 48 | 21 26 | 07 41 | 08 54 | 21 26 | 01 30 | 05 12 | 11 26 | 18 59 | 00 10 |
| 21 | 19 57 | 12 04 | 24 15 | 25 20 | 19 38 | 04 52 | 21 27 | 07 40 | 08 54 | 21 26 | 01 28 | 05 16 | 11 29 | 19 00 | 00 10 |
| 22 | 20 10 | 08 36 | 24 30 | 25 15 | 19 25 | 04 56 | 21 27 | 07 40 | 08 54 | 21 26 | 01 26 | 05 20 | 11 33 | 19 01 | 00 09 |
| 23 | 20 23 | 04 51 | 24 44 | 25 10 | 19 12 | 05 00 | 21 28 | 07 39 | 08 54 | 21 26 | 01 24 | 05 25 | 11 36 | 19 03 | 00 09 |
| 24 | 20 35 | 00 58 | 24 57 | 25 03 | 18 59 | 05 04 | 21 29 | 07 38 | 08 54 | 21 26 | 01 22 | 05 29 | 11 39 | 19 04 | 00 08 |
| 25 | 20 47 | -02 54 | 25 08 | 24 56 | 18 45 | 05 08 | 21 30 | 07 38 | 08 54 | 21 26 | 01 19 | 05 32 | 11 42 | 19 06 | 00 08 |
| 26 | 20 58 | 06 37 | 25 18 | 24 48 | 18 32 | 05 12 | 21 30 | 07 37 | 08 54 | 21 26 | 01 17 | 05 36 | 11 45 | 19 07 | 00 07 |
| 27 | 21 09 | 10 04 | 25 27 | 24 40 | 18 18 | 05 16 | 21 31 | 07 37 | 08 54 | 21 26 | 01 14 | 05 40 | 11 48 | 19 09 | 00 07 |
| 28 | 21 20 | 13 06 | 25 34 | 24 30 | 18 04 | 05 20 | 21 32 | 07 36 | 08 54 | 21 25 | 01 11 | 05 43 | 11 51 | 19 11 | 00 07 |
| 29 | 21 30 | 15 37 | 25 40 | 24 21 | 17 50 | 05 23 | 21 33 | 07 36 | 08 54 | 21 25 | 01 08 | 05 46 | 11 54 | 19 13 | 00 06 |
| 30 | 21 40 | 17 30 | 25 45 | 24 10 | 17 35 | 05 27 | 21 33 | 07 35 | 08 54 | 21 25 | 01 05 | 05 49 | 11 57 | 19 15 | 00 06 |

Lunar Phases -- 7 ◐ 19:52 14 ○ 13:53 21 ◑ 08:34 29 ● 12:20 Sun enters ♐ 11/21 21:24

**Dec. 16** — Longitudes of Main Planets - December 2016 — 0:00 E.T.

| D | S.T. | ☉ | ☽ | ☽ 12:00 | ☿ | ♀ | ♂ | ♃ | ♄ | ♅ | ♆ | ♇ | ☊ |
|---|---|---|---|---|---|---|---|---|---|---|---|---|---|
| 1 | 4:41:08 | 09♐13 10 | 25♐32 | 01♑34 | 27♐22 | 22♑16 | 16♒09 | 16♎49 | 17♐44 | 20♈54℞ | 09♓16 | 15♑57 | 07♍52 |
| 2 | 4:45:04 | 10 14 01 | 07♑38 | 13 43 | 28 46 | 23 27 | 16 54 | 16 59 | 17 51 | 20 52 | 09 17 | 15 58 | 07 49 |
| 3 | 4:49:01 | 11 14 53 | 19 50 | 26 00 | 00♑09 | 24 37 | 17 39 | 17 09 | 17 58 | 20 51 | 09 17 | 16 00 | 07 46 |
| 4 | 4:52:57 | 12 15 46 | 02♒12 | 08♒27 | 01 31 | 25 47 | 18 24 | 17 19 | 18 05 | 20 50 | 09 18 | 16 02 | 07 43 |
| 5 | 4:56:54 | 13 16 40 | 14 45 | 21 07 | 02 51 | 26 57 | 19 09 | 17 29 | 18 13 | 20 48 | 09 18 | 16 04 | 07 39 |
| 6 | 5:00:51 | 14 17 34 | 27 33 | 04♓04 | 04 09 | 28 07 | 19 54 | 17 39 | 18 20 | 20 47 | 09 19 | 16 06 | 07 36 |
| 7 | 5:04:47 | 15 18 29 | 10♓39 | 17 20 | 05 25 | 29 17 | 20 39 | 17 48 | 18 27 | 20 46 | 09 19 | 16 07 | 07 33 |
| 8 | 5:08:44 | 16 19 25 | 24 07 | 01♈00 | 06 39 | 00♒26 | 21 25 | 17 58 | 18 34 | 20 45 | 09 20 | 16 09 | 07 30 |
| 9 | 5:12:40 | 17 20 21 | 07♈59 | 15 04 | 07 50 | 01 36 | 22 10 | 18 07 | 18 41 | 20 44 | 09 21 | 16 11 | 07 27 |
| 10 | 5:16:37 | 18 21 19 | 22 16 | 29 34 | 08 58 | 02 45 | 22 55 | 18 16 | 18 48 | 20 43 | 09 21 | 16 13 | 07 24 |
| 11 | 5:20:33 | 19 22 16 | 06♉58 | 14♉26 | 10 03 | 03 55 | 23 40 | 18 25 | 18 55 | 20 42 | 09 22 | 16 15 | 07 20 |
| 12 | 5:24:30 | 20 23 15 | 21 58 | 29 33 | 11 03 | 05 04 | 24 25 | 18 34 | 19 02 | 20 41 | 09 23 | 16 17 | 07 17 |
| 13 | 5:28:26 | 21 24 14 | 07♊10 | 14♊46 | 11 58 | 06 13 | 25 11 | 18 43 | 19 09 | 20 40 | 09 23 | 16 19 | 07 14 |
| 14 | 5:32:23 | 22 25 14 | 22 21 | 29 54 | 12 48 | 07 22 | 25 56 | 18 52 | 19 16 | 20 40 | 09 24 | 16 20 | 07 11 |
| 15 | 5:36:20 | 23 26 15 | 07♋23 | 14♋46 | 13 32 | 08 30 | 26 41 | 19 01 | 19 23 | 20 39 | 09 25 | 16 22 | 07 08 |
| 16 | 5:40:16 | 24 27 16 | 22 04 | 29 15 | 14 08 | 09 39 | 27 26 | 19 09 | 19 31 | 20 38 | 09 26 | 16 24 | 07 04 |
| 17 | 5:44:13 | 25 28 18 | 06♌19 | 13♌15 | 14 37 | 10 47 | 28 12 | 19 18 | 19 38 | 20 37 | 09 27 | 16 26 | 07 01 |
| 18 | 5:48:09 | 26 29 21 | 20 04 | 26 46 | 14 57 | 11 55 | 28 57 | 19 26 | 19 45 | 20 37 | 09 28 | 16 28 | 06 58 |
| 19 | 5:52:06 | 27 30 25 | 03♍20 | 09♍48 | 15 07 | 13 03 | 29 42 | 19 34 | 19 52 | 20 36 | 09 29 | 16 30 | 06 55 |
| 20 | 5:56:02 | 28 31 30 | 16 10 | 22 26 | 15 06℞ | 14 11 | 00♓28 | 19 42 | 19 59 | 20 36 | 09 30 | 16 32 | 06 52 |
| 21 | 5:59:59 | 29 32 36 | 28 38 | 04♎45 | 14 55 | 15 19 | 01 13 | 19 50 | 20 06 | 20 35 | 09 31 | 16 34 | 06 49 |
| 22 | 6:03:55 | 00♑33 42 | 10♎48 | 16 49 | 14 31 | 16 26 | 01 58 | 19 58 | 20 13 | 20 35 | 09 32 | 16 36 | 06 45 |
| 23 | 6:07:52 | 01 34 49 | 22 47 | 28 44 | 13 56 | 17 34 | 02 43 | 20 06 | 20 20 | 20 34 | 09 33 | 16 38 | 06 42 |
| 24 | 6:11:49 | 02 35 57 | 04♏40 | 10♏35 | 13 10 | 18 41 | 03 29 | 20 13 | 20 27 | 20 34 | 09 34 | 16 40 | 06 39 |
| 25 | 6:15:45 | 03 37 05 | 16 30 | 22 25 | 12 12 | 19 48 | 04 14 | 20 21 | 20 34 | 20 34 | 09 35 | 16 42 | 06 36 |
| 26 | 6:19:42 | 04 38 14 | 28 21 | 04♐18 | 11 06 | 20 54 | 04 59 | 20 28 | 20 41 | 20 34 | 09 36 | 16 44 | 06 33 |
| 27 | 6:23:38 | 05 39 23 | 10♐17 | 16 17 | 09 52 | 22 01 | 05 45 | 20 35 | 20 48 | 20 34 | 09 38 | 16 46 | 06 29 |
| 28 | 6:27:35 | 06 40 33 | 22 18 | 28 22 | 08 33 | 23 07 | 06 30 | 20 42 | 20 55 | 20 33 | 09 39 | 16 48 | 06 26 |
| 29 | 6:31:31 | 07 41 43 | 04♑28 | 10♑36 | 07 11 | 24 13 | 07 15 | 20 49 | 21 02 | 20 33 | 09 40 | 16 50 | 06 23 |
| 30 | 6:35:28 | 08 42 54 | 16 46 | 22 58 | 05 49 | 25 19 | 08 01 | 20 56 | 21 08 | 20 33D | 09 41 | 16 52 | 06 20 |
| 31 | 6:39:24 | 09 44 04 | 29 13 | 05♒30 | 04 30 | 26 24 | 08 46 | 21 02 | 21 15 | 20 33 | 09 43 | 16 54 | 06 17 |

0:00 E.T. — Longitudes of the Major Asteroids and Chiron

| D | ⚳ | ⚴ | ⚵ | ⚶ | ⚷ |
|---|---|---|---|---|---|
| 1 | 21♈24℞ | 23♒38 | 08♐26 | 05♌42 | 20♓40℞ |
| 2 | 21 21 | 23 50 | 08 46 | 05 43℞ | 20 40D |
| 3 | 21 18 | 24 02 | 09 07 | 05 42 | 20 40 |
| 4 | 21 15 | 24 14 | 09 28 | 05 41 | 20 40 |
| 5 | 21 13 | 24 27 | 09 49 | 05 40 | 20 41 |
| 6 | 21 11 | 24 39 | 10 09 | 05 38 | 20 41 |
| 7 | 21 10 | 24 52 | 10 30 | 05 36 | 20 41 |
| 8 | 21 09 | 25 05 | 10 51 | 05 34 | 20 41 |
| 9 | 21 08 | 25 19 | 11 12 | 05 30 | 20 42 |
| 10 | 21 08 | 25 32 | 11 32 | 05 27 | 20 42 |
| 11 | 21 08D | 25 46 | 11 53 | 05 23 | 20 43 |
| 12 | 21 09 | 25 59 | 12 14 | 05 19 | 20 43 |
| 13 | 21 10 | 26 13 | 12 35 | 05 14 | 20 44 |
| 14 | 21 11 | 26 27 | 12 55 | 05 08 | 20 45 |
| 15 | 21 13 | 26 42 | 13 16 | 05 02 | 20 45 |
| 16 | 21 15 | 26 56 | 13 37 | 04 56 | 20 46 |
| 17 | 21 17 | 27 10 | 13 57 | 04 50 | 20 47 |
| 18 | 21 20 | 27 25 | 14 18 | 04 42 | 20 48 |
| 19 | 21 23 | 27 40 | 14 39 | 04 35 | 20 49 |
| 20 | 21 27 | 27 55 | 15 00 | 04 27 | 20 50 |
| 21 | 21 31 | 28 10 | 15 20 | 04 18 | 20 51 |
| 22 | 21 35 | 28 25 | 15 41 | 04 10 | 20 52 |
| 23 | 21 40 | 28 41 | 16 01 | 04 00 | 20 53 |
| 24 | 21 45 | 28 56 | 16 22 | 03 50 | 20 55 |
| 25 | 21 50 | 29 12 | 16 43 | 03 40 | 20 56 |
| 26 | 21 56 | 29 28 | 17 03 | 03 30 | 20 57 |
| 27 | 22 02 | 29 44 | 17 24 | 03 19 | 20 59 |
| 28 | 22 09 | 00 00 | 17 44 | 03 08 | 21 00 |
| 29 | 22 15 | 00♓16 | 18 05 | 02 56 | 21 01 |
| 30 | 22 22 | 00 32 | 18 25 | 02 44 | 21 03 |
| 31 | 22 30 | 00 49 | 18 46 | 02 31 | 21 05 |

Lunar Data

| Last Asp. | | Ingress | | |
|---|---|---|---|---|
| 1 | 04:09 | 1 | ♑ | 08:54 |
| 3 | 10:17 | 3 | ♒ | 19:45 |
| 5 | 11:24 | 6 | ♓ | 04:32 |
| 7 | 14:06 | 8 | ♈ | 10:16 |
| 10 | 01:07 | 10 | ♉ | 12:42 |
| 12 | 04:05 | 12 | ♊ | 12:42 |
| 14 | 05:59 | 14 | ♋ | 12:10 |
| 15 | 21:38 | 16 | ♌ | 13:16 |
| 18 | 16:57 | 18 | ♍ | 17:53 |
| 21 | 01:57 | 21 | ♎ | 02:41 |
| 22 | 19:33 | 23 | ♏ | 14:34 |
| 25 | 07:23 | 26 | ♐ | 03:20 |
| 28 | 01:46 | 28 | ♑ | 15:13 |
| 30 | 08:08 | | | |

0:00 E.T. — Declinations

| D | ☉ | ☽ | ☿ | ♀ | ♂ | ♃ | ♄ | ♅ | ♆ | ♇ | ⚳ | ⚴ | ⚵ | ⚶ | ⚷ |
|---|---|---|---|---|---|---|---|---|---|---|---|---|---|---|---|
| 1 | -21 50 | -18 37 | -25 48 | -23 59 | -17 21 | -05 31 | -21 34 | +07 35 | -08 53 | -21 25 | -01 02 | -05 52 | -12 00 | +19 18 | +00 06 |
| 2 | 21 59 | 18 54 | 25 50 | 23 47 | 17 06 | 05 35 | 21 35 | 07 34 | 08 53 | 21 25 | 00 58 | 05 55 | 12 02 | 19 20 | 00 05 |
| 3 | 22 07 | 18 19 | 25 50 | 23 34 | 16 52 | 05 38 | 21 35 | 07 34 | 08 53 | 21 25 | 00 54 | 05 58 | 12 05 | 19 23 | 00 05 |
| 4 | 22 16 | 16 52 | 25 49 | 23 21 | 16 37 | 05 42 | 21 36 | 07 33 | 08 53 | 21 25 | 00 51 | 06 00 | 12 08 | 19 25 | 00 05 |
| 5 | 22 23 | 14 34 | 25 47 | 23 07 | 16 22 | 05 45 | 21 37 | 07 33 | 08 53 | 21 25 | 00 47 | 06 03 | 12 10 | 19 28 | 00 05 |
| 6 | 22 31 | 11 32 | 25 43 | 22 53 | 16 06 | 05 49 | 21 38 | 07 32 | 08 52 | 21 25 | 00 42 | 06 05 | 12 13 | 19 31 | 00 05 |
| 7 | 22 38 | 07 52 | 25 37 | 22 38 | 15 51 | 05 53 | 21 38 | 07 32 | 08 52 | 21 25 | 00 38 | 06 07 | 12 15 | 19 35 | 00 04 |
| 8 | 22 44 | 03 42 | 25 31 | 22 22 | 15 36 | 05 56 | 21 39 | 07 32 | 08 52 | 21 24 | 00 34 | 06 09 | 12 17 | 19 38 | 00 04 |
| 9 | 22 50 | +00 47 | 25 23 | 22 06 | 15 20 | 05 59 | 21 40 | 07 31 | 08 52 | 21 24 | 00 29 | 06 11 | 12 19 | 19 41 | 00 04 |
| 10 | 22 55 | 05 21 | 25 13 | 21 49 | 15 04 | 06 03 | 21 40 | 07 31 | 08 51 | 21 24 | 00 25 | 06 13 | 12 22 | 19 45 | 00 04 |
| 11 | 23 01 | 09 43 | 25 03 | 21 32 | 14 48 | 06 06 | 21 41 | 07 31 | 08 51 | 21 24 | 00 20 | 06 15 | 12 24 | 19 49 | 00 04 |
| 12 | 23 05 | 13 34 | 24 51 | 21 14 | 14 32 | 06 09 | 21 41 | 07 30 | 08 51 | 21 24 | 00 15 | 06 17 | 12 26 | 19 52 | 00 04 |
| 13 | 23 09 | 16 33 | 24 39 | 20 56 | 14 16 | 06 12 | 21 42 | 07 30 | 08 51 | 21 24 | 00 10 | 06 18 | 12 28 | 19 56 | 00 04 |
| 14 | 23 13 | 18 24 | 24 25 | 20 37 | 14 00 | 06 16 | 21 43 | 07 30 | 08 50 | 21 24 | 00 05 | 06 19 | 12 30 | 20 01 | 00 04 |
| 15 | 23 16 | 18 56 | 24 11 | 20 17 | 13 43 | 06 19 | 21 43 | 07 30 | 08 50 | 21 24 | +00 01 | 06 21 | 12 31 | 20 05 | 00 04 |
| 16 | 23 19 | 18 10 | 23 55 | 19 57 | 13 27 | 06 22 | 21 44 | 07 29 | 08 50 | 21 24 | 00 06 | 06 22 | 12 33 | 20 09 | 00 04 |
| 17 | 23 21 | 16 16 | 23 40 | 19 37 | 13 10 | 06 25 | 21 45 | 07 29 | 08 49 | 21 23 | 00 12 | 06 23 | 12 35 | 20 14 | 00 04 |
| 18 | 23 23 | 13 29 | 23 24 | 19 16 | 12 53 | 06 28 | 21 45 | 07 29 | 08 49 | 21 23 | 00 17 | 06 24 | 12 36 | 20 18 | 00 04 |
| 19 | 23 25 | 10 04 | 23 08 | 18 55 | 12 36 | 06 31 | 21 46 | 07 29 | 08 49 | 21 23 | 00 23 | 06 24 | 12 38 | 20 23 | 00 04 |
| 20 | 23 26 | 06 18 | 22 51 | 18 33 | 12 19 | 06 34 | 21 46 | 07 29 | 08 48 | 21 23 | 00 29 | 06 25 | 12 39 | 20 28 | 00 05 |
| 21 | 23 26 | 02 21 | 22 35 | 18 11 | 12 02 | 06 36 | 21 47 | 07 28 | 08 48 | 21 23 | 00 35 | 06 26 | 12 41 | 20 33 | 00 05 |
| 22 | 23 26 | -01 36 | 22 19 | 17 48 | 11 45 | 06 39 | 21 47 | 07 28 | 08 47 | 21 23 | 00 41 | 06 26 | 12 42 | 20 38 | 00 05 |
| 23 | 23 26 | 05 25 | 22 04 | 17 25 | 11 28 | 06 42 | 21 48 | 07 28 | 08 47 | 21 23 | 00 47 | 06 26 | 12 43 | 20 43 | 00 05 |
| 24 | 23 25 | 08 59 | 21 49 | 17 02 | 11 11 | 06 44 | 21 48 | 07 28 | 08 46 | 21 22 | 00 54 | 06 27 | 12 45 | 20 49 | 00 05 |
| 25 | 23 23 | 12 11 | 21 34 | 16 38 | 10 53 | 06 47 | 21 49 | 07 28 | 08 46 | 21 22 | 01 00 | 06 27 | 12 46 | 20 54 | 00 06 |
| 26 | 23 21 | 14 54 | 21 21 | 16 14 | 10 36 | 06 50 | 21 50 | 07 28 | 08 46 | 21 22 | 01 07 | 06 27 | 12 47 | 21 00 | 00 06 |
| 27 | 23 19 | 17 00 | 21 08 | 15 49 | 10 18 | 06 52 | 21 50 | 07 28 | 08 45 | 21 22 | 01 13 | 06 27 | 12 48 | 21 05 | 00 06 |
| 28 | 23 16 | 18 23 | 20 56 | 15 24 | 10 00 | 06 54 | 21 51 | 07 28 | 08 45 | 21 22 | 01 20 | 06 26 | 12 49 | 21 11 | 00 06 |
| 29 | 23 13 | 18 57 | 20 45 | 14 59 | 09 42 | 06 57 | 21 51 | 07 28 | 08 44 | 21 22 | 01 27 | 06 26 | 12 50 | 21 17 | 00 07 |
| 30 | 23 09 | 18 38 | 20 36 | 14 34 | 09 25 | 06 59 | 21 51 | 07 28 | 08 44 | 21 22 | 01 33 | 06 26 | 12 50 | 21 23 | 00 07 |
| 31 | 23 05 | 17 25 | 20 28 | 14 08 | 09 07 | 07 01 | 21 52 | 07 28 | 08 43 | 21 21 | 01 40 | 06 25 | 12 51 | 21 29 | 00 07 |

Lunar Phases -- 7 ◐ 09:04 14 ○ 00:07 21 ◑ 01:57 29 ● 06:54 Sun enters ♑ 12/21 10:46

## 0:00 E.T. Longitudes of Main Planets - January 2017 **Jan. 17**

| D | S.T. | ☉ | ☽ | ☽ 12:00 | ☿ | ♀ | ♂ | ♃ | ♄ | ♅ | ♆ | ♇ | ☊ |
|---|---|---|---|---|---|---|---|---|---|---|---|---|---|
| 1 | 6:43:21 | 10♑45 15 | 11♒50 | 18♒12 | 03♑17℞ | 27♒29 | 09♓31 | 21♎09 | 21♐22 | 20♈34 | 09♓44 | 16♑56 | 06♍14 |
| 2 | 6:47:18 | 11 46 25 | 24 38 | 01♓06 | 02 10 | 28 34 | 10 17 | 21 15 | 21 29 | 20 34 | 09 45 | 16 58 | 06 10 |
| 3 | 6:51:14 | 12 47 35 | 07♓37 | 14 12 | 01 12 | 29 39 | 11 02 | 21 21 | 21 36 | 20 34 | 09 47 | 17 01 | 06 07 |
| 4 | 6:55:11 | 13 48 45 | 20 51 | 27 33 | 00 24 | 00♓43 | 11 47 | 21 27 | 21 43 | 20 34 | 09 48 | 17 03 | 06 04 |
| 5 | 6:59:07 | 14 49 55 | 04♈20 | 11♈11 | 29♐46 | 01 47 | 12 33 | 21 33 | 21 49 | 20 35 | 09 50 | 17 05 | 06 01 |
| 6 | 7:03:04 | 15 51 04 | 18 06 | 25 06 | 29 18 | 02 51 | 13 18 | 21 39 | 21 56 | 20 35 | 09 51 | 17 07 | 05 58 |
| 7 | 7:07:00 | 16 52 13 | 02♉11 | 09♉20 | 29 00 | 03 55 | 14 03 | 21 44 | 22 03 | 20 35 | 09 53 | 17 09 | 05 55 |
| 8 | 7:10:57 | 17 53 22 | 16 33 | 23 49 | 28 52 | 04 58 | 14 48 | 21 49 | 22 09 | 20 36 | 09 54 | 17 11 | 05 51 |
| 9 | 7:14:53 | 18 54 30 | 01♊09 | 08♊31 | 28 52D | 06 00 | 15 34 | 21 54 | 22 16 | 20 36 | 09 56 | 17 13 | 05 48 |
| 10 | 7:18:50 | 19 55 38 | 15 55 | 23 19 | 29 02 | 07 03 | 16 19 | 21 59 | 22 23 | 20 37 | 09 58 | 17 15 | 05 45 |
| 11 | 7:22:47 | 20 56 45 | 00♋43 | 08♋06 | 29 19 | 08 05 | 17 04 | 22 04 | 22 29 | 20 38 | 09 59 | 17 17 | 05 42 |
| 12 | 7:26:43 | 21 57 52 | 15 26 | 22 42 | 29 43 | 09 06 | 17 49 | 22 09 | 22 36 | 20 38 | 10 01 | 17 19 | 05 39 |
| 13 | 7:30:40 | 22 58 58 | 29 55 | 07♌02 | 00♑13 | 10 08 | 18 34 | 22 14 | 22 42 | 20 39 | 10 02 | 17 21 | 05 35 |
| 14 | 7:34:36 | 24 00 04 | 14♌04 | 20 59 | 00 50 | 11 08 | 19 20 | 22 18 | 22 48 | 20 40 | 10 04 | 17 23 | 05 32 |
| 15 | 7:38:33 | 25 01 10 | 27 49 | 04♍32 | 01 31 | 12 09 | 20 05 | 22 22 | 22 55 | 20 41 | 10 06 | 17 25 | 05 29 |
| 16 | 7:42:29 | 26 02 15 | 11♍08 | 17 39 | 02 18 | 13 09 | 20 50 | 22 26 | 23 01 | 20 41 | 10 08 | 17 27 | 05 26 |
| 17 | 7:46:26 | 27 03 20 | 24 03 | 00♎22 | 03 08 | 14 08 | 21 35 | 22 30 | 23 08 | 20 42 | 10 09 | 17 29 | 05 23 |
| 18 | 7:50:22 | 28 04 25 | 06♎37 | 12 46 | 04 02 | 15 07 | 22 20 | 22 34 | 23 14 | 20 43 | 10 11 | 17 31 | 05 20 |
| 19 | 7:54:19 | 29 05 30 | 18 52 | 24 55 | 05 00 | 16 05 | 23 05 | 22 37 | 23 20 | 20 44 | 10 13 | 17 33 | 05 16 |
| 20 | 7:58:16 | 00♒06 34 | 00♏55 | 06♏53 | 06 01 | 17 03 | 23 50 | 22 40 | 23 26 | 20 46 | 10 15 | 17 35 | 05 13 |
| 21 | 8:02:12 | 01 07 38 | 12 49 | 18 45 | 07 05 | 18 01 | 24 35 | 22 43 | 23 32 | 20 47 | 10 17 | 17 37 | 05 10 |
| 22 | 8:06:09 | 02 08 42 | 24 41 | 00♐36 | 08 11 | 18 57 | 25 20 | 22 46 | 23 38 | 20 48 | 10 19 | 17 39 | 05 07 |
| 23 | 8:10:05 | 03 09 45 | 06♐33 | 12 32 | 09 19 | 19 54 | 26 05 | 22 49 | 23 44 | 20 49 | 10 20 | 17 41 | 05 04 |
| 24 | 8:14:02 | 04 10 47 | 18 32 | 24 34 | 10 30 | 20 49 | 26 50 | 22 52 | 23 50 | 20 50 | 10 22 | 17 43 | 05 01 |
| 25 | 8:17:58 | 05 11 49 | 00♑38 | 06♑46 | 11 42 | 21 45 | 27 35 | 22 54 | 23 56 | 20 52 | 10 24 | 17 45 | 04 57 |
| 26 | 8:21:55 | 06 12 51 | 12 56 | 19 10 | 12 56 | 22 39 | 28 20 | 22 56 | 24 02 | 20 53 | 10 26 | 17 47 | 04 54 |
| 27 | 8:25:51 | 07 13 51 | 25 27 | 01♒47 | 14 12 | 23 33 | 29 05 | 22 58 | 24 08 | 20 55 | 10 28 | 17 49 | 04 51 |
| 28 | 8:29:48 | 08 14 51 | 08♒11 | 14 38 | 15 29 | 24 26 | 29 49 | 23 00 | 24 14 | 20 56 | 10 30 | 17 51 | 04 48 |
| 29 | 8:33:45 | 09 15 50 | 21 08 | 27 42 | 16 47 | 25 18 | 00♈34 | 23 02 | 24 20 | 20 58 | 10 32 | 17 53 | 04 45 |
| 30 | 8:37:41 | 10 16 48 | 04♓18 | 10♓58 | 18 07 | 26 10 | 01 19 | 23 03 | 24 25 | 20 59 | 10 34 | 17 55 | 04 41 |
| 31 | 8:41:38 | 11 17 45 | 17 41 | 24 27 | 19 28 | 27 01 | 02 04 | 23 05 | 24 31 | 21 01 | 10 36 | 17 57 | 04 38 |

## 0:00 E.T. Longitudes of the Major Asteroids and Chiron

| D | ⚳ | ⚴ | ⚵ | ⚶ | ⚷ |
|---|---|---|---|---|---|
| 1 | 22♈37 | 01♓05 | 19♐06 | 02♌19℞ | 21♓06 |
| 2 | 22 46 | 01 22 | 19 26 | 02 06 | 21 08 |
| 3 | 22 54 | 01 39 | 19 47 | 01 52 | 21 10 |
| 4 | 23 03 | 01 56 | 20 07 | 01 39 | 21 11 |
| 5 | 23 12 | 02 13 | 20 27 | 01 25 | 21 13 |
| 6 | 23 21 | 02 30 | 20 48 | 01 11 | 21 15 |
| 7 | 23 30 | 02 47 | 21 08 | 00 56 | 21 17 |
| 8 | 23 40 | 03 04 | 21 28 | 00 41 | 21 19 |
| 9 | 23 51 | 03 22 | 21 48 | 00 27 | 21 21 |
| 10 | 24 01 | 03 39 | 22 08 | 00 12 | 21 23 |
| 11 | 24 12 | 03 57 | 22 28 | 29♋56 | 21 25 |
| 12 | 24 23 | 04 14 | 22 48 | 29 41 | 21 27 |
| 13 | 24 34 | 04 32 | 23 08 | 29 25 | 21 30 |
| 14 | 24 46 | 04 50 | 23 28 | 29 10 | 21 32 |
| 15 | 24 57 | 05 08 | 23 48 | 28 54 | 21 34 |
| 16 | 25 09 | 05 26 | 24 08 | 28 38 | 21 37 |

| D | ⚳ | ⚴ | ⚵ | ⚶ | ⚷ |
|---|---|---|---|---|---|
| 17 | 25 22 | 05 44 | 24 27 | 28 22 | 21 39 |
| 18 | 25 34 | 06 03 | 24 47 | 28 06 | 21 41 |
| 19 | 25 47 | 06 21 | 25 07 | 27 51 | 21 44 |
| 20 | 26 00 | 06 39 | 25 26 | 27 35 | 21 46 |
| 21 | 26 14 | 06 58 | 25 46 | 27 19 | 21 49 |
| 22 | 26 27 | 07 16 | 26 06 | 27 03 | 21 51 |
| 23 | 26 41 | 07 35 | 26 25 | 26 47 | 21 54 |
| 24 | 26 55 | 07 54 | 26 44 | 26 31 | 21 57 |
| 25 | 27 09 | 08 13 | 27 04 | 26 16 | 21 59 |
| 26 | 27 24 | 08 32 | 27 23 | 26 00 | 22 02 |
| 27 | 27 38 | 08 50 | 27 42 | 25 45 | 22 05 |
| 28 | 27 53 | 09 10 | 28 01 | 25 30 | 22 08 |
| 29 | 28 08 | 09 29 | 28 20 | 25 15 | 22 11 |
| 30 | 28 24 | 09 48 | 28 39 | 25 00 | 22 13 |
| 31 | 28 39 | 10 07 | 28 58 | 24 45 | 22 16 |

## Lunar Data

| Last Asp. | Ingress |
|---|---|
| 2 07:60 | 2 ♓ 09:58 |
| 4 16:15 | 4 ♈ 16:20 |
| 6 18:42 | 6 ♉ 20:19 |
| 8 02:24 | 8 ♊ 22:07 |
| 10 21:40 | 10 ♋ 22:50 |
| 12 11:35 | 13 ♌ 00:09 |
| 14 15:18 | 15 ♍ 03:54 |
| 17 06:11 | 17 ♎ 11:18 |
| 19 08:56 | 19 ♏ 22:11 |
| 22 01:25 | 22 ♐ 10:46 |
| 24 17:34 | 24 ♑ 22:44 |
| 27 07:19 | 27 ♒ 08:38 |
| 29 05:53 | 29 ♓ 16:11 |
| 31 17:37 | |

## 0:00 E.T. Declinations

| D | ☉ | ☽ | ☿ | ♀ | ♂ | ♃ | ♄ | ♅ | ♆ | ♇ | ⚳ | ⚴ | ⚵ | ⚶ | ⚷ |
|---|---|---|---|---|---|---|---|---|---|---|---|---|---|---|---|
| 1 | -23 00 | -15 21 | -20 21 | -13 42 | -08 49 | -07 04 | -21 52 | +07 28 | -08 43 | -21 21 | +01 48 | -06 25 | -12 52 | +21 35 | +00 08 |
| 2 | 22 55 | 12 29 | 20 16 | 13 16 | 08 31 | 07 06 | 21 53 | 07 28 | 08 42 | 21 21 | 01 55 | 06 24 | 12 52 | 21 41 | 00 08 |
| 3 | 22 49 | 08 59 | 20 14 | 12 49 | 08 12 | 07 08 | 21 53 | 07 28 | 08 41 | 21 21 | 02 02 | 06 23 | 12 53 | 21 47 | 00 09 |
| 4 | 22 43 | 04 58 | 20 12 | 12 22 | 07 54 | 07 10 | 21 54 | 07 29 | 08 41 | 21 21 | 02 09 | 06 22 | 12 53 | 21 53 | 00 09 |
| 5 | 22 37 | 00 38 | 20 13 | 11 55 | 07 36 | 07 12 | 21 54 | 07 29 | 08 40 | 21 21 | 02 17 | 06 22 | 12 53 | 21 59 | 00 10 |
| 6 | 22 30 | +03 49 | 20 15 | 11 28 | 07 18 | 07 14 | 21 55 | 07 29 | 08 40 | 21 20 | 02 24 | 06 20 | 12 54 | 22 05 | 00 10 |
| 7 | 22 22 | 08 09 | 20 19 | 11 01 | 06 59 | 07 15 | 21 55 | 07 29 | 08 39 | 21 20 | 02 32 | 06 19 | 12 54 | 22 12 | 00 11 |
| 8 | 22 14 | 12 05 | 20 24 | 10 33 | 06 41 | 07 17 | 21 55 | 07 29 | 08 39 | 21 20 | 02 39 | 06 18 | 12 54 | 22 18 | 00 11 |
| 9 | 22 06 | 15 22 | 20 31 | 10 05 | 06 23 | 07 19 | 21 56 | 07 29 | 08 38 | 21 20 | 02 47 | 06 17 | 12 54 | 22 24 | 00 12 |
| 10 | 21 57 | 17 41 | 20 38 | 09 37 | 06 04 | 07 21 | 21 56 | 07 30 | 08 37 | 21 20 | 02 55 | 06 15 | 12 54 | 22 31 | 00 12 |
| 11 | 21 48 | 18 50 | 20 46 | 09 09 | 05 46 | 07 22 | 21 57 | 07 30 | 08 37 | 21 20 | 03 02 | 06 14 | 12 54 | 22 37 | 00 13 |
| 12 | 21 39 | 18 41 | 20 54 | 08 41 | 05 27 | 07 24 | 21 57 | 07 30 | 08 36 | 21 19 | 03 10 | 06 12 | 12 54 | 22 43 | 00 14 |
| 13 | 21 29 | 17 21 | 21 03 | 08 13 | 05 08 | 07 25 | 21 57 | 07 31 | 08 35 | 21 19 | 03 18 | 06 11 | 12 53 | 22 49 | 00 14 |
| 14 | 21 18 | 14 56 | 21 12 | 07 44 | 04 50 | 07 27 | 21 58 | 07 31 | 08 35 | 21 19 | 03 26 | 06 09 | 12 53 | 22 56 | 00 15 |
| 15 | 21 07 | 11 43 | 21 22 | 07 16 | 04 31 | 07 28 | 21 58 | 07 31 | 08 34 | 21 19 | 03 34 | 06 07 | 12 53 | 23 02 | 00 16 |
| 16 | 20 56 | 08 00 | 21 31 | 06 47 | 04 13 | 07 29 | 21 58 | 07 32 | 08 33 | 21 19 | 03 42 | 06 05 | 12 52 | 23 08 | 00 16 |
| 17 | 20 45 | 04 01 | 21 39 | 06 19 | 03 54 | 07 30 | 21 59 | 07 32 | 08 33 | 21 19 | 03 50 | 06 04 | 12 52 | 23 14 | 00 17 |
| 18 | 20 33 | -00 02 | 21 48 | 05 50 | 03 35 | 07 31 | 21 59 | 07 32 | 08 32 | 21 18 | 03 59 | 06 02 | 12 51 | 23 20 | 00 18 |
| 19 | 20 20 | 03 59 | 21 55 | 05 22 | 03 17 | 07 33 | 21 59 | 07 33 | 08 31 | 21 18 | 04 07 | 05 59 | 12 50 | 23 27 | 00 19 |
| 20 | 20 07 | 07 41 | 22 03 | 04 53 | 02 58 | 07 34 | 22 00 | 07 33 | 08 31 | 21 18 | 04 15 | 05 57 | 12 50 | 23 33 | 00 19 |
| 21 | 19 54 | 11 03 | 22 09 | 04 24 | 02 39 | 07 34 | 22 00 | 07 34 | 08 30 | 21 18 | 04 23 | 05 55 | 12 49 | 23 38 | 00 20 |
| 22 | 19 41 | 13 57 | 22 15 | 03 56 | 02 20 | 07 35 | 22 00 | 07 34 | 08 29 | 21 18 | 04 32 | 05 53 | 12 48 | 23 44 | 00 21 |
| 23 | 19 27 | 16 17 | 22 20 | 03 27 | 02 02 | 07 36 | 22 00 | 07 35 | 08 29 | 21 17 | 04 40 | 05 50 | 12 47 | 23 50 | 00 22 |
| 24 | 19 13 | 17 56 | 22 24 | 02 59 | 01 43 | 07 37 | 22 01 | 07 35 | 08 28 | 21 17 | 04 49 | 05 48 | 12 46 | 23 56 | 00 23 |
| 25 | 18 58 | 18 48 | 22 27 | 02 30 | 01 24 | 07 37 | 22 01 | 07 36 | 08 27 | 21 17 | 04 57 | 05 45 | 12 45 | 24 01 | 00 23 |
| 26 | 18 43 | 18 48 | 22 29 | 02 02 | 01 06 | 07 38 | 22 01 | 07 36 | 08 26 | 21 17 | 05 06 | 05 43 | 12 44 | 24 07 | 00 24 |
| 27 | 18 28 | 17 53 | 22 30 | 01 33 | 00 47 | 07 39 | 22 01 | 07 37 | 08 26 | 21 17 | 05 14 | 05 40 | 12 42 | 24 12 | 00 25 |
| 28 | 18 12 | 16 04 | 22 30 | 01 05 | 00 28 | 07 39 | 22 02 | 07 37 | 08 25 | 21 17 | 05 23 | 05 38 | 12 41 | 24 18 | 00 26 |
| 29 | 17 56 | 13 24 | 22 29 | 00 37 | 00 09 | 07 39 | 22 02 | 07 38 | 08 24 | 21 16 | 05 32 | 05 35 | 12 40 | 24 23 | 00 27 |
| 30 | 17 40 | 10 01 | 22 27 | 00 09 | +00 09 | 07 40 | 22 02 | 07 39 | 08 23 | 21 16 | 05 40 | 05 32 | 12 38 | 24 28 | 00 28 |
| 31 | 17 23 | 06 04 | 22 24 | +00 18 | 00 28 | 07 40 | 22 02 | 07 39 | 08 22 | 21 16 | 05 49 | 05 29 | 12 37 | 24 33 | 00 29 |

Lunar Phases -- 5 ◐ 19:48 12 ○ 11:35 19 ◑ 22:15 28 ● 00:08 Sun enters ♒ 1/19 21:25

| Feb. 17 | Longitudes of Main Planets - February 2017 | 0:00 E.T. |
|---|---|---|

| D | S.T. | ☉ | ☽ | ☽ 12:00 | ☿ | ♀ | ♂ | ♃ | ♄ | ♅ | ♆ | ♇ | ☊ |
|---|---|---|---|---|---|---|---|---|---|---|---|---|---|
| 1 | 8:45:34 | 12♒18 40 | 01♈15 | 08♈06 | 20♑50 | 27♓51 | 02♈49 | 23♎06 | 24♐36 | 21♈02 | 10♓38 | 17♑59 | 04♍35 |
| 2 | 8:49:31 | 13 19 34 | 15 00 | 21 57 | 22 14 | 28 40 | 03 33 | 23 07 | 24 42 | 21 04 | 10 40 | 18 01 | 04 32 |
| 3 | 8:53:27 | 14 20 27 | 28 55 | 05♉56 | 23 38 | 29 28 | 04 18 | 23 07 | 24 47 | 21 06 | 10 42 | 18 03 | 04 29 |
| 4 | 8:57:24 | 15 21 19 | 12♉59 | 20 04 | 25 03 | 00♈16 | 05 03 | 23 08 | 24 53 | 21 08 | 10 45 | 18 05 | 04 26 |
| 5 | 9:01:20 | 16 22 09 | 27 11 | 04♊19 | 26 29 | 01 02 | 05 47 | 23 08 | 24 58 | 21 09 | 10 47 | 18 07 | 04 22 |
| 6 | 9:05:17 | 17 22 58 | 11♊28 | 18 37 | 27 56 | 01 48 | 06 32 | 23 08 | 25 03 | 21 11 | 10 49 | 18 09 | 04 19 |
| 7 | 9:09:14 | 18 23 45 | 25 47 | 02♋57 | 29 24 | 02 33 | 07 16 | 23 08℞ | 25 08 | 21 13 | 10 51 | 18 10 | 04 16 |
| 8 | 9:13:10 | 19 24 31 | 10♋05 | 17 13 | 00♒53 | 03 16 | 08 01 | 23 08 | 25 13 | 21 15 | 10 53 | 18 12 | 04 13 |
| 9 | 9:17:07 | 20 25 15 | 24 18 | 01♌21 | 02 23 | 03 58 | 08 45 | 23 08 | 25 18 | 21 17 | 10 55 | 18 14 | 04 10 |
| 10 | 9:21:03 | 21 25 58 | 08♌20 | 15 17 | 03 54 | 04 40 | 09 30 | 23 07 | 25 23 | 21 19 | 10 57 | 18 16 | 04 07 |
| 11 | 9:25:00 | 22 26 39 | 22 09 | 28 56 | 05 25 | 05 19 | 10 14 | 23 06 | 25 28 | 21 21 | 11 00 | 18 18 | 04 03 |
| 12 | 9:28:56 | 23 27 19 | 05♍40 | 12♍18 | 06 58 | 05 58 | 10 58 | 23 05 | 25 33 | 21 24 | 11 02 | 18 19 | 04 00 |
| 13 | 9:32:53 | 24 27 58 | 18 52 | 25 20 | 08 31 | 06 36 | 11 43 | 23 04 | 25 38 | 21 26 | 11 04 | 18 21 | 03 57 |
| 14 | 9:36:49 | 25 28 36 | 01♎44 | 08♎03 | 10 05 | 07 12 | 12 27 | 23 03 | 25 43 | 21 28 | 11 06 | 18 23 | 03 54 |
| 15 | 9:40:46 | 26 29 12 | 14 18 | 20 29 | 11 40 | 07 47 | 13 11 | 23 01 | 25 47 | 21 30 | 11 08 | 18 25 | 03 51 |
| 16 | 9:44:43 | 27 29 47 | 26 36 | 02♏40 | 13 16 | 08 20 | 13 56 | 23 00 | 25 52 | 21 33 | 11 11 | 18 26 | 03 47 |
| 17 | 9:48:39 | 28 30 20 | 08♏42 | 14 41 | 14 52 | 08 52 | 14 40 | 22 58 | 25 56 | 21 35 | 11 13 | 18 28 | 03 44 |
| 18 | 9:52:36 | 29 30 53 | 20 39 | 26 35 | 16 30 | 09 22 | 15 24 | 22 55 | 26 01 | 21 37 | 11 15 | 18 30 | 03 41 |
| 19 | 9:56:32 | 00♓31 24 | 02♐32 | 08♐28 | 18 08 | 09 50 | 16 08 | 22 53 | 26 05 | 21 40 | 11 17 | 18 31 | 03 38 |
| 20 | 10:00:29 | 01 31 54 | 14 25 | 20 24 | 19 48 | 10 17 | 16 52 | 22 51 | 26 09 | 21 42 | 11 20 | 18 33 | 03 35 |
| 21 | 10:04:25 | 02 32 22 | 26 24 | 02♑27 | 21 28 | 10 43 | 17 36 | 22 48 | 26 13 | 21 45 | 11 22 | 18 34 | 03 32 |
| 22 | 10:08:22 | 03 32 50 | 08♑33 | 14 42 | 23 09 | 11 06 | 18 20 | 22 45 | 26 17 | 21 47 | 11 24 | 18 36 | 03 28 |
| 23 | 10:12:18 | 04 33 16 | 20 55 | 27 12 | 24 51 | 11 28 | 19 04 | 22 42 | 26 21 | 21 50 | 11 26 | 18 38 | 03 25 |
| 24 | 10:16:15 | 05 33 40 | 03♒33 | 09♒59 | 26 35 | 11 47 | 19 48 | 22 39 | 26 25 | 21 52 | 11 29 | 18 39 | 03 22 |
| 25 | 10:20:12 | 06 34 03 | 16 30 | 23 05 | 28 19 | 12 05 | 20 32 | 22 36 | 26 29 | 21 55 | 11 31 | 18 41 | 03 19 |
| 26 | 10:24:08 | 07 34 24 | 29 46 | 06♓30 | 00♓04 | 12 21 | 21 16 | 22 32 | 26 33 | 21 57 | 11 33 | 18 42 | 03 16 |
| 27 | 10:28:05 | 08 34 44 | 13♓20 | 20 13 | 01 50 | 12 34 | 22 00 | 22 28 | 26 37 | 22 00 | 11 35 | 18 44 | 03 13 |
| 28 | 10:32:01 | 09 35 02 | 27 10 | 04♈10 | 03 37 | 12 46 | 22 43 | 22 24 | 26 40 | 22 03 | 11 38 | 18 45 | 03 09 |

| 0:00 E.T. | Longitudes of the Major Asteroids and Chiron |
|---|---|

| D | ⚳ | ⚴ | ⚵ | ⚶ | ⚷ | D | ⚳ | ⚴ | ⚵ | ⚶ | ⚷ |
|---|---|---|---|---|---|---|---|---|---|---|---|
| 1 | 28♈55 | 10♓26 | 29♐17 | 24♋31℞ | 22♓19 | 15 | 02 54 | 15 03 | 03 33 | 21 43 | 23 03 |
| 2 | 29 11 | 10 46 | 29 36 | 24 17 | 22 22 | 16 | 03 13 | 15 23 | 03 50 | 21 34 | 23 07 |
| 3 | 29 27 | 11 05 | 29 55 | 24 03 | 22 25 | 17 | 03 31 | 15 43 | 04 08 | 21 26 | 23 10 |
| 4 | 29 43 | 11 25 | 00♑13 | 23 49 | 22 28 | 18 | 03 50 | 16 03 | 04 25 | 21 17 | 23 13 |
| 5 | 00 00 | 11 44 | 00 32 | 23 36 | 22 31 | 19 | 04 09 | 16 23 | 04 42 | 21 10 | 23 17 |
| 6 | 00♉17 | 12 04 | 00 50 | 23 23 | 22 34 | 20 | 04 28 | 16 44 | 05 00 | 21 02 | 23 20 |
| 7 | 00 33 | 12 23 | 01 09 | 23 11 | 22 37 | 21 | 04 47 | 17 04 | 05 17 | 20 55 | 23 24 |
| 8 | 00 50 | 12 43 | 01 27 | 22 58 | 22 41 | 22 | 05 06 | 17 24 | 05 34 | 20 49 | 23 27 |
| 9 | 01 08 | 13 03 | 01 45 | 22 47 | 22 44 | 23 | 05 25 | 17 45 | 05 50 | 20 43 | 23 30 |
| 10 | 01 25 | 13 23 | 02 03 | 22 35 | 22 47 | 24 | 05 45 | 18 05 | 06 07 | 20 37 | 23 34 |
| 11 | 01 43 | 13 43 | 02 21 | 22 24 | 22 50 | 25 | 06 05 | 18 26 | 06 24 | 20 32 | 23 37 |
| 12 | 02 00 | 14 03 | 02 39 | 22 13 | 22 53 | 26 | 06 24 | 18 46 | 06 40 | 20 28 | 23 41 |
| 13 | 02 18 | 14 23 | 02 57 | 22 03 | 22 57 | 27 | 06 44 | 19 07 | 06 57 | 20 23 | 23 44 |
| 14 | 02 36 | 14 43 | 03 15 | 21 53 | 23 00 | 28 | 07 04 | 19 27 | 07 13 | 20 20 | 23 48 |

**Lunar Data**

| Last Asp. | | Ingress | | |
|---|---|---|---|---|
| 2 | 16:51 | 3 | ♉ | 01:51 |
| 4 | 22:42 | 5 | ♊ | 04:45 |
| 6 | 22:55 | 7 | ♋ | 07:04 |
| 8 | 22:01 | 9 | ♌ | 09:42 |
| 11 | 05:54 | 11 | ♍ | 13:53 |
| 13 | 12:38 | 13 | ♎ | 20:44 |
| 16 | 01:55 | 16 | ♏ | 06:42 |
| 17 | 19:39 | 18 | ♐ | 18:53 |
| 20 | 23:38 | 21 | ♑ | 07:09 |
| 23 | 03:25 | 23 | ♒ | 17:18 |
| 25 | 18:12 | 26 | ♓ | 00:25 |
| 27 | 23:09 | 28 | ♈ | 04:53 |

| 0:00 E.T. | Declinations |
|---|---|

| D | ☉ | ☽ | ☿ | ♀ | ♂ | ♃ | ♄ | ♅ | ♆ | ♇ | ⚳ | ⚴ | ⚵ | ⚶ | ⚷ |
|---|---|---|---|---|---|---|---|---|---|---|---|---|---|---|---|
| 1 | -17 06 | -01 46 | -22 19 | +00 46 | +00 46 | -07 40 | -22 02 | +07 40 | -08 22 | -21 16 | +05 58 | -05 26 | -12 35 | +24 38 | +00 30 |
| 2 | 16 49 | +02 41 | 22 13 | 01 13 | 01 05 | 07 40 | 22 03 | 07 41 | 08 21 | 21 16 | 06 07 | 05 23 | 12 34 | 24 43 | 00 31 |
| 3 | 16 32 | 07 02 | 22 06 | 01 41 | 01 24 | 07 40 | 22 03 | 07 41 | 08 20 | 21 16 | 06 15 | 05 20 | 12 32 | 24 47 | 00 32 |
| 4 | 16 14 | 11 02 | 21 58 | 02 08 | 01 42 | 07 40 | 22 03 | 07 42 | 08 19 | 21 15 | 06 24 | 05 17 | 12 30 | 24 52 | 00 33 |
| 5 | 15 56 | 14 26 | 21 49 | 02 34 | 02 01 | 07 40 | 22 03 | 07 43 | 08 19 | 21 15 | 06 33 | 05 14 | 12 28 | 24 56 | 00 34 |
| 6 | 15 37 | 16 59 | 21 38 | 03 01 | 02 19 | 07 40 | 22 03 | 07 44 | 08 18 | 21 15 | 06 42 | 05 11 | 12 26 | 25 01 | 00 35 |
| 7 | 15 19 | 18 30 | 21 26 | 03 27 | 02 38 | 07 40 | 22 03 | 07 44 | 08 17 | 21 15 | 06 51 | 05 07 | 12 24 | 25 05 | 00 36 |
| 8 | 15 00 | 18 50 | 21 13 | 03 53 | 02 56 | 07 39 | 22 04 | 07 45 | 08 16 | 21 15 | 07 00 | 05 04 | 12 22 | 25 09 | 00 37 |
| 9 | 14 41 | 17 59 | 20 58 | 04 18 | 03 14 | 07 39 | 22 04 | 07 46 | 08 15 | 21 15 | 07 09 | 05 01 | 12 20 | 25 13 | 00 38 |
| 10 | 14 21 | 16 01 | 20 42 | 04 43 | 03 33 | 07 39 | 22 04 | 07 47 | 08 14 | 21 14 | 07 18 | 04 57 | 12 18 | 25 16 | 00 39 |
| 11 | 14 02 | 13 10 | 20 25 | 05 08 | 03 51 | 07 38 | 22 04 | 07 47 | 08 14 | 21 14 | 07 27 | 04 54 | 12 16 | 25 20 | 00 41 |
| 12 | 13 42 | 09 38 | 20 06 | 05 32 | 04 09 | 07 37 | 22 04 | 07 48 | 08 13 | 21 14 | 07 36 | 04 50 | 12 13 | 25 24 | 00 42 |
| 13 | 13 22 | 05 43 | 19 46 | 05 56 | 04 27 | 07 37 | 22 04 | 07 49 | 08 12 | 21 14 | 07 45 | 04 47 | 12 11 | 25 27 | 00 43 |
| 14 | 13 02 | 01 37 | 19 25 | 06 20 | 04 45 | 07 36 | 22 04 | 07 50 | 08 11 | 21 14 | 07 54 | 04 43 | 12 09 | 25 30 | 00 44 |
| 15 | 12 41 | -02 26 | 19 03 | 06 43 | 05 03 | 07 35 | 22 04 | 07 51 | 08 10 | 21 14 | 08 03 | 04 40 | 12 06 | 25 33 | 00 45 |
| 16 | 12 20 | 06 18 | 18 39 | 07 06 | 05 21 | 07 34 | 22 05 | 07 52 | 08 09 | 21 13 | 08 12 | 04 36 | 12 04 | 25 36 | 00 46 |
| 17 | 11 59 | 09 50 | 18 14 | 07 28 | 05 39 | 07 33 | 22 05 | 07 53 | 08 09 | 21 13 | 08 21 | 04 32 | 12 01 | 25 39 | 00 47 |
| 18 | 11 38 | 12 56 | 17 47 | 07 49 | 05 57 | 07 32 | 22 05 | 07 54 | 08 08 | 21 13 | 08 30 | 04 29 | 11 58 | 25 42 | 00 49 |
| 19 | 11 17 | 15 29 | 17 19 | 08 10 | 06 15 | 07 31 | 22 05 | 07 54 | 08 07 | 21 13 | 08 39 | 04 25 | 11 56 | 25 45 | 00 50 |
| 20 | 10 56 | 17 22 | 16 50 | 08 30 | 06 32 | 07 30 | 22 05 | 07 55 | 08 06 | 21 13 | 08 48 | 04 21 | 11 53 | 25 47 | 00 51 |
| 21 | 10 34 | 18 31 | 16 19 | 08 50 | 06 50 | 07 29 | 22 05 | 07 56 | 08 05 | 21 13 | 08 57 | 04 17 | 11 50 | 25 50 | 00 52 |
| 22 | 10 12 | 18 51 | 15 47 | 09 09 | 07 07 | 07 28 | 22 05 | 07 57 | 08 04 | 21 13 | 09 06 | 04 13 | 11 47 | 25 52 | 00 54 |
| 23 | 09 50 | 18 17 | 15 14 | 09 27 | 07 25 | 07 27 | 22 05 | 07 58 | 08 03 | 21 12 | 09 15 | 04 10 | 11 44 | 25 54 | 00 55 |
| 24 | 09 28 | 16 48 | 14 39 | 09 44 | 07 42 | 07 25 | 22 05 | 07 59 | 08 03 | 21 12 | 09 24 | 04 06 | 11 41 | 25 56 | 00 56 |
| 25 | 09 06 | 14 25 | 14 03 | 10 01 | 07 59 | 07 24 | 22 05 | 08 00 | 08 02 | 21 12 | 09 33 | 04 02 | 11 38 | 25 58 | 00 57 |
| 26 | 08 44 | 11 15 | 13 26 | 10 17 | 08 17 | 07 22 | 22 05 | 08 01 | 08 01 | 21 12 | 09 42 | 03 58 | 11 35 | 26 00 | 00 59 |
| 27 | 08 21 | 07 24 | 12 47 | 10 32 | 08 34 | 07 21 | 22 05 | 08 02 | 08 00 | 21 12 | 09 51 | 03 54 | 11 32 | 26 02 | 01 00 |
| 28 | 07 58 | 03 06 | 12 07 | 10 46 | 08 51 | 07 19 | 22 05 | 08 03 | 07 59 | 21 12 | 10 00 | 03 50 | 11 28 | 26 03 | 01 01 |

Lunar Phases -- 4 ◐ 04:20 11 Ⓔ 00:34 18 ◑ 19:34 26 ● 14:59 Sun enters ♓ 2/18 11:33

## 0:00 E.T. Longitudes of Main Planets - March 2017 **Mar. 17**

| D | S.T. | ☉ | ☽ | ☽ 12:00 | ☿ | ♀ | ♂ | ♃ | ♄ | ♅ | ♆ | ♇ | ☊ |
|---|---|---|---|---|---|---|---|---|---|---|---|---|---|
| 1 | 10:35:58 | 10♓35 17 | 11♈12 | 18♈18 | 05♓25 | 12♈55 | 23♈27 | 22♎20℞ | 26♐44 | 22♈06 | 11♓40 | 18♑46 | 03♍06 |
| 2 | 10:39:54 | 11 35 31 | 25 24 | 02♉32 | 07 14 | 13 02 | 24 11 | 22 16 | 26 47 | 22 08 | 11 42 | 18 48 | 03 03 |
| 3 | 10:43:51 | 12 35 44 | 09♉41 | 16 50 | 09 04 | 13 06 | 24 54 | 22 12 | 26 50 | 22 11 | 11 44 | 18 49 | 03 00 |
| 4 | 10:47:47 | 13 35 54 | 23 59 | 01♊07 | 10 56 | 13 09 | 25 38 | 22 07 | 26 54 | 22 14 | 11 47 | 18 51 | 02 57 |
| 5 | 10:51:44 | 14 36 02 | 08♊15 | 15 21 | 12 48 | 13 08℞ | 26 22 | 22 02 | 26 57 | 22 17 | 11 49 | 18 52 | 02 53 |
| 6 | 10:55:41 | 15 36 07 | 22 25 | 29 28 | 14 41 | 13 06 | 27 05 | 21 57 | 27 00 | 22 20 | 11 51 | 18 53 | 02 50 |
| 7 | 10:59:37 | 16 36 11 | 06♋28 | 13♋27 | 16 35 | 13 00 | 27 49 | 21 52 | 27 03 | 22 23 | 11 54 | 18 55 | 02 47 |
| 8 | 11:03:34 | 17 36 13 | 20 23 | 27 16 | 18 30 | 12 52 | 28 32 | 21 47 | 27 06 | 22 26 | 11 56 | 18 56 | 02 44 |
| 9 | 11:07:30 | 18 36 12 | 04♌07 | 10♌55 | 20 26 | 12 42 | 29 16 | 21 42 | 27 08 | 22 29 | 11 58 | 18 57 | 02 41 |
| 10 | 11:11:27 | 19 36 09 | 17 40 | 24 23 | 22 22 | 12 29 | 29 59 | 21 36 | 27 11 | 22 32 | 12 00 | 18 58 | 02 38 |
| 11 | 11:15:23 | 20 36 04 | 01♍02 | 07♍37 | 24 20 | 12 14 | 00♉42 | 21 31 | 27 14 | 22 35 | 12 03 | 18 59 | 02 34 |
| 12 | 11:19:20 | 21 35 57 | 14 10 | 20 39 | 26 17 | 11 56 | 01 26 | 21 25 | 27 16 | 22 38 | 12 05 | 19 01 | 02 31 |
| 13 | 11:23:16 | 22 35 48 | 27 05 | 03♎27 | 28 16 | 11 36 | 02 09 | 21 19 | 27 19 | 22 41 | 12 07 | 19 02 | 02 28 |
| 14 | 11:27:13 | 23 35 37 | 09♎46 | 16 01 | 00♈14 | 11 13 | 02 52 | 21 13 | 27 21 | 22 44 | 12 09 | 19 03 | 02 25 |
| 15 | 11:31:10 | 24 35 25 | 22 13 | 28 22 | 02 13 | 10 49 | 03 35 | 21 07 | 27 23 | 22 47 | 12 12 | 19 04 | 02 22 |
| 16 | 11:35:06 | 25 35 10 | 04♏28 | 10♏32 | 04 11 | 10 22 | 04 18 | 21 01 | 27 25 | 22 50 | 12 14 | 19 05 | 02 18 |
| 17 | 11:39:03 | 26 34 54 | 16 33 | 22 32 | 06 08 | 09 53 | 05 01 | 20 54 | 27 27 | 22 53 | 12 16 | 19 06 | 02 15 |
| 18 | 11:42:59 | 27 34 36 | 28 30 | 04♐27 | 08 05 | 09 22 | 05 44 | 20 48 | 27 29 | 22 56 | 12 18 | 19 07 | 02 12 |
| 19 | 11:46:56 | 28 34 16 | 10♐23 | 16 20 | 10 01 | 08 50 | 06 27 | 20 41 | 27 31 | 23 00 | 12 21 | 19 08 | 02 09 |
| 20 | 11:50:52 | 29 33 54 | 22 16 | 28 14 | 11 56 | 08 16 | 07 10 | 20 35 | 27 33 | 23 03 | 12 23 | 19 09 | 02 06 |
| 21 | 11:54:49 | 00♈33 31 | 04♑14 | 10♑16 | 13 48 | 07 41 | 07 53 | 20 28 | 27 35 | 23 06 | 12 25 | 19 10 | 02 03 |
| 22 | 11:58:45 | 01 33 06 | 16 21 | 22 29 | 15 38 | 07 05 | 08 36 | 20 21 | 27 36 | 23 09 | 12 27 | 19 11 | 01 59 |
| 23 | 12:02:42 | 02 32 39 | 28 42 | 04♒59 | 17 25 | 06 28 | 09 19 | 20 14 | 27 38 | 23 12 | 12 29 | 19 12 | 01 56 |
| 24 | 12:06:39 | 03 32 11 | 11♒22 | 17 49 | 19 09 | 05 51 | 10 02 | 20 07 | 27 39 | 23 16 | 12 31 | 19 12 | 01 53 |
| 25 | 12:10:35 | 04 31 40 | 24 23 | 01♓03 | 20 50 | 05 13 | 10 44 | 20 00 | 27 40 | 23 19 | 12 34 | 19 13 | 01 50 |
| 26 | 12:14:32 | 05 31 08 | 07♓49 | 14 41 | 22 26 | 04 36 | 11 27 | 19 53 | 27 41 | 23 22 | 12 36 | 19 14 | 01 47 |
| 27 | 12:18:28 | 06 30 34 | 21 38 | 28 42 | 23 58 | 03 58 | 12 10 | 19 45 | 27 42 | 23 26 | 12 38 | 19 15 | 01 44 |
| 28 | 12:22:25 | 07 29 58 | 05♈50 | 13♈03 | 25 25 | 03 21 | 12 52 | 19 38 | 27 43 | 23 29 | 12 40 | 19 15 | 01 40 |
| 29 | 12:26:21 | 08 29 19 | 20 20 | 27 40 | 26 46 | 02 45 | 13 35 | 19 31 | 27 44 | 23 32 | 12 42 | 19 16 | 01 37 |
| 30 | 12:30:18 | 09 28 39 | 05♉01 | 12♉24 | 28 02 | 02 09 | 14 17 | 19 23 | 27 45 | 23 36 | 12 44 | 19 17 | 01 34 |
| 31 | 12:34:14 | 10 27 57 | 19 46 | 27 08 | 29 13 | 01 35 | 15 00 | 19 16 | 27 46 | 23 39 | 12 46 | 19 17 | 01 31 |

## 0:00 E.T. Longitudes of the Major Asteroids and Chiron

| D | ⚳ | ⚴ | ⚵ | ⚶ | ⚷ |
|---|---|---|---|---|---|
| 1 | 07♉24 | 19♓48 | 07♑29 | 20♋17℞ | 23♓52 |
| 2 | 07 45 | 20 09 | 07 45 | 20 14 | 23 55 |
| 3 | 08 05 | 20 29 | 08 01 | 20 12 | 23 59 |
| 4 | 08 26 | 20 50 | 08 17 | 20 10 | 24 02 |
| 5 | 08 46 | 21 11 | 08 32 | 20 08 | 24 06 |
| 6 | 09 07 | 21 32 | 08 48 | 20 08 | 24 09 |
| 7 | 09 28 | 21 52 | 09 03 | 20 07 | 24 13 |
| 8 | 09 49 | 22 13 | 09 18 | 20 07D | 24 17 |
| 9 | 10 10 | 22 34 | 09 33 | 20 08 | 24 20 |
| 10 | 10 31 | 22 55 | 09 48 | 20 09 | 24 24 |
| 11 | 10 52 | 23 16 | 10 03 | 20 10 | 24 27 |
| 12 | 11 13 | 23 37 | 10 17 | 20 12 | 24 31 |
| 13 | 11 35 | 23 58 | 10 32 | 20 14 | 24 35 |
| 14 | 11 56 | 24 19 | 10 46 | 20 17 | 24 38 |
| 15 | 12 18 | 24 39 | 11 00 | 20 20 | 24 42 |
| 16 | 12 40 | 25 00 | 11 14 | 20 24 | 24 45 |
| 17 | 13 01 | 25 21 | 11 28 | 20 28 | 24 49 |
| 18 | 13 23 | 25 42 | 11 41 | 20 32 | 24 53 |
| 19 | 13 45 | 26 04 | 11 55 | 20 37 | 24 56 |
| 20 | 14 07 | 26 25 | 12 08 | 20 42 | 25 00 |
| 21 | 14 30 | 26 46 | 12 21 | 20 48 | 25 03 |
| 22 | 14 52 | 27 07 | 12 34 | 20 54 | 25 07 |
| 23 | 15 14 | 27 28 | 12 47 | 21 00 | 25 11 |
| 24 | 15 36 | 27 49 | 12 59 | 21 07 | 25 14 |
| 25 | 15 59 | 28 10 | 13 12 | 21 14 | 25 18 |
| 26 | 16 21 | 28 31 | 13 24 | 21 21 | 25 21 |
| 27 | 16 44 | 28 52 | 13 36 | 21 29 | 25 25 |
| 28 | 17 07 | 29 13 | 13 48 | 21 38 | 25 29 |
| 29 | 17 30 | 29 35 | 13 59 | 21 46 | 25 32 |
| 30 | 17 52 | 29 56 | 14 11 | 21 55 | 25 36 |
| 31 | 18 15 | 00♈17 | 14 22 | 22 05 | 25 39 |

## Lunar Data

| Last Asp. | | Ingress | | |
|---|---|---|---|---|
| 2 | 02:20 | 2 | ♉ | 07:44 |
| 3 | 15:21 | 4 | ♊ | 10:07 |
| 6 | 08:23 | 6 | ♋ | 12:55 |
| 8 | 15:00 | 8 | ♌ | 16:47 |
| 10 | 17:07 | 10 | ♍ | 22:09 |
| 13 | 02:38 | 13 | ♎ | 05:29 |
| 15 | 10:06 | 15 | ♏ | 15:12 |
| 17 | 21:58 | 18 | ♐ | 03:01 |
| 20 | 10:39 | 20 | ♑ | 15:32 |
| 22 | 13:21 | 23 | ♒ | 02:29 |
| 25 | 05:57 | 25 | ♓ | 10:08 |
| 27 | 10:20 | 27 | ♈ | 14:12 |
| 29 | 12:08 | 29 | ♉ | 15:49 |
| 30 | 23:13 | 31 | ♊ | 16:41 |

## 0:00 E.T. Declinations

| D | ☉ | ☽ | ☿ | ♀ | ♂ | ♃ | ♄ | ♅ | ♆ | ♇ | ⚳ | ⚴ | ⚵ | ⚶ | ⚷ |
|---|---|---|---|---|---|---|---|---|---|---|---|---|---|---|---|
| 1 | -07 36 | +01 27 | -11 26 | +10 59 | +09 08 | -07 17 | -22 05 | +08 04 | -07 58 | -21 12 | +10 09 | -03 46 | -11 25 | +26 05 | +01 02 |
| 2 | 07 13 | 05 56 | 10 43 | 11 11 | 09 25 | 07 15 | 22 05 | 08 05 | 07 57 | 21 12 | 10 18 | 03 41 | 11 22 | 26 06 | 01 04 |
| 3 | 06 50 | 10 07 | 09 59 | 11 22 | 09 41 | 07 14 | 22 05 | 08 06 | 07 57 | 21 11 | 10 27 | 03 37 | 11 18 | 26 07 | 01 05 |
| 4 | 06 27 | 13 43 | 09 14 | 11 32 | 09 58 | 07 12 | 22 05 | 08 08 | 07 56 | 21 11 | 10 36 | 03 33 | 11 15 | 26 08 | 01 06 |
| 5 | 06 04 | 16 29 | 08 28 | 11 40 | 10 14 | 07 10 | 22 05 | 08 09 | 07 55 | 21 11 | 10 45 | 03 29 | 11 11 | 26 09 | 01 08 |
| 6 | 05 41 | 18 14 | 07 40 | 11 48 | 10 31 | 07 08 | 22 05 | 08 10 | 07 54 | 21 11 | 10 54 | 03 25 | 11 08 | 26 10 | 01 09 |
| 7 | 05 17 | 18 52 | 06 51 | 11 54 | 10 47 | 07 06 | 22 05 | 08 11 | 07 53 | 21 11 | 11 03 | 03 21 | 11 04 | 26 11 | 01 10 |
| 8 | 04 54 | 18 20 | 06 01 | 11 59 | 11 03 | 07 04 | 22 05 | 08 12 | 07 52 | 21 11 | 11 12 | 03 17 | 11 01 | 26 12 | 01 12 |
| 9 | 04 30 | 16 43 | 05 10 | 12 02 | 11 20 | 07 02 | 22 05 | 08 13 | 07 51 | 21 11 | 11 21 | 03 12 | 10 57 | 26 13 | 01 13 |
| 10 | 04 07 | 14 11 | 04 18 | 12 05 | 11 36 | 06 59 | 22 05 | 08 14 | 07 51 | 21 11 | 11 30 | 03 08 | 10 53 | 26 13 | 01 14 |
| 11 | 03 43 | 10 55 | 03 25 | 12 05 | 11 51 | 06 57 | 22 05 | 08 15 | 07 50 | 21 11 | 11 39 | 03 04 | 10 49 | 26 14 | 01 16 |
| 12 | 03 20 | 07 09 | 02 31 | 12 05 | 12 07 | 06 55 | 22 05 | 08 17 | 07 49 | 21 10 | 11 48 | 03 00 | 10 45 | 26 14 | 01 17 |
| 13 | 02 56 | 03 06 | 01 36 | 12 02 | 12 23 | 06 53 | 22 05 | 08 18 | 07 48 | 21 10 | 11 57 | 02 55 | 10 42 | 26 14 | 01 19 |
| 14 | 02 33 | -01 00 | 00 41 | 11 58 | 12 38 | 06 50 | 22 05 | 08 19 | 07 47 | 21 10 | 12 06 | 02 51 | 10 38 | 26 14 | 01 20 |
| 15 | 02 09 | 04 58 | +00 15 | 11 53 | 12 54 | 06 48 | 22 05 | 08 20 | 07 46 | 21 10 | 12 15 | 02 47 | 10 34 | 26 15 | 01 21 |
| 16 | 01 45 | 08 41 | 01 11 | 11 46 | 13 09 | 06 45 | 22 05 | 08 21 | 07 46 | 21 10 | 12 24 | 02 42 | 10 30 | 26 15 | 01 23 |
| 17 | 01 22 | 11 58 | 02 07 | 11 38 | 13 24 | 06 43 | 22 05 | 08 22 | 07 45 | 21 10 | 12 32 | 02 38 | 10 26 | 26 14 | 01 24 |
| 18 | 00 58 | 14 44 | 03 03 | 11 28 | 13 39 | 06 40 | 22 05 | 08 24 | 07 44 | 21 10 | 12 41 | 02 34 | 10 22 | 26 14 | 01 25 |
| 19 | 00 34 | 16 52 | 03 59 | 11 17 | 13 54 | 06 38 | 22 05 | 08 25 | 07 43 | 21 10 | 12 50 | 02 30 | 10 17 | 26 14 | 01 27 |
| 20 | 00 10 | 18 17 | 04 54 | 11 04 | 14 09 | 06 35 | 22 05 | 08 26 | 07 42 | 21 10 | 12 59 | 02 25 | 10 13 | 26 14 | 01 28 |
| 21 | +00 13 | 18 54 | 05 49 | 10 50 | 14 23 | 06 32 | 22 05 | 08 27 | 07 41 | 21 10 | 13 07 | 02 21 | 10 09 | 26 13 | 01 30 |
| 22 | 00 37 | 18 39 | 06 43 | 10 35 | 14 38 | 06 30 | 22 05 | 08 28 | 07 41 | 21 10 | 13 16 | 02 17 | 10 05 | 26 13 | 01 31 |
| 23 | 01 01 | 17 31 | 07 36 | 10 19 | 14 52 | 06 27 | 22 05 | 08 30 | 07 40 | 21 10 | 13 25 | 02 12 | 10 01 | 26 12 | 01 32 |
| 24 | 01 24 | 15 30 | 08 27 | 10 01 | 15 06 | 06 24 | 22 05 | 08 31 | 07 39 | 21 10 | 13 33 | 02 08 | 09 56 | 26 11 | 01 34 |
| 25 | 01 48 | 12 39 | 09 16 | 09 43 | 15 20 | 06 22 | 22 05 | 08 32 | 07 38 | 21 10 | 13 42 | 02 04 | 09 52 | 26 10 | 01 35 |
| 26 | 02 12 | 09 02 | 10 03 | 09 23 | 15 34 | 06 19 | 22 05 | 08 33 | 07 37 | 21 10 | 13 50 | 01 59 | 09 48 | 26 10 | 01 37 |
| 27 | 02 35 | 04 51 | 10 49 | 09 03 | 15 48 | 06 16 | 22 05 | 08 34 | 07 37 | 21 10 | 13 59 | 01 55 | 09 43 | 26 09 | 01 38 |
| 28 | 02 59 | 00 16 | 11 32 | 08 42 | 16 01 | 06 13 | 22 05 | 08 36 | 07 36 | 21 09 | 14 07 | 01 51 | 09 39 | 26 08 | 01 39 |
| 29 | 03 22 | +04 24 | 12 12 | 08 21 | 16 15 | 06 10 | 22 05 | 08 37 | 07 35 | 21 09 | 14 16 | 01 47 | 09 34 | 26 06 | 01 41 |
| 30 | 03 45 | 08 52 | 12 49 | 07 59 | 16 28 | 06 07 | 22 05 | 08 38 | 07 34 | 21 09 | 14 24 | 01 42 | 09 30 | 26 05 | 01 42 |
| 31 | 04 09 | 12 49 | 13 24 | 07 38 | 16 41 | 06 05 | 22 05 | 08 39 | 07 33 | 21 09 | 14 33 | 01 38 | 09 25 | 26 04 | 01 43 |

Lunar Phases -- 5 ◐ 11:33 12 Ⓔ 14:55 20 ◑ 15:60 28 ● 02:58 Sun enters ♈ 3/20 10:30

## Longitudes of Main Planets - April 2017

0:00 E.T.

| D | S.T. | ☉ | ☽ | ☽ 12:00 | ☿ | ♀ | ♂ | ♃ | ♄ | ♅ | ♆ | ♇ | ☊ |
|---|---|---|---|---|---|---|---|---|---|---|---|---|---|
| 1 | 12:38:11 | 11♈27 12 | 04♊28 | 11♊45 | 00♉17 | 01♈02℞ | 15♉42 | 19♎08℞ | 27♐46 | 23♈42 | 12♓48 | 19♑18 | 01♍28 |
| 2 | 12:42:08 | 12 26 25 | 18 59 | 26 10 | 01 14 | 00 30 | 16 25 | 19 01 | 27 47 | 23 46 | 12 50 | 19 19 | 01 24 |
| 3 | 12:46:04 | 13 25 36 | 03♋16 | 10♋19 | 02 05 | 00 00 | 17 07 | 18 53 | 27 47 | 23 49 | 12 52 | 19 19 | 01 21 |
| 4 | 12:50:01 | 14 24 45 | 17 17 | 24 10 | 02 50 | 29♓33 | 17 49 | 18 45 | 27 47 | 23 53 | 12 54 | 19 20 | 01 18 |
| 5 | 12:53:57 | 15 23 51 | 01♌00 | 07♌45 | 03 27 | 29 07 | 18 32 | 18 38 | 27 48 | 23 56 | 12 56 | 19 20 | 01 15 |
| 6 | 12:57:54 | 16 22 54 | 14 26 | 21 04 | 03 58 | 28 43 | 19 14 | 18 30 | 27 48 | 23 59 | 12 58 | 19 21 | 01 12 |
| 7 | 13:01:50 | 17 21 56 | 27 38 | 04♍09 | 04 21 | 28 21 | 19 56 | 18 22 | 27 48℞ | 24 03 | 13 00 | 19 21 | 01 09 |
| 8 | 13:05:47 | 18 20 55 | 10♍36 | 17 01 | 04 38 | 28 02 | 20 38 | 18 14 | 27 48 | 24 06 | 13 02 | 19 21 | 01 05 |
| 9 | 13:09:43 | 19 19 52 | 23 22 | 29 41 | 04 48 | 27 45 | 21 20 | 18 07 | 27 47 | 24 10 | 13 04 | 19 22 | 01 02 |
| 10 | 13:13:40 | 20 18 47 | 05♎58 | 12♎12 | 04 51℞ | 27 30 | 22 02 | 17 59 | 27 47 | 24 13 | 13 06 | 19 22 | 00 59 |
| 11 | 13:17:37 | 21 17 39 | 18 23 | 24 32 | 04 47 | 27 18 | 22 44 | 17 51 | 27 47 | 24 17 | 13 08 | 19 22 | 00 56 |
| 12 | 13:21:33 | 22 16 30 | 00♏39 | 06♏44 | 04 38 | 27 09 | 23 26 | 17 44 | 27 46 | 24 20 | 13 10 | 19 23 | 00 53 |
| 13 | 13:25:30 | 23 15 19 | 12 47 | 18 48 | 04 22 | 27 02 | 24 08 | 17 36 | 27 45 | 24 23 | 13 12 | 19 23 | 00 50 |
| 14 | 13:29:26 | 24 14 06 | 24 48 | 00♐46 | 04 01 | 26 57 | 24 50 | 17 28 | 27 45 | 24 27 | 13 14 | 19 23 | 00 46 |
| 15 | 13:33:23 | 25 12 51 | 06♐43 | 12 39 | 03 35 | 26 55 | 25 32 | 17 21 | 27 44 | 24 30 | 13 15 | 19 23 | 00 43 |
| 16 | 13:37:19 | 26 11 34 | 18 35 | 24 31 | 03 04 | 26 55D | 26 13 | 17 13 | 27 43 | 24 34 | 13 17 | 19 23 | 00 40 |
| 17 | 13:41:16 | 27 10 16 | 00♑27 | 06♑24 | 02 30 | 26 57 | 26 55 | 17 06 | 27 42 | 24 37 | 13 19 | 19 24 | 00 37 |
| 18 | 13:45:12 | 28 08 55 | 12 23 | 18 24 | 01 52 | 27 02 | 27 37 | 16 58 | 27 41 | 24 41 | 13 21 | 19 24 | 00 34 |
| 19 | 13:49:09 | 29 07 34 | 24 27 | 00♒34 | 01 12 | 27 09 | 28 19 | 16 51 | 27 40 | 24 44 | 13 23 | 19 24 | 00 30 |
| 20 | 13:53:06 | 00♉06 10 | 06♒45 | 13 01 | 00 31 | 27 19 | 29 00 | 16 43 | 27 38 | 24 47 | 13 24 | 19 24 | 00 27 |
| 21 | 13:57:02 | 01 04 45 | 19 21 | 25 48 | 29♈49 | 27 30 | 29 42 | 16 36 | 27 37 | 24 51 | 13 26 | 19 24℞ | 00 24 |
| 22 | 14:00:59 | 02 03 18 | 02♓20 | 09♓00 | 29 07 | 27 44 | 00♊23 | 16 29 | 27 36 | 24 54 | 13 28 | 19 24 | 00 21 |
| 23 | 14:04:55 | 03 01 49 | 15 46 | 22 40 | 28 25 | 27 59 | 01 05 | 16 22 | 27 34 | 24 58 | 13 29 | 19 24 | 00 18 |
| 24 | 14:08:52 | 04 00 19 | 29 40 | 06♈48 | 27 45 | 28 17 | 01 46 | 16 15 | 27 32 | 25 01 | 13 31 | 19 24 | 00 15 |
| 25 | 14:12:48 | 04 58 47 | 14♈02 | 21 22 | 27 07 | 28 36 | 02 28 | 16 08 | 27 31 | 25 04 | 13 32 | 19 23 | 00 11 |
| 26 | 14:16:45 | 05 57 14 | 28 47 | 06♉16 | 26 32 | 28 58 | 03 09 | 16 01 | 27 29 | 25 08 | 13 34 | 19 23 | 00 08 |
| 27 | 14:20:41 | 06 55 38 | 13♉49 | 21 23 | 26 00 | 29 21 | 03 50 | 15 54 | 27 27 | 25 11 | 13 36 | 19 23 | 00 05 |
| 28 | 14:24:38 | 07 54 01 | 28 57 | 06♊30 | 25 32 | 29 46 | 04 32 | 15 47 | 27 25 | 25 15 | 13 37 | 19 23 | 00 02 |
| 29 | 14:28:35 | 08 52 22 | 14♊01 | 21 29 | 25 08 | 00♈12 | 05 13 | 15 41 | 27 23 | 25 18 | 13 39 | 19 23 | 29♌59 |
| 30 | 14:32:31 | 09 50 41 | 28 53 | 06♋12 | 24 48 | 00 40 | 05 54 | 15 34 | 27 20 | 25 21 | 13 40 | 19 22 | 29 56 |

0:00 E.T.

## Longitudes of the Major Asteroids and Chiron

| D | ⚳ | ⚴ | ⚵ | ⚶ | ⚷ | D | ⚳ | ⚴ | ⚵ | ⚶ | ⚷ |
|---|---|---|---|---|---|---|---|---|---|---|---|
| 1 | 18♉38 | 00♈38 | 14♑33 | 22♋15 | 25♓43 | 16 | 24 30 | 05 55 | 16 50 | 25 19 | 26 33 |
| 2 | 19 01 | 00 59 | 14 44 | 22 25 | 25 46 | 17 | 24 54 | 06 17 | 16 57 | 25 33 | 26 37 |
| 3 | 19 24 | 01 20 | 14 54 | 22 35 | 25 50 | 18 | 25 18 | 06 38 | 17 04 | 25 48 | 26 40 |
| 4 | 19 48 | 01 42 | 15 04 | 22 46 | 25 53 | 19 | 25 42 | 06 59 | 17 10 | 26 03 | 26 43 |
| 5 | 20 11 | 02 03 | 15 15 | 22 57 | 25 57 | 20 | 26 06 | 07 20 | 17 17 | 26 19 | 26 46 |
| 6 | 20 34 | 02 24 | 15 24 | 23 08 | 26 00 | 21 | 26 30 | 07 41 | 17 23 | 26 34 | 26 49 |
| 7 | 20 58 | 02 45 | 15 34 | 23 20 | 26 03 | 22 | 26 54 | 08 02 | 17 29 | 26 50 | 26 52 |
| 8 | 21 21 | 03 06 | 15 43 | 23 32 | 26 07 | 23 | 27 18 | 08 23 | 17 34 | 27 06 | 26 55 |
| 9 | 21 44 | 03 27 | 15 53 | 23 44 | 26 10 | 24 | 27 42 | 08 44 | 17 39 | 27 23 | 26 59 |
| 10 | 22 08 | 03 49 | 16 01 | 23 57 | 26 14 | 25 | 28 07 | 09 05 | 17 44 | 27 39 | 27 02 |
| 11 | 22 31 | 04 10 | 16 10 | 24 10 | 26 17 | 26 | 28 31 | 09 26 | 17 49 | 27 56 | 27 05 |
| 12 | 22 55 | 04 31 | 16 19 | 24 23 | 26 20 | 27 | 28 55 | 09 47 | 17 53 | 28 13 | 27 08 |
| 13 | 23 19 | 04 52 | 16 27 | 24 37 | 26 24 | 28 | 29 20 | 10 08 | 17 57 | 28 30 | 27 10 |
| 14 | 23 43 | 05 13 | 16 35 | 24 50 | 26 27 | 29 | 29 44 | 10 29 | 18 01 | 28 48 | 27 13 |
| 15 | 24 06 | 05 34 | 16 42 | 25 04 | 26 30 | 30 | 00♊08 | 10 50 | 18 04 | 29 06 | 27 16 |

## Lunar Data

| Last Asp. | | Ingress | | |
|---|---|---|---|---|
| 2 | 14:44 | 2 | ♋ | 18:28 |
| 4 | 20:46 | 4 | ♌ | 22:14 |
| 7 | 00:18 | 7 | ♍ | 04:21 |
| 9 | 08:23 | 9 | ♎ | 12:36 |
| 11 | 18:20 | 11 | ♏ | 22:43 |
| 14 | 04:19 | 14 | ♐ | 10:28 |
| 16 | 18:27 | 16 | ♑ | 23:06 |
| 19 | 09:58 | 19 | ♒ | 10:53 |
| 21 | 18:24 | 21 | ♓ | 19:43 |
| 23 | 21:35 | 24 | ♈ | 00:33 |
| 25 | 21:54 | 26 | ♉ | 01:57 |
| 28 | 01:20 | 28 | ♊ | 01:40 |
| 29 | 21:30 | 30 | ♋ | 01:49 |

0:00 E.T.

## Declinations

| D | ☉ | ☽ | ☿ | ♀ | ♂ | ♃ | ♄ | ♅ | ♆ | ♇ | ⚳ | ⚴ | ⚵ | ⚶ | ⚷ |
|---|---|---|---|---|---|---|---|---|---|---|---|---|---|---|---|
| 1 | +04 32 | +15 57 | +13 55 | +07 16 | +16 54 | -06 02 | -22 05 | +08 41 | -07 33 | -21 09 | +14 41 | -01 34 | -09 21 | +26 03 | +01 45 |
| 2 | 04 55 | 18 02 | 14 24 | 06 54 | 17 07 | 05 59 | 22 05 | 08 42 | 07 32 | 21 09 | 14 49 | 01 30 | 09 16 | 26 01 | 01 46 |
| 3 | 05 18 | 18 57 | 14 49 | 06 32 | 17 20 | 05 56 | 22 05 | 08 43 | 07 31 | 21 09 | 14 58 | 01 25 | 09 12 | 26 00 | 01 48 |
| 4 | 05 41 | 18 40 | 15 10 | 06 10 | 17 32 | 05 53 | 22 04 | 08 45 | 07 30 | 21 09 | 15 06 | 01 21 | 09 07 | 25 58 | 01 49 |
| 5 | 06 04 | 17 17 | 15 29 | 05 49 | 17 45 | 05 50 | 22 04 | 08 46 | 07 30 | 21 09 | 15 14 | 01 17 | 09 03 | 25 56 | 01 50 |
| 6 | 06 26 | 14 57 | 15 43 | 05 28 | 17 57 | 05 47 | 22 04 | 08 47 | 07 29 | 21 09 | 15 22 | 01 13 | 08 58 | 25 55 | 01 52 |
| 7 | 06 49 | 11 52 | 15 55 | 05 08 | 18 09 | 05 44 | 22 04 | 08 48 | 07 28 | 21 09 | 15 30 | 01 09 | 08 53 | 25 53 | 01 53 |
| 8 | 07 12 | 08 15 | 16 02 | 04 48 | 18 21 | 05 41 | 22 04 | 08 50 | 07 27 | 21 09 | 15 39 | 01 05 | 08 49 | 25 51 | 01 55 |
| 9 | 07 34 | 04 19 | 16 06 | 04 30 | 18 32 | 05 38 | 22 04 | 08 51 | 07 27 | 21 09 | 15 47 | 01 00 | 08 44 | 25 49 | 01 56 |
| 10 | 07 56 | 00 14 | 16 06 | 04 12 | 18 44 | 05 35 | 22 04 | 08 52 | 07 26 | 21 09 | 15 55 | 00 56 | 08 40 | 25 47 | 01 57 |
| 11 | 08 18 | -03 48 | 16 03 | 03 54 | 18 55 | 05 33 | 22 04 | 08 53 | 07 25 | 21 09 | 16 03 | 00 52 | 08 35 | 25 45 | 01 59 |
| 12 | 08 40 | 07 37 | 15 56 | 03 38 | 19 06 | 05 30 | 22 04 | 08 55 | 07 25 | 21 09 | 16 10 | 00 48 | 08 30 | 25 42 | 02 00 |
| 13 | 09 02 | 11 05 | 15 46 | 03 23 | 19 17 | 05 27 | 22 04 | 08 56 | 07 24 | 21 10 | 16 18 | 00 44 | 08 26 | 25 40 | 02 01 |
| 14 | 09 24 | 14 03 | 15 33 | 03 08 | 19 28 | 05 24 | 22 04 | 08 57 | 07 23 | 21 10 | 16 26 | 00 40 | 08 21 | 25 38 | 02 03 |
| 15 | 09 45 | 16 26 | 15 16 | 02 55 | 19 39 | 05 21 | 22 04 | 08 58 | 07 23 | 21 10 | 16 34 | 00 36 | 08 16 | 25 35 | 02 04 |
| 16 | 10 07 | 18 05 | 14 56 | 02 43 | 19 49 | 05 18 | 22 04 | 09 00 | 07 22 | 21 10 | 16 42 | 00 32 | 08 11 | 25 33 | 02 05 |
| 17 | 10 28 | 18 58 | 14 34 | 02 31 | 19 59 | 05 15 | 22 04 | 09 01 | 07 21 | 21 10 | 16 49 | 00 29 | 08 07 | 25 30 | 02 07 |
| 18 | 10 49 | 19 01 | 14 10 | 02 21 | 20 09 | 05 13 | 22 04 | 09 02 | 07 21 | 21 10 | 16 57 | 00 25 | 08 02 | 25 27 | 02 08 |
| 19 | 11 10 | 18 12 | 13 43 | 02 12 | 20 19 | 05 10 | 22 03 | 09 03 | 07 20 | 21 10 | 17 05 | 00 21 | 07 57 | 25 25 | 02 09 |
| 20 | 11 30 | 16 31 | 13 15 | 02 04 | 20 29 | 05 07 | 22 03 | 09 05 | 07 19 | 21 10 | 17 12 | 00 17 | 07 53 | 25 22 | 02 10 |
| 21 | 11 51 | 14 00 | 12 46 | 01 56 | 20 39 | 05 04 | 22 03 | 09 06 | 07 19 | 21 10 | 17 20 | 00 13 | 07 48 | 25 19 | 02 12 |
| 22 | 12 11 | 10 43 | 12 16 | 01 50 | 20 48 | 05 02 | 22 03 | 09 07 | 07 18 | 21 10 | 17 27 | 00 10 | 07 43 | 25 16 | 02 13 |
| 23 | 12 31 | 06 46 | 11 45 | 01 45 | 20 57 | 04 59 | 22 03 | 09 08 | 07 17 | 21 10 | 17 34 | 00 06 | 07 39 | 25 13 | 02 14 |
| 24 | 12 51 | 02 20 | 11 15 | 01 41 | 21 06 | 04 57 | 22 03 | 09 10 | 07 17 | 21 10 | 17 42 | 00 02 | 07 34 | 25 09 | 02 16 |
| 25 | 13 11 | +02 22 | 10 46 | 01 38 | 21 15 | 04 54 | 22 03 | 09 11 | 07 16 | 21 10 | 17 49 | +00 01 | 07 30 | 25 06 | 02 17 |
| 26 | 13 30 | 07 03 | 10 17 | 01 36 | 21 23 | 04 51 | 22 03 | 09 12 | 07 16 | 21 10 | 17 56 | 00 05 | 07 25 | 25 03 | 02 18 |
| 27 | 13 49 | 11 23 | 09 50 | 01 34 | 21 32 | 04 49 | 22 03 | 09 13 | 07 15 | 21 10 | 18 03 | 00 09 | 07 20 | 24 59 | 02 19 |
| 28 | 14 08 | 15 00 | 09 24 | 01 34 | 21 40 | 04 46 | 22 03 | 09 15 | 07 15 | 21 11 | 18 10 | 00 12 | 07 16 | 24 56 | 02 21 |
| 29 | 14 27 | 17 36 | 09 00 | 01 34 | 21 48 | 04 44 | 22 03 | 09 16 | 07 14 | 21 11 | 18 17 | 00 15 | 07 11 | 24 52 | 02 22 |
| 30 | 14 46 | 18 59 | 08 39 | 01 36 | 21 56 | 04 42 | 22 03 | 09 17 | 07 14 | 21 11 | 18 24 | 00 19 | 07 07 | 24 49 | 02 23 |

Lunar Phases -- 3 ◐ 18:41 11 ○ 06:09 19 ◑ 09:58 26 ● 12:17 Sun enters ♉ 4/19 21:28

## 0:00 E.T. Longitudes of Main Planets - May 2017

| D | S.T. | ☉ | ☽ | ☽ 12:00 | ☿ | ♀ | ♂ | ♃ | ♄ | ♅ | ♆ | ♇ | ☊ |
|---|---|---|---|---|---|---|---|---|---|---|---|---|---|
| 1 | 14:36:28 | 10♉48 58 | 13♋25 | 20♋32 | 24♈33℞ | 01♈09 | 06♊35 | 15♎28℞ | 27♐18℞ | 25♈25 | 13♓41 | 19♑22℞ | 29♌52 |
| 2 | 14:40:24 | 11 47 12 | 27 33 | 04♌28 | 24 23 | 01 40 | 07 16 | 15 21 | 27 16 | 25 28 | 13 43 | 19 22 | 29 49 |
| 3 | 14:44:21 | 12 45 25 | 11♌18 | 18 01 | 24 17 | 02 13 | 07 58 | 15 15 | 27 13 | 25 31 | 13 44 | 19 21 | 29 46 |
| 4 | 14:48:17 | 13 43 36 | 24 39 | 01♍12 | 24 16D | 02 46 | 08 39 | 15 09 | 27 11 | 25 35 | 13 46 | 19 21 | 29 43 |
| 5 | 14:52:14 | 14 41 45 | 07♍40 | 14 04 | 24 20 | 03 21 | 09 20 | 15 03 | 27 08 | 25 38 | 13 47 | 19 21 | 29 40 |
| 6 | 14:56:10 | 15 39 51 | 20 25 | 26 42 | 24 29 | 03 58 | 10 01 | 14 57 | 27 06 | 25 41 | 13 48 | 19 20 | 29 36 |
| 7 | 15:00:07 | 16 37 56 | 02♎56 | 09♎07 | 24 42 | 04 35 | 10 42 | 14 52 | 27 03 | 25 45 | 13 50 | 19 20 | 29 33 |
| 8 | 15:04:04 | 17 35 59 | 15 16 | 21 23 | 25 00 | 05 14 | 11 22 | 14 46 | 27 00 | 25 48 | 13 51 | 19 19 | 29 30 |
| 9 | 15:08:00 | 18 34 00 | 27 28 | 03♏31 | 25 22 | 05 53 | 12 03 | 14 41 | 26 57 | 25 51 | 13 52 | 19 19 | 29 27 |
| 10 | 15:11:57 | 19 31 59 | 09♏33 | 15 33 | 25 49 | 06 34 | 12 44 | 14 35 | 26 54 | 25 54 | 13 53 | 19 18 | 29 24 |
| 11 | 15:15:53 | 20 29 57 | 21 32 | 27 31 | 26 19 | 07 16 | 13 25 | 14 30 | 26 51 | 25 57 | 13 54 | 19 18 | 29 21 |
| 12 | 15:19:50 | 21 27 54 | 03♐28 | 09♐25 | 26 54 | 07 59 | 14 06 | 14 25 | 26 48 | 26 01 | 13 56 | 19 17 | 29 17 |
| 13 | 15:23:46 | 22 25 48 | 15 21 | 21 17 | 27 33 | 08 42 | 14 46 | 14 20 | 26 45 | 26 04 | 13 57 | 19 16 | 29 14 |
| 14 | 15:27:43 | 23 23 42 | 27 13 | 03♑09 | 28 15 | 09 27 | 15 27 | 14 16 | 26 41 | 26 07 | 13 58 | 19 16 | 29 11 |
| 15 | 15:31:39 | 24 21 34 | 09♑05 | 15 03 | 29 01 | 10 13 | 16 08 | 14 11 | 26 38 | 26 10 | 13 59 | 19 15 | 29 08 |
| 16 | 15:35:36 | 25 19 25 | 21 02 | 27 03 | 29 51 | 10 59 | 16 48 | 14 07 | 26 35 | 26 13 | 14 00 | 19 14 | 29 05 |
| 17 | 15:39:33 | 26 17 14 | 03♒07 | 09♒13 | 00♉44 | 11 46 | 17 29 | 14 03 | 26 31 | 26 16 | 14 01 | 19 14 | 29 02 |
| 18 | 15:43:29 | 27 15 02 | 15 23 | 21 37 | 01 40 | 12 34 | 18 09 | 13 59 | 26 28 | 26 19 | 14 02 | 19 13 | 28 58 |
| 19 | 15:47:26 | 28 12 49 | 27 56 | 04♓21 | 02 40 | 13 23 | 18 50 | 13 55 | 26 24 | 26 22 | 14 03 | 19 12 | 28 55 |
| 20 | 15:51:22 | 29 10 35 | 10♓51 | 17 28 | 03 42 | 14 13 | 19 30 | 13 51 | 26 21 | 26 25 | 14 04 | 19 11 | 28 52 |
| 21 | 15:55:19 | 00♊08 20 | 24 11 | 01♈02 | 04 48 | 15 03 | 20 11 | 13 47 | 26 17 | 26 28 | 14 04 | 19 11 | 28 49 |
| 22 | 15:59:15 | 01 06 04 | 08♈01 | 15 06 | 05 56 | 15 54 | 20 51 | 13 44 | 26 13 | 26 31 | 14 05 | 19 10 | 28 46 |
| 23 | 16:03:12 | 02 03 47 | 22 19 | 29 39 | 07 08 | 16 45 | 21 31 | 13 41 | 26 09 | 26 34 | 14 06 | 19 09 | 28 42 |
| 24 | 16:07:08 | 03 01 28 | 07♉05 | 14♉36 | 08 22 | 17 37 | 22 12 | 13 38 | 26 05 | 26 37 | 14 07 | 19 08 | 28 39 |
| 25 | 16:11:05 | 03 59 09 | 22 12 | 29 50 | 09 38 | 18 30 | 22 52 | 13 35 | 26 02 | 26 40 | 14 08 | 19 07 | 28 36 |
| 26 | 16:15:02 | 04 56 48 | 07♊29 | 15♊09 | 10 58 | 19 23 | 23 32 | 13 32 | 25 58 | 26 43 | 14 08 | 19 06 | 28 33 |
| 27 | 16:18:58 | 05 54 27 | 22 47 | 00♋22 | 12 20 | 20 17 | 24 12 | 13 30 | 25 54 | 26 46 | 14 09 | 19 05 | 28 30 |
| 28 | 16:22:55 | 06 52 04 | 07♋53 | 15 19 | 13 44 | 21 12 | 24 53 | 13 27 | 25 50 | 26 49 | 14 10 | 19 04 | 28 27 |
| 29 | 16:26:51 | 07 49 39 | 22 39 | 29 52 | 15 12 | 22 07 | 25 33 | 13 25 | 25 46 | 26 52 | 14 10 | 19 03 | 28 23 |
| 30 | 16:30:48 | 08 47 14 | 06♌59 | 13♌58 | 16 41 | 23 02 | 26 13 | 13 23 | 25 41 | 26 54 | 14 11 | 19 02 | 28 20 |
| 31 | 16:34:44 | 09 44 46 | 20 51 | 27 37 | 18 13 | 23 58 | 26 53 | 13 21 | 25 37 | 26 57 | 14 11 | 19 01 | 28 17 |

## 0:00 E.T. Longitudes of the Major Asteroids and Chiron

| D | ⚳ | ⚴ | ⚵ | ⚶ | ⚷ | D | ⚳ | ⚴ | ⚵ | ⚶ | ⚷ |
|---|---|---|---|---|---|---|---|---|---|---|---|
| 1 | 00♊33 | 11♈11 | 18♑07 | 29♋24 | 27♓19 | 17 | 07 08 | 16 42 | 18 12 | 04 36 | 28 00 |
| 2 | 00 57 | 11 32 | 18 10 | 29 42 | 27 22 | 18 | 07 33 | 17 03 | 18 09 | 04 57 | 28 02 |
| 3 | 01 22 | 11 53 | 18 12 | 00♌00 | 27 25 | 19 | 07 58 | 17 23 | 18 07 | 05 18 | 28 04 |
| 4 | 01 47 | 12 14 | 18 15 | 00 19 | 27 27 | 20 | 08 23 | 17 44 | 18 03 | 05 40 | 28 06 |
| 5 | 02 11 | 12 35 | 18 16 | 00 37 | 27 30 | 21 | 08 48 | 18 04 | 18 00 | 06 01 | 28 08 |
| 6 | 02 36 | 12 55 | 18 18 | 00 56 | 27 33 | 22 | 09 13 | 18 24 | 17 56 | 06 23 | 28 10 |
| 7 | 03 00 | 13 16 | 18 19 | 01 15 | 27 35 | 23 | 09 38 | 18 45 | 17 51 | 06 45 | 28 12 |
| 8 | 03 25 | 13 37 | 18 20 | 01 35 | 27 38 | 24 | 10 03 | 19 05 | 17 47 | 07 07 | 28 14 |
| 9 | 03 50 | 13 58 | 18 20 | 01 54 | 27 40 | 25 | 10 28 | 19 25 | 17 42 | 07 29 | 28 16 |
| 10 | 04 14 | 14 18 | 18 20℞ | 02 14 | 27 43 | 26 | 10 53 | 19 45 | 17 36 | 07 51 | 28 18 |
| 11 | 04 39 | 14 39 | 18 20 | 02 34 | 27 45 | 27 | 11 18 | 20 05 | 17 30 | 08 13 | 28 20 |
| 12 | 05 04 | 15 00 | 18 20 | 02 54 | 27 48 | 28 | 11 44 | 20 25 | 17 24 | 08 36 | 28 21 |
| 13 | 05 29 | 15 20 | 18 19 | 03 14 | 27 50 | 29 | 12 09 | 20 45 | 17 18 | 08 58 | 28 23 |
| 14 | 05 54 | 15 41 | 18 18 | 03 34 | 27 53 | 30 | 12 34 | 21 05 | 17 11 | 09 21 | 28 25 |
| 15 | 06 18 | 16 01 | 18 16 | 03 55 | 27 55 | 31 | 12 59 | 21 25 | 17 04 | 09 44 | 28 26 |
| 16 | 06 43 | 16 22 | 18 14 | 04 15 | 27 57 | | | | | | |

## Lunar Data

| Last Asp. | | Ingress | |
|---|---|---|---|
| 1 | 20:24 | 2 ♌ | 04:13 |
| 4 | 04:37 | 4 ♍ | 09:48 |
| 6 | 12:43 | 6 ♎ | 18:21 |
| 8 | 23:00 | 9 ♏ | 05:02 |
| 10 | 21:44 | 11 ♐ | 17:01 |
| 14 | 02:15 | 14 ♑ | 05:39 |
| 16 | 10:23 | 16 ♒ | 17:51 |
| 19 | 00:34 | 19 ♓ | 03:53 |
| 21 | 03:40 | 21 ♈ | 10:11 |
| 23 | 07:00 | 23 ♉ | 12:34 |
| 24 | 19:09 | 25 ♊ | 12:16 |
| 27 | 06:19 | 27 ♋ | 11:26 |
| 29 | 07:00 | 29 ♌ | 12:14 |
| 31 | 11:16 | | |

## 0:00 E.T. Declinations

| D | ☉ | ☽ | ☿ | ♀ | ♂ | ♃ | ♄ | ♅ | ♆ | ♇ | ⚳ | ⚴ | ⚵ | ⚶ | ⚷ |
|---|---|---|---|---|---|---|---|---|---|---|---|---|---|---|---|
| 1 | +15 04 | +19 04 | +08 19 | +01 38 | +22 03 | -04 39 | -22 03 | +09 18 | -07 13 | -21 11 | +18 31 | +00 22 | -07 02 | +24 45 | +02 24 |
| 2 | 15 22 | 17 57 | 08 02 | 01 41 | 22 11 | 04 37 | 22 02 | 09 20 | 07 12 | 21 11 | 18 38 | 00 25 | 06 58 | 24 41 | 02 25 |
| 3 | 15 40 | 15 47 | 07 48 | 01 45 | 22 18 | 04 35 | 22 02 | 09 21 | 07 12 | 21 11 | 18 45 | 00 29 | 06 54 | 24 37 | 02 26 |
| 4 | 15 57 | 12 49 | 07 36 | 01 49 | 22 25 | 04 33 | 22 02 | 09 22 | 07 11 | 21 11 | 18 52 | 00 32 | 06 49 | 24 33 | 02 28 |
| 5 | 16 15 | 09 17 | 07 26 | 01 54 | 22 32 | 04 31 | 22 02 | 09 23 | 07 11 | 21 11 | 18 59 | 00 35 | 06 45 | 24 29 | 02 29 |
| 6 | 16 32 | 05 23 | 07 19 | 02 00 | 22 38 | 04 28 | 22 02 | 09 24 | 07 11 | 21 11 | 19 05 | 00 38 | 06 41 | 24 25 | 02 30 |
| 7 | 16 48 | 01 20 | 07 15 | 02 07 | 22 45 | 04 26 | 22 02 | 09 26 | 07 10 | 21 12 | 19 12 | 00 41 | 06 36 | 24 21 | 02 31 |
| 8 | 17 05 | -02 44 | 07 13 | 02 14 | 22 51 | 04 24 | 22 02 | 09 27 | 07 10 | 21 12 | 19 18 | 00 44 | 06 32 | 24 16 | 02 32 |
| 9 | 17 21 | 06 37 | 07 13 | 02 23 | 22 57 | 04 23 | 22 02 | 09 28 | 07 09 | 21 12 | 19 25 | 00 47 | 06 28 | 24 12 | 02 33 |
| 10 | 17 37 | 10 13 | 07 16 | 02 31 | 23 02 | 04 21 | 22 02 | 09 29 | 07 09 | 21 12 | 19 31 | 00 50 | 06 24 | 24 07 | 02 34 |
| 11 | 17 52 | 13 22 | 07 22 | 02 40 | 23 08 | 04 19 | 22 02 | 09 30 | 07 08 | 21 12 | 19 37 | 00 53 | 06 20 | 24 03 | 02 35 |
| 12 | 18 08 | 15 57 | 07 29 | 02 50 | 23 13 | 04 17 | 22 02 | 09 31 | 07 08 | 21 12 | 19 44 | 00 55 | 06 16 | 23 58 | 02 37 |
| 13 | 18 22 | 17 51 | 07 38 | 03 01 | 23 19 | 04 15 | 22 01 | 09 33 | 07 08 | 21 13 | 19 50 | 00 58 | 06 12 | 23 53 | 02 38 |
| 14 | 18 37 | 19 00 | 07 50 | 03 12 | 23 23 | 04 14 | 22 01 | 09 34 | 07 07 | 21 13 | 19 56 | 01 01 | 06 08 | 23 49 | 02 39 |
| 15 | 18 51 | 19 18 | 08 03 | 03 23 | 23 28 | 04 12 | 22 01 | 09 35 | 07 07 | 21 13 | 20 02 | 01 03 | 06 04 | 23 44 | 02 40 |
| 16 | 19 05 | 18 45 | 08 19 | 03 35 | 23 33 | 04 11 | 22 01 | 09 36 | 07 06 | 21 13 | 20 08 | 01 05 | 06 01 | 23 39 | 02 41 |
| 17 | 19 19 | 17 20 | 08 36 | 03 48 | 23 37 | 04 09 | 22 01 | 09 37 | 07 06 | 21 13 | 20 14 | 01 08 | 05 57 | 23 34 | 02 42 |
| 18 | 19 32 | 15 07 | 08 54 | 04 01 | 23 41 | 04 08 | 22 01 | 09 38 | 07 06 | 21 13 | 20 20 | 01 10 | 05 53 | 23 29 | 02 43 |
| 19 | 19 46 | 12 08 | 09 15 | 04 14 | 23 45 | 04 07 | 22 01 | 09 39 | 07 05 | 21 14 | 20 26 | 01 12 | 05 50 | 23 23 | 02 44 |
| 20 | 19 58 | 08 29 | 09 37 | 04 28 | 23 49 | 04 06 | 22 01 | 09 40 | 07 05 | 21 14 | 20 31 | 01 15 | 05 46 | 23 18 | 02 45 |
| 21 | 20 11 | 04 18 | 10 00 | 04 42 | 23 52 | 04 04 | 22 01 | 09 41 | 07 05 | 21 14 | 20 37 | 01 17 | 05 43 | 23 13 | 02 45 |
| 22 | 20 23 | +00 15 | 10 24 | 04 57 | 23 56 | 04 03 | 22 01 | 09 42 | 07 05 | 21 14 | 20 43 | 01 19 | 05 40 | 23 07 | 02 46 |
| 23 | 20 34 | 04 56 | 10 50 | 05 12 | 23 59 | 04 02 | 22 01 | 09 43 | 07 04 | 21 14 | 20 48 | 01 21 | 05 36 | 23 02 | 02 47 |
| 24 | 20 46 | 09 27 | 11 17 | 05 27 | 24 01 | 04 01 | 22 00 | 09 45 | 07 04 | 21 15 | 20 54 | 01 23 | 05 33 | 22 56 | 02 48 |
| 25 | 20 56 | 13 30 | 11 45 | 05 43 | 24 04 | 04 00 | 22 00 | 09 46 | 07 04 | 21 15 | 20 59 | 01 24 | 05 30 | 22 50 | 02 49 |
| 26 | 21 07 | 16 41 | 12 14 | 05 58 | 24 07 | 04 00 | 22 00 | 09 47 | 07 04 | 21 15 | 21 04 | 01 26 | 05 27 | 22 45 | 02 50 |
| 27 | 21 17 | 18 42 | 12 44 | 06 15 | 24 09 | 03 59 | 22 00 | 09 48 | 07 03 | 21 15 | 21 10 | 01 28 | 05 24 | 22 39 | 02 51 |
| 28 | 21 27 | 19 22 | 13 15 | 06 31 | 24 11 | 03 58 | 22 00 | 09 49 | 07 03 | 21 15 | 21 15 | 01 29 | 05 21 | 22 33 | 02 52 |
| 29 | 21 37 | 18 41 | 13 46 | 06 48 | 24 13 | 03 58 | 22 00 | 09 50 | 07 03 | 21 16 | 21 20 | 01 31 | 05 19 | 22 27 | 02 52 |
| 30 | 21 46 | 16 49 | 14 18 | 07 05 | 24 14 | 03 57 | 22 00 | 09 51 | 07 03 | 21 16 | 21 25 | 01 32 | 05 16 | 22 21 | 02 53 |
| 31 | 21 54 | 13 59 | 14 51 | 07 22 | 24 16 | 03 56 | 22 00 | 09 52 | 07 02 | 21 16 | 21 30 | 01 33 | 05 14 | 22 15 | 02 54 |

Lunar Phases -- 3 ◐ 02:48   10 ○ 21:44   19 ◑ 00:34   25 ● 19:46   Sun enters ♊ 5/20 20:32

## Longitudes of Main Planets - June 2017

0:00 E.T.

| D | S.T. | ☉ | ☽ | ☽ 12:00 | ☿ | ♀ | ♂ | ♃ | ♄ | ♅ | ♆ | ♇ | ☊ |
|---|---|---|---|---|---|---|---|---|---|---|---|---|---|
| 1 | 16:38:41 | 10♊42 18 | 04♍16 | 10♍49 | 19♉48 | 24♈54 | 27♊33 | 13♎20℞ | 25♐33℞ | 27♈00 | 14♓12 | 19♑00℞ | 28♌14 |
| 2 | 16:42:37 | 11 39 48 | 17 17 | 23 40 | 21 25 | 25 51 | 28 13 | 13 18 | 25 29 | 27 03 | 14 12 | 18 59 | 28 11 |
| 3 | 16:46:34 | 12 37 17 | 29 58 | 06♎11 | 23 05 | 26 48 | 28 53 | 13 17 | 25 25 | 27 05 | 14 13 | 18 58 | 28 07 |
| 4 | 16:50:31 | 13 34 44 | 12♎22 | 18 29 | 24 47 | 27 45 | 29 33 | 13 16 | 25 20 | 27 08 | 14 13 | 18 57 | 28 04 |
| 5 | 16:54:27 | 14 32 10 | 24 34 | 00♏37 | 26 32 | 28 43 | 00♋13 | 13 15 | 25 16 | 27 10 | 14 14 | 18 56 | 28 01 |
| 6 | 16:58:24 | 15 29 36 | 06♏37 | 12 37 | 28 19 | 29 42 | 00 53 | 13 14 | 25 12 | 27 13 | 14 14 | 18 54 | 27 58 |
| 7 | 17:02:20 | 16 27 00 | 18 35 | 24 33 | 00♊08 | 00♉41 | 01 33 | 13 14 | 25 07 | 27 15 | 14 14 | 18 53 | 27 55 |
| 8 | 17:06:17 | 17 24 23 | 00♐29 | 06♐26 | 02 00 | 01 40 | 02 12 | 13 13 | 25 03 | 27 18 | 14 15 | 18 52 | 27 52 |
| 9 | 17:10:13 | 18 21 45 | 12 22 | 18 18 | 03 54 | 02 39 | 02 52 | 13 13 | 24 59 | 27 20 | 14 15 | 18 51 | 27 48 |
| 10 | 17:14:10 | 19 19 07 | 24 15 | 00♑11 | 05 50 | 03 39 | 03 32 | 13 13D | 24 54 | 27 23 | 14 15 | 18 50 | 27 45 |
| 11 | 17:18:06 | 20 16 27 | 06♑08 | 12 06 | 07 49 | 04 39 | 04 12 | 13 13 | 24 50 | 27 25 | 14 15 | 18 48 | 27 42 |
| 12 | 17:22:03 | 21 13 47 | 18 05 | 24 05 | 09 50 | 05 39 | 04 51 | 13 14 | 24 46 | 27 28 | 14 16 | 18 47 | 27 39 |
| 13 | 17:26:00 | 22 11 07 | 00♒07 | 06♒11 | 11 53 | 06 40 | 05 31 | 13 14 | 24 41 | 27 30 | 14 16 | 18 46 | 27 36 |
| 14 | 17:29:56 | 23 08 25 | 12 17 | 18 26 | 13 57 | 07 41 | 06 11 | 13 15 | 24 37 | 27 32 | 14 16 | 18 45 | 27 33 |
| 15 | 17:33:53 | 24 05 44 | 24 38 | 00♓53 | 16 04 | 08 43 | 06 50 | 13 16 | 24 32 | 27 34 | 14 16 | 18 43 | 27 29 |
| 16 | 17:37:49 | 25 03 01 | 07♓13 | 13 37 | 18 12 | 09 44 | 07 30 | 13 17 | 24 28 | 27 37 | 14 16 | 18 42 | 27 26 |
| 17 | 17:41:46 | 26 00 19 | 20 07 | 26 42 | 20 21 | 10 46 | 08 09 | 13 18 | 24 23 | 27 39 | 14 16℞ | 18 41 | 27 23 |
| 18 | 17:45:42 | 26 57 36 | 03♈24 | 10♈12 | 22 31 | 11 48 | 08 49 | 13 19 | 24 19 | 27 41 | 14 16 | 18 39 | 27 20 |
| 19 | 17:49:39 | 27 54 53 | 17 06 | 24 07 | 24 42 | 12 51 | 09 28 | 13 21 | 24 15 | 27 43 | 14 16 | 18 38 | 27 17 |
| 20 | 17:53:35 | 28 52 10 | 01♉15 | 08♉30 | 26 54 | 13 54 | 10 08 | 13 23 | 24 10 | 27 45 | 14 16 | 18 37 | 27 13 |
| 21 | 17:57:32 | 29 49 26 | 15 50 | 23 16 | 29 05 | 14 56 | 10 47 | 13 25 | 24 06 | 27 47 | 14 16 | 18 35 | 27 10 |
| 22 | 18:01:29 | 00♋46 43 | 00♊47 | 08♊21 | 01♋17 | 16 00 | 11 27 | 13 27 | 24 01 | 27 49 | 14 15 | 18 34 | 27 07 |
| 23 | 18:05:25 | 01 43 59 | 15 57 | 23 34 | 03 28 | 17 03 | 12 06 | 13 29 | 23 57 | 27 51 | 14 15 | 18 32 | 27 04 |
| 24 | 18:09:22 | 02 41 15 | 01♋11 | 08♋46 | 05 39 | 18 07 | 12 45 | 13 31 | 23 53 | 27 53 | 14 15 | 18 31 | 27 01 |
| 25 | 18:13:18 | 03 38 31 | 16 18 | 23 46 | 07 49 | 19 11 | 13 25 | 13 34 | 23 48 | 27 55 | 14 15 | 18 30 | 26 58 |
| 26 | 18:17:15 | 04 35 46 | 01♌09 | 08♌25 | 09 58 | 20 15 | 14 04 | 13 37 | 23 44 | 27 56 | 14 14 | 18 28 | 26 54 |
| 27 | 18:21:11 | 05 33 01 | 15 36 | 22 39 | 12 05 | 21 19 | 14 43 | 13 40 | 23 40 | 27 58 | 14 14 | 18 27 | 26 51 |
| 28 | 18:25:08 | 06 30 15 | 29 36 | 06♍25 | 14 12 | 22 23 | 15 23 | 13 43 | 23 35 | 28 00 | 14 14 | 18 25 | 26 48 |
| 29 | 18:29:04 | 07 27 29 | 13♍08 | 19 44 | 16 16 | 23 28 | 16 02 | 13 46 | 23 31 | 28 02 | 14 13 | 18 24 | 26 45 |
| 30 | 18:33:01 | 08 24 42 | 26 13 | 02♎38 | 18 19 | 24 33 | 16 41 | 13 50 | 23 27 | 28 03 | 14 13 | 18 22 | 26 42 |

## Longitudes of the Major Asteroids and Chiron

0:00 E.T.

| D | ⚳ | ⚴ | ⚵ | ⚶ | ⚷ | D | ⚳ | ⚴ | ⚵ | ⚶ | ⚷ |
|---|---|---|---|---|---|---|---|---|---|---|---|
| 1 | 13♊24 | 21♈45 | 16♑57℞ | 10♌07 | 28♓28 | 16 | 19 42 | 26 35 | 14 29 | 16 06 | 28 46 |
| 2 | 13 49 | 22 05 | 16 49 | 10 30 | 28 30 | 17 | 20 08 | 26 54 | 14 17 | 16 30 | 28 47 |
| 3 | 14 14 | 22 24 | 16 41 | 10 53 | 28 31 | 18 | 20 33 | 27 13 | 14 05 | 16 55 | 28 47 |
| 4 | 14 40 | 22 44 | 16 33 | 11 17 | 28 32 | 19 | 20 58 | 27 32 | 13 53 | 17 20 | 28 48 |
| 5 | 15 05 | 23 04 | 16 24 | 11 40 | 28 34 | 20 | 21 23 | 27 50 | 13 40 | 17 45 | 28 49 |
| 6 | 15 30 | 23 23 | 16 15 | 12 04 | 28 35 | 21 | 21 49 | 28 09 | 13 27 | 18 10 | 28 49 |
| 7 | 15 55 | 23 43 | 16 06 | 12 27 | 28 36 | 22 | 22 14 | 28 27 | 13 15 | 18 36 | 28 50 |
| 8 | 16 20 | 24 02 | 15 56 | 12 51 | 28 38 | 23 | 22 39 | 28 46 | 13 01 | 19 01 | 28 50 |
| 9 | 16 46 | 24 22 | 15 46 | 13 15 | 28 39 | 24 | 23 04 | 29 04 | 12 48 | 19 26 | 28 51 |
| 10 | 17 11 | 24 41 | 15 36 | 13 39 | 28 40 | 25 | 23 30 | 29 22 | 12 35 | 19 52 | 28 51 |
| 11 | 17 36 | 25 00 | 15 25 | 14 03 | 28 41 | 26 | 23 55 | 29 40 | 12 21 | 20 18 | 28 51 |
| 12 | 18 01 | 25 19 | 15 15 | 14 28 | 28 42 | 27 | 24 20 | 29 58 | 12 08 | 20 43 | 28 51 |
| 13 | 18 27 | 25 38 | 15 04 | 14 52 | 28 43 | 28 | 24 45 | 00♉16 | 11 54 | 21 09 | 28 52 |
| 14 | 18 52 | 25 57 | 14 53 | 15 16 | 28 44 | 29 | 25 11 | 00 34 | 11 40 | 21 35 | 28 52 |
| 15 | 19 17 | 26 16 | 14 41 | 15 41 | 28 45 | 30 | 25 36 | 00 51 | 11 26 | 22 01 | 28 52 |

## Lunar Data

| Last Asp. | | Ingress | | |
|---|---|---|---|---|
| 2 | 21:50 | 3 | ♎ | 00:05 |
| 5 | 08:58 | 5 | ♏ | 10:47 |
| 7 | 00:36 | 7 | ♐ | 23:01 |
| 10 | 06:21 | 10 | ♑ | 11:37 |
| 12 | 18:46 | 12 | ♒ | 23:46 |
| 15 | 05:41 | 15 | ♓ | 10:19 |
| 17 | 11:34 | 17 | ♈ | 17:56 |
| 19 | 19:43 | 19 | ♉ | 21:54 |
| 21 | 04:27 | 21 | ♊ | 22:45 |
| 23 | 18:47 | 23 | ♋ | 22:08 |
| 25 | 18:46 | 25 | ♌ | 22:08 |
| 27 | 21:13 | 28 | ♍ | 00:43 |
| 29 | 20:36 | 30 | ♎ | 07:04 |

## Declinations

0:00 E.T.

| D | ☉ | ☽ | ☿ | ♀ | ♂ | ♃ | ♄ | ♅ | ♆ | ♇ | ⚳ | ⚴ | ⚵ | ⚶ | ⚷ |
|---|---|---|---|---|---|---|---|---|---|---|---|---|---|---|---|
| 1 | +22 03 | +10 30 | +15 24 | +07 39 | +24 17 | -03 56 | -22 00 | +09 53 | -07 02 | -21 16 | +21 35 | +01 34 | -05 11 | +22 08 | +02 55 |
| 2 | 22 11 | 06 36 | 15 58 | 07 57 | 24 18 | 03 56 | 22 00 | 09 53 | 07 02 | 21 17 | 21 40 | 01 35 | 05 09 | 22 02 | 02 55 |
| 3 | 22 18 | 02 30 | 16 32 | 08 14 | 24 19 | 03 56 | 21 59 | 09 54 | 07 02 | 21 17 | 21 44 | 01 36 | 05 07 | 21 56 | 02 56 |
| 4 | 22 26 | -01 36 | 17 05 | 08 32 | 24 19 | 03 55 | 21 59 | 09 55 | 07 02 | 21 17 | 21 49 | 01 37 | 05 05 | 21 49 | 02 57 |
| 5 | 22 32 | 05 35 | 17 39 | 08 50 | 24 20 | 03 55 | 21 59 | 09 56 | 07 02 | 21 17 | 21 54 | 01 38 | 05 03 | 21 43 | 02 57 |
| 6 | 22 39 | 09 17 | 18 13 | 09 08 | 24 20 | 03 55 | 21 59 | 09 57 | 07 02 | 21 17 | 21 58 | 01 39 | 05 01 | 21 36 | 02 58 |
| 7 | 22 45 | 12 34 | 18 46 | 09 26 | 24 20 | 03 55 | 21 59 | 09 58 | 07 02 | 21 18 | 22 02 | 01 39 | 04 59 | 21 29 | 02 59 |
| 8 | 22 50 | 15 21 | 19 19 | 09 45 | 24 19 | 03 55 | 21 59 | 09 59 | 07 02 | 21 18 | 22 07 | 01 40 | 04 58 | 21 22 | 02 59 |
| 9 | 22 56 | 17 29 | 19 52 | 10 03 | 24 19 | 03 55 | 21 59 | 10 00 | 07 01 | 21 18 | 22 11 | 01 40 | 04 56 | 21 15 | 03 00 |
| 10 | 23 00 | 18 52 | 20 24 | 10 21 | 24 18 | 03 56 | 21 59 | 10 01 | 07 01 | 21 18 | 22 15 | 01 40 | 04 55 | 21 09 | 03 01 |
| 11 | 23 05 | 19 25 | 20 54 | 10 40 | 24 18 | 03 56 | 21 59 | 10 01 | 07 01 | 21 19 | 22 19 | 01 41 | 04 54 | 21 01 | 03 01 |
| 12 | 23 09 | 19 07 | 21 24 | 10 58 | 24 16 | 03 56 | 21 58 | 10 02 | 07 01 | 21 19 | 22 24 | 01 41 | 04 53 | 20 54 | 03 02 |
| 13 | 23 12 | 17 57 | 21 52 | 11 17 | 24 15 | 03 57 | 21 58 | 10 03 | 07 01 | 21 19 | 22 28 | 01 41 | 04 52 | 20 47 | 03 02 |
| 14 | 23 15 | 15 57 | 22 19 | 11 35 | 24 14 | 03 57 | 21 58 | 10 04 | 07 01 | 21 20 | 22 31 | 01 40 | 04 51 | 20 40 | 03 03 |
| 15 | 23 18 | 13 12 | 22 44 | 11 54 | 24 12 | 03 58 | 21 58 | 10 05 | 07 01 | 21 20 | 22 35 | 01 40 | 04 50 | 20 33 | 03 03 |
| 16 | 23 21 | 09 47 | 23 07 | 12 12 | 24 10 | 03 59 | 21 58 | 10 05 | 07 01 | 21 20 | 22 39 | 01 40 | 04 50 | 20 25 | 03 04 |
| 17 | 23 22 | 05 50 | 23 27 | 12 30 | 24 08 | 03 59 | 21 58 | 10 06 | 07 01 | 21 20 | 22 43 | 01 39 | 04 49 | 20 18 | 03 04 |
| 18 | 23 24 | 01 30 | 23 46 | 12 49 | 24 06 | 04 00 | 21 58 | 10 07 | 07 01 | 21 21 | 22 46 | 01 39 | 04 49 | 20 10 | 03 05 |
| 19 | 23 25 | +03 03 | 24 02 | 13 07 | 24 03 | 04 01 | 21 58 | 10 08 | 07 02 | 21 21 | 22 50 | 01 38 | 04 49 | 20 02 | 03 05 |
| 20 | 23 26 | 07 34 | 24 16 | 13 25 | 24 01 | 04 02 | 21 58 | 10 08 | 07 02 | 21 21 | 22 53 | 01 37 | 04 49 | 19 55 | 03 05 |
| 21 | 23 26 | 11 46 | 24 26 | 13 43 | 23 58 | 04 03 | 21 58 | 10 09 | 07 02 | 21 21 | 22 57 | 01 36 | 04 49 | 19 47 | 03 06 |
| 22 | 23 26 | 15 21 | 24 35 | 14 01 | 23 55 | 04 04 | 21 57 | 10 10 | 07 02 | 21 22 | 23 00 | 01 35 | 04 49 | 19 39 | 03 06 |
| 23 | 23 25 | 17 57 | 24 40 | 14 19 | 23 52 | 04 05 | 21 57 | 10 11 | 07 02 | 21 22 | 23 03 | 01 34 | 04 49 | 19 31 | 03 06 |
| 24 | 23 24 | 19 17 | 24 42 | 14 36 | 23 48 | 04 06 | 21 57 | 10 11 | 07 02 | 21 22 | 23 07 | 01 32 | 04 50 | 19 23 | 03 07 |
| 25 | 23 23 | 19 14 | 24 42 | 14 54 | 23 45 | 04 08 | 21 57 | 10 12 | 07 02 | 21 23 | 23 10 | 01 31 | 04 51 | 19 15 | 03 07 |
| 26 | 23 21 | 17 51 | 24 39 | 15 11 | 23 41 | 04 09 | 21 57 | 10 12 | 07 02 | 21 23 | 23 13 | 01 29 | 04 52 | 19 07 | 03 07 |
| 27 | 23 19 | 15 20 | 24 33 | 15 28 | 23 37 | 04 10 | 21 57 | 10 13 | 07 02 | 21 23 | 23 16 | 01 27 | 04 52 | 18 59 | 03 07 |
| 28 | 23 16 | 11 59 | 24 24 | 15 45 | 23 33 | 04 12 | 21 57 | 10 14 | 07 03 | 21 23 | 23 18 | 01 25 | 04 54 | 18 50 | 03 08 |
| 29 | 23 13 | 08 06 | 24 13 | 16 01 | 23 28 | 04 13 | 21 57 | 10 14 | 07 03 | 21 24 | 23 21 | 01 23 | 04 55 | 18 42 | 03 08 |
| 30 | 23 10 | 03 56 | 24 00 | 16 18 | 23 24 | 04 15 | 21 57 | 10 15 | 07 03 | 21 24 | 23 24 | 01 21 | 04 56 | 18 33 | 03 08 |

Lunar Phases -- 1 ◐ 12:43 9 ○ 13:11 17 ◑ 11:34 24 ● 02:32 Sun enters ♋ 6/21 04:25

## 0:00 E.T. Longitudes of Main Planets - July 2017

| D | S.T. | ☉ | ☽ | ☽ 12:00 | ☿ | ♀ | ♂ | ♃ | ♄ | ♅ | ♆ | ♇ | ☊ |
|---|---|---|---|---|---|---|---|---|---|---|---|---|---|
| 1 | 18:36:58 | 09♋21 54 | 08♎57 | 15♎11 | 20♋21 | 25♉38 | 17♋20 | 13♎53 | 23♐23℞ | 28♈05 | 14♓12℞ | 18♑21℞ | 26♌39 |
| 2 | 18:40:54 | 10 19 07 | 21 21 | 27 28 | 22 20 | 26 43 | 17 59 | 13 57 | 23 19 | 28 06 | 14 12 | 18 20 | 26 35 |
| 3 | 18:44:51 | 11 16 19 | 03♏32 | 09♏33 | 24 18 | 27 48 | 18 38 | 14 01 | 23 15 | 28 08 | 14 11 | 18 18 | 26 32 |
| 4 | 18:48:47 | 12 13 30 | 15 32 | 21 30 | 26 13 | 28 54 | 19 17 | 14 05 | 23 10 | 28 09 | 14 11 | 18 17 | 26 29 |
| 5 | 18:52:44 | 13 10 42 | 27 27 | 03♐23 | 28 07 | 29 59 | 19 57 | 14 09 | 23 06 | 28 11 | 14 10 | 18 15 | 26 26 |
| 6 | 18:56:40 | 14 07 53 | 09♐19 | 15 15 | 29 58 | 01♊05 | 20 36 | 14 14 | 23 02 | 28 12 | 14 10 | 18 14 | 26 23 |
| 7 | 19:00:37 | 15 05 05 | 21 11 | 27 08 | 01♌48 | 02 11 | 21 15 | 14 19 | 22 59 | 28 14 | 14 09 | 18 12 | 26 19 |
| 8 | 19:04:33 | 16 02 16 | 03♑06 | 09♑05 | 03 36 | 03 17 | 21 54 | 14 23 | 22 55 | 28 15 | 14 09 | 18 11 | 26 16 |
| 9 | 19:08:30 | 16 59 27 | 15 05 | 21 07 | 05 21 | 04 24 | 22 33 | 14 28 | 22 51 | 28 16 | 14 08 | 18 09 | 26 13 |
| 10 | 19:12:27 | 17 56 38 | 27 10 | 03♒15 | 07 05 | 05 30 | 23 12 | 14 33 | 22 47 | 28 17 | 14 07 | 18 08 | 26 10 |
| 11 | 19:16:23 | 18 53 50 | 09♒22 | 15 32 | 08 46 | 06 37 | 23 51 | 14 38 | 22 43 | 28 18 | 14 06 | 18 06 | 26 07 |
| 12 | 19:20:20 | 19 51 02 | 21 44 | 27 58 | 10 26 | 07 44 | 24 29 | 14 44 | 22 40 | 28 19 | 14 06 | 18 05 | 26 04 |
| 13 | 19:24:16 | 20 48 14 | 04♓16 | 10♓37 | 12 03 | 08 51 | 25 08 | 14 49 | 22 36 | 28 21 | 14 05 | 18 03 | 26 00 |
| 14 | 19:28:13 | 21 45 26 | 17 02 | 23 31 | 13 39 | 09 58 | 25 47 | 14 55 | 22 32 | 28 22 | 14 04 | 18 02 | 25 57 |
| 15 | 19:32:09 | 22 42 39 | 00♈04 | 06♈41 | 15 12 | 11 05 | 26 26 | 15 01 | 22 29 | 28 22 | 14 03 | 18 00 | 25 54 |
| 16 | 19:36:06 | 23 39 53 | 13 24 | 20 11 | 16 44 | 12 12 | 27 05 | 15 07 | 22 25 | 28 23 | 14 02 | 17 59 | 25 51 |
| 17 | 19:40:02 | 24 37 07 | 27 03 | 04♉01 | 18 13 | 13 20 | 27 44 | 15 13 | 22 22 | 28 24 | 14 01 | 17 57 | 25 48 |
| 18 | 19:43:59 | 25 34 23 | 11♉04 | 18 13 | 19 40 | 14 27 | 28 23 | 15 19 | 22 19 | 28 25 | 14 00 | 17 56 | 25 45 |
| 19 | 19:47:56 | 26 31 38 | 25 26 | 02♊43 | 21 06 | 15 35 | 29 01 | 15 25 | 22 15 | 28 26 | 13 59 | 17 55 | 25 41 |
| 20 | 19:51:52 | 27 28 55 | 10♊04 | 17 28 | 22 29 | 16 43 | 29 40 | 15 32 | 22 12 | 28 27 | 13 58 | 17 53 | 25 38 |
| 21 | 19:55:49 | 28 26 12 | 24 55 | 02♋23 | 23 50 | 17 51 | 00♌19 | 15 38 | 22 09 | 28 27 | 13 57 | 17 52 | 25 35 |
| 22 | 19:59:45 | 29 23 30 | 09♋51 | 17 18 | 25 09 | 18 59 | 00 58 | 15 45 | 22 06 | 28 28 | 13 56 | 17 50 | 25 32 |
| 23 | 20:03:42 | 00♌20 49 | 24 43 | 02♌06 | 26 25 | 20 07 | 01 36 | 15 52 | 22 03 | 28 28 | 13 55 | 17 49 | 25 29 |
| 24 | 20:07:38 | 01 18 08 | 09♌25 | 16 39 | 27 39 | 21 16 | 02 15 | 15 59 | 22 00 | 28 29 | 13 54 | 17 47 | 25 25 |
| 25 | 20:11:35 | 02 15 28 | 23 47 | 00♍50 | 28 51 | 22 24 | 02 54 | 16 06 | 21 57 | 28 29 | 13 53 | 17 46 | 25 22 |
| 26 | 20:15:31 | 03 12 48 | 07♍47 | 14 38 | 00♍01 | 23 33 | 03 32 | 16 14 | 21 54 | 28 30 | 13 52 | 17 45 | 25 19 |
| 27 | 20:19:28 | 04 10 09 | 21 22 | 28 00 | 01 08 | 24 41 | 04 11 | 16 21 | 21 52 | 28 30 | 13 51 | 17 43 | 25 16 |
| 28 | 20:23:25 | 05 07 30 | 04♎33 | 10♎59 | 02 12 | 25 50 | 04 50 | 16 28 | 21 49 | 28 31 | 13 50 | 17 42 | 25 13 |
| 29 | 20:27:21 | 06 04 52 | 17 20 | 23 36 | 03 14 | 26 59 | 05 28 | 16 36 | 21 46 | 28 31 | 13 48 | 17 40 | 25 10 |
| 30 | 20:31:18 | 07 02 14 | 29 48 | 05♏55 | 04 13 | 28 08 | 06 07 | 16 44 | 21 44 | 28 31 | 13 47 | 17 39 | 25 06 |
| 31 | 20:35:14 | 07 59 37 | 12♏00 | 18 01 | 05 09 | 29 17 | 06 45 | 16 52 | 21 42 | 28 31 | 13 46 | 17 38 | 25 03 |

## 0:00 E.T. Longitudes of the Major Asteroids and Chiron

| D | ⚳ | ⚴ | ⚵ | ⚶ | ⚷ |
|---|---|---|---|---|---|
| 1 | 26♊01 | 01♉09 | 11♑12℞ | 22♌27 | 28♓52 |
| 2 | 26 26 | 01 27 | 10 58 | 22 53 | 28 52℞ |
| 3 | 26 52 | 01 44 | 10 44 | 23 19 | 28 52 |
| 4 | 27 17 | 02 01 | 10 30 | 23 46 | 28 52 |
| 5 | 27 42 | 02 18 | 10 16 | 24 12 | 28 52 |
| 6 | 28 07 | 02 35 | 10 02 | 24 38 | 28 51 |
| 7 | 28 32 | 02 52 | 09 48 | 25 05 | 28 51 |
| 8 | 28 57 | 03 09 | 09 34 | 25 31 | 28 51 |
| 9 | 29 23 | 03 26 | 09 20 | 25 58 | 28 50 |
| 10 | 29 48 | 03 42 | 09 07 | 26 25 | 28 50 |
| 11 | 00♋13 | 03 59 | 08 53 | 26 51 | 28 49 |
| 12 | 00 38 | 04 15 | 08 39 | 27 18 | 28 49 |
| 13 | 01 03 | 04 31 | 08 26 | 27 45 | 28 48 |
| 14 | 01 28 | 04 48 | 08 12 | 28 12 | 28 48 |
| 15 | 01 53 | 05 03 | 07 59 | 28 39 | 28 47 |
| 16 | 02 18 | 05 19 | 07 46 | 29 06 | 28 46 |
| 17 | 02 43 | 05 35 | 07 33 | 29 34 | 28 46 |
| 18 | 03 08 | 05 50 | 07 20 | 00♍01 | 28 45 |
| 19 | 03 33 | 06 06 | 07 07 | 00 28 | 28 44 |
| 20 | 03 58 | 06 21 | 06 55 | 00 56 | 28 43 |
| 21 | 04 23 | 06 36 | 06 42 | 01 23 | 28 42 |
| 22 | 04 48 | 06 51 | 06 30 | 01 51 | 28 41 |
| 23 | 05 13 | 07 06 | 06 19 | 02 18 | 28 40 |
| 24 | 05 38 | 07 20 | 06 07 | 02 46 | 28 39 |
| 25 | 06 03 | 07 35 | 05 56 | 03 13 | 28 37 |
| 26 | 06 28 | 07 49 | 05 45 | 03 41 | 28 36 |
| 27 | 06 52 | 08 03 | 05 34 | 04 09 | 28 35 |
| 28 | 07 17 | 08 17 | 05 23 | 04 37 | 28 34 |
| 29 | 07 42 | 08 30 | 05 13 | 05 05 | 28 32 |
| 30 | 08 07 | 08 44 | 05 03 | 05 33 | 28 31 |
| 31 | 08 31 | 08 57 | 04 53 | 06 01 | 28 29 |

## Lunar Data

| Last Asp. | | Ingress | | |
|---|---|---|---|---|
| 2 | 13:17 | 2 | ♏ | 17:00 |
| 5 | 01:35 | 5 | ♐ | 05:09 |
| 7 | 14:13 | 7 | ♑ | 17:46 |
| 10 | 02:13 | 10 | ♒ | 05:36 |
| 12 | 12:41 | 12 | ♓ | 15:52 |
| 14 | 17:01 | 14 | ♈ | 23:53 |
| 17 | 02:20 | 17 | ♉ | 05:05 |
| 19 | 06:12 | 19 | ♊ | 07:33 |
| 21 | 05:42 | 21 | ♋ | 08:11 |
| 23 | 06:06 | 23 | ♌ | 08:35 |
| 25 | 09:23 | 25 | ♍ | 10:34 |
| 27 | 06:32 | 27 | ♎ | 15:39 |
| 29 | 21:31 | 30 | ♏ | 00:24 |

## 0:00 E.T. Declinations

| D | ☉ | ☽ | ☿ | ♀ | ♂ | ♃ | ♄ | ♅ | ♆ | ♇ | ⚳ | ⚴ | ⚵ | ⚶ | ⚷ |
|---|---|---|---|---|---|---|---|---|---|---|---|---|---|---|---|
| 1 | +23 06 | -00 16 | +23 44 | +16 34 | +23 19 | -04 16 | -21 57 | +10 15 | -07 03 | -21 24 | +23 26 | +01 19 | -04 58 | +18 25 | +03 08 |
| 2 | 23 02 | 04 21 | 23 27 | 16 50 | 23 14 | 04 18 | 21 56 | 10 16 | 07 03 | 21 25 | 23 29 | 01 16 | 04 59 | 18 16 | 03 08 |
| 3 | 22 57 | 08 11 | 23 07 | 17 06 | 23 09 | 04 20 | 21 56 | 10 16 | 07 04 | 21 25 | 23 32 | 01 14 | 05 01 | 18 08 | 03 08 |
| 4 | 22 52 | 11 38 | 22 45 | 17 21 | 23 04 | 04 22 | 21 56 | 10 17 | 07 04 | 21 25 | 23 34 | 01 11 | 05 03 | 17 59 | 03 09 |
| 5 | 22 47 | 14 35 | 22 22 | 17 36 | 22 58 | 04 24 | 21 56 | 10 17 | 07 04 | 21 25 | 23 36 | 01 08 | 05 05 | 17 50 | 03 09 |
| 6 | 22 41 | 16 55 | 21 57 | 17 51 | 22 53 | 04 26 | 21 56 | 10 18 | 07 04 | 21 26 | 23 38 | 01 05 | 05 08 | 17 41 | 03 09 |
| 7 | 22 35 | 18 32 | 21 31 | 18 05 | 22 47 | 04 28 | 21 56 | 10 18 | 07 05 | 21 26 | 23 41 | 01 02 | 05 10 | 17 33 | 03 09 |
| 8 | 22 28 | 19 21 | 21 03 | 18 20 | 22 41 | 04 30 | 21 56 | 10 19 | 07 05 | 21 26 | 23 43 | 00 58 | 05 12 | 17 24 | 03 09 |
| 9 | 22 21 | 19 19 | 20 34 | 18 33 | 22 35 | 04 32 | 21 56 | 10 19 | 07 05 | 21 27 | 23 45 | 00 55 | 05 15 | 17 15 | 03 09 |
| 10 | 22 14 | 18 23 | 20 04 | 18 47 | 22 29 | 04 34 | 21 56 | 10 20 | 07 06 | 21 27 | 23 47 | 00 51 | 05 18 | 17 05 | 03 09 |
| 11 | 22 06 | 16 36 | 19 34 | 19 00 | 22 22 | 04 36 | 21 56 | 10 20 | 07 06 | 21 27 | 23 49 | 00 47 | 05 21 | 16 56 | 03 09 |
| 12 | 21 58 | 14 02 | 19 02 | 19 13 | 22 15 | 04 38 | 21 56 | 10 20 | 07 06 | 21 27 | 23 50 | 00 43 | 05 24 | 16 47 | 03 09 |
| 13 | 21 50 | 10 46 | 18 30 | 19 25 | 22 09 | 04 41 | 21 56 | 10 21 | 07 07 | 21 28 | 23 52 | 00 39 | 05 27 | 16 38 | 03 08 |
| 14 | 21 41 | 06 58 | 17 56 | 19 37 | 22 02 | 04 43 | 21 56 | 10 21 | 07 07 | 21 28 | 23 54 | 00 34 | 05 30 | 16 28 | 03 08 |
| 15 | 21 31 | 02 46 | 17 23 | 19 48 | 21 55 | 04 46 | 21 56 | 10 21 | 07 07 | 21 28 | 23 55 | 00 30 | 05 33 | 16 19 | 03 08 |
| 16 | 21 22 | +01 39 | 16 49 | 19 59 | 21 47 | 04 48 | 21 56 | 10 22 | 07 08 | 21 29 | 23 57 | 00 25 | 05 37 | 16 09 | 03 08 |
| 17 | 21 12 | 06 06 | 16 14 | 20 10 | 21 40 | 04 51 | 21 55 | 10 22 | 07 08 | 21 29 | 23 58 | 00 20 | 05 41 | 16 00 | 03 08 |
| 18 | 21 01 | 10 19 | 15 39 | 20 20 | 21 32 | 04 53 | 21 55 | 10 22 | 07 08 | 21 29 | 24 00 | 00 15 | 05 44 | 15 50 | 03 08 |
| 19 | 20 51 | 14 03 | 15 04 | 20 30 | 21 24 | 04 56 | 21 55 | 10 22 | 07 09 | 21 30 | 24 01 | 00 10 | 05 48 | 15 41 | 03 07 |
| 20 | 20 40 | 16 59 | 14 29 | 20 39 | 21 16 | 04 59 | 21 55 | 10 23 | 07 09 | 21 30 | 24 02 | 00 05 | 05 52 | 15 31 | 03 07 |
| 21 | 20 28 | 18 50 | 13 54 | 20 48 | 21 08 | 05 01 | 21 55 | 10 23 | 07 10 | 21 30 | 24 03 | -00 01 | 05 56 | 15 21 | 03 07 |
| 22 | 20 16 | 19 25 | 13 19 | 20 57 | 21 00 | 05 04 | 21 55 | 10 23 | 07 10 | 21 30 | 24 04 | 00 07 | 06 00 | 15 11 | 03 07 |
| 23 | 20 04 | 18 38 | 12 44 | 21 04 | 20 52 | 05 07 | 21 55 | 10 23 | 07 11 | 21 31 | 24 05 | 00 13 | 06 04 | 15 02 | 03 06 |
| 24 | 19 52 | 16 36 | 12 09 | 21 12 | 20 43 | 05 10 | 21 55 | 10 23 | 07 11 | 21 31 | 24 06 | 00 19 | 06 09 | 14 52 | 03 06 |
| 25 | 19 39 | 13 33 | 11 35 | 21 19 | 20 34 | 05 13 | 21 55 | 10 24 | 07 11 | 21 31 | 24 07 | 00 25 | 06 13 | 14 42 | 03 06 |
| 26 | 19 26 | 09 48 | 11 00 | 21 25 | 20 26 | 05 16 | 21 55 | 10 24 | 07 12 | 21 32 | 24 08 | 00 32 | 06 18 | 14 32 | 03 05 |
| 27 | 19 13 | 05 38 | 10 27 | 21 31 | 20 17 | 05 19 | 21 55 | 10 24 | 07 12 | 21 32 | 24 09 | 00 39 | 06 22 | 14 21 | 03 05 |
| 28 | 18 59 | 01 19 | 09 53 | 21 36 | 20 08 | 05 22 | 21 55 | 10 24 | 07 13 | 21 32 | 24 09 | 00 46 | 06 27 | 14 11 | 03 04 |
| 29 | 18 45 | -02 55 | 09 21 | 21 41 | 19 58 | 05 25 | 21 55 | 10 24 | 07 13 | 21 32 | 24 10 | 00 53 | 06 32 | 14 01 | 03 04 |
| 30 | 18 31 | 06 54 | 08 49 | 21 45 | 19 49 | 05 28 | 21 55 | 10 24 | 07 14 | 21 33 | 24 10 | 01 00 | 06 37 | 13 51 | 03 03 |
| 31 | 18 16 | 10 32 | 08 17 | 21 49 | 19 39 | 05 32 | 21 55 | 10 24 | 07 14 | 21 33 | 24 11 | 01 08 | 06 42 | 13 41 | 03 03 |

Lunar Phases -- 1 ◐ 00:52 9 ○ 04:08 16 ◑ 19:27 23 ● 09:47 30 ◐ 15:24 Sun enters ♌ 7/22 15:17

# Aug. 17 — Longitudes of Main Planets - August 2017 — 0:00 E.T.

| D | S.T. | ☉ | ☽ | ☽ 12:00 | ☿ | ♀ | ♂ | ♃ | ♄ | ♅ | ♆ | ♇ | ☊ |
|---|---|---|---|---|---|---|---|---|---|---|---|---|---|
| 1 | 20:39:11 | 08♌57 00 | 24♏01 | 29♏59 | 06♍02 | 00♋26 | 07♌24 | 17♎00 | 21♐39℞ | 28♈31 | 13♓45℞ | 17♑36℞ | 25♌00 |
| 2 | 20:43:07 | 09 54 24 | 05♐55 | 11♐52 | 06 51 | 01 35 | 08 02 | 17 08 | 21 37 | 28 31 | 13 43 | 17 35 | 24 57 |
| 3 | 20:47:04 | 10 51 48 | 17 48 | 23 44 | 07 38 | 02 45 | 08 41 | 17 16 | 21 35 | 28 32 | 13 42 | 17 34 | 24 54 |
| 4 | 20:51:00 | 11 49 14 | 29 41 | 05♑40 | 08 21 | 03 54 | 09 19 | 17 25 | 21 33 | 28 32℞ | 13 41 | 17 32 | 24 51 |
| 5 | 20:54:57 | 12 46 40 | 11♑39 | 17 41 | 09 00 | 05 04 | 09 58 | 17 33 | 21 31 | 28 31 | 13 39 | 17 31 | 24 47 |
| 6 | 20:58:54 | 13 44 07 | 23 45 | 29 51 | 09 35 | 06 14 | 10 36 | 17 42 | 21 29 | 28 31 | 13 38 | 17 30 | 24 44 |
| 7 | 21:02:50 | 14 41 34 | 06♒00 | 12♒12 | 10 07 | 07 23 | 11 15 | 17 50 | 21 27 | 28 31 | 13 37 | 17 28 | 24 41 |
| 8 | 21:06:47 | 15 39 03 | 18 27 | 24 44 | 10 34 | 08 33 | 11 53 | 17 59 | 21 26 | 28 31 | 13 35 | 17 27 | 24 38 |
| 9 | 21:10:43 | 16 36 33 | 01♓05 | 07♓29 | 10 56 | 09 43 | 12 32 | 18 08 | 21 24 | 28 31 | 13 34 | 17 26 | 24 35 |
| 10 | 21:14:40 | 17 34 04 | 13 57 | 20 28 | 11 14 | 10 53 | 13 10 | 18 17 | 21 22 | 28 30 | 13 32 | 17 25 | 24 31 |
| 11 | 21:18:36 | 18 31 36 | 27 02 | 03♈40 | 11 27 | 12 03 | 13 48 | 18 26 | 21 21 | 28 30 | 13 31 | 17 23 | 24 28 |
| 12 | 21:22:33 | 19 29 09 | 10♈21 | 17 06 | 11 35 | 13 14 | 14 27 | 18 36 | 21 20 | 28 30 | 13 30 | 17 22 | 24 25 |
| 13 | 21:26:29 | 20 26 44 | 23 54 | 00♉45 | 11 38 | 14 24 | 15 05 | 18 45 | 21 18 | 28 29 | 13 28 | 17 21 | 24 22 |
| 14 | 21:30:26 | 21 24 20 | 07♉40 | 14 39 | 11 36℞ | 15 34 | 15 44 | 18 54 | 21 17 | 28 29 | 13 27 | 17 20 | 24 19 |
| 15 | 21:34:23 | 22 21 58 | 21 48 | 28 45 | 11 28 | 16 45 | 16 22 | 19 04 | 21 16 | 28 28 | 13 25 | 17 19 | 24 16 |
| 16 | 21:38:19 | 23 19 38 | 05♊52 | 13♊02 | 11 14 | 17 56 | 17 00 | 19 14 | 21 15 | 28 28 | 13 24 | 17 18 | 24 12 |
| 17 | 21:42:16 | 24 17 19 | 20 13 | 27 27 | 10 55 | 19 06 | 17 39 | 19 23 | 21 14 | 28 27 | 13 22 | 17 16 | 24 09 |
| 18 | 21:46:12 | 25 15 01 | 04♋41 | 11♋56 | 10 31 | 20 17 | 18 17 | 19 33 | 21 14 | 28 26 | 13 21 | 17 15 | 24 06 |
| 19 | 21:50:09 | 26 12 45 | 19 11 | 26 26 | 10 01 | 21 28 | 18 55 | 19 43 | 21 13 | 28 26 | 13 19 | 17 14 | 24 03 |
| 20 | 21:54:05 | 27 10 31 | 03♌39 | 10♌50 | 09 25 | 22 39 | 19 33 | 19 53 | 21 12 | 28 25 | 13 17 | 17 13 | 24 00 |
| 21 | 21:58:02 | 28 08 18 | 17 58 | 25 03 | 08 45 | 23 50 | 20 12 | 20 03 | 21 12 | 28 24 | 13 16 | 17 12 | 23 56 |
| 22 | 22:01:58 | 29 06 07 | 02♍05 | 09♍02 | 08 01 | 25 01 | 20 50 | 20 13 | 21 12 | 28 23 | 13 14 | 17 11 | 23 53 |
| 23 | 22:05:55 | 00♍03 57 | 15 54 | 22 41 | 07 13 | 26 12 | 21 28 | 20 24 | 21 11 | 28 22 | 13 13 | 17 10 | 23 50 |
| 24 | 22:09:52 | 01 01 48 | 29 22 | 06♎00 | 06 22 | 27 24 | 22 07 | 20 34 | 21 11 | 28 21 | 13 11 | 17 09 | 23 47 |
| 25 | 22:13:48 | 01 59 41 | 12♎32 | 18 58 | 05 29 | 28 35 | 22 45 | 20 45 | 21 11 | 28 20 | 13 09 | 17 08 | 23 44 |
| 26 | 22:17:45 | 02 57 34 | 25 20 | 01♏37 | 04 35 | 29 47 | 23 23 | 20 55 | 21 11D | 28 19 | 13 08 | 17 07 | 23 41 |
| 27 | 22:21:41 | 03 55 30 | 07♏49 | 13 58 | 03 40 | 00♌58 | 24 01 | 21 06 | 21 11 | 28 18 | 13 06 | 17 06 | 23 37 |
| 28 | 22:25:38 | 04 53 26 | 20 03 | 26 05 | 02 47 | 02 10 | 24 39 | 21 16 | 21 11 | 28 17 | 13 05 | 17 06 | 23 34 |
| 29 | 22:29:34 | 05 51 24 | 02♐05 | 08♐03 | 01 56 | 03 21 | 25 18 | 21 27 | 21 12 | 28 16 | 13 03 | 17 05 | 23 31 |
| 30 | 22:33:31 | 06 49 23 | 14 00 | 19 56 | 01 08 | 04 33 | 25 56 | 21 38 | 21 12 | 28 14 | 13 01 | 17 04 | 23 28 |
| 31 | 22:37:27 | 07 47 23 | 25 53 | 01♑49 | 00 25 | 05 45 | 26 34 | 21 49 | 21 12 | 28 13 | 13 00 | 17 03 | 23 25 |

## 0:00 E.T. — Longitudes of the Major Asteroids and Chiron — Lunar Data

| D | ⚳ | ⚴ | ⚵ | ⚶ | ⚷ | D | ⚳ | ⚴ | ⚵ | ⚶ | ⚷ | Last Asp. | Ingress |
|---|---|---|---|---|---|---|---|---|---|---|---|---|---|
| 1 | 08♋56 | 09♉10 | 04♑44℞ | 06♍29 | 28♓28℞ | 17 | 15 26 | 12 10 | 03 01 | 14 05 | 27 58 | 31 11:11 | 1 ♐ 12:02 |
| 2 | 09 21 | 09 23 | 04 35 | 06 57 | 28 26 | 18 | 15 50 | 12 19 | 02 57 | 14 34 | 27 56 | 3 21:40 | 4 ♑ 00:38 |
| 3 | 09 45 | 09 36 | 04 26 | 07 25 | 28 25 | 19 | 16 14 | 12 27 | 02 54 | 15 03 | 27 54 | 6 09:23 | 6 ♒ 12:17 |
| 4 | 10 10 | 09 48 | 04 18 | 07 54 | 28 23 | 20 | 16 38 | 12 36 | 02 51 | 15 32 | 27 52 | 8 19:09 | 8 ♓ 21:57 |
| 5 | 10 34 | 10 01 | 04 10 | 08 22 | 28 21 | 21 | 17 02 | 12 44 | 02 49 | 16 01 | 27 49 | 10 13:39 | 11 ♈ 05:23 |
| 6 | 10 59 | 10 13 | 04 02 | 08 50 | 28 20 | 22 | 17 26 | 12 52 | 02 47 | 16 30 | 27 47 | 13 08:02 | 13 ♉ 10:41 |
| 7 | 11 23 | 10 24 | 03 55 | 09 19 | 28 18 | 23 | 17 50 | 12 59 | 02 46 | 17 00 | 27 45 | 15 01:16 | 15 ♊ 14:07 |
| 8 | 11 48 | 10 36 | 03 48 | 09 47 | 28 16 | 24 | 18 13 | 13 07 | 02 44 | 17 29 | 27 42 | 17 13:39 | 17 ♋ 16:14 |
| 9 | 12 12 | 10 47 | 03 41 | 10 16 | 28 14 | 25 | 18 37 | 13 14 | 02 44 | 17 58 | 27 40 | 19 15:18 | 19 ♌ 17:56 |
| 10 | 12 37 | 10 59 | 03 35 | 10 44 | 28 12 | 26 | 19 01 | 13 20 | 02 43 | 18 27 | 27 37 | 21 18:31 | 21 ♍ 20:26 |
| 11 | 13 01 | 11 09 | 03 29 | 11 13 | 28 10 | 27 | 19 24 | 13 26 | 02 43D | 18 57 | 27 35 | 23 20:04 | 24 ♎ 01:06 |
| 12 | 13 25 | 11 20 | 03 23 | 11 41 | 28 08 | 28 | 19 48 | 13 32 | 02 43 | 19 26 | 27 33 | 26 05:41 | 26 ♏ 08:54 |
| 13 | 13 49 | 11 31 | 03 18 | 12 10 | 28 06 | 29 | 20 11 | 13 38 | 02 44 | 19 55 | 27 30 | 28 09:39 | 28 ♐ 19:49 |
| 14 | 14 14 | 11 41 | 03 13 | 12 39 | 28 04 | 30 | 20 34 | 13 43 | 02 45 | 20 25 | 27 28 | 31 04:43 | 31 ♑ 08:20 |
| 15 | 14 38 | 11 51 | 03 09 | 13 08 | 28 02 | 31 | 20 58 | 13 48 | 02 46 | 20 54 | 27 25 | | |
| 16 | 15 02 | 12 00 | 03 04 | 13 36 | 28 00 | | | | | | | | |

## 0:00 E.T. — Declinations

| D | ☉ | ☽ | ☿ | ♀ | ♂ | ♃ | ♄ | ♅ | ♆ | ♇ | ⚳ | ⚴ | ⚵ | ⚶ | ⚷ |
|---|---|---|---|---|---|---|---|---|---|---|---|---|---|---|---|
| 1 | +18 01 | -13 40 | +07 47 | +21 52 | +19 30 | -05 35 | -21 55 | +10 24 | -07 15 | -21 33 | +24 11 | -01 15 | -06 47 | +13 30 | +03 02 |
| 2 | 17 46 | 16 13 | 07 18 | 21 54 | 19 20 | 05 38 | 21 55 | 10 24 | 07 15 | 21 34 | 24 12 | 01 23 | 06 52 | 13 20 | 03 02 |
| 3 | 17 30 | 18 04 | 06 49 | 21 56 | 19 10 | 05 41 | 21 55 | 10 24 | 07 16 | 21 34 | 24 12 | 01 31 | 06 57 | 13 09 | 03 01 |
| 4 | 17 14 | 19 09 | 06 22 | 21 57 | 19 00 | 05 45 | 21 55 | 10 24 | 07 16 | 21 34 | 24 12 | 01 40 | 07 02 | 12 59 | 03 01 |
| 5 | 16 58 | 19 22 | 05 57 | 21 58 | 18 50 | 05 48 | 21 56 | 10 24 | 07 17 | 21 34 | 24 12 | 01 48 | 07 07 | 12 48 | 03 00 |
| 6 | 16 42 | 18 43 | 05 32 | 21 58 | 18 39 | 05 52 | 21 56 | 10 24 | 07 18 | 21 35 | 24 12 | 01 57 | 07 13 | 12 38 | 03 00 |
| 7 | 16 25 | 17 10 | 05 09 | 21 58 | 18 29 | 05 55 | 21 56 | 10 24 | 07 18 | 21 35 | 24 12 | 02 06 | 07 18 | 12 27 | 02 59 |
| 8 | 16 08 | 14 48 | 04 48 | 21 57 | 18 18 | 05 59 | 21 56 | 10 24 | 07 19 | 21 35 | 24 12 | 02 15 | 07 23 | 12 16 | 02 58 |
| 9 | 15 51 | 11 41 | 04 29 | 21 56 | 18 08 | 06 02 | 21 56 | 10 24 | 07 19 | 21 35 | 24 12 | 02 25 | 07 29 | 12 06 | 02 58 |
| 10 | 15 34 | 07 58 | 04 12 | 21 53 | 17 57 | 06 06 | 21 56 | 10 24 | 07 20 | 21 36 | 24 12 | 02 34 | 07 34 | 11 55 | 02 57 |
| 11 | 15 16 | 03 49 | 03 57 | 21 51 | 17 46 | 06 10 | 21 56 | 10 23 | 07 20 | 21 36 | 24 12 | 02 44 | 07 40 | 11 44 | 02 56 |
| 12 | 14 58 | +00 35 | 03 44 | 21 47 | 17 35 | 06 13 | 21 56 | 10 23 | 07 21 | 21 36 | 24 11 | 02 54 | 07 45 | 11 33 | 02 56 |
| 13 | 14 40 | 05 01 | 03 34 | 21 43 | 17 24 | 06 17 | 21 56 | 10 23 | 07 22 | 21 37 | 24 11 | 03 04 | 07 51 | 11 22 | 02 55 |
| 14 | 14 22 | 09 16 | 03 26 | 21 39 | 17 12 | 06 21 | 21 56 | 10 23 | 07 22 | 21 37 | 24 11 | 03 15 | 07 57 | 11 11 | 02 54 |
| 15 | 14 03 | 13 05 | 03 21 | 21 34 | 17 01 | 06 25 | 21 56 | 10 23 | 07 23 | 21 37 | 24 10 | 03 26 | 08 02 | 11 01 | 02 54 |
| 16 | 13 44 | 16 11 | 03 19 | 21 28 | 16 50 | 06 28 | 21 57 | 10 23 | 07 23 | 21 37 | 24 10 | 03 36 | 08 08 | 10 50 | 02 52 |
| 17 | 13 25 | 18 20 | 03 19 | 21 22 | 16 38 | 06 32 | 21 57 | 10 23 | 07 24 | 21 38 | 24 09 | 03 48 | 08 14 | 10 38 | 02 51 |
| 18 | 13 06 | 19 20 | 03 24 | 21 15 | 16 26 | 06 36 | 21 57 | 10 23 | 07 25 | 21 38 | 24 09 | 03 59 | 08 19 | 10 27 | 02 51 |
| 19 | 12 47 | 19 03 | 03 31 | 21 07 | 16 14 | 06 40 | 21 57 | 10 23 | 07 25 | 21 38 | 24 08 | 04 11 | 08 25 | 10 16 | 02 50 |
| 20 | 12 27 | 17 32 | 03 42 | 20 59 | 16 03 | 06 44 | 21 57 | 10 21 | 07 26 | 21 38 | 24 07 | 04 22 | 08 31 | 10 05 | 02 49 |
| 21 | 12 07 | 14 54 | 03 55 | 20 50 | 15 51 | 06 48 | 21 57 | 10 21 | 07 26 | 21 39 | 24 06 | 04 34 | 08 37 | 09 54 | 02 48 |
| 22 | 11 47 | 11 25 | 04 12 | 20 41 | 15 38 | 06 52 | 21 57 | 10 21 | 07 27 | 21 39 | 24 06 | 04 47 | 08 42 | 09 43 | 02 48 |
| 23 | 11 27 | 07 22 | 04 32 | 20 31 | 15 26 | 06 56 | 21 58 | 10 20 | 07 28 | 21 39 | 24 05 | 04 59 | 08 48 | 09 32 | 02 47 |
| 24 | 11 06 | 03 02 | 04 54 | 20 20 | 15 14 | 07 00 | 21 58 | 10 20 | 07 28 | 21 39 | 24 03 | 05 12 | 08 54 | 09 20 | 02 45 |
| 25 | 10 46 | -01 19 | 05 19 | 20 10 | 15 01 | 07 04 | 21 58 | 10 20 | 07 29 | 21 39 | 24 03 | 05 25 | 09 00 | 09 09 | 02 45 |
| 26 | 10 25 | 05 29 | 05 46 | 19 58 | 14 49 | 07 08 | 21 58 | 10 19 | 07 30 | 21 40 | 24 02 | 05 38 | 09 05 | 08 58 | 02 44 |
| 27 | 10 04 | 09 19 | 06 15 | 19 46 | 14 36 | 07 12 | 21 58 | 10 19 | 07 30 | 21 40 | 24 01 | 05 52 | 09 11 | 08 46 | 02 43 |
| 28 | 09 43 | 12 41 | 06 45 | 19 33 | 14 24 | 07 16 | 21 58 | 10 18 | 07 31 | 21 40 | 24 00 | 06 05 | 09 17 | 08 35 | 02 42 |
| 29 | 09 22 | 15 27 | 07 15 | 19 20 | 14 11 | 07 20 | 21 59 | 10 18 | 07 31 | 21 40 | 23 59 | 06 19 | 09 23 | 08 23 | 02 41 |
| 30 | 09 00 | 17 33 | 07 46 | 19 06 | 13 58 | 07 25 | 21 59 | 10 17 | 07 32 | 21 41 | 23 57 | 06 33 | 09 28 | 08 12 | 02 40 |
| 31 | 08 39 | 18 53 | 08 16 | 18 52 | 13 45 | 07 29 | 21 59 | 10 17 | 07 33 | 21 41 | 23 56 | 06 47 | 09 34 | 08 01 | 02 39 |

Lunar Phases -- 7 🌕 18:12   15 🌗 01:16   21 🌑 18:31   29 🌓 08:14    Sun enters ♍ 8/22 22:22

## 0:00 E.T. Longitudes of Main Planets - September 2017 Sep. 17

| D | S.T. | ☉ | ☽ | ☽ 12:00 | ☿ | ♀ | ♂ | ♃ | ♄ | ♅ | ♆ | ♇ | ☊ |
|---|---|---|---|---|---|---|---|---|---|---|---|---|---|
| 1 | 22:41:24 | 08♍45 25 | 07♑47 | 13♑46 | 29♌47℞ | 06♌57 | 27♌12 | 22♎00 | 21♐13 | 28♈12℞ | 12♓58℞ | 17♑02℞ | 23♌22 |
| 2 | 22:45:21 | 09 43 29 | 19 48 | 25 52 | 29 16 | 08 09 | 27 50 | 22 11 | 21 14 | 28 10 | 12 56 | 17 02 | 23 18 |
| 3 | 22:49:17 | 10 41 33 | 01♒59 | 08♒09 | 28 51 | 09 21 | 28 28 | 22 22 | 21 14 | 28 09 | 12 55 | 17 01 | 23 15 |
| 4 | 22:53:14 | 11 39 39 | 14 23 | 20 41 | 28 35 | 10 33 | 29 07 | 22 33 | 21 15 | 28 08 | 12 53 | 17 00 | 23 12 |
| 5 | 22:57:10 | 12 37 47 | 27 04 | 03♓30 | 28 26 | 11 45 | 29 45 | 22 45 | 21 16 | 28 06 | 12 51 | 16 59 | 23 09 |
| 6 | 23:01:07 | 13 35 56 | 10♓01 | 16 36 | 28 27D | 12 57 | 00♍23 | 22 56 | 21 17 | 28 05 | 12 50 | 16 59 | 23 06 |
| 7 | 23:05:03 | 14 34 07 | 23 15 | 29 59 | 28 36 | 14 10 | 01 01 | 23 07 | 21 19 | 28 03 | 12 48 | 16 58 | 23 02 |
| 8 | 23:09:00 | 15 32 20 | 06♈46 | 13♈36 | 28 53 | 15 22 | 01 39 | 23 19 | 21 20 | 28 02 | 12 47 | 16 57 | 22 59 |
| 9 | 23:12:56 | 16 30 35 | 20 30 | 27 27 | 29 20 | 16 34 | 02 17 | 23 30 | 21 21 | 28 00 | 12 45 | 16 57 | 22 56 |
| 10 | 23:16:53 | 17 28 52 | 04♉26 | 11♉27 | 29 55 | 17 47 | 02 55 | 23 42 | 21 23 | 27 58 | 12 43 | 16 56 | 22 53 |
| 11 | 23:20:50 | 18 27 10 | 18 30 | 25 34 | 00♍39 | 19 00 | 03 33 | 23 54 | 21 24 | 27 57 | 12 42 | 16 56 | 22 50 |
| 12 | 23:24:46 | 19 25 31 | 02♊39 | 09♊45 | 01 30 | 20 12 | 04 11 | 24 05 | 21 26 | 27 55 | 12 40 | 16 55 | 22 47 |
| 13 | 23:28:43 | 20 23 54 | 16 51 | 23 57 | 02 30 | 21 25 | 04 50 | 24 17 | 21 28 | 27 53 | 12 38 | 16 55 | 22 43 |
| 14 | 23:32:39 | 21 22 19 | 01♋03 | 08♋08 | 03 36 | 22 38 | 05 28 | 24 29 | 21 29 | 27 51 | 12 37 | 16 54 | 22 40 |
| 15 | 23:36:36 | 22 20 47 | 15 13 | 22 17 | 04 49 | 23 51 | 06 06 | 24 41 | 21 31 | 27 49 | 12 35 | 16 54 | 22 37 |
| 16 | 23:40:32 | 23 19 16 | 29 19 | 06♌20 | 06 07 | 25 04 | 06 44 | 24 53 | 21 33 | 27 48 | 12 33 | 16 54 | 22 34 |
| 17 | 23:44:29 | 24 17 48 | 13♌19 | 20 17 | 07 32 | 26 17 | 07 22 | 25 05 | 21 35 | 27 46 | 12 32 | 16 53 | 22 31 |
| 18 | 23:48:25 | 25 16 22 | 27 12 | 04♍04 | 09 01 | 27 30 | 08 00 | 25 17 | 21 38 | 27 44 | 12 30 | 16 53 | 22 28 |
| 19 | 23:52:22 | 26 14 57 | 10♍54 | 17 40 | 10 34 | 28 43 | 08 38 | 25 29 | 21 40 | 27 42 | 12 29 | 16 53 | 22 24 |
| 20 | 23:56:19 | 27 13 35 | 24 23 | 01♎02 | 12 11 | 29 56 | 09 16 | 25 41 | 21 42 | 27 40 | 12 27 | 16 52 | 22 21 |
| 21 | 0:00:15 | 28 12 15 | 07♎38 | 14 09 | 13 51 | 01♍09 | 09 54 | 25 53 | 21 45 | 27 38 | 12 25 | 16 52 | 22 18 |
| 22 | 0:04:12 | 29 10 56 | 20 37 | 27 00 | 15 33 | 02 23 | 10 32 | 26 06 | 21 47 | 27 36 | 12 24 | 16 52 | 22 15 |
| 23 | 0:08:08 | 00♎09 39 | 03♏19 | 09♏34 | 17 18 | 03 36 | 11 10 | 26 18 | 21 50 | 27 34 | 12 22 | 16 52 | 22 12 |
| 24 | 0:12:05 | 01 08 25 | 15 45 | 21 53 | 19 04 | 04 49 | 11 48 | 26 30 | 21 53 | 27 32 | 12 21 | 16 51 | 22 08 |
| 25 | 0:16:01 | 02 07 12 | 27 58 | 04♐00 | 20 52 | 06 03 | 12 26 | 26 43 | 21 56 | 27 29 | 12 19 | 16 51 | 22 05 |
| 26 | 0:19:58 | 03 06 00 | 09♐59 | 15 57 | 22 40 | 07 16 | 13 04 | 26 55 | 21 59 | 27 27 | 12 18 | 16 51 | 22 02 |
| 27 | 0:23:54 | 04 04 51 | 21 53 | 27 49 | 24 29 | 08 30 | 13 42 | 27 08 | 22 02 | 27 25 | 12 16 | 16 51 | 21 59 |
| 28 | 0:27:51 | 05 03 43 | 03♑45 | 09♑41 | 26 18 | 09 44 | 14 20 | 27 20 | 22 05 | 27 23 | 12 15 | 16 51 | 21 56 |
| 29 | 0:31:48 | 06 02 37 | 15 38 | 21 37 | 28 07 | 10 57 | 14 58 | 27 33 | 22 08 | 27 21 | 12 13 | 16 51D | 21 53 |
| 30 | 0:35:44 | 07 01 33 | 27 38 | 03♒42 | 29 57 | 12 11 | 15 36 | 27 45 | 22 11 | 27 18 | 12 12 | 16 51 | 21 49 |

## 0:00 E.T. Longitudes of the Major Asteroids and Chiron

| D | ⚳ | ⚴ | ⚵ | ⚶ | ⚷ | D | ⚳ | ⚴ | ⚵ | ⚶ | ⚷ |
|---|---|---|---|---|---|---|---|---|---|---|---|
| 1 | 21♋21 | 13♉53 | 02♑48 | 21♍24 | 27♓23℞ | 16 | 27 01 | 14 12 | 03 55 | 28 50 | 26 43 |
| 2 | 21 44 | 13 57 | 02 50 | 21 53 | 27 20 | 17 | 27 23 | 14 10 | 04 02 | 29 20 | 26 40 |
| 3 | 22 07 | 14 01 | 02 53 | 22 23 | 27 17 | 18 | 27 45 | 14 08 | 04 10 | 29 50 | 26 37 |
| 4 | 22 30 | 14 04 | 02 56 | 22 52 | 27 15 | 19 | 28 07 | 14 05 | 04 18 | 00♎20 | 26 34 |
| 5 | 22 53 | 14 07 | 02 59 | 23 22 | 27 12 | 20 | 28 29 | 14 01 | 04 26 | 00 50 | 26 32 |
| 6 | 23 16 | 14 10 | 03 02 | 23 52 | 27 10 | 21 | 28 51 | 13 57 | 04 34 | 01 20 | 26 29 |
| 7 | 23 39 | 14 12 | 03 06 | 24 21 | 27 07 | 22 | 29 12 | 13 52 | 04 43 | 01 51 | 26 26 |
| 8 | 24 02 | 14 14 | 03 10 | 24 51 | 27 04 | 23 | 29 34 | 13 47 | 04 51 | 02 21 | 26 23 |
| 9 | 24 25 | 14 15 | 03 15 | 25 21 | 27 02 | 24 | 29 55 | 13 42 | 05 01 | 02 51 | 26 21 |
| 10 | 24 47 | 14 16 | 03 19 | 25 51 | 26 59 | 25 | 00♌16 | 13 36 | 05 10 | 03 21 | 26 18 |
| 11 | 25 10 | 14 16 | 03 25 | 26 20 | 26 56 | 26 | 00 37 | 13 29 | 05 20 | 03 52 | 26 15 |
| 12 | 25 32 | 14 16℞ | 03 30 | 26 50 | 26 53 | 27 | 00 58 | 13 22 | 05 30 | 04 22 | 26 13 |
| 13 | 25 55 | 14 16 | 03 36 | 27 20 | 26 51 | 28 | 01 19 | 13 15 | 05 40 | 04 52 | 26 10 |
| 14 | 26 17 | 14 15 | 03 42 | 27 50 | 26 48 | 29 | 01 40 | 13 07 | 05 51 | 05 22 | 26 07 |
| 15 | 26 39 | 14 14 | 03 49 | 28 20 | 26 45 | 30 | 02 01 | 12 58 | 06 02 | 05 53 | 26 04 |

## Lunar Data

| Last Asp. | Ingress |
|---|---|
| 2 16:31 | 2 ♒ 20:08 |
| 5 05:16 | 5 ♓ 05:29 |
| 6 20:30 | 7 ♈ 12:02 |
| 9 15:53 | 9 ♉ 16:24 |
| 11 00:55 | 11 ♊ 19:30 |
| 13 18:36 | 13 ♋ 22:14 |
| 15 21:24 | 16 ♌ 01:10 |
| 18 00:56 | 18 ♍ 04:54 |
| 20 05:31 | 20 ♎ 10:07 |
| 22 13:06 | 22 ♏ 17:41 |
| 24 07:34 | 25 ♐ 04:02 |
| 27 11:09 | 27 ♑ 16:25 |
| 30 00:15 | 30 ♒ 04:41 |

## 0:00 E.T. Declinations

| D | ☉ | ☽ | ☿ | ♀ | ♂ | ♃ | ♄ | ♅ | ♆ | ♇ | ⚳ | ⚴ | ⚵ | ⚶ | ⚷ |
|---|---|---|---|---|---|---|---|---|---|---|---|---|---|---|---|
| 1 | +08 17 | -19 24 | +08 45 | +18 37 | +13 32 | -07 33 | -21 59 | +10 17 | -07 33 | -21 41 | +23 55 | -07 02 | -09 40 | +07 49 | +02 38 |
| 2 | 07 55 | 19 02 | 09 13 | 18 21 | 13 19 | 07 37 | 22 00 | 10 16 | 07 34 | 21 41 | 23 54 | 07 17 | 09 46 | 07 38 | 02 37 |
| 3 | 07 33 | 17 46 | 09 39 | 18 05 | 13 06 | 07 42 | 22 00 | 10 16 | 07 35 | 21 41 | 23 52 | 07 31 | 09 51 | 07 26 | 02 36 |
| 4 | 07 11 | 15 39 | 10 02 | 17 49 | 12 52 | 07 46 | 22 00 | 10 15 | 07 35 | 21 42 | 23 51 | 07 47 | 09 57 | 07 15 | 02 35 |
| 5 | 06 49 | 12 44 | 10 23 | 17 32 | 12 39 | 07 50 | 22 00 | 10 14 | 07 36 | 21 42 | 23 50 | 08 02 | 10 03 | 07 03 | 02 34 |
| 6 | 06 27 | 09 09 | 10 41 | 17 14 | 12 26 | 07 54 | 22 01 | 10 14 | 07 37 | 21 42 | 23 48 | 08 18 | 10 08 | 06 51 | 02 33 |
| 7 | 06 04 | 05 02 | 10 55 | 16 56 | 12 12 | 07 59 | 22 01 | 10 13 | 07 37 | 21 42 | 23 47 | 08 33 | 10 14 | 06 40 | 02 32 |
| 8 | 05 42 | 00 35 | 11 06 | 16 38 | 11 59 | 08 03 | 22 01 | 10 13 | 07 38 | 21 42 | 23 45 | 08 49 | 10 19 | 06 28 | 02 31 |
| 9 | 05 19 | +03 58 | 11 14 | 16 19 | 11 45 | 08 08 | 22 01 | 10 12 | 07 39 | 21 43 | 23 44 | 09 05 | 10 25 | 06 16 | 02 30 |
| 10 | 04 57 | 08 21 | 11 17 | 15 59 | 11 31 | 08 12 | 22 02 | 10 12 | 07 39 | 21 43 | 23 42 | 09 22 | 10 30 | 06 05 | 02 29 |
| 11 | 04 34 | 12 19 | 11 17 | 15 40 | 11 18 | 08 16 | 22 02 | 10 11 | 07 40 | 21 43 | 23 41 | 09 38 | 10 36 | 05 53 | 02 28 |
| 12 | 04 11 | 15 37 | 11 12 | 15 19 | 11 04 | 08 21 | 22 02 | 10 10 | 07 40 | 21 43 | 23 39 | 09 55 | 10 41 | 05 41 | 02 27 |
| 13 | 03 48 | 17 59 | 11 04 | 14 58 | 10 50 | 08 25 | 22 02 | 10 10 | 07 41 | 21 43 | 23 37 | 10 12 | 10 47 | 05 30 | 02 26 |
| 14 | 03 25 | 19 15 | 10 52 | 14 37 | 10 36 | 08 30 | 22 03 | 10 09 | 07 42 | 21 43 | 23 36 | 10 29 | 10 52 | 05 18 | 02 24 |
| 15 | 03 02 | 19 19 | 10 37 | 14 16 | 10 22 | 08 34 | 22 03 | 10 08 | 07 42 | 21 44 | 23 34 | 10 46 | 10 57 | 05 06 | 02 23 |
| 16 | 02 39 | 18 09 | 10 17 | 13 54 | 10 08 | 08 39 | 22 03 | 10 08 | 07 43 | 21 44 | 23 32 | 11 04 | 11 03 | 04 55 | 02 22 |
| 17 | 02 16 | 15 54 | 09 55 | 13 31 | 09 54 | 08 43 | 22 04 | 10 07 | 07 44 | 21 44 | 23 31 | 11 21 | 11 08 | 04 43 | 02 21 |
| 18 | 01 53 | 12 43 | 09 29 | 13 08 | 09 39 | 08 48 | 22 04 | 10 06 | 07 44 | 21 44 | 23 29 | 11 39 | 11 13 | 04 31 | 02 20 |
| 19 | 01 29 | 08 53 | 09 00 | 12 45 | 09 25 | 08 52 | 22 04 | 10 06 | 07 45 | 21 44 | 23 27 | 11 57 | 11 18 | 04 19 | 02 19 |
| 20 | 01 06 | 04 39 | 08 29 | 12 22 | 09 11 | 08 57 | 22 05 | 10 05 | 07 45 | 21 44 | 23 26 | 12 15 | 11 23 | 04 08 | 02 18 |
| 21 | 00 43 | 00 17 | 07 55 | 11 58 | 08 57 | 09 01 | 22 05 | 10 04 | 07 46 | 21 45 | 23 24 | 12 33 | 11 28 | 03 56 | 02 16 |
| 22 | 00 20 | -04 01 | 07 19 | 11 33 | 08 42 | 09 06 | 22 05 | 10 03 | 07 47 | 21 45 | 23 22 | 12 51 | 11 33 | 03 44 | 02 15 |
| 23 | -00 04 | 08 03 | 06 41 | 11 09 | 08 28 | 09 10 | 22 06 | 10 03 | 07 47 | 21 45 | 23 21 | 13 10 | 11 38 | 03 32 | 02 14 |
| 24 | 00 27 | 11 39 | 06 01 | 10 44 | 08 13 | 09 15 | 22 06 | 10 02 | 07 48 | 21 45 | 23 19 | 13 28 | 11 43 | 03 21 | 02 13 |
| 25 | 00 51 | 14 41 | 05 20 | 10 19 | 07 59 | 09 19 | 22 06 | 10 01 | 07 48 | 21 45 | 23 17 | 13 47 | 11 48 | 03 09 | 02 12 |
| 26 | 01 14 | 17 02 | 04 37 | 09 53 | 07 44 | 09 24 | 22 07 | 10 00 | 07 49 | 21 45 | 23 15 | 14 05 | 11 53 | 02 57 | 02 11 |
| 27 | 01 37 | 18 39 | 03 54 | 09 27 | 07 30 | 09 28 | 22 07 | 10 00 | 07 50 | 21 45 | 23 14 | 14 24 | 11 57 | 02 45 | 02 09 |
| 28 | 02 01 | 19 26 | 03 09 | 09 01 | 07 15 | 09 33 | 22 07 | 09 59 | 07 50 | 21 45 | 23 12 | 14 43 | 12 02 | 02 33 | 02 08 |
| 29 | 02 24 | 19 22 | 02 24 | 08 35 | 07 00 | 09 37 | 22 08 | 09 58 | 07 51 | 21 46 | 23 10 | 15 02 | 12 06 | 02 22 | 02 07 |
| 30 | 02 47 | 18 26 | 01 39 | 08 08 | 06 45 | 09 42 | 22 08 | 09 57 | 07 51 | 21 46 | 23 08 | 15 21 | 12 11 | 02 10 | 02 06 |

Lunar Phases -- 6 ○ 07:04 13 ◑ 06:26 20 ● 05:31 28 ◐ 02:55 Sun enters ♎ 9/22 20:03

## Oct. 17 — Longitudes of Main Planets - October 2017 — 0:00 E.T.

| D | S.T. | ☉ | ☽ | ☽ 12:00 | ☿ | ♀ | ♂ | ♃ | ♄ | ♅ | ♆ | ♇ | ☊ |
|---|---|---|---|---|---|---|---|---|---|---|---|---|---|
| 1 | 0:39:41 | 08♎00 31 | 09♒50 | 16♒03 | 01♎46 | 13♍25 | 16♍14 | 27♎58 | 22♐15 | 27♈16℞ | 12♓10℞ | 16♑51 | 21♌46 |
| 2 | 0:43:37 | 08 59 30 | 22 19 | 28 41 | 03 34 | 14 39 | 16 52 | 28 11 | 22 18 | 27 14 | 12 09 | 16 51 | 21 43 |
| 3 | 0:47:34 | 09 58 31 | 05♓08 | 11♓41 | 05 23 | 15 53 | 17 30 | 28 23 | 22 22 | 27 12 | 12 07 | 16 51 | 21 40 |
| 4 | 0:51:30 | 10 57 34 | 18 20 | 25 04 | 07 10 | 17 06 | 18 08 | 28 36 | 22 25 | 27 09 | 12 06 | 16 52 | 21 37 |
| 5 | 0:55:27 | 11 56 39 | 01♈54 | 08♈49 | 08 58 | 18 20 | 18 46 | 28 49 | 22 29 | 27 07 | 12 05 | 16 52 | 21 34 |
| 6 | 0:59:23 | 12 55 46 | 15 49 | 22 54 | 10 44 | 19 34 | 19 24 | 29 01 | 22 33 | 27 05 | 12 03 | 16 52 | 21 30 |
| 7 | 1:03:20 | 13 54 54 | 00♉02 | 07♉13 | 12 30 | 20 49 | 20 02 | 29 14 | 22 36 | 27 02 | 12 02 | 16 52 | 21 27 |
| 8 | 1:07:17 | 14 54 06 | 14 26 | 21 41 | 14 15 | 22 03 | 20 40 | 29 27 | 22 40 | 27 00 | 12 01 | 16 52 | 21 24 |
| 9 | 1:11:13 | 15 53 19 | 28 56 | 06♊11 | 15 59 | 23 17 | 21 18 | 29 40 | 22 44 | 26 57 | 11 59 | 16 53 | 21 21 |
| 10 | 1:15:10 | 16 52 34 | 13♊26 | 20 38 | 17 43 | 24 31 | 21 56 | 29 53 | 22 49 | 26 55 | 11 58 | 16 53 | 21 18 |
| 11 | 1:19:06 | 17 51 52 | 27 49 | 04♋58 | 19 25 | 25 45 | 22 34 | 00♏06 | 22 53 | 26 53 | 11 57 | 16 53 | 21 14 |
| 12 | 1:23:03 | 18 51 13 | 12♋03 | 19 06 | 21 08 | 27 00 | 23 11 | 00 19 | 22 57 | 26 50 | 11 56 | 16 54 | 21 11 |
| 13 | 1:26:59 | 19 50 35 | 26 06 | 03♌04 | 22 49 | 28 14 | 23 49 | 00 32 | 23 01 | 26 48 | 11 54 | 16 54 | 21 08 |
| 14 | 1:30:56 | 20 50 00 | 09♌58 | 16 49 | 24 30 | 29 28 | 24 27 | 00 45 | 23 06 | 26 45 | 11 53 | 16 55 | 21 05 |
| 15 | 1:34:52 | 21 49 27 | 23 37 | 00♍22 | 26 10 | 00♎43 | 25 05 | 00 58 | 23 10 | 26 43 | 11 52 | 16 55 | 21 02 |
| 16 | 1:38:49 | 22 48 57 | 07♍05 | 13 45 | 27 49 | 01 57 | 25 43 | 01 11 | 23 15 | 26 41 | 11 51 | 16 56 | 20 59 |
| 17 | 1:42:46 | 23 48 29 | 20 22 | 26 57 | 29 27 | 03 12 | 26 21 | 01 24 | 23 19 | 26 38 | 11 50 | 16 56 | 20 55 |
| 18 | 1:46:42 | 24 48 02 | 03♎28 | 09♎57 | 01♏05 | 04 26 | 26 59 | 01 37 | 23 24 | 26 36 | 11 49 | 16 57 | 20 52 |
| 19 | 1:50:39 | 25 47 38 | 16 23 | 22 46 | 02 42 | 05 41 | 27 37 | 01 50 | 23 29 | 26 33 | 11 47 | 16 57 | 20 49 |
| 20 | 1:54:35 | 26 47 16 | 29 06 | 05♏23 | 04 19 | 06 56 | 28 15 | 02 03 | 23 34 | 26 31 | 11 46 | 16 58 | 20 46 |
| 21 | 1:58:32 | 27 46 57 | 11♏37 | 17 48 | 05 55 | 08 10 | 28 53 | 02 16 | 23 38 | 26 28 | 11 45 | 16 58 | 20 43 |
| 22 | 2:02:28 | 28 46 39 | 23 56 | 00♐01 | 07 30 | 09 25 | 29 31 | 02 29 | 23 43 | 26 26 | 11 44 | 16 59 | 20 39 |
| 23 | 2:06:25 | 29 46 22 | 06♐04 | 12 04 | 09 05 | 10 40 | 00♎09 | 02 42 | 23 48 | 26 23 | 11 43 | 17 00 | 20 36 |
| 24 | 2:10:21 | 00♏46 08 | 18 02 | 23 58 | 10 39 | 11 54 | 00 47 | 02 55 | 23 54 | 26 21 | 11 42 | 17 01 | 20 33 |
| 25 | 2:14:18 | 01 45 56 | 29 53 | 05♑48 | 12 13 | 13 09 | 01 24 | 03 08 | 23 59 | 26 18 | 11 41 | 17 01 | 20 30 |
| 26 | 2:18:15 | 02 45 45 | 11♑42 | 17 37 | 13 46 | 14 24 | 02 02 | 03 21 | 24 04 | 26 16 | 11 41 | 17 02 | 20 27 |
| 27 | 2:22:11 | 03 45 36 | 23 33 | 29 30 | 15 19 | 15 39 | 02 40 | 03 34 | 24 09 | 26 14 | 11 40 | 17 03 | 20 24 |
| 28 | 2:26:08 | 04 45 29 | 05♒30 | 11♒33 | 16 51 | 16 54 | 03 18 | 03 47 | 24 15 | 26 11 | 11 39 | 17 04 | 20 20 |
| 29 | 2:30:04 | 05 45 23 | 17 39 | 23 51 | 18 23 | 18 08 | 03 56 | 04 00 | 24 20 | 26 09 | 11 38 | 17 05 | 20 17 |
| 30 | 2:34:01 | 06 45 19 | 00♓07 | 06♓28 | 19 54 | 19 23 | 04 34 | 04 14 | 24 25 | 26 06 | 11 37 | 17 06 | 20 14 |
| 31 | 2:37:57 | 07 45 17 | 12 56 | 19 31 | 21 24 | 20 38 | 05 12 | 04 27 | 24 31 | 26 04 | 11 36 | 17 07 | 20 11 |

## 0:00 E.T. — Longitudes of the Major Asteroids and Chiron

| D | ⚳ | ⚴ | ⚵ | ⚶ | ⚷ | D | ⚳ | ⚴ | ⚵ | ⚶ | ⚷ |
|---|---|---|---|---|---|---|---|---|---|---|---|
| 1 | 02♌21 | 12♉49℞ | 06♑13 | 06♎23 | 26♓02℞ | 17 | 07 32 | 09 22 | 09 44 | 14 32 | 25 22 |
| 2 | 02 42 | 12 40 | 06 24 | 06 54 | 25 59 | 18 | 07 50 | 09 05 | 09 59 | 15 02 | 25 19 |
| 3 | 03 02 | 12 30 | 06 36 | 07 24 | 25 56 | 19 | 08 08 | 08 48 | 10 15 | 15 33 | 25 17 |
| 4 | 03 22 | 12 20 | 06 48 | 07 54 | 25 54 | 20 | 08 26 | 08 31 | 10 30 | 16 04 | 25 15 |
| 5 | 03 42 | 12 09 | 07 00 | 08 25 | 25 51 | 21 | 08 43 | 08 14 | 10 46 | 16 34 | 25 13 |
| 6 | 04 02 | 11 57 | 07 12 | 08 55 | 25 49 | 22 | 09 01 | 07 56 | 11 02 | 17 05 | 25 10 |
| 7 | 04 22 | 11 45 | 07 25 | 09 26 | 25 46 | 23 | 09 18 | 07 38 | 11 18 | 17 36 | 25 08 |
| 8 | 04 42 | 11 33 | 07 38 | 09 56 | 25 44 | 24 | 09 35 | 07 19 | 11 35 | 18 07 | 25 06 |
| 9 | 05 01 | 11 20 | 07 51 | 10 27 | 25 41 | 25 | 09 52 | 07 01 | 11 51 | 18 37 | 25 04 |
| 10 | 05 20 | 11 07 | 08 04 | 10 57 | 25 39 | 26 | 10 08 | 06 42 | 12 08 | 19 08 | 25 02 |
| 11 | 05 40 | 10 53 | 08 18 | 11 28 | 25 36 | 27 | 10 25 | 06 23 | 12 25 | 19 39 | 25 00 |
| 12 | 05 59 | 10 39 | 08 32 | 11 59 | 25 34 | 28 | 10 41 | 06 04 | 12 42 | 20 10 | 24 58 |
| 13 | 06 18 | 10 24 | 08 46 | 12 29 | 25 31 | 29 | 10 57 | 05 44 | 12 59 | 20 40 | 24 56 |
| 14 | 06 36 | 10 09 | 09 00 | 13 00 | 25 29 | 30 | 11 13 | 05 25 | 13 17 | 21 11 | 24 54 |
| 15 | 06 55 | 09 54 | 09 15 | 13 30 | 25 26 | 31 | 11 28 | 05 05 | 13 34 | 21 42 | 24 53 |
| 16 | 07 13 | 09 38 | 09 29 | 14 01 | 25 24 | | | | | | |

## Lunar Data

| Last Asp. | | Ingress | | |
|---|---|---|---|---|
| 2 | 11:14 | 2 | ♓ | 14:27 |
| 4 | 07:20 | 4 | ♈ | 20:40 |
| 6 | 22:39 | 6 | ♉ | 23:57 |
| 8 | 13:46 | 9 | ♊ | 01:46 |
| 10 | 22:26 | 11 | ♋ | 03:39 |
| 13 | 04:01 | 13 | ♌ | 06:43 |
| 15 | 05:29 | 15 | ♍ | 11:20 |
| 17 | 11:28 | 17 | ♎ | 17:36 |
| 19 | 19:13 | 20 | ♏ | 01:42 |
| 22 | 11:36 | 22 | ♐ | 11:58 |
| 24 | 16:46 | 25 | ♑ | 00:13 |
| 27 | 05:23 | 27 | ♒ | 12:60 |
| 29 | 16:23 | 29 | ♓ | 23:47 |

## 0:00 E.T. — Declinations

| D | ☉ | ☽ | ☿ | ♀ | ♂ | ♃ | ♄ | ♅ | ♆ | ♇ | ⚳ | ⚴ | ⚵ | ⚶ | ⚷ |
|---|---|---|---|---|---|---|---|---|---|---|---|---|---|---|---|
| 1 | -03 11 | -16 37 | +00 52 | +07 41 | +06 31 | -09 47 | -22 09 | +09 56 | -07 52 | -21 46 | +23 07 | -15 40 | -12 15 | +01 58 | +02 05 |
| 2 | 03 34 | 13 59 | 00 06 | 07 14 | 06 16 | 09 51 | 22 09 | 09 56 | 07 52 | 21 46 | 23 05 | 15 59 | 12 20 | 01 46 | 02 04 |
| 3 | 03 57 | 10 36 | -00 40 | 06 47 | 06 01 | 09 56 | 22 09 | 09 55 | 07 53 | 21 46 | 23 03 | 16 18 | 12 24 | 01 35 | 02 03 |
| 4 | 04 20 | 06 37 | 01 27 | 06 20 | 05 46 | 10 00 | 22 10 | 09 54 | 07 53 | 21 46 | 23 02 | 16 37 | 12 28 | 01 23 | 02 01 |
| 5 | 04 43 | 02 11 | 02 13 | 05 52 | 05 31 | 10 05 | 22 10 | 09 53 | 07 54 | 21 46 | 23 00 | 16 56 | 12 33 | 01 11 | 02 00 |
| 6 | 05 06 | +02 28 | 02 59 | 05 24 | 05 16 | 10 10 | 22 10 | 09 52 | 07 54 | 21 46 | 22 58 | 17 14 | 12 37 | 01 00 | 01 59 |
| 7 | 05 29 | 07 04 | 03 45 | 04 56 | 05 01 | 10 14 | 22 11 | 09 51 | 07 55 | 21 46 | 22 57 | 17 33 | 12 41 | 00 48 | 01 58 |
| 8 | 05 52 | 11 21 | 04 31 | 04 28 | 04 46 | 10 19 | 22 11 | 09 50 | 07 55 | 21 46 | 22 55 | 17 52 | 12 45 | 00 36 | 01 57 |
| 9 | 06 15 | 14 58 | 05 17 | 03 59 | 04 31 | 10 23 | 22 11 | 09 50 | 07 56 | 21 47 | 22 54 | 18 11 | 12 49 | 00 24 | 01 56 |
| 10 | 06 38 | 17 40 | 06 02 | 03 31 | 04 16 | 10 28 | 22 12 | 09 49 | 07 56 | 21 47 | 22 52 | 18 30 | 12 53 | 00 13 | 01 55 |
| 11 | 07 00 | 19 15 | 06 46 | 03 02 | 04 01 | 10 32 | 22 12 | 09 48 | 07 57 | 21 47 | 22 50 | 18 48 | 12 56 | 00 01 | 01 53 |
| 12 | 07 23 | 19 35 | 07 31 | 02 33 | 03 46 | 10 37 | 22 13 | 09 47 | 07 57 | 21 47 | 22 49 | 19 07 | 13 00 | -00 10 | 01 52 |
| 13 | 07 46 | 18 41 | 08 14 | 02 04 | 03 31 | 10 42 | 22 13 | 09 46 | 07 58 | 21 47 | 22 48 | 19 25 | 13 04 | 00 22 | 01 51 |
| 14 | 08 08 | 16 41 | 08 57 | 01 35 | 03 16 | 10 46 | 22 13 | 09 45 | 07 58 | 21 47 | 22 46 | 19 44 | 13 07 | 00 34 | 01 50 |
| 15 | 08 30 | 13 44 | 09 40 | 01 06 | 03 01 | 10 51 | 22 14 | 09 44 | 07 59 | 21 47 | 22 45 | 20 02 | 13 11 | 00 45 | 01 49 |
| 16 | 08 52 | 10 06 | 10 22 | 00 37 | 02 46 | 10 55 | 22 14 | 09 44 | 07 59 | 21 47 | 22 43 | 20 20 | 13 14 | 00 57 | 01 48 |
| 17 | 09 14 | 06 00 | 11 03 | 00 08 | 02 31 | 11 00 | 22 15 | 09 43 | 08 00 | 21 47 | 22 42 | 20 38 | 13 18 | 01 08 | 01 47 |
| 18 | 09 36 | 01 41 | 11 44 | -00 22 | 02 16 | 11 04 | 22 15 | 09 42 | 08 00 | 21 47 | 22 41 | 20 55 | 13 21 | 01 20 | 01 46 |
| 19 | 09 58 | -02 39 | 12 24 | 00 51 | 02 01 | 11 09 | 22 15 | 09 41 | 08 00 | 21 47 | 22 40 | 21 13 | 13 24 | 01 31 | 01 45 |
| 20 | 10 20 | 06 48 | 13 03 | 01 20 | 01 45 | 11 13 | 22 16 | 09 40 | 08 01 | 21 47 | 22 39 | 21 30 | 13 27 | 01 43 | 01 44 |
| 21 | 10 41 | 10 36 | 13 41 | 01 49 | 01 30 | 11 18 | 22 16 | 09 39 | 08 01 | 21 47 | 22 37 | 21 47 | 13 30 | 01 54 | 01 43 |
| 22 | 11 02 | 13 52 | 14 19 | 02 19 | 01 15 | 11 23 | 22 16 | 09 38 | 08 02 | 21 47 | 22 36 | 22 04 | 13 33 | 02 06 | 01 42 |
| 23 | 11 23 | 16 31 | 14 56 | 02 48 | 01 00 | 11 27 | 22 17 | 09 37 | 08 02 | 21 47 | 22 35 | 22 20 | 13 36 | 02 17 | 01 41 |
| 24 | 11 44 | 18 25 | 15 33 | 03 17 | 00 45 | 11 32 | 22 17 | 09 36 | 08 02 | 21 47 | 22 34 | 22 37 | 13 39 | 02 28 | 01 40 |
| 25 | 12 05 | 19 30 | 16 08 | 03 46 | 00 30 | 11 36 | 22 18 | 09 36 | 08 03 | 21 47 | 22 34 | 22 53 | 13 42 | 02 40 | 01 39 |
| 26 | 12 26 | 19 43 | 16 43 | 04 16 | 00 15 | 11 41 | 22 18 | 09 35 | 08 03 | 21 47 | 22 33 | 23 08 | 13 44 | 02 51 | 01 38 |
| 27 | 12 46 | 19 05 | 17 16 | 04 45 | -00 01 | 11 45 | 22 18 | 09 34 | 08 03 | 21 47 | 22 32 | 23 24 | 13 47 | 03 02 | 01 37 |
| 28 | 13 06 | 17 34 | 17 49 | 05 14 | 00 16 | 11 49 | 22 19 | 09 33 | 08 03 | 21 47 | 22 31 | 23 39 | 13 49 | 03 13 | 01 36 |
| 29 | 13 26 | 15 15 | 18 21 | 05 43 | 00 31 | 11 54 | 22 19 | 09 32 | 08 04 | 21 47 | 22 31 | 23 54 | 13 52 | 03 25 | 01 35 |
| 30 | 13 46 | 12 11 | 18 52 | 06 11 | 00 46 | 11 58 | 22 19 | 09 31 | 08 04 | 21 47 | 22 30 | 24 08 | 13 54 | 03 36 | 01 34 |
| 31 | 14 06 | 08 27 | 19 22 | 06 40 | 01 01 | 12 03 | 22 20 | 09 30 | 08 04 | 21 47 | 22 30 | 24 22 | 13 56 | 03 47 | 01 33 |

Lunar Phases -- 5 ○ 18:41 12 ◑ 12:27 19 ● 19:13 27 ◐ 22:23 Sun enters ♏ 10/23 05:28

## 0:00 E.T. Longitudes of Main Planets - November 2017 Nov. 17

| D | S.T. | ☉ | ☽ | ☽ 12:00 | ☿ | ♀ | ♂ | ♃ | ♄ | ♅ | ♆ | ♇ | ☊ |
|---|---|---|---|---|---|---|---|---|---|---|---|---|---|
| 1 | 2:41:54 | 08♏45 16 | 26♓12 | 03♈00 | 22♏54 | 21♎53 | 05♎50 | 04♏40 | 24♐37 | 26♈02℞ | 11♓36℞ | 17♑08 | 20♌08 |
| 2 | 2:45:50 | 09 45 17 | 09♈56 | 16 58 | 24 24 | 23 08 | 06 27 | 04 53 | 24 42 | 25 59 | 11 35 | 17 09 | 20 05 |
| 3 | 2:49:47 | 10 45 19 | 24 06 | 01♉21 | 25 53 | 24 23 | 07 05 | 05 06 | 24 48 | 25 57 | 11 34 | 17 10 | 20 01 |
| 4 | 2:53:44 | 11 45 24 | 08♉40 | 16 03 | 27 21 | 25 38 | 07 43 | 05 19 | 24 54 | 25 55 | 11 34 | 17 11 | 19 58 |
| 5 | 2:57:40 | 12 45 30 | 23 30 | 00♊58 | 28 49 | 26 53 | 08 21 | 05 32 | 24 59 | 25 52 | 11 33 | 17 12 | 19 55 |
| 6 | 3:01:37 | 13 45 38 | 08♊27 | 15 55 | 00♐17 | 28 08 | 08 59 | 05 45 | 25 05 | 25 50 | 11 33 | 17 13 | 19 52 |
| 7 | 3:05:33 | 14 45 48 | 23 22 | 00♋46 | 01 44 | 29 23 | 09 37 | 05 58 | 25 11 | 25 48 | 11 32 | 17 14 | 19 49 |
| 8 | 3:09:30 | 15 46 00 | 08♋06 | 15 23 | 03 10 | 00♏39 | 10 15 | 06 11 | 25 17 | 25 45 | 11 32 | 17 15 | 19 45 |
| 9 | 3:13:26 | 16 46 14 | 22 35 | 29 42 | 04 36 | 01 54 | 10 52 | 06 24 | 25 23 | 25 43 | 11 31 | 17 16 | 19 42 |
| 10 | 3:17:23 | 17 46 31 | 06♌44 | 13♌42 | 06 01 | 03 09 | 11 30 | 06 37 | 25 29 | 25 41 | 11 31 | 17 17 | 19 39 |
| 11 | 3:21:19 | 18 46 49 | 20 34 | 27 21 | 07 25 | 04 24 | 12 08 | 06 50 | 25 35 | 25 39 | 11 30 | 17 19 | 19 36 |
| 12 | 3:25:16 | 19 47 09 | 04♍04 | 10♍43 | 08 49 | 05 39 | 12 46 | 07 03 | 25 42 | 25 37 | 11 30 | 17 20 | 19 33 |
| 13 | 3:29:13 | 20 47 31 | 17 18 | 23 49 | 10 11 | 06 55 | 13 24 | 07 16 | 25 48 | 25 34 | 11 30 | 17 21 | 19 30 |
| 14 | 3:33:09 | 21 47 55 | 00♎17 | 06♎42 | 11 33 | 08 10 | 14 02 | 07 29 | 25 54 | 25 32 | 11 29 | 17 22 | 19 26 |
| 15 | 3:37:06 | 22 48 21 | 13 04 | 19 23 | 12 54 | 09 25 | 14 40 | 07 42 | 26 00 | 25 30 | 11 29 | 17 24 | 19 23 |
| 16 | 3:41:02 | 23 48 48 | 25 40 | 01♏54 | 14 13 | 10 40 | 15 17 | 07 55 | 26 07 | 25 28 | 11 29 | 17 25 | 19 20 |
| 17 | 3:44:59 | 24 49 18 | 08♏06 | 14 15 | 15 32 | 11 56 | 15 55 | 08 08 | 26 13 | 25 26 | 11 28 | 17 27 | 19 17 |
| 18 | 3:48:55 | 25 49 49 | 20 23 | 26 28 | 16 48 | 13 11 | 16 33 | 08 20 | 26 19 | 25 24 | 11 28 | 17 28 | 19 14 |
| 19 | 3:52:52 | 26 50 22 | 02♐31 | 08♐32 | 18 03 | 14 26 | 17 11 | 08 33 | 26 26 | 25 22 | 11 28 | 17 29 | 19 11 |
| 20 | 3:56:48 | 27 50 56 | 14 31 | 20 29 | 19 17 | 15 42 | 17 49 | 08 46 | 26 32 | 25 20 | 11 28 | 17 31 | 19 07 |
| 21 | 4:00:45 | 28 51 32 | 26 25 | 02♑20 | 20 28 | 16 57 | 18 26 | 08 59 | 26 39 | 25 18 | 11 28 | 17 32 | 19 04 |
| 22 | 4:04:42 | 29 52 09 | 08♑14 | 14 08 | 21 36 | 18 12 | 19 04 | 09 11 | 26 45 | 25 16 | 11 28 | 17 34 | 19 01 |
| 23 | 4:08:38 | 00♐52 47 | 20 02 | 25 56 | 22 42 | 19 28 | 19 42 | 09 24 | 26 52 | 25 14 | 11 28D | 17 35 | 18 58 |
| 24 | 4:12:35 | 01 53 26 | 01♒51 | 07♒47 | 23 45 | 20 43 | 20 20 | 09 37 | 26 59 | 25 12 | 11 28 | 17 37 | 18 55 |
| 25 | 4:16:31 | 02 54 07 | 13 46 | 19 47 | 24 44 | 21 58 | 20 58 | 09 49 | 27 05 | 25 11 | 11 28 | 17 38 | 18 51 |
| 26 | 4:20:28 | 03 54 49 | 25 52 | 02♓01 | 25 39 | 23 14 | 21 35 | 10 02 | 27 12 | 25 09 | 11 28 | 17 40 | 18 48 |
| 27 | 4:24:24 | 04 55 32 | 08♓15 | 14 34 | 26 30 | 24 29 | 22 13 | 10 14 | 27 19 | 25 07 | 11 28 | 17 41 | 18 45 |
| 28 | 4:28:21 | 05 56 15 | 20 59 | 27 31 | 27 15 | 25 45 | 22 51 | 10 27 | 27 25 | 25 06 | 11 28 | 17 43 | 18 42 |
| 29 | 4:32:17 | 06 57 00 | 04♈09 | 10♈56 | 27 55 | 27 00 | 23 29 | 10 39 | 27 32 | 25 04 | 11 29 | 17 45 | 18 39 |
| 30 | 4:36:14 | 07 57 46 | 17 50 | 24 51 | 28 27 | 28 15 | 24 06 | 10 52 | 27 39 | 25 02 | 11 29 | 17 46 | 18 36 |

## 0:00 E.T. Longitudes of the Major Asteroids and Chiron

| D | ⚳ | ⚴ | ⚵ | ⚶ | ⚷ | D | ⚳ | ⚴ | ⚵ | ⚶ | ⚷ |
|---|---|---|---|---|---|---|---|---|---|---|---|
| 1 | 11♌44 | 04♉46℞ | 13♑52 | 22♎13 | 24♓51℞ | 16 | 15 05 | 00 02 | 18 39 | 29 55 | 24 29 |
| 2 | 11 59 | 04 26 | 14 10 | 22 44 | 24 49 | 17 | 15 16 | 29♈45 | 18 59 | 00♏25 | 24 28 |
| 3 | 12 14 | 04 07 | 14 28 | 23 14 | 24 47 | 18 | 15 27 | 29 28 | 19 19 | 00 56 | 24 27 |
| 4 | 12 28 | 03 47 | 14 47 | 23 45 | 24 46 | 19 | 15 37 | 29 12 | 19 40 | 01 27 | 24 27 |
| 5 | 12 43 | 03 27 | 15 05 | 24 16 | 24 44 | 20 | 15 48 | 28 56 | 20 01 | 01 58 | 24 26 |
| 6 | 12 57 | 03 08 | 15 24 | 24 47 | 24 43 | 21 | 15 58 | 28 41 | 20 22 | 02 28 | 24 25 |
| 7 | 13 11 | 02 48 | 15 43 | 25 17 | 24 41 | 22 | 16 07 | 28 25 | 20 43 | 02 59 | 24 24 |
| 8 | 13 25 | 02 29 | 16 02 | 25 48 | 24 40 | 23 | 16 17 | 28 11 | 21 04 | 03 30 | 24 23 |
| 9 | 13 38 | 02 10 | 16 21 | 26 19 | 24 38 | 24 | 16 26 | 27 57 | 21 25 | 04 00 | 24 23 |
| 10 | 13 51 | 01 51 | 16 40 | 26 50 | 24 37 | 25 | 16 34 | 27 43 | 21 46 | 04 31 | 24 22 |
| 11 | 14 04 | 01 32 | 16 59 | 27 21 | 24 35 | 26 | 16 43 | 27 30 | 22 08 | 05 02 | 24 22 |
| 12 | 14 17 | 01 14 | 17 19 | 27 51 | 24 34 | 27 | 16 51 | 27 17 | 22 29 | 05 32 | 24 21 |
| 13 | 14 29 | 00 55 | 17 39 | 28 22 | 24 33 | 28 | 16 59 | 27 05 | 22 51 | 06 03 | 24 21 |
| 14 | 14 41 | 00 37 | 17 59 | 28 53 | 24 32 | 29 | 17 06 | 26 54 | 23 13 | 06 34 | 24 20 |
| 15 | 14 53 | 00 20 | 18 19 | 29 24 | 24 31 | 30 | 17 13 | 26 43 | 23 35 | 07 04 | 24 20 |

## Lunar Data

| Last Asp. | | Ingress | | |
|---|---|---|---|---|
| 31 | 21:08 | 1 | ♈ | 06:43 |
| 3 | 03:04 | 3 | ♉ | 09:47 |
| 5 | 09:30 | 5 | ♊ | 10:27 |
| 7 | 10:41 | 7 | ♋ | 10:46 |
| 9 | 05:15 | 9 | ♌ | 12:30 |
| 11 | 08:57 | 11 | ♍ | 16:43 |
| 13 | 15:47 | 13 | ♎ | 23:28 |
| 16 | 00:52 | 16 | ♏ | 08:20 |
| 18 | 11:43 | 18 | ♐ | 19:00 |
| 21 | 00:28 | 21 | ♑ | 07:15 |
| 23 | 10:34 | 23 | ♒ | 20:15 |
| 26 | 02:38 | 26 | ♓ | 08:05 |
| 28 | 12:10 | 28 | ♈ | 16:31 |
| 30 | 18:38 | | | |

## 0:00 E.T. Declinations

| D | ☉ | ☽ | ☿ | ♀ | ♂ | ♃ | ♄ | ♅ | ♆ | ♇ | ⚳ | ⚴ | ⚵ | ⚶ | ⚷ |
|---|---|---|---|---|---|---|---|---|---|---|---|---|---|---|---|
| 1 | -14 25 | -04 11 | -19 52 | -07 09 | -01 16 | -12 07 | -22 20 | +09 30 | -08 05 | -21 47 | +22 30 | -24 36 | -13 58 | -03 58 | +01 32 |
| 2 | 14 44 | +00 26 | 20 20 | 07 37 | 01 31 | 12 12 | 22 21 | 09 29 | 08 05 | 21 47 | 22 29 | 24 49 | 14 00 | 04 09 | 01 31 |
| 3 | 15 03 | 05 10 | 20 47 | 08 05 | 01 46 | 12 16 | 22 21 | 09 28 | 08 05 | 21 47 | 22 29 | 25 02 | 14 02 | 04 20 | 01 30 |
| 4 | 15 22 | 09 44 | 21 13 | 08 33 | 02 01 | 12 20 | 22 21 | 09 27 | 08 05 | 21 47 | 22 29 | 25 14 | 14 04 | 04 31 | 01 29 |
| 5 | 15 40 | 13 48 | 21 38 | 09 01 | 02 16 | 12 25 | 22 22 | 09 26 | 08 06 | 21 47 | 22 29 | 25 27 | 14 06 | 04 42 | 01 28 |
| 6 | 15 58 | 17 01 | 22 02 | 09 29 | 02 31 | 12 29 | 22 22 | 09 25 | 08 06 | 21 47 | 22 29 | 25 38 | 14 08 | 04 53 | 01 28 |
| 7 | 16 16 | 19 05 | 22 25 | 09 57 | 02 46 | 12 33 | 22 22 | 09 25 | 08 06 | 21 47 | 22 29 | 25 50 | 14 09 | 05 03 | 01 27 |
| 8 | 16 33 | 19 51 | 22 47 | 10 24 | 03 01 | 12 38 | 22 23 | 09 24 | 08 06 | 21 47 | 22 29 | 26 01 | 14 11 | 05 14 | 01 26 |
| 9 | 16 51 | 19 16 | 23 08 | 10 51 | 03 16 | 12 42 | 22 23 | 09 23 | 08 06 | 21 47 | 22 30 | 26 11 | 14 12 | 05 25 | 01 25 |
| 10 | 17 08 | 17 29 | 23 28 | 11 18 | 03 31 | 12 46 | 22 23 | 09 22 | 08 06 | 21 47 | 22 30 | 26 21 | 14 14 | 05 35 | 01 24 |
| 11 | 17 24 | 14 42 | 23 46 | 11 44 | 03 46 | 12 50 | 22 24 | 09 21 | 08 07 | 21 47 | 22 31 | 26 31 | 14 15 | 05 46 | 01 24 |
| 12 | 17 41 | 11 11 | 24 03 | 12 10 | 04 01 | 12 55 | 22 24 | 09 21 | 08 07 | 21 47 | 22 31 | 26 40 | 14 16 | 05 57 | 01 23 |
| 13 | 17 57 | 07 10 | 24 19 | 12 36 | 04 16 | 12 59 | 22 24 | 09 20 | 08 07 | 21 47 | 22 32 | 26 49 | 14 17 | 06 07 | 01 22 |
| 14 | 18 13 | 02 53 | 24 34 | 13 02 | 04 31 | 13 03 | 22 25 | 09 19 | 08 07 | 21 47 | 22 33 | 26 57 | 14 18 | 06 18 | 01 22 |
| 15 | 18 28 | -01 27 | 24 47 | 13 27 | 04 45 | 13 07 | 22 25 | 09 18 | 08 07 | 21 47 | 22 34 | 27 05 | 14 19 | 06 28 | 01 21 |
| 16 | 18 43 | 05 39 | 24 59 | 13 53 | 05 00 | 13 11 | 22 25 | 09 18 | 08 07 | 21 47 | 22 35 | 27 13 | 14 20 | 06 38 | 01 20 |
| 17 | 18 58 | 09 34 | 25 10 | 14 17 | 05 15 | 13 15 | 22 25 | 09 17 | 08 07 | 21 46 | 22 37 | 27 20 | 14 20 | 06 49 | 01 20 |
| 18 | 19 13 | 13 01 | 25 19 | 14 42 | 05 30 | 13 20 | 22 26 | 09 16 | 08 07 | 21 46 | 22 38 | 27 26 | 14 21 | 06 59 | 01 19 |
| 19 | 19 27 | 15 54 | 25 27 | 15 05 | 05 44 | 13 24 | 22 26 | 09 16 | 08 07 | 21 46 | 22 39 | 27 32 | 14 22 | 07 09 | 01 18 |
| 20 | 19 41 | 18 04 | 25 34 | 15 29 | 05 59 | 13 28 | 22 26 | 09 15 | 08 07 | 21 46 | 22 41 | 27 38 | 14 22 | 07 19 | 01 18 |
| 21 | 19 54 | 19 27 | 25 39 | 15 52 | 06 13 | 13 32 | 22 27 | 09 14 | 08 07 | 21 46 | 22 43 | 27 43 | 14 22 | 07 29 | 01 17 |
| 22 | 20 07 | 19 58 | 25 43 | 16 15 | 06 28 | 13 36 | 22 27 | 09 13 | 08 07 | 21 46 | 22 45 | 27 48 | 14 23 | 07 39 | 01 17 |
| 23 | 20 20 | 19 36 | 25 45 | 16 37 | 06 42 | 13 40 | 22 27 | 09 13 | 08 07 | 21 46 | 22 47 | 27 52 | 14 23 | 07 49 | 01 16 |
| 24 | 20 32 | 18 23 | 25 46 | 16 59 | 06 57 | 13 44 | 22 27 | 09 12 | 08 07 | 21 46 | 22 49 | 27 56 | 14 23 | 07 59 | 01 16 |
| 25 | 20 44 | 16 20 | 25 45 | 17 21 | 07 11 | 13 48 | 22 28 | 09 12 | 08 07 | 21 46 | 22 51 | 28 00 | 14 23 | 08 09 | 01 15 |
| 26 | 20 56 | 13 33 | 25 43 | 17 42 | 07 25 | 13 52 | 22 28 | 09 11 | 08 07 | 21 46 | 22 54 | 28 03 | 14 23 | 08 19 | 01 15 |
| 27 | 21 07 | 10 07 | 25 39 | 18 02 | 07 40 | 13 55 | 22 28 | 09 10 | 08 07 | 21 46 | 22 56 | 28 05 | 14 22 | 08 29 | 01 14 |
| 28 | 21 18 | 06 07 | 25 34 | 18 22 | 07 54 | 13 59 | 22 28 | 09 10 | 08 07 | 21 45 | 22 59 | 28 07 | 14 22 | 08 38 | 01 14 |
| 29 | 21 28 | 01 42 | 25 27 | 18 42 | 08 08 | 14 03 | 22 29 | 09 09 | 08 07 | 21 45 | 23 02 | 28 09 | 14 22 | 08 48 | 01 13 |
| 30 | 21 38 | +02 57 | 25 19 | 19 01 | 08 22 | 14 07 | 22 29 | 09 09 | 08 07 | 21 45 | 23 05 | 28 10 | 14 21 | 08 57 | 01 13 |

Lunar Phases -- 4 ○ 05:24 10 ◑ 20:38 18 ● 11:43 26 ◐ 17:04 Sun enters ♐ 11/22 03:07

| D | S.T. | ☉ | ☽ | ☽ 12:00 | ☿ | ♀ | ♂ | ♃ | ♄ | ♅ | ♆ | ♇ | ☊ |
|---|------|---|---|---------|---|---|---|---|---|---|---|---|---|
| 1 | 4:40:11 | 08♐58 33 | 02♉00 | 09♉16 | 28♐53 | 29♏31 | 24♎44 | 11♏04 | 27♐46 | 25♈01℞ | 11♓29 | 17♑48 | 18♌32 |
| 2 | 4:44:07 | 09 59 21 | 16 39 | 24 07 | 29 10 | 00♐46 | 25 22 | 11 16 | 27 53 | 24 59 | 11 29 | 17 50 | 18 29 |
| 3 | 4:48:04 | 11 00 10 | 01♊40 | 09♊15 | 29 18 | 02 02 | 26 00 | 11 29 | 27 59 | 24 58 | 11 30 | 17 51 | 18 26 |
| 4 | 4:52:00 | 12 01 00 | 16 53 | 24 31 | 29 16℞ | 03 17 | 26 37 | 11 41 | 28 06 | 24 56 | 11 30 | 17 53 | 18 23 |
| 5 | 4:55:57 | 13 01 51 | 02♋08 | 09♋43 | 29 03 | 04 33 | 27 15 | 11 53 | 28 13 | 24 55 | 11 31 | 17 55 | 18 20 |
| 6 | 4:59:53 | 14 02 43 | 17 14 | 24 41 | 28 40 | 05 48 | 27 53 | 12 05 | 28 20 | 24 53 | 11 31 | 17 57 | 18 17 |
| 7 | 5:03:50 | 15 03 37 | 02♌03 | 09♌19 | 28 05 | 07 04 | 28 30 | 12 17 | 28 27 | 24 52 | 11 31 | 17 58 | 18 13 |
| 8 | 5:07:46 | 16 04 32 | 16 29 | 23 32 | 27 19 | 08 19 | 29 08 | 12 29 | 28 34 | 24 51 | 11 32 | 18 00 | 18 10 |
| 9 | 5:11:43 | 17 05 27 | 00♍29 | 07♍19 | 26 22 | 09 35 | 29 46 | 12 41 | 28 41 | 24 50 | 11 33 | 18 02 | 18 07 |
| 10 | 5:15:40 | 18 06 25 | 14 04 | 20 43 | 25 16 | 10 50 | 00♏24 | 12 53 | 28 48 | 24 48 | 11 33 | 18 04 | 18 04 |
| 11 | 5:19:36 | 19 07 23 | 27 16 | 03♎45 | 24 02 | 12 06 | 01 01 | 13 05 | 28 55 | 24 47 | 11 34 | 18 06 | 18 01 |
| 12 | 5:23:33 | 20 08 23 | 10♎09 | 16 29 | 22 43 | 13 21 | 01 39 | 13 17 | 29 02 | 24 46 | 11 34 | 18 08 | 17 57 |
| 13 | 5:27:29 | 21 09 23 | 22 45 | 28 58 | 21 20 | 14 37 | 02 17 | 13 28 | 29 09 | 24 45 | 11 35 | 18 09 | 17 54 |
| 14 | 5:31:26 | 22 10 25 | 05♏08 | 11♏16 | 19 58 | 15 52 | 02 54 | 13 40 | 29 16 | 24 44 | 11 36 | 18 11 | 17 51 |
| 15 | 5:35:22 | 23 11 27 | 17 21 | 23 24 | 18 37 | 17 08 | 03 32 | 13 51 | 29 23 | 24 43 | 11 37 | 18 13 | 17 48 |
| 16 | 5:39:19 | 24 12 31 | 29 26 | 05♐26 | 17 22 | 18 23 | 04 09 | 14 03 | 29 30 | 24 42 | 11 37 | 18 15 | 17 45 |
| 17 | 5:43:15 | 25 13 35 | 11♐24 | 17 22 | 16 14 | 19 39 | 04 47 | 14 14 | 29 37 | 24 41 | 11 38 | 18 17 | 17 42 |
| 18 | 5:47:12 | 26 14 41 | 23 18 | 29 13 | 15 15 | 20 54 | 05 25 | 14 26 | 29 44 | 24 40 | 11 39 | 18 19 | 17 38 |
| 19 | 5:51:09 | 27 15 48 | 05♑08 | 11♑03 | 14 27 | 22 10 | 06 02 | 14 37 | 29 51 | 24 40 | 11 40 | 18 21 | 17 35 |
| 20 | 5:55:05 | 28 16 53 | 16 57 | 22 51 | 13 49 | 23 25 | 06 40 | 14 48 | 29 59 | 24 39 | 11 41 | 18 23 | 17 32 |
| 21 | 5:59:02 | 29 17 59 | 28 46 | 04♒41 | 13 22 | 24 41 | 07 18 | 14 59 | 00♑06 | 24 38 | 11 42 | 18 25 | 17 29 |
| 22 | 6:02:58 | 00♑19 07 | 10♒38 | 16 35 | 13 06 | 25 56 | 07 55 | 15 10 | 00 13 | 24 38 | 11 43 | 18 27 | 17 26 |
| 23 | 6:06:55 | 01 20 14 | 22 38 | 28 38 | 13 00 | 27 12 | 08 33 | 15 21 | 00 20 | 24 37 | 11 44 | 18 29 | 17 23 |
| 24 | 6:10:51 | 02 21 22 | 04♓43 | 10♓52 | 13 04D | 28 27 | 09 10 | 15 32 | 00 27 | 24 37 | 11 45 | 18 31 | 17 19 |
| 25 | 6:14:48 | 03 22 29 | 17 05 | 23 22 | 13 17 | 29 43 | 09 48 | 15 43 | 00 34 | 24 36 | 11 46 | 18 33 | 17 16 |
| 26 | 6:18:44 | 04 23 37 | 29 45 | 06♈14 | 13 38 | 00♑58 | 10 25 | 15 54 | 00 41 | 24 36 | 11 47 | 18 35 | 17 13 |
| 27 | 6:22:41 | 05 24 45 | 12♈49 | 19 30 | 14 07 | 02 14 | 11 03 | 16 04 | 00 48 | 24 35 | 11 48 | 18 37 | 17 10 |
| 28 | 6:26:38 | 06 25 53 | 26 19 | 03♉15 | 14 42 | 03 29 | 11 40 | 16 15 | 00 55 | 24 35 | 11 49 | 18 39 | 17 07 |
| 29 | 6:30:34 | 07 27 01 | 10♉18 | 17 28 | 15 24 | 04 45 | 12 18 | 16 25 | 01 02 | 24 35 | 11 50 | 18 41 | 17 03 |
| 30 | 6:34:31 | 08 28 09 | 24 45 | 02♊09 | 16 10 | 06 00 | 12 55 | 16 36 | 01 09 | 24 35 | 11 52 | 18 43 | 17 00 |
| 31 | 6:38:27 | 09 29 16 | 09♊38 | 17 11 | 17 02 | 07 16 | 13 33 | 16 46 | 01 16 | 24 34 | 11 53 | 18 45 | 16 57 |

## 0:00 E.T. — Longitudes of the Major Asteroids and Chiron — Lunar Data

| D | ⚳ | ⚴ | ⚵ | ⚶ | ⚷ | D | ⚳ | ⚴ | ⚵ | ⚶ | ⚷ | Last Asp. | Ingress |
|---|---|---|---|---|---|---|---|---|---|---|---|-----------|---------|
| 1 | 17♌19 | 26♈32℞ | 23♑57 | 07♏35 | 24♓20℞ | 17 | 18 12℞ | 25 06 | 00♒05 | 15 41 | 24 23 | 2 01:54 | 2 ♊ 21:22 |
| 2 | 17 26 | 26 23 | 24 19 | 08 05 | 24 19 | 18 | 18 12 | 25 06D | 00 28 | 16 11 | 24 23 | 4 19:14 | 4 ♋ 20:38 |
| 3 | 17 31 | 26 13 | 24 41 | 08 36 | 24 19 | 19 | 18 11 | 25 06 | 00 52 | 16 41 | 24 24 | 6 17:57 | 6 ♌ 20:38 |
| 4 | 17 37 | 26 05 | 25 04 | 09 06 | 24 19 | 20 | 18 10 | 25 07 | 01 16 | 17 11 | 24 25 | 8 22:42 | 8 ♍ 23:10 |
| 5 | 17 42 | 25 57 | 25 26 | 09 37 | 24 19 | 21 | 18 08 | 25 08 | 01 40 | 17 41 | 24 26 | 11 03:04 | 11 ♎ 05:02 |
| 6 | 17 47 | 25 49 | 25 49 | 10 07 | 24 19D | 22 | 18 06 | 25 10 | 02 05 | 18 11 | 24 27 | 13 12:28 | 13 ♏ 13:60 |
| 7 | 17 51 | 25 42 | 26 12 | 10 38 | 24 19 | 23 | 18 04 | 25 13 | 02 29 | 18 41 | 24 28 | 15 01:43 | 16 ♐ 01:08 |
| 8 | 17 55 | 25 36 | 26 35 | 11 08 | 24 19 | 24 | 18 01 | 25 16 | 02 53 | 19 11 | 24 29 | 18 13:11 | 18 ♑ 13:35 |
| 9 | 17 58 | 25 30 | 26 57 | 11 38 | 24 19 | 25 | 17 58 | 25 20 | 03 18 | 19 40 | 24 30 | 20 15:38 | 21 ♒ 02:30 |
| 10 | 18 02 | 25 25 | 27 21 | 12 09 | 24 20 | 26 | 17 54 | 25 24 | 03 42 | 20 10 | 24 31 | 23 10:14 | 23 ♓ 14:43 |
| 11 | 18 04 | 25 20 | 27 44 | 12 39 | 24 20 | 27 | 17 50 | 25 29 | 04 07 | 20 40 | 24 32 | 25 02:49 | 26 ♈ 00:28 |
| 12 | 18 07 | 25 16 | 28 07 | 13 09 | 24 20 | 28 | 17 45 | 25 35 | 04 31 | 21 10 | 24 33 | 27 20:58 | 28 ♉ 06:24 |
| 13 | 18 09 | 25 13 | 28 30 | 13 40 | 24 21 | 29 | 17 40 | 25 41 | 04 56 | 21 39 | 24 34 | 29 14:02 | 30 ♊ 08:32 |
| 14 | 18 10 | 25 10 | 28 54 | 14 10 | 24 21 | 30 | 17 35 | 25 47 | 05 21 | 22 09 | 24 36 | | |
| 15 | 18 11 | 25 08 | 29 17 | 14 40 | 24 22 | 31 | 17 29 | 25 55 | 05 46 | 22 38 | 24 37 | | |
| 16 | 18 12 | 25 07 | 29 41 | 15 10 | 24 22 | | | | | | | | |

## 0:00 E.T. — Declinations

| D | ☉ | ☽ | ☿ | ♀ | ♂ | ♃ | ♄ | ♅ | ♆ | ♇ | ⚳ | ⚴ | ⚵ | ⚶ | ⚷ |
|---|---|---|---|---|---|---|---|---|---|---|---|---|---|---|---|
| 1 | -21 47 | +07 36 | -25 10 | -19 19 | -08 36 | -14 11 | -22 29 | +09 08 | -08 07 | -21 45 | +23 08 | -28 11 | -14 20 | -09 07 | +01 13 |
| 2 | 21 57 | 11 58 | 24 59 | 19 37 | 08 50 | 14 15 | 22 29 | 09 08 | 08 06 | 21 45 | 23 11 | 28 12 | 14 20 | 09 16 | 01 12 |
| 3 | 22 05 | 15 42 | 24 46 | 19 55 | 09 04 | 14 18 | 22 29 | 09 07 | 08 06 | 21 45 | 23 15 | 28 12 | 14 19 | 09 25 | 01 12 |
| 4 | 22 14 | 18 25 | 24 32 | 20 12 | 09 18 | 14 22 | 22 30 | 09 06 | 08 06 | 21 45 | 23 18 | 28 12 | 14 18 | 09 35 | 01 12 |
| 5 | 22 21 | 19 50 | 24 16 | 20 28 | 09 31 | 14 26 | 22 30 | 09 06 | 08 06 | 21 45 | 23 22 | 28 11 | 14 17 | 09 44 | 01 11 |
| 6 | 22 29 | 19 50 | 23 59 | 20 44 | 09 45 | 14 29 | 22 30 | 09 06 | 08 06 | 21 45 | 23 26 | 28 10 | 14 16 | 09 53 | 01 11 |
| 7 | 22 36 | 18 26 | 23 41 | 20 59 | 09 59 | 14 33 | 22 30 | 09 05 | 08 06 | 21 44 | 23 30 | 28 08 | 14 15 | 10 02 | 01 11 |
| 8 | 22 42 | 15 52 | 23 21 | 21 13 | 10 12 | 14 37 | 22 30 | 09 05 | 08 05 | 21 44 | 23 34 | 28 06 | 14 14 | 10 11 | 01 11 |
| 9 | 22 49 | 12 26 | 23 00 | 21 27 | 10 26 | 14 40 | 22 30 | 09 04 | 08 05 | 21 44 | 23 39 | 28 04 | 14 12 | 10 19 | 01 11 |
| 10 | 22 54 | 08 26 | 22 37 | 21 40 | 10 39 | 14 44 | 22 31 | 09 04 | 08 05 | 21 44 | 23 43 | 28 02 | 14 11 | 10 28 | 01 10 |
| 11 | 22 59 | 04 08 | 22 14 | 21 53 | 10 53 | 14 47 | 22 31 | 09 03 | 08 05 | 21 44 | 23 48 | 27 59 | 14 09 | 10 37 | 01 10 |
| 12 | 23 04 | -00 15 | 21 51 | 22 05 | 11 06 | 14 51 | 22 31 | 09 03 | 08 04 | 21 44 | 23 53 | 27 55 | 14 07 | 10 45 | 01 10 |
| 13 | 23 08 | 04 31 | 21 27 | 22 16 | 11 19 | 14 54 | 22 31 | 09 03 | 08 04 | 21 43 | 23 58 | 27 52 | 14 06 | 10 54 | 01 10 |
| 14 | 23 12 | 08 31 | 21 04 | 22 27 | 11 32 | 14 57 | 22 31 | 09 02 | 08 04 | 21 43 | 24 03 | 27 48 | 14 04 | 11 02 | 01 10 |
| 15 | 23 16 | 12 07 | 20 43 | 22 37 | 11 45 | 15 01 | 22 31 | 09 02 | 08 03 | 21 43 | 24 08 | 27 44 | 14 02 | 11 11 | 01 10 |
| 16 | 23 18 | 15 11 | 20 23 | 22 46 | 11 58 | 15 04 | 22 31 | 09 02 | 08 03 | 21 43 | 24 14 | 27 39 | 14 00 | 11 19 | 01 10 |
| 17 | 23 21 | 17 34 | 20 06 | 22 55 | 12 11 | 15 07 | 22 31 | 09 01 | 08 02 | 21 43 | 24 19 | 27 34 | 13 58 | 11 27 | 01 10 |
| 18 | 23 23 | 19 12 | 19 52 | 23 03 | 12 24 | 15 11 | 22 31 | 09 01 | 08 02 | 21 43 | 24 25 | 27 29 | 13 56 | 11 35 | 01 10 |
| 19 | 23 24 | 20 00 | 19 40 | 23 10 | 12 37 | 15 17 | 22 32 | 09 01 | 08 02 | 21 43 | 24 31 | 27 23 | 13 53 | 11 43 | 01 10 |
| 20 | 23 25 | 19 54 | 19 32 | 23 16 | 12 49 | 15 17 | 22 32 | 09 01 | 08 02 | 21 42 | 24 37 | 27 18 | 13 51 | 11 51 | 01 10 |
| 21 | 23 26 | 18 56 | 19 27 | 23 22 | 13 02 | 15 20 | 22 32 | 09 00 | 08 01 | 21 42 | 24 43 | 27 11 | 13 48 | 11 59 | 01 10 |
| 22 | 23 26 | 17 08 | 19 25 | 23 27 | 13 14 | 15 24 | 22 32 | 09 00 | 08 01 | 21 42 | 24 50 | 27 05 | 13 46 | 12 07 | 01 10 |
| 23 | 23 26 | 14 35 | 19 26 | 23 32 | 13 27 | 15 27 | 22 32 | 09 00 | 08 01 | 21 42 | 24 56 | 26 59 | 13 43 | 12 15 | 01 10 |
| 24 | 23 25 | 11 22 | 19 30 | 23 35 | 13 39 | 15 30 | 22 32 | 09 00 | 08 00 | 21 42 | 25 03 | 26 52 | 13 40 | 12 22 | 01 11 |
| 25 | 23 24 | 07 36 | 19 35 | 23 38 | 13 51 | 15 33 | 22 32 | 09 00 | 08 00 | 21 42 | 25 10 | 26 45 | 13 37 | 12 30 | 01 11 |
| 26 | 23 22 | 03 25 | 19 43 | 23 40 | 14 03 | 15 36 | 22 32 | 09 00 | 07 59 | 21 41 | 25 17 | 26 37 | 13 35 | 12 37 | 01 11 |
| 27 | 23 19 | +01 03 | 19 52 | 23 42 | 14 15 | 15 39 | 22 32 | 09 00 | 07 59 | 21 41 | 25 24 | 26 30 | 13 31 | 12 44 | 01 11 |
| 28 | 23 17 | 05 35 | 20 03 | 23 42 | 14 27 | 15 42 | 22 32 | 08 59 | 07 58 | 21 41 | 25 31 | 26 22 | 13 28 | 12 52 | 01 12 |
| 29 | 23 14 | 10 00 | 20 15 | 23 42 | 14 39 | 15 45 | 22 32 | 08 59 | 07 58 | 21 41 | 25 38 | 26 14 | 13 25 | 12 59 | 01 12 |
| 30 | 23 10 | 13 59 | 20 27 | 23 42 | 14 51 | 15 47 | 22 32 | 08 59 | 07 57 | 21 41 | 25 46 | 26 05 | 13 22 | 13 06 | 01 12 |
| 31 | 23 06 | 17 13 | 20 40 | 23 40 | 15 02 | 15 50 | 22 32 | 08 59 | 07 57 | 21 40 | 25 53 | 25 57 | 13 18 | 13 13 | 01 12 |

Lunar Phases -- 3 ○ 15:48    10 ◑ 07:53    18 ● 06:32    26 ◐ 09:21    Sun enters ♑ 12/21 16:30

## 0:00 E.T. Longitudes of Main Planets - January 2018

| D | S.T. | ☉ | ☽ | ☽ 12:00 | ☿ | ♀ | ♂ | ♃ | ♄ | ♅ | ♆ | ♇ | ☊ |
|---|---|---|---|---|---|---|---|---|---|---|---|---|---|
| 1 | 6:42:24 | 10♑30 24 | 24♊47 | 02♋26 | 17♐57 | 08♑31 | 14♏10 | 16♏56 | 01♑23 | 24♈34℞ | 11♓54 | 18♑47 | 16♌54 |
| 2 | 6:46:20 | 11 31 32 | 10♋05 | 17 44 | 18 56 | 09 47 | 14 47 | 17 06 | 01 30 | 24 34 | 11 56 | 18 49 | 16 51 |
| 3 | 6:50:17 | 12 32 40 | 25 20 | 02♌54 | 19 59 | 11 02 | 15 25 | 17 16 | 01 37 | 24 34D | 11 57 | 18 51 | 16 48 |
| 4 | 6:54:13 | 13 33 48 | 10♌23 | 17 46 | 21 05 | 12 18 | 16 02 | 17 26 | 01 44 | 24 34 | 11 58 | 18 53 | 16 44 |
| 5 | 6:58:10 | 14 34 56 | 25 04 | 02♍15 | 22 13 | 13 33 | 16 40 | 17 36 | 01 51 | 24 34 | 12 00 | 18 55 | 16 41 |
| 6 | 7:02:07 | 15 36 04 | 09♍20 | 16 17 | 23 23 | 14 49 | 17 17 | 17 46 | 01 58 | 24 35 | 12 01 | 18 57 | 16 38 |
| 7 | 7:06:03 | 16 37 13 | 23 07 | 29 51 | 24 36 | 16 04 | 17 54 | 17 55 | 02 05 | 24 35 | 12 03 | 18 59 | 16 35 |
| 8 | 7:10:00 | 17 38 21 | 06♎29 | 13♎00 | 25 50 | 17 20 | 18 32 | 18 05 | 02 12 | 24 35 | 12 04 | 19 01 | 16 32 |
| 9 | 7:13:56 | 18 39 29 | 19 25 | 25 46 | 27 06 | 18 35 | 19 09 | 18 14 | 02 19 | 24 35 | 12 06 | 19 03 | 16 28 |
| 10 | 7:17:53 | 19 40 38 | 02♏01 | 08♏13 | 28 24 | 19 51 | 19 46 | 18 23 | 02 26 | 24 36 | 12 07 | 19 05 | 16 25 |
| 11 | 7:21:49 | 20 41 47 | 14 21 | 20 25 | 29 43 | 21 06 | 20 24 | 18 32 | 02 33 | 24 36 | 12 09 | 19 07 | 16 22 |
| 12 | 7:25:46 | 21 42 55 | 26 27 | 02♐27 | 01♑03 | 22 22 | 21 01 | 18 41 | 02 40 | 24 36 | 12 10 | 19 09 | 16 19 |
| 13 | 7:29:42 | 22 44 04 | 08♐25 | 14 21 | 02 24 | 23 37 | 21 38 | 18 50 | 02 47 | 24 37 | 12 12 | 19 11 | 16 16 |
| 14 | 7:33:39 | 23 45 12 | 20 17 | 26 12 | 03 47 | 24 53 | 22 15 | 18 59 | 02 53 | 24 38 | 12 14 | 19 13 | 16 13 |
| 15 | 7:37:36 | 24 46 21 | 02♑06 | 08♑01 | 05 10 | 26 08 | 22 52 | 19 08 | 03 00 | 24 38 | 12 15 | 19 15 | 16 09 |
| 16 | 7:41:32 | 25 47 29 | 13 55 | 19 50 | 06 34 | 27 24 | 23 30 | 19 16 | 03 07 | 24 39 | 12 17 | 19 17 | 16 06 |
| 17 | 7:45:29 | 26 48 36 | 25 46 | 01♒43 | 08 00 | 28 39 | 24 07 | 19 25 | 03 14 | 24 40 | 12 19 | 19 19 | 16 03 |
| 18 | 7:49:25 | 27 49 43 | 07♒40 | 13 40 | 09 26 | 29 55 | 24 44 | 19 33 | 03 20 | 24 40 | 12 20 | 19 21 | 16 00 |
| 19 | 7:53:22 | 28 50 49 | 19 40 | 25 43 | 10 52 | 01♒10 | 25 21 | 19 41 | 03 27 | 24 41 | 12 22 | 19 23 | 15 57 |
| 20 | 7:57:18 | 29 51 55 | 01♓48 | 07♓55 | 12 20 | 02 25 | 25 58 | 19 49 | 03 34 | 24 42 | 12 24 | 19 25 | 15 54 |
| 21 | 8:01:15 | 00♒53 00 | 14 05 | 20 19 | 13 48 | 03 41 | 26 35 | 19 57 | 03 40 | 24 43 | 12 26 | 19 27 | 15 50 |
| 22 | 8:05:11 | 01 54 04 | 26 35 | 02♈56 | 15 17 | 04 56 | 27 12 | 20 05 | 03 47 | 24 44 | 12 27 | 19 29 | 15 47 |
| 23 | 8:09:08 | 02 55 07 | 09♈21 | 15 50 | 16 46 | 06 12 | 27 49 | 20 13 | 03 53 | 24 45 | 12 29 | 19 31 | 15 44 |
| 24 | 8:13:04 | 03 56 09 | 22 24 | 29 04 | 18 16 | 07 27 | 28 26 | 20 20 | 04 00 | 24 46 | 12 31 | 19 33 | 15 41 |
| 25 | 8:17:01 | 04 57 10 | 05♉49 | 12♉39 | 19 47 | 08 42 | 29 03 | 20 27 | 04 06 | 24 47 | 12 33 | 19 35 | 15 38 |
| 26 | 8:20:58 | 05 58 10 | 19 36 | 26 38 | 21 19 | 09 58 | 29 40 | 20 35 | 04 12 | 24 48 | 12 35 | 19 37 | 15 34 |
| 27 | 8:24:54 | 06 59 09 | 03♊46 | 11♊00 | 22 51 | 11 13 | 00♐17 | 20 42 | 04 19 | 24 50 | 12 37 | 19 39 | 15 31 |
| 28 | 8:28:51 | 08 00 06 | 18 18 | 25 41 | 24 23 | 12 28 | 00 54 | 20 49 | 04 25 | 24 51 | 12 39 | 19 41 | 15 28 |
| 29 | 8:32:47 | 09 01 03 | 03♋07 | 10♋37 | 25 57 | 13 44 | 01 31 | 20 56 | 04 31 | 24 52 | 12 41 | 19 43 | 15 25 |
| 30 | 8:36:44 | 10 01 59 | 18 08 | 25 40 | 27 31 | 14 59 | 02 07 | 21 02 | 04 38 | 24 54 | 12 43 | 19 45 | 15 22 |
| 31 | 8:40:40 | 11 02 53 | 03♌12 | 10♌42 | 29 06 | 16 14 | 02 44 | 21 09 | 04 44 | 24 55 | 12 45 | 19 47 | 15 19 |

## 0:00 E.T. Longitudes of the Major Asteroids and Chiron

| D | ⚳ | ⚴ | ⚵ | ⚶ | ⚷ |
|---|---|---|---|---|---|
| 1 | 17♌23℞ | 26♈02 | 06♒11 | 23♏08 | 24♓39 |
| 2 | 17 16 | 26 10 | 06 36 | 23 37 | 24 40 |
| 3 | 17 09 | 26 19 | 07 01 | 24 07 | 24 42 |
| 4 | 17 02 | 26 28 | 07 26 | 24 36 | 24 43 |
| 5 | 16 54 | 26 38 | 07 51 | 25 05 | 24 45 |
| 6 | 16 45 | 26 48 | 08 16 | 25 34 | 24 46 |
| 7 | 16 37 | 26 59 | 08 42 | 26 04 | 24 48 |
| 8 | 16 28 | 27 10 | 09 07 | 26 33 | 24 50 |
| 9 | 16 18 | 27 21 | 09 33 | 27 02 | 24 52 |
| 10 | 16 09 | 27 33 | 09 58 | 27 31 | 24 54 |
| 11 | 15 59 | 27 46 | 10 24 | 27 59 | 24 56 |
| 12 | 15 48 | 27 59 | 10 50 | 28 28 | 24 57 |
| 13 | 15 37 | 28 12 | 11 16 | 28 57 | 24 59 |
| 14 | 15 26 | 28 26 | 11 41 | 29 26 | 25 02 |
| 15 | 15 15 | 28 41 | 12 07 | 29 54 | 25 04 |
| 16 | 15 03 | 28 55 | 12 33 | 00♐23 | 25 06 |
| 17 | 14 51 | 29 10 | 12 59 | 00 51 | 25 08 |
| 18 | 14 39 | 29 26 | 13 25 | 01 20 | 25 10 |
| 19 | 14 26 | 29 42 | 13 51 | 01 48 | 25 12 |
| 20 | 14 14 | 29 58 | 14 18 | 02 16 | 25 15 |
| 21 | 14 01 | 00♉15 | 14 44 | 02 44 | 25 17 |
| 22 | 13 48 | 00 32 | 15 10 | 03 12 | 25 20 |
| 23 | 13 34 | 00 50 | 15 37 | 03 40 | 25 22 |
| 24 | 13 21 | 01 08 | 16 03 | 04 08 | 25 24 |
| 25 | 13 07 | 01 26 | 16 29 | 04 36 | 25 27 |
| 26 | 12 53 | 01 45 | 16 56 | 05 04 | 25 30 |
| 27 | 12 39 | 02 04 | 17 23 | 05 31 | 25 32 |
| 28 | 12 25 | 02 23 | 17 49 | 05 59 | 25 35 |
| 29 | 12 11 | 02 43 | 18 16 | 06 26 | 25 37 |
| 30 | 11 57 | 03 03 | 18 43 | 06 53 | 25 40 |
| 31 | 11 43 | 03 23 | 19 09 | 07 21 | 25 43 |

## Lunar Data

| Last Asp. | | Ingress | | |
|---|---|---|---|---|
| 31 | 23:39 | 1 | ♋ | 08:11 |
| 2 | 22:47 | 3 | ♌ | 07:24 |
| 4 | 23:11 | 5 | ♍ | 08:13 |
| 7 | 02:52 | 7 | ♎ | 12:16 |
| 9 | 16:14 | 9 | ♏ | 20:07 |
| 11 | 14:54 | 12 | ♐ | 07:06 |
| 14 | 08:49 | 14 | ♑ | 19:43 |
| 17 | 06:31 | 17 | ♒ | 08:33 |
| 19 | 11:53 | 19 | ♓ | 20:28 |
| 22 | 01:14 | 22 | ♈ | 06:28 |
| 24 | 04:17 | 24 | ♉ | 13:40 |
| 26 | 03:17 | 26 | ♊ | 17:40 |
| 28 | 10:40 | 28 | ♋ | 18:58 |
| 30 | 16:41 | 30 | ♌ | 18:54 |

## 0:00 E.T. Declinations

| D | ☉ | ☽ | ☿ | ♀ | ♂ | ♃ | ♄ | ♅ | ♆ | ♇ | ⚳ | ⚴ | ⚵ | ⚶ | ⚷ |
|---|---|---|---|---|---|---|---|---|---|---|---|---|---|---|---|
| 1 | -23 01 | +19 19 | -20 54 | -23 38 | -15 14 | -15 53 | -22 32 | +08 59 | -07 56 | -21 40 | +26 01 | -25 48 | -13 15 | -13 20 | +01 13 |
| 2 | 22 56 | 20 04 | 21 07 | 23 35 | 15 25 | 15 56 | 22 32 | 08 59 | 07 56 | 21 40 | 26 09 | 25 39 | 13 11 | 13 26 | 01 13 |
| 3 | 22 51 | 19 19 | 21 21 | 23 31 | 15 36 | 15 59 | 22 32 | 08 59 | 07 55 | 21 40 | 26 17 | 25 30 | 13 08 | 13 33 | 01 13 |
| 4 | 22 45 | 17 13 | 21 34 | 23 27 | 15 48 | 16 01 | 22 32 | 08 59 | 07 55 | 21 40 | 26 24 | 25 21 | 13 04 | 13 40 | 01 14 |
| 5 | 22 38 | 14 01 | 21 47 | 23 22 | 15 59 | 16 04 | 22 32 | 08 59 | 07 54 | 21 40 | 26 32 | 25 12 | 13 00 | 13 46 | 01 14 |
| 6 | 22 31 | 10 04 | 21 59 | 23 16 | 16 10 | 16 06 | 22 32 | 09 00 | 07 54 | 21 39 | 26 41 | 25 02 | 12 56 | 13 52 | 01 15 |
| 7 | 22 24 | 05 41 | 22 11 | 23 09 | 16 20 | 16 09 | 22 32 | 09 00 | 07 53 | 21 39 | 26 49 | 24 52 | 12 52 | 13 59 | 01 15 |
| 8 | 22 16 | 01 11 | 22 23 | 23 02 | 16 31 | 16 12 | 22 32 | 09 00 | 07 53 | 21 39 | 26 57 | 24 42 | 12 48 | 14 05 | 01 16 |
| 9 | 22 08 | -03 14 | 22 34 | 22 54 | 16 42 | 16 14 | 22 31 | 09 00 | 07 52 | 21 39 | 27 05 | 24 32 | 12 44 | 14 11 | 01 16 |
| 10 | 22 00 | 07 23 | 22 43 | 22 45 | 16 52 | 16 16 | 22 31 | 09 00 | 07 51 | 21 39 | 27 13 | 24 22 | 12 39 | 14 17 | 01 17 |
| 11 | 21 50 | 11 08 | 22 53 | 22 36 | 17 03 | 16 19 | 22 31 | 09 00 | 07 51 | 21 38 | 27 22 | 24 12 | 12 35 | 14 23 | 01 17 |
| 12 | 21 41 | 14 21 | 23 01 | 22 26 | 17 13 | 16 21 | 22 31 | 09 01 | 07 50 | 21 38 | 27 30 | 24 01 | 12 30 | 14 29 | 01 18 |
| 13 | 21 31 | 16 57 | 23 08 | 22 15 | 17 23 | 16 24 | 22 31 | 09 01 | 07 49 | 21 38 | 27 38 | 23 51 | 12 26 | 14 34 | 01 18 |
| 14 | 21 21 | 18 48 | 23 14 | 22 03 | 17 33 | 16 26 | 22 31 | 09 01 | 07 49 | 21 38 | 27 47 | 23 40 | 12 21 | 14 40 | 01 19 |
| 15 | 21 10 | 19 51 | 23 19 | 21 51 | 17 43 | 16 28 | 22 31 | 09 01 | 07 48 | 21 38 | 27 55 | 23 29 | 12 17 | 14 46 | 01 20 |
| 16 | 20 59 | 20 01 | 23 23 | 21 38 | 17 53 | 16 30 | 22 31 | 09 02 | 07 48 | 21 37 | 28 04 | 23 18 | 12 12 | 14 51 | 01 20 |
| 17 | 20 47 | 19 17 | 23 26 | 21 25 | 18 02 | 16 32 | 22 31 | 09 02 | 07 47 | 21 37 | 28 12 | 23 07 | 12 07 | 14 56 | 01 21 |
| 18 | 20 36 | 17 42 | 23 28 | 21 11 | 18 12 | 16 35 | 22 31 | 09 02 | 07 46 | 21 37 | 28 20 | 22 55 | 12 02 | 15 01 | 01 21 |
| 19 | 20 23 | 15 20 | 23 29 | 20 56 | 18 21 | 16 37 | 22 30 | 09 02 | 07 45 | 21 37 | 28 29 | 22 44 | 11 57 | 15 07 | 01 22 |
| 20 | 20 11 | 12 16 | 23 28 | 20 41 | 18 30 | 16 39 | 22 30 | 09 03 | 07 45 | 21 37 | 28 37 | 22 33 | 11 52 | 15 12 | 01 23 |
| 21 | 19 57 | 08 39 | 23 26 | 20 25 | 18 40 | 16 41 | 22 30 | 09 03 | 07 44 | 21 36 | 28 45 | 22 21 | 11 46 | 15 17 | 01 24 |
| 22 | 19 44 | 04 35 | 23 23 | 20 08 | 18 49 | 16 43 | 22 30 | 09 04 | 07 43 | 21 36 | 28 53 | 22 09 | 11 41 | 15 21 | 01 24 |
| 23 | 19 30 | 00 16 | 23 19 | 19 51 | 18 57 | 16 45 | 22 30 | 09 04 | 07 43 | 21 36 | 29 01 | 21 58 | 11 36 | 15 26 | 01 25 |
| 24 | 19 16 | +04 11 | 23 13 | 19 33 | 19 06 | 16 46 | 22 30 | 09 04 | 07 42 | 21 36 | 29 09 | 21 46 | 11 30 | 15 31 | 01 26 |
| 25 | 19 01 | 08 31 | 23 06 | 19 15 | 19 15 | 16 48 | 22 29 | 09 05 | 07 41 | 21 36 | 29 17 | 21 34 | 11 25 | 15 35 | 01 27 |
| 26 | 18 47 | 12 33 | 22 58 | 18 56 | 19 23 | 16 50 | 22 29 | 09 05 | 07 40 | 21 35 | 29 25 | 21 22 | 11 19 | 15 40 | 01 28 |
| 27 | 18 31 | 15 59 | 22 48 | 18 37 | 19 32 | 16 52 | 22 29 | 09 06 | 07 40 | 21 35 | 29 32 | 21 10 | 11 14 | 15 44 | 01 28 |
| 28 | 18 16 | 18 31 | 22 38 | 18 17 | 19 40 | 16 53 | 22 29 | 09 06 | 07 39 | 21 35 | 29 40 | 20 58 | 11 08 | 15 48 | 01 29 |
| 29 | 18 00 | 19 52 | 22 25 | 17 57 | 19 48 | 16 55 | 22 29 | 09 07 | 07 38 | 21 35 | 29 47 | 20 46 | 11 02 | 15 52 | 01 30 |
| 30 | 17 44 | 19 51 | 22 12 | 17 36 | 19 56 | 16 57 | 22 29 | 09 07 | 07 37 | 21 35 | 29 54 | 20 33 | 10 56 | 15 56 | 01 31 |
| 31 | 17 27 | 18 24 | 21 57 | 17 14 | 20 04 | 16 58 | 22 28 | 09 08 | 07 37 | 21 34 | 30 01 | 20 21 | 10 50 | 16 00 | 01 32 |

Lunar Phases -- 2 ○ 02:25   8 ◑ 22:26   17 ● 02:18   24 ◐ 22:21   31 Ⓔ 13:28   Sun enters ♒ 1/20 03:11

## Longitudes of Main Planets - February 2018

0:00 E.T.

| D | S.T. | ☉ | ☽ | ☽ 12:00 | ☿ | ♀ | ♂ | ♃ | ♄ | ♅ | ♆ | ♇ | ☊ |
|---|---|---|---|---|---|---|---|---|---|---|---|---|---|
| 1 | 8:44:37 | 12♒03 46 | 18♌10 | 25♌34 | 00♒41 | 17♒30 | 03♐21 | 21♏15 | 04♑50 | 24♈56 | 12♓47 | 19♑49 | 15♌15 |
| 2 | 8:48:33 | 13 04 39 | 02♍54 | 10♍09 | 02 17 | 18 45 | 03 58 | 21 21 | 04 56 | 24 58 | 12 49 | 19 51 | 15 12 |
| 3 | 8:52:30 | 14 05 30 | 17 17 | 24 20 | 03 54 | 20 00 | 04 34 | 21 27 | 05 02 | 25 00 | 12 51 | 19 53 | 15 09 |
| 4 | 8:56:27 | 15 06 20 | 01♎16 | 08♎05 | 05 32 | 21 16 | 05 11 | 21 33 | 05 08 | 25 01 | 12 53 | 19 55 | 15 06 |
| 5 | 9:00:23 | 16 07 10 | 14 47 | 21 23 | 07 10 | 22 31 | 05 48 | 21 39 | 05 14 | 25 03 | 12 55 | 19 57 | 15 03 |
| 6 | 9:04:20 | 17 07 58 | 27 53 | 04♏16 | 08 49 | 23 46 | 06 24 | 21 45 | 05 20 | 25 05 | 12 57 | 19 59 | 15 00 |
| 7 | 9:08:16 | 18 08 46 | 10♏35 | 16 48 | 10 29 | 25 01 | 07 01 | 21 50 | 05 26 | 25 06 | 12 59 | 20 00 | 14 56 |
| 8 | 9:12:13 | 19 09 33 | 22 57 | 29 02 | 12 09 | 26 16 | 07 38 | 21 55 | 05 32 | 25 08 | 13 01 | 20 02 | 14 53 |
| 9 | 9:16:09 | 20 10 18 | 05♐04 | 11♐03 | 13 50 | 27 32 | 08 14 | 22 01 | 05 37 | 25 10 | 13 03 | 20 04 | 14 50 |
| 10 | 9:20:06 | 21 11 03 | 17 00 | 22 56 | 15 33 | 28 47 | 08 51 | 22 06 | 05 43 | 25 12 | 13 06 | 20 06 | 14 47 |
| 11 | 9:24:02 | 22 11 47 | 28 50 | 04♑44 | 17 16 | 00♓02 | 09 27 | 22 10 | 05 49 | 25 14 | 13 08 | 20 08 | 14 44 |
| 12 | 9:27:59 | 23 12 29 | 10♑38 | 16 32 | 18 59 | 01 17 | 10 03 | 22 15 | 05 54 | 25 16 | 13 10 | 20 09 | 14 40 |
| 13 | 9:31:56 | 24 13 11 | 22 28 | 28 24 | 20 44 | 02 32 | 10 40 | 22 19 | 06 00 | 25 18 | 13 12 | 20 11 | 14 37 |
| 14 | 9:35:52 | 25 13 51 | 04♒22 | 10♒23 | 22 29 | 03 48 | 11 16 | 22 24 | 06 05 | 25 20 | 13 14 | 20 13 | 14 34 |
| 15 | 9:39:49 | 26 14 30 | 16 25 | 22 29 | 24 16 | 05 03 | 11 52 | 22 28 | 06 11 | 25 22 | 13 16 | 20 15 | 14 31 |
| 16 | 9:43:45 | 27 15 07 | 28 37 | 04♓47 | 26 03 | 06 18 | 12 29 | 22 32 | 06 16 | 25 24 | 13 19 | 20 16 | 14 28 |
| 17 | 9:47:42 | 28 15 43 | 11♓00 | 17 15 | 27 51 | 07 33 | 13 05 | 22 36 | 06 21 | 25 26 | 13 21 | 20 18 | 14 25 |
| 18 | 9:51:38 | 29 16 17 | 23 35 | 29 57 | 29 40 | 08 48 | 13 41 | 22 39 | 06 26 | 25 28 | 13 23 | 20 20 | 14 21 |
| 19 | 9:55:35 | 00♓16 50 | 06♈23 | 12♈52 | 01♓29 | 10 03 | 14 17 | 22 43 | 06 31 | 25 31 | 13 25 | 20 21 | 14 18 |
| 20 | 9:59:31 | 01 17 21 | 19 24 | 26 00 | 03 20 | 11 18 | 14 53 | 22 46 | 06 36 | 25 33 | 13 27 | 20 23 | 14 15 |
| 21 | 10:03:28 | 02 17 50 | 02♉40 | 09♉23 | 05 11 | 12 33 | 15 29 | 22 49 | 06 41 | 25 35 | 13 30 | 20 25 | 14 12 |
| 22 | 10:07:25 | 03 18 17 | 16 10 | 23 01 | 07 02 | 13 48 | 16 05 | 22 52 | 06 46 | 25 38 | 13 32 | 20 26 | 14 09 |
| 23 | 10:11:21 | 04 18 43 | 29 55 | 06♊53 | 08 55 | 15 03 | 16 41 | 22 55 | 06 51 | 25 40 | 13 34 | 20 28 | 14 06 |
| 24 | 10:15:18 | 05 19 07 | 13♊55 | 21 00 | 10 48 | 16 18 | 17 17 | 22 57 | 06 56 | 25 42 | 13 36 | 20 30 | 14 02 |
| 25 | 10:19:14 | 06 19 28 | 28 08 | 05♋20 | 12 41 | 17 33 | 17 52 | 22 59 | 07 01 | 25 45 | 13 39 | 20 31 | 13 59 |
| 26 | 10:23:11 | 07 19 48 | 12♋34 | 19 50 | 14 35 | 18 48 | 18 28 | 23 02 | 07 05 | 25 47 | 13 41 | 20 33 | 13 56 |
| 27 | 10:27:07 | 08 20 06 | 27 08 | 04♌27 | 16 28 | 20 03 | 19 04 | 23 04 | 07 10 | 25 50 | 13 43 | 20 34 | 13 53 |
| 28 | 10:31:04 | 09 20 21 | 11♌46 | 19 05 | 18 22 | 21 17 | 19 40 | 23 05 | 07 14 | 25 53 | 13 46 | 20 36 | 13 50 |

0:00 E.T.

## Longitudes of the Major Asteroids and Chiron

| D | ⚳ | ⚴ | ⚵ | ⚶ | ⚷ | D | ⚳ | ⚴ | ⚵ | ⚶ | ⚷ |
|---|---|---|---|---|---|---|---|---|---|---|---|
| 1 | 11♌29℞ | 03♉44 | 19♒36 | 07♐48 | 25♓46 | 15 | 08 19 | 09 05 | 25 56 | 13 55 | 26 28 |
| 2 | 11 15 | 04 05 | 20 03 | 08 15 | 25 48 | 16 | 08 06 | 09 30 | 26 24 | 14 20 | 26 31 |
| 3 | 11 01 | 04 26 | 20 30 | 08 42 | 25 51 | 17 | 07 54 | 09 55 | 26 51 | 14 45 | 26 34 |
| 4 | 10 47 | 04 48 | 20 57 | 09 08 | 25 54 | 18 | 07 43 | 10 21 | 27 19 | 15 10 | 26 37 |
| 5 | 10 32 | 05 10 | 21 24 | 09 35 | 25 57 | 19 | 07 31 | 10 46 | 27 46 | 15 35 | 26 41 |
| 6 | 10 18 | 05 32 | 21 51 | 10 01 | 26 00 | 20 | 07 20 | 11 12 | 28 14 | 16 00 | 26 44 |
| 7 | 10 05 | 05 54 | 22 18 | 10 28 | 26 03 | 21 | 07 09 | 11 39 | 28 41 | 16 24 | 26 47 |
| 8 | 09 51 | 06 17 | 22 45 | 10 54 | 26 06 | 22 | 06 59 | 12 05 | 29 09 | 16 48 | 26 51 |
| 9 | 09 37 | 06 40 | 23 12 | 11 20 | 26 09 | 23 | 06 48 | 12 32 | 29 37 | 17 13 | 26 54 |
| 10 | 09 24 | 07 04 | 23 40 | 11 46 | 26 12 | 24 | 06 38 | 12 59 | 00♓04 | 17 37 | 26 57 |
| 11 | 09 10 | 07 27 | 24 07 | 12 12 | 26 15 | 25 | 06 29 | 13 26 | 00 32 | 18 01 | 27 01 |
| 12 | 08 57 | 07 51 | 24 34 | 12 38 | 26 18 | 26 | 06 20 | 13 53 | 01 00 | 18 24 | 27 04 |
| 13 | 08 44 | 08 16 | 25 01 | 13 04 | 26 21 | 27 | 06 11 | 14 20 | 01 28 | 18 48 | 27 08 |
| 14 | 08 31 | 08 40 | 25 29 | 13 29 | 26 25 | 28 | 06 03 | 14 48 | 01 55 | 19 11 | 27 11 |

## Lunar Data

| Last Asp. | | Ingress | | |
|---|---|---|---|---|
| 1 | 10:60 | 1 | ♍ | 19:14 |
| 3 | 07:08 | 3 | ♎ | 21:49 |
| 5 | 18:47 | 6 | ♏ | 03:58 |
| 8 | 07:18 | 8 | ♐ | 13:55 |
| 10 | 16:39 | 11 | ♑ | 02:22 |
| 13 | 05:44 | 13 | ♒ | 15:13 |
| 15 | 21:06 | 16 | ♓ | 02:43 |
| 17 | 22:14 | 18 | ♈ | 12:06 |
| 20 | 11:12 | 20 | ♉ | 19:13 |
| 22 | 11:47 | 23 | ♊ | 00:08 |
| 24 | 19:59 | 25 | ♋ | 03:07 |
| 26 | 21:52 | 27 | ♌ | 04:43 |

0:00 E.T.

## Declinations

| D | ☉ | ☽ | ☿ | ♀ | ♂ | ♃ | ♄ | ♅ | ♆ | ♇ | ⚳ | ⚴ | ⚵ | ⚶ | ⚷ |
|---|---|---|---|---|---|---|---|---|---|---|---|---|---|---|---|
| 1 | -17 10 | +15 40 | -21 40 | -16 52 | -20 11 | -17 00 | -22 28 | +09 08 | -07 36 | -21 34 | +30 08 | -20 09 | -10 44 | -16 04 | +01 33 |
| 2 | 16 53 | 11 58 | 21 23 | 16 30 | 20 19 | 17 01 | 22 28 | 09 09 | 07 35 | 21 34 | 30 15 | 19 56 | 10 38 | 16 08 | 01 34 |
| 3 | 16 36 | 07 38 | 21 03 | 16 07 | 20 26 | 17 03 | 22 28 | 09 10 | 07 34 | 21 34 | 30 22 | 19 44 | 10 32 | 16 11 | 01 35 |
| 4 | 16 18 | 03 01 | 20 43 | 15 44 | 20 33 | 17 04 | 22 27 | 09 10 | 07 34 | 21 34 | 30 28 | 19 31 | 10 25 | 16 15 | 01 36 |
| 5 | 16 00 | -01 36 | 20 21 | 15 20 | 20 41 | 17 05 | 22 27 | 09 11 | 07 33 | 21 33 | 30 34 | 19 19 | 10 19 | 16 19 | 01 37 |
| 6 | 15 42 | 05 59 | 19 57 | 14 56 | 20 48 | 17 07 | 22 27 | 09 12 | 07 32 | 21 33 | 30 41 | 19 06 | 10 13 | 16 22 | 01 38 |
| 7 | 15 23 | 09 58 | 19 33 | 14 31 | 20 54 | 17 08 | 22 27 | 09 12 | 07 31 | 21 33 | 30 46 | 18 54 | 10 06 | 16 25 | 01 39 |
| 8 | 15 05 | 13 26 | 19 06 | 14 06 | 21 01 | 17 09 | 22 27 | 09 13 | 07 30 | 21 33 | 30 52 | 18 41 | 10 00 | 16 28 | 01 40 |
| 9 | 14 45 | 16 15 | 18 39 | 13 41 | 21 08 | 17 10 | 22 26 | 09 14 | 07 30 | 21 33 | 30 58 | 18 28 | 09 53 | 16 31 | 01 41 |
| 10 | 14 26 | 18 20 | 18 10 | 13 15 | 21 14 | 17 12 | 22 26 | 09 14 | 07 29 | 21 33 | 31 03 | 18 15 | 09 46 | 16 34 | 01 42 |
| 11 | 14 07 | 19 37 | 17 39 | 12 49 | 21 20 | 17 13 | 22 26 | 09 15 | 07 28 | 21 32 | 31 08 | 18 03 | 09 40 | 16 37 | 01 43 |
| 12 | 13 47 | 20 02 | 17 07 | 12 23 | 21 26 | 17 14 | 22 26 | 09 16 | 07 27 | 21 32 | 31 13 | 17 50 | 09 33 | 16 40 | 01 44 |
| 13 | 13 27 | 19 34 | 16 34 | 11 56 | 21 32 | 17 15 | 22 25 | 09 17 | 07 26 | 21 32 | 31 17 | 17 37 | 09 26 | 16 43 | 01 45 |
| 14 | 13 07 | 18 13 | 15 59 | 11 29 | 21 38 | 17 16 | 22 25 | 09 17 | 07 25 | 21 32 | 31 22 | 17 24 | 09 19 | 16 45 | 01 46 |
| 15 | 12 46 | 16 03 | 15 22 | 11 01 | 21 44 | 17 17 | 22 25 | 09 18 | 07 25 | 21 32 | 31 26 | 17 12 | 09 12 | 16 48 | 01 47 |
| 16 | 12 25 | 13 08 | 14 45 | 10 34 | 21 49 | 17 17 | 22 25 | 09 19 | 07 24 | 21 32 | 31 30 | 16 59 | 09 05 | 16 50 | 01 48 |
| 17 | 12 05 | 09 35 | 14 06 | 10 06 | 21 55 | 17 18 | 22 24 | 09 20 | 07 23 | 21 31 | 31 34 | 16 46 | 08 58 | 16 53 | 01 50 |
| 18 | 11 44 | 05 35 | 13 25 | 09 37 | 22 00 | 17 19 | 22 24 | 09 21 | 07 22 | 21 31 | 31 37 | 16 33 | 08 51 | 16 55 | 01 51 |
| 19 | 11 22 | 01 16 | 12 43 | 09 09 | 22 05 | 17 20 | 22 24 | 09 21 | 07 21 | 21 31 | 31 40 | 16 20 | 08 44 | 16 57 | 01 52 |
| 20 | 11 01 | +03 11 | 12 00 | 08 40 | 22 10 | 17 20 | 22 24 | 09 22 | 07 20 | 21 31 | 31 43 | 16 07 | 08 36 | 16 59 | 01 53 |
| 21 | 10 39 | 07 33 | 11 16 | 08 11 | 22 15 | 17 21 | 22 23 | 09 23 | 07 19 | 21 31 | 31 46 | 15 54 | 08 29 | 17 01 | 01 54 |
| 22 | 10 18 | 11 38 | 10 30 | 07 42 | 22 19 | 17 22 | 22 23 | 09 24 | 07 19 | 21 31 | 31 49 | 15 42 | 08 21 | 17 03 | 01 56 |
| 23 | 09 56 | 15 10 | 09 43 | 07 13 | 22 24 | 17 22 | 22 23 | 09 25 | 07 18 | 21 30 | 31 51 | 15 29 | 08 14 | 17 05 | 01 57 |
| 24 | 09 34 | 17 54 | 08 54 | 06 43 | 22 28 | 17 23 | 22 23 | 09 26 | 07 17 | 21 30 | 31 53 | 15 16 | 08 07 | 17 07 | 01 58 |
| 25 | 09 11 | 19 35 | 08 05 | 06 14 | 22 32 | 17 23 | 22 22 | 09 27 | 07 16 | 21 30 | 31 55 | 15 03 | 07 59 | 17 09 | 01 59 |
| 26 | 08 49 | 20 03 | 07 15 | 05 44 | 22 36 | 17 23 | 22 22 | 09 28 | 07 15 | 21 30 | 31 57 | 14 50 | 07 51 | 17 10 | 02 00 |
| 27 | 08 27 | 19 10 | 06 24 | 05 14 | 22 40 | 17 24 | 22 22 | 09 29 | 07 14 | 21 30 | 31 58 | 14 38 | 07 44 | 17 12 | 02 02 |
| 28 | 08 04 | 16 59 | 05 32 | 04 43 | 22 44 | 17 24 | 22 22 | 09 30 | 07 13 | 21 30 | 31 59 | 14 25 | 07 36 | 17 13 | 02 03 |

Lunar Phases -- 7 ◑ 15:55 15 ● 21:06 23 ◐ 08:10 Sun enters ♓ 2/18 17:20

## 0:00 E.T. Longitudes of Main Planets - March 2018

| D | S.T. | ☉ | ☽ | ☽ 12:00 | ☿ | ♀ | ♂ | ♃ | ♄ | ♅ | ♆ | ♇ | ☊ |
|---|---|---|---|---|---|---|---|---|---|---|---|---|---|
| 1 | 10:35:00 | 10♓20 35 | 26♌23 | 03♍38 | 20♓15 | 22♓32 | 20♐15 | 23♏07 | 07♑19 | 25♈55 | 13♓48 | 20♑37 | 13♌46 |
| 2 | 10:38:57 | 11 20 47 | 10♍51 | 18 01 | 22 08 | 23 47 | 20 51 | 23 08 | 07 23 | 25 58 | 13 50 | 20 39 | 13 43 |
| 3 | 10:42:54 | 12 20 57 | 25 06 | 02♎07 | 24 00 | 25 02 | 21 26 | 23 10 | 07 27 | 26 00 | 13 52 | 20 40 | 13 40 |
| 4 | 10:46:50 | 13 21 05 | 09♎02 | 15 52 | 25 50 | 26 17 | 22 02 | 23 11 | 07 32 | 26 03 | 13 55 | 20 41 | 13 37 |
| 5 | 10:50:47 | 14 21 12 | 22 36 | 29 14 | 27 40 | 27 31 | 22 37 | 23 12 | 07 36 | 26 06 | 13 57 | 20 43 | 13 34 |
| 6 | 10:54:43 | 15 21 17 | 05♏46 | 12♏12 | 29 27 | 28 46 | 23 12 | 23 12 | 07 40 | 26 09 | 13 59 | 20 44 | 13 31 |
| 7 | 10:58:40 | 16 21 21 | 18 33 | 24 49 | 01♈11 | 00♈01 | 23 47 | 23 13 | 07 44 | 26 11 | 14 01 | 20 45 | 13 27 |
| 8 | 11:02:36 | 17 21 22 | 00♐59 | 07♐06 | 02 53 | 01 15 | 24 23 | 23 13 | 07 48 | 26 14 | 14 04 | 20 47 | 13 24 |
| 9 | 11:06:33 | 18 21 23 | 13 09 | 19 09 | 04 31 | 02 30 | 24 58 | 23 13 | 07 51 | 26 17 | 14 06 | 20 48 | 13 21 |
| 10 | 11:10:29 | 19 21 21 | 25 07 | 01♑03 | 06 05 | 03 45 | 25 33 | 23 13℞ | 07 55 | 26 20 | 14 08 | 20 49 | 13 18 |
| 11 | 11:14:26 | 20 21 19 | 06♑57 | 12 51 | 07 35 | 04 59 | 26 08 | 23 13 | 07 59 | 26 23 | 14 11 | 20 50 | 13 15 |
| 12 | 11:18:23 | 21 21 14 | 18 46 | 24 41 | 08 59 | 06 14 | 26 43 | 23 13 | 08 02 | 26 26 | 14 13 | 20 52 | 13 12 |
| 13 | 11:22:19 | 22 21 08 | 00♒37 | 06♒35 | 10 18 | 07 28 | 27 17 | 23 12 | 08 06 | 26 29 | 14 15 | 20 53 | 13 08 |
| 14 | 11:26:16 | 23 21 00 | 12 35 | 18 39 | 11 31 | 08 43 | 27 52 | 23 11 | 08 09 | 26 32 | 14 17 | 20 54 | 13 05 |
| 15 | 11:30:12 | 24 20 50 | 24 45 | 00♓55 | 12 37 | 09 57 | 28 27 | 23 10 | 08 12 | 26 35 | 14 20 | 20 55 | 13 02 |
| 16 | 11:34:09 | 25 20 38 | 07♓09 | 13 26 | 13 36 | 11 12 | 29 02 | 23 09 | 08 16 | 26 38 | 14 22 | 20 56 | 12 59 |
| 17 | 11:38:05 | 26 20 24 | 19 48 | 26 14 | 14 28 | 12 26 | 29 36 | 23 08 | 08 19 | 26 41 | 14 24 | 20 57 | 12 56 |
| 18 | 11:42:02 | 27 20 09 | 02♈44 | 09♈18 | 15 13 | 13 41 | 00♑10 | 23 06 | 08 22 | 26 44 | 14 26 | 20 58 | 12 52 |
| 19 | 11:45:58 | 28 19 51 | 15 56 | 22 37 | 15 49 | 14 55 | 00 45 | 23 04 | 08 25 | 26 47 | 14 29 | 20 59 | 12 49 |
| 20 | 11:49:55 | 29 19 32 | 29 22 | 06♉10 | 16 18 | 16 09 | 01 19 | 23 02 | 08 28 | 26 50 | 14 31 | 21 00 | 12 46 |
| 21 | 11:53:52 | 00♈19 10 | 13♉00 | 19 53 | 16 38 | 17 24 | 01 53 | 23 00 | 08 30 | 26 53 | 14 33 | 21 01 | 12 43 |
| 22 | 11:57:48 | 01 18 46 | 26 48 | 03♊46 | 16 50 | 18 38 | 02 27 | 22 58 | 08 33 | 26 57 | 14 35 | 21 02 | 12 40 |
| 23 | 12:01:45 | 02 18 20 | 10♊45 | 17 45 | 16 54 | 19 52 | 03 01 | 22 55 | 08 36 | 27 00 | 14 37 | 21 03 | 12 37 |
| 24 | 12:05:41 | 03 17 52 | 24 47 | 01♋49 | 16 51℞ | 21 06 | 03 35 | 22 53 | 08 38 | 27 03 | 14 40 | 21 04 | 12 33 |
| 25 | 12:09:38 | 04 17 21 | 08♋53 | 15 58 | 16 39 | 22 21 | 04 09 | 22 50 | 08 40 | 27 06 | 14 42 | 21 05 | 12 30 |
| 26 | 12:13:34 | 05 16 48 | 23 03 | 00♌08 | 16 21 | 23 35 | 04 43 | 22 47 | 08 43 | 27 09 | 14 44 | 21 06 | 12 27 |
| 27 | 12:17:31 | 06 16 12 | 07♌14 | 14 20 | 15 55 | 24 49 | 05 16 | 22 44 | 08 45 | 27 13 | 14 46 | 21 07 | 12 24 |
| 28 | 12:21:27 | 07 15 34 | 21 26 | 28 31 | 15 24 | 26 03 | 05 50 | 22 40 | 08 47 | 27 16 | 14 48 | 21 07 | 12 21 |
| 29 | 12:25:24 | 08 14 54 | 05♍35 | 12♍37 | 14 47 | 27 17 | 06 23 | 22 37 | 08 49 | 27 19 | 14 50 | 21 08 | 12 17 |
| 30 | 12:29:21 | 09 14 12 | 19 38 | 26 36 | 14 06 | 28 31 | 06 56 | 22 33 | 08 51 | 27 23 | 14 53 | 21 09 | 12 14 |
| 31 | 12:33:17 | 10 13 28 | 03♎31 | 10♎23 | 13 21 | 29 45 | 07 30 | 22 29 | 08 53 | 27 26 | 14 55 | 21 09 | 12 11 |

## 0:00 E.T. Longitudes of the Major Asteroids and Chiron

| D | ⚳ | ⚴ | ⚵ | ⚶ | ⚷ | D | ⚳ | ⚴ | ⚵ | ⚶ | ⚷ |
|---|---|---|---|---|---|---|---|---|---|---|---|
| 1 | 05♌55℞ | 15♉16 | 02♓23 | 19♐34 | 27♓14 | 17 | 04 44 | 23 07 | 09 53 | 25 18 | 28 11 |
| 2 | 05 47 | 15 44 | 02 51 | 19 57 | 27 18 | 18 | 04 44 | 23 38 | 10 21 | 25 38 | 28 15 |
| 3 | 05 40 | 16 12 | 03 19 | 20 20 | 27 21 | 19 | 04 43 | 24 09 | 10 49 | 25 57 | 28 18 |
| 4 | 05 33 | 16 41 | 03 47 | 20 43 | 27 25 | 20 | 04 44D | 24 40 | 11 17 | 26 16 | 28 22 |
| 5 | 05 27 | 17 10 | 04 15 | 21 05 | 27 28 | 21 | 04 44 | 25 11 | 11 46 | 26 35 | 28 25 |
| 6 | 05 21 | 17 38 | 04 43 | 21 27 | 27 32 | 22 | 04 45 | 25 42 | 12 14 | 26 53 | 28 29 |
| 7 | 05 16 | 18 07 | 05 11 | 21 49 | 27 35 | 23 | 04 47 | 26 14 | 12 42 | 27 12 | 28 32 |
| 8 | 05 11 | 18 37 | 05 39 | 22 11 | 27 39 | 24 | 04 48 | 26 46 | 13 11 | 27 30 | 28 36 |
| 9 | 05 06 | 19 06 | 06 07 | 22 33 | 27 43 | 25 | 04 51 | 27 17 | 13 39 | 27 47 | 28 40 |
| 10 | 05 02 | 19 36 | 06 35 | 22 54 | 27 46 | 26 | 04 53 | 27 49 | 14 08 | 28 05 | 28 43 |
| 11 | 04 58 | 20 05 | 07 03 | 23 16 | 27 50 | 27 | 04 56 | 28 21 | 14 36 | 28 22 | 28 47 |
| 12 | 04 55 | 20 35 | 07 31 | 23 37 | 27 53 | 28 | 05 00 | 28 53 | 15 05 | 28 39 | 28 50 |
| 13 | 04 52 | 21 05 | 08 00 | 23 57 | 27 57 | 29 | 05 04 | 29 26 | 15 33 | 28 56 | 28 54 |
| 14 | 04 49 | 21 35 | 08 28 | 24 18 | 28 00 | 30 | 05 08 | 29 58 | 16 02 | 29 12 | 28 57 |
| 15 | 04 47 | 22 06 | 08 56 | 24 38 | 28 04 | 31 | 05 13 | 00♊30 | 16 30 | 29 28 | 29 01 |
| 16 | 04 46 | 22 36 | 09 24 | 24 58 | 28 07 | | | | | | |

## Lunar Data

| Last Asp. | | Ingress | | |
|---|---|---|---|---|
| 28 | 23:15 | 1 | ♍ | 05:59 |
| 2 | 23:52 | 3 | ♎ | 08:22 |
| 5 | 06:20 | 5 | ♏ | 13:24 |
| 7 | 08:56 | 7 | ♐ | 22:04 |
| 10 | 02:29 | 10 | ♑ | 09:53 |
| 12 | 15:37 | 12 | ♒ | 22:46 |
| 15 | 07:33 | 15 | ♓ | 10:13 |
| 17 | 13:12 | 17 | ♈ | 18:58 |
| 19 | 19:30 | 20 | ♉ | 01:08 |
| 21 | 17:22 | 22 | ♊ | 05:31 |
| 24 | 03:53 | 24 | ♋ | 08:54 |
| 26 | 06:59 | 26 | ♌ | 11:46 |
| 28 | 09:56 | 28 | ♍ | 14:32 |
| 30 | 05:00 | 30 | ♎ | 17:53 |

## 0:00 E.T. Declinations

| D | ☉ | ☽ | ☿ | ♀ | ♂ | ♃ | ♄ | ♅ | ♆ | ♇ | ⚳ | ⚴ | ⚵ | ⚶ | ⚷ |
|---|---|---|---|---|---|---|---|---|---|---|---|---|---|---|---|
| 1 | -07 41 | +13 43 | -04 39 | -04 13 | -22 48 | -17 24 | -22 22 | +09 31 | -07 12 | -21 30 | +32 00 | -14 12 | -07 28 | -17 15 | +02 04 |
| 2 | 07 18 | 09 38 | 03 46 | 03 43 | 22 51 | 17 24 | 22 21 | 09 32 | 07 12 | 21 29 | 32 01 | 13 59 | 07 20 | 17 16 | 02 05 |
| 3 | 06 56 | 05 03 | 02 52 | 03 12 | 22 55 | 17 25 | 22 21 | 09 33 | 07 11 | 21 29 | 32 02 | 13 47 | 07 13 | 17 17 | 02 07 |
| 4 | 06 33 | 00 19 | 01 58 | 02 42 | 22 58 | 17 25 | 22 21 | 09 34 | 07 10 | 21 29 | 32 02 | 13 34 | 07 05 | 17 18 | 02 08 |
| 5 | 06 09 | -04 18 | 01 04 | 02 11 | 23 01 | 17 25 | 22 21 | 09 35 | 07 09 | 21 29 | 32 02 | 13 21 | 06 57 | 17 20 | 02 09 |
| 6 | 05 46 | 08 34 | 00 11 | 01 40 | 23 04 | 17 25 | 22 20 | 09 36 | 07 08 | 21 29 | 32 02 | 13 09 | 06 49 | 17 21 | 02 11 |
| 7 | 05 23 | 12 20 | +00 42 | 01 09 | 23 06 | 17 25 | 22 20 | 09 37 | 07 07 | 21 29 | 32 02 | 12 56 | 06 41 | 17 22 | 02 12 |
| 8 | 05 00 | 15 27 | 01 34 | 00 38 | 23 09 | 17 25 | 22 20 | 09 38 | 07 06 | 21 29 | 32 02 | 12 43 | 06 33 | 17 22 | 02 13 |
| 9 | 04 36 | 17 50 | 02 25 | 00 08 | 23 11 | 17 25 | 22 20 | 09 39 | 07 06 | 21 29 | 32 01 | 12 31 | 06 24 | 17 23 | 02 15 |
| 10 | 04 13 | 19 23 | 03 14 | +00 23 | 23 14 | 17 24 | 22 19 | 09 40 | 07 05 | 21 28 | 32 00 | 12 18 | 06 16 | 17 24 | 02 16 |
| 11 | 03 49 | 20 05 | 04 02 | 00 54 | 23 16 | 17 24 | 22 19 | 09 41 | 07 04 | 21 28 | 31 59 | 12 06 | 06 08 | 17 25 | 02 17 |
| 12 | 03 26 | 19 53 | 04 48 | 01 25 | 23 18 | 17 24 | 22 19 | 09 42 | 07 03 | 21 28 | 31 58 | 11 54 | 06 00 | 17 26 | 02 19 |
| 13 | 03 02 | 18 48 | 05 31 | 01 56 | 23 20 | 17 24 | 22 19 | 09 43 | 07 02 | 21 28 | 31 57 | 11 41 | 05 52 | 17 26 | 02 20 |
| 14 | 02 38 | 16 52 | 06 12 | 02 27 | 23 22 | 17 23 | 22 18 | 09 44 | 07 01 | 21 28 | 31 55 | 11 29 | 05 43 | 17 27 | 02 21 |
| 15 | 02 15 | 14 09 | 06 50 | 02 57 | 23 23 | 17 23 | 22 18 | 09 45 | 07 00 | 21 28 | 31 53 | 11 17 | 05 35 | 17 27 | 02 23 |
| 16 | 01 51 | 10 45 | 07 24 | 03 28 | 23 25 | 17 23 | 22 18 | 09 46 | 06 59 | 21 28 | 31 52 | 11 04 | 05 27 | 17 28 | 02 24 |
| 17 | 01 27 | 06 48 | 07 55 | 03 59 | 23 26 | 17 22 | 22 18 | 09 47 | 06 59 | 21 28 | 31 49 | 10 52 | 05 18 | 17 28 | 02 25 |
| 18 | 01 04 | 02 27 | 08 23 | 04 29 | 23 28 | 17 22 | 22 18 | 09 49 | 06 58 | 21 28 | 31 47 | 10 40 | 05 10 | 17 28 | 02 27 |
| 19 | 00 40 | +02 05 | 08 47 | 05 00 | 23 29 | 17 21 | 22 17 | 09 50 | 06 57 | 21 28 | 31 45 | 10 28 | 05 01 | 17 29 | 02 28 |
| 20 | 00 16 | 06 35 | 09 07 | 05 30 | 23 30 | 17 20 | 22 17 | 09 51 | 06 56 | 21 28 | 31 42 | 10 16 | 04 53 | 17 29 | 02 29 |
| 21 | +00 08 | 10 50 | 09 22 | 06 01 | 23 31 | 17 20 | 22 17 | 09 52 | 06 55 | 21 28 | 31 40 | 10 04 | 04 44 | 17 29 | 02 31 |
| 22 | 00 31 | 14 34 | 09 34 | 06 31 | 23 31 | 17 19 | 22 17 | 09 53 | 06 54 | 21 27 | 31 37 | 09 52 | 04 36 | 17 30 | 02 32 |
| 23 | 00 55 | 17 31 | 09 41 | 07 01 | 23 32 | 17 18 | 22 17 | 09 54 | 06 54 | 21 27 | 31 34 | 09 40 | 04 27 | 17 30 | 02 34 |
| 24 | 01 19 | 19 27 | 09 43 | 07 30 | 23 32 | 17 17 | 22 17 | 09 56 | 06 53 | 21 27 | 31 31 | 09 28 | 04 18 | 17 30 | 02 35 |
| 25 | 01 42 | 20 12 | 09 42 | 08 00 | 23 33 | 17 17 | 22 16 | 09 57 | 06 52 | 21 27 | 31 28 | 09 17 | 04 10 | 17 30 | 02 36 |
| 26 | 02 06 | 19 41 | 09 36 | 08 30 | 23 33 | 17 16 | 22 16 | 09 58 | 06 51 | 21 27 | 31 24 | 09 05 | 04 01 | 17 30 | 02 38 |
| 27 | 02 29 | 17 54 | 09 26 | 08 59 | 23 33 | 17 15 | 22 16 | 09 59 | 06 50 | 21 27 | 31 21 | 08 53 | 03 52 | 17 30 | 02 39 |
| 28 | 02 53 | 15 01 | 09 12 | 09 28 | 23 33 | 17 14 | 22 16 | 10 00 | 06 49 | 21 27 | 31 17 | 08 42 | 03 44 | 17 30 | 02 40 |
| 29 | 03 16 | 11 15 | 08 54 | 09 57 | 23 33 | 17 13 | 22 16 | 10 01 | 06 49 | 21 27 | 31 13 | 08 30 | 03 35 | 17 30 | 02 42 |
| 30 | 03 40 | 06 52 | 08 33 | 10 25 | 23 33 | 17 12 | 22 16 | 10 03 | 06 48 | 21 27 | 31 10 | 08 19 | 03 26 | 17 30 | 02 43 |
| 31 | 04 03 | 02 11 | 08 08 | 10 54 | 23 33 | 17 11 | 22 15 | 10 04 | 06 47 | 21 27 | 31 06 | 08 08 | 03 17 | 17 30 | 02 45 |

Lunar Phases -- 2 ○ 00:52 9 ◑ 11:21 17 ● 13:13 24 ◐ 15:36 31 ○ 12:38 Sun enters ♈ 3/20 16:17

**Apr. 18** | # Longitudes of Main Planets - April 2018 | 0:00 E.T.

| D | S.T. | ☉ | ☽ | ☽ 12:00 | ☿ | ♀ | ♂ | ♃ | ♄ | ♅ | ♆ | ♇ | ☊ |
|---|---|---|---|---|---|---|---|---|---|---|---|---|---|
| 1 | 12:37:14 | 11♈12 41 | 17♎11 | 23♎55 | 12♈33℞ | 00♉59 | 08♑03 | 22♏25℞ | 08♑55 | 27♈29 | 14♓57 | 21♑10 | 12♌08 |
| 2 | 12:41:10 | 12 11 52 | 00♏34 | 07♏08 | 11 44 | 02 13 | 08 36 | 22 21 | 08 56 | 27 33 | 14 59 | 21 11 | 12 05 |
| 3 | 12:45:07 | 13 11 02 | 13 38 | 20 03 | 10 55 | 03 27 | 09 08 | 22 17 | 08 58 | 27 36 | 15 01 | 21 11 | 12 02 |
| 4 | 12:49:03 | 14 10 10 | 26 23 | 02♐38 | 10 05 | 04 40 | 09 41 | 22 12 | 08 59 | 27 39 | 15 03 | 21 12 | 11 58 |
| 5 | 12:53:00 | 15 09 15 | 08♐49 | 14 56 | 09 17 | 05 54 | 10 14 | 22 07 | 09 00 | 27 43 | 15 05 | 21 12 | 11 55 |
| 6 | 12:56:56 | 16 08 20 | 20 59 | 26 59 | 08 31 | 07 08 | 10 46 | 22 03 | 09 02 | 27 46 | 15 07 | 21 13 | 11 52 |
| 7 | 13:00:53 | 17 07 22 | 02♑57 | 08♑53 | 07 48 | 08 22 | 11 19 | 21 58 | 09 03 | 27 49 | 15 09 | 21 13 | 11 49 |
| 8 | 13:04:50 | 18 06 22 | 14 48 | 20 43 | 07 09 | 09 35 | 11 51 | 21 52 | 09 04 | 27 53 | 15 11 | 21 14 | 11 46 |
| 9 | 13:08:46 | 19 05 21 | 26 37 | 02♒32 | 06 34 | 10 49 | 12 23 | 21 47 | 09 05 | 27 56 | 15 13 | 21 14 | 11 43 |
| 10 | 13:12:43 | 20 04 18 | 08♒29 | 14 28 | 06 03 | 12 03 | 12 55 | 21 42 | 09 06 | 28 00 | 15 15 | 21 15 | 11 39 |
| 11 | 13:16:39 | 21 03 13 | 20 30 | 26 35 | 05 38 | 13 16 | 13 27 | 21 36 | 09 06 | 28 03 | 15 17 | 21 15 | 11 36 |
| 12 | 13:20:36 | 22 02 07 | 02♓44 | 08♓57 | 05 17 | 14 30 | 13 58 | 21 31 | 09 07 | 28 06 | 15 19 | 21 15 | 11 33 |
| 13 | 13:24:32 | 23 00 58 | 15 16 | 21 39 | 05 02 | 15 43 | 14 30 | 21 25 | 09 08 | 28 10 | 15 21 | 21 16 | 11 30 |
| 14 | 13:28:29 | 23 59 48 | 28 07 | 04♈41 | 04 52 | 16 57 | 15 01 | 21 19 | 09 08 | 28 13 | 15 23 | 21 16 | 11 27 |
| 15 | 13:32:25 | 24 58 36 | 11♈21 | 18 05 | 04 47 | 18 10 | 15 32 | 21 13 | 09 08 | 28 17 | 15 24 | 21 16 | 11 23 |
| 16 | 13:36:22 | 25 57 22 | 24 54 | 01♉48 | 04 48D | 19 24 | 16 03 | 21 06 | 09 09 | 28 20 | 15 26 | 21 16 | 11 20 |
| 17 | 13:40:19 | 26 56 06 | 08♉46 | 15 48 | 04 53 | 20 37 | 16 34 | 21 00 | 09 09 | 28 24 | 15 28 | 21 17 | 11 17 |
| 18 | 13:44:15 | 27 54 48 | 22 52 | 29 58 | 05 04 | 21 50 | 17 05 | 20 54 | 09 09 | 28 27 | 15 30 | 21 17 | 11 14 |
| 19 | 13:48:12 | 28 53 28 | 07♊06 | 14♊15 | 05 20 | 23 03 | 17 35 | 20 47 | 09 09℞ | 28 31 | 15 32 | 21 17 | 11 11 |
| 20 | 13:52:08 | 29 52 06 | 21 23 | 28 32 | 05 40 | 24 17 | 18 06 | 20 41 | 09 09 | 28 34 | 15 33 | 21 17 | 11 08 |
| 21 | 13:56:05 | 00♉50 42 | 05♋40 | 12♋47 | 06 05 | 25 30 | 18 36 | 20 34 | 09 09 | 28 37 | 15 35 | 21 17 | 11 04 |
| 22 | 14:00:01 | 01 49 16 | 19 53 | 26 58 | 06 34 | 26 43 | 19 06 | 20 27 | 09 08 | 28 41 | 15 37 | 21 17 | 11 01 |
| 23 | 14:03:58 | 02 47 47 | 04♌00 | 11♌02 | 07 07 | 27 56 | 19 36 | 20 20 | 09 08 | 28 44 | 15 39 | 21 17℞ | 10 58 |
| 24 | 14:07:54 | 03 46 16 | 18 01 | 24 59 | 07 45 | 29 09 | 20 05 | 20 13 | 09 07 | 28 48 | 15 40 | 21 17 | 10 55 |
| 25 | 14:11:51 | 04 44 43 | 01♍55 | 08♍49 | 08 26 | 00♊22 | 20 35 | 20 06 | 09 07 | 28 51 | 15 42 | 21 17 | 10 52 |
| 26 | 14:15:48 | 05 43 08 | 15 41 | 22 31 | 09 11 | 01 35 | 21 04 | 19 59 | 09 06 | 28 55 | 15 44 | 21 17 | 10 49 |
| 27 | 14:19:44 | 06 41 31 | 29 18 | 06♎04 | 09 59 | 02 48 | 21 33 | 19 52 | 09 05 | 28 58 | 15 45 | 21 17 | 10 45 |
| 28 | 14:23:41 | 07 39 51 | 12♎46 | 19 26 | 10 51 | 04 01 | 22 01 | 19 44 | 09 04 | 29 01 | 15 47 | 21 17 | 10 42 |
| 29 | 14:27:37 | 08 38 10 | 26 03 | 02♏37 | 11 45 | 05 14 | 22 30 | 19 37 | 09 03 | 29 05 | 15 48 | 21 17 | 10 39 |
| 30 | 14:31:34 | 09 36 27 | 09♏07 | 15 33 | 12 43 | 06 27 | 22 58 | 19 30 | 09 02 | 29 08 | 15 50 | 21 16 | 10 36 |

0:00 E.T. | ## Longitudes of the Major Asteroids and Chiron | ## Lunar Data

| D | ⚳ | ⚴ | ⚵ | ⚶ | ⚷ | D | ⚳ | ⚴ | ⚵ | ⚶ | ⚷ | Last Asp. | Ingress |
|---|---|---|---|---|---|---|---|---|---|---|---|---|---|
| 1 | 05♌18 | 01♊03 | 16♓58 | 29♐43 | 29♓04 | 16 | 07 18 | 09 22 | 24 07 | 02 58 | 29 56 | 1 18:31 | 1 ♏ 22:59 |
| 2 | 05 24 | 01 35 | 17 27 | 29 59 | 29 08 | 17 | 07 29 | 09 56 | 24 36 | 03 08 | 29 59 | 3 16:07 | 4 ♐ 06:56 |
| 3 | 05 29 | 02 08 | 17 56 | 00♑14 | 29 11 | 18 | 07 40 | 10 31 | 25 04 | 03 17 | 00♈02 | 6 13:37 | 6 ♑ 18:03 |
| 4 | 05 36 | 02 41 | 18 24 | 00 29 | 29 15 | 19 | 07 52 | 11 05 | 25 33 | 03 26 | 00 05 | 9 02:41 | 9 ♒ 06:51 |
| 5 | 05 42 | 03 14 | 18 53 | 00 43 | 29 18 | 20 | 08 03 | 11 39 | 26 02 | 03 35 | 00 09 | 11 14:56 | 11 ♓ 18:41 |
| 6 | 05 49 | 03 47 | 19 21 | 00 57 | 29 22 | 21 | 08 15 | 12 13 | 26 30 | 03 43 | 00 12 | 13 11:28 | 14 ♈ 03:26 |
| 7 | 05 57 | 04 20 | 19 50 | 01 11 | 29 25 | 22 | 08 27 | 12 47 | 26 59 | 03 51 | 00 15 | 16 06:00 | 16 ♉ 08:52 |
| 8 | 06 04 | 04 53 | 20 18 | 01 24 | 29 29 | 23 | 08 40 | 13 22 | 27 28 | 03 58 | 00 18 | 17 22:06 | 18 ♊ 12:03 |
| 9 | 06 12 | 05 27 | 20 47 | 01 37 | 29 32 | 24 | 08 53 | 13 56 | 27 56 | 04 05 | 00 21 | 20 12:06 | 20 ♋ 14:28 |
| 10 | 06 21 | 06 00 | 21 15 | 01 50 | 29 36 | 25 | 09 06 | 14 31 | 28 25 | 04 12 | 00 24 | 22 14:59 | 22 ♌ 17:10 |
| 11 | 06 30 | 06 34 | 21 44 | 02 02 | 29 39 | 26 | 09 19 | 15 05 | 28 54 | 04 18 | 00 27 | 24 18:41 | 24 ♍ 20:41 |
| 12 | 06 39 | 07 07 | 22 13 | 02 14 | 29 42 | 27 | 09 33 | 15 40 | 29 22 | 04 24 | 00 30 | 26 09:50 | 27 ♎ 01:14 |
| 13 | 06 48 | 07 41 | 22 41 | 02 25 | 29 46 | 28 | 09 47 | 16 14 | 29 51 | 04 29 | 00 33 | 29 05:33 | 29 ♏ 07:13 |
| 14 | 06 58 | 08 15 | 23 10 | 02 37 | 29 49 | 29 | 10 01 | 16 49 | 00♈19 | 04 34 | 00 36 | | |
| 15 | 07 08 | 08 49 | 23 39 | 02 47 | 29 52 | 30 | 10 15 | 17 24 | 00 48 | 04 38 | 00 39 | | |

0:00 E.T. | ## Declinations

| D | ☉ | ☽ | ☿ | ♀ | ♂ | ♃ | ♄ | ♅ | ♆ | ♇ | ⚳ | ⚴ | ⚵ | ⚶ | ⚷ |
|---|---|---|---|---|---|---|---|---|---|---|---|---|---|---|---|
| 1 | +04 26 | -02 32 | +07 42 | +11 22 | -23 32 | -17 10 | -22 15 | +10 05 | -06 46 | -21 27 | +31 01 | -07 56 | -03 08 | -17 30 | +02 46 |
| 2 | 04 49 | 07 01 | 07 13 | 11 50 | 23 32 | 17 08 | 22 15 | 10 06 | 06 46 | 21 27 | 30 57 | 07 45 | 03 00 | 17 30 | 02 47 |
| 3 | 05 12 | 11 05 | 06 42 | 12 17 | 23 31 | 17 07 | 22 15 | 10 07 | 06 45 | 21 27 | 30 53 | 07 34 | 02 51 | 17 30 | 02 49 |
| 4 | 05 35 | 14 32 | 06 11 | 12 45 | 23 30 | 17 06 | 22 15 | 10 09 | 06 44 | 21 27 | 30 48 | 07 23 | 02 42 | 17 30 | 02 50 |
| 5 | 05 58 | 17 15 | 05 39 | 13 12 | 23 29 | 17 05 | 22 15 | 10 10 | 06 43 | 21 27 | 30 44 | 07 12 | 02 33 | 17 30 | 02 51 |
| 6 | 06 21 | 19 09 | 05 07 | 13 38 | 23 28 | 17 03 | 22 15 | 10 11 | 06 42 | 21 27 | 30 39 | 07 01 | 02 24 | 17 30 | 02 53 |
| 7 | 06 43 | 20 09 | 04 36 | 14 04 | 23 27 | 17 02 | 22 15 | 10 12 | 06 42 | 21 27 | 30 35 | 06 50 | 02 15 | 17 30 | 02 54 |
| 8 | 07 06 | 20 15 | 04 06 | 14 30 | 23 26 | 17 01 | 22 15 | 10 14 | 06 41 | 21 27 | 30 30 | 06 40 | 02 07 | 17 30 | 02 56 |
| 9 | 07 28 | 19 27 | 03 37 | 14 56 | 23 25 | 16 59 | 22 15 | 10 15 | 06 40 | 21 27 | 30 25 | 06 29 | 01 58 | 17 29 | 02 57 |
| 10 | 07 51 | 17 48 | 03 10 | 15 21 | 23 24 | 16 58 | 22 14 | 10 16 | 06 39 | 21 27 | 30 20 | 06 19 | 01 49 | 17 29 | 02 58 |
| 11 | 08 13 | 15 20 | 02 44 | 15 46 | 23 22 | 16 56 | 22 14 | 10 17 | 06 39 | 21 27 | 30 15 | 06 08 | 01 40 | 17 29 | 03 00 |
| 12 | 08 35 | 12 08 | 02 21 | 16 11 | 23 21 | 16 55 | 22 14 | 10 18 | 06 38 | 21 27 | 30 09 | 05 58 | 01 31 | 17 29 | 03 01 |
| 13 | 08 57 | 08 20 | 02 01 | 16 35 | 23 19 | 16 53 | 22 14 | 10 20 | 06 37 | 21 27 | 30 04 | 05 47 | 01 22 | 17 29 | 03 02 |
| 14 | 09 18 | 04 04 | 01 43 | 16 58 | 23 18 | 16 52 | 22 14 | 10 21 | 06 37 | 21 27 | 29 58 | 05 37 | 01 13 | 17 29 | 03 04 |
| 15 | 09 40 | +00 30 | 01 27 | 17 22 | 23 16 | 16 50 | 22 14 | 10 22 | 06 36 | 21 27 | 29 53 | 05 27 | 01 04 | 17 29 | 03 05 |
| 16 | 10 01 | 05 10 | 01 15 | 17 45 | 23 14 | 16 48 | 22 14 | 10 23 | 06 35 | 21 27 | 29 47 | 05 17 | 00 55 | 17 29 | 03 06 |
| 17 | 10 23 | 09 40 | 01 04 | 18 07 | 23 12 | 16 47 | 22 14 | 10 25 | 06 35 | 21 27 | 29 42 | 05 07 | 00 46 | 17 29 | 03 08 |
| 18 | 10 44 | 13 43 | 00 57 | 18 29 | 23 10 | 16 45 | 22 14 | 10 26 | 06 34 | 21 27 | 29 36 | 04 58 | 00 38 | 17 29 | 03 09 |
| 19 | 11 05 | 17 01 | 00 52 | 18 50 | 23 09 | 16 43 | 22 14 | 10 27 | 06 33 | 21 28 | 29 30 | 04 48 | 00 29 | 17 30 | 03 10 |
| 20 | 11 25 | 19 19 | 00 49 | 19 11 | 23 06 | 16 41 | 22 14 | 10 28 | 06 33 | 21 28 | 29 24 | 04 38 | 00 20 | 17 30 | 03 12 |
| 21 | 11 46 | 20 23 | 00 49 | 19 31 | 23 04 | 16 40 | 22 14 | 10 30 | 06 32 | 21 28 | 29 18 | 04 29 | 00 11 | 17 30 | 03 13 |
| 22 | 12 06 | 20 09 | 00 51 | 19 51 | 23 02 | 16 38 | 22 14 | 10 31 | 06 31 | 21 28 | 29 12 | 04 19 | 00 02 | 17 30 | 03 14 |
| 23 | 12 26 | 18 38 | 00 56 | 20 11 | 23 00 | 16 36 | 22 14 | 10 32 | 06 31 | 21 28 | 29 06 | 04 10 | +00 07 | 17 30 | 03 15 |
| 24 | 12 46 | 16 00 | 01 03 | 20 30 | 22 58 | 16 34 | 22 14 | 10 33 | 06 30 | 21 28 | 28 59 | 04 01 | 00 16 | 17 31 | 03 17 |
| 25 | 13 06 | 12 28 | 01 12 | 20 48 | 22 56 | 16 32 | 22 14 | 10 34 | 06 29 | 21 28 | 28 53 | 03 52 | 00 25 | 17 31 | 03 18 |
| 26 | 13 26 | 08 17 | 01 23 | 21 06 | 22 53 | 16 30 | 22 14 | 10 36 | 06 29 | 21 28 | 28 47 | 03 43 | 00 33 | 17 31 | 03 19 |
| 27 | 13 45 | 03 43 | 01 36 | 21 23 | 22 51 | 16 28 | 22 14 | 10 37 | 06 28 | 21 28 | 28 40 | 03 34 | 00 42 | 17 32 | 03 20 |
| 28 | 14 04 | -00 58 | 01 51 | 21 39 | 22 49 | 16 26 | 22 14 | 10 38 | 06 28 | 21 28 | 28 34 | 03 25 | 00 51 | 17 32 | 03 22 |
| 29 | 14 23 | 05 32 | 02 08 | 21 55 | 22 46 | 16 24 | 22 14 | 10 39 | 06 27 | 21 28 | 28 27 | 03 16 | 01 00 | 17 33 | 03 23 |
| 30 | 14 41 | 09 47 | 02 26 | 22 11 | 22 44 | 16 22 | 22 15 | 10 41 | 06 26 | 21 29 | 28 20 | 03 08 | 01 09 | 17 34 | 03 24 |

Lunar Phases -- 8 ◑ 07:19 16 ● 01:58 22 ◐ 21:47 30 ○ 00:59 Sun enters ♉ 4/20 03:14

## 0:00 E.T. Longitudes of Main Planets - May 2018

| D | S.T. | ☉ | ☽ | ☽ 12:00 | ☿ | ♀ | ♂ | ♃ | ♄ | ♅ | ♆ | ♇ | ☊ |
|---|---|---|---|---|---|---|---|---|---|---|---|---|---|
| 1 | 14:35:30 | 10♉34 42 | 21♏56 | 28♏15 | 13♈44 | 07♊39 | 23♑26 | 19♏22℞ | 09♑01℞ | 29♈12 | 15♓51 | 21♑16℞ | 10♌33 |
| 2 | 14:39:27 | 11 32 56 | 04♐30 | 10♐42 | 14 48 | 08 52 | 23 54 | 19 15 | 09 00 | 29 15 | 15 53 | 21 16 | 10 29 |
| 3 | 14:43:23 | 12 31 07 | 16 50 | 22 55 | 15 54 | 10 05 | 24 22 | 19 07 | 08 58 | 29 18 | 15 54 | 21 16 | 10 26 |
| 4 | 14:47:20 | 13 29 18 | 28 56 | 04♑56 | 17 03 | 11 17 | 24 49 | 19 00 | 08 57 | 29 22 | 15 56 | 21 15 | 10 23 |
| 5 | 14:51:17 | 14 27 26 | 10♑53 | 16 48 | 18 15 | 12 30 | 25 16 | 18 52 | 08 55 | 29 25 | 15 57 | 21 15 | 10 20 |
| 6 | 14:55:13 | 15 25 34 | 22 43 | 28 37 | 19 29 | 13 42 | 25 43 | 18 45 | 08 53 | 29 28 | 15 59 | 21 14 | 10 17 |
| 7 | 14:59:10 | 16 23 39 | 04♒31 | 10♒26 | 20 45 | 14 55 | 26 10 | 18 37 | 08 52 | 29 32 | 16 00 | 21 14 | 10 14 |
| 8 | 15:03:06 | 17 21 44 | 16 22 | 22 21 | 22 04 | 16 07 | 26 36 | 18 29 | 08 50 | 29 35 | 16 01 | 21 14 | 10 10 |
| 9 | 15:07:03 | 18 19 47 | 28 23 | 04♓28 | 23 25 | 17 20 | 27 02 | 18 22 | 08 48 | 29 38 | 16 03 | 21 13 | 10 07 |
| 10 | 15:10:59 | 19 17 48 | 10♓38 | 16 52 | 24 48 | 18 32 | 27 28 | 18 14 | 08 46 | 29 42 | 16 04 | 21 13 | 10 04 |
| 11 | 15:14:56 | 20 15 49 | 23 12 | 29 38 | 26 14 | 19 44 | 27 53 | 18 06 | 08 44 | 29 45 | 16 05 | 21 12 | 10 01 |
| 12 | 15:18:52 | 21 13 47 | 06♈09 | 12♈47 | 27 42 | 20 56 | 28 18 | 17 59 | 08 42 | 29 48 | 16 06 | 21 12 | 09 58 |
| 13 | 15:22:49 | 22 11 45 | 19 32 | 26 23 | 29 12 | 22 09 | 28 43 | 17 51 | 08 39 | 29 51 | 16 07 | 21 11 | 09 55 |
| 14 | 15:26:46 | 23 09 41 | 03♉20 | 10♉22 | 00♉44 | 23 21 | 29 07 | 17 43 | 08 37 | 29 55 | 16 09 | 21 11 | 09 51 |
| 15 | 15:30:42 | 24 07 36 | 17 30 | 24 43 | 02 18 | 24 33 | 29 31 | 17 36 | 08 35 | 29 58 | 16 10 | 21 10 | 09 48 |
| 16 | 15:34:39 | 25 05 29 | 01♊59 | 09♊18 | 03 54 | 25 45 | 29 55 | 17 28 | 08 32 | 00♉01 | 16 11 | 21 09 | 09 45 |
| 17 | 15:38:35 | 26 03 21 | 16 38 | 23 59 | 05 33 | 26 57 | 00♒19 | 17 21 | 08 29 | 00 04 | 16 12 | 21 09 | 09 42 |
| 18 | 15:42:32 | 27 01 12 | 01♋21 | 08♋41 | 07 13 | 28 09 | 00 42 | 17 13 | 08 27 | 00 08 | 16 13 | 21 08 | 09 39 |
| 19 | 15:46:28 | 27 59 01 | 15 59 | 23 16 | 08 56 | 29 21 | 01 04 | 17 06 | 08 24 | 00 11 | 16 14 | 21 07 | 09 35 |
| 20 | 15:50:25 | 28 56 48 | 00♌29 | 07♌39 | 10 40 | 00♋32 | 01 27 | 16 59 | 08 21 | 00 14 | 16 15 | 21 06 | 09 32 |
| 21 | 15:54:21 | 29 54 33 | 14 46 | 21 49 | 12 27 | 01 44 | 01 48 | 16 51 | 08 18 | 00 17 | 16 16 | 21 06 | 09 29 |
| 22 | 15:58:18 | 00♊52 17 | 28 48 | 05♍44 | 14 16 | 02 56 | 02 10 | 16 44 | 08 15 | 00 20 | 16 17 | 21 05 | 09 26 |
| 23 | 16:02:15 | 01 49 59 | 12♍36 | 19 24 | 16 07 | 04 07 | 02 31 | 16 37 | 08 12 | 00 23 | 16 18 | 21 04 | 09 23 |
| 24 | 16:06:11 | 02 47 40 | 26 09 | 02♎51 | 18 00 | 05 19 | 02 52 | 16 30 | 08 09 | 00 26 | 16 19 | 21 03 | 09 20 |
| 25 | 16:10:08 | 03 45 19 | 09♎29 | 16 05 | 19 56 | 06 30 | 03 12 | 16 23 | 08 06 | 00 29 | 16 19 | 21 02 | 09 16 |
| 26 | 16:14:04 | 04 42 56 | 22 37 | 29 06 | 21 53 | 07 42 | 03 32 | 16 16 | 08 03 | 00 32 | 16 20 | 21 01 | 09 13 |
| 27 | 16:18:01 | 05 40 32 | 05♏32 | 11♏55 | 23 52 | 08 53 | 03 51 | 16 09 | 07 59 | 00 35 | 16 21 | 21 01 | 09 10 |
| 28 | 16:21:57 | 06 38 07 | 18 15 | 24 32 | 25 53 | 10 05 | 04 10 | 16 02 | 07 56 | 00 38 | 16 22 | 21 00 | 09 07 |
| 29 | 16:25:54 | 07 35 40 | 00♐46 | 06♐58 | 27 56 | 11 16 | 04 29 | 15 55 | 07 53 | 00 41 | 16 22 | 20 59 | 09 04 |
| 30 | 16:29:50 | 08 33 13 | 13 06 | 19 12 | 00♊01 | 12 27 | 04 47 | 15 49 | 07 49 | 00 44 | 16 23 | 20 58 | 09 01 |
| 31 | 16:33:47 | 09 30 44 | 25 15 | 01♑16 | 02 07 | 13 38 | 05 05 | 15 42 | 07 45 | 00 47 | 16 24 | 20 57 | 08 57 |

## 0:00 E.T. Longitudes of the Major Asteroids and Chiron

| D | ⚳ | ⚴ | ⚵ | ⚶ | ⚷ |
|---|---|---|---|---|---|
| 1 | 10♌30 | 17♊59 | 01♈17 | 04♑42 | 00♈42 |
| 2 | 10 45 | 18 33 | 01 45 | 04 45 | 00 45 |
| 3 | 11 00 | 19 08 | 02 14 | 04 48 | 00 48 |
| 4 | 11 16 | 19 43 | 02 43 | 04 50 | 00 51 |
| 5 | 11 31 | 20 18 | 03 11 | 04 52 | 00 54 |
| 6 | 11 47 | 20 53 | 03 40 | 04 54 | 00 56 |
| 7 | 12 03 | 21 28 | 04 09 | 04 54 | 00 59 |
| 8 | 12 19 | 22 03 | 04 37 | 04 55 | 01 02 |
| 9 | 12 36 | 22 38 | 05 06 | 04 55℞ | 01 05 |
| 10 | 12 53 | 23 13 | 05 34 | 04 54 | 01 07 |
| 11 | 13 10 | 23 48 | 06 03 | 04 53 | 01 10 |
| 12 | 13 27 | 24 23 | 06 32 | 04 52 | 01 12 |
| 13 | 13 44 | 24 59 | 07 00 | 04 49 | 01 15 |
| 14 | 14 02 | 25 34 | 07 29 | 04 47 | 01 17 |
| 15 | 14 20 | 26 09 | 07 57 | 04 44 | 01 20 |
| 16 | 14 37 | 26 44 | 08 26 | 04 40 | 01 22 |
| 17 | 14 56 | 27 19 | 08 54 | 04 36 | 01 25 |
| 18 | 15 14 | 27 55 | 09 23 | 04 32 | 01 27 |
| 19 | 15 33 | 28 30 | 09 51 | 04 26 | 01 29 |
| 20 | 15 51 | 29 05 | 10 20 | 04 21 | 01 32 |
| 21 | 16 10 | 29 41 | 10 48 | 04 15 | 01 34 |
| 22 | 16 29 | 00♋16 | 11 17 | 04 08 | 01 36 |
| 23 | 16 48 | 00 51 | 11 45 | 04 02 | 01 38 |
| 24 | 17 08 | 01 27 | 12 14 | 03 54 | 01 40 |
| 25 | 17 27 | 02 02 | 12 42 | 03 46 | 01 42 |
| 26 | 17 47 | 02 37 | 13 10 | 03 38 | 01 44 |
| 27 | 18 07 | 03 13 | 13 39 | 03 29 | 01 46 |
| 28 | 18 27 | 03 48 | 14 07 | 03 20 | 01 48 |
| 29 | 18 47 | 04 23 | 14 35 | 03 11 | 01 50 |
| 30 | 19 07 | 04 59 | 15 04 | 03 01 | 01 52 |
| 31 | 19 28 | 05 34 | 15 32 | 02 51 | 01 54 |

## Lunar Data

| Last Asp. | | Ingress | | |
|---|---|---|---|---|
| 1 | 02:57 | 1 | ♐ | 15:21 |
| 4 | 00:51 | 4 | ♑ | 02:07 |
| 6 | 13:49 | 6 | ♒ | 14:50 |
| 9 | 02:30 | 9 | ♓ | 03:12 |
| 11 | 09:03 | 11 | ♈ | 12:41 |
| 13 | 18:06 | 13 | ♉ | 18:16 |
| 15 | 20:31 | 15 | ♊ | 20:44 |
| 17 | 18:19 | 17 | ♋ | 21:48 |
| 19 | 21:16 | 19 | ♌ | 23:12 |
| 21 | 03:31 | 22 | ♍ | 02:04 |
| 23 | 14:56 | 24 | ♎ | 06:53 |
| 25 | 21:05 | 26 | ♏ | 13:41 |
| 28 | 17:27 | 28 | ♐ | 22:30 |
| 30 | 06:27 | 31 | ♑ | 09:28 |

## 0:00 E.T. Declinations

| D | ☉ | ☽ | ☿ | ♀ | ♂ | ♃ | ♄ | ♅ | ♆ | ♇ | ⚳ | ⚴ | ⚵ | ⚶ | ⚷ |
|---|---|---|---|---|---|---|---|---|---|---|---|---|---|---|---|
| 1 | +15 00 | -13 30 | +02 46 | +22 26 | -22 41 | -16 20 | -22 15 | +10 42 | -06 26 | -21 29 | +28 13 | -02 59 | +01 17 | -17 34 | +03 25 |
| 2 | 15 18 | 16 33 | 03 08 | 22 40 | 22 39 | 16 18 | 22 15 | 10 43 | 06 25 | 21 29 | 28 07 | 02 51 | 01 26 | 17 35 | 03 27 |
| 3 | 15 36 | 18 47 | 03 32 | 22 53 | 22 37 | 16 16 | 22 15 | 10 44 | 06 25 | 21 29 | 28 00 | 02 43 | 01 35 | 17 36 | 03 28 |
| 4 | 15 53 | 20 08 | 03 56 | 23 06 | 22 34 | 16 14 | 22 15 | 10 45 | 06 24 | 21 29 | 27 53 | 02 35 | 01 43 | 17 37 | 03 29 |
| 5 | 16 10 | 20 34 | 04 23 | 23 19 | 22 32 | 16 12 | 22 15 | 10 46 | 06 24 | 21 29 | 27 46 | 02 27 | 01 52 | 17 38 | 03 30 |
| 6 | 16 27 | 20 04 | 04 50 | 23 30 | 22 29 | 16 10 | 22 15 | 10 48 | 06 23 | 21 29 | 27 38 | 02 19 | 02 01 | 17 39 | 03 31 |
| 7 | 16 44 | 18 42 | 05 19 | 23 41 | 22 27 | 16 08 | 22 15 | 10 49 | 06 23 | 21 30 | 27 31 | 02 11 | 02 09 | 17 40 | 03 32 |
| 8 | 17 01 | 16 30 | 05 49 | 23 51 | 22 24 | 16 06 | 22 15 | 10 50 | 06 22 | 21 30 | 27 24 | 02 03 | 02 18 | 17 41 | 03 34 |
| 9 | 17 17 | 13 34 | 06 21 | 24 01 | 22 22 | 16 04 | 22 16 | 10 51 | 06 22 | 21 30 | 27 17 | 01 56 | 02 27 | 17 43 | 03 35 |
| 10 | 17 33 | 10 00 | 06 53 | 24 10 | 22 20 | 16 02 | 22 16 | 10 52 | 06 21 | 21 30 | 27 09 | 01 48 | 02 35 | 17 44 | 03 36 |
| 11 | 17 49 | 05 54 | 07 26 | 24 18 | 22 17 | 16 00 | 22 16 | 10 53 | 06 21 | 21 30 | 27 02 | 01 41 | 02 44 | 17 45 | 03 37 |
| 12 | 18 04 | 01 26 | 08 01 | 24 26 | 22 15 | 15 58 | 22 16 | 10 55 | 06 21 | 21 30 | 26 54 | 01 34 | 02 52 | 17 47 | 03 38 |
| 13 | 18 19 | +03 15 | 08 36 | 24 33 | 22 13 | 15 56 | 22 16 | 10 56 | 06 20 | 21 30 | 26 46 | 01 27 | 03 00 | 17 48 | 03 39 |
| 14 | 18 34 | 07 55 | 09 12 | 24 39 | 22 10 | 15 54 | 22 16 | 10 57 | 06 20 | 21 31 | 26 39 | 01 20 | 03 09 | 17 50 | 03 40 |
| 15 | 18 48 | 12 17 | 09 49 | 24 45 | 22 08 | 15 52 | 22 16 | 10 58 | 06 19 | 21 31 | 26 31 | 01 13 | 03 17 | 17 52 | 03 41 |
| 16 | 19 02 | 16 01 | 10 27 | 24 49 | 22 06 | 15 50 | 22 17 | 10 59 | 06 19 | 21 31 | 26 23 | 01 06 | 03 26 | 17 54 | 03 42 |
| 17 | 19 16 | 18 49 | 11 05 | 24 53 | 22 04 | 15 48 | 22 17 | 11 00 | 06 19 | 21 31 | 26 15 | 01 00 | 03 34 | 17 56 | 03 43 |
| 18 | 19 29 | 20 23 | 11 44 | 24 57 | 22 02 | 15 46 | 22 17 | 11 01 | 06 18 | 21 31 | 26 07 | 00 53 | 03 42 | 17 58 | 03 44 |
| 19 | 19 42 | 20 34 | 12 24 | 24 59 | 22 00 | 15 44 | 22 17 | 11 02 | 06 18 | 21 32 | 25 59 | 00 47 | 03 50 | 18 00 | 03 45 |
| 20 | 19 55 | 19 22 | 13 03 | 25 01 | 21 58 | 15 42 | 22 17 | 11 04 | 06 17 | 21 32 | 25 51 | 00 41 | 03 58 | 18 02 | 03 46 |
| 21 | 20 08 | 16 57 | 13 43 | 25 03 | 21 56 | 15 40 | 22 18 | 11 05 | 06 17 | 21 32 | 25 43 | 00 35 | 04 06 | 18 04 | 03 47 |
| 22 | 20 20 | 13 33 | 14 24 | 25 03 | 21 55 | 15 38 | 22 18 | 11 06 | 06 17 | 21 32 | 25 35 | 00 29 | 04 14 | 18 07 | 03 48 |
| 23 | 20 31 | 09 28 | 15 04 | 25 03 | 21 53 | 15 37 | 22 18 | 11 07 | 06 16 | 21 32 | 25 27 | 00 23 | 04 22 | 18 09 | 03 49 |
| 24 | 20 43 | 04 59 | 15 45 | 25 02 | 21 51 | 15 35 | 22 18 | 11 08 | 06 16 | 21 33 | 25 19 | 00 17 | 04 30 | 18 12 | 03 50 |
| 25 | 20 54 | 00 20 | 16 25 | 25 01 | 21 50 | 15 33 | 22 18 | 11 09 | 06 16 | 21 33 | 25 10 | 00 11 | 04 38 | 18 14 | 03 51 |
| 26 | 21 05 | -04 16 | 17 05 | 24 58 | 21 49 | 15 31 | 22 19 | 11 10 | 06 16 | 21 33 | 25 02 | 00 06 | 04 46 | 18 17 | 03 52 |
| 27 | 21 15 | 08 35 | 17 45 | 24 55 | 21 47 | 15 29 | 22 19 | 11 11 | 06 15 | 21 33 | 24 53 | 00 01 | 04 54 | 18 20 | 03 53 |
| 28 | 21 25 | 12 28 | 18 24 | 24 52 | 21 46 | 15 27 | 22 19 | 11 12 | 06 15 | 21 34 | 24 45 | +00 05 | 05 02 | 18 23 | 03 54 |
| 29 | 21 34 | 15 45 | 19 03 | 24 47 | 21 45 | 15 26 | 22 19 | 11 13 | 06 15 | 21 34 | 24 36 | 00 10 | 05 09 | 18 26 | 03 54 |
| 30 | 21 44 | 18 16 | 19 40 | 24 42 | 21 44 | 15 24 | 22 20 | 11 14 | 06 15 | 21 34 | 24 27 | 00 15 | 05 17 | 18 29 | 03 55 |
| 31 | 21 52 | 19 56 | 20 16 | 24 36 | 21 44 | 15 22 | 22 20 | 11 15 | 06 14 | 21 34 | 24 19 | 00 19 | 05 24 | 18 32 | 03 56 |

Lunar Phases -- 8 ◑ 02:10 15 ● 11:49 22 ◐ 03:50 29 ○ 14:21 Sun enters ♊ 5/21 02:16

**June 18** Longitudes of Main Planets - June 2018 0:00 E.T.

| D | S.T. | ☉ | ☽ | ☽ 12:00 | ☿ | ♀ | ♂ | ♃ | ♄ | ♅ | ♆ | ♇ | ☊ |
|---|---|---|---|---|---|---|---|---|---|---|---|---|---|
| 1 | 16:37:44 | 10♊28 14 | 07♑15 | 13♑12 | 04♊15 | 14♋49 | 05♒22 | 15♏36℞ | 07♑42℞ | 00♉49 | 16♓24 | 20♑56℞ | 08♌54 |
| 2 | 16:41:40 | 11 25 43 | 19 07 | 25 02 | 06 24 | 16 00 | 05 38 | 15 29 | 07 38 | 00 52 | 16 25 | 20 55 | 08 51 |
| 3 | 16:45:37 | 12 23 12 | 00♒55 | 06♒49 | 08 34 | 17 11 | 05 54 | 15 23 | 07 34 | 00 55 | 16 25 | 20 54 | 08 48 |
| 4 | 16:49:33 | 13 20 40 | 12 43 | 18 38 | 10 45 | 18 22 | 06 10 | 15 17 | 07 31 | 00 58 | 16 26 | 20 53 | 08 45 |
| 5 | 16:53:30 | 14 18 06 | 24 34 | 00♓33 | 12 57 | 19 33 | 06 25 | 15 11 | 07 27 | 01 01 | 16 26 | 20 51 | 08 41 |
| 6 | 16:57:26 | 15 15 32 | 06♓34 | 12 39 | 15 09 | 20 43 | 06 39 | 15 06 | 07 23 | 01 03 | 16 27 | 20 50 | 08 38 |
| 7 | 17:01:23 | 16 12 58 | 18 48 | 25 02 | 17 21 | 21 54 | 06 53 | 15 00 | 07 19 | 01 06 | 16 27 | 20 49 | 08 35 |
| 8 | 17:05:19 | 17 10 23 | 01♈21 | 07♈46 | 19 33 | 23 04 | 07 06 | 14 54 | 07 15 | 01 09 | 16 28 | 20 48 | 08 32 |
| 9 | 17:09:16 | 18 07 47 | 14 18 | 20 56 | 21 45 | 24 15 | 07 19 | 14 49 | 07 11 | 01 11 | 16 28 | 20 47 | 08 29 |
| 10 | 17:13:13 | 19 05 11 | 27 41 | 04♉33 | 23 55 | 25 25 | 07 31 | 14 44 | 07 07 | 01 14 | 16 28 | 20 46 | 08 26 |
| 11 | 17:17:09 | 20 02 34 | 11♉32 | 18 37 | 26 05 | 26 36 | 07 43 | 14 38 | 07 03 | 01 16 | 16 29 | 20 45 | 08 22 |
| 12 | 17:21:06 | 20 59 56 | 25 49 | 03♊07 | 28 14 | 27 46 | 07 53 | 14 33 | 06 59 | 01 19 | 16 29 | 20 43 | 08 19 |
| 13 | 17:25:02 | 21 57 18 | 10♊29 | 17 55 | 00♋21 | 28 56 | 08 03 | 14 29 | 06 55 | 01 21 | 16 29 | 20 42 | 08 16 |
| 14 | 17:28:59 | 22 54 40 | 25 24 | 02♋55 | 02 27 | 00♌06 | 08 13 | 14 24 | 06 50 | 01 24 | 16 29 | 20 41 | 08 13 |
| 15 | 17:32:55 | 23 52 01 | 10♋26 | 17 57 | 04 30 | 01 16 | 08 22 | 14 19 | 06 46 | 01 26 | 16 29 | 20 40 | 08 10 |
| 16 | 17:36:52 | 24 49 21 | 25 26 | 02♌52 | 06 32 | 02 26 | 08 30 | 14 15 | 06 42 | 01 28 | 16 29 | 20 38 | 08 06 |
| 17 | 17:40:48 | 25 46 40 | 10♌15 | 17 34 | 08 32 | 03 36 | 08 37 | 14 11 | 06 38 | 01 31 | 16 29 | 20 37 | 08 03 |
| 18 | 17:44:45 | 26 43 58 | 24 48 | 01♍58 | 10 30 | 04 46 | 08 44 | 14 07 | 06 33 | 01 33 | 16 30 | 20 36 | 08 00 |
| 19 | 17:48:42 | 27 41 16 | 09♍02 | 16 01 | 12 26 | 05 55 | 08 50 | 14 03 | 06 29 | 01 35 | 16 30℞ | 20 34 | 07 57 |
| 20 | 17:52:38 | 28 38 32 | 22 54 | 29 43 | 14 20 | 07 05 | 08 56 | 13 59 | 06 25 | 01 38 | 16 30 | 20 33 | 07 54 |
| 21 | 17:56:35 | 29 35 48 | 06♎26 | 13♎05 | 16 11 | 08 14 | 09 00 | 13 56 | 06 20 | 01 40 | 16 29 | 20 32 | 07 51 |
| 22 | 18:00:31 | 00♋33 03 | 19 39 | 26 08 | 18 00 | 09 24 | 09 04 | 13 52 | 06 16 | 01 42 | 16 29 | 20 30 | 07 47 |
| 23 | 18:04:28 | 01 30 18 | 02♏34 | 08♏56 | 19 47 | 10 33 | 09 08 | 13 49 | 06 11 | 01 44 | 16 29 | 20 29 | 07 44 |
| 24 | 18:08:24 | 02 27 31 | 15 14 | 21 29 | 21 32 | 11 42 | 09 10 | 13 46 | 06 07 | 01 46 | 16 29 | 20 28 | 07 41 |
| 25 | 18:12:21 | 03 24 44 | 27 41 | 03♐50 | 23 14 | 12 51 | 09 12 | 13 43 | 06 03 | 01 48 | 16 29 | 20 26 | 07 38 |
| 26 | 18:16:17 | 04 21 57 | 09♐57 | 16 01 | 24 54 | 14 00 | 09 13 | 13 40 | 05 58 | 01 50 | 16 29 | 20 25 | 07 35 |
| 27 | 18:20:14 | 05 19 10 | 22 03 | 28 03 | 26 32 | 15 09 | 09 13℞ | 13 38 | 05 54 | 01 52 | 16 29 | 20 23 | 07 32 |
| 28 | 18:24:11 | 06 16 22 | 04♑02 | 09♑59 | 28 07 | 16 18 | 09 13 | 13 35 | 05 49 | 01 54 | 16 28 | 20 22 | 07 28 |
| 29 | 18:28:07 | 07 13 34 | 15 55 | 21 49 | 29 40 | 17 26 | 09 11 | 13 33 | 05 45 | 01 56 | 16 28 | 20 21 | 07 25 |
| 30 | 18:32:04 | 08 10 45 | 27 44 | 03♒37 | 01♌10 | 18 35 | 09 09 | 13 31 | 05 41 | 01 58 | 16 28 | 20 19 | 07 22 |

0:00 E.T. Longitudes of the Major Asteroids and Chiron

| D | ⚳ | ⚴ | ⚵ | ⚶ | ⚷ | D | ⚳ | ⚴ | ⚵ | ⚶ | ⚷ |
|---|---|---|---|---|---|---|---|---|---|---|---|
| 1 | 19♌48 | 06♋09 | 16♈00 | 02♑40℞ | 01♈55 | 16 | 25 13 | 14 59 | 23 00 | 29 25 | 02 16 |
| 2 | 20 09 | 06 45 | 16 28 | 02 29 | 01 57 | 17 | 25 36 | 15 34 | 23 28 | 29 11 | 02 17 |
| 3 | 20 30 | 07 20 | 16 56 | 02 17 | 01 59 | 18 | 25 59 | 16 09 | 23 55 | 28 56 | 02 18 |
| 4 | 20 51 | 07 55 | 17 25 | 02 06 | 02 00 | 19 | 26 21 | 16 44 | 24 23 | 28 42 | 02 19 |
| 5 | 21 12 | 08 31 | 17 53 | 01 54 | 02 02 | 20 | 26 44 | 17 19 | 24 50 | 28 27 | 02 19 |
| 6 | 21 34 | 09 06 | 18 21 | 01 41 | 02 03 | 21 | 27 07 | 17 54 | 25 18 | 28 13 | 02 20 |
| 7 | 21 55 | 09 41 | 18 49 | 01 29 | 02 05 | 22 | 27 30 | 18 29 | 25 45 | 27 58 | 02 21 |
| 8 | 22 17 | 10 17 | 19 17 | 01 16 | 02 06 | 23 | 27 54 | 19 04 | 26 13 | 27 44 | 02 21 |
| 9 | 22 38 | 10 52 | 19 45 | 01 03 | 02 08 | 24 | 28 17 | 19 39 | 26 40 | 27 30 | 02 22 |
| 10 | 23 00 | 11 27 | 20 13 | 00 49 | 02 09 | 25 | 28 40 | 20 14 | 27 07 | 27 15 | 02 23 |
| 11 | 23 22 | 12 02 | 20 41 | 00 36 | 02 10 | 26 | 29 04 | 20 49 | 27 35 | 27 01 | 02 23 |
| 12 | 23 44 | 12 38 | 21 09 | 00 22 | 02 11 | 27 | 29 27 | 21 24 | 28 02 | 26 47 | 02 24 |
| 13 | 24 06 | 13 13 | 21 36 | 00 08 | 02 13 | 28 | 29 51 | 21 59 | 28 29 | 26 34 | 02 24 |
| 14 | 24 28 | 13 48 | 22 04 | 29♐54 | 02 14 | 29 | 00♍15 | 22 34 | 28 56 | 26 20 | 02 24 |
| 15 | 24 51 | 14 23 | 22 32 | 29 40 | 02 15 | 30 | 00 39 | 23 08 | 29 23 | 26 07 | 02 25 |

Lunar Data

| Last Asp. | | Ingress | | |
|---|---|---|---|---|
| 2 | 03:38 | 2 | ♒ | 22:08 |
| 4 | 05:11 | 5 | ♓ | 10:55 |
| 7 | 06:36 | 7 | ♈ | 21:27 |
| 9 | 19:37 | 10 | ♉ | 04:05 |
| 12 | 03:30 | 12 | ♊ | 06:54 |
| 13 | 19:44 | 14 | ♋ | 07:21 |
| 15 | 16:19 | 16 | ♌ | 07:22 |
| 18 | 03:27 | 18 | ♍ | 08:42 |
| 20 | 10:52 | 20 | ♎ | 12:31 |
| 22 | 01:35 | 22 | ♏ | 19:12 |
| 24 | 14:01 | 25 | ♐ | 04:31 |
| 26 | 12:55 | 27 | ♑ | 15:54 |
| 29 | 08:59 | 30 | ♒ | 04:38 |

0:00 E.T. Declinations

| D | ☉ | ☽ | ☿ | ♀ | ♂ | ♃ | ♄ | ♅ | ♆ | ♇ | ⚳ | ⚴ | ⚵ | ⚶ | ⚷ |
|---|---|---|---|---|---|---|---|---|---|---|---|---|---|---|---|
| 1 | +22 01 | -20 41 | +20 51 | +24 30 | -21 43 | -15 21 | -22 20 | +11 16 | -06 14 | -21 35 | +24 10 | +00 24 | +05 32 | -18 35 | +03 57 |
| 2 | 22 09 | 20 30 | 21 25 | 24 23 | 21 42 | 15 19 | 22 20 | 11 17 | 06 14 | 21 35 | 24 01 | 00 29 | 05 39 | 18 39 | 03 58 |
| 3 | 22 17 | 19 25 | 21 57 | 24 15 | 21 42 | 15 17 | 22 21 | 11 18 | 06 14 | 21 35 | 23 52 | 00 33 | 05 47 | 18 42 | 03 58 |
| 4 | 22 24 | 17 29 | 22 27 | 24 06 | 21 42 | 15 16 | 22 21 | 11 19 | 06 14 | 21 35 | 23 43 | 00 38 | 05 54 | 18 45 | 03 59 |
| 5 | 22 31 | 14 48 | 22 54 | 23 57 | 21 42 | 15 14 | 22 21 | 11 20 | 06 14 | 21 36 | 23 34 | 00 42 | 06 01 | 18 49 | 04 00 |
| 6 | 22 37 | 11 27 | 23 20 | 23 47 | 21 42 | 15 13 | 22 21 | 11 21 | 06 13 | 21 36 | 23 25 | 00 46 | 06 08 | 18 52 | 04 01 |
| 7 | 22 43 | 07 35 | 23 43 | 23 37 | 21 42 | 15 11 | 22 22 | 11 22 | 06 13 | 21 36 | 23 16 | 00 50 | 06 16 | 18 56 | 04 01 |
| 8 | 22 49 | 03 18 | 24 03 | 23 26 | 21 43 | 15 10 | 22 22 | 11 22 | 06 13 | 21 36 | 23 07 | 00 54 | 06 23 | 19 00 | 04 02 |
| 9 | 22 54 | +01 16 | 24 21 | 23 14 | 21 43 | 15 08 | 22 22 | 11 23 | 06 13 | 21 37 | 22 58 | 00 57 | 06 29 | 19 04 | 04 03 |
| 10 | 22 59 | 05 54 | 24 36 | 23 01 | 21 44 | 15 07 | 22 22 | 11 24 | 06 13 | 21 37 | 22 49 | 01 01 | 06 36 | 19 07 | 04 03 |
| 11 | 23 04 | 10 25 | 24 48 | 22 48 | 21 45 | 15 06 | 22 23 | 11 25 | 06 13 | 21 37 | 22 39 | 01 04 | 06 43 | 19 11 | 04 04 |
| 12 | 23 08 | 14 29 | 24 57 | 22 35 | 21 47 | 15 05 | 22 23 | 11 26 | 06 13 | 21 37 | 22 30 | 01 08 | 06 50 | 19 15 | 04 04 |
| 13 | 23 11 | 17 47 | 25 04 | 22 21 | 21 48 | 15 03 | 22 23 | 11 27 | 06 13 | 21 38 | 22 21 | 01 11 | 06 56 | 19 19 | 04 05 |
| 14 | 23 15 | 19 58 | 25 08 | 22 06 | 21 49 | 15 02 | 22 23 | 11 28 | 06 13 | 21 38 | 22 11 | 01 14 | 07 03 | 19 23 | 04 06 |
| 15 | 23 18 | 20 45 | 25 09 | 21 51 | 21 51 | 15 01 | 22 24 | 11 28 | 06 13 | 21 38 | 22 02 | 01 17 | 07 09 | 19 27 | 04 06 |
| 16 | 23 20 | 20 04 | 25 08 | 21 35 | 21 53 | 15 00 | 22 24 | 11 29 | 06 13 | 21 39 | 21 52 | 01 20 | 07 16 | 19 31 | 04 07 |
| 17 | 23 22 | 18 00 | 25 04 | 21 18 | 21 55 | 14 59 | 22 24 | 11 30 | 06 13 | 21 39 | 21 42 | 01 23 | 07 22 | 19 35 | 04 07 |
| 18 | 23 24 | 14 48 | 24 57 | 21 01 | 21 58 | 14 58 | 22 25 | 11 31 | 06 13 | 21 39 | 21 33 | 01 25 | 07 28 | 19 40 | 04 08 |
| 19 | 23 25 | 10 47 | 24 49 | 20 44 | 22 00 | 14 57 | 22 25 | 11 32 | 06 13 | 21 39 | 21 23 | 01 28 | 07 34 | 19 44 | 04 08 |
| 20 | 23 26 | 06 17 | 24 38 | 20 26 | 22 03 | 14 56 | 22 25 | 11 32 | 06 13 | 21 40 | 21 13 | 01 30 | 07 40 | 19 48 | 04 08 |
| 21 | 23 26 | 01 35 | 24 25 | 20 07 | 22 06 | 14 55 | 22 25 | 11 33 | 06 13 | 21 40 | 21 03 | 01 32 | 07 46 | 19 52 | 04 09 |
| 22 | 23 26 | -03 05 | 24 10 | 19 48 | 22 10 | 14 55 | 22 26 | 11 34 | 06 13 | 21 40 | 20 54 | 01 34 | 07 52 | 19 57 | 04 09 |
| 23 | 23 26 | 07 29 | 23 54 | 19 28 | 22 13 | 14 54 | 22 26 | 11 35 | 06 13 | 21 41 | 20 44 | 01 36 | 07 58 | 20 01 | 04 10 |
| 24 | 23 25 | 11 29 | 23 36 | 19 08 | 22 17 | 14 53 | 22 26 | 11 35 | 06 13 | 21 41 | 20 34 | 01 38 | 08 04 | 20 05 | 04 10 |
| 25 | 23 23 | 14 56 | 23 16 | 18 48 | 22 20 | 14 53 | 22 27 | 11 36 | 06 13 | 21 41 | 20 24 | 01 40 | 08 09 | 20 10 | 04 10 |
| 26 | 23 22 | 17 40 | 22 55 | 18 27 | 22 24 | 14 52 | 22 27 | 11 37 | 06 13 | 21 42 | 20 14 | 01 41 | 08 15 | 20 14 | 04 11 |
| 27 | 23 20 | 19 35 | 22 33 | 18 06 | 22 29 | 14 51 | 22 27 | 11 37 | 06 14 | 21 42 | 20 04 | 01 43 | 08 20 | 20 18 | 04 11 |
| 28 | 23 17 | 20 37 | 22 10 | 17 44 | 22 33 | 14 51 | 22 27 | 11 38 | 06 14 | 21 42 | 19 54 | 01 44 | 08 25 | 20 23 | 04 11 |
| 29 | 23 14 | 20 42 | 21 45 | 17 21 | 22 38 | 14 51 | 22 28 | 11 39 | 06 14 | 21 42 | 19 43 | 01 45 | 08 30 | 20 27 | 04 12 |
| 30 | 23 11 | 19 53 | 21 20 | 16 59 | 22 43 | 14 50 | 22 28 | 11 39 | 06 14 | 21 43 | 19 33 | 01 46 | 08 35 | 20 31 | 04 12 |

Lunar Phases -- 6 ◑ 18:33 13 ● 19:44 20 ◐ 10:52 28 ○ 04:54 Sun enters ♋ 6/21 10:09

# 0:00 E.T. Longitudes of Main Planets - July 2018



| D | S.T. | ☉ | ☽ | ☽ 12:00 | ☿ | ♀ | ♂ | ♃ | ♄ | ♅ | ♆ | ♇ | ☊ |
|---|---|---|---|---|---|---|---|---|---|---|---|---|---|
| 1 | 18:36:00 | 09♋07 57 | 09♒31 | 15♒25 | 02♌39 | 19♌43 | 09♒07℞ | 13♏29℞ | 05♑36℞ | 01♉59 | 16♓27℞ | 20♑18℞ | 07♌19 |
| 2 | 18:39:57 | 10 05 08 | 21 19 | 27 15 | 04 05 | 20 51 | 09 03 | 13 28 | 05 32 | 02 01 | 16 27 | 20 16 | 07 16 |
| 3 | 18:43:53 | 11 02 20 | 03♓13 | 09♓12 | 05 28 | 21 59 | 08 59 | 13 26 | 05 27 | 02 03 | 16 26 | 20 15 | 07 12 |
| 4 | 18:47:50 | 11 59 31 | 15 15 | 21 20 | 06 49 | 23 07 | 08 54 | 13 25 | 05 23 | 02 05 | 16 26 | 20 13 | 07 09 |
| 5 | 18:51:46 | 12 56 43 | 27 30 | 03♈43 | 08 07 | 24 15 | 08 48 | 13 24 | 05 19 | 02 06 | 16 25 | 20 12 | 07 06 |
| 6 | 18:55:43 | 13 53 55 | 10♈02 | 16 26 | 09 23 | 25 23 | 08 42 | 13 23 | 05 14 | 02 08 | 16 25 | 20 11 | 07 03 |
| 7 | 18:59:40 | 14 51 07 | 22 55 | 29 31 | 10 37 | 26 31 | 08 35 | 13 22 | 05 10 | 02 09 | 16 24 | 20 09 | 07 00 |
| 8 | 19:03:36 | 15 48 20 | 06♉14 | 13♉03 | 11 47 | 27 38 | 08 27 | 13 21 | 05 06 | 02 11 | 16 24 | 20 08 | 06 57 |
| 9 | 19:07:33 | 16 45 33 | 19 59 | 27 02 | 12 55 | 28 46 | 08 18 | 13 21 | 05 01 | 02 12 | 16 23 | 20 06 | 06 53 |
| 10 | 19:11:29 | 17 42 47 | 04♊12 | 11♊28 | 14 01 | 29 53 | 08 09 | 13 21 | 04 57 | 02 14 | 16 23 | 20 05 | 06 50 |
| 11 | 19:15:26 | 18 40 01 | 18 49 | 26 15 | 15 03 | 01♍00 | 07 59 | 13 21D | 04 53 | 02 15 | 16 22 | 20 03 | 06 47 |
| 12 | 19:19:22 | 19 37 15 | 03♋46 | 11♋19 | 16 02 | 02 07 | 07 48 | 13 21 | 04 49 | 02 16 | 16 21 | 20 02 | 06 44 |
| 13 | 19:23:19 | 20 34 30 | 18 54 | 26 30 | 16 58 | 03 14 | 07 37 | 13 21 | 04 44 | 02 18 | 16 20 | 20 00 | 06 41 |
| 14 | 19:27:15 | 21 31 45 | 04♌05 | 11♌38 | 17 51 | 04 20 | 07 25 | 13 22 | 04 40 | 02 19 | 16 20 | 19 59 | 06 38 |
| 15 | 19:31:12 | 22 29 00 | 19 09 | 26 36 | 18 41 | 05 27 | 07 13 | 13 22 | 04 36 | 02 20 | 16 19 | 19 57 | 06 34 |
| 16 | 19:35:09 | 23 26 15 | 03♍58 | 11♍14 | 19 27 | 06 33 | 07 00 | 13 23 | 04 32 | 02 21 | 16 18 | 19 56 | 06 31 |
| 17 | 19:39:05 | 24 23 30 | 18 25 | 25 30 | 20 10 | 07 39 | 06 46 | 13 24 | 04 28 | 02 22 | 16 17 | 19 54 | 06 28 |
| 18 | 19:43:02 | 25 20 46 | 02♎28 | 09♎20 | 20 49 | 08 45 | 06 32 | 13 25 | 04 24 | 02 23 | 16 16 | 19 53 | 06 25 |
| 19 | 19:46:58 | 26 18 01 | 16 06 | 22 46 | 21 24 | 09 51 | 06 18 | 13 27 | 04 20 | 02 24 | 16 15 | 19 52 | 06 22 |
| 20 | 19:50:55 | 27 15 17 | 29 20 | 05♏48 | 21 55 | 10 57 | 06 03 | 13 28 | 04 16 | 02 25 | 16 15 | 19 50 | 06 18 |
| 21 | 19:54:51 | 28 12 32 | 12♏11 | 18 30 | 22 22 | 12 02 | 05 48 | 13 30 | 04 12 | 02 26 | 16 14 | 19 49 | 06 15 |
| 22 | 19:58:48 | 29 09 48 | 24 44 | 00♐55 | 22 44 | 13 08 | 05 33 | 13 32 | 04 09 | 02 27 | 16 13 | 19 47 | 06 12 |
| 23 | 20:02:44 | 00♌07 05 | 07♐02 | 13 06 | 23 02 | 14 13 | 05 17 | 13 34 | 04 05 | 02 28 | 16 12 | 19 46 | 06 09 |
| 24 | 20:06:41 | 01 04 22 | 19 07 | 25 07 | 23 15 | 15 18 | 05 01 | 13 37 | 04 01 | 02 28 | 16 11 | 19 44 | 06 06 |
| 25 | 20:10:38 | 02 01 39 | 01♑05 | 07♑01 | 23 24 | 16 22 | 04 45 | 13 39 | 03 57 | 02 29 | 16 10 | 19 43 | 06 03 |
| 26 | 20:14:34 | 02 58 56 | 12 56 | 18 50 | 23 27 | 17 27 | 04 29 | 13 42 | 03 54 | 02 30 | 16 08 | 19 41 | 05 59 |
| 27 | 20:18:31 | 03 56 15 | 24 44 | 00♒38 | 23 26℞ | 18 31 | 04 12 | 13 45 | 03 50 | 02 30 | 16 07 | 19 40 | 05 56 |
| 28 | 20:22:27 | 04 53 34 | 06♒32 | 12 27 | 23 19 | 19 35 | 03 56 | 13 47 | 03 47 | 02 31 | 16 06 | 19 39 | 05 53 |
| 29 | 20:26:24 | 05 50 53 | 18 22 | 24 18 | 23 08 | 20 39 | 03 40 | 13 51 | 03 44 | 02 31 | 16 05 | 19 37 | 05 50 |
| 30 | 20:30:20 | 06 48 14 | 00♓15 | 06♓15 | 22 51 | 21 42 | 03 23 | 13 54 | 03 40 | 02 32 | 16 04 | 19 36 | 05 47 |
| 31 | 20:34:17 | 07 45 35 | 12 15 | 18 19 | 22 30 | 22 45 | 03 07 | 13 57 | 03 37 | 02 32 | 16 03 | 19 34 | 05 44 |

# 0:00 E.T. Longitudes of the Major Asteroids and Chiron

| D | ⚳ | ⚴ | ⚵ | ⚶ | ⚷ | D | ⚳ | ⚴ | ⚵ | ⚶ | ⚷ |
|---|---|---|---|---|---|---|---|---|---|---|---|
| 1 | 01♍03 | 23♋43 | 29♈50 | 25♐53℞ | 02♈25 | 17 | 07 35 | 02 54 | 06 52 | 23 05 | 02 22 |
| 2 | 01 27 | 24 18 | 00♉17 | 25 40 | 02 25 | 18 | 08 01 | 03 29 | 07 18 | 22 58 | 02 21 |
| 3 | 01 51 | 24 52 | 00 44 | 25 28 | 02 25 | 19 | 08 26 | 04 03 | 07 43 | 22 52 | 02 20 |
| 4 | 02 15 | 25 27 | 01 11 | 25 15 | 02 25 | 20 | 08 51 | 04 37 | 08 09 | 22 45 | 02 20 |
| 5 | 02 39 | 26 02 | 01 38 | 25 03 | 02 25 | 21 | 09 16 | 05 11 | 08 34 | 22 40 | 02 19 |
| 6 | 03 03 | 26 36 | 02 04 | 24 51 | 02 25℞ | 22 | 09 42 | 05 45 | 08 59 | 22 34 | 02 18 |
| 7 | 03 28 | 27 11 | 02 31 | 24 40 | 02 25 | 23 | 10 07 | 06 18 | 09 24 | 22 30 | 02 17 |
| 8 | 03 52 | 27 45 | 02 57 | 24 29 | 02 25 | 24 | 10 33 | 06 52 | 09 49 | 22 25 | 02 16 |
| 9 | 04 17 | 28 20 | 03 24 | 24 18 | 02 25 | 25 | 10 58 | 07 26 | 10 14 | 22 22 | 02 15 |
| 10 | 04 41 | 28 54 | 03 50 | 24 07 | 02 25 | 26 | 11 24 | 08 00 | 10 39 | 22 18 | 02 14 |
| 11 | 05 06 | 29 29 | 04 16 | 23 57 | 02 25 | 27 | 11 49 | 08 34 | 11 03 | 22 15 | 02 13 |
| 12 | 05 31 | 00♌03 | 04 42 | 23 48 | 02 24 | 28 | 12 15 | 09 07 | 11 28 | 22 13 | 02 12 |
| 13 | 05 56 | 00 38 | 05 09 | 23 38 | 02 24 | 29 | 12 41 | 09 41 | 11 52 | 22 11 | 02 11 |
| 14 | 06 20 | 01 12 | 05 35 | 23 29 | 02 23 | 30 | 13 06 | 10 14 | 12 16 | 22 10 | 02 10 |
| 15 | 06 45 | 01 46 | 06 00 | 23 21 | 02 23 | 31 | 13 32 | 10 48 | 12 41 | 22 09 | 02 08 |
| 16 | 07 10 | 02 20 | 06 26 | 23 13 | 02 22 | | | | | | |

## Lunar Data

| Last Asp. | | Ingress | | |
|---|---|---|---|---|
| 1 | 22:57 | 2 | ♓ | 17:32 |
| 4 | 09:48 | 5 | ♈ | 04:51 |
| 7 | 07:10 | 7 | ♉ | 12:52 |
| 9 | 16:11 | 9 | ♊ | 16:59 |
| 10 | 20:01 | 11 | ♋ | 17:60 |
| 13 | 02:49 | 13 | ♌ | 17:32 |
| 14 | 23:13 | 15 | ♍ | 17:32 |
| 17 | 10:51 | 17 | ♎ | 19:44 |
| 19 | 19:54 | 20 | ♏ | 01:15 |
| 22 | 09:19 | 22 | ♐ | 10:13 |
| 24 | 08:23 | 24 | ♑ | 21:50 |
| 26 | 13:42 | 27 | ♒ | 10:42 |
| 29 | 09:26 | 29 | ♓ | 23:29 |

# 0:00 E.T. Declinations

| D | ☉ | ☽ | ☿ | ♀ | ♂ | ♃ | ♄ | ♅ | ♆ | ♇ | ⚳ | ⚴ | ⚵ | ⚶ | ⚷ |
|---|---|---|---|---|---|---|---|---|---|---|---|---|---|---|---|
| 1 | +23 07 | -18 11 | +20 54 | +16 36 | -22 48 | -14 50 | -22 28 | +11 40 | -06 14 | -21 43 | +19 23 | +01 47 | +08 40 | -20 36 | +04 12 |
| 2 | 23 03 | 15 43 | 20 27 | 16 12 | 22 53 | 14 50 | 22 28 | 11 40 | 06 14 | 21 43 | 19 13 | 01 48 | 08 45 | 20 40 | 04 12 |
| 3 | 22 59 | 12 34 | 19 59 | 15 49 | 22 58 | 14 50 | 22 29 | 11 41 | 06 15 | 21 44 | 19 02 | 01 49 | 08 50 | 20 45 | 04 12 |
| 4 | 22 54 | 08 53 | 19 31 | 15 24 | 23 04 | 14 49 | 22 29 | 11 41 | 06 15 | 21 44 | 18 52 | 01 50 | 08 54 | 20 49 | 04 12 |
| 5 | 22 48 | 04 47 | 19 03 | 15 00 | 23 10 | 14 49 | 22 29 | 11 42 | 06 15 | 21 44 | 18 42 | 01 50 | 08 59 | 20 53 | 04 13 |
| 6 | 22 43 | 00 23 | 18 34 | 14 35 | 23 15 | 14 49 | 22 30 | 11 43 | 06 15 | 21 45 | 18 31 | 01 51 | 09 03 | 20 58 | 04 13 |
| 7 | 22 36 | +04 09 | 18 05 | 14 10 | 23 21 | 14 49 | 22 30 | 11 43 | 06 16 | 21 45 | 18 21 | 01 51 | 09 07 | 21 02 | 04 13 |
| 8 | 22 30 | 08 37 | 17 36 | 13 45 | 23 27 | 14 49 | 22 30 | 11 44 | 06 16 | 21 45 | 18 10 | 01 51 | 09 11 | 21 07 | 04 13 |
| 9 | 22 23 | 12 49 | 17 07 | 13 19 | 23 34 | 14 49 | 22 30 | 11 44 | 06 16 | 21 46 | 18 00 | 01 51 | 09 15 | 21 11 | 04 13 |
| 10 | 22 16 | 16 25 | 16 38 | 12 53 | 23 40 | 14 50 | 22 31 | 11 44 | 06 16 | 21 46 | 17 49 | 01 51 | 09 19 | 21 15 | 04 13 |
| 11 | 22 08 | 19 07 | 16 09 | 12 27 | 23 46 | 14 50 | 22 31 | 11 45 | 06 17 | 21 46 | 17 38 | 01 51 | 09 23 | 21 20 | 04 13 |
| 12 | 22 00 | 20 35 | 15 40 | 12 00 | 23 53 | 14 50 | 22 31 | 11 45 | 06 17 | 21 46 | 17 28 | 01 51 | 09 26 | 21 24 | 04 13 |
| 13 | 21 52 | 20 35 | 15 12 | 11 33 | 24 00 | 14 51 | 22 31 | 11 46 | 06 17 | 21 47 | 17 17 | 01 50 | 09 30 | 21 28 | 04 13 |
| 14 | 21 43 | 19 04 | 14 44 | 11 06 | 24 06 | 14 51 | 22 32 | 11 46 | 06 18 | 21 47 | 17 06 | 01 50 | 09 33 | 21 32 | 04 13 |
| 15 | 21 34 | 16 14 | 14 17 | 10 39 | 24 13 | 14 51 | 22 32 | 11 47 | 06 18 | 21 47 | 16 55 | 01 49 | 09 36 | 21 37 | 04 13 |
| 16 | 21 24 | 12 23 | 13 50 | 10 11 | 24 20 | 14 52 | 22 32 | 11 47 | 06 18 | 21 48 | 16 45 | 01 48 | 09 40 | 21 41 | 04 13 |
| 17 | 21 14 | 07 52 | 13 24 | 09 43 | 24 26 | 14 52 | 22 32 | 11 47 | 06 19 | 21 48 | 16 34 | 01 48 | 09 42 | 21 45 | 04 13 |
| 18 | 21 04 | 03 04 | 13 00 | 09 16 | 24 33 | 14 53 | 22 33 | 11 48 | 06 19 | 21 48 | 16 23 | 01 47 | 09 45 | 21 50 | 04 12 |
| 19 | 20 53 | -01 44 | 12 36 | 08 47 | 24 39 | 14 54 | 22 33 | 11 48 | 06 19 | 21 49 | 16 12 | 01 46 | 09 48 | 21 54 | 04 12 |
| 20 | 20 42 | 06 19 | 12 13 | 08 19 | 24 46 | 14 54 | 22 33 | 11 48 | 06 20 | 21 49 | 16 01 | 01 45 | 09 50 | 21 58 | 04 12 |
| 21 | 20 31 | 10 29 | 11 51 | 07 51 | 24 52 | 14 55 | 22 33 | 11 48 | 06 20 | 21 49 | 15 50 | 01 43 | 09 53 | 22 02 | 04 12 |
| 22 | 20 19 | 14 05 | 11 31 | 07 22 | 24 59 | 14 56 | 22 34 | 11 49 | 06 21 | 21 50 | 15 39 | 01 42 | 09 55 | 22 06 | 04 12 |
| 23 | 20 07 | 17 01 | 11 12 | 06 53 | 25 05 | 14 57 | 22 34 | 11 49 | 06 21 | 21 50 | 15 28 | 01 41 | 09 57 | 22 10 | 04 11 |
| 24 | 19 55 | 19 09 | 10 55 | 06 25 | 25 11 | 14 58 | 22 34 | 11 49 | 06 21 | 21 50 | 15 17 | 01 39 | 09 59 | 22 15 | 04 11 |
| 25 | 19 42 | 20 25 | 10 40 | 05 56 | 25 17 | 14 59 | 22 34 | 11 49 | 06 22 | 21 50 | 15 06 | 01 38 | 10 01 | 22 19 | 04 11 |
| 26 | 19 29 | 20 45 | 10 26 | 05 27 | 25 23 | 15 00 | 22 35 | 11 50 | 06 22 | 21 51 | 14 55 | 01 36 | 10 02 | 22 23 | 04 10 |
| 27 | 19 16 | 20 10 | 10 15 | 04 57 | 25 29 | 15 01 | 22 35 | 11 50 | 06 23 | 21 51 | 14 44 | 01 34 | 10 04 | 22 27 | 04 10 |
| 28 | 19 02 | 18 42 | 10 06 | 04 28 | 25 34 | 15 02 | 22 35 | 11 50 | 06 23 | 21 51 | 14 33 | 01 32 | 10 05 | 22 31 | 04 10 |
| 29 | 18 48 | 16 25 | 09 59 | 03 59 | 25 39 | 15 03 | 22 35 | 11 50 | 06 24 | 21 52 | 14 21 | 01 30 | 10 06 | 22 35 | 04 09 |
| 30 | 18 34 | 13 26 | 09 54 | 03 30 | 25 45 | 15 05 | 22 35 | 11 50 | 06 24 | 21 52 | 14 10 | 01 28 | 10 07 | 22 39 | 04 09 |
| 31 | 18 20 | 09 52 | 09 51 | 03 00 | 25 49 | 15 06 | 22 36 | 11 50 | 06 25 | 21 52 | 13 59 | 01 26 | 10 08 | 22 43 | 04 09 |

Lunar Phases -- 6 ◑ 07:52  13 ● 02:49  19 ◐ 19:53  27 Ⓔ 20:22   Sun enters ♌ 7/22 21:02

## Longitudes of Main Planets - August 2018

0:00 E.T.

| D | S.T. | ☉ | ☽ | ☽ 12:00 | ☿ | ♀ | ♂ | ♃ | ♄ | ♅ | ♆ | ♇ | ☊ |
|---|---|---|---|---|---|---|---|---|---|---|---|---|---|
| 1 | 20:38:13 | 08♌42 57 | 24♓24 | 00♈33 | 22♌03℞ | 23♍49 | 02♒51℞ | 14♏01 | 03♑34℞ | 02♉33 | 16♓02℞ | 19♑33℞ | 05♌40 |
| 2 | 20:42:10 | 09 40 20 | 06♈45 | 13 01 | 21 33 | 24 51 | 02 35 | 14 05 | 03 31 | 02 33 | 16 00 | 19 32 | 05 37 |
| 3 | 20:46:07 | 10 37 44 | 19 21 | 25 45 | 20 58 | 25 54 | 02 19 | 14 09 | 03 27 | 02 33 | 15 59 | 19 30 | 05 34 |
| 4 | 20:50:03 | 11 35 10 | 02♉15 | 08♉49 | 20 19 | 26 56 | 02 03 | 14 13 | 03 24 | 02 33 | 15 58 | 19 29 | 05 31 |
| 5 | 20:54:00 | 12 32 36 | 15 29 | 22 15 | 19 37 | 27 58 | 01 48 | 14 17 | 03 22 | 02 33 | 15 56 | 19 28 | 05 28 |
| 6 | 20:57:56 | 13 30 04 | 29 07 | 06♊04 | 18 53 | 29 00 | 01 33 | 14 22 | 03 19 | 02 34 | 15 55 | 19 26 | 05 24 |
| 7 | 21:01:53 | 14 27 34 | 13♊08 | 20 18 | 18 07 | 00♎01 | 01 18 | 14 26 | 03 16 | 02 34 | 15 54 | 19 25 | 05 21 |
| 8 | 21:05:49 | 15 25 04 | 27 33 | 04♋53 | 17 19 | 01 02 | 01 04 | 14 31 | 03 13 | 02 34℞ | 15 52 | 19 24 | 05 18 |
| 9 | 21:09:46 | 16 22 36 | 12♋18 | 19 46 | 16 32 | 02 03 | 00 51 | 14 36 | 03 11 | 02 34 | 15 51 | 19 23 | 05 15 |
| 10 | 21:13:42 | 17 20 09 | 27 17 | 04♌50 | 15 45 | 03 04 | 00 37 | 14 41 | 03 08 | 02 33 | 15 50 | 19 21 | 05 12 |
| 11 | 21:17:39 | 18 17 44 | 12♌24 | 19 58 | 15 00 | 04 04 | 00 25 | 14 47 | 03 06 | 02 33 | 15 48 | 19 20 | 05 09 |
| 12 | 21:21:36 | 19 15 19 | 27 30 | 04♍59 | 14 17 | 05 04 | 00 13 | 14 52 | 03 03 | 02 33 | 15 47 | 19 19 | 05 05 |
| 13 | 21:25:32 | 20 12 56 | 12♍25 | 19 46 | 13 38 | 06 04 | 00 01 | 14 57 | 03 01 | 02 33 | 15 45 | 19 18 | 05 02 |
| 14 | 21:29:29 | 21 10 33 | 27 01 | 04♎11 | 13 03 | 07 03 | 29♑50 | 15 03 | 02 59 | 02 33 | 15 44 | 19 16 | 04 59 |
| 15 | 21:33:25 | 22 08 12 | 11♎14 | 18 10 | 12 32 | 08 02 | 29 40 | 15 09 | 02 57 | 02 32 | 15 43 | 19 15 | 04 56 |
| 16 | 21:37:22 | 23 05 51 | 25 00 | 01♏43 | 12 08 | 09 00 | 29 31 | 15 15 | 02 54 | 02 32 | 15 41 | 19 14 | 04 53 |
| 17 | 21:41:18 | 24 03 32 | 08♏19 | 14 49 | 11 49 | 09 58 | 29 22 | 15 21 | 02 53 | 02 31 | 15 40 | 19 13 | 04 50 |
| 18 | 21:45:15 | 25 01 13 | 21 13 | 27 31 | 11 37 | 10 56 | 29 14 | 15 28 | 02 51 | 02 31 | 15 38 | 19 12 | 04 46 |
| 19 | 21:49:11 | 25 58 56 | 03♐44 | 09♐54 | 11 32 | 11 53 | 29 06 | 15 34 | 02 49 | 02 30 | 15 37 | 19 11 | 04 43 |
| 20 | 21:53:08 | 26 56 39 | 15 59 | 22 01 | 11 34D | 12 50 | 29 00 | 15 41 | 02 47 | 02 30 | 15 35 | 19 10 | 04 40 |
| 21 | 21:57:05 | 27 54 24 | 28 00 | 03♑57 | 11 44 | 13 46 | 28 54 | 15 47 | 02 46 | 02 29 | 15 33 | 19 09 | 04 37 |
| 22 | 22:01:01 | 28 52 10 | 09♑52 | 15 47 | 12 02 | 14 42 | 28 49 | 15 54 | 02 44 | 02 29 | 15 32 | 19 07 | 04 34 |
| 23 | 22:04:58 | 29 49 58 | 21 41 | 27 34 | 12 27 | 15 37 | 28 45 | 16 01 | 02 43 | 02 28 | 15 30 | 19 06 | 04 30 |
| 24 | 22:08:54 | 00♍47 46 | 03♒28 | 09♒23 | 13 00 | 16 32 | 28 42 | 16 08 | 02 41 | 02 27 | 15 29 | 19 05 | 04 27 |
| 25 | 22:12:51 | 01 45 36 | 15 18 | 21 15 | 13 40 | 17 26 | 28 39 | 16 16 | 02 40 | 02 26 | 15 27 | 19 04 | 04 24 |
| 26 | 22:16:47 | 02 43 27 | 27 13 | 03♓14 | 14 28 | 18 20 | 28 38 | 16 23 | 02 39 | 02 25 | 15 26 | 19 03 | 04 21 |
| 27 | 22:20:44 | 03 41 19 | 09♓16 | 15 21 | 15 23 | 19 13 | 28 37 | 16 30 | 02 38 | 02 25 | 15 24 | 19 03 | 04 18 |
| 28 | 22:24:40 | 04 39 14 | 21 28 | 27 37 | 16 25 | 20 06 | 28 37D | 16 38 | 02 37 | 02 24 | 15 22 | 19 02 | 04 15 |
| 29 | 22:28:37 | 05 37 09 | 03♈50 | 10♈05 | 17 33 | 20 58 | 28 37 | 16 46 | 02 36 | 02 23 | 15 21 | 19 01 | 04 11 |
| 30 | 22:32:34 | 06 35 07 | 16 24 | 22 46 | 18 48 | 21 49 | 28 39 | 16 54 | 02 35 | 02 22 | 15 19 | 19 00 | 04 08 |
| 31 | 22:36:30 | 07 33 06 | 29 11 | 05♉40 | 20 08 | 22 40 | 28 41 | 17 02 | 02 35 | 02 20 | 15 18 | 18 59 | 04 05 |

## Longitudes of the Major Asteroids and Chiron

0:00 E.T.

| D | ⚳ | ⚴ | ⚵ | ⚶ | ⚷ |
|---|---|---|---|---|---|
| 1 | 13♍58 | 11♌21 | 13♉05 | 22♐08℞ | 02♈07℞ |
| 2 | 14 24 | 11 55 | 13 28 | 22 08D | 02 06 |
| 3 | 14 50 | 12 28 | 13 52 | 22 09 | 02 04 |
| 4 | 15 16 | 13 01 | 14 16 | 22 10 | 02 03 |
| 5 | 15 42 | 13 34 | 14 39 | 22 11 | 02 01 |
| 6 | 16 08 | 14 08 | 15 02 | 22 13 | 02 00 |
| 7 | 16 34 | 14 41 | 15 25 | 22 16 | 01 58 |
| 8 | 17 00 | 15 14 | 15 48 | 22 18 | 01 56 |
| 9 | 17 27 | 15 47 | 16 11 | 22 22 | 01 55 |
| 10 | 17 53 | 16 20 | 16 34 | 22 26 | 01 53 |
| 11 | 18 19 | 16 53 | 16 56 | 22 30 | 01 51 |
| 12 | 18 45 | 17 26 | 17 19 | 22 34 | 01 50 |
| 13 | 19 12 | 17 59 | 17 41 | 22 40 | 01 48 |
| 14 | 19 38 | 18 31 | 18 03 | 22 45 | 01 46 |
| 15 | 20 05 | 19 04 | 18 24 | 22 51 | 01 44 |
| 16 | 20 31 | 19 37 | 18 46 | 22 58 | 01 42 |
| 17 | 20 58 | 20 09 | 19 07 | 23 05 | 01 40 |
| 18 | 21 24 | 20 42 | 19 28 | 23 12 | 01 38 |
| 19 | 21 51 | 21 14 | 19 49 | 23 20 | 01 36 |
| 20 | 22 17 | 21 47 | 20 10 | 23 28 | 01 34 |
| 21 | 22 44 | 22 19 | 20 30 | 23 36 | 01 32 |
| 22 | 23 10 | 22 51 | 20 50 | 23 45 | 01 29 |
| 23 | 23 37 | 23 24 | 21 11 | 23 55 | 01 27 |
| 24 | 24 04 | 23 56 | 21 30 | 24 04 | 01 25 |
| 25 | 24 30 | 24 28 | 21 50 | 24 14 | 01 23 |
| 26 | 24 57 | 25 00 | 22 09 | 24 25 | 01 20 |
| 27 | 25 24 | 25 32 | 22 28 | 24 36 | 01 18 |
| 28 | 25 51 | 26 04 | 22 47 | 24 47 | 01 16 |
| 29 | 26 18 | 26 36 | 23 06 | 24 58 | 01 13 |
| 30 | 26 44 | 27 08 | 23 24 | 25 10 | 01 11 |
| 31 | 27 11 | 27 39 | 23 42 | 25 23 | 01 09 |

## Lunar Data

| Last Asp. | Ingress |
|---|---|
| 31 22:43 | 1 ♈ 10:55 |
| 3 02:53 | 3 ♉ 19:52 |
| 5 23:47 | 6 ♊ 01:32 |
| 7 07:55 | 8 ♋ 04:02 |
| 9 11:22 | 10 ♌ 04:19 |
| 11 09:59 | 12 ♍ 04:00 |
| 14 04:39 | 14 ♎ 04:58 |
| 16 07:58 | 16 ♏ 08:56 |
| 18 15:08 | 18 ♐ 16:46 |
| 20 23:48 | 21 ♑ 04:02 |
| 23 14:20 | 23 ♒ 16:57 |
| 25 04:40 | 26 ♓ 05:34 |
| 28 13:55 | 28 ♈ 16:36 |
| 30 23:05 | 31 ♉ 01:31 |

## Declinations

0:00 E.T.

| D | ☉ | ☽ | ☿ | ♀ | ♂ | ♃ | ♄ | ♅ | ♆ | ♇ | ⚳ | ⚴ | ⚵ | ⚶ | ⚷ |
|---|---|---|---|---|---|---|---|---|---|---|---|---|---|---|---|
| 1 | +18 05 | -05 52 | +09 52 | +02 31 | -25 54 | -15 07 | -22 36 | +11 51 | -06 25 | -21 53 | +13 48 | +01 24 | +10 09 | -22 47 | +04 08 |
| 2 | 17 50 | 01 34 | 09 54 | 02 01 | 25 58 | 15 08 | 22 36 | 11 51 | 06 26 | 21 53 | 13 36 | 01 21 | 10 09 | 22 51 | 04 08 |
| 3 | 17 34 | +02 52 | 09 59 | 01 32 | 26 03 | 15 10 | 22 36 | 11 51 | 06 26 | 21 53 | 13 25 | 01 19 | 10 10 | 22 55 | 04 07 |
| 4 | 17 18 | 07 17 | 10 07 | 01 02 | 26 06 | 15 11 | 22 37 | 11 51 | 06 27 | 21 53 | 13 14 | 01 16 | 10 10 | 22 59 | 04 07 |
| 5 | 17 02 | 11 29 | 10 17 | 00 33 | 26 10 | 15 13 | 22 37 | 11 51 | 06 27 | 21 54 | 13 02 | 01 14 | 10 10 | 23 03 | 04 06 |
| 6 | 16 46 | 15 12 | 10 29 | 00 03 | 26 13 | 15 14 | 22 37 | 11 51 | 06 28 | 21 54 | 12 51 | 01 11 | 10 10 | 23 07 | 04 06 |
| 7 | 16 29 | 18 11 | 10 43 | -00 26 | 26 16 | 15 16 | 22 37 | 11 51 | 06 28 | 21 54 | 12 40 | 01 08 | 10 10 | 23 11 | 04 05 |
| 8 | 16 13 | 20 08 | 10 59 | 00 56 | 26 19 | 15 18 | 22 37 | 11 51 | 06 29 | 21 55 | 12 28 | 01 06 | 10 09 | 23 15 | 04 05 |
| 9 | 15 56 | 20 46 | 11 17 | 01 25 | 26 21 | 15 19 | 22 38 | 11 51 | 06 29 | 21 55 | 12 17 | 01 03 | 10 08 | 23 18 | 04 04 |
| 10 | 15 38 | 19 55 | 11 36 | 01 55 | 26 24 | 15 21 | 22 38 | 11 51 | 06 30 | 21 55 | 12 06 | 01 00 | 10 08 | 23 22 | 04 03 |
| 11 | 15 21 | 17 39 | 11 57 | 02 24 | 26 25 | 15 23 | 22 38 | 11 51 | 06 31 | 21 55 | 11 54 | 00 57 | 10 07 | 23 26 | 04 03 |
| 12 | 15 03 | 14 10 | 12 18 | 02 53 | 26 27 | 15 25 | 22 38 | 11 51 | 06 31 | 21 56 | 11 43 | 00 53 | 10 05 | 23 30 | 04 02 |
| 13 | 14 45 | 09 49 | 12 39 | 03 22 | 26 28 | 15 26 | 22 38 | 11 50 | 06 32 | 21 56 | 11 31 | 00 50 | 10 04 | 23 33 | 04 01 |
| 14 | 14 26 | 04 57 | 13 01 | 03 51 | 26 29 | 15 28 | 22 39 | 11 50 | 06 32 | 21 56 | 11 20 | 00 47 | 10 03 | 23 37 | 04 01 |
| 15 | 14 08 | -00 02 | 13 23 | 04 20 | 26 30 | 15 30 | 22 39 | 11 50 | 06 33 | 21 56 | 11 08 | 00 44 | 10 01 | 23 41 | 04 00 |
| 16 | 13 49 | 04 51 | 13 44 | 04 49 | 26 30 | 15 32 | 22 39 | 11 50 | 06 34 | 21 57 | 10 57 | 00 40 | 09 59 | 23 44 | 03 59 |
| 17 | 13 30 | 09 17 | 14 04 | 05 18 | 26 30 | 15 34 | 22 39 | 11 50 | 06 34 | 21 57 | 10 45 | 00 37 | 09 57 | 23 48 | 03 59 |
| 18 | 13 11 | 13 09 | 14 23 | 05 47 | 26 30 | 15 36 | 22 39 | 11 50 | 06 35 | 21 57 | 10 34 | 00 33 | 09 55 | 23 52 | 03 58 |
| 19 | 12 51 | 16 19 | 14 41 | 06 15 | 26 29 | 15 38 | 22 39 | 11 49 | 06 35 | 21 58 | 10 22 | 00 29 | 09 52 | 23 55 | 03 57 |
| 20 | 12 32 | 18 41 | 14 57 | 06 43 | 26 28 | 15 40 | 22 40 | 11 49 | 06 36 | 21 58 | 10 11 | 00 26 | 09 50 | 23 59 | 03 56 |
| 21 | 12 12 | 20 11 | 15 12 | 07 11 | 26 27 | 15 43 | 22 40 | 11 49 | 06 37 | 21 58 | 09 59 | 00 22 | 09 47 | 24 02 | 03 55 |
| 22 | 11 52 | 20 46 | 15 24 | 07 39 | 26 25 | 15 45 | 22 40 | 11 49 | 06 37 | 21 58 | 09 47 | 00 18 | 09 44 | 24 05 | 03 55 |
| 23 | 11 32 | 20 25 | 15 34 | 08 07 | 26 24 | 15 47 | 22 40 | 11 49 | 06 38 | 21 58 | 09 36 | 00 14 | 09 41 | 24 09 | 03 54 |
| 24 | 11 11 | 19 10 | 15 42 | 08 35 | 26 22 | 15 49 | 22 40 | 11 48 | 06 38 | 21 59 | 09 24 | 00 10 | 09 37 | 24 12 | 03 53 |
| 25 | 10 51 | 17 04 | 15 47 | 09 02 | 26 20 | 15 52 | 22 40 | 11 48 | 06 39 | 21 59 | 09 13 | 00 06 | 09 34 | 24 16 | 03 52 |
| 26 | 10 30 | 14 14 | 15 49 | 09 29 | 26 17 | 15 54 | 22 41 | 11 48 | 06 40 | 21 59 | 09 01 | 00 02 | 09 30 | 24 19 | 03 51 |
| 27 | 10 09 | 10 46 | 15 48 | 09 56 | 26 14 | 15 56 | 22 41 | 11 47 | 06 40 | 21 59 | 08 50 | -00 02 | 09 26 | 24 22 | 03 50 |
| 28 | 09 48 | 06 49 | 15 45 | 10 23 | 26 11 | 15 59 | 22 41 | 11 47 | 06 41 | 22 00 | 08 38 | 00 06 | 09 22 | 24 25 | 03 49 |
| 29 | 09 27 | 02 33 | 15 38 | 10 49 | 26 08 | 16 01 | 22 41 | 11 47 | 06 42 | 22 00 | 08 26 | 00 10 | 09 18 | 24 28 | 03 48 |
| 30 | 09 06 | +01 54 | 15 28 | 11 15 | 26 05 | 16 03 | 22 41 | 11 46 | 06 42 | 22 00 | 08 15 | 00 14 | 09 13 | 24 31 | 03 48 |
| 31 | 08 44 | 06 20 | 15 15 | 11 41 | 26 01 | 16 06 | 22 41 | 11 46 | 06 43 | 22 00 | 08 03 | 00 19 | 09 08 | 24 35 | 03 47 |

Lunar Phases -- 4 ◑ 18:19 11 ● 09:59 18 ◐ 07:50 26 ○ 11:57 Sun enters ♍ 8/23 04:10

## 0:00 E.T. Longitudes of Main Planets - September 2018 Sep. 18

| D | S.T. | ☉ | ☽ | ☽ 12:00 | ☿ | ♀ | ♂ | ♃ | ♄ | ♅ | ♆ | ♇ | ☊ |
|---|---|---|---|---|---|---|---|---|---|---|---|---|---|
| 1 | 22:40:27 | 08♍31 07 | 12♉12 | 18♉49 | 21♌34 | 23♎30 | 28♑44 | 17♏10 | 02♑34℞ | 02♉19℞ | 15♓16℞ | 18♑58℞ | 04♌02 |
| 2 | 22:44:23 | 09 29 10 | 25 29 | 02♊14 | 23 05 | 24 19 | 28 48 | 17 18 | 02 34 | 02 18 | 15 14 | 18 57 | 03 59 |
| 3 | 22:48:20 | 10 27 15 | 09♊03 | 15 57 | 24 41 | 25 08 | 28 53 | 17 27 | 02 33 | 02 17 | 15 13 | 18 57 | 03 55 |
| 4 | 22:52:16 | 11 25 22 | 22 55 | 29 57 | 26 20 | 25 56 | 28 59 | 17 35 | 02 33 | 02 16 | 15 11 | 18 56 | 03 52 |
| 5 | 22:56:13 | 12 23 31 | 07♋04 | 14♋16 | 28 02 | 26 43 | 29 05 | 17 44 | 02 33 | 02 14 | 15 09 | 18 55 | 03 49 |
| 6 | 23:00:09 | 13 21 42 | 21 31 | 28 50 | 29 48 | 27 29 | 29 12 | 17 53 | 02 33 | 02 13 | 15 08 | 18 54 | 03 46 |
| 7 | 23:04:06 | 14 19 55 | 06♌11 | 13♌35 | 01♍36 | 28 15 | 29 20 | 18 01 | 02 33D | 02 12 | 15 06 | 18 54 | 03 43 |
| 8 | 23:08:03 | 15 18 09 | 21 01 | 28 27 | 03 26 | 28 59 | 29 29 | 18 10 | 02 33 | 02 10 | 15 04 | 18 53 | 03 40 |
| 9 | 23:11:59 | 16 16 26 | 05♍53 | 13♍17 | 05 18 | 29 43 | 29 38 | 18 19 | 02 33 | 02 09 | 15 03 | 18 52 | 03 36 |
| 10 | 23:15:56 | 17 14 45 | 20 39 | 27 58 | 07 11 | 00♏26 | 29 49 | 18 29 | 02 33 | 02 07 | 15 01 | 18 52 | 03 33 |
| 11 | 23:19:52 | 18 13 05 | 05♎13 | 12♎22 | 09 04 | 01 08 | 00 00 | 18 38 | 02 34 | 02 06 | 14 59 | 18 51 | 03 30 |
| 12 | 23:23:49 | 19 11 27 | 19 26 | 26 24 | 10 58 | 01 48 | 00♒11 | 18 47 | 02 34 | 02 04 | 14 58 | 18 51 | 03 27 |
| 13 | 23:27:45 | 20 09 50 | 03♏16 | 10♏00 | 12 53 | 02 28 | 00 24 | 18 57 | 02 35 | 02 03 | 14 56 | 18 50 | 03 24 |
| 14 | 23:31:42 | 21 08 16 | 16 38 | 23 10 | 14 47 | 03 07 | 00 37 | 19 07 | 02 35 | 02 01 | 14 54 | 18 50 | 03 21 |
| 15 | 23:35:38 | 22 06 43 | 29 35 | 05♐55 | 16 41 | 03 44 | 00 51 | 19 16 | 02 36 | 01 59 | 14 53 | 18 49 | 03 17 |
| 16 | 23:39:35 | 23 05 11 | 12♐09 | 18 19 | 18 35 | 04 21 | 01 05 | 19 26 | 02 37 | 01 58 | 14 51 | 18 49 | 03 14 |
| 17 | 23:43:32 | 24 03 41 | 24 24 | 00♑26 | 20 28 | 04 56 | 01 20 | 19 36 | 02 38 | 01 56 | 14 50 | 18 48 | 03 11 |
| 18 | 23:47:28 | 25 02 13 | 06♑24 | 12 21 | 22 21 | 05 29 | 01 36 | 19 46 | 02 39 | 01 54 | 14 48 | 18 48 | 03 08 |
| 19 | 23:51:25 | 26 00 47 | 18 16 | 24 10 | 24 13 | 06 02 | 01 53 | 19 56 | 02 40 | 01 52 | 14 46 | 18 47 | 03 05 |
| 20 | 23:55:21 | 26 59 22 | 00♒04 | 05♒57 | 26 04 | 06 33 | 02 10 | 20 06 | 02 42 | 01 50 | 14 45 | 18 47 | 03 01 |
| 21 | 23:59:18 | 27 57 58 | 11 52 | 17 48 | 27 54 | 07 02 | 02 28 | 20 17 | 02 43 | 01 48 | 14 43 | 18 47 | 02 58 |
| 22 | 0:03:14 | 28 56 37 | 23 46 | 29 46 | 29 43 | 07 30 | 02 46 | 20 27 | 02 44 | 01 46 | 14 42 | 18 46 | 02 55 |
| 23 | 0:07:11 | 29 55 17 | 05♓48 | 11♓54 | 01♎32 | 07 57 | 03 05 | 20 38 | 02 46 | 01 44 | 14 40 | 18 46 | 02 52 |
| 24 | 0:11:07 | 00♎53 59 | 18 02 | 24 14 | 03 19 | 08 22 | 03 25 | 20 48 | 02 48 | 01 43 | 14 38 | 18 46 | 02 49 |
| 25 | 0:15:04 | 01 52 43 | 00♈29 | 06♈47 | 05 06 | 08 45 | 03 45 | 20 59 | 02 49 | 01 40 | 14 37 | 18 46 | 02 46 |
| 26 | 0:19:01 | 02 51 29 | 13 09 | 19 34 | 06 51 | 09 06 | 04 06 | 21 10 | 02 51 | 01 38 | 14 35 | 18 46 | 02 42 |
| 27 | 0:22:57 | 03 50 18 | 26 03 | 02♉35 | 08 36 | 09 26 | 04 27 | 21 20 | 02 53 | 01 36 | 14 34 | 18 46 | 02 39 |
| 28 | 0:26:54 | 04 49 08 | 09♉09 | 15 47 | 10 20 | 09 43 | 04 49 | 21 31 | 02 55 | 01 34 | 14 32 | 18 45 | 02 36 |
| 29 | 0:30:50 | 05 48 00 | 22 28 | 29 11 | 12 03 | 09 59 | 05 11 | 21 42 | 02 57 | 01 32 | 14 31 | 18 45 | 02 33 |
| 30 | 0:34:47 | 06 46 55 | 05♊57 | 12♊46 | 13 45 | 10 13 | 05 34 | 21 53 | 03 00 | 01 30 | 14 29 | 18 45 | 02 30 |

## 0:00 E.T. Longitudes of the Major Asteroids and Chiron — Lunar Data

| D | ⚳ | ⚴ | ⚵ | ⚶ | ⚷ | D | ⚳ | ⚴ | ⚵ | ⚶ | ⚷ | Last Asp. | Ingress |
|---|---|---|---|---|---|---|---|---|---|---|---|---|---|
| 1 | 27♍38 | 28♌11 | 24♉00 | 25♐35 | 01♈06℞ | 16 | 04 23 | 05 59 | 27 46 | 29 22 | 00 27 | 2 05:57 | 2 ♊ 08:03 |
| 2 | 28 05 | 28 43 | 24 17 | 25 48 | 01 04 | 17 | 04 50 | 06 30 | 27 59 | 29 39 | 00 25 | 4 06:38 | 4 ♋ 12:04 |
| 3 | 28 32 | 29 14 | 24 34 | 26 01 | 01 01 | 18 | 05 18 | 07 00 | 28 10 | 29 57 | 00 22 | 6 12:44 | 6 ♌ 13:55 |
| 4 | 28 59 | 29 46 | 24 51 | 26 15 | 00 59 | 19 | 05 45 | 07 31 | 28 22 | 00♑15 | 00 19 | 8 13:32 | 8 ♍ 14:30 |
| 5 | 29 26 | 00♍17 | 25 07 | 26 29 | 00 56 | 20 | 06 12 | 08 01 | 28 33 | 00 33 | 00 16 | 10 15:14 | 10 ♎ 15:21 |
| 6 | 29 53 | 00 49 | 25 23 | 26 43 | 00 54 | 21 | 06 39 | 08 32 | 28 44 | 00 52 | 00 14 | 11 22:59 | 12 ♏ 18:16 |
| 7 | 00♎20 | 01 20 | 25 39 | 26 58 | 00 51 | 22 | 07 06 | 09 02 | 28 54 | 01 10 | 00 11 | 14 08:55 | 15 ♐ 00:46 |
| 8 | 00 47 | 01 51 | 25 55 | 27 13 | 00 48 | 23 | 07 33 | 09 32 | 29 04 | 01 29 | 00 08 | 16 23:16 | 17 ♑ 11:09 |
| 9 | 01 14 | 02 22 | 26 10 | 27 28 | 00 46 | 24 | 08 00 | 10 02 | 29 13 | 01 48 | 00 06 | 19 17:11 | 19 ♒ 23:53 |
| 10 | 01 41 | 02 54 | 26 25 | 27 43 | 00 43 | 25 | 08 28 | 10 32 | 29 22 | 02 08 | 00 03 | 21 17:14 | 22 ♓ 12:28 |
| 11 | 02 08 | 03 25 | 26 39 | 27 59 | 00 41 | 26 | 08 55 | 11 02 | 29 30 | 02 27 | 00 00 | 24 05:27 | 24 ♈ 23:05 |
| 12 | 02 35 | 03 56 | 26 53 | 28 15 | 00 38 | 27 | 09 22 | 11 32 | 29 38 | 02 47 | 29♓57 | 26 10:29 | 27 ♉ 07:17 |
| 13 | 03 02 | 04 27 | 27 07 | 28 31 | 00 35 | 28 | 09 49 | 12 02 | 29 46 | 03 07 | 29 55 | 28 22:37 | 29 ♊ 13:27 |
| 14 | 03 29 | 04 57 | 27 21 | 28 48 | 00 33 | 29 | 10 16 | 12 32 | 29 53 | 03 27 | 29 52 | | |
| 15 | 03 56 | 05 28 | 27 34 | 29 05 | 00 30 | 30 | 10 44 | 13 02 | 00 00 | 03 47 | 29 49 | | |

## 0:00 E.T. Declinations

| D | ☉ | ☽ | ☿ | ♀ | ♂ | ♃ | ♄ | ♅ | ♆ | ♇ | ⚳ | ⚴ | ⚵ | ⚶ | ⚷ |
|---|---|---|---|---|---|---|---|---|---|---|---|---|---|---|---|
| 1 | +08 22 | +10 34 | +14 59 | -12 06 | -25 57 | -16 08 | -22 42 | +11 45 | -06 44 | -22 01 | +07 52 | -00 23 | +09 03 | -24 38 | +03 46 |
| 2 | 08 01 | 14 23 | 14 40 | 12 32 | 25 53 | 16 11 | 22 42 | 11 45 | 06 44 | 22 01 | 07 40 | 00 27 | 08 58 | 24 40 | 03 45 |
| 3 | 07 39 | 17 31 | 14 17 | 12 56 | 25 49 | 16 14 | 22 42 | 11 45 | 06 45 | 22 01 | 07 28 | 00 32 | 08 53 | 24 43 | 03 44 |
| 4 | 07 17 | 19 44 | 13 52 | 13 21 | 25 44 | 16 16 | 22 42 | 11 44 | 06 46 | 22 01 | 07 17 | 00 36 | 08 47 | 24 46 | 03 43 |
| 5 | 06 55 | 20 47 | 13 24 | 13 45 | 25 39 | 16 19 | 22 42 | 11 44 | 06 46 | 22 01 | 07 05 | 00 41 | 08 42 | 24 49 | 03 42 |
| 6 | 06 32 | 20 29 | 12 54 | 14 09 | 25 34 | 16 21 | 22 42 | 11 43 | 06 47 | 22 02 | 06 54 | 00 45 | 08 36 | 24 52 | 03 41 |
| 7 | 06 10 | 18 48 | 12 21 | 14 33 | 25 29 | 16 24 | 22 43 | 11 43 | 06 47 | 22 02 | 06 42 | 00 50 | 08 30 | 24 54 | 03 40 |
| 8 | 05 47 | 15 49 | 11 46 | 14 56 | 25 24 | 16 27 | 22 43 | 11 42 | 06 48 | 22 02 | 06 30 | 00 55 | 08 23 | 24 57 | 03 39 |
| 9 | 05 25 | 11 48 | 11 09 | 15 19 | 25 18 | 16 29 | 22 43 | 11 42 | 06 49 | 22 02 | 06 19 | 00 59 | 08 17 | 25 00 | 03 38 |
| 10 | 05 02 | 07 05 | 10 29 | 15 41 | 25 13 | 16 32 | 22 43 | 11 41 | 06 49 | 22 02 | 06 07 | 01 04 | 08 10 | 25 02 | 03 37 |
| 11 | 04 39 | 02 02 | 09 49 | 16 03 | 25 07 | 16 35 | 22 43 | 11 41 | 06 50 | 22 02 | 05 56 | 01 09 | 08 03 | 25 05 | 03 35 |
| 12 | 04 17 | -03 01 | 09 07 | 16 25 | 25 00 | 16 38 | 22 43 | 11 40 | 06 51 | 22 03 | 05 44 | 01 14 | 07 56 | 25 07 | 03 34 |
| 13 | 03 54 | 07 45 | 08 24 | 16 46 | 24 54 | 16 40 | 22 43 | 11 39 | 06 51 | 22 03 | 05 33 | 01 18 | 07 49 | 25 09 | 03 33 |
| 14 | 03 31 | 11 58 | 07 39 | 17 06 | 24 48 | 16 43 | 22 44 | 11 39 | 06 52 | 22 03 | 05 21 | 01 23 | 07 42 | 25 12 | 03 32 |
| 15 | 03 08 | 15 29 | 06 54 | 17 26 | 24 41 | 16 46 | 22 44 | 11 38 | 06 53 | 22 03 | 05 10 | 01 28 | 07 34 | 25 14 | 03 31 |
| 16 | 02 45 | 18 11 | 06 08 | 17 46 | 24 34 | 16 49 | 22 44 | 11 38 | 06 53 | 22 03 | 04 58 | 01 33 | 07 26 | 25 16 | 03 30 |
| 17 | 02 22 | 19 59 | 05 22 | 18 05 | 24 27 | 16 52 | 22 44 | 11 37 | 06 54 | 22 03 | 04 47 | 01 38 | 07 18 | 25 18 | 03 29 |
| 18 | 01 58 | 20 50 | 04 35 | 18 24 | 24 20 | 16 54 | 22 44 | 11 36 | 06 55 | 22 04 | 04 35 | 01 43 | 07 10 | 25 20 | 03 28 |
| 19 | 01 35 | 20 44 | 03 48 | 18 42 | 24 13 | 16 57 | 22 44 | 11 36 | 06 55 | 22 04 | 04 24 | 01 48 | 07 02 | 25 22 | 03 27 |
| 20 | 01 12 | 19 43 | 03 00 | 18 59 | 24 05 | 17 00 | 22 44 | 11 35 | 06 56 | 22 04 | 04 12 | 01 52 | 06 53 | 25 24 | 03 25 |
| 21 | 00 49 | 17 51 | 02 13 | 19 16 | 23 58 | 17 03 | 22 44 | 11 35 | 06 56 | 22 04 | 04 01 | 01 57 | 06 44 | 25 26 | 03 24 |
| 22 | 00 25 | 15 11 | 01 25 | 19 32 | 23 50 | 17 06 | 22 44 | 11 34 | 06 57 | 22 04 | 03 49 | 02 02 | 06 35 | 25 27 | 03 23 |
| 23 | 00 02 | 11 51 | 00 38 | 19 48 | 23 42 | 17 09 | 22 45 | 11 33 | 06 58 | 22 04 | 03 38 | 02 07 | 06 26 | 25 29 | 03 22 |
| 24 | -00 21 | 07 58 | -00 09 | 20 02 | 23 34 | 17 12 | 22 45 | 11 32 | 06 58 | 22 04 | 03 27 | 02 12 | 06 17 | 25 30 | 03 21 |
| 25 | 00 45 | 03 41 | 00 57 | 20 16 | 23 26 | 17 15 | 22 45 | 11 32 | 06 59 | 22 05 | 03 15 | 02 17 | 06 08 | 25 32 | 03 20 |
| 26 | 01 08 | +00 50 | 01 43 | 20 30 | 23 17 | 17 18 | 22 45 | 11 31 | 06 59 | 22 05 | 03 04 | 02 22 | 05 58 | 25 33 | 03 19 |
| 27 | 01 32 | 05 23 | 02 30 | 20 42 | 23 09 | 17 21 | 22 45 | 11 30 | 07 00 | 22 05 | 02 53 | 02 27 | 05 48 | 25 35 | 03 17 |
| 28 | 01 55 | 09 45 | 03 16 | 20 54 | 23 00 | 17 24 | 22 45 | 11 30 | 07 01 | 22 05 | 02 41 | 02 32 | 05 38 | 25 36 | 03 16 |
| 29 | 02 18 | 13 44 | 04 02 | 21 05 | 22 51 | 17 27 | 22 45 | 11 29 | 07 01 | 22 05 | 02 30 | 02 37 | 05 28 | 25 37 | 03 15 |
| 30 | 02 42 | 17 04 | 04 48 | 21 15 | 22 42 | 17 30 | 22 45 | 11 28 | 07 02 | 22 05 | 02 19 | 02 42 | 05 18 | 25 38 | 03 14 |

Lunar Phases -- 3 ◑ 02:39 9 ● 18:03 16 ◐ 23:16 25 ○ 02:54 Sun enters ♎ 9/23 01:56

# Oct. 18 — Longitudes of Main Planets - October 2018 — 0:00 E.T.

| D | S.T. | ☉ | ☽ | ☽ 12:00 | ☿ | ♀ | ♂ | ♃ | ♄ | ♅ | ♆ | ♇ | ☊ |
|---|---|---|---|---|---|---|---|---|---|---|---|---|---|
| 1 | 0:38:43 | 07♎45 52 | 19♊37 | 26♊31 | 15♎26 | 10♏24 | 05♒57 | 22♏04 | 03♑02 | 01♉28℞ | 14♓28℞ | 18♑45 | 02♌27 |
| 2 | 0:42:40 | 08 44 51 | 03♋28 | 10♋27 | 17 06 | 10 41 | 06 20 | 22 16 | 03 04 | 01 26 | 14 26 | 18 45 | 02 23 |
| 3 | 0:46:36 | 09 43 53 | 17 28 | 24 32 | 18 45 | 10 47 | 06 45 | 22 27 | 03 07 | 01 23 | 14 25 | 18 45 | 02 20 |
| 4 | 0:50:33 | 10 42 57 | 01♌39 | 08♌48 | 20 24 | 10 50 | 07 09 | 22 38 | 03 09 | 01 21 | 14 23 | 18 45 | 02 17 |
| 5 | 0:54:30 | 11 42 03 | 15 58 | 23 11 | 22 01 | 10 50 | 07 34 | 22 50 | 03 12 | 01 19 | 14 22 | 18 45 | 02 14 |
| 6 | 0:58:26 | 12 41 11 | 00♍38 | 07♍38 | 23 38 | 10 50℞ | 08 00 | 23 01 | 03 15 | 01 17 | 14 20 | 18 46 | 02 11 |
| 7 | 1:02:23 | 13 40 22 | 14 52 | 22 05 | 25 14 | 10 49 | 08 26 | 23 13 | 03 18 | 01 14 | 14 19 | 18 46 | 02 07 |
| 8 | 1:06:19 | 14 39 35 | 29 17 | 06♎27 | 26 49 | 10 45 | 08 52 | 23 25 | 03 21 | 01 12 | 14 18 | 18 46 | 02 04 |
| 9 | 1:10:16 | 15 38 50 | 13♎34 | 20 37 | 28 24 | 10 38 | 09 19 | 23 36 | 03 24 | 01 10 | 14 16 | 18 46 | 02 01 |
| 10 | 1:14:12 | 16 38 07 | 27 35 | 04♏29 | 29 57 | 10 29 | 09 46 | 23 48 | 03 27 | 01 07 | 14 15 | 18 46 | 01 58 |
| 11 | 1:18:09 | 17 37 26 | 11♏18 | 18 00 | 01♏30 | 10 18 | 10 14 | 24 00 | 03 30 | 01 05 | 14 14 | 18 47 | 01 55 |
| 12 | 1:22:05 | 18 36 47 | 24 37 | 01♐08 | 03 02 | 10 05 | 10 42 | 24 12 | 03 33 | 01 03 | 14 12 | 18 47 | 01 52 |
| 13 | 1:26:02 | 19 36 10 | 07♐33 | 13 53 | 04 34 | 09 49 | 11 11 | 24 24 | 03 37 | 01 00 | 14 11 | 18 47 | 01 48 |
| 14 | 1:29:59 | 20 35 35 | 20 07 | 26 17 | 06 05 | 09 30 | 11 39 | 24 36 | 03 40 | 00 58 | 14 10 | 18 48 | 01 45 |
| 15 | 1:33:55 | 21 35 02 | 02♑23 | 08♑25 | 07 35 | 09 10 | 12 08 | 24 48 | 03 44 | 00 55 | 14 09 | 18 48 | 01 42 |
| 16 | 1:37:52 | 22 34 30 | 14 24 | 20 20 | 09 04 | 08 47 | 12 38 | 25 00 | 03 47 | 00 53 | 14 07 | 18 49 | 01 39 |
| 17 | 1:41:48 | 23 34 00 | 26 15 | 02♒09 | 10 33 | 08 22 | 13 08 | 25 13 | 03 51 | 00 51 | 14 06 | 18 49 | 01 36 |
| 18 | 1:45:45 | 24 33 32 | 08♒03 | 13 57 | 12 01 | 07 55 | 13 38 | 25 25 | 03 55 | 00 48 | 14 05 | 18 50 | 01 33 |
| 19 | 1:49:41 | 25 33 06 | 19 53 | 25 50 | 13 28 | 07 27 | 14 08 | 25 37 | 03 59 | 00 46 | 14 04 | 18 50 | 01 29 |
| 20 | 1:53:38 | 26 32 41 | 01♓49 | 07♓52 | 14 54 | 06 56 | 14 39 | 25 50 | 04 03 | 00 43 | 14 03 | 18 51 | 01 26 |
| 21 | 1:57:34 | 27 32 18 | 13 57 | 20 07 | 16 20 | 06 24 | 15 10 | 26 02 | 04 07 | 00 41 | 14 02 | 18 51 | 01 23 |
| 22 | 2:01:31 | 28 31 57 | 26 20 | 02♈38 | 17 45 | 05 51 | 15 42 | 26 14 | 04 11 | 00 38 | 14 01 | 18 52 | 01 20 |
| 23 | 2:05:28 | 29 31 38 | 09♈01 | 15 28 | 19 09 | 05 16 | 16 13 | 26 27 | 04 15 | 00 36 | 14 00 | 18 52 | 01 17 |
| 24 | 2:09:24 | 00♏31 21 | 21 59 | 28 35 | 20 32 | 04 41 | 16 45 | 26 40 | 04 19 | 00 33 | 13 58 | 18 53 | 01 13 |
| 25 | 2:13:21 | 01 31 06 | 05♉14 | 11♉58 | 21 54 | 04 05 | 17 18 | 26 52 | 04 24 | 00 31 | 13 57 | 18 54 | 01 10 |
| 26 | 2:17:17 | 02 30 52 | 18 45 | 25 36 | 23 16 | 03 28 | 17 50 | 27 05 | 04 28 | 00 29 | 13 57 | 18 55 | 01 07 |
| 27 | 2:21:14 | 03 30 41 | 02♊28 | 09♊23 | 24 36 | 02 52 | 18 23 | 27 18 | 04 33 | 00 26 | 13 56 | 18 55 | 01 04 |
| 28 | 2:25:10 | 04 30 32 | 16 20 | 23 19 | 25 55 | 02 15 | 18 56 | 27 30 | 04 37 | 00 24 | 13 55 | 18 56 | 01 01 |
| 29 | 2:29:07 | 05 30 25 | 00♋19 | 07♋19 | 27 13 | 01 39 | 19 29 | 27 43 | 04 42 | 00 21 | 13 54 | 18 57 | 00 58 |
| 30 | 2:33:03 | 06 30 20 | 14 20 | 21 22 | 28 30 | 01 03 | 20 02 | 27 56 | 04 47 | 00 19 | 13 53 | 18 58 | 00 54 |
| 31 | 2:37:00 | 07 30 18 | 28 24 | 05♌27 | 29 46 | 00 36 | 20 36 | 28 09 | 04 51 | 00 16 | 13 52 | 18 59 | 00 51 |

## 0:00 E.T. — Longitudes of the Major Asteroids and Chiron

| D | ⚳ | ⚴ | ⚵ | ⚶ | ⚷ | D | ⚳ | ⚴ | ⚵ | ⚶ | ⚷ |
|---|---|---|---|---|---|---|---|---|---|---|---|
| 1 | 11♎11 | 13♍32 | 00♊06 | 04♑08 | 29♓47℞ | 17 | 18 25 | 21 16 | 00 33 | 10 03 | 29 05 |
| 2 | 11 38 | 14 01 | 00 11 | 04 29 | 29 44 | 18 | 18 52 | 21 44 | 00 30 | 10 26 | 29 03 |
| 3 | 12 05 | 14 31 | 00 17 | 04 50 | 29 41 | 19 | 19 19 | 22 12 | 00 27 | 10 50 | 29 01 |
| 4 | 12 32 | 15 00 | 00 21 | 05 11 | 29 39 | 20 | 19 46 | 22 41 | 00 23 | 11 14 | 28 58 |
| 5 | 12 59 | 15 30 | 00 25 | 05 32 | 29 36 | 21 | 20 13 | 23 09 | 00 18 | 11 38 | 28 56 |
| 6 | 13 27 | 15 59 | 00 29 | 05 54 | 29 33 | 22 | 20 40 | 23 37 | 00 13 | 12 02 | 28 54 |
| 7 | 13 54 | 16 28 | 00 32 | 06 16 | 29 31 | 23 | 21 07 | 24 04 | 00 08 | 12 26 | 28 51 |
| 8 | 14 21 | 16 57 | 00 35 | 06 38 | 29 28 | 24 | 21 34 | 24 32 | 00 02 | 12 51 | 28 49 |
| 9 | 14 48 | 17 26 | 00 37 | 07 00 | 29 25 | 25 | 22 01 | 25 00 | 29♉55 | 13 15 | 28 47 |
| 10 | 15 15 | 17 55 | 00 38 | 07 22 | 29 23 | 26 | 22 28 | 25 28 | 29 49 | 13 40 | 28 45 |
| 11 | 15 42 | 18 24 | 00 39 | 07 45 | 29 20 | 27 | 22 55 | 25 55 | 29 41 | 14 05 | 28 43 |
| 12 | 16 10 | 18 53 | 00 39 | 08 07 | 29 18 | 28 | 23 22 | 26 22 | 29 33 | 14 30 | 28 41 |
| 13 | 16 37 | 19 22 | 00 39℞ | 08 30 | 29 15 | 29 | 23 49 | 26 50 | 29 25 | 14 55 | 28 39 |
| 14 | 17 04 | 19 50 | 00 38 | 08 53 | 29 13 | 30 | 24 16 | 27 17 | 29 16 | 15 20 | 28 37 |
| 15 | 17 31 | 20 19 | 00 37 | 09 16 | 29 10 | 31 | 24 43 | 27 44 | 29 07 | 15 45 | 28 35 |
| 16 | 17 58 | 20 47 | 00 35 | 09 39 | 29 08 | | | | | | |

## Lunar Data

| Last Asp. | Ingress |
|---|---|
| 30 15:39 | 1 ♋ 18:02 |
| 3 08:34 | 3 ♌ 21:13 |
| 5 11:35 | 5 ♍ 23:20 |
| 7 14:04 | 8 ♎ 01:11 |
| 9 08:51 | 10 ♏ 04:11 |
| 11 23:14 | 12 ♐ 09:54 |
| 14 00:60 | 14 ♑ 19:18 |
| 16 21:51 | 17 ♒ 07:37 |
| 19 12:28 | 19 ♓ 20:21 |
| 21 23:48 | 22 ♈ 06:59 |
| 23 18:19 | 24 ♉ 14:34 |
| 26 14:50 | 26 ♊ 19:42 |
| 28 04:38 | 28 ♋ 23:28 |
| 31 02:32 | 31 ♌ 02:43 |

## 0:00 E.T. — Declinations

| D | ☉ | ☽ | ☿ | ♀ | ♂ | ♃ | ♄ | ♅ | ♆ | ♇ | ⚳ | ⚴ | ⚵ | ⚶ | ⚷ |
|---|---|---|---|---|---|---|---|---|---|---|---|---|---|---|---|
| 1 | -03 05 | +19 31 | -05 33 | -21 24 | -22 33 | -17 33 | -22 45 | +11 27 | -07 02 | -22 05 | +02 07 | -02 47 | +05 08 | -25 39 | +03 13 |
| 2 | 03 28 | 20 51 | 06 17 | 21 32 | 22 23 | 17 36 | 22 45 | 11 27 | 07 03 | 22 05 | 01 56 | 02 52 | 04 57 | 25 40 | 03 12 |
| 3 | 03 51 | 20 54 | 07 01 | 21 40 | 22 14 | 17 39 | 22 46 | 11 26 | 07 03 | 22 05 | 01 45 | 02 57 | 04 46 | 25 41 | 03 11 |
| 4 | 04 14 | 19 38 | 07 45 | 21 46 | 22 04 | 17 42 | 22 46 | 11 25 | 07 04 | 22 05 | 01 34 | 03 02 | 04 36 | 25 42 | 03 09 |
| 5 | 04 38 | 17 06 | 08 28 | 21 51 | 21 54 | 17 45 | 22 46 | 11 24 | 07 05 | 22 06 | 01 23 | 03 07 | 04 25 | 25 42 | 03 08 |
| 6 | 05 01 | 13 29 | 09 10 | 21 55 | 21 45 | 17 48 | 22 46 | 11 23 | 07 05 | 22 06 | 01 12 | 03 12 | 04 14 | 25 43 | 03 07 |
| 7 | 05 24 | 09 03 | 09 52 | 21 58 | 21 34 | 17 51 | 22 46 | 11 23 | 07 06 | 22 06 | 01 01 | 03 17 | 04 03 | 25 44 | 03 06 |
| 8 | 05 47 | 04 33 | 10 33 | 21 59 | 21 24 | 17 54 | 22 46 | 11 22 | 07 06 | 22 06 | 00 49 | 03 22 | 03 51 | 25 44 | 03 04 |
| 9 | 06 09 | -00 59 | 11 14 | 22 00 | 21 14 | 17 57 | 22 46 | 11 21 | 07 07 | 22 06 | 00 38 | 03 27 | 03 40 | 25 44 | 03 04 |
| 10 | 06 32 | 05 56 | 11 53 | 21 59 | 21 03 | 18 00 | 22 46 | 11 19 | 07 07 | 22 06 | 00 27 | 03 32 | 03 28 | 25 44 | 03 02 |
| 11 | 06 55 | 10 29 | 12 33 | 21 57 | 20 53 | 18 03 | 22 46 | 11 19 | 07 08 | 22 06 | 00 16 | 03 37 | 03 17 | 25 44 | 03 00 |
| 12 | 07 18 | 14 24 | 13 11 | 21 53 | 20 42 | 18 06 | 22 46 | 11 18 | 07 08 | 22 06 | 00 06 | 03 42 | 03 05 | 25 44 | 02 59 |
| 13 | 07 40 | 17 30 | 13 49 | 21 48 | 20 31 | 18 09 | 22 46 | 11 18 | 07 09 | 22 06 | -00 05 | 03 47 | 02 54 | 25 44 | 02 59 |
| 14 | 08 02 | 19 41 | 14 26 | 21 42 | 20 20 | 18 12 | 22 46 | 11 17 | 07 09 | 22 06 | 00 16 | 03 52 | 02 42 | 25 44 | 02 58 |
| 15 | 08 25 | 20 54 | 15 02 | 21 34 | 20 09 | 18 16 | 22 46 | 11 16 | 07 10 | 22 06 | 00 27 | 03 56 | 02 30 | 25 44 | 02 56 |
| 16 | 08 47 | 21 07 | 15 37 | 21 25 | 19 57 | 18 19 | 22 46 | 11 15 | 07 10 | 22 06 | 00 38 | 04 01 | 02 18 | 25 43 | 02 56 |
| 17 | 09 09 | 20 23 | 16 11 | 21 14 | 19 46 | 18 22 | 22 46 | 11 14 | 07 11 | 22 06 | 00 49 | 04 06 | 02 06 | 25 42 | 02 55 |
| 18 | 09 31 | 18 45 | 16 45 | 21 02 | 19 34 | 18 25 | 22 46 | 11 13 | 07 11 | 22 06 | 00 59 | 04 11 | 01 54 | 25 42 | 02 54 |
| 19 | 09 53 | 16 19 | 17 18 | 20 49 | 19 22 | 18 28 | 22 46 | 11 12 | 07 11 | 22 06 | 01 10 | 04 15 | 01 42 | 25 41 | 02 53 |
| 20 | 10 14 | 13 10 | 17 50 | 20 34 | 19 10 | 18 31 | 22 46 | 11 12 | 07 12 | 22 06 | 01 21 | 04 20 | 01 30 | 25 40 | 02 51 |
| 21 | 10 36 | 09 25 | 18 21 | 20 18 | 18 58 | 18 34 | 22 46 | 11 11 | 07 12 | 22 06 | 01 31 | 04 25 | 01 18 | 25 40 | 02 50 |
| 22 | 10 57 | 05 12 | 18 51 | 20 00 | 18 46 | 18 37 | 22 46 | 11 10 | 07 13 | 22 06 | 01 42 | 04 29 | 01 07 | 25 39 | 02 49 |
| 23 | 11 18 | 00 41 | 19 20 | 19 41 | 18 34 | 18 40 | 22 46 | 11 09 | 07 13 | 22 06 | 01 52 | 04 34 | 00 55 | 25 38 | 02 48 |
| 24 | 11 39 | +03 59 | 19 48 | 19 20 | 18 21 | 18 43 | 22 46 | 11 08 | 07 13 | 22 06 | 02 03 | 04 38 | 00 43 | 25 37 | 02 47 |
| 25 | 12 00 | 08 33 | 20 15 | 19 00 | 18 09 | 18 46 | 22 46 | 11 08 | 07 14 | 22 06 | 02 13 | 04 43 | 00 31 | 25 35 | 02 46 |
| 26 | 12 21 | 12 49 | 20 41 | 18 38 | 17 56 | 18 49 | 22 46 | 11 07 | 07 14 | 22 06 | 02 24 | 04 47 | 00 19 | 25 34 | 02 45 |
| 27 | 12 41 | 16 28 | 21 06 | 18 16 | 17 43 | 18 52 | 22 46 | 11 06 | 07 14 | 22 06 | 02 34 | 04 51 | 00 04 | 25 31 | 02 44 |
| 28 | 13 01 | 19 14 | 21 30 | 17 52 | 17 30 | 18 55 | 22 46 | 11 05 | 07 15 | 22 06 | 02 44 | 04 56 | -00 04 | 25 29 | 02 43 |
| 29 | 13 21 | 20 53 | 21 53 | 17 28 | 17 17 | 18 58 | 22 46 | 11 04 | 07 15 | 22 06 | 02 55 | 05 00 | 00 15 | 25 29 | 02 42 |
| 30 | 13 41 | 21 16 | 22 15 | 17 04 | 17 04 | 19 01 | 22 46 | 11 03 | 07 15 | 22 06 | 03 05 | 05 04 | 00 27 | 25 27 | 02 41 |
| 31 | 14 01 | 20 17 | 22 35 | 16 39 | 16 51 | 19 04 | 22 46 | 11 03 | 07 16 | 22 06 | 03 15 | 05 08 | 00 38 | 25 26 | 02 40 |

Lunar Phases -- 2 ◑ 09:47   9 ● 03:48   16 ◐ 18:03   24 ○ 16:46   31 ◑ 16:41     Sun enters ♏ 10/23 11:24

# 0:00 E.T. — Longitudes of Main Planets - November 2018

| D | S.T. | ☉ | ☽ | ☽ 12:00 | ☿ | ♀ | ♂ | ♃ | ♄ | ♅ | ♆ | ♇ | ☊ |
|---|---|---|---|---|---|---|---|---|---|---|---|---|---|
| 1 | 2:40:57 | 08♏30 17 | 12♌29 | 19♌32 | 00♐59 | 29♎54℞ | 21♒10 | 28♏22 | 04♑56 | 00♉14℞ | 13♓51℞ | 18♑59 | 00♌48 |
| 2 | 2:44:53 | 09 30 19 | 26 35 | 03♍38 | 02 12 | 29 21 | 21 44 | 28 35 | 05 01 | 00 11 | 13 51 | 19 00 | 00 45 |
| 3 | 2:48:50 | 10 30 23 | 10♍40 | 17 42 | 03 22 | 28 50 | 22 18 | 28 48 | 05 06 | 00 09 | 13 50 | 19 01 | 00 42 |
| 4 | 2:52:46 | 11 30 29 | 24 44 | 01♎44 | 04 30 | 28 21 | 22 53 | 29 01 | 05 11 | 00 07 | 13 49 | 19 02 | 00 39 |
| 5 | 2:56:43 | 12 30 37 | 08♎42 | 15 39 | 05 36 | 27 53 | 23 28 | 29 14 | 05 16 | 00 04 | 13 48 | 19 03 | 00 35 |
| 6 | 3:00:39 | 13 30 47 | 22 33 | 29 24 | 06 40 | 27 27 | 24 03 | 29 27 | 05 21 | 00 02 | 13 48 | 19 04 | 00 32 |
| 7 | 3:04:36 | 14 31 00 | 06♏11 | 12♏56 | 07 40 | 27 03 | 24 38 | 29 40 | 05 27 | 29♈59 | 13 47 | 19 05 | 00 29 |
| 8 | 3:08:32 | 15 31 13 | 19 36 | 26 11 | 08 38 | 26 42 | 25 13 | 29 53 | 05 32 | 29 57 | 13 47 | 19 06 | 00 26 |
| 9 | 3:12:29 | 16 31 29 | 02♐42 | 09♐08 | 09 31 | 26 22 | 25 49 | 00♐06 | 05 37 | 29 55 | 13 46 | 19 08 | 00 23 |
| 10 | 3:16:26 | 17 31 47 | 15 30 | 21 46 | 10 21 | 26 05 | 26 25 | 00 19 | 05 43 | 29 52 | 13 46 | 19 09 | 00 19 |
| 11 | 3:20:22 | 18 32 06 | 27 59 | 04♑07 | 11 07 | 25 51 | 27 00 | 00 33 | 05 48 | 29 50 | 13 45 | 19 10 | 00 16 |
| 12 | 3:24:19 | 19 32 26 | 10♑12 | 16 13 | 11 47 | 25 39 | 27 37 | 00 46 | 05 54 | 29 48 | 13 45 | 19 11 | 00 13 |
| 13 | 3:28:15 | 20 32 48 | 22 12 | 28 08 | 12 21 | 25 29 | 28 13 | 00 59 | 06 00 | 29 46 | 13 44 | 19 12 | 00 10 |
| 14 | 3:32:12 | 21 33 12 | 04♒03 | 09♒57 | 12 50 | 25 22 | 28 49 | 01 12 | 06 05 | 29 43 | 13 44 | 19 14 | 00 07 |
| 15 | 3:36:08 | 22 33 37 | 15 51 | 21 45 | 13 11 | 25 17 | 29 26 | 01 26 | 06 11 | 29 41 | 13 43 | 19 15 | 00 04 |
| 16 | 3:40:05 | 23 34 03 | 27 40 | 03♓37 | 13 24 | 25 15 | 00♓02 | 01 39 | 06 17 | 29 39 | 13 43 | 19 16 | 00 00 |
| 17 | 3:44:01 | 24 34 31 | 09♓37 | 15 40 | 13 29 | 25 15D | 00 39 | 01 52 | 06 23 | 29 37 | 13 43 | 19 17 | 29♋57 |
| 18 | 3:47:58 | 25 34 59 | 21 46 | 27 57 | 13 25℞ | 25 17 | 01 16 | 02 06 | 06 28 | 29 35 | 13 43 | 19 19 | 29 54 |
| 19 | 3:51:55 | 26 35 30 | 04♈13 | 10♈33 | 13 11 | 25 22 | 01 54 | 02 19 | 06 34 | 29 33 | 13 42 | 19 20 | 29 51 |
| 20 | 3:55:51 | 27 36 01 | 17 00 | 23 31 | 12 47 | 25 29 | 02 31 | 02 32 | 06 40 | 29 30 | 13 42 | 19 21 | 29 48 |
| 21 | 3:59:48 | 28 36 34 | 00♉09 | 06♉52 | 12 13 | 25 39 | 03 08 | 02 46 | 06 46 | 29 28 | 13 42 | 19 23 | 29 44 |
| 22 | 4:03:44 | 29 37 08 | 13 41 | 20 34 | 11 27 | 25 51 | 03 46 | 02 59 | 06 53 | 29 26 | 13 42 | 19 24 | 29 41 |
| 23 | 4:07:41 | 00♐37 44 | 27 33 | 04♊35 | 10 32 | 26 04 | 04 23 | 03 12 | 06 59 | 29 24 | 13 42 | 19 27 | 29 38 |
| 24 | 4:11:37 | 01 38 21 | 11♊41 | 18 50 | 09 27 | 26 20 | 05 01 | 03 26 | 07 05 | 29 22 | 13 42 | 19 27 | 29 35 |
| 25 | 4:15:34 | 02 38 59 | 26 01 | 03♋13 | 08 15 | 26 39 | 05 39 | 03 39 | 07 11 | 29 20 | 13 42 | 19 29 | 29 32 |
| 26 | 4:19:30 | 03 39 40 | 10♋26 | 17 39 | 06 57 | 26 59 | 06 17 | 03 53 | 07 17 | 29 19 | 13 42D | 19 30 | 29 29 |
| 27 | 4:23:27 | 04 40 21 | 24 51 | 02♌02 | 05 36 | 27 21 | 06 55 | 04 06 | 07 24 | 29 17 | 13 42 | 19 32 | 29 25 |
| 28 | 4:27:24 | 05 41 05 | 09♌12 | 16 20 | 04 13 | 27 44 | 07 33 | 04 19 | 07 30 | 29 15 | 13 42 | 19 33 | 29 22 |
| 29 | 4:31:20 | 06 41 49 | 23 26 | 00♍30 | 02 53 | 28 10 | 08 12 | 04 33 | 07 36 | 29 13 | 13 42 | 19 35 | 29 19 |
| 30 | 4:35:17 | 07 42 36 | 07♍32 | 14 31 | 01 38 | 28 37 | 08 50 | 04 46 | 07 43 | 29 11 | 13 42 | 19 37 | 29 16 |

# 0:00 E.T. — Longitudes of the Major Asteroids and Chiron

## Lunar Data

| D | ⚳ | ⚴ | ⚵ | ⚶ | ⚷ | D | ⚳ | ⚴ | ⚵ | ⚶ | ⚷ | Last Asp. | Ingress |
|---|---|---|---|---|---|---|---|---|---|---|---|---|---|
| 1 | 25♎09 | 28♍11 | 28♉57℞ | 16♑10 | 28♓33℞ | 16 | 01 48 | 04 44 | 25 55 | 22 44 | 28 09 | 2 04:33 | 2 ♍ 05:49 |
| 2 | 25 36 | 28 38 | 28 47 | 16 36 | 28 31 | 17 | 02 15 | 05 09 | 25 41 | 23 11 | 28 08 | 4 07:27 | 4 ♎ 09:02 |
| 3 | 26 03 | 29 05 | 28 37 | 17 01 | 28 29 | 18 | 02 41 | 05 35 | 25 28 | 23 38 | 28 06 | 6 08:20 | 6 ♏ 13:04 |
| 4 | 26 30 | 29 32 | 28 26 | 17 27 | 28 27 | 19 | 03 07 | 06 00 | 25 14 | 24 05 | 28 05 | 8 10:43 | 8 ♐ 19:01 |
| 5 | 26 56 | 29 58 | 28 15 | 17 53 | 28 25 | 20 | 03 33 | 06 25 | 25 01 | 24 32 | 28 04 | 11 03:36 | 11 ♑ 03:56 |
| 6 | 27 23 | 00♎25 | 28 03 | 18 19 | 28 24 | 21 | 03 59 | 06 49 | 24 47 | 24 59 | 28 03 | 13 15:15 | 13 ♒ 15:47 |
| 7 | 27 50 | 00 51 | 27 51 | 18 45 | 28 22 | 22 | 04 25 | 07 14 | 24 34 | 25 27 | 28 02 | 16 03:59 | 16 ♓ 04:42 |
| 8 | 28 16 | 01 18 | 27 39 | 19 11 | 28 20 | 23 | 04 52 | 07 39 | 24 21 | 25 54 | 28 01 | 18 08:05 | 18 ♈ 15:57 |
| 9 | 28 43 | 01 44 | 27 27 | 19 37 | 28 19 | 24 | 05 18 | 08 03 | 24 08 | 26 21 | 28 00 | 20 22:47 | 20 ♉ 23:44 |
| 10 | 29 10 | 02 10 | 27 14 | 20 04 | 28 17 | 25 | 05 44 | 08 27 | 23 55 | 26 49 | 28 00 | 22 09:59 | 23 ♊ 04:11 |
| 11 | 29 36 | 02 36 | 27 01 | 20 30 | 28 16 | 26 | 06 09 | 08 51 | 23 42 | 27 17 | 27 59 | 25 05:32 | 25 ♋ 06:39 |
| 12 | 00♏03 | 03 02 | 26 48 | 20 57 | 28 14 | 27 | 06 35 | 09 15 | 23 29 | 27 44 | 27 58 | 27 07:23 | 27 ♌ 08:36 |
| 13 | 00 29 | 03 28 | 26 35 | 21 23 | 28 13 | 28 | 07 01 | 09 39 | 23 17 | 28 12 | 27 57 | 29 09:48 | 29 ♍ 11:09 |
| 14 | 00 56 | 03 53 | 26 22 | 21 50 | 28 11 | 29 | 07 27 | 10 03 | 23 05 | 28 40 | 27 57 | | |
| 15 | 01 22 | 04 19 | 26 08 | 22 17 | 28 10 | 30 | 07 53 | 10 27 | 22 53 | 29 08 | 27 56 | | |

# 0:00 E.T. — Declinations

| D | ☉ | ☽ | ☿ | ♀ | ♂ | ♃ | ♄ | ♅ | ♆ | ♇ | ⚳ | ⚴ | ⚵ | ⚶ | ⚷ |
|---|---|---|---|---|---|---|---|---|---|---|---|---|---|---|---|
| 1 | -14 20 | +18 03 | -22 54 | -16 14 | -16 37 | -19 07 | -22 46 | +11 02 | -07 16 | -22 06 | -03 25 | -05 12 | -00 49 | -25 24 | +02 39 |
| 2 | 14 39 | 14 44 | 23 12 | 15 50 | 16 24 | 19 10 | 22 46 | 11 01 | 07 16 | 22 06 | 03 35 | 05 16 | 01 00 | 25 21 | 02 38 |
| 3 | 14 58 | 10 34 | 23 28 | 15 25 | 16 10 | 19 13 | 22 46 | 11 00 | 07 17 | 22 06 | 03 45 | 05 20 | 01 11 | 25 19 | 02 37 |
| 4 | 15 17 | 05 51 | 23 44 | 15 01 | 15 56 | 19 16 | 22 46 | 10 59 | 07 17 | 22 06 | 03 55 | 05 24 | 01 21 | 25 17 | 02 36 |
| 5 | 15 35 | 00 51 | 23 57 | 14 37 | 15 42 | 19 19 | 22 46 | 10 58 | 07 17 | 22 06 | 04 05 | 05 28 | 01 32 | 25 14 | 02 36 |
| 6 | 15 54 | -04 09 | 24 10 | 14 13 | 15 28 | 19 22 | 22 46 | 10 58 | 07 17 | 22 06 | 04 15 | 05 32 | 01 42 | 25 12 | 02 35 |
| 7 | 16 11 | 08 52 | 24 20 | 13 50 | 15 14 | 19 24 | 22 45 | 10 57 | 07 17 | 22 06 | 04 25 | 05 36 | 01 52 | 25 09 | 02 34 |
| 8 | 16 29 | 13 05 | 24 29 | 13 28 | 15 00 | 19 27 | 22 45 | 10 56 | 07 18 | 22 06 | 04 35 | 05 39 | 02 02 | 25 07 | 02 33 |
| 9 | 16 46 | 16 34 | 24 37 | 13 07 | 14 45 | 19 30 | 22 45 | 10 55 | 07 18 | 22 06 | 04 45 | 05 43 | 02 11 | 25 04 | 02 32 |
| 10 | 17 04 | 19 10 | 24 43 | 12 47 | 14 31 | 19 33 | 22 45 | 10 54 | 07 18 | 22 06 | 04 54 | 05 46 | 02 20 | 25 01 | 02 31 |
| 11 | 17 20 | 20 48 | 24 49 | 12 27 | 14 16 | 19 36 | 22 45 | 10 53 | 07 18 | 22 06 | 05 04 | 05 50 | 02 29 | 24 58 | 02 31 |
| 12 | 17 37 | 21 24 | 24 49 | 12 09 | 14 02 | 19 39 | 22 45 | 10 53 | 07 18 | 22 05 | 05 14 | 05 53 | 02 38 | 24 54 | 02 30 |
| 13 | 17 53 | 21 00 | 24 49 | 11 52 | 13 47 | 19 41 | 22 45 | 10 52 | 07 19 | 22 05 | 05 23 | 05 56 | 02 46 | 24 51 | 02 29 |
| 14 | 18 09 | 19 40 | 24 47 | 11 36 | 13 32 | 19 44 | 22 45 | 10 51 | 07 19 | 22 05 | 05 33 | 05 59 | 02 54 | 24 48 | 02 28 |
| 15 | 18 24 | 17 29 | 24 43 | 11 21 | 13 17 | 19 47 | 22 44 | 10 50 | 07 19 | 22 05 | 05 42 | 06 02 | 03 02 | 24 44 | 02 28 |
| 16 | 18 40 | 14 34 | 24 36 | 11 07 | 13 02 | 19 50 | 22 44 | 10 50 | 07 19 | 22 05 | 05 51 | 06 05 | 03 10 | 24 41 | 02 27 |
| 17 | 18 55 | 11 02 | 24 27 | 10 54 | 12 47 | 19 53 | 22 44 | 10 49 | 07 19 | 22 05 | 06 01 | 06 08 | 03 17 | 24 37 | 02 26 |
| 18 | 19 09 | 06 59 | 24 16 | 10 43 | 12 31 | 19 55 | 22 44 | 10 48 | 07 19 | 22 05 | 06 10 | 06 11 | 03 24 | 24 33 | 02 25 |
| 19 | 19 23 | 02 34 | 24 01 | 10 32 | 12 16 | 19 58 | 22 44 | 10 47 | 07 19 | 22 05 | 06 19 | 06 14 | 03 30 | 24 29 | 02 25 |
| 20 | 19 37 | +02 05 | 23 44 | 10 23 | 12 00 | 20 01 | 22 43 | 10 47 | 07 19 | 22 05 | 06 28 | 06 16 | 03 36 | 24 25 | 02 24 |
| 21 | 19 51 | 06 46 | 23 24 | 10 15 | 11 45 | 20 03 | 22 43 | 10 46 | 07 19 | 22 05 | 06 37 | 06 19 | 03 42 | 24 21 | 02 24 |
| 22 | 20 04 | 11 16 | 23 01 | 10 08 | 11 29 | 20 06 | 22 43 | 10 45 | 07 19 | 22 05 | 06 46 | 06 21 | 03 47 | 24 17 | 02 23 |
| 23 | 20 17 | 15 17 | 22 35 | 10 02 | 11 13 | 20 09 | 22 43 | 10 44 | 07 19 | 22 04 | 06 55 | 06 24 | 03 52 | 24 13 | 02 22 |
| 24 | 20 29 | 18 31 | 22 06 | 09 58 | 10 58 | 20 11 | 22 43 | 10 44 | 07 19 | 22 04 | 07 04 | 06 26 | 03 57 | 24 08 | 02 22 |
| 25 | 20 41 | 20 40 | 21 35 | 09 54 | 10 42 | 20 14 | 22 42 | 10 43 | 07 19 | 22 04 | 07 13 | 06 28 | 04 01 | 24 04 | 02 21 |
| 26 | 20 53 | 21 29 | 21 02 | 09 51 | 10 26 | 20 16 | 22 42 | 10 43 | 07 19 | 22 04 | 07 22 | 06 30 | 04 05 | 23 59 | 02 21 |
| 27 | 21 04 | 20 53 | 20 28 | 09 50 | 10 10 | 20 19 | 22 42 | 10 42 | 07 19 | 22 04 | 07 30 | 06 32 | 04 09 | 23 54 | 02 20 |
| 28 | 21 15 | 18 55 | 19 54 | 09 49 | 09 54 | 20 22 | 22 42 | 10 41 | 07 19 | 22 04 | 07 39 | 06 33 | 04 12 | 23 49 | 02 20 |
| 29 | 21 25 | 15 48 | 19 20 | 09 50 | 09 38 | 20 24 | 22 41 | 10 41 | 07 19 | 22 04 | 07 47 | 06 35 | 04 15 | 23 44 | 02 20 |
| 30 | 21 36 | 11 47 | 18 49 | 09 51 | 09 21 | 20 27 | 22 41 | 10 40 | 07 19 | 22 03 | 07 56 | 06 36 | 04 17 | 23 39 | 02 19 |

Lunar Phases -- 7 ● 16:03   15 ◐ 14:55   23 ○ 05:40   30 ◑ 00:20      Sun enters ♐ 11/22 09:03

# Longitudes of Main Planets - December 2018 — 0:00 E.T.

| D | S.T. | ☉ | ☽ | ☽ 12:00 | ☿ | ♀ | ♂ | ♃ | ♄ | ♅ | ♆ | ♇ | ☊ |
|---|------|-----|-----|---------|-----|-----|-----|-----|-----|-----|-----|-----|-----|
| 1 | 4:39:13 | 08♐43 23 | 21♍28 | 28♍23 | 00♐29℞ | 29♎07 | 09♓28 | 05♐00 | 07♑49 | 29♈10℞ | 13♓42 | 19♑38 | 29♋13 |
| 2 | 4:43:10 | 09 44 13 | 05♎15 | 12♎04 | 29♏29 | 29 37 | 10 07 | 05 13 | 07 56 | 29 08 | 13 42 | 19 40 | 29 10 |
| 3 | 4:47:06 | 10 45 04 | 18 51 | 25 35 | 28 40 | 00♏09 | 10 46 | 05 26 | 08 02 | 29 06 | 13 43 | 19 41 | 29 06 |
| 4 | 4:51:03 | 11 45 56 | 02♏16 | 08♏54 | 28 02 | 00 43 | 11 24 | 05 40 | 08 09 | 29 05 | 13 43 | 19 43 | 29 03 |
| 5 | 4:54:59 | 12 46 49 | 15 29 | 22 00 | 27 36 | 01 18 | 12 03 | 05 53 | 08 15 | 29 03 | 13 43 | 19 45 | 29 00 |
| 6 | 4:58:56 | 13 47 44 | 28 29 | 04♐54 | 27 20 | 01 55 | 12 42 | 06 07 | 08 22 | 29 01 | 13 44 | 19 46 | 28 57 |
| 7 | 5:02:53 | 14 48 40 | 11♐15 | 17 33 | 27 16D | 02 33 | 13 21 | 06 20 | 08 29 | 29 00 | 13 44 | 19 48 | 28 54 |
| 8 | 5:06:49 | 15 49 37 | 23 48 | 29 59 | 27 22 | 03 12 | 14 00 | 06 33 | 08 36 | 28 58 | 13 45 | 19 50 | 28 50 |
| 9 | 5:10:46 | 16 50 35 | 06♑06 | 12♑11 | 27 38 | 03 52 | 14 39 | 06 47 | 08 42 | 28 57 | 13 45 | 19 52 | 28 47 |
| 10 | 5:14:42 | 17 51 34 | 18 13 | 24 12 | 28 03 | 04 34 | 15 19 | 07 00 | 08 49 | 28 56 | 13 45 | 19 53 | 28 44 |
| 11 | 5:18:39 | 18 52 33 | 00♒10 | 06♒05 | 28 35 | 05 16 | 15 58 | 07 13 | 08 56 | 28 54 | 13 46 | 19 55 | 28 41 |
| 12 | 5:22:35 | 19 53 33 | 11 59 | 17 53 | 29 15 | 06 00 | 16 37 | 07 27 | 09 03 | 28 53 | 13 47 | 19 57 | 28 38 |
| 13 | 5:26:32 | 20 54 34 | 23 46 | 29 40 | 00♐01 | 06 45 | 17 17 | 07 40 | 09 09 | 28 52 | 13 47 | 19 59 | 28 35 |
| 14 | 5:30:28 | 21 55 35 | 05♓35 | 11♓31 | 00 52 | 07 31 | 17 56 | 07 53 | 09 16 | 28 50 | 13 48 | 20 01 | 28 31 |
| 15 | 5:34:25 | 22 56 38 | 17 30 | 23 32 | 01 48 | 08 17 | 18 36 | 08 06 | 09 23 | 28 49 | 13 48 | 20 03 | 28 28 |
| 16 | 5:38:22 | 23 57 40 | 29 37 | 05♈47 | 02 48 | 09 05 | 19 16 | 08 19 | 09 30 | 28 48 | 13 49 | 20 04 | 28 25 |
| 17 | 5:42:18 | 24 58 43 | 12♈01 | 18 20 | 03 53 | 09 54 | 19 55 | 08 33 | 09 37 | 28 47 | 13 50 | 20 06 | 28 22 |
| 18 | 5:46:15 | 25 59 46 | 24 46 | 01♉18 | 05 00 | 10 43 | 20 35 | 08 46 | 09 44 | 28 46 | 13 51 | 20 08 | 28 19 |
| 19 | 5:50:11 | 27 00 50 | 07♉56 | 14 40 | 06 10 | 11 33 | 21 15 | 08 59 | 09 51 | 28 45 | 13 51 | 20 10 | 28 16 |
| 20 | 5:54:08 | 28 01 54 | 21 31 | 28 29 | 07 23 | 12 24 | 21 55 | 09 12 | 09 58 | 28 44 | 13 52 | 20 12 | 28 12 |
| 21 | 5:58:04 | 29 02 58 | 05♊33 | 12♊42 | 08 38 | 13 16 | 22 35 | 09 25 | 10 05 | 28 43 | 13 53 | 20 14 | 28 09 |
| 22 | 6:02:01 | 00♑04 03 | 19 56 | 27 15 | 09 55 | 14 09 | 23 15 | 09 38 | 10 12 | 28 42 | 13 54 | 20 16 | 28 06 |
| 23 | 6:05:57 | 01 05 08 | 04♋37 | 12♋02 | 11 14 | 15 02 | 23 55 | 09 51 | 10 19 | 28 41 | 13 55 | 20 18 | 28 03 |
| 24 | 6:09:54 | 02 06 14 | 19 28 | 26 54 | 12 34 | 15 56 | 24 35 | 10 04 | 10 26 | 28 40 | 13 56 | 20 20 | 28 00 |
| 25 | 6:13:51 | 03 07 20 | 04♌20 | 11♌45 | 13 55 | 16 51 | 25 15 | 10 17 | 10 33 | 28 40 | 13 57 | 20 22 | 27 56 |
| 26 | 6:17:47 | 04 08 27 | 19 07 | 26 27 | 15 18 | 17 46 | 25 55 | 10 30 | 10 40 | 28 39 | 13 58 | 20 24 | 27 53 |
| 27 | 6:21:44 | 05 09 35 | 03♍43 | 10♍55 | 16 41 | 18 42 | 26 35 | 10 43 | 10 47 | 28 39 | 13 59 | 20 26 | 27 50 |
| 28 | 6:25:40 | 06 10 43 | 18 03 | 25 06 | 18 06 | 19 38 | 27 15 | 10 55 | 10 54 | 28 39 | 14 00 | 20 28 | 27 47 |
| 29 | 6:29:37 | 07 11 51 | 02♎05 | 08♎59 | 19 31 | 20 35 | 27 55 | 11 08 | 11 01 | 28 38 | 14 01 | 20 29 | 27 44 |
| 30 | 6:33:33 | 08 13 00 | 15 48 | 22 33 | 20 57 | 21 33 | 28 35 | 11 21 | 11 08 | 28 38 | 14 02 | 20 31 | 27 41 |
| 31 | 6:37:30 | 09 14 09 | 29 13 | 05♏50 | 22 24 | 22 31 | 29 15 | 11 34 | 11 16 | 28 37 | 14 04 | 20 33 | 27 37 |

# 0:00 E.T. — Longitudes of the Major Asteroids and Chiron — Lunar Data

| D | ⚳ | ⚴ | ⚵ | ⚶ | ⚷ | D | ⚳ | ⚴ | ⚵ | ⚶ | ⚷ | Last Asp. | Ingress |
|---|-----|-----|-----|-----|-----|----|-----|-----|-----|-----|-----|-----------|---------|
| 1 | 08♏18 | 10♎50 | 22♉41℞ | 29♑36 | 27♓56℞ | 17 | 15 01 | 16 44 | 20 34 | 07 11 | 27 56 | 1 14:36 | 1 ♎ 14:50 |
| 2 | 08 44 | 11 13 | 22 30 | 00♒04 | 27 55 | 18 | 15 25 | 17 04 | 20 30 | 07 40 | 27 56 | 3 18:17 | 3 ♏ 19:56 |
| 3 | 09 09 | 11 37 | 22 19 | 00 32 | 27 55 | 19 | 15 50 | 17 25 | 20 27 | 08 09 | 27 57 | 5 21:55 | 6 ♐ 02:50 |
| 4 | 09 35 | 12 00 | 22 09 | 01 00 | 27 55 | 20 | 16 14 | 17 45 | 20 24 | 08 38 | 27 57 | 8 10:02 | 8 ♑ 12:03 |
| 5 | 10 00 | 12 22 | 21 59 | 01 28 | 27 54 | 21 | 16 38 | 18 05 | 20 22 | 09 07 | 27 58 | 10 21:28 | 10 ♒ 23:41 |
| 6 | 10 26 | 12 45 | 21 49 | 01 57 | 27 54 | 22 | 17 02 | 18 25 | 20 21 | 09 36 | 27 58 | 13 10:21 | 13 ♓ 12:41 |
| 7 | 10 51 | 13 08 | 21 40 | 02 25 | 27 54 | 23 | 17 27 | 18 45 | 20 20 | 10 05 | 27 59 | 15 11:50 | 16 ♈ 00:45 |
| 8 | 11 16 | 13 30 | 21 31 | 02 53 | 27 54 | 24 | 17 51 | 19 04 | 20 19 | 10 34 | 28 00 | 18 07:22 | 18 ♉ 09:38 |
| 9 | 11 42 | 13 52 | 21 23 | 03 22 | 27 54 | 25 | 18 15 | 19 23 | 20 20D | 11 03 | 28 01 | 20 00:43 | 20 ♊ 14:35 |
| 10 | 12 07 | 14 14 | 21 15 | 03 50 | 27 54D | 26 | 18 39 | 19 42 | 20 20 | 11 32 | 28 02 | 22 14:22 | 22 ♋ 16:29 |
| 11 | 12 32 | 14 36 | 21 07 | 04 19 | 27 54 | 27 | 19 02 | 20 01 | 20 22 | 12 01 | 28 03 | 24 14:51 | 24 ♌ 16:60 |
| 12 | 12 57 | 14 58 | 21 00 | 04 47 | 27 54 | 28 | 19 26 | 20 20 | 20 24 | 12 30 | 28 04 | 26 15:38 | 26 ♍ 17:51 |
| 13 | 13 22 | 15 19 | 20 54 | 05 16 | 27 54 | 29 | 19 50 | 20 38 | 20 26 | 13 00 | 28 05 | 28 16:28 | 28 ♎ 20:24 |
| 14 | 13 46 | 15 41 | 20 48 | 05 45 | 27 55 | 30 | 20 13 | 20 56 | 20 29 | 13 29 | 28 06 | 30 22:55 | 31 ♏ 01:24 |
| 15 | 14 11 | 16 02 | 20 43 | 06 13 | 27 55 | 31 | 20 37 | 21 14 | 20 33 | 13 58 | 28 07 | | |
| 16 | 14 36 | 16 23 | 20 38 | 06 42 | 27 55 | | | | | | | | |

# 0:00 E.T. — Declinations

| D | ☉ | ☽ | ☿ | ♀ | ♂ | ♃ | ♄ | ♅ | ♆ | ♇ | ⚳ | ⚴ | ⚵ | ⚶ | ⚷ |
|---|-----|-----|-----|-----|-----|-----|-----|-----|-----|-----|-----|-----|-----|-----|-----|
| 1 | -21 45 | +07 11 | -18 20 | -09 53 | -09 05 | -20 29 | -22 41 | +10 40 | -07 19 | -22 03 | -08 04 | -06 38 | -04 19 | -23 34 | +02 18 |
| 2 | 21 54 | 02 16 | 17 55 | 09 56 | 08 49 | 20 32 | 22 41 | 10 39 | 07 19 | 22 03 | 08 13 | 06 39 | 04 20 | 23 29 | 02 18 |
| 3 | 22 03 | -02 41 | 17 34 | 10 00 | 08 32 | 20 34 | 22 40 | 10 38 | 07 19 | 22 03 | 08 21 | 06 40 | 04 22 | 23 23 | 02 18 |
| 4 | 22 12 | 07 27 | 17 18 | 10 06 | 08 16 | 20 36 | 22 40 | 10 38 | 07 18 | 22 03 | 08 29 | 06 41 | 04 22 | 23 18 | 02 17 |
| 5 | 22 20 | 11 47 | 17 06 | 10 10 | 07 59 | 20 39 | 22 40 | 10 37 | 07 18 | 22 03 | 08 37 | 06 42 | 04 23 | 23 12 | 02 17 |
| 6 | 22 27 | 15 31 | 16 58 | 10 16 | 07 42 | 20 41 | 22 39 | 10 37 | 07 18 | 22 03 | 08 45 | 06 43 | 04 23 | 23 07 | 02 17 |
| 7 | 22 34 | 18 26 | 16 55 | 10 22 | 07 26 | 20 44 | 22 39 | 10 36 | 07 18 | 22 02 | 08 53 | 06 43 | 04 22 | 23 01 | 02 16 |
| 8 | 22 41 | 20 26 | 16 55 | 10 30 | 07 09 | 20 46 | 22 38 | 10 35 | 07 18 | 22 02 | 09 01 | 06 44 | 04 22 | 22 55 | 02 16 |
| 9 | 22 47 | 21 26 | 16 59 | 10 38 | 06 52 | 20 48 | 22 38 | 10 35 | 07 18 | 22 02 | 09 09 | 06 44 | 04 20 | 22 49 | 02 16 |
| 10 | 22 53 | 21 24 | 17 07 | 10 46 | 06 35 | 20 50 | 22 38 | 10 35 | 07 17 | 22 02 | 09 17 | 06 44 | 04 17 | 22 43 | 02 16 |
| 11 | 22 58 | 20 23 | 17 17 | 10 55 | 06 19 | 20 53 | 22 38 | 10 34 | 07 17 | 22 02 | 09 25 | 06 44 | 04 15 | 22 37 | 02 15 |
| 12 | 23 03 | 18 29 | 17 29 | 11 05 | 06 02 | 20 55 | 22 37 | 10 34 | 07 17 | 22 02 | 09 33 | 06 44 | 04 12 | 22 31 | 02 15 |
| 13 | 23 07 | 15 48 | 17 43 | 11 15 | 05 45 | 20 57 | 22 37 | 10 34 | 07 17 | 22 01 | 09 40 | 06 44 | 04 09 | 22 24 | 02 15 |
| 14 | 23 11 | 12 29 | 17 59 | 11 25 | 05 28 | 20 59 | 22 36 | 10 33 | 07 16 | 22 01 | 09 48 | 06 43 | 04 06 | 22 18 | 02 15 |
| 15 | 23 15 | 08 38 | 18 16 | 11 36 | 05 11 | 21 01 | 22 36 | 10 33 | 07 16 | 22 01 | 09 55 | 06 43 | 04 02 | 22 11 | 02 15 |
| 16 | 23 18 | 04 24 | 18 34 | 11 47 | 04 54 | 21 04 | 22 36 | 10 32 | 07 16 | 22 01 | 10 02 | 06 42 | 03 58 | 22 05 | 02 15 |
| 17 | 23 20 | +00 06 | 18 53 | 11 59 | 04 37 | 21 06 | 22 35 | 10 32 | 07 16 | 22 01 | 10 10 | 06 41 | 03 54 | 21 58 | 02 15 |
| 18 | 23 22 | 04 44 | 19 13 | 12 11 | 04 19 | 21 08 | 22 35 | 10 32 | 07 15 | 22 00 | 10 17 | 06 40 | 03 49 | 21 51 | 02 15 |
| 19 | 23 24 | 09 17 | 19 32 | 12 23 | 04 02 | 21 10 | 22 34 | 10 31 | 07 15 | 22 00 | 10 24 | 06 39 | 03 45 | 21 44 | 02 15 |
| 20 | 23 25 | 13 33 | 19 52 | 12 35 | 03 45 | 21 12 | 22 34 | 10 31 | 07 15 | 22 00 | 10 31 | 06 37 | 03 39 | 21 37 | 02 15 |
| 21 | 23 26 | 17 12 | 20 11 | 12 48 | 03 28 | 21 14 | 22 33 | 10 31 | 07 14 | 22 00 | 10 38 | 06 36 | 03 34 | 21 30 | 02 15 |
| 22 | 23 26 | 19 55 | 20 31 | 13 01 | 03 11 | 21 16 | 22 33 | 10 31 | 07 14 | 22 00 | 10 45 | 06 34 | 03 28 | 21 23 | 02 15 |
| 23 | 23 26 | 21 22 | 20 50 | 13 14 | 02 53 | 21 18 | 22 33 | 10 30 | 07 13 | 21 59 | 10 52 | 06 32 | 03 22 | 21 16 | 02 15 |
| 24 | 23 25 | 21 21 | 21 08 | 13 28 | 02 36 | 21 20 | 22 32 | 10 30 | 07 13 | 21 59 | 10 59 | 06 30 | 03 16 | 21 08 | 02 15 |
| 25 | 23 24 | 19 50 | 21 26 | 13 41 | 02 19 | 21 22 | 22 31 | 10 30 | 07 12 | 21 59 | 11 06 | 06 27 | 03 09 | 21 01 | 02 15 |
| 26 | 23 22 | 16 59 | 21 43 | 13 55 | 02 02 | 21 24 | 22 31 | 10 30 | 07 12 | 21 59 | 11 12 | 06 25 | 03 02 | 20 53 | 02 15 |
| 27 | 23 20 | 13 05 | 22 00 | 14 09 | 01 44 | 21 25 | 22 30 | 10 29 | 07 12 | 21 58 | 11 19 | 06 22 | 02 55 | 20 46 | 02 15 |
| 28 | 23 17 | 08 30 | 22 15 | 14 23 | 01 27 | 21 27 | 22 30 | 10 29 | 07 11 | 21 58 | 11 25 | 06 19 | 02 48 | 20 38 | 02 16 |
| 29 | 23 14 | 03 34 | 22 31 | 14 37 | 01 10 | 21 29 | 22 30 | 10 29 | 07 11 | 21 58 | 11 32 | 06 16 | 02 48 | 20 30 | 02 16 |
| 30 | 23 11 | -01 27 | 22 45 | 14 51 | 00 53 | 21 31 | 22 29 | 10 29 | 07 10 | 21 58 | 11 38 | 06 13 | 02 40 | 20 22 | 02 16 |
| 31 | 23 07 | 06 16 | 22 58 | 15 05 | 00 35 | 21 33 | 22 29 | 10 29 | 07 10 | 21 58 | 11 44 | 06 09 | 02 33 | 20 14 | 02 16 |

Lunar Phases -- 7 ● 07:22   15 ◐ 11:51   22 ○ 17:50   29 ◑ 09:36      Sun enters ♑ 12/21 22:24

# 0:00 E.T. Longitudes of Main Planets - January 2019 

| D | S.T. | ☉ | ☽ | ☽ 12:00 | ☿ | ♀ | ♂ | ♃ | ♄ | ♅ | ♆ | ♇ | ☊ |
|---|---|---|---|---|---|---|---|---|---|---|---|---|---|
| 1 | 6:41:26 | 10♑15 19 | 12♏22 | 18♏50 | 23♐51 | 23♏30 | 29♓56 | 11♐46 | 11♑23 | 28♈37℞ | 14♓05 | 20♑35 | 27♋34 |
| 2 | 6:45:23 | 11 16 30 | 25 14 | 01♐35 | 25 19 | 24 29 | 00♈36 | 11 59 | 11 30 | 28 37 | 14 06 | 20 37 | 27 31 |
| 3 | 6:49:20 | 12 17 40 | 07♐53 | 14 07 | 26 48 | 25 28 | 01 17 | 12 11 | 11 37 | 28 36 | 14 07 | 20 39 | 27 28 |
| 4 | 6:53:16 | 13 18 51 | 20 19 | 26 28 | 28 17 | 26 28 | 01 57 | 12 24 | 11 44 | 28 36 | 14 09 | 20 42 | 27 25 |
| 5 | 6:57:13 | 14 20 02 | 02♑34 | 08♑38 | 29 46 | 27 29 | 02 38 | 12 36 | 11 51 | 28 36 | 14 10 | 20 44 | 27 22 |
| 6 | 7:01:09 | 15 21 13 | 14 40 | 20 40 | 01♑16 | 28 30 | 03 18 | 12 49 | 11 58 | 28 36 | 14 11 | 20 46 | 27 18 |
| 7 | 7:05:06 | 16 22 24 | 26 38 | 02♒35 | 02 47 | 29 31 | 03 58 | 13 01 | 12 05 | 28 36D | 14 13 | 20 48 | 27 15 |
| 8 | 7:09:02 | 17 23 35 | 08♒30 | 14 25 | 04 18 | 00♐33 | 04 39 | 13 13 | 12 12 | 28 36 | 14 14 | 20 50 | 27 12 |
| 9 | 7:12:59 | 18 24 45 | 20 18 | 26 12 | 05 49 | 01 35 | 05 19 | 13 25 | 12 19 | 28 36 | 14 16 | 20 52 | 27 09 |
| 10 | 7:16:55 | 19 25 55 | 02♓05 | 08♓00 | 07 21 | 02 37 | 06 00 | 13 37 | 12 26 | 28 36 | 14 17 | 20 54 | 27 06 |
| 11 | 7:20:52 | 20 27 05 | 13 55 | 19 51 | 08 53 | 03 40 | 06 40 | 13 50 | 12 33 | 28 36 | 14 19 | 20 56 | 27 02 |
| 12 | 7:24:49 | 21 28 14 | 25 50 | 01♈51 | 10 26 | 04 43 | 07 21 | 14 02 | 12 40 | 28 37 | 14 20 | 20 58 | 26 59 |
| 13 | 7:28:45 | 22 29 22 | 07♈55 | 14 03 | 11 59 | 05 46 | 08 02 | 14 14 | 12 47 | 28 37 | 14 22 | 21 00 | 26 56 |
| 14 | 7:32:42 | 23 30 30 | 20 16 | 26 32 | 13 32 | 06 50 | 08 42 | 14 25 | 12 55 | 28 37 | 14 23 | 21 02 | 26 53 |
| 15 | 7:36:38 | 24 31 38 | 02♉55 | 09♉23 | 15 06 | 07 54 | 09 23 | 14 37 | 13 02 | 28 38 | 14 25 | 21 04 | 26 50 |
| 16 | 7:40:35 | 25 32 44 | 15 57 | 22 37 | 16 41 | 08 58 | 10 03 | 14 49 | 13 09 | 28 38 | 14 26 | 21 06 | 26 47 |
| 17 | 7:44:31 | 26 33 50 | 29 25 | 06♊19 | 18 16 | 10 03 | 10 44 | 15 01 | 13 15 | 28 39 | 14 28 | 21 08 | 26 43 |
| 18 | 7:48:28 | 27 34 55 | 13♊21 | 20 29 | 19 51 | 11 08 | 11 25 | 15 12 | 13 22 | 28 39 | 14 30 | 21 10 | 26 40 |
| 19 | 7:52:24 | 28 36 00 | 27 43 | 05♋03 | 21 27 | 12 13 | 12 05 | 15 24 | 13 29 | 28 40 | 14 32 | 21 12 | 26 37 |
| 20 | 7:56:21 | 29 37 04 | 12♋29 | 19 58 | 23 04 | 13 18 | 12 46 | 15 35 | 13 36 | 28 41 | 14 33 | 21 14 | 26 34 |
| 21 | 8:00:18 | 00♒38 07 | 27 31 | 05♌06 | 24 41 | 14 24 | 13 27 | 15 47 | 13 43 | 28 41 | 14 35 | 21 16 | 26 31 |
| 22 | 8:04:14 | 01 39 09 | 12♌42 | 20 18 | 26 19 | 15 29 | 14 07 | 15 58 | 13 50 | 28 42 | 14 37 | 21 18 | 26 28 |
| 23 | 8:08:11 | 02 40 11 | 27 52 | 05♍24 | 27 57 | 16 36 | 14 48 | 16 09 | 13 57 | 28 43 | 14 39 | 21 20 | 26 24 |
| 24 | 8:12:07 | 03 41 12 | 12♍52 | 20 15 | 29 36 | 17 42 | 15 28 | 16 20 | 14 04 | 28 44 | 14 40 | 21 22 | 26 21 |
| 25 | 8:16:04 | 04 42 12 | 27 33 | 04♎45 | 01♒15 | 18 48 | 16 09 | 16 31 | 14 11 | 28 45 | 14 42 | 21 24 | 26 18 |
| 26 | 8:20:00 | 05 43 12 | 11♎51 | 18 51 | 02 55 | 19 55 | 16 50 | 16 42 | 14 17 | 28 46 | 14 44 | 21 26 | 26 15 |
| 27 | 8:23:57 | 06 44 11 | 25 44 | 02♏31 | 04 36 | 21 02 | 17 30 | 16 53 | 14 24 | 28 47 | 14 46 | 21 28 | 26 12 |
| 28 | 8:27:53 | 07 45 10 | 09♏11 | 15 46 | 06 17 | 22 09 | 18 11 | 17 04 | 14 31 | 28 48 | 14 48 | 21 30 | 26 08 |
| 29 | 8:31:50 | 08 46 09 | 22 15 | 28 39 | 07 59 | 23 17 | 18 52 | 17 15 | 14 38 | 28 49 | 14 50 | 21 32 | 26 05 |
| 30 | 8:35:47 | 09 47 06 | 04♐58 | 11♐12 | 09 42 | 24 24 | 19 32 | 17 25 | 14 44 | 28 50 | 14 52 | 21 34 | 26 02 |
| 31 | 8:39:43 | 10 48 03 | 17 23 | 23 31 | 11 25 | 25 32 | 20 13 | 17 36 | 14 51 | 28 51 | 14 54 | 21 36 | 25 59 |

## 0:00 E.T. Longitudes of the Major Asteroids and Chiron

| D | ⚳ | ⚴ | ⚵ | ⚶ | ⚷ | D | ⚳ | ⚴ | ⚵ | ⚶ | ⚷ |
|---|---|---|---|---|---|---|---|---|---|---|---|
| 1 | 21♏00 | 21♎32 | 20♉37 | 14♒28 | 28♓08 | 17 | 26 58 | 25 39 | 22 52 | 22 20 | 28 34 |
| 2 | 21 23 | 21 49 | 20 41 | 14 57 | 28 09 | 18 | 27 19 | 25 52 | 23 05 | 22 50 | 28 36 |
| 3 | 21 46 | 22 06 | 20 46 | 15 26 | 28 11 | 19 | 27 40 | 26 04 | 23 18 | 23 20 | 28 38 |
| 4 | 22 09 | 22 23 | 20 52 | 15 56 | 28 12 | 20 | 28 02 | 26 17 | 23 31 | 23 49 | 28 41 |
| 5 | 22 32 | 22 40 | 20 58 | 16 25 | 28 13 | 21 | 28 22 | 26 29 | 23 45 | 24 19 | 28 43 |
| 6 | 22 55 | 22 56 | 21 05 | 16 55 | 28 15 | 22 | 28 43 | 26 40 | 23 59 | 24 49 | 28 45 |
| 7 | 23 18 | 23 13 | 21 12 | 17 24 | 28 16 | 23 | 29 04 | 26 52 | 24 14 | 25 18 | 28 47 |
| 8 | 23 40 | 23 28 | 21 20 | 17 54 | 28 18 | 24 | 29 24 | 27 03 | 24 28 | 25 48 | 28 50 |
| 9 | 24 03 | 23 44 | 21 29 | 18 23 | 28 20 | 25 | 29 45 | 27 13 | 24 44 | 26 18 | 28 52 |
| 10 | 24 25 | 23 59 | 21 37 | 18 53 | 28 21 | 26 | 00♐05 | 27 24 | 24 59 | 26 48 | 28 54 |
| 11 | 24 47 | 24 14 | 21 47 | 19 22 | 28 23 | 27 | 00 25 | 27 34 | 25 16 | 27 17 | 28 57 |
| 12 | 25 09 | 24 29 | 21 56 | 19 52 | 28 25 | 28 | 00 45 | 27 43 | 25 32 | 27 47 | 28 59 |
| 13 | 25 31 | 24 44 | 22 07 | 20 22 | 28 27 | 29 | 01 05 | 27 52 | 25 49 | 28 17 | 29 02 |
| 14 | 25 53 | 24 58 | 22 17 | 20 51 | 28 28 | 30 | 01 24 | 28 01 | 26 06 | 28 47 | 29 04 |
| 15 | 26 15 | 25 12 | 22 28 | 21 21 | 28 30 | 31 | 01 44 | 28 10 | 26 23 | 29 16 | 29 07 |
| 16 | 26 36 | 25 25 | 22 40 | 21 51 | 28 32 | | | | | | |

## Lunar Data

| Last Asp. | | Ingress | | |
|---|---|---|---|---|
| 1 | 22:28 | 2 | ♐ | 08:60 |
| 4 | 17:43 | 4 | ♑ | 18:56 |
| 7 | 06:21 | 7 | ♒ | 06:47 |
| 9 | 16:54 | 9 | ♓ | 19:45 |
| 11 | 14:26 | 12 | ♈ | 08:19 |
| 14 | 15:57 | 14 | ♉ | 18:32 |
| 16 | 18:35 | 17 | ♊ | 01:01 |
| 19 | 01:33 | 19 | ♋ | 03:45 |
| 21 | 01:51 | 21 | ♌ | 03:55 |
| 23 | 01:20 | 23 | ♍ | 03:23 |
| 24 | 13:51 | 25 | ♎ | 04:04 |
| 27 | 05:22 | 27 | ♏ | 07:32 |
| 28 | 22:40 | 29 | ♐ | 14:34 |
| 31 | 22:34 | | | |

## 0:00 E.T. Declinations

| D | ☉ | ☽ | ☿ | ♀ | ♂ | ♃ | ♄ | ♅ | ♆ | ♇ | ⚳ | ⚴ | ⚵ | ⚶ | ⚷ |
|---|---|---|---|---|---|---|---|---|---|---|---|---|---|---|---|
| 1 | -23 02 | -10 42 | -23 10 | -15 19 | -00 18 | -21 34 | -22 28 | +10 29 | -07 09 | -21 58 | -11 50 | -06 06 | -02 25 | -20 06 | +02 16 |
| 2 | 22 57 | 14 34 | 23 21 | 15 33 | 00 01 | 21 36 | 22 27 | 10 29 | 07 09 | 21 57 | 11 56 | 06 02 | 02 17 | 19 58 | 02 17 |
| 3 | 22 52 | 17 42 | 23 31 | 15 47 | +00 17 | 21 38 | 22 27 | 10 29 | 07 08 | 21 57 | 12 02 | 05 58 | 02 08 | 19 50 | 02 17 |
| 4 | 22 46 | 19 57 | 23 40 | 16 00 | 00 34 | 21 39 | 22 26 | 10 29 | 07 08 | 21 57 | 12 08 | 05 53 | 02 00 | 19 42 | 02 17 |
| 5 | 22 40 | 21 15 | 23 48 | 16 14 | 00 51 | 21 41 | 22 26 | 10 29 | 07 07 | 21 57 | 12 14 | 05 49 | 01 51 | 19 34 | 02 18 |
| 6 | 22 33 | 21 32 | 23 54 | 16 28 | 01 08 | 21 43 | 22 25 | 10 29 | 07 07 | 21 57 | 12 20 | 05 44 | 01 42 | 19 25 | 02 18 |
| 7 | 22 26 | 20 49 | 24 00 | 16 41 | 01 26 | 21 44 | 22 25 | 10 29 | 07 06 | 21 56 | 12 26 | 05 39 | 01 33 | 19 17 | 02 18 |
| 8 | 22 18 | 19 11 | 24 04 | 16 55 | 01 43 | 21 46 | 22 24 | 10 29 | 07 06 | 21 56 | 12 31 | 05 34 | 01 24 | 19 08 | 02 19 |
| 9 | 22 10 | 16 44 | 24 07 | 17 08 | 02 00 | 21 47 | 22 24 | 10 29 | 07 05 | 21 56 | 12 37 | 05 28 | 01 14 | 18 59 | 02 19 |
| 10 | 22 02 | 13 36 | 24 09 | 17 21 | 02 17 | 21 49 | 22 23 | 10 29 | 07 05 | 21 56 | 12 43 | 05 22 | 01 05 | 18 51 | 02 20 |
| 11 | 21 53 | 09 55 | 24 09 | 17 34 | 02 34 | 21 50 | 22 22 | 10 29 | 07 04 | 21 55 | 12 48 | 05 17 | 00 55 | 18 42 | 02 20 |
| 12 | 21 43 | 05 50 | 24 08 | 17 46 | 02 52 | 21 52 | 22 22 | 10 29 | 07 03 | 21 55 | 12 53 | 05 10 | 00 45 | 18 33 | 02 21 |
| 13 | 21 34 | 01 28 | 24 06 | 17 59 | 03 09 | 21 53 | 22 21 | 10 29 | 07 03 | 21 55 | 12 59 | 05 04 | 00 35 | 18 24 | 02 21 |
| 14 | 21 23 | +03 02 | 24 02 | 18 11 | 03 26 | 21 54 | 22 21 | 10 29 | 07 02 | 21 55 | 13 04 | 04 57 | 00 25 | 18 15 | 02 22 |
| 15 | 21 13 | 07 31 | 23 57 | 18 23 | 03 43 | 21 56 | 22 20 | 10 30 | 07 02 | 21 55 | 13 09 | 04 50 | 00 15 | 18 06 | 02 22 |
| 16 | 21 02 | 11 49 | 23 50 | 18 34 | 04 00 | 21 57 | 22 19 | 10 30 | 07 01 | 21 54 | 13 14 | 04 43 | 00 05 | 17 57 | 02 23 |
| 17 | 20 50 | 15 40 | 23 43 | 18 45 | 04 17 | 21 58 | 22 19 | 10 30 | 07 00 | 21 54 | 13 19 | 04 36 | +00 05 | 17 48 | 02 23 |
| 18 | 20 38 | 18 47 | 23 33 | 18 56 | 04 34 | 22 00 | 22 18 | 10 30 | 07 00 | 21 54 | 13 24 | 04 28 | 00 16 | 17 39 | 02 24 |
| 19 | 20 26 | 20 51 | 23 23 | 19 07 | 04 51 | 22 01 | 22 17 | 10 31 | 06 59 | 21 54 | 13 28 | 04 20 | 00 26 | 17 30 | 02 25 |
| 20 | 20 14 | 21 33 | 23 11 | 19 17 | 05 07 | 22 02 | 22 17 | 10 31 | 06 58 | 21 53 | 13 33 | 04 12 | 00 37 | 17 20 | 02 25 |
| 21 | 20 01 | 20 44 | 22 57 | 19 27 | 05 24 | 22 03 | 22 16 | 10 31 | 06 58 | 21 53 | 13 38 | 04 04 | 00 47 | 17 11 | 02 26 |
| 22 | 19 47 | 18 24 | 22 42 | 19 37 | 05 41 | 22 05 | 22 16 | 10 31 | 06 57 | 21 53 | 13 42 | 03 55 | 00 58 | 17 01 | 02 27 |
| 23 | 19 34 | 14 47 | 22 26 | 19 46 | 05 58 | 22 06 | 22 15 | 10 32 | 06 56 | 21 53 | 13 47 | 03 46 | 01 09 | 16 52 | 02 27 |
| 24 | 19 20 | 10 15 | 22 08 | 19 55 | 06 14 | 22 07 | 22 14 | 10 32 | 06 55 | 21 53 | 13 51 | 03 37 | 01 20 | 16 42 | 02 28 |
| 25 | 19 05 | 05 13 | 21 49 | 20 03 | 06 31 | 22 08 | 22 14 | 10 32 | 06 55 | 21 52 | 13 56 | 03 28 | 01 31 | 16 33 | 02 29 |
| 26 | 18 50 | 00 01 | 21 28 | 20 11 | 06 48 | 22 09 | 22 13 | 10 33 | 06 54 | 21 52 | 14 00 | 03 18 | 01 41 | 16 23 | 02 30 |
| 27 | 18 35 | -05 01 | 21 06 | 20 18 | 07 04 | 22 10 | 22 12 | 10 33 | 06 53 | 21 52 | 14 04 | 03 08 | 01 52 | 16 13 | 02 30 |
| 28 | 18 20 | 09 39 | 20 42 | 20 25 | 07 20 | 22 11 | 22 12 | 10 34 | 06 52 | 21 52 | 14 08 | 02 58 | 02 03 | 16 03 | 02 31 |
| 29 | 18 04 | 13 42 | 20 16 | 20 32 | 07 37 | 22 12 | 22 11 | 10 34 | 06 52 | 21 51 | 14 12 | 02 47 | 02 14 | 15 54 | 02 32 |
| 30 | 17 48 | 17 02 | 19 49 | 20 38 | 07 53 | 22 13 | 22 10 | 10 34 | 06 51 | 21 51 | 14 16 | 02 36 | 02 25 | 15 44 | 02 33 |
| 31 | 17 31 | 19 30 | 19 21 | 20 44 | 08 09 | 22 14 | 22 10 | 10 35 | 06 50 | 21 51 | 14 20 | 02 25 | 02 36 | 15 34 | 02 34 |

Lunar Phases -- 6 ● 01:29 14 ◐ 06:47 21 Ⓔ 05:17 27 ◑ 21:12 Sun enters ♒ 1/20 09:01

## Feb. 19 — Longitudes of Main Planets - February 2019 — 0:00 E.T.

| D | S.T. | ☉ | ☽ | ☽ 12:00 | ☿ | ♀ | ♂ | ♃ | ♄ | ♅ | ♆ | ♇ | ☊ |
|---|---|---|---|---|---|---|---|---|---|---|---|---|---|
| 1 | 8:43:40 | 11♒49 00 | 29♐36 | 05♑38 | 13♒09 | 26♐40 | 20♈54 | 17♐46 | 14♑57 | 28♈52 | 14♓56 | 21♑38 | 25♋56 |
| 2 | 8:47:36 | 12 49 55 | 11♑38 | 17 36 | 14 54 | 27 48 | 21 34 | 17 56 | 15 04 | 28 54 | 14 58 | 21 40 | 25 53 |
| 3 | 8:51:33 | 13 50 50 | 23 33 | 29 28 | 16 39 | 28 56 | 22 15 | 18 07 | 15 11 | 28 55 | 15 00 | 21 41 | 25 49 |
| 4 | 8:55:29 | 14 51 43 | 05♒23 | 11♒17 | 18 25 | 00♑04 | 22 56 | 18 17 | 15 17 | 28 57 | 15 02 | 21 43 | 25 46 |
| 5 | 8:59:26 | 15 52 36 | 17 11 | 23 05 | 20 12 | 01 13 | 23 36 | 18 27 | 15 24 | 28 58 | 15 04 | 21 45 | 25 43 |
| 6 | 9:03:22 | 16 53 27 | 28 59 | 04♓54 | 21 59 | 02 21 | 24 17 | 18 37 | 15 30 | 28 59 | 15 06 | 21 47 | 25 40 |
| 7 | 9:07:19 | 17 54 17 | 10♓49 | 16 46 | 23 46 | 03 30 | 24 57 | 18 47 | 15 36 | 29 01 | 15 08 | 21 49 | 25 37 |
| 8 | 9:11:16 | 18 55 05 | 22 43 | 28 42 | 25 34 | 04 39 | 25 38 | 18 56 | 15 43 | 29 03 | 15 10 | 21 51 | 25 33 |
| 9 | 9:15:12 | 19 55 53 | 04♈43 | 10♈47 | 27 22 | 05 48 | 26 19 | 19 06 | 15 49 | 29 04 | 15 12 | 21 53 | 25 30 |
| 10 | 9:19:09 | 20 56 38 | 16 52 | 23 01 | 29 11 | 06 57 | 26 59 | 19 15 | 15 55 | 29 06 | 15 14 | 21 55 | 25 27 |
| 11 | 9:23:05 | 21 57 23 | 29 14 | 05♉30 | 00♓59 | 08 06 | 27 40 | 19 25 | 16 01 | 29 08 | 15 16 | 21 56 | 25 24 |
| 12 | 9:27:02 | 22 58 05 | 11♉50 | 18 15 | 02 48 | 09 16 | 28 20 | 19 34 | 16 08 | 29 09 | 15 18 | 21 58 | 25 21 |
| 13 | 9:30:58 | 23 58 46 | 24 45 | 01♊21 | 04 36 | 10 25 | 29 01 | 19 43 | 16 14 | 29 11 | 15 20 | 22 00 | 25 18 |
| 14 | 9:34:55 | 24 59 26 | 08♊03 | 14 51 | 06 24 | 11 35 | 29 42 | 19 52 | 16 20 | 29 13 | 15 23 | 22 02 | 25 14 |
| 15 | 9:38:51 | 26 00 04 | 21 46 | 28 47 | 08 11 | 12 45 | 00♉22 | 20 01 | 16 26 | 29 15 | 15 25 | 22 03 | 25 11 |
| 16 | 9:42:48 | 27 00 40 | 05♋55 | 13♋09 | 09 58 | 13 54 | 01 03 | 20 10 | 16 32 | 29 17 | 15 27 | 22 05 | 25 08 |
| 17 | 9:46:45 | 28 01 14 | 20 29 | 27 54 | 11 43 | 15 04 | 01 43 | 20 19 | 16 38 | 29 19 | 15 29 | 22 07 | 25 05 |
| 18 | 9:50:41 | 29 01 46 | 05♌24 | 12♌58 | 13 26 | 16 14 | 02 24 | 20 27 | 16 44 | 29 21 | 15 31 | 22 09 | 25 02 |
| 19 | 9:54:38 | 00♓02 17 | 20 35 | 28 13 | 15 07 | 17 24 | 03 04 | 20 35 | 16 49 | 29 23 | 15 34 | 22 10 | 24 59 |
| 20 | 9:58:34 | 01 02 47 | 05♍51 | 13♍28 | 16 45 | 18 35 | 03 45 | 20 44 | 16 55 | 29 25 | 15 36 | 22 12 | 24 55 |
| 21 | 10:02:31 | 02 03 14 | 21 03 | 28 34 | 18 20 | 19 45 | 04 25 | 20 52 | 17 01 | 29 27 | 15 38 | 22 14 | 24 52 |
| 22 | 10:06:27 | 03 03 41 | 06♎00 | 13♎20 | 19 51 | 20 55 | 05 06 | 21 00 | 17 06 | 29 30 | 15 40 | 22 15 | 24 49 |
| 23 | 10:10:24 | 04 04 05 | 20 34 | 27 41 | 21 18 | 22 06 | 05 46 | 21 08 | 17 12 | 29 32 | 15 42 | 22 17 | 24 46 |
| 24 | 10:14:20 | 05 04 29 | 04♏41 | 11♏33 | 22 40 | 23 16 | 06 26 | 21 16 | 17 18 | 29 34 | 15 45 | 22 19 | 24 43 |
| 25 | 10:18:17 | 06 04 51 | 18 17 | 24 55 | 23 57 | 24 27 | 07 07 | 21 23 | 17 23 | 29 37 | 15 47 | 22 20 | 24 39 |
| 26 | 10:22:14 | 07 05 11 | 01♐26 | 07♐51 | 25 07 | 25 38 | 07 47 | 21 31 | 17 28 | 29 39 | 15 49 | 22 22 | 24 36 |
| 27 | 10:26:10 | 08 05 31 | 14 09 | 20 23 | 26 10 | 26 49 | 08 28 | 21 38 | 17 34 | 29 41 | 15 51 | 22 23 | 24 33 |
| 28 | 10:30:07 | 09 05 48 | 26 32 | 02♑37 | 27 06 | 27 59 | 09 08 | 21 45 | 17 39 | 29 44 | 15 54 | 22 25 | 24 30 |

## 0:00 E.T. — Longitudes of the Major Asteroids and Chiron

| D | ⚳ | ⚴ | ⚵ | ⚶ | ⚷ | D | ⚳ | ⚴ | ⚵ | ⚶ | ⚷ |
|---|---|---|---|---|---|---|---|---|---|---|---|
| 1 | 02♐03 | 28♎18 | 26♉41 | 29♒46 | 29♓09 | 15 | 06 13 | 29 26 | 01 22 | 06 43 | 29 50 |
| 2 | 02 22 | 28 25 | 26 59 | 00♓16 | 29 12 | 16 | 06 29 | 29 28 | 01 44 | 07 13 | 29 53 |
| 3 | 02 41 | 28 33 | 27 18 | 00 46 | 29 15 | 17 | 06 45 | 29 29 | 02 06 | 07 43 | 29 56 |
| 4 | 02 59 | 28 39 | 27 37 | 01 16 | 29 17 | 18 | 07 01 | 29 29 | 02 29 | 08 12 | 29 59 |
| 5 | 03 18 | 28 46 | 27 56 | 01 45 | 29 20 | 19 | 07 17 | 29 29℞ | 02 51 | 08 42 | 00♈02 |
| 6 | 03 36 | 28 52 | 28 15 | 02 15 | 29 23 | 20 | 07 32 | 29 29 | 03 14 | 09 12 | 00 05 |
| 7 | 03 55 | 28 57 | 28 35 | 02 45 | 29 26 | 21 | 07 48 | 29 28 | 03 37 | 09 41 | 00 08 |
| 8 | 04 13 | 29 03 | 28 55 | 03 15 | 29 29 | 22 | 08 03 | 29 27 | 04 01 | 10 11 | 00 12 |
| 9 | 04 30 | 29 07 | 29 15 | 03 45 | 29 32 | 23 | 08 17 | 29 25 | 04 24 | 10 41 | 00 15 |
| 10 | 04 48 | 29 11 | 29 35 | 04 14 | 29 34 | 24 | 08 32 | 29 22 | 04 48 | 11 10 | 00 18 |
| 11 | 05 05 | 29 15 | 29 56 | 04 44 | 29 37 | 25 | 08 46 | 29 20 | 05 12 | 11 40 | 00 21 |
| 12 | 05 22 | 29 19 | 00♊17 | 05 14 | 29 40 | 26 | 09 00 | 29 16 | 05 36 | 12 10 | 00 25 |
| 13 | 05 39 | 29 22 | 00 39 | 05 44 | 29 43 | 27 | 09 14 | 29 12 | 06 00 | 12 39 | 00 28 |
| 14 | 05 56 | 29 24 | 01 00 | 06 13 | 29 46 | 28 | 09 28 | 29 08 | 06 25 | 13 09 | 00 31 |

## Lunar Data

| Last Asp. | | Ingress | |
|---|---|---|---|
| 31 | 22:34 | 1 ♑ | 00:48 |
| 3 | 10:54 | 3 ♒ | 13:04 |
| 6 | 00:00 | 6 ♓ | 02:03 |
| 7 | 22:14 | 8 ♈ | 14:35 |
| 10 | 23:49 | 11 ♉ | 01:29 |
| 12 | 22:27 | 13 ♊ | 09:33 |
| 15 | 12:49 | 15 ♋ | 14:04 |
| 17 | 14:18 | 17 ♌ | 15:22 |
| 19 | 13:52 | 19 ♍ | 14:48 |
| 21 | 01:53 | 21 ♎ | 14:18 |
| 23 | 15:12 | 23 ♏ | 15:57 |
| 25 | 12:15 | 25 ♐ | 21:21 |
| 28 | 06:19 | 28 ♑ | 06:50 |

## 0:00 E.T. — Declinations

| D | ☉ | ☽ | ☿ | ♀ | ♂ | ♃ | ♄ | ♅ | ♆ | ♇ | ⚳ | ⚴ | ⚵ | ⚶ | ⚷ |
|---|---|---|---|---|---|---|---|---|---|---|---|---|---|---|---|
| 1 | -17 15 | -21 01 | -18 51 | -20 49 | +08 25 | -22 15 | -22 09 | +10 35 | -06 49 | -21 51 | -14 24 | -02 14 | +02 47 | -15 24 | +02 35 |
| 2 | 16 57 | 21 33 | 18 20 | 20 54 | 08 42 | 22 16 | 22 08 | 10 36 | 06 49 | 21 51 | 14 28 | 02 02 | 02 59 | 15 14 | 02 35 |
| 3 | 16 40 | 21 05 | 17 47 | 20 58 | 08 58 | 22 17 | 22 08 | 10 36 | 06 48 | 21 50 | 14 32 | 01 50 | 03 10 | 15 04 | 02 36 |
| 4 | 16 22 | 19 41 | 17 13 | 21 01 | 09 14 | 22 18 | 22 07 | 10 37 | 06 47 | 21 50 | 14 35 | 01 38 | 03 21 | 14 53 | 02 37 |
| 5 | 16 04 | 17 26 | 16 37 | 21 04 | 09 29 | 22 19 | 22 06 | 10 37 | 06 46 | 21 50 | 14 39 | 01 26 | 03 32 | 14 43 | 02 38 |
| 6 | 15 46 | 14 27 | 16 00 | 21 07 | 09 45 | 22 20 | 22 05 | 10 38 | 06 46 | 21 50 | 14 42 | 01 13 | 03 43 | 14 33 | 02 39 |
| 7 | 15 28 | 10 53 | 15 21 | 21 09 | 10 01 | 22 21 | 22 05 | 10 39 | 06 45 | 21 50 | 14 46 | 01 00 | 03 54 | 14 23 | 02 40 |
| 8 | 15 09 | 06 53 | 14 41 | 21 11 | 10 17 | 22 21 | 22 04 | 10 39 | 06 44 | 21 49 | 14 49 | 00 46 | 04 05 | 14 13 | 02 41 |
| 9 | 14 50 | 02 35 | 13 59 | 21 11 | 10 32 | 22 22 | 22 03 | 10 40 | 06 43 | 21 49 | 14 53 | 00 33 | 04 16 | 14 02 | 02 42 |
| 10 | 14 31 | +01 51 | 13 17 | 21 12 | 10 48 | 22 23 | 22 03 | 10 40 | 06 42 | 21 49 | 14 56 | 00 19 | 04 27 | 13 52 | 02 43 |
| 11 | 14 11 | 06 18 | 12 33 | 21 12 | 11 03 | 22 24 | 22 02 | 10 41 | 06 41 | 21 49 | 14 59 | 00 05 | 04 38 | 13 42 | 02 44 |
| 12 | 13 52 | 10 34 | 11 48 | 21 11 | 11 18 | 22 24 | 22 01 | 10 42 | 06 41 | 21 49 | 15 02 | +00 10 | 04 49 | 13 31 | 02 45 |
| 13 | 13 32 | 14 28 | 11 02 | 21 10 | 11 33 | 22 25 | 22 01 | 10 42 | 06 40 | 21 48 | 15 05 | 00 25 | 05 00 | 13 21 | 02 46 |
| 14 | 13 11 | 17 47 | 10 15 | 21 08 | 11 49 | 22 26 | 22 00 | 10 43 | 06 39 | 21 48 | 15 08 | 00 40 | 05 11 | 13 10 | 02 47 |
| 15 | 12 51 | 20 12 | 09 27 | 21 05 | 12 04 | 22 26 | 21 59 | 10 44 | 06 38 | 21 48 | 15 11 | 00 55 | 05 22 | 13 00 | 02 48 |
| 16 | 12 30 | 21 28 | 08 38 | 21 02 | 12 18 | 22 27 | 21 59 | 10 45 | 06 37 | 21 48 | 15 14 | 01 11 | 05 32 | 12 49 | 02 49 |
| 17 | 12 10 | 21 20 | 07 49 | 20 59 | 12 33 | 22 28 | 21 58 | 10 45 | 06 36 | 21 48 | 15 17 | 01 26 | 05 43 | 12 39 | 02 51 |
| 18 | 11 49 | 19 43 | 07 00 | 20 54 | 12 48 | 22 28 | 21 57 | 10 46 | 06 36 | 21 47 | 15 19 | 01 43 | 05 54 | 12 28 | 02 52 |
| 19 | 11 27 | 16 39 | 06 11 | 20 50 | 13 03 | 22 29 | 21 57 | 10 47 | 06 35 | 21 47 | 15 22 | 01 59 | 06 04 | 12 17 | 02 53 |
| 20 | 11 06 | 12 27 | 05 21 | 20 44 | 13 17 | 22 29 | 21 56 | 10 48 | 06 34 | 21 47 | 15 25 | 02 16 | 06 15 | 12 07 | 02 54 |
| 21 | 10 45 | 07 27 | 04 33 | 20 38 | 13 31 | 22 30 | 21 55 | 10 48 | 06 33 | 21 47 | 15 27 | 02 33 | 06 26 | 11 56 | 02 55 |
| 22 | 10 23 | 02 05 | 03 45 | 20 32 | 13 46 | 22 31 | 21 55 | 10 49 | 06 32 | 21 47 | 15 30 | 02 50 | 06 36 | 11 45 | 02 56 |
| 23 | 10 01 | -03 15 | 02 58 | 20 25 | 14 00 | 22 31 | 21 54 | 10 50 | 06 31 | 21 47 | 15 32 | 03 07 | 06 47 | 11 35 | 02 57 |
| 24 | 09 39 | 08 15 | 02 13 | 20 17 | 14 14 | 22 32 | 21 53 | 10 51 | 06 30 | 21 46 | 15 35 | 03 25 | 06 57 | 11 24 | 02 59 |
| 25 | 09 17 | 12 39 | 01 30 | 20 09 | 14 28 | 22 32 | 21 53 | 10 52 | 06 30 | 21 46 | 15 37 | 03 43 | 07 07 | 11 13 | 03 00 |
| 26 | 08 54 | 16 18 | 00 48 | 20 00 | 14 42 | 22 33 | 21 52 | 10 53 | 06 29 | 21 46 | 15 39 | 04 01 | 07 17 | 11 02 | 03 01 |
| 27 | 08 32 | 19 03 | 00 10 | 19 51 | 14 55 | 22 33 | 21 51 | 10 53 | 06 28 | 21 46 | 15 42 | 04 19 | 07 28 | 10 51 | 03 02 |
| 28 | 08 09 | 20 50 | +00 26 | 19 41 | 15 09 | 22 33 | 21 51 | 10 54 | 06 27 | 21 46 | 15 44 | 04 38 | 07 38 | 10 41 | 03 03 |

Lunar Phases -- 4 ● 21:05  12 ◐ 22:27  19 ○ 15:55  26 ◑ 11:29  Sun enters ♓ 2/18 23:06

| D | S.T. | ☉ | ☽ | ☽ 12:00 | ☿ | ♀ | ♂ | ♃ | ♄ | ♅ | ♆ | ♇ | ☊ |
|---|---|---|---|---|---|---|---|---|---|---|---|---|---|
| 1 | 10:34:03 | 10♓06 05 | 08♑39 | 14♑38 | 27♓54 | 29♑10 | 09♉48 | 21♐52 | 17♑44 | 29♈46 | 15♓56 | 22♑26 | 24♋27 |
| 2 | 10:38:00 | 11 06 20 | 20 35 | 26 30 | 28 33 | 00♒21 | 10 29 | 21 59 | 17 50 | 29 49 | 15 58 | 22 28 | 24 24 |
| 3 | 10:41:56 | 12 06 33 | 02♒24 | 08♒17 | 29 03 | 01 32 | 11 09 | 22 06 | 17 55 | 29 51 | 16 00 | 22 29 | 24 20 |
| 4 | 10:45:53 | 13 06 44 | 14 10 | 20 04 | 29 24 | 02 44 | 11 49 | 22 13 | 18 00 | 29 54 | 16 03 | 22 31 | 24 17 |
| 5 | 10:49:49 | 14 06 54 | 25 58 | 01♓52 | 29 36 | 03 55 | 12 29 | 22 19 | 18 05 | 29 56 | 16 05 | 22 32 | 24 14 |
| 6 | 10:53:46 | 15 07 02 | 07♓48 | 13 45 | 29 39℞ | 05 06 | 13 10 | 22 25 | 18 10 | 29 59 | 16 07 | 22 33 | 24 11 |
| 7 | 10:57:43 | 16 07 09 | 19 44 | 25 44 | 29 32 | 06 17 | 13 50 | 22 32 | 18 14 | 00♉02 | 16 10 | 22 35 | 24 08 |
| 8 | 11:01:39 | 17 07 13 | 01♈47 | 07♈51 | 29 16 | 07 29 | 14 30 | 22 38 | 18 19 | 00 04 | 16 12 | 22 36 | 24 05 |
| 9 | 11:05:36 | 18 07 16 | 13 57 | 20 06 | 28 52 | 08 40 | 15 10 | 22 43 | 18 24 | 00 07 | 16 14 | 22 37 | 24 01 |
| 10 | 11:09:32 | 19 07 16 | 26 17 | 02♉30 | 28 20 | 09 52 | 15 51 | 22 49 | 18 28 | 00 10 | 16 16 | 22 39 | 23 58 |
| 11 | 11:13:29 | 20 07 14 | 08♉47 | 15 07 | 27 41 | 11 03 | 16 31 | 22 55 | 18 33 | 00 13 | 16 19 | 22 40 | 23 55 |
| 12 | 11:17:25 | 21 07 11 | 21 30 | 27 56 | 26 56 | 12 15 | 17 11 | 23 00 | 18 37 | 00 16 | 16 21 | 22 41 | 23 52 |
| 13 | 11:21:22 | 22 07 05 | 04♊27 | 11♊02 | 26 06 | 13 26 | 17 51 | 23 05 | 18 42 | 00 18 | 16 23 | 22 42 | 23 49 |
| 14 | 11:25:18 | 23 06 57 | 17 41 | 24 25 | 25 12 | 14 38 | 18 31 | 23 10 | 18 46 | 00 21 | 16 26 | 22 44 | 23 45 |
| 15 | 11:29:15 | 24 06 47 | 01♋14 | 08♋09 | 24 16 | 15 50 | 19 11 | 23 15 | 18 50 | 00 24 | 16 28 | 22 45 | 23 42 |
| 16 | 11:33:12 | 25 06 34 | 15 09 | 22 14 | 23 18 | 17 01 | 19 51 | 23 20 | 18 55 | 00 27 | 16 30 | 22 46 | 23 39 |
| 17 | 11:37:08 | 26 06 19 | 29 25 | 06♌41 | 22 21 | 18 13 | 20 31 | 23 25 | 18 59 | 00 30 | 16 32 | 22 47 | 23 36 |
| 18 | 11:41:05 | 27 06 02 | 14♌02 | 21 27 | 21 25 | 19 25 | 21 11 | 23 29 | 19 03 | 00 33 | 16 35 | 22 48 | 23 33 |
| 19 | 11:45:01 | 28 05 43 | 28 56 | 06♍27 | 20 31 | 20 37 | 21 51 | 23 33 | 19 07 | 00 36 | 16 37 | 22 49 | 23 30 |
| 20 | 11:48:58 | 29 05 21 | 14♍00 | 21 32 | 19 41 | 21 49 | 22 31 | 23 37 | 19 11 | 00 39 | 16 39 | 22 50 | 23 26 |
| 21 | 11:52:54 | 00♈04 58 | 29 04 | 06♎34 | 18 55 | 23 01 | 23 11 | 23 41 | 19 14 | 00 42 | 16 41 | 22 51 | 23 23 |
| 22 | 11:56:51 | 01 04 32 | 14♎00 | 21 21 | 18 14 | 24 12 | 23 51 | 23 45 | 19 18 | 00 45 | 16 43 | 22 52 | 23 20 |
| 23 | 12:00:47 | 02 04 05 | 28 38 | 05♏47 | 17 38 | 25 24 | 24 31 | 23 48 | 19 22 | 00 48 | 16 46 | 22 53 | 23 17 |
| 24 | 12:04:44 | 03 03 35 | 12♏50 | 19 46 | 17 08 | 26 36 | 25 11 | 23 52 | 19 25 | 00 51 | 16 48 | 22 54 | 23 14 |
| 25 | 12:08:41 | 04 03 04 | 26 34 | 03♐16 | 16 44 | 27 49 | 25 51 | 23 55 | 19 29 | 00 55 | 16 50 | 22 55 | 23 11 |
| 26 | 12:12:37 | 05 02 31 | 09♐50 | 16 17 | 16 25 | 29 01 | 26 31 | 23 58 | 19 32 | 00 58 | 16 52 | 22 56 | 23 07 |
| 27 | 12:16:34 | 06 01 56 | 22 38 | 28 53 | 16 13 | 00♓13 | 27 11 | 24 01 | 19 35 | 01 01 | 16 54 | 22 57 | 23 04 |
| 28 | 12:20:30 | 07 01 20 | 05♑04 | 11♑10 | 16 07 | 01 25 | 27 50 | 24 03 | 19 38 | 01 04 | 16 57 | 22 58 | 23 01 |
| 29 | 12:24:27 | 08 00 41 | 17 12 | 23 11 | 16 06D | 02 37 | 28 30 | 24 06 | 19 41 | 01 07 | 16 59 | 22 58 | 22 58 |
| 30 | 12:28:23 | 09 00 01 | 29 07 | 05♒02 | 16 11 | 03 49 | 29 10 | 24 08 | 19 44 | 01 11 | 17 01 | 22 59 | 22 55 |
| 31 | 12:32:20 | 09 59 19 | 10♒56 | 16 49 | 16 22 | 05 02 | 29 50 | 24 10 | 19 47 | 01 14 | 17 03 | 23 00 | 22 51 |

| D | ⚳ | ⚴ | ⚵ | ⚶ | ⚷ | D | ⚳ | ⚴ | ⚵ | ⚶ | ⚷ |
|---|---|---|---|---|---|---|---|---|---|---|---|
| 1 | 09♐41 | 29♎03℞ | 06♊49 | 13♓38 | 00♈35 | 17 | 12 35 | 26 36 | 13 43 | 21 29 | 01 30 |
| 2 | 09 54 | 28 58 | 07 14 | 14 08 | 00 38 | 18 | 12 43 | 26 23 | 14 10 | 21 58 | 01 34 |
| 3 | 10 07 | 28 52 | 07 39 | 14 37 | 00 42 | 19 | 12 51 | 26 09 | 14 37 | 22 27 | 01 37 |
| 4 | 10 19 | 28 45 | 08 04 | 15 07 | 00 45 | 20 | 12 59 | 25 55 | 15 04 | 22 56 | 01 41 |
| 5 | 10 31 | 28 38 | 08 29 | 15 37 | 00 48 | 21 | 13 06 | 25 41 | 15 31 | 23 26 | 01 45 |
| 6 | 10 43 | 28 31 | 08 55 | 16 06 | 00 52 | 22 | 13 13 | 25 26 | 15 58 | 23 55 | 01 48 |
| 7 | 10 55 | 28 23 | 09 20 | 16 35 | 00 55 | 23 | 13 20 | 25 11 | 16 26 | 24 24 | 01 52 |
| 8 | 11 06 | 28 14 | 09 46 | 17 05 | 00 59 | 24 | 13 26 | 24 56 | 16 53 | 24 53 | 01 55 |
| 9 | 11 17 | 28 05 | 10 12 | 17 34 | 01 02 | 25 | 13 32 | 24 40 | 17 21 | 25 22 | 01 59 |
| 10 | 11 28 | 27 56 | 10 38 | 18 04 | 01 06 | 26 | 13 38 | 24 24 | 17 48 | 25 51 | 02 02 |
| 11 | 11 39 | 27 46 | 11 04 | 18 33 | 01 09 | 27 | 13 43 | 24 07 | 18 16 | 26 20 | 02 06 |
| 12 | 11 49 | 27 35 | 11 30 | 19 03 | 01 13 | 28 | 13 48 | 23 50 | 18 44 | 26 49 | 02 09 |
| 13 | 11 59 | 27 24 | 11 56 | 19 32 | 01 16 | 29 | 13 52 | 23 33 | 19 12 | 27 18 | 02 13 |
| 14 | 12 08 | 27 13 | 12 23 | 20 01 | 01 20 | 30 | 13 56 | 23 16 | 19 40 | 27 46 | 02 16 |
| 15 | 12 18 | 27 01 | 12 49 | 20 30 | 01 23 | 31 | 14 00 | 22 58 | 20 08 | 28 15 | 02 20 |
| 16 | 12 26 | 26 49 | 13 16 | 21 00 | 01 27 | | | | | | |

**Lunar Data**

| Last Asp. | Ingress |
|---|---|
| 2 18:48 | 2 ♒ 19:07 |
| 5 08:06 | 5 ♓ 08:12 |
| 7 19:09 | 7 ♈ 20:28 |
| 9 17:15 | 10 ♉ 07:11 |
| 12 09:32 | 12 ♊ 15:49 |
| 14 12:32 | 14 ♋ 21:50 |
| 16 18:04 | 17 ♌ 00:58 |
| 18 15:20 | 19 ♍ 01:42 |
| 20 15:23 | 21 ♎ 01:29 |
| 22 18:11 | 23 ♏ 02:18 |
| 25 02:25 | 25 ♐ 06:07 |
| 27 02:38 | 27 ♑ 14:09 |
| 30 00:06 | 30 ♒ 01:47 |

| D | ☉ | ☽ | ☿ | ♀ | ♂ | ♃ | ♄ | ♅ | ♆ | ♇ | ⚳ | ⚴ | ⚵ | ⚶ | ⚷ |
|---|---|---|---|---|---|---|---|---|---|---|---|---|---|---|---|
| 1 | -07 47 | -21 37 | +00 58 | -19 30 | +15 22 | -22 34 | -21 50 | +10 55 | -06 26 | -21 46 | -15 46 | +04 56 | +07 48 | -10 30 | +03 05 |
| 2 | 07 24 | 21 23 | 01 27 | 19 19 | 15 36 | 22 34 | 21 49 | 10 56 | 06 25 | 21 45 | 15 48 | 05 15 | 07 58 | 10 19 | 03 06 |
| 3 | 07 01 | 20 11 | 01 51 | 19 07 | 15 49 | 22 35 | 21 49 | 10 57 | 06 24 | 21 45 | 15 50 | 05 34 | 08 07 | 10 08 | 03 07 |
| 4 | 06 38 | 18 07 | 02 12 | 18 55 | 16 02 | 22 35 | 21 48 | 10 58 | 06 23 | 21 45 | 15 52 | 05 54 | 08 17 | 09 57 | 03 08 |
| 5 | 06 15 | 15 17 | 02 28 | 18 43 | 16 15 | 22 35 | 21 48 | 10 59 | 06 23 | 21 45 | 15 54 | 06 13 | 08 27 | 09 46 | 03 10 |
| 6 | 05 52 | 11 49 | 02 39 | 18 29 | 16 28 | 22 36 | 21 47 | 11 00 | 06 22 | 21 45 | 15 56 | 06 33 | 08 36 | 09 35 | 03 11 |
| 7 | 05 29 | 07 52 | 02 45 | 18 16 | 16 40 | 22 36 | 21 46 | 11 01 | 06 21 | 21 45 | 15 58 | 06 53 | 08 46 | 09 24 | 03 12 |
| 8 | 05 05 | 03 35 | 02 47 | 18 01 | 16 53 | 22 36 | 21 45 | 11 02 | 06 20 | 21 45 | 16 00 | 07 13 | 08 55 | 09 14 | 03 14 |
| 9 | 04 42 | +00 54 | 02 44 | 17 47 | 17 05 | 22 37 | 21 45 | 11 03 | 06 19 | 21 45 | 16 02 | 07 33 | 09 05 | 09 03 | 03 15 |
| 10 | 04 18 | 05 23 | 02 36 | 17 31 | 17 17 | 22 37 | 21 45 | 11 04 | 06 18 | 21 44 | 16 03 | 07 53 | 09 14 | 08 52 | 03 16 |
| 11 | 03 55 | 09 44 | 02 23 | 17 15 | 17 30 | 22 37 | 21 44 | 11 05 | 06 17 | 21 44 | 16 05 | 08 13 | 09 23 | 08 41 | 03 17 |
| 12 | 03 31 | 13 44 | 02 07 | 16 59 | 17 42 | 22 37 | 21 44 | 11 06 | 06 16 | 21 44 | 16 07 | 08 34 | 09 32 | 08 30 | 03 19 |
| 13 | 03 08 | 17 09 | 01 46 | 16 42 | 17 53 | 22 38 | 21 43 | 11 07 | 06 16 | 21 44 | 16 08 | 08 54 | 09 41 | 08 19 | 03 20 |
| 14 | 02 44 | 19 47 | 01 23 | 16 25 | 18 05 | 22 38 | 21 42 | 11 08 | 06 15 | 21 44 | 16 10 | 09 15 | 09 50 | 08 08 | 03 21 |
| 15 | 02 20 | 21 23 | 00 56 | 16 07 | 18 17 | 22 38 | 21 42 | 11 09 | 06 14 | 21 44 | 16 11 | 09 36 | 09 59 | 07 57 | 03 23 |
| 16 | 01 57 | 21 43 | 00 28 | 15 49 | 18 28 | 22 38 | 21 41 | 11 10 | 06 13 | 21 44 | 16 13 | 09 56 | 10 07 | 07 46 | 03 24 |
| 17 | 01 33 | 20 40 | -00 03 | 15 31 | 18 39 | 22 39 | 21 41 | 11 11 | 06 12 | 21 44 | 16 15 | 10 17 | 10 16 | 07 35 | 03 25 |
| 18 | 01 09 | 18 13 | -00 34 | 15 12 | 18 50 | 22 39 | 21 40 | 11 12 | 06 11 | 21 44 | 16 16 | 10 38 | 10 24 | 07 24 | 03 27 |
| 19 | 00 45 | 14 31 | 01 05 | 14 52 | 19 01 | 22 39 | 21 40 | 11 13 | 06 10 | 21 44 | 16 17 | 10 59 | 10 33 | 07 13 | 03 28 |
| 20 | 00 22 | 09 51 | 01 36 | 14 32 | 19 12 | 22 39 | 21 39 | 11 14 | 06 09 | 21 43 | 16 19 | 11 19 | 10 41 | 07 02 | 03 29 |
| 21 | +00 02 | 04 34 | 02 07 | 14 12 | 19 23 | 22 39 | 21 39 | 11 15 | 06 08 | 21 43 | 16 20 | 11 40 | 10 49 | 06 52 | 03 31 |
| 22 | 00 26 | -00 56 | 02 36 | 13 51 | 19 33 | 22 40 | 21 38 | 11 16 | 06 08 | 21 43 | 16 22 | 12 01 | 10 57 | 06 41 | 03 32 |
| 23 | 00 49 | 06 17 | 03 04 | 13 30 | 19 44 | 22 40 | 21 38 | 11 17 | 06 07 | 21 43 | 16 23 | 12 21 | 11 05 | 06 30 | 03 33 |
| 24 | 01 13 | 11 08 | 03 29 | 13 09 | 19 54 | 22 40 | 21 37 | 11 18 | 06 06 | 21 43 | 16 24 | 12 42 | 11 13 | 06 19 | 03 35 |
| 25 | 01 37 | 15 15 | 03 53 | 12 47 | 20 04 | 22 40 | 21 37 | 11 20 | 06 05 | 21 43 | 16 26 | 13 02 | 11 20 | 06 08 | 03 36 |
| 26 | 02 00 | 18 27 | 04 14 | 12 24 | 20 14 | 22 40 | 21 36 | 11 21 | 06 04 | 21 43 | 16 27 | 13 22 | 11 28 | 05 57 | 03 38 |
| 27 | 02 24 | 20 37 | 04 33 | 12 02 | 20 23 | 22 40 | 21 36 | 11 22 | 06 04 | 21 43 | 16 28 | 13 43 | 11 35 | 05 46 | 03 39 |
| 28 | 02 47 | 21 43 | 04 49 | 11 39 | 20 33 | 22 40 | 21 35 | 11 23 | 06 03 | 21 43 | 16 29 | 14 03 | 11 43 | 05 35 | 03 40 |
| 29 | 03 11 | 21 45 | 05 03 | 11 16 | 20 42 | 22 40 | 21 35 | 11 24 | 06 02 | 21 43 | 16 31 | 14 23 | 11 50 | 05 25 | 03 42 |
| 30 | 03 34 | 20 48 | 05 15 | 10 52 | 20 51 | 22 40 | 21 35 | 11 25 | 06 01 | 21 43 | 16 32 | 14 42 | 11 57 | 05 14 | 03 43 |
| 31 | 03 57 | 18 56 | 05 23 | 10 28 | 21 00 | 22 41 | 21 34 | 11 26 | 06 00 | 21 43 | 16 33 | 15 02 | 12 04 | 05 03 | 03 44 |

Lunar Phases -- 6 ● 16:05    14 ◐ 10:28    21 ○ 01:44    28 ◑ 04:11    Sun enters ♈ 3/20 22:00

## Longitudes of Main Planets - April 2019

0:00 E.T.

| D | S.T. | ☉ | ☽ | ☽ 12:00 | ☿ | ♀ | ♂ | ♃ | ♄ | ♅ | ♆ | ♇ | ☊ |
|---|---|---|---|---|---|---|---|---|---|---|---|---|---|
| 1 | 12:36:16 | 10♈58 36 | 22♒43 | 28♒37 | 16♓38 | 06♓14 | 00♊29 | 24♐12 | 19♑50 | 01♉17 | 17♓05 | 23♑01 | 22♋48 |
| 2 | 12:40:13 | 11 57 50 | 04♓32 | 10♓28 | 16 59 | 07 26 | 01 09 | 24 14 | 19 53 | 01 20 | 17 07 | 23 01 | 22 45 |
| 3 | 12:44:10 | 12 57 02 | 16 27 | 22 27 | 17 24 | 08 39 | 01 49 | 24 15 | 19 56 | 01 24 | 17 09 | 23 02 | 22 42 |
| 4 | 12:48:06 | 13 56 13 | 28 30 | 04♈36 | 17 54 | 09 51 | 02 28 | 24 17 | 19 58 | 01 27 | 17 12 | 23 03 | 22 39 |
| 5 | 12:52:03 | 14 55 22 | 10♈44 | 16 54 | 18 28 | 11 03 | 03 08 | 24 18 | 20 01 | 01 30 | 17 14 | 23 03 | 22 36 |
| 6 | 12:55:59 | 15 54 28 | 23 08 | 29 25 | 19 07 | 12 16 | 03 48 | 24 19 | 20 03 | 01 34 | 17 16 | 23 04 | 22 32 |
| 7 | 12:59:56 | 16 53 33 | 05♉44 | 12♉06 | 19 49 | 13 28 | 04 27 | 24 20 | 20 05 | 01 37 | 17 18 | 23 04 | 22 29 |
| 8 | 13:03:52 | 17 52 35 | 18 31 | 24 59 | 20 34 | 14 41 | 05 07 | 24 20 | 20 07 | 01 40 | 17 20 | 23 05 | 22 26 |
| 9 | 13:07:49 | 18 51 35 | 01♊29 | 08♊03 | 21 24 | 15 53 | 05 46 | 24 21 | 20 09 | 01 44 | 17 22 | 23 05 | 22 23 |
| 10 | 13:11:45 | 19 50 34 | 14 39 | 21 18 | 22 16 | 17 06 | 06 26 | 24 21 | 20 11 | 01 47 | 17 24 | 23 06 | 22 20 |
| 11 | 13:15:42 | 20 49 30 | 28 01 | 04♋47 | 23 12 | 18 18 | 07 06 | 24 21℞ | 20 13 | 01 51 | 17 26 | 23 06 | 22 17 |
| 12 | 13:19:39 | 21 48 23 | 11♋36 | 18 29 | 24 10 | 19 30 | 07 45 | 24 21 | 20 15 | 01 54 | 17 28 | 23 07 | 22 13 |
| 13 | 13:23:35 | 22 47 14 | 25 25 | 02♌26 | 25 11 | 20 43 | 08 24 | 24 21 | 20 17 | 01 57 | 17 30 | 23 07 | 22 10 |
| 14 | 13:27:32 | 23 46 03 | 09♌30 | 16 38 | 26 15 | 21 56 | 09 04 | 24 20 | 20 19 | 02 01 | 17 32 | 23 07 | 22 07 |
| 15 | 13:31:28 | 24 44 50 | 23 49 | 01♍04 | 27 22 | 23 08 | 09 43 | 24 19 | 20 20 | 02 04 | 17 34 | 23 08 | 22 04 |
| 16 | 13:35:25 | 25 43 34 | 08♍21 | 15 40 | 28 30 | 24 21 | 10 23 | 24 18 | 20 21 | 02 08 | 17 35 | 23 08 | 22 01 |
| 17 | 13:39:21 | 26 42 16 | 23 01 | 00♎23 | 29 42 | 25 33 | 11 02 | 24 17 | 20 23 | 02 11 | 17 37 | 23 08 | 21 57 |
| 18 | 13:43:18 | 27 40 56 | 07♎44 | 15 03 | 00♈55 | 26 46 | 11 41 | 24 16 | 20 24 | 02 15 | 17 39 | 23 08 | 21 54 |
| 19 | 13:47:14 | 28 39 34 | 22 21 | 29 35 | 02 11 | 27 58 | 12 21 | 24 15 | 20 25 | 02 18 | 17 41 | 23 08 | 21 51 |
| 20 | 13:51:11 | 29 38 10 | 06♏45 | 13♏50 | 03 29 | 29 11 | 13 00 | 24 13 | 20 26 | 02 21 | 17 43 | 23 09 | 21 48 |
| 21 | 13:55:08 | 00♉36 44 | 20 50 | 27 43 | 04 49 | 00♈24 | 13 39 | 24 11 | 20 27 | 02 25 | 17 45 | 23 09 | 21 45 |
| 22 | 13:59:04 | 01 35 16 | 04♐31 | 11♐11 | 06 11 | 01 36 | 14 19 | 24 09 | 20 28 | 02 28 | 17 46 | 23 09 | 21 42 |
| 23 | 14:03:01 | 02 33 47 | 17 46 | 24 14 | 07 35 | 02 49 | 14 58 | 24 07 | 20 29 | 02 32 | 17 48 | 23 09 | 21 38 |
| 24 | 14:06:57 | 03 32 16 | 00♑36 | 06♑53 | 09 01 | 04 02 | 15 37 | 24 05 | 20 29 | 02 35 | 17 50 | 23 09 | 21 35 |
| 25 | 14:10:54 | 04 30 43 | 13 05 | 19 12 | 10 28 | 05 14 | 16 16 | 24 02 | 20 30 | 02 39 | 17 52 | 23 09℞ | 21 32 |
| 26 | 14:14:50 | 05 29 09 | 25 15 | 01♒16 | 11 58 | 06 27 | 16 55 | 23 59 | 20 30 | 02 42 | 17 53 | 23 09 | 21 29 |
| 27 | 14:18:47 | 06 27 33 | 07♒13 | 13 09 | 13 30 | 07 40 | 17 35 | 23 56 | 20 31 | 02 46 | 17 55 | 23 09 | 21 26 |
| 28 | 14:22:43 | 07 25 55 | 19 04 | 24 58 | 15 03 | 08 52 | 18 14 | 23 53 | 20 31 | 02 49 | 17 57 | 23 09 | 21 22 |
| 29 | 14:26:40 | 08 24 16 | 00♓53 | 06♓48 | 16 38 | 10 05 | 18 53 | 23 50 | 20 31 | 02 52 | 17 58 | 23 09 | 21 19 |
| 30 | 14:30:37 | 09 22 35 | 12 45 | 18 44 | 18 15 | 11 18 | 19 32 | 23 47 | 20 31℞ | 02 56 | 18 00 | 23 09 | 21 16 |

0:00 E.T.

## Longitudes of the Major Asteroids and Chiron

| D | ⚳ | ⚴ | ⚵ | ⚶ | ⚷ |
|---|---|---|---|---|---|
| 1 | 14♐03 | 22♎41℞ | 20♊36 | 28♓44 | 02♈24 |
| 2 | 14 06 | 22 23 | 21 04 | 29 13 | 02 27 |
| 3 | 14 09 | 22 05 | 21 32 | 29 41 | 02 31 |
| 4 | 14 11 | 21 46 | 22 00 | 00♈10 | 02 34 |
| 5 | 14 13 | 21 28 | 22 29 | 00 39 | 02 38 |
| 6 | 14 14 | 21 09 | 22 57 | 01 07 | 02 41 |
| 7 | 14 15 | 20 51 | 23 26 | 01 36 | 02 44 |
| 8 | 14 16 | 20 32 | 23 54 | 02 05 | 02 48 |
| 9 | 14 16 | 20 13 | 24 23 | 02 33 | 02 51 |
| 10 | 14 16℞ | 19 55 | 24 51 | 03 01 | 02 55 |
| 11 | 14 16 | 19 36 | 25 20 | 03 30 | 02 58 |
| 12 | 14 15 | 19 17 | 25 49 | 03 58 | 03 02 |
| 13 | 14 13 | 18 59 | 26 17 | 04 27 | 03 05 |
| 14 | 14 12 | 18 40 | 26 46 | 04 55 | 03 08 |
| 15 | 14 10 | 18 22 | 27 15 | 05 23 | 03 12 |
| 16 | 14 07 | 18 04 | 27 44 | 05 51 | 03 15 |
| 17 | 14 04 | 17 45 | 28 13 | 06 19 | 03 18 |
| 18 | 14 01 | 17 27 | 28 42 | 06 48 | 03 22 |
| 19 | 13 57 | 17 10 | 29 11 | 07 16 | 03 25 |
| 20 | 13 53 | 16 52 | 29 40 | 07 44 | 03 28 |
| 21 | 13 49 | 16 35 | 00♋09 | 08 12 | 03 32 |
| 22 | 13 44 | 16 18 | 00 38 | 08 39 | 03 35 |
| 23 | 13 39 | 16 01 | 01 07 | 09 07 | 03 38 |
| 24 | 13 33 | 15 44 | 01 36 | 09 35 | 03 41 |
| 25 | 13 28 | 15 28 | 02 05 | 10 03 | 03 44 |
| 26 | 13 21 | 15 12 | 02 35 | 10 31 | 03 47 |
| 27 | 13 15 | 14 56 | 03 04 | 10 58 | 03 51 |
| 28 | 13 08 | 14 41 | 03 33 | 11 26 | 03 54 |
| 29 | 13 00 | 14 26 | 04 02 | 11 54 | 03 57 |
| 30 | 12 52 | 14 11 | 04 31 | 12 21 | 04 00 |

## Lunar Data

| Last Asp. | | Ingress | | |
|---|---|---|---|---|
| 1 | 03:03 | 1 | ♓ | 14:49 |
| 3 | 15:37 | 4 | ♈ | 02:57 |
| 6 | 02:16 | 6 | ♉ | 13:07 |
| 8 | 08:30 | 8 | ♊ | 21:16 |
| 10 | 17:28 | 11 | ♋ | 03:32 |
| 12 | 23:34 | 13 | ♌ | 07:51 |
| 15 | 01:40 | 15 | ♍ | 10:15 |
| 17 | 04:30 | 17 | ♎ | 11:23 |
| 19 | 11:13 | 19 | ♏ | 12:42 |
| 21 | 04:01 | 21 | ♐ | 16:01 |
| 23 | 11:45 | 23 | ♑ | 22:52 |
| 25 | 19:49 | 26 | ♒ | 09:29 |
| 28 | 09:45 | 28 | ♓ | 22:13 |

0:00 E.T.

## Declinations

| D | ☉ | ☽ | ☿ | ♀ | ♂ | ♃ | ♄ | ♅ | ♆ | ♇ | ⚳ | ⚴ | ⚵ | ⚶ | ⚷ |
|---|---|---|---|---|---|---|---|---|---|---|---|---|---|---|---|
| 1 | +04 21 | -16 16 | -05 30 | -10 04 | +21 09 | -22 41 | -21 34 | +11 28 | -05 59 | -21 43 | -16 34 | +15 21 | +12 11 | -04 52 | +03 46 |
| 2 | 04 44 | 12 55 | 05 34 | 09 40 | 21 18 | 22 41 | 21 33 | 11 29 | 05 59 | 21 43 | 16 35 | 15 40 | 12 17 | 04 41 | 03 47 |
| 3 | 05 07 | 09 03 | 05 35 | 09 15 | 21 26 | 22 41 | 21 33 | 11 30 | 05 58 | 21 43 | 16 36 | 15 59 | 12 24 | 04 31 | 03 48 |
| 4 | 05 30 | 04 46 | 05 34 | 08 50 | 21 34 | 22 41 | 21 33 | 11 31 | 05 57 | 21 43 | 16 38 | 16 18 | 12 30 | 04 20 | 03 50 |
| 5 | 05 53 | 00 15 | 05 31 | 08 25 | 21 42 | 22 41 | 21 32 | 11 32 | 05 56 | 21 43 | 16 39 | 16 36 | 12 37 | 04 09 | 03 51 |
| 6 | 06 15 | +04 21 | 05 26 | 07 59 | 21 50 | 22 41 | 21 32 | 11 33 | 05 55 | 21 43 | 16 40 | 16 54 | 12 43 | 03 59 | 03 53 |
| 7 | 06 38 | 08 50 | 05 19 | 07 33 | 21 58 | 22 41 | 21 32 | 11 35 | 05 55 | 21 43 | 16 41 | 17 12 | 12 49 | 03 48 | 03 54 |
| 8 | 07 01 | 13 01 | 05 10 | 07 07 | 22 06 | 22 41 | 21 32 | 11 36 | 05 54 | 21 43 | 16 42 | 17 30 | 12 55 | 03 37 | 03 55 |
| 9 | 07 23 | 16 39 | 04 58 | 06 41 | 22 13 | 22 41 | 21 31 | 11 37 | 05 53 | 21 43 | 16 43 | 17 47 | 13 01 | 03 27 | 03 57 |
| 10 | 07 46 | 19 31 | 04 45 | 06 15 | 22 20 | 22 41 | 21 31 | 11 38 | 05 52 | 21 43 | 16 44 | 18 04 | 13 06 | 03 16 | 03 58 |
| 11 | 08 08 | 21 22 | 04 30 | 05 48 | 22 27 | 22 41 | 21 31 | 11 39 | 05 52 | 21 43 | 16 45 | 18 20 | 13 12 | 03 06 | 03 59 |
| 12 | 08 30 | 22 01 | 04 14 | 05 22 | 22 34 | 22 41 | 21 31 | 11 40 | 05 51 | 21 43 | 16 46 | 18 37 | 13 18 | 02 55 | 04 01 |
| 13 | 08 52 | 21 21 | 03 55 | 04 55 | 22 41 | 22 41 | 21 30 | 11 42 | 05 50 | 21 43 | 16 47 | 18 53 | 13 23 | 02 45 | 04 02 |
| 14 | 09 13 | 19 20 | 03 35 | 04 28 | 22 47 | 22 41 | 21 30 | 11 43 | 05 49 | 21 43 | 16 48 | 19 08 | 13 28 | 02 34 | 04 03 |
| 15 | 09 35 | 16 05 | 03 14 | 04 00 | 22 54 | 22 41 | 21 30 | 11 44 | 05 49 | 21 43 | 16 50 | 19 23 | 13 33 | 02 24 | 04 05 |
| 16 | 09 56 | 11 49 | 02 50 | 03 33 | 23 00 | 22 41 | 21 30 | 11 45 | 05 48 | 21 43 | 16 51 | 19 38 | 13 38 | 02 13 | 04 06 |
| 17 | 10 18 | 06 49 | 02 26 | 03 06 | 23 06 | 22 41 | 21 30 | 11 46 | 05 47 | 21 43 | 16 52 | 19 52 | 13 43 | 02 03 | 04 07 |
| 18 | 10 39 | 01 24 | 02 00 | 02 38 | 23 12 | 22 41 | 21 29 | 11 48 | 05 47 | 21 43 | 16 53 | 20 06 | 13 48 | 01 53 | 04 09 |
| 19 | 11 00 | -04 03 | 01 33 | 02 10 | 23 17 | 22 41 | 21 29 | 11 49 | 05 46 | 21 43 | 16 54 | 20 20 | 13 52 | 01 42 | 04 10 |
| 20 | 11 21 | 09 12 | 01 04 | 01 43 | 23 22 | 22 41 | 21 29 | 11 50 | 05 45 | 21 43 | 16 55 | 20 33 | 13 57 | 01 32 | 04 11 |
| 21 | 11 41 | 13 45 | 00 34 | 01 15 | 23 28 | 22 40 | 21 29 | 11 51 | 05 45 | 21 44 | 16 56 | 20 46 | 14 01 | 01 22 | 04 13 |
| 22 | 12 01 | 17 27 | 00 02 | 00 47 | 23 33 | 22 40 | 21 29 | 11 52 | 05 44 | 21 44 | 16 57 | 20 58 | 14 05 | 01 12 | 04 14 |
| 23 | 12 22 | 20 08 | +00 30 | 00 19 | 23 37 | 22 40 | 21 29 | 11 53 | 05 43 | 21 44 | 16 58 | 21 10 | 14 09 | 01 01 | 04 15 |
| 24 | 12 42 | 21 42 | 01 04 | +00 09 | 23 42 | 22 40 | 21 29 | 11 55 | 05 43 | 21 44 | 16 59 | 21 22 | 14 13 | 00 51 | 04 16 |
| 25 | 13 01 | 22 07 | 01 38 | 00 37 | 23 46 | 22 40 | 21 29 | 11 56 | 05 42 | 21 44 | 17 00 | 21 33 | 14 17 | 00 41 | 04 18 |
| 26 | 13 21 | 21 29 | 02 14 | 01 05 | 23 51 | 22 40 | 21 29 | 11 57 | 05 41 | 21 44 | 17 01 | 21 44 | 14 20 | 00 31 | 04 19 |
| 27 | 13 40 | 19 52 | 02 51 | 01 33 | 23 55 | 22 40 | 21 29 | 11 58 | 05 41 | 21 44 | 17 03 | 21 54 | 14 24 | 00 21 | 04 20 |
| 28 | 13 59 | 17 24 | 03 29 | 02 01 | 23 58 | 22 40 | 21 29 | 11 59 | 05 40 | 21 44 | 17 04 | 22 04 | 14 27 | 00 11 | 04 21 |
| 29 | 14 18 | 14 13 | 04 08 | 02 29 | 24 02 | 22 40 | 21 29 | 12 01 | 05 39 | 21 44 | 17 05 | 22 13 | 14 31 | 00 01 | 04 23 |
| 30 | 14 37 | 10 28 | 04 48 | 02 57 | 24 05 | 22 39 | 21 29 | 12 02 | 05 39 | 21 45 | 17 06 | 22 22 | 14 34 | +00 09 | 04 24 |

Lunar Phases -- 5 ● 08:52 12 ◐ 19:07 19 ○ 11:13 26 ◑ 22:19 Sun enters ♉ 4/20 08:57

## 0:00 E.T. Longitudes of Main Planets - May 2019

| D | S.T. | ☉ | ☽ | ☽ 12:00 | ☿ | ♀ | ♂ | ♃ | ♄ | ♅ | ♆ | ♇ | ☊ |
|---|---|---|---|---|---|---|---|---|---|---|---|---|---|
| 1 | 14:34:33 | 10♉20 53 | 24♓45 | 00♈48 | 19♈54 | 12♈31 | 20♊11 | 23♐43℞ | 20♑31℞ | 02♉59 | 18♓01 | 23♑08℞ | 21♋13 |
| 2 | 14:38:30 | 11 19 09 | 06♈55 | 13 05 | 21 35 | 13 44 | 20 50 | 23 39 | 20 31 | 03 03 | 18 03 | 23 08 | 21 10 |
| 3 | 14:42:26 | 12 17 24 | 19 19 | 25 36 | 23 17 | 14 56 | 21 29 | 23 35 | 20 31 | 03 06 | 18 05 | 23 08 | 21 07 |
| 4 | 14:46:23 | 13 15 36 | 01♉57 | 08♉22 | 25 02 | 16 09 | 22 08 | 23 31 | 20 30 | 03 10 | 18 06 | 23 08 | 21 03 |
| 5 | 14:50:19 | 14 13 48 | 14 51 | 21 23 | 26 48 | 17 22 | 22 47 | 23 27 | 20 30 | 03 13 | 18 07 | 23 07 | 21 00 |
| 6 | 14:54:16 | 15 11 57 | 27 58 | 04♊36 | 28 36 | 18 35 | 23 26 | 23 22 | 20 29 | 03 16 | 18 09 | 23 07 | 20 57 |
| 7 | 14:58:12 | 16 10 05 | 11♊18 | 18 02 | 00♉26 | 19 48 | 24 05 | 23 18 | 20 29 | 03 20 | 18 10 | 23 07 | 20 54 |
| 8 | 15:02:09 | 17 08 11 | 24 49 | 01♋38 | 02 17 | 21 00 | 24 44 | 23 13 | 20 28 | 03 23 | 18 12 | 23 06 | 20 51 |
| 9 | 15:06:06 | 18 06 15 | 08♋30 | 15 23 | 04 11 | 22 13 | 25 23 | 23 08 | 20 27 | 03 26 | 18 13 | 23 06 | 20 48 |
| 10 | 15:10:02 | 19 04 18 | 22 19 | 29 16 | 06 06 | 23 26 | 26 02 | 23 03 | 20 26 | 03 30 | 18 14 | 23 06 | 20 44 |
| 11 | 15:13:59 | 20 02 18 | 06♌16 | 13♌17 | 08 03 | 24 39 | 26 41 | 22 58 | 20 25 | 03 33 | 18 16 | 23 05 | 20 41 |
| 12 | 15:17:55 | 21 00 17 | 20 20 | 27 25 | 10 02 | 25 52 | 27 20 | 22 53 | 20 24 | 03 37 | 18 17 | 23 05 | 20 38 |
| 13 | 15:21:52 | 21 58 13 | 04♍31 | 11♍38 | 12 03 | 27 05 | 27 58 | 22 47 | 20 23 | 03 40 | 18 18 | 23 04 | 20 35 |
| 14 | 15:25:48 | 22 56 08 | 18 46 | 25 55 | 14 05 | 28 17 | 28 37 | 22 42 | 20 22 | 03 43 | 18 20 | 23 04 | 20 32 |
| 15 | 15:29:45 | 23 54 01 | 03♎04 | 10♎12 | 16 09 | 29 30 | 29 16 | 22 36 | 20 20 | 03 46 | 18 21 | 23 03 | 20 28 |
| 16 | 15:33:41 | 24 51 52 | 17 20 | 24 26 | 18 15 | 00♉43 | 29 55 | 22 30 | 20 19 | 03 50 | 18 22 | 23 03 | 20 25 |
| 17 | 15:37:38 | 25 49 42 | 01♏30 | 08♏31 | 20 22 | 01 56 | 00♋34 | 22 24 | 20 17 | 03 53 | 18 23 | 23 02 | 20 22 |
| 18 | 15:41:35 | 26 47 30 | 15 29 | 22 24 | 22 30 | 03 09 | 01 12 | 22 18 | 20 16 | 03 56 | 18 24 | 23 01 | 20 19 |
| 19 | 15:45:31 | 27 45 16 | 29 14 | 05♐59 | 24 39 | 04 22 | 01 51 | 22 12 | 20 14 | 03 59 | 18 25 | 23 01 | 20 16 |
| 20 | 15:49:28 | 28 43 01 | 12♐39 | 19 14 | 26 49 | 05 35 | 02 30 | 22 05 | 20 12 | 04 03 | 18 26 | 23 00 | 20 13 |
| 21 | 15:53:24 | 29 40 45 | 25 44 | 02♑09 | 29 00 | 06 48 | 03 09 | 21 59 | 20 10 | 04 06 | 18 27 | 22 59 | 20 09 |
| 22 | 15:57:21 | 00♊38 28 | 08♑29 | 14 45 | 01♊12 | 08 01 | 03 47 | 21 52 | 20 08 | 04 09 | 18 28 | 22 58 | 20 06 |
| 23 | 16:01:17 | 01 36 09 | 20 56 | 27 03 | 03 23 | 09 14 | 04 26 | 21 46 | 20 06 | 04 12 | 18 29 | 22 58 | 20 03 |
| 24 | 16:05:14 | 02 33 49 | 03♒06 | 09♒07 | 05 35 | 10 26 | 05 04 | 21 39 | 20 04 | 04 15 | 18 30 | 22 57 | 20 00 |
| 25 | 16:09:10 | 03 31 29 | 15 06 | 21 02 | 07 46 | 11 39 | 05 43 | 21 32 | 20 02 | 04 18 | 18 31 | 22 56 | 19 57 |
| 26 | 16:13:07 | 04 29 07 | 26 58 | 02♓53 | 09 57 | 12 52 | 06 22 | 21 25 | 19 59 | 04 22 | 18 32 | 22 55 | 19 54 |
| 27 | 16:17:04 | 05 26 44 | 08♓49 | 14 45 | 12 07 | 14 05 | 07 00 | 21 18 | 19 57 | 04 25 | 18 33 | 22 54 | 19 50 |
| 28 | 16:21:00 | 06 24 20 | 20 43 | 26 43 | 14 15 | 15 18 | 07 39 | 21 11 | 19 54 | 04 28 | 18 34 | 22 54 | 19 47 |
| 29 | 16:24:57 | 07 21 56 | 02♈45 | 08♈51 | 16 22 | 16 31 | 08 17 | 21 04 | 19 52 | 04 31 | 18 34 | 22 53 | 19 44 |
| 30 | 16:28:53 | 08 19 30 | 15 00 | 21 13 | 18 28 | 17 44 | 08 56 | 20 56 | 19 49 | 04 34 | 18 35 | 22 52 | 19 41 |
| 31 | 16:32:50 | 09 17 04 | 27 30 | 03♉52 | 20 32 | 18 57 | 09 35 | 20 49 | 19 46 | 04 37 | 18 36 | 22 51 | 19 38 |

## 0:00 E.T. Longitudes of the Major Asteroids and Chiron

| D | ⚳ | ⚴ | ⚵ | ⚶ | ⚷ | D | ⚳ | ⚴ | ⚵ | ⚶ | ⚷ |
|---|---|---|---|---|---|---|---|---|---|---|---|
| 1 | 12♐44℞ | 13♎57℞ | 05♋01 | 12♈49 | 04♈03 | 17 | 09 55 | 11 09 | 12 51 | 20 00 | 04 47 |
| 2 | 12 36 | 13 43 | 05 30 | 13 16 | 04 06 | 18 | 09 42 | 11 03 | 13 20 | 20 27 | 04 49 |
| 3 | 12 27 | 13 30 | 05 59 | 13 43 | 04 09 | 19 | 09 30 | 10 57 | 13 50 | 20 53 | 04 52 |
| 4 | 12 18 | 13 17 | 06 29 | 14 11 | 04 12 | 20 | 09 17 | 10 51 | 14 19 | 21 19 | 04 54 |
| 5 | 12 09 | 13 04 | 06 58 | 14 38 | 04 15 | 21 | 09 04 | 10 46 | 14 49 | 21 46 | 04 56 |
| 6 | 11 59 | 12 52 | 07 27 | 15 05 | 04 17 | 22 | 08 51 | 10 42 | 15 18 | 22 12 | 04 59 |
| 7 | 11 49 | 12 40 | 07 57 | 15 32 | 04 20 | 23 | 08 38 | 10 38 | 15 48 | 22 38 | 05 01 |
| 8 | 11 39 | 12 29 | 08 26 | 15 59 | 04 23 | 24 | 08 25 | 10 34 | 16 17 | 23 04 | 05 03 |
| 9 | 11 28 | 12 18 | 08 56 | 16 26 | 04 26 | 25 | 08 11 | 10 31 | 16 46 | 23 30 | 05 06 |
| 10 | 11 17 | 12 08 | 09 25 | 16 53 | 04 29 | 26 | 07 58 | 10 29 | 17 16 | 23 56 | 05 08 |
| 11 | 11 06 | 11 58 | 09 54 | 17 20 | 04 31 | 27 | 07 45 | 10 26 | 17 45 | 24 22 | 05 10 |
| 12 | 10 55 | 11 49 | 10 24 | 17 47 | 04 34 | 28 | 07 31 | 10 25 | 18 15 | 24 47 | 05 12 |
| 13 | 10 43 | 11 40 | 10 53 | 18 14 | 04 37 | 29 | 07 18 | 10 24 | 18 44 | 25 13 | 05 14 |
| 14 | 10 31 | 11 32 | 11 23 | 18 41 | 04 39 | 30 | 07 04 | 10 23 | 19 13 | 25 39 | 05 16 |
| 15 | 10 19 | 11 24 | 11 52 | 19 07 | 04 42 | 31 | 06 51 | 10 23 | 19 43 | 26 04 | 05 18 |
| 16 | 10 07 | 11 16 | 12 22 | 19 34 | 04 44 | | | | | | |

## Lunar Data

| Last Asp. | | Ingress | | |
|---|---|---|---|---|
| 30 | 21:58 | 1 | ♈ | 10:25 |
| 3 | 08:48 | 3 | ♉ | 20:19 |
| 5 | 15:11 | 6 | ♊ | 03:41 |
| 7 | 23:51 | 8 | ♋ | 09:07 |
| 10 | 02:07 | 10 | ♌ | 13:15 |
| 12 | 12:26 | 12 | ♍ | 16:23 |
| 14 | 17:20 | 14 | ♎ | 18:52 |
| 16 | 09:38 | 16 | ♏ | 21:27 |
| 18 | 21:13 | 19 | ♐ | 01:22 |
| 20 | 17:06 | 21 | ♑ | 07:58 |
| 23 | 03:59 | 23 | ♒ | 17:50 |
| 25 | 12:52 | 26 | ♓ | 06:09 |
| 28 | 04:22 | 28 | ♈ | 18:33 |
| 30 | 15:09 | 31 | ♉ | 04:44 |

## 0:00 E.T. Declinations

| D | ☉ | ☽ | ☿ | ♀ | ♂ | ♃ | ♄ | ♅ | ♆ | ♇ | ⚳ | ⚴ | ⚵ | ⚶ | ⚷ |
|---|---|---|---|---|---|---|---|---|---|---|---|---|---|---|---|
| 1 | +14 55 | -06 16 | +05 28 | +03 25 | +24 09 | -22 39 | -21 29 | +12 03 | -05 38 | -21 45 | -17 07 | +22 31 | +14 37 | +00 18 | +04 25 |
| 2 | 15 13 | 01 46 | 06 10 | 03 53 | 24 12 | 22 39 | 21 29 | 12 04 | 05 38 | 21 45 | 17 08 | 22 39 | 14 39 | 00 28 | 04 26 |
| 3 | 15 31 | +02 54 | 06 52 | 04 21 | 24 14 | 22 39 | 21 29 | 12 05 | 05 37 | 21 45 | 17 09 | 22 47 | 14 42 | 00 38 | 04 28 |
| 4 | 15 49 | 07 31 | 07 35 | 04 49 | 24 17 | 22 39 | 21 29 | 12 06 | 05 37 | 21 45 | 17 10 | 22 54 | 14 45 | 00 48 | 04 29 |
| 5 | 16 06 | 11 55 | 08 19 | 05 17 | 24 20 | 22 39 | 21 29 | 12 08 | 05 36 | 21 45 | 17 12 | 23 01 | 14 47 | 00 57 | 04 30 |
| 6 | 16 24 | 15 50 | 09 03 | 05 44 | 24 22 | 22 38 | 21 29 | 12 09 | 05 36 | 21 45 | 17 13 | 23 08 | 14 50 | 01 07 | 04 31 |
| 7 | 16 40 | 19 02 | 09 48 | 06 12 | 24 24 | 22 38 | 21 30 | 12 10 | 05 35 | 21 46 | 17 14 | 23 14 | 14 52 | 01 16 | 04 32 |
| 8 | 16 57 | 21 13 | 10 33 | 06 39 | 24 26 | 22 38 | 21 30 | 12 11 | 05 34 | 21 46 | 17 15 | 23 20 | 14 54 | 01 26 | 04 33 |
| 9 | 17 13 | 22 13 | 11 19 | 07 07 | 24 27 | 22 38 | 21 30 | 12 12 | 05 34 | 21 46 | 17 16 | 23 25 | 14 56 | 01 35 | 04 35 |
| 10 | 17 29 | 21 51 | 12 04 | 07 34 | 24 29 | 22 38 | 21 30 | 12 13 | 05 34 | 21 46 | 17 17 | 23 30 | 14 58 | 01 45 | 04 36 |
| 11 | 17 45 | 20 09 | 12 50 | 08 01 | 24 30 | 22 37 | 21 30 | 12 14 | 05 33 | 21 46 | 17 19 | 23 35 | 14 59 | 01 54 | 04 37 |
| 12 | 18 00 | 17 12 | 13 37 | 08 28 | 24 31 | 22 37 | 21 30 | 12 16 | 05 33 | 21 46 | 17 20 | 23 39 | 15 01 | 02 03 | 04 38 |
| 13 | 18 15 | 13 14 | 14 23 | 08 54 | 24 32 | 22 37 | 21 31 | 12 17 | 05 32 | 21 47 | 17 21 | 23 43 | 15 02 | 02 12 | 04 39 |
| 14 | 18 30 | 08 29 | 15 09 | 09 21 | 24 33 | 22 37 | 21 31 | 12 18 | 05 32 | 21 47 | 17 22 | 23 46 | 15 04 | 02 22 | 04 40 |
| 15 | 18 45 | 03 17 | 15 54 | 09 47 | 24 33 | 22 36 | 21 31 | 12 19 | 05 31 | 21 47 | 17 24 | 23 49 | 15 05 | 02 31 | 04 41 |
| 16 | 18 59 | -02 06 | 16 39 | 10 13 | 24 33 | 22 36 | 21 31 | 12 20 | 05 31 | 21 47 | 17 25 | 23 52 | 15 06 | 02 40 | 04 42 |
| 17 | 19 13 | 07 19 | 17 23 | 10 39 | 24 34 | 22 36 | 21 32 | 12 21 | 05 30 | 21 47 | 17 26 | 23 55 | 15 07 | 02 49 | 04 43 |
| 18 | 19 26 | 12 07 | 18 07 | 11 05 | 24 33 | 22 36 | 21 32 | 12 22 | 05 30 | 21 48 | 17 27 | 23 57 | 15 08 | 02 58 | 04 44 |
| 19 | 19 39 | 16 11 | 18 49 | 11 30 | 24 33 | 22 35 | 21 32 | 12 23 | 05 30 | 21 48 | 17 29 | 23 58 | 15 08 | 03 06 | 04 45 |
| 20 | 19 52 | 19 20 | 19 30 | 11 55 | 24 33 | 22 35 | 21 33 | 12 24 | 05 29 | 21 48 | 17 30 | 24 00 | 15 09 | 03 15 | 04 46 |
| 21 | 20 05 | 21 23 | 20 10 | 12 20 | 24 32 | 22 35 | 21 33 | 12 25 | 05 29 | 21 48 | 17 31 | 24 01 | 15 09 | 03 24 | 04 47 |
| 22 | 20 17 | 22 16 | 20 48 | 12 45 | 24 31 | 22 34 | 21 33 | 12 27 | 05 29 | 21 48 | 17 33 | 24 02 | 15 10 | 03 33 | 04 48 |
| 23 | 20 29 | 22 02 | 21 24 | 13 09 | 24 30 | 22 34 | 21 34 | 12 28 | 05 28 | 21 49 | 17 34 | 24 02 | 15 10 | 03 41 | 04 49 |
| 24 | 20 40 | 20 44 | 21 58 | 13 33 | 24 29 | 22 34 | 21 34 | 12 29 | 05 28 | 21 49 | 17 35 | 24 02 | 15 10 | 03 50 | 04 50 |
| 25 | 20 51 | 18 31 | 22 30 | 13 57 | 24 27 | 22 33 | 21 34 | 12 30 | 05 28 | 21 49 | 17 37 | 24 02 | 15 10 | 03 58 | 04 51 |
| 26 | 21 02 | 15 33 | 22 59 | 14 20 | 24 26 | 22 33 | 21 35 | 12 31 | 05 27 | 21 49 | 17 38 | 24 02 | 15 10 | 04 07 | 04 52 |
| 27 | 21 12 | 11 57 | 23 26 | 14 43 | 24 24 | 22 33 | 21 35 | 12 32 | 05 27 | 21 50 | 17 40 | 24 01 | 15 09 | 04 15 | 04 53 |
| 28 | 21 22 | 07 53 | 23 51 | 15 06 | 24 22 | 22 32 | 21 36 | 12 33 | 05 27 | 21 50 | 17 41 | 24 00 | 15 09 | 04 24 | 04 54 |
| 29 | 21 32 | 03 28 | 24 12 | 15 29 | 24 20 | 22 32 | 21 36 | 12 34 | 05 26 | 21 50 | 17 42 | 23 59 | 15 08 | 04 32 | 04 55 |
| 30 | 21 41 | +01 09 | 24 31 | 15 51 | 24 17 | 22 31 | 21 37 | 12 35 | 05 26 | 21 50 | 17 44 | 23 57 | 15 08 | 04 40 | 04 56 |
| 31 | 21 50 | 05 49 | 24 47 | 16 12 | 24 15 | 22 31 | 21 37 | 12 36 | 05 26 | 21 51 | 17 45 | 23 55 | 15 07 | 04 48 | 04 57 |

Lunar Phases -- 4 ● 22:47 12 ◐ 01:13 18 ○ 21:12 26 ◑ 16:35 Sun enters ♊ 5/21 08:00

# Longitudes of Main Planets - June 2019

0:00 E.T.

| D | S.T. | ☉ | ☽ | ☽ 12:00 | ☿ | ♀ | ♂ | ♃ | ♄ | ♅ | ♆ | ♇ | ☊ |
|---|---|---|---|---|---|---|---|---|---|---|---|---|---|
| 1 | 16:36:46 | 10♊14 36 | 10♉18 | 16♉50 | 22♊33 | 20♉10 | 10♋13 | 20♐42℞ | 19♑43℞ | 04♉40 | 18♓37 | 22♑50℞ | 19♋34 |
| 2 | 16:40:43 | 11 12 08 | 23 26 | 00♊06 | 24 33 | 21 23 | 10 52 | 20 34 | 19 41 | 04 43 | 18 37 | 22 49 | 19 31 |
| 3 | 16:44:39 | 12 09 39 | 06♊51 | 13 40 | 26 31 | 22 37 | 11 30 | 20 27 | 19 38 | 04 46 | 18 38 | 22 48 | 19 28 |
| 4 | 16:48:36 | 13 07 09 | 20 33 | 27 30 | 28 26 | 23 50 | 12 09 | 20 19 | 19 35 | 04 48 | 18 38 | 22 47 | 19 25 |
| 5 | 16:52:33 | 14 04 38 | 04♋29 | 11♋31 | 00♋18 | 25 03 | 12 47 | 20 12 | 19 31 | 04 51 | 18 39 | 22 46 | 19 22 |
| 6 | 16:56:29 | 15 02 06 | 18 35 | 25 41 | 02 08 | 26 16 | 13 25 | 20 04 | 19 28 | 04 54 | 18 39 | 22 45 | 19 19 |
| 7 | 17:00:26 | 15 59 32 | 02♌48 | 09♌56 | 03 56 | 27 29 | 14 04 | 19 57 | 19 25 | 04 57 | 18 40 | 22 44 | 19 15 |
| 8 | 17:04:22 | 16 56 58 | 17 04 | 24 12 | 05 41 | 28 42 | 14 42 | 19 49 | 19 22 | 05 00 | 18 40 | 22 43 | 19 12 |
| 9 | 17:08:19 | 17 54 22 | 01♍20 | 08♍27 | 07 23 | 29 55 | 15 21 | 19 41 | 19 18 | 05 02 | 18 41 | 22 41 | 19 09 |
| 10 | 17:12:15 | 18 51 45 | 15 33 | 22 38 | 09 03 | 01♊08 | 15 59 | 19 34 | 19 15 | 05 05 | 18 41 | 22 40 | 19 06 |
| 11 | 17:16:12 | 19 49 07 | 29 42 | 06♎45 | 10 40 | 02 21 | 16 38 | 19 26 | 19 11 | 05 08 | 18 42 | 22 39 | 19 03 |
| 12 | 17:20:08 | 20 46 28 | 13♎45 | 20 44 | 12 14 | 03 34 | 17 16 | 19 18 | 19 08 | 05 10 | 18 42 | 22 38 | 19 00 |
| 13 | 17:24:05 | 21 43 48 | 27 40 | 04♏33 | 13 45 | 04 47 | 17 54 | 19 11 | 19 04 | 05 13 | 18 42 | 22 37 | 18 56 |
| 14 | 17:28:02 | 22 41 07 | 11♏24 | 18 12 | 15 14 | 06 01 | 18 33 | 19 03 | 19 00 | 05 16 | 18 42 | 22 36 | 18 53 |
| 15 | 17:31:58 | 23 38 25 | 24 57 | 01♐38 | 16 40 | 07 14 | 19 11 | 18 55 | 18 57 | 05 18 | 18 43 | 22 34 | 18 50 |
| 16 | 17:35:55 | 24 35 43 | 08♐15 | 14 49 | 18 03 | 08 27 | 19 49 | 18 48 | 18 53 | 05 21 | 18 43 | 22 33 | 18 47 |
| 17 | 17:39:51 | 25 32 59 | 21 19 | 27 45 | 19 24 | 09 40 | 20 28 | 18 40 | 18 49 | 05 23 | 18 43 | 22 32 | 18 44 |
| 18 | 17:43:48 | 26 30 15 | 04♑07 | 10♑25 | 20 41 | 10 53 | 21 06 | 18 33 | 18 45 | 05 26 | 18 43 | 22 31 | 18 40 |
| 19 | 17:47:44 | 27 27 31 | 16 39 | 22 50 | 21 56 | 12 07 | 21 44 | 18 25 | 18 41 | 05 28 | 18 43 | 22 29 | 18 37 |
| 20 | 17:51:41 | 28 24 46 | 28 58 | 05♒03 | 23 07 | 13 20 | 22 22 | 18 18 | 18 37 | 05 31 | 18 43 | 22 28 | 18 34 |
| 21 | 17:55:37 | 29 22 01 | 11♒05 | 17 05 | 24 16 | 14 33 | 23 01 | 18 10 | 18 33 | 05 33 | 18 43 | 22 27 | 18 31 |
| 22 | 17:59:34 | 00♋19 15 | 23 03 | 28 59 | 25 21 | 15 46 | 23 39 | 18 03 | 18 29 | 05 35 | 18 43℞ | 22 25 | 18 28 |
| 23 | 18:03:31 | 01 16 29 | 04♓55 | 10♓51 | 26 24 | 17 00 | 24 17 | 17 56 | 18 25 | 05 37 | 18 43 | 22 24 | 18 25 |
| 24 | 18:07:27 | 02 13 43 | 16 46 | 22 43 | 27 23 | 18 13 | 24 55 | 17 49 | 18 21 | 05 40 | 18 43 | 22 23 | 18 21 |
| 25 | 18:11:24 | 03 10 57 | 28 41 | 04♈41 | 28 18 | 19 26 | 25 34 | 17 41 | 18 17 | 05 42 | 18 43 | 22 21 | 18 18 |
| 26 | 18:15:20 | 04 08 11 | 10♈43 | 16 49 | 29 11 | 20 39 | 26 12 | 17 34 | 18 13 | 05 44 | 18 43 | 22 20 | 18 15 |
| 27 | 18:19:17 | 05 05 25 | 22 58 | 29 11 | 29 59 | 21 53 | 26 50 | 17 27 | 18 08 | 05 46 | 18 43 | 22 19 | 18 12 |
| 28 | 18:23:13 | 06 02 38 | 05♉30 | 11♉53 | 00♌44 | 23 06 | 27 28 | 17 20 | 18 04 | 05 48 | 18 43 | 22 17 | 18 09 |
| 29 | 18:27:10 | 06 59 52 | 18 21 | 24 55 | 01 26 | 24 19 | 28 06 | 17 13 | 18 00 | 05 50 | 18 43 | 22 16 | 18 06 |
| 30 | 18:31:06 | 07 57 06 | 01♊35 | 08♊20 | 02 03 | 25 33 | 28 45 | 17 07 | 17 56 | 05 52 | 18 42 | 22 14 | 18 02 |

## Longitudes of the Major Asteroids and Chiron

0:00 E.T.

| D | ⚳ | ⚴ | ⚵ | ⚶ | ⚷ | D | ⚳ | ⚴ | ⚵ | ⚶ | ⚷ |
|---|---|---|---|---|---|---|---|---|---|---|---|
| 1 | 06♐38℞ | 10♎23 | 20♋12 | 26♈29 | 05♈20 | 16 | 03 33 | 11 17 | 27 31 | 02 40 | 05 43 |
| 2 | 06 24 | 10 23 | 20 41 | 26 55 | 05 22 | 17 | 03 22 | 11 24 | 28 00 | 03 04 | 05 44 |
| 3 | 06 11 | 10 24 | 21 11 | 27 20 | 05 23 | 18 | 03 12 | 11 31 | 28 30 | 03 28 | 05 45 |
| 4 | 05 58 | 10 26 | 21 40 | 27 45 | 05 25 | 19 | 03 01 | 11 38 | 28 59 | 03 52 | 05 46 |
| 5 | 05 45 | 10 28 | 22 10 | 28 10 | 05 27 | 20 | 02 52 | 11 46 | 29 28 | 04 16 | 05 47 |
| 6 | 05 32 | 10 30 | 22 39 | 28 35 | 05 29 | 21 | 02 42 | 11 54 | 29 57 | 04 39 | 05 48 |
| 7 | 05 20 | 10 33 | 23 08 | 29 00 | 05 30 | 22 | 02 33 | 12 03 | 00♌26 | 05 03 | 05 49 |
| 8 | 05 07 | 10 36 | 23 37 | 29 25 | 05 32 | 23 | 02 24 | 12 12 | 00 55 | 05 26 | 05 50 |
| 9 | 04 54 | 10 40 | 24 07 | 29 50 | 05 33 | 24 | 02 15 | 12 21 | 01 24 | 05 49 | 05 51 |
| 10 | 04 42 | 10 44 | 24 36 | 00♉14 | 05 35 | 25 | 02 06 | 12 30 | 01 53 | 06 12 | 05 51 |
| 11 | 04 30 | 10 49 | 25 05 | 00 39 | 05 36 | 26 | 01 58 | 12 40 | 02 22 | 06 35 | 05 52 |
| 12 | 04 18 | 10 53 | 25 35 | 01 03 | 05 38 | 27 | 01 51 | 12 50 | 02 51 | 06 58 | 05 53 |
| 13 | 04 07 | 10 59 | 26 04 | 01 28 | 05 39 | 28 | 01 43 | 13 01 | 03 20 | 07 21 | 05 53 |
| 14 | 03 55 | 11 04 | 26 33 | 01 52 | 05 40 | 29 | 01 36 | 13 11 | 03 49 | 07 44 | 05 54 |
| 15 | 03 44 | 11 10 | 27 02 | 02 16 | 05 42 | 30 | 01 29 | 13 22 | 04 17 | 08 06 | 05 54 |

## Lunar Data

| Last Asp. | | Ingress | | |
|---|---|---|---|---|
| 1 | 22:54 | 2 | ♊ | 11:49 |
| 4 | 15:43 | 4 | ♋ | 16:18 |
| 6 | 14:11 | 6 | ♌ | 19:17 |
| 8 | 21:24 | 8 | ♍ | 21:46 |
| 10 | 12:02 | 11 | ♎ | 00:30 |
| 12 | 15:16 | 13 | ♏ | 04:04 |
| 14 | 19:47 | 15 | ♐ | 09:04 |
| 17 | 08:32 | 17 | ♑ | 16:15 |
| 19 | 11:20 | 20 | ♒ | 02:02 |
| 21 | 14:03 | 22 | ♓ | 14:03 |
| 24 | 23:11 | 25 | ♈ | 02:39 |
| 27 | 07:52 | 27 | ♉ | 13:33 |
| 29 | 18:39 | 29 | ♊ | 21:10 |

## Declinations

0:00 E.T.

| D | ☉ | ☽ | ☿ | ♀ | ♂ | ♃ | ♄ | ♅ | ♆ | ♇ | ⚳ | ⚴ | ⚵ | ⚶ | ⚷ |
|---|---|---|---|---|---|---|---|---|---|---|---|---|---|---|---|
| 1 | +21 59 | +10 21 | +25 01 | +16 33 | +24 12 | -22 31 | -21 38 | +12 37 | -05 26 | -21 51 | -17 47 | +23 53 | +15 06 | +04 56 | +04 57 |
| 2 | 22 07 | 14 32 | 25 12 | 16 54 | 24 09 | 22 30 | 21 38 | 12 38 | 05 25 | 21 51 | 17 48 | 23 51 | 15 05 | 05 04 | 04 58 |
| 3 | 22 15 | 18 05 | 25 20 | 17 15 | 24 06 | 22 30 | 21 38 | 12 39 | 05 25 | 21 51 | 17 50 | 23 48 | 15 04 | 05 12 | 04 59 |
| 4 | 22 22 | 20 43 | 25 26 | 17 34 | 24 02 | 22 29 | 21 39 | 12 40 | 05 25 | 21 52 | 17 51 | 23 46 | 15 03 | 05 20 | 05 00 |
| 5 | 22 29 | 22 09 | 25 29 | 17 54 | 23 59 | 22 29 | 21 39 | 12 41 | 05 25 | 21 52 | 17 53 | 23 43 | 15 01 | 05 28 | 05 01 |
| 6 | 22 36 | 22 13 | 25 30 | 18 13 | 23 55 | 22 28 | 21 40 | 12 42 | 05 25 | 21 52 | 17 55 | 23 39 | 15 00 | 05 35 | 05 01 |
| 7 | 22 42 | 20 51 | 25 28 | 18 32 | 23 51 | 22 28 | 21 41 | 12 43 | 05 25 | 21 53 | 17 56 | 23 36 | 14 58 | 05 43 | 05 02 |
| 8 | 22 48 | 18 09 | 25 25 | 18 50 | 23 47 | 22 28 | 21 41 | 12 43 | 05 24 | 21 53 | 17 58 | 23 32 | 14 56 | 05 51 | 05 03 |
| 9 | 22 53 | 14 22 | 25 19 | 19 07 | 23 43 | 22 27 | 21 42 | 12 44 | 05 24 | 21 53 | 17 59 | 23 28 | 14 55 | 05 58 | 05 03 |
| 10 | 22 58 | 09 46 | 25 12 | 19 25 | 23 38 | 22 27 | 21 42 | 12 45 | 05 24 | 21 53 | 18 01 | 23 24 | 14 53 | 06 05 | 05 04 |
| 11 | 23 03 | 04 40 | 25 03 | 19 41 | 23 34 | 22 26 | 21 43 | 12 46 | 05 24 | 21 54 | 18 03 | 23 20 | 14 51 | 06 13 | 05 05 |
| 12 | 23 07 | -00 37 | 24 52 | 19 57 | 23 29 | 22 26 | 21 43 | 12 47 | 05 24 | 21 54 | 18 05 | 23 16 | 14 48 | 06 20 | 05 05 |
| 13 | 23 11 | 05 50 | 24 40 | 20 13 | 23 24 | 22 25 | 21 44 | 12 48 | 05 24 | 21 54 | 18 06 | 23 11 | 14 46 | 06 27 | 05 06 |
| 14 | 23 14 | 10 41 | 24 26 | 20 28 | 23 19 | 22 25 | 21 44 | 12 49 | 05 24 | 21 55 | 18 08 | 23 06 | 14 44 | 06 34 | 05 07 |
| 15 | 23 17 | 14 57 | 24 11 | 20 42 | 23 14 | 22 24 | 21 45 | 12 50 | 05 24 | 21 55 | 18 10 | 23 01 | 14 41 | 06 41 | 05 07 |
| 16 | 23 20 | 18 24 | 23 54 | 20 56 | 23 08 | 22 24 | 21 46 | 12 50 | 05 24 | 21 55 | 18 12 | 22 56 | 14 39 | 06 48 | 05 08 |
| 17 | 23 22 | 20 50 | 23 37 | 21 10 | 23 02 | 22 23 | 21 46 | 12 51 | 05 24 | 21 55 | 18 14 | 22 51 | 14 36 | 06 55 | 05 08 |
| 18 | 23 23 | 22 09 | 23 19 | 21 23 | 22 57 | 22 23 | 21 47 | 12 52 | 05 24 | 21 56 | 18 16 | 22 45 | 14 33 | 07 02 | 05 09 |
| 19 | 23 25 | 22 19 | 22 59 | 21 35 | 22 51 | 22 22 | 21 47 | 12 53 | 05 24 | 21 56 | 18 18 | 22 40 | 14 31 | 07 09 | 05 09 |
| 20 | 23 26 | 21 23 | 22 40 | 21 46 | 22 44 | 22 22 | 21 48 | 12 54 | 05 24 | 21 56 | 18 20 | 22 34 | 14 28 | 07 15 | 05 10 |
| 21 | 23 26 | 19 28 | 22 19 | 21 57 | 22 38 | 22 21 | 21 49 | 12 54 | 05 24 | 21 57 | 18 22 | 22 28 | 14 24 | 07 22 | 05 10 |
| 22 | 23 26 | 16 43 | 21 58 | 22 08 | 22 32 | 22 21 | 21 49 | 12 55 | 05 24 | 21 57 | 18 24 | 22 22 | 14 21 | 07 28 | 05 11 |
| 23 | 23 26 | 13 19 | 21 36 | 22 18 | 22 25 | 22 20 | 21 50 | 12 56 | 05 24 | 21 57 | 18 26 | 22 16 | 14 18 | 07 35 | 05 11 |
| 24 | 23 25 | 09 23 | 21 14 | 22 27 | 22 18 | 22 20 | 21 51 | 12 57 | 05 24 | 21 58 | 18 28 | 22 10 | 14 15 | 07 41 | 05 12 |
| 25 | 23 24 | 05 06 | 20 52 | 22 35 | 22 11 | 22 19 | 21 51 | 12 57 | 05 24 | 21 58 | 18 30 | 22 04 | 14 11 | 07 47 | 05 12 |
| 26 | 23 22 | 00 35 | 20 30 | 22 43 | 22 04 | 22 19 | 21 52 | 12 58 | 05 24 | 21 58 | 18 33 | 21 57 | 14 08 | 07 53 | 05 13 |
| 27 | 23 20 | +04 03 | 20 08 | 22 50 | 21 57 | 22 18 | 21 52 | 12 59 | 05 24 | 21 59 | 18 35 | 21 50 | 14 04 | 07 59 | 05 13 |
| 28 | 23 18 | 08 37 | 19 46 | 22 57 | 21 49 | 22 18 | 21 53 | 12 59 | 05 24 | 21 59 | 18 37 | 21 44 | 14 00 | 08 05 | 05 13 |
| 29 | 23 15 | 12 55 | 19 24 | 23 03 | 21 42 | 22 17 | 21 54 | 13 00 | 05 24 | 21 59 | 18 40 | 21 37 | 13 56 | 08 11 | 05 14 |
| 30 | 23 12 | 16 45 | 19 02 | 23 08 | 21 34 | 22 17 | 21 54 | 13 01 | 05 25 | 22 00 | 18 42 | 21 30 | 13 52 | 08 17 | 05 14 |

Lunar Phases -- 3 ● 10:03 10 ◐ 06:00 17 ○ 08:32 25 ◑ 09:47 Sun enters ♋ 6/21 15:56

# 0:00 E.T. Longitudes of Main Planets - July 2019 **July 19**

| D | S.T. | ☉ | ☽ | ☽ 12:00 | ☿ | ♀ | ♂ | ♃ | ♄ | ♅ | ♆ | ♇ | ☊ |
|---|---|---|---|---|---|---|---|---|---|---|---|---|---|
| 1 | 18:35:03 | 08♋54 19 | 15♊12 | 22♊08 | 02♌36 | 26♊46 | 29♋23 | 17♐00℞ | 17♑51℞ | 05♉54 | 18♓42℞ | 22♑13℞ | 17♋59 |
| 2 | 18:39:00 | 09 51 33 | 29 10 | 06♋16 | 03 06 | 28 00 | 00♌01 | 16 53 | 17 47 | 05 56 | 18 42 | 22 12 | 17 56 |
| 3 | 18:42:56 | 10 48 47 | 13♋27 | 20 41 | 03 31 | 29 13 | 00 39 | 16 47 | 17 43 | 05 58 | 18 41 | 22 10 | 17 53 |
| 4 | 18:46:53 | 11 46 01 | 27 58 | 05♌17 | 03 51 | 00♋27 | 01 17 | 16 41 | 17 38 | 06 00 | 18 41 | 22 09 | 17 50 |
| 5 | 18:50:49 | 12 43 14 | 12♌37 | 19 57 | 04 07 | 01 40 | 01 56 | 16 34 | 17 34 | 06 02 | 18 41 | 22 07 | 17 46 |
| 6 | 18:54:46 | 13 40 27 | 27 18 | 04♍37 | 04 19 | 02 53 | 02 34 | 16 28 | 17 29 | 06 04 | 18 40 | 22 06 | 17 43 |
| 7 | 18:58:42 | 14 37 40 | 11♍54 | 19 09 | 04 26 | 04 07 | 03 12 | 16 22 | 17 25 | 06 05 | 18 40 | 22 05 | 17 40 |
| 8 | 19:02:39 | 15 34 53 | 26 21 | 03♎29 | 04 28℞ | 05 20 | 03 50 | 16 16 | 17 21 | 06 07 | 18 39 | 22 03 | 17 37 |
| 9 | 19:06:35 | 16 32 05 | 10♎34 | 17 35 | 04 25 | 06 34 | 04 28 | 16 11 | 17 16 | 06 09 | 18 39 | 22 02 | 17 34 |
| 10 | 19:10:32 | 17 29 18 | 24 33 | 01♏26 | 04 18 | 07 48 | 05 06 | 16 05 | 17 12 | 06 10 | 18 38 | 22 00 | 17 31 |
| 11 | 19:14:29 | 18 26 30 | 08♏15 | 15 00 | 04 06 | 09 01 | 05 44 | 16 00 | 17 07 | 06 12 | 18 37 | 21 59 | 17 27 |
| 12 | 19:18:25 | 19 23 42 | 21 41 | 28 18 | 03 50 | 10 15 | 06 22 | 15 54 | 17 03 | 06 13 | 18 37 | 21 57 | 17 24 |
| 13 | 19:22:22 | 20 20 54 | 04♐51 | 11♐21 | 03 29 | 11 28 | 07 01 | 15 49 | 16 58 | 06 15 | 18 36 | 21 56 | 17 21 |
| 14 | 19:26:18 | 21 18 06 | 17 47 | 24 09 | 03 04 | 12 42 | 07 39 | 15 44 | 16 54 | 06 16 | 18 35 | 21 54 | 17 18 |
| 15 | 19:30:15 | 22 15 18 | 00♑28 | 06♑44 | 02 36 | 13 55 | 08 17 | 15 39 | 16 50 | 06 18 | 18 35 | 21 53 | 17 15 |
| 16 | 19:34:11 | 23 12 31 | 12 58 | 19 08 | 02 04 | 15 09 | 08 55 | 15 34 | 16 45 | 06 19 | 18 34 | 21 51 | 17 11 |
| 17 | 19:38:08 | 24 09 43 | 25 16 | 01♒21 | 01 29 | 16 23 | 09 33 | 15 30 | 16 41 | 06 20 | 18 33 | 21 50 | 17 08 |
| 18 | 19:42:04 | 25 06 56 | 07♒24 | 13 25 | 00 51 | 17 36 | 10 11 | 15 25 | 16 37 | 06 21 | 18 32 | 21 49 | 17 05 |
| 19 | 19:46:01 | 26 04 10 | 19 25 | 25 22 | 00 12 | 18 50 | 10 49 | 15 21 | 16 32 | 06 23 | 18 32 | 21 47 | 17 02 |
| 20 | 19:49:58 | 27 01 24 | 01♓19 | 07♓15 | 29♋31 | 20 04 | 11 27 | 15 17 | 16 28 | 06 24 | 18 31 | 21 46 | 16 59 |
| 21 | 19:53:54 | 27 58 38 | 13 10 | 19 06 | 28 50 | 21 17 | 12 05 | 15 13 | 16 24 | 06 25 | 18 30 | 21 44 | 16 56 |
| 22 | 19:57:51 | 28 55 54 | 25 01 | 00♈58 | 28 09 | 22 31 | 12 43 | 15 09 | 16 19 | 06 26 | 18 29 | 21 43 | 16 52 |
| 23 | 20:01:47 | 29 53 10 | 06♈56 | 12 55 | 27 29 | 23 45 | 13 21 | 15 06 | 16 15 | 06 27 | 18 28 | 21 41 | 16 49 |
| 24 | 20:05:44 | 00♌50 26 | 18 57 | 25 02 | 26 51 | 24 59 | 13 59 | 15 02 | 16 11 | 06 28 | 18 27 | 21 40 | 16 46 |
| 25 | 20:09:40 | 01 47 44 | 01♉10 | 07♉22 | 26 15 | 26 13 | 14 37 | 14 59 | 16 07 | 06 29 | 18 26 | 21 38 | 16 43 |
| 26 | 20:13:37 | 02 45 02 | 13 39 | 20 01 | 25 42 | 27 26 | 15 16 | 14 56 | 16 03 | 06 30 | 18 25 | 21 37 | 16 40 |
| 27 | 20:17:33 | 03 42 22 | 26 28 | 03♊01 | 25 12 | 28 40 | 15 54 | 14 53 | 15 58 | 06 31 | 18 24 | 21 36 | 16 37 |
| 28 | 20:21:30 | 04 39 42 | 09♊40 | 16 26 | 24 47 | 29 54 | 16 32 | 14 50 | 15 54 | 06 31 | 18 23 | 21 34 | 16 33 |
| 29 | 20:25:27 | 05 37 04 | 23 18 | 00♋17 | 24 26 | 01♌08 | 17 10 | 14 47 | 15 50 | 06 32 | 18 22 | 21 33 | 16 30 |
| 30 | 20:29:23 | 06 34 26 | 07♋22 | 14 33 | 24 11 | 02 22 | 17 48 | 14 45 | 15 46 | 06 33 | 18 21 | 21 31 | 16 27 |
| 31 | 20:33:20 | 07 31 50 | 21 49 | 29 11 | 24 01 | 03 36 | 18 26 | 14 43 | 15 42 | 06 33 | 18 20 | 21 30 | 16 24 |

## 0:00 E.T. Longitudes of the Major Asteroids and Chiron

| D | ⚳ | ⚴ | ⚵ | ⚶ | ⚷ |
|---|---|---|---|---|---|
| 1 | 01♐23℞ | 13♎34 | 04♌46 | 08♉28 | 05♈55 |
| 2 | 01 17 | 13 45 | 05 15 | 08 51 | 05 55 |
| 3 | 01 11 | 13 57 | 05 44 | 09 13 | 05 56 |
| 4 | 01 06 | 14 10 | 06 13 | 09 35 | 05 56 |
| 5 | 01 01 | 14 22 | 06 42 | 09 57 | 05 56 |
| 6 | 00 57 | 14 35 | 07 10 | 10 19 | 05 56 |
| 7 | 00 52 | 14 48 | 07 39 | 10 40 | 05 56 |
| 8 | 00 49 | 15 01 | 08 08 | 11 02 | 05 56 |
| 9 | 00 45 | 15 15 | 08 36 | 11 23 | 05 56℞ |
| 10 | 00 42 | 15 29 | 09 05 | 11 44 | 05 56 |
| 11 | 00 39 | 15 43 | 09 34 | 12 05 | 05 56 |
| 12 | 00 37 | 15 57 | 10 02 | 12 26 | 05 56 |
| 13 | 00 35 | 16 11 | 10 31 | 12 47 | 05 56 |
| 14 | 00 34 | 16 26 | 10 59 | 13 08 | 05 56 |
| 15 | 00 32 | 16 41 | 11 28 | 13 28 | 05 56 |
| 16 | 00 31 | 16 56 | 11 56 | 13 48 | 05 55 |
| 17 | 00 31 | 17 12 | 12 25 | 14 08 | 05 55 |
| 18 | 00 31D | 17 27 | 12 53 | 14 28 | 05 54 |
| 19 | 00 31 | 17 43 | 13 21 | 14 48 | 05 54 |
| 20 | 00 32 | 17 59 | 13 50 | 15 08 | 05 53 |
| 21 | 00 33 | 18 16 | 14 18 | 15 27 | 05 53 |
| 22 | 00 34 | 18 32 | 14 46 | 15 47 | 05 52 |
| 23 | 00 36 | 18 49 | 15 14 | 16 06 | 05 51 |
| 24 | 00 38 | 19 06 | 15 43 | 16 25 | 05 51 |
| 25 | 00 40 | 19 23 | 16 11 | 16 44 | 05 50 |
| 26 | 00 43 | 19 40 | 16 39 | 17 02 | 05 49 |
| 27 | 00 46 | 19 57 | 17 07 | 17 21 | 05 48 |
| 28 | 00 49 | 20 15 | 17 35 | 17 39 | 05 47 |
| 29 | 00 53 | 20 33 | 18 03 | 17 57 | 05 46 |
| 30 | 00 57 | 20 51 | 18 31 | 18 15 | 05 45 |
| 31 | 01 02 | 21 09 | 18 59 | 18 32 | 05 44 |

## Lunar Data

| Last Asp. | | Ingress | | |
|---|---|---|---|---|
| 1 | 21:49 | 2 | ♋ | 01:25 |
| 3 | 14:26 | 4 | ♌ | 03:20 |
| 5 | 06:25 | 6 | ♍ | 04:26 |
| 7 | 16:51 | 8 | ♎ | 06:08 |
| 9 | 19:37 | 10 | ♏ | 09:30 |
| 12 | 00:30 | 12 | ♐ | 15:06 |
| 14 | 01:32 | 14 | ♑ | 23:06 |
| 16 | 21:40 | 17 | ♒ | 09:20 |
| 18 | 15:55 | 19 | ♓ | 21:20 |
| 22 | 08:35 | 22 | ♈ | 10:03 |
| 24 | 14:49 | 24 | ♉ | 21:43 |
| 27 | 04:29 | 27 | ♊ | 06:30 |
| 28 | 15:25 | 29 | ♋ | 11:31 |
| 31 | 03:34 | 31 | ♌ | 13:19 |

## 0:00 E.T. Declinations

| D | ☉ | ☽ | ☿ | ♀ | ♂ | ♃ | ♄ | ♅ | ♆ | ♇ | ⚳ | ⚴ | ⚵ | ⚶ | ⚷ |
|---|---|---|---|---|---|---|---|---|---|---|---|---|---|---|---|
| 1 | +23 08 | +19 48 | +18 41 | +23 13 | +21 26 | -22 16 | -21 55 | +13 01 | -05 25 | -22 00 | -18 45 | +21 23 | +13 48 | +08 23 | +05 14 |
| 2 | 23 04 | 21 46 | 18 20 | 23 17 | 21 18 | 22 16 | 21 56 | 13 02 | 05 25 | 22 00 | 18 47 | 21 16 | 13 44 | 08 28 | 05 14 |
| 3 | 23 00 | 22 23 | 18 00 | 23 20 | 21 10 | 22 15 | 21 56 | 13 03 | 05 25 | 22 01 | 18 50 | 21 08 | 13 40 | 08 34 | 05 15 |
| 4 | 22 55 | 21 30 | 17 41 | 23 22 | 21 01 | 22 15 | 21 57 | 13 03 | 05 25 | 22 01 | 18 52 | 21 01 | 13 36 | 08 39 | 05 15 |
| 5 | 22 50 | 19 10 | 17 23 | 23 24 | 20 53 | 22 14 | 21 58 | 13 04 | 05 25 | 22 01 | 18 55 | 20 54 | 13 31 | 08 45 | 05 15 |
| 6 | 22 44 | 15 35 | 17 05 | 23 25 | 20 44 | 22 14 | 21 58 | 13 04 | 05 26 | 22 02 | 18 58 | 20 46 | 13 27 | 08 50 | 05 15 |
| 7 | 22 38 | 11 04 | 16 48 | 23 26 | 20 35 | 22 14 | 21 59 | 13 05 | 05 26 | 22 02 | 19 00 | 20 39 | 13 22 | 08 55 | 05 15 |
| 8 | 22 32 | 05 59 | 16 33 | 23 26 | 20 26 | 22 13 | 22 00 | 13 05 | 05 26 | 22 02 | 19 03 | 20 31 | 13 18 | 09 00 | 05 15 |
| 9 | 22 25 | 00 39 | 16 19 | 23 25 | 20 17 | 22 13 | 22 00 | 13 06 | 05 26 | 22 03 | 19 06 | 20 23 | 13 13 | 09 05 | 05 16 |
| 10 | 22 18 | -04 37 | 16 06 | 23 23 | 20 08 | 22 12 | 22 01 | 13 06 | 05 27 | 22 03 | 19 09 | 20 15 | 13 08 | 09 10 | 05 16 |
| 11 | 22 10 | 09 34 | 15 55 | 23 21 | 19 58 | 22 12 | 22 02 | 13 07 | 05 27 | 22 03 | 19 12 | 20 08 | 13 03 | 09 15 | 05 16 |
| 12 | 22 02 | 13 57 | 15 45 | 23 18 | 19 49 | 22 12 | 22 02 | 13 07 | 05 27 | 22 04 | 19 15 | 20 00 | 12 58 | 09 20 | 05 16 |
| 13 | 21 54 | 17 34 | 15 37 | 23 14 | 19 39 | 22 11 | 22 03 | 13 08 | 05 27 | 22 04 | 19 18 | 19 52 | 12 53 | 09 24 | 05 16 |
| 14 | 21 45 | 20 15 | 15 31 | 23 10 | 19 29 | 22 11 | 22 03 | 13 08 | 05 28 | 22 04 | 19 21 | 19 44 | 12 48 | 09 29 | 05 16 |
| 15 | 21 36 | 21 53 | 15 26 | 23 05 | 19 20 | 22 10 | 22 04 | 13 09 | 05 28 | 22 04 | 19 24 | 19 35 | 12 43 | 09 33 | 05 16 |
| 16 | 21 26 | 22 23 | 15 23 | 22 59 | 19 10 | 22 10 | 22 05 | 13 09 | 05 28 | 22 05 | 19 27 | 19 27 | 12 38 | 09 38 | 05 16 |
| 17 | 21 17 | 21 46 | 15 21 | 22 53 | 18 59 | 22 10 | 22 05 | 13 10 | 05 29 | 22 05 | 19 30 | 19 19 | 12 32 | 09 42 | 05 16 |
| 18 | 21 06 | 20 09 | 15 22 | 22 46 | 18 49 | 22 10 | 22 06 | 13 10 | 05 29 | 22 05 | 19 33 | 19 11 | 12 27 | 09 46 | 05 16 |
| 19 | 20 56 | 17 38 | 15 24 | 22 38 | 18 39 | 22 09 | 22 07 | 13 10 | 05 29 | 22 06 | 19 37 | 19 03 | 12 21 | 09 50 | 05 15 |
| 20 | 20 45 | 14 25 | 15 28 | 22 30 | 18 28 | 22 09 | 22 07 | 13 11 | 05 30 | 22 06 | 19 40 | 18 54 | 12 16 | 09 54 | 05 15 |
| 21 | 20 34 | 10 38 | 15 33 | 22 21 | 18 17 | 22 09 | 22 08 | 13 11 | 05 30 | 22 06 | 19 43 | 18 46 | 12 10 | 09 58 | 05 15 |
| 22 | 20 22 | 06 27 | 15 40 | 22 11 | 18 07 | 22 09 | 22 08 | 13 11 | 05 31 | 22 07 | 19 47 | 18 37 | 12 04 | 10 02 | 05 15 |
| 23 | 20 10 | 02 01 | 15 48 | 22 01 | 17 56 | 22 08 | 22 09 | 13 12 | 05 31 | 22 07 | 19 50 | 18 29 | 11 59 | 10 06 | 05 15 |
| 24 | 19 58 | +02 33 | 15 57 | 21 50 | 17 45 | 22 08 | 22 10 | 13 12 | 05 31 | 22 07 | 19 54 | 18 20 | 11 53 | 10 10 | 05 15 |
| 25 | 19 45 | 07 04 | 16 07 | 21 38 | 17 33 | 22 08 | 22 10 | 13 12 | 05 32 | 22 08 | 19 57 | 18 12 | 11 47 | 10 13 | 05 14 |
| 26 | 19 33 | 11 25 | 16 19 | 21 26 | 17 22 | 22 08 | 22 11 | 13 13 | 05 32 | 22 08 | 20 01 | 18 03 | 11 41 | 10 17 | 05 14 |
| 27 | 19 19 | 15 22 | 16 31 | 21 13 | 17 11 | 22 08 | 22 11 | 13 13 | 05 33 | 22 08 | 20 04 | 17 55 | 11 35 | 10 20 | 05 14 |
| 28 | 19 06 | 18 42 | 16 44 | 20 59 | 16 59 | 22 08 | 22 12 | 13 13 | 05 33 | 22 09 | 20 08 | 17 46 | 11 29 | 10 23 | 05 14 |
| 29 | 18 52 | 21 06 | 16 57 | 20 45 | 16 48 | 22 07 | 22 13 | 13 13 | 05 34 | 22 09 | 20 12 | 17 37 | 11 23 | 10 26 | 05 13 |
| 30 | 18 38 | 22 18 | 17 10 | 20 30 | 16 36 | 22 07 | 22 13 | 13 13 | 05 34 | 22 09 | 20 15 | 17 29 | 11 16 | 10 29 | 05 13 |
| 31 | 18 23 | 22 03 | 17 24 | 20 15 | 16 24 | 22 07 | 22 14 | 13 14 | 05 35 | 22 10 | 20 19 | 17 20 | 11 10 | 10 32 | 05 13 |

Lunar Phases -- 2 ● 19:17 ☌ 9 ◐ 10:56 16 Ⓔ 21:39 ☍ 25 ◑ 01:19 Sun enters ♌ 7/23 02:52

# Longitudes of Main Planets - August 2019

0:00 E.T.

| D | S.T. | ☉ | ☽ | ☽ 12:00 | ☿ | ♀ | ♂ | ♃ | ♄ | ♅ | ♆ | ♇ | ☊ |
|---|---|---|---|---|---|---|---|---|---|---|---|---|---|
| 1 | 20:37:16 | 08♌29 14 | 06♌37 | 14♌06 | 23♋57℞ | 04♌50 | 19♌04 | 14♐41℞ | 15♑38℞ | 06♉34 | 18♓19℞ | 21♑29℞ | 16♋21 |
| 2 | 20:41:13 | 09 26 39 | 21 37 | 29 09 | 23 59D | 06 04 | 19 42 | 14 39 | 15 35 | 06 34 | 18 17 | 21 27 | 16 17 |
| 3 | 20:45:09 | 10 24 04 | 06♍41 | 14♍11 | 24 07 | 07 18 | 20 20 | 14 37 | 15 31 | 06 35 | 18 16 | 21 26 | 16 14 |
| 4 | 20:49:06 | 11 21 31 | 21 39 | 29 04 | 24 22 | 08 32 | 20 58 | 14 36 | 15 27 | 06 35 | 18 15 | 21 24 | 16 11 |
| 5 | 20:53:02 | 12 18 58 | 06♎25 | 13♎41 | 24 43 | 09 46 | 21 36 | 14 34 | 15 23 | 06 36 | 18 14 | 21 23 | 16 08 |
| 6 | 20:56:59 | 13 16 26 | 20 51 | 27 56 | 25 11 | 11 00 | 22 14 | 14 33 | 15 20 | 06 36 | 18 12 | 21 22 | 16 05 |
| 7 | 21:00:56 | 14 13 54 | 04♏55 | 11♏47 | 25 45 | 12 14 | 22 53 | 14 32 | 15 16 | 06 36 | 18 11 | 21 20 | 16 02 |
| 8 | 21:04:52 | 15 11 23 | 18 34 | 25 16 | 26 26 | 13 28 | 23 31 | 14 31 | 15 12 | 06 36 | 18 10 | 21 19 | 15 58 |
| 9 | 21:08:49 | 16 08 53 | 01♐52 | 08♐23 | 27 13 | 14 42 | 24 09 | 14 31 | 15 09 | 06 37 | 18 09 | 21 18 | 15 55 |
| 10 | 21:12:45 | 17 06 24 | 14 49 | 21 10 | 28 07 | 15 56 | 24 47 | 14 31 | 15 06 | 06 37 | 18 07 | 21 17 | 15 52 |
| 11 | 21:16:42 | 18 03 56 | 27 28 | 03♑42 | 29 06 | 17 10 | 25 25 | 14 30 | 15 02 | 06 37 | 18 06 | 21 15 | 15 49 |
| 12 | 21:20:38 | 19 01 29 | 09♑53 | 16 02 | 00♌12 | 18 24 | 26 03 | 14 30D | 14 59 | 06 37℞ | 18 04 | 21 14 | 15 46 |
| 13 | 21:24:35 | 19 59 02 | 22 07 | 28 11 | 01 24 | 19 38 | 26 41 | 14 30 | 14 56 | 06 37 | 18 03 | 21 13 | 15 43 |
| 14 | 21:28:31 | 20 56 37 | 04♒13 | 10♒13 | 02 41 | 20 52 | 27 19 | 14 31 | 14 53 | 06 37 | 18 02 | 21 12 | 15 39 |
| 15 | 21:32:28 | 21 54 12 | 16 11 | 22 09 | 04 03 | 22 07 | 27 57 | 14 31 | 14 50 | 06 37 | 18 00 | 21 10 | 15 36 |
| 16 | 21:36:25 | 22 51 49 | 28 06 | 04♓02 | 05 31 | 23 21 | 28 35 | 14 32 | 14 47 | 06 37 | 17 59 | 21 09 | 15 33 |
| 17 | 21:40:21 | 23 49 27 | 09♓58 | 15 53 | 07 03 | 24 35 | 29 13 | 14 33 | 14 44 | 06 36 | 17 57 | 21 08 | 15 30 |
| 18 | 21:44:18 | 24 47 07 | 21 49 | 27 45 | 08 40 | 25 49 | 29 52 | 14 34 | 14 41 | 06 36 | 17 56 | 21 07 | 15 27 |
| 19 | 21:48:14 | 25 44 47 | 03♈41 | 09♈38 | 10 21 | 27 03 | 00♍30 | 14 35 | 14 38 | 06 36 | 17 54 | 21 06 | 15 23 |
| 20 | 21:52:11 | 26 42 30 | 15 37 | 21 37 | 12 05 | 28 18 | 01 08 | 14 37 | 14 35 | 06 35 | 17 53 | 21 05 | 15 20 |
| 21 | 21:56:07 | 27 40 14 | 27 39 | 03♉44 | 13 53 | 29 32 | 01 46 | 14 38 | 14 33 | 06 35 | 17 51 | 21 03 | 15 17 |
| 22 | 22:00:04 | 28 37 59 | 09♉52 | 16 03 | 15 44 | 00♍46 | 02 24 | 14 40 | 14 30 | 06 34 | 17 50 | 21 02 | 15 14 |
| 23 | 22:04:00 | 29 35 46 | 22 18 | 28 38 | 17 36 | 02 00 | 03 02 | 14 42 | 14 28 | 06 34 | 17 48 | 21 01 | 15 11 |
| 24 | 22:07:57 | 00♍33 35 | 05♊02 | 11♊32 | 19 31 | 03 15 | 03 40 | 14 44 | 14 25 | 06 33 | 17 47 | 21 00 | 15 08 |
| 25 | 22:11:54 | 01 31 26 | 18 08 | 24 50 | 21 28 | 04 29 | 04 18 | 14 47 | 14 23 | 06 33 | 17 45 | 20 59 | 15 04 |
| 26 | 22:15:50 | 02 29 18 | 01♋39 | 08♋35 | 23 25 | 05 43 | 04 57 | 14 49 | 14 21 | 06 32 | 17 44 | 20 58 | 15 01 |
| 27 | 22:19:47 | 03 27 13 | 15 38 | 22 47 | 25 23 | 06 58 | 05 35 | 14 52 | 14 19 | 06 31 | 17 42 | 20 57 | 14 58 |
| 28 | 22:23:43 | 04 25 09 | 00♌03 | 07♌26 | 27 22 | 08 12 | 06 13 | 14 55 | 14 16 | 06 31 | 17 40 | 20 56 | 14 55 |
| 29 | 22:27:40 | 05 23 06 | 14 53 | 22 25 | 29 21 | 09 26 | 06 51 | 14 58 | 14 14 | 06 30 | 17 39 | 20 55 | 14 52 |
| 30 | 22:31:36 | 06 21 06 | 00♍01 | 07♍39 | 01♍20 | 10 41 | 07 29 | 15 01 | 14 13 | 06 29 | 17 37 | 20 54 | 14 49 |
| 31 | 22:35:33 | 07 19 06 | 15 18 | 22 56 | 03 19 | 11 55 | 08 08 | 15 05 | 14 11 | 06 28 | 17 36 | 20 53 | 14 45 |

## 0:00 E.T. Longitudes of the Major Asteroids and Chiron

| D | ⚳ | ⚴ | ⚵ | ⚶ | ⚷ | D | ⚳ | ⚴ | ⚵ | ⚶ | ⚷ |
|---|---|---|---|---|---|---|---|---|---|---|---|
| 1 | 01♐06 | 21♎27 | 19♌27 | 18♉50 | 05♈43℞ | 17 | 03 05 | 26 41 | 26 50 | 22 59 | 05 19 |
| 2 | 01 12 | 21 46 | 19 55 | 19 07 | 05 42 | 18 | 03 15 | 27 02 | 27 17 | 23 12 | 05 17 |
| 3 | 01 17 | 22 04 | 20 23 | 19 24 | 05 41 | 19 | 03 25 | 27 23 | 27 44 | 23 25 | 05 15 |
| 4 | 01 23 | 22 23 | 20 51 | 19 41 | 05 39 | 20 | 03 35 | 27 43 | 28 11 | 23 38 | 05 13 |
| 5 | 01 29 | 22 42 | 21 19 | 19 58 | 05 38 | 21 | 03 46 | 28 05 | 28 39 | 23 51 | 05 11 |
| 6 | 01 35 | 23 01 | 21 47 | 20 14 | 05 37 | 22 | 03 57 | 28 26 | 29 06 | 24 03 | 05 09 |
| 7 | 01 42 | 23 20 | 22 14 | 20 30 | 05 35 | 23 | 04 08 | 28 47 | 29 33 | 24 15 | 05 07 |
| 8 | 01 49 | 23 40 | 22 42 | 20 46 | 05 34 | 24 | 04 19 | 29 09 | 00 00 | 24 27 | 05 05 |
| 9 | 01 56 | 23 59 | 23 10 | 21 02 | 05 32 | 25 | 04 31 | 29 30 | 00♍27 | 24 38 | 05 03 |
| 10 | 02 04 | 24 19 | 23 37 | 21 17 | 05 31 | 26 | 04 43 | 29 52 | 00 54 | 24 50 | 05 00 |
| 11 | 02 12 | 24 39 | 24 05 | 21 32 | 05 29 | 27 | 04 55 | 00♏14 | 01 21 | 25 00 | 04 58 |
| 12 | 02 20 | 24 59 | 24 32 | 21 47 | 05 27 | 28 | 05 07 | 00 36 | 01 48 | 25 11 | 04 56 |
| 13 | 02 28 | 25 19 | 25 00 | 22 02 | 05 26 | 29 | 05 19 | 00 58 | 02 15 | 25 21 | 04 54 |
| 14 | 02 37 | 25 39 | 25 27 | 22 17 | 05 24 | 30 | 05 32 | 01 20 | 02 41 | 25 31 | 04 52 |
| 15 | 02 46 | 26 00 | 25 55 | 22 31 | 05 22 | 31 | 05 45 | 01 42 | 03 08 | 25 41 | 04 49 |
| 16 | 02 55 | 26 20 | 26 22 | 22 45 | 05 20 | | | | | | |

## Lunar Data

| Last Asp. | | Ingress | | |
|---|---|---|---|---|
| 1 | 20:49 | 2 | ♍ | 13:22 |
| 4 | 04:29 | 4 | ♎ | 13:31 |
| 6 | 07:37 | 6 | ♏ | 15:33 |
| 8 | 14:59 | 8 | ♐ | 20:36 |
| 10 | 19:52 | 11 | ♑ | 04:51 |
| 12 | 22:13 | 13 | ♒ | 15:37 |
| 16 | 01:03 | 16 | ♓ | 03:51 |
| 17 | 22:35 | 18 | ♈ | 16:34 |
| 21 | 04:07 | 21 | ♉ | 04:38 |
| 22 | 21:33 | 23 | ♊ | 14:35 |
| 25 | 06:59 | 25 | ♋ | 21:06 |
| 27 | 08:56 | 27 | ♌ | 23:54 |
| 29 | 00:08 | 29 | ♍ | 23:58 |
| 31 | 08:47 | | | |

## 0:00 E.T. Declinations

| D | ☉ | ☽ | ☿ | ♀ | ♂ | ♃ | ♄ | ♅ | ♆ | ♇ | ⚳ | ⚴ | ⚵ | ⚶ | ⚷ |
|---|---|---|---|---|---|---|---|---|---|---|---|---|---|---|---|
| 1 | +18 08 | +20 17 | +17 38 | +19 59 | +16 12 | -22 07 | -22 14 | +13 14 | -05 35 | -22 10 | -20 23 | +17 11 | +11 04 | +10 35 | +05 12 |
| 2 | 17 53 | 17 05 | 17 51 | 19 43 | 16 00 | 22 07 | 22 15 | 13 14 | 05 35 | 22 10 | 20 27 | 17 03 | 10 57 | 10 38 | 05 12 |
| 3 | 17 38 | 12 45 | 18 04 | 19 26 | 15 48 | 22 07 | 22 15 | 13 14 | 05 36 | 22 11 | 20 30 | 16 54 | 10 51 | 10 41 | 05 11 |
| 4 | 17 22 | 07 38 | 18 17 | 19 08 | 15 36 | 22 07 | 22 16 | 13 14 | 05 36 | 22 11 | 20 34 | 16 45 | 10 45 | 10 43 | 05 11 |
| 5 | 17 06 | 02 10 | 18 29 | 18 50 | 15 23 | 22 07 | 22 16 | 13 14 | 05 37 | 22 11 | 20 38 | 16 36 | 10 38 | 10 46 | 05 11 |
| 6 | 16 50 | -03 18 | 18 39 | 18 31 | 15 11 | 22 07 | 22 17 | 13 14 | 05 38 | 22 11 | 20 42 | 16 28 | 10 31 | 10 48 | 05 10 |
| 7 | 16 33 | 08 27 | 18 49 | 18 12 | 14 58 | 22 07 | 22 17 | 13 15 | 05 38 | 22 12 | 20 46 | 16 19 | 10 25 | 10 51 | 05 10 |
| 8 | 16 17 | 13 03 | 18 58 | 17 52 | 14 46 | 22 08 | 22 18 | 13 15 | 05 39 | 22 12 | 20 50 | 16 10 | 10 18 | 10 53 | 05 09 |
| 9 | 16 00 | 16 52 | 19 05 | 17 32 | 14 33 | 22 08 | 22 18 | 13 15 | 05 39 | 22 12 | 20 54 | 16 01 | 10 11 | 10 55 | 05 08 |
| 10 | 15 42 | 19 46 | 19 10 | 17 12 | 14 20 | 22 08 | 22 19 | 13 15 | 05 40 | 22 13 | 20 58 | 15 52 | 10 04 | 10 57 | 05 08 |
| 11 | 15 25 | 21 38 | 19 14 | 16 50 | 14 07 | 22 08 | 22 19 | 13 15 | 05 40 | 22 13 | 21 02 | 15 44 | 09 58 | 10 59 | 05 07 |
| 12 | 15 07 | 22 23 | 19 15 | 16 29 | 13 54 | 22 08 | 22 20 | 13 15 | 05 41 | 22 13 | 21 06 | 15 35 | 09 51 | 11 01 | 05 07 |
| 13 | 14 49 | 22 03 | 19 15 | 16 07 | 13 41 | 22 08 | 22 20 | 13 15 | 05 41 | 22 13 | 21 10 | 15 26 | 09 44 | 11 03 | 05 06 |
| 14 | 14 31 | 20 40 | 19 12 | 15 44 | 13 28 | 22 09 | 22 21 | 13 15 | 05 42 | 22 14 | 21 14 | 15 17 | 09 37 | 11 04 | 05 06 |
| 15 | 14 12 | 18 23 | 19 06 | 15 21 | 13 15 | 22 09 | 22 21 | 13 15 | 05 43 | 22 14 | 21 19 | 15 08 | 09 30 | 11 06 | 05 05 |
| 16 | 13 54 | 15 19 | 18 58 | 14 58 | 13 01 | 22 09 | 22 22 | 13 14 | 05 43 | 22 14 | 21 23 | 15 00 | 09 23 | 11 07 | 05 04 |
| 17 | 13 35 | 11 39 | 18 48 | 14 34 | 12 48 | 22 09 | 22 22 | 13 14 | 05 44 | 22 15 | 21 27 | 14 51 | 09 16 | 11 09 | 05 04 |
| 18 | 13 16 | 07 32 | 18 35 | 14 10 | 12 34 | 22 10 | 22 22 | 13 14 | 05 44 | 22 15 | 21 31 | 14 42 | 09 08 | 11 10 | 05 03 |
| 19 | 12 56 | 03 09 | 18 18 | 13 45 | 12 21 | 22 10 | 22 23 | 13 14 | 05 45 | 22 15 | 21 35 | 14 33 | 09 01 | 11 11 | 05 02 |
| 20 | 12 37 | +01 23 | 18 00 | 13 20 | 12 07 | 22 10 | 22 23 | 13 14 | 05 46 | 22 15 | 21 39 | 14 24 | 08 54 | 11 12 | 05 01 |
| 21 | 12 17 | 05 54 | 17 38 | 12 55 | 11 53 | 22 11 | 22 24 | 13 14 | 05 46 | 22 16 | 21 44 | 14 16 | 08 47 | 11 13 | 05 01 |
| 22 | 11 57 | 10 16 | 17 14 | 12 29 | 11 39 | 22 11 | 22 24 | 13 14 | 05 47 | 22 16 | 21 48 | 14 07 | 08 39 | 11 14 | 05 00 |
| 23 | 11 37 | 14 17 | 16 47 | 12 03 | 11 26 | 22 12 | 22 24 | 13 13 | 05 47 | 22 16 | 21 52 | 13 58 | 08 32 | 11 15 | 04 59 |
| 24 | 11 16 | 17 45 | 16 18 | 11 37 | 11 12 | 22 12 | 22 25 | 13 13 | 05 48 | 22 16 | 21 56 | 13 50 | 08 25 | 11 15 | 04 58 |
| 25 | 10 56 | 20 27 | 15 46 | 11 10 | 10 58 | 22 12 | 22 25 | 13 13 | 05 49 | 22 17 | 22 01 | 13 41 | 08 17 | 11 16 | 04 58 |
| 26 | 10 35 | 22 05 | 15 12 | 10 43 | 10 43 | 22 13 | 22 25 | 13 13 | 05 49 | 22 17 | 22 05 | 13 32 | 08 10 | 11 17 | 04 57 |
| 27 | 10 14 | 22 26 | 14 36 | 10 16 | 10 29 | 22 13 | 22 26 | 13 13 | 05 50 | 22 17 | 22 09 | 13 24 | 08 02 | 11 17 | 04 56 |
| 28 | 09 53 | 21 18 | 13 59 | 09 48 | 10 15 | 22 14 | 22 26 | 13 12 | 05 51 | 22 17 | 22 14 | 13 15 | 07 55 | 11 17 | 04 55 |
| 29 | 09 32 | 18 42 | 13 19 | 09 21 | 10 01 | 22 14 | 22 26 | 13 12 | 05 51 | 22 18 | 22 18 | 13 06 | 07 47 | 11 17 | 04 54 |
| 30 | 09 11 | 14 46 | 12 39 | 08 52 | 09 46 | 22 15 | 22 27 | 13 12 | 05 52 | 22 18 | 22 22 | 12 58 | 07 40 | 11 18 | 04 53 |
| 31 | 08 49 | 09 50 | 11 56 | 08 24 | 09 32 | 22 16 | 22 27 | 13 11 | 05 52 | 22 18 | 22 26 | 12 49 | 07 32 | 11 18 | 04 52 |

Lunar Phases -- 1 ● 03:13 7 ◐ 17:32 15 ○ 12:30 23 ◑ 14:57 30 ● 10:38 Sun enters ♍ 8/23 10:04

## 0:00 E.T. Longitudes of Main Planets - September 2019

| D | S.T. | ☉ | ☽ | ☽ 12:00 | ☿ | ♀ | ♂ | ♃ | ♄ | ♅ | ♆ | ♇ | ☊ |
|---|---|---|---|---|---|---|---|---|---|---|---|---|---|
| 1 | 22:39:29 | 08♍17 09 | 00♎32 | 08♎05 | 05♍17 | 13♍09 | 08♍46 | 15♐08 | 14♑09℞ | 06♉27℞ | 17♓34℞ | 20♑53℞ | 14♋42 |
| 2 | 22:43:26 | 09 15 13 | 15 34 | 22 57 | 07 15 | 14 24 | 09 24 | 15 12 | 14 08 | 06 26 | 17 32 | 20 52 | 14 39 |
| 3 | 22:47:22 | 10 13 18 | 00♏14 | 07♏25 | 09 11 | 15 38 | 10 02 | 15 16 | 14 06 | 06 25 | 17 31 | 20 51 | 14 36 |
| 4 | 22:51:19 | 11 11 25 | 14 28 | 21 25 | 11 07 | 16 53 | 10 41 | 15 20 | 14 05 | 06 24 | 17 29 | 20 50 | 14 33 |
| 5 | 22:55:16 | 12 09 33 | 28 14 | 04♐56 | 13 02 | 18 07 | 11 19 | 15 25 | 14 03 | 06 23 | 17 27 | 20 49 | 14 29 |
| 6 | 22:59:12 | 13 07 43 | 11♐31 | 18 01 | 14 56 | 19 22 | 11 57 | 15 29 | 14 02 | 06 22 | 17 26 | 20 49 | 14 26 |
| 7 | 23:03:09 | 14 05 54 | 24 24 | 00♑43 | 16 49 | 20 36 | 12 35 | 15 34 | 14 01 | 06 21 | 17 24 | 20 48 | 14 23 |
| 8 | 23:07:05 | 15 04 07 | 06♑57 | 13 06 | 18 41 | 21 51 | 13 14 | 15 38 | 14 00 | 06 19 | 17 22 | 20 47 | 14 20 |
| 9 | 23:11:02 | 16 02 21 | 19 13 | 25 16 | 20 32 | 23 05 | 13 52 | 15 43 | 13 59 | 06 18 | 17 21 | 20 46 | 14 17 |
| 10 | 23:14:58 | 17 00 36 | 01♒18 | 07♒17 | 22 21 | 24 19 | 14 30 | 15 49 | 13 58 | 06 17 | 17 19 | 20 46 | 14 14 |
| 11 | 23:18:55 | 17 58 54 | 13 15 | 19 11 | 24 10 | 25 34 | 15 08 | 15 54 | 13 57 | 06 15 | 17 17 | 20 45 | 14 10 |
| 12 | 23:22:51 | 18 57 12 | 25 07 | 01♓03 | 25 57 | 26 48 | 15 47 | 15 59 | 13 57 | 06 14 | 17 16 | 20 44 | 14 07 |
| 13 | 23:26:48 | 19 55 33 | 06♓58 | 12 54 | 27 43 | 28 03 | 16 25 | 16 05 | 13 56 | 06 13 | 17 14 | 20 44 | 14 04 |
| 14 | 23:30:45 | 20 53 55 | 18 50 | 24 46 | 29 28 | 29 17 | 17 03 | 16 11 | 13 56 | 06 11 | 17 13 | 20 43 | 14 01 |
| 15 | 23:34:41 | 21 52 19 | 00♈43 | 06♈41 | 01♎12 | 00♎32 | 17 42 | 16 17 | 13 55 | 06 10 | 17 11 | 20 43 | 13 58 |
| 16 | 23:38:38 | 22 50 45 | 12 40 | 18 40 | 02 55 | 01 46 | 18 20 | 16 23 | 13 55 | 06 08 | 17 09 | 20 42 | 13 55 |
| 17 | 23:42:34 | 23 49 13 | 24 41 | 00♉45 | 04 37 | 03 01 | 18 59 | 16 29 | 13 55 | 06 06 | 17 08 | 20 42 | 13 51 |
| 18 | 23:46:31 | 24 47 43 | 06♉50 | 12 57 | 06 18 | 04 15 | 19 37 | 16 35 | 13 55 | 06 05 | 17 06 | 20 41 | 13 48 |
| 19 | 23:50:27 | 25 46 16 | 19 06 | 25 19 | 07 57 | 05 30 | 20 15 | 16 42 | 13 55D | 06 03 | 17 04 | 20 41 | 13 45 |
| 20 | 23:54:24 | 26 44 50 | 01♊35 | 07♊54 | 09 36 | 06 44 | 20 54 | 16 48 | 13 55 | 06 01 | 17 03 | 20 40 | 13 42 |
| 21 | 23:58:20 | 27 43 26 | 14 18 | 20 46 | 11 14 | 07 59 | 21 32 | 16 55 | 13 55 | 06 00 | 17 01 | 20 40 | 13 39 |
| 22 | 0:02:17 | 28 42 05 | 27 19 | 03♋58 | 12 50 | 09 14 | 22 11 | 17 02 | 13 55 | 05 58 | 16 59 | 20 40 | 13 35 |
| 23 | 0:06:14 | 29 40 46 | 10♋43 | 17 33 | 14 26 | 10 28 | 22 49 | 17 09 | 13 56 | 05 56 | 16 58 | 20 39 | 13 32 |
| 24 | 0:10:10 | 00♎39 30 | 24 31 | 01♌34 | 16 01 | 11 43 | 23 27 | 17 16 | 13 56 | 05 54 | 16 56 | 20 39 | 13 29 |
| 25 | 0:14:07 | 01 38 15 | 08♌45 | 16 01 | 17 34 | 12 57 | 24 06 | 17 24 | 13 57 | 05 52 | 16 55 | 20 39 | 13 26 |
| 26 | 0:18:03 | 02 37 03 | 23 24 | 00♍51 | 19 07 | 14 12 | 24 44 | 17 31 | 13 57 | 05 50 | 16 53 | 20 39 | 13 23 |
| 27 | 0:22:00 | 03 35 53 | 08♍23 | 15 58 | 20 39 | 15 26 | 25 23 | 17 39 | 13 58 | 05 48 | 16 52 | 20 38 | 13 20 |
| 28 | 0:25:56 | 04 34 45 | 23 36 | 01♎14 | 22 10 | 16 41 | 26 01 | 17 47 | 13 59 | 05 46 | 16 50 | 20 38 | 13 16 |
| 29 | 0:29:53 | 05 33 39 | 08♎51 | 16 26 | 23 40 | 17 56 | 26 40 | 17 55 | 14 00 | 05 44 | 16 48 | 20 38 | 13 13 |
| 30 | 0:33:49 | 06 32 35 | 23 58 | 01♏25 | 25 09 | 19 10 | 27 19 | 18 03 | 14 01 | 05 42 | 16 47 | 20 38 | 13 10 |

## 0:00 E.T. Longitudes of the Major Asteroids and Chiron

| D | ⚳ | ⚴ | ⚵ | ⚶ | ⚷ | D | ⚳ | ⚴ | ⚵ | ⚶ | ⚷ |
|---|---|---|---|---|---|---|---|---|---|---|---|
| 1 | 05♐58 | 02♏04 | 03♍35 | 25♉50 | 04♈47℞ | 16 | 09 40 | 07 49 | 10 10 | 27 25 | 04 09 |
| 2 | 06 12 | 02 27 | 04 02 | 25 59 | 04 45 | 17 | 09 57 | 08 13 | 10 36 | 27 28 | 04 06 |
| 3 | 06 25 | 02 49 | 04 28 | 26 07 | 04 42 | 18 | 10 13 | 08 36 | 11 01 | 27 31 | 04 04 |
| 4 | 06 39 | 03 12 | 04 55 | 26 15 | 04 40 | 19 | 10 30 | 09 00 | 11 27 | 27 33 | 04 01 |
| 5 | 06 53 | 03 34 | 05 21 | 26 23 | 04 37 | 20 | 10 46 | 09 24 | 11 53 | 27 35 | 03 58 |
| 6 | 07 08 | 03 57 | 05 48 | 26 31 | 04 35 | 21 | 11 03 | 09 48 | 12 19 | 27 37 | 03 56 |
| 7 | 07 22 | 04 20 | 06 14 | 26 38 | 04 32 | 22 | 11 20 | 10 12 | 12 44 | 27 38 | 03 53 |
| 8 | 07 37 | 04 43 | 06 41 | 26 45 | 04 30 | 23 | 11 37 | 10 36 | 13 10 | 27 39 | 03 50 |
| 9 | 07 51 | 05 06 | 07 07 | 26 51 | 04 27 | 24 | 11 55 | 11 00 | 13 35 | 27 39 | 03 48 |
| 10 | 08 06 | 05 29 | 07 33 | 26 57 | 04 25 | 25 | 12 12 | 11 24 | 14 01 | 27 39℞ | 03 45 |
| 11 | 08 22 | 05 52 | 07 59 | 27 03 | 04 22 | 26 | 12 30 | 11 48 | 14 26 | 27 38 | 03 42 |
| 12 | 08 37 | 06 15 | 08 26 | 27 08 | 04 20 | 27 | 12 48 | 12 12 | 14 51 | 27 37 | 03 39 |
| 13 | 08 53 | 06 39 | 08 52 | 27 13 | 04 17 | 28 | 13 06 | 12 37 | 15 17 | 27 36 | 03 37 |
| 14 | 09 08 | 07 02 | 09 18 | 27 17 | 04 14 | 29 | 13 24 | 13 01 | 15 42 | 27 34 | 03 34 |
| 15 | 09 24 | 07 25 | 09 44 | 27 21 | 04 12 | 30 | 13 42 | 13 25 | 16 07 | 27 32 | 03 31 |

## Lunar Data

| Last Asp. | | Ingress | | |
|---|---|---|---|---|
| 2 | 08:35 | 2 | ♏ | 23:36 |
| 4 | 10:59 | 5 | ♐ | 03:10 |
| 6 | 16:05 | 7 | ♑ | 10:38 |
| 9 | 08:32 | 9 | ♒ | 21:25 |
| 11 | 05:24 | 12 | ♓ | 09:53 |
| 14 | 04:34 | 14 | ♈ | 22:34 |
| 16 | 16:03 | 17 | ♉ | 10:32 |
| 19 | 13:58 | 19 | ♊ | 20:59 |
| 22 | 02:42 | 22 | ♋ | 04:51 |
| 23 | 22:06 | 24 | ♌ | 09:20 |
| 25 | 16:15 | 26 | ♍ | 10:38 |
| 28 | 03:59 | 28 | ♎ | 10:04 |
| 30 | 02:07 | 30 | ♏ | 09:43 |

## 0:00 E.T. Declinations

| D | ☉ | ☽ | ☿ | ♀ | ♂ | ♃ | ♄ | ♅ | ♆ | ♇ | ⚳ | ⚴ | ⚵ | ⚶ | ⚷ |
|---|---|---|---|---|---|---|---|---|---|---|---|---|---|---|---|
| 1 | +08 28 | +04 18 | +11 13 | +07 56 | +09 17 | -22 16 | -22 27 | +13 11 | -05 53 | -22 18 | -22 31 | +12 41 | +07 25 | +11 18 | +04 51 |
| 2 | 08 06 | -01 25 | 10 29 | 07 27 | 09 03 | 22 17 | 22 28 | 13 11 | 05 54 | 22 18 | 22 35 | 12 32 | 07 17 | 11 17 | 04 51 |
| 3 | 07 44 | 06 55 | 09 44 | 06 58 | 08 48 | 22 17 | 22 28 | 13 10 | 05 54 | 22 19 | 22 39 | 12 24 | 07 09 | 11 17 | 04 50 |
| 4 | 07 22 | 11 53 | 08 58 | 06 29 | 08 34 | 22 18 | 22 28 | 13 10 | 05 55 | 22 19 | 22 43 | 12 16 | 07 02 | 11 17 | 04 49 |
| 5 | 07 00 | 16 04 | 08 12 | 05 59 | 08 19 | 22 19 | 22 28 | 13 10 | 05 56 | 22 19 | 22 48 | 12 07 | 06 54 | 11 16 | 04 48 |
| 6 | 06 38 | 19 18 | 07 26 | 05 30 | 08 04 | 22 19 | 22 29 | 13 09 | 05 56 | 22 19 | 22 52 | 11 59 | 06 46 | 11 16 | 04 47 |
| 7 | 06 15 | 21 26 | 06 39 | 05 00 | 07 49 | 22 20 | 22 29 | 13 09 | 05 57 | 22 19 | 22 56 | 11 50 | 06 39 | 11 15 | 04 46 |
| 8 | 05 53 | 22 27 | 05 51 | 04 30 | 07 34 | 22 21 | 22 29 | 13 09 | 05 58 | 22 20 | 23 00 | 11 42 | 06 31 | 11 15 | 04 45 |
| 9 | 05 30 | 22 21 | 05 04 | 04 00 | 07 20 | 22 21 | 22 29 | 13 08 | 05 58 | 22 20 | 23 05 | 11 34 | 06 23 | 11 14 | 04 44 |
| 10 | 05 08 | 21 11 | 04 16 | 03 30 | 07 05 | 22 22 | 22 29 | 13 08 | 05 59 | 22 20 | 23 09 | 11 26 | 06 15 | 11 13 | 04 43 |
| 11 | 04 45 | 19 05 | 03 29 | 03 00 | 06 50 | 22 23 | 22 30 | 13 07 | 06 00 | 22 20 | 23 13 | 11 18 | 06 08 | 11 12 | 04 42 |
| 12 | 04 22 | 16 10 | 02 42 | 02 30 | 06 35 | 22 23 | 22 30 | 13 07 | 06 00 | 22 20 | 23 17 | 11 09 | 06 00 | 11 11 | 04 41 |
| 13 | 03 59 | 12 37 | 01 54 | 02 00 | 06 20 | 22 24 | 22 30 | 13 06 | 06 01 | 22 20 | 23 22 | 11 01 | 05 52 | 11 10 | 04 40 |
| 14 | 03 36 | 08 34 | 01 07 | 01 29 | 06 04 | 22 25 | 22 30 | 13 06 | 06 02 | 22 21 | 23 26 | 10 53 | 05 44 | 11 09 | 04 38 |
| 15 | 03 13 | 04 11 | 00 20 | 00 59 | 05 49 | 22 26 | 22 30 | 13 05 | 06 02 | 22 21 | 23 30 | 10 45 | 05 36 | 11 07 | 04 37 |
| 16 | 02 50 | +00 22 | -00 26 | 00 28 | 05 34 | 22 26 | 22 30 | 13 05 | 06 03 | 22 21 | 23 34 | 10 37 | 05 29 | 11 06 | 04 36 |
| 17 | 02 27 | 04 57 | 01 13 | -00 02 | 05 19 | 22 27 | 22 30 | 13 04 | 06 04 | 22 21 | 23 38 | 10 29 | 05 21 | 11 04 | 04 35 |
| 18 | 02 04 | 09 23 | 01 59 | 00 33 | 05 04 | 22 28 | 22 31 | 13 04 | 06 04 | 22 21 | 23 42 | 10 22 | 05 13 | 11 03 | 04 34 |
| 19 | 01 41 | 13 30 | 02 44 | 01 04 | 04 48 | 22 29 | 22 31 | 13 03 | 06 05 | 22 21 | 23 46 | 10 14 | 05 05 | 11 01 | 04 33 |
| 20 | 01 18 | 17 07 | 03 29 | 01 34 | 04 33 | 22 30 | 22 31 | 13 02 | 06 05 | 22 22 | 23 50 | 10 06 | 04 57 | 11 00 | 04 32 |
| 21 | 00 54 | 20 00 | 04 14 | 02 05 | 04 18 | 22 30 | 22 31 | 13 02 | 06 06 | 22 22 | 23 54 | 09 58 | 04 49 | 10 58 | 04 31 |
| 22 | 00 31 | 21 55 | 04 58 | 02 35 | 04 02 | 22 31 | 22 31 | 13 01 | 06 07 | 22 22 | 23 58 | 09 51 | 04 42 | 10 56 | 04 30 |
| 23 | 00 08 | 22 41 | 05 42 | 03 06 | 03 47 | 22 32 | 22 31 | 13 01 | 06 07 | 22 22 | 24 02 | 09 43 | 04 34 | 10 54 | 04 29 |
| 24 | -00 16 | 22 05 | 06 25 | 03 36 | 03 31 | 22 33 | 22 31 | 13 00 | 06 08 | 22 22 | 24 06 | 09 35 | 04 26 | 10 52 | 04 27 |
| 25 | 00 39 | 20 05 | 07 08 | 04 07 | 03 16 | 22 34 | 22 31 | 12 59 | 06 09 | 22 22 | 24 10 | 09 28 | 04 18 | 10 50 | 04 26 |
| 26 | 01 02 | 16 43 | 07 50 | 04 37 | 03 01 | 22 35 | 22 31 | 12 59 | 06 09 | 22 22 | 24 14 | 09 20 | 04 10 | 10 48 | 04 25 |
| 27 | 01 26 | 12 12 | 08 32 | 05 07 | 02 45 | 22 36 | 22 31 | 12 58 | 06 10 | 22 22 | 24 18 | 09 13 | 04 02 | 10 46 | 04 24 |
| 28 | 01 49 | 06 51 | 09 13 | 05 38 | 02 30 | 22 36 | 22 31 | 12 57 | 06 10 | 22 23 | 24 22 | 09 06 | 03 55 | 10 43 | 04 23 |
| 29 | 02 13 | 01 05 | 09 53 | 06 08 | 02 14 | 22 37 | 22 31 | 12 57 | 06 11 | 22 23 | 24 25 | 08 58 | 03 47 | 10 41 | 04 22 |
| 30 | 02 36 | -04 43 | 10 33 | 06 38 | 01 58 | 22 38 | 22 31 | 12 56 | 06 12 | 22 23 | 24 29 | 08 51 | 03 39 | 10 38 | 04 21 |

Lunar Phases -- 6 ◐ 03:12  14 ○ 04:34  22 ◑ 02:42  28 ● 18:27  Sun enters ♎ 9/23 07:52

# Longitudes of Main Planets - October 2019

0:00 E.T.

| D | S.T. | ☉ | ☽ | ☽ 12:00 | ☿ | ♀ | ♂ | ♃ | ♄ | ♅ | ♆ | ♇ | ☊ |
|---|---|---|---|---|---|---|---|---|---|---|---|---|---|
| 1 | 0:37:46 | 07♎31 33 | 08♏46 | 16♏01 | 26♎37 | 20♎25 | 27♍57 | 18♐11 | 14♑02 | 05♉40℞ | 16♓45℞ | 20♑38℞ | 13♋07 |
| 2 | 0:41:43 | 08 30 33 | 23 08 | 00♐08 | 28 04 | 21 39 | 28 36 | 18 19 | 14 04 | 05 38 | 16 44 | 20 38 | 13 04 |
| 3 | 0:45:39 | 09 29 35 | 07♐01 | 13 46 | 29 31 | 22 54 | 29 14 | 18 28 | 14 05 | 05 36 | 16 42 | 20 38 | 13 00 |
| 4 | 0:49:36 | 10 28 38 | 20 24 | 26 55 | 00♏56 | 24 08 | 29 53 | 18 36 | 14 07 | 05 34 | 16 41 | 20 38D | 12 57 |
| 5 | 0:53:32 | 11 27 44 | 03♑20 | 09♑39 | 02 20 | 25 23 | 00♎32 | 18 45 | 14 08 | 05 32 | 16 39 | 20 38 | 12 54 |
| 6 | 0:57:29 | 12 26 51 | 15 53 | 22 02 | 03 43 | 26 38 | 01 10 | 18 54 | 14 10 | 05 30 | 16 38 | 20 38 | 12 51 |
| 7 | 1:01:25 | 13 26 00 | 28 07 | 04♒10 | 05 05 | 27 52 | 01 49 | 19 03 | 14 12 | 05 27 | 16 37 | 20 38 | 12 48 |
| 8 | 1:05:22 | 14 25 10 | 10♒09 | 16 07 | 06 26 | 29 07 | 02 28 | 19 12 | 14 14 | 05 25 | 16 35 | 20 38 | 12 45 |
| 9 | 1:09:18 | 15 24 23 | 22 03 | 27 59 | 07 46 | 00♏21 | 03 06 | 19 21 | 14 16 | 05 23 | 16 34 | 20 38 | 12 41 |
| 10 | 1:13:15 | 16 23 37 | 03♓54 | 09♓49 | 09 05 | 01 36 | 03 45 | 19 30 | 14 18 | 05 21 | 16 32 | 20 39 | 12 38 |
| 11 | 1:17:12 | 17 22 53 | 15 44 | 21 40 | 10 23 | 02 51 | 04 24 | 19 40 | 14 20 | 05 18 | 16 31 | 20 39 | 12 35 |
| 12 | 1:21:08 | 18 22 11 | 27 37 | 03♈36 | 11 39 | 04 05 | 05 02 | 19 49 | 14 22 | 05 16 | 16 30 | 20 39 | 12 32 |
| 13 | 1:25:05 | 19 21 31 | 09♈36 | 15 37 | 12 53 | 05 20 | 05 41 | 19 59 | 14 24 | 05 14 | 16 28 | 20 39 | 12 29 |
| 14 | 1:29:01 | 20 20 53 | 21 40 | 27 45 | 14 07 | 06 34 | 06 20 | 20 09 | 14 27 | 05 11 | 16 27 | 20 40 | 12 26 |
| 15 | 1:32:58 | 21 20 16 | 03♉52 | 10♉01 | 15 18 | 07 49 | 06 59 | 20 18 | 14 29 | 05 09 | 16 26 | 20 40 | 12 22 |
| 16 | 1:36:54 | 22 19 43 | 16 12 | 22 25 | 16 28 | 09 03 | 07 37 | 20 28 | 14 32 | 05 07 | 16 24 | 20 40 | 12 19 |
| 17 | 1:40:51 | 23 19 11 | 28 41 | 04♊59 | 17 36 | 10 18 | 08 16 | 20 38 | 14 35 | 05 04 | 16 23 | 20 41 | 12 16 |
| 18 | 1:44:47 | 24 18 41 | 11♊20 | 17 44 | 18 42 | 11 33 | 08 55 | 20 49 | 14 38 | 05 02 | 16 22 | 20 41 | 12 13 |
| 19 | 1:48:44 | 25 18 14 | 24 11 | 00♋41 | 19 45 | 12 47 | 09 34 | 20 59 | 14 40 | 04 59 | 16 21 | 20 42 | 12 10 |
| 20 | 1:52:41 | 26 17 49 | 07♋16 | 13 55 | 20 46 | 14 02 | 10 13 | 21 09 | 14 43 | 04 57 | 16 20 | 20 42 | 12 06 |
| 21 | 1:56:37 | 27 17 27 | 20 38 | 27 26 | 21 44 | 15 16 | 10 52 | 21 20 | 14 46 | 04 55 | 16 18 | 20 43 | 12 03 |
| 22 | 2:00:34 | 28 17 06 | 04♌19 | 11♌17 | 22 40 | 16 31 | 11 30 | 21 30 | 14 50 | 04 52 | 16 17 | 20 43 | 12 00 |
| 23 | 2:04:30 | 29 16 48 | 18 21 | 25 29 | 23 32 | 17 45 | 12 09 | 21 41 | 14 53 | 04 50 | 16 16 | 20 44 | 11 57 |
| 24 | 2:08:27 | 00♏16 32 | 02♍43 | 10♍01 | 24 20 | 19 00 | 12 48 | 21 52 | 14 56 | 04 47 | 16 15 | 20 44 | 11 54 |
| 25 | 2:12:23 | 01 16 19 | 17 23 | 24 49 | 25 04 | 20 15 | 13 27 | 22 03 | 15 00 | 04 45 | 16 14 | 20 45 | 11 51 |
| 26 | 2:16:20 | 02 16 07 | 02♎16 | 09♎46 | 25 44 | 21 29 | 14 06 | 22 14 | 15 03 | 04 42 | 16 13 | 20 46 | 11 47 |
| 27 | 2:20:16 | 03 15 58 | 17 15 | 24 43 | 26 19 | 22 44 | 14 45 | 22 25 | 15 07 | 04 40 | 16 12 | 20 46 | 11 44 |
| 28 | 2:24:13 | 04 15 51 | 02♏09 | 09♏32 | 26 48 | 23 58 | 15 24 | 22 36 | 15 10 | 04 37 | 16 11 | 20 47 | 11 41 |
| 29 | 2:28:10 | 05 15 45 | 16 51 | 24 04 | 27 11 | 25 13 | 16 03 | 22 47 | 15 14 | 04 35 | 16 10 | 20 48 | 11 38 |
| 30 | 2:32:06 | 06 15 42 | 01♐11 | 08♐12 | 27 27 | 26 27 | 16 42 | 22 58 | 15 18 | 04 32 | 16 09 | 20 48 | 11 35 |
| 31 | 2:36:03 | 07 15 41 | 15 05 | 21 52 | 27 37 | 27 42 | 17 21 | 23 10 | 15 22 | 04 30 | 16 08 | 20 49 | 11 32 |

## Longitudes of the Major Asteroids and Chiron

0:00 E.T.

| D | ⚳ | ⚴ | ⚵ | ⚶ | ⚷ |
|---|---|---|---|---|---|
| 1 | 14♐00 | 13♏50 | 16♍32 | 27♉29℞ | 03♈29℞ |
| 2 | 14 19 | 14 14 | 16 57 | 27 25 | 03 26 |
| 3 | 14 37 | 14 39 | 17 22 | 27 22 | 03 23 |
| 4 | 14 56 | 15 04 | 17 47 | 27 18 | 03 21 |
| 5 | 15 15 | 15 28 | 18 11 | 27 13 | 03 18 |
| 6 | 15 34 | 15 53 | 18 36 | 27 08 | 03 15 |
| 7 | 15 53 | 16 18 | 19 01 | 27 02 | 03 13 |
| 8 | 16 12 | 16 43 | 19 25 | 26 56 | 03 10 |
| 9 | 16 32 | 17 08 | 19 50 | 26 50 | 03 07 |
| 10 | 16 51 | 17 33 | 20 14 | 26 43 | 03 05 |
| 11 | 17 11 | 17 57 | 20 39 | 26 36 | 03 02 |
| 12 | 17 30 | 18 22 | 21 03 | 26 28 | 02 59 |
| 13 | 17 50 | 18 47 | 21 27 | 26 20 | 02 57 |
| 14 | 18 10 | 19 13 | 21 51 | 26 11 | 02 54 |
| 15 | 18 30 | 19 38 | 22 15 | 26 02 | 02 52 |
| 16 | 18 50 | 20 03 | 22 39 | 25 53 | 02 49 |
| 17 | 19 10 | 20 28 | 23 03 | 25 43 | 02 47 |
| 18 | 19 30 | 20 53 | 23 27 | 25 33 | 02 44 |
| 19 | 19 51 | 21 18 | 23 50 | 25 23 | 02 42 |
| 20 | 20 11 | 21 44 | 24 14 | 25 12 | 02 39 |
| 21 | 20 32 | 22 09 | 24 38 | 25 00 | 02 37 |
| 22 | 20 53 | 22 34 | 25 01 | 24 49 | 02 35 |
| 23 | 21 13 | 23 00 | 25 24 | 24 37 | 02 32 |
| 24 | 21 34 | 23 25 | 25 48 | 24 24 | 02 30 |
| 25 | 21 55 | 23 51 | 26 11 | 24 12 | 02 28 |
| 26 | 22 16 | 24 16 | 26 34 | 23 59 | 02 25 |
| 27 | 22 37 | 24 41 | 26 57 | 23 45 | 02 23 |
| 28 | 22 59 | 25 07 | 27 20 | 23 32 | 02 21 |
| 29 | 23 20 | 25 33 | 27 43 | 23 18 | 02 19 |
| 30 | 23 41 | 25 58 | 28 06 | 23 04 | 02 16 |
| 31 | 24 03 | 26 24 | 28 28 | 22 49 | 02 14 |

## Lunar Data

| Last Asp. | | Ingress | | |
|---|---|---|---|---|
| 2 | 09:47 | 2 | ♐ | 11:46 |
| 4 | 07:35 | 4 | ♑ | 17:45 |
| 6 | 23:27 | 7 | ♒ | 03:43 |
| 8 | 18:28 | 9 | ♓ | 16:06 |
| 11 | 09:56 | 12 | ♈ | 04:47 |
| 13 | 22:00 | 14 | ♉ | 16:25 |
| 16 | 08:38 | 17 | ♊ | 02:31 |
| 19 | 02:15 | 19 | ♋ | 10:44 |
| 21 | 12:40 | 21 | ♌ | 16:30 |
| 23 | 09:15 | 23 | ♍ | 19:30 |
| 25 | 13:01 | 25 | ♎ | 20:21 |
| 27 | 08:23 | 27 | ♏ | 20:31 |
| 29 | 17:36 | 29 | ♐ | 21:60 |
| 31 | 14:31 | | | |

## Declinations

0:00 E.T.

| D | ☉ | ☽ | ☿ | ♀ | ♂ | ♃ | ♄ | ♅ | ♆ | ♇ | ⚳ | ⚴ | ⚵ | ⚶ | ⚷ |
|---|---|---|---|---|---|---|---|---|---|---|---|---|---|---|---|
| 1 | -02 59 | -10 07 | -11 12 | -07 07 | +01 43 | -22 39 | -22 31 | +12 55 | -06 12 | -22 23 | -24 33 | +08 44 | +03 31 | +10 36 | +04 19 |
| 2 | 03 22 | 14 49 | 11 50 | 07 37 | 01 27 | 22 40 | 22 31 | 12 55 | 06 13 | 22 23 | 24 36 | 08 37 | 03 23 | 10 33 | 04 18 |
| 3 | 03 46 | 18 33 | 12 27 | 08 07 | 01 12 | 22 41 | 22 31 | 12 54 | 06 13 | 22 23 | 24 40 | 08 30 | 03 15 | 10 31 | 04 17 |
| 4 | 04 09 | 21 08 | 13 04 | 08 36 | 00 56 | 22 42 | 22 31 | 12 53 | 06 14 | 22 23 | 24 44 | 08 23 | 03 08 | 10 28 | 04 16 |
| 5 | 04 32 | 22 32 | 13 40 | 09 05 | 00 41 | 22 43 | 22 31 | 12 53 | 06 14 | 22 23 | 24 47 | 08 16 | 03 00 | 10 25 | 04 15 |
| 6 | 04 55 | 22 44 | 14 15 | 09 34 | 00 25 | 22 43 | 22 31 | 12 52 | 06 15 | 22 23 | 24 51 | 08 09 | 02 52 | 10 23 | 04 14 |
| 7 | 05 18 | 21 48 | 14 50 | 10 03 | 00 09 | 22 44 | 22 31 | 12 51 | 06 16 | 22 23 | 24 54 | 08 02 | 02 44 | 10 20 | 04 13 |
| 8 | 05 41 | 19 54 | 15 23 | 10 31 | -00 06 | 22 45 | 22 31 | 12 50 | 06 16 | 22 23 | 24 58 | 07 55 | 02 37 | 10 17 | 04 11 |
| 9 | 06 04 | 17 09 | 15 56 | 10 59 | 00 22 | 22 46 | 22 30 | 12 50 | 06 17 | 22 23 | 25 01 | 07 49 | 02 29 | 10 14 | 04 10 |
| 10 | 06 27 | 13 42 | 16 27 | 11 27 | 00 38 | 22 47 | 22 30 | 12 49 | 06 17 | 22 23 | 25 04 | 07 42 | 02 21 | 10 11 | 04 09 |
| 11 | 06 49 | 09 44 | 16 58 | 11 55 | 00 53 | 22 48 | 22 30 | 12 48 | 06 18 | 22 23 | 25 08 | 07 36 | 02 14 | 10 08 | 04 08 |
| 12 | 07 12 | 05 22 | 17 28 | 12 22 | 01 09 | 22 49 | 22 30 | 12 47 | 06 18 | 22 23 | 25 11 | 07 29 | 02 06 | 10 05 | 04 07 |
| 13 | 07 35 | 00 47 | 17 56 | 12 50 | 01 24 | 22 49 | 22 30 | 12 46 | 06 19 | 22 23 | 25 14 | 07 23 | 01 58 | 10 02 | 04 06 |
| 14 | 07 57 | +03 52 | 18 24 | 13 16 | 01 40 | 22 50 | 22 30 | 12 46 | 06 19 | 22 24 | 25 17 | 07 17 | 01 51 | 09 59 | 04 05 |
| 15 | 08 19 | 08 26 | 18 50 | 13 43 | 01 56 | 22 51 | 22 30 | 12 45 | 06 20 | 22 24 | 25 21 | 07 10 | 01 43 | 09 56 | 04 03 |
| 16 | 08 41 | 12 43 | 19 16 | 14 09 | 02 11 | 22 52 | 22 29 | 12 44 | 06 20 | 22 24 | 25 24 | 07 04 | 01 36 | 09 52 | 04 02 |
| 17 | 09 04 | 16 32 | 19 40 | 14 35 | 02 27 | 22 53 | 22 29 | 12 43 | 06 21 | 22 24 | 25 27 | 06 58 | 01 28 | 09 49 | 04 01 |
| 18 | 09 25 | 19 38 | 20 03 | 15 01 | 02 42 | 22 54 | 22 29 | 12 43 | 06 21 | 22 24 | 25 30 | 06 52 | 01 21 | 09 46 | 04 00 |
| 19 | 09 47 | 21 49 | 20 24 | 15 26 | 02 58 | 22 55 | 22 29 | 12 42 | 06 22 | 22 24 | 25 33 | 06 46 | 01 13 | 09 43 | 03 59 |
| 20 | 10 09 | 22 53 | 20 44 | 15 50 | 03 13 | 22 55 | 22 28 | 12 41 | 06 22 | 22 24 | 25 35 | 06 40 | 01 06 | 09 40 | 03 58 |
| 21 | 10 30 | 22 40 | 21 03 | 16 15 | 03 29 | 22 56 | 22 28 | 12 40 | 06 23 | 22 24 | 25 38 | 06 34 | 00 58 | 09 36 | 03 57 |
| 22 | 10 52 | 21 06 | 21 20 | 16 39 | 03 44 | 22 57 | 22 28 | 12 39 | 06 23 | 22 24 | 25 41 | 06 29 | 00 51 | 09 33 | 03 56 |
| 23 | 11 13 | 18 13 | 21 35 | 17 02 | 04 00 | 22 58 | 22 28 | 12 38 | 06 23 | 22 24 | 25 44 | 06 23 | 00 44 | 09 30 | 03 55 |
| 24 | 11 34 | 14 11 | 21 48 | 17 25 | 04 15 | 22 59 | 22 27 | 12 38 | 06 24 | 22 24 | 25 46 | 06 17 | 00 36 | 09 26 | 03 54 |
| 25 | 11 55 | 09 14 | 22 00 | 17 48 | 04 31 | 22 59 | 22 27 | 12 37 | 06 24 | 22 24 | 25 49 | 06 12 | 00 29 | 09 23 | 03 53 |
| 26 | 12 16 | 03 40 | 22 10 | 18 10 | 04 46 | 23 00 | 22 27 | 12 36 | 06 25 | 22 24 | 25 52 | 06 07 | 00 22 | 09 20 | 03 51 |
| 27 | 12 36 | -02 09 | 22 17 | 18 32 | 05 01 | 23 01 | 22 26 | 12 35 | 06 25 | 22 23 | 25 54 | 06 01 | 00 15 | 09 17 | 03 50 |
| 28 | 12 56 | 07 49 | 22 22 | 18 53 | 05 17 | 23 02 | 22 26 | 12 34 | 06 25 | 22 23 | 25 57 | 05 56 | 00 07 | 09 14 | 03 49 |
| 29 | 13 16 | 12 57 | 22 25 | 19 14 | 05 32 | 23 02 | 22 26 | 12 34 | 06 26 | 22 23 | 25 59 | 05 51 | 00 00 | 09 10 | 03 48 |
| 30 | 13 36 | 17 15 | 22 25 | 19 34 | 05 47 | 23 03 | 22 25 | 12 33 | 06 26 | 22 23 | 26 01 | 05 46 | -00 07 | 09 07 | 03 47 |
| 31 | 13 56 | 20 27 | 22 22 | 19 54 | 06 03 | 23 04 | 22 25 | 12 32 | 06 26 | 22 23 | 26 03 | 05 41 | 00 14 | 09 04 | 03 46 |

Lunar Phases -- 5 ◐ 16:48 13 ○ 21:09 21 ◑ 12:40 28 ● 03:40 Sun enters ♏ 10/23 17:21

## 0:00 E.T. Longitudes of Main Planets - November 2019 **Nov. 19**

| D | S.T. | ☉ | ☽ | ☽ 12:00 | ☿ | ♀ | ♂ | ♃ | ♄ | ♅ | ♆ | ♇ | ☊ |
|---|---|---|---|---|---|---|---|---|---|---|---|---|---|
| 1 | 2:39:59 | 08♏15 41 | 28♐32 | 05♑06 | 27♏38℞ | 28♏57 | 18♎01 | 23♐21 | 15♑26 | 04♉27℞ | 16♓07℞ | 20♑50 | 11♋28 |
| 2 | 2:43:56 | 09 15 43 | 11♑33 | 17 54 | 27 31 | 00♐11 | 18 40 | 23 33 | 15 30 | 04 25 | 16 06 | 20 51 | 11 25 |
| 3 | 2:47:52 | 10 15 46 | 24 09 | 00♒20 | 27 14 | 01 26 | 19 19 | 23 44 | 15 34 | 04 23 | 16 06 | 20 52 | 11 22 |
| 4 | 2:51:49 | 11 15 52 | 06♒27 | 12 30 | 26 49 | 02 40 | 19 58 | 23 56 | 15 38 | 04 20 | 16 05 | 20 53 | 11 19 |
| 5 | 2:55:45 | 12 15 58 | 18 30 | 24 28 | 26 13 | 03 55 | 20 37 | 24 08 | 15 43 | 04 18 | 16 04 | 20 54 | 11 16 |
| 6 | 2:59:42 | 13 16 07 | 00♓25 | 06♓21 | 25 28 | 05 09 | 21 16 | 24 20 | 15 47 | 04 15 | 16 03 | 20 55 | 11 12 |
| 7 | 3:03:39 | 14 16 16 | 12 16 | 18 12 | 24 34 | 06 24 | 21 55 | 24 32 | 15 52 | 04 13 | 16 03 | 20 56 | 11 09 |
| 8 | 3:07:35 | 15 16 28 | 24 08 | 00♈05 | 23 31 | 07 38 | 22 35 | 24 44 | 15 56 | 04 10 | 16 02 | 20 57 | 11 06 |
| 9 | 3:11:32 | 16 16 40 | 06♈04 | 12 05 | 22 21 | 08 53 | 23 14 | 24 56 | 16 01 | 04 08 | 16 01 | 20 58 | 11 03 |
| 10 | 3:15:28 | 17 16 55 | 18 08 | 24 13 | 21 06 | 10 07 | 23 53 | 25 08 | 16 05 | 04 06 | 16 01 | 20 59 | 11 00 |
| 11 | 3:19:25 | 18 17 11 | 00♉21 | 06♉32 | 19 47 | 11 22 | 24 32 | 25 20 | 16 10 | 04 03 | 16 00 | 21 00 | 10 57 |
| 12 | 3:23:21 | 19 17 29 | 12 45 | 19 01 | 18 27 | 12 36 | 25 12 | 25 32 | 16 15 | 04 01 | 16 00 | 21 01 | 10 53 |
| 13 | 3:27:18 | 20 17 48 | 25 21 | 01♊43 | 17 09 | 13 51 | 25 51 | 25 45 | 16 20 | 03 59 | 15 59 | 21 02 | 10 50 |
| 14 | 3:31:14 | 21 18 10 | 08♊08 | 14 35 | 15 55 | 15 05 | 26 30 | 25 57 | 16 25 | 03 56 | 15 59 | 21 03 | 10 47 |
| 15 | 3:35:11 | 22 18 33 | 21 06 | 27 39 | 14 47 | 16 20 | 27 10 | 26 10 | 16 30 | 03 54 | 15 58 | 21 05 | 10 44 |
| 16 | 3:39:08 | 23 18 57 | 04♋16 | 10♋55 | 13 47 | 17 34 | 27 49 | 26 22 | 16 35 | 03 52 | 15 58 | 21 06 | 10 41 |
| 17 | 3:43:04 | 24 19 24 | 17 36 | 24 21 | 12 58 | 18 49 | 28 28 | 26 35 | 16 40 | 03 49 | 15 57 | 21 07 | 10 38 |
| 18 | 3:47:01 | 25 19 53 | 01♌09 | 08♌00 | 12 20 | 20 03 | 29 08 | 26 47 | 16 45 | 03 47 | 15 57 | 21 08 | 10 34 |
| 19 | 3:50:57 | 26 20 23 | 14 54 | 21 52 | 11 54 | 21 18 | 29 47 | 27 00 | 16 51 | 03 45 | 15 57 | 21 10 | 10 31 |
| 20 | 3:54:54 | 27 20 55 | 28 52 | 05♍56 | 11 39 | 22 32 | 00♏27 | 27 13 | 16 56 | 03 43 | 15 57 | 21 11 | 10 28 |
| 21 | 3:58:50 | 28 21 29 | 13♍02 | 20 12 | 11 35D | 23 46 | 01 06 | 27 26 | 17 02 | 03 41 | 15 56 | 21 12 | 10 25 |
| 22 | 4:02:47 | 29 22 05 | 27 23 | 04♎37 | 11 43 | 25 01 | 01 46 | 27 39 | 17 07 | 03 38 | 15 56 | 21 14 | 10 22 |
| 23 | 4:06:43 | 00♐22 42 | 11♎52 | 19 07 | 12 01 | 26 15 | 02 25 | 27 51 | 17 13 | 03 36 | 15 56 | 21 15 | 10 18 |
| 24 | 4:10:40 | 01 23 21 | 26 23 | 03♏38 | 12 28 | 27 30 | 03 05 | 28 04 | 17 18 | 03 34 | 15 56 | 21 16 | 10 15 |
| 25 | 4:14:37 | 02 24 02 | 10♏51 | 18 02 | 13 03 | 28 44 | 03 44 | 28 17 | 17 24 | 03 32 | 15 56 | 21 18 | 10 12 |
| 26 | 4:18:33 | 03 24 44 | 25 10 | 02♐14 | 13 46 | 29 58 | 04 24 | 28 30 | 17 30 | 03 30 | 15 56 | 21 19 | 10 09 |
| 27 | 4:22:30 | 04 25 28 | 09♐13 | 16 08 | 14 36 | 01♑13 | 05 04 | 28 44 | 17 35 | 03 28 | 15 56 | 21 21 | 10 06 |
| 28 | 4:26:26 | 05 26 13 | 22 57 | 29 41 | 15 31 | 02 27 | 05 43 | 28 57 | 17 41 | 03 26 | 15 56D | 21 22 | 10 03 |
| 29 | 4:30:23 | 06 27 00 | 06♑19 | 12♑52 | 16 32 | 03 42 | 06 23 | 29 10 | 17 47 | 03 24 | 15 56 | 21 24 | 09 59 |
| 30 | 4:34:19 | 07 27 47 | 19 19 | 25 41 | 17 37 | 04 56 | 07 03 | 29 23 | 17 53 | 03 22 | 15 56 | 21 25 | 09 56 |

## 0:00 E.T. Longitudes of the Major Asteroids and Chiron

| D | ⚳ | ⚴ | ⚵ | ⚶ | ⚷ | D | ⚳ | ⚴ | ⚵ | ⚶ | ⚷ |
|---|---|---|---|---|---|---|---|---|---|---|---|
| 1 | 24♐24 | 26♏49 | 28♍51 | 22♉35℞ | 02♈12℞ | 16 | 29 56 | 03 15 | 04 16 | 18 43 | 01 46 |
| 2 | 24 46 | 27 15 | 29 13 | 22 20 | 02 10 | 17 | 00♑18 | 03 41 | 04 36 | 18 28 | 01 45 |
| 3 | 25 08 | 27 41 | 29 35 | 22 05 | 02 08 | 18 | 00 41 | 04 07 | 04 57 | 18 12 | 01 43 |
| 4 | 25 29 | 28 06 | 29 58 | 21 50 | 02 06 | 19 | 01 04 | 04 32 | 05 17 | 17 57 | 01 42 |
| 5 | 25 51 | 28 32 | 00♎20 | 21 35 | 02 04 | 20 | 01 26 | 04 58 | 05 38 | 17 42 | 01 41 |
| 6 | 26 13 | 28 58 | 00 42 | 21 20 | 02 02 | 21 | 01 49 | 05 24 | 05 58 | 17 27 | 01 39 |
| 7 | 26 35 | 29 23 | 01 04 | 21 04 | 02 01 | 22 | 02 12 | 05 50 | 06 18 | 17 12 | 01 38 |
| 8 | 26 57 | 29 49 | 01 25 | 20 49 | 01 59 | 23 | 02 35 | 06 16 | 06 38 | 16 58 | 01 37 |
| 9 | 27 19 | 00♐15 | 01 47 | 20 33 | 01 57 | 24 | 02 58 | 06 41 | 06 58 | 16 43 | 01 36 |
| 10 | 27 41 | 00 40 | 02 09 | 20 17 | 01 55 | 25 | 03 21 | 07 07 | 07 17 | 16 29 | 01 35 |
| 11 | 28 04 | 01 06 | 02 30 | 20 02 | 01 54 | 26 | 03 44 | 07 33 | 07 37 | 16 15 | 01 34 |
| 12 | 28 26 | 01 32 | 02 51 | 19 46 | 01 52 | 27 | 04 07 | 07 59 | 07 56 | 16 02 | 01 33 |
| 13 | 28 48 | 01 58 | 03 13 | 19 30 | 01 50 | 28 | 04 30 | 08 25 | 08 15 | 15 48 | 01 32 |
| 14 | 29 11 | 02 23 | 03 34 | 19 14 | 01 49 | 29 | 04 53 | 08 50 | 08 34 | 15 35 | 01 32 |
| 15 | 29 33 | 02 49 | 03 55 | 18 59 | 01 47 | 30 | 05 16 | 09 16 | 08 53 | 15 22 | 01 31 |

## Lunar Data

| Last Asp. | | Ingress | |
|---|---|---|---|
| 31 | 14:31 | 1 ♑ | 02:40 |
| 3 | 05:48 | 3 ♒ | 11:21 |
| 5 | 14:38 | 5 ♓ | 23:09 |
| 8 | 01:14 | 8 ♈ | 11:50 |
| 10 | 14:02 | 10 ♉ | 23:19 |
| 12 | 15:49 | 13 ♊ | 08:47 |
| 15 | 11:41 | 15 ♋ | 16:16 |
| 17 | 20:15 | 17 ♌ | 21:58 |
| 19 | 21:12 | 20 ♍ | 01:55 |
| 22 | 03:32 | 22 ♎ | 04:21 |
| 24 | 02:51 | 24 ♏ | 05:59 |
| 25 | 17:31 | 26 ♐ | 08:12 |
| 28 | 10:51 | 28 ♑ | 12:34 |
| 30 | 03:58 | 30 ♒ | 20:15 |

## 0:00 E.T. Declinations

| D | ☉ | ☽ | ☿ | ♀ | ♂ | ♃ | ♄ | ♅ | ♆ | ♇ | ⚳ | ⚴ | ⚵ | ⚶ | ⚷ |
|---|---|---|---|---|---|---|---|---|---|---|---|---|---|---|---|
| 1 | -14 15 | -22 24 | -22 16 | -20 13 | -06 18 | -23 05 | -22 25 | +12 31 | -06 27 | -22 23 | -26 06 | +05 36 | -00 21 | +09 01 | +03 45 |
| 2 | 14 35 | 23 03 | 22 06 | 20 31 | 06 33 | 23 05 | 22 24 | 12 30 | 06 27 | 22 23 | 26 08 | 05 31 | 00 28 | 08 58 | 03 44 |
| 3 | 14 54 | 22 29 | 21 53 | 20 49 | 06 48 | 23 06 | 22 24 | 12 29 | 06 27 | 22 23 | 26 10 | 05 26 | 00 35 | 08 55 | 03 43 |
| 4 | 15 12 | 20 50 | 21 36 | 21 07 | 07 03 | 23 07 | 22 24 | 12 29 | 06 28 | 22 23 | 26 12 | 05 22 | 00 42 | 08 52 | 03 43 |
| 5 | 15 31 | 18 17 | 21 15 | 21 24 | 07 18 | 23 07 | 22 23 | 12 28 | 06 28 | 22 23 | 26 14 | 05 17 | 00 48 | 08 49 | 03 42 |
| 6 | 15 49 | 14 59 | 20 50 | 21 40 | 07 33 | 23 08 | 22 23 | 12 27 | 06 28 | 22 23 | 26 16 | 05 13 | 00 55 | 08 46 | 03 41 |
| 7 | 16 07 | 11 07 | 20 21 | 21 56 | 07 48 | 23 08 | 22 22 | 12 26 | 06 28 | 22 23 | 26 18 | 05 08 | 01 02 | 08 43 | 03 40 |
| 8 | 16 25 | 06 50 | 19 48 | 22 11 | 08 03 | 23 09 | 22 22 | 12 25 | 06 29 | 22 23 | 26 19 | 05 04 | 01 08 | 08 41 | 03 39 |
| 9 | 16 42 | 02 15 | 19 12 | 22 25 | 08 18 | 23 10 | 22 21 | 12 25 | 06 29 | 22 23 | 26 21 | 05 00 | 01 15 | 08 38 | 03 38 |
| 10 | 16 59 | +02 27 | 18 33 | 22 39 | 08 33 | 23 10 | 22 21 | 12 24 | 06 29 | 22 23 | 26 23 | 04 56 | 01 22 | 08 36 | 03 37 |
| 11 | 17 16 | 07 07 | 17 52 | 22 52 | 08 48 | 23 11 | 22 20 | 12 23 | 06 29 | 22 22 | 26 24 | 04 52 | 01 28 | 08 33 | 03 36 |
| 12 | 17 33 | 11 35 | 17 11 | 23 04 | 09 02 | 23 11 | 22 20 | 12 22 | 06 29 | 22 22 | 26 26 | 04 48 | 01 35 | 08 31 | 03 35 |
| 13 | 17 49 | 15 39 | 16 29 | 23 16 | 09 17 | 23 12 | 22 19 | 12 22 | 06 30 | 22 22 | 26 27 | 04 44 | 01 41 | 08 28 | 03 35 |
| 14 | 18 05 | 19 02 | 15 49 | 23 27 | 09 32 | 23 12 | 22 19 | 12 21 | 06 30 | 22 22 | 26 29 | 04 40 | 01 47 | 08 26 | 03 34 |
| 15 | 18 21 | 21 33 | 15 12 | 23 37 | 09 46 | 23 13 | 22 18 | 12 20 | 06 30 | 22 22 | 26 30 | 04 37 | 01 54 | 08 24 | 03 33 |
| 16 | 18 36 | 22 56 | 14 39 | 23 47 | 10 01 | 23 13 | 22 18 | 12 19 | 06 30 | 22 22 | 26 31 | 04 33 | 02 00 | 08 22 | 03 32 |
| 17 | 18 51 | 23 02 | 14 10 | 23 56 | 10 15 | 23 14 | 22 17 | 12 18 | 06 30 | 22 22 | 26 32 | 04 30 | 02 06 | 08 20 | 03 32 |
| 18 | 19 06 | 21 48 | 13 46 | 24 04 | 10 29 | 23 14 | 22 17 | 12 18 | 06 30 | 22 22 | 26 33 | 04 26 | 02 12 | 08 18 | 03 31 |
| 19 | 19 20 | 19 15 | 13 28 | 24 12 | 10 44 | 23 15 | 22 16 | 12 17 | 06 30 | 22 22 | 26 35 | 04 23 | 02 18 | 08 17 | 03 30 |
| 20 | 19 34 | 15 34 | 13 15 | 24 19 | 10 58 | 23 15 | 22 16 | 12 16 | 06 30 | 22 21 | 26 36 | 04 20 | 02 24 | 08 15 | 03 29 |
| 21 | 19 47 | 10 57 | 13 07 | 24 25 | 11 12 | 23 15 | 22 15 | 12 16 | 06 30 | 22 21 | 26 36 | 04 17 | 02 30 | 08 14 | 03 29 |
| 22 | 20 01 | 05 41 | 13 04 | 24 30 | 11 26 | 23 16 | 22 14 | 12 15 | 06 31 | 22 21 | 26 37 | 04 14 | 02 36 | 08 12 | 03 28 |
| 23 | 20 14 | 00 04 | 13 07 | 24 35 | 11 40 | 23 16 | 22 14 | 12 14 | 06 31 | 22 21 | 26 38 | 04 11 | 02 41 | 08 11 | 03 27 |
| 24 | 20 26 | -05 35 | 13 13 | 24 39 | 11 54 | 23 16 | 22 13 | 12 13 | 06 31 | 22 21 | 26 39 | 04 08 | 02 47 | 08 10 | 03 27 |
| 25 | 20 38 | 10 54 | 13 23 | 24 42 | 12 08 | 23 17 | 22 12 | 12 13 | 06 31 | 22 21 | 26 39 | 04 06 | 02 52 | 08 09 | 03 26 |
| 26 | 20 50 | 15 35 | 13 36 | 24 44 | 12 21 | 23 17 | 22 12 | 12 12 | 06 31 | 22 21 | 26 40 | 04 03 | 02 58 | 08 08 | 03 26 |
| 27 | 21 01 | 19 18 | 13 53 | 24 46 | 12 35 | 23 17 | 22 11 | 12 11 | 06 31 | 22 20 | 26 40 | 04 00 | 03 03 | 08 08 | 03 25 |
| 28 | 21 12 | 21 50 | 14 11 | 24 47 | 12 49 | 23 17 | 22 10 | 12 11 | 06 31 | 22 20 | 26 41 | 03 58 | 03 09 | 08 07 | 03 25 |
| 29 | 21 23 | 23 04 | 14 32 | 24 47 | 13 02 | 23 17 | 22 10 | 12 10 | 06 31 | 22 20 | 26 41 | 03 56 | 03 14 | 08 07 | 03 24 |
| 30 | 21 33 | 23 00 | 14 54 | 24 47 | 13 16 | 23 18 | 22 09 | 12 09 | 06 30 | 22 20 | 26 41 | 03 54 | 03 19 | 08 06 | 03 24 |

Lunar Phases -- 4 ◐ 10:24 12 ○ 13:36 19 ◑ 21:12 26 ● 15:07 Sun enters ♐ 11/22 15:01

# Longitudes of Main Planets - December 2019

0:00 E.T.

| D | S.T. | ☉ | ☽ | ☽ 12:00 | ☿ | ♀ | ♂ | ♃ | ♄ | ♅ | ♆ | ♇ | ☊ |
|---|---|---|---|---|---|---|---|---|---|---|---|---|---|
| 1 | 4:38:16 | 08♐28 36 | 01♒57 | 08♒10 | 18♏46 | 06♑10 | 07♏42 | 29♐36 | 17♑59 | 03♉20℞ | 15♓56 | 21♑27 | 09♋53 |
| 2 | 4:42:12 | 09 29 25 | 14 18 | 20 23 | 19 58 | 07 25 | 08 22 | 29 50 | 18 05 | 03 18 | 15 56 | 21 29 | 09 50 |
| 3 | 4:46:09 | 10 30 16 | 26 24 | 02♓24 | 21 13 | 08 39 | 09 02 | 00♑03 | 18 11 | 03 17 | 15 56 | 21 30 | 09 47 |
| 4 | 4:50:06 | 11 31 07 | 08♓21 | 14 18 | 22 31 | 09 53 | 09 41 | 00 17 | 18 17 | 03 15 | 15 56 | 21 32 | 09 44 |
| 5 | 4:54:02 | 12 31 59 | 20 13 | 26 09 | 23 51 | 11 08 | 10 21 | 00 30 | 18 23 | 03 13 | 15 57 | 21 33 | 09 40 |
| 6 | 4:57:59 | 13 32 52 | 02♈06 | 08♈04 | 25 12 | 12 22 | 11 01 | 00 43 | 18 30 | 03 11 | 15 57 | 21 35 | 09 37 |
| 7 | 5:01:55 | 14 33 46 | 14 04 | 20 06 | 26 35 | 13 36 | 11 41 | 00 57 | 18 36 | 03 10 | 15 57 | 21 37 | 09 34 |
| 8 | 5:05:52 | 15 34 40 | 26 10 | 02♉18 | 28 00 | 14 50 | 12 21 | 01 10 | 18 42 | 03 08 | 15 57 | 21 38 | 09 31 |
| 9 | 5:09:48 | 16 35 35 | 08♉29 | 14 44 | 29 25 | 16 05 | 13 00 | 01 24 | 18 49 | 03 06 | 15 58 | ·21 40 | 09 28 |
| 10 | 5:13:45 | 17 36 32 | 21 03 | 27 26 | 00♐52 | 17 19 | 13 40 | 01 37 | 18 55 | 03 05 | 15 58 | 21 42 | 09 24 |
| 11 | 5:17:41 | 18 37 29 | 03♊53 | 10♊24 | 02 19 | 18 33 | 14 20 | 01 51 | 19 01 | 03 03 | 15 59 | 21 44 | 09 21 |
| 12 | 5:21:38 | 19 38 27 | 16 59 | 23 37 | 03 47 | 19 47 | 15 00 | 02 05 | 19 08 | 03 02 | 15 59 | 21 45 | 09 18 |
| 13 | 5:25:35 | 20 39 25 | 00♋20 | 07♋06 | 05 15 | 21 01 | 15 40 | 02 18 | 19 14 | 03 00 | 16 00 | 21 47 | 09 15 |
| 14 | 5:29:31 | 21 40 25 | 13 56 | 20 48 | 06 45 | 22 15 | 16 20 | 02 32 | 19 21 | 02 59 | 16 00 | 21 49 | 09 12 |
| 15 | 5:33:28 | 22 41 25 | 27 43 | 04♌40 | 08 14 | 23 29 | 17 00 | 02 46 | 19 27 | 02 58 | 16 01 | 21 51 | 09 09 |
| 16 | 5:37:24 | 23 42 27 | 11♌39 | 18 40 | 09 44 | 24 43 | 17 40 | 02 59 | 19 34 | 02 56 | 16 01 | 21 52 | 09 05 |
| 17 | 5:41:21 | 24 43 29 | 25 43 | 02♍47 | 11 15 | 25 57 | 18 20 | 03 13 | 19 41 | 02 55 | 16 02 | 21 54 | 09 02 |
| 18 | 5:45:17 | 25 44 33 | 09♍51 | 16 56 | 12 45 | 27 11 | 19 00 | 03 27 | 19 47 | 02 54 | 16 03 | 21 56 | 08 59 |
| 19 | 5:49:14 | 26 45 37 | 24 02 | 01♎08 | 14 17 | 28 25 | 19 40 | 03 41 | 19 54 | 02 53 | 16 04 | 21 58 | 08 56 |
| 20 | 5:53:10 | 27 46 42 | 08♎13 | 15 18 | 15 48 | 29 39 | 20 20 | 03 54 | 20 01 | 02 51 | 16 04 | 22 00 | 08 53 |
| 21 | 5:57:07 | 28 47 48 | 22 22 | 29 26 | 17 19 | 00♒53 | 21 00 | 04 08 | 20 08 | 02 50 | 16 05 | 22 02 | 08 49 |
| 22 | 6:01:04 | 29 48 55 | 06♏28 | 13♏28 | 18 51 | 02 07 | 21 41 | 04 22 | 20 14 | 02 49 | 16 06 | 22 04 | 08 46 |
| 23 | 6:05:00 | 00♑50 02 | 20 26 | 27 22 | 20 23 | 03 21 | 22 21 | 04 36 | 20 21 | 02 48 | 16 07 | 22 06 | 08 43 |
| 24 | 6:08:57 | 01 51 11 | 04♐15 | 11♐05 | 21 56 | 04 35 | 23 01 | 04 50 | 20 28 | 02 47 | 16 08 | 22 07 | 08 40 |
| 25 | 6:12:53 | 02 52 20 | 17 51 | 24 35 | 23 28 | 05 49 | 23 41 | 05 03 | 20 35 | 02 47 | 16 09 | 22 09 | 08 37 |
| 26 | 6:16:50 | 03 53 29 | 01♑14 | 07♑49 | 25 01 | 07 03 | 24 21 | 05 17 | 20 42 | 02 46 | 16 10 | 22 11 | 08 34 |
| 27 | 6:20:46 | 04 54 39 | 14 20 | 20 47 | 26 34 | 08 16 | 25 02 | 05 31 | 20 49 | 02 45 | 16 10 | 22 13 | 08 30 |
| 28 | 6:24:43 | 05 55 49 | 27 10 | 03♒29 | 28 07 | 09 30 | 25 42 | 05 45 | 20 56 | 02 44 | 16 12 | 22 15 | 08 27 |
| 29 | 6:28:39 | 06 56 59 | 09♒44 | 15 55 | 29 41 | 10 44 | 26 22 | 05 59 | 21 03 | 02 43 | 16 13 | 22 17 | 08 24 |
| 30 | 6:32:36 | 07 58 09 | 22 03 | 28 08 | 01♑14 | 11 57 | 27 02 | 06 13 | 21 10 | 02 43 | 16 14 | 22 19 | 08 21 |
| 31 | 6:36:33 | 08 59 20 | 04♓10 | 10♓10 | 02 49 | 13 11 | 27 43 | 06 26 | 21 17 | 02 42 | 16 15 | 22 21 | 08 18 |

0:00 E.T.

## Longitudes of the Major Asteroids and Chiron

| D | ⚳ | ⚴ | ⚵ | ⚶ | ⚷ | D | ⚳ | ⚴ | ⚵ | ⚶ | ⚷ |
|---|---|---|---|---|---|---|---|---|---|---|---|
| 1 | 05♑40 | 09♐42 | 09♎12 | 15♉10℞ | 01♈30℞ | 17 | 11 56 | 16 32 | 13 49 | 12 43 | 01 26 |
| 2 | 06 03 | 10 08 | 09 31 | 14 58 | 01 29 | 18 | 12 20 | 16 58 | 14 05 | 12 38 | 01 27 |
| 3 | 06 26 | 10 34 | 09 49 | 14 46 | 01 29 | 19 | 12 44 | 17 23 | 14 20 | 12 32 | 01 27 |
| 4 | 06 50 | 10 59 | 10 07 | 14 35 | 01 28 | 20 | 13 08 | 17 49 | 14 35 | 12 28 | 01 27 |
| 5 | 07 13 | 11 25 | 10 26 | 14 24 | 01 28 | 21 | 13 31 | 18 14 | 14 51 | 12 23 | 01 28 |
| 6 | 07 37 | 11 51 | 10 43 | 14 13 | 01 27 | 22 | 13 55 | 18 40 | 15 05 | 12 20 | 01 28 |
| 7 | 08 00 | 12 16 | 11 01 | 14 03 | 01 27 | 23 | 14 19 | 19 05 | 15 20 | 12 16 | 01 29 |
| 8 | 08 24 | 12 42 | 11 19 | 13 53 | 01 27 | 24 | 14 43 | 19 30 | 15 35 | 12 13 | 01 29 |
| 9 | 08 47 | 13 08 | 11 36 | 13 44 | 01 27 | 25 | 15 07 | 19 56 | 15 49 | 12 11 | 01 30 |
| 10 | 09 11 | 13 33 | 11 53 | 13 34 | 01 26 | 26 | 15 31 | 20 21 | 16 03 | 12 09 | 01 31 |
| 11 | 09 34 | 13 59 | 12 10 | 13 26 | 01 26 | 27 | 15 55 | 20 46 | 16 17 | 12 07 | 01 31 |
| 12 | 09 58 | 14 25 | 12 27 | 13 18 | 01 26 | 28 | 16 19 | 21 11 | 16 30 | 12 06 | 01 32 |
| 13 | 10 21 | 14 50 | 12 44 | 13 10 | 01 26 | 29 | 16 42 | 21 36 | 16 43 | 12 06 | 01 33 |
| 14 | 10 45 | 15 16 | 13 01 | 13 03 | 01 26D | 30 | 17 06 | 22 01 | 16 56 | 12 06D | 01 34 |
| 15 | 11 09 | 15 41 | 13 17 | 12 56 | 01 26 | 31 | 17 30 | 22 27 | 17 09 | 12 06 | 01 35 |
| 16 | 11 32 | 16 07 | 13 33 | 12 49 | 01 26 | | | | | | |

## Lunar Data

| Last Asp. | | Ingress | | |
|---|---|---|---|---|
| 2 | 12:29 | 3 | ♓ | 07:12 |
| 5 | 08:16 | 5 | ♈ | 19:46 |
| 7 | 15:02 | 8 | ♉ | 07:30 |
| 10 | 01:14 | 10 | ♊ | 16:48 |
| 12 | 05:13 | 12 | ♋ | 23:24 |
| 14 | 15:58 | 15 | ♌ | 03:57 |
| 16 | 22:11 | 17 | ♍ | 07:17 |
| 19 | 08:08 | 19 | ♎ | 10:06 |
| 21 | 11:47 | 21 | ♏ | 12:58 |
| 23 | 03:28 | 23 | ♐ | 16:35 |
| 25 | 11:20 | 25 | ♑ | 21:47 |
| 27 | 21:04 | 28 | ♒ | 05:22 |
| 30 | 10:25 | 30 | ♓ | 15:43 |

0:00 E.T.

## Declinations

| D | ☉ | ☽ | ☿ | ♀ | ♂ | ♃ | ♄ | ♅ | ♆ | ♇ | ⚳ | ⚴ | ⚵ | ⚶ | ⚷ |
|---|---|---|---|---|---|---|---|---|---|---|---|---|---|---|---|
| 1 | -21 43 | -21 44 | -15 18 | -24 45 | -13 29 | -23 18 | -22 08 | +12 09 | -06 30 | -22 20 | -26 42 | +03 52 | -03 24 | +08 06 | +03 23 |
| 2 | 21 52 | 19 27 | 15 42 | 24 43 | 13 42 | 23 18 | 22 08 | 12 08 | 06 30 | 22 20 | 26 42 | 03 50 | 03 29 | 08 06 | 03 23 |
| 3 | 22 01 | 16 21 | 16 07 | 24 40 | 13 55 | 23 18 | 22 07 | 12 08 | 06 30 | 22 19 | 26 42 | 03 48 | 03 34 | 08 06 | 03 22 |
| 4 | 22 10 | 12 38 | 16 33 | 24 37 | 14 08 | 23 18 | 22 06 | 12 07 | 06 30 | 22 19 | 26 42 | 03 46 | 03 39 | 08 07 | 03 22 |
| 5 | 22 18 | 08 26 | 16 59 | 24 32 | 14 21 | 23 18 | 22 05 | 12 06 | 06 30 | 22 19 | 26 42 | 03 44 | 03 44 | 08 07 | 03 21 |
| 6 | 22 25 | 03 56 | 17 25 | 24 27 | 14 34 | 23 18 | 22 05 | 12 06 | 06 30 | 22 19 | 26 42 | 03 43 | 03 49 | 08 08 | 03 21 |
| 7 | 22 33 | +00 44 | 17 52 | 24 21 | 14 47 | 23 18 | 22 04 | 12 05 | 06 30 | 22 19 | 26 41 | 03 41 | 03 53 | 08 08 | 03 21 |
| 8 | 22 39 | 05 27 | 18 18 | 24 15 | 14 59 | 23 18 | 22 03 | 12 05 | 06 30 | 22 19 | 26 41 | 03 40 | 03 58 | 08 09 | 03 20 |
| 9 | 22 46 | 10 02 | 18 43 | 24 08 | 15 12 | 23 18 | 22 02 | 12 04 | 06 29 | 22 18 | 26 41 | 03 39 | 04 02 | 08 10 | 03 20 |
| 10 | 22 52 | 14 17 | 19 08 | 24 00 | 15 24 | 23 18 | 22 01 | 12 04 | 06 29 | 22 18 | 26 40 | 03 38 | 04 07 | 08 12 | 03 20 |
| 11 | 22 57 | 18 00 | 19 33 | 23 51 | 15 37 | 23 18 | 22 01 | 12 03 | 06 29 | 22 18 | 26 40 | 03 37 | 04 11 | 08 13 | 03 19 |
| 12 | 23 02 | 20 53 | 19 57 | 23 41 | 15 49 | 23 18 | 22 00 | 12 03 | 06 29 | 22 18 | 26 39 | 03 36 | 04 15 | 08 14 | 03 19 |
| 13 | 23 06 | 22 42 | 20 21 | 23 31 | 16 01 | 23 18 | 21 59 | 12 02 | 06 29 | 22 18 | 26 38 | 03 35 | 04 19 | 08 16 | 03 19 |
| 14 | 23 10 | 23 13 | 20 44 | 23 20 | 16 13 | 23 18 | 21 58 | 12 02 | 06 28 | 22 17 | 26 38 | 03 34 | 04 23 | 08 18 | 03 19 |
| 15 | 23 14 | 22 20 | 21 06 | 23 09 | 16 25 | 23 18 | 21 57 | 12 01 | 06 28 | 22 17 | 26 37 | 03 34 | 04 27 | 08 20 | 03 19 |
| 16 | 23 17 | 20 04 | 21 27 | 22 57 | 16 37 | 23 17 | 21 56 | 12 01 | 06 28 | 22 17 | 26 36 | 03 33 | 04 30 | 08 22 | 03 18 |
| 17 | 23 20 | 16 36 | 21 47 | 22 44 | 16 48 | 23 17 | 21 55 | 12 01 | 06 28 | 22 17 | 26 35 | 03 33 | 04 34 | 08 24 | 03 18 |
| 18 | 23 22 | 12 10 | 22 06 | 22 30 | 17 00 | 23 17 | 21 55 | 12 00 | 06 27 | 22 16 | 26 34 | 03 33 | 04 38 | 08 26 | 03 18 |
| 19 | 23 24 | 07 04 | 22 24 | 22 16 | 17 11 | 23 17 | 21 54 | 12 00 | 06 27 | 22 16 | 26 33 | 03 32 | 04 41 | 08 29 | 03 18 |
| 20 | 23 25 | 01 36 | 22 42 | 22 01 | 17 22 | 23 16 | 21 53 | 12 00 | 06 27 | 22 16 | 26 32 | 03 32 | 04 44 | 08 31 | 03 18 |
| 21 | 23 26 | -03 57 | 22 58 | 21 45 | 17 33 | 23 16 | 21 52 | 11 59 | 06 26 | 22 16 | 26 31 | 03 32 | 04 48 | 08 34 | 03 18 |
| 22 | 23 26 | 09 16 | 23 13 | 21 29 | 17 44 | 23 16 | 21 51 | 11 59 | 06 26 | 22 16 | 26 29 | 03 33 | 04 51 | 08 37 | 03 18 |
| 23 | 23 26 | 14 04 | 23 27 | 21 13 | 17 55 | 23 15 | 21 50 | 11 59 | 06 26 | 22 15 | 26 28 | 03 33 | 04 54 | 08 40 | 03 18 |
| 24 | 23 25 | 18 04 | 23 40 | 20 55 | 18 06 | 23 15 | 21 49 | 11 58 | 06 25 | 22 15 | 26 27 | 03 33 | 04 56 | 08 43 | 03 18 |
| 25 | 23 24 | 21 02 | 23 52 | 20 37 | 18 17 | 23 14 | 21 48 | 11 58 | 06 25 | 22 15 | 26 25 | 03 34 | 04 59 | 08 46 | 03 18 |
| 26 | 23 23 | 22 46 | 24 02 | 20 19 | 18 27 | 23 14 | 21 47 | 11 58 | 06 24 | 22 15 | 26 24 | 03 34 | 05 02 | 08 49 | 03 18 |
| 27 | 23 21 | 23 13 | 24 11 | 20 00 | 18 37 | 23 13 | 21 46 | 11 57 | 06 24 | 22 14 | 26 22 | 03 35 | 05 04 | 08 53 | 03 18 |
| 28 | 23 18 | 22 24 | 24 19 | 19 40 | 18 48 | 23 13 | 21 45 | 11 57 | 06 24 | 22 14 | 26 20 | 03 36 | 05 07 | 08 57 | 03 18 |
| 29 | 23 15 | 20 28 | 24 26 | 19 20 | 18 58 | 23 12 | 21 44 | 11 57 | 06 23 | 22 14 | 26 18 | 03 37 | 05 09 | 09 00 | 03 18 |
| 30 | 23 12 | 17 37 | 24 31 | 18 59 | 19 07 | 23 12 | 21 43 | 11 57 | 06 23 | 22 14 | 26 17 | 03 38 | 05 11 | 09 04 | 03 19 |
| 31 | 23 08 | 14 03 | 24 35 | 18 38 | 19 17 | 23 11 | 21 42 | 11 57 | 06 22 | 22 14 | 26 15 | 03 39 | 05 13 | 09 08 | 03 19 |

Lunar Phases -- 4 ◐ 06:60 12 Ⓔ 05:13 19 ◑ 04:58 26 ● 05:14 ✓ Sun enters ♑ 12/22 04:21

# 0:00 E.T. Longitudes of Main Planets - January 2020 **Jan. 20**

| D | S.T. | ☉ | ☽ | ☽ 12:00 | ☿ | ♀ | ♂ | ♃ | ♄ | ♅ | ♆ | ♇ | ☊ |
|---|---|---|---|---|---|---|---|---|---|---|---|---|---|
| 1 | 6:40:29 | 10♑00 30 | 16♓08 | 22♓04 | 04♑23 | 14♒25 | 28♏23 | 06♑40 | 21♑24 | 02♉42℞ | 16♓16 | 22♑23 | 08♋15 |
| 2 | 6:44:26 | 11 01 40 | 28 01 | 03♈57 | 05 58 | 15 38 | 29 03 | 06 54 | 21 31 | 02 41 | 16 17 | 22 25 | 08 11 |
| 3 | 6:48:22 | 12 02 50 | 09♈53 | 15 50 | 07 32 | 16 52 | 29 44 | 07 08 | 21 38 | 02 41 | 16 18 | 22 27 | 08 08 |
| 4 | 6:52:19 | 13 03 59 | 21 49 | 27 51 | 09 08 | 18 05 | 00♐24 | 07 22 | 21 45 | 02 40 | 16 19 | 22 29 | 08 05 |
| 5 | 6:56:15 | 14 05 09 | 03♉55 | 10♉02 | 10 43 | 19 18 | 01 05 | 07 35 | 21 52 | 02 40 | 16 21 | 22 31 | 08 02 |
| 6 | 7:00:12 | 15 06 18 | 16 14 | 22 29 | 12 19 | 20 32 | 01 45 | 07 49 | 21 59 | 02 40 | 16 22 | 22 33 | 07 59 |
| 7 | 7:04:08 | 16 07 26 | 28 50 | 05♊15 | 13 56 | 21 45 | 02 25 | 08 03 | 22 06 | 02 39 | 16 23 | 22 35 | 07 55 |
| 8 | 7:08:05 | 17 08 35 | 11♊46 | 18 22 | 15 33 | 22 58 | 03 06 | 08 17 | 22 13 | 02 39 | 16 25 | 22 37 | 07 52 |
| 9 | 7:12:02 | 18 09 43 | 25 04 | 01♋51 | 17 10 | 24 11 | 03 46 | 08 31 | 22 20 | 02 39 | 16 26 | 22 39 | 07 49 |
| 10 | 7:15:58 | 19 10 51 | 08♋44 | 15 41 | 18 47 | 25 24 | 04 27 | 08 44 | 22 27 | 02 39 | 16 27 | 22 41 | 07 46 |
| 11 | 7:19:55 | 20 11 59 | 22 43 | 29 50 | 20 25 | 26 37 | 05 07 | 08 58 | 22 34 | 02 39 | 16 29 | 22 43 | 07 43 |
| 12 | 7:23:51 | 21 13 06 | 06♌59 | 14♌12 | 22 04 | 27 50 | 05 48 | 09 12 | 22 42 | 02 39D | 16 30 | 22 45 | 07 40 |
| 13 | 7:27:48 | 22 14 14 | 21 27 | 28 43 | 23 43 | 29 03 | 06 29 | 09 25 | 22 49 | 02 39 | 16 32 | 22 47 | 07 36 |
| 14 | 7:31:44 | 23 15 21 | 05♍59 | 13♍16 | 25 22 | 00♓16 | 07 09 | 09 39 | 22 56 | 02 39 | 16 33 | 22 49 | 07 33 |
| 15 | 7:35:41 | 24 16 27 | 20 31 | 27 45 | 27 02 | 01 29 | 07 50 | 09 53 | 23 03 | 02 39 | 16 35 | 22 51 | 07 30 |
| 16 | 7:39:37 | 25 17 34 | 04♎57 | 12♎07 | 28 42 | 02 42 | 08 30 | 10 06 | 23 10 | 02 40 | 16 36 | 22 53 | 07 27 |
| 17 | 7:43:34 | 26 18 40 | 19 13 | 26 17 | 00♒23 | 03 54 | 09 11 | 10 20 | 23 17 | 02 40 | 16 38 | 22 55 | 07 24 |
| 18 | 7:47:31 | 27 19 47 | 03♏17 | 10♏14 | 02 04 | 05 07 | 09 52 | 10 34 | 23 24 | 02 40 | 16 40 | 22 57 | 07 21 |
| 19 | 7:51:27 | 28 20 53 | 17 07 | 23 57 | 03 46 | 06 19 | 10 33 | 10 47 | 23 31 | 02 41 | 16 41 | 22 59 | 07 17 |
| 20 | 7:55:24 | 29 21 59 | 00♐44 | 07♐27 | 05 28 | 07 32 | 11 13 | 11 01 | 23 38 | 02 41 | 16 43 | 23 01 | 07 14 |
| 21 | 7:59:20 | 00♒23 04 | 14 07 | 20 43 | 07 10 | 08 44 | 11 54 | 11 14 | 23 45 | 02 42 | 16 45 | 23 03 | 07 11 |
| 22 | 8:03:17 | 01 24 09 | 27 16 | 03♑47 | 08 53 | 09 57 | 12 35 | 11 28 | 23 53 | 02 42 | 16 46 | 23 05 | 07 08 |
| 23 | 8:07:13 | 02 25 14 | 10♑14 | 16 38 | 10 36 | 11 09 | 13 16 | 11 41 | 24 00 | 02 43 | 16 48 | 23 07 | 07 05 |
| 24 | 8:11:10 | 03 26 18 | 22 59 | 29 17 | 12 19 | 12 21 | 13 56 | 11 54 | 24 07 | 02 43 | 16 50 | 23 09 | 07 01 |
| 25 | 8:15:06 | 04 27 22 | 05♒33 | 11♒45 | 14 03 | 13 33 | 14 37 | 12 08 | 24 14 | 02 44 | 16 52 | 23 11 | 06 58 |
| 26 | 8:19:03 | 05 28 24 | 17 55 | 24 03 | 15 46 | 14 45 | 15 18 | 12 21 | 24 21 | 02 45 | 16 53 | 23 13 | 06 55 |
| 27 | 8:23:00 | 06 29 26 | 00♓08 | 06♓10 | 17 30 | 15 57 | 15 59 | 12 34 | 24 28 | 02 46 | 16 55 | 23 15 | 06 52 |
| 28 | 8:26:56 | 07 30 26 | 12 11 | 18 10 | 19 13 | 17 09 | 16 40 | 12 48 | 24 35 | 02 46 | 16 57 | 23 17 | 06 49 |
| 29 | 8:30:53 | 08 31 26 | 24 08 | 00♈04 | 20 56 | 18 20 | 17 21 | 13 01 | 24 42 | 02 47 | 16 59 | 23 19 | 06 46 |
| 30 | 8:34:49 | 09 32 24 | 06♈00 | 11 55 | 22 38 | 19 32 | 18 02 | 13 14 | 24 49 | 02 48 | 17 01 | 23 21 | 06 42 |
| 31 | 8:38:46 | 10 33 22 | 17 51 | 23 48 | 24 19 | 20 44 | 18 43 | 13 27 | 24 56 | 02 49 | 17 03 | 23 23 | 06 39 |

## 0:00 E.T. Longitudes of the Major Asteroids and Chiron

| D | ⚳ | ⚴ | ⚵ | ⚶ | ⚷ |
|---|---|---|---|---|---|
| 1 | 17♑54 | 22♐52 | 17♎22 | 12♉06 | 01♈36 |
| 2 | 18 18 | 23 17 | 17 34 | 12 08 | 01 37 |
| 3 | 18 42 | 23 41 | 17 46 | 12 09 | 01 38 |
| 4 | 19 06 | 24 06 | 17 58 | 12 11 | 01 39 |
| 5 | 19 30 | 24 31 | 18 09 | 12 13 | 01 40 |
| 6 | 19 54 | 24 56 | 18 21 | 12 16 | 01 42 |
| 7 | 20 18 | 25 21 | 18 32 | 12 20 | 01 43 |
| 8 | 20 42 | 25 45 | 18 42 | 12 23 | 01 44 |
| 9 | 21 06 | 26 10 | 18 53 | 12 27 | 01 46 |
| 10 | 21 30 | 26 35 | 19 03 | 12 32 | 01 47 |
| 11 | 21 54 | 26 59 | 19 13 | 12 37 | 01 49 |
| 12 | 22 18 | 27 24 | 19 22 | 12 42 | 01 50 |
| 13 | 22 42 | 27 48 | 19 32 | 12 47 | 01 52 |
| 14 | 23 06 | 28 12 | 19 41 | 12 53 | 01 54 |
| 15 | 23 30 | 28 37 | 19 49 | 13 00 | 01 55 |
| 16 | 23 54 | 29 01 | 19 58 | 13 06 | 01 57 |
| 17 | 24 18 | 29 25 | 20 06 | 13 14 | 01 59 |
| 18 | 24 42 | 29 49 | 20 14 | 13 21 | 02 01 |
| 19 | 25 06 | 00♑13 | 20 21 | 13 29 | 02 03 |
| 20 | 25 30 | 00 38 | 20 28 | 13 37 | 02 05 |
| 21 | 25 54 | 01 01 | 20 35 | 13 46 | 02 07 |
| 22 | 26 18 | 01 25 | 20 42 | 13 54 | 02 09 |
| 23 | 26 41 | 01 49 | 20 48 | 14 04 | 02 11 |
| 24 | 27 05 | 02 13 | 20 54 | 14 13 | 02 13 |
| 25 | 27 29 | 02 37 | 20 59 | 14 23 | 02 15 |
| 26 | 27 53 | 03 00 | 21 04 | 14 33 | 02 17 |
| 27 | 28 17 | 03 24 | 21 09 | 14 44 | 02 20 |
| 28 | 28 41 | 03 47 | 21 14 | 14 54 | 02 22 |
| 29 | 29 05 | 04 11 | 21 18 | 15 06 | 02 24 |
| 30 | 29 28 | 04 34 | 21 22 | 15 17 | 02 27 |
| 31 | 29 52 | 04 57 | 21 25 | 15 29 | 02 29 |

## Lunar Data

| Last Asp. | | Ingress | | |
|---|---|---|---|---|
| 2 | 02:15 | 2 | ♈ | 04:02 |
| 4 | 01:19 | 4 | ♉ | 16:16 |
| 6 | 12:09 | 7 | ♊ | 02:12 |
| 8 | 22:17 | 9 | ♋ | 08:44 |
| 10 | 23:59 | 11 | ♌ | 12:17 |
| 13 | 13:43 | 13 | ♍ | 14:08 |
| 15 | 12:13 | 15 | ♎ | 15:44 |
| 17 | 12:60 | 17 | ♏ | 18:22 |
| 19 | 21:23 | 19 | ♐ | 22:42 |
| 21 | 04:47 | 22 | ♑ | 05:01 |
| 24 | 02:10 | 24 | ♒ | 13:22 |
| 25 | 19:08 | 26 | ♓ | 23:45 |
| 29 | 01:10 | 29 | ♈ | 11:52 |
| 31 | 15:10 | | | |

## 0:00 E.T. Declinations

| D | ☉ | ☽ | ☿ | ♀ | ♂ | ♃ | ♄ | ♅ | ♆ | ♇ | ⚳ | ⚴ | ⚵ | ⚶ | ⚷ |
|---|---|---|---|---|---|---|---|---|---|---|---|---|---|---|---|
| 1 | -23 04 | -09 59 | -24 38 | -18 16 | -19 27 | -23 11 | -21 41 | +11 57 | -06 22 | -22 13 | -26 13 | +03 40 | -05 15 | +09 12 | +03 19 |
| 2 | 22 59 | 05 34 | 24 40 | 17 54 | 19 36 | 23 10 | 21 40 | 11 56 | 06 21 | 22 13 | 26 11 | 03 41 | 05 17 | 09 16 | 03 19 |
| 3 | 22 53 | 00 57 | 24 40 | 17 31 | 19 45 | 23 10 | 21 39 | 11 56 | 06 21 | 22 13 | 26 09 | 03 43 | 05 19 | 09 21 | 03 19 |
| 4 | 22 48 | +03 44 | 24 38 | 17 08 | 19 55 | 23 09 | 21 38 | 11 56 | 06 20 | 22 13 | 26 06 | 03 44 | 05 20 | 09 25 | 03 20 |
| 5 | 22 41 | 08 20 | 24 35 | 16 44 | 20 03 | 23 08 | 21 37 | 11 56 | 06 20 | 22 12 | 26 04 | 03 46 | 05 22 | 09 30 | 03 20 |
| 6 | 22 35 | 12 41 | 24 31 | 16 20 | 20 12 | 23 07 | 21 36 | 11 56 | 06 19 | 22 12 | 26 02 | 03 48 | 05 23 | 09 34 | 03 20 |
| 7 | 22 28 | 16 36 | 24 26 | 15 55 | 20 21 | 23 07 | 21 35 | 11 56 | 06 19 | 22 12 | 26 00 | 03 50 | 05 24 | 09 39 | 03 21 |
| 8 | 22 20 | 19 51 | 24 18 | 15 30 | 20 29 | 23 06 | 21 34 | 11 56 | 06 18 | 22 12 | 25 57 | 03 52 | 05 25 | 09 44 | 03 21 |
| 9 | 22 12 | 22 07 | 24 10 | 15 05 | 20 38 | 23 05 | 21 33 | 11 56 | 06 18 | 22 11 | 25 55 | 03 54 | 05 26 | 09 49 | 03 21 |
| 10 | 22 04 | 23 11 | 24 00 | 14 39 | 20 46 | 23 04 | 21 32 | 11 56 | 06 17 | 22 11 | 25 52 | 03 56 | 05 27 | 09 54 | 03 22 |
| 11 | 21 55 | 22 49 | 23 48 | 14 13 | 20 54 | 23 04 | 21 30 | 11 56 | 06 17 | 22 11 | 25 50 | 03 58 | 05 27 | 09 59 | 03 22 |
| 12 | 21 46 | 20 58 | 23 35 | 13 47 | 21 02 | 23 03 | 21 29 | 11 56 | 06 16 | 22 11 | 25 47 | 04 01 | 05 28 | 10 04 | 03 23 |
| 13 | 21 36 | 17 46 | 23 21 | 13 20 | 21 09 | 23 02 | 21 28 | 11 56 | 06 15 | 22 10 | 25 44 | 04 03 | 05 28 | 10 09 | 03 23 |
| 14 | 21 26 | 13 27 | 23 04 | 12 53 | 21 17 | 23 01 | 21 27 | 11 56 | 06 15 | 22 10 | 25 41 | 04 06 | 05 28 | 10 15 | 03 23 |
| 15 | 21 15 | 08 22 | 22 47 | 12 25 | 21 24 | 23 00 | 21 26 | 11 56 | 06 14 | 22 10 | 25 39 | 04 09 | 05 28 | 10 20 | 03 24 |
| 16 | 21 05 | 02 51 | 22 28 | 11 57 | 21 31 | 22 59 | 21 25 | 11 56 | 06 14 | 22 10 | 25 36 | 04 12 | 05 28 | 10 26 | 03 24 |
| 17 | 20 53 | -02 44 | 22 07 | 11 29 | 21 38 | 22 58 | 21 24 | 11 56 | 06 13 | 22 09 | 25 33 | 04 14 | 05 28 | 10 31 | 03 25 |
| 18 | 20 41 | 08 07 | 21 45 | 11 01 | 21 45 | 22 57 | 21 23 | 11 57 | 06 12 | 22 09 | 25 30 | 04 18 | 05 27 | 10 37 | 03 26 |
| 19 | 20 29 | 13 00 | 21 21 | 10 32 | 21 52 | 22 56 | 21 22 | 11 57 | 06 12 | 22 09 | 25 27 | 04 21 | 05 27 | 10 43 | 03 26 |
| 20 | 20 17 | 17 09 | 20 55 | 10 03 | 21 58 | 22 55 | 21 20 | 11 57 | 06 11 | 22 09 | 25 23 | 04 24 | 05 26 | 10 49 | 03 27 |
| 21 | 20 04 | 20 21 | 20 28 | 09 34 | 22 04 | 22 54 | 21 19 | 11 57 | 06 10 | 22 08 | 25 20 | 04 27 | 05 25 | 10 54 | 03 27 |
| 22 | 19 51 | 22 24 | 20 00 | 09 05 | 22 10 | 22 53 | 21 18 | 11 57 | 06 10 | 22 08 | 25 17 | 04 31 | 05 24 | 11 00 | 03 28 |
| 23 | 19 37 | 23 13 | 19 30 | 08 35 | 22 16 | 22 52 | 21 17 | 11 58 | 06 09 | 22 08 | 25 14 | 04 34 | 05 23 | 11 06 | 03 29 |
| 24 | 19 23 | 22 47 | 18 59 | 08 05 | 22 22 | 22 51 | 21 16 | 11 58 | 06 08 | 22 08 | 25 10 | 04 38 | 05 22 | 11 12 | 03 29 |
| 25 | 19 09 | 21 12 | 18 26 | 07 35 | 22 27 | 22 50 | 21 15 | 11 58 | 06 08 | 22 07 | 25 07 | 04 42 | 05 20 | 11 19 | 03 30 |
| 26 | 18 54 | 18 38 | 17 51 | 07 05 | 22 32 | 22 49 | 21 13 | 11 58 | 06 07 | 22 07 | 25 04 | 04 46 | 05 19 | 11 25 | 03 31 |
| 27 | 18 39 | 15 16 | 17 16 | 06 35 | 22 38 | 22 48 | 21 12 | 11 59 | 06 06 | 22 07 | 25 00 | 04 50 | 05 17 | 11 31 | 03 31 |
| 28 | 18 24 | 11 19 | 16 39 | 06 04 | 22 42 | 22 46 | 21 11 | 11 59 | 06 05 | 22 07 | 24 56 | 04 54 | 05 15 | 11 37 | 03 32 |
| 29 | 18 08 | 06 58 | 16 00 | 05 33 | 22 47 | 22 45 | 21 10 | 11 59 | 06 05 | 22 06 | 24 53 | 04 58 | 05 13 | 11 44 | 03 33 |
| 30 | 17 52 | 02 23 | 15 21 | 05 03 | 22 52 | 22 44 | 21 09 | 12 00 | 06 04 | 22 06 | 24 49 | 05 02 | 05 11 | 11 50 | 03 34 |
| 31 | 17 35 | +02 16 | 14 41 | 04 32 | 22 56 | 22 43 | 21 08 | 12 00 | 06 03 | 22 06 | 24 46 | 05 07 | 05 08 | 11 56 | 03 34 |

Lunar Phases -- 3 ◐ 04:47 10 Ⓔ 19:22 17 ◑ 12:60 24 ● 21:43 Sun enters ♒ 1/20 14:56

## Feb. 20 — Longitudes of Main Planets - February 2020 — 0:00 E.T.

| D | S.T. | ☉ | ☽ | ☽ 12:00 | ☿ | ♀ | ♂ | ♃ | ♄ | ♅ | ♆ | ♇ | ☊ |
|---|---|---|---|---|---|---|---|---|---|---|---|---|---|
| 1 | 8:42:42 | 11♒34 18 | 29♈46 | 05♉45 | 25♒59 | 21♓55 | 19♐24 | 13♑40 | 25♑03 | 02♉50 | 17♓05 | 23♑25 | 06♋36 |
| 2 | 8:46:39 | 12 35 13 | 11♉48 | 17 53 | 27 37 | 23 06 | 20 05 | 13 53 | 25 10 | 02 51 | 17 07 | 23 27 | 06 33 |
| 3 | 8:50:35 | 13 36 06 | 24 02 | 00♊16 | 29 14 | 24 17 | 20 46 | 14 06 | 25 16 | 02 53 | 17 09 | 23 29 | 06 30 |
| 4 | 8:54:32 | 14 36 59 | 06♊34 | 12 58 | 00♓48 | 25 28 | 21 27 | 14 19 | 25 23 | 02 54 | 17 11 | 23 31 | 06 27 |
| 5 | 8:58:29 | 15 37 49 | 19 28 | 26 04 | 02 20 | 26 39 | 22 08 | 14 32 | 25 30 | 02 55 | 17 13 | 23 32 | 06 23 |
| 6 | 9:02:25 | 16 38 39 | 02♋46 | 09♋36 | 03 47 | 27 50 | 22 49 | 14 45 | 25 37 | 02 56 | 17 15 | 23 34 | 06 20 |
| 7 | 9:06:22 | 17 39 27 | 16 32 | 23 35 | 05 11 | 29 01 | 23 30 | 14 58 | 25 44 | 02 58 | 17 17 | 23 36 | 06 17 |
| 8 | 9:10:18 | 18 40 14 | 00♌45 | 08♌00 | 06 30 | 00♈12 | 24 11 | 15 10 | 25 50 | 02 59 | 17 19 | 23 38 | 06 14 |
| 9 | 9:14:15 | 19 40 59 | 15 20 | 22 45 | 07 44 | 01 22 | 24 52 | 15 23 | 25 57 | 03 01 | 17 21 | 23 40 | 06 11 |
| 10 | 9:18:11 | 20 41 43 | 00♍13 | 07♍43 | 08 52 | 02 32 | 25 33 | 15 35 | 26 04 | 03 02 | 17 23 | 23 42 | 06 07 |
| 11 | 9:22:08 | 21 42 26 | 15 14 | 22 44 | 09 52 | 03 43 | 26 14 | 15 48 | 26 11 | 03 04 | 17 25 | 23 44 | 06 04 |
| 12 | 9:26:04 | 22 43 08 | 00♎13 | 07♎40 | 10 46 | 04 53 | 26 55 | 16 00 | 26 17 | 03 05 | 17 27 | 23 45 | 06 01 |
| 13 | 9:30:01 | 23 43 48 | 15 04 | 22 23 | 11 30 | 06 02 | 27 36 | 16 13 | 26 24 | 03 07 | 17 29 | 23 47 | 05 58 |
| 14 | 9:33:58 | 24 44 27 | 29 37 | 06♏46 | 12 06 | 07 12 | 28 18 | 16 25 | 26 30 | 03 09 | 17 31 | 23 49 | 05 55 |
| 15 | 9:37:54 | 25 45 05 | 13♏49 | 20 47 | 12 32 | 08 22 | 28 59 | 16 37 | 26 37 | 03 10 | 17 33 | 23 51 | 05 52 |
| 16 | 9:41:51 | 26 45 42 | 27 39 | 04♐26 | 12 48 | 09 31 | 29 40 | 16 50 | 26 43 | 03 12 | 17 36 | 23 53 | 05 48 |
| 17 | 9:45:47 | 27 46 18 | 11♐08 | 17 44 | 12 53 | 10 41 | 00♑21 | 17 02 | 26 50 | 03 14 | 17 38 | 23 54 | 05 45 |
| 18 | 9:49:44 | 28 46 53 | 24 16 | 00♑44 | 12 49℞ | 11 50 | 01 03 | 17 14 | 26 56 | 03 16 | 17 40 | 23 56 | 05 42 |
| 19 | 9:53:40 | 29 47 27 | 07♑08 | 13 29 | 12 33 | 12 59 | 01 44 | 17 26 | 27 03 | 03 18 | 17 42 | 23 58 | 05 39 |
| 20 | 9:57:37 | 00♓47 59 | 19 46 | 26 01 | 12 08 | 14 08 | 02 25 | 17 38 | 27 09 | 03 20 | 17 44 | 23 59 | 05 36 |
| 21 | 10:01:33 | 01 48 30 | 02♒12 | 08♒22 | 11 34 | 15 16 | 03 07 | 17 50 | 27 15 | 03 22 | 17 46 | 24 01 | 05 33 |
| 22 | 10:05:30 | 02 48 59 | 14 30 | 20 35 | 10 51 | 16 25 | 03 48 | 18 01 | 27 22 | 03 24 | 17 49 | 24 03 | 05 29 |
| 23 | 10:09:27 | 03 49 27 | 26 39 | 02♓42 | 10 01 | 17 33 | 04 29 | 18 13 | 27 28 | 03 26 | 17 51 | 24 04 | 05 26 |
| 24 | 10:13:23 | 04 49 53 | 08♓43 | 14 42 | 09 04 | 18 41 | 05 11 | 18 25 | 27 34 | 03 28 | 17 53 | 24 06 | 05 23 |
| 25 | 10:17:20 | 05 50 18 | 20 40 | 26 38 | 08 04 | 19 49 | 05 52 | 18 36 | 27 40 | 03 30 | 17 55 | 24 08 | 05 20 |
| 26 | 10:21:16 | 06 50 40 | 02♈34 | 08♈30 | 07 00 | 20 57 | 06 33 | 18 48 | 27 46 | 03 32 | 17 58 | 24 09 | 05 17 |
| 27 | 10:25:13 | 07 51 01 | 14 26 | 20 21 | 05 55 | 22 05 | 07 15 | 18 59 | 27 52 | 03 34 | 18 00 | 24 11 | 05 13 |
| 28 | 10:29:09 | 08 51 20 | 26 17 | 02♉13 | 04 50 | 23 12 | 07 56 | 19 10 | 27 58 | 03 37 | 18 02 | 24 12 | 05 10 |
| 29 | 10:33:06 | 09 51 37 | 08♉11 | 14 10 | 03 48 | 24 19 | 08 38 | 19 22 | 28 04 | 03 39 | 18 04 | 24 14 | 05 07 |

## 0:00 E.T. — Longitudes of the Major Asteroids and Chiron

| D | ⚳ | ⚴ | ⚵ | ⚶ | ⚷ |
|---|---|---|---|---|---|
| 1 | 00♒16 | 05♑20 | 21♎28 | 15♉41 | 02♈31 |
| 2 | 00 40 | 05 43 | 21 31 | 15 53 | 02 34 |
| 3 | 01 03 | 06 06 | 21 33 | 16 06 | 02 36 |
| 4 | 01 27 | 06 29 | 21 35 | 16 18 | 02 39 |
| 5 | 01 51 | 06 52 | 21 37 | 16 31 | 02 42 |
| 6 | 02 14 | 07 15 | 21 38 | 16 45 | 02 44 |
| 7 | 02 38 | 07 37 | 21 39 | 16 58 | 02 47 |
| 8 | 03 01 | 08 00 | 21 39 | 17 12 | 02 50 |
| 9 | 03 25 | 08 22 | 21 39℞ | 17 27 | 02 52 |
| 10 | 03 48 | 08 44 | 21 39 | 17 41 | 02 55 |
| 11 | 04 12 | 09 07 | 21 38 | 17 56 | 02 58 |
| 12 | 04 35 | 09 29 | 21 37 | 18 10 | 03 01 |
| 13 | 04 59 | 09 51 | 21 36 | 18 25 | 03 04 |
| 14 | 05 22 | 10 13 | 21 34 | 18 41 | 03 07 |
| 15 | 05 45 | 10 35 | 21 32 | 18 56 | 03 10 |
| 16 | 06 09 | 10 56 | 21 29 | 19 12 | 03 13 |
| 17 | 06 32 | 11 18 | 21 26 | 19 28 | 03 16 |
| 18 | 06 55 | 11 39 | 21 23 | 19 44 | 03 19 |
| 19 | 07 18 | 12 01 | 21 19 | 20 01 | 03 22 |
| 20 | 07 41 | 12 22 | 21 15 | 20 17 | 03 25 |
| 21 | 08 04 | 12 43 | 21 11 | 20 34 | 03 28 |
| 22 | 08 27 | 13 04 | 21 06 | 20 51 | 03 31 |
| 23 | 08 51 | 13 25 | 21 00 | 21 08 | 03 34 |
| 24 | 09 13 | 13 46 | 20 55 | 21 26 | 03 37 |
| 25 | 09 36 | 14 07 | 20 49 | 21 43 | 03 40 |
| 26 | 09 59 | 14 27 | 20 42 | 22 01 | 03 44 |
| 27 | 10 22 | 14 48 | 20 35 | 22 19 | 03 47 |
| 28 | 10 45 | 15 08 | 20 28 | 22 37 | 03 50 |
| 29 | 11 08 | 15 28 | 20 21 | 22 56 | 03 53 |

## Lunar Data

| Last Asp. | | Ingress | | |
|---|---|---|---|---|
| 31 | 15:10 | 1 | ♉ | 00:29 |
| 3 | 11:29 | 3 | ♊ | 11:30 |
| 5 | 14:20 | 5 | ♋ | 19:04 |
| 7 | 15:44 | 7 | ♌ | 22:46 |
| 9 | 16:09 | 9 | ♍ | 23:40 |
| 11 | 18:27 | 11 | ♎ | 23:38 |
| 13 | 21:42 | 14 | ♏ | 00:39 |
| 15 | 22:21 | 16 | ♐ | 04:08 |
| 18 | 09:05 | 18 | ♑ | 10:38 |
| 20 | 14:20 | 20 | ♒ | 19:43 |
| 22 | 04:09 | 23 | ♓ | 06:38 |
| 25 | 14:13 | 25 | ♈ | 18:48 |
| 28 | 03:26 | 28 | ♉ | 07:31 |

## 0:00 E.T. — Declinations

| D | ☉ | ☽ | ☿ | ♀ | ♂ | ♃ | ♄ | ♅ | ♆ | ♇ | ⚳ | ⚴ | ⚵ | ⚶ | ⚷ |
|---|---|---|---|---|---|---|---|---|---|---|---|---|---|---|---|
| 1 | -17 19 | +06 52 | -13 59 | -04 01 | -23 00 | -22 42 | -21 06 | +12 00 | -06 02 | -22 06 | -24 42 | +05 11 | -05 05 | +12 03 | +03 35 |
| 2 | 17 02 | 11 16 | 13 17 | 03 30 | 23 04 | 22 40 | 21 05 | 12 01 | 06 02 | 22 06 | 24 38 | 05 16 | 05 03 | 12 09 | 03 36 |
| 3 | 16 44 | 15 17 | 12 35 | 02 58 | 23 08 | 22 39 | 21 04 | 12 01 | 06 01 | 22 05 | 24 34 | 05 21 | 05 00 | 12 16 | 03 37 |
| 4 | 16 27 | 18 44 | 11 52 | 02 27 | 23 11 | 22 38 | 21 03 | 12 02 | 06 00 | 22 05 | 24 30 | 05 25 | 04 57 | 12 23 | 03 38 |
| 5 | 16 09 | 21 23 | 11 09 | 01 56 | 23 15 | 22 37 | 21 02 | 12 02 | 05 59 | 22 05 | 24 26 | 05 30 | 04 54 | 12 29 | 03 39 |
| 6 | 15 51 | 22 57 | 10 26 | 01 24 | 23 18 | 22 35 | 21 00 | 12 03 | 05 58 | 22 05 | 24 22 | 05 35 | 04 50 | 12 36 | 03 40 |
| 7 | 15 32 | 23 11 | 09 43 | 00 53 | 23 21 | 22 34 | 20 59 | 12 03 | 05 58 | 22 04 | 24 18 | 05 40 | 04 47 | 12 43 | 03 41 |
| 8 | 15 14 | 21 57 | 09 02 | 00 22 | 23 23 | 22 33 | 20 58 | 12 04 | 05 57 | 22 04 | 24 14 | 05 46 | 04 43 | 12 49 | 03 41 |
| 9 | 14 55 | 19 15 | 08 21 | +00 10 | 23 26 | 22 31 | 20 57 | 12 04 | 05 56 | 22 04 | 24 10 | 05 51 | 04 39 | 12 56 | 03 42 |
| 10 | 14 36 | 15 13 | 07 42 | 00 41 | 23 28 | 22 30 | 20 56 | 12 05 | 05 55 | 22 04 | 24 06 | 05 56 | 04 35 | 13 03 | 03 43 |
| 11 | 14 16 | 10 12 | 07 05 | 01 13 | 23 30 | 22 29 | 20 55 | 12 05 | 05 54 | 22 03 | 24 02 | 06 02 | 04 31 | 13 10 | 03 44 |
| 12 | 13 56 | 04 35 | 06 31 | 01 44 | 23 32 | 22 27 | 20 53 | 12 06 | 05 54 | 22 03 | 23 58 | 06 07 | 04 26 | 13 16 | 03 45 |
| 13 | 13 37 | -01 14 | 05 59 | 02 16 | 23 34 | 22 26 | 20 52 | 12 06 | 05 53 | 22 03 | 23 54 | 06 13 | 04 22 | 13 23 | 03 46 |
| 14 | 13 16 | 06 53 | 05 30 | 02 47 | 23 36 | 22 24 | 20 51 | 12 07 | 05 52 | 22 03 | 23 49 | 06 19 | 04 17 | 13 30 | 03 47 |
| 15 | 12 56 | 12 03 | 05 06 | 03 18 | 23 37 | 22 23 | 20 50 | 12 08 | 05 51 | 22 03 | 23 45 | 06 25 | 04 12 | 13 37 | 03 48 |
| 16 | 12 36 | 16 26 | 04 45 | 03 49 | 23 38 | 22 22 | 20 49 | 12 08 | 05 50 | 22 02 | 23 41 | 06 31 | 04 07 | 13 44 | 03 49 |
| 17 | 12 15 | 19 52 | 04 28 | 04 20 | 23 39 | 22 20 | 20 48 | 12 09 | 05 49 | 22 02 | 23 36 | 06 37 | 04 02 | 13 51 | 03 50 |
| 18 | 11 54 | 22 09 | 04 17 | 04 51 | 23 39 | 22 19 | 20 46 | 12 10 | 05 49 | 22 02 | 23 32 | 06 43 | 03 57 | 13 57 | 03 52 |
| 19 | 11 33 | 23 14 | 04 10 | 05 22 | 23 40 | 22 17 | 20 45 | 12 10 | 05 48 | 22 02 | 23 27 | 06 49 | 03 51 | 14 04 | 03 53 |
| 20 | 11 11 | 23 05 | 04 08 | 05 53 | 23 40 | 22 16 | 20 44 | 12 11 | 05 47 | 22 02 | 23 23 | 06 55 | 03 46 | 14 11 | 03 54 |
| 21 | 10 50 | 21 46 | 04 11 | 06 24 | 23 40 | 22 14 | 20 43 | 12 12 | 05 46 | 22 01 | 23 18 | 07 02 | 03 40 | 14 18 | 03 55 |
| 22 | 10 28 | 19 26 | 04 18 | 06 54 | 23 40 | 22 13 | 20 42 | 12 12 | 05 45 | 22 01 | 23 14 | 07 08 | 03 34 | 14 25 | 03 56 |
| 23 | 10 06 | 16 16 | 04 30 | 07 25 | 23 40 | 22 12 | 20 41 | 12 13 | 05 44 | 22 01 | 23 09 | 07 15 | 03 28 | 14 32 | 03 57 |
| 24 | 09 44 | 12 27 | 04 46 | 07 55 | 23 39 | 22 10 | 20 40 | 12 14 | 05 43 | 22 01 | 23 05 | 07 21 | 03 21 | 14 39 | 03 58 |
| 25 | 09 22 | 08 10 | 05 06 | 08 25 | 23 38 | 22 09 | 20 38 | 12 15 | 05 42 | 22 01 | 23 00 | 07 28 | 03 15 | 14 46 | 03 59 |
| 26 | 09 00 | 03 36 | 05 29 | 08 55 | 23 37 | 22 07 | 20 37 | 12 15 | 05 42 | 22 01 | 22 56 | 07 35 | 03 09 | 14 53 | 04 00 |
| 27 | 08 37 | +01 05 | 05 54 | 09 24 | 23 36 | 22 06 | 20 36 | 12 16 | 05 41 | 22 00 | 22 51 | 07 42 | 03 02 | 15 00 | 04 02 |
| 28 | 08 15 | 05 43 | 06 21 | 09 54 | 23 35 | 22 04 | 20 35 | 12 17 | 05 40 | 22 00 | 22 46 | 07 49 | 02 55 | 15 07 | 04 03 |
| 29 | 07 52 | 10 11 | 06 49 | 10 23 | 23 33 | 22 03 | 20 34 | 12 18 | 05 39 | 22 00 | 22 42 | 07 56 | 02 48 | 15 14 | 04 04 |

Lunar Phases -- 2 ◐ 01:43   9 ○ 07:34   15 ◑ 22:18   23 ● 15:33      Sun enters ♓ 2/19 04:59

# 0:00 E.T. Longitudes of Main Planets - March 2020 **Mar. 20**

| D | S.T. | ☉ | ☽ | ☽ 12:00 | ☿ | ♀ | ♂ | ♃ | ♄ | ♅ | ♆ | ♇ | ☊ |
|---|---|---|---|---|---|---|---|---|---|---|---|---|---|
| 1 | 10:37:02 | 10♓51 53 | 20♉11 | 26♉15 | 02♓48℞ | 25♈26 | 09♑19 | 19♑33 | 28♑10 | 03♉41 | 18♓07 | 24♑15 | 05♋04 |
| 2 | 10:40:59 | 11 52 06 | 02♊22 | 08♊33 | 01 53 | 26 33 | 10 00 | 19 44 | 28 16 | 03 44 | 18 09 | 24 17 | 05 01 |
| 3 | 10:44:56 | 12 52 17 | 14 49 | 21 09 | 01 03 | 27 39 | 10 42 | 19 55 | 28 21 | 03 46 | 18 11 | 24 18 | 04 58 |
| 4 | 10:48:52 | 13 52 26 | 27 36 | 04♋08 | 00 18 | 28 45 | 11 23 | 20 05 | 28 27 | 03 49 | 18 13 | 24 20 | 04 54 |
| 5 | 10:52:49 | 14 52 33 | 10♋47 | 17 34 | 29♒41 | 29 51 | 12 05 | 20 16 | 28 33 | 03 51 | 18 16 | 24 21 | 04 51 |
| 6 | 10:56:45 | 15 52 38 | 24 28 | 01♌29 | 29 09 | 00♉57 | 12 46 | 20 27 | 28 38 | 03 54 | 18 18 | 24 23 | 04 48 |
| 7 | 11:00:42 | 16 52 41 | 08♌38 | 15 54 | 28 45 | 02 03 | 13 28 | 20 37 | 28 44 | 03 56 | 18 20 | 24 24 | 04 45 |
| 8 | 11:04:38 | 17 52 41 | 23 17 | 00♍45 | 28 28 | 03 08 | 14 09 | 20 48 | 28 49 | 03 59 | 18 23 | 24 25 | 04 42 |
| 9 | 11:08:35 | 18 52 40 | 08♍18 | 15 55 | 28 17 | 04 13 | 14 51 | 20 58 | 28 55 | 04 01 | 18 25 | 24 27 | 04 38 |
| 10 | 11:12:31 | 19 52 36 | 23 34 | 01♎14 | 28 13 | 05 17 | 15 33 | 21 08 | 29 00 | 04 04 | 18 27 | 24 28 | 04 35 |
| 11 | 11:16:28 | 20 52 31 | 08♎53 | 16 31 | 28 15D | 06 22 | 16 14 | 21 18 | 29 05 | 04 07 | 18 29 | 24 29 | 04 32 |
| 12 | 11:20:25 | 21 52 24 | 24 04 | 01♏34 | 28 23 | 07 26 | 16 56 | 21 28 | 29 11 | 04 10 | 18 32 | 24 31 | 04 29 |
| 13 | 11:24:21 | 22 52 15 | 08♏57 | 16 15 | 28 37 | 08 30 | 17 37 | 21 38 | 29 16 | 04 12 | 18 34 | 24 32 | 04 26 |
| 14 | 11:28:18 | 23 52 04 | 23 25 | 00♐29 | 28 56 | 09 33 | 18 19 | 21 48 | 29 21 | 04 15 | 18 36 | 24 33 | 04 23 |
| 15 | 11:32:14 | 24 51 52 | 07♐26 | 14 15 | 29 20 | 10 36 | 19 00 | 21 58 | 29 26 | 04 18 | 18 38 | 24 34 | 04 19 |
| 16 | 11:36:11 | 25 51 38 | 20 58 | 27 35 | 29 50 | 11 39 | 19 42 | 22 07 | 29 31 | 04 21 | 18 41 | 24 35 | 04 16 |
| 17 | 11:40:07 | 26 51 22 | 04♑05 | 10♑31 | 00♓23 | 12 42 | 20 24 | 22 17 | 29 36 | 04 24 | 18 43 | 24 36 | 04 13 |
| 18 | 11:44:04 | 27 51 05 | 16 51 | 23 08 | 01 01 | 13 44 | 21 05 | 22 26 | 29 41 | 04 27 | 18 45 | 24 38 | 04 10 |
| 19 | 11:48:00 | 28 50 46 | 29 20 | 05♒29 | 01 43 | 14 45 | 21 47 | 22 35 | 29 45 | 04 30 | 18 48 | 24 39 | 04 07 |
| 20 | 11:51:57 | 29 50 25 | 11♒36 | 17 40 | 02 28 | 15 47 | 22 29 | 22 45 | 29 50 | 04 32 | 18 50 | 24 40 | 04 04 |
| 21 | 11:55:54 | 00♈50 03 | 23 42 | 29 43 | 03 17 | 16 48 | 23 10 | 22 54 | 29 55 | 04 35 | 18 52 | 24 41 | 04 00 |
| 22 | 11:59:50 | 01 49 38 | 05♓42 | 11♓40 | 04 10 | 17 49 | 23 52 | 23 02 | 29 59 | 04 38 | 18 54 | 24 42 | 03 57 |
| 23 | 12:03:47 | 02 49 12 | 17 38 | 23 34 | 05 05 | 18 49 | 24 34 | 23 11 | 00♒04 | 04 41 | 18 56 | 24 43 | 03 54 |
| 24 | 12:07:43 | 03 48 43 | 29 31 | 05♈27 | 06 03 | 19 49 | 25 15 | 23 20 | 00 08 | 04 45 | 18 59 | 24 44 | 03 51 |
| 25 | 12:11:40 | 04 48 13 | 11♈23 | 17 19 | 07 04 | 20 48 | 25 57 | 23 28 | 00 12 | 04 48 | 19 01 | 24 45 | 03 48 |
| 26 | 12:15:36 | 05 47 40 | 23 15 | 29 11 | 08 08 | 21 47 | 26 39 | 23 37 | 00 17 | 04 51 | 19 03 | 24 46 | 03 44 |
| 27 | 12:19:33 | 06 47 05 | 05♉09 | 11♉07 | 09 14 | 22 46 | 27 21 | 23 45 | 00 21 | 04 54 | 19 05 | 24 46 | 03 41 |
| 28 | 12:23:29 | 07 46 29 | 17 06 | 23 07 | 10 22 | 23 44 | 28 02 | 23 53 | 00 25 | 04 57 | 19 07 | 24 47 | 03 38 |
| 29 | 12:27:26 | 08 45 50 | 29 10 | 05♊15 | 11 33 | 24 41 | 28 44 | 24 01 | 00 29 | 05 00 | 19 10 | 24 48 | 03 35 |
| 30 | 12:31:23 | 09 45 09 | 11♊23 | 17 34 | 12 45 | 25 38 | 29 26 | 24 09 | 00 33 | 05 03 | 19 12 | 24 49 | 03 32 |
| 31 | 12:35:19 | 10 44 25 | 23 49 | 00♋08 | 14 00 | 26 35 | 00♒07 | 24 16 | 00 37 | 05 07 | 19 14 | 24 50 | 03 29 |

## 0:00 E.T. Longitudes of the Major Asteroids and Chiron

| D | ⚳ | ⚴ | ⚵ | ⚶ | ⚷ | D | ⚳ | ⚴ | ⚵ | ⚶ | ⚷ |
|---|---|---|---|---|---|---|---|---|---|---|---|
| 1 | 11♒30 | 15♑48 | 20♎13℞ | 23♉14 | 03♈57 | 17 | 17 25 | 20 48 | 17 25 | 28 31 | 04 51 |
| 2 | 11 53 | 16 08 | 20 05 | 23 33 | 04 00 | 18 | 17 47 | 21 06 | 17 12 | 28 52 | 04 55 |
| 3 | 12 15 | 16 28 | 19 56 | 23 52 | 04 03 | 19 | 18 08 | 21 23 | 16 59 | 29 13 | 04 58 |
| 4 | 12 38 | 16 47 | 19 47 | 24 11 | 04 07 | 20 | 18 30 | 21 40 | 16 46 | 29 34 | 05 02 |
| 5 | 13 00 | 17 07 | 19 38 | 24 30 | 04 10 | 21 | 18 51 | 21 57 | 16 33 | 29 55 | 05 06 |
| 6 | 13 23 | 17 26 | 19 29 | 24 49 | 04 13 | 22 | 19 12 | 22 13 | 16 19 | 00♊17 | 05 09 |
| 7 | 13 45 | 17 45 | 19 19 | 25 09 | 04 17 | 23 | 19 34 | 22 30 | 16 06 | 00 38 | 05 13 |
| 8 | 14 07 | 18 04 | 19 09 | 25 28 | 04 20 | 24 | 19 55 | 22 46 | 15 52 | 01 00 | 05 16 |
| 9 | 14 30 | 18 23 | 18 58 | 25 48 | 04 24 | 25 | 20 16 | 23 02 | 15 38 | 01 22 | 05 20 |
| 10 | 14 52 | 18 42 | 18 47 | 26 08 | 04 27 | 26 | 20 37 | 23 18 | 15 24 | 01 44 | 05 23 |
| 11 | 15 14 | 19 00 | 18 36 | 26 28 | 04 31 | 27 | 20 58 | 23 34 | 15 10 | 02 06 | 05 27 |
| 12 | 15 36 | 19 19 | 18 25 | 26 48 | 04 34 | 28 | 21 19 | 23 49 | 14 56 | 02 28 | 05 30 |
| 13 | 15 58 | 19 37 | 18 14 | 27 08 | 04 38 | 29 | 21 39 | 24 04 | 14 41 | 02 50 | 05 34 |
| 14 | 16 20 | 19 55 | 18 02 | 27 29 | 04 41 | 30 | 22 00 | 24 19 | 14 27 | 03 12 | 05 37 |
| 15 | 16 42 | 20 13 | 17 50 | 27 49 | 04 44 | 31 | 22 21 | 24 34 | 14 13 | 03 34 | 05 41 |
| 16 | 17 03 | 20 31 | 17 37 | 28 10 | 04 48 | | | | | | |

## Lunar Data

| Last Asp. | | Ingress | | |
|---|---|---|---|---|
| 1 | 15:53 | 1 | ♊ | 19:22 |
| 4 | 02:21 | 4 | ♋ | 04:26 |
| 6 | 07:13 | 6 | ♌ | 09:28 |
| 8 | 08:13 | 8 | ♍ | 10:48 |
| 10 | 08:33 | 10 | ♎ | 10:04 |
| 12 | 08:13 | 12 | ♏ | 09:30 |
| 14 | 10:08 | 14 | ♐ | 11:11 |
| 16 | 09:36 | 16 | ♑ | 16:27 |
| 19 | 00:49 | 19 | ♒ | 01:17 |
| 20 | 09:01 | 21 | ♓ | 12:35 |
| 23 | 14:52 | 24 | ♈ | 00:59 |
| 26 | 07:18 | 26 | ♉ | 13:38 |
| 28 | 23:06 | 29 | ♊ | 01:39 |
| 30 | 15:11 | 31 | ♋ | 11:44 |

## 0:00 E.T. Declinations

| D | ☉ | ☽ | ☿ | ♀ | ♂ | ♃ | ♄ | ♅ | ♆ | ♇ | ⚳ | ⚴ | ⚵ | ⚶ | ⚷ |
|---|---|---|---|---|---|---|---|---|---|---|---|---|---|---|---|
| 1 | -07 29 | +14 18 | -07 17 | +10 52 | -23 31 | -22 01 | -20 33 | +12 19 | -05 38 | -22 00 | -22 37 | +08 03 | -02 41 | +15 20 | +04 05 |
| 2 | 07 07 | 17 53 | 07 45 | 11 21 | 23 29 | 22 00 | 20 32 | 12 19 | 05 37 | 22 00 | 22 32 | 08 10 | 02 34 | 15 27 | 04 06 |
| 3 | 06 44 | 20 46 | 08 13 | 11 50 | 23 27 | 21 58 | 20 31 | 12 20 | 05 36 | 22 00 | 22 28 | 08 18 | 02 27 | 15 34 | 04 08 |
| 4 | 06 21 | 22 41 | 08 39 | 12 18 | 23 24 | 21 57 | 20 30 | 12 21 | 05 35 | 21 59 | 22 23 | 08 25 | 02 19 | 15 41 | 04 09 |
| 5 | 05 57 | 23 26 | 09 04 | 12 46 | 23 22 | 21 55 | 20 28 | 12 22 | 05 35 | 21 59 | 22 18 | 08 32 | 02 12 | 15 48 | 04 10 |
| 6 | 05 34 | 22 49 | 09 27 | 13 14 | 23 19 | 21 54 | 20 27 | 12 23 | 05 34 | 21 59 | 22 13 | 08 40 | 02 04 | 15 55 | 04 11 |
| 7 | 05 11 | 20 45 | 09 49 | 13 41 | 23 16 | 21 52 | 20 26 | 12 24 | 05 33 | 21 59 | 22 09 | 08 48 | 01 56 | 16 01 | 04 13 |
| 8 | 04 47 | 17 16 | 10 08 | 14 08 | 23 13 | 21 51 | 20 25 | 12 25 | 05 32 | 21 59 | 22 04 | 08 55 | 01 48 | 16 08 | 04 14 |
| 9 | 04 24 | 12 36 | 10 25 | 14 35 | 23 09 | 21 49 | 20 24 | 12 26 | 05 31 | 21 59 | 21 59 | 09 03 | 01 40 | 16 15 | 04 15 |
| 10 | 04 01 | 07 04 | 10 40 | 15 01 | 23 05 | 21 48 | 20 23 | 12 26 | 05 30 | 21 59 | 21 54 | 09 11 | 01 32 | 16 22 | 04 16 |
| 11 | 03 37 | 01 05 | 10 52 | 15 28 | 23 01 | 21 46 | 20 22 | 12 27 | 05 29 | 21 58 | 21 49 | 09 19 | 01 24 | 16 28 | 04 18 |
| 12 | 03 13 | -04 55 | 11 03 | 15 53 | 22 57 | 21 45 | 20 21 | 12 28 | 05 28 | 21 58 | 21 45 | 09 27 | 01 16 | 16 35 | 04 19 |
| 13 | 02 50 | 10 32 | 11 11 | 16 19 | 22 53 | 21 43 | 20 20 | 12 29 | 05 27 | 21 58 | 21 40 | 09 35 | 01 08 | 16 42 | 04 20 |
| 14 | 02 26 | 15 25 | 11 17 | 16 44 | 22 49 | 21 42 | 20 19 | 12 30 | 05 27 | 21 58 | 21 35 | 09 43 | 01 00 | 16 48 | 04 22 |
| 15 | 02 02 | 19 16 | 11 21 | 17 09 | 22 44 | 21 41 | 20 18 | 12 31 | 05 26 | 21 58 | 21 30 | 09 51 | 00 51 | 16 55 | 04 23 |
| 16 | 01 39 | 21 56 | 11 22 | 17 33 | 22 39 | 21 39 | 20 17 | 12 32 | 05 25 | 21 58 | 21 25 | 09 59 | 00 43 | 17 02 | 04 24 |
| 17 | 01 15 | 23 19 | 11 22 | 17 57 | 22 34 | 21 38 | 20 16 | 12 33 | 05 24 | 21 58 | 21 21 | 10 07 | 00 34 | 17 08 | 04 26 |
| 18 | 00 51 | 23 26 | 11 20 | 18 21 | 22 29 | 21 36 | 20 15 | 12 34 | 05 23 | 21 58 | 21 16 | 10 16 | 00 26 | 17 15 | 04 27 |
| 19 | 00 28 | 22 21 | 11 15 | 18 44 | 22 23 | 21 35 | 20 15 | 12 35 | 05 22 | 21 58 | 21 11 | 10 24 | 00 17 | 17 21 | 04 28 |
| 20 | 00 04 | 20 13 | 11 09 | 19 07 | 22 18 | 21 34 | 20 14 | 12 36 | 05 21 | 21 58 | 21 06 | 10 33 | 00 09 | 17 28 | 04 29 |
| 21 | +00 20 | 17 12 | 11 01 | 19 29 | 22 12 | 21 32 | 20 13 | 12 37 | 05 21 | 21 58 | 21 01 | 10 41 | +00 00 | 17 34 | 04 31 |
| 22 | 00 44 | 13 30 | 10 52 | 19 51 | 22 06 | 21 31 | 20 12 | 12 38 | 05 20 | 21 57 | 20 57 | 10 50 | 00 09 | 17 40 | 04 32 |
| 23 | 01 07 | 09 18 | 10 40 | 20 13 | 21 59 | 21 29 | 20 11 | 12 39 | 05 19 | 21 57 | 20 52 | 10 58 | 00 17 | 17 47 | 04 33 |
| 24 | 01 31 | 04 45 | 10 27 | 20 34 | 21 53 | 21 28 | 20 10 | 12 40 | 05 18 | 21 57 | 20 47 | 11 07 | 00 26 | 17 53 | 04 35 |
| 25 | 01 55 | 00 03 | 10 12 | 20 54 | 21 46 | 21 27 | 20 09 | 12 41 | 05 17 | 21 57 | 20 42 | 11 16 | 00 35 | 17 59 | 04 36 |
| 26 | 02 18 | +04 40 | 09 56 | 21 15 | 21 40 | 21 25 | 20 08 | 12 42 | 05 16 | 21 57 | 20 38 | 11 24 | 00 43 | 18 06 | 04 38 |
| 27 | 02 42 | 09 14 | 09 38 | 21 34 | 21 33 | 21 24 | 20 08 | 12 44 | 05 15 | 21 57 | 20 33 | 11 33 | 00 52 | 18 12 | 04 39 |
| 28 | 03 05 | 13 29 | 09 19 | 21 54 | 21 26 | 21 23 | 20 07 | 12 45 | 05 15 | 21 57 | 20 28 | 11 42 | 01 00 | 18 18 | 04 40 |
| 29 | 03 28 | 17 15 | 08 58 | 22 12 | 21 18 | 21 22 | 20 06 | 12 46 | 05 14 | 21 57 | 20 23 | 11 51 | 01 09 | 18 24 | 04 42 |
| 30 | 03 52 | 20 19 | 08 36 | 22 31 | 21 11 | 21 20 | 20 05 | 12 47 | 05 13 | 21 57 | 20 19 | 12 00 | 01 17 | 18 30 | 04 43 |
| 31 | 04 15 | 22 31 | 08 12 | 22 49 | 21 03 | 21 19 | 20 05 | 12 48 | 05 12 | 21 57 | 20 14 | 12 09 | 01 26 | 18 36 | 04 44 |

Lunar Phases -- 2 ◐ 19:58 9 ○ 17:49 16 ◑ 09:35 24 ● 09:29 Sun enters ♈ 3/20 03:51

## Longitudes of Main Planets - April 2020

0:00 E.T.

| D | S.T. | ☉ | ☽ | ☽ 12:00 | ☿ | ♀ | ♂ | ♃ | ♄ | ♅ | ♆ | ♇ | ☊ |
|---|---|---|---|---|---|---|---|---|---|---|---|---|---|
| 1 | 12:39:16 | 11♈43 39 | 06♋33 | 13♋02 | 15♓17 | 27♉31 | 00♒49 | 24♑24 | 00♒40 | 05♉10 | 19♓16 | 24♑50 | 03♋25 |
| 2 | 12:43:12 | 12 42 51 | 19 38 | 26 21 | 16 36 | 28 26 | 01 31 | 24 31 | 00 44 | 05 13 | 19 18 | 24 51 | 03 22 |
| 3 | 12:47:09 | 13 42 01 | 03♌10 | 10♌06 | 17 56 | 29 21 | 02 12 | 24 38 | 00 48 | 05 16 | 19 20 | 24 52 | 03 19 |
| 4 | 12:51:05 | 14 41 08 | 17 10 | 24 20 | 19 18 | 00♊15 | 02 54 | 24 46 | 00 51 | 05 20 | 19 23 | 24 52 | 03 16 |
| 5 | 12:55:02 | 15 40 13 | 01♍38 | 09♍02 | 20 42 | 01 09 | 03 36 | 24 52 | 00 55 | 05 23 | 19 25 | 24 53 | 03 13 |
| 6 | 12:58:58 | 16 39 15 | 16 32 | 24 06 | 22 08 | 02 02 | 04 18 | 24 59 | 00 58 | 05 26 | 19 27 | 24 54 | 03 10 |
| 7 | 13:02:55 | 17 38 16 | 01♎44 | 09♎24 | 23 35 | 02 54 | 04 59 | 25 06 | 01 01 | 05 29 | 19 29 | 24 54 | 03 06 |
| 8 | 13:06:52 | 18 37 14 | 17 04 | 24 43 | 25 04 | 03 46 | 05 41 | 25 12 | 01 04 | 05 33 | 19 31 | 24 55 | 03 03 |
| 9 | 13:10:48 | 19 36 10 | 02♏21 | 09♏54 | 26 35 | 04 37 | 06 23 | 25 19 | 01 08 | 05 36 | 19 33 | 24. 55 | 03 00 |
| 10 | 13:14:45 | 20 35 04 | 17 23 | 24 46 | 28 07 | 05 27 | 07 04 | 25 25 | 01 11 | 05 39 | 19 35 | 24 56 | 02 57 |
| 11 | 13:18:41 | 21 33 57 | 02♐03 | 09♐12 | 29 41 | 06 16 | 07 46 | 25 31 | 01 13 | 05 43 | 19 37 | 24 56 | 02 54 |
| 12 | 13:22:38 | 22 32 47 | 16 14 | 23 09 | 01♈16 | 07 04 | 08 28 | 25 37 | 01 16 | 05 46 | 19 39 | 24 57 | 02 50 |
| 13 | 13:26:34 | 23 31 36 | 29 56 | 06♑37 | 02 53 | 07 52 | 09 10 | 25 43 | 01 19 | 05 50 | 19 41 | 24 57 | 02 47 |
| 14 | 13:30:31 | 24 30 23 | 13♑10 | 19 38 | 04 32 | 08 39 | 09 51 | 25 48 | 01 22 | 05 53 | 19 43 | 24 57 | 02 44 |
| 15 | 13:34:27 | 25 29 09 | 26 00 | 02♒16 | 06 12 | 09 25 | 10 33 | 25 54 | 01 24 | 05 56 | 19 45 | 24 58 | 02 41 |
| 16 | 13:38:24 | 26 27 53 | 08♒29 | 14 37 | 07 54 | 10 10 | 11 15 | 25 59 | 01 27 | 06 00 | 19 47 | 24 58 | 02 38 |
| 17 | 13:42:21 | 27 26 35 | 20 42 | 26 44 | 09 37 | 10 54 | 11 56 | 26 04 | 01 29 | 06 03 | 19 49 | 24 58 | 02 35 |
| 18 | 13:46:17 | 28 25 15 | 02♓44 | 08♓43 | 11 22 | 11 37 | 12 38 | 26 09 | 01 31 | 06 07 | 19 50 | 24 59 | 02 31 |
| 19 | 13:50:14 | 29 23 54 | 14 40 | 20 36 | 13 09 | 12 19 | 13 20 | 26 14 | 01 34 | 06 10 | 19 52 | 24 59 | 02 28 |
| 20 | 13:54:10 | 00♉22 31 | 26 32 | 02♈27 | 14 57 | 13 00 | 14 01 | 26 18 | 01 36 | 06 14 | 19 54 | 24 59 | 02 25 |
| 21 | 13:58:07 | 01 21 06 | 08♈23 | 14 19 | 16 47 | 13 40 | 14 43 | 26 23 | 01 38 | 06 17 | 19 56 | 24 59 | 02 22 |
| 22 | 14:02:03 | 02 19 39 | 20 15 | 26 13 | 18 38 | 14 19 | 15 24 | 26 27 | 01 40 | 06 20 | 19 58 | 24 59 | 02 19 |
| 23 | 14:06:00 | 03 18 10 | 02♉11 | 08♉10 | 20 31 | 14 56 | 16 06 | 26 31 | 01 41 | 06 24 | 20 00 | 24 59 | 02 16 |
| 24 | 14:09:56 | 04 16 40 | 14 11 | 20 13 | 22 26 | 15 32 | 16 48 | 26 35 | 01 43 | 06 27 | 20 01 | 24 59 | 02 12 |
| 25 | 14:13:53 | 05 15 07 | 26 16 | 02♊22 | 24 22 | 16 07 | 17 29 | 26 39 | 01 45 | 06 31 | 20 03 | 24 59 | 02 09 |
| 26 | 14:17:50 | 06 13 33 | 08♊29 | 14 39 | 26 20 | 16 41 | 18 11 | 26 42 | 01 46 | 06 34 | 20 05 | 24 59℞ | 02 06 |
| 27 | 14:21:46 | 07 11 57 | 20 52 | 27 07 | 28 20 | 17 13 | 18 52 | 26 45 | 01 48 | 06 38 | 20 07 | 24 59 | 02 03 |
| 28 | 14:25:43 | 08 10 18 | 03♋26 | 09♋49 | 00♉21 | 17 44 | 19 34 | 26 49 | 01 49 | 06 41 | 20 08 | 24 59 | 02 00 |
| 29 | 14:29:39 | 09 08 38 | 16 15 | 22 47 | 02 23 | 18 13 | 20 15 | 26 52 | 01 50 | 06 45 | 20 10 | 24 59 | 01 56 |
| 30 | 14:33:36 | 10 06 56 | 29 23 | 06♌04 | 04 27 | 18 41 | 20 57 | 26 54 | 01 51 | 06 48 | 20 12 | 24 59 | 01 53 |

0:00 E.T.

## Longitudes of the Major Asteroids and Chiron

| D | ⚳ | ⚴ | ⚵ | ⚶ | ⚷ | D | ⚳ | ⚴ | ⚵ | ⚶ | ⚷ |
|---|---|---|---|---|---|---|---|---|---|---|---|
| 1 | 22♒41 | 24♑49 | 13♎58℞ | 03♊57 | 05♈44 | 16 | 27 36 | 27 59 | 10 31 | 09 44 | 06 36 |
| 2 | 23 01 | 25 03 | 13 44 | 04 19 | 05 48 | 17 | 27 55 | 28 09 | 10 18 | 10 07 | 06 40 |
| 3 | 23 22 | 25 17 | 13 30 | 04 42 | 05 51 | 18 | 28 13 | 28 20 | 10 06 | 10 31 | 06 43 |
| 4 | 23 42 | 25 31 | 13 16 | 05 05 | 05 55 | 19 | 28 32 | 28 30 | 09 53 | 10 55 | 06 46 |
| 5 | 24 02 | 25 45 | 13 01 | 05 28 | 05 58 | 20 | 28 50 | 28 40 | 09 41 | 11 19 | 06 49 |
| 6 | 24 22 | 25 58 | 12 47 | 05 50 | 06 02 | 21 | 29 09 | 28 49 | 09 29 | 11 43 | 06 53 |
| 7 | 24 42 | 26 11 | 12 33 | 06 13 | 06 05 | 22 | 29 27 | 28 58 | 09 18 | 12 07 | 06 56 |
| 8 | 25 02 | 26 24 | 12 19 | 06 36 | 06 09 | 23 | 29 45 | 29 07 | 09 06 | 12 31 | 06 59 |
| 9 | 25 21 | 26 37 | 12 05 | 07 00 | 06 12 | 24 | 00♓03 | 29 15 | 08 55 | 12 55 | 07 03 |
| 10 | 25 41 | 26 50 | 11 51 | 07 23 | 06 16 | 25 | 00 21 | 29 24 | 08 44 | 13 20 | 07 06 |
| 11 | 26 00 | 27 02 | 11 37 | 07 46 | 06 19 | 26 | 00 38 | 29 32 | 08 34 | 13 44 | 07 09 |
| 12 | 26 20 | 27 14 | 11 24 | 08 09 | 06 23 | 27 | 00 56 | 29 39 | 08 24 | 14 08 | 07 12 |
| 13 | 26 39 | 27 25 | 11 10 | 08 33 | 06 26 | 28 | 01 13 | 29 46 | 08 14 | 14 33 | 07 15 |
| 14 | 26 58 | 27 37 | 10 57 | 08 56 | 06 29 | 29 | 01 30 | 29 53 | 08 04 | 14 57 | 07 18 |
| 15 | 27 17 | 27 48 | 10 44 | 09 20 | 06 33 | 30 | 01 47 | 00 00 | 07 55 | 15 22 | 07 21 |

## Lunar Data

| Last Asp. | | Ingress | | |
|---|---|---|---|---|
| 2 | 16:50 | 2 | ♌ | 18:27 |
| 3 | 19:30 | 4 | ♍ | 21:19 |
| 6 | 13:30 | 6 | ♎ | 21:17 |
| 8 | 12:51 | 8 | ♏ | 20:18 |
| 10 | 19:37 | 10 | ♐ | 20:37 |
| 12 | 11:47 | 13 | ♑ | 00:07 |
| 14 | 23:49 | 15 | ♒ | 07:39 |
| 17 | 14:36 | 17 | ♓ | 18:31 |
| 19 | 23:32 | 20 | ♈ | 07:01 |
| 22 | 12:33 | 22 | ♉ | 19:37 |
| 25 | 00:44 | 25 | ♊ | 07:21 |
| 27 | 17:01 | 27 | ♋ | 17:29 |
| 29 | 19:30 | 30 | ♌ | 01:07 |

0:00 E.T.

## Declinations

| D | ☉ | ☽ | ☿ | ♀ | ♂ | ♃ | ♄ | ♅ | ♆ | ♇ | ⚳ | ⚴ | ⚵ | ⚶ | ⚷ |
|---|---|---|---|---|---|---|---|---|---|---|---|---|---|---|---|
| 1 | +04 38 | +23 37 | -07 47 | +23 06 | -20 55 | -21 18 | -20 04 | +12 49 | -05 11 | -21 57 | -20 10 | +12 18 | +01 34 | +18 42 | +04 46 |
| 2 | 05 01 | 23 27 | 07 20 | 23 23 | 20 47 | 21 17 | 20 03 | 12 50 | 05 10 | 21 57 | 20 05 | 12 27 | 01 43 | 18 48 | 04 47 |
| 3 | 05 24 | 21 56 | 06 53 | 23 39 | 20 39 | 21 16 | 20 02 | 12 51 | 05 10 | 21 57 | 20 00 | 12 36 | 01 51 | 18 54 | 04 48 |
| 4 | 05 47 | 19 03 | 06 23 | 23 55 | 20 31 | 21 15 | 20 02 | 12 52 | 05 09 | 21 57 | 19 56 | 12 45 | 01 59 | 18 59 | 04 50 |
| 5 | 06 10 | 14 55 | 05 53 | 24 10 | 20 22 | 21 13 | 20 01 | 12 53 | 05 08 | 21 57 | 19 51 | 12 54 | 02 07 | 19 05 | 04 51 |
| 6 | 06 33 | 09 46 | 05 22 | 24 25 | 20 14 | 21 12 | 20 00 | 12 54 | 05 07 | 21 57 | 19 47 | 13 04 | 02 15 | 19 11 | 04 52 |
| 7 | 06 55 | 03 55 | 04 49 | 24 39 | 20 05 | 21 11 | 20 00 | 12 56 | 05 06 | 21 57 | 19 42 | 13 13 | 02 23 | 19 17 | 04 54 |
| 8 | 07 18 | -02 13 | 04 15 | 24 53 | 19 56 | 21 10 | 19 59 | 12 57 | 05 06 | 21 57 | 19 38 | 13 22 | 02 31 | 19 22 | 04 55 |
| 9 | 07 40 | 08 13 | 03 40 | 25 06 | 19 47 | 21 09 | 19 59 | 12 58 | 05 05 | 21 57 | 19 33 | 13 31 | 02 38 | 19 28 | 04 56 |
| 10 | 08 02 | 13 38 | 03 04 | 25 19 | 19 37 | 21 08 | 19 58 | 12 59 | 05 04 | 21 57 | 19 29 | 13 40 | 02 46 | 19 33 | 04 58 |
| 11 | 08 24 | 18 07 | 02 26 | 25 31 | 19 28 | 21 07 | 19 57 | 13 00 | 05 03 | 21 57 | 19 25 | 13 50 | 02 54 | 19 38 | 04 59 |
| 12 | 08 46 | 21 23 | 01 48 | 25 43 | 19 18 | 21 06 | 19 57 | 13 01 | 05 03 | 21 57 | 19 20 | 13 59 | 03 01 | 19 44 | 05 00 |
| 13 | 09 08 | 23 17 | 01 08 | 25 54 | 19 08 | 21 05 | 19 56 | 13 02 | 05 02 | 21 57 | 19 16 | 14 08 | 03 08 | 19 49 | 05 02 |
| 14 | 09 30 | 23 48 | 00 28 | 26 05 | 18 58 | 21 04 | 19 56 | 13 03 | 05 01 | 21 57 | 19 12 | 14 18 | 03 15 | 19 54 | 05 03 |
| 15 | 09 51 | 23 00 | +00 14 | 26 15 | 18 48 | 21 03 | 19 55 | 13 05 | 05 00 | 21 57 | 19 08 | 14 27 | 03 22 | 19 59 | 05 04 |
| 16 | 10 13 | 21 05 | 00 56 | 26 25 | 18 38 | 21 03 | 19 55 | 13 06 | 05 00 | 21 57 | 19 03 | 14 36 | 03 29 | 20 05 | 05 06 |
| 17 | 10 34 | 18 13 | 01 40 | 26 34 | 18 28 | 21 02 | 19 55 | 13 07 | 04 59 | 21 57 | 18 59 | 14 46 | 03 36 | 20 10 | 05 07 |
| 18 | 10 55 | 14 38 | 02 24 | 26 42 | 18 17 | 21 01 | 19 54 | 13 08 | 04 58 | 21 57 | 18 55 | 14 55 | 03 42 | 20 15 | 05 08 |
| 19 | 11 16 | 10 30 | 03 09 | 26 50 | 18 07 | 21 00 | 19 54 | 13 09 | 04 57 | 21 58 | 18 51 | 15 04 | 03 48 | 20 20 | 05 10 |
| 20 | 11 36 | 06 00 | 03 55 | 26 58 | 17 56 | 21 00 | 19 53 | 13 10 | 04 57 | 21 58 | 18 47 | 15 14 | 03 55 | 20 24 | 05 11 |
| 21 | 11 57 | 01 17 | 04 42 | 27 05 | 17 45 | 20 59 | 19 53 | 13 11 | 04 56 | 21 58 | 18 43 | 15 23 | 04 01 | 20 29 | 05 12 |
| 22 | 12 17 | +03 30 | 05 30 | 27 11 | 17 34 | 20 58 | 19 53 | 13 13 | 04 55 | 21 58 | 18 39 | 15 32 | 04 07 | 20 34 | 05 14 |
| 23 | 12 37 | 08 10 | 06 18 | 27 17 | 17 23 | 20 58 | 19 52 | 13 14 | 04 55 | 21 58 | 18 36 | 15 42 | 04 12 | 20 39 | 05 15 |
| 24 | 12 57 | 12 35 | 07 07 | 27 23 | 17 12 | 20 57 | 19 52 | 13 15 | 04 54 | 21 58 | 18 32 | 15 51 | 04 18 | 20 43 | 05 16 |
| 25 | 13 16 | 16 32 | 07 56 | 27 28 | 17 00 | 20 56 | 19 52 | 13 16 | 04 53 | 21 58 | 18 28 | 16 00 | 04 23 | 20 48 | 05 17 |
| 26 | 13 36 | 19 51 | 08 46 | 27 32 | 16 49 | 20 56 | 19 51 | 13 17 | 04 53 | 21 58 | 18 25 | 16 09 | 04 28 | 20 52 | 05 19 |
| 27 | 13 55 | 22 17 | 09 36 | 27 36 | 16 37 | 20 55 | 19 51 | 13 18 | 04 52 | 21 58 | 18 21 | 16 18 | 04 33 | 20 56 | 05 20 |
| 28 | 14 14 | 23 41 | 10 27 | 27 40 | 16 25 | 20 55 | 19 51 | 13 19 | 04 51 | 21 58 | 18 17 | 16 28 | 04 38 | 21 01 | 05 21 |
| 29 | 14 32 | 23 51 | 11 17 | 27 42 | 16 14 | 20 54 | 19 51 | 13 21 | 04 51 | 21 59 | 18 14 | 16 37 | 04 43 | 21 05 | 05 22 |
| 30 | 14 51 | 22 44 | 12 08 | 27 45 | 16 02 | 20 54 | 19 51 | 13 22 | 04 50 | 21 59 | 18 11 | 16 46 | 04 47 | 21 09 | 05 24 |

Lunar Phases -- 1 ◐ 10:22 8 ○ 02:36 14 ◑ 22:57 23 ● 02:27 30 ◐ 20:39 Sun enters ♉ 4/19 14:47

| D | S.T. | ☉ | ☽ | ☽ 12:00 | ☿ | ♀ | ♂ | ♃ | ♄ | ♅ | ♆ | ♇ | ☊ |
|---|---|---|---|---|---|---|---|---|---|---|---|---|---|
| 1 | 14:37:32 | 11♉05 11 | 12♌51 | 19♌44 | 06♉33 | 19♊07 | 21♒38 | 26♑57 | 01♒52 | 06♉51 | 20♓13 | 24♑59℞ | 01♋50 |
| 2 | 14:41:29 | 12 03 25 | 26 42 | 03♍47 | 08 39 | 19 31 | 22 19 | 26 59 | 01 53 | 06 55 | 20 15 | 24 59 | 01 47 |
| 3 | 14:45:25 | 13 01 36 | 10♍57 | 18 13 | 10 47 | 19 54 | 23 01 | 27 02 | 01 54 | 06 58 | 20 16 | 24 59 | 01 44 |
| 4 | 14:49:22 | 13 59 45 | 25 34 | 03♎00 | 12 55 | 20 15 | 23 42 | 27 04 | 01 55 | 07 02 | 20 18 | 24 58 | 01 41 |
| 5 | 14:53:19 | 14 57 53 | 10♎28 | 18 00 | 15 05 | 20 34 | 24 23 | 27 06 | 01 56 | 07 05 | 20 19 | 24 58 | 01 37 |
| 6 | 14:57:15 | 15 55 58 | 25 32 | 03♏05 | 17 15 | 20 51 | 25 05 | 27 07 | 01 56 | 07 09 | 20 21 | 24 58 | 01 34 |
| 7 | 15:01:12 | 16 54 02 | 10♏37 | 18 06 | 19 25 | 21 06 | 25 46 | 27 09 | 01 57 | 07 12 | 20 22 | 24 58 | 01 31 |
| 8 | 15:05:08 | 17 52 04 | 25 32 | 02♐53 | 21 35 | 21 19 | 26 27 | 27 10 | 01 57 | 07 15 | 20 24 | 24 57 | 01 28 |
| 9 | 15:09:05 | 18 50 04 | 10♐10 | 17 20 | 23 45 | 21 29 | 27 08 | 27 11 | 01 57 | 07 19 | 20 25 | 24 57 | 01 25 |
| 10 | 15:13:01 | 19 48 03 | 24 24 | 01♑21 | 25 54 | 21 38 | 27 49 | 27 12 | 01 57 | 07 22 | 20 26 | 24 57 | 01 22 |
| 11 | 15:16:58 | 20 46 01 | 08♑11 | 14 54 | 28 03 | 21 44 | 28 31 | 27 13 | 01 57 | 07 26 | 20 28 | 24 56 | 01 18 |
| 12 | 15:20:54 | 21 43 57 | 21 31 | 28 02 | 00♊11 | 21 48 | 29 12 | 27 14 | 01 57℞ | 07 29 | 20 29 | 24 56 | 01 15 |
| 13 | 15:24:51 | 22 41 52 | 04♒27 | 10♒46 | 02 17 | 21 50 | 29 53 | 27 14 | 01 57 | 07 32 | 20 30 | 24 55 | 01 12 |
| 14 | 15:28:48 | 23 39 46 | 17 00 | 23 08 | 06 24 | 21 50℞ | 00♓34 | 27 14 | 01 57 | 07 36 | 20 32 | 24 55 | 01 09 |
| 15 | 15:32:44 | 24 37 38 | 29 17 | 05♓20 | 06 24 | 21 47 | 01 15 | 27 14℞ | 01 57 | 07 39 | 20 33 | 24 54 | 01 06 |
| 16 | 15:36:41 | 25 35 29 | 11♓20 | 17 19 | 08 25 | 21 42 | 01 56 | 27 14 | 01 56 | 07 42 | 20 34 | 24 54 | 01 02 |
| 17 | 15:40:37 | 26 33 19 | 23 16 | 29 12 | 10 23 | 21 34 | 02 36 | 27 14 | 01 56 | 07 46 | 20 35 | 24 53 | 00 59 |
| 18 | 15:44:34 | 27 31 08 | 05♈08 | 11♈04 | 12 19 | 21 24 | 03 17 | 27 13 | 01 55 | 07 49 | 20 37 | 24 52 | 00 56 |
| 19 | 15:48:30 | 28 28 55 | 17 00 | 22 56 | 14 12 | 21 11 | 03 58 | 27 13 | 01 54 | 07 52 | 20 38 | 24 52 | 00 53 |
| 20 | 15:52:27 | 29 26 42 | 28 54 | 04♉54 | 16 02 | 20 56 | 04 39 | 27 12 | 01 54 | 07 56 | 20 39 | 24 51 | 00 50 |
| 21 | 15:56:23 | 00♊24 27 | 10♉55 | 16 58 | 17 50 | 20 39 | 05 19 | 27 11 | 01 53 | 07 59 | 20 40 | 24 50 | 00 47 |
| 22 | 16:00:20 | 01 22 11 | 23 03 | 29 10 | 19 35 | 20 19 | 06 00 | 27 09 | 01 52 | 08 02 | 20 41 | 24 50 | 00 43 |
| 23 | 16:04:17 | 02 19 53 | 05♊20 | 11♊33 | 21 16 | 19 58 | 06 40 | 27 08 | 01 51 | 08 05 | 20 42 | 24 49 | 00 40 |
| 24 | 16:08:13 | 03 17 35 | 17 48 | 24 06 | 22 55 | 19 34 | 07 21 | 27 06 | 01 49 | 08 09 | 20 43 | 24 48 | 00 37 |
| 25 | 16:12:10 | 04 15 15 | 00♋27 | 06♋51 | 24 30 | 19 07 | 08 01 | 27 04 | 01 48 | 08 12 | 20 44 | 24 48 | 00 34 |
| 26 | 16:16:06 | 05 12 53 | 13 18 | 19 49 | 26 02 | 18 39 | 08 42 | 27 02 | 01 47 | 08 15 | 20 45 | 24 47 | 00 31 |
| 27 | 16:20:03 | 06 10 31 | 26 23 | 03♌01 | 27 31 | 18 09 | 09 22 | 27 00 | 01 45 | 08 18 | 20 46 | 24 46 | 00 27 |
| 28 | 16:23:59 | 07 08 06 | 09♌42 | 16 28 | 28 57 | 17 38 | 10 02 | 26 57 | 01 44 | 08 21 | 20 47 | 24 45 | 00 24 |
| 29 | 16:27:56 | 08 05 41 | 23 17 | 00♍20 | 00♋20 | 17 05 | 10 42 | 26 55 | 01 42 | 08 24 | 20 47 | 24 44 | 00 21 |
| 30 | 16:31:52 | 09 03 14 | 07♍08 | 14 10 | 01 39 | 16 30 | 11 22 | 26 52 | 01 40 | 08 27 | 20 48 | 24 43 | 00 18 |
| 31 | 16:35:49 | 10 00 45 | 21 16 | 28 25 | 02 55 | 15 55 | 12 02 | 26 49 | 01 39 | 08 31 | 20 49 | 24 42 | 00 15 |

| D | ⚳ | ⚴ | ⚵ | ⚶ | ⚷ | D | ⚳ | ⚴ | ⚵ | ⚶ | ⚷ | Last Asp. | Ingress |
|---|---|---|---|---|---|---|---|---|---|---|---|---|---|
| 1 | 02♓04 | 00♒06 | 07♎45℞ | 15♊46 | 07♈25 | 17 | 06 12 | 00 57 | 06 06 | 22 25 | 08 10 | 1 16:05 | 2 ♍ 05:36 |
| 2 | 02 21 | 00 12 | 07 37 | 16 11 | 07 28 | 18 | 06 26 | 00 57℞ | 06 03 | 22 51 | 08 12 | 4 02:26 | 4 ♎ 07:10 |
| 3 | 02 37 | 00 18 | 07 28 | 16 35 | 07 31 | 19 | 06 40 | 00 57 | 06 00 | 23 16 | 08 15 | 6 02:32 | 6 ♏ 07:06 |
| 4 | 02 54 | 00 23 | 07 20 | 17 00 | 07 34 | 20 | 06 54 | 00 56 | 05 57 | 23 41 | 08 17 | 8 02:40 | 8 ♐ 07:16 |
| 5 | 03 10 | 00 28 | 07 12 | 17 25 | 07 37 | 21 | 07 07 | 00 54 | 05 55 | 24 07 | 08 20 | 10 06:12 | 10 ♑ 09:40 |
| 6 | 03 26 | 00 32 | 07 05 | 17 50 | 07 39 | 22 | 07 20 | 00 53 | 05 53 | 24 32 | 08 22 | 12 10:31 | 12 ♒ 15:40 |
| 7 | 03 42 | 00 36 | 06 58 | 18 14 | 07 42 | 23 | 07 33 | 00 51 | 05 51 | 24 58 | 08 25 | 14 14:04 | 15 ♓ 01:26 |
| 8 | 03 58 | 00 40 | 06 51 | 18 39 | 07 45 | 24 | 07 46 | 00 48 | 05 50 | 25 23 | 08 27 | 17 08:00 | 17 ♈ 13:37 |
| 9 | 04 14 | 00 43 | 06 45 | 19 04 | 07 48 | 25 | 07 59 | 00 45 | 05 49 | 25 49 | 08 29 | 19 20:34 | 20 ♉ 02:11 |
| 10 | 04 29 | 00 47 | 06 39 | 19 29 | 07 51 | 26 | 08 11 | 00 42 | 05 49 | 26 14 | 08 31 | 22 08:02 | 22 ♊ 13:37 |
| 11 | 04 44 | 00 49 | 06 33 | 19 54 | 07 54 | 27 | 08 23 | 00 38 | 05 48 | 26 40 | 08 34 | 24 11:10 | 24 ♋ 23:10 |
| 12 | 05 00 | 00 52 | 06 28 | 20 19 | 07 56 | 28 | 08 35 | 00 34 | 05 48D | 27 05 | 08 36 | 27 01:07 | 27 ♌ 06:34 |
| 13 | 05 14 | 00 53 | 06 23 | 20 44 | 07 59 | 29 | 08 47 | 00 29 | 05 49 | 27 31 | 08 38 | 28 13:31 | 29 ♍ 11:41 |
| 14 | 05 29 | 00 55 | 06 18 | 21 10 | 08 02 | 30 | 08 58 | 00 24 | 05 50 | 27 57 | 08 40 | 31 09:18 | 31 ♎ 14:39 |
| 15 | 05 44 | 00 56 | 06 14 | 21 35 | 08 05 | 31 | 09 09 | 00 19 | 05 51 | 28 22 | 08 42 | | |
| 16 | 05 58 | 00 57 | 06 10 | 22 00 | 08 07 | | | | | | | | |

| D | ☉ | ☽ | ☿ | ♀ | ♂ | ♃ | ♄ | ♅ | ♆ | ♇ | ⚳ | ⚴ | ⚵ | ⚶ | ⚷ |
|---|---|---|---|---|---|---|---|---|---|---|---|---|---|---|---|
| 1 | +15 09 | +20 17 | +12 58 | +27 47 | -15 50 | -20 54 | -19 51 | +13 23 | -04 50 | -21 59 | -18 07 | +16 55 | +04 52 | +21 13 | +05 25 |
| 2 | 15 27 | 16 38 | 13 49 | 27 48 | 15 37 | 20 53 | 19 50 | 13 24 | 04 49 | 21 59 | 18 04 | 17 04 | 04 56 | 21 17 | 05 26 |
| 3 | 15 45 | 11 56 | 14 39 | 27 49 | 15 25 | 20 53 | 19 50 | 13 25 | 04 48 | 21 59 | 18 01 | 17 13 | 05 00 | 21 21 | 05 27 |
| 4 | 16 02 | 06 27 | 15 28 | 27 49 | 15 13 | 20 53 | 19 50 | 13 26 | 04 48 | 21 59 | 17 58 | 17 22 | 05 04 | 21 25 | 05 29 |
| 5 | 16 19 | 00 30 | 16 16 | 27 49 | 15 00 | 20 53 | 19 50 | 13 27 | 04 47 | 22 00 | 17 55 | 17 31 | 05 07 | 21 29 | 05 30 |
| 6 | 16 36 | -05 33 | 17 04 | 27 48 | 14 48 | 20 52 | 19 50 | 13 28 | 04 47 | 22 00 | 17 52 | 17 39 | 05 10 | 21 32 | 05 31 |
| 7 | 16 53 | 11 18 | 17 50 | 27 47 | 14 35 | 20 52 | 19 50 | 13 30 | 04 46 | 22 00 | 17 49 | 17 48 | 05 14 | 21 36 | 05 32 |
| 8 | 17 09 | 16 19 | 18 35 | 27 45 | 14 23 | 20 52 | 19 50 | 13 31 | 04 46 | 22 00 | 17 46 | 17 57 | 05 17 | 21 40 | 05 33 |
| 9 | 17 25 | 20 16 | 19 18 | 27 42 | 14 10 | 20 52 | 19 50 | 13 32 | 04 45 | 22 00 | 17 43 | 18 05 | 05 20 | 21 43 | 05 34 |
| 10 | 17 41 | 22 51 | 19 59 | 27 39 | 13 57 | 20 52 | 19 50 | 13 33 | 04 45 | 22 00 | 17 40 | 18 14 | 05 22 | 21 47 | 05 36 |
| 11 | 17 57 | 23 57 | 20 39 | 27 36 | 13 44 | 20 52 | 19 50 | 13 35 | 04 44 | 22 01 | 17 38 | 18 22 | 05 25 | 21 50 | 05 37 |
| 12 | 18 12 | 23 38 | 21 16 | 27 31 | 13 31 | 20 52 | 19 50 | 13 36 | 04 43 | 22 01 | 17 35 | 18 31 | 05 27 | 21 53 | 05 38 |
| 13 | 18 27 | 22 01 | 21 51 | 27 26 | 13 18 | 20 52 | 19 51 | 13 36 | 04 43 | 22 01 | 17 33 | 18 39 | 05 29 | 21 56 | 05 39 |
| 14 | 18 41 | 19 23 | 22 24 | 27 21 | 13 05 | 20 52 | 19 51 | 13 37 | 04 43 | 22 01 | 17 30 | 18 47 | 05 31 | 21 59 | 05 40 |
| 15 | 18 55 | 15 55 | 22 54 | 27 15 | 12 51 | 20 52 | 19 51 | 13 38 | 04 42 | 22 02 | 17 28 | 18 55 | 05 33 | 22 02 | 05 41 |
| 16 | 19 09 | 11 52 | 23 21 | 27 08 | 12 38 | 20 53 | 19 51 | 13 39 | 04 42 | 22 02 | 17 26 | 19 03 | 05 34 | 22 05 | 05 42 |
| 17 | 19 23 | 07 25 | 23 46 | 27 01 | 12 25 | 20 53 | 19 51 | 13 41 | 04 41 | 22 02 | 17 24 | 19 11 | 05 36 | 22 08 | 05 43 |
| 18 | 19 36 | 02 42 | 24 08 | 26 53 | 12 11 | 20 53 | 19 51 | 13 42 | 04 41 | 22 02 | 17 22 | 19 19 | 05 37 | 22 11 | 05 44 |
| 19 | 19 49 | +02 06 | 24 28 | 26 44 | 11 58 | 20 53 | 19 52 | 13 43 | 04 41 | 22 02 | 17 20 | 19 26 | 05 38 | 22 14 | 05 45 |
| 20 | 20 02 | 06 51 | 24 45 | 26 34 | 11 44 | 20 54 | 19 52 | 13 44 | 04 40 | 22 03 | 17 18 | 19 34 | 05 39 | 22 16 | 05 45 |
| 21 | 20 14 | 11 24 | 25 00 | 26 24 | 11 31 | 20 54 | 19 52 | 13 45 | 04 40 | 22 03 | 17 16 | 19 41 | 05 40 | 22 19 | 05 47 |
| 22 | 20 26 | 15 33 | 25 12 | 26 13 | 11 17 | 20 55 | 19 53 | 13 46 | 04 39 | 22 03 | 17 15 | 19 49 | 05 40 | 22 21 | 05 48 |
| 23 | 20 38 | 19 06 | 25 22 | 26 01 | 11 04 | 20 55 | 19 53 | 13 47 | 04 39 | 22 03 | 17 13 | 19 56 | 05 41 | 22 23 | 05 49 |
| 24 | 20 49 | 21 51 | 25 30 | 25 49 | 10 50 | 20 55 | 19 53 | 13 48 | 04 39 | 22 03 | 17 11 | 20 03 | 05 41 | 22 26 | 05 51 |
| 25 | 21 00 | 23 33 | 25 35 | 25 36 | 10 36 | 20 55 | 19 54 | 13 49 | 04 38 | 22 04 | 17 09 | 20 10 | 05 41 | 22 28 | 05 52 |
| 26 | 21 10 | 24 03 | 25 38 | 25 22 | 10 22 | 20 56 | 19 54 | 13 50 | 04 38 | 22 04 | 17 09 | 20 16 | 05 41 | 22 30 | 05 53 |
| 27 | 21 20 | 23 14 | 25 40 | 25 07 | 10 09 | 20 57 | 19 55 | 13 51 | 04 38 | 22 04 | 17 08 | 20 23 | 05 41 | 22 32 | 05 54 |
| 28 | 21 30 | 21 06 | 25 39 | 24 52 | 09 55 | 20 57 | 19 55 | 13 52 | 04 37 | 22 05 | 17 07 | 20 29 | 05 40 | 22 34 | 05 54 |
| 29 | 21 39 | 17 46 | 25 37 | 24 36 | 09 41 | 20 58 | 19 55 | 13 53 | 04 37 | 22 05 | 17 07 | 20 36 | 05 40 | 22 36 | 05 55 |
| 30 | 21 48 | 13 24 | 25 33 | 24 20 | 09 27 | 20 59 | 19 56 | 13 54 | 04 37 | 22 05 | 17 06 | 20 42 | 05 39 | 22 37 | 05 56 |
| 31 | 21 57 | 08 15 | 25 27 | 24 02 | 09 13 | 21 00 | 19 56 | 13 55 | 04 37 | 22 05 | 17 05 | 20 48 | 05 38 | 22 39 | 05 57 |

Lunar Phases -- 7 ○ 10:46   14 ◑ 14:04   22 ● 17:40   30 ◐ 03:31   Sun enters ♊ 5/20 13:50

## Longitudes of Main Planets - June 2020

0:00 E.T.

| D | S.T. | ☉ | ☽ | ☽ 12:00 | ☿ | ♀ | ♂ | ♃ | ♄ | ♅ | ♆ | ♇ | ☊ |
|---|---|---|---|---|---|---|---|---|---|---|---|---|---|
| 1 | 16:39:46 | 10♊58 15 | 05♎37 | 12♎52 | 04♋07 | 15♊18℞ | 12♓42 | 26♑46℞ | 01♒37℞ | 08♉34 | 20♓50 | 24♑41℞ | 00♋12 |
| 2 | 16:43:42 | 11 55 44 | 20 10 | 27 29 | 05 16 | 14 41 | 13 22 | 26 43 | 01 35 | 08 37 | 20 50 | 24 40 | 00 08 |
| 3 | 16:47:39 | 12 53 12 | 04♏49 | 12♏10 | 06 21 | 14 04 | 14 01 | 26 39 | 01 33 | 08 40 | 20 51 | 24 39 | 00 05 |
| 4 | 16:51:35 | 13 50 38 | 19 29 | 26 47 | 07 23 | 13 26 | 14 41 | 26 35 | 01 30 | 08 43 | 20 52 | 24 38 | 00 02 |
| 5 | 16:55:32 | 14 48 03 | 04♐03 | 11♐15 | 08 21 | 12 48 | 15 20 | 26 32 | 01 28 | 08 46 | 20 52 | 24 37 | 29♊59 |
| 6 | 16:59:28 | 15 45 28 | 18 24 | 25 28 | 09 16 | 12 11 | 16 00 | 26 28 | 01 26 | 08 48 | 20 53 | 24 36 | 29 56 |
| 7 | 17:03:25 | 16 42 51 | 02♑28 | 09♑22 | 10 06 | 11 34 | 16 39 | 26 23 | 01 23 | 08 51 | 20 53 | 24 35 | 29 53 |
| 8 | 17:07:21 | 17 40 14 | 16 10 | 22 53 | 10 53 | 10 58 | 17 19 | 26 19 | 01 21 | 08 54 | 20 54 | 24 34 | 29 49 |
| 9 | 17:11:18 | 18 37 36 | 29 30 | 06♒01 | 11 35 | 10 23 | 17 58 | 26 15 | 01 18 | 08 57 | 20 54 | 24 33 | 29 46 |
| 10 | 17:15:15 | 19 34 57 | 12♒27 | 18 48 | 12 14 | 09 49 | 18 37 | 26 10 | 01 16 | 09 00 | 20 55 | 24 32 | 29 43 |
| 11 | 17:19:11 | 20 32 18 | 25 04 | 01♓16 | 12 48 | 09 17 | 19 16 | 26 05 | 01 13 | 09 03 | 20 55 | 24 31 | 29 40 |
| 12 | 17:23:08 | 21 29 38 | 07♓24 | 13 28 | 13 18 | 08 46 | 19 54 | 26 00 | 01 10 | 09 05 | 20 56 | 24 30 | 29 37 |
| 13 | 17:27:04 | 22 26 58 | 19 30 | 25 29 | 13 44 | 08 17 | 20 33 | 25 55 | 01 07 | 09 08 | 20 56 | 24 29 | 29 33 |
| 14 | 17:31:01 | 23 24 17 | 01♈27 | 07♈24 | 14 06 | 07 50 | 21 12 | 25 50 | 01 04 | 09 11 | 20 56 | 24 27 | 29 30 |
| 15 | 17:34:57 | 24 21 36 | 13 20 | 19 17 | 14 22 | 07 25 | 21 50 | 25 44 | 01 01 | 09 14 | 20 57 | 24 26 | 29 27 |
| 16 | 17:38:54 | 25 18 55 | 25 13 | 01♉11 | 14 35 | 07 02 | 22 29 | 25 39 | 00 58 | 09 16 | 20 57 | 24 25 | 29 24 |
| 17 | 17:42:50 | 26 16 13 | 07♉11 | 13 12 | 14 43 | 06 41 | 23 07 | 25 33 | 00 55 | 09 19 | 20 57 | 24 24 | 29 21 |
| 18 | 17:46:47 | 27 13 31 | 19 16 | 25 23 | 14 46 | 06 23 | 23 45 | 25 27 | 00 52 | 09 21 | 20 57 | 24 23 | 29 18 |
| 19 | 17:50:44 | 28 10 48 | 01♊32 | 07♊45 | 14 44℞ | 06 07 | 24 23 | 25 21 | 00 48 | 09 24 | 20 57 | 24 21 | 29 14 |
| 20 | 17:54:40 | 29 08 05 | 14 01 | 20 21 | 14 39 | 05 53 | 25 01 | 25 15 | 00 45 | 09 26 | 20 57 | 24 20 | 29 11 |
| 21 | 17:58:37 | 00♋05 22 | 26 45 | 03♋13 | 14 29 | 05 42 | 25 38 | 25 09 | 00 41 | 09 29 | 20 58 | 24 19 | 29 08 |
| 22 | 18:02:33 | 01 02 39 | 09♋44 | 16 19 | 14 14 | 05 33 | 26 16 | 25 03 | 00 38 | 09 31 | 20 58 | 24 18 | 29 05 |
| 23 | 18:06:30 | 01 59 55 | 22 58 | 29 41 | 13 56 | 05 26 | 26 53 | 24 56 | 00 34 | 09 34 | 20 58℞ | 24 16 | 29 02 |
| 24 | 18:10:26 | 02 57 10 | 06♌27 | 13♌16 | 13 34 | 05 22 | 27 30 | 24 50 | 00 31 | 09 36 | 20 58 | 24 15 | 28 59 |
| 25 | 18:14:23 | 03 54 25 | 20 08 | 27 03 | 13 08 | 05 20 | 28 07 | 24 43 | 00 27 | 09 39 | 20 58 | 24 14 | 28 55 |
| 26 | 18:18:19 | 04 51 39 | 04♍01 | 11♍00 | 12 40 | 05 21D | 28 44 | 24 36 | 00 23 | 09 41 | 20 57 | 24 12 | 28 52 |
| 27 | 18:22:16 | 05 48 53 | 18 02 | 25 06 | 12 09 | 05 23 | 29 21 | 24 29 | 00 20 | 09 43 | 20 57 | 24 11 | 28 49 |
| 28 | 18:26:13 | 06 46 06 | 02♎12 | 09♎18 | 11 36 | 05 28 | 29 57 | 24 22 | 00 16 | 09 45 | 20 57 | 24 10 | 28 46 |
| 29 | 18:30:09 | 07 43 18 | 16 26 | 23 34 | 11 01 | 05 36 | 00♈34 | 24 15 | 00 12 | 09 48 | 20 57 | 24 08 | 28 43 |
| 30 | 18:34:06 | 08 40 31 | 00♏42 | 07♏51 | 10 25 | 05 45 | 01 10 | 24 08 | 00 08 | 09 50 | 20 57 | 24 07 | 28 39 |

0:00 E.T.

## Longitudes of the Major Asteroids and Chiron

| D | ⚳ | ⚴ | ⚵ | ⚶ | ⚷ |
|---|---|---|---|---|---|
| 1 | 09♓20 | 00♒13℞ | 05♎52 | 28♊48 | 08♈44 |
| 2 | 09 31 | 00 07 | 05 54 | 29 14 | 08 46 |
| 3 | 09 42 | 00 00 | 05 56 | 29 40 | 08 48 |
| 4 | 09 52 | 29♑53 | 05 58 | 00♋05 | 08 50 |
| 5 | 10 02 | 29 46 | 06 01 | 00 31 | 08 52 |
| 6 | 10 12 | 29 38 | 06 04 | 00 57 | 08 54 |
| 7 | 10 21 | 29 30 | 06 07 | 01 23 | 08 55 |
| 8 | 10 30 | 29 21 | 06 11 | 01 49 | 08 57 |
| 9 | 10 39 | 29 12 | 06 15 | 02 15 | 08 59 |
| 10 | 10 48 | 29 03 | 06 19 | 02 41 | 09 00 |
| 11 | 10 57 | 28 53 | 06 24 | 03 07 | 09 02 |
| 12 | 11 05 | 28 42 | 06 28 | 03 33 | 09 03 |
| 13 | 11 13 | 28 32 | 06 33 | 03 59 | 09 05 |
| 14 | 11 20 | 28 21 | 06 39 | 04 25 | 09 06 |
| 15 | 11 28 | 28 10 | 06 44 | 04 51 | 09 08 |
| 16 | 11 35 | 27 58 | 06 50 | 05 17 | 09 09 |
| 17 | 11 41 | 27 46 | 06 56 | 05 43 | 09 10 |
| 18 | 11 48 | 27 34 | 07 03 | 06 09 | 09 12 |
| 19 | 11 54 | 27 21 | 07 10 | 06 35 | 09 13 |
| 20 | 12 00 | 27 08 | 07 16 | 07 01 | 09 14 |
| 21 | 12 05 | 26 55 | 07 24 | 07 27 | 09 15 |
| 22 | 12 10 | 26 41 | 07 31 | 07 53 | 09 16 |
| 23 | 12 15 | 26 27 | 07 39 | 08 20 | 09 17 |
| 24 | 12 20 | 26 13 | 07 47 | 08 46 | 09 18 |
| 25 | 12 24 | 25 59 | 07 55 | 09 12 | 09 19 |
| 26 | 12 28 | 25 44 | 08 03 | 09 38 | 09 20 |
| 27 | 12 32 | 25 29 | 08 12 | 10 04 | 09 21 |
| 28 | 12 35 | 25 14 | 08 21 | 10 31 | 09 21 |
| 29 | 12 38 | 24 59 | 08 30 | 10 57 | 09 22 |
| 30 | 12 41 | 24 43 | 08 39 | 11 23 | 09 23 |

## Lunar Data

| Last Asp. | | Ingress | | |
|---|---|---|---|---|
| 2 | 10:41 | 2 | ♏ | 16:07 |
| 4 | 11:38 | 4 | ♐ | 17:18 |
| 6 | 04:12 | 6 | ♑ | 19:46 |
| 8 | 18:07 | 9 | ♒ | 00:56 |
| 10 | 14:36 | 11 | ♓ | 09:33 |
| 13 | 12:46 | 13 | ♈ | 21:04 |
| 16 | 00:51 | 16 | ♉ | 09:37 |
| 18 | 12:03 | 18 | ♊ | 21:01 |
| 20 | 21:49 | 21 | ♋ | 06:03 |
| 23 | 07:21 | 23 | ♌ | 12:34 |
| 24 | 05:35 | 25 | ♍ | 17:06 |
| 27 | 20:03 | 27 | ♎ | 20:17 |
| 29 | 13:03 | 29 | ♏ | 22:49 |

0:00 E.T.

## Declinations

| D | ☉ | ☽ | ☿ | ♀ | ♂ | ♃ | ♄ | ♅ | ♆ | ♇ | ⚳ | ⚴ | ⚵ | ⚶ | ⚷ |
|---|---|---|---|---|---|---|---|---|---|---|---|---|---|---|---|
| 1 | +22 05 | +02 34 | +25 20 | +23 45 | -08 59 | -21 01 | -19 57 | +13 56 | -04 36 | -22 06 | -17 05 | +20 53 | +05 37 | +22 41 | +05 58 |
| 2 | 22 13 | -03 20 | 25 12 | 23 27 | 08 45 | 21 01 | 19 57 | 13 57 | 04 36 | 22 06 | 17 04 | 20 59 | 05 36 | 22 42 | 05 58 |
| 3 | 22 20 | 09 06 | 25 02 | 23 08 | 08 31 | 21 02 | 19 58 | 13 58 | 04 36 | 22 06 | 17 04 | 21 04 | 05 35 | 22 44 | 05 59 |
| 4 | 22 28 | 14 22 | 24 52 | 22 50 | 08 18 | 21 03 | 19 59 | 13 59 | 04 36 | 22 06 | 17 04 | 21 09 | 05 34 | 22 45 | 06 00 |
| 5 | 22 34 | 18 46 | 24 40 | 22 31 | 08 04 | 21 04 | 19 59 | 14 00 | 04 36 | 22 07 | 17 04 | 21 14 | 05 32 | 22 46 | 06 01 |
| 6 | 22 41 | 21 57 | 24 27 | 22 12 | 07 50 | 21 05 | 20 00 | 14 01 | 04 35 | 22 07 | 17 04 | 21 19 | 05 30 | 22 47 | 06 02 |
| 7 | 22 46 | 23 43 | 24 14 | 21 53 | 07 36 | 21 06 | 20 00 | 14 02 | 04 35 | 22 07 | 17 04 | 21 24 | 05 29 | 22 48 | 06 02 |
| 8 | 22 52 | 24 00 | 24 00 | 21 34 | 07 22 | 21 07 | 20 01 | 14 02 | 04 35 | 22 08 | 17 04 | 21 28 | 05 27 | 22 49 | 06 03 |
| 9 | 22 57 | 22 52 | 23 45 | 21 16 | 07 08 | 21 08 | 20 02 | 14 03 | 04 35 | 22 08 | 17 05 | 21 32 | 05 25 | 22 50 | 06 04 |
| 10 | 23 02 | 20 33 | 23 29 | 20 57 | 06 54 | 21 09 | 20 02 | 14 04 | 04 35 | 22 08 | 17 05 | 21 36 | 05 22 | 22 51 | 06 04 |
| 11 | 23 06 | 17 17 | 23 13 | 20 39 | 06 40 | 21 10 | 20 03 | 14 05 | 04 35 | 22 09 | 17 06 | 21 40 | 05 20 | 22 52 | 06 05 |
| 12 | 23 10 | 13 21 | 22 57 | 20 22 | 06 26 | 21 11 | 20 04 | 14 06 | 04 35 | 22 09 | 17 07 | 21 43 | 05 18 | 22 52 | 06 06 |
| 13 | 23 13 | 08 57 | 22 41 | 20 05 | 06 12 | 21 12 | 20 05 | 14 07 | 04 34 | 22 09 | 17 08 | 21 47 | 05 15 | 22 53 | 06 06 |
| 14 | 23 16 | 04 16 | 22 24 | 19 49 | 05 59 | 21 13 | 20 05 | 14 08 | 04 34 | 22 10 | 17 09 | 21 50 | 05 13 | 22 53 | 06 07 |
| 15 | 23 19 | +00 33 | 22 07 | 19 33 | 05 45 | 21 14 | 20 06 | 14 09 | 04 34 | 22 10 | 17 10 | 21 52 | 05 10 | 22 54 | 06 08 |
| 16 | 23 21 | 05 20 | 21 51 | 19 18 | 05 31 | 21 16 | 20 07 | 14 09 | 04 34 | 22 10 | 17 11 | 21 55 | 05 07 | 22 54 | 06 08 |
| 17 | 23 23 | 09 58 | 21 34 | 19 04 | 05 17 | 21 17 | 20 08 | 14 10 | 04 34 | 22 10 | 17 13 | 21 57 | 05 04 | 22 54 | 06 09 |
| 18 | 23 24 | 14 17 | 21 17 | 18 50 | 05 04 | 21 18 | 20 08 | 14 11 | 04 34 | 22 11 | 17 14 | 21 59 | 05 01 | 22 54 | 06 09 |
| 19 | 23 25 | 18 04 | 21 01 | 18 38 | 04 50 | 21 19 | 20 09 | 14 12 | 04 34 | 22 11 | 17 16 | 22 01 | 04 58 | 22 54 | 06 10 |
| 20 | 23 26 | 21 07 | 20 45 | 18 26 | 04 36 | 21 21 | 20 10 | 14 13 | 04 34 | 22 11 | 17 18 | 22 03 | 04 54 | 22 54 | 06 11 |
| 21 | 23 26 | 23 11 | 20 30 | 18 16 | 04 23 | 21 22 | 20 11 | 14 13 | 04 34 | 22 12 | 17 20 | 22 04 | 04 51 | 22 54 | 06 11 |
| 22 | 23 26 | 24 03 | 20 15 | 18 06 | 04 09 | 21 23 | 20 12 | 14 14 | 04 34 | 22 12 | 17 22 | 22 05 | 04 47 | 22 54 | 06 12 |
| 23 | 23 25 | 23 35 | 20 01 | 17 57 | 03 56 | 21 25 | 20 13 | 14 15 | 04 34 | 22 12 | 17 25 | 22 06 | 04 44 | 22 53 | 06 12 |
| 24 | 23 24 | 21 46 | 19 47 | 17 49 | 03 42 | 21 26 | 20 13 | 14 16 | 04 34 | 22 13 | 17 27 | 22 06 | 04 40 | 22 53 | 06 12 |
| 25 | 23 23 | 18 40 | 19 35 | 17 41 | 03 29 | 21 27 | 20 14 | 14 16 | 04 34 | 22 13 | 17 30 | 22 06 | 04 36 | 22 52 | 06 13 |
| 26 | 23 21 | 14 29 | 19 23 | 17 35 | 03 16 | 21 29 | 20 15 | 14 17 | 04 34 | 22 13 | 17 32 | 22 06 | 04 33 | 22 52 | 06 13 |
| 27 | 23 19 | 09 30 | 19 12 | 17 29 | 03 03 | 21 30 | 20 16 | 14 18 | 04 34 | 22 14 | 17 35 | 22 06 | 04 29 | 22 51 | 06 14 |
| 28 | 23 16 | 03 58 | 19 02 | 17 25 | 02 49 | 21 31 | 20 17 | 14 18 | 04 35 | 22 14 | 17 38 | 22 05 | 04 24 | 22 50 | 06 14 |
| 29 | 23 13 | -01 48 | 18 53 | 17 21 | 02 36 | 21 33 | 20 18 | 14 19 | 04 35 | 22 14 | 17 41 | 22 04 | 04 20 | 22 49 | 06 14 |
| 30 | 23 09 | 07 30 | 18 46 | 17 18 | 02 23 | 21 34 | 20 19 | 14 20 | 04 35 | 22 15 | 17 45 | 22 03 | 04 16 | 22 48 | 06 15 |

Lunar Phases -- 5 Ⓔ 19:13 13 ◑ 06:25 21 ● 06:42 28 ◐ 08:17 Sun enters ♋ 6/20 21:45

## 0:00 E.T. Longitudes of Main Planets - July 2020

| D | S.T. | ☉ | ☽ | ☽ 12:00 | ☿ | ♀ | ♂ | ♃ | ♄ | ♅ | ♆ | ♇ | ☊ |
|---|---|---|---|---|---|---|---|---|---|---|---|---|---|
| 1 | 18:38:02 | 09♋37 42 | 14♏59 | 22♏06 | 09♋49℞ | 05♊56 | 01♈46 | 24♑01℞ | 00♒04℞ | 09♉52 | 20♓57℞ | 24♑05℞ | 28♊36 |
| 2 | 18:41:59 | 10 34 54 | 29 12 | 06♐16 | 09 13 | 06 10 | 02 21 | 23 54 | 00♒00 | 09 54 | 20 56 | 24 04 | 28 33 |
| 3 | 18:45:55 | 11 32 05 | 13♐18 | 20 17 | 08 38 | 06 25 | 02 57 | 23 46 | 29 56 | 09 56 | 20 56 | 24 03 | 28 30 |
| 4 | 18:49:52 | 12 29 16 | 27 14 | 04♑07 | 08 04 | 06 43 | 03 32 | 23 39 | 29 52 | 09 58 | 20 56 | 24 01 | 28 27 |
| 5 | 18:53:48 | 13 26 27 | 10♑56 | 17 42 | 07 33 | 07 02 | 04 07 | 23 32 | 29 48 | 10 00 | 20 55 | 24 00 | 28 24 |
| 6 | 18:57:45 | 14 23 38 | 24 24 | 01♒01 | 07 04 | 07 23 | 04 42 | 23 24 | 29 43 | 10 02 | 20 55 | 23 58 | 28 20 |
| 7 | 19:01:42 | 15 20 48 | 07♒33 | 14 02 | 06 38 | 07 46 | 05 17 | 23 17 | 29 39 | 10 04 | 20 55 | 23 57 | 28 17 |
| 8 | 19:05:38 | 16 18 00 | 20 25 | 26 45 | 06 16 | 08 10 | 05 52 | 23 09 | 29 35 | 10 05 | 20 54 | 23 55 | 28 14 |
| 9 | 19:09:35 | 17 15 11 | 03♓00 | 09♓11 | 05 57 | 08 36 | 06 26 | 23 01 | 29 31 | 10 07 | 20 54 | 23 54 | 28 11 |
| 10 | 19:13:31 | 18 12 22 | 15 19 | 21 24 | 05 43 | 09 04 | 07 00 | 22 54 | 29 27 | 10 09 | 20 53 | 23 53 | 28 08 |
| 11 | 19:17:28 | 19 09 34 | 27 26 | 03♈26 | 05 34 | 09 33 | 07 34 | 22 46 | 29 22 | 10 11 | 20 53 | 23 51 | 28 05 |
| 12 | 19:21:24 | 20 06 47 | 09♈24 | 15 21 | 05 30 | 10 03 | 08 07 | 22 38 | 29 18 | 10 12 | 20 52 | 23 50 | 28 01 |
| 13 | 19:25:21 | 21 04 00 | 21 18 | 27 14 | 05 31D | 10 35 | 08 41 | 22 31 | 29 14 | 10 14 | 20 51 | 23 48 | 27 58 |
| 14 | 19:29:17 | 22 01 13 | 03♉11 | 09♉09 | 05 37 | 11 09 | 09 14 | 22 23 | 29 09 | 10 16 | 20 51 | 23 47 | 27 55 |
| 15 | 19:33:14 | 22 58 27 | 15 09 | 21 11 | 05 48 | 11 43 | 09 46 | 22 15 | 29 05 | 10 17 | 20 50 | 23 45 | 27 52 |
| 16 | 19:37:11 | 23 55 42 | 27 16 | 03♊25 | 06 05 | 12 19 | 10 19 | 22 07 | 29 00 | 10 19 | 20 49 | 23 44 | 27 49 |
| 17 | 19:41:07 | 24 52 57 | 09♊37 | 15 54 | 06 27 | 12 56 | 10 51 | 22 00 | 28 56 | 10 20 | 20 49 | 23 42 | 27 45 |
| 18 | 19:45:04 | 25 50 13 | 22 15 | 28 42 | 06 55 | 13 35 | 11 23 | 21 52 | 28 51 | 10 21 | 20 48 | 23 41 | 27 42 |
| 19 | 19:49:00 | 26 47 29 | 05♋13 | 11♋49 | 07 28 | 14 14 | 11 54 | 21 44 | 28 47 | 10 23 | 20 47 | 23 40 | 27 39 |
| 20 | 19:52:57 | 27 44 46 | 18 30 | 25 16 | 08 07 | 14 54 | 12 26 | 21 37 | 28 43 | 10 24 | 20 46 | 23 38 | 27 36 |
| 21 | 19:56:53 | 28 42 04 | 02♌08 | 09♌03 | 08 52 | 15 36 | 12 57 | 21 29 | 28 38 | 10 25 | 20 45 | 23 37 | 27 33 |
| 22 | 20:00:50 | 29 39 22 | 16 02 | 23 05 | 09 41 | 16 18 | 13 27 | 21 21 | 28 34 | 10 27 | 20 45 | 23 35 | 27 30 |
| 23 | 20:04:46 | 00♌36 40 | 00♍11 | 07♍19 | 10 36 | 17 02 | 13 57 | 21 14 | 28 29 | 10 28 | 20 44 | 23 34 | 27 26 |
| 24 | 20:08:43 | 01 33 59 | 14 29 | 21 40 | 11 36 | 17 46 | 14 27 | 21 06 | 28 25 | 10 29 | 20 43 | 23 32 | 27 23 |
| 25 | 20:12:40 | 02 31 18 | 28 51 | 06♎02 | 12 42 | 18 31 | 14 57 | 20 59 | 28 20 | 10 30 | 20 42 | 23 31 | 27 20 |
| 26 | 20:16:36 | 03 28 38 | 13♎13 | 20 22 | 13 52 | 19 17 | 15 26 | 20 51 | 28 16 | 10 31 | 20 41 | 23 29 | 27 17 |
| 27 | 20:20:33 | 04 25 58 | 27 30 | 04♏36 | 15 08 | 20 04 | 15 55 | 20 44 | 28 12 | 10 32 | 20 40 | 23 28 | 27 14 |
| 28 | 20:24:29 | 05 23 18 | 11♏40 | 18 42 | 16 28 | 20 51 | 16 23 | 20 37 | 28 07 | 10 33 | 20 39 | 23 27 | 27 10 |
| 29 | 20:28:26 | 06 20 39 | 25 41 | 02♐38 | 17 53 | 21 40 | 16 51 | 20 30 | 28 03 | 10 34 | 20 38 | 23 25 | 27 07 |
| 30 | 20:32:22 | 07 18 00 | 09♐33 | 16 25 | 19 23 | 22 29 | 17 19 | 20 22 | 27 58 | 10 35 | 20 37 | 23 24 | 27 04 |
| 31 | 20:36:19 | 08 15 22 | 23 14 | 00♑00 | 20 57 | 23 19 | 17 46 | 20 15 | 27 54 | 10 35 | 20 36 | 23 22 | 27 01 |

## 0:00 E.T. Longitudes of the Major Asteroids and Chiron

| D | ⚳ | ⚴ | ⚵ | ⚶ | ⚷ |
|---|---|---|---|---|---|
| 1 | 12♓43 | 24♑27℞ | 08♎49 | 11♋49 | 09♈23 |
| 2 | 12 45 | 24 12 | 08 59 | 12 16 | 09 24 |
| 3 | 12 46 | 23 56 | 09 09 | 12 42 | 09 24 |
| 4 | 12 48 | 23 39 | 09 19 | 13 08 | 09 25 |
| 5 | 12 49 | 23 23 | 09 29 | 13 34 | 09 25 |
| 6 | 12 49 | 23 07 | 09 40 | 14 01 | 09 25 |
| 7 | 12 49 | 22 50 | 09 51 | 14 27 | 09 26 |
| 8 | 12 49℞ | 22 34 | 10 02 | 14 53 | 09 26 |
| 9 | 12 49 | 22 17 | 10 13 | 15 20 | 09 26 |
| 10 | 12 48 | 22 01 | 10 24 | 15 46 | 09 26 |
| 11 | 12 47 | 21 44 | 10 36 | 16 12 | 09 26 |
| 12 | 12 45 | 21 28 | 10 48 | 16 38 | 09 26℞ |
| 13 | 12 43 | 21 11 | 11 00 | 17 05 | 09 26 |
| 14 | 12 41 | 20 54 | 11 12 | 17 31 | 09 26 |
| 15 | 12 39 | 20 38 | 11 24 | 17 57 | 09 26 |
| 16 | 12 36 | 20 21 | 11 36 | 18 24 | 09 26 |
| 17 | 12 32 | 20 05 | 11 49 | 18 50 | 09 26 |
| 18 | 12 29 | 19 49 | 12 02 | 19 16 | 09 25 |
| 19 | 12 25 | 19 32 | 12 15 | 19 43 | 09 25 |
| 20 | 12 20 | 19 16 | 12 28 | 20 09 | 09 25 |
| 21 | 12 15 | 19 00 | 12 41 | 20 36 | 09 24 |
| 22 | 12 10 | 18 45 | 12 55 | 21 02 | 09 24 |
| 23 | 12 05 | 18 29 | 13 08 | 21 28 | 09 23 |
| 24 | 11 59 | 18 14 | 13 22 | 21 55 | 09 22 |
| 25 | 11 53 | 17 58 | 13 36 | 22 21 | 09 22 |
| 26 | 11 46 | 17 43 | 13 50 | 22 47 | 09 21 |
| 27 | 11 39 | 17 29 | 14 04 | 23 14 | 09 20 |
| 28 | 11 32 | 17 14 | 14 19 | 23 40 | 09 20 |
| 29 | 11 25 | 17 00 | 14 33 | 24 06 | 09 19 |
| 30 | 11 17 | 16 46 | 14 48 | 24 33 | 09 18 |
| 31 | 11 09 | 16 32 | 15 03 | 24 59 | 09 17 |

## Lunar Data

| Last Asp. | | Ingress | | |
|---|---|---|---|---|
| 2 | 01:22 | 2 | ♐ | 01:22 |
| 3 | 13:07 | 4 | ♑ | 04:49 |
| 6 | 09:37 | 6 | ♒ | 10:10 |
| 7 | 04:39 | 8 | ♓ | 18:14 |
| 11 | 03:50 | 11 | ♈ | 05:07 |
| 13 | 15:55 | 13 | ♉ | 17:35 |
| 16 | 03:22 | 16 | ♊ | 05:20 |
| 17 | 21:15 | 18 | ♋ | 14:25 |
| 20 | 17:56 | 20 | ♌ | 20:17 |
| 22 | 00:28 | 22 | ♍ | 23:41 |
| 24 | 23:09 | 25 | ♎ | 01:55 |
| 27 | 01:10 | 27 | ♏ | 04:13 |
| 29 | 04:03 | 29 | ♐ | 07:26 |
| 31 | 00:09 | | | |

## 0:00 E.T. Declinations

| D | ☉ | ☽ | ☿ | ♀ | ♂ | ♃ | ♄ | ♅ | ♆ | ♇ | ⚳ | ⚴ | ⚵ | ⚶ | ⚷ |
|---|---|---|---|---|---|---|---|---|---|---|---|---|---|---|---|
| 1 | +23 05 | -12 49 | +18 39 | +17 15 | -02 10 | -21 36 | -20 20 | +14 20 | -04 35 | -22 15 | -17 48 | +22 02 | +04 12 | +22 47 | +06 15 |
| 2 | 23 01 | 17 24 | 18 34 | 17 14 | 01 58 | 21 37 | 20 21 | 14 21 | 04 35 | 22 16 | 17 52 | 22 00 | 04 07 | 22 46 | 06 15 |
| 3 | 22 56 | 20 58 | 18 30 | 17 13 | 01 45 | 21 38 | 20 22 | 14 22 | 04 35 | 22 16 | 17 55 | 21 58 | 04 03 | 22 45 | 06 16 |
| 4 | 22 51 | 23 14 | 18 28 | 17 13 | 01 32 | 21 40 | 20 23 | 14 22 | 04 35 | 22 16 | 17 59 | 21 56 | 03 58 | 22 44 | 06 16 |
| 5 | 22 45 | 24 04 | 18 26 | 17 13 | 01 20 | 21 41 | 20 24 | 14 23 | 04 36 | 22 17 | 18 03 | 21 53 | 03 54 | 22 42 | 06 16 |
| 6 | 22 40 | 23 27 | 18 27 | 17 14 | 01 07 | 21 43 | 20 25 | 14 24 | 04 36 | 22 17 | 18 07 | 21 50 | 03 49 | 22 41 | 06 16 |
| 7 | 22 33 | 21 33 | 18 28 | 17 15 | 00 55 | 21 44 | 20 26 | 14 24 | 04 36 | 22 17 | 18 12 | 21 47 | 03 44 | 22 39 | 06 16 |
| 8 | 22 27 | 18 34 | 18 31 | 17 17 | 00 42 | 21 46 | 20 27 | 14 25 | 04 36 | 22 18 | 18 16 | 21 44 | 03 40 | 22 38 | 06 17 |
| 9 | 22 19 | 14 48 | 18 35 | 17 20 | 00 30 | 21 47 | 20 28 | 14 25 | 04 36 | 22 18 | 18 21 | 21 40 | 03 35 | 22 36 | 06 17 |
| 10 | 22 12 | 10 29 | 18 40 | 17 23 | 00 18 | 21 48 | 20 29 | 14 26 | 04 37 | 22 18 | 18 25 | 21 36 | 03 30 | 22 34 | 06 17 |
| 11 | 22 04 | 05 50 | 18 46 | 17 26 | 00 06 | 21 50 | 20 30 | 14 26 | 04 37 | 22 19 | 18 30 | 21 32 | 03 25 | 22 32 | 06 17 |
| 12 | 21 56 | 01 01 | 18 53 | 17 30 | +00 06 | 21 51 | 20 31 | 14 27 | 04 37 | 22 19 | 18 35 | 21 27 | 03 20 | 22 30 | 06 17 |
| 13 | 21 47 | +03 48 | 19 02 | 17 34 | 00 18 | 21 53 | 20 32 | 14 27 | 04 37 | 22 19 | 18 40 | 21 22 | 03 14 | 22 28 | 06 17 |
| 14 | 21 38 | 08 29 | 19 11 | 17 38 | 00 29 | 21 54 | 20 33 | 14 28 | 04 38 | 22 20 | 18 45 | 21 17 | 03 09 | 22 26 | 06 17 |
| 15 | 21 29 | 12 54 | 19 20 | 17 43 | 00 41 | 21 55 | 20 34 | 14 28 | 04 38 | 22 20 | 18 50 | 21 12 | 03 04 | 22 24 | 06 17 |
| 16 | 21 19 | 16 52 | 19 31 | 17 48 | 00 52 | 21 57 | 20 35 | 14 29 | 04 38 | 22 20 | 18 56 | 21 06 | 02 59 | 22 22 | 06 17 |
| 17 | 21 09 | 20 10 | 19 41 | 17 53 | 01 03 | 21 58 | 20 36 | 14 29 | 04 39 | 22 21 | 19 01 | 21 01 | 02 53 | 22 19 | 06 17 |
| 18 | 20 59 | 22 36 | 19 53 | 17 58 | 01 15 | 22 00 | 20 37 | 14 30 | 04 39 | 22 21 | 19 07 | 20 55 | 02 48 | 22 17 | 06 17 |
| 19 | 20 48 | 23 54 | 20 04 | 18 03 | 01 26 | 22 01 | 20 38 | 14 30 | 04 39 | 22 21 | 19 13 | 20 48 | 02 42 | 22 14 | 06 17 |
| 20 | 20 37 | 23 53 | 20 15 | 18 09 | 01 36 | 22 02 | 20 39 | 14 30 | 04 40 | 22 22 | 19 19 | 20 42 | 02 37 | 22 12 | 06 17 |
| 21 | 20 25 | 22 28 | 20 26 | 18 15 | 01 47 | 22 04 | 20 40 | 14 31 | 04 40 | 22 22 | 19 25 | 20 35 | 02 31 | 22 09 | 06 17 |
| 22 | 20 13 | 19 40 | 20 37 | 18 20 | 01 58 | 22 05 | 20 41 | 14 31 | 04 40 | 22 22 | 19 31 | 20 28 | 02 26 | 22 06 | 06 17 |
| 23 | 20 01 | 15 40 | 20 47 | 18 26 | 02 08 | 22 06 | 20 42 | 14 31 | 04 41 | 22 23 | 19 37 | 20 20 | 02 20 | 22 03 | 06 17 |
| 24 | 19 49 | 10 45 | 20 57 | 18 32 | 02 18 | 22 08 | 20 42 | 14 32 | 04 41 | 22 23 | 19 43 | 20 13 | 02 14 | 22 00 | 06 16 |
| 25 | 19 36 | 05 13 | 21 06 | 18 38 | 02 29 | 22 09 | 20 43 | 14 32 | 04 42 | 22 23 | 19 50 | 20 05 | 02 08 | 21 57 | 06 16 |
| 26 | 19 23 | -00 35 | 21 13 | 18 44 | 02 39 | 22 10 | 20 44 | 14 32 | 04 42 | 22 24 | 19 56 | 19 57 | 02 02 | 21 54 | 06 16 |
| 27 | 19 09 | 06 20 | 21 20 | 18 50 | 02 48 | 22 11 | 20 45 | 14 33 | 04 42 | 22 24 | 20 03 | 19 49 | 01 57 | 21 51 | 06 16 |
| 28 | 18 55 | 11 43 | 21 25 | 18 55 | 02 58 | 22 13 | 20 46 | 14 33 | 04 43 | 22 24 | 20 09 | 19 40 | 01 51 | 21 48 | 06 16 |
| 29 | 18 41 | 16 26 | 21 28 | 19 01 | 03 08 | 22 14 | 20 47 | 14 33 | 04 43 | 22 25 | 20 16 | 19 31 | 01 45 | 21 45 | 06 15 |
| 30 | 18 27 | 20 12 | 21 30 | 19 06 | 03 17 | 22 15 | 20 48 | 14 34 | 04 44 | 22 25 | 20 23 | 19 23 | 01 39 | 21 41 | 06 15 |
| 31 | 18 12 | 22 47 | 21 29 | 19 12 | 03 26 | 22 16 | 20 49 | 14 34 | 04 44 | 22 25 | 20 29 | 19 13 | 01 33 | 21 38 | 06 15 |

Lunar Phases -- 5 Ⓔ 04:45 12 ◑ 23:30 20 ● 17:34 27 ◐ 12:34 Sun enters ♌ 7/22 08:38

## Longitudes of Main Planets - August 2020

0:00 E.T.

| D | S.T. | ☉ | ☽ | ☽ 12:00 | ☿ | ♀ | ♂ | ♃ | ♄ | ♅ | ♆ | ♇ | ☊ |
|---|---|---|---|---|---|---|---|---|---|---|---|---|---|
| 1 | 20:40:15 | 09♌12 45 | 06♑44 | 13♑25 | 22♋35 | 24♊09 | 18♈13 | 20♑08℞ | 27♑50℞ | 10♉36 | 20♓34℞ | 23♑21℞ | 26♊58 |
| 2 | 20:44:12 | 10 10 08 | 20 03 | 26 37 | 24 17 | 25 00 | 18 39 | 20 02 | 27 46 | 10 37 | 20 33 | 23 20 | 26 55 |
| 3 | 20:48:09 | 11 07 32 | 03♒09 | 09♒37 | 26 02 | 25 52 | 19 05 | 19 55 | 27 41 | 10 38 | 20 32 | 23 18 | 26 51 |
| 4 | 20:52:05 | 12 04 57 | 16 02 | 22 24 | 27 51 | 26 44 | 19 31 | 19 48 | 27 37 | 10 38 | 20 31 | 23 17 | 26 48 |
| 5 | 20:56:02 | 13 02 23 | 28 42 | 04♓57 | 29 43 | 27 37 | 19 56 | 19 42 | 27 33 | 10 39 | 20 30 | 23 16 | 26 45 |
| 6 | 20:59:58 | 13 59 50 | 11♓09 | 17 18 | 01♌38 | 28 31 | 20 21 | 19 35 | 27 29 | 10 39 | 20 29 | 23 14 | 26 42 |
| 7 | 21:03:55 | 14 57 18 | 23 24 | 29 27 | 03 35 | 29 25 | 20 45 | 19 29 | 27 25 | 10 40 | 20 27 | 23 13 | 26 39 |
| 8 | 21:07:51 | 15 54 47 | 05♈28 | 11♈27 | 05 33 | 00♋20 | 21 08 | 19 23 | 27 20 | 10 40 | 20 26 | 23 12 | 26 36 |
| 9 | 21:11:48 | 16 52 17 | 17 24 | 23 20 | 07 34 | 01 15 | 21 31 | 19 17 | 27 16 | 10 40 | 20 25 | 23 10 | 26 32 |
| 10 | 21:15:44 | 17 49 48 | 29 16 | 05♉12 | 09 35 | 02 11 | 21 54 | 19 11 | 27 12 | 10 41 | 20 23 | 23 09 | 26 29 |
| 11 | 21:19:41 | 18 47 21 | 11♉08 | 17 05 | 11 38 | 03 07 | 22 16 | 19 05 | 27 08 | 10 41 | 20 22 | 23 08 | 26 26 |
| 12 | 21:23:38 | 19 44 56 | 23 04 | 29 06 | 13 41 | 04 04 | 22 38 | 18 59 | 27 04 | 10 41 | 20 21 | 23 06 | 26 23 |
| 13 | 21:27:34 | 20 42 32 | 05♊11 | 11♊19 | 15 44 | 05 01 | 22 59 | 18 54 | 27 01 | 10 41 | 20 19 | 23 05 | 26 20 |
| 14 | 21:31:31 | 21 40 09 | 17 32 | 23 50 | 17 47 | 05 58 | 23 19 | 18 48 | 26 57 | 10 41 | 20 18 | 23 04 | 26 16 |
| 15 | 21:35:27 | 22 37 48 | 00♋13 | 06♋41 | 19 49 | 06 56 | 23 39 | 18 43 | 26 53 | 10 41 | 20 17 | 23 03 | 26 13 |
| 16 | 21:39:24 | 23 35 28 | 13 16 | 19 58 | 21 52 | 07 55 | 23 58 | 18 38 | 26 49 | 10 41℞ | 20 15 | 23 02 | 26 10 |
| 17 | 21:43:20 | 24 33 10 | 26 46 | 03♌40 | 23 53 | 08 54 | 24 17 | 18 33 | 26 46 | 10 41 | 20 14 | 23 00 | 26 07 |
| 18 | 21:47:17 | 25 30 53 | 10♌40 | 17 46 | 25 54 | 09 53 | 24 35 | 18 28 | 26 42 | 10 41 | 20 12 | 22 59 | 26 04 |
| 19 | 21:51:13 | 26 28 38 | 24 57 | 02♍13 | 27 54 | 10 52 | 24 52 | 18 23 | 26 38 | 10 41 | 20 11 | 22 58 | 26 01 |
| 20 | 21:55:10 | 27 26 24 | 09♍32 | 16 53 | 29 53 | 11 52 | 25 09 | 18 19 | 26 35 | 10 41 | 20 09 | 22 57 | 25 57 |
| 21 | 21:59:07 | 28 24 11 | 24 17 | 01♎41 | 01♍50 | 12 53 | 25 25 | 18 14 | 26 31 | 10 41 | 20 08 | 22 56 | 25 54 |
| 22 | 22:03:03 | 29 22 00 | 09♎04 | 16 26 | 03 46 | 13 54 | 25 40 | 18 10 | 26 28 | 10 40 | 20 06 | 22 55 | 25 51 |
| 23 | 22:07:00 | 00♍19 49 | 23 46 | 01♏02 | 05 42 | 14 55 | 25 55 | 18 06 | 26 25 | 10 40 | 20 05 | 22 54 | 25 48 |
| 24 | 22:10:56 | 01 17 40 | 08♏16 | 15 25 | 07 35 | 15 56 | 26 09 | 18 02 | 26 22 | 10 40 | 20 03 | 22 53 | 25 45 |
| 25 | 22:14:53 | 02 15 32 | 22 30 | 29 31 | 09 28 | 16 58 | 26 22 | 17 59 | 26 18 | 10 39 | 20 02 | 22 51 | 25 42 |
| 26 | 22:18:49 | 03 13 25 | 06♐27 | 13♐20 | 11 19 | 18 00 | 26 35 | 17 55 | 26 15 | 10 39 | 20 00 | 22 50 | 25 38 |
| 27 | 22:22:46 | 04 11 20 | 20 08 | 26 52 | 13 09 | 19 02 | 26 47 | 17 52 | 26 12 | 10 38 | 19 59 | 22 49 | 25 35 |
| 28 | 22:26:42 | 05 09 16 | 03♑32 | 10♑09 | 14 57 | 20 04 | 26 58 | 17 49 | 26 09 | 10 38 | 19 57 | 22 48 | 25 32 |
| 29 | 22:30:39 | 06 07 13 | 16 42 | 23 12 | 16 45 | 21 07 | 27 08 | 17 46 | 26 06 | 10 37 | 19 55 | 22 47 | 25 29 |
| 30 | 22:34:36 | 07 05 11 | 29 39 | 06♒04 | 18 31 | 22 10 | 27 17 | 17 43 | 26 04 | 10 36 | 19 54 | 22 47 | 25 26 |
| 31 | 22:38:32 | 08 03 11 | 12♒26 | 18 45 | 20 15 | 23 14 | 27 26 | 17 41 | 26 01 | 10 36 | 19 52 | 22 46 | 25 22 |

## Longitudes of the Major Asteroids and Chiron

0:00 E.T.

| D | ⚳ | ⚴ | ⚵ | ⚶ | ⚷ | D | ⚳ | ⚴ | ⚵ | ⚶ | ⚷ |
|---|---|---|---|---|---|---|---|---|---|---|---|
| 1 | 11♓00℞ | 16♑19℞ | 15♎18 | 25♋25 | 09♈16℞ | 17 | 08 09 | 13 29 | 19 32 | 02 25 | 08 54 |
| 2 | 10 52 | 16 06 | 15 33 | 25 51 | 09 15 | 18 | 07 56 | 13 21 | 19 49 | 02 51 | 08 52 |
| 3 | 10 43 | 15 53 | 15 48 | 26 18 | 09 14 | 19 | 07 44 | 13 14 | 20 06 | 03 17 | 08 50 |
| 4 | 10 33 | 15 40 | 16 03 | 26 44 | 09 13 | 20 | 07 31 | 13 07 | 20 23 | 03 43 | 08 48 |
| 5 | 10 24 | 15 28 | 16 18 | 27 10 | 09 11 | 21 | 07 18 | 13 01 | 20 40 | 04 09 | 08 46 |
| 6 | 10 14 | 15 16 | 16 34 | 27 36 | 09 10 | 22 | 07 05 | 12 55 | 20 58 | 04 35 | 08 44 |
| 7 | 10 04 | 15 05 | 16 50 | 28 03 | 09 09 | 23 | 06 52 | 12 50 | 21 15 | 05 01 | 08 43 |
| 8 | 09 53 | 14 53 | 17 05 | 28 29 | 09 08 | 24 | 06 39 | 12 44 | 21 32 | 05 27 | 08 41 |
| 9 | 09 42 | 14 43 | 17 21 | 28 55 | 09 06 | 25 | 06 25 | 12 40 | 21 50 | 05 53 | 08 38 |
| 10 | 09 31 | 14 32 | 17 37 | 29 21 | 09 05 | 26 | 06 12 | 12 35 | 22 07 | 06 19 | 08 36 |
| 11 | 09 20 | 14 22 | 17 53 | 29 48 | 09 03 | 27 | 05 59 | 12 31 | 22 25 | 06 45 | 08 34 |
| 12 | 09 09 | 14 12 | 18 10 | 00♌14 | 09 02 | 28 | 05 45 | 12 28 | 22 43 | 07 11 | 08 32 |
| 13 | 08 57 | 14 03 | 18 26 | 00 40 | 09 00 | 29 | 05 32 | 12 24 | 23 01 | 07 37 | 08 30 |
| 14 | 08 45 | 13 54 | 18 42 | 01 06 | 08 59 | 30 | 05 19 | 12 22 | 23 19 | 08 03 | 08 28 |
| 15 | 08 33 | 13 45 | 18 59 | 01 32 | 08 57 | 31 | 05 05 | 12 19 | 23 37 | 08 29 | 08 26 |
| 16 | 08 21 | 13 37 | 19 16 | 01 59 | 08 55 | | | | | | |

## Lunar Data

| Last Asp. | | Ingress | | |
|---|---|---|---|---|
| 2 | 14:01 | 2 | ♒ | 18:12 |
| 4 | 21:47 | 5 | ♓ | 02:29 |
| 7 | 12:55 | 7 | ♈ | 13:06 |
| 9 | 19:51 | 10 | ♉ | 01:29 |
| 12 | 07:56 | 12 | ♊ | 13:47 |
| 14 | 11:20 | 14 | ♋ | 23:36 |
| 17 | 00:00 | 17 | ♌ | 05:39 |
| 19 | 05:39 | 19 | ♍ | 08:21 |
| 21 | 03:38 | 21 | ♎ | 09:17 |
| 23 | 04:21 | 23 | ♏ | 10:17 |
| 25 | 06:28 | 25 | ♐ | 12:50 |
| 27 | 12:01 | 27 | ♑ | 17:38 |
| 29 | 19:32 | 30 | ♒ | 00:38 |

## Declinations

0:00 E.T.

| D | ☉ | ☽ | ☿ | ♀ | ♂ | ♃ | ♄ | ♅ | ♆ | ♇ | ⚳ | ⚴ | ⚵ | ⚶ | ⚷ |
|---|---|---|---|---|---|---|---|---|---|---|---|---|---|---|---|
| 1 | +17 57 | -24 00 | +21 27 | +19 17 | +03 35 | -22 17 | -20 50 | +14 34 | -04 45 | -22 26 | -20 36 | +19 04 | +01 27 | +21 34 | +06 14 |
| 2 | 17 42 | 23 49 | 21 22 | 19 22 | 03 44 | 22 18 | 20 51 | 14 34 | 04 45 | 22 26 | 20 43 | 18 55 | 01 21 | 21 31 | 06 14 |
| 3 | 17 26 | 22 18 | 21 14 | 19 27 | 03 53 | 22 19 | 20 52 | 14 34 | 04 46 | 22 26 | 20 50 | 18 45 | 01 15 | 21 27 | 06 14 |
| 4 | 17 10 | 19 39 | 21 05 | 19 32 | 04 01 | 22 21 | 20 53 | 14 35 | 04 46 | 22 27 | 20 57 | 18 35 | 01 08 | 21 23 | 06 13 |
| 5 | 16 54 | 16 06 | 20 52 | 19 36 | 04 10 | 22 22 | 20 54 | 14 35 | 04 47 | 22 27 | 21 04 | 18 25 | 01 02 | 21 20 | 06 13 |
| 6 | 16 38 | 11 55 | 20 37 | 19 40 | 04 18 | 22 23 | 20 55 | 14 35 | 04 47 | 22 27 | 21 11 | 18 15 | 00 56 | 21 16 | 06 12 |
| 7 | 16 21 | 07 19 | 20 19 | 19 44 | 04 26 | 22 24 | 20 56 | 14 35 | 04 48 | 22 28 | 21 18 | 18 05 | 00 50 | 21 12 | 06 12 |
| 8 | 16 04 | 02 30 | 19 59 | 19 48 | 04 33 | 22 25 | 20 57 | 14 35 | 04 48 | 22 28 | 21 25 | 17 55 | 00 44 | 21 08 | 06 12 |
| 9 | 15 47 | +02 22 | 19 36 | 19 51 | 04 41 | 22 26 | 20 57 | 14 35 | 04 49 | 22 28 | 21 32 | 17 44 | 00 37 | 21 04 | 06 11 |
| 10 | 15 29 | 07 07 | 19 10 | 19 55 | 04 48 | 22 27 | 20 58 | 14 35 | 04 49 | 22 28 | 21 39 | 17 33 | 00 31 | 21 00 | 06 11 |
| 11 | 15 11 | 11 37 | 18 42 | 19 57 | 04 56 | 22 27 | 20 59 | 14 35 | 04 50 | 22 29 | 21 46 | 17 23 | 00 25 | 20 55 | 06 10 |
| 12 | 14 53 | 15 43 | 18 12 | 20 00 | 05 03 | 22 28 | 21 00 | 14 35 | 04 50 | 22 29 | 21 54 | 17 12 | 00 18 | 20 51 | 06 09 |
| 13 | 14 35 | 19 13 | 17 40 | 20 02 | 05 10 | 22 29 | 21 01 | 14 35 | 04 51 | 22 29 | 22 01 | 17 01 | 00 12 | 20 47 | 06 09 |
| 14 | 14 17 | 21 57 | 17 06 | 20 04 | 05 16 | 22 30 | 21 02 | 14 35 | 04 52 | 22 30 | 22 08 | 16 49 | 00 05 | 20 42 | 06 08 |
| 15 | 13 58 | 23 39 | 16 30 | 20 05 | 05 23 | 22 31 | 21 02 | 14 35 | 04 52 | 22 30 | 22 15 | 16 38 | -00 01 | 20 38 | 06 08 |
| 16 | 13 39 | 24 08 | 15 52 | 20 06 | 05 29 | 22 32 | 21 03 | 14 35 | 04 53 | 22 30 | 22 21 | 16 27 | 00 07 | 20 33 | 06 07 |
| 17 | 13 20 | 23 14 | 15 13 | 20 06 | 05 35 | 22 32 | 21 04 | 14 35 | 04 53 | 22 30 | 22 28 | 16 15 | 00 14 | 20 29 | 06 06 |
| 18 | 13 01 | 20 54 | 14 33 | 20 07 | 05 41 | 22 33 | 21 05 | 14 35 | 04 54 | 22 31 | 22 35 | 16 04 | 00 20 | 20 24 | 06 06 |
| 19 | 12 41 | 17 14 | 13 51 | 20 06 | 05 46 | 22 34 | 21 05 | 14 35 | 04 55 | 22 31 | 22 42 | 15 52 | 00 27 | 20 19 | 06 05 |
| 20 | 12 22 | 12 28 | 13 08 | 20 06 | 05 51 | 22 35 | 21 06 | 14 35 | 04 55 | 22 31 | 22 49 | 15 40 | 00 33 | 20 15 | 06 04 |
| 21 | 12 02 | 06 55 | 12 25 | 20 05 | 05 57 | 22 35 | 21 07 | 14 35 | 04 56 | 22 32 | 22 55 | 15 29 | 00 40 | 20 10 | 06 04 |
| 22 | 11 42 | 00 58 | 11 41 | 20 03 | 06 01 | 22 36 | 21 08 | 14 35 | 04 56 | 22 32 | 23 02 | 15 17 | 00 46 | 20 05 | 06 03 |
| 23 | 11 21 | -05 01 | 10 56 | 20 01 | 06 06 | 22 37 | 21 08 | 14 35 | 04 57 | 22 32 | 23 08 | 15 05 | 00 53 | 20 00 | 06 02 |
| 24 | 11 01 | 10 39 | 10 11 | 19 59 | 06 11 | 22 37 | 21 09 | 14 35 | 04 58 | 22 32 | 23 14 | 14 53 | 00 59 | 19 55 | 06 01 |
| 25 | 10 40 | 15 37 | 09 25 | 19 56 | 06 15 | 22 38 | 21 10 | 14 35 | 04 58 | 22 33 | 23 21 | 14 41 | 01 06 | 19 50 | 06 01 |
| 26 | 10 19 | 19 39 | 08 39 | 19 53 | 06 19 | 22 38 | 21 10 | 14 34 | 04 59 | 22 33 | 23 27 | 14 29 | 01 13 | 19 45 | 06 00 |
| 27 | 09 58 | 22 29 | 07 53 | 19 49 | 06 22 | 22 39 | 21 11 | 14 34 | 05 00 | 22 33 | 23 33 | 14 17 | 01 19 | 19 40 | 05 59 |
| 28 | 09 37 | 23 59 | 07 07 | 19 44 | 06 26 | 22 39 | 21 12 | 14 34 | 05 00 | 22 33 | 23 38 | 14 05 | 01 26 | 19 34 | 05 58 |
| 29 | 09 16 | 24 06 | 06 20 | 19 40 | 06 29 | 22 40 | 21 12 | 14 34 | 05 01 | 22 34 | 23 44 | 13 53 | 01 32 | 19 29 | 05 57 |
| 30 | 08 55 | 22 54 | 05 34 | 19 34 | 06 32 | 22 40 | 21 13 | 14 34 | 05 01 | 22 34 | 23 50 | 13 41 | 01 39 | 19 24 | 05 57 |
| 31 | 08 33 | 20 32 | 04 47 | 19 29 | 06 35 | 22 40 | 21 13 | 14 33 | 05 02 | 22 34 | 23 55 | 13 28 | 01 45 | 19 19 | 05 56 |

Lunar Phases -- 3 ○ 15:60 11 ◑ 16:46 19 ● 02:43 25 ◐ 17:59 Sun enters ♍ 8/22 15:47

## 0:00 E.T. Longitudes of Main Planets - September 2020 Sep. 20

| D | S.T. | ☉ | ☽ | ☽ 12:00 | ☿ | ♀ | ♂ | ♃ | ♄ | ♅ | ♆ | ♇ | ☊ |
|---|---|---|---|---|---|---|---|---|---|---|---|---|---|
| 1 | 22:42:29 | 09♍01 12 | 25♒01 | 01♓15 | 21♍59 | 24♋18 | 27♈34 | 17♑38℞ | 25♑58℞ | 10♉35℞ | 19♓51℞ | 22♑45℞ | 25♊19 |
| 2 | 22:46:25 | 09 59 15 | 07♓26 | 13 35 | 23 41 | 25 22 | 27 41 | 17 36 | 25 56 | 10 34 | 19 49 | 22 44 | 25 16 |
| 3 | 22:50:22 | 10 57 19 | 19 42 | 25 47 | 25 22 | 26 26 | 27 48 | 17 34 | 25 53 | 10 33 | 19 47 | 22 43 | 25 13 |
| 4 | 22:54:18 | 11 55 25 | 01♈49 | 07♈49 | 27 01 | 27 30 | 27 53 | 17 32 | 25 51 | 10 32 | 19 46 | 22 42 | 25 10 |
| 5 | 22:58:15 | 12 53 33 | 13 48 | 19 45 | 28 40 | 28 35 | 27 58 | 17 31 | 25 49 | 10 31 | 19 44 | 22 41 | 25 07 |
| 6 | 23:02:11 | 13 51 43 | 25 41 | 01♉36 | 00♎17 | 29 40 | 28 02 | 17 29 | 25 46 | 10 30 | 19 42 | 22 41 | 25 03 |
| 7 | 23:06:08 | 14 49 55 | 07♉31 | 13 26 | 01 53 | 00♌45 | 28 05 | 17 28 | 25 44 | 10 29 | 19 41 | 22 40 | 25 00 |
| 8 | 23:10:05 | 15 48 08 | 19 21 | 25 17 | 03 28 | 01 51 | 28 07 | 17 27 | 25 42 | 10 28 | 19 39 | 22 39 | 24 57 |
| 9 | 23:14:01 | 16 46 24 | 01♊15 | 07♊16 | 05 02 | 02 56 | 28 08 | 17 26 | 25 40 | 10 27 | 19 38 | 22 38 | 24 54 |
| 10 | 23:17:58 | 17 44 42 | 13 19 | 19 26 | 06 34 | 04 02 | 28 09℞ | 17 25 | 25 38 | 10 26 | 19 36 | 22 38 | 24 51 |
| 11 | 23:21:54 | 18 43 02 | 25 37 | 01♋54 | 08 06 | 05 08 | 28 08 | 17 25 | 25 36 | 10 25 | 19 34 | 22 37 | 24 48 |
| 12 | 23:25:51 | 19 41 24 | 08♋15 | 14 43 | 09 36 | 06 15 | 28 07 | 17 25 | 25 35 | 10 23 | 19 33 | 22 36 | 24 44 |
| 13 | 23:29:47 | 20 39 48 | 21 18 | 28 00 | 11 05 | 07 21 | 28 04 | 17 24 | 25 33 | 10 22 | 19 31 | 22 36 | 24 41 |
| 14 | 23:33:44 | 21 38 14 | 04♌49 | 11♌45 | 12 33 | 08 28 | 28 01 | 17 24D | 25 32 | 10 21 | 19 29 | 22 35 | 24 38 |
| 15 | 23:37:40 | 22 36 42 | 18 48 | 25 59 | 13 59 | 09 35 | 27 57 | 17 25 | 25 30 | 10 19 | 19 28 | 22 35 | 24 35 |
| 16 | 23:41:37 | 23 35 12 | 03♍16 | 10♍39 | 15 25 | 10 42 | 27 52 | 17 25 | 25 29 | 10 18 | 19 26 | 22 34 | 24 32 |
| 17 | 23:45:34 | 24 33 45 | 18 06 | 25 37 | 16 49 | 11 49 | 27 46 | 17 26 | 25 28 | 10 16 | 19 24 | 22 33 | 24 28 |
| 18 | 23:49:30 | 25 32 19 | 03♎11 | 10♎46 | 18 13 | 12 57 | 27 40 | 17 27 | 25 26 | 10 15 | 19 23 | 22 33 | 24 25 |
| 19 | 23:53:27 | 26 30 55 | 18 20 | 25 53 | 19 34 | 14 05 | 27 32 | 17 28 | 25 25 | 10 13 | 19 21 | 22 33 | 24 22 |
| 20 | 23:57:23 | 27 29 32 | 03♏23 | 10♏50 | 20 55 | 15 13 | 27 24 | 17 29 | 25 24 | 10 12 | 19 19 | 22 32 | 24 19 |
| 21 | 0:01:20 | 28 28 12 | 18 12 | 25 28 | 22 14 | 16 21 | 27 15 | 17 31 | 25 24 | 10 10 | 19 18 | 22 32 | 24 16 |
| 22 | 0:05:16 | 29 26 53 | 02♐39 | 09♐44 | 23 32 | 17 29 | 27 05 | 17 32 | 25 23 | 10 08 | 19 16 | 22 31 | 24 13 |
| 23 | 0:09:13 | 00♎25 36 | 16 43 | 23 37 | 24 48 | 18 37 | 26 54 | 17 34 | 25 22 | 10 07 | 19 14 | 22 31 | 24 09 |
| 24 | 0:13:09 | 01 24 21 | 00♑24 | 07♑06 | 26 03 | 19 46 | 26 42 | 17 36 | 25 22 | 10 05 | 19 13 | 22 31 | 24 06 |
| 25 | 0:17:06 | 02 23 07 | 13 43 | 20 15 | 27 17 | 20 54 | 26 30 | 17 38 | 25 21 | 10 03 | 19 11 | 22 30 | 24 03 |
| 26 | 0:21:03 | 03 21 55 | 26 43 | 03♒07 | 28 28 | 22 03 | 26 17 | 17 41 | 25 21 | 10 01 | 19 10 | 22 30 | 24 00 |
| 27 | 0:24:59 | 04 20 45 | 09♒27 | 15 44 | 29 38 | 23 12 | 26 04 | 17 43 | 25 20 | 09 59 | 19 08 | 22 30 | 23 57 |
| 28 | 0:28:56 | 05 19 37 | 21 58 | 28 10 | 00♏46 | 24 21 | 25 49 | 17 46 | 25 20 | 09 58 | 19 07 | 22 30 | 23 54 |
| 29 | 0:32:52 | 06 18 30 | 04♓19 | 10♓26 | 01 52 | 25 31 | 25 34 | 17 49 | 25 20 | 09 56 | 19 05 | 22 30 | 23 50 |
| 30 | 0:36:49 | 07 17 25 | 16 31 | 22 34 | 02 55 | 26 40 | 25 19 | 17 52 | 25 20D | 09 54 | 19 03 | 22 29 | 23 47 |

## 0:00 E.T. Longitudes of the Major Asteroids and Chiron

| D | ⚳ | ⚴ | ⚵ | ⚶ | ⚷ | D | ⚳ | ⚴ | ⚵ | ⚶ | ⚷ |
|---|---|---|---|---|---|---|---|---|---|---|---|
| 1 | 04♓52℞ | 12♑17℞ | 23♎55 | 08♌54 | 08♈23℞ | 16 | 01 47 | 12 30 | 28 34 | 15 18 | 07 47 |
| 2 | 04 39 | 12 15 | 24 13 | 09 20 | 08 21 | 17 | 01 36 | 12 34 | 28 53 | 15 43 | 07 44 |
| 3 | 04 26 | 12 14 | 24 31 | 09 46 | 08 19 | 18 | 01 25 | 12 37 | 29 12 | 16 08 | 07 41 |
| 4 | 04 13 | 12 13 | 24 49 | 10 12 | 08 16 | 19 | 01 15 | 12 42 | 29 32 | 16 34 | 07 39 |
| 5 | 04 00 | 12 13 | 25 08 | 10 37 | 08 14 | 20 | 01 05 | 12 46 | 29 51 | 16 59 | 07 36 |
| 6 | 03 47 | 12 12 | 25 26 | 11 03 | 08 12 | 21 | 00 55 | 12 51 | 00♏10 | 17 24 | 07 33 |
| 7 | 03 34 | 12 13D | 25 45 | 11 29 | 08 09 | 22 | 00 45 | 12 56 | 00 30 | 17 49 | 07 31 |
| 8 | 03 21 | 12 13 | 26 03 | 11 54 | 08 07 | 23 | 00 36 | 13 02 | 00 49 | 18 14 | 07 28 |
| 9 | 03 09 | 12 14 | 26 22 | 12 20 | 08 04 | 24 | 00 27 | 13 08 | 01 08 | 18 39 | 07 25 |
| 10 | 02 57 | 12 15 | 26 41 | 12 45 | 08 02 | 25 | 00 19 | 13 14 | 01 28 | 19 04 | 07 23 |
| 11 | 02 45 | 12 17 | 26 59 | 13 11 | 07 59 | 26 | 00 10 | 13 20 | 01 48 | 19 29 | 07 20 |
| 12 | 02 33 | 12 19 | 27 18 | 13 36 | 07 57 | 27 | 00 02 | 13 27 | 02 07 | 19 54 | 07 17 |
| 13 | 02 21 | 12 21 | 27 37 | 14 02 | 07 54 | 28 | 29♒55 | 13 34 | 02 27 | 20 18 | 07 15 |
| 14 | 02 09 | 12 24 | 27 56 | 14 27 | 07 52 | 29 | 29 47 | 13 41 | 02 47 | 20 43 | 07 12 |
| 15 | 01 58 | 12 27 | 28 15 | 14 53 | 07 49 | 30 | 29 40 | 13 49 | 03 06 | 21 08 | 07 09 |

## Lunar Data

| Last Asp. | | Ingress | | |
|---|---|---|---|---|
| 1 | 04:58 | 1 | ♓ | 09:36 |
| 3 | 14:35 | 3 | ♈ | 20:23 |
| 6 | 04:46 | 6 | ♉ | 08:45 |
| 8 | 12:48 | 8 | ♊ | 21:29 |
| 11 | 04:49 | 11 | ♋ | 08:24 |
| 13 | 12:06 | 13 | ♌ | 15:33 |
| 15 | 15:10 | 15 | ♍ | 18:38 |
| 17 | 11:43 | 17 | ♎ | 18:57 |
| 19 | 14:30 | 19 | ♏ | 18:34 |
| 21 | 18:14 | 21 | ♐ | 19:33 |
| 23 | 17:33 | 23 | ♑ | 23:18 |
| 26 | 03:37 | 26 | ♒ | 06:09 |
| 28 | 07:19 | 28 | ♓ | 15:35 |

## 0:00 E.T. Declinations

| D | ☉ | ☽ | ☿ | ♀ | ♂ | ♃ | ♄ | ♅ | ♆ | ♇ | ⚳ | ⚴ | ⚵ | ⚶ | ⚷ |
|---|---|---|---|---|---|---|---|---|---|---|---|---|---|---|---|
| 1 | +08 11 | -17 13 | +04 01 | +19 22 | +06 38 | -22 41 | -21 14 | +14 33 | -05 03 | -22 34 | -24 00 | +13 16 | -01 52 | +19 13 | +05 55 |
| 2 | 07 49 | 13 11 | 03 15 | 19 16 | 06 40 | 22 41 | 21 14 | 14 33 | 05 03 | 22 34 | 24 06 | 13 04 | 01 59 | 19 08 | 05 54 |
| 3 | 07 27 | 08 39 | 02 29 | 19 08 | 06 43 | 22 41 | 21 15 | 14 33 | 05 04 | 22 35 | 24 11 | 12 52 | 02 05 | 19 02 | 05 53 |
| 4 | 07 05 | 03 51 | 01 43 | 19 01 | 06 44 | 22 42 | 21 15 | 14 32 | 05 05 | 22 35 | 24 15 | 12 40 | 02 12 | 18 57 | 05 52 |
| 5 | 06 43 | +01 03 | 00 57 | 18 52 | 06 46 | 22 42 | 21 16 | 14 32 | 05 05 | 22 35 | 24 20 | 12 28 | 02 18 | 18 51 | 05 51 |
| 6 | 06 21 | 05 53 | 00 12 | 18 44 | 06 48 | 22 42 | 21 16 | 14 32 | 05 06 | 22 35 | 24 24 | 12 16 | 02 25 | 18 46 | 05 50 |
| 7 | 05 58 | 10 29 | -00 33 | 18 34 | 06 49 | 22 43 | 21 17 | 14 31 | 05 07 | 22 35 | 24 29 | 12 04 | 02 32 | 18 40 | 05 49 |
| 8 | 05 36 | 14 43 | 01 17 | 18 25 | 06 50 | 22 43 | 21 17 | 14 31 | 05 07 | 22 36 | 24 33 | 11 51 | 02 38 | 18 34 | 05 48 |
| 9 | 05 13 | 18 24 | 02 01 | 18 14 | 06 51 | 22 43 | 21 18 | 14 31 | 05 08 | 22 36 | 24 37 | 11 39 | 02 45 | 18 28 | 05 47 |
| 10 | 04 51 | 21 22 | 02 45 | 18 04 | 06 51 | 22 43 | 21 18 | 14 30 | 05 09 | 22 36 | 24 40 | 11 27 | 02 51 | 18 23 | 05 46 |
| 11 | 04 28 | 23 24 | 03 28 | 17 52 | 06 52 | 22 43 | 21 19 | 14 30 | 05 09 | 22 36 | 24 44 | 11 16 | 02 58 | 18 17 | 05 45 |
| 12 | 04 05 | 24 19 | 04 11 | 17 41 | 06 52 | 22 43 | 21 19 | 14 29 | 05 10 | 22 36 | 24 47 | 11 04 | 03 04 | 18 11 | 05 44 |
| 13 | 03 42 | 23 57 | 04 53 | 17 28 | 06 51 | 22 43 | 21 19 | 14 29 | 05 11 | 22 36 | 24 51 | 10 52 | 03 11 | 18 05 | 05 43 |
| 14 | 03 19 | 22 11 | 05 35 | 17 16 | 06 51 | 22 43 | 21 20 | 14 29 | 05 11 | 22 37 | 24 53 | 10 40 | 03 18 | 17 59 | 05 42 |
| 15 | 02 56 | 19 02 | 06 16 | 17 02 | 06 50 | 22 43 | 21 20 | 14 28 | 05 12 | 22 37 | 24 56 | 10 28 | 03 24 | 17 53 | 05 41 |
| 16 | 02 33 | 14 39 | 06 56 | 16 49 | 06 50 | 22 43 | 21 20 | 14 28 | 05 13 | 22 37 | 24 59 | 10 16 | 03 31 | 17 47 | 05 40 |
| 17 | 02 10 | 09 17 | 07 36 | 16 34 | 06 48 | 22 43 | 21 21 | 14 27 | 05 13 | 22 37 | 25 01 | 10 05 | 03 37 | 17 41 | 05 39 |
| 18 | 01 46 | 03 16 | 08 15 | 16 20 | 06 47 | 22 43 | 21 21 | 14 27 | 05 14 | 22 37 | 25 03 | 09 53 | 03 44 | 17 35 | 05 38 |
| 19 | 01 23 | -02 57 | 08 54 | 16 05 | 06 46 | 22 43 | 21 21 | 14 26 | 05 15 | 22 37 | 25 05 | 09 42 | 03 50 | 17 29 | 05 37 |
| 20 | 01 00 | 08 59 | 09 32 | 15 49 | 06 44 | 22 43 | 21 21 | 14 26 | 05 15 | 22 38 | 25 07 | 09 30 | 03 57 | 17 23 | 05 36 |
| 21 | 00 37 | 14 25 | 10 08 | 15 33 | 06 42 | 22 43 | 21 21 | 14 25 | 05 16 | 22 38 | 25 09 | 09 19 | 04 03 | 17 17 | 05 35 |
| 22 | 00 13 | 18 54 | 10 45 | 15 16 | 06 40 | 22 43 | 21 22 | 14 25 | 05 16 | 22 38 | 25 10 | 09 07 | 04 09 | 17 11 | 05 34 |
| 23 | -00 10 | 22 09 | 11 20 | 14 59 | 06 38 | 22 42 | 21 22 | 14 24 | 05 17 | 22 38 | 25 11 | 08 56 | 04 16 | 17 05 | 05 33 |
| 24 | 00 34 | 24 01 | 11 54 | 14 42 | 06 35 | 22 42 | 21 22 | 14 23 | 05 18 | 22 38 | 25 12 | 08 45 | 04 22 | 16 58 | 05 31 |
| 25 | 00 57 | 24 26 | 12 28 | 14 24 | 06 33 | 22 42 | 21 22 | 14 23 | 05 18 | 22 38 | 25 13 | 08 34 | 04 29 | 16 52 | 05 30 |
| 26 | 01 20 | 23 30 | 13 00 | 14 06 | 06 30 | 22 42 | 21 22 | 14 22 | 05 19 | 22 38 | 25 13 | 08 23 | 04 35 | 16 46 | 05 29 |
| 27 | 01 44 | 21 21 | 13 32 | 13 47 | 06 27 | 22 41 | 21 22 | 14 22 | 05 20 | 22 38 | 25 14 | 08 12 | 04 41 | 16 40 | 05 28 |
| 28 | 02 07 | 18 13 | 14 02 | 13 28 | 06 24 | 22 41 | 21 22 | 14 21 | 05 20 | 22 38 | 25 14 | 08 01 | 04 48 | 16 34 | 05 27 |
| 29 | 02 30 | 14 20 | 14 32 | 13 09 | 06 21 | 22 41 | 21 23 | 14 21 | 05 21 | 22 38 | 25 14 | 07 51 | 04 54 | 16 27 | 05 26 |
| 30 | 02 54 | 09 54 | 15 00 | 12 49 | 06 18 | 22 40 | 21 23 | 14 20 | 05 21 | 22 39 | 25 13 | 07 40 | 05 00 | 16 21 | 05 25 |

Lunar Phases -- 2 ○ 05:23 10 ◑ 09:27 17 ● 11:01 24 ◐ 01:56 Sun enters ♎ 9/22 13:32

# Oct. 20 — Longitudes of Main Planets - October 2020 — 0:00 E.T.

| D | S.T. | ☉ | ☽ | ☽ 12:00 | ☿ | ♀ | ♂ | ♃ | ♄ | ♅ | ♆ | ♇ | ☊ |
|---|---|---|---|---|---|---|---|---|---|---|---|---|---|
| 1 | 0:40:45 | 08♎16 22 | 28♓36 | 04♈36 | 03♏57 | 27♌50 | 25♈03℞ | 17♑55 | 25♑20 | 09♉52℞ | 19♓02℞ | 22♑29℞ | 23♊44 |
| 2 | 0:44:42 | 09 15 21 | 10♈35 | 16 32 | 04 56 | 28 59 | 24 46 | 17 59 | 25 21 | 09 50 | 19 00 | 22 29 | 23 41 |
| 3 | 0:48:38 | 10 14 22 | 22 29 | 28 24 | 05 52 | 00♍09 | 24 29 | 18 03 | 25 21 | 09 48 | 18 59 | 22 29 | 23 38 |
| 4 | 0:52:35 | 11 13 25 | 04♉20 | 10♉14 | 06 45 | 01 19 | 24 12 | 18 07 | 25 21 | 09 46 | 18 57 | 22 29 | 23 34 |
| 5 | 0:56:32 | 12 12 31 | 16 09 | 22 04 | 07 35 | 02 29 | 23 54 | 18 11 | 25 22 | 09 44 | 18 56 | 22 29D | 23 31 |
| 6 | 1:00:28 | 13 11 38 | 27 59 | 03♊56 | 08 21 | 03 40 | 23 36 | 18 15 | 25 23 | 09 41 | 18 54 | 22 29 | 23 28 |
| 7 | 1:04:25 | 14 10 48 | 09♊54 | 15 55 | 09 04 | 04 50 | 23 18 | 18 19 | 25 23 | 09 39 | 18 53 | 22 29 | 23 25 |
| 8 | 1:08:21 | 15 10 00 | 21 58 | 28 04 | 09 42 | 06 01 | 22 59 | 18 24 | 25 24 | 09 37 | 18 51 | 22 29 | 23 22 |
| 9 | 1:12:18 | 16 09 15 | 04♋14 | 10♋29 | 10 16 | 07 11 | 22 40 | 18 29 | 25 25 | 09 35 | 18 50 | 22 29 | 23 19 |
| 10 | 1:16:14 | 17 08 31 | 16 49 | 23 14 | 10 45 | 08 22 | 22 21 | 18 33 | 25 26 | 09 33 | 18 49 | 22 30 | 23 15 |
| 11 | 1:20:11 | 18 07 50 | 29 46 | 06♌25 | 11 08 | 09 33 | 22 02 | 18 39 | 25 27 | 09 31 | 18 47 | 22 30 | 23 12 |
| 12 | 1:24:07 | 19 07 12 | 13♌10 | 20 01 | 11 25 | 10 44 | 21 43 | 18 44 | 25 28 | 09 28 | 18 46 | 22 30 | 23 09 |
| 13 | 1:28:04 | 20 06 35 | 27 04 | 04♍13 | 11 36 | 11 55 | 21 23 | 18 49 | 25 30 | 09 26 | 18 44 | 22 30 | 23 06 |
| 14 | 1:32:01 | 21 06 01 | 11♍28 | 18 50 | 11 40 | 13 07 | 21 04 | 18 55 | 25 31 | 09 24 | 18 43 | 22 30 | 23 03 |
| 15 | 1:35:57 | 22 05 29 | 26 17 | 03♎50 | 11 37℞ | 14 18 | 20 45 | 19 01 | 25 33 | 09 21 | 18 42 | 22 31 | 22 59 |
| 16 | 1:39:54 | 23 04 59 | 11♎26 | 19 05 | 11 25 | 15 29 | 20 26 | 19 07 | 25 34 | 09 19 | 18 40 | 22 31 | 22 56 |
| 17 | 1:43:50 | 24 04 32 | 26 44 | 04♏23 | 11 06 | 16 41 | 20 08 | 19 13 | 25 36 | 09 17 | 18 39 | 22 31 | 22 53 |
| 18 | 1:47:47 | 25 04 06 | 12♏00 | 19 34 | 10 38 | 17 53 | 19 49 | 19 19 | 25 38 | 09 14 | 18 38 | 22 32 | 22 50 |
| 19 | 1:51:43 | 26 03 42 | 27 04 | 04♐28 | 10 01 | 19 05 | 19 31 | 19 25 | 25 40 | 09 12 | 18 37 | 22 32 | 22 47 |
| 20 | 1:55:40 | 27 03 21 | 11♐47 | 18 59 | 09 15 | 20 16 | 19 13 | 19 32 | 25 42 | 09 10 | 18 35 | 22 33 | 22 44 |
| 21 | 1:59:36 | 28 03 01 | 26 04 | 03♑02 | 08 22 | 21 28 | 18 56 | 19 39 | 25 44 | 09 07 | 18 34 | 22 33 | 22 40 |
| 22 | 2:03:33 | 29 02 43 | 09♑54 | 16 39 | 07 21 | 22 41 | 18 39 | 19 45 | 25 46 | 09 05 | 18 33 | 22 34 | 22 37 |
| 23 | 2:07:30 | 00♏02 26 | 23 17 | 29 50 | 06 14 | 23 53 | 18 23 | 19 53 | 25 48 | 09 02 | 18 32 | 22 34 | 22 34 |
| 24 | 2:11:26 | 01 02 11 | 06♒18 | 12♒40 | 05 01 | 25 05 | 18 07 | 20 00 | 25 51 | 09 00 | 18 31 | 22 35 | 22 31 |
| 25 | 2:15:23 | 02 01 58 | 18 58 | 25 12 | 03 46 | 26 17 | 17 51 | 20 07 | 25 53 | 08 57 | 18 30 | 22 35 | 22 28 |
| 26 | 2:19:19 | 03 01 47 | 01♓22 | 07♓30 | 02 30 | 27 30 | 17 37 | 20 15 | 25 56 | 08 55 | 18 29 | 22 36 | 22 25 |
| 27 | 2:23:16 | 04 01 37 | 13 34 | 19 37 | 01 15 | 28 42 | 17 23 | 20 22 | 25 58 | 08 53 | 18 28 | 22 37 | 22 21 |
| 28 | 2:27:12 | 05 01 29 | 25 38 | 01♈37 | 00 00 | 29 55 | 17 09 | 20 30 | 26 01 | 08 50 | 18 27 | 22 37 | 22 18 |
| 29 | 2:31:09 | 06 01 22 | 07♈35 | 13 32 | 28♎59 | 01♎08 | 16 56 | 20 38 | 26 04 | 08 48 | 18 26 | 22 38 | 22 15 |
| 30 | 2:35:05 | 07 01 18 | 19 28 | 25 23 | 28 02 | 02 20 | 16 44 | 20 46 | 26 07 | 08 45 | 18 25 | 22 39 | 22 12 |
| 31 | 2:39:02 | 08 01 15 | 01♉19 | 07♉14 | 27 14 | 03 33 | 16 33 | 20 54 | 26 10 | 08 43 | 18 24 | 22 39 | 22 09 |

## 0:00 E.T. — Longitudes of the Major Asteroids and Chiron — Lunar Data

| D | ⚳ | ⚴ | ⚵ | ⚶ | ⚷ | D | ⚳ | ⚴ | ⚵ | ⚶ | ⚷ | Last Asp. | Ingress |
|---|---|---|---|---|---|---|---|---|---|---|---|---|---|
| 1 | 29♒34℞ | 13♑57 | 03♏26 | 21♌32 | 07♈06℞ | 17 | 28 37 | 16 35 | 08 47 | 27 57 | 06 24 | 30 17:31 | 1 ♈ 02:48 |
| 2 | 29 28 | 14 05 | 03 46 | 21 57 | 07 04 | 18 | 28 36 | 16 46 | 09 07 | 28 20 | 06 21 | 3 05:49 | 3 ♉ 15:14 |
| 3 | 29 22 | 14 13 | 04 06 | 22 21 | 07 01 | 19 | 28 36D | 16 58 | 09 28 | 28 43 | 06 19 | 5 18:42 | 6 ♊ 04:04 |
| 4 | 29 16 | 14 21 | 04 26 | 22 46 | 06 58 | 20 | 28 36 | 17 10 | 09 48 | 29 07 | 06 16 | 8 01:58 | 8 ♋ 15:47 |
| 5 | 29 11 | 14 30 | 04 46 | 23 10 | 06 56 | 21 | 28 38 | 17 23 | 10 08 | 29 30 | 06 14 | 10 16:05 | 11 ♌ 00:25 |
| 6 | 29 06 | 14 39 | 05 06 | 23 34 | 06 53 | 22 | 28 38 | 17 35 | 10 29 | 29 53 | 06 12 | 12 14:30 | 13 ♍ 04:57 |
| 7 | 29 01 | 14 49 | 05 26 | 23 58 | 06 50 | 23 | 28 40 | 17 48 | 10 49 | 00♍16 | 06 09 | 14 22:48 | 15 ♎ 05:55 |
| 8 | 28 57 | 14 58 | 05 46 | 24 23 | 06 48 | 24 | 28 41 | 18 01 | 11 10 | 00 38 | 06 07 | 16 22:13 | 17 ♏ 05:07 |
| 9 | 28 54 | 15 08 | 06 06 | 24 47 | 06 45 | 25 | 28 43 | 18 14 | 11 30 | 01 01 | 06 04 | 18 21:44 | 19 ♐ 04:44 |
| 10 | 28 50 | 15 18 | 06 26 | 25 11 | 06 42 | 26 | 28 45 | 18 28 | 11 50 | 01 24 | 06 02 | 21 03:39 | 21 ♑ 06:45 |
| 11 | 28 47 | 15 28 | 06 46 | 25 35 | 06 40 | 27 | 28 49 | 18 41 | 12 11 | 01 46 | 06 00 | 23 04:36 | 23 ♒ 12:18 |
| 12 | 28 44 | 15 39 | 07 06 | 25 59 | 06 37 | 28 | 28 52 | 18 55 | 12 31 | 02 09 | 05 57 | 24 21:55 | 25 ♓ 21:20 |
| 13 | 28 42 | 15 50 | 07 26 | 26 22 | 06 34 | 29 | 28 55 | 19 09 | 12 52 | 02 31 | 05 55 | 28 00:47 | 28 ♈ 08:46 |
| 14 | 28 40 | 16 00 | 07 46 | 26 46 | 06 32 | 30 | 28 59 | 19 22 | 13 12 | 02 53 | 05 53 | 30 16:14 | 30 ♉ 21:20 |
| 15 | 28 39 | 16 12 | 08 07 | 27 10 | 06 29 | 31 | 29 03 | 19 37 | 13 33 | 03 15 | 05 51 | | |
| 16 | 28 37 | 16 23 | 08 27 | 27 33 | 06 27 | | | | | | | | |

## 0:00 E.T. — Declinations

| D | ☉ | ☽ | ☿ | ♀ | ♂ | ♃ | ♄ | ♅ | ♆ | ♇ | ⚳ | ⚴ | ⚵ | ⚶ | ⚷ |
|---|---|---|---|---|---|---|---|---|---|---|---|---|---|---|---|
| 1 | -03 17 | -05 08 | -15 27 | +12 28 | +06 14 | -22 40 | -21 23 | +14 19 | -05 22 | -22 39 | -25 13 | +07 29 | -05 07 | +16 15 | +05 24 |
| 2 | 03 40 | 00 12 | 15 52 | 12 08 | 06 11 | 22 39 | 21 23 | 14 19 | 05 23 | 22 39 | 25 12 | 07 19 | 05 13 | 16 08 | 05 22 |
| 3 | 04 03 | +04 42 | 16 16 | 11 46 | 06 07 | 22 39 | 21 23 | 14 18 | 05 23 | 22 39 | 25 11 | 07 09 | 05 19 | 16 02 | 05 21 |
| 4 | 04 26 | 09 25 | 16 39 | 11 25 | 06 04 | 22 39 | 21 23 | 14 17 | 05 24 | 22 39 | 25 10 | 06 58 | 05 25 | 15 56 | 05 20 |
| 5 | 04 50 | 13 48 | 17 00 | 11 03 | 06 00 | 22 38 | 21 23 | 14 17 | 05 24 | 22 39 | 25 09 | 06 48 | 05 31 | 15 49 | 05 19 |
| 6 | 05 13 | 17 41 | 17 19 | 10 41 | 05 56 | 22 37 | 21 22 | 14 16 | 05 25 | 22 39 | 25 08 | 06 38 | 05 38 | 15 43 | 05 17 |
| 7 | 05 35 | 20 52 | 17 36 | 10 19 | 05 53 | 22 37 | 21 22 | 14 15 | 05 26 | 22 39 | 25 06 | 06 28 | 05 44 | 15 37 | 05 17 |
| 8 | 05 58 | 23 10 | 17 51 | 09 56 | 05 49 | 22 36 | 21 22 | 14 15 | 05 26 | 22 39 | 25 04 | 06 18 | 05 50 | 15 30 | 05 16 |
| 9 | 06 21 | 24 26 | 18 04 | 09 33 | 05 45 | 22 36 | 21 22 | 14 14 | 05 27 | 22 39 | 25 02 | 06 09 | 05 56 | 15 24 | 05 14 |
| 10 | 06 44 | 24 29 | 18 15 | 09 09 | 05 41 | 22 35 | 21 21 | 14 13 | 05 27 | 22 39 | 25 00 | 05 59 | 06 02 | 15 18 | 05 13 |
| 11 | 07 07 | 23 14 | 18 23 | 08 45 | 05 38 | 22 34 | 21 22 | 14 13 | 05 28 | 22 39 | 24 58 | 05 50 | 06 08 | 15 11 | 05 12 |
| 12 | 07 29 | 20 39 | 18 28 | 08 21 | 05 34 | 22 34 | 21 22 | 14 12 | 05 28 | 22 39 | 24 56 | 05 40 | 06 14 | 15 05 | 05 11 |
| 13 | 07 52 | 16 48 | 18 31 | 07 57 | 05 30 | 22 33 | 21 21 | 14 11 | 05 29 | 22 39 | 24 53 | 05 31 | 06 20 | 14 59 | 05 09 |
| 14 | 08 14 | 11 52 | 18 30 | 07 32 | 05 27 | 22 32 | 21 21 | 14 10 | 05 29 | 22 39 | 24 50 | 05 22 | 06 26 | 14 52 | 05 08 |
| 15 | 08 36 | 06 07 | 18 25 | 07 07 | 05 23 | 22 31 | 21 20 | 14 10 | 05 30 | 22 39 | 24 47 | 05 13 | 06 32 | 14 46 | 05 08 |
| 16 | 08 58 | -00 07 | 18 17 | 06 42 | 05 20 | 22 31 | 21 21 | 14 09 | 05 30 | 22 39 | 24 44 | 05 04 | 06 37 | 14 40 | 05 06 |
| 17 | 09 20 | 06 26 | 18 04 | 06 17 | 05 17 | 22 30 | 21 20 | 14 08 | 05 31 | 22 39 | 24 41 | 04 55 | 06 43 | 14 34 | 05 05 |
| 18 | 09 42 | 12 21 | 17 48 | 05 51 | 05 13 | 22 29 | 21 20 | 14 07 | 05 31 | 22 39 | 24 38 | 04 46 | 06 49 | 14 27 | 05 03 |
| 19 | 10 04 | 17 27 | 17 27 | 05 25 | 05 10 | 22 28 | 21 20 | 14 07 | 05 32 | 22 39 | 24 34 | 04 37 | 06 55 | 14 21 | 05 03 |
| 20 | 10 25 | 21 21 | 17 01 | 04 59 | 05 08 | 22 27 | 21 20 | 14 06 | 05 32 | 22 39 | 24 30 | 04 29 | 07 00 | 14 15 | 05 02 |
| 21 | 10 47 | 23 48 | 16 31 | 04 33 | 05 05 | 22 26 | 21 19 | 14 05 | 05 33 | 22 39 | 24 26 | 04 21 | 07 06 | 14 09 | 05 01 |
| 22 | 11 08 | 24 42 | 15 56 | 04 07 | 05 02 | 22 25 | 21 19 | 14 04 | 05 33 | 22 39 | 24 22 | 04 12 | 07 12 | 14 02 | 05 00 |
| 23 | 11 29 | 24 07 | 15 18 | 03 40 | 05 00 | 22 24 | 21 19 | 14 04 | 05 34 | 22 39 | 24 18 | 04 04 | 07 17 | 13 56 | 04 59 |
| 24 | 11 50 | 22 13 | 14 37 | 03 13 | 04 58 | 22 23 | 21 18 | 14 03 | 05 34 | 22 39 | 24 14 | 03 56 | 07 23 | 13 50 | 04 58 |
| 25 | 12 11 | 19 15 | 13 53 | 02 46 | 04 56 | 22 22 | 21 18 | 14 02 | 05 34 | 22 39 | 24 10 | 03 48 | 07 28 | 13 44 | 04 57 |
| 26 | 12 31 | 15 08 | 13 08 | 02 19 | 04 54 | 22 21 | 21 17 | 14 01 | 05 35 | 22 39 | 24 05 | 03 40 | 07 34 | 13 38 | 04 56 |
| 27 | 12 52 | 11 09 | 12 23 | 01 52 | 04 53 | 22 20 | 21 17 | 14 01 | 05 35 | 22 39 | 24 01 | 03 33 | 07 39 | 13 32 | 04 55 |
| 28 | 13 12 | 06 26 | 11 38 | 01 25 | 04 52 | 22 19 | 21 16 | 14 00 | 05 36 | 22 39 | 23 56 | 03 25 | 07 44 | 13 26 | 04 53 |
| 29 | 13 32 | 01 36 | 10 57 | 00 57 | 04 50 | 22 18 | 21 16 | 13 59 | 05 36 | 22 39 | 23 51 | 03 18 | 07 50 | 13 20 | 04 52 |
| 30 | 13 51 | +03 27 | 10 18 | 00 27 | 04 50 | 22 17 | 21 16 | 13 58 | 05 36 | 22 39 | 23 46 | 03 11 | 07 55 | 13 14 | 04 51 |
| 31 | 14 11 | 08 16 | 09 44 | 00 02 | 04 50 | 22 16 | 21 15 | 13 57 | 05 37 | 22 39 | 23 41 | 03 03 | 08 00 | 13 08 | 04 50 |

Lunar Phases -- 1 ○ 21:06  10 ◐ 00:41  16 ● 19:32  23 ◑ 13:24  31 ○ 14:50    Sun enters ♏ 10/22 23:01

## 0:00 E.T. Longitudes of Main Planets - November 2020

| D | S.T. | ☉ | ☽ | ☽ 12:00 | ☿ | ♀ | ♂ | ♃ | ♄ | ♅ | ♆ | ♇ | ☊ |
|---|---|---|---|---|---|---|---|---|---|---|---|---|---|
| 1 | 2:42:59 | 09♏01 14 | 13♉10 | 19♉06 | 26♎37℞ | 04♎46 | 16♈22℞ | 21♑03 | 26♑13 | 08♉40℞ | 18♓23℞ | 22♑40 | 22♊05 |
| 2 | 2:46:55 | 10 01 15 | 25 02 | 00♊59 | 26 11 | 05 59 | 16 12 | 21 11 | 26 16 | 08 38 | 18 22 | 22 41 | 22 02 |
| 3 | 2:50:52 | 11 01 18 | 06♊58 | 12 57 | 25 57 | 07 12 | 16 03 | 21 20 | 26 20 | 08 35 | 18 21 | 22 42 | 21 59 |
| 4 | 2:54:48 | 12 01 24 | 18 59 | 25 02 | 25 54D | 08 25 | 15 54 | 21 28 | 26 23 | 08 33 | 18 20 | 22 43 | 21 56 |
| 5 | 2:58:45 | 13 01 31 | 01♋08 | 07♋17 | 26 03 | 09 38 | 15 47 | 21 37 | 26 26 | 08 30 | 18 19 | 22 44 | 21 53 |
| 6 | 3:02:41 | 14 01 40 | 13 29 | 19 45 | 26 21 | 10 52 | 15 40 | 21 46 | 26 30 | 08 28 | 18 19 | 22 45 | 21 50 |
| 7 | 3:06:38 | 15 01 51 | 26 06 | 02♌31 | 26 50 | 12 05 | 15 34 | 21 55 | 26 34 | 08 25 | 18 18 | 22 46 | 21 46 |
| 8 | 3:10:34 | 16 02 04 | 09♌01 | 15 37 | 27 28 | 13 19 | 15 29 | 22 05 | 26 37 | 08 23 | 18 17 | 22 47 | 21 43 |
| 9 | 3:14:31 | 17 02 19 | 22 19 | 29 08 | 28 13 | 14 32 | 15 24 | 22 14 | 26 41 | 08 21 | 18 17 | 22 48 | 21 40 |
| 10 | 3:18:28 | 18 02 36 | 06♍03 | 13♍05 | 29 06 | 15 46 | 15 21 | 22 24 | 26 45 | 08 18 | 18 16 | 22 49 | 21 37 |
| 11 | 3:22:24 | 19 02 56 | 20 13 | 27 27 | 00♏05 | 16 59 | 15 18 | 22 33 | 26 49 | 08 16 | 18 15 | 22 50 | 21 34 |
| 12 | 3:26:21 | 20 03 17 | 04♎48 | 12♎13 | 01 10 | 18 13 | 15 16 | 22 43 | 26 53 | 08 13 | 18 15 | 22 51 | 21 31 |
| 13 | 3:30:17 | 21 03 40 | 19 43 | 27 16 | 02 19 | 19 27 | 15 14 | 22 53 | 26 57 | 08 11 | 18 14 | 22 52 | 21 27 |
| 14 | 3:34:14 | 22 04 05 | 04♏51 | 12♏27 | 03 33 | 20 41 | 15 14D | 23 03 | 27 01 | 08 08 | 18 14 | 22 53 | 21 24 |
| 15 | 3:38:10 | 23 04 32 | 20 03 | 27 37 | 04 50 | 21 54 | 15 14 | 23 13 | 27 06 | 08 06 | 18 13 | 22 54 | 21 21 |
| 16 | 3:42:07 | 24 05 00 | 05♐08 | 12♐35 | 06 10 | 23 08 | 15 16 | 23 23 | 27 10 | 08 04 | 18 13 | 22 55 | 21 18 |
| 17 | 3:46:03 | 25 05 30 | 19 58 | 27 14 | 07 32 | 24 22 | 15 18 | 23 33 | 27 15 | 08 01 | 18 12 | 22 57 | 21 15 |
| 18 | 3:50:00 | 26 06 02 | 04♑25 | 11♑29 | 08 57 | 25 36 | 15 20 | 23 44 | 27 19 | 07 59 | 18 12 | 22 58 | 21 11 |
| 19 | 3:53:57 | 27 06 35 | 18 26 | 25 16 | 10 23 | 26 50 | 15 24 | 23 54 | 27 24 | 07 57 | 18 11 | 22 59 | 21 08 |
| 20 | 3:57:53 | 28 07 09 | 01♒59 | 08♒36 | 11 51 | 28 04 | 15 28 | 24 05 | 27 28 | 07 54 | 18 11 | 23 00 | 21 05 |
| 21 | 4:01:50 | 29 07 44 | 15 07 | 21 31 | 13 20 | 29 19 | 15 33 | 24 16 | 27 33 | 07 52 | 18 11 | 23 02 | 21 02 |
| 22 | 4:05:46 | 00♐08 21 | 27 51 | 04♓06 | 14 50 | 00♏33 | 15 39 | 24 27 | 27 38 | 07 50 | 18 11 | 23 03 | 20 59 |
| 23 | 4:09:43 | 01 08 58 | 10♓16 | 16 23 | 16 21 | 01 47 | 15 46 | 24 38 | 27 43 | 07 48 | 18 10 | 23 04 | 20 56 |
| 24 | 4:13:39 | 02 09 37 | 22 26 | 28 27 | 17 52 | 03 01 | 15 53 | 24 49 | 27 48 | 07 46 | 18 10 | 23 06 | 20 52 |
| 25 | 4:17:36 | 03 10 17 | 04♈26 | 10♈23 | 19 24 | 04 16 | 16 01 | 25 00 | 27 53 | 07 43 | 18 10 | 23 07 | 20 49 |
| 26 | 4:21:32 | 04 10 58 | 16 19 | 22 14 | 20 57 | 05 30 | 16 10 | 25 11 | 27 58 | 07 41 | 18 10 | 23 09 | 20 46 |
| 27 | 4:25:29 | 05 11 40 | 28 09 | 04♉04 | 22 29 | 06 44 | 16 19 | 25 22 | 28 03 | 07 39 | 18 10 | 23 10 | 20 43 |
| 28 | 4:29:26 | 06 12 23 | 10♉00 | 15 56 | 24 02 | 07 59 | 16 29 | 25 34 | 28 08 | 07 37 | 18 10 | 23 11 | 20 40 |
| 29 | 4:33:22 | 07 13 08 | 21 53 | 27 52 | 25 36 | 09 13 | 16 40 | 25 45 | 28 14 | 07 35 | 18 10D | 23 13 | 20 37 |
| 30 | 4:37:19 | 08 13 54 | 03♊51 | 09♊53 | 27 09 | 10 28 | 16 51 | 25 57 | 28 19 | 07 33 | 18 10 | 23 14 | 20 33 |

## 0:00 E.T. Longitudes of the Major Asteroids and Chiron

| D | ⚳ | ⚴ | ⚵ | ⚶ | ⚷ |
|---|---|---|---|---|---|
| 1 | 29♒08 | 19♑51 | 13♏53 | 03♍37 | 05♈49℞ |
| 2 | 29 13 | 20 05 | 14 14 | 03 59 | 05 46 |
| 3 | 29 18 | 20 20 | 14 34 | 04 21 | 05 44 |
| 4 | 29 23 | 20 35 | 14 55 | 04 42 | 05 42 |
| 5 | 29 29 | 20 50 | 15 15 | 05 04 | 05 40 |
| 6 | 29 35 | 21 05 | 15 36 | 05 25 | 05 38 |
| 7 | 29 42 | 21 20 | 15 56 | 05 47 | 05 36 |
| 8 | 29 48 | 21 35 | 16 17 | 06 08 | 05 34 |
| 9 | 29 56 | 21 51 | 16 37 | 06 29 | 05 32 |
| 10 | 00♓03 | 22 06 | 16 58 | 06 50 | 05 31 |
| 11 | 00 11 | 22 22 | 17 18 | 07 10 | 05 29 |
| 12 | 00 19 | 22 38 | 17 39 | 07 31 | 05 27 |
| 13 | 00 27 | 22 54 | 17 59 | 07 51 | 05 25 |
| 14 | 00 35 | 23 10 | 18 20 | 08 11 | 05 24 |
| 15 | 00 44 | 23 26 | 18 40 | 08 32 | 05 22 |
| 16 | 00 53 | 23 43 | 19 01 | 08 51 | 05 21 |
| 17 | 01 03 | 23 59 | 19 21 | 09 11 | 05 19 |
| 18 | 01 13 | 24 16 | 19 42 | 09 31 | 05 18 |
| 19 | 01 23 | 24 33 | 20 02 | 09 50 | 05 16 |
| 20 | 01 33 | 24 49 | 20 23 | 10 10 | 05 15 |
| 21 | 01 43 | 25 06 | 20 43 | 10 29 | 05 13 |
| 22 | 01 54 | 25 23 | 21 04 | 10 48 | 05 12 |
| 23 | 02 05 | 25 41 | 21 24 | 11 06 | 05 11 |
| 24 | 02 16 | 25 58 | 21 44 | 11 25 | 05 10 |
| 25 | 02 28 | 26 15 | 22 05 | 11 43 | 05 08 |
| 26 | 02 40 | 26 33 | 22 25 | 12 01 | 05 07 |
| 27 | 02 52 | 26 50 | 22 45 | 12 19 | 05 06 |
| 28 | 03 04 | 27 08 | 23 06 | 12 37 | 05 05 |
| 29 | 03 17 | 27 26 | 23 26 | 12 55 | 05 04 |
| 30 | 03 29 | 27 43 | 23 46 | 13 12 | 05 03 |

## Lunar Data

| Last Asp. | | Ingress | | |
|---|---|---|---|---|
| 2 | 02:30 | 2 | ♊ | 10:01 |
| 4 | 13:50 | 4 | ♋ | 21:46 |
| 7 | 01:28 | 7 | ♌ | 07:19 |
| 9 | 11:06 | 9 | ♍ | 13:31 |
| 11 | 10:60 | 11 | ♎ | 16:10 |
| 13 | 11:33 | 13 | ♏ | 16:20 |
| 15 | 11:14 | 15 | ♐ | 15:48 |
| 17 | 07:56 | 17 | ♑ | 16:36 |
| 19 | 16:31 | 19 | ♒ | 20:26 |
| 21 | 00:50 | 22 | ♓ | 04:07 |
| 24 | 10:46 | 24 | ♈ | 15:06 |
| 26 | 23:47 | 27 | ♉ | 03:44 |
| 29 | 12:50 | 29 | ♊ | 16:17 |

## 0:00 E.T. Declinations

| D | ☉ | ☽ | ☿ | ♀ | ♂ | ♃ | ♄ | ♅ | ♆ | ♇ | ⚳ | ⚴ | ⚵ | ⚶ | ⚷ |
|---|---|---|---|---|---|---|---|---|---|---|---|---|---|---|---|
| 1 | -14 30 | +12 48 | -09 15 | -00 25 | +04 49 | -22 14 | -21 14 | +13 57 | -05 37 | -22 39 | -23 35 | +02 56 | -08 05 | +13 02 | +04 49 |
| 2 | 14 49 | 16 52 | 08 52 | 00 53 | 04 49 | 22 13 | 21 14 | 13 56 | 05 37 | 22 39 | 23 30 | 02 49 | 08 11 | 12 56 | 04 48 |
| 3 | 15 08 | 20 17 | 08 35 | 01 21 | 04 50 | 22 11 | 21 13 | 13 55 | 05 38 | 22 38 | 23 25 | 02 43 | 08 16 | 12 50 | 04 47 |
| 4 | 15 27 | 22 51 | 08 23 | 01 48 | 04 50 | 22 10 | 21 12 | 13 54 | 05 38 | 22 38 | 23 19 | 02 36 | 08 21 | 12 45 | 04 46 |
| 5 | 15 45 | 24 25 | 08 17 | 02 16 | 04 51 | 22 09 | 21 12 | 13 53 | 05 38 | 22 38 | 23 13 | 02 29 | 08 26 | 12 39 | 04 46 |
| 6 | 16 03 | 24 48 | 08 17 | 02 44 | 04 52 | 22 07 | 21 11 | 13 53 | 05 38 | 22 38 | 23 07 | 02 23 | 08 31 | 12 33 | 04 45 |
| 7 | 16 21 | 23 55 | 08 22 | 03 12 | 04 53 | 22 06 | 21 11 | 13 52 | 05 39 | 22 38 | 23 02 | 02 17 | 08 36 | 12 28 | 04 44 |
| 8 | 16 38 | 21 47 | 08 31 | 03 40 | 04 55 | 22 04 | 21 10 | 13 51 | 05 39 | 22 38 | 22 56 | 02 10 | 08 40 | 12 22 | 04 43 |
| 9 | 16 55 | 18 25 | 08 44 | 04 08 | 04 57 | 22 03 | 21 09 | 13 50 | 05 39 | 22 38 | 22 49 | 02 04 | 08 45 | 12 17 | 04 42 |
| 10 | 17 12 | 13 59 | 09 01 | 04 35 | 04 59 | 22 01 | 21 09 | 13 50 | 05 39 | 22 38 | 22 43 | 01 58 | 08 50 | 12 11 | 04 41 |
| 11 | 17 29 | 08 40 | 09 21 | 05 03 | 05 01 | 22 00 | 21 08 | 13 49 | 05 40 | 22 38 | 22 37 | 01 52 | 08 55 | 12 06 | 04 40 |
| 12 | 17 45 | 02 44 | 09 44 | 05 31 | 05 04 | 21 58 | 21 07 | 13 48 | 05 40 | 22 37 | 22 31 | 01 47 | 08 59 | 12 00 | 04 39 |
| 13 | 18 01 | -03 30 | 10 09 | 05 58 | 05 07 | 21 57 | 21 06 | 13 47 | 05 40 | 22 37 | 22 24 | 01 41 | 09 04 | 11 55 | 04 38 |
| 14 | 18 17 | 09 38 | 10 37 | 06 26 | 05 10 | 21 55 | 21 06 | 13 47 | 05 40 | 22 37 | 22 17 | 01 36 | 09 08 | 11 50 | 04 38 |
| 15 | 18 32 | 15 13 | 11 05 | 06 53 | 05 13 | 21 53 | 21 05 | 13 46 | 05 40 | 22 37 | 22 11 | 01 30 | 09 13 | 11 45 | 04 37 |
| 16 | 18 47 | 19 49 | 11 35 | 07 20 | 05 17 | 21 52 | 21 04 | 13 45 | 05 41 | 22 37 | 22 04 | 01 25 | 09 17 | 11 40 | 04 36 |
| 17 | 19 02 | 23 03 | 12 06 | 07 47 | 05 21 | 21 50 | 21 03 | 13 44 | 05 41 | 22 37 | 21 57 | 01 20 | 09 22 | 11 35 | 04 35 |
| 18 | 19 17 | 24 40 | 12 37 | 08 14 | 05 25 | 21 48 | 21 02 | 13 44 | 05 41 | 22 37 | 21 50 | 01 15 | 09 26 | 11 30 | 04 34 |
| 19 | 19 31 | 24 39 | 13 09 | 08 41 | 05 29 | 21 46 | 21 01 | 13 43 | 05 41 | 22 36 | 21 43 | 01 10 | 09 30 | 11 25 | 04 34 |
| 20 | 19 44 | 23 09 | 13 42 | 09 08 | 05 34 | 21 45 | 21 01 | 13 42 | 05 41 | 22 36 | 21 36 | 01 05 | 09 35 | 11 20 | 04 33 |
| 21 | 19 58 | 20 25 | 14 14 | 09 34 | 05 39 | 21 43 | 21 00 | 13 41 | 05 41 | 22 36 | 21 29 | 01 01 | 09 39 | 11 15 | 04 32 |
| 22 | 20 11 | 16 47 | 14 46 | 10 01 | 05 44 | 21 41 | 20 59 | 13 41 | 05 41 | 22 36 | 21 22 | 00 56 | 09 43 | 11 11 | 04 32 |
| 23 | 20 23 | 12 31 | 15 19 | 10 27 | 05 49 | 21 39 | 20 58 | 13 40 | 05 41 | 22 36 | 21 15 | 00 52 | 09 47 | 11 06 | 04 31 |
| 24 | 20 36 | 07 50 | 15 51 | 10 53 | 05 55 | 21 37 | 20 57 | 13 39 | 05 41 | 22 36 | 21 07 | 00 48 | 09 51 | 11 02 | 04 30 |
| 25 | 20 47 | 02 55 | 16 22 | 11 18 | 06 00 | 21 35 | 20 56 | 13 39 | 05 41 | 22 35 | 21 00 | 00 43 | 09 55 | 10 58 | 04 30 |
| 26 | 20 59 | +02 03 | 16 53 | 11 44 | 06 06 | 21 33 | 20 55 | 13 38 | 05 41 | 22 35 | 20 52 | 00 39 | 09 59 | 10 53 | 04 29 |
| 27 | 21 10 | 06 57 | 17 24 | 12 09 | 06 13 | 21 31 | 20 54 | 13 37 | 05 41 | 22 35 | 20 45 | 00 36 | 10 02 | 10 49 | 04 28 |
| 28 | 21 21 | 11 36 | 17 54 | 12 34 | 06 19 | 21 29 | 20 53 | 13 37 | 05 41 | 22 35 | 20 37 | 00 32 | 10 06 | 10 45 | 04 28 |
| 29 | 21 31 | 15 50 | 18 23 | 12 58 | 06 26 | 21 27 | 20 52 | 13 36 | 05 41 | 22 35 | 20 29 | 00 28 | 10 10 | 10 41 | 04 27 |
| 30 | 21 41 | 19 29 | 18 52 | 13 23 | 06 32 | 21 25 | 20 51 | 13 35 | 05 41 | 22 35 | 20 21 | 00 25 | 10 13 | 10 37 | 04 27 |

Lunar Phases -- 8 ◑ 13:47 15 ● 05:08 22 ◐ 04:46 30 Ⓔ 09:31 Sun enters ♐ 11/21 20:42

## Longitudes of Main Planets - December 2020

0:00 E.T.

| D | S.T. | ☉ | ☽ | ☽ 12:00 | ☿ | ♀ | ♂ | ♃ | ♄ | ♅ | ♆ | ♇ | ☊ |
|---|---|---|---|---|---|---|---|---|---|---|---|---|---|
| 1 | 4:41:15 | 09♐14 41 | 15♊57 | 22♊02 | 28♏43 | 11♏42 | 17♈03 | 26♑09 | 28♑24 | 07♉31℞ | 18♓10 | 23♑16 | 20♊30 |
| 2 | 4:45:12 | 10 15 29 | 28 10 | 04♋21 | 00♐16 | 12 57 | 17 16 | 26 21 | 28 30 | 07 29 | 18 10 | 23 17 | 20 27 |
| 3 | 4:49:08 | 11 16 19 | 10♋34 | 16 50 | 01 50 | 14 11 | 17 29 | 26 32 | 28 35 | 07 27 | 18 10 | 23 19 | 20 24 |
| 4 | 4:53:05 | 12 17 09 | 23 09 | 29 31 | 03 23 | 15 26 | 17 43 | 26 44 | 28 41 | 07 25 | 18 10 | 23 21 | 20 21 |
| 5 | 4:57:01 | 13 18 01 | 05♌57 | 12♌27 | 04 57 | 16 41 | 17 57 | 26 56 | 28 47 | 07 23 | 18 10 | 23 22 | 20 17 |
| 6 | 5:00:58 | 14 18 55 | 19 01 | 25 39 | 06 31 | 17 55 | 18 12 | 27 09 | 28 52 | 07 21 | 18 11 | 23 24 | 20 14 |
| 7 | 5:04:55 | 15 19 49 | 02♍22 | 09♍09 | 08 04 | 19 10 | 18 27 | 27 21 | 28 58 | 07 20 | 18 11 | 23 26 | 20 11 |
| 8 | 5:08:51 | 16 20 45 | 16 01 | 22 57 | 09 38 | 20 25 | 18 43 | 27 33 | 29 04 | 07 18 | 18 11 | 23 27 | 20 08 |
| 9 | 5:12:48 | 17 21 42 | 29 59 | 07♎04 | 11 12 | 21 40 | 19 00 | 27 45 | 29 10 | 07 16 | 18 11 | 23 29 | 20 05 |
| 10 | 5:16:44 | 18 22 40 | 14♎15 | 21 29 | 12 46 | 22 54 | 19 17 | 27 58 | 29 16 | 07 14 | 18 12 | 23 31 | 20 02 |
| 11 | 5:20:41 | 19 23 40 | 28 47 | 06♏08 | 14 20 | 24 09 | 19 35 | 28 10 | 29 22 | 07 13 | 18 12 | 23 32 | 19 58 |
| 12 | 5:24:37 | 20 24 41 | 13♏31 | 20 56 | 15 54 | 25 24 | 19 53 | 28 23 | 29 28 | 07 11 | 18 13 | 23 34 | 19 55 |
| 13 | 5:28:34 | 21 25 43 | 28 21 | 05♐46 | 17 28 | 26 39 | 20 11 | 28 36 | 29 34 | 07 10 | 18 13 | 23 36 | 19 52 |
| 14 | 5:32:30 | 22 26 45 | 13♐09 | 20 31 | 19 02 | 27 54 | 20 30 | 28 48 | 29 40 | 07 08 | 18 14 | 23 37 | 19 49 |
| 15 | 5:36:27 | 23 27 49 | 27 49 | 05♑04 | 20 36 | 29 09 | 20 50 | 29 01 | 29 46 | 07 07 | 18 14 | 23 39 | 19 46 |
| 16 | 5:40:24 | 24 28 53 | 12♑13 | 19 18 | 22 10 | 00♐24 | 21 10 | 29 14 | 29 52 | 07 05 | 18 15 | 23 41 | 19 43 |
| 17 | 5:44:20 | 25 29 58 | 26 17 | 03♒09 | 23 44 | 01 39 | 21 30 | 29 27 | 29 59 | 07 04 | 18 15 | 23 43 | 19 39 |
| 18 | 5:48:17 | 26 31 04 | 09♒56 | 16 36 | 25 19 | 02 54 | 21 51 | 29 40 | 00♒05 | 07 02 | 18 16 | 23 45 | 19 36 |
| 19 | 5:52:13 | 27 32 09 | 23 10 | 29 39 | 26 54 | 04 09 | 22 12 | 29 53 | 00 11 | 07 01 | 18 17 | 23 46 | 19 33 |
| 20 | 5:56:10 | 28 33 15 | 06♓01 | 12♓18 | 28 28 | 05 24 | 22 34 | 00♒06 | 00 18 | 07 00 | 18 17 | 23 48 | 19 30 |
| 21 | 6:00:06 | 29 34 22 | 18 31 | 24 39 | 00♑03 | 06 39 | 22 56 | 00 19 | 00 24 | 06 58 | 18 18 | 23 50 | 19 27 |
| 22 | 6:04:03 | 00♑35 28 | 00♈44 | 06♈45 | 01 39 | 07 54 | 23 18 | 00 32 | 00 31 | 06 57 | 18 19 | 23 52 | 19 23 |
| 23 | 6:07:59 | 01 36 35 | 12 44 | 18 41 | 03 14 | 09 09 | 23 41 | 00 46 | 00 37 | 06 56 | 18 20 | 23 54 | 19 20 |
| 24 | 6:11:56 | 02 37 42 | 24 36 | 00♉31 | 04 49 | 10 24 | 24 04 | 00 59 | 00 44 | 06 55 | 18 21 | 23 56 | 19 17 |
| 25 | 6:15:53 | 03 38 49 | 06♉26 | 12 21 | 06 25 | 11 39 | 24 28 | 01 12 | 00 50 | 06 54 | 18 21 | 23 58 | 19 14 |
| 26 | 6:19:49 | 04 39 56 | 18 17 | 24 14 | 08 01 | 12 54 | 24 51 | 01 26 | 00 57 | 06 53 | 18 22 | 24 00 | 19 11 |
| 27 | 6:23:46 | 05 41 03 | 00♊13 | 06♊14 | 09 38 | 14 09 | 25 16 | 01 39 | 01 04 | 06 52 | 18 23 | 24 01 | 19 08 |
| 28 | 6:27:42 | 06 42 11 | 12 18 | 18 25 | 11 14 | 15 24 | 25 40 | 01 53 | 01 10 | 06 51 | 18 24 | 24 03 | 19 04 |
| 29 | 6:31:39 | 07 43 19 | 24 34 | 00♋47 | 12 51 | 16 39 | 26 05 | 02 06 | 01 17 | 06 50 | 18 25 | 24 05 | 19 01 |
| 30 | 6:35:35 | 08 44 27 | 07♋03 | 13 23 | 14 28 | 17 54 | 26 30 | 02 20 | 01 24 | 06 49 | 18 26 | 24 07 | 18 58 |
| 31 | 6:39:32 | 09 45 35 | 19 46 | 26 13 | 16 05 | 19 09 | 26 56 | 02 33 | 01 31 | 06 49 | 18 27 | 24 09 | 18 55 |

## Longitudes of the Major Asteroids and Chiron

0:00 E.T.

| D | ⚳ | ⚴ | ⚵ | ⚶ | ⚷ |
|---|---|---|---|---|---|
| 1 | 03♓42 | 28♑01 | 24♏07 | 13♍29 | 05♈03℞ |
| 2 | 03 55 | 28 19 | 24 27 | 13 46 | 05 02 |
| 3 | 04 09 | 28 37 | 24 47 | 14 03 | 05 01 |
| 4 | 04 22 | 28 56 | 25 07 | 14 19 | 05 00 |
| 5 | 04 36 | 29 14 | 25 27 | 14 35 | 05 00 |
| 6 | 04 50 | 29 32 | 25 47 | 14 51 | 04 59 |
| 7 | 05 05 | 29 51 | 26 07 | 15 07 | 04 59 |
| 8 | 05 19 | 00♒09 | 26 27 | 15 23 | 04 58 |
| 9 | 05 34 | 00 28 | 26 47 | 15 38 | 04 58 |
| 10 | 05 48 | 00 46 | 27 07 | 15 53 | 04 57 |
| 11 | 06 04 | 01 05 | 27 27 | 16 08 | 04 57 |
| 12 | 06 19 | 01 24 | 27 47 | 16 22 | 04 57 |
| 13 | 06 34 | 01 43 | 28 07 | 16 37 | 04 57 |
| 14 | 06 50 | 02 01 | 28 27 | 16 51 | 04 57 |
| 15 | 07 06 | 02 20 | 28 47 | 17 04 | 04 57 |
| 16 | 07 22 | 02 39 | 29 06 | 17 18 | 04 57D |
| 17 | 07 38 | 02 59 | 29 26 | 17 31 | 04 57 |
| 18 | 07 54 | 03 18 | 29 46 | 17 44 | 04 57 |
| 19 | 08 11 | 03 37 | 00♐05 | 17 56 | 04 57 |
| 20 | 08 27 | 03 56 | 00 25 | 18 08 | 04 57 |
| 21 | 08 44 | 04 16 | 00 44 | 18 20 | 04 57 |
| 22 | 09 01 | 04 35 | 01 04 | 18 32 | 04 58 |
| 23 | 09 18 | 04 54 | 01 23 | 18 43 | 04 58 |
| 24 | 09 36 | 05 14 | 01 42 | 18 54 | 04 58 |
| 25 | 09 53 | 05 33 | 02 02 | 19 04 | 04 59 |
| 26 | 10 11 | 05 53 | 02 21 | 19 15 | 04 59 |
| 27 | 10 29 | 06 12 | 02 40 | 19 24 | 05 00 |
| 28 | 10 47 | 06 32 | 02 59 | 19 34 | 05 01 |
| 29 | 11 05 | 06 52 | 03 18 | 19 43 | 05 01 |
| 30 | 11 23 | 07 12 | 03 37 | 19 52 | 05 02 |
| 31 | 11 41 | 07 31 | 03 56 | 20 00 | 05 03 |

## Lunar Data

| Last Asp. | | Ingress | | |
|---|---|---|---|---|
| 1 | 04:23 | 2 | ♋ | 03:34 |
| 4 | 10:30 | 4 | ♌ | 12:54 |
| 5 | 22:29 | 6 | ♍ | 19:47 |
| 8 | 22:36 | 9 | ♎ | 00:02 |
| 11 | 00:57 | 11 | ♏ | 01:60 |
| 13 | 01:59 | 13 | ♐ | 02:40 |
| 14 | 16:18 | 15 | ♑ | 03:36 |
| 17 | 05:36 | 17 | ♒ | 06:28 |
| 19 | 08:46 | 19 | ♓ | 12:40 |
| 21 | 10:25 | 21 | ♈ | 22:34 |
| 23 | 22:52 | 24 | ♉ | 10:57 |
| 26 | 11:33 | 26 | ♊ | 23:34 |
| 29 | 03:02 | 29 | ♋ | 10:30 |
| 31 | 13:46 | 31 | ♌ | 18:59 |

## Declinations

0:00 E.T.

| D | ☉ | ☽ | ☿ | ♀ | ♂ | ♃ | ♄ | ♅ | ♆ | ♇ | ⚳ | ⚴ | ⚵ | ⚶ | ⚷ |
|---|---|---|---|---|---|---|---|---|---|---|---|---|---|---|---|
| 1 | -21 50 | +22 20 | -19 20 | -13 47 | +06 39 | -21 22 | -20 50 | +13 35 | -05 41 | -22 34 | -20 14 | +00 21 | -10 17 | +10 34 | +04 26 |
| 2 | 21 59 | 24 11 | 19 47 | 14 10 | 06 46 | 21 20 | 20 49 | 13 34 | 05 41 | 22 34 | 20 06 | 00 18 | 10 20 | 10 30 | 04 26 |
| 3 | 22 08 | 24 53 | 20 13 | 14 34 | 06 54 | 21 18 | 20 48 | 13 33 | 05 41 | 22 34 | 19 58 | 00 15 | 10 24 | 10 26 | 04 25 |
| 4 | 22 16 | 24 19 | 20 38 | 14 57 | 07 01 | 21 16 | 20 47 | 13 33 | 05 41 | 22 34 | 19 50 | 00 11 | 10 27 | 10 23 | 04 25 |
| 5 | 22 24 | 22 29 | 21 02 | 15 19 | 07 09 | 21 14 | 20 46 | 13 32 | 05 41 | 22 34 | 19 41 | 00 08 | 10 30 | 10 20 | 04 24 |
| 6 | 22 31 | 19 26 | 21 25 | 15 41 | 07 17 | 21 11 | 20 44 | 13 32 | 05 41 | 22 33 | 19 33 | 00 06 | 10 34 | 10 16 | 04 24 |
| 7 | 22 38 | 15 20 | 21 48 | 16 03 | 07 24 | 21 09 | 20 43 | 13 31 | 05 41 | 22 33 | 19 25 | 00 03 | 10 37 | 10 13 | 04 24 |
| 8 | 22 44 | 10 23 | 22 09 | 16 25 | 07 33 | 21 07 | 20 42 | 13 31 | 05 41 | 22 33 | 19 17 | 00 00 | 10 40 | 10 10 | 04 23 |
| 9 | 22 50 | 04 47 | 22 29 | 16 46 | 07 41 | 21 04 | 20 41 | 13 30 | 05 40 | 22 33 | 19 08 | -00 02 | 10 43 | 10 08 | 04 23 |
| 10 | 22 56 | -01 10 | 22 48 | 17 06 | 07 49 | 21 02 | 20 40 | 13 30 | 05 40 | 22 32 | 19 00 | 00 05 | 10 46 | 10 05 | 04 22 |
| 11 | 23 01 | 07 11 | 23 06 | 17 26 | 07 58 | 20 59 | 20 39 | 13 29 | 05 40 | 22 32 | 18 52 | 00 07 | 10 49 | 10 02 | 04 22 |
| 12 | 23 05 | 12 53 | 23 23 | 17 46 | 08 06 | 20 57 | 20 37 | 13 29 | 05 40 | 22 32 | 18 43 | 00 09 | 10 52 | 10 00 | 04 22 |
| 13 | 23 10 | 17 53 | 23 38 | 18 05 | 08 15 | 20 54 | 20 36 | 13 28 | 05 40 | 22 32 | 18 35 | 00 11 | 10 54 | 09 57 | 04 22 |
| 14 | 23 13 | 21 45 | 23 53 | 18 24 | 08 24 | 20 52 | 20 35 | 13 28 | 05 39 | 22 32 | 18 26 | 00 13 | 10 57 | 09 55 | 04 21 |
| 15 | 23 17 | 24 09 | 24 06 | 18 42 | 08 33 | 20 49 | 20 34 | 13 27 | 05 39 | 22 31 | 18 17 | 00 15 | 11 00 | 09 53 | 04 21 |
| 16 | 23 19 | 24 52 | 24 18 | 19 00 | 08 42 | 20 46 | 20 32 | 13 27 | 05 39 | 22 31 | 18 09 | 00 17 | 11 02 | 09 51 | 04 21 |
| 17 | 23 22 | 23 58 | 24 28 | 19 17 | 08 51 | 20 44 | 20 31 | 13 26 | 05 39 | 22 31 | 18 00 | 00 19 | 11 05 | 09 50 | 04 21 |
| 18 | 23 23 | 21 40 | 24 37 | 19 34 | 09 01 | 20 41 | 20 30 | 13 26 | 05 38 | 22 31 | 17 51 | 00 20 | 11 07 | 09 48 | 04 21 |
| 19 | 23 25 | 18 15 | 24 45 | 19 50 | 09 10 | 20 38 | 20 29 | 13 25 | 05 38 | 22 30 | 17 42 | 00 22 | 11 09 | 09 47 | 04 20 |
| 20 | 23 26 | 14 04 | 24 52 | 20 06 | 09 20 | 20 36 | 20 27 | 13 25 | 05 38 | 22 30 | 17 33 | 00 23 | 11 12 | 09 45 | 04 20 |
| 21 | 23 26 | 09 24 | 24 57 | 20 21 | 09 29 | 20 33 | 20 26 | 13 25 | 05 37 | 22 30 | 17 24 | 00 24 | 11 14 | 09 44 | 04 20 |
| 22 | 23 26 | 04 29 | 25 01 | 20 35 | 09 39 | 20 30 | 20 25 | 13 24 | 05 37 | 22 30 | 17 15 | 00 26 | 11 16 | 09 43 | 04 20 |
| 23 | 23 26 | +00 32 | 25 04 | 20 49 | 09 49 | 20 27 | 20 23 | 13 24 | 05 37 | 22 29 | 17 06 | 00 27 | 11 18 | 09 42 | 04 20 |
| 24 | 23 25 | 05 29 | 25 05 | 21 02 | 09 59 | 20 25 | 20 22 | 13 24 | 05 36 | 22 29 | 16 57 | 00 28 | 11 20 | 09 42 | 04 20 |
| 25 | 23 23 | 10 13 | 25 05 | 21 15 | 10 09 | 20 22 | 20 20 | 13 23 | 05 36 | 22 29 | 16 48 | 00 28 | 11 22 | 09 41 | 04 20 |
| 26 | 23 21 | 14 36 | 25 03 | 21 27 | 10 19 | 20 19 | 20 19 | 13 23 | 05 36 | 22 29 | 16 39 | 00 29 | 11 24 | 09 41 | 04 20 |
| 27 | 23 19 | 18 27 | 25 00 | 21 39 | 10 29 | 20 16 | 20 18 | 13 23 | 05 35 | 22 28 | 16 30 | 00 30 | 11 26 | 09 41 | 04 20 |
| 28 | 23 16 | 21 34 | 24 55 | 21 49 | 10 39 | 20 13 | 20 16 | 13 22 | 05 35 | 22 28 | 16 21 | 00 30 | 11 27 | 09 41 | 04 20 |
| 29 | 23 13 | 23 45 | 24 49 | 21 59 | 10 50 | 20 10 | 20 15 | 13 22 | 05 35 | 22 28 | 16 11 | 00 31 | 11 29 | 09 41 | 04 20 |
| 30 | 23 09 | 24 48 | 24 41 | 22 09 | 11 00 | 20 07 | 20 13 | 13 22 | 05 34 | 22 28 | 16 02 | 00 31 | 11 30 | 09 41 | 04 20 |
| 31 | 23 05 | 24 34 | 24 32 | 22 18 | 11 10 | 20 04 | 20 12 | 13 22 | 05 34 | 22 27 | 15 53 | 00 31 | 11 32 | 09 42 | 04 21 |

Lunar Phases -- 8 ◑ 00:38  14 ● 16:18  21 ◐ 23:42  30 Ⓔ 03:29  Sun enters ♑ 12/21 10:04

## Longitudes of Main Planets - January 2021

0:00 E.T.

| D | S.T. | ☉ | ☽ | ☽ 12:00 | ☿ | ♀ | ♂ | ♃ | ♄ | ♅ | ♆ | ♇ | ☊ |
|---|---|---|---|---|---|---|---|---|---|---|---|---|---|
| 1 | 6:43:28 | 10♑46 43 | 02♌43 | 09♌17 | 17♑43 | 20♐25 | 27♈21 | 02♒47 | 01♒37 | 06♉48℞ | 18♓28 | 24♑11 | 18♊52 |
| 2 | 6:47:25 | 11 47 51 | 15 54 | 22 35 | 19 21 | 21 40 | 27 47 | 03 01 | 01 44 | 06 47 | 18 30 | 24 13 | 18 48 |
| 3 | 6:51:22 | 12 49 00 | 29 18 | 06♍05 | 20 59 | 22 55 | 28 14 | 03 14 | 01 51 | 06 47 | 18 31 | 24 15 | 18 45 |
| 4 | 6:55:18 | 13 50 08 | 12♍54 | 19 47 | 22 37 | 24 10 | 28 40 | 03 28 | 01 58 | 06 46 | 18 32 | 24 17 | 18 42 |
| 5 | 6:59:15 | 14 51 17 | 26 41 | 03♎39 | 24 15 | 25 25 | 29 07 | 03 42 | 02 05 | 06 46 | 18 33 | 24 19 | 18 39 |
| 6 | 7:03:11 | 15 52 27 | 10♎38 | 17 40 | 25 54 | 26 40 | 29 34 | 03 56 | 02 12 | 06 45 | 18 34 | 24 21 | 18 36 |
| 7 | 7:07:08 | 16 53 36 | 24 44 | 01♏50 | 27 32 | 27 56 | 00♉02 | 04 10 | 02 19 | 06 45 | 18 36 | 24 23 | 18 33 |
| 8 | 7:11:04 | 17 54 46 | 08♏57 | 16 06 | 29 11 | 29 11 | 00 29 | 04 24 | 02 26 | 06 44 | 18 37 | 24 25 | 18 29 |
| 9 | 7:15:01 | 18 55 55 | 23 16 | 00♐26 | 00♒49 | 00♑26 | 00 57 | 04 38 | 02 33 | 06 44 | 18 38 | 24 27 | 18 26 |
| 10 | 7:18:57 | 19 57 05 | 07♐37 | 14 48 | 02 27 | 01 41 | 01 25 | 04 52 | 02 40 | 06 44 | 18 40 | 24 29 | 18 23 |
| 11 | 7:22:54 | 20 58 15 | 21 57 | 29 06 | 04 05 | 02 56 | 01 54 | 05 06 | 02 47 | 06 44 | 18 41 | 24 31 | 18 20 |
| 12 | 7:26:51 | 21 59 25 | 06♑13 | 13♑17 | 05 43 | 04 12 | 02 22 | 05 20 | 02 54 | 06 43 | 18 42 | 24 33 | 18 17 |
| 13 | 7:30:47 | 23 00 35 | 20 18 | 27 16 | 07 19 | 05 27 | 02 51 | 05 34 | 03 01 | 06 43 | 18 44 | 24 35 | 18 14 |
| 14 | 7:34:44 | 24 01 44 | 04♒09 | 10♒58 | 08 55 | 06 42 | 03 20 | 05 48 | 03 08 | 06 43 | 18 45 | 24 37 | 18 10 |
| 15 | 7:38:40 | 25 02 52 | 17 42 | 24 22 | 10 30 | 07 57 | 03 49 | 06 02 | 03 15 | 06 43D | 18 47 | 24 39 | 18 07 |
| 16 | 7:42:37 | 26 04 01 | 00♓55 | 07♓24 | 12 04 | 09 13 | 04 19 | 06 16 | 03 22 | 06 43 | 18 48 | 24 41 | 18 04 |
| 17 | 7:46:33 | 27 05 08 | 13 47 | 20 06 | 13 35 | 10 28 | 04 48 | 06 30 | 03 29 | 06 43 | 18 50 | 24 43 | 18 01 |
| 18 | 7:50:30 | 28 06 15 | 26 20 | 02♈29 | 15 05 | 11 43 | 05 18 | 06 44 | 03 37 | 06 44 | 18 52 | 24 45 | 17 58 |
| 19 | 7:54:26 | 29 07 20 | 08♈35 | 14 37 | 16 32 | 12 58 | 05 48 | 06 58 | 03 44 | 06 44 | 18 53 | 24 47 | 17 54 |
| 20 | 7:58:23 | 00♒08 25 | 20 36 | 26 34 | 17 55 | 14 13 | 06 18 | 07 13 | 03 51 | 06 44 | 18 55 | 24 49 | 17 51 |
| 21 | 8:02:20 | 01 09 29 | 02♉29 | 08♉24 | 19 15 | 15 29 | 06 49 | 07 27 | 03 58 | 06 44 | 18 56 | 24 51 | 17 48 |
| 22 | 8:06:16 | 02 10 33 | 14 19 | 20 14 | 20 31 | 16 44 | 07 19 | 07 41 | 04 05 | 06 45 | 18 58 | 24 53 | 17 45 |
| 23 | 8:10:13 | 03 11 35 | 26 10 | 02♊07 | 21 42 | 17 59 | 07 50 | 07 55 | 04 12 | 06 45 | 19 00 | 24 55 | 17 42 |
| 24 | 8:14:09 | 04 12 36 | 08♊07 | 14 10 | 22 46 | 19 14 | 08 21 | 08 10 | 04 19 | 06 46 | 19 02 | 24 57 | 17 39 |
| 25 | 8:18:06 | 05 13 37 | 20 16 | 26 26 | 23 45 | 20 29 | 08 52 | 08 24 | 04 27 | 06 46 | 19 03 | 24 59 | 17 35 |
| 26 | 8:22:02 | 06 14 36 | 02♋40 | 08♋59 | 24 35 | 21 45 | 09 23 | 08 38 | 04 34 | 06 47 | 19 05 | 25 01 | 17 32 |
| 27 | 8:25:59 | 07 15 35 | 15 22 | 21 50 | 25 18 | 23 00 | 09 54 | 08 52 | 04 41 | 06 47 | 19 07 | 25 03 | 17 29 |
| 28 | 8:29:55 | 08 16 32 | 28 24 | 05♌02 | 25 51 | 24 15 | 10 26 | 09 07 | 04 48 | 06 48 | 19 09 | 25 05 | 17 26 |
| 29 | 8:33:52 | 09 17 29 | 11♌44 | 18 31 | 26 14 | 25 30 | 10 57 | 09 21 | 04 55 | 06 49 | 19 11 | 25 07 | 17 23 |
| 30 | 8:37:49 | 10 18 24 | 25 22 | 02♍16 | 26 27 | 26 45 | 11 29 | 09 35 | 05 02 | 06 50 | 19 12 | 25 09 | 17 20 |
| 31 | 8:41:45 | 11 19 19 | 09♍14 | 16 14 | 26 29℞ | 28 01 | 12 01 | 09 49 | 05 09 | 06 51 | 19 14 | 25 11 | 17 16 |

## Longitudes of the Major Asteroids and Chiron

0:00 E.T.

| D | ⚳ | ⚴ | ⚵ | ⚶ | ⚷ | D | ⚳ | ⚴ | ⚵ | ⚶ | ⚷ |
|---|---|---|---|---|---|---|---|---|---|---|---|
| 1 | 12♓00 | 07♒51 | 04♐15 | 20♍09 | 05♈04 | 17 | 17 12 | 13 12 | 09 06 | 21 22 | 05 24 |
| 2 | 12 18 | 08 11 | 04 34 | 20 16 | 05 05 | 18 | 17 32 | 13 33 | 09 24 | 21 23 | 05 26 |
| 3 | 12 37 | 08 31 | 04 52 | 20 24 | 05 05 | 19 | 17 53 | 13 53 | 09 41 | 21 24 | 05 28 |
| 4 | 12 56 | 08 51 | 05 11 | 20 31 | 05 06 | 20 | 18 14 | 14 13 | 09 58 | 21 24℞ | 05 30 |
| 5 | 13 15 | 09 11 | 05 30 | 20 37 | 05 08 | 21 | 18 34 | 14 33 | 10 15 | 21 23 | 05 32 |
| 6 | 13 34 | 09 31 | 05 48 | 20 43 | 05 09 | 22 | 18 55 | 14 54 | 10 32 | 21 22 | 05 33 |
| 7 | 13 53 | 09 51 | 06 06 | 20 49 | 05 10 | 23 | 19 16 | 15 14 | 10 49 | 21 21 | 05 35 |
| 8 | 14 13 | 10 11 | 06 25 | 20 54 | 05 11 | 24 | 19 37 | 15 34 | 11 06 | 21 19 | 05 37 |
| 9 | 14 32 | 10 31 | 06 43 | 20 59 | 05 12 | 25 | 19 58 | 15 55 | 11 23 | 21 16 | 05 39 |
| 10 | 14 52 | 10 51 | 07 01 | 21 04 | 05 14 | 26 | 20 19 | 16 15 | 11 39 | 21 13 | 05 42 |
| 11 | 15 11 | 11 11 | 07 19 | 21 08 | 05 15 | 27 | 20 41 | 16 36 | 11 56 | 21 10 | 05 44 |
| 12 | 15 31 | 11 31 | 07 37 | 21 11 | 05 16 | 28 | 21 02 | 16 56 | 12 12 | 21 06 | 05 46 |
| 13 | 15 51 | 11 51 | 07 55 | 21 14 | 05 18 | 29 | 21 23 | 17 16 | 12 29 | 21 02 | 05 48 |
| 14 | 16 11 | 12 12 | 08 13 | 21 17 | 05 19 | 30 | 21 45 | 17 37 | 12 45 | 20 57 | 05 50 |
| 15 | 16 31 | 12 32 | 08 31 | 21 19 | 05 21 | 31 | 22 07 | 17 57 | 13 01 | 20 52 | 05 53 |
| 16 | 16 52 | 12 52 | 08 49 | 21 21 | 05 23 | | | | | | |

## Lunar Data

| Last Asp. | | Ingress | | |
|---|---|---|---|---|
| 2 | 22:01 | 3 | ♍ | 01:14 |
| 4 | 21:35 | 5 | ♎ | 05:43 |
| 7 | 05:56 | 7 | ♏ | 08:55 |
| 9 | 01:60 | 9 | ♐ | 11:16 |
| 10 | 18:30 | 11 | ♑ | 13:31 |
| 13 | 07:23 | 13 | ♒ | 16:45 |
| 14 | 09:29 | 15 | ♓ | 22:19 |
| 18 | 03:46 | 18 | ♈ | 07:08 |
| 20 | 08:30 | 20 | ♉ | 18:57 |
| 22 | 21:29 | 23 | ♊ | 07:44 |
| 25 | 07:18 | 25 | ♋ | 18:53 |
| 27 | 17:56 | 28 | ♌ | 02:55 |
| 30 | 01:54 | 30 | ♍ | 08:03 |

## Declinations

0:00 E.T.

| D | ☉ | ☽ | ☿ | ♀ | ♂ | ♃ | ♄ | ♅ | ♆ | ♇ | ⚳ | ⚴ | ⚵ | ⚶ | ⚷ |
|---|---|---|---|---|---|---|---|---|---|---|---|---|---|---|---|
| 1 | -23 00 | +23 02 | -24 21 | -22 26 | +11 21 | -20 01 | -20 10 | +13 21 | -05 33 | -22 27 | -15 43 | -00 31 | -11 33 | +09 43 | +04 21 |
| 2 | 22 55 | 20 13 | 24 09 | 22 34 | 11 31 | 19 58 | 20 09 | 13 21 | 05 33 | 22 27 | 15 34 | 00 32 | 11 35 | 09 43 | 04 21 |
| 3 | 22 49 | 16 19 | 23 55 | 22 40 | 11 42 | 19 55 | 20 08 | 13 21 | 05 32 | 22 26 | 15 24 | 00 32 | 11 36 | 09 45 | 04 21 |
| 4 | 22 43 | 11 31 | 23 39 | 22 47 | 11 52 | 19 51 | 20 06 | 13 21 | 05 32 | 22 26 | 15 15 | 00 31 | 11 37 | 09 46 | 04 21 |
| 5 | 22 37 | 06 05 | 23 22 | 22 52 | 12 03 | 19 48 | 20 05 | 13 21 | 05 31 | 22 26 | 15 05 | 00 31 | 11 38 | 09 47 | 04 22 |
| 6 | 22 30 | 00 18 | 23 04 | 22 57 | 12 13 | 19 45 | 20 03 | 13 21 | 05 31 | 22 26 | 14 56 | 00 31 | 11 39 | 09 49 | 04 22 |
| 7 | 22 22 | -05 35 | 22 44 | 23 01 | 12 24 | 19 42 | 20 02 | 13 21 | 05 30 | 22 25 | 14 46 | 00 30 | 11 40 | 09 51 | 04 22 |
| 8 | 22 14 | 11 14 | 22 22 | 23 04 | 12 35 | 19 39 | 20 00 | 13 20 | 05 30 | 22 25 | 14 37 | 00 30 | 11 41 | 09 53 | 04 22 |
| 9 | 22 06 | 16 19 | 21 59 | 23 07 | 12 45 | 19 35 | 19 58 | 13 20 | 05 29 | 22 25 | 14 27 | 00 29 | 11 42 | 09 55 | 04 23 |
| 10 | 21 57 | 20 30 | 21 34 | 23 09 | 12 56 | 19 32 | 19 57 | 13 20 | 05 29 | 22 25 | 14 17 | 00 29 | 11 42 | 09 57 | 04 23 |
| 11 | 21 48 | 23 24 | 21 08 | 23 10 | 13 07 | 19 29 | 19 55 | 13 20 | 05 28 | 22 24 | 14 08 | 00 28 | 11 43 | 10 00 | 04 23 |
| 12 | 21 39 | 24 46 | 20 41 | 23 11 | 13 17 | 19 25 | 19 54 | 13 20 | 05 27 | 22 24 | 13 58 | 00 27 | 11 44 | 10 03 | 04 24 |
| 13 | 21 29 | 24 32 | 20 12 | 23 11 | 13 28 | 19 22 | 19 52 | 13 20 | 05 27 | 22 24 | 13 48 | 00 26 | 11 44 | 10 06 | 04 24 |
| 14 | 21 18 | 22 45 | 19 42 | 23 10 | 13 39 | 19 19 | 19 51 | 13 20 | 05 26 | 22 24 | 13 38 | 00 25 | 11 45 | 10 09 | 04 25 |
| 15 | 21 07 | 19 43 | 19 10 | 23 08 | 13 50 | 19 15 | 19 49 | 13 20 | 05 26 | 22 23 | 13 28 | 00 24 | 11 45 | 10 13 | 04 25 |
| 16 | 20 56 | 15 44 | 18 38 | 23 06 | 14 00 | 19 12 | 19 48 | 13 20 | 05 25 | 22 23 | 13 19 | 00 23 | 11 45 | 10 16 | 04 26 |
| 17 | 20 44 | 11 08 | 18 05 | 23 03 | 14 11 | 19 08 | 19 46 | 13 20 | 05 24 | 22 23 | 13 09 | 00 22 | 11 45 | 10 20 | 04 26 |
| 18 | 20 32 | 06 10 | 17 31 | 22 59 | 14 22 | 19 05 | 19 44 | 13 21 | 05 24 | 22 22 | 12 59 | 00 20 | 11 45 | 10 24 | 04 27 |
| 19 | 20 20 | 01 05 | 16 56 | 22 55 | 14 33 | 19 01 | 19 43 | 13 21 | 05 23 | 22 22 | 12 49 | 00 19 | 11 45 | 10 28 | 04 27 |
| 20 | 20 07 | +03 57 | 16 21 | 22 49 | 14 43 | 18 58 | 19 41 | 13 21 | 05 22 | 22 22 | 12 39 | 00 17 | 11 45 | 10 33 | 04 28 |
| 21 | 19 54 | 08 48 | 15 45 | 22 44 | 14 54 | 18 54 | 19 40 | 13 21 | 05 22 | 22 22 | 12 29 | 00 16 | 11 45 | 10 37 | 04 28 |
| 22 | 19 40 | 13 18 | 15 10 | 22 37 | 15 05 | 18 51 | 19 38 | 13 21 | 05 21 | 22 21 | 12 19 | 00 14 | 11 45 | 10 42 | 04 29 |
| 23 | 19 26 | 17 19 | 14 35 | 22 30 | 15 15 | 18 47 | 19 36 | 13 21 | 05 20 | 22 21 | 12 09 | 00 12 | 11 45 | 10 47 | 04 29 |
| 24 | 19 12 | 20 41 | 14 01 | 22 22 | 15 26 | 18 43 | 19 35 | 13 21 | 05 20 | 22 21 | 11 59 | 00 10 | 11 44 | 10 52 | 04 30 |
| 25 | 18 58 | 23 11 | 13 28 | 22 13 | 15 36 | 18 40 | 19 33 | 13 22 | 05 19 | 22 21 | 11 49 | 00 09 | 11 44 | 10 58 | 04 31 |
| 26 | 18 43 | 24 37 | 12 57 | 22 04 | 15 47 | 18 36 | 19 31 | 13 22 | 05 18 | 22 20 | 11 39 | 00 07 | 11 44 | 11 03 | 04 31 |
| 27 | 18 27 | 24 49 | 12 27 | 21 54 | 15 58 | 18 33 | 19 30 | 13 22 | 05 18 | 22 20 | 11 29 | 00 05 | 11 43 | 11 09 | 04 32 |
| 28 | 18 12 | 23 40 | 12 01 | 21 44 | 16 08 | 18 29 | 19 28 | 13 22 | 05 17 | 22 20 | 11 19 | 00 02 | 11 42 | 11 15 | 04 33 |
| 29 | 17 56 | 21 11 | 11 36 | 21 32 | 16 19 | 18 25 | 19 26 | 13 23 | 05 16 | 22 19 | 11 08 | 00 00 | 11 42 | 11 21 | 04 34 |
| 30 | 17 39 | 17 28 | 11 16 | 21 20 | 16 29 | 18 21 | 19 25 | 13 23 | 05 15 | 22 19 | 10 58 | +00 02 | 11 41 | 11 28 | 04 34 |
| 31 | 17 23 | 12 46 | 10 59 | 21 08 | 16 39 | 18 18 | 19 23 | 13 23 | 05 15 | 22 19 | 10 48 | 00 04 | 11 40 | 11 34 | 04 35 |

Lunar Phases -- 6 ◑ 09:38 13 ● 05:01 20 ◐ 21:03 28 ○ 19:17 Sun enters ♒ 1/19 20:41

**Feb. 21** — Longitudes of Main Planets - February 2021 — 0:00 E.T.

| D | S.T. | ☉ | ☽ | ☽ 12:00 | ☿ | ♀ | ♂ | ♃ | ♄ | ♅ | ♆ | ♇ | ☊ |
|---|---|---|---|---|---|---|---|---|---|---|---|---|---|
| 1 | 8:45:42 | 12♒20 12 | 23♍16 | 00♎20 | 26♒19℞ | 29♑16 | 12♉33 | 10♒04 | 05♒17 | 06♉51 | 19♓16 | 25♑13 | 17♊13 |
| 2 | 8:49:38 | 13 21 05 | 07♎24 | 14 30 | 25 59 | 00♒31 | 13 05 | 10 18 | 05 24 | 06 52 | 19 18 | 25 14 | 17 10 |
| 3 | 8:53:35 | 14 21 57 | 21 35 | 28 40 | 25 27 | 01 46 | 13 37 | 10 32 | 05 31 | 06 53 | 19 20 | 25 16 | 17 07 |
| 4 | 8:57:31 | 15 22 48 | 05♏45 | 12♏49 | 24 45 | 03 01 | 14 10 | 10 46 | 05 38 | 06 54 | 19 22 | 25 18 | 17 04 |
| 5 | 9:01:28 | 16 23 39 | 19 52 | 26 54 | 23 54 | 04 17 | 14 42 | 11 00 | 05 45 | 06 56 | 19 24 | 25 20 | 17 00 |
| 6 | 9:05:24 | 17 24 28 | 03♐55 | 10♐55 | 22 56 | 05 32 | 15 15 | 11 15 | 05 52 | 06 57 | 19 26 | 25 22 | 16 57 |
| 7 | 9:09:21 | 18 25 17 | 17 54 | 24 52 | 21 51 | 06 47 | 15 47 | 11 29 | 05 59 | 06 58 | 19 28 | 25 24 | 16 54 |
| 8 | 9:13:18 | 19 26 05 | 01♑48 | 08♑42 | 20 42 | 08 02 | 16 20 | 11 43 | 06 06 | 06 59 | 19 30 | 25 26 | 16 51 |
| 9 | 9:17:14 | 20 26 52 | 15 35 | 22 26 | 19 31 | 09 17 | 16 53 | 11 57 | 06 13 | 07 00 | 19 32 | 25 28 | 16 48 |
| 10 | 9:21:11 | 21 27 38 | 29 14 | 06♒00 | 18 19 | 10 32 | 17 26 | 12 12 | 06 20 | 07 02 | 19 34 | 25 29 | 16 45 |
| 11 | 9:25:07 | 22 28 22 | 12♒42 | 19 22 | 17 09 | 11 48 | 17 59 | 12 26 | 06 27 | 07 03 | 19 36 | 25 31 | 16 41 |
| 12 | 9:29:04 | 23 29 05 | 25 58 | 02♓30 | 16 03 | 13 03 | 18 33 | 12 40 | 06 34 | 07 05 | 19 38 | 25 33 | 16 38 |
| 13 | 9:33:00 | 24 29 47 | 08♓58 | 15 22 | 15 01 | 14 18 | 19 06 | 12 54 | 06 41 | 07 06 | 19 40 | 25 35 | 16 35 |
| 14 | 9:36:57 | 25 30 27 | 21 42 | 27 58 | 14 05 | 15 33 | 19 39 | 13 08 | 06 48 | 07 08 | 19 42 | 25 37 | 16 32 |
| 15 | 9:40:53 | 26 31 06 | 04♈10 | 10♈18 | 13 16 | 16 48 | 20 13 | 13 22 | 06 55 | 07 09 | 19 44 | 25 38 | 16 29 |
| 16 | 9:44:50 | 27 31 43 | 16 23 | 22 25 | 12 35 | 18 03 | 20 47 | 13 36 | 07 02 | 07 11 | 19 47 | 25 40 | 16 26 |
| 17 | 9:48:47 | 28 32 18 | 28 24 | 04♉21 | 12 01 | 19 18 | 21 20 | 13 50 | 07 08 | 07 12 | 19 49 | 25 42 | 16 22 |
| 18 | 9:52:43 | 29 32 52 | 10♉17 | 16 11 | 11 35 | 20 33 | 21 54 | 14 04 | 07 15 | 07 14 | 19 51 | 25 44 | 16 19 |
| 19 | 9:56:40 | 00♓33 23 | 22 05 | 27 59 | 11 16 | 21 48 | 22 28 | 14 18 | 07 22 | 07 16 | 19 53 | 25 45 | 16 16 |
| 20 | 10:00:36 | 01 33 54 | 03♊55 | 09♊52 | 11 05 | 23 04 | 23 02 | 14 32 | 07 29 | 07 18 | 19 55 | 25 47 | 16 13 |
| 21 | 10:04:33 | 02 34 22 | 15 51 | 21 54 | 11 01 | 24 19 | 23 36 | 14 46 | 07 35 | 07 20 | 19 57 | 25 49 | 16 10 |
| 22 | 10:08:29 | 03 34 48 | 28 00 | 04♋11 | 11 04D | 25 34 | 24 10 | 15 00 | 07 42 | 07 22 | 20 00 | 25 50 | 16 06 |
| 23 | 10:12:26 | 04 35 13 | 10♋26 | 16 47 | 11 14 | 26 49 | 24 44 | 15 14 | 07 49 | 07 23 | 20 02 | 25 52 | 16 03 |
| 24 | 10:16:22 | 05 35 36 | 23 14 | 29 47 | 11 30 | 28 04 | 25 19 | 15 28 | 07 55 | 07 25 | 20 04 | 25 54 | 16 00 |
| 25 | 10:20:19 | 06 35 56 | 06♌26 | 13♌11 | 11 51 | 29 19 | 25 53 | 15 42 | 08 02 | 07 27 | 20 06 | 25 55 | 15 57 |
| 26 | 10:24:16 | 07 36 15 | 20 03 | 27 00 | 12 18 | 00♓34 | 26 27 | 15 55 | 08 09 | 07 30 | 20 09 | 25 57 | 15 54 |
| 27 | 10:28:12 | 08 36 32 | 04♍02 | 11♍09 | 12 50 | 01 49 | 27 02 | 16 09 | 08 15 | 07 32 | 20 11 | 25 59 | 15 51 |
| 28 | 10:32:09 | 09 36 47 | 18 20 | 25 35 | 13 26 | 03 04 | 27 36 | 16 23 | 08 22 | 07 34 | 20 13 | 26 00 | 15 47 |

## 0:00 E.T. — Longitudes of the Major Asteroids and Chiron

| D | ⚳ | ⚴ | ⚵ | ⚶ | ⚷ | D | ⚳ | ⚴ | ⚵ | ⚶ | ⚷ |
|---|---|---|---|---|---|---|---|---|---|---|---|
| 1 | 22♓28 | 18♒17 | 13♐17 | 20♍46℞ | 05♈55 | 15 | 27 38 | 23 02 | 16 45 | 18 38 | 06 32 |
| 2 | 22 50 | 18 38 | 13 33 | 20 40 | 05 57 | 16 | 28 01 | 23 22 | 16 59 | 18 26 | 06 35 |
| 3 | 23 12 | 18 58 | 13 48 | 20 33 | 06 00 | 17 | 28 24 | 23 43 | 17 13 | 18 13 | 06 37 |
| 4 | 23 34 | 19 19 | 14 04 | 20 26 | 06 02 | 18 | 28 46 | 24 03 | 17 26 | 18 00 | 06 40 |
| 5 | 23 56 | 19 39 | 14 19 | 20 18 | 06 05 | 19 | 29 09 | 24 23 | 17 39 | 17 47 | 06 43 |
| 6 | 24 18 | 19 59 | 14 34 | 20 10 | 06 07 | 20 | 29 32 | 24 43 | 17 52 | 17 34 | 06 46 |
| 7 | 24 40 | 20 20 | 14 49 | 20 02 | 06 10 | 21 | 29 55 | 25 03 | 18 05 | 17 20 | 06 49 |
| 8 | 25 02 | 20 40 | 15 04 | 19 53 | 06 12 | 22 | 00♈18 | 25 24 | 18 18 | 17 06 | 06 52 |
| 9 | 25 24 | 21 00 | 15 19 | 19 43 | 06 15 | 23 | 00 41 | 25 44 | 18 31 | 16 52 | 06 56 |
| 10 | 25 46 | 21 21 | 15 34 | 19 33 | 06 18 | 24 | 01 04 | 26 04 | 18 43 | 16 37 | 06 59 |
| 11 | 26 09 | 21 41 | 15 49 | 19 23 | 06 20 | 25 | 01 27 | 26 24 | 18 55 | 16 22 | 07 02 |
| 12 | 26 31 | 22 01 | 16 03 | 19 12 | 06 23 | 26 | 01 50 | 26 44 | 19 07 | 16 07 | 07 05 |
| 13 | 26 53 | 22 22 | 16 17 | 19 01 | 06 26 | 27 | 02 13 | 27 04 | 19 19 | 15 52 | 07 08 |
| 14 | 27 16 | 22 42 | 16 31 | 18 50 | 06 29 | 28 | 02 36 | 27 24 | 19 31 | 15 37 | 07 11 |

## Lunar Data

| Last Asp. | | Ingress | | |
|---|---|---|---|---|
| 1 | 11:11 | 1 | ♎ | 11:26 |
| 3 | 06:16 | 3 | ♏ | 14:16 |
| 5 | 09:21 | 5 | ♐ | 17:18 |
| 7 | 06:17 | 7 | ♑ | 20:53 |
| 9 | 17:23 | 10 | ♒ | 01:22 |
| 11 | 19:07 | 12 | ♓ | 07:24 |
| 14 | 07:30 | 14 | ♈ | 15:55 |
| 17 | 00:18 | 17 | ♉ | 03:13 |
| 19 | 07:29 | 19 | ♊ | 16:05 |
| 21 | 18:40 | 22 | ♋ | 03:54 |
| 24 | 04:54 | 24 | ♌ | 12:24 |
| 26 | 11:32 | 26 | ♍ | 17:08 |
| 28 | 15:59 | | | |

## 0:00 E.T. — Declinations

| D | ☉ | ☽ | ☿ | ♀ | ♂ | ♃ | ♄ | ♅ | ♆ | ♇ | ⚳ | ⚴ | ⚵ | ⚶ | ⚷ |
|---|---|---|---|---|---|---|---|---|---|---|---|---|---|---|---|
| 1 | -17 06 | +07 20 | -10 46 | -20 55 | +16 50 | -18 14 | -19 21 | +13 23 | -05 14 | -22 19 | -10 38 | +00 07 | -11 39 | +11 41 | +04 36 |
| 2 | 16 49 | 01 29 | 10 37 | 20 41 | 17 00 | 18 10 | 19 20 | 13 24 | 05 13 | 22 18 | 10 28 | 00 09 | 11 38 | 11 48 | 04 37 |
| 3 | 16 31 | -04 27 | 10 32 | 20 26 | 17 10 | 18 06 | 19 18 | 13 24 | 05 12 | 22 18 | 10 18 | 00 12 | 11 37 | 11 55 | 04 37 |
| 4 | 16 13 | 10 11 | 10 32 | 20 11 | 17 20 | 18 03 | 19 17 | 13 25 | 05 12 | 22 18 | 10 07 | 00 14 | 11 36 | 12 02 | 04 38 |
| 5 | 15 55 | 15 22 | 10 36 | 19 56 | 17 30 | 17 59 | 19 15 | 13 25 | 05 11 | 22 18 | 09 57 | 00 17 | 11 34 | 12 09 | 04 39 |
| 6 | 15 37 | 19 41 | 10 45 | 19 40 | 17 40 | 17 55 | 19 13 | 13 25 | 05 10 | 22 17 | 09 47 | 00 20 | 11 33 | 12 17 | 04 40 |
| 7 | 15 18 | 22 51 | 10 57 | 19 23 | 17 50 | 17 51 | 19 12 | 13 26 | 05 09 | 22 17 | 09 37 | 00 23 | 11 32 | 12 24 | 04 41 |
| 8 | 14 59 | 24 37 | 11 12 | 19 05 | 18 00 | 17 47 | 19 10 | 13 26 | 05 08 | 22 17 | 09 26 | 00 25 | 11 30 | 12 32 | 04 42 |
| 9 | 14 40 | 24 51 | 11 30 | 18 48 | 18 10 | 17 43 | 19 08 | 13 27 | 05 08 | 22 17 | 09 16 | 00 28 | 11 29 | 12 40 | 04 43 |
| 10 | 14 21 | 23 34 | 11 49 | 18 29 | 18 20 | 17 40 | 19 07 | 13 27 | 05 07 | 22 17 | 09 06 | 00 31 | 11 27 | 12 48 | 04 44 |
| 11 | 14 01 | 20 57 | 12 10 | 18 10 | 18 30 | 17 36 | 19 05 | 13 28 | 05 06 | 22 16 | 08 56 | 00 34 | 11 25 | 12 56 | 04 44 |
| 12 | 13 41 | 17 16 | 12 32 | 17 51 | 18 39 | 17 32 | 19 03 | 13 28 | 05 05 | 22 16 | 08 45 | 00 37 | 11 24 | 13 04 | 04 45 |
| 13 | 13 21 | 12 49 | 12 55 | 17 31 | 18 49 | 17 28 | 19 02 | 13 29 | 05 04 | 22 16 | 08 35 | 00 41 | 11 22 | 13 12 | 04 46 |
| 14 | 13 01 | 07 54 | 13 17 | 17 10 | 18 58 | 17 24 | 19 00 | 13 29 | 05 04 | 22 16 | 08 25 | 00 44 | 11 20 | 13 21 | 04 47 |
| 15 | 12 41 | 02 46 | 13 38 | 16 49 | 19 08 | 17 20 | 18 58 | 13 30 | 05 03 | 22 15 | 08 14 | 00 47 | 11 18 | 13 29 | 04 48 |
| 16 | 12 20 | +02 23 | 13 59 | 16 28 | 19 17 | 17 16 | 18 57 | 13 30 | 05 02 | 22 15 | 08 04 | 00 50 | 11 16 | 13 38 | 04 49 |
| 17 | 11 59 | 07 22 | 14 18 | 16 06 | 19 26 | 17 12 | 18 55 | 13 31 | 05 01 | 22 15 | 07 54 | 00 54 | 11 14 | 13 46 | 04 50 |
| 18 | 11 38 | 12 02 | 14 36 | 15 43 | 19 35 | 17 08 | 18 53 | 13 31 | 05 00 | 22 15 | 07 43 | 00 57 | 11 11 | 13 55 | 04 51 |
| 19 | 11 16 | 16 14 | 14 53 | 15 21 | 19 44 | 17 04 | 18 52 | 13 32 | 04 59 | 22 14 | 07 33 | 01 01 | 11 09 | 14 04 | 04 52 |
| 20 | 10 55 | 19 49 | 15 08 | 14 57 | 19 53 | 17 00 | 18 50 | 13 33 | 04 58 | 22 14 | 07 23 | 01 04 | 11 07 | 14 12 | 04 54 |
| 21 | 10 33 | 22 36 | 15 21 | 14 34 | 20 02 | 16 56 | 18 48 | 13 33 | 04 58 | 22 14 | 07 12 | 01 08 | 11 04 | 14 21 | 04 55 |
| 22 | 10 12 | 24 25 | 15 33 | 14 10 | 20 11 | 16 52 | 18 47 | 13 34 | 04 57 | 22 14 | 07 02 | 01 11 | 11 02 | 14 30 | 04 56 |
| 23 | 09 50 | 25 03 | 15 43 | 13 45 | 20 20 | 16 48 | 18 45 | 13 35 | 04 56 | 22 14 | 06 52 | 01 15 | 10 59 | 14 39 | 04 57 |
| 24 | 09 28 | 24 24 | 15 51 | 13 20 | 20 28 | 16 44 | 18 43 | 13 35 | 04 55 | 22 13 | 06 41 | 01 19 | 10 57 | 14 47 | 04 58 |
| 25 | 09 05 | 22 23 | 15 57 | 12 55 | 20 37 | 16 40 | 18 42 | 13 36 | 04 54 | 22 13 | 06 31 | 01 23 | 10 54 | 14 56 | 04 59 |
| 26 | 08 43 | 19 04 | 16 02 | 12 30 | 20 45 | 16 36 | 18 40 | 13 37 | 04 53 | 22 13 | 06 21 | 01 26 | 10 51 | 15 05 | 05 00 |
| 27 | 08 20 | 14 35 | 16 05 | 12 04 | 20 53 | 16 32 | 18 39 | 13 37 | 04 52 | 22 13 | 06 10 | 01 30 | 10 49 | 15 13 | 05 01 |
| 28 | 07 58 | 09 13 | 16 07 | 11 38 | 21 01 | 16 28 | 18 37 | 13 38 | 04 51 | 22 13 | 06 00 | 01 34 | 10 46 | 15 22 | 05 02 |

Lunar Phases -- 4 ◑ 17:38 11 ● 19:07 19 ◐ 18:48 27 ○ 08:18 Sun enters ♓ 2/18 10:46

## 0:00 E.T. Longitudes of Main Planets - March 2021

| D | S.T. | ☉ | ☽ | ☽ 12:00 | ☿ | ♀ | ♂ | ♃ | ♄ | ♅ | ♆ | ♇ | ☊ |
|---|---|---|---|---|---|---|---|---|---|---|---|---|---|
| 1 | 10:36:05 | 10♓37 01 | 02♎51 | 10♎09 | 14♒06 | 04♓19 | 28♉11 | 16♒37 | 08♒28 | 07♉36 | 20♓15 | 26♑02 | 15♊44 |
| 2 | 10:40:02 | 11 37 13 | 17 27 | 24 45 | 14 51 | 05 34 | 28 45 | 16 50 | 08 34 | 07 38 | 20 18 | 26 03 | 15 41 |
| 3 | 10:43:58 | 12 37 23 | 02♏01 | 09♏16 | 15 39 | 06 49 | 29 20 | 17 04 | 08 41 | 07 40 | 20 20 | 26 05 | 15 38 |
| 4 | 10:47:55 | 13 37 32 | 16 29 | 23 38 | 16 30 | 08 03 | 29 55 | 17 17 | 08 47 | 07 43 | 20 22 | 26 06 | 15 35 |
| 5 | 10:51:51 | 14 37 39 | 00♐45 | 07♐48 | 17 25 | 09 18 | 00♊30 | 17 31 | 08 53 | 07 45 | 20 24 | 26 08 | 15 32 |
| 6 | 10:55:48 | 15 37 45 | 14 49 | 21 45 | 18 22 | 10 33 | 01 05 | 17 44 | 09 00 | 07 48 | 20 27 | 26 09 | 15 28 |
| 7 | 10:59:45 | 16 37 50 | 28 39 | 05♑30 | 19 22 | 11 48 | 01 39 | 17 58 | 09 06 | 07 50 | 20 29 | 26 10 | 15 25 |
| 8 | 11:03:41 | 17 37 52 | 12♑17 | 19 02 | 20 25 | 13 03 | 02 14 | 18 11 | 09 12 | 07 52 | 20 31 | 26 12 | 15 22 |
| 9 | 11:07:38 | 18 37 53 | 25 44 | 02♒23 | 21 31 | 14 18 | 02 49 | 18 24 | 09 18 | 07 55 | 20 33 | 26 13 | 15 19 |
| 10 | 11:11:34 | 19 37 53 | 08♒59 | 15 32 | 22 38 | 15 33 | 03 25 | 18 38 | 09 24 | 07 57 | 20 36 | 26 15 | 15 16 |
| 11 | 11:15:31 | 20 37 51 | 22 03 | 28 31 | 23 48 | 16 48 | 04 00 | 18 51 | 09 30 | 08 00 | 20 38 | 26 16 | 15 12 |
| 12 | 11:19:27 | 21 37 47 | 04♓57 | 11♓19 | 25 00 | 18 03 | 04 35 | 19 04 | 09 36 | 08 03 | 20 40 | 26 17 | 15 09 |
| 13 | 11:23:24 | 22 37 40 | 17 38 | 23 54 | 26 13 | 19 17 | 05 10 | 19 17 | 09 42 | 08 05 | 20 43 | 26 18 | 15 06 |
| 14 | 11:27:20 | 23 37 32 | 00♈08 | 06♈18 | 27 29 | 20 32 | 05 45 | 19 30 | 09 48 | 08 08 | 20 45 | 26 20 | 15 03 |
| 15 | 11:31:17 | 24 37 22 | 12 25 | 18 30 | 28 46 | 21 47 | 06 21 | 19 43 | 09 53 | 08 11 | 20 47 | 26 21 | 15 00 |
| 16 | 11:35:14 | 25 37 10 | 24 32 | 00♉31 | 00♓05 | 23 02 | 06 56 | 19 56 | 09 59 | 08 13 | 20 49 | 26 22 | 14 57 |
| 17 | 11:39:10 | 26 36 56 | 06♉29 | 12 24 | 01 26 | 24 17 | 07 31 | 20 09 | 10 05 | 08 16 | 20 52 | 26 23 | 14 53 |
| 18 | 11:43:07 | 27 36 40 | 18 19 | 24 12 | 02 48 | 25 31 | 08 07 | 20 22 | 10 10 | 08 19 | 20 54 | 26 24 | 14 50 |
| 19 | 11:47:03 | 28 36 22 | 00♊06 | 05♊59 | 04 12 | 26 46 | 08 42 | 20 35 | 10 16 | 08 22 | 20 56 | 26 26 | 14 47 |
| 20 | 11:51:00 | 29 36 01 | 11 54 | 17 50 | 05 37 | 28 01 | 09 18 | 20 47 | 10 21 | 08 24 | 20 58 | 26 27 | 14 44 |
| 21 | 11:54:56 | 00♈35 38 | 23 49 | 29 51 | 07 04 | 29 16 | 09 53 | 21 00 | 10 27 | 08 27 | 21 01 | 26 28 | 14 41 |
| 22 | 11:58:53 | 01 35 13 | 05♋56 | 12♋05 | 08 32 | 00♈30 | 10 29 | 21 12 | 10 32 | 08 30 | 21 03 | 26 29 | 14 37 |
| 23 | 12:02:49 | 02 34 46 | 18 20 | 24 40 | 10 01 | 01 45 | 11 05 | 21 25 | 10 38 | 08 33 | 21 05 | 26 30 | 14 34 |
| 24 | 12:06:46 | 03 34 16 | 01♌06 | 07♌39 | 11 32 | 03 00 | 11 40 | 21 37 | 10 43 | 08 36 | 21 07 | 26 31 | 14 31 |
| 25 | 12:10:43 | 04 33 44 | 14 19 | 21 06 | 13 05 | 04 14 | 12 16 | 21 50 | 10 48 | 08 39 | 21 10 | 26 32 | 14 28 |
| 26 | 12:14:39 | 05 33 10 | 28 00 | 05♍01 | 14 38 | 05 29 | 12 52 | 22 02 | 10 53 | 08 42 | 21 12 | 26 33 | 14 25 |
| 27 | 12:18:36 | 06 32 33 | 12♍09 | 19 22 | 16 13 | 06 43 | 13 27 | 22 14 | 10 58 | 08 45 | 21 14 | 26 34 | 14 22 |
| 28 | 12:22:32 | 07 31 54 | 26 41 | 04♎05 | 17 50 | 07 58 | 14 03 | 22 26 | 11 03 | 08 48 | 21 16 | 26 35 | 14 18 |
| 29 | 12:26:29 | 08 31 13 | 11♎32 | 19 01 | 19 28 | 09 12 | 14 39 | 22 38 | 11 08 | 08 51 | 21 18 | 26 35 | 14 15 |
| 30 | 12:30:25 | 09 30 30 | 26 31 | 04♏01 | 21 07 | 10 27 | 15 15 | 22 50 | 11 13 | 08 54 | 21 21 | 26 36 | 14 12 |
| 31 | 12:34:22 | 10 29 46 | 11♏30 | 18 56 | 22 47 | 11 42 | 15 51 | 23 02 | 11 18 | 08 58 | 21 23 | 26 37 | 14 09 |

## 0:00 E.T. Longitudes of the Major Asteroids and Chiron

| D | ⚳ | ⚴ | ⚵ | ⚶ | ⚷ | D | ⚳ | ⚴ | ⚵ | ⚶ | ⚷ |
|---|---|---|---|---|---|---|---|---|---|---|---|
| 1 | 02♈59 | 27♒44 | 19♐42 | 15♍22℞ | 07♈14 | 17 | 09 14 | 02 58 | 22 16 | 11 14 | 08 08 |
| 2 | 03 22 | 28 04 | 19 53 | 15 06 | 07 18 | 18 | 09 38 | 03 17 | 22 23 | 11 00 | 08 12 |
| 3 | 03 46 | 28 23 | 20 04 | 14 50 | 07 21 | 19 | 10 02 | 03 36 | 22 30 | 10 46 | 08 15 |
| 4 | 04 09 | 28 43 | 20 15 | 14 35 | 07 24 | 20 | 10 25 | 03 56 | 22 38 | 10 32 | 08 19 |
| 5 | 04 32 | 29 03 | 20 26 | 14 19 | 07 27 | 21 | 10 49 | 04 15 | 22 44 | 10 19 | 08 22 |
| 6 | 04 56 | 29 23 | 20 36 | 14 03 | 07 31 | 22 | 11 13 | 04 34 | 22 51 | 10 05 | 08 26 |
| 7 | 05 19 | 29 43 | 20 46 | 13 48 | 07 34 | 23 | 11 37 | 04 53 | 22 57 | 09 52 | 08 29 |
| 8 | 05 42 | 00♓02 | 20 56 | 13 32 | 07 37 | 24 | 12 00 | 05 12 | 23 03 | 09 40 | 08 33 |
| 9 | 06 06 | 00 22 | 21 06 | 13 16 | 07 41 | 25 | 12 24 | 05 31 | 23 09 | 09 27 | 08 36 |
| 10 | 06 29 | 00 42 | 21 16 | 13 00 | 07 44 | 26 | 12 48 | 05 49 | 23 14 | 09 16 | 08 40 |
| 11 | 06 53 | 01 01 | 21 25 | 12 45 | 07 48 | 27 | 13 12 | 06 08 | 23 20 | 09 04 | 08 43 |
| 12 | 07 16 | 01 21 | 21 34 | 12 29 | 07 51 | 28 | 13 36 | 06 27 | 23 24 | 08 53 | 08 47 |
| 13 | 07 40 | 01 40 | 21 43 | 12 14 | 07 54 | 29 | 13 59 | 06 45 | 23 29 | 08 42 | 08 50 |
| 14 | 08 04 | 02 00 | 21 51 | 11 59 | 07 58 | 30 | 14 23 | 07 04 | 23 33 | 08 32 | 08 54 |
| 15 | 08 27 | 02 19 | 22 00 | 11 44 | 08 01 | 31 | 14 47 | 07 23 | 23 37 | 08 22 | 08 57 |
| 16 | 08 51 | 02 39 | 22 08 | 11 29 | 08 05 | | | | | | |

## Lunar Data

| Last Asp. | | Ingress | | |
|---|---|---|---|---|
| 2 | 14:10 | 2 | ♏ | 20:39 |
| 4 | 16:11 | 4 | ♐ | 22:44 |
| 6 | 09:45 | 7 | ♑ | 02:22 |
| 9 | 00:53 | 9 | ♒ | 07:42 |
| 11 | 03:33 | 11 | ♓ | 14:45 |
| 13 | 16:39 | 13 | ♈ | 23:45 |
| 16 | 03:41 | 16 | ♉ | 10:58 |
| 18 | 20:41 | 18 | ♊ | 23:48 |
| 21 | 12:05 | 21 | ♋ | 12:19 |
| 23 | 15:27 | 23 | ♌ | 21:57 |
| 25 | 13:29 | 26 | ♍ | 03:26 |
| 27 | 23:49 | 28 | ♎ | 05:23 |
| 30 | 00:09 | 30 | ♏ | 05:34 |

## 0:00 E.T. Declinations

| D | ☉ | ☽ | ☿ | ♀ | ♂ | ♃ | ♄ | ♅ | ♆ | ♇ | ⚳ | ⚴ | ⚵ | ⚶ | ⚷ |
|---|---|---|---|---|---|---|---|---|---|---|---|---|---|---|---|
| 1 | -07 35 | +03 16 | -16 07 | -11 11 | +21 09 | -16 24 | -18 35 | +13 39 | -04 51 | -22 13 | -05 50 | +01 38 | -10 43 | +15 30 | +05 04 |
| 2 | 07 12 | -02 55 | 16 05 | 10 44 | 21 17 | 16 20 | 18 34 | 13 39 | 04 50 | 22 12 | 05 40 | 01 42 | 10 40 | 15 38 | 05 05 |
| 3 | 06 49 | 08 56 | 16 01 | 10 17 | 21 25 | 16 16 | 18 32 | 13 40 | 04 49 | 22 12 | 05 29 | 01 46 | 10 37 | 15 47 | 05 06 |
| 4 | 06 26 | 14 25 | 15 56 | 09 50 | 21 33 | 16 12 | 18 31 | 13 41 | 04 48 | 22 12 | 05 19 | 01 50 | 10 34 | 15 55 | 05 07 |
| 5 | 06 03 | 19 03 | 15 50 | 09 22 | 21 40 | 16 08 | 18 29 | 13 42 | 04 47 | 22 12 | 05 09 | 01 54 | 10 30 | 16 03 | 05 08 |
| 6 | 05 40 | 22 31 | 15 42 | 08 55 | 21 48 | 16 04 | 18 28 | 13 43 | 04 46 | 22 12 | 04 58 | 01 58 | 10 27 | 16 11 | 05 10 |
| 7 | 05 17 | 24 35 | 15 32 | 08 27 | 21 55 | 16 00 | 18 26 | 13 43 | 04 45 | 22 12 | 04 48 | 02 03 | 10 24 | 16 19 | 05 11 |
| 8 | 04 53 | 25 09 | 15 21 | 07 58 | 22 02 | 15 56 | 18 25 | 13 44 | 04 44 | 22 11 | 04 38 | 02 07 | 10 20 | 16 26 | 05 12 |
| 9 | 04 30 | 24 12 | 15 09 | 07 30 | 22 09 | 15 52 | 18 23 | 13 45 | 04 43 | 22 11 | 04 28 | 02 11 | 10 17 | 16 34 | 05 13 |
| 10 | 04 06 | 21 55 | 14 55 | 07 01 | 22 16 | 15 49 | 18 22 | 13 46 | 04 43 | 22 11 | 04 17 | 02 15 | 10 13 | 16 41 | 05 14 |
| 11 | 03 43 | 18 31 | 14 40 | 06 32 | 22 23 | 15 45 | 18 20 | 13 47 | 04 42 | 22 11 | 04 07 | 02 20 | 10 10 | 16 49 | 05 16 |
| 12 | 03 19 | 14 17 | 14 23 | 06 03 | 22 30 | 15 41 | 18 19 | 13 48 | 04 41 | 22 11 | 03 57 | 02 24 | 10 06 | 16 56 | 05 17 |
| 13 | 02 56 | 09 29 | 14 05 | 05 34 | 22 36 | 15 37 | 18 17 | 13 48 | 04 40 | 22 11 | 03 47 | 02 28 | 10 03 | 17 02 | 05 18 |
| 14 | 02 32 | 04 22 | 13 46 | 05 04 | 22 43 | 15 33 | 18 16 | 13 49 | 04 39 | 22 11 | 03 36 | 02 33 | 09 59 | 17 09 | 05 19 |
| 15 | 02 08 | +00 50 | 13 25 | 04 35 | 22 49 | 15 29 | 18 14 | 13 50 | 04 38 | 22 11 | 03 26 | 02 37 | 09 55 | 17 15 | 05 21 |
| 16 | 01 44 | 05 57 | 13 03 | 04 05 | 22 55 | 15 25 | 18 13 | 13 51 | 04 37 | 22 10 | 03 16 | 02 42 | 09 51 | 17 22 | 05 22 |
| 17 | 01 21 | 10 47 | 12 39 | 03 35 | 23 01 | 15 21 | 18 11 | 13 52 | 04 36 | 22 10 | 03 06 | 02 46 | 09 47 | 17 28 | 05 23 |
| 18 | 00 57 | 15 12 | 12 14 | 03 05 | 23 07 | 15 17 | 18 10 | 13 53 | 04 35 | 22 10 | 02 56 | 02 51 | 09 43 | 17 34 | 05 25 |
| 19 | 00 33 | 19 00 | 11 48 | 02 35 | 23 13 | 15 13 | 18 09 | 13 54 | 04 35 | 22 10 | 02 46 | 02 55 | 09 39 | 17 39 | 05 26 |
| 20 | 00 10 | 22 04 | 11 21 | 02 05 | 23 18 | 15 09 | 18 07 | 13 55 | 04 34 | 22 10 | 02 35 | 03 00 | 09 35 | 17 44 | 05 27 |
| 21 | +00 14 | 24 11 | 10 53 | 01 35 | 23 24 | 15 05 | 18 06 | 13 56 | 04 33 | 22 10 | 02 25 | 03 04 | 09 31 | 17 49 | 05 29 |
| 22 | 00 38 | 25 14 | 10 23 | 01 05 | 23 29 | 15 01 | 18 04 | 13 57 | 04 32 | 22 10 | 02 15 | 03 09 | 09 27 | 17 54 | 05 30 |
| 23 | 01 02 | 25 03 | 09 52 | 00 35 | 23 34 | 14 57 | 18 03 | 13 58 | 04 31 | 22 10 | 02 05 | 03 13 | 09 23 | 17 59 | 05 31 |
| 24 | 01 25 | 23 33 | 09 20 | 00 05 | 23 39 | 14 54 | 18 02 | 13 59 | 04 30 | 22 10 | 01 55 | 03 18 | 09 19 | 18 03 | 05 32 |
| 25 | 01 49 | 20 45 | 08 46 | +00 26 | 23 44 | 14 50 | 18 00 | 14 00 | 04 29 | 22 10 | 01 45 | 03 23 | 09 14 | 18 07 | 05 34 |
| 26 | 02 12 | 16 44 | 08 11 | 00 56 | 23 48 | 14 46 | 17 59 | 14 01 | 04 28 | 22 10 | 01 35 | 03 27 | 09 10 | 18 11 | 05 35 |
| 27 | 02 36 | 11 40 | 07 36 | 01 26 | 23 53 | 14 42 | 17 58 | 14 02 | 04 28 | 22 10 | 01 25 | 03 32 | 09 06 | 18 15 | 05 36 |
| 28 | 02 59 | 05 49 | 06 59 | 01 56 | 23 57 | 14 38 | 17 57 | 14 03 | 04 27 | 22 10 | 01 15 | 03 37 | 09 01 | 18 18 | 05 38 |
| 29 | 03 23 | -00 28 | 06 21 | 02 27 | 24 02 | 14 35 | 17 55 | 14 04 | 04 26 | 22 09 | 01 05 | 03 41 | 08 57 | 18 21 | 05 39 |
| 30 | 03 46 | 06 49 | 05 41 | 02 57 | 24 06 | 14 31 | 17 54 | 14 05 | 04 25 | 22 09 | 00 55 | 03 46 | 08 53 | 18 24 | 05 40 |
| 31 | 04 09 | 12 47 | 05 01 | 03 27 | 24 10 | 14 27 | 17 53 | 14 06 | 04 24 | 22 09 | 00 45 | 03 51 | 08 48 | 18 26 | 05 42 |

Lunar Phases -- 6 ◑ 01:31 13 ● 10:22 21 ◐ 14:41 28 ○ 18:49 Sun enters ♈ 3/20 09:39

| D | S.T. | ☉ | ☽ | ☽ 12:00 | ☿ | ♀ | ♂ | ♃ | ♄ | ♅ | ♆ | ♇ | ☊ |
|---|---|---|---|---|---|---|---|---|---|---|---|---|---|
| 1 | 12:38:18 | 11♈28 59 | 26♏20 | 03♐39 | 24♓29 | 12♈56 | 16♊27 | 23♒14 | 11♒22 | 09♉01 | 21♓25 | 26♑38 | 14♊06 |
| 2 | 12:42:15 | 12 28 10 | 10♐55 | 18 05 | 26 13 | 14 11 | 17 03 | 23 25 | 11 27 | 09 04 | 21 27 | 26 39 | 14 03 |
| 3 | 12:46:12 | 13 27 20 | 25 11 | 02♑11 | 27 57 | 15 25 | 17 38 | 23 37 | 11 32 | 09 07 | 21 29 | 26 39 | 13 59 |
| 4 | 12:50:08 | 14 26 28 | 09♑07 | 15 57 | 29 43 | 16 39 | 18 14 | 23 49 | 11 36 | 09 10 | 21 31 | 26 40 | 13 56 |
| 5 | 12:54:05 | 15 25 35 | 22 43 | 29 24 | 01♈31 | 17 54 | 18 50 | 24 00 | 11 40 | 09 13 | 21 34 | 26 41 | 13 53 |
| 6 | 12:58:01 | 16 24 39 | 06♒01 | 12♒34 | 03 20 | 19 08 | 19 26 | 24 11 | 11 45 | 09 17 | 21 36 | 26 41 | 13 50 |
| 7 | 13:01:58 | 17 23 42 | 19 03 | 25 28 | 05 11 | 20 23 | 20 02 | 24 23 | 11 49 | 09 20 | 21 38 | 26 42 | 13 47 |
| 8 | 13:05:54 | 18 22 43 | 01♓50 | 08♓09 | 07 02 | 21 37 | 20 38 | 24 34 | 11 53 | 09 23 | 21 40 | 26 43 | 13 43 |
| 9 | 13:09:51 | 19 21 42 | 14 25 | 20 39 | 08 56 | 22 51 | 21 15 | 24 45 | 11 57 | 09 26 | 21 42 | 26 43 | 13 40 |
| 10 | 13:13:47 | 20 20 40 | 26 49 | 02♈58 | 10 51 | 24 06 | 21 51 | 24 56 | 12 01 | 09 30 | 21 44 | 26 44 | 13 37 |
| 11 | 13:17:44 | 21 19 35 | 09♈03 | 15 07 | 12 47 | 25 20 | 22 27 | 25 07 | 12 05 | 09 33 | 21 46 | 26 44 | 13 34 |
| 12 | 13:21:41 | 22 18 28 | 21 09 | 27 08 | 14 45 | 26 35 | 23 03 | 25 17 | 12 09 | 09 36 | 21 48 | 26 45 | 13 31 |
| 13 | 13:25:37 | 23 17 20 | 03♉06 | 09♉03 | 16 44 | 27 49 | 23 39 | 25 28 | 12 13 | 09 40 | 21 50 | 26 45 | 13 28 |
| 14 | 13:29:34 | 24 16 09 | 14 58 | 20 52 | 18 44 | 29 03 | 24 15 | 25 39 | 12 17 | 09 43 | 21 52 | 26 46 | 13 24 |
| 15 | 13:33:30 | 25 14 56 | 26 45 | 02♊39 | 20 46 | 00♉17 | 24 52 | 25 49 | 12 20 | 09 47 | 21 54 | 26 46 | 13 21 |
| 16 | 13:37:27 | 26 13 41 | 08♊32 | 14 26 | 22 49 | 01 32 | 25 28 | 26 00 | 12 24 | 09 50 | 21 56 | 26 46 | 13 18 |
| 17 | 13:41:23 | 27 12 25 | 20 21 | 26 18 | 24 53 | 02 46 | 26 04 | 26 10 | 12 27 | 09 53 | 21 58 | 26 47 | 13 15 |
| 18 | 13:45:20 | 28 11 06 | 02♋17 | 08♋18 | 26 58 | 04 00 | 26 40 | 26 20 | 12 31 | 09 57 | 22 00 | 26 47 | 13 12 |
| 19 | 13:49:16 | 29 09 44 | 14 23 | 20 32 | 29 04 | 05 14 | 27 17 | 26 30 | 12 34 | 10 00 | 22 02 | 26 47 | 13 09 |
| 20 | 13:53:13 | 00♉08 21 | 26 45 | 03♌04 | 01♉11 | 06 28 | 27 53 | 26 40 | 12 37 | 10 04 | 22 04 | 26 47 | 13 05 |
| 21 | 13:57:09 | 01 06 55 | 09♌28 | 15 59 | 03 19 | 07 43 | 28 29 | 26 50 | 12 40 | 10 07 | 22 06 | 26 48 | 13 02 |
| 22 | 14:01:06 | 02 05 27 | 22 36 | 29 21 | 05 27 | 08 57 | 29 06 | 26 59 | 12 43 | 10 10 | 22 08 | 26 48 | 12 59 |
| 23 | 14:05:03 | 03 03 57 | 06♍12 | 13♍11 | 07 35 | 10 11 | 29 42 | 27 09 | 12 46 | 10 14 | 22 09 | 26 48 | 12 56 |
| 24 | 14:08:59 | 04 02 25 | 20 17 | 27 30 | 09 42 | 11 25 | 00♋18 | 27 18 | 12 49 | 10 17 | 22 11 | 26 48 | 12 53 |
| 25 | 14:12:56 | 05 00 51 | 04♎49 | 12♎14 | 11 50 | 12 39 | 00 55 | 27 28 | 12 52 | 10 21 | 22 13 | 26 48 | 12 49 |
| 26 | 14:16:52 | 05 59 14 | 19 43 | 27 16 | 13 57 | 13 53 | 01 31 | 27 37 | 12 55 | 10 24 | 22 15 | 26 48 | 12 46 |
| 27 | 14:20:49 | 06 57 36 | 04♏51 | 12♏28 | 16 02 | 15 07 | 02 08 | 27 46 | 12 57 | 10 28 | 22 17 | 26 48 | 12 43 |
| 28 | 14:24:45 | 07 55 56 | 20 04 | 27 39 | 18 06 | 16 21 | 02 44 | 27 55 | 13 00 | 10 31 | 22 18 | 26 48℞ | 12 40 |
| 29 | 14:28:42 | 08 54 14 | 05♐12 | 12♐41 | 20 09 | 17 35 | 03 20 | 28 04 | 13 02 | 10 35 | 22 20 | 26 48 | 12 37 |
| 30 | 14:32:38 | 09 52 30 | 20 05 | 27 24 | 22 10 | 18 49 | 03 57 | 28 13 | 13 04 | 10 38 | 22 22 | 26 48 | 12 34 |

**0:00 E.T.**     Longitudes of the Major Asteroids and Chiron     Lunar Data

| D | ⚳ | ⚴ | ⚵ | ⚶ | ⚷ | D | ⚳ | ⚴ | ⚵ | ⚶ | ⚷ | Last Asp. | Ingress |
|---|---|---|---|---|---|---|---|---|---|---|---|---|---|
| 1 | 15♈11 | 07♓41 | 23♐41 | 08♍13℞ | 09♈01 | 16 | 21 09 | 12 09 | 24 00 | 06 46 | 09 53 | 1   00:30 | 1 ♐ 05:60 |
| 2 | 15 35 | 07 59 | 23 45 | 08 03 | 09 04 | 17 | 21 33 | 12 26 | 23 59 | 06 44 | 09 56 | 3   05:25 | 3 ♑ 08:14 |
| 3 | 15 59 | 08 18 | 23 48 | 07 55 | 09 08 | 18 | 21 57 | 12 43 | 23 57 | 06 43 | 10 00 | 5   07:06 | 5 ♒ 13:05 |
| 4 | 16 22 | 08 36 | 23 51 | 07 47 | 09 11 | 19 | 22 21 | 13 00 | 23 55 | 06 42 | 10 03 | 7   10:06 | 7 ♓ 20:32 |
| 5 | 16 46 | 08 54 | 23 53 | 07 39 | 09 15 | 20 | 22 44 | 13 17 | 23 53 | 06 42 | 10 07 | 9   23:49 | 10 ♈ 06:12 |
| 6 | 17 10 | 09 12 | 23 55 | 07 32 | 09 18 | 21 | 23 08 | 13 34 | 23 50 | 06 42℃ | 10 10 | 12   12:07 | 12 ♉ 17:45 |
| 7 | 17 34 | 09 30 | 23 57 | 07 25 | 09 22 | 22 | 23 32 | 13 51 | 23 47 | 06 42 | 10 13 | 15   00:01 | 15 ♊ 06:36 |
| 8 | 17 58 | 09 48 | 23 59 | 07 19 | 09 25 | 23 | 23 56 | 14 07 | 23 44 | 06 43 | 10 17 | 17   15:04 | 17 ♋ 19:26 |
| 9 | 18 22 | 10 06 | 24 00 | 07 13 | 09 29 | 24 | 24 20 | 14 24 | 23 40 | 06 45 | 10 20 | 20   00:04 | 20 ♌ 06:12 |
| 10 | 18 46 | 10 24 | 24 01 | 07 08 | 09 32 | 25 | 24 43 | 14 40 | 23 36 | 06 47 | 10 23 | 22   12:06 | 22 ♍ 13:09 |
| 11 | 19 10 | 10 42 | 24 02 | 07 03 | 09 36 | 26 | 25 07 | 14 57 | 23 32 | 06 49 | 10 26 | 24   10:51 | 24 ♎ 16:07 |
| 12 | 19 34 | 10 59 | 24 02 | 06 59 | 09 39 | 27 | 25 31 | 15 13 | 23 27 | 06 52 | 10 30 | 26   12:41 | 26 ♏ 16:19 |
| 13 | 19 57 | 11 17 | 24 02℞ | 06 55 | 09 43 | 28 | 25 55 | 15 29 | 23 22 | 06 56 | 10 33 | 28   12:33 | 28 ♐ 15:44 |
| 14 | 20 21 | 11 34 | 24 02 | 06 51 | 09 46 | 29 | 26 18 | 15 45 | 23 17 | 07 00 | 10 36 | 30   13:28 | 30 ♑ 16:18 |
| 15 | 20 45 | 11 52 | 24 01 | 06 48 | 09 50 | 30 | 26 42 | 16 01 | 23 11 | 07 04 | 10 39 | | |

**0:00 E.T.**     Declinations

| D | ☉ | ☽ | ☿ | ♀ | ♂ | ♃ | ♄ | ♅ | ♆ | ♇ | ⚳ | ⚴ | ⚵ | ⚶ | ⚷ |
|---|---|---|---|---|---|---|---|---|---|---|---|---|---|---|---|
| 1 | +04 33 | -17 57 | -04 20 | +03 57 | +24 13 | -14 23 | -17 52 | +14 07 | -04 23 | -22 09 | -00 36 | +03 55 | -08 43 | +18 29 | +05 43 |
| 2 | 04 56 | 21 56 | 03 37 | 04 27 | 24 17 | 14 20 | 17 51 | 14 08 | 04 23 | 22 09 | 00 26 | 04 00 | 08 39 | 18 31 | 05 44 |
| 3 | 05 19 | 24 28 | 02 53 | 04 57 | 24 20 | 14 16 | 17 49 | 14 09 | 04 22 | 22 09 | 00 16 | 04 05 | 08 34 | 18 33 | 05 46 |
| 4 | 05 42 | 25 24 | 02 09 | 05 26 | 24 24 | 14 12 | 17 48 | 14 10 | 04 21 | 22 09 | +00 06 | 04 10 | 08 30 | 18 34 | 05 47 |
| 5 | 06 04 | 24 46 | 01 23 | 05 56 | 24 27 | 14 09 | 17 47 | 14 11 | 04 20 | 22 09 | +00 04 | 04 14 | 08 25 | 18 35 | 05 48 |
| 6 | 06 27 | 22 44 | 00 37 | 06 25 | 24 30 | 14 05 | 17 45 | 14 12 | 04 19 | 22 09 | 00 13 | 04 19 | 08 20 | 18 36 | 05 50 |
| 7 | 06 50 | 19 33 | +00 11 | 06 55 | 24 32 | 14 02 | 17 45 | 14 13 | 04 18 | 22 09 | 00 23 | 04 24 | 08 16 | 18 37 | 05 51 |
| 8 | 07 12 | 15 30 | 00 59 | 07 24 | 24 35 | 13 58 | 17 44 | 14 14 | 04 18 | 22 09 | 00 33 | 04 28 | 08 11 | 18 38 | 05 52 |
| 9 | 07 35 | 10 50 | 01 49 | 07 53 | 24 37 | 13 54 | 17 43 | 14 15 | 04 17 | 22 09 | 00 43 | 04 33 | 08 06 | 18 38 | 05 54 |
| 10 | 07 57 | 05 47 | 02 39 | 08 22 | 24 40 | 13 51 | 17 42 | 14 16 | 04 16 | 22 09 | 00 52 | 04 38 | 08 01 | 18 38 | 05 55 |
| 11 | 08 19 | 00 35 | 03 30 | 08 51 | 24 42 | 13 47 | 17 41 | 14 17 | 04 15 | 22 09 | 01 02 | 04 43 | 07 57 | 18 38 | 05 56 |
| 12 | 08 41 | +04 35 | 04 22 | 09 19 | 24 44 | 13 44 | 17 40 | 14 18 | 04 14 | 22 09 | 01 11 | 04 47 | 07 52 | 18 37 | 05 58 |
| 13 | 09 03 | 09 32 | 05 14 | 09 47 | 24 45 | 13 41 | 17 39 | 14 19 | 04 14 | 22 10 | 01 21 | 04 52 | 07 47 | 18 36 | 05 59 |
| 14 | 09 25 | 14 07 | 06 07 | 10 15 | 24 47 | 13 37 | 17 38 | 14 20 | 04 13 | 22 10 | 01 30 | 04 57 | 07 42 | 18 35 | 06 00 |
| 15 | 09 46 | 18 09 | 07 00 | 10 43 | 24 49 | 13 34 | 17 37 | 14 21 | 04 12 | 22 10 | 01 40 | 05 02 | 07 37 | 18 33 | 06 03 |
| 16 | 10 07 | 21 28 | 07 54 | 11 11 | 24 50 | 13 31 | 17 36 | 14 22 | 04 11 | 22 10 | 01 49 | 05 06 | 07 32 | 18 31 | 06 03 |
| 17 | 10 29 | 23 53 | 08 48 | 11 38 | 24 51 | 13 27 | 17 36 | 14 23 | 04 11 | 22 10 | 01 59 | 05 11 | 07 28 | 18 31 | 06 04 |
| 18 | 10 50 | 25 16 | 09 42 | 12 05 | 24 52 | 13 24 | 17 35 | 14 25 | 04 10 | 22 10 | 02 08 | 05 16 | 07 23 | 18 29 | 06 06 |
| 19 | 11 11 | 25 28 | 10 36 | 12 32 | 24 53 | 13 21 | 17 34 | 14 26 | 04 09 | 22 10 | 02 17 | 05 20 | 07 18 | 18 27 | 06 07 |
| 20 | 11 31 | 24 25 | 11 30 | 12 58 | 24 54 | 13 18 | 17 33 | 14 27 | 04 09 | 22 10 | 02 27 | 05 25 | 07 13 | 18 25 | 06 08 |
| 21 | 11 52 | 22 07 | 12 23 | 13 24 | 24 54 | 13 14 | 17 32 | 14 28 | 04 08 | 22 10 | 02 36 | 05 30 | 07 08 | 18 22 | 06 10 |
| 22 | 12 12 | 18 37 | 13 16 | 13 50 | 24 54 | 13 11 | 17 32 | 14 29 | 04 07 | 22 10 | 02 45 | 05 34 | 07 03 | 18 20 | 06 11 |
| 23 | 12 32 | 14 02 | 14 08 | 14 15 | 24 54 | 13 08 | 17 31 | 14 30 | 04 06 | 22 10 | 02 54 | 05 39 | 06 58 | 18 17 | 06 12 |
| 24 | 12 52 | 08 33 | 15 00 | 14 40 | 24 54 | 13 05 | 17 30 | 14 31 | 04 06 | 22 10 | 03 04 | 05 44 | 06 54 | 18 13 | 06 13 |
| 25 | 13 12 | 02 27 | 15 50 | 15 05 | 24 54 | 13 02 | 17 30 | 14 32 | 04 05 | 22 10 | 03 13 | 05 48 | 06 49 | 18 10 | 06 15 |
| 26 | 13 31 | -03 57 | 16 38 | 15 29 | 24 53 | 12 59 | 17 29 | 14 33 | 04 04 | 22 11 | 03 22 | 05 53 | 06 44 | 18 07 | 06 16 |
| 27 | 13 50 | 10 14 | 17 26 | 15 53 | 24 52 | 12 56 | 17 28 | 14 34 | 04 04 | 22 11 | 03 31 | 05 57 | 06 39 | 18 03 | 06 17 |
| 28 | 14 09 | 15 57 | 18 11 | 16 17 | 24 51 | 12 53 | 17 28 | 14 35 | 04 03 | 22 11 | 03 40 | 06 02 | 06 34 | 17 59 | 06 18 |
| 29 | 14 28 | 20 38 | 18 54 | 16 40 | 24 51 | 12 50 | 17 27 | 14 37 | 04 02 | 22 11 | 03 49 | 06 06 | 06 30 | 17 55 | 06 20 |
| 30 | 14 46 | 23 53 | 19 36 | 17 03 | 24 50 | 12 48 | 17 27 | 14 38 | 04 02 | 22 11 | 03 58 | 06 11 | 06 25 | 17 50 | 06 21 |

Lunar Phases --    4 ◗ 10:04    12 ● 02:32    20 ◖ 07:00    27 ○ 03:33     Sun enters ♉ 4/19 20:35

## 0:00 E.T. Longitudes of Main Planets - May 2021 May 21

| D | S.T. | ☉ | ☽ | ☽ 12:00 | ☿ | ♀ | ♂ | ♃ | ♄ | ♅ | ♆ | ♇ | ☊ |
|---|---|---|---|---|---|---|---|---|---|---|---|---|---|
| 1 | 14:36:35 | 10♉50 45 | 04♑38 | 11♑46 | 24♉08 | 20♉03 | 04♋33 | 28♒21 | 13♒07 | 10♉41 | 22♓23 | 26♑48℞ | 12♊30 |
| 2 | 14:40:32 | 11 48 59 | 18 47 | 25 42 | 26 04 | 21 17 | 05 10 | 28 30 | 13 09 | 10 45 | 22 25 | 26 48 | 12 27 |
| 3 | 14:44:28 | 12 47 11 | 02♒32 | 09♒15 | 27 57 | 22 31 | 05 46 | 28 38 | 13 11 | 10 48 | 22 27 | 26 48 | 12 24 |
| 4 | 14:48:25 | 13 45 22 | 15 52 | 22 24 | 29 47 | 23 45 | 06 23 | 28 46 | 13 13 | 10 52 | 22 28 | 26 48 | 12 21 |
| 5 | 14:52:21 | 14 43 31 | 28 51 | 05♓13 | 01♊34 | 24 58 | 06 59 | 28 54 | 13 14 | 10 55 | 22 30 | 26 48 | 12 18 |
| 6 | 14:56:18 | 15 41 38 | 11♓31 | 17 45 | 03 18 | 26 12 | 07 36 | 29 02 | 13 16 | 10 59 | 22 31 | 26 47 | 12 15 |
| 7 | 15:00:14 | 16 39 44 | 23 56 | 00♈03 | 04 58 | 27 26 | 08 13 | 29 10 | 13 18 | 11 02 | 22 33 | 26 47 | 12 11 |
| 8 | 15:04:11 | 17 37 49 | 06♈08 | 12 10 | 06 35 | 28 40 | 08 49 | 29 18 | 13 19 | 11 06 | 22 34 | 26 47 | 12 08 |
| 9 | 15:08:07 | 18 35 52 | 18 11 | 24 09 | 08 08 | 29 54 | 09 26 | 29 25 | 13 21 | 11 09 | 22 36 | 26 47 | 12 05 |
| 10 | 15:12:04 | 19 33 54 | 00♉06 | 06♉02 | 09 38 | 01♊08 | 10 02 | 29 32 | 13 22 | 11 12 | 22 37 | 26 46 | 12 02 |
| 11 | 15:16:01 | 20 31 54 | 11 57 | 17 51 | 11 03 | 02 21 | 10 39 | 29 40 | 13 24 | 11 16 | 22 39 | 26 46 | 11 59 |
| 12 | 15:19:57 | 21 29 53 | 23 45 | 29 38 | 12 25 | 03 35 | 11 15 | 29 47 | 13 25 | 11 19 | 22 40 | 26 45 | 11 55 |
| 13 | 15:23:54 | 22 27 50 | 05♊32 | 11♊26 | 13 43 | 04 49 | 11 52 | 29 54 | 13 26 | 11 23 | 22 41 | 26 45 | 11 52 |
| 14 | 15:27:50 | 23 25 46 | 17 21 | 23 17 | 14 56 | 06 02 | 12 29 | 00♓00 | 13 27 | 11 26 | 22 43 | 26 45 | 11 49 |
| 15 | 15:31:47 | 24 23 40 | 29 14 | 05♋14 | 16 06 | 07 16 | 13 05 | 00 07 | 13 28 | 11 30 | 22 44 | 26 44 | 11 46 |
| 16 | 15:35:43 | 25 21 33 | 11♋15 | 17 19 | 17 12 | 08 30 | 13 42 | 00 13 | 13 28 | 11 33 | 22 45 | 26 44 | 11 43 |
| 17 | 15:39:40 | 26 19 23 | 23 26 | 29 37 | 18 13 | 09 44 | 14 19 | 00 20 | 13 29 | 11 36 | 22 47 | 26 43 | 11 40 |
| 18 | 15:43:36 | 27 17 12 | 05♌51 | 12♌10 | 19 10 | 10 57 | 14 55 | 00 26 | 13 30 | 11 40 | 22 48 | 26 43 | 11 36 |
| 19 | 15:47:33 | 28 15 00 | 18 34 | 25 04 | 20 03 | 12 11 | 15 32 | 00 32 | 13 30 | 11 43 | 22 49 | 26 42 | 11 33 |
| 20 | 15:51:30 | 29 12 45 | 01♍39 | 08♍20 | 20 52 | 13 24 | 16 09 | 00 38 | 13 30 | 11 46 | 22 50 | 26 41 | 11 30 |
| 21 | 15:55:26 | 00♊10 29 | 15 08 | 22 02 | 21 36 | 14 38 | 16 46 | 00 43 | 13 31 | 11 50 | 22 51 | 26 41 | 11 27 |
| 22 | 15:59:23 | 01 08 12 | 29 03 | 06♎10 | 22 15 | 15 52 | 17 22 | 00 49 | 13 31 | 11 53 | 22 53 | 26 40 | 11 24 |
| 23 | 16:03:19 | 02 05 52 | 13♎24 | 20 43 | 22 50 | 17 05 | 17 59 | 00 54 | 13 31 | 11 56 | 22 54 | 26 40 | 11 21 |
| 24 | 16:07:16 | 03 03 32 | 28 07 | 05♏36 | 23 20 | 18 19 | 18 36 | 00 59 | 13 31℞ | 12 00 | 22 55 | 26 39 | 11 17 |
| 25 | 16:11:12 | 04 01 09 | 13♏08 | 20 43 | 23 46 | 19 32 | 19 13 | 01 04 | 13 31 | 12 03 | 22 56 | 26 38 | 11 14 |
| 26 | 16:15:09 | 04 58 46 | 28 18 | 05♐54 | 24 07 | 20 46 | 19 49 | 01 09 | 13 31 | 12 06 | 22 57 | 26 37 | 11 11 |
| 27 | 16:19:05 | 05 56 21 | 13♐29 | 21 01 | 24 23 | 21 59 | 20 26 | 01 14 | 13 30 | 12 09 | 22 58 | 26 37 | 11 08 |
| 28 | 16:23:02 | 06 53 55 | 28 30 | 05♑55 | 24 34 | 23 12 | 21 03 | 01 18 | 13 30 | 12 13 | 22 59 | 26 36 | 11 05 |
| 29 | 16:26:59 | 07 51 29 | 13♑15 | 20 28 | 24 41 | 24 26 | 21 40 | 01 23 | 13 30 | 12 16 | 23 00 | 26 35 | 11 01 |
| 30 | 16:30:55 | 08 49 01 | 27 36 | 04♒37 | 24 43℞ | 25 39 | 22 17 | 01 27 | 13 29 | 12 19 | 23 00 | 26 34 | 10 58 |
| 31 | 16:34:52 | 09 46 32 | 11♒31 | 18 18 | 24 41 | 26 53 | 22 53 | 01 31 | 13 28 | 12 22 | 23 01 | 26 33 | 10 55 |

## 0:00 E.T. Longitudes of the Major Asteroids and Chiron — Lunar Data

| D | ⚳ | ⚴ | ⚵ | ⚶ | ⚷ | D | ⚳ | ⚴ | ⚵ | ⚶ | ⚷ | Last Asp. | Ingress |
|---|---|---|---|---|---|---|---|---|---|---|---|---|---|
| 1 | 27♈06 | 16♓17 | 23♐05℞ | 07♍09 | 10♈42 | 17 | 03 22 | 20 13 | 20 47 | 09 21 | 11 29 | 2 14:39 | 2 ♒ 19:32 |
| 2 | 27 30 | 16 32 | 22 59 | 07 14 | 10 45 | 18 | 03 46 | 20 26 | 20 37 | 09 33 | 11 32 | 5 00:07 | 5 ♓ 02:10 |
| 3 | 27 53 | 16 48 | 22 52 | 07 19 | 10 49 | 19 | 04 09 | 20 40 | 20 25 | 09 45 | 11 35 | 7 07:38 | 7 ♈ 11:54 |
| 4 | 28 17 | 17 04 | 22 45 | 07 25 | 10 52 | 20 | 04 32 | 20 53 | 20 14 | 09 57 | 11 37 | 9 22:51 | 9 ♉ 23:48 |
| 5 | 28 41 | 17 19 | 22 38 | 07 32 | 10 55 | 21 | 04 55 | 21 06 | 20 02 | 10 09 | 11 40 | 12 12:24 | 12 ♊ 12:44 |
| 6 | 29 04 | 17 34 | 22 30 | 07 39 | 10 58 | 22 | 05 19 | 21 19 | 19 51 | 10 22 | 11 42 | 14 10:52 | 15 ♋ 01:31 |
| 7 | 29 28 | 17 49 | 22 22 | 07 46 | 11 01 | 23 | 05 42 | 21 32 | 19 39 | 10 36 | 11 45 | 17 06:23 | 17 ♌ 12:45 |
| 8 | 29 51 | 18 04 | 22 14 | 07 54 | 11 04 | 24 | 06 05 | 21 44 | 19 26 | 10 49 | 11 47 | 19 19:13 | 19 ♍ 21:00 |
| 9 | 00♉15 | 18 19 | 22 06 | 08 02 | 11 07 | 25 | 06 28 | 21 57 | 19 14 | 11 03 | 11 50 | 21 19:57 | 22 ♎ 01:36 |
| 10 | 00 38 | 18 34 | 21 57 | 08 11 | 11 10 | 26 | 06 51 | 22 09 | 19 02 | 11 17 | 11 52 | 23 21:37 | 24 ♏ 03:01 |
| 11 | 01 02 | 18 48 | 21 48 | 08 19 | 11 13 | 27 | 07 14 | 22 21 | 18 49 | 11 32 | 11 55 | 25 21:21 | 26 ♐ 02:40 |
| 12 | 01 25 | 19 03 | 21 38 | 08 29 | 11 15 | 28 | 07 37 | 22 33 | 18 36 | 11 47 | 11 57 | 27 17:37 | 28 ♑ 02:25 |
| 13 | 01 49 | 19 17 | 21 29 | 08 38 | 11 18 | 29 | 08 00 | 22 45 | 18 23 | 12 02 | 11 59 | 29 22:16 | 30 ♒ 04:06 |
| 14 | 02 12 | 19 31 | 21 19 | 08 49 | 11 21 | 30 | 08 23 | 22 57 | 18 10 | 12 17 | 12 01 | | |
| 15 | 02 36 | 19 45 | 21 09 | 08 59 | 11 24 | 31 | 08 45 | 23 08 | 17 57 | 12 33 | 12 04 | | |
| 16 | 02 59 | 19 59 | 20 58 | 09 10 | 11 27 | | | | | | | | |

## 0:00 E.T. Declinations

| D | ☉ | ☽ | ☿ | ♀ | ♂ | ♃ | ♄ | ♅ | ♆ | ♇ | ⚳ | ⚴ | ⚵ | ⚶ | ⚷ |
|---|---|---|---|---|---|---|---|---|---|---|---|---|---|---|---|
| 1 | +15 05 | -25 27 | +20 15 | +17 25 | +24 48 | -12 45 | -17 26 | +14 39 | -04 01 | -22 11 | +04 07 | +06 15 | -06 20 | +17 46 | +06 22 |
| 2 | 15 23 | 25 18 | 20 51 | 17 47 | 24 47 | 12 42 | 17 26 | 14 40 | 04 01 | 22 11 | 04 16 | 06 19 | 06 16 | 17 41 | 06 23 |
| 3 | 15 40 | 23 35 | 21 26 | 18 08 | 24 45 | 12 39 | 17 25 | 14 41 | 04 00 | 22 12 | 04 24 | 06 24 | 06 11 | 17 37 | 06 25 |
| 4 | 15 58 | 20 36 | 21 57 | 18 29 | 24 43 | 12 37 | 17 25 | 14 42 | 03 59 | 22 12 | 04 33 | 06 28 | 06 06 | 17 32 | 06 26 |
| 5 | 16 15 | 16 40 | 22 27 | 18 50 | 24 41 | 12 34 | 17 24 | 14 43 | 03 59 | 22 12 | 04 42 | 06 32 | 06 02 | 17 26 | 06 27 |
| 6 | 16 32 | 12 05 | 22 54 | 19 09 | 24 39 | 12 32 | 17 24 | 14 44 | 03 58 | 22 12 | 04 50 | 06 37 | 05 57 | 17 21 | 06 28 |
| 7 | 16 49 | 07 06 | 23 18 | 19 29 | 24 37 | 12 29 | 17 24 | 14 45 | 03 58 | 22 12 | 04 59 | 06 41 | 05 53 | 17 16 | 06 29 |
| 8 | 17 05 | 01 55 | 23 40 | 19 48 | 24 34 | 12 27 | 17 23 | 14 46 | 03 57 | 22 12 | 05 08 | 06 45 | 05 49 | 17 10 | 06 31 |
| 9 | 17 21 | +03 16 | 23 59 | 20 06 | 24 32 | 12 24 | 17 23 | 14 47 | 03 56 | 22 13 | 05 16 | 06 49 | 05 44 | 17 04 | 06 32 |
| 10 | 17 37 | 08 18 | 24 16 | 20 24 | 24 29 | 12 22 | 17 23 | 14 48 | 03 56 | 22 13 | 05 25 | 06 53 | 05 40 | 16 58 | 06 33 |
| 11 | 17 53 | 13 00 | 24 31 | 20 41 | 24 26 | 12 20 | 17 23 | 14 49 | 03 55 | 22 13 | 05 33 | 06 57 | 05 36 | 16 52 | 06 34 |
| 12 | 18 08 | 17 13 | 24 43 | 20 58 | 24 23 | 12 17 | 17 22 | 14 51 | 03 55 | 22 13 | 05 42 | 07 02 | 05 32 | 16 46 | 06 35 |
| 13 | 18 23 | 20 45 | 24 54 | 21 14 | 24 19 | 12 15 | 17 22 | 14 52 | 03 54 | 22 13 | 05 50 | 07 05 | 05 27 | 16 39 | 06 36 |
| 14 | 18 38 | 23 26 | 25 02 | 21 29 | 24 16 | 12 13 | 17 22 | 14 53 | 03 54 | 22 14 | 05 58 | 07 09 | 05 23 | 16 33 | 06 38 |
| 15 | 18 52 | 25 07 | 25 08 | 21 44 | 24 12 | 12 11 | 17 22 | 14 54 | 03 53 | 22 14 | 06 07 | 07 13 | 05 19 | 16 26 | 06 39 |
| 16 | 19 06 | 25 38 | 25 12 | 21 59 | 24 08 | 12 09 | 17 22 | 14 55 | 03 53 | 22 14 | 06 15 | 07 17 | 05 16 | 16 19 | 06 40 |
| 17 | 19 20 | 24 56 | 25 14 | 22 12 | 24 04 | 12 07 | 17 22 | 14 56 | 03 52 | 22 14 | 06 23 | 07 21 | 05 12 | 16 13 | 06 41 |
| 18 | 19 33 | 23 00 | 25 15 | 22 25 | 24 00 | 12 05 | 17 22 | 14 57 | 03 52 | 22 15 | 06 31 | 07 25 | 05 08 | 16 05 | 06 42 |
| 19 | 19 46 | 19 55 | 25 14 | 22 38 | 23 56 | 12 03 | 17 22 | 14 58 | 03 52 | 22 15 | 06 39 | 07 28 | 05 04 | 15 58 | 06 43 |
| 20 | 19 59 | 15 45 | 25 11 | 22 50 | 23 51 | 12 01 | 17 22 | 14 59 | 03 51 | 22 15 | 06 47 | 07 32 | 05 01 | 15 51 | 06 44 |
| 21 | 20 11 | 10 43 | 25 07 | 23 01 | 23 46 | 11 59 | 17 22 | 15 00 | 03 51 | 22 15 | 06 55 | 07 36 | 04 57 | 15 43 | 06 45 |
| 22 | 20 23 | 04 59 | 25 01 | 23 11 | 23 41 | 11 58 | 17 22 | 15 01 | 03 50 | 22 15 | 07 03 | 07 39 | 04 54 | 15 36 | 06 46 |
| 23 | 20 35 | -01 11 | 24 54 | 23 21 | 23 36 | 11 56 | 17 22 | 15 02 | 03 50 | 22 16 | 07 11 | 07 42 | 04 51 | 15 28 | 06 47 |
| 24 | 20 46 | 07 27 | 24 45 | 23 30 | 23 31 | 11 54 | 17 22 | 15 03 | 03 50 | 22 16 | 07 19 | 07 46 | 04 47 | 15 20 | 06 48 |
| 25 | 20 57 | 13 26 | 24 36 | 23 39 | 23 26 | 11 53 | 17 22 | 15 04 | 03 49 | 22 16 | 07 27 | 07 49 | 04 44 | 15 13 | 06 49 |
| 26 | 21 08 | 18 40 | 24 25 | 23 47 | 23 20 | 11 51 | 17 23 | 15 05 | 03 49 | 22 17 | 07 34 | 07 52 | 04 41 | 15 05 | 06 50 |
| 27 | 21 18 | 22 40 | 24 13 | 23 54 | 23 15 | 11 50 | 17 23 | 15 06 | 03 49 | 22 17 | 07 42 | 07 56 | 04 38 | 14 56 | 06 51 |
| 28 | 21 28 | 25 03 | 24 00 | 24 00 | 23 09 | 11 49 | 17 23 | 15 07 | 03 48 | 22 17 | 07 49 | 07 59 | 04 36 | 14 48 | 06 52 |
| 29 | 21 37 | 25 37 | 23 45 | 24 06 | 23 03 | 11 47 | 17 23 | 15 08 | 03 48 | 22 17 | 07 57 | 08 02 | 04 33 | 14 40 | 06 53 |
| 30 | 21 46 | 24 26 | 23 30 | 24 11 | 22 57 | 11 46 | 17 24 | 15 09 | 03 48 | 22 18 | 08 05 | 08 05 | 04 30 | 14 31 | 06 54 |
| 31 | 21 55 | 21 46 | 23 15 | 24 15 | 22 50 | 11 45 | 17 24 | 15 10 | 03 47 | 22 18 | 08 12 | 08 08 | 04 28 | 14 23 | 06 55 |

Lunar Phases -- 3 ◑ 19:51 11 ● 19:01 19 ◐ 19:14 26 Ⓔ 11:15 ☋ Sun enters ♊ 5/20 19:38

## Longitudes of Main Planets - June 2021

0:00 E.T.

| D | S.T. | ☉ | ☽ | ☽ 12:00 | ☿ | ♀ | ♂ | ♃ | ♄ | ♅ | ♆ | ♇ | ☊ |
|---|---|---|---|---|---|---|---|---|---|---|---|---|---|
| 1 | 16:38:48 | 10♊44 02 | 24♒59 | 01♓33 | 24♊34℞ | 28♊06 | 23♋30 | 01♓34 | 13♒27℞ | 12♉25 | 23♓02 | 26♑32℞ | 10♊52 |
| 2 | 16:42:45 | 11 41 32 | 08♓02 | 14 25 | 24 22 | 29 19 | 24 07 | 01 38 | 13 27 | 12 28 | 23 03 | 26 31 | 10 49 |
| 3 | 16:46:41 | 12 39 01 | 20 42 | 26 55 | 24 07 | 00♋33 | 24 44 | 01 41 | 13 26 | 12 32 | 23 04 | 26 31 | 10 46 |
| 4 | 16:50:38 | 13 36 29 | 03♈04 | 09♈09 | 23 48 | 01 46 | 25 21 | 01 45 | 13 25 | 12 35 | 23 04 | 26 30 | 10 42 |
| 5 | 16:54:34 | 14 33 56 | 15 11 | 21 11 | 23 26 | 02 59 | 25 58 | 01 48 | 13 23 | 12 38 | 23 05 | 26 29 | 10 39 |
| 6 | 16:58:31 | 15 31 23 | 27 08 | 03♉04 | 23 00 | 04 12 | 26 34 | 01 51 | 13 22 | 12 41 | 23 06 | 26 28 | 10 36 |
| 7 | 17:02:28 | 16 28 49 | 08♉58 | 14 52 | 22 32 | 05 26 | 27 11 | 01 53 | 13 21 | 12 44 | 23 06 | 26 27 | 10 33 |
| 8 | 17:06:24 | 17 26 14 | 20 46 | 26 39 | 22 02 | 06 39 | 27 48 | 01 56 | 13 19 | 12 47 | 23 07 | 26 26 | 10 30 |
| 9 | 17:10:21 | 18 23 39 | 02♊33 | 08♊28 | 21 30 | 07 52 | 28 25 | 01 58 | 13 18 | 12 50 | 23 07 | 26 25 | 10 26 |
| 10 | 17:14:17 | 19 21 03 | 14 23 | 20 20 | 20 57 | 09 05 | 29 02 | 02 00 | 13 16 | 12 53 | 23 08 | 26 23 | 10 23 |
| 11 | 17:18:14 | 20 18 26 | 26 18 | 02♋18 | 20 23 | 10 19 | 29 39 | 02 02 | 13 14 | 12 56 | 23 08 | 26 22 | 10 20 |
| 12 | 17:22:10 | 21 15 48 | 08♋21 | 14 25 | 19 50 | 11 32 | 00♌16 | 02 04 | 13 13 | 12 59 | 23 09 | 26 21 | 10 17 |
| 13 | 17:26:07 | 22 13 10 | 20 32 | 26 42 | 19 17 | 12 45 | 00 53 | 02 05 | 13 11 | 13 01 | 23 09 | 26 20 | 10 14 |
| 14 | 17:30:03 | 23 10 30 | 02♌55 | 09♌11 | 18 45 | 13 58 | 01 30 | 02 07 | 13 09 | 13 04 | 23 10 | 26 19 | 10 11 |
| 15 | 17:34:00 | 24 07 50 | 15 30 | 21 53 | 18 15 | 15 11 | 02 07 | 02 08 | 13 07 | 13 07 | 23 10 | 26 18 | 10 07 |
| 16 | 17:37:57 | 25 05 09 | 28 21 | 04♍52 | 17 47 | 16 24 | 02 44 | 02 09 | 13 05 | 13 10 | 23 10 | 26 17 | 10 04 |
| 17 | 17:41:53 | 26 02 27 | 11♍29 | 18 09 | 17 22 | 17 37 | 03 21 | 02 10 | 13 02 | 13 13 | 23 11 | 26 16 | 10 01 |
| 18 | 17:45:50 | 26 59 44 | 24 55 | 01♎46 | 17 00 | 18 50 | 03 58 | 02 10 | 13 00 | 13 15 | 23 11 | 26 14 | 09 58 |
| 19 | 17:49:46 | 27 57 01 | 08♎42 | 15 43 | 16 41 | 20 03 | 04 35 | 02 11 | 12 58 | 13 18 | 23 11 | 26 13 | 09 55 |
| 20 | 17:53:43 | 28 54 16 | 22 49 | 00♏01 | 16 27 | 21 16 | 05 12 | 02 11 | 12 55 | 13 21 | 23 11 | 26 12 | 09 52 |
| 21 | 17:57:39 | 29 51 31 | 07♏16 | 14 36 | 16 16 | 22 29 | 05 49 | 02 11℞ | 12 53 | 13 23 | 23 12 | 26 11 | 09 48 |
| 22 | 18:01:36 | 00♋48 45 | 21 59 | 29 25 | 16 10 | 23 42 | 06 26 | 02 11 | 12 50 | 13 26 | 23 12 | 26 09 | 09 45 |
| 23 | 18:05:32 | 01 45 58 | 06♐53 | 14♐22 | 16 08D | 24 55 | 07 03 | 02 11 | 12 47 | 13 29 | 23 12 | 26 08 | 09 42 |
| 24 | 18:09:29 | 02 43 12 | 21 51 | 29 19 | 16 10 | 26 08 | 07 40 | 02 10 | 12 44 | 13 31 | 23 12 | 26 07 | 09 39 |
| 25 | 18:13:26 | 03 40 24 | 06♑45 | 14♑08 | 16 18 | 27 21 | 08 18 | 02 09 | 12 41 | 13 34 | 23 12 | 26 06 | 09 36 |
| 26 | 18:17:22 | 04 37 37 | 21 28 | 28 42 | 16 30 | 28 34 | 08 55 | 02 08 | 12 39 | 13 36 | 23 12℞ | 26 04 | 09 32 |
| 27 | 18:21:19 | 05 34 49 | 05♒51 | 12♒55 | 16 47 | 29 46 | 09 32 | 02 07 | 12 35 | 13 38 | 23 12 | 26 03 | 09 29 |
| 28 | 18:25:15 | 06 32 01 | 19 52 | 26 42 | 17 09 | 00♌59 | 10 09 | 02 06 | 12 32 | 13 41 | 23 12 | 26 02 | 09 26 |
| 29 | 18:29:12 | 07 29 13 | 03♓26 | 10♓03 | 17 35 | 02 12 | 10 46 | 02 04 | 12 29 | 13 43 | 23 12 | 26 00 | 09 23 |
| 30 | 18:33:08 | 08 26 25 | 16 33 | 22 58 | 18 06 | 03 25 | 11 23 | 02 03 | 12 26 | 13 46 | 23 12 | 25 59 | 09 20 |

## Longitudes of the Major Asteroids and Chiron

0:00 E.T.

| D | ⚳ | ⚴ | ⚵ | ⚶ | ⚷ | D | ⚳ | ⚴ | ⚵ | ⚶ | ⚷ |
|---|---|---|---|---|---|---|---|---|---|---|---|
| 1 | 09♉08 | 23♓19 | 17♐44℞ | 12♍49 | 12♈06 | 16 | 14 44 | 25 44 | 14 21 | 17 20 | 12 33 |
| 2 | 09 31 | 23 30 | 17 30 | 13 05 | 12 08 | 17 | 15 06 | 25 52 | 14 08 | 17 40 | 12 35 |
| 3 | 09 54 | 23 41 | 17 17 | 13 22 | 12 10 | 18 | 15 28 | 25 59 | 13 55 | 18 00 | 12 36 |
| 4 | 10 16 | 23 52 | 17 03 | 13 38 | 12 12 | 19 | 15 50 | 26 07 | 13 42 | 18 20 | 12 37 |
| 5 | 10 39 | 24 02 | 16 50 | 13 55 | 12 14 | 20 | 16 12 | 26 14 | 13 29 | 18 41 | 12 39 |
| 6 | 11 02 | 24 13 | 16 36 | 14 13 | 12 16 | 21 | 16 34 | 26 21 | 13 16 | 19 01 | 12 40 |
| 7 | 11 24 | 24 23 | 16 23 | 14 30 | 12 18 | 22 | 16 55 | 26 28 | 13 04 | 19 22 | 12 41 |
| 8 | 11 47 | 24 33 | 16 09 | 14 48 | 12 20 | 23 | 17 17 | 26 34 | 12 52 | 19 44 | 12 43 |
| 9 | 12 09 | 24 42 | 15 55 | 15 06 | 12 22 | 24 | 17 38 | 26 40 | 12 39 | 20 05 | 12 44 |
| 10 | 12 31 | 24 52 | 15 42 | 15 25 | 12 23 | 25 | 18 00 | 26 46 | 12 27 | 20 26 | 12 45 |
| 11 | 12 54 | 25 01 | 15 28 | 15 43 | 12 25 | 26 | 18 21 | 26 52 | 12 16 | 20 48 | 12 46 |
| 12 | 13 16 | 25 10 | 15 15 | 16 02 | 12 27 | 27 | 18 43 | 26 57 | 12 04 | 21 10 | 12 47 |
| 13 | 13 38 | 25 19 | 15 01 | 16 21 | 12 29 | 28 | 19 04 | 27 02 | 11 53 | 21 32 | 12 48 |
| 14 | 14 00 | 25 27 | 14 48 | 16 40 | 12 30 | 29 | 19 25 | 27 07 | 11 42 | 21 54 | 12 49 |
| 15 | 14 22 | 25 36 | 14 34 | 17 00 | 12 32 | 30 | 19 46 | 27 11 | 11 31 | 22 17 | 12 49 |

## Lunar Data

| Last Asp. | | Ingress | | |
|---|---|---|---|---|
| 1 | 06:15 | 1 | ♓ | 09:09 |
| 3 | 11:11 | 3 | ♈ | 18:00 |
| 5 | 22:48 | 6 | ♉ | 05:48 |
| 8 | 15:08 | 8 | ♊ | 18:49 |
| 10 | 17:39 | 11 | ♋ | 07:24 |
| 13 | 11:17 | 13 | ♌ | 18:23 |
| 15 | 17:28 | 16 | ♍ | 03:03 |
| 18 | 03:55 | 18 | ♎ | 08:55 |
| 20 | 10:53 | 20 | ♏ | 11:59 |
| 22 | 06:44 | 22 | ♐ | 12:57 |
| 24 | 02:10 | 24 | ♑ | 13:06 |
| 26 | 12:51 | 26 | ♒ | 14:10 |
| 27 | 19:09 | 28 | ♓ | 17:52 |
| 30 | 17:41 | | | |

## Declinations

0:00 E.T.

| D | ☉ | ☽ | ☿ | ♀ | ♂ | ♃ | ♄ | ♅ | ♆ | ♇ | ⚳ | ⚴ | ⚵ | ⚶ | ⚷ |
|---|---|---|---|---|---|---|---|---|---|---|---|---|---|---|---|
| 1 | +22 03 | -17 59 | +22 58 | +24 19 | +22 44 | -11 44 | -17 24 | +15 11 | -03 47 | -22 18 | +08 19 | +08 10 | -04 25 | +14 14 | +06 56 |
| 2 | 22 11 | 13 28 | 22 41 | 24 22 | 22 37 | 11 43 | 17 25 | 15 12 | 03 47 | 22 19 | 08 27 | 08 13 | 04 23 | 14 05 | 06 56 |
| 3 | 22 19 | 08 29 | 22 23 | 24 24 | 22 31 | 11 42 | 17 25 | 15 13 | 03 46 | 22 19 | 08 34 | 08 16 | 04 21 | 13 57 | 06 57 |
| 4 | 22 26 | 03 17 | 22 05 | 24 25 | 22 24 | 11 41 | 17 26 | 15 14 | 03 46 | 22 19 | 08 41 | 08 18 | 04 19 | 13 48 | 06 58 |
| 5 | 22 33 | +01 57 | 21 47 | 24 26 | 22 17 | 11 40 | 17 26 | 15 15 | 03 46 | 22 19 | 08 48 | 08 21 | 04 17 | 13 39 | 06 59 |
| 6 | 22 39 | 07 02 | 21 28 | 24 26 | 22 09 | 11 39 | 17 27 | 15 15 | 03 46 | 22 20 | 08 55 | 08 23 | 04 15 | 13 29 | 07 00 |
| 7 | 22 45 | 11 50 | 21 09 | 24 25 | 22 02 | 11 39 | 17 27 | 15 16 | 03 46 | 22 20 | 09 03 | 08 26 | 04 14 | 13 20 | 07 01 |
| 8 | 22 51 | 16 11 | 20 51 | 24 24 | 21 54 | 11 38 | 17 28 | 15 17 | 03 45 | 22 20 | 09 10 | 08 28 | 04 12 | 13 11 | 07 01 |
| 9 | 22 56 | 19 55 | 20 33 | 24 22 | 21 47 | 11 37 | 17 28 | 15 18 | 03 45 | 22 21 | 09 16 | 08 30 | 04 11 | 13 01 | 07 02 |
| 10 | 23 01 | 22 51 | 20 15 | 24 19 | 21 39 | 11 37 | 17 29 | 15 19 | 03 45 | 22 21 | 09 23 | 08 32 | 04 10 | 12 52 | 07 03 |
| 11 | 23 05 | 24 48 | 19 58 | 24 15 | 21 31 | 11 36 | 17 29 | 15 20 | 03 45 | 22 21 | 09 30 | 08 34 | 04 09 | 12 42 | 07 04 |
| 12 | 23 09 | 25 37 | 19 42 | 24 11 | 21 23 | 11 36 | 17 30 | 15 21 | 03 45 | 22 22 | 09 37 | 08 36 | 04 08 | 12 33 | 07 04 |
| 13 | 23 13 | 25 12 | 19 27 | 24 06 | 21 15 | 11 36 | 17 31 | 15 22 | 03 45 | 22 22 | 09 44 | 08 37 | 04 07 | 12 23 | 07 05 |
| 14 | 23 16 | 23 34 | 19 13 | 24 00 | 21 06 | 11 35 | 17 31 | 15 23 | 03 44 | 22 22 | 09 50 | 08 39 | 04 06 | 12 13 | 07 06 |
| 15 | 23 18 | 20 44 | 19 00 | 23 54 | 20 58 | 11 35 | 17 32 | 15 23 | 03 44 | 22 23 | 09 57 | 08 41 | 04 05 | 12 03 | 07 06 |
| 16 | 23 21 | 16 52 | 18 49 | 23 47 | 20 49 | 11 35 | 17 33 | 15 24 | 03 44 | 22 23 | 10 03 | 08 42 | 04 05 | 11 53 | 07 07 |
| 17 | 23 23 | 12 08 | 18 39 | 23 39 | 20 40 | 11 35 | 17 34 | 15 25 | 03 44 | 22 23 | 10 10 | 08 43 | 04 05 | 11 43 | 07 08 |
| 18 | 23 24 | 06 42 | 18 31 | 23 30 | 20 31 | 11 35 | 17 35 | 15 26 | 03 44 | 22 24 | 10 16 | 08 44 | 04 04 | 11 33 | 07 08 |
| 19 | 23 25 | 00 50 | 18 25 | 23 21 | 20 22 | 11 35 | 17 35 | 15 27 | 03 44 | 22 24 | 10 23 | 08 45 | 04 04 | 11 23 | 07 09 |
| 20 | 23 26 | -05 14 | 18 20 | 23 12 | 20 13 | 11 36 | 17 36 | 15 27 | 03 44 | 22 24 | 10 29 | 08 46 | 04 04 | 11 13 | 07 09 |
| 21 | 23 26 | 11 11 | 18 17 | 23 01 | 20 04 | 11 36 | 17 37 | 15 28 | 03 44 | 22 25 | 10 35 | 08 47 | 04 05 | 11 02 | 07 10 |
| 22 | 23 26 | 16 38 | 18 16 | 22 50 | 19 54 | 11 36 | 17 38 | 15 29 | 03 44 | 22 25 | 10 41 | 08 48 | 04 05 | 10 52 | 07 10 |
| 23 | 23 26 | 21 07 | 18 16 | 22 38 | 19 45 | 11 36 | 17 39 | 15 30 | 03 44 | 22 25 | 10 47 | 08 48 | 04 06 | 10 41 | 07 11 |
| 24 | 23 25 | 24 12 | 18 18 | 22 26 | 19 35 | 11 37 | 17 40 | 15 30 | 03 44 | 22 26 | 10 53 | 08 49 | 04 06 | 10 31 | 07 11 |
| 25 | 23 23 | 25 34 | 18 22 | 22 12 | 19 25 | 11 37 | 17 41 | 15 31 | 03 44 | 22 26 | 10 59 | 08 49 | 04 07 | 10 20 | 07 12 |
| 26 | 23 21 | 25 07 | 18 27 | 21 59 | 19 15 | 11 38 | 17 42 | 15 32 | 03 44 | 22 26 | 11 05 | 08 49 | 04 08 | 10 10 | 07 12 |
| 27 | 23 19 | 22 59 | 18 34 | 21 44 | 19 05 | 11 39 | 17 43 | 15 33 | 03 44 | 22 27 | 11 11 | 08 49 | 04 09 | 09 59 | 07 13 |
| 28 | 23 17 | 19 30 | 18 42 | 21 30 | 18 55 | 11 39 | 17 44 | 15 33 | 03 44 | 22 27 | 11 17 | 08 49 | 04 10 | 09 48 | 07 13 |
| 29 | 23 14 | 15 05 | 18 52 | 21 14 | 18 44 | 11 40 | 17 45 | 15 34 | 03 44 | 22 28 | 11 23 | 08 49 | 04 11 | 09 37 | 07 14 |
| 30 | 23 10 | 10 06 | 19 03 | 20 58 | 18 34 | 11 41 | 17 46 | 15 35 | 03 44 | 22 28 | 11 28 | 08 49 | 04 13 | 09 26 | 07 14 |

Lunar Phases -- 2 ◑ 07:25  10 ● 10:54 ☌  18 ◐ 03:55  24 ○ 18:41  Sun enters ♋ 6/21 03:33

| D | S.T. | ☉ | ☽ | ☽ 12:00 | ☿ | ♀ | ♂ | ♃ | ♄ | ♅ | ♆ | ♇ | ☊ |
|---|------|---|---|---------|---|---|---|---|---|---|---|---|---|
| 1 | 18:37:05 | 09♋23 37 | 29♓17 | 05♈31 | 18♊42 | 04♋37 | 12♌00 | 02♓01R | 12♒23R | 13♉48 | 23♓12R | 25♑57R | 09♊17 |
| 2 | 18:41:01 | 10 20 49 | 11♈40 | 17 45 | 19 23 | 05 50 | 12 38 | 01 59 | 12 19 | 13 50 | 23 11 | 25 56 | 09 13 |
| 3 | 18:44:58 | 11 18 01 | 23 47 | 29 46 | 20 08 | 07 03 | 13 15 | 01 56 | 12 16 | 13 52 | 23 11 | 25 55 | 09 10 |
| 4 | 18:48:55 | 12 15 14 | 05♉42 | 11♉37 | 20 58 | 08 15 | 13 52 | 01 54 | 12 12 | 13 55 | 23 11 | 25 53 | 09 07 |
| 5 | 18:52:51 | 13 12 26 | 17 31 | 23 25 | 21 52 | 09 28 | 14 29 | 01 51 | 12 09 | 13 57 | 23 11 | 25 52 | 09 04 |
| 6 | 18:56:48 | 14 09 39 | 29 18 | 05♊12 | 22 50 | 10 41 | 15 07 | 01 48 | 12 05 | 13 59 | 23 10 | 25 51 | 09 01 |
| 7 | 19:00:44 | 15 06 53 | 11♊08 | 17 04 | 23 54 | 11 53 | 15 44 | 01 45 | 12 01 | 14 01 | 23 10 | 25 49 | 08 57 |
| 8 | 19:04:41 | 16 04 06 | 23 03 | 29 04 | 25 01 | 13 06 | 16 21 | 01 42 | 11 58 | 14 03 | 23 10 | 25 48 | 08 54 |
| 9 | 19:08:37 | 17 01 20 | 05♋07 | 11♋13 | 26 12 | 14 18 | 16 58 | 01 39 | 11 54 | 14 05 | 23 09 | 25 46 | 08 51 |
| 10 | 19:12:34 | 17 58 34 | 17 22 | 23 34 | 27 28 | 15 31 | 17 36 | 01 35 | 11 50 | 14 07 | 23 09 | 25 45 | 08 48 |
| 11 | 19:16:30 | 18 55 48 | 29 49 | 06♌07 | 28 48 | 16 43 | 18 13 | 01 32 | 11 46 | 14 09 | 23 08 | 25 43 | 08 45 |
| 12 | 19:20:27 | 19 53 02 | 12♌29 | 18 54 | 00♋12 | 17 56 | 18 50 | 01 28 | 11 42 | 14 11 | 23 08 | 25 42 | 08 42 |
| 13 | 19:24:24 | 20 50 16 | 25 22 | 01♍54 | 01 40 | 19 08 | 19 28 | 01 24 | 11 38 | 14 12 | 23 07 | 25 41 | 08 38 |
| 14 | 19:28:20 | 21 47 30 | 08♍29 | 15 07 | 03 12 | 20 20 | 20 05 | 01 19 | 11 34 | 14 14 | 23 07 | 25 39 | 08 35 |
| 15 | 19:32:17 | 22 44 45 | 21 49 | 28 34 | 04 48 | 21 33 | 20 43 | 01 15 | 11 30 | 14 16 | 23 06 | 25 38 | 08 32 |
| 16 | 19:36:13 | 23 41 59 | 05♎22 | 12♎14 | 06 27 | 22 45 | 21 20 | 01 10 | 11 26 | 14 18 | 23 05 | 25 36 | 08 29 |
| 17 | 19:40:10 | 24 39 14 | 19 08 | 26 07 | 08 10 | 23 57 | 21 57 | 01 06 | 11 22 | 14 19 | 23 05 | 25 35 | 08 26 |
| 18 | 19:44:06 | 25 36 28 | 03♏08 | 10♏12 | 09 56 | 25 10 | 22 35 | 01 01 | 11 18 | 14 21 | 23 04 | 25 33 | 08 23 |
| 19 | 19:48:03 | 26 33 43 | 17 20 | 24 30 | 11 46 | 26 22 | 23 12 | 00 56 | 11 14 | 14 22 | 23 03 | 25 32 | 08 19 |
| 20 | 19:51:59 | 27 30 58 | 01♐43 | 08♐32 | 13 38 | 27 34 | 23 50 | 00 50 | 11 09 | 14 24 | 23 03 | 25 31 | 08 16 |
| 21 | 19:55:56 | 28 28 13 | 16 14 | 23 32 | 15 34 | 28 46 | 24 27 | 00 45 | 11 05 | 14 25 | 23 02 | 25 29 | 08 13 |
| 22 | 19:59:53 | 29 25 29 | 00♑50 | 08♑08 | 17 32 | 29 58 | 25 05 | 00 39 | 11 01 | 14 27 | 23 01 | 25 28 | 08 10 |
| 23 | 20:03:49 | 00♌22 45 | 15 25 | 22 40 | 19 32 | 01♌10 | 25 42 | 00 34 | 10 56 | 14 28 | 23 00 | 25 26 | 08 07 |
| 24 | 20:07:46 | 01 20 01 | 29 52 | 07♒01 | 21 34 | 02 22 | 26 20 | 00 28 | 10 52 | 14 30 | 22 59 | 25 25 | 08 04 |
| 25 | 20:11:42 | 02 17 18 | 14♒05 | 21 05 | 23 37 | 03 34 | 26 57 | 00 22 | 10 48 | 14 31 | 22 59 | 25 23 | 08 00 |
| 26 | 20:15:39 | 03 14 36 | 28 00 | 04♓48 | 25 42 | 04 46 | 27 35 | 00 16 | 10 43 | 14 32 | 22 58 | 25 22 | 07 57 |
| 27 | 20:19:35 | 04 11 54 | 11♓31 | 18 08 | 27 47 | 05 58 | 28 13 | 00 10 | 10 39 | 14 33 | 22 57 | 25 20 | 07 54 |
| 28 | 20:23:32 | 05 09 13 | 24 39 | 01♈00 | 29 54 | 07 10 | 28 50 | 00 03 | 10 34 | 14 34 | 22 56 | 25 19 | 07 51 |
| 29 | 20:27:28 | 06 06 33 | 07♈24 | 13 38 | 02♌00 | 08 22 | 29 28 | 29♒57 | 10 30 | 14 36 | 22 55 | 25 18 | 07 48 |
| 30 | 20:31:25 | 07 03 54 | 19 48 | 25 54 | 04 07 | 09 33 | 00♍05 | 29 50 | 10 26 | 14 37 | 22 54 | 25 16 | 07 44 |
| 31 | 20:35:22 | 08 01 17 | 01♉56 | 07♉55 | 06 13 | 10 45 | 00 43 | 29 44 | 10 21 | 14 38 | 22 53 | 25 15 | 07 41 |

| D | ⚳ | ⚴ | ⚵ | ⚶ | ⚷ | D | ⚳ | ⚴ | ⚵ | ⚶ | ⚷ |
|---|---|---|---|---|---|---|---|---|---|---|---|
| 1 | 20♉07 | 27♓16 | 11♐20R | 22♍40 | 12♈50 | 17 | 25 32 | 27 43 | 09 09 | 29 03 | 12 56 |
| 2 | 20 28 | 27 20 | 11 10 | 23 02 | 12 51 | 18 | 25 51 | 27 42 | 09 03 | 29 28 | 12 56 |
| 3 | 20 49 | 27 23 | 11 00 | 23 25 | 12 52 | 19 | 26 11 | 27 40 | 08 58 | 29 53 | 12 56 |
| 4 | 21 10 | 27 27 | 10 50 | 23 48 | 12 52 | 20 | 26 30 | 27 38 | 08 53 | 00♎19 | 12 55 |
| 5 | 21 30 | 27 30 | 10 40 | 24 12 | 12 53 | 21 | 26 49 | 27 36 | 08 49 | 00 44 | 12 55 |
| 6 | 21 51 | 27 33 | 10 31 | 24 35 | 12 53 | 22 | 27 08 | 27 34 | 08 44 | 01 10 | 12 55 |
| 7 | 22 12 | 27 35 | 10 22 | 24 59 | 12 54 | 23 | 27 27 | 27 31 | 08 41 | 01 35 | 12 54 |
| 8 | 22 32 | 27 37 | 10 13 | 25 22 | 12 54 | 24 | 27 46 | 27 28 | 08 37 | 02 01 | 12 54 |
| 9 | 22 52 | 27 39 | 10 05 | 25 46 | 12 55 | 25 | 28 04 | 27 25 | 08 34 | 02 27 | 12 54 |
| 10 | 23 13 | 27 41 | 09 57 | 26 10 | 12 55 | 26 | 28 23 | 27 21 | 08 31 | 02 54 | 12 53 |
| 11 | 23 33 | 27 42 | 09 49 | 26 35 | 12 55 | 27 | 28 41 | 27 17 | 08 29 | 03 20 | 12 53 |
| 12 | 23 53 | 27 43 | 09 42 | 26 59 | 12 55 | 28 | 29 00 | 27 12 | 08 26 | 03 46 | 12 52 |
| 13 | 24 13 | 27 43 | 09 34 | 27 23 | 12 56 | 29 | 29 18 | 27 07 | 08 25 | 04 13 | 12 51 |
| 14 | 24 33 | 27 44 | 09 27 | 27 48 | 12 56 | 30 | 29 36 | 27 02 | 08 23 | 04 39 | 12 51 |
| 15 | 24 53 | 27 44R | 09 21 | 28 13 | 12 56 | 31 | 29 54 | 26 57 | 08 22 | 05 06 | 12 50 |
| 16 | 25 12 | 27 43 | 09 15 | 28 38 | 12 56R | | | | | | |

**Lunar Data**

| Last Asp. | Ingress |
|-----------|---------|
| 30 17:40 | 1 ♈ 01:23 |
| 3 04:16 | 3 ♉ 12:29 |
| 5 16:58 | 6 ♊ 01:25 |
| 8 04:21 | 8 ♋ 13:52 |
| 10 16:11 | 11 ♌ 00:22 |
| 12 12:30 | 13 ♍ 08:31 |
| 15 06:47 | 15 ♎ 14:33 |
| 17 11:04 | 17 ♏ 18:39 |
| 19 16:31 | 19 ♐ 21:09 |
| 21 22:27 | 21 ♑ 22:38 |
| 23 16:35 | 24 ♒ 00:14 |
| 25 23:15 | 26 ♓ 03:31 |
| 28 01:14 | 28 ♈ 09:59 |
| 30 19:39 | 30 ♉ 20:09 |

| D | ☉ | ☽ | ☿ | ♀ | ♂ | ♃ | ♄ | ♅ | ♆ | ♇ | ⚳ | ⚴ | ⚵ | ⚶ | ⚷ |
|---|---|---|---|---|---|---|---|---|---|---|---|---|---|---|---|
| 1 | +23 06 | -04 50 | +19 14 | +20 41 | +18 23 | -11 42 | -17 47 | +15 35 | -03 44 | -22 28 | +11 34 | +08 48 | -04 14 | +09 15 | +07 14 |
| 2 | 23 02 | +00 29 | 19 27 | 20 24 | 18 12 | 11 43 | 17 48 | 15 36 | 03 45 | 22 29 | 11 40 | 08 48 | 04 16 | 09 04 | 07 15 |
| 3 | 22 57 | 05 41 | 19 40 | 20 06 | 18 01 | 11 44 | 17 49 | 15 37 | 03 45 | 22 29 | 11 45 | 08 47 | 04 17 | 08 53 | 07 15 |
| 4 | 22 52 | 10 36 | 19 54 | 19 48 | 17 50 | 11 45 | 17 50 | 15 37 | 03 45 | 22 29 | 11 50 | 08 46 | 04 19 | 08 42 | 07 15 |
| 5 | 22 47 | 15 06 | 20 09 | 19 29 | 17 39 | 11 46 | 17 51 | 15 38 | 03 45 | 22 30 | 11 56 | 08 45 | 04 21 | 08 31 | 07 16 |
| 6 | 22 41 | 19 01 | 20 24 | 19 09 | 17 28 | 11 48 | 17 52 | 15 39 | 03 45 | 22 30 | 12 01 | 08 43 | 04 23 | 08 20 | 07 16 |
| 7 | 22 35 | 22 10 | 20 39 | 18 49 | 17 17 | 11 49 | 17 53 | 15 39 | 03 45 | 22 30 | 12 06 | 08 42 | 04 26 | 08 08 | 07 16 |
| 8 | 22 28 | 24 23 | 20 54 | 18 29 | 17 05 | 11 50 | 17 55 | 15 40 | 03 46 | 22 31 | 12 11 | 08 40 | 04 28 | 07 57 | 07 16 |
| 9 | 22 21 | 25 30 | 21 09 | 18 08 | 16 54 | 11 52 | 17 56 | 15 40 | 03 46 | 22 31 | 12 17 | 08 38 | 04 30 | 07 46 | 07 17 |
| 10 | 22 14 | 25 24 | 21 24 | 17 47 | 16 42 | 11 53 | 17 57 | 15 41 | 03 46 | 22 32 | 12 22 | 08 36 | 04 33 | 07 34 | 07 17 |
| 11 | 22 06 | 24 02 | 21 38 | 17 25 | 16 30 | 11 55 | 17 58 | 15 42 | 03 46 | 22 32 | 12 27 | 08 34 | 04 36 | 07 23 | 07 17 |
| 12 | 21 58 | 21 27 | 21 51 | 17 02 | 16 19 | 11 57 | 17 59 | 15 42 | 03 46 | 22 32 | 12 31 | 08 32 | 04 38 | 07 11 | 07 17 |
| 13 | 21 49 | 17 45 | 22 04 | 16 39 | 16 07 | 11 58 | 18 01 | 15 43 | 03 47 | 22 33 | 12 36 | 08 30 | 04 41 | 06 59 | 07 17 |
| 14 | 21 40 | 13 10 | 22 16 | 16 16 | 15 54 | 12 00 | 18 02 | 15 44 | 03 47 | 22 33 | 12 41 | 08 27 | 04 44 | 06 48 | 07 17 |
| 15 | 21 31 | 07 53 | 22 26 | 15 53 | 15 42 | 12 02 | 18 03 | 15 44 | 03 47 | 22 33 | 12 46 | 08 24 | 04 47 | 06 36 | 07 17 |
| 16 | 21 22 | 02 09 | 22 35 | 15 29 | 15 30 | 12 04 | 18 04 | 15 44 | 03 48 | 22 34 | 12 50 | 08 21 | 04 51 | 06 24 | 07 17 |
| 17 | 21 12 | -03 48 | 22 42 | 15 04 | 15 18 | 12 06 | 18 05 | 15 45 | 03 48 | 22 34 | 12 55 | 08 18 | 04 54 | 06 13 | 07 17 |
| 18 | 21 01 | 09 39 | 22 47 | 14 39 | 15 05 | 12 08 | 18 07 | 15 45 | 03 48 | 22 34 | 13 00 | 08 14 | 04 57 | 06 01 | 07 17 |
| 19 | 20 50 | 15 07 | 22 51 | 14 14 | 14 53 | 12 10 | 18 08 | 15 46 | 03 48 | 22 35 | 13 04 | 08 11 | 05 01 | 05 49 | 07 17 |
| 20 | 20 39 | 19 48 | 22 52 | 13 48 | 14 40 | 12 12 | 18 09 | 15 46 | 03 49 | 22 35 | 13 08 | 08 07 | 05 04 | 05 37 | 07 17 |
| 21 | 20 28 | 23 18 | 22 52 | 13 23 | 14 27 | 12 14 | 18 11 | 15 47 | 03 49 | 22 36 | 13 13 | 08 03 | 05 08 | 05 25 | 07 17 |
| 22 | 20 16 | 25 17 | 22 47 | 12 56 | 14 14 | 12 16 | 18 12 | 15 47 | 03 49 | 22 36 | 13 17 | 07 59 | 05 12 | 05 13 | 07 17 |
| 23 | 20 04 | 25 31 | 22 41 | 12 30 | 14 01 | 12 18 | 18 13 | 15 47 | 03 50 | 22 36 | 13 21 | 07 54 | 05 16 | 05 01 | 07 17 |
| 24 | 19 52 | 24 01 | 22 32 | 12 03 | 13 48 | 12 21 | 18 14 | 15 48 | 03 50 | 22 37 | 13 25 | 07 50 | 05 19 | 04 49 | 07 17 |
| 25 | 19 39 | 21 01 | 22 20 | 11 36 | 13 35 | 12 23 | 18 16 | 15 48 | 03 51 | 22 37 | 13 30 | 07 45 | 05 23 | 04 37 | 07 17 |
| 26 | 19 26 | 16 52 | 22 05 | 11 08 | 13 22 | 12 25 | 18 17 | 15 48 | 03 51 | 22 37 | 13 34 | 07 40 | 05 27 | 04 25 | 07 17 |
| 27 | 19 12 | 11 57 | 21 49 | 10 40 | 13 09 | 12 28 | 18 18 | 15 49 | 03 51 | 22 38 | 13 38 | 07 34 | 05 32 | 04 13 | 07 17 |
| 28 | 18 59 | 06 38 | 21 30 | 10 12 | 12 55 | 12 30 | 18 20 | 15 49 | 03 52 | 22 38 | 13 41 | 07 29 | 05 36 | 04 01 | 07 17 |
| 29 | 18 45 | 01 12 | 21 08 | 09 44 | 12 42 | 12 32 | 18 21 | 15 49 | 03 52 | 22 38 | 13 45 | 07 23 | 05 40 | 03 49 | 07 16 |
| 30 | 18 31 | +04 09 | 20 43 | 09 16 | 12 28 | 12 35 | 18 22 | 15 50 | 03 53 | 22 39 | 13 49 | 07 17 | 05 44 | 03 37 | 07 16 |
| 31 | 18 16 | 09 15 | 20 16 | 08 47 | 12 15 | 12 38 | 18 24 | 15 50 | 03 53 | 22 39 | 13 53 | 07 11 | 05 49 | 03 25 | 07 16 |

Lunar Phases -- 1 ◑ 21:12  10 ● 01:18  17 ◐ 10:12  24 ○ 02:38  31 ◑ 13:17     Sun enters ♌ 7/22 14:28

# Aug. 21 — Longitudes of Main Planets - August 2021 — 0:00 E.T.

| D | S.T. | ☉ | ☽ | ☽ 12:00 | ☿ | ♀ | ♂ | ♃ | ♄ | ♅ | ♆ | ☽ 12:00 ♇ | ☊ |
|---|---|---|---|---|---|---|---|---|---|---|---|---|---|
| 1 | 20:39:18 | 08♌58 40 | 13♉52 | 19♉47 | 08♌19 | 11♍57 | 01♍21 | 29♒37℞ | 10♒17℞ | 14♉39 | 22♓52℞ | 25♑13℞ | 07♊38 |
| 2 | 20:43:15 | 09 56 04 | 25 41 | 01♊35 | 10 24 | 13 08 | 01 58 | 29 30 | 10 12 | 14 39 | 22 51 | 25 12 | 07 35 |
| 3 | 20:47:11 | 10 53 30 | 07♊29 | 13 24 | 12 28 | 14 20 | 02 36 | 29 23 | 10 08 | 14 40 | 22 50 | 25 11 | 07 32 |
| 4 | 20:51:08 | 11 50 57 | 19 21 | 25 20 | 14 31 | 15 32 | 03 14 | 29 16 | 10 03 | 14 41 | 22 48 | 25 09 | 07 29 |
| 5 | 20:55:04 | 12 48 25 | 01♋21 | 07♋26 | 16 33 | 16 43 | 03 52 | 29 09 | 09 59 | 14 42 | 22 47 | 25 08 | 07 25 |
| 6 | 20:59:01 | 13 45 54 | 13 34 | 19 46 | 18 34 | 17 55 | 04 29 | 29 01 | 09 54 | 14 43 | 22 46 | 25 07 | 07 22 |
| 7 | 21:02:57 | 14 43 24 | 26 02 | 02♌22 | 20 34 | 19 06 | 05 07 | 28 54 | 09 50 | 14 43 | 22 45 | 25 05 | 07 19 |
| 8 | 21:06:54 | 15 40 55 | 08♌46 | 15 14 | 22 32 | 20 17 | 05 45 | 28 47 | 09 46 | 14 44 | 22 44 | 25 04 | 07 16 |
| 9 | 21:10:51 | 16 38 27 | 21 46 | 28 22 | 24 28 | 21 29 | 06 23 | 28 39 | 09 41 | 14 45 | 22 42 | 25 03 | 07 13 |
| 10 | 21:14:47 | 17 36 01 | 05♍02 | 11♍45 | 26 23 | 22 40 | 07 01 | 28 32 | 09 37 | 14 45 | 22 41 | 25 01 | 07 10 |
| 11 | 21:18:44 | 18 33 35 | 18 31 | 25 21 | 28 17 | 23 51 | 07 39 | 28 24 | 09 32 | 14 46 | 22 40 | 25 00 | 07 06 |
| 12 | 21:22:40 | 19 31 10 | 02♎12 | 09♎06 | 00♍09 | 25 03 | 08 17 | 28 16 | 09 28 | 14 46 | 22 39 | 24 59 | 07 03 |
| 13 | 21:26:37 | 20 28 47 | 16 02 | 23 00 | 02 00 | 26 14 | 08 55 | 28 09 | 09 24 | 14 46 | 22 37 | 24 57 | 07 00 |
| 14 | 21:30:33 | 21 26 24 | 29 59 | 06♏59 | 03 49 | 27 25 | 09 32 | 28 01 | 09 19 | 14 47 | 22 36 | 24 56 | 06 57 |
| 15 | 21:34:30 | 22 24 02 | 14♏00 | 21 03 | 05 37 | 28 36 | 10 10 | 27 53 | 09 15 | 14 47 | 22 35 | 24 55 | 06 54 |
| 16 | 21:38:26 | 23 21 41 | 28 06 | 05♐11 | 07 23 | 29 47 | 10 48 | 27 45 | 09 11 | 14 47 | 22 33 | 24 54 | 06 50 |
| 17 | 21:42:23 | 24 19 21 | 12♐16 | 19 21 | 09 08 | 00♎58 | 11 26 | 27 37 | 09 06 | 14 47 | 22 32 | 24 52 | 06 47 |
| 18 | 21:46:20 | 25 17 02 | 26 27 | 03♑34 | 10 52 | 02 09 | 12 05 | 27 30 | 09 02 | 14 47 | 22 30 | 24 51 | 06 44 |
| 19 | 21:50:16 | 26 14 45 | 10♑39 | 17 45 | 12 33 | 03 19 | 12 43 | 27 22 | 08 58 | 14 48 | 22 29 | 24 50 | 06 41 |
| 20 | 21:54:13 | 27 12 28 | 24 49 | 01♒51 | 14 14 | 04 30 | 13 21 | 27 14 | 08 54 | 14 48℞ | 22 27 | 24 49 | 06 38 |
| 21 | 21:58:09 | 28 10 13 | 08♒52 | 15 50 | 15 53 | 05 41 | 13 59 | 27 06 | 08 50 | 14 48 | 22 26 | 24 48 | 06 35 |
| 22 | 22:02:06 | 29 07 58 | 22 44 | 29 35 | 17 31 | 06 51 | 14 37 | 26 58 | 08 46 | 14 47 | 22 25 | 24 47 | 06 31 |
| 23 | 22:06:02 | 00♍05 45 | 06♓22 | 13♓04 | 19 07 | 08 02 | 15 15 | 26 50 | 08 42 | 14 47 | 22 23 | 24 46 | 06 28 |
| 24 | 22:09:59 | 01 03 34 | 19 42 | 26 14 | 20 42 | 09 13 | 15 53 | 26 42 | 08 38 | 14 47 | 22 22 | 24 44 | 06 25 |
| 25 | 22:13:55 | 02 01 24 | 02♈42 | 09♈04 | 22 15 | 10 23 | 16 31 | 26 35 | 08 34 | 14 47 | 22 20 | 24 43 | 06 22 |
| 26 | 22:17:52 | 02 59 15 | 15 22 | 21 35 | 23 47 | 11 33 | 17 10 | 26 27 | 08 30 | 14 47 | 22 18 | 24 42 | 06 19 |
| 27 | 22:21:49 | 03 57 09 | 27 44 | 03♉49 | 25 18 | 12 44 | 17 48 | 26 19 | 08 26 | 14 46 | 22 17 | 24 41 | 06 15 |
| 28 | 22:25:45 | 04 55 04 | 09♉50 | 15 49 | 26 47 | 13 54 | 18 26 | 26 11 | 08 23 | 14 46 | 22 15 | 24 40 | 06 12 |
| 29 | 22:29:42 | 05 53 01 | 21 46 | 27 41 | 28 15 | 15 04 | 19 04 | 26 04 | 08 19 | 14 46 | 22 14 | 24 39 | 06 09 |
| 30 | 22:33:38 | 06 51 00 | 03♊35 | 09♊29 | 29 41 | 16 14 | 19 43 | 25 56 | 08 15 | 14 45 | 22 12 | 24 38 | 06 06 |
| 31 | 22:37:35 | 07 49 00 | 15 23 | 21 19 | 01♎07 | 17 24 | 20 21 | 25 49 | 08 12 | 14 45 | 22 11 | 24 37 | 06 03 |

## 0:00 E.T. Longitudes of the Major Asteroids and Chiron

| D | ⚳ | ⚴ | ⚵ | ⚶ | ⚷ | D | ⚳ | ⚴ | ⚵ | ⚶ | ⚷ |
|---|---|---|---|---|---|---|---|---|---|---|---|
| 1 | 00♊12 | 26♓51℞ | 08♐21℞ | 05♎33 | 12♈49℞ | 17 | 04 36 | 24 29 | 08 52 | 12 54 | 12 30 |
| 2 | 00 29 | 26 44 | 08 21 | 05 59 | 12 48 | 18 | 04 51 | 24 18 | 08 57 | 13 23 | 12 28 |
| 3 | 00 47 | 26 38 | 08 20D | 06 26 | 12 47 | 19 | 05 06 | 24 06 | 09 02 | 13 51 | 12 26 |
| 4 | 01 04 | 26 31 | 08 21 | 06 54 | 12 46 | 20 | 05 20 | 23 54 | 09 07 | 14 20 | 12 25 |
| 5 | 01 21 | 26 24 | 08 21 | 07 21 | 12 45 | 21 | 05 35 | 23 42 | 09 12 | 14 48 | 12 23 |
| 6 | 01 39 | 26 16 | 08 22 | 07 48 | 12 44 | 22 | 05 49 | 23 29 | 09 18 | 15 17 | 12 21 |
| 7 | 01 55 | 26 08 | 08 23 | 08 15 | 12 43 | 23 | 06 03 | 23 16 | 09 24 | 15 46 | 12 19 |
| 8 | 02 12 | 26 00 | 08 25 | 08 43 | 12 42 | 24 | 06 17 | 23 03 | 09 31 | 16 15 | 12 18 |
| 9 | 02 29 | 25 51 | 08 26 | 09 10 | 12 41 | 25 | 06 31 | 22 49 | 09 37 | 16 44 | 12 16 |
| 10 | 02 45 | 25 42 | 08 28 | 09 38 | 12 40 | 26 | 06 44 | 22 36 | 09 44 | 17 13 | 12 14 |
| 11 | 03 02 | 25 32 | 08 31 | 10 06 | 12 38 | 27 | 06 58 | 22 22 | 09 51 | 17 42 | 12 12 |
| 12 | 03 18 | 25 23 | 08 34 | 10 34 | 12 37 | 28 | 07 11 | 22 08 | 09 59 | 18 11 | 12 10 |
| 13 | 03 34 | 25 13 | 08 37 | 11 02 | 12 36 | 29 | 07 23 | 21 53 | 10 07 | 18 40 | 12 08 |
| 14 | 03 49 | 25 02 | 08 40 | 11 30 | 12 34 | 30 | 07 36 | 21 39 | 10 15 | 19 09 | 12 06 |
| 15 | 04 05 | 24 52 | 08 44 | 11 58 | 12 33 | 31 | 07 48 | 21 24 | 10 23 | 19 38 | 12 04 |
| 16 | 04 20 | 24 41 | 08 48 | 12 26 | 12 31 | | | | | | |

## Lunar Data

| Last Asp. | | Ingress | | |
|---|---|---|---|---|
| 2 | 07:42 | 2 | ♊ | 08:47 |
| 4 | 19:39 | 4 | ♋ | 21:18 |
| 6 | 22:12 | 7 | ♌ | 07:33 |
| 9 | 12:24 | 9 | ♍ | 14:57 |
| 11 | 11:23 | 11 | ♎ | 20:09 |
| 13 | 20:40 | 14 | ♏ | 00:02 |
| 16 | 03:06 | 16 | ♐ | 03:13 |
| 18 | 01:44 | 18 | ♑ | 05:59 |
| 20 | 00:00 | 20 | ♒ | 08:50 |
| 22 | 12:03 | 22 | ♓ | 12:44 |
| 24 | 09:14 | 24 | ♈ | 18:58 |
| 26 | 21:16 | 27 | ♉ | 04:28 |
| 29 | 14:60 | 29 | ♊ | 16:43 |

## 0:00 E.T. Declinations

| D | ☉ | ☽ | ☿ | ♀ | ♂ | ♃ | ♄ | ♅ | ♆ | ♇ | ⚳ | ⚴ | ⚵ | ⚶ | ⚷ |
|---|---|---|---|---|---|---|---|---|---|---|---|---|---|---|---|
| 1 | +18 01 | +13 55 | +19 48 | +08 18 | +12 01 | -12 40 | -18 25 | +15 50 | -03 54 | -22 39 | +13 56 | +07 05 | -05 53 | +03 12 | +07 16 |
| 2 | 17 45 | 18 02 | 19 17 | 07 49 | 11 47 | 12 43 | 18 26 | 15 50 | 03 54 | 22 40 | 14 00 | 06 59 | 05 58 | 03 00 | 07 15 |
| 3 | 17 30 | 21 26 | 18 44 | 07 19 | 11 33 | 12 45 | 18 27 | 15 51 | 03 54 | 22 40 | 14 04 | 06 52 | 06 02 | 02 48 | 07 15 |
| 4 | 17 14 | 23 56 | 18 10 | 06 50 | 11 19 | 12 48 | 18 29 | 15 51 | 03 55 | 22 40 | 14 07 | 06 45 | 06 07 | 02 36 | 07 15 |
| 5 | 16 58 | 25 23 | 17 34 | 06 20 | 11 05 | 12 51 | 18 30 | 15 51 | 03 55 | 22 41 | 14 10 | 06 38 | 06 11 | 02 23 | 07 14 |
| 6 | 16 42 | 25 38 | 16 56 | 05 50 | 10 51 | 12 54 | 18 31 | 15 51 | 03 56 | 22 41 | 14 14 | 06 30 | 06 16 | 02 11 | 07 14 |
| 7 | 16 25 | 24 36 | 16 18 | 05 20 | 10 37 | 12 56 | 18 32 | 15 51 | 03 56 | 22 41 | 14 17 | 06 23 | 06 21 | 01 59 | 07 14 |
| 8 | 16 08 | 22 18 | 15 38 | 04 50 | 10 23 | 12 59 | 18 34 | 15 52 | 03 57 | 22 42 | 14 20 | 06 15 | 06 26 | 01 46 | 07 13 |
| 9 | 15 51 | 18 49 | 14 58 | 04 20 | 10 08 | 13 02 | 18 35 | 15 52 | 03 57 | 22 42 | 14 23 | 06 07 | 06 31 | 01 34 | 07 13 |
| 10 | 15 33 | 14 20 | 14 16 | 03 49 | 09 54 | 13 05 | 18 36 | 15 52 | 03 58 | 22 42 | 14 27 | 05 58 | 06 35 | 01 22 | 07 12 |
| 11 | 15 16 | 09 06 | 13 34 | 03 19 | 09 40 | 13 07 | 18 38 | 15 52 | 03 59 | 22 43 | 14 30 | 05 50 | 06 40 | 01 09 | 07 12 |
| 12 | 14 58 | 03 20 | 12 51 | 02 48 | 09 25 | 13 10 | 18 39 | 15 52 | 03 59 | 22 43 | 14 33 | 05 41 | 06 45 | 00 57 | 07 11 |
| 13 | 14 40 | -02 39 | 12 08 | 02 18 | 09 11 | 13 13 | 18 40 | 15 52 | 04 00 | 22 43 | 14 36 | 05 32 | 06 50 | 00 44 | 07 11 |
| 14 | 14 21 | 08 34 | 11 25 | 01 47 | 08 56 | 13 16 | 18 41 | 15 52 | 04 00 | 22 43 | 14 38 | 05 23 | 06 55 | 00 32 | 07 10 |
| 15 | 14 03 | 14 06 | 10 40 | 01 16 | 08 41 | 13 19 | 18 42 | 15 52 | 04 01 | 22 44 | 14 41 | 05 13 | 07 00 | 00 19 | 07 10 |
| 16 | 13 44 | 18 55 | 09 56 | 00 45 | 08 27 | 13 21 | 18 44 | 15 52 | 04 01 | 22 44 | 14 44 | 05 04 | 07 06 | 00 07 | 07 09 |
| 17 | 13 25 | 22 40 | 09 12 | 00 14 | 08 12 | 13 24 | 18 45 | 15 53 | 04 02 | 22 44 | 14 47 | 04 54 | 07 11 | -00 05 | 07 09 |
| 18 | 13 06 | 25 02 | 08 27 | -00 17 | 07 57 | 13 27 | 18 46 | 15 53 | 04 02 | 22 45 | 14 49 | 04 44 | 07 16 | 00 18 | 07 08 |
| 19 | 12 46 | 25 45 | 07 42 | 00 48 | 07 42 | 13 30 | 18 47 | 15 53 | 04 03 | 22 45 | 14 52 | 04 34 | 07 21 | 00 30 | 07 07 |
| 20 | 12 26 | 24 48 | 06 58 | 01 19 | 07 27 | 13 33 | 18 48 | 15 53 | 04 04 | 22 45 | 14 55 | 04 23 | 07 26 | 00 43 | 07 07 |
| 21 | 12 07 | 22 18 | 06 13 | 01 50 | 07 12 | 13 35 | 18 49 | 15 53 | 04 04 | 22 45 | 14 57 | 04 13 | 07 31 | 00 55 | 07 06 |
| 22 | 11 46 | 18 31 | 05 29 | 02 21 | 06 57 | 13 38 | 18 50 | 15 52 | 04 05 | 22 46 | 14 59 | 04 02 | 07 37 | 01 08 | 07 05 |
| 23 | 11 26 | 13 50 | 04 44 | 02 51 | 06 42 | 13 41 | 18 52 | 15 52 | 04 05 | 22 46 | 15 02 | 03 51 | 07 42 | 01 20 | 07 05 |
| 24 | 11 06 | 08 34 | 04 00 | 03 22 | 06 27 | 13 44 | 18 53 | 15 52 | 04 06 | 22 46 | 15 04 | 03 40 | 07 47 | 01 33 | 07 04 |
| 25 | 10 45 | 03 04 | 03 16 | 03 53 | 06 12 | 13 47 | 18 54 | 15 52 | 04 07 | 22 46 | 15 06 | 03 28 | 07 52 | 01 45 | 07 03 |
| 26 | 10 24 | +02 26 | 02 33 | 04 24 | 05 57 | 13 49 | 18 55 | 15 52 | 04 07 | 22 47 | 15 09 | 03 17 | 07 58 | 01 58 | 07 03 |
| 27 | 10 04 | 07 44 | 01 49 | 04 54 | 05 41 | 13 52 | 18 56 | 15 52 | 04 08 | 22 47 | 15 11 | 03 05 | 08 03 | 02 10 | 07 02 |
| 28 | 09 42 | 12 38 | 01 07 | 05 25 | 05 26 | 13 55 | 18 57 | 15 52 | 04 09 | 22 47 | 15 13 | 02 53 | 08 08 | 02 22 | 07 01 |
| 29 | 09 21 | 16 59 | 00 24 | 05 55 | 05 11 | 13 57 | 18 58 | 15 52 | 04 09 | 22 47 | 15 15 | 02 41 | 08 13 | 02 35 | 07 00 |
| 30 | 09 00 | 20 38 | -00 18 | 06 26 | 04 55 | 14 00 | 18 59 | 15 52 | 04 10 | 22 48 | 15 17 | 02 29 | 08 19 | 02 47 | 06 59 |
| 31 | 08 38 | 23 27 | 01 00 | 06 56 | 04 40 | 14 03 | 19 00 | 15 52 | 04 11 | 22 48 | 15 19 | 02 16 | 08 24 | 03 00 | 06 59 |

Lunar Phases -- 8 ● 13:51 15 ◐ 15:21 22 ○ 12:03 30 ◑ 07:14 Sun enters ♍ 8/22 21:37

## 0:00 E.T. Longitudes of Main Planets - September 2021 Sep. 21

| D | S.T. | ☉ | ☽ | ☽ 12:00 | ☿ | ♀ | ♂ | ♃ | ♄ | ♅ | ♆ | ♇ | ☊ |
|---|---|---|---|---|---|---|---|---|---|---|---|---|---|
| 1 | 22:41:31 | 08♍47 03 | 27♊17 | 03♋17 | 02♎30 | 18♎34 | 20♍59 | 25♒41℞ | 08♒08℞ | 14♉44℞ | 22♓09℞ | 24♑36℞ | 06♊00 |
| 2 | 22:45:28 | 09 45 07 | 09♋20 | 15 27 | 03 52 | 19 44 | 21 38 | 25 34 | 08 05 | 14 43 | 22 07 | 24 35 | 05 56 |
| 3 | 22:49:24 | 10 43 14 | 21 38 | 27 54 | 05 13 | 20 54 | 22 16 | 25 26 | 08 01 | 14 43 | 22 06 | 24 34 | 05 53 |
| 4 | 22:53:21 | 11 41 22 | 04♌15 | 10♌41 | 06 32 | 22 04 | 22 55 | 25 19 | 07 58 | 14 42 | 22 04 | 24 34 | 05 50 |
| 5 | 22:57:18 | 12 39 32 | 17 12 | 23 48 | 07 49 | 23 13 | 23 33 | 25 12 | 07 55 | 14 41 | 22 03 | 24 33 | 05 47 |
| 6 | 23:01:14 | 13 37 44 | 00♍30 | 07♍16 | 09 05 | 24 23 | 24 12 | 25 05 | 07 51 | 14 40 | 22 01 | 24 32 | 05 44 |
| 7 | 23:05:11 | 14 35 57 | 14 08 | 21 03 | 10 19 | 25 32 | 24 50 | 24 58 | 07 48 | 14 40 | 21 59 | 24 31 | 05 41 |
| 8 | 23:09:07 | 15 34 13 | 28 02 | 05♎04 | 11 32 | 26 42 | 25 29 | 24 51 | 07 45 | 14 39 | 21 58 | 24 30 | 05 37 |
| 9 | 23:13:04 | 16 32 29 | 12♎09 | 19 15 | 12 42 | 27 51 | 26 07 | 24 44 | 07 42 | 14 38 | 21 56 | 24 29 | 05 34 |
| 10 | 23:17:00 | 17 30 48 | 26 22 | 03♏31 | 13 51 | 29 00 | 26 46 | 24 37 | 07 39 | 14 37 | 21 54 | 24 29 | 05 31 |
| 11 | 23:20:57 | 18 29 08 | 10♏39 | 17 47 | 14 57 | 00♏10 | 27 25 | 24 31 | 07 36 | 14 36 | 21 53 | 24 28 | 05 28 |
| 12 | 23:24:53 | 19 27 30 | 24 54 | 02♐01 | 16 01 | 01 19 | 28 03 | 24 24 | 07 34 | 14 35 | 21 51 | 24 27 | 05 25 |
| 13 | 23:28:50 | 20 25 54 | 09♐06 | 16 10 | 17 03 | 02 28 | 28 42 | 24 18 | 07 31 | 14 34 | 21 49 | 24 27 | 05 21 |
| 14 | 23:32:47 | 21 24 19 | 23 13 | 00♑14 | 18 03 | 03 37 | 29 21 | 24 12 | 07 28 | 14 32 | 21 48 | 24 26 | 05 18 |
| 15 | 23:36:43 | 22 22 45 | 07♑14 | 14 12 | 19 00 | 04 45 | 00 00 | 24 06 | 07 26 | 14 31 | 21 46 | 24 25 | 05 15 |
| 16 | 23:40:40 | 23 21 14 | 21 08 | 28 03 | 19 54 | 05 54 | 00♎38 | 24 00 | 07 24 | 14 30 | 21 45 | 24 25 | 05 12 |
| 17 | 23:44:36 | 24 19 43 | 04♒55 | 11♒45 | 20 45 | 07 03 | 01 17 | 23 54 | 07 21 | 14 29 | 21 43 | 24 24 | 05 09 |
| 18 | 23:48:33 | 25 18 15 | 18 33 | 25 18 | 21 33 | 08 11 | 01 56 | 23 48 | 07 19 | 14 27 | 21 41 | 24 24 | 05 06 |
| 19 | 23:52:29 | 26 16 48 | 02♓01 | 08♓40 | 22 17 | 09 20 | 02 35 | 23 43 | 07 17 | 14 26 | 21 40 | 24 23 | 05 02 |
| 20 | 23:56:26 | 27 15 23 | 15 15 | 21 48 | 22 57 | 10 28 | 03 14 | 23 37 | 07 15 | 14 25 | 21 38 | 24 23 | 04 59 |
| 21 | 0:00:22 | 28 13 59 | 28 16 | 04♈41 | 23 34 | 11 36 | 03 53 | 23 32 | 07 13 | 14 23 | 21 36 | 24 22 | 04 56 |
| 22 | 0:04:19 | 29 12 38 | 11♈01 | 17 18 | 24 06 | 12 44 | 04 32 | 23 27 | 07 11 | 14 22 | 21 35 | 24 22 | 04 53 |
| 23 | 0:08:16 | 00♎11 18 | 23 31 | 29 40 | 24 33 | 13 52 | 05 11 | 23 22 | 07 09 | 14 20 | 21 33 | 24 21 | 04 50 |
| 24 | 0:12:12 | 01 10 01 | 05♉46 | 11♉48 | 24 56 | 15 00 | 05 50 | 23 18 | 07 07 | 14 18 | 21 31 | 24 21 | 04 47 |
| 25 | 0:16:09 | 02 08 46 | 17 48 | 23 46 | 25 13 | 16 07 | 06 29 | 23 13 | 07 06 | 14 17 | 21 30 | 24 21 | 04 43 |
| 26 | 0:20:05 | 03 07 33 | 29 41 | 05♊36 | 25 24 | 17 15 | 07 08 | 23 09 | 07 04 | 14 15 | 21 28 | 24 20 | 04 40 |
| 27 | 0:24:02 | 04 06 22 | 11♊30 | 17 23 | 25 28 | 18 22 | 07 47 | 23 04 | 07 03 | 14 13 | 21 27 | 24 20 | 04 37 |
| 28 | 0:27:58 | 05 05 14 | 23 17 | 29 13 | 25 26℞ | 19 30 | 08 26 | 23 00 | 07 01 | 14 12 | 21 25 | 24 20 | 04 34 |
| 29 | 0:31:55 | 06 04 08 | 05♋10 | 11♋10 | 25 17 | 20 37 | 09 05 | 22 57 | 07 00 | 14 10 | 21 23 | 24 20 | 04 31 |
| 30 | 0:35:51 | 07 03 04 | 17 13 | 23 20 | 25 01 | 21 44 | 09 44 | 22 53 | 06 59 | 14 08 | 21 22 | 24 19 | 04 27 |

## 0:00 E.T. Longitudes of the Major Asteroids and Chiron

| D | ⚳ | ⚴ | ⚵ | ⚶ | ⚷ | D | ⚳ | ⚴ | ⚵ | ⚶ | ⚷ |
|---|---|---|---|---|---|---|---|---|---|---|---|
| 1 | 08♊01 | 21♓09℞ | 10♐31 | 20♎08 | 12♈01℞ | 16 | 10 32 | 17 16 | 13 08 | 27 37 | 11 26 |
| 2 | 08 12 | 20 55 | 10 40 | 20 37 | 11 59 | 17 | 10 40 | 17 00 | 13 20 | 28 07 | 11 24 |
| 3 | 08 24 | 20 39 | 10 49 | 21 07 | 11 57 | 18 | 10 47 | 16 45 | 13 32 | 28 37 | 11 21 |
| 4 | 08 36 | 20 24 | 10 58 | 21 37 | 11 55 | 19 | 10 55 | 16 29 | 13 45 | 29 08 | 11 18 |
| 5 | 08 47 | 20 09 | 11 08 | 22 06 | 11 53 | 20 | 11 02 | 16 14 | 13 58 | 29 38 | 11 16 |
| 6 | 08 58 | 19 53 | 11 17 | 22 36 | 11 50 | 21 | 11 08 | 15 59 | 14 11 | 00♏09 | 11 13 |
| 7 | 09 08 | 19 38 | 11 27 | 23 06 | 11 48 | 22 | 11 14 | 15 43 | 14 24 | 00 40 | 11 11 |
| 8 | 09 19 | 19 22 | 11 38 | 23 36 | 11 46 | 23 | 11 20 | 15 28 | 14 37 | 01 10 | 11 08 |
| 9 | 09 29 | 19 06 | 11 48 | 24 06 | 11 43 | 24 | 11 26 | 15 13 | 14 51 | 01 41 | 11 05 |
| 10 | 09 39 | 18 51 | 11 59 | 24 36 | 11 41 | 25 | 11 31 | 14 59 | 15 05 | 02 12 | 11 03 |
| 11 | 09 48 | 18 35 | 12 10 | 25 06 | 11 39 | 26 | 11 36 | 14 44 | 15 19 | 02 43 | 11 00 |
| 12 | 09 58 | 18 19 | 12 21 | 25 36 | 11 36 | 27 | 11 41 | 14 30 | 15 33 | 03 13 | 10 57 |
| 13 | 10 07 | 18 03 | 12 32 | 26 06 | 11 34 | 28 | 11 45 | 14 16 | 15 47 | 03 44 | 10 55 |
| 14 | 10 15 | 17 47 | 12 44 | 26 36 | 11 31 | 29 | 11 49 | 14 02 | 16 01 | 04 15 | 10 52 |
| 15 | 10 24 | 17 32 | 12 56 | 27 06 | 11 29 | 30 | 11 53 | 13 48 | 16 16 | 04 46 | 10 49 |

## Lunar Data

| Last Asp. | | Ingress | | |
|---|---|---|---|---|
| 31 | 20:49 | 1 | ♋ | 05:27 |
| 3 | 05:38 | 3 | ♌ | 15:59 |
| 5 | 14:23 | 5 | ♍ | 23:07 |
| 7 | 19:25 | 8 | ♎ | 03:22 |
| 10 | 04:49 | 10 | ♏ | 06:06 |
| 12 | 05:34 | 12 | ♐ | 08:36 |
| 14 | 10:59 | 14 | ♑ | 11:35 |
| 16 | 05:41 | 16 | ♒ | 15:24 |
| 18 | 09:16 | 18 | ♓ | 20:24 |
| 20 | 23:56 | 21 | ♈ | 03:14 |
| 23 | 02:06 | 23 | ♉ | 12:39 |
| 25 | 13:10 | 26 | ♊ | 00:38 |
| 28 | 04:19 | 28 | ♋ | 13:35 |
| 30 | 14:49 | | | |

## 0:00 E.T. Declinations

| D | ☉ | ☽ | ☿ | ♀ | ♂ | ♃ | ♄ | ♅ | ♆ | ♇ | ⚳ | ⚴ | ⚵ | ⚶ | ⚷ |
|---|---|---|---|---|---|---|---|---|---|---|---|---|---|---|---|
| 1 | +08 17 | +25 14 | -01 41 | -07 26 | +04 24 | -14 05 | -19 01 | +15 51 | -04 11 | -22 48 | +15 21 | +02 04 | -08 29 | -03 12 | +06 58 |
| 2 | 07 55 | 25 52 | 02 21 | 07 56 | 04 09 | 14 08 | 19 02 | 15 51 | 04 12 | 22 48 | 15 23 | 01 51 | 08 35 | 03 25 | 06 57 |
| 3 | 07 33 | 25 15 | 03 01 | 08 26 | 03 53 | 14 10 | 19 03 | 15 51 | 04 12 | 22 49 | 15 25 | 01 39 | 08 40 | 03 37 | 06 56 |
| 4 | 07 11 | 23 21 | 03 41 | 08 56 | 03 38 | 14 13 | 19 04 | 15 51 | 04 13 | 22 49 | 15 27 | 01 26 | 08 45 | 03 49 | 06 55 |
| 5 | 06 49 | 20 13 | 04 19 | 09 25 | 03 22 | 14 15 | 19 04 | 15 51 | 04 14 | 22 49 | 15 28 | 01 13 | 08 50 | 04 02 | 06 54 |
| 6 | 06 26 | 15 58 | 04 57 | 09 55 | 03 07 | 14 18 | 19 05 | 15 50 | 04 14 | 22 49 | 15 30 | 00 59 | 08 56 | 04 14 | 06 53 |
| 7 | 06 04 | 10 49 | 05 34 | 10 24 | 02 51 | 14 20 | 19 06 | 15 50 | 04 15 | 22 49 | 15 32 | 00 46 | 09 01 | 04 26 | 06 53 |
| 8 | 05 41 | 05 02 | 06 11 | 10 53 | 02 35 | 14 22 | 19 07 | 15 50 | 04 16 | 22 50 | 15 33 | 00 33 | 09 06 | 04 39 | 06 52 |
| 9 | 05 19 | -01 06 | 06 46 | 11 21 | 02 20 | 14 24 | 19 08 | 15 49 | 04 16 | 22 50 | 15 35 | 00 20 | 09 12 | 04 51 | 06 51 |
| 10 | 04 56 | 07 15 | 07 21 | 11 50 | 02 04 | 14 27 | 19 09 | 15 49 | 04 17 | 22 50 | 15 37 | 00 06 | 09 17 | 05 03 | 06 50 |
| 11 | 04 33 | 13 03 | 07 54 | 12 18 | 01 48 | 14 29 | 19 09 | 15 49 | 04 18 | 22 50 | 15 38 | -00 07 | 09 22 | 05 15 | 06 49 |
| 12 | 04 10 | 18 09 | 08 27 | 12 46 | 01 32 | 14 31 | 19 10 | 15 49 | 04 18 | 22 50 | 15 40 | 00 21 | 09 27 | 05 28 | 06 48 |
| 13 | 03 47 | 22 12 | 08 58 | 13 14 | 01 17 | 14 33 | 19 11 | 15 48 | 04 19 | 22 50 | 15 41 | 00 35 | 09 32 | 05 40 | 06 47 |
| 14 | 03 24 | 24 52 | 09 29 | 13 41 | 01 01 | 14 35 | 19 11 | 15 48 | 04 20 | 22 51 | 15 42 | 00 48 | 09 38 | 05 52 | 06 46 |
| 15 | 03 01 | 25 58 | 09 58 | 14 09 | 00 45 | 14 37 | 19 12 | 15 47 | 04 20 | 22 51 | 15 44 | 01 02 | 09 43 | 06 04 | 06 45 |
| 16 | 02 38 | 25 24 | 10 25 | 14 35 | 00 29 | 14 39 | 19 13 | 15 47 | 04 21 | 22 51 | 15 45 | 01 16 | 09 48 | 06 16 | 06 44 |
| 17 | 02 15 | 23 17 | 10 51 | 15 02 | 00 14 | 14 41 | 19 13 | 15 47 | 04 22 | 22 51 | 15 46 | 01 29 | 09 53 | 06 28 | 06 43 |
| 18 | 01 52 | 19 52 | 11 16 | 15 28 | -00 02 | 14 43 | 19 14 | 15 46 | 04 22 | 22 51 | 15 48 | 01 43 | 09 58 | 06 40 | 06 42 |
| 19 | 01 29 | 15 27 | 11 39 | 15 54 | 00 18 | 14 45 | 19 14 | 15 46 | 04 23 | 22 51 | 15 49 | 01 57 | 10 03 | 06 52 | 06 41 |
| 20 | 01 05 | 10 22 | 12 00 | 16 20 | 00 34 | 14 46 | 19 15 | 15 45 | 04 24 | 22 52 | 15 50 | 02 10 | 10 08 | 07 04 | 06 40 |
| 21 | 00 42 | 04 55 | 12 19 | 16 45 | 00 50 | 14 48 | 19 16 | 15 45 | 04 24 | 22 52 | 15 51 | 02 24 | 10 13 | 07 16 | 06 39 |
| 22 | 00 19 | +00 39 | 12 36 | 17 10 | 01 06 | 14 50 | 19 16 | 15 45 | 04 25 | 22 52 | 15 52 | 02 38 | 10 18 | 07 28 | 06 38 |
| 23 | -00 05 | 06 05 | 12 50 | 17 35 | 01 21 | 14 51 | 19 16 | 15 44 | 04 26 | 22 52 | 15 54 | 02 51 | 10 23 | 07 40 | 06 36 |
| 24 | 00 28 | 11 12 | 13 02 | 17 59 | 01 37 | 14 53 | 19 17 | 15 44 | 04 26 | 22 52 | 15 55 | 03 05 | 10 28 | 07 52 | 06 35 |
| 25 | 00 51 | 15 49 | 13 11 | 18 22 | 01 53 | 14 54 | 19 17 | 15 43 | 04 27 | 22 52 | 15 56 | 03 18 | 10 33 | 08 04 | 06 34 |
| 26 | 01 15 | 19 45 | 13 18 | 18 46 | 02 09 | 14 55 | 19 18 | 15 43 | 04 28 | 22 52 | 15 57 | 03 32 | 10 38 | 08 15 | 06 33 |
| 27 | 01 38 | 22 52 | 13 21 | 19 09 | 02 25 | 14 57 | 19 18 | 15 42 | 04 28 | 22 52 | 15 58 | 03 45 | 10 43 | 08 27 | 06 32 |
| 28 | 02 01 | 25 00 | 13 20 | 19 31 | 02 41 | 14 58 | 19 18 | 15 42 | 04 29 | 22 52 | 15 59 | 03 58 | 10 47 | 08 39 | 06 31 |
| 29 | 02 25 | 26 02 | 13 16 | 19 53 | 02 56 | 14 59 | 19 19 | 15 41 | 04 29 | 22 52 | 16 00 | 04 11 | 10 52 | 08 50 | 06 30 |
| 30 | 02 48 | 25 51 | 13 08 | 20 15 | 03 12 | 15 00 | 19 19 | 15 41 | 04 30 | 22 53 | 16 01 | 04 25 | 10 57 | 09 02 | 06 29 |

Lunar Phases -- 7 ● 00:53 13 ◐ 20:40 20 ○ 23:56 29 ◑ 01:58 Sun enters ♎ 9/22 19:23

## Longitudes of Main Planets - October 2021

0:00 E.T.

| D | S.T. | ☉ | ☽ | ☽ 12:00 | ☿ | ♀ | ♂ | ♃ | ♄ | ♅ | ♆ | ♇ | ☊ |
|---|---|---|---|---|---|---|---|---|---|---|---|---|---|
| 1 | 0:39:48 | 08♎02 02 | 29♋32 | 05♌48 | 24♎37℞ | 22♏51 | 10♎24 | 22♒49℞ | 06♒58℞ | 14♉06℞ | 21♓20℞ | 24♑19℞ | 04♊24 |
| 2 | 0:43:45 | 09 01 03 | 12♌10 | 18 38 | 24 06 | 23 57 | 11 03 | 22 46 | 06 57 | 14 04 | 21 19 | 24 19 | 04 21 |
| 3 | 0:47:41 | 10 00 05 | 25 12 | 01♍53 | 23 27 | 25 04 | 11 42 | 22 43 | 06 56 | 14 03 | 21 17 | 24 19 | 04 18 |
| 4 | 0:51:38 | 10 59 10 | 08♍39 | 15 32 | 22 40 | 26 10 | 12 22 | 22 40 | 06 55 | 14 01 | 21 16 | 24 19 | 04 15 |
| 5 | 0:55:34 | 11 58 18 | 22 31 | 29 35 | 21 47 | 27 17 | 13 01 | 22 37 | 06 55 | 13 59 | 21 14 | 24 19 | 04 12 |
| 6 | 0:59:31 | 12 57 27 | 06♎44 | 13♎57 | 20 47 | 28 23 | 13 40 | 22 35 | 06 54 | 13 57 | 21 12 | 24 19 | 04 08 |
| 7 | 1:03:27 | 13 56 38 | 21 14 | 28 33 | 19 43 | 29 29 | 14 20 | 22 32 | 06 54 | 13 55 | 21 11 | 24 19D | 04 05 |
| 8 | 1:07:24 | 14 55 52 | 05♏53 | 13♏14 | 18 34 | 00♐35 | 14 59 | 22 30 | 06 53 | 13 53 | 21 09 | 24 19 | 04 02 |
| 9 | 1:11:20 | 15 55 07 | 20 35 | 27 55 | 17 24 | 01 40 | 15 39 | 22 28 | 06 53 | 13 50 | 21 08 | 24 19 | 03 59 |
| 10 | 1:15:17 | 16 54 24 | 05♐13 | 12♐29 | 16 13 | 02 46 | 16 18 | 22 27 | 06 53 | 13 48 | 21 07 | 24 19 | 03 56 |
| 11 | 1:19:14 | 17 53 43 | 19 42 | 26 52 | 15 04 | 03 51 | 16 58 | 22 25 | 06 53 | 13 46 | 21 05 | 24 19 | 03 53 |
| 12 | 1:23:10 | 18 53 04 | 03♑59 | 11♑02 | 13 58 | 04 56 | 17 37 | 22 24 | 06 53D | 13 44 | 21 04 | 24 19 | 03 49 |
| 13 | 1:27:07 | 19 52 27 | 18 01 | 24 57 | 12 58 | 06 01 | 18 17 | 22 23 | 06 53 | 13 42 | 21 02 | 24 19 | 03 46 |
| 14 | 1:31:03 | 20 51 51 | 01♒49 | 08♒38 | 12 05 | 07 05 | 18 57 | 22 22 | 06 53 | 13 40 | 21 01 | 24 20 | 03 43 |
| 15 | 1:35:00 | 21 51 17 | 15 22 | 22 04 | 11 21 | 08 10 | 19 36 | 22 21 | 06 54 | 13 37 | 21 00 | 24 20 | 03 40 |
| 16 | 1:38:56 | 22 50 45 | 28 41 | 05♓16 | 10 46 | 09 14 | 20 16 | 22 20 | 06 54 | 13 35 | 20 58 | 24 20 | 03 37 |
| 17 | 1:42:53 | 23 50 15 | 11♓47 | 18 15 | 10 23 | 10 18 | 20 56 | 22 20 | 06 54 | 13 33 | 20 57 | 24 20 | 03 33 |
| 18 | 1:46:49 | 24 49 46 | 24 39 | 01♈01 | 10 10 | 11 21 | 21 36 | 22 20 | 06 55 | 13 31 | 20 56 | 24 21 | 03 30 |
| 19 | 1:50:46 | 25 49 19 | 07♈19 | 13 34 | 10 08D | 12 25 | 22 15 | 22 20D | 06 56 | 13 28 | 20 54 | 24 21 | 03 27 |
| 20 | 1:54:43 | 26 48 54 | 19 46 | 25 55 | 10 18 | 13 28 | 22 55 | 22 20 | 06 57 | 13 26 | 20 53 | 24 21 | 03 24 |
| 21 | 1:58:39 | 27 48 31 | 02♉02 | 08♉06 | 10 38 | 14 31 | 23 35 | 22 21 | 06 58 | 13 24 | 20 52 | 24 22 | 03 21 |
| 22 | 2:02:36 | 28 48 10 | 14 07 | 20 06 | 11 08 | 15 33 | 24 15 | 22 21 | 06 59 | 13 21 | 20 50 | 24 22 | 03 18 |
| 23 | 2:06:32 | 29 47 51 | 26 04 | 01♊59 | 11 47 | 16 36 | 24 55 | 22 22 | 07 00 | 13 19 | 20 49 | 24 23 | 03 14 |
| 24 | 2:10:29 | 00♏47 35 | 07♊54 | 13 47 | 12 34 | 17 38 | 25 35 | 22 23 | 07 01 | 13 16 | 20 48 | 24 23 | 03 11 |
| 25 | 2:14:25 | 01 47 20 | 19 41 | 25 34 | 13 30 | 18 39 | 26 15 | 22 24 | 07 02 | 13 14 | 20 47 | 24 24 | 03 08 |
| 26 | 2:18:22 | 02 47 08 | 01♋28 | 07♋23 | 14 32 | 19 41 | 26 55 | 22 26 | 07 04 | 13 12 | 20 46 | 24 24 | 03 05 |
| 27 | 2:22:18 | 03 46 58 | 13 20 | 19 19 | 15 40 | 20 42 | 27 35 | 22 28 | 07 05 | 13 09 | 20 45 | 24 25 | 03 02 |
| 28 | 2:26:15 | 04 46 50 | 25 22 | 01♌28 | 16 53 | 21 42 | 28 15 | 22 29 | 07 07 | 13 07 | 20 44 | 24 25 | 02 59 |
| 29 | 2:30:12 | 05 46 44 | 07♌38 | 13 53 | 18 10 | 22 43 | 28 56 | 22 31 | 07 09 | 13 04 | 20 43 | 24 26 | 02 55 |
| 30 | 2:34:08 | 06 46 40 | 20 13 | 26 39 | 19 31 | 23 43 | 29 36 | 22 34 | 07 11 | 13 02 | 20 42 | 24 27 | 02 52 |
| 31 | 2:38:05 | 07 46 39 | 03♍11 | 09♍50 | 20 56 | 24 42 | 00♏16 | 22 36 | 07 13 | 12 59 | 20 41 | 24 27 | 02 49 |

0:00 E.T.

## Longitudes of the Major Asteroids and Chiron

| D | ⚳ | ⚴ | ⚵ | ⚶ | ⚷ |
|---|---|---|---|---|---|
| 1 | 11♊56 | 13♓34℞ | 16♐31 | 05♏17 | 10♈46℞ |
| 2 | 11 59 | 13 21 | 16 46 | 05 48 | 10 44 |
| 3 | 12 01 | 13 08 | 17 01 | 06 20 | 10 41 |
| 4 | 12 03 | 12 55 | 17 17 | 06 51 | 10 38 |
| 5 | 12 05 | 12 43 | 17 32 | 07 22 | 10 36 |
| 6 | 12 07 | 12 31 | 17 48 | 07 53 | 10 33 |
| 7 | 12 07 | 12 19 | 18 04 | 08 25 | 10 30 |
| 8 | 12 08 | 12 07 | 18 20 | 08 56 | 10 27 |
| 9 | 12 08 | 11 56 | 18 36 | 09 27 | 10 25 |
| 10 | 12 08℞ | 11 45 | 18 52 | 09 59 | 10 22 |
| 11 | 12 08 | 11 34 | 19 08 | 10 30 | 10 19 |
| 12 | 12 07 | 11 24 | 19 25 | 11 02 | 10 17 |
| 13 | 12 05 | 11 14 | 19 42 | 11 33 | 10 14 |
| 14 | 12 04 | 11 05 | 19 59 | 12 05 | 10 11 |
| 15 | 12 01 | 10 55 | 20 16 | 12 36 | 10 09 |
| 16 | 11 59 | 10 46 | 20 33 | 13 08 | 10 06 |

| D | ⚳ | ⚴ | ⚵ | ⚶ | ⚷ |
|---|---|---|---|---|---|
| 17 | 11 56 | 10 38 | 20 50 | 13 40 | 10 03 |
| 18 | 11 53 | 10 30 | 21 08 | 14 11 | 10 01 |
| 19 | 11 49 | 10 22 | 21 25 | 14 43 | 09 58 |
| 20 | 11 45 | 10 14 | 21 43 | 15 15 | 09 56 |
| 21 | 11 40 | 10 07 | 22 01 | 15 46 | 09 53 |
| 22 | 11 36 | 10 00 | 22 19 | 16 18 | 09 51 |
| 23 | 11 30 | 09 54 | 22 37 | 16 50 | 09 48 |
| 24 | 11 25 | 09 48 | 22 55 | 17 22 | 09 46 |
| 25 | 11 19 | 09 42 | 23 13 | 17 54 | 09 43 |
| 26 | 11 12 | 09 37 | 23 32 | 18 26 | 09 41 |
| 27 | 11 06 | 09 32 | 23 50 | 18 58 | 09 38 |
| 28 | 10 58 | 09 28 | 24 09 | 19 30 | 09 36 |
| 29 | 10 51 | 09 24 | 24 28 | 20 02 | 09 34 |
| 30 | 10 43 | 09 20 | 24 46 | 20 34 | 09 31 |
| 31 | 10 35 | 09 17 | 25 05 | 21 06 | 09 29 |

## Lunar Data

| Last Asp. | | Ingress | | |
|---|---|---|---|---|
| 30 | 14:50 | 1 | ♌ | 00:55 |
| 2 | 23:44 | 3 | ♍ | 08:39 |
| 5 | 08:47 | 5 | ♎ | 12:42 |
| 7 | 05:04 | 7 | ♏ | 14:23 |
| 9 | 06:06 | 9 | ♐ | 15:25 |
| 11 | 04:32 | 11 | ♑ | 17:16 |
| 13 | 10:55 | 13 | ♒ | 20:49 |
| 15 | 12:34 | 16 | ♓ | 02:23 |
| 17 | 23:25 | 18 | ♈ | 10:05 |
| 20 | 14:58 | 20 | ♉ | 20:00 |
| 22 | 20:36 | 23 | ♊ | 07:58 |
| 25 | 14:12 | 25 | ♋ | 21:01 |
| 28 | 06:03 | 28 | ♌ | 09:08 |
| 30 | 07:06 | 30 | ♍ | 18:10 |

0:00 E.T.

## Declinations

| D | ☉ | ☽ | ☿ | ♀ | ♂ | ♃ | ♄ | ♅ | ♆ | ♇ | ⚳ | ⚴ | ⚵ | ⚶ | ⚷ |
|---|---|---|---|---|---|---|---|---|---|---|---|---|---|---|---|
| 1 | -03 11 | +24 24 | -12 56 | -20 36 | -03 28 | -15 01 | -19 19 | +15 40 | -04 31 | -22 53 | +16 02 | -04 37 | -11 01 | -09 13 | +06 28 |
| 2 | 03 34 | 21 43 | 12 39 | 20 57 | 03 44 | 15 02 | 19 20 | 15 39 | 04 31 | 22 53 | 16 03 | 04 50 | 11 06 | 09 25 | 06 26 |
| 3 | 03 58 | 17 53 | 12 18 | 21 17 | 04 00 | 15 03 | 19 20 | 15 39 | 04 32 | 22 53 | 16 03 | 05 03 | 11 11 | 09 36 | 06 25 |
| 4 | 04 21 | 13 02 | 11 53 | 21 37 | 04 15 | 15 04 | 19 20 | 15 38 | 04 33 | 22 53 | 16 04 | 05 16 | 11 15 | 09 48 | 06 24 |
| 5 | 04 44 | 07 24 | 11 23 | 21 56 | 04 31 | 15 05 | 19 20 | 15 38 | 04 33 | 22 53 | 16 05 | 05 28 | 11 20 | 09 59 | 06 23 |
| 6 | 05 07 | 01 14 | 10 49 | 22 15 | 04 47 | 15 06 | 19 20 | 15 37 | 04 34 | 22 53 | 16 06 | 05 40 | 11 24 | 10 10 | 06 22 |
| 7 | 05 30 | -05 07 | 10 11 | 22 33 | 05 02 | 15 06 | 19 20 | 15 36 | 04 34 | 22 53 | 16 07 | 05 53 | 11 29 | 10 22 | 06 21 |
| 8 | 05 53 | 11 17 | 09 30 | 22 51 | 05 18 | 15 07 | 19 21 | 15 36 | 04 35 | 22 53 | 16 08 | 06 05 | 11 33 | 10 33 | 06 20 |
| 9 | 06 16 | 16 51 | 08 47 | 23 08 | 05 34 | 15 07 | 19 21 | 15 35 | 04 35 | 22 53 | 16 08 | 06 16 | 11 37 | 10 44 | 06 19 |
| 10 | 06 39 | 21 24 | 08 02 | 23 25 | 05 49 | 15 08 | 19 21 | 15 35 | 04 36 | 22 53 | 16 09 | 06 28 | 11 42 | 10 55 | 06 17 |
| 11 | 07 01 | 24 34 | 07 17 | 23 41 | 06 05 | 15 08 | 19 21 | 15 34 | 04 37 | 22 53 | 16 10 | 06 40 | 11 46 | 11 06 | 06 16 |
| 12 | 07 24 | 26 05 | 06 32 | 23 57 | 06 20 | 15 09 | 19 21 | 15 33 | 04 37 | 22 53 | 16 11 | 06 51 | 11 50 | 11 17 | 06 15 |
| 13 | 07 46 | 25 53 | 05 50 | 24 12 | 06 36 | 15 09 | 19 21 | 15 33 | 04 38 | 22 53 | 16 11 | 07 02 | 11 54 | 11 28 | 06 14 |
| 14 | 08 09 | 24 05 | 05 11 | 24 26 | 06 51 | 15 09 | 19 21 | 15 32 | 04 38 | 22 53 | 16 12 | 07 13 | 11 58 | 11 39 | 06 13 |
| 15 | 08 31 | 20 57 | 04 35 | 24 40 | 07 07 | 15 09 | 19 20 | 15 31 | 04 39 | 22 53 | 16 13 | 07 24 | 12 02 | 11 49 | 06 12 |
| 16 | 08 53 | 16 46 | 04 04 | 24 54 | 07 22 | 15 09 | 19 20 | 15 31 | 04 39 | 22 53 | 16 14 | 07 35 | 12 06 | 12 00 | 06 11 |
| 17 | 09 15 | 11 51 | 03 38 | 25 06 | 07 38 | 15 09 | 19 20 | 15 30 | 04 40 | 22 53 | 16 14 | 07 45 | 12 10 | 12 11 | 06 09 |
| 18 | 09 37 | 06 31 | 03 18 | 25 18 | 07 53 | 15 09 | 19 20 | 15 29 | 04 40 | 22 53 | 16 15 | 07 55 | 12 14 | 12 21 | 06 08 |
| 19 | 09 59 | 01 00 | 03 04 | 25 30 | 08 08 | 15 09 | 19 20 | 15 29 | 04 41 | 22 53 | 16 16 | 08 05 | 12 18 | 12 32 | 06 07 |
| 20 | 10 20 | +04 29 | 02 55 | 25 41 | 08 24 | 15 09 | 19 20 | 15 28 | 04 41 | 22 53 | 16 16 | 08 15 | 12 22 | 12 42 | 06 06 |
| 21 | 10 42 | 09 44 | 02 52 | 25 51 | 08 39 | 15 09 | 19 19 | 15 27 | 04 42 | 22 53 | 16 17 | 08 25 | 12 25 | 12 52 | 06 05 |
| 22 | 11 03 | 14 33 | 02 55 | 26 01 | 08 54 | 15 08 | 19 19 | 15 26 | 04 42 | 22 53 | 16 18 | 08 34 | 12 29 | 13 03 | 06 04 |
| 23 | 11 24 | 18 45 | 03 02 | 26 10 | 09 09 | 15 08 | 19 19 | 15 26 | 04 43 | 22 53 | 16 18 | 08 44 | 12 33 | 13 13 | 06 03 |
| 24 | 11 45 | 22 10 | 03 14 | 26 19 | 09 24 | 15 07 | 19 18 | 15 25 | 04 43 | 22 53 | 16 19 | 08 53 | 12 36 | 13 23 | 06 02 |
| 25 | 12 06 | 24 38 | 03 31 | 26 27 | 09 39 | 15 07 | 19 18 | 15 24 | 04 44 | 22 53 | 16 20 | 09 01 | 12 40 | 13 33 | 06 01 |
| 26 | 12 26 | 26 01 | 03 51 | 26 34 | 09 54 | 15 06 | 19 18 | 15 24 | 04 44 | 22 53 | 16 20 | 09 10 | 12 43 | 13 43 | 06 00 |
| 27 | 12 47 | 26 13 | 04 14 | 26 41 | 10 09 | 15 05 | 19 17 | 15 23 | 04 44 | 22 53 | 16 21 | 09 18 | 12 46 | 13 53 | 05 59 |
| 28 | 13 07 | 25 13 | 04 41 | 26 47 | 10 24 | 15 05 | 19 17 | 15 22 | 04 45 | 22 53 | 16 22 | 09 27 | 12 50 | 14 03 | 05 57 |
| 29 | 13 27 | 22 59 | 05 09 | 26 52 | 10 38 | 15 04 | 19 16 | 15 21 | 04 45 | 22 53 | 16 23 | 09 35 | 12 53 | 14 13 | 05 56 |
| 30 | 13 47 | 19 37 | 05 40 | 26 57 | 10 53 | 15 03 | 19 16 | 15 21 | 04 46 | 22 52 | 16 23 | 09 43 | 12 56 | 14 22 | 05 55 |
| 31 | 14 06 | 15 14 | 06 13 | 27 01 | 11 08 | 15 02 | 19 16 | 15 20 | 04 46 | 22 52 | 16 24 | 09 50 | 12 59 | 14 32 | 05 54 |

Lunar Phases -- 6 ● 11:06 13 ◐ 03:26 20 ○ 14:58 28 ◑ 20:06 Sun enters ♏ 10/23 04:53

# 0:00 E.T. Longitudes of Main Planets - November 2021 **Nov. 21**

| D | S.T. | ☉ | ☽ | ☽ 12:00 | ☿ | ♀ | ♂ | ♃ | ♄ | ♅ | ♆ | ♇ | ☊ |
|---|---|---|---|---|---|---|---|---|---|---|---|---|---|
| 1 | 2:42:01 | 08♏46 39 | 16♍36 | 23♍29 | 22♎23 | 25♐42 | 00♏56 | 22♒39 | 07♒15 | 12♉57℞ | 20♓40℞ | 24♑28 | 02♊46 |
| 2 | 2:45:58 | 09 46 42 | 00♎28 | 07♎34 | 23 53 | 26 40 | 01 37 | 22 42 | 07 17 | 12 54 | 20 39 | 24 29 | 02 43 |
| 3 | 2:49:54 | 10 46 47 | 14 46 | 22 04 | 25 24 | 27 39 | 02 17 | 22 45 | 07 19 | 12 52 | 20 38 | 24 30 | 02 39 |
| 4 | 2:53:51 | 11 46 54 | 29 27 | 06♏53 | 26 57 | 28 37 | 02 58 | 22 48 | 07 21 | 12 49 | 20 37 | 24 30 | 02 36 |
| 5 | 2:57:47 | 12 47 03 | 14♏23 | 21 54 | 28 31 | 29 34 | 03 38 | 22 51 | 07 24 | 12 47 | 20 36 | 24 31 | 02 33 |
| 6 | 3:01:44 | 13 47 13 | 29 26 | 06♐58 | 00♏06 | 00♑31 | 04 18 | 22 55 | 07 26 | 12 45 | 20 35 | 24 32 | 02 30 |
| 7 | 3:05:41 | 14 47 26 | 14♐28 | 21 56 | 01 41 | 01 28 | 04 59 | 22 59 | 07 29 | 12 42 | 20 34 | 24 33 | 02 27 |
| 8 | 3:09:37 | 15 47 40 | 29 20 | 06♑41 | 03 17 | 02 24 | 05 40 | 23 03 | 07 32 | 12 40 | 20 33 | 24 34 | 02 24 |
| 9 | 3:13:34 | 16 47 55 | 13♑56 | 21 07 | 04 54 | 03 20 | 06 20 | 23 07 | 07 34 | 12 37 | 20 33 | 24 35 | 02 20 |
| 10 | 3:17:30 | 17 48 12 | 28 12 | 05♒12 | 06 30 | 04 15 | 07 01 | 23 11 | 07 37 | 12 35 | 20 32 | 24 36 | 02 17 |
| 11 | 3:21:27 | 18 48 31 | 12♒06 | 18 54 | 08 07 | 05 09 | 07 41 | 23 16 | 07 40 | 12 32 | 20 31 | 24 37 | 02 14 |
| 12 | 3:25:23 | 19 48 51 | 25 37 | 02♓15 | 09 44 | 06 03 | 08 22 | 23 21 | 07 43 | 12 30 | 20 31 | 24 38 | 02 11 |
| 13 | 3:29:20 | 20 49 12 | 08♓48 | 15 16 | 11 21 | 06 56 | 09 03 | 23 25 | 07 47 | 12 27 | 20 30 | 24 39 | 02 08 |
| 14 | 3:33:16 | 21 49 34 | 21 40 | 28 00 | 12 58 | 07 48 | 09 44 | 23 31 | 07 50 | 12 25 | 20 29 | 24 40 | 02 04 |
| 15 | 3:37:13 | 22 49 58 | 04♈16 | 10♈29 | 14 35 | 08 40 | 10 24 | 23 36 | 07 53 | 12 22 | 20 29 | 24 41 | 02 01 |
| 16 | 3:41:10 | 23 50 24 | 16 38 | 22 45 | 16 11 | 09 31 | 11 05 | 23 41 | 07 57 | 12 20 | 20 28 | 24 42 | 01 58 |
| 17 | 3:45:06 | 24 50 50 | 28 50 | 04♉52 | 17 48 | 10 21 | 11 46 | 23 47 | 08 00 | 12 18 | 20 28 | 24 43 | 01 55 |
| 18 | 3:49:03 | 25 51 19 | 10♉52 | 16 51 | 19 24 | 11 11 | 12 27 | 23 53 | 08 04 | 12 15 | 20 27 | 24 45 | 01 52 |
| 19 | 3:52:59 | 26 51 48 | 22 48 | 28 44 | 21 00 | 12 00 | 13 08 | 23 59 | 08 07 | 12 13 | 20 27 | 24 46 | 01 49 |
| 20 | 3:56:56 | 27 52 20 | 04♊39 | 10♊33 | 22 36 | 12 48 | 13 49 | 24 05 | 08 11 | 12 10 | 20 26 | 24 47 | 01 45 |
| 21 | 4:00:52 | 28 52 52 | 16 27 | 22 21 | 24 12 | 13 35 | 14 30 | 24 11 | 08 15 | 12 08 | 20 26 | 24 48 | 01 42 |
| 22 | 4:04:49 | 29 53 27 | 28 15 | 04♋09 | 25 48 | 14 21 | 15 11 | 24 18 | 08 19 | 12 06 | 20 26 | 24 50 | 01 39 |
| 23 | 4:08:45 | 00♐54 03 | 10♋04 | 16 01 | 27 23 | 15 06 | 15 52 | 24 24 | 08 23 | 12 03 | 20 25 | 24 51 | 01 36 |
| 24 | 4:12:42 | 01 54 41 | 21 59 | 27 59 | 28 58 | 15 50 | 16 33 | 24 31 | 08 27 | 12 01 | 20 25 | 24 52 | 01 33 |
| 25 | 4:16:39 | 02 55 20 | 04♌02 | 10♌08 | 00♐33 | 16 34 | 17 15 | 24 38 | 08 31 | 11 59 | 20 25 | 24 54 | 01 30 |
| 26 | 4:20:35 | 03 56 01 | 16 18 | 22 31 | 02 08 | 17 16 | 17 56 | 24 45 | 08 36 | 11 57 | 20 25 | 24 55 | 01 26 |
| 27 | 4:24:32 | 04 56 43 | 28 50 | 05♍13 | 03 43 | 17 57 | 18 37 | 24 52 | 08 40 | 11 54 | 20 25 | 24 56 | 01 23 |
| 28 | 4:28:28 | 05 57 27 | 11♍42 | 18 16 | 05 17 | 18 37 | 19 18 | 25 00 | 08 44 | 11 52 | 20 24 | 24 58 | 01 20 |
| 29 | 4:32:25 | 06 58 12 | 24 57 | 01♎45 | 06 52 | 19 15 | 20 00 | 25 07 | 08 49 | 11 50 | 20 24 | 24 59 | 01 17 |
| 30 | 4:36:21 | 07 59 00 | 08♎39 | 15 40 | 08 26 | 19 53 | 20 41 | 25 15 | 08 53 | 11 48 | 20 24 | 25 01 | 01 14 |

# 0:00 E.T. Longitudes of the Major Asteroids and Chiron

| D | ⚳ | ⚴ | ⚵ | ⚶ | ⚷ | D | ⚳ | ⚴ | ⚵ | ⚶ | ⚷ |
|---|---|---|---|---|---|---|---|---|---|---|---|
| 1 | 10♊26℞ | 09♓14℞ | 25♐25 | 21♏38 | 09♈27℞ | 16 | 07 39 | 09 14 | 00 24 | 29 41 | 08 56 |
| 2 | 10 17 | 09 11 | 25 44 | 22 10 | 09 24 | 17 | 07 26 | 09 17 | 00 44 | 00♐13 | 08 55 |
| 3 | 10 08 | 09 09 | 26 03 | 22 42 | 09 22 | 18 | 07 13 | 09 20 | 01 05 | 00 46 | 08 53 |
| 4 | 09 58 | 09 07 | 26 23 | 23 14 | 09 20 | 19 | 07 00 | 09 24 | 01 26 | 01 18 | 08 51 |
| 5 | 09 48 | 09 06 | 26 42 | 23 46 | 09 18 | 20 | 06 46 | 09 27 | 01 47 | 01 50 | 08 50 |
| 6 | 09 38 | 09 04 | 27 02 | 24 18 | 09 16 | 21 | 06 32 | 09 32 | 02 08 | 02 23 | 08 48 |
| 7 | 09 27 | 09 04 | 27 22 | 24 51 | 09 14 | 22 | 06 19 | 09 36 | 02 29 | 02 55 | 08 47 |
| 8 | 09 16 | 09 03 | 27 41 | 25 23 | 09 11 | 23 | 06 05 | 09 41 | 02 50 | 03 28 | 08 45 |
| 9 | 09 05 | 09 03D | 28 01 | 25 55 | 09 09 | 24 | 05 51 | 09 46 | 03 11 | 04 00 | 08 44 |
| 10 | 08 53 | 09 04 | 28 21 | 26 27 | 09 07 | 25 | 05 37 | 09 52 | 03 33 | 04 32 | 08 43 |
| 11 | 08 42 | 09 05 | 28 42 | 26 59 | 09 06 | 26 | 05 23 | 09 58 | 03 54 | 05 05 | 08 41 |
| 12 | 08 30 | 09 06 | 29 02 | 27 32 | 09 04 | 27 | 05 09 | 10 04 | 04 15 | 05 37 | 08 40 |
| 13 | 08 17 | 09 07 | 29 22 | 28 04 | 09 02 | 28 | 04 55 | 10 10 | 04 37 | 06 10 | 08 39 |
| 14 | 08 05 | 09 09 | 29 43 | 28 36 | 09 00 | 29 | 04 40 | 10 17 | 04 58 | 06 42 | 08 38 |
| 15 | 07 52 | 09 11 | 00♑03 | 29 09 | 08 58 | 30 | 04 26 | 10 24 | 05 20 | 07 15 | 08 37 |

## Lunar Data

| Last Asp. | | Ingress | | |
|---|---|---|---|---|
| 1 | 17:01 | 1 | ♎ | 23:12 |
| 3 | 22:33 | 4 | ♏ | 00:54 |
| 5 | 16:11 | 6 | ♐ | 00:54 |
| 7 | 13:45 | 8 | ♑ | 01:05 |
| 9 | 17:52 | 10 | ♒ | 03:05 |
| 11 | 19:54 | 12 | ♓ | 07:55 |
| 14 | 05:41 | 14 | ♈ | 15:50 |
| 16 | 15:52 | 17 | ♉ | 02:19 |
| 19 | 08:59 | 19 | ♊ | 14:34 |
| 21 | 15:53 | 22 | ♋ | 03:34 |
| 24 | 05:47 | 24 | ♌ | 15:60 |
| 26 | 16:25 | 27 | ♍ | 02:13 |
| 29 | 00:03 | 29 | ♎ | 08:56 |

# 0:00 E.T. Declinations

| D | ☉ | ☽ | ☿ | ♀ | ♂ | ♃ | ♄ | ♅ | ♆ | ♇ | ⚳ | ⚴ | ⚵ | ⚶ | ⚷ |
|---|---|---|---|---|---|---|---|---|---|---|---|---|---|---|---|
| 1 | -14 25 | +09 58 | -06 47 | -27 05 | -11 22 | -15 01 | -19 15 | +15 19 | -04 46 | -22 52 | +16 25 | -09 58 | -13 02 | -14 41 | +05 53 |
| 2 | 14 45 | 04 03 | 07 23 | 27 08 | 11 37 | 15 00 | 19 14 | 15 18 | 04 47 | 22 52 | 16 25 | 10 05 | 13 05 | 14 51 | 05 52 |
| 3 | 15 03 | -02 16 | 07 59 | 27 11 | 11 51 | 14 59 | 19 14 | 15 18 | 04 47 | 22 52 | 16 26 | 10 12 | 13 08 | 15 00 | 05 51 |
| 4 | 15 22 | 08 38 | 08 36 | 27 12 | 12 05 | 14 58 | 19 13 | 15 17 | 04 47 | 22 52 | 16 27 | 10 19 | 13 11 | 15 09 | 05 50 |
| 5 | 15 40 | 14 39 | 09 13 | 27 14 | 12 20 | 14 57 | 19 13 | 15 16 | 04 48 | 22 52 | 16 27 | 10 25 | 13 14 | 15 18 | 05 49 |
| 6 | 15 59 | 19 49 | 09 51 | 27 14 | 12 34 | 14 55 | 19 12 | 15 16 | 04 48 | 22 52 | 16 28 | 10 31 | 13 17 | 15 27 | 05 48 |
| 7 | 16 16 | 23 41 | 10 29 | 27 14 | 12 48 | 14 54 | 19 11 | 15 15 | 04 48 | 22 52 | 16 29 | 10 38 | 13 19 | 15 36 | 05 47 |
| 8 | 16 34 | 25 53 | 11 07 | 27 14 | 13 02 | 14 52 | 19 11 | 15 14 | 04 49 | 22 52 | 16 30 | 10 44 | 13 22 | 15 45 | 05 46 |
| 9 | 16 51 | 26 14 | 11 44 | 27 13 | 13 16 | 14 51 | 19 10 | 15 13 | 04 49 | 22 51 | 16 30 | 10 49 | 13 24 | 15 54 | 05 45 |
| 10 | 17 08 | 24 50 | 12 22 | 27 11 | 13 30 | 14 49 | 19 09 | 15 13 | 04 49 | 22 51 | 16 31 | 10 55 | 13 27 | 16 03 | 05 45 |
| 11 | 17 25 | 21 57 | 12 59 | 27 09 | 13 43 | 14 48 | 19 08 | 15 12 | 04 49 | 22 51 | 16 32 | 11 00 | 13 29 | 16 11 | 05 44 |
| 12 | 17 41 | 17 55 | 13 36 | 27 06 | 13 57 | 14 46 | 19 08 | 15 11 | 04 50 | 22 51 | 16 33 | 11 05 | 13 31 | 16 20 | 05 43 |
| 13 | 17 58 | 13 08 | 14 12 | 27 03 | 14 10 | 14 44 | 19 07 | 15 10 | 04 50 | 22 51 | 16 33 | 11 10 | 13 34 | 16 28 | 05 42 |
| 14 | 18 13 | 07 52 | 14 48 | 26 59 | 14 24 | 14 42 | 19 06 | 15 10 | 04 50 | 22 51 | 16 34 | 11 15 | 13 36 | 16 37 | 05 41 |
| 15 | 18 29 | 02 24 | 15 23 | 26 55 | 14 37 | 14 41 | 19 05 | 15 09 | 04 50 | 22 51 | 16 35 | 11 20 | 13 38 | 16 45 | 05 40 |
| 16 | 18 44 | +03 04 | 15 58 | 26 50 | 14 50 | 14 39 | 19 04 | 15 08 | 04 50 | 22 50 | 16 36 | 11 24 | 13 40 | 16 53 | 05 39 |
| 17 | 18 59 | 08 22 | 16 31 | 26 45 | 15 04 | 14 37 | 19 03 | 15 07 | 04 51 | 22 50 | 16 37 | 11 28 | 13 42 | 17 01 | 05 39 |
| 18 | 19 13 | 13 18 | 17 04 | 26 39 | 15 17 | 14 35 | 19 02 | 15 07 | 04 51 | 22 50 | 16 38 | 11 32 | 13 44 | 17 09 | 05 38 |
| 19 | 19 27 | 17 41 | 17 37 | 26 33 | 15 30 | 14 32 | 19 01 | 15 06 | 04 51 | 22 50 | 16 39 | 11 36 | 13 45 | 17 17 | 05 37 |
| 20 | 19 41 | 21 20 | 18 08 | 26 26 | 15 42 | 14 30 | 19 00 | 15 05 | 04 51 | 22 50 | 16 39 | 11 40 | 13 47 | 17 24 | 05 36 |
| 21 | 19 54 | 24 05 | 18 39 | 26 19 | 15 55 | 14 28 | 18 59 | 15 05 | 04 51 | 22 49 | 16 40 | 11 43 | 13 49 | 17 32 | 05 35 |
| 22 | 20 08 | 25 48 | 19 08 | 26 12 | 16 08 | 14 26 | 18 58 | 15 04 | 04 51 | 22 49 | 16 41 | 11 47 | 13 50 | 17 39 | 05 35 |
| 23 | 20 20 | 26 20 | 19 37 | 26 04 | 16 20 | 14 23 | 18 57 | 15 03 | 04 51 | 22 49 | 16 42 | 11 50 | 13 52 | 17 47 | 05 34 |
| 24 | 20 33 | 25 40 | 20 05 | 25 56 | 16 32 | 14 21 | 18 56 | 15 03 | 04 51 | 22 49 | 16 43 | 11 53 | 13 53 | 17 54 | 05 33 |
| 25 | 20 44 | 23 48 | 20 32 | 25 47 | 16 45 | 14 19 | 18 55 | 15 02 | 04 51 | 22 49 | 16 44 | 11 55 | 13 55 | 18 01 | 05 33 |
| 26 | 20 56 | 20 49 | 20 57 | 25 38 | 16 57 | 14 16 | 18 54 | 15 01 | 04 52 | 22 49 | 16 45 | 11 58 | 13 56 | 18 08 | 05 32 |
| 27 | 21 07 | 16 50 | 21 22 | 25 28 | 17 09 | 14 14 | 18 53 | 15 00 | 04 52 | 22 48 | 16 46 | 12 00 | 13 57 | 18 15 | 05 31 |
| 28 | 21 18 | 12 00 | 21 46 | 25 18 | 17 21 | 14 11 | 18 52 | 15 00 | 04 52 | 22 48 | 16 47 | 12 03 | 13 58 | 18 22 | 05 31 |
| 29 | 21 28 | 06 29 | 22 09 | 25 08 | 17 32 | 14 08 | 18 50 | 14 59 | 04 52 | 22 48 | 16 48 | 12 05 | 13 59 | 18 29 | 05 30 |
| 30 | 21 38 | 00 28 | 22 30 | 24 58 | 17 44 | 14 06 | 18 49 | 14 59 | 04 52 | 22 48 | 16 50 | 12 07 | 14 00 | 18 35 | 05 29 |

Lunar Phases -- 4 ● 21:16 11 ◐ 12:47 19 Ⓔ 08:59 27 ◑ 12:29 Sun enters ♐ 11/22 02:36

## Longitudes of Main Planets - December 2021

0:00 E.T.

| D | S.T. | ☉ | ☽ | ☽ 12:00 | ☿ | ♀ | ♂ | ♃ | ♄ | ♅ | ♆ | ♇ | ☊ |
|---|---|---|---|---|---|---|---|---|---|---|---|---|---|
| 1 | 4:40:18 | 08♐59 48 | 22♎48 | 00♏02 | 10♐00 | 20♑29 | 21♏23 | 25♒23 | 08♒58 | 11♉46℞ | 20♓24℞ | 25♑02 | 01♊10 |
| 2 | 4:44:14 | 10 00 38 | 07♏22 | 14 48 | 11 34 | 21 04 | 22 04 | 25 31 | 09 03 | 11 44 | 20 24D | 25 04 | 01 07 |
| 3 | 4:48:11 | 11 01 30 | 22 18 | 29 51 | 13 09 | 21 37 | 22 46 | 25 39 | 09 08 | 11 42 | 20 24 | 25 05 | 01 04 |
| 4 | 4:52:08 | 12 02 22 | 07♐27 | 15♐04 | 14 43 | 22 09 | 23 27 | 25 48 | 09 13 | 11 39 | 20 24 | 25 07 | 01 01 |
| 5 | 4:56:04 | 13 03 16 | 22 42 | 00♑18 | 16 17 | 22 39 | 24 09 | 25 56 | 09 17 | 11 37 | 20 24 | 25 08 | 00 58 |
| 6 | 5:00:01 | 14 04 11 | 07♑51 | 15 21 | 17 51 | 23 08 | 24 50 | 26 05 | 09 22 | 11 35 | 20 25 | 25 10 | 00 55 |
| 7 | 5:03:57 | 15 05 07 | 22 46 | 00♒06 | 19 25 | 23 36 | 25 32 | 26 13 | 09 28 | 11 33 | 20 25 | 25 11 | 00 51 |
| 8 | 5:07:54 | 16 06 04 | 07♒20 | 14 27 | 20 59 | 24 01 | 26 14 | 26 22 | 09 33 | 11 32 | 20 25 | 25 13 | 00 48 |
| 9 | 5:11:50 | 17 07 01 | 21 27 | 28 21 | 22 33 | 24 25 | 26 55 | 26 31 | 09 38 | 11 30 | 20 25 | 25 15 | 00 45 |
| 10 | 5:15:47 | 18 07 59 | 05♓07 | 11♓47 | 24 07 | 24 47 | 27 37 | 26 41 | 09 43 | 11 28 | 20 25 | 25 16 | 00 42 |
| 11 | 5:19:43 | 19 08 58 | 18 21 | 24 48 | 25 41 | 25 07 | 28 19 | 26 50 | 09 49 | 11 26 | 20 26 | 25 18 | 00 39 |
| 12 | 5:23:40 | 20 09 57 | 01♈10 | 07♈27 | 27 15 | 25 24 | 29 01 | 26 59 | 09 54 | 11 24 | 20 26 | 25 20 | 00 36 |
| 13 | 5:27:37 | 21 10 56 | 13 39 | 19 48 | 28 50 | 25 40 | 29 43 | 27 09 | 10 00 | 11 22 | 20 26 | 25 21 | 00 32 |
| 14 | 5:31:33 | 22 11 56 | 25 52 | 01♉54 | 00♑24 | 25 54 | 00♐25 | 27 19 | 10 05 | 11 21 | 20 27 | 25 23 | 00 29 |
| 15 | 5:35:30 | 23 12 57 | 07♉54 | 13 51 | 01 58 | 26 06 | 01 07 | 27 28 | 10 11 | 11 19 | 20 27 | 25 25 | 00 26 |
| 16 | 5:39:26 | 24 13 58 | 19 47 | 25 42 | 03 33 | 26 15 | 01 49 | 27 38 | 10 16 | 11 17 | 20 28 | 25 26 | 00 23 |
| 17 | 5:43:23 | 25 15 00 | 01♊36 | 07♊30 | 05 07 | 26 22 | 02 31 | 27 48 | 10 22 | 11 16 | 20 28 | 25 28 | 00 20 |
| 18 | 5:47:19 | 26 16 03 | 13 24 | 19 18 | 06 42 | 26 27 | 03 13 | 27 59 | 10 28 | 11 14 | 20 29 | 25 30 | 00 16 |
| 19 | 5:51:16 | 27 17 06 | 25 12 | 01♋08 | 08 16 | 26 29 | 03 55 | 28 09 | 10 34 | 11 13 | 20 29 | 25 32 | 00 13 |
| 20 | 5:55:12 | 28 18 10 | 07♋04 | 13 01 | 09 50 | 26 29℞ | 04 37 | 28 19 | 10 40 | 11 11 | 20 30 | 25 34 | 00 10 |
| 21 | 5:59:09 | 29 19 14 | 19 00 | 25 01 | 11 25 | 26 26 | 05 19 | 28 30 | 10 46 | 11 10 | 20 31 | 25 35 | 00 07 |
| 22 | 6:03:06 | 00♑20 19 | 01♌03 | 07♌08 | 12 59 | 26 21 | 06 01 | 28 41 | 10 52 | 11 09 | 20 31 | 25 37 | 00 04 |
| 23 | 6:07:02 | 01 21 24 | 13 15 | 19 24 | 14 33 | 26 14 | 06 44 | 28 51 | 10 58 | 11 07 | 20 32 | 25 39 | 00 01 |
| 24 | 6:10:59 | 02 22 30 | 25 37 | 01♍52 | 16 06 | 26 04 | 07 26 | 29 02 | 11 04 | 11 06 | 20 33 | 25 41 | 29♉57 |
| 25 | 6:14:55 | 03 23 37 | 08♍12 | 14 35 | 17 40 | 25 51 | 08 08 | 29 13 | 11 10 | 11 05 | 20 34 | 25 43 | 29 54 |
| 26 | 6:18:52 | 04 24 44 | 21 02 | 27 34 | 19 13 | 25 36 | 08 51 | 29 24 | 11 16 | 11 03 | 20 35 | 25 45 | 29 51 |
| 27 | 6:22:48 | 05 25 52 | 04♎11 | 10♎54 | 20 45 | 25 18 | 09 33 | 29 35 | 11 22 | 11 02 | 20 35 | 25 46 | 29 48 |
| 28 | 6:26:45 | 06 27 00 | 17 42 | 24 36 | 22 16 | 24 59 | 10 16 | 29 47 | 11 29 | 11 01 | 20 36 | 25 48 | 29 45 |
| 29 | 6:30:41 | 07 28 10 | 01♏35 | 08♏41 | 23 47 | 24 36 | 10 58 | 29 58 | 11 35 | 11 00 | 20 37 | 25 50 | 29 42 |
| 30 | 6:34:38 | 08 29 19 | 15 52 | 23 09 | 25 16 | 24 12 | 11 41 | 00♓09 | 11 41 | 10 59 | 20 38 | 25 52 | 29 38 |
| 31 | 6:38:35 | 09 30 29 | 00♐31 | 07♐58 | 26 44 | 23 46 | 12 23 | 00 21 | 11 48 | 10 58 | 20 39 | 25 54 | 29 35 |

0:00 E.T.

## Longitudes of the Major Asteroids and Chiron

| D | ⚳ | ⚴ | ⚵ | ⚶ | ⚷ | D | ⚳ | ⚴ | ⚵ | ⚶ | ⚷ |
|---|---|---|---|---|---|---|---|---|---|---|---|
| 1 | 04♊12℞ | 10♓31 | 05♑42 | 07♐47 | 08♈36℞ | 17 | 00 46 | 13 07 | 11 38 | 16 26 | 08 26 |
| 2 | 03 58 | 10 39 | 06 04 | 08 20 | 08 35 | 18 | 00 35 | 13 19 | 12 01 | 16 59 | 08 26 |
| 3 | 03 44 | 10 47 | 06 25 | 08 52 | 08 34 | 19 | 00 25 | 13 31 | 12 23 | 17 31 | 08 26 |
| 4 | 03 31 | 10 55 | 06 47 | 09 25 | 08 33 | 20 | 00 14 | 13 43 | 12 46 | 18 04 | 08 26D |
| 5 | 03 17 | 11 04 | 07 09 | 09 57 | 08 32 | 21 | 00 04 | 13 56 | 13 09 | 18 36 | 08 26 |
| 6 | 03 03 | 11 13 | 07 31 | 10 29 | 08 31 | 22 | 29♉55 | 14 08 | 13 32 | 19 08 | 08 26 |
| 7 | 02 50 | 11 22 | 07 54 | 11 02 | 08 31 | 23 | 29 45 | 14 21 | 13 55 | 19 41 | 08 27 |
| 8 | 02 37 | 11 31 | 08 16 | 11 34 | 08 30 | 24 | 29 36 | 14 35 | 14 18 | 20 13 | 08 27 |
| 9 | 02 23 | 11 41 | 08 38 | 12 07 | 08 29 | 25 | 29 28 | 14 48 | 14 41 | 20 46 | 08 27 |
| 10 | 02 10 | 11 50 | 09 00 | 12 39 | 08 29 | 26 | 29 20 | 15 02 | 15 04 | 21 18 | 08 27 |
| 11 | 01 58 | 12 01 | 09 23 | 13 12 | 08 28 | 27 | 29 12 | 15 15 | 15 27 | 21 50 | 08 28 |
| 12 | 01 45 | 12 11 | 09 45 | 13 44 | 08 28 | 28 | 29 04 | 15 29 | 15 50 | 22 22 | 08 28 |
| 13 | 01 33 | 12 22 | 10 08 | 14 17 | 08 27 | 29 | 28 57 | 15 44 | 16 13 | 22 55 | 08 29 |
| 14 | 01 21 | 12 33 | 10 30 | 14 49 | 08 27 | 30 | 28 50 | 15 58 | 16 36 | 23 27 | 08 29 |
| 15 | 01 09 | 12 44 | 10 53 | 15 22 | 08 27 | 31 | 28 44 | 16 13 | 17 00 | 23 59 | 08 30 |
| 16 | 00 58 | 12 55 | 11 15 | 15 54 | 08 27 | | | | | | |

## Lunar Data

| Last Asp. | | Ingress | | |
|---|---|---|---|---|
| 1 | 04:21 | 1 | ♏ | 11:56 |
| 3 | 05:23 | 3 | ♐ | 12:14 |
| 5 | 05:09 | 5 | ♑ | 11:32 |
| 7 | 04:44 | 7 | ♒ | 11:50 |
| 9 | 10:01 | 9 | ♓ | 14:54 |
| 11 | 19:41 | 11 | ♈ | 21:47 |
| 14 | 02:53 | 14 | ♉ | 08:12 |
| 16 | 16:10 | 16 | ♊ | 20:44 |
| 19 | 06:03 | 19 | ♋ | 09:43 |
| 21 | 14:45 | 21 | ♌ | 21:55 |
| 24 | 06:40 | 24 | ♍ | 08:26 |
| 26 | 08:40 | 26 | ♎ | 16:25 |
| 28 | 21:12 | 28 | ♏ | 21:17 |
| 30 | 17:11 | 30 | ♐ | 23:09 |

0:00 E.T.

## Declinations

| D | ☉ | ☽ | ☿ | ♀ | ♂ | ♃ | ♄ | ♅ | ♆ | ♇ | ⚳ | ⚴ | ⚵ | ⚶ | ⚷ |
|---|---|---|---|---|---|---|---|---|---|---|---|---|---|---|---|
| 1 | -21 48 | -05 46 | -22 51 | -24 47 | -17 55 | -14 03 | -18 48 | +14 58 | -04 52 | -22 47 | +16 51 | -12 08 | -14 01 | -18 42 | +05 29 |
| 2 | 21 57 | 11 54 | 23 10 | 24 36 | 18 07 | 14 00 | 18 47 | 14 57 | 04 52 | 22 47 | 16 52 | 12 10 | 14 02 | 18 48 | 05 28 |
| 3 | 22 06 | 17 30 | 23 28 | 24 25 | 18 18 | 13 57 | 18 46 | 14 57 | 04 52 | 22 47 | 16 53 | 12 11 | 14 03 | 18 54 | 05 28 |
| 4 | 22 14 | 22 04 | 23 45 | 24 14 | 18 29 | 13 54 | 18 44 | 14 56 | 04 51 | 22 47 | 16 54 | 12 13 | 14 03 | 19 01 | 05 27 |
| 5 | 22 22 | 25 07 | 24 01 | 24 02 | 18 40 | 13 51 | 18 43 | 14 55 | 04 51 | 22 47 | 16 56 | 12 14 | 14 04 | 19 07 | 05 27 |
| 6 | 22 29 | 26 19 | 24 15 | 23 50 | 18 50 | 13 48 | 18 42 | 14 55 | 04 51 | 22 46 | 16 57 | 12 15 | 14 04 | 19 13 | 05 26 |
| 7 | 22 36 | 25 34 | 24 28 | 23 38 | 19 01 | 13 45 | 18 40 | 14 54 | 04 51 | 22 46 | 16 58 | 12 16 | 14 05 | 19 18 | 05 26 |
| 8 | 22 43 | 23 05 | 24 40 | 23 26 | 19 11 | 13 42 | 18 39 | 14 54 | 04 51 | 22 46 | 17 00 | 12 16 | 14 05 | 19 24 | 05 25 |
| 9 | 22 49 | 19 16 | 24 51 | 23 14 | 19 22 | 13 39 | 18 37 | 14 53 | 04 51 | 22 46 | 17 01 | 12 17 | 14 05 | 19 30 | 05 25 |
| 10 | 22 54 | 14 32 | 25 00 | 23 02 | 19 32 | 13 35 | 18 36 | 14 53 | 04 51 | 22 45 | 17 02 | 12 17 | 14 06 | 19 35 | 05 25 |
| 11 | 23 00 | 09 16 | 25 08 | 22 49 | 19 42 | 13 32 | 18 35 | 14 52 | 04 51 | 22 45 | 17 04 | 12 18 | 14 06 | 19 40 | 05 24 |
| 12 | 23 04 | 03 45 | 25 14 | 22 37 | 19 52 | 13 29 | 18 33 | 14 52 | 04 51 | 22 45 | 17 06 | 12 18 | 14 06 | 19 46 | 05 24 |
| 13 | 23 09 | +01 46 | 25 20 | 22 24 | 20 01 | 13 25 | 18 32 | 14 51 | 04 50 | 22 45 | 17 07 | 12 18 | 14 06 | 19 51 | 05 24 |
| 14 | 23 12 | 07 07 | 25 23 | 22 11 | 20 11 | 13 22 | 18 30 | 14 50 | 04 50 | 22 44 | 17 09 | 12 18 | 14 06 | 19 56 | 05 23 |
| 15 | 23 16 | 12 07 | 25 26 | 21 59 | 20 20 | 13 18 | 18 29 | 14 50 | 04 50 | 22 44 | 17 11 | 12 17 | 14 05 | 20 01 | 05 23 |
| 16 | 23 19 | 16 38 | 25 27 | 21 46 | 20 29 | 13 15 | 18 27 | 14 50 | 04 50 | 22 44 | 17 12 | 12 17 | 14 05 | 20 05 | 05 23 |
| 17 | 23 21 | 20 28 | 25 26 | 21 33 | 20 38 | 13 11 | 18 26 | 14 49 | 04 49 | 22 44 | 17 14 | 12 16 | 14 05 | 20 10 | 05 22 |
| 18 | 23 23 | 23 28 | 25 24 | 21 21 | 20 47 | 13 08 | 18 24 | 14 49 | 04 49 | 22 43 | 17 16 | 12 16 | 14 04 | 20 14 | 05 22 |
| 19 | 23 25 | 25 27 | 25 20 | 21 08 | 20 55 | 13 04 | 18 23 | 14 48 | 04 49 | 22 43 | 17 18 | 12 15 | 14 04 | 20 19 | 05 22 |
| 20 | 23 26 | 26 17 | 25 15 | 20 56 | 21 04 | 13 00 | 18 21 | 14 48 | 04 49 | 22 43 | 17 20 | 12 14 | 14 03 | 20 23 | 05 22 |
| 21 | 23 26 | 25 54 | 25 09 | 20 43 | 21 12 | 12 57 | 18 19 | 14 47 | 04 48 | 22 42 | 17 22 | 12 13 | 14 02 | 20 27 | 05 22 |
| 22 | 23 26 | 24 19 | 25 01 | 20 31 | 21 20 | 12 53 | 18 18 | 14 47 | 04 48 | 22 42 | 17 24 | 12 12 | 14 02 | 20 31 | 05 22 |
| 23 | 23 26 | 21 35 | 24 51 | 20 18 | 21 28 | 12 49 | 18 16 | 14 46 | 04 48 | 22 42 | 17 26 | 12 11 | 14 01 | 20 35 | 05 21 |
| 24 | 23 25 | 17 51 | 24 40 | 20 06 | 21 36 | 12 45 | 18 14 | 14 46 | 04 47 | 22 42 | 17 28 | 12 09 | 14 00 | 20 39 | 05 21 |
| 25 | 23 24 | 13 17 | 24 27 | 19 54 | 21 43 | 12 41 | 18 13 | 14 46 | 04 47 | 22 41 | 17 30 | 12 08 | 13 59 | 20 42 | 05 21 |
| 26 | 23 22 | 08 03 | 24 13 | 19 42 | 21 50 | 12 37 | 18 11 | 14 45 | 04 47 | 22 41 | 17 33 | 12 06 | 13 58 | 20 46 | 05 21 |
| 27 | 23 20 | 02 21 | 23 57 | 19 31 | 21 57 | 12 33 | 18 09 | 14 45 | 04 46 | 22 41 | 17 35 | 12 04 | 13 56 | 20 49 | 05 21 |
| 28 | 23 17 | -03 37 | 23 40 | 19 19 | 22 04 | 12 29 | 18 08 | 14 45 | 04 46 | 22 41 | 17 37 | 12 03 | 13 55 | 20 52 | 05 21 |
| 29 | 23 14 | 09 36 | 23 22 | 19 08 | 22 11 | 12 25 | 18 06 | 14 44 | 04 46 | 22 40 | 17 40 | 12 01 | 13 54 | 20 55 | 05 21 |
| 30 | 23 10 | 15 16 | 23 02 | 18 57 | 22 18 | 12 21 | 18 04 | 14 44 | 04 45 | 22 40 | 17 42 | 11 59 | 13 52 | 20 58 | 05 21 |
| 31 | 23 06 | 20 12 | 22 41 | 18 46 | 22 24 | 12 17 | 18 02 | 14 44 | 04 45 | 22 40 | 17 45 | 11 57 | 13 51 | 21 01 | 05 21 |

Lunar Phases -- 4 ● 07:44 ☄ 11 ◐ 01:37 19 ○ 04:37 27 ◑ 02:25 Sun enters ♑ 12/21 16:01

| D | S.T. | ☉ | ☽ | ☽ 12:00 | ☿ | ♀ | ♂ | ♃ | ♄ | ♅ | ♆ | ♇ | ☊ |
|---|------|---|---|---------|---|---|---|---|---|---|---|---|---|
| 1 | 6:42:31 | 10♑31 40 | 15♐28 | 23♐01 | 28♑11 | 23♑18℞ | 13♐06 | 00♓33 | 11♒54 | 10♉57℞ | 20♓40 | 25♑56 | 29♉32 |
| 2 | 6:46:28 | 11 32 51 | 00♑36 | 29 35 | 22 48 | 13 49 | 00 45 | 12 01 | 10 56 | 20 41 | 25 58 | 29 29 |
| 3 | 6:50:24 | 12 34 02 | 15 45 | 23 18 | 00♒57 | 22 16 | 14 31 | 00 56 | 12 07 | 10 55 | 20 42 | 26 00 | 29 26 |
| 4 | 6:54:21 | 13 35 13 | 00♒47 | 08♒11 | 02 16 | 21 43 | 15 14 | 01 08 | 12 14 | 10 55 | 20 43 | 26 02 | 29 22 |
| 5 | 6:58:17 | 14 36 23 | 15 30 | 22 43 | 03 32 | 21 09 | 15 57 | 01 20 | 12 20 | 10 54 | 20 45 | 26 04 | 29 19 |
| 6 | 7:02:14 | 15 37 34 | 29 50 | 06♓49 | 04 43 | 20 34 | 16 40 | 01 33 | 12 27 | 10 53 | 20 46 | 26 06 | 29 16 |
| 7 | 7:06:10 | 16 38 44 | 13♓40 | 20 25 | 05 50 | 19 58 | 17 22 | 01 45 | 12 34 | 10 53 | 20 47 | 26 08 | 29 13 |
| 8 | 7:10:07 | 17 39 54 | 27 02 | 03♈32 | 06 51 | 19 21 | 18 05 | 01 57 | 12 41 | 10 52 | 20 48 | 26 10 | 29 10 |
| 9 | 7:14:04 | 18 41 03 | 09♈56 | 16 14 | 07 47 | 18 44 | 18 48 | 02 09 | 12 47 | 10 52 | 20 49 | 26 12 | 29 07 |
| 10 | 7:18:00 | 19 42 12 | 22 27 | 28 35 | 08 35 | 18 08 | 19 31 | 02 22 | 12 54 | 10 51 | 20 51 | 26 14 | 29 03 |
| 11 | 7:21:57 | 20 43 20 | 04♉39 | 10♉39 | 09 15 | 17 31 | 20 14 | 02 34 | 13 01 | 10 51 | 20 52 | 26 15 | 29 00 |
| 12 | 7:25:53 | 21 44 28 | 16 37 | 22 33 | 09 46 | 16 55 | 20 57 | 02 47 | 13 08 | 10 50 | 20 53 | 26 17 | 28 57 |
| 13 | 7:29:50 | 22 45 35 | 28 27 | 04♊16 | 10 08 | 16 20 | 21 40 | 03 00 | 13 15 | 10 50 | 20 55 | 26 19 | 28 54 |
| 14 | 7:33:46 | 23 46 42 | 10♊14 | 16 07 | 10 19 | 15 46 | 22 23 | 03 12 | 13 22 | 10 50 | 20 56 | 26 21 | 28 51 |
| 15 | 7:37:43 | 24 47 48 | 22 01 | 27 56 | 10 19℞ | 15 13 | 23 07 | 03 25 | 13 28 | 10 49 | 20 58 | 26 23 | 28 48 |
| 16 | 7:41:39 | 25 48 54 | 03♋52 | 09♋50 | 10 07 | 14 41 | 23 50 | 03 38 | 13 35 | 10 49 | 20 59 | 26 25 | 28 44 |
| 17 | 7:45:36 | 26 49 59 | 15 50 | 21 52 | 09 43 | 14 11 | 24 33 | 03 51 | 13 42 | 10 49 | 21 01 | 26 27 | 28 41 |
| 18 | 7:49:33 | 27 51 04 | 27 56 | 04♌03 | 09 08 | 13 43 | 25 16 | 04 04 | 13 49 | 10 49 | 21 02 | 26 29 | 28 38 |
| 19 | 7:53:29 | 28 52 08 | 10♌12 | 16 24 | 08 22 | 13 17 | 26 00 | 04 17 | 13 56 | 10 49D | 21 04 | 26 31 | 28 35 |
| 20 | 7:57:26 | 29 53 11 | 22 38 | 28 55 | 07 26 | 12 53 | 26 43 | 04 30 | 14 03 | 10 49 | 21 05 | 26 33 | 28 32 |
| 21 | 8:01:22 | 00♒54 14 | 05♍05 | 11♍17 | 06 22 | 12 31 | 27 26 | 04 44 | 14 11 | 10 49 | 21 07 | 26 35 | 28 28 |
| 22 | 8:05:19 | 01 55 16 | 18 03 | 24 32 | 05 11 | 12 12 | 28 10 | 04 57 | 14 18 | 10 49 | 21 08 | 26 37 | 28 25 |
| 23 | 8:09:15 | 02 56 18 | 01♎03 | 07♎38 | 03 56 | 11 55 | 28 53 | 05 10 | 14 25 | 10 50 | 21 10 | 26 39 | 28 22 |
| 24 | 8:13:12 | 03 57 20 | 14 17 | 20 59 | 02 40 | 11 40 | 29 37 | 05 24 | 14 32 | 10 50 | 21 12 | 26 41 | 28 19 |
| 25 | 8:17:08 | 04 58 21 | 27 45 | 04♏35 | 01 23 | 11 28 | 00♑20 | 05 37 | 14 39 | 10 50 | 21 13 | 26 43 | 28 16 |
| 26 | 8:21:05 | 05 59 21 | 11♏29 | 18 27 | 00 09 | 11 19 | 01 04 | 05 51 | 14 46 | 10 50 | 21 15 | 26 45 | 28 13 |
| 27 | 8:25:02 | 07 00 22 | 25 30 | 02♐37 | 29♑00 | 11 11 | 01 47 | 06 04 | 14 53 | 10 51 | 21 17 | 26 47 | 28 09 |
| 28 | 8:28:58 | 08 01 21 | 09♐49 | 17 04 | 27 57 | 11 07 | 02 31 | 06 18 | 15 00 | 10 51 | 21 19 | 26 49 | 28 06 |
| 29 | 8:32:55 | 09 02 20 | 24 23 | 01♑44 | 27 01 | 11 05 | 03 15 | 06 31 | 15 08 | 10 52 | 21 20 | 26 51 | 28 03 |
| 30 | 8:36:51 | 10 03 19 | 09♑08 | 16 34 | 26 13 | 11 05D | 03 58 | 06 45 | 15 15 | 10 52 | 21 22 | 26 53 | 28 00 |
| 31 | 8:40:48 | 11 04 16 | 23 59 | 01♒24 | 25 34 | 11 08 | 04 42 | 06 59 | 15 22 | 10 53 | 21 24 | 26 55 | 27 57 |

---

## 0:00 E.T.     Longitudes of the Major Asteroids and Chiron     Lunar Data

| D | ⚷ | ♀ (Pallas) | ⚳ (Juno) | ⚴ (Vesta) | ⚶ | D | ⚷ | ♀ | ⚳ | ⚴ | ⚶ | Last Asp. | Ingress |
|---|---|------------|-----------|-----------|---|---|---|---|---|---|---|-----------|---------|
| 1 | 28♉38℞ | 16♓28 | 17♑23 | 24♐32 | 08♈30 | 17 | 27 59 | 20 49 | 23 39 | 03 04 | 08 48 | 1 08:17 | 1 ♑ 23:03 |
| 2 | 28 32 | 16 43 | 17 46 | 25 04 | 08 31 | 18 | 28 00 | 21 07 | 24 03 | 03 36 | 08 50 | 3 16:22 | 3 ♒ 22:45 |
| 3 | 28 27 | 16 58 | 18 10 | 25 36 | 08 32 | 19 | 28 01 | 21 25 | 24 27 | 04 08 | 08 51 | 5 00:46 | 6 ♓ 00:18 |
| 4 | 28 23 | 17 13 | 18 33 | 26 08 | 08 33 | 20 | 28 03 | 21 43 | 24 51 | 04 40 | 08 53 | 7 22:24 | 8 ♈ 05:27 |
| 5 | 28 18 | 17 29 | 18 56 | 26 40 | 08 34 | 21 | 28 05 | 22 01 | 25 14 | 05 12 | 08 55 | 10 07:24 | 10 ♉ 14:48 |
| 6 | 28 14 | 17 45 | 19 20 | 27 13 | 08 34 | 22 | 28 08 | 22 19 | 25 38 | 05 43 | 08 56 | 12 19:40 | 13 ♊ 03:09 |
| 7 | 28 11 | 18 01 | 19 43 | 27 45 | 08 35 | 23 | 28 11 | 22 38 | 26 02 | 06 15 | 08 58 | 15 02:23 | 15 ♋ 16:12 |
| 8 | 28 08 | 18 17 | 20 07 | 28 17 | 08 36 | 24 | 28 15 | 22 56 | 26 26 | 06 47 | 09 00 | 17 23:50 | 18 ♌ 04:04 |
| 9 | 28 05 | 18 33 | 20 30 | 28 49 | 08 38 | 25 | 28 18 | 23 15 | 26 50 | 07 18 | 09 02 | 20 08:16 | 20 ♍ 14:03 |
| 10 | 28 03 | 18 49 | 20 54 | 29 21 | 08 39 | 26 | 28 23 | 23 34 | 27 14 | 07 50 | 09 04 | 22 19:47 | 22 ♎ 22:04 |
| 11 | 28 01 | 19 06 | 21 18 | 29 53 | 08 40 | 27 | 28 27 | 23 53 | 27 37 | 08 21 | 09 06 | 24 22:11 | 25 ♏ 03:58 |
| 12 | 28 00 | 19 23 | 21 41 | 00♑25 | 08 41 | 28 | 28 32 | 24 12 | 28 01 | 08 53 | 09 08 | 27 05:29 | 27 ♐ 07:35 |
| 13 | 27 59 | 19 40 | 22 05 | 00 57 | 08 42 | 29 | 28 37 | 24 31 | 28 25 | 09 24 | 09 10 | 28 19:01 | 29 ♑ 09:10 |
| 14 | 27 58 | 19 57 | 22 28 | 01 29 | 08 44 | 30 | 28 43 | 24 50 | 28 49 | 09 55 | 09 12 | 31 04:45 | 31 ♒ 09:44 |
| 15 | 27 58D | 20 14 | 22 52 | 02 01 | 08 45 | 31 | 28 49 | 25 10 | 29 13 | 10 27 | 09 14 | | |
| 16 | 27 58 | 20 32 | 23 16 | 02 33 | 08 47 | | | | | | | | |

---

## 0:00 E.T.     Declinations

| D | ☉ | ☽ | ☿ | ♀ | ♂ | ♃ | ♄ | ♅ | ♆ | ♇ | ⚷ | ♀ | ⚳ | ⚴ | ⚶ |
|---|---|---|---|---|---|---|---|---|---|---|---|---|---|---|---|
| 1 | -23 01 | -23 55 | -22 18 | -18 35 | -22 30 | -12 13 | -18 01 | +14 44 | -04 44 | -22 39 | +17 48 | -11 54 | -13 49 | -21 04 | +05 21 |
| 2 | 22 56 | 25 59 | 21 55 | 18 25 | 22 36 | 12 08 | 17 59 | 14 43 | 04 44 | 22 39 | 17 50 | 11 52 | 13 48 | 21 07 | 05 22 |
| 3 | 22 51 | 26 07 | 21 30 | 18 14 | 22 42 | 12 04 | 17 57 | 14 43 | 04 44 | 22 39 | 17 53 | 11 50 | 13 46 | 21 09 | 05 22 |
| 4 | 22 45 | 24 20 | 21 05 | 18 04 | 22 47 | 12 00 | 17 55 | 14 43 | 04 43 | 22 38 | 17 56 | 11 47 | 13 44 | 21 12 | 05 22 |
| 5 | 22 38 | 20 56 | 20 39 | 17 55 | 22 52 | 11 55 | 17 53 | 14 43 | 04 43 | 22 38 | 17 59 | 11 44 | 13 42 | 21 14 | 05 22 |
| 6 | 22 31 | 16 21 | 20 12 | 17 45 | 22 57 | 11 51 | 17 52 | 14 43 | 04 42 | 22 38 | 18 02 | 11 42 | 13 40 | 21 16 | 05 22 |
| 7 | 22 24 | 11 03 | 19 45 | 17 37 | 23 02 | 11 47 | 17 50 | 14 42 | 04 42 | 22 38 | 18 05 | 11 39 | 13 38 | 21 18 | 05 22 |
| 8 | 22 16 | 05 25 | 19 19 | 17 28 | 23 07 | 11 42 | 17 48 | 14 42 | 04 41 | 22 37 | 18 08 | 11 36 | 13 36 | 21 20 | 05 23 |
| 9 | 22 08 | +00 16 | 18 52 | 17 20 | 23 11 | 11 38 | 17 46 | 14 42 | 04 41 | 22 37 | 18 11 | 11 33 | 13 34 | 21 21 | 05 23 |
| 10 | 21 59 | 05 46 | 18 26 | 17 12 | 23 15 | 11 33 | 17 44 | 14 42 | 04 40 | 22 37 | 18 15 | 11 30 | 13 31 | 21 23 | 05 23 |
| 11 | 21 50 | 10 56 | 18 01 | 17 04 | 23 19 | 11 29 | 17 42 | 14 42 | 04 39 | 22 36 | 18 18 | 11 27 | 13 29 | 21 24 | 05 24 |
| 12 | 21 41 | 15 36 | 17 37 | 16 57 | 23 23 | 11 24 | 17 40 | 14 42 | 04 39 | 22 36 | 18 21 | 11 24 | 13 27 | 21 26 | 05 24 |
| 13 | 21 31 | 19 37 | 17 15 | 16 51 | 23 27 | 11 19 | 17 38 | 14 42 | 04 38 | 22 36 | 18 25 | 11 20 | 13 24 | 21 27 | 05 24 |
| 14 | 21 21 | 22 50 | 16 55 | 16 45 | 23 30 | 11 15 | 17 36 | 14 42 | 04 38 | 22 36 | 18 28 | 11 17 | 13 21 | 21 28 | 05 25 |
| 15 | 21 10 | 25 04 | 16 39 | 16 39 | 23 33 | 11 10 | 17 34 | 14 42 | 04 37 | 22 35 | 18 32 | 11 14 | 13 19 | 21 29 | 05 25 |
| 16 | 20 59 | 26 12 | 16 23 | 16 34 | 23 36 | 11 05 | 17 32 | 14 42 | 04 37 | 22 35 | 18 35 | 11 10 | 13 16 | 21 30 | 05 25 |
| 17 | 20 47 | 26 06 | 16 11 | 16 29 | 23 38 | 11 01 | 17 30 | 14 42 | 04 36 | 22 35 | 18 39 | 11 07 | 13 13 | 21 31 | 05 26 |
| 18 | 20 35 | 24 47 | 16 03 | 16 25 | 23 41 | 10 56 | 17 29 | 14 42 | 04 35 | 22 34 | 18 43 | 11 03 | 13 10 | 21 32 | 05 26 |
| 19 | 20 23 | 22 16 | 15 57 | 16 22 | 23 43 | 10 51 | 17 27 | 14 42 | 04 35 | 22 34 | 18 46 | 10 59 | 13 07 | 21 32 | 05 27 |
| 20 | 20 10 | 18 43 | 15 56 | 16 19 | 23 45 | 10 46 | 17 25 | 14 42 | 04 34 | 22 34 | 18 50 | 10 55 | 13 04 | 21 33 | 05 27 |
| 21 | 19 57 | 14 16 | 15 57 | 16 16 | 23 46 | 10 41 | 17 23 | 14 42 | 04 33 | 22 33 | 18 54 | 10 52 | 13 01 | 21 33 | 05 28 |
| 22 | 19 44 | 09 08 | 16 01 | 16 14 | 23 47 | 10 36 | 17 21 | 14 42 | 04 33 | 22 33 | 18 58 | 10 48 | 12 58 | 21 33 | 05 28 |
| 23 | 19 30 | 03 32 | 16 08 | 16 12 | 23 49 | 10 31 | 17 19 | 14 42 | 04 32 | 22 33 | 19 02 | 10 44 | 12 54 | 21 33 | 05 29 |
| 24 | 19 16 | -02 19 | 16 16 | 16 11 | 23 50 | 10 26 | 17 16 | 14 42 | 04 31 | 22 33 | 19 06 | 10 40 | 12 51 | 21 33 | 05 29 |
| 25 | 19 01 | 08 11 | 16 27 | 16 10 | 23 51 | 10 21 | 17 14 | 14 42 | 04 31 | 22 32 | 19 10 | 10 35 | 12 48 | 21 33 | 05 30 |
| 26 | 18 46 | 13 48 | 16 39 | 16 10 | 23 51 | 10 16 | 17 12 | 14 42 | 04 30 | 22 32 | 19 14 | 10 31 | 12 44 | 21 32 | 05 31 |
| 27 | 18 31 | 18 49 | 16 52 | 16 10 | 23 51 | 10 11 | 17 10 | 14 43 | 04 29 | 22 32 | 19 18 | 10 27 | 12 41 | 21 32 | 05 31 |
| 28 | 18 16 | 22 50 | 17 05 | 16 10 | 23 51 | 10 06 | 17 08 | 14 43 | 04 29 | 22 31 | 19 23 | 10 23 | 12 37 | 21 32 | 05 32 |
| 29 | 18 00 | 25 28 | 17 19 | 16 11 | 23 51 | 10 01 | 17 06 | 14 43 | 04 28 | 22 31 | 19 27 | 10 18 | 12 33 | 21 31 | 05 33 |
| 30 | 17 44 | 26 22 | 17 33 | 16 12 | 23 51 | 09 56 | 17 04 | 14 43 | 04 27 | 22 31 | 19 31 | 10 14 | 12 29 | 21 30 | 05 33 |
| 31 | 17 27 | 25 23 | 17 46 | 16 13 | 23 50 | 09 51 | 17 02 | 14 43 | 04 26 | 22 31 | 19 36 | 10 10 | 12 26 | 21 29 | 05 34 |

Lunar Phases --   2 ● 18:35    9 ◗ 18:12    17 ○ 23:50    25 ◖ 13:42     Sun enters ♒ 1/20 02:41

# Feb. 22 — Longitudes of Main Planets - February 2022 — 0:00 E.T.

| D | S.T. | ☉ | ☽ | ☽ 12:00 | ☿ | ♀ | ♂ | ♃ | ♄ | ♅ | ♆ | ♇ | ☊ |
|---|---|---|---|---|---|---|---|---|---|---|---|---|---|
| 1 | 8:44:44 | 12♒05 13 | 08♒47 | 16♒07 | 25♑03℞ | 11♑13 | 05♑26 | 07♓13 | 15♒29 | 10♉54 | 21♓26 | 26♑57 | 27♉53 |
| 2 | 8:48:41 | 13 06 08 | 23 24 | 00♓35 | 24 41 | 11 20 | 06 10 | 07 27 | 15 36 | 10 54 | 21 28 | 26 59 | 27 50 |
| 3 | 8:52:37 | 14 07 03 | 07♓41 | 14 41 | 24 28 | 11 30 | 06 53 | 07 40 | 15 43 | 10 55 | 21 30 | 27 01 | 27 47 |
| 4 | 8:56:34 | 15 07 56 | 21 34 | 28 21 | 24 23 | 11 42 | 07 37 | 07 54 | 15 51 | 10 56 | 21 32 | 27 03 | 27 44 |
| 5 | 9:00:31 | 16 08 48 | 05♈00 | 11♈33 | 24 25D | 11 56 | 08 21 | 08 08 | 15 58 | 10 57 | 21 33 | 27 04 | 27 41 |
| 6 | 9:04:27 | 17 09 38 | 17 59 | 24 20 | 24 35 | 12 12 | 09 05 | 08 22 | 16 05 | 10 58 | 21 35 | 27 06 | 27 38 |
| 7 | 9:08:24 | 18 10 27 | 00♉34 | 06♉44 | 24 51 | 12 30 | 09 49 | 08 36 | 16 12 | 10 59 | 21 37 | 27 08 | 27 34 |
| 8 | 9:12:20 | 19 11 15 | 12 49 | 18 51 | 25 13 | 12 50 | 10 33 | 08 50 | 16 19 | 11 00 | 21 39 | 27 10 | 27 31 |
| 9 | 9:16:17 | 20 12 01 | 24 49 | 00♊45 | 25 41 | 13 12 | 11 17 | 09 05 | 16 27 | 11 01 | 21 41 | 27 12 | 27 28 |
| 10 | 9:20:13 | 21 12 46 | 06♊40 | 12 34 | 26 14 | 13 35 | 12 01 | 09 19 | 16 34 | 11 02 | 21 43 | 27 14 | 27 25 |
| 11 | 9:24:10 | 22 13 29 | 18 27 | 24 21 | 26 52 | 14 01 | 12 45 | 09 33 | 16 41 | 11 03 | 21 45 | 27 16 | 27 22 |
| 12 | 9:28:06 | 23 14 10 | 00♋16 | 06♋12 | 27 35 | 14 28 | 13 29 | 09 47 | 16 48 | 11 05 | 21 47 | 27 17 | 27 19 |
| 13 | 9:32:03 | 24 14 50 | 12 10 | 18 11 | 28 21 | 14 57 | 14 14 | 10 01 | 16 55 | 11 06 | 21 50 | 27 19 | 27 15 |
| 14 | 9:36:00 | 25 15 29 | 24 15 | 00♌21 | 29 11 | 15 27 | 14 58 | 10 16 | 17 02 | 11 07 | 21 52 | 27 21 | 27 12 |
| 15 | 9:39:56 | 26 16 06 | 06♌31 | 12 44 | 00♒05 | 15 59 | 15 42 | 10 30 | 17 10 | 11 09 | 21 54 | 27 23 | 27 09 |
| 16 | 9:43:53 | 27 16 41 | 19 01 | 25 21 | 01 01 | 16 32 | 16 26 | 10 44 | 17 17 | 11 10 | 21 56 | 27 25 | 27 06 |
| 17 | 9:47:49 | 28 17 15 | 01♍45 | 08♍12 | 02 01 | 17 07 | 17 11 | 10 59 | 17 24 | 11 11 | 21 58 | 27 26 | 27 03 |
| 18 | 9:51:46 | 29 17 47 | 14 42 | 21 16 | 03 03 | 17 43 | 17 55 | 11 13 | 17 31 | 11 13 | 22 00 | 27 28 | 26 59 |
| 19 | 9:55:42 | 00♓18 18 | 27 52 | 04♎31 | 04 07 | 18 20 | 18 39 | 11 27 | 17 38 | 11 15 | 22 02 | 27 30 | 26 56 |
| 20 | 9:59:39 | 01 18 47 | 11♎12 | 17 56 | 05 14 | 18 59 | 19 24 | 11 42 | 17 45 | 11 16 | 22 04 | 27 32 | 26 53 |
| 21 | 10:03:35 | 02 19 15 | 24 42 | 01♏31 | 06 23 | 19 39 | 20 08 | 11 56 | 17 52 | 11 18 | 22 06 | 27 33 | 26 50 |
| 22 | 10:07:32 | 03 19 42 | 08♏22 | 15 15 | 07 34 | 20 20 | 20 52 | 12 10 | 17 59 | 11 20 | 22 09 | 27 35 | 26 47 |
| 23 | 10:11:29 | 04 20 07 | 22 10 | 29 08 | 08 47 | 21 02 | 21 37 | 12 25 | 18 06 | 11 21 | 22 11 | 27 37 | 26 44 |
| 24 | 10:15:25 | 05 20 31 | 06♐07 | 13♐10 | 10 01 | 21 45 | 22 21 | 12 39 | 18 13 | 11 23 | 22 13 | 27 38 | 26 40 |
| 25 | 10:19:22 | 06 20 54 | 20 14 | 27 20 | 11 17 | 22 29 | 23 06 | 12 54 | 18 20 | 11 25 | 22 15 | 27 40 | 26 37 |
| 26 | 10:23:18 | 07 21 16 | 04♑29 | 11♑39 | 12 35 | 23 14 | 23 51 | 13 08 | 18 27 | 11 27 | 22 17 | 27 42 | 26 34 |
| 27 | 10:27:15 | 08 21 36 | 18 50 | 26 02 | 13 55 | 24 00 | 24 35 | 13 23 | 18 34 | 11 29 | 22 20 | 27 43 | 26 31 |
| 28 | 10:31:11 | 09 21 54 | 03♒14 | 10♒25 | 15 15 | 24 47 | 25 20 | 13 37 | 18 41 | 11 31 | 22 22 | 27 45 | 26 28 |

## 0:00 E.T. — Longitudes of the Major Asteroids and Chiron

| D | ⚳ | ⚴ | ⚵ | ⚶ | ⚷ | D | ⚳ | ⚴ | ⚵ | ⚶ | ⚷ |
|---|---|---|---|---|---|---|---|---|---|---|---|
| 1 | 28♉56 | 25♓29 | 29♑37 | 10♑58 | 09♈16 | 15 | 01 00 | 00♈16 | 05 12 | 18 11 | 09 51 |
| 2 | 29 02 | 25 49 | 00♒01 | 11 29 | 09 18 | 16 | 01 12 | 00 37 | 05 36 | 18 42 | 09 54 |
| 3 | 29 09 | 26 09 | 00 25 | 12 01 | 09 21 | 17 | 01 23 | 00 59 | 06 00 | 19 13 | 09 56 |
| 4 | 29 17 | 26 29 | 00 49 | 12 32 | 09 23 | 18 | 01 35 | 01 20 | 06 23 | 19 43 | 09 59 |
| 5 | 29 25 | 26 49 | 01 13 | 13 03 | 09 25 | 19 | 01 47 | 01 42 | 06 47 | 20 13 | 10 02 |
| 6 | 29 33 | 27 09 | 01 37 | 13 34 | 09 28 | 20 | 02 00 | 02 03 | 07 11 | 20 44 | 10 05 |
| 7 | 29 41 | 27 30 | 02 01 | 14 05 | 09 30 | 21 | 02 12 | 02 25 | 07 35 | 21 14 | 10 08 |
| 8 | 29 50 | 27 50 | 02 24 | 14 36 | 09 33 | 22 | 02 25 | 02 47 | 07 59 | 21 44 | 10 11 |
| 9 | 29 59 | 28 11 | 02 48 | 15 07 | 09 35 | 23 | 02 38 | 03 09 | 08 23 | 22 14 | 10 14 |
| 10 | 00♊09 | 28 31 | 03 12 | 15 38 | 09 38 | 24 | 02 52 | 03 31 | 08 47 | 22 44 | 10 17 |
| 11 | 00 18 | 28 52 | 03 36 | 16 09 | 09 40 | 25 | 03 05 | 03 53 | 09 10 | 23 14 | 10 20 |
| 12 | 00 28 | 29 13 | 04 00 | 16 39 | 09 43 | 26 | 03 19 | 04 15 | 09 34 | 23 44 | 10 23 |
| 13 | 00 39 | 29 34 | 04 24 | 17 10 | 09 46 | 27 | 03 33 | 04 37 | 09 58 | 24 14 | 10 26 |
| 14 | 00 50 | 29 55 | 04 48 | 17 41 | 09 48 | 28 | 03 48 | 05 00 | 10 22 | 24 44 | 10 29 |

## Lunar Data

| Last Asp. | | Ingress | | |
|---|---|---|---|---|
| 1 | 11:03 | 2 | ♓ | 11:01 |
| 4 | 09:42 | 4 | ♈ | 14:58 |
| 6 | 17:22 | 6 | ♉ | 22:54 |
| 9 | 04:49 | 9 | ♊ | 10:28 |
| 11 | 08:24 | 11 | ♋ | 23:28 |
| 14 | 10:28 | 14 | ♌ | 11:18 |
| 16 | 16:58 | 16 | ♍ | 20:44 |
| 18 | 23:20 | 19 | ♎ | 03:52 |
| 21 | 05:02 | 21 | ♏ | 09:20 |
| 23 | 09:25 | 23 | ♐ | 13:30 |
| 25 | 03:26 | 25 | ♑ | 16:28 |
| 27 | 14:50 | 27 | ♒ | 18:37 |

## 0:00 E.T. — Declinations

| D | ☉ | ☽ | ☿ | ♀ | ♂ | ♃ | ♄ | ♅ | ♆ | ♇ | ⚳ | ⚴ | ⚵ | ⚶ | ⚷ |
|---|---|---|---|---|---|---|---|---|---|---|---|---|---|---|---|
| 1 | -17 10 | -22 37 | -18 00 | -16 15 | -23 49 | -09 46 | -17 00 | +14 43 | -04 26 | -22 30 | +19 40 | -10 05 | -12 22 | -21 28 | +05 35 |
| 2 | 16 53 | 18 26 | 18 12 | 16 17 | 23 48 | 09 41 | 16 58 | 14 44 | 04 25 | 22 30 | 19 45 | 10 01 | 12 18 | 21 27 | 05 35 |
| 3 | 16 36 | 13 17 | 18 24 | 16 19 | 23 46 | 09 36 | 16 56 | 14 44 | 04 24 | 22 30 | 19 49 | 09 56 | 12 14 | 21 26 | 05 36 |
| 4 | 16 18 | 07 35 | 18 36 | 16 21 | 23 45 | 09 30 | 16 54 | 14 44 | 04 23 | 22 30 | 19 54 | 09 51 | 12 09 | 21 25 | 05 37 |
| 5 | 16 00 | 01 43 | 18 46 | 16 23 | 23 43 | 09 25 | 16 52 | 14 44 | 04 23 | 22 29 | 19 58 | 09 47 | 12 05 | 21 23 | 05 38 |
| 6 | 15 41 | +04 03 | 18 55 | 16 26 | 23 41 | 09 20 | 16 50 | 14 45 | 04 22 | 22 29 | 20 03 | 09 42 | 12 01 | 21 22 | 05 38 |
| 7 | 15 23 | 09 29 | 19 04 | 16 28 | 23 38 | 09 15 | 16 48 | 14 45 | 04 21 | 22 29 | 20 07 | 09 37 | 11 57 | 21 20 | 05 39 |
| 8 | 15 04 | 14 25 | 19 11 | 16 31 | 23 36 | 09 09 | 16 45 | 14 45 | 04 20 | 22 28 | 20 12 | 09 32 | 11 52 | 21 18 | 05 40 |
| 9 | 14 45 | 18 42 | 19 18 | 16 33 | 23 33 | 09 04 | 16 43 | 14 46 | 04 20 | 22 28 | 20 17 | 09 28 | 11 48 | 21 16 | 05 41 |
| 10 | 14 26 | 22 11 | 19 23 | 16 36 | 23 30 | 08 59 | 16 41 | 14 46 | 04 19 | 22 28 | 20 22 | 09 23 | 11 43 | 21 15 | 05 42 |
| 11 | 14 06 | 24 42 | 19 27 | 16 38 | 23 26 | 08 53 | 16 39 | 14 47 | 04 18 | 22 28 | 20 26 | 09 18 | 11 39 | 21 13 | 05 43 |
| 12 | 13 46 | 26 08 | 19 30 | 16 41 | 23 23 | 08 48 | 16 37 | 14 47 | 04 17 | 22 27 | 20 31 | 09 13 | 11 34 | 21 10 | 05 44 |
| 13 | 13 26 | 26 23 | 19 32 | 16 43 | 23 19 | 08 43 | 16 35 | 14 47 | 04 16 | 22 27 | 20 36 | 09 08 | 11 29 | 21 08 | 05 45 |
| 14 | 13 06 | 25 23 | 19 33 | 16 46 | 23 15 | 08 37 | 16 33 | 14 48 | 04 15 | 22 27 | 20 41 | 09 03 | 11 24 | 21 06 | 05 45 |
| 15 | 12 46 | 23 10 | 19 32 | 16 48 | 23 10 | 08 32 | 16 31 | 14 48 | 04 15 | 22 27 | 20 46 | 08 58 | 11 20 | 21 03 | 05 46 |
| 16 | 12 25 | 19 49 | 19 30 | 16 50 | 23 06 | 08 26 | 16 29 | 14 49 | 04 14 | 22 26 | 20 51 | 08 53 | 11 15 | 21 01 | 05 47 |
| 17 | 12 04 | 15 30 | 19 27 | 16 52 | 23 01 | 08 21 | 16 27 | 14 49 | 04 13 | 22 26 | 20 55 | 08 47 | 11 10 | 20 58 | 05 48 |
| 18 | 11 43 | 10 24 | 19 23 | 16 53 | 22 56 | 08 15 | 16 25 | 14 50 | 04 12 | 22 26 | 21 00 | 08 42 | 11 05 | 20 56 | 05 49 |
| 19 | 11 22 | 04 47 | 19 17 | 16 55 | 22 51 | 08 10 | 16 22 | 14 50 | 04 11 | 22 26 | 21 05 | 08 37 | 11 00 | 20 53 | 05 50 |
| 20 | 11 00 | -01 09 | 19 11 | 16 56 | 22 45 | 08 05 | 16 20 | 14 51 | 04 10 | 22 26 | 21 10 | 08 32 | 10 54 | 20 50 | 05 51 |
| 21 | 10 39 | 07 07 | 19 02 | 16 57 | 22 39 | 07 59 | 16 18 | 14 51 | 04 10 | 22 25 | 21 15 | 08 27 | 10 49 | 20 47 | 05 52 |
| 22 | 10 17 | 12 49 | 18 53 | 16 57 | 22 33 | 07 54 | 16 16 | 14 52 | 04 09 | 22 25 | 21 20 | 08 22 | 10 44 | 20 44 | 05 53 |
| 23 | 09 55 | 17 58 | 18 42 | 16 58 | 22 27 | 07 48 | 16 14 | 14 52 | 04 08 | 22 25 | 21 25 | 08 16 | 10 39 | 20 41 | 05 54 |
| 24 | 09 33 | 22 11 | 18 30 | 16 58 | 22 21 | 07 43 | 16 12 | 14 53 | 04 07 | 22 25 | 21 30 | 08 11 | 10 33 | 20 37 | 05 56 |
| 25 | 09 11 | 25 08 | 18 17 | 16 58 | 22 14 | 07 37 | 16 10 | 14 54 | 04 06 | 22 24 | 21 35 | 08 06 | 10 28 | 20 34 | 05 57 |
| 26 | 08 49 | 26 29 | 18 02 | 16 57 | 22 07 | 07 31 | 16 08 | 14 54 | 04 05 | 22 24 | 21 40 | 08 00 | 10 22 | 20 31 | 05 58 |
| 27 | 08 26 | 26 05 | 17 46 | 16 56 | 22 00 | 07 26 | 16 06 | 14 55 | 04 04 | 22 24 | 21 45 | 07 55 | 10 17 | 20 27 | 05 59 |
| 28 | 08 03 | 23 56 | 17 29 | 16 55 | 21 53 | 07 20 | 16 04 | 14 56 | 04 03 | 22 24 | 21 50 | 07 50 | 10 11 | 20 24 | 06 00 |

Lunar Phases -- 1 ● 05:47 8 ◐ 13:52 16 ○ 16:58 23 ◑ 22:34 Sun enters ♓ 2/18 16:45

## 0:00 E.T. Longitudes of Main Planets - March 2022

| D | S.T. | ☉ | ☽ | ☽ 12:00 | ☿ | ♀ | ♂ | ♃ | ♄ | ♅ | ♆ | ♇ | ☊ |
|---|---|---|---|---|---|---|---|---|---|---|---|---|---|
| 1 | 10:35:08 | 10♓22 11 | 17♒36 | 24♒44 | 16♒38 | 25♑35 | 26♑04 | 13♓52 | 18♒48 | 11♉33 | 22♓24 | 27♑46 | 26♉25 |
| 2 | 10:39:04 | 11 22 27 | 01♓49 | 08♓51 | 18 01 | 26 24 | 26 49 | 14 06 | 18 55 | 11 35 | 22 26 | 27 48 | 26 21 |
| 3 | 10:43:01 | 12 22 40 | 15 49 | 22 42 | 19 26 | 27 13 | 27 34 | 14 21 | 19 02 | 11 37 | 22 29 | 27 49 | 26 18 |
| 4 | 10:46:58 | 13 22 52 | 29 30 | 06♈12 | 20 52 | 28 03 | 28 19 | 14 35 | 19 08 | 11 39 | 22 31 | 27 51 | 26 15 |
| 5 | 10:50:54 | 14 23 02 | 12♈49 | 19 20 | 22 19 | 28 54 | 29 03 | 14 50 | 19 15 | 11 41 | 22 33 | 27 52 | 26 12 |
| 6 | 10:54:51 | 15 23 09 | 25 45 | 02♉06 | 23 48 | 29 46 | 29 48 | 15 04 | 19 22 | 11 43 | 22 35 | 27 54 | 26 09 |
| 7 | 10:58:47 | 16 23 15 | 08♉21 | 14 31 | 25 18 | 00♒38 | 00♒33 | 15 19 | 19 29 | 11 46 | 22 38 | 27 55 | 26 05 |
| 8 | 11:02:44 | 17 23 19 | 20 37 | 26 40 | 26 49 | 01 31 | 01 18 | 15 33 | 19 35 | 11 48 | 22 40 | 27 57 | 26 02 |
| 9 | 11:06:40 | 18 23 21 | 02♊39 | 08♊36 | 28 21 | 02 25 | 02 03 | 15 48 | 19 42 | 11 50 | 22 42 | 27 58 | 25 59 |
| 10 | 11:10:37 | 19 23 20 | 14 32 | 20 26 | 29 54 | 03 19 | 02 47 | 16 02 | 19 48 | 11 53 | 22 44 | 28 00 | 25 56 |
| 11 | 11:14:33 | 20 23 18 | 26 21 | 02♋15 | 01♓28 | 04 13 | 03 32 | 16 17 | 19 55 | 11 55 | 22 47 | 28 01 | 25 53 |
| 12 | 11:18:30 | 21 23 13 | 08♋11 | 14 08 | 03 04 | 05 09 | 04 17 | 16 31 | 20 02 | 11 58 | 22 49 | 28 02 | 25 50 |
| 13 | 11:22:27 | 22 23 06 | 20 08 | 26 10 | 04 41 | 06 04 | 05 02 | 16 46 | 20 08 | 12 00 | 22 51 | 28 04 | 25 46 |
| 14 | 11:26:23 | 23 22 57 | 02♌16 | 08♌26 | 06 19 | 07 01 | 05 47 | 17 00 | 20 14 | 12 03 | 22 54 | 28 05 | 25 43 |
| 15 | 11:30:20 | 24 22 46 | 14 39 | 20 57 | 07 58 | 07 57 | 06 32 | 17 15 | 20 21 | 12 05 | 22 56 | 28 06 | 25 40 |
| 16 | 11:34:16 | 25 22 32 | 27 19 | 03♍46 | 09 38 | 08 55 | 07 17 | 17 29 | 20 27 | 12 08 | 22 58 | 28 07 | 25 37 |
| 17 | 11:38:13 | 26 22 16 | 10♍18 | 16 54 | 11 19 | 09 52 | 08 02 | 17 44 | 20 34 | 12 10 | 23 00 | 28 09 | 25 34 |
| 18 | 11:42:09 | 27 21 59 | 23 34 | 00♎19 | 13 02 | 10 51 | 08 47 | 17 58 | 20 40 | 12 13 | 23 03 | 28 10 | 25 31 |
| 19 | 11:46:06 | 28 21 39 | 07♎07 | 13 58 | 14 46 | 11 49 | 09 32 | 18 13 | 20 46 | 12 16 | 23 05 | 28 11 | 25 27 |
| 20 | 11:50:02 | 29 21 17 | 20 52 | 27 49 | 16 31 | 12 48 | 10 17 | 18 27 | 20 52 | 12 18 | 23 07 | 28 12 | 25 24 |
| 21 | 11:53:59 | 00♈20 54 | 04♏48 | 11♏48 | 18 18 | 13 48 | 11 02 | 18 41 | 20 58 | 12 21 | 23 09 | 28 13 | 25 21 |
| 22 | 11:57:56 | 01 20 29 | 18 50 | 25 53 | 20 05 | 14 48 | 11 47 | 18 56 | 21 04 | 12 24 | 23 12 | 28 14 | 25 18 |
| 23 | 12:01:52 | 02 20 02 | 02♐56 | 10♐01 | 21 54 | 15 48 | 12 33 | 19 10 | 21 10 | 12 27 | 23 14 | 28 15 | 25 15 |
| 24 | 12:05:49 | 03 19 33 | 17 05 | 24 09 | 23 44 | 16 48 | 13 18 | 19 24 | 21 16 | 12 30 | 23 16 | 28 16 | 25 11 |
| 25 | 12:09:45 | 04 19 02 | 01♑14 | 08♑18 | 25 36 | 17 49 | 14 03 | 19 39 | 21 22 | 12 32 | 23 19 | 28 17 | 25 08 |
| 26 | 12:13:42 | 05 18 30 | 15 22 | 22 25 | 27 29 | 18 51 | 14 48 | 19 53 | 21 28 | 12 35 | 23 21 | 28 18 | 25 05 |
| 27 | 12:17:38 | 06 17 56 | 29 27 | 06♒28 | 29 23 | 19 52 | 15 33 | 20 07 | 21 34 | 12 38 | 23 23 | 28 19 | 25 02 |
| 28 | 12:21:35 | 07 17 21 | 13♒28 | 20 27 | 01♈18 | 20 54 | 16 18 | 20 21 | 21 40 | 12 41 | 23 25 | 28 20 | 24 59 |
| 29 | 12:25:31 | 08 16 43 | 27 23 | 04♓17 | 03 15 | 21 56 | 17 04 | 20 36 | 21 46 | 12 44 | 23 27 | 28 21 | 24 56 |
| 30 | 12:29:28 | 09 16 04 | 11♓08 | 17 56 | 05 13 | 22 59 | 17 49 | 20 50 | 21 51 | 12 47 | 23 30 | 28 22 | 24 52 |
| 31 | 12:33:25 | 10 15 23 | 24 41 | 01♈22 | 07 12 | 24 01 | 18 34 | 21 04 | 21 57 | 12 50 | 23 32 | 28 23 | 24 49 |

## 0:00 E.T. Longitudes of the Major Asteroids and Chiron

| D | ⚳ | ⚴ | ⚵ | ⚶ | ⚷ |
|---|---|---|---|---|---|
| 1 | 04♊02 | 05♈22 | 10♒45 | 25♑14 | 10♈32 |
| 2 | 04 17 | 05 45 | 11 09 | 25 43 | 10 35 |
| 3 | 04 32 | 06 07 | 11 33 | 26 13 | 10 39 |
| 4 | 04 48 | 06 30 | 11 57 | 26 42 | 10 42 |
| 5 | 05 03 | 06 53 | 12 20 | 27 12 | 10 45 |
| 6 | 05 19 | 07 15 | 12 44 | 27 41 | 10 48 |
| 7 | 05 35 | 07 38 | 13 07 | 28 10 | 10 51 |
| 8 | 05 51 | 08 01 | 13 31 | 28 40 | 10 55 |
| 9 | 06 08 | 08 24 | 13 55 | 29 09 | 10 58 |
| 10 | 06 24 | 08 48 | 14 18 | 29 38 | 11 01 |
| 11 | 06 41 | 09 11 | 14 42 | 00♒07 | 11 05 |
| 12 | 06 58 | 09 34 | 15 05 | 00 36 | 11 08 |
| 13 | 07 15 | 09 57 | 15 28 | 01 04 | 11 11 |
| 14 | 07 33 | 10 21 | 15 52 | 01 33 | 11 15 |
| 15 | 07 50 | 10 44 | 16 15 | 02 02 | 11 18 |
| 16 | 08 08 | 11 08 | 16 39 | 02 30 | 11 22 |
| 17 | 08 26 | 11 32 | 17 02 | 02 59 | 11 25 |
| 18 | 08 44 | 11 55 | 17 25 | 03 27 | 11 28 |
| 19 | 09 02 | 12 19 | 17 48 | 03 55 | 11 32 |
| 20 | 09 21 | 12 43 | 18 12 | 04 23 | 11 35 |
| 21 | 09 40 | 13 07 | 18 35 | 04 51 | 11 39 |
| 22 | 09 58 | 13 31 | 18 58 | 05 19 | 11 42 |
| 23 | 10 17 | 13 55 | 19 21 | 05 47 | 11 46 |
| 24 | 10 36 | 14 19 | 19 44 | 06 15 | 11 49 |
| 25 | 10 56 | 14 43 | 20 07 | 06 43 | 11 53 |
| 26 | 11 15 | 15 07 | 20 30 | 07 10 | 11 56 |
| 27 | 11 35 | 15 32 | 20 53 | 07 38 | 12 00 |
| 28 | 11 54 | 15 56 | 21 16 | 08 05 | 12 03 |
| 29 | 12 14 | 16 20 | 21 39 | 08 32 | 12 07 |
| 30 | 12 34 | 16 45 | 22 01 | 08 59 | 12 10 |
| 31 | 12 54 | 17 09 | 22 24 | 09 26 | 12 14 |

## Lunar Data

| Last Asp. | | Ingress | | |
|---|---|---|---|---|
| 1 | 02:02 | 1 | ♓ | 20:55 |
| 3 | 21:46 | 4 | ♈ | 00:54 |
| 6 | 04:03 | 6 | ♉ | 08:01 |
| 8 | 14:36 | 8 | ♊ | 18:41 |
| 10 | 16:44 | 11 | ♋ | 07:25 |
| 13 | 15:45 | 13 | ♌ | 19:33 |
| 15 | 10:57 | 16 | ♍ | 04:60 |
| 18 | 08:12 | 18 | ♎ | 11:27 |
| 20 | 12:41 | 20 | ♏ | 15:46 |
| 22 | 16:02 | 22 | ♐ | 19:00 |
| 24 | 13:00 | 24 | ♑ | 21:55 |
| 26 | 23:52 | 27 | ♒ | 00:56 |
| 28 | 14:12 | 29 | ♓ | 04:33 |
| 31 | 06:38 | | | |

## 0:00 E.T. Declinations

| D | ☉ | ☽ | ☿ | ♀ | ♂ | ♃ | ♄ | ♅ | ♆ | ♇ | ⚳ | ⚴ | ⚵ | ⚶ | ⚷ |
|---|---|---|---|---|---|---|---|---|---|---|---|---|---|---|---|
| 1 | -07 41 | -20 17 | -17 11 | -16 53 | -21 45 | -07 15 | -16 02 | +14 56 | -04 03 | -22 24 | +21 55 | -07 44 | -10 06 | -20 20 | +06 01 |
| 2 | 07 18 | 15 29 | 16 51 | 16 51 | 21 37 | 07 09 | 16 00 | 14 57 | 04 02 | 22 23 | 22 00 | 07 39 | 10 00 | 20 16 | 06 02 |
| 3 | 06 55 | 09 56 | 16 30 | 16 48 | 21 29 | 07 04 | 15 58 | 14 57 | 04 01 | 22 23 | 22 05 | 07 34 | 09 54 | 20 13 | 06 03 |
| 4 | 06 32 | 04 01 | 16 08 | 16 45 | 21 21 | 06 58 | 15 56 | 14 58 | 04 00 | 22 23 | 22 10 | 07 28 | 09 48 | 20 09 | 06 04 |
| 5 | 06 09 | +01 56 | 15 44 | 16 42 | 21 13 | 06 53 | 15 54 | 14 59 | 03 59 | 22 23 | 22 15 | 07 23 | 09 43 | 20 05 | 06 06 |
| 6 | 05 46 | 07 39 | 15 19 | 16 38 | 21 04 | 06 47 | 15 52 | 15 00 | 03 58 | 22 23 | 22 20 | 07 17 | 09 37 | 20 01 | 06 07 |
| 7 | 05 22 | 12 55 | 14 53 | 16 34 | 20 55 | 06 41 | 15 50 | 15 00 | 03 57 | 22 23 | 22 25 | 07 12 | 09 31 | 19 57 | 06 08 |
| 8 | 04 59 | 17 32 | 14 26 | 16 29 | 20 46 | 06 36 | 15 48 | 15 01 | 03 56 | 22 22 | 22 30 | 07 07 | 09 25 | 19 53 | 06 09 |
| 9 | 04 36 | 21 22 | 13 57 | 16 24 | 20 37 | 06 30 | 15 46 | 15 02 | 03 55 | 22 22 | 22 35 | 07 01 | 09 19 | 19 49 | 06 10 |
| 10 | 04 12 | 24 15 | 13 27 | 16 19 | 20 27 | 06 25 | 15 44 | 15 03 | 03 55 | 22 22 | 22 40 | 06 56 | 09 13 | 19 44 | 06 12 |
| 11 | 03 48 | 26 03 | 12 56 | 16 13 | 20 18 | 06 19 | 15 42 | 15 03 | 03 54 | 22 22 | 22 45 | 06 50 | 09 07 | 19 40 | 06 13 |
| 12 | 03 25 | 26 40 | 12 24 | 16 06 | 20 08 | 06 13 | 15 40 | 15 04 | 03 53 | 22 22 | 22 50 | 06 45 | 09 00 | 19 36 | 06 14 |
| 13 | 03 01 | 26 04 | 11 50 | 15 59 | 19 58 | 06 08 | 15 38 | 15 05 | 03 52 | 22 22 | 22 55 | 06 39 | 08 54 | 19 31 | 06 15 |
| 14 | 02 38 | 24 13 | 11 15 | 15 52 | 19 47 | 06 02 | 15 36 | 15 06 | 03 51 | 22 22 | 23 00 | 06 34 | 08 48 | 19 27 | 06 16 |
| 15 | 02 14 | 21 13 | 10 39 | 15 44 | 19 37 | 05 57 | 15 34 | 15 06 | 03 50 | 22 21 | 23 05 | 06 29 | 08 42 | 19 22 | 06 18 |
| 16 | 01 50 | 17 09 | 10 02 | 15 36 | 19 26 | 05 51 | 15 32 | 15 07 | 03 49 | 22 21 | 23 10 | 06 23 | 08 36 | 19 18 | 06 19 |
| 17 | 01 27 | 12 13 | 09 24 | 15 27 | 19 15 | 05 46 | 15 30 | 15 08 | 03 48 | 22 21 | 23 14 | 06 18 | 08 29 | 19 13 | 06 20 |
| 18 | 01 03 | 06 37 | 08 44 | 15 18 | 19 04 | 05 40 | 15 28 | 15 09 | 03 47 | 22 21 | 23 19 | 06 12 | 08 23 | 19 09 | 06 21 |
| 19 | 00 39 | 00 35 | 08 03 | 15 08 | 18 53 | 05 34 | 15 26 | 15 10 | 03 47 | 22 21 | 23 24 | 06 07 | 08 16 | 19 04 | 06 23 |
| 20 | 00 15 | -05 34 | 07 21 | 14 58 | 18 42 | 05 29 | 15 24 | 15 11 | 03 46 | 22 21 | 23 29 | 06 02 | 08 10 | 18 59 | 06 24 |
| 21 | +00 08 | 11 33 | 06 38 | 14 47 | 18 30 | 05 23 | 15 23 | 15 11 | 03 45 | 22 21 | 23 33 | 05 56 | 08 04 | 18 54 | 06 25 |
| 22 | 00 32 | 17 00 | 05 53 | 14 36 | 18 18 | 05 18 | 15 21 | 15 12 | 03 44 | 22 21 | 23 38 | 05 51 | 07 57 | 18 49 | 06 27 |
| 23 | 00 56 | 21 33 | 05 08 | 14 25 | 18 06 | 05 12 | 15 19 | 15 13 | 03 43 | 22 21 | 23 43 | 05 46 | 07 50 | 18 45 | 06 28 |
| 24 | 01 19 | 24 51 | 04 21 | 14 13 | 17 54 | 05 07 | 15 17 | 15 14 | 03 42 | 22 20 | 23 47 | 05 40 | 07 44 | 18 40 | 06 29 |
| 25 | 01 43 | 26 34 | 03 34 | 14 00 | 17 42 | 05 01 | 15 15 | 15 15 | 03 41 | 22 20 | 23 52 | 05 35 | 07 37 | 18 35 | 06 30 |
| 26 | 02 07 | 26 34 | 02 45 | 13 47 | 17 29 | 04 56 | 15 14 | 15 16 | 03 40 | 22 20 | 23 57 | 05 30 | 07 31 | 18 30 | 06 32 |
| 27 | 02 30 | 24 51 | 01 55 | 13 34 | 17 16 | 04 50 | 15 12 | 15 17 | 03 39 | 22 20 | 24 01 | 05 24 | 07 24 | 18 25 | 06 33 |
| 28 | 02 54 | 21 37 | 01 05 | 13 20 | 17 04 | 04 45 | 15 10 | 15 18 | 03 39 | 22 20 | 24 06 | 05 19 | 07 17 | 18 20 | 06 34 |
| 29 | 03 17 | 17 11 | 00 13 | 13 06 | 16 51 | 04 39 | 15 08 | 15 19 | 03 38 | 22 20 | 24 10 | 05 14 | 07 11 | 18 15 | 06 36 |
| 30 | 03 40 | 11 55 | +00 40 | 12 51 | 16 37 | 04 34 | 15 07 | 15 20 | 03 37 | 22 20 | 24 14 | 05 09 | 07 04 | 18 10 | 06 37 |
| 31 | 04 04 | 06 09 | 01 33 | 12 36 | 16 24 | 04 28 | 15 05 | 15 20 | 03 36 | 22 20 | 24 19 | 05 04 | 06 57 | 18 05 | 06 38 |

Lunar Phases -- 2 ● 17:36   10 ◐ 10:47   18 ○ 07:19   25 ◑ 05:38   Sun enters ♈ 3/20 15:35

## Longitudes of Main Planets - April 2022

0:00 E.T.

| D | S.T. | ☉ | ☽ | ☽ 12:00 | ☿ | ♀ | ♂ | ♃ | ♄ | ♅ | ♆ | ♇ | ☊ |
|---|---|---|---|---|---|---|---|---|---|---|---|---|---|
| 1 | 12:37:21 | 11♈14 39 | 08♈00 | 14♈33 | 09♈12 | 25♒04 | 19♒20 | 21♓18 | 22♒02 | 12♉53 | 23♓34 | 28♑24 | 24♉46 |
| 2 | 12:41:18 | 12 13 54 | 21 01 | 27 26 | 11 13 | 26 08 | 20 05 | 21 32 | 22 08 | 12 56 | 23 36 | 28 25 | 24 43 |
| 3 | 12:45:14 | 13 13 06 | 03♉46 | 10♉02 | 13 15 | 27 11 | 20 50 | 21 46 | 22 13 | 12 59 | 23 38 | 28 25 | 24 40 |
| 4 | 12:49:11 | 14 12 17 | 16 14 | 22 22 | 15 18 | 28 15 | 21 35 | 22 00 | 22 19 | 13 03 | 23 41 | 28 26 | 24 37 |
| 5 | 12:53:07 | 15 11 25 | 28 27 | 04♊28 | 17 22 | 29 19 | 22 21 | 22 14 | 22 24 | 13 06 | 23 43 | 28 27 | 24 33 |
| 6 | 12:57:04 | 16 10 31 | 10♊28 | 16 25 | 19 26 | 00♓23 | 23 06 | 22 28 | 22 29 | 13 09 | 23 45 | 28 28 | 24 30 |
| 7 | 13:01:00 | 17 09 35 | 22 21 | 28 16 | 21 31 | 01 28 | 23 51 | 22 42 | 22 34 | 13 12 | 23 47 | 28 28 | 24 27 |
| 8 | 13:04:57 | 18 08 37 | 04♋11 | 10♋06 | 23 36 | 02 32 | 24 37 | 22 56 | 22 39 | 13 15 | 23 49 | 28 29 | 24 24 |
| 9 | 13:08:54 | 19 07 36 | 16 02 | 21 59 | 25 41 | 03 37 | 25 22 | 23 09 | 22 44 | 13 19 | 23 51 | 28 30 | 24 21 |
| 10 | 13:12:50 | 20 06 34 | 27 59 | 04♌02 | 27 45 | 04 42 | 26 07 | 23 23 | 22 49 | 13 22 | 23 53 | 28 30 | 24 17 |
| 11 | 13:16:47 | 21 05 28 | 10♌08 | 16 18 | 29 49 | 05 47 | 26 53 | 23 37 | 22 54 | 13 25 | 23 55 | 28 31 | 24 14 |
| 12 | 13:20:43 | 22 04 21 | 22 32 | 28 52 | 01♉51 | 06 53 | 27 38 | 23 50 | 22 59 | 13 28 | 23 58 | 28 31 | 24 11 |
| 13 | 13:24:40 | 23 03 11 | 05♍16 | 11♍46 | 03 53 | 07 59 | 28 23 | 24 04 | 23 04 | 13 32 | 24 00 | 28 32 | 24 08 |
| 14 | 13:28:36 | 24 01 59 | 18 22 | 25 03 | 05 52 | 09 04 | 29 09 | 24 18 | 23 08 | 13 35 | 24 02 | 28 32 | 24 05 |
| 15 | 13:32:33 | 25 00 45 | 01♎50 | 08♎42 | 07 50 | 10 10 | 29 54 | 24 31 | 23 13 | 13 38 | 24 04 | 28 33 | 24 02 |
| 16 | 13:36:29 | 25 59 29 | 15 39 | 22 40 | 09 45 | 11 16 | 00♓39 | 24 45 | 23 18 | 13 42 | 24 06 | 28 33 | 23 58 |
| 17 | 13:40:26 | 26 58 10 | 29 46 | 06♏55 | 11 38 | 12 23 | 01 25 | 24 58 | 23 22 | 13 45 | 24 08 | 28 33 | 23 55 |
| 18 | 13:44:23 | 27 56 50 | 14♏07 | 21 21 | 13 27 | 13 29 | 02 10 | 25 11 | 23 26 | 13 48 | 24 10 | 28 34 | 23 52 |
| 19 | 13:48:19 | 28 55 28 | 28 37 | 05♐53 | 15 13 | 14 36 | 02 56 | 25 25 | 23 31 | 13 52 | 24 12 | 28 34 | 23 49 |
| 20 | 13:52:16 | 29 54 04 | 13♐09 | 20 25 | 16 56 | 15 42 | 03 41 | 25 38 | 23 35 | 13 55 | 24 14 | 28 34 | 23 46 |
| 21 | 13:56:12 | 00♉52 39 | 27 39 | 04♑52 | 18 34 | 16 49 | 04 26 | 25 51 | 23 39 | 13 58 | 24 15 | 28 35 | 23 42 |
| 22 | 14:00:09 | 01 51 12 | 12♑03 | 19 12 | 20 09 | 17 56 | 05 12 | 26 04 | 23 43 | 14 02 | 24 17 | 28 35 | 23 39 |
| 23 | 14:04:05 | 02 49 43 | 26 18 | 03♒20 | 21 40 | 19 04 | 05 57 | 26 17 | 23 47 | 14 05 | 24 19 | 28 35 | 23 36 |
| 24 | 14:08:02 | 03 48 13 | 10♒20 | 17 16 | 23 06 | 20 11 | 06 42 | 26 30 | 23 51 | 14 09 | 24 21 | 28 35 | 23 33 |
| 25 | 14:11:58 | 04 46 41 | 24 10 | 00♓59 | 24 27 | 21 18 | 07 28 | 26 43 | 23 55 | 14 12 | 24 23 | 28 35 | 23 30 |
| 26 | 14:15:55 | 05 45 07 | 07♓45 | 14 28 | 25 44 | 22 26 | 08 13 | 26 56 | 23 59 | 14 15 | 24 25 | 28 36 | 23 27 |
| 27 | 14:19:52 | 06 43 32 | 21 07 | 27 43 | 26 56 | 23 34 | 08 59 | 27 09 | 24 02 | 14 19 | 24 27 | 28 36 | 23 23 |
| 28 | 14:23:48 | 07 41 55 | 04♈15 | 10♈44 | 28 04 | 24 42 | 09 44 | 27 21 | 24 06 | 14 22 | 24 28 | 28 36 | 23 20 |
| 29 | 14:27:45 | 08 40 17 | 17 09 | 23 31 | 29 06 | 25 49 | 10 29 | 27 34 | 24 10 | 14 26 | 24 30 | 28 36 | 23 17 |
| 30 | 14:31:41 | 09 38 37 | 29 50 | 06♉05 | 00♊04 | 26 58 | 11 15 | 27 47 | 24 13 | 14 29 | 24 32 | 28 36℞ | 23 14 |

## Longitudes of the Major Asteroids and Chiron

0:00 E.T.

| D | ⚳ | ⚴ | ⚵ | ⚶ | ⚷ |
|---|---|---|---|---|---|
| 1 | 13♊15 | 17♈34 | 22♒47 | 09♒53 | 12♈17 |
| 2 | 13 35 | 17 59 | 23 09 | 10 20 | 12 21 |
| 3 | 13 56 | 18 23 | 23 32 | 10 46 | 12 24 |
| 4 | 14 16 | 18 48 | 23 54 | 11 13 | 12 28 |
| 5 | 14 37 | 19 13 | 24 17 | 11 39 | 12 31 |
| 6 | 14 58 | 19 38 | 24 39 | 12 06 | 12 35 |
| 7 | 15 19 | 20 03 | 25 02 | 12 32 | 12 38 |
| 8 | 15 40 | 20 28 | 25 24 | 12 58 | 12 42 |
| 9 | 16 02 | 20 53 | 25 46 | 13 24 | 12 45 |
| 10 | 16 23 | 21 18 | 26 08 | 13 49 | 12 49 |
| 11 | 16 45 | 21 43 | 26 30 | 14 15 | 12 52 |
| 12 | 17 06 | 22 08 | 26 52 | 14 40 | 12 56 |
| 13 | 17 28 | 22 34 | 27 14 | 15 06 | 12 59 |
| 14 | 17 50 | 22 59 | 27 36 | 15 31 | 13 03 |
| 15 | 18 12 | 23 24 | 27 58 | 15 56 | 13 06 |
| 16 | 18 34 | 23 50 | 28 20 | 16 21 | 13 10 |
| 17 | 18 56 | 24 15 | 28 41 | 16 46 | 13 13 |
| 18 | 19 18 | 24 41 | 29 03 | 17 10 | 13 17 |
| 19 | 19 41 | 25 06 | 29 24 | 17 35 | 13 20 |
| 20 | 20 03 | 25 32 | 29 46 | 17 59 | 13 24 |
| 21 | 20 26 | 25 57 | 00♓07 | 18 23 | 13 27 |
| 22 | 20 48 | 26 23 | 00 28 | 18 47 | 13 30 |
| 23 | 21 11 | 26 49 | 00 50 | 19 11 | 13 34 |
| 24 | 21 34 | 27 15 | 01 11 | 19 35 | 13 37 |
| 25 | 21 57 | 27 40 | 01 32 | 19 58 | 13 40 |
| 26 | 22 20 | 28 06 | 01 53 | 20 22 | 13 44 |
| 27 | 22 43 | 28 32 | 02 14 | 20 45 | 13 47 |
| 28 | 23 06 | 28 58 | 02 34 | 21 08 | 13 50 |
| 29 | 23 30 | 29 24 | 02 55 | 21 31 | 13 54 |
| 30 | 23 53 | 29 50 | 03 16 | 21 53 | 13 57 |

## Lunar Data

| Last Asp. | | Ingress | | |
|---|---|---|---|---|
| 2 | 13:52 | 2 | ♉ | 16:52 |
| 5 | 01:54 | 5 | ♊ | 03:05 |
| 7 | 03:16 | 7 | ♋ | 15:31 |
| 10 | 01:02 | 10 | ♌ | 04:01 |
| 12 | 10:17 | 12 | ♍ | 14:08 |
| 14 | 18:12 | 14 | ♎ | 20:47 |
| 16 | 21:58 | 17 | ♏ | 00:24 |
| 18 | 23:56 | 19 | ♐ | 02:18 |
| 20 | 20:57 | 21 | ♑ | 03:53 |
| 23 | 03:54 | 23 | ♒ | 06:18 |
| 25 | 00:35 | 25 | ♓ | 10:16 |
| 27 | 13:37 | 27 | ♈ | 16:11 |
| 29 | 21:39 | 30 | ♉ | 00:20 |

## Declinations

0:00 E.T.

| D | ☉ | ☽ | ☿ | ♀ | ♂ | ♃ | ♄ | ♅ | ♆ | ♇ | ⚳ | ⚴ | ⚵ | ⚶ | ⚷ |
|---|---|---|---|---|---|---|---|---|---|---|---|---|---|---|---|
| 1 | +04 27 | -00 12 | +02 27 | -12 21 | -16 11 | -04 23 | -15 03 | +15 21 | -03 35 | -22 20 | +24 23 | -04 58 | -06 50 | -17 59 | +06 40 |
| 2 | 04 50 | +05 39 | 03 22 | 12 05 | 15 57 | 04 17 | 15 02 | 15 22 | 03 34 | 22 20 | 24 27 | 04 53 | 06 44 | 17 54 | 06 41 |
| 3 | 05 13 | 11 10 | 04 17 | 11 48 | 15 43 | 04 12 | 15 00 | 15 23 | 03 33 | 22 20 | 24 32 | 04 48 | 06 37 | 17 49 | 06 42 |
| 4 | 05 36 | 16 06 | 05 13 | 11 32 | 15 29 | 04 06 | 14 58 | 15 24 | 03 33 | 22 20 | 24 36 | 04 43 | 06 30 | 17 44 | 06 44 |
| 5 | 05 59 | 20 18 | 06 09 | 11 14 | 15 15 | 04 01 | 14 57 | 15 25 | 03 32 | 22 20 | 24 40 | 04 38 | 06 23 | 17 39 | 06 45 |
| 6 | 06 22 | 23 34 | 07 05 | 10 57 | 15 01 | 03 55 | 14 55 | 15 26 | 03 31 | 22 20 | 24 44 | 04 33 | 06 16 | 17 34 | 06 46 |
| 7 | 06 44 | 25 46 | 08 01 | 10 39 | 14 47 | 03 50 | 14 54 | 15 27 | 03 30 | 22 20 | 24 48 | 04 28 | 06 09 | 17 28 | 06 48 |
| 8 | 07 07 | 26 48 | 08 57 | 10 21 | 14 32 | 03 45 | 14 52 | 15 28 | 03 29 | 22 20 | 24 52 | 04 23 | 06 02 | 17 23 | 06 49 |
| 9 | 07 29 | 26 37 | 09 53 | 10 02 | 14 18 | 03 39 | 14 51 | 15 29 | 03 29 | 22 20 | 24 56 | 04 18 | 05 56 | 17 18 | 06 50 |
| 10 | 07 52 | 25 12 | 10 48 | 09 43 | 14 03 | 03 34 | 14 49 | 15 30 | 03 28 | 22 20 | 25 00 | 04 13 | 05 49 | 17 13 | 06 51 |
| 11 | 08 14 | 22 36 | 11 42 | 09 24 | 13 48 | 03 29 | 14 48 | 15 31 | 03 27 | 22 20 | 25 04 | 04 08 | 05 42 | 17 08 | 06 53 |
| 12 | 08 36 | 18 55 | 12 36 | 09 04 | 13 33 | 03 23 | 14 46 | 15 32 | 03 26 | 22 20 | 25 08 | 04 03 | 05 35 | 17 02 | 06 54 |
| 13 | 08 58 | 14 19 | 13 28 | 08 44 | 13 18 | 03 18 | 14 45 | 15 33 | 03 25 | 22 20 | 25 11 | 03 59 | 05 28 | 16 57 | 06 55 |
| 14 | 09 19 | 08 56 | 14 18 | 08 24 | 13 03 | 03 13 | 14 44 | 15 34 | 03 25 | 22 20 | 25 15 | 03 54 | 05 21 | 16 52 | 06 57 |
| 15 | 09 41 | 03 00 | 15 08 | 08 03 | 12 47 | 03 08 | 14 42 | 15 35 | 03 24 | 22 20 | 25 19 | 03 49 | 05 14 | 16 47 | 06 58 |
| 16 | 10 02 | -03 15 | 15 55 | 07 42 | 12 32 | 03 02 | 14 41 | 15 36 | 03 23 | 22 20 | 25 22 | 03 45 | 05 07 | 16 42 | 06 59 |
| 17 | 10 24 | 09 29 | 16 40 | 07 21 | 12 16 | 02 57 | 14 39 | 15 37 | 03 22 | 22 20 | 25 26 | 03 40 | 05 00 | 16 37 | 07 01 |
| 18 | 10 45 | 15 20 | 17 23 | 06 59 | 12 01 | 02 52 | 14 38 | 15 38 | 03 21 | 22 20 | 25 29 | 03 35 | 04 53 | 16 32 | 07 02 |
| 19 | 11 05 | 20 23 | 18 04 | 06 37 | 11 45 | 02 47 | 14 37 | 15 39 | 03 21 | 22 21 | 25 32 | 03 31 | 04 46 | 16 26 | 07 03 |
| 20 | 11 26 | 24 12 | 18 43 | 06 15 | 11 29 | 02 42 | 14 36 | 15 40 | 03 20 | 22 21 | 25 36 | 03 26 | 04 39 | 16 21 | 07 05 |
| 21 | 11 47 | 26 26 | 19 19 | 05 53 | 11 13 | 02 37 | 14 34 | 15 41 | 03 19 | 22 21 | 25 39 | 03 22 | 04 32 | 16 16 | 07 06 |
| 22 | 12 07 | 26 52 | 19 52 | 05 30 | 10 57 | 02 32 | 14 33 | 15 42 | 03 18 | 22 21 | 25 42 | 03 18 | 04 25 | 16 11 | 07 07 |
| 23 | 12 27 | 25 31 | 20 23 | 05 08 | 10 41 | 02 26 | 14 32 | 15 43 | 03 18 | 22 21 | 25 45 | 03 13 | 04 18 | 16 06 | 07 08 |
| 24 | 12 47 | 22 36 | 20 52 | 04 44 | 10 25 | 02 21 | 14 31 | 15 44 | 03 17 | 22 21 | 25 48 | 03 09 | 04 11 | 16 01 | 07 10 |
| 25 | 13 07 | 18 25 | 21 18 | 04 21 | 10 08 | 02 16 | 14 30 | 15 45 | 03 16 | 22 21 | 25 51 | 03 05 | 04 04 | 15 56 | 07 11 |
| 26 | 13 26 | 13 22 | 21 41 | 03 58 | 09 52 | 02 11 | 14 29 | 15 46 | 03 16 | 22 21 | 25 54 | 03 01 | 03 57 | 15 51 | 07 12 |
| 27 | 13 46 | 07 46 | 22 02 | 03 34 | 09 35 | 02 06 | 14 28 | 15 47 | 03 15 | 22 21 | 25 57 | 02 56 | 03 50 | 15 47 | 07 14 |
| 28 | 14 05 | 01 55 | 22 20 | 03 10 | 09 19 | 02 02 | 14 27 | 15 48 | 03 14 | 22 21 | 26 00 | 02 52 | 03 44 | 15 42 | 07 15 |
| 29 | 14 23 | +03 55 | 22 36 | 02 46 | 09 02 | 01 57 | 14 26 | 15 49 | 03 14 | 22 22 | 26 03 | 02 48 | 03 37 | 15 37 | 07 16 |
| 30 | 14 42 | 09 30 | 22 49 | 02 22 | 08 45 | 01 52 | 14 25 | 15 50 | 03 13 | 22 22 | 26 05 | 02 44 | 03 30 | 15 32 | 07 17 |

Lunar Phases -- 1 ● 06:25 9 ◐ 06:49 16 ○ 18:56 23 ◑ 11:58 30 ● 20:29 Sun enters ♉ 4/20 02:26

## 0:00 E.T. — Longitudes of Main Planets - May 2022 — May 22

| D | S.T. | ☉ | ☽ | ☽ 12:00 | ☿ | ♀ | ♂ | ♃ | ♄ | ♅ | ♆ | ♇ | ☊ |
|---|---|---|---|---|---|---|---|---|---|---|---|---|---|
| 1 | 14:35:38 | 10♉36 55 | 12♉17 | 18♉26 | 00♊56 | 28♓06 | 12♓00 | 27♓59 | 24♒16 | 14♉33 | 24♓34 | 28♑36℞ | 23♉11 |
| 2 | 14:39:34 | 11 35 11 | 24 33 | 00♊37 | 01 43 | 29 14 | 12 45 | 28 12 | 24 20 | 14 36 | 24 35 | 28 36 | 23 08 |
| 3 | 14:43:31 | 12 33 26 | 06♊38 | 12 37 | 02 25 | 00♈22 | 13 30 | 28 24 | 24 23 | 14 40 | 24 37 | 28 36 | 23 04 |
| 4 | 14:47:27 | 13 31 38 | 18 35 | 24 31 | 03 02 | 01 31 | 14 16 | 28 36 | 24 26 | 14 43 | 24 39 | 28 36 | 23 01 |
| 5 | 14:51:24 | 14 29 49 | 00♋27 | 06♋21 | 03 33 | 02 39 | 15 01 | 28 49 | 24 29 | 14 47 | 24 40 | 28 35 | 22 58 |
| 6 | 14:55:21 | 15 27 58 | 12 16 | 18 11 | 03 59 | 03 48 | 15 46 | 29 01 | 24 32 | 14 50 | 24 42 | 28 35 | 22 55 |
| 7 | 14:59:17 | 16 26 05 | 24 07 | 00♌05 | 04 20 | 04 57 | 16 31 | 29 13 | 24 35 | 14 54 | 24 44 | 28 35 | 22 52 |
| 8 | 15:03:14 | 17 24 11 | 06♌04 | 12 06 | 04 36 | 06 05 | 17 17 | 29 25 | 24 37 | 14 57 | 24 45 | 28 35 | 22 48 |
| 9 | 15:07:10 | 18 22 14 | 18 12 | 24 21 | 04 46 | 07 14 | 18 02 | 29 37 | 24 40 | 15 00 | 24 47 | 28 35 | 22 45 |
| 10 | 15:11:07 | 19 20 15 | 00♍34 | 06♍52 | 04 51 | 08 23 | 18 47 | 29 49 | 24 42 | 15 04 | 24 48 | 28 34 | 22 42 |
| 11 | 15:15:03 | 20 18 14 | 13 16 | 19 45 | 04 51℞ | 09 32 | 19 32 | 00♈00 | 24 45 | 15 07 | 24 50 | 28 34 | 22 39 |
| 12 | 15:19:00 | 21 16 12 | 26 20 | 03♎02 | 04 46 | 10 41 | 20 17 | 00 12 | 24 47 | 15 11 | 24 51 | 28 34 | 22 36 |
| 13 | 15:22:56 | 22 14 08 | 09♎50 | 16 44 | 04 36 | 11 50 | 21 02 | 00 24 | 24 49 | 15 14 | 24 52 | 28 33 | 22 33 |
| 14 | 15:26:53 | 23 12 01 | 23 44 | 00♏51 | 04 22 | 13 00 | 21 47 | 00 35 | 24 52 | 15 18 | 24 54 | 28 33 | 22 29 |
| 15 | 15:30:50 | 24 09 54 | 08♏03 | 15 20 | 04 04 | 14 09 | 22 32 | 00 46 | 24 54 | 15 21 | 24 55 | 28 33 | 22 26 |
| 16 | 15:34:46 | 25 07 45 | 22 41 | 00♐05 | 03 42 | 15 18 | 23 17 | 00 58 | 24 56 | 15 25 | 24 57 | 28 32 | 22 23 |
| 17 | 15:38:43 | 26 05 34 | 07♐32 | 15 01 | 03 16 | 16 28 | 24 02 | 01 09 | 24 58 | 15 28 | 24 58 | 28 32 | 22 20 |
| 18 | 15:42:39 | 27 03 22 | 22 30 | 29 58 | 02 48 | 17 38 | 24 47 | 01 20 | 24 59 | 15 31 | 24 59 | 28 31 | 22 17 |
| 19 | 15:46:36 | 28 01 09 | 07♑25 | 14♑49 | 02 17 | 18 47 | 25 32 | 01 31 | 25 01 | 15 35 | 25 01 | 28 31 | 22 14 |
| 20 | 15:50:32 | 28 58 54 | 22 10 | 29 27 | 01 45 | 19 57 | 26 17 | 01 42 | 25 03 | 15 38 | 25 02 | 28 30 | 22 10 |
| 21 | 15:54:29 | 29 56 39 | 06♒40 | 13♒48 | 01 11 | 21 07 | 27 02 | 01 53 | 25 04 | 15 42 | 25 03 | 28 30 | 22 07 |
| 22 | 15:58:25 | 00♊54 22 | 20 50 | 27 48 | 00 36 | 22 16 | 27 47 | 02 03 | 25 06 | 15 45 | 25 04 | 28 29 | 22 04 |
| 23 | 16:02:22 | 01 52 04 | 04♓39 | 11♓26 | 00 02 | 23 26 | 28 32 | 02 14 | 25 07 | 15 48 | 25 05 | 28 28 | 22 01 |
| 24 | 16:06:19 | 02 49 45 | 18 07 | 24 44 | 29♉28 | 24 36 | 29 17 | 02 24 | 25 08 | 15 52 | 25 07 | 28 28 | 21 58 |
| 25 | 16:10:15 | 03 47 25 | 01♈16 | 07♈43 | 28 55 | 25 46 | 00♈01 | 02 35 | 25 09 | 15 55 | 25 08 | 28 27 | 21 54 |
| 26 | 16:14:12 | 04 45 04 | 14 06 | 20 25 | 28 24 | 26 56 | 00 46 | 02 45 | 25 10 | 15 58 | 25 09 | 28 26 | 21 51 |
| 27 | 16:18:08 | 05 42 42 | 26 41 | 02♉54 | 27 55 | 28 07 | 01 31 | 02 55 | 25 11 | 16 02 | 25 10 | 28 26 | 21 48 |
| 28 | 16:22:05 | 06 40 19 | 09♉03 | 15 10 | 27 28 | 29 17 | 02 15 | 03 05 | 25 12 | 16 05 | 25 11 | 28 25 | 21 45 |
| 29 | 16:26:01 | 07 37 56 | 21 15 | 27 18 | 27 05 | 00♉27 | 03 00 | 03 15 | 25 13 | 16 08 | 25 12 | 28 24 | 21 42 |
| 30 | 16:29:58 | 08 35 31 | 03♊18 | 09♊17 | 26 45 | 01 37 | 03 45 | 03 25 | 25 13 | 16 12 | 25 13 | 28 23 | 21 39 |
| 31 | 16:33:54 | 09 33 05 | 15 15 | 21 12 | 26 29 | 02 48 | 04 29 | 03 35 | 25 14 | 16 15 | 25 14 | 28 23 | 21 35 |

## 0:00 E.T. — Longitudes of the Major Asteroids and Chiron

| D | ⚳ | ⚴ | ⚵ | ⚶ | ⚷ |
|---|---|---|---|---|---|
| 1 | 24♊16 | 00♉17 | 03♓36 | 22♒16 | 14♈00 |
| 2 | 24 40 | 00 43 | 03 56 | 22 38 | 14 03 |
| 3 | 25 04 | 01 09 | 04 17 | 23 00 | 14 07 |
| 4 | 25 27 | 01 35 | 04 37 | 23 22 | 14 10 |
| 5 | 25 51 | 02 01 | 04 57 | 23 43 | 14 13 |
| 6 | 26 15 | 02 28 | 05 17 | 24 05 | 14 16 |
| 7 | 26 39 | 02 54 | 05 37 | 24 26 | 14 19 |
| 8 | 27 03 | 03 21 | 05 56 | 24 47 | 14 22 |
| 9 | 27 27 | 03 47 | 06 16 | 25 08 | 14 25 |
| 10 | 27 51 | 04 14 | 06 35 | 25 29 | 14 28 |
| 11 | 28 15 | 04 40 | 06 55 | 25 49 | 14 31 |
| 12 | 28 40 | 05 07 | 07 14 | 26 09 | 14 34 |
| 13 | 29 04 | 05 33 | 07 33 | 26 29 | 14 37 |
| 14 | 29 28 | 06 00 | 07 52 | 26 49 | 14 40 |
| 15 | 29 53 | 06 27 | 08 11 | 27 08 | 14 43 |
| 16 | 00♋17 | 06 53 | 08 30 | 27 28 | 14 46 |
| 17 | 00 42 | 07 20 | 08 49 | 27 47 | 14 49 |
| 18 | 01 06 | 07 47 | 09 07 | 28 06 | 14 51 |
| 19 | 01 31 | 08 14 | 09 25 | 28 24 | 14 54 |
| 20 | 01 56 | 08 41 | 09 44 | 28 42 | 14 57 |
| 21 | 02 21 | 09 08 | 10 02 | 29 00 | 15 00 |
| 22 | 02 45 | 09 35 | 10 20 | 29 18 | 15 02 |
| 23 | 03 10 | 10 02 | 10 37 | 29 36 | 15 05 |
| 24 | 03 35 | 10 29 | 10 55 | 29 53 | 15 08 |
| 25 | 04 00 | 10 56 | 11 12 | 00♓10 | 15 10 |
| 26 | 04 25 | 11 23 | 11 30 | 00 27 | 15 13 |
| 27 | 04 51 | 11 50 | 11 47 | 00 43 | 15 15 |
| 28 | 05 16 | 12 18 | 12 04 | 00 59 | 15 18 |
| 29 | 05 41 | 12 45 | 12 21 | 01 15 | 15 20 |
| 30 | 06 06 | 13 12 | 12 37 | 01 31 | 15 23 |
| 31 | 06 32 | 13 39 | 12 54 | 01 46 | 15 25 |

## Lunar Data

| Last Asp. | | Ingress | | |
|---|---|---|---|---|
| 2 | 10:14 | 2 | ♊ | 10:48 |
| 4 | 20:38 | 4 | ♋ | 23:06 |
| 7 | 10:27 | 7 | ♌ | 11:51 |
| 9 | 12:40 | 9 | ♍ | 22:54 |
| 12 | 03:60 | 12 | ♎ | 06:35 |
| 14 | 08:08 | 14 | ♏ | 10:35 |
| 16 | 09:29 | 16 | ♐ | 11:51 |
| 18 | 04:01 | 18 | ♑ | 12:03 |
| 20 | 12:01 | 20 | ♒ | 12:54 |
| 22 | 07:20 | 22 | ♓ | 15:51 |
| 24 | 21:35 | 24 | ♈ | 21:41 |
| 27 | 03:21 | 27 | ♉ | 06:24 |
| 29 | 14:12 | 29 | ♊ | 17:24 |

## 0:00 E.T. — Declinations

| D | ☉ | ☽ | ☿ | ♀ | ♂ | ♃ | ♄ | ♅ | ♆ | ♇ | ⚳ | ⚴ | ⚵ | ⚶ | ⚷ |
|---|---|---|---|---|---|---|---|---|---|---|---|---|---|---|---|
| 1 | +15 00 | +14 38 | +23 00 | -01 57 | -08 29 | -01 47 | -14 24 | +15 51 | -03 12 | -22 22 | +26 08 | -02 41 | -03 23 | -15 27 | +07 19 |
| 2 | 15 18 | 19 05 | 23 08 | 01 33 | 08 12 | 01 42 | 14 23 | 15 52 | 03 12 | 22 22 | 26 10 | 02 37 | 03 16 | 15 23 | 07 20 |
| 3 | 15 36 | 22 41 | 23 14 | 01 08 | 07 55 | 01 37 | 14 22 | 15 53 | 03 11 | 22 22 | 26 13 | 02 33 | 03 09 | 15 18 | 07 21 |
| 4 | 15 54 | 25 16 | 23 18 | 00 43 | 07 38 | 01 33 | 14 21 | 15 55 | 03 10 | 22 22 | 26 15 | 02 29 | 03 02 | 15 14 | 07 22 |
| 5 | 16 11 | 26 41 | 23 19 | 00 18 | 07 21 | 01 28 | 14 20 | 15 56 | 03 10 | 22 23 | 26 17 | 02 26 | 02 56 | 15 09 | 07 23 |
| 6 | 16 28 | 26 54 | 23 19 | +00 07 | 07 04 | 01 23 | 14 19 | 15 57 | 03 09 | 22 23 | 26 20 | 02 22 | 02 49 | 15 05 | 07 25 |
| 7 | 16 45 | 25 52 | 23 16 | 00 32 | 06 47 | 01 19 | 14 19 | 15 58 | 03 09 | 22 23 | 26 22 | 02 18 | 02 42 | 15 01 | 07 26 |
| 8 | 17 02 | 23 40 | 23 11 | 00 57 | 06 30 | 01 14 | 14 18 | 15 59 | 03 08 | 22 23 | 26 24 | 02 15 | 02 35 | 14 56 | 07 27 |
| 9 | 17 18 | 20 23 | 23 03 | 01 22 | 06 12 | 01 09 | 14 17 | 16 00 | 03 07 | 22 23 | 26 26 | 02 12 | 02 29 | 14 52 | 07 28 |
| 10 | 17 34 | 16 10 | 22 54 | 01 47 | 05 55 | 01 05 | 14 16 | 16 01 | 03 07 | 22 23 | 26 28 | 02 08 | 02 22 | 14 48 | 07 29 |
| 11 | 17 49 | 11 09 | 22 43 | 02 13 | 05 38 | 01 00 | 14 16 | 16 02 | 03 06 | 22 24 | 26 29 | 02 05 | 02 15 | 14 44 | 07 31 |
| 12 | 18 05 | 05 30 | 22 29 | 02 38 | 05 21 | 00 56 | 14 15 | 16 03 | 03 06 | 22 24 | 26 31 | 02 02 | 02 09 | 14 40 | 07 32 |
| 13 | 18 20 | -00 35 | 22 14 | 03 03 | 05 03 | 00 51 | 14 14 | 16 04 | 03 05 | 22 24 | 26 33 | 01 59 | 02 02 | 14 36 | 07 33 |
| 14 | 18 34 | 06 50 | 21 57 | 03 29 | 04 46 | 00 47 | 14 14 | 16 05 | 03 05 | 22 24 | 26 34 | 01 56 | 01 56 | 14 32 | 07 34 |
| 15 | 18 49 | 12 56 | 21 39 | 03 54 | 04 28 | 00 43 | 14 13 | 16 06 | 03 04 | 22 25 | 26 36 | 01 53 | 01 49 | 14 28 | 07 35 |
| 16 | 19 03 | 18 27 | 21 19 | 04 20 | 04 11 | 00 38 | 14 13 | 16 07 | 03 04 | 22 25 | 26 37 | 01 50 | 01 43 | 14 25 | 07 36 |
| 17 | 19 17 | 22 55 | 20 58 | 04 45 | 03 54 | 00 34 | 14 12 | 16 08 | 03 03 | 22 25 | 26 39 | 01 47 | 01 36 | 14 21 | 07 37 |
| 18 | 19 30 | 25 52 | 20 35 | 05 11 | 03 36 | 00 30 | 14 12 | 16 09 | 03 03 | 22 25 | 26 40 | 01 45 | 01 30 | 14 18 | 07 38 |
| 19 | 19 43 | 26 57 | 20 12 | 05 36 | 03 19 | 00 26 | 14 12 | 16 10 | 03 02 | 22 25 | 26 41 | 01 42 | 01 24 | 14 14 | 07 39 |
| 20 | 19 56 | 26 07 | 19 49 | 06 01 | 03 01 | 00 21 | 14 11 | 16 11 | 03 02 | 22 26 | 26 42 | 01 39 | 01 17 | 14 11 | 07 40 |
| 21 | 20 08 | 23 31 | 19 25 | 06 27 | 02 44 | 00 17 | 14 11 | 16 12 | 03 01 | 22 26 | 26 43 | 01 37 | 01 11 | 14 08 | 07 42 |
| 22 | 20 20 | 19 33 | 19 00 | 06 52 | 02 26 | 00 13 | 14 11 | 16 13 | 03 01 | 22 26 | 26 44 | 01 35 | 01 05 | 14 05 | 07 43 |
| 23 | 20 32 | 14 36 | 18 37 | 07 17 | 02 09 | 00 09 | 14 10 | 16 14 | 03 01 | 22 27 | 26 45 | 01 32 | 00 59 | 14 02 | 07 44 |
| 24 | 20 43 | 09 05 | 18 13 | 07 42 | 01 51 | 00 05 | 14 10 | 16 15 | 03 00 | 22 27 | 26 46 | 01 30 | 00 53 | 13 59 | 07 45 |
| 25 | 20 54 | 03 17 | 17 51 | 08 07 | 01 34 | 00 01 | 14 10 | 16 16 | 03 00 | 22 27 | 26 47 | 01 28 | 00 47 | 13 56 | 07 46 |
| 26 | 21 05 | +02 32 | 17 29 | 08 32 | 01 16 | +00 03 | 14 10 | 16 17 | 02 59 | 22 27 | 26 47 | 01 26 | 00 41 | 13 53 | 07 47 |
| 27 | 21 15 | 08 08 | 17 09 | 08 56 | 00 59 | 00 06 | 14 10 | 16 17 | 02 59 | 22 28 | 26 48 | 01 24 | 00 35 | 13 51 | 07 48 |
| 28 | 21 25 | 13 21 | 16 50 | 09 21 | 00 42 | 00 10 | 14 09 | 16 18 | 02 59 | 22 28 | 26 48 | 01 22 | 00 29 | 13 48 | 07 49 |
| 29 | 21 35 | 17 57 | 16 32 | 09 45 | 00 24 | 00 14 | 14 09 | 16 19 | 02 58 | 22 28 | 26 48 | 01 20 | 00 23 | 13 46 | 07 50 |
| 30 | 21 44 | 21 47 | 16 17 | 10 10 | 00 07 | 00 18 | 14 09 | 16 20 | 02 58 | 22 28 | 26 49 | 01 19 | 00 18 | 13 44 | 07 50 |
| 31 | 21 53 | 24 39 | 16 04 | 10 34 | +00 11 | 00 21 | 14 09 | 16 21 | 02 58 | 22 29 | 26 49 | 01 17 | 00 12 | 13 42 | 07 51 |

Lunar Phases -- 9 ◐ 00:22  16 Ⓔ 04:15  22 ◑ 18:44  30 ● 11:31  Sun enters ♊ 5/21 01:24

## Longitudes of Main Planets - June 2022

0:00 E.T.

| D | S.T. | ☉ | ☽ | ☽ 12:00 | ☿ | ♀ | ♂ | ♃ | ♄ | ♅ | ♆ | ♇ | ☊ |
|---|---|---|---|---|---|---|---|---|---|---|---|---|---|
| 1 | 16:37:51 | 10♊30 37 | 27♊07 | 03♋02 | 26♉17℞ | 03♉58 | 05♈14 | 03♈44 | 25♒14 | 16♉18 | 25♓14 | 28♑22℞ | 21♉32 |
| 2 | 16:41:48 | 11 28 09 | 08♋57 | 14 52 | 26 09 | 05 08 | 05 58 | 03 54 | 25 15 | 16 21 | 25 15 | 28 21 | 21 29 |
| 3 | 16:45:44 | 12 25 40 | 20 47 | 26 42 | 26 06 | 06 19 | 06 42 | 04 03 | 25 15 | 16 25 | 25 16 | 28 20 | 21 26 |
| 4 | 16:49:41 | 13 23 09 | 02♌39 | 08♌37 | 26 06D | 07 30 | 07 27 | 04 12 | 25 15 | 16 28 | 25 17 | 28 19 | 21 23 |
| 5 | 16:53:37 | 14 20 37 | 14 37 | 20 39 | 26 11 | 08 40 | 08 11 | 04 21 | 25 15℞ | 16 31 | 25 18 | 28 18 | 21 20 |
| 6 | 16:57:34 | 15 18 04 | 26 44 | 02♍53 | 26 21 | 09 51 | 08 55 | 04 30 | 25 15 | 16 34 | 25 18 | 28 17 | 21 16 |
| 7 | 17:01:30 | 16 15 30 | 09♍05 | 15 22 | 26 35 | 11 01 | 09 39 | 04 39 | 25 15 | 16 37 | 25 19 | 28 16 | 21 13 |
| 8 | 17:05:27 | 17 12 55 | 21 43 | 28 10 | 26 54 | 12 12 | 10 23 | 04 48 | 25 15 | 16 40 | 25 20 | 28 15 | 21 10 |
| 9 | 17:09:23 | 18 10 18 | 04♎42 | 11♎21 | 27 17 | 13 23 | 11 07 | 04 57 | 25 14 | 16 43 | 25 21 | 28 14 | 21 07 |
| 10 | 17:13:20 | 19 07 40 | 18 06 | 24 57 | 27 44 | 14 34 | 11 51 | 05 05 | 25 14 | 16 46 | 25 21 | 28 13 | 21 04 |
| 11 | 17:17:17 | 20 05 01 | 01♏56 | 09♏01 | 28 16 | 15 45 | 12 35 | 05 13 | 25 13 | 16 50 | 25 22 | 28 12 | 21 00 |
| 12 | 17:21:13 | 21 02 22 | 16 13 | 23 31 | 28 52 | 16 55 | 13 19 | 05 21 | 25 13 | 16 53 | 25 22 | 28 11 | 20 57 |
| 13 | 17:25:10 | 21 59 41 | 00♐54 | 08♐23 | 29 32 | 18 06 | 14 03 | 05 30 | 25 12 | 16 56 | 25 23 | 28 10 | 20 54 |
| 14 | 17:29:06 | 22 57 00 | 15 55 | 23 30 | 00♊16 | 19 17 | 14 47 | 05 37 | 25 11 | 16 59 | 25 23 | 28 09 | 20 51 |
| 15 | 17:33:03 | 23 54 18 | 01♑07 | 08♑44 | 01 04 | 20 28 | 15 31 | 05 45 | 25 10 | 17 01 | 25 24 | 28 08 | 20 48 |
| 16 | 17:36:59 | 24 51 35 | 16 20 | 23 54 | 01 56 | 21 39 | 16 14 | 05 53 | 25 09 | 17 04 | 25 24 | 28 07 | 20 45 |
| 17 | 17:40:56 | 25 48 52 | 01♒24 | 08♒50 | 02 52 | 22 51 | 16 58 | 06 00 | 25 08 | 17 07 | 25 25 | 28 06 | 20 41 |
| 18 | 17:44:52 | 26 46 08 | 16 11 | 23 26 | 03 52 | 24 02 | 17 41 | 06 08 | 25 07 | 17 10 | 25 25 | 28 04 | 20 38 |
| 19 | 17:48:49 | 27 43 24 | 00♓34 | 07♓36 | 04 55 | 25 13 | 18 25 | 06 15 | 25 06 | 17 13 | 25 25 | 28 03 | 20 35 |
| 20 | 17:52:46 | 28 40 40 | 14 30 | 21 18 | 06 02 | 26 24 | 19 08 | 06 22 | 25 04 | 17 16 | 25 25 | 28 02 | 20 32 |
| 21 | 17:56:42 | 29 37 56 | 28 00 | 04♈35 | 07 12 | 27 36 | 19 51 | 06 29 | 25 03 | 17 19 | 25 26 | 28 01 | 20 29 |
| 22 | 18:00:39 | 00♋35 11 | 11♈04 | 17 28 | 08 26 | 28 47 | 20 35 | 06 35 | 25 01 | 17 21 | 25 26 | 28 00 | 20 26 |
| 23 | 18:04:35 | 01 32 26 | 23 46 | 00♉01 | 09 44 | 29 58 | 21 18 | 06 42 | 24 59 | 17 24 | 25 26 | 27 58 | 20 22 |
| 24 | 18:08:32 | 02 29 41 | 06♉11 | 12 18 | 11 04 | 01♊10 | 22 01 | 06 48 | 24 58 | 17 27 | 25 26 | 27 57 | 20 19 |
| 25 | 18:12:28 | 03 26 56 | 18 22 | 24 23 | 12 29 | 02 21 | 22 44 | 06 55 | 24 56 | 17 29 | 25 26 | 27 56 | 20 16 |
| 26 | 18:16:25 | 04 24 11 | 00♊23 | 06♊21 | 13 56 | 03 33 | 23 27 | 07 01 | 24 54 | 17 32 | 25 26 | 27 55 | 20 13 |
| 27 | 18:20:21 | 05 21 25 | 12 17 | 18 13 | 15 27 | 04 44 | 24 10 | 07 07 | 24 52 | 17 35 | 25 27 | 27 53 | 20 10 |
| 28 | 18:24:18 | 06 18 40 | 24 08 | 00♋03 | 17 02 | 05 56 | 24 52 | 07 12 | 24 50 | 17 37 | 25 27 | 27 52 | 20 06 |
| 29 | 18:28:15 | 07 15 54 | 05♋57 | 11 52 | 18 39 | 07 07 | 25 35 | 07 18 | 24 47 | 17 40 | 25 27℞ | 27 51 | 20 03 |
| 30 | 18:32:11 | 08 13 08 | 17 47 | 23 43 | 20 20 | 08 19 | 26 18 | 07 24 | 24 45 | 17 42 | 25 27 | 27 49 | 20 00 |

## 0:00 E.T. Longitudes of the Major Asteroids and Chiron

| D | ⚳ | ⚴ | ⚵ | ⚶ | ⚷ |
|---|---|---|---|---|---|
| 1 | 06♋57 | 14♉07 | 13♓10 | 02♓01 | 15♈27 |
| 2 | 07 22 | 14 34 | 13 26 | 02 16 | 15 30 |
| 3 | 07 48 | 15 02 | 13 42 | 02 30 | 15 32 |
| 4 | 08 13 | 15 29 | 13 58 | 02 44 | 15 34 |
| 5 | 08 39 | 15 57 | 14 13 | 02 58 | 15 36 |
| 6 | 09 04 | 16 24 | 14 29 | 03 11 | 15 38 |
| 7 | 09 30 | 16 52 | 14 44 | 03 24 | 15 40 |
| 8 | 09 56 | 17 19 | 14 59 | 03 37 | 15 42 |
| 9 | 10 21 | 17 47 | 15 13 | 03 49 | 15 44 |
| 10 | 10 47 | 18 15 | 15 28 | 04 01 | 15 46 |
| 11 | 11 13 | 18 42 | 15 42 | 04 12 | 15 48 |
| 12 | 11 39 | 19 10 | 15 56 | 04 24 | 15 50 |
| 13 | 12 05 | 19 38 | 16 10 | 04 35 | 15 52 |
| 14 | 12 30 | 20 06 | 16 24 | 04 45 | 15 54 |
| 15 | 12 56 | 20 33 | 16 37 | 04 55 | 15 56 |

| D | ⚳ | ⚴ | ⚵ | ⚶ | ⚷ |
|---|---|---|---|---|---|
| 16 | 13 22 | 21 01 | 16 50 | 05 05 | 15 57 |
| 17 | 13 48 | 21 29 | 17 03 | 05 14 | 15 59 |
| 18 | 14 14 | 21 57 | 17 16 | 05 24 | 16 00 |
| 19 | 14 40 | 22 25 | 17 28 | 05 32 | 16 02 |
| 20 | 15 06 | 22 53 | 17 41 | 05 40 | 16 04 |
| 21 | 15 33 | 23 21 | 17 53 | 05 48 | 16 05 |
| 22 | 15 59 | 23 49 | 18 04 | 05 56 | 16 06 |
| 23 | 16 25 | 24 17 | 18 16 | 06 03 | 16 08 |
| 24 | 16 51 | 24 45 | 18 27 | 06 09 | 16 09 |
| 25 | 17 17 | 25 13 | 18 38 | 06 15 | 16 10 |
| 26 | 17 44 | 25 42 | 18 48 | 06 21 | 16 12 |
| 27 | 18 10 | 26 10 | 18 59 | 06 26 | 16 13 |
| 28 | 18 36 | 26 38 | 19 09 | 06 31 | 16 14 |
| 29 | 19 03 | 27 06 | 19 19 | 06 35 | 16 15 |
| 30 | 19 29 | 27 34 | 19 28 | 06 39 | 16 16 |

## Lunar Data

| Last Asp. | | Ingress | | |
|---|---|---|---|---|
| 31 | 20:11 | 1 | ♋ | 05:50 |
| 3 | 15:16 | 3 | ♌ | 18:39 |
| 5 | 23:13 | 6 | ♍ | 06:23 |
| 8 | 12:09 | 8 | ♎ | 15:23 |
| 10 | 17:37 | 10 | ♏ | 20:42 |
| 12 | 21:41 | 12 | ♐ | 22:32 |
| 14 | 14:59 | 14 | ♑ | 22:15 |
| 16 | 18:42 | 16 | ♒ | 21:45 |
| 18 | 18:51 | 18 | ♓ | 23:02 |
| 21 | 03:12 | 21 | ♈ | 03:38 |
| 23 | 08:03 | 23 | ♉ | 11:59 |
| 25 | 19:03 | 25 | ♊ | 23:14 |
| 28 | 02:40 | 28 | ♋ | 11:55 |
| 30 | 20:15 | | | |

## 0:00 E.T. Declinations

| D | ☉ | ☽ | ☿ | ♀ | ♂ | ♃ | ♄ | ♅ | ♆ | ♇ | ⚳ | ⚴ | ⚵ | ⚶ | ⚷ |
|---|---|---|---|---|---|---|---|---|---|---|---|---|---|---|---|
| 1 | +22 01 | +26 24 | +15 52 | +10 57 | +00 28 | +00 25 | -14 09 | +16 22 | -02 57 | -22 29 | +26 49 | -01 16 | -00 06 | -13 40 | +07 52 |
| 2 | 22 09 | 26 56 | 15 43 | 11 21 | 00 45 | 00 28 | 14 09 | 16 23 | 02 57 | 22 29 | 26 49 | 01 14 | 00 01 | 13 38 | 07 53 |
| 3 | 22 17 | 26 15 | 15 36 | 11 45 | 01 03 | 00 32 | 14 10 | 16 24 | 02 57 | 22 30 | 26 49 | 01 13 | +00 04 | 13 37 | 07 54 |
| 4 | 22 24 | 24 22 | 15 31 | 12 08 | 01 20 | 00 35 | 14 10 | 16 25 | 02 56 | 22 30 | 26 49 | 01 12 | 00 10 | 13 35 | 07 55 |
| 5 | 22 31 | 21 24 | 15 28 | 12 31 | 01 37 | 00 39 | 14 10 | 16 26 | 02 56 | 22 30 | 26 48 | 01 11 | 00 15 | 13 34 | 07 56 |
| 6 | 22 38 | 17 30 | 15 27 | 12 54 | 01 54 | 00 42 | 14 10 | 16 27 | 02 56 | 22 31 | 26 48 | 01 10 | 00 20 | 13 33 | 07 57 |
| 7 | 22 44 | 12 49 | 15 29 | 13 16 | 02 11 | 00 45 | 14 10 | 16 28 | 02 56 | 22 31 | 26 48 | 01 09 | 00 25 | 13 32 | 07 58 |
| 8 | 22 49 | 07 29 | 15 32 | 13 38 | 02 28 | 00 49 | 14 11 | 16 29 | 02 55 | 22 31 | 26 47 | 01 08 | 00 30 | 13 31 | 07 58 |
| 9 | 22 55 | 01 41 | 15 37 | 14 00 | 02 45 | 00 52 | 14 11 | 16 29 | 02 55 | 22 32 | 26 46 | 01 08 | 00 35 | 13 30 | 07 59 |
| 10 | 23 00 | -04 22 | 15 45 | 14 22 | 03 02 | 00 55 | 14 11 | 16 30 | 02 55 | 22 32 | 26 46 | 01 07 | 00 40 | 13 29 | 08 00 |
| 11 | 23 04 | 10 26 | 15 54 | 14 44 | 03 19 | 00 58 | 14 12 | 16 31 | 02 55 | 22 32 | 26 45 | 01 07 | 00 45 | 13 29 | 08 01 |
| 12 | 23 08 | 16 09 | 16 04 | 15 05 | 03 36 | 01 01 | 14 12 | 16 32 | 02 55 | 22 33 | 26 44 | 01 06 | 00 49 | 13 29 | 08 01 |
| 13 | 23 12 | 21 06 | 16 17 | 15 25 | 03 53 | 01 04 | 14 12 | 16 33 | 02 55 | 22 33 | 26 43 | 01 06 | 00 54 | 13 28 | 08 02 |
| 14 | 23 15 | 24 46 | 16 30 | 15 46 | 04 10 | 01 07 | 14 13 | 16 34 | 02 54 | 22 33 | 26 42 | 01 06 | 00 58 | 13 29 | 08 03 |
| 15 | 23 18 | 26 42 | 16 46 | 16 06 | 04 26 | 01 10 | 14 13 | 16 34 | 02 54 | 22 34 | 26 41 | 01 06 | 01 02 | 13 29 | 08 04 |
| 16 | 23 20 | 26 37 | 17 02 | 16 26 | 04 43 | 01 13 | 14 14 | 16 35 | 02 54 | 22 34 | 26 40 | 01 06 | 01 07 | 13 29 | 08 04 |
| 17 | 23 22 | 24 35 | 17 19 | 16 45 | 05 00 | 01 15 | 14 14 | 16 36 | 02 54 | 22 34 | 26 38 | 01 06 | 01 11 | 13 30 | 08 05 |
| 18 | 23 24 | 20 54 | 17 38 | 17 04 | 05 16 | 01 18 | 14 15 | 16 37 | 02 54 | 22 35 | 26 37 | 01 06 | 01 15 | 13 30 | 08 06 |
| 19 | 23 25 | 16 04 | 17 57 | 17 23 | 05 32 | 01 21 | 14 16 | 16 38 | 02 54 | 22 35 | 26 36 | 01 07 | 01 19 | 13 31 | 08 06 |
| 20 | 23 26 | 10 31 | 18 17 | 17 41 | 05 49 | 01 23 | 14 16 | 16 39 | 02 54 | 22 35 | 26 34 | 01 07 | 01 22 | 13 32 | 08 07 |
| 21 | 23 26 | 04 39 | 18 38 | 17 59 | 06 05 | 01 26 | 14 17 | 16 39 | 02 54 | 22 36 | 26 32 | 01 08 | 01 26 | 13 34 | 08 07 |
| 22 | 23 26 | +01 14 | 19 00 | 18 16 | 06 21 | 01 28 | 14 18 | 16 40 | 02 54 | 22 36 | 26 31 | 01 09 | 01 30 | 13 35 | 08 08 |
| 23 | 23 26 | 06 56 | 19 21 | 18 33 | 06 37 | 01 30 | 14 18 | 16 41 | 02 54 | 22 37 | 26 29 | 01 10 | 01 33 | 13 37 | 08 09 |
| 24 | 23 25 | 12 14 | 19 43 | 18 49 | 06 53 | 01 33 | 14 19 | 16 42 | 02 54 | 22 37 | 26 27 | 01 11 | 01 36 | 13 39 | 08 09 |
| 25 | 23 24 | 16 59 | 20 05 | 19 05 | 07 09 | 01 35 | 14 20 | 16 42 | 02 54 | 22 37 | 26 25 | 01 12 | 01 39 | 13 41 | 08 10 |
| 26 | 23 22 | 20 58 | 20 27 | 19 21 | 07 25 | 01 37 | 14 21 | 16 43 | 02 54 | 22 38 | 26 23 | 01 13 | 01 42 | 13 43 | 08 10 |
| 27 | 23 20 | 24 03 | 20 49 | 19 36 | 07 41 | 01 39 | 14 21 | 16 44 | 02 54 | 22 38 | 26 21 | 01 15 | 01 45 | 13 45 | 08 11 |
| 28 | 23 17 | 26 03 | 21 10 | 19 51 | 07 56 | 01 41 | 14 22 | 16 44 | 02 54 | 22 38 | 26 18 | 01 16 | 01 48 | 13 48 | 08 11 |
| 29 | 23 14 | 26 53 | 21 31 | 20 05 | 08 12 | 01 43 | 14 23 | 16 45 | 02 54 | 22 39 | 26 16 | 01 18 | 01 50 | 13 51 | 08 12 |
| 30 | 23 11 | 26 28 | 21 51 | 20 18 | 08 27 | 01 45 | 14 24 | 16 46 | 02 54 | 22 39 | 26 13 | 01 20 | 01 53 | 13 53 | 08 12 |

Lunar Phases -- 7 ◐ 14:49 14 ○ 11:53 21 ◑ 03:12 29 ● 02:53 Sun enters ♋ 6/21 09:15

## 0:00 E.T. Longitudes of Main Planets - July 2022

| D | S.T. | ☉ | ☽ | ☽ 12:00 | ☿ | ♀ | ♂ | ♃ | ♄ | ♅ | ♆ | ♇ | ☊ |
|---|---|---|---|---|---|---|---|---|---|---|---|---|---|
| 1 | 18:36:08 | 09♋10 22 | 29♋40 | 05♌38 | 22♊04 | 09♊31 | 27♈00 | 07♈29 | 24♒43℞ | 17♉45 | 25♓26℞ | 27♑48℞ | 19♉57 |
| 2 | 18:40:04 | 10 07 36 | 11♌36 | 17 37 | 23 51 | 10 42 | 27 43 | 07 34 | 24 40 | 17 47 | 25 26 | 27 47 | 19 54 |
| 3 | 18:44:01 | 11 04 49 | 23 39 | 29 43 | 25 41 | 11 54 | 28 25 | 07 39 | 24 38 | 17 49 | 25 26 | 27 45 | 19 51 |
| 4 | 18:47:57 | 12 02 02 | 05♍50 | 12♍00 | 27 33 | 13 06 | 29 07 | 07 44 | 24 35 | 17 52 | 25 26 | 27 44 | 19 47 |
| 5 | 18:51:54 | 12 59 15 | 18 13 | 24 29 | 29 29 | 14 18 | 29 49 | 07 48 | 24 32 | 17 54 | 25 26 | 27 43 | 19 44 |
| 6 | 18:55:50 | 13 56 28 | 00♎50 | 07♎15 | 01♋26 | 15 30 | 00♉31 | 07 53 | 24 30 | 17 56 | 25 26 | 27 41 | 19 41 |
| 7 | 18:59:47 | 14 53 40 | 13 45 | 20 21 | 03 27 | 16 42 | 01 13 | 07 57 | 24 27 | 17 59 | 25 25 | 27 40 | 19 38 |
| 8 | 19:03:44 | 15 50 52 | 27 02 | 03♏49 | 05 29 | 17 54 | 01 55 | 08 01 | 24 24 | 18 01 | 25 25 | 27 38 | 19 35 |
| 9 | 19:07:40 | 16 48 04 | 10♏43 | 17 44 | 07 33 | 19 06 | 02 37 | 08 05 | 24 21 | 18 03 | 25 25 | 27 37 | 19 31 |
| 10 | 19:11:37 | 17 45 15 | 24 50 | 02♐04 | 09 39 | 20 18 | 03 18 | 08 08 | 24 18 | 18 05 | 25 24 | 27 36 | 19 28 |
| 11 | 19:15:33 | 18 42 27 | 09♐23 | 16 48 | 11 46 | 21 30 | 04 00 | 08 12 | 24 15 | 18 07 | 25 24 | 27 34 | 19 25 |
| 12 | 19:19:30 | 19 39 39 | 24 18 | 01♑52 | 13 54 | 22 42 | 04 41 | 08 15 | 24 11 | 18 09 | 25 24 | 27 33 | 19 22 |
| 13 | 19:23:26 | 20 36 51 | 09♑29 | 17 07 | 16 03 | 23 54 | 05 23 | 08 18 | 24 08 | 18 11 | 25 23 | 27 31 | 19 19 |
| 14 | 19:27:23 | 21 34 03 | 24 46 | 02♒23 | 18 12 | 25 06 | 06 04 | 08 21 | 24 05 | 18 13 | 25 23 | 27 30 | 19 16 |
| 15 | 19:31:19 | 22 31 15 | 09♒58 | 17 29 | 20 21 | 26 18 | 06 45 | 08 24 | 24 01 | 18 15 | 25 22 | 27 28 | 19 12 |
| 16 | 19:35:16 | 23 28 27 | 24 54 | 02♓14 | 22 30 | 27 31 | 07 26 | 08 27 | 23 58 | 18 17 | 25 22 | 27 27 | 19 09 |
| 17 | 19:39:13 | 24 25 40 | 09♓28 | 16 34 | 24 39 | 28 43 | 08 07 | 08 29 | 23 54 | 18 19 | 25 21 | 27 26 | 19 06 |
| 18 | 19:43:09 | 25 22 54 | 23 32 | 00♈23 | 26 47 | 29 55 | 08 48 | 08 31 | 23 51 | 18 21 | 25 20 | 27 24 | 19 03 |
| 19 | 19:47:06 | 26 20 08 | 07♈07 | 13 44 | 28 54 | 01♋08 | 09 28 | 08 33 | 23 47 | 18 23 | 25 20 | 27 23 | 19 00 |
| 20 | 19:51:02 | 27 17 23 | 20 14 | 26 38 | 01♌00 | 02 20 | 10 09 | 08 35 | 23 43 | 18 24 | 25 19 | 27 21 | 18 57 |
| 21 | 19:54:59 | 28 14 39 | 02♉56 | 09♉09 | 03 05 | 03 33 | 10 49 | 08 37 | 23 39 | 18 26 | 25 18 | 27 20 | 18 53 |
| 22 | 19:58:55 | 29 11 55 | 15 18 | 21 23 | 05 08 | 04 45 | 11 29 | 08 38 | 23 36 | 18 28 | 25 18 | 27 18 | 18 50 |
| 23 | 20:02:52 | 00♌09 12 | 27 24 | 03♊23 | 07 10 | 05 58 | 12 09 | 08 40 | 23 32 | 18 29 | 25 17 | 27 17 | 18 47 |
| 24 | 20:06:48 | 01 06 31 | 09♊21 | 15 16 | 09 11 | 07 10 | 12 49 | 08 41 | 23 28 | 18 31 | 25 16 | 27 16 | 18 44 |
| 25 | 20:10:45 | 02 03 49 | 21 11 | 27 05 | 11 10 | 08 23 | 13 29 | 08 42 | 23 24 | 18 32 | 25 15 | 27 14 | 18 41 |
| 26 | 20:14:42 | 03 01 09 | 03♋00 | 08♋54 | 13 08 | 09 36 | 14 09 | 08 42 | 23 20 | 18 34 | 25 14 | 27 13 | 18 37 |
| 27 | 20:18:38 | 03 58 30 | 14 49 | 20 45 | 15 04 | 10 48 | 14 49 | 08 43 | 23 16 | 18 35 | 25 14 | 27 11 | 18 34 |
| 28 | 20:22:35 | 04 55 51 | 26 42 | 02♌41 | 16 58 | 12 01 | 15 28 | 08 43 | 23 12 | 18 36 | 25 13 | 27 10 | 18 31 |
| 29 | 20:26:31 | 05 53 13 | 08♌41 | 14 42 | 18 50 | 13 14 | 16 07 | 08 43℞ | 23 07 | 18 38 | 25 12 | 27 08 | 18 28 |
| 30 | 20:30:28 | 06 50 36 | 20 46 | 26 51 | 20 41 | 14 27 | 16 46 | 08 43 | 23 03 | 18 39 | 25 11 | 27 07 | 18 25 |
| 31 | 20:34:24 | 07 47 59 | 02♍58 | 09♍07 | 22 30 | 15 40 | 17 25 | 08 43 | 22 59 | 18 40 | 25 10 | 27 06 | 18 22 |

## 0:00 E.T. Longitudes of the Major Asteroids and Chiron

| D | ⚳ | ⚴ | ⚵ | ⚶ | ⚷ |
|---|---|---|---|---|---|
| 1 | 19♋55 | 28♉03 | 19♓37 | 06♓43 | 16♈17 |
| 2 | 20 22 | 28 31 | 19 46 | 06 46 | 16 18 |
| 3 | 20 48 | 28 59 | 19 54 | 06 48 | 16 19 |
| 4 | 21 15 | 29 28 | 20 02 | 06 50 | 16 20 |
| 5 | 21 41 | 29 56 | 20 10 | 06 52 | 16 20 |
| 6 | 22 08 | 00♊25 | 20 18 | 06 53 | 16 21 |
| 7 | 22 34 | 00 53 | 20 25 | 06 54 | 16 22 |
| 8 | 23 01 | 01 21 | 20 32 | 06 54℞ | 16 23 |
| 9 | 23 27 | 01 50 | 20 38 | 06 54 | 16 23 |
| 10 | 23 54 | 02 18 | 20 44 | 06 53 | 16 24 |
| 11 | 24 20 | 02 47 | 20 50 | 06 52 | 16 24 |
| 12 | 24 47 | 03 15 | 20 56 | 06 50 | 16 25 |
| 13 | 25 14 | 03 44 | 21 01 | 06 48 | 16 25 |
| 14 | 25 40 | 04 13 | 21 05 | 06 45 | 16 25 |
| 15 | 26 07 | 04 41 | 21 10 | 06 42 | 16 25 |
| 16 | 26 33 | 05 10 | 21 14 | 06 38 | 16 26 |
| 17 | 27 00 | 05 38 | 21 17 | 06 34 | 16 26 |
| 18 | 27 27 | 06 07 | 21 20 | 06 30 | 16 26 |
| 19 | 27 54 | 06 36 | 21 23 | 06 25 | 16 26 |
| 20 | 28 20 | 07 04 | 21 25 | 06 19 | 16 26℞ |
| 21 | 28 47 | 07 33 | 21 27 | 06 13 | 16 26 |
| 22 | 29 14 | 08 02 | 21 29 | 06 07 | 16 26 |
| 23 | 29 41 | 08 30 | 21 30 | 06 00 | 16 26 |
| 24 | 00♌07 | 08 59 | 21 31 | 05 52 | 16 26 |
| 25 | 00 34 | 09 28 | 21 31 | 05 45 | 16 25 |
| 26 | 01 01 | 09 56 | 21 31℞ | 05 36 | 16 25 |
| 27 | 01 28 | 10 25 | 21 31 | 05 28 | 16 25 |
| 28 | 01 54 | 10 54 | 21 30 | 05 18 | 16 24 |
| 29 | 02 21 | 11 23 | 21 28 | 05 09 | 16 24 |
| 30 | 02 48 | 11 51 | 21 27 | 04 59 | 16 23 |
| 31 | 03 15 | 12 20 | 21 24 | 04 49 | 16 23 |

## Lunar Data

| Last Asp. | | Ingress | | |
|---|---|---|---|---|
| 30 | 20:15 | 1 | ♌ | 00:41 |
| 3 | 09:60 | 3 | ♍ | 12:32 |
| 5 | 18:04 | 5 | ♎ | 22:26 |
| 8 | 01:04 | 8 | ♏ | 05:16 |
| 10 | 04:35 | 10 | ♐ | 08:35 |
| 12 | 01:43 | 12 | ♑ | 09:02 |
| 14 | 04:18 | 14 | ♒ | 08:14 |
| 16 | 04:38 | 16 | ♓ | 08:19 |
| 18 | 06:44 | 18 | ♈ | 11:19 |
| 20 | 14:20 | 20 | ♉ | 18:24 |
| 22 | 23:46 | 23 | ♊ | 05:12 |
| 25 | 08:16 | 25 | ♋ | 17:55 |
| 28 | 00:55 | 28 | ♌ | 06:37 |
| 30 | 04:30 | 30 | ♍ | 18:12 |

## 0:00 E.T. Declinations

| D | ☉ | ☽ | ☿ | ♀ | ♂ | ♃ | ♄ | ♅ | ♆ | ♇ | ⚳ | ⚴ | ⚵ | ⚶ | ⚷ |
|---|---|---|---|---|---|---|---|---|---|---|---|---|---|---|---|
| 1 | +23 07 | +24 51 | +22 10 | +20 31 | +08 43 | +01 47 | -14 25 | +16 47 | -02 54 | -22 40 | +26 11 | -01 22 | +01 55 | -13 57 | +08 12 |
| 2 | 23 03 | 22 08 | 22 27 | 20 44 | 08 58 | 01 49 | 14 26 | 16 47 | 02 54 | 22 40 | 26 08 | 01 24 | 01 57 | 14 00 | 08 13 |
| 3 | 22 59 | 18 27 | 22 44 | 20 56 | 09 13 | 01 50 | 14 27 | 16 48 | 02 54 | 22 40 | 26 06 | 01 26 | 01 59 | 14 04 | 08 13 |
| 4 | 22 54 | 13 58 | 22 59 | 21 07 | 09 28 | 01 52 | 14 28 | 16 49 | 02 54 | 22 41 | 26 03 | 01 28 | 02 01 | 14 07 | 08 13 |
| 5 | 22 48 | 08 51 | 23 12 | 21 18 | 09 43 | 01 53 | 14 29 | 16 49 | 02 54 | 22 41 | 26 00 | 01 31 | 02 02 | 14 11 | 08 14 |
| 6 | 22 43 | 03 17 | 23 23 | 21 29 | 09 58 | 01 55 | 14 30 | 16 50 | 02 54 | 22 41 | 25 57 | 01 33 | 02 04 | 14 15 | 08 14 |
| 7 | 22 36 | -02 34 | 23 32 | 21 38 | 10 12 | 01 56 | 14 31 | 16 50 | 02 55 | 22 42 | 25 54 | 01 36 | 02 05 | 14 20 | 08 14 |
| 8 | 22 30 | 08 28 | 23 39 | 21 47 | 10 27 | 01 58 | 14 33 | 16 51 | 02 55 | 22 42 | 25 51 | 01 39 | 02 06 | 14 24 | 08 15 |
| 9 | 22 23 | 14 10 | 23 43 | 21 56 | 10 41 | 01 59 | 14 34 | 16 52 | 02 55 | 22 43 | 25 48 | 01 42 | 02 07 | 14 29 | 08 15 |
| 10 | 22 16 | 19 19 | 23 45 | 22 04 | 10 55 | 02 00 | 14 35 | 16 52 | 02 55 | 22 43 | 25 45 | 01 45 | 02 07 | 14 34 | 08 15 |
| 11 | 22 08 | 23 27 | 23 44 | 22 11 | 11 10 | 02 01 | 14 36 | 16 53 | 02 55 | 22 43 | 25 41 | 01 48 | 02 08 | 14 39 | 08 15 |
| 12 | 22 00 | 26 07 | 23 41 | 22 18 | 11 24 | 02 02 | 14 37 | 16 53 | 02 55 | 22 44 | 25 38 | 01 51 | 02 08 | 14 44 | 08 16 |
| 13 | 21 51 | 26 54 | 23 35 | 22 24 | 11 38 | 02 03 | 14 39 | 16 54 | 02 56 | 22 44 | 25 34 | 01 55 | 02 08 | 14 50 | 08 16 |
| 14 | 21 43 | 25 40 | 23 26 | 22 30 | 11 51 | 02 04 | 14 40 | 16 54 | 02 56 | 22 45 | 25 31 | 01 59 | 02 08 | 14 56 | 08 16 |
| 15 | 21 33 | 22 32 | 23 14 | 22 35 | 12 05 | 02 05 | 14 41 | 16 55 | 02 56 | 22 45 | 25 27 | 02 02 | 02 08 | 15 01 | 08 16 |
| 16 | 21 24 | 17 58 | 22 59 | 22 39 | 12 18 | 02 06 | 14 42 | 16 55 | 02 56 | 22 45 | 25 23 | 02 06 | 02 07 | 15 07 | 08 16 |
| 17 | 21 14 | 12 27 | 22 42 | 22 43 | 12 32 | 02 06 | 14 44 | 16 56 | 02 57 | 22 46 | 25 19 | 02 10 | 02 07 | 15 14 | 08 16 |
| 18 | 21 04 | 06 27 | 22 23 | 22 46 | 12 45 | 02 07 | 14 45 | 16 56 | 02 57 | 22 46 | 25 16 | 02 15 | 02 06 | 15 20 | 08 16 |
| 19 | 20 53 | 00 21 | 22 01 | 22 48 | 12 58 | 02 07 | 14 46 | 16 57 | 02 57 | 22 46 | 25 12 | 02 19 | 02 05 | 15 27 | 08 16 |
| 20 | 20 42 | +05 34 | 21 37 | 22 50 | 13 11 | 02 08 | 14 48 | 16 57 | 02 58 | 22 47 | 25 08 | 02 23 | 02 03 | 15 33 | 08 17 |
| 21 | 20 31 | 11 04 | 21 11 | 22 51 | 13 24 | 02 08 | 14 49 | 16 58 | 02 58 | 22 47 | 25 03 | 02 28 | 02 02 | 15 40 | 08 17 |
| 22 | 20 19 | 16 01 | 20 43 | 22 52 | 13 37 | 02 09 | 14 51 | 16 58 | 02 58 | 22 48 | 24 59 | 02 33 | 02 00 | 15 47 | 08 17 |
| 23 | 20 07 | 20 12 | 20 13 | 22 51 | 13 49 | 02 09 | 14 52 | 16 59 | 02 59 | 22 48 | 24 55 | 02 38 | 01 58 | 15 54 | 08 16 |
| 24 | 19 55 | 23 30 | 19 41 | 22 50 | 14 02 | 02 09 | 14 53 | 16 59 | 02 59 | 22 48 | 24 51 | 02 43 | 01 56 | 16 02 | 08 16 |
| 25 | 19 42 | 25 45 | 19 08 | 22 49 | 14 14 | 02 09 | 14 55 | 17 00 | 02 59 | 22 49 | 24 46 | 02 48 | 01 53 | 16 09 | 08 16 |
| 26 | 19 29 | 26 51 | 18 34 | 22 47 | 14 26 | 02 09 | 14 56 | 17 00 | 03 00 | 22 49 | 24 42 | 02 53 | 01 51 | 16 17 | 08 16 |
| 27 | 19 16 | 26 43 | 17 59 | 22 44 | 14 38 | 02 09 | 14 58 | 17 00 | 03 00 | 22 49 | 24 37 | 02 59 | 01 48 | 16 24 | 08 16 |
| 28 | 19 02 | 25 21 | 17 22 | 22 40 | 14 50 | 02 09 | 14 59 | 17 01 | 03 00 | 22 50 | 24 32 | 03 05 | 01 45 | 16 32 | 08 16 |
| 29 | 18 48 | 22 50 | 16 44 | 22 36 | 15 02 | 02 09 | 15 01 | 17 01 | 03 01 | 22 50 | 24 28 | 03 11 | 01 41 | 16 40 | 08 16 |
| 30 | 18 34 | 19 19 | 16 06 | 22 31 | 15 13 | 02 08 | 15 02 | 17 01 | 03 01 | 22 50 | 24 23 | 03 16 | 01 38 | 16 48 | 08 16 |
| 31 | 18 19 | 14 57 | 15 27 | 22 26 | 15 25 | 02 08 | 15 04 | 17 02 | 03 02 | 22 51 | 24 18 | 03 23 | 01 34 | 16 57 | 08 16 |

Lunar Phases -- 7 ◐ 02:15 13 ○ 18:39 20 ◑ 14:20 28 ● 17:56 Sun enters ♌ 7/22 20:09

## Longitudes of Main Planets - August 2022 — 0:00 E.T.

| D | S.T. | ☉ | ☽ | ☽ 12:00 | ☿ | ♀ | ♂ | ♃ | ♄ | ♅ | ♆ | ♇ | ☊ |
|---|---|---|---|---|---|---|---|---|---|---|---|---|---|
| 1 | 20:38:21 | 08♌45 23 | 15♍19 | 21♍33 | 24♌18 | 16♋52 | 18♉04 | 08♈42℞ | 22♒55℞ | 18♉41 | 25♓09℞ | 27♑04℞ | 18♉18 |
| 2 | 20:42:17 | 09 42 48 | 27 50 | 04♎10 | 26 04 | 18 05 | 18 43 | 08 41 | 22 50 | 18 43 | 25 08 | 27 03 | 18 15 |
| 3 | 20:46:14 | 10 40 13 | 10♎33 | 17 00 | 27 48 | 19 18 | 19 21 | 08 40 | 22 46 | 18 44 | 25 07 | 27 01 | 18 12 |
| 4 | 20:50:11 | 11 37 39 | 23 31 | 00♏07 | 29 30 | 20 31 | 20 00 | 08 39 | 22 42 | 18 45 | 25 06 | 27 00 | 18 09 |
| 5 | 20:54:07 | 12 35 06 | 06♏46 | 13 31 | 01♍11 | 21 44 | 20 38 | 08 38 | 22 37 | 18 46 | 25 05 | 26 59 | 18 06 |
| 6 | 20:58:04 | 13 32 34 | 20 21 | 27 17 | 02 51 | 22 57 | 21 16 | 08 36 | 22 33 | 18 47 | 25 04 | 26 57 | 18 03 |
| 7 | 21:02:00 | 14 30 02 | 04♐18 | 11♐25 | 04 28 | 24 11 | 21 54 | 08 35 | 22 29 | 18 48 | 25 02 | 26 56 | 17 59 |
| 8 | 21:05:57 | 15 27 31 | 18 37 | 25 55 | 06 04 | 25 24 | 22 31 | 08 33 | 22 24 | 18 48 | 25 01 | 26 55 | 17 56 |
| 9 | 21:09:53 | 16 25 01 | 03♑17 | 10♑43 | 07 39 | 26 37 | 23 09 | 08 31 | 22 20 | 18 49 | 25 00 | 26 53 | 17 53 |
| 10 | 21:13:50 | 17 22 31 | 18 13 | 25 45 | 09 11 | 27 50 | 23 46 | 08 29 | 22 15 | 18 50 | 24 59 | 26 52 | 17 50 |
| 11 | 21:17:46 | 18 20 03 | 03♒17 | 10♒50 | 10 43 | 29 03 | 24 23 | 08 26 | 22 11 | 18 51 | 24 58 | 26 51 | 17 47 |
| 12 | 21:21:43 | 19 17 35 | 18 21 | 25 49 | 12 12 | 00♌17 | 25 00 | 08 23 | 22 06 | 18 51 | 24 56 | 26 49 | 17 43 |
| 13 | 21:25:40 | 20 15 09 | 03♓14 | 10♓33 | 13 40 | 01 30 | 25 37 | 08 21 | 22 02 | 18 52 | 24 55 | 26 48 | 17 40 |
| 14 | 21:29:36 | 21 12 43 | 17 47 | 24 54 | 15 06 | 02 43 | 26 13 | 08 17 | 21 57 | 18 52 | 24 54 | 26 47 | 17 37 |
| 15 | 21:33:33 | 22 10 19 | 01♈54 | 08♈47 | 16 31 | 03 57 | 26 50 | 08 14 | 21 53 | 18 53 | 24 53 | 26 46 | 17 34 |
| 16 | 21:37:29 | 23 07 57 | 15 32 | 22 11 | 17 53 | 05 10 | 27 26 | 08 11 | 21 48 | 18 53 | 24 51 | 26 44 | 17 31 |
| 17 | 21:41:26 | 24 05 36 | 28 43 | 05♉08 | 19 15 | 06 24 | 28 02 | 08 07 | 21 44 | 18 54 | 24 50 | 26 43 | 17 28 |
| 18 | 21:45:22 | 25 03 16 | 11♉28 | 17 42 | 20 34 | 07 37 | 28 37 | 08 03 | 21 39 | 18 54 | 24 48 | 26 42 | 17 24 |
| 19 | 21:49:19 | 26 00 58 | 23 51 | 29 56 | 21 51 | 08 51 | 29 13 | 07 59 | 21 35 | 18 54 | 24 47 | 26 41 | 17 21 |
| 20 | 21:53:15 | 26 58 42 | 05♊58 | 11♊58 | 23 07 | 10 05 | 29 48 | 07 55 | 21 30 | 18 55 | 24 46 | 26 39 | 17 18 |
| 21 | 21:57:12 | 27 56 28 | 17 55 | 23 50 | 24 21 | 11 18 | 00♊23 | 07 51 | 21 26 | 18 55 | 24 44 | 26 38 | 17 15 |
| 22 | 22:01:09 | 28 54 15 | 29 45 | 05♋40 | 25 32 | 12 32 | 00 58 | 07 47 | 21 21 | 18 55 | 24 43 | 26 37 | 17 12 |
| 23 | 22:05:05 | 29 52 03 | 11♋35 | 17 30 | 26 42 | 13 46 | 01 33 | 07 42 | 21 17 | 18 55 | 24 41 | 26 36 | 17 09 |
| 24 | 22:09:02 | 00♍49 54 | 23 27 | 29 25 | 27 49 | 14 59 | 02 07 | 07 37 | 21 13 | 18 55 | 24 40 | 26 35 | 17 05 |
| 25 | 22:12:58 | 01 47 46 | 05♌25 | 11♌27 | 28 54 | 16 13 | 02 42 | 07 32 | 21 08 | 18 55℞ | 24 38 | 26 34 | 17 02 |
| 26 | 22:16:55 | 02 45 39 | 17 31 | 23 38 | 29 57 | 17 27 | 03 16 | 07 27 | 21 04 | 18 55 | 24 37 | 26 33 | 16 59 |
| 27 | 22:20:51 | 03 43 34 | 29 47 | 05♍58 | 00♎58 | 18 41 | 03 49 | 07 21 | 20 59 | 18 55 | 24 35 | 26 31 | 16 56 |
| 28 | 22:24:48 | 04 41 31 | 12♍13 | 18 30 | 01 55 | 19 55 | 04 23 | 07 16 | 20 55 | 18 55 | 24 34 | 26 30 | 16 53 |
| 29 | 22:28:44 | 05 39 29 | 24 49 | 01♎11 | 02 50 | 21 09 | 04 56 | 07 10 | 20 51 | 18 55 | 24 32 | 26 29 | 16 49 |
| 30 | 22:32:41 | 06 37 28 | 07♎36 | 14 04 | 03 42 | 22 23 | 05 29 | 07 05 | 20 47 | 18 54 | 24 31 | 26 28 | 16 46 |
| 31 | 22:36:38 | 07 35 29 | 20 35 | 27 08 | 04 31 | 23 37 | 06 01 | 06 59 | 20 42 | 18 54 | 24 29 | 26 27 | 16 43 |

## 0:00 E.T. Longitudes of the Major Asteroids and Chiron

| D | ⚳ | ⚴ | ⚵ | ⚶ | ⚷ | D | ⚳ | ⚴ | ⚵ | ⚶ | ⚷ |
|---|---|---|---|---|---|---|---|---|---|---|---|
| 1 | 03♌42 | 12♊49 | 21♓22℞ | 04♓38℞ | 16♈22℞ | 17 | 10 51 | 20 28 | 19 41 | 01 06 | 16 06 |
| 2 | 04 09 | 13 18 | 21 19 | 04 27 | 16 21 | 18 | 11 18 | 20 57 | 19 32 | 00 52 | 16 04 |
| 3 | 04 35 | 13 46 | 21 15 | 04 15 | 16 21 | 19 | 11 45 | 21 26 | 19 21 | 00 37 | 16 03 |
| 4 | 05 02 | 14 15 | 21 11 | 04 04 | 16 20 | 20 | 12 12 | 21 54 | 19 11 | 00 22 | 16 01 |
| 5 | 05 29 | 14 44 | 21 07 | 03 51 | 16 19 | 21 | 12 39 | 22 23 | 19 00 | 00 07 | 16 00 |
| 6 | 05 56 | 15 13 | 21 02 | 03 39 | 16 18 | 22 | 13 05 | 22 51 | 18 49 | 29♒52 | 15 58 |
| 7 | 06 23 | 15 41 | 20 57 | 03 26 | 16 17 | 23 | 13 32 | 23 20 | 18 37 | 29 37 | 15 56 |
| 8 | 06 50 | 16 10 | 20 51 | 03 13 | 16 16 | 24 | 13 59 | 23 48 | 18 25 | 29 22 | 15 55 |
| 9 | 07 17 | 16 39 | 20 45 | 03 00 | 16 15 | 25 | 14 26 | 24 17 | 18 13 | 29 07 | 15 53 |
| 10 | 07 43 | 17 08 | 20 38 | 02 47 | 16 14 | 26 | 14 52 | 24 45 | 18 01 | 28 52 | 15 51 |
| 11 | 08 10 | 17 36 | 20 31 | 02 33 | 16 13 | 27 | 15 19 | 25 13 | 17 48 | 28 37 | 15 49 |
| 12 | 08 37 | 18 05 | 20 24 | 02 19 | 16 12 | 28 | 15 46 | 25 42 | 17 35 | 28 22 | 15 47 |
| 13 | 09 04 | 18 34 | 20 16 | 02 05 | 16 11 | 29 | 16 13 | 26 10 | 17 22 | 28 08 | 15 46 |
| 14 | 09 31 | 19 02 | 20 08 | 01 50 | 16 10 | 30 | 16 39 | 26 38 | 17 08 | 27 53 | 15 44 |
| 15 | 09 58 | 19 31 | 20 00 | 01 36 | 16 08 | 31 | 17 06 | 27 06 | 16 55 | 27 39 | 15 42 |
| 16 | 10 24 | 20 00 | 19 51 | 01 21 | 16 07 | | | | | | |

## Lunar Data

| Last Asp. | | Ingress | | |
|---|---|---|---|---|
| 1 | 22:30 | 2 | ♎ | 04:07 |
| 4 | 06:20 | 4 | ♏ | 11:48 |
| 6 | 11:25 | 6 | ♐ | 16:39 |
| 8 | 10:31 | 8 | ♑ | 18:40 |
| 10 | 16:41 | 10 | ♒ | 18:46 |
| 12 | 11:08 | 12 | ♓ | 18:46 |
| 14 | 15:12 | 14 | ♈ | 20:44 |
| 16 | 20:19 | 17 | ♉ | 02:24 |
| 19 | 11:07 | 19 | ♊ | 12:07 |
| 21 | 22:07 | 22 | ♋ | 00:30 |
| 24 | 09:41 | 24 | ♌ | 13:10 |
| 26 | 06:56 | 27 | ♍ | 00:26 |
| 29 | 03:09 | 29 | ♎ | 09:46 |
| 31 | 10:44 | | | |

## 0:00 E.T. Declinations

| D | ☉ | ☽ | ☿ | ♀ | ♂ | ♃ | ♄ | ♅ | ♆ | ♇ | ⚳ | ⚴ | ⚵ | ⚶ | ⚷ |
|---|---|---|---|---|---|---|---|---|---|---|---|---|---|---|---|
| 1 | +18 04 | +09 55 | +14 47 | +22 20 | +15 36 | +02 07 | -15 05 | +17 02 | -03 02 | -22 51 | +24 13 | -03 29 | +01 30 | -17 05 | +08 15 |
| 2 | 17 49 | 04 26 | 14 07 | 22 13 | 15 47 | 02 07 | 15 07 | 17 02 | 03 02 | 22 51 | 24 08 | 03 35 | 01 25 | 17 13 | 08 15 |
| 3 | 17 34 | -01 20 | 13 26 | 22 05 | 15 58 | 02 06 | 15 08 | 17 03 | 03 03 | 22 52 | 24 03 | 03 42 | 01 20 | 17 22 | 08 15 |
| 4 | 17 18 | 07 10 | 12 45 | 21 57 | 16 08 | 02 05 | 15 10 | 17 03 | 03 03 | 22 52 | 23 58 | 03 49 | 01 16 | 17 30 | 08 15 |
| 5 | 17 02 | 12 49 | 12 03 | 21 49 | 16 19 | 02 05 | 15 11 | 17 03 | 03 04 | 22 53 | 23 53 | 03 55 | 01 10 | 17 38 | 08 14 |
| 6 | 16 45 | 18 00 | 11 22 | 21 39 | 16 30 | 02 04 | 15 13 | 17 03 | 03 04 | 22 53 | 23 48 | 04 03 | 01 05 | 17 47 | 08 14 |
| 7 | 16 29 | 22 22 | 10 40 | 21 29 | 16 40 | 02 03 | 15 14 | 17 04 | 03 05 | 22 53 | 23 42 | 04 10 | 00 59 | 17 56 | 08 14 |
| 8 | 16 12 | 25 29 | 09 58 | 21 19 | 16 50 | 02 02 | 15 16 | 17 04 | 03 05 | 22 54 | 23 37 | 04 17 | 00 53 | 18 04 | 08 13 |
| 9 | 15 55 | 26 57 | 09 16 | 21 08 | 17 00 | 02 01 | 15 18 | 17 04 | 03 06 | 22 54 | 23 31 | 04 25 | 00 47 | 18 13 | 08 13 |
| 10 | 15 38 | 26 30 | 08 34 | 20 56 | 17 10 | 02 00 | 15 19 | 17 04 | 03 06 | 22 54 | 23 26 | 04 32 | 00 41 | 18 21 | 08 13 |
| 11 | 15 20 | 24 08 | 07 53 | 20 43 | 17 19 | 01 58 | 15 21 | 17 04 | 03 07 | 22 54 | 23 20 | 04 40 | 00 34 | 18 30 | 08 12 |
| 12 | 15 02 | 20 05 | 07 11 | 20 30 | 17 29 | 01 57 | 15 22 | 17 05 | 03 07 | 22 55 | 23 15 | 04 48 | 00 27 | 18 39 | 08 12 |
| 13 | 14 44 | 14 49 | 06 29 | 20 17 | 17 38 | 01 56 | 15 24 | 17 05 | 03 08 | 22 55 | 23 09 | 04 56 | 00 20 | 18 47 | 08 11 |
| 14 | 14 26 | 08 49 | 05 48 | 20 02 | 17 47 | 01 54 | 15 25 | 17 05 | 03 08 | 22 55 | 23 03 | 05 04 | 00 12 | 18 56 | 08 11 |
| 15 | 14 07 | 02 32 | 05 07 | 19 48 | 17 57 | 01 53 | 15 27 | 17 05 | 03 09 | 22 56 | 22 58 | 05 13 | 00 05 | 19 04 | 08 10 |
| 16 | 13 48 | +03 40 | 04 27 | 19 32 | 18 05 | 01 51 | 15 28 | 17 05 | 03 10 | 22 56 | 22 52 | 05 21 | -00 03 | 19 12 | 08 10 |
| 17 | 13 29 | 09 31 | 03 47 | 19 16 | 18 14 | 01 50 | 15 30 | 17 05 | 03 10 | 22 56 | 22 46 | 05 30 | 00 11 | 19 21 | 08 09 |
| 18 | 13 10 | 14 47 | 03 07 | 19 00 | 18 23 | 01 48 | 15 31 | 17 05 | 03 11 | 22 57 | 22 40 | 05 39 | 00 20 | 19 29 | 08 09 |
| 19 | 12 51 | 19 18 | 02 28 | 18 43 | 18 31 | 01 46 | 15 33 | 17 05 | 03 11 | 22 57 | 22 34 | 05 48 | 00 28 | 19 37 | 08 08 |
| 20 | 12 31 | 22 54 | 01 49 | 18 25 | 18 39 | 01 44 | 15 34 | 17 05 | 03 12 | 22 57 | 22 28 | 05 57 | 00 37 | 19 45 | 08 08 |
| 21 | 12 11 | 25 27 | 01 11 | 18 07 | 18 48 | 01 42 | 15 36 | 17 06 | 03 12 | 22 58 | 22 22 | 06 06 | 00 46 | 19 53 | 08 07 |
| 22 | 11 51 | 26 51 | 00 34 | 17 49 | 18 56 | 01 40 | 15 37 | 17 06 | 03 13 | 22 58 | 22 15 | 06 16 | 00 56 | 20 01 | 08 07 |
| 23 | 11 31 | 27 01 | -00 02 | 17 30 | 19 03 | 01 38 | 15 39 | 17 06 | 03 14 | 22 58 | 22 09 | 06 25 | 01 05 | 20 09 | 08 06 |
| 24 | 11 11 | 25 56 | 00 38 | 17 10 | 19 11 | 01 36 | 15 40 | 17 06 | 03 14 | 22 58 | 22 03 | 06 35 | 01 15 | 20 16 | 08 05 |
| 25 | 10 50 | 23 41 | 01 13 | 16 50 | 19 18 | 01 34 | 15 42 | 17 06 | 03 15 | 22 59 | 21 57 | 06 45 | 01 25 | 20 24 | 08 05 |
| 26 | 10 29 | 20 21 | 01 47 | 16 29 | 19 26 | 01 32 | 15 43 | 17 06 | 03 15 | 22 59 | 21 50 | 06 55 | 01 35 | 20 31 | 08 04 |
| 27 | 10 08 | 16 07 | 02 20 | 16 08 | 19 33 | 01 29 | 15 45 | 17 06 | 03 16 | 22 59 | 21 44 | 07 05 | 01 46 | 20 38 | 08 03 |
| 28 | 09 47 | 11 09 | 02 52 | 15 47 | 19 40 | 01 27 | 15 46 | 17 05 | 03 17 | 22 59 | 21 37 | 07 16 | 01 56 | 20 45 | 08 02 |
| 29 | 09 26 | 05 39 | 03 22 | 15 25 | 19 47 | 01 25 | 15 48 | 17 05 | 03 17 | 23 00 | 21 31 | 07 26 | 02 07 | 20 52 | 08 02 |
| 30 | 09 05 | -00 09 | 03 52 | 15 03 | 19 54 | 01 22 | 15 49 | 17 05 | 03 18 | 23 00 | 21 24 | 07 37 | 02 18 | 20 58 | 08 01 |
| 31 | 08 43 | 06 03 | 04 20 | 14 40 | 20 00 | 01 20 | 15 50 | 17 05 | 03 19 | 23 00 | 21 18 | 07 48 | 02 29 | 21 05 | 08 00 |

Lunar Phases -- 5 ◐ 11:08  12 ○ 01:37  19 ◑ 04:37  27 ● 08:18   Sun enters ♍ 8/23 03:18

# 0:00 E.T. Longitudes of Main Planets - September 2022



| D | S.T. | ☉ | ☽ | ☽ 12:00 | ☿ | ♀ | ♂ | ♃ | ♄ | ♅ | ♆ | ♇ | ☊ |
|---|---|---|---|---|---|---|---|---|---|---|---|---|---|
| 1 | 22:40:34 | 08♍33 31 | 03♏45 | 10♏25 | 05♎17 | 24♌51 | 06♊34 | 06♈53℞ | 20♒38℞ | 18♉54℞ | 24♓28℞ | 26♑26℞ | 16♉40 |
| 2 | 22:44:31 | 09 31 35 | 17 08 | 23 55 | 05 58 | 26 05 | 07 06 | 06 46 | 20 34 | 18 53 | 24 26 | 26 25 | 16 37 |
| 3 | 22:48:27 | 10 29 40 | 00♐45 | 07♐40 | 06 37 | 27 19 | 07 37 | 06 40 | 20 30 | 18 53 | 24 24 | 26 24 | 16 34 |
| 4 | 22:52:24 | 11 27 47 | 14 38 | 21 40 | 07 11 | 28 33 | 08 09 | 06 33 | 20 26 | 18 52 | 24 23 | 26 23 | 16 30 |
| 5 | 22:56:20 | 12 25 55 | 28 46 | 05♑56 | 07 41 | 29 47 | 08 40 | 06 27 | 20 22 | 18 52 | 24 21 | 26 23 | 16 27 |
| 6 | 23:00:17 | 13 24 05 | 13♑09 | 20 26 | 08 06 | 01♍01 | 09 11 | 06 20 | 20 18 | 18 51 | 24 20 | 26 22 | 16 24 |
| 7 | 23:04:13 | 14 22 15 | 27 44 | 05♒04 | 08 26 | 02 16 | 09 42 | 06 13 | 20 14 | 18 51 | 24 18 | 26 21 | 16 21 |
| 8 | 23:08:10 | 15 20 28 | 12♒26 | 19 47 | 08 42 | 03 30 | 10 12 | 06 06 | 20 10 | 18 50 | 24 16 | 26 20 | 16 18 |
| 9 | 23:12:07 | 16 18 42 | 27 07 | 04♓25 | 08 51 | 04 44 | 10 42 | 05 59 | 20 06 | 18 49 | 24 15 | 26 19 | 16 15 |
| 10 | 23:16:03 | 17 16 57 | 11♓41 | 18 53 | 08 55 | 05 59 | 11 11 | 05 52 | 20 03 | 18 49 | 24 13 | 26 18 | 16 11 |
| 11 | 23:20:00 | 18 15 14 | 26 00 | 03♈02 | 08 53℞ | 07 13 | 11 41 | 05 45 | 19 59 | 18 48 | 24 12 | 26 18 | 16 08 |
| 12 | 23:23:56 | 19 13 33 | 09♈59 | 16 49 | 08 45 | 08 27 | 12 10 | 05 38 | 19 55 | 18 47 | 24 10 | 26 17 | 16 05 |
| 13 | 23:27:53 | 20 11 54 | 23 33 | 00♉11 | 08 30 | 09 42 | 12 38 | 05 30 | 19 52 | 18 46 | 24 08 | 26 16 | 16 02 |
| 14 | 23:31:49 | 21 10 17 | 06♉43 | 13 08 | 08 08 | 10 56 | 13 07 | 05 23 | 19 48 | 18 45 | 24 07 | 26 16 | 15 59 |
| 15 | 23:35:46 | 22 08 42 | 19 29 | 25 44 | 07 39 | 12 10 | 13 35 | 05 15 | 19 45 | 18 44 | 24 05 | 26 15 | 15 55 |
| 16 | 23:39:42 | 23 07 09 | 01♊54 | 08♊01 | 07 04 | 13 25 | 14 02 | 05 07 | 19 41 | 18 43 | 24 03 | 26 14 | 15 52 |
| 17 | 23:43:39 | 24 05 39 | 14 04 | 20 04 | 06 22 | 14 39 | 14 29 | 05 00 | 19 38 | 18 42 | 24 02 | 26 14 | 15 49 |
| 18 | 23:47:36 | 25 04 10 | 26 02 | 01♋59 | 05 35 | 15 54 | 14 56 | 04 52 | 19 35 | 18 41 | 24 00 | 26 13 | 15 46 |
| 19 | 23:51:32 | 26 02 44 | 07♋54 | 13 50 | 04 41 | 17 09 | 15 22 | 04 44 | 19 32 | 18 39 | 23 58 | 26 12 | 15 43 |
| 20 | 23:55:29 | 27 01 20 | 19 45 | 25 42 | 03 43 | 18 23 | 15 48 | 04 36 | 19 29 | 18 38 | 23 57 | 26 12 | 15 40 |
| 21 | 23:59:25 | 27 59 58 | 01♌40 | 07♌40 | 02 42 | 19 38 | 16 14 | 04 28 | 19 26 | 18 37 | 23 55 | 26 11 | 15 36 |
| 22 | 0:03:22 | 28 58 38 | 13 43 | 19 48 | 01 38 | 20 52 | 16 39 | 04 20 | 19 23 | 18 36 | 23 53 | 26 11 | 15 33 |
| 23 | 0:07:18 | 29 57 20 | 25 56 | 02♍07 | 00 33 | 22 07 | 17 04 | 04 12 | 19 20 | 18 34 | 23 52 | 26 10 | 15 30 |
| 24 | 0:11:15 | 00♎56 05 | 08♍22 | 14 40 | 29♍28 | 23 22 | 17 28 | 04 04 | 19 17 | 18 33 | 23 50 | 26 10 | 15 27 |
| 25 | 0:15:11 | 01 54 51 | 21 02 | 27 27 | 28 26 | 24 36 | 17 52 | 03 56 | 19 14 | 18 31 | 23 48 | 26 10 | 15 24 |
| 26 | 0:19:08 | 02 53 40 | 03♎56 | 10♎28 | 27 28 | 25 51 | 18 15 | 03 48 | 19 12 | 18 30 | 23 47 | 26 09 | 15 20 |
| 27 | 0:23:05 | 03 52 30 | 17 04 | 23 43 | 26 35 | 27 06 | 18 38 | 03 40 | 19 09 | 18 28 | 23 45 | 26 09 | 15 17 |
| 28 | 0:27:01 | 04 51 22 | 00♏25 | 07♏10 | 25 48 | 28 21 | 19 01 | 03 32 | 19 07 | 18 27 | 23 44 | 26 09 | 15 14 |
| 29 | 0:30:58 | 05 50 17 | 13 57 | 20 47 | 25 10 | 29 36 | 19 23 | 03 24 | 19 04 | 18 25 | 23 42 | 26 08 | 15 11 |
| 30 | 0:34:54 | 06 49 13 | 27 39 | 04♐34 | 24 41 | 00♎50 | 19 44 | 03 16 | 19 02 | 18 23 | 23 40 | 26 08 | 15 08 |

## 0:00 E.T. Longitudes of the Major Asteroids and Chiron

| D | ⚳ | ⚴ | ⚵ | ⚶ | ⚷ | D | ⚳ | ⚴ | ⚵ | ⚶ | ⚷ |
|---|---|---|---|---|---|---|---|---|---|---|---|
| 1 | 17♌33 | 27♊35 | 16♓41℞ | 27♒25℞ | 15♈40℞ | 16 | 24 11 | 04 29 | 13 00 | 24 29 | 15 06 |
| 2 | 17 59 | 28 03 | 16 26 | 27 11 | 15 38 | 17 | 24 37 | 04 56 | 12 46 | 24 20 | 15 03 |
| 3 | 18 26 | 28 31 | 16 12 | 26 58 | 15 36 | 18 | 25 03 | 05 22 | 12 32 | 24 12 | 15 01 |
| 4 | 18 53 | 28 59 | 15 58 | 26 44 | 15 33 | 19 | 25 30 | 05 49 | 12 17 | 24 04 | 14 58 |
| 5 | 19 19 | 29 26 | 15 43 | 26 31 | 15 31 | 20 | 25 56 | 06 16 | 12 03 | 23 56 | 14 56 |
| 6 | 19 46 | 29 54 | 15 29 | 26 18 | 15 29 | 21 | 26 22 | 06 42 | 11 50 | 23 49 | 14 53 |
| 7 | 20 13 | 00♋22 | 15 14 | 26 06 | 15 27 | 22 | 26 48 | 07 09 | 11 36 | 23 43 | 14 51 |
| 8 | 20 39 | 00 50 | 14 59 | 25 54 | 15 25 | 23 | 27 14 | 07 35 | 11 23 | 23 36 | 14 48 |
| 9 | 21 06 | 01 17 | 14 44 | 25 42 | 15 22 | 24 | 27 40 | 08 01 | 11 10 | 23 31 | 14 45 |
| 10 | 21 32 | 01 45 | 14 29 | 25 30 | 15 20 | 25 | 28 06 | 08 27 | 10 57 | 23 25 | 14 43 |
| 11 | 21 59 | 02 12 | 14 14 | 25 19 | 15 18 | 26 | 28 33 | 08 53 | 10 44 | 23 21 | 14 40 |
| 12 | 22 25 | 02 40 | 13 59 | 25 09 | 15 15 | 27 | 28 58 | 09 19 | 10 32 | 23 16 | 14 38 |
| 13 | 22 51 | 03 07 | 13 45 | 24 58 | 15 13 | 28 | 29 24 | 09 45 | 10 20 | 23 12 | 14 35 |
| 14 | 23 18 | 03 34 | 13 30 | 24 48 | 15 11 | 29 | 29 50 | 10 10 | 10 09 | 23 09 | 14 32 |
| 15 | 23 44 | 04 01 | 13 15 | 24 38 | 15 08 | 30 | 00♍16 | 10 35 | 09 58 | 23 06 | 14 30 |

## Lunar Data

| Last Asp. | | Ingress | | |
|---|---|---|---|---|
| 2 | 17:23 | 2 | ♐ | 22:41 |
| 5 | 01:52 | 5 | ♑ | 02:03 |
| 6 | 21:44 | 7 | ♒ | 03:42 |
| 8 | 12:35 | 9 | ♓ | 04:44 |
| 11 | 00:30 | 11 | ♈ | 06:48 |
| 13 | 04:54 | 13 | ♉ | 11:40 |
| 15 | 12:60 | 15 | ♊ | 20:17 |
| 17 | 21:53 | 18 | ♋ | 08:00 |
| 20 | 15:58 | 20 | ♌ | 20:39 |
| 22 | 11:08 | 23 | ♍ | 07:54 |
| 25 | 12:50 | 25 | ♎ | 16:44 |
| 27 | 16:21 | 27 | ♏ | 23:16 |
| 29 | 21:21 | 30 | ♐ | 04:05 |

## 0:00 E.T. Declinations

| D | ☉ | ☽ | ☿ | ♀ | ♂ | ♃ | ♄ | ♅ | ♆ | ♇ | ⚳ | ⚴ | ⚵ | ⚶ | ⚷ |
|---|---|---|---|---|---|---|---|---|---|---|---|---|---|---|---|
| 1 | +08 22 | -11 47 | -04 46 | +14 17 | +20 07 | +01 17 | -15 52 | +17 05 | -03 19 | -23 00 | +21 11 | -07 59 | -02 40 | -21 11 | +07 59 |
| 2 | 08 00 | 17 05 | 05 11 | 13 53 | 20 13 | 01 14 | 15 53 | 17 05 | 03 20 | 23 01 | 21 04 | 08 10 | 02 51 | 21 17 | 07 59 |
| 3 | 07 38 | 21 37 | 05 34 | 13 29 | 20 19 | 01 12 | 15 54 | 17 05 | 03 21 | 23 01 | 20 58 | 08 21 | 03 03 | 21 23 | 07 58 |
| 4 | 07 16 | 25 00 | 05 55 | 13 05 | 20 25 | 01 09 | 15 56 | 17 05 | 03 21 | 23 01 | 20 51 | 08 32 | 03 15 | 21 28 | 07 57 |
| 5 | 06 54 | 26 55 | 06 15 | 12 40 | 20 31 | 01 06 | 15 57 | 17 05 | 03 22 | 23 01 | 20 44 | 08 44 | 03 26 | 21 33 | 07 56 |
| 6 | 06 31 | 27 03 | 06 31 | 12 15 | 20 37 | 01 03 | 15 58 | 17 04 | 03 23 | 23 01 | 20 37 | 08 56 | 03 38 | 21 39 | 07 55 |
| 7 | 06 09 | 25 21 | 06 46 | 11 50 | 20 43 | 01 01 | 16 00 | 17 04 | 03 23 | 23 02 | 20 31 | 09 07 | 03 50 | 21 43 | 07 55 |
| 8 | 05 47 | 21 56 | 06 58 | 11 24 | 20 48 | 00 58 | 16 01 | 17 04 | 03 24 | 23 02 | 20 24 | 09 19 | 04 02 | 21 48 | 07 54 |
| 9 | 05 24 | 17 08 | 07 07 | 10 58 | 20 54 | 00 55 | 16 02 | 17 04 | 03 24 | 23 02 | 20 17 | 09 31 | 04 14 | 21 53 | 07 53 |
| 10 | 05 01 | 11 22 | 07 13 | 10 31 | 20 59 | 00 52 | 16 03 | 17 04 | 03 25 | 23 02 | 20 10 | 09 44 | 04 26 | 21 57 | 07 52 |
| 11 | 04 39 | 05 07 | 07 16 | 10 05 | 21 04 | 00 49 | 16 04 | 17 03 | 03 26 | 23 02 | 20 03 | 09 56 | 04 38 | 22 01 | 07 51 |
| 12 | 04 16 | +01 16 | 07 15 | 09 38 | 21 09 | 00 46 | 16 06 | 17 03 | 03 26 | 23 03 | 19 56 | 10 08 | 04 50 | 22 04 | 07 50 |
| 13 | 03 53 | 07 26 | 07 11 | 09 11 | 21 14 | 00 43 | 16 07 | 17 03 | 03 27 | 23 03 | 19 49 | 10 21 | 05 02 | 22 08 | 07 49 |
| 14 | 03 30 | 13 05 | 07 02 | 08 43 | 21 19 | 00 40 | 16 08 | 17 03 | 03 28 | 23 03 | 19 42 | 10 34 | 05 14 | 22 11 | 07 48 |
| 15 | 03 07 | 18 01 | 06 50 | 08 16 | 21 24 | 00 37 | 16 09 | 17 02 | 03 28 | 23 03 | 19 35 | 10 47 | 05 26 | 22 14 | 07 47 |
| 16 | 02 44 | 22 02 | 06 34 | 07 48 | 21 28 | 00 33 | 16 10 | 17 02 | 03 29 | 23 03 | 19 28 | 11 00 | 05 39 | 22 17 | 07 46 |
| 17 | 02 21 | 25 00 | 06 13 | 07 19 | 21 33 | 00 30 | 16 11 | 17 02 | 03 30 | 23 03 | 19 21 | 11 13 | 05 51 | 22 19 | 07 45 |
| 18 | 01 58 | 26 47 | 05 49 | 06 51 | 21 37 | 00 27 | 16 12 | 17 01 | 03 30 | 23 04 | 19 13 | 11 26 | 06 03 | 22 22 | 07 44 |
| 19 | 01 34 | 27 19 | 05 20 | 06 22 | 21 41 | 00 24 | 16 13 | 17 01 | 03 31 | 23 04 | 19 06 | 11 40 | 06 15 | 22 24 | 07 43 |
| 20 | 01 11 | 26 36 | 04 48 | 05 54 | 21 45 | 00 21 | 16 14 | 17 01 | 03 32 | 23 04 | 18 59 | 11 53 | 06 27 | 22 26 | 07 42 |
| 21 | 00 48 | 24 40 | 04 13 | 05 25 | 21 50 | 00 18 | 16 15 | 17 00 | 03 32 | 23 04 | 18 52 | 12 07 | 06 38 | 22 27 | 07 41 |
| 22 | 00 24 | 21 37 | 03 35 | 04 56 | 21 54 | 00 14 | 16 16 | 17 00 | 03 33 | 23 04 | 18 45 | 12 21 | 06 50 | 22 29 | 07 40 |
| 23 | 00 01 | 17 36 | 02 55 | 04 26 | 21 57 | 00 11 | 16 17 | 17 00 | 03 34 | 23 04 | 18 38 | 12 35 | 07 02 | 22 30 | 07 39 |
| 24 | -00 22 | 12 47 | 02 14 | 03 57 | 22 01 | 00 08 | 16 18 | 16 59 | 03 34 | 23 04 | 18 30 | 12 49 | 07 13 | 22 31 | 07 38 |
| 25 | 00 46 | 07 20 | 01 32 | 03 27 | 22 05 | 00 05 | 16 18 | 16 59 | 03 35 | 23 04 | 18 23 | 13 03 | 07 25 | 22 31 | 07 37 |
| 26 | 01 09 | 01 29 | 00 51 | 02 58 | 22 09 | 00 01 | 16 19 | 16 58 | 03 36 | 23 05 | 18 16 | 13 17 | 07 36 | 22 32 | 07 36 |
| 27 | 01 32 | -04 33 | 00 12 | 02 28 | 22 12 | -00 02 | 16 20 | 16 58 | 03 36 | 23 05 | 18 09 | 13 31 | 07 47 | 22 32 | 07 35 |
| 28 | 01 56 | 10 29 | +00 25 | 01 58 | 22 16 | 00 05 | 16 21 | 16 57 | 03 37 | 23 05 | 18 01 | 13 46 | 07 58 | 22 32 | 07 34 |
| 29 | 02 19 | 16 02 | 00 59 | 01 28 | 22 19 | 00 08 | 16 21 | 16 57 | 03 38 | 23 05 | 17 54 | 14 00 | 08 09 | 22 32 | 07 33 |
| 30 | 02 42 | 20 51 | 01 29 | 00 58 | 22 22 | 00 11 | 16 22 | 16 57 | 03 38 | 23 05 | 17 47 | 14 15 | 08 19 | 22 31 | 07 32 |

Lunar Phases -- 3 ◐ 18:09 10 ○ 10:00 17 ◑ 21:53 25 ● 21:56 Sun enters ♎ 9/23 01:05

## Longitudes of Main Planets - October 2022

0:00 E.T.

| D | S.T. | ☉ | ☽ | ☽ 12:00 | ☿ | ♀ | ♂ | ♃ | ♄ | ♅ | ♆ | ♇ | ☊ |
|---|---|---|---|---|---|---|---|---|---|---|---|---|---|
| 1 | 0:38:51 | 07♎48 11 | 11♐31 | 18♐30 | 24♍22℞ | 02♎05 | 20♊05 | 03♈08℞ | 19♒00℞ | 18♉22℞ | 23♓39℞ | 26♑08℞ | 15♉05 |
| 2 | 0:42:47 | 08 47 10 | 25 31 | 02♑34 | 24 13 | 03 20 | 20 25 | 03 00 | 18 58 | 18 20 | 23 37 | 26 08 | 15 01 |
| 3 | 0:46:44 | 09 46 12 | 09♑38 | 16 44 | 24 14D | 04 35 | 20 45 | 02 52 | 18 56 | 18 18 | 23 36 | 26 07 | 14 58 |
| 4 | 0:50:40 | 10 45 15 | 23 51 | 00♒59 | 24 26 | 05 50 | 21 04 | 02 44 | 18 54 | 18 17 | 23 34 | 26 07 | 14 55 |
| 5 | 0:54:37 | 11 44 20 | 08♒07 | 15 16 | 24 47 | 07 05 | 21 23 | 02 36 | 18 52 | 18 15 | 23 32 | 26 07 | 14 52 |
| 6 | 0:58:34 | 12 43 27 | 22 24 | 29 31 | 25 19 | 08 20 | 21 41 | 02 29 | 18 50 | 18 13 | 23 31 | 26 07 | 14 49 |
| 7 | 1:02:30 | 13 42 35 | 06♓38 | 13♓42 | 25 59 | 09 35 | 21 59 | 02 21 | 18 48 | 18 11 | 23 29 | 26 07 | 14 46 |
| 8 | 1:06:27 | 14 41 45 | 20 44 | 27 42 | 26 49 | 10 49 | 22 16 | 02 13 | 18 47 | 18 09 | 23 28 | 26 07 | 14 42 |
| 9 | 1:10:23 | 15 40 57 | 04♈38 | 11♈29 | 27 46 | 12 04 | 22 32 | 02 06 | 18 45 | 18 07 | 23 26 | 26 07D | 14 39 |
| 10 | 1:14:20 | 16 40 11 | 18 16 | 24 59 | 28 50 | 13 19 | 22 48 | 01 58 | 18 44 | 18 05 | 23 25 | 26 07 | 14 36 |
| 11 | 1:18:16 | 17 39 27 | 01♉36 | 08♉09 | 00♎00 | 14 34 | 23 03 | 01 51 | 18 43 | 18 03 | 23 23 | 26 07 | 14 33 |
| 12 | 1:22:13 | 18 38 45 | 14 37 | 21 00 | 01 16 | 15 49 | 23 18 | 01 43 | 18 42 | 18 01 | 23 22 | 26 07 | 14 30 |
| 13 | 1:26:09 | 19 38 05 | 27 19 | 03♊33 | 02 37 | 17 04 | 23 32 | 01 36 | 18 41 | 17 59 | 23 20 | 26 07 | 14 26 |
| 14 | 1:30:06 | 20 37 28 | 09♊43 | 15 50 | 04 02 | 18 19 | 23 45 | 01 29 | 18 40 | 17 57 | 23 19 | 26 07 | 14 23 |
| 15 | 1:34:03 | 21 36 53 | 21 53 | 27 54 | 05 31 | 19 34 | 23 58 | 01 22 | 18 39 | 17 55 | 23 18 | 26 07 | 14 20 |
| 16 | 1:37:59 | 22 36 20 | 03♋53 | 09♋50 | 07 03 | 20 50 | 24 10 | 01 15 | 18 38 | 17 53 | 23 16 | 26 08 | 14 17 |
| 17 | 1:41:56 | 23 35 50 | 15 46 | 21 42 | 08 37 | 22 05 | 24 21 | 01 08 | 18 37 | 17 50 | 23 15 | 26 08 | 14 14 |
| 18 | 1:45:52 | 24 35 21 | 27 38 | 03♌36 | 10 13 | 23 20 | 24 32 | 01 01 | 18 37 | 17 48 | 23 13 | 26 08 | 14 11 |
| 19 | 1:49:49 | 25 34 55 | 09♌34 | 15 34 | 11 51 | 24 35 | 24 41 | 00 55 | 18 36 | 17 46 | 23 12 | 26 08 | 14 07 |
| 20 | 1:53:45 | 26 34 32 | 21 37 | 27 44 | 13 30 | 25 50 | 24 50 | 00 48 | 18 36 | 17 44 | 23 11 | 26 09 | 14 04 |
| 21 | 1:57:42 | 27 34 10 | 03♍53 | 10♍07 | 15 09 | 27 05 | 24 59 | 00 42 | 18 36 | 17 41 | 23 09 | 26 09 | 14 01 |
| 22 | 2:01:38 | 28 33 51 | 16 25 | 22 47 | 16 50 | 28 20 | 25 06 | 00 35 | 18 35 | 17 39 | 23 08 | 26 09 | 13 58 |
| 23 | 2:05:35 | 29 33 33 | 29 14 | 05♎46 | 18 31 | 29 35 | 25 13 | 00 29 | 18 35 | 17 37 | 23 07 | 26 10 | 13 55 |
| 24 | 2:09:32 | 00♏33 18 | 12♎22 | 19 04 | 20 12 | 00♏50 | 25 19 | 00 23 | 18 35D | 17 34 | 23 06 | 26 10 | 13 52 |
| 25 | 2:13:28 | 01 33 05 | 25 50 | 02♏40 | 21 54 | 02 06 | 25 24 | 00 18 | 18 35 | 17 32 | 23 04 | 26 11 | 13 48 |
| 26 | 2:17:25 | 02 32 54 | 09♏35 | 16 33 | 23 35 | 03 21 | 25 28 | 00 12 | 18 36 | 17 30 | 23 03 | 26 11 | 13 45 |
| 27 | 2:21:21 | 03 32 45 | 23 34 | 00♐38 | 25 17 | 04 36 | 25 31 | 00 06 | 18 36 | 17 27 | 23 02 | 26 12 | 13 42 |
| 28 | 2:25:18 | 04 32 38 | 07♐44 | 14 52 | 26 58 | 05 51 | 25 34 | 00 01 | 18 37 | 17 25 | 23 01 | 26 12 | 13 39 |
| 29 | 2:29:14 | 05 32 33 | 22 01 | 29 11 | 28 39 | 07 06 | 25 36 | 29♓56 | 18 37 | 17 23 | 23 00 | 26 13 | 13 36 |
| 30 | 2:33:11 | 06 32 29 | 06♑21 | 13♑30 | 00♏19 | 08 22 | 25 37 | 29 51 | 18 38 | 17 20 | 22 59 | 26 13 | 13 32 |
| 31 | 2:37:07 | 07 32 27 | 20 39 | 27 47 | 02 00 | 09 37 | 25 37℞ | 29 46 | 18 38 | 17 18 | 22 58 | 26 14 | 13 29 |

0:00 E.T.

## Longitudes of the Major Asteroids and Chiron

| D | ⚳ | ⚴ | ⚵ | ⚶ | ⚷ |
|---|---|---|---|---|---|
| 1 | 00♍42 | 11♋00 | 09♓47℞ | 23♒04℞ | 14♈27℞ |
| 2 | 01 08 | 11 25 | 09 36 | 23 02 | 14 24 |
| 3 | 01 34 | 11 50 | 09 26 | 23 00 | 14 21 |
| 4 | 01 59 | 12 15 | 09 17 | 22 59 | 14 19 |
| 5 | 02 25 | 12 39 | 09 08 | 22 58 | 14 16 |
| 6 | 02 50 | 13 04 | 08 59 | 22 58D | 14 13 |
| 7 | 03 16 | 13 28 | 08 50 | 22 59 | 14 11 |
| 8 | 03 41 | 13 52 | 08 43 | 22 59 | 14 08 |
| 9 | 04 07 | 14 15 | 08 35 | 23 01 | 14 05 |
| 10 | 04 32 | 14 39 | 08 28 | 23 02 | 14 02 |
| 11 | 04 58 | 15 02 | 08 22 | 23 04 | 14 00 |
| 12 | 05 23 | 15 25 | 08 16 | 23 07 | 13 57 |
| 13 | 05 48 | 15 48 | 08 10 | 23 10 | 13 54 |
| 14 | 06 13 | 16 10 | 08 05 | 23 14 | 13 52 |
| 15 | 06 38 | 16 33 | 08 00 | 23 17 | 13 49 |
| 16 | 07 03 | 16 55 | 07 56 | 23 22 | 13 46 |
| 17 | 07 28 | 17 16 | 07 53 | 23 27 | 13 44 |
| 18 | 07 53 | 17 38 | 07 50 | 23 32 | 13 41 |
| 19 | 08 18 | 17 59 | 07 47 | 23 37 | 13 38 |
| 20 | 08 43 | 18 20 | 07 45 | 23 43 | 13 36 |
| 21 | 09 07 | 18 41 | 07 43 | 23 50 | 13 33 |
| 22 | 09 32 | 19 01 | 07 42 | 23 57 | 13 30 |
| 23 | 09 56 | 19 21 | 07 42 | 24 04 | 13 28 |
| 24 | 10 21 | 19 41 | 07 42D | 24 11 | 13 25 |
| 25 | 10 45 | 20 00 | 07 42 | 24 19 | 13 23 |
| 26 | 11 10 | 20 19 | 07 43 | 24 28 | 13 20 |
| 27 | 11 34 | 20 38 | 07 45 | 24 37 | 13 18 |
| 28 | 11 58 | 20 56 | 07 46 | 24 46 | 13 15 |
| 29 | 12 22 | 21 14 | 07 49 | 24 55 | 13 13 |
| 30 | 12 46 | 21 32 | 07 52 | 25 05 | 13 10 |
| 31 | 13 10 | 21 49 | 07 56 | 25 15 | 13 08 |

## Lunar Data

| Last Asp. | | Ingress | | |
|---|---|---|---|---|
| 1 | 21:47 | 2 | ♑ | 07:39 |
| 4 | 03:50 | 4 | ♒ | 10:21 |
| 5 | 22:47 | 6 | ♓ | 12:48 |
| 8 | 11:12 | 8 | ♈ | 15:58 |
| 10 | 14:03 | 10 | ♉ | 21:05 |
| 12 | 21:43 | 13 | ♊ | 05:09 |
| 15 | 04:12 | 15 | ♋ | 16:12 |
| 17 | 20:57 | 18 | ♌ | 04:46 |
| 20 | 10:36 | 20 | ♍ | 16:27 |
| 22 | 18:18 | 23 | ♎ | 01:25 |
| 25 | 00:36 | 25 | ♏ | 07:19 |
| 27 | 04:28 | 27 | ♐ | 10:56 |
| 29 | 13:11 | 29 | ♑ | 13:23 |
| 31 | 15:16 | 31 | ♒ | 15:44 |

0:00 E.T.

## Declinations

| D | ☉ | ☽ | ☿ | ♀ | ♂ | ♃ | ♄ | ♅ | ♆ | ♇ | ⚳ | ⚴ | ⚵ | ⚶ | ⚷ |
|---|---|---|---|---|---|---|---|---|---|---|---|---|---|---|---|
| 1 | -03 06 | -24 34 | +01 54 | +00 28 | +22 26 | -00 14 | -16 23 | +16 56 | -03 39 | -23 05 | +17 39 | -14 30 | -08 30 | -22 31 | +07 30 |
| 2 | 03 29 | 26 49 | 02 15 | -00 02 | 22 29 | 00 18 | 16 23 | 16 56 | 03 40 | 23 05 | 17 32 | 14 45 | 08 40 | 22 30 | 07 29 |
| 3 | 03 52 | 27 23 | 02 30 | 00 32 | 22 32 | 00 21 | 16 24 | 16 55 | 03 40 | 23 05 | 17 25 | 15 00 | 08 50 | 22 29 | 07 28 |
| 4 | 04 15 | 26 09 | 02 40 | 01 02 | 22 35 | 00 24 | 16 25 | 16 55 | 03 41 | 23 05 | 17 18 | 15 15 | 09 00 | 22 28 | 07 27 |
| 5 | 04 39 | 23 14 | 02 46 | 01 32 | 22 38 | 00 27 | 16 25 | 16 54 | 03 41 | 23 05 | 17 10 | 15 30 | 09 10 | 22 26 | 07 26 |
| 6 | 05 02 | 18 54 | 02 46 | 02 02 | 22 41 | 00 30 | 16 26 | 16 54 | 03 42 | 23 05 | 17 03 | 15 45 | 09 19 | 22 25 | 07 25 |
| 7 | 05 25 | 13 32 | 02 40 | 02 32 | 22 44 | 00 33 | 16 26 | 16 53 | 03 43 | 23 05 | 16 56 | 16 00 | 09 29 | 22 23 | 07 24 |
| 8 | 05 47 | 07 30 | 02 31 | 03 02 | 22 47 | 00 36 | 16 27 | 16 53 | 03 43 | 23 05 | 16 48 | 16 16 | 09 38 | 22 21 | 07 23 |
| 9 | 06 10 | 01 11 | 02 17 | 03 32 | 22 50 | 00 39 | 16 27 | 16 52 | 03 44 | 23 05 | 16 41 | 16 31 | 09 46 | 22 19 | 07 22 |
| 10 | 06 33 | +05 06 | 01 58 | 04 02 | 22 53 | 00 42 | 16 27 | 16 51 | 03 44 | 23 05 | 16 34 | 16 47 | 09 55 | 22 16 | 07 20 |
| 11 | 06 56 | 11 01 | 01 36 | 04 32 | 22 55 | 00 45 | 16 28 | 16 51 | 03 45 | 23 05 | 16 27 | 17 02 | 10 03 | 22 14 | 07 19 |
| 12 | 07 18 | 16 19 | 01 11 | 05 02 | 22 58 | 00 48 | 16 28 | 16 50 | 03 45 | 23 05 | 16 19 | 17 18 | 10 11 | 22 11 | 07 18 |
| 13 | 07 41 | 20 47 | 00 42 | 05 32 | 23 01 | 00 50 | 16 28 | 16 50 | 03 46 | 23 05 | 16 12 | 17 33 | 10 19 | 22 08 | 07 17 |
| 14 | 08 03 | 24 12 | 00 11 | 06 01 | 23 04 | 00 53 | 16 29 | 16 49 | 03 47 | 23 05 | 16 05 | 17 49 | 10 27 | 22 05 | 07 16 |
| 15 | 08 26 | 26 27 | -00 22 | 06 31 | 23 07 | 00 56 | 16 29 | 16 49 | 03 47 | 23 05 | 15 58 | 18 05 | 10 34 | 22 02 | 07 15 |
| 16 | 08 48 | 27 26 | 00 58 | 07 00 | 23 09 | 00 58 | 16 29 | 16 48 | 03 48 | 23 05 | 15 51 | 18 21 | 10 41 | 21 58 | 07 14 |
| 17 | 09 10 | 27 08 | 01 35 | 07 29 | 23 12 | 01 01 | 16 29 | 16 47 | 03 48 | 23 05 | 15 43 | 18 37 | 10 48 | 21 55 | 07 12 |
| 18 | 09 32 | 25 35 | 02 13 | 07 58 | 23 15 | 01 04 | 16 29 | 16 47 | 03 49 | 23 05 | 15 36 | 18 53 | 10 54 | 21 51 | 07 11 |
| 19 | 09 53 | 22 54 | 02 53 | 08 27 | 23 17 | 01 06 | 16 29 | 16 46 | 03 49 | 23 05 | 15 29 | 19 09 | 11 01 | 21 47 | 07 10 |
| 20 | 10 15 | 19 13 | 03 33 | 08 56 | 23 20 | 01 09 | 16 29 | 16 45 | 03 50 | 23 05 | 15 22 | 19 25 | 11 07 | 21 43 | 07 09 |
| 21 | 10 36 | 14 41 | 04 14 | 09 24 | 23 23 | 01 11 | 16 29 | 16 45 | 03 50 | 23 05 | 15 15 | 19 41 | 11 13 | 21 39 | 07 08 |
| 22 | 10 58 | 09 26 | 04 56 | 09 53 | 23 25 | 01 13 | 16 29 | 16 44 | 03 51 | 23 05 | 15 08 | 19 57 | 11 18 | 21 35 | 07 07 |
| 23 | 11 19 | 03 41 | 05 38 | 10 21 | 23 28 | 01 16 | 16 29 | 16 44 | 03 51 | 23 05 | 15 01 | 20 13 | 11 24 | 21 30 | 07 06 |
| 24 | 11 40 | -02 23 | 06 20 | 10 49 | 23 31 | 01 18 | 16 29 | 16 43 | 03 52 | 23 05 | 14 54 | 20 29 | 11 29 | 21 26 | 07 05 |
| 25 | 12 01 | 08 30 | 07 02 | 11 16 | 23 33 | 01 20 | 16 29 | 16 42 | 03 52 | 23 05 | 14 47 | 20 45 | 11 33 | 21 21 | 07 04 |
| 26 | 12 21 | 14 21 | 07 44 | 11 43 | 23 36 | 01 22 | 16 29 | 16 42 | 03 53 | 23 05 | 14 40 | 21 01 | 11 38 | 21 16 | 07 03 |
| 27 | 12 42 | 19 34 | 08 26 | 12 10 | 23 39 | 01 24 | 16 29 | 16 41 | 03 53 | 23 05 | 14 33 | 21 17 | 11 42 | 21 11 | 07 01 |
| 28 | 13 02 | 23 45 | 09 08 | 12 37 | 23 42 | 01 26 | 16 29 | 16 40 | 03 54 | 23 05 | 14 26 | 21 33 | 11 46 | 21 06 | 07 00 |
| 29 | 13 22 | 26 30 | 09 49 | 13 04 | 23 44 | 01 28 | 16 29 | 16 40 | 03 54 | 23 05 | 14 19 | 21 49 | 11 50 | 21 00 | 06 59 |
| 30 | 13 42 | 27 30 | 10 30 | 13 30 | 23 47 | 01 30 | 16 28 | 16 39 | 03 54 | 23 05 | 14 13 | 22 06 | 11 53 | 20 55 | 06 58 |
| 31 | 14 02 | 26 40 | 11 11 | 13 55 | 23 50 | 01 31 | 16 28 | 16 38 | 03 55 | 23 04 | 14 06 | 22 22 | 11 56 | 20 50 | 06 57 |

Lunar Phases -- 3 ◐ 00:15 9 ○ 20:56 17 ◑ 17:16 25 ● 10:50 Sun enters ♏ 10/23 10:37

# 0:00 E.T. Longitudes of Main Planets - November 2022 **Nov. 22**

| D | S.T. | ☉ | ☽ | ☽ 12:00 | ☿ | ♀ | ♂ | ♃ | ♄ | ♅ | ♆ | ♇ | ☊ |
|---|---|---|---|---|---|---|---|---|---|---|---|---|---|
| 1 | 2:41:04 | 08♏32 27 | 04♒54 | 11♒59 | 03♏39 | 10♏52 | 25♊36℞ | 29♓42℞ | 18♒39 | 17♉15℞ | 22♓57℞ | 26♑15 | 13♉26 |
| 2 | 2:45:01 | 09 32 28 | 19 02 | 26 03 | 05 19 | 12 07 | 25 34 | 29 37 | 18 40 | 17 13 | 22 56 | 26 15 | 13 23 |
| 3 | 2:48:57 | 10 32 31 | 03♓01 | 09♓58 | 06 58 | 13 22 | 25 32 | 29 33 | 18 41 | 17 10 | 22 55 | 26 16 | 13 20 |
| 4 | 2:52:54 | 11 32 35 | 16 51 | 23 42 | 08 37 | 14 38 | 25 28 | 29 29 | 18 43 | 17 08 | 22 54 | 26 17 | 13 17 |
| 5 | 2:56:50 | 12 32 41 | 00♈29 | 07♈14 | 10 15 | 15 53 | 25 24 | 29 25 | 18 44 | 17 05 | 22 53 | 26 18 | 13 13 |
| 6 | 3:00:47 | 13 32 48 | 13 55 | 20 33 | 11 53 | 17 08 | 25 19 | 29 21 | 18 45 | 17 03 | 22 52 | 26 18 | 13 10 |
| 7 | 3:04:43 | 14 32 57 | 27 08 | 03♉39 | 13 31 | 18 23 | 25 13 | 29 18 | 18 47 | 17 00 | 22 51 | 26 19 | 13 07 |
| 8 | 3:08:40 | 15 33 08 | 10♉07 | 16 31 | 15 08 | 19 39 | 25 06 | 29 14 | 18 48 | 16 58 | 22 50 | 26 20 | 13 04 |
| 9 | 3:12:36 | 16 33 20 | 22 52 | 29 09 | 16 44 | 20 54 | 24 58 | 29 11 | 18 50 | 16 55 | 22 49 | 26 21 | 13 01 |
| 10 | 3:16:33 | 17 33 35 | 05♊23 | 11♊33 | 18 21 | 22 09 | 24 49 | 29 08 | 18 52 | 16 53 | 22 48 | 26 22 | 12 58 |
| 11 | 3:20:30 | 18 33 51 | 17 41 | 23 46 | 19 57 | 23 24 | 24 40 | 29 05 | 18 54 | 16 50 | 22 48 | 26 23 | 12 54 |
| 12 | 3:24:26 | 19 34 09 | 29 48 | 05♋48 | 21 32 | 24 40 | 24 29 | 29 03 | 18 56 | 16 48 | 22 47 | 26 24 | 12 51 |
| 13 | 3:28:23 | 20 34 29 | 11♋47 | 17 44 | 23 08 | 25 55 | 24 18 | 29 00 | 18 58 | 16 46 | 22 46 | 26 25 | 12 48 |
| 14 | 3:32:19 | 21 34 51 | 23 40 | 29 36 | 24 43 | 27 10 | 24 06 | 28 58 | 19 00 | 16 43 | 22 45 | 26 26 | 12 45 |
| 15 | 3:36:16 | 22 35 14 | 05♌32 | 11♌28 | 26 17 | 28 25 | 23 53 | 28 56 | 19 02 | 16 41 | 22 45 | 26 27 | 12 42 |
| 16 | 3:40:12 | 23 35 40 | 17 26 | 23 25 | 27 52 | 29 41 | 23 39 | 28 55 | 19 04 | 16 38 | 22 44 | 26 28 | 12 38 |
| 17 | 3:44:09 | 24 36 07 | 29 27 | 05♍32 | 29 26 | 00♐56 | 23 25 | 28 53 | 19 07 | 16 36 | 22 44 | 26 29 | 12 35 |
| 18 | 3:48:05 | 25 36 36 | 11♍41 | 17 53 | 01♐00 | 02 11 | 23 09 | 28 52 | 19 09 | 16 33 | 22 43 | 26 30 | 12 32 |
| 19 | 3:52:02 | 26 37 07 | 24 10 | 00♎33 | 02 33 | 03 27 | 22 53 | 28 50 | 19 12 | 16 31 | 22 43 | 26 31 | 12 29 |
| 20 | 3:55:59 | 27 37 40 | 07♎00 | 13 34 | 04 07 | 04 42 | 22 36 | 28 50 | 19 15 | 16 28 | 22 42 | 26 32 | 12 26 |
| 21 | 3:59:55 | 28 38 15 | 20 14 | 26 59 | 05 40 | 05 57 | 22 19 | 28 49 | 19 18 | 16 26 | 22 42 | 26 34 | 12 23 |
| 22 | 4:03:52 | 29 38 51 | 03♏51 | 10♏49 | 07 13 | 07 12 | 22 01 | 28 48 | 19 21 | 16 23 | 22 41 | 26 35 | 12 19 |
| 23 | 4:07:48 | 00♐39 29 | 17 53 | 25 01 | 08 46 | 08 28 | 21 42 | 28 48 | 19 24 | 16 21 | 22 41 | 26 36 | 12 16 |
| 24 | 4:11:45 | 01 40 08 | 02♐15 | 09♐32 | 10 19 | 09 43 | 21 22 | 28 48D | 19 27 | 16 19 | 22 40 | 26 37 | 12 13 |
| 25 | 4:15:41 | 02 40 49 | 16 53 | 24 15 | 11 51 | 10 58 | 21 02 | 28 48 | 19 30 | 16 16 | 22 40 | 26 39 | 12 10 |
| 26 | 4:19:38 | 03 41 31 | 01♑39 | 09♑03 | 13 24 | 12 14 | 20 42 | 28 48 | 19 33 | 16 14 | 22 40 | 26 40 | 12 07 |
| 27 | 4:23:34 | 04 42 15 | 16 27 | 23 49 | 14 56 | 13 29 | 20 21 | 28 49 | 19 37 | 16 12 | 22 40 | 26 41 | 12 04 |
| 28 | 4:27:31 | 05 42 59 | 01♒08 | 08♒24 | 16 28 | 14 44 | 19 59 | 28 50 | 19 40 | 16 09 | 22 39 | 26 43 | 12 00 |
| 29 | 4:31:27 | 06 43 45 | 15 37 | 22 46 | 18 00 | 16 00 | 19 37 | 28 51 | 19 44 | 16 07 | 22 39 | 26 44 | 11 57 |
| 30 | 4:35:24 | 07 44 31 | 29 50 | 06♓50 | 19 31 | 17 15 | 19 15 | 28 52 | 19 47 | 16 05 | 22 39 | 26 45 | 11 54 |

## 0:00 E.T. Longitudes of the Major Asteroids and Chiron

| D | ⚳ | ⚴ | ⚵ | ⚶ | ⚷ | D | ⚳ | ⚴ | ⚵ | ⚶ | ⚷ |
|---|---|---|---|---|---|---|---|---|---|---|---|
| 1 | 13♍34 | 22♋06 | 08♓00 | 25♒26 | 13♈05℞ | 16 | 19 18 | 25 24 | 09 57 | 28 42 | 12 33 |
| 2 | 13 57 | 22 22 | 08 04 | 25 37 | 13 03 | 17 | 19 40 | 25 33 | 10 08 | 28 58 | 12 31 |
| 3 | 14 21 | 22 38 | 08 09 | 25 48 | 13 01 | 18 | 20 02 | 25 41 | 10 20 | 29 13 | 12 29 |
| 4 | 14 44 | 22 54 | 08 15 | 25 59 | 12 58 | 19 | 20 24 | 25 49 | 10 32 | 29 29 | 12 28 |
| 5 | 15 08 | 23 09 | 08 21 | 26 11 | 12 56 | 20 | 20 45 | 25 56 | 10 45 | 29 45 | 12 26 |
| 6 | 15 31 | 23 24 | 08 27 | 26 24 | 12 54 | 21 | 21 07 | 26 03 | 10 58 | 00♓02 | 12 24 |
| 7 | 15 54 | 23 38 | 08 34 | 26 36 | 12 52 | 22 | 21 28 | 26 09 | 11 11 | 00 18 | 12 23 |
| 8 | 16 17 | 23 52 | 08 41 | 26 49 | 12 49 | 23 | 21 49 | 26 14 | 11 25 | 00 35 | 12 21 |
| 9 | 16 40 | 24 05 | 08 49 | 27 02 | 12 47 | 24 | 22 10 | 26 19 | 11 39 | 00 52 | 12 19 |
| 10 | 17 03 | 24 18 | 08 57 | 27 16 | 12 45 | 25 | 22 31 | 26 23 | 11 53 | 01 10 | 12 18 |
| 11 | 17 26 | 24 30 | 09 06 | 27 29 | 12 43 | 26 | 22 52 | 26 26 | 12 08 | 01 27 | 12 16 |
| 12 | 17 48 | 24 42 | 09 15 | 27 43 | 12 41 | 27 | 23 13 | 26 29 | 12 24 | 01 45 | 12 15 |
| 13 | 18 11 | 24 53 | 09 25 | 27 58 | 12 39 | 28 | 23 33 | 26 31 | 12 39 | 02 03 | 12 14 |
| 14 | 18 33 | 25 04 | 09 35 | 28 12 | 12 37 | 29 | 23 53 | 26 32 | 12 55 | 02 22 | 12 12 |
| 15 | 18 56 | 25 14 | 09 46 | 28 27 | 12 35 | 30 | 24 14 | 26 33 | 13 12 | 02 40 | 12 11 |

## Lunar Data

| Last Asp. | | Ingress | | |
|---|---|---|---|---|
| 2 | 11:09 | 2 | ♓ | 18:48 |
| 4 | 22:06 | 4 | ♈ | 23:08 |
| 6 | 22:31 | 7 | ♉ | 05:16 |
| 9 | 12:01 | 9 | ♊ | 13:38 |
| 11 | 22:30 | 12 | ♋ | 00:24 |
| 14 | 10:42 | 14 | ♌ | 12:49 |
| 16 | 23:56 | 17 | ♍ | 01:04 |
| 19 | 08:48 | 19 | ♎ | 10:59 |
| 21 | 11:15 | 21 | ♏ | 17:17 |
| 23 | 18:17 | 23 | ♐ | 20:17 |
| 25 | 19:23 | 25 | ♑ | 21:19 |
| 27 | 20:13 | 27 | ♒ | 22:08 |
| 29 | 06:55 | 30 | ♓ | 00:17 |

## 0:00 E.T. Declinations

| D | ☉ | ☽ | ☿ | ♀ | ♂ | ♃ | ♄ | ♅ | ♆ | ♇ | ⚳ | ⚴ | ⚵ | ⚶ | ⚷ |
|---|---|---|---|---|---|---|---|---|---|---|---|---|---|---|---|
| 1 | -14 21 | -24 07 | -11 51 | -14 21 | +23 52 | -01 33 | -16 28 | +16 38 | -03 55 | -23 04 | +13 59 | -22 37 | -11 59 | -20 44 | +06 56 |
| 2 | 14 40 | 20 07 | 12 30 | 14 46 | 23 55 | 01 35 | 16 27 | 16 37 | 03 56 | 23 04 | 13 53 | 22 53 | 12 02 | 20 38 | 06 55 |
| 3 | 14 59 | 15 02 | 13 09 | 15 11 | 23 58 | 01 36 | 16 27 | 16 36 | 03 56 | 23 04 | 13 46 | 23 09 | 12 04 | 20 32 | 06 54 |
| 4 | 15 18 | 09 16 | 13 47 | 15 35 | 24 01 | 01 37 | 16 26 | 16 35 | 03 56 | 23 04 | 13 39 | 23 25 | 12 07 | 20 26 | 06 53 |
| 5 | 15 36 | 03 07 | 14 25 | 15 59 | 24 03 | 01 39 | 16 26 | 16 35 | 03 57 | 23 04 | 13 33 | 23 41 | 12 09 | 20 20 | 06 52 |
| 6 | 15 54 | +03 05 | 15 02 | 16 22 | 24 06 | 01 40 | 16 26 | 16 34 | 03 57 | 23 04 | 13 26 | 23 56 | 12 10 | 20 14 | 06 51 |
| 7 | 16 12 | 09 04 | 15 38 | 16 45 | 24 09 | 01 41 | 16 25 | 16 33 | 03 57 | 23 04 | 13 20 | 24 12 | 12 12 | 20 07 | 06 50 |
| 8 | 16 30 | 14 33 | 16 13 | 17 08 | 24 12 | 01 42 | 16 24 | 16 33 | 03 58 | 23 03 | 13 14 | 24 28 | 12 13 | 20 01 | 06 49 |
| 9 | 16 47 | 19 19 | 16 47 | 17 30 | 24 14 | 01 43 | 16 24 | 16 32 | 03 58 | 23 03 | 13 07 | 24 43 | 12 14 | 19 54 | 06 48 |
| 10 | 17 04 | 23 09 | 17 21 | 17 52 | 24 17 | 01 44 | 16 23 | 16 31 | 03 58 | 23 03 | 13 01 | 24 58 | 12 15 | 19 48 | 06 47 |
| 11 | 17 21 | 25 50 | 17 53 | 18 13 | 24 20 | 01 45 | 16 23 | 16 31 | 03 59 | 23 03 | 12 55 | 25 14 | 12 15 | 19 41 | 06 46 |
| 12 | 17 37 | 27 16 | 18 25 | 18 34 | 24 22 | 01 46 | 16 22 | 16 30 | 03 59 | 23 03 | 12 49 | 25 29 | 12 15 | 19 34 | 06 45 |
| 13 | 17 54 | 27 24 | 18 56 | 18 54 | 24 25 | 01 47 | 16 21 | 16 29 | 03 59 | 23 03 | 12 43 | 25 44 | 12 15 | 19 27 | 06 44 |
| 14 | 18 09 | 26 15 | 19 26 | 19 14 | 24 27 | 01 47 | 16 21 | 16 29 | 03 59 | 23 03 | 12 37 | 25 59 | 12 15 | 19 20 | 06 44 |
| 15 | 18 25 | 23 57 | 19 55 | 19 33 | 24 30 | 01 48 | 16 20 | 16 28 | 04 00 | 23 02 | 12 31 | 26 13 | 12 15 | 19 13 | 06 43 |
| 16 | 18 40 | 20 37 | 20 23 | 19 52 | 24 32 | 01 48 | 16 19 | 16 27 | 04 00 | 23 02 | 12 25 | 26 28 | 12 14 | 19 06 | 06 42 |
| 17 | 18 55 | 16 24 | 20 50 | 20 10 | 24 35 | 01 49 | 16 18 | 16 26 | 04 00 | 23 02 | 12 19 | 26 42 | 12 13 | 18 58 | 06 41 |
| 18 | 19 10 | 11 29 | 21 16 | 20 27 | 24 37 | 01 49 | 16 17 | 16 26 | 04 00 | 23 02 | 12 13 | 26 56 | 12 12 | 18 51 | 06 40 |
| 19 | 19 24 | 05 59 | 21 40 | 20 44 | 24 39 | 01 49 | 16 16 | 16 25 | 04 00 | 23 02 | 12 08 | 27 11 | 12 11 | 18 43 | 06 39 |
| 20 | 19 38 | 00 06 | 22 04 | 21 01 | 24 41 | 01 49 | 16 15 | 16 24 | 04 00 | 23 01 | 12 02 | 27 24 | 12 09 | 18 36 | 06 38 |
| 21 | 19 51 | -05 59 | 22 27 | 21 17 | 24 43 | 01 49 | 16 15 | 16 24 | 04 01 | 23 01 | 11 57 | 27 38 | 12 08 | 18 28 | 06 38 |
| 22 | 20 04 | 11 58 | 22 49 | 21 32 | 24 45 | 01 49 | 16 14 | 16 23 | 04 01 | 23 01 | 11 51 | 27 52 | 12 06 | 18 20 | 06 37 |
| 23 | 20 17 | 17 33 | 23 09 | 21 46 | 24 47 | 01 49 | 16 13 | 16 22 | 04 01 | 23 01 | 11 46 | 28 05 | 12 04 | 18 12 | 06 36 |
| 24 | 20 30 | 22 16 | 23 28 | 22 00 | 24 49 | 01 49 | 16 12 | 16 22 | 04 01 | 23 01 | 11 41 | 28 18 | 12 01 | 18 04 | 06 35 |
| 25 | 20 42 | 25 41 | 23 46 | 22 13 | 24 50 | 01 49 | 16 10 | 16 21 | 04 01 | 23 00 | 11 35 | 28 31 | 11 59 | 17 56 | 06 35 |
| 26 | 20 53 | 27 21 | 24 03 | 22 26 | 24 52 | 01 48 | 16 09 | 16 20 | 04 01 | 23 00 | 11 30 | 28 43 | 11 56 | 17 48 | 06 34 |
| 27 | 21 05 | 27 04 | 24 19 | 22 38 | 24 53 | 01 48 | 16 08 | 16 20 | 04 01 | 23 00 | 11 25 | 28 56 | 11 53 | 17 40 | 06 33 |
| 28 | 21 15 | 24 54 | 24 33 | 22 49 | 24 55 | 01 47 | 16 07 | 16 19 | 04 01 | 23 00 | 11 20 | 29 08 | 11 50 | 17 31 | 06 33 |
| 29 | 21 26 | 21 09 | 24 47 | 23 00 | 24 56 | 01 47 | 16 06 | 16 18 | 04 01 | 22 59 | 11 16 | 29 19 | 11 47 | 17 23 | 06 32 |
| 30 | 21 36 | 16 13 | 24 58 | 23 10 | 24 57 | 01 46 | 16 05 | 16 18 | 04 01 | 22 59 | 11 11 | 29 31 | 11 43 | 17 14 | 06 31 |

Lunar Phases -- 1 ◐ 06:38 8 Ⓔ 11:03 ♪ 16 ◑ 13:28 23 ● 22:58 30 ◐ 14:38 Sun enters ♐ 11/22 08:22

# Dec. 22 — Longitudes of Main Planets - December 2022 — 0:00 E.T.

| D | S.T. | ☉ | ☽ | ☽ 12:00 | ☿ | ♀ | ♂ | ♃ | ♄ | ♅ | ♆ | ♇ | ☊ |
|---|---|---|---|---|---|---|---|---|---|---|---|---|---|
| 1 | 4:39:21 | 08♐45 19 | 13♓45 | 20♓36 | 21♐03 | 18♐30 | 18♊53℞ | 28♓53 | 19♒51 | 16♉03℞ | 22♓39℞ | 26♑47 | 11♉51 |
| 2 | 4:43:17 | 09 46 07 | 27 22 | 04♈04 | 22 34 | 19 45 | 18 30 | 28 55 | 19 55 | 16 00 | 22 39 | 26 48 | 11 48 |
| 3 | 4:47:14 | 10 46 56 | 10♈41 | 17 15 | 24 05 | 21 01 | 18 07 | 28 56 | 19 59 | 15 58 | 22 39 | 26 50 | 11 44 |
| 4 | 4:51:10 | 11 47 46 | 23 45 | 00♉11 | 25 36 | 22 16 | 17 44 | 28 58 | 20 03 | 15 56 | 22 39D | 26 51 | 11 41 |
| 5 | 4:55:07 | 12 48 37 | 06♉34 | 12 54 | 27 07 | 23 31 | 17 21 | 29 01 | 20 07 | 15 54 | 22 39 | 26 53 | 11 38 |
| 6 | 4:59:03 | 13 49 28 | 19 12 | 25 26 | 28 37 | 24 47 | 16 58 | 29 03 | 20 11 | 15 52 | 22 39 | 26 54 | 11 35 |
| 7 | 5:03:00 | 14 50 21 | 01♊38 | 07♊48 | 00♑07 | 26 02 | 16 34 | 29 06 | 20 15 | 15 50 | 22 39 | 26 56 | 11 32 |
| 8 | 5:06:56 | 15 51 15 | 13 55 | 20 00 | 01 36 | 27 17 | 16 11 | 29 08 | 20 20 | 15 48 | 22 39 | 26 57 | 11 29 |
| 9 | 5:10:53 | 16 52 10 | 26 04 | 02♋05 | 03 05 | 28 32 | 15 48 | 29 11 | 20 24 | 15 46 | 22 39 | 26 59 | 11 25 |
| 10 | 5:14:50 | 17 53 05 | 08♋05 | 14 04 | 04 33 | 29 48 | 15 25 | 29 14 | 20 29 | 15 44 | 22 39 | 27 00 | 11 22 |
| 11 | 5:18:46 | 18 54 02 | 20 01 | 26 01 | 06 01 | 01♑03 | 15 03 | 29 18 | 20 33 | 15 42 | 22 40 | 27 02 | 11 19 |
| 12 | 5:22:43 | 19 55 00 | 01♌54 | 07♌49 | 07 27 | 02 18 | 14 40 | 29 21 | 20 38 | 15 40 | 22 40 | 27 04 | 11 16 |
| 13 | 5:26:39 | 20 55 59 | 13 45 | 19 41 | 08 53 | 03 33 | 14 18 | 29 25 | 20 42 | 15 38 | 22 40 | 27 05 | 11 13 |
| 14 | 5:30:36 | 21 56 59 | 25 38 | 01♍36 | 10 17 | 04 49 | 13 57 | 29 29 | 20 47 | 15 36 | 22 40 | 27 07 | 11 09 |
| 15 | 5:34:32 | 22 57 59 | 07♍37 | 13 40 | 11 40 | 06 04 | 13 35 | 29 33 | 20 52 | 15 34 | 22 41 | 27 09 | 11 06 |
| 16 | 5:38:29 | 23 59 01 | 19 46 | 25 56 | 13 01 | 07 19 | 13 14 | 29 38 | 20 57 | 15 32 | 22 41 | 27 10 | 11 03 |
| 17 | 5:42:25 | 25 00 04 | 02♎10 | 08♎29 | 14 20 | 08 35 | 12 54 | 29 42 | 21 02 | 15 30 | 22 42 | 27 12 | 11 00 |
| 18 | 5:46:22 | 26 01 07 | 14 54 | 21 25 | 15 36 | 09 50 | 12 34 | 29 47 | 21 07 | 15 29 | 22 42 | 27 14 | 10 57 |
| 19 | 5:50:19 | 27 02 12 | 28 02 | 04♏46 | 16 50 | 11 05 | 12 14 | 29 52 | 21 12 | 15 27 | 22 43 | 27 16 | 10 54 |
| 20 | 5:54:15 | 28 03 18 | 11♏37 | 18 35 | 18 01 | 12 20 | 11 55 | 29 57 | 21 18 | 15 25 | 22 43 | 27 17 | 10 50 |
| 21 | 5:58:12 | 29 04 24 | 25 40 | 02♐53 | 19 08 | 13 36 | 11 37 | 00♈02 | 21 23 | 15 24 | 22 44 | 27 19 | 10 47 |
| 22 | 6:02:08 | 00♑05 31 | 10♐11 | 17 35 | 20 10 | 14 51 | 11 20 | 00 08 | 21 28 | 15 22 | 22 44 | 27 21 | 10 44 |
| 23 | 6:06:05 | 01 06 39 | 25 04 | 02♑37 | 21 07 | 16 06 | 11 03 | 00 13 | 21 34 | 15 21 | 22 45 | 27 23 | 10 41 |
| 24 | 6:10:01 | 02 07 47 | 10♑12 | 17 49 | 21 59 | 17 21 | 10 46 | 00 19 | 21 39 | 15 19 | 22 46 | 27 24 | 10 38 |
| 25 | 6:13:58 | 03 08 56 | 25 25 | 03♒00 | 22 44 | 18 37 | 10 31 | 00 25 | 21 45 | 15 18 | 22 46 | 27 26 | 10 35 |
| 26 | 6:17:54 | 04 10 05 | 10♒32 | 18 00 | 23 22 | 19 52 | 10 16 | 00 31 | 21 50 | 15 16 | 22 47 | 27 28 | 10 31 |
| 27 | 6:21:51 | 05 11 14 | 25 23 | 02♓40 | 23 51 | 21 07 | 10 02 | 00 37 | 21 56 | 15 15 | 22 48 | 27 30 | 10 28 |
| 28 | 6:25:48 | 06 12 23 | 09♓52 | 16 57 | 24 11 | 22 22 | 09 49 | 00 44 | 22 02 | 15 14 | 22 49 | 27 32 | 10 25 |
| 29 | 6:29:44 | 07 13 32 | 23 55 | 00♈47 | 24 20 | 23 37 | 09 36 | 00 51 | 22 07 | 15 12 | 22 50 | 27 34 | 10 22 |
| 30 | 6:33:41 | 08 14 40 | 07♈33 | 14 12 | 24 19℞ | 24 53 | 09 25 | 00 57 | 22 13 | 15 11 | 22 50 | 27 36 | 10 19 |
| 31 | 6:37:37 | 09 15 49 | 20 46 | 27 14 | 24 07 | 26 08 | 09 15 | 01 04 | 22 19 | 15 10 | 22 51 | 27 37 | 10 15 |

## Longitudes of the Major Asteroids and Chiron — 0:00 E.T.

| D | ⚳ | ⚴ | ⚵ | ⚶ | ⚷ | D | ⚳ | ⚴ | ⚵ | ⚶ | ⚷ |
|---|---|---|---|---|---|---|---|---|---|---|---|
| 1 | 24♍34 | 26♋33℞ | 13♓29 | 02♓59 | 12♈10℞ | 17 | 29 27 | 24 53 | 18 39 | 08 23 | 11 57 |
| 2 | 24 53 | 26 32 | 13 46 | 03 18 | 12 09 | 18 | 29 44 | 24 41 | 19 01 | 08 44 | 11 57 |
| 3 | 25 13 | 26 31 | 14 03 | 03 37 | 12 08 | 19 | 00♎00 | 24 28 | 19 23 | 09 06 | 11 57 |
| 4 | 25 32 | 26 28 | 14 21 | 03 56 | 12 06 | 20 | 00 16 | 24 14 | 19 46 | 09 28 | 11 56 |
| 5 | 25 52 | 26 25 | 14 39 | 04 16 | 12 05 | 21 | 00 32 | 24 00 | 20 08 | 09 50 | 11 56 |
| 6 | 26 11 | 26 22 | 14 57 | 04 35 | 12 04 | 22 | 00 48 | 23 45 | 20 31 | 10 12 | 11 56 |
| 7 | 26 30 | 26 17 | 15 16 | 04 55 | 12 04 | 23 | 01 03 | 23 29 | 20 55 | 10 35 | 11 56 |
| 8 | 26 48 | 26 12 | 15 35 | 05 15 | 12 03 | 24 | 01 18 | 23 14 | 21 18 | 10 57 | 11 56D |
| 9 | 27 07 | 26 06 | 15 54 | 05 35 | 12 02 | 25 | 01 33 | 22 57 | 21 42 | 11 20 | 11 56 |
| 10 | 27 25 | 26 00 | 16 14 | 05 56 | 12 01 | 26 | 01 48 | 22 40 | 22 06 | 11 42 | 11 56 |
| 11 | 27 43 | 25 52 | 16 34 | 06 16 | 12 00 | 27 | 02 02 | 22 23 | 22 30 | 12 05 | 11 57 |
| 12 | 28 01 | 25 44 | 16 54 | 06 37 | 12 00 | 28 | 02 16 | 22 05 | 22 54 | 12 28 | 11 57 |
| 13 | 28 19 | 25 35 | 17 15 | 06 58 | 11 59 | 29 | 02 30 | 21 46 | 23 19 | 12 51 | 11 57 |
| 14 | 28 36 | 25 26 | 17 35 | 07 19 | 11 59 | 30 | 02 43 | 21 28 | 23 44 | 13 14 | 11 57 |
| 15 | 28 54 | 25 15 | 17 56 | 07 40 | 11 58 | 31 | 02 57 | 21 09 | 24 09 | 13 38 | 11 58 |
| 16 | 29 11 | 25 05 | 18 18 | 08 01 | 11 58 | | | | | | |

### Lunar Data

| Last Asp. | | Ingress | | |
|---|---|---|---|---|
| 2 | 02:46 | 2 | ♈ | 04:42 |
| 4 | 05:47 | 4 | ♉ | 11:39 |
| 6 | 19:03 | 6 | ♊ | 20:50 |
| 9 | 06:15 | 9 | ♋ | 07:50 |
| 11 | 18:50 | 11 | ♌ | 20:10 |
| 13 | 15:53 | 14 | ♍ | 08:46 |
| 16 | 19:14 | 16 | ♎ | 19:50 |
| 18 | 22:36 | 19 | ♏ | 03:31 |
| 21 | 02:45 | 21 | ♐ | 07:14 |
| 22 | 20:17 | 23 | ♑ | 07:51 |
| 25 | 18:21 | 25 | ♒ | 07:15 |
| 26 | 18:21 | 27 | ♓ | 07:35 |
| 29 | 06:22 | 29 | ♈ | 10:38 |
| 31 | 12:45 | | | |

## Declinations — 0:00 E.T.

| D | ☉ | ☽ | ☿ | ♀ | ♂ | ♃ | ♄ | ♅ | ♆ | ♇ | ⚳ | ⚴ | ⚵ | ⚶ | ⚷ |
|---|---|---|---|---|---|---|---|---|---|---|---|---|---|---|---|
| 1 | -21 46 | -10 33 | -25 09 | -23 19 | +24 58 | -01 45 | -16 03 | +16 17 | -04 01 | -22 59 | +11 06 | -29 42 | -11 39 | -17 06 | +06 31 |
| 2 | 21 55 | 04 30 | 25 18 | 23 28 | 24 58 | 01 44 | 16 02 | 16 17 | 04 01 | 22 59 | 11 02 | 29 53 | 11 35 | 16 57 | 06 30 |
| 3 | 22 04 | +01 38 | 25 26 | 23 35 | 24 59 | 01 43 | 16 01 | 16 16 | 04 01 | 22 58 | 10 57 | 30 03 | 11 31 | 16 48 | 06 29 |
| 4 | 22 12 | 07 35 | 25 32 | 23 43 | 24 59 | 01 42 | 16 00 | 16 15 | 04 01 | 22 58 | 10 53 | 30 14 | 11 27 | 16 40 | 06 29 |
| 5 | 22 20 | 13 08 | 25 37 | 23 49 | 25 00 | 01 41 | 15 58 | 16 15 | 04 01 | 22 58 | 10 49 | 30 23 | 11 23 | 16 31 | 06 28 |
| 6 | 22 28 | 18 02 | 25 41 | 23 55 | 25 00 | 01 40 | 15 57 | 16 14 | 04 01 | 22 58 | 10 45 | 30 33 | 11 18 | 16 22 | 06 28 |
| 7 | 22 35 | 22 06 | 25 43 | 23 59 | 25 00 | 01 39 | 15 55 | 16 14 | 04 01 | 22 57 | 10 41 | 30 42 | 11 13 | 16 13 | 06 27 |
| 8 | 22 41 | 25 06 | 25 44 | 24 04 | 25 00 | 01 37 | 15 54 | 16 13 | 04 01 | 22 57 | 10 37 | 30 51 | 11 08 | 16 04 | 06 27 |
| 9 | 22 47 | 26 55 | 25 43 | 24 07 | 25 00 | 01 36 | 15 53 | 16 12 | 04 01 | 22 57 | 10 33 | 30 59 | 11 03 | 15 55 | 06 26 |
| 10 | 22 53 | 27 26 | 25 41 | 24 10 | 24 59 | 01 34 | 15 51 | 16 12 | 04 01 | 22 57 | 10 29 | 31 07 | 10 58 | 15 46 | 06 26 |
| 11 | 22 58 | 26 39 | 25 37 | 24 12 | 24 59 | 01 33 | 15 50 | 16 11 | 04 01 | 22 56 | 10 26 | 31 15 | 10 53 | 15 36 | 06 25 |
| 12 | 23 03 | 24 41 | 25 32 | 24 13 | 24 58 | 01 31 | 15 48 | 16 11 | 04 01 | 22 56 | 10 22 | 31 22 | 10 47 | 15 27 | 06 25 |
| 13 | 23 08 | 21 38 | 25 26 | 24 13 | 24 57 | 01 29 | 15 47 | 16 10 | 04 01 | 22 56 | 10 19 | 31 29 | 10 41 | 15 18 | 06 25 |
| 14 | 23 12 | 17 42 | 25 18 | 24 13 | 24 57 | 01 27 | 15 45 | 16 10 | 04 00 | 22 56 | 10 15 | 31 35 | 10 36 | 15 08 | 06 24 |
| 15 | 23 15 | 13 03 | 25 08 | 24 12 | 24 56 | 01 26 | 15 43 | 16 09 | 04 00 | 22 55 | 10 12 | 31 41 | 10 30 | 14 59 | 06 24 |
| 16 | 23 18 | 07 50 | 24 58 | 24 10 | 24 55 | 01 24 | 15 42 | 16 09 | 04 00 | 22 55 | 10 09 | 31 46 | 10 23 | 14 49 | 06 23 |
| 17 | 23 21 | 02 13 | 24 46 | 24 08 | 24 54 | 01 21 | 15 40 | 16 08 | 04 00 | 22 55 | 10 07 | 31 51 | 10 17 | 14 40 | 06 23 |
| 18 | 23 23 | -03 39 | 24 32 | 24 04 | 24 53 | 01 19 | 15 38 | 16 08 | 04 00 | 22 54 | 10 04 | 31 56 | 10 11 | 14 30 | 06 23 |
| 19 | 23 24 | 09 33 | 24 18 | 24 00 | 24 52 | 01 17 | 15 37 | 16 07 | 03 59 | 22 54 | 10 01 | 31 59 | 10 04 | 14 20 | 06 23 |
| 20 | 23 25 | 15 14 | 24 02 | 23 56 | 24 50 | 01 15 | 15 35 | 16 07 | 03 59 | 22 54 | 09 59 | 32 03 | 09 57 | 14 10 | 06 22 |
| 21 | 23 26 | 20 19 | 23 46 | 23 50 | 24 49 | 01 13 | 15 33 | 16 06 | 03 59 | 22 54 | 09 57 | 32 06 | 09 50 | 14 01 | 06 22 |
| 22 | 23 26 | 24 20 | 23 28 | 23 44 | 24 48 | 01 10 | 15 32 | 16 06 | 03 59 | 22 53 | 09 54 | 32 08 | 09 43 | 13 51 | 06 22 |
| 23 | 23 26 | 26 49 | 23 10 | 23 37 | 24 46 | 01 08 | 15 30 | 16 05 | 03 58 | 22 53 | 09 52 | 32 10 | 09 36 | 13 41 | 06 22 |
| 24 | 23 25 | 27 22 | 22 51 | 23 29 | 24 45 | 01 05 | 15 28 | 16 05 | 03 58 | 22 53 | 09 50 | 32 12 | 09 29 | 13 31 | 06 22 |
| 25 | 23 24 | 25 51 | 22 32 | 23 21 | 24 44 | 01 03 | 15 26 | 16 05 | 03 58 | 22 52 | 09 47 | 32 12 | 09 22 | 13 21 | 06 22 |
| 26 | 23 22 | 22 30 | 22 13 | 23 12 | 24 43 | 01 00 | 15 24 | 16 04 | 03 57 | 22 52 | 09 45 | 32 13 | 09 14 | 13 11 | 06 21 |
| 27 | 23 20 | 17 44 | 21 54 | 23 02 | 24 41 | 00 57 | 15 22 | 16 04 | 03 57 | 22 52 | 09 42 | 32 13 | 09 06 | 13 00 | 06 21 |
| 28 | 23 18 | 12 02 | 21 36 | 22 51 | 24 40 | 00 54 | 15 21 | 16 04 | 03 57 | 22 51 | 09 42 | 32 12 | 08 59 | 12 50 | 06 21 |
| 29 | 23 14 | 05 54 | 21 18 | 22 40 | 24 39 | 00 51 | 15 19 | 16 03 | 03 56 | 22 51 | 09 41 | 32 10 | 08 51 | 12 40 | 06 21 |
| 30 | 23 11 | +00 21 | 21 01 | 22 28 | 24 38 | 00 48 | 15 17 | 16 03 | 03 56 | 22 51 | 09 41 | 32 08 | 08 43 | 12 30 | 06 21 |
| 31 | 23 07 | 06 24 | 20 45 | 22 15 | 24 36 | 00 45 | 15 15 | 16 03 | 03 56 | 22 50 | 09 40 | 32 06 | 08 35 | 12 19 | 06 21 |

Lunar Phases -- 8 ○ 04:09   16 ◐ 08:57   23 ● 10:18   30 ◑ 01:22    Sun enters ♑ 12/21 21:50

# 0:00 E.T. Longitudes of Main Planets - January 2023 **Jan. 23**

| D | S.T. | ☉ | ☽ | ☽ 12:00 | ☿ | ♀ | ♂ | ♃ | ♄ | ♅ | ♆ | ♇ | ☊ |
|---|---|---|---|---|---|---|---|---|---|---|---|---|---|
| 1 | 6:41:34 | 10♑16 58 | 03♉38 | 09♉58 | 23♑42℞ | 27♑23 | 09♊04℞ | 01♈12 | 22♒25 | 15♉09℞ | 22♓52 | 27♑39 | 10♉12 |
| 2 | 6:45:30 | 11 18 06 | 16 14 | 22 26 | 23 06 | 28 38 | 08 55 | 01 19 | 22 31 | 15 08 | 22 53 | 27 41 | 10 09 |
| 3 | 6:49:27 | 12 19 14 | 28 36 | 04♊43 | 22 18 | 29 53 | 08 46 | 01 26 | 22 37 | 15 07 | 22 54 | 27 43 | 10 06 |
| 4 | 6:53:23 | 13 20 23 | 10♊47 | 16 50 | 21 20 | 01♒08 | 08 39 | 01 34 | 22 43 | 15 06 | 22 55 | 27 45 | 10 03 |
| 5 | 6:57:20 | 14 21 31 | 22 52 | 28 52 | 20 13 | 02 23 | 08 32 | 01 42 | 22 50 | 15 05 | 22 56 | 27 47 | 10 00 |
| 6 | 7:01:17 | 15 22 39 | 04♋51 | 10♋49 | 18 59 | 03 39 | 08 26 | 01 50 | 22 56 | 15 04 | 22 57 | 27 49 | 09 56 |
| 7 | 7:05:13 | 16 23 47 | 16 47 | 22 44 | 17 40 | 04 54 | 08 21 | 01 58 | 23 02 | 15 03 | 22 59 | 27 51 | 09 53 |
| 8 | 7:09:10 | 17 24 55 | 28 40 | 04♌36 | 16 20 | 06 09 | 08 17 | 02 06 | 23 08 | 15 02 | 23 00 | 27 53 | 09 50 |
| 9 | 7:13:06 | 18 26 02 | 10♌33 | 16 29 | 15 00 | 07 24 | 08 14 | 02 14 | 23 15 | 15 02 | 23 01 | 27 55 | 09 47 |
| 10 | 7:17:03 | 19 27 10 | 22 25 | 28 22 | 13 43 | 08 39 | 08 11 | 02 23 | 23 21 | 15 01 | 23 02 | 27 57 | 09 44 |
| 11 | 7:20:59 | 20 28 17 | 04♍20 | 10♍20 | 12 31 | 09 54 | 08 09 | 02 32 | 23 28 | 15 00 | 23 03 | 27 59 | 09 41 |
| 12 | 7:24:56 | 21 29 24 | 16 21 | 22 24 | 11 26 | 11 09 | 08 08 | 02 40 | 23 34 | 15 00 | 23 05 | 28 01 | 09 37 |
| 13 | 7:28:52 | 22 30 32 | 28 29 | 04♎38 | 10 30 | 12 24 | 08 08D | 02 49 | 23 41 | 14 59 | 23 06 | 28 03 | 09 34 |
| 14 | 7:32:49 | 23 31 39 | 10♎50 | 17 07 | 09 42 | 13 39 | 08 08 | 02 58 | 23 47 | 14 59 | 23 07 | 28 04 | 09 31 |
| 15 | 7:36:46 | 24 32 46 | 23 28 | 29 55 | 09 05 | 14 54 | 08 10 | 03 08 | 23 54 | 14 58 | 23 09 | 28 06 | 09 28 |
| 16 | 7:40:42 | 25 33 53 | 06♏27 | 13♏07 | 08 37 | 16 09 | 08 11 | 03 17 | 24 00 | 14 58 | 23 10 | 28 08 | 09 25 |
| 17 | 7:44:39 | 26 35 00 | 19 53 | 26 46 | 08 19 | 17 24 | 08 14 | 03 26 | 24 07 | 14 57 | 23 11 | 28 10 | 09 21 |
| 18 | 7:48:35 | 27 36 06 | 03♐46 | 10♐54 | 08 09 | 18 39 | 08 18 | 03 36 | 24 14 | 14 57 | 23 13 | 28 12 | 09 18 |
| 19 | 7:52:32 | 28 37 13 | 18 09 | 25 31 | 08 09D | 19 53 | 08 22 | 03 46 | 24 21 | 14 57 | 23 14 | 28 14 | 09 15 |
| 20 | 7:56:28 | 29 38 19 | 03♑00 | 10♑33 | 08 17 | 21 08 | 08 27 | 03 56 | 24 27 | 14 57 | 23 16 | 28 16 | 09 12 |
| 21 | 8:00:25 | 00♒39 25 | 18 10 | 25 50 | 08 32 | 22 23 | 08 32 | 04 06 | 24 34 | 14 57 | 23 17 | 28 18 | 09 09 |
| 22 | 8:04:21 | 01 40 30 | 03♒32 | 11♒13 | 08 54 | 23 38 | 08 39 | 04 16 | 24 41 | 14 56 | 23 19 | 28 20 | 09 06 |
| 23 | 8:08:18 | 02 41 34 | 18 52 | 26 28 | 09 22 | 24 53 | 08 46 | 04 26 | 24 48 | 14 56D | 23 21 | 28 22 | 09 02 |
| 24 | 8:12:15 | 03 42 38 | 04♓00 | 11♓26 | 09 56 | 26 08 | 08 53 | 04 36 | 24 55 | 14 56 | 23 22 | 28 24 | 08 59 |
| 25 | 8:16:11 | 04 43 40 | 18 45 | 25 58 | 10 35 | 27 23 | 09 02 | 04 47 | 25 02 | 14 57 | 23 24 | 28 26 | 08 56 |
| 26 | 8:20:08 | 05 44 42 | 03♈03 | 10♈00 | 11 19 | 28 37 | 09 10 | 04 57 | 25 09 | 14 57 | 23 25 | 28 28 | 08 53 |
| 27 | 8:24:04 | 06 45 42 | 16 50 | 23 33 | 12 07 | 29 52 | 09 20 | 05 08 | 25 16 | 14 57 | 23 27 | 28 30 | 08 50 |
| 28 | 8:28:01 | 07 46 42 | 00♉09 | 06♉39 | 12 58 | 01♓07 | 09 30 | 05 19 | 25 23 | 14 57 | 23 29 | 28 32 | 08 47 |
| 29 | 8:31:57 | 08 47 40 | 13 02 | 19 21 | 13 54 | 02 21 | 09 41 | 05 30 | 25 30 | 14 57 | 23 31 | 28 34 | 08 43 |
| 30 | 8:35:54 | 09 48 37 | 25 35 | 01♊44 | 14 52 | 03 36 | 09 52 | 05 41 | 25 37 | 14 58 | 23 32 | 28 36 | 08 40 |
| 31 | 8:39:50 | 10 49 33 | 07♊51 | 13 54 | 15 53 | 04 51 | 10 04 | 05 52 | 25 44 | 14 58 | 23 34 | 28 38 | 08 37 |

## 0:00 E.T. Longitudes of the Major Asteroids and Chiron

| D | ⚳ | ⚴ | ⚵ | ⚶ | ⚷ |
|---|---|---|---|---|---|
| 1 | 03♎09 | 20♋49℞ | 24♓34 | 14♓01 | 11♈58 |
| 2 | 03 22 | 20 30 | 24 59 | 14 25 | 11 59 |
| 3 | 03 34 | 20 10 | 25 25 | 14 48 | 11 59 |
| 4 | 03 46 | 19 50 | 25 51 | 15 12 | 12 00 |
| 5 | 03 58 | 19 30 | 26 17 | 15 36 | 12 01 |
| 6 | 04 09 | 19 10 | 26 43 | 16 00 | 12 01 |
| 7 | 04 20 | 18 50 | 27 10 | 16 24 | 12 02 |
| 8 | 04 31 | 18 29 | 27 36 | 16 48 | 12 03 |
| 9 | 04 41 | 18 09 | 28 03 | 17 12 | 12 04 |
| 10 | 04 51 | 17 49 | 28 30 | 17 37 | 12 05 |
| 11 | 05 01 | 17 29 | 28 57 | 18 01 | 12 06 |
| 12 | 05 10 | 17 09 | 29 25 | 18 26 | 12 07 |
| 13 | 05 19 | 16 49 | 29 52 | 18 50 | 12 08 |
| 14 | 05 28 | 16 29 | 00♈20 | 19 15 | 12 09 |
| 15 | 05 36 | 16 10 | 00 48 | 19 40 | 12 10 |
| 16 | 05 44 | 15 51 | 01 16 | 20 05 | 12 11 |
| 17 | 05 52 | 15 32 | 01 44 | 20 29 | 12 13 |
| 18 | 05 59 | 15 14 | 02 13 | 20 54 | 12 14 |
| 19 | 06 06 | 14 55 | 02 41 | 21 20 | 12 15 |
| 20 | 06 12 | 14 38 | 03 10 | 21 45 | 12 17 |
| 21 | 06 18 | 14 20 | 03 39 | 22 10 | 12 18 |
| 22 | 06 24 | 14 04 | 04 08 | 22 35 | 12 20 |
| 23 | 06 29 | 13 47 | 04 37 | 23 01 | 12 22 |
| 24 | 06 33 | 13 32 | 05 06 | 23 26 | 12 23 |
| 25 | 06 38 | 13 17 | 05 36 | 23 52 | 12 25 |
| 26 | 06 42 | 13 02 | 06 05 | 24 17 | 12 27 |
| 27 | 06 45 | 12 48 | 06 35 | 24 43 | 12 29 |
| 28 | 06 48 | 12 35 | 07 05 | 25 08 | 12 30 |
| 29 | 06 51 | 12 22 | 07 35 | 25 34 | 12 32 |
| 30 | 06 53 | 12 10 | 08 05 | 26 00 | 12 34 |
| 31 | 06 55 | 11 58 | 08 35 | 26 26 | 12 36 |

## Lunar Data

| Last Asp. | | Ingress | | |
|---|---|---|---|---|
| 2 | 22:17 | 3 | ♊ | 02:45 |
| 5 | 00:09 | 5 | ♋ | 14:16 |
| 7 | 22:24 | 8 | ♌ | 02:41 |
| 10 | 01:53 | 10 | ♍ | 15:16 |
| 12 | 23:07 | 13 | ♎ | 02:58 |
| 15 | 08:40 | 15 | ♏ | 12:09 |
| 17 | 14:28 | 17 | ♐ | 17:34 |
| 19 | 10:10 | 19 | ♑ | 19:12 |
| 21 | 15:53 | 21 | ♒ | 18:30 |
| 23 | 10:21 | 23 | ♓ | 17:37 |
| 25 | 16:13 | 25 | ♈ | 18:49 |
| 27 | 21:02 | 27 | ♉ | 23:44 |
| 30 | 05:53 | 30 | ♊ | 08:36 |

## 0:00 E.T. Declinations

| D | ☉ | ☽ | ☿ | ♀ | ♂ | ♃ | ♄ | ♅ | ♆ | ♇ | ⚳ | ⚴ | ⚵ | ⚶ | ⚷ |
|---|---|---|---|---|---|---|---|---|---|---|---|---|---|---|---|
| 1 | -23 02 | +12 03 | -20 30 | -22 02 | +24 35 | -00 42 | -15 13 | +16 02 | -03 55 | -22 50 | +09 39 | -32 03 | -08 26 | -12 09 | +06 21 |
| 2 | 22 57 | 17 04 | 20 17 | 21 48 | 24 34 | 00 39 | 15 11 | 16 02 | 03 55 | 22 50 | 09 39 | 31 59 | 08 18 | 11 59 | 06 21 |
| 3 | 22 52 | 21 17 | 20 06 | 21 34 | 24 33 | 00 36 | 15 09 | 16 02 | 03 54 | 22 50 | 09 38 | 31 55 | 08 10 | 11 48 | 06 21 |
| 4 | 22 46 | 24 30 | 19 56 | 21 19 | 24 32 | 00 33 | 15 07 | 16 01 | 03 54 | 22 49 | 09 38 | 31 50 | 08 01 | 11 38 | 06 22 |
| 5 | 22 40 | 26 35 | 19 48 | 21 03 | 24 32 | 00 29 | 15 05 | 16 01 | 03 53 | 22 49 | 09 38 | 31 44 | 07 52 | 11 27 | 06 22 |
| 6 | 22 33 | 27 24 | 19 42 | 20 46 | 24 31 | 00 26 | 15 03 | 16 01 | 03 53 | 22 49 | 09 38 | 31 38 | 07 44 | 11 16 | 06 22 |
| 7 | 22 26 | 26 56 | 19 37 | 20 29 | 24 30 | 00 23 | 15 01 | 16 01 | 03 53 | 22 48 | 09 38 | 31 32 | 07 35 | 11 06 | 06 22 |
| 8 | 22 18 | 25 14 | 19 34 | 20 12 | 24 29 | 00 19 | 14 59 | 16 00 | 03 52 | 22 48 | 09 38 | 31 25 | 07 26 | 10 55 | 06 22 |
| 9 | 22 10 | 22 25 | 19 33 | 19 53 | 24 29 | 00 16 | 14 57 | 16 00 | 03 52 | 22 48 | 09 39 | 31 17 | 07 17 | 10 45 | 06 22 |
| 10 | 22 02 | 18 41 | 19 33 | 19 35 | 24 29 | 00 12 | 14 54 | 16 00 | 03 51 | 22 47 | 09 39 | 31 09 | 07 08 | 10 34 | 06 23 |
| 11 | 21 53 | 14 12 | 19 34 | 19 15 | 24 28 | 00 08 | 14 52 | 16 00 | 03 50 | 22 47 | 09 40 | 31 00 | 06 58 | 10 23 | 06 23 |
| 12 | 21 43 | 09 08 | 19 36 | 18 55 | 24 28 | 00 05 | 14 50 | 16 00 | 03 50 | 22 47 | 09 41 | 30 50 | 06 49 | 10 12 | 06 23 |
| 13 | 21 34 | 03 41 | 19 40 | 18 35 | 24 28 | 00 01 | 14 48 | 16 00 | 03 49 | 22 46 | 09 42 | 30 40 | 06 40 | 10 01 | 06 23 |
| 14 | 21 23 | -02 01 | 19 45 | 18 14 | 24 28 | +00 03 | 14 46 | 16 00 | 03 49 | 22 46 | 09 43 | 30 30 | 06 30 | 09 51 | 06 24 |
| 15 | 21 13 | 07 46 | 19 50 | 17 52 | 24 28 | 00 07 | 14 44 | 15 59 | 03 48 | 22 46 | 09 44 | 30 19 | 06 21 | 09 40 | 06 24 |
| 16 | 21 02 | 13 22 | 19 57 | 17 30 | 24 28 | 00 11 | 14 41 | 15 59 | 03 48 | 22 45 | 09 46 | 30 07 | 06 11 | 09 29 | 06 24 |
| 17 | 20 50 | 18 32 | 20 04 | 17 08 | 24 28 | 00 15 | 14 39 | 15 59 | 03 47 | 22 45 | 09 48 | 29 55 | 06 01 | 09 18 | 06 25 |
| 18 | 20 38 | 22 53 | 20 12 | 16 45 | 24 28 | 00 19 | 14 37 | 15 59 | 03 47 | 22 45 | 09 50 | 29 42 | 05 51 | 09 07 | 06 25 |
| 19 | 20 26 | 26 00 | 20 20 | 16 21 | 24 29 | 00 23 | 14 35 | 15 59 | 03 46 | 22 44 | 09 52 | 29 29 | 05 42 | 08 56 | 06 25 |
| 20 | 20 14 | 27 25 | 20 28 | 15 58 | 24 29 | 00 27 | 14 32 | 15 59 | 03 45 | 22 44 | 09 54 | 29 15 | 05 32 | 08 45 | 06 26 |
| 21 | 20 01 | 26 49 | 20 37 | 15 33 | 24 30 | 00 31 | 14 30 | 15 59 | 03 45 | 22 44 | 09 56 | 29 01 | 05 22 | 08 34 | 06 26 |
| 22 | 19 47 | 24 12 | 20 45 | 15 09 | 24 30 | 00 35 | 14 28 | 15 59 | 03 44 | 22 43 | 09 59 | 28 46 | 05 12 | 08 23 | 06 27 |
| 23 | 19 33 | 19 51 | 20 53 | 14 43 | 24 31 | 00 39 | 14 26 | 15 59 | 03 43 | 22 43 | 10 01 | 28 31 | 05 01 | 08 12 | 06 27 |
| 24 | 19 19 | 14 17 | 21 01 | 14 18 | 24 32 | 00 44 | 14 23 | 15 59 | 03 43 | 22 43 | 10 04 | 28 15 | 04 51 | 08 01 | 06 28 |
| 25 | 19 05 | 08 00 | 21 08 | 13 52 | 24 32 | 00 48 | 14 21 | 15 59 | 03 42 | 22 43 | 10 07 | 27 59 | 04 41 | 07 49 | 06 28 |
| 26 | 18 50 | 01 30 | 21 15 | 13 26 | 24 33 | 00 52 | 14 19 | 15 59 | 03 41 | 22 42 | 10 10 | 27 42 | 04 31 | 07 38 | 06 29 |
| 27 | 18 35 | +04 52 | 21 21 | 12 59 | 24 34 | 00 57 | 14 16 | 15 59 | 03 41 | 22 42 | 10 14 | 27 25 | 04 20 | 07 27 | 06 29 |
| 28 | 18 19 | 10 48 | 21 27 | 12 32 | 24 35 | 01 01 | 14 14 | 15 59 | 03 40 | 22 42 | 10 17 | 27 07 | 04 10 | 07 16 | 06 30 |
| 29 | 18 04 | 16 06 | 21 32 | 12 05 | 24 37 | 01 06 | 14 12 | 16 00 | 03 39 | 22 41 | 10 21 | 26 49 | 03 59 | 07 05 | 06 31 |
| 30 | 17 47 | 20 34 | 21 35 | 11 37 | 24 38 | 01 10 | 14 09 | 16 00 | 03 39 | 22 41 | 10 25 | 26 31 | 03 49 | 06 53 | 06 31 |
| 31 | 17 31 | 24 01 | 21 38 | 11 09 | 24 39 | 01 15 | 14 07 | 16 00 | 03 38 | 22 41 | 10 29 | 26 12 | 03 38 | 06 42 | 06 32 |

Lunar Phases -- 6 ○ 23:09 15 ◑ 02:12 21 ● 20:54 28 ◐ 15:20 Sun enters ♒ 1/20 08:31

## Feb. 23 — Longitudes of Main Planets - February 2023 — 0:00 E.T.

| D | S.T. | ☉ | ☽ | ☽ 12:00 | ☿ | ♀ | ♂ | ♃ | ♄ | ♅ | ♆ | ♇ | ☊ |
|---|---|---|---|---|---|---|---|---|---|---|---|---|---|
| 1 | 8:43:47 | 11♒50 27 | 19♊56 | 25♊55 | 16♑57 | 06♓05 | 10♊17 | 06♈03 | 25♒51 | 14♉59 | 23♓36 | 28♑40 | 08♉34 |
| 2 | 8:47:44 | 12 51 21 | 01♋53 | 07♋50 | 18 03 | 07 20 | 10 30 | 06 15 | 25 58 | 14 59 | 23 38 | 28 42 | 08 31 |
| 3 | 8:51:40 | 13 52 13 | 13 46 | 19 42 | 19 12 | 08 34 | 10 43 | 06 26 | 26 05 | 15 00 | 23 40 | 28 44 | 08 27 |
| 4 | 8:55:37 | 14 53 04 | 25 38 | 01♌34 | 20 22 | 09 49 | 10 57 | 06 38 | 26 13 | 15 00 | 23 41 | 28 45 | 08 24 |
| 5 | 8:59:33 | 15 53 54 | 07♌31 | 13 27 | 21 35 | 11 03 | 11 12 | 06 49 | 26 20 | 15 01 | 23 43 | 28 47 | 08 21 |
| 6 | 9:03:30 | 16 54 42 | 19 25 | 25 23 | 22 49 | 12 18 | 11 27 | 07 01 | 26 27 | 15 02 | 23 45 | 28 49 | 08 18 |
| 7 | 9:07:26 | 17 55 30 | 01♍22 | 07♍22 | 24 04 | 13 32 | 11 43 | 07 13 | 26 34 | 15 02 | 23 47 | 28 51 | 08 15 |
| 8 | 9:11:23 | 18 56 16 | 13 24 | 19 27 | 25 21 | 14 46 | 11 59 | 07 25 | 26 41 | 15 03 | 23 49 | 28 53 | 08 12 |
| 9 | 9:15:19 | 19 57 01 | 25 32 | 01♎38 | 26 40 | 16 01 | 12 15 | 07 37 | 26 48 | 15 04 | 23 51 | 28 55 | 08 08 |
| 10 | 9:19:16 | 20 57 45 | 07♎47 | 13 58 | 28 00 | 17 15 | 12 32 | 07 49 | 26 56 | 15 05 | 23 53 | 28 57 | 08 05 |
| 11 | 9:23:13 | 21 58 28 | 20 13 | 26 31 | 29 21 | 18 29 | 12 49 | 08 01 | 27 03 | 15 06 | 23 55 | 28 59 | 08 02 |
| 12 | 9:27:09 | 22 59 10 | 02♏53 | 09♏19 | 00♒43 | 19 43 | 13 07 | 08 13 | 27 10 | 15 07 | 23 57 | 29 00 | 07 59 |
| 13 | 9:31:06 | 23 59 51 | 15 50 | 22 26 | 02 07 | 20 58 | 13 25 | 08 25 | 27 17 | 15 08 | 23 59 | 29 02 | 07 56 |
| 14 | 9:35:02 | 25 00 30 | 29 08 | 05♐56 | 03 32 | 22 12 | 13 44 | 08 38 | 27 25 | 15 09 | 24 01 | 29 04 | 07 53 |
| 15 | 9:38:59 | 26 01 09 | 12♐51 | 19 52 | 04 57 | 23 26 | 14 03 | 08 50 | 27 32 | 15 10 | 24 03 | 29 06 | 07 49 |
| 16 | 9:42:55 | 27 01 47 | 26 59 | 04♑13 | 06 24 | 24 40 | 14 22 | 09 03 | 27 39 | 15 12 | 24 05 | 29 08 | 07 46 |
| 17 | 9:46:52 | 28 02 23 | 11♑33 | 18 59 | 07 52 | 25 54 | 14 42 | 09 15 | 27 46 | 15 13 | 24 07 | 29 09 | 07 43 |
| 18 | 9:50:48 | 29 02 58 | 26 29 | 04♒02 | 09 21 | 27 08 | 15 02 | 09 28 | 27 54 | 15 14 | 24 09 | 29 11 | 07 40 |
| 19 | 9:54:45 | 00♓03 32 | 11♒38 | 19 15 | 10 51 | 28 22 | 15 23 | 09 41 | 28 01 | 15 15 | 24 11 | 29 13 | 07 37 |
| 20 | 9:58:42 | 01 04 05 | 26 52 | 04♓27 | 12 21 | 29 36 | 15 44 | 09 54 | 28 08 | 15 17 | 24 14 | 29 15 | 07 33 |
| 21 | 10:02:38 | 02 04 35 | 11♓59 | 19 26 | 13 53 | 00♈49 | 16 05 | 10 07 | 28 16 | 15 18 | 24 16 | 29 16 | 07 30 |
| 22 | 10:06:35 | 03 05 05 | 26 48 | 04♈04 | 15 26 | 02 03 | 16 27 | 10 20 | 28 23 | 15 20 | 24 18 | 29 18 | 07 27 |
| 23 | 10:10:31 | 04 05 32 | 11♈14 | 18 16 | 17 00 | 03 17 | 16 48 | 10 33 | 28 30 | 15 21 | 24 20 | 29 20 | 07 24 |
| 24 | 10:14:28 | 05 05 57 | 25 11 | 01♉58 | 18 34 | 04 31 | 17 11 | 10 46 | 28 37 | 15 23 | 24 22 | 29 21 | 07 21 |
| 25 | 10:18:24 | 06 06 21 | 08♉38 | 15 12 | 20 10 | 05 44 | 17 33 | 10 59 | 28 44 | 15 25 | 24 24 | 29 23 | 07 18 |
| 26 | 10:22:21 | 07 06 43 | 21 39 | 28 00 | 21 47 | 06 58 | 17 56 | 11 12 | 28 52 | 15 26 | 24 27 | 29 25 | 07 14 |
| 27 | 10:26:17 | 08 07 03 | 04♊16 | 10♊27 | 23 24 | 08 11 | 18 19 | 11 25 | 28 59 | 15 28 | 24 29 | 29 26 | 07 11 |
| 28 | 10:30:14 | 09 07 21 | 16 34 | 22 38 | 25 03 | 09 25 | 18 43 | 11 39 | 29 06 | 15 30 | 24 31 | 29 28 | 07 08 |

## 0:00 E.T. — Longitudes of the Major Asteroids and Chiron

| D | ⚳ | ⚴ | ⚵ | ⚶ | ⚷ | D | ⚳ | ⚴ | ⚵ | ⚶ | ⚷ |
|---|---|---|---|---|---|---|---|---|---|---|---|
| 1 | 06♎57 | 11♋47℞ | 09♈06 | 26♓52 | 12♈38 | 15 | 06 31 | 10 27 | 16 24 | 03 00 | 13 11 |
| 2 | 06 58 | 11 37 | 09 36 | 27 18 | 12 40 | 16 | 06 26 | 10 26 | 16 56 | 03 26 | 13 14 |
| 3 | 06 58 | 11 28 | 10 07 | 27 44 | 12 42 | 17 | 06 20 | 10 26D | 17 28 | 03 53 | 13 16 |
| 4 | 06 58℞ | 11 19 | 10 38 | 28 10 | 12 45 | 18 | 06 14 | 10 27 | 18 00 | 04 20 | 13 19 |
| 5 | 06 58 | 11 11 | 11 09 | 28 36 | 12 47 | 19 | 06 08 | 10 28 | 18 33 | 04 46 | 13 22 |
| 6 | 06 57 | 11 03 | 11 40 | 29 02 | 12 49 | 20 | 06 01 | 10 30 | 19 05 | 05 13 | 13 25 |
| 7 | 06 56 | 10 56 | 12 11 | 29 28 | 12 51 | 21 | 05 54 | 10 32 | 19 38 | 05 40 | 13 27 |
| 8 | 06 55 | 10 50 | 12 42 | 29 55 | 12 54 | 22 | 05 46 | 10 35 | 20 10 | 06 07 | 13 30 |
| 9 | 06 53 | 10 45 | 13 13 | 00♈21 | 12 56 | 23 | 05 38 | 10 39 | 20 43 | 06 34 | 13 33 |
| 10 | 06 50 | 10 40 | 13 45 | 00 47 | 12 58 | 24 | 05 30 | 10 43 | 21 16 | 07 01 | 13 36 |
| 11 | 06 47 | 10 36 | 14 16 | 01 14 | 13 01 | 25 | 05 21 | 10 48 | 21 49 | 07 27 | 13 39 |
| 12 | 06 44 | 10 33 | 14 48 | 01 40 | 13 03 | 26 | 05 12 | 10 53 | 22 22 | 07 54 | 13 42 |
| 13 | 06 40 | 10 30 | 15 20 | 02 07 | 13 06 | 27 | 05 03 | 10 59 | 22 55 | 08 21 | 13 45 |
| 14 | 06 36 | 10 28 | 15 52 | 02 33 | 13 08 | 28 | 04 53 | 11 06 | 23 28 | 08 48 | 13 48 |

### Lunar Data

| Last Asp. | | Ingress | | |
|---|---|---|---|---|
| 1 | 11:59 | 1 | ♋ | 20:13 |
| 4 | 06:20 | 4 | ♌ | 08:50 |
| 6 | 14:17 | 6 | ♍ | 21:15 |
| 9 | 06:41 | 9 | ♎ | 08:48 |
| 11 | 16:42 | 11 | ♏ | 18:35 |
| 13 | 23:53 | 14 | ♐ | 01:32 |
| 16 | 01:07 | 16 | ♑ | 05:01 |
| 18 | 04:19 | 18 | ♒ | 05:36 |
| 20 | 02:02 | 20 | ♓ | 04:57 |
| 22 | 04:07 | 22 | ♈ | 05:15 |
| 24 | 07:23 | 24 | ♉ | 08:30 |
| 26 | 14:43 | 26 | ♊ | 15:49 |

## 0:00 E.T. — Declinations

| D | ☉ | ☽ | ☿ | ♀ | ♂ | ♃ | ♄ | ♅ | ♆ | ♇ | ⚳ | ⚴ | ⚵ | ⚶ | ⚷ |
|---|---|---|---|---|---|---|---|---|---|---|---|---|---|---|---|
| 1 | -17 14 | +26 21 | -21 41 | -10 41 | +24 40 | +01 19 | -14 05 | +16 00 | -03 37 | -22 40 | +10 33 | -25 53 | -03 28 | -06 31 | +06 33 |
| 2 | 16 57 | 27 26 | 21 42 | 10 12 | 24 42 | 01 24 | 14 02 | 16 00 | 03 36 | 22 40 | 10 37 | 25 34 | 03 17 | 06 20 | 06 33 |
| 3 | 16 40 | 27 15 | 21 42 | 09 44 | 24 43 | 01 29 | 14 00 | 16 00 | 03 36 | 22 40 | 10 42 | 25 14 | 03 06 | 06 08 | 06 34 |
| 4 | 16 22 | 25 48 | 21 41 | 09 15 | 24 44 | 01 33 | 13 57 | 16 01 | 03 35 | 22 39 | 10 46 | 24 54 | 02 55 | 05 57 | 06 35 |
| 5 | 16 04 | 23 13 | 21 39 | 08 45 | 24 46 | 01 38 | 13 55 | 16 01 | 03 34 | 22 39 | 10 51 | 24 33 | 02 45 | 05 46 | 06 35 |
| 6 | 15 46 | 19 38 | 21 35 | 08 16 | 24 47 | 01 43 | 13 53 | 16 01 | 03 33 | 22 39 | 10 56 | 24 12 | 02 34 | 05 35 | 06 36 |
| 7 | 15 28 | 15 15 | 21 31 | 07 46 | 24 49 | 01 48 | 13 50 | 16 01 | 03 33 | 22 39 | 11 01 | 23 51 | 02 23 | 05 23 | 06 37 |
| 8 | 15 09 | 10 16 | 21 25 | 07 16 | 24 51 | 01 53 | 13 48 | 16 02 | 03 32 | 22 38 | 11 06 | 23 30 | 02 12 | 05 12 | 06 38 |
| 9 | 14 50 | 04 50 | 21 18 | 06 46 | 24 52 | 01 57 | 13 45 | 16 02 | 03 31 | 22 38 | 11 11 | 23 08 | 02 01 | 05 01 | 06 38 |
| 10 | 14 31 | -00 49 | 21 10 | 06 16 | 24 54 | 02 02 | 13 43 | 16 02 | 03 30 | 22 38 | 11 16 | 22 47 | 01 50 | 04 49 | 06 39 |
| 11 | 14 11 | 06 33 | 21 01 | 05 46 | 24 55 | 02 07 | 13 40 | 16 02 | 03 29 | 22 38 | 11 22 | 22 24 | 01 39 | 04 38 | 06 40 |
| 12 | 13 51 | 12 08 | 20 51 | 05 15 | 24 57 | 02 12 | 13 38 | 16 03 | 03 29 | 22 37 | 11 27 | 22 02 | 01 28 | 04 27 | 06 41 |
| 13 | 13 31 | 17 19 | 20 39 | 04 44 | 24 59 | 02 17 | 13 36 | 16 03 | 03 28 | 22 37 | 11 33 | 21 40 | 01 17 | 04 15 | 06 42 |
| 14 | 13 11 | 21 50 | 20 26 | 04 13 | 25 00 | 02 22 | 13 33 | 16 03 | 03 27 | 22 37 | 11 39 | 21 17 | 01 06 | 04 04 | 06 43 |
| 15 | 12 51 | 25 17 | 20 12 | 03 43 | 25 02 | 02 27 | 13 31 | 16 04 | 03 26 | 22 36 | 11 45 | 20 54 | 00 55 | 03 53 | 06 44 |
| 16 | 12 30 | 27 17 | 19 56 | 03 11 | 25 04 | 02 32 | 13 28 | 16 04 | 03 25 | 22 36 | 11 51 | 20 31 | 00 44 | 03 41 | 06 44 |
| 17 | 12 09 | 27 29 | 19 39 | 02 40 | 25 05 | 02 37 | 13 26 | 16 05 | 03 25 | 22 36 | 11 57 | 20 08 | 00 33 | 03 30 | 06 45 |
| 18 | 11 48 | 25 43 | 19 21 | 02 09 | 25 07 | 02 43 | 13 23 | 16 05 | 03 24 | 22 36 | 12 03 | 19 45 | 00 22 | 03 19 | 06 46 |
| 19 | 11 27 | 22 07 | 19 02 | 01 38 | 25 09 | 02 48 | 13 21 | 16 05 | 03 23 | 22 35 | 12 10 | 19 21 | 00 10 | 03 07 | 06 47 |
| 20 | 11 06 | 17 00 | 18 41 | 01 07 | 25 10 | 02 53 | 13 18 | 16 06 | 03 22 | 22 35 | 12 16 | 18 58 | +00 01 | 02 56 | 06 48 |
| 21 | 10 44 | 10 51 | 18 19 | 00 35 | 25 12 | 02 58 | 13 16 | 16 06 | 03 21 | 22 35 | 12 22 | 18 34 | 00 12 | 02 45 | 06 49 |
| 22 | 10 22 | 04 13 | 17 56 | 00 04 | 25 13 | 03 03 | 13 13 | 16 07 | 03 20 | 22 35 | 12 29 | 18 11 | 00 23 | 02 33 | 06 50 |
| 23 | 10 01 | +02 29 | 17 31 | +00 28 | 25 15 | 03 09 | 13 11 | 16 07 | 03 19 | 22 34 | 12 35 | 17 47 | 00 34 | 02 22 | 06 51 |
| 24 | 09 38 | 08 51 | 17 05 | 00 59 | 25 16 | 03 14 | 13 09 | 16 08 | 03 19 | 22 34 | 12 42 | 17 23 | 00 45 | 02 11 | 06 52 |
| 25 | 09 16 | 14 37 | 16 38 | 01 30 | 25 18 | 03 19 | 13 06 | 16 08 | 03 18 | 22 34 | 12 49 | 16 59 | 00 56 | 01 59 | 06 53 |
| 26 | 08 54 | 19 31 | 16 10 | 02 02 | 25 19 | 03 24 | 13 04 | 16 09 | 03 17 | 22 34 | 12 55 | 16 36 | 01 08 | 01 48 | 06 54 |
| 27 | 08 32 | 23 23 | 15 40 | 02 33 | 25 21 | 03 30 | 13 01 | 16 09 | 03 16 | 22 34 | 13 02 | 16 12 | 01 19 | 01 37 | 06 55 |
| 28 | 08 09 | 26 04 | 15 09 | 03 04 | 25 22 | 03 35 | 12 59 | 16 10 | 03 15 | 22 33 | 13 09 | 15 48 | 01 30 | 01 25 | 06 56 |

Lunar Phases -- 5 ○ 18:30 13 ◑ 16:02 20 ● 07:07 27 ◐ 08:07 Sun enters ♓ 2/18 22:36

| D | S.T. | ☉ | ☽ | ☽ 12:00 | ☿ | ♀ | ♂ | ♃ | ♄ | ♅ | ♆ | ♇ | ☊ |
|---|------|---|---|---------|---|---|---|---|---|---|---|---|---|
| 1 | 10:34:11 | 10♓07 36 | 28♊39 | 04♋38 | 26♒42 | 10♈38 | 19♊07 | 11♈52 | 29♒13 | 15♉32 | 24♓33 | 29♑30 | 07♉05 |
| 2 | 10:38:07 | 11 07 50 | 10♋36 | 16 32 | 28 23 | 11 52 | 19 31 | 12 06 | 29 20 | 15 34 | 24 35 | 29 31 | 07 02 |
| 3 | 10:42:04 | 12 08 02 | 22 27 | 28 23 | 00♓05 | 13 05 | 19 55 | 12 19 | 29 28 | 15 36 | 24 38 | 29 33 | 06 58 |
| 4 | 10:46:00 | 13 08 12 | 04♌18 | 10♌15 | 01 47 | 14 18 | 20 19 | 12 33 | 29 35 | 15 38 | 24 40 | 29 34 | 06 55 |
| 5 | 10:49:57 | 14 08 20 | 16 12 | 22 10 | 03 31 | 15 31 | 20 44 | 12 46 | 29 42 | 15 40 | 24 42 | 29 36 | 06 52 |
| 6 | 10:53:53 | 15 08 26 | 28 10 | 04♍11 | 05 16 | 16 44 | 21 09 | 13 00 | 29 49 | 15 42 | 24 44 | 29 37 | 06 49 |
| 7 | 10:57:50 | 16 08 30 | 10♍14 | 16 19 | 07 02 | 17 57 | 21 35 | 13 14 | 29 56 | 15 44 | 24 47 | 29 39 | 06 46 |
| 8 | 11:01:46 | 17 08 32 | 22 26 | 28 35 | 08 49 | 19 10 | 22 00 | 13 27 | 00♓03 | 15 46 | 24 49 | 29 40 | 06 43 |
| 9 | 11:05:43 | 18 08 32 | 04♎46 | 11♎00 | 10 37 | 20 23 | 22 26 | 13 41 | 00 10 | 15 48 | 24 51 | 29 42 | 06 39 |
| 10 | 11:09:40 | 19 08 31 | 17 16 | 23 35 | 12 26 | 21 36 | 22 52 | 13 55 | 00 17 | 15 50 | 24 53 | 29 43 | 06 36 |
| 11 | 11:13:36 | 20 08 27 | 29 56 | 06♏21 | 14 17 | 22 49 | 23 18 | 14 09 | 00 24 | 15 52 | 24 56 | 29 44 | 06 33 |
| 12 | 11:17:33 | 21 08 22 | 12♏49 | 19 20 | 16 08 | 24 02 | 23 45 | 14 23 | 00 31 | 15 55 | 24 58 | 29 46 | 06 30 |
| 13 | 11:21:29 | 22 08 16 | 25 55 | 02♐35 | 18 01 | 25 14 | 24 11 | 14 37 | 00 38 | 15 57 | 25 00 | 29 47 | 06 27 |
| 14 | 11:25:26 | 23 08 07 | 09♐18 | 16 06 | 19 54 | 26 27 | 24 38 | 14 51 | 00 45 | 15 59 | 25 02 | 29 48 | 06 24 |
| 15 | 11:29:22 | 24 07 58 | 22 59 | 29 56 | 21 49 | 27 39 | 25 05 | 15 05 | 00 52 | 16 02 | 25 05 | 29 50 | 06 20 |
| 16 | 11:33:19 | 25 07 46 | 06♑58 | 14♑05 | 23 45 | 28 52 | 25 32 | 15 19 | 00 59 | 16 04 | 25 07 | 29 51 | 06 17 |
| 17 | 11:37:15 | 26 07 33 | 21 16 | 28 31 | 25 42 | 00♉04 | 26 00 | 15 33 | 01 06 | 16 07 | 25 09 | 29 52 | 06 14 |
| 18 | 11:41:12 | 27 07 18 | 05♒50 | 13♒12 | 27 39 | 01 17 | 26 27 | 15 47 | 01 12 | 16 09 | 25 12 | 29 53 | 06 11 |
| 19 | 11:45:09 | 28 07 01 | 20 35 | 28 01 | 29 38 | 02 29 | 26 55 | 16 01 | 01 19 | 16 12 | 25 14 | 29 55 | 06 08 |
| 20 | 11:49:05 | 29 06 43 | 05♓26 | 12♓50 | 01♈37 | 03 41 | 27 23 | 16 15 | 01 26 | 16 14 | 25 16 | 29 56 | 06 04 |
| 21 | 11:53:02 | 00♈06 23 | 20 13 | 27 33 | 03 37 | 04 53 | 27 51 | 16 30 | 01 33 | 16 17 | 25 18 | 29 57 | 06 01 |
| 22 | 11:56:58 | 01 06 00 | 04♈49 | 12♈00 | 05 38 | 06 05 | 28 20 | 16 44 | 01 39 | 16 20 | 25 21 | 29 58 | 05 58 |
| 23 | 12:00:55 | 02 05 36 | 19 07 | 26 07 | 07 39 | 07 17 | 28 48 | 16 58 | 01 46 | 16 22 | 25 23 | 29 59 | 05 55 |
| 24 | 12:04:51 | 03 05 09 | 03♉02 | 09♉50 | 09 40 | 08 29 | 29 17 | 17 12 | 01 52 | 16 25 | 25 25 | 00♒00 | 05 52 |
| 25 | 12:08:48 | 04 04 41 | 16 32 | 23 07 | 11 41 | 09 41 | 29 46 | 17 27 | 01 59 | 16 28 | 25 27 | 00 01 | 05 49 |
| 26 | 12:12:44 | 05 04 10 | 29 37 | 06♊01 | 13 41 | 10 52 | 00♋15 | 17 41 | 02 05 | 16 31 | 25 30 | 00 02 | 05 45 |
| 27 | 12:16:41 | 06 03 37 | 12♊20 | 18 34 | 15 41 | 12 04 | 00 44 | 17 55 | 02 12 | 16 33 | 25 32 | 00 03 | 05 42 |
| 28 | 12:20:38 | 07 03 01 | 24 43 | 00♋49 | 17 40 | 13 15 | 01 13 | 18 10 | 02 18 | 16 36 | 25 34 | 00 04 | 05 39 |
| 29 | 12:24:34 | 08 02 24 | 06♋52 | 12 52 | 19 37 | 14 27 | 01 43 | 18 24 | 02 25 | 16 39 | 25 36 | 00 05 | 05 36 |
| 30 | 12:28:31 | 09 01 44 | 18 50 | 24 47 | 21 33 | 15 38 | 02 12 | 18 38 | 02 31 | 16 42 | 25 39 | 00 06 | 05 33 |
| 31 | 12:32:27 | 10 01 02 | 00♌43 | 06♌39 | 23 27 | 16 49 | 02 42 | 18 53 | 02 37 | 16 45 | 25 41 | 00 07 | 05 30 |

## 0:00 E.T. — Longitudes of the Major Asteroids and Chiron

| D | ⚳ | ⚴ | ⚵ | ⚶ | ⚷ | D | ⚳ | ⚴ | ⚵ | ⚶ | ⚷ |
|---|---|---|---|---|---|---|---|---|---|---|---|
| 1 | 04♎43℞ | 11♋13 | 24♈01 | 09♈15 | 13♈51 | 17 | 01 25 | 14 11 | 03 02 | 16 29 | 14 43 |
| 2 | 04 32 | 11 21 | 24 34 | 09 42 | 13 54 | 18 | 01 11 | 14 25 | 03 36 | 16 57 | 14 46 |
| 3 | 04 21 | 11 29 | 25 08 | 10 09 | 13 57 | 19 | 00 58 | 14 40 | 04 10 | 17 24 | 14 49 |
| 4 | 04 10 | 11 37 | 25 41 | 10 36 | 14 00 | 20 | 00 44 | 14 55 | 04 44 | 17 51 | 14 53 |
| 5 | 03 59 | 11 47 | 26 15 | 11 03 | 14 03 | 21 | 00 30 | 15 11 | 05 19 | 18 19 | 14 56 |
| 6 | 03 47 | 11 56 | 26 48 | 11 30 | 14 06 | 22 | 00 16 | 15 27 | 05 53 | 18 46 | 15 00 |
| 7 | 03 35 | 12 06 | 27 22 | 11 58 | 14 10 | 23 | 00 02 | 15 43 | 06 28 | 19 13 | 15 03 |
| 8 | 03 23 | 12 17 | 27 56 | 12 25 | 14 13 | 24 | 29♍48 | 16 00 | 07 02 | 19 40 | 15 07 |
| 9 | 03 11 | 12 28 | 28 29 | 12 52 | 14 16 | 25 | 29 35 | 16 17 | 07 37 | 20 08 | 15 10 |
| 10 | 02 58 | 12 39 | 29 03 | 13 19 | 14 19 | 26 | 29 21 | 16 34 | 08 12 | 20 35 | 15 14 |
| 11 | 02 45 | 12 51 | 29 37 | 13 46 | 14 23 | 27 | 29 07 | 16 52 | 08 46 | 21 02 | 15 17 |
| 12 | 02 32 | 13 03 | 00♉11 | 14 13 | 14 26 | 28 | 28 54 | 17 09 | 09 21 | 21 30 | 15 21 |
| 13 | 02 19 | 13 16 | 00 45 | 14 41 | 14 29 | 29 | 28 40 | 17 28 | 09 56 | 21 57 | 15 24 |
| 14 | 02 06 | 13 29 | 01 19 | 15 08 | 14 32 | 30 | 28 27 | 17 46 | 10 31 | 22 24 | 15 28 |
| 15 | 01 52 | 13 42 | 01 53 | 15 35 | 14 36 | 31 | 28 14 | 18 04 | 11 06 | 22 52 | 15 31 |
| 16 | 01 39 | 13 56 | 02 27 | 16 02 | 14 39 | | | | | | |

### Lunar Data

| | Last Asp. | Ingress | |
|---|-----------|---------|---|
| 1 | 01:09 | 1 | ♋ 02:41 |
| 3 | 14:23 | 3 | ♌ 15:17 |
| 6 | 03:20 | 6 | ♍ 03:40 |
| 8 | 14:08 | 8 | ♎ 14:45 |
| 10 | 23:37 | 11 | ♏ 00:07 |
| 13 | 06:59 | 13 | ♐ 07:22 |
| 15 | 08:51 | 15 | ♑ 12:07 |
| 17 | 14:15 | 17 | ♒ 14:26 |
| 19 | 10:34 | 19 | ♓ 15:13 |
| 21 | 15:59 | 21 | ♈ 16:03 |
| 23 | 17:15 | 23 | ♉ 18:44 |
| 25 | 16:20 | 26 | ♊ 00:43 |
| 28 | 01:41 | 28 | ♋ 10:23 |
| 30 | 13:47 | 30 | ♌ 22:32 |

## 0:00 E.T. — Declinations

| D | ☉ | ☽ | ☿ | ♀ | ♂ | ♃ | ♄ | ♅ | ♆ | ♇ | ⚳ | ⚴ | ⚵ | ⚶ | ⚷ |
|---|---|---|---|---|---|---|---|---|---|---|---|---|---|---|---|
| 1 | -07 46 | +27 30 | -14 36 | +03 36 | +25 24 | +03 40 | -12 56 | +16 10 | -03 14 | -22 33 | +13 15 | -15 24 | +01 41 | -01 14 | +06 58 |
| 2 | 07 23 | 27 37 | 14 03 | 04 07 | 25 25 | 03 46 | 12 54 | 16 11 | 03 13 | 22 33 | 13 22 | 15 00 | 01 52 | 01 03 | 06 59 |
| 3 | 07 01 | 26 27 | 13 28 | 04 38 | 25 26 | 03 51 | 12 51 | 16 11 | 03 12 | 22 33 | 13 29 | 14 37 | 02 03 | 00 52 | 07 00 |
| 4 | 06 38 | 24 07 | 12 51 | 05 09 | 25 27 | 03 56 | 12 49 | 16 12 | 03 12 | 22 33 | 13 35 | 14 13 | 02 14 | 00 40 | 07 01 |
| 5 | 06 14 | 20 45 | 12 14 | 05 39 | 25 28 | 04 02 | 12 47 | 16 13 | 03 11 | 22 32 | 13 42 | 13 49 | 02 25 | 00 29 | 07 02 |
| 6 | 05 51 | 16 31 | 11 35 | 06 10 | 25 29 | 04 07 | 12 44 | 16 13 | 03 10 | 22 32 | 13 48 | 13 26 | 02 36 | 00 18 | 07 03 |
| 7 | 05 28 | 11 36 | 10 55 | 06 41 | 25 30 | 04 13 | 12 42 | 16 14 | 03 09 | 22 32 | 13 55 | 13 03 | 02 47 | 00 07 | 07 04 |
| 8 | 05 05 | 06 11 | 10 13 | 07 11 | 25 31 | 04 18 | 12 39 | 16 15 | 03 08 | 22 32 | 14 02 | 12 39 | 02 58 | +00 04 | 07 05 |
| 9 | 04 41 | 00 28 | 09 31 | 07 41 | 25 32 | 04 23 | 12 37 | 16 15 | 03 07 | 22 32 | 14 02 | 12 16 | 03 09 | 00 16 | 07 07 |
| 10 | 04 18 | -05 21 | 08 47 | 08 12 | 25 33 | 04 29 | 12 35 | 16 16 | 03 06 | 22 31 | 14 14 | 11 53 | 03 20 | 00 27 | 07 08 |
| 11 | 03 54 | 11 03 | 08 01 | 08 42 | 25 34 | 04 34 | 12 32 | 16 17 | 03 05 | 22 31 | 14 21 | 11 30 | 03 31 | 00 38 | 07 09 |
| 12 | 03 31 | 16 23 | 07 15 | 09 11 | 25 34 | 04 40 | 12 30 | 16 17 | 03 04 | 22 31 | 14 27 | 11 07 | 03 42 | 00 49 | 07 10 |
| 13 | 03 07 | 21 03 | 06 28 | 09 41 | 25 35 | 04 45 | 12 28 | 16 18 | 03 04 | 22 31 | 14 33 | 10 44 | 03 53 | 01 00 | 07 11 |
| 14 | 02 44 | 24 45 | 05 39 | 10 10 | 25 35 | 04 51 | 12 25 | 16 19 | 03 03 | 22 31 | 14 39 | 10 22 | 04 04 | 01 11 | 07 12 |
| 15 | 02 20 | 27 06 | 04 49 | 10 39 | 25 36 | 04 56 | 12 23 | 16 19 | 03 02 | 22 31 | 14 45 | 09 59 | 04 15 | 01 22 | 07 14 |
| 16 | 01 56 | 27 50 | 03 58 | 11 08 | 25 36 | 05 02 | 12 20 | 16 20 | 03 01 | 22 31 | 14 50 | 09 37 | 04 25 | 01 33 | 07 15 |
| 17 | 01 32 | 26 43 | 03 06 | 11 37 | 25 36 | 05 07 | 12 18 | 16 21 | 03 00 | 22 30 | 14 56 | 09 15 | 04 36 | 01 44 | 07 16 |
| 18 | 01 09 | 23 49 | 02 13 | 12 05 | 25 37 | 05 13 | 12 16 | 16 22 | 02 59 | 22 30 | 15 02 | 08 53 | 04 47 | 01 55 | 07 17 |
| 19 | 00 45 | 19 20 | 01 20 | 12 33 | 25 37 | 05 18 | 12 13 | 16 22 | 02 58 | 22 30 | 15 07 | 08 31 | 04 57 | 02 06 | 07 19 |
| 20 | 00 21 | 13 39 | 00 25 | 13 01 | 25 37 | 05 24 | 12 11 | 16 23 | 02 57 | 22 30 | 15 12 | 08 09 | 05 08 | 02 17 | 07 20 |
| 21 | +00 03 | 07 12 | +00 30 | 13 28 | 25 36 | 05 29 | 12 09 | 16 24 | 02 56 | 22 30 | 15 17 | 07 48 | 05 18 | 02 28 | 07 21 |
| 22 | 00 26 | 00 27 | 01 26 | 13 55 | 25 36 | 05 35 | 12 07 | 16 25 | 02 55 | 22 30 | 15 22 | 07 26 | 05 29 | 02 38 | 07 22 |
| 23 | 00 50 | +06 13 | 02 22 | 14 22 | 25 36 | 05 40 | 12 04 | 16 25 | 02 55 | 22 30 | 15 27 | 07 05 | 05 39 | 02 49 | 07 24 |
| 24 | 01 14 | 12 25 | 03 19 | 14 49 | 25 35 | 05 46 | 12 02 | 16 26 | 02 54 | 22 30 | 15 32 | 06 44 | 05 50 | 03 00 | 07 25 |
| 25 | 01 37 | 17 50 | 04 16 | 15 15 | 25 35 | 05 51 | 12 00 | 16 27 | 02 53 | 22 30 | 15 35 | 06 24 | 06 01 | 03 11 | 07 26 |
| 26 | 02 01 | 22 15 | 05 12 | 15 41 | 25 34 | 05 57 | 11 58 | 16 28 | 02 52 | 22 30 | 15 39 | 06 03 | 06 10 | 03 22 | 07 27 |
| 27 | 02 24 | 25 28 | 06 09 | 16 06 | 25 33 | 06 02 | 11 55 | 16 29 | 02 51 | 22 29 | 15 43 | 05 43 | 06 21 | 03 32 | 07 29 |
| 28 | 02 48 | 27 22 | 07 05 | 16 31 | 25 33 | 06 08 | 11 53 | 16 29 | 02 50 | 22 29 | 15 47 | 05 23 | 06 31 | 03 43 | 07 30 |
| 29 | 03 11 | 27 54 | 08 00 | 16 56 | 25 32 | 06 13 | 11 51 | 16 30 | 02 49 | 22 29 | 15 50 | 05 03 | 06 41 | 03 53 | 07 31 |
| 30 | 03 35 | 27 06 | 08 55 | 17 20 | 25 31 | 06 19 | 11 49 | 16 31 | 02 48 | 22 29 | 15 54 | 04 44 | 06 51 | 04 04 | 07 33 |
| 31 | 03 58 | 25 05 | 09 48 | 17 44 | 25 29 | 06 24 | 11 47 | 16 32 | 02 48 | 22 29 | 15 57 | 04 24 | 07 01 | 04 15 | 07 34 |

Lunar Phases -- 7 ○ 12:42  15 ◑ 02:09  21 ● 17:24  29 ◐ 02:34  Sun enters ♈ 3/20 21:26

## Longitudes of Main Planets - April 2023

0:00 E.T.

| D | S.T. | ☉ | ☽ | ☽ 12:00 | ☿ | ♀ | ♂ | ♃ | ♄ | ♅ | ♆ | ♇ | ☊ |
|---|---|---|---|---|---|---|---|---|---|---|---|---|---|
| 1 | 12:36:24 | 11♈00 17 | 12♌36 | 18♌33 | 25♈18 | 18♉00 | 03♋12 | 19♈07 | 02♓44 | 16♉48 | 25♓43 | 00♒08 | 05♉26 |
| 2 | 12:40:20 | 11 59 30 | 24 31 | 00♍31 | 27 06 | 19 11 | 03 42 | 19 22 | 02 50 | 16 51 | 25 45 | 00 09 | 05 23 |
| 3 | 12:44:17 | 12 58 41 | 06♍33 | 12 37 | 28 51 | 20 22 | 04 12 | 19 36 | 02 56 | 16 54 | 25 48 | 00 10 | 05 20 |
| 4 | 12:48:13 | 13 57 50 | 18 44 | 24 54 | 00♉32 | 21 33 | 04 42 | 19 51 | 03 02 | 16 57 | 25 50 | 00 11 | 05 17 |
| 5 | 12:52:10 | 14 56 56 | 01♎06 | 07♎22 | 02 09 | 22 44 | 05 13 | 20 05 | 03 08 | 17 00 | 25 52 | 00 11 | 05 14 |
| 6 | 12:56:07 | 15 56 01 | 13 41 | 20 04 | 03 41 | 23 55 | 05 43 | 20 19 | 03 14 | 17 03 | 25 54 | 00 12 | 05 10 |
| 7 | 13:00:03 | 16 55 03 | 26 29 | 02♏58 | 05 09 | 25 05 | 06 14 | 20 34 | 03 20 | 17 06 | 25 56 | 00 13 | 05 07 |
| 8 | 13:04:00 | 17 54 03 | 09♏31 | 16 07 | 06 32 | 26 15 | 06 45 | 20 48 | 03 26 | 17 09 | 25 58 | 00 14 | 05 04 |
| 9 | 13:07:56 | 18 53 02 | 22 45 | 29 28 | 07 49 | 27 26 | 07 16 | 21 03 | 03 32 | 17 12 | 26 01 | 00 14 | 05 01 |
| 10 | 13:11:53 | 19 51 59 | 06♐13 | 13♐01 | 09 01 | 28 36 | 07 47 | 21 17 | 03 37 | 17 15 | 26 03 | 00 15 | 04 58 |
| 11 | 13:15:49 | 20 50 54 | 19 52 | 26 47 | 10 08 | 29 46 | 08 18 | 21 32 | 03 43 | 17 19 | 26 05 | 00 16 | 04 55 |
| 12 | 13:19:46 | 21 49 47 | 03♑44 | 10♑43 | 11 08 | 00♊56 | 08 49 | 21 46 | 03 49 | 17 22 | 26 07 | 00 16 | 04 51 |
| 13 | 13:23:42 | 22 48 39 | 17 46 | 24 50 | 12 03 | 02 06 | 09 20 | 22 01 | 03 54 | 17 25 | 26 09 | 00 17 | 04 48 |
| 14 | 13:27:39 | 23 47 28 | 01♒57 | 09♒05 | 12 51 | 03 15 | 09 52 | 22 15 | 04 00 | 17 28 | 26 11 | 00 17 | 04 45 |
| 15 | 13:31:36 | 24 46 16 | 16 15 | 23 26 | 13 34 | 04 25 | 10 23 | 22 30 | 04 05 | 17 32 | 26 13 | 00 18 | 04 42 |
| 16 | 13:35:32 | 25 45 03 | 00♓37 | 07♓49 | 14 10 | 05 35 | 10 55 | 22 44 | 04 11 | 17 35 | 26 15 | 00 18 | 04 39 |
| 17 | 13:39:29 | 26 43 48 | 15 00 | 22 10 | 14 40 | 06 44 | 11 26 | 22 59 | 04 16 | 17 38 | 26 17 | 00 19 | 04 36 |
| 18 | 13:43:25 | 27 42 30 | 29 18 | 06♈24 | 15 03 | 07 53 | 11 58 | 23 13 | 04 22 | 17 41 | 26 19 | 00 19 | 04 32 |
| 19 | 13:47:22 | 28 41 11 | 13♈28 | 20 28 | 15 21 | 09 02 | 12 30 | 23 28 | 04 27 | 17 45 | 26 21 | 00 19 | 04 29 |
| 20 | 13:51:18 | 29 39 51 | 27 24 | 04♉17 | 15 32 | 10 11 | 13 02 | 23 42 | 04 32 | 17 48 | 26 23 | 00 20 | 04 26 |
| 21 | 13:55:15 | 00♉38 28 | 11♉04 | 17 47 | 15 37 | 11 20 | 13 34 | 23 57 | 04 37 | 17 51 | 26 25 | 00 20 | 04 23 |
| 22 | 13:59:11 | 01 37 03 | 24 25 | 00♊59 | 15 36℞ | 12 29 | 14 06 | 24 11 | 04 42 | 17 55 | 26 27 | 00 20 | 04 20 |
| 23 | 14:03:08 | 02 35 37 | 07♊27 | 13 50 | 15 30 | 13 37 | 14 39 | 24 25 | 04 47 | 17 58 | 26 29 | 00 21 | 04 16 |
| 24 | 14:07:05 | 03 34 08 | 20 09 | 26 24 | 15 18 | 14 46 | 15 11 | 24 40 | 04 52 | 18 02 | 26 31 | 00 21 | 04 13 |
| 25 | 14:11:01 | 04 32 37 | 02♋34 | 08♋41 | 15 01 | 15 54 | 15 43 | 24 54 | 04 57 | 18 05 | 26 33 | 00 21 | 04 10 |
| 26 | 14:14:58 | 05 31 05 | 14 45 | 20 46 | 14 39 | 17 02 | 16 16 | 25 08 | 05 02 | 18 08 | 26 35 | 00 21 | 04 07 |
| 27 | 14:18:54 | 06 29 30 | 26 46 | 02♌43 | 14 13 | 18 10 | 16 49 | 25 23 | 05 06 | 18 12 | 26 37 | 00 21 | 04 04 |
| 28 | 14:22:51 | 07 27 53 | 08♌40 | 14 37 | 13 43 | 19 18 | 17 21 | 25 37 | 05 11 | 18 15 | 26 38 | 00 22 | 04 01 |
| 29 | 14:26:47 | 08 26 13 | 20 33 | 26 31 | 13 10 | 20 26 | 17 54 | 25 51 | 05 15 | 18 19 | 26 40 | 00 22 | 03 57 |
| 30 | 14:30:44 | 09 24 32 | 02♍30 | 08♍30 | 12 35 | 21 33 | 18 27 | 26 06 | 05 20 | 18 22 | 26 42 | 00 22 | 03 54 |

## Longitudes of the Major Asteroids and Chiron

0:00 E.T.

| D | ⚳ | ⚴ | ⚵ | ⚶ | ⚷ | D | ⚳ | ⚴ | ⚵ | ⚶ | ⚷ |
|---|---|---|---|---|---|---|---|---|---|---|---|
| 1 | 28♍01℞ | 18♋23 | 11♉40 | 23♈19 | 15♈35 | 16 | 25 19 | 23 32 | 20 27 | 00♉08 | 16 27 |
| 2 | 27 49 | 18 42 | 12 15 | 23 46 | 15 38 | 17 | 25 10 | 23 54 | 21 02 | 00 35 | 16 31 |
| 3 | 27 36 | 19 02 | 12 50 | 24 13 | 15 42 | 18 | 25 02 | 24 17 | 21 38 | 01 02 | 16 34 |
| 4 | 27 24 | 19 21 | 13 25 | 24 41 | 15 45 | 19 | 24 55 | 24 39 | 22 13 | 01 30 | 16 38 |
| 5 | 27 12 | 19 41 | 14 00 | 25 08 | 15 49 | 20 | 24 48 | 25 02 | 22 48 | 01 57 | 16 41 |
| 6 | 27 00 | 20 01 | 14 35 | 25 35 | 15 52 | 21 | 24 41 | 25 24 | 23 24 | 02 24 | 16 45 |
| 7 | 26 49 | 20 21 | 15 10 | 26 03 | 15 56 | 22 | 24 35 | 25 47 | 23 59 | 02 51 | 16 48 |
| 8 | 26 37 | 20 42 | 15 45 | 26 30 | 15 59 | 23 | 24 29 | 26 10 | 24 34 | 03 18 | 16 52 |
| 9 | 26 26 | 21 03 | 16 21 | 26 57 | 16 03 | 24 | 24 23 | 26 33 | 25 10 | 03 45 | 16 55 |
| 10 | 26 16 | 21 23 | 16 56 | 27 24 | 16 06 | 25 | 24 18 | 26 57 | 25 45 | 04 12 | 16 58 |
| 11 | 26 05 | 21 44 | 17 31 | 27 52 | 16 10 | 26 | 24 13 | 27 20 | 26 20 | 04 40 | 17 02 |
| 12 | 25 55 | 22 06 | 18 06 | 28 19 | 16 13 | 27 | 24 09 | 27 44 | 26 56 | 05 07 | 17 05 |
| 13 | 25 46 | 22 27 | 18 41 | 28 46 | 16 17 | 28 | 24 05 | 28 07 | 27 31 | 05 34 | 17 09 |
| 14 | 25 36 | 22 49 | 19 16 | 29 13 | 16 20 | 29 | 24 02 | 28 31 | 28 07 | 06 01 | 17 12 |
| 15 | 25 27 | 23 10 | 19 52 | 29 41 | 16 24 | 30 | 23 59 | 28 55 | 28 42 | 06 28 | 17 15 |

## Lunar Data

| Last Asp. | | Ingress | | |
|---|---|---|---|---|
| 2 | 06:04 | 2 | ♍ | 10:58 |
| 4 | 13:51 | 4 | ♎ | 21:52 |
| 6 | 12:44 | 7 | ♏ | 06:30 |
| 9 | 09:10 | 9 | ♐ | 12:58 |
| 11 | 10:49 | 11 | ♑ | 17:34 |
| 13 | 14:15 | 13 | ♒ | 20:43 |
| 15 | 15:17 | 15 | ♓ | 22:58 |
| 17 | 18:58 | 18 | ♈ | 01:10 |
| 20 | 04:14 | 20 | ♉ | 04:31 |
| 22 | 03:43 | 22 | ♊ | 10:12 |
| 24 | 12:16 | 24 | ♋ | 18:60 |
| 26 | 23:42 | 27 | ♌ | 06:31 |
| 29 | 10:54 | 29 | ♍ | 19:00 |

## Declinations

0:00 E.T.

| D | ☉ | ☽ | ☿ | ♀ | ♂ | ♃ | ♄ | ♅ | ♆ | ♇ | ⚳ | ⚴ | ⚵ | ⚶ | ⚷ |
|---|---|---|---|---|---|---|---|---|---|---|---|---|---|---|---|
| 1 | +04 21 | +21 59 | +10 40 | +18 07 | +25 28 | +06 30 | -11 45 | +16 33 | -02 47 | -22 29 | +16 00 | -04 05 | +07 11 | +04 25 | +07 35 |
| 2 | 04 44 | 17 58 | 11 30 | 18 30 | 25 27 | 06 35 | 11 43 | 16 34 | 02 46 | 22 29 | 16 02 | 03 46 | 07 20 | 04 36 | 07 36 |
| 3 | 05 08 | 13 13 | 12 19 | 18 52 | 25 25 | 06 41 | 11 40 | 16 35 | 02 45 | 22 29 | 16 04 | 03 28 | 07 30 | 04 46 | 07 38 |
| 4 | 05 30 | 07 54 | 13 05 | 19 14 | 25 23 | 06 46 | 11 38 | 16 35 | 02 44 | 22 29 | 16 07 | 03 09 | 07 40 | 04 56 | 07 39 |
| 5 | 05 53 | 02 11 | 13 49 | 19 36 | 25 22 | 06 52 | 11 36 | 16 36 | 02 43 | 22 29 | 16 08 | 02 51 | 07 49 | 05 07 | 07 40 |
| 6 | 06 16 | -03 43 | 14 31 | 19 57 | 25 20 | 06 57 | 11 34 | 16 37 | 02 42 | 22 29 | 16 10 | 02 33 | 07 59 | 05 17 | 07 42 |
| 7 | 06 39 | 09 34 | 15 10 | 20 18 | 25 18 | 07 03 | 11 32 | 16 38 | 02 42 | 22 29 | 16 11 | 02 16 | 08 08 | 05 27 | 07 43 |
| 8 | 07 01 | 15 08 | 15 47 | 20 38 | 25 16 | 07 08 | 11 30 | 16 39 | 02 41 | 22 29 | 16 13 | 01 58 | 08 18 | 05 37 | 07 44 |
| 9 | 07 24 | 20 06 | 16 21 | 20 57 | 25 13 | 07 14 | 11 28 | 16 40 | 02 40 | 22 29 | 16 14 | 01 41 | 08 27 | 05 48 | 07 45 |
| 10 | 07 46 | 24 07 | 16 52 | 21 16 | 25 11 | 07 19 | 11 26 | 16 41 | 02 39 | 22 29 | 16 14 | 01 24 | 08 36 | 05 58 | 07 47 |
| 11 | 08 08 | 26 49 | 17 20 | 21 34 | 25 08 | 07 24 | 11 24 | 16 42 | 02 38 | 22 29 | 16 15 | 01 08 | 08 46 | 06 08 | 07 48 |
| 12 | 08 30 | 27 56 | 17 46 | 21 52 | 25 06 | 07 30 | 11 23 | 16 43 | 02 37 | 22 29 | 16 15 | 00 51 | 08 55 | 06 18 | 07 49 |
| 13 | 08 52 | 27 17 | 18 08 | 22 10 | 25 03 | 07 35 | 11 21 | 16 44 | 02 37 | 22 29 | 16 15 | 00 35 | 09 04 | 06 28 | 07 51 |
| 14 | 09 14 | 24 52 | 18 27 | 22 27 | 25 00 | 07 41 | 11 19 | 16 44 | 02 36 | 22 29 | 16 14 | 00 19 | 09 12 | 06 38 | 07 52 |
| 15 | 09 36 | 20 53 | 18 43 | 22 43 | 24 57 | 07 46 | 11 17 | 16 45 | 02 35 | 22 29 | 16 14 | 00 03 | 09 21 | 06 48 | 07 53 |
| 16 | 09 57 | 15 40 | 18 56 | 22 58 | 24 54 | 07 51 | 11 15 | 16 46 | 02 34 | 22 29 | 16 13 | +00 12 | 09 30 | 06 58 | 07 55 |
| 17 | 10 18 | 09 35 | 19 06 | 23 14 | 24 50 | 07 57 | 11 13 | 16 47 | 02 33 | 22 29 | 16 12 | 00 27 | 09 39 | 07 08 | 07 56 |
| 18 | 10 39 | 03 03 | 19 13 | 23 28 | 24 47 | 08 02 | 11 11 | 16 48 | 02 33 | 22 29 | 16 11 | 00 42 | 09 47 | 07 17 | 07 57 |
| 19 | 11 00 | +03 36 | 19 16 | 23 42 | 24 44 | 08 07 | 11 10 | 16 49 | 02 32 | 22 30 | 16 09 | 00 57 | 09 55 | 07 27 | 07 58 |
| 20 | 11 21 | 09 59 | 19 17 | 23 55 | 24 40 | 08 13 | 11 08 | 16 50 | 02 31 | 22 30 | 16 08 | 01 11 | 10 04 | 07 37 | 08 00 |
| 21 | 11 42 | 15 46 | 19 14 | 24 08 | 24 36 | 08 18 | 11 06 | 16 51 | 02 30 | 22 30 | 16 06 | 01 25 | 10 12 | 07 46 | 08 01 |
| 22 | 12 02 | 20 40 | 19 09 | 24 20 | 24 32 | 08 23 | 11 05 | 16 52 | 02 30 | 22 30 | 16 04 | 01 39 | 10 20 | 07 56 | 08 02 |
| 23 | 12 22 | 24 25 | 19 00 | 24 31 | 24 28 | 08 29 | 11 03 | 16 53 | 02 29 | 22 30 | 16 01 | 01 53 | 10 28 | 08 05 | 08 04 |
| 24 | 12 42 | 26 52 | 18 49 | 24 42 | 24 24 | 08 34 | 11 01 | 16 54 | 02 28 | 22 30 | 15 59 | 02 06 | 10 36 | 08 15 | 08 05 |
| 25 | 13 02 | 27 55 | 18 34 | 24 52 | 24 19 | 08 39 | 11 00 | 16 55 | 02 27 | 22 30 | 15 56 | 02 20 | 10 44 | 08 24 | 08 06 |
| 26 | 13 22 | 27 35 | 18 17 | 25 01 | 24 15 | 08 44 | 10 58 | 16 56 | 02 27 | 22 30 | 15 53 | 02 33 | 10 52 | 08 34 | 08 07 |
| 27 | 13 41 | 25 57 | 17 58 | 25 10 | 24 10 | 08 50 | 10 57 | 16 57 | 02 26 | 22 30 | 15 49 | 02 45 | 10 59 | 08 43 | 08 09 |
| 28 | 14 00 | 23 10 | 17 36 | 25 18 | 24 05 | 08 55 | 10 55 | 16 58 | 02 25 | 22 30 | 15 46 | 02 58 | 11 07 | 08 52 | 08 10 |
| 29 | 14 19 | 19 26 | 17 13 | 25 26 | 24 01 | 09 00 | 10 54 | 16 59 | 02 25 | 22 31 | 15 42 | 03 10 | 11 14 | 09 01 | 08 11 |
| 30 | 14 38 | 14 55 | 16 47 | 25 33 | 23 56 | 09 05 | 10 52 | 17 00 | 02 24 | 22 31 | 15 38 | 03 22 | 11 22 | 09 11 | 08 12 |

Lunar Phases -- 6 ○ 04:36 13 ◑ 09:13 20 ● 04:14 27 ◐ 21:21 Sun enters ♉ 4/20 08:15

## 0:00 E.T. Longitudes of Main Planets - May 2023

| D | S.T. | ☉ | ☽ | ☽ 12:00 | ☿ | ♀ | ♂ | ♃ | ♄ | ♅ | ♆ | ♇ | ☊ |
|---|---|---|---|---|---|---|---|---|---|---|---|---|---|
| 1 | 14:34:40 | 10♉22 49 | 14♍33 | 20♍39 | 11♉57℞ | 22♊40 | 19♋00 | 26♈20 | 05♓24 | 18♉26 | 26♓44 | 00♒22 | 03♉51 |
| 2 | 14:38:37 | 11 21 03 | 26 49 | 03♎02 | 11 19 | 23 48 | 19 33 | 26 34 | 05 29 | 18 29 | 26 46 | 00 22℞ | 03 48 |
| 3 | 14:42:34 | 12 19 16 | 09♎19 | 15 40 | 10 40 | 24 54 | 20 06 | 26 48 | 05 33 | 18 32 | 26 47 | 00 22 | 03 45 |
| 4 | 14:46:30 | 13 17 27 | 22 06 | 28 36 | 10 02 | 26 01 | 20 39 | 27 02 | 05 37 | 18 36 | 26 49 | 00 22 | 03 42 |
| 5 | 14:50:27 | 14 15 36 | 05♏11 | 11♏51 | 09 24 | 27 08 | 21 12 | 27 17 | 05 41 | 18 39 | 26 51 | 00 22 | 03 38 |
| 6 | 14:54:23 | 15 13 43 | 18 35 | 25 23 | 08 48 | 28 14 | 21 45 | 27 31 | 05 45 | 18 43 | 26 52 | 00 21 | 03 35 |
| 7 | 14:58:20 | 16 11 49 | 02♐15 | 09♐11 | 08 14 | 29 20 | 22 19 | 27 45 | 05 49 | 18 46 | 26 54 | 00 21 | 03 32 |
| 8 | 15:02:16 | 17 09 53 | 16 10 | 23 11 | 07 43 | 00♋26 | 22 52 | 27 59 | 05 53 | 18 50 | 26 56 | 00 21 | 03 29 |
| 9 | 15:06:13 | 18 07 56 | 00♑15 | 07♑21 | 07 15 | 01 32 | 23 26 | 28 13 | 05 57 | 18 53 | 26 57 | 00 21 | 03 26 |
| 10 | 15:10:09 | 19 05 57 | 14 28 | 21 36 | 06 50 | 02 38 | 23 59 | 28 27 | 06 00 | 18 57 | 26 59 | 00 21 | 03 22 |
| 11 | 15:14:06 | 20 03 57 | 28 45 | 05♒53 | 06 30 | 03 43 | 24 33 | 28 41 | 06 04 | 19 00 | 27 00 | 00 21 | 03 19 |
| 12 | 15:18:03 | 21 01 55 | 13♒01 | 20 08 | 06 14 | 04 48 | 25 06 | 28 55 | 06 07 | 19 04 | 27 02 | 00 20 | 03 16 |
| 13 | 15:21:59 | 21 59 53 | 27 14 | 04♓19 | 06 02 | 05 53 | 25 40 | 29 09 | 06 11 | 19 07 | 27 03 | 00 20 | 03 13 |
| 14 | 15:25:56 | 22 57 48 | 11♓23 | 18 24 | 05 54 | 06 58 | 26 14 | 29 23 | 06 14 | 19 11 | 27 05 | 00 20 | 03 10 |
| 15 | 15:29:52 | 23 55 43 | 25 23 | 02♈21 | 05 51 | 08 02 | 26 48 | 29 36 | 06 17 | 19 14 | 27 06 | 00 19 | 03 07 |
| 16 | 15:33:49 | 24 53 37 | 09♈16 | 16 08 | 05 53D | 09 06 | 27 22 | 29 50 | 06 21 | 19 18 | 27 08 | 00 19 | 03 03 |
| 17 | 15:37:45 | 25 51 29 | 22 57 | 29 44 | 05 59 | 10 10 | 27 56 | 00♉04 | 06 24 | 19 21 | 27 09 | 00 18 | 03 00 |
| 18 | 15:41:42 | 26 49 20 | 06♉27 | 13♉08 | 06 10 | 11 14 | 28 30 | 00 17 | 06 27 | 19 24 | 27 11 | 00 18 | 02 57 |
| 19 | 15:45:38 | 27 47 09 | 19 45 | 26 18 | 06 25 | 12 17 | 29 04 | 00 31 | 06 30 | 19 28 | 27 12 | 00 18 | 02 54 |
| 20 | 15:49:35 | 28 44 57 | 02♊48 | 09♊14 | 06 45 | 13 21 | 29 38 | 00 45 | 06 32 | 19 31 | 27 13 | 00 17 | 02 51 |
| 21 | 15:53:32 | 29 42 44 | 15 37 | 21 56 | 07 09 | 14 23 | 00♌12 | 00 58 | 06 35 | 19 35 | 27 15 | 00 17 | 02 47 |
| 22 | 15:57:28 | 00♊40 30 | 28 11 | 04♋23 | 07 38 | 15 26 | 00 46 | 01 12 | 06 38 | 19 38 | 27 16 | 00 16 | 02 44 |
| 23 | 16:01:25 | 01 38 14 | 10♋32 | 16 38 | 08 10 | 16 28 | 01 21 | 01 25 | 06 40 | 19 42 | 27 17 | 00 15 | 02 41 |
| 24 | 16:05:21 | 02 35 56 | 22 41 | 28 42 | 08 47 | 17 30 | 01 55 | 01 39 | 06 43 | 19 45 | 27 18 | 00 15 | 02 38 |
| 25 | 16:09:18 | 03 33 37 | 04♌41 | 10♌39 | 09 27 | 18 32 | 02 29 | 01 52 | 06 45 | 19 49 | 27 19 | 00 14 | 02 35 |
| 26 | 16:13:14 | 04 31 17 | 16 35 | 22 31 | 10 11 | 19 34 | 03 04 | 02 05 | 06 47 | 19 52 | 27 21 | 00 14 | 02 32 |
| 27 | 16:17:11 | 05 28 55 | 28 28 | 04♍25 | 10 59 | 20 35 | 03 38 | 02 18 | 06 49 | 19 55 | 27 22 | 00 13 | 02 28 |
| 28 | 16:21:07 | 06 26 31 | 10♍23 | 16 23 | 11 50 | 21 35 | 04 13 | 02 32 | 06 52 | 19 59 | 27 23 | 00 12 | 02 25 |
| 29 | 16:25:04 | 07 24 06 | 22 26 | 28 32 | 12 45 | 22 36 | 04 48 | 02 45 | 06 54 | 20 02 | 27 24 | 00 12 | 02 22 |
| 30 | 16:29:01 | 08 21 40 | 04♎42 | 10♎56 | 13 43 | 23 36 | 05 22 | 02 58 | 06 55 | 20 05 | 27 25 | 00 11 | 02 19 |
| 31 | 16:32:57 | 09 19 12 | 17 14 | 23 38 | 14 45 | 24 35 | 05 57 | 03 11 | 06 57 | 20 09 | 27 26 | 00 10 | 02 16 |

## 0:00 E.T. Longitudes of the Major Asteroids and Chiron

| D | ⚳ | ⚴ | ⚵ | ⚶ | ⚷ | D | ⚳ | ⚴ | ⚵ | ⚶ | ⚷ |
|---|---|---|---|---|---|---|---|---|---|---|---|
| 1 | 23♍56℞ | 29♋19 | 29♉17 | 06♉55 | 17♈19 | 17 | 24 10 | 05 55 | 08 44 | 14 04 | 18 09 |
| 2 | 23 54 | 29 43 | 29 53 | 07 22 | 17 22 | 18 | 24 14 | 06 21 | 09 19 | 14 30 | 18 12 |
| 3 | 23 52 | 00♌07 | 00♊28 | 07 49 | 17 25 | 19 | 24 19 | 06 46 | 09 54 | 14 57 | 18 15 |
| 4 | 23 51 | 00 31 | 01 04 | 08 16 | 17 28 | 20 | 24 24 | 07 12 | 10 30 | 15 24 | 18 18 |
| 5 | 23 50 | 00 56 | 01 39 | 08 43 | 17 32 | 21 | 24 29 | 07 37 | 11 05 | 15 50 | 18 20 |
| 6 | 23 49 | 01 20 | 02 15 | 09 09 | 17 35 | 22 | 24 35 | 08 03 | 11 40 | 16 17 | 18 23 |
| 7 | 23 49D | 01 45 | 02 50 | 09 36 | 17 38 | 23 | 24 41 | 08 29 | 12 16 | 16 43 | 18 26 |
| 8 | 23 49 | 02 10 | 03 25 | 10 03 | 17 41 | 24 | 24 47 | 08 55 | 12 51 | 17 10 | 18 29 |
| 9 | 23 50 | 02 34 | 04 01 | 10 30 | 17 44 | 25 | 24 54 | 09 21 | 13 26 | 17 36 | 18 31 |
| 10 | 23 51 | 02 59 | 04 36 | 10 57 | 17 48 | 26 | 25 01 | 09 47 | 14 01 | 18 02 | 18 34 |
| 11 | 23 53 | 03 24 | 05 12 | 11 24 | 17 51 | 27 | 25 09 | 10 13 | 14 37 | 18 29 | 18 37 |
| 12 | 23 54 | 03 49 | 05 47 | 11 50 | 17 54 | 28 | 25 16 | 10 39 | 15 12 | 18 55 | 18 39 |
| 13 | 23 57 | 04 14 | 06 22 | 12 17 | 17 57 | 29 | 25 25 | 11 05 | 15 47 | 19 21 | 18 42 |
| 14 | 23 59 | 04 39 | 06 58 | 12 44 | 18 00 | 30 | 25 33 | 11 31 | 16 22 | 19 47 | 18 45 |
| 15 | 24 02 | 05 05 | 07 33 | 13 10 | 18 03 | 31 | 25 42 | 11 57 | 16 57 | 20 14 | 18 47 |
| 16 | 24 06 | 05 30 | 08 08 | 13 37 | 18 06 | | | | | | |

## Lunar Data

| Last Asp. | | Ingress | | |
|---|---|---|---|---|
| 1 | 23:54 | 2 | ♎ | 06:10 |
| 4 | 09:18 | 4 | ♏ | 14:33 |
| 6 | 14:39 | 6 | ♐ | 20:05 |
| 8 | 20:29 | 8 | ♑ | 23:34 |
| 10 | 23:53 | 11 | ♒ | 02:07 |
| 13 | 03:17 | 13 | ♓ | 04:40 |
| 15 | 02:58 | 15 | ♈ | 07:57 |
| 17 | 09:11 | 17 | ♉ | 12:29 |
| 19 | 17:52 | 19 | ♊ | 18:49 |
| 21 | 22:13 | 22 | ♋ | 03:30 |
| 24 | 09:13 | 24 | ♌ | 14:36 |
| 26 | 06:39 | 27 | ♍ | 03:06 |
| 29 | 09:47 | 29 | ♎ | 14:51 |
| 31 | 14:54 | 31 | ♏ | 23:46 |

## 0:00 E.T. Declinations

| D | ☉ | ☽ | ☿ | ♀ | ♂ | ♃ | ♄ | ♅ | ♆ | ♇ | ⚳ | ⚴ | ⚵ | ⚶ | ⚷ |
|---|---|---|---|---|---|---|---|---|---|---|---|---|---|---|---|
| 1 | +14 56 | +09 47 | +16 21 | +25 39 | +23 50 | +09 10 | -10 51 | +17 01 | -02 23 | -22 31 | +15 34 | +03 33 | +11 29 | +09 20 | +08 14 |
| 2 | 15 14 | 04 12 | 15 53 | 25 45 | 23 45 | 09 15 | 10 49 | 17 02 | 02 23 | 22 31 | 15 30 | 03 45 | 11 36 | 09 29 | 08 15 |
| 3 | 15 32 | -01 39 | 15 25 | 25 49 | 23 40 | 09 21 | 10 48 | 17 02 | 02 22 | 22 31 | 15 25 | 03 56 | 11 43 | 09 38 | 08 16 |
| 4 | 15 50 | 07 35 | 14 56 | 25 54 | 23 34 | 09 26 | 10 46 | 17 03 | 02 21 | 22 31 | 15 21 | 04 07 | 11 50 | 09 47 | 08 17 |
| 5 | 16 07 | 13 21 | 14 28 | 25 57 | 23 28 | 09 31 | 10 45 | 17 04 | 02 21 | 22 32 | 15 16 | 04 18 | 11 56 | 09 55 | 08 19 |
| 6 | 16 24 | 18 37 | 14 00 | 26 00 | 23 22 | 09 36 | 10 44 | 17 05 | 02 20 | 22 32 | 15 11 | 04 28 | 12 03 | 10 04 | 08 20 |
| 7 | 16 41 | 23 03 | 13 33 | 26 02 | 23 16 | 09 41 | 10 43 | 17 06 | 02 19 | 22 32 | 15 06 | 04 38 | 12 10 | 10 13 | 08 21 |
| 8 | 16 58 | 26 14 | 13 07 | 26 04 | 23 10 | 09 46 | 10 41 | 17 07 | 02 19 | 22 32 | 15 00 | 04 48 | 12 16 | 10 22 | 08 22 |
| 9 | 17 14 | 27 49 | 12 43 | 26 05 | 23 04 | 09 51 | 10 40 | 17 08 | 02 18 | 22 32 | 14 55 | 04 58 | 12 22 | 10 30 | 08 23 |
| 10 | 17 30 | 27 35 | 12 20 | 26 05 | 22 58 | 09 56 | 10 39 | 17 09 | 02 18 | 22 32 | 14 49 | 05 08 | 12 28 | 10 39 | 08 25 |
| 11 | 17 45 | 25 32 | 12 00 | 26 05 | 22 51 | 10 01 | 10 38 | 17 10 | 02 17 | 22 33 | 14 43 | 05 17 | 12 34 | 10 47 | 08 26 |
| 12 | 18 01 | 21 53 | 11 41 | 26 04 | 22 45 | 10 05 | 10 37 | 17 11 | 02 16 | 22 33 | 14 37 | 05 26 | 12 40 | 10 56 | 08 27 |
| 13 | 18 16 | 16 58 | 11 25 | 26 02 | 22 38 | 10 10 | 10 36 | 17 12 | 02 16 | 22 33 | 14 31 | 05 35 | 12 46 | 11 04 | 08 28 |
| 14 | 18 31 | 11 10 | 11 11 | 26 00 | 22 31 | 10 15 | 10 35 | 17 13 | 02 15 | 22 33 | 14 24 | 05 43 | 12 52 | 11 12 | 08 29 |
| 15 | 18 45 | 04 51 | 11 00 | 25 57 | 22 24 | 10 20 | 10 34 | 17 14 | 02 15 | 22 34 | 14 18 | 05 52 | 12 57 | 11 20 | 08 30 |
| 16 | 18 59 | +01 38 | 10 51 | 25 53 | 22 17 | 10 25 | 10 33 | 17 15 | 02 14 | 22 34 | 14 11 | 06 00 | 13 03 | 11 29 | 08 31 |
| 17 | 19 13 | 07 59 | 10 44 | 25 49 | 22 09 | 10 29 | 10 32 | 17 16 | 02 14 | 22 34 | 14 04 | 06 08 | 13 08 | 11 37 | 08 33 |
| 18 | 19 27 | 13 53 | 10 40 | 25 44 | 22 02 | 10 34 | 10 31 | 17 17 | 02 13 | 22 34 | 13 57 | 06 16 | 13 13 | 11 45 | 08 34 |
| 19 | 19 40 | 19 02 | 10 38 | 25 39 | 21 54 | 10 39 | 10 30 | 17 18 | 02 13 | 22 35 | 13 50 | 06 23 | 13 18 | 11 53 | 08 35 |
| 20 | 19 53 | 23 12 | 10 39 | 25 33 | 21 46 | 10 44 | 10 29 | 17 19 | 02 12 | 22 35 | 13 43 | 06 31 | 13 23 | 12 01 | 08 36 |
| 21 | 20 05 | 26 07 | 10 42 | 25 27 | 21 39 | 10 48 | 10 28 | 17 20 | 02 12 | 22 35 | 13 36 | 06 38 | 13 28 | 12 08 | 08 37 |
| 22 | 20 17 | 27 40 | 10 47 | 25 19 | 21 31 | 10 53 | 10 27 | 17 21 | 02 11 | 22 35 | 13 28 | 06 44 | 13 33 | 12 16 | 08 38 |
| 23 | 20 29 | 27 48 | 10 54 | 25 12 | 21 23 | 10 58 | 10 27 | 17 21 | 02 11 | 22 36 | 13 21 | 06 51 | 13 37 | 12 24 | 08 39 |
| 24 | 20 41 | 26 34 | 11 03 | 25 03 | 21 14 | 11 02 | 10 26 | 17 22 | 02 10 | 22 36 | 13 13 | 06 58 | 13 42 | 12 32 | 08 40 |
| 25 | 20 52 | 24 08 | 11 15 | 24 55 | 21 06 | 11 07 | 10 25 | 17 23 | 02 10 | 22 36 | 13 05 | 07 04 | 13 46 | 12 39 | 08 41 |
| 26 | 21 03 | 20 42 | 11 28 | 24 45 | 20 57 | 11 11 | 10 25 | 17 24 | 02 10 | 22 36 | 12 57 | 07 10 | 13 50 | 12 47 | 08 42 |
| 27 | 21 13 | 16 26 | 11 43 | 24 35 | 20 49 | 11 16 | 10 24 | 17 25 | 02 09 | 22 37 | 12 49 | 07 16 | 13 54 | 12 54 | 08 43 |
| 28 | 21 23 | 11 32 | 11 59 | 24 25 | 20 40 | 11 20 | 10 23 | 17 26 | 02 09 | 22 37 | 12 41 | 07 21 | 13 58 | 13 01 | 08 44 |
| 29 | 21 33 | 06 09 | 12 17 | 24 14 | 20 31 | 11 24 | 10 23 | 17 27 | 02 08 | 22 37 | 12 33 | 07 27 | 14 02 | 13 09 | 08 45 |
| 30 | 21 42 | 00 27 | 12 37 | 24 03 | 20 22 | 11 29 | 10 22 | 17 28 | 02 08 | 22 38 | 12 25 | 07 32 | 14 05 | 13 16 | 08 46 |
| 31 | 21 51 | -05 25 | 12 58 | 23 51 | 20 13 | 11 33 | 10 22 | 17 29 | 02 08 | 22 38 | 12 16 | 07 37 | 14 09 | 13 23 | 08 47 |

Lunar Phases -- 5 Ⓔ 17:35 12 ◑ 14:30 19 ● 15:54 27 ◐ 15:23 Sun enters ♊ 5/21 07:10

## Longitudes of Main Planets - June 2023 — 0:00 E.T.

| D | S.T. | ☉ | ☽ | ☽ 12:00 | ☿ | ♀ | ♂ | ♃ | ♄ | ♅ | ♆ | ♇ | ☊ |
|---|------|---|---|---------|---|---|---|---|---|---|---|---|---|
| 1 | 16:36:54 | 10♊16 43 | 00♏08 | 06♏43 | 15♉49 | 25♋34 | 06♌32 | 03♉24 | 06♓59 | 20♉12 | 27♓27 | 00♒09℞ | 02♉13 |
| 2 | 16:40:50 | 11 14 12 | 13 24 | 20 11 | 16 57 | 26 33 | 07 07 | 03 37 | 07 00 | 20 15 | 27 28 | 00 08 | 02 09 |
| 3 | 16:44:47 | 12 11 41 | 27 04 | 04♐02 | 18 08 | 27 32 | 07 41 | 03 49 | 07 02 | 20 19 | 27 29 | 00 08 | 02 06 |
| 4 | 16:48:43 | 13 09 08 | 11♐06 | 18 14 | 19 21 | 28 30 | 08 16 | 04 02 | 07 03 | 20 22 | 27 30 | 00 07 | 02 03 |
| 5 | 16:52:40 | 14 06 35 | 25 27 | 02♑42 | 20 38 | 29 27 | 08 51 | 04 15 | 07 05 | 20 25 | 27 30 | 00 06 | 02 00 |
| 6 | 16:56:36 | 15 04 00 | 10♑01 | 17 20 | 21 58 | 00♌24 | 09 26 | 04 27 | 07 06 | 20 28 | 27 31 | 00 05 | 01 57 |
| 7 | 17:00:33 | 16 01 25 | 24 19 | 02♒01 | 23 20 | 01 21 | 10 01 | 04 40 | 07 07 | 20 32 | 27 32 | 00 04 | 01 53 |
| 8 | 17:04:30 | 16 58 49 | 09♒19 | 16 36 | 24 46 | 02 17 | 10 36 | 04 53 | 07 08 | 20 35 | 27 33 | 00 03 | 01 50 |
| 9 | 17:08:26 | 17 56 13 | 23 51 | 01♓03 | 26 14 | 03 13 | 11 12 | 05 05 | 07 09 | 20 38 | 27 33 | 00 02 | 01 47 |
| 10 | 17:12:23 | 18 53 36 | 08♓11 | 15 15 | 27 45 | 04 08 | 11 47 | 05 17 | 07 10 | 20 41 | 27 34 | 00 01 | 01 44 |
| 11 | 17:16:19 | 19 50 58 | 22 16 | 29 13 | 29 18 | 05 02 | 12 22 | 05 30 | 07 10 | 20 44 | 27 35 | 00 00 | 01 41 |
| 12 | 17:20:16 | 20 48 20 | 06♈06 | 12♈55 | 00♊55 | 05 56 | 12 57 | 05 42 | 07 11 | 20 47 | 27 35 | 29♑59 | 01 38 |
| 13 | 17:24:12 | 21 45 41 | 19 40 | 26 23 | 02 34 | 06 50 | 13 33 | 05 54 | 07 12 | 20 51 | 27 36 | 29 58 | 01 34 |
| 14 | 17:28:09 | 22 43 02 | 03♉01 | 09♉36 | 04 16 | 07 42 | 14 08 | 06 06 | 07 12 | 20 54 | 27 37 | 29 57 | 01 31 |
| 15 | 17:32:05 | 23 40 22 | 16 08 | 22 37 | 06 00 | 08 35 | 14 43 | 06 18 | 07 12 | 20 57 | 27 37 | 29 56 | 01 28 |
| 16 | 17:36:02 | 24 37 42 | 29 03 | 05♊26 | 07 48 | 09 26 | 15 19 | 06 30 | 07 13 | 21 00 | 27 38 | 29 55 | 01 25 |
| 17 | 17:39:59 | 25 35 02 | 11♊47 | 18 04 | 09 38 | 10 17 | 15 54 | 06 41 | 07 13 | 21 03 | 27 38 | 29 54 | 01 22 |
| 18 | 17:43:55 | 26 32 21 | 24 19 | 00♋32 | 11 30 | 11 08 | 16 30 | 06 53 | 07 13℞ | 21 06 | 27 39 | 29 53 | 01 19 |
| 19 | 17:47:52 | 27 29 39 | 06♋41 | 12 49 | 13 25 | 11 57 | 17 05 | 07 05 | 07 13 | 21 09 | 27 39 | 29 52 | 01 15 |
| 20 | 17:51:48 | 28 26 57 | 18 54 | 25 22 | 15 22 | 12 46 | 17 41 | 07 16 | 07 12 | 21 12 | 27 39 | 29 50 | 01 12 |
| 21 | 17:55:45 | 29 24 14 | 00♌57 | 06♌56 | 17 22 | 13 34 | 18 17 | 07 28 | 07 12 | 21 15 | 27 40 | 29 49 | 01 09 |
| 22 | 17:59:41 | 00♋21 31 | 12 54 | 18 50 | 19 24 | 14 22 | 18 52 | 07 39 | 07 12 | 21 17 | 27 40 | 29 48 | 01 06 |
| 23 | 18:03:38 | 01 18 47 | 24 46 | 00♍41 | 21 33 | 15 08 | 19 28 | 07 50 | 07 11 | 21 20 | 27 40 | 29 47 | 01 03 |
| 24 | 18:07:34 | 02 16 02 | 06♍37 | 12 33 | 23 33 | 15 54 | 20 04 | 08 02 | 07 11 | 21 23 | 27 40 | 29 46 | 00 59 |
| 25 | 18:11:31 | 03 13 17 | 18 30 | 24 29 | 25 40 | 16 38 | 20 40 | 08 13 | 07 10 | 21 26 | 27 41 | 29 44 | 00 56 |
| 26 | 18:15:28 | 04 10 31 | 00♎31 | 06♎36 | 27 48 | 17 22 | 21 16 | 08 24 | 07 09 | 21 29 | 27 41 | 29 43 | 00 53 |
| 27 | 18:19:24 | 05 07 44 | 12 44 | 18 57 | 29 58 | 18 05 | 21 52 | 08 34 | 07 08 | 21 31 | 27 41 | 29 42 | 00 50 |
| 28 | 18:23:21 | 06 04 57 | 25 15 | 01♏38 | 02♋08 | 18 47 | 22 28 | 08 45 | 07 07 | 21 34 | 27 41 | 29 41 | 00 47 |
| 29 | 18:27:17 | 07 02 09 | 08♏08 | 14 44 | 04 19 | 19 28 | 23 04 | 08 56 | 07 06 | 21 37 | 27 41 | 29 39 | 00 44 |
| 30 | 18:31:14 | 07 59 21 | 21 26 | 28 16 | 06 30 | 20 08 | 23 40 | 09 06 | 07 05 | 21 40 | 27 41 | 29 38 | 00 40 |

## Longitudes of the Major Asteroids and Chiron — 0:00 E.T. | Lunar Data

| D | ⚳ | ⚴ | ⚵ | ⚶ | ⚷ | D | ⚳ | ⚴ | ⚵ | ⚶ | ⚷ |
|---|---|---|---|---|---|---|---|---|---|---|---|
| 1 | 25♍51 | 12♌24 | 17♊32 | 20♉40 | 18♈49 | 16 | 28 43 | 19 02 | 26 16 | 27 07 | 19 22 |
| 2 | 26 00 | 12 50 | 18 07 | 21 06 | 18 52 | 17 | 28 56 | 19 29 | 26 50 | 27 33 | 19 24 |
| 3 | 26 10 | 13 16 | 18 42 | 21 32 | 18 54 | 18 | 29 10 | 19 56 | 27 25 | 27 58 | 19 26 |
| 4 | 26 20 | 13 43 | 19 18 | 21 58 | 18 57 | 19 | 29 24 | 20 22 | 28 00 | 28 24 | 19 27 |
| 5 | 26 31 | 14 09 | 19 53 | 22 24 | 18 59 | 20 | 29 38 | 20 49 | 28 34 | 28 49 | 19 29 |
| 6 | 26 41 | 14 35 | 20 28 | 22 50 | 19 01 | 21 | 29 53 | 21 16 | 29 09 | 29 14 | 19 31 |
| 7 | 26 52 | 15 02 | 21 02 | 23 16 | 19 04 | 22 | 00♎08 | 21 43 | 29 43 | 29 40 | 19 32 |
| 8 | 27 03 | 15 28 | 21 37 | 23 42 | 19 06 | 23 | 00 23 | 22 10 | 00♋18 | 00♊05 | 19 34 |
| 9 | 27 15 | 15 55 | 22 12 | 24 08 | 19 08 | 24 | 00 38 | 22 37 | 00 52 | 00 30 | 19 35 |
| 10 | 27 27 | 16 22 | 22 47 | 24 33 | 19 10 | 25 | 00 53 | 23 04 | 01 26 | 00 55 | 19 37 |
| 11 | 27 39 | 16 48 | 23 22 | 24 59 | 19 12 | 26 | 01 09 | 23 31 | 02 01 | 01 20 | 19 38 |
| 12 | 27 51 | 17 15 | 23 57 | 25 25 | 19 14 | 27 | 01 25 | 23 58 | 02 35 | 01 45 | 19 40 |
| 13 | 28 03 | 17 42 | 24 32 | 25 51 | 19 16 | 28 | 01 41 | 24 26 | 03 09 | 02 10 | 19 41 |
| 14 | 28 16 | 18 08 | 25 06 | 26 16 | 19 18 | 29 | 01 57 | 24 53 | 03 44 | 02 35 | 19 42 |
| 15 | 28 29 | 18 35 | 25 41 | 26 42 | 19 20 | 30 | 02 14 | 25 20 | 04 18 | 03 00 | 19 43 |

### Lunar Data

| Last Asp. | Ingress |
|-----------|---------|
| 3 00:52 | 3 ♐ 05:04 |
| 5 03:25 | 5 ♑ 07:32 |
| 7 04:41 | 7 ♒ 08:43 |
| 9 04:25 | 9 ♓ 10:15 |
| 11 13:21 | 11 ♈ 13:22 |
| 13 18:28 | 13 ♉ 18:32 |
| 16 01:37 | 16 ♊ 01:47 |
| 18 06:25 | 18 ♋ 10:59 |
| 20 21:44 | 20 ♌ 22:05 |
| 22 17:02 | 23 ♍ 10:36 |
| 25 22:25 | 25 ♎ 22:58 |
| 28 08:19 | 28 ♏ 08:56 |
| 30 14:21 | 30 ♐ 15:00 |

## Declinations — 0:00 E.T.

| D | ☉ | ☽ | ☿ | ♀ | ♂ | ♃ | ♄ | ♅ | ♆ | ♇ | ⚳ | ⚴ | ⚵ | ⚶ | ⚷ |
|---|---|---|---|---|---|---|---|---|---|---|---|---|---|---|---|
| 1 | +21 59 | -11 13 | +13 20 | +23 38 | +20 04 | +11 38 | -10 22 | +17 30 | -02 07 | -22 38 | +12 08 | +07 42 | +14 12 | +13 30 | +08 48 |
| 2 | 22 07 | 16 42 | 13 43 | 23 26 | 19 55 | 11 42 | 10 21 | 17 31 | 02 07 | 22 39 | 11 59 | 07 47 | 14 15 | 13 37 | 08 49 |
| 3 | 22 15 | 21 30 | 14 08 | 23 12 | 19 45 | 11 46 | 10 21 | 17 31 | 02 07 | 22 39 | 11 50 | 07 51 | 14 18 | 13 44 | 08 50 |
| 4 | 22 23 | 25 13 | 14 33 | 22 59 | 19 35 | 11 50 | 10 21 | 17 32 | 02 06 | 22 39 | 11 41 | 07 55 | 14 21 | 13 51 | 08 52 |
| 5 | 22 30 | 27 25 | 15 00 | 22 45 | 19 26 | 11 55 | 10 21 | 17 33 | 02 06 | 22 40 | 11 32 | 07 59 | 14 24 | 13 57 | 08 52 |
| 6 | 22 36 | 27 46 | 15 27 | 22 30 | 19 16 | 11 59 | 10 20 | 17 34 | 02 06 | 22 40 | 11 23 | 08 03 | 14 27 | 14 04 | 08 52 |
| 7 | 22 42 | 26 11 | 15 55 | 22 15 | 19 06 | 12 03 | 10 20 | 17 35 | 02 06 | 22 40 | 11 14 | 08 07 | 14 29 | 14 11 | 08 54 |
| 8 | 22 48 | 22 51 | 16 23 | 22 00 | 18 56 | 12 07 | 10 20 | 17 36 | 02 05 | 22 40 | 11 05 | 08 11 | 14 32 | 14 17 | 08 54 |
| 9 | 22 53 | 18 07 | 16 52 | 21 44 | 18 46 | 12 11 | 10 19 | 17 37 | 02 05 | 22 41 | 10 56 | 08 14 | 14 34 | 14 24 | 08 55 |
| 10 | 22 58 | 12 25 | 17 22 | 21 28 | 18 35 | 12 15 | 10 19 | 17 37 | 02 05 | 22 41 | 10 47 | 08 17 | 14 36 | 14 30 | 08 56 |
| 11 | 23 03 | 06 10 | 17 51 | 21 12 | 18 25 | 12 19 | 10 19 | 17 38 | 02 05 | 22 42 | 10 37 | 08 20 | 14 38 | 14 37 | 08 57 |
| 12 | 23 07 | +00 16 | 18 21 | 20 55 | 18 14 | 12 23 | 10 19 | 17 39 | 02 04 | 22 42 | 10 28 | 08 23 | 14 40 | 14 43 | 08 57 |
| 13 | 23 11 | 06 35 | 18 50 | 20 38 | 18 04 | 12 27 | 10 19 | 17 40 | 02 04 | 22 42 | 10 18 | 08 26 | 14 42 | 14 49 | 08 58 |
| 14 | 23 14 | 12 30 | 19 20 | 20 21 | 17 53 | 12 31 | 10 19 | 17 41 | 02 04 | 22 43 | 10 09 | 08 28 | 14 44 | 14 55 | 08 59 |
| 15 | 23 17 | 17 46 | 19 49 | 20 03 | 17 42 | 12 34 | 10 19 | 17 42 | 02 04 | 22 43 | 09 59 | 08 31 | 14 45 | 15 01 | 09 00 |
| 16 | 23 20 | 22 08 | 20 17 | 19 46 | 17 31 | 12 38 | 10 20 | 17 42 | 02 04 | 22 43 | 09 49 | 08 33 | 14 46 | 15 07 | 09 00 |
| 17 | 23 22 | 25 22 | 20 45 | 19 28 | 17 20 | 12 42 | 10 20 | 17 43 | 02 04 | 22 44 | 09 40 | 08 35 | 14 48 | 15 13 | 09 01 |
| 18 | 23 24 | 27 18 | 21 12 | 19 09 | 17 09 | 12 46 | 10 20 | 17 44 | 02 03 | 22 44 | 09 30 | 08 37 | 14 49 | 15 19 | 09 02 |
| 19 | 23 25 | 27 50 | 21 38 | 18 51 | 16 58 | 12 49 | 10 20 | 17 45 | 02 03 | 22 45 | 09 20 | 08 39 | 14 50 | 15 24 | 09 02 |
| 20 | 23 26 | 26 59 | 22 03 | 18 32 | 16 46 | 12 53 | 10 20 | 17 45 | 02 03 | 22 45 | 09 10 | 08 40 | 14 51 | 15 30 | 09 03 |
| 21 | 23 26 | 24 53 | 22 27 | 18 14 | 16 35 | 12 57 | 10 20 | 17 46 | 02 03 | 22 45 | 09 00 | 08 42 | 14 51 | 15 36 | 09 04 |
| 22 | 23 26 | 21 43 | 22 49 | 17 55 | 16 23 | 13 00 | 10 21 | 17 47 | 02 03 | 22 46 | 08 50 | 08 43 | 14 52 | 15 41 | 09 04 |
| 23 | 23 26 | 17 41 | 23 09 | 17 35 | 16 11 | 13 04 | 10 21 | 17 48 | 02 03 | 22 46 | 08 40 | 08 44 | 14 52 | 15 47 | 09 05 |
| 24 | 23 25 | 12 58 | 23 27 | 17 16 | 15 59 | 13 07 | 10 22 | 17 48 | 02 03 | 22 46 | 08 30 | 08 45 | 14 52 | 15 52 | 09 05 |
| 25 | 23 24 | 07 46 | 23 42 | 16 57 | 15 47 | 13 11 | 10 22 | 17 49 | 02 03 | 22 47 | 08 19 | 08 46 | 14 53 | 15 57 | 09 06 |
| 26 | 23 22 | 02 14 | 23 56 | 16 37 | 15 35 | 13 14 | 10 23 | 17 50 | 02 03 | 22 47 | 08 09 | 08 47 | 14 53 | 16 02 | 09 07 |
| 27 | 23 20 | -03 29 | 24 07 | 16 18 | 15 23 | 13 17 | 10 23 | 17 51 | 02 03 | 22 48 | 07 59 | 08 47 | 14 52 | 16 07 | 09 07 |
| 28 | 23 18 | 09 13 | 24 15 | 15 58 | 15 11 | 13 21 | 10 23 | 17 51 | 02 03 | 22 48 | 07 48 | 08 48 | 14 52 | 16 12 | 09 08 |
| 29 | 23 15 | 14 44 | 24 21 | 15 39 | 14 59 | 13 24 | 10 25 | 17 52 | 02 03 | 22 48 | 07 38 | 08 48 | 14 52 | 16 17 | 09 08 |
| 30 | 23 12 | 19 46 | 24 24 | 15 19 | 14 46 | 13 27 | 10 25 | 17 53 | 02 03 | 22 49 | 07 28 | 08 48 | 14 51 | 16 22 | 09 09 |

Lunar Phases -- 4 ○ 03:43   10 ◐ 19:32   18 ● 04:38   26 ◑ 07:51     Sun enters ♋ 6/21 14:59

## 0:00 E.T. Longitudes of Main Planets - July 2023



| D | S.T. | ☉ | ☽ | ☽ 12:00 | ☿ | ♀ | ♂ | ♃ | ♄ | ♅ | ♆ | ♇ | ☊ |
|---|---|---|---|---|---|---|---|---|---|---|---|---|---|
| 1 | 18:35:10 | 08♋56 33 | 05♐13 | 12♐17 | 08♋41 | 20♌47 | 24♌16 | 09♉17 | 07♓04℞ | 21♉42 | 27♓41℞ | 29♑37℞ | 00♉37 |
| 2 | 18:39:07 | 09 53 44 | 19 27 | 26 44 | 10 52 | 21 24 | 24 52 | 09 27 | 07 03 | 21 45 | 27 41 | 29 35 | 00 34 |
| 3 | 18:43:03 | 10 50 55 | 04♑05 | 11♑31 | 13 02 | 22 00 | 25 28 | 09 38 | 07 01 | 21 47 | 27 41 | 29 34 | 00 31 |
| 4 | 18:47:00 | 11 48 06 | 19 01 | 26 32 | 15 11 | 22 35 | 26 04 | 09 48 | 07 00 | 21 50 | 27 41 | 29 33 | 00 28 |
| 5 | 18:50:57 | 12 45 17 | 04♒04 | 11♒36 | 17 19 | 23 09 | 26 40 | 09 58 | 06 58 | 21 52 | 27 41 | 29 31 | 00 25 |
| 6 | 18:54:53 | 13 42 28 | 19 06 | 26 34 | 19 26 | 23 42 | 27 17 | 10 08 | 06 56 | 21 55 | 27 41 | 29 30 | 00 21 |
| 7 | 18:58:50 | 14 39 40 | 03♓58 | 11♓17 | 21 32 | 24 13 | 27 53 | 10 17 | 06 55 | 21 57 | 27 41 | 29 29 | 00 18 |
| 8 | 19:02:46 | 15 36 51 | 18 32 | 25 41 | 23 36 | 24 42 | 28 29 | 10 27 | 06 53 | 22 00 | 27 40 | 29 27 | 00 15 |
| 9 | 19:06:43 | 16 34 03 | 02♈44 | 09♈42 | 25 39 | 25 10 | 29 06 | 10 37 | 06 51 | 22 02 | 27 40 | 29 26 | 00 12 |
| 10 | 19:10:39 | 17 31 15 | 16 34 | 23 20 | 27 40 | 25 37 | 29 42 | 10 46 | 06 49 | 22 04 | 27 40 | 29 25 | 00 09 |
| 11 | 19:14:36 | 18 28 27 | 00♉02 | 06♉39 | 29 39 | 26 02 | 00♍19 | 10 56 | 06 46 | 22 06 | 27 40 | 29 23 | 00 05 |
| 12 | 19:18:32 | 19 25 40 | 13 11 | 19 39 | 01♌37 | 26 25 | 00 55 | 11 05 | 06 44 | 22 09 | 27 39 | 29 22 | 00 02 |
| 13 | 19:22:29 | 20 22 54 | 26 03 | 02♊24 | 03 32 | 26 47 | 01 32 | 11 14 | 06 42 | 22 11 | 27 39 | 29 20 | 29♈59 |
| 14 | 19:26:26 | 21 20 08 | 08♊42 | 14 57 | 05 26 | 27 07 | 02 08 | 11 23 | 06 39 | 22 13 | 27 38 | 29 19 | 29 56 |
| 15 | 19:30:22 | 22 17 22 | 21 09 | 27 19 | 07 18 | 27 25 | 02 45 | 11 32 | 06 37 | 22 15 | 27 38 | 29 18 | 29 53 |
| 16 | 19:34:19 | 23 14 37 | 03♋27 | 09♋33 | 09 08 | 27 41 | 03 22 | 11 40 | 06 34 | 22 17 | 27 38 | 29 16 | 29 50 |
| 17 | 19:38:15 | 24 11 53 | 15 37 | 21 39 | 10 56 | 27 55 | 03 58 | 11 49 | 06 32 | 22 19 | 27 37 | 29 15 | 29 46 |
| 18 | 19:42:12 | 25 09 09 | 27 40 | 03♌39 | 12 43 | 28 07 | 04 35 | 11 57 | 06 29 | 22 21 | 27 37 | 29 13 | 29 43 |
| 19 | 19:46:08 | 26 06 25 | 09♌37 | 15 34 | 14 27 | 28 17 | 05 12 | 12 06 | 06 26 | 22 23 | 27 36 | 29 12 | 29 40 |
| 20 | 19:50:05 | 27 03 41 | 21 30 | 27 25 | 16 10 | 28 25 | 05 49 | 12 14 | 06 23 | 22 25 | 27 35 | 29 11 | 29 37 |
| 21 | 19:54:01 | 28 00 58 | 03♍20 | 09♍15 | 17 51 | 28 31 | 06 26 | 12 22 | 06 20 | 22 27 | 27 35 | 29 09 | 29 34 |
| 22 | 19:57:58 | 28 58 15 | 15 10 | 21 06 | 19 29 | 28 35 | 07 03 | 12 30 | 06 17 | 22 29 | 27 34 | 29 08 | 29 30 |
| 23 | 20:01:55 | 29 55 32 | 27 03 | 03♎02 | 21 06 | 28 36 | 07 40 | 12 38 | 06 14 | 22 31 | 27 33 | 29 06 | 29 27 |
| 24 | 20:05:51 | 00♌52 50 | 09♎03 | 15 07 | 22 41 | 28 35℞ | 08 17 | 12 45 | 06 11 | 22 32 | 27 33 | 29 05 | 29 24 |
| 25 | 20:09:48 | 01 50 08 | 21 14 | 27 26 | 24 15 | 28 32 | 08 54 | 12 53 | 06 08 | 22 34 | 27 32 | 29 03 | 29 21 |
| 26 | 20:13:44 | 02 47 27 | 03♏42 | 10♏03 | 25 46 | 28 26 | 09 31 | 13 00 | 06 04 | 22 36 | 27 31 | 29 02 | 29 18 |
| 27 | 20:17:41 | 03 44 45 | 16 31 | 23 05 | 27 15 | 28 18 | 10 08 | 13 07 | 06 01 | 22 37 | 27 30 | 29 01 | 29 15 |
| 28 | 20:21:37 | 04 42 05 | 29 46 | 06♐34 | 28 43 | 28 07 | 10 45 | 13 14 | 05 57 | 22 39 | 27 30 | 28 59 | 29 11 |
| 29 | 20:25:34 | 05 39 25 | 13♐30 | 20 33 | 00♍09 | 27 54 | 11 22 | 13 21 | 05 54 | 22 41 | 27 29 | 28 58 | 29 08 |
| 30 | 20:29:30 | 06 36 45 | 27 44 | 05♑01 | 01 32 | 27 39 | 11 59 | 13 28 | 05 50 | 22 42 | 27 28 | 28 56 | 29 05 |
| 31 | 20:33:27 | 07 34 06 | 12♑25 | 19 55 | 02 54 | 27 21 | 12 37 | 13 35 | 05 47 | 22 43 | 27 27 | 28 55 | 29 02 |

## 0:00 E.T. Longitudes of the Major Asteroids and Chiron

| D | ⚳ | ⚴ | ⚵ | ⚶ | ⚷ | D | ⚳ | ⚴ | ⚵ | ⚶ | ⚷ |
|---|---|---|---|---|---|---|---|---|---|---|---|
| 1 | 02♎30 | 25♌47 | 04♋52 | 03♊25 | 19♈45 | 17 | 07 20 | 03 04 | 13 52 | 09 52 | 19 57 |
| 2 | 02 47 | 26 14 | 05 26 | 03 49 | 19 46 | 18 | 07 39 | 03 31 | 14 25 | 10 16 | 19 57 |
| 3 | 03 04 | 26 41 | 06 00 | 04 14 | 19 47 | 19 | 07 59 | 03 58 | 14 58 | 10 39 | 19 57 |
| 4 | 03 21 | 27 09 | 06 34 | 04 39 | 19 48 | 20 | 08 19 | 04 26 | 15 32 | 11 03 | 19 58 |
| 5 | 03 39 | 27 36 | 07 08 | 05 03 | 19 49 | 21 | 08 39 | 04 53 | 16 05 | 11 26 | 19 58 |
| 6 | 03 56 | 28 03 | 07 42 | 05 28 | 19 50 | 22 | 08 59 | 05 21 | 16 38 | 11 50 | 19 58 |
| 7 | 04 14 | 28 30 | 08 16 | 05 52 | 19 51 | 23 | 09 19 | 05 48 | 17 11 | 12 13 | 19 58 |
| 8 | 04 32 | 28 58 | 08 49 | 06 16 | 19 52 | 24 | 09 39 | 06 16 | 17 44 | 12 36 | 19 58℞ |
| 9 | 04 50 | 29 25 | 09 23 | 06 41 | 19 52 | 25 | 09 59 | 06 43 | 18 17 | 12 59 | 19 58 |
| 10 | 05 08 | 29 52 | 09 57 | 07 05 | 19 53 | 26 | 10 20 | 07 11 | 18 50 | 13 22 | 19 58 |
| 11 | 05 26 | 00♍19 | 10 31 | 07 29 | 19 54 | 27 | 10 41 | 07 38 | 19 22 | 13 45 | 19 58 |
| 12 | 05 45 | 00 47 | 11 04 | 07 53 | 19 54 | 28 | 11 01 | 08 06 | 19 55 | 14 08 | 19 57 |
| 13 | 06 04 | 01 14 | 11 38 | 08 17 | 19 55 | 29 | 11 22 | 08 33 | 20 28 | 14 30 | 19 57 |
| 14 | 06 23 | 01 41 | 12 11 | 08 41 | 19 55 | 30 | 11 43 | 09 01 | 21 01 | 14 53 | 19 57 |
| 15 | 06 42 | 02 09 | 12 45 | 09 05 | 19 56 | 31 | 12 04 | 09 28 | 21 33 | 15 15 | 19 56 |
| 16 | 07 01 | 02 36 | 13 18 | 09 29 | 19 56 | | | | | | |

## Lunar Data

| Last Asp. | | Ingress | | |
|---|---|---|---|---|
| 2 | 13:34 | 2 | ♑ | 17:21 |
| 4 | 16:46 | 4 | ♒ | 17:31 |
| 6 | 13:43 | 6 | ♓ | 17:34 |
| 8 | 18:23 | 8 | ♈ | 19:20 |
| 10 | 23:12 | 10 | ♉ | 23:57 |
| 13 | 06:12 | 13 | ♊ | 07:27 |
| 15 | 12:37 | 15 | ♋ | 17:15 |
| 18 | 03:07 | 18 | ♌ | 04:41 |
| 20 | 14:09 | 20 | ♍ | 17:14 |
| 23 | 04:07 | 23 | ♎ | 05:55 |
| 25 | 15:06 | 25 | ♏ | 16:56 |
| 27 | 22:36 | 28 | ♐ | 00:25 |
| 29 | 23:52 | 30 | ♑ | 03:45 |

## 0:00 E.T. Declinations

| D | ☉ | ☽ | ☿ | ♀ | ♂ | ♃ | ♄ | ♅ | ♆ | ♇ | ⚳ | ⚴ | ⚵ | ⚶ | ⚷ |
|---|---|---|---|---|---|---|---|---|---|---|---|---|---|---|---|
| 1 | +23 08 | -23 55 | +24 24 | +15 00 | +14 34 | +13 31 | -10 26 | +17 53 | -02 03 | -22 49 | +07 17 | +08 48 | +14 51 | +16 27 | +09 09 |
| 2 | 23 04 | 26 45 | 24 21 | 14 40 | 14 21 | 13 34 | 10 27 | 17 54 | 02 03 | 22 50 | 07 07 | 08 48 | 14 50 | 16 32 | 09 10 |
| 3 | 23 00 | 27 51 | 24 15 | 14 21 | 14 09 | 13 37 | 10 27 | 17 55 | 02 03 | 22 50 | 06 56 | 08 48 | 14 49 | 16 36 | 09 10 |
| 4 | 22 55 | 26 57 | 24 07 | 14 01 | 13 56 | 13 40 | 10 28 | 17 55 | 02 03 | 22 50 | 06 45 | 08 47 | 14 48 | 16 41 | 09 10 |
| 5 | 22 50 | 24 07 | 23 56 | 13 42 | 13 43 | 13 43 | 10 29 | 17 56 | 02 03 | 22 51 | 06 35 | 08 47 | 14 47 | 16 45 | 09 11 |
| 6 | 22 44 | 19 38 | 23 43 | 13 23 | 13 30 | 13 46 | 10 30 | 17 57 | 02 03 | 22 51 | 06 24 | 08 46 | 14 46 | 16 50 | 09 11 |
| 7 | 22 38 | 14 00 | 23 27 | 13 04 | 13 17 | 13 49 | 10 31 | 17 57 | 02 03 | 22 52 | 06 13 | 08 46 | 14 44 | 16 54 | 09 11 |
| 8 | 22 31 | 07 40 | 23 09 | 12 45 | 13 04 | 13 52 | 10 31 | 17 58 | 02 04 | 22 52 | 06 03 | 08 45 | 14 43 | 16 58 | 09 12 |
| 9 | 22 25 | 01 06 | 22 48 | 12 26 | 12 51 | 13 55 | 10 32 | 17 58 | 02 04 | 22 52 | 05 52 | 08 44 | 14 41 | 17 02 | 09 12 |
| 10 | 22 17 | +05 21 | 22 26 | 12 08 | 12 37 | 13 57 | 10 33 | 17 59 | 02 04 | 22 53 | 05 41 | 08 43 | 14 39 | 17 07 | 09 12 |
| 11 | 22 10 | 11 25 | 22 02 | 11 50 | 12 24 | 14 00 | 10 34 | 18 00 | 02 04 | 22 53 | 05 30 | 08 41 | 14 37 | 17 11 | 09 13 |
| 12 | 22 02 | 16 49 | 21 36 | 11 32 | 12 11 | 14 03 | 10 35 | 18 00 | 02 04 | 22 54 | 05 20 | 08 40 | 14 35 | 17 14 | 09 13 |
| 13 | 21 54 | 21 21 | 21 08 | 11 15 | 11 57 | 14 05 | 10 36 | 18 01 | 02 04 | 22 54 | 05 09 | 08 39 | 14 33 | 17 18 | 09 13 |
| 14 | 21 45 | 24 48 | 20 39 | 10 57 | 11 43 | 14 08 | 10 37 | 18 01 | 02 05 | 22 54 | 04 58 | 08 37 | 14 31 | 17 22 | 09 13 |
| 15 | 21 36 | 27 00 | 20 09 | 10 40 | 11 30 | 14 11 | 10 39 | 18 02 | 02 05 | 22 55 | 04 47 | 08 36 | 14 29 | 17 26 | 09 14 |
| 16 | 21 26 | 27 51 | 19 37 | 10 24 | 11 16 | 14 13 | 10 40 | 18 02 | 02 05 | 22 55 | 04 36 | 08 34 | 14 26 | 17 29 | 09 14 |
| 17 | 21 16 | 27 20 | 19 05 | 10 08 | 11 02 | 14 16 | 10 41 | 18 03 | 02 05 | 22 55 | 04 25 | 08 32 | 14 24 | 17 33 | 09 14 |
| 18 | 21 06 | 25 31 | 18 31 | 09 52 | 10 48 | 14 18 | 10 42 | 18 03 | 02 06 | 22 56 | 04 14 | 08 30 | 14 21 | 17 36 | 09 14 |
| 19 | 20 56 | 22 35 | 17 57 | 09 37 | 10 34 | 14 20 | 10 43 | 18 04 | 02 06 | 22 56 | 04 03 | 08 28 | 14 18 | 17 40 | 09 14 |
| 20 | 20 45 | 18 43 | 17 21 | 09 22 | 10 20 | 14 23 | 10 45 | 18 04 | 02 06 | 22 57 | 03 52 | 08 26 | 14 15 | 17 43 | 09 14 |
| 21 | 20 33 | 14 09 | 16 46 | 09 08 | 10 06 | 14 25 | 10 46 | 18 05 | 02 06 | 22 57 | 03 41 | 08 24 | 14 12 | 17 46 | 09 14 |
| 22 | 20 22 | 09 04 | 16 09 | 08 55 | 09 52 | 14 27 | 10 47 | 18 05 | 02 07 | 22 57 | 03 30 | 08 21 | 14 09 | 17 50 | 09 14 |
| 23 | 20 10 | 03 38 | 15 32 | 08 42 | 09 38 | 14 30 | 10 49 | 18 06 | 02 07 | 22 58 | 03 19 | 08 19 | 14 06 | 17 53 | 09 14 |
| 24 | 19 58 | -02 00 | 14 55 | 08 30 | 09 23 | 14 32 | 10 50 | 18 06 | 02 07 | 22 58 | 03 08 | 08 17 | 14 02 | 17 56 | 09 14 |
| 25 | 19 45 | 07 39 | 14 17 | 08 18 | 09 09 | 14 34 | 10 51 | 18 07 | 02 08 | 22 59 | 02 57 | 08 14 | 13 59 | 17 59 | 09 14 |
| 26 | 19 32 | 13 08 | 13 40 | 08 07 | 08 54 | 14 36 | 10 53 | 18 07 | 02 08 | 22 59 | 02 46 | 08 11 | 13 55 | 18 02 | 09 14 |
| 27 | 19 19 | 18 13 | 13 02 | 07 57 | 08 40 | 14 38 | 10 54 | 18 07 | 02 08 | 22 59 | 02 35 | 08 09 | 13 51 | 18 04 | 09 14 |
| 28 | 19 05 | 22 37 | 12 24 | 07 48 | 08 25 | 14 40 | 10 56 | 18 08 | 02 09 | 23 00 | 02 23 | 08 06 | 13 47 | 18 07 | 09 14 |
| 29 | 18 51 | 25 55 | 11 46 | 07 40 | 08 11 | 14 42 | 10 57 | 18 08 | 02 09 | 23 00 | 02 12 | 08 03 | 13 44 | 18 10 | 09 14 |
| 30 | 18 37 | 27 43 | 11 08 | 07 32 | 07 56 | 14 43 | 10 58 | 18 09 | 02 10 | 23 00 | 02 01 | 08 00 | 13 39 | 18 12 | 09 14 |
| 31 | 18 23 | 27 39 | 10 30 | 07 25 | 07 41 | 14 45 | 11 00 | 18 09 | 02 10 | 23 01 | 01 50 | 07 57 | 13 35 | 18 15 | 09 14 |

Lunar Phases -- 3 ○ 11:40 10 ◑ 01:49 17 ● 18:33 25 ◐ 22:08 Sun enters ♌ 7/23 01:52

| D | S.T. | ☉ | ☽ | ☽ 12:00 | ☿ | ♀ | ♂ | ♃ | ♄ | ♅ | ♆ | ♇ | ☊ |
|---|------|----|----|---------|----|----|----|----|----|----|----|----|----|
| 1 | 20:37:24 | 08♌31 27 | 27♑29 | 05♒06 | 04♍14 | 27♌01℞ | 13♍14 | 13♉41 | 05♓43℞ | 22♉45 | 27♓26℞ | 28♑53℞ | 28♈59 |
| 2 | 20:41:20 | 09 28 49 | 12♒44 | 20 23 | 05 31 | 26 39 | 13 51 | 13 47 | 05 39 | 22 46 | 27 25 | 28 52 | 28 56 |
| 3 | 20:45:17 | 10 26 12 | 28 02 | 05♓37 | 06 47 | 26 15 | 14 29 | 13 53 | 05 35 | 22 48 | 27 24 | 28 51 | 28 52 |
| 4 | 20:49:13 | 11 23 36 | 13♓09 | 06 00 | 08 00 | 25 48 | 15 06 | 13 59 | 05 31 | 22 49 | 27 23 | 28 49 | 28 49 |
| 5 | 20:53:10 | 12 21 01 | 27 58 | 05♈14 | 09 11 | 25 20 | 15 44 | 14 05 | 05 27 | 22 50 | 27 22 | 28 48 | 28 46 |
| 6 | 20:57:06 | 13 18 27 | 12♈23 | 19 25 | 10 20 | 24 50 | 16 21 | 14 11 | 05 23 | 22 51 | 27 21 | 28 47 | 28 43 |
| 7 | 21:01:03 | 14 15 55 | 26 20 | 03♉09 | 11 26 | 24 19 | 16 59 | 14 16 | 05 19 | 22 52 | 27 20 | 28 45 | 28 40 |
| 8 | 21:04:59 | 15 13 24 | 09♉52 | 16 28 | 12 30 | 23 45 | 17 36 | 14 21 | 05 15 | 22 53 | 27 19 | 28 44 | 28 36 |
| 9 | 21:08:56 | 16 10 54 | 22 59 | 29 25 | 13 31 | 23 11 | 18 14 | 14 26 | 05 11 | 22 54 | 27 18 | 28 42 | 28 33 |
| 10 | 21:12:53 | 17 08 25 | 05♊46 | 12♊03 | 14 30 | 22 36 | 18 52 | 14 31 | 05 07 | 22 55 | 27 17 | 28 41 | 28 30 |
| 11 | 21:16:49 | 18 05 58 | 18 16 | 24 27 | 15 25 | 22 00 | 19 29 | 14 36 | 05 03 | 22 56 | 27 15 | 28 40 | 28 27 |
| 12 | 21:20:46 | 19 03 32 | 00♋34 | 06♋39 | 16 18 | 21 23 | 20 07 | 14 41 | 04 58 | 22 57 | 27 14 | 28 38 | 28 24 |
| 13 | 21:24:42 | 20 01 08 | 12 42 | 18 43 | 17 08 | 20 46 | 20 45 | 14 45 | 04 54 | 22 58 | 27 13 | 28 37 | 28 21 |
| 14 | 21:28:39 | 20 58 45 | 24 43 | 00♌41 | 17 54 | 20 08 | 21 23 | 14 49 | 04 50 | 22 59 | 27 12 | 28 36 | 28 17 |
| 15 | 21:32:35 | 21 56 23 | 06♌39 | 12 35 | 18 37 | 19 31 | 22 01 | 14 53 | 04 46 | 23 00 | 27 10 | 28 35 | 28 14 |
| 16 | 21:36:32 | 22 54 02 | 18 31 | 24 27 | 19 16 | 18 54 | 22 39 | 14 57 | 04 41 | 23 00 | 27 09 | 28 33 | 28 11 |
| 17 | 21:40:28 | 23 51 43 | 00♍22 | 06♍17 | 19 51 | 18 18 | 23 17 | 15 01 | 04 37 | 23 01 | 27 08 | 28 32 | 28 08 |
| 18 | 21:44:25 | 24 49 25 | 12 13 | 18 09 | 20 22 | 17 43 | 23 55 | 15 05 | 04 32 | 23 01 | 27 07 | 28 31 | 28 05 |
| 19 | 21:48:22 | 25 47 08 | 24 05 | 00♎03 | 20 49 | 17 08 | 24 33 | 15 08 | 04 28 | 23 02 | 27 05 | 28 30 | 28 02 |
| 20 | 21:52:18 | 26 44 52 | 06♎02 | 12 02 | 21 12 | 16 35 | 25 11 | 15 11 | 04 23 | 23 02 | 27 04 | 28 28 | 27 58 |
| 21 | 21:56:15 | 27 42 38 | 18 05 | 24 10 | 21 29 | 16 03 | 25 49 | 15 14 | 04 19 | 23 03 | 27 02 | 28 27 | 27 55 |
| 22 | 22:00:11 | 28 40 24 | 00♏19 | 06♏31 | 21 42 | 15 33 | 26 27 | 15 17 | 04 14 | 23 03 | 27 01 | 28 26 | 27 52 |
| 23 | 22:04:08 | 29 38 12 | 12 47 | 19 08 | 21 49 | 15 04 | 27 05 | 15 19 | 04 10 | 23 04 | 27 00 | 28 25 | 27 49 |
| 24 | 22:08:04 | 00♍36 01 | 25 35 | 02♐07 | 21 51℞ | 14 38 | 27 44 | 15 22 | 04 05 | 23 04 | 26 58 | 28 24 | 27 46 |
| 25 | 22:12:01 | 01 33 52 | 08♐45 | 15 30 | 21 47 | 14 13 | 28 22 | 15 24 | 04 01 | 23 04 | 26 57 | 28 22 | 27 42 |
| 26 | 22:15:57 | 02 31 43 | 22 22 | 29 21 | 21 38 | 13 50 | 29 00 | 15 26 | 03 56 | 23 04 | 26 55 | 28 21 | 27 39 |
| 27 | 22:19:54 | 03 29 36 | 06♑27 | 13♑40 | 21 22 | 13 30 | 29 39 | 15 28 | 03 52 | 23 04 | 26 54 | 28 20 | 27 36 |
| 28 | 22:23:51 | 04 27 30 | 21 00 | 28 25 | 21 00 | 13 12 | 00♎17 | 15 29 | 03 47 | 23 04 | 26 52 | 28 19 | 27 33 |
| 29 | 22:27:47 | 05 25 25 | 05♒55 | 13♒29 | 20 33 | 12 56 | 00 56 | 15 31 | 03 43 | 23 04℞ | 26 51 | 28 18 | 27 30 |
| 30 | 22:31:44 | 06 23 22 | 21 06 | 28 45 | 20 00 | 12 43 | 01 34 | 15 32 | 03 38 | 23 04 | 26 49 | 28 17 | 27 27 |
| 31 | 22:35:40 | 07 21 20 | 06♓24 | 14♓01 | 19 21 | 12 32 | 02 13 | 15 33 | 03 34 | 23 04 | 26 48 | 28 16 | 27 23 |

## 0:00 E.T.   Longitudes of the Major Asteroids and Chiron   Lunar Data

| D | ⚳ | ⚴ | ⚵ | ⚶ | ⚷ | D | ⚳ | ⚴ | ⚵ | ⚶ | ⚷ |
|---|----|----|----|----|----|---|----|----|----|----|----|
| 1 | 12♎25 | 09♍56 | 22♋06 | 15♊38 | 19♈56℞ | 17 | 18 18 | 17 17 | 00♌37 | 21 22 | 19 43 |
| 2 | 12 47 | 10 23 | 22 38 | 16 00 | 19 56 | 18 | 18 41 | 17 44 | 01 09 | 21 43 | 19 41 |
| 3 | 13 08 | 10 51 | 23 11 | 16 22 | 19 55 | 19 | 19 04 | 18 12 | 01 40 | 22 03 | 19 40 |
| 4 | 13 30 | 11 18 | 23 43 | 16 45 | 19 54 | 20 | 19 27 | 18 39 | 02 11 | 22 24 | 19 39 |
| 5 | 13 51 | 11 46 | 24 15 | 17 07 | 19 54 | 21 | 19 50 | 19 07 | 02 42 | 22 44 | 19 37 |
| 6 | 14 13 | 12 13 | 24 47 | 17 29 | 19 53 | 22 | 20 13 | 19 35 | 03 14 | 23 04 | 19 36 |
| 7 | 14 35 | 12 41 | 25 19 | 17 50 | 19 52 | 23 | 20 36 | 20 02 | 03 45 | 23 24 | 19 34 |
| 8 | 14 57 | 13 08 | 25 52 | 18 12 | 19 52 | 24 | 20 59 | 20 30 | 04 16 | 23 43 | 19 33 |
| 9 | 15 19 | 13 36 | 26 24 | 18 34 | 19 51 | 25 | 21 23 | 20 57 | 04 46 | 24 03 | 19 31 |
| 10 | 15 41 | 14 04 | 26 56 | 18 55 | 19 50 | 26 | 21 46 | 21 25 | 05 17 | 24 22 | 19 30 |
| 11 | 16 03 | 14 31 | 27 27 | 19 17 | 19 49 | 27 | 22 10 | 21 52 | 05 48 | 24 42 | 19 28 |
| 12 | 16 25 | 14 59 | 27 59 | 19 38 | 19 48 | 28 | 22 33 | 22 20 | 06 19 | 25 01 | 19 26 |
| 13 | 16 48 | 15 26 | 28 31 | 19 59 | 19 47 | 29 | 22 57 | 22 48 | 06 49 | 25 20 | 19 24 |
| 14 | 17 10 | 15 54 | 29 03 | 20 20 | 19 46 | 30 | 23 20 | 23 15 | 07 20 | 25 39 | 19 23 |
| 15 | 17 33 | 16 21 | 29 34 | 20 41 | 19 45 | 31 | 23 44 | 23 43 | 07 50 | 25 57 | 19 21 |
| 16 | 17 55 | 16 49 | 00♌06 | 21 02 | 19 44 | | | | | | |

### Lunar Data

| D | Last Asp. | D | Ingress |
|---|-----------|---|---------|
| 1 | 02:14 | 1 | ♒ 03:59 |
| 2 | 21:17 | 3 | ♓ 03:20 |
| 5 | 01:22 | 5 | ♈ 03:20 |
| 7 | 04:14 | 7 | ♉ 06:26 |
| 9 | 10:40 | 9 | ♊ 13:06 |
| 11 | 17:28 | 11 | ♋ 22:53 |
| 14 | 07:47 | 14 | ♌ 10:37 |
| 16 | 09:39 | 16 | ♍ 23:15 |
| 19 | 08:51 | 19 | ♎ 11:54 |
| 21 | 20:32 | 21 | ♏ 23:23 |
| 24 | 05:11 | 24 | ♐ 08:08 |
| 26 | 11:57 | 26 | ♑ 13:06 |
| 28 | 11:50 | 28 | ♒ 14:33 |
| 30 | 03:05 | 30 | ♓ 13:58 |

## 0:00 E.T.   Declinations

| D | ☉ | ☽ | ☿ | ♀ | ♂ | ♃ | ♄ | ♅ | ♆ | ♇ | ⚳ | ⚴ | ⚵ | ⚶ | ⚷ |
|---|----|----|----|----|----|----|----|----|----|----|----|----|----|----|----|
| 1 | +18 08 | -25 35 | +09 52 | +07 19 | +07 26 | +14 47 | -11 01 | +18 09 | -02 10 | -23 01 | +01 39 | +07 54 | +13 31 | +18 17 | +09 14 |
| 2 | 17 53 | 21 39 | 09 15 | 07 14 | 07 12 | 14 49 | 11 03 | 18 10 | 02 11 | 23 02 | 01 28 | 07 50 | 13 27 | 18 20 | 09 14 |
| 3 | 17 37 | 16 15 | 08 38 | 07 10 | 06 57 | 14 50 | 11 05 | 18 10 | 02 11 | 23 02 | 01 17 | 07 47 | 13 22 | 18 22 | 09 13 |
| 4 | 17 22 | 09 54 | 08 01 | 07 07 | 06 42 | 14 52 | 11 06 | 18 10 | 02 12 | 23 03 | 01 05 | 07 44 | 13 18 | 18 24 | 09 13 |
| 5 | 17 06 | 03 08 | 07 25 | 07 05 | 06 27 | 14 53 | 11 08 | 18 11 | 02 12 | 23 03 | 00 54 | 07 40 | 13 13 | 18 26 | 09 13 |
| 6 | 16 49 | +03 38 | 06 49 | 07 04 | 06 12 | 14 55 | 11 09 | 18 11 | 02 13 | 23 03 | 00 43 | 07 37 | 13 08 | 18 28 | 09 13 |
| 7 | 16 33 | 10 02 | 06 15 | 07 04 | 05 56 | 14 56 | 11 11 | 18 11 | 02 13 | 23 04 | 00 32 | 07 33 | 13 04 | 18 30 | 09 12 |
| 8 | 16 16 | 15 46 | 05 40 | 07 04 | 05 41 | 14 58 | 11 13 | 18 11 | 02 13 | 23 04 | 00 21 | 07 30 | 12 59 | 18 32 | 09 12 |
| 9 | 15 59 | 20 35 | 05 07 | 07 05 | 05 26 | 14 59 | 11 14 | 18 12 | 02 14 | 23 04 | 00 09 | 07 26 | 12 54 | 18 34 | 09 12 |
| 10 | 15 42 | 24 19 | 04 34 | 07 08 | 05 11 | 15 00 | 11 16 | 18 12 | 02 14 | 23 04 | -00 02 | 07 22 | 12 49 | 18 36 | 09 12 |
| 11 | 15 24 | 26 48 | 04 02 | 07 11 | 04 56 | 15 02 | 11 18 | 18 12 | 02 15 | 23 05 | 00 13 | 07 19 | 12 43 | 18 38 | 09 11 |
| 12 | 15 07 | 27 55 | 03 32 | 07 15 | 04 40 | 15 03 | 11 19 | 18 12 | 02 15 | 23 05 | 00 24 | 07 15 | 12 38 | 18 40 | 09 11 |
| 13 | 14 48 | 27 41 | 03 02 | 07 19 | 04 25 | 15 04 | 11 21 | 18 13 | 02 16 | 23 05 | 00 35 | 07 11 | 12 33 | 18 41 | 09 10 |
| 14 | 14 30 | 26 08 | 02 34 | 07 25 | 04 09 | 15 05 | 11 23 | 18 13 | 02 17 | 23 06 | 00 46 | 07 07 | 12 27 | 18 43 | 09 10 |
| 15 | 14 12 | 23 25 | 02 07 | 07 31 | 03 54 | 15 06 | 11 24 | 18 13 | 02 17 | 23 06 | 00 58 | 07 03 | 12 22 | 18 44 | 09 10 |
| 16 | 13 53 | 19 44 | 01 42 | 07 37 | 03 38 | 15 07 | 11 26 | 18 13 | 02 18 | 23 06 | 01 09 | 06 59 | 12 16 | 18 46 | 09 09 |
| 17 | 13 34 | 15 17 | 01 18 | 07 44 | 03 23 | 15 08 | 11 29 | 18 13 | 02 18 | 23 07 | 01 20 | 06 55 | 12 10 | 18 48 | 09 09 |
| 18 | 13 15 | 10 16 | 00 56 | 07 52 | 03 07 | 15 09 | 11 29 | 18 13 | 02 19 | 23 07 | 01 31 | 06 51 | 12 05 | 18 48 | 09 08 |
| 19 | 12 55 | 04 51 | 00 36 | 08 00 | 02 52 | 15 09 | 11 31 | 18 13 | 02 19 | 23 07 | 01 42 | 06 46 | 11 59 | 18 50 | 09 08 |
| 20 | 12 36 | -00 45 | 00 18 | 08 09 | 02 36 | 15 10 | 11 33 | 18 14 | 02 20 | 23 08 | 01 53 | 06 42 | 11 53 | 18 51 | 09 07 |
| 21 | 12 16 | 06 24 | 00 02 | 08 17 | 02 21 | 15 11 | 11 35 | 18 14 | 02 20 | 23 08 | 02 04 | 06 38 | 11 47 | 18 52 | 09 07 |
| 22 | 11 56 | 11 54 | -00 11 | 08 26 | 02 05 | 15 11 | 11 36 | 18 14 | 02 22 | 23 08 | 02 16 | 06 34 | 11 41 | 18 54 | 09 06 |
| 23 | 11 36 | 17 03 | 00 22 | 08 36 | 01 49 | 15 12 | 11 38 | 18 14 | 02 22 | 23 09 | 02 27 | 06 29 | 11 35 | 18 55 | 09 05 |
| 24 | 11 16 | 21 34 | 00 30 | 08 45 | 01 33 | 15 13 | 11 40 | 18 14 | 02 22 | 23 09 | 02 38 | 06 25 | 11 28 | 18 55 | 09 05 |
| 25 | 10 55 | 25 10 | 00 35 | 08 55 | 01 18 | 15 13 | 11 42 | 18 14 | 02 23 | 23 09 | 02 49 | 06 21 | 11 22 | 18 57 | 09 04 |
| 26 | 10 34 | 27 27 | 00 37 | 09 04 | 01 02 | 15 14 | 11 43 | 18 14 | 02 24 | 23 10 | 03 00 | 06 16 | 11 16 | 18 58 | 09 03 |
| 27 | 10 14 | 28 05 | 00 36 | 09 13 | 00 46 | 15 14 | 11 45 | 18 14 | 02 24 | 23 10 | 03 11 | 06 12 | 11 09 | 18 58 | 09 03 |
| 28 | 09 53 | 26 49 | 00 32 | 09 23 | 00 30 | 15 14 | 11 47 | 18 14 | 02 25 | 23 10 | 03 22 | 06 07 | 11 03 | 18 58 | 09 03 |
| 29 | 09 31 | 23 40 | 00 23 | 09 32 | 00 15 | 15 14 | 11 48 | 18 14 | 02 25 | 23 10 | 03 33 | 06 03 | 10 56 | 18 59 | 09 02 |
| 30 | 09 10 | 18 51 | 00 12 | 09 41 | -00 01 | 15 14 | 11 50 | 18 14 | 02 26 | 23 11 | 03 44 | 05 58 | 10 50 | 19 00 | 09 01 |
| 31 | 08 49 | 12 48 | +00 04 | 09 50 | 00 17 | 15 14 | 11 52 | 18 14 | 02 26 | 23 11 | 03 55 | 05 53 | 10 43 | 19 00 | 09 00 |

Lunar Phases -- 1 ○ 18:33   8 ◑ 10:30   16 ● 09:39   24 ◐ 09:59   31 ○ 01:37    Sun enters ♍ 8/23 09:03

# 0:00 E.T. Longitudes of Main Planets - September 2023 Sep. 23

| D | S.T. | ☉ | ☽ | ☽ 12:00 | ☿ | ♀ | ♂ | ♃ | ♄ | ♅ | ♆ | ♇ | ☊ |
|---|---|---|---|---|---|---|---|---|---|---|---|---|---|
| 1 | 22:39:37 | 08♍19 19 | 21♓36 | 29♓06 | 18♍37℞ | 12♌23℞ | 02♎51 | 15♉34 | 03♓29℞ | 23♉04℞ | 26♓46℞ | 28♑15℞ | 27♈20 |
| 2 | 22:43:33 | 09 17 20 | 06♈32 | 13♈53 | 17 48 | 12 17 | 03 30 | 15 34 | 03 25 | 23 04 | 26 45 | 28 14 | 27 17 |
| 3 | 22:47:30 | 10 15 23 | 21 07 | 28 14 | 16 55 | 12 13 | 04 09 | 15 35 | 03 20 | 23 04 | 26 43 | 28 13 | 27 14 |
| 4 | 22:51:26 | 11 13 28 | 05♉14 | 12♉07 | 16 00 | 12 12 | 04 47 | 15 35 | 03 16 | 23 04 | 26 42 | 28 12 | 27 11 |
| 5 | 22:55:23 | 12 11 35 | 18 53 | 25 33 | 15 02 | 12 13D | 05 26 | 15 35℞ | 03 11 | 23 03 | 26 40 | 28 11 | 27 08 |
| 6 | 22:59:20 | 13 09 44 | 02♊06 | 08♊34 | 14 04 | 12 17 | 06 05 | 15 35 | 03 07 | 23 03 | 26 38 | 28 10 | 27 04 |
| 7 | 23:03:16 | 14 07 55 | 14 56 | 21 13 | 13 06 | 12 22 | 06 44 | 15 34 | 03 02 | 23 03 | 26 37 | 28 09 | 27 01 |
| 8 | 23:07:13 | 15 06 08 | 27 25 | 03♋34 | 12 10 | 12 30 | 07 23 | 15 34 | 02 58 | 23 02 | 26 35 | 28 08 | 26 58 |
| 9 | 23:11:09 | 16 04 23 | 09♋40 | 15 43 | 11 16 | 12 40 | 08 02 | 15 33 | 02 53 | 23 02 | 26 34 | 28 07 | 26 55 |
| 10 | 23:15:06 | 17 02 40 | 21 44 | 27 42 | 10 27 | 12 52 | 08 41 | 15 32 | 02 49 | 23 01 | 26 32 | 28 07 | 26 52 |
| 11 | 23:19:02 | 18 00 59 | 03♌40 | 09♌36 | 09 44 | 13 07 | 09 20 | 15 31 | 02 45 | 23 00 | 26 30 | 28 06 | 26 48 |
| 12 | 23:22:59 | 18 59 20 | 15 32 | 21 27 | 09 07 | 13 23 | 09 59 | 15 29 | 02 40 | 23 00 | 26 29 | 28 05 | 26 45 |
| 13 | 23:26:55 | 19 57 43 | 27 22 | 03♍18 | 08 37 | 13 41 | 10 38 | 15 28 | 02 36 | 22 59 | 26 27 | 28 04 | 26 42 |
| 14 | 23:30:52 | 20 56 08 | 09♍14 | 15 11 | 08 16 | 14 01 | 11 17 | 15 26 | 02 32 | 22 58 | 26 25 | 28 04 | 26 39 |
| 15 | 23:34:49 | 21 54 35 | 21 08 | 27 07 | 08 04 | 14 23 | 11 56 | 15 24 | 02 28 | 22 57 | 26 24 | 28 03 | 26 36 |
| 16 | 23:38:45 | 22 53 03 | 03♎07 | 09♎09 | 08 00D | 14 47 | 12 36 | 15 22 | 02 24 | 22 57 | 26 22 | 28 02 | 26 33 |
| 17 | 23:42:42 | 23 51 34 | 15 13 | 21 18 | 08 06 | 15 12 | 13 15 | 15 19 | 02 20 | 22 56 | 26 20 | 28 01 | 26 29 |
| 18 | 23:46:38 | 24 50 06 | 27 26 | 03♏37 | 08 22 | 15 39 | 13 54 | 15 17 | 02 16 | 22 55 | 26 19 | 28 01 | 26 26 |
| 19 | 23:50:35 | 25 48 40 | 09♏50 | 16 07 | 08 47 | 16 07 | 14 34 | 15 14 | 02 12 | 22 54 | 26 17 | 28 00 | 26 23 |
| 20 | 23:54:31 | 26 47 16 | 22 27 | 28 52 | 09 21 | 16 38 | 15 13 | 15 11 | 02 08 | 22 53 | 26 15 | 28 00 | 26 20 |
| 21 | 23:58:28 | 27 45 53 | 05♐20 | 11♐54 | 10 04 | 17 09 | 15 53 | 15 08 | 02 04 | 22 52 | 26 14 | 27 59 | 26 17 |
| 22 | 0:02:24 | 28 44 33 | 18 32 | 25 16 | 10 55 | 17 42 | 16 32 | 15 05 | 02 00 | 22 50 | 26 12 | 27 58 | 26 14 |
| 23 | 0:06:21 | 29 43 14 | 02♑05 | 09♑00 | 11 54 | 18 16 | 17 12 | 15 01 | 01 56 | 22 49 | 26 10 | 27 58 | 26 10 |
| 24 | 0:10:18 | 00♎41 56 | 16 00 | 23 06 | 13 00 | 18 52 | 17 51 | 14 57 | 01 53 | 22 48 | 26 09 | 27 57 | 26 07 |
| 25 | 0:14:14 | 01 40 41 | 00♒18 | 07♒34 | 14 12 | 19 29 | 18 31 | 14 53 | 01 49 | 22 47 | 26 07 | 27 57 | 26 04 |
| 26 | 0:18:11 | 02 39 26 | 14 55 | 22 20 | 15 31 | 20 07 | 19 11 | 14 49 | 01 45 | 22 45 | 26 06 | 27 57 | 26 01 |
| 27 | 0:22:07 | 03 38 14 | 29 48 | 07♓18 | 16 54 | 20 46 | 19 51 | 14 45 | 01 42 | 22 44 | 26 04 | 27 56 | 25 58 |
| 28 | 0:26:04 | 04 37 03 | 14♓49 | 22 19 | 18 22 | 21 27 | 20 31 | 14 40 | 01 38 | 22 43 | 26 02 | 27 56 | 25 54 |
| 29 | 0:30:00 | 05 35 55 | 29 49 | 07♈16 | 19 54 | 22 08 | 21 10 | 14 36 | 01 35 | 22 41 | 26 01 | 27 55 | 25 51 |
| 30 | 0:33:57 | 06 34 48 | 14♈39 | 21 58 | 21 30 | 22 51 | 21 50 | 14 31 | 01 32 | 22 40 | 25 59 | 27 55 | 25 48 |

## 0:00 E.T. Longitudes of the Major Asteroids and Chiron

| D | ⚳ | ⚴ | ⚵ | ⚶ | ⚷ | D | ⚳ | ⚴ | ⚵ | ⚶ | ⚷ |
|---|---|---|---|---|---|---|---|---|---|---|---|
| 1 | 24♎08 | 24♍10 | 08♌20 | 26♊16 | 19♈19℞ | 16 | 00♏11 | 01 03 | 15 44 | 00 32 | 18 47 |
| 2 | 24 32 | 24 38 | 08 50 | 26 34 | 19 17 | 17 | 00 36 | 01 31 | 16 13 | 00 47 | 18 44 |
| 3 | 24 56 | 25 05 | 09 21 | 26 52 | 19 15 | 18 | 01 01 | 01 58 | 16 42 | 01 03 | 18 42 |
| 4 | 25 20 | 25 33 | 09 51 | 27 10 | 19 13 | 19 | 01 26 | 02 26 | 17 10 | 01 18 | 18 40 |
| 5 | 25 44 | 26 01 | 10 21 | 27 28 | 19 11 | 20 | 01 50 | 02 53 | 17 39 | 01 33 | 18 37 |
| 6 | 26 08 | 26 28 | 10 50 | 27 46 | 19 09 | 21 | 02 15 | 03 21 | 18 07 | 01 47 | 18 35 |
| 7 | 26 32 | 26 56 | 11 20 | 28 03 | 19 07 | 22 | 02 40 | 03 48 | 18 36 | 02 01 | 18 32 |
| 8 | 26 56 | 27 23 | 11 50 | 28 21 | 19 05 | 23 | 03 05 | 04 16 | 19 04 | 02 16 | 18 30 |
| 9 | 27 20 | 27 51 | 12 19 | 28 38 | 19 03 | 24 | 03 30 | 04 43 | 19 32 | 02 29 | 18 27 |
| 10 | 27 45 | 28 18 | 12 49 | 28 55 | 19 01 | 25 | 03 55 | 05 11 | 20 00 | 02 43 | 18 24 |
| 11 | 28 09 | 28 46 | 13 18 | 29 11 | 18 58 | 26 | 04 20 | 05 38 | 20 28 | 02 56 | 18 22 |
| 12 | 28 33 | 29 13 | 13 48 | 29 28 | 18 56 | 27 | 04 45 | 06 06 | 20 56 | 03 09 | 18 19 |
| 13 | 28 58 | 29 41 | 14 17 | 29 44 | 18 54 | 28 | 05 10 | 06 33 | 21 23 | 03 22 | 18 17 |
| 14 | 29 22 | 00♎08 | 14 46 | 00♋00 | 18 51 | 29 | 05 35 | 07 00 | 21 51 | 03 35 | 18 14 |
| 15 | 29 47 | 00 36 | 15 15 | 00 16 | 18 49 | 30 | 06 00 | 07 28 | 22 18 | 03 47 | 18 11 |

## Lunar Data

| Last Asp. | | Ingress | | |
|---|---|---|---|---|
| 1 | 10:37 | 1 | ♈ | 13:26 |
| 3 | 11:58 | 3 | ♉ | 15:01 |
| 5 | 16:47 | 5 | ♊ | 20:08 |
| 7 | 22:23 | 8 | ♋ | 05:01 |
| 10 | 12:48 | 10 | ♌ | 16:37 |
| 12 | 15:07 | 13 | ♍ | 05:19 |
| 15 | 13:50 | 15 | ♎ | 17:46 |
| 18 | 01:07 | 18 | ♏ | 04:59 |
| 20 | 10:22 | 20 | ♐ | 14:07 |
| 22 | 19:33 | 22 | ♑ | 20:21 |
| 24 | 20:06 | 24 | ♒ | 23:30 |
| 26 | 12:40 | 27 | ♓ | 00:19 |
| 28 | 20:59 | 29 | ♈ | 00:18 |
| 30 | 21:51 | | | |

## 0:00 E.T. Declinations

| D | ☉ | ☽ | ☿ | ♀ | ♂ | ♃ | ♄ | ♅ | ♆ | ♇ | ⚳ | ⚴ | ⚵ | ⚶ | ⚷ |
|---|---|---|---|---|---|---|---|---|---|---|---|---|---|---|---|
| 1 | +08 27 | -06 00 | +00 22 | +09 59 | -00 33 | +15 14 | -11 54 | +18 14 | -02 27 | -23 11 | -04 06 | +05 49 | +10 36 | +19 01 | +09 00 |
| 2 | 08 05 | +01 02 | 00 45 | 10 07 | 00 49 | 15 14 | 11 55 | 18 14 | 02 28 | 23 11 | 04 17 | 05 44 | 10 29 | 19 01 | 08 59 |
| 3 | 07 43 | 07 51 | 01 10 | 10 15 | 01 05 | 15 14 | 11 57 | 18 14 | 02 28 | 23 11 | 04 28 | 05 39 | 10 22 | 19 02 | 08 58 |
| 4 | 07 21 | 14 04 | 01 39 | 10 23 | 01 20 | 15 14 | 11 59 | 18 14 | 02 29 | 23 12 | 04 39 | 05 35 | 10 15 | 19 02 | 08 57 |
| 5 | 06 59 | 19 24 | 02 09 | 10 30 | 01 36 | 15 14 | 12 00 | 18 14 | 02 30 | 23 12 | 04 50 | 05 30 | 10 09 | 19 03 | 08 57 |
| 6 | 06 37 | 23 35 | 02 42 | 10 37 | 01 52 | 15 14 | 12 02 | 18 14 | 02 30 | 23 12 | 05 01 | 05 25 | 10 01 | 19 03 | 08 56 |
| 7 | 06 15 | 26 29 | 03 17 | 10 44 | 02 08 | 15 13 | 12 04 | 18 13 | 02 31 | 23 12 | 05 11 | 05 21 | 09 54 | 19 03 | 08 55 |
| 8 | 05 52 | 27 58 | 03 52 | 10 50 | 02 24 | 15 13 | 12 05 | 18 13 | 02 32 | 23 12 | 05 22 | 05 16 | 09 47 | 19 04 | 08 54 |
| 9 | 05 30 | 28 02 | 04 27 | 10 56 | 02 40 | 15 13 | 12 07 | 18 13 | 02 32 | 23 13 | 05 33 | 05 11 | 09 40 | 19 04 | 08 53 |
| 10 | 05 07 | 26 46 | 05 01 | 11 01 | 02 56 | 15 12 | 12 08 | 18 13 | 02 33 | 23 13 | 05 44 | 05 06 | 09 33 | 19 04 | 08 53 |
| 11 | 04 44 | 24 18 | 05 35 | 11 06 | 03 12 | 15 12 | 12 10 | 18 13 | 02 34 | 23 13 | 05 55 | 05 02 | 09 26 | 19 04 | 08 52 |
| 12 | 04 21 | 20 49 | 06 06 | 11 10 | 03 28 | 15 11 | 12 11 | 18 13 | 02 34 | 23 13 | 06 05 | 04 57 | 09 18 | 19 04 | 08 51 |
| 13 | 03 59 | 16 30 | 06 35 | 11 14 | 03 43 | 15 11 | 12 13 | 18 13 | 02 35 | 23 13 | 06 16 | 04 52 | 09 11 | 19 04 | 08 50 |
| 14 | 03 36 | 11 34 | 07 01 | 11 17 | 03 59 | 15 10 | 12 15 | 18 12 | 02 36 | 23 14 | 06 27 | 04 47 | 09 03 | 19 04 | 08 49 |
| 15 | 03 13 | 06 11 | 07 24 | 11 20 | 04 15 | 15 09 | 12 16 | 18 12 | 02 36 | 23 14 | 06 37 | 04 42 | 08 56 | 19 04 | 08 48 |
| 16 | 02 49 | 00 33 | 07 43 | 11 22 | 04 31 | 15 08 | 12 18 | 18 12 | 02 37 | 23 14 | 06 48 | 04 38 | 08 49 | 19 04 | 08 47 |
| 17 | 02 26 | -05 10 | 07 58 | 11 24 | 04 47 | 15 07 | 12 19 | 18 12 | 02 38 | 23 14 | 06 59 | 04 33 | 08 41 | 19 04 | 08 46 |
| 18 | 02 03 | 10 46 | 08 09 | 11 25 | 05 03 | 15 07 | 12 20 | 18 11 | 02 38 | 23 14 | 07 09 | 04 28 | 08 34 | 19 04 | 08 45 |
| 19 | 01 40 | 16 02 | 08 15 | 11 26 | 05 18 | 15 06 | 12 22 | 18 11 | 02 39 | 23 14 | 07 20 | 04 23 | 08 26 | 19 04 | 08 44 |
| 20 | 01 17 | 20 43 | 08 17 | 11 26 | 05 34 | 15 05 | 12 23 | 18 11 | 02 40 | 23 14 | 07 30 | 04 18 | 08 18 | 19 04 | 08 43 |
| 21 | 00 53 | 24 31 | 08 15 | 11 26 | 05 50 | 15 03 | 12 25 | 18 11 | 02 40 | 23 15 | 07 41 | 04 14 | 08 11 | 19 04 | 08 42 |
| 22 | 00 30 | 27 08 | 08 08 | 11 25 | 06 06 | 15 02 | 12 26 | 18 10 | 02 41 | 23 15 | 07 51 | 04 09 | 08 03 | 19 04 | 08 41 |
| 23 | 00 07 | 28 15 | 07 57 | 11 23 | 06 21 | 15 01 | 12 27 | 18 10 | 02 42 | 23 15 | 08 01 | 04 04 | 07 55 | 19 04 | 08 40 |
| 24 | -00 17 | 27 37 | 07 42 | 11 21 | 06 37 | 15 00 | 12 29 | 18 10 | 02 42 | 23 15 | 08 12 | 03 59 | 07 48 | 19 04 | 08 39 |
| 25 | 00 40 | 25 11 | 07 24 | 11 18 | 06 53 | 14 59 | 12 30 | 18 09 | 02 43 | 23 15 | 08 22 | 03 54 | 07 40 | 19 03 | 08 38 |
| 26 | 01 03 | 21 04 | 07 01 | 11 15 | 07 08 | 14 57 | 12 31 | 18 09 | 02 44 | 23 15 | 08 32 | 03 50 | 07 32 | 19 03 | 08 37 |
| 27 | 01 27 | 15 35 | 06 36 | 11 12 | 07 24 | 14 56 | 12 32 | 18 09 | 02 44 | 23 15 | 08 43 | 03 45 | 07 24 | 19 03 | 08 36 |
| 28 | 01 50 | 09 07 | 06 07 | 11 07 | 07 39 | 14 55 | 12 34 | 18 08 | 02 45 | 23 15 | 08 53 | 03 40 | 07 16 | 19 03 | 08 35 |
| 29 | 02 13 | 02 08 | 05 36 | 11 02 | 07 55 | 14 53 | 12 35 | 18 08 | 02 45 | 23 15 | 09 03 | 03 36 | 07 09 | 19 03 | 08 34 |
| 30 | 02 37 | +04 54 | 05 02 | 10 57 | 08 10 | 14 52 | 12 36 | 18 08 | 02 46 | 23 15 | 09 13 | 03 31 | 07 01 | 19 02 | 08 33 |

Lunar Phases -- 6 ◑ 22:22 15 ● 01:41 22 ◐ 19:33 29 Ⓔ 09:59 Sun enters ♎ 9/23 06:51

## Longitudes of Main Planets - October 2023

0:00 E.T.

| D | S.T. | ☉ | ☽ | ☽ 12:00 | ☿ | ♀ | ♂ | ♃ | ♄ | ♅ | ♆ | ♇ | ☊ |
|---|---|---|---|---|---|---|---|---|---|---|---|---|---|
| 1 | 0:37:53 | 07♎33 43 | 29♈13 | 06♉21 | 23♍08 | 23♌35 | 22♎30 | 14♉26℞ | 01♓29℞ | 22♉38℞ | 25♓57℞ | 27♑55℞ | 25♈45 |
| 2 | 0:41:50 | 08 32 40 | 13♉24 | 20 20 | 24 48 | 24 20 | 23 10 | 14 21 | 01 25 | 22 37 | 25 56 | 27 55 | 25 42 |
| 3 | 0:45:47 | 09 31 40 | 27 09 | 03♊52 | 26 31 | 25 05 | 23 50 | 14 16 | 01 22 | 22 35 | 25 54 | 27 54 | 25 39 |
| 4 | 0:49:43 | 10 30 42 | 10♊28 | 16 59 | 28 14 | 25 52 | 24 30 | 14 10 | 01 19 | 22 34 | 25 53 | 27 54 | 25 35 |
| 5 | 0:53:40 | 11 29 46 | 23 23 | 29 43 | 29 59 | 26 39 | 25 11 | 14 04 | 01 16 | 22 32 | 25 51 | 27 54 | 25 32 |
| 6 | 0:57:36 | 12 28 53 | 05♋57 | 12♋07 | 01♎45 | 27 28 | 25 51 | 13 59 | 01 14 | 22 30 | 25 49 | 27 54 | 25 29 |
| 7 | 1:01:33 | 13 28 02 | 18 14 | 24 17 | 03 31 | 28 17 | 26 31 | 13 53 | 01 11 | 22 28 | 25 48 | 27 54 | 25 26 |
| 8 | 1:05:29 | 14 27 13 | 00♌17 | 06♌16 | 05 17 | 29 07 | 27 11 | 13 47 | 01 08 | 22 27 | 25 46 | 27 54 | 25 23 |
| 9 | 1:09:26 | 15 26 27 | 12 12 | 18 08 | 07 04 | 29 57 | 27 52 | 13 40 | 01 06 | 22 25 | 25 45 | 27 53 | 25 19 |
| 10 | 1:13:22 | 16 25 42 | 24 03 | 29 59 | 08 50 | 00♍49 | 28 32 | 13 34 | 01 03 | 22 23 | 25 43 | 27 53 | 25 16 |
| 11 | 1:17:19 | 17 25 00 | 05♍54 | 11♍51 | 10 36 | 01 41 | 29 13 | 13 28 | 01 01 | 22 21 | 25 42 | 27 53D | 25 13 |
| 12 | 1:21:16 | 18 24 20 | 17 48 | 23 47 | 12 22 | 02 34 | 29 53 | 13 21 | 00 58 | 22 19 | 25 40 | 27 53 | 25 10 |
| 13 | 1:25:12 | 19 23 43 | 29 48 | 05♎51 | 14 08 | 03 27 | 00♏34 | 13 14 | 00 56 | 22 17 | 25 39 | 27 53 | 25 07 |
| 14 | 1:29:09 | 20 23 07 | 11♎57 | 18 05 | 15 53 | 04 22 | 01 14 | 13 07 | 00 54 | 22 15 | 25 37 | 27 54 | 25 04 |
| 15 | 1:33:05 | 21 22 34 | 24 15 | 00♏29 | 17 37 | 05 16 | 01 55 | 13 00 | 00 52 | 22 13 | 25 36 | 27 54 | 25 00 |
| 16 | 1:37:02 | 22 22 02 | 06♏45 | 13 04 | 19 21 | 06 12 | 02 36 | 12 53 | 00 50 | 22 11 | 25 34 | 27 54 | 24 57 |
| 17 | 1:40:58 | 23 21 33 | 19 27 | 25 53 | 21 04 | 07 08 | 03 16 | 12 46 | 00 48 | 22 09 | 25 33 | 27 54 | 24 54 |
| 18 | 1:44:55 | 24 21 06 | 02♐22 | 08♐55 | 22 47 | 08 04 | 03 57 | 12 39 | 00 46 | 22 07 | 25 31 | 27 54 | 24 51 |
| 19 | 1:48:51 | 25 20 40 | 15 31 | 22 11 | 24 29 | 09 01 | 04 38 | 12 31 | 00 44 | 22 05 | 25 30 | 27 54 | 24 48 |
| 20 | 1:52:48 | 26 20 16 | 28 55 | 05♑42 | 26 11 | 09 59 | 05 19 | 12 24 | 00 43 | 22 03 | 25 29 | 27 55 | 24 45 |
| 21 | 1:56:45 | 27 19 54 | 12♑33 | 19 27 | 27 51 | 10 57 | 06 00 | 12 16 | 00 41 | 22 00 | 25 27 | 27 55 | 24 41 |
| 22 | 2:00:41 | 28 19 34 | 26 25 | 03♒27 | 29 32 | 11 56 | 06 41 | 12 08 | 00 40 | 21 58 | 25 26 | 27 55 | 24 38 |
| 23 | 2:04:38 | 29 19 15 | 10♒32 | 17 40 | 01♏11 | 12 55 | 07 22 | 12 01 | 00 39 | 21 56 | 25 25 | 27 55 | 24 35 |
| 24 | 2:08:34 | 00♏18 58 | 24 51 | 02♓04 | 02 50 | 13 54 | 08 03 | 11 53 | 00 37 | 21 54 | 25 23 | 27 56 | 24 32 |
| 25 | 2:12:31 | 01 18 43 | 09♓19 | 16 36 | 04 29 | 14 54 | 08 44 | 11 45 | 00 36 | 21 52 | 25 22 | 27 56 | 24 29 |
| 26 | 2:16:27 | 02 18 29 | 23 54 | 01♈11 | 06 06 | 15 55 | 09 25 | 11 37 | 00 35 | 21 49 | 25 21 | 27 57 | 24 25 |
| 27 | 2:20:24 | 03 18 17 | 08♈28 | 15 44 | 07 44 | 16 55 | 10 07 | 11 29 | 00 34 | 21 47 | 25 20 | 27 57 | 24 22 |
| 28 | 2:24:20 | 04 18 07 | 22 58 | 00♉09 | 09 20 | 17 57 | 10 48 | 11 21 | 00 34 | 21 45 | 25 18 | 27 58 | 24 19 |
| 29 | 2:28:17 | 05 17 59 | 07♉16 | 14 20 | 10 57 | 18 58 | 11 29 | 11 13 | 00 33 | 21 42 | 25 17 | 27 58 | 24 16 |
| 30 | 2:32:14 | 06 17 53 | 21 19 | 28 12 | 12 32 | 20 00 | 12 11 | 11 05 | 00 32 | 21 40 | 25 16 | 27 59 | 24 13 |
| 31 | 2:36:10 | 07 17 49 | 05♊01 | 11♊44 | 14 07 | 21 03 | 12 52 | 10 57 | 00 32 | 21 37 | 25 15 | 27 59 | 24 10 |

0:00 E.T.

## Longitudes of the Major Asteroids and Chiron

| D | ⚳ | ⚴ | ⚵ | ⚶ | ⚷ |
|---|---|---|---|---|---|
| 1 | 06♏25 | 07♎55 | 22♌46 | 03♋59 | 18♈09℞ |
| 2 | 06 50 | 08 22 | 23 13 | 04 11 | 18 06 |
| 3 | 07 16 | 08 50 | 23 40 | 04 22 | 18 03 |
| 4 | 07 41 | 09 17 | 24 07 | 04 34 | 18 01 |
| 5 | 08 06 | 09 44 | 24 34 | 04 45 | 17 58 |
| 6 | 08 32 | 10 12 | 25 00 | 04 55 | 17 55 |
| 7 | 08 57 | 10 39 | 25 27 | 05 05 | 17 52 |
| 8 | 09 22 | 11 06 | 25 54 | 05 15 | 17 50 |
| 9 | 09 48 | 11 33 | 26 20 | 05 25 | 17 47 |
| 10 | 10 13 | 12 01 | 26 46 | 05 34 | 17 44 |
| 11 | 10 39 | 12 28 | 27 12 | 05 43 | 17 42 |
| 12 | 11 04 | 12 55 | 27 38 | 05 52 | 17 39 |
| 13 | 11 29 | 13 22 | 28 04 | 06 01 | 17 36 |
| 14 | 11 55 | 13 49 | 28 30 | 06 09 | 17 33 |
| 15 | 12 20 | 14 17 | 28 55 | 06 16 | 17 31 |
| 16 | 12 46 | 14 44 | 29 21 | 06 24 | 17 28 |
| 17 | 13 12 | 15 11 | 29 46 | 06 31 | 17 25 |
| 18 | 13 37 | 15 38 | 00♍11 | 06 37 | 17 22 |
| 19 | 14 03 | 16 05 | 00 36 | 06 43 | 17 20 |
| 20 | 14 28 | 16 32 | 01 01 | 06 49 | 17 17 |
| 21 | 14 54 | 16 59 | 01 25 | 06 55 | 17 14 |
| 22 | 15 20 | 17 26 | 01 50 | 07 00 | 17 12 |
| 23 | 15 45 | 17 53 | 02 14 | 07 05 | 17 09 |
| 24 | 16 11 | 18 20 | 02 38 | 07 09 | 17 06 |
| 25 | 16 37 | 18 47 | 03 02 | 07 13 | 17 04 |
| 26 | 17 02 | 19 14 | 03 26 | 07 16 | 17 01 |
| 27 | 17 28 | 19 41 | 03 50 | 07 20 | 16 59 |
| 28 | 17 54 | 20 07 | 04 14 | 07 22 | 16 56 |
| 29 | 18 20 | 20 34 | 04 37 | 07 25 | 16 53 |
| 30 | 18 45 | 21 01 | 05 00 | 07 27 | 16 51 |
| 31 | 19 11 | 21 28 | 05 23 | 07 28 | 16 48 |

## Lunar Data

| Last Asp. | | Ingress | | |
|---|---|---|---|---|
| 30 | 21:51 | 1 | ♉ | 01:19 |
| 3 | 01:21 | 3 | ♊ | 05:04 |
| 5 | 06:36 | 5 | ♋ | 12:33 |
| 7 | 19:13 | 7 | ♌ | 23:26 |
| 10 | 09:38 | 10 | ♍ | 12:03 |
| 12 | 20:11 | 13 | ♎ | 00:23 |
| 15 | 07:02 | 15 | ♏ | 11:05 |
| 17 | 15:44 | 17 | ♐ | 19:37 |
| 19 | 19:03 | 20 | ♑ | 01:56 |
| 22 | 06:02 | 22 | ♒ | 06:07 |
| 23 | 19:05 | 24 | ♓ | 08:34 |
| 26 | 06:40 | 26 | ♈ | 10:03 |
| 28 | 08:21 | 28 | ♉ | 11:45 |
| 30 | 11:37 | 30 | ♊ | 15:09 |

0:00 E.T.

## Declinations

| D | ☉ | ☽ | ☿ | ♀ | ♂ | ♃ | ♄ | ♅ | ♆ | ♇ | ⚳ | ⚴ | ⚵ | ⚶ | ⚷ |
|---|---|---|---|---|---|---|---|---|---|---|---|---|---|---|---|
| 1 | -03 00 | +11 33 | +04 25 | +10 51 | -08 26 | +14 50 | -12 37 | +18 07 | -02 47 | -23 16 | -09 23 | +03 26 | +06 53 | +19 02 | +08 32 |
| 2 | 03 23 | 17 27 | 03 47 | 10 44 | 08 41 | 14 48 | 12 38 | 18 07 | 02 47 | 23 16 | 09 33 | 03 22 | 06 45 | 19 02 | 08 31 |
| 3 | 03 46 | 22 16 | 03 08 | 10 37 | 08 56 | 14 47 | 12 39 | 18 06 | 02 48 | 23 16 | 09 43 | 03 17 | 06 37 | 19 02 | 08 30 |
| 4 | 04 10 | 25 45 | 02 27 | 10 30 | 09 11 | 14 45 | 12 40 | 18 06 | 02 49 | 23 16 | 09 53 | 03 13 | 06 29 | 19 01 | 08 29 |
| 5 | 04 33 | 27 46 | 01 45 | 10 22 | 09 27 | 14 43 | 12 41 | 18 06 | 02 49 | 23 16 | 10 03 | 03 08 | 06 22 | 19 01 | 08 28 |
| 6 | 04 56 | 28 17 | 01 02 | 10 13 | 09 42 | 14 41 | 12 42 | 18 05 | 02 50 | 23 16 | 10 13 | 03 03 | 06 14 | 19 01 | 08 27 |
| 7 | 05 19 | 27 23 | 00 18 | 10 04 | 09 57 | 14 40 | 12 43 | 18 05 | 02 51 | 23 16 | 10 23 | 02 59 | 06 06 | 19 01 | 08 25 |
| 8 | 05 42 | 25 13 | -00 27 | 09 54 | 10 12 | 14 38 | 12 44 | 18 04 | 02 51 | 23 16 | 10 33 | 02 55 | 05 58 | 19 00 | 08 24 |
| 9 | 06 05 | 21 58 | 01 12 | 09 44 | 10 27 | 14 36 | 12 45 | 18 04 | 02 52 | 23 16 | 10 42 | 02 50 | 05 50 | 19 00 | 08 23 |
| 10 | 06 28 | 17 51 | 01 57 | 09 33 | 10 42 | 14 34 | 12 46 | 18 03 | 02 52 | 23 16 | 10 52 | 02 46 | 05 42 | 19 00 | 08 22 |
| 11 | 06 50 | 13 03 | 02 42 | 09 22 | 10 57 | 14 32 | 12 46 | 18 03 | 02 53 | 23 16 | 11 02 | 02 41 | 05 34 | 19 00 | 08 21 |
| 12 | 07 13 | 07 46 | 03 27 | 09 10 | 11 12 | 14 30 | 12 47 | 18 02 | 02 54 | 23 16 | 11 11 | 02 37 | 05 26 | 19 00 | 08 20 |
| 13 | 07 35 | 02 08 | 04 12 | 08 58 | 11 27 | 14 28 | 12 48 | 18 02 | 02 54 | 23 16 | 11 21 | 02 33 | 05 18 | 19 00 | 08 19 |
| 14 | 07 58 | -03 38 | 04 57 | 08 45 | 11 41 | 14 25 | 12 49 | 18 01 | 02 55 | 23 16 | 11 30 | 02 29 | 05 10 | 18 59 | 08 18 |
| 15 | 08 20 | 09 21 | 05 42 | 08 32 | 11 56 | 14 23 | 12 49 | 18 01 | 02 55 | 23 16 | 11 40 | 02 24 | 05 03 | 18 59 | 08 17 |
| 16 | 08 42 | 14 48 | 06 27 | 08 18 | 12 10 | 14 21 | 12 50 | 18 00 | 02 56 | 23 16 | 11 49 | 02 20 | 04 55 | 18 59 | 08 15 |
| 17 | 09 04 | 19 42 | 07 11 | 08 04 | 12 25 | 14 19 | 12 50 | 18 00 | 02 56 | 23 16 | 11 59 | 02 16 | 04 47 | 18 59 | 08 14 |
| 18 | 09 26 | 23 47 | 07 55 | 07 49 | 12 39 | 14 17 | 12 51 | 17 59 | 02 57 | 23 16 | 12 08 | 02 12 | 04 39 | 18 59 | 08 13 |
| 19 | 09 48 | 26 43 | 08 38 | 07 34 | 12 54 | 14 14 | 12 52 | 17 59 | 02 57 | 23 16 | 12 17 | 02 08 | 04 31 | 18 59 | 08 12 |
| 20 | 10 10 | 28 11 | 09 21 | 07 18 | 13 08 | 14 12 | 12 52 | 17 58 | 02 58 | 23 16 | 12 27 | 02 04 | 04 23 | 18 59 | 08 11 |
| 21 | 10 31 | 27 59 | 10 03 | 07 02 | 13 22 | 14 10 | 12 52 | 17 58 | 02 59 | 23 16 | 12 36 | 02 00 | 04 16 | 18 59 | 08 10 |
| 22 | 10 53 | 26 03 | 10 45 | 06 46 | 13 36 | 14 08 | 12 53 | 17 57 | 02 59 | 23 16 | 12 45 | 01 56 | 04 08 | 18 59 | 08 09 |
| 23 | 11 14 | 22 30 | 11 26 | 06 29 | 13 50 | 14 05 | 12 53 | 17 56 | 03 00 | 23 16 | 12 54 | 01 52 | 04 00 | 18 59 | 08 08 |
| 24 | 11 35 | 17 33 | 12 06 | 06 12 | 14 04 | 14 03 | 12 54 | 17 56 | 03 00 | 23 15 | 13 03 | 01 49 | 03 53 | 18 59 | 08 07 |
| 25 | 11 56 | 11 35 | 12 46 | 05 54 | 14 18 | 14 00 | 12 54 | 17 55 | 03 01 | 23 15 | 13 12 | 01 45 | 03 45 | 19 00 | 08 05 |
| 26 | 12 16 | 04 56 | 13 25 | 05 37 | 14 31 | 13 58 | 12 54 | 17 55 | 03 01 | 23 15 | 13 21 | 01 41 | 03 37 | 19 00 | 08 04 |
| 27 | 12 37 | +01 59 | 14 03 | 05 18 | 14 45 | 13 56 | 12 54 | 17 54 | 03 01 | 23 15 | 13 30 | 01 38 | 03 30 | 19 00 | 08 03 |
| 28 | 12 57 | 08 45 | 14 40 | 04 59 | 14 58 | 13 53 | 12 55 | 17 53 | 03 02 | 23 15 | 13 38 | 01 34 | 03 22 | 19 00 | 08 02 |
| 29 | 13 17 | 15 00 | 15 17 | 04 40 | 15 12 | 13 51 | 12 55 | 17 53 | 03 02 | 23 15 | 13 47 | 01 31 | 03 15 | 19 01 | 08 01 |
| 30 | 13 37 | 20 21 | 15 53 | 04 21 | 15 25 | 13 48 | 12 55 | 17 52 | 03 03 | 23 15 | 13 56 | 01 27 | 03 07 | 19 01 | 08 00 |
| 31 | 13 57 | 24 28 | 16 28 | 04 01 | 15 38 | 13 46 | 12 55 | 17 52 | 03 03 | 23 15 | 14 04 | 01 24 | 03 00 | 19 02 | 07 59 |

Lunar Phases -- 6 ◑ 13:49 14 ● 17:56 ☌ 22 ◐ 03:31 28 ○ 20:25 ☍ Sun enters ♏ 10/23 16:23

## 0:00 E.T. Longitudes of Main Planets - November 2023

| D | S.T. | ☉ | ☽ | ☽ 12:00 | ☿ | ♀ | ♂ | ♃ | ♄ | ♅ | ♆ | ♇ | ☊ |
|---|---|---|---|---|---|---|---|---|---|---|---|---|---|
| 1 | 2:40:07 | 08♏17 47 | 18♊21 | 24♊53 | 15♏42 | 22♍05 | 13♏33 | 10♉49℞ | 00♓31℞ | 21♉35℞ | 25♓14℞ | 28♑00 | 24♈06 |
| 2 | 2:44:03 | 09 17 47 | 01♋19 | 07♋40 | 17 16 | 23 08 | 14 15 | 10 40 | 00 31 | 21 33 | 25 13 | 28 00 | 24 03 |
| 3 | 2:48:00 | 10 17 49 | 13 57 | 20 08 | 18 50 | 24 12 | 14 57 | 10 32 | 00 31 | 21 30 | 25 12 | 28 01 | 24 00 |
| 4 | 2:51:56 | 11 17 53 | 26 16 | 02♌20 | 20 24 | 25 16 | 15 38 | 10 24 | 00 31 | 21 28 | 25 11 | 28 02 | 23 57 |
| 5 | 2:55:53 | 12 17 59 | 08♌21 | 14 20 | 21 57 | 26 20 | 16 20 | 10 16 | 00 31D | 21 25 | 25 10 | 28 02 | 23 54 |
| 6 | 2:59:49 | 13 18 08 | 20 17 | 26 13 | 23 29 | 27 24 | 17 02 | 10 08 | 00 31 | 21 23 | 25 09 | 28 03 | 23 51 |
| 7 | 3:03:46 | 14 18 18 | 02♍08 | 08♍03 | 25 01 | 28 29 | 17 43 | 10 00 | 00 31 | 21 20 | 25 08 | 28 04 | 23 47 |
| 8 | 3:07:43 | 15 18 30 | 13 59 | 19 56 | 26 33 | 29 34 | 18 25 | 09 52 | 00 32 | 21 18 | 25 07 | 28 05 | 23 44 |
| 9 | 3:11:39 | 16 18 45 | 25 55 | 01♎56 | 28 05 | 00♎39 | 19 07 | 09 43 | 00 32 | 21 15 | 25 06 | 28 06 | 23 41 |
| 10 | 3:15:36 | 17 19 01 | 08♎00 | 14 06 | 29 36 | 01 45 | 19 49 | 09 35 | 00 33 | 21 13 | 25 05 | 28 06 | 23 38 |
| 11 | 3:19:32 | 18 19 19 | 20 17 | 26 30 | 01♐06 | 02 51 | 20 31 | 09 27 | 00 33 | 21 11 | 25 04 | 28 07 | 23 35 |
| 12 | 3:23:29 | 19 19 40 | 02♏48 | 09♏10 | 02 37 | 03 57 | 21 13 | 09 20 | 00 34 | 21 08 | 25 03 | 28 08 | 23 31 |
| 13 | 3:27:25 | 20 20 02 | 15 36 | 22 06 | 04 07 | 05 03 | 21 55 | 09 12 | 00 35 | 21 06 | 25 03 | 28 09 | 23 28 |
| 14 | 3:31:22 | 21 20 25 | 28 41 | 05♐19 | 05 36 | 06 10 | 22 37 | 09 04 | 00 36 | 21 03 | 25 02 | 28 10 | 23 25 |
| 15 | 3:35:18 | 22 20 51 | 12♐01 | 18 47 | 07 05 | 07 17 | 23 20 | 08 56 | 00 37 | 21 01 | 25 01 | 28 11 | 23 22 |
| 16 | 3:39:15 | 23 21 18 | 25 36 | 02♑28 | 08 34 | 08 24 | 24 02 | 08 48 | 00 38 | 20 58 | 25 00 | 28 12 | 23 19 |
| 17 | 3:43:12 | 24 21 46 | 09♑22 | 16 19 | 10 02 | 09 31 | 24 44 | 08 41 | 00 39 | 20 56 | 25 00 | 28 13 | 23 16 |
| 18 | 3:47:08 | 25 22 16 | 23 18 | 00♒18 | 11 30 | 10 39 | 25 27 | 08 33 | 00 41 | 20 53 | 24 59 | 28 14 | 23 12 |
| 19 | 3:51:05 | 26 22 47 | 07♒20 | 14 23 | 12 57 | 11 47 | 26 09 | 08 26 | 00 42 | 20 51 | 24 58 | 28 15 | 23 09 |
| 20 | 3:55:01 | 27 23 20 | 21 27 | 28 31 | 14 24 | 12 55 | 26 51 | 08 19 | 00 44 | 20 48 | 24 58 | 28 16 | 23 06 |
| 21 | 3:58:58 | 28 23 53 | 05♓36 | 12♓41 | 15 50 | 14 03 | 27 34 | 08 11 | 00 45 | 20 46 | 24 57 | 28 17 | 23 03 |
| 22 | 4:02:54 | 29 24 28 | 19 46 | 26 51 | 17 16 | 15 11 | 28 16 | 08 04 | 00 47 | 20 43 | 24 57 | 28 19 | 23 00 |
| 23 | 4:06:51 | 00♐25 03 | 03♈55 | 10♈59 | 18 41 | 16 20 | 28 59 | 07 57 | 00 49 | 20 41 | 24 56 | 28 20 | 22 57 |
| 24 | 4:10:47 | 01 25 40 | 18 02 | 25 03 | 20 04 | 17 28 | 29 42 | 07 51 | 00 51 | 20 38 | 24 56 | 28 21 | 22 53 |
| 25 | 4:14:44 | 02 26 18 | 02♉02 | 09♉00 | 21 27 | 18 37 | 00♐24 | 07 44 | 00 53 | 20 36 | 24 56 | 28 22 | 22 50 |
| 26 | 4:18:41 | 03 26 58 | 15 55 | 22 48 | 22 49 | 19 46 | 01 07 | 07 37 | 00 55 | 20 33 | 24 55 | 28 24 | 22 47 |
| 27 | 4:22:37 | 04 27 38 | 29 37 | 06♊22 | 24 10 | 20 55 | 01 50 | 07 31 | 00 58 | 20 31 | 24 55 | 28 25 | 22 44 |
| 28 | 4:26:34 | 05 28 21 | 13♊04 | 19 42 | 25 29 | 22 05 | 02 33 | 07 24 | 01 00 | 20 29 | 24 55 | 28 26 | 22 41 |
| 29 | 4:30:30 | 06 29 04 | 26 15 | 02♋44 | 26 47 | 23 14 | 03 16 | 07 18 | 01 02 | 20 26 | 24 54 | 28 27 | 22 37 |
| 30 | 4:34:27 | 07 29 49 | 09♋09 | 15 29 | 28 03 | 24 24 | 03 59 | 07 12 | 01 05 | 20 24 | 24 54 | 28 29 | 22 34 |

## 0:00 E.T. Longitudes of the Major Asteroids and Chiron

| D | ⚳ | ⚴ | ⚵ | ⚶ | ⚷ | D | ⚳ | ⚴ | ⚵ | ⚶ | ⚷ |
|---|---|---|---|---|---|---|---|---|---|---|---|
| 1 | 19♏37 | 21♎55 | 05♍46 | 07♋29 | 16♈46℞ | 16 | 26 03 | 28 32 | 11 06 | 06 53 | 16 12 |
| 2 | 20 02 | 22 21 | 06 09 | 07 30 | 16 43 | 17 | 26 29 | 28 58 | 11 26 | 06 47 | 16 10 |
| 3 | 20 28 | 22 48 | 06 31 | 07 30 | 16 41 | 18 | 26 55 | 29 24 | 11 45 | 06 41 | 16 08 |
| 4 | 20 54 | 23 15 | 06 54 | 07 30℞ | 16 38 | 19 | 27 20 | 29 50 | 12 05 | 06 34 | 16 06 |
| 5 | 21 20 | 23 41 | 07 16 | 07 29 | 16 36 | 20 | 27 46 | 00♏16 | 12 24 | 06 27 | 16 04 |
| 6 | 21 45 | 24 08 | 07 38 | 07 28 | 16 34 | 21 | 28 12 | 00 42 | 12 42 | 06 19 | 16 02 |
| 7 | 22 11 | 24 34 | 07 59 | 07 27 | 16 31 | 22 | 28 37 | 01 08 | 13 01 | 06 11 | 16 00 |
| 8 | 22 37 | 25 01 | 08 21 | 07 25 | 16 29 | 23 | 29 03 | 01 34 | 13 19 | 06 02 | 15 58 |
| 9 | 23 03 | 25 27 | 08 42 | 07 23 | 16 27 | 24 | 29 29 | 02 00 | 13 37 | 05 53 | 15 57 |
| 10 | 23 29 | 25 54 | 09 04 | 07 20 | 16 24 | 25 | 29 54 | 02 26 | 13 55 | 05 44 | 15 55 |
| 11 | 23 54 | 26 20 | 09 25 | 07 16 | 16 22 | 26 | 00♐20 | 02 51 | 14 12 | 05 34 | 15 53 |
| 12 | 24 20 | 26 47 | 09 45 | 07 13 | 16 20 | 27 | 00 46 | 03 17 | 14 30 | 05 24 | 15 52 |
| 13 | 24 46 | 27 13 | 10 06 | 07 08 | 16 18 | 28 | 01 11 | 03 43 | 14 47 | 05 13 | 15 50 |
| 14 | 25 12 | 27 39 | 10 26 | 07 04 | 16 16 | 29 | 01 37 | 04 08 | 15 03 | 05 02 | 15 49 |
| 15 | 25 37 | 28 06 | 10 46 | 06 59 | 16 14 | 30 | 02 02 | 04 34 | 15 20 | 04 51 | 15 47 |

## Lunar Data

| Last Asp. | | Ingress | | |
|---|---|---|---|---|
| 1 | 12:38 | 1 | ♋ | 21:32 |
| 4 | 03:29 | 4 | ♌ | 07:22 |
| 6 | 07:26 | 6 | ♍ | 19:40 |
| 9 | 04:56 | 9 | ♎ | 08:09 |
| 11 | 15:06 | 11 | ♏ | 18:40 |
| 13 | 23:04 | 14 | ♐ | 02:24 |
| 15 | 22:58 | 16 | ♑ | 07:43 |
| 18 | 08:28 | 18 | ♒ | 11:29 |
| 20 | 10:51 | 20 | ♓ | 14:30 |
| 22 | 15:11 | 22 | ♈ | 17:21 |
| 24 | 17:41 | 24 | ♉ | 20:30 |
| 26 | 21:53 | 27 | ♊ | 00:41 |
| 29 | 01:04 | 29 | ♋ | 06:55 |

## 0:00 E.T. Declinations

| D | ☉ | ☽ | ☿ | ♀ | ♂ | ♃ | ♄ | ♅ | ♆ | ♇ | ⚳ | ⚴ | ⚵ | ⚶ | ⚷ |
|---|---|---|---|---|---|---|---|---|---|---|---|---|---|---|---|
| 1 | -14 16 | +27 09 | -17 02 | +03 41 | -15 51 | +13 43 | -12 55 | +17 51 | -03 04 | -23 15 | -14 13 | +01 21 | +02 52 | +19 02 | +07 58 |
| 2 | 14 35 | 28 16 | 17 36 | 03 21 | 16 04 | 13 41 | 12 55 | 17 50 | 03 04 | 23 15 | 14 21 | 01 18 | 02 45 | 19 03 | 07 57 |
| 3 | 14 54 | 27 51 | 18 08 | 03 00 | 16 17 | 13 38 | 12 55 | 17 50 | 03 04 | 23 14 | 14 30 | 01 14 | 02 38 | 19 03 | 07 56 |
| 4 | 15 13 | 26 04 | 18 40 | 02 39 | 16 30 | 13 36 | 12 55 | 17 49 | 03 05 | 23 14 | 14 38 | 01 11 | 02 30 | 19 04 | 07 55 |
| 5 | 15 32 | 23 07 | 19 10 | 02 18 | 16 42 | 13 34 | 12 55 | 17 48 | 03 05 | 23 14 | 14 46 | 01 08 | 02 23 | 19 04 | 07 54 |
| 6 | 15 50 | 19 14 | 19 40 | 01 56 | 16 55 | 13 31 | 12 55 | 17 48 | 03 06 | 23 14 | 14 55 | 01 06 | 02 16 | 19 05 | 07 53 |
| 7 | 16 08 | 14 38 | 20 09 | 01 35 | 17 07 | 13 29 | 12 54 | 17 47 | 03 06 | 23 14 | 15 03 | 01 03 | 02 09 | 19 06 | 07 52 |
| 8 | 16 26 | 09 29 | 20 37 | 01 13 | 17 19 | 13 26 | 12 54 | 17 47 | 03 06 | 23 14 | 15 11 | 01 00 | 02 02 | 19 07 | 07 51 |
| 9 | 16 43 | 03 58 | 21 03 | 00 50 | 17 31 | 13 24 | 12 54 | 17 46 | 03 07 | 23 14 | 15 19 | 00 57 | 01 55 | 19 08 | 07 50 |
| 10 | 17 00 | -01 46 | 21 29 | 00 28 | 17 43 | 13 21 | 12 54 | 17 45 | 03 07 | 23 13 | 15 27 | 00 55 | 01 48 | 19 09 | 07 49 |
| 11 | 17 17 | 07 32 | 21 54 | 00 05 | 17 55 | 13 19 | 12 53 | 17 45 | 03 07 | 23 13 | 15 35 | 00 52 | 01 41 | 19 10 | 07 48 |
| 12 | 17 34 | 13 07 | 22 17 | -00 18 | 18 07 | 13 17 | 12 53 | 17 44 | 03 08 | 23 13 | 15 43 | 00 50 | 01 34 | 19 11 | 07 47 |
| 13 | 17 50 | 18 17 | 22 40 | 00 41 | 18 18 | 13 14 | 12 52 | 17 43 | 03 08 | 23 13 | 15 50 | 00 47 | 01 27 | 19 12 | 07 46 |
| 14 | 18 06 | 22 42 | 23 01 | 01 04 | 18 30 | 13 12 | 12 52 | 17 43 | 03 08 | 23 13 | 15 58 | 00 45 | 01 20 | 19 13 | 07 45 |
| 15 | 18 21 | 26 02 | 23 21 | 01 27 | 18 41 | 13 10 | 12 51 | 17 42 | 03 08 | 23 13 | 16 06 | 00 43 | 01 14 | 19 14 | 07 44 |
| 16 | 18 37 | 27 55 | 23 40 | 01 51 | 18 52 | 13 07 | 12 51 | 17 41 | 03 09 | 23 12 | 16 13 | 00 41 | 01 07 | 19 16 | 07 43 |
| 17 | 18 52 | 28 07 | 23 58 | 02 15 | 19 03 | 13 05 | 12 50 | 17 41 | 03 09 | 23 12 | 16 21 | 00 39 | 01 01 | 19 17 | 07 42 |
| 18 | 19 06 | 26 33 | 24 15 | 02 38 | 19 14 | 13 03 | 12 50 | 17 40 | 03 09 | 23 12 | 16 28 | 00 37 | 00 54 | 19 18 | 07 41 |
| 19 | 19 21 | 23 21 | 24 30 | 03 02 | 19 25 | 13 01 | 12 49 | 17 39 | 03 09 | 23 12 | 16 36 | 00 35 | 00 48 | 19 20 | 07 41 |
| 20 | 19 35 | 18 45 | 24 45 | 03 26 | 19 35 | 12 58 | 12 48 | 17 39 | 03 09 | 23 12 | 16 43 | 00 33 | 00 42 | 19 21 | 07 40 |
| 21 | 19 48 | 13 06 | 24 57 | 03 50 | 19 45 | 12 56 | 12 48 | 17 38 | 03 10 | 23 11 | 16 50 | 00 32 | 00 36 | 19 23 | 07 39 |
| 22 | 20 01 | 06 47 | 25 09 | 04 15 | 19 55 | 12 54 | 12 47 | 17 38 | 03 10 | 23 11 | 16 57 | 00 30 | 00 30 | 19 25 | 07 38 |
| 23 | 20 14 | 00 08 | 25 19 | 04 39 | 20 05 | 12 52 | 12 46 | 17 37 | 03 10 | 23 11 | 17 04 | 00 29 | 00 24 | 19 26 | 07 37 |
| 24 | 20 27 | +06 31 | 25 28 | 05 03 | 20 15 | 12 50 | 12 45 | 17 36 | 03 10 | 23 11 | 17 11 | 00 27 | 00 18 | 19 28 | 07 36 |
| 25 | 20 39 | 12 49 | 25 36 | 05 27 | 20 25 | 12 48 | 12 45 | 17 36 | 03 10 | 23 10 | 17 18 | 00 26 | 00 12 | 19 30 | 07 36 |
| 26 | 20 51 | 18 25 | 25 42 | 05 52 | 20 34 | 12 46 | 12 44 | 17 35 | 03 10 | 23 10 | 17 25 | 00 25 | 00 06 | 19 32 | 07 35 |
| 27 | 21 02 | 22 58 | 25 46 | 06 16 | 20 44 | 12 44 | 12 43 | 17 34 | 03 11 | 23 10 | 17 32 | 00 24 | 00 01 | 19 34 | 07 34 |
| 28 | 21 13 | 26 13 | 25 50 | 06 40 | 20 53 | 12 43 | 12 42 | 17 34 | 03 11 | 23 10 | 17 39 | 00 23 | -00 05 | 19 36 | 07 33 |
| 29 | 21 23 | 27 56 | 25 52 | 07 04 | 21 02 | 12 41 | 12 41 | 17 33 | 03 11 | 23 09 | 17 45 | 00 22 | 00 10 | 19 38 | 07 33 |
| 30 | 21 34 | 28 05 | 25 52 | 07 29 | 21 10 | 12 39 | 12 40 | 17 33 | 03 11 | 23 09 | 17 52 | 00 21 | 00 16 | 19 40 | 07 32 |

Lunar Phases -- 5 ◑ 08:38 13 ● 09:29 20 ◐ 10:51 27 ○ 09:17 Sun enters ♐ 11/22 14:05

| **Dec. 23** | Longitudes of Main Planets - December 2023 | | | | | | | | | | | | 0:00 E.T. |
|---|---|---|---|---|---|---|---|---|---|---|---|---|---|
| D | S.T. | ☉ | ☽ | ☽ 12:00 | ☿ | ♀ | ♂ | ♃ | ♄ | ♅ | ♆ | ♇ | ☊ |
| 1 | 4:38:23 | 08♐30 35 | 21♋45 | 27♋56 | 29♐16 | 25♎34 | 04♐42 | 07♉06℞ | 01♓08 | 20♉22℞ | 24♓54℞ | 28♑30 | 22♈31 |
| 2 | 4:42:20 | 09 31 23 | 04♌04 | 10♌08 | 00♑28 | 26 44 | 05 25 | 07 01 | 01 10 | 20 19 | 24 54 | 28 32 | 22 28 |
| 3 | 4:46:16 | 10 32 12 | 16 10 | 22 09 | 01 36 | 27 54 | 06 08 | 06 55 | 01 13 | 20 17 | 24 54 | 28 33 | 22 25 |
| 4 | 4:50:13 | 11 33 02 | 28 06 | 04♍01 | 02 42 | 29 05 | 06 51 | 06 50 | 01 16 | 20 15 | 24 53 | 28 34 | 22 22 |
| 5 | 4:54:10 | 12 33 54 | 09♍56 | 15 51 | 03 43 | 00♏15 | 07 34 | 06 44 | 01 19 | 20 12 | 24 53 | 28 36 | 22 18 |
| 6 | 4:58:06 | 13 34 47 | 21 46 | 27 43 | 04 41 | 01 26 | 08 17 | 06 39 | 01 23 | 20 10 | 24 53 | 28 37 | 22 15 |
| 7 | 5:02:03 | 14 35 41 | 03♎42 | 09♎43 | 05 34 | 02 36 | 09 01 | 06 34 | 01 26 | 20 08 | 24 53D | 28 39 | 22 12 |
| 8 | 5:05:59 | 15 36 36 | 15 47 | 21 55 | 06 21 | 03 47 | 09 44 | 06 30 | 01 29 | 20 06 | 24 53 | 28 40 | 22 09 |
| 9 | 5:09:56 | 16 37 33 | 28 07 | 04♏25 | 07 02 | 04 58 | 10 27 | 06 25 | 01 33 | 20 04 | 24 53 | 28 42 | 22 06 |
| 10 | 5:13:52 | 17 38 31 | 10♏47 | 17 15 | 07 37 | 06 09 | 11 11 | 06 21 | 01 36 | 20 01 | 24 54 | 28 43 | 22 03 |
| 11 | 5:17:49 | 18 39 30 | 23 48 | 00♐27 | 08 03 | 07 21 | 11 54 | 06 17 | 01 40 | 19 59 | 24 54 | 28 45 | 21 59 |
| 12 | 5:21:45 | 19 40 31 | 07♐11 | 14 01 | 08 21 | 08 32 | 12 38 | 06 13 | 01 43 | 19 57 | 24 54 | 28 46 | 21 56 |
| 13 | 5:25:42 | 20 41 32 | 20 56 | 27 55 | 08 29 | 09 43 | 13 21 | 06 09 | 01 47 | 19 55 | 24 54 | 28 48 | 21 53 |
| 14 | 5:29:39 | 21 42 34 | 04♑59 | 12♑05 | 08 27℞ | 10 55 | 14 05 | 06 05 | 01 51 | 19 53 | 24 54 | 28 50 | 21 50 |
| 15 | 5:33:35 | 22 43 37 | 19 15 | 26 26 | 08 14 | 12 07 | 14 49 | 06 02 | 01 55 | 19 51 | 24 55 | 28 51 | 21 47 |
| 16 | 5:37:32 | 23 44 40 | 03♒38 | 10♒50 | 07 49 | 13 18 | 15 33 | 05 59 | 01 59 | 19 49 | 24 55 | 28 53 | 21 43 |
| 17 | 5:41:28 | 24 45 44 | 18 02 | 25 14 | 07 13 | 14 30 | 16 16 | 05 56 | 02 03 | 19 47 | 24 55 | 28 55 | 21 40 |
| 18 | 5:45:25 | 25 46 48 | 02♓23 | 09♓31 | 06 25 | 15 42 | 17 00 | 05 53 | 02 07 | 19 45 | 24 56 | 28 56 | 21 37 |
| 19 | 5:49:21 | 26 47 53 | 16 37 | 23 41 | 05 27 | 16 54 | 17 44 | 05 50 | 02 12 | 19 44 | 24 56 | 28 58 | 21 34 |
| 20 | 5:53:18 | 27 48 57 | 00♈42 | 07♈41 | 04 19 | 18 06 | 18 28 | 05 48 | 02 16 | 19 42 | 24 56 | 29 00 | 21 31 |
| 21 | 5:57:14 | 28 50 02 | 14 37 | 21 31 | 03 04 | 19 18 | 19 12 | 05 45 | 02 21 | 19 40 | 24 57 | 29 01 | 21 28 |
| 22 | 6:01:11 | 29 51 08 | 28 22 | 05♉12 | 01 44 | 20 30 | 19 56 | 05 43 | 02 25 | 19 38 | 24 58 | 29 03 | 21 24 |
| 23 | 6:05:08 | 00♑52 13 | 11♉58 | 18 43 | 00 22 | 21 43 | 20 40 | 05 42 | 02 30 | 19 37 | 24 58 | 29 05 | 21 21 |
| 24 | 6:09:04 | 01 53 19 | 25 25 | 02♊04 | 29♐00 | 22 55 | 21 24 | 05 40 | 02 34 | 19 35 | 24 59 | 29 07 | 21 18 |
| 25 | 6:13:01 | 02 54 25 | 08♊41 | 15 15 | 27 40 | 24 08 | 22 08 | 05 39 | 02 39 | 19 33 | 24 59 | 29 09 | 21 15 |
| 26 | 6:16:57 | 03 55 31 | 21 46 | 28 15 | 26 27 | 25 20 | 22 52 | 05 38 | 02 44 | 19 32 | 25 00 | 29 10 | 21 12 |
| 27 | 6:20:54 | 04 56 38 | 04♋40 | 11♋02 | 25 20 | 26 33 | 23 37 | 05 37 | 02 49 | 19 30 | 25 01 | 29 12 | 21 08 |
| 28 | 6:24:50 | 05 57 45 | 17 20 | 23 36 | 24 23 | 27 45 | 24 21 | 05 36 | 02 54 | 19 29 | 25 01 | 29 14 | 21 05 |
| 29 | 6:28:47 | 06 58 52 | 29 48 | 05♌56 | 23 36 | 28 58 | 25 05 | 05 35 | 02 59 | 19 27 | 25 02 | 29 16 | 21 02 |
| 30 | 6:32:43 | 08 00 00 | 12♌02 | 18 05 | 22 59 | 00♐11 | 25 50 | 05 35 | 03 04 | 19 26 | 25 03 | 29 18 | 20 59 |
| 31 | 6:36:40 | 09 01 08 | 24 05 | 00♍03 | 22 33 | 01 24 | 26 34 | 05 35 | 03 09 | 19 24 | 25 04 | 29 19 | 20 56 |

| 0:00 E.T. | Longitudes of the Major Asteroids and Chiron | | | | | | | | | |
|---|---|---|---|---|---|---|---|---|---|---|
| D | ⚳ | ⚴ | ⚵ | ⚶ | ⚷ | D | ⚳ | ⚴ | ⚵ | ⚶ | ⚷ |
| 1 | 02♐28 | 04♏59 | 15♍36 | 04♋39℞ | 15♈46℞ | 17 | 09 14 | 11 39 | 19 15 | 00 54 | 15 30 |
| 2 | 02 54 | 05 25 | 15 52 | 04 27 | 15 44 | 18 | 09 39 | 12 03 | 19 26 | 00 38 | 15 29 |
| 3 | 03 19 | 05 50 | 16 08 | 04 15 | 15 43 | 19 | 10 04 | 12 27 | 19 36 | 00 22 | 15 29 |
| 4 | 03 45 | 06 15 | 16 23 | 04 02 | 15 42 | 20 | 10 29 | 12 51 | 19 46 | 00 07 | 15 29 |
| 5 | 04 10 | 06 41 | 16 38 | 03 49 | 15 41 | 21 | 10 54 | 13 15 | 19 56 | 29♊51 | 15 28 |
| 6 | 04 36 | 07 06 | 16 53 | 03 36 | 15 39 | 22 | 11 19 | 13 39 | 20 06 | 29 35 | 15 28 |
| 7 | 05 01 | 07 31 | 17 07 | 03 22 | 15 38 | 23 | 11 44 | 14 03 | 20 15 | 29 19 | 15 28 |
| 8 | 05 26 | 07 56 | 17 22 | 03 08 | 15 37 | 24 | 12 09 | 14 27 | 20 23 | 29 03 | 15 27 |
| 9 | 05 52 | 08 21 | 17 35 | 02 54 | 15 36 | 25 | 12 34 | 14 51 | 20 32 | 28 47 | 15 27 |
| 10 | 06 17 | 08 46 | 17 49 | 02 40 | 15 35 | 26 | 12 59 | 15 14 | 20 40 | 28 32 | 15 27 |
| 11 | 06 42 | 09 11 | 18 02 | 02 25 | 15 34 | 27 | 13 23 | 15 38 | 20 47 | 28 16 | 15 27 |
| 12 | 07 08 | 09 36 | 18 15 | 02 10 | 15 34 | 28 | 13 48 | 16 01 | 20 54 | 28 01 | 15 27D |
| 13 | 07 33 | 10 00 | 18 28 | 01 55 | 15 33 | 29 | 14 13 | 16 25 | 21 01 | 27 45 | 15 27 |
| 14 | 07 58 | 10 25 | 18 40 | 01 40 | 15 32 | 30 | 14 37 | 16 48 | 21 08 | 27 30 | 15 27 |
| 15 | 08 24 | 10 50 | 18 52 | 01 25 | 15 31 | 31 | 15 02 | 17 11 | 21 13 | 27 15 | 15 28 |
| 16 | 08 49 | 11 14 | 19 04 | 01 09 | 15 31 | | | | | | |

**Lunar Data**

| Last Asp. | | Ingress | | |
|---|---|---|---|---|
| 1 | 13:08 | 1 | ♌ | 16:02 |
| 4 | 02:12 | 4 | ♍ | 03:51 |
| 6 | 13:51 | 6 | ♎ | 16:36 |
| 9 | 01:06 | 9 | ♏ | 03:36 |
| 11 | 08:58 | 11 | ♐ | 11:12 |
| 13 | 06:50 | 13 | ♑ | 15:32 |
| 15 | 16:05 | 15 | ♒ | 17:57 |
| 17 | 12:05 | 17 | ♓ | 19:60 |
| 19 | 21:04 | 19 | ♈ | 22:48 |
| 22 | 02:48 | 22 | ♉ | 02:51 |
| 24 | 06:41 | 24 | ♊ | 08:16 |
| 26 | 07:57 | 26 | ♋ | 15:17 |
| 28 | 22:58 | 29 | ♌ | 00:24 |
| 31 | 05:19 | 31 | ♍ | 11:54 |

| 0:00 E.T. | Declinations | | | | | | | | | | | | | | |
|---|---|---|---|---|---|---|---|---|---|---|---|---|---|---|---|
| D | ☉ | ☽ | ☿ | ♀ | ♂ | ♃ | ♄ | ♅ | ♆ | ♇ | ⚳ | ⚴ | ⚵ | ⚶ | ⚷ |
| 1 | -21 43 | +26 45 | -25 51 | -07 53 | -21 19 | +12 37 | -12 39 | +17 32 | -03 11 | -23 09 | -17 59 | +00 21 | -00 21 | +19 42 | +07 31 |
| 2 | 21 53 | 24 09 | 25 49 | 08 17 | 21 27 | 12 36 | 12 38 | 17 31 | 03 11 | 23 09 | 18 05 | 00 20 | 00 26 | 19 44 | 07 31 |
| 3 | 22 02 | 20 32 | 25 45 | 08 41 | 21 35 | 12 34 | 12 37 | 17 31 | 03 11 | 23 08 | 18 11 | 00 20 | 00 31 | 19 46 | 07 30 |
| 4 | 22 10 | 16 07 | 25 40 | 09 05 | 21 43 | 12 33 | 12 35 | 17 30 | 03 11 | 23 08 | 18 18 | 00 19 | 00 36 | 19 48 | 07 30 |
| 5 | 22 18 | 11 09 | 25 34 | 09 29 | 21 51 | 12 31 | 12 34 | 17 30 | 03 11 | 23 08 | 18 24 | 00 19 | 00 41 | 19 51 | 07 29 |
| 6 | 22 26 | 05 46 | 25 26 | 09 53 | 21 59 | 12 30 | 12 33 | 17 29 | 03 11 | 23 08 | 18 30 | 00 19 | 00 45 | 19 53 | 07 28 |
| 7 | 22 33 | 00 09 | 25 17 | 10 16 | 22 06 | 12 28 | 12 32 | 17 28 | 03 11 | 23 07 | 18 36 | 00 19 | 00 50 | 19 55 | 07 28 |
| 8 | 22 40 | -05 33 | 25 07 | 10 40 | 22 13 | 12 27 | 12 30 | 17 28 | 03 11 | 23 07 | 18 42 | 00 19 | 00 54 | 19 58 | 07 27 |
| 9 | 22 46 | 11 10 | 24 56 | 11 03 | 22 20 | 12 26 | 12 29 | 17 27 | 03 11 | 23 07 | 18 48 | 00 20 | 00 58 | 20 00 | 07 27 |
| 10 | 22 52 | 16 29 | 24 44 | 11 26 | 22 27 | 12 25 | 12 28 | 17 27 | 03 11 | 23 06 | 18 54 | 00 20 | 01 02 | 20 03 | 07 26 |
| 11 | 22 57 | 21 12 | 24 30 | 11 49 | 22 33 | 12 24 | 12 26 | 17 26 | 03 11 | 23 06 | 19 00 | 00 21 | 01 06 | 20 05 | 07 26 |
| 12 | 23 02 | 24 59 | 24 16 | 12 12 | 22 40 | 12 23 | 12 25 | 17 26 | 03 10 | 23 06 | 19 05 | 00 21 | 01 10 | 20 08 | 07 25 |
| 13 | 23 07 | 27 24 | 24 02 | 12 35 | 22 46 | 12 22 | 12 23 | 17 25 | 03 10 | 23 06 | 19 11 | 00 22 | 01 14 | 20 10 | 07 25 |
| 14 | 23 11 | 28 09 | 23 46 | 12 57 | 22 52 | 12 21 | 12 22 | 17 25 | 03 10 | 23 05 | 19 17 | 00 23 | 01 18 | 20 13 | 07 24 |
| 15 | 23 14 | 27 04 | 23 30 | 13 19 | 22 57 | 12 20 | 12 20 | 17 24 | 03 10 | 23 05 | 19 22 | 00 24 | 01 21 | 20 15 | 07 24 |
| 16 | 23 17 | 24 11 | 23 13 | 13 41 | 23 03 | 12 19 | 12 19 | 17 24 | 03 10 | 23 05 | 19 28 | 00 25 | 01 24 | 20 18 | 07 24 |
| 17 | 23 20 | 19 47 | 22 56 | 14 03 | 23 08 | 12 18 | 12 17 | 17 23 | 03 10 | 23 04 | 19 33 | 00 27 | 01 27 | 20 20 | 07 23 |
| 18 | 23 22 | 14 16 | 22 39 | 14 24 | 23 13 | 12 18 | 12 16 | 17 23 | 03 10 | 23 04 | 19 38 | 00 28 | 01 30 | 20 23 | 07 23 |
| 19 | 23 24 | 08 02 | 22 22 | 14 45 | 23 18 | 12 17 | 12 14 | 17 22 | 03 09 | 23 04 | 19 43 | 00 29 | 01 33 | 20 26 | 07 23 |
| 20 | 23 25 | 01 28 | 22 04 | 15 06 | 23 22 | 12 17 | 12 12 | 17 22 | 03 09 | 23 03 | 19 48 | 00 31 | 01 36 | 20 28 | 07 22 |
| 21 | 23 26 | +05 06 | 21 47 | 15 26 | 23 26 | 12 16 | 12 11 | 17 21 | 03 09 | 23 03 | 19 53 | 00 33 | 01 38 | 20 31 | 07 22 |
| 22 | 23 26 | 11 22 | 21 30 | 15 46 | 23 30 | 12 16 | 12 09 | 17 21 | 03 09 | 23 03 | 19 58 | 00 35 | 01 41 | 20 33 | 07 22 |
| 23 | 23 26 | 17 01 | 21 14 | 16 06 | 23 34 | 12 15 | 12 07 | 17 20 | 03 08 | 23 02 | 20 03 | 00 37 | 01 43 | 20 36 | 07 22 |
| 24 | 23 25 | 21 46 | 20 59 | 16 25 | 23 38 | 12 15 | 12 05 | 17 20 | 03 08 | 23 02 | 20 08 | 00 39 | 01 45 | 20 39 | 07 21 |
| 25 | 23 24 | 25 21 | 20 45 | 16 44 | 23 41 | 12 15 | 12 04 | 17 19 | 03 08 | 23 02 | 20 13 | 00 42 | 01 47 | 20 41 | 07 21 |
| 26 | 23 23 | 27 30 | 20 33 | 17 03 | 23 44 | 12 15 | 12 02 | 17 19 | 03 08 | 23 01 | 20 17 | 00 44 | 01 48 | 20 44 | 07 21 |
| 27 | 23 21 | 28 08 | 20 24 | 17 21 | 23 47 | 12 15 | 12 00 | 17 19 | 03 07 | 23 01 | 20 22 | 00 47 | 01 50 | 20 47 | 07 21 |
| 28 | 23 18 | 27 16 | 20 16 | 17 39 | 23 50 | 12 15 | 11 58 | 17 18 | 03 07 | 23 01 | 20 27 | 00 50 | 01 51 | 20 49 | 07 21 |
| 29 | 23 15 | 25 03 | 20 11 | 17 57 | 23 52 | 12 15 | 11 56 | 17 18 | 03 07 | 23 00 | 20 31 | 00 52 | 01 52 | 20 52 | 07 21 |
| 30 | 23 12 | 21 42 | 20 08 | 18 14 | 23 54 | 12 15 | 11 54 | 17 17 | 03 06 | 23 00 | 20 35 | 00 56 | 01 53 | 20 55 | 07 21 |
| 31 | 23 08 | 17 29 | 20 08 | 18 30 | 23 56 | 12 16 | 11 52 | 17 17 | 03 06 | 23 00 | 20 40 | 00 59 | 01 54 | 20 57 | 07 20 |

Lunar Phases -- 5 ◑ 05:50 12 ● 23:33 19 ◐ 18:40 27 ○ 00:34 Sun enters ♑ 12/22 03:29

# 0:00 E.T. Longitudes of Main Planets - January 2024



| D | S.T. | ☉ | ☽ | ☽ 12:00 | ☿ | ♀ | ♂ | ♃ | ♄ | ♅ | ♆ | ♇ | ☊ |
|---|---|---|---|---|---|---|---|---|---|---|---|---|---|
| 1 | 6:40:37 | 10♑02 16 | 05♍59 | 11♍54 | 22♐17℞ | 02♐37 | 27♐18 | 05♉35 | 03♓15 | 19♉23℞ | 25♓05 | 29♑21 | 20♈53 |
| 2 | 6:44:33 | 11 03 25 | 17 48 | 23 42 | 22 11 | 03 50 | 28 03 | 05 35 | 03 20 | 19 22 | 25 05 | 29 23 | 20 49 |
| 3 | 6:48:30 | 12 04 33 | 29 36 | 05♎32 | 22 14D | 05 03 | 28 48 | 05 36 | 03 25 | 19 20 | 25 06 | 29 25 | 20 46 |
| 4 | 6:52:26 | 13 05 43 | 11♎29 | 17 29 | 22 26 | 06 16 | 29 32 | 05 36 | 03 31 | 19 19 | 25 07 | 29 27 | 20 43 |
| 5 | 6:56:23 | 14 06 52 | 23 32 | 29 39 | 22 46 | 07 29 | 00♑17 | 05 37 | 03 36 | 19 18 | 25 08 | 29 29 | 20 40 |
| 6 | 7:00:19 | 15 08 02 | 05♏51 | 12♏08 | 23 13 | 08 42 | 01 01 | 05 38 | 03 42 | 19 17 | 25 09 | 29 31 | 20 37 |
| 7 | 7:04:16 | 16 09 12 | 18 30 | 24 59 | 23 46 | 09 55 | 01 46 | 05 40 | 03 48 | 19 16 | 25 10 | 29 33 | 20 34 |
| 8 | 7:08:12 | 17 10 22 | 01♐34 | 08♐16 | 24 25 | 11 09 | 02 31 | 05 41 | 03 53 | 19 15 | 25 11 | 29 35 | 20 30 |
| 9 | 7:12:09 | 18 11 32 | 15 06 | 22 02 | 25 10 | 12 22 | 03 16 | 05 43 | 03 59 | 19 14 | 25 13 | 29 36 | 20 27 |
| 10 | 7:16:06 | 19 12 42 | 29 04 | 06♑13 | 25 59 | 13 36 | 04 01 | 05 45 | 04 05 | 19 13 | 25 14 | 29 38 | 20 24 |
| 11 | 7:20:02 | 20 13 52 | 13♑27 | 20 45 | 26 52 | 14 49 | 04 46 | 05 47 | 04 11 | 19 12 | 25 15 | 29 40 | 20 21 |
| 12 | 7:23:59 | 21 15 02 | 28 07 | 05♒32 | 27 49 | 16 02 | 05 31 | 05 50 | 04 17 | 19 11 | 25 16 | 29 42 | 20 18 |
| 13 | 7:27:55 | 22 16 12 | 12♒58 | 20 25 | 28 49 | 17 16 | 06 16 | 05 52 | 04 23 | 19 11 | 25 17 | 29 44 | 20 14 |
| 14 | 7:31:52 | 23 17 21 | 27 50 | 05♓14 | 29 52 | 18 30 | 07 01 | 05 55 | 04 29 | 19 10 | 25 19 | 29 46 | 20 11 |
| 15 | 7:35:48 | 24 18 29 | 12♓35 | 19 53 | 00♑58 | 19 43 | 07 46 | 05 58 | 04 35 | 19 09 | 25 20 | 29 48 | 20 08 |
| 16 | 7:39:45 | 25 19 37 | 27 07 | 04♈16 | 02 06 | 20 57 | 08 31 | 06 01 | 04 41 | 19 09 | 25 21 | 29 50 | 20 05 |
| 17 | 7:43:41 | 26 20 44 | 11♈21 | 18 22 | 03 17 | 22 10 | 09 16 | 06 04 | 04 48 | 19 08 | 25 23 | 29 52 | 20 02 |
| 18 | 7:47:38 | 27 21 50 | 25 18 | 02♉09 | 04 29 | 23 24 | 10 01 | 06 08 | 04 54 | 19 08 | 25 24 | 29 54 | 19 59 |
| 19 | 7:51:35 | 28 22 56 | 08♉56 | 15 40 | 05 43 | 24 38 | 10 46 | 06 12 | 05 00 | 19 07 | 25 25 | 29 56 | 19 55 |
| 20 | 7:55:31 | 29 24 00 | 22 19 | 28 55 | 06 59 | 25 51 | 11 32 | 06 15 | 05 07 | 19 07 | 25 27 | 29 58 | 19 52 |
| 21 | 7:59:28 | 00♒25 04 | 05♊27 | 11♊57 | 08 16 | 27 05 | 12 17 | 06 20 | 05 13 | 19 06 | 25 28 | 00 00 | 19 49 |
| 22 | 8:03:24 | 01 26 07 | 18 23 | 24 47 | 09 35 | 28 19 | 13 02 | 06 24 | 05 19 | 19 06 | 25 30 | 00♒02 | 19 46 |
| 23 | 8:07:21 | 02 27 09 | 01♋08 | 07♋26 | 10 54 | 29 33 | 13 47 | 06 28 | 05 26 | 19 06 | 25 31 | 00 04 | 19 43 |
| 24 | 8:11:17 | 03 28 10 | 13 42 | 19 55 | 12 15 | 00♑47 | 14 33 | 06 33 | 05 33 | 19 06 | 25 33 | 00 06 | 19 40 |
| 25 | 8:15:14 | 04 29 10 | 26 06 | 02♌14 | 13 38 | 02 00 | 15 18 | 06 38 | 05 39 | 19 05 | 25 34 | 00 08 | 19 36 |
| 26 | 8:19:10 | 05 30 10 | 08♌20 | 14 24 | 15 01 | 03 14 | 16 04 | 06 43 | 05 46 | 19 05 | 25 36 | 00 10 | 19 33 |
| 27 | 8:23:07 | 06 31 09 | 20 25 | 26 25 | 16 25 | 04 28 | 16 49 | 06 48 | 05 52 | 19 05 | 25 38 | 00 12 | 19 30 |
| 28 | 8:27:04 | 07 32 07 | 02♍23 | 08♍19 | 17 50 | 05 42 | 17 35 | 06 54 | 05 59 | 19 05D | 25 39 | 00 13 | 19 27 |
| 29 | 8:31:00 | 08 33 04 | 14 14 | 20 08 | 19 16 | 06 56 | 18 20 | 06 59 | 06 06 | 19 05 | 25 41 | 00 15 | 19 24 |
| 30 | 8:34:57 | 09 34 00 | 26 02 | 01♎55 | 20 42 | 08 10 | 19 06 | 07 05 | 06 13 | 19 05 | 25 43 | 00 17 | 19 20 |
| 31 | 8:38:53 | 10 34 55 | 07♎49 | 13 44 | 22 10 | 09 24 | 19 52 | 07 11 | 06 20 | 19 06 | 25 44 | 00 19 | 19 17 |

# 0:00 E.T. Longitudes of the Major Asteroids and Chiron

| D | ⚳ | ⚴ | ⚵ | ⚶ | ⚷ | D | ⚳ | ⚴ | ⚵ | ⚶ | ⚷ |
|---|---|---|---|---|---|---|---|---|---|---|---|
| 1 | 15♐27 | 17♏34 | 21♍19 | 27♊00℞ | 15♈28 | 17 | 21 52 | 23 27 | 21 49 | 23 37 | 15 39 |
| 2 | 15 51 | 17 57 | 21 24 | 26 45 | 15 28 | 18 | 22 15 | 23 48 | 21 47 | 23 27 | 15 40 |
| 3 | 16 15 | 18 20 | 21 29 | 26 30 | 15 28 | 19 | 22 39 | 24 09 | 21 45 | 23 18 | 15 42 |
| 4 | 16 40 | 18 43 | 21 33 | 26 16 | 15 29 | 20 | 23 02 | 24 29 | 21 42 | 23 09 | 15 43 |
| 5 | 17 04 | 19 05 | 21 37 | 26 02 | 15 29 | 21 | 23 26 | 24 50 | 21 38 | 23 01 | 15 44 |
| 6 | 17 28 | 19 28 | 21 40 | 25 48 | 15 30 | 22 | 23 49 | 25 10 | 21 35 | 22 53 | 15 46 |
| 7 | 17 53 | 19 50 | 21 43 | 25 35 | 15 30 | 23 | 24 12 | 25 30 | 21 30 | 22 45 | 15 47 |
| 8 | 18 17 | 20 12 | 21 46 | 25 21 | 15 31 | 24 | 24 35 | 25 50 | 21 26 | 22 38 | 15 48 |
| 9 | 18 41 | 20 34 | 21 48 | 25 08 | 15 32 | 25 | 24 58 | 26 10 | 21 21 | 22 31 | 15 50 |
| 10 | 19 05 | 20 56 | 21 50 | 24 56 | 15 32 | 26 | 25 21 | 26 30 | 21 15 | 22 25 | 15 52 |
| 11 | 19 29 | 21 18 | 21 51 | 24 43 | 15 33 | 27 | 25 44 | 26 49 | 21 09 | 22 19 | 15 53 |
| 12 | 19 53 | 21 40 | 21 52 | 24 31 | 15 34 | 28 | 26 07 | 27 08 | 21 03 | 22 14 | 15 55 |
| 13 | 20 17 | 22 02 | 21 52 | 24 20 | 15 35 | 29 | 26 29 | 27 28 | 20 56 | 22 09 | 15 57 |
| 14 | 20 41 | 22 23 | 21 52℞ | 24 08 | 15 36 | 30 | 26 52 | 27 47 | 20 48 | 22 05 | 15 58 |
| 15 | 21 05 | 22 45 | 21 51 | 23 58 | 15 37 | 31 | 27 15 | 28 05 | 20 41 | 22 01 | 16 00 |
| 16 | 21 28 | 23 06 | 21 50 | 23 47 | 15 38 | | | | | | |

## Lunar Data

| Last Asp. | Ingress |
|---|---|
| 2 23:37 | 3 ♎ 00:48 |
| 5 11:42 | 5 ♏ 12:40 |
| 7 20:23 | 7 ♐ 21:09 |
| 9 18:26 | 10 ♑ 01:34 |
| 12 02:34 | 12 ♒ 03:02 |
| 13 10:00 | 14 ♓ 03:30 |
| 16 04:34 | 16 ♈ 04:50 |
| 18 08:04 | 18 ♉ 08:13 |
| 20 13:58 | 20 ♊ 13:59 |
| 22 20:41 | 22 ♋ 21:52 |
| 24 22:59 | 25 ♌ 07:38 |
| 26 21:20 | 27 ♍ 19:12 |
| 29 23:21 | 30 ♎ 08:05 |

# 0:00 E.T. Declinations

| D | ☉ | ☽ | ☿ | ♀ | ♂ | ♃ | ♄ | ♅ | ♆ | ♇ | ⚳ | ⚴ | ⚵ | ⚶ | ⚷ |
|---|---|---|---|---|---|---|---|---|---|---|---|---|---|---|---|
| 1 | -23 04 | +12 38 | -20 09 | -18 46 | -23 58 | +12 16 | -11 50 | +17 17 | -03 06 | -22 59 | -20 44 | +01 02 | -01 55 | +21 00 | +07 20 |
| 2 | 22 59 | 07 22 | 20 13 | 19 02 | 23 59 | 12 16 | 11 48 | 17 16 | 03 05 | 22 59 | 20 48 | 01 06 | 01 55 | 21 03 | 07 20 |
| 3 | 22 53 | 01 51 | 20 18 | 19 17 | 24 00 | 12 17 | 11 46 | 17 16 | 03 05 | 22 59 | 20 52 | 01 09 | 01 55 | 21 05 | 07 20 |
| 4 | 22 48 | -03 46 | 20 25 | 19 31 | 24 01 | 12 17 | 11 44 | 17 16 | 03 04 | 22 58 | 20 56 | 01 13 | 01 55 | 21 08 | 07 20 |
| 5 | 22 41 | 09 21 | 20 33 | 19 46 | 24 02 | 12 18 | 11 42 | 17 16 | 03 04 | 22 58 | 21 00 | 01 17 | 01 55 | 21 10 | 07 20 |
| 6 | 22 35 | 14 41 | 20 42 | 19 59 | 24 02 | 12 18 | 11 40 | 17 15 | 03 03 | 22 58 | 21 04 | 01 21 | 01 54 | 21 13 | 07 21 |
| 7 | 22 28 | 19 34 | 20 51 | 20 12 | 24 02 | 12 19 | 11 38 | 17 15 | 03 03 | 22 57 | 21 07 | 01 25 | 01 54 | 21 16 | 07 21 |
| 8 | 22 20 | 23 41 | 21 02 | 20 25 | 24 02 | 12 20 | 11 36 | 17 15 | 03 03 | 22 57 | 21 11 | 01 30 | 01 53 | 21 18 | 07 21 |
| 9 | 22 12 | 26 39 | 21 12 | 20 37 | 24 02 | 12 21 | 11 34 | 17 14 | 03 02 | 22 57 | 21 15 | 01 34 | 01 52 | 21 21 | 07 21 |
| 10 | 22 04 | 28 06 | 21 23 | 20 48 | 24 01 | 12 22 | 11 31 | 17 14 | 03 02 | 22 56 | 21 18 | 01 39 | 01 51 | 21 23 | 07 21 |
| 11 | 21 55 | 27 42 | 21 33 | 20 59 | 24 00 | 12 23 | 11 29 | 17 14 | 03 01 | 22 56 | 21 22 | 01 44 | 01 49 | 21 26 | 07 21 |
| 12 | 21 46 | 25 23 | 21 44 | 21 09 | 23 59 | 12 24 | 11 27 | 17 14 | 03 01 | 22 56 | 21 25 | 01 49 | 01 47 | 21 28 | 07 21 |
| 13 | 21 36 | 21 20 | 21 54 | 21 19 | 23 57 | 12 25 | 11 25 | 17 14 | 03 00 | 22 55 | 21 29 | 01 54 | 01 46 | 21 31 | 07 22 |
| 14 | 21 26 | 15 56 | 22 04 | 21 28 | 23 56 | 12 26 | 11 22 | 17 13 | 03 00 | 22 55 | 21 32 | 01 59 | 01 43 | 21 33 | 07 22 |
| 15 | 21 15 | 09 39 | 22 13 | 21 37 | 23 54 | 12 27 | 11 20 | 17 13 | 02 59 | 22 55 | 21 35 | 02 05 | 01 41 | 21 36 | 07 22 |
| 16 | 21 04 | 02 55 | 22 21 | 21 44 | 23 51 | 12 29 | 11 18 | 17 13 | 02 58 | 22 54 | 21 38 | 02 10 | 01 38 | 21 39 | 07 22 |
| 17 | 20 53 | +03 49 | 22 29 | 21 52 | 23 49 | 12 30 | 11 16 | 17 13 | 02 58 | 22 54 | 21 41 | 02 16 | 01 36 | 21 41 | 07 23 |
| 18 | 20 41 | 10 15 | 22 36 | 21 58 | 23 46 | 12 32 | 11 13 | 17 13 | 02 57 | 22 54 | 21 44 | 02 22 | 01 33 | 21 44 | 07 23 |
| 19 | 20 29 | 16 04 | 22 42 | 22 04 | 23 43 | 12 33 | 11 11 | 17 13 | 02 57 | 22 53 | 21 47 | 02 28 | 01 29 | 21 46 | 07 23 |
| 20 | 20 17 | 20 59 | 22 47 | 22 10 | 23 40 | 12 35 | 11 08 | 17 13 | 02 56 | 22 53 | 21 50 | 02 35 | 01 26 | 21 49 | 07 24 |
| 21 | 20 04 | 24 46 | 22 51 | 22 14 | 23 36 | 12 36 | 11 06 | 17 13 | 02 56 | 22 53 | 21 53 | 02 41 | 01 22 | 21 51 | 07 24 |
| 22 | 19 50 | 27 13 | 22 55 | 22 18 | 23 33 | 12 38 | 11 04 | 17 13 | 02 55 | 22 52 | 21 56 | 02 48 | 01 18 | 21 54 | 07 25 |
| 23 | 19 37 | 28 12 | 22 57 | 22 22 | 23 29 | 12 40 | 11 01 | 17 13 | 02 54 | 22 52 | 21 58 | 02 54 | 01 14 | 21 56 | 07 25 |
| 24 | 19 23 | 27 42 | 22 58 | 22 25 | 23 24 | 12 42 | 10 59 | 17 13 | 02 54 | 22 52 | 22 01 | 03 01 | 01 10 | 21 59 | 07 25 |
| 25 | 19 08 | 25 49 | 22 58 | 22 27 | 23 20 | 12 43 | 10 56 | 17 13 | 02 53 | 22 51 | 22 03 | 03 08 | 01 05 | 22 01 | 07 26 |
| 26 | 18 54 | 22 44 | 22 57 | 22 28 | 23 15 | 12 45 | 10 54 | 17 13 | 02 52 | 22 51 | 22 06 | 03 15 | 01 00 | 22 04 | 07 26 |
| 27 | 18 39 | 18 43 | 22 54 | 22 29 | 23 10 | 12 47 | 10 51 | 17 13 | 02 52 | 22 51 | 22 08 | 03 23 | 00 55 | 22 06 | 07 27 |
| 28 | 18 23 | 14 00 | 22 51 | 22 29 | 23 05 | 12 49 | 10 49 | 17 13 | 02 51 | 22 50 | 22 11 | 03 30 | 00 50 | 22 09 | 07 27 |
| 29 | 18 07 | 08 48 | 22 46 | 22 28 | 22 59 | 12 51 | 10 46 | 17 13 | 02 50 | 22 50 | 22 13 | 03 38 | 00 44 | 22 11 | 07 28 |
| 30 | 17 51 | 03 19 | 22 40 | 22 27 | 22 53 | 12 53 | 10 44 | 17 13 | 02 50 | 22 50 | 22 15 | 03 46 | 00 39 | 22 14 | 07 28 |
| 31 | 17 35 | -02 17 | 22 33 | 22 25 | 22 47 | 12 56 | 10 41 | 17 13 | 02 49 | 22 49 | 22 17 | 03 54 | 00 33 | 22 16 | 07 29 |

Lunar Phases -- 4 ◑ 03:31  11 ● 11:59  18 ◐ 03:54  25 ○ 17:55  Sun enters ♒ 1/20 14:09

## Longitudes of Main Planets - February 2024

0:00 E.T.

| D | S.T. | ☉ | ☽ | ☽ 12:00 | ☿ | ♀ | ♂ | ♃ | ♄ | ♅ | ♆ | ♇ | ☊ |
|---|---|---|---|---|---|---|---|---|---|---|---|---|---|
| 1 | 8:42:50 | 11♒35 50 | 19♎41 | 25♎40 | 23♑39 | 10♑38 | 20♑37 | 07♉17 | 06♓26 | 19♉06 | 25♓46 | 00♒21 | 19♈14 |
| 2 | 8:46:46 | 12 36 44 | 01♏42 | 07♏47 | 25 08 | 11 52 | 21 23 | 07 23 | 06 33 | 19 06 | 25 48 | 00 23 | 19 11 |
| 3 | 8:50:43 | 13 37 38 | 13 57 | 20 12 | 26 38 | 13 06 | 22 09 | 07 30 | 06 40 | 19 06 | 25 50 | 00 25 | 19 08 |
| 4 | 8:54:39 | 14 38 30 | 26 32 | 02♐58 | 28 09 | 14 20 | 22 55 | 07 36 | 06 47 | 19 07 | 25 51 | 00 27 | 19 05 |
| 5 | 8:58:36 | 15 39 22 | 09♐31 | 16 12 | 29 40 | 15 34 | 23 41 | 07 43 | 06 54 | 19 07 | 25 53 | 00 29 | 19 01 |
| 6 | 9:02:33 | 16 40 13 | 22 59 | 29 54 | 01♒12 | 16 48 | 24 26 | 07 50 | 07 01 | 19 08 | 25 55 | 00 31 | 18 58 |
| 7 | 9:06:29 | 17 41 03 | 06♑57 | 14♑07 | 02 46 | 18 03 | 25 12 | 07 57 | 07 08 | 19 08 | 25 57 | 00 33 | 18 55 |
| 8 | 9:10:26 | 18 41 52 | 21 23 | 28 45 | 04 19 | 19 17 | 25 58 | 08 04 | 07 15 | 19 09 | 25 59 | 00 34 | 18 52 |
| 9 | 9:14:22 | 19 42 40 | 06♒13 | 13♒44 | 05 54 | 20 31 | 26 44 | 08 11 | 07 22 | 19 10 | 26 01 | 00 36 | 18 49 |
| 10 | 9:18:19 | 20 43 27 | 21 19 | 28 54 | 07 29 | 21 45 | 27 30 | 08 19 | 07 30 | 19 10 | 26 03 | 00 38 | 18 46 |
| 11 | 9:22:15 | 21 44 12 | 06♓30 | 14♓05 | 09 06 | 22 59 | 28 16 | 08 27 | 07 37 | 19 11 | 26 05 | 00 40 | 18 42 |
| 12 | 9:26:12 | 22 44 56 | 21 37 | 29 06 | 10 43 | 24 13 | 29 02 | 08 35 | 07 44 | 19 12 | 26 07 | 00 42 | 18 39 |
| 13 | 9:30:08 | 23 45 38 | 06♈31 | 13♈50 | 12 21 | 25 28 | 29 48 | 08 42 | 07 51 | 19 13 | 26 09 | 00 44 | 18 36 |
| 14 | 9:34:05 | 24 46 19 | 21 04 | 28 12 | 13 59 | 26 42 | 00♒34 | 08 51 | 07 58 | 19 14 | 26 11 | 00 46 | 18 33 |
| 15 | 9:38:02 | 25 46 58 | 05♉14 | 12♉10 | 15 39 | 27 56 | 01 20 | 08 59 | 08 05 | 19 14 | 26 13 | 00 47 | 18 30 |
| 16 | 9:41:58 | 26 47 36 | 19 00 | 25 44 | 17 19 | 29 10 | 02 07 | 09 07 | 08 13 | 19 15 | 26 15 | 00 49 | 18 26 |
| 17 | 9:45:55 | 27 48 11 | 02♊23 | 08♊57 | 19 00 | 00♒24 | 02 53 | 09 16 | 08 20 | 19 17 | 26 17 | 00 51 | 18 23 |
| 18 | 9:49:51 | 28 48 45 | 15 26 | 21 51 | 20 42 | 01 39 | 03 39 | 09 25 | 08 27 | 19 18 | 26 19 | 00 53 | 18 20 |
| 19 | 9:53:48 | 29 49 18 | 28 12 | 04♋29 | 22 25 | 02 53 | 04 25 | 09 33 | 08 34 | 19 19 | 26 21 | 00 54 | 18 17 |
| 20 | 9:57:44 | 00♓49 48 | 10♋43 | 16 54 | 24 09 | 04 07 | 05 11 | 09 42 | 08 42 | 19 20 | 26 23 | 00 56 | 18 14 |
| 21 | 10:01:41 | 01 50 17 | 23 02 | 29 09 | 25 54 | 05 21 | 05 58 | 09 51 | 08 49 | 19 21 | 26 25 | 00 58 | 18 11 |
| 22 | 10:05:37 | 02 50 44 | 05♌12 | 11♌14 | 27 40 | 06 36 | 06 44 | 10 01 | 08 56 | 19 23 | 26 27 | 01 00 | 18 07 |
| 23 | 10:09:34 | 03 51 09 | 17 15 | 23 14 | 29 26 | 07 50 | 07 30 | 10 10 | 09 04 | 19 24 | 26 29 | 01 01 | 18 04 |
| 24 | 10:13:31 | 04 51 32 | 29 11 | 05♍07 | 01♓14 | 09 04 | 08 17 | 10 20 | 09 11 | 19 25 | 26 31 | 01 03 | 18 01 |
| 25 | 10:17:27 | 05 51 54 | 11♍03 | 16 58 | 03 03 | 10 18 | 09 03 | 10 29 | 09 18 | 19 27 | 26 34 | 01 05 | 17 58 |
| 26 | 10:21:24 | 06 52 14 | 22 52 | 28 46 | 04 52 | 11 32 | 09 49 | 10 39 | 09 25 | 19 28 | 26 36 | 01 06 | 17 55 |
| 27 | 10:25:20 | 07 52 32 | 04♎40 | 10♎35 | 06 43 | 12 47 | 10 36 | 10 49 | 09 33 | 19 30 | 26 38 | 01 08 | 17 52 |
| 28 | 10:29:17 | 08 52 49 | 16 30 | 22 27 | 08 34 | 14 01 | 11 22 | 10 59 | 09 40 | 19 31 | 26 40 | 01 10 | 17 48 |
| 29 | 10:33:13 | 09 53 04 | 28 25 | 04♏25 | 10 26 | 15 15 | 12 09 | 11 09 | 09 47 | 19 33 | 26 42 | 01 11 | 17 45 |

## Longitudes of the Major Asteroids and Chiron

0:00 E.T.

| D | ⚳ | ⚴ | ⚵ | ⚶ | ⚷ |
|---|---|---|---|---|---|
| 1 | 27♐37 | 28♏24 | 20♍33℞ | 21♊57℞ | 16♈02 |
| 2 | 27 59 | 28 42 | 20 24 | 21 54 | 16 04 |
| 3 | 28 22 | 29 01 | 20 15 | 21 51 | 16 06 |
| 4 | 28 44 | 29 19 | 20 06 | 21 49 | 16 08 |
| 5 | 29 06 | 29 36 | 19 56 | 21 47 | 16 10 |
| 6 | 29 28 | 29 54 | 19 46 | 21 46 | 16 12 |
| 7 | 29 50 | 00♐12 | 19 35 | 21 45 | 16 14 |
| 8 | 00♑12 | 00 29 | 19 24 | 21 45 | 16 16 |
| 9 | 00 33 | 00 46 | 19 13 | 21 45D | 16 19 |
| 10 | 00 55 | 01 02 | 19 02 | 21 45 | 16 21 |
| 11 | 01 16 | 01 19 | 18 50 | 21 46 | 16 23 |
| 12 | 01 38 | 01 35 | 18 38 | 21 48 | 16 26 |
| 13 | 01 59 | 01 51 | 18 25 | 21 49 | 16 28 |
| 14 | 02 20 | 02 07 | 18 12 | 21 52 | 16 30 |
| 15 | 02 41 | 02 23 | 17 59 | 21 54 | 16 33 |
| 16 | 03 02 | 02 38 | 17 46 | 21 57 | 16 35 |
| 17 | 03 23 | 02 53 | 17 32 | 22 01 | 16 38 |
| 18 | 03 44 | 03 08 | 17 18 | 22 05 | 16 40 |
| 19 | 04 04 | 03 23 | 17 04 | 22 09 | 16 43 |
| 20 | 04 25 | 03 37 | 16 50 | 22 14 | 16 46 |
| 21 | 04 45 | 03 51 | 16 36 | 22 19 | 16 48 |
| 22 | 05 05 | 04 05 | 16 21 | 22 24 | 16 51 |
| 23 | 05 25 | 04 18 | 16 06 | 22 30 | 16 54 |
| 24 | 05 45 | 04 32 | 15 52 | 22 36 | 16 57 |
| 25 | 06 05 | 04 44 | 15 37 | 22 43 | 17 00 |
| 26 | 06 25 | 04 57 | 15 22 | 22 50 | 17 02 |
| 27 | 06 44 | 05 09 | 15 06 | 22 57 | 17 05 |
| 28 | 07 04 | 05 22 | 14 51 | 23 05 | 17 08 |
| 29 | 07 23 | 05 33 | 14 36 | 23 13 | 17 11 |

## Lunar Data

| Last Asp. | | Ingress | | |
|---|---|---|---|---|
| 1 | 09:04 | 1 | ♏ | 20:38 |
| 4 | 03:25 | 4 | ♐ | 06:29 |
| 6 | 05:07 | 6 | ♑ | 12:09 |
| 8 | 07:53 | 8 | ♒ | 14:00 |
| 9 | 23:00 | 10 | ♓ | 13:44 |
| 12 | 12:33 | 12 | ♈ | 13:27 |
| 14 | 10:22 | 14 | ♉ | 15:04 |
| 16 | 15:02 | 16 | ♊ | 19:41 |
| 19 | 03:22 | 19 | ♋ | 03:26 |
| 21 | 06:39 | 21 | ♌ | 13:42 |
| 23 | 04:19 | 24 | ♍ | 01:39 |
| 26 | 07:36 | 26 | ♎ | 14:30 |
| 27 | 18:23 | 29 | ♏ | 03:10 |

## Declinations

0:00 E.T.

| D | ☉ | ☽ | ☿ | ♀ | ♂ | ♃ | ♄ | ♅ | ♆ | ♇ | ⚳ | ⚴ | ⚵ | ⚶ | ⚷ |
|---|---|---|---|---|---|---|---|---|---|---|---|---|---|---|---|
| 1 | -17 18 | -07 51 | -22 24 | -22 23 | -22 41 | +12 58 | -10 39 | +17 13 | -02 48 | -22 49 | -22 20 | +04 02 | -00 26 | +22 19 | +07 30 |
| 2 | 17 01 | 13 12 | 22 14 | 22 19 | 22 35 | 13 00 | 10 36 | 17 13 | 02 48 | 22 49 | 22 22 | 04 11 | 00 20 | 22 22 | 07 30 |
| 3 | 16 44 | 18 10 | 22 03 | 22 15 | 22 28 | 13 03 | 10 34 | 17 13 | 02 47 | 22 48 | 22 24 | 04 19 | 00 13 | 22 24 | 07 31 |
| 4 | 16 26 | 22 28 | 21 51 | 22 11 | 22 21 | 13 05 | 10 31 | 17 13 | 02 46 | 22 48 | 22 26 | 04 28 | 00 07 | 22 27 | 07 32 |
| 5 | 16 09 | 25 49 | 21 37 | 22 06 | 22 13 | 13 07 | 10 28 | 17 13 | 02 45 | 22 48 | 22 27 | 04 37 | +00 00 | 22 29 | 07 32 |
| 6 | 15 50 | 27 52 | 21 22 | 22 00 | 22 06 | 13 10 | 10 26 | 17 13 | 02 45 | 22 47 | 22 29 | 04 46 | 00 08 | 22 32 | 07 33 |
| 7 | 15 32 | 28 14 | 21 05 | 21 53 | 21 58 | 13 12 | 10 23 | 17 14 | 02 44 | 22 47 | 22 31 | 04 55 | 00 15 | 22 34 | 07 34 |
| 8 | 15 13 | 26 44 | 20 48 | 21 46 | 21 50 | 13 15 | 10 21 | 17 14 | 02 43 | 22 47 | 22 33 | 05 04 | 00 23 | 22 37 | 07 34 |
| 9 | 14 54 | 23 22 | 20 29 | 21 38 | 21 42 | 13 18 | 10 18 | 17 14 | 02 42 | 22 46 | 22 35 | 05 14 | 00 30 | 22 39 | 07 35 |
| 10 | 14 35 | 18 23 | 20 08 | 21 29 | 21 33 | 13 20 | 10 15 | 17 14 | 02 41 | 22 46 | 22 36 | 05 23 | 00 38 | 22 42 | 07 36 |
| 11 | 14 16 | 12 13 | 19 46 | 21 20 | 21 25 | 13 23 | 10 13 | 17 14 | 02 41 | 22 46 | 22 38 | 05 33 | 00 47 | 22 44 | 07 37 |
| 12 | 13 56 | 05 20 | 19 23 | 21 10 | 21 16 | 13 26 | 10 10 | 17 15 | 02 40 | 22 46 | 22 39 | 05 43 | 00 55 | 22 47 | 07 37 |
| 13 | 13 36 | +01 44 | 18 58 | 21 00 | 21 06 | 13 28 | 10 07 | 17 15 | 02 39 | 22 45 | 22 41 | 05 53 | 01 03 | 22 49 | 07 38 |
| 14 | 13 16 | 08 34 | 18 32 | 20 49 | 20 57 | 13 31 | 10 05 | 17 15 | 02 38 | 22 45 | 22 42 | 06 04 | 01 12 | 22 52 | 07 39 |
| 15 | 12 56 | 14 47 | 18 05 | 20 37 | 20 47 | 13 34 | 10 02 | 17 15 | 02 37 | 22 45 | 22 44 | 06 14 | 01 21 | 22 55 | 07 40 |
| 16 | 12 35 | 20 06 | 17 36 | 20 25 | 20 38 | 13 37 | 09 59 | 17 16 | 02 37 | 22 44 | 22 45 | 06 25 | 01 30 | 22 57 | 07 41 |
| 17 | 12 14 | 24 14 | 17 06 | 20 12 | 20 27 | 13 40 | 09 57 | 17 16 | 02 36 | 22 44 | 22 46 | 06 36 | 01 39 | 23 00 | 07 42 |
| 18 | 11 53 | 27 00 | 16 35 | 19 59 | 20 17 | 13 43 | 09 54 | 17 16 | 02 35 | 22 44 | 22 48 | 06 47 | 01 48 | 23 02 | 07 43 |
| 19 | 11 32 | 28 17 | 16 02 | 19 45 | 20 07 | 13 46 | 09 51 | 17 17 | 02 34 | 22 44 | 22 49 | 06 58 | 01 57 | 23 05 | 07 43 |
| 20 | 11 11 | 28 06 | 15 28 | 19 30 | 19 56 | 13 49 | 09 48 | 17 17 | 02 33 | 22 43 | 22 50 | 07 09 | 02 07 | 23 07 | 07 44 |
| 21 | 10 49 | 26 30 | 14 52 | 19 15 | 19 45 | 13 52 | 09 46 | 17 17 | 02 32 | 22 43 | 22 51 | 07 20 | 02 16 | 23 10 | 07 45 |
| 22 | 10 28 | 23 41 | 14 15 | 18 59 | 19 34 | 13 55 | 09 43 | 17 18 | 02 32 | 22 43 | 22 53 | 07 32 | 02 26 | 23 12 | 07 46 |
| 23 | 10 06 | 19 52 | 13 37 | 18 43 | 19 22 | 13 58 | 09 40 | 17 18 | 02 31 | 22 43 | 22 54 | 07 43 | 02 36 | 23 15 | 07 47 |
| 24 | 09 44 | 15 18 | 12 57 | 18 26 | 19 11 | 14 02 | 09 38 | 17 19 | 02 30 | 22 42 | 22 55 | 07 55 | 02 46 | 23 17 | 07 48 |
| 25 | 09 22 | 10 10 | 12 16 | 18 08 | 18 59 | 14 05 | 09 35 | 17 19 | 02 29 | 22 42 | 22 56 | 08 07 | 02 56 | 23 20 | 07 49 |
| 26 | 08 59 | 04 43 | 11 33 | 17 51 | 18 47 | 14 08 | 09 32 | 17 19 | 02 28 | 22 42 | 22 57 | 08 19 | 03 06 | 23 22 | 07 50 |
| 27 | 08 37 | -00 55 | 10 49 | 17 32 | 18 35 | 14 11 | 09 29 | 17 20 | 02 27 | 22 42 | 22 58 | 08 32 | 03 16 | 23 25 | 07 51 |
| 28 | 08 14 | 06 32 | 10 04 | 17 13 | 18 23 | 14 15 | 09 27 | 17 20 | 02 26 | 22 41 | 22 59 | 08 44 | 03 26 | 23 27 | 07 52 |
| 29 | 07 52 | 11 58 | 09 18 | 16 54 | 18 10 | 14 18 | 09 24 | 17 21 | 02 26 | 22 41 | 23 00 | 08 56 | 03 36 | 23 29 | 07 53 |

Lunar Phases -- 2 ◑ 23:19 9 ● 23:00 16 ◐ 15:02 24 ○ 12:32 Sun enters ♓ 2/19 04:15

# 0:00 E.T. Longitudes of Main Planets - March 2024



| D | S.T. | ☉ | ☽ | ☽ 12:00 | ☿ | ♀ | ♂ | ♃ | ♄ | ♅ | ♆ | ♇ | ☊ |
|---|---|---|---|---|---|---|---|---|---|---|---|---|---|
| 1 | 10:37:10 | 10♓53 18 | 10♏28 | 16♏34 | 12♓19 | 16♒30 | 12♒55 | 11♉19 | 09♓55 | 19♉35 | 26♓44 | 01♒13 | 17♈42 |
| 2 | 10:41:06 | 11 53 30 | 22 44 | 28 59 | 14 13 | 17 44 | 13 41 | 11 29 | 10 02 | 19 36 | 26 47 | 01 14 | 17 39 |
| 3 | 10:45:03 | 12 53 41 | 05♐18 | 11♐42 | 16 08 | 18 58 | 14 28 | 11 40 | 10 09 | 19 38 | 26 49 | 01 16 | 17 36 |
| 4 | 10:49:00 | 13 53 51 | 18 12 | 24 49 | 18 03 | 20 12 | 15 14 | 11 50 | 10 17 | 19 40 | 26 51 | 01 17 | 17 32 |
| 5 | 10:52:56 | 14 53 58 | 01♑32 | 08♑23 | 19 59 | 21 27 | 16 01 | 12 01 | 10 24 | 19 42 | 26 53 | 01 19 | 17 29 |
| 6 | 10:56:53 | 15 54 05 | 15 20 | 22 25 | 21 55 | 22 41 | 16 48 | 12 11 | 10 31 | 19 44 | 26 56 | 01 21 | 17 26 |
| 7 | 11:00:49 | 16 54 09 | 29 36 | 06♒54 | 23 52 | 23 55 | 17 34 | 12 22 | 10 39 | 19 46 | 26 58 | 01 22 | 17 23 |
| 8 | 11:04:46 | 17 54 12 | 14♒18 | 21 46 | 25 48 | 25 09 | 18 21 | 12 33 | 10 46 | 19 48 | 27 00 | 01 23 | 17 20 |
| 9 | 11:08:42 | 18 54 14 | 29 19 | 06♓55 | 27 44 | 26 24 | 19 07 | 12 44 | 10 53 | 19 50 | 27 02 | 01 25 | 17 17 |
| 10 | 11:12:39 | 19 54 13 | 14♓32 | 22 10 | 29 40 | 27 38 | 19 54 | 12 55 | 11 01 | 19 52 | 27 05 | 01 26 | 17 13 |
| 11 | 11:16:35 | 20 54 11 | 29 47 | 07♈22 | 01♈36 | 28 52 | 20 40 | 13 07 | 11 08 | 19 54 | 27 07 | 01 28 | 17 10 |
| 12 | 11:20:32 | 21 54 06 | 14♈53 | 22 20 | 03 30 | 00♓07 | 21 27 | 13 18 | 11 15 | 19 56 | 27 09 | 01 29 | 17 07 |
| 13 | 11:24:29 | 22 54 00 | 29 42 | 06♉58 | 05 22 | 01 21 | 22 14 | 13 29 | 11 22 | 19 58 | 27 11 | 01 30 | 17 04 |
| 14 | 11:28:25 | 23 53 51 | 14♉08 | 21 11 | 07 13 | 02 35 | 23 00 | 13 41 | 11 30 | 20 01 | 27 14 | 01 32 | 17 01 |
| 15 | 11:32:22 | 24 53 40 | 28 07 | 04♊57 | 09 02 | 03 49 | 23 47 | 13 52 | 11 37 | 20 03 | 27 16 | 01 33 | 16 57 |
| 16 | 11:36:18 | 25 53 27 | 11♊40 | 18 17 | 10 48 | 05 04 | 24 34 | 14 04 | 11 44 | 20 05 | 27 18 | 01 34 | 16 54 |
| 17 | 11:40:15 | 26 53 12 | 24 48 | 01♋14 | 12 31 | 06 18 | 25 20 | 14 16 | 11 51 | 20 08 | 27 20 | 01 36 | 16 51 |
| 18 | 11:44:11 | 27 52 55 | 07♋34 | 13 50 | 14 10 | 07 32 | 26 07 | 14 28 | 11 58 | 20 10 | 27 23 | 01 37 | 16 48 |
| 19 | 11:48:08 | 28 52 35 | 20 02 | 26 10 | 15 45 | 08 46 | 26 54 | 14 40 | 12 05 | 20 12 | 27 25 | 01 38 | 16 45 |
| 20 | 11:52:04 | 29 52 13 | 02♌15 | 08♌17 | 17 15 | 10 01 | 27 40 | 14 52 | 12 13 | 20 15 | 27 27 | 01 39 | 16 42 |
| 21 | 11:56:01 | 00♈51 49 | 14 17 | 20 15 | 18 40 | 11 15 | 28 27 | 15 04 | 12 20 | 20 17 | 27 30 | 01 41 | 16 38 |
| 22 | 11:59:58 | 01 51 22 | 26 11 | 02♍07 | 20 00 | 12 29 | 29 14 | 15 16 | 12 27 | 20 20 | 27 32 | 01 42 | 16 35 |
| 23 | 12:03:54 | 02 50 53 | 08♍02 | 13 56 | 21 14 | 13 43 | 00♓00 | 15 28 | 12 34 | 20 22 | 27 34 | 01 43 | 16 32 |
| 24 | 12:07:51 | 03 50 22 | 19 50 | 25 45 | 22 22 | 14 57 | 00 47 | 15 40 | 12 41 | 20 25 | 27 36 | 01 44 | 16 29 |
| 25 | 12:11:47 | 04 49 49 | 01♎39 | 07♎35 | 23 23 | 16 12 | 01 34 | 15 53 | 12 48 | 20 28 | 27 39 | 01 45 | 16 26 |
| 26 | 12:15:44 | 05 49 14 | 13 31 | 19 29 | 24 17 | 17 26 | 02 20 | 16 05 | 12 55 | 20 30 | 27 41 | 01 46 | 16 23 |
| 27 | 12:19:40 | 06 48 37 | 25 28 | 01♏28 | 25 04 | 18 40 | 03 07 | 16 18 | 13 02 | 20 33 | 27 43 | 01 47 | 16 19 |
| 28 | 12:23:37 | 07 47 59 | 07♏31 | 13 36 | 25 44 | 19 54 | 03 54 | 16 30 | 13 09 | 20 36 | 27 45 | 01 48 | 16 16 |
| 29 | 12:27:33 | 08 47 18 | 19 44 | 25 55 | 26 17 | 21 08 | 04 41 | 16 43 | 13 16 | 20 39 | 27 48 | 01 49 | 16 13 |
| 30 | 12:31:30 | 09 46 35 | 02♐09 | 08♐26 | 26 42 | 22 23 | 05 27 | 16 56 | 13 22 | 20 41 | 27 50 | 01 50 | 16 10 |
| 31 | 12:35:27 | 10 45 51 | 14 48 | 21 14 | 27 00 | 23 37 | 06 14 | 17 08 | 13 29 | 20 44 | 27 52 | 01 51 | 16 07 |

# 0:00 E.T. Longitudes of the Major Asteroids and Chiron

| D | ⚳ | ⚴ | ⚵ | ⚶ | ⚷ |
|---|---|---|---|---|---|
| 1 | 07♑42 | 05♐45 | 14♍21℞ | 23♊21 | 17♈14 |
| 2 | 08 01 | 05 56 | 14 06 | 23 30 | 17 17 |
| 3 | 08 20 | 06 07 | 13 50 | 23 39 | 17 20 |
| 4 | 08 39 | 06 17 | 13 35 | 23 49 | 17 23 |
| 5 | 08 58 | 06 27 | 13 20 | 23 58 | 17 26 |
| 6 | 09 16 | 06 37 | 13 05 | 24 09 | 17 29 |
| 7 | 09 34 | 06 46 | 12 50 | 24 19 | 17 33 |
| 8 | 09 52 | 06 56 | 12 35 | 24 30 | 17 36 |
| 9 | 10 10 | 07 04 | 12 20 | 24 41 | 17 39 |
| 10 | 10 28 | 07 13 | 12 05 | 24 52 | 17 42 |
| 11 | 10 46 | 07 21 | 11 51 | 25 04 | 17 45 |
| 12 | 11 03 | 07 28 | 11 36 | 25 16 | 17 49 |
| 13 | 11 20 | 07 36 | 11 22 | 25 28 | 17 52 |
| 14 | 11 37 | 07 42 | 11 08 | 25 40 | 17 55 |
| 15 | 11 54 | 07 49 | 10 55 | 25 53 | 17 58 |
| 16 | 12 11 | 07 55 | 10 41 | 26 06 | 18 02 |
| 17 | 12 28 | 08 01 | 10 28 | 26 20 | 18 05 |
| 18 | 12 44 | 08 06 | 10 15 | 26 33 | 18 08 |
| 19 | 13 00 | 08 11 | 10 02 | 26 47 | 18 12 |
| 20 | 13 16 | 08 15 | 09 50 | 27 01 | 18 15 |
| 21 | 13 32 | 08 19 | 09 37 | 27 16 | 18 19 |
| 22 | 13 48 | 08 23 | 09 25 | 27 30 | 18 22 |
| 23 | 14 03 | 08 26 | 09 14 | 27 45 | 18 25 |
| 24 | 14 18 | 08 29 | 09 03 | 28 00 | 18 29 |
| 25 | 14 33 | 08 31 | 08 52 | 28 16 | 18 32 |
| 26 | 14 48 | 08 33 | 08 41 | 28 31 | 18 36 |
| 27 | 15 03 | 08 34 | 08 31 | 28 47 | 18 39 |
| 28 | 15 17 | 08 35 | 08 21 | 29 03 | 18 43 |
| 29 | 15 31 | 08 36 | 08 11 | 29 19 | 18 46 |
| 30 | 15 45 | 08 36℞ | 08 02 | 29 36 | 18 50 |
| 31 | 15 59 | 08 35 | 07 53 | 29 52 | 18 53 |

## Lunar Data

| Last Asp. | | Ingress | | |
|---|---|---|---|---|
| 2 | 07:48 | 2 | ♐ | 13:57 |
| 4 | 15:42 | 4 | ♑ | 21:16 |
| 6 | 19:36 | 7 | ♒ | 00:39 |
| 8 | 18:57 | 9 | ♓ | 01:04 |
| 10 | 19:47 | 11 | ♈ | 00:21 |
| 12 | 11:09 | 13 | ♉ | 00:30 |
| 14 | 22:30 | 15 | ♊ | 03:17 |
| 17 | 04:44 | 17 | ♋ | 09:42 |
| 19 | 18:54 | 19 | ♌ | 19:34 |
| 22 | 06:35 | 22 | ♍ | 07:43 |
| 24 | 15:50 | 24 | ♎ | 20:39 |
| 26 | 23:10 | 27 | ♏ | 09:04 |
| 29 | 15:41 | 29 | ♐ | 19:53 |

# 0:00 E.T. Declinations

| D | ☉ | ☽ | ☿ | ♀ | ♂ | ♃ | ♄ | ♅ | ♆ | ♇ | ⚳ | ⚴ | ⚵ | ⚶ | ⚷ |
|---|---|---|---|---|---|---|---|---|---|---|---|---|---|---|---|
| 1 | -07 29 | -17 01 | -08 31 | -16 34 | -17 57 | +14 21 | -09 21 | +17 21 | -02 25 | -22 41 | -23 01 | +09 09 | +03 46 | +23 32 | +07 54 |
| 2 | 07 06 | 21 29 | 07 42 | 16 14 | 17 44 | 14 25 | 09 18 | 17 22 | 02 24 | 22 41 | 23 02 | 09 22 | 03 56 | 23 34 | 07 55 |
| 3 | 06 43 | 25 05 | 06 52 | 15 53 | 17 31 | 14 28 | 09 16 | 17 22 | 02 23 | 22 40 | 23 02 | 09 35 | 04 06 | 23 37 | 07 56 |
| 4 | 06 20 | 27 31 | 06 01 | 15 31 | 17 18 | 14 31 | 09 13 | 17 23 | 02 22 | 22 40 | 23 03 | 09 48 | 04 16 | 23 39 | 07 57 |
| 5 | 05 57 | 28 29 | 05 09 | 15 10 | 17 04 | 14 35 | 09 10 | 17 23 | 02 21 | 22 40 | 23 04 | 10 01 | 04 26 | 23 41 | 07 58 |
| 6 | 05 34 | 27 44 | 04 16 | 14 48 | 16 51 | 14 38 | 09 08 | 17 24 | 02 20 | 22 40 | 23 05 | 10 14 | 04 36 | 23 44 | 08 00 |
| 7 | 05 10 | 25 11 | 03 23 | 14 25 | 16 37 | 14 42 | 09 05 | 17 24 | 02 19 | 22 40 | 23 06 | 10 28 | 04 46 | 23 46 | 08 01 |
| 8 | 04 47 | 20 56 | 02 28 | 14 02 | 16 23 | 14 45 | 09 02 | 17 25 | 02 18 | 22 39 | 23 06 | 10 41 | 04 57 | 23 48 | 08 02 |
| 9 | 04 23 | 15 16 | 01 33 | 13 39 | 16 09 | 14 49 | 08 59 | 17 26 | 02 18 | 22 39 | 23 07 | 10 55 | 05 07 | 23 51 | 08 03 |
| 10 | 04 00 | 08 36 | 00 38 | 13 15 | 15 55 | 14 52 | 08 57 | 17 26 | 02 17 | 22 39 | 23 08 | 11 09 | 05 16 | 23 53 | 08 04 |
| 11 | 03 36 | 01 25 | +00 17 | 12 51 | 15 40 | 14 56 | 08 54 | 17 27 | 02 16 | 22 39 | 23 09 | 11 23 | 05 26 | 23 55 | 08 05 |
| 12 | 03 13 | +05 47 | 01 13 | 12 27 | 15 25 | 15 00 | 08 51 | 17 27 | 02 15 | 22 39 | 23 10 | 11 37 | 05 36 | 23 57 | 08 06 |
| 13 | 02 49 | 12 33 | 02 08 | 12 02 | 15 11 | 15 03 | 08 49 | 17 28 | 02 14 | 22 39 | 23 10 | 11 51 | 05 46 | 23 59 | 08 08 |
| 14 | 02 25 | 18 28 | 03 03 | 11 37 | 14 56 | 15 07 | 08 46 | 17 29 | 02 13 | 22 38 | 23 11 | 12 05 | 05 55 | 24 01 | 08 09 |
| 15 | 02 02 | 23 12 | 03 57 | 11 12 | 14 41 | 15 10 | 08 43 | 17 29 | 02 12 | 22 38 | 23 12 | 12 19 | 06 05 | 24 04 | 08 10 |
| 16 | 01 38 | 26 30 | 04 50 | 10 46 | 14 25 | 15 14 | 08 41 | 17 30 | 02 11 | 22 38 | 23 12 | 12 33 | 06 14 | 24 06 | 08 11 |
| 17 | 01 14 | 28 15 | 05 42 | 10 20 | 14 10 | 15 18 | 08 38 | 17 30 | 02 10 | 22 38 | 23 13 | 12 48 | 06 24 | 24 08 | 08 12 |
| 18 | 00 51 | 28 25 | 06 32 | 09 54 | 13 54 | 15 21 | 08 35 | 17 31 | 02 10 | 22 38 | 23 14 | 13 02 | 06 33 | 24 10 | 08 13 |
| 19 | 00 27 | 27 08 | 07 20 | 09 27 | 13 39 | 15 25 | 08 33 | 17 32 | 02 09 | 22 38 | 23 15 | 13 17 | 06 42 | 24 12 | 08 15 |
| 20 | 00 03 | 24 35 | 08 07 | 09 00 | 13 23 | 15 29 | 08 30 | 17 32 | 02 08 | 22 38 | 23 15 | 13 32 | 06 51 | 24 14 | 08 16 |
| 21 | +00 21 | 20 58 | 08 51 | 08 33 | 13 07 | 15 32 | 08 27 | 17 33 | 02 07 | 22 38 | 23 16 | 13 46 | 07 00 | 24 15 | 08 17 |
| 22 | 00 44 | 16 33 | 09 33 | 08 06 | 12 51 | 15 36 | 08 25 | 17 34 | 02 06 | 22 37 | 23 17 | 14 01 | 07 08 | 24 17 | 08 18 |
| 23 | 01 08 | 11 33 | 10 12 | 07 39 | 12 35 | 15 40 | 08 22 | 17 35 | 02 05 | 22 37 | 23 18 | 14 16 | 07 17 | 24 19 | 08 20 |
| 24 | 01 32 | 06 09 | 10 47 | 07 11 | 12 19 | 15 44 | 08 20 | 17 35 | 02 04 | 22 37 | 23 19 | 14 31 | 07 25 | 24 21 | 08 21 |
| 25 | 01 55 | 00 31 | 11 20 | 06 43 | 12 02 | 15 47 | 08 17 | 17 36 | 02 03 | 22 37 | 23 19 | 14 46 | 07 33 | 24 23 | 08 22 |
| 26 | 02 19 | -05 09 | 11 50 | 06 15 | 11 46 | 15 51 | 08 14 | 17 37 | 02 02 | 22 37 | 23 20 | 15 01 | 07 42 | 24 24 | 08 23 |
| 27 | 02 42 | 10 41 | 12 16 | 05 47 | 11 29 | 15 55 | 08 12 | 17 37 | 02 01 | 22 37 | 23 21 | 15 15 | 07 49 | 24 26 | 08 25 |
| 28 | 03 06 | 15 53 | 12 38 | 05 18 | 11 12 | 15 58 | 08 09 | 17 38 | 02 01 | 22 37 | 23 22 | 15 30 | 07 57 | 24 28 | 08 26 |
| 29 | 03 29 | 20 32 | 12 57 | 04 50 | 10 55 | 16 02 | 08 07 | 17 39 | 02 00 | 22 37 | 23 23 | 15 45 | 08 05 | 24 29 | 08 27 |
| 30 | 03 52 | 24 21 | 13 11 | 04 21 | 10 38 | 16 06 | 08 04 | 17 40 | 01 59 | 22 37 | 23 24 | 16 00 | 08 12 | 24 31 | 08 28 |
| 31 | 04 16 | 27 06 | 13 22 | 03 52 | 10 21 | 16 10 | 08 02 | 17 40 | 01 58 | 22 37 | 23 25 | 16 16 | 08 19 | 24 32 | 08 30 |

Lunar Phases -- 3 ◑ 15:25 10 ● 09:02 17 ◐ 04:12 25 Ⓔ 07:01 Sun enters ♈ 3/20 03:08

| D | S.T. | ☉ | ☽ | ☽ 12:00 | ☿ | ♀ | ♂ | ♃ | ♄ | ♅ | ♆ | ♇ | ☊ |
|---|---|---|---|---|---|---|---|---|---|---|---|---|---|
| 1 | 12:39:23 | 11♈45 05 | 27♐45 | 04♑21 | 27♈10 | 24♓51 | 07♓01 | 17♉21 | 13♓36 | 20♉47 | 27♓54 | 01♒52 | 16♈03 |
| 2 | 12:43:20 | 12 44 17 | 11♑02 | 17 49 | 27 13℞ | 26 05 | 07 47 | 17 34 | 13 43 | 20 50 | 27 57 | 01 53 | 16 00 |
| 3 | 12:47:16 | 13 43 27 | 24 42 | 01♒40 | 27 09 | 27 19 | 08 34 | 17 47 | 13 49 | 20 53 | 27 59 | 01 54 | 15 57 |
| 4 | 12:51:13 | 14 42 36 | 08♒45 | 15 54 | 26 58 | 28 33 | 09 21 | 18 00 | 13 56 | 20 56 | 28 01 | 01 54 | 15 54 |
| 5 | 12:55:09 | 15 41 43 | 23 09 | 00♓28 | 26 41 | 29 48 | 10 07 | 18 13 | 14 03 | 20 59 | 28 03 | 01 55 | 15 51 |
| 6 | 12:59:06 | 16 40 48 | 07♓52 | 15 20 | 26 18 | 01♈02 | 10 54 | 18 26 | 14 09 | 21 02 | 28 05 | 01 56 | 15 48 |
| 7 | 13:03:02 | 17 39 51 | 22 50 | 00♈21 | 25 49 | 02 16 | 11 41 | 18 39 | 14 16 | 21 05 | 28 08 | 01 57 | 15 44 |
| 8 | 13:06:59 | 18 38 52 | 07♈54 | 15 25 | 25 16 | 03 30 | 12 27 | 18 53 | 14 22 | 21 08 | 28 10 | 01 57 | 15 41 |
| 9 | 13:10:56 | 19 37 51 | 22 55 | 00♉22 | 24 39 | 04 44 | 13 14 | 19 06 | 14 29 | 21 11 | 28 12 | 01 58 | 15 38 |
| 10 | 13:14:52 | 20 36 48 | 07♉45 | 15 04 | 23 58 | 05 58 | 14 01 | 19 19 | 14 35 | 21 14 | 28 14 | 01 59 | 15 35 |
| 11 | 13:18:49 | 21 35 44 | 22 17 | 29 25 | 23 15 | 07 12 | 14 47 | 19 33 | 14 42 | 21 17 | 28 16 | 01 59 | 15 32 |
| 12 | 13:22:45 | 22 34 37 | 06♊27 | 13♊21 | 22 31 | 08 26 | 15 34 | 19 46 | 14 48 | 21 20 | 28 18 | 02 00 | 15 29 |
| 13 | 13:26:42 | 23 33 28 | 20 08 | 26 50 | 21 45 | 09 40 | 16 21 | 19 59 | 14 54 | 21 23 | 28 20 | 02 01 | 15 25 |
| 14 | 13:30:38 | 24 32 16 | 03♋24 | 09♋53 | 21 00 | 10 55 | 17 07 | 20 13 | 15 01 | 21 27 | 28 23 | 02 01 | 15 22 |
| 15 | 13:34:35 | 25 31 03 | 16 16 | 22 33 | 20 16 | 12 09 | 17 54 | 20 26 | 15 07 | 21 30 | 28 25 | 02 02 | 15 19 |
| 16 | 13:38:31 | 26 29 47 | 28 45 | 04♌54 | 19 34 | 13 23 | 18 40 | 20 40 | 15 13 | 21 33 | 28 27 | 02 02 | 15 16 |
| 17 | 13:42:28 | 27 28 29 | 10♌58 | 16 59 | 18 54 | 14 37 | 19 27 | 20 54 | 15 19 | 21 36 | 28 29 | 02 03 | 15 13 |
| 18 | 13:46:25 | 28 27 09 | 22 58 | 28 55 | 18 17 | 15 51 | 20 13 | 21 07 | 15 25 | 21 40 | 28 31 | 02 03 | 15 09 |
| 19 | 13:50:21 | 29 25 46 | 04♍50 | 10♍45 | 17 44 | 17 05 | 21 00 | 21 21 | 15 31 | 21 43 | 28 33 | 02 03 | 15 06 |
| 20 | 13:54:18 | 00♉24 21 | 16 38 | 22 32 | 17 15 | 18 19 | 21 46 | 21 35 | 15 37 | 21 46 | 28 35 | 02 04 | 15 03 |
| 21 | 13:58:14 | 01 22 55 | 28 27 | 04♎22 | 16 50 | 19 33 | 22 33 | 21 48 | 15 43 | 21 49 | 28 37 | 02 04 | 15 00 |
| 22 | 14:02:11 | 02 21 26 | 10♎18 | 16 16 | 16 30 | 20 47 | 23 19 | 22 02 | 15 49 | 21 53 | 28 39 | 02 04 | 14 57 |
| 23 | 14:06:07 | 03 19 55 | 22 18 | 28 18 | 16 15 | 22 01 | 24 06 | 22 16 | 15 54 | 21 56 | 28 41 | 02 05 | 14 54 |
| 24 | 14:10:04 | 04 18 22 | 04♏23 | 10♏30 | 16 05 | 23 15 | 24 52 | 22 30 | 16 00 | 21 59 | 28 43 | 02 05 | 14 50 |
| 25 | 14:14:00 | 05 16 47 | 16 40 | 22 53 | 16 00 | 24 29 | 25 38 | 22 44 | 16 06 | 22 03 | 28 45 | 02 05 | 14 47 |
| 26 | 14:17:57 | 06 15 11 | 29 09 | 05♐28 | 15 59D | 25 43 | 26 25 | 22 58 | 16 11 | 22 06 | 28 47 | 02 05 | 14 44 |
| 27 | 14:21:54 | 07 13 33 | 11♐50 | 18 16 | 16 04 | 26 57 | 27 11 | 23 11 | 16 17 | 22 10 | 28 48 | 02 06 | 14 41 |
| 28 | 14:25:50 | 08 11 53 | 24 45 | 01♑17 | 16 14 | 28 11 | 27 57 | 23 25 | 16 22 | 22 13 | 28 50 | 02 06 | 14 38 |
| 29 | 14:29:47 | 09 10 12 | 07♑54 | 14 34 | 16 28 | 29 24 | 28 44 | 23 39 | 16 28 | 22 16 | 28 52 | 02 06 | 14 35 |
| 30 | 14:33:43 | 10 08 29 | 21 18 | 28 06 | 16 47 | 00♉38 | 29 30 | 23 53 | 16 33 | 22 20 | 28 54 | 02 06 | 14 31 |

## 0:00 E.T.  Longitudes of the Major Asteroids and Chiron

| D | ⚳ | ⚴ | ⚵ | ⚶ | ⚷ | D | ⚳ | ⚴ | ⚵ | ⚶ | ⚷ |
|---|---|---|---|---|---|---|---|---|---|---|---|
| 1 | 16♑13 | 08♐34℞ | 07♍45℞ | 00♋09 | 18♈57 | 16 | 19 06 | 07 22 | 06 25 | 04 45 | 19 50 |
| 2 | 16 26 | 08 33 | 07 37 | 00 26 | 19 00 | 17 | 19 16 | 07 14 | 06 23 | 05 05 | 19 54 |
| 3 | 16 39 | 08 31 | 07 29 | 00 44 | 19 04 | 18 | 19 25 | 07 05 | 06 21 | 05 25 | 19 57 |
| 4 | 16 52 | 08 29 | 07 22 | 01 01 | 19 07 | 19 | 19 34 | 06 55 | 06 20 | 05 45 | 20 01 |
| 5 | 17 04 | 08 26 | 07 15 | 01 19 | 19 11 | 20 | 19 42 | 06 45 | 06 19 | 06 05 | 20 04 |
| 6 | 17 17 | 08 23 | 07 08 | 01 37 | 19 15 | 21 | 19 50 | 06 34 | 06 18 | 06 26 | 20 08 |
| 7 | 17 29 | 08 19 | 07 02 | 01 55 | 19 18 | 22 | 19 58 | 06 23 | 06 18 | 06 46 | 20 11 |
| 8 | 17 41 | 08 14 | 06 57 | 02 13 | 19 22 | 23 | 20 06 | 06 12 | 06 18D | 07 07 | 20 15 |
| 9 | 17 52 | 08 10 | 06 51 | 02 31 | 19 25 | 24 | 20 13 | 06 00 | 06 19 | 07 27 | 20 18 |
| 10 | 18 04 | 08 04 | 06 46 | 02 50 | 19 29 | 25 | 20 21 | 05 48 | 06 19 | 07 48 | 20 21 |
| 11 | 18 15 | 07 59 | 06 42 | 03 09 | 19 32 | 26 | 20 27 | 05 35 | 06 21 | 08 09 | 20 25 |
| 12 | 18 26 | 07 52 | 06 38 | 03 28 | 19 36 | 27 | 20 34 | 05 22 | 06 22 | 08 31 | 20 28 |
| 13 | 18 36 | 07 46 | 06 34 | 03 47 | 19 39 | 28 | 20 40 | 05 08 | 06 24 | 08 52 | 20 32 |
| 14 | 18 46 | 07 38 | 06 30 | 04 06 | 19 43 | 29 | 20 46 | 04 54 | 06 27 | 09 13 | 20 35 |
| 15 | 18 56 | 07 31 | 06 28 | 04 26 | 19 46 | 30 | 20 51 | 04 40 | 06 29 | 09 35 | 20 39 |

### Lunar Data

| | Last Asp. | | Ingress |
|---|---|---|---|
| 1 | 00:17 | 1 ♑ | 04:06 |
| 3 | 05:41 | 3 ♒ | 09:09 |
| 5 | 05:41 | 5 ♓ | 11:26 |
| 7 | 08:28 | 7 ♈ | 11:26 |
| 9 | 02:40 | 9 ♉ | 11:25 |
| 11 | 10:06 | 11 ♊ | 12:60 |
| 13 | 14:47 | 13 ♋ | 17:46 |
| 15 | 23:24 | 16 ♌ | 02:25 |
| 18 | 12:03 | 18 ♍ | 14:12 |
| 21 | 00:21 | 21 ♎ | 03:09 |
| 22 | 23:25 | 23 ♏ | 15:21 |
| 25 | 23:18 | 26 ♐ | 01:38 |
| 28 | 07:32 | 28 ♑ | 09:38 |
| 30 | 15:20 | 30 ♒ | 15:21 |

## 0:00 E.T.  Declinations

| D | ☉ | ☽ | ☿ | ♀ | ♂ | ♃ | ♄ | ♅ | ♆ | ♇ | ⚳ | ⚴ | ⚵ | ⚶ | ⚷ |
|---|---|---|---|---|---|---|---|---|---|---|---|---|---|---|---|
| 1 | +04 39 | -28 28 | +13 29 | -03 24 | -10 04 | +16 13 | -07 59 | +17 41 | -01 57 | -22 37 | -23 26 | +16 31 | +08 26 | +24 33 | +08 31 |
| 2 | 05 02 | 28 15 | 13 32 | 02 55 | 09 47 | 16 17 | 07 57 | 17 42 | 01 56 | 22 37 | 23 27 | 16 46 | 08 33 | 24 35 | 08 32 |
| 3 | 05 25 | 26 20 | 13 32 | 02 25 | 09 30 | 16 21 | 07 54 | 17 43 | 01 55 | 22 37 | 23 28 | 17 01 | 08 40 | 24 36 | 08 33 |
| 4 | 05 48 | 22 47 | 13 27 | 01 56 | 09 12 | 16 25 | 07 52 | 17 44 | 01 54 | 22 37 | 23 29 | 17 16 | 08 46 | 24 37 | 08 35 |
| 5 | 06 11 | 17 46 | 13 18 | 01 27 | 08 55 | 16 29 | 07 49 | 17 44 | 01 54 | 22 37 | 23 30 | 17 30 | 08 52 | 24 39 | 08 36 |
| 6 | 06 33 | 11 38 | 13 06 | 00 58 | 08 37 | 16 32 | 07 47 | 17 45 | 01 53 | 22 37 | 23 31 | 17 45 | 08 59 | 24 40 | 08 37 |
| 7 | 06 56 | 04 44 | 12 50 | 00 28 | 08 20 | 16 36 | 07 45 | 17 46 | 01 52 | 22 37 | 23 32 | 18 00 | 09 04 | 24 41 | 08 39 |
| 8 | 07 18 | +02 28 | 12 31 | +00 02 | 08 02 | 16 40 | 07 42 | 17 47 | 01 51 | 22 37 | 23 33 | 18 15 | 09 10 | 24 42 | 08 40 |
| 9 | 07 41 | 09 32 | 12 09 | 00 30 | 07 44 | 16 44 | 07 40 | 17 48 | 01 50 | 22 37 | 23 34 | 18 30 | 09 16 | 24 43 | 08 41 |
| 10 | 08 03 | 15 59 | 11 44 | 01 00 | 07 26 | 16 47 | 07 35 | 17 48 | 01 49 | 22 37 | 23 36 | 18 44 | 09 21 | 24 44 | 08 42 |
| 11 | 08 25 | 21 24 | 11 17 | 01 29 | 07 09 | 16 51 | 07 35 | 17 49 | 01 49 | 22 37 | 23 37 | 18 59 | 09 26 | 24 45 | 08 44 |
| 12 | 08 47 | 25 25 | 10 49 | 01 59 | 06 51 | 16 55 | 07 33 | 17 50 | 01 48 | 22 37 | 23 38 | 19 14 | 09 31 | 24 45 | 08 45 |
| 13 | 09 09 | 27 50 | 10 19 | 02 28 | 06 33 | 16 58 | 07 31 | 17 51 | 01 47 | 22 37 | 23 40 | 19 28 | 09 36 | 24 46 | 08 46 |
| 14 | 09 31 | 28 34 | 09 48 | 02 57 | 06 15 | 17 02 | 07 28 | 17 52 | 01 46 | 22 37 | 23 41 | 19 42 | 09 40 | 24 47 | 08 48 |
| 15 | 09 52 | 27 42 | 09 17 | 03 27 | 05 57 | 17 06 | 07 26 | 17 53 | 01 45 | 22 37 | 23 43 | 19 57 | 09 45 | 24 47 | 08 49 |
| 16 | 10 13 | 25 27 | 08 46 | 03 56 | 05 38 | 17 10 | 07 24 | 17 53 | 01 45 | 22 37 | 23 44 | 20 11 | 09 49 | 24 48 | 08 50 |
| 17 | 10 34 | 22 04 | 08 15 | 04 25 | 05 20 | 17 13 | 07 22 | 17 54 | 01 44 | 22 37 | 23 46 | 20 25 | 09 53 | 24 48 | 08 51 |
| 18 | 10 55 | 17 50 | 07 46 | 04 54 | 05 02 | 17 17 | 07 19 | 17 55 | 01 43 | 22 37 | 23 48 | 20 38 | 09 57 | 24 49 | 08 53 |
| 19 | 11 16 | 12 57 | 07 18 | 05 23 | 04 44 | 17 21 | 07 17 | 17 56 | 01 42 | 22 37 | 23 50 | 20 52 | 10 00 | 24 49 | 08 54 |
| 20 | 11 37 | 07 38 | 06 51 | 05 52 | 04 25 | 17 24 | 07 15 | 17 57 | 01 41 | 22 37 | 23 51 | 21 06 | 10 04 | 24 49 | 08 55 |
| 21 | 11 57 | 02 03 | 06 26 | 06 21 | 04 07 | 17 28 | 07 13 | 17 58 | 01 41 | 22 37 | 23 53 | 21 19 | 10 07 | 24 50 | 08 56 |
| 22 | 12 17 | -03 37 | 06 04 | 06 49 | 03 49 | 17 32 | 07 11 | 17 59 | 01 40 | 22 37 | 23 55 | 21 32 | 10 10 | 24 50 | 08 58 |
| 23 | 12 37 | 09 14 | 05 44 | 07 18 | 03 30 | 17 35 | 07 09 | 18 00 | 01 39 | 22 37 | 23 57 | 21 45 | 10 13 | 24 50 | 08 59 |
| 24 | 12 57 | 14 34 | 05 26 | 07 46 | 03 12 | 17 39 | 07 07 | 18 01 | 01 38 | 22 38 | 23 59 | 21 58 | 10 16 | 24 50 | 09 00 |
| 25 | 13 17 | 19 25 | 05 11 | 08 14 | 02 54 | 17 43 | 07 05 | 18 01 | 01 38 | 22 38 | 24 02 | 22 11 | 10 18 | 24 50 | 09 02 |
| 26 | 13 36 | 23 30 | 04 59 | 08 42 | 02 35 | 17 46 | 07 03 | 18 02 | 01 37 | 22 38 | 24 04 | 22 23 | 10 21 | 24 50 | 09 03 |
| 27 | 13 55 | 26 32 | 04 49 | 09 10 | 02 17 | 17 50 | 07 01 | 18 03 | 01 36 | 22 38 | 24 06 | 22 35 | 10 23 | 24 49 | 09 04 |
| 28 | 14 14 | 28 14 | 04 42 | 09 37 | 01 58 | 17 53 | 06 59 | 18 04 | 01 35 | 22 38 | 24 08 | 22 47 | 10 25 | 24 49 | 09 06 |
| 29 | 14 33 | 28 23 | 04 37 | 10 04 | 01 40 | 17 57 | 06 57 | 18 05 | 01 35 | 22 38 | 24 11 | 22 59 | 10 26 | 24 49 | 09 07 |
| 30 | 14 51 | 26 54 | 04 35 | 10 32 | 01 22 | 18 01 | 06 55 | 18 06 | 01 34 | 22 38 | 24 13 | 23 11 | 10 28 | 24 48 | 09 08 |

Lunar Phases -- 2 ◑ 03:16   8 ● 18:22   15 ◐ 19:14   23 ○ 23:50   Sun enters ♉ 4/19 14:01

## 0:00 E.T. Longitudes of Main Planets - May 2024

| D | S.T. | ☉ | ☽ | ☽ 12:00 | ☿ | ♀ | ♂ | ♃ | ♄ | ♅ | ♆ | ♇ | ☊ |
|---|---|---|---|---|---|---|---|---|---|---|---|---|---|
| 1 | 14:37:40 | 11♉06 45 | 04♒57 | 11♒53 | 17♈11 | 01♉52 | 00♈16 | 24♉07 | 16♓38 | 22♉23 | 28♓56 | 02♒06 | 14♈28 |
| 2 | 14:41:36 | 12 04 59 | 18 52 | 25 56 | 17 39 | 03 06 | 01 02 | 24 21 | 16 43 | 22 27 | 28 58 | 02 06 | 14 25 |
| 3 | 14:45:33 | 13 03 12 | 03♓03 | 10♓13 | 18 11 | 04 20 | 01 49 | 24 35 | 16 49 | 22 30 | 28 59 | 02 06℞ | 14 22 |
| 4 | 14:49:29 | 14 01 23 | 17 26 | 24 42 | 18 47 | 05 34 | 02 35 | 24 49 | 16 54 | 22 34 | 29 01 | 02 06 | 14 19 |
| 5 | 14:53:26 | 14 59 33 | 02♈01 | 09♈21 | 19 26 | 06 48 | 03 21 | 25 04 | 16 59 | 22 37 | 29 03 | 02 06 | 14 15 |
| 6 | 14:57:23 | 15 57 41 | 16 42 | 24 03 | 20 10 | 08 02 | 04 07 | 25 18 | 17 04 | 22 40 | 29 05 | 02 06 | 14 12 |
| 7 | 15:01:19 | 16 55 48 | 01♉24 | 08♉43 | 20 57 | 09 16 | 04 53 | 25 32 | 17 09 | 22 44 | 29 06 | 02 06 | 14 09 |
| 8 | 15:05:16 | 17 53 53 | 15 59 | 23 13 | 21 48 | 10 30 | 05 39 | 25 46 | 17 13 | 22 47 | 29 08 | 02 06 | 14 06 |
| 9 | 15:09:12 | 18 51 56 | 00♊23 | 07♊28 | 22 42 | 11 44 | 06 25 | 26 00 | 17 18 | 22 51 | 29 09 | 02 06 | 14 03 |
| 10 | 15:13:09 | 19 49 59 | 14 28 | 21 22 | 23 39 | 12 57 | 07 11 | 26 14 | 17 23 | 22 54 | 29 11 | 02 05 | 14 00 |
| 11 | 15:17:05 | 20 47 59 | 28 11 | 04♋53 | 24 39 | 14 11 | 07 57 | 26 28 | 17 27 | 22 58 | 29 13 | 02 05 | 13 56 |
| 12 | 15:21:02 | 21 45 57 | 11♋30 | 18 00 | 25 42 | 15 25 | 08 43 | 26 42 | 17 32 | 23 01 | 29 14 | 02 05 | 13 53 |
| 13 | 15:24:58 | 22 43 54 | 24 24 | 00♌43 | 26 48 | 16 39 | 09 29 | 26 57 | 17 36 | 23 05 | 29 16 | 02 05 | 13 50 |
| 14 | 15:28:55 | 23 41 49 | 06♌57 | 13 07 | 27 56 | 17 53 | 10 15 | 27 11 | 17 41 | 23 08 | 29 17 | 02 04 | 13 47 |
| 15 | 15:32:52 | 24 39 42 | 19 12 | 25 14 | 29 08 | 19 07 | 11 01 | 27 25 | 17 45 | 23 12 | 29 19 | 02 04 | 13 44 |
| 16 | 15:36:48 | 25 37 34 | 01♍13 | 07♍09 | 00♉22 | 20 20 | 11 46 | 27 39 | 17 49 | 23 15 | 29 20 | 02 04 | 13 41 |
| 17 | 15:40:45 | 26 35 23 | 13 05 | 18 59 | 01 38 | 21 34 | 12 32 | 27 53 | 17 53 | 23 19 | 29 22 | 02 03 | 13 37 |
| 18 | 15:44:41 | 27 33 11 | 24 53 | 00♎47 | 02 57 | 22 48 | 13 18 | 28 07 | 17 57 | 23 22 | 29 23 | 02 03 | 13 34 |
| 19 | 15:48:38 | 28 30 58 | 06♎43 | 12 39 | 04 19 | 24 02 | 14 03 | 28 21 | 18 01 | 23 26 | 29 24 | 02 02 | 13 31 |
| 20 | 15:52:34 | 29 28 42 | 18 38 | 24 39 | 05 42 | 25 16 | 14 49 | 28 36 | 18 05 | 23 29 | 29 26 | 02 02 | 13 28 |
| 21 | 15:56:31 | 00♊26 26 | 00♏43 | 06♏50 | 07 09 | 26 29 | 15 35 | 28 50 | 18 09 | 23 33 | 29 27 | 02 01 | 13 25 |
| 22 | 16:00:27 | 01 24 07 | 13 00 | 19 15 | 08 37 | 27 43 | 16 20 | 29 04 | 18 12 | 23 36 | 29 28 | 02 01 | 13 21 |
| 23 | 16:04:24 | 02 21 48 | 25 32 | 01♐54 | 10 09 | 28 57 | 17 06 | 29 18 | 18 16 | 23 40 | 29 30 | 02 00 | 13 18 |
| 24 | 16:08:21 | 03 19 27 | 08♐20 | 14 49 | 11 42 | 00♊11 | 17 51 | 29 32 | 18 20 | 23 43 | 29 31 | 02 00 | 13 15 |
| 25 | 16:12:17 | 04 17 05 | 21 23 | 28 00 | 13 18 | 01 24 | 18 36 | 29 46 | 18 23 | 23 47 | 29 32 | 01 59 | 13 12 |
| 26 | 16:16:14 | 05 14 41 | 04♑40 | 11♑24 | 14 56 | 02 38 | 19 22 | 00♊00 | 18 26 | 23 50 | 29 33 | 01 59 | 13 09 |
| 27 | 16:20:10 | 06 12 17 | 18 10 | 25 00 | 16 36 | 03 52 | 20 07 | 00 15 | 18 30 | 23 53 | 29 35 | 01 58 | 13 06 |
| 28 | 16:24:07 | 07 09 52 | 01♒51 | 08♒46 | 18 19 | 05 06 | 20 52 | 00 29 | 18 33 | 23 57 | 29 36 | 01 57 | 13 02 |
| 29 | 16:28:03 | 08 07 26 | 15 42 | 22 40 | 20 04 | 06 19 | 21 37 | 00 43 | 18 36 | 24 00 | 29 37 | 01 57 | 12 59 |
| 30 | 16:32:00 | 09 04 58 | 29 40 | 06♓42 | 21 51 | 07 33 | 22 23 | 00 57 | 18 39 | 24 04 | 29 38 | 01 56 | 12 56 |
| 31 | 16:35:56 | 10 02 30 | 13♓45 | 20 50 | 23 40 | 08 47 | 23 08 | 01 11 | 18 42 | 24 07 | 29 39 | 01 55 | 12 53 |

## 0:00 E.T. Longitudes of the Major Asteroids and Chiron

| D | ⚳ | ⚴ | ⚵ | ⚶ | ⚷ |
|---|---|---|---|---|---|
| 1 | 20♑56 | 04♐25℞ | 06♍32 | 09♋57 | 20♈42 |
| 2 | 21 01 | 04 10 | 06 36 | 10 19 | 20 45 |
| 3 | 21 06 | 03 55 | 06 39 | 10 40 | 20 49 |
| 4 | 21 10 | 03 39 | 06 43 | 11 02 | 20 52 |
| 5 | 21 14 | 03 24 | 06 48 | 11 25 | 20 55 |
| 6 | 21 17 | 03 07 | 06 52 | 11 47 | 20 59 |
| 7 | 21 20 | 02 51 | 06 57 | 12 09 | 21 02 |
| 8 | 21 23 | 02 34 | 07 03 | 12 32 | 21 05 |
| 9 | 21 26 | 02 17 | 07 08 | 12 54 | 21 08 |
| 10 | 21 28 | 02 00 | 07 14 | 13 17 | 21 12 |
| 11 | 21 29 | 01 42 | 07 21 | 13 40 | 21 15 |
| 12 | 21 31 | 01 25 | 07 27 | 14 03 | 21 18 |
| 13 | 21 32 | 01 07 | 07 34 | 14 26 | 21 21 |
| 14 | 21 32 | 00 49 | 07 41 | 14 49 | 21 24 |
| 15 | 21 33 | 00 31 | 07 49 | 15 12 | 21 27 |
| 16 | 21 33℞ | 00 13 | 07 56 | 15 36 | 21 30 |
| 17 | 21 32 | 29♏55 | 08 04 | 15 59 | 21 33 |
| 18 | 21 31 | 29 37 | 08 13 | 16 23 | 21 37 |
| 19 | 21 30 | 29 19 | 08 21 | 16 46 | 21 40 |
| 20 | 21 29 | 29 01 | 08 30 | 17 10 | 21 42 |
| 21 | 21 27 | 28 42 | 08 39 | 17 34 | 21 45 |
| 22 | 21 24 | 28 24 | 08 48 | 17 58 | 21 48 |
| 23 | 21 22 | 28 06 | 08 58 | 18 22 | 21 51 |
| 24 | 21 19 | 27 48 | 09 08 | 18 46 | 21 54 |
| 25 | 21 15 | 27 30 | 09 18 | 19 10 | 21 57 |
| 26 | 21 11 | 27 13 | 09 28 | 19 34 | 22 00 |
| 27 | 21 07 | 26 55 | 09 38 | 19 58 | 22 02 |
| 28 | 21 03 | 26 38 | 09 49 | 20 22 | 22 05 |
| 29 | 20 58 | 26 20 | 10 00 | 20 47 | 22 08 |
| 30 | 20 53 | 26 03 | 10 11 | 21 11 | 22 11 |
| 31 | 20 47 | 25 46 | 10 23 | 21 36 | 22 13 |

## Lunar Data

| Last Asp. | | Ingress | | |
|---|---|---|---|---|
| 2 | 09:30 | 2 | ♓ | 18:53 |
| 4 | 19:07 | 4 | ♈ | 20:42 |
| 6 | 05:58 | 6 | ♉ | 21:43 |
| 8 | 21:57 | 8 | ♊ | 23:22 |
| 11 | 01:50 | 11 | ♋ | 03:14 |
| 13 | 09:14 | 13 | ♌ | 10:37 |
| 15 | 16:42 | 15 | ♍ | 21:34 |
| 18 | 09:10 | 18 | ♎ | 10:24 |
| 19 | 15:49 | 20 | ♏ | 22:35 |
| 23 | 07:29 | 23 | ♐ | 08:25 |
| 25 | 14:48 | 25 | ♑ | 15:37 |
| 27 | 20:03 | 27 | ♒ | 20:46 |
| 29 | 14:21 | 30 | ♓ | 00:34 |

## 0:00 E.T. Declinations

| D | ☉ | ☽ | ☿ | ♀ | ♂ | ♃ | ♄ | ♅ | ♆ | ♇ | ⚳ | ⚴ | ⚵ | ⚶ | ⚷ |
|---|---|---|---|---|---|---|---|---|---|---|---|---|---|---|---|
| 1 | +15 10 | -23 49 | +04 35 | +10 58 | -01 03 | +18 04 | -06 53 | +18 07 | -01 33 | -22 38 | -24 16 | +23 22 | +10 30 | +24 48 | +09 09 |
| 2 | 15 28 | 19 19 | 04 37 | 11 25 | 00 45 | 18 08 | 06 51 | 18 07 | 01 33 | 22 39 | 24 19 | 23 33 | 10 31 | 24 47 | 09 10 |
| 3 | 15 45 | 13 41 | 04 42 | 11 51 | 00 26 | 18 11 | 06 49 | 18 08 | 01 32 | 22 39 | 24 21 | 23 44 | 10 32 | 24 46 | 09 11 |
| 4 | 16 03 | 07 14 | 04 50 | 12 17 | 00 08 | 18 15 | 06 47 | 18 09 | 01 31 | 22 39 | 24 24 | 23 55 | 10 33 | 24 46 | 09 13 |
| 5 | 16 20 | 00 19 | 04 59 | 12 43 | +00 10 | 18 18 | 06 46 | 18 10 | 01 31 | 22 39 | 24 27 | 24 05 | 10 34 | 24 45 | 09 14 |
| 6 | 16 37 | +06 40 | 05 10 | 13 09 | 00 29 | 18 22 | 06 44 | 18 11 | 01 30 | 22 39 | 24 30 | 24 15 | 10 35 | 24 44 | 09 15 |
| 7 | 16 54 | 13 18 | 05 24 | 13 34 | 00 47 | 18 25 | 06 42 | 18 12 | 01 29 | 22 39 | 24 33 | 24 25 | 10 35 | 24 43 | 09 16 |
| 8 | 17 10 | 19 10 | 05 39 | 13 59 | 01 06 | 18 28 | 06 41 | 18 13 | 01 29 | 22 40 | 24 36 | 24 34 | 10 36 | 24 42 | 09 17 |
| 9 | 17 26 | 23 50 | 05 56 | 14 23 | 01 24 | 18 32 | 06 39 | 18 14 | 01 28 | 22 40 | 24 40 | 24 43 | 10 36 | 24 41 | 09 19 |
| 10 | 17 42 | 26 58 | 06 15 | 14 47 | 01 42 | 18 35 | 06 37 | 18 15 | 01 28 | 22 40 | 24 43 | 24 52 | 10 36 | 24 40 | 09 20 |
| 11 | 17 57 | 28 23 | 06 35 | 15 11 | 02 00 | 18 39 | 06 36 | 18 15 | 01 27 | 22 40 | 24 46 | 25 00 | 10 36 | 24 38 | 09 21 |
| 12 | 18 12 | 28 06 | 06 57 | 15 34 | 02 19 | 18 42 | 06 34 | 18 16 | 01 26 | 22 41 | 24 50 | 25 09 | 10 35 | 24 37 | 09 22 |
| 13 | 18 27 | 26 17 | 07 21 | 15 57 | 02 37 | 18 45 | 06 33 | 18 17 | 01 26 | 22 41 | 24 53 | 25 17 | 10 35 | 24 36 | 09 23 |
| 14 | 18 42 | 23 11 | 07 46 | 16 20 | 02 55 | 18 49 | 06 31 | 18 18 | 01 25 | 22 41 | 24 57 | 25 24 | 10 35 | 24 34 | 09 24 |
| 15 | 18 56 | 19 09 | 08 12 | 16 42 | 03 13 | 18 52 | 06 30 | 18 19 | 01 25 | 22 41 | 25 01 | 25 31 | 10 34 | 24 32 | 09 26 |
| 16 | 19 10 | 14 24 | 08 39 | 17 04 | 03 31 | 18 55 | 06 28 | 18 20 | 01 24 | 22 41 | 25 04 | 25 38 | 10 33 | 24 31 | 09 27 |
| 17 | 19 24 | 09 11 | 09 08 | 17 25 | 03 49 | 18 58 | 06 27 | 18 21 | 01 24 | 22 42 | 25 08 | 25 45 | 10 32 | 24 29 | 09 28 |
| 18 | 19 37 | 03 40 | 09 38 | 17 46 | 04 07 | 19 02 | 06 25 | 18 22 | 01 23 | 22 42 | 25 12 | 25 51 | 10 31 | 24 27 | 09 29 |
| 19 | 19 50 | -01 59 | 10 08 | 18 06 | 04 25 | 19 05 | 06 24 | 18 23 | 01 23 | 22 42 | 25 16 | 25 57 | 10 30 | 24 25 | 09 30 |
| 20 | 20 02 | 07 36 | 10 40 | 18 26 | 04 42 | 19 08 | 06 23 | 18 23 | 01 22 | 22 43 | 25 21 | 26 03 | 10 29 | 24 23 | 09 31 |
| 21 | 20 15 | 13 02 | 11 13 | 18 46 | 05 00 | 19 11 | 06 21 | 18 24 | 01 22 | 22 43 | 25 25 | 26 08 | 10 27 | 24 21 | 09 32 |
| 22 | 20 26 | 18 03 | 11 46 | 19 05 | 05 18 | 19 14 | 06 20 | 18 25 | 01 21 | 22 43 | 25 29 | 26 13 | 10 25 | 24 19 | 09 33 |
| 23 | 20 38 | 22 24 | 12 20 | 19 23 | 05 36 | 19 17 | 06 19 | 18 26 | 01 21 | 22 43 | 25 33 | 26 17 | 10 24 | 24 16 | 09 34 |
| 24 | 20 49 | 25 46 | 12 55 | 19 41 | 05 53 | 19 21 | 06 18 | 18 27 | 01 20 | 22 44 | 25 38 | 26 21 | 10 22 | 24 14 | 09 35 |
| 25 | 21 00 | 27 51 | 13 31 | 19 59 | 06 11 | 19 24 | 06 17 | 18 28 | 01 20 | 22 44 | 25 42 | 26 25 | 10 20 | 24 12 | 09 36 |
| 26 | 21 10 | 28 23 | 14 06 | 20 16 | 06 28 | 19 27 | 06 16 | 18 29 | 01 19 | 22 44 | 25 47 | 26 29 | 10 18 | 24 09 | 09 37 |
| 27 | 21 21 | 27 15 | 14 43 | 20 32 | 06 45 | 19 30 | 06 14 | 18 29 | 01 19 | 22 45 | 25 52 | 26 32 | 10 16 | 24 06 | 09 38 |
| 28 | 21 30 | 24 30 | 15 19 | 20 48 | 07 02 | 19 33 | 06 13 | 18 30 | 01 19 | 22 45 | 25 56 | 26 34 | 10 13 | 24 04 | 09 39 |
| 29 | 21 40 | 20 18 | 15 56 | 21 03 | 07 20 | 19 36 | 06 12 | 18 31 | 01 18 | 22 45 | 26 01 | 26 37 | 10 11 | 24 01 | 09 40 |
| 30 | 21 49 | 14 57 | 16 33 | 21 18 | 07 37 | 19 39 | 06 11 | 18 32 | 01 18 | 22 45 | 26 06 | 26 39 | 10 08 | 23 58 | 09 41 |
| 31 | 21 57 | 08 47 | 17 09 | 21 32 | 07 54 | 19 42 | 06 11 | 18 33 | 01 17 | 22 46 | 26 11 | 26 41 | 10 06 | 23 55 | 09 42 |

Lunar Phases -- 1 ◑ 11:28  8 ● 03:23  15 ◐ 11:49  23 ○ 13:54  30 ◑ 17:14  Sun enters ♊ 5/20 13:01

| D | S.T. | ☉ | ☽ | ☽ 12:00 | ☿ | ♀ | ♂ | ♃ | ♄ | ♅ | ♆ | ♇ | ☊ |
|---|------|----|----|---------|----|----|----|----|----|----|----|----|----|
| 1 | 16:39:53 | 11♊00 02 | 27♓56 | 05♈03 | 25♉32 | 10♊01 | 23♈53 | 01♊25 | 18♓45 | 24♉10 | 29♓40 | 01♒55℞ | 12♈50 |
| 2 | 16:43:50 | 11 57 32 | 12♈11 | 19 19 | 27 26 | 11 14 | 24 38 | 01 39 | 18 48 | 24 14 | 29 41 | 01 54 | 12 46 |
| 3 | 16:47:46 | 12 55 02 | 26 28 | 03♉36 | 29 23 | 12 28 | 25 23 | 01 53 | 18 50 | 24 17 | 29 42 | 01 53 | 12 43 |
| 4 | 16:51:43 | 13 52 31 | 10♉44 | 17 51 | 01♊21 | 13 42 | 26 08 | 02 07 | 18 53 | 24 20 | 29 43 | 01 52 | 12 40 |
| 5 | 16:55:39 | 14 49 59 | 24 56 | 01♊59 | 03 21 | 14 56 | 26 53 | 02 21 | 18 55 | 24 24 | 29 44 | 01 51 | 12 37 |
| 6 | 16:59:36 | 15 47 26 | 08♊59 | 15 55 | 05 24 | 16 09 | 27 37 | 02 35 | 18 58 | 24 27 | 29 45 | 01 50 | 12 34 |
| 7 | 17:03:32 | 16 44 53 | 22 48 | 29 36 | 07 28 | 17 23 | 28 22 | 02 49 | 19 00 | 24 30 | 29 45 | 01 50 | 12 31 |
| 8 | 17:07:29 | 17 42 19 | 06♋20 | 12♋58 | 09 34 | 18 37 | 29 07 | 03 03 | 19 02 | 24 34 | 29 46 | 01 49 | 12 27 |
| 9 | 17:11:25 | 18 39 44 | 19 32 | 26 00 | 11 42 | 19 51 | 29 51 | 03 17 | 19 04 | 24 37 | 29 47 | 01 48 | 12 24 |
| 10 | 17:15:22 | 19 37 07 | 02♌23 | 08♌41 | 13 51 | 21 04 | 00♉36 | 03 30 | 19 06 | 24 40 | 29 48 | 01 47 | 12 21 |
| 11 | 17:19:19 | 20 34 30 | 14 55 | 21 04 | 16 01 | 22 18 | 01 21 | 03 44 | 19 08 | 24 43 | 29 48 | 01 46 | 12 18 |
| 12 | 17:23:15 | 21 31 52 | 27 09 | 03♍12 | 18 12 | 23 32 | 02 05 | 03 58 | 19 10 | 24 47 | 29 49 | 01 45 | 12 15 |
| 13 | 17:27:12 | 22 29 13 | 09♍10 | 15 07 | 20 23 | 24 46 | 02 49 | 04 12 | 19 12 | 24 50 | 29 50 | 01 44 | 12 12 |
| 14 | 17:31:08 | 23 26 32 | 21 02 | 26 56 | 22 35 | 25 59 | 03 34 | 04 25 | 19 13 | 24 53 | 29 50 | 01 43 | 12 08 |
| 15 | 17:35:05 | 24 23 51 | 02♎51 | 08♎45 | 24 47 | 27 13 | 04 18 | 04 39 | 19 15 | 24 56 | 29 51 | 01 42 | 12 05 |
| 16 | 17:39:01 | 25 21 09 | 14 41 | 20 39 | 26 59 | 28 27 | 05 02 | 04 53 | 19 16 | 24 59 | 29 52 | 01 41 | 12 02 |
| 17 | 17:42:58 | 26 18 26 | 26 39 | 02♏42 | 29 10 | 29 40 | 05 46 | 05 06 | 19 18 | 25 02 | 29 52 | 01 40 | 11 59 |
| 18 | 17:46:54 | 27 15 43 | 08♏49 | 15 00 | 01♋21 | 00♋54 | 06 30 | 05 20 | 19 19 | 25 05 | 29 53 | 01 38 | 11 56 |
| 19 | 17:50:51 | 28 12 58 | 21 15 | 27 35 | 03 31 | 02 08 | 07 14 | 05 34 | 19 20 | 25 08 | 29 53 | 01 37 | 11 52 |
| 20 | 17:54:48 | 29 10 13 | 04♐00 | 10♐29 | 05 39 | 03 22 | 07 58 | 05 47 | 19 21 | 25 12 | 29 53 | 01 36 | 11 49 |
| 21 | 17:58:44 | 00♋07 28 | 17 04 | 23 44 | 07 46 | 04 35 | 08 42 | 06 01 | 19 22 | 25 15 | 29 54 | 01 35 | 11 46 |
| 22 | 18:02:41 | 01 04 42 | 00♑28 | 07♑17 | 09 52 | 05 49 | 09 26 | 06 14 | 19 23 | 25 18 | 29 54 | 01 34 | 11 43 |
| 23 | 18:06:37 | 02 01 55 | 14 10 | 21 06 | 11 56 | 07 03 | 10 10 | 06 27 | 19 23 | 25 20 | 29 54 | 01 33 | 11 40 |
| 24 | 18:10:34 | 02 59 08 | 28 06 | 05♒07 | 13 58 | 08 16 | 10 54 | 06 41 | 19 24 | 25 23 | 29 55 | 01 31 | 11 37 |
| 25 | 18:14:30 | 03 56 21 | 12♒11 | 19 16 | 15 58 | 09 30 | 11 37 | 06 54 | 19 25 | 25 26 | 29 55 | 01 30 | 11 33 |
| 26 | 18:18:27 | 04 53 34 | 26 22 | 03♓28 | 17 57 | 10 44 | 12 21 | 07 07 | 19 25 | 25 29 | 29 55 | 01 29 | 11 30 |
| 27 | 18:22:23 | 05 50 47 | 10♓34 | 17 40 | 19 53 | 11 58 | 13 04 | 07 21 | 19 25 | 25 32 | 29 55 | 01 28 | 11 27 |
| 28 | 18:26:20 | 06 47 59 | 24 40 | 01♈50 | 21 48 | 13 11 | 13 48 | 07 34 | 19 26 | 25 35 | 29 56 | 01 27 | 11 24 |
| 29 | 18:30:17 | 07 45 12 | 08♈54 | 15 57 | 23 40 | 14 25 | 14 31 | 07 47 | 19 26 | 25 38 | 29 56 | 01 25 | 11 21 |
| 30 | 18:34:13 | 08 42 25 | 22 59 | 29 59 | 25 30 | 15 39 | 15 14 | 08 00 | 19 26℞ | 25 40 | 29 56 | 01 24 | 11 18 |

## 0:00 E.T. — Longitudes of the Major Asteroids and Chiron — Lunar Data

| D | ⚳ Ceres | ⚴ Pallas | ⚵ Juno | ⚶ Vesta | ⚷ Chiron | D | ⚳ Ceres | ⚴ Pallas | ⚵ Juno | ⚶ Vesta | ⚷ Chiron |
|---|---------|----------|--------|---------|----------|---|---------|----------|--------|---------|----------|
| 1 | 20♑41℞ | 25♏30℞ | 10♍34 | 22♋01 | 22♈16 | 16 | 18 34 | 22 00 | 13 52 | 28 19 | 22 50 |
| 2 | 20 35 | 25 13 | 10 46 | 22 25 | 22 18 | 17 | 18 23 | 21 49 | 14 07 | 28 45 | 22 52 |
| 3 | 20 29 | 24 57 | 10 58 | 22 50 | 22 21 | 18 | 18 12 | 21 39 | 14 22 | 29 10 | 22 54 |
| 4 | 20 22 | 24 42 | 11 11 | 23 15 | 22 23 | 19 | 18 01 | 21 29 | 14 36 | 29 36 | 22 56 |
| 5 | 20 14 | 24 26 | 11 23 | 23 40 | 22 26 | 20 | 17 49 | 21 19 | 14 52 | 00♌02 | 22 58 |
| 6 | 20 07 | 24 11 | 11 36 | 24 05 | 22 28 | 21 | 17 37 | 21 10 | 15 07 | 00 28 | 23 00 |
| 7 | 19 59 | 23 56 | 11 48 | 24 30 | 22 31 | 22 | 17 26 | 21 02 | 15 22 | 00 54 | 23 01 |
| 8 | 19 50 | 23 42 | 12 02 | 24 55 | 22 33 | 23 | 17 14 | 20 53 | 15 38 | 01 20 | 23 03 |
| 9 | 19 42 | 23 27 | 12 15 | 25 21 | 22 35 | 24 | 17 01 | 20 46 | 15 53 | 01 46 | 23 05 |
| 10 | 19 33 | 23 14 | 12 28 | 25 46 | 22 38 | 25 | 16 49 | 20 39 | 16 09 | 02 12 | 23 06 |
| 11 | 19 24 | 23 00 | 12 42 | 26 11 | 22 40 | 26 | 16 36 | 20 32 | 16 25 | 02 38 | 23 08 |
| 12 | 19 14 | 22 47 | 12 55 | 26 37 | 22 42 | 27 | 16 24 | 20 26 | 16 41 | 03 05 | 23 09 |
| 13 | 19 05 | 22 35 | 13 09 | 27 02 | 22 44 | 28 | 16 11 | 20 20 | 16 57 | 03 31 | 23 11 |
| 14 | 18 55 | 22 23 | 13 24 | 27 28 | 22 46 | 29 | 15 58 | 20 14 | 17 13 | 03 57 | 23 12 |
| 15 | 18 44 | 22 11 | 13 38 | 27 53 | 22 48 | 30 | 15 45 | 20 10 | 17 30 | 04 24 | 23 14 |

### Lunar Data

| Last Asp. | Ingress |
|-----------|---------|
| 1 02:56 | 1 ♈ 03:29 |
| 2 22:05 | 3 ♉ 05:56 |
| 5 08:10 | 5 ♊ 08:37 |
| 7 12:17 | 7 ♋ 12:42 |
| 9 19:07 | 9 ♌ 19:30 |
| 11 19:17 | 12 ♍ 05:40 |
| 14 17:55 | 14 ♎ 18:13 |
| 17 06:06 | 17 ♏ 06:39 |
| 19 16:20 | 19 ♐ 16:33 |
| 21 22:59 | 21 ♑ 23:10 |
| 24 03:07 | 24 ♒ 03:15 |
| 25 22:31 | 26 ♓ 06:09 |
| 28 08:46 | 28 ♈ 08:53 |
| 30 04:58 | 30 ♉ 12:02 |

## 0:00 E.T. — Declinations

| D | ☉ | ☽ | ☿ | ♀ | ♂ | ♃ | ♄ | ♅ | ♆ | ♇ | ⚳ | ⚴ | ⚵ | ⚶ | ⚷ |
|---|----|----|----|----|----|----|----|----|----|----|----|----|----|----|----|
| 1 | +22 06 | -02 08 | +17 46 | +21 45 | +08 11 | +19 45 | -06 10 | +18 34 | -01 17 | -22 46 | -26 16 | +26 42 | +10 03 | +23 52 | +09 43 |
| 2 | 22 13 | +04 39 | 18 22 | 21 58 | 08 27 | 19 47 | 06 09 | 18 34 | 01 17 | 22 46 | 26 21 | 26 43 | 10 00 | 23 49 | 09 44 |
| 3 | 22 21 | 11 14 | 18 58 | 22 10 | 08 44 | 19 50 | 06 08 | 18 35 | 01 16 | 22 47 | 26 26 | 26 44 | 09 57 | 23 46 | 09 45 |
| 4 | 22 28 | 17 13 | 19 33 | 22 22 | 09 01 | 19 53 | 06 07 | 18 36 | 01 16 | 22 47 | 26 31 | 26 44 | 09 54 | 23 42 | 09 46 |
| 5 | 22 35 | 22 14 | 20 07 | 22 33 | 09 17 | 19 56 | 06 06 | 18 37 | 01 16 | 22 47 | 26 36 | 26 44 | 09 51 | 23 39 | 09 47 |
| 6 | 22 41 | 25 55 | 20 40 | 22 43 | 09 34 | 19 59 | 06 05 | 18 38 | 01 15 | 22 48 | 26 41 | 26 44 | 09 48 | 23 36 | 09 48 |
| 7 | 22 47 | 27 58 | 21 12 | 22 52 | 09 50 | 20 01 | 06 05 | 18 39 | 01 15 | 22 48 | 26 47 | 26 43 | 09 44 | 23 32 | 09 49 |
| 8 | 22 52 | 28 18 | 21 42 | 23 01 | 10 06 | 20 04 | 06 04 | 18 39 | 01 15 | 22 49 | 26 52 | 26 42 | 09 41 | 23 28 | 09 50 |
| 9 | 22 57 | 27 00 | 22 11 | 23 10 | 10 22 | 20 07 | 06 04 | 18 40 | 01 15 | 22 49 | 26 57 | 26 41 | 09 37 | 23 25 | 09 50 |
| 10 | 23 02 | 24 17 | 22 38 | 23 17 | 10 38 | 20 10 | 06 03 | 18 41 | 01 14 | 22 49 | 27 02 | 26 39 | 09 34 | 23 21 | 09 51 |
| 11 | 23 06 | 20 29 | 23 03 | 23 24 | 10 54 | 20 15 | 06 03 | 18 42 | 01 14 | 22 50 | 27 08 | 26 37 | 09 30 | 23 17 | 09 52 |
| 12 | 23 10 | 15 53 | 23 26 | 23 31 | 11 10 | 20 15 | 06 02 | 18 43 | 01 14 | 22 50 | 27 13 | 26 35 | 09 26 | 23 13 | 09 53 |
| 13 | 23 14 | 10 45 | 23 47 | 23 36 | 11 25 | 20 17 | 06 02 | 18 43 | 01 14 | 22 50 | 27 19 | 26 32 | 09 22 | 23 09 | 09 54 |
| 14 | 23 17 | 05 18 | 24 05 | 23 41 | 11 41 | 20 20 | 06 01 | 18 44 | 01 13 | 22 51 | 27 24 | 26 29 | 09 18 | 23 05 | 09 54 |
| 15 | 23 19 | -00 19 | 24 20 | 23 45 | 11 56 | 20 22 | 06 01 | 18 45 | 01 13 | 22 51 | 27 29 | 26 26 | 09 14 | 23 00 | 09 55 |
| 16 | 23 21 | 05 56 | 24 32 | 23 49 | 12 11 | 20 25 | 06 01 | 18 46 | 01 13 | 22 51 | 27 35 | 26 23 | 09 10 | 22 56 | 09 56 |
| 17 | 23 23 | 11 24 | 24 42 | 23 52 | 12 26 | 20 27 | 06 00 | 18 46 | 01 13 | 22 52 | 27 40 | 26 19 | 09 06 | 22 52 | 09 57 |
| 18 | 23 25 | 16 32 | 24 49 | 23 54 | 12 41 | 20 30 | 06 00 | 18 47 | 01 13 | 22 52 | 27 46 | 26 15 | 09 01 | 22 47 | 09 57 |
| 19 | 23 26 | 21 06 | 24 53 | 23 55 | 12 56 | 20 32 | 06 00 | 18 48 | 01 13 | 22 53 | 27 51 | 26 10 | 08 57 | 22 43 | 09 58 |
| 20 | 23 26 | 24 49 | 24 54 | 23 56 | 13 11 | 20 35 | 06 00 | 18 49 | 01 12 | 22 53 | 27 56 | 26 06 | 08 53 | 22 38 | 09 59 |
| 21 | 23 26 | 27 20 | 24 53 | 23 56 | 13 25 | 20 37 | 06 00 | 18 49 | 01 12 | 22 53 | 28 02 | 26 01 | 08 48 | 22 33 | 09 59 |
| 22 | 23 26 | 28 21 | 24 49 | 23 55 | 13 39 | 20 39 | 06 00 | 18 50 | 01 12 | 22 54 | 28 07 | 25 56 | 08 43 | 22 28 | 10 00 |
| 23 | 23 25 | 27 40 | 24 42 | 23 54 | 13 54 | 20 42 | 06 00 | 18 51 | 01 12 | 22 54 | 28 12 | 25 50 | 08 39 | 22 24 | 10 01 |
| 24 | 23 24 | 25 16 | 24 33 | 23 52 | 14 08 | 20 44 | 06 00 | 18 52 | 01 12 | 22 55 | 28 17 | 25 45 | 08 34 | 22 19 | 10 01 |
| 25 | 23 23 | 21 18 | 24 22 | 23 49 | 14 22 | 20 46 | 06 00 | 18 52 | 01 12 | 22 55 | 28 23 | 25 39 | 08 29 | 22 14 | 10 02 |
| 26 | 23 21 | 16 06 | 24 08 | 23 45 | 14 36 | 20 48 | 06 00 | 18 53 | 01 12 | 22 55 | 28 28 | 25 33 | 08 24 | 22 08 | 10 02 |
| 27 | 23 19 | 10 01 | 23 52 | 23 41 | 14 49 | 20 51 | 06 00 | 18 53 | 01 12 | 22 56 | 28 33 | 25 26 | 08 19 | 22 03 | 10 03 |
| 28 | 23 16 | +03 19 | 23 34 | 23 36 | 15 03 | 20 53 | 06 00 | 18 54 | 01 12 | 22 56 | 28 38 | 25 20 | 08 14 | 21 58 | 10 03 |
| 29 | 23 13 | +06 38 | 23 15 | 23 31 | 15 16 | 20 55 | 06 00 | 18 55 | 01 12 | 22 57 | 28 43 | 25 13 | 08 09 | 21 53 | 10 03 |
| 30 | 23 09 | 09 52 | 22 54 | 23 24 | 15 29 | 20 57 | 06 00 | 18 55 | 01 12 | 22 57 | 28 48 | 25 06 | 08 04 | 21 47 | 10 04 |

Lunar Phases -- 6 ● 12:39   14 ◐ 05:20   22 ○ 01:09   28 ◑ 21:55        Sun enters ♋ 6/20 20:52

# 0:00 E.T. Longitudes of Main Planets - July 2024 

| D | S.T. | ☉ | ☽ | ☽ 12:00 | ☿ | ♀ | ♂ | ♃ | ♄ | ♅ | ♆ | ♇ | ☊ |
|---|---|---|---|---|---|---|---|---|---|---|---|---|---|
| 1 | 18:38:10 | 09♋39 38 | 06♉58 | 13♉56 | 27♋18 | 16♋52 | 15♉58 | 08♊13 | 19♓26℞ | 25♉43 | 29♓56 | 01♒23℞ | 11♈14 |
| 2 | 18:42:06 | 10 36 51 | 20 53 | 27 47 | 29 04 | 18 06 | 16 41 | 08 26 | 19 25 | 25 46 | 29 56 | 01 21 | 11 11 |
| 3 | 18:46:03 | 11 34 05 | 04♊40 | 11♊30 | 00♌48 | 19 20 | 17 24 | 08 39 | 19 25 | 25 49 | 29 56℞ | 01 20 | 11 08 |
| 4 | 18:49:59 | 12 31 18 | 18 18 | 25 03 | 02 30 | 20 34 | 18 07 | 08 52 | 19 25 | 25 51 | 29 56 | 01 19 | 11 05 |
| 5 | 18:53:56 | 13 28 32 | 01♋44 | 08♋22 | 04 09 | 21 47 | 18 50 | 09 05 | 19 24 | 25 54 | 29 56 | 01 17 | 11 02 |
| 6 | 18:57:52 | 14 25 46 | 14 57 | 21 27 | 05 47 | 23 01 | 19 33 | 09 17 | 19 24 | 25 56 | 29 56 | 01 16 | 10 58 |
| 7 | 19:01:49 | 15 22 59 | 27 54 | 04♌16 | 07 22 | 24 15 | 20 15 | 09 30 | 19 23 | 25 59 | 29 56 | 01 15 | 10 55 |
| 8 | 19:05:45 | 16 20 13 | 10♌34 | 16 48 | 08 55 | 25 29 | 20 58 | 09 43 | 19 22 | 26 02 | 29 55 | 01 13 | 10 52 |
| 9 | 19:09:42 | 17 17 27 | 22 58 | 29 05 | 10 26 | 26 42 | 21 41 | 09 55 | 19 21 | 26 04 | 29 55 | 01 12 | 10 49 |
| 10 | 19:13:39 | 18 14 40 | 05♍08 | 11♍09 | 11 55 | 27 56 | 22 23 | 10 08 | 19 21 | 26 06 | 29 55 | 01 11 | 10 46 |
| 11 | 19:17:35 | 19 11 54 | 17 07 | 23 03 | 13 22 | 29 10 | 23 06 | 10 20 | 19 19 | 26 09 | 29 55 | 01 09 | 10 43 |
| 12 | 19:21:32 | 20 09 07 | 28 57 | 04♎51 | 14 46 | 00♌24 | 23 48 | 10 33 | 19 18 | 26 11 | 29 54 | 01 08 | 10 39 |
| 13 | 19:25:28 | 21 06 21 | 10♎45 | 16 40 | 16 08 | 01 37 | 24 30 | 10 45 | 19 17 | 26 14 | 29 54 | 01 07 | 10 36 |
| 14 | 19:29:25 | 22 03 34 | 22 35 | 28 33 | 17 28 | 02 51 | 25 13 | 10 57 | 19 16 | 26 16 | 29 54 | 01 05 | 10 33 |
| 15 | 19:33:21 | 23 00 48 | 04♏34 | 10♏37 | 18 45 | 04 05 | 25 55 | 11 09 | 19 14 | 26 18 | 29 53 | 01 04 | 10 30 |
| 16 | 19:37:18 | 23 58 01 | 16 45 | 22 57 | 20 00 | 05 18 | 26 37 | 11 21 | 19 13 | 26 20 | 29 53 | 01 02 | 10 27 |
| 17 | 19:41:14 | 24 55 15 | 29 15 | 05♐37 | 21 13 | 06 32 | 27 19 | 11 33 | 19 11 | 26 23 | 29 52 | 01 01 | 10 24 |
| 18 | 19:45:11 | 25 52 29 | 12♐06 | 18 40 | 22 23 | 07 46 | 28 01 | 11 45 | 19 09 | 26 25 | 29 52 | 00 59 | 10 20 |
| 19 | 19:49:08 | 26 49 43 | 25 21 | 02♑08 | 23 31 | 09 00 | 28 42 | 11 57 | 19 08 | 26 27 | 29 52 | 00 58 | 10 17 |
| 20 | 19:53:04 | 27 46 58 | 09♑00 | 15 59 | 24 35 | 10 13 | 29 24 | 12 09 | 19 06 | 26 29 | 29 51 | 00 57 | 10 14 |
| 21 | 19:57:01 | 28 44 13 | 23 02 | 00♒09 | 25 38 | 11 27 | 00♊06 | 12 21 | 19 04 | 26 31 | 29 50 | 00 55 | 10 11 |
| 22 | 20:00:57 | 29 41 28 | 07♒21 | 14 35 | 26 37 | 12 41 | 00 47 | 12 32 | 19 02 | 26 33 | 29 50 | 00 54 | 10 08 |
| 23 | 20:04:54 | 00♌38 44 | 21 51 | 29 09 | 27 33 | 13 54 | 01 29 | 12 44 | 18 59 | 26 35 | 29 49 | 00 52 | 10 04 |
| 24 | 20:08:50 | 01 36 00 | 06♓27 | 13♓44 | 28 26 | 15 08 | 02 10 | 12 55 | 18 57 | 26 37 | 29 49 | 00 51 | 10 01 |
| 25 | 20:12:47 | 02 33 18 | 21 01 | 28 16 | 29 16 | 16 22 | 02 51 | 13 07 | 18 55 | 26 39 | 29 48 | 00 50 | 09 58 |
| 26 | 20:16:43 | 03 30 36 | 05♈28 | 12♈38 | 00♍02 | 17 36 | 03 32 | 13 18 | 18 52 | 26 40 | 29 47 | 00 48 | 09 55 |
| 27 | 20:20:40 | 04 27 55 | 19 46 | 26 50 | 00 45 | 18 49 | 04 13 | 13 29 | 18 50 | 26 42 | 29 46 | 00 47 | 09 52 |
| 28 | 20:24:37 | 05 25 15 | 03♉52 | 10♉50 | 01 25 | 20 03 | 04 54 | 13 40 | 18 47 | 26 44 | 29 46 | 00 45 | 09 49 |
| 29 | 20:28:33 | 06 22 36 | 17 45 | 24 37 | 02 00 | 21 17 | 05 35 | 13 51 | 18 44 | 26 46 | 29 45 | 00 44 | 09 45 |
| 30 | 20:32:30 | 07 19 58 | 01♊26 | 08♊11 | 02 32 | 22 30 | 06 16 | 14 02 | 18 42 | 26 47 | 29 44 | 00 42 | 09 42 |
| 31 | 20:36:26 | 08 17 22 | 14 54 | 21 34 | 02 59 | 23 44 | 06 57 | 14 13 | 18 39 | 26 49 | 29 43 | 00 41 | 09 39 |

# 0:00 E.T. Longitudes of the Major Asteroids and Chiron

| D | ⚳ | ⚴ | ⚵ | ⚶ | ⚷ |
|---|---|---|---|---|---|
| 1 | 15♑32℞ | 20♏05℞ | 17♍46 | 04♌50 | 23♈15 |
| 2 | 15 19 | 20 01 | 18 03 | 05 16 | 23 16 |
| 3 | 15 06 | 19 58 | 18 20 | 05 43 | 23 18 |
| 4 | 14 53 | 19 55 | 18 37 | 06 10 | 23 19 |
| 5 | 14 39 | 19 52 | 18 54 | 06 36 | 23 20 |
| 6 | 14 26 | 19 50 | 19 11 | 07 03 | 23 21 |
| 7 | 14 13 | 19 49 | 19 28 | 07 30 | 23 22 |
| 8 | 14 00 | 19 47 | 19 45 | 07 56 | 23 23 |
| 9 | 13 46 | 19 47 | 20 03 | 08 23 | 23 24 |
| 10 | 13 33 | 19 46 | 20 20 | 08 50 | 23 25 |
| 11 | 13 20 | 19 47D | 20 38 | 09 17 | 23 26 |
| 12 | 13 07 | 19 47 | 20 56 | 09 44 | 23 27 |
| 13 | 12 54 | 19 48 | 21 14 | 10 11 | 23 27 |
| 14 | 12 41 | 19 50 | 21 32 | 10 38 | 23 28 |
| 15 | 12 29 | 19 52 | 21 50 | 11 05 | 23 29 |
| 16 | 12 16 | 19 54 | 22 08 | 11 32 | 23 29 |
| 17 | 12 04 | 19 57 | 22 26 | 11 59 | 23 30 |
| 18 | 11 52 | 20 00 | 22 44 | 12 26 | 23 30 |
| 19 | 11 40 | 20 03 | 23 03 | 12 53 | 23 31 |
| 20 | 11 28 | 20 07 | 23 21 | 13 21 | 23 31 |
| 21 | 11 16 | 20 11 | 23 40 | 13 48 | 23 31 |
| 22 | 11 05 | 20 16 | 23 58 | 14 15 | 23 32 |
| 23 | 10 53 | 20 21 | 24 17 | 14 42 | 23 32 |
| 24 | 10 42 | 20 27 | 24 36 | 15 10 | 23 32 |
| 25 | 10 31 | 20 32 | 24 55 | 15 37 | 23 32 |
| 26 | 10 21 | 20 39 | 25 14 | 16 05 | 23 32 |
| 27 | 10 11 | 20 45 | 25 33 | 16 32 | 23 32℞ |
| 28 | 10 00 | 20 52 | 25 52 | 17 00 | 23 32 |
| 29 | 09 51 | 20 59 | 26 11 | 17 27 | 23 32 |
| 30 | 09 41 | 21 07 | 26 30 | 17 55 | 23 32 |
| 31 | 09 32 | 21 15 | 26 49 | 18 22 | 23 32 |

# Lunar Data

| Last Asp. | | Ingress | | |
|---|---|---|---|---|
| 2 | 15:44 | 2 | ♊ | 15:51 |
| 4 | 20:45 | 4 | ♋ | 20:53 |
| 7 | 03:49 | 7 | ♌ | 03:57 |
| 9 | 06:05 | 9 | ♍ | 13:49 |
| 12 | 01:56 | 12 | ♎ | 02:07 |
| 13 | 22:50 | 14 | ♏ | 14:54 |
| 17 | 01:12 | 17 | ♐ | 01:26 |
| 19 | 07:59 | 19 | ♑ | 08:15 |
| 21 | 11:28 | 21 | ♒ | 11:44 |
| 23 | 09:59 | 23 | ♓ | 13:24 |
| 25 | 14:32 | 25 | ♈ | 14:53 |
| 26 | 22:16 | 27 | ♉ | 17:24 |
| 29 | 21:01 | 29 | ♊ | 21:29 |

# 0:00 E.T. Declinations

| D | ☉ | ☽ | ☿ | ♀ | ♂ | ♃ | ♄ | ♅ | ♆ | ♇ | ⚳ | ⚴ | ⚵ | ⚶ | ⚷ |
|---|---|---|---|---|---|---|---|---|---|---|---|---|---|---|---|
| 1 | +23 05 | +15 53 | +22 31 | +23 17 | +15 42 | +20 59 | -06 01 | +18 56 | -01 12 | -22 57 | -28 53 | +24 59 | +07 58 | +21 41 | +10 05 |
| 2 | 23 01 | 21 03 | 22 07 | 23 09 | 15 55 | 21 01 | 06 01 | 18 57 | 01 12 | 22 58 | 28 58 | 24 51 | 07 53 | 21 36 | 10 05 |
| 3 | 22 56 | 25 02 | 21 41 | 23 01 | 16 08 | 21 03 | 06 01 | 18 57 | 01 12 | 22 58 | 29 02 | 24 44 | 07 48 | 21 30 | 10 06 |
| 4 | 22 51 | 27 31 | 21 14 | 22 52 | 16 20 | 21 05 | 06 02 | 18 58 | 01 12 | 22 59 | 29 07 | 24 36 | 07 42 | 21 24 | 10 06 |
| 5 | 22 45 | 28 22 | 20 47 | 22 42 | 16 33 | 21 07 | 06 02 | 18 59 | 01 12 | 22 59 | 29 12 | 24 28 | 07 37 | 21 18 | 10 07 |
| 6 | 22 39 | 27 34 | 20 18 | 22 32 | 16 45 | 21 09 | 06 02 | 18 59 | 01 12 | 23 00 | 29 16 | 24 20 | 07 31 | 21 13 | 10 07 |
| 7 | 22 33 | 25 16 | 19 48 | 22 21 | 16 57 | 21 11 | 06 03 | 19 00 | 01 12 | 23 00 | 29 20 | 24 12 | 07 26 | 21 07 | 10 07 |
| 8 | 22 26 | 21 46 | 19 18 | 22 09 | 17 09 | 21 13 | 06 03 | 19 00 | 01 13 | 23 00 | 29 25 | 24 03 | 07 20 | 21 00 | 10 08 |
| 9 | 22 19 | 17 21 | 18 47 | 21 56 | 17 21 | 21 15 | 06 04 | 19 01 | 01 13 | 23 01 | 29 29 | 23 54 | 07 14 | 20 54 | 10 08 |
| 10 | 22 12 | 12 19 | 18 16 | 21 43 | 17 32 | 21 17 | 06 05 | 19 02 | 01 13 | 23 01 | 29 33 | 23 46 | 07 08 | 20 48 | 10 08 |
| 11 | 22 04 | 06 55 | 17 44 | 21 30 | 17 44 | 21 19 | 06 05 | 19 02 | 01 13 | 23 02 | 29 37 | 23 37 | 07 02 | 20 42 | 10 09 |
| 12 | 21 56 | 01 19 | 17 12 | 21 16 | 17 55 | 21 21 | 06 06 | 19 03 | 01 13 | 23 02 | 29 41 | 23 28 | 06 57 | 20 35 | 10 09 |
| 13 | 21 47 | -04 19 | 16 39 | 21 01 | 18 06 | 21 22 | 06 07 | 19 03 | 01 13 | 23 02 | 29 45 | 23 18 | 06 51 | 20 29 | 10 09 |
| 14 | 21 38 | 09 49 | 16 07 | 20 45 | 18 17 | 21 24 | 06 07 | 19 04 | 01 13 | 23 03 | 29 48 | 23 09 | 06 45 | 20 22 | 10 10 |
| 15 | 21 29 | 15 01 | 15 34 | 20 29 | 18 27 | 21 26 | 06 08 | 19 04 | 01 14 | 23 03 | 29 52 | 22 59 | 06 39 | 20 16 | 10 10 |
| 16 | 21 19 | 19 45 | 15 01 | 20 13 | 18 38 | 21 27 | 06 09 | 19 05 | 01 14 | 23 04 | 29 56 | 22 50 | 06 33 | 20 09 | 10 10 |
| 17 | 21 09 | 23 44 | 14 28 | 19 55 | 18 48 | 21 29 | 06 10 | 19 05 | 01 14 | 23 04 | 29 59 | 22 40 | 06 26 | 20 02 | 10 10 |
| 18 | 20 58 | 26 40 | 13 56 | 19 38 | 18 58 | 21 31 | 06 11 | 19 06 | 01 14 | 23 04 | 30 02 | 22 30 | 06 20 | 19 55 | 10 10 |
| 19 | 20 47 | 28 14 | 13 23 | 19 19 | 19 08 | 21 32 | 06 12 | 19 06 | 01 15 | 23 05 | 30 05 | 22 20 | 06 14 | 19 48 | 10 10 |
| 20 | 20 36 | 28 10 | 12 52 | 19 00 | 19 18 | 21 34 | 06 13 | 19 07 | 01 15 | 23 05 | 30 09 | 22 10 | 06 08 | 19 41 | 10 11 |
| 21 | 20 25 | 26 18 | 12 20 | 18 41 | 19 27 | 21 35 | 06 14 | 19 07 | 01 15 | 23 06 | 30 12 | 22 00 | 06 02 | 19 34 | 10 11 |
| 22 | 20 13 | 22 44 | 11 49 | 18 21 | 19 37 | 21 37 | 06 15 | 19 08 | 01 15 | 23 06 | 30 14 | 21 50 | 05 55 | 19 27 | 10 11 |
| 23 | 20 01 | 17 44 | 11 19 | 18 01 | 19 46 | 21 38 | 06 16 | 19 08 | 01 16 | 23 06 | 30 17 | 21 40 | 05 49 | 19 20 | 10 11 |
| 24 | 19 48 | 11 41 | 10 49 | 17 40 | 19 55 | 21 40 | 06 17 | 19 09 | 01 16 | 23 07 | 30 20 | 21 29 | 05 42 | 19 13 | 10 11 |
| 25 | 19 35 | 05 00 | 10 20 | 17 18 | 20 04 | 21 41 | 06 18 | 19 09 | 01 16 | 23 07 | 30 22 | 21 19 | 05 36 | 19 05 | 10 11 |
| 26 | 19 22 | +01 54 | 09 52 | 16 57 | 20 12 | 21 43 | 06 19 | 19 09 | 01 17 | 23 08 | 30 25 | 21 09 | 05 30 | 18 58 | 10 11 |
| 27 | 19 09 | 08 37 | 09 25 | 16 34 | 20 21 | 21 44 | 06 20 | 19 10 | 01 17 | 23 08 | 30 27 | 20 58 | 05 23 | 18 51 | 10 11 |
| 28 | 18 55 | 14 50 | 09 00 | 16 11 | 20 29 | 21 45 | 06 22 | 19 10 | 01 17 | 23 08 | 30 29 | 20 47 | 05 16 | 18 43 | 10 11 |
| 29 | 18 41 | 20 12 | 08 35 | 15 48 | 20 37 | 21 47 | 06 23 | 19 11 | 01 18 | 23 09 | 30 31 | 20 37 | 05 10 | 18 36 | 10 11 |
| 30 | 18 26 | 24 24 | 08 12 | 15 25 | 20 45 | 21 48 | 06 24 | 19 11 | 01 18 | 23 09 | 30 33 | 20 26 | 05 03 | 18 28 | 10 11 |
| 31 | 18 12 | 27 12 | 07 51 | 15 01 | 20 53 | 21 49 | 06 25 | 19 11 | 01 18 | 23 10 | 30 35 | 20 15 | 04 57 | 18 20 | 10 11 |

Lunar Phases -- 5 ● 22:58 13 ◐ 22:50 21 ○ 10:18 28 ◑ 02:53 Sun enters ♌ 7/22 07:46

| D | S.T. | ☉ | ☽ | ☽ 12:00 | ☿ | ♀ | ♂ | ♃ | ♄ | ♅ | ♆ | ♇ | ☊ |
|---|---|---|---|---|---|---|---|---|---|---|---|---|---|
| 1 | 20:40:23 | 09♌14 46 | 28♊10 | 04♋44 | 03♍22 | 24♌58 | 07♊37 | 14♊24 | 18♓36℞ | 26♉50 | 29♓42℞ | 00♒40℞ | 09♈36 |
| 2 | 20:44:19 | 10 12 12 | 11♋14 | 17 41 | 03 40 | 26 12 | 08 18 | 14 35 | 18 33 | 26 52 | 29 41 | 00 38 | 09 33 |
| 3 | 20:48:16 | 11 09 38 | 24 05 | 00♌26 | 03 54 | 27 25 | 08 58 | 14 45 | 18 30 | 26 53 | 29 40 | 00 37 | 09 30 |
| 4 | 20:52:12 | 12 07 06 | 06♌43 | 12 58 | 04 03 | 28 39 | 09 39 | 14 56 | 18 27 | 26 55 | 29 39 | 00 35 | 09 26 |
| 5 | 20:56:09 | 13 04 34 | 19 09 | 25 17 | 04 06 | 29 53 | 10 19 | 15 06 | 18 23 | 26 56 | 29 38 | 00 34 | 09 23 |
| 6 | 21:00:06 | 14 02 04 | 01♍24 | 07♍24 | 04 05℞ | 01♍06 | 10 59 | 15 16 | 18 20 | 26 58 | 29 37 | 00 33 | 09 20 |
| 7 | 21:04:02 | 14 59 34 | 13 24 | 19 22 | 03 58 | 02 20 | 11 39 | 15 27 | 18 17 | 26 59 | 29 36 | 00 31 | 09 17 |
| 8 | 21:07:59 | 15 57 05 | 25 18 | 01♎13 | 03 46 | 03 34 | 12 19 | 15 37 | 18 13 | 27 00 | 29 35 | 00 30 | 09 14 |
| 9 | 21:11:55 | 16 54 37 | 07♎06 | 12 59 | 03 28 | 04 47 | 12 58 | 15 47 | 18 10 | 27 01 | 29 34 | 00 29 | 09 10 |
| 10 | 21:15:52 | 17 52 10 | 18 53 | 24 47 | 03 05 | 06 01 | 13 38 | 15 56 | 18 06 | 27 03 | 29 33 | 00 27 | 09 07 |
| 11 | 21:19:48 | 18 49 43 | 00♏42 | 06♏39 | 02 37 | 07 15 | 14 18 | 16 06 | 18 02 | 27 04 | 29 32 | 00 26 | 09 04 |
| 12 | 21:23:45 | 19 47 18 | 12 39 | 18 43 | 02 05 | 08 28 | 14 57 | 16 16 | 17 59 | 27 05 | 29 31 | 00 25 | 09 01 |
| 13 | 21:27:41 | 20 44 54 | 24 50 | 01♐01 | 01 27 | 09 42 | 15 36 | 16 25 | 17 55 | 27 06 | 29 30 | 00 23 | 08 58 |
| 14 | 21:31:38 | 21 42 30 | 07♐36 | 13 41 | 00 46 | 10 56 | 16 15 | 16 35 | 17 51 | 27 07 | 29 28 | 00 22 | 08 55 |
| 15 | 21:35:35 | 22 40 08 | 20 09 | 26 44 | 00 01 | 12 09 | 16 54 | 16 44 | 17 47 | 27 08 | 29 27 | 00 21 | 08 51 |
| 16 | 21:39:31 | 23 37 46 | 03♑26 | 10♑15 | 29♌13 | 13 23 | 17 33 | 16 53 | 17 43 | 27 08 | 29 26 | 00 19 | 08 48 |
| 17 | 21:43:28 | 24 35 26 | 17 10 | 24 12 | 28 23 | 14 36 | 18 12 | 17 02 | 17 39 | 27 09 | 29 25 | 00 18 | 08 45 |
| 18 | 21:47:24 | 25 33 06 | 01♒20 | 08♒34 | 27 31 | 15 50 | 18 51 | 17 11 | 17 35 | 27 10 | 29 23 | 00 17 | 08 42 |
| 19 | 21:51:21 | 26 30 48 | 15 53 | 23 16 | 26 40 | 17 04 | 19 30 | 17 20 | 17 31 | 27 11 | 29 22 | 00 16 | 08 39 |
| 20 | 21:55:17 | 27 28 31 | 00♓42 | 08♓10 | 25 49 | 18 17 | 20 08 | 17 28 | 17 27 | 27 11 | 29 21 | 00 14 | 08 35 |
| 21 | 21:59:14 | 28 26 15 | 15 39 | 23 08 | 25 00 | 19 31 | 20 46 | 17 37 | 17 23 | 27 12 | 29 19 | 00 13 | 08 32 |
| 22 | 22:03:10 | 29 24 01 | 00♈36 | 08♈01 | 24 14 | 20 44 | 21 25 | 17 45 | 17 19 | 27 13 | 29 18 | 00 12 | 08 29 |
| 23 | 22:07:07 | 00♍21 49 | 15 24 | 22 44 | 23 32 | 21 58 | 22 03 | 17 53 | 17 14 | 27 13 | 29 17 | 00 11 | 08 26 |
| 24 | 22:11:04 | 01 19 38 | 29 59 | 07♉10 | 22 54 | 23 11 | 22 41 | 18 02 | 17 10 | 27 13 | 29 15 | 00 10 | 08 23 |
| 25 | 22:15:00 | 02 17 29 | 14♉16 | 21 17 | 22 23 | 24 25 | 23 19 | 18 09 | 17 06 | 27 14 | 29 14 | 00 09 | 08 20 |
| 26 | 22:18:57 | 03 15 21 | 28 14 | 05♊05 | 21 57 | 25 38 | 23 56 | 18 17 | 17 01 | 27 14 | 29 12 | 00 07 | 08 16 |
| 27 | 22:22:53 | 04 13 16 | 11♊52 | 18 34 | 21 39 | 26 52 | 24 34 | 18 25 | 16 57 | 27 15 | 29 11 | 00 06 | 08 13 |
| 28 | 22:26:50 | 05 11 12 | 25 11 | 01♋44 | 21 28 | 28 05 | 25 12 | 18 33 | 16 53 | 27 15 | 29 09 | 00 05 | 08 10 |
| 29 | 22:30:46 | 06 09 10 | 08♋13 | 14 38 | 21 25D | 29 19 | 25 49 | 18 40 | 16 48 | 27 15 | 29 08 | 00 04 | 08 07 |
| 30 | 22:34:43 | 07 07 10 | 21 00 | 27 18 | 21 30 | 00♎32 | 26 26 | 18 47 | 16 44 | 27 15 | 29 06 | 00 03 | 08 04 |
| 31 | 22:38:39 | 08 05 12 | 03♌33 | 09♌45 | 21 43 | 01 46 | 27 03 | 18 54 | 16 39 | 27 15 | 29 05 | 00 02 | 08 01 |

## 0:00 E.T.  Longitudes of the Major Asteroids and Chiron — Lunar Data

| D | ⚳ | ⚴ | ⚵ | ⚶ | ⚷ | D | ⚳ | ⚴ | ⚵ | ⚶ | ⚷ |
|---|---|---|---|---|---|---|---|---|---|---|---|
| 1 | 09♑23℞ | 21♏23 | 27♍09 | 18♌50 | 23♈31℞ | 17 | 07 45 | 24 15 | 02 27 | 26 15 | 23 20 |
| 2 | 09 14 | 21 31 | 27 28 | 19 17 | 23 31 | 18 | 07 42 | 24 28 | 02 47 | 26 43 | 23 19 |
| 3 | 09 06 | 21 40 | 27 48 | 19 45 | 23 31 | 19 | 07 39 | 24 42 | 03 08 | 27 12 | 23 18 |
| 4 | 08 58 | 21 49 | 28 07 | 20 13 | 23 30 | 20 | 07 37 | 24 55 | 03 28 | 27 40 | 23 17 |
| 5 | 08 50 | 21 59 | 28 27 | 20 41 | 23 30 | 21 | 07 34 | 25 09 | 03 49 | 28 08 | 23 15 |
| 6 | 08 43 | 22 09 | 28 47 | 21 08 | 23 29 | 22 | 07 33 | 25 23 | 04 09 | 28 36 | 23 14 |
| 7 | 08 36 | 22 19 | 29 06 | 21 36 | 23 29 | 23 | 07 31 | 25 37 | 04 30 | 29 04 | 23 13 |
| 8 | 08 29 | 22 29 | 29 26 | 22 04 | 23 28 | 24 | 07 30 | 25 52 | 04 50 | 29 32 | 23 11 |
| 9 | 08 23 | 22 40 | 29 46 | 22 32 | 23 27 | 25 | 07 30 | 26 06 | 05 11 | 00♎00 | 23 10 |
| 10 | 08 17 | 22 51 | 00♎06 | 23 00 | 23 27 | 26 | 07 29 | 26 21 | 05 31 | 00 29 | 23 08 |
| 11 | 08 11 | 23 02 | 00 26 | 23 28 | 23 26 | 27 | 07 29D | 26 36 | 05 52 | 00 57 | 23 07 |
| 12 | 08 06 | 23 14 | 00 46 | 23 56 | 23 25 | 28 | 07 30 | 26 52 | 06 13 | 01 25 | 23 05 |
| 13 | 08 01 | 23 26 | 01 06 | 24 23 | 23 24 | 29 | 07 31 | 27 07 | 06 33 | 01 53 | 23 04 |
| 14 | 07 56 | 23 38 | 01 26 | 24 51 | 23 23 | 30 | 07 32 | 27 23 | 06 54 | 02 22 | 23 02 |
| 15 | 07 52 | 23 50 | 01 47 | 25 19 | 23 22 | 31 | 07 33 | 27 39 | 07 15 | 02 50 | 23 00 |
| 16 | 07 48 | 24 03 | 02 07 | 25 47 | 23 21 | | | | | | |

### Lunar Data

| | Last Asp. | | Ingress |
|---|---|---|---|
| 1 | 02:48 | 1 ♋ | 03:20 |
| 3 | 10:33 | 3 ♌ | 11:11 |
| 5 | 15:17 | 5 ♍ | 21:18 |
| 8 | 08:41 | 8 ♎ | 09:32 |
| 9 | 21:46 | 10 ♏ | 22:35 |
| 13 | 09:02 | 13 ♐ | 10:02 |
| 15 | 16:53 | 15 ♑ | 17:52 |
| 17 | 20:44 | 17 ♒ | 21:46 |
| 19 | 18:27 | 19 ♓ | 22:53 |
| 21 | 21:55 | 21 ♈ | 23:03 |
| 23 | 12:46 | 24 ♉ | 00:02 |
| 26 | 01:42 | 26 ♊ | 03:05 |
| 28 | 07:15 | 28 ♋ | 08:49 |
| 30 | 15:26 | 30 ♌ | 17:11 |

## 0:00 E.T.  Declinations

| D | ☉ | ☽ | ☿ | ♀ | ♂ | ♃ | ♄ | ♅ | ♆ | ♇ | ⚳ | ⚴ | ⚵ | ⚶ | ⚷ |
|---|---|---|---|---|---|---|---|---|---|---|---|---|---|---|---|
| 1 | +17 56 | +28 25 | +07 31 | +14 36 | +21 00 | +21 50 | -06 27 | +19 12 | -01 19 | -23 10 | -30 37 | +20 04 | +04 50 | +18 12 | +10 11 |
| 2 | 17 41 | 28 01 | 07 12 | 14 11 | 21 07 | 21 52 | 06 28 | 19 12 | 01 19 | 23 10 | 30 39 | 19 53 | 04 43 | 18 05 | 10 11 |
| 3 | 17 26 | 26 06 | 06 56 | 13 46 | 21 14 | 21 53 | 06 30 | 19 12 | 01 20 | 23 11 | 30 41 | 19 42 | 04 36 | 17 57 | 10 10 |
| 4 | 17 10 | 22 55 | 06 42 | 13 20 | 21 21 | 21 54 | 06 31 | 19 13 | 01 20 | 23 11 | 30 44 | 19 32 | 04 30 | 17 49 | 10 10 |
| 5 | 16 53 | 18 44 | 06 30 | 12 55 | 21 28 | 21 55 | 06 32 | 19 13 | 01 21 | 23 12 | 30 45 | 19 21 | 04 23 | 17 41 | 10 10 |
| 6 | 16 37 | 13 50 | 06 21 | 12 28 | 21 35 | 21 56 | 06 34 | 19 13 | 01 21 | 23 12 | 30 46 | 19 10 | 04 16 | 17 32 | 10 10 |
| 7 | 16 20 | 08 29 | 06 14 | 12 02 | 21 41 | 21 57 | 06 35 | 19 14 | 01 21 | 23 12 | 30 46 | 18 58 | 04 09 | 17 24 | 10 10 |
| 8 | 16 03 | 02 53 | 06 09 | 11 35 | 21 47 | 21 58 | 06 37 | 19 14 | 01 22 | 23 13 | 30 47 | 18 47 | 04 02 | 17 16 | 10 09 |
| 9 | 15 46 | -02 46 | 06 07 | 11 07 | 21 53 | 21 59 | 06 38 | 19 14 | 01 22 | 23 13 | 30 48 | 18 36 | 03 56 | 17 08 | 10 09 |
| 10 | 15 29 | 08 19 | 06 09 | 10 40 | 21 59 | 22 00 | 06 40 | 19 14 | 01 23 | 23 13 | 30 49 | 18 25 | 03 49 | 17 00 | 10 09 |
| 11 | 15 11 | 13 36 | 06 13 | 10 12 | 22 04 | 22 01 | 06 42 | 19 15 | 01 23 | 23 14 | 30 50 | 18 14 | 03 42 | 16 51 | 10 09 |
| 12 | 14 53 | 18 27 | 06 20 | 09 44 | 22 10 | 22 02 | 06 43 | 19 15 | 01 24 | 23 14 | 30 51 | 18 03 | 03 35 | 16 43 | 10 08 |
| 13 | 14 35 | 22 39 | 06 29 | 09 16 | 22 15 | 22 03 | 06 45 | 19 15 | 01 24 | 23 14 | 30 52 | 17 52 | 03 28 | 16 34 | 10 08 |
| 14 | 14 16 | 25 55 | 06 42 | 08 47 | 22 20 | 22 04 | 06 47 | 19 15 | 01 25 | 23 15 | 30 53 | 17 41 | 03 21 | 16 26 | 10 07 |
| 15 | 13 57 | 27 59 | 06 58 | 08 18 | 22 25 | 22 05 | 06 48 | 19 16 | 01 25 | 23 15 | 30 53 | 17 30 | 03 14 | 16 17 | 10 07 |
| 16 | 13 39 | 28 32 | 07 17 | 07 49 | 22 30 | 22 06 | 06 50 | 19 16 | 01 26 | 23 15 | 30 54 | 17 19 | 03 07 | 16 08 | 10 07 |
| 17 | 13 19 | 27 23 | 07 36 | 07 20 | 22 34 | 22 07 | 06 52 | 19 16 | 01 26 | 23 16 | 30 54 | 17 08 | 03 00 | 16 00 | 10 06 |
| 18 | 13 00 | 24 28 | 07 58 | 06 51 | 22 38 | 22 08 | 06 53 | 19 16 | 01 27 | 23 16 | 30 55 | 16 57 | 02 53 | 15 51 | 10 06 |
| 19 | 12 41 | 19 56 | 08 23 | 06 21 | 22 42 | 22 09 | 06 55 | 19 16 | 01 28 | 23 17 | 30 55 | 16 45 | 02 46 | 15 42 | 10 05 |
| 20 | 12 21 | 14 07 | 08 48 | 05 51 | 22 46 | 22 10 | 06 57 | 19 17 | 01 28 | 23 17 | 30 55 | 16 34 | 02 38 | 15 33 | 10 05 |
| 21 | 12 01 | 07 25 | 09 14 | 05 22 | 22 50 | 22 10 | 06 59 | 19 17 | 01 29 | 23 17 | 30 56 | 16 23 | 02 31 | 15 24 | 10 04 |
| 22 | 11 41 | 00 19 | 09 41 | 04 51 | 22 54 | 22 11 | 07 00 | 19 17 | 01 29 | 23 17 | 30 56 | 16 12 | 02 24 | 15 15 | 10 04 |
| 23 | 11 21 | +06 45 | 10 08 | 04 21 | 22 57 | 22 12 | 07 02 | 19 17 | 01 30 | 23 18 | 30 56 | 16 01 | 02 17 | 15 07 | 10 03 |
| 24 | 11 00 | 13 22 | 10 35 | 03 51 | 23 00 | 22 12 | 07 04 | 19 17 | 01 30 | 23 18 | 30 56 | 15 50 | 02 10 | 14 57 | 10 03 |
| 25 | 10 40 | 19 08 | 11 01 | 03 20 | 23 03 | 22 13 | 07 06 | 19 17 | 01 31 | 23 18 | 30 56 | 15 40 | 02 03 | 14 48 | 10 02 |
| 26 | 10 19 | 23 43 | 11 25 | 02 50 | 23 06 | 22 14 | 07 07 | 19 17 | 01 32 | 23 18 | 30 56 | 15 29 | 01 56 | 14 39 | 10 02 |
| 27 | 09 58 | 26 53 | 11 48 | 02 19 | 23 09 | 22 14 | 07 09 | 19 17 | 01 32 | 23 19 | 30 56 | 15 18 | 01 49 | 14 30 | 10 01 |
| 28 | 09 37 | 28 23 | 12 09 | 01 49 | 23 11 | 22 15 | 07 11 | 19 17 | 01 33 | 23 19 | 30 56 | 15 07 | 01 42 | 14 21 | 10 01 |
| 29 | 09 15 | 28 23 | 12 27 | 01 18 | 23 13 | 22 16 | 07 13 | 19 17 | 01 33 | 23 19 | 30 55 | 14 56 | 01 34 | 14 12 | 10 00 |
| 30 | 08 54 | 26 48 | 12 43 | 00 47 | 23 16 | 22 16 | 07 15 | 19 17 | 01 34 | 23 19 | 30 55 | 14 45 | 01 27 | 14 02 | 09 59 |
| 31 | 08 32 | 23 54 | 12 56 | 00 16 | 23 18 | 22 17 | 07 17 | 19 17 | 01 35 | 23 20 | 30 55 | 14 35 | 01 20 | 13 53 | 09 59 |

Lunar Phases -- 4 ● 11:14   12 ◐ 15:20   19 ○ 18:27   26 ◑ 09:27       Sun enters ♍ 8/22 14:57

## 0:00 E.T. Longitudes of Main Planets - September 2024

| D | S.T. | ☉ | ☽ | ☽ 12:00 | ☿ | ♀ | ♂ | ♃ | ♄ | ♅ | ♆ | ♇ | ☊ |
|---|---|---|---|---|---|---|---|---|---|---|---|---|---|
| 1 | 22:42:36 | 09♍03 16 | 15♌54 | 22♌00 | 22♌05 | 02♎59 | 27♊40 | 19♊01 | 16♓35℞ | 27♉15 | 29♓03℞ | 00♒01℞ | 07♈57 |
| 2 | 22:46:33 | 10 01 21 | 28 04 | 04♍06 | 22 35 | 04 13 | 28 17 | 19 08 | 16 30 | 27 15℞ | 29 02 | 00♒00 | 07 54 |
| 3 | 22:50:29 | 10 59 28 | 10♍06 | 16 04 | 23 13 | 05 26 | 28 54 | 19 15 | 16 26 | 27 15 | 29 00 | 29 59 | 07 51 |
| 4 | 22:54:26 | 11 57 37 | 22 00 | 27 56 | 23 59 | 06 40 | 29 30 | 19 21 | 16 21 | 27 15 | 28 59 | 29 58 | 07 48 |
| 5 | 22:58:22 | 12 55 47 | 03♎50 | 09♎43 | 24 53 | 07 53 | 00♋06 | 19 28 | 16 16 | 27 15 | 28 57 | 29 57 | 07 45 |
| 6 | 23:02:19 | 13 53 59 | 15 36 | 21 29 | 25 54 | 09 07 | 00 43 | 19 34 | 16 12 | 27 15 | 28 55 | 29 56 | 07 41 |
| 7 | 23:06:15 | 14 52 12 | 27 23 | 03♏17 | 27 02 | 10 20 | 01 19 | 19 40 | 16 07 | 27 15 | 28 54 | 29 55 | 07 38 |
| 8 | 23:10:12 | 15 50 27 | 09♏13 | 15 11 | 28 16 | 11 33 | 01 54 | 19 46 | 16 03 | 27 14 | 28 52 | 29 54 | 07 35 |
| 9 | 23:14:08 | 16 48 44 | 21 11 | 27 14 | 29 36 | 12 47 | 02 30 | 19 52 | 15 58 | 27 14 | 28 51 | 29 53 | 07 32 |
| 10 | 23:18:05 | 17 47 02 | 03♐21 | 09♐32 | 01♍02 | 14 00 | 03 06 | 19 57 | 15 53 | 27 14 | 28 49 | 29 52 | 07 29 |
| 11 | 23:22:02 | 18 45 22 | 15 47 | 22 08 | 02 32 | 15 13 | 03 41 | 20 03 | 15 49 | 27 13 | 28 47 | 29 52 | 07 26 |
| 12 | 23:25:58 | 19 43 43 | 28 34 | 05♑06 | 04 07 | 16 27 | 04 16 | 20 08 | 15 44 | 27 13 | 28 46 | 29 51 | 07 22 |
| 13 | 23:29:55 | 20 42 06 | 11♑46 | 18 31 | 05 45 | 17 40 | 04 51 | 20 13 | 15 40 | 27 12 | 28 44 | 29 50 | 07 19 |
| 14 | 23:33:51 | 21 40 31 | 25 24 | 02♒24 | 07 27 | 18 53 | 05 26 | 20 18 | 15 35 | 27 12 | 28 43 | 29 49 | 07 16 |
| 15 | 23:37:48 | 22 38 57 | 09♒30 | 16 43 | 09 11 | 20 07 | 06 01 | 20 23 | 15 31 | 27 11 | 28 41 | 29 49 | 07 13 |
| 16 | 23:41:44 | 23 37 24 | 24 02 | 01♓27 | 10 57 | 21 20 | 06 35 | 20 27 | 15 26 | 27 10 | 28 39 | 29 48 | 07 10 |
| 17 | 23:45:41 | 24 35 54 | 08♓55 | 16 28 | 12 45 | 22 33 | 07 10 | 20 32 | 15 21 | 27 09 | 28 38 | 29 47 | 07 07 |
| 18 | 23:49:37 | 25 34 25 | 24 02 | 01♈38 | 14 35 | 23 46 | 07 44 | 20 36 | 15 17 | 27 09 | 28 36 | 29 46 | 07 03 |
| 19 | 23:53:34 | 26 32 58 | 09♈14 | 16 48 | 16 25 | 24 59 | 08 18 | 20 40 | 15 12 | 27 08 | 28 34 | 29 46 | 07 00 |
| 20 | 23:57:31 | 27 31 33 | 24 21 | 01♉50 | 18 16 | 26 13 | 08 52 | 20 44 | 15 08 | 27 07 | 28 33 | 29 45 | 06 57 |
| 21 | 0:01:27 | 28 30 10 | 09♉14 | 16 34 | 20 07 | 27 26 | 09 26 | 20 47 | 15 04 | 27 06 | 28 31 | 29 45 | 06 54 |
| 22 | 0:05:24 | 29 28 49 | 23 48 | 00♊56 | 21 59 | 28 39 | 09 59 | 20 51 | 14 59 | 27 05 | 28 29 | 29 44 | 06 51 |
| 23 | 0:09:20 | 00♎27 31 | 07♊58 | 14 53 | 23 50 | 29 52 | 10 32 | 20 54 | 14 55 | 27 04 | 28 28 | 29 43 | 06 47 |
| 24 | 0:13:17 | 01 26 14 | 21 42 | 28 25 | 25 41 | 01♏05 | 11 05 | 20 57 | 14 51 | 27 03 | 28 26 | 29 43 | 06 44 |
| 25 | 0:17:13 | 02 25 01 | 05♋02 | 11♋33 | 27 32 | 02 18 | 11 38 | 21 00 | 14 46 | 27 02 | 28 24 | 29 42 | 06 41 |
| 26 | 0:21:10 | 03 23 49 | 17 59 | 24 21 | 29 23 | 03 31 | 12 11 | 21 03 | 14 42 | 27 01 | 28 23 | 29 42 | 06 38 |
| 27 | 0:25:06 | 04 22 40 | 00♌37 | 06♌50 | 01♎12 | 04 44 | 12 43 | 21 05 | 14 38 | 27 00 | 28 21 | 29 42 | 06 35 |
| 28 | 0:29:03 | 05 21 33 | 12 59 | 19 05 | 03 01 | 05 57 | 13 16 | 21 08 | 14 34 | 26 58 | 28 19 | 29 41 | 06 32 |
| 29 | 0:33:00 | 06 20 28 | 25 08 | 01♍09 | 04 50 | 07 10 | 13 48 | 21 10 | 14 30 | 26 57 | 28 18 | 29 41 | 06 28 |
| 30 | 0:36:56 | 07 19 25 | 07♍07 | 13 04 | 06 37 | 08 23 | 14 19 | 21 12 | 14 26 | 26 56 | 28 16 | 29 40 | 06 25 |

## 0:00 E.T. Longitudes of the Major Asteroids and Chiron

| D | ⚳ | ⚴ | ⚵ | ⚶ | ⚷ | D | ⚳ | ⚴ | ⚵ | ⚶ | ⚷ |
|---|---|---|---|---|---|---|---|---|---|---|---|
| 1 | 07♑35 | 27♏55 | 07♎36 | 03♍18 | 22♈59℞ | 16 | 08 42 | 02 17 | 12 52 | 10 25 | 22 28 |
| 2 | 07 37 | 28 11 | 07 57 | 03 47 | 22 57 | 17 | 08 49 | 02 35 | 13 13 | 10 53 | 22 25 |
| 3 | 07 40 | 28 28 | 08 18 | 04 15 | 22 55 | 18 | 08 57 | 02 54 | 13 34 | 11 22 | 22 23 |
| 4 | 07 43 | 28 44 | 08 39 | 04 43 | 22 53 | 19 | 09 04 | 03 13 | 13 55 | 11 50 | 22 21 |
| 5 | 07 46 | 29 01 | 09 00 | 05 12 | 22 51 | 20 | 09 12 | 03 32 | 14 17 | 12 19 | 22 18 |
| 6 | 07 49 | 29 18 | 09 21 | 05 40 | 22 49 | 21 | 09 20 | 03 51 | 14 38 | 12 47 | 22 16 |
| 7 | 07 53 | 29 35 | 09 42 | 06 09 | 22 47 | 22 | 09 29 | 04 11 | 14 59 | 13 16 | 22 13 |
| 8 | 07 57 | 29 52 | 10 03 | 06 37 | 22 45 | 23 | 09 37 | 04 30 | 15 21 | 13 44 | 22 11 |
| 9 | 08 02 | 00♐10 | 10 24 | 07 05 | 22 43 | 24 | 09 46 | 04 50 | 15 42 | 14 13 | 22 08 |
| 10 | 08 07 | 00 28 | 10 45 | 07 34 | 22 41 | 25 | 09 56 | 05 09 | 16 03 | 14 41 | 22 06 |
| 11 | 08 12 | 00 45 | 11 06 | 08 02 | 22 39 | 26 | 10 05 | 05 29 | 16 24 | 15 10 | 22 03 |
| 12 | 08 17 | 01 03 | 11 27 | 08 31 | 22 37 | 27 | 10 15 | 05 49 | 16 46 | 15 38 | 22 01 |
| 13 | 08 23 | 01 21 | 11 48 | 08 59 | 22 34 | 28 | 10 25 | 06 09 | 17 07 | 16 07 | 21 58 |
| 14 | 08 29 | 01 40 | 12 09 | 09 28 | 22 32 | 29 | 10 35 | 06 29 | 17 28 | 16 35 | 21 55 |
| 15 | 08 36 | 01 58 | 12 31 | 09 56 | 22 30 | 30 | 10 46 | 06 49 | 17 50 | 17 04 | 21 53 |

## Lunar Data

| Last Asp. | | Ingress | | |
|---|---|---|---|---|
| 2 | 00:26 | 2 | ♍ | 03:50 |
| 4 | 16:07 | 4 | ♎ | 16:13 |
| 7 | 05:09 | 7 | ♏ | 05:20 |
| 9 | 17:12 | 9 | ♐ | 17:27 |
| 12 | 00:22 | 12 | ♑ | 02:38 |
| 14 | 07:35 | 14 | ♒ | 07:54 |
| 16 | 05:05 | 16 | ♓ | 09:40 |
| 18 | 09:03 | 18 | ♈ | 09:25 |
| 20 | 08:40 | 20 | ♉ | 09:04 |
| 22 | 10:15 | 22 | ♊ | 10:26 |
| 24 | 12:00 | 24 | ♋ | 14:52 |
| 26 | 22:13 | 26 | ♌ | 22:49 |
| 29 | 03:37 | 29 | ♍ | 09:43 |

## 0:00 E.T. Declinations

| D | ☉ | ☽ | ☿ | ♀ | ♂ | ♃ | ♄ | ♅ | ♆ | ♇ | ⚳ | ⚴ | ⚵ | ⚶ | ⚷ |
|---|---|---|---|---|---|---|---|---|---|---|---|---|---|---|---|
| 1 | +08 10 | +19 57 | +13 07 | -00 15 | +23 19 | +22 17 | -07 19 | +19 17 | -01 35 | -23 20 | -30 54 | +14 24 | +01 13 | +13 44 | +09 58 |
| 2 | 07 49 | 15 13 | 13 14 | 00 46 | 23 21 | 22 18 | 07 20 | 19 17 | 01 36 | 23 20 | 30 54 | 14 13 | 01 06 | 13 34 | 09 57 |
| 3 | 07 27 | 09 57 | 13 17 | 01 17 | 23 23 | 22 18 | 07 22 | 19 17 | 01 37 | 23 20 | 30 54 | 14 03 | 00 58 | 13 25 | 09 57 |
| 4 | 07 05 | 04 24 | 13 18 | 01 48 | 23 24 | 22 19 | 07 24 | 19 17 | 01 37 | 23 21 | 30 53 | 13 52 | 00 51 | 13 15 | 09 56 |
| 5 | 06 42 | -01 17 | 13 14 | 02 19 | 23 25 | 22 19 | 07 26 | 19 17 | 01 38 | 23 21 | 30 53 | 13 42 | 00 44 | 13 06 | 09 55 |
| 6 | 06 20 | 06 53 | 13 08 | 02 49 | 23 26 | 22 20 | 07 28 | 19 17 | 01 38 | 23 21 | 30 52 | 13 31 | 00 37 | 12 56 | 09 54 |
| 7 | 05 58 | 12 17 | 12 57 | 03 20 | 23 27 | 22 20 | 07 30 | 19 17 | 01 39 | 23 21 | 30 51 | 13 21 | 00 30 | 12 47 | 09 54 |
| 8 | 05 35 | 17 15 | 12 44 | 03 51 | 23 28 | 22 21 | 07 31 | 19 17 | 01 40 | 23 22 | 30 51 | 13 10 | 00 23 | 12 37 | 09 53 |
| 9 | 05 12 | 21 37 | 12 26 | 04 22 | 23 28 | 22 21 | 07 33 | 19 17 | 01 40 | 23 22 | 30 50 | 13 00 | 00 15 | 12 27 | 09 52 |
| 10 | 04 50 | 25 09 | 12 06 | 04 52 | 23 29 | 22 21 | 07 35 | 19 17 | 01 41 | 23 22 | 30 49 | 12 50 | 00 08 | 12 18 | 09 51 |
| 11 | 04 27 | 27 35 | 11 42 | 05 23 | 23 29 | 22 22 | 07 37 | 19 17 | 01 42 | 23 22 | 30 49 | 12 40 | 00 01 | 12 08 | 09 50 |
| 12 | 04 04 | 28 39 | 11 15 | 05 53 | 23 29 | 22 22 | 07 39 | 19 17 | 01 42 | 23 22 | 30 48 | 12 29 | -00 06 | 11 58 | 09 49 |
| 13 | 03 41 | 28 09 | 10 46 | 06 24 | 23 29 | 22 22 | 07 41 | 19 17 | 01 43 | 23 22 | 30 47 | 12 19 | 00 13 | 11 48 | 09 49 |
| 14 | 03 18 | 25 58 | 10 14 | 06 54 | 23 29 | 22 23 | 07 42 | 19 16 | 01 44 | 23 23 | 30 46 | 12 09 | 00 20 | 11 39 | 09 48 |
| 15 | 02 55 | 22 09 | 09 40 | 07 24 | 23 29 | 22 23 | 07 44 | 19 16 | 01 44 | 23 23 | 30 45 | 11 59 | 00 28 | 11 29 | 09 47 |
| 16 | 02 32 | 16 53 | 09 03 | 07 54 | 23 28 | 22 23 | 07 46 | 19 16 | 01 45 | 23 23 | 30 44 | 11 50 | 00 35 | 11 19 | 09 46 |
| 17 | 02 09 | 10 31 | 08 24 | 08 24 | 23 28 | 22 24 | 07 48 | 19 16 | 01 46 | 23 23 | 30 43 | 11 40 | 00 42 | 11 09 | 09 45 |
| 18 | 01 46 | 03 26 | 07 44 | 08 53 | 23 27 | 22 24 | 07 49 | 19 16 | 01 46 | 23 23 | 30 42 | 11 30 | 00 49 | 10 59 | 09 44 |
| 19 | 01 22 | +03 52 | 07 03 | 09 23 | 23 26 | 22 24 | 07 51 | 19 16 | 01 47 | 23 23 | 30 41 | 11 20 | 00 56 | 10 49 | 09 43 |
| 20 | 00 59 | 10 56 | 06 20 | 09 52 | 23 25 | 22 24 | 07 53 | 19 15 | 01 48 | 23 24 | 30 40 | 11 11 | 01 03 | 10 39 | 09 42 |
| 21 | 00 36 | 17 16 | 05 36 | 10 21 | 23 24 | 22 25 | 07 55 | 19 15 | 01 48 | 23 24 | 30 39 | 11 01 | 01 10 | 10 29 | 09 41 |
| 22 | 00 12 | 22 29 | 04 51 | 10 50 | 23 23 | 22 25 | 07 56 | 19 15 | 01 49 | 23 24 | 30 38 | 10 52 | 01 17 | 10 19 | 09 40 |
| 23 | -00 11 | 26 13 | 04 05 | 11 18 | 23 22 | 22 25 | 07 58 | 19 15 | 01 50 | 23 24 | 30 36 | 10 42 | 01 24 | 10 09 | 09 39 |
| 24 | 00 34 | 28 17 | 03 19 | 11 46 | 23 21 | 22 25 | 08 00 | 19 14 | 01 50 | 23 24 | 30 35 | 10 33 | 01 31 | 09 59 | 09 38 |
| 25 | 00 58 | 28 38 | 02 33 | 12 14 | 23 19 | 22 25 | 08 01 | 19 14 | 01 51 | 23 24 | 30 34 | 10 24 | 01 38 | 09 49 | 09 37 |
| 26 | 01 21 | 27 23 | 01 46 | 12 42 | 23 18 | 22 26 | 08 03 | 19 14 | 01 52 | 23 24 | 30 33 | 10 15 | 01 45 | 09 39 | 09 36 |
| 27 | 01 44 | 24 45 | 00 59 | 13 10 | 23 16 | 22 26 | 08 05 | 19 14 | 01 52 | 23 24 | 30 31 | 10 05 | 01 52 | 09 29 | 09 35 |
| 28 | 02 08 | 21 01 | 00 12 | 13 37 | 23 14 | 22 26 | 08 06 | 19 13 | 01 53 | 23 24 | 30 30 | 09 56 | 01 59 | 09 19 | 09 34 |
| 29 | 02 31 | 16 27 | -00 35 | 14 04 | 23 12 | 22 26 | 08 08 | 19 13 | 01 54 | 23 24 | 30 28 | 09 47 | 02 06 | 09 09 | 09 33 |
| 30 | 02 54 | 11 20 | 01 22 | 14 30 | 23 10 | 22 26 | 08 09 | 19 13 | 01 54 | 23 25 | 30 27 | 09 39 | 02 13 | 08 59 | 09 32 |

Lunar Phases -- 3 ● 01:57 11 ◐ 06:07 18 Ⓔ 02:36 24 ◑ 18:51 Sun enters ♎ 9/22 12:45

# Oct. 24 — Longitudes of Main Planets - October 2024 — 0:00 E.T.

| D | S.T. | ☉ | ☽ | ☽ 12:00 | ☿ | ♀ | ♂ | ♃ | ♄ | ♅ | ♆ | ♇ | ☊ |
|---|---|---|---|---|---|---|---|---|---|---|---|---|---|
| 1 | 0:40:53 | 08♎18 24 | 19♍00 | 24♍55 | 08♎24 | 09♏36 | 14♋51 | 21♊13 | 14♓22℞ | 26♉54℞ | 28♓14℞ | 29♑40℞ | 06♈22 |
| 2 | 0:44:49 | 09 17 26 | 00♎49 | 06♎42 | 10 10 | 10 49 | 15 22 | 21 15 | 14 18 | 26 53 | 28 13 | 29 40 | 06 19 |
| 3 | 0:48:46 | 10 16 29 | 12 36 | 18 29 | 11 55 | 12 02 | 15 53 | 21 16 | 14 14 | 26 51 | 28 11 | 29 40 | 06 16 |
| 4 | 0:52:42 | 11 15 35 | 24 23 | 00♏18 | 13 39 | 13 15 | 16 24 | 21 17 | 14 10 | 26 50 | 28 10 | 29 39 | 06 13 |
| 5 | 0:56:39 | 12 14 42 | 06♏14 | 12 11 | 15 23 | 14 28 | 16 55 | 21 18 | 14 06 | 26 48 | 28 08 | 29 39 | 06 09 |
| 6 | 1:00:35 | 13 13 52 | 18 09 | 24 10 | 17 05 | 15 41 | 17 25 | 21 19 | 14 02 | 26 47 | 28 06 | 29 39 | 06 06 |
| 7 | 1:04:32 | 14 13 03 | 00♐12 | 06♐18 | 18 47 | 16 54 | 17 55 | 21 20 | 13 59 | 26 45 | 28 05 | 29 39 | 06 03 |
| 8 | 1:08:29 | 15 12 17 | 12 26 | 18 38 | 20 28 | 18 07 | 18 25 | 21 20 | 13 55 | 26 43 | 28 03 | 29 39 | 06 00 |
| 9 | 1:12:25 | 16 11 32 | 24 54 | 01♑15 | 22 09 | 19 20 | 18 55 | 21 20 | 13 52 | 26 42 | 28 02 | 29 39 | 05 57 |
| 10 | 1:16:22 | 17 10 49 | 07♑39 | 14 10 | 23 48 | 20 32 | 19 24 | 21 20℞ | 13 48 | 26 40 | 28 00 | 29 38 | 05 53 |
| 11 | 1:20:18 | 18 10 08 | 20 45 | 27 27 | 25 27 | 21 45 | 19 53 | 21 20 | 13 45 | 26 38 | 27 59 | 29 38 | 05 50 |
| 12 | 1:24:15 | 19 09 28 | 04♒14 | 11♒08 | 27 05 | 22 58 | 20 22 | 21 20 | 13 41 | 26 36 | 27 57 | 29 38D | 05 47 |
| 13 | 1:28:11 | 20 08 50 | 18 08 | 25 15 | 28 42 | 24 11 | 20 51 | 21 19 | 13 38 | 26 35 | 27 56 | 29 38 | 05 44 |
| 14 | 1:32:08 | 21 08 14 | 02♓27 | 09♓45 | 00♏18 | 25 23 | 21 19 | 21 18 | 13 35 | 26 33 | 27 54 | 29 38 | 05 41 |
| 15 | 1:36:04 | 22 07 40 | 17 09 | 24 37 | 01 54 | 26 36 | 21 47 | 21 17 | 13 32 | 26 31 | 27 53 | 29 39 | 05 38 |
| 16 | 1:40:01 | 23 07 07 | 02♈09 | 09♈43 | 03 29 | 27 48 | 22 15 | 21 16 | 13 29 | 26 29 | 27 51 | 29 39 | 05 34 |
| 17 | 1:43:58 | 24 06 37 | 17 19 | 24 56 | 05 04 | 29 01 | 22 42 | 21 14 | 13 26 | 26 27 | 27 50 | 29 39 | 05 31 |
| 18 | 1:47:54 | 25 06 08 | 02♉31 | 10♉04 | 06 38 | 00♐14 | 23 09 | 21 13 | 13 23 | 26 25 | 27 48 | 29 39 | 05 28 |
| 19 | 1:51:51 | 26 05 41 | 17 35 | 25 01 | 08 11 | 01 26 | 23 36 | 21 11 | 13 20 | 26 23 | 27 47 | 29 39 | 05 25 |
| 20 | 1:55:47 | 27 05 17 | 02♊21 | 09♊36 | 09 44 | 02 39 | 24 02 | 21 09 | 13 18 | 26 21 | 27 45 | 29 39 | 05 22 |
| 21 | 1:59:44 | 28 04 55 | 16 44 | 23 45 | 11 16 | 03 51 | 24 29 | 21 07 | 13 15 | 26 19 | 27 44 | 29 40 | 05 19 |
| 22 | 2:03:40 | 29 04 35 | 00♋39 | 07♋27 | 12 47 | 05 04 | 24 54 | 21 04 | 13 13 | 26 17 | 27 43 | 29 40 | 05 15 |
| 23 | 2:07:37 | 00♏04 17 | 14 07 | 20 40 | 14 18 | 06 16 | 25 20 | 21 01 | 13 10 | 26 14 | 27 41 | 29 40 | 05 12 |
| 24 | 2:11:33 | 01 04 02 | 27 07 | 03♌28 | 15 48 | 07 28 | 25 45 | 20 59 | 13 08 | 26 12 | 27 40 | 29 40 | 05 09 |
| 25 | 2:15:30 | 02 03 49 | 09♌44 | 15 55 | 17 18 | 08 41 | 26 10 | 20 56 | 13 06 | 26 10 | 27 39 | 29 41 | 05 06 |
| 26 | 2:19:27 | 03 03 38 | 22 02 | 28 05 | 18 47 | 09 53 | 26 34 | 20 52 | 13 04 | 26 08 | 27 37 | 29 41 | 05 03 |
| 27 | 2:23:23 | 04 03 30 | 04♍06 | 10♍03 | 20 15 | 11 05 | 26 58 | 20 49 | 13 02 | 26 06 | 27 36 | 29 42 | 04 59 |
| 28 | 2:27:20 | 05 03 23 | 15 59 | 21 54 | 21 43 | 12 18 | 27 22 | 20 45 | 13 00 | 26 03 | 27 35 | 29 42 | 04 56 |
| 29 | 2:31:16 | 06 03 19 | 27 47 | 03♎40 | 23 10 | 13 30 | 27 45 | 20 42 | 12 58 | 26 01 | 27 34 | 29 43 | 04 53 |
| 30 | 2:35:13 | 07 03 16 | 09♎33 | 15 27 | 24 37 | 14 42 | 28 08 | 20 38 | 12 56 | 25 59 | 27 32 | 29 43 | 04 50 |
| 31 | 2:39:09 | 08 03 16 | 21 21 | 27 16 | 26 03 | 15 54 | 28 31 | 20 33 | 12 54 | 25 56 | 27 31 | 29 44 | 04 47 |

## 0:00 E.T. — Longitudes of the Major Asteroids and Chiron

| D | ⚳ | ⚴ | ⚵ | ⚶ | ⚷ |
|---|---|---|---|---|---|
| 1 | 10♑57 | 07♐10 | 18♎11 | 17♍33 | 21♈50℞ |
| 2 | 11 08 | 07 30 | 18 33 | 18 01 | 21 47 |
| 3 | 11 19 | 07 51 | 18 54 | 18 30 | 21 45 |
| 4 | 11 31 | 08 11 | 19 15 | 18 58 | 21 42 |
| 5 | 11 42 | 08 32 | 19 37 | 19 27 | 21 39 |
| 6 | 11 54 | 08 53 | 19 58 | 19 55 | 21 37 |
| 7 | 12 07 | 09 14 | 20 19 | 20 24 | 21 34 |
| 8 | 12 19 | 09 35 | 20 41 | 20 52 | 21 31 |
| 9 | 12 32 | 09 56 | 21 02 | 21 21 | 21 29 |
| 10 | 12 45 | 10 17 | 21 23 | 21 49 | 21 26 |
| 11 | 12 58 | 10 39 | 21 45 | 22 18 | 21 23 |
| 12 | 13 11 | 11 00 | 22 06 | 22 46 | 21 20 |
| 13 | 13 25 | 11 22 | 22 28 | 23 15 | 21 18 |
| 14 | 13 38 | 11 43 | 22 49 | 23 43 | 21 15 |
| 15 | 13 52 | 12 05 | 23 10 | 24 12 | 21 12 |
| 16 | 14 07 | 12 26 | 23 31 | 24 40 | 21 09 |

| D | ⚳ | ⚴ | ⚵ | ⚶ | ⚷ |
|---|---|---|---|---|---|
| 17 | 14 21 | 12 48 | 23 53 | 25 09 | 21 07 |
| 18 | 14 35 | 13 10 | 24 14 | 25 37 | 21 04 |
| 19 | 14 50 | 13 32 | 24 35 | 26 05 | 21 01 |
| 20 | 15 05 | 13 54 | 24 57 | 26 34 | 20 58 |
| 21 | 15 20 | 14 16 | 25 18 | 27 02 | 20 56 |
| 22 | 15 35 | 14 38 | 25 39 | 27 31 | 20 53 |
| 23 | 15 51 | 15 00 | 26 00 | 27 59 | 20 50 |
| 24 | 16 07 | 15 22 | 26 21 | 28 27 | 20 47 |
| 25 | 16 22 | 15 45 | 26 43 | 28 56 | 20 45 |
| 26 | 16 38 | 16 07 | 27 04 | 29 24 | 20 42 |
| 27 | 16 54 | 16 30 | 27 25 | 29 52 | 20 39 |
| 28 | 17 11 | 16 52 | 27 46 | 00♎21 | 20 37 |
| 29 | 17 27 | 17 15 | 28 07 | 00 49 | 20 34 |
| 30 | 17 44 | 17 37 | 28 28 | 01 17 | 20 32 |
| 31 | 18 01 | 18 00 | 28 49 | 01 45 | 20 29 |

## Lunar Data

| Last Asp. | | Ingress | | |
|---|---|---|---|---|
| 1 | 21:40 | 1 | ♎ | 22:21 |
| 4 | 10:41 | 4 | ♏ | 11:23 |
| 6 | 22:53 | 6 | ♐ | 23:35 |
| 9 | 05:55 | 9 | ♑ | 09:40 |
| 11 | 15:54 | 11 | ♒ | 16:32 |
| 13 | 14:12 | 13 | ♓ | 19:56 |
| 15 | 20:01 | 15 | ♈ | 20:35 |
| 17 | 19:28 | 17 | ♉ | 20:01 |
| 19 | 19:35 | 19 | ♊ | 20:09 |
| 21 | 21:01 | 21 | ♋ | 22:51 |
| 24 | 04:49 | 24 | ♌ | 05:25 |
| 26 | 08:05 | 26 | ♍ | 15:48 |
| 29 | 03:55 | 29 | ♎ | 04:31 |
| 31 | 16:58 | | | |

## 0:00 E.T. — Declinations

| D | ☉ | ☽ | ☿ | ♀ | ♂ | ♃ | ♄ | ♅ | ♆ | ♇ | ⚳ | ⚴ | ⚵ | ⚶ | ⚷ |
|---|---|---|---|---|---|---|---|---|---|---|---|---|---|---|---|
| 1 | -03 18 | +05 50 | -02 09 | -14 56 | +23 08 | +22 26 | -08 11 | +19 12 | -01 55 | -23 25 | -30 26 | +09 30 | -02 20 | +08 49 | +09 31 |
| 2 | 03 41 | 00 11 | 02 55 | 15 22 | 23 06 | 22 26 | 08 12 | 19 12 | 01 56 | 23 25 | 30 24 | 09 21 | 02 27 | 08 39 | 09 30 |
| 3 | 04 04 | -05 29 | 03 42 | 15 48 | 23 04 | 22 26 | 08 14 | 19 12 | 01 56 | 23 25 | 30 22 | 09 12 | 02 34 | 08 29 | 09 29 |
| 4 | 04 27 | 10 57 | 04 28 | 16 13 | 23 02 | 22 26 | 08 15 | 19 11 | 01 57 | 23 25 | 30 21 | 09 04 | 02 40 | 08 18 | 09 28 |
| 5 | 04 50 | 16 04 | 05 13 | 16 38 | 22 59 | 22 26 | 08 16 | 19 11 | 01 58 | 23 25 | 30 19 | 08 55 | 02 47 | 08 08 | 09 27 |
| 6 | 05 13 | 20 36 | 05 58 | 17 02 | 22 57 | 22 26 | 08 18 | 19 11 | 01 58 | 23 25 | 30 17 | 08 47 | 02 54 | 07 58 | 09 26 |
| 7 | 05 36 | 24 21 | 06 43 | 17 26 | 22 54 | 22 26 | 08 19 | 19 10 | 01 59 | 23 25 | 30 16 | 08 39 | 03 01 | 07 48 | 09 25 |
| 8 | 05 59 | 27 04 | 07 27 | 17 49 | 22 52 | 22 26 | 08 21 | 19 10 | 01 59 | 23 25 | 30 14 | 08 31 | 03 07 | 07 38 | 09 24 |
| 9 | 06 22 | 28 31 | 08 11 | 18 13 | 22 49 | 22 26 | 08 22 | 19 09 | 02 00 | 23 25 | 30 12 | 08 23 | 03 14 | 07 28 | 09 23 |
| 10 | 06 45 | 28 30 | 08 54 | 18 35 | 22 47 | 22 26 | 08 23 | 19 09 | 02 01 | 23 25 | 30 10 | 08 14 | 03 21 | 07 17 | 09 22 |
| 11 | 07 07 | 26 54 | 09 36 | 18 57 | 22 44 | 22 26 | 08 24 | 19 09 | 02 01 | 23 25 | 30 08 | 08 07 | 03 27 | 07 07 | 09 20 |
| 12 | 07 30 | 23 45 | 10 18 | 19 19 | 22 41 | 22 26 | 08 25 | 19 08 | 02 02 | 23 25 | 30 06 | 07 59 | 03 34 | 06 57 | 09 19 |
| 13 | 07 52 | 19 10 | 10 59 | 19 40 | 22 39 | 22 26 | 08 27 | 19 08 | 02 02 | 23 25 | 30 05 | 07 51 | 03 41 | 06 47 | 09 18 |
| 14 | 08 15 | 13 23 | 11 40 | 20 01 | 22 36 | 22 26 | 08 28 | 19 07 | 02 03 | 23 25 | 30 03 | 07 43 | 03 47 | 06 37 | 09 17 |
| 15 | 08 37 | 06 42 | 12 20 | 20 21 | 22 33 | 22 26 | 08 29 | 19 07 | 02 04 | 23 25 | 30 00 | 07 36 | 03 54 | 06 27 | 09 16 |
| 16 | 08 59 | +00 28 | 12 59 | 20 41 | 22 30 | 22 26 | 08 30 | 19 06 | 02 04 | 23 25 | 29 58 | 07 28 | 04 00 | 06 17 | 09 15 |
| 17 | 09 21 | 07 42 | 13 37 | 21 00 | 22 27 | 22 26 | 08 31 | 19 06 | 02 05 | 23 25 | 29 56 | 07 21 | 04 07 | 06 07 | 09 14 |
| 18 | 09 43 | 14 30 | 14 15 | 21 18 | 22 24 | 22 26 | 08 32 | 19 06 | 02 05 | 23 25 | 29 54 | 07 14 | 04 13 | 05 56 | 09 13 |
| 19 | 10 05 | 20 23 | 14 52 | 21 36 | 22 22 | 22 26 | 08 33 | 19 05 | 02 06 | 23 25 | 29 52 | 07 06 | 04 19 | 05 46 | 09 12 |
| 20 | 10 26 | 24 53 | 15 28 | 21 54 | 22 19 | 22 26 | 08 34 | 19 05 | 02 06 | 23 25 | 29 50 | 06 59 | 04 26 | 05 36 | 09 11 |
| 21 | 10 48 | 27 42 | 16 03 | 22 11 | 22 16 | 22 25 | 08 35 | 19 04 | 02 07 | 23 25 | 29 47 | 06 52 | 04 32 | 05 26 | 09 09 |
| 22 | 11 09 | 28 40 | 16 37 | 22 27 | 22 13 | 22 25 | 08 36 | 19 04 | 02 07 | 23 25 | 29 45 | 06 45 | 04 38 | 05 16 | 09 08 |
| 23 | 11 30 | 27 52 | 17 11 | 22 42 | 22 10 | 22 25 | 08 36 | 19 03 | 02 08 | 23 24 | 29 42 | 06 39 | 04 45 | 05 06 | 09 07 |
| 24 | 11 51 | 25 33 | 17 44 | 22 58 | 22 07 | 22 25 | 08 37 | 19 03 | 02 09 | 23 24 | 29 40 | 06 32 | 04 51 | 04 56 | 09 06 |
| 25 | 12 11 | 22 03 | 18 16 | 23 12 | 22 04 | 22 25 | 08 38 | 19 02 | 02 09 | 23 24 | 29 38 | 06 25 | 04 57 | 04 46 | 09 05 |
| 26 | 12 32 | 17 39 | 18 47 | 23 26 | 22 01 | 22 24 | 08 39 | 19 02 | 02 10 | 23 24 | 29 35 | 06 19 | 05 03 | 04 36 | 09 04 |
| 27 | 12 52 | 12 38 | 19 17 | 23 39 | 21 58 | 22 24 | 08 39 | 19 01 | 02 10 | 23 24 | 29 32 | 06 12 | 05 09 | 04 26 | 09 03 |
| 28 | 13 12 | 07 14 | 19 46 | 23 51 | 21 56 | 22 24 | 08 40 | 19 01 | 02 10 | 23 24 | 29 30 | 06 06 | 05 15 | 04 16 | 09 02 |
| 29 | 13 32 | 01 37 | 20 14 | 24 03 | 21 53 | 22 24 | 08 40 | 19 00 | 02 11 | 23 24 | 29 27 | 06 00 | 05 21 | 04 06 | 09 01 |
| 30 | 13 52 | -04 02 | 20 41 | 24 14 | 21 50 | 22 23 | 08 41 | 18 59 | 02 11 | 23 24 | 29 24 | 05 53 | 05 27 | 03 56 | 09 00 |
| 31 | 14 12 | 09 34 | 21 07 | 24 25 | 21 47 | 22 23 | 08 42 | 18 59 | 02 12 | 23 24 | 29 22 | 05 47 | 05 33 | 03 46 | 08 59 |

Lunar Phases -- 2 ● 18:51 10 ◐ 18:56 17 ○ 11:28 24 ◑ 08:04 Sun enters ♏ 10/22 22:17

## 0:00 E.T. Longitudes of Main Planets - November 2024 **Nov. 24**

| D | S.T. | ☉ | ☽ | ☽ 12:00 | ☿ | ♀ | ♂ | ♃ | ♄ | ♅ | ♆ | ♇ | ☊ |
|---|---|---|---|---|---|---|---|---|---|---|---|---|---|
| 1 | 2:43:06 | 09♏03 17 | 03♏13 | 09♏11 | 27♏28 | 17♐06 | 28♋53 | 20♊29℞ | 12♓53℞ | 25♉54℞ | 27♓30℞ | 29♑44 | 04♈44 |
| 2 | 2:47:02 | 10 03 21 | 15 11 | 21 13 | 28 53 | 18 18 | 29 14 | 20 24 | 12 51 | 25 52 | 27 29 | 29 45 | 04 40 |
| 3 | 2:50:59 | 11 03 27 | 27 17 | 03♐23 | 00♐16 | 19 30 | 29 36 | 20 20 | 12 50 | 25 49 | 27 28 | 29 45 | 04 37 |
| 4 | 2:54:56 | 12 03 34 | 09♐32 | 15 44 | 01 39 | 20 42 | 29 56 | 20 15 | 12 49 | 25 47 | 27 27 | 29 46 | 04 34 |
| 5 | 2:58:52 | 13 03 43 | 21 58 | 28 15 | 03 01 | 21 54 | 00♌17 | 20 10 | 12 47 | 25 44 | 27 26 | 29 47 | 04 31 |
| 6 | 3:02:49 | 14 03 54 | 04♑36 | 11♑00 | 04 22 | 23 06 | 00 37 | 20 05 | 12 46 | 25 42 | 27 25 | 29 47 | 04 28 |
| 7 | 3:06:45 | 15 04 06 | 17 27 | 23 58 | 05 42 | 24 18 | 00 56 | 19 59 | 12 45 | 25 40 | 27 24 | 29 48 | 04 24 |
| 8 | 3:10:42 | 16 04 20 | 00♒34 | 07♒13 | 07 01 | 25 30 | 01 15 | 19 54 | 12 45 | 25 37 | 27 23 | 29 49 | 04 21 |
| 9 | 3:14:38 | 17 04 35 | 13 58 | 20 46 | 08 19 | 26 42 | 01 33 | 19 48 | 12 44 | 25 35 | 27 22 | 29 50 | 04 18 |
| 10 | 3:18:35 | 18 04 52 | 27 40 | 04♓39 | 09 35 | 27 53 | 01 51 | 19 42 | 12 43 | 25 32 | 27 21 | 29 50 | 04 15 |
| 11 | 3:22:31 | 19 05 10 | 11♓43 | 18 52 | 10 49 | 29 05 | 02 09 | 19 36 | 12 43 | 25 30 | 27 20 | 29 51 | 04 12 |
| 12 | 3:26:28 | 20 05 29 | 26 05 | 03♈23 | 12 02 | 00♑17 | 02 26 | 19 30 | 12 42 | 25 27 | 27 19 | 29 52 | 04 09 |
| 13 | 3:30:25 | 21 05 50 | 10♈45 | 18 10 | 13 13 | 01 28 | 02 42 | 19 24 | 12 42 | 25 25 | 27 18 | 29 53 | 04 05 |
| 14 | 3:34:21 | 22 06 12 | 25 38 | 03♉07 | 14 22 | 02 40 | 02 58 | 19 17 | 12 42 | 25 22 | 27 18 | 29 54 | 04 02 |
| 15 | 3:38:18 | 23 06 36 | 10♉37 | 18 06 | 15 28 | 03 51 | 03 14 | 19 11 | 12 42 | 25 20 | 27 17 | 29 55 | 03 59 |
| 16 | 3:42:14 | 24 07 02 | 25 34 | 02♊59 | 16 31 | 05 02 | 03 28 | 19 04 | 12 42D | 25 17 | 27 16 | 29 56 | 03 56 |
| 17 | 3:46:11 | 25 07 29 | 10♊20 | 17 36 | 17 31 | 06 14 | 03 43 | 18 57 | 12 42 | 25 15 | 27 15 | 29 57 | 03 53 |
| 18 | 3:50:07 | 26 07 58 | 24 46 | 01♋51 | 18 28 | 07 25 | 03 56 | 18 50 | 12 42 | 25 12 | 27 15 | 29 58 | 03 50 |
| 19 | 3:54:04 | 27 08 28 | 08♋48 | 15 39 | 19 20 | 08 36 | 04 10 | 18 43 | 12 42 | 25 10 | 27 14 | 29 59 | 03 46 |
| 20 | 3:58:00 | 28 09 00 | 22 22 | 28 59 | 20 08 | 09 47 | 04 22 | 18 36 | 12 43 | 25 07 | 27 13 | 00♒00 | 03 43 |
| 21 | 4:01:57 | 29 09 34 | 05♌29 | 11♌52 | 20 50 | 10 58 | 04 34 | 18 29 | 12 43 | 25 05 | 27 13 | 00 01 | 03 40 |
| 22 | 4:05:54 | 00♐10 10 | 18 10 | 24 22 | 21 27 | 12 09 | 04 45 | 18 21 | 12 44 | 25 02 | 27 12 | 00 02 | 03 37 |
| 23 | 4:09:50 | 01 10 47 | 00♍29 | 06♍33 | 21 57 | 13 20 | 04 56 | 18 14 | 12 44 | 25 00 | 27 12 | 00 03 | 03 34 |
| 24 | 4:13:47 | 02 11 26 | 12 33 | 18 30 | 22 20 | 14 30 | 05 06 | 18 06 | 12 45 | 24 57 | 27 11 | 00 05 | 03 30 |
| 25 | 4:17:43 | 03 12 07 | 24 25 | 00♎19 | 22 34 | 15 41 | 05 15 | 17 59 | 12 46 | 24 55 | 27 11 | 00 06 | 03 27 |
| 26 | 4:21:40 | 04 12 49 | 06♎12 | 12 05 | 22 40 | 16 52 | 05 24 | 17 51 | 12 47 | 24 52 | 27 10 | 00 07 | 03 24 |
| 27 | 4:25:36 | 05 13 33 | 17 59 | 23 53 | 22 36℞ | 18 02 | 05 32 | 17 43 | 12 48 | 24 50 | 27 10 | 00 08 | 03 21 |
| 28 | 4:29:33 | 06 14 18 | 29 49 | 05♏47 | 22 22 | 19 13 | 05 39 | 17 35 | 12 50 | 24 47 | 27 10 | 00 09 | 03 18 |
| 29 | 4:33:29 | 07 15 05 | 11♏47 | 17 49 | 21 57 | 20 23 | 05 45 | 17 27 | 12 51 | 24 45 | 27 09 | 00 11 | 03 15 |
| 30 | 4:37:26 | 08 15 53 | 23 55 | 00♐03 | 21 21 | 21 33 | 05 51 | 17 19 | 12 53 | 24 43 | 27 09 | 00 12 | 03 11 |

## 0:00 E.T. Longitudes of the Major Asteroids and Chiron

| D | ⚳ | ⚴ | ⚵ | ⚶ | ⚷ | D | ⚳ | ⚴ | ⚵ | ⚶ | ⚷ |
|---|---|---|---|---|---|---|---|---|---|---|---|
| 1 | 18♑18 | 18♐23 | 29♎10 | 02♎13 | 20♈26℞ | 16 | 22 49 | 24 09 | 04 22 | 09 12 | 19 51 |
| 2 | 18 35 | 18 45 | 29 31 | 02 41 | 20 24 | 17 | 23 08 | 24 32 | 04 43 | 09 40 | 19 49 |
| 3 | 18 52 | 19 08 | 29 52 | 03 10 | 20 21 | 18 | 23 27 | 24 55 | 05 03 | 10 07 | 19 46 |
| 4 | 19 09 | 19 31 | 00♏13 | 03 38 | 20 19 | 19 | 23 46 | 25 19 | 05 24 | 10 35 | 19 44 |
| 5 | 19 27 | 19 54 | 00 34 | 04 06 | 20 16 | 20 | 24 06 | 25 42 | 05 44 | 11 02 | 19 42 |
| 6 | 19 45 | 20 17 | 00 55 | 04 34 | 20 14 | 21 | 24 25 | 26 06 | 06 04 | 11 30 | 19 40 |
| 7 | 20 02 | 20 40 | 01 16 | 05 02 | 20 11 | 22 | 24 45 | 26 29 | 06 25 | 11 57 | 19 38 |
| 8 | 20 20 | 21 03 | 01 37 | 05 30 | 20 09 | 23 | 25 05 | 26 53 | 06 45 | 12 24 | 19 37 |
| 9 | 20 39 | 21 26 | 01 58 | 05 58 | 20 07 | 24 | 25 25 | 27 16 | 07 05 | 12 52 | 19 35 |
| 10 | 20 57 | 21 49 | 02 19 | 06 26 | 20 04 | 25 | 25 45 | 27 40 | 07 25 | 13 19 | 19 33 |
| 11 | 21 15 | 22 12 | 02 39 | 06 53 | 20 02 | 26 | 26 05 | 28 03 | 07 45 | 13 46 | 19 31 |
| 12 | 21 34 | 22 35 | 03 00 | 07 21 | 20 00 | 27 | 26 25 | 28 27 | 08 05 | 14 13 | 19 29 |
| 13 | 21 52 | 22 59 | 03 21 | 07 49 | 19 57 | 28 | 26 45 | 28 50 | 08 25 | 14 40 | 19 28 |
| 14 | 22 11 | 23 22 | 03 41 | 08 17 | 19 55 | 29 | 27 06 | 29 14 | 08 45 | 15 07 | 19 26 |
| 15 | 22 30 | 23 45 | 04 02 | 08 44 | 19 53 | 30 | 27 26 | 29 38 | 09 05 | 15 34 | 19 24 |

## Lunar Data

| Last Asp. | | Ingress | | |
|---|---|---|---|---|
| 3 | 04:52 | 3 | ♐ | 05:21 |
| 5 | 10:25 | 5 | ♑ | 15:18 |
| 7 | 22:38 | 7 | ♒ | 22:59 |
| 10 | 00:24 | 10 | ♓ | 04:01 |
| 12 | 06:14 | 12 | ♈ | 06:27 |
| 14 | 06:51 | 14 | ♉ | 07:00 |
| 16 | 07:04 | 16 | ♊ | 07:10 |
| 18 | 04:10 | 18 | ♋ | 08:51 |
| 20 | 11:21 | 20 | ♌ | 13:52 |
| 22 | 13:16 | 22 | ♍ | 23:02 |
| 25 | 05:36 | 25 | ♎ | 11:21 |
| 27 | 09:15 | 28 | ♏ | 00:22 |
| 30 | 06:20 | 30 | ♐ | 11:54 |

## 0:00 E.T. Declinations

| D | ☉ | ☽ | ☿ | ♀ | ♂ | ♃ | ♄ | ♅ | ♆ | ♇ | ⚳ | ⚴ | ⚵ | ⚶ | ⚷ |
|---|---|---|---|---|---|---|---|---|---|---|---|---|---|---|---|
| 1 | -14 31 | -14 47 | -21 32 | -24 35 | +21 45 | +22 23 | -08 42 | +18 58 | -02 12 | -23 23 | -29 19 | +05 41 | -05 39 | +03 36 | +08 58 |
| 2 | 14 50 | 19 30 | 21 56 | 24 44 | 21 42 | 22 23 | 08 42 | 18 58 | 02 13 | 23 23 | 29 16 | 05 36 | 05 45 | 03 26 | 08 56 |
| 3 | 15 09 | 23 29 | 22 19 | 24 52 | 21 40 | 22 22 | 08 43 | 18 57 | 02 13 | 23 23 | 29 13 | 05 30 | 05 51 | 03 17 | 08 55 |
| 4 | 15 27 | 26 27 | 22 41 | 25 00 | 21 37 | 22 22 | 08 43 | 18 57 | 02 14 | 23 23 | 29 10 | 05 24 | 05 56 | 03 07 | 08 54 |
| 5 | 15 46 | 28 12 | 23 01 | 25 07 | 21 35 | 22 22 | 08 43 | 18 56 | 02 14 | 23 23 | 29 07 | 05 19 | 06 02 | 02 57 | 08 53 |
| 6 | 16 04 | 28 32 | 23 21 | 25 13 | 21 33 | 22 21 | 08 44 | 18 56 | 02 14 | 23 23 | 29 04 | 05 13 | 06 08 | 02 47 | 08 52 |
| 7 | 16 21 | 27 20 | 23 39 | 25 19 | 21 30 | 22 21 | 08 44 | 18 55 | 02 15 | 23 23 | 29 01 | 05 08 | 06 13 | 02 37 | 08 51 |
| 8 | 16 39 | 24 37 | 23 56 | 25 24 | 21 28 | 22 21 | 08 44 | 18 54 | 02 15 | 23 22 | 28 57 | 05 03 | 06 19 | 02 28 | 08 50 |
| 9 | 16 56 | 20 32 | 24 12 | 25 28 | 21 26 | 22 20 | 08 44 | 18 54 | 02 15 | 23 22 | 28 54 | 04 58 | 06 24 | 02 18 | 08 49 |
| 10 | 17 13 | 15 17 | 24 26 | 25 31 | 21 24 | 22 20 | 08 44 | 18 53 | 02 16 | 23 22 | 28 51 | 04 53 | 06 30 | 02 09 | 08 48 |
| 11 | 17 30 | 09 08 | 24 39 | 25 34 | 21 23 | 22 19 | 08 44 | 18 53 | 02 16 | 23 22 | 28 48 | 04 48 | 06 35 | 01 59 | 08 47 |
| 12 | 17 46 | 02 22 | 24 51 | 25 36 | 21 21 | 22 19 | 08 44 | 18 52 | 02 16 | 23 22 | 28 44 | 04 43 | 06 40 | 01 49 | 08 46 |
| 13 | 18 02 | +04 40 | 25 01 | 25 37 | 21 19 | 22 18 | 08 44 | 18 51 | 02 17 | 23 21 | 28 41 | 04 38 | 06 46 | 01 40 | 08 45 |
| 14 | 18 18 | 11 32 | 25 10 | 25 38 | 21 18 | 22 18 | 08 44 | 18 51 | 02 17 | 23 21 | 28 37 | 04 34 | 06 51 | 01 30 | 08 44 |
| 15 | 18 33 | 17 48 | 25 17 | 25 37 | 21 16 | 22 18 | 08 44 | 18 50 | 02 17 | 23 21 | 28 34 | 04 29 | 06 56 | 01 21 | 08 44 |
| 16 | 18 48 | 22 58 | 25 23 | 25 36 | 21 15 | 22 17 | 08 44 | 18 50 | 02 17 | 23 21 | 28 30 | 04 25 | 07 01 | 01 12 | 08 43 |
| 17 | 19 03 | 26 35 | 25 27 | 25 35 | 21 14 | 22 17 | 08 44 | 18 49 | 02 18 | 23 21 | 28 26 | 04 20 | 07 06 | 01 02 | 08 42 |
| 18 | 19 17 | 28 22 | 25 30 | 25 32 | 21 13 | 22 16 | 08 44 | 18 49 | 02 18 | 23 20 | 28 23 | 04 16 | 07 11 | 00 53 | 08 41 |
| 19 | 19 31 | 28 14 | 25 31 | 25 29 | 21 12 | 22 16 | 08 43 | 18 48 | 02 18 | 23 20 | 28 19 | 04 12 | 07 16 | 00 44 | 08 40 |
| 20 | 19 45 | 26 24 | 25 31 | 25 25 | 21 12 | 22 15 | 08 43 | 18 47 | 02 18 | 23 20 | 28 15 | 04 08 | 07 21 | 00 35 | 08 39 |
| 21 | 19 58 | 23 11 | 25 29 | 25 21 | 21 11 | 22 14 | 08 43 | 18 47 | 02 19 | 23 20 | 28 11 | 04 04 | 07 26 | 00 25 | 08 38 |
| 22 | 20 11 | 18 57 | 25 25 | 25 15 | 21 11 | 22 14 | 08 42 | 18 46 | 02 19 | 23 19 | 28 07 | 04 00 | 07 31 | 00 16 | 08 37 |
| 23 | 20 24 | 14 01 | 25 19 | 25 09 | 21 11 | 22 13 | 08 42 | 18 46 | 02 19 | 23 19 | 28 03 | 03 57 | 07 35 | 00 07 | 08 37 |
| 24 | 20 36 | 08 40 | 25 12 | 25 03 | 21 11 | 22 13 | 08 41 | 18 45 | 02 19 | 23 19 | 27 59 | 03 53 | 07 40 | -00 02 | 08 36 |
| 25 | 20 48 | 03 05 | 25 03 | 24 55 | 21 11 | 22 12 | 08 41 | 18 44 | 02 19 | 23 19 | 27 55 | 03 50 | 07 45 | 00 11 | 08 35 |
| 26 | 20 59 | -02 33 | 24 52 | 24 47 | 21 11 | 22 12 | 08 40 | 18 44 | 02 19 | 23 18 | 27 51 | 03 46 | 07 49 | 00 20 | 08 34 |
| 27 | 21 10 | 08 07 | 24 38 | 24 38 | 21 12 | 22 11 | 08 40 | 18 43 | 02 20 | 23 18 | 27 47 | 03 43 | 07 54 | 00 28 | 08 33 |
| 28 | 21 21 | 13 25 | 24 23 | 24 29 | 21 12 | 22 10 | 08 39 | 18 43 | 02 20 | 23 18 | 27 43 | 03 40 | 07 58 | 00 37 | 08 33 |
| 29 | 21 31 | 18 16 | 24 06 | 24 18 | 21 13 | 22 10 | 08 38 | 18 42 | 02 20 | 23 18 | 27 38 | 03 37 | 08 02 | 00 46 | 08 32 |
| 30 | 21 41 | 22 28 | 23 46 | 24 08 | 21 14 | 22 09 | 08 38 | 18 42 | 02 20 | 23 17 | 27 34 | 03 34 | 08 07 | 00 55 | 08 31 |

Lunar Phases -- 1 ● 12:48 9 ◐ 05:57 15 ○ 21:30 23 ◑ 01:29 Sun enters ♐ 11/21 19:58

## Longitudes of Main Planets - December 2024

0:00 E.T.

| D | S.T. | ☉ | ☽ | ☽ 12:00 | ☿ | ♀ | ♂ | ♃ | ♄ | ♅ | ♆ | ♇ | ☊ |
|---|---|---|---|---|---|---|---|---|---|---|---|---|---|
| 1 | 4:41:23 | 09♐16 43 | 06♐14 | 12♐29 | 20♐35℞ | 22♑43 | 05♌56 | 17♊11℞ | 12♓54 | 24♉40℞ | 27♓09℞ | 00♒13 | 03♈08 |
| 2 | 4:45:19 | 10 17 34 | 18 46 | 25 07 | 19 37 | 23 53 | 06 00 | 17 03 | 12 56 | 24 38 | 27 08 | 00 15 | 03 05 |
| 3 | 4:49:16 | 11 18 26 | 01♑31 | 07♑58 | 18 31 | 25 03 | 06 04 | 16 55 | 12 58 | 24 35 | 27 08 | 00 16 | 03 02 |
| 4 | 4:53:12 | 12 19 19 | 14 27 | 21 00 | 17 17 | 26 13 | 06 07 | 16 47 | 12 59 | 24 33 | 27 08 | 00 18 | 02 59 |
| 5 | 4:57:09 | 13 20 13 | 27 35 | 04♒13 | 15 58 | 27 23 | 06 09 | 16 39 | 13 01 | 24 31 | 27 08 | 00 19 | 02 56 |
| 6 | 5:01:05 | 14 21 07 | 10♒54 | 17 38 | 14 35 | 28 32 | 06 10 | 16 31 | 13 04 | 24 28 | 27 08 | 00 20 | 02 52 |
| 7 | 5:05:02 | 15 22 03 | 24 25 | 01♓14 | 13 12 | 29 42 | 06 10 | 16 23 | 13 06 | 24 26 | 27 08 | 00 22 | 02 49 |
| 8 | 5:08:58 | 16 22 59 | 08♓06 | 15 02 | 11 52 | 00♒51 | 06 10℞ | 16 14 | 13 08 | 24 24 | 27 08D | 00 23 | 02 46 |
| 9 | 5:12:55 | 17 23 56 | 22 00 | 29 02 | 10 37 | 02 00 | 06 09 | 16 06 | 13 10 | 24 22 | 27 08 | 00 25 | 02 43 |
| 10 | 5:16:52 | 18 24 53 | 06♈07 | 13♈14 | 09 30 | 03 10 | 06 07 | 15 58 | 13 13 | 24 19 | 27 08 | 00 26 | 02 40 |
| 11 | 5:20:48 | 19 25 51 | 20 25 | 27 37 | 08 32 | 04 18 | 06 04 | 15 50 | 13 15 | 24 17 | 27 08 | 00 28 | 02 36 |
| 12 | 5:24:45 | 20 26 50 | 04♉52 | 12♉09 | 07 44 | 05 27 | 06 00 | 15 42 | 13 18 | 24 15 | 27 08 | 00 29 | 02 33 |
| 13 | 5:28:41 | 21 27 49 | 19 26 | 26 44 | 07 08 | 06 36 | 05 56 | 15 34 | 13 21 | 24 13 | 27 08 | 00 31 | 02 30 |
| 14 | 5:32:38 | 22 28 49 | 04♊01 | 11♊16 | 06 42 | 07 44 | 05 50 | 15 26 | 13 24 | 24 11 | 27 08 | 00 33 | 02 27 |
| 15 | 5:36:34 | 23 29 49 | 18 29 | 25 38 | 06 28 | 08 53 | 05 44 | 15 18 | 13 27 | 24 09 | 27 09 | 00 34 | 02 24 |
| 16 | 5:40:31 | 24 30 51 | 02♋43 | 09♋44 | 06 24D | 10 01 | 05 37 | 15 10 | 13 30 | 24 07 | 27 09 | 00 36 | 02 21 |
| 17 | 5:44:27 | 25 31 53 | 16 39 | 23 28 | 06 30 | 11 09 | 05 29 | 15 02 | 13 33 | 24 05 | 27 09 | 00 37 | 02 17 |
| 18 | 5:48:24 | 26 32 56 | 00♌11 | 06♌48 | 06 45 | 12 16 | 05 20 | 14 54 | 13 36 | 24 02 | 27 10 | 00 39 | 02 14 |
| 19 | 5:52:21 | 27 33 59 | 13 18 | 19 43 | 07 09 | 13 24 | 05 11 | 14 46 | 13 40 | 24 01 | 27 10 | 00 41 | 02 11 |
| 20 | 5:56:17 | 28 35 03 | 26 02 | 02♍15 | 07 40 | 14 31 | 05 01 | 14 38 | 13 43 | 23 59 | 27 10 | 00 42 | 02 08 |
| 21 | 6:00:14 | 29 36 09 | 08♍24 | 14 29 | 08 18 | 15 39 | 04 49 | 14 31 | 13 47 | 23 57 | 27 11 | 00 44 | 02 05 |
| 22 | 6:04:10 | 00♑37 14 | 20 30 | 26 28 | 09 02 | 16 46 | 04 37 | 14 23 | 13 50 | 23 55 | 27 11 | 00 46 | 02 02 |
| 23 | 6:08:07 | 01 38 21 | 02♎24 | 08♎18 | 09 51 | 17 52 | 04 25 | 14 15 | 13 54 | 23 53 | 27 12 | 00 48 | 01 58 |
| 24 | 6:12:03 | 02 39 28 | 14 12 | 20 05 | 10 45 | 18 59 | 04 11 | 14 08 | 13 58 | 23 51 | 27 12 | 00 49 | 01 55 |
| 25 | 6:16:00 | 03 40 36 | 26 00 | 01♏55 | 11 43 | 20 05 | 03 57 | 14 01 | 14 02 | 23 49 | 27 13 | 00 51 | 01 52 |
| 26 | 6:19:56 | 04 41 44 | 07♏52 | 13 52 | 12 45 | 21 11 | 03 41 | 13 54 | 14 06 | 23 48 | 27 14 | 00 53 | 01 49 |
| 27 | 6:23:53 | 05 42 53 | 19 55 | 26 00 | 13 50 | 22 17 | 03 25 | 13 47 | 14 10 | 23 46 | 27 14 | 00 55 | 01 46 |
| 28 | 6:27:50 | 06 44 03 | 02♐10 | 08♐24 | 14 58 | 23 23 | 03 09 | 13 40 | 14 14 | 23 44 | 27 15 | 00 56 | 01 42 |
| 29 | 6:31:46 | 07 45 13 | 14 41 | 21 03 | 16 08 | 24 28 | 02 51 | 13 33 | 14 18 | 23 43 | 27 16 | 00 58 | 01 39 |
| 30 | 6:35:43 | 08 46 23 | 27 29 | 04♑00 | 17 21 | 25 33 | 02 33 | 13 26 | 14 23 | 23 41 | 27 16 | 01 00 | 01 36 |
| 31 | 6:39:39 | 09 47 34 | 10♑34 | 17 12 | 18 36 | 26 38 | 02 14 | 13 19 | 14 27 | 23 40 | 27 17 | 01 02 | 01 33 |

0:00 E.T.

## Longitudes of the Major Asteroids and Chiron

| D | ⚳ | ⚴ | ⚵ | ⚶ | ⚷ |
|---|---|---|---|---|---|
| 1 | 27♑47 | 00♑01 | 09♏25 | 16♎01 | 19♈23℞ |
| 2 | 28 07 | 00 25 | 09 44 | 16 28 | 19 21 |
| 3 | 28 28 | 00 49 | 10 04 | 16 55 | 19 20 |
| 4 | 28 49 | 01 12 | 10 24 | 17 21 | 19 18 |
| 5 | 29 10 | 01 36 | 10 43 | 17 48 | 19 17 |
| 6 | 29 31 | 02 00 | 11 03 | 18 15 | 19 16 |
| 7 | 29 52 | 02 24 | 11 22 | 18 41 | 19 15 |
| 8 | 00♒13 | 02 47 | 11 41 | 19 07 | 19 13 |
| 9 | 00 34 | 03 11 | 12 01 | 19 34 | 19 12 |
| 10 | 00 56 | 03 35 | 12 20 | 20 00 | 19 11 |
| 11 | 01 17 | 03 59 | 12 39 | 20 26 | 19 10 |
| 12 | 01 38 | 04 22 | 12 58 | 20 52 | 19 09 |
| 13 | 02 00 | 04 46 | 13 17 | 21 18 | 19 08 |
| 14 | 02 22 | 05 10 | 13 36 | 21 44 | 19 07 |
| 15 | 02 43 | 05 34 | 13 54 | 22 10 | 19 06 |
| 16 | 03 05 | 05 57 | 14 13 | 22 36 | 19 05 |
| 17 | 03 27 | 06 21 | 14 32 | 23 01 | 19 05 |
| 18 | 03 49 | 06 45 | 14 50 | 23 27 | 19 04 |
| 19 | 04 11 | 07 08 | 15 09 | 23 52 | 19 03 |
| 20 | 04 32 | 07 32 | 15 27 | 24 18 | 19 03 |
| 21 | 04 55 | 07 56 | 15 45 | 24 43 | 19 02 |
| 22 | 05 17 | 08 20 | 16 03 | 25 08 | 19 02 |
| 23 | 05 39 | 08 43 | 16 21 | 25 33 | 19 01 |
| 24 | 06 01 | 09 07 | 16 39 | 25 58 | 19 01 |
| 25 | 06 23 | 09 31 | 16 57 | 26 23 | 19 01 |
| 26 | 06 46 | 09 54 | 17 15 | 26 47 | 19 01 |
| 27 | 07 08 | 10 18 | 17 33 | 27 12 | 19 00 |
| 28 | 07 30 | 10 42 | 17 50 | 27 37 | 19 00 |
| 29 | 07 53 | 11 05 | 18 08 | 28 01 | 19 00 |
| 30 | 08 16 | 11 29 | 18 25 | 28 25 | 19 00D |
| 31 | 08 38 | 11 53 | 18 42 | 28 49 | 19 00 |

## Lunar Data

| Last Asp. | | Ingress | | |
|---|---|---|---|---|
| 2 | 15:48 | 2 | ♑ | 21:10 |
| 4 | 23:35 | 5 | ♒ | 04:22 |
| 7 | 00:03 | 7 | ♓ | 09:50 |
| 9 | 08:46 | 9 | ♈ | 13:39 |
| 10 | 22:14 | 11 | ♉ | 15:56 |
| 13 | 12:40 | 13 | ♊ | 17:23 |
| 15 | 14:33 | 15 | ♋ | 19:23 |
| 17 | 18:35 | 17 | ♌ | 23:40 |
| 20 | 05:21 | 20 | ♍ | 07:38 |
| 22 | 13:28 | 22 | ♎ | 19:09 |
| 24 | 10:45 | 25 | ♏ | 08:07 |
| 27 | 14:25 | 27 | ♐ | 19:47 |
| 29 | 23:35 | 30 | ♑ | 04:38 |

0:00 E.T.

## Declinations

| D | ☉ | ☽ | ☿ | ♀ | ♂ | ♃ | ♄ | ♅ | ♆ | ♇ | ⚳ | ⚴ | ⚵ | ⚶ | ⚷ |
|---|---|---|---|---|---|---|---|---|---|---|---|---|---|---|---|
| 1 | -21 50 | -25 44 | -23 24 | -23 56 | +21 16 | +22 08 | -08 37 | +18 41 | -02 20 | -23 17 | -27 29 | +03 31 | -08 11 | -01 03 | +08 31 |
| 2 | 21 59 | 27 48 | 23 01 | 23 44 | 21 17 | 22 08 | 08 36 | 18 40 | 02 20 | 23 17 | 27 25 | 03 29 | 08 15 | 01 12 | 08 30 |
| 3 | 22 08 | 28 28 | 22 35 | 23 31 | 21 19 | 22 07 | 08 35 | 18 40 | 02 20 | 23 17 | 27 20 | 03 26 | 08 19 | 01 20 | 08 29 |
| 4 | 22 16 | 27 35 | 22 08 | 23 18 | 21 21 | 22 06 | 08 34 | 18 39 | 02 20 | 23 16 | 27 16 | 03 23 | 08 23 | 01 29 | 08 29 |
| 5 | 22 24 | 25 10 | 21 40 | 23 04 | 21 23 | 22 06 | 08 34 | 18 39 | 02 20 | 23 16 | 27 11 | 03 21 | 08 27 | 01 37 | 08 28 |
| 6 | 22 31 | 21 22 | 21 12 | 22 49 | 21 25 | 22 05 | 08 33 | 18 38 | 02 20 | 23 16 | 27 06 | 03 19 | 08 31 | 01 45 | 08 27 |
| 7 | 22 38 | 16 24 | 20 44 | 22 34 | 21 28 | 22 04 | 08 32 | 18 38 | 02 20 | 23 15 | 27 02 | 03 17 | 08 35 | 01 53 | 08 27 |
| 8 | 22 45 | 10 33 | 20 17 | 22 18 | 21 31 | 22 04 | 08 31 | 18 37 | 02 20 | 23 15 | 26 57 | 03 14 | 08 38 | 02 02 | 08 26 |
| 9 | 22 50 | 04 06 | 19 53 | 22 02 | 21 34 | 22 03 | 08 29 | 18 37 | 02 20 | 23 15 | 26 52 | 03 13 | 08 42 | 02 10 | 08 26 |
| 10 | 22 56 | +02 38 | 19 31 | 21 45 | 21 37 | 22 02 | 08 28 | 18 36 | 02 20 | 23 14 | 26 47 | 03 11 | 08 46 | 02 18 | 08 25 |
| 11 | 23 01 | 09 20 | 19 12 | 21 27 | 21 40 | 22 02 | 08 27 | 18 35 | 02 20 | 23 14 | 26 42 | 03 09 | 08 49 | 02 26 | 08 25 |
| 12 | 23 06 | 15 37 | 18 57 | 21 09 | 21 44 | 22 01 | 08 26 | 18 35 | 02 20 | 23 14 | 26 37 | 03 07 | 08 53 | 02 33 | 08 24 |
| 13 | 23 10 | 21 04 | 18 46 | 20 50 | 21 48 | 22 00 | 08 25 | 18 34 | 02 20 | 23 13 | 26 32 | 03 06 | 08 56 | 02 41 | 08 24 |
| 14 | 23 13 | 25 15 | 18 38 | 20 31 | 21 52 | 21 59 | 08 24 | 18 34 | 02 20 | 23 13 | 26 27 | 03 04 | 08 59 | 02 49 | 08 23 |
| 15 | 23 17 | 27 46 | 18 34 | 20 12 | 21 56 | 21 59 | 08 22 | 18 33 | 02 19 | 23 13 | 26 22 | 03 03 | 09 03 | 02 57 | 08 23 |
| 16 | 23 19 | 28 25 | 18 34 | 19 52 | 22 00 | 21 58 | 08 21 | 18 33 | 02 19 | 23 12 | 26 16 | 03 02 | 09 06 | 03 04 | 08 22 |
| 17 | 23 22 | 27 14 | 18 36 | 19 31 | 22 05 | 21 57 | 08 20 | 18 32 | 02 19 | 23 12 | 26 11 | 03 01 | 09 09 | 03 12 | 08 22 |
| 18 | 23 24 | 24 27 | 18 42 | 19 10 | 22 10 | 21 57 | 08 18 | 18 32 | 02 19 | 23 12 | 26 06 | 03 00 | 09 12 | 03 19 | 08 21 |
| 19 | 23 25 | 20 28 | 18 49 | 18 49 | 22 15 | 21 56 | 08 17 | 18 32 | 02 19 | 23 11 | 26 00 | 02 59 | 09 15 | 03 26 | 08 21 |
| 20 | 23 26 | 15 39 | 18 59 | 18 27 | 22 20 | 21 55 | 08 15 | 18 31 | 02 19 | 23 11 | 25 55 | 02 58 | 09 18 | 03 34 | 08 21 |
| 21 | 23 26 | 10 19 | 19 11 | 18 04 | 22 25 | 21 54 | 08 14 | 18 31 | 02 18 | 23 11 | 25 49 | 02 57 | 09 20 | 03 41 | 08 20 |
| 22 | 23 26 | 04 42 | 19 24 | 17 42 | 22 31 | 21 54 | 08 12 | 18 30 | 02 18 | 23 10 | 25 44 | 02 56 | 09 23 | 03 48 | 08 20 |
| 23 | 23 26 | -00 58 | 19 38 | 17 19 | 22 36 | 21 53 | 08 11 | 18 30 | 02 18 | 23 10 | 25 38 | 02 56 | 09 26 | 03 55 | 08 20 |
| 24 | 23 25 | 06 34 | 19 53 | 16 55 | 22 42 | 21 52 | 08 09 | 18 29 | 02 18 | 23 10 | 25 33 | 02 56 | 09 28 | 04 02 | 08 20 |
| 25 | 23 23 | 11 57 | 20 08 | 16 31 | 22 48 | 21 52 | 08 07 | 18 29 | 02 17 | 23 09 | 25 27 | 02 55 | 09 31 | 04 09 | 08 19 |
| 26 | 23 21 | 16 55 | 20 24 | 16 07 | 22 54 | 21 51 | 08 06 | 18 28 | 02 17 | 23 09 | 25 21 | 02 55 | 09 33 | 04 15 | 08 19 |
| 27 | 23 19 | 21 19 | 20 40 | 15 43 | 23 00 | 21 50 | 08 04 | 18 28 | 02 17 | 23 09 | 25 15 | 02 55 | 09 35 | 04 22 | 08 19 |
| 28 | 23 16 | 24 52 | 20 56 | 15 18 | 23 07 | 21 50 | 08 02 | 18 28 | 02 17 | 23 08 | 25 09 | 02 55 | 09 38 | 04 28 | 08 19 |
| 29 | 23 13 | 27 19 | 21 11 | 14 52 | 23 13 | 21 49 | 08 00 | 18 27 | 02 16 | 23 08 | 25 03 | 02 55 | 09 40 | 04 35 | 08 19 |
| 30 | 23 09 | 28 24 | 21 27 | 14 27 | 23 20 | 21 48 | 07 59 | 18 27 | 02 16 | 23 08 | 24 57 | 02 55 | 09 42 | 04 41 | 08 19 |
| 31 | 23 05 | 27 56 | 21 42 | 14 01 | 23 26 | 21 48 | 07 57 | 18 27 | 02 16 | 23 07 | 24 51 | 02 56 | 09 44 | 04 47 | 08 19 |

Lunar Phases -- 1 ● 06:23  8 ◐ 15:28  15 ○ 09:03  22 ◑ 22:20  30 ● 22:28  Sun enters ♑ 12/21 09:22

# 0:00 E.T. Longitudes of Main Planets - January 2025 

| D | S.T. | ☉ | ☽ | ☽ 12:00 | ☿ | ♀ | ♂ | ♃ | ♄ | ♅ | ♆ | ♇ | ☊ |
|---|---|---|---|---|---|---|---|---|---|---|---|---|---|
| 1 | 6:43:36 | 10♑48 45 | 23♑54 | 00♒39 | 19♐52 | 27♒43 | 01♌55℞ | 13♊13℞ | 14♓31 | 23♉38℞ | 27♓18 | 01♒04 | 01♈30 |
| 2 | 6:47:32 | 11 49 55 | 07♒27 | 14 17 | 21 10 | 28 47 | 01 35 | 13 07 | 14 36 | 23 37 | 27 19 | 01 06 | 01 27 |
| 3 | 6:51:29 | 12 51 06 | 21 09 | 28 03 | 22 29 | 29 51 | 01 15 | 13 00 | 14 41 | 23 35 | 27 20 | 01 07 | 01 23 |
| 4 | 6:55:25 | 13 52 16 | 04♓59 | 11♓56 | 23 50 | 00♓55 | 00 54 | 12 54 | 14 45 | 23 34 | 27 21 | 01 09 | 01 20 |
| 5 | 6:59:22 | 14 53 26 | 18 54 | 25 54 | 25 12 | 01 58 | 00 32 | 12 49 | 14 50 | 23 33 | 27 21 | 01 11 | 01 17 |
| 6 | 7:03:19 | 15 54 36 | 02♈54 | 09♈55 | 26 34 | 03 01 | 00 10 | 12 43 | 14 55 | 23 31 | 27 22 | 01 13 | 01 14 |
| 7 | 7:07:15 | 16 55 45 | 16 57 | 24 00 | 27 58 | 04 03 | 29♋48 | 12 37 | 15 00 | 23 30 | 27 23 | 01 15 | 01 11 |
| 8 | 7:11:12 | 17 56 54 | 01♉03 | 08♉07 | 29 23 | 05 06 | 29 25 | 12 32 | 15 05 | 23 29 | 27 24 | 01 17 | 01 08 |
| 9 | 7:15:08 | 18 58 03 | 15 11 | 22 16 | 00♑48 | 06 08 | 29 02 | 12 27 | 15 10 | 23 28 | 27 26 | 01 19 | 01 04 |
| 10 | 7:19:05 | 19 59 11 | 29 20 | 06♊24 | 02 14 | 07 09 | 28 38 | 12 22 | 15 15 | 23 27 | 27 27 | 01 21 | 01 01 |
| 11 | 7:23:01 | 21 00 18 | 13♊26 | 20 27 | 03 41 | 08 10 | 28 15 | 12 17 | 15 21 | 23 26 | 27 28 | 01 23 | 00 58 |
| 12 | 7:26:58 | 22 01 25 | 27 26 | 04♋23 | 05 08 | 09 11 | 27 51 | 12 12 | 15 26 | 23 25 | 27 29 | 01 24 | 00 55 |
| 13 | 7:30:54 | 23 02 32 | 11♋16 | 18 06 | 06 37 | 10 11 | 27 27 | 12 08 | 15 31 | 23 24 | 27 30 | 01 26 | 00 52 |
| 14 | 7:34:51 | 24 03 38 | 24 51 | 01♌32 | 08 05 | 11 11 | 27 03 | 12 03 | 15 37 | 23 23 | 27 31 | 01 28 | 00 48 |
| 15 | 7:38:48 | 25 04 44 | 08♌09 | 14 41 | 09 35 | 12 10 | 26 39 | 11 59 | 15 42 | 23 22 | 27 33 | 01 30 | 00 45 |
| 16 | 7:42:44 | 26 05 49 | 21 07 | 27 29 | 11 04 | 13 09 | 26 15 | 11 55 | 15 48 | 23 21 | 27 34 | 01 32 | 00 42 |
| 17 | 7:46:41 | 27 06 54 | 03♍46 | 09♍59 | 12 35 | 14 07 | 25 51 | 11 51 | 15 54 | 23 21 | 27 35 | 01 34 | 00 39 |
| 18 | 7:50:37 | 28 07 59 | 16 07 | 22 12 | 14 06 | 15 05 | 25 27 | 11 48 | 15 59 | 23 20 | 27 37 | 01 36 | 00 36 |
| 19 | 7:54:34 | 29 09 03 | 28 13 | 04♎12 | 15 38 | 16 02 | 25 04 | 11 44 | 16 05 | 23 19 | 27 38 | 01 38 | 00 33 |
| 20 | 7:58:30 | 00♒10 06 | 10♎08 | 16 03 | 17 10 | 16 59 | 24 40 | 11 41 | 16 11 | 23 19 | 27 39 | 01 40 | 00 29 |
| 21 | 8:02:27 | 01 11 10 | 21 57 | 27 51 | 18 43 | 17 55 | 24 17 | 11 38 | 16 17 | 23 18 | 27 41 | 01 42 | 00 26 |
| 22 | 8:06:23 | 02 12 13 | 03♏46 | 09♏42 | 20 16 | 18 50 | 23 54 | 11 35 | 16 23 | 23 18 | 27 42 | 01 44 | 00 23 |
| 23 | 8:10:20 | 03 13 16 | 15 39 | 21 40 | 21 50 | 19 45 | 23 31 | 11 32 | 16 29 | 23 17 | 27 44 | 01 46 | 00 20 |
| 24 | 8:14:17 | 04 14 18 | 27 43 | 03♐50 | 23 24 | 20 39 | 23 09 | 11 30 | 16 35 | 23 17 | 27 45 | 01 48 | 00 17 |
| 25 | 8:18:13 | 05 15 20 | 10♐01 | 16 17 | 24 59 | 21 33 | 22 47 | 11 28 | 16 41 | 23 17 | 27 47 | 01 50 | 00 13 |
| 26 | 8:22:10 | 06 16 21 | 22 38 | 29 04 | 26 35 | 22 26 | 22 25 | 11 26 | 16 47 | 23 16 | 27 48 | 01 52 | 00 10 |
| 27 | 8:26:06 | 07 17 21 | 05♑35 | 12♑12 | 28 11 | 23 18 | 22 04 | 11 24 | 16 53 | 23 16 | 27 50 | 01 53 | 00 07 |
| 28 | 8:30:03 | 08 18 21 | 18 54 | 25 42 | 29 48 | 24 09 | 21 44 | 11 22 | 17 00 | 23 16 | 27 51 | 01 55 | 00 04 |
| 29 | 8:33:59 | 09 19 20 | 02♒34 | 09♒30 | 01♒26 | 25 00 | 21 24 | 11 21 | 17 06 | 23 16 | 27 53 | 01 57 | 00 01 |
| 30 | 8:37:56 | 10 20 18 | 16 30 | 23 33 | 03 04 | 25 50 | 21 05 | 11 20 | 17 12 | 23 16 | 27 55 | 01 59 | 29♓58 |
| 31 | 8:41:52 | 11 21 15 | 00♓39 | 07♓47 | 04 43 | 26 38 | 20 46 | 11 19 | 17 19 | 23 16D | 27 56 | 02 01 | 29 54 |

## 0:00 E.T. Longitudes of the Major Asteroids and Chiron

| D | ⚳ | ⚴ | ⚵ | ⚶ | ⚷ |
|---|---|---|---|---|---|
| 1 | 09♒01 | 12♑16 | 18♏59 | 29♎13 | 19♈00 |
| 2 | 09 23 | 12 40 | 19 16 | 29 37 | 19 00 |
| 3 | 09 46 | 13 03 | 19 33 | 00♏01 | 19 01 |
| 4 | 10 09 | 13 27 | 19 50 | 00 24 | 19 01 |
| 5 | 10 32 | 13 50 | 20 07 | 00 48 | 19 01 |
| 6 | 10 55 | 14 14 | 20 23 | 01 11 | 19 02 |
| 7 | 11 18 | 14 37 | 20 40 | 01 34 | 19 02 |
| 8 | 11 40 | 15 01 | 20 56 | 01 57 | 19 02 |
| 9 | 12 03 | 15 24 | 21 12 | 02 20 | 19 03 |
| 10 | 12 26 | 15 47 | 21 28 | 02 43 | 19 04 |
| 11 | 12 49 | 16 11 | 21 44 | 03 05 | 19 04 |
| 12 | 13 13 | 16 34 | 22 00 | 03 28 | 19 05 |
| 13 | 13 36 | 16 57 | 22 15 | 03 50 | 19 06 |
| 14 | 13 59 | 17 21 | 22 31 | 04 12 | 19 06 |
| 15 | 14 22 | 17 44 | 22 46 | 04 34 | 19 07 |
| 16 | 14 45 | 18 07 | 23 01 | 04 55 | 19 08 |
| 17 | 15 08 | 18 30 | 23 16 | 05 17 | 19 09 |
| 18 | 15 32 | 18 53 | 23 31 | 05 38 | 19 10 |
| 19 | 15 55 | 19 16 | 23 46 | 05 59 | 19 11 |
| 20 | 16 18 | 19 39 | 24 00 | 06 20 | 19 13 |
| 21 | 16 41 | 20 02 | 24 15 | 06 41 | 19 14 |
| 22 | 17 05 | 20 25 | 24 29 | 07 02 | 19 15 |
| 23 | 17 28 | 20 48 | 24 43 | 07 22 | 19 16 |
| 24 | 17 52 | 21 11 | 24 57 | 07 42 | 19 18 |
| 25 | 18 15 | 21 34 | 25 11 | 08 02 | 19 19 |
| 26 | 18 38 | 21 57 | 25 24 | 08 22 | 19 20 |
| 27 | 19 02 | 22 19 | 25 38 | 08 41 | 19 22 |
| 28 | 19 25 | 22 42 | 25 51 | 09 01 | 19 23 |
| 29 | 19 49 | 23 05 | 26 04 | 09 20 | 19 25 |
| 30 | 20 12 | 23 27 | 26 17 | 09 39 | 19 27 |
| 31 | 20 36 | 23 50 | 26 29 | 09 57 | 19 28 |

## Lunar Data

| Last Asp. | | Ingress | | |
|---|---|---|---|---|
| 1 | 06:03 | 1 | ♒ | 10:51 |
| 3 | 04:14 | 3 | ♓ | 15:22 |
| 5 | 14:31 | 5 | ♈ | 19:02 |
| 7 | 21:17 | 7 | ♉ | 22:12 |
| 9 | 22:51 | 10 | ♊ | 01:08 |
| 12 | 00:05 | 12 | ♋ | 04:25 |
| 14 | 04:47 | 14 | ♌ | 09:13 |
| 16 | 04:11 | 16 | ♍ | 16:47 |
| 19 | 02:02 | 19 | ♎ | 03:34 |
| 21 | 04:35 | 21 | ♏ | 16:21 |
| 24 | 00:04 | 24 | ♐ | 04:30 |
| 26 | 09:41 | 26 | ♑ | 13:44 |
| 28 | 15:50 | 28 | ♒ | 19:32 |
| 30 | 11:30 | 30 | ♓ | 22:54 |

## 0:00 E.T. Declinations

| D | ☉ | ☽ | ☿ | ♀ | ♂ | ♃ | ♄ | ♅ | ♆ | ♇ | ⚳ | ⚴ | ⚵ | ⚶ | ⚷ |
|---|---|---|---|---|---|---|---|---|---|---|---|---|---|---|---|
| 1 | -23 00 | -25 52 | -21 57 | -13 35 | +23 33 | +21 47 | -07 55 | +18 26 | -02 15 | -23 07 | -24 45 | +02 56 | -09 46 | -04 54 | +08 18 |
| 2 | 22 55 | 22 18 | 22 10 | 13 09 | 23 39 | 21 47 | 07 53 | 18 26 | 02 15 | 23 06 | 24 39 | 02 57 | 09 47 | 05 00 | 08 18 |
| 3 | 22 49 | 17 29 | 22 24 | 12 42 | 23 46 | 21 46 | 07 51 | 18 26 | 02 14 | 23 06 | 24 33 | 02 57 | 09 49 | 05 06 | 08 18 |
| 4 | 22 43 | 11 43 | 22 36 | 12 16 | 23 53 | 21 46 | 07 49 | 18 25 | 02 14 | 23 06 | 24 27 | 02 58 | 09 51 | 05 11 | 08 18 |
| 5 | 22 36 | 05 20 | 22 48 | 11 49 | 23 59 | 21 45 | 07 47 | 18 25 | 02 14 | 23 05 | 24 21 | 02 59 | 09 52 | 05 17 | 08 18 |
| 6 | 22 29 | +01 21 | 22 58 | 11 21 | 24 06 | 21 44 | 07 45 | 18 25 | 02 13 | 23 05 | 24 14 | 03 00 | 09 54 | 05 23 | 08 18 |
| 7 | 22 22 | 07 59 | 23 08 | 10 54 | 24 12 | 21 44 | 07 43 | 18 24 | 02 13 | 23 05 | 24 08 | 03 01 | 09 55 | 05 28 | 08 18 |
| 8 | 22 14 | 14 15 | 23 17 | 10 27 | 24 19 | 21 43 | 07 41 | 18 24 | 02 12 | 23 04 | 24 02 | 03 02 | 09 57 | 05 34 | 08 18 |
| 9 | 22 06 | 19 48 | 23 25 | 09 59 | 24 25 | 21 43 | 07 39 | 18 24 | 02 12 | 23 04 | 23 55 | 03 03 | 09 58 | 05 39 | 08 19 |
| 10 | 21 57 | 24 14 | 23 31 | 09 31 | 24 31 | 21 43 | 07 37 | 18 24 | 02 11 | 23 04 | 23 49 | 03 04 | 09 59 | 05 45 | 08 19 |
| 11 | 21 48 | 27 12 | 23 37 | 09 03 | 24 38 | 21 42 | 07 35 | 18 23 | 02 11 | 23 03 | 23 42 | 03 06 | 10 00 | 05 50 | 08 19 |
| 12 | 21 38 | 28 27 | 23 41 | 08 35 | 24 44 | 21 42 | 07 33 | 18 23 | 02 10 | 23 03 | 23 36 | 03 07 | 10 01 | 05 55 | 08 19 |
| 13 | 21 28 | 27 53 | 23 44 | 08 07 | 24 50 | 21 41 | 07 30 | 18 23 | 02 10 | 23 02 | 23 29 | 03 09 | 10 02 | 06 00 | 08 19 |
| 14 | 21 18 | 25 39 | 23 46 | 07 39 | 24 55 | 21 41 | 07 28 | 18 23 | 02 09 | 23 02 | 23 22 | 03 10 | 10 03 | 06 04 | 08 19 |
| 15 | 21 07 | 22 03 | 23 47 | 07 11 | 25 01 | 21 41 | 07 26 | 18 22 | 02 09 | 23 02 | 23 16 | 03 12 | 10 03 | 06 09 | 08 20 |
| 16 | 20 56 | 17 26 | 23 47 | 06 42 | 25 06 | 21 40 | 07 24 | 18 22 | 02 08 | 23 01 | 23 09 | 03 14 | 10 04 | 06 14 | 08 20 |
| 17 | 20 44 | 12 10 | 23 45 | 06 14 | 25 12 | 21 40 | 07 21 | 18 22 | 02 08 | 23 01 | 23 02 | 03 16 | 10 04 | 06 18 | 08 20 |
| 18 | 20 32 | 06 33 | 23 42 | 05 46 | 25 17 | 21 40 | 07 19 | 18 22 | 02 07 | 23 01 | 22 55 | 03 18 | 10 05 | 06 23 | 08 20 |
| 19 | 20 20 | 00 47 | 23 38 | 05 17 | 25 22 | 21 40 | 07 17 | 18 22 | 02 07 | 23 00 | 22 48 | 03 20 | 10 05 | 06 27 | 08 21 |
| 20 | 20 07 | -04 55 | 23 32 | 04 49 | 25 26 | 21 39 | 07 14 | 18 22 | 02 06 | 23 00 | 22 42 | 03 23 | 10 05 | 06 31 | 08 21 |
| 21 | 19 54 | 10 24 | 23 25 | 04 20 | 25 31 | 21 39 | 07 12 | 18 22 | 02 06 | 23 00 | 22 35 | 03 25 | 10 06 | 06 35 | 08 21 |
| 22 | 19 40 | 15 30 | 23 17 | 03 52 | 25 35 | 21 39 | 07 10 | 18 22 | 02 05 | 22 59 | 22 28 | 03 27 | 10 06 | 06 39 | 08 22 |
| 23 | 19 26 | 20 05 | 23 07 | 03 24 | 25 39 | 21 39 | 07 07 | 18 21 | 02 04 | 22 59 | 22 21 | 03 30 | 10 06 | 06 43 | 08 22 |
| 24 | 19 12 | 23 54 | 22 56 | 02 56 | 25 43 | 21 39 | 07 05 | 18 21 | 02 04 | 22 58 | 22 14 | 03 32 | 10 06 | 06 46 | 08 22 |
| 25 | 18 57 | 26 44 | 22 43 | 02 27 | 25 46 | 21 39 | 07 02 | 18 21 | 02 03 | 22 58 | 22 07 | 03 35 | 10 05 | 06 50 | 08 23 |
| 26 | 18 42 | 28 18 | 22 29 | 01 59 | 25 50 | 21 39 | 07 00 | 18 21 | 02 02 | 22 58 | 21 59 | 03 38 | 10 05 | 06 54 | 08 23 |
| 27 | 18 27 | 28 23 | 22 14 | 01 32 | 25 53 | 21 39 | 06 57 | 18 21 | 02 02 | 22 57 | 21 52 | 03 41 | 10 05 | 06 57 | 08 24 |
| 28 | 18 11 | 26 51 | 21 57 | 01 04 | 25 56 | 21 39 | 06 55 | 18 21 | 02 01 | 22 57 | 21 45 | 03 44 | 10 04 | 07 00 | 08 24 |
| 29 | 17 55 | 23 43 | 21 39 | 00 36 | 25 59 | 21 39 | 06 52 | 18 21 | 02 00 | 22 57 | 21 38 | 03 47 | 10 04 | 07 03 | 08 25 |
| 30 | 17 39 | 19 10 | 21 20 | 00 09 | 26 01 | 21 39 | 06 50 | 18 21 | 02 00 | 22 56 | 21 31 | 03 50 | 10 03 | 07 06 | 08 25 |
| 31 | 17 22 | 13 28 | 20 59 | +00 19 | 26 03 | 21 39 | 06 47 | 18 21 | 01 59 | 22 56 | 21 23 | 03 53 | 10 02 | 07 09 | 08 26 |

Lunar Phases -- 6 ◐ 23:58 13 ○ 22:28 21 ◑ 20:32 29 ● 12:37 Sun enters ♒ 1/19 20:02

# Longitudes of Main Planets - February 2025

0:00 E.T.

| D | S.T. | ☉ | ☽ | ☽ 12:00 | ☿ | ♀ | ♂ | ♃ | ♄ | ♅ | ♆ | ♇ | ☊ |
|---|---|---|---|---|---|---|---|---|---|---|---|---|---|
| 1 | 8:45:49 | 12♒22 11 | 14♓57 | 22♓07 | 06♒23 | 27♓27 | 20♋28℞ | 11♊18℞ | 17♓25 | 23♉16 | 27♓58 | 02♒03 | 29♓51 |
| 2 | 8:49:46 | 13 23 06 | 29 17 | 06♈28 | 08 03 | 28 14 | 20 10 | 11 17 | 17 32 | 23 16 | 28 00 | 02 05 | 29 48 |
| 3 | 8:53:42 | 14 23 59 | 13♈37 | 20 46 | 09 44 | 29 00 | 19 54 | 11 17 | 17 39 | 23 16 | 28 02 | 02 07 | 29 45 |
| 4 | 8:57:39 | 15 24 51 | 27 53 | 04♉59 | 11 26 | 29 45 | 19 38 | 11 17 | 17 45 | 23 16 | 28 03 | 02 09 | 29 42 |
| 5 | 9:01:35 | 16 25 42 | 12♉03 | 19 05 | 13 08 | 00♈29 | 19 22 | 11 17D | 17 52 | 23 16 | 28 05 | 02 11 | 29 39 |
| 6 | 9:05:32 | 17 26 31 | 26 05 | 03♊03 | 14 51 | 01 12 | 19 08 | 11 17 | 17 59 | 23 17 | 28 07 | 02 13 | 29 35 |
| 7 | 9:09:28 | 18 27 18 | 09♊58 | 16 52 | 16 36 | 01 54 | 18 54 | 11 17 | 18 05 | 23 17 | 28 09 | 02 14 | 29 32 |
| 8 | 9:13:25 | 19 28 05 | 23 43 | 00♋31 | 18 20 | 02 35 | 18 41 | 11 18 | 18 12 | 23 18 | 28 11 | 02 16 | 29 29 |
| 9 | 9:17:21 | 20 28 49 | 07♋16 | 13 59 | 20 06 | 03 15 | 18 29 | 11 19 | 18 19 | 23 18 | 28 13 | 02 18 | 29 26 |
| 10 | 9:21:18 | 21 29 33 | 20 39 | 27 15 | 21 52 | 03 53 | 18 18 | 11 20 | 18 26 | 23 19 | 28 14 | 02 20 | 29 23 |
| 11 | 9:25:15 | 22 30 14 | 03♌48 | 10♌17 | 23 39 | 04 30 | 18 07 | 11 21 | 18 33 | 23 19 | 28 16 | 02 22 | 29 19 |
| 12 | 9:29:11 | 23 30 55 | 16 43 | 23 06 | 25 27 | 05 06 | 17 57 | 11 23 | 18 40 | 23 20 | 28 18 | 02 24 | 29 16 |
| 13 | 9:33:08 | 24 31 33 | 29 24 | 05♍39 | 27 15 | 05 40 | 17 48 | 11 24 | 18 46 | 23 20 | 28 20 | 02 26 | 29 13 |
| 14 | 9:37:04 | 25 32 11 | 11♍51 | 17 59 | 29 05 | 06 13 | 17 40 | 11 26 | 18 53 | 23 21 | 28 22 | 02 27 | 29 10 |
| 15 | 9:41:01 | 26 32 47 | 24 05 | 00♎07 | 00♓54 | 06 44 | 17 33 | 11 28 | 19 00 | 23 22 | 28 24 | 02 29 | 29 07 |
| 16 | 9:44:57 | 27 33 21 | 06♎07 | 12 05 | 02 45 | 07 14 | 17 26 | 11 30 | 19 08 | 23 23 | 28 26 | 02 31 | 29 04 |
| 17 | 9:48:54 | 28 33 55 | 18 01 | 23 56 | 04 35 | 07 42 | 17 20 | 11 33 | 19 15 | 23 24 | 28 28 | 02 33 | 29 00 |
| 18 | 9:52:50 | 29 34 27 | 29 50 | 05♏44 | 06 27 | 08 08 | 17 15 | 11 35 | 19 22 | 23 25 | 28 30 | 02 34 | 28 57 |
| 19 | 9:56:47 | 00♓34 57 | 11♏39 | 17 35 | 08 18 | 08 33 | 17 11 | 11 38 | 19 29 | 23 26 | 28 32 | 02 36 | 28 54 |
| 20 | 10:00:44 | 01 35 27 | 23 32 | 29 32 | 10 10 | 08 56 | 17 07 | 11 41 | 19 36 | 23 27 | 28 34 | 02 38 | 28 51 |
| 21 | 10:04:40 | 02 35 55 | 05♐35 | 11♐41 | 12 01 | 09 17 | 17 05 | 11 44 | 19 43 | 23 28 | 28 36 | 02 40 | 28 48 |
| 22 | 10:08:37 | 03 36 22 | 17 51 | 24 06 | 13 52 | 09 36 | 17 03 | 11 48 | 19 50 | 23 29 | 28 39 | 02 41 | 28 45 |
| 23 | 10:12:33 | 04 36 48 | 00♑27 | 06♑52 | 15 43 | 09 53 | 17 01 | 11 51 | 19 58 | 23 30 | 28 41 | 02 43 | 28 41 |
| 24 | 10:16:30 | 05 37 12 | 13 24 | 20 02 | 17 33 | 10 07 | 17 01 | 11 55 | 20 05 | 23 31 | 28 43 | 02 45 | 28 38 |
| 25 | 10:20:26 | 06 37 35 | 26 46 | 03♒37 | 19 22 | 10 20 | 17 01D | 11 59 | 20 12 | 23 33 | 28 45 | 02 47 | 28 35 |
| 26 | 10:24:23 | 07 37 56 | 10♒33 | 17 36 | 21 09 | 10 31 | 17 02 | 12 03 | 20 19 | 23 34 | 28 47 | 02 48 | 28 32 |
| 27 | 10:28:19 | 08 38 16 | 24 43 | 01♓56 | 22 54 | 10 39 | 17 04 | 12 07 | 20 27 | 23 35 | 28 49 | 02 50 | 28 29 |
| 28 | 10:32:16 | 09 38 34 | 09♓12 | 16 32 | 24 37 | 10 45 | 17 07 | 12 12 | 20 34 | 23 37 | 28 51 | 02 51 | 28 25 |

0:00 E.T.

## Longitudes of the Major Asteroids and Chiron

| D | ⚳ | ⚴ | ⚵ | ⚶ | ⚷ | D | ⚳ | ⚴ | ⚵ | ⚶ | ⚷ |
|---|---|---|---|---|---|---|---|---|---|---|---|
| 1 | 20♒59 | 24♑12 | 26♏42 | 10♏15 | 19♈30 | 15 | 26 29 | 29 21 | 29 15 | 14 04 | 20 00 |
| 2 | 21 23 | 24 35 | 26 54 | 10 34 | 19 32 | 16 | 26 53 | 29 43 | 29 24 | 14 18 | 20 02 |
| 3 | 21 46 | 24 57 | 27 06 | 10 51 | 19 34 | 17 | 27 16 | 00♒04 | 29 33 | 14 32 | 20 04 |
| 4 | 22 10 | 25 20 | 27 18 | 11 09 | 19 36 | 18 | 27 40 | 00 25 | 29 42 | 14 46 | 20 07 |
| 5 | 22 33 | 25 42 | 27 30 | 11 26 | 19 38 | 19 | 28 03 | 00 47 | 29 50 | 14 59 | 20 09 |
| 6 | 22 57 | 26 04 | 27 41 | 11 43 | 19 40 | 20 | 28 27 | 01 08 | 29 59 | 15 11 | 20 12 |
| 7 | 23 20 | 26 26 | 27 53 | 12 00 | 19 42 | 21 | 28 50 | 01 29 | 00♐07 | 15 24 | 20 15 |
| 8 | 23 44 | 26 48 | 28 04 | 12 17 | 19 44 | 22 | 29 14 | 01 50 | 00 15 | 15 36 | 20 17 |
| 9 | 24 08 | 27 10 | 28 14 | 12 33 | 19 46 | 23 | 29 38 | 02 11 | 00 22 | 15 48 | 20 20 |
| 10 | 24 31 | 27 32 | 28 25 | 12 49 | 19 48 | 24 | 00♓01 | 02 32 | 00 29 | 15 59 | 20 23 |
| 11 | 24 55 | 27 54 | 28 35 | 13 04 | 19 50 | 25 | 00 25 | 02 53 | 00 36 | 16 10 | 20 25 |
| 12 | 25 18 | 28 16 | 28 46 | 13 20 | 19 53 | 26 | 00 48 | 03 14 | 00 43 | 16 21 | 20 28 |
| 13 | 25 42 | 28 38 | 28 56 | 13 35 | 19 55 | 27 | 01 12 | 03 35 | 00 50 | 16 31 | 20 31 |
| 14 | 26 06 | 28 59 | 29 05 | 13 50 | 19 57 | 28 | 01 35 | 03 55 | 00 56 | 16 41 | 20 34 |

## Lunar Data

| Last Asp. | | Ingress | | |
|---|---|---|---|---|
| 1 | 22:07 | 2 | ♈ | 01:11 |
| 3 | 10:21 | 4 | ♉ | 03:35 |
| 6 | 03:31 | 6 | ♊ | 06:45 |
| 8 | 07:54 | 8 | ♋ | 11:06 |
| 10 | 13:51 | 10 | ♌ | 17:02 |
| 12 | 19:13 | 13 | ♍ | 01:08 |
| 15 | 08:37 | 15 | ♎ | 11:46 |
| 17 | 23:25 | 18 | ♏ | 00:20 |
| 20 | 10:07 | 20 | ♐ | 12:56 |
| 22 | 20:39 | 22 | ♑ | 23:10 |
| 25 | 03:29 | 25 | ♒ | 05:41 |
| 26 | 22:05 | 27 | ♓ | 08:48 |

0:00 E.T.

## Declinations

| D | ☉ | ☽ | ☿ | ♀ | ♂ | ♃ | ♄ | ♅ | ♆ | ♇ | ⚳ | ⚴ | ⚵ | ⚶ | ⚷ |
|---|---|---|---|---|---|---|---|---|---|---|---|---|---|---|---|
| 1 | -17 05 | -07 01 | -20 36 | +00 46 | +26 05 | +21 39 | -06 44 | +18 21 | -01 58 | -22 56 | -21 16 | +03 56 | -10 01 | -07 12 | +08 26 |
| 2 | 16 48 | 00 12 | 20 12 | 01 13 | 26 07 | 21 39 | 06 42 | 18 21 | 01 58 | 22 55 | 21 09 | 04 00 | 10 00 | 07 14 | 08 27 |
| 3 | 16 31 | +06 38 | 19 47 | 01 39 | 26 09 | 21 39 | 06 39 | 18 21 | 01 57 | 22 55 | 21 01 | 04 03 | 09 59 | 07 17 | 08 28 |
| 4 | 16 13 | 13 07 | 19 20 | 02 06 | 26 10 | 21 39 | 06 37 | 18 21 | 01 56 | 22 55 | 20 54 | 04 07 | 09 58 | 07 19 | 08 28 |
| 5 | 15 55 | 18 52 | 18 52 | 02 32 | 26 11 | 21 39 | 06 34 | 18 21 | 01 55 | 22 54 | 20 47 | 04 10 | 09 57 | 07 21 | 08 29 |
| 6 | 15 36 | 23 32 | 18 22 | 02 58 | 26 12 | 21 40 | 06 31 | 18 22 | 01 55 | 22 54 | 20 39 | 04 14 | 09 56 | 07 23 | 08 29 |
| 7 | 15 18 | 26 48 | 17 51 | 03 23 | 26 13 | 21 40 | 06 29 | 18 22 | 01 54 | 22 54 | 20 32 | 04 18 | 09 54 | 07 25 | 08 30 |
| 8 | 14 59 | 28 27 | 17 18 | 03 48 | 26 13 | 21 40 | 06 26 | 18 22 | 01 53 | 22 53 | 20 24 | 04 22 | 09 53 | 07 27 | 08 31 |
| 9 | 14 40 | 28 20 | 16 44 | 04 13 | 26 14 | 21 41 | 06 23 | 18 22 | 01 52 | 22 53 | 20 17 | 04 26 | 09 51 | 07 29 | 08 32 |
| 10 | 14 20 | 26 35 | 16 09 | 04 37 | 26 14 | 21 41 | 06 20 | 18 22 | 01 52 | 22 53 | 20 09 | 04 30 | 09 50 | 07 31 | 08 32 |
| 11 | 14 01 | 23 23 | 15 32 | 05 01 | 26 14 | 21 41 | 06 18 | 18 22 | 01 51 | 22 52 | 20 02 | 04 34 | 09 48 | 07 32 | 08 33 |
| 12 | 13 41 | 19 05 | 14 53 | 05 25 | 26 14 | 21 42 | 06 15 | 18 22 | 01 50 | 22 52 | 19 54 | 04 38 | 09 46 | 07 33 | 08 34 |
| 13 | 13 21 | 14 00 | 14 13 | 05 48 | 26 14 | 21 42 | 06 12 | 18 23 | 01 49 | 22 52 | 19 46 | 04 42 | 09 44 | 07 35 | 08 34 |
| 14 | 13 00 | 08 26 | 13 32 | 06 11 | 26 13 | 21 43 | 06 09 | 18 23 | 01 49 | 22 51 | 19 39 | 04 47 | 09 42 | 07 36 | 08 35 |
| 15 | 12 40 | 02 39 | 12 49 | 06 33 | 26 12 | 21 43 | 06 07 | 18 23 | 01 48 | 22 51 | 19 31 | 04 51 | 09 40 | 07 37 | 08 36 |
| 16 | 12 19 | -03 08 | 12 06 | 06 54 | 26 12 | 21 44 | 06 04 | 18 23 | 01 47 | 22 51 | 19 23 | 04 56 | 09 38 | 07 38 | 08 37 |
| 17 | 11 58 | 08 45 | 11 20 | 07 15 | 26 11 | 21 44 | 06 01 | 18 24 | 01 46 | 22 51 | 19 16 | 05 00 | 09 36 | 07 38 | 08 38 |
| 18 | 11 37 | 14 02 | 10 34 | 07 35 | 26 10 | 21 45 | 05 58 | 18 24 | 01 45 | 22 50 | 19 08 | 05 05 | 09 33 | 07 39 | 08 39 |
| 19 | 11 16 | 18 48 | 09 46 | 07 55 | 26 09 | 21 45 | 05 55 | 18 24 | 01 44 | 22 50 | 19 00 | 05 09 | 09 31 | 07 39 | 08 39 |
| 20 | 10 55 | 22 52 | 08 58 | 08 14 | 26 07 | 21 46 | 05 53 | 18 24 | 01 44 | 22 50 | 18 53 | 05 14 | 09 28 | 07 40 | 08 40 |
| 21 | 10 33 | 26 01 | 08 08 | 08 32 | 26 06 | 21 46 | 05 50 | 18 25 | 01 43 | 22 49 | 18 45 | 05 19 | 09 25 | 07 40 | 08 41 |
| 22 | 10 11 | 28 02 | 07 18 | 08 49 | 26 05 | 21 47 | 05 47 | 18 25 | 01 42 | 22 49 | 18 37 | 05 24 | 09 23 | 07 40 | 08 42 |
| 23 | 09 49 | 28 41 | 06 27 | 09 06 | 26 03 | 21 48 | 05 44 | 18 25 | 01 41 | 22 49 | 18 29 | 05 29 | 09 20 | 07 40 | 08 43 |
| 24 | 09 27 | 27 48 | 05 35 | 09 22 | 26 01 | 21 49 | 05 41 | 18 26 | 01 40 | 22 49 | 18 21 | 05 34 | 09 17 | 07 40 | 08 44 |
| 25 | 09 05 | 25 18 | 04 43 | 09 37 | 25 59 | 21 49 | 05 38 | 18 26 | 01 39 | 22 48 | 18 14 | 05 39 | 09 14 | 07 39 | 08 45 |
| 26 | 08 42 | 21 17 | 03 51 | 09 51 | 25 57 | 21 50 | 05 35 | 18 26 | 01 39 | 22 48 | 18 06 | 05 44 | 09 11 | 07 39 | 08 46 |
| 27 | 08 20 | 15 58 | 02 59 | 10 04 | 25 55 | 21 51 | 05 33 | 18 27 | 01 38 | 22 48 | 17 58 | 05 49 | 09 07 | 07 38 | 08 47 |
| 28 | 07 57 | 09 39 | 02 07 | 10 16 | 25 53 | 21 51 | 05 30 | 18 27 | 01 37 | 22 48 | 17 50 | 05 55 | 09 04 | 07 38 | 08 48 |

Lunar Phases -- 5 ◐ 08:03 12 ○ 13:55 20 ◑ 17:34 28 ● 00:46 Sun enters ♓ 2/18 10:08

## 0:00 E.T. Longitudes of Main Planets - March 2025

| D | S.T. | ☉ | ☽ | ☽ 12:00 | ☿ | ♀ | ♂ | ♃ | ♄ | ♅ | ♆ | ♇ | ☊ |
|---|---|---|---|---|---|---|---|---|---|---|---|---|---|
| 1 | 10:36:13 | 10♓38 50 | 23♓55 | 01♈18 | 26♓17 | 10♈49 | 17♋10 | 12♊16 | 20♓41 | 23♉38 | 28♓54 | 02♒53 | 28♓22 |
| 2 | 10:40:09 | 11 39 04 | 08♈43 | 16 06 | 27 54 | 10 50℞ | 17 14 | 12 21 | 20 49 | 23 40 | 28 56 | 02 55 | 28 19 |
| 3 | 10:44:06 | 12 39 17 | 23 29 | 00♉50 | 29 26 | 10 49 | 17 18 | 12 26 | 20 56 | 23 41 | 28 58 | 02 56 | 28 16 |
| 4 | 10:48:02 | 13 39 27 | 08♉08 | 15 23 | 00♈54 | 10 45 | 17 24 | 12 31 | 21 03 | 23 43 | 29 00 | 02 58 | 28 13 |
| 5 | 10:51:59 | 14 39 35 | 22 35 | 29 42 | 02 17 | 10 39 | 17 29 | 12 37 | 21 11 | 23 45 | 29 02 | 02 59 | 28 10 |
| 6 | 10:55:55 | 15 39 42 | 06♊45 | 13♊44 | 03 34 | 10 30 | 17 36 | 12 42 | 21 18 | 23 46 | 29 05 | 03 01 | 28 06 |
| 7 | 10:59:52 | 16 39 46 | 20 38 | 27 28 | 04 45 | 10 19 | 17 43 | 12 48 | 21 26 | 23 48 | 29 07 | 03 02 | 28 03 |
| 8 | 11:03:48 | 17 39 48 | 04♋13 | 10♋54 | 05 49 | 10 06 | 17 51 | 12 54 | 21 33 | 23 50 | 29 09 | 03 04 | 28 00 |
| 9 | 11:07:45 | 18 39 48 | 17 31 | 24 03 | 06 46 | 09 49 | 18 00 | 13 00 | 21 40 | 23 52 | 29 11 | 03 05 | 27 57 |
| 10 | 11:11:42 | 19 39 45 | 00♌32 | 06♌57 | 07 35 | 09 31 | 18 09 | 13 06 | 21 48 | 23 54 | 29 14 | 03 07 | 27 54 |
| 11 | 11:15:38 | 20 39 41 | 13 19 | 19 38 | 08 16 | 09 10 | 18 18 | 13 12 | 21 55 | 23 56 | 29 16 | 03 08 | 27 51 |
| 12 | 11:19:35 | 21 39 34 | 25 53 | 02♍05 | 08 49 | 08 46 | 18 29 | 13 19 | 22 03 | 23 58 | 29 18 | 03 10 | 27 47 |
| 13 | 11:23:31 | 22 39 26 | 08♍15 | 14 22 | 09 13 | 08 21 | 18 39 | 13 26 | 22 10 | 24 00 | 29 20 | 03 11 | 27 44 |
| 14 | 11:27:28 | 23 39 15 | 20 27 | 26 29 | 09 28 | 07 53 | 18 51 | 13 32 | 22 17 | 24 02 | 29 23 | 03 12 | 27 41 |
| 15 | 11:31:24 | 24 39 02 | 02♎30 | 08♎29 | 09 35 | 07 24 | 19 02 | 13 39 | 22 25 | 24 04 | 29 25 | 03 14 | 27 38 |
| 16 | 11:35:21 | 25 38 48 | 14 26 | 20 22 | 09 33℞ | 06 52 | 19 15 | 13 46 | 22 32 | 24 06 | 29 27 | 03 15 | 27 35 |
| 17 | 11:39:17 | 26 38 31 | 26 18 | 02♏12 | 09 23 | 06 19 | 19 28 | 13 54 | 22 40 | 24 08 | 29 29 | 03 16 | 27 31 |
| 18 | 11:43:14 | 27 38 13 | 08♏07 | 14 01 | 09 05 | 05 45 | 19 41 | 14 01 | 22 47 | 24 10 | 29 32 | 03 18 | 27 28 |
| 19 | 11:47:11 | 28 37 53 | 19 56 | 25 53 | 08 39 | 05 10 | 19 55 | 14 09 | 22 54 | 24 13 | 29 34 | 03 19 | 27 25 |
| 20 | 11:51:07 | 29 37 31 | 01♐50 | 07♐50 | 08 07 | 04 33 | 20 09 | 14 16 | 23 02 | 24 15 | 29 36 | 03 20 | 27 22 |
| 21 | 11:55:04 | 00♈37 07 | 13 53 | 19 58 | 07 29 | 03 56 | 20 24 | 14 24 | 23 09 | 24 17 | 29 38 | 03 21 | 27 19 |
| 22 | 11:59:00 | 01 36 42 | 26 07 | 02♑21 | 06 46 | 03 19 | 20 40 | 14 32 | 23 16 | 24 20 | 29 41 | 03 23 | 27 16 |
| 23 | 12:02:57 | 02 36 15 | 08♑39 | 15 02 | 05 58 | 02 41 | 20 55 | 14 40 | 23 24 | 24 22 | 29 43 | 03 24 | 27 12 |
| 24 | 12:06:53 | 03 35 46 | 21 31 | 28 06 | 05 08 | 02 03 | 21 12 | 14 48 | 23 31 | 24 24 | 29 45 | 03 25 | 27 09 |
| 25 | 12:10:50 | 04 35 16 | 04♒47 | 11♒35 | 04 16 | 01 26 | 21 28 | 14 57 | 23 38 | 24 27 | 29 48 | 03 26 | 27 06 |
| 26 | 12:14:46 | 05 34 43 | 18 30 | 25 32 | 03 23 | 00 49 | 21 45 | 15 05 | 23 46 | 24 29 | 29 50 | 03 27 | 27 03 |
| 27 | 12:18:43 | 06 34 09 | 02♓40 | 09♓54 | 02 30 | 00 13 | 22 03 | 15 14 | 23 53 | 24 32 | 29 52 | 03 28 | 27 00 |
| 28 | 12:22:40 | 07 33 33 | 17 13 | 24 38 | 01 39 | 29♓38 | 22 21 | 15 22 | 24 00 | 24 35 | 29 54 | 03 29 | 26 57 |
| 29 | 12:26:36 | 08 32 55 | 02♈07 | 09♈38 | 00 50 | 29 04 | 22 39 | 15 31 | 24 08 | 24 37 | 29 57 | 03 30 | 26 53 |
| 30 | 12:30:33 | 09 32 15 | 17 12 | 24 46 | 00 04 | 28 31 | 22 58 | 15 40 | 24 15 | 24 40 | 29 59 | 03 31 | 26 50 |
| 31 | 12:34:29 | 10 31 33 | 02♉20 | 09♉53 | 29♓22 | 28 01 | 23 17 | 15 49 | 24 22 | 24 43 | 00♈01 | 03 32 | 26 47 |

## 0:00 E.T. Longitudes of the Major Asteroids and Chiron

| D | ⚳ | ⚴ | ⚵ | ⚶ | ⚷ |
|---|---|---|---|---|---|
| 1 | 01♓59 | 04♒16 | 01♐02 | 16♏50 | 20♈37 |
| 2 | 02 22 | 04 36 | 01 07 | 16 59 | 20 40 |
| 3 | 02 45 | 04 57 | 01 13 | 17 08 | 20 43 |
| 4 | 03 09 | 05 17 | 01 18 | 17 16 | 20 46 |
| 5 | 03 32 | 05 37 | 01 22 | 17 24 | 20 49 |
| 6 | 03 56 | 05 57 | 01 27 | 17 31 | 20 52 |
| 7 | 04 19 | 06 17 | 01 31 | 17 38 | 20 55 |
| 8 | 04 42 | 06 37 | 01 35 | 17 45 | 20 58 |
| 9 | 05 06 | 06 57 | 01 38 | 17 51 | 21 01 |
| 10 | 05 29 | 07 16 | 01 42 | 17 56 | 21 04 |
| 11 | 05 52 | 07 36 | 01 45 | 18 02 | 21 07 |
| 12 | 06 15 | 07 56 | 01 47 | 18 06 | 21 10 |
| 13 | 06 39 | 08 15 | 01 50 | 18 11 | 21 14 |
| 14 | 07 02 | 08 34 | 01 52 | 18 14 | 21 17 |
| 15 | 07 25 | 08 53 | 01 53 | 18 18 | 21 20 |
| 16 | 07 48 | 09 12 | 01 55 | 18 21 | 21 23 |
| 17 | 08 11 | 09 31 | 01 56 | 18 23 | 21 27 |
| 18 | 08 34 | 09 50 | 01 56 | 18 25 | 21 30 |
| 19 | 08 57 | 10 09 | 01 57 | 18 26 | 21 33 |
| 20 | 09 20 | 10 27 | 01 57℞ | 18 27 | 21 37 |
| 21 | 09 43 | 10 46 | 01 57 | 18 28 | 21 40 |
| 22 | 10 06 | 11 04 | 01 56 | 18 28℞ | 21 43 |
| 23 | 10 29 | 11 22 | 01 55 | 18 27 | 21 47 |
| 24 | 10 52 | 11 40 | 01 54 | 18 26 | 21 50 |
| 25 | 11 15 | 11 58 | 01 52 | 18 25 | 21 54 |
| 26 | 11 38 | 12 16 | 01 50 | 18 23 | 21 57 |
| 27 | 12 01 | 12 34 | 01 48 | 18 20 | 22 01 |
| 28 | 12 23 | 12 51 | 01 46 | 18 17 | 22 04 |
| 29 | 12 46 | 13 09 | 01 43 | 18 14 | 22 08 |
| 30 | 13 09 | 13 26 | 01 39 | 18 09 | 22 11 |
| 31 | 13 31 | 13 43 | 01 36 | 18 05 | 22 15 |

## Lunar Data

| Last Asp. | | Ingress | | |
|---|---|---|---|---|
| 1 | 08:07 | 1 | ♈ | 09:53 |
| 2 | 13:53 | 3 | ♉ | 10:38 |
| 5 | 10:55 | 5 | ♊ | 12:31 |
| 7 | 14:58 | 7 | ♋ | 16:30 |
| 9 | 21:34 | 9 | ♌ | 23:00 |
| 11 | 20:17 | 12 | ♍ | 07:57 |
| 14 | 17:49 | 14 | ♎ | 19:00 |
| 16 | 09:54 | 17 | ♏ | 07:32 |
| 19 | 19:29 | 19 | ♐ | 20:18 |
| 22 | 06:54 | 22 | ♑ | 07:30 |
| 24 | 15:02 | 24 | ♒ | 15:26 |
| 26 | 10:16 | 26 | ♓ | 19:33 |
| 28 | 20:31 | 28 | ♈ | 20:37 |
| 30 | 09:19 | 30 | ♉ | 20:17 |

## 0:00 E.T. Declinations

| D | ☉ | ☽ | ☿ | ♀ | ♂ | ♃ | ♄ | ♅ | ♆ | ♇ | ⚳ | ⚴ | ⚵ | ⚶ | ⚷ |
|---|---|---|---|---|---|---|---|---|---|---|---|---|---|---|---|
| 1 | -07 34 | -02 43 | -01 16 | +10 27 | +25 51 | +21 52 | -05 27 | +18 27 | -01 36 | -22 47 | -17 42 | +06 00 | -09 01 | -07 37 | +08 49 |
| 2 | 07 12 | +04 24 | 00 26 | 10 36 | 25 49 | 21 53 | 05 24 | 18 28 | 01 35 | 22 47 | 17 34 | 06 06 | 08 57 | 07 36 | 08 50 |
| 3 | 06 49 | 11 17 | +00 23 | 10 45 | 25 46 | 21 54 | 05 21 | 18 28 | 01 34 | 22 47 | 17 27 | 06 11 | 08 54 | 07 35 | 08 51 |
| 4 | 06 26 | 17 29 | 01 11 | 10 53 | 25 44 | 21 55 | 05 18 | 18 29 | 01 33 | 22 47 | 17 19 | 06 17 | 08 50 | 07 34 | 08 52 |
| 5 | 06 02 | 22 36 | 01 57 | 10 59 | 25 41 | 21 56 | 05 15 | 18 29 | 01 32 | 22 46 | 17 11 | 06 22 | 08 46 | 07 32 | 08 53 |
| 6 | 05 39 | 26 18 | 02 40 | 11 03 | 25 39 | 21 57 | 05 12 | 18 30 | 01 32 | 22 46 | 17 03 | 06 28 | 08 43 | 07 31 | 08 54 |
| 7 | 05 16 | 28 20 | 03 21 | 11 07 | 25 36 | 21 57 | 05 09 | 18 30 | 01 31 | 22 46 | 16 55 | 06 33 | 08 39 | 07 30 | 08 55 |
| 8 | 04 53 | 28 37 | 03 59 | 11 09 | 25 33 | 21 58 | 05 07 | 18 30 | 01 30 | 22 46 | 16 47 | 06 39 | 08 35 | 07 28 | 08 56 |
| 9 | 04 29 | 27 13 | 04 34 | 11 10 | 25 30 | 21 59 | 05 04 | 18 31 | 01 29 | 22 46 | 16 39 | 06 45 | 08 31 | 07 26 | 08 57 |
| 10 | 04 06 | 24 22 | 05 05 | 11 09 | 25 27 | 22 00 | 05 01 | 18 31 | 01 28 | 22 45 | 16 31 | 06 51 | 08 27 | 07 24 | 08 58 |
| 11 | 03 42 | 20 21 | 05 33 | 11 06 | 25 24 | 22 01 | 04 58 | 18 32 | 01 27 | 22 45 | 16 24 | 06 57 | 08 22 | 07 22 | 08 59 |
| 12 | 03 18 | 15 30 | 05 57 | 11 03 | 25 21 | 22 02 | 04 55 | 18 32 | 01 26 | 22 45 | 16 16 | 07 03 | 08 18 | 07 20 | 09 01 |
| 13 | 02 55 | 10 06 | 06 17 | 10 57 | 25 18 | 22 03 | 04 52 | 18 33 | 01 25 | 22 45 | 16 08 | 07 09 | 08 14 | 07 18 | 09 02 |
| 14 | 02 31 | 04 23 | 06 32 | 10 50 | 25 14 | 22 04 | 04 49 | 18 33 | 01 24 | 22 45 | 16 00 | 07 15 | 08 09 | 07 16 | 09 03 |
| 15 | 02 08 | -01 25 | 06 43 | 10 42 | 25 11 | 22 05 | 04 46 | 18 34 | 01 23 | 22 45 | 15 52 | 07 21 | 08 05 | 07 13 | 09 04 |
| 16 | 01 44 | 07 07 | 06 49 | 10 32 | 25 07 | 22 06 | 04 43 | 18 35 | 01 23 | 22 44 | 15 44 | 07 27 | 08 00 | 07 11 | 09 05 |
| 17 | 01 20 | 12 32 | 06 50 | 10 21 | 25 04 | 22 07 | 04 41 | 18 35 | 01 22 | 22 44 | 15 36 | 07 33 | 07 55 | 07 08 | 09 06 |
| 18 | 00 56 | 17 29 | 06 47 | 10 08 | 25 00 | 22 08 | 04 38 | 18 36 | 01 21 | 22 44 | 15 28 | 07 40 | 07 51 | 07 05 | 09 07 |
| 19 | 00 33 | 21 46 | 06 40 | 09 54 | 24 56 | 22 09 | 04 35 | 18 36 | 01 20 | 22 44 | 15 21 | 07 46 | 07 46 | 07 02 | 09 09 |
| 20 | 00 09 | 25 12 | 06 28 | 09 39 | 24 53 | 22 10 | 04 32 | 18 37 | 01 19 | 22 44 | 15 13 | 07 52 | 07 41 | 06 59 | 09 10 |
| 21 | +00 15 | 27 35 | 06 12 | 09 23 | 24 49 | 22 12 | 04 29 | 18 37 | 01 18 | 22 44 | 15 05 | 07 59 | 07 36 | 06 56 | 09 11 |
| 22 | 00 38 | 28 40 | 05 52 | 09 05 | 24 45 | 22 13 | 04 26 | 18 38 | 01 17 | 22 44 | 14 57 | 08 05 | 07 31 | 06 53 | 09 12 |
| 23 | 01 02 | 28 21 | 05 29 | 08 47 | 24 41 | 22 14 | 04 23 | 18 39 | 01 16 | 22 43 | 14 49 | 08 12 | 07 26 | 06 50 | 09 13 |
| 24 | 01 26 | 26 30 | 05 03 | 08 28 | 24 36 | 22 15 | 04 20 | 18 39 | 01 15 | 22 43 | 14 41 | 08 18 | 07 21 | 06 47 | 09 15 |
| 25 | 01 49 | 23 09 | 04 35 | 08 08 | 24 32 | 22 16 | 04 18 | 18 40 | 01 14 | 22 43 | 14 34 | 08 25 | 07 16 | 06 43 | 09 16 |
| 26 | 02 13 | 18 27 | 04 05 | 07 47 | 24 28 | 22 17 | 04 15 | 18 40 | 01 14 | 22 43 | 14 26 | 08 31 | 07 10 | 06 40 | 09 17 |
| 27 | 02 36 | 12 36 | 03 34 | 07 26 | 24 23 | 22 18 | 04 12 | 18 41 | 01 13 | 22 43 | 14 18 | 08 38 | 07 05 | 06 36 | 09 18 |
| 28 | 03 00 | 05 55 | 03 02 | 07 05 | 24 19 | 22 19 | 04 09 | 18 42 | 01 12 | 22 43 | 14 10 | 08 44 | 07 00 | 06 33 | 09 19 |
| 29 | 03 23 | +01 14 | 02 30 | 06 43 | 24 14 | 22 20 | 04 06 | 18 42 | 01 11 | 22 43 | 14 03 | 08 51 | 06 54 | 06 29 | 09 21 |
| 30 | 03 47 | 08 24 | 01 59 | 06 22 | 24 10 | 22 21 | 04 04 | 18 43 | 01 10 | 22 43 | 13 55 | 08 58 | 06 49 | 06 25 | 09 22 |
| 31 | 04 10 | 15 07 | 01 28 | 06 00 | 24 05 | 22 23 | 04 01 | 18 44 | 01 09 | 22 43 | 13 47 | 09 05 | 06 43 | 06 21 | 09 23 |

Lunar Phases -- 6 ◐ 16:33 14 Ⓔ 06:56 22 ◑ 11:31 29 ● 10:59 Sun enters ♈ 3/20 09:03

# Longitudes of Main Planets - April 2025

0:00 E.T.

| D | S.T. | ☉ | ☽ | ☽ 12:00 | ☿ | ♀ | ♂ | ♃ | ♄ | ♅ | ♆ | ♇ | ☊ |
|---|---|---|---|---|---|---|---|---|---|---|---|---|---|
| 1 | 12:38:26 | 11♈30 49 | 17♉23 | 24♉49 | 28♓45℞ | 27♓32℞ | 23♋36 | 15♊59 | 24♓29 | 24♉45 | 00♈03 | 03♒33 | 26♓44 |
| 2 | 12:42:22 | 12 30 02 | 02♊10 | 09♊26 | 28 12 | 27 05 | 23 56 | 16 08 | 24 37 | 24 48 | 00 06 | 03 34 | 26 41 |
| 3 | 12:46:19 | 13 29 14 | 16 37 | 23 41 | 27 45 | 26 40 | 24 16 | 16 17 | 24 44 | 24 51 | 00 08 | 03 35 | 26 37 |
| 4 | 12:50:15 | 14 28 23 | 00♋40 | 07♋32 | 27 23 | 26 17 | 24 36 | 16 27 | 24 51 | 24 54 | 00 10 | 03 36 | 26 34 |
| 5 | 12:54:12 | 15 27 29 | 14 17 | 20 57 | 27 06 | 25 56 | 24 57 | 16 37 | 24 58 | 24 57 | 00 12 | 03 37 | 26 31 |
| 6 | 12:58:09 | 16 26 34 | 27 31 | 03♌59 | 26 55 | 25 38 | 25 18 | 16 47 | 25 05 | 24 59 | 00 15 | 03 37 | 26 28 |
| 7 | 13:02:05 | 17 25 36 | 10♌23 | 16 42 | 26 50 | 25 22 | 25 40 | 16 56 | 25 12 | 25 02 | 00 17 | 03 38 | 26 25 |
| 8 | 13:06:02 | 18 24 36 | 22 57 | 29 08 | 26 50D | 25 08 | 26 02 | 17 07 | 25 19 | 25 05 | 00 19 | 03 39 | 26 22 |
| 9 | 13:09:58 | 19 23 33 | 05♍16 | 11♍21 | 26 56 | 24 57 | 26 24 | 17 17 | 25 26 | 25 08 | 00 21 | 03 40 | 26 18 |
| 10 | 13:13:55 | 20 22 28 | 17 24 | 23 25 | 27 07 | 24 49 | 26 46 | 17 27 | 25 33 | 25 11 | 00 23 | 03 40 | 26 15 |
| 11 | 13:17:51 | 21 21 21 | 29 24 | 05♎21 | 27 22 | 24 42 | 27 09 | 17 37 | 25 40 | 25 14 | 00 25 | 03 41 | 26 12 |
| 12 | 13:21:48 | 22 20 12 | 11♎18 | 17 13 | 27 43 | 24 39 | 27 32 | 17 48 | 25 47 | 25 17 | 00 28 | 03 42 | 26 09 |
| 13 | 13:25:44 | 23 19 01 | 23 08 | 29 03 | 28 08 | 24 37 | 27 55 | 17 58 | 25 54 | 25 20 | 00 30 | 03 42 | 26 06 |
| 14 | 13:29:41 | 24 17 48 | 04♏58 | 10♏53 | 28 38 | 24 39D | 28 19 | 18 09 | 26 01 | 25 24 | 00 32 | 03 43 | 26 02 |
| 15 | 13:33:38 | 25 16 33 | 16 48 | 22 44 | 29 11 | 24 42 | 28 43 | 18 19 | 26 08 | 25 27 | 00 34 | 03 43 | 25 59 |
| 16 | 13:37:34 | 26 15 17 | 28 41 | 04♐40 | 29 49 | 24 48 | 29 07 | 18 30 | 26 14 | 25 30 | 00 36 | 03 44 | 25 56 |
| 17 | 13:41:31 | 27 13 58 | 10♐39 | 16 41 | 00♈31 | 24 56 | 29 31 | 18 41 | 26 21 | 25 33 | 00 38 | 03 45 | 25 53 |
| 18 | 13:45:27 | 28 12 38 | 22 45 | 28 52 | 01 16 | 25 06 | 29 56 | 18 52 | 26 28 | 25 36 | 00 40 | 03 45 | 25 50 |
| 19 | 13:49:24 | 29 11 16 | 05♑02 | 11♑15 | 02 05 | 25 18 | 00♌20 | 19 03 | 26 34 | 25 39 | 00 42 | 03 45 | 25 47 |
| 20 | 13:53:20 | 00♉09 52 | 17 32 | 23 54 | 02 57 | 25 33 | 00 45 | 19 14 | 26 41 | 25 43 | 00 44 | 03 46 | 25 43 |
| 21 | 13:57:17 | 01 08 27 | 00♒20 | 06♒52 | 03 52 | 25 49 | 01 11 | 19 26 | 26 48 | 25 46 | 00 46 | 03 46 | 25 40 |
| 22 | 14:01:13 | 02 07 00 | 13 29 | 20 13 | 04 50 | 26 07 | 01 36 | 19 37 | 26 54 | 25 49 | 00 48 | 03 47 | 25 37 |
| 23 | 14:05:10 | 03 05 31 | 27 03 | 03♓59 | 05 51 | 26 28 | 02 02 | 19 48 | 27 01 | 25 52 | 00 50 | 03 47 | 25 34 |
| 24 | 14:09:07 | 04 04 01 | 11♓02 | 18 12 | 06 55 | 26 50 | 02 28 | 20 00 | 27 07 | 25 56 | 00 52 | 03 47 | 25 31 |
| 25 | 14:13:03 | 05 02 29 | 25 28 | 02♈49 | 08 01 | 27 13 | 02 54 | 20 11 | 27 14 | 25 59 | 00 54 | 03 48 | 25 28 |
| 26 | 14:17:00 | 06 00 55 | 10♈16 | 17 47 | 09 10 | 27 39 | 03 20 | 20 23 | 27 20 | 26 02 | 00 56 | 03 48 | 25 24 |
| 27 | 14:20:56 | 06 59 20 | 25 22 | 02♉59 | 10 22 | 28 06 | 03 47 | 20 35 | 27 26 | 26 06 | 00 58 | 03 48 | 25 21 |
| 28 | 14:24:53 | 07 57 43 | 10♉37 | 18 15 | 11 36 | 28 35 | 04 14 | 20 46 | 27 32 | 26 09 | 01 00 | 03 48 | 25 18 |
| 29 | 14:28:49 | 08 56 05 | 25 51 | 03♊24 | 12 52 | 29 05 | 04 41 | 20 58 | 27 39 | 26 12 | 01 02 | 03 49 | 25 15 |
| 30 | 14:32:46 | 09 54 24 | 10♊52 | 18 16 | 14 10 | 29 36 | 05 08 | 21 10 | 27 45 | 26 16 | 01 04 | 03 49 | 25 12 |

## Longitudes of the Major Asteroids and Chiron

0:00 E.T.

| D | ⚳ | ⚴ | ⚵ | ⚶ | ⚷ | D | ⚳ | ⚴ | ⚵ | ⚶ | ⚷ |
|---|---|---|---|---|---|---|---|---|---|---|---|
| 1 | 13♓54 | 14♒00 | 01♐32℞ | 18♏00℞ | 22♈18 | 16 | 19 26 | 17 56 | 29♏54 | 15 50 | 23 11 |
| 2 | 14 16 | 14 17 | 01 28 | 17 54 | 22 22 | 17 | 19 48 | 18 10 | 29 45 | 15 38 | 23 15 |
| 3 | 14 39 | 14 33 | 01 23 | 17 48 | 22 25 | 18 | 20 10 | 18 25 | 29 35 | 15 26 | 23 19 |
| 4 | 15 01 | 14 50 | 01 18 | 17 42 | 22 29 | 19 | 20 31 | 18 39 | 29 26 | 15 14 | 23 22 |
| 5 | 15 24 | 15 06 | 01 13 | 17 35 | 22 32 | 20 | 20 53 | 18 52 | 29 16 | 15 01 | 23 26 |
| 6 | 15 46 | 15 23 | 01 07 | 17 28 | 22 36 | 21 | 21 14 | 19 06 | 29 06 | 14 48 | 23 29 |
| 7 | 16 08 | 15 39 | 01 01 | 17 20 | 22 39 | 22 | 21 36 | 19 19 | 28 55 | 14 34 | 23 33 |
| 8 | 16 30 | 15 55 | 00 55 | 17 11 | 22 43 | 23 | 21 57 | 19 33 | 28 45 | 14 21 | 23 36 |
| 9 | 16 53 | 16 10 | 00 48 | 17 03 | 22 46 | 24 | 22 18 | 19 46 | 28 34 | 14 07 | 23 40 |
| 10 | 17 15 | 16 26 | 00 41 | 16 54 | 22 50 | 25 | 22 39 | 19 59 | 28 23 | 13 53 | 23 43 |
| 11 | 17 37 | 16 41 | 00 34 | 16 44 | 22 54 | 26 | 23 00 | 20 11 | 28 12 | 13 39 | 23 47 |
| 12 | 17 59 | 16 57 | 00 27 | 16 34 | 22 57 | 27 | 23 21 | 20 24 | 28 00 | 13 24 | 23 50 |
| 13 | 18 21 | 17 12 | 00 19 | 16 24 | 23 01 | 28 | 23 42 | 20 36 | 27 48 | 13 10 | 23 54 |
| 14 | 18 43 | 17 27 | 00 11 | 16 13 | 23 04 | 29 | 24 03 | 20 48 | 27 36 | 12 55 | 23 57 |
| 15 | 19 04 | 17 41 | 00 02 | 16 02 | 23 08 | 30 | 24 24 | 21 00 | 27 24 | 12 40 | 24 01 |

## Lunar Data

| Last Asp. | | Ingress | | |
|---|---|---|---|---|
| 1 | 17:44 | 1 | ♊ | 20:27 |
| 3 | 18:28 | 3 | ♋ | 22:52 |
| 5 | 22:56 | 6 | ♌ | 04:36 |
| 8 | 04:10 | 8 | ♍ | 13:41 |
| 10 | 19:50 | 11 | ♎ | 01:13 |
| 13 | 10:02 | 13 | ♏ | 13:55 |
| 16 | 02:25 | 16 | ♐ | 02:38 |
| 18 | 11:39 | 18 | ♑ | 14:13 |
| 20 | 17:22 | 20 | ♒ | 23:22 |
| 22 | 21:56 | 23 | ♓ | 05:08 |
| 25 | 02:58 | 25 | ♈ | 07:25 |
| 26 | 16:19 | 27 | ♉ | 07:18 |
| 29 | 05:19 | 29 | ♊ | 06:36 |

## Declinations

0:00 E.T.

| D | ☉ | ☽ | ☿ | ♀ | ♂ | ♃ | ♄ | ♅ | ♆ | ♇ | ⚳ | ⚴ | ⚵ | ⚶ | ⚷ |
|---|---|---|---|---|---|---|---|---|---|---|---|---|---|---|---|
| 1 | +04 33 | +20 54 | +00 59 | +05 39 | +24 00 | +22 24 | -03 58 | +18 44 | -01 08 | -22 43 | -13 39 | +09 11 | -06 38 | -06 18 | +09 24 |
| 2 | 04 56 | 25 16 | 00 31 | 05 18 | 23 55 | 22 25 | 03 55 | 18 45 | 01 07 | 22 43 | 13 32 | 09 18 | 06 32 | 06 14 | 09 26 |
| 3 | 05 19 | 27 55 | 00 06 | 04 57 | 23 50 | 22 26 | 03 52 | 18 46 | 01 07 | 22 43 | 13 24 | 09 25 | 06 26 | 06 10 | 09 27 |
| 4 | 05 42 | 28 42 | -00 18 | 04 37 | 23 45 | 22 27 | 03 50 | 18 47 | 01 06 | 22 43 | 13 16 | 09 32 | 06 21 | 06 06 | 09 28 |
| 5 | 06 05 | 27 41 | 00 39 | 04 17 | 23 40 | 22 28 | 03 47 | 18 47 | 01 05 | 22 43 | 13 09 | 09 39 | 06 15 | 06 02 | 09 29 |
| 6 | 06 28 | 25 08 | 00 57 | 03 59 | 23 34 | 22 29 | 03 44 | 18 48 | 01 04 | 22 43 | 13 01 | 09 46 | 06 09 | 05 58 | 09 31 |
| 7 | 06 51 | 21 21 | 01 13 | 03 40 | 23 29 | 22 30 | 03 42 | 18 49 | 01 03 | 22 43 | 12 54 | 09 53 | 06 03 | 05 53 | 09 32 |
| 8 | 07 13 | 16 41 | 01 26 | 03 23 | 23 23 | 22 32 | 03 39 | 18 49 | 01 02 | 22 43 | 12 46 | 10 00 | 05 58 | 05 49 | 09 33 |
| 9 | 07 35 | 11 26 | 01 37 | 03 06 | 23 18 | 22 33 | 03 36 | 18 50 | 01 01 | 22 43 | 12 39 | 10 06 | 05 52 | 05 45 | 09 34 |
| 10 | 07 58 | 05 49 | 01 45 | 02 50 | 23 12 | 22 34 | 03 34 | 18 51 | 01 01 | 22 43 | 12 31 | 10 13 | 05 46 | 05 41 | 09 36 |
| 11 | 08 20 | 00 05 | 01 51 | 02 36 | 23 06 | 22 35 | 03 31 | 18 52 | 01 00 | 22 43 | 12 24 | 10 20 | 05 40 | 05 37 | 09 37 |
| 12 | 08 42 | -05 38 | 01 54 | 02 22 | 23 00 | 22 36 | 03 28 | 18 52 | 00 59 | 22 43 | 12 16 | 10 27 | 05 34 | 05 33 | 09 38 |
| 13 | 09 04 | 11 06 | 01 55 | 02 09 | 22 54 | 22 37 | 03 26 | 18 53 | 00 58 | 22 43 | 12 09 | 10 34 | 05 28 | 05 29 | 09 39 |
| 14 | 09 25 | 16 11 | 01 53 | 01 57 | 22 48 | 22 38 | 03 23 | 18 54 | 00 57 | 22 43 | 12 02 | 10 41 | 05 22 | 05 24 | 09 41 |
| 15 | 09 47 | 20 40 | 01 49 | 01 46 | 22 42 | 22 39 | 03 20 | 18 55 | 00 56 | 22 43 | 11 54 | 10 48 | 05 17 | 05 20 | 09 42 |
| 16 | 10 08 | 24 20 | 01 43 | 01 36 | 22 36 | 22 40 | 03 18 | 18 55 | 00 56 | 22 43 | 11 47 | 10 55 | 05 11 | 05 16 | 09 43 |
| 17 | 10 29 | 26 59 | 01 35 | 01 27 | 22 29 | 22 41 | 03 15 | 18 56 | 00 55 | 22 43 | 11 40 | 11 03 | 05 05 | 05 12 | 09 44 |
| 18 | 10 50 | 28 25 | 01 24 | 01 19 | 22 23 | 22 42 | 03 13 | 18 57 | 00 54 | 22 43 | 11 33 | 11 10 | 04 59 | 05 08 | 09 46 |
| 19 | 11 11 | 28 30 | 01 12 | 01 13 | 22 16 | 22 43 | 03 10 | 18 58 | 00 53 | 22 43 | 11 25 | 11 17 | 04 53 | 05 04 | 09 47 |
| 20 | 11 32 | 27 07 | 00 57 | 01 07 | 22 09 | 22 45 | 03 08 | 18 58 | 00 52 | 22 43 | 11 18 | 11 24 | 04 47 | 05 00 | 09 48 |
| 21 | 11 52 | 24 20 | 00 41 | 01 02 | 22 02 | 22 46 | 03 05 | 18 59 | 00 52 | 22 43 | 11 11 | 11 31 | 04 41 | 04 57 | 09 50 |
| 22 | 12 13 | 20 13 | 00 23 | 00 58 | 21 56 | 22 47 | 03 03 | 19 00 | 00 51 | 22 43 | 11 04 | 11 38 | 04 35 | 04 53 | 09 51 |
| 23 | 12 33 | 14 56 | 00 04 | 00 55 | 21 49 | 22 48 | 03 00 | 19 01 | 00 50 | 22 43 | 10 57 | 11 45 | 04 30 | 04 49 | 09 52 |
| 24 | 12 52 | 08 45 | +00 18 | 00 53 | 21 41 | 22 49 | 02 58 | 19 02 | 00 49 | 22 43 | 10 50 | 11 52 | 04 24 | 04 45 | 09 53 |
| 25 | 13 12 | 01 56 | 00 40 | 00 52 | 21 34 | 22 50 | 02 55 | 19 02 | 00 49 | 22 44 | 10 43 | 11 59 | 04 18 | 04 42 | 09 55 |
| 26 | 13 32 | +05 10 | 01 05 | 00 52 | 21 27 | 22 51 | 02 53 | 19 03 | 00 48 | 22 44 | 10 36 | 12 06 | 04 12 | 04 38 | 09 56 |
| 27 | 13 51 | 12 07 | 01 31 | 00 53 | 21 19 | 22 51 | 02 51 | 19 04 | 00 47 | 22 44 | 10 29 | 12 13 | 04 07 | 04 35 | 09 57 |
| 28 | 14 10 | 18 24 | 01 58 | 00 54 | 21 12 | 22 52 | 02 48 | 19 05 | 00 46 | 22 44 | 10 22 | 12 20 | 04 01 | 04 32 | 09 58 |
| 29 | 14 29 | 23 31 | 02 26 | 00 57 | 21 04 | 22 53 | 02 46 | 19 06 | 00 46 | 22 44 | 10 16 | 12 27 | 03 56 | 04 29 | 09 59 |
| 30 | 14 47 | 26 59 | 02 56 | 01 00 | 20 56 | 22 54 | 02 44 | 19 06 | 00 45 | 22 44 | 10 09 | 12 34 | 03 50 | 04 26 | 10 01 |

Lunar Phases -- 5 ◐ 02:16  13 ○ 00:23  21 ◑ 01:37  27 ● 19:32  Sun enters ♉ 4/19 19:57

## 0:00 E.T. Longitudes of Main Planets - May 2025

| D | S.T. | ☉ | ☽ | ☽ 12:00 | ☿ | ♀ | ♂ | ♃ | ♄ | ♅ | ♆ | ♇ | ☊ |
|---|---|---|---|---|---|---|---|---|---|---|---|---|---|
| 1 | 14:36:42 | 10♉52 42 | 25♊33 | 02♋44 | 15♈31 | 00♈09 | 05♌36 | 21♊22 | 27♓51 | 26♉19 | 01♈06 | 03♒49 | 25♓08 |
| 2 | 14:40:39 | 11 50 57 | 09♋48 | 16 45 | 16 53 | 00 44 | 06 03 | 21 34 | 27 57 | 26 22 | 01 08 | 03 49 | 25 05 |
| 3 | 14:44:36 | 12 49 11 | 23 34 | 00♌16 | 18 18 | 01 19 | 06 31 | 21 46 | 28 03 | 26 26 | 01 09 | 03 49 | 25 02 |
| 4 | 14:48:32 | 13 47 22 | 06♌52 | 13 21 | 19 45 | 01 56 | 06 59 | 21 59 | 28 09 | 26 29 | 01 11 | 03 49 | 24 59 |
| 5 | 14:52:29 | 14 45 32 | 19 44 | 26 01 | 21 14 | 02 34 | 07 27 | 22 11 | 28 15 | 26 33 | 01 13 | 03 49℞ | 24 56 |
| 6 | 14:56:25 | 15 43 39 | 02♍14 | 08♍22 | 22 45 | 03 13 | 07 55 | 22 23 | 28 21 | 26 36 | 01 15 | 03 49 | 24 53 |
| 7 | 15:00:22 | 16 41 45 | 14 27 | 20 28 | 24 18 | 03 53 | 08 24 | 22 35 | 28 26 | 26 40 | 01 17 | 03 49 | 24 49 |
| 8 | 15:04:18 | 17 39 48 | 26 28 | 02♎25 | 25 53 | 04 34 | 08 53 | 22 48 | 28 32 | 26 43 | 01 18 | 03 49 | 24 46 |
| 9 | 15:08:15 | 18 37 50 | 08♎21 | 14 16 | 27 30 | 05 17 | 09 21 | 23 00 | 28 38 | 26 47 | 01 20 | 03 49 | 24 43 |
| 10 | 15:12:11 | 19 35 50 | 20 10 | 26 04 | 29 09 | 06 00 | 09 50 | 23 13 | 28 43 | 26 50 | 01 22 | 03 49 | 24 40 |
| 11 | 15:16:08 | 20 33 48 | 01♏58 | 07♏53 | 00♉50 | 06 44 | 10 20 | 23 26 | 28 49 | 26 53 | 01 23 | 03 48 | 24 37 |
| 12 | 15:20:05 | 21 31 45 | 13 49 | 19 45 | 02 32 | 07 29 | 10 49 | 23 38 | 28 54 | 26 57 | 01 25 | 03 48 | 24 34 |
| 13 | 15:24:01 | 22 29 40 | 25 43 | 01♐42 | 04 17 | 08 15 | 11 18 | 23 51 | 29 00 | 27 00 | 01 26 | 03 48 | 24 30 |
| 14 | 15:27:58 | 23 27 33 | 07♐43 | 13 45 | 06 04 | 09 02 | 11 48 | 24 04 | 29 05 | 27 04 | 01 28 | 03 48 | 24 27 |
| 15 | 15:31:54 | 24 25 25 | 19 49 | 25 55 | 07 53 | 09 49 | 12 18 | 24 16 | 29 10 | 27 07 | 01 30 | 03 47 | 24 24 |
| 16 | 15:35:51 | 25 23 16 | 02♑04 | 08♑15 | 09 44 | 10 38 | 12 48 | 24 29 | 29 16 | 27 11 | 01 31 | 03 47 | 24 21 |
| 17 | 15:39:47 | 26 21 06 | 14 28 | 20 45 | 11 36 | 11 27 | 13 18 | 24 42 | 29 21 | 27 14 | 01 33 | 03 47 | 24 18 |
| 18 | 15:43:44 | 27 18 54 | 27 05 | 03♒28 | 13 31 | 12 17 | 13 48 | 24 55 | 29 26 | 27 18 | 01 34 | 03 47 | 24 14 |
| 19 | 15:47:40 | 28 16 41 | 09♒55 | 16 27 | 15 28 | 13 07 | 14 18 | 25 08 | 29 31 | 27 21 | 01 36 | 03 46 | 24 11 |
| 20 | 15:51:37 | 29 14 27 | 23 03 | 29 43 | 17 26 | 13 58 | 14 48 | 25 21 | 29 36 | 27 25 | 01 37 | 03 46 | 24 08 |
| 21 | 15:55:34 | 00♊12 12 | 06♓30 | 13♓21 | 19 27 | 14 50 | 15 19 | 25 34 | 29 41 | 27 28 | 01 38 | 03 45 | 24 05 |
| 22 | 15:59:30 | 01 09 56 | 20 19 | 27 22 | 21 29 | 15 43 | 15 50 | 25 47 | 29 45 | 27 32 | 01 40 | 03 45 | 24 02 |
| 23 | 16:03:27 | 02 07 38 | 04♈31 | 11♈45 | 23 33 | 16 36 | 16 20 | 26 00 | 29 50 | 27 35 | 01 41 | 03 44 | 23 59 |
| 24 | 16:07:23 | 03 05 20 | 19 05 | 26 29 | 25 39 | 17 29 | 16 51 | 26 13 | 29 55 | 27 39 | 01 42 | 03 44 | 23 55 |
| 25 | 16:11:20 | 04 03 01 | 03♉58 | 11♉29 | 27 46 | 18 23 | 17 22 | 26 27 | 29 59 | 27 42 | 01 44 | 03 43 | 23 52 |
| 26 | 16:15:16 | 05 00 40 | 19 02 | 26 37 | 29 55 | 19 18 | 17 54 | 26 40 | 00♈04 | 27 46 | 01 45 | 03 43 | 23 49 |
| 27 | 16:19:13 | 05 58 19 | 04♊10 | 11♊42 | 02♊04 | 20 13 | 18 25 | 26 53 | 00 08 | 27 49 | 01 46 | 03 42 | 23 46 |
| 28 | 16:23:09 | 06 55 56 | 19 11 | 26 36 | 04 15 | 21 09 | 18 56 | 27 06 | 00 13 | 27 53 | 01 47 | 03 42 | 23 43 |
| 29 | 16:27:06 | 07 53 33 | 03♋55 | 11♋08 | 06 26 | 22 05 | 19 28 | 27 20 | 00 17 | 27 56 | 01 49 | 03 41 | 23 40 |
| 30 | 16:31:03 | 08 51 08 | 18 15 | 25 14 | 08 38 | 23 01 | 20 00 | 27 33 | 00 21 | 28 00 | 01 50 | 03 40 | 23 36 |
| 31 | 16:34:59 | 09 48 41 | 02♌06 | 08♌51 | 10 50 | 23 58 | 20 32 | 27 47 | 00 25 | 28 03 | 01 51 | 03 40 | 23 33 |

## 0:00 E.T. Longitudes of the Major Asteroids and Chiron

| D | ⚳ | ⚴ | ⚵ | ⚶ | ⚷ | D | ⚳ | ⚴ | ⚵ | ⚶ | ⚷ |
|---|---|---|---|---|---|---|---|---|---|---|---|
| 1 | 24♓45 | 21♒11 | 27♏12℞ | 12♏25℞ | 24♈04 | 17 | 00♈05 | 23 43 | 23 41 | 08 38 | 24 58 |
| 2 | 25 06 | 21 23 | 27 00 | 12 11 | 24 08 | 18 | 00 24 | 23 51 | 23 28 | 08 25 | 25 01 |
| 3 | 25 26 | 21 34 | 26 47 | 11 56 | 24 11 | 19 | 00 43 | 23 58 | 23 14 | 08 13 | 25 04 |
| 4 | 25 47 | 21 45 | 26 34 | 11 41 | 24 15 | 20 | 01 02 | 24 04 | 23 01 | 08 01 | 25 07 |
| 5 | 26 07 | 21 55 | 26 21 | 11 26 | 24 18 | 21 | 01 21 | 24 11 | 22 47 | 07 49 | 25 10 |
| 6 | 26 27 | 22 06 | 26 08 | 11 11 | 24 21 | 22 | 01 39 | 24 17 | 22 34 | 07 38 | 25 13 |
| 7 | 26 47 | 22 16 | 25 55 | 10 56 | 24 25 | 23 | 01 58 | 24 23 | 22 21 | 07 27 | 25 16 |
| 8 | 27 08 | 22 26 | 25 42 | 10 42 | 24 28 | 24 | 02 16 | 24 28 | 22 08 | 07 17 | 25 19 |
| 9 | 27 28 | 22 35 | 25 29 | 10 27 | 24 32 | 25 | 02 35 | 24 34 | 21 55 | 07 07 | 25 22 |
| 10 | 27 48 | 22 45 | 25 15 | 10 13 | 24 35 | 26 | 02 53 | 24 39 | 21 42 | 06 57 | 25 25 |
| 11 | 28 07 | 22 54 | 25 02 | 09 59 | 24 38 | 27 | 03 11 | 24 43 | 21 29 | 06 48 | 25 28 |
| 12 | 28 27 | 23 03 | 24 49 | 09 45 | 24 41 | 28 | 03 29 | 24 48 | 21 17 | 06 39 | 25 31 |
| 13 | 28 47 | 23 11 | 24 35 | 09 31 | 24 45 | 29 | 03 47 | 24 52 | 21 04 | 06 30 | 25 34 |
| 14 | 29 06 | 23 20 | 24 22 | 09 17 | 24 48 | 30 | 04 05 | 24 55 | 20 52 | 06 23 | 25 36 |
| 15 | 29 26 | 23 28 | 24 08 | 09 04 | 24 51 | 31 | 04 22 | 24 59 | 20 40 | 06 15 | 25 39 |
| 16 | 29 45 | 23 36 | 23 55 | 08 51 | 24 54 | | | | | | |

## Lunar Data

| Last Asp. | | Ingress | | |
|---|---|---|---|---|
| 1 | 03:50 | 1 | ♋ | 07:24 |
| 3 | 08:04 | 3 | ♌ | 11:31 |
| 5 | 13:05 | 5 | ♍ | 19:41 |
| 8 | 04:13 | 8 | ♎ | 07:08 |
| 10 | 06:19 | 10 | ♏ | 19:59 |
| 13 | 06:38 | 13 | ♐ | 08:36 |
| 15 | 18:30 | 15 | ♑ | 19:59 |
| 18 | 04:28 | 18 | ♒ | 05:30 |
| 20 | 11:60 | 20 | ♓ | 12:30 |
| 22 | 16:07 | 22 | ♈ | 16:27 |
| 24 | 11:45 | 24 | ♉ | 17:39 |
| 26 | 13:53 | 26 | ♊ | 17:23 |
| 28 | 13:02 | 28 | ♋ | 17:34 |
| 30 | 16:52 | 30 | ♌ | 20:18 |

## 0:00 E.T. Declinations

| D | ☉ | ☽ | ☿ | ♀ | ♂ | ♃ | ♄ | ♅ | ♆ | ♇ | ⚳ | ⚴ | ⚵ | ⚶ | ⚷ |
|---|---|---|---|---|---|---|---|---|---|---|---|---|---|---|---|
| 1 | +15 05 | +28 31 | +03 27 | +01 04 | +20 48 | +22 55 | -02 42 | +19 07 | -00 44 | -22 44 | -10 02 | +12 41 | -03 45 | -04 23 | +10 02 |
| 2 | 15 23 | 28 04 | 03 59 | 01 09 | 20 40 | 22 56 | 02 39 | 19 08 | 00 43 | 22 44 | 09 56 | 12 48 | 03 39 | 04 20 | 10 03 |
| 3 | 15 41 | 25 54 | 04 32 | 01 14 | 20 32 | 22 57 | 02 37 | 19 09 | 00 43 | 22 45 | 09 49 | 12 55 | 03 34 | 04 18 | 10 04 |
| 4 | 15 59 | 22 21 | 05 07 | 01 20 | 20 24 | 22 58 | 02 35 | 19 10 | 00 42 | 22 45 | 09 42 | 13 02 | 03 29 | 04 15 | 10 06 |
| 5 | 16 16 | 17 50 | 05 42 | 01 27 | 20 16 | 22 59 | 02 33 | 19 10 | 00 41 | 22 45 | 09 36 | 13 08 | 03 23 | 04 13 | 10 07 |
| 6 | 16 33 | 12 39 | 06 18 | 01 35 | 20 07 | 23 00 | 02 30 | 19 11 | 00 41 | 22 45 | 09 30 | 13 15 | 03 18 | 04 11 | 10 08 |
| 7 | 16 50 | 07 07 | 06 56 | 01 43 | 19 59 | 23 00 | 02 28 | 19 12 | 00 40 | 22 45 | 09 23 | 13 22 | 03 13 | 04 09 | 10 09 |
| 8 | 17 06 | 01 24 | 07 34 | 01 52 | 19 50 | 23 01 | 02 26 | 19 13 | 00 39 | 22 46 | 09 17 | 13 29 | 03 08 | 04 07 | 10 10 |
| 9 | 17 22 | -04 17 | 08 13 | 02 01 | 19 41 | 23 02 | 02 24 | 19 14 | 00 39 | 22 46 | 09 11 | 13 35 | 03 04 | 04 05 | 10 12 |
| 10 | 17 38 | 09 48 | 08 52 | 02 11 | 19 32 | 23 03 | 02 22 | 19 14 | 00 38 | 22 46 | 09 04 | 13 42 | 02 59 | 04 04 | 10 13 |
| 11 | 17 53 | 14 57 | 09 33 | 02 22 | 19 23 | 23 03 | 02 20 | 19 15 | 00 38 | 22 46 | 08 58 | 13 49 | 02 54 | 04 02 | 10 14 |
| 12 | 18 09 | 19 35 | 10 14 | 02 33 | 19 14 | 23 04 | 02 18 | 19 16 | 00 37 | 22 46 | 08 52 | 13 55 | 02 50 | 04 01 | 10 15 |
| 13 | 18 24 | 23 27 | 10 55 | 02 45 | 19 05 | 23 05 | 02 16 | 19 17 | 00 36 | 22 47 | 08 46 | 14 02 | 02 45 | 04 00 | 10 16 |
| 14 | 18 38 | 26 21 | 11 37 | 02 57 | 18 56 | 23 06 | 02 14 | 19 18 | 00 36 | 22 47 | 08 40 | 14 08 | 02 41 | 03 59 | 10 17 |
| 15 | 18 53 | 28 04 | 12 20 | 03 09 | 18 47 | 23 06 | 02 12 | 19 18 | 00 35 | 22 47 | 08 34 | 14 15 | 02 37 | 03 59 | 10 18 |
| 16 | 19 07 | 28 27 | 13 02 | 03 22 | 18 37 | 23 07 | 02 10 | 19 19 | 00 35 | 22 47 | 08 28 | 14 21 | 02 32 | 03 59 | 10 20 |
| 17 | 19 20 | 27 25 | 13 45 | 03 36 | 18 28 | 23 08 | 02 09 | 19 20 | 00 34 | 22 48 | 08 22 | 14 28 | 02 28 | 03 58 | 10 21 |
| 18 | 19 34 | 24 58 | 14 28 | 03 50 | 18 18 | 23 08 | 02 07 | 19 21 | 00 33 | 22 48 | 08 17 | 14 34 | 02 25 | 03 58 | 10 22 |
| 19 | 19 47 | 21 14 | 15 11 | 04 04 | 18 08 | 23 09 | 02 05 | 19 22 | 00 33 | 22 48 | 08 11 | 14 40 | 02 21 | 03 59 | 10 23 |
| 20 | 19 59 | 16 23 | 15 54 | 04 19 | 17 58 | 23 09 | 02 03 | 19 22 | 00 32 | 22 48 | 08 05 | 14 46 | 02 17 | 03 59 | 10 24 |
| 21 | 20 12 | 10 39 | 16 37 | 04 34 | 17 48 | 23 10 | 02 01 | 19 23 | 00 32 | 22 49 | 08 00 | 14 52 | 02 14 | 04 00 | 10 25 |
| 22 | 20 24 | 04 14 | 17 19 | 04 50 | 17 38 | 23 10 | 02 00 | 19 24 | 00 31 | 22 49 | 07 54 | 14 58 | 02 10 | 04 00 | 10 26 |
| 23 | 20 35 | +02 33 | 18 00 | 05 05 | 17 28 | 23 11 | 01 58 | 19 25 | 00 31 | 22 49 | 07 49 | 15 04 | 02 07 | 04 01 | 10 27 |
| 24 | 20 46 | 09 23 | 18 41 | 05 21 | 17 17 | 23 11 | 01 56 | 19 26 | 00 30 | 22 50 | 07 44 | 15 10 | 02 04 | 04 03 | 10 28 |
| 25 | 20 57 | 15 50 | 19 20 | 05 38 | 17 07 | 23 12 | 01 55 | 19 26 | 00 30 | 22 50 | 07 38 | 15 16 | 02 01 | 04 04 | 10 29 |
| 26 | 21 08 | 21 25 | 19 59 | 05 54 | 16 56 | 23 12 | 01 53 | 19 27 | 00 29 | 22 50 | 07 33 | 15 22 | 01 58 | 04 06 | 10 30 |
| 27 | 21 18 | 25 37 | 20 36 | 06 11 | 16 46 | 23 13 | 01 52 | 19 28 | 00 29 | 22 50 | 07 28 | 15 27 | 01 55 | 04 07 | 10 31 |
| 28 | 21 28 | 27 59 | 21 11 | 06 28 | 16 35 | 23 13 | 01 50 | 19 29 | 00 29 | 22 51 | 07 23 | 15 33 | 01 53 | 04 09 | 10 32 |
| 29 | 21 37 | 28 21 | 21 45 | 06 46 | 16 24 | 23 14 | 01 49 | 19 30 | 00 28 | 22 51 | 07 18 | 15 38 | 01 50 | 04 12 | 10 33 |
| 30 | 21 47 | 26 45 | 22 17 | 07 03 | 16 13 | 23 14 | 01 47 | 19 30 | 00 28 | 22 51 | 07 13 | 15 44 | 01 48 | 04 14 | 10 34 |
| 31 | 21 55 | 23 34 | 22 46 | 07 21 | 16 02 | 23 14 | 01 46 | 19 31 | 00 27 | 22 52 | 07 08 | 15 49 | 01 46 | 04 17 | 10 35 |

Lunar Phases -- 4 ◐ 13:53 12 ○ 16:57 20 ◑ 11:60 27 ● 03:03 Sun enters ♊ 5/20 18:56

## Longitudes of Main Planets - June 2025

0:00 E.T.

| D | S.T. | ☉ | ☽ | ☽ 12:00 | ☿ | ♀ | ♂ | ♃ | ♄ | ♅ | ♆ | ♇ | ☊ |
|---|---|---|---|---|---|---|---|---|---|---|---|---|---|
| 1 | 16:38:56 | 10♊46 14 | 15♌29 | 22♌00 | 13♊02 | 24♈56 | 21♌03 | 28♊00 | 00♈29 | 28♉07 | 01♈52 | 03♒39℞ | 23♓30 |
| 2 | 16:42:52 | 11 43 45 | 28 24 | 04♍43 | 15 14 | 25 53 | 21 36 | 28 13 | 00 33 | 28 10 | 01 53 | 03 38 | 23 27 |
| 3 | 16:46:49 | 12 41 14 | 10♍56 | 17 05 | 17 25 | 26 52 | 22 08 | 28 27 | 00 37 | 28 13 | 01 54 | 03 37 | 23 24 |
| 4 | 16:50:45 | 13 38 43 | 23 09 | 29 10 | 19 35 | 27 50 | 22 40 | 28 40 | 00 41 | 28 17 | 01 55 | 03 37 | 23 20 |
| 5 | 16:54:42 | 14 36 10 | 05♎09 | 11♎06 | 21 44 | 28 49 | 23 12 | 28 54 | 00 44 | 28 20 | 01 56 | 03 36 | 23 17 |
| 6 | 16:58:38 | 15 33 35 | 17 01 | 22 55 | 23 52 | 29 48 | 23 45 | 29 07 | 00 48 | 28 24 | 01 57 | 03 35 | 23 14 |
| 7 | 17:02:35 | 16 31 00 | 28 49 | 04♏44 | 25 58 | 00♉48 | 24 17 | 29 21 | 00 52 | 28 27 | 01 58 | 03 34 | 23 11 |
| 8 | 17:06:32 | 17 28 24 | 10♏39 | 16 35 | 28 03 | 01 48 | 24 50 | 29 35 | 00 55 | 28 30 | 01 59 | 03 33 | 23 08 |
| 9 | 17:10:28 | 18 25 47 | 22 32 | 28 32 | 00♋05 | 02 48 | 25 23 | 29 48 | 00 58 | 28 34 | 02 00 | 03 32 | 23 05 |
| 10 | 17:14:25 | 19 23 09 | 04♐33 | 10♐36 | 02 06 | 03 49 | 25 55 | 00♋02 | 01 02 | 28 37 | 02 00 | 03 32 | 23 01 |
| 11 | 17:18:21 | 20 20 30 | 16 42 | 22 50 | 04 04 | 04 50 | 26 28 | 00 15 | 01 05 | 28 40 | 02 01 | 03 31 | 22 58 |
| 12 | 17:22:18 | 21 17 50 | 29 00 | 05♑13 | 06 00 | 05 51 | 27 01 | 00 29 | 01 08 | 28 44 | 02 02 | 03 30 | 22 55 |
| 13 | 17:26:14 | 22 15 10 | 11♑29 | 17 47 | 07 54 | 06 52 | 27 35 | 00 43 | 01 11 | 28 47 | 02 03 | 03 29 | 22 52 |
| 14 | 17:30:11 | 23 12 29 | 24 08 | 00♒31 | 09 46 | 07 54 | 28 08 | 00 56 | 01 14 | 28 50 | 02 03 | 03 28 | 22 49 |
| 15 | 17:34:07 | 24 09 47 | 06♒58 | 13 27 | 11 35 | 08 56 | 28 41 | 01 10 | 01 17 | 28 53 | 02 04 | 03 27 | 22 46 |
| 16 | 17:38:04 | 25 07 05 | 20 00 | 26 35 | 13 22 | 09 58 | 29 14 | 01 24 | 01 19 | 28 57 | 02 05 | 03 26 | 22 42 |
| 17 | 17:42:01 | 26 04 22 | 03♓15 | 09♓57 | 15 07 | 11 01 | 29 48 | 01 37 | 01 22 | 29 00 | 02 05 | 03 25 | 22 39 |
| 18 | 17:45:57 | 27 01 40 | 16 44 | 23 35 | 16 49 | 12 04 | 00♍22 | 01 51 | 01 24 | 29 03 | 02 06 | 03 24 | 22 36 |
| 19 | 17:49:54 | 27 58 56 | 00♈29 | 07♈29 | 18 29 | 13 07 | 00 55 | 02 05 | 01 27 | 29 06 | 02 06 | 03 22 | 22 33 |
| 20 | 17:53:50 | 28 56 13 | 14 32 | 21 40 | 20 06 | 14 10 | 01 29 | 02 18 | 01 29 | 29 09 | 02 07 | 03 21 | 22 30 |
| 21 | 17:57:47 | 29 53 30 | 28 51 | 06♉07 | 21 40 | 15 14 | 02 03 | 02 32 | 01 31 | 29 12 | 02 07 | 03 20 | 22 26 |
| 22 | 18:01:43 | 00♋50 46 | 13♉25 | 20 47 | 23 13 | 16 17 | 02 37 | 02 46 | 01 34 | 29 16 | 02 08 | 03 19 | 22 23 |
| 23 | 18:05:40 | 01 48 02 | 28 10 | 05♊34 | 24 42 | 17 21 | 03 11 | 02 59 | 01 36 | 29 19 | 02 08 | 03 18 | 22 20 |
| 24 | 18:09:36 | 02 45 19 | 12♊58 | 20 22 | 26 10 | 18 26 | 03 45 | 03 13 | 01 38 | 29 22 | 02 09 | 03 17 | 22 17 |
| 25 | 18:13:33 | 03 42 35 | 27 43 | 05♋01 | 27 34 | 19 30 | 04 19 | 03 27 | 01 39 | 29 25 | 02 09 | 03 16 | 22 14 |
| 26 | 18:17:30 | 04 39 50 | 12♋14 | 19 23 | 28 56 | 20 34 | 04 53 | 03 41 | 01 41 | 29 28 | 02 09 | 03 14 | 22 11 |
| 27 | 18:21:26 | 05 37 05 | 26 27 | 03♌24 | 00♌16 | 21 39 | 05 28 | 03 54 | 01 43 | 29 31 | 02 10 | 03 13 | 22 07 |
| 28 | 18:25:23 | 06 34 20 | 10♌15 | 16 59 | 01 33 | 22 44 | 06 02 | 04 08 | 01 45 | 29 34 | 02 10 | 03 12 | 22 04 |
| 29 | 18:29:19 | 07 31 35 | 23 37 | 00♍08 | 02 47 | 23 49 | 06 37 | 04 22 | 01 46 | 29 37 | 02 10 | 03 11 | 22 01 |
| 30 | 18:33:16 | 08 28 49 | 06♍33 | 12 53 | 03 58 | 24 54 | 07 11 | 04 35 | 01 47 | 29 40 | 02 10 | 03 10 | 21 58 |

0:00 E.T.

## Longitudes of the Major Asteroids and Chiron

| D | ⚳ | ⚴ | ⚵ | ⚶ | ⚷ |
|---|---|---|---|---|---|
| 1 | 04♈40 | 25♒02 | 20♏28℞ | 06♏08℞ | 25♈42 |
| 2 | 04 57 | 25 04 | 20 16 | 06 02 | 25 45 |
| 3 | 05 14 | 25 07 | 20 05 | 05 56 | 25 47 |
| 4 | 05 31 | 25 09 | 19 53 | 05 50 | 25 50 |
| 5 | 05 48 | 25 10 | 19 42 | 05 45 | 25 53 |
| 6 | 06 05 | 25 12 | 19 31 | 05 40 | 25 55 |
| 7 | 06 22 | 25 13 | 19 21 | 05 36 | 25 58 |
| 8 | 06 38 | 25 14 | 19 10 | 05 33 | 26 00 |
| 9 | 06 55 | 25 14 | 19 00 | 05 30 | 26 03 |
| 10 | 07 11 | 25 14℞ | 18 50 | 05 27 | 26 05 |
| 11 | 07 27 | 25 13 | 18 41 | 05 25 | 26 08 |
| 12 | 07 43 | 25 13 | 18 31 | 05 23 | 26 10 |
| 13 | 07 58 | 25 12 | 18 22 | 05 22 | 26 12 |
| 14 | 08 14 | 25 10 | 18 14 | 05 21 | 26 15 |
| 15 | 08 29 | 25 08 | 18 05 | 05 21D | 26 17 |
| 16 | 08 45 | 25 06 | 17 57 | 05 22 | 26 19 |
| 17 | 09 00 | 25 04 | 17 49 | 05 23 | 26 21 |
| 18 | 09 15 | 25 01 | 17 41 | 05 24 | 26 23 |
| 19 | 09 29 | 24 57 | 17 34 | 05 26 | 26 25 |
| 20 | 09 44 | 24 54 | 17 27 | 05 28 | 26 27 |
| 21 | 09 58 | 24 50 | 17 20 | 05 31 | 26 29 |
| 22 | 10 12 | 24 45 | 17 14 | 05 34 | 26 31 |
| 23 | 10 26 | 24 41 | 17 08 | 05 38 | 26 33 |
| 24 | 10 40 | 24 35 | 17 02 | 05 42 | 26 35 |
| 25 | 10 54 | 24 30 | 16 57 | 05 47 | 26 37 |
| 26 | 11 07 | 24 24 | 16 52 | 05 52 | 26 39 |
| 27 | 11 20 | 24 18 | 16 47 | 05 57 | 26 40 |
| 28 | 11 33 | 24 11 | 16 42 | 06 03 | 26 42 |
| 29 | 11 46 | 24 04 | 16 38 | 06 10 | 26 44 |
| 30 | 11 58 | 23 57 | 16 35 | 06 17 | 26 45 |

## Lunar Data

| Last Asp. | | Ingress | | |
|---|---|---|---|---|
| 1 | 23:40 | 2 | ♍ | 03:01 |
| 4 | 11:13 | 4 | ♎ | 13:39 |
| 7 | 01:06 | 7 | ♏ | 02:24 |
| 9 | 12:07 | 9 | ♐ | 14:57 |
| 11 | 19:59 | 12 | ♑ | 01:56 |
| 14 | 08:53 | 14 | ♒ | 11:01 |
| 16 | 17:31 | 16 | ♓ | 18:09 |
| 18 | 21:35 | 18 | ♈ | 23:09 |
| 21 | 01:51 | 21 | ♉ | 01:54 |
| 23 | 01:52 | 23 | ♊ | 02:58 |
| 23 | 08:27 | 25 | ♋ | 03:45 |
| 27 | 05:18 | 27 | ♌ | 06:07 |
| 29 | 11:04 | 29 | ♍ | 11:45 |

0:00 E.T.

## Declinations

| D | ☉ | ☽ | ☿ | ♀ | ♂ | ♃ | ♄ | ♅ | ♆ | ♇ | ⚳ | ⚴ | ⚵ | ⚶ | ⚷ |
|---|---|---|---|---|---|---|---|---|---|---|---|---|---|---|---|
| 1 | +22 04 | +19 12 | +23 13 | +07 39 | +15 51 | +23 15 | -01 44 | +19 32 | -00 27 | -22 52 | -07 04 | +15 54 | -01 44 | -04 19 | +10 36 |
| 2 | 22 12 | 14 05 | 23 38 | 07 57 | 15 40 | 23 15 | 01 43 | 19 33 | 00 27 | 22 52 | 06 59 | 15 59 | 01 42 | 04 22 | 10 37 |
| 3 | 22 19 | 08 32 | 24 00 | 08 15 | 15 29 | 23 15 | 01 42 | 19 33 | 00 26 | 22 53 | 06 54 | 16 04 | 01 40 | 04 26 | 10 38 |
| 4 | 22 26 | 02 47 | 24 20 | 08 34 | 15 17 | 23 15 | 01 40 | 19 34 | 00 26 | 22 53 | 06 50 | 16 09 | 01 39 | 04 29 | 10 39 |
| 5 | 22 33 | -02 57 | 24 36 | 08 52 | 15 06 | 23 16 | 01 39 | 19 35 | 00 26 | 22 53 | 06 46 | 16 14 | 01 37 | 04 33 | 10 40 |
| 6 | 22 39 | 08 30 | 24 50 | 09 10 | 14 54 | 23 16 | 01 38 | 19 36 | 00 25 | 22 54 | 06 41 | 16 18 | 01 36 | 04 36 | 10 41 |
| 7 | 22 45 | 13 45 | 25 01 | 09 29 | 14 42 | 23 16 | 01 37 | 19 36 | 00 25 | 22 54 | 06 37 | 16 23 | 01 35 | 04 40 | 10 42 |
| 8 | 22 51 | 18 30 | 25 09 | 09 48 | 14 31 | 23 16 | 01 36 | 19 37 | 00 25 | 22 55 | 06 33 | 16 27 | 01 34 | 04 45 | 10 43 |
| 9 | 22 56 | 22 33 | 25 15 | 10 06 | 14 19 | 23 16 | 01 35 | 19 38 | 00 24 | 22 55 | 06 29 | 16 31 | 01 33 | 04 49 | 10 44 |
| 10 | 23 01 | 25 42 | 25 18 | 10 25 | 14 07 | 23 16 | 01 34 | 19 39 | 00 24 | 22 55 | 06 25 | 16 35 | 01 32 | 04 53 | 10 44 |
| 11 | 23 05 | 27 43 | 25 19 | 10 44 | 13 55 | 23 17 | 01 32 | 19 39 | 00 24 | 22 56 | 06 21 | 16 39 | 01 32 | 04 58 | 10 45 |
| 12 | 23 09 | 28 24 | 25 17 | 11 03 | 13 43 | 23 17 | 01 32 | 19 40 | 00 23 | 22 56 | 06 17 | 16 43 | 01 31 | 05 03 | 10 46 |
| 13 | 23 13 | 27 40 | 25 12 | 11 22 | 13 30 | 23 17 | 01 31 | 19 41 | 00 23 | 22 56 | 06 13 | 16 47 | 01 31 | 05 08 | 10 47 |
| 14 | 23 16 | 25 29 | 25 06 | 11 40 | 13 18 | 23 17 | 01 30 | 19 42 | 00 23 | 22 57 | 06 10 | 16 50 | 01 31 | 05 13 | 10 48 |
| 15 | 23 19 | 22 00 | 24 57 | 11 59 | 13 06 | 23 17 | 01 29 | 19 42 | 00 23 | 22 57 | 06 06 | 16 54 | 01 31 | 05 18 | 10 48 |
| 16 | 23 21 | 17 22 | 24 47 | 12 18 | 12 53 | 23 17 | 01 28 | 19 43 | 00 23 | 22 58 | 06 03 | 16 57 | 01 31 | 05 24 | 10 49 |
| 17 | 23 23 | 11 51 | 24 34 | 12 36 | 12 41 | 23 17 | 01 27 | 19 44 | 00 22 | 22 58 | 06 00 | 17 00 | 01 32 | 05 29 | 10 50 |
| 18 | 23 24 | 05 41 | 24 20 | 12 55 | 12 28 | 23 17 | 01 26 | 19 44 | 00 22 | 22 58 | 05 56 | 17 03 | 01 32 | 05 35 | 10 51 |
| 19 | 23 25 | +00 51 | 24 04 | 13 13 | 12 15 | 23 16 | 01 26 | 19 45 | 00 22 | 22 59 | 05 53 | 17 05 | 01 33 | 05 41 | 10 51 |
| 20 | 23 26 | 07 29 | 23 47 | 13 32 | 12 02 | 23 16 | 01 25 | 19 46 | 00 22 | 22 59 | 05 50 | 17 08 | 01 33 | 05 47 | 10 52 |
| 21 | 23 26 | 13 52 | 23 28 | 13 50 | 11 49 | 23 16 | 01 24 | 19 47 | 00 22 | 23 00 | 05 47 | 17 10 | 01 34 | 05 53 | 10 53 |
| 22 | 23 26 | 19 36 | 23 09 | 14 08 | 11 36 | 23 16 | 01 24 | 19 47 | 00 22 | 23 00 | 05 44 | 17 13 | 01 35 | 06 00 | 10 54 |
| 23 | 23 26 | 24 13 | 22 48 | 14 26 | 11 23 | 23 16 | 01 23 | 19 48 | 00 22 | 23 00 | 05 42 | 17 15 | 01 36 | 06 06 | 10 54 |
| 24 | 23 25 | 27 16 | 22 26 | 14 44 | 11 10 | 23 16 | 01 23 | 19 49 | 00 21 | 23 01 | 05 39 | 17 16 | 01 38 | 06 13 | 10 55 |
| 25 | 23 23 | 28 24 | 22 03 | 15 01 | 10 57 | 23 15 | 01 22 | 19 49 | 00 21 | 23 01 | 05 36 | 17 18 | 01 39 | 06 19 | 10 55 |
| 26 | 23 21 | 27 33 | 21 39 | 15 18 | 10 44 | 23 15 | 01 22 | 19 50 | 00 21 | 23 02 | 05 34 | 17 19 | 01 41 | 06 26 | 10 56 |
| 27 | 23 19 | 24 54 | 21 15 | 15 36 | 10 30 | 23 15 | 01 21 | 19 50 | 00 21 | 23 02 | 05 32 | 17 21 | 01 42 | 06 33 | 10 57 |
| 28 | 23 17 | 20 52 | 20 50 | 15 53 | 10 17 | 23 14 | 01 21 | 19 51 | 00 21 | 23 03 | 05 30 | 17 22 | 01 44 | 06 40 | 10 57 |
| 29 | 23 13 | 15 51 | 20 25 | 16 09 | 10 03 | 23 14 | 01 20 | 19 52 | 00 21 | 23 03 | 05 27 | 17 23 | 01 46 | 06 48 | 10 58 |
| 30 | 23 10 | 10 18 | 19 59 | 16 26 | 09 49 | 23 14 | 01 20 | 19 52 | 00 21 | 23 03 | 05 25 | 17 23 | 01 48 | 06 55 | 10 58 |

Lunar Phases -- 3 ◐ 03:42 11 ○ 07:45 18 ◑ 19:20 25 ● 10:33 Sun enters ♋ 6/21 02:44

## 0:00 E.T. Longitudes of Main Planets - July 2025



| D | S.T. | ☉ | ☽ | ☽ 12:00 | ☿ | ♀ | ♂ | ♃ | ♄ | ♅ | ♆ | ♇ | ☊ |
|---|---|---|---|---|---|---|---|---|---|---|---|---|---|
| 1 | 18:37:12 | 09♋26 02 | 19♍07 | 25♍17 | 05♌06 | 26♉00 | 07♍46 | 04♋49 | 01♈49 | 29♉42 | 02♈10 | 03♒08℞ | 21♓55 |
| 2 | 18:41:09 | 10 23 15 | 01♎22 | 07♎24 | 06 12 | 27 06 | 08 21 | 05 03 | 01 50 | 29 45 | 02 10 | 03 07 | 21 51 |
| 3 | 18:45:05 | 11 20 28 | 13 24 | 19 21 | 07 14 | 28 11 | 08 56 | 05 16 | 01 51 | 29 48 | 02 10 | 03 06 | 21 48 |
| 4 | 18:49:02 | 12 17 41 | 25 17 | 01♏12 | 08 14 | 29 17 | 09 31 | 05 30 | 01 52 | 29 51 | 02 11 | 03 04 | 21 45 |
| 5 | 18:52:59 | 13 14 53 | 07♏07 | 13 02 | 09 10 | 00♊23 | 10 06 | 05 44 | 01 53 | 29 54 | 02 11℞ | 03 03 | 21 42 |
| 6 | 18:56:55 | 14 12 05 | 18 59 | 24 57 | 10 03 | 01 30 | 10 41 | 05 57 | 01 53 | 29 56 | 02 11 | 03 02 | 21 39 |
| 7 | 19:00:52 | 15 09 17 | 00♐56 | 06♐59 | 10 52 | 02 36 | 11 16 | 06 11 | 01 54 | 29 59 | 02 10 | 03 01 | 21 36 |
| 8 | 19:04:48 | 16 06 28 | 13 03 | 19 11 | 11 38 | 03 42 | 11 51 | 06 24 | 01 55 | 00♊02 | 02 10 | 02 59 | 21 32 |
| 9 | 19:08:45 | 17 03 40 | 25 22 | 01♑36 | 12 21 | 04 49 | 12 26 | 06 38 | 01 55 | 00 04 | 02 10 | 02 58 | 21 29 |
| 10 | 19:12:41 | 18 00 52 | 07♑53 | 14 14 | 12 59 | 05 56 | 13 02 | 06 51 | 01 56 | 00 07 | 02 10 | 02 57 | 21 26 |
| 11 | 19:16:38 | 18 58 04 | 20 38 | 27 05 | 13 34 | 07 03 | 13 37 | 07 05 | 01 56 | 00 10 | 02 10 | 02 55 | 21 23 |
| 12 | 19:20:34 | 19 55 16 | 03♒36 | 10♒10 | 14 04 | 08 10 | 14 13 | 07 18 | 01 56 | 00 12 | 02 10 | 02 54 | 21 20 |
| 13 | 19:24:31 | 20 52 28 | 16 46 | 23 26 | 14 31 | 09 17 | 14 48 | 07 32 | 01 56 | 00 15 | 02 09 | 02 52 | 21 17 |
| 14 | 19:28:28 | 21 49 40 | 00♓08 | 06♓53 | 14 52 | 10 25 | 15 24 | 07 45 | 01 56℞ | 00 17 | 02 09 | 02 51 | 21 13 |
| 15 | 19:32:24 | 22 46 53 | 13 40 | 20 30 | 15 10 | 11 32 | 16 00 | 07 59 | 01 56 | 00 20 | 02 09 | 02 50 | 21 10 |
| 16 | 19:36:21 | 23 44 07 | 27 23 | 04♈18 | 15 23 | 12 40 | 16 35 | 08 12 | 01 56 | 00 22 | 02 09 | 02 48 | 21 07 |
| 17 | 19:40:17 | 24 41 21 | 11♈15 | 18 15 | 15 31 | 13 48 | 17 11 | 08 26 | 01 55 | 00 24 | 02 08 | 02 47 | 21 04 |
| 18 | 19:44:14 | 25 38 36 | 25 17 | 02♉22 | 15 34 | 14 56 | 17 47 | 08 39 | 01 55 | 00 27 | 02 08 | 02 45 | 21 01 |
| 19 | 19:48:10 | 26 35 52 | 09♉28 | 16 37 | 15 33℞ | 16 04 | 18 23 | 08 52 | 01 54 | 00 29 | 02 07 | 02 44 | 20 57 |
| 20 | 19:52:07 | 27 33 08 | 23 47 | 00♊58 | 15 27 | 17 12 | 18 59 | 09 06 | 01 54 | 00 31 | 02 07 | 02 43 | 20 54 |
| 21 | 19:56:03 | 28 30 25 | 08♊10 | 15 22 | 15 15 | 18 20 | 19 36 | 09 19 | 01 53 | 00 33 | 02 06 | 02 41 | 20 51 |
| 22 | 20:00:00 | 29 27 43 | 22 33 | 29 44 | 14 59 | 19 28 | 20 12 | 09 32 | 01 52 | 00 36 | 02 06 | 02 40 | 20 48 |
| 23 | 20:03:57 | 00♌25 02 | 06♋52 | 13♋58 | 14 39 | 20 37 | 20 48 | 09 45 | 01 51 | 00 38 | 02 05 | 02 38 | 20 45 |
| 24 | 20:07:53 | 01 22 21 | 21 00 | 27 59 | 14 14 | 21 45 | 21 24 | 09 59 | 01 50 | 00 40 | 02 05 | 02 37 | 20 42 |
| 25 | 20:11:50 | 02 19 41 | 04♌53 | 11♌43 | 13 44 | 22 54 | 22 01 | 10 12 | 01 49 | 00 42 | 02 04 | 02 36 | 20 38 |
| 26 | 20:15:46 | 03 17 02 | 18 27 | 25 06 | 13 11 | 24 03 | 22 37 | 10 25 | 01 48 | 00 44 | 02 03 | 02 34 | 20 35 |
| 27 | 20:19:43 | 04 14 23 | 01♍40 | 08♍08 | 12 34 | 25 12 | 23 14 | 10 38 | 01 46 | 00 46 | 02 03 | 02 33 | 20 32 |
| 28 | 20:23:39 | 05 11 45 | 14 31 | 20 49 | 11 55 | 26 21 | 23 51 | 10 51 | 01 45 | 00 48 | 02 02 | 02 31 | 20 29 |
| 29 | 20:27:36 | 06 09 07 | 27 03 | 03♎12 | 11 13 | 27 30 | 24 27 | 11 04 | 01 44 | 00 50 | 02 01 | 02 30 | 20 26 |
| 30 | 20:31:32 | 07 06 30 | 09♎18 | 15 21 | 10 29 | 28 39 | 25 04 | 11 17 | 01 42 | 00 52 | 02 01 | 02 29 | 20 23 |
| 31 | 20:35:29 | 08 03 53 | 21 20 | 27 18 | 09 45 | 29 49 | 25 41 | 11 30 | 01 40 | 00 53 | 02 00 | 02 27 | 20 19 |

## 0:00 E.T. Longitudes of the Major Asteroids and Chiron

| D | ⚳ | ⚴ | ⚵ | ⚶ | ⚷ |
|---|---|---|---|---|---|
| 1 | 12♈11 | 23♒49℞ | 16♏31℞ | 06♏24 | 26♈47 |
| 2 | 12 23 | 23 41 | 16 28 | 06 32 | 26 48 |
| 3 | 12 35 | 23 33 | 16 25 | 06 40 | 26 50 |
| 4 | 12 46 | 23 24 | 16 23 | 06 49 | 26 51 |
| 5 | 12 58 | 23 15 | 16 21 | 06 58 | 26 53 |
| 6 | 13 09 | 23 05 | 16 19 | 07 07 | 26 54 |
| 7 | 13 20 | 22 56 | 16 17 | 07 17 | 26 55 |
| 8 | 13 31 | 22 46 | 16 16 | 07 28 | 26 56 |
| 9 | 13 41 | 22 35 | 16 15 | 07 38 | 26 57 |
| 10 | 13 51 | 22 24 | 16 15 | 07 49 | 26 59 |
| 11 | 14 01 | 22 13 | 16 14 | 08 01 | 27 00 |
| 12 | 14 11 | 22 02 | 16 15D | 08 12 | 27 01 |
| 13 | 14 21 | 21 50 | 16 15 | 08 25 | 27 02 |
| 14 | 14 30 | 21 38 | 16 16 | 08 37 | 27 02 |
| 15 | 14 39 | 21 26 | 16 17 | 08 50 | 27 03 |
| 16 | 14 47 | 21 14 | 16 18 | 09 03 | 27 04 |
| 17 | 14 56 | 21 01 | 16 20 | 09 17 | 27 05 |
| 18 | 15 04 | 20 48 | 16 22 | 09 31 | 27 06 |
| 19 | 15 12 | 20 35 | 16 24 | 09 45 | 27 06 |
| 20 | 15 19 | 20 21 | 16 27 | 09 59 | 27 07 |
| 21 | 15 27 | 20 07 | 16 29 | 10 14 | 27 07 |
| 22 | 15 34 | 19 53 | 16 33 | 10 29 | 27 08 |
| 23 | 15 41 | 19 39 | 16 36 | 10 45 | 27 08 |
| 24 | 15 47 | 19 25 | 16 40 | 11 01 | 27 09 |
| 25 | 15 53 | 19 10 | 16 44 | 11 17 | 27 09 |
| 26 | 15 59 | 18 56 | 16 48 | 11 33 | 27 09 |
| 27 | 16 04 | 18 41 | 16 53 | 11 50 | 27 09 |
| 28 | 16 10 | 18 26 | 16 58 | 12 07 | 27 10 |
| 29 | 16 14 | 18 11 | 17 03 | 12 24 | 27 10 |
| 30 | 16 19 | 17 55 | 17 08 | 12 42 | 27 10 |
| 31 | 16 23 | 17 40 | 17 14 | 12 59 | 27 10℞ |

## Lunar Data

| Last Asp. | | Ingress | | |
|---|---|---|---|---|
| 1 | 20:48 | 1 | ♎ | 21:18 |
| 2 | 19:31 | 4 | ♏ | 09:34 |
| 6 | 22:05 | 6 | ♐ | 22:07 |
| 7 | 21:30 | 9 | ♑ | 08:56 |
| 10 | 20:38 | 11 | ♒ | 17:22 |
| 12 | 19:46 | 13 | ♓ | 23:46 |
| 15 | 17:11 | 16 | ♈ | 04:33 |
| 18 | 00:39 | 18 | ♉ | 07:60 |
| 20 | 06:45 | 20 | ♊ | 10:23 |
| 21 | 19:53 | 22 | ♋ | 12:28 |
| 24 | 00:43 | 24 | ♌ | 15:30 |
| 26 | 11:03 | 26 | ♍ | 20:57 |
| 29 | 00:58 | 29 | ♎ | 05:44 |
| 30 | 04:00 | 31 | ♏ | 17:26 |

## 0:00 E.T. Declinations

| D | ☉ | ☽ | ☿ | ♀ | ♂ | ♃ | ♄ | ♅ | ♆ | ♇ | ⚳ | ⚴ | ⚵ | ⚶ | ⚷ |
|---|---|---|---|---|---|---|---|---|---|---|---|---|---|---|---|
| 1 | +23 06 | +04 28 | +19 33 | +16 42 | +09 36 | +23 13 | -01 20 | +19 53 | -00 21 | -23 04 | -05 24 | +17 24 | -01 50 | -07 02 | +10 59 |
| 2 | 23 02 | -01 22 | 19 07 | 16 58 | 09 22 | 23 13 | 01 20 | 19 54 | 00 21 | 23 04 | 05 22 | 17 24 | 01 53 | 07 10 | 10 59 |
| 3 | 22 57 | 07 04 | 18 40 | 17 14 | 09 08 | 23 12 | 01 20 | 19 54 | 00 21 | 23 05 | 05 20 | 17 24 | 01 55 | 07 17 | 11 00 |
| 4 | 22 52 | 12 26 | 18 14 | 17 29 | 08 54 | 23 12 | 01 19 | 19 55 | 00 21 | 23 05 | 05 19 | 17 23 | 01 57 | 07 25 | 11 00 |
| 5 | 22 47 | 17 20 | 17 48 | 17 44 | 08 40 | 23 11 | 01 19 | 19 55 | 00 21 | 23 05 | 05 17 | 17 23 | 02 00 | 07 33 | 11 01 |
| 6 | 22 41 | 21 35 | 17 22 | 17 59 | 08 26 | 23 11 | 01 19 | 19 56 | 00 21 | 23 06 | 05 16 | 17 22 | 02 03 | 07 41 | 11 01 |
| 7 | 22 35 | 25 00 | 16 57 | 18 13 | 08 12 | 23 10 | 01 19 | 19 57 | 00 21 | 23 06 | 05 15 | 17 21 | 02 05 | 07 49 | 11 02 |
| 8 | 22 28 | 27 20 | 16 32 | 18 27 | 07 58 | 23 10 | 01 19 | 19 57 | 00 21 | 23 07 | 05 14 | 17 20 | 02 08 | 07 57 | 11 02 |
| 9 | 22 21 | 28 23 | 16 07 | 18 41 | 07 44 | 23 09 | 01 19 | 19 58 | 00 21 | 23 07 | 05 13 | 17 19 | 02 11 | 08 05 | 11 02 |
| 10 | 22 14 | 28 01 | 15 43 | 18 55 | 07 30 | 23 09 | 01 19 | 19 58 | 00 22 | 23 08 | 05 12 | 17 17 | 02 15 | 08 13 | 11 03 |
| 11 | 22 06 | 26 10 | 15 20 | 19 08 | 07 15 | 23 08 | 01 20 | 19 59 | 00 22 | 23 08 | 05 11 | 17 15 | 02 18 | 08 22 | 11 03 |
| 12 | 21 58 | 22 55 | 14 58 | 19 20 | 07 01 | 23 07 | 01 20 | 19 59 | 00 22 | 23 08 | 05 10 | 17 13 | 02 21 | 08 30 | 11 03 |
| 13 | 21 49 | 18 28 | 14 37 | 19 32 | 06 46 | 23 07 | 01 20 | 20 00 | 00 22 | 23 09 | 05 10 | 17 11 | 02 24 | 08 38 | 11 04 |
| 14 | 21 40 | 13 02 | 14 16 | 19 44 | 06 32 | 23 06 | 01 20 | 20 00 | 00 22 | 23 09 | 05 10 | 17 08 | 02 28 | 08 47 | 11 04 |
| 15 | 21 31 | 06 56 | 13 58 | 19 56 | 06 17 | 23 05 | 01 21 | 20 01 | 00 22 | 23 10 | 05 09 | 17 05 | 02 32 | 08 56 | 11 04 |
| 16 | 21 21 | 00 26 | 13 40 | 20 06 | 06 03 | 23 05 | 01 21 | 20 01 | 00 22 | 23 10 | 05 09 | 17 02 | 02 35 | 09 04 | 11 05 |
| 17 | 21 11 | +06 10 | 13 24 | 20 17 | 05 48 | 23 04 | 01 21 | 20 02 | 00 23 | 23 11 | 05 09 | 16 59 | 02 39 | 09 13 | 11 05 |
| 18 | 21 01 | 12 33 | 13 10 | 20 27 | 05 33 | 23 03 | 01 22 | 20 02 | 00 23 | 23 11 | 05 09 | 16 55 | 02 43 | 09 22 | 11 05 |
| 19 | 20 50 | 18 21 | 12 57 | 20 37 | 05 18 | 23 02 | 01 22 | 20 03 | 00 23 | 23 11 | 05 10 | 16 51 | 02 47 | 09 30 | 11 05 |
| 20 | 20 39 | 23 10 | 12 46 | 20 46 | 05 04 | 23 02 | 01 23 | 20 03 | 00 23 | 23 12 | 05 10 | 16 47 | 02 51 | 09 39 | 11 05 |
| 21 | 20 28 | 26 37 | 12 37 | 20 54 | 04 49 | 23 01 | 01 23 | 20 04 | 00 24 | 23 12 | 05 10 | 16 43 | 02 55 | 09 48 | 11 06 |
| 22 | 20 16 | 28 20 | 12 30 | 21 03 | 04 34 | 23 00 | 01 24 | 20 04 | 00 24 | 23 13 | 05 11 | 16 38 | 02 59 | 09 57 | 11 06 |
| 23 | 20 04 | 28 08 | 12 25 | 21 10 | 04 19 | 22 59 | 01 24 | 20 05 | 00 24 | 23 13 | 05 12 | 16 33 | 03 03 | 10 06 | 11 06 |
| 24 | 19 51 | 26 06 | 12 22 | 21 17 | 04 04 | 22 58 | 01 25 | 20 05 | 00 24 | 23 14 | 05 13 | 16 28 | 03 07 | 10 15 | 11 06 |
| 25 | 19 38 | 22 32 | 12 21 | 21 24 | 03 49 | 22 57 | 01 26 | 20 06 | 00 25 | 23 14 | 05 14 | 16 23 | 03 12 | 10 24 | 11 06 |
| 26 | 19 25 | 17 48 | 12 23 | 21 30 | 03 34 | 22 56 | 01 26 | 20 06 | 00 25 | 23 14 | 05 15 | 16 17 | 03 16 | 10 33 | 11 06 |
| 27 | 19 12 | 12 20 | 12 27 | 21 36 | 03 18 | 22 55 | 01 27 | 20 06 | 00 25 | 23 15 | 05 16 | 16 11 | 03 21 | 10 43 | 11 06 |
| 28 | 18 58 | 06 28 | 12 32 | 21 41 | 03 03 | 22 54 | 01 28 | 20 07 | 00 26 | 23 15 | 05 18 | 16 05 | 03 25 | 10 52 | 11 06 |
| 29 | 18 44 | 00 31 | 12 40 | 21 45 | 02 48 | 22 53 | 01 29 | 20 07 | 00 26 | 23 16 | 05 19 | 15 59 | 03 30 | 11 01 | 11 06 |
| 30 | 18 30 | -05 20 | 12 50 | 21 49 | 02 33 | 22 53 | 01 30 | 20 08 | 00 26 | 23 16 | 05 21 | 15 52 | 03 34 | 11 10 | 11 06 |
| 31 | 18 15 | 10 53 | 13 01 | 21 52 | 02 17 | 22 51 | 01 31 | 20 08 | 00 27 | 23 16 | 05 22 | 15 45 | 03 39 | 11 19 | 11 06 |

Lunar Phases -- 2 ◐ 19:31 10 ○ 20:38 18 ◑ 00:39 24 ● 19:12 Sun enters ♌ 7/22 13:31

## Longitudes of Main Planets - August 2025

0:00 E.T.

| D | S.T. | ☉ | ☽ | ☽ 12:00 | ☿ | ♀ | ♂ | ♃ | ♄ | ♅ | ♆ | ♇ | ☊ |
|---|---|---|---|---|---|---|---|---|---|---|---|---|---|
| 1 | 20:39:26 | 09♌01 17 | 03♏15 | 09♏11 | 09♌00℞ | 00♋58 | 26♍18 | 11♋43 | 01♈38℞ | 00♊55 | 01♈59℞ | 02♒26℞ | 20♓16 |
| 2 | 20:43:22 | 09 58 41 | 15 06 | 21 03 | 08 16 | 02 07 | 26 55 | 11 56 | 01 36 | 00 57 | 01 58 | 02 24 | 20 13 |
| 3 | 20:47:19 | 10 56 06 | 27 00 | 02♐59 | 07 34 | 03 17 | 27 32 | 12 08 | 01 34 | 00 59 | 01 57 | 02 23 | 20 10 |
| 4 | 20:51:15 | 11 53 32 | 09♐00 | 15 04 | 06 53 | 04 27 | 28 09 | 12 21 | 01 32 | 01 00 | 01 56 | 02 22 | 20 07 |
| 5 | 20:55:12 | 12 50 59 | 21 11 | 27 22 | 06 16 | 05 36 | 28 46 | 12 34 | 01 30 | 01 02 | 01 55 | 02 20 | 20 03 |
| 6 | 20:59:08 | 13 48 26 | 03♑36 | 09♑55 | 05 43 | 06 46 | 29 24 | 12 46 | 01 28 | 01 03 | 01 54 | 02 19 | 20 00 |
| 7 | 21:03:05 | 14 45 54 | 16 18 | 22 45 | 05 14 | 07 56 | 00♎01 | 12 59 | 01 26 | 01 05 | 01 53 | 02 17 | 19 57 |
| 8 | 21:07:01 | 15 43 23 | 29 17 | 05♒53 | 04 51 | 09 06 | 00 38 | 13 11 | 01 23 | 01 06 | 01 52 | 02 16 | 19 54 |
| 9 | 21:10:58 | 16 40 53 | 12♒33 | 19 17 | 04 33 | 10 17 | 01 16 | 13 24 | 01 21 | 01 08 | 01 51 | 02 15 | 19 51 |
| 10 | 21:14:55 | 17 38 24 | 26 05 | 02♓57 | 04 21 | 11 27 | 01 53 | 13 36 | 01 18 | 01 09 | 01 50 | 02 13 | 19 48 |
| 11 | 21:18:51 | 18 35 56 | 09♓51 | 16 49 | 04 15 | 12 37 | 02 31 | 13 49 | 01 15 | 01 11 | 01 49 | 02 12 | 19 44 |
| 12 | 21:22:48 | 19 33 29 | 23 49 | 00♈50 | 04 17D | 13 48 | 03 08 | 14 01 | 01 12 | 01 12 | 01 48 | 02 11 | 19 41 |
| 13 | 21:26:44 | 20 31 03 | 07♈54 | 14 59 | 04 25 | 14 58 | 03 46 | 14 13 | 01 10 | 01 13 | 01 47 | 02 09 | 19 38 |
| 14 | 21:30:41 | 21 28 39 | 22 04 | 29 11 | 04 40 | 16 09 | 04 24 | 14 25 | 01 07 | 01 14 | 01 46 | 02 08 | 19 35 |
| 15 | 21:34:37 | 22 26 17 | 06♉18 | 13♉24 | 05 03 | 17 19 | 05 02 | 14 37 | 01 04 | 01 15 | 01 45 | 02 07 | 19 32 |
| 16 | 21:38:34 | 23 23 56 | 20 31 | 27 37 | 05 32 | 18 30 | 05 40 | 14 49 | 01 00 | 01 16 | 01 44 | 02 05 | 19 29 |
| 17 | 21:42:30 | 24 21 36 | 04♊42 | 11♊47 | 06 09 | 19 41 | 06 18 | 15 01 | 00 57 | 01 17 | 01 42 | 02 04 | 19 25 |
| 18 | 21:46:27 | 25 19 18 | 18 50 | 25 51 | 06 53 | 20 52 | 06 56 | 15 13 | 00 54 | 01 18 | 01 41 | 02 03 | 19 22 |
| 19 | 21:50:24 | 26 17 02 | 02♋51 | 09♋48 | 07 44 | 22 03 | 07 34 | 15 25 | 00 51 | 01 19 | 01 40 | 02 02 | 19 19 |
| 20 | 21:54:20 | 27 14 48 | 16 43 | 23 35 | 08 42 | 23 14 | 08 12 | 15 37 | 00 47 | 01 20 | 01 39 | 02 00 | 19 16 |
| 21 | 21:58:17 | 28 12 35 | 00♌24 | 07♌09 | 09 46 | 24 25 | 08 50 | 15 49 | 00 44 | 01 21 | 01 37 | 01 59 | 19 13 |
| 22 | 22:02:13 | 29 10 23 | 13 51 | 20 29 | 10 56 | 25 37 | 09 28 | 16 00 | 00 40 | 01 22 | 01 36 | 01 58 | 19 09 |
| 23 | 22:06:10 | 00♍08 13 | 27 03 | 03♍33 | 12 13 | 26 48 | 10 07 | 16 12 | 00 37 | 01 23 | 01 35 | 01 57 | 19 06 |
| 24 | 22:10:06 | 01 06 04 | 09♍59 | 16 21 | 13 35 | 27 59 | 10 45 | 16 23 | 00 33 | 01 23 | 01 33 | 01 55 | 19 03 |
| 25 | 22:14:03 | 02 03 57 | 22 39 | 28 53 | 15 02 | 29 11 | 11 24 | 16 35 | 00 29 | 01 24 | 01 32 | 01 54 | 19 00 |
| 26 | 22:17:59 | 03 01 51 | 05♎04 | 11♎11 | 16 34 | 00♌22 | 12 02 | 16 46 | 00 25 | 01 25 | 01 30 | 01 53 | 18 57 |
| 27 | 22:21:56 | 03 59 46 | 17 15 | 23 17 | 18 11 | 01 34 | 12 41 | 16 57 | 00 22 | 01 25 | 01 29 | 01 52 | 18 54 |
| 28 | 22:25:53 | 04 57 43 | 29 16 | 05♏14 | 19 51 | 02 46 | 13 19 | 17 09 | 00 18 | 01 26 | 01 28 | 01 51 | 18 50 |
| 29 | 22:29:49 | 05 55 41 | 11♏10 | 17 06 | 21 35 | 03 58 | 13 58 | 17 20 | 00 14 | 01 26 | 01 26 | 01 50 | 18 47 |
| 30 | 22:33:46 | 06 53 41 | 23 02 | 28 58 | 23 22 | 05 10 | 14 37 | 17 31 | 00 10 | 01 26 | 01 25 | 01 49 | 18 44 |
| 31 | 22:37:42 | 07 51 41 | 04♐55 | 10♐54 | 25 11 | 06 21 | 15 16 | 17 42 | 00 06 | 01 27 | 01 23 | 01 47 | 18 41 |

0:00 E.T.

## Longitudes of the Major Asteroids and Chiron

| D | ⚳ | ⚴ | ⚵ | ⚶ | ⚷ | D | ⚳ | ⚴ | ⚵ | ⚶ | ⚷ |
|---|---|---|---|---|---|---|---|---|---|---|---|
| 1 | 16♈27 | 17♒24℞ | 17♏20 | 13♏17 | 27♈10℞ | 17 | 16 43 | 13 16 | 19 29 | 18 39 | 27 02 |
| 2 | 16 31 | 17 09 | 17 26 | 13 36 | 27 10 | 18 | 16 41 | 13 01 | 19 39 | 19 01 | 27 01 |
| 3 | 16 34 | 16 53 | 17 33 | 13 54 | 27 10 | 19 | 16 39 | 12 47 | 19 49 | 19 23 | 27 00 |
| 4 | 16 37 | 16 38 | 17 39 | 14 13 | 27 09 | 20 | 16 36 | 12 32 | 20 00 | 19 45 | 26 59 |
| 5 | 16 39 | 16 22 | 17 46 | 14 32 | 27 09 | 21 | 16 33 | 12 18 | 20 11 | 20 08 | 26 58 |
| 6 | 16 42 | 16 06 | 17 54 | 14 52 | 27 09 | 22 | 16 29 | 12 04 | 20 21 | 20 31 | 26 57 |
| 7 | 16 44 | 15 51 | 18 01 | 15 11 | 27 08 | 23 | 16 25 | 11 50 | 20 32 | 20 54 | 26 56 |
| 8 | 16 45 | 15 35 | 18 09 | 15 31 | 27 08 | 24 | 16 21 | 11 36 | 20 44 | 21 17 | 26 54 |
| 9 | 16 46 | 15 19 | 18 17 | 15 51 | 27 08 | 25 | 16 17 | 11 22 | 20 55 | 21 40 | 26 53 |
| 10 | 16 47 | 15 04 | 18 25 | 16 11 | 27 07 | 26 | 16 12 | 11 09 | 21 07 | 22 03 | 26 52 |
| 11 | 16 48 | 14 48 | 18 34 | 16 32 | 27 06 | 27 | 16 06 | 10 56 | 21 19 | 22 27 | 26 50 |
| 12 | 16 48℞ | 14 33 | 18 42 | 16 53 | 27 06 | 28 | 16 01 | 10 43 | 21 31 | 22 51 | 26 49 |
| 13 | 16 48 | 14 17 | 18 51 | 17 13 | 27 05 | 29 | 15 55 | 10 31 | 21 43 | 23 14 | 26 47 |
| 14 | 16 47 | 14 02 | 19 00 | 17 35 | 27 04 | 30 | 15 48 | 10 19 | 21 55 | 23 38 | 26 46 |
| 15 | 16 46 | 13 46 | 19 10 | 17 56 | 27 04 | 31 | 15 41 | 10 07 | 22 08 | 24 03 | 26 44 |
| 16 | 16 45 | 13 31 | 19 19 | 18 17 | 27 03 | | | | | | |

## Lunar Data

| Last Asp. | | Ingress | | |
|---|---|---|---|---|
| 3 | 01:08 | 3 | ♐ | 06:02 |
| 5 | 15:30 | 5 | ♑ | 17:05 |
| 6 | 17:41 | 8 | ♒ | 01:19 |
| 9 | 07:56 | 10 | ♓ | 06:51 |
| 11 | 06:56 | 12 | ♈ | 10:34 |
| 13 | 22:55 | 14 | ♉ | 13:23 |
| 16 | 05:13 | 16 | ♊ | 16:02 |
| 18 | 11:54 | 18 | ♋ | 19:06 |
| 20 | 12:28 | 20 | ♌ | 23:18 |
| 21 | 18:15 | 23 | ♍ | 05:25 |
| 25 | 13:55 | 25 | ♎ | 14:10 |
| 27 | 02:08 | 28 | ♏ | 01:29 |
| 30 | 00:48 | 30 | ♐ | 14:05 |

0:00 E.T.

## Declinations

| D | ☉ | ☽ | ☿ | ♀ | ♂ | ♃ | ♄ | ♅ | ♆ | ♇ | ⚳ | ⚴ | ⚵ | ⚶ | ⚷ |
|---|---|---|---|---|---|---|---|---|---|---|---|---|---|---|---|
| 1 | +18 00 | -15 59 | +13 14 | +21 55 | +02 02 | +22 50 | -01 32 | +20 08 | -00 27 | -23 17 | -05 24 | +15 38 | -03 44 | -11 29 | +11 06 |
| 2 | 17 45 | 20 28 | 13 29 | 21 57 | 01 47 | 22 49 | 01 33 | 20 09 | 00 27 | 23 17 | 05 26 | 15 31 | 03 49 | 11 38 | 11 06 |
| 3 | 17 29 | 24 10 | 13 45 | 21 59 | 01 31 | 22 48 | 01 34 | 20 09 | 00 28 | 23 18 | 05 29 | 15 23 | 03 54 | 11 47 | 11 06 |
| 4 | 17 13 | 26 50 | 14 01 | 22 00 | 01 16 | 22 47 | 01 35 | 20 09 | 00 28 | 23 18 | 05 31 | 15 15 | 03 58 | 11 57 | 11 06 |
| 5 | 16 57 | 28 19 | 14 18 | 22 01 | 01 00 | 22 46 | 01 36 | 20 10 | 00 29 | 23 18 | 05 33 | 15 07 | 04 03 | 12 06 | 11 06 |
| 6 | 16 41 | 28 24 | 14 36 | 22 01 | 00 45 | 22 45 | 01 37 | 20 10 | 00 29 | 23 19 | 05 36 | 14 59 | 04 08 | 12 15 | 11 06 |
| 7 | 16 24 | 27 01 | 14 54 | 22 00 | 00 29 | 22 44 | 01 38 | 20 10 | 00 29 | 23 19 | 05 38 | 14 51 | 04 14 | 12 25 | 11 05 |
| 8 | 16 07 | 24 10 | 15 12 | 21 59 | 00 14 | 22 43 | 01 39 | 20 11 | 00 30 | 23 19 | 05 41 | 14 42 | 04 19 | 12 34 | 11 05 |
| 9 | 15 50 | 19 59 | 15 30 | 21 57 | -00 02 | 22 42 | 01 40 | 20 11 | 00 30 | 23 20 | 05 44 | 14 33 | 04 24 | 12 43 | 11 05 |
| 10 | 15 33 | 14 42 | 15 47 | 21 54 | 00 17 | 22 41 | 01 42 | 20 11 | 00 31 | 23 20 | 05 47 | 14 24 | 04 29 | 12 53 | 11 05 |
| 11 | 15 15 | 08 36 | 16 04 | 21 51 | 00 33 | 22 39 | 01 43 | 20 11 | 00 31 | 23 21 | 05 50 | 14 15 | 04 34 | 13 02 | 11 05 |
| 12 | 14 57 | 02 01 | 16 19 | 21 47 | 00 48 | 22 38 | 01 44 | 20 12 | 00 32 | 23 21 | 05 53 | 14 05 | 04 39 | 13 11 | 11 04 |
| 13 | 14 39 | +04 44 | 16 34 | 21 43 | 01 04 | 22 37 | 01 46 | 20 12 | 00 32 | 23 21 | 05 57 | 13 56 | 04 45 | 13 21 | 11 04 |
| 14 | 14 21 | 11 17 | 16 46 | 21 38 | 01 20 | 22 36 | 01 47 | 20 12 | 00 33 | 23 22 | 06 00 | 13 46 | 04 50 | 13 30 | 11 04 |
| 15 | 14 02 | 17 16 | 16 58 | 21 33 | 01 35 | 22 35 | 01 48 | 20 12 | 00 33 | 23 22 | 06 04 | 13 36 | 04 55 | 13 39 | 11 03 |
| 16 | 13 43 | 22 20 | 17 07 | 21 27 | 01 51 | 22 33 | 01 50 | 20 13 | 00 34 | 23 22 | 06 08 | 13 25 | 05 01 | 13 48 | 11 03 |
| 17 | 13 24 | 26 05 | 17 15 | 21 20 | 02 07 | 22 32 | 01 51 | 20 13 | 00 34 | 23 23 | 06 11 | 13 15 | 05 06 | 13 58 | 11 03 |
| 18 | 13 05 | 28 11 | 17 20 | 21 13 | 02 22 | 22 31 | 01 53 | 20 13 | 00 35 | 23 23 | 06 15 | 13 04 | 05 11 | 14 07 | 11 02 |
| 19 | 12 45 | 28 29 | 17 24 | 21 05 | 02 38 | 22 30 | 01 54 | 20 13 | 00 35 | 23 23 | 06 19 | 12 54 | 05 17 | 14 16 | 11 02 |
| 20 | 12 26 | 26 59 | 17 24 | 20 57 | 02 54 | 22 28 | 01 56 | 20 13 | 00 36 | 23 24 | 06 24 | 12 43 | 05 22 | 14 26 | 11 02 |
| 21 | 12 06 | 23 53 | 17 22 | 20 47 | 03 09 | 22 27 | 01 57 | 20 14 | 00 36 | 23 24 | 06 28 | 12 32 | 05 28 | 14 35 | 11 01 |
| 22 | 11 46 | 19 31 | 17 18 | 20 38 | 03 25 | 22 26 | 01 59 | 20 14 | 00 37 | 23 24 | 06 32 | 12 21 | 05 33 | 14 44 | 11 01 |
| 23 | 11 25 | 14 17 | 17 10 | 20 28 | 03 41 | 22 25 | 02 01 | 20 14 | 00 37 | 23 25 | 06 37 | 12 09 | 05 39 | 14 53 | 11 00 |
| 24 | 11 05 | 08 32 | 17 00 | 20 17 | 03 56 | 22 23 | 02 02 | 20 14 | 00 38 | 23 25 | 06 41 | 11 58 | 05 44 | 15 02 | 11 00 |
| 25 | 10 44 | 02 33 | 16 47 | 20 05 | 04 12 | 22 22 | 02 04 | 20 14 | 00 39 | 23 25 | 06 46 | 11 47 | 05 50 | 15 11 | 10 59 |
| 26 | 10 24 | -03 24 | 16 31 | 19 53 | 04 28 | 22 21 | 02 05 | 20 14 | 00 39 | 23 25 | 06 51 | 11 35 | 05 55 | 15 21 | 10 59 |
| 27 | 10 03 | 09 08 | 16 11 | 19 41 | 04 44 | 22 19 | 02 07 | 20 14 | 00 40 | 23 26 | 06 55 | 11 23 | 06 01 | 15 30 | 10 58 |
| 28 | 09 41 | 14 27 | 15 49 | 19 28 | 04 59 | 22 18 | 02 09 | 20 14 | 00 40 | 23 26 | 07 00 | 11 11 | 06 06 | 15 39 | 10 58 |
| 29 | 09 20 | 19 10 | 15 25 | 19 14 | 05 15 | 22 17 | 02 11 | 20 15 | 00 41 | 23 26 | 07 05 | 11 00 | 06 12 | 15 48 | 10 57 |
| 30 | 08 59 | 23 08 | 14 57 | 19 00 | 05 31 | 22 15 | 02 12 | 20 15 | 00 42 | 23 27 | 07 10 | 10 48 | 06 17 | 15 57 | 10 57 |
| 31 | 08 37 | 26 10 | 14 27 | 18 45 | 05 46 | 22 14 | 02 14 | 20 15 | 00 42 | 23 27 | 07 15 | 10 36 | 06 23 | 16 05 | 10 56 |

Lunar Phases -- 1 ◐ 12:42 9 ○ 07:56 16 ◑ 05:13 23 ● 06:08 31 ◐ 06:26 Sun enters ♍ 8/22 20:35

| 0:00 E.T. | Longitudes of Main Planets - September 2025 | Sep. 25 |
|---|---|---|

| D | S.T. | ☉ | ☽ | ☽ 12:00 | ☿ | ♀ | ♂ | ♃ | ♄ | ♅ | ♆ | ♇ | ☊ |
|---|---|---|---|---|---|---|---|---|---|---|---|---|---|
| 1 | 22:41:39 | 08♍49 44 | 16♐55 | 22♐59 | 27♌03 | 07♌33 | 15♎55 | 17♋52 | 00♈01℞ | 01♊27 | 01♈22℞ | 01♒46℞ | 18♓38 |
| 2 | 22:45:35 | 09 47 47 | 29 06 | 05♑17 | 28 56 | 08 46 | 16 34 | 18 03 | 29♓57 | 01 27 | 01 20 | 01 45 | 18 35 |
| 3 | 22:49:32 | 10 45 52 | 11♑32 | 17 52 | 00♍51 | 09 58 | 17 13 | 18 14 | 29 53 | 01 28 | 01 19 | 01 44 | 18 31 |
| 4 | 22:53:28 | 11 43 58 | 24 17 | 00♒47 | 02 46 | 11 10 | 17 52 | 18 24 | 29 49 | 01 28 | 01 17 | 01 43 | 18 28 |
| 5 | 22:57:25 | 12 42 06 | 07♒23 | 14 05 | 04 42 | 12 22 | 18 31 | 18 35 | 29 44 | 01 28 | 01 16 | 01 42 | 18 25 |
| 6 | 23:01:22 | 13 40 16 | 20 52 | 27 44 | 06 38 | 13 35 | 19 10 | 18 45 | 29 40 | 01 28 | 01 14 | 01 41 | 18 22 |
| 7 | 23:05:18 | 14 38 26 | 04♓42 | 11♓44 | 08 35 | 14 47 | 19 50 | 18 55 | 29 36 | 01 28℞ | 01 12 | 01 40 | 18 19 |
| 8 | 23:09:15 | 15 36 39 | 18 50 | 26 01 | 10 31 | 15 59 | 20 29 | 19 05 | 29 31 | 01 28 | 01 11 | 01 39 | 18 15 |
| 9 | 23:13:11 | 16 34 53 | 03♈14 | 10♈30 | 12 27 | 17 12 | 21 08 | 19 16 | 29 27 | 01 28 | 01 09 | 01 39 | 18 12 |
| 10 | 23:17:08 | 17 33 09 | 17 47 | 25 05 | 14 22 | 18 25 | 21 48 | 19 25 | 29 22 | 01 27 | 01 08 | 01 38 | 18 09 |
| 11 | 23:21:04 | 18 31 27 | 02♉23 | 09♉41 | 16 17 | 19 37 | 22 27 | 19 35 | 29 18 | 01 27 | 01 06 | 01 37 | 18 06 |
| 12 | 23:25:01 | 19 29 48 | 16 57 | 24 12 | 18 11 | 20 50 | 23 07 | 19 45 | 29 13 | 01 27 | 01 04 | 01 36 | 18 03 |
| 13 | 23:28:57 | 20 28 10 | 01♊24 | 08♊34 | 20 04 | 22 03 | 23 47 | 19 55 | 29 09 | 01 27 | 01 03 | 01 35 | 18 00 |
| 14 | 23:32:54 | 21 26 34 | 15 40 | 22 43 | 21 56 | 23 16 | 24 26 | 20 04 | 29 04 | 01 26 | 01 01 | 01 34 | 17 56 |
| 15 | 23:36:51 | 22 25 01 | 29 42 | 06♋37 | 23 47 | 24 29 | 25 06 | 20 14 | 29 00 | 01 26 | 01 00 | 01 34 | 17 53 |
| 16 | 23:40:47 | 23 23 30 | 13♋29 | 20 17 | 25 37 | 25 42 | 25 46 | 20 23 | 28 55 | 01 25 | 00 58 | 01 33 | 17 50 |
| 17 | 23:44:44 | 24 22 01 | 27 01 | 03♌41 | 27 26 | 26 55 | 26 26 | 20 32 | 28 50 | 01 25 | 00 56 | 01 32 | 17 47 |
| 18 | 23:48:40 | 25 20 34 | 10♌18 | 16 51 | 29 15 | 28 08 | 27 06 | 20 41 | 28 46 | 01 24 | 00 55 | 01 31 | 17 44 |
| 19 | 23:52:37 | 26 19 09 | 23 21 | 29 47 | 01♎02 | 29 21 | 27 46 | 20 50 | 28 41 | 01 24 | 00 53 | 01 31 | 17 40 |
| 20 | 23:56:33 | 27 17 47 | 06♍10 | 12♍30 | 02 48 | 00♍35 | 28 26 | 20 59 | 28 36 | 01 23 | 00 51 | 01 30 | 17 37 |
| 21 | 0:00:30 | 28 16 26 | 18 46 | 25 00 | 04 33 | 01 48 | 29 06 | 21 08 | 28 32 | 01 22 | 00 50 | 01 29 | 17 34 |
| 22 | 0:04:26 | 29 15 07 | 01♎11 | 07♎19 | 06 17 | 03 01 | 29 47 | 21 16 | 28 27 | 01 22 | 00 48 | 01 29 | 17 31 |
| 23 | 0:08:23 | 00♎13 50 | 13 25 | 19 28 | 08 00 | 04 15 | 00♏27 | 21 25 | 28 22 | 01 21 | 00 46 | 01 28 | 17 28 |
| 24 | 0:12:20 | 01 12 35 | 25 29 | 01♏29 | 09 42 | 05 28 | 01 07 | 21 33 | 28 18 | 01 20 | 00 45 | 01 28 | 17 25 |
| 25 | 0:16:16 | 02 11 22 | 07♏27 | 13 24 | 11 24 | 06 42 | 01 48 | 21 41 | 28 13 | 01 19 | 00 43 | 01 27 | 17 21 |
| 26 | 0:20:13 | 03 10 11 | 19 19 | 25 15 | 13 04 | 07 55 | 02 28 | 21 49 | 28 08 | 01 18 | 00 41 | 01 26 | 17 18 |
| 27 | 0:24:09 | 04 09 01 | 01♐10 | 07♐06 | 14 43 | 09 09 | 03 09 | 21 57 | 28 04 | 01 17 | 00 40 | 01 26 | 17 15 |
| 28 | 0:28:06 | 05 07 54 | 13 02 | 19 00 | 16 21 | 10 23 | 03 50 | 22 05 | 27 59 | 01 16 | 00 38 | 01 26 | 17 12 |
| 29 | 0:32:02 | 06 06 48 | 25 00 | 01♑03 | 17 59 | 11 37 | 04 30 | 22 13 | 27 55 | 01 15 | 00 36 | 01 25 | 17 09 |
| 30 | 0:35:59 | 07 05 44 | 07♑08 | 13 17 | 19 35 | 12 50 | 05 11 | 22 20 | 27 50 | 01 14 | 00 35 | 01 25 | 17 06 |

## 0:00 E.T. Longitudes of the Major Asteroids and Chiron

| D | ⚳ | ⚴ | ⚵ | ⚶ | ⚷ | D | ⚳ | ⚴ | ⚵ | ⚶ | ⚷ |
|---|---|---|---|---|---|---|---|---|---|---|---|
| 1 | 15♈34℞ | 09♒55℞ | 22♏21 | 24♏27 | 26♈43℞ | 16 | 13 11 | 07 39 | 25 52 | 00 49 | 26 14 |
| 2 | 15 27 | 09 44 | 22 34 | 24 52 | 26 41 | 17 | 12 59 | 07 32 | 26 07 | 01 16 | 26 12 |
| 3 | 15 19 | 09 33 | 22 47 | 25 16 | 26 39 | 18 | 12 47 | 07 26 | 26 22 | 01 42 | 26 09 |
| 4 | 15 11 | 09 22 | 23 00 | 25 41 | 26 38 | 19 | 12 35 | 07 21 | 26 38 | 02 09 | 26 07 |
| 5 | 15 03 | 09 11 | 23 14 | 26 06 | 26 36 | 20 | 12 22 | 07 16 | 26 54 | 02 36 | 26 05 |
| 6 | 14 54 | 09 01 | 23 27 | 26 31 | 26 34 | 21 | 12 10 | 07 11 | 27 09 | 03 03 | 26 02 |
| 7 | 14 45 | 08 52 | 23 41 | 26 56 | 26 32 | 22 | 11 57 | 07 06 | 27 25 | 03 30 | 26 00 |
| 8 | 14 36 | 08 42 | 23 55 | 27 22 | 26 30 | 23 | 11 44 | 07 02 | 27 41 | 03 57 | 25 58 |
| 9 | 14 26 | 08 33 | 24 09 | 27 47 | 26 28 | 24 | 11 31 | 06 58 | 27 58 | 04 24 | 25 55 |
| 10 | 14 16 | 08 24 | 24 23 | 28 13 | 26 27 | 25 | 11 18 | 06 55 | 28 14 | 04 52 | 25 53 |
| 11 | 14 06 | 08 16 | 24 38 | 28 39 | 26 25 | 26 | 11 05 | 06 52 | 28 30 | 05 19 | 25 50 |
| 12 | 13 55 | 08 08 | 24 52 | 29 04 | 26 22 | 27 | 10 52 | 06 49 | 28 47 | 05 47 | 25 48 |
| 13 | 13 44 | 08 00 | 25 07 | 29 30 | 26 20 | 28 | 10 38 | 06 47 | 29 04 | 06 14 | 25 45 |
| 14 | 13 33 | 07 53 | 25 22 | 29 57 | 26 18 | 29 | 10 25 | 06 45 | 29 20 | 06 42 | 25 43 |
| 15 | 13 22 | 07 45 | 25 37 | 00♐23 | 26 16 | 30 | 10 11 | 06 43 | 29 37 | 07 10 | 25 40 |

## Lunar Data

| Last Asp. | | Ingress | | |
|---|---|---|---|---|
| 2 | 01:40 | 2 | ♑ | 01:46 |
| 4 | 10:09 | 4 | ♒ | 10:33 |
| 5 | 20:52 | 6 | ♓ | 15:55 |
| 8 | 17:45 | 8 | ♈ | 18:38 |
| 10 | 06:55 | 10 | ♉ | 20:04 |
| 12 | 20:15 | 12 | ♊ | 21:40 |
| 14 | 22:48 | 15 | ♋ | 00:32 |
| 17 | 03:15 | 17 | ♌ | 05:21 |
| 19 | 12:23 | 19 | ♍ | 12:24 |
| 21 | 19:55 | 21 | ♎ | 21:42 |
| 23 | 16:03 | 24 | ♏ | 09:02 |
| 26 | 17:45 | 26 | ♐ | 21:38 |
| 29 | 05:45 | 29 | ♑ | 09:56 |

## 0:00 E.T. Declinations

| D | ☉ | ☽ | ☿ | ♀ | ♂ | ♃ | ♄ | ♅ | ♆ | ♇ | ⚳ | ⚴ | ⚵ | ⚶ | ⚷ |
|---|---|---|---|---|---|---|---|---|---|---|---|---|---|---|---|
| 1 | +08 16 | -28 03 | +13 55 | +18 30 | -06 02 | +22 13 | -02 16 | +20 15 | -00 43 | -23 27 | -07 21 | +10 23 | -06 29 | -16 14 | +10 55 |
| 2 | 07 54 | 28 37 | 13 20 | 18 14 | 06 17 | 22 11 | 02 18 | 20 15 | 00 43 | 23 27 | 07 26 | 10 11 | 06 34 | 16 23 | 10 55 |
| 3 | 07 32 | 27 47 | 12 44 | 17 58 | 06 33 | 22 10 | 02 19 | 20 15 | 00 44 | 23 28 | 07 31 | 09 59 | 06 40 | 16 32 | 10 54 |
| 4 | 07 10 | 25 28 | 12 05 | 17 41 | 06 49 | 22 09 | 02 21 | 20 15 | 00 45 | 23 28 | 07 36 | 09 47 | 06 45 | 16 41 | 10 53 |
| 5 | 06 48 | 21 47 | 11 25 | 17 24 | 07 04 | 22 07 | 02 23 | 20 15 | 00 45 | 23 28 | 07 42 | 09 34 | 06 51 | 16 49 | 10 53 |
| 6 | 06 25 | 16 52 | 10 43 | 17 06 | 07 20 | 22 06 | 02 25 | 20 15 | 00 46 | 23 28 | 07 47 | 09 22 | 06 57 | 16 58 | 10 52 |
| 7 | 06 03 | 10 58 | 10 01 | 16 48 | 07 35 | 22 05 | 02 27 | 20 15 | 00 47 | 23 29 | 07 53 | 09 10 | 07 02 | 17 07 | 10 51 |
| 8 | 05 40 | 04 23 | 09 17 | 16 29 | 07 51 | 22 04 | 02 29 | 20 15 | 00 47 | 23 29 | 07 58 | 08 57 | 07 08 | 17 15 | 10 50 |
| 9 | 05 18 | +02 32 | 08 32 | 16 10 | 08 06 | 22 02 | 02 31 | 20 15 | 00 48 | 23 29 | 08 04 | 08 45 | 07 13 | 17 24 | 10 50 |
| 10 | 04 55 | 09 23 | 07 46 | 15 50 | 08 21 | 22 01 | 02 32 | 20 15 | 00 49 | 23 29 | 08 09 | 08 33 | 07 19 | 17 32 | 10 49 |
| 11 | 04 32 | 15 45 | 07 00 | 15 30 | 08 37 | 22 00 | 02 34 | 20 15 | 00 49 | 23 29 | 08 15 | 08 20 | 07 24 | 17 40 | 10 48 |
| 12 | 04 09 | 21 13 | 06 13 | 15 09 | 08 52 | 21 58 | 02 36 | 20 15 | 00 50 | 23 30 | 08 20 | 08 08 | 07 30 | 17 49 | 10 47 |
| 13 | 03 47 | 25 23 | 05 26 | 14 48 | 09 07 | 21 57 | 02 38 | 20 15 | 00 51 | 23 30 | 08 26 | 07 55 | 07 36 | 17 57 | 10 47 |
| 14 | 03 24 | 27 55 | 04 39 | 14 27 | 09 22 | 21 56 | 02 40 | 20 15 | 00 51 | 23 30 | 08 31 | 07 43 | 07 41 | 18 05 | 10 46 |
| 15 | 03 01 | 28 37 | 03 51 | 14 05 | 09 38 | 21 54 | 02 42 | 20 14 | 00 52 | 23 30 | 08 37 | 07 31 | 07 47 | 18 13 | 10 45 |
| 16 | 02 37 | 27 31 | 03 04 | 13 43 | 09 53 | 21 53 | 02 44 | 20 14 | 00 53 | 23 30 | 08 42 | 07 18 | 07 52 | 18 21 | 10 44 |
| 17 | 02 14 | 24 49 | 02 16 | 13 20 | 10 08 | 21 52 | 02 46 | 20 14 | 00 53 | 23 30 | 08 48 | 07 06 | 07 58 | 18 29 | 10 43 |
| 18 | 01 51 | 20 48 | 01 28 | 12 57 | 10 23 | 21 51 | 02 48 | 20 14 | 00 54 | 23 31 | 08 53 | 06 54 | 08 03 | 18 37 | 10 42 |
| 19 | 01 28 | 15 51 | 00 41 | 12 34 | 10 38 | 21 49 | 02 49 | 20 14 | 00 55 | 23 31 | 08 59 | 06 42 | 08 09 | 18 45 | 10 41 |
| 20 | 01 05 | 10 18 | -00 06 | 12 10 | 10 53 | 21 48 | 02 51 | 20 14 | 00 55 | 23 31 | 09 04 | 06 30 | 08 14 | 18 53 | 10 41 |
| 21 | 00 41 | 04 25 | 00 53 | 11 46 | 11 08 | 21 47 | 02 53 | 20 14 | 00 56 | 23 31 | 09 09 | 06 17 | 08 19 | 19 00 | 10 40 |
| 22 | 00 18 | -01 33 | 01 40 | 11 21 | 11 23 | 21 46 | 02 55 | 20 14 | 00 57 | 23 31 | 09 15 | 06 05 | 08 25 | 19 08 | 10 39 |
| 23 | -00 06 | 07 21 | 02 26 | 10 56 | 11 37 | 21 44 | 02 57 | 20 13 | 00 57 | 23 31 | 09 20 | 05 53 | 08 30 | 19 16 | 10 38 |
| 24 | 00 29 | 12 49 | 03 12 | 10 31 | 11 52 | 21 43 | 02 59 | 20 13 | 00 58 | 23 31 | 09 25 | 05 42 | 08 36 | 19 23 | 10 37 |
| 25 | 00 52 | 17 45 | 03 58 | 10 06 | 12 07 | 21 42 | 03 01 | 20 13 | 00 59 | 23 32 | 09 30 | 05 30 | 08 41 | 19 31 | 10 36 |
| 26 | 01 16 | 21 59 | 04 43 | 09 40 | 12 21 | 21 41 | 03 03 | 20 13 | 00 59 | 23 32 | 09 35 | 05 18 | 08 46 | 19 38 | 10 35 |
| 27 | 01 39 | 25 18 | 05 28 | 09 14 | 12 36 | 21 40 | 03 04 | 20 13 | 01 00 | 23 32 | 09 40 | 05 06 | 08 52 | 19 45 | 10 34 |
| 28 | 02 02 | 27 33 | 06 12 | 08 48 | 12 50 | 21 39 | 03 06 | 20 12 | 01 01 | 23 32 | 09 45 | 04 55 | 08 57 | 19 52 | 10 33 |
| 29 | 02 26 | 28 34 | 06 56 | 08 21 | 13 05 | 21 37 | 03 08 | 20 12 | 01 01 | 23 32 | 09 50 | 04 43 | 09 02 | 19 59 | 10 32 |
| 30 | 02 49 | 28 13 | 07 39 | 07 54 | 13 19 | 21 36 | 03 10 | 20 12 | 01 02 | 23 32 | 09 54 | 04 32 | 09 07 | 20 06 | 10 31 |

Lunar Phases -- 7 Ⓔ 18:10 14 ◑ 10:34 21 ● 19:55 29 ◐ 23:55 Sun enters ♎ 9/22 18:21

## Longitudes of Main Planets - October 2025

0:00 E.T.

| D | S.T. | ☉ | ☽ | ☽ 12:00 | ☿ | ♀ | ♂ | ♃ | ♄ | ♅ | ♆ | ♇ | ☊ |
|---|---|---|---|---|---|---|---|---|---|---|---|---|---|
| 1 | 0:39:55 | 08♎04 41 | 19♑31 | 25♑49 | 21♎11 | 14♍04 | 05♏52 | 22♋28 | 27♓46℞ | 01♊13℞ | 00♈33℞ | 01♒24℞ | 17♓02 |
| 2 | 0:43:52 | 09 03 41 | 02♒12 | 08♒41 | 22 46 | 15 18 | 06 33 | 22 35 | 27 41 | 01 11 | 00 31 | 01 24 | 16 59 |
| 3 | 0:47:49 | 10 02 42 | 15 17 | 21 58 | 24 20 | 16 32 | 07 14 | 22 42 | 27 36 | 01 10 | 00 30 | 01 24 | 16 56 |
| 4 | 0:51:45 | 11 01 45 | 28 47 | 05♓42 | 25 53 | 17 46 | 07 55 | 22 49 | 27 32 | 01 09 | 00 28 | 01 23 | 16 53 |
| 5 | 0:55:42 | 12 00 49 | 12♓43 | 19 51 | 27 25 | 19 00 | 08 36 | 22 56 | 27 28 | 01 07 | 00 27 | 01 23 | 16 50 |
| 6 | 0:59:38 | 12 59 56 | 27 04 | 04♈23 | 28 57 | 20 14 | 09 17 | 23 03 | 27 23 | 01 06 | 00 25 | 01 23 | 16 46 |
| 7 | 1:03:35 | 13 59 04 | 11♈47 | 19 14 | 00♏27 | 21 28 | 09 58 | 23 09 | 27 19 | 01 05 | 00 23 | 01 23 | 16 43 |
| 8 | 1:07:31 | 14 58 15 | 26 44 | 04♉15 | 01 57 | 22 42 | 10 39 | 23 15 | 27 14 | 01 03 | 00 22 | 01 22 | 16 40 |
| 9 | 1:11:28 | 15 57 27 | 11♉46 | 19 17 | 03 26 | 23 57 | 11 21 | 23 22 | 27 10 | 01 02 | 00 20 | 01 22 | 16 37 |
| 10 | 1:15:24 | 16 56 42 | 26 46 | 04♊12 | 04 55 | 25 11 | 12 02 | 23 28 | 27 06 | 01 00 | 00 19 | 01 22 | 16 34 |
| 11 | 1:19:21 | 17 55 59 | 11♊33 | 18 51 | 06 22 | 26 25 | 12 43 | 23 34 | 27 02 | 00 58 | 00 17 | 01 22 | 16 31 |
| 12 | 1:23:18 | 18 55 19 | 26 03 | 03♋10 | 07 49 | 27 39 | 13 25 | 23 39 | 26 58 | 00 57 | 00 15 | 01 22 | 16 27 |
| 13 | 1:27:14 | 19 54 40 | 10♋11 | 17 07 | 09 14 | 28 54 | 14 06 | 23 45 | 26 54 | 00 55 | 00 14 | 01 22 | 16 24 |
| 14 | 1:31:11 | 20 54 04 | 23 56 | 00♌40 | 10 39 | 00♎08 | 14 48 | 23 50 | 26 49 | 00 53 | 00 12 | 01 22 | 16 21 |
| 15 | 1:35:07 | 21 53 31 | 07♌19 | 13 52 | 12 03 | 01 23 | 15 30 | 23 56 | 26 45 | 00 52 | 00 11 | 01 22D | 16 18 |
| 16 | 1:39:04 | 22 53 00 | 20 21 | 26 46 | 13 26 | 02 37 | 16 12 | 24 01 | 26 42 | 00 50 | 00 09 | 01 22 | 16 15 |
| 17 | 1:43:00 | 23 52 31 | 03♍06 | 09♍23 | 14 49 | 03 52 | 16 53 | 24 06 | 26 38 | 00 48 | 00 08 | 01 22 | 16 12 |
| 18 | 1:46:57 | 24 52 04 | 15 37 | 21 48 | 16 10 | 05 06 | 17 35 | 24 10 | 26 34 | 00 46 | 00 06 | 01 22 | 16 08 |
| 19 | 1:50:53 | 25 51 39 | 27 56 | 04♎02 | 17 30 | 06 21 | 18 17 | 24 15 | 26 30 | 00 44 | 00 05 | 01 22 | 16 05 |
| 20 | 1:54:50 | 26 51 16 | 10♎07 | 16 09 | 18 49 | 07 36 | 18 59 | 24 19 | 26 26 | 00 42 | 00 03 | 01 22 | 16 02 |
| 21 | 1:58:47 | 27 50 56 | 22 09 | 28 09 | 20 07 | 08 50 | 19 41 | 24 24 | 26 23 | 00 40 | 00 02 | 01 23 | 15 59 |
| 22 | 2:02:43 | 28 50 37 | 04♏07 | 10♏04 | 21 23 | 10 05 | 20 23 | 24 28 | 26 19 | 00 38 | 00 01 | 01 23 | 15 56 |
| 23 | 2:06:40 | 29 50 21 | 16 00 | 21 56 | 22 38 | 11 20 | 21 06 | 24 31 | 26 16 | 00 36 | 29♓59 | 01 23 | 15 52 |
| 24 | 2:10:36 | 00♏50 06 | 27 52 | 03♐47 | 23 52 | 12 35 | 21 48 | 24 35 | 26 12 | 00 34 | 29 58 | 01 23 | 15 49 |
| 25 | 2:14:33 | 01 49 54 | 09♐42 | 15 38 | 25 04 | 13 49 | 22 30 | 24 39 | 26 09 | 00 32 | 29 56 | 01 24 | 15 46 |
| 26 | 2:18:29 | 02 49 43 | 21 35 | 27 33 | 26 14 | 15 04 | 23 13 | 24 42 | 26 06 | 00 30 | 29 55 | 01 24 | 15 43 |
| 27 | 2:22:26 | 03 49 34 | 03♑33 | 09♑35 | 27 22 | 16 19 | 23 55 | 24 45 | 26 02 | 00 28 | 29 54 | 01 24 | 15 40 |
| 28 | 2:26:22 | 04 49 27 | 15 39 | 21 46 | 28 28 | 17 34 | 24 37 | 24 48 | 25 59 | 00 26 | 29 53 | 01 25 | 15 37 |
| 29 | 2:30:19 | 05 49 21 | 27 57 | 04♒13 | 29 32 | 18 49 | 25 20 | 24 51 | 25 56 | 00 23 | 29 51 | 01 25 | 15 33 |
| 30 | 2:34:16 | 06 49 17 | 10♒33 | 16 58 | 00♐33 | 20 04 | 26 03 | 24 53 | 25 53 | 00 21 | 29 50 | 01 26 | 15 30 |
| 31 | 2:38:12 | 07 49 15 | 23 29 | 00♓07 | 01 30 | 21 19 | 26 45 | 24 56 | 25 51 | 00 19 | 29 49 | 01 26 | 15 27 |

0:00 E.T.

## Longitudes of the Major Asteroids and Chiron

| D | ⚳ | ⚴ | ⚵ | ⚶ | ⚷ |
|---|---|---|---|---|---|
| 1 | 09♈58℞ | 06♒42℞ | 29♏54 | 07♐38 | 25♈38℞ |
| 2 | 09 44 | 06 41 | 00♐11 | 08 06 | 25 35 |
| 3 | 09 30 | 06 40 | 00 29 | 08 34 | 25 32 |
| 4 | 09 17 | 06 40 | 00 46 | 09 02 | 25 30 |
| 5 | 09 03 | 06 40D | 01 03 | 09 30 | 25 27 |
| 6 | 08 50 | 06 40 | 01 21 | 09 59 | 25 24 |
| 7 | 08 36 | 06 41 | 01 39 | 10 27 | 25 22 |
| 8 | 08 23 | 06 42 | 01 56 | 10 56 | 25 19 |
| 9 | 08 09 | 06 43 | 02 14 | 11 24 | 25 16 |
| 10 | 07 56 | 06 45 | 02 32 | 11 53 | 25 13 |
| 11 | 07 43 | 06 47 | 02 50 | 12 22 | 25 11 |
| 12 | 07 30 | 06 50 | 03 08 | 12 50 | 25 08 |
| 13 | 07 17 | 06 52 | 03 27 | 13 19 | 25 05 |
| 14 | 07 04 | 06 55 | 03 45 | 13 48 | 25 02 |
| 15 | 06 52 | 06 58 | 04 03 | 14 17 | 25 00 |
| 16 | 06 39 | 07 02 | 04 22 | 14 46 | 24 57 |
| 17 | 06 27 | 07 06 | 04 40 | 15 16 | 24 54 |
| 18 | 06 15 | 07 10 | 04 59 | 15 45 | 24 51 |
| 19 | 06 03 | 07 15 | 05 18 | 16 14 | 24 49 |
| 20 | 05 52 | 07 20 | 05 37 | 16 44 | 24 46 |
| 21 | 05 40 | 07 25 | 05 56 | 17 13 | 24 43 |
| 22 | 05 29 | 07 30 | 06 15 | 17 42 | 24 40 |
| 23 | 05 18 | 07 36 | 06 34 | 18 12 | 24 37 |
| 24 | 05 08 | 07 42 | 06 53 | 18 42 | 24 35 |
| 25 | 04 58 | 07 48 | 07 12 | 19 11 | 24 32 |
| 26 | 04 48 | 07 54 | 07 31 | 19 41 | 24 29 |
| 27 | 04 38 | 08 01 | 07 51 | 20 11 | 24 27 |
| 28 | 04 29 | 08 08 | 08 10 | 20 41 | 24 24 |
| 29 | 04 20 | 08 15 | 08 30 | 21 11 | 24 21 |
| 30 | 04 11 | 08 23 | 08 49 | 21 41 | 24 18 |
| 31 | 04 03 | 08 31 | 09 09 | 22 11 | 24 16 |

## Lunar Data

| Last Asp. | | Ingress | | |
|---|---|---|---|---|
| 1 | 15:35 | 1 | ♒ | 19:52 |
| 3 | 18:16 | 4 | ♓ | 02:08 |
| 6 | 00:31 | 6 | ♈ | 04:49 |
| 7 | 18:25 | 8 | ♉ | 05:14 |
| 10 | 00:33 | 10 | ♊ | 05:13 |
| 12 | 02:57 | 12 | ♋ | 06:38 |
| 14 | 05:07 | 14 | ♌ | 10:48 |
| 16 | 05:07 | 16 | ♍ | 18:07 |
| 18 | 21:12 | 19 | ♎ | 04:03 |
| 21 | 12:26 | 21 | ♏ | 15:43 |
| 24 | 04:15 | 24 | ♐ | 04:20 |
| 26 | 16:43 | 26 | ♑ | 16:54 |
| 29 | 03:39 | 29 | ♒ | 03:56 |
| 31 | 06:16 | 31 | ♓ | 11:47 |

0:00 E.T.

## Declinations

| D | ☉ | ☽ | ☿ | ♀ | ♂ | ♃ | ♄ | ♅ | ♆ | ♇ | ⚳ | ⚴ | ⚵ | ⚶ | ⚷ |
|---|---|---|---|---|---|---|---|---|---|---|---|---|---|---|---|
| 1 | -03 12 | -26 28 | -08 22 | +07 27 | -13 33 | +21 35 | -03 12 | +20 12 | -01 02 | -23 32 | -09 59 | +04 20 | -09 12 | -20 13 | +10 30 |
| 2 | 03 36 | 23 21 | 09 04 | 07 00 | 13 47 | 21 34 | 03 14 | 20 11 | 01 03 | 23 32 | 10 03 | 04 09 | 09 18 | 20 20 | 10 29 |
| 3 | 03 59 | 19 00 | 09 45 | 06 33 | 14 01 | 21 33 | 03 15 | 20 11 | 01 04 | 23 32 | 10 07 | 03 58 | 09 23 | 20 27 | 10 28 |
| 4 | 04 22 | 13 33 | 10 26 | 06 05 | 14 15 | 21 32 | 03 17 | 20 11 | 01 04 | 23 32 | 10 11 | 03 47 | 09 28 | 20 33 | 10 27 |
| 5 | 04 45 | 07 16 | 11 06 | 05 37 | 14 29 | 21 31 | 03 19 | 20 11 | 01 05 | 23 32 | 10 15 | 03 36 | 09 33 | 20 40 | 10 26 |
| 6 | 05 08 | 00 26 | 11 45 | 05 09 | 14 43 | 21 30 | 03 20 | 20 10 | 01 06 | 23 32 | 10 19 | 03 25 | 09 38 | 20 46 | 10 25 |
| 7 | 05 31 | +06 35 | 12 24 | 04 41 | 14 56 | 21 29 | 03 22 | 20 10 | 01 06 | 23 32 | 10 23 | 03 15 | 09 43 | 20 53 | 10 24 |
| 8 | 05 54 | 13 20 | 13 02 | 04 12 | 15 10 | 21 28 | 03 24 | 20 10 | 01 07 | 23 32 | 10 27 | 03 04 | 09 48 | 20 59 | 10 23 |
| 9 | 06 17 | 19 21 | 13 39 | 03 44 | 15 23 | 21 27 | 03 26 | 20 09 | 01 08 | 23 32 | 10 30 | 02 54 | 09 53 | 21 05 | 10 22 |
| 10 | 06 39 | 24 09 | 14 16 | 03 15 | 15 37 | 21 26 | 03 27 | 20 09 | 01 08 | 23 32 | 10 33 | 02 43 | 09 58 | 21 11 | 10 21 |
| 11 | 07 02 | 27 18 | 14 51 | 02 46 | 15 50 | 21 25 | 03 29 | 20 09 | 01 09 | 23 32 | 10 36 | 02 33 | 10 02 | 21 17 | 10 20 |
| 12 | 07 25 | 28 32 | 15 26 | 02 18 | 16 03 | 21 25 | 03 30 | 20 08 | 01 09 | 23 32 | 10 39 | 02 23 | 10 07 | 21 23 | 10 19 |
| 13 | 07 47 | 27 52 | 16 00 | 01 49 | 16 16 | 21 24 | 03 32 | 20 08 | 01 10 | 23 32 | 10 42 | 02 13 | 10 12 | 21 29 | 10 17 |
| 14 | 08 09 | 25 29 | 16 34 | 01 19 | 16 29 | 21 23 | 03 33 | 20 08 | 01 11 | 23 32 | 10 45 | 02 03 | 10 17 | 21 34 | 10 16 |
| 15 | 08 32 | 21 44 | 17 06 | 00 50 | 16 42 | 21 22 | 03 35 | 20 07 | 01 11 | 23 32 | 10 47 | 01 54 | 10 21 | 21 40 | 10 15 |
| 16 | 08 54 | 17 00 | 17 37 | 00 21 | 16 54 | 21 21 | 03 36 | 20 07 | 01 12 | 23 32 | 10 49 | 01 44 | 10 26 | 21 45 | 10 14 |
| 17 | 09 16 | 11 37 | 18 08 | -00 08 | 17 07 | 21 21 | 03 38 | 20 07 | 01 12 | 23 32 | 10 51 | 01 34 | 10 31 | 21 51 | 10 13 |
| 18 | 09 38 | 05 52 | 18 37 | 00 37 | 17 19 | 21 20 | 03 39 | 20 06 | 01 13 | 23 32 | 10 53 | 01 25 | 10 35 | 21 56 | 10 12 |
| 19 | 09 59 | -00 00 | 19 06 | 01 07 | 17 32 | 21 19 | 03 41 | 20 06 | 01 14 | 23 32 | 10 55 | 01 16 | 10 40 | 22 01 | 10 11 |
| 20 | 10 21 | 05 48 | 19 34 | 01 36 | 17 44 | 21 19 | 03 42 | 20 06 | 01 14 | 23 32 | 10 56 | 01 07 | 10 44 | 22 06 | 10 10 |
| 21 | 10 43 | 11 20 | 20 00 | 02 06 | 17 56 | 21 18 | 03 43 | 20 05 | 01 15 | 23 32 | 10 58 | 00 58 | 10 49 | 22 11 | 10 09 |
| 22 | 11 04 | 16 24 | 20 25 | 02 35 | 18 08 | 21 17 | 03 45 | 20 05 | 01 15 | 23 32 | 10 59 | 00 49 | 10 53 | 22 16 | 10 08 |
| 23 | 11 25 | 20 49 | 20 50 | 03 04 | 18 19 | 21 17 | 03 46 | 20 04 | 01 16 | 23 32 | 11 00 | 00 41 | 10 57 | 22 21 | 10 07 |
| 24 | 11 46 | 24 23 | 21 13 | 03 33 | 18 31 | 21 16 | 03 47 | 20 04 | 01 16 | 23 32 | 11 00 | 00 32 | 11 02 | 22 25 | 10 05 |
| 25 | 12 07 | 26 56 | 21 35 | 04 03 | 18 43 | 21 16 | 03 48 | 20 03 | 01 17 | 23 32 | 11 01 | 00 24 | 11 06 | 22 30 | 10 04 |
| 26 | 12 27 | 28 16 | 21 55 | 04 32 | 18 54 | 21 15 | 03 50 | 20 03 | 01 17 | 23 32 | 11 01 | 00 15 | 11 10 | 22 34 | 10 03 |
| 27 | 12 48 | 28 19 | 22 14 | 05 01 | 19 05 | 21 15 | 03 51 | 20 03 | 01 18 | 23 31 | 11 01 | 00 07 | 11 14 | 22 38 | 10 02 |
| 28 | 13 08 | 27 00 | 22 32 | 05 30 | 19 16 | 21 15 | 03 52 | 20 02 | 01 18 | 23 31 | 11 01 | -00 01 | 11 18 | 22 42 | 10 01 |
| 29 | 13 28 | 24 23 | 22 49 | 05 59 | 19 27 | 21 14 | 03 53 | 20 02 | 01 19 | 23 31 | 11 01 | 00 09 | 11 22 | 22 46 | 10 00 |
| 30 | 13 47 | 20 32 | 23 04 | 06 27 | 19 38 | 21 14 | 03 54 | 20 01 | 01 19 | 23 31 | 11 01 | 00 16 | 11 26 | 22 50 | 09 59 |
| 31 | 14 07 | 15 38 | 23 17 | 06 56 | 19 48 | 21 14 | 03 55 | 20 01 | 01 20 | 23 31 | 11 00 | 00 24 | 11 30 | 22 54 | 09 58 |

Lunar Phases -- 7 ○ 03:49 13 ◑ 18:14 21 ● 12:26 29 ◐ 16:22 Sun enters ♏ 10/23 03:53

| D | S.T. | ☉ | ☽ | ☽ 12:00 | ☿ | ♀ | ♂ | ♃ | ♄ | ♅ | ♆ | ♇ | ☊ |
|---|---|---|---|---|---|---|---|---|---|---|---|---|---|
| 1 | 2:42:09 | 08♏49 14 | 06♓52 | 13♓43 | 02♐25 | 22♎34 | 27♏28 | 24♋58 | 25♓48Ɍ | 00♊17Ɍ | 29♓48Ɍ | 01♒26 | 15♓24 |
| 2 | 2:46:05 | 09 49 14 | 20 42 | 27 48 | 03 16 | 23 49 | 28 11 | 25 00 | 25 45 | 00 14 | 29 46 | 01 27 | 15 21 |
| 3 | 2:50:02 | 10 49 17 | 05♈01 | 12♈21 | 04 03 | 25 04 | 28 54 | 25 02 | 25 43 | 00 12 | 29 45 | 01 28 | 15 18 |
| 4 | 2:53:58 | 11 49 21 | 19 47 | 27 18 | 04 45 | 26 19 | 29 37 | 25 03 | 25 40 | 00 10 | 29 44 | 01 28 | 15 14 |
| 5 | 2:57:55 | 12 49 26 | 04♉53 | 12♉32 | 05 23 | 27 34 | 00♐20 | 25 05 | 25 38 | 00 07 | 29 43 | 01 29 | 15 11 |
| 6 | 3:01:51 | 13 49 34 | 20 11 | 27 51 | 05 54 | 28 49 | 01 03 | 25 06 | 25 35 | 00 05 | 29 42 | 01 29 | 15 08 |
| 7 | 3:05:48 | 14 49 43 | 05♊30 | 13♊06 | 06 20 | 00♏04 | 01 46 | 25 07 | 25 33 | 00 03 | 29 41 | 01 30 | 15 05 |
| 8 | 3:09:45 | 15 49 55 | 20 38 | 28 05 | 06 38 | 01 19 | 02 29 | 25 08 | 25 31 | 00 00 | 29 40 | 01 31 | 15 02 |
| 9 | 3:13:41 | 16 50 08 | 05♋26 | 12♋40 | 06 49 | 02 34 | 03 12 | 25 08 | 25 29 | 29♉58 | 29 39 | 01 31 | 14 58 |
| 10 | 3:17:38 | 17 50 24 | 19 47 | 26 47 | 06 52Ɍ | 03 50 | 03 55 | 25 09 | 25 27 | 29 55 | 29 38 | 01 32 | 14 55 |
| 11 | 3:21:34 | 18 50 41 | 03♌49 | 10♌26 | 06 45 | 05 05 | 04 39 | 25 09 | 25 25 | 29 53 | 29 37 | 01 33 | 14 52 |
| 12 | 3:25:31 | 19 51 00 | 17 05 | 23 37 | 06 29 | 06 20 | 05 22 | 25 09Ɍ | 25 23 | 29 50 | 29 36 | 01 34 | 14 49 |
| 13 | 3:29:27 | 20 51 21 | 00♍04 | 06♍25 | 06 03 | 07 35 | 06 06 | 25 09 | 25 22 | 29 48 | 29 35 | 01 35 | 14 46 |
| 14 | 3:33:24 | 21 51 45 | 12 42 | 18 54 | 05 27 | 08 51 | 06 49 | 25 09 | 25 20 | 29 46 | 29 34 | 01 36 | 14 43 |
| 15 | 3:37:20 | 22 52 10 | 25 03 | 01♎08 | 04 41 | 10 06 | 07 33 | 25 08 | 25 19 | 29 43 | 29 33 | 01 36 | 14 39 |
| 16 | 3:41:17 | 23 52 37 | 07♎11 | 13 12 | 03 45 | 11 21 | 08 16 | 25 07 | 25 17 | 29 41 | 29 32 | 01 37 | 14 36 |
| 17 | 3:45:14 | 24 53 05 | 19 12 | 25 10 | 02 41 | 12 36 | 09 00 | 25 06 | 25 16 | 29 38 | 29 32 | 01 38 | 14 33 |
| 18 | 3:49:10 | 25 53 36 | 01♏07 | 07♏03 | 01 29 | 13 52 | 09 44 | 25 05 | 25 15 | 29 36 | 29 31 | 01 39 | 14 30 |
| 19 | 3:53:07 | 26 54 08 | 12 59 | 18 54 | 00 11 | 15 07 | 10 28 | 25 04 | 25 14 | 29 33 | 29 30 | 01 40 | 14 27 |
| 20 | 3:57:03 | 27 54 42 | 24 50 | 00♐46 | 28♏50 | 16 22 | 11 11 | 25 02 | 25 13 | 29 31 | 29 29 | 01 41 | 14 24 |
| 21 | 4:01:00 | 28 55 17 | 06♐42 | 12 39 | 27 29 | 17 38 | 11 55 | 25 00 | 25 12 | 29 28 | 29 29 | 01 42 | 14 20 |
| 22 | 4:04:56 | 29 55 54 | 18 36 | 24 34 | 26 10 | 18 53 | 12 39 | 24 58 | 25 11 | 29 26 | 29 28 | 01 43 | 14 17 |
| 23 | 4:08:53 | 00♐56 32 | 00♑33 | 06♑33 | 24 55 | 20 08 | 13 23 | 24 56 | 25 11 | 29 23 | 29 28 | 01 44 | 14 14 |
| 24 | 4:12:49 | 01 57 11 | 12 35 | 18 39 | 23 48 | 21 24 | 14 07 | 24 54 | 25 10 | 29 20 | 29 27 | 01 46 | 14 11 |
| 25 | 4:16:46 | 02 57 52 | 24 45 | 00♒53 | 22 49 | 22 39 | 14 52 | 24 51 | 25 10 | 29 18 | 29 26 | 01 47 | 14 08 |
| 26 | 4:20:43 | 03 58 34 | 07♒04 | 13 19 | 22 01 | 23 55 | 15 36 | 24 49 | 25 10 | 29 15 | 29 26 | 01 48 | 14 04 |
| 27 | 4:24:39 | 04 59 17 | 19 38 | 26 01 | 21 24 | 25 10 | 16 20 | 24 46 | 25 10 | 29 13 | 29 25 | 01 49 | 14 01 |
| 28 | 4:28:36 | 06 00 01 | 02♓29 | 09♓02 | 20 59 | 26 26 | 17 04 | 24 43 | 25 09 | 29 10 | 29 25 | 01 50 | 13 58 |
| 29 | 4:32:32 | 07 00 46 | 15 42 | 22 28 | 20 45 | 27 41 | 17 49 | 24 39 | 25 09D | 29 08 | 29 25 | 01 51 | 13 55 |
| 30 | 4:36:29 | 08 01 31 | 29 21 | 06♈20 | 20 43D | 28 56 | 18 33 | 24 36 | 25 10 | 29 06 | 29 24 | 01 53 | 13 52 |

## 0:00 E.T.  Longitudes of the Major Asteroids and Chiron

| D | ⚳ | ⚴ | ⚵ | ⚶ | ⚷ |
|---|---|---|---|---|---|
| 1 | 03♈55Ɍ | 08♒39 | 09♐29 | 22♐41 | 24♈13Ɍ |
| 2 | 03 47 | 08 47 | 09 49 | 23 11 | 24 10 |
| 3 | 03 40 | 08 56 | 10 08 | 23 41 | 24 08 |
| 4 | 03 33 | 09 04 | 10 28 | 24 11 | 24 05 |
| 5 | 03 26 | 09 13 | 10 48 | 24 42 | 24 03 |
| 6 | 03 20 | 09 23 | 11 08 | 25 12 | 24 00 |
| 7 | 03 14 | 09 32 | 11 28 | 25 42 | 23 57 |
| 8 | 03 08 | 09 42 | 11 49 | 26 13 | 23 55 |
| 9 | 03 03 | 09 52 | 12 09 | 26 43 | 23 52 |
| 10 | 02 58 | 10 02 | 12 29 | 27 14 | 23 50 |
| 11 | 02 54 | 10 12 | 12 49 | 27 44 | 23 47 |
| 12 | 02 50 | 10 23 | 13 10 | 28 15 | 23 45 |
| 13 | 02 46 | 10 33 | 13 30 | 28 45 | 23 43 |
| 14 | 02 43 | 10 44 | 13 51 | 29 16 | 23 40 |
| 15 | 02 40 | 10 56 | 14 11 | 29 47 | 23 38 |
| 16 | 02 38 | 11 07 | 14 32 | 00♑17 | 23 36 |
| 17 | 02 35 | 11 18 | 14 52 | 00 48 | 23 33 |
| 18 | 02 34 | 11 30 | 15 13 | 01 19 | 23 31 |
| 19 | 02 32 | 11 42 | 15 34 | 01 50 | 23 29 |
| 20 | 02 31 | 11 54 | 15 55 | 02 21 | 23 27 |
| 21 | 02 31 | 12 07 | 16 15 | 02 52 | 23 24 |
| 22 | 02 31D | 12 19 | 16 36 | 03 23 | 23 22 |
| 23 | 02 31 | 12 32 | 16 57 | 03 54 | 23 20 |
| 24 | 02 31 | 12 45 | 17 18 | 04 25 | 23 18 |
| 25 | 02 32 | 12 58 | 17 39 | 04 56 | 23 16 |
| 26 | 02 34 | 13 11 | 18 00 | 05 27 | 23 14 |
| 27 | 02 35 | 13 24 | 18 21 | 05 58 | 23 12 |
| 28 | 02 37 | 13 38 | 18 42 | 06 29 | 23 11 |
| 29 | 02 40 | 13 51 | 19 03 | 07 00 | 23 09 |
| 30 | 02 43 | 14 05 | 19 24 | 07 31 | 23 07 |

### Lunar Data

| Last Asp. | | Ingress | | |
|---|---|---|---|---|
| 2 | 15:16 | 2 | ♈ | 15:40 |
| 4 | 11:23 | 4 | ♉ | 16:17 |
| 6 | 14:52 | 6 | ♊ | 15:22 |
| 8 | 14:34 | 8 | ♋ | 15:08 |
| 10 | 17:23 | 10 | ♌ | 17:35 |
| 12 | 23:31 | 12 | ♍ | 23:53 |
| 15 | 09:10 | 15 | ♎ | 09:45 |
| 17 | 11:52 | 17 | ♏ | 21:46 |
| 20 | 09:26 | 20 | ♐ | 10:27 |
| 22 | 21:49 | 22 | ♑ | 22:54 |
| 25 | 09:11 | 25 | ♒ | 10:17 |
| 27 | 17:54 | 27 | ♓ | 19:25 |
| 30 | 00:06 | 30 | ♈ | 01:08 |

## 0:00 E.T.  Declinations

| D | ☉ | ☽ | ☿ | ♀ | ♂ | ♃ | ♄ | ♅ | ♆ | ♇ | ⚳ | ⚴ | ⚵ | ⚶ | ⚷ |
|---|---|---|---|---|---|---|---|---|---|---|---|---|---|---|---|
| 1 | -14 26 | -09 51 | -23 29 | -07 25 | -19 59 | +21 13 | -03 56 | +20 00 | -01 20 | -23 31 | -10 59 | -00 31 | -11 34 | -22 58 | +09 57 |
| 2 | 14 45 | 03 23 | 23 39 | 07 53 | 20 09 | 21 13 | 03 57 | 20 00 | 01 21 | 23 31 | 10 58 | 00 38 | 11 38 | 23 01 | 09 56 |
| 3 | 15 04 | +03 26 | 23 39 | 08 21 | 20 19 | 21 13 | 03 58 | 19 59 | 01 21 | 23 31 | 10 57 | 00 46 | 11 42 | 23 04 | 09 55 |
| 4 | 15 23 | 10 18 | 23 54 | 08 49 | 20 29 | 21 13 | 03 59 | 19 59 | 01 22 | 23 30 | 10 55 | 00 53 | 11 46 | 23 08 | 09 54 |
| 5 | 15 41 | 16 43 | 23 58 | 09 17 | 20 38 | 21 13 | 03 59 | 19 58 | 01 22 | 23 30 | 10 54 | 00 59 | 11 49 | 23 11 | 09 53 |
| 6 | 15 59 | 22 10 | 24 00 | 09 45 | 20 48 | 21 12 | 04 00 | 19 58 | 01 23 | 23 30 | 10 52 | 01 06 | 11 53 | 23 14 | 09 52 |
| 7 | 16 17 | 26 07 | 24 00 | 10 12 | 20 57 | 21 12 | 04 01 | 19 57 | 01 23 | 23 30 | 10 50 | 01 13 | 11 56 | 23 17 | 09 51 |
| 8 | 16 35 | 28 09 | 23 58 | 10 39 | 21 06 | 21 12 | 04 02 | 19 57 | 01 23 | 23 30 | 10 48 | 01 19 | 12 00 | 23 20 | 09 50 |
| 9 | 16 52 | 28 07 | 23 53 | 11 06 | 21 15 | 21 12 | 04 02 | 19 56 | 01 24 | 23 29 | 10 46 | 01 25 | 12 03 | 23 22 | 09 49 |
| 10 | 17 09 | 26 10 | 23 45 | 11 33 | 21 24 | 21 13 | 04 03 | 19 56 | 01 24 | 23 29 | 10 43 | 01 31 | 12 07 | 23 25 | 09 48 |
| 11 | 17 26 | 22 40 | 23 34 | 11 59 | 21 33 | 21 13 | 04 03 | 19 55 | 01 24 | 23 29 | 10 40 | 01 37 | 12 10 | 23 27 | 09 47 |
| 12 | 17 42 | 18 05 | 23 19 | 12 25 | 21 41 | 21 13 | 04 04 | 19 55 | 01 25 | 23 29 | 10 37 | 01 43 | 12 13 | 23 29 | 09 46 |
| 13 | 17 58 | 12 46 | 23 02 | 12 51 | 21 49 | 21 13 | 04 04 | 19 54 | 01 25 | 23 29 | 10 34 | 01 49 | 12 17 | 23 32 | 09 45 |
| 14 | 18 14 | 07 05 | 22 41 | 13 17 | 21 57 | 21 13 | 04 05 | 19 54 | 01 25 | 23 28 | 10 31 | 01 55 | 12 20 | 23 34 | 09 44 |
| 15 | 18 29 | 01 15 | 22 16 | 13 42 | 22 05 | 21 13 | 04 05 | 19 53 | 01 26 | 23 28 | 10 28 | 02 00 | 12 23 | 23 35 | 09 43 |
| 16 | 18 44 | -04 31 | 21 49 | 14 07 | 22 13 | 21 14 | 04 06 | 19 53 | 01 26 | 23 28 | 10 24 | 02 05 | 12 26 | 23 37 | 09 42 |
| 17 | 18 59 | 10 04 | 21 17 | 14 31 | 22 20 | 21 14 | 04 06 | 19 52 | 01 26 | 23 28 | 10 20 | 02 11 | 12 29 | 23 39 | 09 41 |
| 18 | 19 14 | 15 12 | 20 43 | 14 55 | 22 27 | 21 14 | 04 06 | 19 52 | 01 26 | 23 28 | 10 17 | 02 16 | 12 32 | 23 40 | 09 40 |
| 19 | 19 28 | 19 45 | 20 07 | 15 19 | 22 34 | 21 14 | 04 06 | 19 52 | 01 27 | 23 27 | 10 12 | 02 21 | 12 35 | 23 42 | 09 39 |
| 20 | 19 42 | 23 31 | 19 30 | 15 43 | 22 41 | 21 15 | 04 07 | 19 51 | 01 27 | 23 27 | 10 08 | 02 25 | 12 37 | 23 43 | 09 38 |
| 21 | 19 55 | 26 18 | 18 52 | 16 06 | 22 47 | 21 16 | 04 07 | 19 50 | 01 27 | 23 27 | 10 04 | 02 30 | 12 40 | 23 44 | 09 37 |
| 22 | 20 08 | 27 55 | 18 15 | 16 28 | 22 54 | 21 16 | 04 07 | 19 49 | 01 27 | 23 27 | 09 59 | 02 35 | 12 43 | 23 45 | 09 36 |
| 23 | 20 21 | 28 15 | 17 40 | 16 50 | 23 00 | 21 17 | 04 07 | 19 49 | 01 28 | 23 26 | 09 55 | 02 39 | 12 45 | 23 46 | 09 36 |
| 24 | 20 33 | 27 15 | 17 08 | 17 12 | 23 06 | 21 17 | 04 07 | 19 48 | 01 28 | 23 26 | 09 50 | 02 43 | 12 48 | 23 47 | 09 35 |
| 25 | 20 45 | 24 57 | 16 39 | 17 33 | 23 11 | 21 18 | 04 07 | 19 48 | 01 28 | 23 26 | 09 45 | 02 47 | 12 50 | 23 47 | 09 34 |
| 26 | 20 57 | 21 28 | 16 15 | 17 54 | 23 17 | 21 19 | 04 07 | 19 47 | 01 28 | 23 25 | 09 40 | 02 51 | 12 53 | 23 48 | 09 33 |
| 27 | 21 08 | 16 56 | 15 56 | 18 14 | 23 22 | 21 19 | 04 07 | 19 47 | 01 28 | 23 25 | 09 34 | 02 55 | 12 55 | 23 48 | 09 32 |
| 28 | 21 18 | 11 34 | 15 42 | 18 34 | 23 27 | 21 20 | 04 06 | 19 46 | 01 28 | 23 25 | 09 29 | 02 59 | 12 57 | 23 48 | 09 31 |
| 29 | 21 29 | 05 32 | 15 32 | 18 53 | 23 31 | 21 21 | 04 06 | 19 46 | 01 29 | 23 25 | 09 24 | 03 03 | 12 59 | 23 48 | 09 31 |
| 30 | 21 39 | +00 56 | 15 28 | 19 12 | 23 36 | 21 21 | 04 06 | 19 45 | 01 29 | 23 24 | 09 18 | 03 06 | 13 02 | 23 48 | 09 30 |

Lunar Phases -- 5 ○ 13:20   12 ◑ 05:29   20 ● 06:48   28 ◐ 07:00   Sun enters ♐ 11/22 01:38

# Dec. 25 — Longitudes of Main Planets - December 2025 — 0:00 E.T.

| D | S.T. | ☉ | ☽ | ☽ 12:00 | ☿ | ♀ | ♂ | ♃ | ♄ | ♅ | ♆ | ♇ | ☊ |
|---|------|---|---|---------|---|---|---|---|---|---|---|---|---|
| 1 | 4:40:25 | 09♐02 18 | 13♈27 | 20♈40 | 20♏51 | 00♐12 | 19♐18 | 24♋32℞ | 25♓10 | 29♉03℞ | 29♓24℞ | 01♒54 | 13♓49 |
| 2 | 4:44:22 | 10 03 06 | 28 00 | 05♉26 | 21 08 | 01 27 | 20 02 | 24 28 | 25 10 | 29 01 | 29 24 | 01 55 | 13 45 |
| 3 | 4:48:18 | 11 03 55 | 12♉58 | 20 33 | 21 35 | 02 47 | 20 47 | 24 24 | 25 11 | 28 58 | 29 23 | 01 57 | 13 42 |
| 4 | 4:52:15 | 12 04 44 | 28 12 | 05♊52 | 22 10 | 03 58 | 21 31 | 24 20 | 25 11 | 28 56 | 29 23 | 01 58 | 13 39 |
| 5 | 4:56:12 | 13 05 35 | 13♊32 | 21 11 | 22 51 | 05 14 | 22 16 | 24 15 | 25 12 | 28 53 | 29 23 | 01 59 | 13 36 |
| 6 | 5:00:08 | 14 06 27 | 28 47 | 06♋19 | 23 40 | 06 29 | 23 01 | 24 11 | 25 13 | 28 51 | 29 23 | 02 01 | 13 33 |
| 7 | 5:04:05 | 15 07 20 | 13♋46 | 21 06 | 24 33 | 07 45 | 23 46 | 24 06 | 25 14 | 28 49 | 29 23 | 02 02 | 13 29 |
| 8 | 5:08:01 | 16 08 14 | 28 19 | 05♌25 | 25 32 | 09 00 | 24 30 | 24 01 | 25 15 | 28 46 | 29 22 | 02 04 | 13 26 |
| 9 | 5:11:58 | 17 09 10 | 12♌23 | 19 14 | 26 35 | 10 15 | 25 15 | 23 56 | 25 16 | 28 44 | 29 22 | 02 05 | 13 23 |
| 10 | 5:15:54 | 18 10 06 | 25 57 | 02♍32 | 27 41 | 11 31 | 26 00 | 23 51 | 25 17 | 28 41 | 29 22 | 02 06 | 13 20 |
| 11 | 5:19:51 | 19 11 04 | 09♍02 | 15 24 | 28 51 | 12 46 | 26 45 | 23 45 | 25 18 | 28 39 | 29 22D | 02 08 | 13 17 |
| 12 | 5:23:47 | 20 12 03 | 21 42 | 27 54 | 00♐04 | 14 02 | 27 30 | 23 40 | 25 20 | 28 37 | 29 22 | 02 09 | 13 14 |
| 13 | 5:27:44 | 21 13 03 | 04♎02 | 10♎07 | 01 19 | 15 17 | 28 15 | 23 34 | 25 21 | 28 35 | 29 22 | 02 11 | 13 10 |
| 14 | 5:31:41 | 22 14 04 | 16 08 | 22 08 | 02 36 | 16 33 | 29 00 | 23 28 | 25 23 | 28 32 | 29 23 | 02 13 | 13 07 |
| 15 | 5:35:37 | 23 15 06 | 28 05 | 04♏01 | 03 55 | 17 48 | 29 46 | 23 22 | 25 25 | 28 30 | 29 23 | 02 14 | 13 04 |
| 16 | 5:39:34 | 24 16 08 | 09♏56 | 15 51 | 05 16 | 19 04 | 00♑31 | 23 16 | 25 27 | 28 28 | 29 23 | 02 16 | 13 01 |
| 17 | 5:43:30 | 25 17 12 | 21 46 | 27 42 | 06 38 | 20 20 | 01 16 | 23 10 | 25 29 | 28 26 | 29 23 | 02 17 | 12 58 |
| 18 | 5:47:27 | 26 18 17 | 03♐38 | 09♐35 | 08 01 | 21 35 | 02 02 | 23 03 | 25 31 | 28 24 | 29 23 | 02 19 | 12 55 |
| 19 | 5:51:23 | 27 19 23 | 15 33 | 21 32 | 09 26 | 22 51 | 02 47 | 22 57 | 25 33 | 28 21 | 29 24 | 02 21 | 12 51 |
| 20 | 5:55:20 | 28 20 29 | 27 32 | 03♑35 | 10 51 | 24 06 | 03 32 | 22 50 | 25 35 | 28 19 | 29 24 | 02 22 | 12 48 |
| 21 | 5:59:16 | 29 21 36 | 09♑38 | 15 44 | 12 17 | 25 22 | 04 18 | 22 43 | 25 37 | 28 17 | 29 24 | 02 24 | 12 45 |
| 22 | 6:03:13 | 00♑22 43 | 21 51 | 28 00 | 13 44 | 26 37 | 05 03 | 22 36 | 25 40 | 28 15 | 29 25 | 02 26 | 12 42 |
| 23 | 6:07:10 | 01 23 50 | 04♒11 | 10♒25 | 15 11 | 27 53 | 05 49 | 22 29 | 25 42 | 28 13 | 29 25 | 02 27 | 12 39 |
| 24 | 6:11:06 | 02 24 58 | 16 41 | 23 00 | 16 39 | 29 08 | 06 35 | 22 22 | 25 45 | 28 11 | 29 26 | 02 29 | 12 35 |
| 25 | 6:15:03 | 03 26 06 | 29 23 | 05♓48 | 18 08 | 00♑24 | 07 20 | 22 15 | 25 48 | 28 09 | 29 26 | 02 31 | 12 32 |
| 26 | 6:18:59 | 04 27 14 | 12♓18 | 18 52 | 19 37 | 01 39 | 08 06 | 22 07 | 25 51 | 28 08 | 29 27 | 02 32 | 12 29 |
| 27 | 6:22:56 | 05 28 22 | 25 30 | 02♈13 | 21 06 | 02 55 | 08 52 | 22 00 | 25 54 | 28 06 | 29 27 | 02 34 | 12 26 |
| 28 | 6:26:52 | 06 29 30 | 09♈07 | 15 56 | 22 36 | 04 10 | 09 38 | 21 52 | 25 57 | 28 04 | 29 28 | 02 36 | 12 23 |
| 29 | 6:30:49 | 07 30 39 | 22 56 | 00♉01 | 24 06 | 05 26 | 10 23 | 21 45 | 26 00 | 28 02 | 29 28 | 02 38 | 12 20 |
| 30 | 6:34:45 | 08 31 47 | 07♉12 | 14 28 | 25 37 | 06 41 | 11 09 | 21 37 | 26 03 | 28 00 | 29 29 | 02 39 | 12 16 |
| 31 | 6:38:42 | 09 32 55 | 21 49 | 29 14 | 27 08 | 07 57 | 11 55 | 21 29 | 26 07 | 27 59 | 29 30 | 02 41 | 12 13 |

## 0:00 E.T. — Longitudes of the Major Asteroids and Chiron — Lunar Data

| D | ⚳ | ⚴ | ⚵ | ⚶ | ⚷ | D | ⚳ | ⚴ | ⚵ | ⚶ | ⚷ |
|---|---|---|---|---|---|---|---|---|---|---|---|
| 1 | 02♈46 | 14♒19 | 19♐46 | 08♑02 | 23♈05℞ | 17 | 04 23 | 18 21 | 25 28 | 16 24 | 22 44 |
| 2 | 02 49 | 14 33 | 20 07 | 08 33 | 23 03 | 18 | 04 32 | 18 38 | 25 49 | 16 55 | 22 43 |
| 3 | 02 53 | 14 47 | 20 28 | 09 05 | 23 02 | 19 | 04 41 | 18 54 | 26 11 | 17 27 | 22 42 |
| 4 | 02 57 | 15 02 | 20 49 | 09 36 | 23 00 | 20 | 04 50 | 19 10 | 26 32 | 17 58 | 22 41 |
| 5 | 03 02 | 15 16 | 21 10 | 10 07 | 22 59 | 21 | 05 00 | 19 27 | 26 54 | 18 30 | 22 41 |
| 6 | 03 07 | 15 31 | 21 32 | 10 39 | 22 57 | 22 | 05 10 | 19 44 | 27 15 | 19 02 | 22 40 |
| 7 | 03 12 | 15 46 | 21 53 | 11 10 | 22 56 | 23 | 05 20 | 20 00 | 27 37 | 19 33 | 22 39 |
| 8 | 03 18 | 16 01 | 22 14 | 11 41 | 22 54 | 24 | 05 31 | 20 17 | 27 59 | 20 05 | 22 39 |
| 9 | 03 24 | 16 16 | 22 36 | 12 13 | 22 53 | 25 | 05 41 | 20 34 | 28 20 | 20 36 | 22 38 |
| 10 | 03 30 | 16 31 | 22 57 | 12 44 | 22 52 | 26 | 05 52 | 20 51 | 28 42 | 21 08 | 22 38 |
| 11 | 03 37 | 16 47 | 23 19 | 13 15 | 22 50 | 27 | 06 04 | 21 08 | 29 04 | 21 39 | 22 37 |
| 12 | 03 44 | 17 02 | 23 40 | 13 47 | 22 49 | 28 | 06 15 | 21 26 | 29 25 | 22 11 | 22 37 |
| 13 | 03 51 | 17 18 | 24 02 | 14 18 | 22 48 | 29 | 06 27 | 21 43 | 29 47 | 22 42 | 22 37 |
| 14 | 03 58 | 17 33 | 24 23 | 14 50 | 22 47 | 30 | 06 39 | 22 00 | 00♑08 | 23 14 | 22 36 |
| 15 | 04 06 | 17 49 | 24 45 | 15 21 | 22 46 | 31 | 06 52 | 22 18 | 00 30 | 23 46 | 22 36 |
| 16 | 04 14 | 18 05 | 25 06 | 15 52 | 22 45 | | | | | | |

### Lunar Data

| Last Asp. | Ingress |
|-----------|---------|
| 1 18:16 | 2 ♉ 03:14 |
| 4 01:51 | 4 ♊ 02:49 |
| 6 00:56 | 6 ♋ 01:56 |
| 8 01:46 | 8 ♌ 02:50 |
| 10 04:58 | 10 ♍ 07:21 |
| 12 14:52 | 12 ♎ 16:05 |
| 15 03:37 | 15 ♏ 03:52 |
| 17 15:25 | 17 ♐ 16:40 |
| 20 03:42 | 20 ♑ 04:54 |
| 22 14:45 | 22 ♒ 15:53 |
| 24 21:43 | 25 ♓ 01:10 |
| 27 07:05 | 27 ♈ 08:03 |
| 29 02:14 | 29 ♉ 11:58 |
| 31 12:26 | 31 ♊ 13:14 |

## 0:00 E.T. — Declinations

| D | ☉ | ☽ | ☿ | ♀ | ♂ | ♃ | ♄ | ♅ | ♆ | ♇ | ⚳ | ⚴ | ⚵ | ⚶ | ⚷ |
|---|---|---|---|---|---|---|---|---|---|---|---|---|---|---|---|
| 1 | -21 48 | +07 34 | -15 27 | -19 30 | -23 40 | +21 22 | -04 06 | +19 45 | -01 29 | -23 24 | -09 12 | -03 09 | -13 04 | -23 48 | +09 29 |
| 2 | 21 57 | 14 00 | 15 31 | 19 48 | 23 44 | 21 23 | 04 05 | 19 44 | 01 29 | 23 24 | 09 06 | 03 13 | 13 06 | 23 48 | 09 29 |
| 3 | 22 06 | 19 49 | 15 38 | 20 05 | 23 48 | 21 24 | 04 05 | 19 44 | 01 29 | 23 23 | 09 00 | 03 16 | 13 07 | 23 47 | 09 28 |
| 4 | 22 14 | 24 27 | 15 49 | 20 21 | 23 51 | 21 25 | 04 05 | 19 43 | 01 29 | 23 23 | 08 54 | 03 19 | 13 09 | 23 47 | 09 27 |
| 5 | 22 22 | 27 23 | 16 02 | 20 37 | 23 54 | 21 26 | 04 04 | 19 43 | 01 29 | 23 23 | 08 48 | 03 21 | 13 11 | 23 46 | 09 26 |
| 6 | 22 30 | 28 16 | 16 17 | 20 53 | 23 57 | 21 27 | 04 04 | 19 42 | 01 29 | 23 22 | 08 41 | 03 24 | 13 13 | 23 45 | 09 26 |
| 7 | 22 36 | 27 02 | 16 35 | 21 08 | 24 00 | 21 28 | 04 03 | 19 42 | 01 29 | 23 22 | 08 35 | 03 27 | 13 14 | 23 44 | 09 25 |
| 8 | 22 43 | 23 58 | 16 54 | 21 22 | 24 03 | 21 29 | 04 02 | 19 41 | 01 29 | 23 22 | 08 28 | 03 29 | 13 16 | 23 43 | 09 25 |
| 9 | 22 49 | 19 33 | 17 14 | 21 35 | 24 05 | 21 30 | 04 02 | 19 41 | 01 29 | 23 22 | 08 21 | 03 32 | 13 17 | 23 42 | 09 24 |
| 10 | 22 55 | 14 16 | 17 35 | 21 48 | 24 07 | 21 31 | 04 01 | 19 40 | 01 29 | 23 21 | 08 15 | 03 34 | 13 19 | 23 41 | 09 23 |
| 11 | 23 00 | 08 31 | 17 56 | 22 00 | 24 09 | 21 32 | 04 00 | 19 40 | 01 29 | 23 21 | 08 08 | 03 36 | 13 20 | 23 39 | 09 23 |
| 12 | 23 05 | 02 36 | 18 18 | 22 12 | 24 10 | 21 33 | 04 00 | 19 39 | 01 29 | 23 21 | 08 01 | 03 38 | 13 21 | 23 37 | 09 22 |
| 13 | 23 09 | -03 16 | 18 41 | 22 23 | 24 11 | 21 34 | 03 59 | 19 39 | 01 29 | 23 20 | 07 53 | 03 40 | 13 23 | 23 36 | 09 22 |
| 14 | 23 13 | 08 53 | 19 03 | 22 33 | 24 12 | 21 35 | 03 58 | 19 38 | 01 29 | 23 20 | 07 46 | 03 42 | 13 24 | 23 34 | 09 21 |
| 15 | 23 16 | 14 07 | 19 25 | 22 43 | 24 13 | 21 37 | 03 57 | 19 38 | 01 29 | 23 19 | 07 39 | 03 44 | 13 25 | 23 32 | 09 21 |
| 16 | 23 19 | 18 47 | 19 47 | 22 52 | 24 13 | 21 38 | 03 56 | 19 37 | 01 29 | 23 19 | 07 31 | 03 45 | 13 26 | 23 30 | 09 20 |
| 17 | 23 21 | 22 43 | 20 09 | 23 00 | 24 13 | 21 39 | 03 55 | 19 37 | 01 29 | 23 19 | 07 24 | 03 46 | 13 27 | 23 27 | 09 20 |
| 18 | 23 23 | 25 44 | 20 30 | 23 08 | 24 13 | 21 40 | 03 55 | 19 36 | 01 29 | 23 18 | 07 16 | 03 48 | 13 28 | 23 25 | 09 19 |
| 19 | 23 25 | 27 37 | 20 51 | 23 14 | 24 13 | 21 41 | 03 53 | 19 36 | 01 29 | 23 18 | 07 09 | 03 49 | 13 28 | 23 23 | 09 19 |
| 20 | 23 26 | 28 14 | 21 11 | 23 21 | 24 12 | 21 43 | 03 52 | 19 35 | 01 28 | 23 18 | 07 01 | 03 50 | 13 29 | 23 20 | 09 19 |
| 21 | 23 26 | 27 31 | 21 30 | 23 26 | 24 11 | 21 44 | 03 51 | 19 35 | 01 28 | 23 17 | 06 53 | 03 51 | 13 30 | 23 17 | 09 18 |
| 22 | 23 26 | 25 27 | 21 49 | 23 31 | 24 10 | 21 45 | 03 50 | 19 35 | 01 28 | 23 17 | 06 45 | 03 52 | 13 30 | 23 14 | 09 18 |
| 23 | 23 26 | 22 11 | 22 06 | 23 35 | 24 08 | 21 47 | 03 48 | 19 34 | 01 28 | 23 17 | 06 37 | 03 53 | 13 31 | 23 11 | 09 18 |
| 24 | 23 25 | 17 51 | 22 23 | 23 38 | 24 07 | 21 48 | 03 47 | 19 34 | 01 27 | 23 16 | 06 29 | 03 54 | 13 31 | 23 08 | 09 17 |
| 25 | 23 24 | 12 40 | 22 39 | 23 40 | 24 05 | 21 49 | 03 46 | 19 33 | 01 27 | 23 16 | 06 21 | 03 54 | 13 31 | 23 05 | 09 17 |
| 26 | 23 22 | 06 52 | 22 54 | 23 42 | 24 02 | 21 51 | 03 43 | 19 33 | 01 27 | 23 15 | 06 12 | 03 55 | 13 32 | 23 02 | 09 17 |
| 27 | 23 19 | 00 39 | 23 08 | 23 43 | 24 00 | 21 52 | 03 43 | 19 32 | 01 27 | 23 15 | 06 04 | 03 55 | 13 32 | 22 58 | 09 16 |
| 28 | 23 17 | +05 45 | 23 20 | 23 44 | 23 57 | 21 53 | 03 42 | 19 32 | 01 26 | 23 15 | 05 56 | 03 56 | 13 32 | 22 55 | 09 16 |
| 29 | 23 14 | 12 03 | 23 32 | 23 43 | 23 54 | 21 55 | 03 40 | 19 31 | 01 26 | 23 14 | 05 47 | 03 56 | 13 32 | 22 51 | 09 16 |
| 30 | 23 10 | 17 53 | 23 43 | 23 42 | 23 51 | 21 56 | 03 39 | 19 31 | 01 26 | 23 14 | 05 39 | 03 56 | 13 32 | 22 47 | 09 16 |
| 31 | 23 06 | 22 50 | 23 52 | 23 40 | 23 47 | 21 57 | 03 37 | 19 31 | 01 25 | 23 14 | 05 30 | 03 56 | 13 32 | 22 43 | 09 16 |

Lunar Phases -- 4 ○ 23:15   11 ◑ 20:53   20 ● 01:45   27 ◐ 19:11   Sun enters ♑ 12/21 15:05

## 0:00 E.T. Longitudes of Main Planets - January 2026 Jan. 26

| D | S.T. | ☉ | ☽ | ☽ 12:00 | ☿ | ♀ | ♂ | ♃ | ♄ | ♅ | ♆ | ♇ | ☊ |
|---|---|---|---|---|---|---|---|---|---|---|---|---|---|
| 1 | 6:42:39 | 10♑34 03 | 06♊42 | 14♊13 | 28♐39 | 09♑12 | 12♑41 | 21♋21℞ | 26♓10 | 27♉57℞ | 29♓30 | 02♒43 | 12♓10 |
| 2 | 6:46:35 | 11 35 11 | 21 44 | 29 16 | 00♑11 | 10 28 | 13 27 | 21 14 | 26 14 | 27 55 | 29 31 | 02 45 | 12 07 |
| 3 | 6:50:32 | 12 36 18 | 06♋46 | 14♋14 | 01 43 | 11 43 | 14 13 | 21 06 | 26 17 | 27 54 | 29 32 | 02 47 | 12 04 |
| 4 | 6:54:28 | 13 37 26 | 21 38 | 28 57 | 03 15 | 12 59 | 14 59 | 20 58 | 26 21 | 27 52 | 29 33 | 02 48 | 12 01 |
| 5 | 6:58:25 | 14 38 34 | 06♌10 | 13♌17 | 04 48 | 14 14 | 15 45 | 20 50 | 26 25 | 27 51 | 29 34 | 02 50 | 11 57 |
| 6 | 7:02:21 | 15 39 42 | 20 18 | 27 11 | 06 21 | 15 30 | 16 32 | 20 42 | 26 29 | 27 49 | 29 35 | 02 52 | 11 54 |
| 7 | 7:06:18 | 16 40 50 | 03♍57 | 10♍37 | 07 55 | 16 45 | 17 18 | 20 34 | 26 33 | 27 48 | 29 35 | 02 54 | 11 51 |
| 8 | 7:10:14 | 17 41 58 | 17 09 | 23 36 | 09 29 | 18 01 | 18 04 | 20 26 | 26 37 | 27 46 | 29 36 | 02 56 | 11 48 |
| 9 | 7:14:11 | 18 43 06 | 29 56 | 06♎12 | 11 03 | 19 16 | 18 50 | 20 18 | 26 41 | 27 45 | 29 37 | 02 58 | 11 45 |
| 10 | 7:18:08 | 19 44 14 | 12♎22 | 18 28 | 12 38 | 20 32 | 19 37 | 20 09 | 26 45 | 27 44 | 29 38 | 03 00 | 11 41 |
| 11 | 7:22:04 | 20 45 22 | 24 31 | 00♏32 | 14 13 | 21 47 | 20 23 | 20 01 | 26 50 | 27 43 | 29 40 | 03 01 | 11 38 |
| 12 | 7:26:01 | 21 46 30 | 06♏30 | 12 26 | 15 48 | 23 03 | 21 09 | 19 53 | 26 54 | 27 41 | 29 41 | 03 03 | 11 35 |
| 13 | 7:29:57 | 22 47 39 | 18 22 | 24 17 | 17 24 | 24 18 | 21 56 | 19 45 | 26 58 | 27 40 | 29 42 | 03 05 | 11 32 |
| 14 | 7:33:54 | 23 48 47 | 00♐12 | 06♐08 | 19 01 | 25 34 | 22 42 | 19 37 | 27 03 | 27 39 | 29 43 | 03 07 | 11 29 |
| 15 | 7:37:50 | 24 49 55 | 12 05 | 18 04 | 20 38 | 26 49 | 23 29 | 19 29 | 27 08 | 27 38 | 29 44 | 03 09 | 11 26 |
| 16 | 7:41:47 | 25 51 02 | 24 04 | 00♑06 | 22 15 | 28 04 | 24 15 | 19 21 | 27 12 | 27 37 | 29 45 | 03 11 | 11 22 |
| 17 | 7:45:43 | 26 52 10 | 06♑10 | 12 17 | 23 53 | 29 20 | 25 02 | 19 13 | 27 17 | 27 36 | 29 46 | 03 13 | 11 19 |
| 18 | 7:49:40 | 27 53 17 | 18 26 | 24 38 | 25 32 | 00♒35 | 25 48 | 19 05 | 27 22 | 27 35 | 29 48 | 03 15 | 11 16 |
| 19 | 7:53:37 | 28 54 23 | 00♒53 | 07♒10 | 27 11 | 01 51 | 26 35 | 18 57 | 27 27 | 27 34 | 29 49 | 03 17 | 11 13 |
| 20 | 7:57:33 | 29 55 29 | 13 30 | 19 53 | 28 50 | 03 06 | 27 22 | 18 49 | 27 32 | 27 34 | 29 50 | 03 19 | 11 10 |
| 21 | 8:01:30 | 00♒56 34 | 26 19 | 02♓47 | 00♒30 | 04 22 | 28 08 | 18 42 | 27 37 | 27 33 | 29 52 | 03 21 | 11 07 |
| 22 | 8:05:26 | 01 57 38 | 09♓19 | 15 53 | 02 11 | 05 37 | 28 55 | 18 34 | 27 43 | 27 32 | 29 53 | 03 22 | 11 03 |
| 23 | 8:09:23 | 02 58 42 | 22 31 | 29 11 | 03 52 | 06 52 | 29 42 | 18 26 | 27 48 | 27 31 | 29 55 | 03 24 | 11 00 |
| 24 | 8:13:19 | 03 59 44 | 05♈55 | 12♈43 | 05 34 | 08 08 | 00♒29 | 18 19 | 27 53 | 27 31 | 29 56 | 03 26 | 10 57 |
| 25 | 8:17:16 | 05 00 46 | 19 33 | 26 28 | 07 17 | 09 23 | 01 15 | 18 11 | 27 59 | 27 30 | 29 57 | 03 28 | 10 54 |
| 26 | 8:21:12 | 06 01 46 | 03♉26 | 10♉27 | 09 00 | 10 39 | 02 02 | 18 04 | 28 04 | 27 30 | 29 59 | 03 30 | 10 51 |
| 27 | 8:25:09 | 07 02 46 | 17 32 | 24 39 | 10 43 | 11 54 | 02 49 | 17 57 | 28 10 | 27 29 | 00♈00 | 03 32 | 10 47 |
| 28 | 8:29:06 | 08 03 44 | 01♊50 | 09♊04 | 12 27 | 13 09 | 03 36 | 17 49 | 28 15 | 27 29 | 00 02 | 03 34 | 10 44 |
| 29 | 8:33:02 | 09 04 41 | 16 19 | 23 36 | 14 12 | 14 25 | 04 23 | 17 42 | 28 21 | 27 29 | 00 04 | 03 36 | 10 41 |
| 30 | 8:36:59 | 10 05 37 | 00♋53 | 08♋10 | 15 57 | 15 40 | 05 10 | 17 35 | 28 27 | 27 28 | 00 05 | 03 38 | 10 38 |
| 31 | 8:40:55 | 11 06 31 | 15 27 | 22 42 | 17 42 | 16 55 | 05 57 | 17 28 | 28 33 | 27 28 | 00 07 | 03 40 | 10 35 |

## 0:00 E.T. Longitudes of the Major Asteroids and Chiron

| D | ⚳ | ⚴ | ⚵ | ⚶ | ⚷ |
|---|---|---|---|---|---|
| 1 | 07♈04 | 22♒35 | 00♑52 | 24♑17 | 22♈36℞ |
| 2 | 07 17 | 22 53 | 01 13 | 24 49 | 22 36 |
| 3 | 07 30 | 23 11 | 01 35 | 25 20 | 22 36D |
| 4 | 07 43 | 23 29 | 01 57 | 25 52 | 22 36 |
| 5 | 07 57 | 23 46 | 02 18 | 26 23 | 22 36 |
| 6 | 08 11 | 24 04 | 02 40 | 26 55 | 22 36 |
| 7 | 08 25 | 24 23 | 03 01 | 27 27 | 22 37 |
| 8 | 08 39 | 24 41 | 03 23 | 27 58 | 22 37 |
| 9 | 08 53 | 24 59 | 03 45 | 28 30 | 22 37 |
| 10 | 09 08 | 25 17 | 04 06 | 29 01 | 22 38 |
| 11 | 09 23 | 25 35 | 04 28 | 29 33 | 22 38 |
| 12 | 09 38 | 25 54 | 04 49 | 00♒04 | 22 38 |
| 13 | 09 53 | 26 12 | 05 11 | 00 36 | 22 39 |
| 14 | 10 08 | 26 31 | 05 32 | 01 07 | 22 40 |
| 15 | 10 24 | 26 50 | 05 54 | 01 39 | 22 40 |
| 16 | 10 40 | 27 08 | 06 15 | 02 11 | 22 41 |
| 17 | 10 56 | 27 27 | 06 37 | 02 42 | 22 42 |
| 18 | 11 12 | 27 46 | 06 58 | 03 14 | 22 43 |
| 19 | 11 29 | 28 05 | 07 20 | 03 45 | 22 44 |
| 20 | 11 45 | 28 23 | 07 41 | 04 17 | 22 44 |
| 21 | 12 02 | 28 42 | 08 02 | 04 48 | 22 45 |
| 22 | 12 19 | 29 01 | 08 24 | 05 20 | 22 47 |
| 23 | 12 36 | 29 20 | 08 45 | 05 51 | 22 48 |
| 24 | 12 53 | 29 40 | 09 06 | 06 22 | 22 49 |
| 25 | 13 11 | 29 59 | 09 28 | 06 54 | 22 50 |
| 26 | 13 28 | 00♓18 | 09 49 | 07 25 | 22 51 |
| 27 | 13 46 | 00 37 | 10 10 | 07 57 | 22 53 |
| 28 | 14 04 | 00 57 | 10 31 | 08 28 | 22 54 |
| 29 | 14 22 | 01 16 | 10 53 | 08 59 | 22 55 |
| 30 | 14 40 | 01 35 | 11 14 | 09 31 | 22 57 |
| 31 | 14 58 | 01 55 | 11 35 | 10 02 | 22 58 |

## Lunar Data

| Last Asp. | | Ingress | | |
|---|---|---|---|---|
| 2 | 12:25 | 2 | ♋ | 13:10 |
| 4 | 13:00 | 4 | ♌ | 13:45 |
| 6 | 13:06 | 6 | ♍ | 16:58 |
| 8 | 23:24 | 9 | ♎ | 00:07 |
| 10 | 17:56 | 11 | ♏ | 10:57 |
| 13 | 23:00 | 13 | ♐ | 23:35 |
| 16 | 11:20 | 16 | ♑ | 11:48 |
| 18 | 21:58 | 18 | ♒ | 22:19 |
| 21 | 02:18 | 21 | ♓ | 06:51 |
| 23 | 13:19 | 23 | ♈ | 13:27 |
| 24 | 21:37 | 25 | ♉ | 18:06 |
| 27 | 17:59 | 27 | ♊ | 20:56 |
| 29 | 19:58 | 29 | ♋ | 22:33 |
| 31 | 21:53 | 1 | ♌ | 00:10 |

## 0:00 E.T. Declinations

| D | ☉ | ☽ | ☿ | ♀ | ♂ | ♃ | ♄ | ♅ | ♆ | ♇ | ⚳ | ⚴ | ⚵ | ⚶ | ⚷ |
|---|---|---|---|---|---|---|---|---|---|---|---|---|---|---|---|
| 1 | -23 01 | +26 24 | -24 00 | -23 37 | -23 43 | +21 59 | -03 36 | +19 31 | -01 25 | -23 13 | -05 21 | -03 56 | -13 32 | -22 39 | +09 16 |
| 2 | 22 56 | 28 09 | 24 07 | 23 34 | 23 39 | 22 00 | 03 34 | 19 30 | 01 25 | 23 13 | 05 13 | 03 56 | 13 31 | 22 35 | 09 15 |
| 3 | 22 50 | 27 49 | 24 13 | 23 30 | 23 35 | 22 01 | 03 33 | 19 30 | 01 24 | 23 12 | 05 04 | 03 55 | 13 31 | 22 30 | 09 15 |
| 4 | 22 44 | 25 29 | 24 17 | 23 25 | 23 30 | 22 03 | 03 31 | 19 30 | 01 24 | 23 12 | 04 55 | 03 55 | 13 31 | 22 26 | 09 15 |
| 5 | 22 38 | 21 31 | 24 20 | 23 20 | 23 25 | 22 04 | 03 29 | 19 29 | 01 24 | 23 12 | 04 46 | 03 54 | 13 30 | 22 22 | 09 15 |
| 6 | 22 31 | 16 23 | 24 22 | 23 13 | 23 20 | 22 06 | 03 27 | 19 29 | 01 23 | 23 11 | 04 37 | 03 54 | 13 30 | 22 17 | 09 15 |
| 7 | 22 24 | 10 35 | 24 23 | 23 06 | 23 14 | 22 07 | 03 26 | 19 29 | 01 23 | 23 11 | 04 28 | 03 53 | 13 29 | 22 12 | 09 15 |
| 8 | 22 16 | 04 31 | 24 22 | 22 59 | 23 09 | 22 08 | 03 24 | 19 28 | 01 22 | 23 11 | 04 19 | 03 53 | 13 28 | 22 07 | 09 15 |
| 9 | 22 08 | -01 33 | 24 20 | 22 50 | 23 03 | 22 10 | 03 22 | 19 28 | 01 22 | 23 10 | 04 10 | 03 52 | 13 28 | 22 02 | 09 15 |
| 10 | 21 59 | 07 24 | 24 16 | 22 41 | 22 56 | 22 11 | 03 20 | 19 28 | 01 22 | 23 10 | 04 01 | 03 51 | 13 27 | 21 57 | 09 15 |
| 11 | 21 50 | 12 50 | 24 11 | 22 31 | 22 50 | 22 12 | 03 18 | 19 28 | 01 21 | 23 09 | 03 52 | 03 50 | 13 26 | 21 52 | 09 15 |
| 12 | 21 41 | 17 42 | 24 05 | 22 21 | 22 43 | 22 14 | 03 16 | 19 27 | 01 21 | 23 09 | 03 43 | 03 49 | 13 25 | 21 47 | 09 15 |
| 13 | 21 31 | 21 52 | 23 57 | 22 10 | 22 36 | 22 15 | 03 14 | 19 27 | 01 20 | 23 09 | 03 33 | 03 48 | 13 24 | 21 41 | 09 16 |
| 14 | 21 20 | 25 08 | 23 48 | 21 58 | 22 29 | 22 16 | 03 13 | 19 27 | 01 20 | 23 08 | 03 24 | 03 46 | 13 23 | 21 36 | 09 16 |
| 15 | 21 10 | 27 19 | 23 37 | 21 45 | 22 21 | 22 18 | 03 10 | 19 27 | 01 19 | 23 08 | 03 15 | 03 45 | 13 21 | 21 30 | 09 16 |
| 16 | 20 58 | 28 17 | 23 25 | 21 32 | 22 13 | 22 19 | 03 08 | 19 26 | 01 19 | 23 07 | 03 05 | 03 44 | 13 20 | 21 25 | 09 16 |
| 17 | 20 47 | 27 54 | 23 11 | 21 18 | 22 05 | 22 20 | 03 06 | 19 26 | 01 18 | 23 07 | 02 56 | 03 42 | 13 19 | 21 19 | 09 16 |
| 18 | 20 35 | 26 09 | 22 56 | 21 04 | 21 57 | 22 21 | 03 04 | 19 26 | 01 18 | 23 07 | 02 46 | 03 41 | 13 17 | 21 13 | 09 16 |
| 19 | 20 23 | 23 07 | 22 40 | 20 49 | 21 49 | 22 23 | 03 02 | 19 26 | 01 17 | 23 06 | 02 37 | 03 39 | 13 16 | 21 07 | 09 17 |
| 20 | 20 10 | 18 56 | 22 21 | 20 33 | 21 40 | 22 24 | 03 00 | 19 26 | 01 17 | 23 06 | 02 27 | 03 37 | 13 14 | 21 01 | 09 17 |
| 21 | 19 57 | 13 51 | 22 02 | 20 17 | 21 31 | 22 25 | 02 58 | 19 25 | 01 16 | 23 05 | 02 18 | 03 36 | 13 13 | 20 55 | 09 17 |
| 22 | 19 43 | 08 05 | 21 41 | 20 00 | 21 21 | 22 26 | 02 56 | 19 25 | 01 15 | 23 05 | 02 08 | 03 34 | 13 11 | 20 48 | 09 17 |
| 23 | 19 30 | 01 53 | 21 18 | 19 42 | 21 12 | 22 27 | 02 53 | 19 25 | 01 15 | 23 05 | 01 58 | 03 32 | 13 09 | 20 42 | 09 18 |
| 24 | 19 15 | +04 29 | 20 54 | 19 24 | 21 02 | 22 28 | 02 51 | 19 25 | 01 14 | 23 04 | 01 49 | 03 30 | 13 07 | 20 35 | 09 18 |
| 25 | 19 01 | 10 46 | 20 28 | 19 06 | 20 52 | 22 30 | 02 49 | 19 25 | 01 14 | 23 04 | 01 39 | 03 28 | 13 05 | 20 29 | 09 19 |
| 26 | 18 46 | 16 37 | 20 01 | 18 46 | 20 42 | 22 31 | 02 46 | 19 25 | 01 13 | 23 04 | 01 29 | 03 26 | 13 03 | 20 22 | 09 19 |
| 27 | 18 31 | 21 41 | 19 32 | 18 27 | 20 32 | 22 32 | 02 44 | 19 25 | 01 12 | 23 03 | 01 20 | 03 24 | 13 01 | 20 15 | 09 19 |
| 28 | 18 15 | 25 35 | 19 02 | 18 07 | 20 21 | 22 33 | 02 42 | 19 25 | 01 12 | 23 03 | 01 10 | 03 21 | 12 59 | 20 09 | 09 20 |
| 29 | 17 59 | 27 52 | 18 30 | 17 46 | 20 10 | 22 34 | 02 39 | 19 25 | 01 11 | 23 02 | 01 00 | 03 19 | 12 57 | 20 02 | 09 20 |
| 30 | 17 43 | 28 17 | 17 57 | 17 25 | 19 59 | 22 35 | 02 37 | 19 25 | 01 10 | 23 02 | 00 50 | 03 17 | 12 55 | 19 55 | 09 21 |
| 31 | 17 26 | 26 43 | 17 22 | 17 03 | 19 48 | 22 36 | 02 35 | 19 25 | 01 10 | 23 02 | 00 40 | 03 14 | 12 53 | 19 48 | 09 21 |

Lunar Phases -- 3 ○ 10:04 10 ◑ 15:50 18 ● 19:53 26 ◐ 04:49 Sun enters ♒ 1/20 01:46

# Feb. 26 — Longitudes of Main Planets - February 2026 — 0:00 E.T.

| D | S.T. | ☉ | ☽ | ☽ 12:00 | ☿ | ♀ | ♂ | ♃ | ♄ | ♅ | ♆ | ♇ | ☊ |
|---|---|---|---|---|---|---|---|---|---|---|---|---|---|
| 1 | 8:44:52 | 12≈07 25 | 29♋54 | 07♌03 | 19≈28 | 18≈11 | 06≈44 | 17♋22℞ | 28♓38 | 27♉28℞ | 00♈08 | 03≈42 | 10♓32 |
| 2 | 8:48:48 | 13 08 18 | 14♌08 | 21 09 | 21 14 | 19 26 | 07 31 | 17 15 | 28 44 | 27 28 | 00 10 | 03 44 | 10 28 |
| 3 | 8:52:45 | 14 09 09 | 28 04 | 04♍54 | 23 01 | 20 41 | 08 18 | 17 09 | 28 50 | 27 28 | 00 12 | 03 45 | 10 25 |
| 4 | 8:56:41 | 15 09 59 | 11♍39 | 18 18 | 24 47 | 21 56 | 09 05 | 17 02 | 28 56 | 27 28 | 00 13 | 03 47 | 10 22 |
| 5 | 9:00:38 | 16 10 48 | 24 51 | 01♎18 | 26 33 | 23 12 | 09 52 | 16 56 | 29 03 | 27 28D | 00 15 | 03 49 | 10 19 |
| 6 | 9:04:35 | 17 11 37 | 07♎41 | 13 58 | 28 20 | 24 27 | 10 39 | 16 50 | 29 09 | 27 28 | 00 17 | 03 51 | 10 16 |
| 7 | 9:08:31 | 18 12 24 | 20 11 | 26 19 | 00♓05 | 25 42 | 11 26 | 16 44 | 29 15 | 27 28 | 00 19 | 03 53 | 10 13 |
| 8 | 9:12:28 | 19 13 10 | 02♏24 | 08♏27 | 01 50 | 26 57 | 12 13 | 16 38 | 29 21 | 27 28 | 00 21 | 03 55 | 10 09 |
| 9 | 9:16:24 | 20 13 56 | 14 26 | 20 24 | 03 34 | 28 12 | 13 00 | 16 32 | 29 28 | 27 28 | 00 22 | 03 57 | 10 06 |
| 10 | 9:20:21 | 21 14 40 | 26 21 | 02♐17 | 05 17 | 29 28 | 13 47 | 16 27 | 29 34 | 27 28 | 00 24 | 03 59 | 10 03 |
| 11 | 9:24:17 | 22 15 24 | 08♐13 | 14 10 | 06 58 | 00♓43 | 14 34 | 16 22 | 29 40 | 27 29 | 00 26 | 04 00 | 10 00 |
| 12 | 9:28:14 | 23 16 06 | 20 07 | 26 07 | 08 37 | 01 58 | 15 21 | 16 16 | 29 47 | 27 29 | 00 28 | 04 02 | 09 57 |
| 13 | 9:32:10 | 24 16 47 | 02♑08 | 08♑12 | 10 13 | 03 13 | 16 09 | 16 11 | 29 53 | 27 30 | 00 30 | 04 04 | 09 53 |
| 14 | 9:36:07 | 25 17 27 | 14 19 | 20 29 | 11 46 | 04 28 | 16 56 | 16 06 | 00 00 | 27 30 | 00 32 | 04 06 | 09 50 |
| 15 | 9:40:03 | 26 18 06 | 26 42 | 03≈00 | 13 16 | 05 43 | 17 43 | 16 02 | 00♈07 | 27 31 | 00 34 | 04 08 | 09 47 |
| 16 | 9:44:00 | 27 18 44 | 09≈21 | 15 46 | 14 41 | 06 58 | 18 30 | 15 57 | 00 13 | 27 31 | 00 36 | 04 10 | 09 44 |
| 17 | 9:47:57 | 28 19 20 | 22 15 | 28 48 | 16 01 | 08 14 | 19 17 | 15 53 | 00 20 | 27 32 | 00 38 | 04 11 | 09 41 |
| 18 | 9:51:53 | 29 19 54 | 05♓25 | 12♓06 | 17 16 | 09 29 | 20 05 | 15 49 | 00 27 | 27 33 | 00 40 | 04 13 | 09 38 |
| 19 | 9:55:50 | 00♓20 27 | 18 50 | 25 38 | 18 24 | 10 44 | 20 52 | 15 45 | 00 34 | 27 33 | 00 42 | 04 15 | 09 34 |
| 20 | 9:59:46 | 01 20 59 | 02♈28 | 09♈22 | 19 26 | 11 59 | 21 39 | 15 41 | 00 40 | 27 34 | 00 44 | 04 17 | 09 31 |
| 21 | 10:03:43 | 02 21 28 | 16 18 | 23 16 | 20 19 | 13 14 | 22 26 | 15 37 | 00 47 | 27 35 | 00 46 | 04 18 | 09 28 |
| 22 | 10:07:39 | 03 21 56 | 00♉16 | 07♉18 | 21 05 | 14 29 | 23 14 | 15 34 | 00 54 | 27 36 | 00 48 | 04 20 | 09 25 |
| 23 | 10:11:36 | 04 22 22 | 14 21 | 21 26 | 21 41 | 15 44 | 24 01 | 15 31 | 01 01 | 27 37 | 00 50 | 04 22 | 09 22 |
| 24 | 10:15:32 | 05 22 46 | 28 31 | 05♊37 | 22 08 | 16 58 | 24 48 | 15 28 | 01 08 | 27 38 | 00 52 | 04 24 | 09 18 |
| 25 | 10:19:29 | 06 23 09 | 12♊43 | 19 50 | 22 26 | 18 13 | 25 35 | 15 25 | 01 15 | 27 39 | 00 54 | 04 25 | 09 15 |
| 26 | 10:23:26 | 07 23 29 | 26 55 | 04♋01 | 22 34 | 19 28 | 26 23 | 15 22 | 01 22 | 27 40 | 00 56 | 04 27 | 09 12 |
| 27 | 10:27:22 | 08 23 47 | 11♋05 | 18 08 | 22 31℞ | 20 43 | 27 10 | 15 20 | 01 29 | 27 41 | 00 58 | 04 29 | 09 09 |
| 28 | 10:31:19 | 09 24 03 | 25 10 | 02♌09 | 22 20 | 21 58 | 27 57 | 15 17 | 01 36 | 27 43 | 01 00 | 04 30 | 09 06 |

## 0:00 E.T. — Longitudes of the Major Asteroids and Chiron

| D | ⚳ | ⚴ | ⚵ | ⚶ | ⚷ | D | ⚳ | ⚴ | ⚵ | ⚶ | ⚷ |
|---|---|---|---|---|---|---|---|---|---|---|---|
| 1 | 15♈17 | 02♓14 | 11♑56 | 10≈33 | 23♈00 | 15 | 19 50 | 06 50 | 16 46 | 17 49 | 23 27 |
| 2 | 15 35 | 02 34 | 12 17 | 11 05 | 23 02 | 16 | 20 10 | 07 10 | 17 06 | 18 20 | 23 29 |
| 3 | 15 54 | 02 53 | 12 38 | 11 36 | 23 03 | 17 | 20 30 | 07 30 | 17 27 | 18 51 | 23 32 |
| 4 | 16 13 | 03 13 | 12 59 | 12 07 | 23 05 | 18 | 20 51 | 07 50 | 17 47 | 19 22 | 23 34 |
| 5 | 16 32 | 03 32 | 13 20 | 12 38 | 23 07 | 19 | 21 12 | 08 10 | 18 07 | 19 53 | 23 37 |
| 6 | 16 51 | 03 52 | 13 40 | 13 10 | 23 09 | 20 | 21 33 | 08 30 | 18 27 | 20 24 | 23 39 |
| 7 | 17 11 | 04 12 | 14 01 | 13 41 | 23 10 | 21 | 21 53 | 08 50 | 18 47 | 20 55 | 23 41 |
| 8 | 17 30 | 04 31 | 14 22 | 14 12 | 23 12 | 22 | 22 14 | 09 10 | 19 07 | 21 26 | 23 44 |
| 9 | 17 50 | 04 51 | 14 43 | 14 43 | 23 14 | 23 | 22 36 | 09 30 | 19 27 | 21 56 | 23 47 |
| 10 | 18 09 | 05 11 | 15 03 | 15 14 | 23 16 | 24 | 22 57 | 09 50 | 19 47 | 22 27 | 23 49 |
| 11 | 18 29 | 05 30 | 15 24 | 15 45 | 23 18 | 25 | 23 18 | 10 10 | 20 07 | 22 58 | 23 52 |
| 12 | 18 49 | 05 50 | 15 45 | 16 16 | 23 21 | 26 | 23 39 | 10 30 | 20 27 | 23 28 | 23 54 |
| 13 | 19 09 | 06 10 | 16 05 | 16 47 | 23 23 | 27 | 24 01 | 10 50 | 20 46 | 23 59 | 23 57 |
| 14 | 19 29 | 06 30 | 16 26 | 17 18 | 23 25 | 28 | 24 22 | 11 10 | 21 06 | 24 29 | 24 00 |

## Lunar Data

| Last Asp. | | Ingress | | |
|---|---|---|---|---|
| 31 | 21:53 | 1 | ♌ | 00:10 |
| 2 | 22:56 | 3 | ♍ | 03:23 |
| 5 | 07:51 | 5 | ♎ | 09:34 |
| 7 | 12:01 | 7 | ♏ | 19:14 |
| 10 | 07:02 | 10 | ♐ | 07:23 |
| 12 | 19:30 | 12 | ♑ | 19:45 |
| 15 | 01:32 | 15 | ≈ | 06:18 |
| 17 | 12:02 | 17 | ♓ | 14:10 |
| 19 | 15:24 | 19 | ♈ | 19:40 |
| 21 | 11:13 | 21 | ♉ | 23:32 |
| 23 | 22:30 | 24 | ♊ | 02:30 |
| 25 | 23:01 | 26 | ♋ | 05:12 |
| 28 | 04:23 | 28 | ♌ | 08:18 |

## 0:00 E.T. — Declinations

| D | ☉ | ☽ | ☿ | ♀ | ♂ | ♃ | ♄ | ♅ | ♆ | ♇ | ⚳ | ⚴ | ⚵ | ⚶ | ⚷ |
|---|---|---|---|---|---|---|---|---|---|---|---|---|---|---|---|
| 1 | -17 10 | +23 24 | -16 46 | -16 41 | -19 36 | +22 37 | -02 32 | +19 25 | -01 09 | -23 01 | -00 30 | -03 12 | -12 50 | -19 40 | +09 22 |
| 2 | 16 52 | 18 42 | 16 08 | 16 18 | 19 24 | 22 38 | 02 30 | 19 25 | 01 08 | 23 01 | 00 21 | 03 09 | 12 48 | 19 33 | 09 22 |
| 3 | 16 35 | 13 05 | 15 29 | 15 55 | 19 12 | 22 39 | 02 27 | 19 25 | 01 08 | 23 01 | 00 11 | 03 06 | 12 45 | 19 26 | 09 23 |
| 4 | 16 17 | 06 59 | 14 49 | 15 31 | 19 00 | 22 40 | 02 25 | 19 25 | 01 07 | 23 00 | 00 01 | 03 04 | 12 43 | 19 19 | 09 23 |
| 5 | 15 59 | 00 44 | 14 08 | 15 07 | 18 48 | 22 41 | 02 22 | 19 25 | 01 06 | 23 00 | +00 09 | 03 01 | 12 40 | 19 11 | 09 24 |
| 6 | 15 41 | -05 21 | 13 25 | 14 43 | 18 35 | 22 41 | 02 19 | 19 25 | 01 06 | 23 00 | 00 19 | 02 58 | 12 37 | 19 03 | 09 24 |
| 7 | 15 22 | 11 05 | 12 41 | 14 18 | 18 22 | 22 42 | 02 17 | 19 25 | 01 05 | 22 59 | 00 29 | 02 55 | 12 34 | 18 56 | 09 25 |
| 8 | 15 04 | 16 16 | 11 57 | 13 53 | 18 09 | 22 43 | 02 14 | 19 25 | 01 04 | 22 59 | 00 39 | 02 52 | 12 32 | 18 48 | 09 26 |
| 9 | 14 44 | 20 44 | 11 11 | 13 27 | 17 56 | 22 44 | 02 12 | 19 25 | 01 03 | 22 59 | 00 49 | 02 49 | 12 29 | 18 40 | 09 26 |
| 10 | 14 25 | 24 19 | 10 25 | 13 01 | 17 43 | 22 45 | 02 09 | 19 25 | 01 03 | 22 58 | 00 59 | 02 46 | 12 26 | 18 33 | 09 27 |
| 11 | 14 06 | 26 52 | 09 38 | 12 35 | 17 29 | 22 45 | 02 06 | 19 25 | 01 02 | 22 58 | 01 09 | 02 43 | 12 23 | 18 25 | 09 28 |
| 12 | 13 46 | 28 13 | 08 52 | 12 08 | 17 15 | 22 46 | 02 04 | 19 25 | 01 01 | 22 58 | 01 19 | 02 40 | 12 20 | 18 17 | 09 28 |
| 13 | 13 26 | 28 16 | 08 05 | 11 41 | 17 01 | 22 47 | 02 01 | 19 25 | 01 00 | 22 57 | 01 29 | 02 37 | 12 16 | 18 09 | 09 29 |
| 14 | 13 05 | 26 57 | 07 18 | 11 14 | 16 47 | 22 47 | 01 58 | 19 25 | 00 59 | 22 57 | 01 39 | 02 34 | 12 13 | 18 00 | 09 30 |
| 15 | 12 45 | 24 18 | 06 32 | 10 47 | 16 33 | 22 48 | 01 56 | 19 25 | 00 59 | 22 57 | 01 49 | 02 31 | 12 10 | 17 52 | 09 30 |
| 16 | 12 24 | 20 26 | 05 47 | 10 19 | 16 19 | 22 49 | 01 53 | 19 26 | 00 58 | 22 56 | 01 59 | 02 27 | 12 07 | 17 44 | 09 31 |
| 17 | 12 03 | 15 32 | 05 03 | 09 51 | 16 04 | 22 49 | 01 50 | 19 26 | 00 57 | 22 56 | 02 09 | 02 24 | 12 03 | 17 36 | 09 32 |
| 18 | 11 42 | 09 50 | 04 20 | 09 22 | 15 49 | 22 50 | 01 47 | 19 26 | 00 56 | 22 56 | 02 19 | 02 21 | 12 00 | 17 27 | 09 33 |
| 19 | 11 21 | 03 35 | 03 40 | 08 54 | 15 34 | 22 50 | 01 45 | 19 26 | 00 55 | 22 55 | 02 29 | 02 17 | 11 56 | 17 19 | 09 34 |
| 20 | 11 00 | +02 55 | 03 02 | 08 25 | 15 19 | 22 51 | 01 42 | 19 26 | 00 55 | 22 55 | 02 39 | 02 14 | 11 53 | 17 11 | 09 34 |
| 21 | 10 38 | 09 22 | 02 27 | 07 56 | 15 04 | 22 51 | 01 39 | 19 27 | 00 54 | 22 55 | 02 50 | 02 10 | 11 49 | 17 02 | 09 35 |
| 22 | 10 16 | 15 26 | 01 55 | 07 26 | 14 48 | 22 52 | 01 36 | 19 27 | 00 53 | 22 54 | 03 00 | 02 07 | 11 45 | 16 53 | 09 36 |
| 23 | 09 54 | 20 44 | 01 27 | 06 57 | 14 33 | 22 52 | 01 33 | 19 27 | 00 52 | 22 54 | 03 10 | 02 03 | 11 42 | 16 45 | 09 37 |
| 24 | 09 32 | 24 54 | 01 03 | 06 27 | 14 17 | 22 53 | 01 30 | 19 27 | 00 51 | 22 54 | 03 20 | 01 59 | 11 38 | 16 36 | 09 38 |
| 25 | 09 10 | 27 33 | 00 42 | 05 57 | 14 01 | 22 53 | 01 28 | 19 28 | 00 50 | 22 54 | 03 30 | 01 56 | 11 34 | 16 27 | 09 39 |
| 26 | 08 48 | 28 26 | 00 27 | 05 27 | 13 45 | 22 54 | 01 25 | 19 28 | 00 50 | 22 53 | 03 40 | 01 52 | 11 30 | 16 19 | 09 40 |
| 27 | 08 25 | 27 27 | 00 16 | 04 57 | 13 29 | 22 54 | 01 22 | 19 28 | 00 49 | 22 53 | 03 50 | 01 48 | 11 26 | 16 10 | 09 41 |
| 28 | 08 03 | 24 42 | 00 10 | 04 27 | 13 13 | 22 54 | 01 19 | 19 28 | 00 48 | 22 53 | 04 00 | 01 44 | 11 22 | 16 01 | 09 42 |

Lunar Phases -- 1 ○ 22:10   9 ◑ 12:44   17 ● 12:02   24 ◐ 12:29   Sun enters ♓ 2/18 15:53

## 0:00 E.T. Longitudes of Main Planets - March 2026

| D | S.T. | ☉ | ☽ | ☽ 12:00 | ☿ | ♀ | ♂ | ♃ | ♄ | ♅ | ♆ | ♇ | ☊ |
|---|---|---|---|---|---|---|---|---|---|---|---|---|---|
| 1 | 10:35:15 | 10♓24 18 | 09♌06 | 16♌01 | 21♓58℞ | 23♓13 | 28♒45 | 15♋15℞ | 01♈43 | 27♉44 | 01♈03 | 04♒32 | 09♓03 |
| 2 | 10:39:12 | 11 24 30 | 22 52 | 29 40 | 21 28 | 24 28 | 29 32 | 15 13 | 01 51 | 27 45 | 01 05 | 04 33 | 08 59 |
| 3 | 10:43:08 | 12 24 40 | 06♍25 | 13♍05 | 20 50 | 25 42 | 00♓19 | 15 12 | 01 58 | 27 47 | 01 07 | 04 35 | 08 56 |
| 4 | 10:47:05 | 13 24 49 | 19 42 | 26 15 | 20 05 | 26 57 | 01 06 | 15 10 | 02 05 | 27 48 | 01 09 | 04 37 | 08 53 |
| 5 | 10:51:01 | 14 24 55 | 02♎43 | 09♎07 | 19 15 | 28 12 | 01 54 | 15 09 | 02 12 | 27 49 | 01 11 | 04 38 | 08 50 |
| 6 | 10:54:58 | 15 25 00 | 15 27 | 21 43 | 18 19 | 29 26 | 02 41 | 15 08 | 02 20 | 27 51 | 01 14 | 04 40 | 08 47 |
| 7 | 10:58:55 | 16 25 04 | 27 55 | 04♏04 | 17 20 | 00♈41 | 03 28 | 15 07 | 02 27 | 27 53 | 01 16 | 04 41 | 08 44 |
| 8 | 11:02:51 | 17 25 05 | 10♏10 | 16 13 | 16 20 | 01 56 | 04 15 | 15 06 | 02 34 | 27 54 | 01 18 | 04 43 | 08 40 |
| 9 | 11:06:48 | 18 25 05 | 22 13 | 28 12 | 15 19 | 03 10 | 05 03 | 15 06 | 02 41 | 27 56 | 01 20 | 04 44 | 08 37 |
| 10 | 11:10:44 | 19 25 04 | 04♐09 | 10♐06 | 14 19 | 04 25 | 05 50 | 15 05 | 02 49 | 27 58 | 01 22 | 04 46 | 08 34 |
| 11 | 11:14:41 | 20 25 01 | 16 02 | 21 59 | 13 22 | 05 39 | 06 37 | 15 05 | 02 56 | 27 59 | 01 25 | 04 47 | 08 31 |
| 12 | 11:18:37 | 21 24 56 | 27 56 | 03♑56 | 12 28 | 06 54 | 07 25 | 15 05D | 03 04 | 28 01 | 01 27 | 04 49 | 08 28 |
| 13 | 11:22:34 | 22 24 49 | 09♑57 | 16 01 | 11 38 | 08 09 | 08 12 | 15 06 | 03 11 | 28 03 | 01 29 | 04 50 | 08 24 |
| 14 | 11:26:30 | 23 24 41 | 22 08 | 28 19 | 10 53 | 09 23 | 08 59 | 15 06 | 03 18 | 28 05 | 01 31 | 04 51 | 08 21 |
| 15 | 11:30:27 | 24 24 31 | 04♒34 | 10♒54 | 10 14 | 10 37 | 09 46 | 15 07 | 03 26 | 28 07 | 01 34 | 04 53 | 08 18 |
| 16 | 11:34:24 | 25 24 19 | 17 19 | 23 49 | 09 41 | 11 52 | 10 33 | 15 08 | 03 33 | 28 09 | 01 36 | 04 54 | 08 15 |
| 17 | 11:38:20 | 26 24 06 | 00♓24 | 07♓04 | 09 14 | 13 06 | 11 21 | 15 09 | 03 41 | 28 11 | 01 38 | 04 56 | 08 12 |
| 18 | 11:42:17 | 27 23 51 | 13 50 | 20 42 | 08 54 | 14 21 | 12 08 | 15 10 | 03 48 | 28 13 | 01 40 | 04 57 | 08 09 |
| 19 | 11:46:13 | 28 23 33 | 27 38 | 04♈38 | 08 39 | 15 35 | 12 55 | 15 11 | 03 56 | 28 15 | 01 43 | 04 58 | 08 05 |
| 20 | 11:50:10 | 29 23 14 | 11♈43 | 18 51 | 08 31 | 16 49 | 13 42 | 15 13 | 04 03 | 28 17 | 01 45 | 04 59 | 08 02 |
| 21 | 11:54:06 | 00♈22 53 | 26 02 | 03♉15 | 08 30D | 18 04 | 14 29 | 15 15 | 04 11 | 28 19 | 01 47 | 05 01 | 07 59 |
| 22 | 11:58:03 | 01 22 29 | 10♉29 | 17 44 | 08 34 | 19 18 | 15 17 | 15 17 | 04 18 | 28 21 | 01 50 | 05 02 | 07 56 |
| 23 | 12:01:59 | 02 22 03 | 24 59 | 02♊13 | 08 43 | 20 32 | 16 04 | 15 19 | 04 25 | 28 24 | 01 52 | 05 03 | 07 53 |
| 24 | 12:05:56 | 03 21 36 | 09♊25 | 16 36 | 08 58 | 21 46 | 16 51 | 15 21 | 04 33 | 28 26 | 01 54 | 05 04 | 07 50 |
| 25 | 12:09:53 | 04 21 06 | 23 45 | 00♋51 | 09 18 | 23 00 | 17 38 | 15 24 | 04 40 | 28 28 | 01 56 | 05 05 | 07 46 |
| 26 | 12:13:49 | 05 20 33 | 07♋54 | 14 54 | 09 43 | 24 15 | 18 25 | 15 27 | 04 48 | 28 31 | 01 59 | 05 07 | 07 43 |
| 27 | 12:17:46 | 06 19 58 | 21 51 | 28 45 | 10 13 | 25 29 | 19 12 | 15 29 | 04 55 | 28 33 | 02 01 | 05 08 | 07 40 |
| 28 | 12:21:42 | 07 19 21 | 05♌36 | 12♌23 | 10 47 | 26 43 | 19 59 | 15 33 | 05 03 | 28 35 | 02 03 | 05 09 | 07 37 |
| 29 | 12:25:39 | 08 18 42 | 19 07 | 25 48 | 11 25 | 27 57 | 20 46 | 15 36 | 05 10 | 28 38 | 02 05 | 05 10 | 07 34 |
| 30 | 12:29:35 | 09 18 00 | 02♍26 | 09♍01 | 12 07 | 29 11 | 21 33 | 15 39 | 05 18 | 28 40 | 02 08 | 05 11 | 07 30 |
| 31 | 12:33:32 | 10 17 16 | 15 33 | 22 02 | 12 53 | 00♉25 | 22 20 | 15 43 | 05 25 | 28 43 | 02 10 | 05 12 | 07 27 |

## 0:00 E.T. Longitudes of the Major Asteroids and Chiron

| D | ⚳ | ⚴ | ⚵ | ⚶ | ⚷ |
|---|---|---|---|---|---|
| 1 | 24♈44 | 11♓30 | 21♑25 | 25♒00 | 24♈03 |
| 2 | 25 06 | 11 50 | 21 45 | 25 31 | 24 06 |
| 3 | 25 28 | 12 10 | 22 04 | 26 01 | 24 08 |
| 4 | 25 49 | 12 30 | 22 23 | 26 31 | 24 11 |
| 5 | 26 11 | 12 50 | 22 43 | 27 02 | 24 14 |
| 6 | 26 33 | 13 10 | 23 02 | 27 32 | 24 17 |
| 7 | 26 56 | 13 30 | 23 21 | 28 02 | 24 20 |
| 8 | 27 18 | 13 51 | 23 40 | 28 33 | 24 23 |
| 9 | 27 40 | 14 11 | 23 59 | 29 03 | 24 26 |
| 10 | 28 02 | 14 31 | 24 17 | 29 33 | 24 29 |
| 11 | 28 25 | 14 51 | 24 36 | 00♓03 | 24 32 |
| 12 | 28 47 | 15 11 | 24 55 | 00 33 | 24 35 |
| 13 | 29 10 | 15 31 | 25 13 | 01 03 | 24 39 |
| 14 | 29 32 | 15 51 | 25 31 | 01 33 | 24 42 |
| 15 | 29 55 | 16 11 | 25 50 | 02 03 | 24 45 |
| 16 | 00♉18 | 16 31 | 26 08 | 02 33 | 24 48 |
| 17 | 00 41 | 16 51 | 26 26 | 03 03 | 24 51 |
| 18 | 01 03 | 17 11 | 26 44 | 03 33 | 24 55 |
| 19 | 01 26 | 17 31 | 27 02 | 04 03 | 24 58 |
| 20 | 01 49 | 17 52 | 27 19 | 04 33 | 25 01 |
| 21 | 02 12 | 18 12 | 27 37 | 05 02 | 25 05 |
| 22 | 02 35 | 18 32 | 27 55 | 05 32 | 25 08 |
| 23 | 02 59 | 18 52 | 28 12 | 06 01 | 25 11 |
| 24 | 03 22 | 19 12 | 28 29 | 06 31 | 25 15 |
| 25 | 03 45 | 19 32 | 28 46 | 07 00 | 25 18 |
| 26 | 04 08 | 19 51 | 29 04 | 07 30 | 25 22 |
| 27 | 04 32 | 20 11 | 29 20 | 07 59 | 25 25 |
| 28 | 04 55 | 20 31 | 29 37 | 08 28 | 25 28 |
| 29 | 05 19 | 20 51 | 29 54 | 08 58 | 25 32 |
| 30 | 05 42 | 21 11 | 00♒10 | 09 27 | 25 35 |
| 31 | 06 06 | 21 31 | 00 27 | 09 56 | 25 39 |

## Lunar Data

| Last Asp. | | Ingress | | |
|---|---|---|---|---|
| 2 | 12:29 | 2 | ♍ | 12:35 |
| 4 | 14:54 | 4 | ♎ | 18:57 |
| 5 | 23:24 | 7 | ♏ | 04:03 |
| 9 | 11:30 | 9 | ♐ | 15:38 |
| 11 | 09:40 | 12 | ♑ | 04:08 |
| 14 | 11:34 | 14 | ♒ | 15:15 |
| 16 | 19:58 | 16 | ♓ | 23:17 |
| 19 | 01:25 | 19 | ♈ | 04:04 |
| 20 | 09:25 | 21 | ♉ | 06:36 |
| 23 | 05:41 | 23 | ♊ | 08:20 |
| 24 | 22:39 | 25 | ♋ | 10:34 |
| 27 | 11:42 | 27 | ♌ | 14:11 |
| 29 | 17:29 | 29 | ♍ | 19:35 |

## 0:00 E.T. Declinations

| D | ☉ | ☽ | ☿ | ♀ | ♂ | ♃ | ♄ | ♅ | ♆ | ♇ | ⚳ | ⚴ | ⚵ | ⚶ | ⚷ |
|---|---|---|---|---|---|---|---|---|---|---|---|---|---|---|---|
| 1 | -07 40 | +20 32 | -00 09 | -03 57 | -12 56 | +22 54 | -01 16 | +19 29 | -00 47 | -22 53 | +04 10 | -01 41 | -11 18 | -15 52 | +09 42 |
| 2 | 07 17 | 15 17 | 00 13 | 03 26 | 12 40 | 22 55 | 01 13 | 19 29 | 00 46 | 22 52 | 04 20 | 01 37 | 11 14 | 15 43 | 09 43 |
| 3 | 06 54 | 09 23 | 00 22 | 02 55 | 12 23 | 22 55 | 01 10 | 19 29 | 00 45 | 22 52 | 04 30 | 01 33 | 11 10 | 15 34 | 09 44 |
| 4 | 06 31 | 03 11 | 00 35 | 02 25 | 12 06 | 22 55 | 01 07 | 19 30 | 00 44 | 22 52 | 04 40 | 01 29 | 11 06 | 15 25 | 09 45 |
| 5 | 06 08 | -03 02 | 00 53 | 01 54 | 11 49 | 22 55 | 01 05 | 19 30 | 00 44 | 22 52 | 04 50 | 01 25 | 11 01 | 15 16 | 09 46 |
| 6 | 05 45 | 08 59 | 01 14 | 01 23 | 11 32 | 22 56 | 01 02 | 19 30 | 00 43 | 22 51 | 05 00 | 01 21 | 10 57 | 15 07 | 09 47 |
| 7 | 05 22 | 14 27 | 01 38 | 00 52 | 11 15 | 22 56 | 00 59 | 19 31 | 00 42 | 22 51 | 05 10 | 01 17 | 10 53 | 14 58 | 09 48 |
| 8 | 04 58 | 19 15 | 02 04 | 00 22 | 10 58 | 22 56 | 00 56 | 19 31 | 00 41 | 22 51 | 05 20 | 01 13 | 10 48 | 14 49 | 09 49 |
| 9 | 04 35 | 23 12 | 02 33 | +00 09 | 10 41 | 22 56 | 00 53 | 19 32 | 00 40 | 22 51 | 05 30 | 01 09 | 10 44 | 14 39 | 09 50 |
| 10 | 04 11 | 26 08 | 03 03 | 00 40 | 10 23 | 22 56 | 00 50 | 19 32 | 00 39 | 22 50 | 05 40 | 01 05 | 10 39 | 14 30 | 09 51 |
| 11 | 03 48 | 27 55 | 03 33 | 01 11 | 10 06 | 22 56 | 00 47 | 19 32 | 00 38 | 22 50 | 05 50 | 01 01 | 10 35 | 14 21 | 09 53 |
| 12 | 03 24 | 28 25 | 04 04 | 01 42 | 09 48 | 22 56 | 00 44 | 19 33 | 00 37 | 22 50 | 06 00 | 00 57 | 10 30 | 14 11 | 09 54 |
| 13 | 03 01 | 27 35 | 04 33 | 02 13 | 09 30 | 22 56 | 00 41 | 19 33 | 00 36 | 22 50 | 06 09 | 00 53 | 10 26 | 14 02 | 09 55 |
| 14 | 02 37 | 25 25 | 05 02 | 02 44 | 09 13 | 22 56 | 00 38 | 19 34 | 00 36 | 22 50 | 06 19 | 00 49 | 10 21 | 13 53 | 09 56 |
| 15 | 02 13 | 22 01 | 05 30 | 03 15 | 08 55 | 22 56 | 00 35 | 19 34 | 00 35 | 22 49 | 06 29 | 00 45 | 10 16 | 13 43 | 09 57 |
| 16 | 01 50 | 17 30 | 05 55 | 03 45 | 08 37 | 22 56 | 00 32 | 19 35 | 00 34 | 22 49 | 06 39 | 00 41 | 10 12 | 13 34 | 09 58 |
| 17 | 01 26 | 12 04 | 06 19 | 04 16 | 08 19 | 22 56 | 00 29 | 19 35 | 00 33 | 22 49 | 06 49 | 00 37 | 10 07 | 13 25 | 09 59 |
| 18 | 01 02 | 05 57 | 06 40 | 04 46 | 08 01 | 22 56 | 00 26 | 19 35 | 00 32 | 22 49 | 06 59 | 00 33 | 10 02 | 13 15 | 10 00 |
| 19 | 00 38 | +00 36 | 07 00 | 05 17 | 07 42 | 22 56 | 00 23 | 19 36 | 00 31 | 22 49 | 07 08 | 00 28 | 09 57 | 13 06 | 10 01 |
| 20 | 00 15 | 07 15 | 07 16 | 05 47 | 07 24 | 22 56 | 00 20 | 19 36 | 00 30 | 22 49 | 07 18 | 00 24 | 09 52 | 12 56 | 10 03 |
| 21 | +00 09 | 13 38 | 07 31 | 06 17 | 07 06 | 22 56 | 00 17 | 19 37 | 00 29 | 22 49 | 07 28 | 00 20 | 09 48 | 12 47 | 10 04 |
| 22 | 00 33 | 19 20 | 07 43 | 06 47 | 06 47 | 22 55 | 00 14 | 19 37 | 00 28 | 22 48 | 07 38 | 00 16 | 09 43 | 12 37 | 10 05 |
| 23 | 00 57 | 23 56 | 07 52 | 07 17 | 06 29 | 22 55 | 00 11 | 19 38 | 00 27 | 22 48 | 07 47 | 00 12 | 09 38 | 12 28 | 10 06 |
| 24 | 01 20 | 27 02 | 07 59 | 07 47 | 06 11 | 22 55 | 00 09 | 19 38 | 00 27 | 22 48 | 07 57 | 00 08 | 09 33 | 12 18 | 10 07 |
| 25 | 01 44 | 28 21 | 08 04 | 08 17 | 05 52 | 22 55 | 00 06 | 19 39 | 00 26 | 22 48 | 08 07 | 00 03 | 09 28 | 12 09 | 10 08 |
| 26 | 02 07 | 27 46 | 08 07 | 08 46 | 05 34 | 22 55 | 00 03 | 19 40 | 00 25 | 22 48 | 08 16 | +00 01 | 09 23 | 11 59 | 10 10 |
| 27 | 02 31 | 25 27 | 08 07 | 09 15 | 05 15 | 22 54 | +00 00 | 19 40 | 00 24 | 22 48 | 08 26 | 00 05 | 09 18 | 11 50 | 10 11 |
| 28 | 02 54 | 21 39 | 08 05 | 09 44 | 04 56 | 22 54 | 00 03 | 19 41 | 00 23 | 22 48 | 08 35 | 00 09 | 09 13 | 11 40 | 10 12 |
| 29 | 03 18 | 16 46 | 08 01 | 10 13 | 04 38 | 22 54 | 00 06 | 19 41 | 00 22 | 22 48 | 08 45 | 00 13 | 09 07 | 11 30 | 10 13 |
| 30 | 03 41 | 11 09 | 07 55 | 10 41 | 04 19 | 22 53 | 00 09 | 19 42 | 00 21 | 22 48 | 08 54 | 00 18 | 09 02 | 11 21 | 10 14 |
| 31 | 04 04 | 05 08 | 07 47 | 11 10 | 04 00 | 22 53 | 00 12 | 19 42 | 00 20 | 22 47 | 09 04 | 00 22 | 08 57 | 11 11 | 10 15 |

Lunar Phases -- 3 Ⓔ 11:39 ⚭ 11 ◑ 09:40 19 ● 01:25 25 ◐ 19:19 Sun enters ♈ 3/20 14:48

## Apr. 26 — Longitudes of Main Planets - April 2026 — 0:00 E.T.

| D | S.T. | ☉ | ☽ | ☽ 12:00 | ☿ | ♀ | ♂ | ♃ | ♄ | ♅ | ♆ | ♇ | ☊ |
|---|---|---|---|---|---|---|---|---|---|---|---|---|---|
| 1 | 12:37:28 | 11♈16 29 | 28♍28 | 04♎51 | 13♓42 | 01♉38 | 23♓07 | 15♋47 | 05♈33 | 28♉46 | 02♈12 | 05♒13 | 07♓24 |
| 2 | 12:41:25 | 12 15 41 | 11♎11 | 17 28 | 14 34 | 02 52 | 23 54 | 15 51 | 05 40 | 28 48 | 02 14 | 05 14 | 07 21 |
| 3 | 12:45:22 | 13 14 51 | 23 42 | 29 54 | 15 29 | 04 06 | 24 41 | 15 55 | 05 48 | 28 51 | 02 17 | 05 15 | 07 18 |
| 4 | 12:49:18 | 14 13 58 | 06♏02 | 12♏09 | 16 28 | 05 20 | 25 28 | 15 59 | 05 55 | 28 54 | 02 19 | 05 16 | 07 15 |
| 5 | 12:53:15 | 15 13 04 | 18 12 | 24 14 | 17 29 | 06 34 | 26 15 | 16 04 | 06 03 | 28 56 | 02 21 | 05 17 | 07 11 |
| 6 | 12:57:11 | 16 12 08 | 00♐14 | 06♐12 | 18 33 | 07 47 | 27 01 | 16 09 | 06 10 | 28 59 | 02 23 | 05 17 | 07 08 |
| 7 | 13:01:08 | 17 11 10 | 12 09 | 18 05 | 19 39 | 09 01 | 27 48 | 16 13 | 06 17 | 29 02 | 02 26 | 05 18 | 07 05 |
| 8 | 13:05:04 | 18 10 10 | 24 01 | 29 57 | 20 47 | 10 15 | 28 35 | 16 18 | 06 25 | 29 05 | 02 28 | 05 19 | 07 02 |
| 9 | 13:09:01 | 19 09 09 | 05♑54 | 11♑53 | 21 58 | 11 28 | 29 22 | 16 24 | 06 32 | 29 08 | 02 30 | 05 20 | 06 59 |
| 10 | 13:12:57 | 20 08 06 | 17 53 | 23 56 | 23 12 | 12 42 | 00♈09 | 16 29 | 06 40 | 29 10 | 02 32 | 05 21 | 06 56 |
| 11 | 13:16:54 | 21 07 01 | 00♒02 | 06♒12 | 24 27 | 13 55 | 00 55 | 16 34 | 06 47 | 29 13 | 02 34 | 05 21 | 06 52 |
| 12 | 13:20:51 | 22 05 54 | 12 26 | 18 45 | 25 44 | 15 09 | 01 42 | 16 40 | 06 54 | 29 16 | 02 37 | 05 22 | 06 49 |
| 13 | 13:24:47 | 23 04 45 | 25 09 | 01♓40 | 27 04 | 16 22 | 02 29 | 16 46 | 07 02 | 29 19 | 02 39 | 05 23 | 06 46 |
| 14 | 13:28:44 | 24 03 35 | 08♓17 | 15 00 | 28 25 | 17 36 | 03 15 | 16 52 | 07 09 | 29 22 | 02 41 | 05 23 | 06 43 |
| 15 | 13:32:40 | 25 02 23 | 21 50 | 28 47 | 29 48 | 18 49 | 04 02 | 16 58 | 07 16 | 29 25 | 02 43 | 05 24 | 06 40 |
| 16 | 13:36:37 | 26 01 09 | 05♈50 | 12♈59 | 01♈13 | 20 02 | 04 48 | 17 04 | 07 23 | 29 28 | 02 45 | 05 24 | 06 36 |
| 17 | 13:40:33 | 26 59 53 | 20 14 | 27 33 | 02 40 | 21 16 | 05 35 | 17 11 | 07 31 | 29 31 | 02 47 | 05 25 | 06 33 |
| 18 | 13:44:30 | 27 58 36 | 04♉56 | 12♉23 | 04 09 | 22 29 | 06 21 | 17 17 | 07 38 | 29 34 | 02 49 | 05 26 | 06 30 |
| 19 | 13:48:26 | 28 57 16 | 19 50 | 27 19 | 05 39 | 23 42 | 07 08 | 17 24 | 07 45 | 29 37 | 02 52 | 05 26 | 06 27 |
| 20 | 13:52:23 | 29 55 54 | 04♊47 | 12♊13 | 07 11 | 24 55 | 07 54 | 17 31 | 07 52 | 29 41 | 02 54 | 05 27 | 06 24 |
| 21 | 13:56:20 | 00♉54 31 | 19 37 | 26 57 | 08 45 | 26 08 | 08 41 | 17 38 | 07 59 | 29 44 | 02 56 | 05 27 | 06 21 |
| 22 | 14:00:16 | 01 53 05 | 04♋13 | 11♋24 | 10 21 | 27 22 | 09 27 | 17 45 | 08 06 | 29 47 | 02 58 | 05 27 | 06 17 |
| 23 | 14:04:13 | 02 51 37 | 18 31 | 25 32 | 11 58 | 28 35 | 10 13 | 17 52 | 08 13 | 29 50 | 03 00 | 05 28 | 06 14 |
| 24 | 14:08:09 | 03 50 07 | 02♌29 | 09♌20 | 13 37 | 29 48 | 11 00 | 17 59 | 08 21 | 29 53 | 03 02 | 05 28 | 06 11 |
| 25 | 14:12:06 | 04 48 35 | 16 06 | 22 47 | 15 18 | 01♊01 | 11 46 | 18 07 | 08 28 | 29 57 | 03 04 | 05 29 | 06 08 |
| 26 | 14:16:02 | 05 47 00 | 29 24 | 05♍57 | 17 00 | 02 13 | 12 32 | 18 15 | 08 34 | 00 00 | 03 06 | 05 29 | 06 05 |
| 27 | 14:19:59 | 06 45 23 | 12♍26 | 18 51 | 18 44 | 03 26 | 13 18 | 18 22 | 08 41 | 00♊03 | 03 08 | 05 29 | 06 02 |
| 28 | 14:23:55 | 07 43 44 | 25 13 | 01♎32 | 20 30 | 04 39 | 14 04 | 18 30 | 08 48 | 00 06 | 03 10 | 05 29 | 05 58 |
| 29 | 14:27:52 | 08 42 04 | 07♎49 | 14 03 | 22 18 | 05 52 | 14 50 | 18 38 | 08 55 | 00 10 | 03 12 | 05 30 | 05 55 |
| 30 | 14:31:49 | 09 40 21 | 20 14 | 26 24 | 24 07 | 07 05 | 15 36 | 18 47 | 09 02 | 00 13 | 03 14 | 05 30 | 05 52 |

## 0:00 E.T. — Longitudes of the Major Asteroids and Chiron

| D | ⚳ | ⚴ | ⚵ | ⚶ | ⚷ |
|---|---|---|---|---|---|
| 1 | 06♉29 | 21♓51 | 00♒43 | 10♓25 | 25♈42 |
| 2 | 06 53 | 22 11 | 00 59 | 10 54 | 25 46 |
| 3 | 07 16 | 22 30 | 01 15 | 11 23 | 25 49 |
| 4 | 07 40 | 22 50 | 01 31 | 11 52 | 25 53 |
| 5 | 08 04 | 23 10 | 01 47 | 12 21 | 25 57 |
| 6 | 08 28 | 23 29 | 02 02 | 12 50 | 26 00 |
| 7 | 08 51 | 23 49 | 02 18 | 13 18 | 26 04 |
| 8 | 09 15 | 24 09 | 02 33 | 13 47 | 26 07 |
| 9 | 09 39 | 24 28 | 02 48 | 14 16 | 26 11 |
| 10 | 10 03 | 24 48 | 03 03 | 14 44 | 26 14 |
| 11 | 10 27 | 25 07 | 03 18 | 15 13 | 26 18 |
| 12 | 10 51 | 25 27 | 03 32 | 15 41 | 26 22 |
| 13 | 11 15 | 25 46 | 03 47 | 16 09 | 26 25 |
| 14 | 11 39 | 26 06 | 04 01 | 16 38 | 26 29 |
| 15 | 12 03 | 26 25 | 04 15 | 17 06 | 26 32 |
| 16 | 12 27 | 26 45 | 04 29 | 17 34 | 26 36 |
| 17 | 12 51 | 27 04 | 04 42 | 18 02 | 26 40 |
| 18 | 13 16 | 27 23 | 04 56 | 18 30 | 26 43 |
| 19 | 13 40 | 27 43 | 05 09 | 18 58 | 26 47 |
| 20 | 14 04 | 28 02 | 05 22 | 19 26 | 26 51 |
| 21 | 14 28 | 28 21 | 05 35 | 19 53 | 26 54 |
| 22 | 14 52 | 28 40 | 05 48 | 20 21 | 26 58 |
| 23 | 15 17 | 28 59 | 06 01 | 20 49 | 27 01 |
| 24 | 15 41 | 29 18 | 06 13 | 21 16 | 27 05 |
| 25 | 16 05 | 29 37 | 06 25 | 21 44 | 27 09 |
| 26 | 16 30 | 29 56 | 06 37 | 22 11 | 27 12 |
| 27 | 16 54 | 00♈15 | 06 49 | 22 38 | 27 16 |
| 28 | 17 19 | 00 34 | 07 00 | 23 05 | 27 19 |
| 29 | 17 43 | 00 52 | 07 12 | 23 32 | 27 23 |
| 30 | 18 07 | 01 11 | 07 23 | 23 59 | 27 26 |

## Lunar Data

| Last Asp. | | Ingress | | |
|---|---|---|---|---|
| 1 | 00:33 | 1 | ♎ | 02:52 |
| 2 | 08:56 | 3 | ♏ | 12:12 |
| 5 | 21:30 | 5 | ♐ | 23:33 |
| 8 | 09:53 | 8 | ♑ | 12:06 |
| 10 | 22:25 | 10 | ♒ | 23:56 |
| 13 | 07:43 | 13 | ♓ | 08:56 |
| 15 | 13:08 | 15 | ♈ | 14:05 |
| 17 | 11:53 | 17 | ♉ | 15:59 |
| 19 | 15:46 | 19 | ♊ | 16:19 |
| 20 | 05:19 | 21 | ♋ | 17:02 |
| 23 | 19:29 | 23 | ♌ | 19:42 |
| 24 | 22:22 | 26 | ♍ | 01:06 |
| 27 | 11:13 | 28 | ♎ | 09:04 |
| 30 | 08:53 | | | |

## 0:00 E.T. — Declinations

| D | ☉ | ☽ | ☿ | ♀ | ♂ | ♃ | ♄ | ♅ | ♆ | ♇ | ⚳ | ⚴ | ⚵ | ⚶ | ⚷ |
|---|---|---|---|---|---|---|---|---|---|---|---|---|---|---|---|
| 1 | +04 28 | -01 00 | -07 37 | +11 38 | -03 41 | +22 52 | +00 15 | +19 43 | -00 19 | -22 47 | +09 13 | +00 26 | -08 52 | -11 02 | +10 17 |
| 2 | 04 51 | 06 59 | 07 25 | 12 05 | 03 23 | 22 52 | 00 18 | 19 44 | 00 19 | 22 47 | 09 23 | 00 30 | 08 47 | 10 52 | 10 18 |
| 3 | 05 14 | 12 37 | 07 12 | 12 33 | 03 04 | 22 52 | 00 21 | 19 44 | 00 18 | 22 47 | 09 32 | 00 34 | 08 42 | 10 43 | 10 19 |
| 4 | 05 37 | 17 39 | 06 56 | 13 00 | 02 45 | 22 51 | 00 24 | 19 45 | 00 17 | 22 47 | 09 41 | 00 39 | 08 36 | 10 33 | 10 20 |
| 5 | 06 00 | 21 54 | 06 39 | 13 27 | 02 26 | 22 51 | 00 27 | 19 45 | 00 16 | 22 47 | 09 51 | 00 43 | 08 31 | 10 23 | 10 22 |
| 6 | 06 22 | 25 11 | 06 21 | 13 53 | 02 07 | 22 50 | 00 29 | 19 46 | 00 15 | 22 47 | 10 00 | 00 47 | 08 26 | 10 14 | 10 23 |
| 7 | 06 45 | 27 21 | 06 00 | 14 19 | 01 49 | 22 50 | 00 32 | 19 47 | 00 14 | 22 47 | 10 09 | 00 51 | 08 21 | 10 04 | 10 24 |
| 8 | 07 07 | 28 16 | 05 39 | 14 45 | 01 30 | 22 49 | 00 35 | 19 47 | 00 13 | 22 47 | 10 18 | 00 55 | 08 15 | 09 55 | 10 25 |
| 9 | 07 30 | 27 53 | 05 15 | 15 11 | 01 11 | 22 48 | 00 38 | 19 48 | 00 12 | 22 47 | 10 27 | 00 59 | 08 10 | 09 45 | 10 27 |
| 10 | 07 52 | 26 11 | 04 51 | 15 36 | 00 52 | 22 48 | 00 41 | 19 48 | 00 12 | 22 47 | 10 36 | 01 03 | 08 05 | 09 36 | 10 28 |
| 11 | 08 14 | 23 16 | 04 25 | 16 00 | 00 33 | 22 47 | 00 44 | 19 49 | 00 11 | 22 47 | 10 46 | 01 07 | 08 00 | 09 26 | 10 29 |
| 12 | 08 36 | 19 14 | 03 57 | 16 25 | 00 14 | 22 46 | 00 47 | 19 50 | 00 10 | 22 47 | 10 55 | 01 12 | 07 54 | 09 17 | 10 30 |
| 13 | 08 58 | 14 14 | 03 29 | 16 49 | +00 04 | 22 46 | 00 49 | 19 50 | 00 09 | 22 47 | 11 04 | 01 16 | 07 49 | 09 07 | 10 31 |
| 14 | 09 20 | 08 28 | 02 59 | 17 12 | 00 23 | 22 45 | 00 52 | 19 51 | 00 08 | 22 47 | 11 13 | 01 20 | 07 44 | 08 58 | 10 33 |
| 15 | 09 42 | 02 07 | 02 27 | 17 35 | 00 42 | 22 44 | 00 55 | 19 52 | 00 07 | 22 47 | 11 21 | 01 24 | 07 38 | 08 48 | 10 34 |
| 16 | 10 03 | +04 31 | 01 55 | 17 58 | 01 01 | 22 44 | 00 58 | 19 52 | 00 07 | 22 47 | 11 30 | 01 28 | 07 33 | 08 39 | 10 35 |
| 17 | 10 24 | 11 06 | 01 21 | 18 20 | 01 19 | 22 43 | 01 01 | 19 53 | 00 06 | 22 47 | 11 39 | 01 32 | 07 28 | 08 29 | 10 36 |
| 18 | 10 45 | 17 12 | 00 46 | 18 41 | 01 38 | 22 42 | 01 03 | 19 54 | 00 05 | 22 47 | 11 48 | 01 36 | 07 22 | 08 20 | 10 38 |
| 19 | 11 06 | 22 22 | 00 10 | 19 03 | 01 57 | 22 41 | 01 06 | 19 54 | 00 04 | 22 47 | 11 57 | 01 39 | 07 17 | 08 11 | 10 39 |
| 20 | 11 27 | 26 06 | +00 27 | 19 23 | 02 15 | 22 40 | 01 09 | 19 55 | 00 03 | 22 47 | 12 06 | 01 43 | 07 12 | 08 01 | 10 40 |
| 21 | 11 47 | 28 00 | 01 05 | 19 43 | 02 34 | 22 39 | 01 11 | 19 56 | 00 03 | 22 48 | 12 14 | 01 47 | 07 07 | 07 52 | 10 41 |
| 22 | 12 08 | 27 56 | 01 44 | 20 03 | 02 53 | 22 39 | 01 14 | 19 56 | 00 02 | 22 48 | 12 23 | 01 51 | 07 01 | 07 43 | 10 43 |
| 23 | 12 28 | 25 58 | 02 24 | 20 22 | 03 11 | 22 38 | 01 17 | 19 57 | 00 01 | 22 48 | 12 31 | 01 55 | 06 56 | 07 34 | 10 44 |
| 24 | 12 48 | 22 28 | 03 05 | 20 41 | 03 30 | 22 37 | 01 19 | 19 58 | 00 00 | 22 48 | 12 40 | 01 59 | 06 51 | 07 24 | 10 45 |
| 25 | 13 07 | 17 47 | 03 47 | 20 59 | 03 48 | 22 36 | 01 22 | 19 59 | +00 01 | 22 48 | 12 48 | 02 02 | 06 46 | 07 15 | 10 46 |
| 26 | 13 27 | 12 21 | 04 29 | 21 16 | 04 06 | 22 35 | 01 25 | 19 59 | 00 01 | 22 48 | 12 57 | 02 06 | 06 40 | 07 06 | 10 48 |
| 27 | 13 46 | 06 29 | 05 13 | 21 33 | 04 25 | 22 34 | 01 27 | 20 00 | 00 02 | 22 48 | 13 05 | 02 10 | 06 35 | 06 57 | 10 49 |
| 28 | 14 05 | 00 28 | 05 57 | 21 49 | 04 43 | 22 33 | 01 30 | 20 01 | 00 03 | 22 48 | 13 14 | 02 13 | 06 30 | 06 48 | 10 50 |
| 29 | 14 24 | -05 28 | 06 42 | 22 05 | 05 01 | 22 32 | 01 33 | 20 01 | 00 04 | 22 48 | 13 22 | 02 17 | 06 25 | 06 39 | 10 51 |
| 30 | 14 43 | 11 07 | 07 28 | 22 20 | 05 19 | 22 31 | 01 35 | 20 02 | 00 04 | 22 49 | 13 30 | 02 21 | 06 20 | 06 30 | 10 52 |

Lunar Phases -- 2 ○ 02:13 10 ◑ 04:53 17 ● 11:53 24 ◐ 02:33 Sun enters ♉ 4/20 01:41

## 0:00 E.T. Longitudes of Main Planets - May 2026

| D | S.T. | ☉ | ☽ | ☽ 12:00 | ☿ | ♀ | ♂ | ♃ | ♄ | ♅ | ♆ | ♇ | ☊ |
|---|---|---|---|---|---|---|---|---|---|---|---|---|---|
| 1 | 14:35:45 | 10♉38 36 | 02♏31 | 08♏37 | 25♈58 | 08♊17 | 16♈22 | 18♋55 | 09♈09 | 00♊16 | 03♈16 | 05♒30 | 05♓49 |
| 2 | 14:39:42 | 11 36 50 | 14 40 | 20 43 | 27 51 | 09 30 | 17 08 | 19 03 | 09 16 | 00 20 | 03 17 | 05 30 | 05 46 |
| 3 | 14:43:38 | 12 35 02 | 26 43 | 02♐42 | 29 46 | 10 42 | 17 54 | 19 12 | 09 22 | 00 23 | 03 19 | 05 30 | 05 42 |
| 4 | 14:47:35 | 13 33 12 | 08♐40 | 14 37 | 01♉42 | 11 55 | 18 40 | 19 20 | 09 29 | 00 26 | 03 21 | 05 30 | 05 39 |
| 5 | 14:51:31 | 14 31 21 | 20 33 | 26 29 | 03 40 | 13 07 | 19 26 | 19 29 | 09 36 | 00 30 | 03 23 | 05 30 | 05 36 |
| 6 | 14:55:28 | 15 29 28 | 02♑25 | 08♑21 | 05 40 | 14 20 | 20 12 | 19 38 | 09 42 | 00 33 | 03 25 | 05 30 | 05 33 |
| 7 | 14:59:24 | 16 27 33 | 14 17 | 20 15 | 07 41 | 15 32 | 20 57 | 19 47 | 09 49 | 00 37 | 03 27 | 05 30℞ | 05 30 |
| 8 | 15:03:21 | 17 25 38 | 26 15 | 02♒17 | 09 44 | 16 45 | 21 43 | 19 56 | 09 55 | 00 40 | 03 28 | 05 30 | 05 27 |
| 9 | 15:07:18 | 18 23 40 | 08♒22 | 14 30 | 11 49 | 17 57 | 22 29 | 20 05 | 10 02 | 00 44 | 03 30 | 05 30 | 05 23 |
| 10 | 15:11:14 | 19 21 42 | 20 42 | 27 00 | 13 55 | 19 09 | 23 14 | 20 15 | 10 08 | 00 47 | 03 32 | 05 30 | 05 20 |
| 11 | 15:15:11 | 20 19 42 | 03♓22 | 09♓51 | 16 02 | 20 21 | 24 00 | 20 24 | 10 14 | 00 50 | 03 34 | 05 30 | 05 17 |
| 12 | 15:19:07 | 21 17 40 | 16 26 | 23 08 | 18 10 | 21 33 | 24 46 | 20 34 | 10 21 | 00 54 | 03 35 | 05 30 | 05 14 |
| 13 | 15:23:04 | 22 15 38 | 29 57 | 06♈54 | 20 20 | 22 45 | 25 31 | 20 43 | 10 27 | 00 57 | 03 37 | 05 30 | 05 11 |
| 14 | 15:27:00 | 23 13 34 | 13♈58 | 21 09 | 22 30 | 23 57 | 26 16 | 20 53 | 10 33 | 01 01 | 03 39 | 05 30 | 05 07 |
| 15 | 15:30:57 | 24 11 29 | 28 27 | 05♉50 | 24 41 | 25 09 | 27 02 | 21 03 | 10 39 | 01 04 | 03 40 | 05 29 | 05 04 |
| 16 | 15:34:53 | 25 09 22 | 13♉19 | 20 53 | 26 52 | 26 21 | 27 47 | 21 13 | 10 45 | 01 08 | 03 42 | 05 29 | 05 01 |
| 17 | 15:38:50 | 26 07 15 | 28 28 | 06♊06 | 29 03 | 27 33 | 28 32 | 21 23 | 10 51 | 01 11 | 03 43 | 05 29 | 04 58 |
| 18 | 15:42:47 | 27 05 06 | 13♊43 | 21 19 | 01♊14 | 28 45 | 29 18 | 21 33 | 10 57 | 01 15 | 03 45 | 05 29 | 04 55 |
| 19 | 15:46:43 | 28 02 55 | 28 53 | 06♋22 | 03 24 | 29 57 | 00♉03 | 21 43 | 11 03 | 01 18 | 03 46 | 05 28 | 04 52 |
| 20 | 15:50:40 | 29 00 43 | 13♋47 | 21 06 | 05 34 | 01♋08 | 00 48 | 21 54 | 11 09 | 01 22 | 03 48 | 05 28 | 04 48 |
| 21 | 15:54:36 | 29 58 29 | 28 19 | 05♌26 | 07 43 | 02 20 | 01 33 | 22 04 | 11 15 | 01 25 | 03 49 | 05 28 | 04 45 |
| 22 | 15:58:33 | 00♊56 13 | 12♌26 | 19 19 | 09 50 | 03 32 | 02 18 | 22 15 | 11 21 | 01 29 | 03 51 | 05 27 | 04 42 |
| 23 | 16:02:29 | 01 53 56 | 26 06 | 02♍47 | 11 56 | 04 43 | 03 03 | 22 25 | 11 26 | 01 32 | 03 52 | 05 27 | 04 39 |
| 24 | 16:06:26 | 02 51 37 | 09♍23 | 15 53 | 14 00 | 05 55 | 03 48 | 22 36 | 11 32 | 01 36 | 03 54 | 05 26 | 04 36 |
| 25 | 16:10:22 | 03 49 17 | 22 18 | 28 38 | 16 02 | 07 06 | 04 33 | 22 47 | 11 38 | 01 39 | 03 55 | 05 26 | 04 33 |
| 26 | 16:14:19 | 04 46 55 | 04♎55 | 11♎09 | 18 02 | 08 17 | 05 18 | 22 57 | 11 43 | 01 43 | 03 56 | 05 25 | 04 29 |
| 27 | 16:18:16 | 05 44 31 | 17 19 | 23 27 | 19 59 | 09 28 | 06 03 | 23 08 | 11 49 | 01 46 | 03 58 | 05 25 | 04 26 |
| 28 | 16:22:12 | 06 42 07 | 29 33 | 05♏36 | 21 55 | 10 40 | 06 47 | 23 19 | 11 54 | 01 50 | 03 59 | 05 24 | 04 23 |
| 29 | 16:26:09 | 07 39 40 | 11♏39 | 17 39 | 23 47 | 11 51 | 07 32 | 23 30 | 11 59 | 01 53 | 04 00 | 05 24 | 04 20 |
| 30 | 16:30:05 | 08 37 13 | 23 39 | 29 37 | 25 37 | 13 02 | 08 17 | 23 42 | 12 04 | 01 57 | 04 01 | 05 23 | 04 17 |
| 31 | 16:34:02 | 09 34 45 | 05♐35 | 11♐32 | 27 24 | 14 13 | 09 01 | 23 53 | 12 10 | 02 00 | 04 02 | 05 22 | 04 13 |

## 0:00 E.T. Longitudes of the Major Asteroids and Chiron

| D | ⚳ | ⚴ | ⚵ | ⚶ | ⚷ | D | ⚳ | ⚴ | ⚵ | ⚶ | ⚷ |
|---|---|---|---|---|---|---|---|---|---|---|---|
| 1 | 18♉32 | 01♈30 | 07♒33 | 24♓26 | 27♈30 | 17 | 25 05 | 06 20 | 09 53 | 01 25 | 28 25 |
| 2 | 18 56 | 01 48 | 07 44 | 24 53 | 27 33 | 18 | 25 29 | 06 37 | 09 59 | 01 50 | 28 28 |
| 3 | 19 21 | 02 07 | 07 54 | 25 20 | 27 37 | 19 | 25 54 | 06 55 | 10 05 | 02 15 | 28 31 |
| 4 | 19 45 | 02 25 | 08 05 | 25 47 | 27 41 | 20 | 26 18 | 07 12 | 10 11 | 02 40 | 28 35 |
| 5 | 20 10 | 02 44 | 08 14 | 26 13 | 27 44 | 21 | 26 43 | 07 29 | 10 17 | 03 05 | 28 38 |
| 6 | 20 34 | 03 02 | 08 24 | 26 40 | 27 48 | 22 | 27 08 | 07 46 | 10 22 | 03 30 | 28 41 |
| 7 | 20 59 | 03 20 | 08 33 | 27 06 | 27 51 | 23 | 27 32 | 08 03 | 10 27 | 03 55 | 28 44 |
| 8 | 21 23 | 03 39 | 08 43 | 27 32 | 27 54 | 24 | 27 57 | 08 21 | 10 31 | 04 19 | 28 47 |
| 9 | 21 48 | 03 57 | 08 52 | 27 59 | 27 58 | 25 | 28 22 | 08 37 | 10 35 | 04 44 | 28 50 |
| 10 | 22 12 | 04 15 | 09 00 | 28 25 | 28 01 | 26 | 28 46 | 08 54 | 10 39 | 05 08 | 28 53 |
| 11 | 22 37 | 04 33 | 09 08 | 28 51 | 28 05 | 27 | 29 11 | 09 11 | 10 43 | 05 33 | 28 57 |
| 12 | 23 02 | 04 51 | 09 17 | 29 17 | 28 08 | 28 | 29 36 | 09 28 | 10 46 | 05 57 | 29 00 |
| 13 | 23 26 | 05 09 | 09 24 | 29 43 | 28 12 | 29 | 00♊00 | 09 44 | 10 49 | 06 21 | 29 03 |
| 14 | 23 51 | 05 27 | 09 32 | 00♈08 | 28 15 | 30 | 00 25 | 10 01 | 10 52 | 06 45 | 29 06 |
| 15 | 24 15 | 05 44 | 09 39 | 00 34 | 28 18 | 31 | 00 49 | 10 17 | 10 54 | 07 08 | 29 08 |
| 16 | 24 40 | 06 02 | 09 46 | 00 59 | 28 22 | | | | | | |

## Lunar Data

| Last Asp. | | Ingress | | |
|---|---|---|---|---|
| 2 | 08:49 | 3 | ♐ | 06:35 |
| 4 | 21:35 | 5 | ♑ | 19:07 |
| 7 | 14:20 | 8 | ♒ | 07:29 |
| 10 | 05:10 | 10 | ♓ | 17:40 |
| 12 | 10:05 | 13 | ♈ | 00:05 |
| 14 | 21:34 | 15 | ♉ | 02:32 |
| 17 | 01:03 | 17 | ♊ | 02:24 |
| 17 | 19:37 | 19 | ♋ | 01:48 |
| 20 | 13:28 | 21 | ♌ | 02:49 |
| 21 | 22:07 | 23 | ♍ | 06:58 |
| 25 | 00:55 | 25 | ♎ | 14:35 |
| 27 | 11:34 | 28 | ♏ | 00:54 |
| 30 | 00:06 | 30 | ♐ | 12:46 |

## 0:00 E.T. Declinations

| D | ☉ | ☽ | ☿ | ♀ | ♂ | ♃ | ♄ | ♅ | ♆ | ♇ | ⚳ | ⚴ | ⚵ | ⚶ | ⚷ |
|---|---|---|---|---|---|---|---|---|---|---|---|---|---|---|---|
| 1 | +15 01 | -16 15 | +08 14 | +22 34 | +05 37 | +22 29 | +01 38 | +20 03 | +00 05 | -22 49 | +13 38 | +02 24 | -06 15 | -06 21 | +10 54 |
| 2 | 15 19 | 20 42 | 09 01 | 22 48 | 05 55 | 22 28 | 01 40 | 20 04 | 00 06 | 22 49 | 13 47 | 02 28 | 06 10 | 06 12 | 10 55 |
| 3 | 15 37 | 24 14 | 09 48 | 23 02 | 06 13 | 22 27 | 01 43 | 20 04 | 00 07 | 22 49 | 13 55 | 02 31 | 06 04 | 06 03 | 10 56 |
| 4 | 15 54 | 26 43 | 10 36 | 23 14 | 06 31 | 22 26 | 01 45 | 20 05 | 00 07 | 22 49 | 14 03 | 02 34 | 05 59 | 05 54 | 10 57 |
| 5 | 16 12 | 27 58 | 11 24 | 23 26 | 06 49 | 22 25 | 01 48 | 20 06 | 00 08 | 22 49 | 14 11 | 02 38 | 05 54 | 05 45 | 10 58 |
| 6 | 16 29 | 27 56 | 12 12 | 23 37 | 07 06 | 22 23 | 01 50 | 20 06 | 00 09 | 22 50 | 14 19 | 02 41 | 05 50 | 05 36 | 11 00 |
| 7 | 16 45 | 26 37 | 13 00 | 23 48 | 07 24 | 22 22 | 01 53 | 20 07 | 00 09 | 22 50 | 14 27 | 02 44 | 05 45 | 05 28 | 11 01 |
| 8 | 17 02 | 24 04 | 13 48 | 23 58 | 07 41 | 22 21 | 01 55 | 20 08 | 00 10 | 22 50 | 14 34 | 02 47 | 05 40 | 05 19 | 11 02 |
| 9 | 17 18 | 20 26 | 14 36 | 24 07 | 07 59 | 22 20 | 01 57 | 20 09 | 00 11 | 22 50 | 14 42 | 02 51 | 05 35 | 05 10 | 11 03 |
| 10 | 17 34 | 15 51 | 15 24 | 24 16 | 08 16 | 22 18 | 02 00 | 20 09 | 00 11 | 22 50 | 14 50 | 02 54 | 05 30 | 05 02 | 11 04 |
| 11 | 17 50 | 10 29 | 16 11 | 24 24 | 08 33 | 22 17 | 02 02 | 20 10 | 00 12 | 22 51 | 14 58 | 02 57 | 05 25 | 04 53 | 11 06 |
| 12 | 18 05 | 04 30 | 16 57 | 24 31 | 08 50 | 22 15 | 02 04 | 20 11 | 00 13 | 22 51 | 15 05 | 03 00 | 05 21 | 04 45 | 11 07 |
| 13 | 18 20 | +01 52 | 17 42 | 24 38 | 09 07 | 22 14 | 02 07 | 20 11 | 00 13 | 22 51 | 15 13 | 03 03 | 05 16 | 04 36 | 11 08 |
| 14 | 18 35 | 08 22 | 18 26 | 24 43 | 09 24 | 22 13 | 02 09 | 20 12 | 00 14 | 22 51 | 15 20 | 03 05 | 05 12 | 04 28 | 11 09 |
| 15 | 18 49 | 14 39 | 19 09 | 24 49 | 09 41 | 22 11 | 02 11 | 20 13 | 00 14 | 22 52 | 15 28 | 03 08 | 05 07 | 04 20 | 11 10 |
| 16 | 19 03 | 20 16 | 19 50 | 24 53 | 09 58 | 22 10 | 02 13 | 20 14 | 00 15 | 22 52 | 15 35 | 03 11 | 05 03 | 04 11 | 11 11 |
| 17 | 19 17 | 24 40 | 20 30 | 24 57 | 10 15 | 22 08 | 02 16 | 20 14 | 00 16 | 22 52 | 15 43 | 03 14 | 04 58 | 04 03 | 11 12 |
| 18 | 19 30 | 27 22 | 21 08 | 25 00 | 10 31 | 22 07 | 02 18 | 20 15 | 00 16 | 22 52 | 15 50 | 03 16 | 04 54 | 03 55 | 11 13 |
| 19 | 19 43 | 28 01 | 21 43 | 25 02 | 10 47 | 22 05 | 02 20 | 20 16 | 00 17 | 22 53 | 15 57 | 03 19 | 04 50 | 03 47 | 11 15 |
| 20 | 19 56 | 26 37 | 22 16 | 25 04 | 11 04 | 22 03 | 02 22 | 20 17 | 00 17 | 22 53 | 16 04 | 03 21 | 04 45 | 03 39 | 11 16 |
| 21 | 20 09 | 23 26 | 22 47 | 25 05 | 11 20 | 22 02 | 02 24 | 20 17 | 00 18 | 22 53 | 16 11 | 03 24 | 04 41 | 03 31 | 11 17 |
| 22 | 20 21 | 18 55 | 23 15 | 25 05 | 11 36 | 22 00 | 02 26 | 20 18 | 00 18 | 22 53 | 16 18 | 03 26 | 04 37 | 03 23 | 11 18 |
| 23 | 20 32 | 13 32 | 23 41 | 25 04 | 11 52 | 21 58 | 02 28 | 20 19 | 00 19 | 22 54 | 16 25 | 03 28 | 04 33 | 03 15 | 11 19 |
| 24 | 20 44 | 07 41 | 24 04 | 25 03 | 12 07 | 21 57 | 02 30 | 20 19 | 00 19 | 22 54 | 16 32 | 03 31 | 04 29 | 03 07 | 11 20 |
| 25 | 20 55 | 01 40 | 24 25 | 25 01 | 12 23 | 21 55 | 02 32 | 20 20 | 00 20 | 22 54 | 16 39 | 03 33 | 04 26 | 03 00 | 11 21 |
| 26 | 21 05 | -04 17 | 24 42 | 24 58 | 12 39 | 21 53 | 02 34 | 20 21 | 00 20 | 22 55 | 16 46 | 03 35 | 04 22 | 02 52 | 11 22 |
| 27 | 21 16 | 09 57 | 24 58 | 24 55 | 12 54 | 21 51 | 02 36 | 20 22 | 00 21 | 22 55 | 16 53 | 03 37 | 04 18 | 02 45 | 11 23 |
| 28 | 21 26 | 15 09 | 25 10 | 24 51 | 13 09 | 21 50 | 02 38 | 20 22 | 00 21 | 22 55 | 16 59 | 03 39 | 04 15 | 02 37 | 11 24 |
| 29 | 21 35 | 19 42 | 25 20 | 24 46 | 13 24 | 21 48 | 02 40 | 20 23 | 00 22 | 22 56 | 17 06 | 03 40 | 04 11 | 02 30 | 11 25 |
| 30 | 21 44 | 23 26 | 25 27 | 24 41 | 13 39 | 21 46 | 02 42 | 20 24 | 00 22 | 22 56 | 17 13 | 03 42 | 04 08 | 02 22 | 11 26 |
| 31 | 21 53 | 26 08 | 25 33 | 24 35 | 13 54 | 21 44 | 02 44 | 20 24 | 00 23 | 22 56 | 17 19 | 03 44 | 04 05 | 02 15 | 11 27 |

Lunar Phases -- 1 ○ 17:24 9 ◑ 21:12 16 ● 20:02 23 ◐ 11:12 31 ○ 08:46 Sun enters ♊ 5/21 00:38

# Longitudes of Main Planets - June 2026

0:00 E.T.

| D | S.T. | ☉ | ☽ | ☽ 12:00 | ☿ | ♀ | ♂ | ♃ | ♄ | ♅ | ♆ | ♇ | ☊ |
|---|---|---|---|---|---|---|---|---|---|---|---|---|---|
| 1 | 16:37:58 | 10♊32 15 | 17♐28 | 23♐24 | 29♊09 | 15♋24 | 09♉46 | 24♋04 | 12♈15 | 02♊04 | 04♈04 | 05♒22℞ | 04♓10 |
| 2 | 16:41:55 | 11 29 45 | 29 20 | 05♑16 | 00♋51 | 16 34 | 10 30 | 24 15 | 12 20 | 02 07 | 04 05 | 05 21 | 04 07 |
| 3 | 16:45:51 | 12 27 13 | 11♑13 | 17 10 | 02 30 | 17 45 | 11 14 | 24 27 | 12 25 | 02 11 | 04 06 | 05 20 | 04 04 |
| 4 | 16:49:48 | 13 24 41 | 23 07 | 29 07 | 04 06 | 18 56 | 11 59 | 24 38 | 12 30 | 02 14 | 04 07 | 05 20 | 04 01 |
| 5 | 16:53:45 | 14 22 08 | 05♒07 | 11♒10 | 05 39 | 20 07 | 12 43 | 24 50 | 12 34 | 02 18 | 04 08 | 05 19 | 03 58 |
| 6 | 16:57:41 | 15 19 34 | 17 16 | 23 25 | 07 09 | 21 17 | 13 27 | 25 02 | 12 39 | 02 21 | 04 09 | 05 18 | 03 54 |
| 7 | 17:01:38 | 16 16 59 | 29 37 | 05♓54 | 08 36 | 22 27 | 14 11 | 25 13 | 12 44 | 02 25 | 04 10 | 05 17 | 03 51 |
| 8 | 17:05:34 | 17 14 24 | 12♓15 | 18 42 | 10 01 | 23 38 | 14 55 | 25 25 | 12 48 | 02 28 | 04 11 | 05 16 | 03 48 |
| 9 | 17:09:31 | 18 11 48 | 25 15 | 01♈55 | 11 22 | 24 48 | 15 40 | 25 37 | 12 53 | 02 31 | 04 12 | 05 16 | 03 45 |
| 10 | 17:13:27 | 19 09 11 | 08♈41 | 15 34 | 12 40 | 25 58 | 16 24 | 25 49 | 12 57 | 02 35 | 04 13 | 05 15 | 03 42 |
| 11 | 17:17:24 | 20 06 34 | 22 35 | 29 42 | 13 56 | 27 09 | 17 07 | 26 01 | 13 02 | 02 38 | 04 14 | 05 14 | 03 39 |
| 12 | 17:21:20 | 21 03 57 | 06♉57 | 14♉18 | 15 08 | 28 19 | 17 51 | 26 13 | 13 06 | 02 42 | 04 15 | 05 13 | 03 35 |
| 13 | 17:25:17 | 22 01 19 | 21 46 | 29 18 | 16 16 | 29 29 | 18 35 | 26 25 | 13 10 | 02 45 | 04 15 | 05 12 | 03 32 |
| 14 | 17:29:14 | 22 58 41 | 06♊53 | 14♊32 | 17 22 | 00♌38 | 19 19 | 26 37 | 13 14 | 02 48 | 04 16 | 05 11 | 03 29 |
| 15 | 17:33:10 | 23 56 02 | 22 11 | 29 50 | 18 24 | 01 48 | 20 03 | 26 49 | 13 18 | 02 52 | 04 17 | 05 10 | 03 26 |
| 16 | 17:37:07 | 24 53 22 | 07♋27 | 15♋02 | 19 23 | 02 58 | 20 46 | 27 01 | 13 22 | 02 55 | 04 18 | 05 09 | 03 23 |
| 17 | 17:41:03 | 25 50 42 | 22 31 | 29 56 | 20 19 | 04 08 | 21 30 | 27 13 | 13 26 | 02 58 | 04 18 | 05 08 | 03 19 |
| 18 | 17:45:00 | 26 48 01 | 07♌15 | 14♌26 | 21 10 | 05 17 | 22 13 | 27 26 | 13 30 | 03 02 | 04 19 | 05 07 | 03 16 |
| 19 | 17:48:56 | 27 45 19 | 21 31 | 28 29 | 21 59 | 06 27 | 22 57 | 27 38 | 13 34 | 03 05 | 04 20 | 05 06 | 03 13 |
| 20 | 17:52:53 | 28 42 37 | 05♍20 | 12♍04 | 22 43 | 07 36 | 23 40 | 27 51 | 13 37 | 03 08 | 04 20 | 05 05 | 03 10 |
| 21 | 17:56:49 | 29 39 53 | 18 41 | 25 12 | 23 23 | 08 45 | 24 24 | 28 03 | 13 41 | 03 11 | 04 21 | 05 04 | 03 07 |
| 22 | 18:00:46 | 00♋37 09 | 01♎38 | 07♎58 | 24 00 | 09 54 | 25 07 | 28 15 | 13 44 | 03 14 | 04 21 | 05 03 | 03 04 |
| 23 | 18:04:43 | 01 34 24 | 14 14 | 20 26 | 24 32 | 11 03 | 25 50 | 28 28 | 13 48 | 03 18 | 04 22 | 05 02 | 03 00 |
| 24 | 18:08:39 | 02 31 38 | 26 34 | 02♏40 | 25 00 | 12 12 | 26 33 | 28 41 | 13 51 | 03 21 | 04 22 | 05 01 | 02 57 |
| 25 | 18:12:36 | 03 28 52 | 08♏43 | 14 43 | 25 24 | 13 21 | 27 16 | 28 53 | 13 54 | 03 24 | 04 23 | 05 00 | 02 54 |
| 26 | 18:16:32 | 04 26 06 | 20 43 | 26 40 | 25 43 | 14 30 | 27 59 | 29 06 | 13 57 | 03 27 | 04 23 | 04 58 | 02 51 |
| 27 | 18:20:29 | 05 23 18 | 02♐38 | 08♐34 | 25 58 | 15 38 | 28 42 | 29 19 | 14 00 | 03 30 | 04 23 | 04 57 | 02 48 |
| 28 | 18:24:25 | 06 20 31 | 14 30 | 20 26 | 26 09 | 16 47 | 29 25 | 29 31 | 14 03 | 03 33 | 04 24 | 04 56 | 02 45 |
| 29 | 18:28:22 | 07 17 43 | 26 22 | 02♑19 | 26 14 | 17 55 | 00♊08 | 29 44 | 14 06 | 03 36 | 04 24 | 04 55 | 02 41 |
| 30 | 18:32:18 | 08 14 55 | 08♑16 | 14 14 | 26 15℞ | 19 03 | 00 51 | 29 57 | 14 09 | 03 39 | 04 24 | 04 54 | 02 38 |

0:00 E.T.

## Longitudes of the Major Asteroids and Chiron

| D | ⚳ | ⚴ | ⚵ | ⚶ | ⚷ |
|---|---|---|---|---|---|
| 1 | 01♊14 | 10♈33 | 10♒56 | 07♈32 | 29♈11 |
| 2 | 01 39 | 10 49 | 10 57 | 07 55 | 29 14 |
| 3 | 02 03 | 11 05 | 10 59 | 08 19 | 29 17 |
| 4 | 02 28 | 11 21 | 10 59 | 08 42 | 29 20 |
| 5 | 02 52 | 11 37 | 11 00 | 09 05 | 29 23 |
| 6 | 03 17 | 11 53 | 11 00℞ | 09 28 | 29 26 |
| 7 | 03 42 | 12 08 | 11 00 | 09 51 | 29 28 |
| 8 | 04 06 | 12 24 | 10 59 | 10 13 | 29 31 |
| 9 | 04 31 | 12 39 | 10 58 | 10 36 | 29 34 |
| 10 | 04 55 | 12 54 | 10 57 | 10 58 | 29 36 |
| 11 | 05 20 | 13 09 | 10 55 | 11 20 | 29 39 |
| 12 | 05 44 | 13 24 | 10 53 | 11 42 | 29 41 |
| 13 | 06 09 | 13 39 | 10 51 | 12 04 | 29 44 |
| 14 | 06 33 | 13 54 | 10 48 | 12 26 | 29 46 |
| 15 | 06 58 | 14 09 | 10 45 | 12 48 | 29 49 |

| D | ⚳ | ⚴ | ⚵ | ⚶ | ⚷ |
|---|---|---|---|---|---|
| 16 | 07 22 | 14 23 | 10 41 | 13 09 | 29 51 |
| 17 | 07 47 | 14 37 | 10 37 | 13 30 | 29 53 |
| 18 | 08 11 | 14 51 | 10 33 | 13 51 | 29 56 |
| 19 | 08 36 | 15 05 | 10 28 | 14 12 | 29 58 |
| 20 | 09 00 | 15 19 | 10 23 | 14 33 | 00♉00 |
| 21 | 09 24 | 15 33 | 10 18 | 14 53 | 00 02 |
| 22 | 09 49 | 15 47 | 10 12 | 15 14 | 00 05 |
| 23 | 10 13 | 16 00 | 10 06 | 15 34 | 00 07 |
| 24 | 10 37 | 16 13 | 09 59 | 15 54 | 00 09 |
| 25 | 11 02 | 16 26 | 09 53 | 16 13 | 00 11 |
| 26 | 11 26 | 16 39 | 09 45 | 16 33 | 00 13 |
| 27 | 11 50 | 16 52 | 09 38 | 16 52 | 00 15 |
| 28 | 12 14 | 17 05 | 09 30 | 17 12 | 00 17 |
| 29 | 12 39 | 17 17 | 09 22 | 17 31 | 00 18 |
| 30 | 13 03 | 17 29 | 09 13 | 17 49 | 00 20 |

## Lunar Data

| Last Asp. | | Ingress | | |
|---|---|---|---|---|
| 31 | 13:22 | 2 | ♑ | 01:20 |
| 4 | 03:05 | 4 | ♒ | 13:47 |
| 5 | 19:52 | 7 | ♓ | 00:44 |
| 9 | 00:40 | 9 | ♈ | 08:34 |
| 11 | 08:23 | 11 | ♉ | 12:29 |
| 13 | 07:31 | 13 | ♊ | 13:07 |
| 15 | 02:55 | 15 | ♋ | 12:16 |
| 17 | 07:42 | 17 | ♌ | 12:07 |
| 19 | 11:32 | 19 | ♍ | 14:39 |
| 21 | 17:35 | 21 | ♎ | 20:56 |
| 24 | 04:12 | 24 | ♏ | 06:44 |
| 26 | 17:11 | 26 | ♐ | 18:42 |
| 28 | 05:06 | 29 | ♑ | 07:20 |

0:00 E.T.

## Declinations

| D | ☉ | ☽ | ☿ | ♀ | ♂ | ♃ | ♄ | ♅ | ♆ | ♇ | ⚳ | ⚴ | ⚵ | ⚶ | ⚷ |
|---|---|---|---|---|---|---|---|---|---|---|---|---|---|---|---|
| 1 | +22 02 | -27 41 | +25 35 | +24 28 | +14 09 | +21 42 | +02 45 | +20 25 | +00 23 | -22 57 | +17 26 | +03 45 | -04 01 | -02 08 | +11 28 |
| 2 | 22 10 | 27 56 | 25 36 | 24 20 | 14 23 | 21 40 | 02 47 | 20 26 | 00 23 | 22 57 | 17 32 | 03 47 | 03 58 | 02 01 | 11 29 |
| 3 | 22 17 | 26 54 | 25 35 | 24 12 | 14 37 | 21 38 | 02 49 | 20 26 | 00 24 | 22 57 | 17 38 | 03 48 | 03 55 | 01 54 | 11 30 |
| 4 | 22 24 | 24 39 | 25 31 | 24 03 | 14 52 | 21 36 | 02 51 | 20 27 | 00 24 | 22 58 | 17 44 | 03 50 | 03 53 | 01 47 | 11 31 |
| 5 | 22 31 | 21 16 | 25 26 | 23 54 | 15 06 | 21 34 | 02 52 | 20 28 | 00 25 | 22 58 | 17 51 | 03 51 | 03 50 | 01 40 | 11 32 |
| 6 | 22 38 | 16 58 | 25 19 | 23 44 | 15 20 | 21 32 | 02 54 | 20 28 | 00 25 | 22 58 | 17 57 | 03 52 | 03 47 | 01 33 | 11 33 |
| 7 | 22 44 | 11 53 | 25 11 | 23 33 | 15 33 | 21 30 | 02 56 | 20 29 | 00 25 | 22 59 | 18 03 | 03 53 | 03 45 | 01 27 | 11 34 |
| 8 | 22 50 | 06 12 | 25 01 | 23 21 | 15 47 | 21 28 | 02 57 | 20 30 | 00 26 | 22 59 | 18 09 | 03 54 | 03 42 | 01 20 | 11 35 |
| 9 | 22 55 | 00 07 | 24 49 | 23 09 | 16 00 | 21 26 | 02 59 | 20 31 | 00 26 | 22 59 | 18 15 | 03 55 | 03 40 | 01 13 | 11 35 |
| 10 | 23 00 | +06 09 | 24 37 | 22 57 | 16 14 | 21 24 | 03 00 | 20 31 | 00 26 | 23 00 | 18 21 | 03 55 | 03 38 | 01 07 | 11 36 |
| 11 | 23 04 | 12 21 | 24 23 | 22 43 | 16 27 | 21 21 | 03 02 | 20 32 | 00 27 | 23 00 | 18 26 | 03 56 | 03 36 | 01 01 | 11 37 |
| 12 | 23 08 | 18 07 | 24 08 | 22 29 | 16 40 | 21 19 | 03 03 | 20 33 | 00 27 | 23 01 | 18 32 | 03 56 | 03 34 | 00 54 | 11 38 |
| 13 | 23 12 | 22 58 | 23 52 | 22 15 | 16 52 | 21 17 | 03 04 | 20 33 | 00 27 | 23 01 | 18 38 | 03 57 | 03 32 | 00 48 | 11 39 |
| 14 | 23 15 | 26 24 | 23 36 | 22 00 | 17 05 | 21 15 | 03 06 | 20 34 | 00 27 | 23 01 | 18 43 | 03 57 | 03 31 | 00 42 | 11 40 |
| 15 | 23 18 | 27 56 | 23 18 | 21 44 | 17 17 | 21 12 | 03 07 | 20 35 | 00 28 | 23 02 | 18 49 | 03 57 | 03 29 | 00 36 | 11 40 |
| 16 | 23 20 | 27 21 | 23 00 | 21 28 | 17 30 | 21 10 | 03 08 | 20 35 | 00 28 | 23 02 | 18 54 | 03 57 | 03 28 | 00 30 | 11 41 |
| 17 | 23 22 | 24 44 | 22 42 | 21 11 | 17 42 | 21 08 | 03 10 | 20 36 | 00 28 | 23 03 | 19 00 | 03 57 | 03 27 | 00 24 | 11 42 |
| 18 | 23 24 | 20 31 | 22 23 | 20 54 | 17 53 | 21 05 | 03 11 | 20 36 | 00 28 | 23 03 | 19 05 | 03 57 | 03 26 | 00 19 | 11 43 |
| 19 | 23 25 | 15 12 | 22 04 | 20 36 | 18 05 | 21 03 | 03 12 | 20 37 | 00 28 | 23 03 | 19 10 | 03 57 | 03 25 | 00 13 | 11 44 |
| 20 | 23 26 | 09 17 | 21 44 | 20 18 | 18 17 | 21 01 | 03 13 | 20 38 | 00 29 | 23 04 | 19 16 | 03 56 | 03 24 | 00 08 | 11 44 |
| 21 | 23 26 | 03 08 | 21 25 | 19 59 | 18 28 | 20 58 | 03 15 | 20 38 | 00 29 | 23 04 | 19 21 | 03 56 | 03 23 | 00 02 | 11 45 |
| 22 | 23 26 | -02 58 | 21 06 | 19 40 | 18 39 | 20 56 | 03 16 | 20 39 | 00 29 | 23 05 | 19 26 | 03 55 | 03 23 | +00 03 | 11 46 |
| 23 | 23 26 | 08 46 | 20 46 | 19 20 | 18 50 | 20 53 | 03 17 | 20 40 | 00 29 | 23 05 | 19 31 | 03 54 | 03 23 | 00 08 | 11 46 |
| 24 | 23 25 | 14 07 | 20 27 | 19 00 | 19 01 | 20 51 | 03 18 | 20 40 | 00 29 | 23 06 | 19 36 | 03 54 | 03 23 | 00 13 | 11 47 |
| 25 | 23 24 | 18 49 | 20 08 | 18 39 | 19 11 | 20 48 | 03 19 | 20 41 | 00 29 | 23 06 | 19 41 | 03 52 | 03 23 | 00 18 | 11 48 |
| 26 | 23 22 | 22 44 | 19 50 | 18 18 | 19 22 | 20 46 | 03 20 | 20 41 | 00 29 | 23 06 | 19 45 | 03 51 | 03 23 | 00 23 | 11 48 |
| 27 | 23 20 | 25 39 | 19 32 | 17 57 | 19 32 | 20 43 | 03 21 | 20 42 | 00 30 | 23 07 | 19 50 | 03 50 | 03 23 | 00 28 | 11 49 |
| 28 | 23 17 | 27 27 | 19 14 | 17 35 | 19 42 | 20 41 | 03 21 | 20 43 | 00 30 | 23 07 | 19 55 | 03 49 | 03 24 | 00 33 | 11 50 |
| 29 | 23 14 | 27 59 | 18 58 | 17 12 | 19 52 | 20 38 | 03 22 | 20 43 | 00 30 | 23 08 | 19 59 | 03 47 | 03 25 | 00 37 | 11 50 |
| 30 | 23 11 | 27 14 | 18 42 | 16 50 | 20 01 | 20 35 | 03 23 | 20 44 | 00 30 | 23 08 | 20 04 | 03 45 | 03 25 | 00 41 | 11 51 |

Lunar Phases -- 8 ◑ 10:02  15 ● 02:55  21 ◐ 21:57  29 ○ 23:58  Sun enters ♋ 6/21 08:26

# 0:00 E.T. Longitudes of Main Planets - July 2026 **July 26**

| D | S.T. | ☉ | ☽ | ☽ 12:00 | ☿ | ♀ | ♂ | ♃ | ♄ | ♅ | ♆ | ♇ | ☊ |
|---|---|---|---|---|---|---|---|---|---|---|---|---|---|
| 1 | 18:36:15 | 09♋12 07 | 20♑13 | 26♑12 | 26♋12℞ | 20♌12 | 01♊33 | 00♌10 | 14♈11 | 03♊42 | 04♈24 | 04♒52℞ | 02♓35 |
| 2 | 18:40:12 | 10 09 19 | 02♒14 | 08♒17 | 26 04 | 21 19 | 02 16 | 00 23 | 14 14 | 03 45 | 04 25 | 04 51 | 02 32 |
| 3 | 18:44:08 | 11 06 30 | 14 21 | 20 28 | 25 51 | 22 27 | 02 59 | 00 35 | 14 16 | 03 48 | 04 25 | 04 50 | 02 29 |
| 4 | 18:48:05 | 12 03 42 | 26 38 | 02♓50 | 25 34 | 23 35 | 03 41 | 00 48 | 14 19 | 03 51 | 04 25 | 04 49 | 02 25 |
| 5 | 18:52:01 | 13 00 54 | 09♓06 | 15 26 | 25 13 | 24 43 | 04 24 | 01 01 | 14 21 | 03 54 | 04 25 | 04 47 | 02 22 |
| 6 | 18:55:58 | 13 58 05 | 21 49 | 28 18 | 24 49 | 25 50 | 05 06 | 01 14 | 14 23 | 03 57 | 04 25 | 04 46 | 02 19 |
| 7 | 18:59:54 | 14 55 18 | 04♈51 | 11♈30 | 24 20 | 26 57 | 05 48 | 01 27 | 14 25 | 04 00 | 04 25 | 04 45 | 02 16 |
| 8 | 19:03:51 | 15 52 30 | 18 14 | 25 04 | 23 49 | 28 05 | 06 31 | 01 40 | 14 27 | 04 03 | 04 25℞ | 04 43 | 02 13 |
| 9 | 19:07:47 | 16 49 43 | 02♉01 | 09♉04 | 23 15 | 29 12 | 07 13 | 01 53 | 14 29 | 04 06 | 04 25 | 04 42 | 02 10 |
| 10 | 19:11:44 | 17 46 57 | 16 13 | 23 27 | 22 39 | 00♍18 | 07 55 | 02 06 | 14 31 | 04 08 | 04 25 | 04 41 | 02 06 |
| 11 | 19:15:41 | 18 44 11 | 00♊47 | 08♊12 | 22 02 | 01 25 | 08 37 | 02 20 | 14 32 | 04 11 | 04 25 | 04 40 | 02 03 |
| 12 | 19:19:37 | 19 41 25 | 15 41 | 23 12 | 21 23 | 02 32 | 09 19 | 02 33 | 14 34 | 04 14 | 04 25 | 04 38 | 02 00 |
| 13 | 19:23:34 | 20 38 40 | 00♋46 | 08♋19 | 20 44 | 03 38 | 10 01 | 02 46 | 14 35 | 04 16 | 04 25 | 04 37 | 01 57 |
| 14 | 19:27:30 | 21 35 55 | 15 53 | 23 24 | 20 06 | 04 44 | 10 43 | 02 59 | 14 37 | 04 19 | 04 24 | 04 35 | 01 54 |
| 15 | 19:31:27 | 22 33 11 | 00♌52 | 08♌16 | 19 29 | 05 50 | 11 25 | 03 12 | 14 38 | 04 22 | 04 24 | 04 34 | 01 50 |
| 16 | 19:35:23 | 23 30 26 | 15 35 | 22 48 | 18 53 | 06 56 | 12 06 | 03 25 | 14 39 | 04 24 | 04 24 | 04 33 | 01 47 |
| 17 | 19:39:20 | 24 27 42 | 29 55 | 06♍55 | 18 20 | 08 02 | 12 48 | 03 39 | 14 40 | 04 27 | 04 24 | 04 31 | 01 44 |
| 18 | 19:43:16 | 25 24 58 | 13♍49 | 20 36 | 17 50 | 09 08 | 13 30 | 03 52 | 14 41 | 04 29 | 04 23 | 04 30 | 01 41 |
| 19 | 19:47:13 | 26 22 14 | 27 16 | 03♎50 | 17 24 | 10 13 | 14 11 | 04 05 | 14 42 | 04 32 | 04 23 | 04 29 | 01 38 |
| 20 | 19:51:10 | 27 19 31 | 10♎18 | 16 41 | 17 01 | 11 18 | 14 52 | 04 18 | 14 43 | 04 34 | 04 23 | 04 27 | 01 35 |
| 21 | 19:55:06 | 28 16 47 | 22 58 | 29 11 | 16 43 | 12 23 | 15 34 | 04 32 | 14 43 | 04 37 | 04 22 | 04 26 | 01 31 |
| 22 | 19:59:03 | 29 14 04 | 05♏20 | 11♏25 | 16 30 | 13 28 | 16 15 | 04 45 | 14 44 | 04 39 | 04 22 | 04 24 | 01 28 |
| 23 | 20:02:59 | 00♌11 21 | 17 28 | 23 28 | 16 22 | 14 33 | 16 56 | 04 58 | 14 44 | 04 41 | 04 21 | 04 23 | 01 25 |
| 24 | 20:06:56 | 01 08 38 | 29 26 | 05♐23 | 16 19D | 15 37 | 17 37 | 05 11 | 14 45 | 04 44 | 04 21 | 04 22 | 01 22 |
| 25 | 20:10:52 | 02 05 56 | 11♐20 | 17 15 | 16 22 | 16 41 | 18 19 | 05 25 | 14 45 | 04 46 | 04 20 | 04 20 | 01 19 |
| 26 | 20:14:49 | 03 03 15 | 23 11 | 29 08 | 16 31 | 17 45 | 19 00 | 05 38 | 14 45 | 04 48 | 04 20 | 04 19 | 01 16 |
| 27 | 20:18:45 | 04 00 33 | 05♑05 | 11♑03 | 16 46 | 18 49 | 19 40 | 05 51 | 14 45℞ | 04 50 | 04 19 | 04 17 | 01 12 |
| 28 | 20:22:42 | 04 57 53 | 17 02 | 23 03 | 17 07 | 19 52 | 20 21 | 06 05 | 14 45 | 04 52 | 04 18 | 04 16 | 01 09 |
| 29 | 20:26:39 | 05 55 13 | 29 06 | 05♒10 | 17 34 | 20 55 | 21 02 | 06 18 | 14 45 | 04 55 | 04 18 | 04 15 | 01 06 |
| 30 | 20:30:35 | 06 52 33 | 11♒17 | 17 26 | 18 07 | 21 58 | 21 43 | 06 31 | 14 44 | 04 57 | 04 17 | 04 13 | 01 03 |
| 31 | 20:34:32 | 07 49 54 | 23 38 | 29 52 | 18 46 | 23 01 | 22 23 | 06 44 | 14 44 | 04 59 | 04 16 | 04 12 | 01 00 |

## 0:00 E.T. Longitudes of the Major Asteroids and Chiron

| D | ⚳ | ⚴ | ⚵ | ⚶ | ⚷ | D | ⚳ | ⚴ | ⚵ | ⚶ | ⚷ |
|---|---|---|---|---|---|---|---|---|---|---|---|
| 1 | 13♊27 | 17♈41 | 09♒04℞ | 18♈08 | 00♉22 | 17 | 19 49 | 20 28 | 06 00 | 22 34 | 00 44 |
| 2 | 13 51 | 17 53 | 08 55 | 18 26 | 00 24 | 18 | 20 13 | 20 36 | 05 47 | 22 48 | 00 45 |
| 3 | 14 15 | 18 05 | 08 45 | 18 44 | 00 25 | 19 | 20 36 | 20 44 | 05 33 | 23 03 | 00 45 |
| 4 | 14 39 | 18 17 | 08 35 | 19 02 | 00 27 | 20 | 21 00 | 20 52 | 05 19 | 23 16 | 00 46 |
| 5 | 15 03 | 18 28 | 08 25 | 19 20 | 00 29 | 21 | 21 23 | 21 00 | 05 05 | 23 30 | 00 47 |
| 6 | 15 27 | 18 39 | 08 14 | 19 38 | 00 30 | 22 | 21 47 | 21 08 | 04 51 | 23 43 | 00 48 |
| 7 | 15 51 | 18 50 | 08 03 | 19 55 | 00 32 | 23 | 22 10 | 21 15 | 04 37 | 23 56 | 00 48 |
| 8 | 16 15 | 19 01 | 07 52 | 20 12 | 00 33 | 24 | 22 33 | 21 22 | 04 23 | 24 09 | 00 49 |
| 9 | 16 39 | 19 11 | 07 41 | 20 29 | 00 34 | 25 | 22 57 | 21 29 | 04 08 | 24 21 | 00 49 |
| 10 | 17 03 | 19 22 | 07 29 | 20 45 | 00 36 | 26 | 23 20 | 21 35 | 03 54 | 24 34 | 00 50 |
| 11 | 17 27 | 19 32 | 07 17 | 21 02 | 00 37 | 27 | 23 43 | 21 41 | 03 40 | 24 45 | 00 50 |
| 12 | 17 51 | 19 42 | 07 05 | 21 18 | 00 38 | 28 | 24 06 | 21 47 | 03 25 | 24 57 | 00 51 |
| 13 | 18 15 | 19 51 | 06 52 | 21 33 | 00 39 | 29 | 24 29 | 21 53 | 03 11 | 25 08 | 00 51 |
| 14 | 18 38 | 20 01 | 06 40 | 21 49 | 00 41 | 30 | 24 52 | 21 58 | 02 56 | 25 19 | 00 51 |
| 15 | 19 02 | 20 10 | 06 27 | 22 04 | 00 42 | 31 | 25 15 | 22 03 | 02 42 | 25 29 | 00 52 |
| 16 | 19 26 | 20 19 | 06 14 | 22 19 | 00 43 | | | | | | |

## Lunar Data

| Last Asp. | | Ingress | | |
|---|---|---|---|---|
| 1 | 11:52 | 1 | ♒ | 19:34 |
| 3 | 17:28 | 4 | ♓ | 06:31 |
| 6 | 05:22 | 6 | ♈ | 15:08 |
| 8 | 18:43 | 8 | ♉ | 20:32 |
| 10 | 10:14 | 10 | ♊ | 22:43 |
| 11 | 22:13 | 12 | ♋ | 22:48 |
| 14 | 09:45 | 14 | ♌ | 22:37 |
| 15 | 22:28 | 17 | ♍ | 00:09 |
| 18 | 22:15 | 19 | ♎ | 04:58 |
| 21 | 11:07 | 21 | ♏ | 13:36 |
| 22 | 21:50 | 24 | ♐ | 01:08 |
| 25 | 14:59 | 26 | ♑ | 13:45 |
| 28 | 06:12 | 29 | ♒ | 01:47 |
| 30 | 21:28 | 31 | ♓ | 12:15 |

## 0:00 E.T. Declinations

| D | ☉ | ☽ | ☿ | ♀ | ♂ | ♃ | ♄ | ♅ | ♆ | ♇ | ⚳ | ⚴ | ⚵ | ⚶ | ⚷ |
|---|---|---|---|---|---|---|---|---|---|---|---|---|---|---|---|
| 1 | +23 07 | -25 13 | +18 27 | +16 26 | +20 11 | +20 33 | +03 24 | +20 44 | +00 30 | -23 09 | +20 08 | +03 43 | -03 27 | +00 46 | +11 51 |
| 2 | 23 03 | 22 03 | 18 13 | 16 03 | 20 20 | 20 30 | 03 25 | 20 45 | 00 30 | 23 09 | 20 13 | 03 41 | 03 28 | 00 50 | 11 52 |
| 3 | 22 58 | 17 55 | 18 00 | 15 39 | 20 29 | 20 27 | 03 25 | 20 45 | 00 30 | 23 09 | 20 17 | 03 39 | 03 29 | 00 54 | 11 52 |
| 4 | 22 53 | 12 59 | 17 48 | 15 15 | 20 38 | 20 24 | 03 26 | 20 46 | 00 30 | 23 10 | 20 21 | 03 37 | 03 31 | 00 58 | 11 53 |
| 5 | 22 48 | 07 28 | 17 38 | 14 50 | 20 46 | 20 22 | 03 27 | 20 47 | 00 30 | 23 10 | 20 26 | 03 34 | 03 33 | 01 02 | 11 53 |
| 6 | 22 42 | 01 32 | 17 29 | 14 25 | 20 55 | 20 19 | 03 27 | 20 47 | 00 30 | 23 11 | 20 30 | 03 32 | 03 35 | 01 06 | 11 54 |
| 7 | 22 36 | +04 35 | 17 21 | 14 00 | 21 03 | 20 16 | 03 28 | 20 48 | 00 30 | 23 11 | 20 34 | 03 29 | 03 37 | 01 09 | 11 54 |
| 8 | 22 30 | 10 40 | 17 14 | 13 34 | 21 11 | 20 13 | 03 28 | 20 48 | 00 30 | 23 12 | 20 38 | 03 26 | 03 39 | 01 13 | 11 55 |
| 9 | 22 23 | 16 25 | 17 09 | 13 09 | 21 19 | 20 10 | 03 29 | 20 49 | 00 30 | 23 12 | 20 42 | 03 23 | 03 41 | 01 16 | 11 55 |
| 10 | 22 15 | 21 28 | 17 06 | 12 42 | 21 26 | 20 08 | 03 29 | 20 49 | 00 30 | 23 12 | 20 46 | 03 20 | 03 44 | 01 19 | 11 56 |
| 11 | 22 08 | 25 21 | 17 04 | 12 16 | 21 34 | 20 05 | 03 29 | 20 50 | 00 30 | 23 13 | 20 49 | 03 16 | 03 47 | 01 22 | 11 56 |
| 12 | 22 00 | 27 37 | 17 03 | 11 49 | 21 41 | 20 02 | 03 30 | 20 50 | 00 29 | 23 13 | 20 53 | 03 13 | 03 50 | 01 25 | 11 56 |
| 13 | 21 51 | 27 54 | 17 03 | 11 23 | 21 48 | 19 59 | 03 30 | 20 51 | 00 29 | 23 14 | 20 57 | 03 09 | 03 53 | 01 28 | 11 57 |
| 14 | 21 42 | 26 06 | 17 06 | 10 55 | 21 55 | 19 56 | 03 30 | 20 51 | 00 29 | 23 14 | 21 00 | 03 05 | 03 57 | 01 31 | 11 57 |
| 15 | 21 33 | 22 27 | 17 09 | 10 28 | 22 01 | 19 53 | 03 31 | 20 52 | 00 29 | 23 15 | 21 04 | 03 01 | 04 00 | 01 34 | 11 57 |
| 16 | 21 24 | 17 25 | 17 14 | 10 01 | 22 08 | 19 50 | 03 31 | 20 52 | 00 29 | 23 15 | 21 07 | 02 57 | 04 04 | 01 36 | 11 58 |
| 17 | 21 14 | 11 32 | 17 19 | 09 33 | 22 14 | 19 47 | 03 31 | 20 53 | 00 29 | 23 16 | 21 11 | 02 52 | 04 08 | 01 38 | 11 58 |
| 18 | 21 03 | 05 14 | 17 26 | 09 05 | 22 20 | 19 44 | 03 31 | 20 53 | 00 29 | 23 16 | 21 14 | 02 48 | 04 12 | 01 41 | 11 58 |
| 19 | 20 53 | -01 05 | 17 34 | 08 37 | 22 25 | 19 41 | 03 31 | 20 54 | 00 28 | 23 16 | 21 17 | 02 43 | 04 16 | 01 43 | 11 59 |
| 20 | 20 42 | 07 10 | 17 43 | 08 08 | 22 31 | 19 38 | 03 31 | 20 54 | 00 28 | 23 17 | 21 21 | 02 38 | 04 20 | 01 45 | 11 59 |
| 21 | 20 30 | 12 47 | 17 53 | 07 40 | 22 36 | 19 35 | 03 31 | 20 54 | 00 28 | 23 17 | 21 24 | 02 32 | 04 25 | 01 46 | 11 59 |
| 22 | 20 19 | 17 45 | 18 03 | 07 11 | 22 41 | 19 32 | 03 31 | 20 55 | 00 28 | 23 18 | 21 27 | 02 27 | 04 30 | 01 48 | 11 59 |
| 23 | 20 07 | 21 55 | 18 14 | 06 43 | 22 46 | 19 28 | 03 31 | 20 55 | 00 28 | 23 18 | 21 30 | 02 21 | 04 34 | 01 50 | 11 59 |
| 24 | 19 54 | 25 07 | 18 26 | 06 14 | 22 51 | 19 25 | 03 31 | 20 56 | 00 27 | 23 19 | 21 33 | 02 16 | 04 40 | 01 51 | 11 59 |
| 25 | 19 41 | 27 12 | 18 37 | 05 45 | 22 55 | 19 22 | 03 31 | 20 56 | 00 27 | 23 19 | 21 36 | 02 10 | 04 45 | 01 52 | 12 00 |
| 26 | 19 28 | 28 03 | 18 49 | 05 16 | 23 00 | 19 19 | 03 30 | 20 57 | 00 27 | 23 19 | 21 39 | 02 04 | 04 50 | 01 53 | 12 00 |
| 27 | 19 15 | 27 37 | 19 01 | 04 47 | 23 04 | 19 16 | 03 30 | 20 57 | 00 26 | 23 20 | 21 41 | 01 57 | 04 55 | 01 54 | 12 00 |
| 28 | 19 01 | 25 53 | 19 12 | 04 18 | 23 08 | 19 13 | 03 30 | 20 57 | 00 26 | 23 20 | 21 44 | 01 51 | 05 01 | 01 55 | 12 00 |
| 29 | 18 47 | 22 58 | 19 23 | 03 49 | 23 11 | 19 09 | 03 30 | 20 58 | 00 26 | 23 21 | 21 47 | 01 44 | 05 07 | 01 56 | 12 00 |
| 30 | 18 33 | 19 00 | 19 34 | 03 19 | 23 15 | 19 06 | 03 29 | 20 58 | 00 26 | 23 21 | 21 49 | 01 37 | 05 13 | 01 56 | 12 00 |
| 31 | 18 19 | 14 11 | 19 44 | 02 50 | 23 18 | 19 03 | 03 29 | 20 58 | 00 25 | 23 22 | 21 52 | 01 30 | 05 19 | 01 57 | 12 00 |

Lunar Phases -- 7 ◑ 19:30 14 ● 09:45 21 ◐ 11:07 29 ○ 14:37 Sun enters ♌ 7/22 19:15

**Aug. 26** — Longitudes of Main Planets - August 2026 — 0:00 E.T.

| D | S.T. | ☉ | ☽ | ☽ 12:00 | ☿ | ♀ | ♂ | ♃ | ♄ | ♅ | ♆ | ♇ | ☊ |
|---|---|---|---|---|---|---|---|---|---|---|---|---|---|
| 1 | 20:38:28 | 08♌47 17 | 06♓09 | 12♓29 | 19♋31 | 24♍03 | 23♊04 | 06♌58 | 14♈44℞ | 05♊01 | 04♈16℞ | 04♒10℞ | 00♓56 |
| 2 | 20:42:25 | 09 44 40 | 18 53 | 25 20 | 20 22 | 25 06 | 23 45 | 07 11 | 14 43 | 05 02 | 04 15 | 04 09 | 00 53 |
| 3 | 20:46:21 | 10 42 04 | 01♈50 | 08♈24 | 21 19 | 26 07 | 24 25 | 07 24 | 14 42 | 05 04 | 04 14 | 04 08 | 00 50 |
| 4 | 20:50:18 | 11 39 29 | 15 02 | 21 44 | 22 22 | 27 09 | 25 05 | 07 38 | 14 42 | 05 06 | 04 13 | 04 06 | 00 47 |
| 5 | 20:54:14 | 12 36 56 | 28 31 | 05♉22 | 23 30 | 28 10 | 25 46 | 07 51 | 14 41 | 05 08 | 04 12 | 04 05 | 00 44 |
| 6 | 20:58:11 | 13 34 23 | 12♉17 | 19 17 | 24 44 | 29 11 | 26 26 | 08 04 | 14 40 | 05 10 | 04 11 | 04 03 | 00 41 |
| 7 | 21:02:08 | 14 31 53 | 26 21 | 03♊29 | 26 03 | 00♎12 | 27 06 | 08 17 | 14 39 | 05 12 | 04 10 | 04 02 | 00 37 |
| 8 | 21:06:04 | 15 29 23 | 10♊41 | 17 56 | 27 27 | 01 12 | 27 46 | 08 31 | 14 37 | 05 13 | 04 10 | 04 01 | 00 34 |
| 9 | 21:10:01 | 16 26 55 | 25 15 | 02♋35 | 28 56 | 02 12 | 28 26 | 08 44 | 14 36 | 05 15 | 04 09 | 03 59 | 00 31 |
| 10 | 21:13:57 | 17 24 28 | 09♋57 | 17 19 | 00♌30 | 03 12 | 29 06 | 08 57 | 14 35 | 05 16 | 04 08 | 03 58 | 00 28 |
| 11 | 21:17:54 | 18 22 02 | 24 42 | 02♌03 | 02 08 | 04 11 | 29 46 | 09 10 | 14 33 | 05 18 | 04 07 | 03 57 | 00 25 |
| 12 | 21:21:50 | 19 19 38 | 09♌22 | 16 38 | 03 49 | 05 10 | 00♋26 | 09 23 | 14 32 | 05 19 | 04 06 | 03 55 | 00 22 |
| 13 | 21:25:47 | 20 17 15 | 23 51 | 01♍00 | 05 35 | 06 09 | 01 05 | 09 37 | 14 30 | 05 21 | 04 04 | 03 54 | 00 18 |
| 14 | 21:29:43 | 21 14 53 | 08♍03 | 15 02 | 07 24 | 07 07 | 01 45 | 09 50 | 14 28 | 05 22 | 04 03 | 03 53 | 00 15 |
| 15 | 21:33:40 | 22 12 32 | 21 54 | 28 41 | 09 15 | 08 05 | 02 24 | 10 03 | 14 26 | 05 24 | 04 02 | 03 51 | 00 12 |
| 16 | 21:37:37 | 23 10 12 | 05♎22 | 11♎57 | 11 09 | 09 02 | 03 04 | 10 16 | 14 24 | 05 25 | 04 01 | 03 50 | 00 09 |
| 17 | 21:41:33 | 24 07 53 | 18 26 | 24 51 | 13 05 | 09 59 | 03 43 | 10 29 | 14 22 | 05 26 | 04 00 | 03 49 | 00 06 |
| 18 | 21:45:30 | 25 05 35 | 01♏09 | 07♏24 | 15 03 | 10 56 | 04 22 | 10 42 | 14 20 | 05 27 | 03 59 | 03 47 | 00 02 |
| 19 | 21:49:26 | 26 03 18 | 13 34 | 19 40 | 17 02 | 11 52 | 05 02 | 10 55 | 14 18 | 05 29 | 03 58 | 03 46 | 29♒59 |
| 20 | 21:53:23 | 27 01 02 | 25 44 | 01♐44 | 19 02 | 12 48 | 05 41 | 11 08 | 14 16 | 05 30 | 03 56 | 03 45 | 29 56 |
| 21 | 21:57:19 | 27 58 48 | 07♐43 | 13 40 | 21 02 | 13 43 | 06 20 | 11 21 | 14 13 | 05 31 | 03 55 | 03 43 | 29 53 |
| 22 | 22:01:16 | 28 56 34 | 19 37 | 25 33 | 23 03 | 14 37 | 06 59 | 11 34 | 14 11 | 05 32 | 03 54 | 03 42 | 29 50 |
| 23 | 22:05:12 | 29 54 22 | 01♑29 | 07♑26 | 25 04 | 15 31 | 07 38 | 11 47 | 14 08 | 05 33 | 03 52 | 03 41 | 29 47 |
| 24 | 22:09:09 | 00♍52 11 | 13 24 | 19 24 | 27 05 | 16 25 | 08 16 | 12 00 | 14 05 | 05 34 | 03 51 | 03 40 | 29 43 |
| 25 | 22:13:06 | 01 50 01 | 25 26 | 01♒30 | 29 05 | 17 18 | 08 55 | 12 13 | 14 03 | 05 35 | 03 50 | 03 39 | 29 40 |
| 26 | 22:17:02 | 02 47 53 | 07♒37 | 13 47 | 01♍04 | 18 10 | 09 34 | 12 26 | 14 00 | 05 35 | 03 48 | 03 37 | 29 37 |
| 27 | 22:20:59 | 03 45 45 | 20 00 | 26 16 | 03 03 | 19 02 | 10 12 | 12 38 | 13 57 | 05 36 | 03 47 | 03 36 | 29 34 |
| 28 | 22:24:55 | 04 43 39 | 02♓36 | 09♓00 | 05 01 | 19 53 | 10 51 | 12 51 | 13 54 | 05 37 | 03 46 | 03 35 | 29 31 |
| 29 | 22:28:52 | 05 41 35 | 15 27 | 21 58 | 06 58 | 20 43 | 11 29 | 13 04 | 13 51 | 05 38 | 03 44 | 03 34 | 29 28 |
| 30 | 22:32:48 | 06 39 32 | 28 32 | 05♈10 | 08 54 | 21 33 | 12 07 | 13 17 | 13 47 | 05 38 | 03 43 | 03 33 | 29 24 |
| 31 | 22:36:45 | 07 37 31 | 11♈52 | 18 37 | 10 48 | 22 22 | 12 45 | 13 29 | 13 44 | 05 39 | 03 41 | 03 32 | 29 21 |

0:00 E.T. — Longitudes of the Major Asteroids and Chiron

| D | ⚳ | ⚴ | ⚵ | ⚶ | ⚷ | D | ⚳ | ⚴ | ⚵ | ⚶ | ⚷ |
|---|---|---|---|---|---|---|---|---|---|---|---|
| 1 | 25♊38 | 22♈08 | 02♒27℞ | 25♈39 | 00♉52 | 17 | 01 36 | 22 38 | 28 53 | 27 32 | 00 47 |
| 2 | 26 01 | 22 12 | 02 13 | 25 49 | 00 52 | 18 | 01 58 | 22 36 | 28 41 | 27 35 | 00 47 |
| 3 | 26 24 | 22 16 | 01 59 | 25 59 | 00 52 | 19 | 02 20 | 22 35 | 28 30 | 27 38 | 00 46 |
| 4 | 26 47 | 22 20 | 01 44 | 26 08 | 00 52℞ | 20 | 02 41 | 22 33 | 28 19 | 27 41 | 00 45 |
| 5 | 27 09 | 22 23 | 01 30 | 26 17 | 00 52 | 21 | 03 03 | 22 31 | 28 08 | 27 43 | 00 44 |
| 6 | 27 32 | 22 26 | 01 16 | 26 25 | 00 52 | 22 | 03 24 | 22 28 | 27 58 | 27 45 | 00 43 |
| 7 | 27 54 | 22 29 | 01 02 | 26 33 | 00 52 | 23 | 03 45 | 22 25 | 27 48 | 27 47 | 00 42 |
| 8 | 28 17 | 22 31 | 00 48 | 26 41 | 00 52 | 24 | 04 07 | 22 21 | 27 38 | 27 48 | 00 41 |
| 9 | 28 39 | 22 34 | 00 35 | 26 48 | 00 51 | 25 | 04 28 | 22 18 | 27 29 | 27 48 | 00 40 |
| 10 | 29 02 | 22 35 | 00 21 | 26 55 | 00 51 | 26 | 04 49 | 22 13 | 27 20 | 27 48℞ | 00 39 |
| 11 | 29 24 | 22 37 | 00 08 | 27 01 | 00 51 | 27 | 05 10 | 22 09 | 27 11 | 27 48 | 00 38 |
| 12 | 29 46 | 22 38 | 29♑55 | 27 07 | 00 50 | 28 | 05 31 | 22 04 | 27 03 | 27 47 | 00 37 |
| 13 | 00♋08 | 22 39 | 29 42 | 27 13 | 00 50 | 29 | 05 51 | 21 58 | 26 55 | 27 46 | 00 35 |
| 14 | 00 30 | 22 39 | 29 29 | 27 18 | 00 49 | 30 | 06 12 | 21 52 | 26 47 | 27 44 | 00 34 |
| 15 | 00 52 | 22 39℞ | 29 17 | 27 23 | 00 49 | 31 | 06 33 | 21 46 | 26 40 | 27 42 | 00 33 |
| 16 | 01 14 | 22 38 | 29 05 | 27 28 | 00 48 | | | | | | |

Lunar Data

| Last Asp. | | Ingress | | |
|---|---|---|---|---|
| 2 | 12:34 | 2 | ♈ | 20:38 |
| 4 | 18:53 | 5 | ♉ | 02:36 |
| 6 | 23:26 | 7 | ♊ | 06:09 |
| 9 | 05:28 | 9 | ♋ | 07:47 |
| 10 | 07:32 | 11 | ♌ | 08:39 |
| 12 | 17:38 | 13 | ♍ | 10:19 |
| 13 | 19:25 | 15 | ♎ | 14:21 |
| 17 | 11:32 | 17 | ♏ | 21:48 |
| 20 | 02:48 | 20 | ♐ | 08:31 |
| 22 | 20:32 | 22 | ♑ | 21:00 |
| 24 | 06:31 | 25 | ♒ | 09:03 |
| 26 | 22:00 | 27 | ♓ | 19:05 |
| 28 | 16:15 | 30 | ♈ | 02:39 |

0:00 E.T. — Declinations

| D | ☉ | ☽ | ☿ | ♀ | ♂ | ♃ | ♄ | ♅ | ♆ | ♇ | ⚳ | ⚴ | ⚵ | ⚶ | ⚷ |
|---|---|---|---|---|---|---|---|---|---|---|---|---|---|---|---|
| 1 | +18 04 | -08 43 | +19 53 | +02 21 | +23 21 | +19 00 | +03 28 | +20 59 | +00 25 | -23 22 | +21 54 | +01 22 | -05 25 | +01 57 | +12 00 |
| 2 | 17 49 | 02 49 | 20 01 | 01 51 | 23 24 | 18 56 | 03 28 | 20 59 | 00 25 | 23 22 | 21 57 | 01 15 | 05 31 | 01 57 | 12 00 |
| 3 | 17 33 | +03 17 | 20 08 | 01 22 | 23 26 | 18 53 | 03 27 | 20 59 | 00 24 | 23 23 | 21 59 | 01 07 | 05 37 | 01 57 | 12 00 |
| 4 | 17 17 | 09 22 | 20 14 | 00 52 | 23 29 | 18 50 | 03 27 | 21 00 | 00 24 | 23 23 | 22 01 | 00 59 | 05 44 | 01 57 | 12 00 |
| 5 | 17 01 | 15 09 | 20 17 | 00 23 | 23 31 | 18 46 | 03 26 | 21 00 | 00 23 | 23 24 | 22 04 | 00 50 | 05 50 | 01 56 | 12 00 |
| 6 | 16 45 | 20 18 | 20 19 | -00 06 | 23 33 | 18 43 | 03 26 | 21 00 | 00 23 | 23 24 | 22 06 | 00 42 | 05 57 | 01 56 | 12 00 |
| 7 | 16 28 | 24 26 | 20 19 | 00 36 | 23 35 | 18 40 | 03 25 | 21 01 | 00 23 | 23 24 | 22 08 | 00 33 | 06 04 | 01 55 | 12 00 |
| 8 | 16 11 | 27 10 | 20 17 | 01 05 | 23 36 | 18 36 | 03 24 | 21 01 | 00 22 | 23 25 | 22 10 | 00 24 | 06 11 | 01 54 | 12 00 |
| 9 | 15 54 | 28 07 | 20 13 | 01 34 | 23 38 | 18 33 | 03 24 | 21 01 | 00 22 | 23 25 | 22 12 | 00 15 | 06 18 | 01 54 | 11 59 |
| 10 | 15 37 | 27 05 | 20 06 | 02 04 | 23 39 | 18 30 | 03 23 | 21 02 | 00 21 | 23 26 | 22 14 | 00 06 | 06 25 | 01 52 | 11 59 |
| 11 | 15 19 | 24 11 | 19 57 | 02 33 | 23 40 | 18 26 | 03 22 | 21 02 | 00 21 | 23 26 | 22 16 | -00 04 | 06 32 | 01 51 | 11 59 |
| 12 | 15 01 | 19 42 | 19 45 | 03 02 | 23 41 | 18 23 | 03 21 | 21 02 | 00 20 | 23 26 | 22 18 | 00 14 | 06 39 | 01 50 | 11 59 |
| 13 | 14 43 | 14 05 | 19 31 | 03 31 | 23 42 | 18 19 | 03 20 | 21 02 | 00 20 | 23 27 | 22 20 | 00 24 | 06 46 | 01 48 | 11 59 |
| 14 | 14 25 | 07 51 | 19 13 | 04 00 | 23 42 | 18 16 | 03 19 | 21 03 | 00 20 | 23 27 | 22 21 | 00 34 | 06 53 | 01 46 | 11 58 |
| 15 | 14 06 | 01 23 | 18 53 | 04 28 | 23 42 | 18 12 | 03 18 | 21 03 | 00 19 | 23 27 | 22 23 | 00 45 | 07 01 | 01 45 | 11 58 |
| 16 | 13 48 | -04 57 | 18 31 | 04 57 | 23 42 | 18 09 | 03 17 | 21 03 | 00 19 | 23 28 | 22 25 | 00 55 | 07 08 | 01 43 | 11 58 |
| 17 | 13 29 | 10 54 | 18 05 | 05 25 | 23 42 | 18 06 | 03 16 | 21 03 | 00 18 | 23 28 | 22 27 | 01 06 | 07 15 | 01 40 | 11 58 |
| 18 | 13 09 | 16 13 | 17 38 | 05 54 | 23 42 | 18 02 | 03 15 | 21 04 | 00 18 | 23 28 | 22 28 | 01 18 | 07 23 | 01 38 | 11 57 |
| 19 | 12 50 | 20 45 | 17 08 | 06 22 | 23 41 | 17 59 | 03 14 | 21 04 | 00 17 | 23 29 | 22 30 | 01 29 | 07 30 | 01 36 | 11 57 |
| 20 | 12 30 | 24 18 | 16 35 | 06 50 | 23 40 | 17 55 | 03 13 | 21 04 | 00 16 | 23 29 | 22 31 | 01 41 | 07 38 | 01 33 | 11 57 |
| 21 | 12 10 | 26 46 | 16 01 | 07 18 | 23 40 | 17 52 | 03 12 | 21 04 | 00 16 | 23 29 | 22 33 | 01 53 | 07 45 | 01 30 | 11 56 |
| 22 | 11 50 | 28 00 | 15 25 | 07 45 | 23 38 | 17 48 | 03 11 | 21 04 | 00 15 | 23 30 | 22 34 | 02 05 | 07 53 | 01 27 | 11 56 |
| 23 | 11 30 | 27 56 | 14 47 | 08 13 | 23 37 | 17 45 | 03 09 | 21 05 | 00 15 | 23 30 | 22 35 | 02 17 | 08 00 | 01 24 | 11 55 |
| 24 | 11 10 | 26 35 | 14 08 | 08 40 | 23 36 | 17 41 | 03 08 | 21 05 | 00 14 | 23 30 | 22 37 | 02 30 | 08 08 | 01 21 | 11 55 |
| 25 | 10 49 | 24 00 | 13 27 | 09 07 | 23 34 | 17 38 | 03 07 | 21 05 | 00 14 | 23 31 | 22 38 | 02 42 | 08 15 | 01 17 | 11 55 |
| 26 | 10 29 | 20 18 | 12 45 | 09 34 | 23 32 | 17 34 | 03 06 | 21 05 | 00 13 | 23 31 | 22 39 | 02 55 | 08 23 | 01 14 | 11 54 |
| 27 | 10 08 | 15 41 | 12 02 | 10 00 | 23 30 | 17 31 | 03 04 | 21 05 | 00 13 | 23 31 | 22 40 | 03 08 | 08 30 | 01 10 | 11 54 |
| 28 | 09 47 | 10 19 | 11 18 | 10 27 | 23 28 | 17 27 | 03 03 | 21 05 | 00 12 | 23 32 | 22 42 | 03 22 | 08 38 | 01 07 | 11 53 |
| 29 | 09 25 | 04 26 | 10 33 | 10 53 | 23 26 | 17 24 | 03 02 | 21 05 | 00 11 | 23 32 | 22 43 | 03 35 | 08 45 | 01 03 | 11 53 |
| 30 | 09 04 | +01 45 | 09 47 | 11 18 | 23 23 | 17 20 | 03 00 | 21 06 | 00 11 | 23 32 | 22 44 | 03 49 | 08 53 | 00 59 | 11 52 |
| 31 | 08 43 | 07 57 | 09 01 | 11 44 | 23 21 | 17 17 | 02 59 | 21 06 | 00 10 | 23 33 | 22 45 | 04 03 | 09 00 | 00 54 | 11 52 |

Lunar Phases -- 6 ◑ 02:23  12 ● 17:38  20 ◐ 02:47  28 ○ 04:20  Sun enters ♍ 8/23 02:20

## 0:00 E.T. Longitudes of Main Planets - September 2026

| D | S.T. | ☉ | ☽ | ☽ 12:00 | ☿ | ♀ | ♂ | ♃ | ♄ | ♅ | ♆ | ♇ | ☊ |
|---|---|---|---|---|---|---|---|---|---|---|---|---|---|
| 1 | 22:40:41 | 08♍35 32 | 25♈25 | 02♉16 | 12♍42 | 23♎10 | 13♋24 | 13♌42 | 13♈41℞ | 05♊39 | 03♈40℞ | 03♒31℞ | 29♒18 |
| 2 | 22:44:38 | 09 33 35 | 09♉10 | 16 06 | 14 34 | 23 58 | 14 02 | 13 55 | 13 37 | 05 40 | 03 39 | 03 29 | 29 15 |
| 3 | 22:48:35 | 10 31 39 | 23 05 | 00♊07 | 16 26 | 24 44 | 14 40 | 14 07 | 13 34 | 05 40 | 03 37 | 03 28 | 29 12 |
| 4 | 22:52:31 | 11 29 46 | 07♊10 | 14 15 | 18 16 | 25 30 | 15 17 | 14 20 | 13 30 | 05 41 | 03 36 | 03 27 | 29 08 |
| 5 | 22:56:28 | 12 27 55 | 21 22 | 28 30 | 20 04 | 26 15 | 15 55 | 14 32 | 13 27 | 05 41 | 03 34 | 03 26 | 29 05 |
| 6 | 23:00:24 | 13 26 05 | 05♋39 | 12♋48 | 21 52 | 27 00 | 16 33 | 14 44 | 13 23 | 05 41 | 03 32 | 03 25 | 29 02 |
| 7 | 23:04:21 | 14 24 18 | 19 58 | 27 07 | 23 38 | 27 43 | 17 10 | 14 57 | 13 19 | 05 41 | 03 31 | 03 24 | 28 59 |
| 8 | 23:08:17 | 15 22 33 | 04♌16 | 11♌23 | 25 24 | 28 25 | 17 48 | 15 09 | 13 16 | 05 42 | 03 29 | 03 23 | 28 56 |
| 9 | 23:12:14 | 16 20 49 | 18 29 | 25 33 | 27 08 | 29 06 | 18 25 | 15 21 | 13 12 | 05 42 | 03 28 | 03 22 | 28 53 |
| 10 | 23:16:10 | 17 19 08 | 02♍34 | 09♍32 | 28 51 | 29 47 | 19 02 | 15 34 | 13 08 | 05 42 | 03 26 | 03 22 | 28 49 |
| 11 | 23:20:07 | 18 17 28 | 16 27 | 23 18 | 00♎32 | 00♏26 | 19 40 | 15 46 | 13 04 | 05 42℞ | 03 25 | 03 21 | 28 46 |
| 12 | 23:24:04 | 19 15 50 | 00♎04 | 06♎46 | 02 13 | 01 04 | 20 17 | 15 58 | 13 00 | 05 42 | 03 23 | 03 20 | 28 43 |
| 13 | 23:28:00 | 20 14 13 | 13 23 | 19 56 | 03 52 | 01 41 | 20 54 | 16 10 | 12 55 | 05 42 | 03 21 | 03 19 | 28 40 |
| 14 | 23:31:57 | 21 12 39 | 26 24 | 02♏47 | 05 31 | 02 16 | 21 31 | 16 22 | 12 51 | 05 42 | 03 20 | 03 18 | 28 37 |
| 15 | 23:35:53 | 22 11 06 | 09♏06 | 15 20 | 07 08 | 02 51 | 22 07 | 16 34 | 12 47 | 05 41 | 03 18 | 03 17 | 28 34 |
| 16 | 23:39:50 | 23 09 35 | 21 30 | 27 37 | 08 44 | 03 24 | 22 44 | 16 46 | 12 43 | 05 41 | 03 17 | 03 16 | 28 30 |
| 17 | 23:43:46 | 24 08 05 | 03♐41 | 09♐42 | 10 19 | 03 56 | 23 21 | 16 58 | 12 39 | 05 41 | 03 15 | 03 16 | 28 27 |
| 18 | 23:47:43 | 25 06 38 | 15 40 | 21 38 | 11 53 | 04 26 | 23 57 | 17 09 | 12 34 | 05 40 | 03 13 | 03 15 | 28 24 |
| 19 | 23:51:39 | 26 05 12 | 27 34 | 03♑30 | 13 26 | 04 55 | 24 33 | 17 21 | 12 30 | 05 40 | 03 12 | 03 14 | 28 21 |
| 20 | 23:55:36 | 27 03 47 | 09♑26 | 15 23 | 14 58 | 05 22 | 25 10 | 17 33 | 12 25 | 05 40 | 03 10 | 03 13 | 28 18 |
| 21 | 23:59:33 | 28 02 24 | 21 21 | 27 21 | 16 29 | 05 48 | 25 46 | 17 44 | 12 21 | 05 39 | 03 08 | 03 13 | 28 14 |
| 22 | 0:03:29 | 29 01 03 | 03♒24 | 09♒30 | 17 59 | 06 12 | 26 22 | 17 56 | 12 16 | 05 39 | 03 07 | 03 12 | 28 11 |
| 23 | 0:07:26 | 29 59 44 | 15 40 | 21 54 | 19 28 | 06 34 | 26 58 | 18 07 | 12 12 | 05 38 | 03 05 | 03 11 | 28 08 |
| 24 | 0:11:22 | 00♎58 26 | 28 12 | 04♓34 | 20 56 | 06 55 | 27 34 | 18 18 | 12 07 | 05 37 | 03 03 | 03 11 | 28 05 |
| 25 | 0:15:19 | 01 57 10 | 11♓02 | 17 34 | 22 23 | 07 13 | 28 09 | 18 30 | 12 03 | 05 37 | 03 02 | 03 10 | 28 02 |
| 26 | 0:19:15 | 02 55 56 | 24 12 | 00♈54 | 23 49 | 07 30 | 28 45 | 18 41 | 11 58 | 05 36 | 03 00 | 03 10 | 27 59 |
| 27 | 0:23:12 | 03 54 44 | 07♈41 | 14 32 | 25 13 | 07 45 | 29 20 | 18 52 | 11 53 | 05 35 | 02 58 | 03 09 | 27 55 |
| 28 | 0:27:08 | 04 53 33 | 21 27 | 28 26 | 26 37 | 07 58 | 29 56 | 19 03 | 11 49 | 05 34 | 02 57 | 03 09 | 27 52 |
| 29 | 0:31:05 | 05 52 25 | 05♉28 | 12♉32 | 27 59 | 08 08 | 00♌31 | 19 14 | 11 44 | 05 33 | 02 55 | 03 08 | 27 49 |
| 30 | 0:35:02 | 06 51 20 | 19 38 | 26 45 | 29 21 | 08 17 | 01 06 | 19 25 | 11 39 | 05 33 | 02 53 | 03 08 | 27 46 |

## 0:00 E.T. Longitudes of the Major Asteroids and Chiron

| D | ⚳ | ⚴ | ⚵ | ⚶ | ⚷ | D | ⚳ | ⚴ | ⚵ | ⚶ | ⚷ |
|---|---|---|---|---|---|---|---|---|---|---|---|
| 1 | 06♋53 | 21♈39℞ | 26♑33℞ | 27♈40℞ | 00♉31℞ | 16 | 11 46 | 19 11 | 25 40 | 26 06 | 00 04 |
| 2 | 07 13 | 21 32 | 26 27 | 27 37 | 00 30 | 17 | 12 04 | 18 58 | 25 40 | 25 56 | 00 02 |
| 3 | 07 34 | 21 25 | 26 21 | 27 33 | 00 28 | 18 | 12 22 | 18 44 | 25 40D | 25 46 | 00 00 |
| 4 | 07 54 | 21 17 | 26 15 | 27 29 | 00 27 | 19 | 12 40 | 18 31 | 25 41 | 25 35 | 29♈58 |
| 5 | 08 14 | 21 08 | 26 10 | 27 25 | 00 25 | 20 | 12 58 | 18 17 | 25 42 | 25 24 | 29 56 |
| 6 | 08 34 | 21 00 | 26 05 | 27 20 | 00 23 | 21 | 13 16 | 18 03 | 25 43 | 25 13 | 29 54 |
| 7 | 08 53 | 20 51 | 26 01 | 27 14 | 00 22 | 22 | 13 34 | 17 48 | 25 45 | 25 02 | 29 51 |
| 8 | 09 13 | 20 41 | 25 57 | 27 08 | 00 20 | 23 | 13 51 | 17 33 | 25 47 | 24 50 | 29 49 |
| 9 | 09 33 | 20 31 | 25 54 | 27 02 | 00 18 | 24 | 14 09 | 17 18 | 25 50 | 24 37 | 29 47 |
| 10 | 09 52 | 20 21 | 25 50 | 26 55 | 00 16 | 25 | 14 26 | 17 03 | 25 53 | 24 25 | 29 44 |
| 11 | 10 11 | 20 10 | 25 48 | 26 48 | 00 14 | 26 | 14 43 | 16 47 | 25 56 | 24 12 | 29 42 |
| 12 | 10 30 | 19 59 | 25 45 | 26 41 | 00 13 | 27 | 15 00 | 16 31 | 26 00 | 23 58 | 29 39 |
| 13 | 10 49 | 19 47 | 25 43 | 26 32 | 00 11 | 28 | 15 16 | 16 15 | 26 04 | 23 45 | 29 37 |
| 14 | 11 08 | 19 36 | 25 42 | 26 24 | 00 09 | 29 | 15 33 | 15 58 | 26 09 | 23 31 | 29 35 |
| 15 | 11 27 | 19 23 | 25 41 | 26 15 | 00 07 | 30 | 15 49 | 15 42 | 26 14 | 23 17 | 29 32 |

## Lunar Data

| Last Asp. | | Ingress | | |
|---|---|---|---|---|
| 31 | 19:48 | 1 | ♉ | 08:02 |
| 2 | 10:48 | 3 | ♊ | 11:48 |
| 5 | 08:41 | 5 | ♋ | 14:32 |
| 7 | 13:41 | 7 | ♌ | 16:51 |
| 9 | 18:59 | 9 | ♍ | 19:36 |
| 11 | 05:53 | 11 | ♎ | 23:53 |
| 13 | 14:28 | 14 | ♏ | 06:45 |
| 16 | 03:31 | 16 | ♐ | 16:43 |
| 18 | 20:45 | 19 | ♑ | 04:56 |
| 21 | 14:32 | 21 | ♒ | 17:15 |
| 23 | 08:19 | 24 | ♓ | 03:25 |
| 26 | 08:33 | 26 | ♈ | 10:24 |
| 28 | 09:51 | 28 | ♉ | 14:41 |
| 29 | 23:37 | 30 | ♊ | 17:27 |

## 0:00 E.T. Declinations

| D | ☉ | ☽ | ☿ | ♀ | ♂ | ♃ | ♄ | ♅ | ♆ | ♇ | ⚳ | ⚴ | ⚵ | ⚶ | ⚷ |
|---|---|---|---|---|---|---|---|---|---|---|---|---|---|---|---|
| 1 | +08 21 | +13 53 | +08 15 | -12 09 | +23 18 | +17 13 | +02 57 | +21 06 | +00 10 | -23 33 | +22 46 | -04 18 | -09 08 | +00 50 | +11 51 |
| 2 | 07 59 | 19 13 | 07 28 | 12 34 | 23 15 | 17 10 | 02 56 | 21 06 | 00 09 | 23 33 | 22 47 | 04 32 | 09 15 | 00 46 | 11 50 |
| 3 | 07 37 | 23 36 | 06 41 | 12 58 | 23 12 | 17 06 | 02 54 | 21 06 | 00 08 | 23 33 | 22 48 | 04 47 | 09 23 | 00 41 | 11 50 |
| 4 | 07 15 | 26 40 | 05 54 | 13 22 | 23 08 | 17 03 | 02 53 | 21 06 | 00 08 | 23 34 | 22 49 | 05 01 | 09 30 | 00 36 | 11 49 |
| 5 | 06 53 | 28 03 | 05 07 | 13 46 | 23 05 | 16 59 | 02 51 | 21 06 | 00 07 | 23 34 | 22 50 | 05 16 | 09 37 | 00 31 | 11 49 |
| 6 | 06 31 | 27 36 | 04 20 | 14 10 | 23 01 | 16 56 | 02 50 | 21 06 | 00 07 | 23 34 | 22 51 | 05 31 | 09 44 | 00 26 | 11 48 |
| 7 | 06 08 | 25 18 | 03 33 | 14 33 | 22 57 | 16 52 | 02 48 | 21 06 | 00 06 | 23 34 | 22 52 | 05 47 | 09 51 | 00 21 | 11 47 |
| 8 | 05 46 | 21 25 | 02 46 | 14 55 | 22 53 | 16 49 | 02 46 | 21 06 | 00 05 | 23 35 | 22 53 | 06 02 | 09 59 | 00 16 | 11 47 |
| 9 | 05 23 | 16 17 | 01 59 | 15 17 | 22 49 | 16 45 | 02 45 | 21 06 | 00 05 | 23 35 | 22 53 | 06 18 | 10 06 | 00 11 | 11 46 |
| 10 | 05 01 | 10 20 | 01 12 | 15 39 | 22 45 | 16 42 | 02 43 | 21 06 | 00 04 | 23 35 | 22 54 | 06 34 | 10 13 | 00 05 | 11 45 |
| 11 | 04 38 | 03 58 | 00 26 | 16 00 | 22 41 | 16 38 | 02 41 | 21 06 | 00 03 | 23 35 | 22 55 | 06 50 | 10 20 | -00 00 | 11 44 |
| 12 | 04 15 | -02 27 | -00 20 | 16 21 | 22 36 | 16 35 | 02 40 | 21 06 | 00 03 | 23 35 | 22 56 | 07 06 | 10 26 | 00 06 | 11 44 |
| 13 | 03 52 | 08 37 | 01 06 | 16 42 | 22 32 | 16 31 | 02 38 | 21 06 | 00 02 | 23 36 | 22 57 | 07 22 | 10 33 | 00 11 | 11 43 |
| 14 | 03 29 | 14 16 | 01 52 | 17 02 | 22 27 | 16 28 | 02 36 | 21 06 | 00 01 | 23 36 | 22 57 | 07 38 | 10 40 | 00 17 | 11 42 |
| 15 | 03 06 | 19 10 | 02 37 | 17 21 | 22 22 | 16 24 | 02 34 | 21 06 | 00 01 | 23 36 | 22 58 | 07 54 | 10 46 | 00 23 | 11 41 |
| 16 | 02 43 | 23 08 | 03 21 | 17 40 | 22 17 | 16 21 | 02 33 | 21 06 | 00 00 | 23 36 | 22 59 | 08 11 | 10 53 | 00 29 | 11 41 |
| 17 | 02 20 | 26 01 | 04 05 | 17 58 | 22 11 | 16 17 | 02 31 | 21 06 | -00 01 | 23 36 | 23 00 | 08 28 | 10 59 | 00 35 | 11 40 |
| 18 | 01 57 | 27 40 | 04 49 | 18 16 | 22 06 | 16 14 | 02 29 | 21 06 | 00 01 | 23 36 | 23 00 | 08 44 | 11 06 | 00 41 | 11 39 |
| 19 | 01 33 | 28 03 | 05 32 | 18 33 | 22 01 | 16 10 | 02 27 | 21 06 | 00 02 | 23 37 | 23 01 | 09 01 | 11 12 | 00 47 | 11 38 |
| 20 | 01 10 | 27 07 | 06 15 | 18 49 | 21 55 | 16 07 | 02 25 | 21 06 | 00 03 | 23 37 | 23 02 | 09 18 | 11 18 | 00 53 | 11 37 |
| 21 | 00 47 | 24 57 | 06 57 | 19 05 | 21 49 | 16 04 | 02 24 | 21 06 | 00 03 | 23 37 | 23 03 | 09 34 | 11 24 | 01 00 | 11 37 |
| 22 | 00 23 | 21 39 | 07 38 | 19 20 | 21 44 | 16 00 | 02 22 | 21 06 | 00 04 | 23 37 | 23 03 | 09 51 | 11 30 | 01 06 | 11 36 |
| 23 | 00 00 | 17 21 | 08 19 | 19 34 | 21 38 | 15 57 | 02 20 | 21 06 | 00 05 | 23 37 | 23 04 | 10 08 | 11 36 | 01 12 | 11 35 |
| 24 | -00 23 | 12 14 | 08 59 | 19 48 | 21 32 | 15 54 | 02 18 | 21 05 | 00 05 | 23 37 | 23 05 | 10 25 | 11 42 | 01 18 | 11 34 |
| 25 | 00 47 | 06 29 | 09 39 | 20 00 | 21 25 | 15 50 | 02 16 | 21 05 | 00 06 | 23 37 | 23 06 | 10 42 | 11 48 | 01 25 | 11 33 |
| 26 | 01 10 | 00 19 | 10 18 | 20 12 | 21 19 | 15 47 | 02 14 | 21 05 | 00 07 | 23 38 | 23 06 | 10 59 | 11 54 | 01 31 | 11 32 |
| 27 | 01 33 | +05 59 | 10 56 | 20 23 | 21 13 | 15 44 | 02 12 | 21 05 | 00 07 | 23 38 | 23 07 | 11 16 | 11 59 | 01 37 | 11 31 |
| 28 | 01 57 | 12 09 | 11 33 | 20 34 | 21 06 | 15 40 | 02 11 | 21 05 | 00 08 | 23 38 | 23 08 | 11 32 | 12 05 | 01 44 | 11 30 |
| 29 | 02 20 | 17 48 | 12 10 | 20 43 | 21 00 | 15 37 | 02 09 | 21 05 | 00 09 | 23 38 | 23 09 | 11 49 | 12 10 | 01 50 | 11 29 |
| 30 | 02 43 | 22 33 | 12 46 | 20 51 | 20 53 | 15 34 | 02 07 | 21 05 | 00 09 | 23 38 | 23 10 | 12 06 | 12 15 | 01 56 | 11 28 |

Lunar Phases -- 4 ◑ 07:52 11 ● 03:28 18 ◐ 20:45 26 ○ 16:50 Sun enters ♎ 9/23 00:07

## Oct. 26 — Longitudes of Main Planets - October 2026 — 0:00 E.T.

| D | S.T. | ☉ | ☽ | ☽ 12:00 | ☿ | ♀ | ♂ | ♃ | ♄ | ♅ | ♆ | ♇ | ☊ |
|---|---|---|---|---|---|---|---|---|---|---|---|---|---|
| 1 | 0:38:58 | 07♎50 16 | 03♊54 | 11♊02 | 00♏41 | 08♏23 | 01♌41 | 19♌35 | 11♈35℞ | 05♊32℞ | 02♈52℞ | 03♒07℞ | 27♒43 |
| 2 | 0:42:55 | 08 49 15 | 18 10 | 25 18 | 02 00 | 08 27 | 02 16 | 19 46 | 11 30 | 05 31 | 02 50 | 03 07 | 27 39 |
| 3 | 0:46:51 | 09 48 16 | 02♋25 | 09♋30 | 03 17 | 08 29 | 02 51 | 19 57 | 11 25 | 05 29 | 02 48 | 03 06 | 27 36 |
| 4 | 0:50:48 | 10 47 19 | 16 35 | 23 37 | 04 33 | 08 29℞ | 03 26 | 20 07 | 11 21 | 05 28 | 02 47 | 03 06 | 27 33 |
| 5 | 0:54:44 | 11 46 25 | 00♌38 | 07♌37 | 05 48 | 08 26 | 04 00 | 20 18 | 11 16 | 05 27 | 02 45 | 03 06 | 27 30 |
| 6 | 0:58:41 | 12 45 33 | 14 33 | 21 28 | 07 01 | 08 21 | 04 35 | 20 28 | 11 11 | 05 26 | 02 44 | 03 05 | 27 27 |
| 7 | 1:02:37 | 13 44 43 | 28 21 | 05♍11 | 08 13 | 08 13 | 05 09 | 20 38 | 11 06 | 05 25 | 02 42 | 03 05 | 27 24 |
| 8 | 1:06:34 | 14 43 56 | 11♍59 | 18 44 | 09 23 | 08 03 | 05 43 | 20 49 | 11 02 | 05 23 | 02 40 | 03 05 | 27 20 |
| 9 | 1:10:31 | 15 43 10 | 25 27 | 02♎06 | 10 30 | 07 51 | 06 17 | 20 59 | 10 57 | 05 22 | 02 39 | 03 05 | 27 17 |
| 10 | 1:14:27 | 16 42 27 | 08♎43 | 15 16 | 11 36 | 07 36 | 06 51 | 21 09 | 10 52 | 05 21 | 02 37 | 03 05 | 27 14 |
| 11 | 1:18:24 | 17 41 46 | 21 46 | 28 12 | 12 40 | 07 19 | 07 25 | 21 18 | 10 48 | 05 19 | 02 35 | 03 04 | 27 11 |
| 12 | 1:22:20 | 18 41 07 | 04♏35 | 10♏54 | 13 41 | 07 00 | 07 58 | 21 28 | 10 43 | 05 18 | 02 34 | 03 04 | 27 08 |
| 13 | 1:26:17 | 19 40 29 | 17 09 | 23 21 | 14 40 | 06 38 | 08 32 | 21 38 | 10 38 | 05 16 | 02 32 | 03 04 | 27 05 |
| 14 | 1:30:13 | 20 39 54 | 29 29 | 05♐34 | 15 36 | 06 15 | 09 05 | 21 47 | 10 34 | 05 15 | 02 31 | 03 04 | 27 01 |
| 15 | 1:34:10 | 21 39 21 | 11♐37 | 17 37 | 16 28 | 05 49 | 09 38 | 21 57 | 10 29 | 05 13 | 02 29 | 03 04 | 26 58 |
| 16 | 1:38:06 | 22 38 49 | 23 35 | 29 31 | 17 18 | 05 21 | 10 11 | 22 06 | 10 25 | 05 11 | 02 28 | 03 04 | 26 55 |
| 17 | 1:42:03 | 23 38 20 | 05♑27 | 11♑22 | 18 03 | 04 52 | 10 44 | 22 15 | 10 20 | 05 10 | 02 26 | 03 04D | 26 52 |
| 18 | 1:46:00 | 24 37 52 | 17 17 | 23 12 | 18 44 | 04 21 | 11 17 | 22 25 | 10 16 | 05 08 | 02 25 | 03 04 | 26 49 |
| 19 | 1:49:56 | 25 37 26 | 29 10 | 05♒09 | 19 21 | 03 48 | 11 49 | 22 34 | 10 11 | 05 06 | 02 23 | 03 04 | 26 45 |
| 20 | 1:53:53 | 26 37 01 | 11♒11 | 17 17 | 19 53 | 03 14 | 12 22 | 22 42 | 10 07 | 05 05 | 02 22 | 03 04 | 26 42 |
| 21 | 1:57:49 | 27 36 39 | 23 27 | 29 41 | 20 19 | 02 39 | 12 54 | 22 51 | 10 02 | 05 03 | 02 20 | 03 04 | 26 39 |
| 22 | 2:01:46 | 28 36 17 | 06♓01 | 12♓26 | 20 39 | 02 04 | 13 26 | 23 00 | 09 58 | 05 01 | 02 19 | 03 04 | 26 36 |
| 23 | 2:05:42 | 29 35 58 | 18 57 | 25 34 | 20 52 | 01 27 | 13 58 | 23 08 | 09 54 | 04 59 | 02 17 | 03 05 | 26 33 |
| 24 | 2:09:39 | 00♏35 41 | 02♈18 | 09♈09 | 20 58 | 00 51 | 14 30 | 23 17 | 09 49 | 04 57 | 02 16 | 03 05 | 26 30 |
| 25 | 2:13:35 | 01 35 25 | 16 05 | 23 07 | 20 57℞ | 00 14 | 15 01 | 23 25 | 09 45 | 04 55 | 02 14 | 03 05 | 26 26 |
| 26 | 2:17:32 | 02 35 11 | 00♉14 | 07♉26 | 20 47 | 29♎37 | 15 33 | 23 33 | 09 41 | 04 53 | 02 13 | 03 05 | 26 23 |
| 27 | 2:21:29 | 03 34 59 | 14 42 | 22 01 | 20 28 | 29 01 | 16 04 | 23 41 | 09 37 | 04 51 | 02 12 | 03 06 | 26 20 |
| 28 | 2:25:25 | 04 34 50 | 29 21 | 06♊43 | 20 00 | 28 26 | 16 35 | 23 49 | 09 33 | 04 49 | 02 10 | 03 06 | 26 17 |
| 29 | 2:29:22 | 05 34 42 | 14♊04 | 21 25 | 19 23 | 27 51 | 17 06 | 23 57 | 09 29 | 04 47 | 02 09 | 03 06 | 26 14 |
| 30 | 2:33:18 | 06 34 37 | 28 43 | 05♋59 | 18 37 | 27 18 | 17 36 | 24 05 | 09 25 | 04 45 | 02 08 | 03 07 | 26 11 |
| 31 | 2:37:15 | 07 34 33 | 13♋12 | 20 22 | 17 43 | 26 45 | 18 07 | 24 12 | 09 21 | 04 43 | 02 06 | 03 07 | 26 07 |

## 0:00 E.T. — Longitudes of the Major Asteroids and Chiron

| D | ⚳ | ⚴ | ⚵ | ⚶ | ⚷ |
|---|---|---|---|---|---|
| 1 | 16♋05 | 15♈25℞ | 26♑19 | 23♈03℞ | 29♈29℞ |
| 2 | 16 21 | 15 08 | 26 25 | 22 49 | 29 27 |
| 3 | 16 37 | 14 51 | 26 31 | 22 34 | 29 24 |
| 4 | 16 52 | 14 34 | 26 38 | 22 19 | 29 22 |
| 5 | 17 08 | 14 16 | 26 44 | 22 04 | 29 19 |
| 6 | 17 23 | 13 59 | 26 52 | 21 49 | 29 16 |
| 7 | 17 38 | 13 41 | 26 59 | 21 34 | 29 14 |
| 8 | 17 52 | 13 24 | 27 07 | 21 18 | 29 11 |
| 9 | 18 07 | 13 06 | 27 15 | 21 03 | 29 08 |
| 10 | 18 21 | 12 48 | 27 24 | 20 47 | 29 06 |
| 11 | 18 35 | 12 31 | 27 33 | 20 32 | 29 03 |
| 12 | 18 49 | 12 13 | 27 42 | 20 16 | 29 00 |
| 13 | 19 02 | 11 55 | 27 52 | 20 00 | 28 57 |
| 14 | 19 16 | 11 38 | 28 02 | 19 45 | 28 55 |
| 15 | 19 29 | 11 20 | 28 12 | 19 29 | 28 52 |
| 16 | 19 41 | 11 03 | 28 22 | 19 14 | 28 49 |
| 17 | 19 54 | 10 45 | 28 33 | 18 59 | 28 46 |
| 18 | 20 06 | 10 28 | 28 45 | 18 43 | 28 44 |
| 19 | 20 18 | 10 11 | 28 56 | 18 28 | 28 41 |
| 20 | 20 30 | 09 54 | 29 08 | 18 13 | 28 38 |
| 21 | 20 41 | 09 37 | 29 20 | 17 58 | 28 35 |
| 22 | 20 53 | 09 21 | 29 33 | 17 44 | 28 32 |
| 23 | 21 04 | 09 04 | 29 45 | 17 29 | 28 30 |
| 24 | 21 14 | 08 48 | 29 58 | 17 15 | 28 27 |
| 25 | 21 24 | 08 33 | 00♒12 | 17 01 | 28 24 |
| 26 | 21 35 | 08 17 | 00 25 | 16 47 | 28 21 |
| 27 | 21 44 | 08 02 | 00 39 | 16 33 | 28 18 |
| 28 | 21 54 | 07 47 | 00 53 | 16 20 | 28 16 |
| 29 | 22 03 | 07 32 | 01 08 | 16 07 | 28 13 |
| 30 | 22 12 | 07 17 | 01 23 | 15 55 | 28 10 |
| 31 | 22 20 | 07 03 | 01 38 | 15 42 | 28 07 |

## Lunar Data

| Last Asp. | Ingress |
|---|---|
| 2 02:43 | 2 ♋ 19:55 |
| 3 15:10 | 4 ♌ 22:55 |
| 6 10:23 | 7 ♍ 02:54 |
| 7 18:58 | 9 ♎ 08:12 |
| 10 23:08 | 11 ♏ 15:22 |
| 13 08:47 | 14 ♐ 01:01 |
| 15 21:57 | 16 ♑ 12:58 |
| 18 16:14 | 19 ♒ 01:41 |
| 21 08:43 | 21 ♓ 12:36 |
| 23 03:32 | 23 ♈ 19:54 |
| 25 23:00 | 25 ♉ 23:36 |
| 27 14:52 | 28 ♊ 01:03 |
| 29 21:44 | 30 ♋ 02:07 |
| 31 22:01 | |

## 0:00 E.T. — Declinations

| D | ☉ | ☽ | ☿ | ♀ | ♂ | ♃ | ♄ | ♅ | ♆ | ♇ | ⚳ | ⚴ | ⚵ | ⚶ | ⚷ |
|---|---|---|---|---|---|---|---|---|---|---|---|---|---|---|---|
| 1 | -03 07 | +25 59 | -13 21 | -20 58 | +20 46 | +15 31 | +02 05 | +21 04 | -00 10 | -23 38 | +23 10 | -12 23 | -12 20 | -02 02 | +11 27 |
| 2 | 03 30 | 27 47 | 13 55 | 21 05 | 20 40 | 15 27 | 02 03 | 21 04 | 00 11 | 23 38 | 23 11 | 12 39 | 12 25 | 02 08 | 11 26 |
| 3 | 03 53 | 27 45 | 14 28 | 21 10 | 20 33 | 15 24 | 02 01 | 21 04 | 00 11 | 23 38 | 23 12 | 12 56 | 12 30 | 02 15 | 11 25 |
| 4 | 04 16 | 25 53 | 15 01 | 21 14 | 20 26 | 15 21 | 01 59 | 21 04 | 00 12 | 23 38 | 23 13 | 13 12 | 12 35 | 02 21 | 11 24 |
| 5 | 04 39 | 22 26 | 15 32 | 21 16 | 20 18 | 15 18 | 01 57 | 21 04 | 00 13 | 23 38 | 23 14 | 13 28 | 12 40 | 02 27 | 11 23 |
| 6 | 05 02 | 17 43 | 16 03 | 21 18 | 20 11 | 15 15 | 01 56 | 21 03 | 00 13 | 23 38 | 23 15 | 13 44 | 12 44 | 02 33 | 11 22 |
| 7 | 05 25 | 12 07 | 16 32 | 21 18 | 20 04 | 15 12 | 01 54 | 21 03 | 00 14 | 23 38 | 23 16 | 14 00 | 12 49 | 02 39 | 11 21 |
| 8 | 05 48 | 06 01 | 17 00 | 21 17 | 19 57 | 15 08 | 01 52 | 21 03 | 00 14 | 23 38 | 23 17 | 14 16 | 12 53 | 02 44 | 11 20 |
| 9 | 06 11 | -00 17 | 17 27 | 21 15 | 19 49 | 15 05 | 01 50 | 21 03 | 00 15 | 23 38 | 23 18 | 14 32 | 12 57 | 02 50 | 11 19 |
| 10 | 06 34 | 06 28 | 17 53 | 21 11 | 19 42 | 15 02 | 01 48 | 21 02 | 00 16 | 23 38 | 23 19 | 14 47 | 13 02 | 02 56 | 11 18 |
| 11 | 06 57 | 12 16 | 18 18 | 21 06 | 19 34 | 14 59 | 01 47 | 21 02 | 00 16 | 23 38 | 23 20 | 15 02 | 13 06 | 03 01 | 11 17 |
| 12 | 07 19 | 17 26 | 18 41 | 21 00 | 19 27 | 14 56 | 01 45 | 21 02 | 00 17 | 23 38 | 23 21 | 15 17 | 13 10 | 03 07 | 11 16 |
| 13 | 07 42 | 21 45 | 19 03 | 20 52 | 19 19 | 14 53 | 01 43 | 21 02 | 00 18 | 23 38 | 23 22 | 15 32 | 13 13 | 03 12 | 11 15 |
| 14 | 08 04 | 25 01 | 19 23 | 20 42 | 19 11 | 14 51 | 01 41 | 21 01 | 00 18 | 23 38 | 23 24 | 15 47 | 13 17 | 03 17 | 11 14 |
| 15 | 08 26 | 27 06 | 19 42 | 20 31 | 19 03 | 14 48 | 01 39 | 21 01 | 00 19 | 23 38 | 23 25 | 16 01 | 13 21 | 03 22 | 11 13 |
| 16 | 08 49 | 27 53 | 19 59 | 20 19 | 18 56 | 14 45 | 01 38 | 21 01 | 00 19 | 23 38 | 23 26 | 16 15 | 13 24 | 03 27 | 11 12 |
| 17 | 09 11 | 27 23 | 20 14 | 20 05 | 18 48 | 14 42 | 01 36 | 21 01 | 00 20 | 23 38 | 23 28 | 16 29 | 13 27 | 03 31 | 11 11 |
| 18 | 09 33 | 25 38 | 20 27 | 19 50 | 18 40 | 14 39 | 01 34 | 21 00 | 00 21 | 23 38 | 23 29 | 16 43 | 13 31 | 03 36 | 11 10 |
| 19 | 09 54 | 22 45 | 20 38 | 19 33 | 18 32 | 14 36 | 01 33 | 21 00 | 00 21 | 23 38 | 23 31 | 16 56 | 13 34 | 03 40 | 11 09 |
| 20 | 10 16 | 18 51 | 20 47 | 19 16 | 18 24 | 14 34 | 01 31 | 21 00 | 00 22 | 23 38 | 23 32 | 17 09 | 13 37 | 03 44 | 11 08 |
| 21 | 10 37 | 14 06 | 20 53 | 18 57 | 18 16 | 14 31 | 01 29 | 20 59 | 00 22 | 23 38 | 23 34 | 17 22 | 13 40 | 03 48 | 11 07 |
| 22 | 10 59 | 08 39 | 20 57 | 18 36 | 18 08 | 14 28 | 01 28 | 20 59 | 00 23 | 23 38 | 23 36 | 17 34 | 13 42 | 03 52 | 11 06 |
| 23 | 11 20 | 02 42 | 20 58 | 18 15 | 18 00 | 14 26 | 01 26 | 20 59 | 00 23 | 23 38 | 23 37 | 17 46 | 13 45 | 03 56 | 11 05 |
| 24 | 11 41 | +03 33 | 20 55 | 17 53 | 17 52 | 14 23 | 01 24 | 20 58 | 00 24 | 23 38 | 23 39 | 17 58 | 13 47 | 03 59 | 11 03 |
| 25 | 12 02 | 09 48 | 20 49 | 17 30 | 17 43 | 14 21 | 01 23 | 20 58 | 00 25 | 23 38 | 23 41 | 18 10 | 13 50 | 04 02 | 11 02 |
| 26 | 12 22 | 15 45 | 20 40 | 17 07 | 17 35 | 14 18 | 01 21 | 20 58 | 00 25 | 23 37 | 23 43 | 18 21 | 13 52 | 04 06 | 11 01 |
| 27 | 12 43 | 20 56 | 20 27 | 16 43 | 17 27 | 14 16 | 01 20 | 20 57 | 00 26 | 23 37 | 23 45 | 18 32 | 13 54 | 04 08 | 11 00 |
| 28 | 13 03 | 24 56 | 20 10 | 16 18 | 17 19 | 14 13 | 01 18 | 20 57 | 00 26 | 23 37 | 23 47 | 18 43 | 13 56 | 04 11 | 10 59 |
| 29 | 13 23 | 27 17 | 19 48 | 15 54 | 17 11 | 14 11 | 01 17 | 20 57 | 00 27 | 23 37 | 23 49 | 18 53 | 13 58 | 04 13 | 10 58 |
| 30 | 13 43 | 27 44 | 19 22 | 15 29 | 17 02 | 14 08 | 01 15 | 20 56 | 00 27 | 23 37 | 23 52 | 19 03 | 14 00 | 04 16 | 10 57 |
| 31 | 14 02 | 26 16 | 18 52 | 15 04 | 16 54 | 14 06 | 01 14 | 20 56 | 00 28 | 23 37 | 23 54 | 19 12 | 14 02 | 04 18 | 10 56 |

Lunar Phases -- 3 ◑ 13:26  10 ● 15:51  18 ◐ 16:14  26 ○ 04:13    Sun enters ♏ 10/23 09:40

| D | S.T. | ☉ | ☽ | ☽ 12:00 | ☿ | ♀ | ♂ | ♃ | ♄ | ♅ | ♆ | ♇ | ☊ |
|---|------|---|---|---------|---|---|---|---|---|---|---|---|---|
| 1 | 2:41:11 | 08♏34 32 | 27♋28 | 04♌30 | 16♏40℞ | 26♎15℞ | 18♌37 | 24♌19 | 09♈17℞ | 04♊41℞ | 02♈05℞ | 03♒08 | 26♒04 |
| 2 | 2:45:08 | 09 34 33 | 11♌28 | 18 22 | 15 30 | 25 46 | 19 07 | 24 27 | 09 13 | 04 38 | 02 04 | 03 08 | 26 01 |
| 3 | 2:49:04 | 10 34 37 | 25 12 | 01♍59 | 14 16 | 25 19 | 19 37 | 24 34 | 09 10 | 04 36 | 02 03 | 03 09 | 25 58 |
| 4 | 2:53:01 | 11 34 42 | 08♍42 | 15 22 | 12 58 | 24 54 | 20 07 | 24 41 | 09 06 | 04 34 | 02 01 | 03 09 | 25 55 |
| 5 | 2:56:58 | 12 34 49 | 21 59 | 28 33 | 11 40 | 24 31 | 20 37 | 24 47 | 09 03 | 04 32 | 02 00 | 03 10 | 25 51 |
| 6 | 3:00:54 | 13 34 59 | 05♎04 | 11♎33 | 10 23 | 24 10 | 21 06 | 24 54 | 08 59 | 04 29 | 01 59 | 03 10 | 25 48 |
| 7 | 3:04:51 | 14 35 10 | 17 58 | 24 21 | 09 11 | 23 52 | 21 35 | 25 01 | 08 56 | 04 27 | 01 58 | 03 11 | 25 45 |
| 8 | 3:08:47 | 15 35 23 | 00♏42 | 06♏59 | 08 05 | 23 36 | 22 04 | 25 07 | 08 52 | 04 25 | 01 57 | 03 11 | 25 42 |
| 9 | 3:12:44 | 16 35 39 | 13 14 | 19 27 | 07 07 | 23 23 | 22 32 | 25 13 | 08 49 | 04 22 | 01 56 | 03 12 | 25 39 |
| 10 | 3:16:40 | 17 35 56 | 25 36 | 01♐43 | 06 19 | 23 11 | 23 01 | 25 19 | 08 46 | 04 20 | 01 55 | 03 13 | 25 36 |
| 11 | 3:20:37 | 18 36 14 | 07♐47 | 13 50 | 05 43 | 23 03 | 23 29 | 25 25 | 08 43 | 04 18 | 01 54 | 03 13 | 25 32 |
| 12 | 3:24:33 | 19 36 35 | 19 50 | 25 48 | 05 18 | 22 57 | 23 57 | 25 31 | 08 40 | 04 15 | 01 53 | 03 14 | 25 29 |
| 13 | 3:28:30 | 20 36 57 | 01♑45 | 07♑40 | 05 04 | 22 53 | 24 25 | 25 36 | 08 37 | 04 13 | 01 52 | 03 15 | 25 26 |
| 14 | 3:32:27 | 21 37 20 | 13 34 | 19 28 | 05 03D | 22 52 | 24 52 | 25 42 | 08 34 | 04 10 | 01 51 | 03 16 | 25 23 |
| 15 | 3:36:23 | 22 37 45 | 25 22 | 01♒16 | 05 12 | 22 53D | 25 19 | 25 47 | 08 32 | 04 08 | 01 50 | 03 17 | 25 20 |
| 16 | 3:40:20 | 23 38 11 | 07♒12 | 13 10 | 05 31 | 22 56 | 25 46 | 25 52 | 08 29 | 04 05 | 01 49 | 03 18 | 25 17 |
| 17 | 3:44:16 | 24 38 39 | 19 10 | 25 14 | 06 00 | 23 02 | 26 13 | 25 57 | 08 27 | 04 03 | 01 48 | 03 18 | 25 13 |
| 18 | 3:48:13 | 25 39 08 | 01♓22 | 07♓34 | 06 37 | 23 10 | 26 39 | 26 02 | 08 24 | 04 00 | 01 47 | 03 19 | 25 10 |
| 19 | 3:52:09 | 26 39 38 | 13 52 | 20 16 | 07 22 | 23 21 | 27 05 | 26 06 | 08 22 | 03 58 | 01 46 | 03 20 | 25 07 |
| 20 | 3:56:06 | 27 40 09 | 26 46 | 03♈23 | 08 14 | 23 33 | 27 31 | 26 11 | 08 19 | 03 55 | 01 46 | 03 21 | 25 04 |
| 21 | 4:00:02 | 28 40 42 | 10♈08 | 16 59 | 09 12 | 23 48 | 27 57 | 26 15 | 08 17 | 03 53 | 01 45 | 03 22 | 25 01 |
| 22 | 4:03:59 | 29 41 16 | 23 59 | 01♉05 | 10 15 | 24 05 | 28 22 | 26 19 | 08 15 | 03 50 | 01 44 | 03 23 | 24 57 |
| 23 | 4:07:56 | 00♐41 51 | 08♉18 | 15 38 | 11 22 | 24 24 | 28 47 | 26 23 | 08 13 | 03 48 | 01 44 | 03 24 | 24 54 |
| 24 | 4:11:52 | 01 42 28 | 23 02 | 00♊31 | 12 33 | 24 45 | 29 12 | 26 26 | 08 11 | 03 45 | 01 43 | 03 25 | 24 51 |
| 25 | 4:15:49 | 02 43 06 | 08♊02 | 15 36 | 13 48 | 25 07 | 29 36 | 26 30 | 08 10 | 03 43 | 01 42 | 03 26 | 24 48 |
| 26 | 4:19:45 | 03 43 46 | 23 10 | 00♋42 | 15 05 | 25 32 | 00♍00 | 26 33 | 08 08 | 03 40 | 01 42 | 03 27 | 24 45 |
| 27 | 4:23:42 | 04 44 27 | 08♋13 | 15 41 | 16 25 | 25 58 | 00 24 | 26 37 | 08 07 | 03 38 | 01 41 | 03 29 | 24 42 |
| 28 | 4:27:38 | 05 45 09 | 23 04 | 00♌23 | 17 47 | 26 26 | 00 48 | 26 39 | 08 05 | 03 35 | 01 41 | 03 30 | 24 38 |
| 29 | 4:31:35 | 06 45 53 | 07♌37 | 14 45 | 19 11 | 26 56 | 01 11 | 26 42 | 08 04 | 03 33 | 01 40 | 03 31 | 24 35 |
| 30 | 4:35:31 | 07 46 39 | 21 47 | 28 43 | 20 36 | 27 27 | 01 34 | 26 45 | 08 02 | 03 30 | 01 40 | 03 32 | 24 32 |

## 0:00 E.T.  Longitudes of the Major Asteroids and Chiron

| D | ⚳ | ⚴ | ⚵ | ⚶ | ⚷ | D | ⚳ | ⚴ | ⚵ | ⚶ | ⚷ |
|---|---|---|---|---|---|---|---|---|---|---|---|
| 1 | 22♋28 | 06♈50℞ | 01♒53 | 15♈30℞ | 28♈05℞ | 16 | 23 49 | 04 12 | 06 11 | 13 16 | 27 25 |
| 2 | 22 36 | 06 36 | 02 08 | 15 18 | 28 02 | 17 | 23 51 | 04 05 | 06 30 | 13 11 | 27 23 |
| 3 | 22 44 | 06 23 | 02 24 | 15 07 | 27 59 | 18 | 23 53 | 03 59 | 06 49 | 13 06 | 27 20 |
| 4 | 22 51 | 06 11 | 02 40 | 14 56 | 27 56 | 19 | 23 54 | 03 53 | 07 09 | 13 01 | 27 18 |
| 5 | 22 58 | 05 58 | 02 56 | 14 46 | 27 54 | 20 | 23 56 | 03 47 | 07 28 | 12 57 | 27 16 |
| 6 | 23 04 | 05 47 | 03 13 | 14 35 | 27 51 | 21 | 23 56 | 03 42 | 07 48 | 12 54 | 27 13 |
| 7 | 23 10 | 05 35 | 03 30 | 14 26 | 27 48 | 22 | 23 57 | 03 37 | 08 08 | 12 50 | 27 11 |
| 8 | 23 16 | 05 24 | 03 47 | 14 16 | 27 46 | 23 | 23 57℞ | 03 33 | 08 28 | 12 48 | 27 09 |
| 9 | 23 21 | 05 13 | 04 04 | 14 07 | 27 43 | 24 | 23 56 | 03 30 | 08 49 | 12 45 | 27 07 |
| 10 | 23 27 | 05 03 | 04 21 | 13 59 | 27 40 | 25 | 23 54 | 03 27 | 09 09 | 12 44 | 27 05 |
| 11 | 23 31 | 04 54 | 04 39 | 13 50 | 27 38 | 26 | 23 54 | 03 24 | 09 30 | 12 42 | 27 02 |
| 12 | 23 35 | 04 44 | 04 57 | 13 43 | 27 35 | 27 | 23 52 | 03 22 | 09 51 | 12 41 | 27 00 |
| 13 | 23 39 | 04 36 | 05 15 | 13 35 | 27 33 | 28 | 23 50 | 03 20 | 10 12 | 12 41 | 26 58 |
| 14 | 23 43 | 04 27 | 05 34 | 13 29 | 27 30 | 29 | 23 47 | 03 19 | 10 33 | 12 41D | 26 56 |
| 15 | 23 46 | 04 19 | 05 52 | 13 22 | 27 28 | 30 | 23 44 | 03 18 | 10 55 | 12 41 | 26 54 |

### Lunar Data

| Last Asp. | Ingress |
|-----------|---------|
| 31 22:01 | 1 ♌ 04:20 |
| 3 00:12 | 3 ♍ 08:29 |
| 4 06:59 | 5 ♎ 14:40 |
| 7 13:21 | 7 ♏ 22:41 |
| 9 23:26 | 10 ♐ 08:37 |
| 12 11:30 | 12 ♑ 20:28 |
| 14 18:57 | 15 ♒ 09:25 |
| 17 14:27 | 17 ♓ 21:20 |
| 20 01:47 | 20 ♈ 05:53 |
| 22 07:40 | 22 ♉ 10:11 |
| 24 10:10 | 24 ♊ 11:11 |
| 26 05:25 | 26 ♋ 10:52 |
| 28 05:41 | 28 ♌ 11:22 |
| 30 10:12 | 30 ♍ 14:14 |

## 0:00 E.T.  Declinations

| D | ☉ | ☽ | ☿ | ♀ | ♂ | ♃ | ♄ | ♅ | ♆ | ♇ | ⚳ | ⚴ | ⚵ | ⚶ | ⚷ |
|---|---|---|---|---|---|---|---|---|---|---|---|---|---|---|---|
| 1 | -14 22 | +23 07 | -18 18 | -14 40 | +16 46 | +14 04 | +01 13 | +20 55 | -00 28 | -23 37 | +23 57 | -19 22 | -14 03 | -04 20 | +10 55 |
| 2 | 14 41 | 18 39 | 17 40 | 14 15 | 16 38 | 14 02 | 01 11 | 20 55 | 00 29 | 23 37 | 23 59 | 19 31 | 14 05 | 04 21 | 10 54 |
| 3 | 15 00 | 13 16 | 17 00 | 13 52 | 16 29 | 13 59 | 01 10 | 20 54 | 00 29 | 23 36 | 24 02 | 19 39 | 14 06 | 04 23 | 10 53 |
| 4 | 15 18 | 07 21 | 16 17 | 13 29 | 16 21 | 13 57 | 01 09 | 20 54 | 00 30 | 23 36 | 24 04 | 19 47 | 14 07 | 04 24 | 10 52 |
| 5 | 15 37 | 01 13 | 15 33 | 13 06 | 16 13 | 13 55 | 01 08 | 20 54 | 00 30 | 23 36 | 24 07 | 19 55 | 14 08 | 04 25 | 10 51 |
| 6 | 15 55 | -04 52 | 14 50 | 12 44 | 16 05 | 13 53 | 01 06 | 20 53 | 00 30 | 23 36 | 24 10 | 20 03 | 14 09 | 04 25 | 10 50 |
| 7 | 16 13 | 10 40 | 14 08 | 12 24 | 15 57 | 13 51 | 01 05 | 20 53 | 00 31 | 23 36 | 24 13 | 20 10 | 14 10 | 04 26 | 10 49 |
| 8 | 16 30 | 15 56 | 13 29 | 12 04 | 15 49 | 13 49 | 01 04 | 20 52 | 00 31 | 23 35 | 24 16 | 20 17 | 14 11 | 04 26 | 10 48 |
| 9 | 16 48 | 20 27 | 12 53 | 11 45 | 15 41 | 13 47 | 01 03 | 20 52 | 00 32 | 23 35 | 24 19 | 20 24 | 14 11 | 04 26 | 10 47 |
| 10 | 17 05 | 24 01 | 12 22 | 11 27 | 15 32 | 13 46 | 01 02 | 20 52 | 00 32 | 23 35 | 24 23 | 20 30 | 14 12 | 04 26 | 10 46 |
| 11 | 17 22 | 26 26 | 11 57 | 11 10 | 15 24 | 13 44 | 01 01 | 20 51 | 00 32 | 23 35 | 24 26 | 20 36 | 14 12 | 04 26 | 10 45 |
| 12 | 17 38 | 27 36 | 11 37 | 10 54 | 15 16 | 13 42 | 01 00 | 20 51 | 00 33 | 23 35 | 24 30 | 20 41 | 14 12 | 04 25 | 10 44 |
| 13 | 17 54 | 27 28 | 11 22 | 10 39 | 15 08 | 13 40 | 00 59 | 20 50 | 00 33 | 23 34 | 24 33 | 20 47 | 14 12 | 04 25 | 10 43 |
| 14 | 18 10 | 26 05 | 11 14 | 10 26 | 15 01 | 13 39 | 00 58 | 20 50 | 00 34 | 23 34 | 24 37 | 20 52 | 14 12 | 04 24 | 10 42 |
| 15 | 18 26 | 23 32 | 11 10 | 10 14 | 14 53 | 13 37 | 00 57 | 20 49 | 00 34 | 23 34 | 24 41 | 20 56 | 14 12 | 04 22 | 10 41 |
| 16 | 18 41 | 19 59 | 11 12 | 10 03 | 14 45 | 13 36 | 00 56 | 20 49 | 00 34 | 23 34 | 24 45 | 21 00 | 14 12 | 04 21 | 10 40 |
| 17 | 18 56 | 15 35 | 11 18 | 09 53 | 14 37 | 13 34 | 00 55 | 20 49 | 00 34 | 23 33 | 24 49 | 21 04 | 14 11 | 04 19 | 10 39 |
| 18 | 19 10 | 10 29 | 11 28 | 09 44 | 14 29 | 13 33 | 00 55 | 20 48 | 00 35 | 23 33 | 24 53 | 21 08 | 14 11 | 04 18 | 10 38 |
| 19 | 19 24 | 04 51 | 11 42 | 09 36 | 14 22 | 13 32 | 00 54 | 20 48 | 00 35 | 23 33 | 24 57 | 21 11 | 14 10 | 04 16 | 10 37 |
| 20 | 19 38 | +01 08 | 11 59 | 09 29 | 14 14 | 13 30 | 00 53 | 20 47 | 00 35 | 23 33 | 25 02 | 21 14 | 14 10 | 04 13 | 10 36 |
| 21 | 19 52 | 07 17 | 12 19 | 09 24 | 14 07 | 13 29 | 00 52 | 20 47 | 00 36 | 23 33 | 25 06 | 21 17 | 14 09 | 04 11 | 10 35 |
| 22 | 20 05 | 13 18 | 12 41 | 09 20 | 13 59 | 13 28 | 00 52 | 20 46 | 00 36 | 23 32 | 25 11 | 21 19 | 14 08 | 04 08 | 10 34 |
| 23 | 20 18 | 18 49 | 13 05 | 09 16 | 13 52 | 13 27 | 00 51 | 20 46 | 00 36 | 23 32 | 25 15 | 21 21 | 14 07 | 04 06 | 10 33 |
| 24 | 20 30 | 23 22 | 13 30 | 09 13 | 13 45 | 13 26 | 00 51 | 20 45 | 00 37 | 23 32 | 25 20 | 21 23 | 14 05 | 04 03 | 10 32 |
| 25 | 20 42 | 26 27 | 13 56 | 09 13 | 13 38 | 13 25 | 00 50 | 20 45 | 00 37 | 23 31 | 25 25 | 21 25 | 14 04 | 03 59 | 10 32 |
| 26 | 20 54 | 27 39 | 14 24 | 09 12 | 13 31 | 13 24 | 00 50 | 20 44 | 00 37 | 23 31 | 25 30 | 21 26 | 14 03 | 03 56 | 10 31 |
| 27 | 21 05 | 26 47 | 14 52 | 09 15 | 13 24 | 13 23 | 00 49 | 20 44 | 00 37 | 23 31 | 25 35 | 21 27 | 14 01 | 03 53 | 10 30 |
| 28 | 21 16 | 24 01 | 15 21 | 09 15 | 13 17 | 13 22 | 00 49 | 20 43 | 00 37 | 23 31 | 25 40 | 21 28 | 13 59 | 03 49 | 10 29 |
| 29 | 21 26 | 19 44 | 15 49 | 09 17 | 13 10 | 13 22 | 00 49 | 20 43 | 00 37 | 23 30 | 25 46 | 21 28 | 13 58 | 03 45 | 10 28 |
| 30 | 21 36 | 14 25 | 16 18 | 09 20 | 13 03 | 13 21 | 00 49 | 20 43 | 00 37 | 23 30 | 25 51 | 21 29 | 13 56 | 03 41 | 10 28 |

Lunar Phases -- 1 ◐ 20:30   9 ● 07:03   17 ◑ 11:49   24 ○ 14:55   Sun enters ♐ 11/22 07:25

# Longitudes of Main Planets - December 2026

0:00 E.T.

| D | S.T. | ☉ | ☽ | ☽ 12:00 | ☿ | ♀ | ♂ | ♃ | ♄ | ♅ | ♆ | ♇ | ☊ |
|---|---|---|---|---|---|---|---|---|---|---|---|---|---|
| 1 | 4:39:28 | 08♐47 25 | 05♍34 | 12♍20 | 22♏03 | 28♎00 | 01♍56 | 26♌47 | 08♈01℞ | 03♊28℞ | 01♈39℞ | 03♒33 | 24♒29 |
| 2 | 4:43:25 | 09 48 14 | 19 00 | 25 36 | 23 30 | 28 34 | 02 18 | 26 50 | 08 00 | 03 25 | 01 39 | 03 35 | 24 26 |
| 3 | 4:47:21 | 10 49 04 | 02♎07 | 08♎35 | 24 58 | 29 10 | 02 40 | 26 52 | 07 59 | 03 23 | 01 38 | 03 36 | 24 23 |
| 4 | 4:51:18 | 11 49 55 | 14 58 | 21 19 | 26 28 | 29 47 | 03 01 | 26 53 | 07 59 | 03 20 | 01 38 | 03 37 | 24 19 |
| 5 | 4:55:14 | 12 50 48 | 27 36 | 03♏51 | 27 57 | 00♏25 | 03 22 | 26 55 | 07 58 | 03 18 | 01 38 | 03 38 | 24 16 |
| 6 | 4:59:11 | 13 51 42 | 10♏03 | 16 12 | 29 28 | 01 05 | 03 43 | 26 57 | 07 57 | 03 15 | 01 38 | 03 40 | 24 13 |
| 7 | 5:03:07 | 14 52 37 | 22 20 | 28 25 | 00♐58 | 01 46 | 04 03 | 26 58 | 07 57 | 03 13 | 01 37 | 03 41 | 24 10 |
| 8 | 5:07:04 | 15 53 34 | 04♐29 | 10♐30 | 02 29 | 02 28 | 04 23 | 26 59 | 07 56 | 03 10 | 01 37 | 03 43 | 24 07 |
| 9 | 5:11:00 | 16 54 31 | 16 30 | 22 29 | 04 01 | 03 11 | 04 42 | 27 00 | 07 56 | 03 08 | 01 37 | 03 44 | 24 03 |
| 10 | 5:14:57 | 17 55 30 | 28 26 | 04♑22 | 05 32 | 03 55 | 05 01 | 27 01 | 07 56 | 03 06 | 01 37 | 03 45 | 24 00 |
| 11 | 5:18:54 | 18 56 29 | 10♑17 | 16 11 | 07 04 | 04 40 | 05 20 | 27 01 | 07 56D | 03 03 | 01 37 | 03 47 | 23 57 |
| 12 | 5:22:50 | 19 57 29 | 22 05 | 27 59 | 08 36 | 05 27 | 05 38 | 27 01 | 07 56 | 03 01 | 01 37 | 03 48 | 23 54 |
| 13 | 5:26:47 | 20 58 30 | 03♒53 | 09♒47 | 10 09 | 06 14 | 05 55 | 27 01 | 07 56 | 02 58 | 01 37D | 03 50 | 23 51 |
| 14 | 5:30:43 | 21 59 31 | 15 43 | 21 41 | 11 41 | 07 02 | 06 13 | 27 01℞ | 07 56 | 02 56 | 01 37 | 03 51 | 23 48 |
| 15 | 5:34:40 | 23 00 33 | 27 41 | 03♓44 | 13 14 | 07 51 | 06 29 | 27 01 | 07 57 | 02 54 | 01 37 | 03 53 | 23 44 |
| 16 | 5:38:36 | 24 01 36 | 09♓50 | 16 01 | 14 46 | 08 40 | 06 46 | 27 01 | 07 57 | 02 51 | 01 37 | 03 54 | 23 41 |
| 17 | 5:42:33 | 25 02 39 | 22 16 | 28 37 | 16 19 | 09 31 | 07 01 | 27 00 | 07 58 | 02 49 | 01 37 | 03 56 | 23 38 |
| 18 | 5:46:29 | 26 03 42 | 05♈04 | 11♈37 | 17 52 | 10 22 | 07 17 | 26 59 | 07 59 | 02 47 | 01 37 | 03 57 | 23 35 |
| 19 | 5:50:26 | 27 04 45 | 18 18 | 25 06 | 19 25 | 11 14 | 07 31 | 26 58 | 07 59 | 02 45 | 01 37 | 03 59 | 23 32 |
| 20 | 5:54:23 | 28 05 49 | 02♉01 | 09♉05 | 20 59 | 12 07 | 07 45 | 26 57 | 08 00 | 02 42 | 01 38 | 04 01 | 23 28 |
| 21 | 5:58:19 | 29 06 54 | 16 15 | 23 33 | 22 32 | 13 01 | 07 59 | 26 55 | 08 01 | 02 40 | 01 38 | 04 02 | 23 25 |
| 22 | 6:02:16 | 00♑07 59 | 00♊57 | 08♊26 | 24 06 | 13 55 | 08 12 | 26 54 | 08 03 | 02 38 | 01 38 | 04 04 | 23 22 |
| 23 | 6:06:12 | 01 09 04 | 16 00 | 23 38 | 25 39 | 14 50 | 08 25 | 26 52 | 08 04 | 02 36 | 01 39 | 04 06 | 23 19 |
| 24 | 6:10:09 | 02 10 09 | 01♋17 | 08♋56 | 27 13 | 15 45 | 08 37 | 26 50 | 08 05 | 02 34 | 01 39 | 04 07 | 23 16 |
| 25 | 6:14:05 | 03 11 15 | 16 35 | 24 12 | 28 48 | 16 41 | 08 49 | 26 47 | 08 07 | 02 32 | 01 39 | 04 09 | 23 13 |
| 26 | 6:18:02 | 04 12 21 | 01♌44 | 09♌13 | 00♑22 | 17 38 | 09 00 | 26 45 | 08 08 | 02 30 | 01 40 | 04 11 | 23 09 |
| 27 | 6:21:58 | 05 13 28 | 16 36 | 23 53 | 01 57 | 18 35 | 09 10 | 26 42 | 08 10 | 02 28 | 01 40 | 04 12 | 23 06 |
| 28 | 6:25:55 | 06 14 35 | 01♍03 | 08♍07 | 03 32 | 19 33 | 09 20 | 26 40 | 08 12 | 02 26 | 01 41 | 04 14 | 23 03 |
| 29 | 6:29:52 | 07 15 43 | 15 04 | 21 54 | 05 07 | 20 31 | 09 29 | 26 37 | 08 14 | 02 24 | 01 41 | 04 16 | 23 00 |
| 30 | 6:33:48 | 08 16 51 | 28 38 | 05♎16 | 06 42 | 21 30 | 09 37 | 26 33 | 08 16 | 02 22 | 01 42 | 04 17 | 22 57 |
| 31 | 6:37:45 | 09 18 00 | 11♎48 | 18 14 | 08 18 | 22 30 | 09 45 | 26 30 | 08 18 | 02 20 | 01 42 | 04 19 | 22 54 |

## Longitudes of the Major Asteroids and Chiron

0:00 E.T.

| D | ⚳ | ⚴ | ⚵ | ⚶ | ⚷ |
|---|---|---|---|---|---|
| 1 | 23♋41℞ | 03♈18℞ | 11♒17 | 12♈42 | 26♈52℞ |
| 2 | 23 37 | 03 18D | 11 38 | 12 43 | 26 51 |
| 3 | 23 32 | 03 18 | 12 00 | 12 45 | 26 49 |
| 4 | 23 28 | 03 19 | 12 23 | 12 47 | 26 47 |
| 5 | 23 23 | 03 21 | 12 45 | 12 50 | 26 45 |
| 6 | 23 17 | 03 23 | 13 08 | 12 53 | 26 43 |
| 7 | 23 11 | 03 25 | 13 30 | 12 56 | 26 42 |
| 8 | 23 05 | 03 28 | 13 53 | 13 00 | 26 40 |
| 9 | 22 58 | 03 32 | 14 16 | 13 04 | 26 39 |
| 10 | 22 51 | 03 35 | 14 39 | 13 09 | 26 37 |
| 11 | 22 43 | 03 40 | 15 02 | 13 14 | 26 36 |
| 12 | 22 35 | 03 44 | 15 26 | 13 20 | 26 34 |
| 13 | 22 27 | 03 49 | 15 49 | 13 25 | 26 33 |
| 14 | 22 18 | 03 55 | 16 13 | 13 32 | 26 31 |
| 15 | 22 09 | 04 01 | 16 37 | 13 38 | 26 30 |
| 16 | 21 59 | 04 07 | 17 01 | 13 45 | 26 29 |

| D | ⚳ | ⚴ | ⚵ | ⚶ | ⚷ |
|---|---|---|---|---|---|
| 17 | 21 49 | 04 14 | 17 25 | 13 53 | 26 28 |
| 18 | 21 39 | 04 21 | 17 50 | 14 00 | 26 27 |
| 19 | 21 29 | 04 28 | 18 14 | 14 09 | 26 26 |
| 20 | 21 18 | 04 36 | 18 39 | 14 17 | 26 25 |
| 21 | 21 07 | 04 45 | 19 03 | 14 26 | 26 24 |
| 22 | 20 55 | 04 53 | 19 28 | 14 35 | 26 23 |
| 23 | 20 44 | 05 02 | 19 53 | 14 45 | 26 22 |
| 24 | 20 32 | 05 12 | 20 18 | 14 54 | 26 21 |
| 25 | 20 19 | 05 22 | 20 43 | 15 05 | 26 20 |
| 26 | 20 07 | 05 32 | 21 09 | 15 15 | 26 20 |
| 27 | 19 54 | 05 43 | 21 34 | 15 26 | 26 19 |
| 28 | 19 41 | 05 53 | 22 00 | 15 37 | 26 19 |
| 29 | 19 28 | 06 05 | 22 26 | 15 48 | 26 18 |
| 30 | 19 15 | 06 16 | 22 52 | 16 00 | 26 18 |
| 31 | 19 01 | 06 28 | 23 17 | 16 12 | 26 17 |

## Lunar Data

| Last Asp. | | Ingress | |
|---|---|---|---|
| 2 | 09:12 | 2 ♎ | 20:05 |
| 4 | 22:42 | 5 ♏ | 04:36 |
| 7 | 09:09 | 7 ♐ | 15:08 |
| 9 | 21:07 | 10 ♑ | 03:10 |
| 10 | 19:14 | 12 ♒ | 16:07 |
| 14 | 22:41 | 15 ♓ | 04:37 |
| 17 | 05:43 | 17 ♈ | 14:35 |
| 19 | 16:41 | 19 ♉ | 20:31 |
| 21 | 17:27 | 21 ♊ | 22:28 |
| 23 | 17:02 | 23 ♋ | 21:60 |
| 25 | 00:11 | 25 ♌ | 21:14 |
| 27 | 16:40 | 27 ♍ | 22:14 |
| 29 | 10:19 | 30 ♎ | 02:28 |

## Declinations

0:00 E.T.

| D | ☉ | ☽ | ☿ | ♀ | ♂ | ♃ | ♄ | ♅ | ♆ | ♇ | ⚳ | ⚴ | ⚵ | ⚶ | ⚷ |
|---|---|---|---|---|---|---|---|---|---|---|---|---|---|---|---|
| 1 | -21 46 | +08 31 | -16 47 | -09 24 | +12 57 | +13 20 | +00 48 | +20 42 | -00 38 | -23 30 | +25 57 | -21 28 | -13 54 | -03 37 | +10 27 |
| 2 | 21 55 | 02 22 | 17 16 | 09 29 | 12 50 | 13 20 | 00 48 | 20 42 | 00 38 | 23 29 | 26 02 | 21 28 | 13 51 | 03 32 | 10 26 |
| 3 | 22 04 | -03 43 | 17 44 | 09 35 | 12 44 | 13 19 | 00 48 | 20 41 | 00 38 | 23 29 | 26 08 | 21 28 | 13 49 | 03 28 | 10 25 |
| 4 | 22 12 | 09 31 | 18 12 | 09 41 | 12 38 | 13 19 | 00 48 | 20 41 | 00 38 | 23 29 | 26 14 | 21 27 | 13 47 | 03 23 | 10 25 |
| 5 | 22 20 | 14 50 | 18 39 | 09 48 | 12 32 | 13 19 | 00 48 | 20 40 | 00 38 | 23 28 | 26 20 | 21 26 | 13 44 | 03 18 | 10 24 |
| 6 | 22 28 | 19 28 | 19 06 | 09 56 | 12 26 | 13 18 | 00 48 | 20 40 | 00 38 | 23 28 | 26 26 | 21 25 | 13 42 | 03 13 | 10 23 |
| 7 | 22 35 | 23 12 | 19 32 | 10 04 | 12 20 | 13 18 | 00 48 | 20 39 | 00 38 | 23 28 | 26 32 | 21 23 | 13 39 | 03 08 | 10 22 |
| 8 | 22 41 | 25 53 | 19 57 | 10 13 | 12 14 | 13 18 | 00 48 | 20 39 | 00 38 | 23 27 | 26 38 | 21 21 | 13 36 | 03 03 | 10 22 |
| 9 | 22 48 | 27 21 | 20 22 | 10 22 | 12 09 | 13 18 | 00 48 | 20 38 | 00 38 | 23 27 | 26 44 | 21 19 | 13 33 | 02 57 | 10 21 |
| 10 | 22 53 | 27 32 | 20 46 | 10 32 | 12 03 | 13 18 | 00 48 | 20 38 | 00 38 | 23 27 | 26 50 | 21 17 | 13 30 | 02 52 | 10 21 |
| 11 | 22 59 | 26 26 | 21 09 | 10 42 | 11 58 | 13 18 | 00 48 | 20 37 | 00 38 | 23 26 | 26 57 | 21 15 | 13 27 | 02 46 | 10 20 |
| 12 | 23 03 | 24 10 | 21 30 | 10 53 | 11 53 | 13 18 | 00 49 | 20 37 | 00 38 | 23 26 | 27 03 | 21 12 | 13 23 | 02 40 | 10 19 |
| 13 | 23 08 | 20 51 | 21 51 | 11 04 | 11 48 | 13 18 | 00 49 | 20 37 | 00 38 | 23 25 | 27 10 | 21 09 | 13 20 | 02 34 | 10 19 |
| 14 | 23 12 | 16 41 | 22 11 | 11 16 | 11 44 | 13 18 | 00 49 | 20 36 | 00 38 | 23 25 | 27 16 | 21 07 | 13 17 | 02 28 | 10 18 |
| 15 | 23 15 | 11 49 | 22 30 | 11 27 | 11 39 | 13 19 | 00 50 | 20 36 | 00 38 | 23 25 | 27 23 | 21 03 | 13 13 | 02 22 | 10 18 |
| 16 | 23 18 | 06 27 | 22 48 | 11 40 | 11 35 | 13 19 | 00 50 | 20 35 | 00 38 | 23 24 | 27 29 | 21 00 | 13 09 | 02 16 | 10 17 |
| 17 | 23 21 | 00 43 | 23 05 | 11 52 | 11 31 | 13 20 | 00 51 | 20 35 | 00 38 | 23 24 | 27 36 | 20 56 | 13 05 | 02 09 | 10 17 |
| 18 | 23 23 | +05 12 | 23 20 | 12 05 | 11 27 | 13 20 | 00 51 | 20 34 | 00 38 | 23 24 | 27 43 | 20 53 | 13 01 | 02 03 | 10 16 |
| 19 | 23 24 | 11 06 | 23 35 | 12 18 | 11 23 | 13 21 | 00 52 | 20 34 | 00 38 | 23 23 | 27 49 | 20 49 | 12 57 | 01 56 | 10 16 |
| 20 | 23 25 | 16 40 | 23 48 | 12 32 | 11 19 | 13 21 | 00 52 | 20 34 | 00 37 | 23 23 | 27 56 | 20 45 | 12 53 | 01 49 | 10 15 |
| 21 | 23 26 | 21 34 | 24 00 | 12 45 | 11 16 | 13 22 | 00 53 | 20 33 | 00 37 | 23 23 | 28 03 | 20 41 | 12 49 | 01 42 | 10 15 |
| 22 | 23 26 | 25 17 | 24 11 | 12 59 | 11 13 | 13 23 | 00 54 | 20 33 | 00 37 | 23 22 | 28 09 | 20 36 | 12 44 | 01 35 | 10 14 |
| 23 | 23 26 | 27 21 | 24 21 | 13 13 | 11 10 | 13 24 | 00 54 | 20 32 | 00 37 | 23 22 | 28 16 | 20 32 | 12 40 | 01 28 | 10 14 |
| 24 | 23 25 | 27 23 | 24 29 | 13 27 | 11 07 | 13 25 | 00 55 | 20 32 | 00 37 | 23 21 | 28 23 | 20 27 | 12 35 | 01 21 | 10 14 |
| 25 | 23 24 | 25 20 | 24 36 | 13 41 | 11 05 | 13 26 | 00 56 | 20 32 | 00 37 | 23 21 | 28 29 | 20 22 | 12 31 | 01 14 | 10 13 |
| 26 | 23 22 | 21 28 | 24 42 | 13 55 | 11 02 | 13 27 | 00 57 | 20 31 | 00 36 | 23 21 | 28 36 | 20 17 | 12 26 | 01 06 | 10 13 |
| 27 | 23 20 | 16 17 | 24 46 | 14 10 | 11 00 | 13 28 | 00 58 | 20 31 | 00 36 | 23 20 | 28 43 | 20 12 | 12 21 | 00 59 | 10 13 |
| 28 | 23 17 | 10 18 | 24 49 | 14 24 | 10 59 | 13 29 | 00 59 | 20 30 | 00 36 | 23 20 | 28 49 | 20 07 | 12 16 | 00 51 | 10 13 |
| 29 | 23 14 | 03 58 | 24 51 | 14 39 | 10 57 | 13 30 | 01 00 | 20 30 | 00 36 | 23 19 | 28 56 | 20 02 | 12 11 | 00 43 | 10 12 |
| 30 | 23 11 | -02 20 | 24 51 | 14 53 | 10 56 | 13 32 | 01 01 | 20 30 | 00 35 | 23 19 | 29 02 | 19 56 | 12 05 | 00 36 | 10 12 |
| 31 | 23 07 | 08 20 | 24 50 | 15 08 | 10 55 | 13 33 | 01 02 | 20 29 | 00 35 | 23 19 | 29 09 | 19 50 | 12 00 | 00 28 | 10 12 |

Lunar Phases -- 1 ◑ 06:10 9 ● 00:53 17 ◐ 05:44 24 ○ 01:29 30 ◑ 19:01 Sun enters ♑ 12/21 20:52

## 0:00 E.T. Longitudes of Main Planets - January 2027 

| D | S.T. | ☉ | ☽ | ☽ 12:00 | ☿ | ♀ | ♂ | ♃ | ♄ | ♅ | ♆ | ♇ | ☊ |
|---|---|---|---|---|---|---|---|---|---|---|---|---|---|
| 1 | 6:41:41 | 10♑19 09 | 24♎36 | 00♏54 | 09♑54 | 23♏29 | 09♍52 | 26♌27℞ | 08♈20 | 02♊18℞ | 01♈43 | 04♒21 | 22♒50 |
| 2 | 6:45:38 | 11 20 19 | 07♏07 | 13 17 | 11 30 | 24 30 | 09 59 | 26 23 | 08 22 | 02 16 | 01 44 | 04 23 | 22 47 |
| 3 | 6:49:34 | 12 21 29 | 19 25 | 25 29 | 13 07 | 25 30 | 10 05 | 26 19 | 08 25 | 02 15 | 01 45 | 04 25 | 22 44 |
| 4 | 6:53:31 | 13 22 39 | 01♐31 | 07♐32 | 14 44 | 26 31 | 10 10 | 26 15 | 08 27 | 02 13 | 01 45 | 04 26 | 22 41 |
| 5 | 6:57:27 | 14 23 49 | 13 30 | 19 28 | 16 22 | 27 33 | 10 14 | 26 11 | 08 30 | 02 11 | 01 46 | 04 28 | 22 38 |
| 6 | 7:01:24 | 15 25 00 | 25 24 | 01♑20 | 17 59 | 28 35 | 10 18 | 26 06 | 08 33 | 02 09 | 01 47 | 04 30 | 22 34 |
| 7 | 7:05:21 | 16 26 11 | 07♑15 | 13 09 | 19 38 | 29 37 | 10 21 | 26 01 | 08 35 | 02 08 | 01 48 | 04 32 | 22 31 |
| 8 | 7:09:17 | 17 27 21 | 19 04 | 24 58 | 21 16 | 00♐39 | 10 23 | 25 57 | 08 38 | 02 06 | 01 49 | 04 34 | 22 28 |
| 9 | 7:13:14 | 18 28 31 | 00♒53 | 06♒49 | 22 55 | 01 42 | 10 25 | 25 52 | 08 41 | 02 05 | 01 49 | 04 35 | 22 25 |
| 10 | 7:17:10 | 19 29 41 | 12 45 | 18 42 | 24 34 | 02 46 | 10 26 | 25 47 | 08 44 | 02 03 | 01 50 | 04 37 | 22 22 |
| 11 | 7:21:07 | 20 30 51 | 24 41 | 00♓42 | 26 14 | 03 49 | 10 26℞ | 25 41 | 08 48 | 02 02 | 01 51 | 04 39 | 22 19 |
| 12 | 7:25:03 | 21 32 00 | 06♓45 | 12 50 | 27 54 | 04 53 | 10 25 | 25 36 | 08 51 | 02 00 | 01 52 | 04 41 | 22 15 |
| 13 | 7:29:00 | 22 33 09 | 18 59 | 25 11 | 29 34 | 05 57 | 10 23 | 25 30 | 08 54 | 01 59 | 01 53 | 04 43 | 22 12 |
| 14 | 7:32:56 | 23 34 17 | 01♈27 | 07♈47 | 01♒15 | 07 02 | 10 21 | 25 25 | 08 58 | 01 58 | 01 55 | 04 45 | 22 09 |
| 15 | 7:36:53 | 24 35 25 | 14 13 | 20 44 | 02 56 | 08 06 | 10 18 | 25 19 | 09 02 | 01 56 | 01 56 | 04 47 | 22 06 |
| 16 | 7:40:50 | 25 36 32 | 27 21 | 04♉04 | 04 37 | 09 11 | 10 14 | 25 13 | 09 05 | 01 55 | 01 57 | 04 49 | 22 03 |
| 17 | 7:44:46 | 26 37 38 | 10♉54 | 17 51 | 06 18 | 10 16 | 10 10 | 25 07 | 09 09 | 01 54 | 01 58 | 04 50 | 22 00 |
| 18 | 7:48:43 | 27 38 43 | 24 54 | 02♊04 | 07 59 | 11 22 | 10 04 | 25 00 | 09 13 | 01 53 | 01 59 | 04 52 | 21 56 |
| 19 | 7:52:39 | 28 39 48 | 09♊20 | 16 41 | 09 41 | 12 28 | 09 58 | 24 54 | 09 17 | 01 52 | 02 00 | 04 54 | 21 53 |
| 20 | 7:56:36 | 29 40 52 | 24 08 | 01♋39 | 11 22 | 13 34 | 09 51 | 24 47 | 09 21 | 01 51 | 02 02 | 04 56 | 21 50 |
| 21 | 8:00:32 | 00♒41 55 | 09♋13 | 16 49 | 13 03 | 14 40 | 09 43 | 24 41 | 09 25 | 01 50 | 02 03 | 04 58 | 21 47 |
| 22 | 8:04:29 | 01 42 57 | 24 26 | 02♌03 | 14 43 | 15 46 | 09 34 | 24 34 | 09 29 | 01 49 | 02 04 | 05 00 | 21 44 |
| 23 | 8:08:25 | 02 43 59 | 09♌37 | 17 09 | 16 23 | 16 53 | 09 25 | 24 27 | 09 34 | 01 48 | 02 06 | 05 02 | 21 40 |
| 24 | 8:12:22 | 03 45 00 | 24 36 | 01♍59 | 18 02 | 18 00 | 09 15 | 24 20 | 09 38 | 01 47 | 02 07 | 05 04 | 21 37 |
| 25 | 8:16:19 | 04 46 00 | 09♍15 | 16 26 | 19 39 | 19 07 | 09 04 | 24 13 | 09 43 | 01 46 | 02 08 | 05 06 | 21 34 |
| 26 | 8:20:15 | 05 46 59 | 23 30 | 00♎27 | 21 15 | 20 14 | 08 52 | 24 06 | 09 47 | 01 46 | 02 10 | 05 08 | 21 31 |
| 27 | 8:24:12 | 06 47 58 | 07♎17 | 14 00 | 22 50 | 21 21 | 08 39 | 23 59 | 09 52 | 01 45 | 02 11 | 05 09 | 21 28 |
| 28 | 8:28:08 | 07 48 57 | 20 37 | 27 07 | 24 22 | 22 29 | 08 26 | 23 51 | 09 57 | 01 44 | 02 13 | 05 11 | 21 25 |
| 29 | 8:32:05 | 08 49 54 | 03♏32 | 09♏51 | 25 51 | 23 37 | 08 12 | 23 44 | 10 01 | 01 44 | 02 14 | 05 13 | 21 21 |
| 30 | 8:36:01 | 09 50 51 | 16 05 | 22 15 | 27 16 | 24 45 | 07 57 | 23 36 | 10 06 | 01 43 | 02 16 | 05 15 | 21 18 |
| 31 | 8:39:58 | 10 51 48 | 28 21 | 04♐24 | 28 38 | 25 53 | 07 41 | 23 29 | 10 11 | 01 43 | 02 17 | 05 17 | 21 15 |

## 0:00 E.T. Longitudes of the Major Asteroids and Chiron

| D | ⚳ | ⚴ | ⚵ | ⚶ | ⚷ | D | ⚳ | ⚴ | ⚵ | ⚶ | ⚷ |
|---|---|---|---|---|---|---|---|---|---|---|---|
| 1 | 18♋48℞ | 06♈41 | 23♒44 | 16♈24 | 26♈17℞ | 17 | 15 02 | 10 40 | 00 56 | 20 18 | 26 19 |
| 2 | 18 34 | 06 53 | 24 10 | 16 37 | 26 17 | 18 | 14 49 | 10 57 | 01 23 | 20 34 | 26 20 |
| 3 | 18 20 | 07 06 | 24 36 | 16 50 | 26 16 | 19 | 14 35 | 11 15 | 01 51 | 20 51 | 26 20 |
| 4 | 18 06 | 07 19 | 25 02 | 17 03 | 26 16 | 20 | 14 22 | 11 33 | 02 19 | 21 08 | 26 21 |
| 5 | 17 52 | 07 33 | 25 29 | 17 17 | 26 16 | 21 | 14 09 | 11 51 | 02 47 | 21 25 | 26 22 |
| 6 | 17 37 | 07 47 | 25 56 | 17 30 | 26 16 | 22 | 13 57 | 12 10 | 03 16 | 21 43 | 26 23 |
| 7 | 17 23 | 08 01 | 26 22 | 17 44 | 26 16D | 23 | 13 44 | 12 28 | 03 44 | 22 00 | 26 24 |
| 8 | 17 09 | 08 16 | 26 49 | 17 58 | 26 16 | 24 | 13 32 | 12 47 | 04 12 | 22 18 | 26 25 |
| 9 | 16 55 | 08 31 | 27 16 | 18 13 | 26 16 | 25 | 13 20 | 13 07 | 04 41 | 22 36 | 26 26 |
| 10 | 16 40 | 08 46 | 27 43 | 18 28 | 26 16 | 26 | 13 08 | 13 26 | 05 09 | 22 54 | 26 27 |
| 11 | 16 26 | 09 01 | 28 10 | 18 43 | 26 17 | 27 | 12 57 | 13 46 | 05 38 | 23 13 | 26 28 |
| 12 | 16 12 | 09 17 | 28 38 | 18 58 | 26 17 | 28 | 12 46 | 14 05 | 06 07 | 23 31 | 26 29 |
| 13 | 15 58 | 09 33 | 29 05 | 19 13 | 26 17 | 29 | 12 35 | 14 26 | 06 35 | 23 50 | 26 30 |
| 14 | 15 44 | 09 49 | 29 33 | 19 29 | 26 18 | 30 | 12 25 | 14 46 | 07 04 | 24 09 | 26 32 |
| 15 | 15 30 | 10 06 | 00♓00 | 19 45 | 26 18 | 31 | 12 15 | 15 07 | 07 33 | 24 28 | 26 33 |
| 16 | 15 16 | 10 23 | 00 28 | 20 01 | 26 19 | | | | | | |

## Lunar Data

| Last Asp. | | Ingress | | |
|---|---|---|---|---|
| 1 | 03:29 | 1 | ♏ | 10:17 |
| 3 | 13:34 | 3 | ♐ | 20:58 |
| 6 | 01:24 | 6 | ♑ | 09:18 |
| 8 | 05:12 | 8 | ♒ | 22:12 |
| 11 | 01:60 | 11 | ♓ | 10:37 |
| 13 | 07:33 | 13 | ♈ | 21:15 |
| 15 | 20:36 | 16 | ♉ | 04:45 |
| 18 | 04:58 | 18 | ♊ | 08:34 |
| 20 | 01:02 | 20 | ♋ | 09:22 |
| 21 | 00:46 | 22 | ♌ | 08:46 |
| 23 | 23:35 | 24 | ♍ | 08:46 |
| 25 | 17:58 | 26 | ♎ | 11:14 |
| 28 | 07:47 | 28 | ♏ | 17:23 |
| 31 | 00:37 | 31 | ♐ | 03:15 |

## 0:00 E.T. Declinations

| D | ☉ | ☽ | ☿ | ♀ | ♂ | ♃ | ♄ | ♅ | ♆ | ♇ | ⚳ | ⚴ | ⚵ | ⚶ | ⚷ |
|---|---|---|---|---|---|---|---|---|---|---|---|---|---|---|---|
| 1 | -23 02 | -13 49 | -24 47 | -15 22 | +10 54 | +13 35 | +01 03 | +20 29 | -00 35 | -23 18 | +29 15 | -19 45 | -11 55 | -00 20 | +10 12 |
| 2 | 22 57 | 18 37 | 24 43 | 15 36 | 10 53 | 13 36 | 01 04 | 20 29 | 00 35 | 23 18 | 29 22 | 19 39 | 11 49 | 00 12 | 10 11 |
| 3 | 22 52 | 22 33 | 24 37 | 15 51 | 10 53 | 13 38 | 01 05 | 20 28 | 00 34 | 23 17 | 29 28 | 19 33 | 11 44 | 00 04 | 10 11 |
| 4 | 22 46 | 25 26 | 24 30 | 16 05 | 10 53 | 13 39 | 01 06 | 20 28 | 00 34 | 23 17 | 29 34 | 19 27 | 11 38 | +00 04 | 10 11 |
| 5 | 22 40 | 27 10 | 24 22 | 16 19 | 10 53 | 13 41 | 01 08 | 20 28 | 00 34 | 23 17 | 29 40 | 19 20 | 11 32 | 00 12 | 10 11 |
| 6 | 22 33 | 27 38 | 24 12 | 16 33 | 10 54 | 13 43 | 01 09 | 20 27 | 00 33 | 23 16 | 29 46 | 19 14 | 11 26 | 00 21 | 10 11 |
| 7 | 22 26 | 26 49 | 24 00 | 16 47 | 10 55 | 13 44 | 01 10 | 20 27 | 00 33 | 23 16 | 29 52 | 19 08 | 11 20 | 00 29 | 10 11 |
| 8 | 22 18 | 24 48 | 23 47 | 17 00 | 10 56 | 13 46 | 01 12 | 20 27 | 00 32 | 23 15 | 29 58 | 19 01 | 11 14 | 00 37 | 10 11 |
| 9 | 22 10 | 21 42 | 23 32 | 17 14 | 10 57 | 13 48 | 01 13 | 20 26 | 00 32 | 23 15 | 30 03 | 18 54 | 11 08 | 00 46 | 10 11 |
| 10 | 22 01 | 17 41 | 23 16 | 17 27 | 10 59 | 13 50 | 01 14 | 20 26 | 00 32 | 23 14 | 30 09 | 18 48 | 11 02 | 00 54 | 10 11 |
| 11 | 21 52 | 12 57 | 22 58 | 17 40 | 11 01 | 13 52 | 01 16 | 20 26 | 00 31 | 23 14 | 30 14 | 18 41 | 10 55 | 01 03 | 10 11 |
| 12 | 21 43 | 07 42 | 22 39 | 17 53 | 11 03 | 13 54 | 01 18 | 20 26 | 00 31 | 23 14 | 30 20 | 18 34 | 10 49 | 01 12 | 10 11 |
| 13 | 21 33 | 02 05 | 22 18 | 18 05 | 11 05 | 13 56 | 01 19 | 20 25 | 00 30 | 23 13 | 30 25 | 18 27 | 10 42 | 01 20 | 10 11 |
| 14 | 21 23 | +03 43 | 21 56 | 18 17 | 11 08 | 13 58 | 01 21 | 20 25 | 00 30 | 23 13 | 30 30 | 18 20 | 10 36 | 01 29 | 10 11 |
| 15 | 21 12 | 09 30 | 21 32 | 18 29 | 11 11 | 14 00 | 01 22 | 20 25 | 00 29 | 23 12 | 30 35 | 18 13 | 10 29 | 01 38 | 10 11 |
| 16 | 21 01 | 15 01 | 21 07 | 18 41 | 11 15 | 14 03 | 01 24 | 20 25 | 00 29 | 23 12 | 30 40 | 18 05 | 10 22 | 01 47 | 10 11 |
| 17 | 20 50 | 20 00 | 20 40 | 18 52 | 11 18 | 14 05 | 01 26 | 20 24 | 00 28 | 23 12 | 30 44 | 17 58 | 10 15 | 01 55 | 10 11 |
| 18 | 20 38 | 24 04 | 20 11 | 19 03 | 11 22 | 14 07 | 01 27 | 20 24 | 00 28 | 23 11 | 30 49 | 17 51 | 10 08 | 02 04 | 10 11 |
| 19 | 20 26 | 26 46 | 19 41 | 19 14 | 11 26 | 14 10 | 01 29 | 20 24 | 00 27 | 23 11 | 30 53 | 17 43 | 10 01 | 02 13 | 10 12 |
| 20 | 20 13 | 27 41 | 19 10 | 19 24 | 11 31 | 14 12 | 01 31 | 20 24 | 00 27 | 23 10 | 30 57 | 17 36 | 09 54 | 02 22 | 10 12 |
| 21 | 20 00 | 26 35 | 18 37 | 19 34 | 11 36 | 14 14 | 01 33 | 20 24 | 00 26 | 23 10 | 31 01 | 17 28 | 09 47 | 02 31 | 10 12 |
| 22 | 19 47 | 23 31 | 18 03 | 19 43 | 11 41 | 14 17 | 01 35 | 20 23 | 00 26 | 23 10 | 31 05 | 17 20 | 09 39 | 02 40 | 10 12 |
| 23 | 19 33 | 18 49 | 17 28 | 19 53 | 11 46 | 14 19 | 01 37 | 20 23 | 00 25 | 23 09 | 31 09 | 17 13 | 09 32 | 02 50 | 10 13 |
| 24 | 19 19 | 12 58 | 16 51 | 20 01 | 11 52 | 14 22 | 01 38 | 20 23 | 00 25 | 23 09 | 31 13 | 17 05 | 09 25 | 02 59 | 10 13 |
| 25 | 19 04 | 06 32 | 16 14 | 20 10 | 11 57 | 14 24 | 01 40 | 20 23 | 00 24 | 23 08 | 31 16 | 16 57 | 09 17 | 03 08 | 10 13 |
| 26 | 18 49 | -00 03 | 15 36 | 20 17 | 12 04 | 14 27 | 01 42 | 20 23 | 00 23 | 23 08 | 31 20 | 16 49 | 09 09 | 03 17 | 10 13 |
| 27 | 18 34 | 06 25 | 14 57 | 20 25 | 12 10 | 14 29 | 01 44 | 20 23 | 00 23 | 23 08 | 31 23 | 16 41 | 09 02 | 03 26 | 10 14 |
| 28 | 18 19 | 12 17 | 14 17 | 20 32 | 12 16 | 14 32 | 01 46 | 20 23 | 00 22 | 23 07 | 31 26 | 16 33 | 08 54 | 03 35 | 10 14 |
| 29 | 18 03 | 17 26 | 13 37 | 20 38 | 12 23 | 14 35 | 01 49 | 20 23 | 00 22 | 23 07 | 31 29 | 16 25 | 08 46 | 03 45 | 10 15 |
| 30 | 17 47 | 21 41 | 12 57 | 20 44 | 12 30 | 14 37 | 01 51 | 20 22 | 00 21 | 23 06 | 31 32 | 16 17 | 08 38 | 03 54 | 10 15 |
| 31 | 17 30 | 24 54 | 12 17 | 20 50 | 12 38 | 14 40 | 01 53 | 20 22 | 00 20 | 23 06 | 31 34 | 16 08 | 08 30 | 04 03 | 10 15 |

Lunar Phases -- 7 ● 20:26 15 ◐ 20:36 22 Ⓔ 12:18 29 ◑ 10:57 Sun enters ♒ 1/20 07:31

## Longitudes of Main Planets - February 2027

**0:00 E.T.**

| D | S.T. | ☉ | ☽ | ☽ 12:00 | ☿ | ♀ | ♂ | ♃ | ♄ | ♅ | ♆ | ♇ | ☊ |
|---|---|---|---|---|---|---|---|---|---|---|---|---|---|
| 1 | 8:43:54 | 11♒52 44 | 10♐25 | 16♐23 | 29♒55 | 27♐01 | 07♍25℞ | 23♌21℞ | 10♈16 | 01♊42℞ | 02♈19 | 05♒19 | 21♒12 |
| 2 | 8:47:51 | 12 53 39 | 22 19 | 28 15 | 01♓07 | 28 10 | 07 08 | 23 14 | 10 21 | 01 42 | 02 20 | 05 21 | 21 09 |
| 3 | 8:51:48 | 13 54 33 | 04♑09 | 10♑03 | 02 13 | 29 18 | 06 50 | 23 06 | 10 27 | 01 42 | 02 22 | 05 23 | 21 06 |
| 4 | 8:55:44 | 14 55 27 | 15 57 | 21 52 | 03 12 | 00♑27 | 06 32 | 22 58 | 10 32 | 01 41 | 02 24 | 05 25 | 21 02 |
| 5 | 8:59:41 | 15 56 19 | 27 47 | 03♒43 | 04 03 | 01 36 | 06 13 | 22 50 | 10 37 | 01 41 | 02 25 | 05 27 | 20 59 |
| 6 | 9:03:37 | 16 57 10 | 09♒40 | 15 39 | 04 46 | 02 45 | 05 54 | 22 42 | 10 43 | 01 41 | 02 27 | 05 28 | 20 56 |
| 7 | 9:07:34 | 17 58 00 | 21 40 | 27 42 | 05 19 | 03 54 | 05 34 | 22 34 | 10 48 | 01 41 | 02 29 | 05 30 | 20 53 |
| 8 | 9:11:30 | 18 58 49 | 03♓47 | 09♓54 | 05 43 | 05 03 | 05 13 | 22 26 | 10 54 | 01 41 | 02 31 | 05 32 | 20 50 |
| 9 | 9:15:27 | 19 59 36 | 16 03 | 22 16 | 05 56 | 06 13 | 04 52 | 22 19 | 10 59 | 01 41D | 02 32 | 05 34 | 20 46 |
| 10 | 9:19:23 | 21 00 23 | 28 31 | 04♈50 | 05 58℞ | 07 22 | 04 30 | 22 11 | 11 05 | 01 41 | 02 34 | 05 36 | 20 43 |
| 11 | 9:23:20 | 22 01 07 | 11♈12 | 17 37 | 05 50 | 08 32 | 04 08 | 22 03 | 11 11 | 01 41 | 02 36 | 05 38 | 20 40 |
| 12 | 9:27:17 | 23 01 50 | 24 07 | 00♉41 | 05 31 | 09 42 | 03 46 | 21 55 | 11 17 | 01 41 | 02 38 | 05 40 | 20 37 |
| 13 | 9:31:13 | 24 02 32 | 07♉19 | 14 02 | 05 02 | 10 51 | 03 23 | 21 47 | 11 23 | 01 41 | 02 40 | 05 41 | 20 34 |
| 14 | 9:35:10 | 25 03 12 | 20 49 | 27 42 | 04 23 | 12 01 | 03 00 | 21 39 | 11 29 | 01 42 | 02 42 | 05 43 | 20 31 |
| 15 | 9:39:06 | 26 03 50 | 04♊39 | 11♊41 | 03 35 | 13 11 | 02 37 | 21 31 | 11 35 | 01 42 | 02 43 | 05 45 | 20 27 |
| 16 | 9:43:03 | 27 04 27 | 18 48 | 25 59 | 02 40 | 14 21 | 02 13 | 21 23 | 11 41 | 01 42 | 02 45 | 05 47 | 20 24 |
| 17 | 9:46:59 | 28 05 01 | 03♋14 | 10♋33 | 01 39 | 15 32 | 01 50 | 21 15 | 11 47 | 01 43 | 02 47 | 05 49 | 20 21 |
| 18 | 9:50:56 | 29 05 34 | 17 55 | 25 20 | 00 34 | 16 42 | 01 26 | 21 07 | 11 53 | 01 43 | 02 49 | 05 50 | 20 18 |
| 19 | 9:54:52 | 00♓06 06 | 02♌46 | 10♌13 | 29♒27 | 17 52 | 01 02 | 20 59 | 11 59 | 01 44 | 02 51 | 05 52 | 20 15 |
| 20 | 9:58:49 | 01 06 35 | 17 39 | 25 04 | 28 19 | 19 03 | 00 38 | 20 52 | 12 06 | 01 44 | 02 53 | 05 54 | 20 12 |
| 21 | 10:02:46 | 02 07 03 | 02♍27 | 09♍47 | 27 12 | 20 13 | 00 14 | 20 44 | 12 12 | 01 45 | 02 55 | 05 56 | 20 08 |
| 22 | 10:06:42 | 03 07 29 | 17 03 | 24 14 | 26 08 | 21 24 | 29♌50 | 20 36 | 12 18 | 01 46 | 02 57 | 05 58 | 20 05 |
| 23 | 10:10:39 | 04 07 54 | 01♎19 | 08♎19 | 25 08 | 22 35 | 29 27 | 20 29 | 12 25 | 01 47 | 02 59 | 05 59 | 20 02 |
| 24 | 10:14:35 | 05 08 17 | 15 12 | 21 59 | 24 13 | 23 45 | 29 03 | 20 21 | 12 31 | 01 47 | 03 01 | 06 01 | 19 59 |
| 25 | 10:18:32 | 06 08 39 | 28 40 | 05♏14 | 23 24 | 24 56 | 28 40 | 20 14 | 12 38 | 01 48 | 03 03 | 06 03 | 19 56 |
| 26 | 10:22:28 | 07 08 59 | 11♏42 | 18 05 | 22 41 | 26 07 | 28 17 | 20 07 | 12 44 | 01 49 | 03 05 | 06 04 | 19 52 |
| 27 | 10:26:25 | 08 09 18 | 24 22 | 00♐34 | 22 06 | 27 18 | 27 54 | 19 59 | 12 51 | 01 50 | 03 08 | 06 06 | 19 49 |
| 28 | 10:30:21 | 09 09 35 | 06♐42 | 12 46 | 21 38 | 28 29 | 27 31 | 19 52 | 12 58 | 01 51 | 03 10 | 06 08 | 19 46 |

**0:00 E.T.**

## Longitudes of the Major Asteroids and Chiron

| D | ⚳ | ⚴ | ⚵ | ⚶ | ⚷ | D | ⚳ | ⚴ | ⚵ | ⚶ | ⚷ |
|---|---|---|---|---|---|---|---|---|---|---|---|
| 1 | 12♋05℞ | 15♈27 | 08♓02 | 24♈47 | 26♈34 | 15 | 10 29 | 20 40 | 14 57 | 29 32 | 26 59 |
| 2 | 11 55 | 15 48 | 08 31 | 25 06 | 26 36 | 16 | 10 25 | 21 04 | 15 27 | 29 53 | 27 01 |
| 3 | 11 46 | 16 10 | 09 00 | 25 26 | 26 37 | 17 | 10 22 | 21 28 | 15 57 | 00♉14 | 27 04 |
| 4 | 11 38 | 16 31 | 09 30 | 25 46 | 26 39 | 18 | 10 19 | 21 52 | 16 27 | 00 36 | 27 06 |
| 5 | 11 29 | 16 53 | 09 59 | 26 05 | 26 41 | 19 | 10 17 | 22 17 | 16 58 | 00 58 | 27 08 |
| 6 | 11 21 | 17 15 | 10 28 | 26 25 | 26 42 | 20 | 10 15 | 22 41 | 17 28 | 01 19 | 27 10 |
| 7 | 11 14 | 17 37 | 10 58 | 26 45 | 26 44 | 21 | 10 14 | 23 06 | 17 58 | 01 41 | 27 13 |
| 8 | 11 07 | 17 59 | 11 28 | 27 06 | 26 46 | 22 | 10 13 | 23 31 | 18 29 | 02 03 | 27 15 |
| 9 | 11 00 | 18 21 | 11 57 | 27 26 | 26 47 | 23 | 10 12 | 23 56 | 19 00 | 02 25 | 27 18 |
| 10 | 10 54 | 18 44 | 12 27 | 27 47 | 26 49 | 24 | 10 12D | 24 21 | 19 30 | 02 48 | 27 20 |
| 11 | 10 48 | 19 07 | 12 57 | 28 07 | 26 51 | 25 | 10 12 | 24 46 | 20 01 | 03 10 | 27 23 |
| 12 | 10 43 | 19 30 | 13 27 | 28 28 | 26 53 | 26 | 10 13 | 25 12 | 20 32 | 03 32 | 27 25 |
| 13 | 10 38 | 19 53 | 13 57 | 28 49 | 26 55 | 27 | 10 14 | 25 37 | 21 02 | 03 55 | 27 28 |
| 14 | 10 33 | 20 17 | 14 27 | 29 10 | 26 57 | 28 | 10 15 | 26 03 | 21 33 | 04 18 | 27 30 |

## Lunar Data

| Last Asp. | | Ingress | | |
|---|---|---|---|---|
| 2 | 13:06 | 2 | ♑ | 15:34 |
| 3 | 12:54 | 5 | ♒ | 04:30 |
| 7 | 01:48 | 7 | ♓ | 16:33 |
| 8 | 03:54 | 10 | ♈ | 02:50 |
| 11 | 21:50 | 12 | ♉ | 10:45 |
| 14 | 07:59 | 14 | ♊ | 15:60 |
| 16 | 14:51 | 16 | ♋ | 18:39 |
| 17 | 21:50 | 18 | ♌ | 19:32 |
| 20 | 16:03 | 20 | ♍ | 20:00 |
| 22 | 07:55 | 22 | ♎ | 21:46 |
| 24 | 23:60 | 25 | ♏ | 02:26 |
| 27 | 06:37 | 27 | ♐ | 10:54 |

**0:00 E.T.**

## Declinations

| D | ☉ | ☽ | ☿ | ♀ | ♂ | ♃ | ♄ | ♅ | ♆ | ♇ | ⚳ | ⚴ | ⚵ | ⚶ | ⚷ |
|---|---|---|---|---|---|---|---|---|---|---|---|---|---|---|---|
| 1 | -17 14 | -26 56 | -11 38 | -20 55 | +12 45 | +14 43 | +01 55 | +20 22 | -00 20 | -23 06 | +31 37 | -16 00 | -08 22 | +04 13 | +10 16 |
| 2 | 16 57 | 27 42 | 11 00 | 20 59 | 12 53 | 14 45 | 01 57 | 20 22 | 00 19 | 23 05 | 31 39 | 15 52 | 08 14 | 04 22 | 10 16 |
| 3 | 16 39 | 27 12 | 10 23 | 21 03 | 13 01 | 14 48 | 01 59 | 20 22 | 00 18 | 23 05 | 31 41 | 15 44 | 08 06 | 04 31 | 10 17 |
| 4 | 16 21 | 25 28 | 09 48 | 21 06 | 13 09 | 14 51 | 02 02 | 20 22 | 00 18 | 23 05 | 31 43 | 15 35 | 07 57 | 04 41 | 10 17 |
| 5 | 16 03 | 22 37 | 09 14 | 21 09 | 13 17 | 14 53 | 02 04 | 20 22 | 00 17 | 23 04 | 31 45 | 15 27 | 07 49 | 04 50 | 10 18 |
| 6 | 15 45 | 18 48 | 08 44 | 21 12 | 13 25 | 14 56 | 02 06 | 20 22 | 00 16 | 23 04 | 31 47 | 15 18 | 07 41 | 05 00 | 10 18 |
| 7 | 15 27 | 14 11 | 08 16 | 21 13 | 13 33 | 14 59 | 02 08 | 20 22 | 00 15 | 23 03 | 31 49 | 15 10 | 07 32 | 05 09 | 10 19 |
| 8 | 15 08 | 09 00 | 07 52 | 21 15 | 13 42 | 15 01 | 02 11 | 20 22 | 00 15 | 23 03 | 31 50 | 15 01 | 07 24 | 05 19 | 10 19 |
| 9 | 14 49 | 03 24 | 07 31 | 21 15 | 13 50 | 15 04 | 02 13 | 20 22 | 00 14 | 23 03 | 31 52 | 14 53 | 07 15 | 05 28 | 10 20 |
| 10 | 14 30 | +02 24 | 07 15 | 21 15 | 13 59 | 15 07 | 02 15 | 20 22 | 00 13 | 23 02 | 31 53 | 14 44 | 07 06 | 05 37 | 10 21 |
| 11 | 14 10 | 08 12 | 07 03 | 21 15 | 14 08 | 15 09 | 02 18 | 20 22 | 00 13 | 23 02 | 31 54 | 14 36 | 06 58 | 05 47 | 10 21 |
| 12 | 13 50 | 13 46 | 06 56 | 21 14 | 14 17 | 15 12 | 02 20 | 20 22 | 00 12 | 23 02 | 31 56 | 14 27 | 06 49 | 05 56 | 10 22 |
| 13 | 13 30 | 18 49 | 06 54 | 21 12 | 14 25 | 15 15 | 02 23 | 20 22 | 00 11 | 23 01 | 31 56 | 14 19 | 06 40 | 06 06 | 10 22 |
| 14 | 13 10 | 23 04 | 06 57 | 21 10 | 14 34 | 15 17 | 02 25 | 20 22 | 00 10 | 23 01 | 31 57 | 14 10 | 06 31 | 06 15 | 10 23 |
| 15 | 12 50 | 26 07 | 07 04 | 21 07 | 14 43 | 15 20 | 02 28 | 20 22 | 00 10 | 23 01 | 31 58 | 14 01 | 06 22 | 06 25 | 10 24 |
| 16 | 12 29 | 27 37 | 07 15 | 21 04 | 14 51 | 15 23 | 02 30 | 20 23 | 00 09 | 23 00 | 31 59 | 13 53 | 06 13 | 06 34 | 10 25 |
| 17 | 12 08 | 27 18 | 07 30 | 21 00 | 15 00 | 15 25 | 02 33 | 20 23 | 00 08 | 23 00 | 31 59 | 13 44 | 06 04 | 06 44 | 10 25 |
| 18 | 11 47 | 25 04 | 07 49 | 20 56 | 15 08 | 15 28 | 02 35 | 20 23 | 00 07 | 23 00 | 32 00 | 13 35 | 05 55 | 06 53 | 10 26 |
| 19 | 11 26 | 21 07 | 08 11 | 20 51 | 15 17 | 15 30 | 02 38 | 20 23 | 00 06 | 22 59 | 32 00 | 13 26 | 05 46 | 07 03 | 10 27 |
| 20 | 11 05 | 15 48 | 08 34 | 20 45 | 15 25 | 15 33 | 02 40 | 20 23 | 00 06 | 22 59 | 32 01 | 13 18 | 05 37 | 07 12 | 10 27 |
| 21 | 10 43 | 09 35 | 08 59 | 20 39 | 15 33 | 15 36 | 02 43 | 20 23 | 00 05 | 22 59 | 32 01 | 13 09 | 05 28 | 07 22 | 10 28 |
| 22 | 10 22 | 02 57 | 09 25 | 20 32 | 15 41 | 15 38 | 02 46 | 20 23 | 00 04 | 22 58 | 32 01 | 13 00 | 05 18 | 07 31 | 10 29 |
| 23 | 10 00 | -03 41 | 09 51 | 20 24 | 15 49 | 15 40 | 02 48 | 20 23 | 00 03 | 22 58 | 32 01 | 12 51 | 05 09 | 07 41 | 10 30 |
| 24 | 09 38 | 09 57 | 10 17 | 20 16 | 15 57 | 15 43 | 02 51 | 20 24 | 00 02 | 22 58 | 32 01 | 12 43 | 05 00 | 07 50 | 10 31 |
| 25 | 09 15 | 15 34 | 10 42 | 20 08 | 16 04 | 15 45 | 02 54 | 20 24 | 00 01 | 22 57 | 32 01 | 12 34 | 04 50 | 07 59 | 10 32 |
| 26 | 08 53 | 20 18 | 11 06 | 19 59 | 16 11 | 15 48 | 02 56 | 20 24 | 00 01 | 22 57 | 32 01 | 12 25 | 04 41 | 08 09 | 10 32 |
| 27 | 08 31 | 23 57 | 11 29 | 19 49 | 16 18 | 15 50 | 02 59 | 20 24 | +00 00 | 22 57 | 32 00 | 12 16 | 04 31 | 08 18 | 10 33 |
| 28 | 08 08 | 26 25 | 11 50 | 19 39 | 16 25 | 15 52 | 03 02 | 20 24 | 00 01 | 22 57 | 32 00 | 12 08 | 04 22 | 08 28 | 10 34 |

Lunar Phases -- 6 ● 15:57 ✓ 14 ◐ 07:59 20 Ⓔ 23:25 28 ◑ 05:18 Sun enters ♓ 2/18 21:35

# 0:00 E.T. — Longitudes of Main Planets - March 2027 — Mar. 27

| D | S.T. | ☉ | ☽ | ☽ 12:00 | ☿ | ♀ | ♂ | ♃ | ♄ | ♅ | ♆ | ♇ | ☊ |
|---|---|---|---|---|---|---|---|---|---|---|---|---|---|
| 1 | 10:34:18 | 10 ♓ 09 51 | 18 ♐ 47 | 24 ♐ 45 | 21 ♒ 17 ℞ | 29 ♑ 41 | 27 ♌ 09 ℞ | 19 ♌ 45 ℞ | 13 ♈ 05 | 01 ♊ 52 | 03 ♈ 12 | 06 ♒ 09 | 19 ♒ 43 |
| 2 | 10:38:15 | 11 10 06 | 00 ♑ 41 | 06 ♑ 36 | 21 03 | 00 ♒ 52 | 26 47 | 19 38 | 13 11 | 01 53 | 03 14 | 06 11 | 19 40 |
| 3 | 10:42:11 | 12 10 19 | 12 30 | 18 24 | 20 56 | 02 03 | 26 26 | 19 31 | 13 18 | 01 54 | 03 16 | 06 13 | 19 37 |
| 4 | 10:46:08 | 13 10 31 | 24 18 | 00 ♒ 13 | 20 56 D | 03 14 | 26 05 | 19 24 | 13 25 | 01 56 | 03 18 | 06 14 | 19 33 |
| 5 | 10:50:04 | 14 10 40 | 06 ♒ 10 | 12 08 | 21 02 | 04 26 | 25 44 | 19 18 | 13 32 | 01 57 | 03 20 | 06 16 | 19 30 |
| 6 | 10:54:01 | 15 10 49 | 18 08 | 24 11 | 21 15 | 05 37 | 25 24 | 19 11 | 13 39 | 01 58 | 03 23 | 06 17 | 19 27 |
| 7 | 10:57:57 | 16 10 55 | 00 ♓ 17 | 06 ♓ 26 | 21 32 | 06 49 | 25 05 | 19 05 | 13 46 | 01 59 | 03 25 | 06 19 | 19 24 |
| 8 | 11:01:54 | 17 10 59 | 12 38 | 18 53 | 21 56 | 08 00 | 24 46 | 18 58 | 13 53 | 02 01 | 03 27 | 06 20 | 19 21 |
| 9 | 11:05:50 | 18 11 02 | 25 12 | 01 ♈ 34 | 22 24 | 09 12 | 24 28 | 18 52 | 14 00 | 02 02 | 03 29 | 06 22 | 19 17 |
| 10 | 11:09:47 | 19 11 03 | 08 ♈ 00 | 14 29 | 22 57 | 10 24 | 24 11 | 18 46 | 14 07 | 02 04 | 03 31 | 06 23 | 19 14 |
| 11 | 11:13:44 | 20 11 02 | 21 02 | 27 38 | 23 34 | 11 35 | 23 54 | 18 40 | 14 14 | 02 05 | 03 34 | 06 25 | 19 11 |
| 12 | 11:17:40 | 21 10 59 | 04 ♉ 17 | 10 ♉ 59 | 24 15 | 12 47 | 23 38 | 18 35 | 14 21 | 02 07 | 03 36 | 06 26 | 19 08 |
| 13 | 11:21:37 | 22 10 53 | 17 45 | 24 34 | 25 00 | 13 59 | 23 22 | 18 29 | 14 28 | 02 09 | 03 38 | 06 28 | 19 05 |
| 14 | 11:25:33 | 23 10 46 | 01 ♊ 25 | 08 ♊ 19 | 25 49 | 15 11 | 23 08 | 18 24 | 14 36 | 02 10 | 03 40 | 06 29 | 19 02 |
| 15 | 11:29:30 | 24 10 36 | 15 16 | 22 16 | 26 40 | 16 22 | 22 54 | 18 18 | 14 43 | 02 12 | 03 42 | 06 31 | 18 58 |
| 16 | 11:33:26 | 25 10 24 | 29 18 | 06 ♋ 22 | 27 35 | 17 34 | 22 41 | 18 13 | 14 50 | 02 14 | 03 45 | 06 32 | 18 55 |
| 17 | 11:37:23 | 26 10 10 | 13 ♋ 29 | 20 37 | 28 33 | 18 46 | 22 28 | 18 08 | 14 57 | 02 16 | 03 47 | 06 33 | 18 52 |
| 18 | 11:41:19 | 27 09 54 | 27 47 | 04 ♌ 59 | 29 34 | 19 58 | 22 17 | 18 03 | 15 05 | 02 17 | 03 49 | 06 35 | 18 49 |
| 19 | 11:45:16 | 28 09 35 | 12 ♌ 11 | 19 24 | 00 ♓ 37 | 21 10 | 22 06 | 17 59 | 15 12 | 02 19 | 03 52 | 06 36 | 18 46 |
| 20 | 11:49:13 | 29 09 14 | 26 37 | 03 ♍ 49 | 01 43 | 22 22 | 21 56 | 17 54 | 15 20 | 02 21 | 03 54 | 06 37 | 18 43 |
| 21 | 11:53:09 | 00 ♈ 08 51 | 11 ♍ 00 | 18 09 | 02 50 | 23 34 | 21 47 | 17 50 | 15 27 | 02 23 | 03 56 | 06 39 | 18 39 |
| 22 | 11:57:06 | 01 08 25 | 25 16 | 02 ♎ 19 | 04 01 | 24 46 | 21 38 | 17 46 | 15 34 | 02 25 | 03 58 | 06 40 | 18 36 |
| 23 | 12:01:02 | 02 07 58 | 09 ♎ 19 | 16 14 | 05 13 | 25 58 | 21 30 | 17 42 | 15 42 | 02 27 | 04 01 | 06 41 | 18 33 |
| 24 | 12:04:59 | 03 07 28 | 23 04 | 29 49 | 06 27 | 27 11 | 21 23 | 17 38 | 15 49 | 02 30 | 04 03 | 06 42 | 18 30 |
| 25 | 12:08:55 | 04 06 57 | 06 ♏ 29 | 13 ♏ 03 | 07 43 | 28 23 | 21 17 | 17 34 | 15 57 | 02 32 | 04 05 | 06 44 | 18 27 |
| 26 | 12:12:52 | 05 06 24 | 19 32 | 25 55 | 09 01 | 29 35 | 21 12 | 17 31 | 16 04 | 02 34 | 04 07 | 06 45 | 18 23 |
| 27 | 12:16:48 | 06 05 49 | 02 ♐ 14 | 08 ♐ 27 | 10 21 | 00 ♓ 47 | 21 07 | 17 27 | 16 12 | 02 36 | 04 10 | 06 46 | 18 20 |
| 28 | 12:20:45 | 07 05 12 | 14 36 | 20 41 | 11 42 | 02 00 | 21 03 | 17 24 | 16 19 | 02 38 | 04 12 | 06 47 | 18 17 |
| 29 | 12:24:42 | 08 04 34 | 26 43 | 02 ♑ 42 | 13 05 | 03 12 | 21 00 | 17 21 | 16 27 | 02 41 | 04 14 | 06 48 | 18 14 |
| 30 | 12:28:38 | 09 03 53 | 08 ♑ 39 | 14 34 | 14 30 | 04 24 | 20 58 | 17 19 | 16 34 | 02 43 | 04 17 | 06 49 | 18 11 |
| 31 | 12:32:35 | 10 03 11 | 20 29 | 26 23 | 15 57 | 05 37 | 20 57 | 17 16 | 16 42 | 02 45 | 04 19 | 06 50 | 18 08 |

# 0:00 E.T. — Longitudes of the Major Asteroids and Chiron — Lunar Data

| D | ⚳ | ⚴ | ⚵ | ⚶ | ⚷ | D | ⚳ | ⚴ | ⚵ | ⚶ | ⚷ | Last Asp. | Ingress |
|---|---|---|---|---|---|---|---|---|---|---|---|---|---|
| 1 | 10 ♋ 17 | 26 ♈ 29 | 22 ♓ 04 | 04 ♉ 40 | 27 ♈ 33 | 17 | 11 42 | 03 45 | 00 ♈ 26 | 10 55 | 28 21 | 1  16:20 | 1 ♑ 22:37 |
| 2 | 10 19 | 26 55 | 22 35 | 05 03 | 27 36 | 18 | 11 51 | 04 13 | 00 58 | 11 19 | 28 24 | 3  01:38 | 4 ♒ 11:33 |
| 3 | 10 22 | 27 22 | 23 06 | 05 26 | 27 39 | 19 | 12 00 | 04 41 | 01 30 | 11 43 | 28 27 | 6  14:01 | 6 ♓ 23:27 |
| 4 | 10 25 | 27 48 | 23 37 | 05 49 | 27 41 | 20 | 12 09 | 05 10 | 02 02 | 12 07 | 28 30 | 8  09:30 | 9 ♈ 09:04 |
| 5 | 10 29 | 28 15 | 24 08 | 06 12 | 27 44 | 21 | 12 18 | 05 39 | 02 34 | 12 31 | 28 34 | 11  05:08 | 11 ♉ 16:17 |
| 6 | 10 33 | 28 41 | 24 40 | 06 35 | 27 47 | 22 | 12 28 | 06 08 | 03 06 | 12 56 | 28 37 | 13  13:34 | 13 ♊ 21:32 |
| 7 | 10 37 | 29 08 | 25 11 | 06 58 | 27 50 | 23 | 12 38 | 06 37 | 03 38 | 13 20 | 28 40 | 15  20:53 | 16 ♋ 01:12 |
| 8 | 10 42 | 29 35 | 25 42 | 07 22 | 27 53 | 24 | 12 49 | 07 06 | 04 10 | 13 44 | 28 44 | 17  22:53 | 18 ♌ 03:42 |
| 9 | 10 47 | 00 ♉ 02 | 26 14 | 07 45 | 27 56 | 25 | 13 00 | 07 35 | 04 42 | 14 09 | 28 47 | 19  16:18 | 20 ♍ 05:38 |
| 10 | 10 53 | 00 30 | 26 45 | 08 09 | 27 59 | 26 | 13 11 | 08 04 | 05 14 | 14 33 | 28 50 | 20  09:35 | 22 ♎ 08:03 |
| 11 | 10 59 | 00 57 | 27 16 | 08 32 | 28 02 | 27 | 13 22 | 08 34 | 05 46 | 14 58 | 28 54 | 24  08:00 | 24 ♏ 12:20 |
| 12 | 11 05 | 01 25 | 27 48 | 08 56 | 28 05 | 28 | 13 34 | 09 03 | 06 19 | 15 22 | 28 57 | 26  03:06 | 26 ♐ 19:45 |
| 13 | 11 12 | 01 52 | 28 20 | 09 19 | 28 08 | 29 | 13 46 | 09 33 | 06 51 | 15 47 | 29 01 | 28  12:41 | 29 ♑ 06:34 |
| 14 | 11 19 | 02 20 | 28 51 | 09 43 | 28 11 | 30 | 13 58 | 10 03 | 07 23 | 16 12 | 29 04 | 30  16:14 | 31 ♒ 19:21 |
| 15 | 11 26 | 02 48 | 29 23 | 10 07 | 28 14 | 31 | 14 11 | 10 33 | 07 56 | 16 37 | 29 08 | | |
| 16 | 11 34 | 03 16 | 29 54 | 10 31 | 28 17 | | | | | | | | |

# 0:00 E.T. — Declinations

| D | ☉ | ☽ | ☿ | ♀ | ♂ | ♃ | ♄ | ♅ | ♆ | ♇ | ⚳ | ⚴ | ⚵ | ⚶ | ⚷ |
|---|---|---|---|---|---|---|---|---|---|---|---|---|---|---|---|
| 1 | -07 45 | -27 35 | -12 09 | -19 28 | +16 32 | +15 55 | +03 04 | +20 25 | +00 02 | -22 56 | +31 59 | -11 59 | -04 12 | +08 37 | +10 35 |
| 2 | 07 23 | 27 28 | 12 26 | 19 17 | 16 38 | 15 57 | 03 07 | 20 25 | 00 03 | 22 56 | 31 59 | 11 50 | 04 03 | 08 46 | 10 36 |
| 3 | 07 00 | 26 05 | 12 41 | 19 05 | 16 44 | 15 59 | 03 10 | 20 25 | 00 04 | 22 56 | 31 58 | 11 41 | 03 53 | 08 56 | 10 37 |
| 4 | 06 37 | 23 33 | 12 54 | 18 52 | 16 50 | 16 01 | 03 13 | 20 25 | 00 05 | 22 55 | 31 58 | 11 33 | 03 43 | 09 05 | 10 38 |
| 5 | 06 14 | 20 00 | 13 05 | 18 39 | 16 55 | 16 03 | 03 15 | 20 26 | 00 05 | 22 55 | 31 57 | 11 24 | 03 34 | 09 14 | 10 39 |
| 6 | 05 50 | 15 36 | 13 14 | 18 26 | 17 01 | 16 05 | 03 18 | 20 26 | 00 06 | 22 55 | 31 56 | 11 15 | 03 24 | 09 23 | 10 40 |
| 7 | 05 27 | 10 32 | 13 21 | 18 11 | 17 06 | 16 07 | 03 21 | 20 26 | 00 07 | 22 55 | 31 55 | 11 06 | 03 14 | 09 33 | 10 41 |
| 8 | 05 04 | 05 00 | 13 26 | 17 57 | 17 10 | 16 09 | 03 24 | 20 27 | 00 08 | 22 54 | 31 54 | 10 58 | 03 04 | 09 42 | 10 42 |
| 9 | 04 40 | +00 50 | 13 29 | 17 42 | 17 15 | 16 11 | 03 27 | 20 27 | 00 09 | 22 54 | 31 54 | 10 49 | 02 55 | 09 51 | 10 43 |
| 10 | 04 17 | 06 43 | 13 30 | 17 26 | 17 19 | 16 13 | 03 29 | 20 27 | 00 10 | 22 54 | 31 52 | 10 40 | 02 45 | 10 00 | 10 44 |
| 11 | 03 53 | 12 25 | 13 30 | 17 10 | 17 23 | 16 15 | 03 32 | 20 28 | 00 11 | 22 54 | 31 51 | 10 31 | 02 35 | 10 09 | 10 45 |
| 12 | 03 30 | 17 39 | 13 27 | 16 53 | 17 26 | 16 17 | 03 35 | 20 28 | 00 11 | 22 54 | 31 50 | 10 23 | 02 25 | 10 19 | 10 46 |
| 13 | 03 06 | 22 07 | 13 23 | 16 36 | 17 29 | 16 18 | 03 38 | 20 28 | 00 12 | 22 53 | 31 49 | 10 14 | 02 15 | 10 28 | 10 47 |
| 14 | 02 42 | 25 26 | 13 17 | 16 19 | 17 32 | 16 20 | 03 41 | 20 28 | 00 13 | 22 53 | 31 48 | 10 06 | 02 05 | 10 37 | 10 48 |
| 15 | 02 19 | 27 19 | 13 09 | 16 01 | 17 35 | 16 22 | 03 44 | 20 29 | 00 14 | 22 53 | 31 46 | 09 57 | 01 55 | 10 46 | 10 49 |
| 16 | 01 55 | 27 29 | 12 59 | 15 42 | 17 37 | 16 23 | 03 46 | 20 30 | 00 15 | 22 53 | 31 45 | 09 48 | 01 45 | 10 55 | 10 50 |
| 17 | 01 31 | 25 51 | 12 48 | 15 23 | 17 39 | 16 25 | 03 49 | 20 30 | 00 16 | 22 53 | 31 44 | 09 40 | 01 35 | 11 04 | 10 51 |
| 18 | 01 08 | 22 33 | 12 36 | 15 04 | 17 40 | 16 26 | 03 52 | 20 30 | 00 17 | 22 52 | 31 42 | 09 31 | 01 25 | 11 13 | 10 52 |
| 19 | 00 44 | 17 50 | 12 24 | 14 44 | 17 42 | 16 27 | 03 55 | 20 31 | 00 18 | 22 52 | 31 41 | 09 23 | 01 15 | 11 22 | 10 53 |
| 20 | 00 20 | 12 05 | 12 06 | 14 24 | 17 43 | 16 29 | 03 58 | 20 31 | 00 19 | 22 52 | 31 39 | 09 14 | 01 05 | 11 30 | 10 54 |
| 21 | +00 04 | 05 43 | 11 48 | 14 03 | 17 44 | 16 30 | 04 01 | 20 31 | 00 20 | 22 52 | 31 37 | 09 06 | 00 55 | 11 39 | 10 55 |
| 22 | 00 27 | -00 52 | 11 30 | 13 42 | 17 44 | 16 31 | 04 04 | 20 32 | 00 21 | 22 52 | 31 36 | 08 58 | 00 45 | 11 48 | 10 56 |
| 23 | 00 51 | 07 17 | 11 10 | 13 21 | 17 44 | 16 32 | 04 07 | 20 32 | 00 21 | 22 51 | 31 34 | 08 49 | 00 35 | 11 57 | 10 58 |
| 24 | 01 15 | 13 14 | 10 48 | 12 59 | 17 44 | 16 34 | 04 10 | 20 33 | 00 22 | 22 51 | 31 32 | 08 41 | 00 25 | 12 06 | 10 59 |
| 25 | 01 38 | 18 24 | 10 25 | 12 37 | 17 44 | 16 35 | 04 12 | 20 33 | 00 23 | 22 51 | 31 30 | 08 32 | 00 15 | 12 14 | 11 00 |
| 26 | 02 02 | 22 34 | 10 01 | 12 15 | 17 43 | 16 36 | 04 15 | 20 33 | 00 24 | 22 51 | 31 28 | 08 24 | 00 05 | 12 23 | 11 01 |
| 27 | 02 25 | 25 31 | 09 35 | 11 52 | 17 43 | 16 36 | 04 18 | 20 34 | 00 25 | 22 51 | 31 26 | 08 16 | +00 05 | 12 31 | 11 02 |
| 28 | 02 49 | 27 11 | 09 08 | 11 29 | 17 42 | 16 37 | 04 21 | 20 35 | 00 26 | 22 51 | 31 24 | 08 08 | 00 15 | 12 40 | 11 03 |
| 29 | 03 12 | 27 30 | 08 40 | 11 05 | 17 40 | 16 38 | 04 24 | 20 35 | 00 27 | 22 51 | 31 22 | 08 00 | 00 25 | 12 48 | 11 04 |
| 30 | 03 36 | 26 31 | 08 11 | 10 41 | 17 39 | 16 39 | 04 27 | 20 35 | 00 28 | 22 51 | 31 20 | 07 51 | 00 35 | 12 57 | 11 06 |
| 31 | 03 59 | 24 20 | 07 40 | 10 17 | 17 37 | 16 40 | 04 30 | 20 36 | 00 29 | 22 51 | 31 18 | 07 43 | 00 45 | 13 05 | 11 07 |

Lunar Phases -- 8 ● 09:31   15 ◑ 16:26   22 ○ 10:45   30 ◐ 00:55   Sun enters ♈ 3/20 20:26

# Longitudes of Main Planets - April 2027

0:00 E.T.

| D | S.T. | ☉ | ☽ | ☽ 12:00 | ☿ | ♀ | ♂ | ♃ | ♄ | ♅ | ♆ | ♇ | ☊ |
|---|---|---|---|---|---|---|---|---|---|---|---|---|---|
| 1 | 12:36:31 | 11♈02 27 | 02♒18 | 08♒13 | 17♓25 | 06♓49 | 20♌56℞ | 17♌14℞ | 16♈49 | 02♊48 | 04♈21 | 06♒51 | 18♒04 |
| 2 | 12:40:28 | 12 01 42 | 14 11 | 20 11 | 18 54 | 08 01 | 20 56D | 17 11 | 16 57 | 02 50 | 04 23 | 06 52 | 18 01 |
| 3 | 12:44:24 | 13 00 54 | 26 14 | 02♓20 | 20 25 | 09 14 | 20 56 | 17 09 | 17 04 | 02 53 | 04 26 | 06 53 | 17 58 |
| 4 | 12:48:21 | 14 00 04 | 08♓29 | 14 43 | 21 58 | 10 26 | 20 58 | 17 08 | 17 12 | 02 55 | 04 28 | 06 54 | 17 55 |
| 5 | 12:52:17 | 14 59 13 | 21 02 | 27 25 | 23 32 | 11 39 | 21 00 | 17 06 | 17 19 | 02 58 | 04 30 | 06 55 | 17 52 |
| 6 | 12:56:14 | 15 58 20 | 03♈52 | 10♈25 | 25 07 | 12 51 | 21 03 | 17 05 | 17 27 | 03 01 | 04 32 | 06 56 | 17 49 |
| 7 | 13:00:11 | 16 57 25 | 17 01 | 23 43 | 26 44 | 14 04 | 21 06 | 17 03 | 17 35 | 03 03 | 04 35 | 06 57 | 17 45 |
| 8 | 13:04:07 | 17 56 27 | 00♉28 | 07♉17 | 28 23 | 15 16 | 21 10 | 17 02 | 17 42 | 03 06 | 04 37 | 06 58 | 17 42 |
| 9 | 13:08:04 | 18 55 28 | 14 09 | 21 04 | 00♈03 | 16 29 | 21 15 | 17 01 | 17 50 | 03 09 | 04 39 | 06 58 | 17 39 |
| 10 | 13:12:00 | 19 54 27 | 28 02 | 05♊02 | 01 44 | 17 42 | 21 21 | 17 01 | 17 57 | 03 11 | 04 41 | 06 59 | 17 36 |
| 11 | 13:15:57 | 20 53 23 | 12♊03 | 19 06 | 03 27 | 18 54 | 21 27 | 17 00 | 18 05 | 03 14 | 04 43 | 07 00 | 17 33 |
| 12 | 13:19:53 | 21 52 17 | 26 09 | 03♋12 | 05 12 | 20 07 | 21 34 | 17 00 | 18 12 | 03 17 | 04 46 | 07 01 | 17 29 |
| 13 | 13:23:50 | 22 51 09 | 10♋16 | 17 20 | 06 58 | 21 19 | 21 41 | 17 00 | 18 20 | 03 20 | 04 48 | 07 02 | 17 26 |
| 14 | 13:27:46 | 23 49 59 | 24 24 | 01♌28 | 08 45 | 22 32 | 21 49 | 17 00D | 18 28 | 03 23 | 04 50 | 07 02 | 17 23 |
| 15 | 13:31:43 | 24 48 46 | 08♌31 | 15 33 | 10 34 | 23 45 | 21 58 | 17 00 | 18 35 | 03 26 | 04 52 | 07 03 | 17 20 |
| 16 | 13:35:40 | 25 47 31 | 22 35 | 29 36 | 12 25 | 24 57 | 22 07 | 17 01 | 18 43 | 03 29 | 04 54 | 07 04 | 17 17 |
| 17 | 13:39:36 | 26 46 14 | 06♍37 | 13♍35 | 14 17 | 26 10 | 22 17 | 17 01 | 18 50 | 03 32 | 04 56 | 07 04 | 17 14 |
| 18 | 13:43:33 | 27 44 54 | 20 33 | 27 29 | 16 11 | 27 23 | 22 28 | 17 02 | 18 58 | 03 34 | 04 59 | 07 05 | 17 10 |
| 19 | 13:47:29 | 28 43 32 | 04♎22 | 11♎13 | 18 06 | 28 35 | 22 39 | 17 03 | 19 05 | 03 38 | 05 01 | 07 05 | 17 07 |
| 20 | 13:51:26 | 29 42 09 | 18 02 | 24 46 | 20 03 | 29 48 | 22 50 | 17 04 | 19 13 | 03 41 | 05 03 | 07 06 | 17 04 |
| 21 | 13:55:22 | 00♉40 43 | 01♏28 | 08♏05 | 22 01 | 01♈01 | 23 02 | 17 06 | 19 20 | 03 44 | 05 05 | 07 06 | 17 01 |
| 22 | 13:59:19 | 01 39 15 | 14 39 | 21 08 | 24 01 | 02 13 | 23 15 | 17 07 | 19 28 | 03 47 | 05 07 | 07 07 | 16 58 |
| 23 | 14:03:15 | 02 37 46 | 27 32 | 03♐53 | 26 02 | 03 26 | 23 28 | 17 09 | 19 35 | 03 50 | 05 09 | 07 07 | 16 55 |
| 24 | 14:07:12 | 03 36 14 | 10♐09 | 16 20 | 28 05 | 04 39 | 23 42 | 17 11 | 19 43 | 03 53 | 05 11 | 07 08 | 16 51 |
| 25 | 14:11:09 | 04 34 41 | 22 28 | 28 33 | 00♉09 | 05 52 | 23 56 | 17 13 | 19 50 | 03 56 | 05 13 | 07 08 | 16 48 |
| 26 | 14:15:05 | 05 33 07 | 04♑34 | 10♑33 | 02 14 | 07 04 | 24 11 | 17 15 | 19 57 | 03 59 | 05 15 | 07 08 | 16 45 |
| 27 | 14:19:02 | 06 31 31 | 16 30 | 22 25 | 04 20 | 08 17 | 24 26 | 17 18 | 20 05 | 04 02 | 05 17 | 07 09 | 16 42 |
| 28 | 14:22:58 | 07 29 53 | 28 19 | 04♒13 | 06 28 | 09 30 | 24 41 | 17 20 | 20 12 | 04 06 | 05 19 | 07 09 | 16 39 |
| 29 | 14:26:55 | 08 28 13 | 10♒08 | 16 04 | 08 36 | 10 43 | 24 57 | 17 23 | 20 19 | 04 09 | 05 21 | 07 09 | 16 35 |
| 30 | 14:30:51 | 09 26 32 | 22 02 | 28 02 | 10 45 | 11 56 | 25 14 | 17 26 | 20 27 | 04 12 | 05 23 | 07 10 | 16 32 |

## Longitudes of the Major Asteroids and Chiron

0:00 E.T.

| D | ⚳ | ⚴ | ⚵ | ⚶ | ⚷ | D | ⚳ | ⚴ | ⚵ | ⚶ | ⚷ |
|---|---|---|---|---|---|---|---|---|---|---|---|
| 1 | 14♋24 | 11♉03 | 08♈28 | 17♉01 | 29♈11 | 16 | 18 08 | 18 46 | 16 39 | 23 18 | 00 05 |
| 2 | 14 37 | 11 33 | 09 00 | 17 26 | 29 15 | 17 | 18 25 | 19 18 | 17 12 | 23 44 | 00 09 |
| 3 | 14 50 | 12 03 | 09 33 | 17 51 | 29 18 | 18 | 18 42 | 19 50 | 17 45 | 24 09 | 00 12 |
| 4 | 15 04 | 12 34 | 10 06 | 18 16 | 29 22 | 19 | 18 59 | 20 22 | 18 18 | 24 34 | 00 16 |
| 5 | 15 18 | 13 04 | 10 38 | 18 41 | 29 25 | 20 | 19 17 | 20 53 | 18 51 | 25 00 | 00 20 |
| 6 | 15 32 | 13 35 | 11 11 | 19 06 | 29 29 | 21 | 19 35 | 21 25 | 19 24 | 25 25 | 00 23 |
| 7 | 15 47 | 14 06 | 11 43 | 19 31 | 29 32 | 22 | 19 52 | 21 58 | 19 57 | 25 51 | 00 27 |
| 8 | 16 01 | 14 36 | 12 16 | 19 56 | 29 36 | 23 | 20 10 | 22 30 | 20 31 | 26 16 | 00 31 |
| 9 | 16 17 | 15 07 | 12 49 | 20 21 | 29 40 | 24 | 20 29 | 23 02 | 21 04 | 26 42 | 00 34 |
| 10 | 16 32 | 15 38 | 13 22 | 20 46 | 29 43 | 25 | 20 47 | 23 34 | 21 37 | 27 08 | 00 38 |
| 11 | 16 47 | 16 09 | 13 54 | 21 12 | 29 47 | 26 | 21 06 | 24 07 | 22 10 | 27 33 | 00 42 |
| 12 | 17 03 | 16 41 | 14 27 | 21 37 | 29 51 | 27 | 21 25 | 24 39 | 22 43 | 27 59 | 00 45 |
| 13 | 17 19 | 17 12 | 15 00 | 22 02 | 29 54 | 28 | 21 44 | 25 12 | 23 17 | 28 25 | 00 49 |
| 14 | 17 35 | 17 43 | 15 33 | 22 27 | 29 58 | 29 | 22 03 | 25 45 | 23 50 | 28 50 | 00 53 |
| 15 | 17 52 | 18 15 | 16 06 | 22 53 | 00♉01 | 30 | 22 22 | 26 18 | 24 23 | 29 16 | 00 56 |

## Lunar Data

| Last Asp. | | Ingress | | |
|---|---|---|---|---|
| 2 | 13:30 | 3 | ♓ | 07:26 |
| 5 | 05:23 | 5 | ♈ | 16:49 |
| 7 | 07:22 | 7 | ♉ | 23:11 |
| 9 | 12:23 | 10 | ♊ | 03:22 |
| 11 | 16:11 | 12 | ♋ | 06:33 |
| 13 | 22:58 | 14 | ♌ | 09:31 |
| 16 | 05:53 | 16 | ♍ | 12:41 |
| 18 | 12:58 | 18 | ♎ | 16:23 |
| 20 | 08:41 | 20 | ♏ | 21:22 |
| 22 | 16:14 | 23 | ♐ | 04:39 |
| 25 | 02:56 | 25 | ♑ | 14:53 |
| 27 | 07:20 | 28 | ♒ | 03:25 |
| 30 | 06:33 | 30 | ♓ | 15:53 |

## Declinations

0:00 E.T.

| D | ☉ | ☽ | ☿ | ♀ | ♂ | ♃ | ♄ | ♅ | ♆ | ♇ | ⚳ | ⚴ | ⚵ | ⚶ | ⚷ |
|---|---|---|---|---|---|---|---|---|---|---|---|---|---|---|---|
| 1 | +04 22 | -21 07 | -07 08 | -09 53 | +17 35 | +16 40 | +04 33 | +20 36 | +00 29 | -22 51 | +31 16 | -07 35 | +00 55 | +13 14 | +11 08 |
| 2 | 04 45 | 17 01 | 06 35 | 09 28 | 17 33 | 16 41 | 04 36 | 20 37 | 00 30 | 22 51 | 31 13 | 07 27 | 01 06 | 13 22 | 11 09 |
| 3 | 05 08 | 12 12 | 06 01 | 09 03 | 17 30 | 16 41 | 04 39 | 20 37 | 00 31 | 22 51 | 31 11 | 07 19 | 01 16 | 13 30 | 11 10 |
| 4 | 05 31 | 06 50 | 05 25 | 08 38 | 17 27 | 16 42 | 04 41 | 20 38 | 00 32 | 22 50 | 31 08 | 07 12 | 01 26 | 13 39 | 11 11 |
| 5 | 05 54 | 01 05 | 04 49 | 08 13 | 17 24 | 16 42 | 04 44 | 20 38 | 00 33 | 22 50 | 31 06 | 07 04 | 01 36 | 13 47 | 11 13 |
| 6 | 06 17 | +04 50 | 04 11 | 07 47 | 17 21 | 16 43 | 04 47 | 20 39 | 00 34 | 22 50 | 31 03 | 06 56 | 01 46 | 13 55 | 11 14 |
| 7 | 06 40 | 10 40 | 03 32 | 07 21 | 17 18 | 16 43 | 04 50 | 20 39 | 00 35 | 22 50 | 31 01 | 06 48 | 01 56 | 14 03 | 11 15 |
| 8 | 07 02 | 16 08 | 02 52 | 06 55 | 17 14 | 16 43 | 04 53 | 20 40 | 00 36 | 22 50 | 30 58 | 06 40 | 02 06 | 14 11 | 11 16 |
| 9 | 07 25 | 20 54 | 02 11 | 06 28 | 17 10 | 16 43 | 04 56 | 20 40 | 00 36 | 22 50 | 30 55 | 06 33 | 02 16 | 14 19 | 11 17 |
| 10 | 07 47 | 24 35 | 01 29 | 06 02 | 17 06 | 16 43 | 04 59 | 20 41 | 00 37 | 22 50 | 30 53 | 06 25 | 02 26 | 14 27 | 11 19 |
| 11 | 08 09 | 26 51 | 00 46 | 05 35 | 17 02 | 16 44 | 05 02 | 20 41 | 00 38 | 22 50 | 30 50 | 06 18 | 02 35 | 14 35 | 11 20 |
| 12 | 08 31 | 27 24 | 00 03 | 05 08 | 16 58 | 16 44 | 05 04 | 20 42 | 00 39 | 22 50 | 30 47 | 06 10 | 02 45 | 14 43 | 11 21 |
| 13 | 08 53 | 26 10 | +00 42 | 04 41 | 16 53 | 16 43 | 05 07 | 20 42 | 00 40 | 22 50 | 30 44 | 06 03 | 02 55 | 14 50 | 11 22 |
| 14 | 09 15 | 23 16 | 01 28 | 04 14 | 16 48 | 16 43 | 05 10 | 20 43 | 00 41 | 22 50 | 30 41 | 05 55 | 03 05 | 14 58 | 11 24 |
| 15 | 09 37 | 18 58 | 02 15 | 03 47 | 16 43 | 16 43 | 05 13 | 20 44 | 00 42 | 22 50 | 30 38 | 05 48 | 03 15 | 15 06 | 11 25 |
| 16 | 09 58 | 13 37 | 03 02 | 03 19 | 16 38 | 16 43 | 05 16 | 20 44 | 00 42 | 22 50 | 30 35 | 05 41 | 03 25 | 15 13 | 11 26 |
| 17 | 10 19 | 07 36 | 03 51 | 02 52 | 16 33 | 16 43 | 05 19 | 20 45 | 00 43 | 22 50 | 30 32 | 05 34 | 03 35 | 15 21 | 11 27 |
| 18 | 10 40 | 01 15 | 04 40 | 02 24 | 16 27 | 16 42 | 05 21 | 20 45 | 00 44 | 22 50 | 30 28 | 05 27 | 03 44 | 15 28 | 11 28 |
| 19 | 11 01 | -05 05 | 05 30 | 01 56 | 16 21 | 16 42 | 05 24 | 20 46 | 00 45 | 22 50 | 30 25 | 05 19 | 03 54 | 15 36 | 11 30 |
| 20 | 11 22 | 11 06 | 06 20 | 01 29 | 16 16 | 16 41 | 05 27 | 20 46 | 00 46 | 22 51 | 30 22 | 05 13 | 04 04 | 15 43 | 11 31 |
| 21 | 11 43 | 16 30 | 07 11 | 01 01 | 16 10 | 16 41 | 05 30 | 20 47 | 00 47 | 22 51 | 30 18 | 05 06 | 04 13 | 15 50 | 11 32 |
| 22 | 12 03 | 21 01 | 08 02 | 00 33 | 16 03 | 16 40 | 05 32 | 20 48 | 00 47 | 22 51 | 30 15 | 04 59 | 04 23 | 15 58 | 11 33 |
| 23 | 12 23 | 24 25 | 08 54 | 00 05 | 15 57 | 16 40 | 05 35 | 20 48 | 00 48 | 22 51 | 30 11 | 04 52 | 04 33 | 16 05 | 11 34 |
| 24 | 12 43 | 26 33 | 09 46 | +00 23 | 15 51 | 16 39 | 05 38 | 20 49 | 00 49 | 22 51 | 30 07 | 04 45 | 04 42 | 16 12 | 11 36 |
| 25 | 13 03 | 27 19 | 10 39 | 00 52 | 15 44 | 16 38 | 05 41 | 20 49 | 00 50 | 22 51 | 30 04 | 04 39 | 04 52 | 16 19 | 11 37 |
| 26 | 13 22 | 26 46 | 11 31 | 01 20 | 15 37 | 16 37 | 05 43 | 20 50 | 00 50 | 22 51 | 30 00 | 04 32 | 05 01 | 16 26 | 11 38 |
| 27 | 13 42 | 24 57 | 12 23 | 01 48 | 15 30 | 16 37 | 05 46 | 20 51 | 00 51 | 22 51 | 29 56 | 04 26 | 05 10 | 16 33 | 11 39 |
| 28 | 14 01 | 22 04 | 13 15 | 02 16 | 15 23 | 16 36 | 05 49 | 20 51 | 00 52 | 22 51 | 29 52 | 04 19 | 05 20 | 16 40 | 11 41 |
| 29 | 14 20 | 18 16 | 14 06 | 02 44 | 15 16 | 16 35 | 05 52 | 20 52 | 00 53 | 22 51 | 29 48 | 04 13 | 05 29 | 16 46 | 11 42 |
| 30 | 14 38 | 13 44 | 14 57 | 03 12 | 15 08 | 16 34 | 05 54 | 20 52 | 00 54 | 22 52 | 29 44 | 04 06 | 05 38 | 16 53 | 11 43 |

Lunar Phases -- 6 ● 23:52 13 ◐ 22:58 20 ○ 22:28 28 ◑ 20:19 Sun enters ♉ 4/20 07:19

| D | S.T. | ☉ | ☽ | ☽ 12:00 | ☿ | ♀ | ♂ | ♃ | ♄ | ♅ | ♆ | ♇ | ☊ |
|---|---|---|---|---|---|---|---|---|---|---|---|---|---|
| 1 | 14:34:48 | 10♉24 50 | 04♓06 | 10♓14 | 12♉54 | 13♈08 | 25♌31 | 17♌29 | 20♈34 | 04♊15 | 05♈25 | 07♒10 | 16♒29 |
| 2 | 14:38:44 | 11 23 06 | 16 26 | 22 42 | 15 03 | 14 21 | 25 48 | 17 33 | 20 41 | 04 19 | 05 27 | 07 10 | 16 26 |
| 3 | 14:42:41 | 12 21 20 | 29 04 | 05♈32 | 17 13 | 15 34 | 26 06 | 17 36 | 20 49 | 04 22 | 05 29 | 07 10 | 16 23 |
| 4 | 14:46:38 | 13 19 33 | 12♈06 | 18 45 | 19 21 | 16 47 | 26 24 | 17 40 | 20 56 | 04 25 | 05 31 | 07 10 | 16 20 |
| 5 | 14:50:34 | 14 17 44 | 25 30 | 02♉21 | 21 30 | 18 00 | 26 42 | 17 44 | 21 03 | 04 29 | 05 33 | 07 10 | 16 16 |
| 6 | 14:54:31 | 15 15 54 | 09♉17 | 16 18 | 23 37 | 19 13 | 27 01 | 17 48 | 21 10 | 04 32 | 05 35 | 07 10 | 16 13 |
| 7 | 14:58:27 | 16 14 02 | 23 23 | 00♊31 | 25 43 | 20 26 | 27 21 | 17 52 | 21 17 | 04 35 | 05 37 | 07 11 | 16 10 |
| 8 | 15:02:24 | 17 12 08 | 07♊42 | 14 55 | 27 47 | 21 39 | 27 40 | 17 56 | 21 24 | 04 39 | 05 38 | 07 11 | 16 07 |
| 9 | 15:06:20 | 18 10 13 | 22 09 | 29 24 | 29 50 | 22 52 | 28 00 | 18 01 | 21 31 | 04 42 | 05 40 | 07 11℞ | 16 04 |
| 10 | 15:10:17 | 19 08 16 | 06♋38 | 13♋51 | 01♊50 | 24 04 | 28 21 | 18 05 | 21 39 | 04 46 | 05 42 | 07 11 | 16 01 |
| 11 | 15:14:13 | 20 06 17 | 21 02 | 28 13 | 03 49 | 25 17 | 28 42 | 18 10 | 21 46 | 04 49 | 05 44 | 07 10 | 15 57 |
| 12 | 15:18:10 | 21 04 16 | 05♌19 | 12♌24 | 05 44 | 26 30 | 29 03 | 18 15 | 21 52 | 04 52 | 05 45 | 07 10 | 15 54 |
| 13 | 15:22:07 | 22 02 13 | 19 27 | 26 27 | 07 37 | 27 43 | 29 24 | 18 20 | 21 59 | 04 56 | 05 47 | 07 10 | 15 51 |
| 14 | 15:26:03 | 23 00 09 | 03♍24 | 10♍19 | 09 27 | 28 56 | 29 46 | 18 25 | 22 06 | 04 59 | 05 49 | 07 10 | 15 48 |
| 15 | 15:30:00 | 23 58 02 | 17 11 | 24 01 | 11 14 | 00♉09 | 00♍09 | 18 31 | 22 13 | 05 03 | 05 51 | 07 10 | 15 45 |
| 16 | 15:33:56 | 24 55 54 | 00♎48 | 07♎33 | 12 58 | 01 22 | 00 31 | 18 36 | 22 20 | 05 06 | 05 52 | 07 10 | 15 41 |
| 17 | 15:37:53 | 25 53 44 | 14 14 | 20 53 | 14 39 | 02 35 | 00 54 | 18 42 | 22 27 | 05 10 | 05 54 | 07 10 | 15 38 |
| 18 | 15:41:49 | 26 51 32 | 27 30 | 04♏03 | 16 16 | 03 48 | 01 17 | 18 48 | 22 33 | 05 13 | 05 55 | 07 09 | 15 35 |
| 19 | 15:45:46 | 27 49 19 | 10♏33 | 17 01 | 17 51 | 05 01 | 01 40 | 18 54 | 22 40 | 05 17 | 05 57 | 07 09 | 15 32 |
| 20 | 15:49:42 | 28 47 04 | 23 24 | 29 45 | 19 21 | 06 14 | 02 04 | 19 00 | 22 47 | 05 20 | 05 58 | 07 09 | 15 29 |
| 21 | 15:53:39 | 29 44 48 | 06♐02 | 12♐16 | 20 49 | 07 27 | 02 28 | 19 07 | 22 53 | 05 24 | 06 00 | 07 08 | 15 26 |
| 22 | 15:57:36 | 00♊42 30 | 18 27 | 24 34 | 22 12 | 08 40 | 02 52 | 19 13 | 23 00 | 05 27 | 06 02 | 07 08 | 15 22 |
| 23 | 16:01:32 | 01 40 12 | 00♑38 | 06♑40 | 23 32 | 09 53 | 03 17 | 19 20 | 23 06 | 05 31 | 06 03 | 07 08 | 15 19 |
| 24 | 16:05:29 | 02 37 52 | 12 39 | 18 37 | 24 49 | 11 06 | 03 42 | 19 26 | 23 13 | 05 34 | 06 04 | 07 07 | 15 16 |
| 25 | 16:09:25 | 03 35 31 | 24 32 | 00♒27 | 26 02 | 12 19 | 04 07 | 19 33 | 23 19 | 05 38 | 06 06 | 07 07 | 15 13 |
| 26 | 16:13:22 | 04 33 09 | 06♒20 | 12 14 | 27 11 | 13 32 | 04 32 | 19 40 | 23 26 | 05 41 | 06 07 | 07 06 | 15 10 |
| 27 | 16:17:18 | 05 30 46 | 18 09 | 24 04 | 28 17 | 14 45 | 04 58 | 19 47 | 23 32 | 05 45 | 06 09 | 07 06 | 15 06 |
| 28 | 16:21:15 | 06 28 22 | 00♓02 | 06♓02 | 29 18 | 15 58 | 05 24 | 19 55 | 23 38 | 05 48 | 06 10 | 07 05 | 15 03 |
| 29 | 16:25:11 | 07 25 57 | 12 05 | 18 13 | 00♋16 | 17 11 | 05 50 | 20 02 | 23 44 | 05 52 | 06 11 | 07 05 | 15 00 |
| 30 | 16:29:08 | 08 23 31 | 24 25 | 00♈42 | 01 10 | 18 24 | 06 16 | 20 09 | 23 51 | 05 55 | 06 13 | 07 04 | 14 57 |
| 31 | 16:33:05 | 09 21 04 | 07♈05 | 13 34 | 02 00 | 19 37 | 06 43 | 20 17 | 23 57 | 05 59 | 06 14 | 07 04 | 14 54 |

| D | ⚳ | ⚴ | ⚵ | ⚶ | ⚷ | D | ⚳ | ⚴ | ⚵ | ⚶ | ⚷ |
|---|---|---|---|---|---|---|---|---|---|---|---|
| 1 | 22♋41 | 26♉50 | 24♈57 | 29♉42 | 01♉00 | 17 | 28 14 | 05 47 | 03 54 | 06 36 | 01 56 |
| 2 | 23 01 | 27 23 | 25 30 | 00♊08 | 01 03 | 18 | 28 36 | 06 21 | 04 28 | 07 02 | 02 00 |
| 3 | 23 21 | 27 56 | 26 04 | 00 33 | 01 07 | 19 | 28 58 | 06 55 | 05 02 | 07 28 | 02 03 |
| 4 | 23 41 | 28 30 | 26 37 | 00 59 | 01 11 | 20 | 29 20 | 07 29 | 05 36 | 07 54 | 02 07 |
| 5 | 24 01 | 29 03 | 27 11 | 01 25 | 01 14 | 21 | 29 43 | 08 03 | 06 09 | 08 20 | 02 10 |
| 6 | 24 21 | 29 36 | 27 44 | 01 51 | 01 18 | 22 | 00♌05 | 08 38 | 06 43 | 08 46 | 02 13 |
| 7 | 24 42 | 00♊09 | 28 18 | 02 17 | 01 21 | 23 | 00 28 | 09 12 | 07 17 | 09 12 | 02 17 |
| 8 | 25 02 | 00 43 | 28 51 | 02 42 | 01 25 | 24 | 00 50 | 09 47 | 07 51 | 09 38 | 02 20 |
| 9 | 25 23 | 01 16 | 29 25 | 03 08 | 01 29 | 25 | 01 13 | 10 21 | 08 25 | 10 04 | 02 23 |
| 10 | 25 44 | 01 50 | 29 58 | 03 34 | 01 32 | 26 | 01 36 | 10 56 | 08 59 | 10 30 | 02 26 |
| 11 | 26 05 | 02 24 | 00♉32 | 04 00 | 01 36 | 27 | 01 59 | 11 30 | 09 33 | 10 56 | 02 30 |
| 12 | 26 26 | 02 57 | 01 06 | 04 26 | 01 39 | 28 | 02 22 | 12 05 | 10 06 | 11 22 | 02 33 |
| 13 | 26 48 | 03 31 | 01 39 | 04 52 | 01 43 | 29 | 02 45 | 12 40 | 10 40 | 11 48 | 02 36 |
| 14 | 27 09 | 04 05 | 02 13 | 05 18 | 01 46 | 30 | 03 08 | 13 14 | 11 14 | 12 14 | 02 39 |
| 15 | 27 31 | 04 39 | 02 47 | 05 44 | 01 50 | 31 | 03 32 | 13 49 | 11 48 | 12 40 | 02 42 |
| 16 | 27 52 | 05 13 | 03 21 | 06 10 | 01 53 | | | | | | |

**Lunar Data**

| Last Asp. | Ingress |
|---|---|
| 1 20:48 | 3 ♈ 01:44 |
| 5 02:10 | 5 ♉ 07:54 |
| 7 06:50 | 7 ♊ 11:08 |
| 9 09:56 | 9 ♋ 13:00 |
| 11 07:47 | 11 ♌ 15:02 |
| 13 17:33 | 13 ♍ 18:07 |
| 15 12:49 | 15 ♎ 22:35 |
| 17 14:57 | 18 ♏ 04:34 |
| 20 11:00 | 20 ♐ 12:29 |
| 22 08:60 | 22 ♑ 22:44 |
| 24 21:31 | 25 ♒ 11:06 |
| 27 22:25 | 27 ♓ 23:56 |
| 29 11:04 | 30 ♈ 10:40 |

| D | ☉ | ☽ | ☿ | ♀ | ♂ | ♃ | ♄ | ♅ | ♆ | ♇ | ⚳ | ⚴ | ⚵ | ⚶ | ⚷ |
|---|---|---|---|---|---|---|---|---|---|---|---|---|---|---|---|
| 1 | +14 57 | -08 36 | +15 46 | +03 40 | +15 01 | +16 33 | +05 57 | +20 53 | +00 54 | -22 52 | +29 40 | -04 00 | +05 48 | +17 00 | +11 44 |
| 2 | 15 15 | 03 03 | 16 35 | 04 08 | 14 53 | 16 32 | 06 00 | 20 54 | 00 55 | 22 52 | 29 36 | 03 54 | 05 57 | 17 06 | 11 45 |
| 3 | 15 33 | +02 45 | 17 23 | 04 36 | 14 45 | 16 30 | 06 02 | 20 54 | 00 56 | 22 52 | 29 32 | 03 48 | 06 06 | 17 13 | 11 47 |
| 4 | 15 50 | 08 36 | 18 09 | 05 04 | 14 37 | 16 29 | 06 05 | 20 55 | 00 56 | 22 52 | 29 28 | 03 42 | 06 15 | 17 19 | 11 48 |
| 5 | 16 08 | 14 13 | 18 53 | 05 32 | 14 29 | 16 28 | 06 07 | 20 56 | 00 57 | 22 52 | 29 23 | 03 36 | 06 24 | 17 26 | 11 49 |
| 6 | 16 25 | 19 18 | 19 35 | 05 59 | 14 21 | 16 27 | 06 10 | 20 56 | 00 58 | 22 53 | 29 19 | 03 31 | 06 33 | 17 32 | 11 50 |
| 7 | 16 42 | 23 25 | 20 16 | 06 27 | 14 13 | 16 25 | 06 13 | 20 57 | 00 59 | 22 53 | 29 14 | 03 25 | 06 42 | 17 38 | 11 51 |
| 8 | 16 58 | 26 11 | 20 54 | 06 54 | 14 04 | 16 24 | 06 15 | 20 57 | 00 59 | 22 53 | 29 10 | 03 19 | 06 51 | 17 44 | 11 52 |
| 9 | 17 14 | 27 14 | 21 30 | 07 21 | 13 55 | 16 22 | 06 18 | 20 58 | 01 00 | 22 53 | 29 05 | 03 14 | 06 59 | 17 50 | 11 54 |
| 10 | 17 30 | 26 26 | 22 03 | 07 49 | 13 47 | 16 21 | 06 20 | 20 59 | 01 01 | 22 53 | 29 00 | 03 08 | 07 08 | 17 56 | 11 55 |
| 11 | 17 46 | 23 51 | 22 34 | 08 16 | 13 38 | 16 19 | 06 23 | 20 59 | 01 01 | 22 54 | 28 56 | 03 03 | 07 17 | 18 02 | 11 56 |
| 12 | 18 01 | 19 48 | 23 03 | 08 42 | 13 29 | 16 18 | 06 25 | 21 00 | 01 02 | 22 54 | 28 51 | 02 58 | 07 25 | 18 08 | 11 57 |
| 13 | 18 17 | 14 39 | 23 29 | 09 09 | 13 20 | 16 16 | 06 28 | 21 01 | 01 03 | 22 54 | 28 46 | 02 52 | 07 34 | 18 14 | 11 58 |
| 14 | 18 31 | 08 48 | 23 52 | 09 35 | 13 10 | 16 14 | 06 30 | 21 01 | 01 03 | 22 54 | 28 41 | 02 47 | 07 42 | 18 20 | 11 59 |
| 15 | 18 46 | 02 37 | 24 13 | 10 02 | 13 01 | 16 12 | 06 32 | 21 02 | 01 04 | 22 54 | 28 36 | 02 42 | 07 51 | 18 25 | 12 00 |
| 16 | 19 00 | -03 37 | 24 31 | 10 28 | 12 51 | 16 10 | 06 35 | 21 02 | 01 04 | 22 55 | 28 31 | 02 37 | 07 59 | 18 31 | 12 02 |
| 17 | 19 14 | 09 35 | 24 47 | 10 53 | 12 42 | 16 09 | 06 37 | 21 03 | 01 05 | 22 55 | 28 25 | 02 33 | 08 07 | 18 36 | 12 03 |
| 18 | 19 27 | 15 03 | 25 00 | 11 19 | 12 32 | 16 07 | 06 40 | 21 04 | 01 06 | 22 55 | 28 20 | 02 28 | 08 15 | 18 42 | 12 04 |
| 19 | 19 40 | 19 44 | 25 12 | 11 44 | 12 22 | 16 05 | 06 42 | 21 04 | 01 06 | 22 56 | 28 15 | 02 23 | 08 24 | 18 47 | 12 05 |
| 20 | 19 53 | 23 25 | 25 21 | 12 09 | 12 12 | 16 03 | 06 44 | 21 05 | 01 07 | 22 56 | 28 09 | 02 19 | 08 32 | 18 52 | 12 06 |
| 21 | 20 06 | 25 55 | 25 27 | 12 34 | 12 02 | 16 01 | 06 47 | 21 05 | 01 07 | 22 56 | 28 04 | 02 14 | 08 39 | 18 58 | 12 07 |
| 22 | 20 18 | 27 05 | 25 32 | 12 59 | 11 52 | 15 59 | 06 49 | 21 06 | 01 08 | 22 57 | 27 58 | 02 10 | 08 47 | 19 03 | 12 08 |
| 23 | 20 30 | 26 55 | 25 35 | 13 23 | 11 41 | 15 56 | 06 51 | 21 07 | 01 08 | 22 57 | 27 53 | 02 06 | 08 55 | 19 08 | 12 09 |
| 24 | 20 41 | 25 28 | 25 36 | 13 47 | 11 31 | 15 54 | 06 53 | 21 08 | 01 09 | 22 57 | 27 47 | 02 02 | 09 03 | 19 13 | 12 10 |
| 25 | 20 52 | 22 52 | 25 36 | 14 10 | 11 20 | 15 52 | 06 56 | 21 08 | 01 10 | 22 57 | 27 41 | 01 57 | 09 10 | 19 18 | 12 11 |
| 26 | 21 03 | 19 20 | 25 33 | 14 34 | 11 10 | 15 50 | 06 58 | 21 09 | 01 10 | 22 58 | 27 35 | 01 54 | 09 18 | 19 22 | 12 12 |
| 27 | 21 13 | 15 02 | 25 29 | 14 57 | 10 59 | 15 47 | 07 00 | 21 09 | 01 11 | 22 58 | 27 30 | 01 50 | 09 25 | 19 27 | 12 13 |
| 28 | 21 23 | 10 08 | 25 24 | 15 19 | 10 48 | 15 45 | 07 02 | 21 10 | 01 11 | 22 58 | 27 24 | 01 46 | 09 33 | 19 32 | 12 14 |
| 29 | 21 33 | 04 48 | 25 17 | 15 41 | 10 37 | 15 43 | 07 04 | 21 11 | 01 11 | 22 59 | 27 17 | 01 42 | 09 40 | 19 36 | 12 15 |
| 30 | 21 42 | +00 49 | 25 10 | 16 03 | 10 26 | 15 40 | 07 06 | 21 11 | 01 12 | 22 59 | 27 11 | 01 39 | 09 47 | 19 41 | 12 16 |
| 31 | 21 51 | 06 33 | 25 01 | 16 25 | 10 15 | 15 38 | 07 08 | 21 12 | 01 12 | 22 59 | 27 05 | 01 35 | 09 54 | 19 45 | 12 17 |

Lunar Phases -- 6 ● 10:60   13 ◐ 04:45   20 ○ 11:00   28 ◑ 13:59    Sun enters ♊ 5/21 06:19

**June 27** ## Longitudes of Main Planets - June 2027 **0:00 E.T.**

| D | S.T. | ☉ | ☽ | ☽ 12:00 | ☿ | ♀ | ♂ | ♃ | ♄ | ♅ | ♆ | ♇ | ☊ |
|---|---|---|---|---|---|---|---|---|---|---|---|---|---|
| 1 | 16:37:01 | 10♊18 37 | 20♈09 | 26♈51 | 02♋46 | 20♉50 | 07♍09 | 20♌25 | 24♈03 | 06♊02 | 06♈15 | 07♒03℞ | 14♒51 |
| 2 | 16:40:58 | 11 16 08 | 03♉40 | 10♉35 | 03 27 | 22 03 | 07 36 | 20 33 | 24 09 | 06 06 | 06 16 | 07 02 | 14 47 |
| 3 | 16:44:54 | 12 13 39 | 17 37 | 24 45 | 04 04 | 23 16 | 08 04 | 20 41 | 24 15 | 06 09 | 06 18 | 07 02 | 14 44 |
| 4 | 16:48:51 | 13 11 09 | 01♊58 | 09♊16 | 04 37 | 24 29 | 08 31 | 20 49 | 24 20 | 06 13 | 06 19 | 07 01 | 14 41 |
| 5 | 16:52:47 | 14 08 38 | 16 37 | 24 01 | 05 06 | 25 42 | 08 59 | 20 57 | 24 26 | 06 16 | 06 20 | 07 00 | 14 38 |
| 6 | 16:56:44 | 15 06 07 | 01♋27 | 08♋53 | 05 30 | 26 55 | 09 27 | 21 06 | 24 32 | 06 20 | 06 21 | 07 00 | 14 35 |
| 7 | 17:00:40 | 16 03 34 | 16 19 | 23 43 | 05 49 | 28 09 | 09 55 | 21 14 | 24 38 | 06 23 | 06 22 | 06 59 | 14 32 |
| 8 | 17:04:37 | 17 01 00 | 01♌05 | 08♌24 | 06 04 | 29 22 | 10 23 | 21 23 | 24 43 | 06 27 | 06 23 | 06 58 | 14 28 |
| 9 | 17:08:34 | 17 58 25 | 15 40 | 22 51 | 06 15 | 00♊35 | 10 52 | 21 31 | 24 49 | 06 30 | 06 24 | 06 57 | 14 25 |
| 10 | 17:12:30 | 18 55 48 | 29 59 | 07♍02 | 06 20 | 01 48 | 11 21 | 21 40 | 24 54 | 06 34 | 06 25 | 06 57 | 14 22 |
| 11 | 17:16:27 | 19 53 11 | 14♍01 | 20 55 | 06 22℞ | 03 01 | 11 50 | 21 49 | 25 00 | 06 37 | 06 26 | 06 56 | 14 19 |
| 12 | 17:20:23 | 20 50 33 | 27 45 | 04♎31 | 06 18 | 04 14 | 12 19 | 21 58 | 25 05 | 06 41 | 06 27 | 06 55 | 14 16 |
| 13 | 17:24:20 | 21 47 53 | 11♎13 | 17 50 | 06 11 | 05 28 | 12 48 | 22 07 | 25 10 | 06 44 | 06 28 | 06 54 | 14 12 |
| 14 | 17:28:16 | 22 45 12 | 24 24 | 00♏55 | 05 59 | 06 41 | 13 18 | 22 16 | 25 16 | 06 47 | 06 29 | 06 53 | 14 09 |
| 15 | 17:32:13 | 23 42 31 | 07♏22 | 13 46 | 05 43 | 07 54 | 13 47 | 22 26 | 25 21 | 06 51 | 06 29 | 06 52 | 14 06 |
| 16 | 17:36:09 | 24 39 49 | 20 06 | 26 24 | 05 23 | 09 07 | 14 17 | 22 35 | 25 26 | 06 54 | 06 30 | 06 51 | 14 03 |
| 17 | 17:40:06 | 25 37 06 | 02♐38 | 08♐50 | 05 00 | 10 20 | 14 47 | 22 45 | 25 31 | 06 58 | 06 31 | 06 50 | 14 00 |
| 18 | 17:44:03 | 26 34 22 | 15 00 | 21 06 | 04 33 | 11 34 | 15 18 | 22 54 | 25 36 | 07 01 | 06 32 | 06 49 | 13 57 |
| 19 | 17:47:59 | 27 31 38 | 27 10 | 03♑12 | 04 04 | 12 47 | 15 48 | 23 04 | 25 41 | 07 04 | 06 32 | 06 48 | 13 53 |
| 20 | 17:51:56 | 28 28 53 | 09♑12 | 15 10 | 03 33 | 14 00 | 16 19 | 23 14 | 25 46 | 07 08 | 06 33 | 06 47 | 13 50 |
| 21 | 17:55:52 | 29 26 08 | 21 07 | 27 02 | 03 00 | 15 13 | 16 49 | 23 24 | 25 50 | 07 11 | 06 34 | 06 46 | 13 47 |
| 22 | 17:59:49 | 00♋23 22 | 02♒56 | 08♒50 | 02 26 | 16 27 | 17 20 | 23 34 | 25 55 | 07 14 | 06 34 | 06 45 | 13 44 |
| 23 | 18:03:45 | 01 20 36 | 14 43 | 20 37 | 01 51 | 17 40 | 17 51 | 23 44 | 25 59 | 07 18 | 06 35 | 06 44 | 13 41 |
| 24 | 18:07:42 | 02 17 50 | 26 32 | 02♓27 | 01 17 | 18 53 | 18 23 | 23 54 | 26 04 | 07 21 | 06 35 | 06 43 | 13 38 |
| 25 | 18:11:38 | 03 15 03 | 08♓25 | 14 26 | 00 43 | 20 07 | 18 54 | 24 04 | 26 08 | 07 24 | 06 36 | 06 42 | 13 34 |
| 26 | 18:15:35 | 04 12 17 | 20 29 | 26 36 | 00 10 | 21 20 | 19 25 | 24 15 | 26 13 | 07 27 | 06 36 | 06 41 | 13 31 |
| 27 | 18:19:32 | 05 09 30 | 02♈47 | 09♈04 | 29♊39 | 22 33 | 19 57 | 24 25 | 26 17 | 07 31 | 06 37 | 06 40 | 13 28 |
| 28 | 18:23:28 | 06 06 44 | 15 25 | 21 53 | 29 10 | 23 47 | 20 29 | 24 36 | 26 21 | 07 34 | 06 37 | 06 39 | 13 25 |
| 29 | 18:27:25 | 07 03 57 | 28 27 | 05♉08 | 28 44 | 25 00 | 21 01 | 24 46 | 26 25 | 07 37 | 06 38 | 06 37 | 13 22 |
| 30 | 18:31:21 | 08 01 11 | 11♉56 | 18 51 | 28 21 | 26 13 | 21 33 | 24 57 | 26 29 | 07 40 | 06 38 | 06 36 | 13 18 |

**0:00 E.T.** ## Longitudes of the Major Asteroids and Chiron

| D | ⚳ | ⚴ | ⚵ | ⚶ | ⚷ | D | ⚳ | ⚴ | ⚵ | ⚶ | ⚷ |
|---|---|---|---|---|---|---|---|---|---|---|---|
| 1 | 03♌55 | 14♊24 | 12♉22 | 13♊06 | 02♉45 | 16 | 09 58 | 23 12 | 20 52 | 19 36 | 03 28 |
| 2 | 04 19 | 14 59 | 12 56 | 13 32 | 02 48 | 17 | 10 23 | 23 48 | 21 26 | 20 02 | 03 30 |
| 3 | 04 42 | 15 34 | 13 30 | 13 58 | 02 51 | 18 | 10 47 | 24 23 | 22 00 | 20 28 | 03 33 |
| 4 | 05 06 | 16 09 | 14 04 | 14 24 | 02 54 | 19 | 11 12 | 24 59 | 22 34 | 20 53 | 03 35 |
| 5 | 05 30 | 16 44 | 14 38 | 14 50 | 02 57 | 20 | 11 37 | 25 34 | 23 08 | 21 19 | 03 38 |
| 6 | 05 54 | 17 19 | 15 12 | 15 16 | 03 00 | 21 | 12 02 | 26 10 | 23 42 | 21 45 | 03 40 |
| 7 | 06 18 | 17 54 | 15 46 | 15 42 | 03 03 | 22 | 12 28 | 26 45 | 24 16 | 22 11 | 03 42 |
| 8 | 06 42 | 18 29 | 16 20 | 16 08 | 03 06 | 23 | 12 53 | 27 21 | 24 50 | 22 37 | 03 45 |
| 9 | 07 06 | 19 05 | 16 54 | 16 34 | 03 09 | 24 | 13 18 | 27 57 | 25 23 | 23 03 | 03 47 |
| 10 | 07 30 | 19 40 | 17 28 | 17 00 | 03 12 | 25 | 13 43 | 28 32 | 25 57 | 23 29 | 03 49 |
| 11 | 07 55 | 20 15 | 18 02 | 17 26 | 03 14 | 26 | 14 09 | 29 08 | 26 31 | 23 55 | 03 51 |
| 12 | 08 19 | 20 50 | 18 36 | 17 52 | 03 17 | 27 | 14 34 | 29 44 | 27 05 | 24 21 | 03 53 |
| 13 | 08 44 | 21 26 | 19 10 | 18 18 | 03 20 | 28 | 15 00 | 00♋20 | 27 39 | 24 46 | 03 56 |
| 14 | 09 08 | 22 01 | 19 44 | 18 44 | 03 22 | 29 | 15 25 | 00 55 | 28 13 | 25 12 | 03 58 |
| 15 | 09 33 | 22 37 | 20 18 | 19 10 | 03 25 | 30 | 15 51 | 01 31 | 28 47 | 25 38 | 04 00 |

## Lunar Data

| Last Asp. | | Ingress | | |
|---|---|---|---|---|
| 1 | 07:03 | 1 | ♉ | 17:34 |
| 3 | 10:24 | 3 | ♊ | 20:44 |
| 5 | 12:46 | 5 | ♋ | 21:40 |
| 7 | 20:56 | 7 | ♌ | 22:14 |
| 9 | 15:23 | 10 | ♍ | 00:02 |
| 11 | 10:57 | 12 | ♎ | 03:58 |
| 14 | 01:35 | 14 | ♏ | 10:18 |
| 16 | 04:47 | 16 | ♐ | 18:55 |
| 19 | 00:46 | 19 | ♑ | 05:37 |
| 21 | 09:38 | 21 | ♒ | 18:02 |
| 23 | 23:04 | 24 | ♓ | 07:02 |
| 26 | 18:09 | 26 | ♈ | 18:36 |
| 29 | 00:29 | 29 | ♉ | 02:47 |

**0:00 E.T.** ## Declinations

| D | ☉ | ☽ | ☿ | ♀ | ♂ | ♃ | ♄ | ♅ | ♆ | ♇ | ⚳ | ⚴ | ⚵ | ⚶ | ⚷ |
|---|---|---|---|---|---|---|---|---|---|---|---|---|---|---|---|
| 1 | +22 00 | +12 11 | +24 50 | +16 46 | +10 04 | +15 35 | +07 11 | +21 13 | +01 13 | -23 00 | +26 59 | -01 32 | +10 01 | +19 50 | +12 18 |
| 2 | 22 08 | 17 26 | 24 39 | 17 06 | 09 52 | 15 32 | 07 13 | 21 13 | 01 13 | 23 00 | 26 53 | 01 29 | 10 08 | 19 54 | 12 19 |
| 3 | 22 15 | 21 56 | 24 27 | 17 26 | 09 41 | 15 30 | 07 15 | 21 14 | 01 14 | 23 00 | 26 46 | 01 26 | 10 15 | 19 58 | 12 20 |
| 4 | 22 23 | 25 16 | 24 14 | 17 46 | 09 29 | 15 27 | 07 17 | 21 14 | 01 14 | 23 01 | 26 40 | 01 23 | 10 22 | 20 02 | 12 21 |
| 5 | 22 30 | 26 59 | 24 01 | 18 05 | 09 18 | 15 24 | 07 18 | 21 15 | 01 15 | 23 01 | 26 33 | 01 20 | 10 28 | 20 06 | 12 22 |
| 6 | 22 36 | 26 49 | 23 46 | 18 24 | 09 06 | 15 22 | 07 20 | 21 16 | 01 15 | 23 01 | 26 27 | 01 17 | 10 35 | 20 10 | 12 23 |
| 7 | 22 42 | 24 43 | 23 32 | 18 43 | 08 54 | 15 19 | 07 22 | 21 16 | 01 15 | 23 02 | 26 20 | 01 14 | 10 41 | 20 14 | 12 24 |
| 8 | 22 48 | 20 57 | 23 16 | 19 00 | 08 42 | 15 16 | 07 24 | 21 17 | 01 16 | 23 02 | 26 13 | 01 12 | 10 47 | 20 18 | 12 25 |
| 9 | 22 54 | 15 54 | 23 01 | 19 18 | 08 30 | 15 13 | 07 26 | 21 17 | 01 16 | 23 02 | 26 06 | 01 09 | 10 53 | 20 21 | 12 26 |
| 10 | 22 59 | 10 04 | 22 45 | 19 35 | 08 18 | 15 10 | 07 28 | 21 18 | 01 16 | 23 03 | 25 59 | 01 07 | 11 00 | 20 25 | 12 27 |
| 11 | 23 03 | 03 50 | 22 28 | 19 51 | 08 06 | 15 07 | 07 30 | 21 19 | 01 17 | 23 03 | 25 52 | 01 04 | 11 05 | 20 28 | 12 28 |
| 12 | 23 07 | -02 26 | 22 12 | 20 07 | 07 53 | 15 04 | 07 31 | 21 19 | 01 17 | 23 04 | 25 45 | 01 02 | 11 11 | 20 32 | 12 28 |
| 13 | 23 11 | 08 27 | 21 56 | 20 22 | 07 41 | 15 01 | 07 33 | 21 20 | 01 17 | 23 04 | 25 38 | 01 00 | 11 17 | 20 35 | 12 29 |
| 14 | 23 14 | 13 59 | 21 39 | 20 37 | 07 28 | 14 58 | 07 35 | 21 20 | 01 18 | 23 04 | 25 31 | 00 58 | 11 23 | 20 38 | 12 30 |
| 15 | 23 17 | 18 47 | 21 23 | 20 51 | 07 16 | 14 55 | 07 37 | 21 21 | 01 18 | 23 05 | 25 24 | 00 56 | 11 28 | 20 41 | 12 31 |
| 16 | 23 20 | 22 39 | 21 07 | 21 05 | 07 03 | 14 52 | 07 38 | 21 21 | 01 18 | 23 05 | 25 17 | 00 55 | 11 34 | 20 44 | 12 32 |
| 17 | 23 22 | 25 24 | 20 51 | 21 18 | 06 50 | 14 49 | 07 40 | 21 22 | 01 18 | 23 06 | 25 09 | 00 53 | 11 39 | 20 47 | 12 33 |
| 18 | 23 24 | 26 53 | 20 36 | 21 30 | 06 38 | 14 45 | 07 41 | 21 23 | 01 19 | 23 06 | 25 02 | 00 52 | 11 44 | 20 50 | 12 33 |
| 19 | 23 25 | 27 03 | 20 21 | 21 42 | 06 25 | 14 42 | 07 43 | 21 23 | 01 19 | 23 07 | 24 54 | 00 50 | 11 49 | 20 53 | 12 34 |
| 20 | 23 26 | 25 55 | 20 07 | 21 54 | 06 12 | 14 39 | 07 44 | 21 24 | 01 19 | 23 07 | 24 47 | 00 49 | 11 54 | 20 56 | 12 35 |
| 21 | 23 26 | 23 37 | 19 54 | 22 04 | 05 59 | 14 36 | 07 46 | 21 24 | 01 19 | 23 07 | 24 39 | 00 48 | 11 59 | 20 59 | 12 36 |
| 22 | 23 26 | 20 18 | 19 41 | 22 14 | 05 46 | 14 32 | 07 47 | 21 25 | 01 19 | 23 08 | 24 31 | 00 47 | 12 04 | 21 01 | 12 36 |
| 23 | 23 26 | 16 11 | 19 30 | 22 24 | 05 32 | 14 29 | 07 49 | 21 25 | 01 20 | 23 08 | 24 24 | 00 46 | 12 08 | 21 04 | 12 37 |
| 24 | 23 25 | 11 27 | 19 20 | 22 33 | 05 19 | 14 25 | 07 50 | 21 26 | 01 20 | 23 09 | 24 16 | 00 45 | 12 13 | 21 06 | 12 38 |
| 25 | 23 24 | 06 16 | 19 10 | 22 41 | 05 06 | 14 22 | 07 52 | 21 27 | 01 20 | 23 09 | 24 08 | 00 44 | 12 17 | 21 08 | 12 38 |
| 26 | 23 22 | 00 47 | 19 02 | 22 48 | 04 52 | 14 19 | 07 53 | 21 27 | 01 20 | 23 10 | 24 00 | 00 44 | 12 21 | 21 11 | 12 39 |
| 27 | 23 20 | +04 49 | 18 56 | 22 55 | 04 39 | 14 15 | 07 54 | 21 28 | 01 20 | 23 10 | 23 52 | 00 43 | 12 25 | 21 13 | 12 40 |
| 28 | 23 18 | 10 22 | 18 51 | 23 01 | 04 25 | 14 11 | 07 56 | 21 28 | 01 20 | 23 10 | 23 44 | 00 43 | 12 29 | 21 15 | 12 40 |
| 29 | 23 15 | 15 39 | 18 47 | 23 07 | 04 12 | 14 08 | 07 57 | 21 29 | 01 20 | 23 11 | 23 36 | 00 42 | 12 33 | 21 17 | 12 41 |
| 30 | 23 12 | 20 22 | 18 45 | 23 12 | 03 58 | 14 04 | 07 58 | 21 29 | 01 20 | 23 11 | 23 28 | 00 42 | 12 37 | 21 19 | 12 42 |

Lunar Phases -- 4 ● 19:41 11 ◐ 10:57 19 ○ 00:46 27 ◑ 04:56 Sun enters ♋ 6/21 14:12

## 0:00 E.T. Longitudes of Main Planets - July 2027

| D | S.T. | ☉ | ☽ | ☽ 12:00 | ☿ | ♀ | ♂ | ♃ | ♄ | ♅ | ♆ | ♇ | ☊ |
|---|---|---|---|---|---|---|---|---|---|---|---|---|---|
| 1 | 18:35:18 | 08♋58 24 | 25♉53 | 03♊01 | 28♊02℞ | 27♊27 | 22♍05 | 25♌08 | 26♈33 | 07♊43 | 06♈38 | 06♒35℞ | 13♒15 |
| 2 | 18:39:14 | 09 55 38 | 10♊16 | 17 36 | 27 47 | 28 40 | 22 38 | 25 19 | 26 37 | 07 46 | 06 39 | 06 34 | 13 12 |
| 3 | 18:43:11 | 10 52 52 | 25 01 | 02♋30 | 27 36 | 29 54 | 23 10 | 25 29 | 26 41 | 07 49 | 06 39 | 06 33 | 13 09 |
| 4 | 18:47:07 | 11 50 06 | 10♋02 | 17 35 | 27 30 | 01♋07 | 23 43 | 25 40 | 26 44 | 07 53 | 06 39 | 06 31 | 13 06 |
| 5 | 18:51:04 | 12 47 20 | 25 09 | 02♌43 | 27 28D | 02 21 | 24 16 | 25 51 | 26 48 | 07 56 | 06 39 | 06 30 | 13 03 |
| 6 | 18:55:01 | 13 44 33 | 10♌14 | 17 42 | 27 32 | 03 34 | 24 49 | 26 03 | 26 51 | 07 59 | 06 39 | 06 29 | 12 59 |
| 7 | 18:58:57 | 14 41 47 | 25 07 | 02♍27 | 27 40 | 04 48 | 25 22 | 26 14 | 26 55 | 08 02 | 06 39 | 06 28 | 12 56 |
| 8 | 19:02:54 | 15 39 00 | 09♍43 | 16 53 | 27 53 | 06 01 | 25 55 | 26 25 | 26 58 | 08 05 | 06 40 | 06 26 | 12 53 |
| 9 | 19:06:50 | 16 36 13 | 23 57 | 00♎55 | 28 12 | 07 15 | 26 29 | 26 36 | 27 01 | 08 07 | 06 40 | 06 25 | 12 50 |
| 10 | 19:10:47 | 17 33 26 | 07♎47 | 14 34 | 28 35 | 08 28 | 27 02 | 26 48 | 27 04 | 08 10 | 06 40℞ | 06 24 | 12 47 |
| 11 | 19:14:43 | 18 30 39 | 21 15 | 27 51 | 29 04 | 09 42 | 27 36 | 26 59 | 27 07 | 08 13 | 06 40 | 06 22 | 12 44 |
| 12 | 19:18:40 | 19 27 51 | 04♏22 | 10♏49 | 29 38 | 10 56 | 28 10 | 27 11 | 27 10 | 08 16 | 06 40 | 06 21 | 12 40 |
| 13 | 19:22:36 | 20 25 04 | 17 10 | 23 28 | 00♋17 | 12 09 | 28 44 | 27 22 | 27 13 | 08 19 | 06 39 | 06 20 | 12 37 |
| 14 | 19:26:33 | 21 22 17 | 29 42 | 05♐53 | 01 01 | 13 23 | 29 18 | 27 34 | 27 16 | 08 22 | 06 39 | 06 18 | 12 34 |
| 15 | 19:30:30 | 22 19 29 | 12♐01 | 18 06 | 01 50 | 14 36 | 29 52 | 27 46 | 27 19 | 08 25 | 06 39 | 06 17 | 12 31 |
| 16 | 19:34:26 | 23 16 42 | 24 09 | 00♑10 | 02 44 | 15 50 | 00♎26 | 27 57 | 27 21 | 08 27 | 06 39 | 06 16 | 12 28 |
| 17 | 19:38:23 | 24 13 55 | 06♑09 | 12 06 | 03 43 | 17 04 | 01 01 | 28 09 | 27 24 | 08 30 | 06 39 | 06 14 | 12 24 |
| 18 | 19:42:19 | 25 11 09 | 18 02 | 23 57 | 04 47 | 18 17 | 01 35 | 28 21 | 27 26 | 08 33 | 06 39 | 06 13 | 12 21 |
| 19 | 19:46:16 | 26 08 22 | 29 52 | 05♒46 | 05 56 | 19 31 | 02 10 | 28 33 | 27 28 | 08 35 | 06 38 | 06 12 | 12 18 |
| 20 | 19:50:12 | 27 05 36 | 11♒39 | 17 33 | 07 09 | 20 45 | 02 44 | 28 45 | 27 31 | 08 38 | 06 38 | 06 10 | 12 15 |
| 21 | 19:54:09 | 28 02 51 | 23 28 | 29 23 | 08 27 | 21 59 | 03 19 | 28 57 | 27 33 | 08 40 | 06 38 | 06 09 | 12 12 |
| 22 | 19:58:05 | 29 00 06 | 05♓19 | 11♓17 | 09 49 | 23 12 | 03 54 | 29 09 | 27 35 | 08 43 | 06 37 | 06 08 | 12 09 |
| 23 | 20:02:02 | 29 57 22 | 17 17 | 23 19 | 11 16 | 24 26 | 04 29 | 29 21 | 27 36 | 08 45 | 06 37 | 06 06 | 12 05 |
| 24 | 20:05:59 | 00♌54 38 | 29 24 | 05♈32 | 12 47 | 25 40 | 05 05 | 29 33 | 27 38 | 08 48 | 06 36 | 06 05 | 12 02 |
| 25 | 20:09:55 | 01 51 56 | 11♈45 | 18 01 | 14 22 | 26 54 | 05 40 | 29 45 | 27 40 | 08 50 | 06 36 | 06 03 | 11 59 |
| 26 | 20:13:52 | 02 49 14 | 24 23 | 00♉49 | 16 01 | 28 08 | 06 15 | 29 58 | 27 41 | 08 53 | 06 35 | 06 02 | 11 56 |
| 27 | 20:17:48 | 03 46 33 | 07♉21 | 13 59 | 17 44 | 29 21 | 06 51 | 00♍10 | 27 43 | 08 55 | 06 35 | 06 01 | 11 53 |
| 28 | 20:21:45 | 04 43 54 | 20 44 | 27 35 | 19 30 | 00♌35 | 07 26 | 00 22 | 27 44 | 08 57 | 06 34 | 05 59 | 11 50 |
| 29 | 20:25:41 | 05 41 15 | 04♊33 | 11♊37 | 21 20 | 01 49 | 08 02 | 00 34 | 27 46 | 09 00 | 06 34 | 05 58 | 11 46 |
| 30 | 20:29:38 | 06 38 37 | 18 47 | 26 04 | 23 12 | 03 03 | 08 38 | 00 47 | 27 47 | 09 02 | 06 33 | 05 56 | 11 43 |
| 31 | 20:33:34 | 07 36 01 | 03♋26 | 10♋52 | 25 08 | 04 17 | 09 14 | 00 59 | 27 48 | 09 04 | 06 33 | 05 55 | 11 40 |

## 0:00 E.T. Longitudes of the Major Asteroids and Chiron

| D | ⚳ | ⚴ | ⚵ | ⚶ | ⚷ | D | ⚳ | ⚴ | ⚵ | ⚶ | ⚷ |
|---|---|---|---|---|---|---|---|---|---|---|---|
| 1 | 16♌17 | 02♋07 | 29♉21 | 26♊04 | 04♉02 | 17 | 23 15 | 11 41 | 08 20 | 02 54 | 04 27 |
| 2 | 16 42 | 02 43 | 29 55 | 26 30 | 04 04 | 18 | 23 41 | 12 17 | 08 53 | 03 19 | 04 28 |
| 3 | 17 08 | 03 19 | 00♊28 | 26 55 | 04 05 | 19 | 24 08 | 12 53 | 09 27 | 03 45 | 04 29 |
| 4 | 17 34 | 03 55 | 01 02 | 27 21 | 04 07 | 20 | 24 34 | 13 29 | 10 00 | 04 10 | 04 30 |
| 5 | 18 00 | 04 31 | 01 36 | 27 47 | 04 09 | 21 | 25 01 | 14 04 | 10 33 | 04 35 | 04 31 |
| 6 | 18 26 | 05 06 | 02 10 | 28 13 | 04 11 | 22 | 25 28 | 14 40 | 11 07 | 05 01 | 04 32 |
| 7 | 18 52 | 05 42 | 02 44 | 28 38 | 04 13 | 23 | 25 54 | 15 16 | 11 40 | 05 26 | 04 33 |
| 8 | 19 18 | 06 18 | 03 17 | 29 04 | 04 14 | 24 | 26 21 | 15 52 | 12 13 | 05 51 | 04 34 |
| 9 | 19 44 | 06 54 | 03 51 | 29 30 | 04 16 | 25 | 26 48 | 16 28 | 12 46 | 06 16 | 04 35 |
| 10 | 20 10 | 07 30 | 04 25 | 29 55 | 04 17 | 26 | 27 15 | 17 03 | 13 20 | 06 42 | 04 35 |
| 11 | 20 37 | 08 06 | 04 58 | 00♋21 | 04 19 | 27 | 27 42 | 17 39 | 13 53 | 07 07 | 04 36 |
| 12 | 21 03 | 08 42 | 05 32 | 00 46 | 04 20 | 28 | 28 08 | 18 15 | 14 26 | 07 32 | 04 37 |
| 13 | 21 29 | 09 18 | 06 06 | 01 12 | 04 22 | 29 | 28 35 | 18 51 | 14 59 | 07 57 | 04 37 |
| 14 | 21 56 | 09 53 | 06 39 | 01 37 | 04 23 | 30 | 29 02 | 19 26 | 15 32 | 08 22 | 04 38 |
| 15 | 22 22 | 10 29 | 07 13 | 02 03 | 04 24 | 31 | 29 29 | 20 02 | 16 05 | 08 47 | 04 38 |
| 16 | 22 48 | 11 05 | 07 46 | 02 28 | 04 26 | | | | | | |

## Lunar Data

| Last Asp. | | Ingress | | |
|---|---|---|---|---|
| 30 | 22:43 | 1 | ♊ | 06:57 |
| 3 | 04:06 | 3 | ♋ | 07:60 |
| 5 | 02:37 | 5 | ♌ | 07:42 |
| 7 | 04:12 | 7 | ♍ | 07:58 |
| 9 | 07:30 | 9 | ♎ | 10:25 |
| 11 | 14:51 | 11 | ♏ | 15:56 |
| 13 | 23:10 | 14 | ♐ | 00:34 |
| 16 | 07:43 | 16 | ♑ | 11:40 |
| 18 | 19:08 | 19 | ♒ | 00:17 |
| 21 | 11:19 | 21 | ♓ | 13:15 |
| 23 | 15:49 | 24 | ♈ | 01:10 |
| 26 | 07:45 | 26 | ♉ | 10:29 |
| 27 | 21:29 | 28 | ♊ | 16:11 |
| 30 | 14:50 | 30 | ♋ | 18:26 |

## 0:00 E.T. Declinations

| D | ☉ | ☽ | ☿ | ♀ | ♂ | ♃ | ♄ | ♅ | ♆ | ♇ | ⚳ | ⚴ | ⚵ | ⚶ | ⚷ |
|---|---|---|---|---|---|---|---|---|---|---|---|---|---|---|---|
| 1 | +23 08 | +24 08 | +18 44 | +23 16 | +03 44 | +14 01 | +07 59 | +21 30 | +01 21 | -23 12 | +23 19 | -00 42 | +12 40 | +21 21 | +12 42 |
| 2 | 23 04 | 26 31 | 18 45 | 23 19 | 03 31 | 13 57 | 08 00 | 21 30 | 01 21 | 23 12 | 23 11 | 00 42 | 12 44 | 21 22 | 12 43 |
| 3 | 22 59 | 27 09 | 18 47 | 23 22 | 03 17 | 13 53 | 08 02 | 21 31 | 01 21 | 23 13 | 23 03 | 00 42 | 12 47 | 21 24 | 12 43 |
| 4 | 22 55 | 25 48 | 18 50 | 23 24 | 03 03 | 13 49 | 08 03 | 21 31 | 01 21 | 23 13 | 22 54 | 00 43 | 12 50 | 21 26 | 12 44 |
| 5 | 22 49 | 22 34 | 18 55 | 23 26 | 02 49 | 13 46 | 08 04 | 21 32 | 01 21 | 23 14 | 22 46 | 00 43 | 12 54 | 21 27 | 12 44 |
| 6 | 22 44 | 17 49 | 19 01 | 23 27 | 02 35 | 13 42 | 08 05 | 21 32 | 01 21 | 23 14 | 22 37 | 00 44 | 12 56 | 21 29 | 12 45 |
| 7 | 22 38 | 12 00 | 19 08 | 23 27 | 02 21 | 13 38 | 08 06 | 21 33 | 01 21 | 23 14 | 22 29 | 00 44 | 12 59 | 21 30 | 12 45 |
| 8 | 22 31 | 05 38 | 19 17 | 23 26 | 02 06 | 13 34 | 08 07 | 21 33 | 01 21 | 23 15 | 22 20 | 00 45 | 13 02 | 21 31 | 12 46 |
| 9 | 22 24 | -00 50 | 19 26 | 23 25 | 01 52 | 13 30 | 08 08 | 21 34 | 01 21 | 23 15 | 22 11 | 00 46 | 13 04 | 21 32 | 12 46 |
| 10 | 22 17 | 07 06 | 19 36 | 23 23 | 01 38 | 13 26 | 08 08 | 21 34 | 01 21 | 23 16 | 22 02 | 00 47 | 13 07 | 21 33 | 12 47 |
| 11 | 22 09 | 12 51 | 19 47 | 23 20 | 01 24 | 13 22 | 08 09 | 21 35 | 01 21 | 23 16 | 21 53 | 00 48 | 13 09 | 21 35 | 12 47 |
| 12 | 22 02 | 17 52 | 19 58 | 23 17 | 01 09 | 13 18 | 08 10 | 21 35 | 01 21 | 23 17 | 21 45 | 00 49 | 13 11 | 21 35 | 12 48 |
| 13 | 21 53 | 21 58 | 20 10 | 23 13 | 00 55 | 13 14 | 08 11 | 21 35 | 01 20 | 23 17 | 21 36 | 00 50 | 13 13 | 21 36 | 12 48 |
| 14 | 21 44 | 24 58 | 20 22 | 23 08 | 00 40 | 13 10 | 08 12 | 21 36 | 01 20 | 23 18 | 21 27 | 00 52 | 13 15 | 21 37 | 12 48 |
| 15 | 21 35 | 26 43 | 20 35 | 23 03 | 00 26 | 13 06 | 08 12 | 21 36 | 01 20 | 23 18 | 21 18 | 00 53 | 13 17 | 21 38 | 12 49 |
| 16 | 21 26 | 27 11 | 20 47 | 22 57 | 00 11 | 13 02 | 08 13 | 21 37 | 01 20 | 23 19 | 21 09 | 00 55 | 13 18 | 21 38 | 12 49 |
| 17 | 21 16 | 26 21 | 20 59 | 22 50 | -00 03 | 12 58 | 08 14 | 21 37 | 01 20 | 23 19 | 20 59 | 00 57 | 13 20 | 21 39 | 12 49 |
| 18 | 21 06 | 24 18 | 21 11 | 22 42 | 00 18 | 12 54 | 08 14 | 21 38 | 01 20 | 23 19 | 20 50 | 00 59 | 13 21 | 21 39 | 12 50 |
| 19 | 20 55 | 21 13 | 21 22 | 22 34 | 00 32 | 12 50 | 08 15 | 21 38 | 01 20 | 23 20 | 20 41 | 01 01 | 13 22 | 21 40 | 12 50 |
| 20 | 20 44 | 17 16 | 21 32 | 22 26 | 00 47 | 12 46 | 08 15 | 21 38 | 01 20 | 23 20 | 20 32 | 01 03 | 13 23 | 21 40 | 12 50 |
| 21 | 20 33 | 12 40 | 21 42 | 22 16 | 01 02 | 12 41 | 08 16 | 21 39 | 01 19 | 23 21 | 20 22 | 01 05 | 13 24 | 21 40 | 12 51 |
| 22 | 20 21 | 07 34 | 21 50 | 22 06 | 01 17 | 12 37 | 08 16 | 21 39 | 01 19 | 23 21 | 20 13 | 01 07 | 13 25 | 21 40 | 12 51 |
| 23 | 20 09 | 02 10 | 21 57 | 21 55 | 01 31 | 12 33 | 08 17 | 21 40 | 01 19 | 23 22 | 20 03 | 01 09 | 13 26 | 21 40 | 12 51 |
| 24 | 19 57 | +03 22 | 22 03 | 21 44 | 01 46 | 12 29 | 08 17 | 21 40 | 01 19 | 23 22 | 19 54 | 01 12 | 13 26 | 21 40 | 12 51 |
| 25 | 19 45 | 08 52 | 22 07 | 21 32 | 02 01 | 12 24 | 08 17 | 21 40 | 01 18 | 23 23 | 19 44 | 01 14 | 13 26 | 21 40 | 12 51 |
| 26 | 19 32 | 14 09 | 22 09 | 21 19 | 02 16 | 12 20 | 08 18 | 21 41 | 01 18 | 23 23 | 19 35 | 01 17 | 13 27 | 21 40 | 12 52 |
| 27 | 19 18 | 18 57 | 22 09 | 21 06 | 02 31 | 12 16 | 08 18 | 21 41 | 01 18 | 23 24 | 19 25 | 01 20 | 13 27 | 21 40 | 12 52 |
| 28 | 19 05 | 22 58 | 22 06 | 20 52 | 02 46 | 12 11 | 08 18 | 21 42 | 01 18 | 23 24 | 19 15 | 01 23 | 13 27 | 21 40 | 12 52 |
| 29 | 18 51 | 25 50 | 22 01 | 20 38 | 03 01 | 12 07 | 08 18 | 21 42 | 01 17 | 23 24 | 19 06 | 01 26 | 13 26 | 21 39 | 12 52 |
| 30 | 18 37 | 27 10 | 21 54 | 20 23 | 03 16 | 12 03 | 08 19 | 21 42 | 01 17 | 23 25 | 18 56 | 01 29 | 13 26 | 21 39 | 12 52 |
| 31 | 18 22 | 26 40 | 21 44 | 20 07 | 03 31 | 11 58 | 08 19 | 21 43 | 01 17 | 23 25 | 18 46 | 01 32 | 13 26 | 21 38 | 12 52 |

Lunar Phases -- 4 ● 03:03 10 ◐ 18:40 18 Ⓔ 15:46 26 ◑ 16:56 Sun enters ♌ 7/23 01:06

## Aug. 27 — Longitudes of Main Planets - August 2027 — 0:00 E.T.

| D | S.T. | ☉ | ☽ | ☽ 12:00 | ☿ | ♀ | ♂ | ♃ | ♄ | ♅ | ♆ | ♇ | ☊ |
|---|---|---|---|---|---|---|---|---|---|---|---|---|---|
| 1 | 20:37:31 | 08♌33 25 | 18♋23 | 25♋56 | 27♋05 | 05♌31 | 09♎50 | 01♍12 | 27♈49 | 09♊06 | 06♈32℞ | 05♒54℞ | 11♒37 |
| 2 | 20:41:28 | 09 30 50 | 03♌31 | 11♌07 | 29 05 | 06 45 | 10 26 | 01 24 | 27 50 | 09 09 | 06 31 | 05 52 | 11 34 |
| 3 | 20:45:24 | 10 28 16 | 18 42 | 26 15 | 01♌06 | 07 59 | 11 03 | 01 37 | 27 50 | 09 11 | 06 30 | 05 51 | 11 30 |
| 4 | 20:49:21 | 11 25 43 | 03♍46 | 11♍12 | 03 09 | 09 13 | 11 39 | 01 50 | 27 51 | 09 13 | 06 30 | 05 49 | 11 27 |
| 5 | 20:53:17 | 12 23 11 | 18 34 | 25 51 | 05 13 | 10 27 | 12 16 | 02 02 | 27 52 | 09 15 | 06 29 | 05 48 | 11 24 |
| 6 | 20:57:14 | 13 20 39 | 03♎01 | 10♎05 | 07 17 | 11 41 | 12 52 | 02 15 | 27 52 | 09 17 | 06 28 | 05 47 | 11 21 |
| 7 | 21:01:10 | 14 18 09 | 17 02 | 23 53 | 09 22 | 12 55 | 13 29 | 02 27 | 27 52 | 09 19 | 06 27 | 05 45 | 11 18 |
| 8 | 21:05:07 | 15 15 38 | 00♏37 | 07♏14 | 11 26 | 14 09 | 14 06 | 02 40 | 27 53 | 09 20 | 06 26 | 05 44 | 11 15 |
| 9 | 21:09:03 | 16 13 09 | 13 46 | 20 12 | 13 31 | 15 23 | 14 43 | 02 53 | 27 53 | 09 22 | 06 25 | 05 42 | 11 11 |
| 10 | 21:13:00 | 17 10 40 | 26 32 | 02♐48 | 15 35 | 16 37 | 15 20 | 03 06 | 27 53℞ | 09 24 | 06 25 | 05 41 | 11 08 |
| 11 | 21:16:57 | 18 08 13 | 08♐59 | 15 07 | 17 38 | 17 51 | 15 57 | 03 18 | 27 53 | 09 26 | 06 24 | 05 40 | 11 05 |
| 12 | 21:20:53 | 19 05 46 | 21 11 | 27 12 | 19 41 | 19 06 | 16 34 | 03 31 | 27 53 | 09 28 | 06 23 | 05 38 | 11 02 |
| 13 | 21:24:50 | 20 03 20 | 03♑11 | 09♑09 | 21 42 | 20 20 | 17 11 | 03 44 | 27 52 | 09 29 | 06 22 | 05 37 | 10 59 |
| 14 | 21:28:46 | 21 00 55 | 15 04 | 20 59 | 23 43 | 21 34 | 17 49 | 03 57 | 27 52 | 09 31 | 06 21 | 05 36 | 10 55 |
| 15 | 21:32:43 | 21 58 31 | 26 53 | 02♒47 | 25 42 | 22 48 | 18 26 | 04 10 | 27 51 | 09 32 | 06 20 | 05 34 | 10 52 |
| 16 | 21:36:39 | 22 56 09 | 08♒40 | 14 35 | 27 40 | 24 02 | 19 04 | 04 23 | 27 51 | 09 34 | 06 18 | 05 33 | 10 49 |
| 17 | 21:40:36 | 23 53 47 | 20 30 | 26 25 | 29 37 | 25 16 | 19 41 | 04 36 | 27 50 | 09 35 | 06 17 | 05 32 | 10 46 |
| 18 | 21:44:32 | 24 51 27 | 02♓23 | 08♓21 | 01♍33 | 26 31 | 20 19 | 04 49 | 27 49 | 09 37 | 06 16 | 05 30 | 10 43 |
| 19 | 21:48:29 | 25 49 07 | 14 22 | 20 24 | 03 27 | 27 45 | 20 57 | 05 01 | 27 48 | 09 38 | 06 15 | 05 29 | 10 40 |
| 20 | 21:52:26 | 26 46 50 | 26 29 | 02♈36 | 05 19 | 28 59 | 21 35 | 05 14 | 27 47 | 09 40 | 06 14 | 05 28 | 10 36 |
| 21 | 21:56:22 | 27 44 33 | 08♈45 | 14 58 | 07 11 | 00♍13 | 22 13 | 05 27 | 27 46 | 09 41 | 06 13 | 05 27 | 10 33 |
| 22 | 22:00:19 | 28 42 19 | 21 15 | 27 34 | 09 01 | 01 27 | 22 51 | 05 40 | 27 45 | 09 42 | 06 11 | 05 25 | 10 30 |
| 23 | 22:04:15 | 29 40 06 | 03♉58 | 10♉26 | 10 49 | 02 42 | 23 29 | 05 53 | 27 44 | 09 43 | 06 10 | 05 24 | 10 27 |
| 24 | 22:08:12 | 00♍37 55 | 16 59 | 23 36 | 12 36 | 03 56 | 24 08 | 06 06 | 27 42 | 09 45 | 06 09 | 05 23 | 10 24 |
| 25 | 22:12:08 | 01 35 45 | 00♊18 | 07♊06 | 14 22 | 05 10 | 24 46 | 06 19 | 27 41 | 09 46 | 06 08 | 05 22 | 10 21 |
| 26 | 22:16:05 | 02 33 37 | 13 58 | 20 57 | 16 07 | 06 25 | 25 25 | 06 32 | 27 39 | 09 47 | 06 06 | 05 20 | 10 17 |
| 27 | 22:20:01 | 03 31 32 | 28 00 | 05♋09 | 17 50 | 07 39 | 26 03 | 06 45 | 27 38 | 09 48 | 06 05 | 05 19 | 10 14 |
| 28 | 22:23:58 | 04 29 27 | 12♋23 | 19 42 | 19 31 | 08 53 | 26 42 | 06 58 | 27 36 | 09 49 | 06 04 | 05 18 | 10 11 |
| 29 | 22:27:55 | 05 27 25 | 27 05 | 04♌31 | 21 12 | 10 08 | 27 21 | 07 11 | 27 34 | 09 50 | 06 02 | 05 17 | 10 08 |
| 30 | 22:31:51 | 06 25 25 | 12♌00 | 19 30 | 22 51 | 11 22 | 28 00 | 07 24 | 27 32 | 09 50 | 06 01 | 05 16 | 10 05 |
| 31 | 22:35:48 | 07 23 26 | 27 01 | 04♍32 | 24 29 | 12 36 | 28 39 | 07 38 | 27 30 | 09 51 | 06 00 | 05 15 | 10 01 |

## 0:00 E.T. — Longitudes of the Major Asteroids and Chiron

| D | ⚳ | ⚴ | ⚵ | ⚶ | ⚷ |
|---|---|---|---|---|---|
| 1 | 29♌56 | 20♋38 | 16♊38 | 09♋12 | 04♉39 |
| 2 | 00♍23 | 21 13 | 17 10 | 09 37 | 04 39 |
| 3 | 00 50 | 21 49 | 17 43 | 10 02 | 04 39 |
| 4 | 01 17 | 22 24 | 18 16 | 10 27 | 04 40 |
| 5 | 01 45 | 23 00 | 18 48 | 10 52 | 04 40 |
| 6 | 02 12 | 23 35 | 19 21 | 11 17 | 04 40 |
| 7 | 02 39 | 24 11 | 19 54 | 11 42 | 04 40 |
| 8 | 03 06 | 24 46 | 20 26 | 12 06 | 04 40 |
| 9 | 03 33 | 25 22 | 20 58 | 12 31 | 04 40℞ |
| 10 | 04 00 | 25 57 | 21 31 | 12 56 | 04 40 |
| 11 | 04 28 | 26 32 | 22 03 | 13 20 | 04 40 |
| 12 | 04 55 | 27 08 | 22 35 | 13 45 | 04 40 |
| 13 | 05 22 | 27 43 | 23 07 | 14 09 | 04 39 |
| 14 | 05 50 | 28 18 | 23 39 | 14 34 | 04 39 |
| 15 | 06 17 | 28 53 | 24 11 | 14 58 | 04 39 |
| 16 | 06 44 | 29 29 | 24 43 | 15 23 | 04 38 |
| 17 | 07 12 | 00♌04 | 25 15 | 15 47 | 04 38 |
| 18 | 07 39 | 00 39 | 25 47 | 16 11 | 04 37 |
| 19 | 08 06 | 01 14 | 26 18 | 16 35 | 04 37 |
| 20 | 08 34 | 01 49 | 26 50 | 16 59 | 04 36 |
| 21 | 09 01 | 02 23 | 27 21 | 17 24 | 04 36 |
| 22 | 09 29 | 02 58 | 27 53 | 17 48 | 04 35 |
| 23 | 09 56 | 03 33 | 28 24 | 18 12 | 04 34 |
| 24 | 10 24 | 04 08 | 28 55 | 18 36 | 04 33 |
| 25 | 10 51 | 04 43 | 29 26 | 18 59 | 04 32 |
| 26 | 11 19 | 05 17 | 29 57 | 19 23 | 04 32 |
| 27 | 11 46 | 05 52 | 00♋28 | 19 47 | 04 31 |
| 28 | 12 14 | 06 26 | 00 59 | 20 11 | 04 30 |
| 29 | 12 41 | 07 01 | 01 30 | 20 34 | 04 28 |
| 30 | 13 09 | 07 35 | 02 01 | 20 58 | 04 27 |
| 31 | 13 37 | 08 09 | 02 31 | 21 22 | 04 26 |

## Lunar Data

| Last Asp. | | Ingress | | |
|---|---|---|---|---|
| 1 | 15:55 | 1 | ♌ | 18:26 |
| 3 | 14:32 | 3 | ♍ | 17:58 |
| 4 | 08:48 | 5 | ♎ | 18:56 |
| 7 | 19:06 | 7 | ♏ | 22:54 |
| 9 | 04:56 | 10 | ♐ | 06:37 |
| 12 | 13:20 | 12 | ♑ | 17:36 |
| 15 | 01:59 | 15 | ♒ | 06:21 |
| 17 | 14:50 | 17 | ♓ | 19:13 |
| 18 | 14:33 | 20 | ♈ | 06:55 |
| 22 | 15:17 | 22 | ♉ | 16:34 |
| 23 | 14:44 | 24 | ♊ | 23:28 |
| 26 | 23:21 | 27 | ♋ | 03:22 |
| 29 | 00:47 | 29 | ♌ | 04:44 |
| 31 | 02:42 | 31 | ♍ | 04:45 |

## 0:00 E.T. — Declinations

| D | ☉ | ☽ | ☿ | ♀ | ♂ | ♃ | ♄ | ♅ | ♆ | ♇ | ⚳ | ⚴ | ⚵ | ⚶ | ⚷ |
|---|---|---|---|---|---|---|---|---|---|---|---|---|---|---|---|
| 1 | +18 07 | +24 15 | +21 32 | +19 51 | -03 45 | +11 54 | +08 19 | +21 43 | +01 17 | -23 26 | +18 36 | -01 35 | +13 25 | +21 38 | +12 52 |
| 2 | 17 52 | 20 05 | 21 17 | 19 34 | 04 01 | 11 49 | 08 19 | 21 43 | 01 16 | 23 26 | 18 26 | 01 39 | 13 24 | 21 37 | 12 52 |
| 3 | 17 37 | 14 35 | 20 59 | 19 17 | 04 16 | 11 45 | 08 19 | 21 44 | 01 16 | 23 27 | 18 17 | 01 42 | 13 23 | 21 36 | 12 52 |
| 4 | 17 21 | 08 15 | 20 39 | 18 59 | 04 31 | 11 40 | 08 19 | 21 44 | 01 16 | 23 27 | 18 07 | 01 46 | 13 22 | 21 35 | 12 52 |
| 5 | 17 05 | 01 35 | 20 16 | 18 40 | 04 46 | 11 36 | 08 19 | 21 44 | 01 15 | 23 27 | 17 57 | 01 49 | 13 21 | 21 34 | 12 52 |
| 6 | 16 49 | -05 00 | 19 51 | 18 21 | 05 01 | 11 31 | 08 19 | 21 44 | 01 15 | 23 28 | 17 47 | 01 53 | 13 20 | 21 34 | 12 52 |
| 7 | 16 32 | 11 09 | 19 23 | 18 02 | 05 16 | 11 27 | 08 19 | 21 45 | 01 14 | 23 28 | 17 36 | 01 57 | 13 18 | 21 32 | 12 52 |
| 8 | 16 15 | 16 33 | 18 53 | 17 42 | 05 31 | 11 22 | 08 18 | 21 45 | 01 14 | 23 29 | 17 26 | 02 01 | 13 16 | 21 31 | 12 52 |
| 9 | 15 58 | 21 01 | 18 21 | 17 21 | 05 46 | 11 18 | 08 18 | 21 45 | 01 14 | 23 29 | 17 16 | 02 05 | 13 15 | 21 30 | 12 52 |
| 10 | 15 41 | 24 21 | 17 47 | 17 00 | 06 01 | 11 13 | 08 18 | 21 46 | 01 13 | 23 29 | 17 06 | 02 09 | 13 13 | 21 29 | 12 52 |
| 11 | 15 24 | 26 26 | 17 12 | 16 39 | 06 16 | 11 08 | 08 18 | 21 46 | 01 13 | 23 30 | 16 56 | 02 14 | 13 11 | 21 28 | 12 52 |
| 12 | 15 06 | 27 13 | 16 35 | 16 17 | 06 31 | 11 04 | 08 17 | 21 46 | 01 12 | 23 30 | 16 46 | 02 18 | 13 09 | 21 26 | 12 52 |
| 13 | 14 48 | 26 41 | 15 56 | 15 54 | 06 46 | 10 59 | 08 17 | 21 46 | 01 12 | 23 31 | 16 35 | 02 22 | 13 06 | 21 25 | 12 51 |
| 14 | 14 29 | 24 56 | 15 16 | 15 32 | 07 01 | 10 54 | 08 17 | 21 47 | 01 12 | 23 31 | 16 25 | 02 27 | 13 04 | 21 23 | 12 51 |
| 15 | 14 11 | 22 06 | 14 36 | 15 08 | 07 16 | 10 50 | 08 16 | 21 47 | 01 11 | 23 31 | 16 15 | 02 31 | 13 01 | 21 22 | 12 51 |
| 16 | 13 52 | 18 21 | 13 54 | 14 45 | 07 31 | 10 45 | 08 16 | 21 47 | 01 11 | 23 32 | 16 04 | 02 36 | 12 59 | 21 20 | 12 51 |
| 17 | 13 33 | 13 53 | 13 11 | 14 21 | 07 46 | 10 40 | 08 15 | 21 47 | 01 10 | 23 32 | 15 54 | 02 41 | 12 56 | 21 19 | 12 51 |
| 18 | 13 14 | 08 52 | 12 28 | 13 56 | 08 01 | 10 36 | 08 15 | 21 48 | 01 10 | 23 32 | 15 44 | 02 46 | 12 53 | 21 17 | 12 50 |
| 19 | 12 55 | 03 31 | 11 44 | 13 32 | 08 16 | 10 31 | 08 14 | 21 48 | 01 09 | 23 33 | 15 33 | 02 51 | 12 50 | 21 15 | 12 50 |
| 20 | 12 35 | +02 01 | 10 59 | 13 06 | 08 31 | 10 26 | 08 13 | 21 48 | 01 09 | 23 33 | 15 23 | 02 56 | 12 46 | 21 13 | 12 50 |
| 21 | 12 15 | 07 33 | 10 14 | 12 41 | 08 46 | 10 22 | 08 13 | 21 48 | 01 08 | 23 33 | 15 12 | 03 01 | 12 43 | 21 11 | 12 49 |
| 22 | 11 55 | 12 52 | 09 29 | 12 15 | 09 01 | 10 17 | 08 12 | 21 48 | 01 08 | 23 34 | 15 02 | 03 06 | 12 40 | 21 09 | 12 49 |
| 23 | 11 35 | 17 45 | 08 43 | 11 49 | 09 16 | 10 12 | 08 11 | 21 49 | 01 07 | 23 34 | 14 51 | 03 11 | 12 36 | 21 07 | 12 49 |
| 24 | 11 15 | 21 55 | 07 58 | 11 22 | 09 31 | 10 07 | 08 11 | 21 49 | 01 07 | 23 34 | 14 41 | 03 16 | 12 32 | 21 05 | 12 48 |
| 25 | 10 54 | 25 05 | 07 12 | 10 55 | 09 45 | 10 03 | 08 10 | 21 49 | 01 06 | 23 35 | 14 30 | 03 22 | 12 28 | 21 03 | 12 48 |
| 26 | 10 34 | 26 53 | 06 26 | 10 28 | 10 00 | 09 58 | 08 09 | 21 49 | 01 05 | 23 35 | 14 19 | 03 27 | 12 24 | 21 01 | 12 48 |
| 27 | 10 13 | 27 02 | 05 40 | 10 01 | 10 15 | 09 53 | 08 08 | 21 49 | 01 05 | 23 35 | 14 09 | 03 33 | 12 20 | 20 59 | 12 47 |
| 28 | 09 52 | 25 24 | 04 54 | 09 33 | 10 30 | 09 48 | 08 07 | 21 49 | 01 04 | 23 36 | 13 58 | 03 38 | 12 16 | 20 57 | 12 47 |
| 29 | 09 31 | 22 01 | 04 09 | 09 05 | 10 44 | 09 43 | 08 07 | 21 50 | 01 04 | 23 36 | 13 47 | 03 44 | 12 11 | 20 54 | 12 46 |
| 30 | 09 09 | 17 09 | 03 23 | 08 37 | 10 59 | 09 39 | 08 06 | 21 50 | 01 03 | 23 36 | 13 37 | 03 50 | 12 07 | 20 52 | 12 46 |
| 31 | 08 48 | 11 10 | 02 38 | 08 08 | 11 14 | 09 34 | 08 05 | 21 50 | 01 03 | 23 37 | 13 26 | 03 56 | 12 02 | 20 49 | 12 45 |

Lunar Phases -- 2 ● 10:06 9 ◐ 04:55 17 Ⓔ 07:30 25 ◑ 02:28 31 ● 17:42 Sun enters ♍ 8/23 08:16

## 0:00 E.T. Longitudes of Main Planets - September 2027 Sep. 27

| D | S.T. | ☉ | ☽ | ☽ 12:00 | ☿ | ♀ | ♂ | ♃ | ♄ | ♅ | ♆ | ♇ | ☊ |
|---|---|---|---|---|---|---|---|---|---|---|---|---|---|
| 1 | 22:39:44 | 08♍21 28 | 12♍02 | 19♍28 | 26♍05 | 13♍51 | 29♎18 | 07♍51 | 27♈27℞ | 09♊52 | 05♈58℞ | 05♒13℞ | 09♒58 |
| 2 | 22:43:41 | 09 19 33 | 26 52 | 04♎10 | 27 41 | 15 05 | 29 57 | 08 04 | 27 25 | 09 53 | 05 57 | 05 12 | 09 55 |
| 3 | 22:47:37 | 10 17 38 | 11♎24 | 18 31 | 29 15 | 16 20 | 00♏36 | 08 17 | 27 23 | 09 53 | 05 55 | 05 11 | 09 52 |
| 4 | 22:51:34 | 11 15 46 | 25 32 | 02♏26 | 00♎48 | 17 34 | 01 15 | 08 30 | 27 20 | 09 54 | 05 54 | 05 10 | 09 49 |
| 5 | 22:55:30 | 12 13 54 | 09♏13 | 15 53 | 02 19 | 18 49 | 01 55 | 08 43 | 27 18 | 09 55 | 05 52 | 05 09 | 09 46 |
| 6 | 22:59:27 | 13 12 05 | 22 27 | 28 55 | 03 49 | 20 03 | 02 34 | 08 56 | 27 15 | 09 55 | 05 51 | 05 08 | 09 42 |
| 7 | 23:03:24 | 14 10 17 | 05♐16 | 11♐32 | 05 19 | 21 17 | 03 14 | 09 09 | 27 12 | 09 56 | 05 49 | 05 07 | 09 39 |
| 8 | 23:07:20 | 15 08 30 | 17 44 | 23 50 | 06 46 | 22 32 | 03 54 | 09 22 | 27 10 | 09 56 | 05 48 | 05 06 | 09 36 |
| 9 | 23:11:17 | 16 06 45 | 29 54 | 05♑54 | 08 13 | 23 46 | 04 33 | 09 35 | 27 07 | 09 56 | 05 46 | 05 05 | 09 33 |
| 10 | 23:15:13 | 17 05 01 | 11♑51 | 17 47 | 09 38 | 25 01 | 05 13 | 09 48 | 27 04 | 09 57 | 05 45 | 05 04 | 09 30 |
| 11 | 23:19:10 | 18 03 19 | 23 41 | 29 35 | 11 02 | 26 15 | 05 53 | 10 01 | 27 01 | 09 57 | 05 43 | 05 03 | 09 27 |
| 12 | 23:23:06 | 19 01 38 | 05♒28 | 11♒22 | 12 24 | 27 30 | 06 33 | 10 14 | 26 57 | 09 57 | 05 42 | 05 02 | 09 23 |
| 13 | 23:27:03 | 19 59 59 | 17 17 | 23 13 | 13 46 | 28 44 | 07 13 | 10 27 | 26 54 | 09 57 | 05 40 | 05 01 | 09 20 |
| 14 | 23:30:59 | 20 58 22 | 29 10 | 05♓09 | 15 05 | 29 59 | 07 53 | 10 40 | 26 51 | 09 57 | 05 38 | 05 00 | 09 17 |
| 15 | 23:34:56 | 21 56 46 | 11♓11 | 17 15 | 16 24 | 01♎13 | 08 34 | 10 52 | 26 47 | 09 57 | 05 37 | 05 00 | 09 14 |
| 16 | 23:38:53 | 22 55 12 | 23 21 | 29 30 | 17 40 | 02 28 | 09 14 | 11 05 | 26 44 | 09 57℞ | 05 35 | 04 59 | 09 11 |
| 17 | 23:42:49 | 23 53 40 | 05♈42 | 11♈57 | 18 56 | 03 42 | 09 54 | 11 18 | 26 40 | 09 57 | 05 34 | 04 58 | 09 07 |
| 18 | 23:46:46 | 24 52 10 | 18 16 | 24 37 | 20 09 | 04 57 | 10 35 | 11 31 | 26 37 | 09 57 | 05 32 | 04 57 | 09 04 |
| 19 | 23:50:42 | 25 50 42 | 01♉01 | 07♉28 | 21 21 | 06 11 | 11 16 | 11 44 | 26 33 | 09 57 | 05 30 | 04 56 | 09 01 |
| 20 | 23:54:39 | 26 49 16 | 13 59 | 20 33 | 22 31 | 07 26 | 11 56 | 11 57 | 26 29 | 09 57 | 05 29 | 04 56 | 08 58 |
| 21 | 23:58:35 | 27 47 52 | 27 10 | 03♊50 | 23 39 | 08 40 | 12 37 | 12 10 | 26 25 | 09 57 | 05 27 | 04 55 | 08 55 |
| 22 | 0:02:32 | 28 46 31 | 10♊34 | 17 22 | 24 45 | 09 55 | 13 18 | 12 22 | 26 22 | 09 56 | 05 25 | 04 54 | 08 52 |
| 23 | 0:06:28 | 29 45 12 | 24 13 | 01♋07 | 25 49 | 11 09 | 13 59 | 12 35 | 26 18 | 09 56 | 05 24 | 04 53 | 08 48 |
| 24 | 0:10:25 | 00♎43 55 | 08♋06 | 15 08 | 26 51 | 12 24 | 14 40 | 12 48 | 26 14 | 09 55 | 05 22 | 04 53 | 08 45 |
| 25 | 0:14:21 | 01 42 40 | 22 14 | 29 23 | 27 50 | 13 38 | 15 21 | 13 01 | 26 10 | 09 55 | 05 20 | 04 52 | 08 42 |
| 26 | 0:18:18 | 02 41 28 | 06♌36 | 13♌51 | 28 47 | 14 53 | 16 02 | 13 13 | 26 05 | 09 54 | 05 19 | 04 52 | 08 39 |
| 27 | 0:22:15 | 03 40 18 | 21 09 | 28 29 | 29 40 | 16 07 | 16 43 | 13 26 | 26 01 | 09 54 | 05 17 | 04 51 | 08 36 |
| 28 | 0:26:11 | 04 39 09 | 05♍50 | 13♍11 | 00♏31 | 17 22 | 17 24 | 13 38 | 25 57 | 09 53 | 05 15 | 04 50 | 08 33 |
| 29 | 0:30:08 | 05 38 04 | 20 32 | 27 51 | 01 18 | 18 36 | 18 06 | 13 51 | 25 53 | 09 53 | 05 14 | 04 50 | 08 29 |
| 30 | 0:34:04 | 06 37 00 | 05♎08 | 12♎22 | 02 02 | 19 51 | 18 47 | 14 03 | 25 48 | 09 52 | 05 12 | 04 49 | 08 26 |

## 0:00 E.T. Longitudes of the Major Asteroids and Chiron — Lunar Data

| D | ⚳ | ⚴ | ⚵ | ⚶ | ⚷ | D | ⚳ | ⚴ | ⚵ | ⚶ | ⚷ | Last Asp. | Ingress |
|---|---|---|---|---|---|---|---|---|---|---|---|---|---|
| 1 | 14♍04 | 08♌44 | 03♋01 | 21♋45 | 04♉25℞ | 16 | 20 58 | 17 09 | 10 22 | 27 27 | 04 01 | 2 01:30 | 2 ♎ 05:08 |
| 2 | 14 32 | 09 18 | 03 32 | 22 08 | 04 24 | 17 | 21 26 | 17 42 | 10 50 | 27 49 | 03 59 | 4 03:08 | 4 ♏ 07:46 |
| 3 | 14 59 | 09 52 | 04 02 | 22 32 | 04 22 | 18 | 21 54 | 18 15 | 11 18 | 28 12 | 03 57 | 5 19:07 | 6 ♐ 14:03 |
| 4 | 15 27 | 10 26 | 04 32 | 22 55 | 04 21 | 19 | 22 21 | 18 48 | 11 46 | 28 34 | 03 55 | 8 18:30 | 9 ♑ 00:13 |
| 5 | 15 54 | 11 00 | 05 02 | 23 18 | 04 19 | 20 | 22 49 | 19 21 | 12 14 | 28 55 | 03 52 | 11 06:44 | 11 ♒ 12:51 |
| 6 | 16 22 | 11 34 | 05 32 | 23 41 | 04 18 | 21 | 23 16 | 19 54 | 12 42 | 29 17 | 03 50 | 13 19:21 | 14 ♓ 01:40 |
| 7 | 16 50 | 12 08 | 06 01 | 24 04 | 04 16 | 22 | 23 44 | 20 26 | 13 09 | 29 39 | 03 48 | 15 23:05 | 16 ♈ 12:57 |
| 8 | 17 17 | 12 42 | 06 31 | 24 27 | 04 15 | 23 | 24 12 | 20 59 | 13 36 | 00♌00 | 03 46 | 18 15:41 | 18 ♉ 22:06 |
| 9 | 17 45 | 13 15 | 07 00 | 24 50 | 04 13 | 24 | 24 39 | 21 31 | 14 03 | 00 22 | 03 44 | 21 01:14 | 21 ♊ 05:07 |
| 10 | 18 13 | 13 49 | 07 29 | 25 13 | 04 12 | 25 | 25 07 | 22 04 | 14 30 | 00 43 | 03 41 | 23 03:37 | 23 ♋ 10:03 |
| 11 | 18 40 | 14 23 | 07 59 | 25 35 | 04 10 | 26 | 25 34 | 22 36 | 14 57 | 01 04 | 03 39 | 25 10:05 | 25 ♌ 13:01 |
| 12 | 19 08 | 14 56 | 08 28 | 25 58 | 04 08 | 27 | 26 02 | 23 08 | 15 23 | 01 26 | 03 37 | 27 07:57 | 27 ♍ 14:29 |
| 13 | 19 35 | 15 29 | 08 56 | 26 20 | 04 06 | 28 | 26 30 | 23 40 | 15 50 | 01 47 | 03 34 | 28 19:50 | 29 ♎ 15:32 |
| 14 | 20 03 | 16 03 | 09 25 | 26 43 | 04 04 | 29 | 26 57 | 24 12 | 16 16 | 02 07 | 03 32 | | |
| 15 | 20 31 | 16 36 | 09 54 | 27 05 | 04 03 | 30 | 27 25 | 24 44 | 16 42 | 02 28 | 03 30 | | |

## 0:00 E.T. Declinations

| D | ☉ | ☽ | ☿ | ♀ | ♂ | ♃ | ♄ | ♅ | ♆ | ♇ | ⚳ | ⚴ | ⚵ | ⚶ | ⚷ |
|---|---|---|---|---|---|---|---|---|---|---|---|---|---|---|---|
| 1 | +08 26 | +04 35 | +01 53 | +07 40 | -11 28 | +09 29 | +08 04 | +21 50 | +01 02 | -23 37 | +13 15 | -04 02 | +11 58 | +20 47 | +12 45 |
| 2 | 08 04 | -02 11 | 01 08 | 07 11 | 11 43 | 09 24 | 08 03 | 21 50 | 01 01 | 23 37 | 13 05 | 04 07 | 11 53 | 20 44 | 12 44 |
| 3 | 07 42 | 08 40 | 00 24 | 06 42 | 11 57 | 09 19 | 08 02 | 21 50 | 01 01 | 23 37 | 12 54 | 04 14 | 11 48 | 20 42 | 12 44 |
| 4 | 07 20 | 14 33 | -00 20 | 06 12 | 12 11 | 09 14 | 08 00 | 21 50 | 01 00 | 23 38 | 12 43 | 04 20 | 11 43 | 20 39 | 12 43 |
| 5 | 06 58 | 19 30 | 01 03 | 05 43 | 12 26 | 09 10 | 07 59 | 21 50 | 01 00 | 23 38 | 12 32 | 04 26 | 11 37 | 20 37 | 12 43 |
| 6 | 06 36 | 23 20 | 01 47 | 05 13 | 12 40 | 09 05 | 07 58 | 21 50 | 00 59 | 23 38 | 12 22 | 04 32 | 11 32 | 20 34 | 12 42 |
| 7 | 06 14 | 25 52 | 02 29 | 04 44 | 12 54 | 09 00 | 07 57 | 21 50 | 00 58 | 23 38 | 12 11 | 04 38 | 11 27 | 20 31 | 12 42 |
| 8 | 05 51 | 27 03 | 03 12 | 04 14 | 13 08 | 08 55 | 07 56 | 21 50 | 00 58 | 23 39 | 12 00 | 04 44 | 11 21 | 20 28 | 12 41 |
| 9 | 05 29 | 26 53 | 03 53 | 03 44 | 13 23 | 08 50 | 07 55 | 21 51 | 00 57 | 23 39 | 11 49 | 04 51 | 11 16 | 20 26 | 12 40 |
| 10 | 05 06 | 25 27 | 04 34 | 03 14 | 13 37 | 08 45 | 07 53 | 21 51 | 00 57 | 23 39 | 11 38 | 04 57 | 11 10 | 20 23 | 12 40 |
| 11 | 04 43 | 22 54 | 05 15 | 02 43 | 13 50 | 08 41 | 07 52 | 21 51 | 00 56 | 23 39 | 11 28 | 05 04 | 11 04 | 20 20 | 12 39 |
| 12 | 04 21 | 19 24 | 05 55 | 02 13 | 14 04 | 08 36 | 07 51 | 21 51 | 00 55 | 23 40 | 11 17 | 05 10 | 10 58 | 20 17 | 12 38 |
| 13 | 03 58 | 15 07 | 06 34 | 01 43 | 14 18 | 08 31 | 07 49 | 21 51 | 00 55 | 23 40 | 11 06 | 05 17 | 10 52 | 20 14 | 12 38 |
| 14 | 03 35 | 10 15 | 07 12 | 01 12 | 14 32 | 08 26 | 07 48 | 21 51 | 00 54 | 23 40 | 10 55 | 05 23 | 10 46 | 20 11 | 12 37 |
| 15 | 03 12 | 04 58 | 07 50 | 00 42 | 14 45 | 08 21 | 07 47 | 21 51 | 00 53 | 23 40 | 10 44 | 05 30 | 10 40 | 20 08 | 12 36 |
| 16 | 02 49 | +00 34 | 08 27 | 00 11 | 14 59 | 08 16 | 07 45 | 21 51 | 00 53 | 23 40 | 10 33 | 05 37 | 10 33 | 20 05 | 12 35 |
| 17 | 02 25 | 06 08 | 09 03 | -00 20 | 15 12 | 08 12 | 07 44 | 21 51 | 00 52 | 23 41 | 10 23 | 05 43 | 10 27 | 20 02 | 12 35 |
| 18 | 02 02 | 11 33 | 09 39 | 00 50 | 15 26 | 08 07 | 07 42 | 21 51 | 00 51 | 23 41 | 10 12 | 05 50 | 10 20 | 19 59 | 12 34 |
| 19 | 01 39 | 16 34 | 10 13 | 01 21 | 15 39 | 08 02 | 07 41 | 21 51 | 00 51 | 23 41 | 10 01 | 05 57 | 10 14 | 19 56 | 12 33 |
| 20 | 01 16 | 20 55 | 10 47 | 01 51 | 15 52 | 07 57 | 07 39 | 21 51 | 00 50 | 23 41 | 09 50 | 06 04 | 10 07 | 19 53 | 12 32 |
| 21 | 00 53 | 24 18 | 11 19 | 02 22 | 16 05 | 07 52 | 07 38 | 21 51 | 00 49 | 23 41 | 09 39 | 06 11 | 10 00 | 19 50 | 12 32 |
| 22 | 00 29 | 26 25 | 11 50 | 02 53 | 16 18 | 07 47 | 07 36 | 21 51 | 00 49 | 23 41 | 09 28 | 06 18 | 09 53 | 19 47 | 12 31 |
| 23 | 00 06 | 27 01 | 12 21 | 03 23 | 16 31 | 07 43 | 07 35 | 21 51 | 00 48 | 23 42 | 09 18 | 06 25 | 09 46 | 19 44 | 12 30 |
| 24 | -00 17 | 25 56 | 12 50 | 03 54 | 16 44 | 07 38 | 07 33 | 21 50 | 00 47 | 23 42 | 09 07 | 06 32 | 09 39 | 19 40 | 12 29 |
| 25 | 00 41 | 23 11 | 13 18 | 04 24 | 16 57 | 07 33 | 07 32 | 21 50 | 00 47 | 23 42 | 08 56 | 06 39 | 09 32 | 19 37 | 12 28 |
| 26 | 01 04 | 18 57 | 13 44 | 04 54 | 17 09 | 07 28 | 07 30 | 21 50 | 00 46 | 23 42 | 08 45 | 06 46 | 09 25 | 19 34 | 12 27 |
| 27 | 01 28 | 13 32 | 14 09 | 05 25 | 17 22 | 07 24 | 07 28 | 21 50 | 00 45 | 23 42 | 08 34 | 06 53 | 09 18 | 19 31 | 12 27 |
| 28 | 01 51 | 07 19 | 14 33 | 05 55 | 17 34 | 07 19 | 07 27 | 21 50 | 00 45 | 23 42 | 08 24 | 07 00 | 09 10 | 19 28 | 12 26 |
| 29 | 02 14 | 00 43 | 14 54 | 06 25 | 17 46 | 07 14 | 07 25 | 21 50 | 00 44 | 23 42 | 08 13 | 07 07 | 09 03 | 19 24 | 12 25 |
| 30 | 02 38 | -05 53 | 15 14 | 06 55 | 17 58 | 07 09 | 07 23 | 21 50 | 00 43 | 23 42 | 08 02 | 07 14 | 08 55 | 19 21 | 12 24 |

Lunar Phases -- 7 ◐ 18:32 15 ○ 23:05 23 ◑ 10:22 30 ● 02:37 Sun enters ♎ 9/23 06:03

# Longitudes of Main Planets - October 2027

0:00 E.T.

| D | S.T. | ☉ | ☽ | ☽ 12:00 | ☿ | ♀ | ♂ | ♃ | ♄ | ♅ | ♆ | ♇ | ☊ |
|---|---|---|---|---|---|---|---|---|---|---|---|---|---|
| 1 | 0:38:01 | 07♎35 58 | 19♎32 | 26♎37 | 02♏41 | 21♎06 | 19♏29 | 14♍16 | 25♈44℞ | 09♊51℞ | 05♈10℞ | 04♒49℞ | 08♒23 |
| 2 | 0:41:57 | 08 34 58 | 03♏37 | 10♏31 | 03 16 | 22 20 | 20 10 | 14 28 | 25 40 | 09 50 | 05 09 | 04 48 | 08 20 |
| 3 | 0:45:54 | 09 34 00 | 17 18 | 23 59 | 03 47 | 23 35 | 20 52 | 14 41 | 25 35 | 09 49 | 05 07 | 04 48 | 08 17 |
| 4 | 0:49:50 | 10 33 04 | 00♐34 | 07♐03 | 04 13 | 24 49 | 21 34 | 14 53 | 25 31 | 09 49 | 05 05 | 04 48 | 08 13 |
| 5 | 0:53:47 | 11 32 10 | 13 25 | 19 42 | 04 33 | 26 04 | 22 16 | 15 06 | 25 26 | 09 48 | 05 04 | 04 47 | 08 10 |
| 6 | 0:57:44 | 12 31 17 | 25 54 | 02♑02 | 04 47 | 27 18 | 22 58 | 15 18 | 25 21 | 09 47 | 05 02 | 04 47 | 08 07 |
| 7 | 1:01:40 | 13 30 27 | 08♑05 | 14 05 | 04 54 | 28 33 | 23 40 | 15 30 | 25 17 | 09 46 | 05 00 | 04 47 | 08 04 |
| 8 | 1:05:37 | 14 29 38 | 20 03 | 25 58 | 04 55℞ | 29 48 | 24 22 | 15 42 | 25 12 | 09 44 | 04 59 | 04 46 | 08 01 |
| 9 | 1:09:33 | 15 28 51 | 01♒53 | 07♒46 | 04 49 | 01♏02 | 25 04 | 15 54 | 25 08 | 09 43 | 04 57 | 04 46 | 07 58 |
| 10 | 1:13:30 | 16 28 05 | 13 40 | 19 35 | 04 34 | 02 17 | 25 46 | 16 06 | 25 03 | 09 42 | 04 56 | 04 46 | 07 54 |
| 11 | 1:17:26 | 17 27 22 | 25 31 | 01♓28 | 04 12 | 03 31 | 26 29 | 16 19 | 24 58 | 09 41 | 04 54 | 04 45 | 07 51 |
| 12 | 1:21:23 | 18 26 40 | 07♓28 | 13 31 | 03 42 | 04 46 | 27 11 | 16 30 | 24 53 | 09 40 | 04 52 | 04 45 | 07 48 |
| 13 | 1:25:19 | 19 26 00 | 19 37 | 25 46 | 03 03 | 06 00 | 27 54 | 16 42 | 24 49 | 09 38 | 04 51 | 04 45 | 07 45 |
| 14 | 1:29:16 | 20 25 22 | 01♈59 | 08♈16 | 02 16 | 07 15 | 28 36 | 16 54 | 24 44 | 09 37 | 04 49 | 04 45 | 07 42 |
| 15 | 1:33:13 | 21 24 46 | 14 36 | 21 01 | 01 22 | 08 29 | 29 19 | 17 06 | 24 39 | 09 36 | 04 47 | 04 45 | 07 39 |
| 16 | 1:37:09 | 22 24 12 | 27 29 | 04♉01 | 00 21 | 09 44 | 00♐01 | 17 18 | 24 34 | 09 34 | 04 46 | 04 45 | 07 35 |
| 17 | 1:41:06 | 23 23 40 | 10♉36 | 17 15 | 29♎14 | 10 58 | 00 44 | 17 30 | 24 30 | 09 33 | 04 44 | 04 45 | 07 32 |
| 18 | 1:45:02 | 24 23 10 | 23 57 | 00♊41 | 28 03 | 12 13 | 01 27 | 17 41 | 24 25 | 09 31 | 04 43 | 04 45 | 07 29 |
| 19 | 1:48:59 | 25 22 42 | 07♊28 | 14 17 | 26 49 | 13 28 | 02 10 | 17 53 | 24 20 | 09 29 | 04 41 | 04 45D | 07 26 |
| 20 | 1:52:55 | 26 22 17 | 21 08 | 28 01 | 25 35 | 14 42 | 02 53 | 18 04 | 24 15 | 09 28 | 04 40 | 04 45 | 07 23 |
| 21 | 1:56:52 | 27 21 54 | 04♋56 | 11♋53 | 24 23 | 15 57 | 03 36 | 18 16 | 24 11 | 09 26 | 04 38 | 04 45 | 07 19 |
| 22 | 2:00:48 | 28 21 33 | 18 52 | 25 52 | 23 15 | 17 11 | 04 19 | 18 27 | 24 06 | 09 25 | 04 37 | 04 45 | 07 16 |
| 23 | 2:04:45 | 29 21 15 | 02♌53 | 09♌57 | 22 12 | 18 26 | 05 02 | 18 38 | 24 01 | 09 23 | 04 35 | 04 45 | 07 13 |
| 24 | 2:08:42 | 00♏20 58 | 17 01 | 24 07 | 21 17 | 19 40 | 05 45 | 18 50 | 23 56 | 09 21 | 04 34 | 04 45 | 07 10 |
| 25 | 2:12:38 | 01 20 44 | 01♍14 | 08♍22 | 20 32 | 20 55 | 06 29 | 19 01 | 23 52 | 09 19 | 04 32 | 04 45 | 07 07 |
| 26 | 2:16:35 | 02 20 32 | 15 30 | 22 39 | 19 57 | 22 09 | 07 12 | 19 12 | 23 47 | 09 17 | 04 31 | 04 46 | 07 04 |
| 27 | 2:20:31 | 03 20 23 | 29 47 | 06♎54 | 19 33 | 23 24 | 07 56 | 19 23 | 23 42 | 09 15 | 04 29 | 04 46 | 07 00 |
| 28 | 2:24:28 | 04 20 15 | 13♎59 | 21 02 | 19 21 | 24 38 | 08 39 | 19 34 | 23 37 | 09 14 | 04 28 | 04 46 | 06 57 |
| 29 | 2:28:24 | 05 20 10 | 28 02 | 04♏58 | 19 20D | 25 53 | 09 23 | 19 45 | 23 33 | 09 12 | 04 27 | 04 46 | 06 54 |
| 30 | 2:32:21 | 06 20 06 | 11♏50 | 18 38 | 19 30 | 27 07 | 10 06 | 19 56 | 23 28 | 09 10 | 04 25 | 04 47 | 06 51 |
| 31 | 2:36:17 | 07 20 05 | 25 20 | 01♐58 | 19 50 | 28 22 | 10 50 | 20 06 | 23 24 | 09 08 | 04 24 | 04 47 | 06 48 |

## Longitudes of the Major Asteroids and Chiron

0:00 E.T.

| D | ⚳ | ⚴ | ⚵ | ⚶ | ⚷ |
|---|---|---|---|---|---|
| 1 | 27♍52 | 25♌16 | 17♋07 | 02♌49 | 03♉27℞ |
| 2 | 28 20 | 25 47 | 17 33 | 03 09 | 03 25 |
| 3 | 28 47 | 26 19 | 17 58 | 03 30 | 03 22 |
| 4 | 29 15 | 26 50 | 18 23 | 03 50 | 03 20 |
| 5 | 29 42 | 27 22 | 18 48 | 04 10 | 03 17 |
| 6 | 00♎10 | 27 53 | 19 12 | 04 30 | 03 14 |
| 7 | 00 37 | 28 24 | 19 37 | 04 50 | 03 12 |
| 8 | 01 04 | 28 55 | 20 01 | 05 10 | 03 09 |
| 9 | 01 32 | 29 26 | 20 25 | 05 29 | 03 07 |
| 10 | 01 59 | 29 57 | 20 48 | 05 49 | 03 04 |
| 11 | 02 27 | 00♍27 | 21 12 | 06 08 | 03 01 |
| 12 | 02 54 | 00 58 | 21 35 | 06 27 | 02 58 |
| 13 | 03 21 | 01 28 | 21 58 | 06 46 | 02 56 |
| 14 | 03 49 | 01 58 | 22 20 | 07 05 | 02 53 |
| 15 | 04 16 | 02 29 | 22 43 | 07 23 | 02 50 |
| 16 | 04 43 | 02 59 | 23 05 | 07 42 | 02 47 |
| 17 | 05 10 | 03 28 | 23 26 | 08 00 | 02 45 |
| 18 | 05 37 | 03 58 | 23 48 | 08 18 | 02 42 |
| 19 | 06 05 | 04 28 | 24 09 | 08 36 | 02 39 |
| 20 | 06 32 | 04 57 | 24 30 | 08 54 | 02 36 |
| 21 | 06 59 | 05 27 | 24 50 | 09 12 | 02 33 |
| 22 | 07 26 | 05 56 | 25 11 | 09 29 | 02 31 |
| 23 | 07 53 | 06 25 | 25 31 | 09 46 | 02 28 |
| 24 | 08 20 | 06 54 | 25 50 | 10 04 | 02 25 |
| 25 | 08 47 | 07 23 | 26 09 | 10 20 | 02 22 |
| 26 | 09 14 | 07 51 | 26 28 | 10 37 | 02 19 |
| 27 | 09 41 | 08 20 | 26 47 | 10 53 | 02 16 |
| 28 | 10 08 | 08 48 | 27 05 | 11 10 | 02 14 |
| 29 | 10 35 | 09 16 | 27 23 | 11 26 | 02 11 |
| 30 | 11 02 | 09 44 | 27 41 | 11 42 | 02 08 |
| 31 | 11 28 | 10 12 | 27 58 | 11 57 | 02 05 |

## Lunar Data

| Last Asp. | | Ingress | | |
|---|---|---|---|---|
| 1 | 10:26 | 1 | ♏ | 17:47 |
| 3 | 06:44 | 3 | ♐ | 22:57 |
| 6 | 03:03 | 6 | ♑ | 08:01 |
| 8 | 10:22 | 8 | ♒ | 20:11 |
| 11 | 02:04 | 11 | ♓ | 09:03 |
| 13 | 17:05 | 13 | ♈ | 20:11 |
| 15 | 18:39 | 16 | ♉ | 04:38 |
| 17 | 12:37 | 18 | ♊ | 10:47 |
| 20 | 09:50 | 20 | ♋ | 15:26 |
| 22 | 17:30 | 22 | ♌ | 19:04 |
| 24 | 11:38 | 24 | ♍ | 21:55 |
| 26 | 12:14 | 27 | ♎ | 00:22 |
| 28 | 16:21 | 29 | ♏ | 03:24 |
| 31 | 06:02 | 31 | ♐ | 08:26 |

## Declinations

0:00 E.T.

| D | ☉ | ☽ | ☿ | ♀ | ♂ | ♃ | ♄ | ♅ | ♆ | ♇ | ⚳ | ⚴ | ⚵ | ⚶ | ⚷ |
|---|---|---|---|---|---|---|---|---|---|---|---|---|---|---|---|
| 1 | -03 01 | -12 03 | -15 32 | -07 24 | -18 10 | +07 05 | +07 22 | +21 50 | +00 43 | -23 42 | +07 51 | -07 21 | +08 48 | +19 18 | +12 23 |
| 2 | 03 24 | 17 28 | 15 48 | 07 54 | 18 22 | 07 00 | 07 20 | 21 50 | 00 42 | 23 42 | 07 40 | 07 28 | 08 40 | 19 15 | 12 22 |
| 3 | 03 47 | 21 49 | 16 02 | 08 23 | 18 34 | 06 55 | 07 18 | 21 50 | 00 41 | 23 42 | 07 30 | 07 36 | 08 33 | 19 11 | 12 21 |
| 4 | 04 11 | 24 54 | 16 13 | 08 52 | 18 45 | 06 51 | 07 17 | 21 50 | 00 41 | 23 43 | 07 19 | 07 43 | 08 25 | 19 08 | 12 20 |
| 5 | 04 34 | 26 36 | 16 21 | 09 21 | 18 57 | 06 46 | 07 15 | 21 49 | 00 40 | 23 43 | 07 08 | 07 50 | 08 17 | 19 05 | 12 19 |
| 6 | 04 57 | 26 53 | 16 27 | 09 50 | 19 08 | 06 41 | 07 13 | 21 49 | 00 39 | 23 43 | 06 58 | 07 57 | 08 09 | 19 02 | 12 18 |
| 7 | 05 20 | 25 50 | 16 29 | 10 19 | 19 19 | 06 37 | 07 11 | 21 49 | 00 39 | 23 43 | 06 47 | 08 05 | 08 01 | 18 59 | 12 17 |
| 8 | 05 43 | 23 36 | 16 28 | 10 47 | 19 30 | 06 32 | 07 10 | 21 49 | 00 38 | 23 43 | 06 36 | 08 12 | 07 53 | 18 55 | 12 16 |
| 9 | 06 06 | 20 23 | 16 24 | 11 15 | 19 41 | 06 27 | 07 08 | 21 49 | 00 37 | 23 43 | 06 26 | 08 19 | 07 45 | 18 52 | 12 15 |
| 10 | 06 28 | 16 21 | 16 15 | 11 43 | 19 51 | 06 23 | 07 06 | 21 49 | 00 37 | 23 43 | 06 15 | 08 26 | 07 37 | 18 49 | 12 14 |
| 11 | 06 51 | 11 41 | 16 02 | 12 11 | 20 02 | 06 18 | 07 05 | 21 48 | 00 36 | 23 43 | 06 04 | 08 34 | 07 29 | 18 46 | 12 13 |
| 12 | 07 14 | 06 32 | 15 45 | 12 38 | 20 12 | 06 14 | 07 03 | 21 48 | 00 36 | 23 43 | 05 54 | 08 41 | 07 21 | 18 43 | 12 12 |
| 13 | 07 36 | 01 05 | 15 23 | 13 05 | 20 22 | 06 09 | 07 01 | 21 48 | 00 35 | 23 43 | 05 43 | 08 48 | 07 13 | 18 40 | 12 11 |
| 14 | 07 59 | +04 29 | 14 57 | 13 32 | 20 32 | 06 05 | 06 59 | 21 48 | 00 34 | 23 43 | 05 33 | 08 55 | 07 05 | 18 37 | 12 10 |
| 15 | 08 21 | 09 59 | 14 27 | 13 58 | 20 42 | 06 00 | 06 58 | 21 48 | 00 34 | 23 43 | 05 22 | 09 02 | 06 57 | 18 33 | 12 09 |
| 16 | 08 43 | 15 10 | 13 52 | 14 24 | 20 52 | 05 56 | 06 56 | 21 47 | 00 33 | 23 43 | 05 12 | 09 10 | 06 49 | 18 30 | 12 08 |
| 17 | 09 05 | 19 46 | 13 13 | 14 50 | 21 01 | 05 51 | 06 54 | 21 47 | 00 32 | 23 43 | 05 01 | 09 17 | 06 40 | 18 27 | 12 07 |
| 18 | 09 27 | 23 26 | 12 31 | 15 15 | 21 11 | 05 47 | 06 52 | 21 47 | 00 32 | 23 43 | 04 51 | 09 24 | 06 32 | 18 24 | 12 06 |
| 19 | 09 49 | 25 52 | 11 47 | 15 40 | 21 20 | 05 42 | 06 51 | 21 47 | 00 31 | 23 42 | 04 41 | 09 31 | 06 24 | 18 21 | 12 05 |
| 20 | 10 11 | 26 48 | 11 01 | 16 05 | 21 29 | 05 38 | 06 49 | 21 47 | 00 31 | 23 42 | 04 30 | 09 38 | 06 16 | 18 19 | 12 04 |
| 21 | 10 32 | 26 05 | 10 16 | 16 29 | 21 38 | 05 34 | 06 47 | 21 46 | 00 30 | 23 42 | 04 20 | 09 46 | 06 07 | 18 16 | 12 03 |
| 22 | 10 53 | 23 44 | 09 31 | 16 52 | 21 46 | 05 29 | 06 45 | 21 46 | 00 29 | 23 42 | 04 10 | 09 53 | 05 59 | 18 13 | 12 02 |
| 23 | 11 15 | 19 56 | 08 49 | 17 16 | 21 55 | 05 25 | 06 44 | 21 46 | 00 29 | 23 42 | 03 59 | 10 00 | 05 51 | 18 10 | 12 01 |
| 24 | 11 36 | 14 58 | 08 10 | 17 39 | 22 03 | 05 21 | 06 42 | 21 46 | 00 28 | 23 42 | 03 49 | 10 07 | 05 43 | 18 07 | 12 00 |
| 25 | 11 56 | 09 09 | 07 36 | 18 01 | 22 11 | 05 17 | 06 40 | 21 45 | 00 28 | 23 42 | 03 39 | 10 14 | 05 34 | 18 05 | 11 59 |
| 26 | 12 17 | 02 52 | 07 06 | 18 23 | 22 19 | 05 12 | 06 39 | 21 45 | 00 27 | 23 42 | 03 29 | 10 21 | 05 26 | 18 02 | 11 58 |
| 27 | 12 38 | -03 33 | 06 42 | 18 44 | 22 26 | 05 08 | 06 37 | 21 45 | 00 27 | 23 42 | 03 19 | 10 28 | 05 18 | 17 59 | 11 57 |
| 28 | 12 58 | 09 45 | 06 24 | 19 05 | 22 34 | 05 04 | 06 35 | 21 44 | 00 26 | 23 42 | 03 09 | 10 35 | 05 10 | 17 57 | 11 56 |
| 29 | 13 18 | 15 23 | 06 12 | 19 26 | 22 41 | 05 00 | 06 34 | 21 44 | 00 26 | 23 41 | 02 59 | 10 42 | 05 01 | 17 54 | 11 55 |
| 30 | 13 38 | 20 07 | 06 05 | 19 46 | 22 48 | 04 56 | 06 32 | 21 44 | 00 25 | 23 41 | 02 49 | 10 49 | 04 53 | 17 52 | 11 54 |
| 31 | 13 58 | 23 42 | 06 05 | 20 05 | 22 54 | 04 52 | 06 30 | 21 44 | 00 25 | 23 41 | 02 39 | 10 56 | 04 45 | 17 49 | 11 52 |

Lunar Phases -- 7 ◐ 11:49 15 ○ 13:48 22 ◑ 17:30 29 ● 13:38 Sun enters ♏ 10/23 15:35

## 0:00 E.T. Longitudes of Main Planets - November 2027

| D | S.T. | ☉ | ☽ | ☽ 12:00 | ☿ | ♀ | ♂ | ♃ | ♄ | ♅ | ♆ | ♇ | ☊ |
|---|---|---|---|---|---|---|---|---|---|---|---|---|---|
| 1 | 2:40:14 | 08♏20 05 | 08♐30 | 14♐56 | 20♎21 | 29♏36 | 11♐34 | 20♍17 | 23♈19℞ | 09♊06℞ | 04♈23℞ | 04♒47 | 06♒44 |
| 2 | 2:44:11 | 09 20 07 | 21 18 | 27 34 | 21 00 | 00♐51 | 12 18 | 20 28 | 23 15 | 09 03 | 04 21 | 04 48 | 06 41 |
| 3 | 2:48:07 | 10 20 11 | 03♑46 | 09♑53 | 21 47 | 02 05 | 13 02 | 20 38 | 23 10 | 09 01 | 04 20 | 04 48 | 06 38 |
| 4 | 2:52:04 | 11 20 16 | 15 56 | 21 57 | 22 42 | 03 20 | 13 46 | 20 48 | 23 06 | 08 59 | 04 19 | 04 49 | 06 35 |
| 5 | 2:56:00 | 12 20 23 | 27 54 | 03♒50 | 23 43 | 04 34 | 14 30 | 20 59 | 23 01 | 08 57 | 04 18 | 04 49 | 06 32 |
| 6 | 2:59:57 | 13 20 32 | 09♒44 | 15 38 | 24 50 | 05 49 | 15 14 | 21 09 | 22 57 | 08 55 | 04 16 | 04 50 | 06 29 |
| 7 | 3:03:53 | 14 20 42 | 21 32 | 27 27 | 26 01 | 07 03 | 15 58 | 21 19 | 22 53 | 08 53 | 04 15 | 04 50 | 06 25 |
| 8 | 3:07:50 | 15 20 53 | 03♓23 | 09♓22 | 27 17 | 08 18 | 16 43 | 21 29 | 22 48 | 08 50 | 04 14 | 04 51 | 06 22 |
| 9 | 3:11:46 | 16 21 06 | 15 23 | 21 27 | 28 36 | 09 32 | 17 27 | 21 39 | 22 44 | 08 48 | 04 13 | 04 52 | 06 19 |
| 10 | 3:15:43 | 17 21 21 | 27 36 | 03♈49 | 29 58 | 10 47 | 18 11 | 21 49 | 22 40 | 08 46 | 04 12 | 04 52 | 06 16 |
| 11 | 3:19:40 | 18 21 37 | 10♈06 | 16 28 | 01♏23 | 12 01 | 18 56 | 21 58 | 22 36 | 08 44 | 04 11 | 04 53 | 06 13 |
| 12 | 3:23:36 | 19 21 54 | 22 55 | 29 28 | 02 50 | 13 16 | 19 40 | 22 08 | 22 32 | 08 41 | 04 10 | 04 54 | 06 10 |
| 13 | 3:27:33 | 20 22 14 | 06♉05 | 12♉47 | 04 19 | 14 30 | 20 25 | 22 17 | 22 28 | 08 39 | 04 09 | 04 54 | 06 06 |
| 14 | 3:31:29 | 21 22 34 | 19 34 | 26 24 | 05 49 | 15 45 | 21 10 | 22 27 | 22 24 | 08 36 | 04 08 | 04 55 | 06 03 |
| 15 | 3:35:26 | 22 22 57 | 03♊19 | 10♊16 | 07 20 | 16 59 | 21 54 | 22 36 | 22 20 | 08 34 | 04 07 | 04 56 | 06 00 |
| 16 | 3:39:22 | 23 23 21 | 17 16 | 24 18 | 08 52 | 18 13 | 22 39 | 22 45 | 22 17 | 08 32 | 04 06 | 04 57 | 05 57 |
| 17 | 3:43:19 | 24 23 48 | 01♋22 | 08♋27 | 10 25 | 19 28 | 23 24 | 22 54 | 22 13 | 08 29 | 04 05 | 04 57 | 05 54 |
| 18 | 3:47:15 | 25 24 15 | 15 32 | 22 38 | 11 58 | 20 42 | 24 09 | 23 03 | 22 09 | 08 27 | 04 04 | 04 58 | 05 50 |
| 19 | 3:51:12 | 26 24 45 | 29 43 | 06♌48 | 13 32 | 21 57 | 24 54 | 23 12 | 22 06 | 08 24 | 04 03 | 04 59 | 05 47 |
| 20 | 3:55:09 | 27 25 16 | 13♌52 | 20 56 | 15 06 | 23 11 | 25 39 | 23 21 | 22 02 | 08 22 | 04 02 | 05 00 | 05 44 |
| 21 | 3:59:05 | 28 25 50 | 27 59 | 05♍01 | 16 41 | 24 25 | 26 24 | 23 29 | 21 59 | 08 19 | 04 01 | 05 01 | 05 41 |
| 22 | 4:03:02 | 29 26 25 | 12♍02 | 19 02 | 18 15 | 25 40 | 27 09 | 23 38 | 21 56 | 08 17 | 04 00 | 05 02 | 05 38 |
| 23 | 4:06:58 | 00♐27 01 | 26 00 | 02♎57 | 19 50 | 26 54 | 27 54 | 23 46 | 21 53 | 08 14 | 04 00 | 05 03 | 05 35 |
| 24 | 4:10:55 | 01 27 40 | 09♎53 | 16 47 | 21 25 | 28 08 | 28 39 | 23 55 | 21 50 | 08 12 | 03 59 | 05 04 | 05 31 |
| 25 | 4:14:51 | 02 28 20 | 23 38 | 00♏28 | 23 00 | 29 23 | 29 25 | 24 03 | 21 46 | 08 09 | 03 58 | 05 05 | 05 28 |
| 26 | 4:18:48 | 03 29 02 | 07♏14 | 13 58 | 24 35 | 00♑37 | 00♑10 | 24 11 | 21 44 | 08 07 | 03 58 | 05 06 | 05 25 |
| 27 | 4:22:44 | 04 29 45 | 20 38 | 27 15 | 26 10 | 01 51 | 00 56 | 24 19 | 21 41 | 08 04 | 03 57 | 05 07 | 05 22 |
| 28 | 4:26:41 | 05 30 29 | 03♐48 | 10♐17 | 27 44 | 03 06 | 01 41 | 24 26 | 21 38 | 08 02 | 03 56 | 05 08 | 05 19 |
| 29 | 4:30:38 | 06 31 16 | 16 41 | 23 02 | 29 19 | 04 20 | 02 27 | 24 34 | 21 35 | 07 59 | 03 56 | 05 09 | 05 16 |
| 30 | 4:34:34 | 07 32 03 | 29 19 | 05♑31 | 00♐54 | 05 34 | 03 12 | 24 41 | 21 33 | 07 57 | 03 55 | 05 10 | 05 12 |

## 0:00 E.T. Longitudes of the Major Asteroids and Chiron

| D | ⚳ | ⚴ | ⚵ | ⚶ | ⚷ |
|---|---|---|---|---|---|
| 1 | 11♎55 | 10♍40 | 28♋15 | 12♌13 | 02♉02℞ |
| 2 | 12 22 | 11 08 | 28 31 | 12 28 | 01 59 |
| 3 | 12 49 | 11 35 | 28 47 | 12 43 | 01 57 |
| 4 | 13 15 | 12 02 | 29 03 | 12 57 | 01 54 |
| 5 | 13 42 | 12 29 | 29 18 | 13 12 | 01 51 |
| 6 | 14 08 | 12 56 | 29 33 | 13 26 | 01 48 |
| 7 | 14 35 | 13 23 | 29 47 | 13 40 | 01 45 |
| 8 | 15 01 | 13 49 | 00♌01 | 13 53 | 01 43 |
| 9 | 15 28 | 14 16 | 00 15 | 14 07 | 01 40 |
| 10 | 15 54 | 14 42 | 00 28 | 14 20 | 01 37 |
| 11 | 16 20 | 15 08 | 00 40 | 14 33 | 01 35 |
| 12 | 16 46 | 15 34 | 00 53 | 14 45 | 01 32 |
| 13 | 17 13 | 15 59 | 01 04 | 14 58 | 01 29 |
| 14 | 17 39 | 16 25 | 01 16 | 15 10 | 01 27 |
| 15 | 18 05 | 16 50 | 01 27 | 15 22 | 01 24 |
| 16 | 18 31 | 17 15 | 01 37 | 15 33 | 01 21 |
| 17 | 18 57 | 17 40 | 01 47 | 15 44 | 01 19 |
| 18 | 19 23 | 18 05 | 01 56 | 15 55 | 01 16 |
| 19 | 19 48 | 18 29 | 02 05 | 16 06 | 01 14 |
| 20 | 20 14 | 18 53 | 02 14 | 16 16 | 01 11 |
| 21 | 20 40 | 19 17 | 02 22 | 16 26 | 01 09 |
| 22 | 21 06 | 19 41 | 02 29 | 16 35 | 01 06 |
| 23 | 21 31 | 20 05 | 02 36 | 16 45 | 01 04 |
| 24 | 21 57 | 20 28 | 02 42 | 16 54 | 01 02 |
| 25 | 22 22 | 20 51 | 02 48 | 17 02 | 00 59 |
| 26 | 22 48 | 21 14 | 02 54 | 17 10 | 00 57 |
| 27 | 23 13 | 21 37 | 02 58 | 17 18 | 00 55 |
| 28 | 23 38 | 21 59 | 03 03 | 17 26 | 00 52 |
| 29 | 24 03 | 22 22 | 03 06 | 17 33 | 00 50 |
| 30 | 24 28 | 22 44 | 03 09 | 17 40 | 00 48 |

### Lunar Data

| Last Asp. | | Ingress | | |
|---|---|---|---|---|
| 2 | 03:41 | 2 | ♑ | 16:42 |
| 4 | 14:45 | 5 | ♒ | 04:14 |
| 7 | 10:11 | 7 | ♓ | 17:10 |
| 9 | 12:32 | 10 | ♈ | 04:39 |
| 11 | 23:17 | 12 | ♉ | 12:59 |
| 14 | 05:08 | 14 | ♊ | 18:15 |
| 16 | 09:42 | 16 | ♋ | 21:40 |
| 18 | 17:59 | 19 | ♌ | 00:29 |
| 21 | 00:49 | 21 | ♍ | 03:26 |
| 23 | 03:28 | 23 | ♎ | 06:54 |
| 25 | 11:07 | 25 | ♏ | 11:12 |
| 27 | 11:23 | 27 | ♐ | 17:02 |
| 29 | 15:04 | 30 | ♑ | 01:20 |

## 0:00 E.T. Declinations

| D | ☉ | ☽ | ☿ | ♀ | ♂ | ♃ | ♄ | ♅ | ♆ | ♇ | ⚳ | ⚴ | ⚵ | ⚶ | ⚷ |
|---|---|---|---|---|---|---|---|---|---|---|---|---|---|---|---|
| 1 | -14 17 | -25 56 | -06 09 | -20 24 | -23 01 | +04 48 | +06 29 | +21 43 | +00 24 | -23 41 | +02 29 | -11 02 | +04 37 | +17 47 | +11 51 |
| 2 | 14 36 | 26 43 | 06 18 | 20 42 | 23 07 | 04 44 | 06 27 | 21 43 | 00 24 | 23 41 | 02 19 | 11 09 | 04 29 | 17 45 | 11 50 |
| 3 | 14 55 | 26 06 | 06 32 | 21 00 | 23 13 | 04 40 | 06 26 | 21 43 | 00 23 | 23 41 | 02 09 | 11 16 | 04 21 | 17 43 | 11 49 |
| 4 | 15 14 | 24 14 | 06 49 | 21 17 | 23 19 | 04 36 | 06 24 | 21 42 | 00 23 | 23 41 | 01 59 | 11 23 | 04 13 | 17 40 | 11 48 |
| 5 | 15 32 | 21 18 | 07 09 | 21 34 | 23 25 | 04 32 | 06 23 | 21 42 | 00 22 | 23 40 | 01 49 | 11 29 | 04 05 | 17 38 | 11 47 |
| 6 | 15 51 | 17 31 | 07 33 | 21 49 | 23 30 | 04 28 | 06 21 | 21 42 | 00 22 | 23 40 | 01 40 | 11 36 | 03 57 | 17 36 | 11 46 |
| 7 | 16 08 | 13 04 | 07 59 | 22 05 | 23 35 | 04 24 | 06 20 | 21 41 | 00 21 | 23 40 | 01 30 | 11 42 | 03 49 | 17 35 | 11 45 |
| 8 | 16 26 | 08 07 | 08 27 | 22 19 | 23 40 | 04 21 | 06 18 | 21 41 | 00 21 | 23 40 | 01 20 | 11 49 | 03 42 | 17 33 | 11 44 |
| 9 | 16 44 | 02 49 | 08 57 | 22 33 | 23 45 | 04 17 | 06 17 | 21 41 | 00 20 | 23 40 | 01 11 | 11 55 | 03 34 | 17 31 | 11 43 |
| 10 | 17 01 | +02 40 | 09 29 | 22 47 | 23 49 | 04 13 | 06 16 | 21 40 | 00 20 | 23 39 | 01 01 | 12 01 | 03 26 | 17 29 | 11 42 |
| 11 | 17 18 | 08 10 | 10 01 | 23 00 | 23 54 | 04 09 | 06 14 | 21 40 | 00 20 | 23 39 | 00 52 | 12 07 | 03 19 | 17 28 | 11 41 |
| 12 | 17 34 | 13 27 | 10 35 | 23 12 | 23 58 | 04 06 | 06 13 | 21 40 | 00 19 | 23 39 | 00 42 | 12 14 | 03 11 | 17 26 | 11 40 |
| 13 | 17 50 | 18 17 | 11 09 | 23 23 | 24 01 | 04 02 | 06 12 | 21 39 | 00 19 | 23 39 | 00 33 | 12 20 | 03 04 | 17 25 | 11 39 |
| 14 | 18 06 | 22 18 | 11 43 | 23 34 | 24 05 | 03 59 | 06 10 | 21 39 | 00 18 | 23 39 | 00 24 | 12 26 | 02 57 | 17 24 | 11 38 |
| 15 | 18 22 | 25 10 | 12 18 | 23 44 | 24 08 | 03 55 | 06 09 | 21 38 | 00 18 | 23 38 | 00 14 | 12 32 | 02 50 | 17 23 | 11 37 |
| 16 | 18 37 | 26 33 | 12 53 | 23 53 | 24 11 | 03 52 | 06 08 | 21 38 | 00 18 | 23 38 | 00 05 | 12 37 | 02 43 | 17 21 | 11 36 |
| 17 | 18 52 | 26 14 | 13 28 | 24 02 | 24 14 | 03 48 | 06 07 | 21 38 | 00 17 | 23 38 | -00 04 | 12 43 | 02 36 | 17 21 | 11 35 |
| 18 | 19 07 | 24 12 | 14 02 | 24 10 | 24 16 | 03 45 | 06 05 | 21 37 | 00 17 | 23 38 | 00 13 | 12 49 | 02 29 | 17 20 | 11 34 |
| 19 | 19 21 | 20 39 | 14 37 | 24 17 | 24 18 | 03 42 | 06 04 | 21 37 | 00 17 | 23 37 | 00 22 | 12 55 | 02 22 | 17 19 | 11 33 |
| 20 | 19 35 | 15 54 | 15 11 | 24 23 | 24 20 | 03 39 | 06 03 | 21 37 | 00 16 | 23 37 | 00 31 | 13 00 | 02 15 | 17 18 | 11 33 |
| 21 | 19 49 | 10 18 | 15 44 | 24 29 | 24 22 | 03 35 | 06 02 | 21 36 | 00 16 | 23 37 | 00 40 | 13 05 | 02 09 | 17 18 | 11 32 |
| 22 | 20 02 | 04 12 | 16 17 | 24 34 | 24 23 | 03 32 | 06 01 | 21 36 | 00 16 | 23 36 | 00 49 | 13 11 | 02 03 | 17 17 | 11 31 |
| 23 | 20 15 | -02 03 | 16 49 | 24 38 | 24 25 | 03 29 | 06 00 | 21 35 | 00 16 | 23 36 | 00 58 | 13 16 | 01 56 | 17 17 | 11 30 |
| 24 | 20 27 | 08 09 | 17 21 | 24 42 | 24 26 | 03 26 | 05 59 | 21 35 | 00 15 | 23 36 | 01 06 | 13 21 | 01 50 | 17 17 | 11 29 |
| 25 | 20 39 | 13 48 | 17 52 | 24 45 | 24 26 | 03 23 | 05 58 | 21 35 | 00 15 | 23 36 | 01 15 | 13 26 | 01 45 | 17 17 | 11 28 |
| 26 | 20 51 | 18 42 | 18 22 | 24 47 | 24 27 | 03 20 | 05 57 | 21 34 | 00 15 | 23 35 | 01 24 | 13 31 | 01 39 | 17 17 | 11 27 |
| 27 | 21 02 | 22 36 | 18 52 | 24 48 | 24 27 | 03 17 | 05 56 | 21 34 | 00 15 | 23 35 | 01 32 | 13 36 | 01 33 | 17 17 | 11 26 |
| 28 | 21 13 | 25 14 | 19 20 | 24 48 | 24 26 | 03 14 | 05 56 | 21 33 | 00 14 | 23 35 | 01 41 | 13 40 | 01 28 | 17 18 | 11 25 |
| 29 | 21 24 | 26 29 | 19 48 | 24 48 | 24 26 | 03 11 | 05 55 | 21 33 | 00 14 | 23 34 | 01 49 | 13 45 | 01 23 | 17 18 | 11 25 |
| 30 | 21 34 | 26 19 | 20 14 | 24 47 | 24 25 | 03 09 | 05 54 | 21 33 | 00 14 | 23 34 | 01 58 | 13 49 | 01 18 | 17 19 | 11 24 |

Lunar Phases -- 6 ◐ 08:01 14 ○ 03:27 21 ◑ 00:49 28 ● 03:26 Sun enters ♐ 11/22 13:18

## Longitudes of Main Planets - December 2027

0:00 E.T.

| D | S.T. | ☉ | ☽ | ☽ 12:00 | ☿ | ♀ | ♂ | ♃ | ♄ | ♅ | ♆ | ♇ | ☊ |
|---|---|---|---|---|---|---|---|---|---|---|---|---|---|
| 1 | 4:38:31 | 08♐32 51 | 11♑40 | 17♑45 | 02♐28 | 06♑49 | 03♑58 | 24♍49 | 21♈30℞ | 07♊54℞ | 03♈55℞ | 05♒12 | 05♒09 |
| 2 | 4:42:27 | 09 33 41 | 23 47 | 29 46 | 04 03 | 08 03 | 04 43 | 24 56 | 21 28 | 07 52 | 03 54 | 05 13 | 05 06 |
| 3 | 4:46:24 | 10 34 31 | 05♒43 | 11♒39 | 05 37 | 09 17 | 05 29 | 25 03 | 21 25 | 07 49 | 03 54 | 05 14 | 05 03 |
| 4 | 4:50:20 | 11 35 23 | 17 33 | 23 26 | 07 11 | 10 31 | 06 15 | 25 10 | 21 23 | 07 47 | 03 53 | 05 15 | 05 00 |
| 5 | 4:54:17 | 12 36 15 | 29 20 | 05♓15 | 08 46 | 11 46 | 07 01 | 25 16 | 21 21 | 07 44 | 03 53 | 05 16 | 04 56 |
| 6 | 4:58:13 | 13 37 08 | 11♓10 | 17 08 | 10 20 | 13 00 | 07 47 | 25 23 | 21 19 | 07 42 | 03 53 | 05 18 | 04 53 |
| 7 | 5:02:10 | 14 38 01 | 23 09 | 29 13 | 11 54 | 14 14 | 08 33 | 25 30 | 21 17 | 07 39 | 03 52 | 05 19 | 04 50 |
| 8 | 5:06:07 | 15 38 56 | 05♈22 | 11♈34 | 13 28 | 15 28 | 09 19 | 25 36 | 21 15 | 07 37 | 03 52 | 05 20 | 04 47 |
| 9 | 5:10:03 | 16 39 51 | 17 52 | 24 16 | 15 02 | 16 42 | 10 05 | 25 42 | 21 14 | 07 34 | 03 52 | 05 22 | 04 44 |
| 10 | 5:14:00 | 17 40 47 | 00♉45 | 07♉21 | 16 37 | 17 56 | 10 51 | 25 48 | 21 12 | 07 32 | 03 52 | 05 23 | 04 41 |
| 11 | 5:17:56 | 18 41 44 | 14 02 | 20 50 | 18 11 | 19 11 | 11 37 | 25 54 | 21 11 | 07 29 | 03 52 | 05 24 | 04 37 |
| 12 | 5:21:53 | 19 42 42 | 27 43 | 04♊42 | 19 45 | 20 25 | 12 23 | 26 00 | 21 09 | 07 27 | 03 51 | 05 26 | 04 34 |
| 13 | 5:25:49 | 20 43 40 | 11♊46 | 18 55 | 21 19 | 21 39 | 13 09 | 26 05 | 21 08 | 07 24 | 03 51 | 05 27 | 04 31 |
| 14 | 5:29:46 | 21 44 39 | 26 07 | 03♋23 | 22 54 | 22 53 | 13 55 | 26 11 | 21 07 | 07 22 | 03 51 | 05 29 | 04 28 |
| 15 | 5:33:42 | 22 45 39 | 10♋40 | 17 59 | 24 28 | 24 07 | 14 42 | 26 16 | 21 06 | 07 19 | 03 51 | 05 30 | 04 25 |
| 16 | 5:37:39 | 23 46 40 | 25 18 | 02♌37 | 26 03 | 25 21 | 15 28 | 26 21 | 21 05 | 07 17 | 03 51D | 05 32 | 04 22 |
| 17 | 5:41:36 | 24 47 41 | 09♌55 | 17 11 | 27 38 | 26 35 | 16 14 | 26 26 | 21 04 | 07 15 | 03 51 | 05 33 | 04 18 |
| 18 | 5:45:32 | 25 48 44 | 24 25 | 01♍37 | 29 13 | 27 49 | 17 01 | 26 30 | 21 03 | 07 12 | 03 51 | 05 35 | 04 15 |
| 19 | 5:49:29 | 26 49 47 | 08♍45 | 15 51 | 00♑48 | 29 02 | 17 47 | 26 35 | 21 03 | 07 10 | 03 51 | 05 36 | 04 12 |
| 20 | 5:53:25 | 27 50 52 | 22 53 | 29 52 | 02 23 | 00♒16 | 18 34 | 26 39 | 21 02 | 07 08 | 03 52 | 05 38 | 04 09 |
| 21 | 5:57:22 | 28 51 57 | 06♎47 | 13♎38 | 03 58 | 01 30 | 19 20 | 26 44 | 21 02 | 07 05 | 03 52 | 05 39 | 04 06 |
| 22 | 6:01:18 | 29 53 03 | 20 27 | 27 11 | 05 34 | 02 44 | 20 07 | 26 48 | 21 02 | 07 03 | 03 52 | 05 41 | 04 02 |
| 23 | 6:05:15 | 00♑54 09 | 03♏53 | 10♏31 | 07 09 | 03 58 | 20 53 | 26 52 | 21 01 | 07 01 | 03 52 | 05 43 | 03 59 |
| 24 | 6:09:11 | 01 55 17 | 17 05 | 23 37 | 08 45 | 05 12 | 21 40 | 26 55 | 21 01 | 06 59 | 03 52 | 05 44 | 03 56 |
| 25 | 6:13:08 | 02 56 25 | 00♐05 | 06♐29 | 10 21 | 06 25 | 22 27 | 26 59 | 21 01D | 06 56 | 03 53 | 05 46 | 03 53 |
| 26 | 6:17:05 | 03 57 34 | 12 51 | 19 09 | 11 57 | 07 39 | 23 14 | 27 02 | 21 01 | 06 54 | 03 53 | 05 48 | 03 50 |
| 27 | 6:21:01 | 04 58 43 | 25 25 | 01♑37 | 13 34 | 08 53 | 24 00 | 27 05 | 21 02 | 06 52 | 03 54 | 05 49 | 03 47 |
| 28 | 6:24:58 | 05 59 53 | 07♑46 | 13 53 | 15 10 | 10 06 | 24 47 | 27 08 | 21 02 | 06 50 | 03 54 | 05 51 | 03 43 |
| 29 | 6:28:54 | 07 01 03 | 19 56 | 25 58 | 16 47 | 11 20 | 25 34 | 27 11 | 21 03 | 06 48 | 03 54 | 05 53 | 03 40 |
| 30 | 6:32:51 | 08 02 13 | 01♒57 | 07♒54 | 18 23 | 12 33 | 26 21 | 27 14 | 21 03 | 06 46 | 03 55 | 05 54 | 03 37 |
| 31 | 6:36:47 | 09 03 23 | 13 50 | 19 44 | 20 00 | 13 47 | 27 08 | 27 16 | 21 04 | 06 44 | 03 55 | 05 56 | 03 34 |

## Longitudes of the Major Asteroids and Chiron

0:00 E.T.

| D | ⚳ | ⚴ | ⚵ | ⚶ | ⚷ |
|---|---|---|---|---|---|
| 1 | 24♎53 | 23♍05 | 03♌12 | 17♌46 | 00♉46℞ |
| 2 | 25 18 | 23 27 | 03 14 | 17 52 | 00 44 |
| 3 | 25 43 | 23 48 | 03 16 | 17 58 | 00 42 |
| 4 | 26 08 | 24 09 | 03 16 | 18 03 | 00 40 |
| 5 | 26 33 | 24 30 | 03 17 | 18 08 | 00 38 |
| 6 | 26 57 | 24 50 | 03 16℞ | 18 12 | 00 36 |
| 7 | 27 22 | 25 10 | 03 16 | 18 16 | 00 34 |
| 8 | 27 46 | 25 30 | 03 14 | 18 20 | 00 32 |
| 9 | 28 11 | 25 50 | 03 12 | 18 23 | 00 31 |
| 10 | 28 35 | 26 09 | 03 10 | 18 26 | 00 29 |
| 11 | 28 59 | 26 28 | 03 07 | 18 28 | 00 27 |
| 12 | 29 23 | 26 47 | 03 03 | 18 30 | 00 26 |
| 13 | 29 47 | 27 05 | 02 59 | 18 32 | 00 24 |
| 14 | 00♏11 | 27 23 | 02 54 | 18 33 | 00 22 |
| 15 | 00 34 | 27 41 | 02 49 | 18 33 | 00 21 |
| 16 | 00 58 | 27 59 | 02 43 | 18 34℞ | 00 19 |
| 17 | 01 22 | 28 16 | 02 37 | 18 33 | 00 18 |
| 18 | 01 45 | 28 33 | 02 30 | 18 33 | 00 17 |
| 19 | 02 08 | 28 49 | 02 23 | 18 32 | 00 15 |
| 20 | 02 32 | 29 05 | 02 15 | 18 30 | 00 14 |
| 21 | 02 55 | 29 21 | 02 07 | 18 28 | 00 13 |
| 22 | 03 18 | 29 37 | 01 58 | 18 25 | 00 12 |
| 23 | 03 41 | 29 52 | 01 48 | 18 22 | 00 11 |
| 24 | 04 03 | 00♎07 | 01 38 | 18 19 | 00 10 |
| 25 | 04 26 | 00 21 | 01 28 | 18 15 | 00 09 |
| 26 | 04 48 | 00 36 | 01 17 | 18 11 | 00 08 |
| 27 | 05 11 | 00 49 | 01 06 | 18 06 | 00 07 |
| 28 | 05 33 | 01 03 | 00 55 | 18 00 | 00 06 |
| 29 | 05 55 | 01 16 | 00 43 | 17 55 | 00 06 |
| 30 | 06 17 | 01 28 | 00 30 | 17 48 | 00 05 |
| 31 | 06 39 | 01 40 | 00 18 | 17 42 | 00 04 |

## Lunar Data

| Last Asp. | | Ingress | | |
|---|---|---|---|---|
| 2 | 02:19 | 2 | ♒ | 12:27 |
| 4 | 07:48 | 5 | ♓ | 01:21 |
| 7 | 04:41 | 7 | ♈ | 13:32 |
| 9 | 06:18 | 9 | ♉ | 22:37 |
| 11 | 20:59 | 12 | ♊ | 03:56 |
| 14 | 00:05 | 14 | ♋ | 06:25 |
| 16 | 01:43 | 16 | ♌ | 07:42 |
| 18 | 08:58 | 18 | ♍ | 09:18 |
| 20 | 09:12 | 20 | ♎ | 12:15 |
| 22 | 01:02 | 22 | ♏ | 17:02 |
| 24 | 18:13 | 24 | ♐ | 23:51 |
| 27 | 03:15 | 27 | ♑ | 08:52 |
| 29 | 14:30 | 29 | ♒ | 20:05 |

## Declinations

0:00 E.T.

| D | ☉ | ☽ | ☿ | ♀ | ♂ | ♃ | ♄ | ♅ | ♆ | ♇ | ⚳ | ⚴ | ⚵ | ⚶ | ⚷ |
|---|---|---|---|---|---|---|---|---|---|---|---|---|---|---|---|
| 1 | -21 44 | -24 50 | -20 40 | -24 46 | -24 24 | +03 06 | +05 53 | +21 32 | +00 14 | -23 34 | -02 06 | -13 54 | +01 13 | +17 20 | +11 23 |
| 2 | 21 53 | 22 12 | 21 05 | 24 43 | 24 23 | 03 03 | 05 53 | 21 32 | 00 14 | 23 33 | 02 14 | 13 58 | 01 08 | 17 21 | 11 22 |
| 3 | 22 02 | 18 39 | 21 29 | 24 40 | 24 22 | 03 01 | 05 52 | 21 31 | 00 14 | 23 33 | 02 22 | 14 02 | 01 04 | 17 22 | 11 21 |
| 4 | 22 10 | 14 23 | 21 51 | 24 36 | 24 20 | 02 58 | 05 52 | 21 31 | 00 13 | 23 33 | 02 30 | 14 06 | 00 59 | 17 23 | 11 21 |
| 5 | 22 18 | 09 36 | 22 13 | 24 31 | 24 18 | 02 56 | 05 51 | 21 31 | 00 13 | 23 32 | 02 38 | 14 10 | 00 55 | 17 24 | 11 20 |
| 6 | 22 26 | 04 28 | 22 34 | 24 26 | 24 15 | 02 53 | 05 50 | 21 30 | 00 13 | 23 32 | 02 46 | 14 13 | 00 52 | 17 26 | 11 19 |
| 7 | 22 33 | +00 53 | 22 53 | 24 19 | 24 13 | 02 51 | 05 50 | 21 30 | 00 13 | 23 32 | 02 54 | 14 17 | 00 48 | 17 27 | 11 19 |
| 8 | 22 40 | 06 18 | 23 11 | 24 12 | 24 10 | 02 49 | 05 50 | 21 29 | 00 13 | 23 31 | 03 02 | 14 20 | 00 45 | 17 29 | 11 18 |
| 9 | 22 46 | 11 35 | 23 28 | 24 05 | 24 07 | 02 47 | 05 49 | 21 29 | 00 13 | 23 31 | 03 10 | 14 23 | 00 42 | 17 31 | 11 17 |
| 10 | 22 52 | 16 33 | 23 44 | 23 56 | 24 03 | 02 44 | 05 49 | 21 29 | 00 13 | 23 31 | 03 17 | 14 26 | 00 39 | 17 34 | 11 16 |
| 11 | 22 57 | 20 52 | 23 59 | 23 47 | 23 59 | 02 42 | 05 49 | 21 28 | 00 13 | 23 30 | 03 25 | 14 29 | 00 36 | 17 36 | 11 16 |
| 12 | 23 02 | 24 13 | 24 13 | 23 37 | 23 55 | 02 40 | 05 48 | 21 28 | 00 13 | 23 30 | 03 32 | 14 32 | 00 34 | 17 38 | 11 15 |
| 13 | 23 07 | 26 11 | 24 25 | 23 27 | 23 51 | 02 38 | 05 48 | 21 28 | 00 13 | 23 29 | 03 40 | 14 34 | 00 32 | 17 41 | 11 15 |
| 14 | 23 11 | 26 29 | 24 36 | 23 16 | 23 47 | 02 36 | 05 48 | 21 27 | 00 13 | 23 29 | 03 47 | 14 36 | 00 30 | 17 44 | 11 14 |
| 15 | 23 14 | 24 58 | 24 45 | 23 04 | 23 42 | 02 35 | 05 48 | 21 27 | 00 13 | 23 29 | 03 55 | 14 39 | 00 28 | 17 47 | 11 13 |
| 16 | 23 17 | 21 45 | 24 53 | 22 51 | 23 37 | 02 33 | 05 48 | 21 26 | 00 13 | 23 28 | 04 02 | 14 41 | 00 27 | 17 50 | 11 13 |
| 17 | 23 20 | 17 09 | 25 00 | 22 38 | 23 31 | 02 31 | 05 48 | 21 26 | 00 13 | 23 28 | 04 09 | 14 42 | 00 26 | 17 53 | 11 12 |
| 18 | 23 22 | 11 34 | 25 06 | 22 24 | 23 26 | 02 29 | 05 48 | 21 26 | 00 13 | 23 27 | 04 16 | 14 44 | 00 25 | 17 57 | 11 12 |
| 19 | 23 24 | 05 27 | 25 10 | 22 09 | 23 20 | 02 28 | 05 48 | 21 25 | 00 13 | 23 27 | 04 23 | 14 45 | 00 25 | 18 00 | 11 11 |
| 20 | 23 25 | -00 51 | 25 13 | 21 54 | 23 14 | 02 26 | 05 48 | 21 25 | 00 13 | 23 27 | 04 30 | 14 46 | 00 24 | 18 04 | 11 11 |
| 21 | 23 26 | 06 59 | 25 14 | 21 38 | 23 07 | 02 25 | 05 48 | 21 24 | 00 13 | 23 26 | 04 37 | 14 47 | 00 24 | 18 08 | 11 10 |
| 22 | 23 26 | 12 42 | 25 14 | 21 22 | 23 01 | 02 24 | 05 48 | 21 24 | 00 14 | 23 26 | 04 43 | 14 48 | 00 25 | 18 12 | 11 10 |
| 23 | 23 26 | 17 42 | 25 13 | 21 05 | 22 54 | 02 22 | 05 48 | 21 24 | 00 14 | 23 26 | 04 50 | 14 49 | 00 26 | 18 17 | 11 09 |
| 24 | 23 25 | 21 46 | 25 10 | 20 47 | 22 47 | 02 21 | 05 48 | 21 23 | 00 14 | 23 25 | 04 57 | 14 49 | 00 26 | 18 21 | 11 09 |
| 25 | 23 24 | 24 41 | 25 05 | 20 29 | 22 39 | 02 20 | 05 49 | 21 23 | 00 14 | 23 25 | 05 03 | 14 49 | 00 28 | 18 26 | 11 09 |
| 26 | 23 23 | 26 17 | 24 59 | 20 10 | 22 31 | 02 19 | 05 49 | 21 23 | 00 14 | 23 24 | 05 09 | 14 49 | 00 29 | 18 31 | 11 08 |
| 27 | 23 21 | 26 31 | 24 51 | 19 51 | 22 23 | 02 18 | 05 49 | 21 22 | 00 14 | 23 24 | 05 16 | 14 49 | 00 31 | 18 36 | 11 08 |
| 28 | 23 18 | 25 24 | 24 42 | 19 31 | 22 15 | 02 17 | 05 50 | 21 22 | 00 15 | 23 23 | 05 22 | 14 48 | 00 33 | 18 41 | 11 08 |
| 29 | 23 15 | 23 05 | 24 32 | 19 10 | 22 07 | 02 16 | 05 50 | 21 22 | 00 15 | 23 23 | 05 28 | 14 47 | 00 36 | 18 46 | 11 07 |
| 30 | 23 12 | 19 46 | 24 19 | 18 49 | 21 58 | 02 15 | 05 51 | 21 21 | 00 15 | 23 23 | 05 34 | 14 46 | 00 39 | 18 51 | 11 07 |
| 31 | 23 08 | 15 41 | 24 06 | 18 28 | 21 49 | 02 14 | 05 51 | 21 21 | 00 15 | 23 22 | 05 40 | 14 45 | 00 42 | 18 57 | 11 07 |

Lunar Phases -- 6 ◐ 05:23  13 ○ 16:10  20 ◑ 09:12  27 ● 20:14  Sun enters ♑ 12/22 02:44

## 0:00 E.T. Longitudes of Main Planets - January 2028

| D | S.T. | ☉ | ☽ | ☽ 12:00 | ☿ | ♀ | ♂ | ♃ | ♄ | ♅ | ♆ | ♇ | ☊ |
|---|---|---|---|---|---|---|---|---|---|---|---|---|---|
| 1 | 6:40:44 | 10♑04 33 | 25♒38 | 01♓31 | 21♑37 | 15♒00 | 27♑55 | 27♍18 | 21♈05 | 06♊42℞ | 03♈56 | 05♒58 | 03♒31 |
| 2 | 6:44:40 | 11 05 43 | 07♓25 | 13 19 | 23 13 | 16 14 | 28 42 | 27 20 | 21 06 | 06 40 | 03 57 | 06 00 | 03 28 |
| 3 | 6:48:37 | 12 06 53 | 19 15 | 25 12 | 24 49 | 17 27 | 29 29 | 27 22 | 21 07 | 06 38 | 03 57 | 06 01 | 03 24 |
| 4 | 6:52:34 | 13 08 03 | 01♈12 | 07♈15 | 26 26 | 18 40 | 00♒16 | 27 24 | 21 08 | 06 36 | 03 58 | 06 03 | 03 21 |
| 5 | 6:56:30 | 14 09 12 | 13 21 | 19 32 | 28 01 | 19 54 | 01 03 | 27 26 | 21 09 | 06 34 | 03 59 | 06 05 | 03 18 |
| 6 | 7:00:27 | 15 10 21 | 25 48 | 02♉09 | 29 36 | 21 07 | 01 50 | 27 27 | 21 11 | 06 32 | 03 59 | 06 07 | 03 15 |
| 7 | 7:04:23 | 16 11 30 | 08♉36 | 15 09 | 01♒11 | 22 20 | 02 37 | 27 28 | 21 12 | 06 30 | 04 00 | 06 08 | 03 12 |
| 8 | 7:08:20 | 17 12 38 | 21 49 | 28 36 | 02 44 | 23 33 | 03 24 | 27 29 | 21 14 | 06 29 | 04 01 | 06 10 | 03 08 |
| 9 | 7:12:16 | 18 13 46 | 05♊29 | 12♊29 | 04 17 | 24 46 | 04 11 | 27 30 | 21 15 | 06 27 | 04 02 | 06 12 | 03 05 |
| 10 | 7:16:13 | 19 14 54 | 19 36 | 26 48 | 05 48 | 25 59 | 04 58 | 27 30 | 21 17 | 06 25 | 04 03 | 06 14 | 03 02 |
| 11 | 7:20:09 | 20 16 02 | 04♋06 | 11♋29 | 07 17 | 27 12 | 05 45 | 27 31 | 21 19 | 06 24 | 04 03 | 06 16 | 02 59 |
| 12 | 7:24:06 | 21 17 09 | 18 55 | 26 25 | 08 44 | 28 25 | 06 33 | 27 31 | 21 21 | 06 22 | 04 04 | 06 18 | 02 56 |
| 13 | 7:28:03 | 22 18 15 | 03♌56 | 11♌27 | 10 08 | 29 38 | 07 20 | 27 31℞ | 21 23 | 06 20 | 04 05 | 06 19 | 02 53 |
| 14 | 7:31:59 | 23 19 22 | 18 58 | 26 28 | 11 30 | 00♓50 | 08 07 | 27 30 | 21 25 | 06 19 | 04 06 | 06 21 | 02 49 |
| 15 | 7:35:56 | 24 20 28 | 03♍55 | 11♍19 | 12 47 | 02 03 | 08 54 | 27 30 | 21 28 | 06 17 | 04 07 | 06 23 | 02 46 |
| 16 | 7:39:52 | 25 21 34 | 18 38 | 25 53 | 14 01 | 03 16 | 09 42 | 27 29 | 21 30 | 06 16 | 04 08 | 06 25 | 02 43 |
| 17 | 7:43:49 | 26 22 39 | 03♎03 | 10♎07 | 15 09 | 04 28 | 10 29 | 27 29 | 21 33 | 06 15 | 04 09 | 06 27 | 02 40 |
| 18 | 7:47:45 | 27 23 45 | 17 06 | 23 59 | 16 12 | 05 41 | 11 16 | 27 28 | 21 35 | 06 13 | 04 11 | 06 29 | 02 37 |
| 19 | 7:51:42 | 28 24 50 | 00♏47 | 07♏29 | 17 08 | 06 53 | 12 03 | 27 26 | 21 38 | 06 12 | 04 12 | 06 31 | 02 33 |
| 20 | 7:55:38 | 29 25 55 | 14 07 | 20 39 | 17 57 | 08 05 | 12 51 | 27 25 | 21 41 | 06 11 | 04 13 | 06 32 | 02 30 |
| 21 | 7:59:35 | 00♒27 00 | 27 06 | 03♐30 | 18 37 | 09 17 | 13 38 | 27 24 | 21 44 | 06 10 | 04 14 | 06 34 | 02 27 |
| 22 | 8:03:32 | 01 28 05 | 09♐49 | 16 05 | 19 09 | 10 30 | 14 26 | 27 22 | 21 47 | 06 08 | 04 15 | 06 36 | 02 24 |
| 23 | 8:07:28 | 02 29 09 | 22 17 | 28 27 | 19 30 | 11 42 | 15 13 | 27 20 | 21 50 | 06 07 | 04 17 | 06 38 | 02 21 |
| 24 | 8:11:25 | 03 30 12 | 04♑33 | 10♑37 | 19 41 | 12 54 | 16 00 | 27 18 | 21 53 | 06 06 | 04 18 | 06 40 | 02 18 |
| 25 | 8:15:21 | 04 31 15 | 16 40 | 22 40 | 19 40℞ | 14 05 | 16 48 | 27 15 | 21 57 | 06 05 | 04 19 | 06 42 | 02 14 |
| 26 | 8:19:18 | 05 32 17 | 28 38 | 04♒35 | 19 28 | 15 17 | 17 35 | 27 13 | 22 00 | 06 04 | 04 21 | 06 44 | 02 11 |
| 27 | 8:23:14 | 06 33 19 | 10♒31 | 16 26 | 19 05 | 16 29 | 18 23 | 27 10 | 22 04 | 06 03 | 04 22 | 06 46 | 02 08 |
| 28 | 8:27:11 | 07 34 19 | 22 20 | 28 14 | 18 30 | 17 41 | 19 10 | 27 07 | 22 07 | 06 03 | 04 23 | 06 48 | 02 05 |
| 29 | 8:31:07 | 08 35 19 | 04♓08 | 10♓02 | 17 45 | 18 52 | 19 58 | 27 04 | 22 11 | 06 02 | 04 25 | 06 49 | 02 02 |
| 30 | 8:35:04 | 09 36 17 | 15 57 | 21 52 | 16 51 | 20 03 | 20 45 | 27 01 | 22 15 | 06 01 | 04 26 | 06 51 | 01 59 |
| 31 | 8:39:01 | 10 37 15 | 27 49 | 03♈47 | 15 49 | 21 15 | 21 33 | 26 58 | 22 19 | 06 00 | 04 28 | 06 53 | 01 55 |

## 0:00 E.T. Longitudes of the Major Asteroids and Chiron

| D | ⚳ | ⚴ | ⚵ | ⚶ | ⚷ | D | ⚳ | ⚴ | ⚵ | ⚶ | ⚷ |
|---|---|---|---|---|---|---|---|---|---|---|---|
| 1 | 07♏01 | 01♎52 | 00♌04℞ | 17♌34℞ | 00♉04℞ | 17 | 12 27 | 04 01 | 26 09 | 14 44 | 00 02 |
| 2 | 07 22 | 02 03 | 29♋51 | 17 27 | 00 03 | 18 | 12 46 | 04 05 | 25 54 | 14 30 | 00 03 |
| 3 | 07 44 | 02 14 | 29 37 | 17 19 | 00 03 | 19 | 13 04 | 04 08 | 25 38 | 14 16 | 00 03 |
| 4 | 08 05 | 02 25 | 29 23 | 17 10 | 00 02 | 20 | 13 23 | 04 11 | 25 23 | 14 02 | 00 04 |
| 5 | 08 26 | 02 35 | 29 09 | 17 01 | 00 02 | 21 | 13 41 | 04 14 | 25 09 | 13 48 | 00 04 |
| 6 | 08 47 | 02 45 | 28 55 | 16 52 | 00 02 | 22 | 13 59 | 04 16 | 24 54 | 13 33 | 00 05 |
| 7 | 09 08 | 02 54 | 28 40 | 16 42 | 00 02 | 23 | 14 17 | 04 17 | 24 39 | 13 18 | 00 06 |
| 8 | 09 28 | 03 03 | 28 26 | 16 32 | 00 01 | 24 | 14 35 | 04 18 | 24 25 | 13 03 | 00 07 |
| 9 | 09 49 | 03 11 | 28 11 | 16 22 | 00 01 | 25 | 14 53 | 04 18 | 24 11 | 12 48 | 00 07 |
| 10 | 10 09 | 03 19 | 27 56 | 16 11 | 00 01 | 26 | 15 10 | 04 18℞ | 23 57 | 12 32 | 00 08 |
| 11 | 10 29 | 03 26 | 27 40 | 15 59 | 00 01D | 27 | 15 27 | 04 17 | 23 44 | 12 17 | 00 09 |
| 12 | 10 49 | 03 33 | 27 25 | 15 48 | 00 01 | 28 | 15 44 | 04 16 | 23 30 | 12 01 | 00 10 |
| 13 | 11 09 | 03 40 | 27 10 | 15 36 | 00 01 | 29 | 16 01 | 04 14 | 23 18 | 11 45 | 00 11 |
| 14 | 11 29 | 03 46 | 26 55 | 15 23 | 00 02 | 30 | 16 17 | 04 11 | 23 05 | 11 29 | 00 12 |
| 15 | 11 48 | 03 51 | 26 39 | 15 10 | 00 02 | 31 | 16 33 | 04 08 | 22 53 | 11 13 | 00 14 |
| 16 | 12 08 | 03 56 | 26 24 | 14 57 | 00 02 | | | | | | |

## Lunar Data

| Last Asp. | | Ingress | | |
|---|---|---|---|---|
| 31 | 14:43 | 1 | ♓ | 08:54 |
| 3 | 16:24 | 3 | ♈ | 21:36 |
| 5 | 15:08 | 6 | ♉ | 07:57 |
| 8 | 10:03 | 8 | ♊ | 14:28 |
| 10 | 13:09 | 10 | ♋ | 17:16 |
| 12 | 13:46 | 12 | ♌ | 17:44 |
| 14 | 03:56 | 14 | ♍ | 17:41 |
| 16 | 14:40 | 16 | ♎ | 18:53 |
| 18 | 19:27 | 18 | ♏ | 22:37 |
| 21 | 00:32 | 21 | ♐ | 05:25 |
| 23 | 09:48 | 23 | ♑ | 15:03 |
| 25 | 21:09 | 26 | ♒ | 02:45 |
| 27 | 23:33 | 28 | ♓ | 15:35 |
| 30 | 22:17 | 31 | ♈ | 04:24 |

## 0:00 E.T. Declinations

| D | ☉ | ☽ | ☿ | ♀ | ♂ | ♃ | ♄ | ♅ | ♆ | ♇ | ⚳ | ⚴ | ⚵ | ⚶ | ⚷ |
|---|---|---|---|---|---|---|---|---|---|---|---|---|---|---|---|
| 1 | -23 03 | -11 01 | -23 50 | -18 06 | -21 40 | +02 14 | +05 52 | +21 21 | +00 16 | -23 22 | -05 46 | -14 43 | +00 45 | +19 03 | +11 07 |
| 2 | 22 58 | 05 59 | 23 34 | 17 43 | 21 30 | 02 13 | 05 52 | 21 20 | 00 16 | 23 21 | 05 52 | 14 41 | 00 49 | 19 09 | 11 06 |
| 3 | 22 53 | 00 43 | 23 15 | 17 20 | 21 21 | 02 13 | 05 53 | 21 20 | 00 16 | 23 21 | 05 57 | 14 39 | 00 53 | 19 15 | 11 06 |
| 4 | 22 47 | +04 37 | 22 56 | 16 57 | 21 11 | 02 12 | 05 54 | 21 20 | 00 16 | 23 20 | 06 03 | 14 37 | 00 57 | 19 21 | 11 06 |
| 5 | 22 41 | 09 52 | 22 34 | 16 33 | 21 00 | 02 12 | 05 54 | 21 19 | 00 17 | 23 20 | 06 09 | 14 34 | 01 02 | 19 27 | 11 06 |
| 6 | 22 34 | 14 51 | 22 11 | 16 09 | 20 50 | 02 12 | 05 55 | 21 19 | 00 17 | 23 20 | 06 14 | 14 31 | 01 07 | 19 34 | 11 06 |
| 7 | 22 27 | 19 20 | 21 47 | 15 44 | 20 39 | 02 12 | 05 56 | 21 19 | 00 17 | 23 19 | 06 19 | 14 27 | 01 12 | 19 40 | 11 05 |
| 8 | 22 20 | 23 01 | 21 22 | 15 19 | 20 28 | 02 11 | 05 57 | 21 19 | 00 18 | 23 19 | 06 25 | 14 24 | 01 18 | 19 47 | 11 05 |
| 9 | 22 12 | 25 34 | 20 55 | 14 53 | 20 17 | 02 11 | 05 58 | 21 18 | 00 18 | 23 18 | 06 30 | 14 20 | 01 23 | 19 54 | 11 05 |
| 10 | 22 03 | 26 37 | 20 27 | 14 27 | 20 06 | 02 11 | 05 59 | 21 18 | 00 18 | 23 18 | 06 35 | 14 16 | 01 29 | 20 00 | 11 05 |
| 11 | 21 54 | 25 53 | 19 58 | 14 01 | 19 54 | 02 12 | 06 00 | 21 18 | 00 19 | 23 17 | 06 40 | 14 11 | 01 36 | 20 07 | 11 05 |
| 12 | 21 45 | 23 19 | 19 28 | 13 34 | 19 43 | 02 12 | 06 01 | 21 17 | 00 19 | 23 17 | 06 45 | 14 06 | 01 42 | 20 14 | 11 05 |
| 13 | 21 35 | 19 08 | 18 57 | 13 07 | 19 31 | 02 12 | 06 02 | 21 17 | 00 20 | 23 17 | 06 50 | 14 01 | 01 49 | 20 22 | 11 05 |
| 14 | 21 25 | 13 42 | 18 26 | 12 40 | 19 18 | 02 12 | 06 03 | 21 17 | 00 20 | 23 16 | 06 54 | 13 55 | 01 56 | 20 29 | 11 05 |
| 15 | 21 15 | 07 29 | 17 54 | 12 12 | 19 06 | 02 13 | 06 04 | 21 17 | 00 21 | 23 16 | 06 59 | 13 49 | 02 03 | 20 36 | 11 05 |
| 16 | 21 04 | 00 58 | 17 23 | 11 44 | 18 53 | 02 13 | 06 05 | 21 16 | 00 21 | 23 15 | 07 03 | 13 43 | 02 11 | 20 43 | 11 05 |
| 17 | 20 53 | -05 27 | 16 51 | 11 16 | 18 40 | 02 14 | 06 06 | 21 16 | 00 22 | 23 15 | 07 08 | 13 37 | 02 19 | 20 51 | 11 05 |
| 18 | 20 41 | 11 26 | 16 20 | 10 48 | 18 27 | 02 15 | 06 08 | 21 16 | 00 22 | 23 14 | 07 12 | 13 30 | 02 27 | 20 58 | 11 05 |
| 19 | 20 29 | 16 42 | 15 49 | 10 19 | 18 14 | 02 15 | 06 09 | 21 16 | 00 22 | 23 14 | 07 16 | 13 22 | 02 35 | 21 06 | 11 05 |
| 20 | 20 16 | 21 01 | 15 20 | 09 50 | 18 01 | 02 16 | 06 10 | 21 16 | 00 23 | 23 14 | 07 21 | 13 15 | 02 43 | 21 13 | 11 06 |
| 21 | 20 03 | 24 12 | 14 53 | 09 20 | 17 47 | 02 17 | 06 11 | 21 15 | 00 23 | 23 13 | 07 25 | 13 06 | 02 52 | 21 21 | 11 06 |
| 22 | 19 50 | 26 05 | 14 27 | 08 51 | 17 33 | 02 18 | 06 13 | 21 15 | 00 24 | 23 13 | 07 29 | 12 58 | 03 00 | 21 28 | 11 06 |
| 23 | 19 36 | 26 38 | 14 04 | 08 21 | 17 19 | 02 19 | 06 14 | 21 15 | 00 25 | 23 12 | 07 32 | 12 49 | 03 09 | 21 36 | 11 06 |
| 24 | 19 22 | 25 50 | 13 44 | 07 51 | 17 05 | 02 20 | 06 16 | 21 15 | 00 25 | 23 12 | 07 36 | 12 40 | 03 18 | 21 43 | 11 06 |
| 25 | 19 08 | 23 50 | 13 27 | 07 21 | 16 51 | 02 21 | 06 17 | 21 15 | 00 26 | 23 12 | 07 40 | 12 30 | 03 28 | 21 51 | 11 07 |
| 26 | 18 53 | 20 46 | 13 13 | 06 51 | 16 36 | 02 22 | 06 19 | 21 15 | 00 26 | 23 11 | 07 44 | 12 20 | 03 37 | 21 59 | 11 07 |
| 27 | 18 38 | 16 53 | 13 04 | 06 20 | 16 21 | 02 24 | 06 20 | 21 14 | 00 27 | 23 11 | 07 47 | 12 10 | 03 47 | 22 06 | 11 07 |
| 28 | 18 23 | 12 21 | 12 58 | 05 50 | 16 06 | 02 25 | 06 22 | 21 14 | 00 27 | 23 10 | 07 50 | 11 59 | 03 56 | 22 14 | 11 07 |
| 29 | 18 07 | 07 24 | 12 57 | 05 19 | 15 51 | 02 27 | 06 23 | 21 14 | 00 28 | 23 10 | 07 54 | 11 47 | 04 06 | 22 21 | 11 08 |
| 30 | 17 51 | 02 11 | 12 59 | 04 48 | 15 36 | 02 28 | 06 25 | 21 14 | 00 29 | 23 09 | 07 57 | 11 36 | 04 16 | 22 28 | 11 08 |
| 31 | 17 34 | +03 08 | 13 05 | 04 17 | 15 21 | 02 30 | 06 27 | 21 14 | 00 29 | 23 09 | 08 00 | 11 23 | 04 26 | 22 36 | 11 08 |

Lunar Phases -- 5 ◐ 01:42 12 Ⓔ 04:04 18 ◑ 19:27 26 ● 15:14 Sun enters ♒ 1/20 13:23

## Longitudes of Main Planets - February 2028

0:00 E.T.

| D | S.T. | ☉ | ☽ | ☽ 12:00 | ☿ | ♀ | ♂ | ♃ | ♄ | ♅ | ♆ | ♇ | ☊ |
|---|---|---|---|---|---|---|---|---|---|---|---|---|---|
| 1 | 8:42:57 | 11♒38 11 | 09♈48 | 15♈51 | 14♒41℞ | 22♓26 | 22♒20 | 26♍54℞ | 22♈23 | 06♊00℞ | 04♈29 | 06♒55 | 01♒52 |
| 2 | 8:46:54 | 12 39 06 | 21 57 | 28 07 | 13 29 | 23 37 | 23 07 | 26 50 | 22 27 | 05 59 | 04 31 | 06 57 | 01 49 |
| 3 | 8:50:50 | 13 40 00 | 04♉21 | 10♉39 | 12 15 | 24 48 | 23 55 | 26 46 | 22 31 | 05 58 | 04 32 | 06 59 | 01 46 |
| 4 | 8:54:47 | 14 40 52 | 17 03 | 23 32 | 11 01 | 25 59 | 24 42 | 26 42 | 22 35 | 05 58 | 04 34 | 07 01 | 01 43 |
| 5 | 8:58:43 | 15 41 43 | 00♊07 | 06♊49 | 09 50 | 27 10 | 25 30 | 26 38 | 22 40 | 05 58 | 04 36 | 07 03 | 01 39 |
| 6 | 9:02:40 | 16 42 33 | 13 37 | 20 32 | 08 42 | 28 20 | 26 17 | 26 33 | 22 44 | 05 57 | 04 37 | 07 05 | 01 36 |
| 7 | 9:06:36 | 17 43 21 | 27 33 | 04♋42 | 07 40 | 29 31 | 27 05 | 26 29 | 22 49 | 05 57 | 04 39 | 07 06 | 01 33 |
| 8 | 9:10:33 | 18 44 08 | 11♋57 | 19 18 | 06 45 | 00♈41 | 27 52 | 26 24 | 22 53 | 05 57 | 04 41 | 07 08 | 01 30 |
| 9 | 9:14:30 | 19 44 53 | 26 44 | 04♌15 | 05 58 | 01 51 | 28 40 | 26 19 | 22 58 | 05 56 | 04 42 | 07 10 | 01 27 |
| 10 | 9:18:26 | 20 45 37 | 11♌49 | 19 26 | 05 18 | 03 01 | 29 27 | 26 14 | 23 03 | 05 56 | 04 44 | 07 12 | 01 24 |
| 11 | 9:22:23 | 21 46 20 | 27 04 | 04♍42 | 04 46 | 04 11 | 00♓15 | 26 09 | 23 08 | 05 56 | 04 46 | 07 14 | 01 20 |
| 12 | 9:26:19 | 22 47 01 | 12♍19 | 19 52 | 04 23 | 05 21 | 01 02 | 26 03 | 23 13 | 05 56 | 04 48 | 07 16 | 01 17 |
| 13 | 9:30:16 | 23 47 41 | 27 22 | 04♎48 | 04 08 | 06 30 | 01 50 | 25 58 | 23 18 | 05 56D | 04 49 | 07 18 | 01 14 |
| 14 | 9:34:12 | 24 48 20 | 12♎07 | 19 20 | 04 00 | 07 40 | 02 37 | 25 52 | 23 23 | 05 56 | 04 51 | 07 19 | 01 11 |
| 15 | 9:38:09 | 25 48 57 | 26 27 | 03♏26 | 04 00D | 08 49 | 03 25 | 25 46 | 23 28 | 05 56 | 04 53 | 07 21 | 01 08 |
| 16 | 9:42:05 | 26 49 34 | 10♏19 | 17 05 | 04 07 | 09 58 | 04 12 | 25 40 | 23 33 | 05 56 | 04 55 | 07 23 | 01 05 |
| 17 | 9:46:02 | 27 50 09 | 23 43 | 00♐16 | 04 20 | 11 07 | 04 59 | 25 34 | 23 39 | 05 56 | 04 57 | 07 25 | 01 01 |
| 18 | 9:49:59 | 28 50 43 | 06♐42 | 13 03 | 04 39 | 12 16 | 05 47 | 25 28 | 23 44 | 05 57 | 04 59 | 07 27 | 00 58 |
| 19 | 9:53:55 | 29 51 16 | 19 19 | 25 31 | 05 04 | 13 25 | 06 34 | 25 21 | 23 49 | 05 57 | 05 01 | 07 28 | 00 55 |
| 20 | 9:57:52 | 00♓51 48 | 01♑38 | 07♑43 | 05 34 | 14 33 | 07 22 | 25 15 | 23 55 | 05 57 | 05 03 | 07 30 | 00 52 |
| 21 | 10:01:48 | 01 52 19 | 13 44 | 19 43 | 06 09 | 15 42 | 08 09 | 25 08 | 24 01 | 05 58 | 05 05 | 07 32 | 00 49 |
| 22 | 10:05:45 | 02 52 48 | 25 41 | 01♒36 | 06 49 | 16 50 | 08 56 | 25 02 | 24 06 | 05 58 | 05 07 | 07 34 | 00 45 |
| 23 | 10:09:41 | 03 53 15 | 07♒31 | 13 25 | 07 33 | 17 58 | 09 44 | 24 55 | 24 12 | 05 59 | 05 09 | 07 35 | 00 42 |
| 24 | 10:13:38 | 04 53 41 | 19 19 | 25 13 | 08 20 | 19 05 | 10 31 | 24 48 | 24 18 | 05 59 | 05 11 | 07 37 | 00 39 |
| 25 | 10:17:34 | 05 54 06 | 01♓07 | 07♓01 | 09 11 | 20 13 | 11 19 | 24 41 | 24 24 | 06 00 | 05 13 | 07 39 | 00 36 |
| 26 | 10:21:31 | 06 54 29 | 12 56 | 18 52 | 10 05 | 21 20 | 12 06 | 24 34 | 24 30 | 06 00 | 05 15 | 07 41 | 00 33 |
| 27 | 10:25:28 | 07 54 50 | 24 50 | 00♈48 | 11 02 | 22 27 | 12 53 | 24 27 | 24 36 | 06 01 | 05 17 | 07 42 | 00 30 |
| 28 | 10:29:24 | 08 55 09 | 06♈49 | 12 51 | 12 02 | 23 34 | 13 41 | 24 19 | 24 42 | 06 02 | 05 19 | 07 44 | 00 26 |
| 29 | 10:33:21 | 09 55 26 | 18 55 | 25 01 | 13 04 | 24 41 | 14 28 | 24 12 | 24 48 | 06 03 | 05 21 | 07 46 | 00 23 |

## Longitudes of the Major Asteroids and Chiron

0:00 E.T.

| D | ⚳ | ⚴ | ⚵ | ⚶ | ⚷ |
|---|---|---|---|---|---|
| 1 | 16♏49 | 04♎05℞ | 22♋41℞ | 10♌57℞ | 00♉15 |
| 2 | 17 05 | 04 00 | 22 29 | 10 41 | 00 16 |
| 3 | 17 20 | 03 56 | 22 18 | 10 26 | 00 17 |
| 4 | 17 36 | 03 50 | 22 07 | 10 10 | 00 19 |
| 5 | 17 51 | 03 45 | 21 57 | 09 54 | 00 20 |
| 6 | 18 05 | 03 38 | 21 47 | 09 38 | 00 22 |
| 7 | 18 20 | 03 31 | 21 38 | 09 22 | 00 23 |
| 8 | 18 34 | 03 24 | 21 29 | 09 07 | 00 25 |
| 9 | 18 48 | 03 16 | 21 20 | 08 51 | 00 26 |
| 10 | 19 02 | 03 07 | 21 12 | 08 36 | 00 28 |
| 11 | 19 15 | 02 58 | 21 04 | 08 21 | 00 30 |
| 12 | 19 28 | 02 48 | 20 57 | 08 06 | 00 32 |
| 13 | 19 41 | 02 38 | 20 50 | 07 51 | 00 33 |
| 14 | 19 53 | 02 27 | 20 44 | 07 37 | 00 35 |
| 15 | 20 06 | 02 16 | 20 38 | 07 23 | 00 37 |
| 16 | 20 18 | 02 04 | 20 33 | 07 09 | 00 39 |
| 17 | 20 29 | 01 51 | 20 28 | 06 55 | 00 41 |
| 18 | 20 41 | 01 38 | 20 24 | 06 42 | 00 43 |
| 19 | 20 52 | 01 25 | 20 20 | 06 28 | 00 45 |
| 20 | 21 03 | 01 11 | 20 17 | 06 16 | 00 48 |
| 21 | 21 13 | 00 57 | 20 14 | 06 03 | 00 50 |
| 22 | 21 23 | 00 42 | 20 12 | 05 51 | 00 52 |
| 23 | 21 33 | 00 27 | 20 10 | 05 39 | 00 54 |
| 24 | 21 42 | 00 11 | 20 08 | 05 28 | 00 57 |
| 25 | 21 52 | 29♍56 | 20 08 | 05 17 | 00 59 |
| 26 | 22 00 | 29 39 | 20 07 | 05 07 | 01 02 |
| 27 | 22 09 | 29 22 | 20 07D | 04 56 | 01 04 |
| 28 | 22 17 | 29 05 | 20 08 | 04 47 | 01 07 |
| 29 | 22 25 | 28 48 | 20 09 | 04 37 | 01 09 |

## Lunar Data

| Last Asp. | | Ingress | | |
|---|---|---|---|---|
| 2 | 02:27 | 2 | ♉ | 15:38 |
| 4 | 18:06 | 4 | ♊ | 23:47 |
| 7 | 03:36 | 7 | ♋ | 04:08 |
| 8 | 23:20 | 9 | ♌ | 05:14 |
| 10 | 17:46 | 11 | ♍ | 04:36 |
| 12 | 21:45 | 13 | ♎ | 04:14 |
| 14 | 22:51 | 15 | ♏ | 06:04 |
| 17 | 08:10 | 17 | ♐ | 11:31 |
| 19 | 11:36 | 19 | ♑ | 20:47 |
| 21 | 22:42 | 22 | ♒ | 08:45 |
| 24 | 10:14 | 24 | ♓ | 21:45 |
| 26 | 23:14 | 27 | ♈ | 10:23 |
| 29 | 12:27 | | | |

## Declinations

0:00 E.T.

| D | ☉ | ☽ | ☿ | ♀ | ♂ | ♃ | ♄ | ♅ | ♆ | ♇ | ⚳ | ⚴ | ⚵ | ⚶ | ⚷ |
|---|---|---|---|---|---|---|---|---|---|---|---|---|---|---|---|
| 1 | -17 18 | +08 22 | -13 15 | -03 46 | -15 05 | +02 31 | +06 29 | +21 14 | +00 30 | -23 09 | -08 03 | -11 11 | +04 36 | +22 43 | +11 09 |
| 2 | 17 01 | 13 22 | 13 27 | 03 15 | 14 49 | 02 33 | 06 30 | 21 14 | 00 31 | 23 08 | 08 06 | 10 58 | 04 46 | 22 50 | 11 09 |
| 3 | 16 43 | 17 56 | 13 42 | 02 44 | 14 33 | 02 35 | 06 32 | 21 14 | 00 31 | 23 08 | 08 09 | 10 44 | 04 56 | 22 57 | 11 10 |
| 4 | 16 26 | 21 49 | 13 58 | 02 13 | 14 17 | 02 37 | 06 34 | 21 14 | 00 32 | 23 07 | 08 12 | 10 30 | 05 06 | 23 04 | 11 10 |
| 5 | 16 08 | 24 45 | 14 16 | 01 41 | 14 01 | 02 39 | 06 36 | 21 14 | 00 32 | 23 07 | 08 14 | 10 16 | 05 17 | 23 11 | 11 11 |
| 6 | 15 50 | 26 23 | 14 35 | 01 10 | 13 45 | 02 41 | 06 38 | 21 13 | 00 33 | 23 07 | 08 17 | 10 01 | 05 27 | 23 18 | 11 11 |
| 7 | 15 31 | 26 26 | 14 53 | 00 38 | 13 29 | 02 43 | 06 39 | 21 13 | 00 34 | 23 06 | 08 19 | 09 46 | 05 37 | 23 24 | 11 12 |
| 8 | 15 12 | 24 44 | 15 12 | 00 07 | 13 12 | 02 45 | 06 41 | 21 13 | 00 35 | 23 06 | 08 22 | 09 30 | 05 48 | 23 31 | 11 12 |
| 9 | 14 54 | 21 19 | 15 31 | +00 24 | 12 55 | 02 47 | 06 43 | 21 13 | 00 35 | 23 05 | 08 24 | 09 14 | 05 58 | 23 37 | 11 13 |
| 10 | 14 34 | 16 24 | 15 48 | 00 56 | 12 39 | 02 49 | 06 45 | 21 13 | 00 36 | 23 05 | 08 26 | 08 58 | 06 08 | 23 43 | 11 13 |
| 11 | 14 15 | 10 25 | 16 05 | 01 27 | 12 22 | 02 52 | 06 47 | 21 13 | 00 37 | 23 05 | 08 28 | 08 41 | 06 19 | 23 49 | 11 14 |
| 12 | 13 55 | 03 49 | 16 21 | 01 59 | 12 05 | 02 54 | 06 49 | 21 13 | 00 37 | 23 04 | 08 30 | 08 23 | 06 29 | 23 55 | 11 14 |
| 13 | 13 35 | -02 55 | 16 35 | 02 30 | 11 47 | 02 56 | 06 51 | 21 13 | 00 38 | 23 04 | 08 32 | 08 06 | 06 39 | 24 01 | 11 15 |
| 14 | 13 15 | 09 20 | 16 48 | 03 01 | 11 30 | 02 59 | 06 53 | 21 13 | 00 39 | 23 04 | 08 34 | 07 47 | 06 50 | 24 07 | 11 15 |
| 15 | 12 55 | 15 04 | 17 00 | 03 32 | 11 13 | 03 01 | 06 56 | 21 13 | 00 40 | 23 03 | 08 36 | 07 29 | 07 00 | 24 12 | 11 16 |
| 16 | 12 34 | 19 50 | 17 11 | 04 04 | 10 55 | 03 04 | 06 58 | 21 13 | 00 40 | 23 03 | 08 37 | 07 10 | 07 10 | 24 18 | 11 17 |
| 17 | 12 13 | 23 26 | 17 20 | 04 35 | 10 38 | 03 06 | 07 00 | 21 13 | 00 41 | 23 03 | 08 39 | 06 50 | 07 20 | 24 23 | 11 17 |
| 18 | 11 52 | 25 41 | 17 27 | 05 06 | 10 20 | 03 09 | 07 02 | 21 14 | 00 42 | 23 02 | 08 40 | 06 30 | 07 30 | 24 28 | 11 18 |
| 19 | 11 31 | 26 34 | 17 33 | 05 36 | 10 02 | 03 12 | 07 04 | 21 14 | 00 43 | 23 02 | 08 42 | 06 10 | 07 41 | 24 33 | 11 19 |
| 20 | 11 10 | 26 06 | 17 38 | 06 07 | 09 44 | 03 14 | 07 06 | 21 14 | 00 44 | 23 01 | 08 43 | 05 49 | 07 50 | 24 37 | 11 19 |
| 21 | 10 48 | 24 23 | 17 41 | 06 38 | 09 26 | 03 17 | 07 09 | 21 14 | 00 44 | 23 01 | 08 44 | 05 28 | 08 00 | 24 42 | 11 20 |
| 22 | 10 27 | 21 36 | 17 43 | 07 08 | 09 08 | 03 20 | 07 11 | 21 14 | 00 45 | 23 01 | 08 45 | 05 07 | 08 10 | 24 46 | 11 21 |
| 23 | 10 05 | 17 55 | 17 43 | 07 38 | 08 50 | 03 23 | 07 13 | 21 14 | 00 46 | 23 01 | 08 46 | 04 45 | 08 20 | 24 50 | 11 22 |
| 24 | 09 43 | 13 34 | 17 42 | 08 08 | 08 32 | 03 26 | 07 15 | 21 14 | 00 47 | 23 00 | 08 47 | 04 23 | 08 30 | 24 54 | 11 22 |
| 25 | 09 21 | 08 43 | 17 39 | 08 38 | 08 14 | 03 29 | 07 18 | 21 14 | 00 48 | 23 00 | 08 48 | 04 01 | 08 39 | 24 58 | 11 23 |
| 26 | 08 58 | 03 34 | 17 35 | 09 08 | 07 55 | 03 32 | 07 20 | 21 14 | 00 48 | 23 00 | 08 49 | 03 38 | 08 49 | 25 01 | 11 24 |
| 27 | 08 36 | +01 44 | 17 30 | 09 38 | 07 37 | 03 35 | 07 22 | 21 14 | 00 49 | 22 59 | 08 50 | 03 15 | 08 58 | 25 05 | 11 25 |
| 28 | 08 13 | 07 00 | 17 23 | 10 07 | 07 18 | 03 38 | 07 25 | 21 15 | 00 50 | 22 59 | 08 50 | 02 52 | 09 07 | 25 08 | 11 26 |
| 29 | 07 51 | 12 04 | 17 14 | 10 36 | 07 00 | 03 41 | 07 27 | 21 15 | 00 51 | 22 59 | 08 51 | 02 28 | 09 17 | 25 11 | 11 27 |

Lunar Phases -- 3 ◐ 19:12 10 Ⓔ 15:05 17 ◑ 08:09 25 ● 10:39 Sun enters ♓ 2/19 03:28

# Longitudes of Main Planets - March 2028


| D | S.T. | ☉ | ☽ | ☽ 12:00 | ☿ | ♀ | ♂ | ♃ | ♄ | ♅ | ♆ | ♇ | ☊ |
|---|------|---|---|---------|---|---|---|---|---|---|---|---|---|
| 1 | 10:37:17 | 10♓55 42 | 01♉11 | 07♉23 | 14♒09 | 25♈47 | 15♓15 | 24♍05℞ | 24♈54 | 06♊04 | 05♈23 | 07♒47 | 00♒20 |
| 2 | 10:41:14 | 11 55 55 | 13 38 | 19 57 | 15 16 | 26 54 | 16 02 | 23 57 | 25 00 | 06 04 | 05 25 | 07 49 | 00 17 |
| 3 | 10:45:10 | 12 56 07 | 26 20 | 02♊47 | 16 25 | 28 00 | 16 50 | 23 50 | 25 06 | 06 05 | 05 27 | 07 50 | 00 14 |
| 4 | 10:49:07 | 13 56 16 | 09♊20 | 15 57 | 17 37 | 29 05 | 17 37 | 23 42 | 25 13 | 06 07 | 05 29 | 07 52 | 00 11 |
| 5 | 10:53:03 | 14 56 24 | 22 40 | 29 28 | 18 50 | 00♉11 | 18 24 | 23 35 | 25 19 | 06 08 | 05 32 | 07 54 | 00 07 |
| 6 | 10:57:00 | 15 56 29 | 06♋23 | 13♋24 | 20 05 | 01 16 | 19 11 | 23 27 | 25 26 | 06 09 | 05 34 | 07 55 | 00 04 |
| 7 | 11:00:57 | 16 56 32 | 20 31 | 27 44 | 21 21 | 02 21 | 19 58 | 23 19 | 25 32 | 06 10 | 05 36 | 07 57 | 00 01 |
| 8 | 11:04:53 | 17 56 33 | 05♌03 | 12♌27 | 22 40 | 03 26 | 20 45 | 23 11 | 25 39 | 06 11 | 05 38 | 07 58 | 29♑58 |
| 9 | 11:08:50 | 18 56 32 | 19 56 | 27 28 | 24 00 | 04 30 | 21 32 | 23 04 | 25 45 | 06 12 | 05 40 | 08 00 | 29 55 |
| 10 | 11:12:46 | 19 56 29 | 05♍03 | 12♍40 | 25 21 | 05 34 | 22 19 | 22 56 | 25 52 | 06 14 | 05 42 | 08 01 | 29 51 |
| 11 | 11:16:43 | 20 56 23 | 20 17 | 27 52 | 26 44 | 06 38 | 23 06 | 22 48 | 25 59 | 06 15 | 05 45 | 08 03 | 29 48 |
| 12 | 11:20:39 | 21 56 16 | 05♎25 | 12♎55 | 28 08 | 07 41 | 23 53 | 22 40 | 26 05 | 06 17 | 05 47 | 08 04 | 29 45 |
| 13 | 11:24:36 | 22 56 07 | 20 20 | 27 39 | 29 34 | 08 44 | 24 40 | 22 33 | 26 12 | 06 18 | 05 49 | 08 06 | 29 42 |
| 14 | 11:28:32 | 23 55 56 | 04♏51 | 11♏56 | 01♓01 | 09 47 | 25 27 | 22 25 | 26 19 | 06 20 | 05 51 | 08 07 | 29 39 |
| 15 | 11:32:29 | 24 55 43 | 18 54 | 25 45 | 02 30 | 10 49 | 26 14 | 22 17 | 26 26 | 06 21 | 05 54 | 08 09 | 29 36 |
| 16 | 11:36:26 | 25 55 29 | 02♐28 | 09♐04 | 04 00 | 11 52 | 27 01 | 22 09 | 26 33 | 06 23 | 05 56 | 08 10 | 29 32 |
| 17 | 11:40:22 | 26 55 13 | 15 33 | 21 55 | 05 31 | 12 53 | 27 48 | 22 01 | 26 40 | 06 24 | 05 58 | 08 11 | 29 29 |
| 18 | 11:44:19 | 27 54 56 | 28 12 | 04♑24 | 07 03 | 13 55 | 28 35 | 21 54 | 26 47 | 06 26 | 06 00 | 08 13 | 29 26 |
| 19 | 11:48:15 | 28 54 36 | 10♑31 | 16 34 | 08 37 | 14 56 | 29 22 | 21 46 | 26 54 | 06 28 | 06 03 | 08 14 | 29 23 |
| 20 | 11:52:12 | 29 54 15 | 22 34 | 28 32 | 10 12 | 15 56 | 00♈09 | 21 38 | 27 01 | 06 30 | 06 05 | 08 15 | 29 20 |
| 21 | 11:56:08 | 00♈53 52 | 04♒27 | 10♒21 | 11 48 | 16 56 | 00 55 | 21 31 | 27 08 | 06 32 | 06 07 | 08 17 | 29 17 |
| 22 | 12:00:05 | 01 53 28 | 16 15 | 22 08 | 13 26 | 17 56 | 01 42 | 21 23 | 27 15 | 06 33 | 06 09 | 08 18 | 29 13 |
| 23 | 12:04:01 | 02 53 01 | 28 01 | 03♓55 | 15 05 | 18 55 | 02 29 | 21 15 | 27 22 | 06 35 | 06 12 | 08 19 | 29 10 |
| 24 | 12:07:58 | 03 52 33 | 09♓50 | 15 46 | 16 45 | 19 54 | 03 15 | 21 08 | 27 30 | 06 37 | 06 14 | 08 20 | 29 07 |
| 25 | 12:11:55 | 04 52 02 | 21 44 | 27 44 | 18 26 | 20 53 | 04 02 | 21 00 | 27 37 | 06 39 | 06 16 | 08 22 | 29 04 |
| 26 | 12:15:51 | 05 51 30 | 03♈45 | 09♈49 | 20 09 | 21 51 | 04 49 | 20 53 | 27 44 | 06 41 | 06 18 | 08 23 | 29 01 |
| 27 | 12:19:48 | 06 50 55 | 15 55 | 22 03 | 21 53 | 22 48 | 05 35 | 20 46 | 27 51 | 06 44 | 06 21 | 08 24 | 28 57 |
| 28 | 12:23:44 | 07 50 19 | 28 14 | 04♉27 | 23 38 | 23 45 | 06 22 | 20 39 | 27 59 | 06 46 | 06 23 | 08 25 | 28 54 |
| 29 | 12:27:41 | 08 49 40 | 10♉43 | 17 01 | 25 25 | 24 41 | 07 08 | 20 31 | 28 06 | 06 48 | 06 25 | 08 26 | 28 51 |
| 30 | 12:31:37 | 09 49 00 | 23 23 | 29 47 | 27 13 | 25 37 | 07 55 | 20 24 | 28 14 | 06 50 | 06 27 | 08 27 | 28 48 |
| 31 | 12:35:34 | 10 48 17 | 06♊14 | 12♊45 | 29 03 | 26 33 | 08 41 | 20 17 | 28 21 | 06 52 | 06 30 | 08 28 | 28 45 |

## Longitudes of the Major Asteroids and Chiron

| D | ⚷ | ♀(Pallas) | ♃(Juno) | ⚳(Vesta) | ⚷(Chiron) | D | ⚷ | ♀ | ♃ | ⚳ | ⚷ |
|---|---|---|---|---|---|---|---|---|---|---|---|
| 1 | 22♏32 | 28♍30℞ | 20♋10 | 04♌29℞ | 01♉12 | 17 | 23 39 | 23 25 | 21 33 | 03 09 | 01 58 |
| 2 | 22 39 | 28 12 | 20 12 | 04 20 | 01 14 | 18 | 23 40 | 23 06 | 21 41 | 03 08 | 02 02 |
| 3 | 22 46 | 27 54 | 20 15 | 04 12 | 01 17 | 19 | 23 40 | 22 47 | 21 50 | 03 08 | 02 05 |
| 4 | 22 52 | 27 35 | 20 17 | 04 05 | 01 20 | 20 | 23 40℞ | 22 28 | 21 59 | 03 08D | 02 08 |
| 5 | 22 58 | 27 17 | 20 21 | 03 58 | 01 23 | 21 | 23 40 | 22 09 | 22 09 | 03 08 | 02 11 |
| 6 | 23 03 | 26 58 | 20 24 | 03 51 | 01 25 | 22 | 23 39 | 21 51 | 22 19 | 03 09 | 02 15 |
| 7 | 23 09 | 26 39 | 20 29 | 03 45 | 01 28 | 23 | 23 38 | 21 33 | 22 29 | 03 11 | 02 18 |
| 8 | 23 13 | 26 20 | 20 33 | 03 39 | 01 31 | 24 | 23 36 | 21 14 | 22 39 | 03 12 | 02 21 |
| 9 | 23 18 | 26 00 | 20 38 | 03 34 | 01 34 | 25 | 23 34 | 20 57 | 22 50 | 03 15 | 02 25 |
| 10 | 23 22 | 25 41 | 20 44 | 03 29 | 01 37 | 26 | 23 32 | 20 39 | 23 01 | 03 17 | 02 28 |
| 11 | 23 26 | 25 22 | 20 49 | 03 25 | 01 40 | 27 | 23 29 | 20 22 | 23 13 | 03 20 | 02 31 |
| 12 | 23 29 | 25 02 | 20 56 | 03 21 | 01 43 | 28 | 23 26 | 20 05 | 23 25 | 03 24 | 02 35 |
| 13 | 23 32 | 24 43 | 21 02 | 03 18 | 01 46 | 29 | 23 22 | 19 49 | 23 37 | 03 28 | 02 38 |
| 14 | 23 34 | 24 23 | 21 09 | 03 15 | 01 49 | 30 | 23 18 | 19 33 | 23 49 | 03 32 | 02 42 |
| 15 | 23 36 | 24 04 | 21 17 | 03 13 | 01 52 | 31 | 23 13 | 19 17 | 24 02 | 03 37 | 02 45 |
| 16 | 23 38 | 23 44 | 21 24 | 03 11 | 01 55 | | | | | | |

## Lunar Data

| Last Asp. | Ingress |
|-----------|---------|
| 2  19:21 | 3  ♊ 06:50 |
| 5  04:44 | 5  ♋ 12:55 |
| 7  08:25 | 7  ♌ 15:44 |
| 9  09:21 | 9  ♍ 16:01 |
| 11 04:43 | 11 ♎ 15:22 |
| 13 09:42 | 13 ♏ 15:54 |
| 15 13:40 | 15 ♐ 19:35 |
| 18 00:47 | 18 ♑ 03:28 |
| 20 09:02 | 20 ♒ 14:59 |
| 22 22:40 | 23 ♓ 04:02 |
| 24 22:33 | 25 ♈ 16:32 |
| 27 23:30 | 28 ♉ 03:25 |
| 30 08:24 | 30 ♊ 12:24 |

## Declinations

| D | ☉ | ☽ | ☿ | ♀ | ♂ | ♃ | ♄ | ♅ | ♆ | ♇ | ♀(Pallas) | ♀ | ♃ | ⚳ | ⚷ |
|---|---|---|---|---|---|---|---|---|---|---|---|---|---|---|---|
| 1 | -07 28 | +16 43 | -17 05 | +11 05 | -06 41 | +03 44 | +07 30 | +21 15 | +00 52 | -22 58 | -08 51 | -02 05 | +09 26 | +25 14 | +11 27 |
| 2 | 07 05 | 20 45 | 16 54 | 11 34 | 06 23 | 03 47 | 07 32 | 21 15 | 00 53 | 22 58 | 08 52 | 01 41 | 09 35 | 25 17 | 11 28 |
| 3 | 06 42 | 23 54 | 16 41 | 12 02 | 06 04 | 03 50 | 07 34 | 21 15 | 00 53 | 22 58 | 08 52 | 01 17 | 09 43 | 25 19 | 11 29 |
| 4 | 06 19 | 25 53 | 16 27 | 12 30 | 05 45 | 03 53 | 07 37 | 21 15 | 00 54 | 22 58 | 08 52 | 00 52 | 09 52 | 25 22 | 11 30 |
| 5 | 05 56 | 26 29 | 16 12 | 12 58 | 05 26 | 03 56 | 07 39 | 21 16 | 00 55 | 22 57 | 08 52 | 00 28 | 10 01 | 25 24 | 11 31 |
| 6 | 05 33 | 25 29 | 15 55 | 13 26 | 05 07 | 03 59 | 07 42 | 21 16 | 00 56 | 22 57 | 08 52 | 00 03 | 10 09 | 25 26 | 11 32 |
| 7 | 05 09 | 22 51 | 15 38 | 13 53 | 04 49 | 04 02 | 07 44 | 21 16 | 00 57 | 22 57 | 08 52 | +00 22 | 10 17 | 25 28 | 11 33 |
| 8 | 04 46 | 18 41 | 15 19 | 14 20 | 04 30 | 04 05 | 07 47 | 21 16 | 00 58 | 22 56 | 08 52 | 00 46 | 10 26 | 25 29 | 11 34 |
| 9 | 04 23 | 13 17 | 14 59 | 14 47 | 04 11 | 04 09 | 07 49 | 21 16 | 00 59 | 22 56 | 08 52 | 01 11 | 10 34 | 25 31 | 11 35 |
| 10 | 03 59 | 07 00 | 14 37 | 15 13 | 03 52 | 04 12 | 07 52 | 21 17 | 01 00 | 22 56 | 08 52 | 01 36 | 10 42 | 25 32 | 11 36 |
| 11 | 03 35 | 00 17 | 14 14 | 15 39 | 03 33 | 04 15 | 07 55 | 21 17 | 01 00 | 22 56 | 08 52 | 02 01 | 10 49 | 25 33 | 11 37 |
| 12 | 03 12 | -06 23 | 13 50 | 16 04 | 03 14 | 04 18 | 07 57 | 21 17 | 01 01 | 22 56 | 08 51 | 02 26 | 10 57 | 25 35 | 11 38 |
| 13 | 02 48 | 12 35 | 13 24 | 16 30 | 02 55 | 04 21 | 08 00 | 21 18 | 01 02 | 22 55 | 08 51 | 02 51 | 11 04 | 25 35 | 11 39 |
| 14 | 02 25 | 17 56 | 12 57 | 16 55 | 02 36 | 04 24 | 08 02 | 21 18 | 01 03 | 22 55 | 08 50 | 03 15 | 11 12 | 25 36 | 11 40 |
| 15 | 02 01 | 22 07 | 12 29 | 17 19 | 02 17 | 04 27 | 08 05 | 21 18 | 01 04 | 22 55 | 08 50 | 03 40 | 11 19 | 25 37 | 11 41 |
| 16 | 01 37 | 24 55 | 12 00 | 17 43 | 01 58 | 04 30 | 08 07 | 21 18 | 01 05 | 22 55 | 08 49 | 04 05 | 11 26 | 25 37 | 11 42 |
| 17 | 01 13 | 26 16 | 11 29 | 18 07 | 01 39 | 04 33 | 08 10 | 21 19 | 01 06 | 22 55 | 08 48 | 04 29 | 11 33 | 25 37 | 11 43 |
| 18 | 00 50 | 26 11 | 10 57 | 18 31 | 01 20 | 04 37 | 08 13 | 21 19 | 01 07 | 22 54 | 08 48 | 04 54 | 11 40 | 25 38 | 11 44 |
| 19 | 00 26 | 24 47 | 10 24 | 18 54 | 01 01 | 04 40 | 08 15 | 21 19 | 01 08 | 22 54 | 08 47 | 05 18 | 11 47 | 25 37 | 11 45 |
| 20 | 00 02 | 22 16 | 09 50 | 19 16 | 00 42 | 04 43 | 08 18 | 21 20 | 01 08 | 22 54 | 08 46 | 05 42 | 11 53 | 25 37 | 11 46 |
| 21 | +00 21 | 18 49 | 09 15 | 19 38 | 00 23 | 04 46 | 08 21 | 21 20 | 01 09 | 22 54 | 08 45 | 06 06 | 11 59 | 25 37 | 11 47 |
| 22 | 00 45 | 14 39 | 08 38 | 20 00 | +00 04 | 04 49 | 08 23 | 21 20 | 01 10 | 22 54 | 08 44 | 06 30 | 12 06 | 25 37 | 11 48 |
| 23 | 01 09 | 09 58 | 08 00 | 20 22 | 00 15 | 04 52 | 08 26 | 21 21 | 01 11 | 22 53 | 08 43 | 06 53 | 12 12 | 25 36 | 11 49 |
| 24 | 01 32 | 04 54 | 07 21 | 20 42 | 00 34 | 04 55 | 08 29 | 21 21 | 01 12 | 22 53 | 08 42 | 07 16 | 12 18 | 25 35 | 11 50 |
| 25 | 01 56 | +00 21 | 06 41 | 21 03 | 00 53 | 04 57 | 08 31 | 21 21 | 01 13 | 22 53 | 08 41 | 07 39 | 12 24 | 25 34 | 11 51 |
| 26 | 02 20 | 05 38 | 06 00 | 21 23 | 01 12 | 05 00 | 08 34 | 21 22 | 01 14 | 22 53 | 08 40 | 08 02 | 12 29 | 25 33 | 11 52 |
| 27 | 02 43 | 10 46 | 05 18 | 21 42 | 01 31 | 05 03 | 08 37 | 21 22 | 01 15 | 22 53 | 08 39 | 08 24 | 12 35 | 25 32 | 11 53 |
| 28 | 03 07 | 15 32 | 04 34 | 22 01 | 01 50 | 05 06 | 08 39 | 21 22 | 01 16 | 22 53 | 08 37 | 08 46 | 12 40 | 25 31 | 11 55 |
| 29 | 03 30 | 19 43 | 03 50 | 22 20 | 02 09 | 05 09 | 08 42 | 21 23 | 01 16 | 22 53 | 08 36 | 09 07 | 12 45 | 25 30 | 11 56 |
| 30 | 03 53 | 23 04 | 03 04 | 22 38 | 02 28 | 05 11 | 08 45 | 21 23 | 01 17 | 22 53 | 08 35 | 09 29 | 12 50 | 25 28 | 11 57 |
| 31 | 04 17 | 25 19 | 02 18 | 22 56 | 02 46 | 05 14 | 08 47 | 21 24 | 01 18 | 22 53 | 08 33 | 09 50 | 12 55 | 25 27 | 11 58 |

Lunar Phases -- 4 ◐ 09:04   11 ○ 01:07   17 ◑ 23:24   26 ● 04:33   Sun enters ♈ 3/20 02:19

# Apr. 28 — Longitudes of Main Planets - April 2028 — 0:00 E.T.

| D | S.T. | ☉ | ☽ | ☽ 12:00 | ☿ | ♀ | ♂ | ♃ | ♄ | ♅ | ♆ | ♇ | ☊ |
|---|---|---|---|---|---|---|---|---|---|---|---|---|---|
| 1 | 12:39:30 | 11♈47 32 | 19♊19 | 25♊57 | 00♈53 | 27♉27 | 09♈27 | 20♍11℞ | 28♈28 | 06♊55 | 06♈32 | 08♒29 | 28♑42 |
| 2 | 12:43:27 | 12 46 44 | 02♋39 | 09♋26 | 02 46 | 28 21 | 10 14 | 20 04 | 28 36 | 06 57 | 06 34 | 08 30 | 28 38 |
| 3 | 12:47:24 | 13 45 54 | 16 16 | 23 12 | 04 39 | 29 15 | 11 00 | 19 57 | 28 43 | 06 59 | 06 37 | 08 31 | 28 35 |
| 4 | 12:51:20 | 14 45 02 | 00♌12 | 07♌17 | 06 34 | 00♊08 | 11 46 | 19 51 | 28 51 | 07 02 | 06 39 | 08 32 | 28 32 |
| 5 | 12:55:17 | 15 44 07 | 14 27 | 21 42 | 08 30 | 01 00 | 12 32 | 19 44 | 28 58 | 07 04 | 06 41 | 08 33 | 28 29 |
| 6 | 12:59:13 | 16 43 10 | 29 00 | 06♍22 | 10 28 | 01 51 | 13 19 | 19 38 | 29 06 | 07 07 | 06 43 | 08 34 | 28 26 |
| 7 | 13:03:10 | 17 42 11 | 13♍47 | 21 15 | 12 27 | 02 42 | 14 05 | 19 32 | 29 13 | 07 09 | 06 46 | 08 35 | 28 22 |
| 8 | 13:07:06 | 18 41 10 | 28 43 | 06♎11 | 14 27 | 03 32 | 14 51 | 19 26 | 29 21 | 07 12 | 06 48 | 08 36 | 28 19 |
| 9 | 13:11:03 | 19 40 06 | 13♎38 | 21 03 | 16 29 | 04 21 | 15 37 | 19 20 | 29 28 | 07 14 | 06 50 | 08 37 | 28 16 |
| 10 | 13:14:59 | 20 39 00 | 28 24 | 05♏41 | 18 31 | 05 09 | 16 23 | 19 14 | 29 36 | 07 17 | 06 52 | 08 38 | 28 13 |
| 11 | 13:18:56 | 21 37 53 | 12♏52 | 19 57 | 20 35 | 05 57 | 17 09 | 19 08 | 29 44 | 07 20 | 06 54 | 08 38 | 28 10 |
| 12 | 13:22:53 | 22 36 43 | 26 56 | 03♐48 | 22 40 | 06 43 | 17 55 | 19 03 | 29 51 | 07 23 | 06 57 | 08 39 | 28 07 |
| 13 | 13:26:49 | 23 35 32 | 10♐33 | 17 11 | 24 45 | 07 29 | 18 40 | 18 57 | 29 59 | 07 25 | 06 59 | 08 40 | 28 03 |
| 14 | 13:30:46 | 24 34 19 | 23 42 | 00♑07 | 26 51 | 08 14 | 19 26 | 18 52 | 00♉06 | 07 28 | 07 01 | 08 41 | 28 00 |
| 15 | 13:34:42 | 25 33 04 | 06♑26 | 12 40 | 28 58 | 08 58 | 20 12 | 18 47 | 00 14 | 07 31 | 07 03 | 08 41 | 27 57 |
| 16 | 13:38:39 | 26 31 48 | 18 48 | 24 53 | 01♉04 | 09 40 | 20 58 | 18 42 | 00 22 | 07 34 | 07 05 | 08 42 | 27 54 |
| 17 | 13:42:35 | 27 30 30 | 00♒54 | 06♒52 | 03 11 | 10 22 | 21 43 | 18 37 | 00 29 | 07 36 | 07 08 | 08 42 | 27 51 |
| 18 | 13:46:32 | 28 29 10 | 12 48 | 18 43 | 05 17 | 11 03 | 22 29 | 18 33 | 00 37 | 07 39 | 07 10 | 08 43 | 27 48 |
| 19 | 13:50:28 | 29 27 48 | 24 37 | 00♓30 | 07 23 | 11 42 | 23 15 | 18 28 | 00 45 | 07 42 | 07 12 | 08 44 | 27 44 |
| 20 | 13:54:25 | 00♉26 25 | 06♓25 | 12 20 | 09 28 | 12 21 | 24 00 | 18 24 | 00 52 | 07 45 | 07 14 | 08 44 | 27 41 |
| 21 | 13:58:22 | 01 25 00 | 18 17 | 24 15 | 11 32 | 12 58 | 24 46 | 18 20 | 01 00 | 07 48 | 07 16 | 08 45 | 27 38 |
| 22 | 14:02:18 | 02 23 33 | 00♈16 | 06♈20 | 13 34 | 13 34 | 25 31 | 18 16 | 01 08 | 07 51 | 07 18 | 08 45 | 27 35 |
| 23 | 14:06:15 | 03 22 05 | 12 26 | 18 35 | 15 34 | 14 08 | 26 17 | 18 12 | 01 15 | 07 54 | 07 20 | 08 46 | 27 32 |
| 24 | 14:10:11 | 04 20 34 | 24 47 | 01♉03 | 17 32 | 14 41 | 27 02 | 18 08 | 01 23 | 07 57 | 07 22 | 08 46 | 27 28 |
| 25 | 14:14:08 | 05 19 02 | 07♉22 | 13 43 | 19 27 | 15 13 | 27 47 | 18 05 | 01 31 | 08 00 | 07 25 | 08 47 | 27 25 |
| 26 | 14:18:04 | 06 17 28 | 20 08 | 26 36 | 21 20 | 15 44 | 28 33 | 18 01 | 01 38 | 08 03 | 07 27 | 08 47 | 27 22 |
| 27 | 14:22:01 | 07 15 52 | 03♊07 | 09♊41 | 23 09 | 16 12 | 29 18 | 17 58 | 01 46 | 08 07 | 07 29 | 08 47 | 27 19 |
| 28 | 14:25:57 | 08 14 15 | 16 17 | 22 56 | 24 56 | 16 40 | 00♉03 | 17 55 | 01 53 | 08 10 | 07 31 | 08 48 | 27 16 |
| 29 | 14:29:54 | 09 12 35 | 29 38 | 06♋23 | 26 39 | 17 05 | 00 48 | 17 52 | 02 01 | 08 13 | 07 33 | 08 48 | 27 13 |
| 30 | 14:33:51 | 10 10 53 | 13♋10 | 20 00 | 28 18 | 17 29 | 01 33 | 17 50 | 02 09 | 08 16 | 07 35 | 08 48 | 27 09 |

## 0:00 E.T. — Longitudes of the Major Asteroids and Chiron — Lunar Data

| D | ⚳ | ⚴ | ⚵ | ⚶ | ⚷ | D | ⚳ | ⚴ | ⚵ | ⚶ | ⚷ | Last Asp. | Ingress |
|---|---|---|---|---|---|---|---|---|---|---|---|---|---|
| 1 | 23♏09℞ | 19♍02℞ | 24♋15 | 03♌42 | 02♉49 | 16 | 21 10 | 16 06 | 27 59 | 05 48 | 03 43 | 1 16:41 | 1 ♋ 19:15 |
| 2 | 23 03 | 18 47 | 24 28 | 03 48 | 02 52 | 17 | 21 00 | 15 58 | 28 16 | 05 59 | 03 47 | 3 21:40 | 3 ♌ 23:39 |
| 3 | 22 58 | 18 32 | 24 42 | 03 54 | 02 56 | 18 | 20 49 | 15 51 | 28 33 | 06 11 | 03 50 | 6 00:09 | 6 ♍ 01:38 |
| 4 | 22 51 | 18 18 | 24 55 | 04 01 | 02 59 | 19 | 20 38 | 15 44 | 28 50 | 06 23 | 03 54 | 7 09:11 | 8 ♎ 02:04 |
| 5 | 22 45 | 18 04 | 25 10 | 04 08 | 03 03 | 20 | 20 26 | 15 38 | 29 07 | 06 35 | 03 58 | 10 01:60 | 10 ♏ 02:38 |
| 6 | 22 38 | 17 51 | 25 24 | 04 15 | 03 07 | 21 | 20 15 | 15 32 | 29 25 | 06 48 | 04 02 | 11 10:32 | 12 ♐ 05:20 |
| 7 | 22 31 | 17 39 | 25 38 | 04 23 | 03 10 | 22 | 20 03 | 15 27 | 29 42 | 07 00 | 04 05 | 14 07:01 | 14 ♑ 11:46 |
| 8 | 22 23 | 17 26 | 25 53 | 04 31 | 03 14 | 23 | 19 51 | 15 22 | 00♌00 | 07 13 | 04 09 | 16 16:38 | 16 ♒ 22:13 |
| 9 | 22 15 | 17 15 | 26 08 | 04 39 | 03 17 | 24 | 19 39 | 15 18 | 00 18 | 07 27 | 04 13 | 19 10:46 | 19 ♓ 10:58 |
| 10 | 22 07 | 17 03 | 26 23 | 04 48 | 03 21 | 25 | 19 26 | 15 14 | 00 36 | 07 41 | 04 16 | 21 00:06 | 21 ♈ 23:28 |
| 11 | 21 58 | 16 53 | 26 39 | 04 57 | 03 25 | 26 | 19 13 | 15 11 | 00 55 | 07 55 | 04 20 | 24 04:35 | 24 ♉ 09:60 |
| 12 | 21 49 | 16 42 | 26 55 | 05 07 | 03 28 | 27 | 19 01 | 15 09 | 01 13 | 08 09 | 04 24 | 26 02:35 | 26 ♊ 18:16 |
| 13 | 21 40 | 16 32 | 27 10 | 05 16 | 03 32 | 28 | 18 48 | 15 06 | 01 32 | 08 24 | 04 28 | 28 02:56 | 29 ♋ 00:39 |
| 14 | 21 31 | 16 23 | 27 27 | 05 27 | 03 36 | 29 | 18 35 | 15 05 | 01 51 | 08 38 | 04 31 | | |
| 15 | 21 21 | 16 14 | 27 43 | 05 37 | 03 39 | 30 | 18 21 | 15 03 | 02 10 | 08 54 | 04 35 | | |

## 0:00 E.T. — Declinations

| D | ☉ | ☽ | ☿ | ♀ | ♂ | ♃ | ♄ | ♅ | ♆ | ♇ | ⚳ | ⚴ | ⚵ | ⚶ | ⚷ |
|---|---|---|---|---|---|---|---|---|---|---|---|---|---|---|---|
| 1 | +04 40 | +26 15 | -01 30 | +23 13 | +03 05 | +05 17 | +08 50 | +21 24 | +01 19 | -22 52 | -08 32 | +10 10 | +13 00 | +25 25 | +11 59 |
| 2 | 05 03 | 25 40 | 00 41 | 23 29 | 03 24 | 05 19 | 08 53 | 21 24 | 01 20 | 22 52 | 08 31 | 10 30 | 13 05 | 25 23 | 12 00 |
| 3 | 05 26 | 23 34 | +00 08 | 23 45 | 03 42 | 05 22 | 08 56 | 21 25 | 01 21 | 22 52 | 08 29 | 10 50 | 13 09 | 25 21 | 12 01 |
| 4 | 05 49 | 20 01 | 00 59 | 24 01 | 04 01 | 05 24 | 08 58 | 21 25 | 01 22 | 22 52 | 08 28 | 11 09 | 13 13 | 25 19 | 12 03 |
| 5 | 06 12 | 15 13 | 01 50 | 24 16 | 04 19 | 05 27 | 09 01 | 21 26 | 01 23 | 22 52 | 08 26 | 11 28 | 13 17 | 25 17 | 12 04 |
| 6 | 06 34 | 09 28 | 02 42 | 24 31 | 04 38 | 05 29 | 09 04 | 21 26 | 01 24 | 22 52 | 08 25 | 11 47 | 13 22 | 25 14 | 12 05 |
| 7 | 06 57 | 03 06 | 03 35 | 24 45 | 04 56 | 05 31 | 09 06 | 21 26 | 01 24 | 22 52 | 08 23 | 12 05 | 13 25 | 25 12 | 12 06 |
| 8 | 07 19 | -03 28 | 04 28 | 24 58 | 05 14 | 05 34 | 09 09 | 21 27 | 01 25 | 22 52 | 08 22 | 12 23 | 13 29 | 25 09 | 12 07 |
| 9 | 07 42 | 09 50 | 05 22 | 25 12 | 05 33 | 05 36 | 09 12 | 21 27 | 01 26 | 22 52 | 08 20 | 12 40 | 13 33 | 25 07 | 12 08 |
| 10 | 08 04 | 15 35 | 06 17 | 25 24 | 05 51 | 05 38 | 09 14 | 21 28 | 01 27 | 22 52 | 08 19 | 12 57 | 13 36 | 25 04 | 12 10 |
| 11 | 08 26 | 20 19 | 07 11 | 25 36 | 06 09 | 05 40 | 09 17 | 21 28 | 01 28 | 22 52 | 08 17 | 13 13 | 13 40 | 25 01 | 12 11 |
| 12 | 08 48 | 23 45 | 08 06 | 25 48 | 06 27 | 05 42 | 09 20 | 21 29 | 01 29 | 22 52 | 08 16 | 13 29 | 13 43 | 24 58 | 12 12 |
| 13 | 09 10 | 25 42 | 09 02 | 25 59 | 06 45 | 05 44 | 09 23 | 21 29 | 01 30 | 22 52 | 08 14 | 13 45 | 13 46 | 24 55 | 12 13 |
| 14 | 09 31 | 26 07 | 09 57 | 26 09 | 07 03 | 05 46 | 09 25 | 21 30 | 01 30 | 22 52 | 08 12 | 14 00 | 13 49 | 24 52 | 12 14 |
| 15 | 09 53 | 25 08 | 10 51 | 26 19 | 07 21 | 05 48 | 09 28 | 21 30 | 01 31 | 22 52 | 08 11 | 14 14 | 13 51 | 24 49 | 12 15 |
| 16 | 10 14 | 22 55 | 11 46 | 26 28 | 07 38 | 05 50 | 09 31 | 21 31 | 01 32 | 22 52 | 08 09 | 14 29 | 13 54 | 24 45 | 12 17 |
| 17 | 10 35 | 19 42 | 12 39 | 26 37 | 07 56 | 05 52 | 09 33 | 21 31 | 01 33 | 22 52 | 08 08 | 14 42 | 13 57 | 24 42 | 12 18 |
| 18 | 10 56 | 15 43 | 13 32 | 26 46 | 08 13 | 05 53 | 09 36 | 21 32 | 01 34 | 22 52 | 08 06 | 14 56 | 13 59 | 24 38 | 12 19 |
| 19 | 11 17 | 11 10 | 14 24 | 26 53 | 08 31 | 05 55 | 09 39 | 21 32 | 01 35 | 22 52 | 08 05 | 15 09 | 14 01 | 24 35 | 12 20 |
| 20 | 11 38 | 06 14 | 15 15 | 27 01 | 08 48 | 05 56 | 09 41 | 21 33 | 01 35 | 22 52 | 08 04 | 15 21 | 14 03 | 24 31 | 12 21 |
| 21 | 11 58 | 01 04 | 16 04 | 27 07 | 09 05 | 05 58 | 09 44 | 21 33 | 01 36 | 22 52 | 08 02 | 15 34 | 14 05 | 24 27 | 12 23 |
| 22 | 12 18 | +04 12 | 16 51 | 27 14 | 09 22 | 05 59 | 09 47 | 21 34 | 01 37 | 22 52 | 08 01 | 15 45 | 14 07 | 24 23 | 12 24 |
| 23 | 12 38 | 09 22 | 17 37 | 27 19 | 09 39 | 06 01 | 09 49 | 21 34 | 01 38 | 22 53 | 07 59 | 15 56 | 14 09 | 24 19 | 12 25 |
| 24 | 12 58 | 14 15 | 18 21 | 27 25 | 09 56 | 06 02 | 09 52 | 21 35 | 01 39 | 22 53 | 07 58 | 16 07 | 14 10 | 24 15 | 12 26 |
| 25 | 13 18 | 18 37 | 19 02 | 27 29 | 10 13 | 06 03 | 09 55 | 21 35 | 01 39 | 22 53 | 07 57 | 16 18 | 14 12 | 24 11 | 12 27 |
| 26 | 13 37 | 22 12 | 19 41 | 27 33 | 10 30 | 06 04 | 09 57 | 21 36 | 01 40 | 22 53 | 07 56 | 16 28 | 14 13 | 24 06 | 12 28 |
| 27 | 13 56 | 24 44 | 20 18 | 27 37 | 10 46 | 06 05 | 10 00 | 21 36 | 01 41 | 22 53 | 07 54 | 16 38 | 14 14 | 24 02 | 12 30 |
| 28 | 14 15 | 25 57 | 20 52 | 27 40 | 11 03 | 06 06 | 10 02 | 21 37 | 01 42 | 22 53 | 07 53 | 16 47 | 14 15 | 23 57 | 12 31 |
| 29 | 14 34 | 25 42 | 21 24 | 27 43 | 11 19 | 06 07 | 10 05 | 21 37 | 01 43 | 22 53 | 07 52 | 16 56 | 14 16 | 23 53 | 12 32 |
| 30 | 14 52 | 23 55 | 21 54 | 27 44 | 11 36 | 06 08 | 10 08 | 21 38 | 01 43 | 22 53 | 07 51 | 17 04 | 14 17 | 23 48 | 12 33 |

Lunar Phases -- 2 ◐ 19:17   9 ○ 10:28   16 ◑ 16:38   24 ● 19:48   Sun enters ♉ 4/19 13:11

## 0:00 E.T. Longitudes of Main Planets - May 2028

| D | S.T. | ☉ | ☽ | ☽ 12:00 | ☿ | ♀ | ♂ | ♃ | ♄ | ♅ | ♆ | ♇ | ☊ |
|---|---|---|---|---|---|---|---|---|---|---|---|---|---|
| 1 | 14:37:47 | 11♉09 09 | 26♋53 | 03♌49 | 29♉53 | 17♊51 | 02♉18 | 17♍47℞ | 02♉16 | 08♊19 | 07♈37 | 08♒48 | 27♑06 |
| 2 | 14:41:44 | 12 07 23 | 10♌47 | 17 49 | 01♊25 | 18 11 | 03 03 | 17 45 | 02 24 | 08 23 | 07 39 | 08 49 | 27 03 |
| 3 | 14:45:40 | 13 05 35 | 24 54 | 02♍01 | 02 52 | 18 30 | 03 48 | 17 43 | 02 31 | 08 26 | 07 41 | 08 49 | 27 00 |
| 4 | 14:49:37 | 14 03 45 | 09♍11 | 16 23 | 04 16 | 18 46 | 04 33 | 17 41 | 02 39 | 08 29 | 07 42 | 08 49 | 26 57 |
| 5 | 14:53:33 | 15 01 53 | 23 36 | 00♎51 | 05 35 | 19 01 | 05 18 | 17 40 | 02 47 | 08 32 | 07 44 | 08 49 | 26 54 |
| 6 | 14:57:30 | 15 59 59 | 08♎07 | 15 23 | 06 50 | 19 13 | 06 03 | 17 38 | 02 54 | 08 36 | 07 46 | 08 49 | 26 50 |
| 7 | 15:01:26 | 16 58 03 | 22 37 | 29 50 | 08 01 | 19 23 | 06 47 | 17 37 | 03 02 | 08 39 | 07 48 | 08 49 | 26 47 |
| 8 | 15:05:23 | 17 56 05 | 07♏00 | 14♏07 | 09 07 | 19 31 | 07 32 | 17 36 | 03 09 | 08 42 | 07 50 | 08 49 | 26 44 |
| 9 | 15:09:20 | 18 54 06 | 21 10 | 28 08 | 10 09 | 19 37 | 08 17 | 17 35 | 03 17 | 08 46 | 07 52 | 08 49 | 26 41 |
| 10 | 15:13:16 | 19 52 05 | 05♐02 | 11♐49 | 11 06 | 19 40 | 09 01 | 17 34 | 03 24 | 08 49 | 07 54 | 08 49℞ | 26 38 |
| 11 | 15:17:13 | 20 50 02 | 18 31 | 25 06 | 11 58 | 19 41℞ | 09 46 | 17 33 | 03 31 | 08 52 | 07 55 | 08 49 | 26 34 |
| 12 | 15:21:09 | 21 47 58 | 01♑36 | 08♑01 | 12 46 | 19 40 | 10 30 | 17 33 | 03 39 | 08 56 | 07 57 | 08 49 | 26 31 |
| 13 | 15:25:06 | 22 45 53 | 14 19 | 20 33 | 13 29 | 19 36 | 11 14 | 17 32 | 03 46 | 08 59 | 07 59 | 08 49 | 26 28 |
| 14 | 15:29:02 | 23 43 47 | 26 43 | 02♒48 | 14 07 | 19 30 | 11 59 | 17 32D | 03 54 | 09 03 | 08 01 | 08 49 | 26 25 |
| 15 | 15:32:59 | 24 41 39 | 08♒50 | 14 50 | 14 41 | 19 22 | 12 43 | 17 33 | 04 01 | 09 06 | 08 02 | 08 49 | 26 22 |
| 16 | 15:36:55 | 25 39 30 | 20 47 | 26 43 | 15 09 | 19 11 | 13 27 | 17 33 | 04 08 | 09 10 | 08 04 | 08 49 | 26 19 |
| 17 | 15:40:52 | 26 37 19 | 02♓38 | 08♓33 | 15 33 | 18 57 | 14 12 | 17 33 | 04 16 | 09 13 | 08 06 | 08 49 | 26 15 |
| 18 | 15:44:49 | 27 35 08 | 14 28 | 20 25 | 15 52 | 18 42 | 14 56 | 17 34 | 04 23 | 09 16 | 08 07 | 08 48 | 26 12 |
| 19 | 15:48:45 | 28 32 55 | 26 23 | 02♈24 | 16 06 | 18 23 | 15 40 | 17 35 | 04 30 | 09 20 | 08 09 | 08 48 | 26 09 |
| 20 | 15:52:42 | 29 30 41 | 08♈27 | 14 33 | 16 14 | 18 03 | 16 24 | 17 36 | 04 37 | 09 23 | 08 11 | 08 48 | 26 06 |
| 21 | 15:56:38 | 00♊28 26 | 20 43 | 26 57 | 16 19 | 17 40 | 17 08 | 17 37 | 04 44 | 09 27 | 08 12 | 08 48 | 26 03 |
| 22 | 16:00:35 | 01 26 10 | 03♉15 | 09♉37 | 16 18℞ | 17 16 | 17 52 | 17 38 | 04 52 | 09 30 | 08 14 | 08 47 | 26 00 |
| 23 | 16:04:31 | 02 23 53 | 16 03 | 22 33 | 16 13 | 16 49 | 18 36 | 17 40 | 04 59 | 09 34 | 08 15 | 08 47 | 25 56 |
| 24 | 16:08:28 | 03 21 34 | 29 07 | 05♊45 | 16 03 | 16 20 | 19 19 | 17 42 | 05 06 | 09 37 | 08 17 | 08 46 | 25 53 |
| 25 | 16:12:24 | 04 19 14 | 12♊27 | 19 12 | 15 49 | 15 50 | 20 03 | 17 44 | 05 13 | 09 41 | 08 18 | 08 46 | 25 50 |
| 26 | 16:16:21 | 05 16 54 | 26 00 | 02♋51 | 15 31 | 15 18 | 20 47 | 17 46 | 05 20 | 09 44 | 08 20 | 08 46 | 25 47 |
| 27 | 16:20:18 | 06 14 31 | 09♋44 | 16 40 | 15 10 | 14 44 | 21 31 | 17 48 | 05 27 | 09 48 | 08 21 | 08 45 | 25 44 |
| 28 | 16:24:14 | 07 12 08 | 23 38 | 00♌37 | 14 45 | 14 09 | 22 14 | 17 51 | 05 34 | 09 52 | 08 22 | 08 45 | 25 40 |
| 29 | 16:28:11 | 08 09 43 | 07♌38 | 14 40 | 14 18 | 13 34 | 22 58 | 17 53 | 05 41 | 09 55 | 08 24 | 08 44 | 25 37 |
| 30 | 16:32:07 | 09 07 16 | 21 44 | 28 48 | 13 48 | 12 57 | 23 41 | 17 56 | 05 47 | 09 59 | 08 25 | 08 44 | 25 34 |
| 31 | 16:36:04 | 10 04 48 | 05♍53 | 12♍58 | 13 17 | 12 20 | 24 25 | 17 59 | 05 54 | 10 02 | 08 26 | 08 43 | 25 31 |

## 0:00 E.T. Longitudes of the Major Asteroids and Chiron

| D | ⚳ | ⚴ | ⚵ | ⚶ | ⚷ |
|---|---|---|---|---|---|
| 1 | 18♏08℞ | 15♍03℞ | 02♌29 | 09♌09 | 04♉39 |
| 2 | 17 55 | 15 02 | 02 48 | 09 25 | 04 42 |
| 3 | 17 41 | 15 03D | 03 07 | 09 41 | 04 46 |
| 4 | 17 28 | 15 03 | 03 27 | 09 57 | 04 50 |
| 5 | 17 14 | 15 05 | 03 46 | 10 13 | 04 54 |
| 6 | 17 01 | 15 06 | 04 06 | 10 30 | 04 57 |
| 7 | 16 47 | 15 08 | 04 26 | 10 47 | 05 01 |
| 8 | 16 34 | 15 11 | 04 46 | 11 04 | 05 05 |
| 9 | 16 20 | 15 14 | 05 06 | 11 21 | 05 08 |
| 10 | 16 07 | 15 17 | 05 26 | 11 39 | 05 12 |
| 11 | 15 53 | 15 21 | 05 47 | 11 57 | 05 15 |
| 12 | 15 40 | 15 25 | 06 07 | 12 15 | 05 19 |
| 13 | 15 27 | 15 30 | 06 28 | 12 33 | 05 23 |
| 14 | 15 14 | 15 35 | 06 48 | 12 52 | 05 26 |
| 15 | 15 01 | 15 40 | 07 09 | 13 10 | 05 30 |
| 16 | 14 48 | 15 46 | 07 30 | 13 29 | 05 33 |

| D | ⚳ | ⚴ | ⚵ | ⚶ | ⚷ |
|---|---|---|---|---|---|
| 17 | 14 35 | 15 52 | 07 51 | 13 48 | 05 37 |
| 18 | 14 23 | 15 59 | 08 12 | 14 07 | 05 40 |
| 19 | 14 10 | 16 05 | 08 33 | 14 27 | 05 44 |
| 20 | 13 58 | 16 13 | 08 54 | 14 47 | 05 47 |
| 21 | 13 46 | 16 20 | 09 16 | 15 07 | 05 51 |
| 22 | 13 35 | 16 28 | 09 37 | 15 27 | 05 54 |
| 23 | 13 23 | 16 37 | 09 59 | 15 47 | 05 58 |
| 24 | 13 12 | 16 46 | 10 20 | 16 07 | 06 01 |
| 25 | 13 01 | 16 55 | 10 42 | 16 28 | 06 05 |
| 26 | 12 50 | 17 04 | 11 04 | 16 49 | 06 08 |
| 27 | 12 40 | 17 14 | 11 26 | 17 10 | 06 11 |
| 28 | 12 29 | 17 24 | 11 48 | 17 31 | 06 15 |
| 29 | 12 20 | 17 34 | 12 10 | 17 52 | 06 18 |
| 30 | 12 10 | 17 45 | 12 32 | 18 14 | 06 21 |
| 31 | 12 01 | 17 56 | 12 54 | 18 35 | 06 24 |

## Lunar Data

| Last Asp. | | Ingress | | |
|---|---|---|---|---|
| 30 | 08:10 | 1 | ♌ | 05:24 |
| 2 | 12:55 | 3 | ♍ | 08:37 |
| 4 | 16:15 | 5 | ♎ | 10:35 |
| 6 | 18:35 | 7 | ♏ | 12:17 |
| 8 | 19:50 | 9 | ♐ | 15:14 |
| 11 | 02:08 | 11 | ♑ | 21:02 |
| 13 | 17:40 | 14 | ♒ | 06:28 |
| 16 | 10:44 | 16 | ♓ | 18:40 |
| 19 | 04:42 | 19 | ♈ | 07:14 |
| 20 | 18:16 | 21 | ♉ | 17:50 |
| 23 | 05:00 | 24 | ♊ | 01:37 |
| 25 | 09:25 | 26 | ♋ | 07:01 |
| 27 | 21:28 | 28 | ♌ | 10:56 |
| 30 | 03:31 | 30 | ♍ | 14:02 |

## 0:00 E.T. Declinations

| D | ☉ | ☽ | ☿ | ♀ | ♂ | ♃ | ♄ | ♅ | ♆ | ♇ | ⚳ | ⚴ | ⚵ | ⚶ | ⚷ |
|---|---|---|---|---|---|---|---|---|---|---|---|---|---|---|---|
| 1 | +15 10 | +20 43 | +22 20 | +27 46 | +11 52 | +06 09 | +10 10 | +21 38 | +01 44 | -22 53 | -07 50 | +17 12 | +14 17 | +23 43 | +12 34 |
| 2 | 15 28 | 16 18 | 22 45 | 27 47 | 12 08 | 06 10 | 10 13 | 21 39 | 01 45 | 22 54 | 07 49 | 17 20 | 14 18 | 23 38 | 12 36 |
| 3 | 15 46 | 10 56 | 23 07 | 27 47 | 12 23 | 06 10 | 10 15 | 21 39 | 01 46 | 22 54 | 07 49 | 17 28 | 14 18 | 23 33 | 12 37 |
| 4 | 16 03 | 04 56 | 23 26 | 27 47 | 12 39 | 06 11 | 10 18 | 21 40 | 01 46 | 22 54 | 07 48 | 17 35 | 14 19 | 23 28 | 12 38 |
| 5 | 16 21 | -01 22 | 23 43 | 27 46 | 12 55 | 06 11 | 10 20 | 21 40 | 01 47 | 22 54 | 07 47 | 17 41 | 14 19 | 23 23 | 12 39 |
| 6 | 16 37 | 07 38 | 23 58 | 27 45 | 13 10 | 06 12 | 10 23 | 21 41 | 01 48 | 22 54 | 07 47 | 17 48 | 14 19 | 23 18 | 12 40 |
| 7 | 16 54 | 13 28 | 24 10 | 27 43 | 13 25 | 06 12 | 10 25 | 21 41 | 01 48 | 22 55 | 07 46 | 17 54 | 14 19 | 23 12 | 12 41 |
| 8 | 17 10 | 18 31 | 24 21 | 27 40 | 13 41 | 06 12 | 10 28 | 21 42 | 01 49 | 22 55 | 07 46 | 17 59 | 14 18 | 23 07 | 12 42 |
| 9 | 17 26 | 22 26 | 24 29 | 27 37 | 13 56 | 06 12 | 10 30 | 21 42 | 01 50 | 22 55 | 07 45 | 18 05 | 14 18 | 23 01 | 12 44 |
| 10 | 17 42 | 24 58 | 24 35 | 27 33 | 14 10 | 06 12 | 10 33 | 21 43 | 01 50 | 22 55 | 07 45 | 18 10 | 14 18 | 22 56 | 12 45 |
| 11 | 17 58 | 25 58 | 24 39 | 27 28 | 14 25 | 06 13 | 10 35 | 21 43 | 01 51 | 22 55 | 07 45 | 18 15 | 14 17 | 22 50 | 12 46 |
| 12 | 18 13 | 25 28 | 24 41 | 27 23 | 14 40 | 06 13 | 10 38 | 21 44 | 01 52 | 22 56 | 07 45 | 18 19 | 14 16 | 22 44 | 12 47 |
| 13 | 18 28 | 23 37 | 24 41 | 27 17 | 14 54 | 06 12 | 10 40 | 21 44 | 01 52 | 22 56 | 07 45 | 18 23 | 14 15 | 22 38 | 12 48 |
| 14 | 18 42 | 20 40 | 24 39 | 27 11 | 15 08 | 06 12 | 10 43 | 21 45 | 01 53 | 22 56 | 07 45 | 18 27 | 14 15 | 22 32 | 12 49 |
| 15 | 18 56 | 16 52 | 24 36 | 27 03 | 15 22 | 06 12 | 10 45 | 21 45 | 01 54 | 22 56 | 07 45 | 18 31 | 14 14 | 22 26 | 12 50 |
| 16 | 19 10 | 12 28 | 24 31 | 26 55 | 15 36 | 06 12 | 10 47 | 21 46 | 01 54 | 22 57 | 07 46 | 18 34 | 14 12 | 22 20 | 12 51 |
| 17 | 19 24 | 07 38 | 24 24 | 26 47 | 15 50 | 06 11 | 10 50 | 21 47 | 01 55 | 22 57 | 07 46 | 18 37 | 14 11 | 22 14 | 12 53 |
| 18 | 19 37 | 02 32 | 24 16 | 26 37 | 16 04 | 06 11 | 10 52 | 21 47 | 01 56 | 22 57 | 07 47 | 18 40 | 14 10 | 22 08 | 12 54 |
| 19 | 19 50 | +02 41 | 24 06 | 26 27 | 16 17 | 06 10 | 10 55 | 21 48 | 01 56 | 22 57 | 07 47 | 18 42 | 14 08 | 22 01 | 12 55 |
| 20 | 20 03 | 07 51 | 23 54 | 26 16 | 16 31 | 06 10 | 10 57 | 21 48 | 01 57 | 22 58 | 07 48 | 18 44 | 14 07 | 21 55 | 12 56 |
| 21 | 20 15 | 12 48 | 23 41 | 26 04 | 16 44 | 06 09 | 10 59 | 21 49 | 01 57 | 22 58 | 07 49 | 18 46 | 14 05 | 21 48 | 12 57 |
| 22 | 20 27 | 17 20 | 23 27 | 25 51 | 16 57 | 06 08 | 11 01 | 21 49 | 01 58 | 22 58 | 07 50 | 18 48 | 14 03 | 21 42 | 12 58 |
| 23 | 20 38 | 21 11 | 23 12 | 25 37 | 17 09 | 06 07 | 11 04 | 21 50 | 01 58 | 22 59 | 07 51 | 18 49 | 14 01 | 21 35 | 12 59 |
| 24 | 20 49 | 24 03 | 22 55 | 25 23 | 17 22 | 06 07 | 11 06 | 21 50 | 01 59 | 22 59 | 07 52 | 18 50 | 13 59 | 21 28 | 13 00 |
| 25 | 21 00 | 25 40 | 22 37 | 25 08 | 17 34 | 06 06 | 11 08 | 21 51 | 02 00 | 22 59 | 07 53 | 18 51 | 13 57 | 21 21 | 13 01 |
| 26 | 21 11 | 25 48 | 22 19 | 24 52 | 17 47 | 06 05 | 11 10 | 21 51 | 02 00 | 22 59 | 07 55 | 18 52 | 13 55 | 21 14 | 13 02 |
| 27 | 21 21 | 24 21 | 21 59 | 24 36 | 17 59 | 06 04 | 11 13 | 21 52 | 02 01 | 23 00 | 07 56 | 18 53 | 13 53 | 21 07 | 13 03 |
| 28 | 21 31 | 21 24 | 21 39 | 24 19 | 18 11 | 06 02 | 11 15 | 21 52 | 02 01 | 23 00 | 07 58 | 18 53 | 13 50 | 21 00 | 13 04 |
| 29 | 21 40 | 17 11 | 21 19 | 24 01 | 18 22 | 06 01 | 11 17 | 21 53 | 02 02 | 23 00 | 07 59 | 18 53 | 13 48 | 20 53 | 13 05 |
| 30 | 21 49 | 11 59 | 20 58 | 23 43 | 18 34 | 06 00 | 11 19 | 21 53 | 02 02 | 23 01 | 08 01 | 18 53 | 13 45 | 20 46 | 13 06 |
| 31 | 21 58 | 06 09 | 20 37 | 23 25 | 18 45 | 05 59 | 11 21 | 21 54 | 02 03 | 23 01 | 08 03 | 18 53 | 13 42 | 20 38 | 13 07 |

Lunar Phases -- 2 ◐ 02:27 8 ○ 19:50 16 ◑ 10:44 24 ● 08:17 31 ◐ 07:38 Sun enters ♊ 5/20 12:11

## Longitudes of Main Planets - June 2028

0:00 E.T.

| D | S.T. | ☉ | ☽ | ☽ 12:00 | ☿ | ♀ | ♂ | ♃ | ♄ | ♅ | ♆ | ♇ | ☊ |
|---|---|---|---|---|---|---|---|---|---|---|---|---|---|
| 1 | 16:40:00 | 11♊02 19 | 20♍04 | 27♍10 | 12♊44℞ | 11♊42℞ | 25♉08 | 18♍02 | 06♉01 | 10♊06 | 08♈28 | 08♒43℞ | 25♑28 |
| 2 | 16:43:57 | 11 59 48 | 04♎15 | 11♎20 | 12 10 | 11 04 | 25 51 | 18 05 | 06 08 | 10 09 | 08 29 | 08 42 | 25 25 |
| 3 | 16:47:53 | 12 57 16 | 18 24 | 25 27 | 11 37 | 10 27 | 26 35 | 18 09 | 06 14 | 10 13 | 08 30 | 08 41 | 25 21 |
| 4 | 16:51:50 | 13 54 43 | 02♏29 | 09♏28 | 11 04 | 09 49 | 27 18 | 18 12 | 06 21 | 10 16 | 08 31 | 08 41 | 25 18 |
| 5 | 16:55:47 | 14 52 08 | 16 24 | 23 18 | 10 32 | 09 13 | 28 01 | 18 16 | 06 28 | 10 20 | 08 32 | 08 40 | 25 15 |
| 6 | 16:59:43 | 15 49 33 | 00♐08 | 06♐54 | 10 01 | 08 37 | 28 44 | 18 20 | 06 34 | 10 23 | 08 34 | 08 39 | 25 12 |
| 7 | 17:03:40 | 16 46 57 | 13 37 | 20 15 | 09 33 | 08 02 | 29 27 | 18 24 | 06 41 | 10 27 | 08 35 | 08 39 | 25 09 |
| 8 | 17:07:36 | 17 44 20 | 26 48 | 03♑17 | 09 07 | 07 29 | 00♊10 | 18 29 | 06 47 | 10 30 | 08 36 | 08 38 | 25 06 |
| 9 | 17:11:33 | 18 41 42 | 09♑41 | 16 01 | 08 44 | 06 57 | 00 53 | 18 33 | 06 53 | 10 34 | 08 37 | 08 37 | 25 02 |
| 10 | 17:15:29 | 19 39 03 | 22 17 | 28 28 | 08 24 | 06 27 | 01 36 | 18 38 | 07 00 | 10 37 | 08 38 | 08 36 | 24 59 |
| 11 | 17:19:26 | 20 36 23 | 04♒36 | 10♒41 | 08 08 | 05 58 | 02 19 | 18 42 | 07 06 | 10 41 | 08 39 | 08 35 | 24 56 |
| 12 | 17:23:22 | 21 33 43 | 16 43 | 22 42 | 07 57 | 05 32 | 03 02 | 18 47 | 07 12 | 10 44 | 08 40 | 08 35 | 24 53 |
| 13 | 17:27:19 | 22 31 03 | 28 40 | 04♓36 | 07 49 | 05 08 | 03 44 | 18 52 | 07 18 | 10 48 | 08 41 | 08 34 | 24 50 |
| 14 | 17:31:16 | 23 28 22 | 10♓32 | 16 27 | 07 46 | 04 45 | 04 27 | 18 57 | 07 25 | 10 51 | 08 42 | 08 33 | 24 46 |
| 15 | 17:35:12 | 24 25 40 | 22 23 | 28 20 | 07 47D | 04 25 | 05 09 | 19 03 | 07 31 | 10 55 | 08 43 | 08 32 | 24 43 |
| 16 | 17:39:09 | 25 22 59 | 04♈19 | 10♈21 | 07 52 | 04 08 | 05 52 | 19 08 | 07 37 | 10 58 | 08 43 | 08 31 | 24 40 |
| 17 | 17:43:05 | 26 20 16 | 16 25 | 22 33 | 08 03 | 03 52 | 06 35 | 19 14 | 07 43 | 11 02 | 08 44 | 08 30 | 24 37 |
| 18 | 17:47:02 | 27 17 34 | 28 44 | 05♉00 | 08 17 | 03 39 | 07 17 | 19 20 | 07 48 | 11 05 | 08 45 | 08 29 | 24 34 |
| 19 | 17:50:58 | 28 14 51 | 11♉20 | 17 46 | 08 37 | 03 29 | 07 59 | 19 26 | 07 54 | 11 08 | 08 46 | 08 28 | 24 31 |
| 20 | 17:54:55 | 29 12 08 | 24 16 | 00♊52 | 09 01 | 03 21 | 08 42 | 19 32 | 08 00 | 11 12 | 08 46 | 08 27 | 24 27 |
| 21 | 17:58:51 | 00♋09 25 | 07♊33 | 14 19 | 09 29 | 03 15 | 09 24 | 19 38 | 08 06 | 11 15 | 08 47 | 08 26 | 24 24 |
| 22 | 18:02:48 | 01 06 42 | 21 09 | 28 05 | 10 03 | 03 12 | 10 06 | 19 44 | 08 11 | 11 19 | 08 48 | 08 25 | 24 21 |
| 23 | 18:06:45 | 02 03 58 | 05♋04 | 12♋07 | 10 40 | 03 11D | 10 48 | 19 51 | 08 17 | 11 22 | 08 48 | 08 24 | 24 18 |
| 24 | 18:10:41 | 03 01 13 | 19 14 | 26 23 | 11 22 | 03 12 | 11 31 | 19 57 | 08 22 | 11 25 | 08 49 | 08 23 | 24 15 |
| 25 | 18:14:38 | 03 58 29 | 03♌33 | 10♌46 | 12 08 | 03 16 | 12 13 | 20 04 | 08 28 | 11 29 | 08 50 | 08 22 | 24 11 |
| 26 | 18:18:34 | 04 55 43 | 17 59 | 25 12 | 12 58 | 03 21 | 12 55 | 20 11 | 08 33 | 11 32 | 08 50 | 08 21 | 24 08 |
| 27 | 18:22:31 | 05 52 58 | 02♍25 | 09♍37 | 13 53 | 03 29 | 13 37 | 20 18 | 08 39 | 11 35 | 08 51 | 08 20 | 24 05 |
| 28 | 18:26:27 | 06 50 11 | 16 48 | 23 57 | 14 52 | 03 39 | 14 18 | 20 25 | 08 44 | 11 38 | 08 51 | 08 19 | 24 02 |
| 29 | 18:30:24 | 07 47 24 | 01♎05 | 08♎10 | 15 54 | 03 52 | 15 00 | 20 32 | 08 49 | 11 42 | 08 51 | 08 17 | 23 59 |
| 30 | 18:34:20 | 08 44 37 | 15 12 | 22 12 | 17 01 | 04 06 | 15 42 | 20 40 | 08 54 | 11 45 | 08 52 | 08 16 | 23 56 |

0:00 E.T.

## Longitudes of the Major Asteroids and Chiron

| D | ⚳ | ⚴ | ⚵ | ⚶ | ⚷ | D | ⚳ | ⚴ | ⚵ | ⚶ | ⚷ |
|---|---|---|---|---|---|---|---|---|---|---|---|
| 1 | 11♏52℞ | 18♍07 | 13♌16 | 18♌57 | 06♉28 | 16 | 10 21 | 21 30 | 18 56 | 24 41 | 07 12 |
| 2 | 11 43 | 18 19 | 13 38 | 19 19 | 06 31 | 17 | 10 18 | 21 45 | 19 19 | 25 05 | 07 15 |
| 3 | 11 35 | 18 31 | 14 01 | 19 41 | 06 34 | 18 | 10 15 | 22 01 | 19 43 | 25 29 | 07 18 |
| 4 | 11 27 | 18 43 | 14 23 | 20 03 | 06 37 | 19 | 10 13 | 22 16 | 20 06 | 25 53 | 07 20 |
| 5 | 11 20 | 18 56 | 14 46 | 20 26 | 06 40 | 20 | 10 11 | 22 33 | 20 29 | 26 18 | 07 23 |
| 6 | 11 13 | 19 08 | 15 08 | 20 48 | 06 43 | 21 | 10 09 | 22 49 | 20 52 | 26 42 | 07 26 |
| 7 | 11 06 | 19 21 | 15 31 | 21 11 | 06 46 | 22 | 10 08 | 23 05 | 21 16 | 27 07 | 07 28 |
| 8 | 10 59 | 19 35 | 15 53 | 21 34 | 06 49 | 23 | 10 07 | 23 22 | 21 39 | 27 31 | 07 31 |
| 9 | 10 53 | 19 48 | 16 16 | 21 57 | 06 52 | 24 | 10 07 | 23 39 | 22 02 | 27 56 | 07 33 |
| 10 | 10 47 | 20 02 | 16 39 | 22 20 | 06 55 | 25 | 10 07D | 23 56 | 22 26 | 28 21 | 07 36 |
| 11 | 10 42 | 20 16 | 17 02 | 22 43 | 06 58 | 26 | 10 07 | 24 13 | 22 49 | 28 46 | 07 38 |
| 12 | 10 37 | 20 30 | 17 24 | 23 06 | 07 01 | 27 | 10 08 | 24 31 | 23 13 | 29 11 | 07 40 |
| 13 | 10 33 | 20 45 | 17 47 | 23 30 | 07 04 | 28 | 10 09 | 24 48 | 23 36 | 29 37 | 07 43 |
| 14 | 10 28 | 20 59 | 18 10 | 23 53 | 07 07 | 29 | 10 11 | 25 06 | 24 00 | 00♍02 | 07 45 |
| 15 | 10 24 | 21 14 | 18 33 | 24 17 | 07 10 | 30 | 10 12 | 25 24 | 24 23 | 00 27 | 07 47 |

## Lunar Data

| Last Asp. | | Ingress | | |
|---|---|---|---|---|
| 1 | 09:02 | 1 | ♎ | 16:48 |
| 2 | 14:04 | 3 | ♏ | 19:46 |
| 5 | 21:24 | 5 | ♐ | 23:46 |
| 7 | 08:42 | 8 | ♑ | 05:55 |
| 9 | 16:56 | 10 | ♒ | 14:59 |
| 12 | 10:33 | 13 | ♓ | 02:42 |
| 15 | 04:29 | 15 | ♈ | 15:20 |
| 17 | 20:59 | 18 | ♉ | 02:26 |
| 19 | 15:12 | 20 | ♊ | 10:26 |
| 21 | 21:30 | 22 | ♋ | 15:18 |
| 24 | 01:14 | 24 | ♌ | 18:04 |
| 25 | 15:09 | 26 | ♍ | 19:59 |
| 28 | 06:07 | 28 | ♎ | 22:11 |
| 30 | 03:23 | | | |

0:00 E.T.

## Declinations

| D | ☉ | ☽ | ☿ | ♀ | ♂ | ♃ | ♄ | ♅ | ♆ | ♇ | ⚳ | ⚴ | ⚵ | ⚶ | ⚷ |
|---|---|---|---|---|---|---|---|---|---|---|---|---|---|---|---|
| 1 | +22 06 | -00 00 | +20 16 | +23 06 | +18 56 | +05 57 | +11 23 | +21 55 | +02 03 | -23 01 | -08 05 | +18 52 | +13 39 | +20 31 | +13 08 |
| 2 | 22 14 | 06 09 | 19 55 | 22 46 | 19 07 | 05 56 | 11 26 | 21 55 | 02 03 | 23 02 | 08 08 | 18 51 | 13 37 | 20 23 | 13 09 |
| 3 | 22 21 | 11 58 | 19 35 | 22 27 | 19 18 | 05 54 | 11 28 | 21 56 | 02 04 | 23 02 | 08 10 | 18 50 | 13 34 | 20 16 | 13 10 |
| 4 | 22 28 | 17 07 | 19 16 | 22 08 | 19 29 | 05 52 | 11 30 | 21 56 | 02 04 | 23 03 | 08 12 | 18 49 | 13 30 | 20 08 | 13 11 |
| 5 | 22 35 | 21 18 | 18 58 | 21 48 | 19 39 | 05 51 | 11 32 | 21 57 | 02 05 | 23 03 | 08 15 | 18 48 | 13 27 | 20 00 | 13 12 |
| 6 | 22 41 | 24 15 | 18 41 | 21 29 | 19 49 | 05 49 | 11 34 | 21 57 | 02 05 | 23 03 | 08 18 | 18 47 | 13 24 | 19 52 | 13 13 |
| 7 | 22 47 | 25 44 | 18 25 | 21 09 | 19 59 | 05 47 | 11 36 | 21 58 | 02 05 | 23 04 | 08 20 | 18 45 | 13 21 | 19 44 | 13 14 |
| 8 | 22 52 | 25 44 | 18 11 | 20 51 | 20 09 | 05 45 | 11 38 | 21 58 | 02 06 | 23 04 | 08 23 | 18 43 | 13 17 | 19 37 | 13 15 |
| 9 | 22 57 | 24 20 | 17 59 | 20 32 | 20 19 | 05 43 | 11 40 | 21 59 | 02 06 | 23 04 | 08 26 | 18 41 | 13 14 | 19 28 | 13 15 |
| 10 | 23 02 | 21 42 | 17 48 | 20 14 | 20 28 | 05 41 | 11 42 | 21 59 | 02 07 | 23 05 | 08 29 | 18 39 | 13 10 | 19 20 | 13 16 |
| 11 | 23 06 | 18 08 | 17 39 | 19 57 | 20 37 | 05 39 | 11 43 | 22 00 | 02 07 | 23 05 | 08 32 | 18 37 | 13 06 | 19 12 | 13 17 |
| 12 | 23 10 | 13 52 | 17 32 | 19 40 | 20 46 | 05 37 | 11 45 | 22 00 | 02 07 | 23 06 | 08 36 | 18 34 | 13 02 | 19 04 | 13 18 |
| 13 | 23 14 | 09 07 | 17 26 | 19 24 | 20 55 | 05 35 | 11 47 | 22 01 | 02 08 | 23 06 | 08 39 | 18 32 | 12 58 | 18 55 | 13 19 |
| 14 | 23 17 | 04 05 | 17 23 | 19 08 | 21 04 | 05 33 | 11 49 | 22 01 | 02 08 | 23 07 | 08 43 | 18 29 | 12 55 | 18 47 | 13 20 |
| 15 | 23 19 | +01 06 | 17 22 | 18 54 | 21 12 | 05 31 | 11 51 | 22 02 | 02 08 | 23 07 | 08 46 | 18 26 | 12 50 | 18 39 | 13 21 |
| 16 | 23 21 | 06 15 | 17 23 | 18 40 | 21 20 | 05 28 | 11 53 | 22 02 | 02 08 | 23 07 | 08 50 | 18 23 | 12 46 | 18 30 | 13 21 |
| 17 | 23 23 | 11 14 | 17 25 | 18 27 | 21 28 | 05 26 | 11 54 | 22 03 | 02 09 | 23 08 | 08 54 | 18 20 | 12 42 | 18 21 | 13 22 |
| 18 | 23 25 | 15 53 | 17 29 | 18 16 | 21 36 | 05 23 | 11 56 | 22 03 | 02 09 | 23 08 | 08 58 | 18 17 | 12 38 | 18 13 | 13 23 |
| 19 | 23 26 | 19 58 | 17 35 | 18 05 | 21 44 | 05 21 | 11 58 | 22 04 | 02 09 | 23 09 | 09 02 | 18 13 | 12 33 | 18 04 | 13 24 |
| 20 | 23 26 | 23 11 | 17 43 | 17 54 | 21 51 | 05 18 | 12 00 | 22 04 | 02 09 | 23 09 | 09 06 | 18 10 | 12 29 | 17 55 | 13 24 |
| 21 | 23 26 | 25 16 | 17 52 | 17 45 | 21 58 | 05 16 | 12 01 | 22 05 | 02 10 | 23 09 | 09 10 | 18 06 | 12 24 | 17 46 | 13 25 |
| 22 | 23 26 | 25 56 | 18 02 | 17 37 | 22 05 | 05 13 | 12 03 | 22 05 | 02 10 | 23 10 | 09 15 | 18 02 | 12 20 | 17 37 | 13 26 |
| 23 | 23 25 | 24 59 | 18 14 | 17 30 | 22 12 | 05 10 | 12 04 | 22 06 | 02 10 | 23 10 | 09 19 | 17 58 | 12 15 | 17 28 | 13 27 |
| 24 | 23 24 | 22 26 | 18 27 | 17 23 | 22 18 | 05 08 | 12 06 | 22 06 | 02 10 | 23 11 | 09 24 | 17 54 | 12 10 | 17 19 | 13 27 |
| 25 | 23 23 | 18 27 | 18 41 | 17 18 | 22 25 | 05 05 | 12 08 | 22 06 | 02 10 | 23 11 | 09 28 | 17 50 | 12 05 | 17 10 | 13 28 |
| 26 | 23 21 | 13 21 | 18 56 | 17 13 | 22 31 | 05 02 | 12 09 | 22 07 | 02 11 | 23 12 | 09 33 | 17 46 | 12 00 | 17 00 | 13 29 |
| 27 | 23 18 | 07 30 | 19 12 | 17 09 | 22 36 | 04 59 | 12 11 | 22 07 | 02 11 | 23 12 | 09 38 | 17 41 | 11 56 | 16 51 | 13 29 |
| 28 | 23 16 | 01 18 | 19 29 | 17 06 | 22 42 | 04 56 | 12 12 | 22 08 | 02 11 | 23 13 | 09 43 | 17 37 | 11 50 | 16 42 | 13 30 |
| 29 | 23 12 | -04 54 | 19 46 | 17 03 | 22 48 | 04 53 | 12 14 | 22 08 | 02 11 | 23 13 | 09 48 | 17 32 | 11 45 | 16 32 | 13 31 |
| 30 | 23 09 | 10 48 | 20 03 | 17 02 | 22 53 | 04 50 | 12 15 | 22 09 | 02 11 | 23 14 | 09 53 | 17 27 | 11 40 | 16 23 | 13 31 |

Lunar Phases -- 7 ○ 06:10 15 ◑ 04:29 22 ● 18:29 29 ◐ 12:12 Sun enters ♋ 6/20 20:03

| D | S.T. | ☉ | ☽ | ☽ 12:00 | ☿ | ♀ | ♂ | ♃ | ♄ | ♅ | ♆ | ♇ | ☊ |
|---|---|---|---|---|---|---|---|---|---|---|---|---|---|
| 1 | 18:38:17 | 09♋41 49 | 29♎09 | 06♏03 | 18♊12 | 04♊22 | 16♊24 | 20♍47 | 08♉59 | 11♊48 | 08♈52 | 08♒15℞ | 23♑52 |
| 2 | 18:42:14 | 10 39 01 | 12♏53 | 19 41 | 19 26 | 04 40 | 17 05 | 20 55 | 09 04 | 11 51 | 08 53 | 08 14 | 23 49 |
| 3 | 18:46:10 | 11 36 12 | 26 25 | 03♐06 | 20 45 | 05 00 | 17 47 | 21 03 | 09 09 | 11 55 | 08 53 | 08 13 | 23 46 |
| 4 | 18:50:07 | 12 33 24 | 09♐43 | 16 17 | 22 07 | 05 21 | 18 28 | 21 11 | 09 14 | 11 58 | 08 53 | 08 12 | 23 43 |
| 5 | 18:54:03 | 13 30 35 | 22 47 | 29 13 | 23 33 | 05 45 | 19 10 | 21 19 | 09 18 | 12 01 | 08 53 | 08 10 | 23 40 |
| 6 | 18:58:00 | 14 27 46 | 05♑37 | 11♑56 | 25 02 | 06 09 | 19 51 | 21 27 | 09 23 | 12 04 | 08 54 | 08 09 | 23 37 |
| 7 | 19:01:56 | 15 24 57 | 18 13 | 24 26 | 26 36 | 06 36 | 20 33 | 21 35 | 09 27 | 12 07 | 08 54 | 08 08 | 23 33 |
| 8 | 19:05:53 | 16 22 08 | 00♒36 | 06♒43 | 28 13 | 07 04 | 21 14 | 21 43 | 09 32 | 12 10 | 08 54 | 08 07 | 23 30 |
| 9 | 19:09:49 | 17 19 19 | 12 47 | 18 49 | 29 53 | 07 34 | 21 55 | 21 52 | 09 36 | 12 13 | 08 54 | 08 05 | 23 27 |
| 10 | 19:13:46 | 18 16 31 | 24 49 | 00♓47 | 01♋37 | 08 05 | 22 37 | 22 01 | 09 41 | 12 16 | 08 54 | 08 04 | 23 24 |
| 11 | 19:17:43 | 19 13 42 | 06♓44 | 12 40 | 03 24 | 08 37 | 23 18 | 22 09 | 09 45 | 12 19 | 08 54 | 08 03 | 23 21 |
| 12 | 19:21:39 | 20 10 54 | 18 35 | 24 31 | 05 14 | 09 11 | 23 59 | 22 18 | 09 49 | 12 22 | 08 54℞ | 08 01 | 23 17 |
| 13 | 19:25:36 | 21 08 07 | 00♈27 | 06♈24 | 07 07 | 09 46 | 24 40 | 22 27 | 09 53 | 12 25 | 08 54 | 08 00 | 23 14 |
| 14 | 19:29:32 | 22 05 20 | 12 23 | 18 24 | 09 02 | 10 22 | 25 21 | 22 36 | 09 57 | 12 28 | 08 54 | 07 59 | 23 11 |
| 15 | 19:33:29 | 23 02 34 | 24 28 | 00♉35 | 11 01 | 11 00 | 26 02 | 22 45 | 10 01 | 12 31 | 08 54 | 07 57 | 23 08 |
| 16 | 19:37:25 | 23 59 48 | 06♉46 | 13 01 | 13 01 | 11 38 | 26 43 | 22 54 | 10 05 | 12 34 | 08 54 | 07 56 | 23 05 |
| 17 | 19:41:22 | 24 57 03 | 19 21 | 25 47 | 15 04 | 12 18 | 27 24 | 23 04 | 10 09 | 12 37 | 08 54 | 07 55 | 23 02 |
| 18 | 19:45:18 | 25 54 18 | 02♊18 | 08♊55 | 17 08 | 12 59 | 28 04 | 23 13 | 10 12 | 12 39 | 08 53 | 07 53 | 22 58 |
| 19 | 19:49:15 | 26 51 35 | 15 38 | 22 28 | 19 13 | 13 41 | 28 45 | 23 22 | 10 16 | 12 42 | 08 53 | 07 52 | 22 55 |
| 20 | 19:53:12 | 27 48 52 | 29 23 | 06♋24 | 21 20 | 14 23 | 29 26 | 23 32 | 10 19 | 12 45 | 08 53 | 07 51 | 22 52 |
| 21 | 19:57:08 | 28 46 09 | 13♋31 | 20 43 | 23 27 | 15 07 | 00♋06 | 23 42 | 10 23 | 12 48 | 08 53 | 07 49 | 22 49 |
| 22 | 20:01:05 | 29 43 28 | 27 59 | 05♌19 | 25 35 | 15 52 | 00 47 | 23 52 | 10 26 | 12 50 | 08 52 | 07 48 | 22 46 |
| 23 | 20:05:01 | 00♌40 46 | 12♌42 | 20 07 | 27 42 | 16 37 | 01 28 | 24 01 | 10 29 | 12 53 | 08 52 | 07 47 | 22 43 |
| 24 | 20:08:58 | 01 38 06 | 27 33 | 04♍59 | 29 50 | 17 23 | 02 08 | 24 11 | 10 32 | 12 56 | 08 52 | 07 45 | 22 39 |
| 25 | 20:12:54 | 02 35 25 | 12♍24 | 19 47 | 01♌57 | 18 10 | 02 48 | 24 21 | 10 35 | 12 58 | 08 51 | 07 44 | 22 36 |
| 26 | 20:16:51 | 03 32 45 | 27 08 | 04♎26 | 04 04 | 18 58 | 03 29 | 24 32 | 10 38 | 13 01 | 08 51 | 07 42 | 22 33 |
| 27 | 20:20:47 | 04 30 06 | 11♎39 | 18 48 | 06 10 | 19 47 | 04 09 | 24 42 | 10 41 | 13 03 | 08 50 | 07 41 | 22 30 |
| 28 | 20:24:44 | 05 27 27 | 25 53 | 02♏52 | 08 15 | 20 36 | 04 49 | 24 52 | 10 44 | 13 06 | 08 50 | 07 40 | 22 27 |
| 29 | 20:28:41 | 06 24 48 | 09♏47 | 16 37 | 10 18 | 21 26 | 05 29 | 25 03 | 10 46 | 13 08 | 08 49 | 07 38 | 22 23 |
| 30 | 20:32:37 | 07 22 10 | 23 22 | 00♐02 | 12 21 | 22 17 | 06 10 | 25 13 | 10 49 | 13 10 | 08 49 | 07 37 | 22 20 |
| 31 | 20:36:34 | 08 19 32 | 06♐38 | 13 09 | 14 22 | 23 08 | 06 50 | 25 24 | 10 51 | 13 13 | 08 48 | 07 36 | 22 17 |

## 0:00 E.T. Longitudes of the Major Asteroids and Chiron

| D | ⚳ | ⚴ | ⚵ | ⚶ | ⚷ | D | ⚳ | ⚴ | ⚵ | ⚶ | ⚷ |
|---|---|---|---|---|---|---|---|---|---|---|---|
| 1 | 10♏15 | 25♍42 | 24♌47 | 00♍53 | 07♉49 | 17 | 11 37 | 00 54 | 01 08 | 07 54 | 08 17 |
| 2 | 10 17 | 26 01 | 25 11 | 01 19 | 07 51 | 18 | 11 45 | 01 15 | 01 32 | 08 21 | 08 19 |
| 3 | 10 20 | 26 19 | 25 34 | 01 44 | 07 53 | 19 | 11 53 | 01 35 | 01 56 | 08 48 | 08 20 |
| 4 | 10 23 | 26 38 | 25 58 | 02 10 | 07 55 | 20 | 12 01 | 01 56 | 02 20 | 09 16 | 08 21 |
| 5 | 10 27 | 26 57 | 26 22 | 02 36 | 07 57 | 21 | 12 10 | 02 17 | 02 44 | 09 43 | 08 23 |
| 6 | 10 31 | 27 16 | 26 45 | 03 02 | 07 59 | 22 | 12 19 | 02 39 | 03 08 | 10 10 | 08 24 |
| 7 | 10 35 | 27 35 | 27 09 | 03 28 | 08 01 | 23 | 12 28 | 03 00 | 03 32 | 10 38 | 08 25 |
| 8 | 10 40 | 27 54 | 27 33 | 03 54 | 08 03 | 24 | 12 38 | 03 21 | 03 56 | 11 05 | 08 26 |
| 9 | 10 45 | 28 13 | 27 57 | 04 21 | 08 05 | 25 | 12 48 | 03 43 | 04 20 | 11 33 | 08 27 |
| 10 | 10 50 | 28 33 | 28 20 | 04 47 | 08 07 | 26 | 12 58 | 04 04 | 04 44 | 12 00 | 08 28 |
| 11 | 10 56 | 28 53 | 28 44 | 05 14 | 08 08 | 27 | 13 08 | 04 26 | 05 08 | 12 28 | 08 29 |
| 12 | 11 02 | 29 13 | 29 08 | 05 40 | 08 10 | 28 | 13 19 | 04 48 | 05 32 | 12 56 | 08 29 |
| 13 | 11 08 | 29 33 | 29 32 | 06 07 | 08 12 | 29 | 13 30 | 05 10 | 05 56 | 13 24 | 08 30 |
| 14 | 11 15 | 29 53 | 29 56 | 06 33 | 08 13 | 30 | 13 41 | 05 32 | 06 20 | 13 52 | 08 31 |
| 15 | 11 22 | 00♎13 | 00♍20 | 07 00 | 08 15 | 31 | 13 53 | 05 54 | 06 44 | 14 20 | 08 32 |
| 16 | 11 29 | 00 33 | 00 44 | 07 27 | 08 16 | | | | | | |

## Lunar Data

| Last Asp. | | Ingress | | |
|---|---|---|---|---|
| 30 | 03:23 | 1 | ♏ | 01:29 |
| 2 | 14:20 | 3 | ♐ | 06:26 |
| 5 | 01:36 | 5 | ♑ | 13:27 |
| 7 | 06:35 | 7 | ♒ | 22:51 |
| 9 | 19:19 | 10 | ♓ | 10:25 |
| 12 | 11:35 | 12 | ♈ | 23:05 |
| 15 | 03:16 | 15 | ♉ | 10:52 |
| 17 | 11:18 | 17 | ♊ | 19:47 |
| 20 | 00:05 | 20 | ♋ | 01:04 |
| 22 | 03:03 | 22 | ♌ | 03:18 |
| 23 | 06:41 | 24 | ♍ | 03:57 |
| 25 | 19:41 | 26 | ♎ | 04:42 |
| 27 | 14:29 | 28 | ♏ | 07:03 |
| 30 | 03:22 | 30 | ♐ | 11:56 |

## 0:00 E.T. Declinations

| D | ☉ | ☽ | ☿ | ♀ | ♂ | ♃ | ♄ | ♅ | ♆ | ♇ | ⚳ | ⚴ | ⚵ | ⚶ | ⚷ |
|---|---|---|---|---|---|---|---|---|---|---|---|---|---|---|---|
| 1 | +23 05 | -16 04 | +20 21 | +17 01 | +22 58 | +04 47 | +12 16 | +22 09 | +02 11 | -23 14 | -09 58 | +17 23 | +11 35 | +16 13 | +13 32 |
| 2 | 23 01 | 20 26 | 20 39 | 17 01 | 23 03 | 04 44 | 12 18 | 22 10 | 02 11 | 23 14 | 10 03 | 17 18 | 11 30 | 16 03 | 13 32 |
| 3 | 22 56 | 23 38 | 20 56 | 17 01 | 23 07 | 04 40 | 12 19 | 22 10 | 02 11 | 23 15 | 10 08 | 17 13 | 11 24 | 15 54 | 13 33 |
| 4 | 22 51 | 25 30 | 21 14 | 17 02 | 23 12 | 04 37 | 12 20 | 22 10 | 02 11 | 23 15 | 10 14 | 17 08 | 11 19 | 15 44 | 13 34 |
| 5 | 22 45 | 25 55 | 21 31 | 17 03 | 23 16 | 04 34 | 12 22 | 22 11 | 02 11 | 23 16 | 10 19 | 17 03 | 11 13 | 15 34 | 13 34 |
| 6 | 22 39 | 24 55 | 21 47 | 17 06 | 23 20 | 04 30 | 12 23 | 22 11 | 02 11 | 23 16 | 10 25 | 16 57 | 11 08 | 15 24 | 13 35 |
| 7 | 22 33 | 22 39 | 22 03 | 17 08 | 23 23 | 04 27 | 12 24 | 22 12 | 02 11 | 23 17 | 10 30 | 16 52 | 11 02 | 15 14 | 13 35 |
| 8 | 22 26 | 19 21 | 22 18 | 17 11 | 23 27 | 04 24 | 12 26 | 22 12 | 02 11 | 23 17 | 10 36 | 16 47 | 10 56 | 15 04 | 13 36 |
| 9 | 22 19 | 15 16 | 22 31 | 17 15 | 23 30 | 04 20 | 12 27 | 22 13 | 02 11 | 23 18 | 10 42 | 16 41 | 10 50 | 14 54 | 13 36 |
| 10 | 22 11 | 10 38 | 22 43 | 17 19 | 23 33 | 04 17 | 12 28 | 22 13 | 02 11 | 23 18 | 10 47 | 16 36 | 10 45 | 14 44 | 13 37 |
| 11 | 22 03 | 05 39 | 22 54 | 17 23 | 23 36 | 04 13 | 12 29 | 22 13 | 02 11 | 23 19 | 10 53 | 16 30 | 10 39 | 14 34 | 13 37 |
| 12 | 21 55 | 00 30 | 23 02 | 17 27 | 23 39 | 04 09 | 12 30 | 22 14 | 02 11 | 23 19 | 10 59 | 16 24 | 10 33 | 14 24 | 13 37 |
| 13 | 21 47 | +04 39 | 23 09 | 17 32 | 23 41 | 04 06 | 12 31 | 22 14 | 02 11 | 23 20 | 11 05 | 16 19 | 10 27 | 14 13 | 13 38 |
| 14 | 21 38 | 09 40 | 23 14 | 17 37 | 23 43 | 04 02 | 12 32 | 22 14 | 02 11 | 23 20 | 11 11 | 16 13 | 10 21 | 14 03 | 13 38 |
| 15 | 21 28 | 14 23 | 23 16 | 17 43 | 23 45 | 03 58 | 12 33 | 22 15 | 02 11 | 23 21 | 11 17 | 16 07 | 10 15 | 13 53 | 13 39 |
| 16 | 21 18 | 18 37 | 23 16 | 17 48 | 23 47 | 03 54 | 12 34 | 22 15 | 02 11 | 23 21 | 11 23 | 16 01 | 10 09 | 13 42 | 13 39 |
| 17 | 21 08 | 22 08 | 23 13 | 17 54 | 23 49 | 03 51 | 12 35 | 22 16 | 02 11 | 23 21 | 11 29 | 15 55 | 10 02 | 13 32 | 13 39 |
| 18 | 20 58 | 24 39 | 23 08 | 18 00 | 23 50 | 03 47 | 12 36 | 22 16 | 02 11 | 23 22 | 11 36 | 15 49 | 09 56 | 13 21 | 13 40 |
| 19 | 20 47 | 25 53 | 23 00 | 18 06 | 23 51 | 03 43 | 12 37 | 22 16 | 02 11 | 23 22 | 11 42 | 15 43 | 09 50 | 13 10 | 13 40 |
| 20 | 20 36 | 25 35 | 22 49 | 18 12 | 23 52 | 03 39 | 12 38 | 22 17 | 02 10 | 23 23 | 11 48 | 15 37 | 09 43 | 13 00 | 13 40 |
| 21 | 20 24 | 23 39 | 22 36 | 18 18 | 23 53 | 03 35 | 12 39 | 22 17 | 02 10 | 23 23 | 11 55 | 15 31 | 09 37 | 12 49 | 13 41 |
| 22 | 20 12 | 20 08 | 22 20 | 18 24 | 23 53 | 03 31 | 12 39 | 22 17 | 02 10 | 23 24 | 12 01 | 15 24 | 09 31 | 12 38 | 13 41 |
| 23 | 20 00 | 15 18 | 22 01 | 18 31 | 23 54 | 03 27 | 12 40 | 22 18 | 02 10 | 23 24 | 12 08 | 15 18 | 09 24 | 12 27 | 13 41 |
| 24 | 19 48 | 09 31 | 21 40 | 18 37 | 23 54 | 03 23 | 12 41 | 22 18 | 02 10 | 23 25 | 12 14 | 15 12 | 09 18 | 12 16 | 13 41 |
| 25 | 19 35 | 03 13 | 21 17 | 18 43 | 23 54 | 03 19 | 12 42 | 22 18 | 02 10 | 23 25 | 12 21 | 15 05 | 09 11 | 12 06 | 13 42 |
| 26 | 19 22 | -03 13 | 20 51 | 18 49 | 23 53 | 03 15 | 12 42 | 22 19 | 02 09 | 23 26 | 12 27 | 14 59 | 09 04 | 11 55 | 13 42 |
| 27 | 19 08 | 09 22 | 20 23 | 18 55 | 23 53 | 03 10 | 12 43 | 22 19 | 02 09 | 23 26 | 12 34 | 14 52 | 08 58 | 11 44 | 13 42 |
| 28 | 18 54 | 14 54 | 19 53 | 19 01 | 23 52 | 03 06 | 12 44 | 22 19 | 02 09 | 23 27 | 12 41 | 14 46 | 08 51 | 11 33 | 13 42 |
| 29 | 18 40 | 19 32 | 19 21 | 19 07 | 23 51 | 03 02 | 12 44 | 22 20 | 02 09 | 23 27 | 12 47 | 14 39 | 08 44 | 11 21 | 13 42 |
| 30 | 18 26 | 23 02 | 18 48 | 19 13 | 23 50 | 02 58 | 12 45 | 22 20 | 02 08 | 23 27 | 12 54 | 14 32 | 08 37 | 11 10 | 13 42 |
| 31 | 18 11 | 25 12 | 18 13 | 19 18 | 23 49 | 02 53 | 12 45 | 22 20 | 02 08 | 23 28 | 13 01 | 14 26 | 08 31 | 10 59 | 13 42 |

Lunar Phases -- 6 Ⓔ 18:12 14 ◑ 20:58 22 ● 03:03 28 ◐ 17:41 Sun enters ♌ 7/22 06:56

## Aug. 28 — Longitudes of Main Planets - August 2028 — 0:00 E.T.

| D | S.T. | ☉ | ☽ | ☽ 12:00 | ☿ | ♀ | ♂ | ♃ | ♄ | ♅ | ♆ | ♇ | ☊ |
|---|---|---|---|---|---|---|---|---|---|---|---|---|---|
| 1 | 20:40:30 | 09♌16 55 | 19♐37 | 26♐00 | 16♌22 | 24♊00 | 07♋30 | 25♍34 | 10♉53 | 13♊15 | 08♈47℞ | 07♒34℞ | 22♑14 |
| 2 | 20:44:27 | 10 14 19 | 02♑20 | 08♑37 | 18 20 | 24 53 | 08 10 | 25 45 | 10 56 | 13 17 | 08 47 | 07 33 | 22 11 |
| 3 | 20:48:23 | 11 11 43 | 14 50 | 21 01 | 20 17 | 25 46 | 08 49 | 25 56 | 10 58 | 13 20 | 08 46 | 07 31 | 22 08 |
| 4 | 20:52:20 | 12 09 08 | 27 09 | 03♒15 | 22 12 | 26 40 | 09 29 | 26 07 | 11 00 | 13 22 | 08 45 | 07 30 | 22 04 |
| 5 | 20:56:16 | 13 06 34 | 09♒19 | 15 21 | 24 05 | 27 34 | 10 09 | 26 18 | 11 02 | 13 24 | 08 45 | 07 29 | 22 01 |
| 6 | 21:00:13 | 14 04 01 | 21 21 | 27 20 | 25 57 | 28 29 | 10 49 | 26 29 | 11 04 | 13 26 | 08 44 | 07 27 | 21 58 |
| 7 | 21:04:10 | 15 01 29 | 03♓18 | 09♓14 | 27 48 | 29 24 | 11 28 | 26 40 | 11 05 | 13 28 | 08 43 | 07 26 | 21 55 |
| 8 | 21:08:06 | 15 58 58 | 15 10 | 21 05 | 29 37 | 00♋20 | 12 08 | 26 51 | 11 07 | 13 30 | 08 42 | 07 24 | 21 52 |
| 9 | 21:12:03 | 16 56 28 | 27 01 | 02♈56 | 01♍24 | 01 16 | 12 48 | 27 02 | 11 09 | 13 32 | 08 41 | 07 23 | 21 49 |
| 10 | 21:15:59 | 17 54 00 | 08♈53 | 14 50 | 03 10 | 02 13 | 13 27 | 27 13 | 11 10 | 13 34 | 08 40 | 07 22 | 21 45 |
| 11 | 21:19:56 | 18 51 32 | 20 49 | 26 49 | 04 54 | 03 10 | 14 07 | 27 25 | 11 11 | 13 36 | 08 39 | 07 20 | 21 42 |
| 12 | 21:23:52 | 19 49 06 | 02♉53 | 08♉59 | 06 37 | 04 08 | 14 46 | 27 36 | 11 12 | 13 38 | 08 39 | 07 19 | 21 39 |
| 13 | 21:27:49 | 20 46 42 | 15 08 | 21 22 | 08 18 | 05 06 | 15 25 | 27 47 | 11 14 | 13 40 | 08 38 | 07 18 | 21 36 |
| 14 | 21:31:45 | 21 44 19 | 27 40 | 04♊03 | 09 58 | 06 05 | 16 05 | 27 59 | 11 15 | 13 42 | 08 37 | 07 16 | 21 33 |
| 15 | 21:35:42 | 22 41 58 | 10♊32 | 17 07 | 11 36 | 07 04 | 16 44 | 28 11 | 11 15 | 13 43 | 08 36 | 07 15 | 21 29 |
| 16 | 21:39:39 | 23 39 38 | 23 48 | 00♋36 | 13 12 | 08 03 | 17 23 | 28 22 | 11 16 | 13 45 | 08 35 | 07 14 | 21 26 |
| 17 | 21:43:35 | 24 37 20 | 07♋31 | 14 32 | 14 48 | 09 03 | 18 02 | 28 34 | 11 17 | 13 47 | 08 33 | 07 12 | 21 23 |
| 18 | 21:47:32 | 25 35 03 | 21 41 | 28 55 | 16 21 | 10 03 | 18 41 | 28 46 | 11 18 | 13 48 | 08 32 | 07 11 | 21 20 |
| 19 | 21:51:28 | 26 32 48 | 06♌15 | 13♌41 | 17 54 | 11 03 | 19 20 | 28 58 | 11 18 | 13 50 | 08 31 | 07 10 | 21 17 |
| 20 | 21:55:25 | 27 30 34 | 21 11 | 28 44 | 19 24 | 12 04 | 19 59 | 29 09 | 11 18 | 13 52 | 08 30 | 07 08 | 21 14 |
| 21 | 21:59:21 | 28 28 21 | 06♍19 | 13♍55 | 20 54 | 13 05 | 20 38 | 29 21 | 11 19 | 13 53 | 08 29 | 07 07 | 21 10 |
| 22 | 22:03:18 | 29 26 10 | 21 30 | 29 04 | 22 21 | 14 07 | 21 17 | 29 33 | 11 19 | 13 54 | 08 28 | 07 06 | 21 07 |
| 23 | 22:07:14 | 00♍24 00 | 06♎35 | 14♎02 | 23 48 | 15 08 | 21 56 | 29 45 | 11 19℞ | 13 56 | 08 27 | 07 05 | 21 04 |
| 24 | 22:11:11 | 01 21 51 | 21 24 | 28 40 | 25 12 | 16 10 | 22 35 | 29 57 | 11 19 | 13 57 | 08 25 | 07 03 | 21 01 |
| 25 | 22:15:08 | 02 19 44 | 05♏50 | 12♏54 | 26 35 | 17 13 | 23 13 | 00♎10 | 11 19 | 13 58 | 08 24 | 07 02 | 20 58 |
| 26 | 22:19:04 | 03 17 38 | 19 51 | 26 41 | 27 57 | 18 15 | 23 52 | 00 22 | 11 18 | 14 00 | 08 23 | 07 01 | 20 55 |
| 27 | 22:23:01 | 04 15 33 | 03♐25 | 10♐03 | 29 17 | 19 18 | 24 30 | 00 34 | 11 18 | 14 01 | 08 21 | 07 00 | 20 51 |
| 28 | 22:26:57 | 05 13 29 | 16 36 | 23 02 | 00♎35 | 20 21 | 25 09 | 00 46 | 11 17 | 14 02 | 08 20 | 06 59 | 20 48 |
| 29 | 22:30:54 | 06 11 27 | 29 24 | 05♑42 | 01 52 | 21 25 | 25 47 | 00 58 | 11 17 | 14 03 | 08 19 | 06 57 | 20 45 |
| 30 | 22:34:50 | 07 09 26 | 11♑55 | 18 05 | 03 06 | 22 29 | 26 26 | 01 11 | 11 16 | 14 04 | 08 17 | 06 56 | 20 42 |
| 31 | 22:38:47 | 08 07 26 | 24 12 | 00♒16 | 04 19 | 23 33 | 27 04 | 01 23 | 11 15 | 14 05 | 08 16 | 06 55 | 20 39 |

## 0:00 E.T. — Longitudes of the Major Asteroids and Chiron

| D | ⚳ | ⚴ | ⚵ | ⚶ | ⚷ |
|---|---|---|---|---|---|
| 1 | 14♏04 | 06♎16 | 07♍08 | 14♍48 | 08♉32 |
| 2 | 14 16 | 06 39 | 07 33 | 15 16 | 08 33 |
| 3 | 14 28 | 07 01 | 07 57 | 15 44 | 08 33 |
| 4 | 14 41 | 07 23 | 08 21 | 16 12 | 08 34 |
| 5 | 14 53 | 07 46 | 08 45 | 16 41 | 08 34 |
| 6 | 15 06 | 08 09 | 09 09 | 17 09 | 08 35 |
| 7 | 15 19 | 08 32 | 09 33 | 17 38 | 08 35 |
| 8 | 15 33 | 08 54 | 09 57 | 18 06 | 08 35 |
| 9 | 15 46 | 09 17 | 10 21 | 18 35 | 08 35 |
| 10 | 16 00 | 09 40 | 10 46 | 19 03 | 08 35 |
| 11 | 16 14 | 10 04 | 11 10 | 19 32 | 08 35 |
| 12 | 16 28 | 10 27 | 11 34 | 20 01 | 08 35℞ |
| 13 | 16 43 | 10 50 | 11 58 | 20 30 | 08 35 |
| 14 | 16 57 | 11 13 | 12 22 | 20 58 | 08 35 |
| 15 | 17 12 | 11 37 | 12 46 | 21 27 | 08 35 |
| 16 | 17 27 | 12 00 | 13 10 | 21 56 | 08 35 |
| 17 | 17 42 | 12 24 | 13 34 | 22 25 | 08 35 |
| 18 | 17 57 | 12 48 | 13 58 | 22 54 | 08 34 |
| 19 | 18 13 | 13 12 | 14 23 | 23 24 | 08 34 |
| 20 | 18 29 | 13 35 | 14 47 | 23 53 | 08 33 |
| 21 | 18 44 | 13 59 | 15 11 | 24 22 | 08 33 |
| 22 | 19 01 | 14 23 | 15 35 | 24 51 | 08 32 |
| 23 | 19 17 | 14 47 | 15 59 | 25 21 | 08 32 |
| 24 | 19 33 | 15 11 | 16 23 | 25 50 | 08 31 |
| 25 | 19 50 | 15 36 | 16 47 | 26 20 | 08 30 |
| 26 | 20 07 | 16 00 | 17 11 | 26 49 | 08 30 |
| 27 | 20 24 | 16 24 | 17 35 | 27 19 | 08 29 |
| 28 | 20 41 | 16 49 | 17 59 | 27 48 | 08 28 |
| 29 | 20 58 | 17 13 | 18 23 | 28 18 | 08 27 |
| 30 | 21 15 | 17 38 | 18 47 | 28 47 | 08 26 |
| 31 | 21 33 | 18 02 | 19 11 | 29 17 | 08 25 |

## Lunar Data

| Last Asp. | | Ingress | | |
|---|---|---|---|---|
| 1 | 11:21 | 1 | ♑ | 19:34 |
| 3 | 21:55 | 4 | ♒ | 05:35 |
| 6 | 15:30 | 6 | ♓ | 17:22 |
| 9 | 00:02 | 9 | ♈ | 06:03 |
| 10 | 19:45 | 11 | ♉ | 18:18 |
| 14 | 00:36 | 14 | ♊ | 04:24 |
| 16 | 08:11 | 16 | ♋ | 10:56 |
| 18 | 11:54 | 18 | ♌ | 13:47 |
| 20 | 10:45 | 20 | ♍ | 14:01 |
| 22 | 12:57 | 22 | ♎ | 13:29 |
| 24 | 02:02 | 24 | ♏ | 14:14 |
| 26 | 15:48 | 26 | ♐ | 17:53 |
| 27 | 19:17 | 29 | ♑ | 01:08 |
| 31 | 05:58 | 31 | ♒ | 11:28 |

## 0:00 E.T. — Declinations

| D | ☉ | ☽ | ☿ | ♀ | ♂ | ♃ | ♄ | ♅ | ♆ | ♇ | ⚳ | ⚴ | ⚵ | ⚶ | ⚷ |
|---|---|---|---|---|---|---|---|---|---|---|---|---|---|---|---|
| 1 | +17 56 | -25 57 | +17 37 | +19 24 | +23 47 | +02 49 | +12 46 | +22 21 | +02 08 | -23 28 | -13 08 | +14 19 | +08 24 | +10 48 | +13 42 |
| 2 | 17 40 | 25 18 | 17 00 | 19 29 | 23 46 | 02 45 | 12 46 | 22 21 | 02 07 | 23 29 | 13 15 | 14 12 | 08 17 | 10 37 | 13 43 |
| 3 | 17 25 | 23 23 | 16 21 | 19 34 | 23 44 | 02 40 | 12 47 | 22 21 | 02 07 | 23 29 | 13 21 | 14 06 | 08 10 | 10 25 | 13 43 |
| 4 | 17 09 | 20 22 | 15 42 | 19 39 | 23 42 | 02 36 | 12 47 | 22 21 | 02 07 | 23 30 | 13 28 | 13 59 | 08 03 | 10 14 | 13 43 |
| 5 | 16 53 | 16 31 | 15 01 | 19 43 | 23 39 | 02 32 | 12 47 | 22 22 | 02 06 | 23 30 | 13 35 | 13 52 | 07 56 | 10 03 | 13 43 |
| 6 | 16 36 | 12 02 | 14 20 | 19 47 | 23 37 | 02 27 | 12 48 | 22 22 | 02 06 | 23 30 | 13 42 | 13 45 | 07 49 | 09 51 | 13 43 |
| 7 | 16 20 | 07 09 | 13 39 | 19 51 | 23 34 | 02 23 | 12 48 | 22 22 | 02 06 | 23 31 | 13 49 | 13 38 | 07 42 | 09 40 | 13 43 |
| 8 | 16 03 | 02 02 | 12 57 | 19 55 | 23 31 | 02 18 | 12 48 | 22 22 | 02 05 | 23 31 | 13 56 | 13 31 | 07 35 | 09 28 | 13 43 |
| 9 | 15 45 | +03 07 | 12 14 | 19 58 | 23 28 | 02 14 | 12 48 | 22 23 | 02 05 | 23 32 | 14 03 | 13 25 | 07 28 | 09 17 | 13 43 |
| 10 | 15 28 | 08 10 | 11 31 | 20 01 | 23 25 | 02 09 | 12 49 | 22 23 | 02 05 | 23 32 | 14 10 | 13 18 | 07 20 | 09 05 | 13 42 |
| 11 | 15 10 | 12 57 | 10 48 | 20 04 | 23 22 | 02 04 | 12 49 | 22 23 | 02 04 | 23 33 | 14 17 | 13 11 | 07 13 | 08 54 | 13 42 |
| 12 | 14 52 | 17 18 | 10 05 | 20 06 | 23 18 | 02 00 | 12 49 | 22 23 | 02 04 | 23 33 | 14 24 | 13 04 | 07 06 | 08 42 | 13 42 |
| 13 | 14 34 | 21 00 | 09 21 | 20 08 | 23 14 | 01 55 | 12 49 | 22 24 | 02 03 | 23 33 | 14 31 | 12 57 | 06 59 | 08 30 | 13 42 |
| 14 | 14 16 | 23 49 | 08 37 | 20 10 | 23 10 | 01 50 | 12 49 | 22 24 | 02 03 | 23 34 | 14 38 | 12 50 | 06 51 | 08 19 | 13 42 |
| 15 | 13 57 | 25 31 | 07 54 | 20 11 | 23 06 | 01 46 | 12 49 | 22 24 | 02 03 | 23 34 | 14 45 | 12 43 | 06 44 | 08 07 | 13 42 |
| 16 | 13 38 | 25 50 | 07 10 | 20 12 | 23 02 | 01 41 | 12 49 | 22 24 | 02 02 | 23 34 | 14 53 | 12 36 | 06 37 | 07 55 | 13 42 |
| 17 | 13 19 | 24 37 | 06 27 | 20 12 | 22 57 | 01 36 | 12 49 | 22 25 | 02 02 | 23 35 | 15 00 | 12 29 | 06 29 | 07 43 | 13 41 |
| 18 | 12 59 | 21 48 | 05 43 | 20 12 | 22 53 | 01 32 | 12 49 | 22 25 | 02 01 | 23 35 | 15 07 | 12 22 | 06 22 | 07 32 | 13 41 |
| 19 | 12 40 | 17 33 | 05 00 | 20 12 | 22 48 | 01 27 | 12 49 | 22 25 | 02 01 | 23 36 | 15 14 | 12 15 | 06 15 | 07 20 | 13 41 |
| 20 | 12 20 | 12 06 | 04 17 | 20 11 | 22 43 | 01 22 | 12 49 | 22 25 | 02 00 | 23 36 | 15 21 | 12 08 | 06 07 | 07 08 | 13 41 |
| 21 | 12 00 | 05 52 | 03 35 | 20 10 | 22 38 | 01 17 | 12 49 | 22 25 | 02 00 | 23 36 | 15 28 | 12 01 | 06 00 | 06 56 | 13 40 |
| 22 | 11 40 | -00 42 | 02 52 | 20 08 | 22 32 | 01 12 | 12 49 | 22 26 | 01 59 | 23 37 | 15 35 | 11 54 | 05 52 | 06 44 | 13 40 |
| 23 | 11 20 | 07 11 | 02 10 | 20 06 | 22 27 | 01 07 | 12 48 | 22 26 | 01 59 | 23 37 | 15 42 | 11 47 | 05 45 | 06 32 | 13 40 |
| 24 | 10 59 | 13 08 | 01 29 | 20 03 | 22 21 | 01 03 | 12 48 | 22 26 | 01 58 | 23 37 | 15 49 | 11 39 | 05 37 | 06 20 | 13 40 |
| 25 | 10 39 | 18 12 | 00 48 | 20 00 | 22 15 | 00 58 | 12 48 | 22 26 | 01 58 | 23 38 | 15 57 | 11 32 | 05 30 | 06 08 | 13 39 |
| 26 | 10 18 | 22 07 | 00 07 | 19 56 | 22 10 | 00 53 | 12 47 | 22 26 | 01 57 | 23 38 | 16 04 | 11 25 | 05 22 | 05 56 | 13 39 |
| 27 | 09 57 | 24 41 | -00 33 | 19 52 | 22 03 | 00 48 | 12 47 | 22 26 | 01 57 | 23 38 | 16 11 | 11 18 | 05 15 | 05 44 | 13 39 |
| 28 | 09 36 | 25 47 | 01 12 | 19 48 | 21 57 | 00 43 | 12 47 | 22 26 | 01 56 | 23 39 | 16 18 | 11 11 | 05 07 | 05 32 | 13 38 |
| 29 | 09 14 | 25 28 | 01 51 | 19 43 | 21 51 | 00 38 | 12 46 | 22 27 | 01 55 | 23 39 | 16 25 | 11 04 | 05 00 | 05 20 | 13 38 |
| 30 | 08 53 | 23 51 | 02 29 | 19 37 | 21 44 | 00 33 | 12 46 | 22 27 | 01 55 | 23 39 | 16 32 | 10 57 | 04 52 | 05 08 | 13 37 |
| 31 | 08 31 | 21 07 | 03 06 | 19 31 | 21 37 | 00 28 | 12 45 | 22 27 | 01 54 | 23 40 | 16 39 | 10 50 | 04 45 | 04 56 | 13 37 |

Lunar Phases -- 5 ○ 08:11 13 ◑ 11:47 20 ● 10:45 27 ◐ 01:37 Sun enters ♍ 8/22 14:02

# 0:00 E.T. Longitudes of Main Planets - September 2028 Sep. 28

| D | S.T. | ☉ | ☽ | ☽ 12:00 | ☿ | ♀ | ♂ | ♃ | ♄ | ♅ | ♆ | ♇ | ☊ |
|---|---|---|---|---|---|---|---|---|---|---|---|---|---|
| 1 | 22:42:43 | 09♍05 28 | 06♒19 | 12♒19 | 05♎30 | 24♋37 | 27♋42 | 01♎36 | 11♉15℞ | 14♊06 | 08♈15℞ | 06♒54℞ | 20♑35 |
| 2 | 22:46:40 | 10 03 31 | 18 18 | 24 16 | 06 39 | 25 41 | 28 21 | 01 48 | 11 13 | 14 07 | 08 13 | 06 53 | 20 32 |
| 3 | 22:50:37 | 11 01 36 | 00♓13 | 06♓09 | 07 46 | 26 46 | 28 59 | 02 00 | 11 12 | 14 08 | 08 12 | 06 52 | 20 29 |
| 4 | 22:54:33 | 11 59 42 | 12 05 | 18 00 | 08 51 | 27 51 | 29 37 | 02 13 | 11 11 | 14 09 | 08 10 | 06 51 | 20 26 |
| 5 | 22:58:30 | 12 57 50 | 23 56 | 29 52 | 09 53 | 28 56 | 00♌15 | 02 26 | 11 10 | 14 09 | 08 09 | 06 50 | 20 23 |
| 6 | 23:02:26 | 13 56 00 | 05♈48 | 11♈45 | 10 53 | 00♌02 | 00 53 | 02 38 | 11 08 | 14 10 | 08 07 | 06 48 | 20 20 |
| 7 | 23:06:23 | 14 54 12 | 17 43 | 23 42 | 11 50 | 01 08 | 01 31 | 02 51 | 11 07 | 14 11 | 08 06 | 06 47 | 20 16 |
| 8 | 23:10:19 | 15 52 25 | 29 42 | 05♉44 | 12 45 | 02 13 | 02 09 | 03 03 | 11 05 | 14 11 | 08 04 | 06 46 | 20 13 |
| 9 | 23:14:16 | 16 50 41 | 11♉48 | 17 55 | 13 36 | 03 20 | 02 46 | 03 16 | 11 04 | 14 12 | 08 03 | 06 45 | 20 10 |
| 10 | 23:18:12 | 17 48 58 | 24 05 | 00♊18 | 14 25 | 04 26 | 03 24 | 03 29 | 11 02 | 14 12 | 08 01 | 06 44 | 20 07 |
| 11 | 23:22:09 | 18 47 18 | 06♊35 | 12 56 | 15 10 | 05 32 | 04 02 | 03 41 | 11 00 | 14 13 | 08 00 | 06 43 | 20 04 |
| 12 | 23:26:06 | 19 45 40 | 19 22 | 25 54 | 15 51 | 06 39 | 04 39 | 03 54 | 10 58 | 14 13 | 07 58 | 06 43 | 20 00 |
| 13 | 23:30:02 | 20 44 04 | 02♋31 | 09♋15 | 16 28 | 07 46 | 05 17 | 04 07 | 10 56 | 14 13 | 07 57 | 06 42 | 19 57 |
| 14 | 23:33:59 | 21 42 30 | 16 05 | 23 02 | 17 02 | 08 53 | 05 55 | 04 20 | 10 53 | 14 14 | 07 55 | 06 41 | 19 54 |
| 15 | 23:37:55 | 22 40 58 | 00♌06 | 07♌17 | 17 31 | 10 01 | 06 32 | 04 33 | 10 51 | 14 14 | 07 54 | 06 40 | 19 51 |
| 16 | 23:41:52 | 23 39 28 | 14 34 | 21 58 | 17 55 | 11 08 | 07 09 | 04 45 | 10 49 | 14 14 | 07 52 | 06 39 | 19 48 |
| 17 | 23:45:48 | 24 38 00 | 29 27 | 07♍00 | 18 13 | 12 16 | 07 47 | 04 58 | 10 46 | 14 14 | 07 50 | 06 38 | 19 45 |
| 18 | 23:49:45 | 25 36 35 | 14♍37 | 22 16 | 18 27 | 13 24 | 08 24 | 05 11 | 10 44 | 14 14 | 07 49 | 06 37 | 19 41 |
| 19 | 23:53:41 | 26 35 11 | 29 55 | 07♎34 | 18 34 | 14 32 | 09 01 | 05 24 | 10 41 | 14 14℞ | 07 47 | 06 37 | 19 38 |
| 20 | 23:57:38 | 27 33 49 | 15♎11 | 22 44 | 18 35℞ | 15 40 | 09 38 | 05 37 | 10 38 | 14 14 | 07 46 | 06 36 | 19 35 |
| 21 | 0:01:35 | 28 32 29 | 00♏12 | 07♏35 | 18 30 | 16 48 | 10 15 | 05 50 | 10 35 | 14 14 | 07 44 | 06 35 | 19 32 |
| 22 | 0:05:31 | 29 31 11 | 14 51 | 22 00 | 18 18 | 17 57 | 10 52 | 06 03 | 10 32 | 14 14 | 07 42 | 06 34 | 19 29 |
| 23 | 0:09:28 | 00♎29 54 | 29 02 | 05♐56 | 17 58 | 19 06 | 11 29 | 06 16 | 10 29 | 14 14 | 07 41 | 06 34 | 19 26 |
| 24 | 0:13:24 | 01 28 40 | 12♐43 | 19 22 | 17 32 | 20 14 | 12 06 | 06 29 | 10 26 | 14 14 | 07 39 | 06 33 | 19 22 |
| 25 | 0:17:21 | 02 27 27 | 25 55 | 02♑22 | 16 58 | 21 23 | 12 43 | 06 42 | 10 23 | 14 14 | 07 37 | 06 32 | 19 19 |
| 26 | 0:21:17 | 03 26 16 | 08♑43 | 14 58 | 16 17 | 22 33 | 13 20 | 06 55 | 10 20 | 14 13 | 07 36 | 06 32 | 19 16 |
| 27 | 0:25:14 | 04 25 06 | 21 09 | 27 17 | 15 29 | 23 42 | 13 56 | 07 08 | 10 16 | 14 13 | 07 34 | 06 31 | 19 13 |
| 28 | 0:29:10 | 05 23 58 | 03♒21 | 09♒22 | 14 35 | 24 51 | 14 33 | 07 21 | 10 13 | 14 12 | 07 32 | 06 30 | 19 10 |
| 29 | 0:33:07 | 06 22 52 | 15 21 | 21 18 | 13 36 | 26 01 | 15 09 | 07 33 | 10 09 | 14 12 | 07 31 | 06 30 | 19 06 |
| 30 | 0:37:04 | 07 21 48 | 27 15 | 03♓10 | 12 32 | 27 11 | 15 46 | 07 46 | 10 06 | 14 11 | 07 29 | 06 29 | 19 03 |

# 0:00 E.T. Longitudes of the Major Asteroids and Chiron

| D | ⚳ | ⚴ | ⚵ | ⚶ | ⚷ | D | ⚳ | ⚴ | ⚵ | ⚶ | ⚷ |
|---|---|---|---|---|---|---|---|---|---|---|---|
| 1 | 21♏50 | 18♎27 | 19♍35 | 29♍47 | 08♉24℞ | 16 | 26 32 | 24 42 | 25 32 | 07 19 | 08 02 |
| 2 | 22 08 | 18 51 | 19 59 | 00♎17 | 08 23 | 17 | 26 52 | 25 08 | 25 56 | 07 49 | 08 00 |
| 3 | 22 26 | 19 16 | 20 23 | 00 47 | 08 22 | 18 | 27 12 | 25 33 | 26 20 | 08 19 | 07 58 |
| 4 | 22 44 | 19 41 | 20 47 | 01 17 | 08 20 | 19 | 27 32 | 25 58 | 26 43 | 08 50 | 07 56 |
| 5 | 23 03 | 20 06 | 21 11 | 01 46 | 08 19 | 20 | 27 52 | 26 24 | 27 07 | 09 20 | 07 54 |
| 6 | 23 21 | 20 31 | 21 35 | 02 16 | 08 18 | 21 | 28 12 | 26 50 | 27 31 | 09 51 | 07 52 |
| 7 | 23 40 | 20 55 | 21 58 | 02 46 | 08 16 | 22 | 28 32 | 27 15 | 27 54 | 10 22 | 07 50 |
| 8 | 23 58 | 21 20 | 22 22 | 03 17 | 08 15 | 23 | 28 53 | 27 41 | 28 18 | 10 52 | 07 48 |
| 9 | 24 17 | 21 46 | 22 46 | 03 47 | 08 13 | 24 | 29 13 | 28 07 | 28 41 | 11 23 | 07 46 |
| 10 | 24 36 | 22 11 | 23 10 | 04 17 | 08 12 | 25 | 29 34 | 28 32 | 29 05 | 11 54 | 07 44 |
| 11 | 24 55 | 22 36 | 23 34 | 04 47 | 08 10 | 26 | 29 55 | 28 58 | 29 28 | 12 24 | 07 41 |
| 12 | 25 14 | 23 01 | 23 58 | 05 17 | 08 09 | 27 | 00♐15 | 29 24 | 29 51 | 12 55 | 07 39 |
| 13 | 25 33 | 23 26 | 24 21 | 05 48 | 08 07 | 28 | 00 36 | 29 50 | 00♎15 | 13 26 | 07 37 |
| 14 | 25 53 | 23 51 | 24 45 | 06 18 | 08 05 | 29 | 00 57 | 00♏16 | 00 38 | 13 57 | 07 34 |
| 15 | 26 12 | 24 17 | 25 09 | 06 48 | 08 04 | 30 | 01 18 | 00 41 | 01 01 | 14 28 | 07 32 |

## Lunar Data

| Last Asp. | | Ingress | | |
|---|---|---|---|---|
| 1 | 15:36 | 2 | ♓ | 23:34 |
| 5 | 11:09 | 5 | ♈ | 12:16 |
| 6 | 16:53 | 8 | ♉ | 00:36 |
| 9 | 10:45 | 10 | ♊ | 11:26 |
| 12 | 00:47 | 12 | ♋ | 19:27 |
| 14 | 10:27 | 14 | ♌ | 23:49 |
| 16 | 05:34 | 17 | ♍ | 00:53 |
| 18 | 18:25 | 19 | ♎ | 00:07 |
| 20 | 05:23 | 20 | ♏ | 23:40 |
| 22 | 05:37 | 23 | ♐ | 01:40 |
| 24 | 14:53 | 25 | ♑ | 07:35 |
| 26 | 13:41 | 27 | ♒ | 17:22 |
| 29 | 23:51 | 30 | ♓ | 05:34 |

# 0:00 E.T. Declinations

| D | ☉ | ☽ | ☿ | ♀ | ♂ | ♃ | ♄ | ♅ | ♆ | ♇ | ⚳ | ⚴ | ⚵ | ⚶ | ⚷ |
|---|---|---|---|---|---|---|---|---|---|---|---|---|---|---|---|
| 1 | +08 10 | -17 30 | -03 43 | +19 25 | +21 30 | +00 23 | +12 45 | +22 27 | +01 54 | -23 40 | -16 46 | +10 43 | +04 37 | +04 44 | +13 36 |
| 2 | 07 48 | 13 12 | 04 19 | 19 17 | 21 23 | 00 18 | 12 44 | 22 27 | 01 53 | 23 40 | 16 53 | 10 36 | 04 29 | 04 32 | 13 36 |
| 3 | 07 26 | 08 27 | 04 53 | 19 10 | 21 16 | 00 13 | 12 44 | 22 27 | 01 53 | 23 40 | 17 00 | 10 29 | 04 22 | 04 20 | 13 35 |
| 4 | 07 04 | 03 25 | 05 27 | 19 02 | 21 09 | 00 08 | 12 43 | 22 27 | 01 52 | 23 41 | 17 07 | 10 22 | 04 14 | 04 08 | 13 35 |
| 5 | 06 42 | +01 43 | 06 00 | 18 53 | 21 02 | 00 03 | 12 43 | 22 27 | 01 51 | 23 41 | 17 14 | 10 15 | 04 07 | 03 55 | 13 34 |
| 6 | 06 19 | 06 48 | 06 32 | 18 44 | 20 54 | -00 02 | 12 42 | 22 27 | 01 51 | 23 41 | 17 21 | 10 09 | 03 59 | 03 43 | 13 34 |
| 7 | 05 57 | 11 38 | 07 02 | 18 35 | 20 46 | 00 07 | 12 41 | 22 28 | 01 50 | 23 41 | 17 28 | 10 02 | 03 51 | 03 31 | 13 33 |
| 8 | 05 34 | 16 04 | 07 31 | 18 25 | 20 38 | 00 12 | 12 41 | 22 28 | 01 50 | 23 42 | 17 35 | 09 55 | 03 44 | 03 19 | 13 33 |
| 9 | 05 12 | 19 55 | 07 59 | 18 14 | 20 30 | 00 17 | 12 40 | 22 28 | 01 49 | 23 42 | 17 42 | 09 48 | 03 36 | 03 07 | 13 32 |
| 10 | 04 49 | 22 57 | 08 25 | 18 03 | 20 22 | 00 22 | 12 39 | 22 28 | 01 48 | 23 42 | 17 49 | 09 41 | 03 28 | 02 55 | 13 32 |
| 11 | 04 26 | 24 57 | 08 50 | 17 51 | 20 14 | 00 27 | 12 38 | 22 28 | 01 48 | 23 42 | 17 56 | 09 34 | 03 21 | 02 42 | 13 31 |
| 12 | 04 03 | 25 42 | 09 13 | 17 39 | 20 06 | 00 32 | 12 37 | 22 28 | 01 47 | 23 43 | 18 03 | 09 27 | 03 13 | 02 30 | 13 30 |
| 13 | 03 40 | 25 04 | 09 34 | 17 27 | 19 57 | 00 37 | 12 37 | 22 28 | 01 46 | 23 43 | 18 10 | 09 21 | 03 05 | 02 18 | 13 30 |
| 14 | 03 17 | 22 56 | 09 53 | 17 14 | 19 49 | 00 43 | 12 36 | 22 28 | 01 46 | 23 43 | 18 17 | 09 14 | 02 58 | 02 06 | 13 29 |
| 15 | 02 54 | 19 22 | 10 10 | 17 00 | 19 40 | 00 48 | 12 35 | 22 28 | 01 45 | 23 43 | 18 23 | 09 07 | 02 50 | 01 54 | 13 28 |
| 16 | 02 31 | 14 32 | 10 24 | 16 46 | 19 31 | 00 53 | 12 34 | 22 28 | 01 44 | 23 43 | 18 30 | 09 00 | 02 43 | 01 41 | 13 28 |
| 17 | 02 08 | 08 43 | 10 36 | 16 31 | 19 22 | 00 58 | 12 33 | 22 28 | 01 44 | 23 44 | 18 37 | 08 54 | 02 35 | 01 29 | 13 27 |
| 18 | 01 45 | 02 18 | 10 45 | 16 16 | 19 13 | 01 03 | 12 32 | 22 28 | 01 43 | 23 44 | 18 44 | 08 47 | 02 27 | 01 17 | 13 26 |
| 19 | 01 21 | -04 17 | 10 51 | 16 01 | 19 04 | 01 08 | 12 31 | 22 28 | 01 42 | 23 44 | 18 50 | 08 41 | 02 20 | 01 05 | 13 25 |
| 20 | 00 58 | 10 36 | 10 54 | 15 45 | 18 55 | 01 13 | 12 30 | 22 28 | 01 42 | 23 44 | 18 57 | 08 34 | 02 12 | 00 53 | 13 25 |
| 21 | 00 35 | 16 12 | 10 53 | 15 29 | 18 45 | 01 18 | 12 29 | 22 28 | 01 41 | 23 44 | 19 04 | 08 28 | 02 04 | 00 41 | 13 24 |
| 22 | 00 11 | 20 41 | 10 48 | 15 12 | 18 36 | 01 23 | 12 28 | 22 28 | 01 40 | 23 44 | 19 10 | 08 21 | 01 57 | 00 28 | 13 23 |
| 23 | -00 12 | 23 48 | 10 40 | 14 54 | 18 26 | 01 29 | 12 27 | 22 28 | 01 40 | 23 45 | 19 17 | 08 15 | 01 49 | 00 16 | 13 22 |
| 24 | 00 35 | 25 23 | 10 27 | 14 37 | 18 17 | 01 34 | 12 25 | 22 28 | 01 39 | 23 45 | 19 23 | 08 08 | 01 42 | 00 04 | 13 22 |
| 25 | 00 59 | 25 28 | 10 10 | 14 18 | 18 07 | 01 39 | 12 24 | 22 28 | 01 38 | 23 45 | 19 30 | 08 02 | 01 34 | -00 08 | 13 21 |
| 26 | 01 22 | 24 10 | 09 49 | 14 00 | 17 57 | 01 44 | 12 23 | 22 28 | 01 38 | 23 45 | 19 36 | 07 55 | 01 27 | 00 20 | 13 20 |
| 27 | 01 45 | 21 42 | 09 23 | 13 41 | 17 47 | 01 49 | 12 22 | 22 28 | 01 37 | 23 45 | 19 43 | 07 49 | 01 19 | 00 32 | 13 19 |
| 28 | 02 09 | 18 18 | 08 53 | 13 21 | 17 37 | 01 54 | 12 21 | 22 28 | 01 37 | 23 45 | 19 49 | 07 43 | 01 11 | 00 44 | 13 18 |
| 29 | 02 32 | 14 11 | 08 19 | 13 02 | 17 27 | 01 59 | 12 20 | 22 28 | 01 36 | 23 45 | 19 56 | 07 37 | 01 04 | 00 56 | 13 17 |
| 30 | 02 55 | 09 35 | 07 42 | 12 41 | 17 17 | 02 04 | 12 18 | 22 28 | 01 35 | 23 45 | 20 02 | 07 31 | 00 56 | 01 09 | 13 17 |

Lunar Phases -- 3 ○ 23:49 12 ◑ 00:47 18 ● 18:25 25 ◐ 13:11 Sun enters ♎ 9/22 11:47

## Longitudes of Main Planets - October 2028

0:00 E.T.

| D | S.T. | ☉ | ☽ | ☽ 12:00 | ☿ | ♀ | ♂ | ♃ | ♄ | ♅ | ♆ | ♇ | ☊ |
|---|---|---|---|---|---|---|---|---|---|---|---|---|---|
| 1 | 0:41:00 | 08♎20 45 | 09♓06 | 15♓01 | 11♎25℞ | 28♌20 | 16♌22 | 07♎59 | 10♉02℞ | 14♊11℞ | 07♈27℞ | 06♒29℞ | 19♑00 |
| 2 | 0:44:57 | 09 19 45 | 20 56 | 26 52 | 10 16 | 29 30 | 16 58 | 08 12 | 09 58 | 14 10 | 07 26 | 06 28 | 18 57 |
| 3 | 0:48:53 | 10 18 46 | 02♈49 | 08♈47 | 09 08 | 00♍40 | 17 35 | 08 25 | 09 55 | 14 09 | 07 24 | 06 28 | 18 54 |
| 4 | 0:52:50 | 11 17 49 | 14 45 | 20 45 | 08 02 | 01 51 | 18 11 | 08 38 | 09 51 | 14 09 | 07 22 | 06 27 | 18 51 |
| 5 | 0:56:46 | 12 16 54 | 26 47 | 02♉50 | 07 00 | 03 01 | 18 47 | 08 51 | 09 47 | 14 08 | 07 21 | 06 27 | 18 47 |
| 6 | 1:00:43 | 13 16 02 | 08♉54 | 15 00 | 06 03 | 04 12 | 19 23 | 09 04 | 09 43 | 14 07 | 07 19 | 06 27 | 18 44 |
| 7 | 1:04:39 | 14 15 12 | 21 09 | 27 19 | 05 13 | 05 22 | 19 59 | 09 17 | 09 39 | 14 06 | 07 17 | 06 26 | 18 41 |
| 8 | 1:08:36 | 15 14 24 | 03♊32 | 09♊48 | 04 32 | 06 33 | 20 35 | 09 30 | 09 35 | 14 05 | 07 16 | 06 26 | 18 38 |
| 9 | 1:12:33 | 16 13 38 | 16 07 | 22 30 | 04 01 | 07 44 | 21 11 | 09 43 | 09 30 | 14 04 | 07 14 | 06 26 | 18 35 |
| 10 | 1:16:29 | 17 12 54 | 28 56 | 05♋27 | 03 40 | 08 55 | 21 46 | 09 56 | 09 26 | 14 03 | 07 12 | 06 25 | 18 32 |
| 11 | 1:20:26 | 18 12 13 | 12♋02 | 18 43 | 03 30 | 10 06 | 22 22 | 10 09 | 09 22 | 14 02 | 07 11 | 06 25 | 18 28 |
| 12 | 1:24:22 | 19 11 34 | 25 29 | 02♌21 | 03 31D | 11 17 | 22 58 | 10 22 | 09 17 | 14 01 | 07 09 | 06 25 | 18 25 |
| 13 | 1:28:19 | 20 10 58 | 09♌19 | 16 23 | 03 42 | 12 29 | 23 33 | 10 35 | 09 13 | 14 00 | 07 08 | 06 25 | 18 22 |
| 14 | 1:32:15 | 21 10 23 | 23 33 | 00♍49 | 04 04 | 13 40 | 24 09 | 10 48 | 09 09 | 13 59 | 07 06 | 06 25 | 18 19 |
| 15 | 1:36:12 | 22 09 51 | 08♍11 | 15 37 | 04 35 | 14 52 | 24 44 | 11 01 | 09 04 | 13 57 | 07 04 | 06 25 | 18 16 |
| 16 | 1:40:08 | 23 09 22 | 23 07 | 00♎40 | 05 16 | 16 03 | 25 19 | 11 14 | 09 00 | 13 56 | 07 03 | 06 24 | 18 12 |
| 17 | 1:44:05 | 24 08 54 | 08♎15 | 15 50 | 06 06 | 17 15 | 25 54 | 11 26 | 08 55 | 13 55 | 07 01 | 06 24 | 18 09 |
| 18 | 1:48:02 | 25 08 28 | 23 24 | 00♏56 | 07 02 | 18 27 | 26 30 | 11 39 | 08 50 | 13 53 | 07 00 | 06 24 | 18 06 |
| 19 | 1:51:58 | 26 08 05 | 08♏24 | 15 48 | 08 06 | 19 39 | 27 05 | 11 52 | 08 46 | 13 52 | 06 58 | 06 24 | 18 03 |
| 20 | 1:55:55 | 27 07 44 | 23 06 | 00♐17 | 09 16 | 20 51 | 27 39 | 12 05 | 08 41 | 13 50 | 06 56 | 06 24D | 18 00 |
| 21 | 1:59:51 | 28 07 24 | 07♐22 | 14 19 | 10 31 | 22 03 | 28 14 | 12 18 | 08 36 | 13 49 | 06 55 | 06 24 | 17 57 |
| 22 | 2:03:48 | 29 07 06 | 21 09 | 27 52 | 11 51 | 23 15 | 28 49 | 12 30 | 08 32 | 13 47 | 06 53 | 06 24 | 17 53 |
| 23 | 2:07:44 | 00♏06 51 | 04♑27 | 10♑56 | 13 14 | 24 28 | 29 24 | 12 43 | 08 27 | 13 46 | 06 52 | 06 24 | 17 50 |
| 24 | 2:11:41 | 01 06 36 | 17 19 | 23 36 | 14 41 | 25 40 | 29 58 | 12 56 | 08 22 | 13 44 | 06 50 | 06 25 | 17 47 |
| 25 | 2:15:37 | 02 06 24 | 29 48 | 05♒56 | 16 10 | 26 53 | 00♍33 | 13 08 | 08 17 | 13 42 | 06 49 | 06 25 | 17 44 |
| 26 | 2:19:34 | 03 06 13 | 12♒00 | 18 01 | 17 42 | 28 05 | 01 07 | 13 21 | 08 13 | 13 41 | 06 47 | 06 25 | 17 41 |
| 27 | 2:23:31 | 04 06 04 | 23 59 | 29 56 | 19 15 | 29 18 | 01 41 | 13 34 | 08 08 | 13 39 | 06 46 | 06 25 | 17 38 |
| 28 | 2:27:27 | 05 05 56 | 05♓52 | 11♓47 | 20 50 | 00♎31 | 02 16 | 13 46 | 08 03 | 13 37 | 06 45 | 06 25 | 17 34 |
| 29 | 2:31:24 | 06 05 50 | 17 42 | 23 38 | 22 26 | 01 43 | 02 50 | 13 59 | 07 58 | 13 35 | 06 43 | 06 26 | 17 31 |
| 30 | 2:35:20 | 07 05 46 | 29 34 | 05♈31 | 24 04 | 02 56 | 03 24 | 14 11 | 07 53 | 13 34 | 06 42 | 06 26 | 17 28 |
| 31 | 2:39:17 | 08 05 43 | 11♈30 | 17 30 | 25 41 | 04 09 | 03 58 | 14 24 | 07 48 | 13 32 | 06 40 | 06 26 | 17 25 |

0:00 E.T.

## Longitudes of the Major Asteroids and Chiron

| D | ⚳ | ⚴ | ⚵ | ⚶ | ⚷ |
|---|---|---|---|---|---|
| 1 | 01♐40 | 01♏07 | 01♎25 | 14♎58 | 07♉30℞ |
| 2 | 02 01 | 01 33 | 01 48 | 15 29 | 07 27 |
| 3 | 02 22 | 01 59 | 02 11 | 16 00 | 07 25 |
| 4 | 02 44 | 02 25 | 02 34 | 16 31 | 07 22 |
| 5 | 03 05 | 02 51 | 02 57 | 17 02 | 07 20 |
| 6 | 03 27 | 03 17 | 03 20 | 17 33 | 07 17 |
| 7 | 03 48 | 03 44 | 03 43 | 18 04 | 07 15 |
| 8 | 04 10 | 04 10 | 04 06 | 18 35 | 07 12 |
| 9 | 04 32 | 04 36 | 04 29 | 19 06 | 07 09 |
| 10 | 04 54 | 05 02 | 04 52 | 19 37 | 07 07 |
| 11 | 05 16 | 05 28 | 05 15 | 20 09 | 07 04 |
| 12 | 05 38 | 05 54 | 05 38 | 20 40 | 07 01 |
| 13 | 06 00 | 06 21 | 06 01 | 21 11 | 06 59 |
| 14 | 06 22 | 06 47 | 06 24 | 21 42 | 06 56 |
| 15 | 06 44 | 07 13 | 06 46 | 22 13 | 06 53 |
| 16 | 07 07 | 07 39 | 07 09 | 22 45 | 06 50 |
| 17 | 07 29 | 08 06 | 07 32 | 23 16 | 06 48 |
| 18 | 07 52 | 08 32 | 07 54 | 23 47 | 06 45 |
| 19 | 08 14 | 08 58 | 08 17 | 24 18 | 06 42 |
| 20 | 08 37 | 09 25 | 08 39 | 24 50 | 06 39 |
| 21 | 08 59 | 09 51 | 09 01 | 25 21 | 06 36 |
| 22 | 09 22 | 10 18 | 09 24 | 25 53 | 06 34 |
| 23 | 09 45 | 10 44 | 09 46 | 26 24 | 06 31 |
| 24 | 10 08 | 11 10 | 10 08 | 26 55 | 06 28 |
| 25 | 10 31 | 11 37 | 10 31 | 27 27 | 06 25 |
| 26 | 10 54 | 12 03 | 10 53 | 27 58 | 06 22 |
| 27 | 11 17 | 12 30 | 11 15 | 28 30 | 06 19 |
| 28 | 11 40 | 12 56 | 11 37 | 29 01 | 06 16 |
| 29 | 12 03 | 13 23 | 11 59 | 29 32 | 06 13 |
| 30 | 12 26 | 13 49 | 12 21 | 00♏04 | 06 11 |
| 31 | 12 49 | 14 16 | 12 43 | 00 35 | 06 08 |

## Lunar Data

| Last Asp. | | Ingress | | |
|---|---|---|---|---|
| 1 | 10:18 | 2 | ♈ | 18:19 |
| 4 | 07:13 | 5 | ♉ | 06:24 |
| 6 | 21:37 | 7 | ♊ | 17:11 |
| 9 | 09:60 | 10 | ♋ | 01:58 |
| 11 | 11:58 | 12 | ♌ | 07:54 |
| 14 | 01:01 | 14 | ♍ | 10:39 |
| 15 | 11:44 | 16 | ♎ | 10:57 |
| 18 | 05:07 | 18 | ♏ | 10:31 |
| 20 | 07:55 | 20 | ♐ | 11:31 |
| 22 | 15:26 | 22 | ♑ | 15:52 |
| 24 | 17:43 | 25 | ♒ | 00:24 |
| 26 | 13:04 | 27 | ♓ | 12:08 |
| 28 | 15:41 | 30 | ♈ | 00:53 |

0:00 E.T.

## Declinations

| D | ☉ | ☽ | ☿ | ♀ | ♂ | ♃ | ♄ | ♅ | ♆ | ♇ | ⚳ | ⚴ | ⚵ | ⚶ | ⚷ |
|---|---|---|---|---|---|---|---|---|---|---|---|---|---|---|---|
| 1 | -03 19 | -04 39 | -07 01 | +12 21 | +17 07 | -02 10 | +12 17 | +22 28 | +01 35 | -23 45 | -20 08 | +07 24 | +00 49 | -01 21 | +13 16 |
| 2 | 03 42 | +00 26 | 06 19 | 12 00 | 16 56 | 02 15 | 12 16 | 22 28 | 01 34 | 23 45 | 20 14 | 07 18 | 00 42 | 01 33 | 13 15 |
| 3 | 04 05 | 05 30 | 05 35 | 11 38 | 16 46 | 02 20 | 12 14 | 22 28 | 01 33 | 23 46 | 20 20 | 07 12 | 00 34 | 01 45 | 13 14 |
| 4 | 04 28 | 10 24 | 04 51 | 11 17 | 16 35 | 02 25 | 12 13 | 22 28 | 01 33 | 23 46 | 20 27 | 07 06 | 00 27 | 01 57 | 13 13 |
| 5 | 04 51 | 14 56 | 04 08 | 10 54 | 16 25 | 02 30 | 12 12 | 22 27 | 01 32 | 23 46 | 20 33 | 07 00 | 00 19 | 02 09 | 13 12 |
| 6 | 05 14 | 18 55 | 03 27 | 10 32 | 16 14 | 02 35 | 12 10 | 22 27 | 01 31 | 23 46 | 20 39 | 06 55 | 00 12 | 02 21 | 13 11 |
| 7 | 05 37 | 22 07 | 02 48 | 10 09 | 16 03 | 02 40 | 12 09 | 22 27 | 01 31 | 23 46 | 20 45 | 06 49 | 00 05 | 02 33 | 13 10 |
| 8 | 06 00 | 24 21 | 02 14 | 09 46 | 15 53 | 02 45 | 12 08 | 22 27 | 01 30 | 23 46 | 20 51 | 06 43 | -00 03 | 02 44 | 13 09 |
| 9 | 06 23 | 25 24 | 01 43 | 09 23 | 15 42 | 02 50 | 12 06 | 22 27 | 01 29 | 23 46 | 20 57 | 06 37 | 00 10 | 02 56 | 13 08 |
| 10 | 06 46 | 25 07 | 01 18 | 08 59 | 15 31 | 02 55 | 12 05 | 22 27 | 01 29 | 23 46 | 21 02 | 06 32 | 00 17 | 03 08 | 13 07 |
| 11 | 07 08 | 23 28 | 00 58 | 08 35 | 15 20 | 03 00 | 12 03 | 22 27 | 01 28 | 23 46 | 21 08 | 06 26 | 00 25 | 03 20 | 13 06 |
| 12 | 07 31 | 20 26 | 00 44 | 08 11 | 15 09 | 03 05 | 12 02 | 22 27 | 01 27 | 23 46 | 21 14 | 06 21 | 00 32 | 03 32 | 13 05 |
| 13 | 07 53 | 16 12 | 00 35 | 07 46 | 14 58 | 03 10 | 12 00 | 22 27 | 01 27 | 23 46 | 21 20 | 06 15 | 00 39 | 03 44 | 13 04 |
| 14 | 08 16 | 10 56 | 00 31 | 07 21 | 14 47 | 03 15 | 11 59 | 22 26 | 01 26 | 23 46 | 21 25 | 06 10 | 00 46 | 03 55 | 13 04 |
| 15 | 08 38 | 04 57 | 00 33 | 06 56 | 14 36 | 03 20 | 11 57 | 22 26 | 01 25 | 23 46 | 21 31 | 06 04 | 00 53 | 04 07 | 13 03 |
| 16 | 09 00 | -01 26 | 00 40 | 06 31 | 14 24 | 03 25 | 11 56 | 22 26 | 01 25 | 23 46 | 21 37 | 05 59 | 01 01 | 04 19 | 13 02 |
| 17 | 09 22 | 07 48 | 00 52 | 06 05 | 14 13 | 03 30 | 11 54 | 22 26 | 01 24 | 23 46 | 21 42 | 05 54 | 01 08 | 04 30 | 13 01 |
| 18 | 09 44 | 13 43 | 01 08 | 05 39 | 14 02 | 03 35 | 11 53 | 22 26 | 01 24 | 23 45 | 21 48 | 05 49 | 01 15 | 04 42 | 13 00 |
| 19 | 10 05 | 18 44 | 01 28 | 05 13 | 13 51 | 03 40 | 11 51 | 22 26 | 01 23 | 23 45 | 21 53 | 05 44 | 01 22 | 04 54 | 12 59 |
| 20 | 10 27 | 22 30 | 01 52 | 04 47 | 13 39 | 03 45 | 11 50 | 22 25 | 01 22 | 23 45 | 21 58 | 05 38 | 01 29 | 05 05 | 12 58 |
| 21 | 10 48 | 24 44 | 02 18 | 04 21 | 13 28 | 03 50 | 11 48 | 22 25 | 01 22 | 23 45 | 22 04 | 05 34 | 01 36 | 05 17 | 12 56 |
| 22 | 11 10 | 25 22 | 02 48 | 03 54 | 13 16 | 03 55 | 11 47 | 22 25 | 01 21 | 23 45 | 22 09 | 05 29 | 01 43 | 05 28 | 12 55 |
| 23 | 11 31 | 24 29 | 03 19 | 03 27 | 13 05 | 04 00 | 11 45 | 22 25 | 01 21 | 23 45 | 22 14 | 05 24 | 01 49 | 05 40 | 12 54 |
| 24 | 11 52 | 22 19 | 03 53 | 03 00 | 12 53 | 04 05 | 11 44 | 22 25 | 01 20 | 23 45 | 22 19 | 05 19 | 01 56 | 05 51 | 12 53 |
| 25 | 12 12 | 19 07 | 04 28 | 02 33 | 12 42 | 04 10 | 11 42 | 22 25 | 01 19 | 23 45 | 22 24 | 05 14 | 02 03 | 06 02 | 12 52 |
| 26 | 12 33 | 15 10 | 05 04 | 02 06 | 12 30 | 04 15 | 11 41 | 22 24 | 01 19 | 23 45 | 22 29 | 05 10 | 02 10 | 06 14 | 12 51 |
| 27 | 12 53 | 10 40 | 05 42 | 01 39 | 12 19 | 04 19 | 11 39 | 22 24 | 01 18 | 23 45 | 22 34 | 05 05 | 02 17 | 06 25 | 12 50 |
| 28 | 13 13 | 05 50 | 06 20 | 01 11 | 12 07 | 04 24 | 11 38 | 22 24 | 01 18 | 23 45 | 22 39 | 05 01 | 02 23 | 06 36 | 12 49 |
| 29 | 13 33 | 00 49 | 06 59 | 00 44 | 11 55 | 04 29 | 11 36 | 22 24 | 01 17 | 23 44 | 22 44 | 04 56 | 02 30 | 06 47 | 12 48 |
| 30 | 13 53 | +04 14 | 07 39 | 00 16 | 11 44 | 04 34 | 11 35 | 22 24 | 01 17 | 23 44 | 22 48 | 04 52 | 02 37 | 06 58 | 12 47 |
| 31 | 14 12 | 09 09 | 08 18 | -00 11 | 11 32 | 04 38 | 11 33 | 22 23 | 01 16 | 23 44 | 22 53 | 04 48 | 02 43 | 07 09 | 12 46 |

Lunar Phases -- 3 ○ 16:26 11 ◑ 11:58 18 ● 02:58 25 ◐ 04:54 Sun enters ♏ 10/22 21:15

## 0:00 E.T. Longitudes of Main Planets - November 2028 **Nov. 28**

| D | S.T. | ☉ | ☽ | ☽ 12:00 | ☿ | ♀ | ♂ | ♃ | ♄ | ♅ | ♆ | ♇ | ☊ |
|---|---|---|---|---|---|---|---|---|---|---|---|---|---|
| 1 | 2:43:13 | 09♏05 43 | 23♈33 | 29♈37 | 27♎19 | 05♎22 | 04♍31 | 14♎36 | 07♉44R | 13♊30R | 06♈39R | 06♒27 | 17♑22 |
| 2 | 2:47:10 | 10 05 44 | 05♉43 | 11♉52 | 28 58 | 06 36 | 05 05 | 14 48 | 07 39 | 13 28 | 06 38 | 06 27 | 17 18 |
| 3 | 2:51:06 | 11 05 47 | 18 03 | 24 16 | 00♏37 | 07 49 | 05 39 | 15 01 | 07 34 | 13 26 | 06 36 | 06 27 | 17 15 |
| 4 | 2:55:03 | 12 05 52 | 00♊32 | 06♊50 | 02 15 | 09 02 | 06 12 | 15 13 | 07 29 | 13 24 | 06 35 | 06 28 | 17 12 |
| 5 | 2:59:00 | 13 05 59 | 13 11 | 19 34 | 03 54 | 10 15 | 06 46 | 15 25 | 07 24 | 13 22 | 06 34 | 06 28 | 17 09 |
| 6 | 3:02:56 | 14 06 08 | 26 00 | 02♋29 | 05 33 | 11 29 | 07 19 | 15 37 | 07 20 | 13 19 | 06 33 | 06 29 | 17 06 |
| 7 | 3:06:53 | 15 06 19 | 09♋01 | 15 36 | 07 11 | 12 42 | 07 52 | 15 49 | 07 15 | 13 17 | 06 31 | 06 29 | 17 03 |
| 8 | 3:10:49 | 16 06 31 | 22 15 | 28 57 | 08 50 | 13 56 | 08 25 | 16 02 | 07 10 | 13 15 | 06 30 | 06 30 | 16 59 |
| 9 | 3:14:46 | 17 06 46 | 05♌44 | 12♌34 | 10 28 | 15 09 | 08 58 | 16 14 | 07 05 | 13 13 | 06 29 | 06 30 | 16 56 |
| 10 | 3:18:42 | 18 07 03 | 19 29 | 26 28 | 12 06 | 16 23 | 09 31 | 16 26 | 07 01 | 13 11 | 06 28 | 06 31 | 16 53 |
| 11 | 3:22:39 | 19 07 22 | 03♍32 | 10♍40 | 13 43 | 17 37 | 10 04 | 16 38 | 06 56 | 13 09 | 06 27 | 06 32 | 16 50 |
| 12 | 3:26:35 | 20 07 43 | 17 52 | 25 07 | 15 21 | 18 51 | 10 36 | 16 49 | 06 51 | 13 06 | 06 26 | 06 32 | 16 47 |
| 13 | 3:30:32 | 21 08 06 | 02♎26 | 09♎47 | 16 58 | 20 04 | 11 09 | 17 01 | 06 47 | 13 04 | 06 24 | 06 33 | 16 44 |
| 14 | 3:34:29 | 22 08 30 | 17 10 | 24 34 | 18 34 | 21 18 | 11 41 | 17 13 | 06 42 | 13 02 | 06 23 | 06 34 | 16 40 |
| 15 | 3:38:25 | 23 08 57 | 01♏57 | 09♏19 | 20 11 | 22 32 | 12 14 | 17 25 | 06 37 | 12 59 | 06 22 | 06 34 | 16 37 |
| 16 | 3:42:22 | 24 09 25 | 16 39 | 23 55 | 21 47 | 23 46 | 12 46 | 17 36 | 06 33 | 12 57 | 06 21 | 06 35 | 16 34 |
| 17 | 3:46:18 | 25 09 55 | 01♐08 | 08♐15 | 23 23 | 25 00 | 13 18 | 17 48 | 06 28 | 12 55 | 06 20 | 06 36 | 16 31 |
| 18 | 3:50:15 | 26 10 27 | 15 17 | 22 12 | 24 59 | 26 14 | 13 50 | 17 59 | 06 24 | 12 52 | 06 19 | 06 37 | 16 28 |
| 19 | 3:54:11 | 27 11 00 | 29 02 | 05♑45 | 26 34 | 27 29 | 14 21 | 18 11 | 06 20 | 12 50 | 06 19 | 06 38 | 16 24 |
| 20 | 3:58:08 | 28 11 34 | 12♑21 | 18 52 | 28 09 | 28 43 | 14 53 | 18 22 | 06 15 | 12 47 | 06 18 | 06 39 | 16 21 |
| 21 | 4:02:04 | 29 12 10 | 25 16 | 01♒35 | 29 44 | 29 57 | 15 24 | 18 34 | 06 11 | 12 45 | 06 17 | 06 39 | 16 18 |
| 22 | 4:06:01 | 00♐12 47 | 07♒50 | 13 59 | 01♐19 | 01♏11 | 15 56 | 18 45 | 06 07 | 12 43 | 06 16 | 06 40 | 16 15 |
| 23 | 4:09:58 | 01 13 25 | 20 05 | 26 07 | 02 53 | 02 26 | 16 27 | 18 56 | 06 03 | 12 40 | 06 15 | 06 41 | 16 12 |
| 24 | 4:13:54 | 02 14 04 | 02♓07 | 08♓05 | 04 28 | 03 40 | 16 58 | 19 07 | 05 59 | 12 38 | 06 14 | 06 42 | 16 09 |
| 25 | 4:17:51 | 03 14 45 | 14 01 | 19 57 | 06 02 | 04 54 | 17 29 | 19 18 | 05 55 | 12 35 | 06 14 | 06 43 | 16 05 |
| 26 | 4:21:47 | 04 15 26 | 25 53 | 01♈49 | 07 36 | 06 09 | 18 00 | 19 29 | 05 51 | 12 33 | 06 13 | 06 44 | 16 02 |
| 27 | 4:25:44 | 05 16 08 | 07♈46 | 13 44 | 09 10 | 07 23 | 18 30 | 19 40 | 05 47 | 12 30 | 06 12 | 06 45 | 15 59 |
| 28 | 4:29:40 | 06 16 52 | 19 45 | 25 47 | 10 44 | 08 38 | 19 01 | 19 51 | 05 43 | 12 28 | 06 12 | 06 46 | 15 56 |
| 29 | 4:33:37 | 07 17 36 | 01♉52 | 08♉01 | 12 17 | 09 52 | 19 31 | 20 02 | 05 39 | 12 25 | 06 11 | 06 47 | 15 53 |
| 30 | 4:37:33 | 08 18 22 | 14 12 | 20 26 | 13 51 | 11 07 | 20 01 | 20 12 | 05 36 | 12 23 | 06 10 | 06 49 | 15 49 |

## 0:00 E.T. Longitudes of the Major Asteroids and Chiron

| D | ⚳ | ⚴ | ⚵ | ⚶ | ⚷ |
|---|---|---|---|---|---|
| 1 | 13♐12 | 14♏42 | 13♎04 | 01♏07 | 06♉05R |
| 2 | 13 35 | 15 09 | 13 26 | 01 38 | 06 02 |
| 3 | 13 59 | 15 35 | 13 48 | 02 10 | 05 59 |
| 4 | 14 22 | 16 02 | 14 09 | 02 41 | 05 56 |
| 5 | 14 46 | 16 28 | 14 31 | 03 13 | 05 53 |
| 6 | 15 09 | 16 55 | 14 52 | 03 44 | 05 50 |
| 7 | 15 33 | 17 21 | 15 14 | 04 16 | 05 48 |
| 8 | 15 56 | 17 48 | 15 35 | 04 48 | 05 45 |
| 9 | 16 20 | 18 14 | 15 56 | 05 19 | 05 42 |
| 10 | 16 43 | 18 41 | 16 17 | 05 51 | 05 39 |
| 11 | 17 07 | 19 07 | 16 38 | 06 22 | 05 36 |
| 12 | 17 31 | 19 34 | 16 59 | 06 54 | 05 34 |
| 13 | 17 54 | 20 00 | 17 20 | 07 25 | 05 31 |
| 14 | 18 18 | 20 27 | 17 41 | 07 57 | 05 28 |
| 15 | 18 42 | 20 53 | 18 02 | 08 29 | 05 25 |

| D | ⚳ | ⚴ | ⚵ | ⚶ | ⚷ |
|---|---|---|---|---|---|
| 16 | 19 06 | 21 20 | 18 23 | 09 00 | 05 23 |
| 17 | 19 30 | 21 46 | 18 43 | 09 32 | 05 20 |
| 18 | 19 54 | 22 13 | 19 04 | 10 03 | 05 17 |
| 19 | 20 17 | 22 39 | 19 24 | 10 35 | 05 15 |
| 20 | 20 41 | 23 06 | 19 45 | 11 07 | 05 12 |
| 21 | 21 05 | 23 32 | 20 05 | 11 38 | 05 09 |
| 22 | 21 29 | 23 59 | 20 25 | 12 10 | 05 07 |
| 23 | 21 53 | 24 25 | 20 45 | 12 41 | 05 04 |
| 24 | 22 17 | 24 51 | 21 05 | 13 13 | 05 02 |
| 25 | 22 42 | 25 18 | 21 25 | 13 45 | 04 59 |
| 26 | 23 06 | 25 44 | 21 45 | 14 16 | 04 57 |
| 27 | 23 30 | 26 11 | 22 04 | 14 48 | 04 55 |
| 28 | 23 54 | 26 37 | 22 24 | 15 19 | 04 52 |
| 29 | 24 18 | 27 03 | 22 43 | 15 51 | 04 50 |
| 30 | 24 42 | 27 29 | 23 03 | 16 22 | 04 48 |

## Lunar Data

| Last Asp. | | Ingress | |
|---|---|---|---|
| 1 | 08:39 | 1 ♉ | 12:46 |
| 2 | 09:18 | 3 ♊ | 22:59 |
| 5 | 04:17 | 6 ♋ | 07:25 |
| 7 | 12:36 | 8 ♌ | 13:51 |
| 9 | 21:27 | 10 ♍ | 18:00 |
| 12 | 04:02 | 12 ♎ | 20:01 |
| 14 | 07:19 | 14 ♏ | 20:50 |
| 16 | 13:19 | 16 ♐ | 22:07 |
| 18 | 20:59 | 19 ♑ | 01:43 |
| 21 | 08:06 | 21 ♒ | 08:58 |
| 22 | 21:42 | 23 ♓ | 19:46 |
| 25 | 07:19 | 26 ♈ | 08:21 |
| 28 | 00:13 | 28 ♉ | 20:19 |

## 0:00 E.T. Declinations

| D | ☉ | ☽ | ☿ | ♀ | ♂ | ♃ | ♄ | ♅ | ♆ | ♇ | ⚳ | ⚴ | ⚵ | ⚶ | ⚷ |
|---|---|---|---|---|---|---|---|---|---|---|---|---|---|---|---|
| 1 | -14 32 | +13 46 | -08 58 | -00 39 | +11 20 | -04 43 | +11 32 | +22 23 | +01 16 | -23 44 | -22 58 | +04 44 | -02 50 | -07 20 | +12 45 |
| 2 | 14 51 | 17 54 | 09 38 | 01 07 | 11 09 | 04 48 | 11 30 | 22 23 | 01 15 | 23 44 | 23 02 | 04 40 | 02 56 | 07 31 | 12 44 |
| 3 | 15 09 | 21 19 | 10 18 | 01 35 | 10 57 | 04 53 | 11 29 | 22 23 | 01 15 | 23 44 | 23 07 | 04 36 | 03 02 | 07 42 | 12 43 |
| 4 | 15 28 | 23 47 | 10 57 | 02 03 | 10 45 | 04 57 | 11 27 | 22 22 | 01 14 | 23 43 | 23 11 | 04 32 | 03 09 | 07 53 | 12 42 |
| 5 | 15 46 | 25 06 | 11 36 | 02 31 | 10 34 | 05 02 | 11 26 | 22 22 | 01 14 | 23 43 | 23 15 | 04 28 | 03 15 | 08 04 | 12 41 |
| 6 | 16 04 | 25 06 | 12 15 | 02 58 | 10 22 | 05 07 | 11 24 | 22 22 | 01 13 | 23 43 | 23 20 | 04 24 | 03 21 | 08 15 | 12 40 |
| 7 | 16 22 | 23 43 | 12 53 | 03 26 | 10 10 | 05 11 | 11 23 | 22 22 | 01 13 | 23 43 | 23 24 | 04 20 | 03 28 | 08 25 | 12 39 |
| 8 | 16 39 | 21 01 | 13 31 | 03 54 | 09 58 | 05 16 | 11 21 | 22 21 | 01 12 | 23 43 | 23 28 | 04 17 | 03 34 | 08 36 | 12 38 |
| 9 | 16 57 | 17 08 | 14 08 | 04 22 | 09 47 | 05 20 | 11 20 | 22 21 | 01 12 | 23 42 | 23 32 | 04 13 | 03 40 | 08 47 | 12 37 |
| 10 | 17 13 | 12 16 | 14 45 | 04 50 | 09 35 | 05 25 | 11 18 | 22 21 | 01 12 | 23 42 | 23 36 | 04 10 | 03 46 | 08 57 | 12 36 |
| 11 | 17 30 | 06 41 | 15 20 | 05 18 | 09 23 | 05 29 | 11 17 | 22 21 | 01 11 | 23 42 | 23 40 | 04 07 | 03 52 | 09 08 | 12 35 |
| 12 | 17 46 | 00 38 | 15 55 | 05 45 | 09 12 | 05 34 | 11 15 | 22 20 | 01 11 | 23 42 | 23 44 | 04 03 | 03 58 | 09 18 | 12 34 |
| 13 | 18 02 | -05 31 | 16 30 | 06 13 | 09 00 | 05 38 | 11 14 | 22 20 | 01 10 | 23 41 | 23 48 | 04 00 | 04 04 | 09 28 | 12 33 |
| 14 | 18 18 | 11 27 | 17 03 | 06 40 | 08 48 | 05 42 | 11 13 | 22 20 | 01 10 | 23 41 | 23 52 | 03 57 | 04 10 | 09 39 | 12 32 |
| 15 | 18 33 | 16 44 | 17 36 | 07 08 | 08 37 | 05 47 | 11 11 | 22 19 | 01 10 | 23 41 | 23 55 | 03 54 | 04 16 | 09 49 | 12 31 |
| 16 | 18 49 | 20 59 | 18 08 | 07 35 | 08 25 | 05 51 | 11 10 | 22 19 | 01 09 | 23 41 | 23 59 | 03 51 | 04 21 | 09 59 | 12 30 |
| 17 | 19 03 | 23 51 | 18 39 | 08 02 | 08 14 | 05 56 | 11 09 | 22 19 | 01 09 | 23 40 | 24 02 | 03 49 | 04 27 | 10 09 | 12 29 |
| 18 | 19 18 | 25 09 | 19 09 | 08 29 | 08 02 | 06 00 | 11 07 | 22 19 | 01 08 | 23 40 | 24 06 | 03 46 | 04 33 | 10 19 | 12 28 |
| 19 | 19 32 | 24 50 | 19 38 | 08 56 | 07 50 | 06 04 | 11 06 | 22 18 | 01 08 | 23 40 | 24 09 | 03 43 | 04 38 | 10 29 | 12 27 |
| 20 | 19 45 | 23 05 | 20 06 | 09 22 | 07 39 | 06 08 | 11 05 | 22 18 | 01 08 | 23 40 | 24 13 | 03 41 | 04 44 | 10 39 | 12 27 |
| 21 | 19 59 | 20 10 | 20 33 | 09 49 | 07 28 | 06 12 | 11 03 | 22 18 | 01 07 | 23 39 | 24 16 | 03 38 | 04 49 | 10 49 | 12 26 |
| 22 | 20 12 | 16 22 | 20 59 | 10 15 | 07 16 | 06 17 | 11 02 | 22 17 | 01 07 | 23 39 | 24 19 | 03 36 | 04 55 | 10 58 | 12 25 |
| 23 | 20 24 | 11 57 | 21 25 | 10 41 | 07 05 | 06 21 | 11 01 | 22 17 | 01 07 | 23 39 | 24 22 | 03 34 | 05 00 | 11 08 | 12 24 |
| 24 | 20 36 | 07 10 | 21 49 | 11 07 | 06 53 | 06 25 | 11 00 | 22 17 | 01 07 | 23 38 | 24 25 | 03 32 | 05 05 | 11 18 | 12 23 |
| 25 | 20 48 | 02 11 | 22 12 | 11 32 | 06 42 | 06 29 | 10 59 | 22 16 | 01 06 | 23 38 | 24 28 | 03 30 | 05 10 | 11 27 | 12 22 |
| 26 | 21 00 | +02 51 | 22 33 | 11 58 | 06 31 | 06 33 | 10 58 | 22 16 | 01 06 | 23 38 | 24 31 | 03 28 | 05 15 | 11 36 | 12 21 |
| 27 | 21 11 | 07 47 | 22 54 | 12 23 | 06 20 | 06 37 | 10 56 | 22 16 | 01 06 | 23 37 | 24 34 | 03 26 | 05 20 | 11 46 | 12 20 |
| 28 | 21 21 | 12 29 | 23 14 | 12 47 | 06 08 | 06 41 | 10 55 | 22 15 | 01 06 | 23 37 | 24 36 | 03 24 | 05 25 | 11 55 | 12 19 |
| 29 | 21 31 | 16 45 | 23 32 | 13 12 | 05 57 | 06 45 | 10 54 | 22 15 | 01 05 | 23 37 | 24 39 | 03 23 | 05 30 | 12 04 | 12 19 |
| 30 | 21 41 | 20 23 | 23 49 | 13 36 | 05 46 | 06 49 | 10 53 | 22 15 | 01 05 | 23 36 | 24 42 | 03 21 | 05 35 | 12 13 | 12 18 |

Lunar Phases -- 2 ○ 09:18 9 ◑ 21:27 16 ● 13:19 24 ◐ 00:16 Sun enters ♐ 11/21 18:56

## Longitudes of Main Planets - December 2028

0:00 E.T.

| D | S.T. | ☉ | ☽ | ☽ 12:00 | ☿ | ♀ | ♂ |
|---|---|---|---|---|---|---|---|
| 1 | 4:41:30 | 09♐19 09 | 26♉44 | 03♊05 | 15♐25 | 12♏21 | 20♍31 |
| 2 | 4:45:27 | 10 19 57 | 09♊30 | 15 58 | 16 58 | 13 36 | 21 01 |
| 3 | 4:49:23 | 11 20 46 | 22 29 | 29 03 | 18 31 | 14 51 | 21 30 |
| 4 | 4:53:20 | 12 21 37 | 05♋41 | 12♋21 | 20 05 | 16 05 | 22 00 |
| 5 | 4:57:16 | 13 22 28 | 19 04 | 25 50 | 21 38 | 17 20 | 22 29 |
| 6 | 5:01:13 | 14 23 21 | 02♌39 | 09♌30 | 23 11 | 18 35 | 22 58 |
| 7 | 5:05:09 | 15 24 15 | 16 23 | 23 19 | 24 45 | 19 49 | 23 27 |
| 8 | 5:09:06 | 16 25 11 | 00♍17 | 07♍18 | 26 18 | 21 04 | 23 56 |
| 9 | 5:13:02 | 17 26 07 | 14 20 | 21 25 | 27 51 | 22 19 | 24 24 |
| 10 | 5:16:59 | 18 27 05 | 28 31 | 05♎38 | 29 24 | 23 34 | 24 53 |
| 11 | 5:20:56 | 19 28 04 | 12♎47 | 19 56 | 00♑57 | 24 49 | 25 21 |
| 12 | 5:24:52 | 20 29 04 | 27 05 | 04♏15 | 02 30 | 26 04 | 25 49 |
| 13 | 5:28:49 | 21 30 05 | 11♏23 | 18 30 | 04 03 | 27 19 | 26 17 |
| 14 | 5:32:45 | 22 31 07 | 25 36 | 02♐38 | 05 36 | 28 34 | 26 44 |
| 15 | 5:36:42 | 23 32 11 | 09♐38 | 16 34 | 07 08 | 29 49 | 27 11 |
| 16 | 5:40:38 | 24 33 15 | 23 26 | 00♑14 | 08 40 | 01♐04 | 27 39 |
| 17 | 5:44:35 | 25 34 19 | 06♑57 | 13 35 | 10 12 | 02 19 | 28 05 |
| 18 | 5:48:31 | 26 35 25 | 20 08 | 26 36 | 11 43 | 03 34 | 28 32 |
| 19 | 5:52:28 | 27 36 31 | 03♒00 | 09♒18 | 13 14 | 04 49 | 28 58 |
| 20 | 5:56:25 | 28 37 37 | 15 33 | 21 43 | 14 44 | 06 04 | 29 25 |
| 21 | 6:00:21 | 29 38 43 | 27 50 | 03♓53 | 16 14 | 07 19 | 29 51 |
| 22 | 6:04:18 | 00♑39 50 | 09♓54 | 15 53 | 17 42 | 08 34 | 00♎16 |
| 23 | 6:08:14 | 01 40 57 | 21 50 | 27 47 | 19 09 | 09 49 | 00 42 |
| 24 | 6:12:11 | 02 42 04 | 03♈43 | 09♈39 | 20 35 | 11 04 | 01 07 |
| 25 | 6:16:07 | 03 43 11 | 15 36 | 21 35 | 21 58 | 12 19 | 01 32 |
| 26 | 6:20:04 | 04 44 18 | 27 35 | 03♉38 | 23 20 | 13 34 | 01 56 |
| 27 | 6:24:00 | 05 45 26 | 09♉44 | 15 54 | 24 40 | 14 49 | 02 21 |
| 28 | 6:27:57 | 06 46 33 | 22 08 | 28 25 | 25 56 | 16 04 | 02 45 |
| 29 | 6:31:54 | 07 47 41 | 04♊48 | 11♊14 | 27 09 | 17 19 | 03 08 |
| 30 | 6:35:50 | 08 48 48 | 17 46 | 24 22 | 28 18 | 18 35 | 03 32 |
| 31 | 6:39:47 | 09 49 56 | 01♋03 | 07♋48 | 29 23 | 19 50 | 03 55 |

| D | ♃ | ♄ | ♅ | ♆ | ♇ | ☊ |
|---|---|---|---|---|---|---|
| 1 | 20♎23 | 05♉32℞ | 12♊20℞ | 06♈10℞ | 06♒50 | 15♑46 |
| 2 | 20 33 | 05 28 | 12 17 | 06 09 | 06 51 | 15 43 |
| 3 | 20 43 | 05 25 | 12 15 | 06 09 | 06 52 | 15 40 |
| 4 | 20 54 | 05 22 | 12 12 | 06 08 | 06 53 | 15 37 |
| 5 | 21 04 | 05 18 | 12 10 | 06 08 | 06 55 | 15 34 |
| 6 | 21 14 | 05 15 | 12 07 | 06 08 | 06 56 | 15 30 |
| 7 | 21 24 | 05 12 | 12 05 | 06 07 | 06 57 | 15 27 |
| 8 | 21 34 | 05 09 | 12 02 | 06 07 | 06 58 | 15 24 |
| 9 | 21 44 | 05 06 | 12 00 | 06 07 | 07 00 | 15 21 |
| 10 | 21 53 | 05 03 | 11 57 | 06 06 | 07 01 | 15 18 |
| 11 | 22 03 | 05 00 | 11 55 | 06 06 | 07 02 | 15 15 |
| 12 | 22 12 | 04 58 | 11 52 | 06 06 | 07 04 | 15 11 |
| 13 | 22 22 | 04 55 | 11 50 | 06 06 | 07 05 | 15 08 |
| 14 | 22 31 | 04 53 | 11 47 | 06 06 | 07 07 | 15 05 |
| 15 | 22 40 | 04 50 | 11 45 | 06 06 | 07 08 | 15 02 |
| 16 | 22 49 | 04 48 | 11 42 | 06 06 | 07 10 | 14 59 |
| 17 | 22 58 | 04 46 | 11 40 | 06 06D | 07 11 | 14 55 |
| 18 | 23 07 | 04 44 | 11 37 | 06 06 | 07 13 | 14 52 |
| 19 | 23 16 | 04 42 | 11 35 | 06 06 | 07 14 | 14 49 |
| 20 | 23 24 | 04 40 | 11 32 | 06 06 | 07 16 | 14 46 |
| 21 | 23 33 | 04 38 | 11 30 | 06 06 | 07 17 | 14 43 |
| 22 | 23 41 | 04 37 | 11 28 | 06 06 | 07 19 | 14 40 |
| 23 | 23 49 | 04 35 | 11 25 | 06 06 | 07 20 | 14 36 |
| 24 | 23 58 | 04 34 | 11 23 | 06 06 | 07 22 | 14 33 |
| 25 | 24 06 | 04 32 | 11 21 | 06 07 | 07 23 | 14 30 |
| 26 | 24 13 | 04 31 | 11 18 | 06 07 | 07 25 | 14 27 |
| 27 | 24 21 | 04 30 | 11 16 | 06 07 | 07 27 | 14 24 |
| 28 | 24 29 | 04 29 | 11 14 | 06 08 | 07 28 | 14 21 |
| 29 | 24 36 | 04 28 | 11 12 | 06 08 | 07 30 | 14 17 |
| 30 | 24 43 | 04 27 | 11 10 | 06 09 | 07 32 | 14 14 |
| 31 | 24 51 | 04 27 | 11 07 | 06 09 | 07 33 | 14 11 |

0:00 E.T.

## Longitudes of the Major Asteroids and Chiron

| D | ⚳ | ⚴ | ⚵ | ⚶ | ⚷ |
|---|---|---|---|---|---|
| 1 | 25♐06 | 27♏56 | 23♎22 | 16♏54 | 04♉45℞ |
| 2 | 25 31 | 28 22 | 23 41 | 17 25 | 04 43 |
| 3 | 25 55 | 28 48 | 24 00 | 17 57 | 04 41 |
| 4 | 26 19 | 29 14 | 24 19 | 18 28 | 04 39 |
| 5 | 26 43 | 29 41 | 24 38 | 19 00 | 04 37 |
| 6 | 27 08 | 00♐07 | 24 57 | 19 31 | 04 35 |
| 7 | 27 32 | 00 33 | 25 15 | 20 03 | 04 32 |
| 8 | 27 56 | 00 59 | 25 34 | 20 34 | 04 30 |
| 9 | 28 20 | 01 25 | 25 52 | 21 06 | 04 29 |
| 10 | 28 45 | 01 51 | 26 10 | 21 37 | 04 27 |
| 11 | 29 09 | 02 17 | 26 28 | 22 08 | 04 25 |
| 12 | 29 33 | 02 43 | 26 46 | 22 40 | 04 23 |
| 13 | 29 58 | 03 09 | 27 04 | 23 11 | 04 21 |
| 14 | 00♑22 | 03 35 | 27 22 | 23 43 | 04 20 |
| 15 | 00 46 | 04 01 | 27 39 | 24 14 | 04 18 |
| 16 | 01 11 | 04 27 | 27 57 | 24 45 | 04 16 |
| 17 | 01 35 | 04 53 | 28 14 | 25 16 | 04 15 |
| 18 | 02 00 | 05 19 | 28 31 | 25 48 | 04 13 |
| 19 | 02 24 | 05 44 | 28 48 | 26 19 | 04 12 |
| 20 | 02 48 | 06 10 | 29 05 | 26 50 | 04 10 |
| 21 | 03 13 | 06 36 | 29 22 | 27 21 | 04 09 |
| 22 | 03 37 | 07 01 | 29 38 | 27 52 | 04 08 |
| 23 | 04 01 | 07 27 | 29 55 | 28 24 | 04 06 |
| 24 | 04 26 | 07 52 | 00♏11 | 28 55 | 04 05 |
| 25 | 04 50 | 08 18 | 00 27 | 29 26 | 04 04 |
| 26 | 05 14 | 08 43 | 00 43 | 29 57 | 04 03 |
| 27 | 05 39 | 09 09 | 00 59 | 00♐28 | 04 02 |
| 28 | 06 03 | 09 34 | 01 14 | 00 59 | 04 01 |
| 29 | 06 27 | 09 59 | 01 30 | 01 30 | 04 00 |
| 30 | 06 52 | 10 24 | 01 45 | 02 01 | 03 59 |
| 31 | 07 16 | 10 50 | 02 00 | 02 31 | 03 58 |

## Lunar Data

| Last Asp. | | Ingress | | |
|---|---|---|---|---|
| 30 | 11:39 | 1 | ♊ | 06:11 |
| 2 | 22:08 | 3 | ♋ | 13:43 |
| 5 | 06:17 | 5 | ♌ | 19:21 |
| 7 | 16:16 | 7 | ♍ | 23:30 |
| 10 | 01:41 | 10 | ♎ | 02:31 |
| 11 | 15:44 | 12 | ♏ | 04:53 |
| 14 | 05:32 | 14 | ♐ | 07:30 |
| 16 | 07:40 | 16 | ♑ | 11:36 |
| 18 | 16:10 | 18 | ♒ | 18:22 |
| 21 | 03:55 | 21 | ♓ | 04:17 |
| 22 | 17:50 | 23 | ♈ | 16:30 |
| 25 | 17:13 | 26 | ♉ | 04:48 |
| 28 | 08:04 | 28 | ♊ | 14:59 |
| 30 | 12:45 | 30 | ♋ | 22:07 |

0:00 E.T.

## Declinations

| D | ☉ | ☽ | ☿ | ♀ | ♂ | ♃ | ♄ | ♅ | ♆ | ♇ | ⚳ | ⚴ | ⚵ | ⚶ | ⚷ |
|---|---|---|---|---|---|---|---|---|---|---|---|---|---|---|---|
| 1 | -21 51 | +23 09 | -24 05 | -14 00 | +05 35 | -06 52 | +10 52 | +22 15 | +01 05 | -23 36 | -24 44 | +03 20 | -05 40 | -12 22 | +12 17 |
| 2 | 22 00 | 24 48 | 24 20 | 14 23 | 05 24 | 06 56 | 10 51 | 22 14 | 01 05 | 23 36 | 24 47 | 03 19 | 05 44 | 12 31 | 12 16 |
| 3 | 22 08 | 25 09 | 24 33 | 14 47 | 05 13 | 07 00 | 10 50 | 22 14 | 01 05 | 23 35 | 24 49 | 03 17 | 05 49 | 12 40 | 12 15 |
| 4 | 22 16 | 24 05 | 24 46 | 15 09 | 05 02 | 07 04 | 10 50 | 22 14 | 01 05 | 23 35 | 24 51 | 03 16 | 05 54 | 12 49 | 12 15 |
| 5 | 22 24 | 21 38 | 24 56 | 15 32 | 04 52 | 07 07 | 10 49 | 22 13 | 01 05 | 23 35 | 24 53 | 03 15 | 05 58 | 12 58 | 12 14 |
| 6 | 22 31 | 17 57 | 25 06 | 15 54 | 04 41 | 07 11 | 10 48 | 22 13 | 01 04 | 23 34 | 24 56 | 03 14 | 06 02 | 13 06 | 12 13 |
| 7 | 22 38 | 13 15 | 25 14 | 16 15 | 04 30 | 07 15 | 10 47 | 22 13 | 01 04 | 23 34 | 24 58 | 03 14 | 06 07 | 13 15 | 12 12 |
| 8 | 22 45 | 07 50 | 25 21 | 16 37 | 04 20 | 07 18 | 10 46 | 22 12 | 01 04 | 23 34 | 25 00 | 03 13 | 06 11 | 13 23 | 12 12 |
| 9 | 22 51 | 01 58 | 25 26 | 16 58 | 04 09 | 07 22 | 10 45 | 22 12 | 01 04 | 23 33 | 25 02 | 03 12 | 06 15 | 13 31 | 12 11 |
| 10 | 22 56 | -04 02 | 25 30 | 17 18 | 03 59 | 07 25 | 10 45 | 22 12 | 01 04 | 23 33 | 25 03 | 03 12 | 06 19 | 13 40 | 12 10 |
| 11 | 23 01 | 09 52 | 25 33 | 17 38 | 03 48 | 07 28 | 10 44 | 22 11 | 01 04 | 23 32 | 25 05 | 03 12 | 06 23 | 13 48 | 12 10 |
| 12 | 23 06 | 15 11 | 25 34 | 17 57 | 03 38 | 07 32 | 10 43 | 22 11 | 01 04 | 23 32 | 25 07 | 03 11 | 06 27 | 13 56 | 12 09 |
| 13 | 23 10 | 19 40 | 25 34 | 18 16 | 03 28 | 07 35 | 10 43 | 22 11 | 01 04 | 23 32 | 25 08 | 03 11 | 06 31 | 14 04 | 12 08 |
| 14 | 23 13 | 22 58 | 25 32 | 18 35 | 03 18 | 07 38 | 10 42 | 22 10 | 01 04 | 23 31 | 25 10 | 03 11 | 06 35 | 14 12 | 12 08 |
| 15 | 23 17 | 24 50 | 25 29 | 18 53 | 03 08 | 07 42 | 10 42 | 22 10 | 01 04 | 23 31 | 25 11 | 03 11 | 06 38 | 14 20 | 12 07 |
| 16 | 23 19 | 25 07 | 25 24 | 19 10 | 02 58 | 07 45 | 10 41 | 22 10 | 01 04 | 23 30 | 25 13 | 03 12 | 06 42 | 14 27 | 12 07 |
| 17 | 23 22 | 23 54 | 25 18 | 19 27 | 02 48 | 07 48 | 10 41 | 22 09 | 01 04 | 23 30 | 25 14 | 03 12 | 06 45 | 14 35 | 12 06 |
| 18 | 23 24 | 21 22 | 25 10 | 19 44 | 02 38 | 07 51 | 10 40 | 22 09 | 01 04 | 23 30 | 25 15 | 03 12 | 06 49 | 14 42 | 12 06 |
| 19 | 23 25 | 17 49 | 25 01 | 19 59 | 02 29 | 07 54 | 10 40 | 22 09 | 01 04 | 23 29 | 25 16 | 03 13 | 06 52 | 14 50 | 12 05 |
| 20 | 23 26 | 13 32 | 24 50 | 20 15 | 02 19 | 07 57 | 10 40 | 22 08 | 01 04 | 23 29 | 25 18 | 03 14 | 06 55 | 14 57 | 12 05 |
| 21 | 23 26 | 08 47 | 24 38 | 20 30 | 02 10 | 08 00 | 10 39 | 22 08 | 01 04 | 23 28 | 25 19 | 03 14 | 06 58 | 15 04 | 12 04 |
| 22 | 23 26 | 03 48 | 24 24 | 20 44 | 02 00 | 08 03 | 10 39 | 22 08 | 01 04 | 23 28 | 25 19 | 03 15 | 07 01 | 15 11 | 12 04 |
| 23 | 23 26 | +01 15 | 24 09 | 20 57 | 01 51 | 08 06 | 10 39 | 22 07 | 01 05 | 23 28 | 25 20 | 03 16 | 07 04 | 15 18 | 12 03 |
| 24 | 23 24 | 06 14 | 23 53 | 21 10 | 01 42 | 08 09 | 10 38 | 22 07 | 01 05 | 23 27 | 25 21 | 03 17 | 07 07 | 15 25 | 12 03 |
| 25 | 23 23 | 11 00 | 23 35 | 21 23 | 01 33 | 08 11 | 10 38 | 22 07 | 01 05 | 23 27 | 25 22 | 03 19 | 07 10 | 15 32 | 12 02 |
| 26 | 23 21 | 15 24 | 23 16 | 21 34 | 01 24 | 08 14 | 10 38 | 22 07 | 01 05 | 23 26 | 25 22 | 03 20 | 07 12 | 15 39 | 12 02 |
| 27 | 23 19 | 19 14 | 22 56 | 21 45 | 01 15 | 08 17 | 10 38 | 22 06 | 01 05 | 23 26 | 25 23 | 03 21 | 07 15 | 15 45 | 12 01 |
| 28 | 23 16 | 22 19 | 22 35 | 21 56 | 01 07 | 08 19 | 10 38 | 22 06 | 01 05 | 23 25 | 25 23 | 03 23 | 07 17 | 15 52 | 12 01 |
| 29 | 23 12 | 24 23 | 22 14 | 22 06 | 00 58 | 08 22 | 10 38 | 22 06 | 01 06 | 23 25 | 25 24 | 03 25 | 07 20 | 15 58 | 12 01 |
| 30 | 23 09 | 25 12 | 21 51 | 22 15 | 00 50 | 08 24 | 10 38 | 22 05 | 01 06 | 23 24 | 25 24 | 03 26 | 07 22 | 16 05 | 12 00 |
| 31 | 23 04 | 24 37 | 21 28 | 22 23 | 00 41 | 08 27 | 10 38 | 22 05 | 01 06 | 23 24 | 25 25 | 03 28 | 07 24 | 16 11 | 12 00 |

Lunar Phases -- 2 ○ 01:41 9 ◑ 05:40 16 ● 02:07 23 ◐ 21:46 31 Ⓔ 16:50 Sun enters ♑ 12/21 08:21

# 0:00 E.T. Longitudes of Main Planets - January 2029 **Jan. 29**

| D | S.T. | ☉ | ☽ | ☽ 12:00 | ☿ | ♀ | ♂ | ♃ | ♄ | ♅ | ♆ | ♇ | ☊ |
|---|---|---|---|---|---|---|---|---|---|---|---|---|---|
| 1 | 6:43:43 | 10♑51 04 | 14♋38 | 21♋32 | 00♒22 | 21♐05 | 04♎18 | 24♎58 | 04♉26℞ | 11♊05℞ | 06♈10 | 07♒35 | 14♑08 |
| 2 | 6:47:40 | 11 52 12 | 28 29 | 05♌30 | 01 15 | 22 20 | 04 41 | 25 04 | 04 26 | 11 03 | 06 10 | 07 37 | 14 05 |
| 3 | 6:51:36 | 12 53 20 | 12♌33 | 19 38 | 02 01 | 23 35 | 05 03 | 25 11 | 04 25 | 11 01 | 06 11 | 07 39 | 14 01 |
| 4 | 6:55:33 | 13 54 28 | 26 45 | 03♍53 | 02 39 | 24 50 | 05 25 | 25 18 | 04 25 | 10 59 | 06 11 | 07 40 | 13 58 |
| 5 | 6:59:29 | 14 55 36 | 11♍02 | 18 11 | 03 08 | 26 06 | 05 47 | 25 24 | 04 25 | 10 57 | 06 12 | 07 42 | 13 55 |
| 6 | 7:03:26 | 15 56 45 | 25 19 | 02♎27 | 03 28 | 27 21 | 06 08 | 25 31 | 04 25D | 10 55 | 06 13 | 07 44 | 13 52 |
| 7 | 7:07:23 | 16 57 53 | 09♎35 | 16 40 | 03 37 | 28 36 | 06 29 | 25 37 | 04 25 | 10 53 | 06 13 | 07 46 | 13 49 |
| 8 | 7:11:19 | 17 59 02 | 23 45 | 00♏47 | 03 35℞ | 29 51 | 06 49 | 25 43 | 04 25 | 10 51 | 06 14 | 07 47 | 13 46 |
| 9 | 7:15:16 | 19 00 11 | 07♏48 | 14 46 | 03 22 | 01♑06 | 07 10 | 25 49 | 04 26 | 10 50 | 06 15 | 07 49 | 13 42 |
| 10 | 7:19:12 | 20 01 20 | 21 42 | 28 35 | 02 56 | 02 22 | 07 29 | 25 54 | 04 26 | 10 48 | 06 16 | 07 51 | 13 39 |
| 11 | 7:23:09 | 21 02 30 | 05♐26 | 12♐14 | 02 19 | 03 37 | 07 49 | 26 00 | 04 27 | 10 46 | 06 16 | 07 53 | 13 36 |
| 12 | 7:27:05 | 22 03 39 | 18 59 | 25 41 | 01 31 | 04 52 | 08 08 | 26 05 | 04 27 | 10 44 | 06 17 | 07 55 | 13 33 |
| 13 | 7:31:02 | 23 04 48 | 02♑20 | 08♑55 | 00 33 | 06 07 | 08 27 | 26 10 | 04 28 | 10 43 | 06 18 | 07 56 | 13 30 |
| 14 | 7:34:58 | 24 05 56 | 15 27 | 21 56 | 29♑26 | 07 23 | 08 45 | 26 15 | 04 29 | 10 41 | 06 19 | 07 58 | 13 27 |
| 15 | 7:38:55 | 25 07 05 | 28 21 | 04♒42 | 28 14 | 08 38 | 09 03 | 26 20 | 04 30 | 10 39 | 06 20 | 08 00 | 13 23 |
| 16 | 7:42:52 | 26 08 13 | 11♒01 | 17 15 | 26 56 | 09 53 | 09 20 | 26 25 | 04 31 | 10 38 | 06 21 | 08 02 | 13 20 |
| 17 | 7:46:48 | 27 09 20 | 23 27 | 29 35 | 25 38 | 11 08 | 09 37 | 26 30 | 04 32 | 10 36 | 06 22 | 08 04 | 13 17 |
| 18 | 7:50:45 | 28 10 27 | 05♓41 | 11♓44 | 24 20 | 12 24 | 09 54 | 26 34 | 04 34 | 10 35 | 06 23 | 08 06 | 13 14 |
| 19 | 7:54:41 | 29 11 32 | 17 44 | 23 43 | 23 05 | 13 39 | 10 10 | 26 38 | 04 35 | 10 33 | 06 24 | 08 08 | 13 11 |
| 20 | 7:58:38 | 00♒12 37 | 29 40 | 05♈37 | 21 55 | 14 54 | 10 25 | 26 42 | 04 37 | 10 32 | 06 26 | 08 09 | 13 07 |
| 21 | 8:02:34 | 01 13 42 | 11♈33 | 17 28 | 20 52 | 16 09 | 10 40 | 26 46 | 04 38 | 10 30 | 06 27 | 08 11 | 13 04 |
| 22 | 8:06:31 | 02 14 45 | 23 25 | 29 23 | 19 57 | 17 25 | 10 55 | 26 50 | 04 40 | 10 29 | 06 28 | 08 13 | 13 01 |
| 23 | 8:10:27 | 03 15 47 | 05♉22 | 11♉24 | 19 10 | 18 40 | 11 09 | 26 53 | 04 42 | 10 28 | 06 29 | 08 15 | 12 58 |
| 24 | 8:14:24 | 04 16 49 | 17 29 | 23 37 | 18 33 | 19 55 | 11 23 | 26 57 | 04 44 | 10 27 | 06 30 | 08 17 | 12 55 |
| 25 | 8:18:21 | 05 17 49 | 29 50 | 06♊07 | 18 05 | 21 10 | 11 36 | 27 00 | 04 46 | 10 25 | 06 32 | 08 19 | 12 52 |
| 26 | 8:22:17 | 06 18 49 | 12♊29 | 18 57 | 17 45 | 22 25 | 11 49 | 27 03 | 04 48 | 10 24 | 06 33 | 08 21 | 12 48 |
| 27 | 8:26:14 | 07 19 47 | 25 31 | 02♋10 | 17 35 | 23 41 | 12 01 | 27 06 | 04 51 | 10 23 | 06 34 | 08 23 | 12 45 |
| 28 | 8:30:10 | 08 20 44 | 08♋56 | 15 48 | 17 33D | 24 56 | 12 12 | 27 08 | 04 53 | 10 22 | 06 36 | 08 24 | 12 42 |
| 29 | 8:34:07 | 09 21 40 | 22 46 | 29 50 | 17 38 | 26 11 | 12 23 | 27 11 | 04 56 | 10 21 | 06 37 | 08 26 | 12 39 |
| 30 | 8:38:03 | 10 22 35 | 06♌59 | 14♌12 | 17 51 | 27 26 | 12 34 | 27 13 | 04 58 | 10 20 | 06 39 | 08 28 | 12 36 |
| 31 | 8:42:00 | 11 23 30 | 21 30 | 28 50 | 18 10 | 28 41 | 12 44 | 27 15 | 05 01 | 10 19 | 06 40 | 08 30 | 12 33 |

## 0:00 E.T. Longitudes of the Major Asteroids and Chiron

| D | ⚳ | ⚴ | ⚵ | ⚶ | ⚷ | D | ⚳ | ⚴ | ⚵ | ⚶ | ⚷ |
|---|---|---|---|---|---|---|---|---|---|---|---|
| 1 | 07♑40 | 11♐15 | 02♏15 | 03♐02 | 03♉58℞ | 17 | 14 06 | 17 48 | 05 47 | 11 09 | 03 54 |
| 2 | 08 04 | 11 40 | 02 30 | 03 33 | 03 57 | 18 | 14 30 | 18 12 | 05 59 | 11 39 | 03 54 |
| 3 | 08 29 | 12 05 | 02 44 | 04 04 | 03 56 | 19 | 14 54 | 18 36 | 06 10 | 12 09 | 03 54 |
| 4 | 08 53 | 12 30 | 02 59 | 04 34 | 03 56 | 20 | 15 18 | 19 00 | 06 21 | 12 39 | 03 55 |
| 5 | 09 17 | 12 55 | 03 13 | 05 05 | 03 55 | 21 | 15 42 | 19 23 | 06 31 | 13 09 | 03 55 |
| 6 | 09 41 | 13 19 | 03 27 | 05 36 | 03 55 | 22 | 16 06 | 19 47 | 06 42 | 13 39 | 03 55 |
| 7 | 10 05 | 13 44 | 03 41 | 06 06 | 03 54 | 23 | 16 30 | 20 10 | 06 52 | 14 09 | 03 56 |
| 8 | 10 30 | 14 09 | 03 54 | 06 37 | 03 54 | 24 | 16 53 | 20 34 | 07 02 | 14 38 | 03 57 |
| 9 | 10 54 | 14 33 | 04 08 | 07 07 | 03 54 | 25 | 17 17 | 20 57 | 07 12 | 15 08 | 03 57 |
| 10 | 11 18 | 14 58 | 04 21 | 07 38 | 03 54 | 26 | 17 41 | 21 20 | 07 21 | 15 37 | 03 58 |
| 11 | 11 42 | 15 23 | 04 34 | 08 08 | 03 53 | 27 | 18 04 | 21 43 | 07 31 | 16 07 | 03 59 |
| 12 | 12 06 | 15 47 | 04 47 | 08 39 | 03 53 | 28 | 18 28 | 22 07 | 07 40 | 16 36 | 04 00 |
| 13 | 12 30 | 16 11 | 04 59 | 09 09 | 03 53 | 29 | 18 52 | 22 29 | 07 48 | 17 06 | 04 01 |
| 14 | 12 54 | 16 36 | 05 12 | 09 39 | 03 53D | 30 | 19 15 | 22 52 | 07 57 | 17 35 | 04 01 |
| 15 | 13 18 | 17 00 | 05 24 | 10 09 | 03 53 | 31 | 19 39 | 23 15 | 08 05 | 18 04 | 04 02 |
| 16 | 13 42 | 17 24 | 05 36 | 10 39 | 03 53 | | | | | | |

## Lunar Data

| Last Asp. | | Ingress | | |
|---|---|---|---|---|
| 1 | 18:04 | 2 | ♌ | 02:36 |
| 3 | 21:32 | 4 | ♍ | 05:28 |
| 6 | 03:44 | 6 | ♎ | 07:52 |
| 8 | 03:22 | 8 | ♏ | 10:39 |
| 9 | 20:52 | 10 | ♐ | 14:28 |
| 12 | 12:49 | 12 | ♑ | 19:47 |
| 14 | 23:48 | 15 | ♒ | 03:07 |
| 17 | 05:59 | 17 | ♓ | 12:49 |
| 19 | 09:45 | 20 | ♈ | 00:40 |
| 22 | 06:55 | 22 | ♉ | 13:15 |
| 24 | 05:19 | 25 | ♊ | 00:20 |
| 27 | 02:52 | 27 | ♋ | 08:06 |
| 29 | 07:31 | 29 | ♌ | 12:16 |
| 31 | 09:26 | 31 | ♍ | 13:54 |

## 0:00 E.T. Declinations

| D | ☉ | ☽ | ☿ | ♀ | ♂ | ♃ | ♄ | ♅ | ♆ | ♇ | ⚳ | ⚴ | ⚵ | ⚶ | ⚷ |
|---|---|---|---|---|---|---|---|---|---|---|---|---|---|---|---|
| 1 | -23 00 | +22 34 | -21 05 | -22 31 | +00 33 | -08 29 | +10 38 | +22 05 | +01 06 | -23 24 | -25 25 | +03 30 | -07 26 | -16 17 | +12 00 |
| 2 | 22 54 | 19 10 | 20 41 | 22 38 | 00 25 | 08 31 | 10 38 | 22 04 | 01 06 | 23 23 | 25 25 | 03 33 | 07 28 | 16 23 | 12 00 |
| 3 | 22 49 | 14 36 | 20 18 | 22 45 | 00 17 | 08 34 | 10 38 | 22 04 | 01 07 | 23 23 | 25 25 | 03 35 | 07 30 | 16 29 | 11 59 |
| 4 | 22 43 | 09 13 | 19 55 | 22 51 | 00 10 | 08 36 | 10 39 | 22 04 | 01 07 | 23 22 | 25 25 | 03 37 | 07 32 | 16 35 | 11 59 |
| 5 | 22 36 | 03 19 | 19 34 | 22 56 | 00 02 | 08 38 | 10 39 | 22 04 | 01 07 | 23 22 | 25 25 | 03 40 | 07 34 | 16 40 | 11 59 |
| 6 | 22 29 | -02 45 | 19 13 | 23 00 | -00 06 | 08 40 | 10 39 | 22 03 | 01 08 | 23 21 | 25 25 | 03 42 | 07 35 | 16 46 | 11 59 |
| 7 | 22 22 | 08 38 | 18 54 | 23 04 | 00 13 | 08 42 | 10 39 | 22 03 | 01 08 | 23 21 | 25 24 | 03 45 | 07 37 | 16 52 | 11 59 |
| 8 | 22 14 | 14 03 | 18 37 | 23 07 | 00 20 | 08 44 | 10 40 | 22 03 | 01 08 | 23 20 | 25 24 | 03 48 | 07 38 | 16 57 | 11 58 |
| 9 | 22 05 | 18 41 | 18 22 | 23 09 | 00 27 | 08 46 | 10 40 | 22 03 | 01 09 | 23 20 | 25 24 | 03 51 | 07 39 | 17 02 | 11 58 |
| 10 | 21 57 | 22 14 | 18 09 | 23 11 | 00 34 | 08 48 | 10 41 | 22 02 | 01 09 | 23 20 | 25 23 | 03 54 | 07 40 | 17 07 | 11 58 |
| 11 | 21 47 | 24 27 | 17 59 | 23 12 | 00 40 | 08 50 | 10 41 | 22 02 | 01 09 | 23 19 | 25 23 | 03 57 | 07 41 | 17 12 | 11 58 |
| 12 | 21 38 | 25 13 | 17 51 | 23 12 | 00 47 | 08 51 | 10 42 | 22 02 | 01 10 | 23 19 | 25 22 | 04 01 | 07 42 | 17 17 | 11 58 |
| 13 | 21 28 | 24 29 | 17 47 | 23 11 | 00 53 | 08 53 | 10 42 | 22 02 | 01 10 | 23 18 | 25 22 | 04 04 | 07 43 | 17 22 | 11 58 |
| 14 | 21 17 | 22 25 | 17 44 | 23 10 | 00 59 | 08 55 | 10 43 | 22 01 | 01 11 | 23 18 | 25 21 | 04 08 | 07 44 | 17 27 | 11 58 |
| 15 | 21 06 | 19 13 | 17 45 | 23 08 | 01 05 | 08 56 | 10 43 | 22 01 | 01 11 | 23 17 | 25 20 | 04 11 | 07 44 | 17 32 | 11 58 |
| 16 | 20 55 | 15 09 | 17 47 | 23 05 | 01 11 | 08 58 | 10 44 | 22 01 | 01 11 | 23 17 | 25 20 | 04 15 | 07 45 | 17 36 | 11 58 |
| 17 | 20 43 | 10 32 | 17 51 | 23 02 | 01 17 | 08 59 | 10 45 | 22 01 | 01 12 | 23 16 | 25 19 | 04 19 | 07 45 | 17 41 | 11 58 |
| 18 | 20 31 | 05 35 | 17 57 | 22 58 | 01 22 | 09 01 | 10 45 | 22 01 | 01 12 | 23 16 | 25 18 | 04 23 | 07 45 | 17 45 | 11 58 |
| 19 | 20 19 | 00 30 | 18 05 | 22 53 | 01 28 | 09 02 | 10 46 | 22 00 | 01 13 | 23 16 | 25 17 | 04 27 | 07 45 | 17 49 | 11 58 |
| 20 | 20 06 | +04 33 | 18 13 | 22 47 | 01 33 | 09 03 | 10 47 | 22 00 | 01 13 | 23 15 | 25 16 | 04 32 | 07 45 | 17 53 | 11 58 |
| 21 | 19 53 | 09 24 | 18 22 | 22 41 | 01 38 | 09 04 | 10 48 | 22 00 | 01 14 | 23 15 | 25 15 | 04 36 | 07 45 | 17 57 | 11 58 |
| 22 | 19 39 | 13 54 | 18 32 | 22 34 | 01 42 | 09 05 | 10 49 | 22 00 | 01 14 | 23 14 | 25 13 | 04 40 | 07 45 | 18 01 | 11 59 |
| 23 | 19 25 | 17 55 | 18 42 | 22 26 | 01 47 | 09 06 | 10 50 | 22 00 | 01 15 | 23 14 | 25 12 | 04 45 | 07 45 | 18 05 | 11 59 |
| 24 | 19 11 | 21 15 | 18 52 | 22 18 | 01 51 | 09 07 | 10 51 | 22 00 | 01 15 | 23 13 | 25 11 | 04 50 | 07 44 | 18 09 | 11 59 |
| 25 | 18 57 | 23 41 | 19 03 | 22 09 | 01 55 | 09 08 | 10 51 | 21 59 | 01 16 | 23 13 | 25 10 | 04 55 | 07 43 | 18 12 | 11 59 |
| 26 | 18 42 | 25 01 | 19 13 | 22 00 | 01 59 | 09 09 | 10 52 | 21 59 | 01 16 | 23 12 | 25 08 | 05 00 | 07 43 | 18 16 | 11 59 |
| 27 | 18 26 | 25 01 | 19 23 | 21 49 | 02 03 | 09 10 | 10 54 | 21 59 | 01 17 | 23 12 | 25 07 | 05 05 | 07 42 | 18 19 | 12 00 |
| 28 | 18 11 | 23 35 | 19 33 | 21 38 | 02 06 | 09 11 | 10 55 | 21 59 | 01 18 | 23 12 | 25 05 | 05 10 | 07 41 | 18 22 | 12 00 |
| 29 | 17 55 | 20 43 | 19 42 | 21 27 | 02 09 | 09 11 | 10 56 | 21 59 | 01 18 | 23 11 | 25 04 | 05 15 | 07 40 | 18 26 | 12 00 |
| 30 | 17 38 | 16 32 | 19 51 | 21 14 | 02 12 | 09 12 | 10 57 | 21 59 | 01 19 | 23 11 | 25 02 | 05 21 | 07 39 | 18 29 | 12 00 |
| 31 | 17 22 | 11 19 | 19 59 | 21 01 | 02 15 | 09 12 | 10 58 | 21 59 | 01 19 | 23 10 | 25 00 | 05 26 | 07 37 | 18 32 | 12 01 |

Lunar Phases -- 7 ◑ 13:28 14 ● 17:26 22 ◐ 19:24 30 ○ 06:05 Sun enters ♒ 1/19 19:02

## Feb. 29 — Longitudes of Main Planets - February 2029 — 0:00 E.T.

| D | S.T. | ☉ | ☽ | ☽ 12:00 | ☿ | ♀ | ♂ | ♃ | ♄ | ♅ | ♆ | ♇ | ☊ |
|---|---|---|---|---|---|---|---|---|---|---|---|---|---|
| 1 | 8:45:56 | 12♒24 23 | 06♍12 | 13♍35 | 18♑36 | 29♑57 | 12♎53 | 27♎17 | 05♉04 | 10♊19℞ | 06♈41 | 08♒32 | 12♑29 |
| 2 | 8:49:53 | 13 25 15 | 20 59 | 28 21 | 19 07 | 01♒12 | 13 02 | 27 19 | 05 07 | 10 18 | 06 43 | 08 34 | 12 26 |
| 3 | 8:53:50 | 14 26 06 | 05♎42 | 13♎01 | 19 43 | 02 27 | 13 10 | 27 20 | 05 10 | 10 17 | 06 44 | 08 36 | 12 23 |
| 4 | 8:57:46 | 15 26 57 | 20 16 | 27 27 | 20 25 | 03 42 | 13 17 | 27 21 | 05 13 | 10 16 | 06 46 | 08 38 | 12 20 |
| 5 | 9:01:43 | 16 27 46 | 04♏35 | 11♏38 | 21 10 | 04 57 | 13 24 | 27 23 | 05 16 | 10 16 | 06 48 | 08 39 | 12 17 |
| 6 | 9:05:39 | 17 28 35 | 18 37 | 25 31 | 21 59 | 06 13 | 13 30 | 27 23 | 05 20 | 10 15 | 06 49 | 08 41 | 12 13 |
| 7 | 9:09:36 | 18 29 23 | 02♐20 | 09♐06 | 22 52 | 07 28 | 13 36 | 27 24 | 05 23 | 10 15 | 06 51 | 08 43 | 12 10 |
| 8 | 9:13:32 | 19 30 10 | 15 47 | 22 25 | 23 48 | 08 43 | 13 41 | 27 25 | 05 27 | 10 14 | 06 53 | 08 45 | 12 07 |
| 9 | 9:17:29 | 20 30 56 | 28 58 | 05♑28 | 24 47 | 09 58 | 13 45 | 27 25 | 05 30 | 10 14 | 06 54 | 08 47 | 12 04 |
| 10 | 9:21:25 | 21 31 42 | 11♑55 | 18 19 | 25 48 | 11 13 | 13 48 | 27 25 | 05 34 | 10 13 | 06 56 | 08 49 | 12 01 |
| 11 | 9:25:22 | 22 32 26 | 24 40 | 00♒58 | 26 52 | 12 28 | 13 51 | 27 25℞ | 05 38 | 10 13 | 06 58 | 08 51 | 11 58 |
| 12 | 9:29:19 | 23 33 08 | 07♒13 | 13 26 | 27 59 | 13 44 | 13 53 | 27 25 | 05 42 | 10 13 | 06 59 | 08 52 | 11 54 |
| 13 | 9:33:15 | 24 33 50 | 19 37 | 25 45 | 29 08 | 14 59 | 13 55 | 27 25 | 05 46 | 10 13 | 07 01 | 08 54 | 11 51 |
| 14 | 9:37:12 | 25 34 30 | 01♓51 | 07♓55 | 00♒18 | 16 14 | 13 55 | 27 24 | 05 50 | 10 12 | 07 03 | 08 56 | 11 48 |
| 15 | 9:41:08 | 26 35 08 | 13 58 | 19 58 | 01 31 | 17 29 | 13 55℞ | 27 24 | 05 54 | 10 12 | 07 05 | 08 58 | 11 45 |
| 16 | 9:45:05 | 27 35 45 | 25 57 | 01♈55 | 02 45 | 18 44 | 13 54 | 27 23 | 05 58 | 10 12 | 07 07 | 09 00 | 11 42 |
| 17 | 9:49:01 | 28 36 20 | 07♈52 | 13 48 | 04 01 | 19 59 | 13 53 | 27 21 | 06 03 | 10 12D | 07 08 | 09 01 | 11 38 |
| 18 | 9:52:58 | 29 36 54 | 19 43 | 25 38 | 05 18 | 21 14 | 13 50 | 27 20 | 06 07 | 10 12 | 07 10 | 09 03 | 11 35 |
| 19 | 9:56:54 | 00♓37 26 | 01♉34 | 07♉31 | 06 37 | 22 29 | 13 47 | 27 19 | 06 12 | 10 12 | 07 12 | 09 05 | 11 32 |
| 20 | 10:00:51 | 01 37 56 | 13 30 | 19 30 | 07 57 | 23 45 | 13 43 | 27 17 | 06 16 | 10 13 | 07 14 | 09 07 | 11 29 |
| 21 | 10:04:48 | 02 38 25 | 25 33 | 01♊39 | 09 19 | 25 00 | 13 39 | 27 15 | 06 21 | 10 13 | 07 16 | 09 09 | 11 26 |
| 22 | 10:08:44 | 03 38 51 | 07♊49 | 14 03 | 10 42 | 26 15 | 13 33 | 27 13 | 06 26 | 10 13 | 07 18 | 09 10 | 11 23 |
| 23 | 10:12:41 | 04 39 16 | 20 23 | 26 48 | 12 06 | 27 30 | 13 27 | 27 11 | 06 31 | 10 13 | 07 20 | 09 12 | 11 19 |
| 24 | 10:16:37 | 05 39 39 | 03♋19 | 09♋57 | 13 31 | 28 45 | 13 20 | 27 08 | 06 36 | 10 14 | 07 22 | 09 14 | 11 16 |
| 25 | 10:20:34 | 06 40 00 | 16 42 | 23 35 | 14 58 | 00 00 | 13 12 | 27 06 | 06 41 | 10 14 | 07 24 | 09 15 | 11 13 |
| 26 | 10:24:30 | 07 40 19 | 00♌34 | 07♌41 | 16 25 | 01♓15 | 13 04 | 27 03 | 06 46 | 10 15 | 07 26 | 09 17 | 11 10 |
| 27 | 10:28:27 | 08 40 36 | 14 54 | 22 14 | 17 54 | 02 30 | 12 54 | 27 00 | 06 51 | 10 15 | 07 28 | 09 19 | 11 07 |
| 28 | 10:32:23 | 09 40 51 | 29 39 | 07♍08 | 19 24 | 03 45 | 12 44 | 26 57 | 06 56 | 10 16 | 07 30 | 09 21 | 11 04 |

## 0:00 E.T. Longitudes of the Major Asteroids and Chiron — Lunar Data

| D | ⚳ | ⚴ | ⚵ | ⚶ | ⚷ | D | ⚳ | ⚴ | ⚵ | ⚶ | ⚷ | Last Asp. | Ingress |
|---|---|---|---|---|---|---|---|---|---|---|---|---|---|
| 1 | 20♑02 | 23♐38 | 08♏13 | 18♐33 | 04♉04 | 15 | 25 26 | 28 42 | 09 32 | 25 11 | 04 24 | 1 20:52 | 2 ♎ 14:41 |
| 2 | 20 26 | 24 00 | 08 20 | 19 02 | 04 05 | 16 | 25 48 | 29 03 | 09 35 | 25 39 | 04 26 | 4 11:51 | 4 ♏ 16:17 |
| 3 | 20 49 | 24 23 | 08 28 | 19 31 | 04 06 | 17 | 26 11 | 29 24 | 09 38 | 26 07 | 04 28 | 6 06:14 | 6 ♐ 19:52 |
| 4 | 21 12 | 24 45 | 08 35 | 20 00 | 04 07 | 18 | 26 34 | 29 44 | 09 41 | 26 34 | 04 30 | 8 21:10 | 9 ♑ 01:54 |
| 5 | 21 36 | 25 07 | 08 41 | 20 29 | 04 08 | 19 | 26 56 | 00♑05 | 09 43 | 27 02 | 04 32 | 11 05:15 | 11 ♒ 10:10 |
| 6 | 21 59 | 25 29 | 08 48 | 20 57 | 04 10 | 20 | 27 19 | 00 25 | 09 45 | 27 29 | 04 34 | 13 15:15 | 13 ♓ 20:21 |
| 7 | 22 22 | 25 51 | 08 54 | 21 26 | 04 11 | 21 | 27 41 | 00 45 | 09 47 | 27 56 | 04 36 | 14 16:32 | 16 ♈ 08:08 |
| 8 | 22 45 | 26 13 | 09 00 | 21 54 | 04 13 | 22 | 28 03 | 01 05 | 09 48 | 28 23 | 04 38 | 18 15:24 | 18 ♉ 20:49 |
| 9 | 23 08 | 26 35 | 09 05 | 22 23 | 04 14 | 23 | 28 26 | 01 25 | 09 49 | 28 50 | 04 41 | 20 22:47 | 21 ♊ 08:46 |
| 10 | 23 31 | 26 56 | 09 11 | 22 51 | 04 16 | 24 | 28 48 | 01 44 | 09 50 | 29 17 | 04 43 | 23 14:42 | 23 ♋ 17:54 |
| 11 | 23 54 | 27 18 | 09 16 | 23 19 | 04 17 | 25 | 29 10 | 02 04 | 09 50 | 29 44 | 04 45 | 25 17:60 | 25 ♌ 23:02 |
| 12 | 24 17 | 27 39 | 09 20 | 23 47 | 04 19 | 26 | 29 32 | 02 23 | 09 50℞ | 00♑10 | 04 48 | 27 19:40 | 28 ♍ 00:34 |
| 13 | 24 40 | 28 00 | 09 24 | 24 16 | 04 21 | 27 | 29 54 | 02 42 | 09 50 | 00 37 | 04 50 | | |
| 14 | 25 03 | 28 22 | 09 28 | 24 43 | 04 22 | 28 | 00♒16 | 03 01 | 09 49 | 01 03 | 04 52 | | |

## 0:00 E.T. Declinations

| D | ☉ | ☽ | ☿ | ♀ | ♂ | ♃ | ♄ | ♅ | ♆ | ♇ | ⚳ | ⚴ | ⚵ | ⚶ | ⚷ |
|---|---|---|---|---|---|---|---|---|---|---|---|---|---|---|---|
| 1 | -17 05 | +05 23 | -20 07 | -20 48 | -02 18 | -09 13 | +10 59 | +21 58 | +01 20 | -23 10 | -24 59 | +05 32 | -07 36 | -18 35 | +12 01 |
| 2 | 16 47 | -00 51 | 20 14 | 20 34 | 02 20 | 09 13 | 11 00 | 21 58 | 01 21 | 23 09 | 24 57 | 05 38 | 07 34 | 18 37 | 12 01 |
| 3 | 16 30 | 07 00 | 20 20 | 20 19 | 02 22 | 09 14 | 11 02 | 21 58 | 01 21 | 23 09 | 24 55 | 05 44 | 07 33 | 18 40 | 12 02 |
| 4 | 16 12 | 12 42 | 20 25 | 20 04 | 02 24 | 09 14 | 11 03 | 21 58 | 01 22 | 23 09 | 24 53 | 05 50 | 07 31 | 18 43 | 12 02 |
| 5 | 15 54 | 17 37 | 20 29 | 19 48 | 02 26 | 09 14 | 11 04 | 21 58 | 01 23 | 23 08 | 24 51 | 05 56 | 07 29 | 18 45 | 12 03 |
| 6 | 15 36 | 21 27 | 20 32 | 19 31 | 02 27 | 09 14 | 11 06 | 21 58 | 01 23 | 23 08 | 24 49 | 06 02 | 07 27 | 18 47 | 12 03 |
| 7 | 15 17 | 24 00 | 20 34 | 19 14 | 02 28 | 09 14 | 11 07 | 21 58 | 01 24 | 23 07 | 24 47 | 06 08 | 07 25 | 18 50 | 12 03 |
| 8 | 14 58 | 25 06 | 20 35 | 18 56 | 02 29 | 09 14 | 11 09 | 21 58 | 01 25 | 23 07 | 24 45 | 06 15 | 07 22 | 18 52 | 12 04 |
| 9 | 14 39 | 24 45 | 20 35 | 18 38 | 02 30 | 09 14 | 11 10 | 21 58 | 01 25 | 23 07 | 24 43 | 06 21 | 07 20 | 18 54 | 12 04 |
| 10 | 14 20 | 23 03 | 20 33 | 18 19 | 02 30 | 09 14 | 11 12 | 21 58 | 01 26 | 23 06 | 24 41 | 06 28 | 07 17 | 18 56 | 12 05 |
| 11 | 14 00 | 20 13 | 20 31 | 18 00 | 02 30 | 09 14 | 11 13 | 21 58 | 01 27 | 23 06 | 24 39 | 06 35 | 07 15 | 18 58 | 12 05 |
| 12 | 13 40 | 16 27 | 20 27 | 17 40 | 02 30 | 09 13 | 11 15 | 21 58 | 01 27 | 23 05 | 24 36 | 06 42 | 07 12 | 19 00 | 12 06 |
| 13 | 13 20 | 12 02 | 20 23 | 17 20 | 02 30 | 09 13 | 11 16 | 21 58 | 01 28 | 23 05 | 24 34 | 06 49 | 07 09 | 19 01 | 12 07 |
| 14 | 13 00 | 07 13 | 20 17 | 16 59 | 02 29 | 09 13 | 11 18 | 21 58 | 01 29 | 23 05 | 24 32 | 06 56 | 07 06 | 19 03 | 12 07 |
| 15 | 12 39 | 02 10 | 20 10 | 16 38 | 02 28 | 09 12 | 11 19 | 21 58 | 01 30 | 23 04 | 24 30 | 07 03 | 07 03 | 19 04 | 12 08 |
| 16 | 12 18 | +02 53 | 20 01 | 16 16 | 02 27 | 09 12 | 11 21 | 21 58 | 01 30 | 23 04 | 24 27 | 07 11 | 06 59 | 19 06 | 12 08 |
| 17 | 11 57 | 07 48 | 19 51 | 15 54 | 02 25 | 09 11 | 11 23 | 21 58 | 01 31 | 23 04 | 24 25 | 07 18 | 06 56 | 19 07 | 12 09 |
| 18 | 11 36 | 12 25 | 19 41 | 15 31 | 02 24 | 09 10 | 11 24 | 21 58 | 01 32 | 23 03 | 24 22 | 07 26 | 06 52 | 19 08 | 12 10 |
| 19 | 11 15 | 16 34 | 19 28 | 15 08 | 02 22 | 09 10 | 11 26 | 21 58 | 01 33 | 23 03 | 24 20 | 07 33 | 06 49 | 19 10 | 12 10 |
| 20 | 10 54 | 20 05 | 19 15 | 14 45 | 02 19 | 09 09 | 11 28 | 21 58 | 01 33 | 23 02 | 24 17 | 07 41 | 06 45 | 19 11 | 12 11 |
| 21 | 10 32 | 22 48 | 19 00 | 14 21 | 02 17 | 09 08 | 11 30 | 21 58 | 01 34 | 23 02 | 24 15 | 07 49 | 06 41 | 19 12 | 12 12 |
| 22 | 10 10 | 24 30 | 18 44 | 13 57 | 02 14 | 09 07 | 11 31 | 21 58 | 01 35 | 23 02 | 24 12 | 07 57 | 06 37 | 19 13 | 12 12 |
| 23 | 09 48 | 25 02 | 18 27 | 13 32 | 02 11 | 09 06 | 11 33 | 21 58 | 01 36 | 23 01 | 24 10 | 08 05 | 06 33 | 19 13 | 12 13 |
| 24 | 09 26 | 24 14 | 18 08 | 13 07 | 02 07 | 09 05 | 11 35 | 21 58 | 01 37 | 23 01 | 24 07 | 08 13 | 06 28 | 19 14 | 12 14 |
| 25 | 09 04 | 22 02 | 17 49 | 12 42 | 02 04 | 09 04 | 11 37 | 21 58 | 01 37 | 23 01 | 24 04 | 08 21 | 06 24 | 19 15 | 12 14 |
| 26 | 08 41 | 18 29 | 17 28 | 12 16 | 02 00 | 09 02 | 11 39 | 21 58 | 01 38 | 23 00 | 24 02 | 08 30 | 06 19 | 19 15 | 12 15 |
| 27 | 08 19 | 13 45 | 17 05 | 11 50 | 01 56 | 09 01 | 11 41 | 21 58 | 01 39 | 23 00 | 23 59 | 08 38 | 06 15 | 19 16 | 12 16 |
| 28 | 07 56 | 08 06 | 16 42 | 11 23 | 01 51 | 09 00 | 11 43 | 21 58 | 01 40 | 23 00 | 23 56 | 08 47 | 06 10 | 19 16 | 12 17 |

Lunar Phases -- 5 ◑ 21:53 13 ● 10:33 21 ◐ 15:11 28 ○ 17:11 Sun enters ♓ 2/18 09:09

## 0:00 E.T. Longitudes of Main Planets - March 2029 Mar. 29

| D | S.T. | ☉ | ☽ | ☽ 12:00 | ☿ | ♀ | ♂ | ♃ | ♄ | ♅ | ♆ | ♇ | ☊ |
|---|---|---|---|---|---|---|---|---|---|---|---|---|---|
| 1 | 10:36:20 | 10♓41 04 | 14♍41 | 22♍17 | 20♒55 | 05♓00 | 12♎33℞ | 26♎53℞ | 07♉01 | 10♊17 | 07♈32 | 09♒22 | 11♑00 |
| 2 | 10:40:17 | 11 41 15 | 29 53 | 07♎28 | 22 27 | 06 15 | 12 22 | 26 50 | 07 07 | 10 17 | 07 34 | 09 24 | 10 57 |
| 3 | 10:44:13 | 12 41 25 | 15♎01 | 22 32 | 24 00 | 07 30 | 12 09 | 26 46 | 07 12 | 10 18 | 07 36 | 09 26 | 10 54 |
| 4 | 10:48:10 | 13 41 34 | 29 58 | 07♏20 | 25 34 | 08 45 | 11 56 | 26 42 | 07 18 | 10 19 | 07 38 | 09 27 | 10 51 |
| 5 | 10:52:06 | 14 41 40 | 14♏35 | 21 45 | 27 09 | 09 59 | 11 42 | 26 38 | 07 23 | 10 20 | 07 41 | 09 29 | 10 48 |
| 6 | 10:56:03 | 15 41 46 | 28 48 | 05♐45 | 28 46 | 11 14 | 11 28 | 26 34 | 07 29 | 10 21 | 07 43 | 09 30 | 10 44 |
| 7 | 10:59:59 | 16 41 49 | 12♐35 | 19 20 | 00♓23 | 12 29 | 11 13 | 26 30 | 07 35 | 10 21 | 07 45 | 09 32 | 10 41 |
| 8 | 11:03:56 | 17 41 51 | 25 58 | 02♑32 | 02 02 | 13 44 | 10 57 | 26 25 | 07 41 | 10 22 | 07 47 | 09 33 | 10 38 |
| 9 | 11:07:52 | 18 41 52 | 09♑00 | 15 24 | 03 42 | 14 59 | 10 40 | 26 21 | 07 47 | 10 24 | 07 49 | 09 35 | 10 35 |
| 10 | 11:11:49 | 19 41 51 | 21 44 | 28 00 | 05 22 | 16 14 | 10 23 | 26 16 | 07 53 | 10 25 | 07 51 | 09 37 | 10 32 |
| 11 | 11:15:46 | 20 41 48 | 04♒13 | 10♒23 | 07 04 | 17 29 | 10 05 | 26 11 | 07 59 | 10 26 | 07 54 | 09 38 | 10 29 |
| 12 | 11:19:42 | 21 41 44 | 16 31 | 22 37 | 08 47 | 18 44 | 09 46 | 26 06 | 08 05 | 10 27 | 07 56 | 09 40 | 10 25 |
| 13 | 11:23:39 | 22 41 37 | 28 41 | 04♓43 | 10 32 | 19 59 | 09 27 | 26 00 | 08 11 | 10 28 | 07 58 | 09 41 | 10 22 |
| 14 | 11:27:35 | 23 41 29 | 10♓44 | 16 44 | 12 17 | 21 13 | 09 07 | 25 55 | 08 17 | 10 30 | 08 00 | 09 42 | 10 19 |
| 15 | 11:31:32 | 24 41 19 | 22 43 | 28 40 | 14 04 | 22 28 | 08 47 | 25 49 | 08 23 | 10 31 | 08 02 | 09 44 | 10 16 |
| 16 | 11:35:28 | 25 41 07 | 04♈37 | 10♈34 | 15 52 | 23 43 | 08 26 | 25 44 | 08 30 | 10 32 | 08 05 | 09 45 | 10 13 |
| 17 | 11:39:25 | 26 40 53 | 16 30 | 22 25 | 17 41 | 24 58 | 08 05 | 25 38 | 08 36 | 10 34 | 08 07 | 09 47 | 10 10 |
| 18 | 11:43:21 | 27 40 37 | 28 21 | 04♉17 | 19 31 | 26 12 | 07 44 | 25 32 | 08 42 | 10 35 | 08 09 | 09 48 | 10 06 |
| 19 | 11:47:18 | 28 40 19 | 10♉14 | 16 11 | 21 22 | 27 27 | 07 22 | 25 26 | 08 49 | 10 37 | 08 11 | 09 49 | 10 03 |
| 20 | 11:51:15 | 29 39 58 | 22 10 | 28 10 | 23 15 | 28 42 | 07 00 | 25 20 | 08 55 | 10 38 | 08 14 | 09 51 | 10 00 |
| 21 | 11:55:11 | 00♈39 36 | 04♊13 | 10♊18 | 25 09 | 29 57 | 06 37 | 25 13 | 09 02 | 10 40 | 08 16 | 09 52 | 09 57 |
| 22 | 11:59:08 | 01 39 11 | 16 27 | 22 40 | 27 04 | 01♈11 | 06 14 | 25 07 | 09 09 | 10 42 | 08 18 | 09 53 | 09 54 |
| 23 | 12:03:04 | 02 38 44 | 28 57 | 05♋19 | 29 00 | 02 26 | 05 51 | 25 00 | 09 15 | 10 44 | 08 20 | 09 55 | 09 50 |
| 24 | 12:07:01 | 03 38 15 | 11♋47 | 18 22 | 00♈57 | 03 41 | 05 28 | 24 54 | 09 22 | 10 45 | 08 23 | 09 56 | 09 47 |
| 25 | 12:10:57 | 04 37 43 | 25 03 | 01♌51 | 02 56 | 04 55 | 05 05 | 24 47 | 09 29 | 10 47 | 08 25 | 09 57 | 09 44 |
| 26 | 12:14:54 | 05 37 09 | 08♌46 | 15 50 | 04 55 | 06 10 | 04 41 | 24 40 | 09 36 | 10 49 | 08 27 | 09 58 | 09 41 |
| 27 | 12:18:50 | 06 36 33 | 23 00 | 00♍18 | 06 55 | 07 24 | 04 18 | 24 33 | 09 42 | 10 51 | 08 29 | 10 00 | 09 38 |
| 28 | 12:22:47 | 07 35 54 | 07♍42 | 15 12 | 08 57 | 08 39 | 03 55 | 24 26 | 09 49 | 10 53 | 08 32 | 10 01 | 09 35 |
| 29 | 12:26:44 | 08 35 13 | 22 47 | 00♎26 | 10 59 | 09 54 | 03 31 | 24 19 | 09 56 | 10 55 | 08 34 | 10 02 | 09 31 |
| 30 | 12:30:40 | 09 34 30 | 08♎06 | 15 47 | 13 01 | 11 08 | 03 08 | 24 12 | 10 03 | 10 57 | 08 36 | 10 03 | 09 28 |
| 31 | 12:34:37 | 10 33 45 | 23 28 | 01♏05 | 15 04 | 12 23 | 02 45 | 24 04 | 10 10 | 10 59 | 08 38 | 10 04 | 09 25 |

## 0:00 E.T. Longitudes of the Major Asteroids and Chiron

| D | ⚳ | ⚴ | ⚵ | ⚶ | ⚷ |
|---|---|---|---|---|---|
| 1 | 00♒38 | 03♑20 | 09♏48℞ | 01♑29 | 04♉55 |
| 2 | 01 00 | 03 38 | 09 46 | 01 55 | 04 57 |
| 3 | 01 21 | 03 57 | 09 44 | 02 21 | 05 00 |
| 4 | 01 43 | 04 15 | 09 42 | 02 47 | 05 03 |
| 5 | 02 04 | 04 33 | 09 40 | 03 13 | 05 05 |
| 6 | 02 26 | 04 51 | 09 37 | 03 38 | 05 08 |
| 7 | 02 47 | 05 09 | 09 33 | 04 04 | 05 11 |
| 8 | 03 08 | 05 26 | 09 30 | 04 29 | 05 13 |
| 9 | 03 30 | 05 43 | 09 26 | 04 54 | 05 16 |
| 10 | 03 51 | 06 01 | 09 22 | 05 19 | 05 19 |
| 11 | 04 12 | 06 17 | 09 17 | 05 44 | 05 22 |
| 12 | 04 33 | 06 34 | 09 12 | 06 09 | 05 25 |
| 13 | 04 54 | 06 50 | 09 07 | 06 33 | 05 28 |
| 14 | 05 14 | 07 07 | 09 01 | 06 58 | 05 31 |
| 15 | 05 35 | 07 23 | 08 55 | 07 22 | 05 34 |
| 16 | 05 56 | 07 39 | 08 48 | 07 46 | 05 37 |
| 17 | 06 16 | 07 54 | 08 42 | 08 09 | 05 40 |
| 18 | 06 36 | 08 09 | 08 34 | 08 33 | 05 43 |
| 19 | 06 57 | 08 24 | 08 27 | 08 57 | 05 46 |
| 20 | 07 17 | 08 39 | 08 19 | 09 20 | 05 49 |
| 21 | 07 37 | 08 54 | 08 11 | 09 43 | 05 53 |
| 22 | 07 57 | 09 08 | 08 03 | 10 06 | 05 56 |
| 23 | 08 17 | 09 22 | 07 54 | 10 29 | 05 59 |
| 24 | 08 36 | 09 36 | 07 45 | 10 51 | 06 02 |
| 25 | 08 56 | 09 50 | 07 36 | 11 13 | 06 06 |
| 26 | 09 15 | 10 03 | 07 26 | 11 35 | 06 09 |
| 27 | 09 35 | 10 16 | 07 16 | 11 57 | 06 12 |
| 28 | 09 54 | 10 29 | 07 06 | 12 19 | 06 16 |
| 29 | 10 13 | 10 42 | 06 56 | 12 41 | 06 19 |
| 30 | 10 32 | 10 54 | 06 45 | 13 02 | 06 23 |
| 31 | 10 51 | 11 06 | 06 34 | 13 23 | 06 26 |

## Lunar Data

| Last Asp. | Ingress |
|---|---|
| 28 17:11 | 2 ♎ 00:12 |
| 3 18:44 | 4 ♏ 00:03 |
| 5 23:56 | 6 ♐ 02:04 |
| 8 00:49 | 8 ♑ 07:21 |
| 10 08:37 | 10 ♒ 15:51 |
| 12 18:44 | 13 ♓ 02:37 |
| 15 04:20 | 15 ♈ 14:40 |
| 17 18:20 | 18 ♉ 03:20 |
| 20 14:33 | 20 ♊ 15:39 |
| 23 00:06 | 23 ♋ 01:59 |
| 24 23:32 | 25 ♌ 08:46 |
| 27 02:32 | 27 ♍ 11:31 |
| 28 05:06 | 29 ♎ 11:20 |
| 31 00:58 | |

## 0:00 E.T. Declinations

| D | ☉ | ☽ | ☿ | ♀ | ♂ | ♃ | ♄ | ♅ | ♆ | ♇ | ⚳ | ⚴ | ⚵ | ⚶ | ⚷ |
|---|---|---|---|---|---|---|---|---|---|---|---|---|---|---|---|
| 1 | -07 34 | +01 52 | -16 17 | -10 57 | -01 47 | -08 58 | +11 44 | +21 58 | +01 41 | -22 59 | -23 54 | +08 55 | -06 05 | -19 17 | +12 18 |
| 2 | 07 11 | -04 30 | 15 50 | 10 30 | 01 42 | 08 57 | 11 46 | 21 59 | 01 41 | 22 59 | 23 51 | 09 04 | 06 00 | 19 17 | 12 18 |
| 3 | 06 48 | 10 35 | 15 23 | 10 03 | 01 36 | 08 56 | 11 48 | 21 59 | 01 42 | 22 59 | 23 48 | 09 13 | 05 55 | 19 17 | 12 19 |
| 4 | 06 25 | 15 58 | 14 54 | 09 35 | 01 31 | 08 54 | 11 50 | 21 59 | 01 43 | 22 59 | 23 45 | 09 22 | 05 49 | 19 17 | 12 20 |
| 5 | 06 02 | 20 17 | 14 24 | 09 07 | 01 25 | 08 52 | 11 52 | 21 59 | 01 44 | 22 58 | 23 42 | 09 31 | 05 44 | 19 17 | 12 21 |
| 6 | 05 38 | 23 16 | 13 53 | 08 39 | 01 20 | 08 51 | 11 54 | 21 59 | 01 45 | 22 58 | 23 40 | 09 40 | 05 39 | 19 18 | 12 22 |
| 7 | 05 15 | 24 45 | 13 20 | 08 11 | 01 13 | 08 49 | 11 57 | 21 59 | 01 46 | 22 58 | 23 37 | 09 49 | 05 33 | 19 17 | 12 23 |
| 8 | 04 52 | 24 45 | 12 47 | 07 43 | 01 07 | 08 47 | 11 59 | 21 59 | 01 47 | 22 57 | 23 34 | 09 58 | 05 27 | 19 17 | 12 23 |
| 9 | 04 28 | 23 22 | 12 11 | 07 14 | 01 01 | 08 45 | 12 01 | 22 00 | 01 47 | 22 57 | 23 31 | 10 08 | 05 22 | 19 17 | 12 24 |
| 10 | 04 05 | 20 49 | 11 35 | 06 45 | 00 54 | 08 43 | 12 03 | 22 00 | 01 48 | 22 57 | 23 28 | 10 17 | 05 16 | 19 17 | 12 25 |
| 11 | 03 41 | 17 19 | 10 58 | 06 16 | 00 47 | 08 41 | 12 05 | 22 00 | 01 49 | 22 57 | 23 25 | 10 27 | 05 10 | 19 17 | 12 26 |
| 12 | 03 18 | 13 07 | 10 19 | 05 47 | 00 40 | 08 39 | 12 07 | 22 00 | 01 50 | 22 56 | 23 22 | 10 36 | 05 04 | 19 16 | 12 27 |
| 13 | 02 54 | 08 28 | 09 39 | 05 17 | 00 33 | 08 37 | 12 09 | 22 00 | 01 51 | 22 56 | 23 19 | 10 46 | 04 57 | 19 16 | 12 28 |
| 14 | 02 30 | 03 32 | 08 58 | 04 48 | 00 25 | 08 35 | 12 11 | 22 00 | 01 52 | 22 56 | 23 17 | 10 56 | 04 51 | 19 15 | 12 29 |
| 15 | 02 07 | +01 29 | 08 15 | 04 18 | 00 18 | 08 33 | 12 13 | 22 01 | 01 53 | 22 56 | 23 14 | 11 06 | 04 45 | 19 15 | 12 30 |
| 16 | 01 43 | 06 24 | 07 31 | 03 49 | 00 10 | 08 31 | 12 16 | 22 01 | 01 54 | 22 56 | 23 11 | 11 16 | 04 38 | 19 14 | 12 31 |
| 17 | 01 19 | 11 04 | 06 47 | 03 19 | 00 02 | 08 29 | 12 18 | 22 01 | 01 54 | 22 55 | 23 08 | 11 26 | 04 32 | 19 14 | 12 32 |
| 18 | 00 55 | 15 20 | 06 01 | 02 49 | +00 05 | 08 26 | 12 20 | 22 01 | 01 55 | 22 55 | 23 05 | 11 36 | 04 25 | 19 13 | 12 33 |
| 19 | 00 32 | 19 00 | 05 14 | 02 19 | 00 13 | 08 24 | 12 22 | 22 02 | 01 56 | 22 55 | 23 02 | 11 46 | 04 18 | 19 13 | 12 34 |
| 20 | 00 08 | 21 54 | 04 25 | 01 49 | 00 21 | 08 22 | 12 25 | 22 02 | 01 57 | 22 55 | 22 59 | 11 56 | 04 12 | 19 12 | 12 35 |
| 21 | +00 16 | 23 53 | 03 36 | 01 18 | 00 29 | 08 19 | 12 27 | 22 02 | 01 58 | 22 55 | 22 56 | 12 06 | 04 05 | 19 11 | 12 36 |
| 22 | 00 39 | 24 45 | 02 46 | 00 48 | 00 37 | 08 17 | 12 29 | 22 02 | 01 59 | 22 54 | 22 53 | 12 16 | 03 58 | 19 10 | 12 37 |
| 23 | 01 03 | 24 24 | 01 54 | 00 18 | 00 46 | 08 14 | 12 31 | 22 03 | 02 00 | 22 54 | 22 51 | 12 27 | 03 51 | 19 09 | 12 38 |
| 24 | 01 27 | 22 45 | 01 02 | +00 12 | 00 54 | 08 12 | 12 34 | 22 03 | 02 01 | 22 54 | 22 48 | 12 37 | 03 44 | 19 09 | 12 39 |
| 25 | 01 50 | 19 50 | 00 09 | 00 43 | 01 02 | 08 09 | 12 36 | 22 03 | 02 02 | 22 54 | 22 45 | 12 48 | 03 37 | 19 08 | 12 40 |
| 26 | 02 14 | 15 43 | +00 45 | 01 13 | 01 10 | 08 07 | 12 38 | 22 03 | 02 02 | 22 54 | 22 42 | 12 58 | 03 30 | 19 07 | 12 41 |
| 27 | 02 37 | 10 36 | 01 40 | 01 43 | 01 17 | 08 04 | 12 40 | 22 04 | 02 03 | 22 54 | 22 39 | 13 09 | 03 22 | 19 06 | 12 42 |
| 28 | 03 01 | 04 44 | 02 35 | 02 13 | 01 25 | 08 01 | 12 43 | 22 04 | 02 04 | 22 53 | 22 37 | 13 19 | 03 15 | 19 05 | 12 43 |
| 29 | 03 24 | -01 33 | 03 31 | 02 43 | 01 33 | 07 59 | 12 45 | 22 04 | 02 05 | 22 53 | 22 34 | 13 30 | 03 08 | 19 04 | 12 44 |
| 30 | 03 48 | 07 48 | 04 27 | 03 14 | 01 41 | 07 56 | 12 47 | 22 04 | 02 06 | 22 53 | 22 31 | 13 41 | 03 01 | 19 03 | 12 46 |
| 31 | 04 11 | 13 37 | 05 24 | 03 44 | 01 48 | 07 53 | 12 50 | 22 05 | 02 07 | 22 53 | 22 28 | 13 52 | 02 53 | 19 02 | 12 47 |

Lunar Phases -- 7 ◑ 07:53 15 ● 04:20 23 ◐ 07:35 30 ○ 02:28 Sun enters ♈ 3/20 08:04

| D | S.T. | ☉ | ☽ | ☽ 12:00 | ☿ | ♀ | ♂ | ♃ | ♄ | ♅ | ♆ | ♇ | ☊ |
|---|------|---|---|---------|---|---|---|---|---|---|---|---|---|
| 1 | 12:38:33 | 11♈32 59 | 08♏40 | 16♏09 | 17♈08 | 13♈37 | 02♎22℞ | 23♎57℞ | 10♉17 | 11♊01 | 08♈41 | 10♒05 | 09♑22 |
| 2 | 12:42:30 | 12 32 10 | 23 33 | 00♐50 | 19 11 | 14 52 | 02 00 | 23 50 | 10 25 | 11 03 | 08 43 | 10 06 | 09 19 |
| 3 | 12:46:26 | 13 31 19 | 08♐00 | 15 03 | 21 14 | 16 06 | 01 37 | 23 42 | 10 32 | 11 06 | 08 45 | 10 07 | 09 16 |
| 4 | 12:50:23 | 14 30 27 | 21 58 | 28 46 | 23 16 | 17 21 | 01 15 | 23 35 | 10 39 | 11 08 | 08 48 | 10 08 | 09 12 |
| 5 | 12:54:19 | 15 29 33 | 05♑28 | 12♑03 | 25 18 | 18 35 | 00 54 | 23 27 | 10 46 | 11 10 | 08 50 | 10 09 | 09 09 |
| 6 | 12:58:16 | 16 28 37 | 18 31 | 24 55 | 27 18 | 19 49 | 00 32 | 23 20 | 10 53 | 11 12 | 08 52 | 10 10 | 09 06 |
| 7 | 13:02:13 | 17 27 40 | 01♒13 | 07♒27 | 29 17 | 21 04 | 00 11 | 23 12 | 11 01 | 11 15 | 08 54 | 10 11 | 09 03 |
| 8 | 13:06:09 | 18 26 40 | 13 37 | 19 44 | 01♉13 | 22 18 | 29♍51 | 23 05 | 11 08 | 11 17 | 08 57 | 10 12 | 09 00 |
| 9 | 13:10:06 | 19 25 39 | 25 50 | 01♓50 | 03 08 | 23 33 | 29 31 | 22 57 | 11 15 | 11 20 | 08 59 | 10 13 | 08 56 |
| 10 | 13:14:02 | 20 24 36 | 07♓50 | 13 49 | 04 59 | 24 47 | 29 11 | 22 49 | 11 23 | 11 22 | 09 01 | 10 14 | 08 53 |
| 11 | 13:17:59 | 21 23 31 | 19 46 | 25 43 | 06 48 | 26 01 | 28 53 | 22 42 | 11 30 | 11 25 | 09 03 | 10 15 | 08 50 |
| 12 | 13:21:55 | 22 22 25 | 01♈39 | 07♈35 | 08 33 | 27 16 | 28 34 | 22 34 | 11 37 | 11 27 | 09 06 | 10 15 | 08 47 |
| 13 | 13:25:52 | 23 21 16 | 13 31 | 19 33 | 10 15 | 28 30 | 28 17 | 22 26 | 11 45 | 11 30 | 09 08 | 10 16 | 08 44 |
| 14 | 13:29:48 | 24 20 05 | 25 23 | 01♉20 | 11 52 | 29 44 | 28 00 | 22 18 | 11 52 | 11 32 | 09 10 | 10 17 | 08 41 |
| 15 | 13:33:45 | 25 18 53 | 07♉17 | 13 15 | 13 25 | 00♉58 | 27 43 | 22 11 | 12 00 | 11 35 | 09 12 | 10 18 | 08 37 |
| 16 | 13:37:42 | 26 17 38 | 19 14 | 25 14 | 14 54 | 02 13 | 27 28 | 22 03 | 12 07 | 11 38 | 09 14 | 10 18 | 08 34 |
| 17 | 13:41:38 | 27 16 22 | 01♊25 | 07♊25 | 16 18 | 03 27 | 27 13 | 21 55 | 12 15 | 11 41 | 09 17 | 10 19 | 08 31 |
| 18 | 13:45:35 | 28 15 03 | 13 25 | 19 33 | 17 38 | 04 41 | 26 59 | 21 48 | 12 22 | 11 43 | 09 19 | 10 20 | 08 28 |
| 19 | 13:49:31 | 29 13 43 | 25 44 | 01♋58 | 18 52 | 05 55 | 26 45 | 21 40 | 12 30 | 11 46 | 09 21 | 10 20 | 08 25 |
| 20 | 13:53:28 | 00♉12 20 | 08♋16 | 14 39 | 20 01 | 07 09 | 26 32 | 21 33 | 12 38 | 11 49 | 09 23 | 10 21 | 08 22 |
| 21 | 13:57:24 | 01 10 55 | 21 05 | 27 39 | 21 05 | 08 24 | 26 21 | 21 25 | 12 45 | 11 52 | 09 25 | 10 21 | 08 18 |
| 22 | 14:01:21 | 02 09 27 | 04♌18 | 11♌02 | 22 03 | 09 38 | 26 09 | 21 18 | 12 53 | 11 55 | 09 27 | 10 22 | 08 15 |
| 23 | 14:05:17 | 03 07 58 | 17 53 | 24 51 | 22 56 | 10 52 | 25 59 | 21 10 | 13 00 | 11 58 | 09 29 | 10 22 | 08 12 |
| 24 | 14:09:14 | 04 06 26 | 01♍56 | 09♍08 | 23 44 | 12 06 | 25 49 | 21 03 | 13 08 | 12 00 | 09 32 | 10 23 | 08 09 |
| 25 | 14:13:11 | 05 04 52 | 16 25 | 23 49 | 24 26 | 13 20 | 25 41 | 20 55 | 13 16 | 12 03 | 09 34 | 10 24 | 08 06 |
| 26 | 14:17:07 | 06 03 16 | 01♎17 | 08♎50 | 25 02 | 14 34 | 25 33 | 20 48 | 13 23 | 12 06 | 09 36 | 10 24 | 08 02 |
| 27 | 14:21:04 | 07 01 38 | 16 26 | 24 03 | 25 32 | 15 48 | 25 25 | 20 41 | 13 31 | 12 09 | 09 38 | 10 24 | 07 59 |
| 28 | 14:25:00 | 07 59 58 | 01♏41 | 09♏18 | 25 57 | 17 02 | 25 19 | 20 34 | 13 39 | 12 13 | 09 40 | 10 25 | 07 56 |
| 29 | 14:28:57 | 08 58 16 | 16 52 | 24 23 | 26 16 | 18 16 | 25 13 | 20 27 | 13 47 | 12 16 | 09 42 | 10 25 | 07 53 |
| 30 | 14:32:53 | 09 56 33 | 01♐48 | 09♐08 | 26 30 | 19 30 | 25 09 | 20 20 | 13 54 | 12 19 | 09 44 | 10 25 | 07 50 |

## 0:00 E.T.　　Longitudes of the Major Asteroids and Chiron　　Lunar Data

| D | ⚳ | ⚴ | ⚵ | ⚶ | ⚷ | D | ⚳ | ⚴ | ⚵ | ⚶ | ⚷ | Last Asp. | Ingress |
|---|---|---|---|---|---|---|---|---|---|---|---|-----------|---------|
| 1 | 11♒10 | 11♑17 | 06♏23℞ | 13♑44 | 06♉30 | 16 | 15 35 | 13 35 | 03 13 | 18 26 | 07 24 | 1　02:37 | 2　♐　10:37 |
| 2 | 11 28 | 11 29 | 06 12 | 14 04 | 06 33 | 17 | 15 51 | 13 41 | 02 59 | 18 43 | 07 28 | 4　02:48 | 4　♑　14:11 |
| 3 | 11 47 | 11 40 | 06 00 | 14 25 | 06 37 | 18 | 16 08 | 13 47 | 02 45 | 19 00 | 07 32 | 6　19:37 | 6　♒　21:40 |
| 4 | 12 05 | 11 51 | 05 48 | 14 45 | 06 40 | 19 | 16 24 | 13 53 | 02 31 | 19 16 | 07 35 | 8　19:01 | 9　♓　08:21 |
| 5 | 12 24 | 12 01 | 05 36 | 15 05 | 06 44 | 20 | 16 40 | 13 58 | 02 18 | 19 31 | 07 39 | 11　17:55 | 11　♈　20:39 |
| 6 | 12 42 | 12 11 | 05 24 | 15 24 | 06 47 | 21 | 16 56 | 14 03 | 02 04 | 19 47 | 07 43 | 13　21:41 | 14　♉　09:19 |
| 7 | 13 00 | 12 21 | 05 11 | 15 44 | 06 51 | 22 | 17 11 | 14 08 | 01 50 | 20 02 | 07 47 | 16　16:06 | 16　♊　21:30 |
| 8 | 13 18 | 12 31 | 04 59 | 16 03 | 06 55 | 23 | 17 27 | 14 12 | 01 36 | 20 17 | 07 51 | 19　07:19 | 19　♋　08:13 |
| 9 | 13 35 | 12 40 | 04 46 | 16 22 | 06 58 | 24 | 17 42 | 14 16 | 01 22 | 20 31 | 07 54 | 21　09:28 | 21　♌　16:16 |
| 10 | 13 53 | 12 49 | 04 33 | 16 40 | 07 02 | 25 | 17 57 | 14 19 | 01 09 | 20 45 | 07 58 | 23　09:15 | 23　♍　20:44 |
| 11 | 14 10 | 12 57 | 04 20 | 16 59 | 07 06 | 26 | 18 12 | 14 24 | 00 55 | 20 59 | 08 02 | 25　14:52 | 25　♎　21:56 |
| 12 | 14 27 | 13 06 | 04 07 | 17 17 | 07 09 | 27 | 18 27 | 14 24 | 00 41 | 21 12 | 08 06 | 27　06:39 | 27　♏　21:21 |
| 13 | 14 45 | 13 13 | 03 53 | 17 35 | 07 13 | 28 | 18 41 | 14 26 | 00 28 | 21 25 | 08 09 | 29　15:18 | 29　♐　21:04 |
| 14 | 15 02 | 13 21 | 03 40 | 17 52 | 07 17 | 29 | 18 56 | 14 28 | 00 14 | 21 38 | 08 13 | | |
| 15 | 15 18 | 13 28 | 03 26 | 18 10 | 07 20 | 30 | 19 10 | 14 29 | 00 01 | 21 51 | 08 17 | | |

## 0:00 E.T.　　　　　Declinations

| D | ☉ | ☽ | ☿ | ♀ | ♂ | ♃ | ♄ | ♅ | ♆ | ♇ | ⚳ | ⚴ | ⚵ | ⚶ | ⚷ |
|---|---|---|---|---|---|---|---|---|---|---|---|---|---|---|---|
| 1 | +04 34 | -18 30 | +06 20 | +04 14 | +01 56 | -07 51 | +12 52 | +22 05 | +02 08 | -22 53 | -22 26 | +14 02 | -02 46 | -19 01 | +12 48 |
| 2 | 04 57 | 22 07 | 07 17 | 04 44 | 02 03 | 07 48 | 12 54 | 22 05 | 02 09 | 22 53 | 22 23 | 14 13 | 02 39 | 19 00 | 12 49 |
| 3 | 05 20 | 24 11 | 08 13 | 05 13 | 02 10 | 07 45 | 12 57 | 22 06 | 02 10 | 22 53 | 22 20 | 14 24 | 02 31 | 18 59 | 12 50 |
| 4 | 05 43 | 24 38 | 09 09 | 05 43 | 02 17 | 07 42 | 12 59 | 22 06 | 02 10 | 22 53 | 22 18 | 14 35 | 02 24 | 18 58 | 12 51 |
| 5 | 06 06 | 23 36 | 10 04 | 06 13 | 02 24 | 07 39 | 13 01 | 22 06 | 02 11 | 22 53 | 22 15 | 14 46 | 02 17 | 18 57 | 12 52 |
| 6 | 06 29 | 21 18 | 10 58 | 06 42 | 02 30 | 07 37 | 13 04 | 22 07 | 02 12 | 22 53 | 22 13 | 14 57 | 02 09 | 18 56 | 12 53 |
| 7 | 06 51 | 18 00 | 11 51 | 07 11 | 02 36 | 07 34 | 13 06 | 22 07 | 02 13 | 22 53 | 22 10 | 15 08 | 02 02 | 18 55 | 12 54 |
| 8 | 07 14 | 13 58 | 12 43 | 07 40 | 02 42 | 07 31 | 13 08 | 22 07 | 02 14 | 22 53 | 22 08 | 15 19 | 01 54 | 18 54 | 12 56 |
| 9 | 07 36 | 09 26 | 13 33 | 08 09 | 02 48 | 07 28 | 13 11 | 22 08 | 02 15 | 22 53 | 22 05 | 15 30 | 01 47 | 18 53 | 12 57 |
| 10 | 07 58 | 04 37 | 14 22 | 08 38 | 02 54 | 07 25 | 13 13 | 22 08 | 02 16 | 22 53 | 22 03 | 15 41 | 01 40 | 18 52 | 12 58 |
| 11 | 08 20 | +00 19 | 15 08 | 09 07 | 02 59 | 07 22 | 13 18 | 22 08 | 02 17 | 22 52 | 22 00 | 15 52 | 01 33 | 18 51 | 12 59 |
| 12 | 08 42 | 05 13 | 15 52 | 09 35 | 03 04 | 07 20 | 13 18 | 22 09 | 02 17 | 22 52 | 21 58 | 16 03 | 01 25 | 18 49 | 13 00 |
| 13 | 09 04 | 09 55 | 16 34 | 10 03 | 03 09 | 07 17 | 13 20 | 22 09 | 02 18 | 22 52 | 21 56 | 16 14 | 01 18 | 18 49 | 13 01 |
| 14 | 09 26 | 14 15 | 17 14 | 10 31 | 03 13 | 07 14 | 13 22 | 22 10 | 02 19 | 22 52 | 21 54 | 16 25 | 01 11 | 18 48 | 13 02 |
| 15 | 09 47 | 18 03 | 17 51 | 10 59 | 03 17 | 07 11 | 13 25 | 22 10 | 02 20 | 22 52 | 21 51 | 16 36 | 01 04 | 18 47 | 13 03 |
| 16 | 10 09 | 21 08 | 18 26 | 11 26 | 03 21 | 07 08 | 13 27 | 22 10 | 02 21 | 22 52 | 21 49 | 16 47 | 00 57 | 18 46 | 13 05 |
| 17 | 10 30 | 23 18 | 18 58 | 11 53 | 03 25 | 07 06 | 13 30 | 22 11 | 02 22 | 22 53 | 21 47 | 16 58 | 00 50 | 18 45 | 13 06 |
| 18 | 10 51 | 24 25 | 19 27 | 12 20 | 03 28 | 07 03 | 13 32 | 22 11 | 02 23 | 22 53 | 21 45 | 17 09 | 00 43 | 18 44 | 13 07 |
| 19 | 11 12 | 24 21 | 19 54 | 12 47 | 03 31 | 07 00 | 13 34 | 22 11 | 02 23 | 22 53 | 21 43 | 17 20 | 00 36 | 18 44 | 13 08 |
| 20 | 11 33 | 23 04 | 20 18 | 13 13 | 03 34 | 06 57 | 13 37 | 22 12 | 02 24 | 22 53 | 21 41 | 17 31 | 00 30 | 18 42 | 13 09 |
| 21 | 11 53 | 20 33 | 20 39 | 13 39 | 03 36 | 06 54 | 13 39 | 22 13 | 02 25 | 22 53 | 21 39 | 17 41 | 00 23 | 18 42 | 13 10 |
| 22 | 12 13 | 16 55 | 20 58 | 14 05 | 03 38 | 06 52 | 13 42 | 22 13 | 02 26 | 22 53 | 21 38 | 17 52 | 00 16 | 18 42 | 13 12 |
| 23 | 12 33 | 12 18 | 21 14 | 14 30 | 03 40 | 06 49 | 13 44 | 22 13 | 02 27 | 22 53 | 21 36 | 18 03 | 00 10 | 18 41 | 13 13 |
| 24 | 12 53 | 06 54 | 21 27 | 14 55 | 03 41 | 06 46 | 13 46 | 22 13 | 02 27 | 22 53 | 21 34 | 18 14 | 00 03 | 18 40 | 13 14 |
| 25 | 13 13 | +00 59 | 21 37 | 15 19 | 03 42 | 06 44 | 13 49 | 22 13 | 02 28 | 22 53 | 21 33 | 18 25 | +00 03 | 18 40 | 13 16 |
| 26 | 13 32 | -05 08 | 21 45 | 15 43 | 03 43 | 06 41 | 13 51 | 22 14 | 02 29 | 22 53 | 21 31 | 18 35 | 00 09 | 18 40 | 13 16 |
| 27 | 13 51 | 11 04 | 21 50 | 16 07 | 03 43 | 06 39 | 13 53 | 22 14 | 02 30 | 22 53 | 21 30 | 18 46 | 00 15 | 18 39 | 13 17 |
| 28 | 14 10 | 16 21 | 21 52 | 16 31 | 03 43 | 06 36 | 13 56 | 22 15 | 02 31 | 22 53 | 21 28 | 18 56 | 00 21 | 18 39 | 13 18 |
| 29 | 14 29 | 20 34 | 21 52 | 16 53 | 03 43 | 06 34 | 13 58 | 22 15 | 02 32 | 22 53 | 21 27 | 19 07 | 00 26 | 18 39 | 13 20 |
| 30 | 14 48 | 23 20 | 21 50 | 17 16 | 03 43 | 06 31 | 14 00 | 22 16 | 02 32 | 22 54 | 21 26 | 19 17 | 00 32 | 18 39 | 13 21 |

Lunar Phases -- 5 ◑ 19:53　13 ● 21:41　21 ◐ 19:51　28 ○ 10:38　　Sun enters ♉ 4/19 18:57

## 0:00 E.T. Longitudes of Main Planets - May 2029

| D | S.T. | ☉ | ☽ | ☽ 12:00 | ☿ | ♀ | ♂ | ♃ | ♄ | ♅ | ♆ | ♇ | ☊ |
|---|---|---|---|---|---|---|---|---|---|---|---|---|---|
| 1 | 14:36:50 | 10♉54 47 | 16♐22 | 23♐29 | 26♉38 | 20♉44 | 25♍04℞ | 20♎13℞ | 14♉02 | 12♊22 | 09♈46 | 10♒26 | 07♑47 |
| 2 | 14:40:46 | 11 53 01 | 00♑29 | 07♑21 | 26 40℞ | 21 58 | 25 01 | 20 06 | 14 10 | 12 25 | 09 48 | 10 26 | 07 43 |
| 3 | 14:44:43 | 12 51 12 | 14 07 | 20 45 | 26 38 | 23 11 | 24 59 | 20 00 | 14 17 | 12 28 | 09 50 | 10 26 | 07 40 |
| 4 | 14:48:40 | 13 49 23 | 27 17 | 03♒43 | 26 30 | 24 25 | 24 57 | 19 53 | 14 25 | 12 31 | 09 52 | 10 26 | 07 37 |
| 5 | 14:52:36 | 14 47 32 | 10♒04 | 16 19 | 26 17 | 25 39 | 24 56 | 19 47 | 14 33 | 12 35 | 09 54 | 10 26 | 07 34 |
| 6 | 14:56:33 | 15 45 39 | 22 30 | 28 37 | 26 00 | 26 53 | 24 56D | 19 40 | 14 40 | 12 38 | 09 56 | 10 27 | 07 31 |
| 7 | 15:00:29 | 16 43 45 | 04♓41 | 10♓42 | 25 38 | 28 07 | 24 56 | 19 34 | 14 48 | 12 41 | 09 58 | 10 27 | 07 27 |
| 8 | 15:04:26 | 17 41 49 | 16 42 | 22 39 | 25 13 | 29 21 | 24 58 | 19 28 | 14 56 | 12 44 | 10 00 | 10 27 | 07 24 |
| 9 | 15:08:22 | 18 39 52 | 28 36 | 04♈31 | 24 45 | 00♊34 | 25 00 | 19 22 | 15 04 | 12 48 | 10 02 | 10 27 | 07 21 |
| 10 | 15:12:19 | 19 37 54 | 10♈27 | 16 22 | 24 14 | 01 48 | 25 02 | 19 16 | 15 11 | 12 51 | 10 03 | 10 27 | 07 18 |
| 11 | 15:16:15 | 20 35 54 | 22 18 | 28 15 | 23 40 | 03 02 | 25 06 | 19 11 | 15 19 | 12 54 | 10 05 | 10 27℞ | 07 15 |
| 12 | 15:20:12 | 21 33 53 | 04♉13 | 10♉11 | 23 06 | 04 16 | 25 10 | 19 05 | 15 27 | 12 58 | 10 07 | 10 27 | 07 12 |
| 13 | 15:24:08 | 22 31 50 | 16 11 | 22 13 | 22 30 | 05 29 | 25 15 | 19 00 | 15 34 | 13 01 | 10 09 | 10 27 | 07 08 |
| 14 | 15:28:05 | 23 29 46 | 28 16 | 04♊21 | 21 54 | 06 43 | 25 20 | 18 54 | 15 42 | 13 04 | 10 11 | 10 27 | 07 05 |
| 15 | 15:32:02 | 24 27 41 | 10♊29 | 16 38 | 21 18 | 07 57 | 25 27 | 18 49 | 15 50 | 13 08 | 10 12 | 10 27 | 07 02 |
| 16 | 15:35:58 | 25 25 34 | 22 50 | 29 04 | 20 44 | 09 10 | 25 34 | 18 44 | 15 57 | 13 11 | 10 14 | 10 27 | 06 59 |
| 17 | 15:39:55 | 26 23 25 | 05♋22 | 11♋42 | 20 10 | 10 24 | 25 41 | 18 39 | 16 05 | 13 14 | 10 16 | 10 27 | 06 56 |
| 18 | 15:43:51 | 27 21 14 | 18 06 | 24 34 | 19 39 | 11 38 | 25 49 | 18 34 | 16 13 | 13 18 | 10 18 | 10 26 | 06 53 |
| 19 | 15:47:48 | 28 19 02 | 01♌05 | 07♌41 | 19 11 | 12 51 | 25 58 | 18 30 | 16 20 | 13 21 | 10 19 | 10 26 | 06 49 |
| 20 | 15:51:44 | 29 16 49 | 14 22 | 21 07 | 18 46 | 14 05 | 26 08 | 18 26 | 16 28 | 13 25 | 10 21 | 10 26 | 06 46 |
| 21 | 15:55:41 | 00♊14 33 | 27 57 | 04♍52 | 18 24 | 15 18 | 26 18 | 18 21 | 16 35 | 13 28 | 10 23 | 10 26 | 06 43 |
| 22 | 15:59:37 | 01 12 16 | 11♍53 | 18 58 | 18 05 | 16 32 | 26 29 | 18 17 | 16 43 | 13 32 | 10 24 | 10 25 | 06 40 |
| 23 | 16:03:34 | 02 09 57 | 26 09 | 03♎23 | 17 51 | 17 45 | 26 40 | 18 13 | 16 51 | 13 35 | 10 26 | 10 25 | 06 37 |
| 24 | 16:07:31 | 03 07 37 | 10♎43 | 18 05 | 17 41 | 18 59 | 26 52 | 18 09 | 16 58 | 13 39 | 10 27 | 10 25 | 06 33 |
| 25 | 16:11:27 | 04 05 15 | 25 30 | 02♏57 | 17 35 | 20 12 | 27 05 | 18 06 | 17 06 | 13 42 | 10 29 | 10 24 | 06 30 |
| 26 | 16:15:24 | 05 02 52 | 10♏24 | 17 52 | 17 34D | 21 26 | 27 18 | 18 02 | 17 13 | 13 46 | 10 30 | 10 24 | 06 27 |
| 27 | 16:19:20 | 06 00 27 | 25 18 | 02♐41 | 17 37 | 22 39 | 27 31 | 17 59 | 17 21 | 13 49 | 10 32 | 10 24 | 06 24 |
| 28 | 16:23:17 | 06 58 02 | 10♐01 | 17 17 | 17 45 | 23 53 | 27 45 | 17 56 | 17 28 | 13 53 | 10 33 | 10 23 | 06 21 |
| 29 | 16:27:13 | 07 55 35 | 24 28 | 01♑33 | 17 57 | 25 06 | 28 00 | 17 53 | 17 35 | 13 56 | 10 35 | 10 23 | 06 18 |
| 30 | 16:31:10 | 08 53 07 | 08♑33 | 15 26 | 18 13 | 26 19 | 28 15 | 17 50 | 17 43 | 14 00 | 10 36 | 10 22 | 06 14 |
| 31 | 16:35:06 | 09 50 38 | 22 12 | 28 53 | 18 34 | 27 33 | 28 31 | 17 48 | 17 50 | 14 03 | 10 37 | 10 22 | 06 11 |

## 0:00 E.T. Longitudes of the Major Asteroids and Chiron

| D | ⚳ | ⚴ | ⚵ | ⚶ | ⚷ |
|---|---|---|---|---|---|
| 1 | 19♒24 | 14♑30 | 29♎48℞ | 22♑03 | 08♉21 |
| 2 | 19 38 | 14 31 | 29 35 | 22 14 | 08 25 |
| 3 | 19 51 | 14 31℞ | 29 22 | 22 25 | 08 28 |
| 4 | 20 05 | 14 30 | 29 09 | 22 36 | 08 32 |
| 5 | 20 18 | 14 30 | 28 56 | 22 47 | 08 36 |
| 6 | 20 31 | 14 28 | 28 44 | 22 57 | 08 40 |
| 7 | 20 43 | 14 27 | 28 31 | 23 07 | 08 43 |
| 8 | 20 56 | 14 24 | 28 19 | 23 16 | 08 47 |
| 9 | 21 08 | 14 22 | 28 07 | 23 25 | 08 51 |
| 10 | 21 20 | 14 19 | 27 56 | 23 33 | 08 55 |
| 11 | 21 32 | 14 15 | 27 44 | 23 41 | 08 58 |
| 12 | 21 44 | 14 11 | 27 33 | 23 49 | 09 02 |
| 13 | 21 55 | 14 07 | 27 22 | 23 56 | 09 06 |
| 14 | 22 06 | 14 02 | 27 11 | 24 02 | 09 10 |
| 15 | 22 17 | 13 57 | 27 00 | 24 09 | 09 13 |
| 16 | 22 28 | 13 51 | 26 50 | 24 14 | 09 17 |

| D | ⚳ | ⚴ | ⚵ | ⚶ | ⚷ |
|---|---|---|---|---|---|
| 17 | 22 38 | 13 45 | 26 40 | 24 20 | 09 21 |
| 18 | 22 48 | 13 38 | 26 30 | 24 25 | 09 24 |
| 19 | 22 58 | 13 31 | 26 21 | 24 29 | 09 28 |
| 20 | 23 07 | 13 23 | 26 12 | 24 33 | 09 32 |
| 21 | 23 17 | 13 15 | 26 03 | 24 37 | 09 35 |
| 22 | 23 26 | 13 07 | 25 54 | 24 40 | 09 39 |
| 23 | 23 35 | 12 58 | 25 46 | 24 42 | 09 42 |
| 24 | 23 43 | 12 49 | 25 38 | 24 44 | 09 46 |
| 25 | 23 51 | 12 39 | 25 30 | 24 46 | 09 50 |
| 26 | 23 59 | 12 29 | 25 23 | 24 47 | 09 53 |
| 27 | 24 07 | 12 18 | 25 16 | 24 47 | 09 57 |
| 28 | 24 15 | 12 07 | 25 09 | 24 48℞ | 10 00 |
| 29 | 24 22 | 11 56 | 25 03 | 24 47 | 10 04 |
| 30 | 24 28 | 11 44 | 24 57 | 24 46 | 10 07 |
| 31 | 24 35 | 11 32 | 24 51 | 24 45 | 10 10 |

## Lunar Data

| Last Asp. | Ingress |
|---|---|
| 1 14:39 | 1 ♑ 23:10 |
| 3 22:33 | 4 ♒ 05:02 |
| 6 09:33 | 6 ♓ 14:43 |
| 8 16:42 | 9 ♈ 02:51 |
| 10 17:43 | 11 ♉ 15:32 |
| 13 18:09 | 14 ♊ 03:25 |
| 16 05:18 | 16 ♋ 13:46 |
| 18 18:30 | 18 ♌ 22:00 |
| 20 07:37 | 21 ♍ 03:34 |
| 23 00:53 | 23 ♎ 06:24 |
| 24 14:40 | 25 ♏ 07:15 |
| 27 03:40 | 27 ♐ 07:38 |
| 29 06:05 | 29 ♑ 09:22 |
| 31 11:34 | |

## 0:00 E.T. Declinations

| D | ☉ | ☽ | ☿ | ♀ | ♂ | ♃ | ♄ | ♅ | ♆ | ♇ | ⚳ | ⚴ | ⚵ | ⚶ | ⚷ |
|---|---|---|---|---|---|---|---|---|---|---|---|---|---|---|---|
| 1 | +15 06 | -24 27 | +21 44 | +17 38 | +03 42 | -06 29 | +14 03 | +22 16 | +02 33 | -22 54 | -21 24 | +19 28 | +00 38 | -18 39 | +13 22 |
| 2 | 15 24 | 23 56 | 21 37 | 18 00 | 03 41 | 06 26 | 14 05 | 22 17 | 02 34 | 22 54 | 21 23 | 19 38 | 00 43 | 18 39 | 13 23 |
| 3 | 15 42 | 21 58 | 21 27 | 18 21 | 03 39 | 06 24 | 14 07 | 22 17 | 02 34 | 22 54 | 21 22 | 19 48 | 00 48 | 18 39 | 13 24 |
| 4 | 15 59 | 18 53 | 21 14 | 18 41 | 03 38 | 06 22 | 14 09 | 22 17 | 02 35 | 22 54 | 21 21 | 19 58 | 00 53 | 18 39 | 13 25 |
| 5 | 16 16 | 14 57 | 20 59 | 19 01 | 03 36 | 06 19 | 14 12 | 22 18 | 02 36 | 22 54 | 21 20 | 20 08 | 00 58 | 18 39 | 13 26 |
| 6 | 16 33 | 10 30 | 20 42 | 19 21 | 03 34 | 06 17 | 14 14 | 22 18 | 02 37 | 22 55 | 21 20 | 20 18 | 01 03 | 18 40 | 13 28 |
| 7 | 16 50 | 05 43 | 20 23 | 19 40 | 03 31 | 06 15 | 14 16 | 22 19 | 02 37 | 22 55 | 21 19 | 20 28 | 01 08 | 18 40 | 13 29 |
| 8 | 17 06 | 00 48 | 20 03 | 19 59 | 03 28 | 06 13 | 14 19 | 22 19 | 02 38 | 22 55 | 21 18 | 20 37 | 01 12 | 18 41 | 13 30 |
| 9 | 17 23 | +04 06 | 19 41 | 20 17 | 03 25 | 06 11 | 14 21 | 22 20 | 02 39 | 22 55 | 21 18 | 20 47 | 01 17 | 18 41 | 13 31 |
| 10 | 17 38 | 08 50 | 19 17 | 20 34 | 03 22 | 06 09 | 14 23 | 22 20 | 02 39 | 22 55 | 21 17 | 20 56 | 01 21 | 18 42 | 13 32 |
| 11 | 17 54 | 13 14 | 18 52 | 20 51 | 03 18 | 06 07 | 14 25 | 22 20 | 02 40 | 22 56 | 21 17 | 21 05 | 01 25 | 18 43 | 13 33 |
| 12 | 18 09 | 17 09 | 18 27 | 21 08 | 03 14 | 06 05 | 14 28 | 22 21 | 02 41 | 22 56 | 21 17 | 21 15 | 01 29 | 18 44 | 13 34 |
| 13 | 18 24 | 20 24 | 18 01 | 21 23 | 03 10 | 06 03 | 14 30 | 22 21 | 02 41 | 22 56 | 21 17 | 21 24 | 01 33 | 18 45 | 13 35 |
| 14 | 18 39 | 22 48 | 17 35 | 21 39 | 03 06 | 06 01 | 14 32 | 22 22 | 02 42 | 22 56 | 21 17 | 21 32 | 01 36 | 18 46 | 13 36 |
| 15 | 18 53 | 24 09 | 17 09 | 21 53 | 03 01 | 05 59 | 14 34 | 22 22 | 02 43 | 22 56 | 21 17 | 21 41 | 01 40 | 18 48 | 13 38 |
| 16 | 19 07 | 24 21 | 16 43 | 22 07 | 02 56 | 05 57 | 14 36 | 22 23 | 02 43 | 22 57 | 21 17 | 21 50 | 01 43 | 18 49 | 13 39 |
| 17 | 19 21 | 23 18 | 16 18 | 22 21 | 02 51 | 05 56 | 14 39 | 22 23 | 02 44 | 22 57 | 21 17 | 21 58 | 01 46 | 18 51 | 13 40 |
| 18 | 19 34 | 21 03 | 15 55 | 22 33 | 02 46 | 05 54 | 14 41 | 22 24 | 02 45 | 22 57 | 21 18 | 22 06 | 01 49 | 18 52 | 13 41 |
| 19 | 19 47 | 17 41 | 15 32 | 22 45 | 02 40 | 05 53 | 14 43 | 22 24 | 02 45 | 22 58 | 21 18 | 22 14 | 01 52 | 18 54 | 13 42 |
| 20 | 20 00 | 13 22 | 15 11 | 22 57 | 02 35 | 05 51 | 14 45 | 22 24 | 02 46 | 22 58 | 21 19 | 22 22 | 01 54 | 18 56 | 13 43 |
| 21 | 20 12 | 08 17 | 14 52 | 23 08 | 02 29 | 05 50 | 14 47 | 22 25 | 02 47 | 22 58 | 21 19 | 22 30 | 01 57 | 18 58 | 13 44 |
| 22 | 20 24 | 02 41 | 14 35 | 23 18 | 02 22 | 05 48 | 14 49 | 22 25 | 02 47 | 22 58 | 21 20 | 22 37 | 01 59 | 19 00 | 13 45 |
| 23 | 20 35 | -03 11 | 14 20 | 23 27 | 02 16 | 05 47 | 14 51 | 22 26 | 02 48 | 22 59 | 21 21 | 22 44 | 02 01 | 19 03 | 13 46 |
| 24 | 20 47 | 09 00 | 14 08 | 23 36 | 02 09 | 05 46 | 14 53 | 22 26 | 02 48 | 22 59 | 21 22 | 22 51 | 02 03 | 19 05 | 13 47 |
| 25 | 20 58 | 14 24 | 13 57 | 23 44 | 02 02 | 05 45 | 14 56 | 22 27 | 02 49 | 22 59 | 21 23 | 22 58 | 02 05 | 19 08 | 13 48 |
| 26 | 21 08 | 18 58 | 13 49 | 23 52 | 01 55 | 05 44 | 14 58 | 22 27 | 02 49 | 23 00 | 21 25 | 23 05 | 02 06 | 19 11 | 13 49 |
| 27 | 21 18 | 22 19 | 13 43 | 23 58 | 01 48 | 05 43 | 15 00 | 22 27 | 02 50 | 23 00 | 21 26 | 23 11 | 02 08 | 19 13 | 13 50 |
| 28 | 21 28 | 24 07 | 13 39 | 24 04 | 01 41 | 05 42 | 15 02 | 22 28 | 02 50 | 23 00 | 21 28 | 23 17 | 02 09 | 19 16 | 13 51 |
| 29 | 21 38 | 24 16 | 13 38 | 24 10 | 01 33 | 05 41 | 15 04 | 22 28 | 02 51 | 23 01 | 21 29 | 23 23 | 02 10 | 19 20 | 13 52 |
| 30 | 21 47 | 22 49 | 13 39 | 24 14 | 01 25 | 05 40 | 15 06 | 22 29 | 02 51 | 23 01 | 21 31 | 23 29 | 02 11 | 19 23 | 13 53 |
| 31 | 21 55 | 20 04 | 13 42 | 24 18 | 01 17 | 05 39 | 15 08 | 22 29 | 02 52 | 23 01 | 21 33 | 23 34 | 02 12 | 19 26 | 13 54 |

Lunar Phases -- 5 ◑ 09:49 13 ● 13:43 21 ◐ 04:17 27 ○ 18:39 Sun enters ♊ 5/20 17:57

# Longitudes of Main Planets - June 2029

0:00 E.T.

| D | S.T. | ☉ | ☽ | ☽ 12:00 | ☿ | ♀ | ♂ | ♃ | ♄ | ♅ | ♆ | ♇ | ☊ |
|---|---|---|---|---|---|---|---|---|---|---|---|---|---|
| 1 | 16:39:03 | 10♊48 08 | 05♒27 | 11♒56 | 19♉00 | 28♊46 | 28♍47 | 17♎45℞ | 17♉58 | 14♊07 | 10♈39 | 10♒21℞ | 06♑08 |
| 2 | 16:43:00 | 11 45 38 | 18 18 | 24 36 | 19 29 | 29 59 | 29 04 | 17 43 | 18 05 | 14 10 | 10 40 | 10 21 | 06 05 |
| 3 | 16:46:56 | 12 43 06 | 00♓49 | 06♓58 | 20 03 | 01♋13 | 29 21 | 17 41 | 18 12 | 14 14 | 10 41 | 10 20 | 06 02 |
| 4 | 16:50:53 | 13 40 34 | 13 03 | 19 06 | 20 41 | 02 26 | 29 38 | 17 39 | 18 19 | 14 17 | 10 43 | 10 20 | 05 59 |
| 5 | 16:54:49 | 14 38 01 | 25 06 | 01♈04 | 21 22 | 03 39 | 29 56 | 17 38 | 18 27 | 14 21 | 10 44 | 10 19 | 05 55 |
| 6 | 16:58:46 | 15 35 27 | 07♈01 | 12 57 | 22 08 | 04 52 | 00♎15 | 17 36 | 18 34 | 14 24 | 10 45 | 10 18 | 05 52 |
| 7 | 17:02:42 | 16 32 53 | 18 53 | 24 49 | 22 58 | 06 06 | 00 34 | 17 35 | 18 41 | 14 28 | 10 46 | 10 18 | 05 49 |
| 8 | 17:06:39 | 17 30 18 | 00♉46 | 06♉44 | 23 51 | 07 19 | 00 53 | 17 34 | 18 48 | 14 32 | 10 47 | 10 17 | 05 46 |
| 9 | 17:10:35 | 18 27 43 | 12 43 | 18 44 | 24 47 | 08 32 | 01 13 | 17 33 | 18 55 | 14 35 | 10 49 | 10 16 | 05 43 |
| 10 | 17:14:32 | 19 25 06 | 24 48 | 00♊54 | 25 48 | 09 45 | 01 33 | 17 32 | 19 02 | 14 39 | 10 50 | 10 15 | 05 39 |
| 11 | 17:18:29 | 20 22 30 | 07♊02 | 13 14 | 26 51 | 10 58 | 01 54 | 17 31 | 19 09 | 14 42 | 10 51 | 10 15 | 05 36 |
| 12 | 17:22:25 | 21 19 52 | 19 28 | 25 45 | 27 58 | 12 11 | 02 15 | 17 31 | 19 16 | 14 46 | 10 52 | 10 14 | 05 33 |
| 13 | 17:26:22 | 22 17 14 | 02♋06 | 08♋30 | 29 09 | 13 25 | 02 36 | 17 30 | 19 23 | 14 49 | 10 53 | 10 13 | 05 30 |
| 14 | 17:30:18 | 23 14 35 | 14 57 | 21 27 | 00♊22 | 14 38 | 02 58 | 17 30D | 19 30 | 14 53 | 10 54 | 10 12 | 05 27 |
| 15 | 17:34:15 | 24 11 55 | 28 01 | 04♌39 | 01 39 | 15 51 | 03 20 | 17 31 | 19 37 | 14 56 | 10 55 | 10 11 | 05 24 |
| 16 | 17:38:11 | 25 09 15 | 11♌20 | 18 04 | 02 59 | 17 04 | 03 43 | 17 31 | 19 44 | 15 00 | 10 56 | 10 10 | 05 20 |
| 17 | 17:42:08 | 26 06 33 | 24 51 | 01♍42 | 04 23 | 18 17 | 04 06 | 17 31 | 19 50 | 15 03 | 10 57 | 10 10 | 05 17 |
| 18 | 17:46:04 | 27 03 51 | 08♍37 | 15 34 | 05 49 | 19 30 | 04 29 | 17 32 | 19 57 | 15 07 | 10 57 | 10 09 | 05 14 |
| 19 | 17:50:01 | 28 01 07 | 22 35 | 29 38 | 07 19 | 20 43 | 04 53 | 17 33 | 20 04 | 15 10 | 10 58 | 10 08 | 05 11 |
| 20 | 17:53:58 | 28 58 23 | 06♎44 | 13♎53 | 08 51 | 21 56 | 05 17 | 17 34 | 20 10 | 15 14 | 10 59 | 10 07 | 05 08 |
| 21 | 17:57:54 | 29 55 39 | 21 04 | 28 16 | 10 27 | 23 08 | 05 41 | 17 35 | 20 17 | 15 17 | 11 00 | 10 06 | 05 05 |
| 22 | 18:01:51 | 00♋52 53 | 05♏30 | 12♏44 | 12 05 | 24 21 | 06 06 | 17 36 | 20 23 | 15 21 | 11 00 | 10 05 | 05 01 |
| 23 | 18:05:47 | 01 50 07 | 19 59 | 27 13 | 13 47 | 25 34 | 06 31 | 17 38 | 20 30 | 15 24 | 11 01 | 10 04 | 04 58 |
| 24 | 18:09:44 | 02 47 20 | 04♐25 | 11♐36 | 15 31 | 26 47 | 06 56 | 17 40 | 20 36 | 15 27 | 11 02 | 10 03 | 04 55 |
| 25 | 18:13:40 | 03 44 33 | 18 44 | 25 50 | 17 19 | 28 00 | 07 22 | 17 42 | 20 43 | 15 31 | 11 03 | 10 02 | 04 52 |
| 26 | 18:17:37 | 04 41 46 | 02♑51 | 09♑49 | 19 09 | 29 13 | 07 48 | 17 44 | 20 49 | 15 34 | 11 03 | 10 01 | 04 49 |
| 27 | 18:21:33 | 05 38 58 | 16 42 | 23 30 | 21 02 | 00♌25 | 08 14 | 17 46 | 20 55 | 15 38 | 11 04 | 10 00 | 04 45 |
| 28 | 18:25:30 | 06 36 10 | 00♒14 | 06♒52 | 22 57 | 01 38 | 08 41 | 17 48 | 21 01 | 15 41 | 11 04 | 09 59 | 04 42 |
| 29 | 18:29:27 | 07 33 21 | 13 25 | 19 52 | 24 55 | 02 51 | 09 07 | 17 51 | 21 08 | 15 44 | 11 05 | 09 57 | 04 39 |
| 30 | 18:33:23 | 08 30 33 | 26 15 | 02♓34 | 26 55 | 04 03 | 09 34 | 17 54 | 21 14 | 15 48 | 11 05 | 09 56 | 04 36 |

0:00 E.T.

## Longitudes of the Major Asteroids and Chiron

| D | ⚳ | ⚴ | ⚵ | ⚶ | ⚷ |
|---|---|---|---|---|---|
| 1 | 24♒41 | 11♑20℞ | 24♎46℞ | 24♑43℞ | 10♉14 |
| 2 | 24 47 | 11 07 | 24 41 | 24 41 | 10 17 |
| 3 | 24 53 | 10 53 | 24 36 | 24 38 | 10 21 |
| 4 | 24 58 | 10 40 | 24 31 | 24 35 | 10 24 |
| 5 | 25 03 | 10 26 | 24 27 | 24 31 | 10 27 |
| 6 | 25 08 | 10 12 | 24 23 | 24 27 | 10 30 |
| 7 | 25 12 | 09 57 | 24 20 | 24 22 | 10 34 |
| 8 | 25 16 | 09 42 | 24 17 | 24 16 | 10 37 |
| 9 | 25 20 | 09 27 | 24 14 | 24 11 | 10 40 |
| 10 | 25 23 | 09 12 | 24 12 | 24 05 | 10 43 |
| 11 | 25 26 | 08 56 | 24 09 | 23 58 | 10 46 |
| 12 | 25 29 | 08 41 | 24 08 | 23 51 | 10 50 |
| 13 | 25 31 | 08 24 | 24 06 | 23 43 | 10 53 |
| 14 | 25 33 | 08 08 | 24 05 | 23 35 | 10 56 |
| 15 | 25 35 | 07 52 | 24 04 | 23 26 | 10 59 |
| 16 | 25 36 | 07 35 | 24 04 | 23 18 | 11 02 |
| 17 | 25 37 | 07 18 | 24 03 | 23 08 | 11 05 |
| 18 | 25 38 | 07 01 | 24 04D | 22 58 | 11 07 |
| 19 | 25 38 | 06 44 | 24 04 | 22 48 | 11 10 |
| 20 | 25 38℞ | 06 27 | 24 05 | 22 38 | 11 13 |
| 21 | 25 38 | 06 10 | 24 06 | 22 27 | 11 16 |
| 22 | 25 37 | 05 53 | 24 07 | 22 16 | 11 19 |
| 23 | 25 36 | 05 36 | 24 09 | 22 04 | 11 21 |
| 24 | 25 35 | 05 18 | 24 11 | 21 52 | 11 24 |
| 25 | 25 33 | 05 01 | 24 13 | 21 40 | 11 27 |
| 26 | 25 31 | 04 44 | 24 16 | 21 28 | 11 29 |
| 27 | 25 28 | 04 26 | 24 19 | 21 15 | 11 32 |
| 28 | 25 25 | 04 09 | 24 22 | 21 02 | 11 34 |
| 29 | 25 22 | 03 52 | 24 26 | 20 49 | 11 37 |
| 30 | 25 18 | 03 35 | 24 29 | 20 35 | 11 39 |

## Lunar Data

| Last Asp. | | Ingress | | |
|---|---|---|---|---|
| 2 | 02:20 | 2 | ♓ | 22:25 |
| 4 | 16:05 | 5 | ♈ | 09:52 |
| 6 | 21:23 | 7 | ♉ | 22:28 |
| 10 | 02:09 | 10 | ♊ | 10:14 |
| 12 | 03:52 | 12 | ♋ | 20:02 |
| 14 | 08:28 | 15 | ♌ | 03:35 |
| 17 | 02:22 | 17 | ♍ | 09:01 |
| 19 | 09:55 | 19 | ♎ | 12:37 |
| 21 | 03:47 | 21 | ♏ | 14:52 |
| 23 | 10:08 | 23 | ♐ | 16:38 |
| 24 | 22:14 | 25 | ♑ | 19:07 |
| 27 | 07:29 | 27 | ♒ | 23:36 |
| 30 | 01:30 | 30 | ♓ | 07:07 |

0:00 E.T.

## Declinations

| D | ☉ | ☽ | ☿ | ♀ | ♂ | ♃ | ♄ | ♅ | ♆ | ♇ | ⚳ | ⚴ | ⚵ | ⚶ | ⚷ |
|---|---|---|---|---|---|---|---|---|---|---|---|---|---|---|---|
| 1 | +22 04 | -16 19 | +13 47 | +24 21 | +01 09 | -05 39 | +15 10 | +22 30 | +02 52 | -23 02 | -21 35 | +23 40 | +02 12 | -19 30 | +13 55 |
| 2 | 22 12 | 11 54 | 13 54 | 24 24 | 01 01 | 05 38 | 15 12 | 22 30 | 02 53 | 23 02 | 21 37 | 23 45 | 02 13 | 19 33 | 13 56 |
| 3 | 22 19 | 07 07 | 14 03 | 24 26 | 00 52 | 05 37 | 15 14 | 22 30 | 02 53 | 23 02 | 21 40 | 23 49 | 02 13 | 19 37 | 13 57 |
| 4 | 22 26 | 02 09 | 14 14 | 24 27 | 00 44 | 05 37 | 15 16 | 22 31 | 02 54 | 23 03 | 21 42 | 23 54 | 02 13 | 19 41 | 13 58 |
| 5 | 22 33 | +02 48 | 14 26 | 24 27 | 00 35 | 05 37 | 15 17 | 22 31 | 02 54 | 23 03 | 21 44 | 23 58 | 02 13 | 19 45 | 13 59 |
| 6 | 22 39 | 07 36 | 14 41 | 24 27 | 00 26 | 05 36 | 15 19 | 22 32 | 02 55 | 23 04 | 21 47 | 24 02 | 02 13 | 19 50 | 14 00 |
| 7 | 22 45 | 12 06 | 14 56 | 24 25 | 00 17 | 05 36 | 15 21 | 22 32 | 02 55 | 23 04 | 21 50 | 24 06 | 02 13 | 19 54 | 14 01 |
| 8 | 22 51 | 16 09 | 15 13 | 24 24 | 00 07 | 05 36 | 15 23 | 22 32 | 02 56 | 23 04 | 21 53 | 24 09 | 02 12 | 19 59 | 14 02 |
| 9 | 22 56 | 19 36 | 15 32 | 24 21 | -00 02 | 05 36 | 15 25 | 22 33 | 02 56 | 23 05 | 21 56 | 24 12 | 02 12 | 20 03 | 14 02 |
| 10 | 23 01 | 22 14 | 15 52 | 24 18 | 00 12 | 05 36 | 15 27 | 22 33 | 02 56 | 23 05 | 21 59 | 24 15 | 02 11 | 20 08 | 14 03 |
| 11 | 23 05 | 23 54 | 16 12 | 24 14 | 00 21 | 05 36 | 15 29 | 22 34 | 02 57 | 23 06 | 22 02 | 24 17 | 02 10 | 20 13 | 14 04 |
| 12 | 23 09 | 24 24 | 16 34 | 24 09 | 00 31 | 05 36 | 15 30 | 22 34 | 02 57 | 23 06 | 22 06 | 24 20 | 02 09 | 20 18 | 14 05 |
| 13 | 23 13 | 23 40 | 16 57 | 24 04 | 00 41 | 05 36 | 15 32 | 22 35 | 02 57 | 23 06 | 22 10 | 24 22 | 02 08 | 20 23 | 14 06 |
| 14 | 23 16 | 21 40 | 17 20 | 23 58 | 00 51 | 05 36 | 15 34 | 22 35 | 02 58 | 23 07 | 22 13 | 24 23 | 02 06 | 20 28 | 14 07 |
| 15 | 23 19 | 18 30 | 17 44 | 23 51 | 01 02 | 05 36 | 15 36 | 22 35 | 02 58 | 23 07 | 22 17 | 24 25 | 02 05 | 20 34 | 14 08 |
| 16 | 23 21 | 14 21 | 18 08 | 23 43 | 01 12 | 05 37 | 15 38 | 22 36 | 02 58 | 23 08 | 22 21 | 24 26 | 02 03 | 20 39 | 14 08 |
| 17 | 23 23 | 09 24 | 18 33 | 23 35 | 01 23 | 05 37 | 15 39 | 22 36 | 02 59 | 23 08 | 22 25 | 24 27 | 02 02 | 20 45 | 14 09 |
| 18 | 23 24 | 03 56 | 18 58 | 23 26 | 01 33 | 05 38 | 15 41 | 22 37 | 02 59 | 23 08 | 22 30 | 24 27 | 02 00 | 20 50 | 14 10 |
| 19 | 23 25 | -01 48 | 19 23 | 23 17 | 01 44 | 05 38 | 15 43 | 22 37 | 02 59 | 23 09 | 22 34 | 24 27 | 01 58 | 20 56 | 14 11 |
| 20 | 23 26 | 07 31 | 19 48 | 23 07 | 01 55 | 05 39 | 15 44 | 22 37 | 02 59 | 23 09 | 22 38 | 24 27 | 01 56 | 21 02 | 14 11 |
| 21 | 23 26 | 12 55 | 20 13 | 22 56 | 02 06 | 05 40 | 15 46 | 22 38 | 03 00 | 23 10 | 22 43 | 24 27 | 01 53 | 21 08 | 14 12 |
| 22 | 23 26 | 17 38 | 20 38 | 22 44 | 02 17 | 05 40 | 15 48 | 22 38 | 03 00 | 23 10 | 22 48 | 24 26 | 01 51 | 21 14 | 14 13 |
| 23 | 23 25 | 21 19 | 21 02 | 22 32 | 02 28 | 05 41 | 15 49 | 22 38 | 03 00 | 23 11 | 22 53 | 24 25 | 01 49 | 21 20 | 14 14 |
| 24 | 23 24 | 23 39 | 21 25 | 22 19 | 02 40 | 05 42 | 15 51 | 22 39 | 03 00 | 23 11 | 22 58 | 24 24 | 01 46 | 21 26 | 14 14 |
| 25 | 23 23 | 24 24 | 21 48 | 22 06 | 02 51 | 05 43 | 15 52 | 22 39 | 03 01 | 23 12 | 23 03 | 24 22 | 01 43 | 21 33 | 14 15 |
| 26 | 23 21 | 23 34 | 22 09 | 21 52 | 03 02 | 05 44 | 15 54 | 22 40 | 03 01 | 23 12 | 23 08 | 24 20 | 01 41 | 21 39 | 14 16 |
| 27 | 23 19 | 21 18 | 22 29 | 21 37 | 03 14 | 05 45 | 15 55 | 22 40 | 03 01 | 23 13 | 23 13 | 24 18 | 01 38 | 21 45 | 14 16 |
| 28 | 23 16 | 17 52 | 22 48 | 21 22 | 03 26 | 05 46 | 15 57 | 22 40 | 03 01 | 23 13 | 23 19 | 24 15 | 01 35 | 21 51 | 14 17 |
| 29 | 23 13 | 13 37 | 23 05 | 21 06 | 03 38 | 05 48 | 15 58 | 22 41 | 03 01 | 23 13 | 23 25 | 24 13 | 01 32 | 21 58 | 14 18 |
| 30 | 23 10 | 08 52 | 23 20 | 20 50 | 03 49 | 05 49 | 16 00 | 22 41 | 03 01 | 23 14 | 23 30 | 24 09 | 01 28 | 22 04 | 14 18 |

Lunar Phases -- 4 ◑ 01:20  12 ● 03:52  19 ◐ 09:55  26 Ⓔ 03:23  Sun enters ♋ 6/21 01:50

| D | S.T. | ☉ | ☽ | ☽ 12:00 | ☿ | ♀ | ♂ | ♃ | ♄ | ♅ | ♆ | ♇ | ☊ |
|---|---|---|---|---|---|---|---|---|---|---|---|---|---|
| 1 | 18:37:20 | 09♋27 45 | 08♓48 | 14♓57 | 28♊58 | 05♌16 | 10♎02 | 17♎56 | 21♉20 | 15♊51 | 11♈06 | 09♒55℞ | 04♑33 |
| 2 | 18:41:16 | 10 24 57 | 21 04 | 27 07 | 01♋02 | 06 29 | 10 29 | 18 00 | 21 26 | 15 54 | 11 06 | 09 54 | 04 30 |
| 3 | 18:45:13 | 11 22 08 | 03♈08 | 09♈07 | 03 08 | 07 41 | 10 57 | 18 03 | 21 32 | 15 58 | 11 06 | 09 53 | 04 26 |
| 4 | 18:49:09 | 12 19 21 | 15 04 | 21 01 | 05 15 | 08 54 | 11 26 | 18 06 | 21 37 | 16 01 | 11 07 | 09 52 | 04 23 |
| 5 | 18:53:06 | 13 16 33 | 26 57 | 02♉54 | 07 24 | 10 06 | 11 54 | 18 10 | 21 43 | 16 04 | 11 07 | 09 50 | 04 20 |
| 6 | 18:57:02 | 14 13 45 | 08♉52 | 14 50 | 09 33 | 11 19 | 12 23 | 18 14 | 21 49 | 16 07 | 11 07 | 09 49 | 04 17 |
| 7 | 19:00:59 | 15 10 58 | 20 51 | 26 54 | 11 43 | 12 31 | 12 52 | 18 17 | 21 55 | 16 11 | 11 08 | 09 48 | 04 14 |
| 8 | 19:04:56 | 16 08 12 | 03♊00 | 09♊10 | 13 53 | 13 44 | 13 21 | 18 22 | 22 00 | 16 14 | 11 08 | 09 47 | 04 10 |
| 9 | 19:08:52 | 17 05 25 | 15 23 | 21 40 | 16 03 | 14 56 | 13 50 | 18 26 | 22 06 | 16 17 | 11 08 | 09 46 | 04 07 |
| 10 | 19:12:49 | 18 02 39 | 28 01 | 04♋26 | 18 13 | 16 09 | 14 20 | 18 30 | 22 11 | 16 20 | 11 08 | 09 44 | 04 04 |
| 11 | 19:16:45 | 18 59 53 | 10♋56 | 17 30 | 20 22 | 17 21 | 14 50 | 18 35 | 22 17 | 16 23 | 11 08 | 09 43 | 04 01 |
| 12 | 19:20:42 | 19 57 07 | 24 08 | 00♌50 | 22 31 | 18 33 | 15 20 | 18 39 | 22 22 | 16 26 | 11 08 | 09 42 | 03 58 |
| 13 | 19:24:38 | 20 54 22 | 07♌37 | 14 27 | 24 38 | 19 46 | 15 51 | 18 44 | 22 27 | 16 29 | 11 08 | 09 40 | 03 55 |
| 14 | 19:28:35 | 21 51 37 | 21 21 | 28 18 | 26 45 | 20 58 | 16 21 | 18 49 | 22 32 | 16 32 | 11 08℞ | 09 39 | 03 51 |
| 15 | 19:32:31 | 22 48 51 | 05♍17 | 12♍19 | 28 50 | 22 10 | 16 52 | 18 54 | 22 37 | 16 35 | 11 08 | 09 38 | 03 48 |
| 16 | 19:36:28 | 23 46 06 | 19 22 | 26 27 | 00♌53 | 23 22 | 17 23 | 19 00 | 22 42 | 16 38 | 11 08 | 09 37 | 03 45 |
| 17 | 19:40:25 | 24 43 21 | 03♎33 | 10♎40 | 02 55 | 24 35 | 17 54 | 19 05 | 22 47 | 16 41 | 11 08 | 09 35 | 03 42 |
| 18 | 19:44:21 | 25 40 36 | 17 47 | 24 54 | 04 56 | 25 47 | 18 26 | 19 11 | 22 52 | 16 44 | 11 08 | 09 34 | 03 39 |
| 19 | 19:48:18 | 26 37 51 | 02♏01 | 09♏07 | 06 55 | 26 59 | 18 58 | 19 17 | 22 57 | 16 47 | 11 08 | 09 33 | 03 36 |
| 20 | 19:52:14 | 27 35 06 | 16 12 | 23 16 | 08 52 | 28 11 | 19 30 | 19 22 | 23 02 | 16 50 | 11 08 | 09 31 | 03 32 |
| 21 | 19:56:11 | 28 32 22 | 00♐19 | 07♐20 | 10 47 | 29 23 | 20 02 | 19 28 | 23 06 | 16 53 | 11 08 | 09 30 | 03 29 |
| 22 | 20:00:07 | 29 29 38 | 14 20 | 21 17 | 12 41 | 00♍35 | 20 34 | 19 35 | 23 11 | 16 56 | 11 07 | 09 29 | 03 26 |
| 23 | 20:04:04 | 00♌26 54 | 28 11 | 05♑03 | 14 33 | 01 47 | 21 07 | 19 41 | 23 16 | 16 59 | 11 07 | 09 27 | 03 23 |
| 24 | 20:08:00 | 01 24 10 | 11♑53 | 18 39 | 16 23 | 02 59 | 21 39 | 19 48 | 23 20 | 17 01 | 11 07 | 09 26 | 03 20 |
| 25 | 20:11:57 | 02 21 27 | 25 21 | 02♒01 | 18 11 | 04 11 | 22 12 | 19 54 | 23 24 | 17 04 | 11 07 | 09 24 | 03 16 |
| 26 | 20:15:54 | 03 18 45 | 08♒36 | 15 07 | 19 58 | 05 22 | 22 45 | 20 01 | 23 28 | 17 07 | 11 06 | 09 23 | 03 13 |
| 27 | 20:19:50 | 04 16 03 | 21 35 | 27 59 | 21 43 | 06 34 | 23 19 | 20 08 | 23 33 | 17 09 | 11 06 | 09 22 | 03 10 |
| 28 | 20:23:47 | 05 13 22 | 04♓18 | 10♓34 | 23 26 | 07 46 | 23 52 | 20 15 | 23 37 | 17 12 | 11 05 | 09 20 | 03 07 |
| 29 | 20:27:43 | 06 10 42 | 16 46 | 22 55 | 25 08 | 08 58 | 24 26 | 20 22 | 23 41 | 17 15 | 11 05 | 09 19 | 03 04 |
| 30 | 20:31:40 | 07 08 03 | 29 01 | 05♈04 | 26 47 | 10 09 | 25 00 | 20 29 | 23 45 | 17 17 | 11 04 | 09 18 | 03 01 |
| 31 | 20:35:36 | 08 05 25 | 11♈04 | 17 03 | 28 25 | 11 21 | 25 34 | 20 36 | 23 48 | 17 20 | 11 04 | 09 16 | 02 57 |

## 0:00 E.T. — Longitudes of the Major Asteroids and Chiron | Lunar Data

| D | ⚳ | ⚴ | ⚵ | ⚶ | ⚷ | D | ⚳ | ⚴ | ⚵ | ⚶ | ⚷ |
|---|---|---|---|---|---|---|---|---|---|---|---|
| 1 | 25♒14℞ | 03♑18℞ | 24♎33 | 20♑21℞ | 11♉42 | 17 | 23 25 | 29 13 | 26 15 | 16 32 | 12 14 |
| 2 | 25 10 | 03 01 | 24 38 | 20 08 | 11 44 | 18 | 23 15 | 29 01 | 26 23 | 16 18 | 12 16 |
| 3 | 25 05 | 02 44 | 24 42 | 19 54 | 11 46 | 19 | 23 05 | 28 48 | 26 32 | 16 04 | 12 17 |
| 4 | 25 00 | 02 28 | 24 47 | 19 39 | 11 49 | 20 | 22 55 | 28 36 | 26 40 | 15 51 | 12 19 |
| 5 | 24 55 | 02 11 | 24 52 | 19 25 | 11 51 | 21 | 22 45 | 28 24 | 26 50 | 15 37 | 12 20 |
| 6 | 24 49 | 01 55 | 24 58 | 19 11 | 11 53 | 22 | 22 34 | 28 13 | 26 59 | 15 24 | 12 22 |
| 7 | 24 43 | 01 39 | 25 04 | 18 56 | 11 55 | 23 | 22 23 | 28 02 | 27 08 | 15 12 | 12 23 |
| 8 | 24 37 | 01 23 | 25 10 | 18 42 | 11 57 | 24 | 22 12 | 27 51 | 27 18 | 14 59 | 12 24 |
| 9 | 24 30 | 01 08 | 25 16 | 18 27 | 11 59 | 25 | 22 01 | 27 41 | 27 28 | 14 47 | 12 26 |
| 10 | 24 23 | 00 52 | 25 22 | 18 12 | 12 01 | 26 | 21 50 | 27 31 | 27 38 | 14 35 | 12 27 |
| 11 | 24 16 | 00 37 | 25 29 | 17 58 | 12 03 | 27 | 21 38 | 27 22 | 27 49 | 14 23 | 12 28 |
| 12 | 24 08 | 00 23 | 25 36 | 17 43 | 12 05 | 28 | 21 26 | 27 13 | 27 59 | 14 12 | 12 29 |
| 13 | 24 00 | 00 08 | 25 43 | 17 29 | 12 07 | 29 | 21 14 | 27 04 | 28 10 | 14 01 | 12 30 |
| 14 | 23 52 | 29♐54 | 25 51 | 17 14 | 12 09 | 30 | 21 02 | 26 56 | 28 21 | 13 51 | 12 31 |
| 15 | 23 43 | 29 40 | 25 58 | 17 00 | 12 11 | 31 | 20 49 | 26 48 | 28 32 | 13 41 | 12 32 |
| 16 | 23 34 | 29 27 | 26 06 | 16 46 | 12 13 | | | | | | |

**Lunar Data**

| | Last Asp. | Ingress | |
|---|---|---|---|
| 2 | 00:44 | 2 ♈ | 17:44 |
| 4 | 06:09 | 5 ♉ | 06:10 |
| 7 | 02:07 | 7 ♊ | 18:06 |
| 9 | 05:52 | 10 ♋ | 03:44 |
| 11 | 20:48 | 12 ♌ | 10:30 |
| 14 | 02:05 | 14 ♍ | 14:56 |
| 16 | 07:59 | 16 ♎ | 17:60 |
| 18 | 14:43 | 18 ♏ | 20:36 |
| 20 | 22:15 | 20 ♐ | 23:27 |
| 22 | 11:13 | 23 ♑ | 03:09 |
| 24 | 20:29 | 25 ♒ | 08:22 |
| 27 | 03:41 | 27 ♓ | 15:50 |
| 29 | 13:34 | 30 ♈ | 01:57 |

## 0:00 E.T. — Declinations

| D | ☉ | ☽ | ☿ | ♀ | ♂ | ♃ | ♄ | ♅ | ♆ | ♇ | ⚳ | ⚴ | ⚵ | ⚶ | ⚷ |
|---|---|---|---|---|---|---|---|---|---|---|---|---|---|---|---|
| 1 | +23 06 | -03 52 | +23 33 | +20 33 | -04 01 | -05 50 | +16 01 | +22 41 | +03 01 | -23 14 | -23 36 | +24 06 | +01 25 | -22 11 | +14 19 |
| 2 | 23 02 | +01 11 | 23 44 | 20 15 | 04 13 | 05 52 | 16 03 | 22 42 | 03 02 | 23 15 | 23 42 | 24 02 | 01 22 | 22 17 | 14 20 |
| 3 | 22 57 | 06 05 | 23 53 | 19 57 | 04 25 | 05 53 | 16 04 | 22 42 | 03 02 | 23 15 | 23 48 | 23 58 | 01 18 | 22 24 | 14 20 |
| 4 | 22 52 | 10 43 | 23 59 | 19 38 | 04 38 | 05 55 | 16 05 | 22 42 | 03 02 | 23 16 | 23 54 | 23 54 | 01 15 | 22 30 | 14 21 |
| 5 | 22 46 | 14 56 | 24 02 | 19 19 | 04 50 | 05 56 | 16 07 | 22 43 | 03 02 | 23 16 | 24 00 | 23 50 | 01 11 | 22 37 | 14 21 |
| 6 | 22 41 | 18 35 | 24 03 | 18 59 | 05 02 | 05 58 | 16 08 | 22 43 | 03 02 | 23 17 | 24 07 | 23 45 | 01 07 | 22 43 | 14 22 |
| 7 | 22 34 | 21 30 | 24 00 | 18 39 | 05 15 | 06 00 | 16 09 | 22 44 | 03 02 | 23 17 | 24 13 | 23 40 | 01 03 | 22 50 | 14 22 |
| 8 | 22 28 | 23 29 | 23 55 | 18 18 | 05 27 | 06 01 | 16 11 | 22 44 | 03 02 | 23 18 | 24 20 | 23 34 | 00 59 | 22 56 | 14 23 |
| 9 | 22 21 | 24 22 | 23 48 | 17 57 | 05 40 | 06 03 | 16 12 | 22 44 | 03 02 | 23 18 | 24 26 | 23 29 | 00 55 | 23 03 | 14 23 |
| 10 | 22 13 | 24 02 | 23 37 | 17 36 | 05 52 | 06 05 | 16 13 | 22 45 | 03 02 | 23 19 | 24 33 | 23 23 | 00 51 | 23 09 | 14 24 |
| 11 | 22 05 | 22 25 | 23 24 | 17 13 | 06 05 | 06 07 | 16 14 | 22 45 | 03 02 | 23 19 | 24 40 | 23 17 | 00 47 | 23 15 | 14 24 |
| 12 | 21 57 | 19 33 | 23 09 | 16 51 | 06 17 | 06 09 | 16 15 | 22 45 | 03 02 | 23 20 | 24 46 | 23 10 | 00 43 | 23 22 | 14 25 |
| 13 | 21 49 | 15 36 | 22 50 | 16 28 | 06 30 | 06 11 | 16 17 | 22 45 | 03 02 | 23 20 | 24 53 | 23 04 | 00 38 | 23 28 | 14 25 |
| 14 | 21 40 | 10 45 | 22 30 | 16 04 | 06 43 | 06 13 | 16 18 | 22 46 | 03 02 | 23 21 | 25 00 | 22 57 | 00 34 | 23 34 | 14 26 |
| 15 | 21 30 | 05 19 | 22 07 | 15 40 | 06 56 | 06 16 | 16 19 | 22 46 | 03 02 | 23 21 | 25 07 | 22 49 | 00 29 | 23 40 | 14 26 |
| 16 | 21 21 | -00 27 | 21 43 | 15 16 | 07 09 | 06 18 | 16 20 | 22 46 | 03 02 | 23 22 | 25 14 | 22 42 | 00 25 | 23 46 | 14 26 |
| 17 | 21 11 | 06 14 | 21 16 | 14 51 | 07 22 | 06 20 | 16 21 | 22 47 | 03 02 | 23 22 | 25 21 | 22 34 | 00 20 | 23 52 | 14 27 |
| 18 | 21 00 | 11 42 | 20 48 | 14 26 | 07 35 | 06 22 | 16 22 | 22 47 | 03 02 | 23 23 | 25 28 | 22 27 | 00 15 | 23 58 | 14 27 |
| 19 | 20 50 | 16 32 | 20 18 | 14 01 | 07 48 | 06 25 | 16 23 | 22 47 | 03 01 | 23 23 | 25 35 | 22 19 | 00 11 | 24 04 | 14 28 |
| 20 | 20 38 | 20 26 | 19 46 | 13 35 | 08 01 | 06 27 | 16 24 | 22 48 | 03 01 | 23 23 | 25 42 | 22 10 | 00 06 | 24 09 | 14 28 |
| 21 | 20 27 | 23 06 | 19 13 | 13 09 | 08 14 | 06 30 | 16 25 | 22 48 | 03 01 | 23 24 | 25 49 | 22 02 | 00 01 | 24 15 | 14 28 |
| 22 | 20 15 | 24 19 | 18 39 | 12 43 | 08 27 | 06 32 | 16 26 | 22 48 | 03 01 | 23 24 | 25 56 | 21 53 | -00 04 | 24 21 | 14 28 |
| 23 | 20 03 | 24 01 | 18 04 | 12 16 | 08 40 | 06 35 | 16 27 | 22 49 | 03 01 | 23 25 | 26 04 | 21 44 | 00 09 | 24 26 | 14 29 |
| 24 | 19 51 | 22 15 | 17 28 | 11 49 | 08 53 | 06 38 | 16 28 | 22 49 | 03 01 | 23 25 | 26 11 | 21 35 | 00 14 | 24 31 | 14 29 |
| 25 | 19 38 | 19 14 | 16 51 | 11 22 | 09 07 | 06 40 | 16 29 | 22 49 | 03 01 | 23 26 | 26 18 | 21 26 | 00 19 | 24 37 | 14 29 |
| 26 | 19 25 | 15 17 | 16 14 | 10 54 | 09 20 | 06 43 | 16 30 | 22 49 | 03 00 | 23 26 | 26 25 | 21 17 | 00 24 | 24 42 | 14 30 |
| 27 | 19 11 | 10 41 | 15 36 | 10 26 | 09 33 | 06 46 | 16 31 | 22 50 | 03 00 | 23 27 | 26 32 | 21 07 | 00 30 | 24 47 | 14 30 |
| 28 | 18 58 | 05 44 | 14 57 | 09 58 | 09 46 | 06 49 | 16 32 | 22 50 | 03 00 | 23 27 | 26 39 | 20 57 | 00 35 | 24 52 | 14 30 |
| 29 | 18 44 | 00 39 | 14 18 | 09 30 | 09 59 | 06 52 | 16 33 | 22 50 | 03 00 | 23 28 | 26 46 | 20 47 | 00 40 | 24 56 | 14 30 |
| 30 | 18 29 | +04 21 | 13 38 | 09 01 | 10 13 | 06 54 | 16 33 | 22 50 | 03 00 | 23 28 | 26 53 | 20 37 | 00 46 | 25 01 | 14 30 |
| 31 | 18 14 | 09 07 | 12 58 | 08 32 | 10 26 | 06 57 | 16 34 | 22 51 | 02 59 | 23 29 | 27 00 | 20 27 | 00 51 | 25 06 | 14 30 |

Lunar Phases -- 3 ◑ 17:59    11 ● 15:52    18 ◐ 14:16    25 ○ 13:37    Sun enters ♌ 7/22 12:44

## Longitudes of Main Planets - August 2029

0:00 E.T.

| D | S.T. | ☉ | ☽ | ☽ 12:00 | ☿ | ♀ | ♂ | ♃ | ♄ | ♅ | ♆ | ♇ | ☊ |
|---|---|---|---|---|---|---|---|---|---|---|---|---|---|
| 1 | 20:39:33 | 09♌02 47 | 23♈00 | 28♈56 | 00♍02 | 12♍32 | 26♎08 | 20♎44 | 23♉52 | 17♊22 | 11♈03℞ | 09♒15℞ | 02♑54 |
| 2 | 20:43:29 | 10 00 11 | 04♉52 | 10♉49 | 01 36 | 13 44 | 26 42 | 20 52 | 23 56 | 17 25 | 11 03 | 09 13 | 02 51 |
| 3 | 20:47:26 | 10 57 37 | 16 46 | 22 45 | 03 09 | 14 55 | 27 17 | 20 59 | 23 59 | 17 27 | 11 02 | 09 12 | 02 48 |
| 4 | 20:51:23 | 11 55 03 | 28 45 | 04♊49 | 04 40 | 16 07 | 27 51 | 21 07 | 24 03 | 17 30 | 11 02 | 09 11 | 02 45 |
| 5 | 20:55:19 | 12 52 30 | 10♊56 | 17 07 | 06 09 | 17 18 | 28 26 | 21 15 | 24 06 | 17 32 | 11 01 | 09 09 | 02 42 |
| 6 | 20:59:16 | 13 49 59 | 23 22 | 29 42 | 07 37 | 18 30 | 29 01 | 21 23 | 24 09 | 17 34 | 11 00 | 09 08 | 02 38 |
| 7 | 21:03:12 | 14 47 29 | 06♋07 | 12♋38 | 09 03 | 19 41 | 29 36 | 21 32 | 24 13 | 17 37 | 10 59 | 09 06 | 02 35 |
| 8 | 21:07:09 | 15 45 00 | 19 15 | 25 57 | 10 27 | 20 52 | 00♏12 | 21 40 | 24 16 | 17 39 | 10 59 | 09 05 | 02 32 |
| 9 | 21:11:05 | 16 42 33 | 02♌44 | 09♌38 | 11 49 | 22 03 | 00 47 | 21 49 | 24 19 | 17 41 | 10 58 | 09 04 | 02 29 |
| 10 | 21:15:02 | 17 40 06 | 16 36 | 23 39 | 13 09 | 23 14 | 01 23 | 21 57 | 24 22 | 17 43 | 10 57 | 09 02 | 02 26 |
| 11 | 21:18:58 | 18 37 40 | 00♍47 | 07♍57 | 14 28 | 24 26 | 01 59 | 22 06 | 24 24 | 17 45 | 10 56 | 09 01 | 02 22 |
| 12 | 21:22:55 | 19 35 16 | 15 11 | 22 26 | 15 44 | 25 37 | 02 35 | 22 15 | 24 27 | 17 47 | 10 55 | 09 00 | 02 19 |
| 13 | 21:26:52 | 20 32 53 | 29 42 | 06♎59 | 16 59 | 26 48 | 03 11 | 22 24 | 24 30 | 17 49 | 10 54 | 08 58 | 02 16 |
| 14 | 21:30:48 | 21 30 30 | 14♎15 | 21 30 | 18 11 | 27 59 | 03 47 | 22 33 | 24 32 | 17 51 | 10 54 | 08 57 | 02 13 |
| 15 | 21:34:45 | 22 28 09 | 28 43 | 05♏53 | 19 22 | 29 09 | 04 24 | 22 42 | 24 35 | 17 53 | 10 53 | 08 56 | 02 10 |
| 16 | 21:38:41 | 23 25 48 | 13♏02 | 20 07 | 20 30 | 00♎20 | 05 00 | 22 51 | 24 37 | 17 55 | 10 52 | 08 54 | 02 07 |
| 17 | 21:42:38 | 24 23 29 | 27 09 | 04♐08 | 21 35 | 01 31 | 05 37 | 23 00 | 24 39 | 17 57 | 10 51 | 08 53 | 02 03 |
| 18 | 21:46:34 | 25 21 10 | 11♐03 | 17 56 | 22 39 | 02 42 | 06 14 | 23 10 | 24 41 | 17 59 | 10 50 | 08 52 | 02 00 |
| 19 | 21:50:31 | 26 18 53 | 24 45 | 01♑31 | 23 40 | 03 52 | 06 51 | 23 19 | 24 43 | 18 01 | 10 48 | 08 50 | 01 57 |
| 20 | 21:54:27 | 27 16 36 | 08♑14 | 14 54 | 24 38 | 05 03 | 07 28 | 23 29 | 24 45 | 18 03 | 10 47 | 08 49 | 01 54 |
| 21 | 21:58:24 | 28 14 21 | 21 31 | 28 05 | 25 33 | 06 13 | 08 05 | 23 39 | 24 47 | 18 04 | 10 46 | 08 48 | 01 51 |
| 22 | 22:02:21 | 29 12 07 | 04♒37 | 11♒05 | 26 25 | 07 24 | 08 43 | 23 48 | 24 48 | 18 06 | 10 45 | 08 46 | 01 48 |
| 23 | 22:06:17 | 00♍09 54 | 17 31 | 23 53 | 27 15 | 08 34 | 09 20 | 23 58 | 24 50 | 18 08 | 10 44 | 08 45 | 01 44 |
| 24 | 22:10:14 | 01 07 43 | 00♓13 | 06♓30 | 28 01 | 09 45 | 09 58 | 24 08 | 24 52 | 18 09 | 10 43 | 08 44 | 01 41 |
| 25 | 22:14:10 | 02 05 33 | 12 44 | 18 55 | 28 43 | 10 55 | 10 36 | 24 18 | 24 53 | 18 11 | 10 42 | 08 43 | 01 38 |
| 26 | 22:18:07 | 03 03 24 | 25 03 | 01♈09 | 29 22 | 12 05 | 11 14 | 24 29 | 24 54 | 18 12 | 10 40 | 08 41 | 01 35 |
| 27 | 22:22:03 | 04 01 17 | 07♈12 | 13 13 | 29 57 | 13 15 | 11 52 | 24 39 | 24 55 | 18 14 | 10 39 | 08 40 | 01 32 |
| 28 | 22:26:00 | 04 59 12 | 19 12 | 25 09 | 00♎27 | 14 25 | 12 30 | 24 49 | 24 56 | 18 15 | 10 38 | 08 39 | 01 28 |
| 29 | 22:29:56 | 05 57 09 | 01♉05 | 07♉01 | 00 54 | 15 35 | 13 08 | 25 00 | 24 57 | 18 16 | 10 37 | 08 38 | 01 25 |
| 30 | 22:33:53 | 06 55 07 | 12 56 | 18 51 | 01 15 | 16 45 | 13 47 | 25 10 | 24 58 | 18 17 | 10 35 | 08 37 | 01 22 |
| 31 | 22:37:50 | 07 53 07 | 24 47 | 00♊45 | 01 32 | 17 55 | 14 25 | 25 21 | 24 59 | 18 19 | 10 34 | 08 35 | 01 19 |

## Longitudes of the Major Asteroids and Chiron

0:00 E.T.

| D | ⚳ | ⚴ | ⚵ | ⚶ | ⚷ |
|---|---|---|---|---|---|
| 1 | 20♒37℞ | 26♐41℞ | 28♎43 | 13♑31℞ | 12♉33 |
| 2 | 20 24 | 26 34 | 28 55 | 13 21 | 12 34 |
| 3 | 20 11 | 26 28 | 29 06 | 13 12 | 12 35 |
| 4 | 19 58 | 26 22 | 29 18 | 13 04 | 12 35 |
| 5 | 19 45 | 26 16 | 29 30 | 12 56 | 12 36 |
| 6 | 19 32 | 26 11 | 29 43 | 12 48 | 12 37 |
| 7 | 19 19 | 26 06 | 29 55 | 12 41 | 12 37 |
| 8 | 19 06 | 26 01 | 00♏07 | 12 34 | 12 38 |
| 9 | 18 53 | 25 57 | 00 20 | 12 28 | 12 38 |
| 10 | 18 39 | 25 54 | 00 33 | 12 22 | 12 39 |
| 11 | 18 26 | 25 51 | 00 46 | 12 16 | 12 39 |
| 12 | 18 13 | 25 48 | 00 59 | 12 11 | 12 39 |
| 13 | 18 00 | 25 46 | 01 13 | 12 07 | 12 39 |
| 14 | 17 46 | 25 44 | 01 26 | 12 03 | 12 39 |
| 15 | 17 33 | 25 42 | 01 40 | 11 59 | 12 40 |
| 16 | 17 20 | 25 41 | 01 54 | 11 56 | 12 40 |

| D | ⚳ | ⚴ | ⚵ | ⚶ | ⚷ |
|---|---|---|---|---|---|
| 17 | 17 07 | 25 40 | 02 08 | 11 54 | 12 40℞ |
| 18 | 16 54 | 25 40 | 02 22 | 11 52 | 12 40 |
| 19 | 16 41 | 25 40D | 02 36 | 11 50 | 12 39 |
| 20 | 16 29 | 25 41 | 02 51 | 11 49 | 12 39 |
| 21 | 16 16 | 25 41 | 03 05 | 11 48 | 12 39 |
| 22 | 16 04 | 25 43 | 03 20 | 11 48D | 12 39 |
| 23 | 15 51 | 25 44 | 03 35 | 11 48 | 12 38 |
| 24 | 15 39 | 25 46 | 03 50 | 11 49 | 12 38 |
| 25 | 15 27 | 25 49 | 04 05 | 11 50 | 12 37 |
| 26 | 15 16 | 25 51 | 04 20 | 11 52 | 12 37 |
| 27 | 15 04 | 25 54 | 04 35 | 11 54 | 12 36 |
| 28 | 14 53 | 25 58 | 04 51 | 11 57 | 12 36 |
| 29 | 14 42 | 26 02 | 05 06 | 12 00 | 12 35 |
| 30 | 14 31 | 26 06 | 05 22 | 12 04 | 12 34 |
| 31 | 14 20 | 26 10 | 05 38 | 12 08 | 12 34 |

## Lunar Data

| Last Asp. | | Ingress | | |
|---|---|---|---|---|
| 1 | 06:38 | 1 | ♉ | 14:09 |
| 3 | 14:34 | 4 | ♊ | 02:28 |
| 6 | 11:14 | 6 | ♋ | 12:34 |
| 8 | 09:02 | 8 | ♌ | 19:11 |
| 10 | 13:14 | 10 | ♍ | 22:42 |
| 12 | 18:46 | 13 | ♎ | 00:29 |
| 14 | 13:53 | 15 | ♏ | 02:09 |
| 16 | 19:43 | 17 | ♐ | 04:54 |
| 19 | 02:59 | 19 | ♑ | 09:19 |
| 21 | 07:53 | 21 | ♒ | 15:31 |
| 23 | 13:49 | 23 | ♓ | 23:35 |
| 26 | 08:55 | 26 | ♈ | 09:44 |
| 28 | 11:30 | 28 | ♉ | 21:48 |
| 31 | 00:24 | 31 | ♊ | 10:30 |

## Declinations

0:00 E.T.

| D | ☉ | ☽ | ☿ | ♀ | ♂ | ♃ | ♄ | ♅ | ♆ | ♇ | ⚳ | ⚴ | ⚵ | ⚶ | ⚷ |
|---|---|---|---|---|---|---|---|---|---|---|---|---|---|---|---|
| 1 | +18 00 | +13 30 | +12 18 | +08 03 | -10 39 | -07 00 | +16 35 | +22 51 | +02 59 | -23 29 | -27 06 | +20 17 | -00 56 | -25 10 | +14 31 |
| 2 | 17 44 | 17 21 | 11 37 | 07 34 | 10 52 | 07 03 | 16 36 | 22 51 | 02 59 | 23 30 | 27 13 | 20 06 | 01 02 | 25 15 | 14 31 |
| 3 | 17 29 | 20 30 | 10 57 | 07 04 | 11 06 | 07 07 | 16 36 | 22 51 | 02 58 | 23 30 | 27 20 | 19 56 | 01 08 | 25 19 | 14 31 |
| 4 | 17 13 | 22 49 | 10 17 | 06 35 | 11 19 | 07 10 | 16 37 | 22 52 | 02 58 | 23 30 | 27 26 | 19 45 | 01 13 | 25 23 | 14 31 |
| 5 | 16 57 | 24 07 | 09 36 | 06 05 | 11 32 | 07 13 | 16 37 | 22 52 | 02 58 | 23 31 | 27 33 | 19 34 | 01 19 | 25 27 | 14 31 |
| 6 | 16 40 | 24 14 | 08 56 | 05 35 | 11 46 | 07 16 | 16 38 | 22 52 | 02 58 | 23 31 | 27 39 | 19 23 | 01 24 | 25 31 | 14 31 |
| 7 | 16 24 | 23 07 | 08 16 | 05 05 | 11 59 | 07 19 | 16 39 | 22 52 | 02 57 | 23 32 | 27 46 | 19 12 | 01 30 | 25 35 | 14 31 |
| 8 | 16 07 | 20 43 | 07 36 | 04 35 | 12 12 | 07 23 | 16 39 | 22 52 | 02 57 | 23 32 | 27 52 | 19 01 | 01 36 | 25 38 | 14 31 |
| 9 | 15 50 | 17 08 | 06 56 | 04 04 | 12 25 | 07 26 | 16 40 | 22 53 | 02 57 | 23 33 | 27 58 | 18 50 | 01 41 | 25 42 | 14 31 |
| 10 | 15 32 | 12 32 | 06 17 | 03 34 | 12 38 | 07 29 | 16 40 | 22 53 | 02 56 | 23 33 | 28 04 | 18 38 | 01 47 | 25 46 | 14 31 |
| 11 | 15 14 | 07 10 | 05 38 | 03 03 | 12 52 | 07 33 | 16 41 | 22 53 | 02 56 | 23 33 | 28 10 | 18 27 | 01 53 | 25 49 | 14 31 |
| 12 | 14 56 | 01 21 | 04 59 | 02 33 | 13 05 | 07 36 | 16 41 | 22 53 | 02 55 | 23 34 | 28 15 | 18 16 | 01 59 | 25 52 | 14 31 |
| 13 | 14 38 | -04 34 | 04 22 | 02 02 | 13 18 | 07 40 | 16 42 | 22 53 | 02 55 | 23 34 | 28 21 | 18 04 | 02 05 | 25 55 | 14 31 |
| 14 | 14 20 | 10 16 | 03 44 | 01 31 | 13 31 | 07 43 | 16 42 | 22 54 | 02 55 | 23 35 | 28 26 | 17 52 | 02 11 | 25 58 | 14 31 |
| 15 | 14 01 | 15 21 | 03 07 | 01 00 | 13 44 | 07 47 | 16 42 | 22 54 | 02 54 | 23 35 | 28 32 | 17 41 | 02 17 | 26 01 | 14 31 |
| 16 | 13 42 | 19 31 | 02 31 | 00 30 | 13 57 | 07 51 | 16 43 | 22 54 | 02 54 | 23 35 | 28 37 | 17 29 | 02 22 | 26 04 | 14 30 |
| 17 | 13 23 | 22 29 | 01 56 | -00 01 | 14 10 | 07 54 | 16 43 | 22 54 | 02 53 | 23 36 | 28 42 | 17 17 | 02 28 | 26 07 | 14 30 |
| 18 | 13 04 | 24 02 | 01 22 | 00 32 | 14 23 | 07 58 | 16 43 | 22 54 | 02 53 | 23 36 | 28 46 | 17 05 | 02 34 | 26 09 | 14 30 |
| 19 | 12 45 | 24 07 | 00 48 | 01 03 | 14 36 | 08 01 | 16 44 | 22 55 | 02 52 | 23 37 | 28 51 | 16 53 | 02 40 | 26 12 | 14 30 |
| 20 | 12 25 | 22 46 | 00 16 | 01 34 | 14 49 | 08 05 | 16 44 | 22 55 | 02 52 | 23 37 | 28 56 | 16 42 | 02 46 | 26 14 | 14 30 |
| 21 | 12 05 | 20 09 | -00 16 | 02 05 | 15 01 | 08 09 | 16 44 | 22 55 | 02 51 | 23 37 | 29 00 | 16 30 | 02 52 | 26 17 | 14 30 |
| 22 | 11 45 | 16 32 | 00 46 | 02 36 | 15 14 | 08 13 | 16 44 | 22 55 | 02 51 | 23 38 | 29 04 | 16 18 | 02 58 | 26 19 | 14 29 |
| 23 | 11 25 | 12 12 | 01 15 | 03 07 | 15 27 | 08 17 | 16 45 | 22 55 | 02 51 | 23 38 | 29 08 | 16 06 | 03 04 | 26 21 | 14 29 |
| 24 | 11 04 | 07 24 | 01 42 | 03 38 | 15 39 | 08 20 | 16 45 | 22 55 | 02 50 | 23 38 | 29 12 | 15 54 | 03 11 | 26 23 | 14 29 |
| 25 | 10 44 | 02 23 | 02 08 | 04 08 | 15 52 | 08 24 | 16 45 | 22 55 | 02 50 | 23 39 | 29 15 | 15 42 | 03 17 | 26 25 | 14 29 |
| 26 | 10 23 | +02 38 | 02 33 | 04 39 | 16 04 | 08 28 | 16 45 | 22 56 | 02 49 | 23 39 | 29 19 | 15 30 | 03 23 | 26 27 | 14 28 |
| 27 | 10 02 | 07 29 | 02 55 | 05 10 | 16 17 | 08 32 | 16 45 | 22 56 | 02 48 | 23 39 | 29 22 | 15 18 | 03 29 | 26 29 | 14 28 |
| 28 | 09 41 | 12 00 | 03 16 | 05 40 | 16 29 | 08 36 | 16 45 | 22 56 | 02 48 | 23 40 | 29 25 | 15 06 | 03 35 | 26 30 | 14 28 |
| 29 | 09 20 | 16 01 | 03 34 | 06 11 | 16 42 | 08 40 | 16 45 | 22 56 | 02 47 | 23 40 | 29 28 | 14 54 | 03 41 | 26 32 | 14 27 |
| 30 | 08 58 | 19 23 | 03 51 | 06 41 | 16 54 | 08 44 | 16 45 | 22 56 | 02 47 | 23 40 | 29 31 | 14 42 | 03 47 | 26 33 | 14 27 |
| 31 | 08 37 | 21 57 | 04 04 | 07 11 | 17 06 | 08 48 | 16 45 | 22 56 | 02 46 | 23 41 | 29 33 | 14 30 | 03 53 | 26 35 | 14 26 |

Lunar Phases -- 2 ◑ 11:17 10 ● 01:57 16 ◐ 18:57 24 ○ 01:52 Sun enters ♍ 8/22 19:53

## 0:00 E.T. Longitudes of Main Planets - September 2029 Sep. 29

| D | S.T. | ☉ | ☽ | ☽ 12:00 | ☿ | ♀ | ♂ | ♃ | ♄ | ♅ | ♆ | ♇ | ☊ |
|---|---|---|---|---|---|---|---|---|---|---|---|---|---|
| 1 | 22:41:46 | 08♍51 10 | 06♊44 | 12♊47 | 01♎43 | 19♎05 | 15♏04 | 25♎32 | 25♉00 | 18♊20 | 10♈33℞ | 08♒34℞ | 01♑16 |
| 2 | 22:45:43 | 09 49 14 | 18 53 | 25 03 | 01 49 | 20 14 | 15 43 | 25 42 | 25 00 | 18 21 | 10 31 | 08 33 | 01 13 |
| 3 | 22:49:39 | 10 47 20 | 01♋18 | 07♋38 | 01 49℞ | 21 24 | 16 22 | 25 53 | 25 01 | 18 22 | 10 30 | 08 32 | 01 09 |
| 4 | 22:53:36 | 11 45 27 | 14 04 | 20 36 | 01 43 | 22 33 | 17 01 | 26 04 | 25 01 | 18 23 | 10 28 | 08 31 | 01 06 |
| 5 | 22:57:32 | 12 43 37 | 27 15 | 04♌00 | 01 31 | 23 43 | 17 40 | 26 15 | 25 01 | 18 24 | 10 27 | 08 30 | 01 03 |
| 6 | 23:01:29 | 13 41 49 | 10♌53 | 17 53 | 01 13 | 24 52 | 18 20 | 26 26 | 25 01 | 18 25 | 10 26 | 08 29 | 01 00 |
| 7 | 23:05:25 | 14 40 03 | 24 59 | 02♍11 | 00 48 | 26 01 | 18 59 | 26 37 | 25 01℞ | 18 26 | 10 24 | 08 28 | 00 57 |
| 8 | 23:09:22 | 15 38 18 | 09♍28 | 16 50 | 00 16 | 27 11 | 19 39 | 26 49 | 25 01 | 18 27 | 10 23 | 08 27 | 00 54 |
| 9 | 23:13:19 | 16 36 35 | 24 16 | 01♎44 | 29♍39 | 28 20 | 20 18 | 27 00 | 25 01 | 18 28 | 10 21 | 08 26 | 00 50 |
| 10 | 23:17:15 | 17 34 54 | 09♎13 | 16 42 | 28 56 | 29 29 | 20 58 | 27 11 | 25 00 | 18 28 | 10 20 | 08 25 | 00 47 |
| 11 | 23:21:12 | 18 33 15 | 24 10 | 01♏35 | 28 07 | 00♏38 | 21 38 | 27 23 | 25 00 | 18 29 | 10 18 | 08 24 | 00 44 |
| 12 | 23:25:08 | 19 31 37 | 08♏58 | 16 17 | 27 13 | 01 46 | 22 18 | 27 34 | 24 59 | 18 30 | 10 17 | 08 23 | 00 41 |
| 13 | 23:29:05 | 20 30 01 | 23 31 | 00♐41 | 26 16 | 02 55 | 22 58 | 27 46 | 24 59 | 18 30 | 10 15 | 08 22 | 00 38 |
| 14 | 23:33:01 | 21 28 26 | 07♐45 | 14 45 | 25 16 | 04 04 | 23 39 | 27 57 | 24 58 | 18 31 | 10 14 | 08 21 | 00 34 |
| 15 | 23:36:58 | 22 26 54 | 21 39 | 28 28 | 24 14 | 05 12 | 24 19 | 28 09 | 24 57 | 18 31 | 10 12 | 08 20 | 00 31 |
| 16 | 23:40:54 | 23 25 22 | 05♑13 | 11♑53 | 23 11 | 06 21 | 24 59 | 28 21 | 24 56 | 18 32 | 10 10 | 08 19 | 00 28 |
| 17 | 23:44:51 | 24 23 52 | 18 29 | 25 01 | 22 10 | 07 29 | 25 40 | 28 33 | 24 55 | 18 32 | 10 09 | 08 18 | 00 25 |
| 18 | 23:48:48 | 25 22 24 | 01♒29 | 07♒54 | 21 12 | 08 37 | 26 21 | 28 44 | 24 54 | 18 32 | 10 07 | 08 17 | 00 22 |
| 19 | 23:52:44 | 26 20 58 | 14 16 | 20 36 | 20 18 | 09 45 | 27 02 | 28 56 | 24 53 | 18 33 | 10 06 | 08 16 | 00 19 |
| 20 | 23:56:41 | 27 19 33 | 26 52 | 03♓06 | 19 29 | 10 53 | 27 42 | 29 08 | 24 51 | 18 33 | 10 04 | 08 16 | 00 15 |
| 21 | 0:00:37 | 28 18 10 | 09♓18 | 15 28 | 18 47 | 12 01 | 28 23 | 29 20 | 24 50 | 18 33 | 10 02 | 08 15 | 00 12 |
| 22 | 0:04:34 | 29 16 49 | 21 35 | 27 40 | 18 14 | 13 09 | 29 05 | 29 32 | 24 48 | 18 33 | 10 01 | 08 14 | 00 09 |
| 23 | 0:08:30 | 00♎15 29 | 03♈44 | 09♈45 | 17 48 | 14 16 | 29 46 | 29 45 | 24 46 | 18 33 | 09 59 | 08 13 | 00 06 |
| 24 | 0:12:27 | 01 14 12 | 15 45 | 21 44 | 17 33 | 15 24 | 00♐27 | 29 57 | 24 44 | 18 33℞ | 09 58 | 08 13 | 00 03 |
| 25 | 0:16:23 | 02 12 57 | 27 40 | 03♉36 | 17 27 | 16 31 | 01 09 | 00♏09 | 24 43 | 18 33 | 09 56 | 08 12 | 29♐59 |
| 26 | 0:20:20 | 03 11 44 | 09♉31 | 15 26 | 17 31D | 17 38 | 01 50 | 00 21 | 24 41 | 18 33 | 09 54 | 08 11 | 29 56 |
| 27 | 0:24:17 | 04 10 33 | 21 20 | 27 15 | 17 45 | 18 45 | 02 32 | 00 34 | 24 38 | 18 33 | 09 53 | 08 10 | 29 53 |
| 28 | 0:28:13 | 05 09 24 | 03♊10 | 09♊07 | 18 09 | 19 52 | 03 13 | 00 46 | 24 36 | 18 33 | 09 51 | 08 10 | 29 50 |
| 29 | 0:32:10 | 06 08 18 | 15 06 | 21 08 | 18 43 | 20 59 | 03 55 | 00 58 | 24 34 | 18 32 | 09 49 | 08 09 | 29 47 |
| 30 | 0:36:06 | 07 07 13 | 27 12 | 03♋21 | 19 25 | 22 05 | 04 37 | 01 11 | 24 32 | 18 32 | 09 48 | 08 09 | 29 44 |

## 0:00 E.T. Longitudes of the Major Asteroids and Chiron — Lunar Data

| D | ⚳ | ⚴ | ⚵ | ⚶ | ⚷ | D | ⚳ | ⚴ | ⚵ | ⚶ | ⚷ | Last Asp. | Ingress |
|---|---|---|---|---|---|---|---|---|---|---|---|---|---|
| 1 | 14♒10℞ | 26♐15 | 05♏54 | 12♑12 | 12♉33℞ | 16 | 12 09 | 28 04 | 10 05 | 14 09 | 12 14 | 2 13:28 | 2 ♋ 21:32 |
| 2 | 14 00 | 26 20 | 06 10 | 12 17 | 12 32 | 17 | 12 04 | 28 14 | 10 23 | 14 20 | 12 12 | 4 22:12 | 5 ♌ 04:55 |
| 3 | 13 50 | 26 26 | 06 26 | 12 22 | 12 31 | 18 | 11 59 | 28 24 | 10 40 | 14 31 | 12 10 | 7 02:47 | 7 ♍ 08:23 |
| 4 | 13 40 | 26 31 | 06 42 | 12 28 | 12 30 | 19 | 11 54 | 28 34 | 10 58 | 14 42 | 12 08 | 9 08:17 | 9 ♎ 09:14 |
| 5 | 13 31 | 26 37 | 06 58 | 12 34 | 12 29 | 20 | 11 50 | 28 44 | 11 16 | 14 54 | 12 06 | 11 05:15 | 11 ♏ 09:26 |
| 6 | 13 22 | 26 44 | 07 15 | 12 41 | 12 28 | 21 | 11 46 | 28 55 | 11 34 | 15 07 | 12 05 | 13 04:17 | 13 ♐ 10:51 |
| 7 | 13 13 | 26 51 | 07 31 | 12 48 | 12 26 | 22 | 11 43 | 29 05 | 11 52 | 15 19 | 12 03 | 15 11:36 | 15 ♑ 14:43 |
| 8 | 13 05 | 26 58 | 07 48 | 12 55 | 12 25 | 23 | 11 39 | 29 16 | 12 10 | 15 32 | 12 01 | 17 18:49 | 17 ♒ 21:14 |
| 9 | 12 57 | 27 05 | 08 05 | 13 03 | 12 24 | 24 | 11 37 | 29 28 | 12 28 | 15 45 | 11 59 | 20 04:26 | 20 ♓ 06:01 |
| 10 | 12 49 | 27 13 | 08 22 | 13 11 | 12 23 | 25 | 11 34 | 29 39 | 12 46 | 15 59 | 11 57 | 22 16:30 | 22 ♈ 16:36 |
| 11 | 12 41 | 27 20 | 08 39 | 13 20 | 12 21 | 26 | 11 32 | 29 51 | 13 04 | 16 13 | 11 55 | 24 05:37 | 25 ♉ 04:42 |
| 12 | 12 34 | 27 29 | 08 56 | 13 29 | 12 20 | 27 | 11 30 | 00♑03 | 13 22 | 16 27 | 11 53 | 27 06:41 | 27 ♊ 17:35 |
| 13 | 12 28 | 27 37 | 09 13 | 13 38 | 12 18 | 28 | 11 29 | 00 15 | 13 41 | 16 42 | 11 50 | 29 07:37 | 30 ♋ 05:29 |
| 14 | 12 21 | 27 46 | 09 30 | 13 48 | 12 17 | 29 | 11 28 | 00 27 | 13 59 | 16 57 | 11 48 | | |
| 15 | 12 15 | 27 55 | 09 48 | 13 58 | 12 15 | 30 | 11 27 | 00 40 | 14 18 | 17 12 | 11 46 | | |

## 0:00 E.T. Declinations

| D | ☉ | ☽ | ☿ | ♀ | ♂ | ♃ | ♄ | ♅ | ♆ | ♇ | ⚳ | ⚴ | ⚵ | ⚶ | ⚷ |
|---|---|---|---|---|---|---|---|---|---|---|---|---|---|---|---|
| 1 | +08 15 | +23 35 | -04 16 | -07 41 | -17 18 | -08 52 | +16 45 | +22 56 | +02 46 | -23 41 | -29 36 | +14 18 | -03 59 | -26 36 | +14 26 |
| 2 | 07 53 | 24 08 | 04 24 | 08 11 | 17 30 | 08 56 | 16 45 | 22 56 | 02 45 | 23 41 | 29 38 | 14 06 | 04 05 | 26 37 | 14 26 |
| 3 | 07 31 | 23 31 | 04 29 | 08 41 | 17 42 | 09 00 | 16 45 | 22 57 | 02 45 | 23 42 | 29 40 | 13 54 | 04 12 | 26 38 | 14 25 |
| 4 | 07 09 | 21 39 | 04 31 | 09 10 | 17 53 | 09 04 | 16 45 | 22 57 | 02 44 | 23 42 | 29 42 | 13 42 | 04 18 | 26 39 | 14 25 |
| 5 | 06 47 | 18 36 | 04 30 | 09 40 | 18 05 | 09 08 | 16 44 | 22 57 | 02 43 | 23 42 | 29 43 | 13 30 | 04 24 | 26 40 | 14 24 |
| 6 | 06 25 | 14 27 | 04 25 | 10 09 | 18 17 | 09 12 | 16 44 | 22 57 | 02 43 | 23 43 | 29 44 | 13 19 | 04 30 | 26 41 | 14 24 |
| 7 | 06 02 | 09 24 | 04 16 | 10 38 | 18 28 | 09 17 | 16 44 | 22 57 | 02 42 | 23 43 | 29 46 | 13 07 | 04 36 | 26 42 | 14 23 |
| 8 | 05 40 | 03 42 | 04 04 | 11 07 | 18 39 | 09 21 | 16 44 | 22 57 | 02 42 | 23 43 | 29 47 | 12 55 | 04 42 | 26 42 | 14 23 |
| 9 | 05 17 | -02 18 | 03 47 | 11 35 | 18 51 | 09 25 | 16 44 | 22 57 | 02 41 | 23 43 | 29 48 | 12 43 | 04 48 | 26 43 | 14 22 |
| 10 | 04 54 | 08 13 | 03 27 | 12 04 | 19 02 | 09 29 | 16 43 | 22 57 | 02 40 | 23 44 | 29 48 | 12 32 | 04 54 | 26 43 | 14 22 |
| 11 | 04 32 | 13 40 | 03 03 | 12 32 | 19 13 | 09 33 | 16 43 | 22 57 | 02 40 | 23 44 | 29 49 | 12 20 | 05 01 | 26 44 | 14 21 |
| 12 | 04 09 | 18 15 | 02 35 | 13 00 | 19 24 | 09 38 | 16 43 | 22 57 | 02 39 | 23 44 | 29 49 | 12 09 | 05 07 | 26 44 | 14 21 |
| 13 | 03 46 | 21 37 | 02 04 | 13 27 | 19 34 | 09 42 | 16 42 | 22 57 | 02 39 | 23 44 | 29 49 | 11 57 | 05 13 | 26 44 | 14 20 |
| 14 | 03 23 | 23 34 | 01 30 | 13 55 | 19 45 | 09 46 | 16 42 | 22 57 | 02 38 | 23 44 | 29 49 | 11 46 | 05 19 | 26 44 | 14 19 |
| 15 | 03 00 | 24 00 | 00 54 | 14 22 | 19 55 | 09 50 | 16 42 | 22 57 | 02 37 | 23 45 | 29 49 | 11 35 | 05 25 | 26 44 | 14 19 |
| 16 | 02 37 | 22 58 | 00 16 | 14 49 | 20 06 | 09 55 | 16 41 | 22 58 | 02 37 | 23 45 | 29 49 | 11 23 | 05 31 | 26 44 | 14 18 |
| 17 | 02 14 | 20 40 | +00 23 | 15 15 | 20 16 | 09 59 | 16 41 | 22 58 | 02 36 | 23 45 | 29 48 | 11 12 | 05 37 | 26 44 | 14 18 |
| 18 | 01 50 | 17 20 | 01 02 | 15 41 | 20 26 | 10 03 | 16 40 | 22 58 | 02 35 | 23 45 | 29 47 | 11 01 | 05 43 | 26 44 | 14 17 |
| 19 | 01 27 | 13 15 | 01 41 | 16 07 | 20 36 | 10 08 | 16 40 | 22 58 | 02 35 | 23 45 | 29 47 | 10 50 | 05 49 | 26 44 | 14 16 |
| 20 | 01 04 | 08 39 | 02 18 | 16 32 | 20 46 | 10 12 | 16 39 | 22 58 | 02 34 | 23 46 | 29 46 | 10 39 | 05 55 | 26 43 | 14 16 |
| 21 | 00 41 | 03 46 | 02 52 | 16 57 | 20 55 | 10 16 | 16 39 | 22 58 | 02 33 | 23 46 | 29 44 | 10 28 | 06 01 | 26 43 | 14 15 |
| 22 | 00 17 | +01 12 | 03 24 | 17 22 | 21 05 | 10 21 | 16 38 | 22 58 | 02 33 | 23 46 | 29 43 | 10 17 | 06 07 | 26 42 | 14 14 |
| 23 | -00 06 | 06 03 | 03 52 | 17 46 | 21 14 | 10 25 | 16 38 | 22 58 | 02 32 | 23 46 | 29 42 | 10 06 | 06 13 | 26 42 | 14 13 |
| 24 | 00 30 | 10 38 | 04 16 | 18 10 | 21 24 | 10 29 | 16 37 | 22 58 | 02 31 | 23 46 | 29 40 | 09 56 | 06 19 | 26 41 | 14 13 |
| 25 | 00 53 | 14 46 | 04 36 | 18 34 | 21 33 | 10 34 | 16 36 | 22 58 | 02 31 | 23 46 | 29 38 | 09 45 | 06 25 | 26 40 | 14 12 |
| 26 | 01 16 | 18 18 | 04 51 | 18 57 | 21 41 | 10 38 | 16 36 | 22 58 | 02 30 | 23 46 | 29 36 | 09 35 | 06 31 | 26 39 | 14 11 |
| 27 | 01 40 | 21 05 | 05 01 | 19 20 | 21 50 | 10 43 | 16 35 | 22 58 | 02 30 | 23 47 | 29 34 | 09 24 | 06 37 | 26 38 | 14 10 |
| 28 | 02 03 | 22 58 | 05 06 | 19 42 | 21 59 | 10 47 | 16 34 | 22 58 | 02 29 | 23 47 | 29 32 | 09 14 | 06 42 | 26 37 | 14 10 |
| 29 | 02 26 | 23 50 | 05 07 | 20 04 | 22 07 | 10 51 | 16 34 | 22 58 | 02 28 | 23 47 | 29 30 | 09 04 | 06 48 | 26 36 | 14 09 |
| 30 | 02 50 | 23 35 | 05 02 | 20 26 | 22 15 | 10 56 | 16 33 | 22 58 | 02 28 | 23 47 | 29 27 | 08 53 | 06 54 | 26 35 | 14 08 |

Lunar Phases -- 1 ◑ 04:34 8 ● 10:46 15 ◐ 01:31 22 ○ 16:31 30 ◑ 20:58 Sun enters ♎ 9/22 17:40

# Oct. 29 — Longitudes of Main Planets - October 2029 — 0:00 E.T.

| D | S.T. | ☉ | ☽ | ☽ 12:00 | ☿ | ♀ | ♂ | ♃ | ♄ | ♅ | ♆ | ♇ | ☊ |
|---|---|---|---|---|---|---|---|---|---|---|---|---|---|
| 1 | 0:40:03 | 08♎06 11 | 09♋33 | 15♋52 | 20♍16 | 23♏12 | 05♐19 | 01♏23 | 24♉29℞ | 18♊32℞ | 09♈46℞ | 08♒08℞ | 29♐40 |
| 2 | 0:43:59 | 09 05 12 | 22 15 | 28 46 | 21 15 | 24 18 | 06 01 | 01 36 | 24 26 | 18 31 | 09 44 | 08 08 | 29 37 |
| 3 | 0:47:56 | 10 04 14 | 05♌23 | 12♌07 | 22 21 | 25 24 | 06 43 | 01 48 | 24 24 | 18 31 | 09 43 | 08 07 | 29 34 |
| 4 | 0:51:52 | 11 03 19 | 18 59 | 25 58 | 23 33 | 26 30 | 07 26 | 02 01 | 24 21 | 18 30 | 09 41 | 08 07 | 29 31 |
| 5 | 0:55:49 | 12 02 26 | 03♍05 | 10♍19 | 24 50 | 27 36 | 08 08 | 02 14 | 24 18 | 18 30 | 09 39 | 08 06 | 29 28 |
| 6 | 0:59:46 | 13 01 36 | 17 40 | 25 06 | 26 13 | 28 41 | 08 51 | 02 26 | 24 15 | 18 29 | 09 38 | 08 06 | 29 25 |
| 7 | 1:03:42 | 14 00 47 | 02♎37 | 10♎12 | 27 40 | 29 47 | 09 33 | 02 39 | 24 12 | 18 29 | 09 36 | 08 05 | 29 21 |
| 8 | 1:07:39 | 15 00 01 | 17 49 | 25 27 | 29 11 | 00♐52 | 10 16 | 02 52 | 24 09 | 18 28 | 09 34 | 08 05 | 29 18 |
| 9 | 1:11:35 | 15 59 17 | 03♏04 | 10♏39 | 00♎44 | 01 57 | 10 59 | 03 05 | 24 06 | 18 27 | 09 33 | 08 05 | 29 15 |
| 10 | 1:15:32 | 16 58 34 | 18 12 | 25 40 | 02 21 | 03 02 | 11 41 | 03 17 | 24 02 | 18 26 | 09 31 | 08 04 | 29 12 |
| 11 | 1:19:28 | 17 57 54 | 03♐03 | 10♐20 | 03 59 | 04 07 | 12 24 | 03 30 | 23 59 | 18 25 | 09 29 | 08 04 | 29 09 |
| 12 | 1:23:25 | 18 57 15 | 17 31 | 24 36 | 05 39 | 05 11 | 13 07 | 03 43 | 23 55 | 18 25 | 09 28 | 08 04 | 29 05 |
| 13 | 1:27:21 | 19 56 39 | 01♑34 | 08♑26 | 07 20 | 06 15 | 13 51 | 03 56 | 23 52 | 18 24 | 09 26 | 08 04 | 29 02 |
| 14 | 1:31:18 | 20 56 04 | 15 11 | 21 51 | 09 02 | 07 19 | 14 34 | 04 09 | 23 48 | 18 23 | 09 24 | 08 03 | 28 59 |
| 15 | 1:35:15 | 21 55 30 | 28 26 | 04♒55 | 10 45 | 08 23 | 15 17 | 04 22 | 23 45 | 18 22 | 09 23 | 08 03 | 28 56 |
| 16 | 1:39:11 | 22 54 59 | 11♒20 | 17 40 | 12 28 | 09 27 | 16 00 | 04 35 | 23 41 | 18 20 | 09 21 | 08 03 | 28 53 |
| 17 | 1:43:08 | 23 54 29 | 23 57 | 00♓10 | 14 12 | 10 30 | 16 44 | 04 48 | 23 37 | 18 19 | 09 20 | 08 03 | 28 50 |
| 18 | 1:47:04 | 24 54 01 | 06♓21 | 12 29 | 15 55 | 11 33 | 17 27 | 05 01 | 23 33 | 18 18 | 09 18 | 08 03 | 28 46 |
| 19 | 1:51:01 | 25 53 34 | 18 35 | 24 38 | 17 39 | 12 35 | 18 11 | 05 14 | 23 29 | 18 17 | 09 16 | 08 03 | 28 43 |
| 20 | 1:54:57 | 26 53 10 | 00♈40 | 06♈41 | 19 22 | 13 38 | 18 55 | 05 27 | 23 25 | 18 16 | 09 15 | 08 03 | 28 40 |
| 21 | 1:58:54 | 27 52 47 | 12 40 | 18 38 | 21 05 | 14 40 | 19 38 | 05 40 | 23 21 | 18 14 | 09 13 | 08 03D | 28 37 |
| 22 | 2:02:50 | 28 52 27 | 24 35 | 00♉31 | 22 48 | 15 42 | 20 22 | 05 53 | 23 17 | 18 13 | 09 12 | 08 03 | 28 34 |
| 23 | 2:06:47 | 29 52 08 | 06♉26 | 12 22 | 24 30 | 16 43 | 21 06 | 06 06 | 23 13 | 18 12 | 09 10 | 08 03 | 28 31 |
| 24 | 2:10:44 | 00♏51 51 | 18 16 | 24 11 | 26 12 | 17 44 | 21 50 | 06 19 | 23 08 | 18 10 | 09 09 | 08 03 | 28 27 |
| 25 | 2:14:40 | 01 51 37 | 00♊07 | 06♊03 | 27 53 | 18 45 | 22 34 | 06 32 | 23 04 | 18 09 | 09 07 | 08 03 | 28 24 |
| 26 | 2:18:37 | 02 51 24 | 12 00 | 17 58 | 29 34 | 19 46 | 23 18 | 06 45 | 23 00 | 18 07 | 09 06 | 08 03 | 28 21 |
| 27 | 2:22:33 | 03 51 14 | 23 58 | 00♋01 | 01♏15 | 20 46 | 24 03 | 06 58 | 22 55 | 18 05 | 09 04 | 08 03 | 28 18 |
| 28 | 2:26:30 | 04 51 06 | 06♋06 | 12 14 | 02 55 | 21 45 | 24 47 | 07 11 | 22 51 | 18 04 | 09 03 | 08 03 | 28 15 |
| 29 | 2:30:26 | 05 51 00 | 18 27 | 24 44 | 04 35 | 22 45 | 25 31 | 07 25 | 22 46 | 18 02 | 09 01 | 08 03 | 28 11 |
| 30 | 2:34:23 | 06 50 56 | 01♌06 | 07♌34 | 06 14 | 23 44 | 26 16 | 07 38 | 22 41 | 18 00 | 09 00 | 08 04 | 28 08 |
| 31 | 2:38:19 | 07 50 54 | 14 08 | 20 49 | 07 52 | 24 42 | 27 00 | 07 51 | 22 37 | 17 59 | 08 58 | 08 04 | 28 05 |

## 0:00 E.T. — Longitudes of the Major Asteroids and Chiron

| D | ⚳ | ⚴ | ⚵ | ⚶ | ⚷ |
|---|---|---|---|---|---|
| 1 | 11♒27℞ | 00♑53 | 14♏36 | 17♑27 | 11♉44℞ |
| 2 | 11 27D | 01 06 | 14 55 | 17 43 | 11 41 |
| 3 | 11 27 | 01 19 | 15 14 | 17 59 | 11 39 |
| 4 | 11 28 | 01 32 | 15 33 | 18 15 | 11 37 |
| 5 | 11 29 | 01 46 | 15 52 | 18 31 | 11 34 |
| 6 | 11 31 | 02 00 | 16 11 | 18 48 | 11 32 |
| 7 | 11 32 | 02 14 | 16 30 | 19 05 | 11 29 |
| 8 | 11 35 | 02 28 | 16 49 | 19 22 | 11 27 |
| 9 | 11 37 | 02 42 | 17 08 | 19 40 | 11 24 |
| 10 | 11 40 | 02 57 | 17 27 | 19 58 | 11 22 |
| 11 | 11 43 | 03 11 | 17 46 | 20 16 | 11 19 |
| 12 | 11 47 | 03 26 | 18 05 | 20 34 | 11 16 |
| 13 | 11 51 | 03 41 | 18 25 | 20 53 | 11 14 |
| 14 | 11 55 | 03 56 | 18 44 | 21 11 | 11 11 |
| 15 | 12 00 | 04 12 | 19 04 | 21 30 | 11 08 |
| 16 | 12 04 | 04 27 | 19 23 | 21 49 | 11 05 |
| 17 | 12 10 | 04 43 | 19 43 | 22 09 | 11 03 |
| 18 | 12 15 | 04 59 | 20 02 | 22 28 | 11 00 |
| 19 | 12 21 | 05 15 | 20 22 | 22 48 | 10 57 |
| 20 | 12 27 | 05 31 | 20 42 | 23 08 | 10 54 |
| 21 | 12 34 | 05 47 | 21 01 | 23 29 | 10 52 |
| 22 | 12 40 | 06 03 | 21 21 | 23 49 | 10 49 |
| 23 | 12 48 | 06 20 | 21 41 | 24 10 | 10 46 |
| 24 | 12 55 | 06 36 | 22 01 | 24 30 | 10 43 |
| 25 | 13 03 | 06 53 | 22 21 | 24 51 | 10 40 |
| 26 | 13 11 | 07 10 | 22 40 | 25 13 | 10 37 |
| 27 | 13 19 | 07 27 | 23 00 | 25 34 | 10 34 |
| 28 | 13 27 | 07 44 | 23 20 | 25 55 | 10 31 |
| 29 | 13 36 | 08 02 | 23 40 | 26 17 | 10 28 |
| 30 | 13 45 | 08 19 | 24 00 | 26 39 | 10 26 |
| 31 | 13 55 | 08 36 | 24 21 | 27 01 | 10 23 |

## Lunar Data

| Last Asp. | | Ingress | | |
|---|---|---|---|---|
| 2 | 04:08 | 2 | ♌ | 14:15 |
| 4 | 13:59 | 4 | ♍ | 18:49 |
| 6 | 19:08 | 6 | ♎ | 19:50 |
| 8 | 01:01 | 8 | ♏ | 19:10 |
| 10 | 09:21 | 10 | ♐ | 19:02 |
| 12 | 02:36 | 12 | ♑ | 21:18 |
| 14 | 15:29 | 15 | ♒ | 02:54 |
| 16 | 23:55 | 17 | ♓ | 11:40 |
| 19 | 09:40 | 19 | ♈ | 22:40 |
| 22 | 09:29 | 22 | ♉ | 10:58 |
| 24 | 09:48 | 24 | ♊ | 23:46 |
| 27 | 00:10 | 27 | ♋ | 11:59 |
| 29 | 08:12 | 29 | ♌ | 21:55 |
| 1 | 00:16 | | | |

## 0:00 E.T. — Declinations

| D | ☉ | ☽ | ☿ | ♀ | ♂ | ♃ | ♄ | ♅ | ♆ | ♇ | ⚳ | ⚴ | ⚵ | ⚶ | ⚷ |
|---|---|---|---|---|---|---|---|---|---|---|---|---|---|---|---|
| 1 | -03 13 | +22 11 | +04 53 | -20 47 | -22 23 | -11 00 | +16 32 | +22 58 | +02 27 | -23 47 | -29 25 | +08 43 | -07 00 | -26 34 | +14 07 |
| 2 | 03 36 | 19 39 | 04 40 | 21 07 | 22 31 | 11 05 | 16 31 | 22 58 | 02 26 | 23 47 | 29 22 | 08 33 | 07 06 | 26 32 | 14 06 |
| 3 | 03 59 | 16 02 | 04 22 | 21 27 | 22 38 | 11 09 | 16 30 | 22 58 | 02 26 | 23 47 | 29 19 | 08 24 | 07 11 | 26 31 | 14 06 |
| 4 | 04 22 | 11 28 | 04 01 | 21 47 | 22 46 | 11 14 | 16 30 | 22 58 | 02 25 | 23 47 | 29 16 | 08 14 | 07 17 | 26 29 | 14 05 |
| 5 | 04 46 | 06 09 | 03 36 | 22 06 | 22 53 | 11 18 | 16 29 | 22 58 | 02 24 | 23 47 | 29 13 | 08 04 | 07 23 | 26 28 | 14 04 |
| 6 | 05 09 | 00 20 | 03 08 | 22 24 | 23 00 | 11 22 | 16 28 | 22 58 | 02 24 | 23 47 | 29 10 | 07 54 | 07 28 | 26 26 | 14 03 |
| 7 | 05 32 | -05 38 | 02 37 | 22 43 | 23 07 | 11 27 | 16 27 | 22 58 | 02 23 | 23 47 | 29 07 | 07 45 | 07 34 | 26 24 | 14 02 |
| 8 | 05 55 | 11 22 | 02 04 | 23 00 | 23 14 | 11 31 | 16 26 | 22 57 | 02 22 | 23 47 | 29 03 | 07 36 | 07 40 | 26 22 | 14 01 |
| 9 | 06 17 | 16 25 | 01 29 | 23 17 | 23 20 | 11 36 | 16 25 | 22 57 | 02 22 | 23 47 | 29 00 | 07 26 | 07 45 | 26 20 | 14 00 |
| 10 | 06 40 | 20 22 | 00 52 | 23 34 | 23 26 | 11 40 | 16 24 | 22 57 | 02 21 | 23 47 | 28 56 | 07 17 | 07 51 | 26 18 | 13 59 |
| 11 | 07 03 | 22 52 | 00 13 | 23 50 | 23 32 | 11 44 | 16 23 | 22 57 | 02 20 | 23 47 | 28 52 | 07 08 | 07 56 | 26 16 | 13 58 |
| 12 | 07 25 | 23 46 | -00 27 | 24 05 | 23 38 | 11 49 | 16 22 | 22 57 | 02 20 | 23 47 | 28 48 | 06 59 | 08 02 | 26 13 | 13 58 |
| 13 | 07 48 | 23 07 | 01 08 | 24 20 | 23 44 | 11 53 | 16 21 | 22 57 | 02 19 | 23 47 | 28 45 | 06 50 | 08 07 | 26 11 | 13 57 |
| 14 | 08 10 | 21 05 | 01 50 | 24 34 | 23 49 | 11 58 | 16 20 | 22 57 | 02 18 | 23 47 | 28 40 | 06 41 | 08 12 | 26 08 | 13 56 |
| 15 | 08 32 | 17 57 | 02 33 | 24 48 | 23 54 | 12 02 | 16 19 | 22 57 | 02 18 | 23 47 | 28 36 | 06 33 | 08 18 | 26 06 | 13 55 |
| 16 | 08 55 | 14 02 | 03 16 | 25 01 | 23 59 | 12 07 | 16 18 | 22 57 | 02 17 | 23 47 | 28 32 | 06 24 | 08 23 | 26 03 | 13 54 |
| 17 | 09 17 | 09 34 | 04 00 | 25 14 | 24 04 | 12 11 | 16 17 | 22 57 | 02 17 | 23 47 | 28 28 | 06 16 | 08 28 | 26 00 | 13 53 |
| 18 | 09 38 | 04 48 | 04 43 | 25 25 | 24 08 | 12 15 | 16 16 | 22 57 | 02 16 | 23 47 | 28 23 | 06 07 | 08 34 | 25 57 | 13 52 |
| 19 | 10 00 | +00 05 | 05 27 | 25 37 | 24 12 | 12 20 | 16 15 | 22 57 | 02 15 | 23 47 | 28 19 | 05 59 | 08 39 | 25 55 | 13 51 |
| 20 | 10 22 | 04 54 | 06 10 | 25 48 | 24 16 | 12 24 | 16 14 | 22 57 | 02 15 | 23 47 | 28 14 | 05 51 | 08 44 | 25 51 | 13 50 |
| 21 | 10 43 | 09 30 | 06 54 | 25 58 | 24 20 | 12 29 | 16 13 | 22 56 | 02 14 | 23 47 | 28 09 | 05 43 | 08 49 | 25 48 | 13 49 |
| 22 | 11 04 | 13 42 | 07 37 | 26 07 | 24 23 | 12 33 | 16 12 | 22 56 | 02 13 | 23 47 | 28 05 | 05 35 | 08 54 | 25 45 | 13 48 |
| 23 | 11 25 | 17 22 | 08 20 | 26 16 | 24 27 | 12 37 | 16 11 | 22 56 | 02 13 | 23 47 | 28 00 | 05 27 | 08 59 | 25 42 | 13 47 |
| 24 | 11 46 | 20 19 | 09 02 | 26 25 | 24 30 | 12 42 | 16 10 | 22 56 | 02 12 | 23 47 | 27 55 | 05 20 | 09 04 | 25 38 | 13 46 |
| 25 | 12 07 | 22 25 | 09 44 | 26 33 | 24 32 | 12 46 | 16 09 | 22 56 | 02 12 | 23 47 | 27 50 | 05 12 | 09 09 | 25 35 | 13 45 |
| 26 | 12 28 | 23 31 | 10 26 | 26 40 | 24 35 | 12 50 | 16 07 | 22 56 | 02 11 | 23 46 | 27 45 | 05 04 | 09 14 | 25 31 | 13 44 |
| 27 | 12 48 | 23 32 | 11 07 | 26 46 | 24 37 | 12 55 | 16 06 | 22 56 | 02 11 | 23 46 | 27 39 | 04 57 | 09 19 | 25 28 | 13 43 |
| 28 | 13 08 | 22 27 | 11 48 | 26 52 | 24 39 | 12 59 | 16 05 | 22 56 | 02 10 | 23 46 | 27 34 | 04 50 | 09 24 | 25 24 | 13 42 |
| 29 | 13 28 | 20 16 | 12 27 | 26 58 | 24 41 | 13 03 | 16 04 | 22 55 | 02 09 | 23 46 | 27 29 | 04 43 | 09 29 | 25 20 | 13 41 |
| 30 | 13 48 | 17 04 | 13 07 | 27 03 | 24 42 | 13 07 | 16 03 | 22 55 | 02 09 | 23 46 | 27 23 | 04 36 | 09 33 | 25 16 | 13 40 |
| 31 | 14 07 | 12 57 | 13 45 | 27 07 | 24 44 | 13 12 | 16 02 | 22 55 | 02 08 | 23 46 | 27 18 | 04 29 | 09 38 | 25 12 | 13 39 |

Lunar Phases -- 7 ● 19:16 14 ◐ 11:10 22 ○ 09:29 30 ◑ 11:34 Sun enters ♏ 10/23 03:10

# 0:00 E.T.  Longitudes of Main Planets - November 2029

| D | S.T. | ☉ | ☽ | ☽ 12:00 | ☿ | ♀ | ♂ | ♃ | ♄ | ♅ | ♆ | ♇ | ☊ |
|---|------|---|---|---------|---|---|---|---|---|---|---|---|---|
| 1 | 2:42:16 | 08♏50 55 | 27♌36 | 04♍31 | 09♏30 | 25♐40 | 27♐45 | 08♏04 | 22♉32℞ | 17♊57℞ | 08♈57℞ | 08♒04 | 28♐02 |
| 2 | 2:46:13 | 09 50 58 | 11♍33 | 18 42 | 11 08 | 26 38 | 28 29 | 08 17 | 22 28 | 17 55 | 08 55 | 08 05 | 27 59 |
| 3 | 2:50:09 | 10 51 02 | 25 58 | 03♎20 | 12 45 | 27 35 | 29 14 | 08 30 | 22 23 | 17 53 | 08 54 | 08 05 | 27 56 |
| 4 | 2:54:06 | 11 51 09 | 10♎48 | 18 20 | 14 22 | 28 32 | 29 59 | 08 43 | 22 18 | 17 51 | 08 53 | 08 05 | 27 52 |
| 5 | 2:58:02 | 12 51 18 | 25 56 | 03♏34 | 15 58 | 29 28 | 00♑44 | 08 57 | 22 13 | 17 49 | 08 51 | 08 06 | 27 49 |
| 6 | 3:01:59 | 13 51 29 | 11♏13 | 18 52 | 17 34 | 00♑24 | 01 29 | 09 10 | 22 08 | 17 47 | 08 50 | 08 06 | 27 46 |
| 7 | 3:05:55 | 14 51 42 | 26 28 | 04♐02 | 19 09 | 01 19 | 02 14 | 09 23 | 22 04 | 17 45 | 08 49 | 08 07 | 27 43 |
| 8 | 3:09:52 | 15 51 56 | 11♐31 | 18 55 | 20 44 | 02 14 | 02 59 | 09 36 | 21 59 | 17 43 | 08 48 | 08 07 | 27 40 |
| 9 | 3:13:48 | 16 52 12 | 26 13 | 03♑24 | 22 19 | 03 08 | 03 44 | 09 49 | 21 54 | 17 41 | 08 46 | 08 08 | 27 37 |
| 10 | 3:17:45 | 17 52 30 | 10♑29 | 17 26 | 23 53 | 04 01 | 04 29 | 10 02 | 21 49 | 17 39 | 08 45 | 08 08 | 27 33 |
| 11 | 3:21:42 | 18 52 49 | 24 17 | 01♒01 | 25 27 | 04 54 | 05 14 | 10 15 | 21 44 | 17 37 | 08 44 | 08 09 | 27 30 |
| 12 | 3:25:38 | 19 53 10 | 07♒38 | 14 10 | 27 01 | 05 46 | 06 00 | 10 28 | 21 39 | 17 35 | 08 43 | 08 09 | 27 27 |
| 13 | 3:29:35 | 20 53 32 | 20 36 | 26 56 | 28 34 | 06 37 | 06 45 | 10 41 | 21 34 | 17 33 | 08 42 | 08 10 | 27 24 |
| 14 | 3:33:31 | 21 53 55 | 03♓12 | 09♓24 | 00♐07 | 07 28 | 07 31 | 10 54 | 21 30 | 17 31 | 08 41 | 08 11 | 27 21 |
| 15 | 3:37:28 | 22 54 19 | 15 32 | 21 38 | 01 40 | 08 18 | 08 16 | 11 07 | 21 25 | 17 28 | 08 39 | 08 11 | 27 17 |
| 16 | 3:41:24 | 23 54 45 | 27 40 | 03♈41 | 03 12 | 09 07 | 09 02 | 11 20 | 21 20 | 17 26 | 08 38 | 08 12 | 27 14 |
| 17 | 3:45:21 | 24 55 13 | 09♈39 | 15 37 | 04 44 | 09 56 | 09 47 | 11 33 | 21 15 | 17 24 | 08 37 | 08 13 | 27 11 |
| 18 | 3:49:17 | 25 55 41 | 21 33 | 27 28 | 06 16 | 10 43 | 10 33 | 11 46 | 21 10 | 17 22 | 08 36 | 08 13 | 27 08 |
| 19 | 3:53:14 | 26 56 11 | 03♉24 | 09♉19 | 07 48 | 11 30 | 11 19 | 11 59 | 21 05 | 17 19 | 08 35 | 08 14 | 27 05 |
| 20 | 3:57:11 | 27 56 43 | 15 14 | 21 10 | 09 20 | 12 15 | 12 04 | 12 12 | 21 00 | 17 17 | 08 34 | 08 15 | 27 02 |
| 21 | 4:01:07 | 28 57 16 | 27 06 | 03♊04 | 10 51 | 13 00 | 12 50 | 12 25 | 20 56 | 17 15 | 08 33 | 08 16 | 26 58 |
| 22 | 4:05:04 | 29 57 51 | 09♊02 | 15 02 | 12 22 | 13 44 | 13 36 | 12 38 | 20 51 | 17 12 | 08 33 | 08 17 | 26 55 |
| 23 | 4:09:00 | 00♐58 27 | 21 03 | 27 06 | 13 52 | 14 26 | 14 22 | 12 51 | 20 46 | 17 10 | 08 32 | 08 18 | 26 52 |
| 24 | 4:12:57 | 01 59 04 | 03♋11 | 09♋18 | 15 23 | 15 08 | 15 08 | 13 04 | 20 41 | 17 07 | 08 31 | 08 19 | 26 49 |
| 25 | 4:16:53 | 02 59 43 | 15 28 | 21 41 | 16 53 | 15 48 | 15 54 | 13 16 | 20 36 | 17 05 | 08 30 | 08 20 | 26 46 |
| 26 | 4:20:50 | 04 00 24 | 27 58 | 04♌18 | 18 23 | 16 28 | 16 40 | 13 29 | 20 32 | 17 02 | 08 29 | 08 21 | 26 43 |
| 27 | 4:24:46 | 05 01 06 | 10♌42 | 17 11 | 19 52 | 17 06 | 17 26 | 13 42 | 20 27 | 17 00 | 08 28 | 08 22 | 26 39 |
| 28 | 4:28:43 | 06 01 50 | 23 45 | 00♍24 | 21 21 | 17 42 | 18 12 | 13 55 | 20 22 | 16 57 | 08 28 | 08 23 | 26 36 |
| 29 | 4:32:40 | 07 02 35 | 07♍08 | 13 58 | 22 50 | 18 18 | 18 58 | 14 07 | 20 18 | 16 55 | 08 27 | 08 24 | 26 33 |
| 30 | 4:36:36 | 08 03 22 | 20 54 | 27 56 | 24 18 | 18 52 | 19 45 | 14 20 | 20 13 | 16 52 | 08 26 | 08 25 | 26 30 |

# 0:00 E.T.  Longitudes of the Major Asteroids and Chiron

| D | ⚳ | ⚴ | ⚵ | ⚶ | ⚷ | D | ⚳ | ⚴ | ⚵ | ⚶ | ⚷ |
|---|---|---|---|---|---|---|---|---|---|---|---|
| 1 | 14♒04 | 08♑54 | 24♏41 | 27♑23 | 10♉20℞ | 16 | 16 59 | 13 31 | 29 46 | 03 14 | 09 36 |
| 2 | 14 14 | 09 12 | 25 01 | 27 46 | 10 17 | 17 | 17 13 | 13 50 | 00♐06 | 03 38 | 09 33 |
| 3 | 14 24 | 09 30 | 25 21 | 28 08 | 10 14 | 18 | 17 27 | 14 09 | 00 27 | 04 03 | 09 30 |
| 4 | 14 35 | 09 48 | 25 41 | 28 31 | 10 11 | 19 | 17 41 | 14 28 | 00 47 | 04 28 | 09 28 |
| 5 | 14 46 | 10 06 | 26 02 | 28 54 | 10 08 | 20 | 17 55 | 14 48 | 01 08 | 04 53 | 09 25 |
| 6 | 14 57 | 10 24 | 26 22 | 29 17 | 10 05 | 21 | 18 09 | 15 07 | 01 28 | 05 17 | 09 22 |
| 7 | 15 08 | 10 42 | 26 42 | 29 40 | 10 02 | 22 | 18 24 | 15 27 | 01 49 | 05 42 | 09 19 |
| 8 | 15 19 | 11 00 | 27 02 | 00♒03 | 09 59 | 23 | 18 38 | 15 46 | 02 09 | 06 08 | 09 17 |
| 9 | 15 31 | 11 19 | 27 23 | 00 26 | 09 56 | 24 | 18 53 | 16 06 | 02 30 | 06 33 | 09 14 |
| 10 | 15 43 | 11 37 | 27 43 | 00 50 | 09 53 | 25 | 19 08 | 16 26 | 02 51 | 06 58 | 09 11 |
| 11 | 15 55 | 11 56 | 28 04 | 01 14 | 09 50 | 26 | 19 24 | 16 46 | 03 11 | 07 24 | 09 09 |
| 12 | 16 07 | 12 15 | 28 24 | 01 37 | 09 47 | 27 | 19 39 | 17 05 | 03 32 | 07 49 | 09 06 |
| 13 | 16 20 | 12 34 | 28 44 | 02 01 | 09 45 | 28 | 19 55 | 17 25 | 03 52 | 08 15 | 09 04 |
| 14 | 16 33 | 12 53 | 29 05 | 02 25 | 09 42 | 29 | 20 11 | 17 45 | 04 13 | 08 40 | 09 01 |
| 15 | 16 46 | 13 12 | 29 25 | 02 50 | 09 39 | 30 | 20 27 | 18 05 | 04 33 | 09 06 | 08 59 |

## Lunar Data

| D | Last Asp. | | Ingress |
|---|-----------|---|---------|
| 1 | 00:15 | 1 | ♍ 04:11 |
| 3 | 05:38 | 3 | ♎ 06:35 |
| 5 | 05:55 | 5 | ♏ 06:23 |
| 6 | 17:04 | 7 | ♐ 05:35 |
| 8 | 10:02 | 9 | ♑ 06:18 |
| 11 | 02:20 | 11 | ♒ 10:11 |
| 13 | 17:14 | 13 | ♓ 17:51 |
| 15 | 15:51 | 16 | ♈ 04:39 |
| 17 | 15:34 | 18 | ♉ 17:07 |
| 21 | 04:04 | 21 | ♊ 05:50 |
| 22 | 16:17 | 23 | ♋ 17:44 |
| 25 | 09:51 | 26 | ♌ 03:52 |
| 27 | 19:04 | 28 | ♍ 11:17 |
| 30 | 06:29 | | |

# 0:00 E.T.  Declinations

| D | ☉ | ☽ | ☿ | ♀ | ♂ | ♃ | ♄ | ♅ | ♆ | ♇ | ⚳ | ⚴ | ⚵ | ⚶ | ⚷ |
|---|---|---|---|---|---|---|---|---|---|---|---|---|---|---|---|
| 1 | -14 27 | +08 04 | -14 23 | -27 10 | -24 45 | -13 16 | +16 00 | +22 55 | +02 08 | -23 46 | -27 12 | +04 22 | -09 43 | -25 08 | +13 38 |
| 2 | 14 46 | 02 38 | 15 00 | 27 13 | 24 45 | 13 20 | 15 59 | 22 55 | 02 07 | 23 45 | 27 06 | 04 15 | 09 47 | 25 03 | 13 37 |
| 3 | 15 05 | -03 07 | 15 36 | 27 16 | 24 46 | 13 25 | 15 58 | 22 55 | 02 07 | 23 45 | 27 01 | 04 09 | 09 52 | 24 59 | 13 36 |
| 4 | 15 23 | 08 51 | 16 11 | 27 17 | 24 46 | 13 29 | 15 57 | 22 54 | 02 06 | 23 45 | 26 55 | 04 02 | 09 56 | 24 55 | 13 35 |
| 5 | 15 42 | 14 11 | 16 46 | 27 19 | 24 46 | 13 33 | 15 56 | 22 54 | 02 06 | 23 45 | 26 49 | 03 56 | 10 01 | 24 50 | 13 34 |
| 6 | 16 00 | 18 40 | 17 20 | 27 19 | 24 46 | 13 37 | 15 54 | 22 54 | 02 05 | 23 44 | 26 43 | 03 50 | 10 05 | 24 45 | 13 33 |
| 7 | 16 18 | 21 51 | 17 52 | 27 19 | 24 45 | 13 41 | 15 53 | 22 54 | 02 05 | 23 44 | 26 37 | 03 44 | 10 10 | 24 41 | 13 32 |
| 8 | 16 35 | 23 27 | 18 24 | 27 19 | 24 44 | 13 46 | 15 52 | 22 54 | 02 04 | 23 44 | 26 31 | 03 38 | 10 14 | 24 36 | 13 31 |
| 9 | 16 52 | 23 22 | 18 55 | 27 18 | 24 43 | 13 50 | 15 51 | 22 54 | 02 04 | 23 44 | 26 25 | 03 32 | 10 18 | 24 31 | 13 30 |
| 10 | 17 09 | 21 44 | 19 26 | 27 16 | 24 42 | 13 54 | 15 50 | 22 53 | 02 03 | 23 44 | 26 19 | 03 26 | 10 22 | 24 26 | 13 29 |
| 11 | 17 26 | 18 50 | 19 55 | 27 14 | 24 40 | 13 58 | 15 48 | 22 53 | 02 03 | 23 44 | 26 12 | 03 21 | 10 27 | 24 21 | 13 28 |
| 12 | 17 42 | 15 01 | 20 23 | 27 11 | 24 38 | 14 02 | 15 47 | 22 53 | 02 03 | 23 43 | 26 06 | 03 15 | 10 31 | 24 16 | 13 27 |
| 13 | 17 59 | 10 36 | 20 50 | 27 08 | 24 36 | 14 06 | 15 46 | 22 53 | 02 03 | 23 43 | 26 00 | 03 10 | 10 35 | 24 10 | 13 26 |
| 14 | 18 14 | 05 51 | 21 16 | 27 04 | 24 33 | 14 10 | 15 45 | 22 53 | 02 01 | 23 43 | 25 53 | 03 04 | 10 39 | 24 05 | 13 25 |
| 15 | 18 30 | 00 59 | 21 41 | 27 00 | 24 30 | 14 14 | 15 44 | 22 52 | 02 01 | 23 43 | 25 47 | 02 59 | 10 43 | 24 00 | 13 24 |
| 16 | 18 45 | +03 51 | 22 05 | 26 56 | 24 27 | 14 18 | 15 42 | 22 52 | 02 01 | 23 42 | 25 40 | 02 54 | 10 46 | 23 54 | 13 23 |
| 17 | 19 00 | 08 28 | 22 28 | 26 50 | 24 24 | 14 22 | 15 41 | 22 52 | 02 01 | 23 42 | 25 33 | 02 49 | 10 50 | 23 48 | 13 22 |
| 18 | 19 14 | 12 45 | 22 50 | 26 45 | 24 21 | 14 26 | 15 40 | 22 52 | 02 00 | 23 42 | 25 27 | 02 44 | 10 54 | 23 43 | 13 21 |
| 19 | 19 28 | 16 31 | 23 10 | 26 39 | 24 17 | 14 30 | 15 39 | 22 52 | 02 00 | 23 41 | 25 20 | 02 40 | 10 58 | 23 37 | 13 21 |
| 20 | 19 42 | 19 39 | 23 30 | 26 32 | 24 13 | 14 34 | 15 39 | 22 51 | 01 59 | 23 41 | 25 13 | 02 35 | 11 01 | 23 31 | 13 20 |
| 21 | 19 55 | 21 56 | 23 48 | 26 25 | 24 08 | 14 38 | 15 36 | 22 51 | 01 59 | 23 41 | 25 06 | 02 30 | 11 05 | 23 25 | 13 19 |
| 22 | 20 08 | 23 17 | 24 05 | 26 18 | 24 04 | 14 42 | 15 35 | 22 51 | 01 59 | 23 41 | 24 59 | 02 26 | 11 08 | 23 19 | 13 18 |
| 23 | 20 21 | 23 33 | 24 21 | 26 10 | 23 59 | 14 46 | 15 33 | 22 51 | 01 59 | 23 40 | 24 52 | 02 22 | 11 12 | 23 12 | 13 17 |
| 24 | 20 33 | 22 42 | 24 36 | 26 02 | 23 53 | 14 50 | 15 33 | 22 51 | 01 58 | 23 40 | 24 45 | 02 18 | 11 15 | 23 06 | 13 16 |
| 25 | 20 45 | 20 45 | 24 49 | 25 54 | 23 48 | 14 53 | 15 31 | 22 50 | 01 58 | 23 40 | 24 38 | 02 14 | 11 19 | 23 00 | 13 15 |
| 26 | 20 57 | 17 48 | 25 01 | 25 45 | 23 42 | 14 57 | 15 31 | 22 50 | 01 58 | 23 39 | 24 31 | 02 10 | 11 22 | 22 53 | 13 14 |
| 27 | 21 08 | 13 57 | 25 12 | 25 36 | 23 36 | 15 01 | 15 31 | 22 50 | 01 57 | 23 39 | 24 24 | 02 06 | 11 25 | 22 47 | 13 13 |
| 28 | 21 19 | 09 22 | 25 21 | 25 26 | 23 30 | 15 05 | 15 29 | 22 50 | 01 57 | 23 39 | 24 17 | 02 02 | 11 28 | 22 40 | 13 13 |
| 29 | 21 29 | 04 15 | 25 30 | 25 16 | 23 24 | 15 09 | 15 27 | 22 49 | 01 57 | 23 38 | 24 09 | 01 59 | 11 31 | 22 33 | 13 12 |
| 30 | 21 39 | -01 13 | 25 36 | 25 06 | 23 17 | 15 12 | 15 26 | 22 49 | 01 57 | 23 38 | 24 02 | 01 55 | 11 34 | 22 27 | 13 11 |

Lunar Phases --  6 ● 04:25  13 ◐ 00:36  21 ○ 04:04  28 ◑ 23:49  Sun enters ♐ 11/22 00:51

## Longitudes of Main Planets - December 2029

0:00 E.T.

| D | S.T. | ☉ | ☽ | ☽ 12:00 | ☿ | ♀ | ♂ | ♃ | ♄ | ♅ | ♆ | ♇ | ☊ |
|---|---|---|---|---|---|---|---|---|---|---|---|---|---|
| 1 | 4:40:33 | 09♐04 10 | 05♎04 | 12♎17 | 25♐46 | 19♑25 | 20♑31 | 14♏32 | 20♉09℞ | 16♊50℞ | 08♈26℞ | 08♒26 | 26♐27 |
| 2 | 4:44:29 | 10 05 00 | 19 35 | 26 57 | 27 13 | 19 56 | 21 17 | 14 45 | 20 04 | 16 47 | 08 25 | 08 27 | 26 23 |
| 3 | 4:48:26 | 11 05 52 | 04♏24 | 11♏53 | 28 39 | 20 25 | 22 03 | 14 57 | 20 00 | 16 45 | 08 25 | 08 28 | 26 20 |
| 4 | 4:52:22 | 12 06 44 | 19 24 | 26 56 | 00♑04 | 20 53 | 22 50 | 15 10 | 19 56 | 16 42 | 08 24 | 08 29 | 26 17 |
| 5 | 4:56:19 | 13 07 38 | 04♐27 | 11♐57 | 01 29 | 21 20 | 23 36 | 15 22 | 19 51 | 16 40 | 08 23 | 08 30 | 26 14 |
| 6 | 5:00:15 | 14 08 33 | 19 25 | 26 49 | 02 52 | 21 44 | 24 23 | 15 35 | 19 47 | 16 37 | 08 23 | 08 32 | 26 11 |
| 7 | 5:04:12 | 15 09 30 | 04♑08 | 11♑22 | 04 14 | 22 07 | 25 09 | 15 47 | 19 43 | 16 35 | 08 23 | 08 33 | 26 08 |
| 8 | 5:08:09 | 16 10 27 | 18 31 | 25 32 | 05 34 | 22 28 | 25 56 | 15 59 | 19 39 | 16 32 | 08 22 | 08 34 | 26 04 |
| 9 | 5:12:05 | 17 11 24 | 02♒28 | 09♒17 | 06 53 | 22 47 | 26 43 | 16 11 | 19 35 | 16 30 | 08 22 | 08 35 | 26 01 |
| 10 | 5:16:02 | 18 12 23 | 15 59 | 22 34 | 08 09 | 23 04 | 27 29 | 16 24 | 19 31 | 16 27 | 08 21 | 08 37 | 25 58 |
| 11 | 5:19:58 | 19 13 22 | 29 04 | 05♓28 | 09 24 | 23 19 | 28 16 | 16 36 | 19 27 | 16 25 | 08 21 | 08 38 | 25 55 |
| 12 | 5:23:55 | 20 14 22 | 11♓46 | 17 59 | 10 35 | 23 32 | 29 03 | 16 48 | 19 23 | 16 22 | 08 21 | 08 39 | 25 52 |
| 13 | 5:27:51 | 21 15 22 | 24 09 | 00♈14 | 11 43 | 23 42 | 29 49 | 17 00 | 19 19 | 16 19 | 08 21 | 08 41 | 25 48 |
| 14 | 5:31:48 | 22 16 23 | 06♈16 | 12 16 | 12 47 | 23 51 | 00♒36 | 17 12 | 19 16 | 16 17 | 08 20 | 08 42 | 25 45 |
| 15 | 5:35:44 | 23 17 24 | 18 14 | 24 10 | 13 47 | 23 57 | 01 23 | 17 23 | 19 12 | 16 14 | 08 20 | 08 43 | 25 42 |
| 16 | 5:39:41 | 24 18 25 | 00♉05 | 06♉00 | 14 42 | 24 00 | 02 10 | 17 35 | 19 08 | 16 12 | 08 20 | 08 45 | 25 39 |
| 17 | 5:43:38 | 25 19 28 | 11 54 | 17 50 | 15 31 | 24 02℞ | 02 57 | 17 47 | 19 05 | 16 09 | 08 20 | 08 46 | 25 36 |
| 18 | 5:47:34 | 26 20 30 | 23 46 | 29 43 | 16 14 | 24 00 | 03 44 | 17 59 | 19 02 | 16 07 | 08 20 | 08 48 | 25 33 |
| 19 | 5:51:31 | 27 21 34 | 05♊42 | 11♊42 | 16 49 | 23 57 | 04 30 | 18 10 | 18 58 | 16 04 | 08 20 | 08 49 | 25 29 |
| 20 | 5:55:27 | 28 22 38 | 17 45 | 23 50 | 17 16 | 23 50 | 05 17 | 18 22 | 18 55 | 16 02 | 08 20D | 08 51 | 25 26 |
| 21 | 5:59:24 | 29 23 42 | 29 58 | 06♋08 | 17 34 | 23 42 | 06 04 | 18 33 | 18 52 | 15 59 | 08 20 | 08 52 | 25 23 |
| 22 | 6:03:20 | 00♑24 47 | 12♋21 | 18 37 | 17 42 | 23 30 | 06 51 | 18 45 | 18 49 | 15 57 | 08 20 | 08 54 | 25 20 |
| 23 | 6:07:17 | 01 25 52 | 24 56 | 01♌18 | 17 39℞ | 23 17 | 07 38 | 18 56 | 18 46 | 15 55 | 08 20 | 08 55 | 25 17 |
| 24 | 6:11:13 | 02 26 58 | 07♌44 | 14 13 | 17 25 | 23 00 | 08 25 | 19 07 | 18 43 | 15 52 | 08 20 | 08 57 | 25 14 |
| 25 | 6:15:10 | 03 28 04 | 20 45 | 27 21 | 16 59 | 22 42 | 09 12 | 19 18 | 18 40 | 15 50 | 08 20 | 08 58 | 25 10 |
| 26 | 6:19:07 | 04 29 11 | 04♍00 | 10♍43 | 16 21 | 22 21 | 09 59 | 19 30 | 18 38 | 15 47 | 08 21 | 09 00 | 25 07 |
| 27 | 6:23:03 | 05 30 18 | 17 30 | 24 20 | 15 32 | 21 58 | 10 46 | 19 41 | 18 35 | 15 45 | 08 21 | 09 02 | 25 04 |
| 28 | 6:27:00 | 06 31 27 | 01♎14 | 08♎12 | 14 33 | 21 32 | 11 33 | 19 52 | 18 33 | 15 43 | 08 21 | 09 03 | 25 01 |
| 29 | 6:30:56 | 07 32 35 | 15 13 | 22 18 | 13 24 | 21 05 | 12 21 | 20 02 | 18 30 | 15 40 | 08 22 | 09 05 | 24 58 |
| 30 | 6:34:53 | 08 33 44 | 29 26 | 06♏38 | 12 09 | 20 36 | 13 08 | 20 13 | 18 28 | 15 38 | 08 22 | 09 06 | 24 54 |
| 31 | 6:38:49 | 09 34 54 | 13♏51 | 21 07 | 10 49 | 20 05 | 13 55 | 20 24 | 18 26 | 15 36 | 08 22 | 09 08 | 24 51 |

0:00 E.T.

## Longitudes of the Major Asteroids and Chiron

| D | ⚳ | ⚴ | ⚵ | ⚶ | ⚷ | D | ⚳ | ⚴ | ⚵ | ⚶ | ⚷ |
|---|---|---|---|---|---|---|---|---|---|---|---|
| 1 | 20♒43 | 18♑25 | 04♐54 | 09♒32 | 08♉56℞ | 17 | 25 23 | 23 54 | 10 22 | 16 38 | 08 22 |
| 2 | 20 59 | 18 46 | 05 15 | 09 58 | 08 54 | 18 | 25 42 | 24 15 | 10 43 | 17 05 | 08 21 |
| 3 | 21 16 | 19 06 | 05 35 | 10 24 | 08 51 | 19 | 26 01 | 24 36 | 11 03 | 17 33 | 08 19 |
| 4 | 21 32 | 19 26 | 05 56 | 10 50 | 08 49 | 20 | 26 20 | 24 57 | 11 23 | 18 00 | 08 17 |
| 5 | 21 49 | 19 46 | 06 16 | 11 17 | 08 47 | 21 | 26 39 | 25 17 | 11 44 | 18 27 | 08 16 |
| 6 | 22 06 | 20 07 | 06 37 | 11 43 | 08 45 | 22 | 26 58 | 25 38 | 12 04 | 18 55 | 08 14 |
| 7 | 22 23 | 20 27 | 06 57 | 12 10 | 08 42 | 23 | 27 17 | 25 59 | 12 24 | 19 22 | 08 13 |
| 8 | 22 41 | 20 48 | 07 18 | 12 36 | 08 40 | 24 | 27 37 | 26 20 | 12 45 | 19 50 | 08 11 |
| 9 | 22 58 | 21 08 | 07 39 | 13 03 | 08 38 | 25 | 27 56 | 26 42 | 13 05 | 20 17 | 08 10 |
| 10 | 23 16 | 21 29 | 07 59 | 13 29 | 08 36 | 26 | 28 16 | 27 03 | 13 25 | 20 45 | 08 08 |
| 11 | 23 34 | 21 49 | 08 20 | 13 56 | 08 34 | 27 | 28 36 | 27 24 | 13 45 | 21 13 | 08 07 |
| 12 | 23 52 | 22 10 | 08 40 | 14 23 | 08 32 | 28 | 28 56 | 27 45 | 14 05 | 21 41 | 08 06 |
| 13 | 24 10 | 22 31 | 09 01 | 14 50 | 08 30 | 29 | 29 16 | 28 06 | 14 25 | 22 08 | 08 05 |
| 14 | 24 28 | 22 51 | 09 21 | 15 17 | 08 28 | 30 | 29 36 | 28 27 | 14 46 | 22 36 | 08 04 |
| 15 | 24 46 | 23 12 | 09 41 | 15 44 | 08 26 | 31 | 29 56 | 28 48 | 15 06 | 23 04 | 08 03 |
| 16 | 25 05 | 23 33 | 10 02 | 16 11 | 08 24 | | | | | | |

## Lunar Data

| Last Asp. | | Ingress | | |
|---|---|---|---|---|
| 2 | 13:45 | 2 | ♏ | 16:55 |
| 4 | 05:46 | 4 | ♐ | 16:53 |
| 5 | 19:30 | 6 | ♑ | 17:13 |
| 8 | 13:26 | 8 | ♒ | 19:43 |
| 10 | 06:23 | 11 | ♓ | 01:45 |
| 12 | 23:08 | 13 | ♈ | 11:32 |
| 15 | 11:38 | 15 | ♉ | 23:50 |
| 18 | 00:29 | 18 | ♊ | 12:34 |
| 20 | 22:48 | 21 | ♋ | 00:04 |
| 22 | 20:55 | 23 | ♌ | 09:33 |
| 24 | 21:20 | 25 | ♍ | 16:48 |
| 27 | 07:37 | 27 | ♎ | 21:51 |
| 29 | 09:37 | 30 | ♏ | 00:56 |
| 31 | 10:57 | | | |

0:00 E.T.

## Declinations

| D | ☉ | ☽ | ☿ | ♀ | ♂ | ♃ | ♄ | ♅ | ♆ | ♇ | ⚳ | ⚴ | ⚵ | ⚶ | ⚷ |
|---|---|---|---|---|---|---|---|---|---|---|---|---|---|---|---|
| 1 | -21 48 | -06 47 | -25 41 | -24 56 | -23 10 | -15 16 | +15 25 | +22 49 | +01 56 | -23 38 | -23 55 | +01 52 | -11 37 | -22 20 | +13 10 |
| 2 | 21 57 | 12 07 | 25 45 | 24 46 | 23 02 | 15 20 | 15 24 | 22 49 | 01 56 | 23 37 | 23 47 | 01 49 | 11 40 | 22 13 | 13 09 |
| 3 | 22 06 | 16 51 | 25 48 | 24 35 | 22 55 | 15 23 | 15 23 | 22 48 | 01 56 | 23 37 | 23 40 | 01 45 | 11 43 | 22 06 | 13 08 |
| 4 | 22 14 | 20 34 | 25 49 | 24 24 | 22 47 | 15 27 | 15 22 | 22 48 | 01 56 | 23 36 | 23 32 | 01 42 | 11 46 | 21 58 | 13 08 |
| 5 | 22 22 | 22 54 | 25 48 | 24 12 | 22 39 | 15 30 | 15 21 | 22 48 | 01 56 | 23 36 | 23 25 | 01 40 | 11 49 | 21 51 | 13 07 |
| 6 | 22 30 | 23 35 | 25 47 | 24 01 | 22 31 | 15 34 | 15 20 | 22 48 | 01 56 | 23 36 | 23 17 | 01 37 | 11 51 | 21 44 | 13 06 |
| 7 | 22 37 | 22 35 | 25 43 | 23 50 | 22 22 | 15 37 | 15 19 | 22 48 | 01 55 | 23 35 | 23 09 | 01 34 | 11 54 | 21 36 | 13 05 |
| 8 | 22 43 | 20 06 | 25 39 | 23 38 | 22 13 | 15 41 | 15 19 | 22 47 | 01 55 | 23 35 | 23 01 | 01 31 | 11 56 | 21 29 | 13 05 |
| 9 | 22 49 | 16 30 | 25 33 | 23 26 | 22 04 | 15 44 | 15 18 | 22 47 | 01 55 | 23 35 | 22 54 | 01 29 | 11 59 | 21 21 | 13 04 |
| 10 | 22 55 | 12 08 | 25 25 | 23 14 | 21 55 | 15 48 | 15 17 | 22 47 | 01 55 | 23 34 | 22 46 | 01 27 | 12 01 | 21 14 | 13 03 |
| 11 | 23 00 | 07 21 | 25 16 | 23 02 | 21 45 | 15 51 | 15 16 | 22 47 | 01 55 | 23 34 | 22 38 | 01 24 | 12 04 | 21 06 | 13 03 |
| 12 | 23 05 | 02 23 | 25 06 | 22 50 | 21 35 | 15 55 | 15 15 | 22 46 | 01 55 | 23 33 | 22 30 | 01 22 | 12 06 | 20 58 | 13 02 |
| 13 | 23 09 | +02 32 | 24 55 | 22 38 | 21 25 | 15 58 | 15 14 | 22 46 | 01 55 | 23 33 | 22 22 | 01 20 | 12 08 | 20 50 | 13 01 |
| 14 | 23 13 | 07 16 | 24 43 | 22 26 | 21 15 | 16 01 | 15 13 | 22 46 | 01 55 | 23 33 | 22 14 | 01 18 | 12 10 | 20 42 | 13 01 |
| 15 | 23 16 | 11 40 | 24 29 | 22 13 | 21 04 | 16 05 | 15 13 | 22 46 | 01 55 | 23 32 | 22 06 | 01 16 | 12 12 | 20 34 | 13 00 |
| 16 | 23 19 | 15 35 | 24 15 | 22 01 | 20 54 | 16 08 | 15 12 | 22 45 | 01 55 | 23 32 | 21 58 | 01 15 | 12 14 | 20 26 | 12 59 |
| 17 | 23 21 | 18 53 | 24 00 | 21 49 | 20 43 | 16 11 | 15 11 | 22 45 | 01 55 | 23 31 | 21 50 | 01 13 | 12 16 | 20 18 | 12 59 |
| 18 | 23 23 | 21 25 | 23 44 | 21 37 | 20 31 | 16 14 | 15 11 | 22 45 | 01 55 | 23 31 | 21 41 | 01 12 | 12 18 | 20 10 | 12 58 |
| 19 | 23 25 | 23 01 | 23 28 | 21 24 | 20 20 | 16 17 | 15 10 | 22 45 | 01 55 | 23 30 | 21 33 | 01 10 | 12 20 | 20 01 | 12 58 |
| 20 | 23 26 | 23 35 | 23 11 | 21 12 | 20 08 | 16 21 | 15 09 | 22 44 | 01 55 | 23 30 | 21 25 | 01 09 | 12 21 | 19 53 | 12 57 |
| 21 | 23 26 | 23 02 | 22 54 | 21 00 | 19 56 | 16 24 | 15 09 | 22 44 | 01 55 | 23 30 | 21 17 | 01 08 | 12 23 | 19 44 | 12 57 |
| 22 | 23 26 | 21 20 | 22 38 | 20 48 | 19 44 | 16 27 | 15 08 | 22 44 | 01 55 | 23 29 | 21 08 | 01 07 | 12 24 | 19 36 | 12 56 |
| 23 | 23 26 | 18 35 | 22 21 | 20 36 | 19 32 | 16 30 | 15 07 | 22 44 | 01 55 | 23 29 | 21 00 | 01 06 | 12 26 | 19 27 | 12 56 |
| 24 | 23 25 | 14 54 | 22 05 | 20 24 | 19 20 | 16 33 | 15 07 | 22 43 | 01 55 | 23 28 | 20 51 | 01 05 | 12 27 | 19 18 | 12 55 |
| 25 | 23 23 | 10 27 | 21 50 | 20 12 | 19 07 | 16 36 | 15 06 | 22 43 | 01 55 | 23 28 | 20 43 | 01 04 | 12 29 | 19 10 | 12 55 |
| 26 | 23 22 | 05 27 | 21 35 | 20 00 | 18 54 | 16 39 | 15 06 | 22 43 | 01 56 | 23 27 | 20 34 | 01 03 | 12 30 | 19 01 | 12 54 |
| 27 | 23 19 | 00 07 | 21 21 | 19 49 | 18 41 | 16 42 | 15 05 | 22 43 | 01 56 | 23 27 | 20 26 | 01 03 | 12 31 | 18 52 | 12 54 |
| 28 | 23 16 | -05 19 | 21 08 | 19 37 | 18 27 | 16 44 | 15 05 | 22 42 | 01 56 | 23 26 | 20 17 | 01 02 | 12 32 | 18 43 | 12 53 |
| 29 | 23 13 | 10 35 | 20 56 | 19 26 | 18 14 | 16 47 | 15 05 | 22 42 | 01 56 | 23 26 | 20 09 | 01 02 | 12 33 | 18 34 | 12 53 |
| 30 | 23 10 | 15 22 | 20 46 | 19 15 | 18 00 | 16 50 | 15 04 | 22 42 | 01 56 | 23 26 | 20 00 | 01 01 | 12 34 | 18 25 | 12 53 |
| 31 | 23 05 | 19 21 | 20 36 | 19 04 | 17 46 | 16 53 | 15 04 | 22 42 | 01 56 | 23 25 | 19 51 | 01 01 | 12 35 | 18 15 | 12 52 |

Lunar Phases -- 5 ● 14:53 12 ◐ 17:51 20 Ⓔ 22:48 28 ◑ 09:50 Sun enters ♑ 12/21 14:16

## 0:00 E.T. Longitudes of Main Planets - January 2030 **Jan. 30**

| D | S.T. | ☉ | ☽ | ☽ 12:00 | ☿ | ♀ | ♂ | ♃ | ♄ | ♅ | ♆ | ♇ | ☊ |
|---|---|---|---|---|---|---|---|---|---|---|---|---|---|
| 1 | 6:42:46 | 10♑36 04 | 28♏25 | 05♐43 | 09♑27℞ | 19♑33℞ | 14♒42 | 20♏34 | 18♉24℞ | 15♊33℞ | 08♈23 | 09♒10 | 24♐48 |
| 2 | 6:46:42 | 11 37 15 | 13♐02 | 20 20 | 08 07 | 18 59 | 15 29 | 20 45 | 18 22 | 15 31 | 08 23 | 09 11 | 24 45 |
| 3 | 6:50:39 | 12 38 26 | 27 37 | 04♑52 | 06 49 | 18 24 | 16 16 | 20 55 | 18 20 | 15 29 | 08 24 | 09 13 | 24 42 |
| 4 | 6:54:36 | 13 39 36 | 12♑05 | 19 14 | 05 37 | 17 49 | 17 04 | 21 06 | 18 18 | 15 27 | 08 24 | 09 15 | 24 39 |
| 5 | 6:58:32 | 14 40 47 | 26 18 | 03♒18 | 04 33 | 17 13 | 17 51 | 21 16 | 18 17 | 15 25 | 08 25 | 09 17 | 24 35 |
| 6 | 7:02:29 | 15 41 58 | 10♒13 | 17 03 | 03 37 | 16 36 | 18 38 | 21 26 | 18 15 | 15 23 | 08 25 | 09 18 | 24 32 |
| 7 | 7:06:25 | 16 43 08 | 23 46 | 00♓24 | 02 51 | 16 00 | 19 25 | 21 36 | 18 14 | 15 21 | 08 26 | 09 20 | 24 29 |
| 8 | 7:10:22 | 17 44 18 | 06♓56 | 13 22 | 02 15 | 15 23 | 20 12 | 21 46 | 18 12 | 15 18 | 08 27 | 09 22 | 24 26 |
| 9 | 7:14:18 | 18 45 28 | 19 43 | 25 58 | 01 49 | 14 47 | 21 00 | 21 56 | 18 11 | 15 16 | 08 27 | 09 24 | 24 23 |
| 10 | 7:18:15 | 19 46 37 | 02♈10 | 08♈17 | 01 33 | 14 11 | 21 47 | 22 06 | 18 10 | 15 14 | 08 28 | 09 25 | 24 20 |
| 11 | 7:22:11 | 20 47 46 | 14 20 | 20 20 | 01 26 | 13 37 | 22 34 | 22 15 | 18 09 | 15 13 | 08 29 | 09 27 | 24 16 |
| 12 | 7:26:08 | 21 48 54 | 26 18 | 02♉15 | 01 29D | 13 03 | 23 21 | 22 25 | 18 08 | 15 11 | 08 30 | 09 29 | 24 13 |
| 13 | 7:30:05 | 22 50 02 | 08♉10 | 14 04 | 01 39 | 12 31 | 24 09 | 22 34 | 18 08 | 15 09 | 08 30 | 09 31 | 24 10 |
| 14 | 7:34:01 | 23 51 09 | 19 59 | 25 54 | 01 57 | 12 00 | 24 56 | 22 44 | 18 07 | 15 07 | 08 31 | 09 33 | 24 07 |
| 15 | 7:37:58 | 24 52 15 | 01♊51 | 07♊49 | 02 22 | 11 31 | 25 43 | 22 53 | 18 06 | 15 05 | 08 32 | 09 34 | 24 04 |
| 16 | 7:41:54 | 25 53 21 | 13 50 | 19 54 | 02 53 | 11 04 | 26 30 | 23 02 | 18 06 | 15 03 | 08 33 | 09 36 | 24 00 |
| 17 | 7:45:51 | 26 54 26 | 26 00 | 02♋10 | 03 30 | 10 39 | 27 18 | 23 11 | 18 06 | 15 02 | 08 34 | 09 38 | 23 57 |
| 18 | 7:49:47 | 27 55 31 | 08♋24 | 14 42 | 04 12 | 10 16 | 28 05 | 23 20 | 18 06 | 15 00 | 08 35 | 09 40 | 23 54 |
| 19 | 7:53:44 | 28 56 35 | 21 04 | 27 30 | 04 58 | 09 55 | 28 52 | 23 28 | 18 05 | 14 58 | 08 36 | 09 42 | 23 51 |
| 20 | 7:57:40 | 29 57 38 | 04♌00 | 10♌34 | 05 49 | 09 37 | 29 39 | 23 37 | 18 05D | 14 57 | 08 37 | 09 44 | 23 48 |
| 21 | 8:01:37 | 00♒58 40 | 17 12 | 23 54 | 06 43 | 09 21 | 00♓27 | 23 45 | 18 06 | 14 55 | 08 38 | 09 45 | 23 45 |
| 22 | 8:05:34 | 01 59 42 | 00♍39 | 07♍27 | 07 41 | 09 08 | 01 14 | 23 54 | 18 06 | 14 54 | 08 39 | 09 47 | 23 41 |
| 23 | 8:09:30 | 03 00 44 | 14 18 | 21 11 | 08 42 | 08 57 | 02 01 | 24 02 | 18 06 | 14 52 | 08 41 | 09 49 | 23 38 |
| 24 | 8:13:27 | 04 01 45 | 28 07 | 05♎05 | 09 45 | 08 48 | 02 48 | 24 10 | 18 07 | 14 51 | 08 42 | 09 51 | 23 35 |
| 25 | 8:17:23 | 05 02 45 | 12♎04 | 19 05 | 10 51 | 08 42 | 03 35 | 24 18 | 18 07 | 14 49 | 08 43 | 09 53 | 23 32 |
| 26 | 8:21:20 | 06 03 45 | 26 06 | 03♏09 | 11 59 | 08 39 | 04 23 | 24 26 | 18 08 | 14 48 | 08 44 | 09 55 | 23 29 |
| 27 | 8:25:16 | 07 04 45 | 10♏13 | 17 17 | 13 10 | 08 38D | 05 10 | 24 34 | 18 09 | 14 47 | 08 45 | 09 56 | 23 26 |
| 28 | 8:29:13 | 08 05 44 | 24 22 | 01♐27 | 14 22 | 08 39 | 05 57 | 24 41 | 18 10 | 14 45 | 08 47 | 09 58 | 23 22 |
| 29 | 8:33:09 | 09 06 42 | 08♐32 | 15 37 | 15 36 | 08 43 | 06 44 | 24 49 | 18 11 | 14 44 | 08 48 | 10 00 | 23 19 |
| 30 | 8:37:06 | 10 07 40 | 22 41 | 29 45 | 16 52 | 08 49 | 07 31 | 24 56 | 18 12 | 14 43 | 08 49 | 10 02 | 23 16 |
| 31 | 8:41:03 | 11 08 37 | 06♑48 | 13♑49 | 18 09 | 08 58 | 08 18 | 25 03 | 18 13 | 14 42 | 08 51 | 10 04 | 23 13 |

## 0:00 E.T. Longitudes of the Major Asteroids and Chiron

| D | ⚳ | ⚴ | ⚵ | ⚶ | ⚷ | D | ⚳ | ⚴ | ⚵ | ⚶ | ⚷ |
|---|---|---|---|---|---|---|---|---|---|---|---|
| 1 | 00♓16 | 29♑10 | 15♐26 | 23♒32 | 08♉02℞ | 17 | 05 53 | 04 50 | 20 39 | 01 05 | 07 54 |
| 2 | 00 37 | 29 31 | 15 46 | 24 00 | 08 01 | 18 | 06 15 | 05 11 | 20 59 | 01 34 | 07 54D |
| 3 | 00 57 | 29 52 | 16 05 | 24 28 | 08 00 | 19 | 06 37 | 05 32 | 21 18 | 02 02 | 07 54 |
| 4 | 01 18 | 00♒13 | 16 25 | 24 56 | 07 59 | 20 | 06 58 | 05 54 | 21 37 | 02 31 | 07 54 |
| 5 | 01 38 | 00 34 | 16 45 | 25 25 | 07 58 | 21 | 07 20 | 06 15 | 21 56 | 03 00 | 07 54 |
| 6 | 01 59 | 00 56 | 17 05 | 25 53 | 07 57 | 22 | 07 42 | 06 36 | 22 15 | 03 28 | 07 54 |
| 7 | 02 20 | 01 17 | 17 25 | 26 21 | 07 57 | 23 | 08 04 | 06 57 | 22 33 | 03 57 | 07 55 |
| 8 | 02 41 | 01 38 | 17 44 | 26 49 | 07 56 | 24 | 08 27 | 07 19 | 22 52 | 04 26 | 07 55 |
| 9 | 03 02 | 02 00 | 18 04 | 27 18 | 07 56 | 25 | 08 49 | 07 40 | 23 11 | 04 54 | 07 55 |
| 10 | 03 23 | 02 21 | 18 24 | 27 46 | 07 55 | 26 | 09 11 | 08 01 | 23 29 | 05 23 | 07 56 |
| 11 | 03 44 | 02 42 | 18 43 | 28 14 | 07 55 | 27 | 09 33 | 08 22 | 23 48 | 05 52 | 07 56 |
| 12 | 04 06 | 03 03 | 19 03 | 28 43 | 07 54 | 28 | 09 56 | 08 43 | 24 06 | 06 21 | 07 57 |
| 13 | 04 27 | 03 25 | 19 22 | 29 11 | 07 54 | 29 | 10 18 | 09 05 | 24 25 | 06 49 | 07 58 |
| 14 | 04 48 | 03 46 | 19 42 | 29 40 | 07 54 | 30 | 10 40 | 09 26 | 24 43 | 07 18 | 07 58 |
| 15 | 05 10 | 04 07 | 20 01 | 00♓08 | 07 54 | 31 | 11 03 | 09 47 | 25 01 | 07 47 | 07 59 |
| 16 | 05 31 | 04 29 | 20 20 | 00 37 | 07 54 | | | | | | |

## Lunar Data

| Last Asp. | | Ingress | |
|---|---|---|---|
| 31 | 10:57 | 1 ♐ | 02:37 |
| 2 | 04:16 | 3 ♑ | 03:56 |
| 4 | 15:20 | 5 ♒ | 06:19 |
| 6 | 20:04 | 7 ♓ | 11:17 |
| 9 | 04:18 | 9 ♈ | 19:48 |
| 11 | 17:39 | 12 ♉ | 07:28 |
| 14 | 10:45 | 14 ♊ | 20:16 |
| 17 | 02:41 | 17 ♋ | 07:47 |
| 19 | 15:55 | 19 ♌ | 16:38 |
| 21 | 11:52 | 21 ♍ | 22:51 |
| 23 | 17:06 | 24 ♎ | 03:15 |
| 25 | 04:43 | 26 ♏ | 06:38 |
| 28 | 00:33 | 28 ♐ | 09:33 |
| 29 | 10:30 | 30 ♑ | 12:26 |

## 0:00 E.T. Declinations

| D | ☉ | ☽ | ☿ | ♀ | ♂ | ♃ | ♄ | ♅ | ♆ | ♇ | ⚳ | ⚴ | ⚵ | ⚶ | ⚷ |
|---|---|---|---|---|---|---|---|---|---|---|---|---|---|---|---|
| 1 | -23 01 | -22 09 | -20 28 | -18 53 | -17 32 | -16 56 | +15 04 | +22 41 | +01 57 | -23 25 | -19 43 | +01 01 | -12 36 | -18 06 | +12 52 |
| 2 | 22 56 | 23 29 | 20 21 | 18 43 | 17 18 | 16 58 | 15 03 | 22 41 | 01 57 | 23 24 | 19 34 | 01 01 | 12 37 | 17 57 | 12 52 |
| 3 | 22 50 | 23 13 | 20 15 | 18 32 | 17 03 | 17 01 | 15 03 | 22 41 | 01 57 | 23 24 | 19 25 | 01 01 | 12 38 | 17 48 | 12 51 |
| 4 | 22 44 | 21 23 | 20 11 | 18 22 | 16 49 | 17 04 | 15 03 | 22 41 | 01 57 | 23 23 | 19 16 | 01 01 | 12 38 | 17 38 | 12 51 |
| 5 | 22 38 | 18 14 | 20 08 | 18 13 | 16 34 | 17 06 | 15 03 | 22 40 | 01 58 | 23 23 | 19 07 | 01 02 | 12 39 | 17 29 | 12 51 |
| 6 | 22 31 | 14 07 | 20 08 | 18 03 | 16 19 | 17 09 | 15 03 | 22 40 | 01 58 | 23 22 | 18 58 | 01 02 | 12 39 | 17 19 | 12 51 |
| 7 | 22 23 | 09 22 | 20 08 | 17 54 | 16 04 | 17 11 | 15 02 | 22 40 | 01 58 | 23 22 | 18 49 | 01 03 | 12 40 | 17 09 | 12 50 |
| 8 | 22 16 | 04 20 | 20 11 | 17 45 | 15 48 | 17 14 | 15 02 | 22 40 | 01 58 | 23 21 | 18 40 | 01 03 | 12 40 | 17 00 | 12 50 |
| 9 | 22 07 | +00 44 | 20 15 | 17 37 | 15 33 | 17 16 | 15 02 | 22 40 | 01 59 | 23 21 | 18 31 | 01 04 | 12 40 | 16 50 | 12 50 |
| 10 | 21 59 | 05 38 | 20 19 | 17 29 | 15 17 | 17 19 | 15 02 | 22 39 | 01 59 | 23 20 | 18 22 | 01 05 | 12 40 | 16 40 | 12 50 |
| 11 | 21 50 | 10 13 | 20 26 | 17 22 | 15 01 | 17 21 | 15 02 | 22 39 | 01 59 | 23 20 | 18 13 | 01 05 | 12 41 | 16 30 | 12 50 |
| 12 | 21 40 | 14 20 | 20 32 | 17 15 | 14 46 | 17 23 | 15 02 | 22 39 | 02 00 | 23 20 | 18 04 | 01 06 | 12 41 | 16 20 | 12 50 |
| 13 | 21 30 | 17 52 | 20 40 | 17 08 | 14 29 | 17 26 | 15 02 | 22 39 | 02 00 | 23 19 | 17 55 | 01 07 | 12 41 | 16 11 | 12 49 |
| 14 | 21 20 | 20 39 | 20 48 | 17 02 | 14 13 | 17 28 | 15 03 | 22 39 | 02 01 | 23 19 | 17 46 | 01 09 | 12 40 | 16 01 | 12 49 |
| 15 | 21 09 | 22 34 | 20 57 | 16 57 | 13 57 | 17 30 | 15 03 | 22 38 | 02 01 | 23 18 | 17 37 | 01 10 | 12 40 | 15 51 | 12 49 |
| 16 | 20 58 | 23 30 | 21 06 | 16 52 | 13 40 | 17 32 | 15 03 | 22 38 | 02 01 | 23 18 | 17 27 | 01 11 | 12 40 | 15 40 | 12 49 |
| 17 | 20 46 | 23 19 | 21 14 | 16 47 | 13 24 | 17 34 | 15 03 | 22 38 | 02 02 | 23 17 | 17 18 | 01 12 | 12 40 | 15 30 | 12 49 |
| 18 | 20 34 | 21 59 | 21 23 | 16 43 | 13 07 | 17 37 | 15 03 | 22 38 | 02 02 | 23 17 | 17 09 | 01 14 | 12 39 | 15 20 | 12 49 |
| 19 | 20 22 | 19 33 | 21 31 | 16 40 | 12 50 | 17 39 | 15 04 | 22 38 | 02 03 | 23 16 | 17 00 | 01 15 | 12 39 | 15 10 | 12 49 |
| 20 | 20 09 | 16 05 | 21 39 | 16 37 | 12 33 | 17 41 | 15 04 | 22 38 | 02 03 | 23 16 | 16 50 | 01 17 | 12 38 | 15 00 | 12 49 |
| 21 | 19 56 | 11 46 | 21 46 | 16 35 | 12 16 | 17 43 | 15 04 | 22 37 | 02 04 | 23 15 | 16 41 | 01 19 | 12 38 | 14 49 | 12 49 |
| 22 | 19 43 | 06 49 | 21 53 | 16 33 | 11 59 | 17 45 | 15 05 | 22 37 | 02 04 | 23 15 | 16 32 | 01 20 | 12 37 | 14 39 | 12 50 |
| 23 | 19 29 | 01 29 | 21 59 | 16 31 | 11 41 | 17 47 | 15 05 | 22 37 | 02 05 | 23 14 | 16 22 | 01 22 | 12 36 | 14 29 | 12 50 |
| 24 | 19 15 | -03 59 | 22 05 | 16 30 | 11 24 | 17 48 | 15 05 | 22 37 | 02 05 | 23 14 | 16 13 | 01 24 | 12 36 | 14 18 | 12 50 |
| 25 | 19 00 | 09 19 | 22 09 | 16 30 | 11 06 | 17 50 | 15 06 | 22 37 | 02 06 | 23 13 | 16 03 | 01 26 | 12 35 | 14 08 | 12 50 |
| 26 | 18 45 | 14 12 | 22 13 | 16 30 | 10 49 | 17 52 | 15 06 | 22 37 | 02 06 | 23 13 | 15 54 | 01 28 | 12 34 | 13 57 | 12 50 |
| 27 | 18 30 | 18 19 | 22 16 | 16 30 | 10 31 | 17 54 | 15 07 | 22 36 | 02 07 | 23 13 | 15 44 | 01 31 | 12 33 | 13 46 | 12 50 |
| 28 | 18 14 | 21 24 | 22 17 | 16 30 | 10 13 | 17 56 | 15 07 | 22 36 | 02 07 | 23 12 | 15 35 | 01 33 | 12 32 | 13 36 | 12 50 |
| 29 | 17 58 | 23 09 | 22 18 | 16 31 | 09 55 | 17 57 | 15 08 | 22 36 | 02 08 | 23 12 | 15 25 | 01 35 | 12 30 | 13 25 | 12 51 |
| 30 | 17 42 | 23 25 | 22 18 | 16 33 | 09 37 | 17 59 | 15 08 | 22 36 | 02 08 | 23 11 | 15 16 | 01 38 | 12 29 | 13 15 | 12 51 |
| 31 | 17 26 | 22 11 | 22 16 | 16 34 | 09 19 | 18 00 | 15 09 | 22 36 | 02 09 | 23 11 | 15 06 | 01 40 | 12 28 | 13 04 | 12 51 |

Lunar Phases -- 4 ● 02:51 11 ◐ 14:07 19 ○ 15:56 26 ◑ 18:16 Sun enters ♒ 1/20 00:56

## Longitudes of Main Planets - February 2030

0:00 E.T.

| D | S.T. | ☉ | ☽ | ☽ 12:00 | ☿ | ♀ | ♂ | ♃ | ♄ | ♅ | ♆ | ♇ | ☊ |
|---|---|---|---|---|---|---|---|---|---|---|---|---|---|
| 1 | 8:44:59 | 12♒09 33 | 20♑48 | 27♑45 | 19♑27 | 09♑08 | 09♓05 | 25♏10 | 18♉15 | 14♊41℞ | 08♈52 | 10♒06 | 23♐10 |
| 2 | 8:48:56 | 13 10 28 | 04♒39 | 11♒30 | 20 47 | 09 21 | 09 53 | 25 17 | 18 16 | 14 40 | 08 54 | 10 08 | 23 06 |
| 3 | 8:52:52 | 14 11 23 | 18 18 | 25 01 | 22 08 | 09 36 | 10 40 | 25 24 | 18 18 | 14 39 | 08 55 | 10 10 | 23 03 |
| 4 | 8:56:49 | 15 12 16 | 01♓40 | 08♓14 | 23 30 | 09 54 | 11 27 | 25 30 | 18 20 | 14 38 | 08 57 | 10 11 | 23 00 |
| 5 | 9:00:45 | 16 13 08 | 14 44 | 21 09 | 24 53 | 10 13 | 12 14 | 25 37 | 18 21 | 14 37 | 08 58 | 10 13 | 22 57 |
| 6 | 9:04:42 | 17 13 58 | 27 29 | 03♈44 | 26 17 | 10 34 | 13 01 | 25 43 | 18 23 | 14 36 | 09 00 | 10 15 | 22 54 |
| 7 | 9:08:38 | 18 14 47 | 09♈56 | 16 03 | 27 43 | 10 56 | 13 48 | 25 49 | 18 25 | 14 36 | 09 01 | 10 17 | 22 51 |
| 8 | 9:12:35 | 19 15 35 | 22 07 | 28 08 | 29 09 | 11 21 | 14 35 | 25 55 | 18 28 | 14 35 | 09 03 | 10 19 | 22 47 |
| 9 | 9:16:32 | 20 16 21 | 04♉06 | 10♉02 | 00♒36 | 11 47 | 15 22 | 26 01 | 18 30 | 14 34 | 09 04 | 10 21 | 22 44 |
| 10 | 9:20:28 | 21 17 06 | 15 57 | 21 52 | 02 04 | 12 15 | 16 09 | 26 07 | 18 32 | 14 34 | 09 06 | 10 23 | 22 41 |
| 11 | 9:24:25 | 22 17 49 | 27 46 | 03♊41 | 03 33 | 12 45 | 16 56 | 26 12 | 18 35 | 14 33 | 09 08 | 10 24 | 22 38 |
| 12 | 9:28:21 | 23 18 31 | 09♊38 | 15 36 | 05 03 | 13 16 | 17 43 | 26 18 | 18 37 | 14 33 | 09 09 | 10 26 | 22 35 |
| 13 | 9:32:18 | 24 19 11 | 21 38 | 27 42 | 06 34 | 13 49 | 18 30 | 26 23 | 18 40 | 14 32 | 09 11 | 10 28 | 22 32 |
| 14 | 9:36:14 | 25 19 50 | 03♋51 | 10♋03 | 08 06 | 14 23 | 19 16 | 26 28 | 18 43 | 14 32 | 09 13 | 10 30 | 22 28 |
| 15 | 9:40:11 | 26 20 26 | 16 21 | 22 44 | 09 39 | 14 58 | 20 03 | 26 33 | 18 46 | 14 31 | 09 15 | 10 32 | 22 25 |
| 16 | 9:44:07 | 27 21 02 | 29 12 | 05♌46 | 11 12 | 15 35 | 20 50 | 26 38 | 18 49 | 14 31 | 09 16 | 10 33 | 22 22 |
| 17 | 9:48:04 | 28 21 35 | 12♌25 | 19 10 | 12 46 | 16 13 | 21 37 | 26 42 | 18 52 | 14 31 | 09 18 | 10 35 | 22 19 |
| 18 | 9:52:01 | 29 22 07 | 25 59 | 02♍54 | 14 22 | 16 52 | 22 24 | 26 46 | 18 55 | 14 31 | 09 20 | 10 37 | 22 16 |
| 19 | 9:55:57 | 00♓22 37 | 09♍53 | 16 55 | 15 58 | 17 32 | 23 10 | 26 51 | 18 58 | 14 31 | 09 22 | 10 39 | 22 12 |
| 20 | 9:59:54 | 01 23 06 | 24 01 | 01♎08 | 17 35 | 18 14 | 23 57 | 26 55 | 19 02 | 14 30 | 09 24 | 10 41 | 22 09 |
| 21 | 10:03:50 | 02 23 34 | 08♎18 | 15 28 | 19 13 | 18 56 | 24 44 | 26 59 | 19 05 | 14 30D | 09 26 | 10 42 | 22 06 |
| 22 | 10:07:47 | 03 24 00 | 22 38 | 29 49 | 20 52 | 19 40 | 25 30 | 27 02 | 19 09 | 14 30 | 09 28 | 10 44 | 22 03 |
| 23 | 10:11:43 | 04 24 24 | 06♏58 | 14♏06 | 22 32 | 20 25 | 26 17 | 27 06 | 19 12 | 14 31 | 09 30 | 10 46 | 22 00 |
| 24 | 10:15:40 | 05 24 48 | 21 13 | 28 18 | 24 12 | 21 10 | 27 03 | 27 09 | 19 16 | 14 31 | 09 31 | 10 48 | 21 57 |
| 25 | 10:19:36 | 06 25 10 | 05♐21 | 12♐21 | 25 54 | 21 57 | 27 50 | 27 12 | 19 20 | 14 31 | 09 33 | 10 49 | 21 53 |
| 26 | 10:23:33 | 07 25 31 | 19 20 | 26 17 | 27 37 | 22 44 | 28 36 | 27 15 | 19 24 | 14 31 | 09 35 | 10 51 | 21 50 |
| 27 | 10:27:30 | 08 25 50 | 03♑12 | 10♑04 | 29 21 | 23 32 | 29 23 | 27 18 | 19 28 | 14 31 | 09 37 | 10 53 | 21 47 |
| 28 | 10:31:26 | 09 26 08 | 16 55 | 23 43 | 01♓06 | 24 21 | 00♈09 | 27 21 | 19 32 | 14 32 | 09 39 | 10 54 | 21 44 |

0:00 E.T.

## Longitudes of the Major Asteroids and Chiron

| D | ⚳ | ⚴ | ⚵ | ⚶ | ⚷ | D | ⚳ | ⚴ | ⚵ | ⚶ | ⚷ |
|---|---|---|---|---|---|---|---|---|---|---|---|
| 1 | 11♓25 | 10♒08 | 25♐20 | 08♓16 | 08♉00 | 15 | 16 46 | 15 01 | 29 24 | 15 01 | 08 18 |
| 2 | 11 48 | 10 29 | 25 38 | 08 45 | 08 01 | 16 | 17 09 | 15 22 | 29 40 | 15 30 | 08 20 |
| 3 | 12 11 | 10 50 | 25 56 | 09 14 | 08 02 | 17 | 17 32 | 15 42 | 29 57 | 15 59 | 08 22 |
| 4 | 12 33 | 11 11 | 26 13 | 09 43 | 08 03 | 18 | 17 55 | 16 03 | 00♑13 | 16 28 | 08 23 |
| 5 | 12 56 | 11 32 | 26 31 | 10 12 | 08 04 | 19 | 18 19 | 16 23 | 00 30 | 16 57 | 08 25 |
| 6 | 13 19 | 11 53 | 26 49 | 10 41 | 08 05 | 20 | 18 42 | 16 44 | 00 46 | 17 26 | 08 27 |
| 7 | 13 42 | 12 14 | 27 07 | 11 09 | 08 06 | 21 | 19 05 | 17 04 | 01 02 | 17 55 | 08 29 |
| 8 | 14 05 | 12 35 | 27 24 | 11 38 | 08 08 | 22 | 19 29 | 17 25 | 01 18 | 18 24 | 08 31 |
| 9 | 14 28 | 12 56 | 27 41 | 12 07 | 08 09 | 23 | 19 52 | 17 45 | 01 34 | 18 53 | 08 33 |
| 10 | 14 51 | 13 17 | 27 59 | 12 36 | 08 10 | 24 | 20 15 | 18 06 | 01 49 | 19 22 | 08 35 |
| 11 | 15 14 | 13 38 | 28 16 | 13 05 | 08 12 | 25 | 20 39 | 18 26 | 02 05 | 19 51 | 08 37 |
| 12 | 15 37 | 13 59 | 28 33 | 13 34 | 08 13 | 26 | 21 02 | 18 46 | 02 20 | 20 20 | 08 40 |
| 13 | 16 00 | 14 19 | 28 50 | 14 03 | 08 15 | 27 | 21 26 | 19 07 | 02 36 | 20 49 | 08 42 |
| 14 | 16 23 | 14 40 | 29 07 | 14 32 | 08 16 | 28 | 21 49 | 19 27 | 02 51 | 21 18 | 08 44 |

## Lunar Data

| Last Asp. | | Ingress | | |
|---|---|---|---|---|
| 1 | 07:36 | 1 | ♒ | 15:54 |
| 3 | 12:48 | 3 | ♓ | 20:59 |
| 5 | 21:28 | 6 | ♈ | 04:49 |
| 7 | 17:49 | 8 | ♉ | 15:45 |
| 10 | 20:48 | 11 | ♊ | 04:32 |
| 13 | 05:49 | 13 | ♋ | 16:30 |
| 15 | 19:13 | 16 | ♌ | 01:28 |
| 18 | 06:21 | 18 | ♍ | 06:59 |
| 20 | 04:55 | 20 | ♎ | 10:05 |
| 21 | 20:38 | 22 | ♏ | 12:19 |
| 24 | 10:29 | 24 | ♐ | 14:54 |
| 26 | 16:59 | 26 | ♑ | 18:27 |
| 28 | 18:29 | | | |

0:00 E.T.

## Declinations

| D | ☉ | ☽ | ☿ | ♀ | ♂ | ♃ | ♄ | ♅ | ♆ | ♇ | ⚳ | ⚴ | ⚵ | ⚶ | ⚷ |
|---|---|---|---|---|---|---|---|---|---|---|---|---|---|---|---|
| 1 | -17 09 | -19 35 | -22 13 | -16 36 | -09 01 | -18 02 | +15 10 | +22 36 | +02 09 | -23 10 | -14 57 | +01 43 | -12 27 | -12 53 | +12 51 |
| 2 | 16 52 | 15 53 | 22 10 | 16 38 | 08 43 | 18 04 | 15 10 | 22 36 | 02 10 | 23 10 | 14 47 | 01 45 | 12 25 | 12 42 | 12 52 |
| 3 | 16 34 | 11 24 | 22 05 | 16 40 | 08 24 | 18 05 | 15 11 | 22 36 | 02 11 | 23 09 | 14 37 | 01 48 | 12 24 | 12 32 | 12 52 |
| 4 | 16 16 | 06 28 | 21 59 | 16 42 | 08 06 | 18 06 | 15 12 | 22 36 | 02 11 | 23 09 | 14 28 | 01 51 | 12 22 | 12 21 | 12 52 |
| 5 | 15 58 | 01 22 | 21 51 | 16 44 | 07 47 | 18 08 | 15 13 | 22 35 | 02 12 | 23 09 | 14 18 | 01 54 | 12 20 | 12 10 | 12 53 |
| 6 | 15 40 | +03 40 | 21 43 | 16 47 | 07 29 | 18 09 | 15 14 | 22 35 | 02 13 | 23 08 | 14 08 | 01 57 | 12 19 | 11 59 | 12 53 |
| 7 | 15 21 | 08 27 | 21 33 | 16 49 | 07 10 | 18 11 | 15 14 | 22 35 | 02 13 | 23 08 | 13 59 | 02 00 | 12 17 | 11 48 | 12 54 |
| 8 | 15 03 | 12 47 | 21 22 | 16 52 | 06 52 | 18 12 | 15 15 | 22 35 | 02 14 | 23 07 | 13 49 | 02 03 | 12 15 | 11 37 | 12 54 |
| 9 | 14 44 | 16 33 | 21 09 | 16 54 | 06 33 | 18 13 | 15 16 | 22 35 | 02 14 | 23 07 | 13 39 | 02 06 | 12 13 | 11 26 | 12 54 |
| 10 | 14 24 | 19 37 | 20 56 | 16 57 | 06 14 | 18 14 | 15 17 | 22 35 | 02 15 | 23 06 | 13 30 | 02 09 | 12 11 | 11 15 | 12 55 |
| 11 | 14 05 | 21 51 | 20 41 | 16 59 | 05 55 | 18 15 | 15 18 | 22 35 | 02 16 | 23 06 | 13 20 | 02 12 | 12 09 | 11 04 | 12 55 |
| 12 | 13 45 | 23 07 | 20 24 | 17 01 | 05 37 | 18 17 | 15 19 | 22 35 | 02 17 | 23 06 | 13 10 | 02 16 | 12 07 | 10 53 | 12 56 |
| 13 | 13 25 | 23 21 | 20 07 | 17 04 | 05 18 | 18 18 | 15 20 | 22 35 | 02 17 | 23 05 | 13 00 | 02 19 | 12 05 | 10 42 | 12 56 |
| 14 | 13 05 | 22 29 | 19 48 | 17 06 | 04 59 | 18 19 | 15 21 | 22 35 | 02 18 | 23 05 | 12 51 | 02 22 | 12 03 | 10 31 | 12 57 |
| 15 | 12 44 | 20 29 | 19 28 | 17 08 | 04 40 | 18 20 | 15 22 | 22 35 | 02 19 | 23 04 | 12 41 | 02 26 | 12 00 | 10 20 | 12 57 |
| 16 | 12 23 | 17 25 | 19 06 | 17 09 | 04 21 | 18 21 | 15 23 | 22 35 | 02 19 | 23 04 | 12 31 | 02 29 | 11 58 | 10 09 | 12 58 |
| 17 | 12 03 | 13 24 | 18 44 | 17 11 | 04 02 | 18 22 | 15 24 | 22 35 | 02 20 | 23 04 | 12 21 | 02 33 | 11 56 | 09 58 | 12 58 |
| 18 | 11 41 | 08 37 | 18 19 | 17 12 | 03 43 | 18 22 | 15 25 | 22 35 | 02 21 | 23 03 | 12 12 | 02 37 | 11 53 | 09 46 | 12 59 |
| 19 | 11 20 | 03 19 | 17 54 | 17 14 | 03 24 | 18 23 | 15 27 | 22 35 | 02 22 | 23 03 | 12 02 | 02 41 | 11 51 | 09 35 | 13 00 |
| 20 | 10 59 | -02 15 | 17 27 | 17 14 | 03 05 | 18 24 | 15 28 | 22 35 | 02 22 | 23 03 | 11 52 | 02 44 | 11 48 | 09 24 | 13 00 |
| 21 | 10 37 | 07 45 | 16 59 | 17 15 | 02 46 | 18 25 | 15 29 | 22 35 | 02 23 | 23 02 | 11 42 | 02 48 | 11 45 | 09 13 | 13 01 |
| 22 | 10 15 | 12 52 | 16 29 | 17 15 | 02 27 | 18 25 | 15 30 | 22 35 | 02 24 | 23 02 | 11 32 | 02 52 | 11 42 | 09 02 | 13 01 |
| 23 | 09 54 | 17 15 | 15 59 | 17 15 | 02 08 | 18 26 | 15 31 | 22 35 | 02 25 | 23 01 | 11 23 | 02 56 | 11 40 | 08 50 | 13 02 |
| 24 | 09 31 | 20 36 | 15 26 | 17 15 | 01 49 | 18 27 | 15 33 | 22 35 | 02 25 | 23 01 | 11 13 | 03 00 | 11 37 | 08 39 | 13 03 |
| 25 | 09 09 | 22 40 | 14 53 | 17 14 | 01 30 | 18 27 | 15 34 | 22 35 | 02 26 | 23 01 | 11 03 | 03 04 | 11 34 | 08 28 | 13 03 |
| 26 | 08 47 | 23 17 | 14 18 | 17 13 | 01 10 | 18 28 | 15 35 | 22 35 | 02 27 | 23 00 | 10 53 | 03 08 | 11 31 | 08 17 | 13 04 |
| 27 | 08 24 | 22 27 | 13 42 | 17 12 | 00 51 | 18 28 | 15 37 | 22 35 | 02 28 | 23 00 | 10 43 | 03 12 | 11 28 | 08 06 | 13 05 |
| 28 | 08 02 | 20 17 | 13 04 | 17 10 | 00 32 | 18 29 | 15 38 | 22 35 | 02 29 | 23 00 | 10 33 | 03 17 | 11 25 | 07 54 | 13 06 |

Lunar Phases -- 2 ● 16:09 10 ◐ 11:51 18 ○ 06:21 25 ◑ 01:59 Sun enters ♓ 2/18 15:02

## 0:00 E.T. Longitudes of Main Planets - March 2030

| D | S.T. | ☉ | ☽ | ☽ 12:00 | ☿ | ♀ | ♂ | ♃ | ♄ | ♅ | ♆ | ♇ | ☊ |
|---|---|---|---|---|---|---|---|---|---|---|---|---|---|
| 1 | 10:35:23 | 10♓26 24 | 00♒29 | 07♒13 | 02♓51 | 25♑11 | 00♈56 | 27♏23 | 19♉36 | 14♊32 | 09♈41 | 10♒56 | 21♐41 |
| 2 | 10:39:19 | 11 26 39 | 13 54 | 20 33 | 04 38 | 26 02 | 01 42 | 27 25 | 19 41 | 14 33 | 09 43 | 10 58 | 21 37 |
| 3 | 10:43:16 | 12 26 52 | 27 09 | 03♓41 | 06 26 | 26 53 | 02 29 | 27 27 | 19 45 | 14 33 | 09 46 | 10 59 | 21 34 |
| 4 | 10:47:12 | 13 27 04 | 10♓11 | 16 37 | 08 15 | 27 45 | 03 15 | 27 29 | 19 49 | 14 34 | 09 48 | 11 01 | 21 31 |
| 5 | 10:51:09 | 14 27 13 | 23 00 | 29 19 | 10 05 | 28 38 | 04 01 | 27 31 | 19 54 | 14 34 | 09 50 | 11 03 | 21 28 |
| 6 | 10:55:05 | 15 27 21 | 05♈34 | 11♈46 | 11 56 | 29 31 | 04 47 | 27 33 | 19 59 | 14 35 | 09 52 | 11 04 | 21 25 |
| 7 | 10:59:02 | 16 27 27 | 17 54 | 24 00 | 13 48 | 00♒25 | 05 34 | 27 34 | 20 03 | 14 36 | 09 54 | 11 06 | 21 22 |
| 8 | 11:02:59 | 17 27 31 | 00♉02 | 06♉02 | 15 41 | 01 20 | 06 20 | 27 35 | 20 08 | 14 36 | 09 56 | 11 07 | 21 18 |
| 9 | 11:06:55 | 18 27 32 | 11 59 | 17 55 | 17 35 | 02 15 | 07 06 | 27 36 | 20 13 | 14 37 | 09 58 | 11 09 | 21 15 |
| 10 | 11:10:52 | 19 27 32 | 23 49 | 29 43 | 19 30 | 03 10 | 07 52 | 27 37 | 20 18 | 14 38 | 10 00 | 11 11 | 21 12 |
| 11 | 11:14:48 | 20 27 30 | 05♊37 | 11♊31 | 21 26 | 04 06 | 08 38 | 27 37 | 20 23 | 14 39 | 10 02 | 11 12 | 21 09 |
| 12 | 11:18:45 | 21 27 25 | 17 27 | 23 25 | 23 23 | 05 03 | 09 24 | 27 38 | 20 28 | 14 40 | 10 05 | 11 14 | 21 06 |
| 13 | 11:22:41 | 22 27 18 | 29 25 | 05♋29 | 25 20 | 06 00 | 10 10 | 27 38 | 20 34 | 14 41 | 10 07 | 11 15 | 21 03 |
| 14 | 11:26:38 | 23 27 09 | 11♋37 | 17 50 | 27 18 | 06 57 | 10 56 | 27 38℞ | 20 39 | 14 42 | 10 09 | 11 17 | 20 59 |
| 15 | 11:30:34 | 24 26 58 | 24 08 | 00♌32 | 29 17 | 07 55 | 11 42 | 27 38 | 20 44 | 14 43 | 10 11 | 11 18 | 20 56 |
| 16 | 11:34:31 | 25 26 45 | 07♌02 | 13 39 | 01♈16 | 08 54 | 12 28 | 27 37 | 20 50 | 14 45 | 10 13 | 11 19 | 20 53 |
| 17 | 11:38:28 | 26 26 29 | 20 22 | 27 12 | 03 15 | 09 53 | 13 13 | 27 37 | 20 55 | 14 46 | 10 16 | 11 21 | 20 50 |
| 18 | 11:42:24 | 27 26 11 | 04♍09 | 11♍12 | 05 14 | 10 52 | 13 59 | 27 36 | 21 01 | 14 47 | 10 18 | 11 22 | 20 47 |
| 19 | 11:46:21 | 28 25 51 | 18 20 | 25 34 | 07 13 | 11 52 | 14 45 | 27 35 | 21 07 | 14 48 | 10 20 | 11 24 | 20 43 |
| 20 | 11:50:17 | 29 25 29 | 02♎51 | 10♎12 | 09 11 | 12 52 | 15 31 | 27 34 | 21 12 | 14 50 | 10 22 | 11 25 | 20 40 |
| 21 | 11:54:14 | 00♈25 05 | 17 34 | 24 58 | 11 08 | 13 52 | 16 16 | 27 33 | 21 18 | 14 51 | 10 25 | 11 26 | 20 37 |
| 22 | 11:58:10 | 01 24 40 | 02♏22 | 09♏45 | 13 04 | 14 53 | 17 02 | 27 31 | 21 24 | 14 53 | 10 27 | 11 28 | 20 34 |
| 23 | 12:02:07 | 02 24 12 | 17 06 | 24 25 | 14 58 | 15 54 | 17 47 | 27 30 | 21 30 | 14 54 | 10 29 | 11 29 | 20 31 |
| 24 | 12:06:03 | 03 23 43 | 01♐40 | 08♐52 | 16 51 | 16 55 | 18 33 | 27 28 | 21 36 | 14 56 | 10 31 | 11 30 | 20 28 |
| 25 | 12:10:00 | 04 23 11 | 16 01 | 23 05 | 18 41 | 17 57 | 19 18 | 27 26 | 21 42 | 14 57 | 10 34 | 11 32 | 20 24 |
| 26 | 12:13:57 | 05 22 39 | 00♑05 | 07♑00 | 20 27 | 18 59 | 20 04 | 27 24 | 21 48 | 14 59 | 10 36 | 11 33 | 20 21 |
| 27 | 12:17:53 | 06 22 04 | 13 52 | 20 40 | 22 11 | 20 02 | 20 49 | 27 21 | 21 54 | 15 01 | 10 38 | 11 34 | 20 18 |
| 28 | 12:21:50 | 07 21 28 | 27 24 | 04♒05 | 23 51 | 21 04 | 21 34 | 27 19 | 22 00 | 15 03 | 10 40 | 11 35 | 20 15 |
| 29 | 12:25:46 | 08 20 50 | 10♒42 | 17 16 | 25 26 | 22 07 | 22 20 | 27 16 | 22 07 | 15 04 | 10 43 | 11 36 | 20 12 |
| 30 | 12:29:43 | 09 20 10 | 23 47 | 00♓15 | 26 57 | 23 10 | 23 05 | 27 13 | 22 13 | 15 06 | 10 45 | 11 38 | 20 09 |
| 31 | 12:33:39 | 10 19 28 | 06♓40 | 13 02 | 28 24 | 24 14 | 23 50 | 27 10 | 22 20 | 15 08 | 10 47 | 11 39 | 20 05 |

## 0:00 E.T. Longitudes of the Major Asteroids and Chiron

| D | ⚳ | ⚴ | ⚵ | ⚶ | ⚷ | D | ⚳ | ⚴ | ⚵ | ⚶ | ⚷ |
|---|---|---|---|---|---|---|---|---|---|---|---|
| 1 | 22♓13 | 19♒47 | 03♑06 | 21♓47 | 08♉47 | 17 | 28 31 | 25 01 | 06 44 | 29 29 | 09 30 |
| 2 | 22 36 | 20 07 | 03 21 | 22 16 | 08 49 | 18 | 28 54 | 25 20 | 06 57 | 29 57 | 09 33 |
| 3 | 23 00 | 20 27 | 03 35 | 22 45 | 08 51 | 19 | 29 18 | 25 39 | 07 08 | 00♈26 | 09 36 |
| 4 | 23 23 | 20 47 | 03 50 | 23 14 | 08 54 | 20 | 29 42 | 25 58 | 07 20 | 00 55 | 09 39 |
| 5 | 23 47 | 21 07 | 04 04 | 23 42 | 08 56 | 21 | 00♈05 | 26 17 | 07 32 | 01 23 | 09 42 |
| 6 | 24 10 | 21 27 | 04 19 | 24 11 | 08 59 | 22 | 00 29 | 26 36 | 07 43 | 01 52 | 09 46 |
| 7 | 24 34 | 21 47 | 04 33 | 24 40 | 09 02 | 23 | 00 53 | 26 55 | 07 55 | 02 21 | 09 49 |
| 8 | 24 58 | 22 06 | 04 47 | 25 09 | 09 04 | 24 | 01 16 | 27 13 | 08 06 | 02 49 | 09 52 |
| 9 | 25 21 | 22 26 | 05 00 | 25 38 | 09 07 | 25 | 01 40 | 27 32 | 08 16 | 03 18 | 09 55 |
| 10 | 25 45 | 22 46 | 05 14 | 26 07 | 09 10 | 26 | 02 04 | 27 50 | 08 27 | 03 47 | 09 59 |
| 11 | 26 09 | 23 05 | 05 27 | 26 36 | 09 12 | 27 | 02 27 | 28 09 | 08 37 | 04 15 | 10 02 |
| 12 | 26 32 | 23 25 | 05 41 | 27 05 | 09 15 | 28 | 02 51 | 28 27 | 08 47 | 04 44 | 10 05 |
| 13 | 26 56 | 23 44 | 05 54 | 27 33 | 09 18 | 29 | 03 15 | 28 45 | 08 57 | 05 12 | 10 09 |
| 14 | 27 20 | 24 03 | 06 07 | 28 02 | 09 21 | 30 | 03 38 | 29 03 | 09 07 | 05 41 | 10 12 |
| 15 | 27 43 | 24 23 | 06 19 | 28 31 | 09 24 | 31 | 04 02 | 29 21 | 09 17 | 06 09 | 10 16 |
| 16 | 28 07 | 24 42 | 06 32 | 29 00 | 09 27 | | | | | | |

## Lunar Data

| Last Asp. | | Ingress | | |
|---|---|---|---|---|
| 3 | 00:35 | 3 | ♓ | 05:13 |
| 5 | 11:31 | 5 | ♈ | 13:19 |
| 6 | 17:30 | 7 | ♉ | 23:56 |
| 10 | 07:44 | 10 | ♊ | 12:35 |
| 12 | 14:15 | 13 | ♋ | 01:09 |
| 15 | 06:34 | 15 | ♌ | 11:00 |
| 17 | 12:42 | 17 | ♍ | 16:51 |
| 19 | 17:58 | 19 | ♎ | 19:19 |
| 20 | 21:46 | 21 | ♏ | 20:09 |
| 23 | 17:03 | 23 | ♐ | 21:14 |
| 25 | 05:54 | 25 | ♑ | 23:52 |
| 27 | 23:50 | 28 | ♒ | 04:39 |
| 30 | 06:37 | 30 | ♓ | 11:32 |

## 0:00 E.T. Declinations

| D | ☉ | ☽ | ☿ | ♀ | ♂ | ♃ | ♄ | ♅ | ♆ | ♇ | ⚳ | ⚴ | ⚵ | ⚶ | ⚷ |
|---|---|---|---|---|---|---|---|---|---|---|---|---|---|---|---|
| 1 | -07 39 | -17 00 | -12 26 | -17 08 | -00 13 | -18 29 | +15 39 | +22 35 | +02 29 | -22 59 | -10 24 | +03 21 | -11 22 | -07 43 | +13 06 |
| 2 | 07 16 | 12 52 | 11 46 | 17 05 | +00 06 | 18 30 | 15 41 | 22 35 | 02 30 | 22 59 | 10 14 | 03 25 | 11 19 | 07 32 | 13 07 |
| 3 | 06 53 | 08 11 | 11 04 | 17 02 | 00 25 | 18 30 | 15 42 | 22 35 | 02 31 | 22 59 | 10 04 | 03 30 | 11 15 | 07 21 | 13 08 |
| 4 | 06 30 | 03 12 | 10 21 | 16 59 | 00 44 | 18 30 | 15 44 | 22 35 | 02 32 | 22 58 | 09 54 | 03 34 | 11 12 | 07 09 | 13 09 |
| 5 | 06 07 | +01 49 | 09 37 | 16 55 | 01 03 | 18 31 | 15 45 | 22 35 | 02 33 | 22 58 | 09 44 | 03 39 | 11 09 | 06 58 | 13 09 |
| 6 | 05 44 | 06 40 | 08 52 | 16 51 | 01 22 | 18 31 | 15 47 | 22 35 | 02 34 | 22 58 | 09 34 | 03 43 | 11 05 | 06 47 | 13 10 |
| 7 | 05 21 | 11 10 | 08 06 | 16 46 | 01 40 | 18 31 | 15 48 | 22 35 | 02 34 | 22 58 | 09 25 | 03 48 | 11 02 | 06 35 | 13 11 |
| 8 | 04 57 | 15 08 | 07 18 | 16 41 | 01 59 | 18 31 | 15 50 | 22 36 | 02 35 | 22 57 | 09 15 | 03 52 | 10 58 | 06 24 | 13 12 |
| 9 | 04 34 | 18 26 | 06 29 | 16 36 | 02 18 | 18 31 | 15 51 | 22 36 | 02 36 | 22 57 | 09 05 | 03 57 | 10 55 | 06 13 | 13 13 |
| 10 | 04 10 | 20 57 | 05 39 | 16 30 | 02 37 | 18 31 | 15 53 | 22 36 | 02 37 | 22 57 | 08 55 | 04 01 | 10 51 | 06 02 | 13 13 |
| 11 | 03 47 | 22 32 | 04 48 | 16 23 | 02 56 | 18 31 | 15 54 | 22 36 | 02 38 | 22 56 | 08 45 | 04 06 | 10 48 | 05 50 | 13 14 |
| 12 | 03 23 | 23 08 | 03 56 | 16 16 | 03 14 | 18 31 | 15 56 | 22 36 | 02 39 | 22 56 | 08 36 | 04 11 | 10 44 | 05 39 | 13 15 |
| 13 | 03 00 | 22 40 | 03 03 | 16 09 | 03 33 | 18 31 | 15 57 | 22 36 | 02 40 | 22 56 | 08 26 | 04 16 | 10 40 | 05 28 | 13 16 |
| 14 | 02 36 | 21 08 | 02 09 | 16 01 | 03 52 | 18 31 | 15 59 | 22 36 | 02 40 | 22 56 | 08 16 | 04 21 | 10 36 | 05 17 | 13 17 |
| 15 | 02 12 | 18 33 | 01 15 | 15 53 | 04 10 | 18 31 | 16 01 | 22 36 | 02 41 | 22 55 | 08 06 | 04 25 | 10 33 | 05 06 | 13 18 |
| 16 | 01 49 | 14 59 | 00 19 | 15 44 | 04 29 | 18 31 | 16 02 | 22 37 | 02 42 | 22 55 | 07 57 | 04 30 | 10 29 | 04 54 | 13 19 |
| 17 | 01 25 | 10 34 | +00 37 | 15 35 | 04 47 | 18 30 | 16 04 | 22 37 | 02 43 | 22 55 | 07 47 | 04 35 | 10 25 | 04 43 | 13 20 |
| 18 | 01 01 | 05 30 | 01 33 | 15 25 | 05 05 | 18 30 | 16 06 | 22 37 | 02 44 | 22 55 | 07 37 | 04 40 | 10 21 | 04 32 | 13 21 |
| 19 | 00 37 | -00 00 | 02 29 | 15 15 | 05 24 | 18 30 | 16 07 | 22 37 | 02 45 | 22 55 | 07 28 | 04 45 | 10 17 | 04 21 | 13 22 |
| 20 | 00 14 | 05 37 | 03 25 | 15 05 | 05 42 | 18 29 | 16 09 | 22 37 | 02 46 | 22 54 | 07 18 | 04 50 | 10 13 | 04 10 | 13 23 |
| 21 | +00 10 | 11 00 | 04 22 | 14 53 | 06 00 | 18 29 | 16 11 | 22 37 | 02 47 | 22 54 | 07 08 | 04 55 | 10 09 | 03 59 | 13 24 |
| 22 | 00 34 | 15 46 | 05 18 | 14 42 | 06 18 | 18 28 | 16 12 | 22 38 | 02 47 | 22 54 | 06 59 | 05 00 | 10 05 | 03 47 | 13 25 |
| 23 | 00 57 | 19 32 | 06 13 | 14 30 | 06 36 | 18 28 | 16 14 | 22 38 | 02 48 | 22 54 | 06 49 | 05 05 | 10 00 | 03 36 | 13 26 |
| 24 | 01 21 | 22 00 | 07 07 | 14 17 | 06 54 | 18 27 | 16 16 | 22 38 | 02 49 | 22 54 | 06 39 | 05 10 | 09 56 | 03 25 | 13 27 |
| 25 | 01 45 | 23 00 | 08 00 | 14 04 | 07 12 | 18 27 | 16 18 | 22 38 | 02 50 | 22 53 | 06 30 | 05 16 | 09 52 | 03 14 | 13 28 |
| 26 | 02 08 | 22 30 | 08 52 | 13 51 | 07 30 | 18 26 | 16 19 | 22 38 | 02 51 | 22 53 | 06 20 | 05 21 | 09 48 | 03 03 | 13 29 |
| 27 | 02 32 | 20 38 | 09 42 | 13 37 | 07 47 | 18 26 | 16 21 | 22 38 | 02 52 | 22 53 | 06 10 | 05 26 | 09 44 | 02 52 | 13 30 |
| 28 | 02 55 | 17 37 | 10 30 | 13 23 | 08 05 | 18 25 | 16 23 | 22 39 | 02 53 | 22 53 | 06 01 | 05 31 | 09 39 | 02 41 | 13 31 |
| 29 | 03 19 | 13 45 | 11 17 | 13 08 | 08 22 | 18 24 | 16 25 | 22 39 | 02 54 | 22 53 | 05 51 | 05 36 | 09 35 | 02 30 | 13 32 |
| 30 | 03 42 | 09 17 | 12 01 | 12 53 | 08 40 | 18 23 | 16 26 | 22 39 | 02 55 | 22 53 | 05 42 | 05 42 | 09 31 | 02 19 | 13 33 |
| 31 | 04 05 | 04 29 | 12 42 | 12 38 | 08 57 | 18 23 | 16 28 | 22 39 | 02 55 | 22 53 | 05 32 | 05 47 | 09 26 | 02 08 | 13 34 |

Lunar Phases -- 4 ● 06:36 12 ◐ 08:49 19 ○ 17:58 26 ◑ 09:53 Sun enters ♈ 3/20 13:54

# Longitudes of Main Planets - April 2030

0:00 E.T.

| D | S.T. | ☉ | ☽ | ☽ 12:00 | ☿ | ♀ | ♂ | ♃ | ♄ | ♅ | ♆ | ♇ | ☊ |
|---|---|---|---|---|---|---|---|---|---|---|---|---|---|
| 1 | 12:37:36 | 11♈18 45 | 19♓22 | 25♓38 | 29♈44 | 25♒18 | 24♈35 | 27♏07℞ | 22♉26 | 15♊10 | 10♈49 | 11♒40 | 20♐02 |
| 2 | 12:41:32 | 12 17 59 | 01♈52 | 08♈03 | 01♉00 | 26 22 | 25 20 | 27 03 | 22 33 | 15 12 | 10 52 | 11 41 | 19 59 |
| 3 | 12:45:29 | 13 17 11 | 14 12 | 20 18 | 02 09 | 27 26 | 26 05 | 27 00 | 22 39 | 15 14 | 10 54 | 11 42 | 19 56 |
| 4 | 12:49:26 | 14 16 22 | 26 21 | 02♉22 | 03 13 | 28 30 | 26 50 | 26 56 | 22 46 | 15 16 | 10 56 | 11 43 | 19 53 |
| 5 | 12:53:22 | 15 15 30 | 08♉21 | 14 18 | 04 10 | 29 35 | 27 35 | 26 52 | 22 52 | 15 18 | 10 59 | 11 44 | 19 49 |
| 6 | 12:57:19 | 16 14 36 | 20 14 | 26 08 | 05 00 | 00♓40 | 28 20 | 26 48 | 22 59 | 15 20 | 11 01 | 11 45 | 19 46 |
| 7 | 13:01:15 | 17 13 40 | 02♊02 | 07♊55 | 05 44 | 01 45 | 29 05 | 26 43 | 23 06 | 15 23 | 11 03 | 11 46 | 19 43 |
| 8 | 13:05:12 | 18 12 42 | 13 48 | 19 43 | 06 22 | 02 50 | 29 50 | 26 39 | 23 13 | 15 25 | 11 05 | 11 47 | 19 40 |
| 9 | 13:09:08 | 19 11 42 | 25 38 | 01♋35 | 06 52 | 03 55 | 00♉35 | 26 34 | 23 20 | 15 27 | 11 08 | 11 48 | 19 37 |
| 10 | 13:13:05 | 20 10 39 | 07♋35 | 13 38 | 07 16 | 05 01 | 01 19 | 26 29 | 23 26 | 15 29 | 11 10 | 11 49 | 19 34 |
| 11 | 13:17:01 | 21 09 34 | 19 45 | 25 57 | 07 34 | 06 07 | 02 04 | 26 25 | 23 33 | 15 32 | 11 12 | 11 50 | 19 30 |
| 12 | 13:20:58 | 22 08 27 | 02♌14 | 08♌36 | 07 44 | 07 13 | 02 49 | 26 19 | 23 40 | 15 34 | 11 14 | 11 50 | 19 27 |
| 13 | 13:24:55 | 23 07 18 | 15 05 | 21 41 | 07 48 | 08 19 | 03 33 | 26 14 | 23 47 | 15 37 | 11 17 | 11 51 | 19 24 |
| 14 | 13:28:51 | 24 06 06 | 28 23 | 05♍13 | 07 45℞ | 09 25 | 04 18 | 26 09 | 23 55 | 15 39 | 11 19 | 11 52 | 19 21 |
| 15 | 13:32:48 | 25 04 52 | 12♍10 | 19 15 | 07 37 | 10 31 | 05 02 | 26 03 | 24 02 | 15 42 | 11 21 | 11 53 | 19 18 |
| 16 | 13:36:44 | 26 03 35 | 26 26 | 03♎43 | 07 22 | 11 38 | 05 46 | 25 58 | 24 09 | 15 44 | 11 23 | 11 54 | 19 15 |
| 17 | 13:40:41 | 27 02 17 | 11♎05 | 18 32 | 07 03 | 12 45 | 06 31 | 25 52 | 24 16 | 15 47 | 11 25 | 11 54 | 19 11 |
| 18 | 13:44:37 | 28 00 57 | 26 03 | 03♏35 | 06 38 | 13 51 | 07 15 | 25 46 | 24 23 | 15 49 | 11 28 | 11 55 | 19 08 |
| 19 | 13:48:34 | 28 59 34 | 11♏09 | 18 43 | 06 09 | 14 58 | 07 59 | 25 40 | 24 30 | 15 52 | 11 30 | 11 56 | 19 05 |
| 20 | 13:52:30 | 29 58 10 | 26 14 | 03♐44 | 05 36 | 16 06 | 08 43 | 25 34 | 24 38 | 15 55 | 11 32 | 11 56 | 19 02 |
| 21 | 13:56:27 | 00♉56 44 | 11♐10 | 18 32 | 04 59 | 17 13 | 09 28 | 25 28 | 24 45 | 15 57 | 11 34 | 11 57 | 18 59 |
| 22 | 14:00:24 | 01 55 17 | 25 49 | 03♑01 | 04 21 | 18 20 | 10 12 | 25 21 | 24 52 | 16 00 | 11 36 | 11 57 | 18 55 |
| 23 | 14:04:20 | 02 53 48 | 10♑07 | 17 08 | 03 41 | 19 28 | 10 56 | 25 15 | 25 00 | 16 03 | 11 39 | 11 58 | 18 52 |
| 24 | 14:08:17 | 03 52 17 | 24 03 | 00♒53 | 02 59 | 20 36 | 11 40 | 25 08 | 25 07 | 16 06 | 11 41 | 11 59 | 18 49 |
| 25 | 14:12:13 | 04 50 45 | 07♒37 | 14 16 | 02 18 | 21 43 | 12 24 | 25 02 | 25 15 | 16 09 | 11 43 | 11 59 | 18 46 |
| 26 | 14:16:10 | 05 49 11 | 20 50 | 27 20 | 01 37 | 22 51 | 13 08 | 24 55 | 25 22 | 16 11 | 11 45 | 12 00 | 18 43 |
| 27 | 14:20:06 | 06 47 35 | 03♓45 | 10♓07 | 00 58 | 23 59 | 13 51 | 24 48 | 25 30 | 16 14 | 11 47 | 12 00 | 18 40 |
| 28 | 14:24:03 | 07 45 58 | 16 25 | 22 39 | 00 20 | 25 07 | 14 35 | 24 41 | 25 37 | 16 17 | 11 49 | 12 00 | 18 36 |
| 29 | 14:27:59 | 08 44 19 | 28 51 | 05♈00 | 29♈45 | 26 16 | 15 19 | 24 34 | 25 45 | 16 20 | 11 51 | 12 01 | 18 33 |
| 30 | 14:31:56 | 09 42 38 | 11♈06 | 17 10 | 29 14 | 27 24 | 16 03 | 24 27 | 25 52 | 16 23 | 11 53 | 12 01 | 18 30 |

0:00 E.T.

## Longitudes of the Major Asteroids and Chiron

| D | ⚳ | ⚴ | ⚵ | ⚶ | ⚷ | D | ⚳ | ⚴ | ⚵ | ⚶ | ⚷ |
|---|---|---|---|---|---|---|---|---|---|---|---|
| 1 | 04♈26 | 29♒39 | 09♑26 | 06♈38 | 10♉19 | 16 | 10 19 | 03 57 | 11 14 | 13 41 | 11 14 |
| 2 | 04 49 | 29 57 | 09 35 | 07 06 | 10 23 | 17 | 10 42 | 04 13 | 11 19 | 14 09 | 11 17 |
| 3 | 05 13 | 00♓15 | 09 44 | 07 34 | 10 26 | 18 | 11 05 | 04 29 | 11 24 | 14 37 | 11 21 |
| 4 | 05 37 | 00 33 | 09 52 | 08 03 | 10 30 | 19 | 11 29 | 04 45 | 11 28 | 15 05 | 11 25 |
| 5 | 06 00 | 00 50 | 10 00 | 08 31 | 10 33 | 20 | 11 52 | 05 01 | 11 33 | 15 33 | 11 29 |
| 6 | 06 24 | 01 08 | 10 08 | 09 00 | 10 37 | 21 | 12 15 | 05 17 | 11 36 | 16 00 | 11 33 |
| 7 | 06 47 | 01 25 | 10 16 | 09 28 | 10 40 | 22 | 12 39 | 05 33 | 11 40 | 16 28 | 11 36 |
| 8 | 07 11 | 01 42 | 10 24 | 09 56 | 10 44 | 23 | 13 02 | 05 48 | 11 43 | 16 56 | 11 40 |
| 9 | 07 34 | 02 00 | 10 31 | 10 24 | 10 48 | 24 | 13 25 | 06 04 | 11 46 | 17 24 | 11 44 |
| 10 | 07 58 | 02 17 | 10 38 | 10 53 | 10 51 | 25 | 13 48 | 06 19 | 11 49 | 17 51 | 11 48 |
| 11 | 08 21 | 02 34 | 10 45 | 11 21 | 10 55 | 26 | 14 11 | 06 34 | 11 51 | 18 19 | 11 52 |
| 12 | 08 45 | 02 51 | 10 51 | 11 49 | 10 59 | 27 | 14 35 | 06 49 | 11 53 | 18 47 | 11 56 |
| 13 | 09 08 | 03 07 | 10 57 | 12 17 | 11 02 | 28 | 14 58 | 07 04 | 11 55 | 19 14 | 12 00 |
| 14 | 09 32 | 03 24 | 11 03 | 12 45 | 11 06 | 29 | 15 21 | 07 19 | 11 56 | 19 42 | 12 03 |
| 15 | 09 55 | 03 40 | 11 09 | 13 13 | 11 10 | 30 | 15 44 | 07 33 | 11 57 | 20 09 | 12 07 |

## Lunar Data

| Last Asp. | | Ingress | | |
|---|---|---|---|---|
| 1 | 14:46 | 1 | ♈ | 20:24 |
| 4 | 04:42 | 4 | ♉ | 07:16 |
| 6 | 13:15 | 6 | ♊ | 19:52 |
| 8 | 09:46 | 9 | ♋ | 08:48 |
| 11 | 12:48 | 11 | ♌ | 19:45 |
| 13 | 20:02 | 14 | ♍ | 02:51 |
| 15 | 23:14 | 16 | ♎ | 05:54 |
| 18 | 03:21 | 18 | ♏ | 06:18 |
| 19 | 22:56 | 20 | ♐ | 06:01 |
| 21 | 10:40 | 22 | ♑ | 06:58 |
| 24 | 01:54 | 24 | ♒ | 10:27 |
| 26 | 08:27 | 26 | ♓ | 16:59 |
| 28 | 18:28 | 29 | ♈ | 02:15 |

0:00 E.T.

## Declinations

| D | ☉ | ☽ | ☿ | ♀ | ♂ | ♃ | ♄ | ♅ | ♆ | ♇ | ⚳ | ⚴ | ⚵ | ⚶ | ⚷ |
|---|---|---|---|---|---|---|---|---|---|---|---|---|---|---|---|
| 1 | +04 28 | +00 26 | +13 21 | -12 22 | +09 14 | -18 22 | +16 30 | +22 40 | +02 56 | -22 52 | -05 23 | +05 52 | -09 22 | -01 57 | +13 35 |
| 2 | 04 52 | 05 15 | 13 57 | 12 05 | 09 31 | 18 21 | 16 32 | 22 40 | 02 57 | 22 52 | 05 13 | 05 57 | 09 17 | 01 46 | 13 36 |
| 3 | 05 15 | 09 47 | 14 30 | 11 48 | 09 48 | 18 20 | 16 34 | 22 40 | 02 58 | 22 52 | 05 04 | 06 03 | 09 13 | 01 36 | 13 37 |
| 4 | 05 38 | 13 53 | 15 00 | 11 31 | 10 05 | 18 19 | 16 35 | 22 40 | 02 59 | 22 52 | 04 54 | 06 08 | 09 08 | 01 25 | 13 38 |
| 5 | 06 00 | 17 22 | 15 27 | 11 14 | 10 22 | 18 18 | 16 37 | 22 40 | 03 00 | 22 52 | 04 45 | 06 13 | 09 04 | 01 14 | 13 39 |
| 6 | 06 23 | 20 05 | 15 51 | 10 56 | 10 39 | 18 17 | 16 39 | 22 41 | 03 01 | 22 52 | 04 36 | 06 19 | 08 59 | 01 03 | 13 40 |
| 7 | 06 46 | 21 56 | 16 11 | 10 37 | 10 55 | 18 16 | 16 41 | 22 41 | 03 02 | 22 52 | 04 26 | 06 24 | 08 55 | 00 52 | 13 41 |
| 8 | 07 08 | 22 49 | 16 28 | 10 19 | 11 12 | 18 15 | 16 43 | 22 41 | 03 02 | 22 52 | 04 17 | 06 29 | 08 50 | 00 42 | 13 42 |
| 9 | 07 31 | 22 41 | 16 42 | 10 00 | 11 28 | 18 14 | 16 45 | 22 41 | 03 03 | 22 52 | 04 08 | 06 35 | 08 46 | 00 31 | 13 43 |
| 10 | 07 53 | 21 30 | 16 52 | 09 40 | 11 44 | 18 12 | 16 47 | 22 42 | 03 04 | 22 52 | 03 58 | 06 40 | 08 41 | 00 20 | 13 44 |
| 11 | 08 15 | 19 18 | 16 59 | 09 21 | 12 00 | 18 11 | 16 48 | 22 42 | 03 05 | 22 52 | 03 49 | 06 46 | 08 37 | 00 10 | 13 46 |
| 12 | 08 37 | 16 10 | 17 02 | 09 01 | 12 16 | 18 10 | 16 50 | 22 42 | 03 06 | 22 52 | 03 40 | 06 51 | 08 32 | +00 01 | 13 47 |
| 13 | 08 59 | 12 11 | 17 02 | 08 40 | 12 32 | 18 09 | 16 52 | 22 42 | 03 07 | 22 52 | 03 31 | 06 56 | 08 27 | 00 11 | 13 48 |
| 14 | 09 21 | 07 30 | 16 58 | 08 20 | 12 48 | 18 07 | 16 54 | 22 43 | 03 08 | 22 52 | 03 22 | 07 02 | 08 23 | 00 22 | 13 49 |
| 15 | 09 42 | 02 17 | 16 51 | 07 59 | 13 03 | 18 06 | 16 56 | 22 43 | 03 09 | 22 52 | 03 13 | 07 07 | 08 18 | 00 32 | 13 50 |
| 16 | 10 04 | -03 13 | 16 41 | 07 37 | 13 19 | 18 05 | 16 58 | 22 43 | 03 09 | 22 52 | 03 03 | 07 12 | 08 14 | 00 43 | 13 51 |
| 17 | 10 25 | 08 42 | 16 27 | 07 16 | 13 34 | 18 03 | 17 00 | 22 44 | 03 10 | 22 52 | 02 54 | 07 18 | 08 09 | 00 53 | 13 52 |
| 18 | 10 46 | 13 47 | 16 10 | 06 54 | 13 49 | 18 02 | 17 02 | 22 44 | 03 11 | 22 52 | 02 45 | 07 23 | 08 04 | 01 04 | 13 53 |
| 19 | 11 07 | 18 03 | 15 51 | 06 32 | 14 04 | 18 00 | 17 03 | 22 44 | 03 12 | 22 52 | 02 36 | 07 29 | 08 00 | 01 14 | 13 54 |
| 20 | 11 28 | 21 06 | 15 29 | 06 09 | 14 19 | 17 59 | 17 05 | 22 44 | 03 13 | 22 52 | 02 27 | 07 34 | 07 55 | 01 24 | 13 55 |
| 21 | 11 48 | 22 39 | 15 05 | 05 47 | 14 34 | 17 57 | 17 07 | 22 45 | 03 14 | 22 52 | 02 18 | 07 39 | 07 51 | 01 34 | 13 57 |
| 22 | 12 08 | 22 36 | 14 39 | 05 24 | 14 48 | 17 56 | 17 09 | 22 45 | 03 14 | 22 52 | 02 10 | 07 45 | 07 46 | 01 45 | 13 58 |
| 23 | 12 28 | 21 02 | 14 11 | 05 00 | 15 02 | 17 54 | 17 11 | 22 45 | 03 15 | 22 52 | 02 01 | 07 50 | 07 42 | 01 55 | 13 59 |
| 24 | 12 48 | 18 14 | 13 42 | 04 37 | 15 17 | 17 53 | 17 13 | 22 46 | 03 16 | 22 52 | 01 52 | 07 55 | 07 37 | 02 05 | 14 00 |
| 25 | 13 08 | 14 30 | 13 13 | 04 14 | 15 31 | 17 51 | 17 15 | 22 46 | 03 17 | 22 52 | 01 43 | 08 01 | 07 32 | 02 15 | 14 01 |
| 26 | 13 28 | 10 09 | 12 43 | 03 50 | 15 45 | 17 50 | 17 17 | 22 46 | 03 18 | 22 52 | 01 34 | 08 06 | 07 28 | 02 25 | 14 02 |
| 27 | 13 47 | 05 26 | 12 13 | 03 26 | 15 59 | 17 48 | 17 19 | 22 47 | 03 18 | 22 52 | 01 26 | 08 11 | 07 23 | 02 35 | 14 03 |
| 28 | 14 06 | 00 36 | 11 44 | 03 02 | 16 12 | 17 46 | 17 20 | 22 47 | 03 19 | 22 52 | 01 17 | 08 16 | 07 19 | 02 45 | 14 04 |
| 29 | 14 25 | +04 11 | 11 16 | 02 37 | 16 26 | 17 45 | 17 22 | 22 47 | 03 20 | 22 53 | 01 08 | 08 22 | 07 14 | 02 55 | 14 05 |
| 30 | 14 43 | 08 44 | 10 49 | 02 13 | 16 39 | 17 43 | 17 24 | 22 47 | 03 21 | 22 53 | 01 00 | 08 27 | 07 10 | 03 05 | 14 07 |

Lunar Phases -- 2 ● 22:04  11 ◐ 02:58  18 ○ 03:21  24 ◑ 18:40  Sun enters ♉ 4/20 00:45

## 0:00 E.T. Longitudes of Main Planets - May 2030

| D | S.T. | ☉ | ☽ | ☽ 12:00 | ☿ | ♀ | ♂ | ♃ | ♄ | ♅ | ♆ | ♇ | ☊ |
|---|---|---|---|---|---|---|---|---|---|---|---|---|---|
| 1 | 14:35:53 | 10♉40 56 | 23♈12 | 29♈12 | 28♈45℞ | 28♓32 | 16♉46 | 24♏20℞ | 26♉00 | 16♊26 | 11♈55 | 12♒02 | 18♐27 |
| 2 | 14:39:49 | 11 39 12 | 05♉11 | 11♉08 | 28 21 | 29 41 | 17 30 | 24 13 | 26 07 | 16 29 | 11 57 | 12 02 | 18 24 |
| 3 | 14:43:46 | 12 37 27 | 17 04 | 22 58 | 28 01 | 00♈50 | 18 13 | 24 05 | 26 15 | 16 32 | 11 59 | 12 02 | 18 21 |
| 4 | 14:47:42 | 13 35 40 | 28 52 | 04♊46 | 27 45 | 01 58 | 18 57 | 23 58 | 26 23 | 16 35 | 12 01 | 12 02 | 18 17 |
| 5 | 14:51:39 | 14 33 51 | 10♊39 | 16 33 | 27 34 | 03 07 | 19 40 | 23 50 | 26 30 | 16 39 | 12 03 | 12 03 | 18 14 |
| 6 | 14:55:35 | 15 32 00 | 22 27 | 28 22 | 27 28 | 04 16 | 20 24 | 23 43 | 26 38 | 16 42 | 12 05 | 12 03 | 18 11 |
| 7 | 14:59:32 | 16 30 08 | 04♋19 | 10♋17 | 27 26D | 05 25 | 21 07 | 23 35 | 26 46 | 16 45 | 12 07 | 12 03 | 18 08 |
| 8 | 15:03:28 | 17 28 13 | 16 18 | 22 22 | 27 29 | 06 34 | 21 50 | 23 28 | 26 53 | 16 48 | 12 09 | 12 03 | 18 05 |
| 9 | 15:07:25 | 18 26 17 | 28 29 | 04♌41 | 27 37 | 07 43 | 22 34 | 23 20 | 27 01 | 16 51 | 12 11 | 12 03 | 18 01 |
| 10 | 15:11:22 | 19 24 18 | 10♌57 | 17 19 | 27 50 | 08 52 | 23 17 | 23 13 | 27 09 | 16 54 | 12 13 | 12 03 | 17 58 |
| 11 | 15:15:18 | 20 22 18 | 23 46 | 00♍19 | 28 07 | 10 02 | 24 00 | 23 05 | 27 17 | 16 58 | 12 15 | 12 03 | 17 55 |
| 12 | 15:19:15 | 21 20 16 | 06♍58 | 13 45 | 28 28 | 11 11 | 24 43 | 22 57 | 27 24 | 17 01 | 12 17 | 12 03 | 17 52 |
| 13 | 15:23:11 | 22 18 12 | 20 38 | 27 39 | 28 54 | 12 20 | 25 26 | 22 50 | 27 32 | 17 04 | 12 19 | 12 03℞ | 17 49 |
| 14 | 15:27:08 | 23 16 06 | 04♎46 | 12♎00 | 29 24 | 13 30 | 26 09 | 22 42 | 27 40 | 17 08 | 12 21 | 12 03 | 17 46 |
| 15 | 15:31:04 | 24 13 59 | 19 21 | 26 46 | 29 58 | 14 39 | 26 52 | 22 35 | 27 47 | 17 11 | 12 22 | 12 03 | 17 42 |
| 16 | 15:35:01 | 25 11 50 | 04♏16 | 11♏49 | 00♉36 | 15 49 | 27 35 | 22 27 | 27 55 | 17 14 | 12 24 | 12 03 | 17 39 |
| 17 | 15:38:57 | 26 09 39 | 19 25 | 27 02 | 01 17 | 16 59 | 28 18 | 22 19 | 28 03 | 17 18 | 12 26 | 12 03 | 17 36 |
| 18 | 15:42:54 | 27 07 27 | 04♐39 | 12♐14 | 02 03 | 18 09 | 29 00 | 22 12 | 28 11 | 17 21 | 12 28 | 12 03 | 17 33 |
| 19 | 15:46:51 | 28 05 13 | 19 47 | 27 16 | 02 52 | 19 18 | 29 43 | 22 04 | 28 19 | 17 24 | 12 29 | 12 03 | 17 30 |
| 20 | 15:50:47 | 29 02 59 | 04♑41 | 12♑01 | 03 44 | 20 28 | 00♊26 | 21 57 | 28 26 | 17 28 | 12 31 | 12 03 | 17 26 |
| 21 | 15:54:44 | 00♊00 43 | 19 15 | 26 22 | 04 40 | 21 38 | 01 08 | 21 49 | 28 34 | 17 31 | 12 33 | 12 03 | 17 23 |
| 22 | 15:58:40 | 00 58 26 | 03♒23 | 10♒18 | 05 39 | 22 48 | 01 51 | 21 42 | 28 42 | 17 35 | 12 34 | 12 02 | 17 20 |
| 23 | 16:02:37 | 01 56 08 | 17 06 | 23 48 | 06 41 | 23 58 | 02 33 | 21 34 | 28 50 | 17 38 | 12 36 | 12 02 | 17 17 |
| 24 | 16:06:33 | 02 53 48 | 00♓23 | 06♓53 | 07 46 | 25 08 | 03 16 | 21 27 | 28 57 | 17 42 | 12 38 | 12 02 | 17 14 |
| 25 | 16:10:30 | 03 51 28 | 13 18 | 19 38 | 08 54 | 26 19 | 03 58 | 21 19 | 29 05 | 17 45 | 12 39 | 12 02 | 17 11 |
| 26 | 16:14:26 | 04 49 07 | 25 53 | 02♈04 | 10 05 | 27 29 | 04 41 | 21 12 | 29 13 | 17 48 | 12 41 | 12 01 | 17 07 |
| 27 | 16:18:23 | 05 46 45 | 08♈12 | 14 16 | 11 19 | 28 39 | 05 23 | 21 05 | 29 21 | 17 52 | 12 42 | 12 01 | 17 04 |
| 28 | 16:22:20 | 06 44 21 | 20 18 | 26 18 | 12 35 | 29 50 | 06 05 | 20 58 | 29 28 | 17 55 | 12 44 | 12 01 | 17 01 |
| 29 | 16:26:16 | 07 41 57 | 02♉15 | 08♉12 | 13 55 | 01♉00 | 06 48 | 20 51 | 29 36 | 17 59 | 12 45 | 12 00 | 16 58 |
| 30 | 16:30:13 | 08 39 32 | 14 07 | 20 01 | 15 17 | 02 10 | 07 30 | 20 44 | 29 44 | 18 02 | 12 47 | 12 00 | 16 55 |
| 31 | 16:34:09 | 09 37 06 | 25 55 | 01♊48 | 16 41 | 03 21 | 08 12 | 20 37 | 29 51 | 18 06 | 12 48 | 11 59 | 16 52 |

## 0:00 E.T. Longitudes of the Major Asteroids and Chiron

| D | ⚳ | ⚴ | ⚵ | ⚶ | ⚷ |
|---|---|---|---|---|---|
| 1 | 16♈07 | 07♓48 | 11♑58 | 20♈37 | 12♉11 |
| 2 | 16 30 | 08 02 | 11 59 | 21 04 | 12 15 |
| 3 | 16 53 | 08 16 | 11 59℞ | 21 31 | 12 19 |
| 4 | 17 16 | 08 30 | 11 58 | 21 59 | 12 23 |
| 5 | 17 38 | 08 44 | 11 58 | 22 26 | 12 27 |
| 6 | 18 01 | 08 58 | 11 57 | 22 53 | 12 31 |
| 7 | 18 24 | 09 11 | 11 56 | 23 20 | 12 34 |
| 8 | 18 47 | 09 25 | 11 54 | 23 48 | 12 38 |
| 9 | 19 09 | 09 38 | 11 52 | 24 15 | 12 42 |
| 10 | 19 32 | 09 51 | 11 50 | 24 42 | 12 46 |
| 11 | 19 55 | 10 04 | 11 47 | 25 09 | 12 50 |
| 12 | 20 17 | 10 16 | 11 44 | 25 36 | 12 54 |
| 13 | 20 40 | 10 29 | 11 41 | 26 02 | 12 58 |
| 14 | 21 02 | 10 41 | 11 37 | 26 29 | 13 01 |
| 15 | 21 25 | 10 53 | 11 33 | 26 56 | 13 05 |
| 16 | 21 47 | 11 05 | 11 29 | 27 23 | 13 09 |
| 17 | 22 09 | 11 17 | 11 24 | 27 49 | 13 13 |
| 18 | 22 32 | 11 29 | 11 19 | 28 16 | 13 17 |
| 19 | 22 54 | 11 40 | 11 14 | 28 43 | 13 20 |
| 20 | 23 16 | 11 51 | 11 08 | 29 09 | 13 24 |
| 21 | 23 38 | 12 02 | 11 02 | 29 35 | 13 28 |
| 22 | 24 00 | 12 13 | 10 55 | 00♉02 | 13 32 |
| 23 | 24 22 | 12 24 | 10 49 | 00 28 | 13 36 |
| 24 | 24 44 | 12 34 | 10 42 | 00 54 | 13 39 |
| 25 | 25 06 | 12 44 | 10 34 | 01 21 | 13 43 |
| 26 | 25 28 | 12 54 | 10 27 | 01 47 | 13 47 |
| 27 | 25 50 | 13 04 | 10 19 | 02 13 | 13 50 |
| 28 | 26 11 | 13 14 | 10 10 | 02 39 | 13 54 |
| 29 | 26 33 | 13 23 | 10 02 | 03 05 | 13 58 |
| 30 | 26 55 | 13 32 | 09 53 | 03 31 | 14 01 |
| 31 | 27 16 | 13 41 | 09 44 | 03 57 | 14 05 |

## Lunar Data

| Last Asp. | | Ingress | | |
|---|---|---|---|---|
| 1 | 10:43 | 1 | ♉ | 13:35 |
| 3 | 18:52 | 4 | ♊ | 02:18 |
| 6 | 10:08 | 6 | ♋ | 15:18 |
| 8 | 22:16 | 9 | ♌ | 02:56 |
| 11 | 08:12 | 11 | ♍ | 11:26 |
| 13 | 11:54 | 13 | ♎ | 15:58 |
| 14 | 20:28 | 15 | ♏ | 17:11 |
| 17 | 14:40 | 17 | ♐ | 16:40 |
| 18 | 23:10 | 19 | ♑ | 16:24 |
| 21 | 15:53 | 21 | ♒ | 18:11 |
| 23 | 21:21 | 23 | ♓ | 23:17 |
| 26 | 06:31 | 26 | ♈ | 07:59 |
| 27 | 19:14 | 28 | ♉ | 19:27 |
| 31 | 08:08 | | | |

## 0:00 E.T. Declinations

| D | ☉ | ☽ | ☿ | ♀ | ♂ | ♃ | ♄ | ♅ | ♆ | ♇ | ⚳ | ⚴ | ⚵ | ⚶ | ⚷ |
|---|---|---|---|---|---|---|---|---|---|---|---|---|---|---|---|
| 1 | +15 02 | +12 53 | +10 23 | -01 48 | +16 52 | -17 41 | +17 26 | +22 48 | +03 22 | -22 53 | -00 51 | +08 32 | -07 06 | +03 14 | +14 08 |
| 2 | 15 20 | 16 29 | 09 59 | 01 24 | 17 05 | 17 39 | 17 28 | 22 48 | 03 22 | 22 53 | 00 43 | 08 37 | 07 01 | 03 24 | 14 09 |
| 3 | 15 37 | 19 23 | 09 38 | 00 59 | 17 18 | 17 38 | 17 30 | 22 48 | 03 23 | 22 53 | 00 34 | 08 42 | 06 57 | 03 34 | 14 10 |
| 4 | 15 55 | 21 27 | 09 19 | 00 34 | 17 30 | 17 36 | 17 32 | 22 49 | 03 24 | 22 53 | 00 26 | 08 48 | 06 53 | 03 43 | 14 11 |
| 5 | 16 12 | 22 34 | 09 02 | 00 09 | 17 43 | 17 34 | 17 33 | 22 49 | 03 25 | 22 53 | 00 17 | 08 53 | 06 48 | 03 53 | 14 12 |
| 6 | 16 29 | 22 41 | 08 47 | +00 17 | 17 55 | 17 32 | 17 35 | 22 49 | 03 25 | 22 54 | 00 09 | 08 58 | 06 44 | 04 03 | 14 13 |
| 7 | 16 46 | 21 46 | 08 35 | 00 42 | 18 07 | 17 30 | 17 37 | 22 50 | 03 26 | 22 54 | 00 01 | 09 03 | 06 40 | 04 12 | 14 14 |
| 8 | 17 03 | 19 51 | 08 25 | 01 07 | 18 19 | 17 29 | 17 39 | 22 50 | 03 27 | 22 54 | +00 08 | 09 08 | 06 36 | 04 22 | 14 15 |
| 9 | 17 19 | 17 01 | 08 18 | 01 33 | 18 31 | 17 27 | 17 41 | 22 50 | 03 28 | 22 54 | 00 16 | 09 13 | 06 32 | 04 31 | 14 16 |
| 10 | 17 35 | 13 22 | 08 14 | 01 58 | 18 42 | 17 25 | 17 43 | 22 51 | 03 28 | 22 54 | 00 24 | 09 18 | 06 28 | 04 40 | 14 18 |
| 11 | 17 50 | 09 02 | 08 12 | 02 24 | 18 54 | 17 23 | 17 44 | 22 51 | 03 29 | 22 55 | 00 32 | 09 23 | 06 24 | 04 49 | 14 19 |
| 12 | 18 06 | 04 08 | 08 12 | 02 49 | 19 05 | 17 21 | 17 46 | 22 51 | 03 30 | 22 55 | 00 40 | 09 28 | 06 20 | 04 59 | 14 20 |
| 13 | 18 21 | -01 06 | 08 15 | 03 15 | 19 16 | 17 19 | 17 48 | 22 52 | 03 30 | 22 55 | 00 48 | 09 32 | 06 16 | 05 08 | 14 21 |
| 14 | 18 35 | 06 28 | 08 20 | 03 40 | 19 27 | 17 18 | 17 50 | 22 52 | 03 31 | 22 55 | 00 56 | 09 37 | 06 12 | 05 17 | 14 22 |
| 15 | 18 50 | 11 39 | 08 27 | 04 06 | 19 37 | 17 16 | 17 52 | 22 52 | 03 32 | 22 55 | 01 04 | 09 42 | 06 08 | 05 26 | 14 23 |
| 16 | 19 04 | 16 15 | 08 36 | 04 31 | 19 48 | 17 14 | 17 53 | 22 53 | 03 32 | 22 56 | 01 12 | 09 47 | 06 04 | 05 35 | 14 24 |
| 17 | 19 17 | 19 53 | 08 48 | 04 57 | 19 58 | 17 12 | 17 55 | 22 53 | 03 33 | 22 56 | 01 20 | 09 51 | 06 01 | 05 44 | 14 25 |
| 18 | 19 31 | 22 07 | 09 01 | 05 22 | 20 08 | 17 10 | 17 57 | 22 53 | 03 34 | 22 56 | 01 28 | 09 56 | 05 57 | 05 53 | 14 26 |
| 19 | 19 44 | 22 44 | 09 16 | 05 48 | 20 18 | 17 08 | 17 59 | 22 54 | 03 34 | 22 56 | 01 35 | 10 00 | 05 54 | 06 01 | 14 27 |
| 20 | 19 57 | 21 42 | 09 33 | 06 13 | 20 27 | 17 06 | 18 00 | 22 54 | 03 35 | 22 57 | 01 43 | 10 05 | 05 50 | 06 10 | 14 28 |
| 21 | 20 09 | 19 13 | 09 51 | 06 39 | 20 37 | 17 05 | 18 02 | 22 54 | 03 35 | 22 57 | 01 51 | 10 09 | 05 47 | 06 19 | 14 29 |
| 22 | 20 21 | 15 38 | 10 11 | 07 04 | 20 46 | 17 03 | 18 04 | 22 55 | 03 36 | 22 57 | 01 58 | 10 14 | 05 44 | 06 27 | 14 30 |
| 23 | 20 33 | 11 19 | 10 33 | 07 29 | 20 55 | 17 01 | 18 06 | 22 55 | 03 37 | 22 58 | 02 06 | 10 18 | 05 41 | 06 36 | 14 31 |
| 24 | 20 44 | 06 35 | 10 56 | 07 54 | 21 04 | 16 59 | 18 07 | 22 55 | 03 37 | 22 58 | 02 13 | 10 22 | 05 37 | 06 44 | 14 32 |
| 25 | 20 55 | 01 41 | 11 20 | 08 19 | 21 12 | 16 58 | 18 09 | 22 56 | 03 38 | 22 58 | 02 21 | 10 26 | 05 34 | 06 53 | 14 33 |
| 26 | 21 06 | +03 09 | 11 46 | 08 44 | 21 21 | 16 56 | 18 11 | 22 56 | 03 38 | 22 59 | 02 28 | 10 31 | 05 32 | 07 01 | 14 34 |
| 27 | 21 16 | 07 45 | 12 12 | 09 08 | 21 29 | 16 54 | 18 12 | 22 56 | 03 39 | 22 59 | 02 35 | 10 35 | 05 29 | 07 09 | 14 35 |
| 28 | 21 26 | 11 59 | 12 40 | 09 33 | 21 37 | 16 52 | 18 14 | 22 57 | 03 40 | 22 59 | 02 43 | 10 39 | 05 26 | 07 18 | 14 36 |
| 29 | 21 35 | 15 42 | 13 08 | 09 57 | 21 45 | 16 51 | 18 16 | 22 57 | 03 40 | 23 00 | 02 50 | 10 43 | 05 23 | 07 26 | 14 37 |
| 30 | 21 45 | 18 46 | 13 38 | 10 22 | 21 52 | 16 49 | 18 17 | 22 57 | 03 41 | 23 00 | 02 57 | 10 46 | 05 21 | 07 34 | 14 38 |
| 31 | 21 53 | 21 01 | 14 08 | 10 46 | 22 00 | 16 47 | 18 19 | 22 57 | 03 41 | 23 00 | 03 04 | 10 50 | 05 18 | 07 42 | 14 39 |

Lunar Phases -- 2 ● 14:13 10 ◐ 17:13 17 ○ 11:20 24 ◑ 04:59 Sun enters ♊ 5/20 23:42

| **June 30** | | | | | Longitudes of Main Planets - June 2030 | | | | | | | | 0:00 E.T. |
|---|---|---|---|---|---|---|---|---|---|---|---|---|---|
| D | S.T. | ☉ | ☽ | ☽ 12:00 | ☿ | ♀ | ♂ | ♃ | ♄ | ♅ | ♆ | ♇ | ☊ |
| 1 | 16:38:06 | 10♊34 39 | 07♊42 | 13♊36 | 18♉09 | 04♉32 | 08♊54 | 20♏30℞ | 29♉59 | 18♊10 | 12♈50 | 11♒59℞ | 16♐48 |
| 2 | 16:42:02 | 11 32 11 | 19 31 | 25 26 | 19 38 | 05 42 | 09 36 | 20 23 | 00♊07 | 18 13 | 12 51 | 11 58 | 16 45 |
| 3 | 16:45:59 | 12 29 41 | 01♋23 | 07♋22 | 21 11 | 06 53 | 10 18 | 20 16 | 00 15 | 18 17 | 12 53 | 11 58 | 16 42 |
| 4 | 16:49:55 | 13 27 11 | 13 22 | 19 24 | 22 46 | 08 03 | 11 00 | 20 10 | 00 22 | 18 20 | 12 54 | 11 57 | 16 39 |
| 5 | 16:53:52 | 14 24 40 | 25 29 | 01♌37 | 24 23 | 09 14 | 11 42 | 20 03 | 00 30 | 18 24 | 12 55 | 11 57 | 16 36 |
| 6 | 16:57:49 | 15 22 07 | 07♌48 | 14 02 | 26 03 | 10 25 | 12 24 | 19 57 | 00 37 | 18 27 | 12 56 | 11 56 | 16 32 |
| 7 | 17:01:45 | 16 19 33 | 20 21 | 26 44 | 27 46 | 11 36 | 13 05 | 19 51 | 00 45 | 18 31 | 12 58 | 11 55 | 16 29 |
| 8 | 17:05:42 | 17 16 58 | 03♍11 | 09♍44 | 29 31 | 12 47 | 13 47 | 19 45 | 00 53 | 18 34 | 12 59 | 11 55 | 16 26 |
| 9 | 17:09:38 | 18 14 22 | 16 22 | 23 06 | 01♊18 | 13 58 | 14 29 | 19 39 | 01 00 | 18 38 | 13 00 | 11 54 | 16 23 |
| 10 | 17:13:35 | 19 11 45 | 29 55 | 06♎51 | 03 09 | 15 09 | 15 10 | 19 33 | 01 08 | 18 41 | 13 01 | 11 53 | 16 20 |
| 11 | 17:17:31 | 20 09 07 | 13♎52 | 21 00 | 05 01 | 16 19 | 15 52 | 19 27 | 01 15 | 18 45 | 13 02 | 11 53 | 16 17 |
| 12 | 17:21:28 | 21 06 27 | 28 13 | 05♏31 | 06 56 | 17 31 | 16 34 | 19 22 | 01 23 | 18 49 | 13 04 | 11 52 | 16 13 |
| 13 | 17:25:24 | 22 03 47 | 12♏54 | 20 21 | 08 53 | 18 42 | 17 15 | 19 16 | 01 30 | 18 52 | 13 05 | 11 51 | 16 10 |
| 14 | 17:29:21 | 23 01 06 | 27 51 | 05♐23 | 10 52 | 19 53 | 17 57 | 19 11 | 01 38 | 18 56 | 13 06 | 11 50 | 16 07 |
| 15 | 17:33:18 | 23 58 24 | 12♐57 | 20 30 | 12 54 | 21 04 | 18 38 | 19 06 | 01 45 | 18 59 | 13 07 | 11 49 | 16 04 |
| 16 | 17:37:14 | 24 55 41 | 28 03 | 05♑33 | 14 57 | 22 15 | 19 19 | 19 01 | 01 52 | 19 03 | 13 08 | 11 49 | 16 01 |
| 17 | 17:41:11 | 25 52 58 | 13♑00 | 20 22 | 17 02 | 23 26 | 20 01 | 18 56 | 02 00 | 19 06 | 13 09 | 11 48 | 15 58 |
| 18 | 17:45:07 | 26 50 14 | 27 40 | 04♒52 | 19 09 | 24 38 | 20 42 | 18 51 | 02 07 | 19 10 | 13 10 | 11 47 | 15 54 |
| 19 | 17:49:04 | 27 47 30 | 11♒57 | 18 56 | 21 18 | 25 49 | 21 23 | 18 46 | 02 14 | 19 13 | 13 11 | 11 46 | 15 51 |
| 20 | 17:53:00 | 28 44 45 | 25 49 | 02♓34 | 23 27 | 27 00 | 22 04 | 18 42 | 02 22 | 19 17 | 13 11 | 11 45 | 15 48 |
| 21 | 17:56:57 | 29 42 00 | 09♓13 | 15 46 | 25 38 | 28 12 | 22 45 | 18 38 | 02 29 | 19 20 | 13 12 | 11 44 | 15 45 |
| 22 | 18:00:53 | 00♋39 15 | 22 12 | 28 33 | 27 49 | 29 23 | 23 26 | 18 33 | 02 36 | 19 24 | 13 13 | 11 43 | 15 42 |
| 23 | 18:04:50 | 01 36 30 | 04♈48 | 10♈59 | 00♋00 | 00♊35 | 24 07 | 18 29 | 02 43 | 19 27 | 13 14 | 11 42 | 15 38 |
| 24 | 18:08:47 | 02 33 45 | 17 06 | 23 09 | 02 12 | 01 46 | 24 48 | 18 26 | 02 50 | 19 31 | 13 15 | 11 41 | 15 35 |
| 25 | 18:12:43 | 03 30 59 | 29 09 | 05♉07 | 04 23 | 02 58 | 25 29 | 18 22 | 02 57 | 19 34 | 13 15 | 11 40 | 15 32 |
| 26 | 18:16:40 | 04 28 14 | 11♉03 | 16 57 | 06 34 | 04 09 | 26 10 | 18 19 | 03 04 | 19 38 | 13 16 | 11 39 | 15 29 |
| 27 | 18:20:36 | 05 25 28 | 22 51 | 28 44 | 08 44 | 05 21 | 26 51 | 18 15 | 03 11 | 19 41 | 13 17 | 11 38 | 15 26 |
| 28 | 18:24:33 | 06 22 42 | 04♊38 | 10♊32 | 10 54 | 06 33 | 27 32 | 18 12 | 03 18 | 19 45 | 13 17 | 11 37 | 15 23 |
| 29 | 18:28:29 | 07 19 57 | 16 27 | 22 23 | 13 02 | 07 44 | 28 13 | 18 09 | 03 25 | 19 48 | 13 18 | 11 36 | 15 19 |
| 30 | 18:32:26 | 08 17 11 | 28 20 | 04♋20 | 15 09 | 08 56 | 28 53 | 18 06 | 03 32 | 19 52 | 13 18 | 11 35 | 15 16 |

## 0:00 E.T. Longitudes of the Major Asteroids and Chiron

| D | ⚳ | ⚴ | ⚵ | ⚶ | ⚷ |
|---|---|---|---|---|---|
| 1 | 27♈38 | 13♓50 | 09♑34℞ | 04♉22 | 14♉08 |
| 2 | 27 59 | 13 58 | 09 24 | 04 48 | 14 12 |
| 3 | 28 20 | 14 06 | 09 14 | 05 14 | 14 16 |
| 4 | 28 42 | 14 14 | 09 04 | 05 39 | 14 19 |
| 5 | 29 03 | 14 22 | 08 53 | 06 05 | 14 23 |
| 6 | 29 24 | 14 29 | 08 42 | 06 30 | 14 26 |
| 7 | 29 45 | 14 37 | 08 31 | 06 56 | 14 29 |
| 8 | 00♉06 | 14 44 | 08 20 | 07 21 | 14 33 |
| 9 | 00 27 | 14 50 | 08 08 | 07 46 | 14 36 |
| 10 | 00 47 | 14 57 | 07 56 | 08 11 | 14 40 |
| 11 | 01 08 | 15 03 | 07 44 | 08 37 | 14 43 |
| 12 | 01 29 | 15 09 | 07 32 | 09 01 | 14 46 |
| 13 | 01 49 | 15 14 | 07 19 | 09 26 | 14 50 |
| 14 | 02 10 | 15 20 | 07 07 | 09 51 | 14 53 |
| 15 | 02 30 | 15 25 | 06 54 | 10 16 | 14 56 |
| 16 | 02 51 | 15 30 | 06 41 | 10 41 | 14 59 |
| 17 | 03 11 | 15 34 | 06 28 | 11 05 | 15 02 |
| 18 | 03 31 | 15 39 | 06 15 | 11 30 | 15 06 |
| 19 | 03 51 | 15 42 | 06 02 | 11 54 | 15 09 |
| 20 | 04 11 | 15 46 | 05 48 | 12 19 | 15 12 |
| 21 | 04 31 | 15 50 | 05 35 | 12 43 | 15 15 |
| 22 | 04 50 | 15 53 | 05 21 | 13 07 | 15 18 |
| 23 | 05 10 | 15 55 | 05 07 | 13 31 | 15 21 |
| 24 | 05 30 | 15 58 | 04 53 | 13 55 | 15 24 |
| 25 | 05 49 | 16 00 | 04 39 | 14 19 | 15 27 |
| 26 | 06 08 | 16 02 | 04 26 | 14 43 | 15 29 |
| 27 | 06 28 | 16 03 | 04 12 | 15 07 | 15 32 |
| 28 | 06 47 | 16 05 | 03 58 | 15 30 | 15 35 |
| 29 | 07 06 | 16 06 | 03 44 | 15 54 | 15 38 |
| 30 | 07 25 | 16 06 | 03 30 | 16 17 | 15 40 |

## Lunar Data

| Last Asp. | | Ingress | | |
|---|---|---|---|---|
| 1 | 21:22 | 2 | ♋ | 21:12 |
| 4 | 21:30 | 5 | ♌ | 08:51 |
| 7 | 16:07 | 7 | ♍ | 18:06 |
| 9 | 05:50 | 10 | ♎ | 00:08 |
| 11 | 11:21 | 12 | ♏ | 02:57 |
| 13 | 10:12 | 14 | ♐ | 03:26 |
| 15 | 18:42 | 16 | ♑ | 03:07 |
| 17 | 18:32 | 18 | ♒ | 03:53 |
| 20 | 05:35 | 20 | ♓ | 07:25 |
| 22 | 12:50 | 22 | ♈ | 14:47 |
| 24 | 16:14 | 25 | ♉ | 01:42 |
| 26 | 14:41 | 27 | ♊ | 14:34 |
| 30 | 01:10 | 30 | ♋ | 03:20 |

## 0:00 E.T. Declinations

| D | ☉ | ☽ | ☿ | ♀ | ♂ | ♃ | ♄ | ♅ | ♆ | ♇ | ⚳ | ⚴ | ⚵ | ⚶ | ⚷ |
|---|---|---|---|---|---|---|---|---|---|---|---|---|---|---|---|
| 1 | +22 02 | +22 22 | +14 39 | +11 10 | +22 07 | -16 46 | +18 21 | +22 58 | +03 42 | -23 01 | +03 11 | +10 54 | -05 16 | +07 50 | +14 40 |
| 2 | 22 10 | 22 44 | 15 10 | 11 33 | 22 14 | 16 44 | 18 22 | 22 58 | 03 42 | 23 01 | 03 18 | 10 58 | 05 14 | 07 58 | 14 41 |
| 3 | 22 17 | 22 03 | 15 42 | 11 57 | 22 21 | 16 42 | 18 24 | 22 58 | 03 43 | 23 01 | 03 25 | 11 01 | 05 12 | 08 06 | 14 42 |
| 4 | 22 25 | 20 22 | 16 14 | 12 20 | 22 27 | 16 41 | 18 26 | 22 59 | 03 43 | 23 02 | 03 32 | 11 05 | 05 10 | 08 13 | 14 43 |
| 5 | 22 31 | 17 45 | 16 47 | 12 43 | 22 34 | 16 39 | 18 27 | 22 59 | 03 44 | 23 02 | 03 39 | 11 08 | 05 08 | 08 21 | 14 44 |
| 6 | 22 38 | 14 18 | 17 19 | 13 06 | 22 40 | 16 38 | 18 29 | 22 59 | 03 44 | 23 02 | 03 45 | 11 11 | 05 06 | 08 29 | 14 45 |
| 7 | 22 44 | 10 11 | 17 52 | 13 28 | 22 46 | 16 36 | 18 30 | 23 00 | 03 44 | 23 03 | 03 52 | 11 14 | 05 04 | 08 36 | 14 46 |
| 8 | 22 50 | 05 31 | 18 24 | 13 50 | 22 51 | 16 35 | 18 32 | 23 00 | 03 45 | 23 03 | 03 59 | 11 18 | 05 03 | 08 44 | 14 46 |
| 9 | 22 55 | 00 30 | 18 57 | 14 12 | 22 57 | 16 33 | 18 33 | 23 00 | 03 45 | 23 04 | 04 05 | 11 21 | 05 01 | 08 51 | 14 47 |
| 10 | 23 00 | -04 41 | 19 29 | 14 34 | 23 02 | 16 32 | 18 35 | 23 01 | 03 46 | 23 04 | 04 12 | 11 23 | 05 00 | 08 58 | 14 48 |
| 11 | 23 04 | 09 48 | 20 00 | 14 55 | 23 07 | 16 31 | 18 36 | 23 01 | 03 46 | 23 04 | 04 18 | 11 26 | 04 59 | 09 05 | 14 49 |
| 12 | 23 08 | 14 31 | 20 31 | 15 16 | 23 12 | 16 29 | 18 38 | 23 01 | 03 46 | 23 05 | 04 25 | 11 29 | 04 58 | 09 13 | 14 50 |
| 13 | 23 12 | 18 29 | 21 00 | 15 37 | 23 17 | 16 28 | 18 39 | 23 02 | 03 47 | 23 05 | 04 31 | 11 32 | 04 57 | 09 20 | 14 51 |
| 14 | 23 15 | 21 19 | 21 29 | 15 57 | 23 21 | 16 27 | 18 41 | 23 02 | 03 47 | 23 06 | 04 37 | 11 34 | 04 56 | 09 27 | 14 52 |
| 15 | 23 18 | 22 39 | 21 56 | 16 17 | 23 25 | 16 26 | 18 42 | 23 02 | 03 48 | 23 06 | 04 43 | 11 36 | 04 56 | 09 34 | 14 52 |
| 16 | 23 20 | 22 21 | 22 22 | 16 36 | 23 29 | 16 24 | 18 44 | 23 02 | 03 48 | 23 07 | 04 49 | 11 39 | 04 55 | 09 40 | 14 53 |
| 17 | 23 22 | 20 26 | 22 46 | 16 56 | 23 33 | 16 23 | 18 45 | 23 03 | 03 48 | 23 07 | 04 55 | 11 41 | 04 55 | 09 47 | 14 54 |
| 18 | 23 24 | 17 12 | 23 08 | 17 14 | 23 37 | 16 22 | 18 47 | 23 03 | 03 49 | 23 07 | 05 01 | 11 43 | 04 54 | 09 54 | 14 55 |
| 19 | 23 25 | 13 00 | 23 28 | 17 33 | 23 40 | 16 21 | 18 48 | 23 03 | 03 49 | 23 08 | 05 07 | 11 45 | 04 54 | 10 01 | 14 56 |
| 20 | 23 26 | 08 15 | 23 46 | 17 51 | 23 43 | 16 20 | 18 49 | 23 04 | 03 49 | 23 08 | 05 13 | 11 47 | 04 54 | 10 07 | 14 56 |
| 21 | 23 26 | 03 15 | 24 01 | 18 09 | 23 46 | 16 19 | 18 51 | 23 04 | 03 49 | 23 09 | 05 19 | 11 48 | 04 54 | 10 14 | 14 57 |
| 22 | 23 26 | +01 44 | 24 14 | 18 26 | 23 49 | 16 18 | 18 52 | 23 04 | 03 50 | 23 09 | 05 25 | 11 50 | 04 55 | 10 20 | 14 58 |
| 23 | 23 25 | 06 30 | 24 24 | 18 42 | 23 51 | 16 18 | 18 54 | 23 05 | 03 50 | 23 10 | 05 30 | 11 51 | 04 55 | 10 26 | 14 59 |
| 24 | 23 25 | 10 54 | 24 31 | 18 59 | 23 54 | 16 17 | 18 55 | 23 05 | 03 50 | 23 10 | 05 36 | 11 52 | 04 55 | 10 33 | 14 59 |
| 25 | 23 23 | 14 47 | 24 36 | 19 14 | 23 56 | 16 16 | 18 56 | 23 05 | 03 50 | 23 11 | 05 41 | 11 53 | 04 56 | 10 39 | 15 00 |
| 26 | 23 22 | 18 02 | 24 37 | 19 30 | 23 57 | 16 15 | 18 57 | 23 05 | 03 51 | 23 11 | 05 47 | 11 54 | 04 57 | 10 45 | 15 01 |
| 27 | 23 19 | 20 31 | 24 36 | 19 45 | 23 59 | 16 15 | 18 59 | 23 06 | 03 51 | 23 12 | 05 52 | 11 55 | 04 58 | 10 51 | 15 01 |
| 28 | 23 17 | 22 07 | 24 32 | 19 59 | 24 00 | 16 14 | 19 00 | 23 06 | 03 51 | 23 12 | 05 57 | 11 56 | 04 59 | 10 57 | 15 02 |
| 29 | 23 14 | 22 44 | 24 26 | 20 13 | 24 02 | 16 13 | 19 01 | 23 06 | 03 51 | 23 12 | 06 03 | 11 56 | 05 00 | 11 03 | 15 03 |
| 30 | 23 11 | 22 20 | 24 16 | 20 26 | 24 03 | 16 13 | 19 03 | 23 06 | 03 51 | 23 13 | 06 08 | 11 57 | 05 02 | 11 08 | 15 03 |

Lunar Phases -- 1 ● 06:22 9 ◐ 03:37 15 Ⓔ 18:42 22 ◑ 17:21 30 ● 21:36 Sun enters ♋ 6/21 07:33

## 0:00 E.T. Longitudes of Main Planets - July 2030 

| D | S.T. | ☉ | ☽ | ☽ 12:00 | ☿ | ♀ | ♂ | ♃ | ♄ | ♅ | ♆ | ♇ | ☊ |
|---|---|---|---|---|---|---|---|---|---|---|---|---|---|
| 1 | 18:36:22 | 09♋14 25 | 10♋21 | 16♋25 | 17♋14 | 10♊08 | 29♊34 | 18♏04℞ | 03♊39 | 19♊55 | 13♈19 | 11♒34℞ | 15♐13 |
| 2 | 18:40:19 | 10 11 39 | 22 32 | 28 41 | 19 18 | 11 20 | 00♋15 | 18 01 | 03 46 | 19 58 | 13 19 | 11 33 | 15 10 |
| 3 | 18:44:16 | 11 08 52 | 04♌53 | 11♌07 | 21 20 | 12 32 | 00 55 | 17 59 | 03 53 | 20 02 | 13 20 | 11 32 | 15 07 |
| 4 | 18:48:12 | 12 06 06 | 17 25 | 23 47 | 23 21 | 13 43 | 01 36 | 17 57 | 03 59 | 20 05 | 13 20 | 11 31 | 15 04 |
| 5 | 18:52:09 | 13 03 19 | 00♍12 | 06♍40 | 25 19 | 14 55 | 02 16 | 17 55 | 04 06 | 20 08 | 13 21 | 11 29 | 15 00 |
| 6 | 18:56:05 | 14 00 32 | 13 12 | 19 48 | 27 16 | 16 07 | 02 57 | 17 53 | 04 13 | 20 12 | 13 21 | 11 28 | 14 57 |
| 7 | 19:00:02 | 14 57 44 | 26 29 | 03♎13 | 29 11 | 17 19 | 03 37 | 17 52 | 04 19 | 20 15 | 13 21 | 11 27 | 14 54 |
| 8 | 19:03:58 | 15 54 57 | 10♎01 | 16 54 | 01♌04 | 18 31 | 04 17 | 17 50 | 04 26 | 20 18 | 13 22 | 11 26 | 14 51 |
| 9 | 19:07:55 | 16 52 09 | 23 51 | 00♏53 | 02 55 | 19 43 | 04 58 | 17 49 | 04 32 | 20 22 | 13 22 | 11 25 | 14 48 |
| 10 | 19:11:51 | 17 49 21 | 07♏58 | 15 08 | 04 43 | 20 56 | 05 38 | 17 48 | 04 38 | 20 25 | 13 22 | 11 23 | 14 44 |
| 11 | 19:15:48 | 18 46 33 | 22 22 | 29 39 | 06 30 | 22 08 | 06 18 | 17 47 | 04 45 | 20 28 | 13 22 | 11 22 | 14 41 |
| 12 | 19:19:45 | 19 43 45 | 06♐59 | 14♐21 | 08 15 | 23 20 | 06 58 | 17 47 | 04 51 | 20 31 | 13 23 | 11 21 | 14 38 |
| 13 | 19:23:41 | 20 40 57 | 21 45 | 29 09 | 09 58 | 24 32 | 07 39 | 17 46 | 04 57 | 20 35 | 13 23 | 11 20 | 14 35 |
| 14 | 19:27:38 | 21 38 09 | 06♑34 | 13♑58 | 11 39 | 25 44 | 08 19 | 17 46 | 05 03 | 20 38 | 13 23 | 11 18 | 14 32 |
| 15 | 19:31:34 | 22 35 21 | 21 19 | 28 38 | 13 18 | 26 57 | 08 59 | 17 46 | 05 10 | 20 41 | 13 23 | 11 17 | 14 29 |
| 16 | 19:35:31 | 23 32 34 | 05♒53 | 13♒03 | 14 55 | 28 09 | 09 39 | 17 46D | 05 16 | 20 44 | 13 23 | 11 16 | 14 25 |
| 17 | 19:39:27 | 24 29 46 | 20 09 | 27 08 | 16 30 | 29 21 | 10 19 | 17 46 | 05 22 | 20 47 | 13 23℞ | 11 14 | 14 22 |
| 18 | 19:43:24 | 25 27 00 | 04♓01 | 10♓48 | 18 03 | 00♋34 | 10 59 | 17 47 | 05 28 | 20 50 | 13 23 | 11 13 | 14 19 |
| 19 | 19:47:20 | 26 24 14 | 17 29 | 24 03 | 19 34 | 01 46 | 11 39 | 17 47 | 05 33 | 20 53 | 13 23 | 11 12 | 14 16 |
| 20 | 19:51:17 | 27 21 28 | 00♈31 | 06♈53 | 21 03 | 02 59 | 12 18 | 17 48 | 05 39 | 20 56 | 13 23 | 11 11 | 14 13 |
| 21 | 19:55:14 | 28 18 43 | 13 10 | 19 21 | 22 30 | 04 11 | 12 58 | 17 49 | 05 45 | 20 59 | 13 23 | 11 09 | 14 10 |
| 22 | 19:59:10 | 29 15 59 | 25 28 | 01♉32 | 23 55 | 05 24 | 13 38 | 17 50 | 05 51 | 21 02 | 13 23 | 11 08 | 14 06 |
| 23 | 20:03:07 | 00♌13 16 | 07♉32 | 13 30 | 25 18 | 06 37 | 14 18 | 17 51 | 05 56 | 21 05 | 13 22 | 11 06 | 14 03 |
| 24 | 20:07:03 | 01 10 34 | 19 25 | 25 19 | 26 39 | 07 49 | 14 58 | 17 53 | 06 02 | 21 08 | 13 22 | 11 05 | 14 00 |
| 25 | 20:11:00 | 02 07 52 | 01♊13 | 07♊07 | 27 57 | 09 02 | 15 37 | 17 55 | 06 07 | 21 11 | 13 22 | 11 04 | 13 57 |
| 26 | 20:14:56 | 03 05 12 | 13 01 | 18 56 | 29 14 | 10 15 | 16 17 | 17 56 | 06 13 | 21 14 | 13 22 | 11 02 | 13 54 |
| 27 | 20:18:53 | 04 02 32 | 24 53 | 00♋52 | 00♍28 | 11 27 | 16 56 | 17 59 | 06 18 | 21 17 | 13 21 | 11 01 | 13 50 |
| 28 | 20:22:49 | 04 59 53 | 06♋54 | 12 58 | 01 40 | 12 40 | 17 36 | 18 01 | 06 23 | 21 19 | 13 21 | 11 00 | 13 47 |
| 29 | 20:26:46 | 05 57 15 | 19 05 | 25 15 | 02 49 | 13 53 | 18 16 | 18 03 | 06 29 | 21 22 | 13 21 | 10 58 | 13 44 |
| 30 | 20:30:43 | 06 54 38 | 01♌29 | 07♌47 | 03 56 | 15 06 | 18 55 | 18 06 | 06 34 | 21 25 | 13 20 | 10 57 | 13 41 |
| 31 | 20:34:39 | 07 52 01 | 14 08 | 20 32 | 05 00 | 16 19 | 19 34 | 18 08 | 06 39 | 21 28 | 13 20 | 10 56 | 13 38 |

## 0:00 E.T. Longitudes of the Major Asteroids and Chiron

| D | ⚳ | ⚴ | ⚵ | ⚶ | ⚷ |
|---|---|---|---|---|---|
| 1 | 07♉44 | 16♓06 | 03♑16℞ | 16♉41 | 15♉43 |
| 2 | 08 02 | 16 06℞ | 03 02 | 17 04 | 15 46 |
| 3 | 08 21 | 16 06 | 02 49 | 17 27 | 15 48 |
| 4 | 08 39 | 16 05 | 02 35 | 17 50 | 15 51 |
| 5 | 08 58 | 16 04 | 02 21 | 18 13 | 15 53 |
| 6 | 09 16 | 16 03 | 02 08 | 18 36 | 15 56 |
| 7 | 09 34 | 16 01 | 01 55 | 18 59 | 15 58 |
| 8 | 09 52 | 15 59 | 01 41 | 19 21 | 16 01 |
| 9 | 10 10 | 15 56 | 01 28 | 19 44 | 16 03 |
| 10 | 10 27 | 15 53 | 01 15 | 20 06 | 16 05 |
| 11 | 10 45 | 15 50 | 01 03 | 20 28 | 16 07 |
| 12 | 11 02 | 15 47 | 00 50 | 20 50 | 16 10 |
| 13 | 11 20 | 15 43 | 00 38 | 21 12 | 16 12 |
| 14 | 11 37 | 15 39 | 00 25 | 21 34 | 16 14 |
| 15 | 11 54 | 15 34 | 00 13 | 21 56 | 16 16 |
| 16 | 12 10 | 15 30 | 00 02 | 22 18 | 16 18 |
| 17 | 12 27 | 15 24 | 29♐50 | 22 39 | 16 20 |
| 18 | 12 44 | 15 19 | 29 39 | 23 01 | 16 22 |
| 19 | 13 00 | 15 13 | 29 28 | 23 22 | 16 24 |
| 20 | 13 16 | 15 07 | 29 17 | 23 43 | 16 25 |
| 21 | 13 32 | 15 00 | 29 06 | 24 04 | 16 27 |
| 22 | 13 48 | 14 53 | 28 56 | 24 25 | 16 29 |
| 23 | 14 04 | 14 46 | 28 46 | 24 46 | 16 30 |
| 24 | 14 20 | 14 38 | 28 36 | 25 06 | 16 32 |
| 25 | 14 35 | 14 30 | 28 27 | 25 27 | 16 34 |
| 26 | 14 50 | 14 22 | 28 18 | 25 47 | 16 35 |
| 27 | 15 05 | 14 13 | 28 09 | 26 07 | 16 37 |
| 28 | 15 20 | 14 04 | 28 00 | 26 27 | 16 38 |
| 29 | 15 35 | 13 55 | 27 52 | 26 47 | 16 39 |
| 30 | 15 50 | 13 46 | 27 44 | 27 07 | 16 41 |
| 31 | 16 04 | 13 36 | 27 36 | 27 26 | 16 42 |

## Lunar Data

| Last Asp. | | Ingress | | |
|---|---|---|---|---|
| 1 | 16:24 | 2 | ♌ | 14:34 |
| 4 | 05:03 | 4 | ♍ | 23:38 |
| 7 | 05:37 | 7 | ♎ | 06:17 |
| 8 | 17:58 | 9 | ♏ | 10:30 |
| 10 | 17:38 | 11 | ♐ | 12:35 |
| 13 | 04:55 | 13 | ♑ | 13:22 |
| 15 | 02:13 | 15 | ♒ | 14:15 |
| 17 | 01:06 | 17 | ♓ | 16:58 |
| 19 | 17:39 | 19 | ♈ | 23:02 |
| 22 | 08:09 | 22 | ♉ | 08:57 |
| 24 | 16:32 | 24 | ♊ | 21:31 |
| 26 | 16:42 | 27 | ♋ | 10:16 |
| 28 | 22:18 | 29 | ♌ | 21:09 |

## 0:00 E.T. Declinations

| D | ☉ | ☽ | ☿ | ♀ | ♂ | ♃ | ♄ | ♅ | ♆ | ♇ | ⚳ | ⚴ | ⚵ | ⚶ | ⚷ |
|---|---|---|---|---|---|---|---|---|---|---|---|---|---|---|---|
| 1 | +23 07 | +20 54 | +24 05 | +20 39 | +24 03 | -16 12 | +19 04 | +23 07 | +03 52 | -23 13 | +06 13 | +11 57 | -05 03 | +11 14 | +15 04 |
| 2 | 23 03 | 18 30 | 23 50 | 20 51 | 24 04 | 16 12 | 19 05 | 23 07 | 03 52 | 23 14 | 06 18 | 11 57 | 05 05 | 11 20 | 15 04 |
| 3 | 22 58 | 15 13 | 23 34 | 21 03 | 24 04 | 16 11 | 19 06 | 23 07 | 03 52 | 23 14 | 06 23 | 11 57 | 05 06 | 11 25 | 15 05 |
| 4 | 22 53 | 11 14 | 23 15 | 21 14 | 24 04 | 16 11 | 19 07 | 23 08 | 03 52 | 23 15 | 06 28 | 11 57 | 05 08 | 11 31 | 15 06 |
| 5 | 22 48 | 06 42 | 22 55 | 21 25 | 24 04 | 16 11 | 19 09 | 23 08 | 03 52 | 23 15 | 06 32 | 11 56 | 05 10 | 11 36 | 15 06 |
| 6 | 22 42 | 01 47 | 22 32 | 21 35 | 24 04 | 16 11 | 19 10 | 23 08 | 03 52 | 23 16 | 06 37 | 11 55 | 05 12 | 11 41 | 15 07 |
| 7 | 22 36 | -03 19 | 22 08 | 21 44 | 24 04 | 16 10 | 19 11 | 23 08 | 03 52 | 23 16 | 06 42 | 11 55 | 05 15 | 11 46 | 15 07 |
| 8 | 22 29 | 08 21 | 21 43 | 21 53 | 24 03 | 16 10 | 19 12 | 23 09 | 03 52 | 23 17 | 06 46 | 11 54 | 05 17 | 11 52 | 15 08 |
| 9 | 22 22 | 13 05 | 21 16 | 22 01 | 24 02 | 16 10 | 19 13 | 23 09 | 03 52 | 23 17 | 06 51 | 11 52 | 05 20 | 11 57 | 15 08 |
| 10 | 22 15 | 17 12 | 20 47 | 22 09 | 24 01 | 16 10 | 19 14 | 23 09 | 03 52 | 23 18 | 06 55 | 11 51 | 05 22 | 12 02 | 15 09 |
| 11 | 22 07 | 20 23 | 20 17 | 22 16 | 23 59 | 16 10 | 19 15 | 23 09 | 03 52 | 23 18 | 07 00 | 11 50 | 05 25 | 12 06 | 15 09 |
| 12 | 21 59 | 22 17 | 19 47 | 22 23 | 23 58 | 16 10 | 19 16 | 23 10 | 03 52 | 23 19 | 07 04 | 11 48 | 05 28 | 12 11 | 15 10 |
| 13 | 21 51 | 22 39 | 19 15 | 22 28 | 23 56 | 16 10 | 19 17 | 23 10 | 03 52 | 23 19 | 07 08 | 11 46 | 05 31 | 12 16 | 15 10 |
| 14 | 21 42 | 21 26 | 18 43 | 22 34 | 23 54 | 16 10 | 19 18 | 23 10 | 03 52 | 23 20 | 07 12 | 11 44 | 05 34 | 12 21 | 15 11 |
| 15 | 21 33 | 18 46 | 18 09 | 22 38 | 23 52 | 16 11 | 19 19 | 23 10 | 03 52 | 23 20 | 07 16 | 11 41 | 05 37 | 12 25 | 15 11 |
| 16 | 21 23 | 14 56 | 17 35 | 22 42 | 23 50 | 16 11 | 19 20 | 23 10 | 03 52 | 23 21 | 07 20 | 11 39 | 05 40 | 12 30 | 15 12 |
| 17 | 21 13 | 10 20 | 17 01 | 22 46 | 23 47 | 16 11 | 19 21 | 23 11 | 03 52 | 23 21 | 07 24 | 11 36 | 05 44 | 12 34 | 15 12 |
| 18 | 21 03 | 05 18 | 16 26 | 22 48 | 23 45 | 16 12 | 19 22 | 23 11 | 03 52 | 23 22 | 07 28 | 11 33 | 05 47 | 12 38 | 15 12 |
| 19 | 20 52 | 00 11 | 15 51 | 22 50 | 23 42 | 16 12 | 19 23 | 23 11 | 03 52 | 23 22 | 07 32 | 11 30 | 05 51 | 12 42 | 15 13 |
| 20 | 20 41 | +04 47 | 15 15 | 22 52 | 23 39 | 16 13 | 19 24 | 23 11 | 03 52 | 23 23 | 07 35 | 11 27 | 05 55 | 12 47 | 15 13 |
| 21 | 20 30 | 09 25 | 14 39 | 22 52 | 23 35 | 16 13 | 19 25 | 23 12 | 03 52 | 23 23 | 07 39 | 11 23 | 05 59 | 12 51 | 15 13 |
| 22 | 20 18 | 13 33 | 14 03 | 22 52 | 23 32 | 16 14 | 19 26 | 23 12 | 03 52 | 23 24 | 07 42 | 11 19 | 06 02 | 12 55 | 15 14 |
| 23 | 20 06 | 17 02 | 13 27 | 22 52 | 23 28 | 16 14 | 19 27 | 23 12 | 03 52 | 23 24 | 07 46 | 11 15 | 06 06 | 12 58 | 15 14 |
| 24 | 19 54 | 19 46 | 12 51 | 22 51 | 23 24 | 16 15 | 19 28 | 23 12 | 03 52 | 23 25 | 07 49 | 11 11 | 06 11 | 13 02 | 15 14 |
| 25 | 19 41 | 21 39 | 12 15 | 22 49 | 23 20 | 16 16 | 19 28 | 23 12 | 03 51 | 23 25 | 07 52 | 11 07 | 06 15 | 13 06 | 15 15 |
| 26 | 19 28 | 22 35 | 11 40 | 22 46 | 23 16 | 16 16 | 19 29 | 23 13 | 03 51 | 23 26 | 07 56 | 11 02 | 06 19 | 13 10 | 15 15 |
| 27 | 19 14 | 22 29 | 11 04 | 22 43 | 23 12 | 16 17 | 19 30 | 23 13 | 03 51 | 23 26 | 07 59 | 10 57 | 06 23 | 13 13 | 15 15 |
| 28 | 19 01 | 21 22 | 10 29 | 22 39 | 23 07 | 16 18 | 19 31 | 23 13 | 03 51 | 23 27 | 08 02 | 10 52 | 06 28 | 13 17 | 15 15 |
| 29 | 18 47 | 19 15 | 09 54 | 22 34 | 23 02 | 16 19 | 19 32 | 23 13 | 03 51 | 23 27 | 08 05 | 10 47 | 06 32 | 13 20 | 15 16 |
| 30 | 18 32 | 16 13 | 09 20 | 22 29 | 22 57 | 16 20 | 19 32 | 23 13 | 03 50 | 23 28 | 08 08 | 10 41 | 06 37 | 13 23 | 15 16 |
| 31 | 18 18 | 12 24 | 08 46 | 22 23 | 22 52 | 16 21 | 19 33 | 23 14 | 03 50 | 23 28 | 08 10 | 10 35 | 06 42 | 13 26 | 15 16 |

Lunar Phases -- 8 ◐ 11:03 15 ○ 02:13 22 ◑ 08:09 30 ● 11:12 Sun enters ♌ 7/22 18:26

## Aug. 30 — Longitudes of Main Planets - August 2030 — 0:00 E.T.

| D | S.T. | ☉ | ☽ | ☽ 12:00 | ☿ | ♀ | ♂ | ♃ | ♄ | ♅ | ♆ | ♇ | ☊ |
|---|---|---|---|---|---|---|---|---|---|---|---|---|---|
| 1 | 20:38:36 | 08♌49 25 | 27♌00 | 03♍32 | 06♍02 | 17♋32 | 20♋14 | 18♏11 | 06♊44 | 21♊30 | 13♈19℞ | 10♒54℞ | 13♐35 |
| 2 | 20:42:32 | 09 46 50 | 10♍07 | 16 45 | 07 01 | 18 45 | 20 53 | 18 15 | 06 49 | 21 33 | 13 19 | 10 53 | 13 31 |
| 3 | 20:46:29 | 10 44 16 | 23 26 | 00♎10 | 07 57 | 19 58 | 21 32 | 18 18 | 06 53 | 21 36 | 13 18 | 10 51 | 13 28 |
| 4 | 20:50:25 | 11 41 42 | 06♎57 | 13 47 | 08 50 | 21 11 | 22 12 | 18 21 | 06 58 | 21 38 | 13 18 | 10 50 | 13 25 |
| 5 | 20:54:22 | 12 39 09 | 20 39 | 27 34 | 09 40 | 22 24 | 22 51 | 18 25 | 07 03 | 21 41 | 13 17 | 10 49 | 13 22 |
| 6 | 20:58:18 | 13 36 37 | 04♏31 | 11♏31 | 10 27 | 23 37 | 23 30 | 18 29 | 07 07 | 21 43 | 13 16 | 10 47 | 13 19 |
| 7 | 21:02:15 | 14 34 06 | 18 32 | 25 36 | 11 10 | 24 50 | 24 09 | 18 33 | 07 12 | 21 46 | 13 16 | 10 46 | 13 15 |
| 8 | 21:06:12 | 15 31 35 | 02♐42 | 09♐50 | 11 49 | 26 04 | 24 48 | 18 37 | 07 16 | 21 48 | 13 15 | 10 45 | 13 12 |
| 9 | 21:10:08 | 16 29 05 | 17 00 | 24 11 | 12 25 | 27 17 | 25 28 | 18 41 | 07 21 | 21 51 | 13 14 | 10 43 | 13 09 |
| 10 | 21:14:05 | 17 26 36 | 01♑23 | 08♑36 | 12 57 | 28 30 | 26 07 | 18 45 | 07 25 | 21 53 | 13 14 | 10 42 | 13 06 |
| 11 | 21:18:01 | 18 24 07 | 15 48 | 23 00 | 13 24 | 29 43 | 26 46 | 18 50 | 07 29 | 21 55 | 13 13 | 10 40 | 13 03 |
| 12 | 21:21:58 | 19 21 40 | 00♒11 | 07♒20 | 13 47 | 00♌57 | 27 25 | 18 55 | 07 33 | 21 57 | 13 12 | 10 39 | 13 00 |
| 13 | 21:25:54 | 20 19 13 | 14 26 | 21 29 | 14 05 | 02 10 | 28 03 | 19 00 | 07 37 | 22 00 | 13 11 | 10 38 | 12 56 |
| 14 | 21:29:51 | 21 16 48 | 28 27 | 05♓21 | 14 18 | 03 24 | 28 42 | 19 05 | 07 41 | 22 02 | 13 10 | 10 36 | 12 53 |
| 15 | 21:33:47 | 22 14 24 | 12♓10 | 18 54 | 14 27 | 04 37 | 29 21 | 19 10 | 07 45 | 22 04 | 13 09 | 10 35 | 12 50 |
| 16 | 21:37:44 | 23 12 01 | 25 32 | 02♈05 | 14 30 | 05 51 | 00♌00 | 19 15 | 07 49 | 22 06 | 13 09 | 10 34 | 12 47 |
| 17 | 21:41:41 | 24 09 40 | 08♈32 | 14 53 | 14 27℞ | 07 04 | 00 39 | 19 21 | 07 52 | 22 08 | 13 08 | 10 32 | 12 44 |
| 18 | 21:45:37 | 25 07 20 | 21 10 | 27 21 | 14 19 | 08 18 | 01 18 | 19 26 | 07 56 | 22 10 | 13 07 | 10 31 | 12 41 |
| 19 | 21:49:34 | 26 05 01 | 03♉29 | 09♉32 | 14 06 | 09 31 | 01 56 | 19 32 | 07 59 | 22 12 | 13 06 | 10 30 | 12 37 |
| 20 | 21:53:30 | 27 02 44 | 15 32 | 21 30 | 13 46 | 10 45 | 02 35 | 19 38 | 08 03 | 22 14 | 13 05 | 10 28 | 12 34 |
| 21 | 21:57:27 | 28 00 29 | 27 26 | 03♊20 | 13 21 | 11 59 | 03 14 | 19 44 | 08 06 | 22 16 | 13 04 | 10 27 | 12 31 |
| 22 | 22:01:23 | 28 58 16 | 09♊14 | 15 09 | 12 51 | 13 12 | 03 52 | 19 51 | 08 09 | 22 18 | 13 02 | 10 26 | 12 28 |
| 23 | 22:05:20 | 29 56 04 | 21 03 | 27 00 | 12 15 | 14 26 | 04 31 | 19 57 | 08 12 | 22 20 | 13 01 | 10 25 | 12 25 |
| 24 | 22:09:16 | 00♍53 54 | 02♋58 | 08♋59 | 11 34 | 15 40 | 05 09 | 20 03 | 08 15 | 22 22 | 13 00 | 10 23 | 12 21 |
| 25 | 22:13:13 | 01 51 45 | 15 04 | 21 12 | 10 49 | 16 54 | 05 48 | 20 10 | 08 18 | 22 23 | 12 59 | 10 22 | 12 18 |
| 26 | 22:17:10 | 02 49 39 | 27 24 | 03♌40 | 10 00 | 18 08 | 06 26 | 20 17 | 08 21 | 22 25 | 12 58 | 10 21 | 12 15 |
| 27 | 22:21:06 | 03 47 33 | 10♌01 | 16 26 | 09 08 | 19 22 | 07 05 | 20 24 | 08 23 | 22 27 | 12 57 | 10 20 | 12 12 |
| 28 | 22:25:03 | 04 45 30 | 22 56 | 29 31 | 08 14 | 20 36 | 07 43 | 20 31 | 08 26 | 22 28 | 12 56 | 10 18 | 12 09 |
| 29 | 22:28:59 | 05 43 28 | 06♍10 | 12♍53 | 07 19 | 21 50 | 08 22 | 20 38 | 08 29 | 22 30 | 12 54 | 10 17 | 12 06 |
| 30 | 22:32:56 | 06 41 27 | 19 40 | 26 31 | 06 24 | 23 04 | 09 00 | 20 46 | 08 31 | 22 31 | 12 53 | 10 16 | 12 02 |
| 31 | 22:36:52 | 07 39 28 | 03♎24 | 10♎20 | 05 29 | 24 18 | 09 38 | 20 53 | 08 33 | 22 33 | 12 52 | 10 15 | 11 59 |

## 0:00 E.T. — Longitudes of the Major Asteroids and Chiron — Lunar Data

| D | ⚳ | ⚴ | ⚵ | ⚶ | ⚷ | D | ⚳ | ⚴ | ⚵ | ⚶ | ⚷ | Last Asp. | Ingress |
|---|---|---|---|---|---|---|---|---|---|---|---|---|---|
| 1 | 16♉18 | 13♓25℞ | 27♐29℞ | 27♉46 | 16♉43 | 17 | 19 35 | 10 05 | 26 22 | 02 31 | 16 54 | 31 13:46 | 1 ♍ 05:31 |
| 2 | 16 32 | 13 15 | 27 22 | 28 05 | 16 44 | 18 | 19 45 | 09 50 | 26 20 | 02 47 | 16 54 | 2 20:41 | 3 ♎ 11:41 |
| 3 | 16 46 | 13 04 | 27 16 | 28 24 | 16 45 | 19 | 19 55 | 09 36 | 26 20 | 03 03 | 16 55 | 5 04:01 | 5 ♏ 16:13 |
| 4 | 16 59 | 12 53 | 27 10 | 28 43 | 16 46 | 20 | 20 05 | 09 21 | 26 19 | 03 19 | 16 55 | 7 11:42 | 7 ♐ 19:26 |
| 5 | 17 12 | 12 41 | 27 04 | 29 01 | 16 47 | 21 | 20 15 | 09 06 | 26 19D | 03 34 | 16 55 | 9 08:07 | 9 ♑ 21:41 |
| 6 | 17 26 | 12 30 | 26 58 | 29 20 | 16 48 | 22 | 20 24 | 08 51 | 26 19 | 03 49 | 16 55℞ | 11 19:08 | 11 ♒ 23:41 |
| 7 | 17 38 | 12 18 | 26 53 | 29 38 | 16 49 | 23 | 20 33 | 08 36 | 26 20 | 04 05 | 16 55 | 13 12:55 | 14 ♓ 02:41 |
| 8 | 17 51 | 12 05 | 26 48 | 29 56 | 16 50 | 24 | 20 42 | 08 21 | 26 21 | 04 19 | 16 54 | 15 17:45 | 16 ♈ 08:10 |
| 9 | 18 04 | 11 53 | 26 44 | 00♊14 | 16 50 | 25 | 20 50 | 08 06 | 26 22 | 04 34 | 16 54 | 18 08:18 | 18 ♉ 17:10 |
| 10 | 18 16 | 11 40 | 26 40 | 00 32 | 16 51 | 26 | 20 58 | 07 51 | 26 24 | 04 48 | 16 54 | 21 01:17 | 21 ♊ 05:13 |
| 11 | 18 28 | 11 27 | 26 36 | 00 50 | 16 52 | 27 | 21 06 | 07 35 | 26 26 | 05 02 | 16 54 | 23 02:35 | 23 ♋ 18:02 |
| 12 | 18 40 | 11 14 | 26 33 | 01 07 | 16 52 | 28 | 21 14 | 07 20 | 26 28 | 05 16 | 16 53 | 25 10:06 | 26 ♌ 04:60 |
| 13 | 18 51 | 11 01 | 26 30 | 01 24 | 16 53 | 29 | 21 21 | 07 04 | 26 31 | 05 30 | 16 53 | 27 23:08 | 28 ♍ 12:52 |
| 14 | 19 02 | 10 47 | 26 27 | 01 41 | 16 53 | 30 | 21 28 | 06 49 | 26 34 | 05 43 | 16 52 | 30 05:01 | 30 ♎ 18:05 |
| 15 | 19 14 | 10 33 | 26 25 | 01 58 | 16 54 | 31 | 21 35 | 06 33 | 26 37 | 05 56 | 16 52 | | |
| 16 | 19 24 | 10 19 | 26 23 | 02 15 | 16 54 | | | | | | | | |

## 0:00 E.T. — Declinations

| D | ☉ | ☽ | ☿ | ♀ | ♂ | ♃ | ♄ | ♅ | ♆ | ♇ | ⚳ | ⚴ | ⚵ | ⚶ | ⚷ |
|---|---|---|---|---|---|---|---|---|---|---|---|---|---|---|---|
| 1 | +18 03 | +07 57 | +08 13 | +22 17 | +22 47 | -16 22 | +19 34 | +23 14 | +03 50 | -23 28 | +08 13 | +10 29 | -06 46 | +13 30 | +15 16 |
| 2 | 17 48 | 03 04 | 07 41 | 22 10 | 22 41 | 16 23 | 19 34 | 23 14 | 03 50 | 23 29 | 08 16 | 10 23 | 06 51 | 13 33 | 15 16 |
| 3 | 17 32 | -02 01 | 07 10 | 22 02 | 22 36 | 16 24 | 19 35 | 23 14 | 03 49 | 23 29 | 08 18 | 10 17 | 06 56 | 13 36 | 15 16 |
| 4 | 17 17 | 07 05 | 06 39 | 21 53 | 22 30 | 16 25 | 19 36 | 23 14 | 03 49 | 23 30 | 08 21 | 10 10 | 07 01 | 13 38 | 15 16 |
| 5 | 17 00 | 11 53 | 06 09 | 21 44 | 22 24 | 16 27 | 19 36 | 23 14 | 03 49 | 23 30 | 08 23 | 10 03 | 07 06 | 13 41 | 15 17 |
| 6 | 16 44 | 16 07 | 05 41 | 21 35 | 22 17 | 16 28 | 19 37 | 23 15 | 03 49 | 23 31 | 08 25 | 09 56 | 07 11 | 13 44 | 15 17 |
| 7 | 16 28 | 19 29 | 05 14 | 21 24 | 22 11 | 16 29 | 19 38 | 23 15 | 03 48 | 23 31 | 08 28 | 09 48 | 07 16 | 13 47 | 15 17 |
| 8 | 16 11 | 21 43 | 04 48 | 21 13 | 22 05 | 16 31 | 19 38 | 23 15 | 03 48 | 23 32 | 08 30 | 09 41 | 07 21 | 13 49 | 15 17 |
| 9 | 15 54 | 22 34 | 04 24 | 21 02 | 21 58 | 16 32 | 19 39 | 23 15 | 03 48 | 23 32 | 08 32 | 09 33 | 07 26 | 13 52 | 15 17 |
| 10 | 15 36 | 21 56 | 04 01 | 20 50 | 21 51 | 16 33 | 19 39 | 23 15 | 03 47 | 23 33 | 08 34 | 09 25 | 07 31 | 13 54 | 15 17 |
| 11 | 15 19 | 19 52 | 03 40 | 20 37 | 21 44 | 16 35 | 19 40 | 23 15 | 03 47 | 23 33 | 08 36 | 09 16 | 07 36 | 13 56 | 15 17 |
| 12 | 15 01 | 16 33 | 03 21 | 20 24 | 21 37 | 16 36 | 19 40 | 23 16 | 03 47 | 23 33 | 08 38 | 09 08 | 07 42 | 13 58 | 15 17 |
| 13 | 14 43 | 12 17 | 03 04 | 20 10 | 21 30 | 16 38 | 19 41 | 23 16 | 03 46 | 23 34 | 08 39 | 08 59 | 07 47 | 14 01 | 15 17 |
| 14 | 14 24 | 07 26 | 02 49 | 19 55 | 21 22 | 16 40 | 19 41 | 23 16 | 03 46 | 23 34 | 08 41 | 08 50 | 07 52 | 14 03 | 15 17 |
| 15 | 14 06 | 02 20 | 02 36 | 19 40 | 21 14 | 16 41 | 19 42 | 23 16 | 03 46 | 23 35 | 08 43 | 08 41 | 07 58 | 14 05 | 15 17 |
| 16 | 13 47 | +02 46 | 02 26 | 19 24 | 21 07 | 16 43 | 19 42 | 23 16 | 03 45 | 23 35 | 08 44 | 08 32 | 08 03 | 14 07 | 15 17 |
| 17 | 13 28 | 07 35 | 02 19 | 19 08 | 20 59 | 16 45 | 19 43 | 23 16 | 03 45 | 23 36 | 08 46 | 08 22 | 08 08 | 14 08 | 15 16 |
| 18 | 13 09 | 11 58 | 02 15 | 18 51 | 20 51 | 16 46 | 19 43 | 23 16 | 03 44 | 23 36 | 08 47 | 08 12 | 08 14 | 14 10 | 15 16 |
| 19 | 12 49 | 15 43 | 02 13 | 18 34 | 20 42 | 16 48 | 19 44 | 23 17 | 03 44 | 23 36 | 08 48 | 08 02 | 08 19 | 14 12 | 15 16 |
| 20 | 12 30 | 18 45 | 02 15 | 18 16 | 20 34 | 16 50 | 19 44 | 23 17 | 03 43 | 23 37 | 08 49 | 07 52 | 08 25 | 14 13 | 15 16 |
| 21 | 12 10 | 20 56 | 02 20 | 17 58 | 20 26 | 16 52 | 19 44 | 23 17 | 03 43 | 23 37 | 08 51 | 07 42 | 08 30 | 14 15 | 15 16 |
| 22 | 11 50 | 22 11 | 02 28 | 17 39 | 20 17 | 16 54 | 19 45 | 23 17 | 03 43 | 23 37 | 08 52 | 07 31 | 08 36 | 14 16 | 15 16 |
| 23 | 11 30 | 22 27 | 02 40 | 17 19 | 20 08 | 16 56 | 19 45 | 23 17 | 03 42 | 23 38 | 08 53 | 07 21 | 08 41 | 14 18 | 15 16 |
| 24 | 11 09 | 21 41 | 02 55 | 16 59 | 19 59 | 16 58 | 19 45 | 23 17 | 03 42 | 23 38 | 08 53 | 07 10 | 08 47 | 14 19 | 15 15 |
| 25 | 10 49 | 19 56 | 03 13 | 16 39 | 19 50 | 17 00 | 19 46 | 23 17 | 03 41 | 23 39 | 08 54 | 06 59 | 08 52 | 14 20 | 15 15 |
| 26 | 10 28 | 17 13 | 03 34 | 16 18 | 19 41 | 17 02 | 19 46 | 23 17 | 03 41 | 23 39 | 08 55 | 06 48 | 08 58 | 14 21 | 15 15 |
| 27 | 10 07 | 13 40 | 03 58 | 15 57 | 19 32 | 17 04 | 19 46 | 23 17 | 03 40 | 23 39 | 08 56 | 06 36 | 09 03 | 14 22 | 15 15 |
| 28 | 09 46 | 09 24 | 04 24 | 15 35 | 19 22 | 17 06 | 19 47 | 23 18 | 03 40 | 23 40 | 08 56 | 06 25 | 09 09 | 14 23 | 15 14 |
| 29 | 09 25 | 04 37 | 04 52 | 15 13 | 19 13 | 17 08 | 19 47 | 23 18 | 03 39 | 23 40 | 08 57 | 06 13 | 09 14 | 14 24 | 15 14 |
| 30 | 09 03 | -00 29 | 05 23 | 14 50 | 19 03 | 17 10 | 19 47 | 23 18 | 03 39 | 23 40 | 08 57 | 06 01 | 09 20 | 14 25 | 15 14 |
| 31 | 08 42 | 05 38 | 05 54 | 14 27 | 18 53 | 17 12 | 19 47 | 23 18 | 03 38 | 23 41 | 08 57 | 05 49 | 09 25 | 14 26 | 15 13 |

Lunar Phases -- 6 ◐ 16:44 13 ○ 10:46 21 ◑ 01:17 28 ● 23:09 Sun enters ♍ 8/23 01:38

# 0:00 E.T. Longitudes of Main Planets - September 2030 Sep. 30

| D | S.T. | ☉ | ☽ | ☽ 12:00 | ☿ | ♀ | ♂ | ♃ | ♄ | ♅ | ♆ | ♇ | ☊ |
|---|---|---|---|---|---|---|---|---|---|---|---|---|---|
| 1 | 22:40:49 | 08♍37 31 | 17♎18 | 24♎18 | 04♍38℞ | 25♌32 | 10♌16 | 21♏01 | 08♊35 | 22♊34 | 12♈51℞ | 10♒13℞ | 11♐56 |
| 2 | 22:44:45 | 09 35 35 | 01♏19 | 08♏21 | 03 49 | 26 46 | 10 55 | 21 09 | 08 37 | 22 36 | 12 49 | 10 12 | 11 53 |
| 3 | 22:48:42 | 10 33 41 | 15 24 | 22 27 | 03 05 | 28 00 | 11 33 | 21 17 | 08 39 | 22 37 | 12 48 | 10 11 | 11 50 |
| 4 | 22:52:39 | 11 31 47 | 29 30 | 06♐34 | 02 27 | 29 14 | 12 11 | 21 25 | 08 41 | 22 38 | 12 46 | 10 10 | 11 47 |
| 5 | 22:56:35 | 12 29 56 | 13♐37 | 20 41 | 01 56 | 00♍28 | 12 49 | 21 33 | 08 43 | 22 39 | 12 45 | 10 09 | 11 43 |
| 6 | 23:00:32 | 13 28 05 | 27 44 | 04♑47 | 01 31 | 01 42 | 13 27 | 21 41 | 08 45 | 22 41 | 12 44 | 10 08 | 11 40 |
| 7 | 23:04:28 | 14 26 17 | 11♑49 | 18 50 | 01 15 | 02 57 | 14 05 | 21 49 | 08 46 | 22 42 | 12 42 | 10 07 | 11 37 |
| 8 | 23:08:25 | 15 24 29 | 25 51 | 02♒50 | 01 07 | 04 11 | 14 43 | 21 58 | 08 48 | 22 43 | 12 41 | 10 06 | 11 34 |
| 9 | 23:12:21 | 16 22 43 | 09♒48 | 16 44 | 01 08D | 05 25 | 15 21 | 22 06 | 08 49 | 22 44 | 12 39 | 10 05 | 11 31 |
| 10 | 23:16:18 | 17 20 59 | 23 38 | 00♓28 | 01 18 | 06 40 | 15 59 | 22 15 | 08 50 | 22 45 | 12 38 | 10 04 | 11 27 |
| 11 | 23:20:14 | 18 19 16 | 07♓16 | 14 00 | 01 37 | 07 54 | 16 37 | 22 24 | 08 51 | 22 46 | 12 37 | 10 03 | 11 24 |
| 12 | 23:24:11 | 19 17 35 | 20 40 | 27 16 | 02 05 | 09 08 | 17 15 | 22 33 | 08 52 | 22 47 | 12 35 | 10 02 | 11 21 |
| 13 | 23:28:08 | 20 15 56 | 03♈48 | 10♈15 | 02 41 | 10 23 | 17 53 | 22 42 | 08 53 | 22 47 | 12 34 | 10 01 | 11 18 |
| 14 | 23:32:04 | 21 14 18 | 16 37 | 22 55 | 03 26 | 11 37 | 18 31 | 22 51 | 08 54 | 22 48 | 12 32 | 10 00 | 11 15 |
| 15 | 23:36:01 | 22 12 43 | 29 08 | 05♉18 | 04 19 | 12 52 | 19 08 | 23 01 | 08 55 | 22 49 | 12 30 | 09 59 | 11 12 |
| 16 | 23:39:57 | 23 11 10 | 11♉23 | 17 26 | 05 20 | 14 06 | 19 46 | 23 10 | 08 55 | 22 50 | 12 29 | 09 58 | 11 08 |
| 17 | 23:43:54 | 24 09 39 | 23 25 | 29 23 | 06 27 | 15 21 | 20 24 | 23 20 | 08 56 | 22 50 | 12 27 | 09 57 | 11 05 |
| 18 | 23:47:50 | 25 08 10 | 05♊18 | 11♊12 | 07 41 | 16 35 | 21 01 | 23 29 | 08 56 | 22 51 | 12 26 | 09 56 | 11 02 |
| 19 | 23:51:47 | 26 06 43 | 17 06 | 23 00 | 09 01 | 17 50 | 21 39 | 23 39 | 08 57 | 22 51 | 12 24 | 09 55 | 10 59 |
| 20 | 23:55:43 | 27 05 18 | 28 55 | 04♋52 | 10 26 | 19 04 | 22 17 | 23 49 | 08 57 | 22 52 | 12 23 | 09 54 | 10 56 |
| 21 | 23:59:40 | 28 03 56 | 10♋50 | 16 52 | 11 56 | 20 19 | 22 54 | 23 59 | 08 57℞ | 22 52 | 12 21 | 09 53 | 10 53 |
| 22 | 0:03:37 | 29 02 36 | 22 58 | 29 07 | 13 29 | 21 34 | 23 32 | 24 09 | 08 57 | 22 53 | 12 19 | 09 53 | 10 49 |
| 23 | 0:07:33 | 00♎01 17 | 05♌21 | 11♌41 | 15 07 | 22 48 | 24 09 | 24 19 | 08 57 | 22 53 | 12 18 | 09 52 | 10 46 |
| 24 | 0:11:30 | 01 00 02 | 18 05 | 24 36 | 16 47 | 24 03 | 24 47 | 24 29 | 08 56 | 22 53 | 12 16 | 09 51 | 10 43 |
| 25 | 0:15:26 | 01 58 48 | 01♍12 | 07♍54 | 18 29 | 25 18 | 25 24 | 24 39 | 08 56 | 22 53 | 12 15 | 09 50 | 10 40 |
| 26 | 0:19:23 | 02 57 36 | 14 41 | 21 34 | 20 13 | 26 33 | 26 01 | 24 50 | 08 55 | 22 53 | 12 13 | 09 50 | 10 37 |
| 27 | 0:23:19 | 03 56 26 | 28 32 | 05♎34 | 21 59 | 27 47 | 26 39 | 25 00 | 08 55 | 22 54 | 12 11 | 09 49 | 10 33 |
| 28 | 0:27:16 | 04 55 19 | 12♎40 | 19 49 | 23 46 | 29 02 | 27 16 | 25 11 | 08 54 | 22 54 | 12 10 | 09 48 | 10 30 |
| 29 | 0:31:12 | 05 54 13 | 27 00 | 04♏13 | 25 34 | 00♎17 | 27 53 | 25 21 | 08 53 | 22 54℞ | 12 08 | 09 48 | 10 27 |
| 30 | 0:35:09 | 06 53 10 | 11♏26 | 18 40 | 27 22 | 01 32 | 28 31 | 25 32 | 08 52 | 22 54 | 12 06 | 09 47 | 10 24 |

## 0:00 E.T. Longitudes of the Major Asteroids and Chiron

| D | ⚳ | ⚴ | ⚵ | ⚶ | ⚷ | D | ⚳ | ⚴ | ⚵ | ⚶ | ⚷ |
|---|---|---|---|---|---|---|---|---|---|---|---|
| 1 | 21♉41 | 06♓18℞ | 26♐41 | 06♊09 | 16♉51℞ | 16 | 22 36 | 02 37 | 28 14 | 08 44 | 16 36 |
| 2 | 21 47 | 06 02 | 26 45 | 06 21 | 16 51 | 17 | 22 37 | 02 23 | 28 23 | 08 52 | 16 34 |
| 3 | 21 53 | 05 47 | 26 49 | 06 33 | 16 50 | 18 | 22 37 | 02 10 | 28 31 | 08 59 | 16 33 |
| 4 | 21 58 | 05 32 | 26 54 | 06 45 | 16 49 | 19 | 22 37℞ | 01 57 | 28 41 | 09 06 | 16 31 |
| 5 | 22 03 | 05 16 | 26 59 | 06 57 | 16 48 | 20 | 22 37 | 01 44 | 28 50 | 09 13 | 16 29 |
| 6 | 22 08 | 05 01 | 27 04 | 07 08 | 16 47 | 21 | 22 37 | 01 32 | 29 00 | 09 19 | 16 28 |
| 7 | 22 12 | 04 46 | 27 10 | 07 19 | 16 46 | 22 | 22 36 | 01 19 | 29 10 | 09 25 | 16 26 |
| 8 | 22 16 | 04 31 | 27 16 | 07 30 | 16 45 | 23 | 22 34 | 01 07 | 29 20 | 09 31 | 16 24 |
| 9 | 22 20 | 04 16 | 27 22 | 07 40 | 16 44 | 24 | 22 32 | 00 55 | 29 30 | 09 36 | 16 22 |
| 10 | 22 23 | 04 02 | 27 28 | 07 50 | 16 43 | 25 | 22 30 | 00 44 | 29 41 | 09 40 | 16 21 |
| 11 | 22 26 | 03 47 | 27 35 | 08 00 | 16 42 | 26 | 22 28 | 00 33 | 29 52 | 09 45 | 16 19 |
| 12 | 22 29 | 03 33 | 27 42 | 08 09 | 16 41 | 27 | 22 25 | 00 22 | 00♑03 | 09 49 | 16 17 |
| 13 | 22 31 | 03 18 | 27 50 | 08 18 | 16 40 | 28 | 22 21 | 00 11 | 00 15 | 09 52 | 16 15 |
| 14 | 22 33 | 03 04 | 27 58 | 08 27 | 16 38 | 29 | 22 18 | 00 01 | 00 27 | 09 56 | 16 13 |
| 15 | 22 35 | 02 50 | 28 06 | 08 36 | 16 37 | 30 | 22 14 | 29♒51 | 00 39 | 09 58 | 16 10 |

## Lunar Data

| Last Asp. | | Ingress | | |
|---|---|---|---|---|
| 1 | 15:28 | 1 | ♏ | 21:45 |
| 3 | 23:29 | 4 | ♐ | 00:50 |
| 5 | 15:23 | 6 | ♑ | 03:52 |
| 7 | 17:17 | 8 | ♒ | 07:07 |
| 9 | 22:28 | 10 | ♓ | 11:10 |
| 12 | 03:50 | 12 | ♈ | 17:01 |
| 14 | 11:48 | 15 | ♉ | 01:40 |
| 17 | 01:37 | 17 | ♊ | 13:16 |
| 19 | 19:58 | 20 | ♋ | 02:11 |
| 22 | 12:52 | 22 | ♌ | 13:42 |
| 24 | 12:57 | 24 | ♍ | 21:50 |
| 26 | 22:36 | 27 | ♎ | 02:31 |
| 29 | 01:33 | 29 | ♏ | 04:60 |

## 0:00 E.T. Declinations

| D | ☉ | ☽ | ☿ | ♀ | ♂ | ♃ | ♄ | ♅ | ♆ | ♇ | ⚳ | ⚴ | ⚵ | ⚶ | ⚷ |
|---|---|---|---|---|---|---|---|---|---|---|---|---|---|---|---|
| 1 | +08 20 | -10 35 | +06 26 | +14 04 | +18 43 | -17 14 | +19 47 | +23 18 | +03 38 | -23 41 | +08 58 | +05 37 | -09 31 | +14 27 | +15 13 |
| 2 | 07 58 | 15 00 | 06 57 | 13 40 | 18 33 | 17 17 | 19 48 | 23 18 | 03 37 | 23 41 | 08 58 | 05 25 | 09 36 | 14 27 | 15 13 |
| 3 | 07 36 | 18 36 | 07 29 | 13 16 | 18 23 | 17 19 | 19 48 | 23 18 | 03 36 | 23 42 | 08 58 | 05 13 | 09 41 | 14 28 | 15 12 |
| 4 | 07 14 | 21 05 | 07 59 | 12 51 | 18 13 | 17 21 | 19 48 | 23 18 | 03 36 | 23 42 | 08 58 | 05 01 | 09 47 | 14 28 | 15 12 |
| 5 | 06 52 | 22 16 | 08 27 | 12 26 | 18 02 | 17 23 | 19 48 | 23 18 | 03 35 | 23 42 | 08 58 | 04 48 | 09 52 | 14 29 | 15 12 |
| 6 | 06 30 | 22 01 | 08 53 | 12 01 | 17 52 | 17 26 | 19 48 | 23 18 | 03 35 | 23 42 | 08 58 | 04 36 | 09 58 | 14 29 | 15 11 |
| 7 | 06 07 | 20 23 | 09 17 | 11 36 | 17 41 | 17 28 | 19 48 | 23 18 | 03 34 | 23 43 | 08 58 | 04 23 | 10 03 | 14 29 | 15 11 |
| 8 | 05 45 | 17 31 | 09 38 | 11 10 | 17 31 | 17 31 | 19 48 | 23 19 | 03 34 | 23 43 | 08 57 | 04 10 | 10 08 | 14 30 | 15 10 |
| 9 | 05 22 | 13 40 | 09 55 | 10 43 | 17 20 | 17 33 | 19 48 | 23 19 | 03 33 | 23 43 | 08 57 | 03 58 | 10 14 | 14 30 | 15 10 |
| 10 | 05 00 | 09 08 | 10 09 | 10 17 | 17 09 | 17 35 | 19 48 | 23 19 | 03 32 | 23 44 | 08 57 | 03 45 | 10 19 | 14 30 | 15 09 |
| 11 | 04 37 | 04 12 | 10 19 | 09 50 | 16 58 | 17 38 | 19 48 | 23 19 | 03 32 | 23 44 | 08 56 | 03 32 | 10 24 | 14 30 | 15 09 |
| 12 | 04 14 | +00 51 | 10 26 | 09 23 | 16 47 | 17 40 | 19 48 | 23 19 | 03 31 | 23 44 | 08 56 | 03 19 | 10 30 | 14 30 | 15 08 |
| 13 | 03 51 | 05 45 | 10 28 | 08 56 | 16 35 | 17 43 | 19 48 | 23 19 | 03 31 | 23 44 | 08 55 | 03 06 | 10 35 | 14 30 | 15 08 |
| 14 | 03 28 | 10 17 | 10 26 | 08 28 | 16 24 | 17 45 | 19 48 | 23 19 | 03 30 | 23 44 | 08 54 | 02 54 | 10 40 | 14 30 | 15 07 |
| 15 | 03 05 | 14 17 | 10 21 | 08 00 | 16 13 | 17 48 | 19 48 | 23 19 | 03 29 | 23 45 | 08 54 | 02 41 | 10 45 | 14 29 | 15 07 |
| 16 | 02 42 | 17 35 | 10 11 | 07 32 | 16 01 | 17 50 | 19 48 | 23 19 | 03 29 | 23 45 | 08 53 | 02 28 | 10 50 | 14 29 | 15 06 |
| 17 | 02 19 | 20 03 | 09 57 | 07 04 | 15 50 | 17 53 | 19 48 | 23 19 | 03 28 | 23 45 | 08 52 | 02 15 | 10 55 | 14 29 | 15 05 |
| 18 | 01 56 | 21 37 | 09 40 | 06 35 | 15 38 | 17 55 | 19 48 | 23 19 | 03 27 | 23 45 | 08 51 | 02 02 | 11 00 | 14 28 | 15 05 |
| 19 | 01 33 | 22 13 | 09 19 | 06 07 | 15 26 | 17 58 | 19 48 | 23 19 | 03 27 | 23 45 | 08 50 | 01 49 | 11 05 | 14 28 | 15 04 |
| 20 | 01 09 | 21 48 | 08 55 | 05 38 | 15 14 | 18 01 | 19 48 | 23 19 | 03 26 | 23 46 | 08 49 | 01 36 | 11 10 | 14 28 | 15 04 |
| 21 | 00 46 | 20 25 | 08 28 | 05 09 | 15 02 | 18 03 | 19 48 | 23 19 | 03 26 | 23 46 | 08 48 | 01 23 | 11 15 | 14 27 | 15 03 |
| 22 | 00 23 | 18 05 | 07 58 | 04 39 | 14 50 | 18 06 | 19 47 | 23 19 | 03 25 | 23 46 | 08 47 | 01 11 | 11 20 | 14 26 | 15 02 |
| 23 | -00 01 | 14 53 | 07 25 | 04 10 | 14 38 | 18 08 | 19 47 | 23 19 | 03 24 | 23 46 | 08 45 | 00 58 | 11 25 | 14 26 | 15 02 |
| 24 | 00 24 | 10 56 | 06 50 | 03 41 | 14 26 | 18 11 | 19 47 | 23 19 | 03 24 | 23 46 | 08 44 | 00 45 | 11 30 | 14 25 | 15 01 |
| 25 | 00 47 | 06 22 | 06 13 | 03 11 | 14 14 | 18 14 | 19 47 | 23 19 | 03 23 | 23 46 | 08 43 | 00 33 | 11 35 | 14 24 | 15 00 |
| 26 | 01 11 | 01 23 | 05 34 | 02 41 | 14 01 | 18 16 | 19 47 | 23 19 | 03 22 | 23 47 | 08 41 | 00 20 | 11 39 | 14 23 | 15 00 |
| 27 | 01 34 | -03 48 | 04 53 | 02 11 | 13 49 | 18 19 | 19 46 | 23 19 | 03 22 | 23 47 | 08 40 | 00 08 | 11 44 | 14 22 | 14 59 |
| 28 | 01 57 | 08 54 | 04 12 | 01 42 | 13 37 | 18 22 | 19 46 | 23 19 | 03 21 | 23 47 | 08 39 | -00 05 | 11 49 | 14 22 | 14 58 |
| 29 | 02 21 | 13 35 | 03 29 | 01 12 | 13 24 | 18 25 | 19 46 | 23 19 | 03 20 | 23 47 | 08 37 | 00 17 | 11 53 | 14 21 | 14 57 |
| 30 | 02 44 | 17 31 | 02 45 | 00 42 | 13 11 | 18 27 | 19 46 | 23 19 | 03 20 | 23 47 | 08 35 | 00 29 | 11 58 | 14 20 | 14 57 |

Lunar Phases -- 4 ◐ 21:57 11 ○ 21:19 19 ◑ 19:58 27 ● 09:56 Sun enters ♎ 9/22 23:28

## Longitudes of Main Planets - October 2030 — 0:00 E.T.

| D | S.T. | ☉ | ☽ | ☽ 12:00 | ☿ | ♀ | ♂ | ♃ | ♄ | ♅ | ♆ | ♇ | ☊ |
|---|---|---|---|---|---|---|---|---|---|---|---|---|---|
| 1 | 0:39:06 | 07♎52 08 | 25♏54 | 03♐06 | 29♍11 | 02♎47 | 29♌08 | 25♏43 | 08♊51℞ | 22♊53℞ | 12♈05℞ | 09♒46℞ | 10♐21 |
| 2 | 0:43:02 | 08 51 08 | 10♐17 | 17 26 | 00♎59 | 04 01 | 29 45 | 25 54 | 08 50 | 22 53 | 12 03 | 09 46 | 10 18 |
| 3 | 0:46:59 | 09 50 10 | 24 33 | 01♑38 | 02 48 | 05 16 | 00♍22 | 26 05 | 08 49 | 22 53 | 12 01 | 09 45 | 10 14 |
| 4 | 0:50:55 | 10 49 13 | 08♑40 | 15 40 | 04 36 | 06 31 | 00 59 | 26 16 | 08 47 | 22 53 | 12 00 | 09 45 | 10 11 |
| 5 | 0:54:52 | 11 48 19 | 22 38 | 29 33 | 06 24 | 07 46 | 01 36 | 26 27 | 08 46 | 22 53 | 11 58 | 09 44 | 10 08 |
| 6 | 0:58:48 | 12 47 26 | 06♒25 | 13♒15 | 08 12 | 09 01 | 02 13 | 26 39 | 08 44 | 22 52 | 11 56 | 09 44 | 10 05 |
| 7 | 1:02:45 | 13 46 34 | 20 02 | 26 46 | 09 58 | 10 16 | 02 50 | 26 50 | 08 43 | 22 52 | 11 55 | 09 43 | 10 02 |
| 8 | 1:06:41 | 14 45 45 | 03♓27 | 10♓05 | 11 45 | 11 31 | 03 27 | 27 01 | 08 41 | 22 51 | 11 53 | 09 43 | 09 59 |
| 9 | 1:10:38 | 15 44 57 | 16 41 | 23 13 | 13 30 | 12 46 | 04 04 | 27 13 | 08 39 | 22 51 | 11 51 | 09 42 | 09 55 |
| 10 | 1:14:35 | 16 44 11 | 29 42 | 06♈07 | 15 15 | 14 01 | 04 41 | 27 24 | 08 37 | 22 50 | 11 50 | 09 42 | 09 52 |
| 11 | 1:18:31 | 17 43 27 | 12♈29 | 18 48 | 17 00 | 15 16 | 05 18 | 27 36 | 08 35 | 22 50 | 11 48 | 09 42 | 09 49 |
| 12 | 1:22:28 | 18 42 45 | 25 03 | 01♉15 | 18 43 | 16 31 | 05 54 | 27 48 | 08 33 | 22 49 | 11 46 | 09 41 | 09 46 |
| 13 | 1:26:24 | 19 42 06 | 07♉23 | 13 28 | 20 26 | 17 46 | 06 31 | 27 59 | 08 30 | 22 48 | 11 45 | 09 41 | 09 43 |
| 14 | 1:30:21 | 20 41 28 | 19 31 | 25 31 | 22 08 | 19 01 | 07 08 | 28 11 | 08 28 | 22 47 | 11 43 | 09 41 | 09 39 |
| 15 | 1:34:17 | 21 40 53 | 01♊28 | 07♊24 | 23 50 | 20 16 | 07 44 | 28 23 | 08 25 | 22 46 | 11 41 | 09 41 | 09 36 |
| 16 | 1:38:14 | 22 40 19 | 13 19 | 19 12 | 25 30 | 21 31 | 08 21 | 28 35 | 08 23 | 22 46 | 11 40 | 09 40 | 09 33 |
| 17 | 1:42:10 | 23 39 49 | 25 06 | 00♋59 | 27 10 | 22 46 | 08 58 | 28 47 | 08 20 | 22 45 | 11 38 | 09 40 | 09 30 |
| 18 | 1:46:07 | 24 39 20 | 06♋54 | 12 50 | 28 50 | 24 01 | 09 34 | 28 59 | 08 17 | 22 44 | 11 36 | 09 40 | 09 27 |
| 19 | 1:50:04 | 25 38 53 | 18 48 | 24 49 | 00♏28 | 25 16 | 10 11 | 29 11 | 08 15 | 22 43 | 11 35 | 09 40 | 09 24 |
| 20 | 1:54:00 | 26 38 29 | 00♌54 | 07♌03 | 02 06 | 26 31 | 10 47 | 29 23 | 08 12 | 22 42 | 11 33 | 09 40 | 09 20 |
| 21 | 1:57:57 | 27 38 07 | 13 16 | 19 35 | 03 44 | 27 46 | 11 23 | 29 36 | 08 09 | 22 41 | 11 32 | 09 40 | 09 17 |
| 22 | 2:01:53 | 28 37 48 | 25 59 | 02♍30 | 05 21 | 29 02 | 12 00 | 29 48 | 08 05 | 22 39 | 11 30 | 09 40 | 09 14 |
| 23 | 2:05:50 | 29 37 30 | 09♍07 | 15 51 | 06 57 | 00♏17 | 12 36 | 00♐00 | 08 02 | 22 38 | 11 28 | 09 40D | 09 11 |
| 24 | 2:09:46 | 00♏37 15 | 22 41 | 29 38 | 08 33 | 01 32 | 13 12 | 00 13 | 07 59 | 22 37 | 11 27 | 09 40 | 09 08 |
| 25 | 2:13:43 | 01 37 02 | 06♎41 | 13♎50 | 10 08 | 02 47 | 13 49 | 00 25 | 07 55 | 22 36 | 11 25 | 09 40 | 09 04 |
| 26 | 2:17:39 | 02 36 51 | 21 04 | 28 22 | 11 42 | 04 02 | 14 25 | 00 38 | 07 52 | 22 34 | 11 24 | 09 40 | 09 01 |
| 27 | 2:21:36 | 03 36 42 | 05♏44 | 13♏08 | 13 16 | 05 17 | 15 01 | 00 50 | 07 48 | 22 33 | 11 22 | 09 40 | 08 58 |
| 28 | 2:25:33 | 04 36 36 | 20 34 | 28 01 | 14 50 | 06 33 | 15 37 | 01 03 | 07 45 | 22 31 | 11 21 | 09 40 | 08 55 |
| 29 | 2:29:29 | 05 36 31 | 05♐27 | 12♐52 | 16 23 | 07 48 | 16 13 | 01 16 | 07 41 | 22 30 | 11 19 | 09 40 | 08 52 |
| 30 | 2:33:26 | 06 36 27 | 20 14 | 27 34 | 17 55 | 09 03 | 16 49 | 01 28 | 07 37 | 22 28 | 11 18 | 09 40 | 08 49 |
| 31 | 2:37:22 | 07 36 26 | 04♑50 | 12♑03 | 19 27 | 10 18 | 17 25 | 01 41 | 07 33 | 22 27 | 11 16 | 09 41 | 08 45 |

## 0:00 E.T. — Longitudes of the Major Asteroids and Chiron

| D | ⚳ | ⚴ | ⚵ | ⚶ | ⚷ |
|---|---|---|---|---|---|
| 1 | 22♉09℞ | 29♒42℞ | 00♑51 | 10♊01 | 16♉08℞ |
| 2 | 22 04 | 29 32 | 01 03 | 10 03 | 16 06 |
| 3 | 21 59 | 29 24 | 01 16 | 10 04 | 16 04 |
| 4 | 21 53 | 29 15 | 01 29 | 10 05 | 16 02 |
| 5 | 21 47 | 29 07 | 01 42 | 10 06 | 15 59 |
| 6 | 21 41 | 28 59 | 01 55 | 10 06 | 15 57 |
| 7 | 21 34 | 28 51 | 02 09 | 10 06℞ | 15 55 |
| 8 | 21 27 | 28 44 | 02 23 | 10 06 | 15 52 |
| 9 | 21 20 | 28 37 | 02 37 | 10 04 | 15 50 |
| 10 | 21 12 | 28 31 | 02 51 | 10 03 | 15 47 |
| 11 | 21 04 | 28 25 | 03 06 | 10 01 | 15 45 |
| 12 | 20 55 | 28 19 | 03 20 | 09 59 | 15 42 |
| 13 | 20 47 | 28 13 | 03 35 | 09 56 | 15 40 |
| 14 | 20 37 | 28 08 | 03 50 | 09 53 | 15 37 |
| 15 | 20 28 | 28 04 | 04 05 | 09 49 | 15 34 |
| 16 | 20 18 | 27 59 | 04 21 | 09 45 | 15 32 |
| 17 | 20 08 | 27 55 | 04 36 | 09 40 | 15 29 |
| 18 | 19 58 | 27 52 | 04 52 | 09 35 | 15 26 |
| 19 | 19 47 | 27 49 | 05 08 | 09 30 | 15 24 |
| 20 | 19 36 | 27 46 | 05 24 | 09 24 | 15 21 |
| 21 | 19 25 | 27 43 | 05 41 | 09 17 | 15 18 |
| 22 | 19 13 | 27 41 | 05 57 | 09 10 | 15 15 |
| 23 | 19 01 | 27 39 | 06 14 | 09 03 | 15 12 |
| 24 | 18 49 | 27 38 | 06 31 | 08 55 | 15 09 |
| 25 | 18 37 | 27 36 | 06 48 | 08 47 | 15 07 |
| 26 | 18 24 | 27 36 | 07 05 | 08 39 | 15 04 |
| 27 | 18 12 | 27 35 | 07 22 | 08 30 | 15 01 |
| 28 | 17 59 | 27 35D | 07 40 | 08 20 | 14 58 |
| 29 | 17 46 | 27 35 | 07 58 | 08 11 | 14 55 |
| 30 | 17 33 | 27 36 | 08 16 | 08 00 | 14 52 |
| 31 | 17 19 | 27 37 | 08 34 | 07 50 | 14 49 |

### Lunar Data

| Last Asp. | | Ingress | | |
|---|---|---|---|---|
| 1 | 06:16 | 1 | ♐ | 06:50 |
| 2 | 21:11 | 3 | ♑ | 09:14 |
| 5 | 06:44 | 5 | ♒ | 12:48 |
| 7 | 12:18 | 7 | ♓ | 17:48 |
| 9 | 19:41 | 10 | ♈ | 00:34 |
| 11 | 19:42 | 12 | ♉ | 09:35 |
| 14 | 17:40 | 14 | ♊ | 21:02 |
| 17 | 04:56 | 17 | ♋ | 09:59 |
| 19 | 20:59 | 19 | ♌ | 22:14 |
| 22 | 07:09 | 22 | ♍ | 07:25 |
| 23 | 23:53 | 24 | ♎ | 12:38 |
| 26 | 02:29 | 26 | ♏ | 14:40 |
| 27 | 15:40 | 28 | ♐ | 15:12 |
| 30 | 03:39 | 30 | ♑ | 16:00 |

## 0:00 E.T. — Declinations

| D | ☉ | ☽ | ☿ | ♀ | ♂ | ♃ | ♄ | ♅ | ♆ | ♇ | ⚳ | ⚴ | ⚵ | ⚶ | ⚷ |
|---|---|---|---|---|---|---|---|---|---|---|---|---|---|---|---|
| 1 | -03 07 | -20 21 | +02 00 | +00 11 | +12 59 | -18 30 | +19 45 | +23 19 | +03 19 | -23 47 | +08 34 | -00 42 | -12 02 | +14 18 | +14 56 |
| 2 | 03 31 | 21 53 | 01 15 | -00 19 | 12 46 | 18 33 | 19 45 | 23 19 | 03 18 | 23 47 | 08 32 | 00 54 | 12 07 | 14 17 | 14 55 |
| 3 | 03 54 | 21 57 | 00 29 | 00 49 | 12 33 | 18 35 | 19 45 | 23 19 | 03 18 | 23 47 | 08 30 | 01 05 | 12 11 | 14 16 | 14 54 |
| 4 | 04 17 | 20 37 | -00 17 | 01 19 | 12 20 | 18 38 | 19 44 | 23 19 | 03 17 | 23 47 | 08 29 | 01 17 | 12 15 | 14 15 | 14 54 |
| 5 | 04 40 | 18 03 | 01 03 | 01 49 | 12 08 | 18 41 | 19 44 | 23 19 | 03 16 | 23 47 | 08 27 | 01 29 | 12 19 | 14 14 | 14 53 |
| 6 | 05 03 | 14 30 | 01 49 | 02 19 | 11 55 | 18 44 | 19 44 | 23 19 | 03 16 | 23 47 | 08 25 | 01 40 | 12 24 | 14 13 | 14 52 |
| 7 | 05 26 | 10 13 | 02 35 | 02 49 | 11 42 | 18 46 | 19 43 | 23 19 | 03 15 | 23 48 | 08 23 | 01 52 | 12 28 | 14 11 | 14 51 |
| 8 | 05 49 | 05 30 | 03 21 | 03 19 | 11 29 | 18 49 | 19 43 | 23 19 | 03 14 | 23 48 | 08 21 | 02 03 | 12 32 | 14 10 | 14 50 |
| 9 | 06 12 | 00 36 | 04 07 | 03 49 | 11 16 | 18 52 | 19 42 | 23 19 | 03 14 | 23 48 | 08 20 | 02 14 | 12 36 | 14 09 | 14 50 |
| 10 | 06 35 | +04 15 | 04 53 | 04 19 | 11 02 | 18 55 | 19 42 | 23 19 | 03 13 | 23 48 | 08 18 | 02 25 | 12 40 | 14 07 | 14 49 |
| 11 | 06 57 | 08 50 | 05 38 | 04 49 | 10 49 | 18 58 | 19 41 | 23 19 | 03 13 | 23 48 | 08 16 | 02 36 | 12 43 | 14 06 | 14 48 |
| 12 | 07 20 | 12 58 | 06 23 | 05 19 | 10 36 | 19 00 | 19 41 | 23 19 | 03 12 | 23 48 | 08 14 | 02 47 | 12 47 | 14 04 | 14 47 |
| 13 | 07 42 | 16 28 | 07 07 | 05 48 | 10 23 | 19 03 | 19 41 | 23 19 | 03 11 | 23 48 | 08 12 | 02 58 | 12 51 | 14 03 | 14 46 |
| 14 | 08 05 | 19 11 | 07 51 | 06 18 | 10 09 | 19 06 | 19 40 | 23 19 | 03 11 | 23 48 | 08 10 | 03 08 | 12 55 | 14 01 | 14 45 |
| 15 | 08 27 | 21 02 | 08 35 | 06 47 | 09 56 | 19 09 | 19 40 | 23 19 | 03 10 | 23 48 | 08 08 | 03 18 | 12 58 | 14 00 | 14 44 |
| 16 | 08 49 | 21 55 | 09 17 | 07 17 | 09 43 | 19 11 | 19 39 | 23 19 | 03 09 | 23 48 | 08 06 | 03 28 | 13 02 | 13 58 | 14 43 |
| 17 | 09 11 | 21 49 | 10 00 | 07 46 | 09 29 | 19 14 | 19 39 | 23 19 | 03 09 | 23 47 | 08 04 | 03 38 | 13 05 | 13 57 | 14 43 |
| 18 | 09 33 | 20 45 | 10 41 | 08 15 | 09 16 | 19 17 | 19 38 | 23 19 | 03 08 | 23 47 | 08 02 | 03 48 | 13 09 | 13 55 | 14 42 |
| 19 | 09 55 | 18 45 | 11 22 | 08 43 | 09 02 | 19 20 | 19 37 | 23 19 | 03 07 | 23 47 | 08 00 | 03 58 | 13 12 | 13 53 | 14 41 |
| 20 | 10 16 | 15 55 | 12 03 | 09 12 | 08 49 | 19 22 | 19 37 | 23 19 | 03 07 | 23 47 | 07 58 | 04 07 | 13 15 | 13 52 | 14 40 |
| 21 | 10 38 | 12 19 | 12 43 | 09 40 | 08 35 | 19 25 | 19 36 | 23 19 | 03 06 | 23 47 | 07 56 | 04 17 | 13 18 | 13 50 | 14 39 |
| 22 | 10 59 | 08 04 | 13 22 | 10 09 | 08 22 | 19 28 | 19 36 | 23 19 | 03 06 | 23 47 | 07 54 | 04 26 | 13 22 | 13 48 | 14 38 |
| 23 | 11 20 | 03 20 | 14 00 | 10 36 | 08 08 | 19 31 | 19 35 | 23 19 | 03 05 | 23 47 | 07 52 | 04 35 | 13 25 | 13 47 | 14 37 |
| 24 | 11 41 | -01 42 | 14 37 | 11 04 | 07 54 | 19 33 | 19 35 | 23 19 | 03 04 | 23 47 | 07 50 | 04 44 | 13 28 | 13 45 | 14 36 |
| 25 | 12 02 | 06 50 | 15 14 | 11 32 | 07 41 | 19 36 | 19 34 | 23 19 | 03 04 | 23 47 | 07 48 | 04 52 | 13 30 | 13 43 | 14 35 |
| 26 | 12 23 | 11 43 | 15 50 | 11 59 | 07 27 | 19 39 | 19 33 | 23 19 | 03 03 | 23 47 | 07 46 | 05 01 | 13 33 | 13 41 | 14 34 |
| 27 | 12 43 | 16 02 | 16 25 | 12 26 | 07 13 | 19 41 | 19 33 | 23 19 | 03 03 | 23 47 | 07 45 | 05 09 | 13 36 | 13 40 | 14 33 |
| 28 | 13 03 | 19 22 | 16 59 | 12 52 | 07 00 | 19 44 | 19 32 | 23 19 | 03 02 | 23 46 | 07 43 | 05 17 | 13 39 | 13 38 | 14 32 |
| 29 | 13 23 | 21 24 | 17 33 | 13 18 | 06 46 | 19 47 | 19 31 | 23 18 | 03 01 | 23 46 | 07 41 | 05 25 | 13 41 | 13 36 | 14 31 |
| 30 | 13 43 | 21 56 | 18 05 | 13 44 | 06 32 | 19 50 | 19 31 | 23 18 | 03 01 | 23 46 | 07 39 | 05 33 | 13 44 | 13 34 | 14 30 |
| 31 | 14 03 | 20 57 | 18 37 | 14 10 | 06 19 | 19 52 | 19 30 | 23 18 | 03 00 | 23 46 | 07 38 | 05 41 | 13 46 | 13 33 | 14 29 |

Lunar Phases -- 4 ◐ 03:57  11 ○ 10:48  19 ◑ 14:51  26 ● 20:18  Sun enters ♏ 10/23 09:02

## 0:00 E.T. Longitudes of Main Planets - November 2030 Nov. 30

| D | S.T. | ☉ | ☽ | ☽ 12:00 | ☿ | ♀ | ♂ | ♃ | ♄ | ♅ | ♆ | ♇ | ☊ |
|---|---|---|---|---|---|---|---|---|---|---|---|---|---|
| 1 | 2:41:19 | 08♏36 26 | 19♑11 | 26♑14 | 20♏59 | 11♏33 | 18♍01 | 01♐54 | 07♊29℞ | 22♊25℞ | 11♈15℞ | 09♒41 | 08♐42 |
| 2 | 2:45:15 | 09 36 28 | 03♒14 | 10♒08 | 22 30 | 12 49 | 18 37 | 02 07 | 07 25 | 22 24 | 11 13 | 09 41 | 08 39 |
| 3 | 2:49:12 | 10 36 31 | 16 58 | 23 43 | 24 00 | 14 04 | 19 13 | 02 20 | 07 21 | 22 22 | 11 12 | 09 41 | 08 36 |
| 4 | 2:53:08 | 11 36 36 | 00♓24 | 07♓01 | 25 30 | 15 19 | 19 49 | 02 33 | 07 17 | 22 20 | 11 11 | 09 42 | 08 33 |
| 5 | 2:57:05 | 12 36 42 | 13 34 | 20 03 | 27 00 | 16 34 | 20 24 | 02 46 | 07 13 | 22 18 | 11 09 | 09 42 | 08 30 |
| 6 | 3:01:02 | 13 36 50 | 26 28 | 02♈50 | 28 29 | 17 49 | 21 00 | 02 59 | 07 09 | 22 17 | 11 08 | 09 42 | 08 26 |
| 7 | 3:04:58 | 14 37 00 | 09♈09 | 15 24 | 29 58 | 19 05 | 21 36 | 03 12 | 07 04 | 22 15 | 11 07 | 09 43 | 08 23 |
| 8 | 3:08:55 | 15 37 11 | 21 37 | 27 46 | 01♐26 | 20 20 | 22 11 | 03 25 | 07 00 | 22 13 | 11 05 | 09 43 | 08 20 |
| 9 | 3:12:51 | 16 37 24 | 03♉53 | 09♉58 | 02 54 | 21 35 | 22 47 | 03 38 | 06 56 | 22 11 | 11 04 | 09 44 | 08 17 |
| 10 | 3:16:48 | 17 37 38 | 16 01 | 22 01 | 04 21 | 22 50 | 23 22 | 03 51 | 06 51 | 22 09 | 11 03 | 09 44 | 08 14 |
| 11 | 3:20:44 | 18 37 54 | 27 59 | 03♊56 | 05 48 | 24 06 | 23 57 | 04 04 | 06 47 | 22 07 | 11 01 | 09 45 | 08 10 |
| 12 | 3:24:41 | 19 38 12 | 09♊52 | 15 46 | 07 14 | 25 21 | 24 33 | 04 17 | 06 42 | 22 05 | 11 00 | 09 45 | 08 07 |
| 13 | 3:28:37 | 20 38 32 | 21 40 | 27 33 | 08 39 | 26 36 | 25 08 | 04 30 | 06 38 | 22 03 | 10 59 | 09 46 | 08 04 |
| 14 | 3:32:34 | 21 38 54 | 03♋27 | 09♋21 | 10 04 | 27 51 | 25 43 | 04 44 | 06 33 | 22 01 | 10 58 | 09 46 | 08 01 |
| 15 | 3:36:31 | 22 39 18 | 15 16 | 21 12 | 11 27 | 29 07 | 26 19 | 04 57 | 06 28 | 21 59 | 10 57 | 09 47 | 07 58 |
| 16 | 3:40:27 | 23 39 43 | 27 10 | 03♌11 | 12 50 | 00♐22 | 26 54 | 05 10 | 06 23 | 21 57 | 10 56 | 09 48 | 07 55 |
| 17 | 3:44:24 | 24 40 10 | 09♌15 | 15 22 | 14 12 | 01 37 | 27 29 | 05 23 | 06 19 | 21 54 | 10 54 | 09 48 | 07 51 |
| 18 | 3:48:20 | 25 40 39 | 21 34 | 27 51 | 15 34 | 02 52 | 28 04 | 05 37 | 06 14 | 21 52 | 10 53 | 09 49 | 07 48 |
| 19 | 3:52:17 | 26 41 10 | 04♍12 | 10♍40 | 16 53 | 04 08 | 28 39 | 05 50 | 06 09 | 21 50 | 10 52 | 09 50 | 07 45 |
| 20 | 3:56:13 | 27 41 43 | 17 14 | 23 54 | 18 12 | 05 23 | 29 14 | 06 03 | 06 04 | 21 48 | 10 51 | 09 51 | 07 42 |
| 21 | 4:00:10 | 28 42 17 | 00♎41 | 07♎36 | 19 29 | 06 38 | 29 48 | 06 17 | 05 59 | 21 46 | 10 50 | 09 51 | 07 39 |
| 22 | 4:04:06 | 29 42 53 | 14 37 | 21 44 | 20 44 | 07 53 | 00♎23 | 06 30 | 05 55 | 21 43 | 10 49 | 09 52 | 07 36 |
| 23 | 4:08:03 | 00♐43 31 | 28 58 | 06♏18 | 21 58 | 09 09 | 00 58 | 06 44 | 05 50 | 21 41 | 10 48 | 09 53 | 07 32 |
| 24 | 4:12:00 | 01 44 11 | 13♏43 | 21 12 | 23 09 | 10 24 | 01 33 | 06 57 | 05 45 | 21 39 | 10 47 | 09 54 | 07 29 |
| 25 | 4:15:56 | 02 44 52 | 28 45 | 06♐19 | 24 18 | 11 39 | 02 07 | 07 10 | 05 40 | 21 36 | 10 47 | 09 55 | 07 26 |
| 26 | 4:19:53 | 03 45 34 | 13♐55 | 21 30 | 25 24 | 12 55 | 02 42 | 07 24 | 05 35 | 21 34 | 10 46 | 09 56 | 07 23 |
| 27 | 4:23:49 | 04 46 18 | 29 03 | 06♑34 | 26 27 | 14 10 | 03 16 | 07 37 | 05 30 | 21 31 | 10 45 | 09 57 | 07 20 |
| 28 | 4:27:46 | 05 47 04 | 14♑02 | 21 25 | 27 26 | 15 25 | 03 51 | 07 51 | 05 25 | 21 29 | 10 44 | 09 58 | 07 16 |
| 29 | 4:31:42 | 06 47 50 | 28 42 | 05♒55 | 28 21 | 16 41 | 04 25 | 08 04 | 05 20 | 21 27 | 10 43 | 09 59 | 07 13 |
| 30 | 4:35:39 | 07 48 37 | 13♒01 | 20 00 | 29 11 | 17 56 | 04 59 | 08 18 | 05 15 | 21 24 | 10 43 | 10 00 | 07 10 |

## 0:00 E.T. Longitudes of the Major Asteroids and Chiron

| D | ⚳ | ⚴ | ⚵ | ⚶ | ⚷ | D | ⚳ | ⚴ | ⚵ | ⚶ | ⚷ |
|---|---|---|---|---|---|---|---|---|---|---|---|
| 1 | 17♉06℞ | 27♒38 | 08♑52 | 07♊39℞ | 14♉46℞ | 16 | 13 39 | 28 36 | 13 42 | 04 18 | 14 01 |
| 2 | 16 52 | 27 40 | 09 10 | 07 28 | 14 43 | 17 | 13 26 | 28 42 | 14 02 | 04 03 | 13 58 |
| 3 | 16 39 | 27 42 | 09 29 | 07 16 | 14 40 | 18 | 13 12 | 28 49 | 14 23 | 03 47 | 13 55 |
| 4 | 16 25 | 27 44 | 09 47 | 07 04 | 14 37 | 19 | 12 59 | 28 56 | 14 44 | 03 32 | 13 53 |
| 5 | 16 11 | 27 47 | 10 06 | 06 52 | 14 34 | 20 | 12 46 | 29 03 | 15 04 | 03 16 | 13 50 |
| 6 | 15 57 | 27 50 | 10 25 | 06 39 | 14 31 | 21 | 12 33 | 29 10 | 15 25 | 03 01 | 13 47 |
| 7 | 15 43 | 27 53 | 10 44 | 06 26 | 14 28 | 22 | 12 21 | 29 18 | 15 46 | 02 45 | 13 44 |
| 8 | 15 29 | 27 57 | 11 03 | 06 13 | 14 25 | 23 | 12 09 | 29 26 | 16 07 | 02 29 | 13 41 |
| 9 | 15 15 | 28 01 | 11 23 | 05 59 | 14 22 | 24 | 11 56 | 29 34 | 16 29 | 02 13 | 13 38 |
| 10 | 15 01 | 28 05 | 11 42 | 05 45 | 14 19 | 25 | 11 45 | 29 42 | 16 50 | 01 57 | 13 35 |
| 11 | 14 47 | 28 09 | 12 02 | 05 31 | 14 16 | 26 | 11 33 | 29 51 | 17 11 | 01 42 | 13 33 |
| 12 | 14 34 | 28 14 | 12 22 | 05 17 | 14 13 | 27 | 11 22 | 00♓00 | 17 33 | 01 26 | 13 30 |
| 13 | 14 20 | 28 19 | 12 42 | 05 03 | 14 10 | 28 | 11 10 | 00 09 | 17 55 | 01 10 | 13 27 |
| 14 | 14 06 | 28 25 | 13 02 | 04 48 | 14 07 | 29 | 11 00 | 00 19 | 18 16 | 00 55 | 13 24 |
| 15 | 13 52 | 28 30 | 13 22 | 04 33 | 14 04 | 30 | 10 49 | 00 28 | 18 38 | 00 39 | 13 22 |

## Lunar Data

| Last Asp. | Ingress |
|---|---|
| 1 03:25 | 1 ♒ 18:27 |
| 3 14:05 | 3 ♓ 23:16 |
| 6 04:17 | 6 ♈ 06:39 |
| 8 01:10 | 8 ♉ 16:22 |
| 10 15:29 | 11 ♊ 04:03 |
| 13 07:26 | 13 ♋ 16:59 |
| 15 23:25 | 16 ♌ 05:39 |
| 18 08:33 | 18 ♍ 16:05 |
| 20 22:23 | 20 ♎ 22:47 |
| 22 11:56 | 23 ♏ 01:41 |
| 23 17:49 | 25 ♐ 01:59 |
| 26 19:33 | 27 ♑ 01:30 |
| 27 18:42 | 29 ♒ 02:09 |

## 0:00 E.T. Declinations

| D | ☉ | ☽ | ☿ | ♀ | ♂ | ♃ | ♄ | ♅ | ♆ | ♇ | ⚳ | ⚴ | ⚵ | ⚶ | ⚷ |
|---|---|---|---|---|---|---|---|---|---|---|---|---|---|---|---|
| 1 | -14 22 | -18 37 | -19 07 | -14 35 | +06 05 | -19 55 | +19 29 | +23 18 | +03 00 | -23 46 | +07 36 | -05 48 | -13 49 | +13 31 | +14 28 |
| 2 | 14 41 | 15 13 | 19 37 | 15 00 | 05 51 | 19 58 | 19 29 | 23 18 | 02 59 | 23 46 | 07 34 | 05 55 | 13 51 | 13 29 | 14 27 |
| 3 | 15 00 | 11 04 | 20 06 | 15 25 | 05 37 | 20 00 | 19 28 | 23 18 | 02 59 | 23 46 | 07 33 | 06 02 | 13 53 | 13 28 | 14 26 |
| 4 | 15 19 | 06 27 | 20 34 | 15 49 | 05 24 | 20 03 | 19 27 | 23 18 | 02 58 | 23 45 | 07 32 | 06 09 | 13 55 | 13 26 | 14 26 |
| 5 | 15 37 | 01 39 | 21 00 | 16 12 | 05 10 | 20 05 | 19 26 | 23 18 | 02 58 | 23 45 | 07 30 | 06 16 | 13 57 | 13 24 | 14 25 |
| 6 | 15 55 | +03 09 | 21 26 | 16 36 | 04 56 | 20 08 | 19 26 | 23 18 | 02 57 | 23 45 | 07 29 | 06 23 | 13 59 | 13 23 | 14 24 |
| 7 | 16 13 | 07 44 | 21 51 | 16 58 | 04 42 | 20 11 | 19 25 | 23 18 | 02 57 | 23 45 | 07 28 | 06 29 | 14 01 | 13 21 | 14 23 |
| 8 | 16 31 | 11 55 | 22 14 | 17 21 | 04 29 | 20 13 | 19 24 | 23 18 | 02 56 | 23 45 | 07 26 | 06 35 | 14 03 | 13 19 | 14 22 |
| 9 | 16 48 | 15 32 | 22 37 | 17 43 | 04 15 | 20 16 | 19 24 | 23 18 | 02 56 | 23 44 | 07 25 | 06 42 | 14 05 | 13 18 | 14 21 |
| 10 | 17 05 | 18 27 | 22 58 | 18 04 | 04 01 | 20 18 | 19 23 | 23 17 | 02 55 | 23 44 | 07 24 | 06 47 | 14 06 | 13 16 | 14 20 |
| 11 | 17 22 | 20 32 | 23 19 | 18 25 | 03 47 | 20 21 | 19 22 | 23 17 | 02 55 | 23 44 | 07 23 | 06 53 | 14 08 | 13 15 | 14 19 |
| 12 | 17 38 | 21 41 | 23 38 | 18 46 | 03 34 | 20 24 | 19 21 | 23 17 | 02 54 | 23 44 | 07 23 | 06 59 | 14 09 | 13 13 | 14 18 |
| 13 | 17 55 | 21 52 | 23 56 | 19 06 | 03 20 | 20 26 | 19 20 | 23 17 | 02 54 | 23 43 | 07 22 | 07 04 | 14 11 | 13 12 | 14 17 |
| 14 | 18 10 | 21 03 | 24 12 | 19 25 | 03 06 | 20 29 | 19 20 | 23 17 | 02 53 | 23 43 | 07 21 | 07 09 | 14 12 | 13 10 | 14 16 |
| 15 | 18 26 | 19 19 | 24 28 | 19 44 | 02 52 | 20 31 | 19 19 | 23 17 | 02 53 | 23 43 | 07 21 | 07 14 | 14 13 | 13 09 | 14 15 |
| 16 | 18 41 | 16 45 | 24 42 | 20 02 | 02 39 | 20 33 | 19 18 | 23 17 | 02 53 | 23 43 | 07 20 | 07 19 | 14 14 | 13 07 | 14 14 |
| 17 | 18 56 | 13 26 | 24 55 | 20 20 | 02 25 | 20 36 | 19 17 | 23 17 | 02 52 | 23 42 | 07 20 | 07 24 | 14 15 | 13 06 | 14 13 |
| 18 | 19 10 | 09 29 | 25 06 | 20 37 | 02 11 | 20 38 | 19 17 | 23 17 | 02 52 | 23 42 | 07 19 | 07 29 | 14 16 | 13 05 | 14 12 |
| 19 | 19 25 | 05 02 | 25 17 | 20 54 | 01 58 | 20 41 | 19 16 | 23 16 | 02 51 | 23 42 | 07 19 | 07 33 | 14 17 | 13 03 | 14 11 |
| 20 | 19 39 | 00 14 | 25 25 | 21 10 | 01 44 | 20 43 | 19 15 | 23 16 | 02 51 | 23 41 | 07 19 | 07 38 | 14 18 | 13 02 | 14 10 |
| 21 | 19 52 | -04 44 | 25 33 | 21 26 | 01 31 | 20 46 | 19 14 | 23 16 | 02 51 | 23 41 | 07 19 | 07 42 | 14 19 | 13 01 | 14 10 |
| 22 | 20 05 | 09 38 | 25 39 | 21 40 | 01 17 | 20 48 | 19 13 | 23 16 | 02 50 | 23 41 | 07 19 | 07 46 | 14 19 | 13 00 | 14 09 |
| 23 | 20 18 | 14 11 | 25 44 | 21 55 | 01 03 | 20 50 | 19 13 | 23 16 | 02 50 | 23 40 | 07 20 | 07 49 | 14 20 | 12 59 | 14 08 |
| 24 | 20 30 | 17 59 | 25 47 | 22 08 | 00 50 | 20 53 | 19 12 | 23 16 | 02 50 | 23 40 | 07 20 | 07 53 | 14 20 | 12 58 | 14 07 |
| 25 | 20 42 | 20 39 | 25 49 | 22 21 | 00 37 | 20 55 | 19 11 | 23 16 | 02 49 | 23 40 | 07 21 | 07 57 | 14 21 | 12 57 | 14 06 |
| 26 | 20 54 | 21 52 | 25 49 | 22 33 | 00 23 | 20 57 | 19 10 | 23 15 | 02 49 | 23 40 | 07 21 | 08 00 | 14 21 | 12 56 | 14 05 |
| 27 | 21 05 | 21 28 | 25 48 | 22 45 | 00 10 | 20 59 | 19 09 | 23 15 | 02 49 | 23 39 | 07 22 | 08 03 | 14 21 | 12 56 | 14 04 |
| 28 | 21 16 | 19 32 | 25 45 | 22 56 | -00 04 | 21 02 | 19 09 | 23 15 | 02 49 | 23 39 | 07 23 | 08 06 | 14 21 | 12 55 | 14 03 |
| 29 | 21 26 | 16 21 | 25 41 | 23 06 | 00 17 | 21 04 | 19 08 | 23 15 | 02 48 | 23 38 | 07 24 | 08 09 | 14 21 | 12 54 | 14 03 |
| 30 | 21 36 | 12 16 | 25 36 | 23 16 | 00 30 | 21 06 | 19 07 | 23 15 | 02 48 | 23 38 | 07 25 | 08 12 | 14 21 | 12 54 | 14 02 |

Lunar Phases -- 2 ◐ 11:57 10 Ⓔ 03:32 18 ◑ 08:34 25 ● 06:48 ✔ Sun enters ♐ 11/22 06:46

# Longitudes of Main Planets - December 2030

0:00 E.T.

| D | S.T. | ☉ | ☽ | ☽ 12:00 | ☿ | ♀ | ♂ | ♃ | ♄ | ♅ | ♆ | ♇ | ☊ |
|---|---|---|---|---|---|---|---|---|---|---|---|---|---|
| 1 | 4:39:35 | 08♐49 25 | 26♒54 | 03♓41 | 29♐56 | 19♐11 | 05♎33 | 08♐31 | 05♊10℞ | 21♊22℞ | 10♈42℞ | 10♒01 | 07♐07 |
| 2 | 4:43:32 | 09 50 14 | 10♓22 | 16 57 | 00♑34 | 20 26 | 06 07 | 08 45 | 05 05 | 21 19 | 10 41 | 10 02 | 07 04 |
| 3 | 4:47:29 | 10 51 04 | 23 27 | 29 52 | 01 06 | 21 42 | 06 41 | 08 58 | 05 00 | 21 17 | 10 41 | 10 03 | 07 01 |
| 4 | 4:51:25 | 11 51 54 | 06♈12 | 12♈27 | 01 30 | 22 57 | 07 15 | 09 12 | 04 56 | 21 14 | 10 40 | 10 04 | 06 57 |
| 5 | 4:55:22 | 12 52 46 | 18 39 | 24 48 | 01 46 | 24 12 | 07 49 | 09 25 | 04 51 | 21 12 | 10 39 | 10 05 | 06 54 |
| 6 | 4:59:18 | 13 53 38 | 00♉53 | 06♉56 | 01 52 | 25 28 | 08 23 | 09 38 | 04 46 | 21 09 | 10 39 | 10 06 | 06 51 |
| 7 | 5:03:15 | 14 54 31 | 12 57 | 18 55 | 01 48℞ | 26 43 | 08 57 | 09 52 | 04 41 | 21 07 | 10 38 | 10 07 | 06 48 |
| 8 | 5:07:11 | 15 55 26 | 24 53 | 00♊49 | 01 33 | 27 58 | 09 30 | 10 05 | 04 36 | 21 04 | 10 38 | 10 09 | 06 45 |
| 9 | 5:11:08 | 16 56 21 | 06♊44 | 12 38 | 01 07 | 29 13 | 10 04 | 10 19 | 04 32 | 21 01 | 10 37 | 10 10 | 06 42 |
| 10 | 5:15:04 | 17 57 17 | 18 32 | 24 26 | 00 30 | 00♑29 | 10 37 | 10 32 | 04 27 | 20 59 | 10 37 | 10 11 | 06 38 |
| 11 | 5:19:01 | 18 58 14 | 00♋21 | 06♋15 | 29♐41 | 01 44 | 11 11 | 10 46 | 04 22 | 20 56 | 10 36 | 10 12 | 06 35 |
| 12 | 5:22:58 | 19 59 12 | 12 10 | 18 06 | 28 42 | 02 59 | 11 44 | 10 59 | 04 17 | 20 54 | 10 36 | 10 14 | 06 32 |
| 13 | 5:26:54 | 21 00 11 | 24 04 | 00♌03 | 27 34 | 04 14 | 12 17 | 11 12 | 04 13 | 20 51 | 10 36 | 10 15 | 06 29 |
| 14 | 5:30:51 | 22 01 10 | 06♌03 | 12 06 | 26 18 | 05 30 | 12 50 | 11 26 | 04 08 | 20 49 | 10 36 | 10 16 | 06 26 |
| 15 | 5:34:47 | 23 02 11 | 18 12 | 24 21 | 24 58 | 06 45 | 13 23 | 11 39 | 04 04 | 20 46 | 10 35 | 10 18 | 06 22 |
| 16 | 5:38:44 | 24 03 13 | 00♍33 | 06♍49 | 23 35 | 08 00 | 13 56 | 11 52 | 03 59 | 20 44 | 10 35 | 10 19 | 06 19 |
| 17 | 5:42:40 | 25 04 15 | 13 09 | 19 34 | 22 12 | 09 15 | 14 29 | 12 06 | 03 55 | 20 41 | 10 35 | 10 20 | 06 16 |
| 18 | 5:46:37 | 26 05 19 | 26 04 | 02♎40 | 20 53 | 10 31 | 15 02 | 12 19 | 03 50 | 20 38 | 10 35 | 10 22 | 06 13 |
| 19 | 5:50:33 | 27 06 23 | 09♎22 | 16 09 | 19 39 | 11 46 | 15 35 | 12 32 | 03 46 | 20 36 | 10 35 | 10 23 | 06 10 |
| 20 | 5:54:30 | 28 07 29 | 23 04 | 00♏04 | 18 34 | 13 01 | 16 07 | 12 46 | 03 42 | 20 33 | 10 34 | 10 25 | 06 07 |
| 21 | 5:58:26 | 29 08 35 | 07♏12 | 14 25 | 17 37 | 14 16 | 16 40 | 12 59 | 03 38 | 20 31 | 10 34 | 10 26 | 06 03 |
| 22 | 6:02:23 | 00♑09 42 | 21 45 | 29 09 | 16 51 | 15 31 | 17 12 | 13 12 | 03 33 | 20 28 | 10 34D | 10 28 | 06 00 |
| 23 | 6:06:20 | 01 10 50 | 06♐39 | 14♐12 | 16 16 | 16 47 | 17 44 | 13 25 | 03 29 | 20 26 | 10 34 | 10 29 | 05 57 |
| 24 | 6:10:16 | 02 11 59 | 21 48 | 29 25 | 15 51 | 18 02 | 18 17 | 13 38 | 03 25 | 20 23 | 10 34 | 10 31 | 05 54 |
| 25 | 6:14:13 | 03 13 08 | 07♑02 | 14♑39 | 15 37 | 19 17 | 18 49 | 13 52 | 03 21 | 20 21 | 10 35 | 10 32 | 05 51 |
| 26 | 6:18:09 | 04 14 17 | 22 13 | 29 43 | 15 33D | 20 32 | 19 20 | 14 05 | 03 18 | 20 18 | 10 35 | 10 34 | 05 48 |
| 27 | 6:22:06 | 05 15 27 | 07♒09 | 14♒29 | 15 39 | 21 48 | 19 52 | 14 18 | 03 14 | 20 16 | 10 35 | 10 35 | 05 44 |
| 28 | 6:26:02 | 06 16 36 | 21 43 | 28 50 | 15 54 | 23 03 | 20 24 | 14 31 | 03 10 | 20 13 | 10 35 | 10 37 | 05 41 |
| 29 | 6:29:59 | 07 17 46 | 05♓50 | 12♓42 | 16 16 | 24 18 | 20 56 | 14 44 | 03 06 | 20 11 | 10 35 | 10 38 | 05 38 |
| 30 | 6:33:55 | 08 18 55 | 19 28 | 26 06 | 16 46 | 25 33 | 21 27 | 14 57 | 03 03 | 20 09 | 10 36 | 10 40 | 05 35 |
| 31 | 6:37:52 | 09 20 05 | 02♈38 | 09♈03 | 17 22 | 26 48 | 21 58 | 15 10 | 02 59 | 20 06 | 10 36 | 10 42 | 05 32 |

## Longitudes of the Major Asteroids and Chiron

0:00 E.T.

| D | ⚳ | ⚴ | ⚵ | ⚶ | ⚷ | D | ⚳ | ⚴ | ⚵ | ⚶ | ⚷ |
|---|---|---|---|---|---|---|---|---|---|---|---|
| 1 | 10♉39℞ | 00♓38 | 19♑00 | 00♊24℞ | 13♉19℞ | 17 | 08 44 | 03 46 | 25 04 | 26 49 | 12 42 |
| 2 | 10 29 | 00 48 | 19 22 | 00 09 | 13 17 | 18 | 08 40 | 04 00 | 25 28 | 26 38 | 12 40 |
| 3 | 10 20 | 00 59 | 19 44 | 29♉54 | 13 14 | 19 | 08 36 | 04 13 | 25 51 | 26 28 | 12 38 |
| 4 | 10 10 | 01 09 | 20 07 | 29 39 | 13 11 | 20 | 08 33 | 04 27 | 26 15 | 26 18 | 12 36 |
| 5 | 10 01 | 01 20 | 20 29 | 29 24 | 13 09 | 21 | 08 31 | 04 41 | 26 39 | 26 08 | 12 34 |
| 6 | 09 53 | 01 31 | 20 51 | 29 10 | 13 06 | 22 | 08 28 | 04 55 | 27 03 | 25 59 | 12 32 |
| 7 | 09 45 | 01 42 | 21 14 | 28 55 | 13 04 | 23 | 08 26 | 05 09 | 27 26 | 25 50 | 12 30 |
| 8 | 09 37 | 01 54 | 21 37 | 28 42 | 13 02 | 24 | 08 25 | 05 24 | 27 50 | 25 42 | 12 29 |
| 9 | 09 30 | 02 06 | 21 59 | 28 28 | 12 59 | 25 | 08 24 | 05 39 | 28 14 | 25 34 | 12 27 |
| 10 | 09 23 | 02 17 | 22 22 | 28 14 | 12 57 | 26 | 08 23 | 05 53 | 28 39 | 25 26 | 12 26 |
| 11 | 09 16 | 02 30 | 22 45 | 28 01 | 12 55 | 27 | 08 23 | 06 08 | 29 03 | 25 19 | 12 24 |
| 12 | 09 10 | 02 42 | 23 08 | 27 48 | 12 52 | 28 | 08 23D | 06 24 | 29 27 | 25 12 | 12 23 |
| 13 | 09 04 | 02 54 | 23 31 | 27 36 | 12 50 | 29 | 08 23 | 06 39 | 29 51 | 25 06 | 12 21 |
| 14 | 08 58 | 03 07 | 23 54 | 27 24 | 12 48 | 30 | 08 24 | 06 54 | 00♒16 | 25 00 | 12 20 |
| 15 | 08 53 | 03 20 | 24 18 | 27 12 | 12 46 | 31 | 08 26 | 07 10 | 00 40 | 24 55 | 12 18 |
| 16 | 08 48 | 03 33 | 24 41 | 27 00 | 12 44 | | | | | | |

## Lunar Data

| Last Asp. | | Ingress | | |
|---|---|---|---|---|
| 30 | 14:23 | 1 | ♓ | 05:28 |
| 2 | 20:24 | 3 | ♈ | 12:16 |
| 5 | 12:05 | 5 | ♉ | 22:15 |
| 6 | 18:21 | 8 | ♊ | 10:21 |
| 10 | 22:45 | 10 | ♋ | 23:18 |
| 11 | 23:04 | 13 | ♌ | 11:55 |
| 15 | 11:52 | 15 | ♍ | 22:57 |
| 18 | 00:02 | 18 | ♎ | 07:10 |
| 20 | 09:21 | 20 | ♏ | 11:52 |
| 21 | 12:51 | 22 | ♐ | 13:21 |
| 23 | 21:47 | 24 | ♑ | 12:55 |
| 25 | 21:06 | 26 | ♒ | 12:28 |
| 27 | 21:44 | 28 | ♓ | 13:60 |
| 30 | 12:09 | 30 | ♈ | 19:09 |

## Declinations

0:00 E.T.

| D | ☉ | ☽ | ☿ | ♀ | ♂ | ♃ | ♄ | ♅ | ♆ | ♇ | ⚳ | ⚴ | ⚵ | ⚶ | ⚷ |
|---|---|---|---|---|---|---|---|---|---|---|---|---|---|---|---|
| 1 | -21 46 | -07 38 | -25 29 | -23 24 | -00 44 | -21 08 | +19 06 | +23 15 | +02 48 | -23 38 | +07 26 | -08 15 | -14 21 | +12 54 | +14 01 |
| 2 | 21 55 | 02 46 | 25 21 | 23 33 | 00 57 | 21 11 | 19 06 | 23 15 | 02 48 | 23 37 | 07 28 | 08 17 | 14 20 | 12 53 | 14 00 |
| 3 | 22 04 | +02 05 | 25 12 | 23 40 | 01 10 | 21 13 | 19 05 | 23 14 | 02 47 | 23 37 | 07 29 | 08 19 | 14 20 | 12 53 | 13 59 |
| 4 | 22 12 | 06 43 | 25 01 | 23 47 | 01 23 | 21 15 | 19 04 | 23 14 | 02 47 | 23 37 | 07 31 | 08 22 | 14 20 | 12 53 | 13 58 |
| 5 | 22 20 | 10 59 | 24 49 | 23 53 | 01 36 | 21 17 | 19 03 | 23 14 | 02 47 | 23 36 | 07 32 | 08 24 | 14 19 | 12 53 | 13 58 |
| 6 | 22 28 | 14 44 | 24 35 | 23 58 | 01 49 | 21 19 | 19 02 | 23 14 | 02 47 | 23 36 | 07 34 | 08 26 | 14 18 | 12 53 | 13 57 |
| 7 | 22 35 | 17 48 | 24 20 | 24 02 | 02 02 | 21 21 | 19 02 | 23 14 | 02 47 | 23 35 | 07 36 | 08 27 | 14 18 | 12 53 | 13 56 |
| 8 | 22 41 | 20 06 | 24 05 | 24 06 | 02 15 | 21 23 | 19 01 | 23 14 | 02 46 | 23 35 | 07 38 | 08 29 | 14 17 | 12 53 | 13 55 |
| 9 | 22 48 | 21 29 | 23 47 | 24 09 | 02 28 | 21 25 | 19 00 | 23 13 | 02 46 | 23 35 | 07 41 | 08 31 | 14 16 | 12 53 | 13 55 |
| 10 | 22 53 | 21 55 | 23 29 | 24 12 | 02 41 | 21 27 | 19 00 | 23 13 | 02 46 | 23 34 | 07 43 | 08 32 | 14 15 | 12 54 | 13 54 |
| 11 | 22 59 | 21 22 | 23 10 | 24 13 | 02 54 | 21 29 | 18 59 | 23 13 | 02 46 | 23 34 | 07 46 | 08 33 | 14 14 | 12 54 | 13 53 |
| 12 | 23 03 | 19 52 | 22 49 | 24 14 | 03 07 | 21 31 | 18 58 | 23 13 | 02 46 | 23 33 | 07 48 | 08 34 | 14 13 | 12 55 | 13 53 |
| 13 | 23 08 | 17 30 | 22 28 | 24 14 | 03 19 | 21 33 | 18 57 | 23 13 | 02 46 | 23 33 | 07 51 | 08 35 | 14 12 | 12 55 | 13 52 |
| 14 | 23 12 | 14 23 | 22 06 | 24 13 | 03 32 | 21 35 | 18 57 | 23 13 | 02 46 | 23 33 | 07 54 | 08 36 | 14 10 | 12 56 | 13 51 |
| 15 | 23 15 | 10 37 | 21 45 | 24 12 | 03 44 | 21 37 | 18 56 | 23 12 | 02 46 | 23 32 | 07 57 | 08 37 | 14 09 | 12 57 | 13 51 |
| 16 | 23 18 | 06 22 | 21 23 | 24 10 | 03 57 | 21 38 | 18 55 | 23 12 | 02 46 | 23 32 | 08 00 | 08 38 | 14 07 | 12 58 | 13 50 |
| 17 | 23 21 | 01 47 | 21 03 | 24 07 | 04 09 | 21 40 | 18 55 | 23 12 | 02 46 | 23 31 | 08 03 | 08 38 | 14 06 | 12 59 | 13 49 |
| 18 | 23 23 | -03 01 | 20 43 | 24 03 | 04 22 | 21 42 | 18 54 | 23 12 | 02 46 | 23 31 | 08 06 | 08 39 | 14 04 | 13 00 | 13 49 |
| 19 | 23 24 | 07 49 | 20 26 | 23 59 | 04 34 | 21 44 | 18 53 | 23 12 | 02 46 | 23 30 | 08 10 | 08 39 | 14 02 | 13 01 | 13 48 |
| 20 | 23 25 | 12 22 | 20 12 | 23 53 | 04 46 | 21 46 | 18 53 | 23 12 | 02 46 | 23 30 | 08 13 | 08 39 | 14 00 | 13 03 | 13 48 |
| 21 | 23 26 | 16 24 | 20 00 | 23 47 | 04 59 | 21 47 | 18 52 | 23 11 | 02 46 | 23 30 | 08 17 | 08 39 | 13 58 | 13 04 | 13 47 |
| 22 | 23 26 | 19 33 | 19 51 | 23 41 | 05 11 | 21 49 | 18 52 | 23 11 | 02 46 | 23 29 | 08 21 | 08 39 | 13 56 | 13 06 | 13 47 |
| 23 | 23 26 | 21 28 | 19 44 | 23 33 | 05 23 | 21 51 | 18 51 | 23 11 | 02 46 | 23 29 | 08 25 | 08 39 | 13 54 | 13 08 | 13 46 |
| 24 | 23 25 | 21 51 | 19 41 | 23 25 | 05 35 | 21 52 | 18 50 | 23 11 | 02 46 | 23 28 | 08 29 | 08 39 | 13 52 | 13 10 | 13 46 |
| 25 | 23 24 | 20 38 | 19 41 | 23 16 | 05 47 | 21 54 | 18 50 | 23 11 | 02 46 | 23 28 | 08 33 | 08 38 | 13 49 | 13 11 | 13 45 |
| 26 | 23 22 | 17 57 | 19 43 | 23 07 | 05 58 | 21 56 | 18 49 | 23 11 | 02 46 | 23 27 | 08 37 | 08 38 | 13 47 | 13 13 | 13 45 |
| 27 | 23 20 | 14 06 | 19 47 | 22 57 | 06 10 | 21 57 | 18 49 | 23 10 | 02 46 | 23 27 | 08 42 | 08 37 | 13 44 | 13 16 | 13 44 |
| 28 | 23 17 | 09 29 | 19 54 | 22 46 | 06 22 | 21 59 | 18 48 | 23 10 | 02 46 | 23 26 | 08 46 | 08 37 | 13 42 | 13 18 | 13 44 |
| 29 | 23 14 | 04 31 | 20 02 | 22 34 | 06 33 | 22 00 | 18 48 | 23 10 | 02 46 | 23 26 | 08 51 | 08 36 | 13 39 | 13 20 | 13 43 |
| 30 | 23 10 | +00 31 | 20 11 | 22 22 | 06 45 | 22 02 | 18 47 | 23 10 | 02 47 | 23 25 | 08 56 | 08 35 | 13 36 | 13 23 | 13 43 |
| 31 | 23 06 | 05 22 | 20 22 | 22 09 | 06 56 | 22 03 | 18 47 | 23 10 | 02 47 | 23 25 | 09 00 | 08 34 | 13 33 | 13 25 | 13 42 |

Lunar Phases -- 1 ◐ 22:58  9 Ⓔ 22:42  18 ◑ 00:02  24 ● 17:33  31 ◐ 13:37  Sun enters ♑ 12/21 20:11

## 0:00 E.T. Longitudes of Main Planets - January 2031 Jan. 31

| D | S.T. | ☉ | ☽ | ☽ 12:00 | ☿ | ♀ | ♂ | ♃ | ♄ | ♅ | ♆ | ♇ | ☊ |
|---|---|---|---|---|---|---|---|---|---|---|---|---|---|
| 1 | 6:41:49 | 10♑21 14 | 15♈23 | 21♈37 | 18♐04 | 28♑03 | 22♎30 | 15♐22 | 02♊56℞ | 20♊04℞ | 10♈36 | 10♒43 | 05♐28 |
| 2 | 6:45:45 | 11 22 23 | 27 47 | 03♉53 | 18 51 | 29 18 | 23 01 | 15 35 | 02 53 | 20 02 | 10 37 | 10 45 | 05 25 |
| 3 | 6:49:42 | 12 23 32 | 09♉55 | 15 55 | 19 42 | 00♒34 | 23 32 | 15 48 | 02 49 | 19 59 | 10 37 | 10 47 | 05 22 |
| 4 | 6:53:38 | 13 24 41 | 21 52 | 27 47 | 20 38 | 01 49 | 24 02 | 16 01 | 02 46 | 19 57 | 10 37 | 10 48 | 05 19 |
| 5 | 6:57:35 | 14 25 50 | 03♊42 | 09♊35 | 21 37 | 03 04 | 24 33 | 16 14 | 02 43 | 19 55 | 10 38 | 10 50 | 05 16 |
| 6 | 7:01:31 | 15 26 58 | 15 29 | 21 22 | 22 40 | 04 19 | 25 04 | 16 26 | 02 40 | 19 52 | 10 38 | 10 52 | 05 13 |
| 7 | 7:05:28 | 16 28 07 | 27 16 | 03♋11 | 23 45 | 05 34 | 25 34 | 16 39 | 02 37 | 19 50 | 10 39 | 10 53 | 05 09 |
| 8 | 7:09:24 | 17 29 15 | 09♋07 | 15 04 | 24 53 | 06 49 | 26 04 | 16 51 | 02 35 | 19 48 | 10 40 | 10 55 | 05 06 |
| 9 | 7:13:21 | 18 30 22 | 21 02 | 27 03 | 26 04 | 08 04 | 26 35 | 17 04 | 02 32 | 19 46 | 10 40 | 10 57 | 05 03 |
| 10 | 7:17:18 | 19 31 30 | 03♌05 | 09♌09 | 27 16 | 09 19 | 27 05 | 17 16 | 02 29 | 19 44 | 10 41 | 10 59 | 05 00 |
| 11 | 7:21:14 | 20 32 38 | 15 15 | 21 24 | 28 30 | 10 34 | 27 34 | 17 29 | 02 27 | 19 42 | 10 41 | 11 00 | 04 57 |
| 12 | 7:25:11 | 21 33 45 | 27 35 | 03♍49 | 29 46 | 11 49 | 28 04 | 17 41 | 02 25 | 19 40 | 10 42 | 11 02 | 04 53 |
| 13 | 7:29:07 | 22 34 52 | 10♍06 | 16 26 | 01♑04 | 13 04 | 28 34 | 17 53 | 02 22 | 19 38 | 10 43 | 11 04 | 04 50 |
| 14 | 7:33:04 | 23 35 59 | 22 49 | 29 16 | 02 22 | 14 19 | 29 03 | 18 05 | 02 20 | 19 36 | 10 44 | 11 06 | 04 47 |
| 15 | 7:37:00 | 24 37 06 | 05♎46 | 12♎21 | 03 42 | 15 34 | 29 32 | 18 18 | 02 18 | 19 34 | 10 45 | 11 07 | 04 44 |
| 16 | 7:40:57 | 25 38 12 | 19 00 | 25 43 | 05 03 | 16 49 | 00♏01 | 18 30 | 02 16 | 19 32 | 10 45 | 11 09 | 04 41 |
| 17 | 7:44:53 | 26 39 19 | 02♏32 | 09♏26 | 06 26 | 18 04 | 00 30 | 18 42 | 02 14 | 19 30 | 10 46 | 11 11 | 04 38 |
| 18 | 7:48:50 | 27 40 25 | 16 25 | 23 29 | 07 49 | 19 19 | 00 59 | 18 54 | 02 13 | 19 28 | 10 47 | 11 13 | 04 34 |
| 19 | 7:52:47 | 28 41 32 | 00♐39 | 07♐54 | 09 13 | 20 33 | 01 28 | 19 06 | 02 11 | 19 26 | 10 48 | 11 15 | 04 31 |
| 20 | 7:56:43 | 29 42 38 | 15 13 | 22 37 | 10 38 | 21 48 | 01 56 | 19 17 | 02 09 | 19 24 | 10 49 | 11 16 | 04 28 |
| 21 | 8:00:40 | 00♒43 43 | 00♑04 | 07♑33 | 12 04 | 23 03 | 02 24 | 19 29 | 02 08 | 19 22 | 10 50 | 11 18 | 04 25 |
| 22 | 8:04:36 | 01 44 48 | 15 05 | 22 36 | 13 31 | 24 18 | 02 52 | 19 41 | 02 07 | 19 21 | 10 51 | 11 20 | 04 22 |
| 23 | 8:08:33 | 02 45 53 | 00♒07 | 07♒36 | 14 58 | 25 33 | 03 20 | 19 52 | 02 05 | 19 19 | 10 52 | 11 22 | 04 19 |
| 24 | 8:12:29 | 03 46 57 | 15 02 | 22 24 | 16 26 | 26 47 | 03 48 | 20 04 | 02 04 | 19 17 | 10 53 | 11 24 | 04 15 |
| 25 | 8:16:26 | 04 48 00 | 29 40 | 06♓51 | 17 55 | 28 02 | 04 15 | 20 15 | 02 03 | 19 16 | 10 54 | 11 26 | 04 12 |
| 26 | 8:20:22 | 05 49 02 | 13♓55 | 20 51 | 19 25 | 29 17 | 04 42 | 20 27 | 02 03 | 19 14 | 10 56 | 11 28 | 04 09 |
| 27 | 8:24:19 | 06 50 03 | 27 41 | 04♈23 | 20 55 | 00♓32 | 05 09 | 20 38 | 02 02 | 19 13 | 10 57 | 11 29 | 04 06 |
| 28 | 8:28:16 | 07 51 03 | 10♈58 | 17 27 | 22 26 | 01 46 | 05 36 | 20 49 | 02 01 | 19 11 | 10 58 | 11 31 | 04 03 |
| 29 | 8:32:12 | 08 52 01 | 23 49 | 00♉05 | 23 57 | 03 01 | 06 02 | 21 01 | 02 01 | 19 10 | 10 59 | 11 33 | 03 59 |
| 30 | 8:36:09 | 09 52 59 | 06♉16 | 12 22 | 25 30 | 04 16 | 06 29 | 21 12 | 02 00 | 19 09 | 11 01 | 11 35 | 03 56 |
| 31 | 8:40:05 | 10 53 55 | 18 25 | 24 24 | 27 03 | 05 30 | 06 55 | 21 23 | 02 00 | 19 07 | 11 02 | 11 37 | 03 53 |

## 0:00 E.T. Longitudes of the Major Asteroids and Chiron

| D | ⚳ | ⚴ | ⚵ | ⚶ | ⚷ |
|---|---|---|---|---|---|
| 1 | 08♉27 | 07♓26 | 01♒05 | 24♉50℞ | 12♉17℞ |
| 2 | 08 29 | 07 41 | 01 29 | 24 46 | 12 16 |
| 3 | 08 32 | 07 57 | 01 54 | 24 42 | 12 15 |
| 4 | 08 35 | 08 14 | 02 18 | 24 38 | 12 14 |
| 5 | 08 38 | 08 30 | 02 43 | 24 35 | 12 13 |
| 6 | 08 42 | 08 46 | 03 08 | 24 33 | 12 12 |
| 7 | 08 45 | 09 03 | 03 33 | 24 30 | 12 11 |
| 8 | 08 50 | 09 20 | 03 58 | 24 29 | 12 10 |
| 9 | 08 55 | 09 36 | 04 23 | 24 27 | 12 09 |
| 10 | 09 00 | 09 53 | 04 48 | 24 27 | 12 08 |
| 11 | 09 05 | 10 10 | 05 13 | 24 26 | 12 08 |
| 12 | 09 11 | 10 28 | 05 38 | 24 26D | 12 07 |
| 13 | 09 17 | 10 45 | 06 03 | 24 27 | 12 07 |
| 14 | 09 24 | 11 02 | 06 28 | 24 28 | 12 06 |
| 15 | 09 30 | 11 20 | 06 53 | 24 29 | 12 06 |
| 16 | 09 38 | 11 38 | 07 19 | 24 31 | 12 05 |
| 17 | 09 45 | 11 55 | 07 44 | 24 33 | 12 05 |
| 18 | 09 53 | 12 13 | 08 10 | 24 35 | 12 05 |
| 19 | 10 01 | 12 31 | 08 35 | 24 38 | 12 05 |
| 20 | 10 09 | 12 49 | 09 01 | 24 42 | 12 04 |
| 21 | 10 18 | 13 08 | 09 26 | 24 46 | 12 04 |
| 22 | 10 27 | 13 26 | 09 52 | 24 50 | 12 04D |
| 23 | 10 37 | 13 44 | 10 18 | 24 55 | 12 04 |
| 24 | 10 47 | 14 03 | 10 43 | 25 00 | 12 05 |
| 25 | 10 57 | 14 21 | 11 09 | 25 05 | 12 05 |
| 26 | 11 07 | 14 40 | 11 35 | 25 11 | 12 05 |
| 27 | 11 18 | 14 59 | 12 01 | 25 17 | 12 05 |
| 28 | 11 28 | 15 18 | 12 26 | 25 24 | 12 06 |
| 29 | 11 40 | 15 37 | 12 52 | 25 30 | 12 06 |
| 30 | 11 51 | 15 56 | 13 18 | 25 38 | 12 07 |
| 31 | 12 03 | 16 15 | 13 44 | 25 45 | 12 07 |

## Lunar Data

| Last Asp. | | Ingress | | |
|---|---|---|---|---|
| 2 | 03:20 | 2 | ♉ | 04:21 |
| 3 | 05:25 | 4 | ♊ | 16:30 |
| 6 | 20:24 | 7 | ♋ | 05:33 |
| 9 | 11:33 | 9 | ♌ | 17:53 |
| 12 | 00:58 | 12 | ♍ | 04:39 |
| 14 | 01:36 | 14 | ♎ | 13:22 |
| 16 | 12:48 | 16 | ♏ | 19:33 |
| 18 | 20:29 | 18 | ♐ | 22:55 |
| 20 | 11:40 | 20 | ♑ | 23:54 |
| 21 | 21:14 | 22 | ♒ | 23:48 |
| 24 | 21:02 | 25 | ♓ | 00:33 |
| 26 | 11:27 | 27 | ♈ | 04:08 |
| 29 | 00:19 | 29 | ♉ | 11:51 |
| 31 | 19:57 | | | |

## 0:00 E.T. Declinations

| D | ☉ | ☽ | ☿ | ♀ | ♂ | ♃ | ♄ | ♅ | ♆ | ♇ | ⚳ | ⚴ | ⚵ | ⚶ | ⚷ |
|---|---|---|---|---|---|---|---|---|---|---|---|---|---|---|---|
| 1 | -23 02 | +09 50 | -20 33 | -21 55 | -07 08 | -22 05 | +18 46 | +23 10 | +02 47 | -23 24 | +09 05 | -08 33 | -13 31 | +13 28 | +13 42 |
| 2 | 22 57 | 13 46 | 20 45 | 21 41 | 07 19 | 22 06 | 18 46 | 23 09 | 02 47 | 23 24 | 09 10 | 08 32 | 13 28 | 13 31 | 13 42 |
| 3 | 22 51 | 17 02 | 20 58 | 21 26 | 07 30 | 22 07 | 18 46 | 23 09 | 02 47 | 23 23 | 09 15 | 08 30 | 13 24 | 13 33 | 13 41 |
| 4 | 22 46 | 19 32 | 21 10 | 21 11 | 07 41 | 22 09 | 18 45 | 23 09 | 02 48 | 23 23 | 09 20 | 08 29 | 13 21 | 13 36 | 13 41 |
| 5 | 22 39 | 21 10 | 21 23 | 20 54 | 07 52 | 22 10 | 18 45 | 23 09 | 02 48 | 23 23 | 09 26 | 08 28 | 13 18 | 13 39 | 13 41 |
| 6 | 22 32 | 21 52 | 21 35 | 20 38 | 08 03 | 22 12 | 18 45 | 23 09 | 02 48 | 23 22 | 09 31 | 08 26 | 13 14 | 13 42 | 13 41 |
| 7 | 22 25 | 21 36 | 21 48 | 20 20 | 08 14 | 22 13 | 18 44 | 23 09 | 02 48 | 23 22 | 09 36 | 08 24 | 13 11 | 13 46 | 13 40 |
| 8 | 22 17 | 20 22 | 21 59 | 20 02 | 08 25 | 22 14 | 18 44 | 23 08 | 02 49 | 23 21 | 09 42 | 08 23 | 13 07 | 13 49 | 13 40 |
| 9 | 22 09 | 18 13 | 22 11 | 19 44 | 08 35 | 22 15 | 18 44 | 23 08 | 02 49 | 23 21 | 09 48 | 08 21 | 13 04 | 13 52 | 13 40 |
| 10 | 22 01 | 15 17 | 22 21 | 19 25 | 08 46 | 22 17 | 18 43 | 23 08 | 02 49 | 23 20 | 09 53 | 08 19 | 13 00 | 13 56 | 13 40 |
| 11 | 21 52 | 11 40 | 22 31 | 19 05 | 08 57 | 22 18 | 18 43 | 23 08 | 02 49 | 23 20 | 09 59 | 08 17 | 12 56 | 14 00 | 13 39 |
| 12 | 21 42 | 07 32 | 22 41 | 18 45 | 09 07 | 22 19 | 18 43 | 23 08 | 02 50 | 23 19 | 10 05 | 08 15 | 12 52 | 14 03 | 13 39 |
| 13 | 21 33 | 03 02 | 22 49 | 18 24 | 09 17 | 22 20 | 18 43 | 23 08 | 02 50 | 23 19 | 10 11 | 08 13 | 12 48 | 14 07 | 13 39 |
| 14 | 21 22 | -01 40 | 22 57 | 18 03 | 09 27 | 22 21 | 18 43 | 23 08 | 02 50 | 23 18 | 10 17 | 08 11 | 12 44 | 14 11 | 13 39 |
| 15 | 21 12 | 06 23 | 23 03 | 17 41 | 09 37 | 22 22 | 18 42 | 23 07 | 02 51 | 23 18 | 10 23 | 08 08 | 12 40 | 14 15 | 13 39 |
| 16 | 21 01 | 10 55 | 23 09 | 17 19 | 09 47 | 22 23 | 18 42 | 23 07 | 02 51 | 23 17 | 10 29 | 08 06 | 12 36 | 14 19 | 13 39 |
| 17 | 20 49 | 15 01 | 23 13 | 16 56 | 09 57 | 22 24 | 18 42 | 23 07 | 02 52 | 23 17 | 10 35 | 08 03 | 12 32 | 14 23 | 13 39 |
| 18 | 20 37 | 18 24 | 23 17 | 16 33 | 10 07 | 22 25 | 18 42 | 23 07 | 02 52 | 23 16 | 10 41 | 08 01 | 12 27 | 14 27 | 13 39 |
| 19 | 20 25 | 20 45 | 23 19 | 16 09 | 10 17 | 22 26 | 18 42 | 23 07 | 02 52 | 23 16 | 10 48 | 07 58 | 12 23 | 14 31 | 13 39 |
| 20 | 20 12 | 21 48 | 23 20 | 15 45 | 10 26 | 22 27 | 18 42 | 23 07 | 02 53 | 23 15 | 10 54 | 07 56 | 12 18 | 14 35 | 13 39 |
| 21 | 19 59 | 21 20 | 23 20 | 15 20 | 10 36 | 22 28 | 18 42 | 23 07 | 02 53 | 23 15 | 11 01 | 07 53 | 12 14 | 14 40 | 13 39 |
| 22 | 19 46 | 19 22 | 23 19 | 14 55 | 10 45 | 22 29 | 18 42 | 23 06 | 02 54 | 23 14 | 11 07 | 07 50 | 12 09 | 14 44 | 13 39 |
| 23 | 19 32 | 16 04 | 23 17 | 14 30 | 10 54 | 22 30 | 18 42 | 23 06 | 02 54 | 23 14 | 11 14 | 07 47 | 12 04 | 14 49 | 13 39 |
| 24 | 19 18 | 11 46 | 23 13 | 14 04 | 11 04 | 22 31 | 18 42 | 23 06 | 02 55 | 23 13 | 11 20 | 07 44 | 11 59 | 14 53 | 13 39 |
| 25 | 19 04 | 06 51 | 23 08 | 13 38 | 11 13 | 22 32 | 18 42 | 23 06 | 02 55 | 23 13 | 11 27 | 07 41 | 11 55 | 14 58 | 13 39 |
| 26 | 18 49 | 01 41 | 23 02 | 13 12 | 11 22 | 22 33 | 18 42 | 23 06 | 02 56 | 23 12 | 11 34 | 07 38 | 11 50 | 15 02 | 13 39 |
| 27 | 18 34 | +03 23 | 22 55 | 12 45 | 11 30 | 22 34 | 18 42 | 23 06 | 02 56 | 23 12 | 11 41 | 07 35 | 11 44 | 15 07 | 13 39 |
| 28 | 18 18 | 08 08 | 22 46 | 12 18 | 11 39 | 22 35 | 18 43 | 23 06 | 02 57 | 23 11 | 11 48 | 07 32 | 11 39 | 15 12 | 13 39 |
| 29 | 18 02 | 12 21 | 22 36 | 11 50 | 11 48 | 22 35 | 18 43 | 23 06 | 02 57 | 23 11 | 11 54 | 07 29 | 11 34 | 15 17 | 13 40 |
| 30 | 17 46 | 15 55 | 22 24 | 11 22 | 11 56 | 22 36 | 18 43 | 23 05 | 02 58 | 23 10 | 12 01 | 07 25 | 11 29 | 15 22 | 13 40 |
| 31 | 17 30 | 18 42 | 22 12 | 10 54 | 12 05 | 22 37 | 18 43 | 23 05 | 02 58 | 23 10 | 12 08 | 07 22 | 11 23 | 15 27 | 13 40 |

Lunar Phases -- 8 ○ 18:27 16 ◑ 12:48 23 ● 04:32 30 ◐ 07:44 Sun enters ♒ 1/20 06:49

# Longitudes of Main Planets - February 2031

0:00 E.T.

| D | S.T. | ☉ | ☽ | ☽ 12:00 | ☿ | ♀ | ♂ | ♃ | ♄ | ♅ | ♆ | ♇ | ☊ |
|---|---|---|---|---|---|---|---|---|---|---|---|---|---|
| 1 | 8:44:02 | 11♒54 50 | 00♊21 | 06♊16 | 28♑36 | 06♓45 | 07♏21 | 21♐33 | 02♊00℞ | 19♊06℞ | 11♈03 | 11♒39 | 03♐50 |
| 2 | 8:47:58 | 12 55 44 | 12 10 | 18 03 | 00♒11 | 07 59 | 07 46 | 21 44 | 02 00 | 19 05 | 11 05 | 11 40 | 03 47 |
| 3 | 8:51:55 | 13 56 37 | 23 56 | 29 50 | 01 46 | 09 14 | 08 12 | 21 55 | 02 00D | 19 04 | 11 06 | 11 42 | 03 44 |
| 4 | 8:55:51 | 14 57 28 | 05♋45 | 11♋41 | 03 22 | 10 28 | 08 37 | 22 05 | 02 00 | 19 02 | 11 07 | 11 44 | 03 40 |
| 5 | 8:59:48 | 15 58 18 | 17 39 | 23 40 | 04 58 | 11 42 | 09 02 | 22 16 | 02 00 | 19 01 | 11 09 | 11 46 | 03 37 |
| 6 | 9:03:45 | 16 59 07 | 29 43 | 05♌48 | 06 35 | 12 57 | 09 26 | 22 26 | 02 00 | 19 00 | 11 10 | 11 48 | 03 34 |
| 7 | 9:07:41 | 17 59 55 | 11♌57 | 18 08 | 08 13 | 14 11 | 09 51 | 22 37 | 02 01 | 18 59 | 11 12 | 11 50 | 03 31 |
| 8 | 9:11:38 | 19 00 41 | 24 22 | 00♍39 | 09 52 | 15 25 | 10 15 | 22 47 | 02 02 | 18 58 | 11 13 | 11 52 | 03 28 |
| 9 | 9:15:34 | 20 01 26 | 06♍59 | 13 22 | 11 31 | 16 40 | 10 39 | 22 57 | 02 02 | 18 58 | 11 15 | 11 53 | 03 25 |
| 10 | 9:19:31 | 21 02 10 | 19 48 | 26 16 | 13 12 | 17 54 | 11 02 | 23 07 | 02 03 | 18 57 | 11 17 | 11 55 | 03 21 |
| 11 | 9:23:27 | 22 02 52 | 02♎47 | 09♎21 | 14 53 | 19 08 | 11 25 | 23 17 | 02 04 | 18 56 | 11 18 | 11 57 | 03 18 |
| 12 | 9:27:24 | 23 03 34 | 15 58 | 22 38 | 16 35 | 20 22 | 11 48 | 23 27 | 02 05 | 18 55 | 11 20 | 11 59 | 03 15 |
| 13 | 9:31:20 | 24 04 14 | 29 21 | 06♏06 | 18 17 | 21 36 | 12 11 | 23 36 | 02 06 | 18 54 | 11 21 | 12 01 | 03 12 |
| 14 | 9:35:17 | 25 04 53 | 12♏55 | 19 47 | 20 01 | 22 50 | 12 33 | 23 46 | 02 08 | 18 54 | 11 23 | 12 03 | 03 09 |
| 15 | 9:39:14 | 26 05 32 | 26 43 | 03♐41 | 21 45 | 24 04 | 12 55 | 23 56 | 02 09 | 18 53 | 11 25 | 12 04 | 03 05 |
| 16 | 9:43:10 | 27 06 09 | 10♐44 | 17 50 | 23 31 | 25 18 | 13 17 | 24 05 | 02 11 | 18 53 | 11 27 | 12 06 | 03 02 |
| 17 | 9:47:07 | 28 06 45 | 24 59 | 02♑11 | 25 17 | 26 32 | 13 39 | 24 14 | 02 12 | 18 52 | 11 28 | 12 08 | 02 59 |
| 18 | 9:51:03 | 29 07 20 | 09♑26 | 16 43 | 27 04 | 27 46 | 14 00 | 24 23 | 02 14 | 18 52 | 11 30 | 12 10 | 02 56 |
| 19 | 9:55:00 | 00♓07 53 | 24 02 | 01♒22 | 28 52 | 29 00 | 14 20 | 24 32 | 02 16 | 18 51 | 11 32 | 12 12 | 02 53 |
| 20 | 9:58:56 | 01 08 25 | 08♒42 | 16 00 | 00♓41 | 00♈14 | 14 41 | 24 41 | 02 18 | 18 51 | 11 34 | 12 13 | 02 50 |
| 21 | 10:02:53 | 02 08 56 | 23 17 | 00♓31 | 02 30 | 01 28 | 15 01 | 24 50 | 02 20 | 18 51 | 11 36 | 12 15 | 02 46 |
| 22 | 10:06:49 | 03 09 25 | 07♓41 | 14 47 | 04 21 | 02 41 | 15 20 | 24 59 | 02 22 | 18 51 | 11 37 | 12 17 | 02 43 |
| 23 | 10:10:46 | 04 09 53 | 21 47 | 28 42 | 06 12 | 03 55 | 15 39 | 25 07 | 02 24 | 18 50 | 11 39 | 12 19 | 02 40 |
| 24 | 10:14:43 | 05 10 18 | 05♈30 | 12♈12 | 08 04 | 05 09 | 15 58 | 25 15 | 02 27 | 18 50 | 11 41 | 12 20 | 02 37 |
| 25 | 10:18:39 | 06 10 42 | 18 48 | 25 18 | 09 57 | 06 22 | 16 17 | 25 24 | 02 29 | 18 50 | 11 43 | 12 22 | 02 34 |
| 26 | 10:22:36 | 07 11 04 | 01♉41 | 07♉59 | 11 50 | 07 36 | 16 35 | 25 32 | 02 32 | 18 50D | 11 45 | 12 24 | 02 31 |
| 27 | 10:26:32 | 08 11 24 | 14 11 | 20 19 | 13 44 | 08 49 | 16 52 | 25 40 | 02 34 | 18 50 | 11 47 | 12 26 | 02 27 |
| 28 | 10:30:29 | 09 11 43 | 26 23 | 02♊24 | 15 38 | 10 02 | 17 09 | 25 48 | 02 37 | 18 50 | 11 49 | 12 27 | 02 24 |

## 0:00 E.T. Longitudes of the Major Asteroids and Chiron

| D | ⚳ | ⚴ | ⚵ | ⚶ | ⚷ | D | ⚳ | ⚴ | ⚵ | ⚶ | ⚷ |
|---|---|---|---|---|---|---|---|---|---|---|---|
| 1 | 12♉15 | 16♓34 | 14♒10 | 25♉53 | 12♉08 | 15 | 15 29 | 21 13 | 20 18 | 28 19 | 12 23 |
| 2 | 12 27 | 16 54 | 14 36 | 26 02 | 12 08 | 16 | 15 45 | 21 33 | 20 45 | 28 32 | 12 24 |
| 3 | 12 40 | 17 13 | 15 03 | 26 10 | 12 09 | 17 | 16 01 | 21 53 | 21 11 | 28 45 | 12 26 |
| 4 | 12 53 | 17 33 | 15 29 | 26 19 | 12 10 | 18 | 16 17 | 22 14 | 21 38 | 28 58 | 12 27 |
| 5 | 13 06 | 17 52 | 15 55 | 26 29 | 12 11 | 19 | 16 33 | 22 35 | 22 04 | 29 12 | 12 29 |
| 6 | 13 19 | 18 12 | 16 21 | 26 39 | 12 12 | 20 | 16 49 | 22 55 | 22 31 | 29 25 | 12 31 |
| 7 | 13 33 | 18 32 | 16 47 | 26 49 | 12 13 | 21 | 17 06 | 23 16 | 22 58 | 29 39 | 12 33 |
| 8 | 13 46 | 18 52 | 17 13 | 26 59 | 12 14 | 22 | 17 23 | 23 37 | 23 24 | 29 54 | 12 34 |
| 9 | 14 00 | 19 12 | 17 40 | 27 09 | 12 15 | 23 | 17 40 | 23 58 | 23 51 | 00♊08 | 12 36 |
| 10 | 14 15 | 19 32 | 18 06 | 27 20 | 12 16 | 24 | 17 57 | 24 19 | 24 18 | 00 23 | 12 38 |
| 11 | 14 29 | 19 52 | 18 32 | 27 32 | 12 17 | 25 | 18 14 | 24 40 | 24 44 | 00 38 | 12 40 |
| 12 | 14 44 | 20 12 | 18 59 | 27 43 | 12 19 | 26 | 18 32 | 25 01 | 25 11 | 00 53 | 12 42 |
| 13 | 14 59 | 20 32 | 19 25 | 27 55 | 12 20 | 27 | 18 49 | 25 22 | 25 38 | 01 08 | 12 44 |
| 14 | 15 14 | 20 52 | 19 52 | 28 07 | 12 21 | 28 | 19 07 | 25 43 | 26 05 | 01 24 | 12 47 |

## Lunar Data

| Last Asp. | | Ingress | |
|---|---|---|---|
| 2 | 19:49 | 3 ♋ | 12:21 |
| 4 | 10:54 | 6 ♌ | 00:34 |
| 7 | 20:55 | 8 ♍ | 10:46 |
| 10 | 06:15 | 10 ♎ | 18:52 |
| 12 | 13:48 | 13 ♏ | 01:10 |
| 14 | 22:51 | 15 ♐ | 05:40 |
| 17 | 05:37 | 17 ♑ | 08:22 |
| 19 | 08:52 | 19 ♒ | 09:46 |
| 21 | 02:35 | 21 ♓ | 11:08 |
| 23 | 05:49 | 23 ♈ | 14:17 |
| 25 | 12:19 | 25 ♉ | 20:49 |
| 27 | 05:21 | 28 ♊ | 07:12 |

## 0:00 E.T. Declinations

| D | ☉ | ☽ | ☿ | ♀ | ♂ | ♃ | ♄ | ♅ | ♆ | ♇ | ⚳ | ⚴ | ⚵ | ⚶ | ⚷ |
|---|---|---|---|---|---|---|---|---|---|---|---|---|---|---|---|
| 1 | -17 13 | +20 37 | -21 57 | -10 26 | -12 13 | -22 37 | +18 43 | +23 05 | +02 59 | -23 10 | +12 15 | -07 19 | -11 18 | +15 32 | +13 40 |
| 2 | 16 56 | 21 37 | 21 42 | 09 57 | 12 21 | 22 38 | 18 44 | 23 05 | 02 59 | 23 09 | 12 22 | 07 15 | 11 12 | 15 37 | 13 40 |
| 3 | 16 38 | 21 39 | 21 25 | 09 28 | 12 29 | 22 39 | 18 44 | 23 05 | 03 00 | 23 09 | 12 29 | 07 12 | 11 07 | 15 42 | 13 41 |
| 4 | 16 21 | 20 43 | 21 07 | 08 59 | 12 37 | 22 40 | 18 44 | 23 05 | 03 01 | 23 08 | 12 37 | 07 08 | 11 01 | 15 47 | 13 41 |
| 5 | 16 03 | 18 52 | 20 47 | 08 30 | 12 45 | 22 40 | 18 44 | 23 05 | 03 01 | 23 08 | 12 44 | 07 04 | 10 55 | 15 52 | 13 41 |
| 6 | 15 45 | 16 10 | 20 26 | 08 00 | 12 52 | 22 41 | 18 45 | 23 05 | 03 02 | 23 07 | 12 51 | 07 01 | 10 50 | 15 57 | 13 41 |
| 7 | 15 26 | 12 45 | 20 04 | 07 30 | 13 00 | 22 41 | 18 45 | 23 05 | 03 02 | 23 07 | 12 58 | 06 57 | 10 44 | 16 02 | 13 42 |
| 8 | 15 07 | 08 44 | 19 40 | 07 00 | 13 07 | 22 42 | 18 46 | 23 05 | 03 03 | 23 06 | 13 05 | 06 53 | 10 38 | 16 08 | 13 42 |
| 9 | 14 48 | 04 18 | 19 15 | 06 30 | 13 15 | 22 42 | 18 46 | 23 05 | 03 04 | 23 06 | 13 13 | 06 50 | 10 32 | 16 13 | 13 43 |
| 10 | 14 29 | -00 24 | 18 48 | 06 00 | 13 22 | 22 43 | 18 46 | 23 05 | 03 04 | 23 06 | 13 20 | 06 46 | 10 26 | 16 18 | 13 43 |
| 11 | 14 09 | 05 08 | 18 20 | 05 29 | 13 29 | 22 44 | 18 47 | 23 04 | 03 05 | 23 05 | 13 27 | 06 42 | 10 20 | 16 24 | 13 43 |
| 12 | 13 50 | 09 42 | 17 51 | 04 59 | 13 36 | 22 44 | 18 47 | 23 04 | 03 06 | 23 05 | 13 35 | 06 38 | 10 13 | 16 29 | 13 44 |
| 13 | 13 30 | 13 53 | 17 20 | 04 28 | 13 43 | 22 45 | 18 48 | 23 04 | 03 06 | 23 04 | 13 42 | 06 34 | 10 07 | 16 34 | 13 44 |
| 14 | 13 10 | 17 23 | 16 48 | 03 57 | 13 50 | 22 45 | 18 48 | 23 04 | 03 07 | 23 04 | 13 49 | 06 30 | 10 01 | 16 40 | 13 45 |
| 15 | 12 49 | 19 59 | 16 14 | 03 26 | 13 56 | 22 45 | 18 49 | 23 04 | 03 08 | 23 03 | 13 57 | 06 26 | 09 54 | 16 45 | 13 45 |
| 16 | 12 28 | 21 24 | 15 39 | 02 55 | 14 03 | 22 46 | 18 49 | 23 04 | 03 08 | 23 03 | 14 04 | 06 22 | 09 48 | 16 51 | 13 46 |
| 17 | 12 08 | 21 29 | 15 02 | 02 24 | 14 09 | 22 46 | 18 50 | 23 04 | 03 09 | 23 03 | 14 12 | 06 18 | 09 42 | 16 56 | 13 46 |
| 18 | 11 47 | 20 08 | 14 24 | 01 52 | 14 15 | 22 47 | 18 51 | 23 04 | 03 10 | 23 02 | 14 19 | 06 14 | 09 35 | 17 02 | 13 47 |
| 19 | 11 25 | 17 27 | 13 45 | 01 21 | 14 21 | 22 47 | 18 51 | 23 04 | 03 11 | 23 02 | 14 27 | 06 09 | 09 28 | 17 07 | 13 47 |
| 20 | 11 04 | 13 40 | 13 04 | 00 50 | 14 27 | 22 47 | 18 52 | 23 04 | 03 11 | 23 01 | 14 34 | 06 05 | 09 22 | 17 13 | 13 48 |
| 21 | 10 42 | 09 05 | 12 22 | 00 18 | 14 33 | 22 48 | 18 53 | 23 04 | 03 12 | 23 01 | 14 42 | 06 01 | 09 15 | 17 18 | 13 48 |
| 22 | 10 21 | 04 03 | 11 39 | +00 13 | 14 39 | 22 48 | 18 53 | 23 04 | 03 13 | 23 01 | 14 49 | 05 57 | 09 08 | 17 24 | 13 49 |
| 23 | 09 59 | +01 05 | 10 54 | 00 44 | 14 45 | 22 48 | 18 54 | 23 04 | 03 14 | 23 00 | 14 57 | 05 52 | 09 01 | 17 29 | 13 49 |
| 24 | 09 37 | 06 02 | 10 08 | 01 16 | 14 50 | 22 49 | 18 55 | 23 04 | 03 14 | 23 00 | 15 04 | 05 48 | 08 54 | 17 35 | 13 50 |
| 25 | 09 15 | 10 33 | 09 21 | 01 47 | 14 55 | 22 49 | 18 55 | 23 04 | 03 15 | 22 59 | 15 12 | 05 44 | 08 47 | 17 41 | 13 51 |
| 26 | 08 52 | 14 27 | 08 32 | 02 18 | 15 01 | 22 49 | 18 56 | 23 04 | 03 16 | 22 59 | 15 19 | 05 39 | 08 40 | 17 46 | 13 51 |
| 27 | 08 30 | 17 34 | 07 43 | 02 50 | 15 06 | 22 50 | 18 57 | 23 04 | 03 17 | 22 59 | 15 27 | 05 35 | 08 33 | 17 52 | 13 52 |
| 28 | 08 07 | 19 49 | 06 52 | 03 21 | 15 11 | 22 50 | 18 58 | 23 04 | 03 17 | 22 58 | 15 34 | 05 30 | 08 26 | 17 57 | 13 53 |

Lunar Phases -- 7 ○ 12:48 14 ◑ 22:51 21 ● 15:50 Sun enters ♓ 2/18 20:52

# 0:00 E.T. Longitudes of Main Planets - March 2031 

| D | S.T. | ☉ | ☽ | ☽ 12:00 | ☿ | ♀ | ♂ | ♃ | ♄ | ♅ | ♆ | ♇ | ☊ |
|---|---|---|---|---|---|---|---|---|---|---|---|---|---|
| 1 | 10:34:25 | 10♓11 59 | 08♊22 | 14♊17 | 17♓32 | 11♈16 | 17♏26 | 25♐55 | 02♊40 | 18♊51 | 11♈51 | 12♒29 | 02♐21 |
| 2 | 10:38:22 | 11 12 13 | 20 12 | 26 06 | 19 27 | 12 29 | 17 42 | 26 03 | 02 43 | 18 51 | 11 53 | 12 31 | 02 18 |
| 3 | 10:42:18 | 12 12 25 | 02♋00 | 07♋55 | 21 21 | 13 42 | 17 58 | 26 11 | 02 46 | 18 51 | 11 55 | 12 32 | 02 15 |
| 4 | 10:46:15 | 13 12 35 | 13 51 | 19 49 | 23 15 | 14 55 | 18 14 | 26 18 | 02 49 | 18 51 | 11 57 | 12 34 | 02 11 |
| 5 | 10:50:12 | 14 12 43 | 25 49 | 01♌52 | 25 08 | 16 08 | 18 29 | 26 25 | 02 53 | 18 52 | 11 59 | 12 36 | 02 08 |
| 6 | 10:54:08 | 15 12 50 | 07♌59 | 14 09 | 27 00 | 17 21 | 18 43 | 26 32 | 02 56 | 18 52 | 12 01 | 12 37 | 02 05 |
| 7 | 10:58:05 | 16 12 54 | 20 22 | 26 40 | 28 51 | 18 34 | 18 57 | 26 39 | 02 59 | 18 53 | 12 03 | 12 39 | 02 02 |
| 8 | 11:02:01 | 17 12 55 | 03♍02 | 09♍27 | 00♈40 | 19 47 | 19 11 | 26 46 | 03 03 | 18 53 | 12 05 | 12 40 | 01 59 |
| 9 | 11:05:58 | 18 12 56 | 15 57 | 22 30 | 02 28 | 21 00 | 19 24 | 26 52 | 03 07 | 18 54 | 12 07 | 12 42 | 01 56 |
| 10 | 11:09:54 | 19 12 54 | 29 07 | 05♎47 | 04 12 | 22 13 | 19 36 | 26 59 | 03 11 | 18 55 | 12 10 | 12 43 | 01 52 |
| 11 | 11:13:51 | 20 12 50 | 12♎29 | 19 15 | 05 53 | 23 25 | 19 48 | 27 05 | 03 14 | 18 55 | 12 12 | 12 45 | 01 49 |
| 12 | 11:17:47 | 21 12 44 | 26 03 | 02♏54 | 07 31 | 24 38 | 19 59 | 27 11 | 03 18 | 18 56 | 12 14 | 12 47 | 01 46 |
| 13 | 11:21:44 | 22 12 37 | 09♏46 | 16 41 | 09 04 | 25 51 | 20 10 | 27 17 | 03 22 | 18 57 | 12 16 | 12 48 | 01 43 |
| 14 | 11:25:41 | 23 12 28 | 23 37 | 00♐34 | 10 33 | 27 03 | 20 20 | 27 23 | 03 27 | 18 58 | 12 18 | 12 50 | 01 40 |
| 15 | 11:29:37 | 24 12 18 | 07♐33 | 14 34 | 11 57 | 28 15 | 20 30 | 27 29 | 03 31 | 18 59 | 12 20 | 12 51 | 01 37 |
| 16 | 11:33:34 | 25 12 06 | 21 35 | 28 39 | 13 15 | 29 28 | 20 39 | 27 34 | 03 35 | 18 59 | 12 22 | 12 52 | 01 33 |
| 17 | 11:37:30 | 26 11 52 | 05♑43 | 12♑48 | 14 26 | 00♉40 | 20 48 | 27 40 | 03 40 | 19 00 | 12 25 | 12 54 | 01 30 |
| 18 | 11:41:27 | 27 11 37 | 19 54 | 27 00 | 15 32 | 01 52 | 20 55 | 27 45 | 03 44 | 19 02 | 12 27 | 12 55 | 01 27 |
| 19 | 11:45:23 | 28 11 19 | 04♒07 | 11♒14 | 16 30 | 03 04 | 21 03 | 27 50 | 03 49 | 19 03 | 12 29 | 12 57 | 01 24 |
| 20 | 11:49:20 | 29 11 01 | 18 20 | 25 24 | 17 21 | 04 16 | 21 09 | 27 55 | 03 53 | 19 04 | 12 31 | 12 58 | 01 21 |
| 21 | 11:53:16 | 00♈10 40 | 02♓27 | 09♓27 | 18 05 | 05 28 | 21 15 | 27 59 | 03 58 | 19 05 | 12 33 | 13 00 | 01 17 |
| 22 | 11:57:13 | 01 10 17 | 16 25 | 23 19 | 18 41 | 06 40 | 21 21 | 28 04 | 04 03 | 19 06 | 12 36 | 13 01 | 01 14 |
| 23 | 12:01:10 | 02 09 52 | 00♈09 | 06♈55 | 19 08 | 07 52 | 21 25 | 28 08 | 04 08 | 19 08 | 12 38 | 13 02 | 01 11 |
| 24 | 12:05:06 | 03 09 26 | 13 36 | 20 12 | 19 28 | 09 04 | 21 29 | 28 12 | 04 13 | 19 09 | 12 40 | 13 04 | 01 08 |
| 25 | 12:09:03 | 04 08 57 | 26 43 | 03♉09 | 19 40 | 10 15 | 21 32 | 28 16 | 04 18 | 19 10 | 12 42 | 13 05 | 01 05 |
| 26 | 12:12:59 | 05 08 26 | 09♉30 | 15 46 | 19 45 | 11 27 | 21 35 | 28 20 | 04 23 | 19 12 | 12 45 | 13 06 | 01 02 |
| 27 | 12:16:56 | 06 07 53 | 21 58 | 28 05 | 19 41℞ | 12 38 | 21 37 | 28 24 | 04 28 | 19 13 | 12 47 | 13 07 | 00 58 |
| 28 | 12:20:52 | 07 07 18 | 04♊09 | 10♊10 | 19 30 | 13 49 | 21 38 | 28 27 | 04 34 | 19 15 | 12 49 | 13 09 | 00 55 |
| 29 | 12:24:49 | 08 06 41 | 16 09 | 22 05 | 19 12 | 15 01 | 21 38 | 28 31 | 04 39 | 19 16 | 12 51 | 13 10 | 00 52 |
| 30 | 12:28:45 | 09 06 01 | 28 01 | 03♋55 | 18 48 | 16 12 | 21 38℞ | 28 34 | 04 44 | 19 18 | 12 54 | 13 11 | 00 49 |
| 31 | 12:32:42 | 10 05 19 | 09♋50 | 15 46 | 18 17 | 17 23 | 21 37 | 28 37 | 04 50 | 19 20 | 12 56 | 13 12 | 00 46 |

## 0:00 E.T. Longitudes of the Major Asteroids and Chiron

| D | ⚳ | ⚴ | ⚵ | ⚶ | ⚷ |
|---|---|---|---|---|---|
| 1 | 19♉25 | 26♓04 | 26♒31 | 01♊40 | 12♉49 |
| 2 | 19 44 | 26 25 | 26 58 | 01 56 | 12 51 |
| 3 | 20 02 | 26 46 | 27 25 | 02 12 | 12 53 |
| 4 | 20 20 | 27 08 | 27 52 | 02 29 | 12 56 |
| 5 | 20 39 | 27 29 | 28 19 | 02 45 | 12 58 |
| 6 | 20 58 | 27 51 | 28 45 | 03 02 | 13 00 |
| 7 | 21 17 | 28 12 | 29 12 | 03 19 | 13 03 |
| 8 | 21 36 | 28 34 | 29 39 | 03 37 | 13 06 |
| 9 | 21 55 | 28 55 | 00♓06 | 03 54 | 13 08 |
| 10 | 22 15 | 29 17 | 00 33 | 04 12 | 13 11 |
| 11 | 22 34 | 29 38 | 01 00 | 04 30 | 13 13 |
| 12 | 22 54 | 00♈00 | 01 27 | 04 48 | 13 16 |
| 13 | 23 14 | 00 22 | 01 54 | 05 06 | 13 19 |
| 14 | 23 34 | 00 44 | 02 21 | 05 24 | 13 22 |
| 15 | 23 54 | 01 05 | 02 48 | 05 43 | 13 24 |
| 16 | 24 14 | 01 27 | 03 15 | 06 01 | 13 27 |
| 17 | 24 35 | 01 49 | 03 42 | 06 20 | 13 30 |
| 18 | 24 55 | 02 11 | 04 09 | 06 39 | 13 33 |
| 19 | 25 16 | 02 33 | 04 36 | 06 58 | 13 36 |
| 20 | 25 36 | 02 55 | 05 03 | 07 18 | 13 39 |
| 21 | 25 57 | 03 17 | 05 30 | 07 37 | 13 42 |
| 22 | 26 18 | 03 39 | 05 57 | 07 57 | 13 45 |
| 23 | 26 39 | 04 01 | 06 24 | 08 17 | 13 49 |
| 24 | 27 01 | 04 24 | 06 51 | 08 37 | 13 52 |
| 25 | 27 22 | 04 46 | 07 18 | 08 57 | 13 55 |
| 26 | 27 43 | 05 08 | 07 45 | 09 17 | 13 58 |
| 27 | 28 05 | 05 30 | 08 12 | 09 37 | 14 02 |
| 28 | 28 26 | 05 52 | 08 39 | 09 58 | 14 05 |
| 29 | 28 48 | 06 15 | 09 06 | 10 18 | 14 08 |
| 30 | 29 10 | 06 37 | 09 33 | 10 39 | 14 12 |
| 31 | 29 32 | 06 59 | 10 00 | 11 00 | 14 15 |

## Lunar Data

| Last Asp. | | Ingress | | |
|---|---|---|---|---|
| 2 | 12:02 | 2 | ♋ | 19:56 |
| 4 | 22:23 | 5 | ♌ | 08:18 |
| 7 | 12:04 | 7 | ♍ | 18:18 |
| 9 | 20:07 | 10 | ♎ | 01:37 |
| 12 | 01:60 | 12 | ♏ | 06:55 |
| 13 | 23:15 | 14 | ♐ | 11:01 |
| 16 | 10:14 | 16 | ♑ | 14:18 |
| 18 | 13:14 | 18 | ♒ | 17:03 |
| 20 | 16:21 | 20 | ♓ | 19:49 |
| 22 | 20:26 | 22 | ♈ | 23:44 |
| 25 | 02:55 | 25 | ♉ | 06:07 |
| 26 | 23:19 | 27 | ♊ | 15:46 |
| 30 | 01:07 | 30 | ♋ | 04:02 |

## 0:00 E.T. Declinations

| D | ☉ | ☽ | ☿ | ♀ | ♂ | ♃ | ♄ | ♅ | ♆ | ♇ | ⚳ | ⚴ | ⚵ | ⚶ | ⚷ |
|---|---|---|---|---|---|---|---|---|---|---|---|---|---|---|---|
| 1 | -07 45 | +21 08 | -06 01 | +03 52 | -15 16 | -22 50 | +18 59 | +23 04 | +03 18 | -22 58 | +15 42 | -05 26 | -08 19 | +18 03 | +13 53 |
| 2 | 07 22 | 21 29 | 05 09 | 04 23 | 15 20 | 22 50 | 18 59 | 23 04 | 03 19 | 22 58 | 15 49 | 05 22 | 08 12 | 18 08 | 13 54 |
| 3 | 06 59 | 20 53 | 04 16 | 04 54 | 15 25 | 22 51 | 19 00 | 23 04 | 03 20 | 22 57 | 15 57 | 05 17 | 08 04 | 18 14 | 13 55 |
| 4 | 06 36 | 19 21 | 03 22 | 05 25 | 15 29 | 22 51 | 19 01 | 23 04 | 03 21 | 22 57 | 16 04 | 05 13 | 07 57 | 18 19 | 13 55 |
| 5 | 06 13 | 16 58 | 02 28 | 05 56 | 15 34 | 22 51 | 19 02 | 23 04 | 03 21 | 22 57 | 16 12 | 05 08 | 07 50 | 18 25 | 13 56 |
| 6 | 05 50 | 13 49 | 01 34 | 06 27 | 15 38 | 22 51 | 19 03 | 23 04 | 03 22 | 22 56 | 16 19 | 05 04 | 07 42 | 18 30 | 13 57 |
| 7 | 05 26 | 10 01 | 00 39 | 06 57 | 15 42 | 22 51 | 19 04 | 23 04 | 03 23 | 22 56 | 16 27 | 04 59 | 07 35 | 18 36 | 13 58 |
| 8 | 05 03 | 05 42 | +00 15 | 07 27 | 15 46 | 22 52 | 19 05 | 23 04 | 03 24 | 22 56 | 16 34 | 04 54 | 07 27 | 18 41 | 13 58 |
| 9 | 04 40 | 01 04 | 01 08 | 07 58 | 15 49 | 22 52 | 19 06 | 23 04 | 03 25 | 22 56 | 16 42 | 04 50 | 07 20 | 18 47 | 13 59 |
| 10 | 04 16 | -03 42 | 02 01 | 08 28 | 15 53 | 22 52 | 19 07 | 23 04 | 03 26 | 22 55 | 16 49 | 04 45 | 07 12 | 18 52 | 14 00 |
| 11 | 03 53 | 08 23 | 02 53 | 08 58 | 15 57 | 22 52 | 19 08 | 23 05 | 03 26 | 22 55 | 16 56 | 04 41 | 07 05 | 18 58 | 14 01 |
| 12 | 03 29 | 12 43 | 03 44 | 09 27 | 16 00 | 22 52 | 19 09 | 23 05 | 03 27 | 22 55 | 17 04 | 04 36 | 06 57 | 19 03 | 14 02 |
| 13 | 03 05 | 16 26 | 04 33 | 09 57 | 16 03 | 22 52 | 19 10 | 23 05 | 03 28 | 22 54 | 17 11 | 04 32 | 06 49 | 19 08 | 14 02 |
| 14 | 02 42 | 19 15 | 05 20 | 10 26 | 16 06 | 22 52 | 19 11 | 23 05 | 03 29 | 22 54 | 17 19 | 04 27 | 06 42 | 19 14 | 14 03 |
| 15 | 02 18 | 20 56 | 06 05 | 10 55 | 16 09 | 22 52 | 19 12 | 23 05 | 03 30 | 22 54 | 17 26 | 04 22 | 06 34 | 19 19 | 14 04 |
| 16 | 01 54 | 21 20 | 06 47 | 11 23 | 16 12 | 22 53 | 19 13 | 23 05 | 03 31 | 22 54 | 17 33 | 04 18 | 06 26 | 19 24 | 14 05 |
| 17 | 01 31 | 20 22 | 07 27 | 11 52 | 16 15 | 22 53 | 19 14 | 23 05 | 03 32 | 22 53 | 17 41 | 04 13 | 06 18 | 19 29 | 14 06 |
| 18 | 01 07 | 18 08 | 08 04 | 12 20 | 16 17 | 22 53 | 19 15 | 23 05 | 03 32 | 22 53 | 17 48 | 04 09 | 06 10 | 19 35 | 14 07 |
| 19 | 00 43 | 14 47 | 08 37 | 12 48 | 16 20 | 22 53 | 19 16 | 23 05 | 03 33 | 22 53 | 17 55 | 04 04 | 06 02 | 19 40 | 14 08 |
| 20 | 00 19 | 10 36 | 09 07 | 13 16 | 16 22 | 22 53 | 19 17 | 23 05 | 03 34 | 22 53 | 18 02 | 03 59 | 05 54 | 19 45 | 14 09 |
| 21 | +00 04 | 05 52 | 09 34 | 13 43 | 16 24 | 22 53 | 19 18 | 23 05 | 03 35 | 22 52 | 18 09 | 03 55 | 05 46 | 19 50 | 14 09 |
| 22 | 00 28 | 00 53 | 09 56 | 14 10 | 16 26 | 22 53 | 19 19 | 23 05 | 03 36 | 22 52 | 18 17 | 03 50 | 05 38 | 19 55 | 14 10 |
| 23 | 00 52 | +04 05 | 10 15 | 14 37 | 16 28 | 22 53 | 19 20 | 23 06 | 03 37 | 22 52 | 18 24 | 03 46 | 05 30 | 20 00 | 14 11 |
| 24 | 01 15 | 08 44 | 10 30 | 15 03 | 16 30 | 22 53 | 19 21 | 23 06 | 03 38 | 22 52 | 18 31 | 03 41 | 05 22 | 20 05 | 14 12 |
| 25 | 01 39 | 12 52 | 10 40 | 15 29 | 16 31 | 22 53 | 19 23 | 23 06 | 03 39 | 22 52 | 18 38 | 03 37 | 05 14 | 20 10 | 14 13 |
| 26 | 02 03 | 16 18 | 10 46 | 15 54 | 16 33 | 22 53 | 19 24 | 23 06 | 03 39 | 22 51 | 18 45 | 03 32 | 05 06 | 20 15 | 14 14 |
| 27 | 02 26 | 18 53 | 10 48 | 16 20 | 16 34 | 22 53 | 19 25 | 23 06 | 03 40 | 22 51 | 18 52 | 03 27 | 04 58 | 20 20 | 14 15 |
| 28 | 02 50 | 20 32 | 10 46 | 16 44 | 16 35 | 22 53 | 19 26 | 23 06 | 03 41 | 22 51 | 18 59 | 03 23 | 04 50 | 20 25 | 14 16 |
| 29 | 03 13 | 21 13 | 10 40 | 17 09 | 16 36 | 22 53 | 19 27 | 23 06 | 03 42 | 22 51 | 19 06 | 03 18 | 04 41 | 20 30 | 14 17 |
| 30 | 03 36 | 20 56 | 10 29 | 17 33 | 16 37 | 22 54 | 19 28 | 23 06 | 03 43 | 22 51 | 19 13 | 03 14 | 04 33 | 20 35 | 14 18 |
| 31 | 04 00 | 19 43 | 10 15 | 17 56 | 16 37 | 22 54 | 19 30 | 23 07 | 03 44 | 22 51 | 19 20 | 03 09 | 04 25 | 20 39 | 14 19 |

Lunar Phases -- 1 ◐ 04:04 9 ○ 04:31 16 ◑ 06:37 23 ● 03:50 31 ◐ 00:33 Sun enters ♈ 3/20 19:43

# Longitudes of Main Planets - April 2031

0:00 E.T.

| D | S.T. | ☉ | ☽ | ☽ 12:00 | ☿ | ♀ | ♂ | ♃ | ♄ | ♅ | ♆ | ♇ | ☊ |
|---|---|---|---|---|---|---|---|---|---|---|---|---|---|
| 1 | 12:36:39 | 11♈04 34 | 21♋42 | 27♋41 | 17♈41℞ | 18♉34 | 21♏35℞ | 28♐40 | 04♊56 | 19♊22 | 12♈58 | 13♒13 | 00♐42 |
| 2 | 12:40:35 | 12 03 48 | 03♌42 | 09♌47 | 17 01 | 19 45 | 21 32 | 28 42 | 05 01 | 19 23 | 13 01 | 13 14 | 00 39 |
| 3 | 12:44:32 | 13 02 59 | 15 55 | 22 07 | 16 18 | 20 55 | 21 29 | 28 45 | 05 07 | 19 25 | 13 03 | 13 15 | 00 36 |
| 4 | 12:48:28 | 14 02 08 | 28 24 | 04♍45 | 15 31 | 22 06 | 21 25 | 28 47 | 05 13 | 19 27 | 13 05 | 13 17 | 00 33 |
| 5 | 12:52:25 | 15 01 14 | 11♍11 | 17 43 | 14 44 | 23 17 | 21 20 | 28 49 | 05 19 | 19 29 | 13 07 | 13 18 | 00 30 |
| 6 | 12:56:21 | 16 00 18 | 24 19 | 01♎00 | 13 55 | 24 27 | 21 14 | 28 51 | 05 25 | 19 31 | 13 10 | 13 19 | 00 27 |
| 7 | 13:00:18 | 16 59 20 | 07♎46 | 14 37 | 13 07 | 25 37 | 21 08 | 28 52 | 05 31 | 19 33 | 13 12 | 13 20 | 00 23 |
| 8 | 13:04:14 | 17 58 20 | 21 31 | 28 29 | 12 20 | 26 47 | 21 01 | 28 54 | 05 37 | 19 35 | 13 14 | 13 21 | 00 20 |
| 9 | 13:08:11 | 18 57 19 | 05♏31 | 12♏34 | 11 35 | 27 58 | 20 53 | 28 55 | 05 43 | 19 37 | 13 16 | 13 22 | 00 17 |
| 10 | 13:12:08 | 19 56 15 | 19 40 | 26 47 | 10 52 | 29 07 | 20 44 | 28 56 | 05 49 | 19 39 | 13 19 | 13 23 | 00 14 |
| 11 | 13:16:04 | 20 55 09 | 03♐56 | 11♐05 | 10 14 | 00♊17 | 20 35 | 28 57 | 05 55 | 19 41 | 13 21 | 13 23 | 00 11 |
| 12 | 13:20:01 | 21 54 02 | 18 14 | 25 22 | 09 39 | 01 27 | 20 25 | 28 58 | 06 02 | 19 44 | 13 23 | 13 24 | 00 08 |
| 13 | 13:23:57 | 22 52 53 | 02♑31 | 09♑38 | 09 08 | 02 37 | 20 14 | 28 59 | 06 08 | 19 46 | 13 25 | 13 25 | 00 04 |
| 14 | 13:27:54 | 23 51 42 | 16 44 | 23 49 | 08 43 | 03 46 | 20 02 | 28 59 | 06 14 | 19 48 | 13 28 | 13 26 | 00 01 |
| 15 | 13:31:50 | 24 50 29 | 00♒52 | 07♒53 | 08 22 | 04 55 | 19 50 | 28 59 | 06 21 | 19 51 | 13 30 | 13 27 | 29♏58 |
| 16 | 13:35:47 | 25 49 15 | 14 53 | 21 50 | 08 06 | 06 05 | 19 37 | 28 59℞ | 06 27 | 19 53 | 13 32 | 13 28 | 29 55 |
| 17 | 13:39:43 | 26 47 59 | 28 45 | 05♓38 | 07 56 | 07 14 | 19 23 | 28 59 | 06 34 | 19 55 | 13 34 | 13 28 | 29 52 |
| 18 | 13:43:40 | 27 46 42 | 12♓28 | 19 15 | 07 51 | 08 23 | 19 08 | 28 59 | 06 41 | 19 58 | 13 37 | 13 29 | 29 48 |
| 19 | 13:47:37 | 28 45 22 | 25 58 | 02♈39 | 07 51D | 09 32 | 18 53 | 28 58 | 06 47 | 20 00 | 13 39 | 13 30 | 29 45 |
| 20 | 13:51:33 | 29 44 01 | 09♈16 | 15 50 | 07 56 | 10 40 | 18 37 | 28 57 | 06 54 | 20 03 | 13 41 | 13 30 | 29 42 |
| 21 | 13:55:30 | 00♉42 38 | 22 19 | 28 45 | 08 07 | 11 49 | 18 21 | 28 56 | 07 01 | 20 05 | 13 43 | 13 31 | 29 39 |
| 22 | 13:59:26 | 01 41 13 | 05♉07 | 11♉26 | 08 22 | 12 57 | 18 03 | 28 55 | 07 08 | 20 08 | 13 45 | 13 32 | 29 36 |
| 23 | 14:03:23 | 02 39 46 | 17 41 | 23 52 | 08 42 | 14 05 | 17 46 | 28 54 | 07 14 | 20 11 | 13 48 | 13 32 | 29 33 |
| 24 | 14:07:19 | 03 38 18 | 00 00 | 06♊05 | 09 06 | 15 14 | 17 27 | 28 52 | 07 21 | 20 13 | 13 50 | 13 33 | 29 29 |
| 25 | 14:11:16 | 04 36 47 | 12♊07 | 18 07 | 09 35 | 16 22 | 17 09 | 28 51 | 07 28 | 20 16 | 13 52 | 13 34 | 29 26 |
| 26 | 14:15:12 | 05 35 14 | 24 04 | 00♋01 | 10 07 | 17 29 | 16 49 | 28 49 | 07 35 | 20 19 | 13 54 | 13 34 | 29 23 |
| 27 | 14:19:09 | 06 33 39 | 05♋56 | 11 51 | 10 44 | 18 37 | 16 30 | 28 47 | 07 42 | 20 21 | 13 56 | 13 35 | 29 20 |
| 28 | 14:23:06 | 07 32 03 | 17 46 | 23 41 | 11 25 | 19 44 | 16 09 | 28 44 | 07 49 | 20 24 | 13 58 | 13 35 | 29 17 |
| 29 | 14:27:02 | 08 30 24 | 29 38 | 05♌37 | 12 09 | 20 52 | 15 49 | 28 42 | 07 57 | 20 27 | 14 00 | 13 35 | 29 14 |
| 30 | 14:30:59 | 09 28 43 | 11♌38 | 17 42 | 12 57 | 21 59 | 15 28 | 28 39 | 08 04 | 20 30 | 14 03 | 13 36 | 29 10 |

0:00 E.T.

## Longitudes of the Major Asteroids and Chiron

| D | ⚳ | ⚴ | ⚵ | ⚶ | ⚷ | D | ⚳ | ⚴ | ⚵ | ⚶ | ⚷ |
|---|---|---|---|---|---|---|---|---|---|---|---|
| 1 | 29♉54 | 07♈22 | 10♓27 | 11♊21 | 14♉18 | 16 | 05 35 | 13 00 | 17 12 | 16 49 | 15 13 |
| 2 | 00♊16 | 07 44 | 10 54 | 11 42 | 14 22 | 17 | 05 58 | 13 23 | 17 39 | 17 12 | 15 17 |
| 3 | 00 38 | 08 07 | 11 21 | 12 03 | 14 25 | 18 | 06 21 | 13 46 | 18 06 | 17 35 | 15 21 |
| 4 | 01 01 | 08 29 | 11 48 | 12 25 | 14 29 | 19 | 06 45 | 14 08 | 18 33 | 17 57 | 15 24 |
| 5 | 01 23 | 08 52 | 12 15 | 12 46 | 14 33 | 20 | 07 09 | 14 31 | 19 00 | 18 20 | 15 28 |
| 6 | 01 45 | 09 14 | 12 42 | 13 08 | 14 36 | 21 | 07 32 | 14 54 | 19 27 | 18 43 | 15 32 |
| 7 | 02 08 | 09 37 | 13 09 | 13 29 | 14 40 | 22 | 07 56 | 15 17 | 19 54 | 19 07 | 15 36 |
| 8 | 02 31 | 09 59 | 13 36 | 13 51 | 14 43 | 23 | 08 20 | 15 40 | 20 21 | 19 30 | 15 40 |
| 9 | 02 53 | 10 22 | 14 03 | 14 13 | 14 47 | 24 | 08 43 | 16 02 | 20 48 | 19 53 | 15 44 |
| 10 | 03 16 | 10 44 | 14 30 | 14 35 | 14 51 | 25 | 09 07 | 16 25 | 21 14 | 20 16 | 15 48 |
| 11 | 03 39 | 11 07 | 14 57 | 14 57 | 14 54 | 26 | 09 31 | 16 48 | 21 41 | 20 40 | 15 52 |
| 12 | 04 02 | 11 29 | 15 24 | 15 19 | 14 58 | 27 | 09 55 | 17 11 | 22 08 | 21 03 | 15 56 |
| 13 | 04 25 | 11 52 | 15 51 | 15 42 | 15 02 | 28 | 10 19 | 17 34 | 22 35 | 21 27 | 16 00 |
| 14 | 04 48 | 12 15 | 16 18 | 16 04 | 15 05 | 29 | 10 43 | 17 57 | 23 02 | 21 51 | 16 04 |
| 15 | 05 11 | 12 37 | 16 45 | 16 27 | 15 09 | 30 | 11 08 | 18 19 | 23 28 | 22 14 | 16 07 |

## Lunar Data

| Last Asp. | | Ingress | | |
|---|---|---|---|---|
| 31 | 23:45 | 1 | ♌ | 16:37 |
| 4 | 00:44 | 4 | ♍ | 03:02 |
| 6 | 08:09 | 6 | ♎ | 10:12 |
| 8 | 12:43 | 8 | ♏ | 14:35 |
| 10 | 17:20 | 10 | ♐ | 17:24 |
| 12 | 18:03 | 12 | ♑ | 19:47 |
| 14 | 12:59 | 14 | ♒ | 22:31 |
| 17 | 00:24 | 17 | ♓ | 02:10 |
| 19 | 05:22 | 19 | ♈ | 07:14 |
| 21 | 12:20 | 21 | ♉ | 14:20 |
| 23 | 00:10 | 24 | ♊ | 00:00 |
| 26 | 09:33 | 26 | ♋ | 11:59 |
| 27 | 20:50 | 29 | ♌ | 00:44 |

0:00 E.T.

## Declinations

| D | ☉ | ☽ | ☿ | ♀ | ♂ | ♃ | ♄ | ♅ | ♆ | ♇ | ⚳ | ⚴ | ⚵ | ⚶ | ⚷ |
|---|---|---|---|---|---|---|---|---|---|---|---|---|---|---|---|
| 1 | +04 23 | +17 39 | +09 57 | +18 20 | -16 38 | -22 54 | +19 31 | +23 07 | +03 45 | -22 51 | +19 26 | -03 05 | -04 17 | +20 44 | +14 20 |
| 2 | 04 46 | 14 48 | 09 35 | 18 42 | 16 38 | 22 54 | 19 32 | 23 07 | 03 46 | 22 50 | 19 33 | 03 00 | 04 08 | 20 49 | 14 21 |
| 3 | 05 09 | 11 16 | 09 11 | 19 05 | 16 39 | 22 54 | 19 33 | 23 07 | 03 46 | 22 50 | 19 40 | 02 56 | 04 00 | 20 53 | 14 22 |
| 4 | 05 32 | 07 12 | 08 44 | 19 26 | 16 39 | 22 54 | 19 35 | 23 07 | 03 47 | 22 50 | 19 47 | 02 52 | 03 52 | 20 58 | 14 23 |
| 5 | 05 55 | 02 43 | 08 15 | 19 48 | 16 38 | 22 54 | 19 36 | 23 07 | 03 48 | 22 50 | 19 53 | 02 47 | 03 43 | 21 02 | 14 24 |
| 6 | 06 18 | -02 01 | 07 45 | 20 08 | 16 38 | 22 54 | 19 37 | 23 08 | 03 49 | 22 50 | 20 00 | 02 43 | 03 35 | 21 07 | 14 25 |
| 7 | 06 40 | 06 46 | 07 14 | 20 29 | 16 38 | 22 54 | 19 38 | 23 08 | 03 50 | 22 50 | 20 06 | 02 38 | 03 27 | 21 11 | 14 26 |
| 8 | 07 03 | 11 17 | 06 42 | 20 48 | 16 37 | 22 54 | 19 39 | 23 08 | 03 51 | 22 50 | 20 13 | 02 34 | 03 18 | 21 15 | 14 27 |
| 9 | 07 25 | 15 16 | 06 10 | 21 08 | 16 37 | 22 54 | 19 41 | 23 08 | 03 52 | 22 50 | 20 19 | 02 30 | 03 10 | 21 20 | 14 28 |
| 10 | 07 48 | 18 25 | 05 39 | 21 26 | 16 36 | 22 54 | 19 42 | 23 08 | 03 53 | 22 50 | 20 26 | 02 26 | 03 01 | 21 24 | 14 29 |
| 11 | 08 10 | 20 27 | 05 09 | 21 45 | 16 35 | 22 54 | 19 43 | 23 08 | 03 53 | 22 50 | 20 32 | 02 21 | 02 53 | 21 28 | 14 30 |
| 12 | 08 32 | 21 10 | 04 40 | 22 02 | 16 33 | 22 54 | 19 45 | 23 09 | 03 54 | 22 50 | 20 39 | 02 17 | 02 45 | 21 32 | 14 31 |
| 13 | 08 54 | 20 30 | 04 13 | 22 19 | 16 32 | 22 54 | 19 46 | 23 09 | 03 55 | 22 50 | 20 45 | 02 13 | 02 36 | 21 36 | 14 32 |
| 14 | 09 15 | 18 32 | 03 48 | 22 36 | 16 31 | 22 54 | 19 47 | 23 09 | 03 56 | 22 50 | 20 51 | 02 09 | 02 28 | 21 40 | 14 33 |
| 15 | 09 37 | 15 27 | 03 25 | 22 52 | 16 29 | 22 54 | 19 48 | 23 09 | 03 57 | 22 50 | 20 57 | 02 05 | 02 19 | 21 44 | 14 34 |
| 16 | 09 59 | 11 31 | 03 04 | 23 07 | 16 27 | 22 54 | 19 50 | 23 09 | 03 58 | 22 50 | 21 03 | 02 01 | 02 11 | 21 48 | 14 35 |
| 17 | 10 20 | 07 01 | 02 46 | 23 22 | 16 25 | 22 54 | 19 51 | 23 09 | 03 59 | 22 50 | 21 09 | 01 57 | 02 02 | 21 52 | 14 37 |
| 18 | 10 41 | 02 13 | 02 31 | 23 36 | 16 23 | 22 54 | 19 52 | 23 10 | 03 59 | 22 50 | 21 15 | 01 52 | 01 54 | 21 55 | 14 38 |
| 19 | 11 02 | +02 38 | 02 18 | 23 50 | 16 21 | 22 54 | 19 53 | 23 10 | 04 00 | 22 50 | 21 21 | 01 49 | 01 46 | 21 59 | 14 39 |
| 20 | 11 23 | 07 18 | 02 07 | 24 03 | 16 18 | 22 54 | 19 55 | 23 10 | 04 01 | 22 50 | 21 27 | 01 45 | 01 37 | 22 03 | 14 40 |
| 21 | 11 43 | 11 32 | 02 00 | 24 15 | 16 16 | 22 54 | 19 56 | 23 10 | 04 02 | 22 50 | 21 33 | 01 41 | 01 29 | 22 06 | 14 41 |
| 22 | 12 03 | 15 10 | 01 55 | 24 27 | 16 13 | 22 54 | 19 57 | 23 10 | 04 03 | 22 50 | 21 39 | 01 37 | 01 20 | 22 10 | 14 42 |
| 23 | 12 24 | 18 01 | 01 52 | 24 38 | 16 10 | 22 54 | 19 59 | 23 11 | 04 04 | 22 50 | 21 44 | 01 33 | 01 12 | 22 13 | 14 43 |
| 24 | 12 44 | 19 59 | 01 52 | 24 48 | 16 07 | 22 54 | 20 00 | 23 11 | 04 04 | 22 50 | 21 50 | 01 29 | 01 03 | 22 16 | 14 44 |
| 25 | 13 03 | 20 59 | 01 54 | 24 58 | 16 04 | 22 54 | 20 01 | 23 11 | 04 05 | 22 50 | 21 56 | 01 26 | 00 55 | 22 20 | 14 45 |
| 26 | 13 23 | 21 00 | 01 59 | 25 07 | 16 00 | 22 54 | 20 02 | 23 11 | 04 06 | 22 50 | 22 01 | 01 22 | 00 47 | 22 23 | 14 46 |
| 27 | 13 42 | 20 05 | 02 06 | 25 16 | 15 57 | 22 54 | 20 04 | 23 11 | 04 07 | 22 50 | 22 07 | 01 18 | 00 38 | 22 26 | 14 47 |
| 28 | 14 01 | 18 17 | 02 15 | 25 24 | 15 54 | 22 54 | 20 05 | 23 12 | 04 08 | 22 50 | 22 12 | 01 15 | 00 30 | 22 29 | 14 48 |
| 29 | 14 20 | 15 42 | 02 26 | 25 31 | 15 50 | 22 54 | 20 06 | 23 12 | 04 08 | 22 50 | 22 17 | 01 11 | 00 21 | 22 32 | 14 49 |
| 30 | 14 39 | 12 26 | 02 39 | 25 38 | 15 46 | 22 54 | 20 07 | 23 12 | 04 09 | 22 50 | 22 23 | 01 08 | 00 13 | 22 35 | 14 50 |

Lunar Phases -- 7 ○ 17:23 14 ◑ 12:59 21 ● 16:58 29 ◐ 19:21 Sun enters ♉ 4/20 06:33

## 0:00 E.T. Longitudes of Main Planets - May 2031



| D | S.T. | ☉ | ☽ | ☽ 12:00 | ☿ | ♀ | ♂ | ♃ | ♄ | ♅ | ♆ | ♇ | ☊ |
|---|---|---|---|---|---|---|---|---|---|---|---|---|---|
| 1 | 14:34:55 | 10♉27 00 | 23♌50 | 00♍02 | 13♈48 | 23♊06 | 15♏07℞ | 28♐37℞ | 08♊11 | 20♊33 | 14♈05 | 13♒36 | 29♏07 |
| 2 | 14:38:52 | 11 25 14 | 06♍19 | 12 40 | 14 43 | 24 12 | 14 45 | 28 34 | 08 18 | 20 36 | 14 07 | 13 37 | 29 04 |
| 3 | 14:42:48 | 12 23 27 | 19 08 | 25 40 | 15 40 | 25 19 | 14 24 | 28 31 | 08 25 | 20 39 | 14 09 | 13 37 | 29 01 |
| 4 | 14:46:45 | 13 21 38 | 02♎19 | 09♎04 | 16 41 | 26 25 | 14 02 | 28 27 | 08 33 | 20 42 | 14 11 | 13 37 | 28 58 |
| 5 | 14:50:41 | 14 19 47 | 15 55 | 22 51 | 17 44 | 27 32 | 13 40 | 28 24 | 08 40 | 20 45 | 14 13 | 13 38 | 28 54 |
| 6 | 14:54:38 | 15 17 54 | 29 53 | 07♏00 | 18 50 | 28 38 | 13 18 | 28 20 | 08 47 | 20 48 | 14 15 | 13 38 | 28 51 |
| 7 | 14:58:35 | 16 15 59 | 14♏12 | 21 27 | 19 59 | 29 43 | 12 56 | 28 16 | 08 55 | 20 51 | 14 17 | 13 38 | 28 48 |
| 8 | 15:02:31 | 17 14 03 | 28 45 | 06♐05 | 21 10 | 00♋49 | 12 34 | 28 12 | 09 02 | 20 54 | 14 19 | 13 38 | 28 45 |
| 9 | 15:06:28 | 18 12 05 | 13♐27 | 20 49 | 22 24 | 01 54 | 12 12 | 28 08 | 09 10 | 20 57 | 14 21 | 13 38 | 28 42 |
| 10 | 15:10:24 | 19 10 06 | 28 11 | 05♑32 | 23 40 | 02 59 | 11 50 | 28 04 | 09 17 | 21 00 | 14 23 | 13 39 | 28 39 |
| 11 | 15:14:21 | 20 08 05 | 12♑51 | 20 08 | 24 59 | 04 04 | 11 28 | 27 59 | 09 25 | 21 03 | 14 25 | 13 39 | 28 35 |
| 12 | 15:18:17 | 21 06 03 | 27 22 | 04♒32 | 26 20 | 05 09 | 11 06 | 27 55 | 09 32 | 21 06 | 14 27 | 13 39 | 28 32 |
| 13 | 15:22:14 | 22 04 00 | 11♒38 | 18 41 | 27 43 | 06 13 | 10 45 | 27 50 | 09 40 | 21 10 | 14 29 | 13 39 | 28 29 |
| 14 | 15:26:10 | 23 01 55 | 25 39 | 02♓33 | 29 09 | 07 17 | 10 24 | 27 45 | 09 47 | 21 13 | 14 30 | 13 39 | 28 26 |
| 15 | 15:30:07 | 23 59 50 | 09♓23 | 16 08 | 00♉37 | 08 21 | 10 03 | 27 40 | 09 55 | 21 16 | 14 32 | 13 39℞ | 28 23 |
| 16 | 15:34:04 | 24 57 42 | 22 50 | 29 27 | 02 07 | 09 25 | 09 42 | 27 35 | 10 03 | 21 19 | 14 34 | 13 39 | 28 20 |
| 17 | 15:38:00 | 25 55 34 | 06♈00 | 12♈29 | 03 39 | 10 28 | 09 22 | 27 29 | 10 10 | 21 23 | 14 36 | 13 39 | 28 16 |
| 18 | 15:41:57 | 26 53 24 | 18 55 | 25 17 | 05 14 | 11 31 | 09 02 | 27 24 | 10 18 | 21 26 | 14 38 | 13 39 | 28 13 |
| 19 | 15:45:53 | 27 51 14 | 01♉36 | 07♉52 | 06 50 | 12 34 | 08 43 | 27 18 | 10 26 | 21 29 | 14 40 | 13 39 | 28 10 |
| 20 | 15:49:50 | 28 49 02 | 14 05 | 20 15 | 08 29 | 13 36 | 08 24 | 27 12 | 10 33 | 21 33 | 14 41 | 13 39 | 28 07 |
| 21 | 15:53:46 | 29 46 48 | 26 22 | 02♊27 | 10 10 | 14 39 | 08 06 | 27 06 | 10 41 | 21 36 | 14 43 | 13 38 | 28 04 |
| 22 | 15:57:43 | 00♊44 33 | 08♊29 | 14 30 | 11 53 | 15 41 | 07 48 | 27 00 | 10 49 | 21 39 | 14 45 | 13 38 | 28 00 |
| 23 | 16:01:39 | 01 42 17 | 20 29 | 26 26 | 13 38 | 16 42 | 07 31 | 26 54 | 10 56 | 21 43 | 14 46 | 13 38 | 27 57 |
| 24 | 16:05:36 | 02 40 00 | 02♋23 | 08♋18 | 15 26 | 17 44 | 07 15 | 26 48 | 11 04 | 21 46 | 14 48 | 13 38 | 27 54 |
| 25 | 16:09:33 | 03 37 41 | 14 13 | 20 07 | 17 15 | 18 45 | 06 59 | 26 42 | 11 12 | 21 50 | 14 50 | 13 37 | 27 51 |
| 26 | 16:13:29 | 04 35 21 | 26 02 | 01♌58 | 19 07 | 19 45 | 06 44 | 26 35 | 11 20 | 21 53 | 14 51 | 13 37 | 27 48 |
| 27 | 16:17:26 | 05 32 59 | 07♌55 | 13 54 | 21 01 | 20 45 | 06 30 | 26 29 | 11 27 | 21 56 | 14 53 | 13 37 | 27 45 |
| 28 | 16:21:22 | 06 30 36 | 19 54 | 25 58 | 22 57 | 21 45 | 06 16 | 26 22 | 11 35 | 22 00 | 14 55 | 13 37 | 27 41 |
| 29 | 16:25:19 | 07 28 11 | 02♍05 | 08♍16 | 24 54 | 22 45 | 06 03 | 26 15 | 11 43 | 22 03 | 14 56 | 13 36 | 27 38 |
| 30 | 16:29:15 | 08 25 45 | 14 31 | 20 51 | 26 54 | 23 44 | 05 51 | 26 08 | 11 51 | 22 07 | 14 58 | 13 36 | 27 35 |
| 31 | 16:33:12 | 09 23 18 | 27 16 | 03♎47 | 28 56 | 24 43 | 05 40 | 26 01 | 11 59 | 22 10 | 14 59 | 13 35 | 27 32 |

## 0:00 E.T. Longitudes of the Major Asteroids and Chiron

| D | ⚳ | ⚴ | ⚵ | ⚶ | ⚷ |
|---|---|---|---|---|---|
| 1 | 11♊32 | 18♈42 | 23♓55 | 22♊38 | 16♉11 |
| 2 | 11 56 | 19 05 | 24 22 | 23 02 | 16 15 |
| 3 | 12 20 | 19 28 | 24 48 | 23 26 | 16 19 |
| 4 | 12 45 | 19 51 | 25 15 | 23 50 | 16 23 |
| 5 | 13 09 | 20 14 | 25 42 | 24 14 | 16 27 |
| 6 | 13 34 | 20 37 | 26 08 | 24 38 | 16 31 |
| 7 | 13 58 | 21 00 | 26 35 | 25 02 | 16 35 |
| 8 | 14 23 | 21 23 | 27 01 | 25 27 | 16 39 |
| 9 | 14 47 | 21 45 | 27 28 | 25 51 | 16 43 |
| 10 | 15 12 | 22 08 | 27 54 | 26 15 | 16 47 |
| 11 | 15 37 | 22 31 | 28 21 | 26 40 | 16 51 |
| 12 | 16 02 | 22 54 | 28 47 | 27 04 | 16 55 |
| 13 | 16 26 | 23 17 | 29 14 | 27 29 | 16 59 |
| 14 | 16 51 | 23 40 | 29 40 | 27 53 | 17 03 |
| 15 | 17 16 | 24 03 | 00♈07 | 28 18 | 17 07 |
| 16 | 17 41 | 24 26 | 00 33 | 28 43 | 17 11 |
| 17 | 18 06 | 24 49 | 00 59 | 29 07 | 17 15 |
| 18 | 18 31 | 25 12 | 01 25 | 29 32 | 17 19 |
| 19 | 18 56 | 25 35 | 01 52 | 29 57 | 17 23 |
| 20 | 19 21 | 25 58 | 02 18 | 00♋22 | 17 27 |
| 21 | 19 46 | 26 21 | 02 44 | 00 47 | 17 31 |
| 22 | 20 11 | 26 43 | 03 10 | 01 12 | 17 35 |
| 23 | 20 37 | 27 06 | 03 36 | 01 37 | 17 39 |
| 24 | 21 02 | 27 29 | 04 02 | 02 02 | 17 42 |
| 25 | 21 27 | 27 52 | 04 28 | 02 27 | 17 46 |
| 26 | 21 52 | 28 15 | 04 54 | 02 53 | 17 50 |
| 27 | 22 18 | 28 38 | 05 20 | 03 18 | 17 54 |
| 28 | 22 43 | 29 01 | 05 46 | 03 43 | 17 58 |
| 29 | 23 08 | 29 24 | 06 12 | 04 08 | 18 02 |
| 30 | 23 34 | 29 46 | 06 37 | 04 34 | 18 06 |
| 31 | 23 59 | 00♉09 | 07 03 | 04 59 | 18 09 |

## Lunar Data

| Last Asp. | | Ingress | | |
|---|---|---|---|---|
| 1 | 09:13 | 1 | ♍ | 11:56 |
| 3 | 17:04 | 3 | ♎ | 19:50 |
| 5 | 21:40 | 6 | ♏ | 00:11 |
| 7 | 03:41 | 8 | ♐ | 02:03 |
| 9 | 23:48 | 10 | ♑ | 02:57 |
| 11 | 22:07 | 12 | ♒ | 04:24 |
| 14 | 06:47 | 14 | ♓ | 07:33 |
| 16 | 08:33 | 16 | ♈ | 13:00 |
| 18 | 15:53 | 18 | ♉ | 20:57 |
| 19 | 23:09 | 21 | ♊ | 07:10 |
| 23 | 12:50 | 23 | ♋ | 19:12 |
| 25 | 10:04 | 26 | ♌ | 08:01 |
| 28 | 12:40 | 28 | ♍ | 19:55 |
| 31 | 03:40 | 31 | ♎ | 05:03 |

## 0:00 E.T. Declinations

| D | ☉ | ☽ | ☿ | ♀ | ♂ | ♃ | ♄ | ♅ | ♆ | ♇ | ⚳ | ⚴ | ⚵ | ⚶ | ⚷ |
|---|---|---|---|---|---|---|---|---|---|---|---|---|---|---|---|
| 1 | +14 57 | +08 37 | +02 54 | +25 44 | -15 43 | -22 54 | +20 09 | +23 12 | +04 10 | -22 51 | +22 28 | -01 04 | -00 05 | +22 38 | +14 51 |
| 2 | 15 15 | 04 21 | 03 11 | 25 49 | 15 39 | 22 54 | 20 10 | 23 12 | 04 11 | 22 51 | 22 33 | 01 01 | +00 04 | 22 40 | 14 53 |
| 3 | 15 33 | -00 14 | 03 29 | 25 54 | 15 35 | 22 54 | 20 11 | 23 13 | 04 12 | 22 51 | 22 38 | 00 58 | 00 12 | 22 43 | 14 54 |
| 4 | 15 51 | 04 55 | 03 49 | 25 58 | 15 31 | 22 54 | 20 13 | 23 13 | 04 12 | 22 51 | 22 43 | 00 54 | 00 20 | 22 46 | 14 55 |
| 5 | 16 08 | 09 32 | 04 11 | 26 01 | 15 27 | 22 54 | 20 14 | 23 13 | 04 13 | 22 51 | 22 48 | 00 51 | 00 29 | 22 48 | 14 56 |
| 6 | 16 25 | 13 46 | 04 34 | 26 03 | 15 23 | 22 54 | 20 15 | 23 13 | 04 14 | 22 51 | 22 53 | 00 48 | 00 37 | 22 51 | 14 57 |
| 7 | 16 42 | 17 18 | 04 59 | 26 05 | 15 18 | 22 54 | 20 16 | 23 14 | 04 15 | 22 51 | 22 58 | 00 45 | 00 45 | 22 53 | 14 58 |
| 8 | 16 59 | 19 49 | 05 25 | 26 07 | 15 14 | 22 54 | 20 18 | 23 14 | 04 15 | 22 52 | 23 03 | 00 42 | 00 53 | 22 55 | 14 59 |
| 9 | 17 15 | 21 01 | 05 53 | 26 08 | 15 10 | 22 54 | 20 19 | 23 14 | 04 16 | 22 52 | 23 07 | 00 39 | 01 01 | 22 57 | 15 00 |
| 10 | 17 31 | 20 46 | 06 22 | 26 08 | 15 06 | 22 54 | 20 20 | 23 14 | 04 17 | 22 52 | 23 12 | 00 36 | 01 10 | 23 00 | 15 01 |
| 11 | 17 46 | 19 06 | 06 52 | 26 07 | 15 02 | 22 54 | 20 21 | 23 14 | 04 17 | 22 52 | 23 16 | 00 33 | 01 18 | 23 02 | 15 02 |
| 12 | 18 02 | 16 13 | 07 23 | 26 06 | 14 58 | 22 54 | 20 23 | 23 15 | 04 18 | 22 52 | 23 21 | 00 30 | 01 26 | 23 04 | 15 03 |
| 13 | 18 17 | 12 25 | 07 55 | 26 04 | 14 54 | 22 54 | 20 24 | 23 15 | 04 19 | 22 53 | 23 25 | 00 28 | 01 34 | 23 05 | 15 04 |
| 14 | 18 32 | 07 59 | 08 28 | 26 01 | 14 50 | 22 54 | 20 25 | 23 15 | 04 20 | 22 53 | 23 29 | 00 25 | 01 42 | 23 07 | 15 05 |
| 15 | 18 46 | 03 14 | 09 02 | 25 58 | 14 46 | 22 54 | 20 26 | 23 15 | 04 20 | 22 53 | 23 34 | 00 23 | 01 50 | 23 09 | 15 06 |
| 16 | 19 00 | +01 34 | 09 37 | 25 55 | 14 42 | 22 54 | 20 27 | 23 16 | 04 21 | 22 53 | 23 38 | 00 20 | 01 58 | 23 11 | 15 07 |
| 17 | 19 14 | 06 13 | 10 13 | 25 50 | 14 38 | 22 54 | 20 29 | 23 16 | 04 22 | 22 54 | 23 42 | 00 18 | 02 06 | 23 12 | 15 08 |
| 18 | 19 27 | 10 30 | 10 50 | 25 45 | 14 34 | 22 54 | 20 30 | 23 16 | 04 22 | 22 54 | 23 46 | 00 15 | 02 14 | 23 14 | 15 09 |
| 19 | 19 41 | 14 15 | 11 27 | 25 40 | 14 31 | 22 54 | 20 31 | 23 16 | 04 23 | 22 54 | 23 50 | 00 13 | 02 22 | 23 15 | 15 10 |
| 20 | 19 53 | 17 17 | 12 05 | 25 34 | 14 27 | 22 54 | 20 32 | 23 16 | 04 24 | 22 54 | 23 54 | 00 11 | 02 29 | 23 16 | 15 11 |
| 21 | 20 06 | 19 29 | 12 43 | 25 27 | 14 24 | 22 54 | 20 33 | 23 17 | 04 24 | 22 55 | 23 57 | 00 09 | 02 37 | 23 18 | 15 12 |
| 22 | 20 18 | 20 46 | 13 22 | 25 20 | 14 21 | 22 54 | 20 35 | 23 17 | 04 25 | 22 55 | 24 01 | 00 07 | 02 45 | 23 19 | 15 13 |
| 23 | 20 30 | 21 05 | 14 01 | 25 12 | 14 18 | 22 54 | 20 36 | 23 17 | 04 25 | 22 55 | 24 05 | 00 05 | 02 53 | 23 20 | 15 14 |
| 24 | 20 41 | 20 26 | 14 40 | 25 03 | 14 15 | 22 54 | 20 37 | 23 17 | 04 26 | 22 56 | 24 08 | 00 03 | 03 00 | 23 21 | 15 15 |
| 25 | 20 52 | 18 53 | 15 20 | 24 55 | 14 12 | 22 53 | 20 38 | 23 18 | 04 27 | 22 56 | 24 12 | 00 01 | 03 08 | 23 22 | 15 16 |
| 26 | 21 03 | 16 32 | 15 59 | 24 45 | 14 10 | 22 53 | 20 39 | 23 18 | 04 27 | 22 56 | 24 15 | +00 00 | 03 16 | 23 22 | 15 17 |
| 27 | 21 13 | 13 29 | 16 39 | 24 35 | 14 07 | 22 53 | 20 40 | 23 18 | 04 28 | 22 57 | 24 18 | 00 02 | 03 23 | 23 23 | 15 18 |
| 28 | 21 23 | 09 52 | 17 18 | 24 25 | 14 05 | 22 53 | 20 41 | 23 18 | 04 28 | 22 57 | 24 22 | 00 03 | 03 30 | 23 24 | 15 19 |
| 29 | 21 33 | 05 48 | 17 57 | 24 14 | 14 03 | 22 53 | 20 43 | 23 18 | 04 29 | 22 57 | 24 25 | 00 05 | 03 38 | 23 24 | 15 20 |
| 30 | 21 42 | 01 25 | 18 35 | 24 02 | 14 01 | 22 53 | 20 44 | 23 19 | 04 29 | 22 58 | 24 28 | 00 06 | 03 45 | 23 25 | 15 21 |
| 31 | 21 51 | -03 09 | 19 12 | 23 50 | 14 00 | 22 53 | 20 45 | 23 19 | 04 30 | 22 58 | 24 31 | 00 07 | 03 52 | 23 25 | 15 22 |

Lunar Phases -- 7 Ⓔ 03:41 13 ◑ 19:08 21 ● 07:18 29 ◐ 11:21 Sun enters ♊ 5/21 05:29

| D | S.T. | ☉ | ☽ | ☽ 12:00 | ☿ | ♀ | ♂ | ♃ | ♄ | ♅ | ♆ | ♇ | ☊ |
|---|---|---|---|---|---|---|---|---|---|---|---|---|---|
| 1 | 16:37:08 | 10♊20 49 | 10♎25 | 17♎08 | 01♊00 | 25♋41 | 05♏30℞ | 25♐54℞ | 12♊06 | 22♊14 | 15♈01 | 13♒35℞ | 27♏29 |
| 2 | 16:41:05 | 11 18 18 | 23 59 | 00♏56 | 03 05 | 26 39 | 05 20 | 25 47 | 12 14 | 22 17 | 15 02 | 13 35 | 27 26 |
| 3 | 16:45:02 | 12 15 47 | 07♏59 | 15 09 | 05 12 | 27 36 | 05 11 | 25 40 | 12 22 | 22 21 | 15 04 | 13 34 | 27 22 |
| 4 | 16:48:58 | 13 13 14 | 22 24 | 29 45 | 07 21 | 28 33 | 05 03 | 25 33 | 12 30 | 22 24 | 15 05 | 13 34 | 27 19 |
| 5 | 16:52:55 | 14 10 41 | 07♐11 | 14♐39 | 09 30 | 29 30 | 04 55 | 25 25 | 12 38 | 22 28 | 15 06 | 13 33 | 27 16 |
| 6 | 16:56:51 | 15 08 06 | 22 11 | 29 44 | 11 41 | 00♌26 | 04 49 | 25 18 | 12 45 | 22 31 | 15 08 | 13 32 | 27 13 |
| 7 | 17:00:48 | 16 05 31 | 07♑17 | 14♑50 | 13 52 | 01 21 | 04 43 | 25 10 | 12 53 | 22 35 | 15 09 | 13 32 | 27 10 |
| 8 | 17:04:44 | 17 02 54 | 22 20 | 29 47 | 16 04 | 02 16 | 04 38 | 25 03 | 13 01 | 22 39 | 15 10 | 13 31 | 27 06 |
| 9 | 17:08:41 | 18 00 17 | 07♒11 | 14♒30 | 18 16 | 03 10 | 04 34 | 24 55 | 13 09 | 22 42 | 15 12 | 13 31 | 27 03 |
| 10 | 17:12:37 | 18 57 40 | 21 43 | 28 51 | 20 28 | 04 04 | 04 31 | 24 48 | 13 17 | 22 46 | 15 13 | 13 30 | 27 00 |
| 11 | 17:16:34 | 19 55 01 | 05♓53 | 12♓48 | 22 40 | 04 57 | 04 29 | 24 40 | 13 24 | 22 49 | 15 14 | 13 29 | 26 57 |
| 12 | 17:20:31 | 20 52 23 | 19 38 | 26 22 | 24 51 | 05 50 | 04 27 | 24 33 | 13 32 | 22 53 | 15 15 | 13 29 | 26 54 |
| 13 | 17:24:27 | 21 49 44 | 03♈00 | 09♈32 | 27 02 | 06 42 | 04 26 | 24 25 | 13 40 | 22 56 | 15 16 | 13 28 | 26 51 |
| 14 | 17:28:24 | 22 47 04 | 15 59 | 22 22 | 29 11 | 07 34 | 04 26D | 24 17 | 13 48 | 23 00 | 15 18 | 13 27 | 26 47 |
| 15 | 17:32:20 | 23 44 24 | 28 41 | 04♉55 | 01♋19 | 08 24 | 04 27 | 24 10 | 13 55 | 23 03 | 15 19 | 13 26 | 26 44 |
| 16 | 17:36:17 | 24 41 43 | 11♉06 | 17 14 | 03 25 | 09 14 | 04 29 | 24 02 | 14 03 | 23 07 | 15 20 | 13 26 | 26 41 |
| 17 | 17:40:13 | 25 39 03 | 23 19 | 29 23 | 05 30 | 10 04 | 04 31 | 23 54 | 14 11 | 23 11 | 15 21 | 13 25 | 26 38 |
| 18 | 17:44:10 | 26 36 21 | 05♊24 | 11♊23 | 07 33 | 10 52 | 04 34 | 23 47 | 14 18 | 23 14 | 15 22 | 13 24 | 26 35 |
| 19 | 17:48:06 | 27 33 39 | 17 21 | 23 18 | 09 35 | 11 40 | 04 38 | 23 39 | 14 26 | 23 18 | 15 23 | 13 23 | 26 31 |
| 20 | 17:52:03 | 28 30 57 | 29 14 | 05♋09 | 11 34 | 12 27 | 04 43 | 23 31 | 14 34 | 23 21 | 15 24 | 13 22 | 26 28 |
| 21 | 17:56:00 | 29 28 14 | 11♋04 | 16 59 | 13 31 | 13 13 | 04 48 | 23 24 | 14 41 | 23 25 | 15 25 | 13 21 | 26 25 |
| 22 | 17:59:56 | 00♋25 31 | 22 54 | 28 49 | 15 26 | 13 59 | 04 55 | 23 16 | 14 49 | 23 28 | 15 26 | 13 20 | 26 22 |
| 23 | 18:03:53 | 01 22 47 | 04♌45 | 10♌42 | 17 19 | 14 43 | 05 02 | 23 09 | 14 57 | 23 32 | 15 26 | 13 20 | 26 19 |
| 24 | 18:07:49 | 02 20 03 | 16 40 | 22 40 | 19 09 | 15 27 | 05 09 | 23 01 | 15 04 | 23 35 | 15 27 | 13 19 | 26 16 |
| 25 | 18:11:46 | 03 17 18 | 28 41 | 04♍46 | 20 58 | 16 09 | 05 18 | 22 54 | 15 12 | 23 39 | 15 28 | 13 18 | 26 12 |
| 26 | 18:15:42 | 04 14 32 | 10♍53 | 17 03 | 22 44 | 16 51 | 05 27 | 22 46 | 15 19 | 23 43 | 15 29 | 13 17 | 26 09 |
| 27 | 18:19:39 | 05 11 46 | 23 19 | 29 44 | 24 28 | 17 32 | 05 37 | 22 39 | 15 27 | 23 46 | 15 30 | 13 16 | 26 06 |
| 28 | 18:23:35 | 06 08 59 | 05♎59 | 12♎27 | 26 10 | 18 11 | 05 47 | 22 32 | 15 34 | 23 50 | 15 30 | 13 15 | 26 03 |
| 29 | 18:27:32 | 07 06 12 | 19 02 | 25 42 | 27 49 | 18 49 | 05 58 | 22 24 | 15 42 | 23 53 | 15 31 | 13 14 | 26 00 |
| 30 | 18:31:29 | 08 03 24 | 02♏28 | 09♏22 | 29 26 | 19 27 | 06 10 | 22 17 | 15 49 | 23 57 | 15 32 | 13 13 | 25 57 |

## 0:00 E.T. — Longitudes of the Major Asteroids and Chiron — Lunar Data

| D | ⚳ | ⚴ | ⚵ | ⚶ | ⚷ | D | ⚳ | ⚴ | ⚵ | ⚶ | ⚷ |
|---|---|---|---|---|---|---|---|---|---|---|---|
| 1 | 24♊25 | 00♉32 | 07♈29 | 05♋25 | 18♉13 | 16 | 00 50 | 06 12 | 13 45 | 11 51 | 19 07 |
| 2 | 24 50 | 00 55 | 07 54 | 05 50 | 18 17 | 17 | 01 15 | 06 35 | 14 10 | 12 17 | 19 11 |
| 3 | 25 16 | 01 18 | 08 20 | 06 16 | 18 21 | 18 | 01 41 | 06 57 | 14 34 | 12 43 | 19 14 |
| 4 | 25 41 | 01 40 | 08 45 | 06 41 | 18 24 | 19 | 02 07 | 07 20 | 14 59 | 13 09 | 19 17 |
| 5 | 26 07 | 02 03 | 09 10 | 07 07 | 18 28 | 20 | 02 33 | 07 42 | 15 23 | 13 35 | 19 21 |
| 6 | 26 32 | 02 26 | 09 36 | 07 32 | 18 32 | 21 | 02 59 | 08 04 | 15 47 | 14 01 | 19 24 |
| 7 | 26 58 | 02 48 | 10 01 | 07 58 | 18 35 | 22 | 03 25 | 08 27 | 16 11 | 14 27 | 19 27 |
| 8 | 27 24 | 03 11 | 10 26 | 08 24 | 18 39 | 23 | 03 51 | 08 49 | 16 36 | 14 53 | 19 30 |
| 9 | 27 49 | 03 34 | 10 51 | 08 50 | 18 43 | 24 | 04 17 | 09 11 | 17 00 | 15 19 | 19 34 |
| 10 | 28 15 | 03 57 | 11 16 | 09 15 | 18 46 | 25 | 04 43 | 09 34 | 17 23 | 15 46 | 19 37 |
| 11 | 28 41 | 04 19 | 11 41 | 09 41 | 18 50 | 26 | 05 09 | 09 56 | 17 47 | 16 12 | 19 40 |
| 12 | 29 06 | 04 42 | 12 06 | 10 07 | 18 53 | 27 | 05 34 | 10 18 | 18 11 | 16 38 | 19 43 |
| 13 | 29 32 | 05 04 | 12 31 | 10 33 | 18 57 | 28 | 06 00 | 10 40 | 18 35 | 17 04 | 19 46 |
| 14 | 29 58 | 05 27 | 12 56 | 10 59 | 19 00 | 29 | 06 26 | 11 02 | 18 58 | 17 31 | 19 49 |
| 15 | 00♋24 | 05 50 | 13 21 | 11 25 | 19 04 | 30 | 06 52 | 11 24 | 19 21 | 17 57 | 19 52 |

### Lunar Data

| Last Asp. | Ingress |
|---|---|
| 2 04:59 | 2 ♏ 10:24 |
| 4 10:44 | 4 ♐ 12:24 |
| 6 04:55 | 6 ♑ 12:25 |
| 7 12:32 | 8 ♒ 12:20 |
| 10 05:07 | 10 ♓ 13:57 |
| 12 11:06 | 12 ♈ 18:34 |
| 14 15:29 | 15 ♉ 02:32 |
| 16 04:32 | 17 ♊ 13:15 |
| 19 22:26 | 20 ♋ 01:34 |
| 21 08:50 | 22 ♌ 14:24 |
| 24 13:55 | 25 ♍ 02:36 |
| 27 02:36 | 27 ♎ 12:46 |
| 29 17:56 | 29 ♏ 19:38 |

## 0:00 E.T. — Declinations

| D | ☉ | ☽ | ☿ | ♀ | ♂ | ♃ | ♄ | ♅ | ♆ | ♇ | ⚳ | ⚴ | ⚵ | ⚶ | ⚷ |
|---|---|---|---|---|---|---|---|---|---|---|---|---|---|---|---|
| 1 | +22 00 | -07 43 | +19 49 | +23 38 | -13 59 | -22 53 | +20 46 | +23 19 | +04 31 | -22 58 | +24 34 | +00 09 | +04 00 | +23 25 | +15 23 |
| 2 | 22 08 | 12 03 | 20 24 | 23 25 | 13 58 | 22 53 | 20 47 | 23 19 | 04 31 | 22 59 | 24 37 | 00 10 | 04 07 | 23 26 | 15 24 |
| 3 | 22 16 | 15 53 | 20 58 | 23 12 | 13 57 | 22 53 | 20 48 | 23 19 | 04 32 | 22 59 | 24 39 | 00 11 | 04 14 | 23 26 | 15 25 |
| 4 | 22 23 | 18 52 | 21 31 | 22 58 | 13 56 | 22 52 | 20 49 | 23 20 | 04 32 | 22 59 | 24 42 | 00 11 | 04 21 | 23 26 | 15 25 |
| 5 | 22 30 | 20 41 | 22 02 | 22 44 | 13 56 | 22 52 | 20 50 | 23 20 | 04 33 | 23 00 | 24 44 | 00 12 | 04 28 | 23 26 | 15 26 |
| 6 | 22 36 | 21 03 | 22 31 | 22 30 | 13 56 | 22 52 | 20 51 | 23 20 | 04 33 | 23 00 | 24 47 | 00 13 | 04 35 | 23 26 | 15 27 |
| 7 | 22 42 | 19 54 | 22 58 | 22 15 | 13 56 | 22 52 | 20 52 | 23 20 | 04 33 | 23 01 | 24 49 | 00 13 | 04 42 | 23 25 | 15 28 |
| 8 | 22 48 | 17 22 | 23 22 | 22 00 | 13 56 | 22 52 | 20 53 | 23 20 | 04 34 | 23 01 | 24 52 | 00 14 | 04 48 | 23 25 | 15 29 |
| 9 | 22 54 | 13 43 | 23 45 | 21 44 | 13 56 | 22 52 | 20 54 | 23 21 | 04 34 | 23 01 | 24 54 | 00 14 | 04 55 | 23 25 | 15 30 |
| 10 | 22 59 | 09 19 | 24 04 | 21 28 | 13 57 | 22 51 | 20 55 | 23 21 | 04 35 | 23 02 | 24 56 | 00 14 | 05 02 | 23 24 | 15 31 |
| 11 | 23 03 | 04 31 | 24 21 | 21 12 | 13 58 | 22 51 | 20 56 | 23 21 | 04 35 | 23 02 | 24 58 | 00 14 | 05 08 | 23 23 | 15 31 |
| 12 | 23 07 | +00 23 | 24 35 | 20 56 | 14 00 | 22 51 | 20 57 | 23 21 | 04 36 | 23 03 | 25 00 | 00 14 | 05 15 | 23 23 | 15 32 |
| 13 | 23 11 | 05 08 | 24 47 | 20 39 | 14 01 | 22 51 | 20 58 | 23 21 | 04 36 | 23 03 | 25 02 | 00 14 | 05 21 | 23 22 | 15 33 |
| 14 | 23 14 | 09 32 | 24 56 | 20 22 | 14 03 | 22 51 | 20 59 | 23 22 | 04 36 | 23 03 | 25 04 | 00 14 | 05 28 | 23 21 | 15 34 |
| 15 | 23 17 | 13 24 | 25 01 | 20 04 | 14 05 | 22 50 | 21 00 | 23 22 | 04 37 | 23 04 | 25 06 | 00 13 | 05 34 | 23 20 | 15 35 |
| 16 | 23 20 | 16 36 | 25 04 | 19 47 | 14 07 | 22 50 | 21 01 | 23 22 | 04 37 | 23 04 | 25 07 | 00 13 | 05 40 | 23 19 | 15 36 |
| 17 | 23 22 | 19 01 | 25 05 | 19 29 | 14 09 | 22 50 | 21 02 | 23 22 | 04 38 | 23 05 | 25 09 | 00 13 | 05 46 | 23 18 | 15 36 |
| 18 | 23 23 | 20 32 | 25 03 | 19 11 | 14 12 | 22 50 | 21 03 | 23 22 | 04 38 | 23 05 | 25 10 | 00 12 | 05 52 | 23 17 | 15 37 |
| 19 | 23 25 | 21 06 | 24 58 | 18 53 | 14 15 | 22 50 | 21 04 | 23 23 | 04 38 | 23 06 | 25 12 | 00 11 | 05 58 | 23 16 | 15 38 |
| 20 | 23 26 | 20 43 | 24 51 | 18 35 | 14 18 | 22 49 | 21 05 | 23 23 | 04 38 | 23 06 | 25 13 | 00 11 | 06 04 | 23 14 | 15 39 |
| 21 | 23 26 | 19 25 | 24 41 | 18 16 | 14 21 | 22 49 | 21 06 | 23 23 | 04 39 | 23 06 | 25 14 | 00 09 | 06 09 | 23 13 | 15 39 |
| 22 | 23 26 | 17 17 | 24 29 | 17 58 | 14 25 | 22 49 | 21 07 | 23 23 | 04 39 | 23 07 | 25 15 | 00 08 | 06 15 | 23 11 | 15 40 |
| 23 | 23 26 | 14 26 | 24 16 | 17 39 | 14 29 | 22 49 | 21 07 | 23 23 | 04 39 | 23 07 | 25 16 | 00 07 | 06 20 | 23 10 | 15 41 |
| 24 | 23 25 | 10 59 | 24 00 | 17 20 | 14 33 | 22 48 | 21 08 | 23 24 | 04 40 | 23 08 | 25 17 | 00 06 | 06 26 | 23 08 | 15 41 |
| 25 | 23 24 | 07 04 | 23 43 | 17 01 | 14 37 | 22 48 | 21 09 | 23 24 | 04 40 | 23 09 | 25 18 | 00 04 | 06 31 | 23 06 | 15 42 |
| 26 | 23 22 | 02 49 | 23 24 | 16 42 | 14 41 | 22 48 | 21 10 | 23 24 | 04 40 | 23 09 | 25 19 | 00 02 | 06 36 | 23 04 | 15 43 |
| 27 | 23 20 | -01 37 | 23 03 | 16 23 | 14 46 | 22 48 | 21 11 | 23 24 | 04 40 | 23 09 | 25 20 | 00 01 | 06 42 | 23 02 | 15 43 |
| 28 | 23 17 | 06 06 | 22 41 | 16 04 | 14 51 | 22 47 | 21 12 | 23 24 | 04 41 | 23 10 | 25 21 | -00 01 | 06 47 | 23 00 | 15 44 |
| 29 | 23 15 | 10 26 | 22 18 | 15 45 | 14 55 | 22 47 | 21 12 | 23 24 | 04 41 | 23 10 | 25 21 | 00 03 | 06 51 | 22 58 | 15 45 |
| 30 | 23 11 | 14 23 | 21 54 | 15 26 | 15 01 | 22 47 | 21 13 | 23 25 | 04 41 | 23 11 | 25 22 | 00 06 | 06 56 | 22 56 | 15 45 |

Lunar Phases -- 5 🌕 11:60   12 ◑ 02:22   19 ● 22:26   28 ◐ 00:20    Sun enters ♋ 6/21 13:18

## 0:00 E.T. Longitudes of Main Planets - July 2031

| D | S.T. | ☉ | ☽ | ☽ 12:00 | ☿ | ♀ | ♂ | ♃ | ♄ | ♅ | ♆ | ♇ | ☊ |
|---|---|---|---|---|---|---|---|---|---|---|---|---|---|
| 1 | 18:35:25 | 09♋00 36 | 16♏22 | 23♏29 | 01♌01 | 20♌03 | 06♏23 | 22♐10℞ | 15♊57 | 24♊00 | 15♈32 | 13♒11℞ | 25♏53 |
| 2 | 18:39:22 | 09 57 48 | 00♐42 | 08♐02 | 02 34 | 20 37 | 06 36 | 22 03 | 16 04 | 24 03 | 15 33 | 13 10 | 25 50 |
| 3 | 18:43:18 | 10 54 59 | 15 27 | 22 57 | 04 04 | 21 11 | 06 50 | 21 56 | 16 11 | 24 07 | 15 33 | 13 09 | 25 47 |
| 4 | 18:47:15 | 11 52 10 | 00♑32 | 08♑09 | 05 32 | 21 43 | 07 04 | 21 50 | 16 19 | 24 10 | 15 34 | 13 08 | 25 44 |
| 5 | 18:51:11 | 12 49 21 | 15 47 | 23 26 | 06 58 | 22 13 | 07 19 | 21 43 | 16 26 | 24 14 | 15 34 | 13 07 | 25 41 |
| 6 | 18:55:08 | 13 46 32 | 01♒03 | 08♒38 | 08 21 | 22 42 | 07 35 | 21 36 | 16 33 | 24 17 | 15 35 | 13 06 | 25 37 |
| 7 | 18:59:04 | 14 43 42 | 16 09 | 23 35 | 09 42 | 23 10 | 07 51 | 21 30 | 16 41 | 24 21 | 15 35 | 13 05 | 25 34 |
| 8 | 19:03:01 | 15 40 53 | 00♓56 | 08♓10 | 11 00 | 23 36 | 08 07 | 21 23 | 16 48 | 24 24 | 15 36 | 13 04 | 25 31 |
| 9 | 19:06:58 | 16 38 05 | 15 17 | 22 17 | 12 16 | 24 00 | 08 25 | 21 17 | 16 55 | 24 27 | 15 36 | 13 02 | 25 28 |
| 10 | 19:10:54 | 17 35 16 | 29 09 | 05♈55 | 13 29 | 24 23 | 08 42 | 21 11 | 17 02 | 24 31 | 15 36 | 13 01 | 25 25 |
| 11 | 19:14:51 | 18 32 28 | 12♈34 | 19 06 | 14 40 | 24 44 | 09 01 | 21 05 | 17 09 | 24 34 | 15 36 | 13 00 | 25 22 |
| 12 | 19:18:47 | 19 29 41 | 25 32 | 01♉52 | 15 48 | 25 03 | 09 20 | 20 59 | 17 16 | 24 37 | 15 37 | 12 59 | 25 18 |
| 13 | 19:22:44 | 20 26 54 | 08♉08 | 14 19 | 16 53 | 25 20 | 09 39 | 20 53 | 17 23 | 24 41 | 15 37 | 12 58 | 25 15 |
| 14 | 19:26:40 | 21 24 08 | 20 26 | 26 30 | 17 56 | 25 36 | 09 59 | 20 47 | 17 30 | 24 44 | 15 37 | 12 56 | 25 12 |
| 15 | 19:30:37 | 22 21 22 | 02♊31 | 08♊30 | 18 55 | 25 49 | 10 19 | 20 42 | 17 37 | 24 47 | 15 37 | 12 55 | 25 09 |
| 16 | 19:34:33 | 23 18 36 | 14 27 | 20 23 | 19 51 | 26 01 | 10 40 | 20 36 | 17 44 | 24 50 | 15 37 | 12 54 | 25 06 |
| 17 | 19:38:30 | 24 15 51 | 26 18 | 02♋13 | 20 45 | 26 10 | 11 01 | 20 31 | 17 51 | 24 54 | 15 38 | 12 52 | 25 03 |
| 18 | 19:42:27 | 25 13 07 | 08♋08 | 14 02 | 21 35 | 26 17 | 11 23 | 20 26 | 17 57 | 24 57 | 15 38 | 12 51 | 24 59 |
| 19 | 19:46:23 | 26 10 23 | 19 57 | 25 53 | 22 21 | 26 22 | 11 45 | 20 21 | 18 04 | 25 00 | 15 38℞ | 12 50 | 24 56 |
| 20 | 19:50:20 | 27 07 39 | 01♌49 | 07♌47 | 23 04 | 26 25 | 12 08 | 20 16 | 18 11 | 25 03 | 15 38 | 12 49 | 24 53 |
| 21 | 19:54:16 | 28 04 56 | 13 45 | 19 45 | 23 44 | 26 25℞ | 12 31 | 20 11 | 18 17 | 25 06 | 15 38 | 12 47 | 24 50 |
| 22 | 19:58:13 | 29 02 14 | 25 47 | 01♍50 | 24 19 | 26 24 | 12 55 | 20 06 | 18 24 | 25 10 | 15 37 | 12 46 | 24 47 |
| 23 | 20:02:09 | 29 59 31 | 07♍55 | 14 02 | 24 50 | 26 19 | 13 19 | 20 02 | 18 31 | 25 13 | 15 37 | 12 45 | 24 43 |
| 24 | 20:06:06 | 00♌56 49 | 20 12 | 26 25 | 25 18 | 26 13 | 13 44 | 19 58 | 18 37 | 25 16 | 15 37 | 12 43 | 24 40 |
| 25 | 20:10:02 | 01 54 08 | 02♎40 | 09♎00 | 25 40 | 26 04 | 14 09 | 19 54 | 18 44 | 25 19 | 15 37 | 12 42 | 24 37 |
| 26 | 20:13:59 | 02 51 26 | 15 23 | 21 51 | 25 59 | 25 53 | 14 34 | 19 50 | 18 50 | 25 22 | 15 37 | 12 41 | 24 34 |
| 27 | 20:17:56 | 03 48 45 | 28 23 | 05♏01 | 26 13 | 25 39 | 15 00 | 19 46 | 18 56 | 25 25 | 15 37 | 12 39 | 24 31 |
| 28 | 20:21:52 | 04 46 05 | 11♏44 | 18 33 | 26 21 | 25 23 | 15 26 | 19 43 | 19 02 | 25 28 | 15 36 | 12 38 | 24 28 |
| 29 | 20:25:49 | 05 43 25 | 25 28 | 02♐29 | 26 25 | 25 04 | 15 52 | 19 39 | 19 09 | 25 31 | 15 36 | 12 37 | 24 24 |
| 30 | 20:29:45 | 06 40 46 | 09♐37 | 16 51 | 26 24℞ | 24 44 | 16 19 | 19 36 | 19 15 | 25 33 | 15 36 | 12 35 | 24 21 |
| 31 | 20:33:42 | 07 38 07 | 24 10 | 01♑35 | 26 18 | 24 21 | 16 46 | 19 33 | 19 21 | 25 36 | 15 35 | 12 34 | 24 18 |

## 0:00 E.T. Longitudes of the Major Asteroids and Chiron

| D | ⚳ | ⚴ | ⚵ | ⚶ | ⚷ |
|---|---|---|---|---|---|
| 1 | 07♋18 | 11♉46 | 19♈45 | 18♋23 | 19♉55 |
| 2 | 07 44 | 12 08 | 20 08 | 18 50 | 19 58 |
| 3 | 08 10 | 12 30 | 20 31 | 19 16 | 20 01 |
| 4 | 08 37 | 12 52 | 20 54 | 19 42 | 20 03 |
| 5 | 09 03 | 13 14 | 21 17 | 20 09 | 20 06 |
| 6 | 09 29 | 13 36 | 21 40 | 20 35 | 20 09 |
| 7 | 09 55 | 13 58 | 22 02 | 21 02 | 20 12 |
| 8 | 10 21 | 14 19 | 22 25 | 21 28 | 20 14 |
| 9 | 10 47 | 14 41 | 22 47 | 21 55 | 20 17 |
| 10 | 11 13 | 15 03 | 23 09 | 22 21 | 20 19 |
| 11 | 11 39 | 15 24 | 23 31 | 22 48 | 20 22 |
| 12 | 12 05 | 15 46 | 23 53 | 23 14 | 20 24 |
| 13 | 12 31 | 16 07 | 24 15 | 23 41 | 20 27 |
| 14 | 12 57 | 16 29 | 24 37 | 24 07 | 20 29 |
| 15 | 13 23 | 16 50 | 24 58 | 24 34 | 20 32 |
| 16 | 13 49 | 17 11 | 25 20 | 25 00 | 20 34 |
| 17 | 14 15 | 17 32 | 25 41 | 25 27 | 20 36 |
| 18 | 14 41 | 17 53 | 26 02 | 25 54 | 20 38 |
| 19 | 15 07 | 18 15 | 26 23 | 26 20 | 20 41 |
| 20 | 15 34 | 18 35 | 26 43 | 26 47 | 20 43 |
| 21 | 16 00 | 18 56 | 27 04 | 27 13 | 20 45 |
| 22 | 16 26 | 19 17 | 27 24 | 27 40 | 20 47 |
| 23 | 16 52 | 19 38 | 27 44 | 28 07 | 20 49 |
| 24 | 17 18 | 19 59 | 28 04 | 28 33 | 20 51 |
| 25 | 17 44 | 20 19 | 28 24 | 29 00 | 20 52 |
| 26 | 18 10 | 20 40 | 28 44 | 29 27 | 20 54 |
| 27 | 18 36 | 21 00 | 29 03 | 29 54 | 20 56 |
| 28 | 19 02 | 21 21 | 29 22 | 00♌20 | 20 58 |
| 29 | 19 28 | 21 41 | 29 41 | 00 47 | 20 59 |
| 30 | 19 54 | 22 01 | 00♉00 | 01 14 | 21 01 |
| 31 | 20 20 | 22 21 | 00 19 | 01 40 | 21 03 |

## Lunar Data

| Last Asp. | Ingress |
|---|---|
| 1 06:29 | 1 ♐ 22:50 |
| 3 13:54 | 3 ♑ 23:10 |
| 4 23:40 | 5 ♒ 22:21 |
| 7 13:17 | 7 ♓ 22:29 |
| 9 15:51 | 10 ♈ 01:29 |
| 11 23:05 | 12 ♉ 08:27 |
| 14 10:25 | 14 ♊ 18:59 |
| 16 23:43 | 17 ♋ 07:30 |
| 19 13:41 | 19 ♌ 20:19 |
| 22 01:13 | 22 ♍ 08:23 |
| 24 09:49 | 24 ♎ 18:53 |
| 26 19:58 | 27 ♏ 02:56 |
| 29 01:39 | 29 ♐ 07:46 |
| 31 03:25 | |

## 0:00 E.T. Declinations

| D | ☉ | ☽ | ☿ | ♀ | ♂ | ♃ | ♄ | ♅ | ♆ | ♇ | ⚳ | ⚴ | ⚵ | ⚶ | ⚷ |
|---|---|---|---|---|---|---|---|---|---|---|---|---|---|---|---|
| 1 | +23 08 | -17 41 | +21 28 | +15 07 | -15 06 | -22 47 | +21 14 | +23 25 | +04 41 | -23 11 | +25 22 | -00 08 | +07 01 | +22 53 | +15 46 |
| 2 | 23 04 | 20 00 | 21 02 | 14 48 | 15 11 | 22 46 | 21 15 | 23 25 | 04 41 | 23 12 | 25 22 | 00 11 | 07 06 | 22 51 | 15 47 |
| 3 | 22 59 | 21 03 | 20 35 | 14 29 | 15 17 | 22 46 | 21 16 | 23 25 | 04 41 | 23 12 | 25 22 | 00 13 | 07 10 | 22 48 | 15 47 |
| 4 | 22 54 | 20 36 | 20 07 | 14 11 | 15 23 | 22 46 | 21 16 | 23 25 | 04 42 | 23 13 | 25 23 | 00 16 | 07 14 | 22 46 | 15 48 |
| 5 | 22 49 | 18 40 | 19 38 | 13 52 | 15 29 | 22 46 | 21 17 | 23 25 | 04 42 | 23 13 | 25 23 | 00 19 | 07 19 | 22 43 | 15 48 |
| 6 | 22 43 | 15 25 | 19 09 | 13 34 | 15 35 | 22 45 | 21 18 | 23 26 | 04 42 | 23 14 | 25 23 | 00 22 | 07 23 | 22 40 | 15 49 |
| 7 | 22 37 | 11 11 | 18 40 | 13 16 | 15 41 | 22 45 | 21 19 | 23 26 | 04 42 | 23 14 | 25 23 | 00 25 | 07 27 | 22 38 | 15 49 |
| 8 | 22 31 | 06 21 | 18 10 | 12 58 | 15 48 | 22 45 | 21 19 | 23 26 | 04 42 | 23 15 | 25 22 | 00 28 | 07 31 | 22 35 | 15 50 |
| 9 | 22 24 | 01 19 | 17 40 | 12 40 | 15 54 | 22 45 | 21 20 | 23 26 | 04 42 | 23 15 | 25 22 | 00 32 | 07 34 | 22 32 | 15 51 |
| 10 | 22 17 | +03 39 | 17 10 | 12 22 | 16 01 | 22 44 | 21 21 | 23 26 | 04 42 | 23 16 | 25 22 | 00 36 | 07 38 | 22 29 | 15 51 |
| 11 | 22 09 | 08 16 | 16 40 | 12 05 | 16 08 | 22 44 | 21 21 | 23 26 | 04 42 | 23 16 | 25 21 | 00 39 | 07 41 | 22 25 | 15 52 |
| 12 | 22 01 | 12 21 | 16 10 | 11 48 | 16 14 | 22 44 | 21 22 | 23 27 | 04 42 | 23 17 | 25 21 | 00 43 | 07 45 | 22 22 | 15 52 |
| 13 | 21 53 | 15 46 | 15 40 | 11 32 | 16 22 | 22 44 | 21 23 | 23 27 | 04 42 | 23 17 | 25 20 | 00 47 | 07 48 | 22 19 | 15 52 |
| 14 | 21 44 | 18 24 | 15 10 | 11 16 | 16 29 | 22 43 | 21 23 | 23 27 | 04 42 | 23 18 | 25 19 | 00 52 | 07 51 | 22 15 | 15 53 |
| 15 | 21 35 | 20 09 | 14 41 | 11 00 | 16 36 | 22 43 | 21 24 | 23 27 | 04 42 | 23 18 | 25 19 | 00 56 | 07 54 | 22 12 | 15 53 |
| 16 | 21 25 | 20 59 | 14 12 | 10 45 | 16 43 | 22 43 | 21 24 | 23 27 | 04 42 | 23 19 | 25 18 | 01 01 | 07 57 | 22 08 | 15 54 |
| 17 | 21 15 | 20 52 | 13 43 | 10 30 | 16 51 | 22 43 | 21 25 | 23 27 | 04 42 | 23 19 | 25 17 | 01 06 | 07 59 | 22 05 | 15 54 |
| 18 | 21 05 | 19 49 | 13 15 | 10 15 | 16 58 | 22 43 | 21 26 | 23 27 | 04 42 | 23 20 | 25 16 | 01 11 | 08 02 | 22 01 | 15 55 |
| 19 | 20 55 | 17 55 | 12 48 | 10 02 | 17 06 | 22 42 | 21 26 | 23 27 | 04 42 | 23 20 | 25 15 | 01 16 | 08 04 | 21 57 | 15 55 |
| 20 | 20 44 | 15 15 | 12 22 | 09 48 | 17 14 | 22 42 | 21 27 | 23 28 | 04 42 | 23 21 | 25 14 | 01 21 | 08 06 | 21 53 | 15 55 |
| 21 | 20 32 | 11 58 | 11 57 | 09 36 | 17 22 | 22 42 | 21 27 | 23 28 | 04 42 | 23 21 | 25 12 | 01 26 | 08 08 | 21 49 | 15 56 |
| 22 | 20 21 | 08 10 | 11 32 | 09 24 | 17 29 | 22 42 | 21 28 | 23 28 | 04 42 | 23 22 | 25 11 | 01 32 | 08 10 | 21 45 | 15 56 |
| 23 | 20 09 | 04 01 | 11 09 | 09 12 | 17 37 | 22 42 | 21 28 | 23 28 | 04 42 | 23 22 | 25 10 | 01 38 | 08 12 | 21 41 | 15 56 |
| 24 | 19 57 | -00 21 | 10 48 | 09 02 | 17 45 | 22 42 | 21 29 | 23 28 | 04 42 | 23 23 | 25 08 | 01 44 | 08 13 | 21 37 | 15 57 |
| 25 | 19 44 | 04 46 | 10 27 | 08 52 | 17 53 | 22 42 | 21 29 | 23 28 | 04 42 | 23 23 | 25 07 | 01 50 | 08 15 | 21 33 | 15 57 |
| 26 | 19 31 | 09 04 | 10 09 | 08 42 | 18 02 | 22 41 | 21 30 | 23 28 | 04 42 | 23 24 | 25 05 | 01 56 | 08 16 | 21 28 | 15 57 |
| 27 | 19 18 | 13 03 | 09 52 | 08 34 | 18 10 | 22 41 | 21 30 | 23 28 | 04 42 | 23 24 | 25 04 | 02 03 | 08 17 | 21 24 | 15 57 |
| 28 | 19 04 | 16 29 | 09 36 | 08 26 | 18 18 | 22 41 | 21 31 | 23 29 | 04 41 | 23 25 | 25 02 | 02 09 | 08 18 | 21 19 | 15 58 |
| 29 | 18 50 | 19 07 | 09 23 | 08 20 | 18 26 | 22 41 | 21 31 | 23 29 | 04 41 | 23 25 | 25 00 | 02 16 | 08 19 | 21 15 | 15 58 |
| 30 | 18 36 | 20 39 | 09 12 | 08 14 | 18 35 | 22 41 | 21 32 | 23 29 | 04 41 | 23 26 | 24 58 | 02 23 | 08 19 | 21 10 | 15 58 |
| 31 | 18 21 | 20 52 | 09 03 | 08 09 | 18 43 | 22 41 | 21 32 | 23 29 | 04 41 | 23 26 | 24 56 | 02 30 | 08 20 | 21 05 | 15 58 |

Lunar Phases -- 4 ○ 19:02 11 ◑ 11:51 19 ● 13:41 27 ◐ 10:36 Sun enters ♌ 7/23 00:12

# Longitudes of Main Planets - August 2031

0:00 E.T.

| D | S.T. | ☉ | ☽ | ☽ 12:00 | ☿ | ♀ | ♂ | ♃ | ♄ | ♅ | ♆ | ♇ | ☊ |
|---|---|---|---|---|---|---|---|---|---|---|---|---|---|
| 1 | 20:37:38 | 08♌35 28 | 09♑04 | 16♑38 | 26♌07R | 23♌56R | 17♏14 | 19♐30R | 19♊27 | 25♊39 | 15♈35R | 12♒32R | 24♏15 |
| 2 | 20:41:35 | 09 32 50 | 24 13 | 01♒50 | 25 50 | 23 29 | 17 42 | 19 27 | 19 33 | 25 42 | 15 35 | 12 31 | 24 12 |
| 3 | 20:45:31 | 10 30 13 | 09♒27 | 17 02 | 25 29 | 23 00 | 18 10 | 19 25 | 19 39 | 25 45 | 15 34 | 12 30 | 24 09 |
| 4 | 20:49:28 | 11 27 37 | 24 35 | 02♓03 | 25 02 | 22 29 | 18 39 | 19 22 | 19 45 | 25 47 | 15 34 | 12 28 | 24 05 |
| 5 | 20:53:25 | 12 25 02 | 09♓26 | 16 43 | 24 31 | 21 57 | 19 08 | 19 20 | 19 50 | 25 50 | 15 33 | 12 27 | 24 02 |
| 6 | 20:57:21 | 13 22 28 | 23 54 | 00♈57 | 23 56 | 21 23 | 19 37 | 19 18 | 19 56 | 25 53 | 15 33 | 12 26 | 23 59 |
| 7 | 21:01:18 | 14 19 55 | 07♈53 | 14 41 | 23 17 | 20 48 | 20 06 | 19 17 | 20 02 | 25 56 | 15 32 | 12 24 | 23 56 |
| 8 | 21:05:14 | 15 17 23 | 21 22 | 27 56 | 22 35 | 20 13 | 20 36 | 19 15 | 20 07 | 25 58 | 15 31 | 12 23 | 23 53 |
| 9 | 21:09:11 | 16 14 52 | 04♉24 | 10♉45 | 21 49 | 19 36 | 21 07 | 19 13 | 20 13 | 26 01 | 15 31 | 12 22 | 23 49 |
| 10 | 21:13:07 | 17 12 23 | 17 01 | 23 11 | 21 02 | 18 59 | 21 37 | 19 12 | 20 18 | 26 03 | 15 30 | 12 20 | 23 46 |
| 11 | 21:17:04 | 18 09 56 | 29 18 | 05♊21 | 20 14 | 18 22 | 22 08 | 19 11 | 20 24 | 26 06 | 15 29 | 12 19 | 23 43 |
| 12 | 21:21:00 | 19 07 29 | 11♊21 | 17 19 | 19 26 | 17 45 | 22 39 | 19 10 | 20 29 | 26 08 | 15 29 | 12 17 | 23 40 |
| 13 | 21:24:57 | 20 05 04 | 23 15 | 29 10 | 18 38 | 17 07 | 23 10 | 19 10 | 20 34 | 26 11 | 15 28 | 12 16 | 23 37 |
| 14 | 21:28:54 | 21 02 41 | 05♋05 | 10♋59 | 17 51 | 16 31 | 23 42 | 19 09 | 20 39 | 26 13 | 15 27 | 12 15 | 23 34 |
| 15 | 21:32:50 | 22 00 19 | 16 54 | 22 49 | 17 08 | 15 55 | 24 14 | 19 09 | 20 44 | 26 15 | 15 26 | 12 13 | 23 30 |
| 16 | 21:36:47 | 22 57 58 | 28 45 | 04♌43 | 16 27 | 15 19 | 24 46 | 19 09 | 20 49 | 26 18 | 15 25 | 12 12 | 23 27 |
| 17 | 21:40:43 | 23 55 38 | 10♌42 | 16 43 | 15 51 | 14 45 | 25 19 | 19 09D | 20 54 | 26 20 | 15 25 | 12 11 | 23 24 |
| 18 | 21:44:40 | 24 53 20 | 22 46 | 28 51 | 15 20 | 14 13 | 25 52 | 19 09 | 20 59 | 26 22 | 15 24 | 12 09 | 23 21 |
| 19 | 21:48:36 | 25 51 03 | 04♍58 | 11♍07 | 14 54 | 13 41 | 26 25 | 19 09 | 21 04 | 26 24 | 15 23 | 12 08 | 23 18 |
| 20 | 21:52:33 | 26 48 48 | 17 18 | 23 31 | 14 35 | 13 12 | 26 58 | 19 10 | 21 09 | 26 27 | 15 22 | 12 07 | 23 15 |
| 21 | 21:56:29 | 27 46 33 | 29 47 | 06♎06 | 14 23 | 12 44 | 27 31 | 19 11 | 21 13 | 26 29 | 15 21 | 12 05 | 23 11 |
| 22 | 22:00:26 | 28 44 20 | 12♎28 | 18 52 | 14 18 | 12 18 | 28 05 | 19 12 | 21 18 | 26 31 | 15 20 | 12 04 | 23 08 |
| 23 | 22:04:23 | 29 42 08 | 25 19 | 01♏50 | 14 20D | 11 54 | 28 39 | 19 13 | 21 22 | 26 33 | 15 19 | 12 03 | 23 05 |
| 24 | 22:08:19 | 00♍39 58 | 08♏25 | 15 04 | 14 30 | 11 32 | 29 14 | 19 14 | 21 26 | 26 35 | 15 18 | 12 02 | 23 02 |
| 25 | 22:12:16 | 01 37 48 | 21 47 | 28 34 | 14 48 | 11 13 | 29 48 | 19 16 | 21 31 | 26 37 | 15 17 | 12 00 | 22 59 |
| 26 | 22:16:12 | 02 35 40 | 05♐26 | 12♐23 | 15 14 | 10 55 | 00♐23 | 19 18 | 21 35 | 26 39 | 15 15 | 11 59 | 22 55 |
| 27 | 22:20:09 | 03 33 33 | 19 25 | 26 32 | 15 47 | 10 41 | 00 58 | 19 19 | 21 39 | 26 41 | 15 14 | 11 58 | 22 52 |
| 28 | 22:24:05 | 04 31 27 | 03♑44 | 11♑00 | 16 29 | 10 28 | 01 33 | 19 22 | 21 43 | 26 42 | 15 13 | 11 56 | 22 49 |
| 29 | 22:28:02 | 05 29 22 | 18 20 | 25 44 | 17 17 | 10 18 | 02 09 | 19 24 | 21 47 | 26 44 | 15 12 | 11 55 | 22 46 |
| 30 | 22:31:58 | 06 27 19 | 03♒10 | 10♒38 | 18 13 | 10 10 | 02 44 | 19 26 | 21 51 | 26 46 | 15 11 | 11 54 | 22 43 |
| 31 | 22:35:55 | 07 25 17 | 18 06 | 25 34 | 19 16 | 10 05 | 03 20 | 19 29 | 21 54 | 26 48 | 15 10 | 11 53 | 22 40 |

## 0:00 E.T. Longitudes of the Major Asteroids and Chiron

| D | ⚳ | ⚴ | ⚵ | ⚶ | ⚷ |
|---|---|---|---|---|---|
| 1 | 20♋46 | 22♉41 | 00♉37 | 02♌07 | 21♉04 |
| 2 | 21 12 | 23 01 | 00 55 | 02 34 | 21 05 |
| 3 | 21 38 | 23 21 | 01 13 | 03 01 | 21 07 |
| 4 | 22 04 | 23 40 | 01 31 | 03 27 | 21 08 |
| 5 | 22 30 | 24 00 | 01 48 | 03 54 | 21 09 |
| 6 | 22 56 | 24 19 | 02 06 | 04 21 | 21 11 |
| 7 | 23 22 | 24 39 | 02 23 | 04 48 | 21 12 |
| 8 | 23 48 | 24 58 | 02 39 | 05 14 | 21 13 |
| 9 | 24 14 | 25 17 | 02 56 | 05 41 | 21 14 |
| 10 | 24 39 | 25 36 | 03 12 | 06 08 | 21 15 |
| 11 | 25 05 | 25 55 | 03 28 | 06 35 | 21 16 |
| 12 | 25 31 | 26 13 | 03 44 | 07 02 | 21 17 |
| 13 | 25 57 | 26 32 | 03 59 | 07 28 | 21 18 |
| 14 | 26 23 | 26 50 | 04 15 | 07 55 | 21 18 |
| 15 | 26 49 | 27 09 | 04 29 | 08 22 | 21 19 |
| 16 | 27 14 | 27 27 | 04 44 | 08 49 | 21 20 |
| 17 | 27 40 | 27 45 | 04 58 | 09 15 | 21 20 |
| 18 | 28 06 | 28 03 | 05 12 | 09 42 | 21 21 |
| 19 | 28 32 | 28 20 | 05 26 | 10 09 | 21 21 |
| 20 | 28 57 | 28 38 | 05 39 | 10 36 | 21 22 |
| 21 | 29 23 | 28 55 | 05 52 | 11 02 | 21 22 |
| 22 | 29 48 | 29 12 | 06 05 | 11 29 | 21 22 |
| 23 | 00♌14 | 29 29 | 06 17 | 11 56 | 21 22 |
| 24 | 00 40 | 29 46 | 06 29 | 12 23 | 21 23 |
| 25 | 01 05 | 00♊03 | 06 41 | 12 49 | 21 23 |
| 26 | 01 31 | 00 19 | 06 52 | 13 16 | 21 23 |
| 27 | 01 56 | 00 36 | 07 03 | 13 43 | 21 23R |
| 28 | 02 22 | 00 52 | 07 13 | 14 09 | 21 23 |
| 29 | 02 47 | 01 08 | 07 23 | 14 36 | 21 23 |
| 30 | 03 12 | 01 23 | 07 33 | 15 03 | 21 22 |
| 31 | 03 38 | 01 39 | 07 42 | 15 30 | 21 22 |

## Lunar Data

| Last Asp. | | Ingress | | |
|---|---|---|---|---|
| 1 | 13:22 | 2 | ♒ | 09:07 |
| 4 | 01:57 | 4 | ♓ | 08:42 |
| 6 | 03:22 | 6 | ♈ | 10:22 |
| 8 | 08:25 | 8 | ♉ | 15:49 |
| 10 | 09:19 | 11 | ♊ | 01:23 |
| 13 | 05:57 | 13 | ♋ | 13:41 |
| 15 | 15:34 | 16 | ♌ | 02:30 |
| 18 | 07:09 | 18 | ♍ | 14:16 |
| 20 | 19:28 | 21 | ♎ | 00:24 |
| 23 | 02:16 | 23 | ♏ | 08:37 |
| 24 | 11:13 | 25 | ♐ | 14:31 |
| 27 | 12:16 | 27 | ♑ | 17:48 |
| 28 | 18:53 | 29 | ♒ | 18:54 |
| 31 | 14:00 | 31 | ♓ | 19:09 |

## 0:00 E.T. Declinations

| D | ☉ | ☽ | ☿ | ♀ | ♂ | ♃ | ♄ | ♅ | ♆ | ♇ | ⚳ | ⚴ | ⚵ | ⚶ | ⚷ |
|---|---|---|---|---|---|---|---|---|---|---|---|---|---|---|---|
| 1 | +18 07 | -19 38 | +08 57 | +08 04 | -18 51 | -22 41 | +21 33 | +23 29 | +04 41 | -23 27 | +24 54 | -02 38 | +08 20 | +21 01 | +15 59 |
| 2 | 17 51 | 17 01 | 08 53 | 08 01 | 19 00 | 22 41 | 21 33 | 23 29 | 04 40 | 23 27 | 24 52 | 02 45 | 08 20 | 20 56 | 15 59 |
| 3 | 17 36 | 13 13 | 08 51 | 07 59 | 19 08 | 22 41 | 21 33 | 23 29 | 04 40 | 23 28 | 24 50 | 02 53 | 08 20 | 20 51 | 15 59 |
| 4 | 17 20 | 08 35 | 08 52 | 07 57 | 19 17 | 22 41 | 21 34 | 23 29 | 04 40 | 23 28 | 24 47 | 03 01 | 08 19 | 20 46 | 15 59 |
| 5 | 17 04 | 03 32 | 08 56 | 07 57 | 19 25 | 22 41 | 21 34 | 23 29 | 04 40 | 23 28 | 24 45 | 03 09 | 08 19 | 20 41 | 15 59 |
| 6 | 16 48 | +01 36 | 09 02 | 07 57 | 19 33 | 22 41 | 21 35 | 23 30 | 04 39 | 23 29 | 24 43 | 03 17 | 08 18 | 20 36 | 15 59 |
| 7 | 16 32 | 06 29 | 09 10 | 07 58 | 19 42 | 22 41 | 21 35 | 23 30 | 04 39 | 23 29 | 24 40 | 03 26 | 08 17 | 20 31 | 15 59 |
| 8 | 16 15 | 10 53 | 09 22 | 08 00 | 19 50 | 22 41 | 21 35 | 23 30 | 04 39 | 23 30 | 24 38 | 03 34 | 08 16 | 20 25 | 15 59 |
| 9 | 15 58 | 14 36 | 09 35 | 08 02 | 19 59 | 22 41 | 21 36 | 23 30 | 04 39 | 23 30 | 24 35 | 03 43 | 08 15 | 20 20 | 16 00 |
| 10 | 15 40 | 17 32 | 09 51 | 08 06 | 20 07 | 22 41 | 21 36 | 23 30 | 04 38 | 23 31 | 24 32 | 03 52 | 08 13 | 20 14 | 16 00 |
| 11 | 15 23 | 19 34 | 10 09 | 08 10 | 20 15 | 22 41 | 21 36 | 23 30 | 04 38 | 23 31 | 24 30 | 04 02 | 08 11 | 20 09 | 16 00 |
| 12 | 15 05 | 20 40 | 10 28 | 08 15 | 20 24 | 22 41 | 21 37 | 23 30 | 04 38 | 23 32 | 24 27 | 04 11 | 08 10 | 20 03 | 16 00 |
| 13 | 14 47 | 20 49 | 10 49 | 08 20 | 20 32 | 22 41 | 21 37 | 23 30 | 04 37 | 23 32 | 24 24 | 04 21 | 08 07 | 19 58 | 16 00 |
| 14 | 14 29 | 20 03 | 11 11 | 08 26 | 20 40 | 22 42 | 21 37 | 23 30 | 04 37 | 23 33 | 24 21 | 04 31 | 08 05 | 19 52 | 16 00 |
| 15 | 14 10 | 18 24 | 11 34 | 08 32 | 20 49 | 22 42 | 21 38 | 23 30 | 04 37 | 23 33 | 24 18 | 04 41 | 08 03 | 19 47 | 16 00 |
| 16 | 13 51 | 15 58 | 11 57 | 08 39 | 20 57 | 22 42 | 21 38 | 23 30 | 04 36 | 23 33 | 24 15 | 04 51 | 08 00 | 19 41 | 16 00 |
| 17 | 13 33 | 12 51 | 12 20 | 08 47 | 21 05 | 22 42 | 21 38 | 23 31 | 04 36 | 23 34 | 24 12 | 05 02 | 07 57 | 19 35 | 15 59 |
| 18 | 13 13 | 09 12 | 12 43 | 08 54 | 21 13 | 22 42 | 21 38 | 23 31 | 04 35 | 23 34 | 24 09 | 05 12 | 07 54 | 19 29 | 15 59 |
| 19 | 12 54 | 05 08 | 13 05 | 09 03 | 21 21 | 22 42 | 21 39 | 23 31 | 04 35 | 23 35 | 24 06 | 05 23 | 07 50 | 19 23 | 15 59 |
| 20 | 12 34 | 00 49 | 13 26 | 09 11 | 21 29 | 22 43 | 21 39 | 23 31 | 04 35 | 23 35 | 24 03 | 05 34 | 07 47 | 19 17 | 15 59 |
| 21 | 12 15 | -03 35 | 13 46 | 09 19 | 21 37 | 22 43 | 21 39 | 23 31 | 04 34 | 23 35 | 23 59 | 05 45 | 07 43 | 19 11 | 15 59 |
| 22 | 11 55 | 07 54 | 14 04 | 09 28 | 21 45 | 22 43 | 21 39 | 23 31 | 04 34 | 23 36 | 23 56 | 05 57 | 07 39 | 19 05 | 15 59 |
| 23 | 11 34 | 11 56 | 14 21 | 09 37 | 21 53 | 22 43 | 21 40 | 23 31 | 04 33 | 23 36 | 23 52 | 06 09 | 07 34 | 18 59 | 15 59 |
| 24 | 11 14 | 15 28 | 14 35 | 09 45 | 22 00 | 22 44 | 21 40 | 23 31 | 04 33 | 23 37 | 23 49 | 06 20 | 07 30 | 18 52 | 15 59 |
| 25 | 10 54 | 18 16 | 14 47 | 09 54 | 22 08 | 22 44 | 21 40 | 23 31 | 04 32 | 23 37 | 23 45 | 06 33 | 07 25 | 18 46 | 15 58 |
| 26 | 10 33 | 20 05 | 14 57 | 10 03 | 22 16 | 22 44 | 21 40 | 23 31 | 04 32 | 23 37 | 23 42 | 06 45 | 07 20 | 18 40 | 15 58 |
| 27 | 10 12 | 20 44 | 15 03 | 10 11 | 22 23 | 22 45 | 21 40 | 23 31 | 04 32 | 23 38 | 23 38 | 06 57 | 07 15 | 18 33 | 15 58 |
| 28 | 09 51 | 20 03 | 15 07 | 10 20 | 22 31 | 22 45 | 21 40 | 23 31 | 04 31 | 23 38 | 23 35 | 07 10 | 07 09 | 18 27 | 15 58 |
| 29 | 09 30 | 18 03 | 15 09 | 10 28 | 22 38 | 22 45 | 21 41 | 23 31 | 04 31 | 23 38 | 23 31 | 07 23 | 07 04 | 18 20 | 15 58 |
| 30 | 09 08 | 14 49 | 15 07 | 10 36 | 22 45 | 22 46 | 21 41 | 23 31 | 04 30 | 23 39 | 23 27 | 07 36 | 06 58 | 18 14 | 15 57 |
| 31 | 08 47 | 10 38 | 15 01 | 10 44 | 22 52 | 22 46 | 21 41 | 23 31 | 04 30 | 23 39 | 23 23 | 07 49 | 06 52 | 18 07 | 15 57 |

Lunar Phases -- 3 ○ 01:47 10 ◑ 00:25 18 ● 04:34 25 ◐ 18:41 Sun enters ♍ 8/23 07:25

## 0:00 E.T. Longitudes of Main Planets - September 2031

| D | S.T. | ☉ | ☽ | ☽ 12:00 | ☿ | ♀ | ♂ | ♃ | ♄ | ♅ | ♆ | ♇ | ☊ |
|---|---|---|---|---|---|---|---|---|---|---|---|---|---|
| 1 | 22:39:52 | 08♍23 17 | 03♓00 | 10♓23 | 20♌26 | 10♌02℞ | 03♐56 | 19♐32 | 21♊58 | 26♊49 | 15♈08℞ | 11♒52℞ | 22♏36 |
| 2 | 22:43:48 | 09 21 18 | 17 42 | 24 56 | 21 42 | 10 01D | 04 32 | 19 35 | 22 02 | 26 51 | 15 07 | 11 50 | 22 33 |
| 3 | 22:47:45 | 10 19 21 | 02♈05 | 09♈07 | 23 03 | 10 03 | 05 09 | 19 38 | 22 05 | 26 52 | 15 06 | 11 49 | 22 30 |
| 4 | 22:51:41 | 11 17 25 | 16 03 | 22 52 | 24 30 | 10 07 | 05 46 | 19 41 | 22 08 | 26 54 | 15 05 | 11 48 | 22 27 |
| 5 | 22:55:38 | 12 15 31 | 29 33 | 06♉09 | 26 02 | 10 13 | 06 22 | 19 45 | 22 12 | 26 55 | 15 03 | 11 47 | 22 24 |
| 6 | 22:59:34 | 13 13 40 | 12♉37 | 19 00 | 27 38 | 10 22 | 06 59 | 19 49 | 22 15 | 26 57 | 15 02 | 11 46 | 22 20 |
| 7 | 23:03:31 | 14 11 50 | 25 17 | 01♊29 | 29 18 | 10 33 | 07 37 | 19 52 | 22 18 | 26 58 | 15 00 | 11 45 | 22 17 |
| 8 | 23:07:27 | 15 10 02 | 07♊37 | 13 41 | 01♍01 | 10 45 | 08 14 | 19 56 | 22 21 | 26 59 | 14 59 | 11 44 | 22 14 |
| 9 | 23:11:24 | 16 08 17 | 19 42 | 25 40 | 02 46 | 11 00 | 08 52 | 20 01 | 22 24 | 27 01 | 14 58 | 11 43 | 22 11 |
| 10 | 23:15:21 | 17 06 33 | 01♋37 | 07♋33 | 04 34 | 11 17 | 09 30 | 20 05 | 22 26 | 27 02 | 14 56 | 11 41 | 22 08 |
| 11 | 23:19:17 | 18 04 52 | 13 28 | 19 23 | 06 24 | 11 36 | 10 07 | 20 10 | 22 29 | 27 03 | 14 55 | 11 40 | 22 05 |
| 12 | 23:23:14 | 19 03 12 | 25 19 | 01♌15 | 08 16 | 11 57 | 10 46 | 20 14 | 22 32 | 27 04 | 14 53 | 11 39 | 22 01 |
| 13 | 23:27:10 | 20 01 35 | 07♌14 | 13 14 | 10 08 | 12 19 | 11 24 | 20 19 | 22 34 | 27 05 | 14 52 | 11 38 | 21 58 |
| 14 | 23:31:07 | 20 59 59 | 19 16 | 25 21 | 12 01 | 12 43 | 12 02 | 20 24 | 22 37 | 27 06 | 14 50 | 11 37 | 21 55 |
| 15 | 23:35:03 | 21 58 26 | 01♍28 | 07♍39 | 13 55 | 13 09 | 12 41 | 20 29 | 22 39 | 27 07 | 14 49 | 11 36 | 21 52 |
| 16 | 23:39:00 | 22 56 54 | 13 52 | 20 08 | 15 48 | 13 37 | 13 20 | 20 35 | 22 41 | 27 08 | 14 47 | 11 35 | 21 49 |
| 17 | 23:42:56 | 23 55 25 | 26 27 | 02♎50 | 17 42 | 14 06 | 13 59 | 20 40 | 22 43 | 27 09 | 14 46 | 11 34 | 21 46 |
| 18 | 23:46:53 | 24 53 57 | 09♎15 | 15 43 | 19 35 | 14 36 | 14 38 | 20 46 | 22 45 | 27 10 | 14 44 | 11 34 | 21 42 |
| 19 | 23:50:50 | 25 52 31 | 22 14 | 28 48 | 21 28 | 15 08 | 15 17 | 20 52 | 22 47 | 27 11 | 14 43 | 11 33 | 21 39 |
| 20 | 23:54:46 | 26 51 07 | 05♏24 | 12♏04 | 23 20 | 15 42 | 15 57 | 20 58 | 22 49 | 27 11 | 14 41 | 11 32 | 21 36 |
| 21 | 23:58:43 | 27 49 45 | 18 46 | 25 31 | 25 12 | 16 16 | 16 37 | 21 04 | 22 50 | 27 12 | 14 40 | 11 31 | 21 33 |
| 22 | 0:02:39 | 28 48 24 | 02♐19 | 09♐10 | 27 03 | 16 52 | 17 16 | 21 10 | 22 52 | 27 13 | 14 38 | 11 30 | 21 30 |
| 23 | 0:06:36 | 29 47 05 | 16 04 | 23 01 | 28 53 | 17 30 | 17 56 | 21 17 | 22 53 | 27 13 | 14 36 | 11 29 | 21 26 |
| 24 | 0:10:32 | 00♎45 48 | 00♑02 | 07♑05 | 00♎43 | 18 08 | 18 36 | 21 23 | 22 54 | 27 14 | 14 35 | 11 28 | 21 23 |
| 25 | 0:14:29 | 01 44 33 | 14 11 | 21 20 | 02 31 | 18 48 | 19 17 | 21 30 | 22 56 | 27 14 | 14 33 | 11 28 | 21 20 |
| 26 | 0:18:25 | 02 43 19 | 28 31 | 05♒44 | 04 19 | 19 29 | 19 57 | 21 37 | 22 57 | 27 15 | 14 32 | 11 27 | 21 17 |
| 27 | 0:22:22 | 03 42 06 | 12♒58 | 20 13 | 06 06 | 20 11 | 20 38 | 21 44 | 22 58 | 27 15 | 14 30 | 11 26 | 21 14 |
| 28 | 0:26:19 | 04 40 56 | 27 29 | 04♓43 | 07 51 | 20 54 | 21 18 | 21 51 | 22 59 | 27 15 | 14 28 | 11 25 | 21 11 |
| 29 | 0:30:15 | 05 39 47 | 11♓57 | 19 08 | 09 36 | 21 37 | 21 59 | 21 59 | 22 59 | 27 15 | 14 27 | 11 25 | 21 07 |
| 30 | 0:34:12 | 06 38 40 | 26 16 | 03♈20 | 11 20 | 22 22 | 22 40 | 22 06 | 23 00 | 27 16 | 14 25 | 11 24 | 21 04 |

## 0:00 E.T. Longitudes of the Major Asteroids and Chiron

| D | ⚳ | ⚴ | ⚵ | ⚶ | ⚷ | D | ⚳ | ⚴ | ⚵ | ⚶ | ⚷ |
|---|---|---|---|---|---|---|---|---|---|---|---|
| 1 | 04♌03 | 01♊54 | 07♉51 | 15♌56 | 21♉22℞ | 16 | 10 18 | 05 13 | 09 13 | 22 34 | 21 10 |
| 2 | 04 28 | 02 09 | 08 00 | 16 23 | 21 21 | 17 | 10 43 | 05 24 | 09 15 | 23 01 | 21 09 |
| 3 | 04 54 | 02 24 | 08 08 | 16 49 | 21 21 | 18 | 11 07 | 05 34 | 09 16 | 23 27 | 21 08 |
| 4 | 05 19 | 02 38 | 08 16 | 17 16 | 21 21 | 19 | 11 32 | 05 44 | 09 17 | 23 53 | 21 06 |
| 5 | 05 44 | 02 53 | 08 23 | 17 43 | 21 20 | 20 | 11 56 | 05 54 | 09 17℞ | 24 20 | 21 05 |
| 6 | 06 09 | 03 07 | 08 30 | 18 09 | 21 19 | 21 | 12 21 | 06 04 | 09 17 | 24 46 | 21 03 |
| 7 | 06 34 | 03 21 | 08 36 | 18 36 | 21 19 | 22 | 12 45 | 06 13 | 09 16 | 25 12 | 21 02 |
| 8 | 06 59 | 03 34 | 08 43 | 19 02 | 21 18 | 23 | 13 09 | 06 22 | 09 14 | 25 38 | 21 00 |
| 9 | 07 24 | 03 47 | 08 48 | 19 29 | 21 17 | 24 | 13 33 | 06 30 | 09 13 | 26 05 | 20 59 |
| 10 | 07 49 | 04 01 | 08 53 | 19 55 | 21 16 | 25 | 13 57 | 06 38 | 09 10 | 26 31 | 20 57 |
| 11 | 08 14 | 04 13 | 08 58 | 20 22 | 21 16 | 26 | 14 22 | 06 46 | 09 07 | 26 57 | 20 55 |
| 12 | 08 39 | 04 26 | 09 02 | 20 48 | 21 15 | 27 | 14 46 | 06 53 | 09 04 | 27 23 | 20 54 |
| 13 | 09 04 | 04 38 | 09 05 | 21 15 | 21 14 | 28 | 15 09 | 07 00 | 09 00 | 27 49 | 20 52 |
| 14 | 09 29 | 04 50 | 09 09 | 21 41 | 21 12 | 29 | 15 33 | 07 07 | 08 56 | 28 15 | 20 50 |
| 15 | 09 53 | 05 01 | 09 11 | 22 08 | 21 11 | 30 | 15 57 | 07 13 | 08 51 | 28 41 | 20 48 |

## Lunar Data

| Last Asp. | | Ingress | | |
|---|---|---|---|---|
| 2 | 15:14 | 2 | ♈ | 20:29 |
| 4 | 19:15 | 5 | ♉ | 00:48 |
| 7 | 08:58 | 7 | ♊ | 09:07 |
| 9 | 14:43 | 9 | ♋ | 20:44 |
| 11 | 10:12 | 12 | ♌ | 09:28 |
| 14 | 15:28 | 14 | ♍ | 21:07 |
| 17 | 01:19 | 17 | ♎ | 06:41 |
| 19 | 09:04 | 19 | ♏ | 14:12 |
| 21 | 17:20 | 21 | ♐ | 19:55 |
| 23 | 19:13 | 23 | ♑ | 23:57 |
| 25 | 00:37 | 26 | ♒ | 02:29 |
| 27 | 23:38 | 28 | ♓ | 04:11 |
| 30 | 01:41 | 30 | ♈ | 06:20 |

## 0:00 E.T. Declinations

| D | ☉ | ☽ | ☿ | ♀ | ♂ | ♃ | ♄ | ♅ | ♆ | ♇ | ⚳ | ⚴ | ⚵ | ⚶ | ⚷ |
|---|---|---|---|---|---|---|---|---|---|---|---|---|---|---|---|
| 1 | +08 25 | -05 48 | +14 53 | +10 51 | -22 59 | -22 46 | +21 41 | +23 31 | +04 29 | -23 39 | +23 19 | -08 03 | +06 45 | +18 01 | +15 57 |
| 2 | 08 04 | 00 42 | 14 41 | 10 59 | 23 06 | 22 47 | 21 41 | 23 32 | 04 28 | 23 40 | 23 16 | 08 17 | 06 39 | 17 54 | 15 56 |
| 3 | 07 42 | +04 21 | 14 27 | 11 05 | 23 12 | 22 47 | 21 41 | 23 32 | 04 28 | 23 40 | 23 12 | 08 30 | 06 32 | 17 47 | 15 56 |
| 4 | 07 20 | 09 01 | 14 09 | 11 12 | 23 19 | 22 48 | 21 41 | 23 32 | 04 27 | 23 40 | 23 08 | 08 45 | 06 25 | 17 41 | 15 56 |
| 5 | 06 58 | 13 05 | 13 47 | 11 18 | 23 26 | 22 48 | 21 42 | 23 32 | 04 27 | 23 41 | 23 04 | 08 59 | 06 18 | 17 34 | 15 55 |
| 6 | 06 35 | 16 21 | 13 23 | 11 24 | 23 32 | 22 48 | 21 42 | 23 32 | 04 26 | 23 41 | 23 00 | 09 13 | 06 10 | 17 27 | 15 55 |
| 7 | 06 13 | 18 45 | 12 56 | 11 29 | 23 38 | 22 49 | 21 42 | 23 32 | 04 26 | 23 41 | 22 56 | 09 28 | 06 02 | 17 20 | 15 55 |
| 8 | 05 51 | 20 10 | 12 27 | 11 34 | 23 44 | 22 49 | 21 42 | 23 32 | 04 25 | 23 42 | 22 51 | 09 43 | 05 54 | 17 13 | 15 54 |
| 9 | 05 28 | 20 38 | 11 54 | 11 39 | 23 50 | 22 50 | 21 42 | 23 32 | 04 25 | 23 42 | 22 47 | 09 58 | 05 46 | 17 06 | 15 54 |
| 10 | 05 05 | 20 08 | 11 20 | 11 43 | 23 56 | 22 50 | 21 42 | 23 32 | 04 24 | 23 42 | 22 43 | 10 13 | 05 38 | 16 59 | 15 53 |
| 11 | 04 43 | 18 46 | 10 43 | 11 46 | 24 01 | 22 51 | 21 42 | 23 32 | 04 23 | 23 42 | 22 39 | 10 29 | 05 29 | 16 52 | 15 53 |
| 12 | 04 20 | 16 35 | 10 05 | 11 50 | 24 07 | 22 51 | 21 42 | 23 32 | 04 23 | 23 43 | 22 35 | 10 44 | 05 20 | 16 45 | 15 53 |
| 13 | 03 57 | 13 42 | 09 25 | 11 52 | 24 12 | 22 52 | 21 42 | 23 32 | 04 22 | 23 43 | 22 30 | 11 00 | 05 11 | 16 38 | 15 52 |
| 14 | 03 34 | 10 14 | 08 43 | 11 54 | 24 17 | 22 52 | 21 42 | 23 32 | 04 22 | 23 43 | 22 26 | 11 16 | 05 01 | 16 31 | 15 52 |
| 15 | 03 11 | 06 17 | 08 00 | 11 56 | 24 22 | 22 53 | 21 42 | 23 32 | 04 21 | 23 43 | 22 22 | 11 32 | 04 52 | 16 23 | 15 51 |
| 16 | 02 48 | 02 02 | 07 16 | 11 57 | 24 27 | 22 53 | 21 42 | 23 32 | 04 20 | 23 44 | 22 17 | 11 49 | 04 42 | 16 16 | 15 51 |
| 17 | 02 25 | -02 22 | 06 31 | 11 58 | 24 32 | 22 54 | 21 42 | 23 32 | 04 20 | 23 44 | 22 13 | 12 05 | 04 32 | 16 09 | 15 50 |
| 18 | 02 02 | 06 44 | 05 45 | 11 58 | 24 36 | 22 54 | 21 42 | 23 32 | 04 19 | 23 44 | 22 09 | 12 22 | 04 21 | 16 02 | 15 50 |
| 19 | 01 38 | 10 52 | 04 59 | 11 57 | 24 41 | 22 55 | 21 42 | 23 32 | 04 19 | 23 44 | 22 04 | 12 39 | 04 11 | 15 54 | 15 49 |
| 20 | 01 15 | 14 33 | 04 12 | 11 56 | 24 45 | 22 56 | 21 42 | 23 32 | 04 18 | 23 44 | 22 00 | 12 56 | 04 00 | 15 47 | 15 48 |
| 21 | 00 52 | 17 31 | 03 25 | 11 55 | 24 49 | 22 56 | 21 42 | 23 32 | 04 17 | 23 45 | 21 55 | 13 13 | 03 49 | 15 40 | 15 48 |
| 22 | 00 28 | 19 33 | 02 38 | 11 53 | 24 52 | 22 57 | 21 42 | 23 32 | 04 17 | 23 45 | 21 51 | 13 30 | 03 38 | 15 32 | 15 47 |
| 23 | 00 05 | 20 28 | 01 51 | 11 50 | 24 56 | 22 57 | 21 42 | 23 32 | 04 16 | 23 45 | 21 46 | 13 48 | 03 27 | 15 25 | 15 47 |
| 24 | -00 18 | 20 08 | 01 03 | 11 47 | 24 59 | 22 58 | 21 42 | 23 32 | 04 15 | 23 45 | 21 42 | 14 05 | 03 15 | 15 17 | 15 46 |
| 25 | 00 42 | 18 32 | 00 16 | 11 43 | 25 02 | 22 58 | 21 42 | 23 32 | 04 15 | 23 45 | 21 37 | 14 23 | 03 04 | 15 10 | 15 45 |
| 26 | 01 05 | 15 46 | -00 31 | 11 39 | 25 05 | 22 59 | 21 42 | 23 32 | 04 14 | 23 45 | 21 33 | 14 41 | 02 52 | 15 02 | 15 45 |
| 27 | 01 28 | 12 01 | 01 19 | 11 34 | 25 08 | 23 00 | 21 42 | 23 32 | 04 14 | 23 46 | 21 28 | 14 59 | 02 40 | 14 55 | 15 44 |
| 28 | 01 52 | 07 34 | 02 05 | 11 29 | 25 10 | 23 00 | 21 42 | 23 33 | 04 13 | 23 46 | 21 24 | 15 17 | 02 28 | 14 47 | 15 44 |
| 29 | 02 15 | 02 41 | 02 52 | 11 23 | 25 13 | 23 01 | 21 42 | 23 33 | 04 12 | 23 46 | 21 19 | 15 36 | 02 16 | 14 40 | 15 43 |
| 30 | 02 38 | +02 19 | 03 38 | 11 17 | 25 15 | 23 01 | 21 42 | 23 33 | 04 12 | 23 46 | 21 15 | 15 54 | 02 03 | 14 32 | 15 42 |

Lunar Phases -- 1 ○ 09:22 8 ◑ 16:16 16 ● 18:48 24 ◐ 01:21 30 ○ 18:59 Sun enters ♎ 9/23 05:17

## Longitudes of Main Planets - October 2031

0:00 E.T.

| D | S.T. | ☉ | ☽ | ☽ 12:00 | ☿ | ♀ | ♂ | ♃ | ♄ | ♅ | ♆ | ♇ | ☊ |
|---|---|---|---|---|---|---|---|---|---|---|---|---|---|
| 1 | 0:38:08 | 07♎37 35 | 10♈20 | 17♈16 | 13♎03 | 23♌08 | 23♐21 | 22♐14 | 23♊01 | 27♊16 | 14♈23℞ | 11♒23℞ | 21♏01 |
| 2 | 0:42:05 | 08 36 33 | 24 06 | 00♉50 | 14 45 | 23 55 | 24 02 | 22 22 | 23 01 | 27 16 | 14 22 | 11 23 | 20 58 |
| 3 | 0:46:01 | 09 35 32 | 07♉29 | 14 02 | 16 27 | 24 43 | 24 43 | 22 29 | 23 01 | 27 16℞ | 14 20 | 11 22 | 20 55 |
| 4 | 0:49:58 | 10 34 33 | 20 30 | 26 53 | 18 07 | 25 31 | 25 25 | 22 37 | 23 02 | 27 16 | 14 18 | 11 22 | 20 52 |
| 5 | 0:53:54 | 11 33 37 | 03♊10 | 09♊23 | 19 47 | 26 21 | 26 06 | 22 46 | 23 02 | 27 16 | 14 17 | 11 21 | 20 48 |
| 6 | 0:57:51 | 12 32 43 | 15 31 | 21 36 | 21 25 | 27 11 | 26 48 | 22 54 | 23 02℞ | 27 16 | 14 15 | 11 21 | 20 45 |
| 7 | 1:01:48 | 13 31 51 | 27 38 | 03♋38 | 23 03 | 28 02 | 27 30 | 23 02 | 23 02 | 27 15 | 14 13 | 11 20 | 20 42 |
| 8 | 1:05:44 | 14 31 02 | 09♋35 | 15 32 | 24 40 | 28 53 | 28 12 | 23 11 | 23 01 | 27 15 | 14 12 | 11 20 | 20 39 |
| 9 | 1:09:41 | 15 30 15 | 21 28 | 27 23 | 26 17 | 29 46 | 28 54 | 23 19 | 23 01 | 27 15 | 14 10 | 11 19 | 20 36 |
| 10 | 1:13:37 | 16 29 30 | 03♌20 | 09♌18 | 27 52 | 00♍39 | 29 36 | 23 28 | 23 01 | 27 15 | 14 08 | 11 19 | 20 32 |
| 11 | 1:17:34 | 17 28 48 | 15 17 | 21 19 | 29 27 | 01 32 | 00♑18 | 23 37 | 23 00 | 27 14 | 14 07 | 11 18 | 20 29 |
| 12 | 1:21:30 | 18 28 07 | 27 23 | 03♍30 | 01♏01 | 02 27 | 01 00 | 23 46 | 22 59 | 27 14 | 14 05 | 11 18 | 20 26 |
| 13 | 1:25:27 | 19 27 29 | 09♍41 | 15 56 | 02 35 | 03 22 | 01 43 | 23 55 | 22 58 | 27 13 | 14 03 | 11 18 | 20 23 |
| 14 | 1:29:23 | 20 26 53 | 22 14 | 28 37 | 04 07 | 04 17 | 02 25 | 24 05 | 22 58 | 27 13 | 14 02 | 11 17 | 20 20 |
| 15 | 1:33:20 | 21 26 20 | 05♎03 | 11♎34 | 05 40 | 05 13 | 03 08 | 24 14 | 22 57 | 27 12 | 14 00 | 11 17 | 20 17 |
| 16 | 1:37:17 | 22 25 48 | 18 09 | 24 48 | 07 11 | 06 10 | 03 51 | 24 24 | 22 55 | 27 12 | 13 58 | 11 17 | 20 13 |
| 17 | 1:41:13 | 23 25 19 | 01♏30 | 08♏16 | 08 41 | 07 07 | 04 34 | 24 33 | 22 54 | 27 11 | 13 57 | 11 17 | 20 10 |
| 18 | 1:45:10 | 24 24 52 | 15 05 | 21 57 | 10 11 | 08 05 | 05 17 | 24 43 | 22 53 | 27 10 | 13 55 | 11 16 | 20 07 |
| 19 | 1:49:06 | 25 24 26 | 28 52 | 05♐49 | 11 41 | 09 03 | 06 00 | 24 53 | 22 51 | 27 09 | 13 53 | 11 16 | 20 04 |
| 20 | 1:53:03 | 26 24 03 | 12♐48 | 19 49 | 13 09 | 10 02 | 06 43 | 25 03 | 22 50 | 27 08 | 13 52 | 11 16 | 20 01 |
| 21 | 1:56:59 | 27 23 41 | 26 52 | 03♑56 | 14 37 | 11 01 | 07 26 | 25 13 | 22 48 | 27 08 | 13 50 | 11 16 | 19 58 |
| 22 | 2:00:56 | 28 23 21 | 11♑00 | 18 06 | 16 04 | 12 00 | 08 09 | 25 23 | 22 47 | 27 07 | 13 49 | 11 16 | 19 54 |
| 23 | 2:04:52 | 29 23 03 | 25 11 | 02♒17 | 17 31 | 13 00 | 08 53 | 25 33 | 22 45 | 27 06 | 13 47 | 11 16 | 19 51 |
| 24 | 2:08:49 | 00♏22 46 | 09♒23 | 16 29 | 18 57 | 14 01 | 09 36 | 25 44 | 22 43 | 27 05 | 13 45 | 11 16 | 19 48 |
| 25 | 2:12:46 | 01 22 31 | 23 34 | 00♓37 | 20 22 | 15 02 | 10 20 | 25 54 | 22 41 | 27 03 | 13 44 | 11 16D | 19 45 |
| 26 | 2:16:42 | 02 22 18 | 07♓40 | 14 41 | 21 46 | 16 03 | 11 04 | 26 05 | 22 38 | 27 02 | 13 42 | 11 16 | 19 42 |
| 27 | 2:20:39 | 03 22 06 | 21 40 | 28 36 | 23 09 | 17 05 | 11 48 | 26 15 | 22 36 | 27 01 | 13 41 | 11 16 | 19 38 |
| 28 | 2:24:35 | 04 21 56 | 05♈30 | 12♈20 | 24 32 | 18 07 | 12 31 | 26 26 | 22 34 | 27 00 | 13 39 | 11 16 | 19 35 |
| 29 | 2:28:32 | 05 21 48 | 19 08 | 25 51 | 25 53 | 19 09 | 13 15 | 26 37 | 22 31 | 26 59 | 13 38 | 11 16 | 19 32 |
| 30 | 2:32:28 | 06 21 42 | 02♉31 | 09♉06 | 27 14 | 20 12 | 13 59 | 26 48 | 22 29 | 26 57 | 13 36 | 11 16 | 19 29 |
| 31 | 2:36:25 | 07 21 37 | 15 38 | 22 05 | 28 33 | 21 15 | 14 43 | 26 59 | 22 26 | 26 56 | 13 35 | 11 16 | 19 26 |

## 0:00 E.T. Longitudes of the Major Asteroids and Chiron

| D | ⚳ | ⚴ | ⚵ | ⚶ | ⚷ |
|---|---|---|---|---|---|
| 1 | 16♌21 | 07♊18 | 08♉46℞ | 29♌07 | 20♉46℞ |
| 2 | 16 44 | 07 23 | 08 40 | 29 33 | 20 44 |
| 3 | 17 08 | 07 28 | 08 34 | 29 59 | 20 42 |
| 4 | 17 32 | 07 32 | 08 27 | 00♍25 | 20 40 |
| 5 | 17 55 | 07 36 | 08 20 | 00 51 | 20 38 |
| 6 | 18 18 | 07 39 | 08 12 | 01 16 | 20 36 |
| 7 | 18 41 | 07 42 | 08 04 | 01 42 | 20 33 |
| 8 | 19 05 | 07 44 | 07 56 | 02 08 | 20 31 |
| 9 | 19 28 | 07 46 | 07 47 | 02 34 | 20 29 |
| 10 | 19 51 | 07 47 | 07 37 | 02 59 | 20 26 |
| 11 | 20 14 | 07 48 | 07 27 | 03 25 | 20 24 |
| 12 | 20 36 | 07 48℞ | 07 17 | 03 50 | 20 22 |
| 13 | 20 59 | 07 48 | 07 07 | 04 16 | 20 19 |
| 14 | 21 22 | 07 47 | 06 56 | 04 41 | 20 17 |
| 15 | 21 44 | 07 45 | 06 45 | 05 06 | 20 14 |
| 16 | 22 07 | 07 43 | 06 33 | 05 32 | 20 11 |
| 17 | 22 29 | 07 41 | 06 21 | 05 57 | 20 09 |
| 18 | 22 51 | 07 38 | 06 09 | 06 22 | 20 06 |
| 19 | 23 13 | 07 34 | 05 56 | 06 47 | 20 03 |
| 20 | 23 35 | 07 30 | 05 44 | 07 12 | 20 01 |
| 21 | 23 57 | 07 25 | 05 31 | 07 37 | 19 58 |
| 22 | 24 19 | 07 19 | 05 18 | 08 02 | 19 55 |
| 23 | 24 40 | 07 13 | 05 04 | 08 27 | 19 52 |
| 24 | 25 02 | 07 06 | 04 51 | 08 52 | 19 50 |
| 25 | 25 23 | 06 59 | 04 37 | 09 17 | 19 47 |
| 26 | 25 44 | 06 51 | 04 24 | 09 42 | 19 44 |
| 27 | 26 06 | 06 43 | 04 10 | 10 06 | 19 41 |
| 28 | 26 26 | 06 34 | 03 56 | 10 31 | 19 38 |
| 29 | 26 47 | 06 24 | 03 42 | 10 55 | 19 35 |
| 30 | 27 08 | 06 14 | 03 28 | 11 20 | 19 32 |
| 31 | 27 29 | 06 03 | 03 14 | 11 44 | 19 29 |

## Lunar Data

| Last Asp. | Ingress |
|---|---|
| 2 05:37 | 2 ♉ 10:30 |
| 4 10:05 | 4 ♊ 17:57 |
| 7 00:50 | 7 ♋ 04:44 |
| 9 11:16 | 9 ♌ 17:16 |
| 11 23:42 | 12 ♍ 05:09 |
| 14 09:22 | 14 ♎ 14:36 |
| 16 16:17 | 16 ♏ 21:19 |
| 17 17:18 | 19 ♐ 01:57 |
| 21 00:58 | 21 ♑ 05:20 |
| 23 07:38 | 23 ♒ 08:08 |
| 25 05:56 | 25 ♓ 10:56 |
| 27 09:15 | 27 ♈ 14:26 |
| 29 13:60 | 29 ♉ 19:28 |

## 0:00 E.T. Declinations

| D | ☉ | ☽ | ☿ | ♀ | ♂ | ♃ | ♄ | ♅ | ♆ | ♇ | ⚳ | ⚴ | ⚵ | ⚶ | ⚷ |
|---|---|---|---|---|---|---|---|---|---|---|---|---|---|---|---|
| 1 | -03 02 | +07 06 | -04 24 | +11 10 | -25 17 | -23 02 | +21 42 | +23 33 | +04 11 | -23 46 | +21 10 | -16 12 | +01 51 | +14 25 | +15 41 |
| 2 | 03 25 | 11 24 | 05 09 | 11 03 | 25 19 | 23 02 | 21 42 | 23 33 | 04 10 | 23 46 | 21 05 | 16 31 | 01 38 | 14 17 | 15 41 |
| 3 | 03 48 | 15 01 | 05 54 | 10 55 | 25 20 | 23 03 | 21 42 | 23 33 | 04 10 | 23 46 | 21 01 | 16 50 | 01 25 | 14 10 | 15 40 |
| 4 | 04 11 | 17 47 | 06 39 | 10 46 | 25 21 | 23 04 | 21 42 | 23 33 | 04 09 | 23 46 | 20 56 | 17 08 | 01 12 | 14 02 | 15 39 |
| 5 | 04 34 | 19 34 | 07 23 | 10 37 | 25 22 | 23 04 | 21 42 | 23 33 | 04 08 | 23 46 | 20 52 | 17 27 | 00 59 | 13 54 | 15 39 |
| 6 | 04 57 | 20 22 | 08 06 | 10 28 | 25 23 | 23 05 | 21 42 | 23 33 | 04 08 | 23 46 | 20 47 | 17 46 | 00 46 | 13 47 | 15 38 |
| 7 | 05 20 | 20 12 | 08 49 | 10 18 | 25 24 | 23 05 | 21 41 | 23 33 | 04 07 | 23 46 | 20 43 | 18 05 | 00 33 | 13 39 | 15 37 |
| 8 | 05 43 | 19 06 | 09 31 | 10 07 | 25 24 | 23 06 | 21 41 | 23 33 | 04 06 | 23 47 | 20 38 | 18 24 | 00 20 | 13 32 | 15 36 |
| 9 | 06 06 | 17 11 | 10 13 | 09 56 | 25 24 | 23 07 | 21 41 | 23 33 | 04 06 | 23 47 | 20 34 | 18 43 | 00 07 | 13 24 | 15 36 |
| 10 | 06 29 | 14 32 | 10 54 | 09 45 | 25 24 | 23 07 | 21 41 | 23 33 | 04 05 | 23 47 | 20 29 | 19 02 | -00 07 | 13 16 | 15 35 |
| 11 | 06 52 | 11 17 | 11 34 | 09 33 | 25 23 | 23 08 | 21 41 | 23 33 | 04 04 | 23 47 | 20 25 | 19 21 | 00 20 | 13 09 | 15 34 |
| 12 | 07 14 | 07 32 | 12 14 | 09 20 | 25 23 | 23 08 | 21 41 | 23 33 | 04 04 | 23 47 | 20 20 | 19 41 | 00 33 | 13 01 | 15 33 |
| 13 | 07 37 | 03 25 | 12 53 | 09 07 | 25 22 | 23 09 | 21 41 | 23 33 | 04 03 | 23 47 | 20 16 | 20 00 | 00 47 | 12 53 | 15 32 |
| 14 | 07 59 | -00 56 | 13 31 | 08 54 | 25 21 | 23 09 | 21 41 | 23 33 | 04 03 | 23 47 | 20 11 | 20 19 | 01 00 | 12 46 | 15 31 |
| 15 | 08 21 | 05 21 | 14 08 | 08 40 | 25 19 | 23 10 | 21 41 | 23 33 | 04 02 | 23 47 | 20 07 | 20 38 | 01 13 | 12 38 | 15 31 |
| 16 | 08 44 | 09 36 | 14 45 | 08 25 | 25 18 | 23 10 | 21 40 | 23 33 | 04 01 | 23 47 | 20 03 | 20 57 | 01 26 | 12 31 | 15 30 |
| 17 | 09 06 | 13 28 | 15 21 | 08 10 | 25 16 | 23 11 | 21 40 | 23 33 | 04 01 | 23 47 | 19 58 | 21 16 | 01 39 | 12 23 | 15 29 |
| 18 | 09 28 | 16 42 | 15 56 | 07 55 | 25 14 | 23 11 | 21 40 | 23 33 | 04 00 | 23 46 | 19 54 | 21 35 | 01 52 | 12 15 | 15 28 |
| 19 | 09 49 | 19 01 | 16 30 | 07 39 | 25 12 | 23 12 | 21 40 | 23 33 | 03 59 | 23 46 | 19 50 | 21 54 | 02 05 | 12 08 | 15 27 |
| 20 | 10 11 | 20 13 | 17 03 | 07 23 | 25 09 | 23 12 | 21 40 | 23 33 | 03 59 | 23 46 | 19 45 | 22 13 | 02 18 | 12 00 | 15 26 |
| 21 | 10 33 | 20 10 | 17 36 | 07 07 | 25 06 | 23 13 | 21 40 | 23 33 | 03 58 | 23 46 | 19 41 | 22 32 | 02 31 | 11 53 | 15 26 |
| 22 | 10 54 | 18 51 | 18 08 | 06 50 | 25 03 | 23 13 | 21 39 | 23 33 | 03 58 | 23 46 | 19 37 | 22 51 | 02 43 | 11 45 | 15 25 |
| 23 | 11 15 | 16 21 | 18 38 | 06 32 | 25 00 | 23 14 | 21 39 | 23 33 | 03 57 | 23 46 | 19 33 | 23 09 | 02 55 | 11 37 | 15 24 |
| 24 | 11 36 | 12 54 | 19 08 | 06 15 | 24 56 | 23 14 | 21 39 | 23 33 | 03 56 | 23 46 | 19 29 | 23 28 | 03 08 | 11 30 | 15 23 |
| 25 | 11 57 | 08 42 | 19 37 | 05 56 | 24 52 | 23 15 | 21 39 | 23 33 | 03 56 | 23 46 | 19 25 | 23 46 | 03 20 | 11 22 | 15 22 |
| 26 | 12 18 | 04 04 | 20 05 | 05 38 | 24 48 | 23 15 | 21 39 | 23 33 | 03 55 | 23 46 | 19 21 | 24 05 | 03 31 | 11 15 | 15 21 |
| 27 | 12 38 | +00 46 | 20 32 | 05 19 | 24 44 | 23 16 | 21 39 | 23 33 | 03 55 | 23 46 | 19 17 | 24 23 | 03 43 | 11 07 | 15 20 |
| 28 | 12 58 | 05 31 | 20 57 | 05 00 | 24 39 | 23 16 | 21 38 | 23 33 | 03 54 | 23 46 | 19 13 | 24 41 | 03 54 | 11 00 | 15 19 |
| 29 | 13 18 | 09 55 | 21 22 | 04 40 | 24 35 | 23 16 | 21 38 | 23 33 | 03 53 | 23 45 | 19 09 | 24 58 | 04 06 | 10 53 | 15 18 |
| 30 | 13 38 | 13 45 | 21 46 | 04 20 | 24 29 | 23 17 | 21 38 | 23 33 | 03 53 | 23 45 | 19 05 | 25 16 | 04 16 | 10 45 | 15 18 |
| 31 | 13 58 | 16 48 | 22 08 | 04 00 | 24 24 | 23 17 | 21 38 | 23 33 | 03 52 | 23 45 | 19 01 | 25 33 | 04 27 | 10 38 | 15 17 |

Lunar Phases -- 8 ◑ 10:51 16 ● 08:22 23 ◐ 07:38 30 Ⓔ 07:34 Sun enters ♏ 10/23 14:51

## 0:00 E.T. Longitudes of Main Planets - November 2031

| D | S.T. | ☉ | ☽ | ☽ 12:00 | ☿ | ♀ | ♂ | ♃ | ♄ | ♅ | ♆ | ♇ | ☊ |
|---|---|---|---|---|---|---|---|---|---|---|---|---|---|
| 1 | 2:40:21 | 08♏21 35 | 28♉28 | 04♊47 | 29♏52 | 22♍19 | 15♑28 | 27♐10 | 22♊23℞ | 26♊55℞ | 13♈33℞ | 11♒16 | 19♏23 |
| 2 | 2:44:18 | 09 21 35 | 11♊02 | 17 13 | 01♐09 | 23 22 | 16 12 | 27 21 | 22 20 | 26 53 | 13 32 | 11 17 | 19 19 |
| 3 | 2:48:15 | 10 21 36 | 23 20 | 29 25 | 02 24 | 24 26 | 16 56 | 27 33 | 22 18 | 26 52 | 13 30 | 11 17 | 19 16 |
| 4 | 2:52:11 | 11 21 40 | 05♋27 | 11♋27 | 03 38 | 25 31 | 17 41 | 27 44 | 22 15 | 26 50 | 13 29 | 11 17 | 19 13 |
| 5 | 2:56:08 | 12 21 46 | 17 25 | 23 21 | 04 51 | 26 36 | 18 25 | 27 56 | 22 11 | 26 48 | 13 27 | 11 17 | 19 10 |
| 6 | 3:00:04 | 13 21 54 | 29 17 | 05♌13 | 06 01 | 27 41 | 19 09 | 28 07 | 22 08 | 26 47 | 13 26 | 11 18 | 19 07 |
| 7 | 3:04:01 | 14 22 04 | 11♌10 | 17 07 | 07 10 | 28 46 | 19 54 | 28 19 | 22 05 | 26 45 | 13 25 | 11 18 | 19 04 |
| 8 | 3:07:57 | 15 22 16 | 23 06 | 29 08 | 08 16 | 29 52 | 20 39 | 28 30 | 22 01 | 26 43 | 13 23 | 11 18 | 19 00 |
| 9 | 3:11:54 | 16 22 30 | 05♍12 | 11♍19 | 09 20 | 00♎58 | 21 23 | 28 42 | 21 58 | 26 42 | 13 22 | 11 19 | 18 57 |
| 10 | 3:15:50 | 17 22 46 | 17 30 | 23 46 | 10 20 | 02 04 | 22 08 | 28 54 | 21 54 | 26 40 | 13 21 | 11 19 | 18 54 |
| 11 | 3:19:47 | 18 23 04 | 00♎06 | 06♎32 | 11 18 | 03 10 | 22 53 | 29 06 | 21 51 | 26 38 | 13 19 | 11 20 | 18 51 |
| 12 | 3:23:44 | 19 23 24 | 13 02 | 19 38 | 12 11 | 04 17 | 23 38 | 29 18 | 21 47 | 26 36 | 13 18 | 11 20 | 18 48 |
| 13 | 3:27:40 | 20 23 46 | 26 20 | 03♏06 | 13 01 | 05 24 | 24 23 | 29 30 | 21 43 | 26 34 | 13 17 | 11 21 | 18 44 |
| 14 | 3:31:37 | 21 24 10 | 09♏58 | 16 55 | 13 46 | 06 31 | 25 08 | 29 42 | 21 39 | 26 32 | 13 15 | 11 21 | 18 41 |
| 15 | 3:35:33 | 22 24 35 | 23 57 | 01♐02 | 14 26 | 07 38 | 25 53 | 29 55 | 21 35 | 26 30 | 13 14 | 11 22 | 18 38 |
| 16 | 3:39:30 | 23 25 02 | 08♐11 | 15 23 | 15 00 | 08 46 | 26 38 | 00♑07 | 21 31 | 26 28 | 13 13 | 11 23 | 18 35 |
| 17 | 3:43:26 | 24 25 31 | 22 37 | 29 53 | 15 27 | 09 54 | 27 23 | 00 19 | 21 27 | 26 26 | 13 12 | 11 23 | 18 32 |
| 18 | 3:47:23 | 25 26 01 | 07♑09 | 14♑25 | 15 47 | 11 02 | 28 09 | 00 32 | 21 23 | 26 24 | 13 11 | 11 24 | 18 29 |
| 19 | 3:51:19 | 26 26 33 | 21 40 | 28 54 | 16 00 | 12 10 | 28 54 | 00 44 | 21 19 | 26 22 | 13 10 | 11 24 | 18 25 |
| 20 | 3:55:16 | 27 27 06 | 06♒06 | 13♒16 | 16 03℞ | 13 18 | 29 39 | 00 57 | 21 15 | 26 20 | 13 08 | 11 25 | 18 22 |
| 21 | 3:59:13 | 28 27 40 | 20 23 | 27 28 | 15 57 | 14 27 | 00♒25 | 01 09 | 21 10 | 26 18 | 13 07 | 11 26 | 18 19 |
| 22 | 4:03:09 | 29 28 15 | 04♓29 | 11♓26 | 15 41 | 15 35 | 01 10 | 01 22 | 21 06 | 26 16 | 13 06 | 11 27 | 18 16 |
| 23 | 4:07:06 | 00♐28 51 | 18 21 | 25 12 | 15 15 | 16 44 | 01 56 | 01 35 | 21 02 | 26 14 | 13 05 | 11 27 | 18 13 |
| 24 | 4:11:02 | 01 29 29 | 01♈59 | 08♈43 | 14 38 | 17 53 | 02 41 | 01 48 | 20 57 | 26 11 | 13 04 | 11 28 | 18 09 |
| 25 | 4:14:59 | 02 30 07 | 15 24 | 22 01 | 13 50 | 19 03 | 03 27 | 02 00 | 20 53 | 26 09 | 13 03 | 11 29 | 18 06 |
| 26 | 4:18:55 | 03 30 47 | 28 35 | 05♉05 | 12 52 | 20 12 | 04 12 | 02 13 | 20 48 | 26 07 | 13 02 | 11 30 | 18 03 |
| 27 | 4:22:52 | 04 31 28 | 11♉33 | 17 57 | 11 46 | 21 22 | 04 58 | 02 26 | 20 43 | 26 04 | 13 02 | 11 31 | 18 00 |
| 28 | 4:26:48 | 05 32 10 | 24 19 | 00♊37 | 10 32 | 22 31 | 05 43 | 02 39 | 20 39 | 26 02 | 13 01 | 11 32 | 17 57 |
| 29 | 4:30:45 | 06 32 54 | 06♊52 | 13 05 | 09 12 | 23 41 | 06 29 | 02 52 | 20 34 | 26 00 | 13 00 | 11 33 | 17 54 |
| 30 | 4:34:42 | 07 33 39 | 19 14 | 25 22 | 07 50 | 24 51 | 07 15 | 03 05 | 20 29 | 25 57 | 12 59 | 11 34 | 17 50 |

## 0:00 E.T. Longitudes of the Major Asteroids and Chiron

| D | ⚳ | ⚴ | ⚵ | ⚶ | ⚷ | D | ⚳ | ⚴ | ⚵ | ⚶ | ⚷ |
|---|---|---|---|---|---|---|---|---|---|---|---|
| 1 | 27♌49 | 05♊51℞ | 03♉01℞ | 12♍08 | 19♉26℞ | 16 | 02 36 | 01 57 | 29♈58 | 18 01 | 18 41 |
| 2 | 28 09 | 05 39 | 02 47 | 12 32 | 19 23 | 17 | 02 54 | 01 37 | 29 48 | 18 24 | 18 38 |
| 3 | 28 29 | 05 27 | 02 33 | 12 56 | 19 20 | 18 | 03 12 | 01 18 | 29 39 | 18 46 | 18 35 |
| 4 | 28 49 | 05 14 | 02 20 | 13 20 | 19 17 | 19 | 03 29 | 00 58 | 29 30 | 19 09 | 18 32 |
| 5 | 29 09 | 05 00 | 02 07 | 13 44 | 19 14 | 20 | 03 46 | 00 38 | 29 22 | 19 31 | 18 29 |
| 6 | 29 29 | 04 46 | 01 53 | 14 08 | 19 11 | 21 | 04 03 | 00 18 | 29 14 | 19 53 | 18 26 |
| 7 | 29 49 | 04 31 | 01 41 | 14 32 | 19 08 | 22 | 04 20 | 29♉58 | 29 07 | 20 15 | 18 23 |
| 8 | 00♍08 | 04 16 | 01 28 | 14 55 | 19 05 | 23 | 04 36 | 29 38 | 29 01 | 20 37 | 18 20 |
| 9 | 00 27 | 04 00 | 01 15 | 15 19 | 19 02 | 24 | 04 52 | 29 17 | 28 54 | 20 59 | 18 17 |
| 10 | 00 46 | 03 43 | 01 03 | 15 42 | 18 59 | 25 | 05 08 | 28 57 | 28 49 | 21 21 | 18 14 |
| 11 | 01 05 | 03 27 | 00 52 | 16 06 | 18 56 | 26 | 05 24 | 28 36 | 28 44 | 21 43 | 18 11 |
| 12 | 01 24 | 03 09 | 00 40 | 16 29 | 18 53 | 27 | 05 40 | 28 16 | 28 39 | 22 04 | 18 08 |
| 13 | 01 42 | 02 52 | 00 29 | 16 52 | 18 50 | 28 | 05 55 | 27 55 | 28 35 | 22 25 | 18 05 |
| 14 | 02 00 | 02 34 | 00 18 | 17 15 | 18 47 | 29 | 06 10 | 27 34 | 28 32 | 22 46 | 18 02 |
| 15 | 02 18 | 02 15 | 00 08 | 17 38 | 18 44 | 30 | 06 25 | 27 14 | 28 29 | 23 07 | 17 59 |

## Lunar Data

| Last Asp. | | Ingress | | |
|---|---|---|---|---|
| 31 | 11:23 | 1 | ♊ | 02:55 |
| 3 | 08:26 | 3 | ♋ | 13:09 |
| 5 | 20:25 | 6 | ♌ | 01:26 |
| 8 | 10:57 | 8 | ♍ | 13:44 |
| 10 | 22:04 | 10 | ♎ | 23:48 |
| 13 | 05:43 | 13 | ♏ | 06:31 |
| 15 | 03:28 | 15 | ♐ | 10:15 |
| 17 | 06:18 | 17 | ♑ | 12:12 |
| 19 | 12:40 | 19 | ♒ | 13:50 |
| 21 | 14:46 | 21 | ♓ | 16:20 |
| 23 | 13:47 | 23 | ♈ | 20:29 |
| 25 | 19:29 | 26 | ♉ | 02:37 |
| 26 | 23:56 | 28 | ♊ | 10:50 |
| 30 | 13:08 | | | |

## 0:00 E.T. Declinations

| D | ☉ | ☽ | ☿ | ♀ | ♂ | ♃ | ♄ | ♅ | ♆ | ♇ | ⚳ | ⚴ | ⚵ | ⚶ | ⚷ |
|---|---|---|---|---|---|---|---|---|---|---|---|---|---|---|---|
| 1 | -14 17 | +18 57 | -22 30 | +03 40 | -24 19 | -23 18 | +21 38 | +23 33 | +03 52 | -23 45 | +18 58 | -25 50 | -04 37 | +10 31 | +15 16 |
| 2 | 14 36 | 20 07 | 22 50 | 03 19 | 24 13 | 23 18 | 21 37 | 23 33 | 03 51 | 23 45 | 18 54 | 26 07 | 04 47 | 10 23 | 15 15 |
| 3 | 14 55 | 20 17 | 23 09 | 02 58 | 24 07 | 23 18 | 21 37 | 23 33 | 03 51 | 23 45 | 18 50 | 26 24 | 04 57 | 10 16 | 15 14 |
| 4 | 15 14 | 19 29 | 23 26 | 02 36 | 24 00 | 23 19 | 21 37 | 23 33 | 03 50 | 23 44 | 18 47 | 26 40 | 05 06 | 10 09 | 15 13 |
| 5 | 15 33 | 17 50 | 23 42 | 02 14 | 23 54 | 23 19 | 21 37 | 23 33 | 03 50 | 23 44 | 18 43 | 26 57 | 05 15 | 10 02 | 15 12 |
| 6 | 15 51 | 15 25 | 23 57 | 01 53 | 23 47 | 23 19 | 21 37 | 23 32 | 03 49 | 23 44 | 18 40 | 27 12 | 05 24 | 09 54 | 15 11 |
| 7 | 16 09 | 12 23 | 24 11 | 01 30 | 23 40 | 23 19 | 21 36 | 23 32 | 03 48 | 23 44 | 18 37 | 27 28 | 05 33 | 09 47 | 15 10 |
| 8 | 16 26 | 08 49 | 24 23 | 01 08 | 23 32 | 23 20 | 21 36 | 23 32 | 03 48 | 23 44 | 18 33 | 27 43 | 05 41 | 09 40 | 15 09 |
| 9 | 16 44 | 04 52 | 24 34 | 00 45 | 23 25 | 23 20 | 21 36 | 23 32 | 03 47 | 23 43 | 18 30 | 27 58 | 05 48 | 09 33 | 15 08 |
| 10 | 17 01 | 00 39 | 24 43 | 00 23 | 23 17 | 23 20 | 21 36 | 23 32 | 03 47 | 23 43 | 18 27 | 28 13 | 05 56 | 09 26 | 15 07 |
| 11 | 17 18 | -03 42 | 24 51 | -00 01 | 23 09 | 23 20 | 21 35 | 23 32 | 03 46 | 23 43 | 18 24 | 28 27 | 06 03 | 09 19 | 15 07 |
| 12 | 17 34 | 08 01 | 24 57 | 00 24 | 23 01 | 23 20 | 21 35 | 23 32 | 03 46 | 23 43 | 18 21 | 28 41 | 06 09 | 09 12 | 15 06 |
| 13 | 17 51 | 12 04 | 25 01 | 00 47 | 22 52 | 23 21 | 21 35 | 23 32 | 03 46 | 23 42 | 18 18 | 28 55 | 06 15 | 09 05 | 15 05 |
| 14 | 18 06 | 15 35 | 25 03 | 01 11 | 22 43 | 23 21 | 21 35 | 23 32 | 03 45 | 23 42 | 18 16 | 29 08 | 06 21 | 08 59 | 15 04 |
| 15 | 18 22 | 18 19 | 25 04 | 01 34 | 22 34 | 23 21 | 21 34 | 23 32 | 03 45 | 23 42 | 18 13 | 29 20 | 06 27 | 08 52 | 15 03 |
| 16 | 18 37 | 19 57 | 25 03 | 01 58 | 22 25 | 23 21 | 21 34 | 23 32 | 03 44 | 23 42 | 18 10 | 29 33 | 06 32 | 08 45 | 15 02 |
| 17 | 18 52 | 20 18 | 24 59 | 02 22 | 22 15 | 23 21 | 21 34 | 23 32 | 03 44 | 23 41 | 18 08 | 29 45 | 06 36 | 08 38 | 15 01 |
| 18 | 19 07 | 19 18 | 24 54 | 02 46 | 22 06 | 23 21 | 21 34 | 23 32 | 03 43 | 23 41 | 18 05 | 29 56 | 06 40 | 08 32 | 15 00 |
| 19 | 19 21 | 17 03 | 24 46 | 03 10 | 21 56 | 23 21 | 21 33 | 23 32 | 03 43 | 23 41 | 18 03 | 30 07 | 06 44 | 08 25 | 14 59 |
| 20 | 19 35 | 13 45 | 24 36 | 03 35 | 21 46 | 23 21 | 21 33 | 23 32 | 03 43 | 23 40 | 18 01 | 30 18 | 06 48 | 08 19 | 14 58 |
| 21 | 19 49 | 09 40 | 24 24 | 03 59 | 21 35 | 23 21 | 21 33 | 23 32 | 03 42 | 23 40 | 17 59 | 30 28 | 06 51 | 08 12 | 14 58 |
| 22 | 20 02 | 05 07 | 24 08 | 04 23 | 21 25 | 23 21 | 21 33 | 23 32 | 03 42 | 23 40 | 17 57 | 30 38 | 06 53 | 08 06 | 14 57 |
| 23 | 20 15 | 00 22 | 23 51 | 04 48 | 21 14 | 23 21 | 21 32 | 23 32 | 03 41 | 23 40 | 17 55 | 30 47 | 06 56 | 08 00 | 14 56 |
| 24 | 20 27 | +04 20 | 23 30 | 05 12 | 21 03 | 23 21 | 21 32 | 23 32 | 03 41 | 23 39 | 17 53 | 30 56 | 06 58 | 07 54 | 14 55 |
| 25 | 20 39 | 08 45 | 23 07 | 05 36 | 20 51 | 23 21 | 21 32 | 23 32 | 03 41 | 23 39 | 17 51 | 31 04 | 06 59 | 07 48 | 14 54 |
| 26 | 20 51 | 12 41 | 22 41 | 06 01 | 20 40 | 23 21 | 21 31 | 23 32 | 03 40 | 23 39 | 17 50 | 31 12 | 07 00 | 07 41 | 14 53 |
| 27 | 21 02 | 15 57 | 22 12 | 06 25 | 20 28 | 23 21 | 21 31 | 23 32 | 03 40 | 23 38 | 17 48 | 31 19 | 07 01 | 07 35 | 14 52 |
| 28 | 21 13 | 18 22 | 21 42 | 06 50 | 20 16 | 23 21 | 21 31 | 23 32 | 03 40 | 23 38 | 17 47 | 31 26 | 07 01 | 07 30 | 14 52 |
| 29 | 21 24 | 19 51 | 21 10 | 07 14 | 20 04 | 23 20 | 21 31 | 23 32 | 03 40 | 23 37 | 17 46 | 31 33 | 07 01 | 07 24 | 14 51 |
| 30 | 21 34 | 20 21 | 20 37 | 07 39 | 19 52 | 23 20 | 21 30 | 23 31 | 03 39 | 23 37 | 17 45 | 31 39 | 07 01 | 07 18 | 14 50 |

Lunar Phases -- 7 ◑ 07:04  14 ● 21:11  21 ◐ 14:46  28 Ⓔ 23:20  Sun enters ♐ 11/22 12:35

## Longitudes of Main Planets - December 2031

0:00 E.T.

| D | S.T. | ☉ | ☽ | ☽ 12:00 | ☿ | ♀ | ♂ | ♃ | ♄ | ♅ | ♆ | ♇ | ☊ |
|---|---|---|---|---|---|---|---|---|---|---|---|---|---|
| 1 | 4:38:38 | 08♐34 25 | 01♋26 | 07♋29 | 06♐28℞ | 26♎02 | 08♒01 | 03♑19 | 20♊25℞ | 25♊55℞ | 12♈58℞ | 11♒35 | 17♏47 |
| 2 | 4:42:35 | 09 35 12 | 13 29 | 19 28 | 05 08 | 27 12 | 08 46 | 03 32 | 20 20 | 25 52 | 12 57 | 11 36 | 17 44 |
| 3 | 4:46:31 | 10 36 01 | 25 26 | 01♌22 | 03 54 | 28 22 | 09 32 | 03 45 | 20 15 | 25 50 | 12 57 | 11 37 | 17 41 |
| 4 | 4:50:28 | 11 36 51 | 07♌18 | 13 13 | 02 47 | 29 33 | 10 18 | 03 58 | 20 10 | 25 48 | 12 56 | 11 38 | 17 38 |
| 5 | 4:54:24 | 12 37 43 | 19 09 | 25 06 | 01 50 | 00♏44 | 11 04 | 04 12 | 20 05 | 25 45 | 12 55 | 11 39 | 17 35 |
| 6 | 4:58:21 | 13 38 35 | 01♍04 | 07♍04 | 01 03 | 01 55 | 11 50 | 04 25 | 20 00 | 25 43 | 12 55 | 11 40 | 17 31 |
| 7 | 5:02:17 | 14 39 30 | 13 06 | 19 12 | 00 28 | 03 06 | 12 36 | 04 38 | 19 55 | 25 40 | 12 54 | 11 41 | 17 28 |
| 8 | 5:06:14 | 15 40 25 | 25 21 | 01♎35 | 00 04 | 04 17 | 13 22 | 04 52 | 19 50 | 25 38 | 12 54 | 11 42 | 17 25 |
| 9 | 5:10:11 | 16 41 22 | 07♎53 | 14 17 | 29♏51 | 05 28 | 14 08 | 05 05 | 19 46 | 25 35 | 12 53 | 11 43 | 17 22 |
| 10 | 5:14:07 | 17 42 19 | 20 46 | 27 22 | 29 49D | 06 39 | 14 54 | 05 19 | 19 41 | 25 33 | 12 53 | 11 45 | 17 19 |
| 11 | 5:18:04 | 18 43 19 | 04♏04 | 10♏53 | 29 57 | 07 51 | 15 40 | 05 32 | 19 36 | 25 30 | 12 52 | 11 46 | 17 15 |
| 12 | 5:22:00 | 19 44 19 | 17 49 | 24 51 | 00♐15 | 09 02 | 16 26 | 05 46 | 19 31 | 25 28 | 12 52 | 11 47 | 17 12 |
| 13 | 5:25:57 | 20 45 20 | 01♐59 | 09♐13 | 00 41 | 10 14 | 17 12 | 05 59 | 19 26 | 25 25 | 12 51 | 11 48 | 17 09 |
| 14 | 5:29:53 | 21 46 23 | 16 33 | 23 56 | 01 15 | 11 26 | 17 58 | 06 13 | 19 21 | 25 22 | 12 51 | 11 50 | 17 06 |
| 15 | 5:33:50 | 22 47 26 | 01♑23 | 08♑53 | 01 55 | 12 38 | 18 44 | 06 27 | 19 16 | 25 20 | 12 51 | 11 51 | 17 03 |
| 16 | 5:37:46 | 23 48 30 | 16 23 | 23 53 | 02 41 | 13 50 | 19 30 | 06 40 | 19 11 | 25 17 | 12 50 | 11 52 | 17 00 |
| 17 | 5:41:43 | 24 49 34 | 01♒23 | 08♒49 | 03 33 | 15 02 | 20 16 | 06 54 | 19 06 | 25 15 | 12 50 | 11 54 | 16 56 |
| 18 | 5:45:40 | 25 50 39 | 16 13 | 23 33 | 04 30 | 16 14 | 21 02 | 07 08 | 19 01 | 25 12 | 12 50 | 11 55 | 16 53 |
| 19 | 5:49:36 | 26 51 44 | 00♓47 | 07♓57 | 05 30 | 17 26 | 21 49 | 07 22 | 18 56 | 25 10 | 12 50 | 11 56 | 16 50 |
| 20 | 5:53:33 | 27 52 50 | 15 01 | 22 00 | 06 35 | 18 38 | 22 35 | 07 35 | 18 51 | 25 07 | 12 49 | 11 58 | 16 47 |
| 21 | 5:57:29 | 28 53 55 | 28 53 | 05♈41 | 07 42 | 19 50 | 23 21 | 07 49 | 18 46 | 25 04 | 12 49 | 11 59 | 16 44 |
| 22 | 6:01:26 | 29 55 01 | 12♈23 | 19 00 | 08 52 | 21 03 | 24 07 | 08 03 | 18 42 | 25 02 | 12 49 | 12 01 | 16 41 |
| 23 | 6:05:22 | 00♑56 08 | 25 33 | 02♉01 | 10 05 | 22 15 | 24 53 | 08 17 | 18 37 | 24 59 | 12 49 | 12 02 | 16 37 |
| 24 | 6:09:19 | 01 57 14 | 08♉26 | 14 46 | 11 20 | 23 28 | 25 40 | 08 31 | 18 32 | 24 57 | 12 49 | 12 03 | 16 34 |
| 25 | 6:13:15 | 02 58 21 | 21 04 | 27 18 | 12 36 | 24 41 | 26 26 | 08 44 | 18 27 | 24 54 | 12 49D | 12 05 | 16 31 |
| 26 | 6:17:12 | 03 59 27 | 03♊30 | 09♊40 | 13 55 | 25 53 | 27 12 | 08 58 | 18 23 | 24 52 | 12 49 | 12 06 | 16 28 |
| 27 | 6:21:09 | 05 00 35 | 15 47 | 21 53 | 15 14 | 27 06 | 27 58 | 09 12 | 18 18 | 24 49 | 12 49 | 12 08 | 16 25 |
| 28 | 6:25:05 | 06 01 42 | 27 57 | 03♋59 | 16 36 | 28 19 | 28 44 | 09 26 | 18 13 | 24 47 | 12 49 | 12 10 | 16 21 |
| 29 | 6:29:02 | 07 02 50 | 10♋00 | 15 59 | 17 58 | 29 32 | 29 31 | 09 40 | 18 09 | 24 44 | 12 49 | 12 11 | 16 18 |
| 30 | 6:32:58 | 08 03 57 | 21 57 | 27 55 | 19 21 | 00♐45 | 00♓17 | 09 54 | 18 04 | 24 42 | 12 50 | 12 13 | 16 15 |
| 31 | 6:36:55 | 09 05 06 | 03♌51 | 09♌47 | 20 45 | 01 58 | 01 03 | 10 08 | 18 00 | 24 39 | 12 50 | 12 14 | 16 12 |

## Longitudes of the Major Asteroids and Chiron

0:00 E.T.

## Lunar Data

| D | ⚳ | ⚴ | ⚵ | ⚶ | ⚷ | D | ⚳ | ⚴ | ⚵ | ⚶ | ⚷ | Last Asp. | | Ingress | | |
|---|---|---|---|---|---|---|---|---|---|---|---|---|---|---|---|---|
| 1 | 06♍39 | 26♉54℞ | 28♈26℞ | 23♍28 | 17♉56℞ | 17 | 09 53 | 22 16 | 29 05 | 28 38 | 17 15 | 3 | 06:36 | 3 | ♌ | 09:14 |
| 2 | 06 53 | 26 34 | 28 25 | 23 49 | 17 54 | 18 | 10 03 | 22 03 | 29 13 | 28 56 | 17 13 | 5 | 13:16 | 5 | ♍ | 21:52 |
| 3 | 07 08 | 26 14 | 28 23 | 24 09 | 17 51 | 19 | 10 12 | 21 51 | 29 20 | 29 14 | 17 11 | 8 | 08:55 | 8 | ♎ | 08:58 |
| 4 | 07 21 | 25 55 | 28 23 | 24 30 | 17 48 | 20 | 10 21 | 21 39 | 29 29 | 29 31 | 17 09 | 10 | 08:41 | 10 | ♏ | 16:44 |
| 5 | 07 35 | 25 35 | 28 23D | 24 50 | 17 45 | 21 | 10 29 | 21 28 | 29 37 | 29 48 | 17 07 | 11 | 21:29 | 12 | ♐ | 20:41 |
| 6 | 07 48 | 25 16 | 28 23 | 25 10 | 17 43 | 22 | 10 37 | 21 17 | 29 47 | 00♎05 | 17 05 | 14 | 14:16 | 14 | ♑ | 21:46 |
| 7 | 08 01 | 24 58 | 28 24 | 25 30 | 17 40 | 23 | 10 45 | 21 07 | 29 56 | 00 21 | 17 03 | 15 | 19:33 | 16 | ♒ | 21:47 |
| 8 | 08 14 | 24 39 | 28 26 | 25 50 | 17 37 | 24 | 10 52 | 20 58 | 00♉07 | 00 38 | 17 01 | 18 | 16:59 | 18 | ♓ | 22:41 |
| 9 | 08 26 | 24 21 | 28 28 | 26 09 | 17 35 | 25 | 10 59 | 20 50 | 00 17 | 00 54 | 16 59 | 21 | 00:02 | 21 | ♈ | 01:58 |
| 10 | 08 38 | 24 04 | 28 31 | 26 29 | 17 32 | 26 | 11 06 | 20 42 | 00 29 | 01 09 | 16 57 | 22 | 22:59 | 23 | ♉ | 08:15 |
| 11 | 08 50 | 23 47 | 28 34 | 26 48 | 17 30 | 27 | 11 12 | 20 35 | 00 40 | 01 25 | 16 55 | 25 | 10:59 | 25 | ♊ | 17:12 |
| 12 | 09 01 | 23 31 | 28 38 | 27 07 | 17 27 | 28 | 11 18 | 20 29 | 00 53 | 01 40 | 16 53 | 28 | 01:41 | 28 | ♋ | 04:05 |
| 13 | 09 12 | 23 15 | 28 42 | 27 25 | 17 25 | 29 | 11 23 | 20 24 | 01 05 | 01 55 | 16 52 | 29 | 05:40 | 30 | ♌ | 16:13 |
| 14 | 09 23 | 22 59 | 28 47 | 27 44 | 17 22 | 30 | 11 28 | 20 19 | 01 18 | 02 10 | 16 50 | | | | | |
| 15 | 09 33 | 22 44 | 28 53 | 28 02 | 17 20 | 31 | 11 33 | 20 15 | 01 32 | 02 25 | 16 48 | | | | | |
| 16 | 09 44 | 22 30 | 28 59 | 28 20 | 17 18 | | | | | | | | | | | |

## Declinations

0:00 E.T.

| D | ☉ | ☽ | ☿ | ♀ | ♂ | ♃ | ♄ | ♅ | ♆ | ♇ | ⚳ | ⚴ | ⚵ | ⚶ | ⚷ |
|---|---|---|---|---|---|---|---|---|---|---|---|---|---|---|---|
| 1 | -21 44 | +19 52 | -20 05 | -08 03 | -19 39 | -23 20 | +21 30 | +23 31 | +03 39 | -23 37 | +17 44 | -31 44 | -07 00 | +07 12 | +14 49 |
| 2 | 21 53 | 18 30 | 19 34 | 08 27 | 19 26 | 23 20 | 21 30 | 23 31 | 03 39 | 23 36 | 17 43 | 31 49 | 06 59 | 07 07 | 14 48 |
| 3 | 22 02 | 16 19 | 19 04 | 08 51 | 19 14 | 23 20 | 21 29 | 23 31 | 03 39 | 23 36 | 17 42 | 31 53 | 06 58 | 07 01 | 14 47 |
| 4 | 22 10 | 13 29 | 18 38 | 09 15 | 19 00 | 23 19 | 21 29 | 23 31 | 03 38 | 23 36 | 17 42 | 31 57 | 06 56 | 06 56 | 14 47 |
| 5 | 22 18 | 10 06 | 18 16 | 09 39 | 18 47 | 23 19 | 21 29 | 23 31 | 03 38 | 23 35 | 17 42 | 32 00 | 06 54 | 06 51 | 14 46 |
| 6 | 22 26 | 06 18 | 17 57 | 10 03 | 18 34 | 23 19 | 21 29 | 23 31 | 03 38 | 23 35 | 17 41 | 32 03 | 06 51 | 06 45 | 14 45 |
| 7 | 22 33 | 02 14 | 17 43 | 10 27 | 18 20 | 23 18 | 21 28 | 23 31 | 03 38 | 23 34 | 17 41 | 32 05 | 06 48 | 06 40 | 14 44 |
| 8 | 22 40 | -02 01 | 17 33 | 10 51 | 18 06 | 23 18 | 21 28 | 23 31 | 03 37 | 23 34 | 17 41 | 32 07 | 06 45 | 06 35 | 14 44 |
| 9 | 22 46 | 06 16 | 17 27 | 11 14 | 17 52 | 23 17 | 21 28 | 23 31 | 03 37 | 23 34 | 17 41 | 32 08 | 06 42 | 06 30 | 14 43 |
| 10 | 22 52 | 10 23 | 17 25 | 11 37 | 17 38 | 23 17 | 21 27 | 23 31 | 03 37 | 23 33 | 17 42 | 32 09 | 06 38 | 06 25 | 14 42 |
| 11 | 22 57 | 14 07 | 17 27 | 12 00 | 17 23 | 23 17 | 21 27 | 23 31 | 03 37 | 23 33 | 17 42 | 32 09 | 06 34 | 06 21 | 14 42 |
| 12 | 23 02 | 17 13 | 17 32 | 12 23 | 17 09 | 23 16 | 21 27 | 23 31 | 03 37 | 23 32 | 17 43 | 32 09 | 06 30 | 06 16 | 14 41 |
| 13 | 23 07 | 19 23 | 17 40 | 12 46 | 16 54 | 23 16 | 21 26 | 23 31 | 03 37 | 23 32 | 17 43 | 32 08 | 06 25 | 06 12 | 14 40 |
| 14 | 23 11 | 20 20 | 17 50 | 13 08 | 16 39 | 23 15 | 21 26 | 23 30 | 03 37 | 23 31 | 17 44 | 32 07 | 06 20 | 06 07 | 14 39 |
| 15 | 23 14 | 19 54 | 18 03 | 13 30 | 16 24 | 23 15 | 21 26 | 23 30 | 03 37 | 23 31 | 17 45 | 32 05 | 06 15 | 06 03 | 14 39 |
| 16 | 23 17 | 18 04 | 18 17 | 13 52 | 16 09 | 23 14 | 21 26 | 23 30 | 03 37 | 23 31 | 17 47 | 32 03 | 06 09 | 05 59 | 14 38 |
| 17 | 23 20 | 15 01 | 18 33 | 14 13 | 15 53 | 23 13 | 21 25 | 23 30 | 03 36 | 23 30 | 17 48 | 32 01 | 06 04 | 05 55 | 14 38 |
| 18 | 23 22 | 11 02 | 18 49 | 14 35 | 15 38 | 23 13 | 21 25 | 23 30 | 03 36 | 23 30 | 17 50 | 31 57 | 05 58 | 05 51 | 14 37 |
| 19 | 23 24 | 06 28 | 19 07 | 14 56 | 15 22 | 23 12 | 21 25 | 23 30 | 03 36 | 23 29 | 17 51 | 31 54 | 05 52 | 05 47 | 14 36 |
| 20 | 23 25 | 01 38 | 19 25 | 15 16 | 15 06 | 23 11 | 21 24 | 23 30 | 03 36 | 23 29 | 17 53 | 31 50 | 05 45 | 05 43 | 14 36 |
| 21 | 23 26 | +03 10 | 19 43 | 15 37 | 14 50 | 23 11 | 21 24 | 23 30 | 03 36 | 23 28 | 17 55 | 31 45 | 05 38 | 05 40 | 14 35 |
| 22 | 23 26 | 07 41 | 20 02 | 15 57 | 14 34 | 23 10 | 21 24 | 23 30 | 03 36 | 23 28 | 17 57 | 31 40 | 05 31 | 05 36 | 14 35 |
| 23 | 23 26 | 11 44 | 20 20 | 16 16 | 14 18 | 23 09 | 21 24 | 23 30 | 03 36 | 23 27 | 18 00 | 31 34 | 05 24 | 05 33 | 14 34 |
| 24 | 23 25 | 15 09 | 20 39 | 16 36 | 14 02 | 23 08 | 21 23 | 23 30 | 03 36 | 23 27 | 18 02 | 31 28 | 05 17 | 05 30 | 14 34 |
| 25 | 23 24 | 17 47 | 20 57 | 16 54 | 13 45 | 23 08 | 21 23 | 23 30 | 03 36 | 23 26 | 18 05 | 31 22 | 05 09 | 05 27 | 14 33 |
| 26 | 23 22 | 19 31 | 21 15 | 17 13 | 13 29 | 23 07 | 21 23 | 23 29 | 03 37 | 23 26 | 18 08 | 31 15 | 05 02 | 05 24 | 14 33 |
| 27 | 23 20 | 20 18 | 21 32 | 17 31 | 13 12 | 23 06 | 21 23 | 23 29 | 03 37 | 23 25 | 18 11 | 31 08 | 04 54 | 05 21 | 14 32 |
| 28 | 23 18 | 20 08 | 21 48 | 17 49 | 12 55 | 23 05 | 21 22 | 23 29 | 03 37 | 23 25 | 18 14 | 31 01 | 04 46 | 05 18 | 14 32 |
| 29 | 23 15 | 19 02 | 22 04 | 18 06 | 12 38 | 23 04 | 21 22 | 23 29 | 03 37 | 23 25 | 18 18 | 30 53 | 04 37 | 05 16 | 14 31 |
| 30 | 23 11 | 17 07 | 22 19 | 18 23 | 12 21 | 23 03 | 21 22 | 23 29 | 03 37 | 23 24 | 18 21 | 30 44 | 04 29 | 05 13 | 14 31 |
| 31 | 23 07 | 14 28 | 22 33 | 18 39 | 12 04 | 23 02 | 21 22 | 23 29 | 03 37 | 23 24 | 18 25 | 30 36 | 04 20 | 05 11 | 14 30 |

Lunar Phases -- 7 ◑ 03:21 14 ● 09:07 21 ◐ 00:02 28 ○ 17:34 Sun enters ♑ 12/22 01:57

## 0:00 E.T. Longitudes of Main Planets - January 2032

| D | S.T. | ☉ | ☽ | ☽ 12:00 | ☿ | ♀ | ♂ | ♃ | ♄ | ♅ | ♆ | ♇ | ☊ |
|---|---|---|---|---|---|---|---|---|---|---|---|---|---|
| 1 | 6:40:51 | 10♑06 14 | 15♌43 | 21♌39 | 22♐10 | 03♐11 | 01♓49 | 10♑21 | 17♊55R | 24♊37R | 12♈50 | 12♒16 | 16♏09 |
| 2 | 6:44:48 | 11 07 22 | 27 35 | 03♍32 | 23 36 | 04 24 | 02 35 | 10 35 | 17 51 | 24 34 | 12 50 | 12 17 | 16 06 |
| 3 | 6:48:44 | 12 08 31 | 09♍29 | 15 29 | 25 03 | 05 37 | 03 22 | 10 49 | 17 47 | 24 32 | 12 51 | 12 19 | 16 02 |
| 4 | 6:52:41 | 13 09 40 | 21 30 | 27 34 | 26 30 | 06 50 | 04 08 | 11 03 | 17 43 | 24 30 | 12 51 | 12 21 | 15 59 |
| 5 | 6:56:38 | 14 10 50 | 03♎41 | 09♎52 | 27 57 | 08 04 | 04 54 | 11 17 | 17 38 | 24 27 | 12 51 | 12 22 | 15 56 |
| 6 | 7:00:34 | 15 11 59 | 16 07 | 22 27 | 29 26 | 09 17 | 05 40 | 11 31 | 17 34 | 24 25 | 12 52 | 12 24 | 15 53 |
| 7 | 7:04:31 | 16 13 09 | 28 53 | 05♏25 | 00♑55 | 10 30 | 06 26 | 11 45 | 17 30 | 24 22 | 12 52 | 12 26 | 15 50 |
| 8 | 7:08:27 | 17 14 19 | 12♏03 | 18 48 | 02 24 | 11 44 | 07 12 | 11 59 | 17 26 | 24 20 | 12 53 | 12 27 | 15 47 |
| 9 | 7:12:24 | 18 15 30 | 25 41 | 02♐41 | 03 54 | 12 57 | 07 58 | 12 12 | 17 22 | 24 18 | 12 53 | 12 29 | 15 43 |
| 10 | 7:16:20 | 19 16 40 | 09♐48 | 17 03 | 05 24 | 14 11 | 08 45 | 12 26 | 17 19 | 24 16 | 12 54 | 12 31 | 15 40 |
| 11 | 7:20:17 | 20 17 50 | 24 24 | 01♑51 | 06 55 | 15 24 | 09 31 | 12 40 | 17 15 | 24 13 | 12 54 | 12 33 | 15 37 |
| 12 | 7:24:13 | 21 19 01 | 09♑24 | 17 00 | 08 27 | 16 38 | 10 17 | 12 54 | 17 11 | 24 11 | 12 55 | 12 34 | 15 34 |
| 13 | 7:28:10 | 22 20 11 | 24 38 | 02♒18 | 09 58 | 17 52 | 11 03 | 13 08 | 17 08 | 24 09 | 12 56 | 12 36 | 15 31 |
| 14 | 7:32:07 | 23 21 20 | 09♒58 | 17 35 | 11 31 | 19 05 | 11 49 | 13 22 | 17 04 | 24 07 | 12 56 | 12 38 | 15 27 |
| 15 | 7:36:03 | 24 22 29 | 25 10 | 02♓40 | 13 04 | 20 19 | 12 35 | 13 35 | 17 01 | 24 05 | 12 57 | 12 40 | 15 24 |
| 16 | 7:40:00 | 25 23 38 | 10♓05 | 17 24 | 14 37 | 21 33 | 13 21 | 13 49 | 16 57 | 24 03 | 12 58 | 12 41 | 15 21 |
| 17 | 7:43:56 | 26 24 46 | 24 36 | 01♈40 | 16 11 | 22 46 | 14 07 | 14 03 | 16 54 | 24 00 | 12 59 | 12 43 | 15 18 |
| 18 | 7:47:53 | 27 25 53 | 08♈38 | 15 29 | 17 45 | 24 00 | 14 53 | 14 17 | 16 51 | 23 58 | 13 00 | 12 45 | 15 15 |
| 19 | 7:51:49 | 28 26 59 | 22 12 | 28 50 | 19 20 | 25 14 | 15 39 | 14 30 | 16 48 | 23 56 | 13 00 | 12 47 | 15 12 |
| 20 | 7:55:46 | 29 28 04 | 05♉21 | 11♉47 | 20 55 | 26 28 | 16 25 | 14 44 | 16 45 | 23 54 | 13 01 | 12 48 | 15 08 |
| 21 | 7:59:42 | 00♒29 09 | 18 07 | 24 24 | 22 31 | 27 42 | 17 11 | 14 58 | 16 42 | 23 53 | 13 02 | 12 50 | 15 05 |
| 22 | 8:03:39 | 01 30 12 | 00♊36 | 06♊45 | 24 07 | 28 55 | 17 57 | 15 11 | 16 39 | 23 51 | 13 03 | 12 52 | 15 02 |
| 23 | 8:07:36 | 02 31 15 | 12 51 | 18 55 | 25 44 | 00♑09 | 18 43 | 15 25 | 16 36 | 23 49 | 13 04 | 12 54 | 14 59 |
| 24 | 8:11:32 | 03 32 17 | 24 57 | 00♋57 | 27 21 | 01 23 | 19 29 | 15 39 | 16 34 | 23 47 | 13 05 | 12 56 | 14 56 |
| 25 | 8:15:29 | 04 33 18 | 06♋56 | 12 55 | 29 00 | 02 37 | 20 15 | 15 52 | 16 31 | 23 45 | 13 06 | 12 58 | 14 53 |
| 26 | 8:19:25 | 05 34 18 | 18 52 | 24 49 | 00♒38 | 03 51 | 21 01 | 16 06 | 16 29 | 23 43 | 13 07 | 12 59 | 14 49 |
| 27 | 8:23:22 | 06 35 17 | 00♌45 | 06♌42 | 02 18 | 05 05 | 21 47 | 16 19 | 16 27 | 23 42 | 13 09 | 13 01 | 14 46 |
| 28 | 8:27:18 | 07 36 15 | 12 38 | 18 34 | 03 58 | 06 19 | 22 32 | 16 33 | 16 25 | 23 40 | 13 10 | 13 03 | 14 43 |
| 29 | 8:31:15 | 08 37 13 | 24 31 | 00♍28 | 05 38 | 07 33 | 23 18 | 16 46 | 16 22 | 23 39 | 13 11 | 13 05 | 14 40 |
| 30 | 8:35:11 | 09 38 09 | 06♍26 | 12 25 | 07 19 | 08 47 | 24 04 | 17 00 | 16 20 | 23 37 | 13 12 | 13 07 | 14 37 |
| 31 | 8:39:08 | 10 39 05 | 18 25 | 24 26 | 09 01 | 10 01 | 24 50 | 17 13 | 16 19 | 23 35 | 13 13 | 13 09 | 14 33 |

## 0:00 E.T. Longitudes of the Major Asteroids and Chiron

| D | ⚳ | ⚴ | ⚵ | ⚶ | ⚷ |
|---|---|---|---|---|---|
| 1 | 11♍37 | 20♉11R | 01♉46 | 02♎39 | 16♉47R |
| 2 | 11 41 | 20 09 | 02 00 | 02 53 | 16 45 |
| 3 | 11 44 | 20 07 | 02 15 | 03 06 | 16 44 |
| 4 | 11 47 | 20 05 | 02 30 | 03 20 | 16 43 |
| 5 | 11 50 | 20 05 | 02 46 | 03 33 | 16 41 |
| 6 | 11 52 | 20 05D | 03 02 | 03 45 | 16 40 |
| 7 | 11 54 | 20 06 | 03 18 | 03 58 | 16 39 |
| 8 | 11 55 | 20 07 | 03 35 | 04 10 | 16 38 |
| 9 | 11 56 | 20 10 | 03 53 | 04 22 | 16 37 |
| 10 | 11 56 | 20 13 | 04 10 | 04 33 | 16 36 |
| 11 | 11 56R | 20 16 | 04 28 | 04 44 | 16 35 |
| 12 | 11 56 | 20 21 | 04 47 | 04 55 | 16 34 |
| 13 | 11 55 | 20 25 | 05 05 | 05 05 | 16 33 |
| 14 | 11 53 | 20 31 | 05 24 | 05 15 | 16 32 |
| 15 | 11 51 | 20 37 | 05 44 | 05 25 | 16 31 |
| 16 | 11 49 | 20 44 | 06 04 | 05 34 | 16 31 |
| 17 | 11 47 | 20 52 | 06 24 | 05 43 | 16 30 |
| 18 | 11 43 | 21 00 | 06 44 | 05 52 | 16 30 |
| 19 | 11 40 | 21 09 | 07 05 | 06 00 | 16 29 |
| 20 | 11 36 | 21 18 | 07 26 | 06 07 | 16 29 |
| 21 | 11 31 | 21 28 | 07 47 | 06 15 | 16 28 |
| 22 | 11 26 | 21 39 | 08 09 | 06 22 | 16 28 |
| 23 | 11 21 | 21 50 | 08 31 | 06 28 | 16 28 |
| 24 | 11 15 | 22 01 | 08 53 | 06 34 | 16 28 |
| 25 | 11 09 | 22 14 | 09 15 | 06 40 | 16 28 |
| 26 | 11 03 | 22 27 | 09 38 | 06 45 | 16 28D |
| 27 | 10 56 | 22 40 | 10 01 | 06 50 | 16 28 |
| 28 | 10 48 | 22 54 | 10 24 | 06 55 | 16 28 |
| 29 | 10 40 | 23 08 | 10 48 | 06 59 | 16 28 |
| 30 | 10 32 | 23 23 | 11 11 | 07 02 | 16 28 |
| 31 | 10 24 | 23 38 | 11 35 | 07 05 | 16 29 |

## Lunar Data

| Last Asp. | | Ingress | | |
|---|---|---|---|---|
| 1 | 17:56 | 2 | ♍ | 04:53 |
| 4 | 11:14 | 4 | ♎ | 16:47 |
| 6 | 15:38 | 7 | ♏ | 02:04 |
| 8 | 09:59 | 9 | ♐ | 07:25 |
| 10 | 23:42 | 11 | ♑ | 09:01 |
| 12 | 20:08 | 13 | ♒ | 08:24 |
| 14 | 22:16 | 15 | ♓ | 07:43 |
| 17 | 03:18 | 17 | ♈ | 09:09 |
| 19 | 12:16 | 19 | ♉ | 14:09 |
| 21 | 09:37 | 21 | ♊ | 22:50 |
| 23 | 21:40 | 24 | ♋ | 10:05 |
| 26 | 04:38 | 26 | ♌ | 22:29 |
| 28 | 22:14 | 29 | ♍ | 11:03 |
| 31 | 13:39 | | | |

## 0:00 E.T. Declinations

| D | ☉ | ☽ | ☿ | ♀ | ♂ | ♃ | ♄ | ♅ | ♆ | ♇ | ⚳ | ⚴ | ⚵ | ⚶ | ⚷ |
|---|---|---|---|---|---|---|---|---|---|---|---|---|---|---|---|
| 1 | -23 03 | +11 15 | -22 47 | -18 55 | -11 47 | -23 01 | +21 21 | +23 29 | +03 37 | -23 23 | +18 29 | -30 27 | -04 11 | +05 09 | +14 30 |
| 2 | 22 58 | 07 36 | 22 59 | 19 10 | 11 29 | 23 00 | 21 21 | 23 29 | 03 37 | 23 23 | 18 33 | 30 17 | 04 02 | 05 07 | 14 30 |
| 3 | 22 53 | 03 38 | 23 11 | 19 25 | 11 12 | 22 59 | 21 21 | 23 29 | 03 38 | 23 22 | 18 38 | 30 07 | 03 53 | 05 06 | 14 29 |
| 4 | 22 47 | -00 30 | 23 21 | 19 40 | 10 54 | 22 58 | 21 21 | 23 29 | 03 38 | 23 22 | 18 42 | 29 57 | 03 44 | 05 04 | 14 29 |
| 5 | 22 41 | 04 41 | 23 30 | 19 54 | 10 37 | 22 57 | 21 20 | 23 29 | 03 38 | 23 21 | 18 47 | 29 47 | 03 34 | 05 03 | 14 29 |
| 6 | 22 34 | 08 46 | 23 38 | 20 07 | 10 19 | 22 56 | 21 20 | 23 28 | 03 38 | 23 21 | 18 52 | 29 36 | 03 25 | 05 01 | 14 28 |
| 7 | 22 27 | 12 34 | 23 45 | 20 20 | 10 01 | 22 55 | 21 20 | 23 28 | 03 38 | 23 20 | 18 57 | 29 25 | 03 15 | 05 00 | 14 28 |
| 8 | 22 19 | 15 52 | 23 51 | 20 32 | 09 43 | 22 54 | 21 20 | 23 28 | 03 39 | 23 20 | 19 02 | 29 13 | 03 05 | 04 59 | 14 28 |
| 9 | 22 11 | 18 26 | 23 56 | 20 44 | 09 25 | 22 53 | 21 20 | 23 28 | 03 39 | 23 19 | 19 07 | 29 02 | 02 56 | 04 58 | 14 27 |
| 10 | 22 03 | 19 58 | 24 00 | 20 55 | 09 07 | 22 52 | 21 20 | 23 28 | 03 39 | 23 19 | 19 13 | 28 50 | 02 45 | 04 58 | 14 27 |
| 11 | 21 54 | 20 14 | 24 02 | 21 05 | 08 49 | 22 50 | 21 19 | 23 28 | 03 39 | 23 18 | 19 18 | 28 37 | 02 35 | 04 57 | 14 27 |
| 12 | 21 45 | 19 06 | 24 03 | 21 15 | 08 31 | 22 49 | 21 19 | 23 28 | 03 40 | 23 18 | 19 24 | 28 25 | 02 25 | 04 57 | 14 27 |
| 13 | 21 35 | 16 35 | 24 02 | 21 25 | 08 12 | 22 48 | 21 19 | 23 28 | 03 40 | 23 17 | 19 30 | 28 12 | 02 15 | 04 57 | 14 27 |
| 14 | 21 25 | 12 55 | 24 01 | 21 34 | 07 54 | 22 47 | 21 19 | 23 28 | 03 40 | 23 17 | 19 36 | 27 59 | 02 04 | 04 57 | 14 26 |
| 15 | 21 14 | 08 26 | 23 58 | 21 42 | 07 36 | 22 45 | 21 19 | 23 28 | 03 41 | 23 16 | 19 43 | 27 46 | 01 54 | 04 57 | 14 26 |
| 16 | 21 03 | 03 31 | 23 54 | 21 49 | 07 17 | 22 44 | 21 19 | 23 28 | 03 41 | 23 16 | 19 49 | 27 32 | 01 43 | 04 58 | 14 26 |
| 17 | 20 52 | +01 29 | 23 48 | 21 56 | 06 59 | 22 43 | 21 19 | 23 27 | 03 41 | 23 15 | 19 56 | 27 18 | 01 33 | 04 58 | 14 26 |
| 18 | 20 40 | 06 15 | 23 41 | 22 03 | 06 40 | 22 41 | 21 18 | 23 27 | 03 42 | 23 15 | 20 02 | 27 04 | 01 22 | 04 59 | 14 26 |
| 19 | 20 28 | 10 32 | 23 33 | 22 08 | 06 21 | 22 40 | 21 18 | 23 27 | 03 42 | 23 14 | 20 09 | 26 50 | 01 11 | 05 00 | 14 26 |
| 20 | 20 15 | 14 11 | 23 23 | 22 13 | 06 03 | 22 38 | 21 18 | 23 27 | 03 42 | 23 14 | 20 16 | 26 36 | 01 00 | 05 01 | 14 26 |
| 21 | 20 03 | 17 03 | 23 12 | 22 18 | 05 44 | 22 37 | 21 18 | 23 27 | 03 43 | 23 13 | 20 23 | 26 21 | 00 49 | 05 03 | 14 26 |
| 22 | 19 49 | 19 01 | 22 59 | 22 21 | 05 25 | 22 36 | 21 18 | 23 27 | 03 43 | 23 13 | 20 31 | 26 06 | 00 38 | 05 04 | 14 26 |
| 23 | 19 36 | 20 04 | 22 45 | 22 25 | 05 07 | 22 34 | 21 18 | 23 27 | 03 44 | 23 12 | 20 38 | 25 51 | 00 27 | 05 06 | 14 26 |
| 24 | 19 22 | 20 10 | 22 29 | 22 27 | 04 48 | 22 33 | 21 18 | 23 27 | 03 44 | 23 12 | 20 45 | 25 36 | 00 16 | 05 08 | 14 26 |
| 25 | 19 07 | 19 21 | 22 12 | 22 29 | 04 29 | 22 31 | 21 18 | 23 27 | 03 45 | 23 11 | 20 53 | 25 21 | 00 05 | 05 10 | 14 26 |
| 26 | 18 52 | 17 41 | 21 54 | 22 30 | 04 10 | 22 30 | 21 18 | 23 27 | 03 45 | 23 11 | 21 01 | 25 06 | +00 06 | 05 12 | 14 26 |
| 27 | 18 37 | 15 16 | 21 34 | 22 30 | 03 51 | 22 28 | 21 18 | 23 27 | 03 46 | 23 10 | 21 09 | 24 50 | 00 18 | 05 15 | 14 26 |
| 28 | 18 22 | 12 14 | 21 13 | 22 30 | 03 33 | 22 27 | 21 18 | 23 27 | 03 46 | 23 10 | 21 16 | 24 34 | 00 29 | 05 18 | 14 26 |
| 29 | 18 06 | 08 42 | 20 50 | 22 29 | 03 14 | 22 25 | 21 18 | 23 26 | 03 46 | 23 09 | 21 24 | 24 19 | 00 40 | 05 21 | 14 26 |
| 30 | 17 50 | 04 50 | 20 26 | 22 27 | 02 55 | 22 24 | 21 18 | 23 26 | 03 47 | 23 09 | 21 32 | 24 03 | 00 51 | 05 24 | 14 26 |
| 31 | 17 34 | 00 46 | 20 00 | 22 25 | 02 36 | 22 22 | 21 18 | 23 26 | 03 48 | 23 08 | 21 40 | 23 47 | 01 03 | 05 27 | 14 26 |

Lunar Phases -- 5 ◑ 22:05 12 ● 20:08 19 ◐ 12:15 27 ○ 12:54 Sun enters ♒ 1/20 12:33

## Longitudes of Main Planets - February 2032

0:00 E.T.

| D | S.T. | ☉ | ☽ | ☽ 12:00 | ☿ | ♀ | ♂ | ♃ | ♄ | ♅ | ♆ | ♇ | ☊ |
|---|---|---|---|---|---|---|---|---|---|---|---|---|---|
| 1 | 8:43:05 | 11♒39 59 | 00♎29 | 06♎34 | 10♒44 | 11♑15 | 25♓35 | 17♑26 | 16♊17℞ | 23♊34℞ | 13♈15 | 13♒10 | 14♏30 |
| 2 | 8:47:01 | 12 40 53 | 12 42 | 18 53 | 12 27 | 12 30 | 26 21 | 17 40 | 16 15 | 23 32 | 13 16 | 13 12 | 14 27 |
| 3 | 8:50:58 | 13 41 47 | 25 07 | 01♏26 | 14 11 | 13 44 | 27 07 | 17 53 | 16 14 | 23 31 | 13 17 | 13 14 | 14 24 |
| 4 | 8:54:54 | 14 42 39 | 07♏49 | 14 18 | 15 56 | 14 58 | 27 52 | 18 06 | 16 12 | 23 30 | 13 19 | 13 16 | 14 21 |
| 5 | 8:58:51 | 15 43 31 | 20 52 | 27 33 | 17 41 | 16 12 | 28 38 | 18 19 | 16 11 | 23 28 | 13 20 | 13 18 | 14 18 |
| 6 | 9:02:47 | 16 44 22 | 04♐20 | 11♐14 | 19 27 | 17 26 | 29 23 | 18 32 | 16 10 | 23 27 | 13 21 | 13 20 | 14 14 |
| 7 | 9:06:44 | 17 45 12 | 18 15 | 25 24 | 21 14 | 18 40 | 00♈09 | 18 45 | 16 09 | 23 26 | 13 23 | 13 21 | 14 11 |
| 8 | 9:10:40 | 18 46 01 | 02♑39 | 10♑01 | 23 01 | 19 55 | 00 54 | 18 58 | 16 08 | 23 25 | 13 24 | 13 23 | 14 08 |
| 9 | 9:14:37 | 19 46 49 | 17 29 | 25 02 | 24 49 | 21 09 | 01 40 | 19 11 | 16 07 | 23 24 | 13 26 | 13 25 | 14 05 |
| 10 | 9:18:34 | 20 47 36 | 02♒39 | 10♒18 | 26 38 | 22 23 | 02 25 | 19 24 | 16 06 | 23 23 | 13 27 | 13 27 | 14 02 |
| 11 | 9:22:30 | 21 48 22 | 17 58 | 25 38 | 28 26 | 23 37 | 03 11 | 19 37 | 16 05 | 23 22 | 13 29 | 13 29 | 13 58 |
| 12 | 9:26:27 | 22 49 06 | 03♓17 | 10♓52 | 00♓15 | 24 52 | 03 56 | 19 50 | 16 05 | 23 21 | 13 30 | 13 31 | 13 55 |
| 13 | 9:30:23 | 23 49 49 | 18 22 | 25 47 | 02 05 | 26 06 | 04 41 | 20 03 | 16 04 | 23 20 | 13 32 | 13 32 | 13 52 |
| 14 | 9:34:20 | 24 50 30 | 03♈05 | 10♈16 | 03 54 | 27 20 | 05 27 | 20 15 | 16 04 | 23 19 | 13 34 | 13 34 | 13 49 |
| 15 | 9:38:16 | 25 51 10 | 17 20 | 24 16 | 05 44 | 28 34 | 06 12 | 20 28 | 16 04 | 23 18 | 13 35 | 13 36 | 13 46 |
| 16 | 9:42:13 | 26 51 48 | 01♉05 | 07♉46 | 07 33 | 29 49 | 06 57 | 20 40 | 16 04 | 23 17 | 13 37 | 13 38 | 13 43 |
| 17 | 9:46:09 | 27 52 25 | 14 21 | 20 49 | 09 21 | 01♒03 | 07 42 | 20 53 | 16 04D | 23 17 | 13 39 | 13 40 | 13 39 |
| 18 | 9:50:06 | 28 52 59 | 27 11 | 03♊28 | 11 09 | 02 17 | 08 27 | 21 05 | 16 04 | 23 16 | 13 40 | 13 41 | 13 36 |
| 19 | 9:54:03 | 29 53 32 | 09♊41 | 15 49 | 12 55 | 03 31 | 09 13 | 21 18 | 16 04 | 23 15 | 13 42 | 13 43 | 13 33 |
| 20 | 9:57:59 | 00♓54 03 | 21 54 | 27 56 | 14 41 | 04 46 | 09 58 | 21 30 | 16 04 | 23 15 | 13 44 | 13 45 | 13 30 |
| 21 | 10:01:56 | 01 54 33 | 03♋56 | 09♋54 | 16 24 | 06 00 | 10 43 | 21 42 | 16 05 | 23 14 | 13 46 | 13 47 | 13 27 |
| 22 | 10:05:52 | 02 55 00 | 15 51 | 21 47 | 18 05 | 07 14 | 11 28 | 21 54 | 16 05 | 23 14 | 13 47 | 13 49 | 13 24 |
| 23 | 10:09:49 | 03 55 26 | 27 42 | 03♌38 | 19 43 | 08 29 | 12 13 | 22 07 | 16 06 | 23 13 | 13 49 | 13 50 | 13 20 |
| 24 | 10:13:45 | 04 55 50 | 09♌34 | 15 30 | 21 18 | 09 43 | 12 57 | 22 19 | 16 07 | 23 13 | 13 51 | 13 52 | 13 17 |
| 25 | 10:17:42 | 05 56 12 | 21 27 | 27 25 | 22 49 | 10 57 | 13 42 | 22 31 | 16 08 | 23 13 | 13 53 | 13 54 | 13 14 |
| 26 | 10:21:38 | 06 56 32 | 03♍24 | 09♍24 | 24 15 | 12 11 | 14 27 | 22 42 | 16 09 | 23 12 | 13 55 | 13 55 | 13 11 |
| 27 | 10:25:35 | 07 56 50 | 15 25 | 21 28 | 25 36 | 13 26 | 15 12 | 22 54 | 16 10 | 23 12 | 13 57 | 13 57 | 13 08 |
| 28 | 10:29:32 | 08 57 07 | 27 33 | 03♎39 | 26 52 | 14 40 | 15 57 | 23 06 | 16 11 | 23 12 | 13 59 | 13 59 | 13 04 |
| 29 | 10:33:28 | 09 57 23 | 09♎47 | 15 58 | 28 01 | 15 54 | 16 41 | 23 18 | 16 13 | 23 12 | 14 01 | 14 01 | 13 01 |

0:00 E.T.

## Longitudes of the Major Asteroids and Chiron

| D | ⚳ | ⚴ | ⚵ | ⚶ | ⚷ | D | ⚳ | ⚴ | ⚵ | ⚶ | ⚷ |
|---|---|---|---|---|---|---|---|---|---|---|---|
| 1 | 10♍15℞ | 23♉54 | 12♉00 | 07♎08 | 16♉29 | 16 | 07 22 | 28 42 | 18 28 | 06 50 | 16 42 |
| 2 | 10 05 | 24 10 | 12 24 | 07 10 | 16 29 | 17 | 07 09 | 29 04 | 18 55 | 06 45 | 16 43 |
| 3 | 09 56 | 24 27 | 12 49 | 07 12 | 16 30 | 18 | 06 55 | 29 27 | 19 22 | 06 40 | 16 45 |
| 4 | 09 46 | 24 44 | 13 14 | 07 13 | 16 30 | 19 | 06 42 | 29 50 | 19 50 | 06 34 | 16 46 |
| 5 | 09 35 | 25 02 | 13 39 | 07 14 | 16 31 | 20 | 06 28 | 00♊13 | 20 18 | 06 27 | 16 48 |
| 6 | 09 25 | 25 20 | 14 04 | 07 14 | 16 32 | 21 | 06 14 | 00 37 | 20 46 | 06 20 | 16 49 |
| 7 | 09 14 | 25 38 | 14 29 | 07 14℞ | 16 32 | 22 | 06 00 | 01 00 | 21 14 | 06 13 | 16 51 |
| 8 | 09 02 | 25 57 | 14 55 | 07 13 | 16 33 | 23 | 05 46 | 01 25 | 21 42 | 06 05 | 16 52 |
| 9 | 08 51 | 26 16 | 15 21 | 07 12 | 16 34 | 24 | 05 32 | 01 49 | 22 10 | 05 57 | 16 54 |
| 10 | 08 39 | 26 36 | 15 47 | 07 10 | 16 35 | 25 | 05 18 | 02 14 | 22 39 | 05 48 | 16 56 |
| 11 | 08 26 | 26 56 | 16 13 | 07 08 | 16 36 | 26 | 05 04 | 02 39 | 23 07 | 05 39 | 16 58 |
| 12 | 08 14 | 27 17 | 16 40 | 07 06 | 16 37 | 27 | 04 50 | 03 04 | 23 36 | 05 29 | 17 00 |
| 13 | 08 01 | 27 37 | 17 07 | 07 03 | 16 38 | 28 | 04 36 | 03 29 | 24 05 | 05 19 | 17 02 |
| 14 | 07 48 | 27 59 | 17 33 | 06 59 | 16 39 | 29 | 04 22 | 03 55 | 24 34 | 05 09 | 17 04 |
| 15 | 07 35 | 28 20 | 18 00 | 06 55 | 16 41 | | | | | | |

## Lunar Data

| Last Asp. | | Ingress | | |
|---|---|---|---|---|
| 2 | 20:56 | 3 | ♏ | 09:17 |
| 5 | 14:46 | 5 | ♐ | 16:22 |
| 7 | 08:42 | 7 | ♑ | 19:38 |
| 9 | 06:22 | 9 | ♒ | 19:50 |
| 11 | 18:36 | 11 | ♓ | 18:51 |
| 13 | 13:41 | 13 | ♈ | 18:55 |
| 15 | 21:31 | 15 | ♉ | 22:05 |
| 18 | 03:30 | 18 | ♊ | 05:21 |
| 20 | 02:40 | 20 | ♋ | 16:08 |
| 22 | 12:28 | 23 | ♌ | 04:39 |
| 25 | 03:33 | 25 | ♍ | 17:11 |
| 27 | 22:30 | 28 | ♎ | 04:50 |

0:00 E.T.

## Declinations

| D | ☉ | ☽ | ☿ | ♀ | ♂ | ♃ | ♄ | ♅ | ♆ | ♇ | ⚳ | ⚴ | ⚵ | ⚶ | ⚷ |
|---|---|---|---|---|---|---|---|---|---|---|---|---|---|---|---|
| 1 | -17 17 | -03 22 | -19 32 | -22 22 | -02 17 | -22 20 | +21 18 | +23 26 | +03 48 | -23 08 | +21 49 | -23 31 | +01 14 | +05 30 | +14 27 |
| 2 | 17 00 | 07 26 | 19 04 | 22 19 | 01 58 | 22 19 | 21 18 | 23 26 | 03 49 | 23 07 | 21 57 | 23 14 | 01 25 | 05 34 | 14 27 |
| 3 | 16 43 | 11 14 | 18 33 | 22 14 | 01 39 | 22 17 | 21 18 | 23 26 | 03 49 | 23 07 | 22 05 | 22 58 | 01 37 | 05 38 | 14 27 |
| 4 | 16 25 | 14 38 | 18 02 | 22 09 | 01 20 | 22 15 | 21 18 | 23 26 | 03 50 | 23 06 | 22 13 | 22 41 | 01 48 | 05 42 | 14 27 |
| 5 | 16 07 | 17 23 | 17 28 | 22 04 | 01 01 | 22 14 | 21 18 | 23 26 | 03 50 | 23 06 | 22 21 | 22 25 | 01 59 | 05 46 | 14 27 |
| 6 | 15 49 | 19 17 | 16 54 | 21 57 | 00 43 | 22 12 | 21 19 | 23 26 | 03 51 | 23 05 | 22 30 | 22 08 | 02 11 | 05 51 | 14 28 |
| 7 | 15 30 | 20 06 | 16 17 | 21 50 | 00 24 | 22 10 | 21 19 | 23 26 | 03 51 | 23 05 | 22 38 | 21 52 | 02 22 | 05 55 | 14 28 |
| 8 | 15 12 | 19 38 | 15 40 | 21 43 | 00 05 | 22 09 | 21 19 | 23 26 | 03 52 | 23 04 | 22 46 | 21 35 | 02 33 | 06 00 | 14 28 |
| 9 | 14 53 | 17 50 | 15 01 | 21 35 | +00 14 | 22 07 | 21 19 | 23 26 | 03 53 | 23 04 | 22 54 | 21 18 | 02 45 | 06 05 | 14 29 |
| 10 | 14 34 | 14 47 | 14 20 | 21 26 | 00 33 | 22 05 | 21 19 | 23 26 | 03 53 | 23 03 | 23 03 | 21 01 | 02 56 | 06 10 | 14 29 |
| 11 | 14 14 | 10 41 | 13 38 | 21 16 | 00 52 | 22 03 | 21 19 | 23 26 | 03 54 | 23 03 | 23 11 | 20 44 | 03 07 | 06 16 | 14 29 |
| 12 | 13 54 | 05 55 | 12 55 | 21 06 | 01 10 | 22 02 | 21 19 | 23 26 | 03 55 | 23 03 | 23 19 | 20 27 | 03 19 | 06 21 | 14 30 |
| 13 | 13 34 | 00 50 | 12 11 | 20 55 | 01 29 | 22 00 | 21 20 | 23 26 | 03 55 | 23 02 | 23 27 | 20 10 | 03 30 | 06 27 | 14 30 |
| 14 | 13 14 | +04 11 | 11 25 | 20 44 | 01 48 | 21 58 | 21 20 | 23 26 | 03 56 | 23 02 | 23 35 | 19 53 | 03 41 | 06 33 | 14 30 |
| 15 | 12 54 | 08 49 | 10 39 | 20 32 | 02 06 | 21 56 | 21 20 | 23 26 | 03 57 | 23 01 | 23 43 | 19 36 | 03 53 | 06 39 | 14 31 |
| 16 | 12 33 | 12 48 | 09 51 | 20 19 | 02 25 | 21 55 | 21 20 | 23 25 | 03 57 | 23 01 | 23 51 | 19 19 | 04 04 | 06 45 | 14 31 |
| 17 | 12 13 | 16 00 | 09 03 | 20 06 | 02 44 | 21 53 | 21 21 | 23 25 | 03 58 | 23 00 | 23 58 | 19 02 | 04 15 | 06 51 | 14 32 |
| 18 | 11 52 | 18 18 | 08 14 | 19 52 | 03 02 | 21 51 | 21 21 | 23 25 | 03 59 | 23 00 | 24 06 | 18 45 | 04 26 | 06 58 | 14 32 |
| 19 | 11 30 | 19 38 | 07 24 | 19 38 | 03 21 | 21 49 | 21 21 | 23 25 | 03 59 | 23 00 | 24 13 | 18 28 | 04 37 | 07 05 | 14 33 |
| 20 | 11 09 | 20 00 | 06 34 | 19 23 | 03 39 | 21 47 | 21 21 | 23 25 | 04 00 | 22 59 | 24 21 | 18 11 | 04 48 | 07 11 | 14 33 |
| 21 | 10 48 | 19 27 | 05 44 | 19 07 | 03 58 | 21 46 | 21 22 | 23 25 | 04 01 | 22 59 | 24 28 | 17 53 | 04 59 | 07 18 | 14 34 |
| 22 | 10 26 | 18 02 | 04 54 | 18 51 | 04 16 | 21 44 | 21 22 | 23 25 | 04 01 | 22 58 | 24 35 | 17 36 | 05 10 | 07 26 | 14 34 |
| 23 | 10 04 | 15 51 | 04 04 | 18 35 | 04 34 | 21 42 | 21 22 | 23 25 | 04 02 | 22 58 | 24 42 | 17 19 | 05 21 | 07 33 | 14 35 |
| 24 | 09 42 | 13 01 | 03 15 | 18 17 | 04 52 | 21 40 | 21 22 | 23 25 | 04 03 | 22 58 | 24 49 | 17 02 | 05 32 | 07 40 | 14 35 |
| 25 | 09 20 | 09 39 | 02 27 | 18 00 | 05 11 | 21 38 | 21 23 | 23 25 | 04 04 | 22 57 | 24 55 | 16 45 | 05 43 | 07 48 | 14 36 |
| 26 | 08 58 | 05 53 | 01 40 | 17 42 | 05 29 | 21 36 | 21 23 | 23 25 | 04 04 | 22 57 | 25 01 | 16 28 | 05 54 | 07 55 | 14 36 |
| 27 | 08 35 | 01 53 | 00 55 | 17 23 | 05 47 | 21 35 | 21 24 | 23 25 | 04 05 | 22 56 | 25 08 | 16 11 | 06 04 | 08 03 | 14 37 |
| 28 | 08 13 | -02 15 | 00 12 | 17 04 | 06 05 | 21 33 | 21 24 | 23 25 | 04 06 | 22 56 | 25 14 | 15 54 | 06 15 | 08 11 | 14 37 |
| 29 | 07 50 | 06 19 | +00 29 | 16 44 | 06 22 | 21 31 | 21 24 | 23 25 | 04 07 | 22 56 | 25 19 | 15 37 | 06 26 | 08 18 | 14 38 |

Lunar Phases -- 4 ◑ 13:50 11 ● 06:25 18 ◐ 03:30 26 ○ 07:44 Sun enters ♓ 2/19 02:34

# 0:00 E.T. — Longitudes of Main Planets - March 2032 — Mar. 32

| D | S.T. | ☉ | ☽ | ☽ 12:00 | ☿ | ♀ | ♂ | ♃ | ♄ | ♅ | ♆ | ♇ | ☊ |
|---|---|---|---|---|---|---|---|---|---|---|---|---|---|
| 1 | 10:37:25 | 10♓57 36 | 22♎11 | 28♎26 | 29♓03 | 17♒09 | 17♈26 | 23♑29 | 16♊14 | 23♊12 | 14♈03 | 14♒02 | 12♏58 |
| 2 | 10:41:21 | 11 57 48 | 04♏45 | 11♏07 | 29 57 | 18 23 | 18 11 | 23 41 | 16 16 | 23 12 | 14 05 | 14 04 | 12 55 |
| 3 | 10:45:18 | 12 57 59 | 17 33 | 24 03 | 00♈44 | 19 37 | 18 55 | 23 52 | 16 18 | 23 12 | 14 07 | 14 06 | 12 52 |
| 4 | 10:49:14 | 13 58 08 | 00♐37 | 07♐17 | 01 21 | 20 52 | 19 40 | 24 03 | 16 19 | 23 12 | 14 09 | 14 07 | 12 49 |
| 5 | 10:53:11 | 14 58 15 | 14 01 | 20 52 | 01 51 | 22 06 | 20 24 | 24 15 | 16 21 | 23 12 | 14 11 | 14 09 | 12 45 |
| 6 | 10:57:07 | 15 58 21 | 27 48 | 04♑50 | 02 11 | 23 20 | 21 09 | 24 26 | 16 23 | 23 13 | 14 13 | 14 11 | 12 42 |
| 7 | 11:01:04 | 16 58 26 | 11♑57 | 19 10 | 02 21 | 24 35 | 21 53 | 24 37 | 16 25 | 23 13 | 14 15 | 14 12 | 12 39 |
| 8 | 11:05:01 | 17 58 29 | 26 29 | 03♒52 | 02 23℞ | 25 49 | 22 37 | 24 48 | 16 28 | 23 13 | 14 17 | 14 14 | 12 36 |
| 9 | 11:08:57 | 18 58 30 | 11♒19 | 18 49 | 02 16 | 27 03 | 23 22 | 24 59 | 16 30 | 23 14 | 14 19 | 14 15 | 12 33 |
| 10 | 11:12:54 | 19 58 29 | 26 20 | 03♓53 | 02 00 | 28 18 | 24 06 | 25 09 | 16 32 | 23 14 | 14 21 | 14 17 | 12 30 |
| 11 | 11:16:50 | 20 58 27 | 11♓24 | 18 54 | 01 35 | 29 32 | 24 50 | 25 20 | 16 35 | 23 15 | 14 23 | 14 18 | 12 26 |
| 12 | 11:20:47 | 21 58 22 | 26 21 | 03♈44 | 01 04 | 00♓46 | 25 35 | 25 30 | 16 38 | 23 15 | 14 25 | 14 20 | 12 23 |
| 13 | 11:24:43 | 22 58 16 | 11♈01 | 18 13 | 00 25 | 02 00 | 26 19 | 25 41 | 16 40 | 23 16 | 14 27 | 14 21 | 12 20 |
| 14 | 11:28:40 | 23 58 08 | 25 19 | 02♉18 | 29♓40 | 03 15 | 27 03 | 25 51 | 16 43 | 23 16 | 14 30 | 14 23 | 12 17 |
| 15 | 11:32:36 | 24 57 58 | 09♉09 | 15 54 | 28 51 | 04 29 | 27 47 | 26 02 | 16 46 | 23 17 | 14 32 | 14 24 | 12 14 |
| 16 | 11:36:33 | 25 57 45 | 22 33 | 29 04 | 27 58 | 05 43 | 28 31 | 26 12 | 16 49 | 23 18 | 14 34 | 14 26 | 12 10 |
| 17 | 11:40:30 | 26 57 30 | 05♊30 | 11♊50 | 27 03 | 06 58 | 29 15 | 26 22 | 16 53 | 23 19 | 14 36 | 14 27 | 12 07 |
| 18 | 11:44:26 | 27 57 13 | 18 05 | 24 15 | 26 07 | 08 12 | 29 59 | 26 32 | 16 56 | 23 20 | 14 38 | 14 29 | 12 04 |
| 19 | 11:48:23 | 28 56 54 | 00♋22 | 06♋25 | 25 11 | 09 26 | 00♉43 | 26 41 | 16 59 | 23 21 | 14 40 | 14 30 | 12 01 |
| 20 | 11:52:19 | 29 56 32 | 12 26 | 18 24 | 24 16 | 10 40 | 01 27 | 26 51 | 17 03 | 23 22 | 14 43 | 14 32 | 11 58 |
| 21 | 11:56:16 | 00♈56 09 | 24 21 | 00♌17 | 23 24 | 11 55 | 02 10 | 27 01 | 17 06 | 23 23 | 14 45 | 14 33 | 11 55 |
| 22 | 12:00:12 | 01 55 43 | 06♌13 | 12 09 | 22 34 | 13 09 | 02 54 | 27 10 | 17 10 | 23 24 | 14 47 | 14 34 | 11 51 |
| 23 | 12:04:09 | 02 55 14 | 18 05 | 24 02 | 21 49 | 14 23 | 03 38 | 27 20 | 17 14 | 23 25 | 14 49 | 14 36 | 11 48 |
| 24 | 12:08:05 | 03 54 44 | 00♍00 | 06♍00 | 21 09 | 15 37 | 04 21 | 27 29 | 17 18 | 23 26 | 14 52 | 14 37 | 11 45 |
| 25 | 12:12:02 | 04 54 11 | 12 02 | 18 05 | 20 33 | 16 52 | 05 05 | 27 38 | 17 21 | 23 27 | 14 54 | 14 38 | 11 42 |
| 26 | 12:15:59 | 05 53 36 | 24 11 | 00♎20 | 20 04 | 18 06 | 05 49 | 27 47 | 17 26 | 23 29 | 14 56 | 14 40 | 11 39 |
| 27 | 12:19:55 | 06 52 59 | 06♎30 | 12 44 | 19 40 | 19 20 | 06 32 | 27 56 | 17 30 | 23 30 | 14 58 | 14 41 | 11 36 |
| 28 | 12:23:52 | 07 52 20 | 19 00 | 25 19 | 19 22 | 20 34 | 07 16 | 28 05 | 17 34 | 23 31 | 15 00 | 14 42 | 11 32 |
| 29 | 12:27:48 | 08 51 39 | 01♏40 | 08♏05 | 19 09 | 21 49 | 07 59 | 28 13 | 17 38 | 23 33 | 15 03 | 14 43 | 11 29 |
| 30 | 12:31:45 | 09 50 56 | 14 33 | 21 03 | 19 03 | 23 03 | 08 42 | 28 22 | 17 43 | 23 34 | 15 05 | 14 44 | 11 26 |
| 31 | 12:35:41 | 10 50 11 | 27 37 | 04♐15 | 19 03D | 24 17 | 09 26 | 28 30 | 17 47 | 23 36 | 15 07 | 14 46 | 11 23 |

## 0:00 E.T. — Longitudes of the Major Asteroids and Chiron

| D | ⚳ | ⚴ | ⚵ | ⚶ | ⚷ |
|---|---|---|---|---|---|
| 1 | 04♍08℞ | 04♊21 | 25♉03 | 04♎58℞ | 17♉06 |
| 2 | 03 55 | 04 47 | 25 32 | 04 46 | 17 08 |
| 3 | 03 41 | 05 14 | 26 01 | 04 35 | 17 10 |
| 4 | 03 28 | 05 40 | 26 31 | 04 23 | 17 12 |
| 5 | 03 14 | 06 07 | 27 00 | 04 10 | 17 15 |
| 6 | 03 01 | 06 34 | 27 30 | 03 58 | 17 17 |
| 7 | 02 48 | 07 01 | 27 59 | 03 45 | 17 19 |
| 8 | 02 35 | 07 29 | 28 29 | 03 31 | 17 22 |
| 9 | 02 23 | 07 57 | 28 59 | 03 18 | 17 24 |
| 10 | 02 10 | 08 25 | 29 29 | 03 04 | 17 27 |
| 11 | 01 58 | 08 53 | 29 59 | 02 50 | 17 30 |
| 12 | 01 47 | 09 21 | 00♊29 | 02 35 | 17 32 |
| 13 | 01 35 | 09 50 | 00 59 | 02 21 | 17 35 |
| 14 | 01 24 | 10 18 | 01 30 | 02 06 | 17 38 |
| 15 | 01 13 | 10 47 | 02 00 | 01 51 | 17 40 |
| 16 | 01 02 | 11 16 | 02 30 | 01 36 | 17 43 |
| 17 | 00 52 | 11 45 | 03 01 | 01 20 | 17 46 |
| 18 | 00 42 | 12 14 | 03 31 | 01 05 | 17 49 |
| 19 | 00 32 | 12 44 | 04 02 | 00 50 | 17 52 |
| 20 | 00 23 | 13 14 | 04 33 | 00 34 | 17 55 |
| 21 | 00 14 | 13 43 | 05 03 | 00 19 | 17 58 |
| 22 | 00 06 | 14 13 | 05 34 | 00 03 | 18 01 |
| 23 | 29♌58 | 14 43 | 06 05 | 29♍47 | 18 04 |
| 24 | 29 50 | 15 13 | 06 36 | 29 32 | 18 07 |
| 25 | 29 43 | 15 44 | 07 07 | 29 16 | 18 10 |
| 26 | 29 36 | 16 14 | 07 38 | 29 01 | 18 14 |
| 27 | 29 30 | 16 44 | 08 09 | 28 46 | 18 17 |
| 28 | 29 24 | 17 15 | 08 40 | 28 31 | 18 20 |
| 29 | 29 18 | 17 46 | 09 11 | 28 15 | 18 23 |
| 30 | 29 13 | 18 17 | 09 42 | 28 01 | 18 27 |
| 31 | 29 08 | 18 48 | 10 14 | 27 46 | 18 30 |

## Lunar Data

| Last Asp. | | Ingress | | |
|---|---|---|---|---|
| 1 | 02:33 | 1 | ♏ | 14:59 |
| 3 | 11:50 | 3 | ♐ | 22:52 |
| 5 | 16:05 | 6 | ♑ | 03:47 |
| 7 | 21:12 | 8 | ♒ | 05:44 |
| 10 | 03:23 | 10 | ♓ | 05:50 |
| 11 | 22:37 | 12 | ♈ | 05:55 |
| 14 | 03:08 | 14 | ♉ | 08:02 |
| 16 | 09:19 | 16 | ♊ | 13:44 |
| 18 | 20:58 | 18 | ♋ | 23:17 |
| 21 | 05:27 | 21 | ♌ | 11:25 |
| 23 | 10:46 | 23 | ♍ | 23:59 |
| 26 | 07:07 | 26 | ♎ | 11:22 |
| 28 | 17:26 | 28 | ♏ | 20:51 |
| 31 | 01:36 | 31 | ♐ | 04:19 |

## 0:00 E.T. — Declinations

| D | ☉ | ☽ | ☿ | ♀ | ♂ | ♃ | ♄ | ♅ | ♆ | ♇ | ⚳ | ⚴ | ⚵ | ⚶ | ⚷ |
|---|---|---|---|---|---|---|---|---|---|---|---|---|---|---|---|
| 1 | -07 27 | -10 10 | +01 07 | -16 24 | +06 40 | -21 29 | +21 25 | +23 25 | +04 08 | -22 55 | +25 25 | -15 20 | +06 36 | +08 26 | +14 39 |
| 2 | 07 04 | 13 38 | 01 41 | 16 03 | 06 58 | 21 27 | 21 25 | 23 25 | 04 08 | 22 55 | 25 30 | 15 03 | 06 47 | 08 34 | 14 39 |
| 3 | 06 41 | 16 31 | 02 13 | 15 42 | 07 16 | 21 25 | 21 25 | 23 25 | 04 09 | 22 55 | 25 35 | 14 46 | 06 57 | 08 42 | 14 40 |
| 4 | 06 18 | 18 37 | 02 40 | 15 20 | 07 33 | 21 23 | 21 26 | 23 25 | 04 10 | 22 54 | 25 40 | 14 29 | 07 07 | 08 51 | 14 41 |
| 5 | 05 55 | 19 43 | 03 04 | 14 59 | 07 51 | 21 22 | 21 26 | 23 25 | 04 11 | 22 54 | 25 45 | 14 13 | 07 18 | 08 59 | 14 41 |
| 6 | 05 32 | 19 42 | 03 23 | 14 36 | 08 08 | 21 20 | 21 27 | 23 25 | 04 12 | 22 54 | 25 49 | 13 56 | 07 28 | 09 07 | 14 42 |
| 7 | 05 09 | 18 27 | 03 38 | 14 13 | 08 25 | 21 18 | 21 27 | 23 25 | 04 12 | 22 53 | 25 53 | 13 39 | 07 38 | 09 15 | 14 43 |
| 8 | 04 45 | 16 00 | 03 48 | 13 50 | 08 43 | 21 16 | 21 28 | 23 25 | 04 13 | 22 53 | 25 57 | 13 23 | 07 48 | 09 23 | 14 44 |
| 9 | 04 22 | 12 28 | 03 54 | 13 27 | 09 00 | 21 14 | 21 28 | 23 25 | 04 14 | 22 53 | 26 01 | 13 06 | 07 58 | 09 31 | 14 44 |
| 10 | 03 58 | 08 06 | 03 54 | 13 03 | 09 17 | 21 12 | 21 29 | 23 25 | 04 15 | 22 52 | 26 04 | 12 50 | 08 08 | 09 40 | 14 45 |
| 11 | 03 35 | 03 13 | 03 50 | 12 39 | 09 34 | 21 11 | 21 29 | 23 25 | 04 16 | 22 52 | 26 08 | 12 33 | 08 18 | 09 48 | 14 46 |
| 12 | 03 11 | +01 50 | 03 41 | 12 14 | 09 50 | 21 09 | 21 29 | 23 25 | 04 16 | 22 52 | 26 10 | 12 17 | 08 27 | 09 56 | 14 47 |
| 13 | 02 47 | 06 41 | 03 28 | 11 49 | 10 07 | 21 07 | 21 30 | 23 25 | 04 17 | 22 51 | 26 13 | 12 01 | 08 37 | 10 04 | 14 47 |
| 14 | 02 24 | 11 02 | 03 11 | 11 24 | 10 24 | 21 05 | 21 30 | 23 25 | 04 18 | 22 51 | 26 16 | 11 45 | 08 46 | 10 12 | 14 48 |
| 15 | 02 00 | 14 39 | 02 50 | 10 58 | 10 40 | 21 03 | 21 31 | 23 26 | 04 19 | 22 51 | 26 18 | 11 28 | 08 56 | 10 20 | 14 49 |
| 16 | 01 36 | 17 21 | 02 26 | 10 32 | 10 57 | 21 02 | 21 32 | 23 26 | 04 20 | 22 51 | 26 19 | 11 12 | 09 05 | 10 28 | 14 50 |
| 17 | 01 13 | 19 03 | 01 59 | 10 06 | 11 13 | 21 00 | 21 32 | 23 26 | 04 21 | 22 50 | 26 21 | 10 57 | 09 14 | 10 36 | 14 51 |
| 18 | 00 49 | 19 45 | 01 30 | 09 40 | 11 29 | 20 58 | 21 33 | 23 26 | 04 22 | 22 50 | 26 22 | 10 41 | 09 24 | 10 43 | 14 51 |
| 19 | 00 25 | 19 29 | 00 59 | 09 13 | 11 45 | 20 56 | 21 33 | 23 26 | 04 22 | 22 50 | 26 23 | 10 25 | 09 33 | 10 51 | 14 52 |
| 20 | 00 01 | 18 18 | 00 28 | 08 46 | 12 01 | 20 55 | 21 34 | 23 26 | 04 23 | 22 50 | 26 24 | 10 09 | 09 42 | 10 58 | 14 53 |
| 21 | +00 22 | 16 21 | -00 04 | 08 19 | 12 17 | 20 53 | 21 34 | 23 26 | 04 24 | 22 49 | 26 25 | 09 54 | 09 50 | 11 06 | 14 54 |
| 22 | 00 46 | 13 43 | 00 35 | 07 51 | 12 33 | 20 51 | 21 35 | 23 26 | 04 25 | 22 49 | 26 25 | 09 38 | 09 59 | 11 13 | 14 55 |
| 23 | 01 10 | 10 32 | 01 06 | 07 24 | 12 48 | 20 49 | 21 35 | 23 26 | 04 26 | 22 49 | 26 25 | 09 23 | 10 08 | 11 20 | 14 56 |
| 24 | 01 33 | 06 55 | 01 35 | 06 56 | 13 04 | 20 48 | 21 36 | 23 26 | 04 27 | 22 49 | 26 25 | 09 08 | 10 16 | 11 27 | 14 57 |
| 25 | 01 57 | 02 59 | 02 03 | 06 28 | 13 19 | 20 46 | 21 36 | 23 26 | 04 28 | 22 49 | 26 24 | 08 53 | 10 25 | 11 33 | 14 57 |
| 26 | 02 20 | -01 06 | 02 29 | 06 00 | 13 34 | 20 44 | 21 37 | 23 26 | 04 28 | 22 48 | 26 24 | 08 38 | 10 33 | 11 40 | 14 58 |
| 27 | 02 44 | 05 12 | 02 53 | 05 32 | 13 49 | 20 43 | 21 38 | 23 26 | 04 29 | 22 48 | 26 23 | 08 23 | 10 42 | 11 46 | 14 59 |
| 28 | 03 07 | 09 09 | 03 14 | 05 03 | 14 04 | 20 41 | 21 38 | 23 26 | 04 30 | 22 48 | 26 22 | 08 08 | 10 50 | 11 52 | 15 00 |
| 29 | 03 31 | 12 44 | 03 33 | 04 34 | 14 19 | 20 40 | 21 39 | 23 26 | 04 31 | 22 48 | 26 20 | 07 53 | 10 58 | 11 58 | 15 01 |
| 30 | 03 54 | 15 47 | 03 49 | 04 06 | 14 33 | 20 38 | 21 39 | 23 26 | 04 32 | 22 48 | 26 19 | 07 39 | 11 06 | 12 04 | 15 02 |
| 31 | 04 17 | 18 03 | 04 03 | 03 37 | 14 48 | 20 36 | 21 40 | 23 26 | 04 33 | 22 48 | 26 17 | 07 24 | 11 13 | 12 10 | 15 03 |

Lunar Phases -- 5 ◑ 01:48  11 ● 16:26  18 ◐ 20:58  27 ○ 00:48  Sun enters ♈ 3/20 01:24

# Apr. 32 — Longitudes of Main Planets - April 2032 — 0:00 E.T.

| D | S.T. | ☉ | ☽ | ☽ 12:00 | ☿ | ♀ | ♂ | ♃ | ♄ | ♅ | ♆ | ♇ | ☊ |
|---|---|---|---|---|---|---|---|---|---|---|---|---|---|
| 1 | 12:39:38 | 11♈49 24 | 10♐56 | 17♐40 | 19♓08 | 25♓31 | 10♉09 | 28♑38 | 17♊52 | 23♊37 | 15♈10 | 14♒47 | 11♏20 |
| 2 | 12:43:34 | 12 48 36 | 24 29 | 01♑21 | 19 18 | 26 45 | 10 52 | 28 46 | 17 56 | 23 39 | 15 12 | 14 48 | 11 16 |
| 3 | 12:47:31 | 13 47 46 | 08♑17 | 15 16 | 19 33 | 28 00 | 11 35 | 28 54 | 18 01 | 23 41 | 15 14 | 14 49 | 11 13 |
| 4 | 12:51:28 | 14 46 54 | 22 20 | 29 27 | 19 54 | 29 14 | 12 19 | 29 02 | 18 06 | 23 42 | 15 16 | 14 50 | 11 10 |
| 5 | 12:55:24 | 15 46 00 | 06♒37 | 13♒50 | 20 19 | 00♈28 | 13 02 | 29 10 | 18 11 | 23 44 | 15 19 | 14 51 | 11 07 |
| 6 | 12:59:21 | 16 45 05 | 21 05 | 28 23 | 20 49 | 01 42 | 13 45 | 29 17 | 18 16 | 23 46 | 15 21 | 14 52 | 11 04 |
| 7 | 13:03:17 | 17 44 08 | 05♓41 | 13♓00 | 21 23 | 02 56 | 14 28 | 29 25 | 18 21 | 23 48 | 15 23 | 14 53 | 11 01 |
| 8 | 13:07:14 | 18 43 09 | 20 19 | 27 36 | 22 01 | 04 10 | 15 11 | 29 32 | 18 26 | 23 50 | 15 25 | 14 54 | 10 57 |
| 9 | 13:11:10 | 19 42 08 | 04♈51 | 12♈04 | 22 43 | 05 24 | 15 54 | 29 39 | 18 31 | 23 52 | 15 28 | 14 55 | 10 54 |
| 10 | 13:15:07 | 20 41 05 | 19 12 | 26 17 | 23 28 | 06 39 | 16 36 | 29 46 | 18 36 | 23 54 | 15 30 | 14 56 | 10 51 |
| 11 | 13:19:03 | 21 40 00 | 03♉17 | 10♉12 | 24 17 | 07 53 | 17 19 | 29 53 | 18 42 | 23 56 | 15 32 | 14 57 | 10 48 |
| 12 | 13:23:00 | 22 38 53 | 17 01 | 23 45 | 25 09 | 09 07 | 18 02 | 00 00 | 18 47 | 23 58 | 15 34 | 14 58 | 10 45 |
| 13 | 13:26:57 | 23 37 44 | 00♊23 | 06♊55 | 26 04 | 10 21 | 18 45 | 00♒06 | 18 53 | 24 00 | 15 37 | 14 59 | 10 42 |
| 14 | 13:30:53 | 24 36 33 | 13 22 | 19 44 | 27 03 | 11 35 | 19 28 | 00 13 | 18 58 | 24 02 | 15 39 | 15 00 | 10 38 |
| 15 | 13:34:50 | 25 35 20 | 26 00 | 02♋13 | 28 04 | 12 49 | 20 10 | 00 19 | 19 04 | 24 04 | 15 41 | 15 01 | 10 35 |
| 16 | 13:38:46 | 26 34 04 | 08♋21 | 14 26 | 29 07 | 14 03 | 20 53 | 00 25 | 19 09 | 24 06 | 15 43 | 15 01 | 10 32 |
| 17 | 13:42:43 | 27 32 46 | 20 28 | 26 28 | 00♈14 | 15 17 | 21 35 | 00 31 | 19 15 | 24 09 | 15 46 | 15 02 | 10 29 |
| 18 | 13:46:39 | 28 31 26 | 02♌26 | 08♌23 | 01 22 | 16 31 | 22 18 | 00 37 | 19 21 | 24 11 | 15 48 | 15 03 | 10 26 |
| 19 | 13:50:36 | 29 30 04 | 14 19 | 20 16 | 02 34 | 17 45 | 23 00 | 00 42 | 19 27 | 24 13 | 15 50 | 15 04 | 10 22 |
| 20 | 13:54:32 | 00♉28 39 | 26 13 | 02♍11 | 03 47 | 18 59 | 23 43 | 00 48 | 19 33 | 24 16 | 15 52 | 15 04 | 10 19 |
| 21 | 13:58:29 | 01 27 13 | 08♍10 | 14 12 | 05 03 | 20 13 | 24 25 | 00 53 | 19 39 | 24 18 | 15 55 | 15 05 | 10 16 |
| 22 | 14:02:26 | 02 25 44 | 20 15 | 26 22 | 06 21 | 21 27 | 25 07 | 00 58 | 19 45 | 24 21 | 15 57 | 15 06 | 10 13 |
| 23 | 14:06:22 | 03 24 13 | 02♎32 | 08♎45 | 07 41 | 22 41 | 25 50 | 01 03 | 19 51 | 24 23 | 15 59 | 15 06 | 10 10 |
| 24 | 14:10:19 | 04 22 40 | 15 02 | 21 22 | 09 03 | 23 55 | 26 32 | 01 08 | 19 58 | 24 26 | 16 01 | 15 07 | 10 07 |
| 25 | 14:14:15 | 05 21 05 | 27 46 | 04♏14 | 10 27 | 25 09 | 27 14 | 01 12 | 20 04 | 24 28 | 16 03 | 15 07 | 10 03 |
| 26 | 14:18:12 | 06 19 29 | 10♏46 | 17 22 | 11 53 | 26 23 | 27 56 | 01 17 | 20 10 | 24 31 | 16 06 | 15 08 | 10 00 |
| 27 | 14:22:08 | 07 17 50 | 24 02 | 00♐45 | 13 21 | 27 37 | 28 38 | 01 21 | 20 17 | 24 34 | 16 08 | 15 08 | 09 57 |
| 28 | 14:26:05 | 08 16 10 | 07♐31 | 14 21 | 14 51 | 28 51 | 29 20 | 01 25 | 20 23 | 24 36 | 16 10 | 15 09 | 09 54 |
| 29 | 14:30:01 | 09 14 28 | 21 14 | 28 09 | 16 22 | 00♉05 | 00♊02 | 01 29 | 20 29 | 24 39 | 16 12 | 15 09 | 09 51 |
| 30 | 14:33:58 | 10 12 45 | 05♑07 | 12♑07 | 17 56 | 01 19 | 00 44 | 01 33 | 20 36 | 24 42 | 16 14 | 15 10 | 09 47 |

## 0:00 E.T. — Longitudes of the Major Asteroids and Chiron — Lunar Data

| D | ⚳ | ⚴ | ⚵ | ⚶ | ⚷ | D | ⚳ | ⚴ | ⚵ | ⚶ | ⚷ | Last Asp. | Ingress |
|---|---|---|---|---|---|---|---|---|---|---|---|---|---|
| 1 | 29♌03℞ | 19♊19 | 10♊45 | 27♍31℞ | 18♉34 | 16 | 28 49 | 27 14 | 18 38 | 24 29 | 19 28 | 2 04:23 | 2 ♑ 09:39 |
| 2 | 28 59 | 19 50 | 11 16 | 27 17 | 18 37 | 17 | 28 52 | 27 46 | 19 09 | 24 20 | 19 32 | 4 12:44 | 4 ♒ 12:56 |
| 3 | 28 56 | 20 21 | 11 48 | 27 03 | 18 41 | 18 | 28 54 | 28 18 | 19 41 | 24 11 | 19 36 | 6 04:25 | 6 ♓ 14:40 |
| 4 | 28 53 | 20 52 | 12 19 | 26 49 | 18 44 | 19 | 28 58 | 28 50 | 20 13 | 24 03 | 19 40 | 8 15:20 | 8 ♈ 15:58 |
| 5 | 28 50 | 21 24 | 12 50 | 26 36 | 18 48 | 20 | 29 01 | 29 23 | 20 44 | 23 56 | 19 44 | 10 18:06 | 10 ♉ 18:21 |
| 6 | 28 48 | 21 55 | 13 22 | 26 22 | 18 51 | 21 | 29 05 | 29 55 | 21 16 | 23 48 | 19 48 | 12 15:36 | 12 ♊ 23:19 |
| 7 | 28 46 | 22 27 | 13 53 | 26 09 | 18 55 | 22 | 29 10 | 00♋28 | 21 48 | 23 42 | 19 52 | 15 04:19 | 15 ♋ 07:42 |
| 8 | 28 45 | 22 58 | 14 25 | 25 57 | 18 58 | 23 | 29 15 | 01 00 | 22 20 | 23 35 | 19 56 | 17 15:26 | 17 ♌ 19:06 |
| 9 | 28 44 | 23 30 | 14 56 | 25 44 | 19 02 | 24 | 29 20 | 01 33 | 22 51 | 23 30 | 20 00 | 19 20:03 | 20 ♍ 07:37 |
| 10 | 28 43 | 24 02 | 15 28 | 25 32 | 19 06 | 25 | 29 26 | 02 05 | 23 23 | 23 24 | 20 04 | 22 10:09 | 22 ♎ 19:05 |
| 11 | 28 43D | 24 34 | 15 59 | 25 21 | 19 10 | 26 | 29 32 | 02 38 | 23 55 | 23 20 | 20 08 | 24 18:35 | 25 ♏ 04:09 |
| 12 | 28 44 | 25 05 | 16 31 | 25 10 | 19 13 | 27 | 29 38 | 03 10 | 24 27 | 23 15 | 20 12 | 27 08:41 | 27 ♐ 10:40 |
| 13 | 28 44 | 25 37 | 17 03 | 24 59 | 19 17 | 28 | 29 45 | 03 43 | 24 58 | 23 11 | 20 16 | 29 05:57 | 29 ♑ 15:11 |
| 14 | 28 46 | 26 09 | 17 34 | 24 49 | 19 21 | 29 | 29 52 | 04 16 | 25 30 | 23 08 | 20 20 | | |
| 15 | 28 47 | 26 42 | 18 06 | 24 39 | 19 25 | 30 | 29 59 | 04 48 | 26 02 | 23 05 | 20 24 | | |

## 0:00 E.T. — Declinations

| D | ☉ | ☽ | ☿ | ♀ | ♂ | ♃ | ♄ | ♅ | ♆ | ♇ | ⚳ | ⚴ | ⚵ | ⚶ | ⚷ |
|---|---|---|---|---|---|---|---|---|---|---|---|---|---|---|---|
| 1 | +04 40 | -19 23 | -04 15 | -03 08 | +15 02 | -20 35 | +21 41 | +23 27 | +04 34 | -22 48 | +26 15 | -07 10 | +11 21 | +12 15 | +15 04 |
| 2 | 05 04 | 19 38 | 04 23 | 02 39 | 15 16 | 20 33 | 21 41 | 23 27 | 04 35 | 22 47 | 26 12 | 06 56 | 11 29 | 12 20 | 15 05 |
| 3 | 05 27 | 18 43 | 04 30 | 02 09 | 15 30 | 20 32 | 21 42 | 23 27 | 04 35 | 22 47 | 26 10 | 06 41 | 11 36 | 12 25 | 15 06 |
| 4 | 05 49 | 16 39 | 04 33 | 01 40 | 15 44 | 20 30 | 21 43 | 23 27 | 04 36 | 22 47 | 26 07 | 06 27 | 11 43 | 12 29 | 15 07 |
| 5 | 06 12 | 13 33 | 04 35 | 01 11 | 15 58 | 20 29 | 21 43 | 23 27 | 04 37 | 22 47 | 26 04 | 06 14 | 11 51 | 12 34 | 15 08 |
| 6 | 06 35 | 09 36 | 04 34 | 00 42 | 16 11 | 20 28 | 21 44 | 23 27 | 04 38 | 22 47 | 26 01 | 06 00 | 11 58 | 12 38 | 15 09 |
| 7 | 06 57 | 05 02 | 04 31 | 00 12 | 16 25 | 20 26 | 21 44 | 23 27 | 04 39 | 22 47 | 25 57 | 05 46 | 12 05 | 12 42 | 15 10 |
| 8 | 07 20 | 00 11 | 04 25 | +00 17 | 16 38 | 20 25 | 21 45 | 23 27 | 04 40 | 22 47 | 25 54 | 05 33 | 12 12 | 12 45 | 15 11 |
| 9 | 07 42 | +04 41 | 04 18 | 00 47 | 16 51 | 20 23 | 21 46 | 23 27 | 04 41 | 22 47 | 25 50 | 05 19 | 12 18 | 12 48 | 15 12 |
| 10 | 08 05 | 09 13 | 04 08 | 01 16 | 17 04 | 20 22 | 21 46 | 23 27 | 04 42 | 22 47 | 25 46 | 05 06 | 12 25 | 12 51 | 15 13 |
| 11 | 08 27 | 13 09 | 03 57 | 01 46 | 17 17 | 20 21 | 21 47 | 23 27 | 04 42 | 22 47 | 25 42 | 04 53 | 12 32 | 12 54 | 15 14 |
| 12 | 08 49 | 16 16 | 03 43 | 02 15 | 17 29 | 20 19 | 21 48 | 23 27 | 04 43 | 22 47 | 25 37 | 04 40 | 12 38 | 12 57 | 15 15 |
| 13 | 09 10 | 18 24 | 03 28 | 02 44 | 17 42 | 20 18 | 21 48 | 23 28 | 04 44 | 22 47 | 25 33 | 04 27 | 12 44 | 12 59 | 15 16 |
| 14 | 09 32 | 19 29 | 03 11 | 03 14 | 17 54 | 20 17 | 21 49 | 23 28 | 04 45 | 22 47 | 25 28 | 04 15 | 12 50 | 13 01 | 15 17 |
| 15 | 09 53 | 19 33 | 02 53 | 03 43 | 18 06 | 20 16 | 21 49 | 23 28 | 04 46 | 22 46 | 25 23 | 04 02 | 12 56 | 13 03 | 15 18 |
| 16 | 10 15 | 18 40 | 02 32 | 04 12 | 18 18 | 20 15 | 21 50 | 23 28 | 04 47 | 22 46 | 25 18 | 03 50 | 13 02 | 13 04 | 15 19 |
| 17 | 10 36 | 16 57 | 02 10 | 04 41 | 18 30 | 20 14 | 21 51 | 23 28 | 04 47 | 22 46 | 25 13 | 03 38 | 13 08 | 13 05 | 15 20 |
| 18 | 10 57 | 14 31 | 01 47 | 05 10 | 18 41 | 20 12 | 21 51 | 23 28 | 04 48 | 22 46 | 25 08 | 03 26 | 13 14 | 13 06 | 15 21 |
| 19 | 11 18 | 11 30 | 01 22 | 05 39 | 18 53 | 20 11 | 21 52 | 23 28 | 04 49 | 22 47 | 25 02 | 03 14 | 13 19 | 13 07 | 15 22 |
| 20 | 11 38 | 08 01 | 00 56 | 06 08 | 19 04 | 20 10 | 21 53 | 23 28 | 04 50 | 22 47 | 24 56 | 03 02 | 13 25 | 13 07 | 15 23 |
| 21 | 11 59 | 04 12 | 00 28 | 06 37 | 19 15 | 20 09 | 21 53 | 23 28 | 04 51 | 22 47 | 24 50 | 02 50 | 13 30 | 13 07 | 15 24 |
| 22 | 12 19 | 00 10 | +00 01 | 07 05 | 19 26 | 20 08 | 21 54 | 23 29 | 04 52 | 22 47 | 24 44 | 02 39 | 13 35 | 13 07 | 15 25 |
| 23 | 12 39 | -03 56 | 00 31 | 07 33 | 19 37 | 20 08 | 21 55 | 23 29 | 04 52 | 22 47 | 24 38 | 02 27 | 13 40 | 13 07 | 15 26 |
| 24 | 12 59 | 07 57 | 01 03 | 08 02 | 19 47 | 20 07 | 21 55 | 23 29 | 04 53 | 22 47 | 24 32 | 02 16 | 13 45 | 13 06 | 15 27 |
| 25 | 13 18 | 11 41 | 01 35 | 08 30 | 19 57 | 20 06 | 21 56 | 23 29 | 04 54 | 22 47 | 24 26 | 02 05 | 13 50 | 13 05 | 15 28 |
| 26 | 13 38 | 14 57 | 02 09 | 08 58 | 20 08 | 20 05 | 21 56 | 23 29 | 04 55 | 22 47 | 24 19 | 01 54 | 13 54 | 13 04 | 15 29 |
| 27 | 13 57 | 17 30 | 02 44 | 09 25 | 20 17 | 20 04 | 21 57 | 23 29 | 04 56 | 22 47 | 24 12 | 01 44 | 13 59 | 13 02 | 15 30 |
| 28 | 14 16 | 19 07 | 03 20 | 09 53 | 20 27 | 20 03 | 21 58 | 23 29 | 04 57 | 22 47 | 24 06 | 01 33 | 14 03 | 13 01 | 15 31 |
| 29 | 14 34 | 19 38 | 03 57 | 10 20 | 20 37 | 20 03 | 21 58 | 23 29 | 04 57 | 22 47 | 23 59 | 01 23 | 14 07 | 12 59 | 15 32 |
| 30 | 14 53 | 18 59 | 04 35 | 10 47 | 20 46 | 20 02 | 21 59 | 23 29 | 04 58 | 22 47 | 23 52 | 01 12 | 14 11 | 12 56 | 15 33 |

Lunar Phases -- 3 ◑ 10:11 10 ● 02:41 17 ◐ 15:26 25 Ⓔ 15:11 Sun enters ♉ 4/19 12:16

## 0:00 E.T. Longitudes of Main Planets - May 2032 **May 32**

| D | S.T. | ☉ | ☽ | ☽ 12:00 | ☿ | ♀ | ♂ | ♃ | ♄ | ♅ | ♆ | ♇ | ☊ |
|---|---|---|---|---|---|---|---|---|---|---|---|---|---|
| 1 | 14:37:55 | 11♉11 00 | 19♑09 | 26♑13 | 19♈31 | 02♉33 | 01♊26 | 01♒36 | 20♊43 | 24♊45 | 16♈16 | 15♒10 | 09♏44 |
| 2 | 14:41:51 | 12 09 13 | 03♒18 | 10♒24 | 21 09 | 03 47 | 02 08 | 01 39 | 20 49 | 24 47 | 16 18 | 15 11 | 09 41 |
| 3 | 14:45:48 | 13 07 25 | 17 31 | 24 38 | 22 48 | 05 01 | 02 50 | 01 43 | 20 56 | 24 50 | 16 20 | 15 11 | 09 38 |
| 4 | 14:49:44 | 14 05 36 | 01♓46 | 08♓53 | 24 29 | 06 15 | 03 31 | 01 46 | 21 03 | 24 53 | 16 22 | 15 11 | 09 35 |
| 5 | 14:53:41 | 15 03 45 | 16 00 | 23 06 | 26 12 | 07 29 | 04 13 | 01 49 | 21 10 | 24 56 | 16 24 | 15 12 | 09 32 |
| 6 | 14:57:37 | 16 01 53 | 00♈11 | 07♈14 | 27 57 | 08 43 | 04 55 | 01 51 | 21 16 | 24 59 | 16 27 | 15 12 | 09 28 |
| 7 | 15:01:34 | 16 59 59 | 14 15 | 21 13 | 29 44 | 09 57 | 05 36 | 01 54 | 21 23 | 25 02 | 16 29 | 15 12 | 09 25 |
| 8 | 15:05:30 | 17 58 04 | 28 08 | 05♉01 | 01♉32 | 11 10 | 06 18 | 01 56 | 21 30 | 25 05 | 16 31 | 15 12 | 09 22 |
| 9 | 15:09:27 | 18 56 07 | 11♉50 | 18 35 | 03 23 | 12 24 | 07 00 | 01 58 | 21 37 | 25 08 | 16 33 | 15 13 | 09 19 |
| 10 | 15:13:24 | 19 54 09 | 25 16 | 01♊53 | 05 15 | 13 38 | 07 41 | 02 00 | 21 44 | 25 11 | 16 35 | 15 13 | 09 16 |
| 11 | 15:17:20 | 20 52 09 | 08♊25 | 14 54 | 07 09 | 14 52 | 08 23 | 02 02 | 21 51 | 25 14 | 16 36 | 15 13 | 09 13 |
| 12 | 15:21:17 | 21 50 08 | 21 18 | 27 37 | 09 05 | 16 06 | 09 04 | 02 03 | 21 58 | 25 17 | 16 38 | 15 13 | 09 09 |
| 13 | 15:25:13 | 22 48 04 | 03♋53 | 10♋05 | 11 03 | 17 20 | 09 45 | 02 05 | 22 06 | 25 20 | 16 40 | 15 13 | 09 06 |
| 14 | 15:29:10 | 23 45 59 | 16 13 | 22 19 | 13 03 | 18 34 | 10 27 | 02 06 | 22 13 | 25 23 | 16 42 | 15 13 | 09 03 |
| 15 | 15:33:06 | 24 43 53 | 28 21 | 04♌21 | 15 05 | 19 48 | 11 08 | 02 07 | 22 20 | 25 27 | 16 44 | 15 13 | 09 00 |
| 16 | 15:37:03 | 25 41 44 | 10♌20 | 16 17 | 17 08 | 21 01 | 11 49 | 02 07 | 22 27 | 25 30 | 16 46 | 15 13℞ | 08 57 |
| 17 | 15:40:59 | 26 39 34 | 22 14 | 28 10 | 19 12 | 22 15 | 12 31 | 02 08 | 22 35 | 25 33 | 16 48 | 15 13 | 08 53 |
| 18 | 15:44:56 | 27 37 22 | 04♍07 | 10♍05 | 21 19 | 23 29 | 13 12 | 02 08 | 22 42 | 25 36 | 16 50 | 15 13 | 08 50 |
| 19 | 15:48:53 | 28 35 09 | 16 05 | 22 07 | 23 26 | 24 43 | 13 53 | 02 09 | 22 49 | 25 39 | 16 52 | 15 13 | 08 47 |
| 20 | 15:52:49 | 29 32 54 | 28 11 | 04♎19 | 25 35 | 25 57 | 14 34 | 02 09℞ | 22 57 | 25 43 | 16 53 | 15 13 | 08 44 |
| 21 | 15:56:46 | 00♊30 37 | 10♎31 | 16 47 | 27 45 | 27 10 | 15 15 | 02 09 | 23 04 | 25 46 | 16 55 | 15 13 | 08 41 |
| 22 | 16:00:42 | 01 28 19 | 23 07 | 29 33 | 29 56 | 28 24 | 15 56 | 02 08 | 23 11 | 25 49 | 16 57 | 15 13 | 08 38 |
| 23 | 16:04:39 | 02 25 59 | 06♏03 | 12♏39 | 02♊07 | 29 38 | 16 37 | 02 08 | 23 19 | 25 53 | 16 59 | 15 12 | 08 34 |
| 24 | 16:08:35 | 03 23 38 | 19 19 | 26 05 | 04 19 | 00♊52 | 17 18 | 02 07 | 23 26 | 25 56 | 17 00 | 15 12 | 08 31 |
| 25 | 16:12:32 | 04 21 15 | 02♐56 | 09♐52 | 06 31 | 02 05 | 17 59 | 02 06 | 23 34 | 25 59 | 17 02 | 15 12 | 08 28 |
| 26 | 16:16:28 | 05 18 52 | 16 52 | 23 56 | 08 42 | 03 19 | 18 40 | 02 05 | 23 41 | 26 03 | 17 04 | 15 12 | 08 25 |
| 27 | 16:20:25 | 06 16 27 | 01♑03 | 08♑12 | 10 53 | 04 33 | 19 20 | 02 04 | 23 49 | 26 06 | 17 05 | 15 11 | 08 22 |
| 28 | 16:24:22 | 07 14 01 | 15 23 | 22 36 | 13 04 | 05 47 | 20 01 | 02 02 | 23 57 | 26 10 | 17 07 | 15 11 | 08 19 |
| 29 | 16:28:18 | 08 11 34 | 29 49 | 07♒02 | 15 13 | 07 00 | 20 42 | 02 00 | 24 04 | 26 13 | 17 08 | 15 11 | 08 15 |
| 30 | 16:32:15 | 09 09 06 | 14♒14 | 21 25 | 17 21 | 08 14 | 21 23 | 01 59 | 24 12 | 26 17 | 17 10 | 15 10 | 08 12 |
| 31 | 16:36:11 | 10 06 38 | 28 35 | 05♓42 | 19 28 | 09 28 | 22 03 | 01 57 | 24 20 | 26 20 | 17 12 | 15 10 | 08 09 |

## 0:00 E.T. Longitudes of the Major Asteroids and Chiron

| D | ⚳ | ⚴ | ⚵ | ⚶ | ⚷ | D | ⚳ | ⚴ | ⚵ | ⚶ | ⚷ |
|---|---|---|---|---|---|---|---|---|---|---|---|
| 1 | 00♍07 | 05♋21 | 26♊34 | 23♍03℞ | 20♉28 | 17 | 02 56 | 14 06 | 05 01 | 23 32 | 21 33 |
| 2 | 00 15 | 05 54 | 27 05 | 23 01 | 20 32 | 18 | 03 09 | 14 39 | 05 33 | 23 38 | 21 37 |
| 3 | 00 24 | 06 26 | 27 37 | 23 00 | 20 36 | 19 | 03 22 | 15 12 | 06 05 | 23 44 | 21 42 |
| 4 | 00 32 | 06 59 | 28 09 | 22 59 | 20 40 | 20 | 03 36 | 15 45 | 06 36 | 23 51 | 21 46 |
| 5 | 00 42 | 07 32 | 28 41 | 22 59 | 20 44 | 21 | 03 50 | 16 18 | 07 08 | 23 58 | 21 50 |
| 6 | 00 51 | 08 05 | 29 12 | 22 59D | 20 48 | 22 | 04 04 | 16 50 | 07 39 | 24 05 | 21 54 |
| 7 | 01 01 | 08 38 | 29 44 | 22 59 | 20 52 | 23 | 04 18 | 17 23 | 08 11 | 24 13 | 21 58 |
| 8 | 01 11 | 09 10 | 00♋16 | 23 00 | 20 56 | 24 | 04 33 | 17 56 | 08 42 | 24 21 | 22 02 |
| 9 | 01 21 | 09 43 | 00 48 | 23 02 | 21 01 | 25 | 04 47 | 18 29 | 09 14 | 24 30 | 22 06 |
| 10 | 01 32 | 10 16 | 01 19 | 23 04 | 21 05 | 26 | 05 03 | 19 02 | 09 45 | 24 39 | 22 10 |
| 11 | 01 43 | 10 49 | 01 51 | 23 07 | 21 09 | 27 | 05 18 | 19 34 | 10 17 | 24 49 | 22 14 |
| 12 | 01 55 | 11 22 | 02 23 | 23 10 | 21 13 | 28 | 05 33 | 20 07 | 10 48 | 24 59 | 22 18 |
| 13 | 02 06 | 11 55 | 02 55 | 23 13 | 21 17 | 29 | 05 49 | 20 40 | 11 20 | 25 09 | 22 22 |
| 14 | 02 18 | 12 28 | 03 26 | 23 17 | 21 21 | 30 | 06 05 | 21 13 | 11 51 | 25 20 | 22 26 |
| 15 | 02 30 | 13 00 | 03 58 | 23 22 | 21 25 | 31 | 06 21 | 21 45 | 12 22 | 25 31 | 22 30 |
| 16 | 02 43 | 13 33 | 04 30 | 23 27 | 21 29 | | | | | | |

## Lunar Data

| Last Asp. | | Ingress | | |
|---|---|---|---|---|
| 1 | 00:43 | 1 | ♒ | 18:25 |
| 3 | 12:22 | 3 | ♓ | 21:02 |
| 5 | 15:09 | 5 | ♈ | 23:42 |
| 7 | 18:40 | 8 | ♉ | 03:14 |
| 9 | 13:37 | 10 | ♊ | 08:35 |
| 12 | 07:35 | 12 | ♋ | 16:33 |
| 14 | 16:10 | 15 | ♌ | 03:17 |
| 17 | 09:45 | 17 | ♍ | 15:42 |
| 20 | 02:54 | 20 | ♎ | 03:34 |
| 22 | 05:05 | 22 | ♏ | 12:51 |
| 23 | 16:37 | 24 | ♐ | 18:52 |
| 26 | 15:39 | 26 | ♑ | 22:15 |
| 28 | 02:53 | 29 | ♒ | 00:19 |
| 30 | 20:13 | 31 | ♓ | 02:24 |

## 0:00 E.T. Declinations

| D | ☉ | ☽ | ☿ | ♀ | ♂ | ♃ | ♄ | ♅ | ♆ | ♇ | ⚳ | ⚴ | ⚵ | ⚶ | ⚷ |
|---|---|---|---|---|---|---|---|---|---|---|---|---|---|---|---|
| 1 | +15 11 | -17 10 | +05 14 | +11 13 | +20 55 | -20 01 | +22 00 | +23 30 | +04 59 | -22 47 | +23 44 | -01 02 | +14 15 | +12 54 | +15 34 |
| 2 | 15 29 | 14 18 | 05 54 | 11 40 | 21 04 | 20 01 | 22 00 | 23 30 | 05 00 | 22 48 | 23 37 | 00 52 | 14 19 | 12 51 | 15 35 |
| 3 | 15 46 | 10 35 | 06 34 | 12 06 | 21 13 | 20 00 | 22 01 | 23 30 | 05 00 | 22 48 | 23 30 | 00 42 | 14 23 | 12 48 | 15 36 |
| 4 | 16 04 | 06 16 | 07 16 | 12 32 | 21 21 | 20 00 | 22 01 | 23 30 | 05 01 | 22 48 | 23 22 | 00 33 | 14 26 | 12 45 | 15 37 |
| 5 | 16 21 | 01 36 | 07 58 | 12 58 | 21 30 | 19 59 | 22 02 | 23 30 | 05 02 | 22 48 | 23 15 | 00 23 | 14 30 | 12 42 | 15 38 |
| 6 | 16 38 | +03 09 | 08 40 | 13 23 | 21 38 | 19 59 | 22 03 | 23 30 | 05 03 | 22 48 | 23 07 | 00 14 | 14 33 | 12 38 | 15 39 |
| 7 | 16 55 | 07 42 | 09 24 | 13 48 | 21 46 | 19 58 | 22 03 | 23 30 | 05 03 | 22 48 | 22 59 | 00 05 | 14 36 | 12 35 | 15 40 |
| 8 | 17 11 | 11 48 | 10 08 | 14 13 | 21 54 | 19 58 | 22 04 | 23 30 | 05 04 | 22 48 | 22 51 | +00 04 | 14 39 | 12 31 | 15 41 |
| 9 | 17 27 | 15 11 | 10 52 | 14 37 | 22 01 | 19 58 | 22 04 | 23 30 | 05 05 | 22 49 | 22 43 | 00 13 | 14 42 | 12 26 | 15 42 |
| 10 | 17 43 | 17 41 | 11 37 | 15 01 | 22 09 | 19 58 | 22 05 | 23 31 | 05 06 | 22 49 | 22 35 | 00 22 | 14 45 | 12 22 | 15 43 |
| 11 | 17 58 | 19 11 | 12 22 | 15 24 | 22 16 | 19 57 | 22 05 | 23 31 | 05 06 | 22 49 | 22 27 | 00 31 | 14 47 | 12 17 | 15 44 |
| 12 | 18 13 | 19 39 | 13 07 | 15 48 | 22 23 | 19 57 | 22 06 | 23 31 | 05 07 | 22 49 | 22 19 | 00 39 | 14 50 | 12 13 | 15 45 |
| 13 | 18 28 | 19 06 | 13 52 | 16 10 | 22 30 | 19 57 | 22 07 | 23 31 | 05 08 | 22 49 | 22 10 | 00 47 | 14 52 | 12 08 | 15 46 |
| 14 | 18 43 | 17 39 | 14 37 | 16 33 | 22 36 | 19 57 | 22 07 | 23 31 | 05 09 | 22 50 | 22 02 | 00 55 | 14 54 | 12 02 | 15 47 |
| 15 | 18 57 | 15 26 | 15 22 | 16 55 | 22 42 | 19 57 | 22 08 | 23 31 | 05 09 | 22 50 | 21 53 | 01 03 | 14 57 | 11 57 | 15 48 |
| 16 | 19 11 | 12 35 | 16 07 | 17 16 | 22 49 | 19 57 | 22 08 | 23 31 | 05 10 | 22 50 | 21 44 | 01 11 | 14 59 | 11 51 | 15 49 |
| 17 | 19 24 | 09 14 | 16 51 | 17 37 | 22 55 | 19 57 | 22 09 | 23 31 | 05 11 | 22 50 | 21 36 | 01 19 | 15 00 | 11 46 | 15 50 |
| 18 | 19 37 | 05 32 | 17 35 | 17 58 | 23 00 | 19 57 | 22 09 | 23 31 | 05 11 | 22 51 | 21 27 | 01 26 | 15 02 | 11 40 | 15 51 |
| 19 | 19 50 | 01 36 | 18 18 | 18 18 | 23 06 | 19 57 | 22 10 | 23 32 | 05 12 | 22 51 | 21 18 | 01 33 | 15 04 | 11 33 | 15 51 |
| 20 | 20 03 | -02 28 | 18 59 | 18 38 | 23 11 | 19 57 | 22 10 | 23 32 | 05 13 | 22 51 | 21 09 | 01 41 | 15 05 | 11 27 | 15 52 |
| 21 | 20 15 | 06 31 | 19 39 | 18 57 | 23 16 | 19 58 | 22 11 | 23 32 | 05 13 | 22 52 | 21 00 | 01 47 | 15 06 | 11 21 | 15 53 |
| 22 | 20 27 | 10 22 | 20 18 | 19 16 | 23 21 | 19 58 | 22 11 | 23 32 | 05 14 | 22 52 | 20 51 | 01 54 | 15 08 | 11 14 | 15 54 |
| 23 | 20 39 | 13 50 | 20 56 | 19 34 | 23 26 | 19 58 | 22 12 | 23 32 | 05 14 | 22 52 | 20 42 | 02 01 | 15 09 | 11 07 | 15 55 |
| 24 | 20 50 | 16 42 | 21 31 | 19 52 | 23 30 | 19 58 | 22 12 | 23 32 | 05 15 | 22 52 | 20 32 | 02 07 | 15 10 | 11 00 | 15 56 |
| 25 | 21 00 | 18 42 | 22 04 | 20 09 | 23 34 | 19 59 | 22 13 | 23 32 | 05 16 | 22 53 | 20 23 | 02 14 | 15 10 | 10 53 | 15 57 |
| 26 | 21 11 | 19 37 | 22 36 | 20 25 | 23 38 | 19 59 | 22 13 | 23 32 | 05 16 | 22 53 | 20 14 | 02 20 | 15 11 | 10 46 | 15 58 |
| 27 | 21 21 | 19 20 | 23 04 | 20 41 | 23 42 | 20 00 | 22 14 | 23 32 | 05 17 | 22 53 | 20 04 | 02 26 | 15 12 | 10 39 | 15 59 |
| 28 | 21 31 | 17 49 | 23 31 | 20 57 | 23 46 | 20 00 | 22 14 | 23 33 | 05 17 | 22 54 | 19 55 | 02 32 | 15 12 | 10 31 | 16 00 |
| 29 | 21 40 | 15 09 | 23 54 | 21 12 | 23 49 | 20 01 | 22 15 | 23 33 | 05 18 | 22 54 | 19 45 | 02 38 | 15 12 | 10 24 | 16 01 |
| 30 | 21 49 | 11 35 | 24 15 | 21 26 | 23 53 | 20 01 | 22 15 | 23 33 | 05 19 | 22 54 | 19 36 | 02 43 | 15 12 | 10 16 | 16 02 |
| 31 | 21 58 | 07 21 | 24 33 | 21 40 | 23 55 | 20 02 | 22 15 | 23 33 | 05 19 | 22 55 | 19 26 | 02 49 | 15 12 | 10 08 | 16 03 |

Lunar Phases -- 2 ◑ 16:03 9 ● 13:37 17 ◐ 09:45 25 ○ 02:38 31 ◑ 20:52 Sun enters ♊ 5/20 11:16

## Longitudes of Main Planets - June 2032

0:00 E.T.

| D | S.T. | ☉ | ☽ | ☽ 12:00 | ☿ | ♀ | ♂ | ♃ | ♄ | ♅ | ♆ | ♇ | ☊ |
|---|---|---|---|---|---|---|---|---|---|---|---|---|---|
| 1 | 16:40:08 | 11♊04 08 | 12♓47 | 19♓50 | 21♊33 | 10♊42 | 22♊44 | 01♒54℞ | 24♊27 | 26♊23 | 17♈13 | 15♒10℞ | 08♏06 |
| 2 | 16:44:04 | 12 01 38 | 26 50 | 03♈47 | 23 36 | 11 55 | 23 24 | 01 52 | 24 35 | 26 27 | 17 15 | 15 09 | 08 03 |
| 3 | 16:48:01 | 12 59 07 | 10♈41 | 17 33 | 25 37 | 13 09 | 24 05 | 01 49 | 24 43 | 26 30 | 17 16 | 15 09 | 07 59 |
| 4 | 16:51:57 | 13 56 35 | 24 21 | 01♉07 | 27 36 | 14 23 | 24 45 | 01 47 | 24 50 | 26 34 | 17 18 | 15 08 | 07 56 |
| 5 | 16:55:54 | 14 54 03 | 07♉49 | 14 29 | 29 32 | 15 37 | 25 26 | 01 44 | 24 58 | 26 37 | 17 19 | 15 08 | 07 53 |
| 6 | 16:59:51 | 15 51 30 | 21 05 | 27 39 | 01♋27 | 16 50 | 26 06 | 01 40 | 25 06 | 26 41 | 17 20 | 15 07 | 07 50 |
| 7 | 17:03:47 | 16 48 56 | 04♊09 | 10♊36 | 03 19 | 18 04 | 26 47 | 01 37 | 25 14 | 26 45 | 17 22 | 15 07 | 07 47 |
| 8 | 17:07:44 | 17 46 22 | 17 01 | 23 21 | 05 08 | 19 18 | 27 27 | 01 34 | 25 21 | 26 48 | 17 23 | 15 06 | 07 44 |
| 9 | 17:11:40 | 18 43 46 | 29 39 | 05♋54 | 06 55 | 20 32 | 28 07 | 01 30 | 25 29 | 26 52 | 17 24 | 15 05 | 07 40 |
| 10 | 17:15:37 | 19 41 10 | 12♋05 | 18 14 | 08 39 | 21 45 | 28 48 | 01 26 | 25 37 | 26 55 | 17 26 | 15 05 | 07 37 |
| 11 | 17:19:33 | 20 38 33 | 24 20 | 00♌23 | 10 21 | 22 59 | 29 28 | 01 22 | 25 45 | 26 59 | 17 27 | 15 04 | 07 34 |
| 12 | 17:23:30 | 21 35 55 | 06♌25 | 12 24 | 12 00 | 24 13 | 00♋08 | 01 18 | 25 53 | 27 02 | 17 28 | 15 03 | 07 31 |
| 13 | 17:27:26 | 22 33 15 | 18 21 | 24 18 | 13 37 | 25 27 | 00 48 | 01 14 | 26 00 | 27 06 | 17 29 | 15 03 | 07 28 |
| 14 | 17:31:23 | 23 30 35 | 00♍14 | 06♍10 | 15 11 | 26 40 | 01 28 | 01 09 | 26 08 | 27 09 | 17 31 | 15 02 | 07 25 |
| 15 | 17:35:20 | 24 27 54 | 12 06 | 18 03 | 16 42 | 27 54 | 02 09 | 01 04 | 26 16 | 27 13 | 17 32 | 15 01 | 07 21 |
| 16 | 17:39:16 | 25 25 13 | 24 02 | 00♎03 | 18 10 | 29 08 | 02 49 | 01 00 | 26 24 | 27 17 | 17 33 | 15 01 | 07 18 |
| 17 | 17:43:13 | 26 22 30 | 06♎07 | 12 14 | 19 36 | 00♋21 | 03 29 | 00 55 | 26 32 | 27 20 | 17 34 | 15 00 | 07 15 |
| 18 | 17:47:09 | 27 19 46 | 18 25 | 24 42 | 20 59 | 01 35 | 04 09 | 00 49 | 26 39 | 27 24 | 17 35 | 14 59 | 07 12 |
| 19 | 17:51:06 | 28 17 02 | 01♏03 | 07♏30 | 22 19 | 02 49 | 04 49 | 00 44 | 26 47 | 27 27 | 17 36 | 14 58 | 07 09 |
| 20 | 17:55:02 | 29 14 17 | 14 03 | 20 42 | 23 37 | 04 03 | 05 29 | 00 39 | 26 55 | 27 31 | 17 37 | 14 57 | 07 05 |
| 21 | 17:58:59 | 00♋11 32 | 27 28 | 04♐20 | 24 52 | 05 16 | 06 08 | 00 33 | 27 03 | 27 34 | 17 38 | 14 56 | 07 02 |
| 22 | 18:02:55 | 01 08 45 | 11♐19 | 18 24 | 26 03 | 06 30 | 06 48 | 00 27 | 27 11 | 27 38 | 17 39 | 14 56 | 06 59 |
| 23 | 18:06:52 | 02 05 59 | 25 34 | 02♑49 | 27 12 | 07 44 | 07 28 | 00 22 | 27 18 | 27 42 | 17 40 | 14 55 | 06 56 |
| 24 | 18:10:49 | 03 03 11 | 10♑09 | 17 31 | 28 18 | 08 57 | 08 08 | 00 16 | 27 26 | 27 45 | 17 41 | 14 54 | 06 53 |
| 25 | 18:14:45 | 04 00 24 | 24 56 | 02♒22 | 29 20 | 10 11 | 08 48 | 00 10 | 27 34 | 27 49 | 17 42 | 14 53 | 06 50 |
| 26 | 18:18:42 | 04 57 36 | 09♒48 | 17 13 | 00♌19 | 11 25 | 09 27 | 00 03 | 27 42 | 27 52 | 17 42 | 14 52 | 06 46 |
| 27 | 18:22:38 | 05 54 48 | 24 35 | 01♓55 | 01 16 | 12 38 | 10 07 | 29♑57 | 27 50 | 27 56 | 17 43 | 14 51 | 06 43 |
| 28 | 18:26:35 | 06 52 01 | 09♓12 | 16 24 | 02 08 | 13 52 | 10 47 | 29 51 | 27 57 | 27 59 | 17 44 | 14 50 | 06 40 |
| 29 | 18:30:31 | 07 49 13 | 23 33 | 00♈36 | 02 57 | 15 06 | 11 26 | 29 44 | 28 05 | 28 03 | 17 45 | 14 49 | 06 37 |
| 30 | 18:34:28 | 08 46 25 | 07♈35 | 14 29 | 03 43 | 16 20 | 12 06 | 29 37 | 28 13 | 28 06 | 17 45 | 14 48 | 06 34 |

0:00 E.T.

## Longitudes of the Major Asteroids and Chiron

| D | ⚳ | ⚴ | ⚵ | ⚶ | ⚷ | D | ⚳ | ⚴ | ⚵ | ⚶ | ⚷ |
|---|---|---|---|---|---|---|---|---|---|---|---|
| 1 | 06♍38 | 22♋18 | 12♋54 | 25♍42 | 22♉34 | 16 | 11 07 | 00♌27 | 20 41 | 29 15 | 23 31 |
| 2 | 06 54 | 22 51 | 13 25 | 25 54 | 22 38 | 17 | 11 26 | 00 59 | 21 12 | 29 31 | 23 35 |
| 3 | 07 11 | 23 24 | 13 56 | 26 06 | 22 42 | 18 | 11 46 | 01 31 | 21 43 | 29 48 | 23 38 |
| 4 | 07 28 | 23 56 | 14 28 | 26 19 | 22 46 | 19 | 12 05 | 02 04 | 22 14 | 00♎05 | 23 42 |
| 5 | 07 45 | 24 29 | 14 59 | 26 32 | 22 50 | 20 | 12 25 | 02 36 | 22 45 | 00 23 | 23 45 |
| 6 | 08 03 | 25 01 | 15 30 | 26 45 | 22 53 | 21 | 12 45 | 03 08 | 23 16 | 00 40 | 23 49 |
| 7 | 08 20 | 25 34 | 16 01 | 26 58 | 22 57 | 22 | 13 05 | 03 41 | 23 46 | 00 58 | 23 52 |
| 8 | 08 38 | 26 07 | 16 33 | 27 12 | 23 01 | 23 | 13 25 | 04 13 | 24 17 | 01 17 | 23 56 |
| 9 | 08 56 | 26 39 | 17 04 | 27 26 | 23 05 | 24 | 13 46 | 04 45 | 24 48 | 01 35 | 23 59 |
| 10 | 09 14 | 27 12 | 17 35 | 27 41 | 23 09 | 25 | 14 06 | 05 17 | 25 18 | 01 54 | 24 03 |
| 11 | 09 33 | 27 44 | 18 06 | 27 56 | 23 13 | 26 | 14 27 | 05 49 | 25 49 | 02 13 | 24 06 |
| 12 | 09 51 | 28 17 | 18 37 | 28 11 | 23 16 | 27 | 14 48 | 06 21 | 26 20 | 02 32 | 24 09 |
| 13 | 10 10 | 28 49 | 19 08 | 28 26 | 23 20 | 28 | 15 09 | 06 53 | 26 50 | 02 51 | 24 13 |
| 14 | 10 29 | 29 22 | 19 39 | 28 42 | 23 24 | 29 | 15 30 | 07 25 | 27 21 | 03 11 | 24 16 |
| 15 | 10 48 | 29 54 | 20 10 | 28 58 | 23 27 | 30 | 15 51 | 07 57 | 27 51 | 03 31 | 24 19 |

## Lunar Data

| Last Asp. | | Ingress | | |
|---|---|---|---|---|
| 1 | 23:21 | 2 | ♈ | 05:28 |
| 4 | 06:43 | 4 | ♉ | 10:01 |
| 5 | 13:10 | 6 | ♊ | 16:20 |
| 8 | 20:55 | 9 | ♋ | 00:40 |
| 10 | 10:26 | 11 | ♌ | 11:14 |
| 13 | 17:45 | 13 | ♍ | 23:32 |
| 16 | 11:20 | 16 | ♎ | 11:54 |
| 18 | 18:23 | 18 | ♏ | 22:02 |
| 20 | 18:56 | 21 | ♐ | 04:26 |
| 23 | 03:32 | 23 | ♑ | 07:20 |
| 25 | 07:37 | 25 | ♒ | 08:11 |
| 27 | 05:29 | 27 | ♓ | 08:51 |
| 29 | 10:26 | 29 | ♈ | 10:59 |

0:00 E.T.

## Declinations

| D | ☉ | ☽ | ☿ | ♀ | ♂ | ♃ | ♄ | ♅ | ♆ | ♇ | ⚳ | ⚴ | ⚵ | ⚶ | ⚷ |
|---|---|---|---|---|---|---|---|---|---|---|---|---|---|---|---|
| 1 | +22 06 | -02 44 | +24 49 | +21 53 | +23 58 | -20 03 | +22 16 | +23 33 | +05 20 | -22 55 | +19 16 | +02 54 | +15 12 | +10 00 | +16 03 |
| 2 | 22 14 | +01 58 | 25 02 | 22 05 | 24 01 | 20 03 | 22 16 | 23 33 | 05 20 | 22 55 | 19 06 | 02 59 | 15 12 | 09 52 | 16 04 |
| 3 | 22 21 | 06 31 | 25 12 | 22 17 | 24 03 | 20 04 | 22 17 | 23 33 | 05 21 | 22 56 | 18 56 | 03 04 | 15 12 | 09 43 | 16 05 |
| 4 | 22 28 | 10 41 | 25 19 | 22 28 | 24 05 | 20 05 | 22 17 | 23 33 | 05 21 | 22 56 | 18 46 | 03 09 | 15 11 | 09 35 | 16 06 |
| 5 | 22 35 | 14 14 | 25 24 | 22 39 | 24 07 | 20 06 | 22 17 | 23 33 | 05 22 | 22 57 | 18 36 | 03 13 | 15 11 | 09 26 | 16 07 |
| 6 | 22 41 | 17 00 | 25 27 | 22 49 | 24 09 | 20 07 | 22 18 | 23 33 | 05 22 | 22 57 | 18 26 | 03 18 | 15 10 | 09 18 | 16 08 |
| 7 | 22 47 | 18 49 | 25 27 | 22 58 | 24 10 | 20 08 | 22 18 | 23 34 | 05 23 | 22 57 | 18 16 | 03 22 | 15 09 | 09 09 | 16 08 |
| 8 | 22 52 | 19 38 | 25 24 | 23 07 | 24 12 | 20 09 | 22 19 | 23 34 | 05 23 | 22 58 | 18 06 | 03 26 | 15 08 | 09 00 | 16 09 |
| 9 | 22 57 | 19 27 | 25 20 | 23 15 | 24 13 | 20 10 | 22 19 | 23 34 | 05 24 | 22 58 | 17 56 | 03 31 | 15 07 | 08 51 | 16 10 |
| 10 | 23 02 | 18 18 | 25 13 | 23 22 | 24 14 | 20 11 | 22 19 | 23 34 | 05 24 | 22 59 | 17 46 | 03 34 | 15 06 | 08 42 | 16 11 |
| 11 | 23 06 | 16 20 | 25 05 | 23 29 | 24 14 | 20 12 | 22 20 | 23 34 | 05 24 | 22 59 | 17 35 | 03 38 | 15 05 | 08 33 | 16 12 |
| 12 | 23 10 | 13 41 | 24 55 | 23 34 | 24 15 | 20 13 | 22 20 | 23 34 | 05 25 | 22 59 | 17 25 | 03 42 | 15 03 | 08 23 | 16 13 |
| 13 | 23 13 | 10 30 | 24 43 | 23 40 | 24 15 | 20 14 | 22 20 | 23 34 | 05 25 | 23 00 | 17 14 | 03 45 | 15 02 | 08 14 | 16 13 |
| 14 | 23 16 | 06 55 | 24 30 | 23 44 | 24 15 | 20 15 | 22 21 | 23 34 | 05 26 | 23 00 | 17 04 | 03 49 | 15 00 | 08 04 | 16 14 |
| 15 | 23 19 | 03 03 | 24 15 | 23 48 | 24 15 | 20 16 | 22 21 | 23 34 | 05 26 | 23 01 | 16 54 | 03 52 | 14 58 | 07 55 | 16 15 |
| 16 | 23 21 | -00 57 | 23 59 | 23 51 | 24 15 | 20 17 | 22 21 | 23 34 | 05 26 | 23 01 | 16 43 | 03 55 | 14 57 | 07 45 | 16 16 |
| 17 | 23 23 | 04 58 | 23 42 | 23 54 | 24 14 | 20 19 | 22 22 | 23 34 | 05 27 | 23 02 | 16 32 | 03 58 | 14 55 | 07 35 | 16 16 |
| 18 | 23 24 | 08 51 | 23 23 | 23 55 | 24 13 | 20 20 | 22 22 | 23 35 | 05 27 | 23 02 | 16 22 | 04 00 | 14 52 | 07 25 | 16 17 |
| 19 | 23 25 | 12 28 | 23 04 | 23 56 | 24 12 | 20 21 | 22 22 | 23 35 | 05 27 | 23 03 | 16 11 | 04 03 | 14 50 | 07 15 | 16 18 |
| 20 | 23 26 | 15 35 | 22 44 | 23 57 | 24 11 | 20 23 | 22 22 | 23 35 | 05 28 | 23 03 | 16 00 | 04 06 | 14 48 | 07 05 | 16 18 |
| 21 | 23 26 | 17 58 | 22 23 | 23 56 | 24 10 | 20 24 | 22 23 | 23 35 | 05 28 | 23 03 | 15 50 | 04 08 | 14 45 | 06 55 | 16 19 |
| 22 | 23 26 | 19 23 | 22 01 | 23 55 | 24 08 | 20 25 | 22 23 | 23 35 | 05 28 | 23 04 | 15 39 | 04 10 | 14 43 | 06 45 | 16 20 |
| 23 | 23 25 | 19 37 | 21 39 | 23 53 | 24 06 | 20 27 | 22 23 | 23 35 | 05 29 | 23 04 | 15 28 | 04 12 | 14 40 | 06 35 | 16 21 |
| 24 | 23 24 | 18 34 | 21 16 | 23 51 | 24 04 | 20 28 | 22 23 | 23 35 | 05 29 | 23 05 | 15 17 | 04 14 | 14 37 | 06 24 | 16 21 |
| 25 | 23 22 | 16 16 | 20 53 | 23 48 | 24 02 | 20 30 | 22 23 | 23 35 | 05 29 | 23 05 | 15 06 | 04 16 | 14 35 | 06 14 | 16 22 |
| 26 | 23 20 | 12 53 | 20 30 | 23 44 | 24 00 | 20 31 | 22 24 | 23 35 | 05 30 | 23 06 | 14 55 | 04 18 | 14 32 | 06 04 | 16 22 |
| 27 | 23 18 | 08 44 | 20 07 | 23 39 | 23 57 | 20 33 | 22 24 | 23 35 | 05 30 | 23 06 | 14 44 | 04 19 | 14 29 | 05 53 | 16 23 |
| 28 | 23 15 | 04 06 | 19 44 | 23 34 | 23 54 | 20 34 | 22 24 | 23 35 | 05 30 | 23 07 | 14 33 | 04 20 | 14 25 | 05 42 | 16 24 |
| 29 | 23 12 | +00 42 | 19 20 | 23 27 | 23 51 | 20 36 | 22 24 | 23 35 | 05 30 | 23 07 | 14 22 | 04 22 | 14 22 | 05 32 | 16 24 |
| 30 | 23 09 | 05 21 | 18 57 | 23 21 | 23 48 | 20 37 | 22 24 | 23 35 | 05 30 | 23 08 | 14 11 | 04 23 | 14 19 | 05 21 | 16 25 |

Lunar Phases -- 8 ● 01:33 16 ◐ 03:01 23 ○ 11:34 30 ◑ 02:13 Sun enters ♋ 6/20 19:10

## 0:00 E.T. Longitudes of Main Planets - July 2032 **July 32**

| D | S.T. | ☉ | ☽ | ☽ 12:00 | ☿ | ♀ | ♂ | ♃ | ♄ | ♅ | ♆ | ♇ | ☊ |
|---|---|---|---|---|---|---|---|---|---|---|---|---|---|
| 1 | 18:38:24 | 09♋43 37 | 21♈18 | 28♈03 | 04♌25 | 17♋33 | 12♋46 | 29♑31℞ | 28♊21 | 28♊10 | 17♈46 | 14♒47℞ | 06♏31 |
| 2 | 18:42:21 | 10 40 50 | 04♉44 | 11♉21 | 05 02 | 18 47 | 13 25 | 29 24 | 28 28 | 28 14 | 17 47 | 14 46 | 06 27 |
| 3 | 18:46:18 | 11 38 03 | 17 54 | 24 24 | 05 36 | 20 01 | 14 05 | 29 17 | 28 36 | 28 17 | 17 47 | 14 45 | 06 24 |
| 4 | 18:50:14 | 12 35 16 | 00♊50 | 07♊14 | 06 06 | 21 14 | 14 44 | 29 10 | 28 44 | 28 21 | 17 48 | 14 44 | 06 21 |
| 5 | 18:54:11 | 13 32 29 | 13 34 | 19 52 | 06 32 | 22 28 | 15 24 | 29 03 | 28 51 | 28 24 | 17 48 | 14 42 | 06 18 |
| 6 | 18:58:07 | 14 29 42 | 26 07 | 02♋20 | 06 53 | 23 42 | 16 03 | 28 55 | 28 59 | 28 28 | 17 49 | 14 41 | 06 15 |
| 7 | 19:02:04 | 15 26 56 | 08♋31 | 14 39 | 07 10 | 24 56 | 16 42 | 28 48 | 29 07 | 28 31 | 17 49 | 14 40 | 06 11 |
| 8 | 19:06:00 | 16 24 09 | 20 45 | 26 49 | 07 22 | 26 09 | 17 22 | 28 41 | 29 14 | 28 34 | 17 50 | 14 39 | 06 08 |
| 9 | 19:09:57 | 17 21 23 | 02♌51 | 08♌52 | 07 30 | 27 23 | 18 01 | 28 33 | 29 22 | 28 38 | 17 50 | 14 38 | 06 05 |
| 10 | 19:13:53 | 18 18 36 | 14 50 | 20 48 | 07 33 | 28 37 | 18 40 | 28 26 | 29 29 | 28 41 | 17 50 | 14 37 | 06 02 |
| 11 | 19:17:50 | 19 15 50 | 26 44 | 02♍39 | 07 31℞ | 29 51 | 19 20 | 28 18 | 29 37 | 28 45 | 17 51 | 14 35 | 05 59 |
| 12 | 19:21:47 | 20 13 04 | 08♍34 | 14 29 | 07 24 | 01♌04 | 19 59 | 28 11 | 29 44 | 28 48 | 17 51 | 14 34 | 05 56 |
| 13 | 19:25:43 | 21 10 17 | 20 25 | 26 21 | 07 13 | 02 18 | 20 38 | 28 03 | 29 52 | 28 52 | 17 51 | 14 33 | 05 52 |
| 14 | 19:29:40 | 22 07 31 | 02♎19 | 08♎19 | 06 57 | 03 32 | 21 17 | 27 56 | 29 59 | 28 55 | 17 52 | 14 32 | 05 49 |
| 15 | 19:33:36 | 23 04 45 | 14 21 | 20 27 | 06 37 | 04 45 | 21 57 | 27 48 | 00♋07 | 28 58 | 17 52 | 14 31 | 05 46 |
| 16 | 19:37:33 | 24 01 59 | 26 37 | 02♏52 | 06 12 | 05 59 | 22 36 | 27 40 | 00 14 | 29 02 | 17 52 | 14 29 | 05 43 |
| 17 | 19:41:29 | 24 59 13 | 09♏12 | 15 38 | 05 44 | 07 13 | 23 15 | 27 32 | 00 21 | 29 05 | 17 52 | 14 28 | 05 40 |
| 18 | 19:45:26 | 25 56 27 | 22 10 | 28 49 | 05 11 | 08 27 | 23 54 | 27 25 | 00 29 | 29 08 | 17 52 | 14 27 | 05 36 |
| 19 | 19:49:22 | 26 53 41 | 05♐35 | 12♐29 | 04 36 | 09 40 | 24 33 | 27 17 | 00 36 | 29 11 | 17 52 | 14 25 | 05 33 |
| 20 | 19:53:19 | 27 50 56 | 19 29 | 26 37 | 03 58 | 10 54 | 25 12 | 27 09 | 00 43 | 29 15 | 17 52 | 14 24 | 05 30 |
| 21 | 19:57:16 | 28 48 11 | 03♑52 | 11♑13 | 03 19 | 12 08 | 25 51 | 27 01 | 00 51 | 29 18 | 17 52℞ | 14 23 | 05 27 |
| 22 | 20:01:12 | 29 45 26 | 18 40 | 26 11 | 02 37 | 13 21 | 26 30 | 26 54 | 00 58 | 29 21 | 17 52 | 14 22 | 05 24 |
| 23 | 20:05:09 | 00♌42 42 | 03♒44 | 11♒20 | 01 55 | 14 35 | 27 09 | 26 46 | 01 05 | 29 24 | 17 52 | 14 20 | 05 21 |
| 24 | 20:09:05 | 01 39 58 | 18 56 | 26 31 | 01 13 | 15 49 | 27 48 | 26 38 | 01 12 | 29 27 | 17 52 | 14 19 | 05 17 |
| 25 | 20:13:02 | 02 37 15 | 04♓04 | 11♓34 | 00 32 | 17 02 | 28 27 | 26 31 | 01 19 | 29 31 | 17 52 | 14 18 | 05 14 |
| 26 | 20:16:58 | 03 34 32 | 18 59 | 26 20 | 29♋52 | 18 16 | 29 06 | 26 23 | 01 26 | 29 34 | 17 52 | 14 16 | 05 11 |
| 27 | 20:20:55 | 04 31 51 | 03♈34 | 10♈43 | 29 15 | 19 30 | 29 45 | 26 15 | 01 33 | 29 37 | 17 52 | 14 15 | 05 08 |
| 28 | 20:24:51 | 05 29 11 | 17 45 | 24 41 | 28 41 | 20 43 | 00♌24 | 26 08 | 01 40 | 29 40 | 17 51 | 14 14 | 05 05 |
| 29 | 20:28:48 | 06 26 31 | 01♉31 | 08♉15 | 28 10 | 21 57 | 01 02 | 26 00 | 01 47 | 29 43 | 17 51 | 14 12 | 05 02 |
| 30 | 20:32:44 | 07 23 53 | 14 53 | 21 27 | 27 43 | 23 11 | 01 41 | 25 53 | 01 54 | 29 46 | 17 51 | 14 11 | 04 58 |
| 31 | 20:36:41 | 08 21 16 | 27 55 | 04♊20 | 27 22 | 24 24 | 02 20 | 25 45 | 02 01 | 29 49 | 17 51 | 14 10 | 04 55 |

## 0:00 E.T. Longitudes of the Major Asteroids and Chiron

| D | ⚳ | ⚴ | ⚵ | ⚶ | ⚷ |
|---|---|---|---|---|---|
| 1 | 16♍12 | 08♌29 | 28♋22 | 03♎51 | 24♉22 |
| 2 | 16 33 | 09 01 | 28 52 | 04 11 | 24 25 |
| 3 | 16 55 | 09 33 | 29 23 | 04 32 | 24 29 |
| 4 | 17 17 | 10 05 | 29 53 | 04 52 | 24 32 |
| 5 | 17 38 | 10 37 | 00♌23 | 05 13 | 24 35 |
| 6 | 18 00 | 11 09 | 00 54 | 05 35 | 24 38 |
| 7 | 18 22 | 11 41 | 01 24 | 05 56 | 24 41 |
| 8 | 18 44 | 12 12 | 01 54 | 06 18 | 24 44 |
| 9 | 19 07 | 12 44 | 02 24 | 06 39 | 24 46 |
| 10 | 19 29 | 13 16 | 02 54 | 07 01 | 24 49 |
| 11 | 19 51 | 13 47 | 03 24 | 07 23 | 24 52 |
| 12 | 20 14 | 14 19 | 03 55 | 07 46 | 24 55 |
| 13 | 20 36 | 14 51 | 04 25 | 08 08 | 24 58 |
| 14 | 20 59 | 15 22 | 04 55 | 08 31 | 25 00 |
| 15 | 21 22 | 15 54 | 05 25 | 08 54 | 25 03 |
| 16 | 21 45 | 16 25 | 05 54 | 09 17 | 25 05 |
| 17 | 22 08 | 16 57 | 06 24 | 09 40 | 25 08 |
| 18 | 22 31 | 17 28 | 06 54 | 10 04 | 25 10 |
| 19 | 22 54 | 17 59 | 07 24 | 10 27 | 25 13 |
| 20 | 23 17 | 18 31 | 07 54 | 10 51 | 25 15 |
| 21 | 23 41 | 19 02 | 08 23 | 11 15 | 25 18 |
| 22 | 24 04 | 19 33 | 08 53 | 11 39 | 25 20 |
| 23 | 24 27 | 20 04 | 09 23 | 12 03 | 25 22 |
| 24 | 24 51 | 20 36 | 09 52 | 12 27 | 25 24 |
| 25 | 25 15 | 21 07 | 10 22 | 12 52 | 25 26 |
| 26 | 25 38 | 21 38 | 10 51 | 13 16 | 25 29 |
| 27 | 26 02 | 22 09 | 11 21 | 13 41 | 25 31 |
| 28 | 26 26 | 22 40 | 11 50 | 14 06 | 25 33 |
| 29 | 26 50 | 23 11 | 12 19 | 14 31 | 25 35 |
| 30 | 27 14 | 23 42 | 12 49 | 14 56 | 25 36 |
| 31 | 27 38 | 24 13 | 13 18 | 15 22 | 25 38 |

## Lunar Data

| Last Asp. | | Ingress | | |
|---|---|---|---|---|
| 1 | 14:29 | 1 | ♉ | 15:29 |
| 3 | 20:54 | 3 | ♊ | 22:26 |
| 6 | 05:34 | 6 | ♋ | 07:29 |
| 8 | 15:32 | 8 | ♌ | 18:19 |
| 11 | 05:54 | 11 | ♍ | 06:37 |
| 13 | 19:17 | 13 | ♎ | 19:21 |
| 16 | 04:40 | 16 | ♏ | 06:30 |
| 18 | 09:23 | 18 | ♐ | 14:07 |
| 20 | 16:25 | 20 | ♑ | 17:36 |
| 22 | 13:05 | 22 | ♒ | 18:04 |
| 24 | 16:43 | 24 | ♓ | 17:31 |
| 26 | 17:24 | 26 | ♈ | 18:04 |
| 28 | 20:49 | 28 | ♉ | 21:20 |
| 30 | 22:59 | 31 | ♊ | 03:53 |

## 0:00 E.T. Declinations

| D | ☉ | ☽ | ☿ | ♀ | ♂ | ♃ | ♄ | ♅ | ♆ | ♇ | ⚳ | ⚴ | ⚵ | ⚶ | ⚷ |
|---|---|---|---|---|---|---|---|---|---|---|---|---|---|---|---|
| 1 | +23 05 | +09 38 | +18 35 | +23 13 | +23 45 | -20 39 | +22 25 | +23 35 | +05 31 | -23 08 | +14 00 | +04 24 | +14 15 | +05 10 | +16 26 |
| 2 | 23 00 | 13 21 | 18 12 | 23 05 | 23 41 | 20 41 | 22 25 | 23 35 | 05 31 | 23 09 | 13 49 | 04 25 | 14 12 | 04 59 | 16 26 |
| 3 | 22 55 | 16 18 | 17 51 | 22 56 | 23 37 | 20 42 | 22 25 | 23 36 | 05 31 | 23 09 | 13 38 | 04 26 | 14 08 | 04 48 | 16 27 |
| 4 | 22 50 | 18 22 | 17 29 | 22 47 | 23 33 | 20 44 | 22 25 | 23 36 | 05 31 | 23 10 | 13 27 | 04 26 | 14 04 | 04 37 | 16 27 |
| 5 | 22 45 | 19 28 | 17 09 | 22 37 | 23 29 | 20 46 | 22 25 | 23 36 | 05 31 | 23 10 | 13 15 | 04 27 | 14 00 | 04 26 | 16 28 |
| 6 | 22 39 | 19 35 | 16 49 | 22 26 | 23 25 | 20 47 | 22 25 | 23 36 | 05 31 | 23 11 | 13 04 | 04 27 | 13 56 | 04 15 | 16 28 |
| 7 | 22 32 | 18 45 | 16 30 | 22 15 | 23 20 | 20 49 | 22 25 | 23 36 | 05 32 | 23 11 | 12 53 | 04 27 | 13 52 | 04 04 | 16 29 |
| 8 | 22 26 | 17 04 | 16 13 | 22 02 | 23 16 | 20 50 | 22 25 | 23 36 | 05 32 | 23 12 | 12 41 | 04 28 | 13 48 | 03 52 | 16 29 |
| 9 | 22 18 | 14 38 | 15 56 | 21 50 | 23 11 | 20 52 | 22 26 | 23 36 | 05 32 | 23 12 | 12 30 | 04 28 | 13 44 | 03 41 | 16 30 |
| 10 | 22 11 | 11 37 | 15 41 | 21 36 | 23 06 | 20 54 | 22 26 | 23 36 | 05 32 | 23 13 | 12 19 | 04 28 | 13 39 | 03 30 | 16 30 |
| 11 | 22 03 | 08 10 | 15 27 | 21 22 | 23 00 | 20 55 | 22 26 | 23 36 | 05 32 | 23 13 | 12 07 | 04 27 | 13 35 | 03 18 | 16 31 |
| 12 | 21 55 | 04 24 | 15 15 | 21 08 | 22 55 | 20 57 | 22 26 | 23 36 | 05 32 | 23 14 | 11 56 | 04 27 | 13 31 | 03 07 | 16 31 |
| 13 | 21 46 | 00 28 | 15 04 | 20 53 | 22 49 | 20 59 | 22 26 | 23 36 | 05 32 | 23 14 | 11 45 | 04 27 | 13 26 | 02 56 | 16 32 |
| 14 | 21 37 | -03 30 | 14 55 | 20 37 | 22 44 | 21 01 | 22 26 | 23 36 | 05 32 | 23 15 | 11 33 | 04 26 | 13 21 | 02 44 | 16 32 |
| 15 | 21 28 | 07 23 | 14 48 | 20 20 | 22 38 | 21 02 | 22 26 | 23 36 | 05 32 | 23 15 | 11 22 | 04 26 | 13 16 | 02 32 | 16 33 |
| 16 | 21 18 | 11 03 | 14 42 | 20 03 | 22 32 | 21 04 | 22 26 | 23 36 | 05 32 | 23 16 | 11 10 | 04 25 | 13 12 | 02 21 | 16 33 |
| 17 | 21 08 | 14 18 | 14 38 | 19 46 | 22 25 | 21 06 | 22 26 | 23 36 | 05 32 | 23 16 | 10 59 | 04 24 | 13 07 | 02 09 | 16 33 |
| 18 | 20 57 | 16 57 | 14 36 | 19 28 | 22 19 | 21 07 | 22 26 | 23 36 | 05 32 | 23 17 | 10 47 | 04 23 | 13 02 | 01 58 | 16 34 |
| 19 | 20 46 | 18 47 | 14 36 | 19 09 | 22 12 | 21 09 | 22 26 | 23 36 | 05 32 | 23 17 | 10 35 | 04 22 | 12 56 | 01 46 | 16 34 |
| 20 | 20 35 | 19 34 | 14 38 | 18 50 | 22 06 | 21 10 | 22 26 | 23 36 | 05 32 | 23 18 | 10 24 | 04 21 | 12 51 | 01 34 | 16 34 |
| 21 | 20 24 | 19 07 | 14 41 | 18 30 | 21 59 | 21 12 | 22 26 | 23 36 | 05 32 | 23 18 | 10 12 | 04 20 | 12 46 | 01 22 | 16 35 |
| 22 | 20 12 | 17 23 | 14 46 | 18 10 | 21 51 | 21 14 | 22 26 | 23 36 | 05 32 | 23 19 | 10 01 | 04 18 | 12 41 | 01 10 | 16 35 |
| 23 | 20 00 | 14 26 | 14 53 | 17 49 | 21 44 | 21 15 | 22 26 | 23 36 | 05 32 | 23 19 | 09 49 | 04 17 | 12 35 | 00 59 | 16 35 |
| 24 | 19 47 | 10 31 | 15 02 | 17 28 | 21 37 | 21 17 | 22 26 | 23 36 | 05 32 | 23 20 | 09 37 | 04 15 | 12 30 | 00 47 | 16 36 |
| 25 | 19 34 | 05 55 | 15 11 | 17 07 | 21 29 | 21 19 | 22 26 | 23 36 | 05 32 | 23 20 | 09 26 | 04 14 | 12 24 | 00 35 | 16 36 |
| 26 | 19 21 | 01 01 | 15 22 | 16 45 | 21 21 | 21 20 | 22 26 | 23 36 | 05 32 | 23 21 | 09 14 | 04 12 | 12 18 | 00 23 | 16 36 |
| 27 | 19 07 | +03 50 | 15 34 | 16 22 | 21 14 | 21 22 | 22 26 | 23 36 | 05 31 | 23 21 | 09 02 | 04 10 | 12 13 | 00 11 | 16 36 |
| 28 | 18 54 | 08 20 | 15 47 | 15 59 | 21 05 | 21 23 | 22 26 | 23 36 | 05 31 | 23 22 | 08 51 | 04 08 | 12 07 | -00 01 | 16 37 |
| 29 | 18 39 | 12 17 | 16 01 | 15 35 | 20 57 | 21 25 | 22 26 | 23 37 | 05 31 | 23 22 | 08 39 | 04 06 | 12 01 | 00 13 | 16 37 |
| 30 | 18 25 | 15 28 | 16 15 | 15 12 | 20 49 | 21 26 | 22 26 | 23 37 | 05 31 | 23 23 | 08 27 | 04 04 | 11 55 | 00 25 | 16 37 |
| 31 | 18 10 | 17 46 | 16 29 | 14 47 | 20 40 | 21 28 | 22 25 | 23 37 | 05 31 | 23 23 | 08 16 | 04 02 | 11 49 | 00 37 | 16 37 |

Lunar Phases -- 7 ● 14:43 15 ◐ 18:33 22 ○ 18:53 29 ◑ 09:27 Sun enters ♌ 7/22 06:06

## Longitudes of Main Planets - August 2032

0:00 E.T.

| D | S.T. | ☉ | ☽ | ☽ 12:00 | ☿ | ♀ | ♂ | ♃ | ♄ | ♅ | ♆ | ♇ | ☊ |
|---|---|---|---|---|---|---|---|---|---|---|---|---|---|
| 1 | 20:40:38 | 09♌18 39 | 10♊40 | 16♊57 | 27♋05℞ | 25♌38 | 02♌59 | 25♑38℞ | 02♋08 | 29♊52 | 17♈50℞ | 14♒08℞ | 04♏52 |
| 2 | 20:44:34 | 10 16 04 | 23 11 | 29 22 | 26 54 | 26 52 | 03 38 | 25 31 | 02 14 | 29 55 | 17 50 | 14 07 | 04 49 |
| 3 | 20:48:31 | 11 13 31 | 05♋30 | 11♋37 | 26 49 | 28 05 | 04 16 | 25 23 | 02 21 | 29 58 | 17 50 | 14 05 | 04 46 |
| 4 | 20:52:27 | 12 10 58 | 17 41 | 23 44 | 26 51D | 29 19 | 04 55 | 25 16 | 02 28 | 00♋01 | 17 49 | 14 04 | 04 42 |
| 5 | 20:56:24 | 13 08 26 | 29 45 | 05♌45 | 26 59 | 00♍33 | 05 34 | 25 09 | 02 34 | 00 03 | 17 49 | 14 03 | 04 39 |
| 6 | 21:00:20 | 14 05 55 | 11♌43 | 17 40 | 27 13 | 01 46 | 06 12 | 25 02 | 02 41 | 00 06 | 17 48 | 14 01 | 04 36 |
| 7 | 21:04:17 | 15 03 25 | 23 37 | 29 33 | 27 34 | 03 00 | 06 51 | 24 55 | 02 47 | 00 09 | 17 48 | 14 00 | 04 33 |
| 8 | 21:08:13 | 16 00 56 | 05♍28 | 11♍23 | 28 02 | 04 14 | 07 30 | 24 49 | 02 54 | 00 12 | 17 47 | 13 59 | 04 30 |
| 9 | 21:12:10 | 16 58 28 | 17 18 | 23 13 | 28 36 | 05 27 | 08 08 | 24 42 | 03 00 | 00 15 | 17 46 | 13 57 | 04 27 |
| 10 | 21:16:07 | 17 56 01 | 29 09 | 05♎06 | 29 17 | 06 41 | 08 47 | 24 35 | 03 07 | 00 17 | 17 46 | 13 56 | 04 23 |
| 11 | 21:20:03 | 18 53 35 | 11♎04 | 17 04 | 00♌05 | 07 55 | 09 25 | 24 29 | 03 13 | 00 20 | 17 45 | 13 55 | 04 20 |
| 12 | 21:24:00 | 19 51 10 | 23 07 | 29 13 | 00 59 | 09 08 | 10 04 | 24 23 | 03 19 | 00 22 | 17 44 | 13 53 | 04 17 |
| 13 | 21:27:56 | 20 48 46 | 05♏22 | 11♏36 | 01 59 | 10 22 | 10 42 | 24 16 | 03 25 | 00 25 | 17 44 | 13 52 | 04 14 |
| 14 | 21:31:53 | 21 46 23 | 17 54 | 24 18 | 03 05 | 11 35 | 11 21 | 24 10 | 03 31 | 00 28 | 17 43 | 13 51 | 04 11 |
| 15 | 21:35:49 | 22 44 00 | 00♐48 | 07♐24 | 04 18 | 12 49 | 11 59 | 24 04 | 03 37 | 00 30 | 17 42 | 13 49 | 04 08 |
| 16 | 21:39:46 | 23 41 39 | 14 08 | 20 59 | 05 36 | 14 02 | 12 38 | 23 59 | 03 43 | 00 33 | 17 41 | 13 48 | 04 04 |
| 17 | 21:43:42 | 24 39 19 | 27 57 | 05♑03 | 06 59 | 15 16 | 13 16 | 23 53 | 03 49 | 00 35 | 17 41 | 13 47 | 04 01 |
| 18 | 21:47:39 | 25 37 00 | 12♑15 | 19 35 | 08 28 | 16 30 | 13 55 | 23 47 | 03 55 | 00 37 | 17 40 | 13 45 | 03 58 |
| 19 | 21:51:36 | 26 34 42 | 27 01 | 04♒32 | 10 01 | 17 43 | 14 33 | 23 42 | 04 01 | 00 40 | 17 39 | 13 44 | 03 55 |
| 20 | 21:55:32 | 27 32 25 | 12♒07 | 19 46 | 11 39 | 18 57 | 15 11 | 23 37 | 04 07 | 00 42 | 17 38 | 13 43 | 03 52 |
| 21 | 21:59:29 | 28 30 09 | 27 25 | 05♓05 | 13 20 | 20 10 | 15 50 | 23 31 | 04 12 | 00 44 | 17 37 | 13 41 | 03 48 |
| 22 | 22:03:25 | 29 27 54 | 12♓44 | 20 19 | 15 05 | 21 24 | 16 28 | 23 27 | 04 18 | 00 47 | 17 36 | 13 40 | 03 45 |
| 23 | 22:07:22 | 00♍25 41 | 27 51 | 05♈18 | 16 53 | 22 37 | 17 06 | 23 22 | 04 23 | 00 49 | 17 35 | 13 39 | 03 42 |
| 24 | 22:11:18 | 01 23 30 | 12♈39 | 19 54 | 18 44 | 23 51 | 17 45 | 23 17 | 04 29 | 00 51 | 17 34 | 13 37 | 03 39 |
| 25 | 22:15:15 | 02 21 20 | 27 01 | 04♉02 | 20 37 | 25 04 | 18 23 | 23 13 | 04 34 | 00 53 | 17 33 | 13 36 | 03 36 |
| 26 | 22:19:11 | 03 19 12 | 10♉56 | 17 43 | 22 32 | 26 18 | 19 01 | 23 08 | 04 39 | 00 55 | 17 32 | 13 35 | 03 33 |
| 27 | 22:23:08 | 04 17 06 | 24 24 | 00♊58 | 24 28 | 27 31 | 19 40 | 23 04 | 04 45 | 00 57 | 17 31 | 13 34 | 03 29 |
| 28 | 22:27:05 | 05 15 02 | 07♊27 | 13 50 | 26 25 | 28 44 | 20 18 | 23 00 | 04 50 | 00 59 | 17 30 | 13 32 | 03 26 |
| 29 | 22:31:01 | 06 13 00 | 20 09 | 26 24 | 28 23 | 29 58 | 20 56 | 22 56 | 04 55 | 01 01 | 17 29 | 13 31 | 03 23 |
| 30 | 22:34:58 | 07 10 59 | 02♋35 | 08♋42 | 00♍21 | 01♎11 | 21 34 | 22 53 | 05 00 | 01 03 | 17 27 | 13 30 | 03 20 |
| 31 | 22:38:54 | 08 09 00 | 14 47 | 20 50 | 02 20 | 02 25 | 22 12 | 22 49 | 05 05 | 01 05 | 17 26 | 13 29 | 03 17 |

## Longitudes of the Major Asteroids and Chiron

0:00 E.T.

| D | ⚳ | ⚴ | ⚵ | ⚶ | ⚷ | D | ⚳ | ⚴ | ⚵ | ⚶ | ⚷ |
|---|---|---|---|---|---|---|---|---|---|---|---|
| 1 | 28♍02 | 24♌44 | 13♌47 | 15♎47 | 25♉40 | 17 | 04 37 | 02 54 | 21 28 | 22 51 | 26 01 |
| 2 | 28 27 | 25 15 | 14 16 | 16 13 | 25 42 | 18 | 05 03 | 03 24 | 21 57 | 23 18 | 26 02 |
| 3 | 28 51 | 25 46 | 14 45 | 16 38 | 25 43 | 19 | 05 28 | 03 54 | 22 25 | 23 46 | 26 02 |
| 4 | 29 15 | 26 16 | 15 15 | 17 04 | 25 45 | 20 | 05 53 | 04 24 | 22 53 | 24 14 | 26 03 |
| 5 | 29 40 | 26 47 | 15 44 | 17 30 | 25 47 | 21 | 06 18 | 04 54 | 23 22 | 24 41 | 26 04 |
| 6 | 00♎04 | 27 18 | 16 13 | 17 56 | 25 48 | 22 | 06 44 | 05 25 | 23 50 | 25 09 | 26 04 |
| 7 | 00 29 | 27 49 | 16 42 | 18 23 | 25 50 | 23 | 07 09 | 05 55 | 24 18 | 25 37 | 26 05 |
| 8 | 00 53 | 28 19 | 17 10 | 18 49 | 25 51 | 24 | 07 34 | 06 25 | 24 46 | 26 05 | 26 05 |
| 9 | 01 18 | 28 50 | 17 39 | 19 15 | 25 52 | 25 | 08 00 | 06 55 | 25 14 | 26 33 | 26 06 |
| 10 | 01 43 | 29 21 | 18 08 | 19 42 | 25 54 | 26 | 08 25 | 07 25 | 25 42 | 27 01 | 26 06 |
| 11 | 02 08 | 29 51 | 18 37 | 20 09 | 25 55 | 27 | 08 51 | 07 55 | 26 10 | 27 30 | 26 06 |
| 12 | 02 32 | 00♍22 | 19 06 | 20 35 | 25 56 | 28 | 09 17 | 08 25 | 26 38 | 27 58 | 26 07 |
| 13 | 02 57 | 00 52 | 19 34 | 21 02 | 25 57 | 29 | 09 42 | 08 54 | 27 06 | 28 27 | 26 07 |
| 14 | 03 22 | 01 23 | 20 03 | 21 29 | 25 58 | 30 | 10 08 | 09 24 | 27 34 | 28 55 | 26 07 |
| 15 | 03 47 | 01 53 | 20 31 | 21 56 | 25 59 | 31 | 10 34 | 09 54 | 28 01 | 29 24 | 26 07℞ |
| 16 | 04 12 | 02 23 | 21 00 | 22 24 | 26 00 | | | | | | |

## Lunar Data

| Last Asp. | | Ingress | | |
|---|---|---|---|---|
| 2 | 13:08 | 2 | ♋ | 13:15 |
| 4 | 18:24 | 5 | ♌ | 00:30 |
| 6 | 12:15 | 7 | ♍ | 12:55 |
| 10 | 00:18 | 10 | ♎ | 01:44 |
| 12 | 02:28 | 12 | ♏ | 13:33 |
| 14 | 11:40 | 14 | ♐ | 22:32 |
| 16 | 17:56 | 17 | ♑ | 03:29 |
| 18 | 18:41 | 19 | ♒ | 04:46 |
| 21 | 01:48 | 21 | ♓ | 04:02 |
| 22 | 16:52 | 23 | ♈ | 03:27 |
| 24 | 17:36 | 25 | ♉ | 05:04 |
| 27 | 06:16 | 27 | ♊ | 10:13 |
| 29 | 18:51 | 29 | ♋ | 18:59 |

## Declinations

0:00 E.T.

| D | ☉ | ☽ | ☿ | ♀ | ♂ | ♃ | ♄ | ♅ | ♆ | ♇ | ⚳ | ⚴ | ⚵ | ⚶ | ⚷ |
|---|---|---|---|---|---|---|---|---|---|---|---|---|---|---|---|
| 1 | +17 55 | +19 08 | +16 44 | +14 23 | +20 32 | -21 29 | +22 25 | +23 37 | +05 31 | -23 24 | +08 04 | +04 00 | +11 43 | -00 49 | +16 38 |
| 2 | 17 40 | 19 31 | 16 59 | 13 58 | 20 23 | 21 31 | 22 25 | 23 37 | 05 30 | 23 24 | 07 52 | 03 57 | 11 37 | 01 01 | 16 38 |
| 3 | 17 24 | 18 57 | 17 13 | 13 32 | 20 14 | 21 32 | 22 25 | 23 37 | 05 30 | 23 25 | 07 40 | 03 55 | 11 31 | 01 13 | 16 38 |
| 4 | 17 08 | 17 31 | 17 27 | 13 06 | 20 05 | 21 34 | 22 25 | 23 37 | 05 30 | 23 25 | 07 29 | 03 52 | 11 24 | 01 25 | 16 38 |
| 5 | 16 52 | 15 19 | 17 41 | 12 40 | 19 56 | 21 35 | 22 25 | 23 37 | 05 30 | 23 26 | 07 17 | 03 50 | 11 18 | 01 37 | 16 38 |
| 6 | 16 36 | 12 30 | 17 54 | 12 14 | 19 46 | 21 36 | 22 25 | 23 37 | 05 30 | 23 26 | 07 05 | 03 47 | 11 12 | 01 49 | 16 38 |
| 7 | 16 19 | 09 12 | 18 05 | 11 47 | 19 37 | 21 38 | 22 25 | 23 37 | 05 29 | 23 27 | 06 53 | 03 45 | 11 05 | 02 02 | 16 38 |
| 8 | 16 02 | 05 32 | 18 16 | 11 20 | 19 27 | 21 39 | 22 25 | 23 37 | 05 29 | 23 27 | 06 41 | 03 42 | 10 59 | 02 14 | 16 38 |
| 9 | 15 45 | 01 40 | 18 25 | 10 53 | 19 17 | 21 40 | 22 24 | 23 37 | 05 29 | 23 28 | 06 30 | 03 39 | 10 52 | 02 26 | 16 39 |
| 10 | 15 27 | -02 16 | 18 33 | 10 25 | 19 07 | 21 42 | 22 24 | 23 37 | 05 28 | 23 28 | 06 18 | 03 36 | 10 46 | 02 38 | 16 39 |
| 11 | 15 09 | 06 08 | 18 39 | 09 57 | 18 57 | 21 43 | 22 24 | 23 37 | 05 28 | 23 29 | 06 06 | 03 33 | 10 39 | 02 50 | 16 39 |
| 12 | 14 51 | 09 48 | 18 44 | 09 29 | 18 47 | 21 44 | 22 24 | 23 37 | 05 28 | 23 29 | 05 54 | 03 30 | 10 32 | 03 02 | 16 39 |
| 13 | 14 33 | 13 07 | 18 46 | 09 00 | 18 37 | 21 45 | 22 24 | 23 37 | 05 28 | 23 30 | 05 42 | 03 27 | 10 26 | 03 14 | 16 39 |
| 14 | 14 15 | 15 55 | 18 46 | 08 32 | 18 27 | 21 46 | 22 24 | 23 37 | 05 27 | 23 30 | 05 31 | 03 23 | 10 19 | 03 27 | 16 39 |
| 15 | 13 56 | 18 01 | 18 44 | 08 03 | 18 16 | 21 47 | 22 24 | 23 37 | 05 27 | 23 31 | 05 19 | 03 20 | 10 12 | 03 39 | 16 39 |
| 16 | 13 37 | 19 11 | 18 39 | 07 34 | 18 05 | 21 49 | 22 23 | 23 37 | 05 27 | 23 31 | 05 07 | 03 17 | 10 05 | 03 51 | 16 39 |
| 17 | 13 18 | 19 17 | 18 32 | 07 04 | 17 55 | 21 50 | 22 23 | 23 37 | 05 26 | 23 31 | 04 55 | 03 14 | 09 58 | 04 03 | 16 39 |
| 18 | 12 59 | 18 10 | 18 22 | 06 35 | 17 44 | 21 51 | 22 23 | 23 37 | 05 26 | 23 32 | 04 43 | 03 10 | 09 51 | 04 15 | 16 39 |
| 19 | 12 39 | 15 49 | 18 09 | 06 05 | 17 33 | 21 52 | 22 23 | 23 37 | 05 25 | 23 32 | 04 32 | 03 07 | 09 44 | 04 27 | 16 38 |
| 20 | 12 19 | 12 22 | 17 54 | 05 35 | 17 22 | 21 53 | 22 23 | 23 37 | 05 25 | 23 33 | 04 20 | 03 03 | 09 37 | 04 39 | 16 38 |
| 21 | 12 00 | 08 03 | 17 35 | 05 05 | 17 10 | 21 54 | 22 23 | 23 37 | 05 25 | 23 33 | 04 08 | 02 59 | 09 30 | 04 52 | 16 38 |
| 22 | 11 39 | 03 12 | 17 14 | 04 35 | 16 59 | 21 54 | 22 22 | 23 37 | 05 24 | 23 33 | 03 56 | 02 56 | 09 22 | 05 04 | 16 38 |
| 23 | 11 19 | +01 47 | 16 51 | 04 05 | 16 48 | 21 55 | 22 22 | 23 37 | 05 24 | 23 34 | 03 44 | 02 52 | 09 15 | 05 16 | 16 38 |
| 24 | 10 59 | 06 34 | 16 24 | 03 34 | 16 36 | 21 56 | 22 22 | 23 37 | 05 23 | 23 34 | 03 33 | 02 48 | 09 08 | 05 28 | 16 38 |
| 25 | 10 38 | 10 51 | 15 55 | 03 04 | 16 24 | 21 57 | 22 22 | 23 37 | 05 23 | 23 35 | 03 21 | 02 44 | 09 01 | 05 40 | 16 38 |
| 26 | 10 17 | 14 22 | 15 24 | 02 33 | 16 13 | 21 58 | 22 22 | 23 37 | 05 22 | 23 35 | 03 09 | 02 41 | 08 53 | 05 52 | 16 38 |
| 27 | 09 56 | 17 00 | 14 50 | 02 03 | 16 01 | 21 59 | 22 22 | 23 37 | 05 22 | 23 35 | 02 57 | 02 37 | 08 46 | 06 04 | 16 37 |
| 28 | 09 35 | 18 38 | 14 14 | 01 32 | 15 49 | 21 59 | 22 21 | 23 37 | 05 22 | 23 36 | 02 46 | 02 33 | 08 38 | 06 16 | 16 37 |
| 29 | 09 14 | 19 17 | 13 37 | 01 01 | 15 37 | 22 00 | 22 21 | 23 37 | 05 21 | 23 36 | 02 34 | 02 29 | 08 31 | 06 28 | 16 37 |
| 30 | 08 52 | 18 58 | 12 58 | 00 30 | 15 25 | 22 01 | 22 21 | 23 37 | 05 21 | 23 36 | 02 22 | 02 25 | 08 24 | 06 40 | 16 37 |
| 31 | 08 31 | 17 47 | 12 17 | -00 01 | 15 12 | 22 01 | 22 21 | 23 37 | 05 20 | 23 37 | 02 10 | 02 21 | 08 16 | 06 52 | 16 36 |

Lunar Phases -- 6 ● 05:13 14 ◐ 07:52 21 ○ 01:48 27 ◑ 19:35 Sun enters ♍ 8/22 13:20

## 0:00 E.T. Longitudes of Main Planets - September 2032

| D | S.T. | ☉ | ☽ | ☽ 12:00 | ☿ | ♀ | ♂ | ♃ | ♄ | ♅ | ♆ | ♇ | ☊ |
|---|---|---|---|---|---|---|---|---|---|---|---|---|---|
| 1 | 22:42:51 | 09♍07 03 | 26♋50 | 02♌50 | 04♍18 | 03♎38 | 22♌51 | 22♑46℞ | 05♋10 | 01♋07 | 17♈25℞ | 13♒27℞ | 03♏14 |
| 2 | 22:46:47 | 10 05 08 | 08♌47 | 14 44 | 06 16 | 04 52 | 23 29 | 22 43 | 05 14 | 01 09 | 17 24 | 13 26 | 03 10 |
| 3 | 22:50:44 | 11 03 15 | 20 40 | 26 36 | 08 13 | 06 05 | 24 07 | 22 40 | 05 19 | 01 10 | 17 23 | 13 25 | 03 07 |
| 4 | 22:54:40 | 12 01 23 | 02♍31 | 08♍27 | 10 10 | 07 18 | 24 45 | 22 37 | 05 24 | 01 12 | 17 21 | 13 24 | 03 04 |
| 5 | 22:58:37 | 12 59 34 | 14 22 | 20 18 | 12 06 | 08 32 | 25 23 | 22 35 | 05 28 | 01 14 | 17 20 | 13 23 | 03 01 |
| 6 | 23:02:34 | 13 57 45 | 26 15 | 02♎12 | 14 01 | 09 45 | 26 01 | 22 32 | 05 33 | 01 15 | 17 19 | 13 22 | 02 58 |
| 7 | 23:06:30 | 14 55 59 | 08♎10 | 14 10 | 15 55 | 10 58 | 26 39 | 22 30 | 05 37 | 01 17 | 17 17 | 13 20 | 02 54 |
| 8 | 23:10:27 | 15 54 14 | 20 12 | 26 15 | 17 48 | 12 12 | 27 17 | 22 28 | 05 41 | 01 18 | 17 16 | 13 19 | 02 51 |
| 9 | 23:14:23 | 16 52 31 | 02♏21 | 08♏29 | 19 40 | 13 25 | 27 56 | 22 26 | 05 45 | 01 20 | 17 15 | 13 18 | 02 48 |
| 10 | 23:18:20 | 17 50 49 | 14 41 | 20 57 | 21 31 | 14 38 | 28 34 | 22 25 | 05 49 | 01 21 | 17 13 | 13 17 | 02 45 |
| 11 | 23:22:16 | 18 49 09 | 27 17 | 03♐41 | 23 20 | 15 52 | 29 12 | 22 23 | 05 53 | 01 23 | 17 12 | 13 16 | 02 42 |
| 12 | 23:26:13 | 19 47 31 | 10♐10 | 16 45 | 25 09 | 17 05 | 29 50 | 22 22 | 05 57 | 01 24 | 17 10 | 13 15 | 02 39 |
| 13 | 23:30:09 | 20 45 54 | 23 26 | 00♑14 | 26 57 | 18 18 | 00♍28 | 22 21 | 06 01 | 01 25 | 17 09 | 13 14 | 02 35 |
| 14 | 23:34:06 | 21 44 19 | 07♑07 | 14 08 | 28 43 | 19 31 | 01 06 | 22 20 | 06 05 | 01 26 | 17 07 | 13 13 | 02 32 |
| 15 | 23:38:03 | 22 42 45 | 21 15 | 28 28 | 00♎29 | 20 44 | 01 44 | 22 19 | 06 08 | 01 27 | 17 06 | 13 12 | 02 29 |
| 16 | 23:41:59 | 23 41 13 | 05♒47 | 13♒11 | 02 13 | 21 58 | 02 22 | 22 19 | 06 12 | 01 29 | 17 04 | 13 11 | 02 26 |
| 17 | 23:45:56 | 24 39 42 | 20 40 | 28 13 | 03 56 | 23 11 | 02 59 | 22 19 | 06 15 | 01 30 | 17 03 | 13 10 | 02 23 |
| 18 | 23:49:52 | 25 38 13 | 05♓47 | 13♓23 | 05 39 | 24 24 | 03 37 | 22 19D | 06 19 | 01 31 | 17 01 | 13 09 | 02 19 |
| 19 | 23:53:49 | 26 36 46 | 20 59 | 28 33 | 07 20 | 25 37 | 04 15 | 22 19 | 06 22 | 01 32 | 17 00 | 13 08 | 02 16 |
| 20 | 23:57:45 | 27 35 21 | 06♈05 | 13♈33 | 09 00 | 26 50 | 04 53 | 22 19 | 06 25 | 01 33 | 16 58 | 13 07 | 02 13 |
| 21 | 0:01:42 | 28 33 57 | 20 57 | 28 14 | 10 39 | 28 03 | 05 31 | 22 20 | 06 28 | 01 33 | 16 57 | 13 06 | 02 10 |
| 22 | 0:05:38 | 29 32 36 | 05♉26 | 12♉31 | 12 17 | 29 16 | 06 09 | 22 20 | 06 31 | 01 34 | 16 55 | 13 06 | 02 07 |
| 23 | 0:09:35 | 00♎31 17 | 19 29 | 26 21 | 13 54 | 00♏29 | 06 47 | 22 21 | 06 34 | 01 35 | 16 54 | 13 05 | 02 04 |
| 24 | 0:13:32 | 01 30 00 | 03♊05 | 09♊43 | 15 30 | 01 42 | 07 25 | 22 22 | 06 37 | 01 36 | 16 52 | 13 04 | 02 00 |
| 25 | 0:17:28 | 02 28 46 | 16 15 | 22 41 | 17 06 | 02 55 | 08 02 | 22 24 | 06 39 | 01 36 | 16 50 | 13 03 | 01 57 |
| 26 | 0:21:25 | 03 27 34 | 29 01 | 05♋16 | 18 40 | 04 08 | 08 40 | 22 25 | 06 42 | 01 37 | 16 49 | 13 02 | 01 54 |
| 27 | 0:25:21 | 04 26 24 | 11♋28 | 17 35 | 20 13 | 05 21 | 09 18 | 22 27 | 06 44 | 01 37 | 16 47 | 13 02 | 01 51 |
| 28 | 0:29:18 | 05 25 16 | 23 39 | 29 41 | 21 46 | 06 34 | 09 56 | 22 29 | 06 47 | 01 38 | 16 46 | 13 01 | 01 48 |
| 29 | 0:33:14 | 06 24 11 | 05♌40 | 11♌37 | 23 17 | 07 47 | 10 34 | 22 31 | 06 49 | 01 38 | 16 44 | 13 00 | 01 45 |
| 30 | 0:37:11 | 07 23 07 | 17 34 | 23 29 | 24 48 | 09 00 | 11 11 | 22 33 | 06 51 | 01 39 | 16 42 | 13 00 | 01 41 |

## 0:00 E.T. Longitudes of the Major Asteroids and Chiron

| D | ⚳ | ⚴ | ⚵ | ⚶ | ⚷ |
|---|---|---|---|---|---|
| 1 | 10♎59 | 10♍24 | 28♌29 | 29♎52 | 26♉07℞ |
| 2 | 11 25 | 10 53 | 28 56 | 00♏21 | 26 07 |
| 3 | 11 51 | 11 23 | 29 24 | 00 50 | 26 06 |
| 4 | 12 17 | 11 53 | 29 51 | 01 19 | 26 06 |
| 5 | 12 43 | 12 22 | 00♍19 | 01 48 | 26 06 |
| 6 | 13 09 | 12 52 | 00 46 | 02 17 | 26 06 |
| 7 | 13 35 | 13 21 | 01 14 | 02 46 | 26 05 |
| 8 | 14 01 | 13 51 | 01 41 | 03 16 | 26 05 |
| 9 | 14 27 | 14 20 | 02 08 | 03 45 | 26 04 |
| 10 | 14 53 | 14 50 | 02 35 | 04 14 | 26 04 |
| 11 | 15 19 | 15 19 | 03 02 | 04 44 | 26 03 |
| 12 | 15 45 | 15 48 | 03 29 | 05 13 | 26 02 |
| 13 | 16 11 | 16 18 | 03 56 | 05 43 | 26 01 |
| 14 | 16 37 | 16 47 | 04 23 | 06 13 | 26 01 |
| 15 | 17 03 | 17 16 | 04 50 | 06 43 | 26 00 |
| 16 | 17 30 | 17 45 | 05 16 | 07 12 | 25 59 |
| 17 | 17 56 | 18 14 | 05 43 | 07 42 | 25 58 |
| 18 | 18 22 | 18 43 | 06 10 | 08 12 | 25 57 |
| 19 | 18 48 | 19 12 | 06 36 | 08 42 | 25 56 |
| 20 | 19 14 | 19 41 | 07 02 | 09 12 | 25 54 |
| 21 | 19 41 | 20 10 | 07 29 | 09 42 | 25 53 |
| 22 | 20 07 | 20 39 | 07 55 | 10 12 | 25 52 |
| 23 | 20 33 | 21 08 | 08 21 | 10 43 | 25 50 |
| 24 | 21 00 | 21 37 | 08 48 | 11 13 | 25 49 |
| 25 | 21 26 | 22 05 | 09 14 | 11 43 | 25 48 |
| 26 | 21 53 | 22 34 | 09 40 | 12 14 | 25 46 |
| 27 | 22 19 | 23 03 | 10 06 | 12 44 | 25 44 |
| 28 | 22 45 | 23 31 | 10 31 | 13 15 | 25 43 |
| 29 | 23 12 | 24 00 | 10 57 | 13 45 | 25 41 |
| 30 | 23 38 | 24 29 | 11 23 | 14 16 | 25 39 |

## Lunar Data

| Last Asp. | | Ingress | | |
|---|---|---|---|---|
| 31 | 15:54 | 1 | ♌ | 06:20 |
| 3 | 07:22 | 3 | ♍ | 18:54 |
| 5 | 16:32 | 6 | ♎ | 07:34 |
| 8 | 14:49 | 8 | ♏ | 19:23 |
| 11 | 03:47 | 11 | ♐ | 05:07 |
| 13 | 07:10 | 13 | ♑ | 11:36 |
| 15 | 02:38 | 15 | ♒ | 14:32 |
| 17 | 04:21 | 17 | ♓ | 14:50 |
| 19 | 09:32 | 19 | ♈ | 14:18 |
| 21 | 12:46 | 21 | ♉ | 14:55 |
| 23 | 05:00 | 23 | ♊ | 18:29 |
| 25 | 01:47 | 26 | ♋ | 01:53 |
| 27 | 21:40 | 28 | ♌ | 12:39 |

## 0:00 E.T. Declinations

| D | ☉ | ☽ | ☿ | ♀ | ♂ | ♃ | ♄ | ♅ | ♆ | ♇ | ⚳ | ⚴ | ⚵ | ⚶ | ⚷ |
|---|---|---|---|---|---|---|---|---|---|---|---|---|---|---|---|
| 1 | +08 09 | +15 48 | +11 35 | -00 32 | +15 00 | -22 02 | +22 21 | +23 37 | +05 20 | -23 37 | +01 59 | +02 17 | +08 08 | -07 04 | +16 36 |
| 2 | 07 47 | 13 10 | 10 52 | 01 03 | 14 48 | 22 02 | 22 20 | 23 37 | 05 19 | 23 37 | 01 47 | 02 12 | 08 01 | 07 16 | 16 36 |
| 3 | 07 25 | 10 01 | 10 08 | 01 33 | 14 35 | 22 03 | 22 20 | 23 37 | 05 19 | 23 38 | 01 35 | 02 08 | 07 53 | 07 28 | 16 36 |
| 4 | 07 03 | 06 29 | 09 23 | 02 04 | 14 23 | 22 03 | 22 20 | 23 37 | 05 18 | 23 38 | 01 24 | 02 04 | 07 46 | 07 40 | 16 35 |
| 5 | 06 41 | 02 42 | 08 37 | 02 35 | 14 10 | 22 04 | 22 20 | 23 37 | 05 18 | 23 38 | 01 12 | 02 00 | 07 38 | 07 51 | 16 35 |
| 6 | 06 18 | -01 13 | 07 51 | 03 06 | 13 57 | 22 04 | 22 20 | 23 37 | 05 17 | 23 39 | 01 00 | 01 56 | 07 30 | 08 03 | 16 35 |
| 7 | 05 56 | 05 06 | 07 04 | 03 37 | 13 44 | 22 05 | 22 19 | 23 37 | 05 16 | 23 39 | 00 49 | 01 51 | 07 23 | 08 15 | 16 34 |
| 8 | 05 33 | 08 48 | 06 17 | 04 08 | 13 31 | 22 05 | 22 19 | 23 37 | 05 16 | 23 39 | 00 37 | 01 47 | 07 15 | 08 27 | 16 34 |
| 9 | 05 11 | 12 11 | 05 29 | 04 38 | 13 18 | 22 05 | 22 19 | 23 37 | 05 15 | 23 40 | 00 26 | 01 43 | 07 07 | 08 38 | 16 34 |
| 10 | 04 48 | 15 05 | 04 42 | 05 09 | 13 05 | 22 06 | 22 19 | 23 37 | 05 15 | 23 40 | 00 14 | 01 38 | 06 59 | 08 50 | 16 33 |
| 11 | 04 25 | 17 19 | 03 54 | 05 39 | 12 52 | 22 06 | 22 19 | 23 37 | 05 14 | 23 40 | 00 03 | 01 34 | 06 52 | 09 02 | 16 33 |
| 12 | 04 02 | 18 44 | 03 07 | 06 10 | 12 39 | 22 06 | 22 18 | 23 37 | 05 14 | 23 40 | -00 09 | 01 29 | 06 44 | 09 13 | 16 32 |
| 13 | 03 40 | 19 10 | 02 19 | 06 40 | 12 25 | 22 06 | 22 18 | 23 37 | 05 13 | 23 41 | 00 20 | 01 25 | 06 36 | 09 25 | 16 32 |
| 14 | 03 17 | 18 31 | 01 32 | 07 10 | 12 12 | 22 07 | 22 18 | 23 37 | 05 13 | 23 41 | 00 32 | 01 21 | 06 28 | 09 36 | 16 32 |
| 15 | 02 54 | 16 43 | 00 45 | 07 40 | 11 59 | 22 07 | 22 18 | 23 37 | 05 12 | 23 41 | 00 43 | 01 16 | 06 20 | 09 48 | 16 31 |
| 16 | 02 30 | 13 49 | -00 02 | 08 10 | 11 45 | 22 07 | 22 18 | 23 37 | 05 11 | 23 41 | 00 55 | 01 12 | 06 13 | 09 59 | 16 31 |
| 17 | 02 07 | 09 58 | 00 49 | 08 40 | 11 32 | 22 07 | 22 18 | 23 37 | 05 11 | 23 42 | 01 06 | 01 07 | 06 05 | 10 11 | 16 30 |
| 18 | 01 44 | 05 25 | 01 35 | 09 09 | 11 18 | 22 07 | 22 17 | 23 37 | 05 10 | 23 42 | 01 18 | 01 03 | 05 57 | 10 22 | 16 30 |
| 19 | 01 21 | 00 30 | 02 21 | 09 39 | 11 04 | 22 07 | 22 17 | 23 37 | 05 10 | 23 42 | 01 29 | 00 58 | 05 49 | 10 33 | 16 29 |
| 20 | 00 58 | +04 25 | 03 07 | 10 08 | 10 50 | 22 07 | 22 17 | 23 37 | 05 09 | 23 42 | 01 40 | 00 54 | 05 41 | 10 45 | 16 29 |
| 21 | 00 34 | 09 00 | 03 52 | 10 36 | 10 37 | 22 07 | 22 17 | 23 37 | 05 08 | 23 42 | 01 52 | 00 49 | 05 33 | 10 56 | 16 28 |
| 22 | 00 11 | 12 56 | 04 37 | 11 05 | 10 23 | 22 07 | 22 17 | 23 37 | 05 08 | 23 43 | 02 03 | 00 45 | 05 25 | 11 07 | 16 28 |
| 23 | -00 12 | 15 59 | 05 21 | 11 34 | 10 09 | 22 07 | 22 17 | 23 37 | 05 07 | 23 43 | 02 14 | 00 40 | 05 17 | 11 18 | 16 27 |
| 24 | 00 36 | 18 01 | 06 05 | 12 02 | 09 55 | 22 06 | 22 16 | 23 37 | 05 06 | 23 43 | 02 25 | 00 36 | 05 09 | 11 29 | 16 26 |
| 25 | 00 59 | 19 00 | 06 48 | 12 30 | 09 41 | 22 06 | 22 16 | 23 37 | 05 06 | 23 43 | 02 37 | 00 31 | 05 02 | 11 40 | 16 26 |
| 26 | 01 23 | 18 58 | 07 31 | 12 57 | 09 27 | 22 06 | 22 16 | 23 37 | 05 05 | 23 43 | 02 48 | 00 27 | 04 54 | 11 51 | 16 25 |
| 27 | 01 46 | 18 01 | 08 13 | 13 24 | 09 13 | 22 06 | 22 16 | 23 37 | 05 05 | 23 43 | 02 59 | 00 22 | 04 46 | 12 02 | 16 25 |
| 28 | 02 09 | 16 15 | 08 54 | 13 51 | 08 58 | 22 05 | 22 16 | 23 37 | 05 04 | 23 44 | 03 10 | 00 18 | 04 38 | 12 13 | 16 24 |
| 29 | 02 33 | 13 47 | 09 35 | 14 18 | 08 44 | 22 05 | 22 16 | 23 37 | 05 03 | 23 44 | 03 21 | 00 13 | 04 30 | 12 24 | 16 23 |
| 30 | 02 56 | 10 47 | 10 15 | 14 45 | 08 30 | 22 05 | 22 16 | 23 37 | 05 03 | 23 44 | 03 32 | 00 09 | 04 22 | 12 34 | 16 23 |

Lunar Phases -- 4 ● 20:58 12 ◐ 18:50 19 ○ 09:31 26 ◑ 09:14 Sun enters ♎ 9/22 11:12

# Oct. 32 — Longitudes of Main Planets - October 2032 — 0:00 E.T.

| D | S.T. | ☉ | ☽ | ☽ 12:00 | ☿ | ♀ | ♂ | ♃ | ♄ | ♅ | ♆ | ♇ | ☊ |
|---|---|---|---|---|---|---|---|---|---|---|---|---|---|
| 1 | 0:41:07 | 08♎22 06 | 29♌25 | 05♍20 | 26♎18 | 10♏13 | 11♍49 | 22♑35 | 06♋53 | 01♋39 | 16♈41℞ | 12♒59℞ | 01♏38 |
| 2 | 0:45:04 | 09 21 07 | 11♍15 | 17 12 | 27 47 | 11 26 | 12 27 | 22 38 | 06 55 | 01 39 | 16 39 | 12 58 | 01 35 |
| 3 | 0:49:01 | 10 20 11 | 23 09 | 29 07 | 29 14 | 12 39 | 13 05 | 22 41 | 06 57 | 01 40 | 16 37 | 12 58 | 01 32 |
| 4 | 0:52:57 | 11 19 16 | 05♎07 | 11♎08 | 00♏42 | 13 51 | 13 43 | 22 44 | 06 59 | 01 40 | 16 36 | 12 57 | 01 29 |
| 5 | 0:56:54 | 12 18 23 | 17 12 | 23 17 | 02 08 | 15 04 | 14 20 | 22 47 | 07 00 | 01 40 | 16 34 | 12 56 | 01 25 |
| 6 | 1:00:50 | 13 17 33 | 29 25 | 05♏35 | 03 33 | 16 17 | 14 58 | 22 50 | 07 02 | 01 40 | 16 32 | 12 56 | 01 22 |
| 7 | 1:04:47 | 14 16 44 | 11♏48 | 18 03 | 04 57 | 17 30 | 15 36 | 22 54 | 07 03 | 01 40℞ | 16 31 | 12 55 | 01 19 |
| 8 | 1:08:43 | 15 15 58 | 24 22 | 00♐44 | 06 20 | 18 42 | 16 13 | 22 58 | 07 04 | 01 40 | 16 29 | 12 55 | 01 16 |
| 9 | 1:12:40 | 16 15 13 | 07♐10 | 13 39 | 07 42 | 19 55 | 16 51 | 23 02 | 07 06 | 01 40 | 16 27 | 12 54 | 01 13 |
| 10 | 1:16:36 | 17 14 30 | 20 12 | 26 50 | 09 04 | 21 08 | 17 29 | 23 06 | 07 07 | 01 40 | 16 26 | 12 54 | 01 10 |
| 11 | 1:20:33 | 18 13 49 | 03♑32 | 10♑19 | 10 24 | 22 20 | 18 06 | 23 10 | 07 07 | 01 40 | 16 24 | 12 54 | 01 06 |
| 12 | 1:24:30 | 19 13 10 | 17 11 | 24 07 | 11 42 | 23 33 | 18 44 | 23 14 | 07 08 | 01 39 | 16 22 | 12 53 | 01 03 |
| 13 | 1:28:26 | 20 12 32 | 01♒08 | 08♒14 | 13 00 | 24 46 | 19 21 | 23 19 | 07 09 | 01 39 | 16 21 | 12 53 | 01 00 |
| 14 | 1:32:23 | 21 11 56 | 15 24 | 22 39 | 14 16 | 25 58 | 19 59 | 23 24 | 07 10 | 01 39 | 16 19 | 12 53 | 00 57 |
| 15 | 1:36:19 | 22 11 22 | 29 57 | 07♓18 | 15 31 | 27 11 | 20 37 | 23 29 | 07 10 | 01 38 | 16 17 | 12 52 | 00 54 |
| 16 | 1:40:16 | 23 10 50 | 14♓41 | 22 06 | 16 45 | 28 23 | 21 14 | 23 34 | 07 11 | 01 38 | 16 16 | 12 52 | 00 51 |
| 17 | 1:44:12 | 24 10 19 | 29 31 | 06♈56 | 17 56 | 29 36 | 21 52 | 23 39 | 07 11 | 01 37 | 16 14 | 12 52 | 00 47 |
| 18 | 1:48:09 | 25 09 50 | 14♈20 | 21 41 | 19 06 | 00♐48 | 22 29 | 23 45 | 07 11 | 01 37 | 16 12 | 12 51 | 00 44 |
| 19 | 1:52:05 | 26 09 24 | 29 00 | 06♉14 | 20 14 | 02 01 | 23 07 | 23 51 | 07 11℞ | 01 36 | 16 11 | 12 51 | 00 41 |
| 20 | 1:56:02 | 27 08 59 | 13♉24 | 20 28 | 21 20 | 03 13 | 23 44 | 23 56 | 07 11 | 01 35 | 16 09 | 12 51 | 00 38 |
| 21 | 1:59:59 | 28 08 36 | 27 27 | 04♊20 | 22 24 | 04 25 | 24 22 | 24 02 | 07 11 | 01 35 | 16 07 | 12 51 | 00 35 |
| 22 | 2:03:55 | 29 08 16 | 11♊06 | 17 47 | 23 25 | 05 38 | 24 59 | 24 08 | 07 10 | 01 34 | 16 06 | 12 51 | 00 31 |
| 23 | 2:07:52 | 00♏07 58 | 24 21 | 00♋50 | 24 24 | 06 50 | 25 37 | 24 15 | 07 10 | 01 33 | 16 04 | 12 51 | 00 28 |
| 24 | 2:11:48 | 01 07 42 | 07♋13 | 13 31 | 25 19 | 08 02 | 26 14 | 24 21 | 07 10 | 01 32 | 16 03 | 12 51 | 00 25 |
| 25 | 2:15:45 | 02 07 28 | 19 44 | 25 53 | 26 11 | 09 14 | 26 52 | 24 28 | 07 09 | 01 31 | 16 01 | 12 51 | 00 22 |
| 26 | 2:19:41 | 03 07 17 | 01♌58 | 08♌00 | 26 59 | 10 27 | 27 29 | 24 35 | 07 08 | 01 30 | 15 59 | 12 51D | 00 19 |
| 27 | 2:23:38 | 04 07 07 | 13 59 | 19 57 | 27 43 | 11 39 | 28 07 | 24 42 | 07 07 | 01 29 | 15 58 | 12 51 | 00 16 |
| 28 | 2:27:34 | 05 07 00 | 25 53 | 01♍48 | 28 22 | 12 51 | 28 44 | 24 49 | 07 06 | 01 28 | 15 56 | 12 51 | 00 12 |
| 29 | 2:31:31 | 06 06 55 | 07♍43 | 13 39 | 28 57 | 14 03 | 29 22 | 24 56 | 07 05 | 01 27 | 15 55 | 12 51 | 00 09 |
| 30 | 2:35:28 | 07 06 52 | 19 35 | 25 32 | 29 25 | 15 15 | 29 59 | 25 03 | 07 04 | 01 26 | 15 53 | 12 51 | 00 06 |
| 31 | 2:39:24 | 08 06 52 | 01♎31 | 07♎33 | 29 48 | 16 27 | 00♎36 | 25 11 | 07 03 | 01 25 | 15 52 | 12 51 | 00 03 |

## 0:00 E.T. — Longitudes of the Major Asteroids and Chiron

| D | ⚳ | ⚴ | ⚵ | ⚶ | ⚷ |
|---|---|---|---|---|---|
| 1 | 24♎05 | 24♍57 | 11♍49 | 14♏47 | 25♉38℞ |
| 2 | 24 31 | 25 25 | 12 14 | 15 17 | 25 36 |
| 3 | 24 58 | 25 54 | 12 40 | 15 48 | 25 34 |
| 4 | 25 24 | 26 22 | 13 05 | 16 19 | 25 32 |
| 5 | 25 51 | 26 50 | 13 30 | 16 50 | 25 30 |
| 6 | 26 17 | 27 19 | 13 56 | 17 21 | 25 28 |
| 7 | 26 44 | 27 47 | 14 21 | 17 52 | 25 26 |
| 8 | 27 10 | 28 15 | 14 46 | 18 23 | 25 24 |
| 9 | 27 37 | 28 43 | 15 11 | 18 54 | 25 21 |
| 10 | 28 03 | 29 11 | 15 36 | 19 25 | 25 19 |
| 11 | 28 30 | 29 39 | 16 01 | 19 56 | 25 17 |
| 12 | 28 56 | 00♎07 | 16 25 | 20 27 | 25 15 |
| 13 | 29 23 | 00 35 | 16 50 | 20 59 | 25 12 |
| 14 | 29 50 | 01 03 | 17 14 | 21 30 | 25 10 |
| 15 | 00♏16 | 01 31 | 17 39 | 22 01 | 25 07 |
| 16 | 00 43 | 01 58 | 18 03 | 22 33 | 25 05 |
| 17 | 01 09 | 02 26 | 18 27 | 23 04 | 25 02 |
| 18 | 01 36 | 02 54 | 18 52 | 23 36 | 25 00 |
| 19 | 02 02 | 03 21 | 19 16 | 24 07 | 24 57 |
| 20 | 02 29 | 03 49 | 19 40 | 24 39 | 24 54 |
| 21 | 02 55 | 04 16 | 20 04 | 25 10 | 24 52 |
| 22 | 03 22 | 04 44 | 20 27 | 25 42 | 24 49 |
| 23 | 03 49 | 05 11 | 20 51 | 26 13 | 24 46 |
| 24 | 04 15 | 05 38 | 21 15 | 26 45 | 24 44 |
| 25 | 04 42 | 06 05 | 21 38 | 27 17 | 24 41 |
| 26 | 05 08 | 06 33 | 22 01 | 27 48 | 24 38 |
| 27 | 05 35 | 07 00 | 22 25 | 28 20 | 24 35 |
| 28 | 06 01 | 07 27 | 22 48 | 28 52 | 24 32 |
| 29 | 06 28 | 07 54 | 23 11 | 29 24 | 24 29 |
| 30 | 06 54 | 08 21 | 23 34 | 29 56 | 24 26 |
| 31 | 07 21 | 08 48 | 23 56 | 00♐27 | 24 23 |

## Lunar Data

| Last Asp. | | Ingress | | |
|---|---|---|---|---|
| 30 | 16:46 | 1 | ♍ | 01:12 |
| 2 | 23:04 | 3 | ♎ | 13:46 |
| 5 | 11:04 | 6 | ♏ | 01:09 |
| 7 | 21:19 | 8 | ♐ | 10:37 |
| 9 | 18:46 | 10 | ♑ | 17:41 |
| 12 | 12:04 | 12 | ♒ | 22:03 |
| 14 | 19:03 | 15 | ♓ | 00:05 |
| 17 | 00:08 | 17 | ♈ | 00:47 |
| 18 | 18:59 | 19 | ♉ | 01:40 |
| 20 | 18:26 | 21 | ♊ | 04:26 |
| 23 | 02:26 | 23 | ♋ | 10:27 |
| 25 | 14:41 | 25 | ♌ | 20:07 |
| 28 | 05:19 | 28 | ♍ | 08:20 |
| 30 | 20:27 | 30 | ♎ | 20:57 |

## 0:00 E.T. — Declinations

| D | ☉ | ☽ | ☿ | ♀ | ♂ | ♃ | ♄ | ♅ | ♆ | ♇ | ⚳ | ⚴ | ⚵ | ⚶ | ⚷ |
|---|---|---|---|---|---|---|---|---|---|---|---|---|---|---|---|
| 1 | -03 19 | +07 22 | -10 55 | -15 11 | +08 16 | -22 04 | +22 15 | +23 37 | +05 02 | -23 44 | -03 43 | +00 04 | +04 14 | -12 45 | +16 22 |
| 2 | 03 42 | 03 40 | 11 34 | 15 36 | 08 01 | 22 04 | 22 15 | 23 37 | 05 01 | 23 44 | 03 54 | -00 00 | 04 06 | 12 56 | 16 22 |
| 3 | 04 06 | -00 12 | 12 12 | 16 02 | 07 47 | 22 03 | 22 15 | 23 37 | 05 01 | 23 44 | 04 05 | 00 04 | 03 58 | 13 06 | 16 21 |
| 4 | 04 29 | 04 06 | 12 49 | 16 26 | 07 32 | 22 03 | 22 15 | 23 37 | 05 00 | 23 44 | 04 16 | 00 09 | 03 51 | 13 17 | 16 20 |
| 5 | 04 52 | 07 52 | 13 26 | 16 51 | 07 18 | 22 02 | 22 15 | 23 37 | 04 59 | 23 44 | 04 27 | 00 13 | 03 43 | 13 27 | 16 20 |
| 6 | 05 15 | 11 21 | 14 02 | 17 15 | 07 03 | 22 02 | 22 15 | 23 37 | 04 59 | 23 44 | 04 38 | 00 18 | 03 35 | 13 37 | 16 19 |
| 7 | 05 38 | 14 23 | 14 37 | 17 39 | 06 49 | 22 01 | 22 15 | 23 37 | 04 58 | 23 44 | 04 48 | 00 22 | 03 27 | 13 48 | 16 18 |
| 8 | 06 01 | 16 47 | 15 11 | 18 02 | 06 34 | 22 01 | 22 15 | 23 37 | 04 57 | 23 44 | 04 59 | 00 26 | 03 19 | 13 58 | 16 17 |
| 9 | 06 23 | 18 23 | 15 45 | 18 25 | 06 20 | 22 00 | 22 15 | 23 37 | 04 57 | 23 44 | 05 10 | 00 31 | 03 11 | 14 08 | 16 17 |
| 10 | 06 46 | 19 03 | 16 17 | 18 47 | 06 05 | 21 59 | 22 15 | 23 37 | 04 56 | 23 44 | 05 20 | 00 35 | 03 04 | 14 18 | 16 16 |
| 11 | 07 09 | 18 41 | 16 49 | 19 09 | 05 50 | 21 59 | 22 14 | 23 37 | 04 56 | 23 44 | 05 31 | 00 39 | 02 56 | 14 28 | 16 15 |
| 12 | 07 31 | 17 14 | 17 20 | 19 31 | 05 36 | 21 58 | 22 14 | 23 37 | 04 55 | 23 44 | 05 42 | 00 43 | 02 48 | 14 38 | 16 14 |
| 13 | 07 54 | 14 45 | 17 49 | 19 52 | 05 21 | 21 57 | 22 14 | 23 37 | 04 54 | 23 44 | 05 52 | 00 48 | 02 40 | 14 48 | 16 14 |
| 14 | 08 16 | 11 20 | 18 18 | 20 12 | 05 06 | 21 56 | 22 14 | 23 37 | 04 54 | 23 44 | 06 03 | 00 52 | 02 33 | 14 58 | 16 13 |
| 15 | 08 38 | 07 11 | 18 46 | 20 32 | 04 51 | 21 56 | 22 14 | 23 37 | 04 53 | 23 44 | 06 13 | 00 56 | 02 25 | 15 07 | 16 12 |
| 16 | 09 00 | 02 32 | 19 12 | 20 51 | 04 37 | 21 55 | 22 14 | 23 37 | 04 52 | 23 44 | 06 24 | 01 00 | 02 17 | 15 17 | 16 11 |
| 17 | 09 22 | +02 18 | 19 38 | 21 10 | 04 22 | 21 54 | 22 14 | 23 37 | 04 52 | 23 44 | 06 34 | 01 04 | 02 10 | 15 26 | 16 11 |
| 18 | 09 44 | 07 00 | 20 02 | 21 28 | 04 07 | 21 53 | 22 14 | 23 37 | 04 51 | 23 44 | 06 44 | 01 08 | 02 02 | 15 36 | 16 10 |
| 19 | 10 06 | 11 14 | 20 25 | 21 46 | 03 52 | 21 52 | 22 14 | 23 37 | 04 50 | 23 44 | 06 55 | 01 12 | 01 55 | 15 45 | 16 09 |
| 20 | 10 27 | 14 43 | 20 46 | 22 03 | 03 37 | 21 51 | 22 14 | 23 37 | 04 50 | 23 44 | 07 05 | 01 16 | 01 47 | 15 54 | 16 08 |
| 21 | 10 49 | 17 14 | 21 06 | 22 20 | 03 23 | 21 50 | 22 14 | 23 37 | 04 49 | 23 44 | 07 15 | 01 20 | 01 39 | 16 03 | 16 07 |
| 22 | 11 10 | 18 41 | 21 25 | 22 36 | 03 08 | 21 49 | 22 14 | 23 38 | 04 49 | 23 44 | 07 25 | 01 24 | 01 32 | 16 12 | 16 07 |
| 23 | 11 31 | 19 02 | 21 43 | 22 51 | 02 53 | 21 48 | 22 14 | 23 38 | 04 48 | 23 44 | 07 35 | 01 28 | 01 25 | 16 21 | 16 06 |
| 24 | 11 52 | 18 23 | 21 58 | 23 06 | 02 38 | 21 46 | 22 14 | 23 38 | 04 47 | 23 44 | 07 45 | 01 31 | 01 17 | 16 30 | 16 05 |
| 25 | 12 13 | 16 50 | 22 12 | 23 20 | 02 23 | 21 45 | 22 14 | 23 38 | 04 47 | 23 44 | 07 55 | 01 35 | 01 10 | 16 39 | 16 04 |
| 26 | 12 33 | 14 33 | 22 25 | 23 34 | 02 08 | 21 44 | 22 14 | 23 38 | 04 46 | 23 44 | 08 05 | 01 39 | 01 02 | 16 48 | 16 03 |
| 27 | 12 53 | 11 42 | 22 35 | 23 46 | 01 53 | 21 43 | 22 14 | 23 38 | 04 46 | 23 43 | 08 15 | 01 42 | 00 55 | 16 57 | 16 02 |
| 28 | 13 13 | 08 23 | 22 43 | 23 59 | 01 38 | 21 42 | 22 14 | 23 38 | 04 45 | 23 43 | 08 25 | 01 46 | 00 48 | 17 05 | 16 02 |
| 29 | 13 33 | 04 45 | 22 50 | 24 10 | 01 24 | 21 40 | 22 14 | 23 38 | 04 44 | 23 43 | 08 35 | 01 49 | 00 41 | 17 13 | 16 01 |
| 30 | 13 53 | 00 56 | 22 54 | 24 21 | 01 09 | 21 39 | 22 14 | 23 38 | 04 44 | 23 43 | 08 45 | 01 53 | 00 33 | 17 22 | 16 00 |
| 31 | 14 13 | -02 58 | 22 55 | 24 31 | 00 54 | 21 38 | 22 14 | 23 38 | 04 43 | 23 43 | 08 54 | 01 56 | 00 26 | 17 30 | 15 59 |

Lunar Phases -- 4 ● 13:28 12 ◐ 03:49 18 Ⓔ 18:59 26 ◑ 02:30 Sun enters ♏ 10/22 20:48

# 0:00 E.T. Longitudes of Main Planets - November 2032



| D | S.T. | ☉ | ☽ | ☽ 12:00 | ☿ | ♀ | ♂ | ♃ | ♄ | ♅ | ♆ | ♇ | ☊ |
|---|---|---|---|---|---|---|---|---|---|---|---|---|---|
| 1 | 2:43:21 | 09♏06 53 | 13♎36 | 19♎42 | 00♐03 | 17♐39 | 01♎14 | 25♑19 | 07♋01℞ | 01♋24℞ | 15♈50℞ | 12♒51 | 00♏00 |
| 2 | 2:47:17 | 10 06 56 | 25 52 | 02♏04 | 00 12 | 18 51 | 01 51 | 25 26 | 07 00 | 01 22 | 15 49 | 12 51 | 29 57 |
| 3 | 2:51:14 | 11 07 02 | 08♏20 | 14 39 | 00 11℞ | 20 03 | 02 28 | 25 34 | 06 58 | 01 21 | 15 47 | 12 52 | 29 53 |
| 4 | 2:55:10 | 12 07 09 | 21 01 | 27 27 | 00 03 | 21 14 | 03 06 | 25 43 | 06 57 | 01 20 | 15 46 | 12 52 | 29 50 |
| 5 | 2:59:07 | 13 07 18 | 03♐57 | 10♐30 | 29♏45 | 22 26 | 03 43 | 25 51 | 06 55 | 01 18 | 15 44 | 12 52 | 29 47 |
| 6 | 3:03:03 | 14 07 29 | 17 07 | 23 47 | 29 17 | 23 38 | 04 20 | 25 59 | 06 53 | 01 17 | 15 43 | 12 52 | 29 44 |
| 7 | 3:07:00 | 15 07 41 | 00♑30 | 07♑16 | 28 40 | 24 50 | 04 58 | 26 08 | 06 51 | 01 15 | 15 41 | 12 53 | 29 41 |
| 8 | 3:10:57 | 16 07 55 | 14 05 | 20 57 | 27 53 | 26 01 | 05 35 | 26 17 | 06 49 | 01 14 | 15 40 | 12 53 | 29 37 |
| 9 | 3:14:53 | 17 08 11 | 27 52 | 04♒50 | 26 56 | 27 13 | 06 12 | 26 25 | 06 46 | 01 12 | 15 39 | 12 53 | 29 34 |
| 10 | 3:18:50 | 18 08 28 | 11♒50 | 18 53 | 25 52 | 28 24 | 06 49 | 26 34 | 06 44 | 01 10 | 15 37 | 12 54 | 29 31 |
| 11 | 3:22:46 | 19 08 46 | 25 57 | 03♓03 | 24 40 | 29 36 | 07 27 | 26 43 | 06 42 | 01 09 | 15 36 | 12 54 | 29 28 |
| 12 | 3:26:43 | 20 09 06 | 10♓11 | 17 21 | 23 23 | 00♑47 | 08 04 | 26 53 | 06 39 | 01 07 | 15 35 | 12 55 | 29 25 |
| 13 | 3:30:39 | 21 09 27 | 24 31 | 01♈42 | 22 03 | 01 59 | 08 41 | 27 02 | 06 37 | 01 05 | 15 33 | 12 55 | 29 22 |
| 14 | 3:34:36 | 22 09 50 | 08♈53 | 16 04 | 20 43 | 03 10 | 09 18 | 27 11 | 06 34 | 01 03 | 15 32 | 12 56 | 29 18 |
| 15 | 3:38:32 | 23 10 14 | 23 14 | 00♉22 | 19 25 | 04 21 | 09 55 | 27 21 | 06 31 | 01 02 | 15 31 | 12 56 | 29 15 |
| 16 | 3:42:29 | 24 10 39 | 07♉29 | 14 33 | 18 12 | 05 32 | 10 33 | 27 31 | 06 28 | 01 00 | 15 30 | 12 57 | 29 12 |
| 17 | 3:46:26 | 25 11 06 | 21 34 | 28 31 | 17 05 | 06 43 | 11 10 | 27 41 | 06 25 | 00 58 | 15 28 | 12 57 | 29 09 |
| 18 | 3:50:22 | 26 11 34 | 05♊24 | 12♊13 | 16 08 | 07 54 | 11 47 | 27 50 | 06 22 | 00 56 | 15 27 | 12 58 | 29 06 |
| 19 | 3:54:19 | 27 12 05 | 18 57 | 25 36 | 15 21 | 09 05 | 12 24 | 28 01 | 06 19 | 00 54 | 15 26 | 12 59 | 29 03 |
| 20 | 3:58:15 | 28 12 37 | 02♋10 | 08♋38 | 14 46 | 10 16 | 13 01 | 28 11 | 06 15 | 00 52 | 15 25 | 12 59 | 28 59 |
| 21 | 4:02:12 | 29 13 10 | 15 02 | 21 21 | 14 22 | 11 27 | 13 38 | 28 21 | 06 12 | 00 50 | 15 24 | 13 00 | 28 56 |
| 22 | 4:06:08 | 00♐13 45 | 27 35 | 03♌45 | 14 10 | 12 37 | 14 15 | 28 31 | 06 09 | 00 48 | 15 23 | 13 01 | 28 53 |
| 23 | 4:10:05 | 01 14 22 | 09♌51 | 15 54 | 14 09D | 13 48 | 14 52 | 28 42 | 06 05 | 00 46 | 15 22 | 13 02 | 28 50 |
| 24 | 4:14:01 | 02 15 01 | 21 54 | 27 51 | 14 18 | 14 59 | 15 29 | 28 52 | 06 01 | 00 43 | 15 21 | 13 02 | 28 47 |
| 25 | 4:17:58 | 03 15 41 | 03♍48 | 09♍43 | 14 38 | 16 09 | 16 06 | 29 03 | 05 58 | 00 41 | 15 20 | 13 03 | 28 43 |
| 26 | 4:21:55 | 04 16 23 | 15 38 | 21 33 | 15 07 | 17 19 | 16 43 | 29 14 | 05 54 | 00 39 | 15 19 | 13 04 | 28 40 |
| 27 | 4:25:51 | 05 17 06 | 27 30 | 03♎27 | 15 43 | 18 30 | 17 20 | 29 25 | 05 50 | 00 37 | 15 18 | 13 05 | 28 37 |
| 28 | 4:29:48 | 06 17 51 | 09♎27 | 15 30 | 16 28 | 19 40 | 17 57 | 29 36 | 05 46 | 00 34 | 15 17 | 13 06 | 28 34 |
| 29 | 4:33:44 | 07 18 37 | 21 36 | 27 45 | 17 18 | 20 50 | 18 34 | 29 47 | 05 42 | 00 32 | 15 16 | 13 07 | 28 31 |
| 30 | 4:37:41 | 08 19 25 | 03♏59 | 10♏17 | 18 14 | 22 00 | 19 11 | 29 58 | 05 38 | 00 30 | 15 15 | 13 08 | 28 28 |

# 0:00 E.T. Longitudes of the Major Asteroids and Chiron

| D | ⚳ | ⚴ | ⚵ | ⚶ | ⚷ | D | ⚳ | ⚴ | ⚵ | ⚶ | ⚷ |
|---|---|---|---|---|---|---|---|---|---|---|---|
| 1 | 07♏47 | 09♎14 | 24♍19 | 00♐59 | 24♉20℞ | 16 | 14 23 | 15 48 | 29 44 | 09 01 | 23 34 |
| 2 | 08 14 | 09 41 | 24 42 | 01 31 | 24 17 | 17 | 14 49 | 16 14 | 00♎05 | 09 33 | 23 31 |
| 3 | 08 40 | 10 08 | 25 04 | 02 03 | 24 14 | 18 | 15 15 | 16 39 | 00 25 | 10 05 | 23 28 |
| 4 | 09 07 | 10 34 | 25 27 | 02 35 | 24 11 | 19 | 15 41 | 17 05 | 00 46 | 10 38 | 23 25 |
| 5 | 09 33 | 11 01 | 25 49 | 03 07 | 24 08 | 20 | 16 07 | 17 30 | 01 06 | 11 10 | 23 22 |
| 6 | 09 59 | 11 27 | 26 11 | 03 39 | 24 05 | 21 | 16 34 | 17 56 | 01 26 | 11 42 | 23 18 |
| 7 | 10 26 | 11 54 | 26 33 | 04 11 | 24 02 | 22 | 17 00 | 18 21 | 01 46 | 12 15 | 23 15 |
| 8 | 10 52 | 12 20 | 26 55 | 04 43 | 23 59 | 23 | 17 26 | 18 46 | 02 05 | 12 47 | 23 12 |
| 9 | 11 19 | 12 46 | 27 16 | 05 16 | 23 56 | 24 | 17 52 | 19 11 | 02 25 | 13 19 | 23 09 |
| 10 | 11 45 | 13 13 | 27 38 | 05 48 | 23 53 | 25 | 18 18 | 19 36 | 02 44 | 13 52 | 23 06 |
| 11 | 12 11 | 13 39 | 27 59 | 06 20 | 23 50 | 26 | 18 44 | 20 01 | 03 03 | 14 24 | 23 03 |
| 12 | 12 38 | 14 05 | 28 21 | 06 52 | 23 47 | 27 | 19 10 | 20 26 | 03 22 | 14 57 | 23 00 |
| 13 | 13 04 | 14 31 | 28 42 | 07 24 | 23 43 | 28 | 19 35 | 20 50 | 03 41 | 15 29 | 22 57 |
| 14 | 13 30 | 14 57 | 29 03 | 07 56 | 23 40 | 29 | 20 01 | 21 15 | 04 00 | 16 02 | 22 54 |
| 15 | 13 57 | 15 22 | 29 24 | 08 29 | 23 37 | 30 | 20 27 | 21 39 | 04 19 | 16 34 | 22 51 |

## Lunar Data

| Last Asp. | | Ingress | | |
|---|---|---|---|---|
| 1 | 23:11 | 2 | ♏ | 08:01 |
| 4 | 16:27 | 4 | ♐ | 16:43 |
| 6 | 12:54 | 6 | ♑ | 23:07 |
| 8 | 22:29 | 9 | ♒ | 03:40 |
| 11 | 06:44 | 11 | ♓ | 06:51 |
| 13 | 04:15 | 13 | ♈ | 09:09 |
| 15 | 06:60 | 15 | ♉ | 11:22 |
| 17 | 10:40 | 17 | ♊ | 14:34 |
| 18 | 17:44 | 19 | ♋ | 20:02 |
| 22 | 01:52 | 22 | ♌ | 04:42 |
| 23 | 10:56 | 24 | ♍ | 16:19 |
| 27 | 03:56 | 27 | ♎ | 05:03 |
| 29 | 16:10 | 29 | ♏ | 16:20 |

# 0:00 E.T. Declinations

| D | ☉ | ☽ | ☿ | ♀ | ♂ | ♃ | ♄ | ♅ | ♆ | ♇ | ⚳ | ⚴ | ⚵ | ⚶ | ⚷ |
|---|---|---|---|---|---|---|---|---|---|---|---|---|---|---|---|
| 1 | -14 32 | -06 47 | -22 54 | -24 41 | +00 39 | -21 36 | +22 14 | +23 38 | +04 43 | -23 43 | -09 04 | -01 59 | +00 19 | -17 38 | +15 58 |
| 2 | 14 51 | 10 23 | 22 50 | 24 49 | 00 24 | 21 35 | 22 15 | 23 38 | 04 42 | 23 43 | 09 13 | 02 02 | 00 12 | 17 46 | 15 57 |
| 3 | 15 10 | 13 36 | 22 42 | 24 58 | 00 09 | 21 33 | 22 15 | 23 38 | 04 42 | 23 42 | 09 23 | 02 06 | 00 05 | 17 54 | 15 56 |
| 4 | 15 28 | 16 13 | 22 32 | 25 05 | -00 06 | 21 32 | 22 15 | 23 38 | 04 41 | 23 42 | 09 32 | 02 09 | -00 02 | 18 02 | 15 56 |
| 5 | 15 46 | 18 04 | 22 18 | 25 12 | 00 20 | 21 30 | 22 15 | 23 38 | 04 41 | 23 42 | 09 42 | 02 12 | 00 09 | 18 10 | 15 55 |
| 6 | 16 04 | 18 59 | 22 00 | 25 18 | 00 35 | 21 29 | 22 15 | 23 38 | 04 40 | 23 42 | 09 51 | 02 15 | 00 16 | 18 17 | 15 54 |
| 7 | 16 22 | 18 52 | 21 38 | 25 23 | 00 50 | 21 27 | 22 15 | 23 38 | 04 39 | 23 42 | 10 01 | 02 18 | 00 22 | 18 25 | 15 53 |
| 8 | 16 40 | 17 40 | 21 12 | 25 27 | 01 05 | 21 25 | 22 15 | 23 38 | 04 39 | 23 41 | 10 10 | 02 20 | 00 29 | 18 32 | 15 52 |
| 9 | 16 57 | 15 25 | 20 43 | 25 31 | 01 20 | 21 24 | 22 15 | 23 38 | 04 38 | 23 41 | 10 19 | 02 23 | 00 36 | 18 40 | 15 51 |
| 10 | 17 14 | 12 16 | 20 10 | 25 34 | 01 34 | 21 22 | 22 15 | 23 38 | 04 38 | 23 41 | 10 28 | 02 26 | 00 42 | 18 47 | 15 50 |
| 11 | 17 30 | 08 23 | 19 34 | 25 37 | 01 49 | 21 20 | 22 16 | 23 38 | 04 37 | 23 41 | 10 37 | 02 28 | 00 49 | 18 54 | 15 50 |
| 12 | 17 47 | 04 00 | 18 55 | 25 38 | 02 04 | 21 19 | 22 16 | 23 38 | 04 37 | 23 40 | 10 46 | 02 31 | 00 56 | 19 01 | 15 49 |
| 13 | 18 03 | +00 39 | 18 15 | 25 39 | 02 18 | 21 17 | 22 16 | 23 38 | 04 37 | 23 40 | 10 55 | 02 33 | 01 02 | 19 08 | 15 48 |
| 14 | 18 18 | 05 18 | 17 34 | 25 39 | 02 33 | 21 15 | 22 16 | 23 38 | 04 36 | 23 40 | 11 04 | 02 35 | 01 08 | 19 14 | 15 47 |
| 15 | 18 34 | 09 38 | 16 54 | 25 39 | 02 48 | 21 13 | 22 16 | 23 38 | 04 36 | 23 40 | 11 13 | 02 38 | 01 15 | 19 21 | 15 46 |
| 16 | 18 49 | 13 24 | 16 16 | 25 38 | 03 02 | 21 11 | 22 16 | 23 38 | 04 35 | 23 39 | 11 21 | 02 40 | 01 21 | 19 28 | 15 45 |
| 17 | 19 03 | 16 19 | 15 40 | 25 35 | 03 17 | 21 09 | 22 16 | 23 38 | 04 35 | 23 39 | 11 30 | 02 42 | 01 27 | 19 34 | 15 44 |
| 18 | 19 18 | 18 14 | 15 09 | 25 33 | 03 31 | 21 07 | 22 17 | 23 38 | 04 34 | 23 39 | 11 39 | 02 44 | 01 33 | 19 40 | 15 44 |
| 19 | 19 32 | 19 04 | 14 42 | 25 29 | 03 46 | 21 05 | 22 17 | 23 38 | 04 34 | 23 38 | 11 47 | 02 46 | 01 39 | 19 47 | 15 43 |
| 20 | 19 45 | 18 48 | 14 21 | 25 25 | 04 00 | 21 03 | 22 17 | 23 38 | 04 33 | 23 38 | 11 56 | 02 47 | 01 45 | 19 53 | 15 42 |
| 21 | 19 59 | 17 35 | 14 04 | 25 20 | 04 15 | 21 01 | 22 17 | 23 38 | 04 33 | 23 38 | 12 04 | 02 49 | 01 51 | 19 59 | 15 41 |
| 22 | 20 12 | 15 32 | 13 53 | 25 15 | 04 29 | 20 59 | 22 17 | 23 38 | 04 33 | 23 37 | 12 13 | 02 51 | 01 57 | 20 04 | 15 40 |
| 23 | 20 24 | 12 49 | 13 48 | 25 08 | 04 44 | 20 57 | 22 17 | 23 38 | 04 32 | 23 37 | 12 21 | 02 52 | 02 03 | 20 10 | 15 39 |
| 24 | 20 36 | 09 37 | 13 47 | 25 01 | 04 58 | 20 55 | 22 18 | 23 39 | 04 32 | 23 37 | 12 29 | 02 53 | 02 09 | 20 16 | 15 38 |
| 25 | 20 48 | 06 04 | 13 50 | 24 53 | 05 12 | 20 53 | 22 18 | 23 39 | 04 32 | 23 36 | 12 37 | 02 55 | 02 14 | 20 21 | 15 38 |
| 26 | 21 00 | 02 18 | 13 57 | 24 45 | 05 26 | 20 51 | 22 18 | 23 39 | 04 31 | 23 36 | 12 45 | 02 56 | 02 20 | 20 26 | 15 37 |
| 27 | 21 11 | -01 35 | 14 08 | 24 36 | 05 41 | 20 48 | 22 18 | 23 39 | 04 31 | 23 36 | 12 53 | 02 57 | 02 25 | 20 32 | 15 36 |
| 28 | 21 21 | 05 26 | 14 22 | 24 26 | 05 55 | 20 46 | 22 19 | 23 39 | 04 31 | 23 35 | 13 01 | 02 58 | 02 31 | 20 37 | 15 35 |
| 29 | 21 31 | 09 07 | 14 39 | 24 16 | 06 09 | 20 44 | 22 19 | 23 39 | 04 30 | 23 35 | 13 09 | 02 58 | 02 36 | 20 42 | 15 34 |
| 30 | 21 41 | 12 30 | 14 57 | 24 05 | 06 23 | 20 41 | 22 19 | 23 39 | 04 30 | 23 35 | 13 17 | 02 59 | 02 41 | 20 47 | 15 34 |

Lunar Phases -- 3 ● 05:46 10 ◐ 11:35 17 ○ 06:43 24 ◑ 22:49 Sun enters ♐ 11/21 18:33

# Longitudes of Main Planets - December 2032

0:00 E.T.

| D | S.T. | ☉ | ☽ | ☽ 12:00 | ☿ | ♀ | ♂ | ♃ | ♄ | ♅ | ♆ | ♇ | ☊ |
|---|---|---|---|---|---|---|---|---|---|---|---|---|---|
| 1 | 4:41:37 | 09♐20 15 | 16♏40 | 23♏07 | 19♏15 | 23♑10 | 19♎48 | 00♒10 | 05♋34℞ | 00♋28℞ | 15♈14℞ | 13♒09 | 28♎24 |
| 2 | 4:45:34 | 10 21 05 | 29 39 | 06♐16 | 20 21 | 24 19 | 20 25 | 00 21 | 05 30 | 00 25 | 15 13 | 13 10 | 28 21 |
| 3 | 4:49:30 | 11 21 57 | 12♐58 | 19 44 | 21 30 | 25 29 | 21 01 | 00 33 | 05 26 | 00 23 | 15 13 | 13 11 | 28 18 |
| 4 | 4:53:27 | 12 22 50 | 26 35 | 03♑29 | 22 42 | 26 38 | 21 38 | 00 44 | 05 21 | 00 20 | 15 12 | 13 12 | 28 15 |
| 5 | 4:57:24 | 13 23 45 | 10♑26 | 17 26 | 23 57 | 27 48 | 22 15 | 00 56 | 05 17 | 00 18 | 15 11 | 13 13 | 28 12 |
| 6 | 5:01:20 | 14 24 40 | 24 28 | 01♒31 | 25 14 | 28 57 | 22 52 | 01 08 | 05 12 | 00 16 | 15 10 | 13 14 | 28 08 |
| 7 | 5:05:17 | 15 25 35 | 08♒36 | 15 42 | 26 34 | 00♒06 | 23 28 | 01 20 | 05 08 | 00 13 | 15 10 | 13 15 | 28 05 |
| 8 | 5:09:13 | 16 26 32 | 22 48 | 29 53 | 27 55 | 01 15 | 24 05 | 01 31 | 05 03 | 00 11 | 15 09 | 13 16 | 28 02 |
| 9 | 5:13:10 | 17 27 29 | 06♓58 | 14♓03 | 29 18 | 02 24 | 24 42 | 01 44 | 04 59 | 00 08 | 15 09 | 13 17 | 27 59 |
| 10 | 5:17:06 | 18 28 27 | 21 07 | 28 10 | 00♐42 | 03 33 | 25 19 | 01 56 | 04 54 | 00 06 | 15 08 | 13 18 | 27 56 |
| 11 | 5:21:03 | 19 29 26 | 05♈11 | 12♈12 | 02 07 | 04 41 | 25 55 | 02 08 | 04 49 | 00 03 | 15 08 | 13 19 | 27 53 |
| 12 | 5:24:59 | 20 30 25 | 19 11 | 26 08 | 03 33 | 05 50 | 26 32 | 02 20 | 04 45 | 00 01 | 15 07 | 13 21 | 27 49 |
| 13 | 5:28:56 | 21 31 24 | 03♉04 | 09♉59 | 05 00 | 06 58 | 27 08 | 02 32 | 04 40 | 29♊58 | 15 07 | 13 22 | 27 46 |
| 14 | 5:32:53 | 22 32 24 | 16 51 | 23 41 | 06 27 | 08 06 | 27 45 | 02 45 | 04 35 | 29 56 | 15 06 | 13 23 | 27 43 |
| 15 | 5:36:49 | 23 33 25 | 00♊29 | 07♊14 | 07 56 | 09 14 | 28 21 | 02 57 | 04 30 | 29 53 | 15 06 | 13 24 | 27 40 |
| 16 | 5:40:46 | 24 34 27 | 13 57 | 20 36 | 09 24 | 10 22 | 28 58 | 03 10 | 04 26 | 29 50 | 15 05 | 13 26 | 27 37 |
| 17 | 5:44:42 | 25 35 29 | 27 11 | 03♋43 | 10 54 | 11 29 | 29 34 | 03 23 | 04 21 | 29 48 | 15 05 | 13 27 | 27 34 |
| 18 | 5:48:39 | 26 36 32 | 10♋12 | 16 36 | 12 23 | 12 36 | 00♏11 | 03 35 | 04 16 | 29 45 | 15 05 | 13 28 | 27 30 |
| 19 | 5:52:35 | 27 37 35 | 22 56 | 29 13 | 13 54 | 13 43 | 00 47 | 03 48 | 04 11 | 29 43 | 15 05 | 13 30 | 27 27 |
| 20 | 5:56:32 | 28 38 39 | 05♌25 | 11♌34 | 15 24 | 14 50 | 01 24 | 04 01 | 04 06 | 29 40 | 15 04 | 13 31 | 27 24 |
| 21 | 6:00:28 | 29 39 44 | 17 40 | 23 42 | 16 55 | 15 57 | 02 00 | 04 14 | 04 01 | 29 38 | 15 04 | 13 32 | 27 21 |
| 22 | 6:04:25 | 00♑40 50 | 29 42 | 05♍39 | 18 26 | 17 03 | 02 36 | 04 27 | 03 56 | 29 35 | 15 04 | 13 34 | 27 18 |
| 23 | 6:08:22 | 01 41 56 | 11♍35 | 17 30 | 19 57 | 18 10 | 03 13 | 04 40 | 03 51 | 29 32 | 15 04 | 13 35 | 27 14 |
| 24 | 6:12:18 | 02 43 03 | 23 24 | 29 19 | 21 29 | 19 16 | 03 49 | 04 53 | 03 46 | 29 30 | 15 04 | 13 37 | 27 11 |
| 25 | 6:16:15 | 03 44 10 | 05♎14 | 11♎11 | 23 01 | 20 21 | 04 25 | 05 06 | 03 41 | 29 27 | 15 04 | 13 38 | 27 08 |
| 26 | 6:20:11 | 04 45 18 | 17 11 | 23 13 | 24 33 | 21 27 | 05 02 | 05 19 | 03 36 | 29 25 | 15 04D | 13 40 | 27 05 |
| 27 | 6:24:08 | 05 46 27 | 29 18 | 05♏28 | 26 05 | 22 32 | 05 38 | 05 32 | 03 31 | 29 22 | 15 04 | 13 41 | 27 02 |
| 28 | 6:28:04 | 06 47 36 | 11♏43 | 18 03 | 27 38 | 23 37 | 06 14 | 05 46 | 03 26 | 29 20 | 15 04 | 13 43 | 26 59 |
| 29 | 6:32:01 | 07 48 46 | 24 29 | 01♐01 | 29 11 | 24 42 | 06 50 | 05 59 | 03 21 | 29 17 | 15 04 | 13 44 | 26 55 |
| 30 | 6:35:57 | 08 49 57 | 07♐39 | 14 23 | 00♑44 | 25 46 | 07 26 | 06 13 | 03 16 | 29 15 | 15 04 | 13 46 | 26 52 |
| 31 | 6:39:54 | 09 51 07 | 21 14 | 28 10 | 02 18 | 26 50 | 08 02 | 06 26 | 03 12 | 29 12 | 15 04 | 13 47 | 26 49 |

## Longitudes of the Major Asteroids and Chiron

0:00 E.T.

| D | ⚳ | ⚴ | ⚵ | ⚶ | ⚷ |
|---|---|---|---|---|---|
| 1 | 20♏53 | 22♎04 | 04♎37 | 17♐06 | 22♉48℞ |
| 2 | 21 19 | 22 28 | 04 55 | 17 39 | 22 45 |
| 3 | 21 44 | 22 52 | 05 13 | 18 11 | 22 42 |
| 4 | 22 10 | 23 17 | 05 31 | 18 44 | 22 39 |
| 5 | 22 36 | 23 41 | 05 48 | 19 16 | 22 36 |
| 6 | 23 01 | 24 04 | 06 06 | 19 49 | 22 33 |
| 7 | 23 27 | 24 28 | 06 23 | 20 21 | 22 30 |
| 8 | 23 52 | 24 52 | 06 40 | 20 54 | 22 27 |
| 9 | 24 18 | 25 15 | 06 57 | 21 26 | 22 25 |
| 10 | 24 43 | 25 39 | 07 13 | 21 59 | 22 22 |
| 11 | 25 09 | 26 02 | 07 30 | 22 31 | 22 19 |
| 12 | 25 34 | 26 25 | 07 46 | 23 04 | 22 17 |
| 13 | 25 59 | 26 49 | 08 02 | 23 36 | 22 14 |
| 14 | 26 24 | 27 12 | 08 18 | 24 09 | 22 11 |
| 15 | 26 50 | 27 34 | 08 33 | 24 41 | 22 09 |
| 16 | 27 15 | 27 57 | 08 48 | 25 14 | 22 06 |
| 17 | 27 40 | 28 20 | 09 04 | 25 46 | 22 04 |
| 18 | 28 05 | 28 42 | 09 18 | 26 19 | 22 01 |
| 19 | 28 30 | 29 04 | 09 33 | 26 51 | 21 59 |
| 20 | 28 55 | 29 27 | 09 47 | 27 24 | 21 56 |
| 21 | 29 19 | 29 49 | 10 01 | 27 56 | 21 54 |
| 22 | 29 44 | 00♏11 | 10 15 | 28 29 | 21 52 |
| 23 | 00♐09 | 00 32 | 10 29 | 29 01 | 21 50 |
| 24 | 00 34 | 00 54 | 10 42 | 29 34 | 21 47 |
| 25 | 00 58 | 01 16 | 10 56 | 00♑06 | 21 45 |
| 26 | 01 23 | 01 37 | 11 08 | 00 38 | 21 43 |
| 27 | 01 47 | 01 58 | 11 21 | 01 11 | 21 41 |
| 28 | 02 12 | 02 19 | 11 33 | 01 43 | 21 39 |
| 29 | 02 36 | 02 40 | 11 46 | 02 16 | 21 37 |
| 30 | 03 00 | 03 01 | 11 57 | 02 48 | 21 35 |
| 31 | 03 24 | 03 21 | 12 09 | 03 21 | 21 33 |

## Lunar Data

| Last Asp. | | Ingress | | |
|---|---|---|---|---|
| 1 | 13:15 | 2 | ♐ | 00:37 |
| 3 | 14:56 | 4 | ♑ | 05:58 |
| 6 | 08:19 | 6 | ♒ | 09:25 |
| 8 | 09:36 | 8 | ♓ | 12:12 |
| 9 | 19:10 | 10 | ♈ | 15:08 |
| 12 | 18:38 | 12 | ♉ | 18:41 |
| 13 | 17:56 | 14 | ♊ | 23:09 |
| 17 | 04:46 | 17 | ♋ | 05:09 |
| 18 | 09:08 | 19 | ♌ | 13:31 |
| 21 | 23:47 | 22 | ♍ | 00:37 |
| 24 | 12:20 | 24 | ♎ | 13:23 |
| 27 | 00:07 | 27 | ♏ | 01:21 |
| 29 | 00:26 | 29 | ♐ | 10:09 |
| 31 | 13:43 | 31 | ♑ | 15:08 |

## Declinations

0:00 E.T.

| D | ☉ | ☽ | ☿ | ♀ | ♂ | ♃ | ♄ | ♅ | ♆ | ♇ | ⚳ | ⚴ | ⚵ | ⚶ | ⚷ |
|---|---|---|---|---|---|---|---|---|---|---|---|---|---|---|---|
| 1 | -21 51 | -15 23 | -15 18 | -23 53 | -06 37 | -20 39 | +22 19 | +23 39 | +04 30 | -23 34 | -13 25 | -03 00 | -02 46 | -20 51 | +15 33 |
| 2 | 22 00 | 17 34 | 15 40 | 23 40 | 06 51 | 20 36 | 22 19 | 23 39 | 04 29 | 23 34 | 13 33 | 03 00 | 02 51 | 20 56 | 15 32 |
| 3 | 22 08 | 18 51 | 16 03 | 23 27 | 07 05 | 20 34 | 22 20 | 23 39 | 04 29 | 23 33 | 13 40 | 03 00 | 02 56 | 21 00 | 15 31 |
| 4 | 22 16 | 19 05 | 16 27 | 23 14 | 07 19 | 20 32 | 22 20 | 23 39 | 04 29 | 23 33 | 13 48 | 03 01 | 03 01 | 21 05 | 15 31 |
| 5 | 22 24 | 18 11 | 16 51 | 23 00 | 07 32 | 20 29 | 22 20 | 23 39 | 04 29 | 23 33 | 13 55 | 03 01 | 03 06 | 21 09 | 15 30 |
| 6 | 22 31 | 16 11 | 17 16 | 22 45 | 07 46 | 20 26 | 22 20 | 23 39 | 04 29 | 23 32 | 14 03 | 03 01 | 03 10 | 21 13 | 15 29 |
| 7 | 22 38 | 13 12 | 17 41 | 22 29 | 08 00 | 20 24 | 22 21 | 23 39 | 04 28 | 23 32 | 14 10 | 03 00 | 03 15 | 21 17 | 15 28 |
| 8 | 22 45 | 09 27 | 18 06 | 22 13 | 08 14 | 20 21 | 22 21 | 23 39 | 04 28 | 23 31 | 14 17 | 03 00 | 03 19 | 21 21 | 15 28 |
| 9 | 22 50 | 05 10 | 18 31 | 21 57 | 08 27 | 20 19 | 22 21 | 23 39 | 04 28 | 23 31 | 14 24 | 03 00 | 03 24 | 21 25 | 15 27 |
| 10 | 22 56 | 00 36 | 18 56 | 21 40 | 08 41 | 20 16 | 22 21 | 23 39 | 04 28 | 23 31 | 14 31 | 02 59 | 03 28 | 21 28 | 15 26 |
| 11 | 23 01 | +04 00 | 19 20 | 21 22 | 08 54 | 20 13 | 22 21 | 23 39 | 04 28 | 23 30 | 14 38 | 02 58 | 03 32 | 21 32 | 15 26 |
| 12 | 23 06 | 08 21 | 19 44 | 21 04 | 09 07 | 20 10 | 22 22 | 23 39 | 04 27 | 23 30 | 14 45 | 02 57 | 03 36 | 21 35 | 15 25 |
| 13 | 23 10 | 12 13 | 20 08 | 20 45 | 09 21 | 20 08 | 22 22 | 23 39 | 04 27 | 23 29 | 14 52 | 02 56 | 03 40 | 21 38 | 15 24 |
| 14 | 23 13 | 15 23 | 20 30 | 20 26 | 09 34 | 20 05 | 22 22 | 23 39 | 04 27 | 23 29 | 14 59 | 02 55 | 03 44 | 21 41 | 15 24 |
| 15 | 23 17 | 17 39 | 20 52 | 20 06 | 09 47 | 20 02 | 22 22 | 23 39 | 04 27 | 23 28 | 15 06 | 02 54 | 03 48 | 21 44 | 15 23 |
| 16 | 23 19 | 18 54 | 21 14 | 19 46 | 10 00 | 19 59 | 22 23 | 23 39 | 04 27 | 23 28 | 15 13 | 02 53 | 03 51 | 21 47 | 15 22 |
| 17 | 23 22 | 19 05 | 21 34 | 19 25 | 10 13 | 19 56 | 22 23 | 23 39 | 04 27 | 23 27 | 15 19 | 02 51 | 03 55 | 21 50 | 15 22 |
| 18 | 23 23 | 18 15 | 21 53 | 19 04 | 10 26 | 19 53 | 22 23 | 23 39 | 04 27 | 23 27 | 15 26 | 02 49 | 03 58 | 21 52 | 15 21 |
| 19 | 23 25 | 16 30 | 22 12 | 18 42 | 10 39 | 19 50 | 22 23 | 23 39 | 04 27 | 23 26 | 15 32 | 02 47 | 04 02 | 21 55 | 15 21 |
| 20 | 23 26 | 14 02 | 22 29 | 18 20 | 10 52 | 19 47 | 22 24 | 23 39 | 04 27 | 23 26 | 15 39 | 02 45 | 04 05 | 21 57 | 15 20 |
| 21 | 23 26 | 10 58 | 22 46 | 17 58 | 11 04 | 19 44 | 22 24 | 23 39 | 04 27 | 23 26 | 15 45 | 02 43 | 04 08 | 21 59 | 15 19 |
| 22 | 23 26 | 07 31 | 23 02 | 17 35 | 11 17 | 19 41 | 22 24 | 23 39 | 04 27 | 23 25 | 15 51 | 02 41 | 04 11 | 22 01 | 15 19 |
| 23 | 23 25 | 03 48 | 23 16 | 17 12 | 11 30 | 19 38 | 22 24 | 23 39 | 04 27 | 23 25 | 15 57 | 02 38 | 04 14 | 22 03 | 15 18 |
| 24 | 23 24 | -00 02 | 23 29 | 16 49 | 11 42 | 19 35 | 22 25 | 23 39 | 04 27 | 23 24 | 16 03 | 02 36 | 04 16 | 22 05 | 15 18 |
| 25 | 23 23 | 03 54 | 23 41 | 16 25 | 11 55 | 19 32 | 22 25 | 23 39 | 04 27 | 23 24 | 16 09 | 02 33 | 04 19 | 22 06 | 15 17 |
| 26 | 23 21 | 07 38 | 23 52 | 16 00 | 12 07 | 19 29 | 22 25 | 23 39 | 04 27 | 23 23 | 16 15 | 02 30 | 04 21 | 22 08 | 15 17 |
| 27 | 23 18 | 11 07 | 24 02 | 15 36 | 12 19 | 19 26 | 22 25 | 23 39 | 04 27 | 23 23 | 16 21 | 02 27 | 04 24 | 22 09 | 15 16 |
| 28 | 23 16 | 14 12 | 24 11 | 15 11 | 12 31 | 19 22 | 22 26 | 23 39 | 04 27 | 23 22 | 16 27 | 02 23 | 04 26 | 22 10 | 15 16 |
| 29 | 23 12 | 16 41 | 24 18 | 14 46 | 12 43 | 19 19 | 22 26 | 23 39 | 04 27 | 23 22 | 16 33 | 02 20 | 04 28 | 22 11 | 15 15 |
| 30 | 23 08 | 18 23 | 24 24 | 14 20 | 12 55 | 19 16 | 22 26 | 23 39 | 04 27 | 23 21 | 16 38 | 02 16 | 04 30 | 22 12 | 15 15 |
| 31 | 23 04 | 19 06 | 24 29 | 13 55 | 13 07 | 19 13 | 22 26 | 23 39 | 04 27 | 23 21 | 16 44 | 02 12 | 04 31 | 22 13 | 15 15 |

Lunar Phases -- 2 ● 20:54 9 ◐ 19:10 16 ○ 20:50 24 ◑ 20:41 Sun enters ♑ 12/21 07:58

## 0:00 E.T. Longitudes of Main Planets - January 2033

| D | S.T. | ☉ | ☽ | ☽ 12:00 | ☿ | ♀ | ♂ | ♃ | ♄ | ♅ | ♆ | ♇ | ☊ |
|---|---|---|---|---|---|---|---|---|---|---|---|---|---|
| 1 | 6:43:51 | 10♑52 18 | 05♑12 | 12♑19 | 03♑52 | 27♒54 | 08♏38 | 06♒40 | 03♋07℞ | 29♊10℞ | 15♈04 | 13♒49 | 26♎46 |
| 2 | 6:47:47 | 11 53 29 | 19 30 | 26 45 | 05 26 | 28 58 | 09 14 | 06 53 | 03 02 | 29 07 | 15 05 | 13 51 | 26 43 |
| 3 | 6:51:44 | 12 54 41 | 04♒01 | 11♒20 | 07 00 | 00♓01 | 09 50 | 07 07 | 02 57 | 29 05 | 15 05 | 13 52 | 26 40 |
| 4 | 6:55:40 | 13 55 51 | 18 38 | 25 57 | 08 35 | 01 04 | 10 26 | 07 20 | 02 52 | 29 02 | 15 05 | 13 54 | 26 36 |
| 5 | 6:59:37 | 14 57 02 | 03♓14 | 10♓30 | 10 10 | 02 06 | 11 02 | 07 34 | 02 47 | 29 00 | 15 06 | 13 55 | 26 33 |
| 6 | 7:03:33 | 15 58 12 | 17 43 | 24 53 | 11 46 | 03 09 | 11 38 | 07 48 | 02 42 | 28 57 | 15 06 | 13 57 | 26 30 |
| 7 | 7:07:30 | 16 59 22 | 02♈00 | 09♈04 | 13 22 | 04 10 | 12 14 | 08 02 | 02 38 | 28 55 | 15 06 | 13 59 | 26 27 |
| 8 | 7:11:26 | 18 00 32 | 16 04 | 23 01 | 14 58 | 05 12 | 12 49 | 08 15 | 02 33 | 28 52 | 15 07 | 14 00 | 26 24 |
| 9 | 7:15:23 | 19 01 41 | 29 55 | 06♉45 | 16 35 | 06 13 | 13 25 | 08 29 | 02 28 | 28 50 | 15 07 | 14 02 | 26 20 |
| 10 | 7:19:20 | 20 02 50 | 13♉32 | 20 16 | 18 12 | 07 13 | 14 01 | 08 43 | 02 24 | 28 48 | 15 08 | 14 04 | 26 17 |
| 11 | 7:23:16 | 21 03 58 | 26 57 | 03♊36 | 19 50 | 08 13 | 14 36 | 08 57 | 02 19 | 28 45 | 15 08 | 14 05 | 26 14 |
| 12 | 7:27:13 | 22 05 05 | 10♊12 | 16 45 | 21 28 | 09 13 | 15 12 | 09 11 | 02 15 | 28 43 | 15 09 | 14 07 | 26 11 |
| 13 | 7:31:09 | 23 06 12 | 23 15 | 29 43 | 23 06 | 10 12 | 15 47 | 09 25 | 02 10 | 28 41 | 15 10 | 14 09 | 26 08 |
| 14 | 7:35:06 | 24 07 19 | 06♋08 | 12♋30 | 24 45 | 11 11 | 16 23 | 09 39 | 02 06 | 28 38 | 15 10 | 14 11 | 26 05 |
| 15 | 7:39:02 | 25 08 25 | 18 50 | 25 06 | 26 25 | 12 09 | 16 58 | 09 53 | 02 01 | 28 36 | 15 11 | 14 12 | 26 01 |
| 16 | 7:42:59 | 26 09 31 | 01♌20 | 07♌31 | 28 05 | 13 06 | 17 34 | 10 07 | 01 57 | 28 34 | 15 12 | 14 14 | 25 58 |
| 17 | 7:46:55 | 27 10 36 | 13 39 | 19 44 | 29 45 | 14 03 | 18 09 | 10 21 | 01 53 | 28 32 | 15 12 | 14 16 | 25 55 |
| 18 | 7:50:52 | 28 11 41 | 25 47 | 01♍47 | 01♒26 | 15 00 | 18 44 | 10 35 | 01 49 | 28 30 | 15 13 | 14 18 | 25 52 |
| 19 | 7:54:49 | 29 12 45 | 07♍45 | 13 42 | 03 07 | 15 56 | 19 20 | 10 49 | 01 45 | 28 28 | 15 14 | 14 19 | 25 49 |
| 20 | 7:58:45 | 00♒13 49 | 19 37 | 25 31 | 04 49 | 16 51 | 19 55 | 11 03 | 01 40 | 28 25 | 15 15 | 14 21 | 25 46 |
| 21 | 8:02:42 | 01 14 52 | 01♎24 | 07♎18 | 06 32 | 17 46 | 20 30 | 11 18 | 01 36 | 28 23 | 15 16 | 14 23 | 25 42 |
| 22 | 8:06:38 | 02 15 55 | 13 12 | 19 08 | 08 14 | 18 40 | 21 05 | 11 32 | 01 33 | 28 21 | 15 17 | 14 25 | 25 39 |
| 23 | 8:10:35 | 03 16 57 | 25 06 | 01♏07 | 09 58 | 19 33 | 21 40 | 11 46 | 01 29 | 28 19 | 15 18 | 14 27 | 25 36 |
| 24 | 8:14:31 | 04 17 59 | 07♏11 | 13 20 | 11 41 | 20 26 | 22 15 | 12 00 | 01 25 | 28 17 | 15 19 | 14 28 | 25 33 |
| 25 | 8:18:28 | 05 19 01 | 19 33 | 25 52 | 13 25 | 21 17 | 22 50 | 12 14 | 01 21 | 28 16 | 15 20 | 14 30 | 25 30 |
| 26 | 8:22:24 | 06 20 02 | 02♐16 | 08♐48 | 15 09 | 22 08 | 23 25 | 12 29 | 01 18 | 28 14 | 15 21 | 14 32 | 25 26 |
| 27 | 8:26:21 | 07 21 03 | 15 26 | 22 11 | 16 53 | 22 59 | 24 00 | 12 43 | 01 14 | 28 12 | 15 22 | 14 34 | 25 23 |
| 28 | 8:30:18 | 08 22 03 | 29 04 | 06♑04 | 18 37 | 23 48 | 24 34 | 12 57 | 01 11 | 28 10 | 15 23 | 14 36 | 25 20 |
| 29 | 8:34:14 | 09 23 02 | 13♑11 | 20 24 | 20 21 | 24 37 | 25 09 | 13 11 | 01 07 | 28 08 | 15 24 | 14 37 | 25 17 |
| 30 | 8:38:11 | 10 24 01 | 27 43 | 05♒07 | 22 05 | 25 25 | 25 44 | 13 26 | 01 04 | 28 07 | 15 25 | 14 39 | 25 14 |
| 31 | 8:42:07 | 11 24 58 | 12♒34 | 20 04 | 23 49 | 26 12 | 26 18 | 13 40 | 01 01 | 28 05 | 15 26 | 14 41 | 25 11 |

## 0:00 E.T. Longitudes of the Major Asteroids and Chiron

| D | ⚳ | ⚴ | ⚵ | ⚶ | ⚷ | D | ⚳ | ⚴ | ⚵ | ⚶ | ⚷ |
|---|---|---|---|---|---|---|---|---|---|---|---|
| 1 | 03♐49 | 03♏42 | 12♎20 | 03♑53 | 21♉32℞ | 17 | 10 04 | 08 43 | 14 39 | 12 29 | 21 11 |
| 2 | 04 13 | 04 02 | 12 31 | 04 25 | 21 30 | 18 | 10 26 | 09 00 | 14 45 | 13 01 | 21 10 |
| 3 | 04 37 | 04 22 | 12 42 | 04 58 | 21 28 | 19 | 10 49 | 09 17 | 14 50 | 13 33 | 21 10 |
| 4 | 05 01 | 04 42 | 12 52 | 05 30 | 21 27 | 20 | 11 11 | 09 34 | 14 55 | 14 05 | 21 09 |
| 5 | 05 24 | 05 02 | 13 02 | 06 02 | 21 25 | 21 | 11 34 | 09 50 | 15 00 | 14 37 | 21 08 |
| 6 | 05 48 | 05 21 | 13 12 | 06 35 | 21 24 | 22 | 11 56 | 10 06 | 15 05 | 15 09 | 21 08 |
| 7 | 06 12 | 05 41 | 13 22 | 07 07 | 21 22 | 23 | 12 18 | 10 22 | 15 09 | 15 41 | 21 07 |
| 8 | 06 35 | 06 00 | 13 31 | 07 39 | 21 21 | 24 | 12 40 | 10 38 | 15 12 | 16 13 | 21 07 |
| 9 | 06 59 | 06 19 | 13 40 | 08 12 | 21 20 | 25 | 13 02 | 10 53 | 15 16 | 16 45 | 21 07 |
| 10 | 07 22 | 06 37 | 13 48 | 08 44 | 21 18 | 26 | 13 24 | 11 08 | 15 19 | 17 17 | 21 07 |
| 11 | 07 46 | 06 56 | 13 56 | 09 16 | 21 17 | 27 | 13 46 | 11 23 | 15 21 | 17 48 | 21 06 |
| 12 | 08 09 | 07 14 | 14 04 | 09 48 | 21 16 | 28 | 14 07 | 11 38 | 15 24 | 18 20 | 21 06 |
| 13 | 08 32 | 07 32 | 14 12 | 10 20 | 21 15 | 29 | 14 29 | 11 52 | 15 25 | 18 52 | 21 06 |
| 14 | 08 55 | 07 50 | 14 19 | 10 53 | 21 14 | 30 | 14 50 | 12 06 | 15 27 | 19 24 | 21 06D |
| 15 | 09 18 | 08 08 | 14 26 | 11 25 | 21 13 | 31 | 15 11 | 12 20 | 15 28 | 19 55 | 21 06 |
| 16 | 09 41 | 08 26 | 14 32 | 11 57 | 21 12 | | | | | | |

## Lunar Data

| Last Asp. | | Ingress | | |
|---|---|---|---|---|
| 1 | 16:37 | 2 | ♒ | 17:23 |
| 4 | 17:02 | 4 | ♓ | 18:40 |
| 6 | 18:47 | 6 | ♈ | 20:36 |
| 8 | 22:07 | 9 | ♉ | 00:09 |
| 10 | 12:33 | 11 | ♊ | 05:29 |
| 13 | 10:02 | 13 | ♋ | 12:32 |
| 15 | 16:45 | 15 | ♌ | 21:25 |
| 18 | 05:24 | 18 | ♍ | 08:26 |
| 20 | 17:53 | 20 | ♎ | 21:09 |
| 23 | 06:25 | 23 | ♏ | 09:46 |
| 25 | 06:34 | 25 | ♐ | 19:46 |
| 27 | 22:26 | 28 | ♑ | 01:36 |
| 29 | 20:37 | 30 | ♒ | 03:43 |

## 0:00 E.T. Declinations

| D | ☉ | ☽ | ☿ | ♀ | ♂ | ♃ | ♄ | ♅ | ♆ | ♇ | ⚳ | ⚴ | ⚵ | ⚶ | ⚷ |
|---|---|---|---|---|---|---|---|---|---|---|---|---|---|---|---|
| 1 | -22 59 | -18 41 | -24 32 | -13 29 | -13 19 | -19 09 | +22 27 | +23 39 | +04 27 | -23 20 | -16 49 | -02 08 | -04 33 | -22 14 | +15 14 |
| 2 | 22 54 | 17 06 | 24 34 | 13 02 | 13 31 | 19 06 | 22 27 | 23 39 | 04 28 | 23 20 | 16 55 | 02 04 | 04 35 | 22 15 | 15 14 |
| 3 | 22 48 | 14 24 | 24 35 | 12 36 | 13 42 | 19 02 | 22 27 | 23 39 | 04 28 | 23 19 | 17 00 | 02 00 | 04 36 | 22 15 | 15 13 |
| 4 | 22 42 | 10 47 | 24 34 | 12 09 | 13 54 | 18 59 | 22 27 | 23 39 | 04 28 | 23 19 | 17 06 | 01 55 | 04 37 | 22 15 | 15 13 |
| 5 | 22 36 | 06 32 | 24 32 | 11 42 | 14 05 | 18 56 | 22 27 | 23 39 | 04 28 | 23 18 | 17 11 | 01 50 | 04 38 | 22 16 | 15 13 |
| 6 | 22 29 | 01 56 | 24 29 | 11 15 | 14 16 | 18 52 | 22 28 | 23 39 | 04 28 | 23 18 | 17 16 | 01 45 | 04 39 | 22 16 | 15 12 |
| 7 | 22 21 | +02 44 | 24 24 | 10 48 | 14 27 | 18 49 | 22 28 | 23 39 | 04 28 | 23 17 | 17 21 | 01 40 | 04 40 | 22 16 | 15 12 |
| 8 | 22 13 | 07 11 | 24 17 | 10 21 | 14 39 | 18 45 | 22 28 | 23 39 | 04 29 | 23 17 | 17 26 | 01 35 | 04 41 | 22 15 | 15 12 |
| 9 | 22 05 | 11 10 | 24 10 | 09 53 | 14 50 | 18 41 | 22 28 | 23 39 | 04 29 | 23 16 | 17 31 | 01 29 | 04 41 | 22 15 | 15 12 |
| 10 | 21 56 | 14 30 | 24 00 | 09 25 | 15 00 | 18 38 | 22 29 | 23 39 | 04 29 | 23 16 | 17 36 | 01 24 | 04 41 | 22 15 | 15 11 |
| 11 | 21 47 | 17 00 | 23 50 | 08 58 | 15 11 | 18 34 | 22 29 | 23 39 | 04 29 | 23 15 | 17 40 | 01 18 | 04 41 | 22 14 | 15 11 |
| 12 | 21 37 | 18 33 | 23 38 | 08 30 | 15 22 | 18 31 | 22 29 | 23 39 | 04 30 | 23 14 | 17 45 | 01 12 | 04 42 | 22 13 | 15 11 |
| 13 | 21 27 | 19 04 | 23 24 | 08 02 | 15 33 | 18 27 | 22 29 | 23 39 | 04 30 | 23 14 | 17 50 | 01 05 | 04 41 | 22 13 | 15 11 |
| 14 | 21 17 | 18 36 | 23 09 | 07 34 | 15 43 | 18 23 | 22 29 | 23 39 | 04 30 | 23 13 | 17 54 | 00 59 | 04 41 | 22 12 | 15 11 |
| 15 | 21 06 | 17 12 | 22 52 | 07 06 | 15 53 | 18 20 | 22 30 | 23 39 | 04 31 | 23 13 | 17 59 | 00 52 | 04 41 | 22 11 | 15 10 |
| 16 | 20 55 | 15 00 | 22 34 | 06 38 | 16 04 | 18 16 | 22 30 | 23 39 | 04 31 | 23 12 | 18 03 | 00 45 | 04 40 | 22 09 | 15 10 |
| 17 | 20 43 | 12 10 | 22 14 | 06 10 | 16 14 | 18 12 | 22 30 | 23 39 | 04 31 | 23 12 | 18 08 | 00 38 | 04 39 | 22 08 | 15 10 |
| 18 | 20 31 | 08 51 | 21 53 | 05 41 | 16 24 | 18 08 | 22 30 | 23 39 | 04 32 | 23 11 | 18 12 | 00 31 | 04 38 | 22 07 | 15 10 |
| 19 | 20 19 | 05 14 | 21 30 | 05 13 | 16 34 | 18 05 | 22 30 | 23 39 | 04 32 | 23 11 | 18 16 | 00 24 | 04 37 | 22 05 | 15 10 |
| 20 | 20 06 | 01 26 | 21 05 | 04 45 | 16 44 | 18 01 | 22 31 | 23 39 | 04 32 | 23 10 | 18 20 | 00 16 | 04 36 | 22 03 | 15 10 |
| 21 | 19 53 | -02 24 | 20 39 | 04 17 | 16 53 | 17 57 | 22 31 | 23 39 | 04 33 | 23 10 | 18 24 | 00 08 | 04 34 | 22 02 | 15 10 |
| 22 | 19 39 | 06 09 | 20 12 | 03 49 | 17 03 | 17 53 | 22 31 | 23 39 | 04 33 | 23 09 | 18 28 | 00 00 | 04 33 | 22 00 | 15 10 |
| 23 | 19 25 | 09 42 | 19 43 | 03 21 | 17 12 | 17 49 | 22 31 | 23 39 | 04 33 | 23 09 | 18 32 | +00 08 | 04 31 | 21 58 | 15 10 |
| 24 | 19 11 | 12 53 | 19 12 | 02 53 | 17 22 | 17 45 | 22 32 | 23 39 | 04 34 | 23 08 | 18 36 | 00 17 | 04 29 | 21 56 | 15 10 |
| 25 | 18 56 | 15 35 | 18 40 | 02 26 | 17 31 | 17 41 | 22 32 | 23 38 | 04 34 | 23 08 | 18 40 | 00 26 | 04 27 | 21 53 | 15 10 |
| 26 | 18 41 | 17 36 | 18 07 | 01 58 | 17 40 | 17 37 | 22 32 | 23 38 | 04 35 | 23 07 | 18 44 | 00 34 | 04 25 | 21 51 | 15 10 |
| 27 | 18 26 | 18 46 | 17 32 | 01 30 | 17 49 | 17 33 | 22 32 | 23 38 | 04 35 | 23 07 | 18 47 | 00 44 | 04 22 | 21 49 | 15 10 |
| 28 | 18 10 | 18 53 | 16 56 | 01 03 | 17 58 | 17 30 | 22 32 | 23 38 | 04 36 | 23 06 | 18 51 | 00 53 | 04 20 | 21 46 | 15 10 |
| 29 | 17 54 | 17 52 | 16 18 | 00 36 | 18 07 | 17 26 | 22 32 | 23 38 | 04 36 | 23 06 | 18 55 | 01 03 | 04 17 | 21 43 | 15 10 |
| 30 | 17 38 | 15 42 | 15 39 | 00 09 | 18 16 | 17 22 | 22 33 | 23 38 | 04 37 | 23 05 | 18 58 | 01 12 | 04 14 | 21 40 | 15 10 |
| 31 | 17 21 | 12 27 | 14 59 | +00 18 | 18 24 | 17 17 | 22 33 | 23 38 | 04 37 | 23 05 | 19 02 | 01 22 | 04 11 | 21 38 | 15 10 |

Lunar Phases -- 1 ● 10:18  8 ◐ 03:36  15 ○ 13:08  23 ◑ 17:47  30 ● 22:01  Sun enters ♒ 1/19 18:34

## Longitudes of Main Planets - February 2033

0:00 E.T.

| D | S.T. | ☉ | ☽ | ☽ 12:00 | ☿ | ♀ | ♂ | ♃ | ♄ | ♅ | ♆ | ♇ | ☊ |
|---|---|---|---|---|---|---|---|---|---|---|---|---|---|
| 1 | 8:46:04 | 12♒25 55 | 27♒35 | 05♓06 | 25♒31 | 26♓57 | 26♏53 | 13♒54 | 00♋58℞ | 28♊03℞ | 15♈28 | 14♒43 | 25♎07 |
| 2 | 8:50:00 | 13 26 50 | 12♓37 | 20 05 | 27 13 | 27 42 | 27 27 | 14 09 | 00 55 | 28 02 | 15 29 | 14 45 | 25 04 |
| 3 | 8:53:57 | 14 27 44 | 27 29 | 04♈50 | 28 54 | 28 26 | 28 01 | 14 23 | 00 52 | 28 00 | 15 30 | 14 47 | 25 01 |
| 4 | 8:57:53 | 15 28 37 | 12♈07 | 19 18 | 00♓32 | 29 09 | 28 36 | 14 37 | 00 49 | 27 58 | 15 31 | 14 48 | 24 58 |
| 5 | 9:01:50 | 16 29 28 | 26 24 | 03♉25 | 02 09 | 29 51 | 29 10 | 14 52 | 00 46 | 27 57 | 15 33 | 14 50 | 24 55 |
| 6 | 9:05:47 | 17 30 18 | 10♉20 | 17 11 | 03 43 | 00♈31 | 29 44 | 15 06 | 00 44 | 27 56 | 15 34 | 14 52 | 24 52 |
| 7 | 9:09:43 | 18 31 07 | 23 56 | 00♊37 | 05 15 | 01 10 | 00♐18 | 15 20 | 00 41 | 27 54 | 15 35 | 14 54 | 24 48 |
| 8 | 9:13:40 | 19 31 54 | 07♊13 | 13 46 | 06 42 | 01 48 | 00 52 | 15 34 | 00 39 | 27 53 | 15 37 | 14 56 | 24 45 |
| 9 | 9:17:36 | 20 32 39 | 20 14 | 26 39 | 08 06 | 02 25 | 01 26 | 15 49 | 00 36 | 27 52 | 15 38 | 14 58 | 24 42 |
| 10 | 9:21:33 | 21 33 23 | 03♋01 | 09♋19 | 09 24 | 03 00 | 02 00 | 16 03 | 00 34 | 27 50 | 15 40 | 14 59 | 24 39 |
| 11 | 9:25:29 | 22 34 05 | 15 35 | 21 49 | 10 37 | 03 34 | 02 34 | 16 17 | 00 32 | 27 49 | 15 41 | 15 01 | 24 36 |
| 12 | 9:29:26 | 23 34 46 | 27 59 | 04♌08 | 11 43 | 04 06 | 03 07 | 16 32 | 00 30 | 27 48 | 15 43 | 15 03 | 24 32 |
| 13 | 9:33:22 | 24 35 26 | 10♌14 | 16 19 | 12 43 | 04 37 | 03 41 | 16 46 | 00 28 | 27 47 | 15 44 | 15 05 | 24 29 |
| 14 | 9:37:19 | 25 36 03 | 22 21 | 28 21 | 13 34 | 05 06 | 04 14 | 17 00 | 00 26 | 27 46 | 15 46 | 15 07 | 24 26 |
| 15 | 9:41:16 | 26 36 40 | 04♍20 | 10♍17 | 14 17 | 05 34 | 04 48 | 17 14 | 00 25 | 27 45 | 15 48 | 15 08 | 24 23 |
| 16 | 9:45:12 | 27 37 15 | 16 13 | 22 08 | 14 51 | 05 59 | 05 21 | 17 28 | 00 23 | 27 44 | 15 49 | 15 10 | 24 20 |
| 17 | 9:49:09 | 28 37 48 | 28 02 | 03♎56 | 15 16 | 06 23 | 05 54 | 17 43 | 00 22 | 27 43 | 15 51 | 15 12 | 24 17 |
| 18 | 9:53:05 | 29 38 20 | 09♎50 | 15 44 | 15 30 | 06 46 | 06 27 | 17 57 | 00 20 | 27 42 | 15 53 | 15 14 | 24 13 |
| 19 | 9:57:02 | 00♓38 51 | 21 39 | 27 35 | 15 34℞ | 07 06 | 07 00 | 18 11 | 00 19 | 27 41 | 15 54 | 15 16 | 24 10 |
| 20 | 10:00:58 | 01 39 21 | 03♏33 | 09♏34 | 15 28 | 07 24 | 07 33 | 18 25 | 00 18 | 27 41 | 15 56 | 15 17 | 24 07 |
| 21 | 10:04:55 | 02 39 49 | 15 37 | 21 45 | 15 11 | 07 40 | 08 06 | 18 39 | 00 17 | 27 40 | 15 58 | 15 19 | 24 04 |
| 22 | 10:08:51 | 03 40 16 | 27 56 | 04♐13 | 14 45 | 07 54 | 08 39 | 18 53 | 00 16 | 27 39 | 16 00 | 15 21 | 24 01 |
| 23 | 10:12:48 | 04 40 41 | 10♐36 | 17 04 | 14 10 | 08 06 | 09 12 | 19 07 | 00 15 | 27 39 | 16 01 | 15 23 | 23 57 |
| 24 | 10:16:45 | 05 41 06 | 23 39 | 00♑21 | 13 27 | 08 16 | 09 44 | 19 21 | 00 14 | 27 38 | 16 03 | 15 24 | 23 54 |
| 25 | 10:20:41 | 06 41 28 | 07♑11 | 14 08 | 12 36 | 08 23 | 10 17 | 19 35 | 00 14 | 27 38 | 16 05 | 15 26 | 23 51 |
| 26 | 10:24:38 | 07 41 50 | 21 12 | 28 23 | 11 40 | 08 29 | 10 49 | 19 49 | 00 13 | 27 37 | 16 07 | 15 28 | 23 48 |
| 27 | 10:28:34 | 08 42 10 | 05♒41 | 13♒05 | 10 40 | 08 31 | 11 21 | 20 03 | 00 13 | 27 37 | 16 09 | 15 30 | 23 45 |
| 28 | 10:32:31 | 09 42 28 | 20 34 | 28 08 | 09 37 | 08 32℞ | 11 53 | 20 17 | 00 13 | 27 37 | 16 11 | 15 31 | 23 42 |

0:00 E.T.

## Longitudes of the Major Asteroids and Chiron

| D | ⚳ | ⚴ | ⚵ | ⚶ | ⚷ | D | ⚳ | ⚴ | ⚵ | ⚶ | ⚷ |
|---|---|---|---|---|---|---|---|---|---|---|---|
| 1 | 15♐32 | 12♏34 | 15♎29 | 20♑27 | 21♉06 | 15 | 20 14 | 15 10 | 14 56 | 27 46 | 21 15 |
| 2 | 15 53 | 12 47 | 15 29 | 20 59 | 21 07 | 16 | 20 33 | 15 19 | 14 51 | 28 17 | 21 16 |
| 3 | 16 14 | 13 00 | 15 29℞ | 21 30 | 21 07 | 17 | 20 52 | 15 27 | 14 45 | 28 48 | 21 17 |
| 4 | 16 35 | 13 12 | 15 28 | 22 02 | 21 07 | 18 | 21 10 | 15 35 | 14 39 | 29 19 | 21 19 |
| 5 | 16 56 | 13 25 | 15 27 | 22 33 | 21 08 | 19 | 21 29 | 15 42 | 14 33 | 29 50 | 21 20 |
| 6 | 17 16 | 13 37 | 15 26 | 23 05 | 21 08 | 20 | 21 47 | 15 49 | 14 26 | 00♒21 | 21 21 |
| 7 | 17 36 | 13 48 | 15 24 | 23 36 | 21 09 | 21 | 22 06 | 15 56 | 14 19 | 00 52 | 21 23 |
| 8 | 17 57 | 14 00 | 15 22 | 24 08 | 21 09 | 22 | 22 24 | 16 02 | 14 11 | 01 22 | 21 24 |
| 9 | 18 17 | 14 11 | 15 20 | 24 39 | 21 10 | 23 | 22 41 | 16 08 | 14 03 | 01 53 | 21 26 |
| 10 | 18 37 | 14 22 | 15 17 | 25 10 | 21 11 | 24 | 22 59 | 16 14 | 13 55 | 02 24 | 21 27 |
| 11 | 18 56 | 14 32 | 15 13 | 25 42 | 21 11 | 25 | 23 17 | 16 19 | 13 46 | 02 54 | 21 29 |
| 12 | 19 16 | 14 42 | 15 10 | 26 13 | 21 12 | 26 | 23 34 | 16 24 | 13 37 | 03 25 | 21 31 |
| 13 | 19 35 | 14 52 | 15 06 | 26 44 | 21 13 | 27 | 23 51 | 16 28 | 13 28 | 03 55 | 21 32 |
| 14 | 19 55 | 15 01 | 15 01 | 27 15 | 21 14 | 28 | 24 08 | 16 32 | 13 18 | 04 26 | 21 34 |

## Lunar Data

| Last Asp. | | Ingress | |
|---|---|---|---|
| 1 | 00:45 | 1 ♓ | 03:51 |
| 3 | 01:37 | 3 ♈ | 04:05 |
| 5 | 02:38 | 5 ♉ | 06:09 |
| 6 | 13:36 | 7 ♊ | 10:54 |
| 9 | 14:15 | 9 ♋ | 18:19 |
| 11 | 00:12 | 12 ♌ | 03:55 |
| 14 | 10:48 | 14 ♍ | 15:18 |
| 16 | 23:21 | 17 ♎ | 03:59 |
| 19 | 12:12 | 19 ♏ | 16:52 |
| 21 | 06:04 | 22 ♐ | 03:57 |
| 24 | 07:09 | 24 ♑ | 11:22 |
| 25 | 15:22 | 26 ♒ | 14:40 |
| 28 | 11:11 | 28 ♓ | 14:58 |

0:00 E.T.

## Declinations

| D | ☉ | ☽ | ☿ | ♀ | ♂ | ♃ | ♄ | ♅ | ♆ | ♇ | ⚳ | ⚴ | ⚵ | ⚶ | ⚷ |
|---|---|---|---|---|---|---|---|---|---|---|---|---|---|---|---|
| 1 | -17 04 | -08 22 | -14 18 | +00 44 | -18 33 | -17 13 | +22 33 | +23 38 | +04 38 | -23 04 | -19 05 | +01 33 | -04 07 | -21 35 | +15 10 |
| 2 | 16 47 | 03 45 | 13 36 | 01 11 | 18 41 | 17 09 | 22 33 | 23 38 | 04 38 | 23 04 | 19 08 | 01 43 | 04 04 | 21 31 | 15 11 |
| 3 | 16 29 | +01 03 | 12 53 | 01 37 | 18 49 | 17 05 | 22 33 | 23 38 | 04 39 | 23 03 | 19 11 | 01 54 | 04 00 | 21 28 | 15 11 |
| 4 | 16 11 | 05 43 | 12 10 | 02 02 | 18 57 | 17 01 | 22 34 | 23 38 | 04 39 | 23 03 | 19 15 | 02 05 | 03 56 | 21 25 | 15 11 |
| 5 | 15 53 | 09 57 | 11 26 | 02 28 | 19 05 | 16 57 | 22 34 | 23 38 | 04 40 | 23 02 | 19 18 | 02 16 | 03 52 | 21 21 | 15 11 |
| 6 | 15 35 | 13 32 | 10 42 | 02 53 | 19 13 | 16 53 | 22 34 | 23 38 | 04 40 | 23 02 | 19 21 | 02 27 | 03 48 | 21 18 | 15 11 |
| 7 | 15 16 | 16 16 | 09 57 | 03 18 | 19 21 | 16 49 | 22 34 | 23 38 | 04 41 | 23 01 | 19 24 | 02 38 | 03 43 | 21 14 | 15 12 |
| 8 | 14 57 | 18 03 | 09 14 | 03 42 | 19 28 | 16 45 | 22 34 | 23 38 | 04 42 | 23 01 | 19 27 | 02 50 | 03 39 | 21 10 | 15 12 |
| 9 | 14 38 | 18 51 | 08 30 | 04 06 | 19 36 | 16 41 | 22 35 | 23 38 | 04 42 | 23 00 | 19 30 | 03 02 | 03 34 | 21 07 | 15 12 |
| 10 | 14 19 | 18 39 | 07 48 | 04 29 | 19 43 | 16 36 | 22 35 | 23 38 | 04 43 | 23 00 | 19 33 | 03 14 | 03 29 | 21 03 | 15 12 |
| 11 | 13 59 | 17 32 | 07 08 | 04 53 | 19 50 | 16 32 | 22 35 | 23 38 | 04 43 | 22 59 | 19 36 | 03 27 | 03 24 | 20 59 | 15 13 |
| 12 | 13 39 | 15 37 | 06 28 | 05 15 | 19 57 | 16 28 | 22 35 | 23 38 | 04 44 | 22 59 | 19 38 | 03 39 | 03 19 | 20 55 | 15 13 |
| 13 | 13 19 | 13 01 | 05 52 | 05 37 | 20 04 | 16 24 | 22 35 | 23 38 | 04 45 | 22 59 | 19 41 | 03 52 | 03 13 | 20 50 | 15 13 |
| 14 | 12 59 | 09 53 | 05 17 | 05 59 | 20 11 | 16 20 | 22 36 | 23 38 | 04 45 | 22 58 | 19 44 | 04 05 | 03 08 | 20 46 | 15 14 |
| 15 | 12 38 | 06 23 | 04 46 | 06 19 | 20 18 | 16 15 | 22 36 | 23 38 | 04 46 | 22 58 | 19 46 | 04 18 | 03 02 | 20 42 | 15 14 |
| 16 | 12 18 | 02 39 | 04 18 | 06 40 | 20 24 | 16 11 | 22 36 | 23 38 | 04 47 | 22 57 | 19 49 | 04 32 | 02 56 | 20 37 | 15 14 |
| 17 | 11 57 | -01 09 | 03 55 | 06 59 | 20 31 | 16 07 | 22 36 | 23 38 | 04 47 | 22 57 | 19 51 | 04 45 | 02 50 | 20 33 | 15 15 |
| 18 | 11 36 | 04 55 | 03 35 | 07 18 | 20 37 | 16 03 | 22 36 | 23 38 | 04 48 | 22 56 | 19 54 | 04 59 | 02 44 | 20 28 | 15 15 |
| 19 | 11 14 | 08 29 | 03 20 | 07 36 | 20 43 | 15 58 | 22 36 | 23 38 | 04 49 | 22 56 | 19 56 | 05 13 | 02 37 | 20 23 | 15 16 |
| 20 | 10 53 | 11 45 | 03 09 | 07 54 | 20 50 | 15 54 | 22 37 | 23 38 | 04 49 | 22 55 | 19 59 | 05 28 | 02 30 | 20 18 | 15 16 |
| 21 | 10 31 | 14 33 | 03 03 | 08 11 | 20 56 | 15 50 | 22 37 | 23 38 | 04 50 | 22 55 | 20 01 | 05 42 | 02 24 | 20 13 | 15 17 |
| 22 | 10 10 | 16 46 | 03 03 | 08 26 | 21 01 | 15 46 | 22 37 | 23 38 | 04 51 | 22 55 | 20 03 | 05 57 | 02 17 | 20 08 | 15 17 |
| 23 | 09 48 | 18 13 | 03 07 | 08 41 | 21 07 | 15 41 | 22 37 | 23 38 | 04 51 | 22 54 | 20 06 | 06 12 | 02 10 | 20 03 | 15 18 |
| 24 | 09 25 | 18 46 | 03 16 | 08 55 | 21 13 | 15 37 | 22 37 | 23 38 | 04 52 | 22 54 | 20 08 | 06 27 | 02 03 | 19 58 | 15 18 |
| 25 | 09 03 | 18 16 | 03 29 | 09 08 | 21 18 | 15 33 | 22 38 | 23 38 | 04 53 | 22 53 | 20 10 | 06 42 | 01 55 | 19 53 | 15 19 |
| 26 | 08 41 | 16 40 | 03 47 | 09 20 | 21 24 | 15 28 | 22 38 | 23 38 | 04 54 | 22 53 | 20 12 | 06 57 | 01 48 | 19 48 | 15 19 |
| 27 | 08 18 | 13 59 | 04 08 | 09 31 | 21 29 | 15 24 | 22 38 | 23 38 | 04 54 | 22 53 | 20 14 | 07 13 | 01 40 | 19 42 | 15 20 |
| 28 | 07 56 | 10 20 | 04 31 | 09 41 | 21 34 | 15 20 | 22 38 | 23 38 | 04 55 | 22 52 | 20 17 | 07 29 | 01 32 | 19 37 | 15 20 |

Lunar Phases -- 6 ◐ 13:35 14 ○ 07:05 22 ◑ 11:54 Sun enters ♓ 2/18 08:35

## 0:00 E.T. Longitudes of Main Planets - March 2033

| D | S.T. | ☉ | ☽ | ☽ 12:00 | ☿ | ♀ | ♂ | ♃ | ♄ | ♅ | ♆ | ♇ | ☊ |
|---|---|---|---|---|---|---|---|---|---|---|---|---|---|
| 1 | 10:36:27 | 10♓42 45 | 05♓43 | 13♓21 | 08♓34℞ | 08♈30℞ | 12♐25 | 20♒31 | 00♋13℞ | 27♊36℞ | 16♈13 | 15♒33 | 23♎38 |
| 2 | 10:40:24 | 11 43 00 | 20 58 | 28 35 | 07 30 | 08 25 | 12 57 | 20 45 | 00 13D | 27 36 | 16 14 | 15 35 | 23 35 |
| 3 | 10:44:20 | 12 43 13 | 06♈09 | 13♈39 | 06 29 | 08 18 | 13 29 | 20 59 | 00 13 | 27 36 | 16 16 | 15 36 | 23 32 |
| 4 | 10:48:17 | 13 43 24 | 21 05 | 28 26 | 05 30 | 08 08 | 14 01 | 21 13 | 00 13 | 27 36 | 16 18 | 15 38 | 23 29 |
| 5 | 10:52:14 | 14 43 33 | 05♉41 | 12♉50 | 04 36 | 07 56 | 14 32 | 21 26 | 00 13 | 27 36 | 16 20 | 15 40 | 23 26 |
| 6 | 10:56:10 | 15 43 40 | 19 52 | 26 48 | 03 47 | 07 42 | 15 04 | 21 40 | 00 14 | 27 36D | 16 22 | 15 41 | 23 23 |
| 7 | 11:00:07 | 16 43 45 | 03♊38 | 10♊21 | 03 04 | 07 25 | 15 35 | 21 54 | 00 14 | 27 36 | 16 24 | 15 43 | 23 19 |
| 8 | 11:04:03 | 17 43 48 | 16 59 | 23 31 | 02 27 | 07 05 | 16 06 | 22 07 | 00 15 | 27 36 | 16 26 | 15 44 | 23 16 |
| 9 | 11:08:00 | 18 43 48 | 29 58 | 06♋21 | 01 57 | 06 43 | 16 37 | 22 21 | 00 16 | 27 36 | 16 28 | 15 46 | 23 13 |
| 10 | 11:11:56 | 19 43 47 | 12♋39 | 18 53 | 01 33 | 06 19 | 17 08 | 22 34 | 00 17 | 27 36 | 16 31 | 15 48 | 23 10 |
| 11 | 11:15:53 | 20 43 43 | 25 04 | 01♌12 | 01 16 | 05 53 | 17 38 | 22 48 | 00 18 | 27 36 | 16 33 | 15 49 | 23 07 |
| 12 | 11:19:49 | 21 43 37 | 07♌17 | 13 20 | 01 06 | 05 25 | 18 09 | 23 01 | 00 19 | 27 37 | 16 35 | 15 51 | 23 03 |
| 13 | 11:23:46 | 22 43 29 | 19 20 | 25 19 | 01 02 | 04 55 | 18 39 | 23 15 | 00 20 | 27 37 | 16 37 | 15 52 | 23 00 |
| 14 | 11:27:43 | 23 43 19 | 01♍17 | 07♍14 | 01 04D | 04 23 | 19 09 | 23 28 | 00 21 | 27 38 | 16 39 | 15 54 | 22 57 |
| 15 | 11:31:39 | 24 43 07 | 13 09 | 19 04 | 01 13 | 03 49 | 19 39 | 23 41 | 00 23 | 27 38 | 16 41 | 15 55 | 22 54 |
| 16 | 11:35:36 | 25 42 53 | 24 58 | 00♎53 | 01 26 | 03 15 | 20 09 | 23 55 | 00 24 | 27 39 | 16 43 | 15 57 | 22 51 |
| 17 | 11:39:32 | 26 42 36 | 06♎47 | 12 42 | 01 46 | 02 39 | 20 39 | 24 08 | 00 26 | 27 39 | 16 45 | 15 58 | 22 48 |
| 18 | 11:43:29 | 27 42 18 | 18 37 | 24 33 | 02 10 | 02 02 | 21 09 | 24 21 | 00 28 | 27 40 | 16 48 | 16 00 | 22 44 |
| 19 | 11:47:25 | 28 41 58 | 00♏31 | 06♏30 | 02 39 | 01 25 | 21 38 | 24 34 | 00 30 | 27 40 | 16 50 | 16 01 | 22 41 |
| 20 | 11:51:22 | 29 41 36 | 12 31 | 18 34 | 03 12 | 00 47 | 22 07 | 24 47 | 00 32 | 27 41 | 16 52 | 16 03 | 22 38 |
| 21 | 11:55:18 | 00♈41 12 | 24 40 | 00♐50 | 03 50 | 00 09 | 22 36 | 25 00 | 00 34 | 27 42 | 16 54 | 16 04 | 22 35 |
| 22 | 11:59:15 | 01 40 47 | 07♐03 | 13 21 | 04 32 | 29♓31 | 23 05 | 25 13 | 00 36 | 27 43 | 16 56 | 16 05 | 22 32 |
| 23 | 12:03:12 | 02 40 20 | 19 43 | 26 10 | 05 17 | 28 54 | 23 34 | 25 26 | 00 38 | 27 44 | 16 58 | 16 07 | 22 29 |
| 24 | 12:07:08 | 03 39 51 | 02♑43 | 09♑22 | 06 06 | 28 17 | 24 02 | 25 38 | 00 41 | 27 45 | 17 01 | 16 08 | 22 25 |
| 25 | 12:11:05 | 04 39 20 | 16 08 | 22 59 | 06 58 | 27 42 | 24 31 | 25 51 | 00 43 | 27 46 | 17 03 | 16 09 | 22 22 |
| 26 | 12:15:01 | 05 38 48 | 29 58 | 07♒02 | 07 53 | 27 07 | 24 59 | 26 04 | 00 46 | 27 47 | 17 05 | 16 11 | 22 19 |
| 27 | 12:18:58 | 06 38 14 | 14♒14 | 21 31 | 08 51 | 26 34 | 25 27 | 26 16 | 00 48 | 27 48 | 17 07 | 16 12 | 22 16 |
| 28 | 12:22:54 | 07 37 38 | 28 54 | 06♓21 | 09 52 | 26 02 | 25 54 | 26 29 | 00 51 | 27 49 | 17 10 | 16 13 | 22 13 |
| 29 | 12:26:51 | 08 37 00 | 13♓52 | 21 26 | 10 56 | 25 32 | 26 22 | 26 41 | 00 54 | 27 50 | 17 12 | 16 14 | 22 09 |
| 30 | 12:30:47 | 09 36 20 | 29 01 | 06♈37 | 12 02 | 25 04 | 26 49 | 26 54 | 00 57 | 27 51 | 17 14 | 16 16 | 22 06 |
| 31 | 12:34:44 | 10 35 38 | 14♈12 | 21 46 | 13 10 | 24 37 | 27 16 | 27 06 | 01 00 | 27 53 | 17 16 | 16 17 | 22 03 |

## 0:00 E.T. Longitudes of the Major Asteroids and Chiron

| D | ⚳ | ⚴ | ⚵ | ⚶ | ⚷ | D | ⚳ | ⚴ | ⚵ | ⚶ | ⚷ |
|---|---|---|---|---|---|---|---|---|---|---|---|
| 1 | 24♐25 | 16♏35 | 13♎08℞ | 04♒56 | 21♉36 | 17 | 28 24 | 16 25 | 09 52 | 12 53 | 22 14 |
| 2 | 24 41 | 16 38 | 12 58 | 05 27 | 21 38 | 18 | 28 36 | 16 20 | 09 38 | 13 23 | 22 17 |
| 3 | 24 58 | 16 40 | 12 47 | 05 57 | 21 40 | 19 | 28 49 | 16 15 | 09 23 | 13 52 | 22 19 |
| 4 | 25 14 | 16 42 | 12 36 | 06 27 | 21 42 | 20 | 29 02 | 16 09 | 09 09 | 14 21 | 22 22 |
| 5 | 25 30 | 16 44 | 12 25 | 06 57 | 21 44 | 21 | 29 14 | 16 03 | 08 55 | 14 50 | 22 25 |
| 6 | 25 45 | 16 45 | 12 14 | 07 27 | 21 47 | 22 | 29 26 | 15 56 | 08 41 | 15 19 | 22 28 |
| 7 | 26 01 | 16 45 | 12 02 | 07 57 | 21 49 | 23 | 29 38 | 15 49 | 08 26 | 15 48 | 22 31 |
| 8 | 26 16 | 16 46℞ | 11 50 | 08 27 | 21 51 | 24 | 29 49 | 15 41 | 08 12 | 16 16 | 22 34 |
| 9 | 26 31 | 16 45 | 11 38 | 08 57 | 21 53 | 25 | 00♑00 | 15 33 | 07 57 | 16 45 | 22 37 |
| 10 | 26 46 | 16 44 | 11 25 | 09 27 | 21 56 | 26 | 00 11 | 15 25 | 07 43 | 17 14 | 22 40 |
| 11 | 27 01 | 16 43 | 11 12 | 09 57 | 21 58 | 27 | 00 22 | 15 15 | 07 28 | 17 42 | 22 44 |
| 12 | 27 15 | 16 41 | 10 59 | 10 26 | 22 01 | 28 | 00 32 | 15 06 | 07 13 | 18 11 | 22 47 |
| 13 | 27 29 | 16 39 | 10 46 | 10 56 | 22 03 | 29 | 00 42 | 14 56 | 06 59 | 18 39 | 22 50 |
| 14 | 27 43 | 16 36 | 10 33 | 11 25 | 22 06 | 30 | 00 52 | 14 45 | 06 44 | 19 07 | 22 53 |
| 15 | 27 57 | 16 33 | 10 19 | 11 55 | 22 08 | 31 | 01 01 | 14 34 | 06 30 | 19 35 | 22 57 |
| 16 | 28 10 | 16 29 | 10 05 | 12 24 | 22 11 | | | | | | |

## Lunar Data

| Last Asp. | | Ingress | | |
|---|---|---|---|---|
| 2 | 10:27 | 2 | ♈ | 14:15 |
| 4 | 10:38 | 4 | ♉ | 14:35 |
| 6 | 03:09 | 6 | ♊ | 17:36 |
| 8 | 19:34 | 9 | ♋ | 00:03 |
| 10 | 14:49 | 11 | ♌ | 09:39 |
| 13 | 16:37 | 13 | ♍ | 21:25 |
| 16 | 05:26 | 16 | ♎ | 10:13 |
| 18 | 18:17 | 18 | ♏ | 22:58 |
| 21 | 10:10 | 21 | ♐ | 10:23 |
| 23 | 16:15 | 23 | ♑ | 19:02 |
| 25 | 19:19 | 26 | ♒ | 00:04 |
| 27 | 22:15 | 28 | ♓ | 01:47 |
| 29 | 22:09 | 30 | ♈ | 01:33 |
| 31 | 21:49 | 1 | ♉ | 01:12 |

## 0:00 E.T. Declinations

| D | ☉ | ☽ | ☿ | ♀ | ♂ | ♃ | ♄ | ♅ | ♆ | ♇ | ⚳ | ⚴ | ⚵ | ⚶ | ⚷ |
|---|---|---|---|---|---|---|---|---|---|---|---|---|---|---|---|
| 1 | -07 33 | -05 57 | -04 57 | +09 49 | -21 39 | -15 16 | +22 38 | +23 38 | +04 56 | -22 52 | -20 19 | +07 44 | -01 25 | -19 31 | +15 21 |
| 2 | 07 10 | 01 09 | 05 25 | 09 56 | 21 44 | 15 11 | 22 39 | 23 38 | 04 57 | 22 51 | 20 21 | 08 01 | 01 17 | 19 26 | 15 21 |
| 3 | 06 47 | +03 43 | 05 54 | 10 03 | 21 49 | 15 07 | 22 39 | 23 38 | 04 57 | 22 51 | 20 23 | 08 17 | 01 09 | 19 20 | 15 22 |
| 4 | 06 24 | 08 16 | 06 23 | 10 07 | 21 53 | 15 03 | 22 39 | 23 38 | 04 58 | 22 51 | 20 25 | 08 33 | 01 00 | 19 14 | 15 23 |
| 5 | 06 01 | 12 13 | 06 51 | 10 11 | 21 58 | 14 58 | 22 39 | 23 38 | 04 59 | 22 50 | 20 27 | 08 50 | 00 52 | 19 09 | 15 23 |
| 6 | 05 38 | 15 20 | 07 19 | 10 13 | 22 02 | 14 54 | 22 39 | 23 38 | 05 00 | 22 50 | 20 29 | 09 07 | 00 44 | 19 03 | 15 24 |
| 7 | 05 14 | 17 27 | 07 46 | 10 13 | 22 07 | 14 50 | 22 39 | 23 38 | 05 01 | 22 50 | 20 31 | 09 23 | 00 35 | 18 57 | 15 24 |
| 8 | 04 51 | 18 32 | 08 12 | 10 12 | 22 11 | 14 45 | 22 40 | 23 38 | 05 01 | 22 49 | 20 32 | 09 40 | 00 27 | 18 51 | 15 25 |
| 9 | 04 27 | 18 36 | 08 35 | 10 10 | 22 15 | 14 41 | 22 40 | 23 38 | 05 02 | 22 49 | 20 34 | 09 58 | 00 18 | 18 45 | 15 26 |
| 10 | 04 04 | 17 43 | 08 57 | 10 06 | 22 19 | 14 37 | 22 40 | 23 38 | 05 03 | 22 49 | 20 36 | 10 15 | 00 09 | 18 39 | 15 26 |
| 11 | 03 40 | 16 00 | 09 16 | 10 01 | 22 23 | 14 33 | 22 40 | 23 38 | 05 04 | 22 48 | 20 38 | 10 32 | 00 00 | 18 33 | 15 27 |
| 12 | 03 17 | 13 36 | 09 33 | 09 54 | 22 27 | 14 28 | 22 40 | 23 38 | 05 05 | 22 48 | 20 40 | 10 50 | +00 08 | 18 27 | 15 28 |
| 13 | 02 53 | 10 38 | 09 48 | 09 45 | 22 30 | 14 24 | 22 40 | 23 38 | 05 05 | 22 48 | 20 42 | 11 07 | 00 17 | 18 20 | 15 29 |
| 14 | 02 30 | 07 16 | 10 01 | 09 36 | 22 34 | 14 20 | 22 41 | 23 38 | 05 06 | 22 48 | 20 43 | 11 25 | 00 26 | 18 14 | 15 29 |
| 15 | 02 06 | 03 38 | 10 11 | 09 24 | 22 37 | 14 15 | 22 41 | 23 38 | 05 07 | 22 47 | 20 45 | 11 43 | 00 35 | 18 08 | 15 30 |
| 16 | 01 42 | -00 08 | 10 19 | 09 12 | 22 41 | 14 11 | 22 41 | 23 38 | 05 08 | 22 47 | 20 47 | 12 00 | 00 44 | 18 02 | 15 31 |
| 17 | 01 18 | 03 54 | 10 25 | 08 58 | 22 44 | 14 07 | 22 41 | 23 38 | 05 09 | 22 47 | 20 49 | 12 18 | 00 53 | 17 55 | 15 32 |
| 18 | 00 55 | 07 31 | 10 28 | 08 43 | 22 47 | 14 03 | 22 41 | 23 38 | 05 10 | 22 46 | 20 51 | 12 36 | 01 02 | 17 49 | 15 32 |
| 19 | 00 31 | 10 51 | 10 30 | 08 26 | 22 50 | 13 58 | 22 42 | 23 38 | 05 10 | 22 46 | 20 52 | 12 54 | 01 11 | 17 42 | 15 33 |
| 20 | 00 07 | 13 46 | 10 29 | 08 09 | 22 53 | 13 54 | 22 42 | 23 38 | 05 11 | 22 46 | 20 54 | 13 12 | 01 20 | 17 36 | 15 34 |
| 21 | +00 16 | 16 06 | 10 27 | 07 51 | 22 56 | 13 50 | 22 42 | 23 38 | 05 12 | 22 46 | 20 56 | 13 30 | 01 29 | 17 29 | 15 35 |
| 22 | 00 40 | 17 45 | 10 22 | 07 32 | 22 59 | 13 46 | 22 42 | 23 38 | 05 13 | 22 45 | 20 58 | 13 48 | 01 38 | 17 23 | 15 35 |
| 23 | 01 04 | 18 33 | 10 15 | 07 12 | 23 02 | 13 42 | 22 42 | 23 38 | 05 14 | 22 45 | 20 59 | 14 06 | 01 47 | 17 16 | 15 36 |
| 24 | 01 27 | 18 24 | 10 07 | 06 52 | 23 04 | 13 38 | 22 42 | 23 38 | 05 15 | 22 45 | 21 01 | 14 25 | 01 56 | 17 09 | 15 37 |
| 25 | 01 51 | 17 14 | 09 57 | 06 32 | 23 07 | 13 33 | 22 43 | 23 38 | 05 16 | 22 45 | 21 03 | 14 43 | 02 05 | 17 03 | 15 38 |
| 26 | 02 15 | 15 03 | 09 45 | 06 11 | 23 09 | 13 29 | 22 43 | 23 38 | 05 16 | 22 45 | 21 05 | 15 01 | 02 14 | 16 56 | 15 39 |
| 27 | 02 38 | 11 54 | 09 31 | 05 50 | 23 12 | 13 25 | 22 43 | 23 38 | 05 17 | 22 44 | 21 06 | 15 19 | 02 23 | 16 49 | 15 40 |
| 28 | 03 02 | 07 56 | 09 16 | 05 28 | 23 14 | 13 21 | 22 43 | 23 38 | 05 18 | 22 44 | 21 08 | 15 37 | 02 32 | 16 42 | 15 40 |
| 29 | 03 25 | 03 23 | 08 59 | 05 07 | 23 16 | 13 17 | 22 43 | 23 38 | 05 19 | 22 44 | 21 10 | 15 55 | 02 40 | 16 36 | 15 41 |
| 30 | 03 48 | +01 26 | 08 40 | 04 47 | 23 18 | 13 13 | 22 43 | 23 38 | 05 20 | 22 44 | 21 12 | 16 13 | 02 49 | 16 29 | 15 42 |
| 31 | 04 12 | 06 11 | 08 20 | 04 26 | 23 21 | 13 09 | 22 43 | 23 38 | 05 21 | 22 44 | 21 14 | 16 30 | 02 57 | 16 22 | 15 43 |

Lunar Phases -- 1 ● 08:25 8 ◐ 01:28 16 ○ 01:39 24 ◑ 01:51 30 ● 17:53 Sun enters ♈ 3/20 07:24

# Apr. 33 — Longitudes of Main Planets - April 2033 — 0:00 E.T.

| D | S.T. | ☉ | ☽ | ☽ 12:00 | ☿ | ♀ | ♂ | ♃ | ♄ | ♅ | ♆ | ♇ | ☊ |
|---|---|---|---|---|---|---|---|---|---|---|---|---|---|
| 1 | 12:38:41 | 11♈34 54 | 29♈15 | 06♉41 | 14♓21 | 24♓13℞ | 27♐43 | 27♒18 | 01♋03 | 27♊54 | 17♈19 | 16♒18 | 22♎00 |
| 2 | 12:42:37 | 12 34 08 | 14♉02 | 21 17 | 15 33 | 23 51 | 28 09 | 27 30 | 01 07 | 27 56 | 17 21 | 16 19 | 21 57 |
| 3 | 12:46:34 | 13 33 20 | 28 26 | 05♊29 | 16 48 | 23 32 | 28 36 | 27 42 | 01 10 | 27 57 | 17 23 | 16 20 | 21 54 |
| 4 | 12:50:30 | 14 32 30 | 12♊24 | 19 13 | 18 05 | 23 14 | 29 02 | 27 54 | 01 14 | 27 58 | 17 25 | 16 21 | 21 50 |
| 5 | 12:54:27 | 15 31 37 | 25 56 | 02♋31 | 19 24 | 23 00 | 29 27 | 28 06 | 01 17 | 28 00 | 17 28 | 16 23 | 21 47 |
| 6 | 12:58:23 | 16 30 42 | 09♋01 | 15 25 | 20 44 | 22 47 | 29 53 | 28 18 | 01 21 | 28 02 | 17 30 | 16 24 | 21 44 |
| 7 | 13:02:20 | 17 29 45 | 21 44 | 27 58 | 22 06 | 22 37 | 00♑18 | 28 30 | 01 25 | 28 03 | 17 32 | 16 25 | 21 41 |
| 8 | 13:06:16 | 18 28 45 | 04♌08 | 10♌14 | 23 31 | 22 29 | 00 43 | 28 42 | 01 29 | 28 05 | 17 35 | 16 26 | 21 38 |
| 9 | 13:10:13 | 19 27 43 | 16 17 | 22 17 | 24 57 | 22 24 | 01 08 | 28 53 | 01 33 | 28 07 | 17 37 | 16 27 | 21 35 |
| 10 | 13:14:10 | 20 26 39 | 28 15 | 04♍11 | 26 24 | 22 21 | 01 32 | 29 05 | 01 37 | 28 08 | 17 39 | 16 28 | 21 31 |
| 11 | 13:18:06 | 21 25 33 | 10♍06 | 16 01 | 27 53 | 22 21D | 01 56 | 29 16 | 01 41 | 28 10 | 17 41 | 16 29 | 21 28 |
| 12 | 13:22:03 | 22 24 24 | 21 55 | 27 49 | 29 24 | 22 23 | 02 20 | 29 27 | 01 45 | 28 12 | 17 44 | 16 30 | 21 25 |
| 13 | 13:25:59 | 23 23 13 | 03♎43 | 09♎38 | 00♈57 | 22 28 | 02 43 | 29 38 | 01 49 | 28 14 | 17 46 | 16 31 | 21 22 |
| 14 | 13:29:56 | 24 22 00 | 15 34 | 21 31 | 02 31 | 22 34 | 03 06 | 29 50 | 01 54 | 28 16 | 17 48 | 16 31 | 21 19 |
| 15 | 13:33:52 | 25 20 46 | 27 30 | 03♏30 | 04 07 | 22 43 | 03 29 | 00♓01 | 01 58 | 28 18 | 17 50 | 16 32 | 21 15 |
| 16 | 13:37:49 | 26 19 29 | 09♏32 | 15 37 | 05 44 | 22 54 | 03 52 | 00 11 | 02 03 | 28 20 | 17 53 | 16 33 | 21 12 |
| 17 | 13:41:45 | 27 18 10 | 21 44 | 27 54 | 07 23 | 23 07 | 04 14 | 00 22 | 02 08 | 28 22 | 17 55 | 16 34 | 21 09 |
| 18 | 13:45:42 | 28 16 50 | 04♐06 | 10♐22 | 09 04 | 23 22 | 04 36 | 00 33 | 02 12 | 28 24 | 17 57 | 16 35 | 21 06 |
| 19 | 13:49:39 | 29 15 27 | 16 41 | 23 04 | 10 46 | 23 39 | 04 57 | 00 44 | 02 17 | 28 27 | 17 59 | 16 35 | 21 03 |
| 20 | 13:53:35 | 00♉14 03 | 29 30 | 06♑01 | 12 30 | 23 59 | 05 18 | 00 54 | 02 22 | 28 29 | 18 02 | 16 36 | 21 00 |
| 21 | 13:57:32 | 01 12 38 | 12♑36 | 19 16 | 14 16 | 24 20 | 05 39 | 01 05 | 02 27 | 28 31 | 18 04 | 16 37 | 20 56 |
| 22 | 14:01:28 | 02 11 10 | 26 00 | 02♒49 | 16 03 | 24 42 | 06 00 | 01 15 | 02 32 | 28 33 | 18 06 | 16 38 | 20 53 |
| 23 | 14:05:25 | 03 09 41 | 09♒43 | 16 42 | 17 51 | 25 07 | 06 19 | 01 25 | 02 37 | 28 36 | 18 08 | 16 38 | 20 50 |
| 24 | 14:09:21 | 04 08 11 | 23 46 | 00♓55 | 19 42 | 25 33 | 06 39 | 01 35 | 02 43 | 28 38 | 18 10 | 16 39 | 20 47 |
| 25 | 14:13:18 | 05 06 39 | 08♓08 | 15 26 | 21 34 | 26 01 | 06 58 | 01 45 | 02 48 | 28 40 | 18 13 | 16 40 | 20 44 |
| 26 | 14:17:14 | 06 05 05 | 22 47 | 00♈10 | 23 28 | 26 30 | 07 17 | 01 55 | 02 53 | 28 43 | 18 15 | 16 40 | 20 41 |
| 27 | 14:21:11 | 07 03 29 | 07♈36 | 15 04 | 25 23 | 27 01 | 07 35 | 02 05 | 02 59 | 28 45 | 18 17 | 16 41 | 20 37 |
| 28 | 14:25:08 | 08 01 52 | 22 31 | 29 58 | 27 20 | 27 33 | 07 53 | 02 14 | 03 04 | 28 48 | 18 19 | 16 41 | 20 34 |
| 29 | 14:29:04 | 09 00 14 | 07♉24 | 14♉47 | 29 19 | 28 07 | 08 10 | 02 24 | 03 10 | 28 51 | 18 21 | 16 42 | 20 31 |
| 30 | 14:33:01 | 09 58 33 | 22 06 | 29 21 | 01♉20 | 28 41 | 08 27 | 02 33 | 03 15 | 28 53 | 18 24 | 16 42 | 20 28 |

## 0:00 E.T. — Longitudes of the Major Asteroids and Chiron

| D | ⚳ | ⚴ | ⚵ | ⚶ | ⚷ | D | ⚳ | ⚴ | ⚵ | ⚶ | ⚷ |
|---|---|---|---|---|---|---|---|---|---|---|---|
| 1 | 01♑10 | 14♏22℞ | 06♎16℞ | 20♒04 | 23♉00 | 16 | 02 49 | 10 41 | 02 59 | 26 53 | 23 55 |
| 2 | 01 19 | 14 10 | 06 02 | 20 32 | 23 04 | 17 | 02 53 | 10 24 | 02 48 | 27 19 | 23 59 |
| 3 | 01 28 | 13 58 | 05 47 | 20 59 | 23 07 | 18 | 02 56 | 10 07 | 02 37 | 27 45 | 24 02 |
| 4 | 01 36 | 13 45 | 05 33 | 21 27 | 23 10 | 19 | 03 00 | 09 49 | 02 26 | 28 11 | 24 06 |
| 5 | 01 44 | 13 32 | 05 20 | 21 55 | 23 14 | 20 | 03 02 | 09 31 | 02 16 | 28 37 | 24 10 |
| 6 | 01 51 | 13 18 | 05 06 | 22 22 | 23 18 | 21 | 03 05 | 09 13 | 02 06 | 29 03 | 24 14 |
| 7 | 01 59 | 13 04 | 04 52 | 22 50 | 23 21 | 22 | 03 07 | 08 55 | 01 56 | 29 29 | 24 18 |
| 8 | 02 06 | 12 49 | 04 39 | 23 17 | 23 25 | 23 | 03 09 | 08 37 | 01 46 | 29 55 | 24 22 |
| 9 | 02 12 | 12 34 | 04 26 | 23 45 | 23 28 | 24 | 03 10 | 08 18 | 01 37 | 00♓20 | 24 26 |
| 10 | 02 18 | 12 19 | 04 13 | 24 12 | 23 32 | 25 | 03 11 | 08 00 | 01 28 | 00 46 | 24 30 |
| 11 | 02 24 | 12 04 | 04 00 | 24 39 | 23 36 | 26 | 03 12 | 07 42 | 01 19 | 01 11 | 24 34 |
| 12 | 02 30 | 11 48 | 03 47 | 25 06 | 23 39 | 27 | 03 12 | 07 23 | 01 11 | 01 36 | 24 38 |
| 13 | 02 35 | 11 32 | 03 35 | 25 33 | 23 43 | 28 | 03 12℞ | 07 04 | 01 03 | 02 01 | 24 42 |
| 14 | 02 40 | 11 15 | 03 23 | 25 59 | 23 47 | 29 | 03 11 | 06 46 | 00 55 | 02 26 | 24 47 |
| 15 | 02 45 | 10 58 | 03 11 | 26 26 | 23 51 | 30 | 03 10 | 06 27 | 00 48 | 02 51 | 24 51 |

## Lunar Data

| Last Asp. | | Ingress | | |
|---|---|---|---|---|
| 31 | 21:49 | 1 | ♉ | 01:12 |
| 2 | 22:45 | 3 | ♊ | 02:39 |
| 5 | 06:37 | 5 | ♋ | 07:23 |
| 7 | 01:40 | 7 | ♌ | 15:57 |
| 10 | 01:42 | 10 | ♍ | 03:32 |
| 12 | 12:50 | 12 | ♎ | 16:27 |
| 15 | 01:37 | 15 | ♏ | 05:01 |
| 17 | 02:46 | 17 | ♐ | 16:05 |
| 19 | 22:05 | 20 | ♑ | 00:55 |
| 21 | 21:38 | 22 | ♒ | 07:03 |
| 24 | 08:12 | 24 | ♓ | 10:28 |
| 26 | 09:40 | 26 | ♈ | 11:43 |
| 28 | 10:08 | 28 | ♉ | 12:03 |
| 30 | 11:22 | 30 | ♊ | 13:05 |

## 0:00 E.T. — Declinations

| D | ☉ | ☽ | ☿ | ♀ | ♂ | ♃ | ♄ | ♅ | ♆ | ♇ | ⚳ | ⚴ | ⚵ | ⚶ | ⚷ |
|---|---|---|---|---|---|---|---|---|---|---|---|---|---|---|---|
| 1 | +04 35 | +10 30 | -07 59 | +04 06 | -23 23 | -13 05 | +22 44 | +23 38 | +05 22 | -22 44 | -21 15 | +16 48 | +03 06 | -16 15 | +15 44 |
| 2 | 04 58 | 14 05 | 07 36 | 03 46 | 23 25 | 13 01 | 22 44 | 23 38 | 05 22 | 22 43 | 21 17 | 17 06 | 03 14 | 16 08 | 15 45 |
| 3 | 05 21 | 16 40 | 07 12 | 03 27 | 23 26 | 12 57 | 22 44 | 23 38 | 05 23 | 22 43 | 21 19 | 17 23 | 03 22 | 16 01 | 15 46 |
| 4 | 05 44 | 18 11 | 06 46 | 03 09 | 23 28 | 12 53 | 22 44 | 23 38 | 05 24 | 22 43 | 21 21 | 17 41 | 03 31 | 15 55 | 15 47 |
| 5 | 06 07 | 18 35 | 06 19 | 02 51 | 23 30 | 12 49 | 22 44 | 23 38 | 05 25 | 22 43 | 21 23 | 17 58 | 03 39 | 15 48 | 15 47 |
| 6 | 06 29 | 17 58 | 05 50 | 02 34 | 23 32 | 12 45 | 22 44 | 23 38 | 05 26 | 22 43 | 21 25 | 18 15 | 03 46 | 15 41 | 15 48 |
| 7 | 06 52 | 16 27 | 05 21 | 02 18 | 23 33 | 12 41 | 22 44 | 23 38 | 05 27 | 22 43 | 21 27 | 18 32 | 03 54 | 15 34 | 15 49 |
| 8 | 07 14 | 14 12 | 04 50 | 02 03 | 23 35 | 12 37 | 22 44 | 23 38 | 05 28 | 22 43 | 21 29 | 18 49 | 04 02 | 15 27 | 15 50 |
| 9 | 07 37 | 11 22 | 04 18 | 01 49 | 23 37 | 12 33 | 22 45 | 23 38 | 05 28 | 22 43 | 21 31 | 19 05 | 04 09 | 15 20 | 15 51 |
| 10 | 07 59 | 08 07 | 03 45 | 01 35 | 23 38 | 12 29 | 22 45 | 23 38 | 05 29 | 22 43 | 21 33 | 19 22 | 04 17 | 15 13 | 15 52 |
| 11 | 08 21 | 04 33 | 03 10 | 01 23 | 23 40 | 12 25 | 22 45 | 23 38 | 05 30 | 22 42 | 21 35 | 19 38 | 04 24 | 15 06 | 15 53 |
| 12 | 08 43 | 00 49 | 02 34 | 01 11 | 23 41 | 12 22 | 22 45 | 23 38 | 05 31 | 22 42 | 21 37 | 19 54 | 04 31 | 14 59 | 15 54 |
| 13 | 09 05 | -02 56 | 01 58 | 01 01 | 23 43 | 12 18 | 22 45 | 23 38 | 05 32 | 22 42 | 21 39 | 20 10 | 04 38 | 14 52 | 15 55 |
| 14 | 09 27 | 06 36 | 01 20 | 00 52 | 23 44 | 12 14 | 22 45 | 23 38 | 05 33 | 22 42 | 21 41 | 20 25 | 04 45 | 14 46 | 15 56 |
| 15 | 09 48 | 10 02 | 00 41 | 00 43 | 23 46 | 12 11 | 22 45 | 23 38 | 05 34 | 22 42 | 21 43 | 20 41 | 04 51 | 14 39 | 15 57 |
| 16 | 10 09 | 13 05 | 00 01 | 00 36 | 23 47 | 12 07 | 22 45 | 23 38 | 05 34 | 22 42 | 21 46 | 20 56 | 04 58 | 14 32 | 15 58 |
| 17 | 10 31 | 15 36 | +00 40 | 00 29 | 23 48 | 12 03 | 22 45 | 23 38 | 05 35 | 22 42 | 21 48 | 21 10 | 05 04 | 14 25 | 15 58 |
| 18 | 10 52 | 17 25 | 01 22 | 00 24 | 23 50 | 12 00 | 22 45 | 23 38 | 05 36 | 22 42 | 21 50 | 21 25 | 05 10 | 14 18 | 15 59 |
| 19 | 11 12 | 18 26 | 02 04 | 00 19 | 23 51 | 11 56 | 22 45 | 23 39 | 05 37 | 22 42 | 21 53 | 21 39 | 05 16 | 14 11 | 16 00 |
| 20 | 11 33 | 18 31 | 02 48 | 00 16 | 23 52 | 11 52 | 22 46 | 23 39 | 05 38 | 22 42 | 21 55 | 21 53 | 05 22 | 14 05 | 16 01 |
| 21 | 11 54 | 17 38 | 03 33 | 00 13 | 23 54 | 11 49 | 22 46 | 23 39 | 05 39 | 22 42 | 21 57 | 22 07 | 05 27 | 13 58 | 16 02 |
| 22 | 12 14 | 15 46 | 04 18 | 00 11 | 23 55 | 11 45 | 22 46 | 23 39 | 05 39 | 22 42 | 22 00 | 22 20 | 05 33 | 13 51 | 16 03 |
| 23 | 12 34 | 12 59 | 05 04 | 00 11 | 23 56 | 11 42 | 22 46 | 23 39 | 05 40 | 22 42 | 22 02 | 22 33 | 05 38 | 13 44 | 16 04 |
| 24 | 12 54 | 09 23 | 05 51 | 00 11 | 23 58 | 11 39 | 22 46 | 23 39 | 05 41 | 22 42 | 22 05 | 22 45 | 05 43 | 13 38 | 16 05 |
| 25 | 13 13 | 05 10 | 06 39 | 00 12 | 23 59 | 11 35 | 22 46 | 23 39 | 05 42 | 22 42 | 22 07 | 22 58 | 05 48 | 13 31 | 16 06 |
| 26 | 13 33 | 00 33 | 07 27 | 00 13 | 24 01 | 11 32 | 22 46 | 23 39 | 05 43 | 22 43 | 22 10 | 23 10 | 05 52 | 13 24 | 16 07 |
| 27 | 13 52 | +04 09 | 08 15 | 00 16 | 24 02 | 11 29 | 22 46 | 23 39 | 05 44 | 22 43 | 22 13 | 23 21 | 05 57 | 13 18 | 16 08 |
| 28 | 14 11 | 08 39 | 09 05 | 00 19 | 24 04 | 11 25 | 22 46 | 23 39 | 05 44 | 22 43 | 22 15 | 23 32 | 06 01 | 13 11 | 16 09 |
| 29 | 14 30 | 12 35 | 09 54 | 00 24 | 24 05 | 11 22 | 22 46 | 23 39 | 05 45 | 22 43 | 22 18 | 23 43 | 06 05 | 13 05 | 16 10 |
| 30 | 14 48 | 15 40 | 10 44 | 00 28 | 24 07 | 11 19 | 22 46 | 23 39 | 05 46 | 22 43 | 22 21 | 23 54 | 06 09 | 12 58 | 16 11 |

Lunar Phases -- 6 ◐ 15:15 14 Ⓔ 19:19 22 ◑ 11:44 29 ● 02:47 Sun enters ♉ 4/19 18:15

## 0:00 E.T. Longitudes of Main Planets - May 2033 **May 33**

| D | S.T. | ☉ | ☽ | ☽ 12:00 | ☿ | ♀ | ♂ | ♃ | ♄ | ♅ | ♆ | ♇ | ☊ |
|---|---|---|---|---|---|---|---|---|---|---|---|---|---|
| 1 | 14:36:57 | 10♉56 51 | 06♊31 | 13♊35 | 03♉21 | 29♓18 | 08♑44 | 02♓42 | 03♋21 | 28♊56 | 18♈26 | 16♒43 | 20♎25 |
| 2 | 14:40:54 | 11 55 07 | 20 34 | 27 26 | 05 25 | 29 55 | 09 00 | 02 52 | 03 27 | 28 58 | 18 28 | 16 43 | 20 21 |
| 3 | 14:44:50 | 12 53 20 | 04♋11 | 10♋50 | 07 30 | 00♈33 | 09 15 | 03 01 | 03 33 | 29 01 | 18 30 | 16 43 | 20 18 |
| 4 | 14:48:47 | 13 51 32 | 17 23 | 23 49 | 09 36 | 01 13 | 09 30 | 03 10 | 03 39 | 29 04 | 18 32 | 16 44 | 20 15 |
| 5 | 14:52:43 | 14 49 42 | 00♌10 | 06♌26 | 11 43 | 01 54 | 09 45 | 03 18 | 03 45 | 29 07 | 18 34 | 16 44 | 20 12 |
| 6 | 14:56:40 | 15 47 50 | 12 37 | 18 43 | 13 51 | 02 35 | 09 58 | 03 27 | 03 51 | 29 09 | 18 36 | 16 44 | 20 09 |
| 7 | 15:00:37 | 16 45 56 | 24 46 | 00♍46 | 16 00 | 03 18 | 10 12 | 03 35 | 03 57 | 29 12 | 18 38 | 16 45 | 20 06 |
| 8 | 15:04:33 | 17 44 00 | 06♍44 | 12 40 | 18 10 | 04 02 | 10 25 | 03 44 | 04 03 | 29 15 | 18 40 | 16 45 | 20 02 |
| 9 | 15:08:30 | 18 42 02 | 18 34 | 24 28 | 20 21 | 04 46 | 10 37 | 03 52 | 04 09 | 29 18 | 18 42 | 16 45 | 19 59 |
| 10 | 15:12:26 | 19 40 02 | 00♎22 | 06♎17 | 22 31 | 05 32 | 10 49 | 04 00 | 04 16 | 29 21 | 18 44 | 16 46 | 19 56 |
| 11 | 15:16:23 | 20 38 00 | 12 12 | 18 08 | 24 42 | 06 18 | 11 00 | 04 08 | 04 22 | 29 24 | 18 46 | 16 46 | 19 53 |
| 12 | 15:20:19 | 21 35 57 | 24 07 | 00♏07 | 26 52 | 07 05 | 11 10 | 04 16 | 04 28 | 29 27 | 18 48 | 16 46 | 19 50 |
| 13 | 15:24:16 | 22 33 52 | 06♏11 | 12 16 | 29 01 | 07 53 | 11 20 | 04 24 | 04 35 | 29 30 | 18 50 | 16 46 | 19 46 |
| 14 | 15:28:12 | 23 31 45 | 18 25 | 24 37 | 01♊10 | 08 42 | 11 30 | 04 31 | 04 41 | 29 33 | 18 52 | 16 46 | 19 43 |
| 15 | 15:32:09 | 24 29 37 | 00♐52 | 07♐11 | 03 17 | 09 31 | 11 38 | 04 39 | 04 48 | 29 36 | 18 54 | 16 46 | 19 40 |
| 16 | 15:36:06 | 25 27 28 | 13 33 | 19 58 | 05 23 | 10 21 | 11 46 | 04 46 | 04 54 | 29 39 | 18 56 | 16 46 | 19 37 |
| 17 | 15:40:02 | 26 25 17 | 26 27 | 02♑59 | 07 27 | 11 12 | 11 54 | 04 53 | 05 01 | 29 42 | 18 58 | 16 46 | 19 34 |
| 18 | 15:43:59 | 27 23 05 | 09♑35 | 16 14 | 09 29 | 12 03 | 12 01 | 05 00 | 05 08 | 29 45 | 19 00 | 16 46℞ | 19 31 |
| 19 | 15:47:55 | 28 20 51 | 22 56 | 29 41 | 11 29 | 12 55 | 12 07 | 05 07 | 05 15 | 29 49 | 19 02 | 16 46 | 19 27 |
| 20 | 15:51:52 | 29 18 37 | 06♒30 | 13♒21 | 13 27 | 13 48 | 12 12 | 05 13 | 05 21 | 29 52 | 19 04 | 16 46 | 19 24 |
| 21 | 15:55:48 | 00♊16 21 | 20 16 | 27 13 | 15 22 | 14 41 | 12 17 | 05 20 | 05 28 | 29 55 | 19 05 | 16 46 | 19 21 |
| 22 | 15:59:45 | 01 14 04 | 04♓14 | 11♓17 | 17 14 | 15 35 | 12 21 | 05 26 | 05 35 | 29 58 | 19 07 | 16 46 | 19 18 |
| 23 | 16:03:41 | 02 11 46 | 18 23 | 25 32 | 19 04 | 16 30 | 12 24 | 05 32 | 05 42 | 00♋01 | 19 09 | 16 46 | 19 15 |
| 24 | 16:07:38 | 03 09 28 | 02♈42 | 09♈55 | 20 51 | 17 24 | 12 27 | 05 38 | 05 49 | 00 05 | 19 11 | 16 46 | 19 12 |
| 25 | 16:11:35 | 04 07 08 | 17 09 | 24 24 | 22 35 | 18 20 | 12 29 | 05 44 | 05 56 | 00 08 | 19 12 | 16 46 | 19 08 |
| 26 | 16:15:31 | 05 04 47 | 01♉40 | 08♉55 | 24 16 | 19 16 | 12 30 | 05 50 | 06 03 | 00 11 | 19 14 | 16 45 | 19 05 |
| 27 | 16:19:28 | 06 02 25 | 16 10 | 23 23 | 25 54 | 20 12 | 12 30 | 05 55 | 06 10 | 00 15 | 19 16 | 16 45 | 19 02 |
| 28 | 16:23:24 | 07 00 02 | 00♊33 | 07♊41 | 27 29 | 21 09 | 12 30℞ | 06 01 | 06 17 | 00 18 | 19 18 | 16 45 | 18 59 |
| 29 | 16:27:21 | 07 57 38 | 14 45 | 21 45 | 29 01 | 22 06 | 12 29 | 06 06 | 06 24 | 00 21 | 19 19 | 16 45 | 18 56 |
| 30 | 16:31:17 | 08 55 13 | 28 40 | 05♋29 | 00♋30 | 23 04 | 12 27 | 06 11 | 06 32 | 00 25 | 19 21 | 16 44 | 18 52 |
| 31 | 16:35:14 | 09 52 47 | 12♋13 | 18 52 | 01 55 | 24 01 | 12 24 | 06 16 | 06 39 | 00 28 | 19 22 | 16 44 | 18 49 |

## 0:00 E.T. Longitudes of the Major Asteroids and Chiron

| D | ⚳ | ⚴ | ⚵ | ⚶ | ⚷ |
|---|---|---|---|---|---|
| 1 | 03♑09℞ | 06♏09℞ | 00♎41℞ | 03♓16 | 24♉55 |
| 2 | 03 07 | 05 51 | 00 35 | 03 40 | 24 59 |
| 3 | 03 05 | 05 33 | 00 29 | 04 04 | 25 03 |
| 4 | 03 03 | 05 15 | 00 23 | 04 29 | 25 07 |
| 5 | 03 00 | 04 57 | 00 17 | 04 53 | 25 12 |
| 6 | 02 57 | 04 39 | 00 12 | 05 16 | 25 16 |
| 7 | 02 53 | 04 21 | 00 07 | 05 40 | 25 20 |
| 8 | 02 49 | 04 04 | 00 03 | 06 04 | 25 24 |
| 9 | 02 45 | 03 47 | 29♍59 | 06 27 | 25 28 |
| 10 | 02 40 | 03 30 | 29 55 | 06 50 | 25 33 |
| 11 | 02 35 | 03 13 | 29 52 | 07 13 | 25 37 |
| 12 | 02 30 | 02 57 | 29 49 | 07 36 | 25 41 |
| 13 | 02 24 | 02 41 | 29 46 | 07 59 | 25 45 |
| 14 | 02 18 | 02 25 | 29 44 | 08 21 | 25 49 |
| 15 | 02 11 | 02 10 | 29 42 | 08 44 | 25 54 |
| 16 | 02 04 | 01 55 | 29 41 | 09 06 | 25 58 |
| 17 | 01 57 | 01 41 | 29 39 | 09 28 | 26 02 |
| 18 | 01 50 | 01 26 | 29 39 | 09 50 | 26 06 |
| 19 | 01 42 | 01 12 | 29 38 | 10 11 | 26 11 |
| 20 | 01 34 | 00 59 | 29 38 | 10 33 | 26 15 |
| 21 | 01 25 | 00 46 | 29 38D | 10 54 | 26 19 |
| 22 | 01 16 | 00 33 | 29 38 | 11 15 | 26 23 |
| 23 | 01 07 | 00 21 | 29 39 | 11 36 | 26 28 |
| 24 | 00 58 | 00 09 | 29 40 | 11 57 | 26 32 |
| 25 | 00 48 | 29♎58 | 29 42 | 12 17 | 26 36 |
| 26 | 00 38 | 29 47 | 29 44 | 12 37 | 26 40 |
| 27 | 00 28 | 29 36 | 29 46 | 12 57 | 26 45 |
| 28 | 00 17 | 29 26 | 29 48 | 13 17 | 26 49 |
| 29 | 00 06 | 29 17 | 29 51 | 13 37 | 26 53 |
| 30 | 29♐55 | 29 08 | 29 54 | 13 56 | 26 57 |
| 31 | 29 44 | 28 59 | 29 58 | 14 15 | 27 01 |

## Lunar Data

| Last Asp. | | Ingress | |
|---|---|---|---|
| 2 | 14:47 | 2 ♋ | 16:33 |
| 4 | 02:08 | 4 ♌ | 23:41 |
| 7 | 08:54 | 7 ♍ | 10:27 |
| 9 | 21:55 | 9 ♎ | 23:15 |
| 12 | 10:42 | 12 ♏ | 11:45 |
| 14 | 10:44 | 14 ♐ | 22:20 |
| 17 | 06:01 | 17 ♑ | 06:32 |
| 19 | 10:22 | 19 ♒ | 12:33 |
| 21 | 16:41 | 21 ♓ | 16:46 |
| 23 | 01:19 | 23 ♈ | 19:29 |
| 25 | 10:11 | 25 ♉ | 21:15 |
| 27 | 00:59 | 27 ♊ | 23:04 |
| 29 | 13:32 | 30 ♋ | 02:20 |

## 0:00 E.T. Declinations

| D | ☉ | ☽ | ☿ | ♀ | ♂ | ♃ | ♄ | ♅ | ♆ | ♇ | ⚳ | ⚴ | ⚵ | ⚶ | ⚷ |
|---|---|---|---|---|---|---|---|---|---|---|---|---|---|---|---|
| 1 | +15 06 | +17 42 | +11 34 | +00 34 | -24 08 | -11 16 | +22 46 | +23 39 | +05 47 | -22 43 | -22 23 | +24 04 | +06 13 | -12 52 | +16 12 |
| 2 | 15 24 | 18 35 | 12 24 | 00 40 | 24 10 | 11 13 | 22 46 | 23 39 | 05 47 | 22 43 | 22 26 | 24 14 | 06 16 | 12 45 | 16 13 |
| 3 | 15 42 | 18 20 | 13 14 | 00 48 | 24 12 | 11 10 | 22 46 | 23 39 | 05 48 | 22 43 | 22 29 | 24 23 | 06 20 | 12 39 | 16 14 |
| 4 | 16 00 | 17 06 | 14 03 | 00 55 | 24 13 | 11 07 | 22 46 | 23 39 | 05 49 | 22 43 | 22 32 | 24 32 | 06 23 | 12 32 | 16 15 |
| 5 | 16 17 | 15 02 | 14 52 | 01 04 | 24 15 | 11 04 | 22 46 | 23 39 | 05 50 | 22 44 | 22 35 | 24 41 | 06 26 | 12 26 | 16 16 |
| 6 | 16 34 | 12 20 | 15 41 | 01 13 | 24 17 | 11 01 | 22 46 | 23 39 | 05 51 | 22 44 | 22 38 | 24 49 | 06 29 | 12 20 | 16 16 |
| 7 | 16 50 | 09 08 | 16 29 | 01 22 | 24 19 | 10 58 | 22 46 | 23 39 | 05 51 | 22 44 | 22 41 | 24 57 | 06 31 | 12 14 | 16 17 |
| 8 | 17 07 | 05 38 | 17 16 | 01 32 | 24 21 | 10 55 | 22 46 | 23 39 | 05 52 | 22 44 | 22 44 | 25 04 | 06 34 | 12 08 | 16 18 |
| 9 | 17 23 | 01 56 | 18 01 | 01 43 | 24 23 | 10 52 | 22 46 | 23 39 | 05 53 | 22 44 | 22 47 | 25 11 | 06 36 | 12 02 | 16 19 |
| 10 | 17 39 | -01 51 | 18 46 | 01 54 | 24 25 | 10 50 | 22 46 | 23 39 | 05 54 | 22 44 | 22 51 | 25 18 | 06 38 | 11 56 | 16 20 |
| 11 | 17 54 | 05 34 | 19 28 | 02 06 | 24 27 | 10 47 | 22 45 | 23 39 | 05 54 | 22 45 | 22 54 | 25 24 | 06 40 | 11 50 | 16 21 |
| 12 | 18 10 | 09 05 | 20 09 | 02 18 | 24 30 | 10 44 | 22 45 | 23 39 | 05 55 | 22 45 | 22 57 | 25 30 | 06 42 | 11 44 | 16 22 |
| 13 | 18 24 | 12 17 | 20 48 | 02 31 | 24 32 | 10 42 | 22 45 | 23 39 | 05 56 | 22 45 | 23 00 | 25 35 | 06 43 | 11 38 | 16 23 |
| 14 | 18 39 | 15 00 | 21 25 | 02 44 | 24 35 | 10 39 | 22 45 | 23 39 | 05 56 | 22 45 | 23 03 | 25 40 | 06 44 | 11 32 | 16 24 |
| 15 | 18 53 | 17 03 | 21 59 | 02 58 | 24 37 | 10 37 | 22 45 | 23 39 | 05 57 | 22 45 | 23 07 | 25 45 | 06 46 | 11 27 | 16 25 |
| 16 | 19 07 | 18 19 | 22 31 | 03 12 | 24 40 | 10 34 | 22 45 | 23 39 | 05 58 | 22 46 | 23 10 | 25 49 | 06 47 | 11 21 | 16 26 |
| 17 | 19 21 | 18 40 | 23 01 | 03 26 | 24 43 | 10 32 | 22 45 | 23 39 | 05 58 | 22 46 | 23 13 | 25 53 | 06 48 | 11 15 | 16 27 |
| 18 | 19 34 | 18 01 | 23 28 | 03 41 | 24 45 | 10 30 | 22 45 | 23 39 | 05 59 | 22 46 | 23 17 | 25 57 | 06 48 | 11 10 | 16 28 |
| 19 | 19 47 | 16 23 | 23 52 | 03 56 | 24 49 | 10 27 | 22 45 | 23 39 | 06 00 | 22 46 | 23 20 | 26 00 | 06 49 | 11 05 | 16 28 |
| 20 | 20 00 | 13 49 | 24 14 | 04 12 | 24 52 | 10 25 | 22 44 | 23 39 | 06 01 | 22 47 | 23 24 | 26 03 | 06 49 | 10 59 | 16 29 |
| 21 | 20 12 | 10 27 | 24 33 | 04 28 | 24 55 | 10 23 | 22 44 | 23 39 | 06 01 | 22 47 | 23 27 | 26 05 | 06 49 | 10 54 | 16 30 |
| 22 | 20 24 | 06 28 | 24 50 | 04 44 | 24 58 | 10 21 | 22 44 | 23 39 | 06 02 | 22 47 | 23 31 | 26 07 | 06 49 | 10 49 | 16 31 |
| 23 | 20 36 | 02 03 | 25 04 | 05 00 | 25 02 | 10 19 | 22 44 | 23 39 | 06 02 | 22 48 | 23 34 | 26 09 | 06 49 | 10 44 | 16 32 |
| 24 | 20 47 | +02 32 | 25 15 | 05 17 | 25 05 | 10 17 | 22 44 | 23 39 | 06 03 | 22 48 | 23 38 | 26 10 | 06 49 | 10 39 | 16 33 |
| 25 | 20 58 | 07 01 | 25 25 | 05 34 | 25 09 | 10 15 | 22 44 | 23 39 | 06 04 | 22 48 | 23 41 | 26 11 | 06 48 | 10 34 | 16 34 |
| 26 | 21 08 | 11 06 | 25 31 | 05 52 | 25 13 | 10 13 | 22 43 | 23 39 | 06 04 | 22 48 | 23 45 | 26 12 | 06 48 | 10 29 | 16 35 |
| 27 | 21 19 | 14 31 | 25 36 | 06 09 | 25 17 | 10 11 | 22 43 | 23 39 | 06 05 | 22 49 | 23 48 | 26 12 | 06 47 | 10 25 | 16 35 |
| 28 | 21 28 | 17 01 | 25 39 | 06 27 | 25 21 | 10 10 | 22 43 | 23 39 | 06 05 | 22 49 | 23 52 | 26 12 | 06 46 | 10 20 | 16 36 |
| 29 | 21 38 | 18 24 | 25 39 | 06 45 | 25 25 | 10 08 | 22 43 | 23 39 | 06 06 | 22 49 | 23 55 | 26 12 | 06 45 | 10 16 | 16 37 |
| 30 | 21 47 | 18 39 | 25 38 | 07 03 | 25 29 | 10 06 | 22 42 | 23 39 | 06 07 | 22 50 | 23 59 | 26 11 | 06 44 | 10 11 | 16 38 |
| 31 | 21 56 | 17 49 | 25 35 | 07 21 | 25 33 | 10 05 | 22 42 | 23 39 | 06 07 | 22 50 | 24 02 | 26 10 | 06 43 | 10 07 | 16 39 |

Lunar Phases -- 6 ◐ 06:47 14 ○ 10:44 21 ◑ 18:30 28 ● 11:38 Sun enters ♊ 5/20 17:12

# Longitudes of Main Planets - June 2033

0:00 E.T.

| D | S.T. | ☉ | ☽ | ☽ 12:00 | ☿ | ♀ | ♂ | ♃ | ♄ | ♅ | ♆ | ♇ | ☊ |
|---|---|---|---|---|---|---|---|---|---|---|---|---|---|
| 1 | 16:39:10 | 10♊50 19 | 25♋24 | 01♌51 | 03♋18 | 25♈00 | 12♑21℞ | 06♓21 | 06♋46 | 00♋32 | 19♈24 | 16♒43℞ | 18♎46 |
| 2 | 16:43:07 | 11 47 51 | 08♌13 | 14 29 | 04 37 | 25 59 | 12 17 | 06 25 | 06 54 | 00 35 | 19 26 | 16 43 | 18 43 |
| 3 | 16:47:04 | 12 45 20 | 20 40 | 26 48 | 05 53 | 26 58 | 12 12 | 06 30 | 07 01 | 00 38 | 19 27 | 16 43 | 18 40 |
| 4 | 16:51:00 | 13 42 49 | 02♍51 | 08♍52 | 07 05 | 27 57 | 12 06 | 06 34 | 07 08 | 00 42 | 19 29 | 16 42 | 18 37 |
| 5 | 16:54:57 | 14 40 16 | 14 49 | 20 45 | 08 14 | 28 57 | 12 00 | 06 38 | 07 16 | 00 45 | 19 30 | 16 42 | 18 33 |
| 6 | 16:58:53 | 15 37 42 | 26 40 | 02♎34 | 09 20 | 29 57 | 11 53 | 06 42 | 07 23 | 00 49 | 19 32 | 16 41 | 18 30 |
| 7 | 17:02:50 | 16 35 07 | 08♎29 | 14 24 | 10 22 | 00♉58 | 11 45 | 06 45 | 07 31 | 00 52 | 19 33 | 16 41 | 18 27 |
| 8 | 17:06:46 | 17 32 31 | 20 20 | 26 18 | 11 21 | 01 58 | 11 36 | 06 49 | 07 38 | 00 56 | 19 34 | 16 40 | 18 24 |
| 9 | 17:10:43 | 18 29 54 | 02♏19 | 08♏23 | 12 16 | 02 59 | 11 27 | 06 52 | 07 46 | 00 59 | 19 36 | 16 40 | 18 21 |
| 10 | 17:14:39 | 19 27 15 | 14 30 | 20 41 | 13 07 | 04 01 | 11 17 | 06 55 | 07 53 | 01 03 | 19 37 | 16 39 | 18 18 |
| 11 | 17:18:36 | 20 24 36 | 26 56 | 03♐16 | 13 54 | 05 02 | 11 06 | 06 58 | 08 01 | 01 07 | 19 39 | 16 38 | 18 14 |
| 12 | 17:22:33 | 21 21 56 | 09♐39 | 16 07 | 14 37 | 06 04 | 10 55 | 07 01 | 08 08 | 01 10 | 19 40 | 16 38 | 18 11 |
| 13 | 17:26:29 | 22 19 16 | 22 39 | 29 16 | 15 17 | 07 06 | 10 43 | 07 03 | 08 16 | 01 14 | 19 41 | 16 37 | 18 08 |
| 14 | 17:30:26 | 23 16 34 | 05♑56 | 12♑41 | 15 52 | 08 09 | 10 30 | 07 06 | 08 23 | 01 17 | 19 42 | 16 37 | 18 05 |
| 15 | 17:34:22 | 24 13 52 | 19 28 | 26 19 | 16 23 | 09 11 | 10 17 | 07 08 | 08 31 | 01 21 | 19 44 | 16 36 | 18 02 |
| 16 | 17:38:19 | 25 11 09 | 03♒12 | 10♒08 | 16 50 | 10 14 | 10 03 | 07 10 | 08 39 | 01 24 | 19 45 | 16 35 | 17 58 |
| 17 | 17:42:15 | 26 08 26 | 17 05 | 24 05 | 17 12 | 11 17 | 09 49 | 07 12 | 08 46 | 01 28 | 19 46 | 16 34 | 17 55 |
| 18 | 17:46:12 | 27 05 43 | 01♓05 | 08♓07 | 17 30 | 12 21 | 09 34 | 07 13 | 08 54 | 01 31 | 19 47 | 16 34 | 17 52 |
| 19 | 17:50:08 | 28 02 59 | 15 09 | 22 13 | 17 43 | 13 24 | 09 19 | 07 15 | 09 02 | 01 35 | 19 48 | 16 33 | 17 49 |
| 20 | 17:54:05 | 29 00 15 | 29 16 | 06♈20 | 17 52 | 14 28 | 09 03 | 07 16 | 09 10 | 01 39 | 19 49 | 16 32 | 17 46 |
| 21 | 17:58:02 | 29 57 31 | 13♈25 | 20 29 | 17 56 | 15 32 | 08 47 | 07 17 | 09 17 | 01 42 | 19 50 | 16 31 | 17 43 |
| 22 | 18:01:58 | 00♋54 47 | 27 34 | 04♉38 | 17 56℞ | 16 37 | 08 30 | 07 18 | 09 25 | 01 46 | 19 51 | 16 30 | 17 39 |
| 23 | 18:05:55 | 01 52 02 | 11♉42 | 18 45 | 17 51 | 17 41 | 08 13 | 07 19 | 09 33 | 01 49 | 19 52 | 16 30 | 17 36 |
| 24 | 18:09:51 | 02 49 18 | 25 47 | 02♊47 | 17 42 | 18 46 | 07 55 | 07 19 | 09 41 | 01 53 | 19 53 | 16 29 | 17 33 |
| 25 | 18:13:48 | 03 46 33 | 09♊46 | 16 42 | 17 28 | 19 50 | 07 38 | 07 19 | 09 48 | 01 57 | 19 54 | 16 28 | 17 30 |
| 26 | 18:17:44 | 04 43 48 | 23 35 | 00♋25 | 17 10 | 20 56 | 07 20 | 07 19℞ | 09 56 | 02 00 | 19 55 | 16 27 | 17 27 |
| 27 | 18:21:41 | 05 41 03 | 07♋11 | 13 53 | 16 49 | 22 01 | 07 01 | 07 19 | 10 04 | 02 04 | 19 56 | 16 26 | 17 24 |
| 28 | 18:25:37 | 06 38 18 | 20 30 | 27 03 | 16 24 | 23 06 | 06 43 | 07 19 | 10 12 | 02 07 | 19 57 | 16 25 | 17 20 |
| 29 | 18:29:34 | 07 35 32 | 03♌31 | 09♌55 | 15 56 | 24 12 | 06 25 | 07 18 | 10 20 | 02 11 | 19 58 | 16 24 | 17 17 |
| 30 | 18:33:31 | 08 32 46 | 16 14 | 22 28 | 15 25 | 25 17 | 06 06 | 07 18 | 10 27 | 02 15 | 19 58 | 16 23 | 17 14 |

## 0:00 E.T. Longitudes of the Major Asteroids and Chiron

| D | ⚳ | ⚴ | ⚵ | ⚶ | ⚷ | D | ⚳ | ⚴ | ⚵ | ⚶ | ⚷ |
|---|---|---|---|---|---|---|---|---|---|---|---|
| 1 | 29♐32℞ | 28♎51℞ | 00♎01 | 14♓34 | 27♉06 | 16 | 26 21 | 27 47 | 01 31 | 18 47 | 28 06 |
| 2 | 29 20 | 28 43 | 00 05 | 14 53 | 27 10 | 17 | 26 08 | 27 47 | 01 39 | 19 01 | 28 10 |
| 3 | 29 08 | 28 36 | 00 10 | 15 11 | 27 14 | 18 | 25 55 | 27 46D | 01 48 | 19 16 | 28 14 |
| 4 | 28 56 | 28 29 | 00 14 | 15 29 | 27 18 | 19 | 25 42 | 27 47 | 01 56 | 19 30 | 28 18 |
| 5 | 28 44 | 28 23 | 00 19 | 15 47 | 27 22 | 20 | 25 28 | 27 48 | 02 05 | 19 43 | 28 22 |
| 6 | 28 32 | 28 18 | 00 24 | 16 05 | 27 26 | 21 | 25 15 | 27 49 | 02 14 | 19 57 | 28 25 |
| 7 | 28 19 | 28 12 | 00 30 | 16 22 | 27 30 | 22 | 25 02 | 27 51 | 02 23 | 20 10 | 28 29 |
| 8 | 28 06 | 28 08 | 00 36 | 16 39 | 27 34 | 23 | 24 49 | 27 53 | 02 33 | 20 23 | 28 33 |
| 9 | 27 53 | 28 03 | 00 42 | 16 56 | 27 38 | 24 | 24 36 | 27 55 | 02 43 | 20 35 | 28 37 |
| 10 | 27 40 | 28 00 | 00 48 | 17 13 | 27 42 | 25 | 24 23 | 27 58 | 02 52 | 20 47 | 28 40 |
| 11 | 27 27 | 27 56 | 00 54 | 17 29 | 27 46 | 26 | 24 10 | 28 02 | 03 03 | 20 59 | 28 44 |
| 12 | 27 14 | 27 54 | 01 01 | 17 45 | 27 50 | 27 | 23 58 | 28 06 | 03 13 | 21 10 | 28 48 |
| 13 | 27 01 | 27 51 | 01 08 | 18 01 | 27 54 | 28 | 23 45 | 28 10 | 03 24 | 21 21 | 28 51 |
| 14 | 26 48 | 27 49 | 01 16 | 18 17 | 27 58 | 29 | 23 33 | 28 15 | 03 34 | 21 32 | 28 55 |
| 15 | 26 35 | 27 48 | 01 23 | 18 32 | 28 02 | 30 | 23 21 | 28 20 | 03 45 | 21 42 | 28 58 |

## Lunar Data

| Last Asp. | | Ingress | | |
|---|---|---|---|---|
| 31 | 23:12 | 1 | ♌ | 08:32 |
| 3 | 13:25 | 3 | ♍ | 18:20 |
| 4 | 23:40 | 6 | ♎ | 06:47 |
| 7 | 22:28 | 8 | ♏ | 19:23 |
| 10 | 04:10 | 11 | ♐ | 05:50 |
| 12 | 23:20 | 13 | ♑ | 13:20 |
| 15 | 00:27 | 15 | ♒ | 18:26 |
| 17 | 16:40 | 17 | ♓ | 22:08 |
| 19 | 23:31 | 20 | ♈ | 01:14 |
| 21 | 10:55 | 22 | ♉ | 04:08 |
| 23 | 11:02 | 24 | ♊ | 07:13 |
| 25 | 17:36 | 26 | ♋ | 11:17 |
| 28 | 05:10 | 28 | ♌ | 17:27 |

## 0:00 E.T. Declinations

| D | ☉ | ☽ | ☿ | ♀ | ♂ | ♃ | ♄ | ♅ | ♆ | ♇ | ⚳ | ⚴ | ⚵ | ⚶ | ⚷ |
|---|---|---|---|---|---|---|---|---|---|---|---|---|---|---|---|
| 1 | +22 04 | +16 02 | +25 30 | +07 40 | -25 38 | -10 03 | +22 42 | +23 39 | +06 08 | -22 51 | -24 06 | +26 09 | +06 41 | -10 03 | +16 40 |
| 2 | 22 12 | 13 30 | 25 24 | 07 58 | 25 42 | 10 02 | 22 42 | 23 39 | 06 08 | 22 51 | 24 09 | 26 07 | 06 40 | 09 59 | 16 40 |
| 3 | 22 19 | 10 25 | 25 16 | 08 17 | 25 47 | 10 00 | 22 41 | 23 39 | 06 09 | 22 51 | 24 13 | 26 05 | 06 38 | 09 55 | 16 41 |
| 4 | 22 26 | 06 57 | 25 07 | 08 36 | 25 51 | 09 59 | 22 41 | 23 39 | 06 09 | 22 52 | 24 16 | 26 03 | 06 36 | 09 51 | 16 42 |
| 5 | 22 33 | 03 16 | 24 56 | 08 54 | 25 56 | 09 58 | 22 41 | 23 39 | 06 10 | 22 52 | 24 20 | 26 01 | 06 34 | 09 47 | 16 43 |
| 6 | 22 39 | -00 31 | 24 45 | 09 13 | 26 01 | 09 57 | 22 41 | 23 39 | 06 10 | 22 52 | 24 23 | 25 58 | 06 32 | 09 44 | 16 44 |
| 7 | 22 45 | 04 17 | 24 32 | 09 32 | 26 06 | 09 56 | 22 40 | 23 39 | 06 11 | 22 53 | 24 26 | 25 55 | 06 30 | 09 40 | 16 44 |
| 8 | 22 51 | 07 53 | 24 19 | 09 51 | 26 11 | 09 55 | 22 40 | 23 39 | 06 11 | 22 53 | 24 30 | 25 51 | 06 27 | 09 37 | 16 45 |
| 9 | 22 56 | 11 13 | 24 05 | 10 11 | 26 16 | 09 54 | 22 40 | 23 39 | 06 12 | 22 54 | 24 33 | 25 48 | 06 25 | 09 34 | 16 46 |
| 10 | 23 01 | 14 08 | 23 50 | 10 30 | 26 21 | 09 53 | 22 39 | 23 39 | 06 12 | 22 54 | 24 37 | 25 44 | 06 22 | 09 31 | 16 47 |
| 11 | 23 05 | 16 27 | 23 34 | 10 49 | 26 26 | 09 52 | 22 39 | 23 39 | 06 13 | 22 54 | 24 40 | 25 40 | 06 20 | 09 28 | 16 47 |
| 12 | 23 09 | 18 02 | 23 18 | 11 08 | 26 31 | 09 51 | 22 39 | 23 39 | 06 13 | 22 55 | 24 43 | 25 35 | 06 17 | 09 25 | 16 48 |
| 13 | 23 13 | 18 42 | 23 01 | 11 27 | 26 36 | 09 50 | 22 38 | 23 39 | 06 14 | 22 55 | 24 46 | 25 31 | 06 14 | 09 22 | 16 49 |
| 14 | 23 16 | 18 23 | 22 45 | 11 46 | 26 42 | 09 50 | 22 38 | 23 39 | 06 14 | 22 56 | 24 50 | 25 26 | 06 11 | 09 20 | 16 50 |
| 15 | 23 18 | 17 01 | 22 27 | 12 05 | 26 47 | 09 49 | 22 37 | 23 39 | 06 14 | 22 56 | 24 53 | 25 21 | 06 08 | 09 17 | 16 50 |
| 16 | 23 21 | 14 40 | 22 10 | 12 24 | 26 52 | 09 49 | 22 37 | 23 39 | 06 15 | 22 57 | 24 56 | 25 16 | 06 05 | 09 15 | 16 51 |
| 17 | 23 23 | 11 28 | 21 53 | 12 43 | 26 57 | 09 48 | 22 37 | 23 39 | 06 15 | 22 57 | 24 59 | 25 10 | 06 01 | 09 13 | 16 52 |
| 18 | 23 24 | 07 35 | 21 36 | 13 01 | 27 02 | 09 48 | 22 36 | 23 39 | 06 16 | 22 57 | 25 02 | 25 04 | 05 58 | 09 11 | 16 52 |
| 19 | 23 25 | 03 16 | 21 18 | 13 20 | 27 07 | 09 48 | 22 36 | 23 39 | 06 16 | 22 58 | 25 05 | 24 59 | 05 54 | 09 09 | 16 53 |
| 20 | 23 26 | +01 15 | 21 02 | 13 38 | 27 12 | 09 48 | 22 35 | 23 39 | 06 16 | 22 58 | 25 08 | 24 52 | 05 51 | 09 07 | 16 54 |
| 21 | 23 26 | 05 42 | 20 45 | 13 57 | 27 17 | 09 47 | 22 35 | 23 39 | 06 17 | 22 59 | 25 11 | 24 46 | 05 47 | 09 06 | 16 54 |
| 22 | 23 26 | 09 51 | 20 29 | 14 15 | 27 22 | 09 47 | 22 34 | 23 39 | 06 17 | 22 59 | 25 14 | 24 40 | 05 43 | 09 05 | 16 55 |
| 23 | 23 25 | 13 26 | 20 13 | 14 33 | 27 27 | 09 47 | 22 34 | 23 39 | 06 17 | 23 00 | 25 16 | 24 33 | 05 39 | 09 03 | 16 56 |
| 24 | 23 24 | 16 13 | 19 58 | 14 51 | 27 32 | 09 48 | 22 33 | 23 38 | 06 18 | 23 00 | 25 19 | 24 26 | 05 35 | 09 02 | 16 56 |
| 25 | 23 23 | 18 00 | 19 44 | 15 08 | 27 36 | 09 48 | 22 33 | 23 38 | 06 18 | 23 01 | 25 22 | 24 19 | 05 31 | 09 01 | 16 57 |
| 26 | 23 21 | 18 42 | 19 30 | 15 26 | 27 41 | 09 48 | 22 33 | 23 38 | 06 18 | 23 01 | 25 25 | 24 12 | 05 27 | 09 01 | 16 58 |
| 27 | 23 19 | 18 19 | 19 17 | 15 43 | 27 45 | 09 48 | 22 32 | 23 38 | 06 19 | 23 02 | 25 27 | 24 05 | 05 23 | 09 00 | 16 58 |
| 28 | 23 16 | 16 55 | 19 05 | 16 00 | 27 49 | 09 49 | 22 32 | 23 38 | 06 19 | 23 02 | 25 30 | 23 57 | 05 18 | 09 00 | 16 59 |
| 29 | 23 13 | 14 40 | 18 55 | 16 17 | 27 53 | 09 49 | 22 31 | 23 38 | 06 19 | 23 03 | 25 32 | 23 50 | 05 14 | 09 00 | 16 59 |
| 30 | 23 09 | 11 46 | 18 45 | 16 33 | 27 57 | 09 50 | 22 31 | 23 38 | 06 19 | 23 03 | 25 35 | 23 42 | 05 09 | 09 00 | 17 00 |

Lunar Phases -- 4 ◐ 23:40 12 ○ 23:20 19 ◑ 23:31 26 ● 21:08 Sun enters ♋ 6/21 01:02

0:00 E.T. **Longitudes of Main Planets - July 2033** **July 33**

| D | S.T. | ☉ | ☽ | ☽ 12:00 | ☿ | ♀ | ♂ | ♃ | ♄ | ♅ | ♆ | ♇ | ☊ |
|---|---|---|---|---|---|---|---|---|---|---|---|---|---|
| 1 | 18:37:27 | 09♋30 00 | 28♌38 | 04♍44 | 14♋52℞ | 26♉23 | 05♑48℞ | 07♓17℞ | 10♋35 | 02♋18 | 19♈59 | 16♒22℞ | 17♎11 |
| 2 | 18:41:24 | 10 27 13 | 10♍47 | 16 47 | 14 17 | 27 29 | 05 29 | 07 16 | 10 43 | 02 22 | 20 00 | 16 21 | 17 08 |
| 3 | 18:45:20 | 11 24 26 | 22 44 | 28 40 | 13 41 | 28 35 | 05 11 | 07 14 | 10 51 | 02 25 | 20 00 | 16 20 | 17 04 |
| 4 | 18:49:17 | 12 21 39 | 04♎34 | 10♎29 | 13 04 | 29 42 | 04 53 | 07 13 | 10 59 | 02 29 | 20 01 | 16 19 | 17 01 |
| 5 | 18:53:13 | 13 18 51 | 16 23 | 22 18 | 12 27 | 00♊48 | 04 35 | 07 11 | 11 06 | 02 32 | 20 02 | 16 18 | 16 58 |
| 6 | 18:57:10 | 14 16 03 | 28 15 | 04♏14 | 11 51 | 01 55 | 04 17 | 07 09 | 11 14 | 02 36 | 20 02 | 16 17 | 16 55 |
| 7 | 19:01:06 | 15 13 15 | 10♏16 | 16 22 | 11 17 | 03 01 | 03 59 | 07 07 | 11 22 | 02 39 | 20 03 | 16 15 | 16 52 |
| 8 | 19:05:03 | 16 10 27 | 22 32 | 28 46 | 10 44 | 04 08 | 03 42 | 07 05 | 11 30 | 02 43 | 20 03 | 16 14 | 16 49 |
| 9 | 19:09:00 | 17 07 38 | 05♐05 | 11♐30 | 10 14 | 05 15 | 03 25 | 07 03 | 11 38 | 02 46 | 20 04 | 16 13 | 16 45 |
| 10 | 19:12:56 | 18 04 50 | 17 59 | 24 35 | 09 47 | 06 22 | 03 09 | 07 00 | 11 45 | 02 50 | 20 04 | 16 12 | 16 42 |
| 11 | 19:16:53 | 19 02 01 | 01♑16 | 08♑02 | 09 23 | 07 30 | 02 53 | 06 57 | 11 53 | 02 53 | 20 05 | 16 11 | 16 39 |
| 12 | 19:20:49 | 19 59 13 | 14 53 | 21 49 | 09 03 | 08 37 | 02 37 | 06 54 | 12 01 | 02 57 | 20 05 | 16 10 | 16 36 |
| 13 | 19:24:46 | 20 56 25 | 28 49 | 05♒52 | 08 48 | 09 45 | 02 22 | 06 51 | 12 09 | 03 00 | 20 05 | 16 09 | 16 33 |
| 14 | 19:28:42 | 21 53 37 | 12♒59 | 20 07 | 08 37 | 10 52 | 02 08 | 06 48 | 12 16 | 03 04 | 20 06 | 16 07 | 16 30 |
| 15 | 19:32:39 | 22 50 49 | 27 17 | 04♓28 | 08 32 | 12 00 | 01 54 | 06 44 | 12 24 | 03 07 | 20 06 | 16 06 | 16 26 |
| 16 | 19:36:35 | 23 48 02 | 11♓38 | 18 49 | 08 31D | 13 08 | 01 41 | 06 41 | 12 32 | 03 11 | 20 06 | 16 05 | 16 23 |
| 17 | 19:40:32 | 24 45 16 | 25 59 | 03♈07 | 08 36 | 14 16 | 01 28 | 06 37 | 12 40 | 03 14 | 20 07 | 16 04 | 16 20 |
| 18 | 19:44:29 | 25 42 30 | 10♈15 | 17 20 | 08 46 | 15 24 | 01 16 | 06 33 | 12 47 | 03 18 | 20 07 | 16 02 | 16 17 |
| 19 | 19:48:25 | 26 39 45 | 24 24 | 01♉26 | 09 02 | 16 33 | 01 05 | 06 29 | 12 55 | 03 21 | 20 07 | 16 01 | 16 14 |
| 20 | 19:52:22 | 27 37 01 | 08♉25 | 15 23 | 09 24 | 17 41 | 00 54 | 06 24 | 13 03 | 03 24 | 20 07 | 16 00 | 16 10 |
| 21 | 19:56:18 | 28 34 17 | 22 19 | 29 13 | 09 51 | 18 49 | 00 44 | 06 20 | 13 10 | 03 28 | 20 07 | 15 59 | 16 07 |
| 22 | 20:00:15 | 29 31 34 | 06♊04 | 12♊53 | 10 24 | 19 58 | 00 35 | 06 15 | 13 18 | 03 31 | 20 07 | 15 57 | 16 04 |
| 23 | 20:04:11 | 00♌28 52 | 19 39 | 26 23 | 11 02 | 21 07 | 00 27 | 06 10 | 13 25 | 03 34 | 20 07 | 15 56 | 16 01 |
| 24 | 20:08:08 | 01 26 11 | 03♋04 | 09♋42 | 11 46 | 22 16 | 00 19 | 06 05 | 13 33 | 03 38 | 20 07℞ | 15 55 | 15 58 |
| 25 | 20:12:04 | 02 23 31 | 16 17 | 22 49 | 12 36 | 23 25 | 00 12 | 06 00 | 13 41 | 03 41 | 20 07 | 15 53 | 15 55 |
| 26 | 20:16:01 | 03 20 51 | 29 17 | 05♌41 | 13 31 | 24 34 | 00 06 | 05 54 | 13 48 | 03 44 | 20 07 | 15 52 | 15 51 |
| 27 | 20:19:58 | 04 18 12 | 12♌01 | 18 18 | 14 31 | 25 43 | 00 01 | 05 49 | 13 56 | 03 47 | 20 07 | 15 51 | 15 48 |
| 28 | 20:23:54 | 05 15 34 | 24 31 | 00♍41 | 15 37 | 26 52 | 29♐57 | 05 43 | 14 03 | 03 50 | 20 07 | 15 49 | 15 45 |
| 29 | 20:27:51 | 06 12 56 | 06♍47 | 12 51 | 16 48 | 28 01 | 29 53 | 05 37 | 14 11 | 03 54 | 20 07 | 15 48 | 15 42 |
| 30 | 20:31:47 | 07 10 19 | 18 51 | 24 49 | 18 04 | 29 11 | 29 50 | 05 32 | 14 18 | 03 57 | 20 07 | 15 47 | 15 39 |
| 31 | 20:35:44 | 08 07 42 | 00♎45 | 06♎40 | 19 25 | 00♋20 | 29 49 | 05 25 | 14 25 | 04 00 | 20 06 | 15 45 | 15 35 |

0:00 E.T. **Longitudes of the Major Asteroids and Chiron**

| D | ⚳ | ⚴ | ⚵ | ⚶ | ⚷ |
|---|---|---|---|---|---|
| 1 | 23♐09℞ | 28♎25 | 03♎57 | 21♓52 | 29♉02 |
| 2 | 22 57 | 28 31 | 04 08 | 22 02 | 29 05 |
| 3 | 22 46 | 28 37 | 04 20 | 22 11 | 29 09 |
| 4 | 22 35 | 28 44 | 04 31 | 22 20 | 29 12 |
| 5 | 22 24 | 28 51 | 04 43 | 22 28 | 29 16 |
| 6 | 22 13 | 28 58 | 04 55 | 22 36 | 29 19 |
| 7 | 22 02 | 29 06 | 05 08 | 22 44 | 29 22 |
| 8 | 21 52 | 29 14 | 05 20 | 22 51 | 29 25 |
| 9 | 21 42 | 29 22 | 05 33 | 22 58 | 29 29 |
| 10 | 21 32 | 29 31 | 05 46 | 23 04 | 29 32 |
| 11 | 21 23 | 29 40 | 05 59 | 23 10 | 29 35 |
| 12 | 21 14 | 29 49 | 06 12 | 23 16 | 29 38 |
| 13 | 21 05 | 29 59 | 06 25 | 23 21 | 29 41 |
| 14 | 20 56 | 00♏09 | 06 39 | 23 25 | 29 44 |
| 15 | 20 48 | 00 19 | 06 52 | 23 30 | 29 47 |
| 16 | 20 40 | 00 29 | 07 06 | 23 33 | 29 50 |
| 17 | 20 33 | 00 40 | 07 20 | 23 37 | 29 53 |
| 18 | 20 26 | 00 51 | 07 34 | 23 40 | 29 56 |
| 19 | 20 19 | 01 03 | 07 48 | 23 42 | 29 59 |
| 20 | 20 12 | 01 15 | 08 03 | 23 44 | 00♊01 |
| 21 | 20 06 | 01 27 | 08 17 | 23 46 | 00 04 |
| 22 | 20 00 | 01 39 | 08 32 | 23 47 | 00 07 |
| 23 | 19 54 | 01 52 | 08 47 | 23 48 | 00 09 |
| 24 | 19 49 | 02 04 | 09 02 | 23 48℞ | 00 12 |
| 25 | 19 44 | 02 18 | 09 17 | 23 47 | 00 14 |
| 26 | 19 40 | 02 31 | 09 32 | 23 47 | 00 17 |
| 27 | 19 36 | 02 45 | 09 47 | 23 45 | 00 19 |
| 28 | 19 32 | 02 58 | 10 03 | 23 44 | 00 22 |
| 29 | 19 29 | 03 13 | 10 18 | 23 41 | 00 24 |
| 30 | 19 26 | 03 27 | 10 34 | 23 39 | 00 26 |
| 31 | 19 23 | 03 41 | 10 50 | 23 35 | 00 28 |

**Lunar Data**

| Last Asp. | | Ingress | |
|---|---|---|---|
| 30 | 19:11 | 1 ♍ | 02:41 |
| 3 | 13:04 | 3 ♎ | 14:43 |
| 5 | 07:24 | 6 ♏ | 03:31 |
| 7 | 11:46 | 8 ♐ | 14:21 |
| 10 | 03:48 | 10 ♑ | 21:45 |
| 12 | 09:30 | 13 ♒ | 02:01 |
| 14 | 11:58 | 15 ♓ | 04:33 |
| 16 | 21:48 | 17 ♈ | 06:45 |
| 19 | 04:08 | 19 ♉ | 09:34 |
| 21 | 11:42 | 21 ♊ | 13:23 |
| 23 | 02:50 | 23 ♋ | 18:29 |
| 25 | 07:02 | 26 ♌ | 01:21 |
| 28 | 10:30 | 28 ♍ | 10:40 |
| 30 | 22:06 | 30 ♎ | 22:29 |

0:00 E.T. **Declinations**

| D | ☉ | ☽ | ☿ | ♀ | ♂ | ♃ | ♄ | ♅ | ♆ | ♇ | ⚳ | ⚴ | ⚵ | ⚶ | ⚷ |
|---|---|---|---|---|---|---|---|---|---|---|---|---|---|---|---|
| 1 | +23 06 | +08 24 | +18 36 | +16 50 | -28 01 | -09 50 | +22 30 | +23 38 | +06 20 | -23 04 | -25 37 | +23 34 | +05 05 | -09 00 | +17 00 |
| 2 | 23 01 | 04 45 | 18 29 | 17 06 | 28 04 | 09 51 | 22 29 | 23 38 | 06 20 | 23 04 | 25 40 | 23 26 | 05 00 | 09 00 | 17 01 |
| 3 | 22 57 | 00 58 | 18 22 | 17 21 | 28 08 | 09 52 | 22 29 | 23 38 | 06 20 | 23 05 | 25 42 | 23 18 | 04 55 | 09 01 | 17 01 |
| 4 | 22 51 | -02 49 | 18 17 | 17 37 | 28 11 | 09 52 | 22 28 | 23 38 | 06 20 | 23 05 | 25 45 | 23 10 | 04 51 | 09 01 | 17 02 |
| 5 | 22 46 | 06 30 | 18 14 | 17 52 | 28 14 | 09 53 | 22 28 | 23 38 | 06 20 | 23 06 | 25 47 | 23 02 | 04 46 | 09 02 | 17 03 |
| 6 | 22 40 | 09 56 | 18 11 | 18 06 | 28 17 | 09 54 | 22 27 | 23 38 | 06 20 | 23 06 | 25 49 | 22 53 | 04 41 | 09 03 | 17 03 |
| 7 | 22 34 | 13 00 | 18 10 | 18 21 | 28 19 | 09 55 | 22 27 | 23 38 | 06 21 | 23 07 | 25 51 | 22 45 | 04 36 | 09 04 | 17 03 |
| 8 | 22 27 | 15 33 | 18 10 | 18 35 | 28 22 | 09 56 | 22 26 | 23 38 | 06 21 | 23 07 | 25 53 | 22 36 | 04 31 | 09 06 | 17 04 |
| 9 | 22 20 | 17 27 | 18 12 | 18 49 | 28 24 | 09 58 | 22 25 | 23 38 | 06 21 | 23 08 | 25 56 | 22 27 | 04 26 | 09 07 | 17 04 |
| 10 | 22 13 | 18 30 | 18 15 | 19 02 | 28 26 | 09 59 | 22 25 | 23 38 | 06 21 | 23 08 | 25 58 | 22 18 | 04 20 | 09 09 | 17 05 |
| 11 | 22 05 | 18 35 | 18 19 | 19 15 | 28 28 | 10 00 | 22 24 | 23 38 | 06 21 | 23 09 | 26 00 | 22 10 | 04 15 | 09 11 | 17 05 |
| 12 | 21 57 | 17 37 | 18 24 | 19 27 | 28 30 | 10 01 | 22 24 | 23 38 | 06 21 | 23 09 | 26 02 | 22 01 | 04 10 | 09 13 | 17 06 |
| 13 | 21 48 | 15 36 | 18 30 | 19 39 | 28 31 | 10 03 | 22 23 | 23 37 | 06 21 | 23 10 | 26 04 | 21 51 | 04 04 | 09 16 | 17 06 |
| 14 | 21 39 | 12 37 | 18 37 | 19 51 | 28 32 | 10 04 | 22 22 | 23 37 | 06 21 | 23 10 | 26 06 | 21 42 | 03 59 | 09 18 | 17 07 |
| 15 | 21 30 | 08 52 | 18 46 | 20 02 | 28 34 | 10 06 | 22 22 | 23 37 | 06 21 | 23 11 | 26 08 | 21 33 | 03 54 | 09 21 | 17 07 |
| 16 | 21 20 | 04 35 | 18 55 | 20 13 | 28 35 | 10 07 | 22 21 | 23 37 | 06 21 | 23 11 | 26 10 | 21 24 | 03 48 | 09 24 | 17 07 |
| 17 | 21 10 | 00 02 | 19 04 | 20 23 | 28 36 | 10 09 | 22 20 | 23 37 | 06 21 | 23 12 | 26 11 | 21 14 | 03 42 | 09 27 | 17 08 |
| 18 | 21 00 | +04 30 | 19 14 | 20 33 | 28 36 | 10 11 | 22 20 | 23 37 | 06 21 | 23 13 | 26 13 | 21 05 | 03 37 | 09 30 | 17 08 |
| 19 | 20 49 | 08 45 | 19 25 | 20 43 | 28 37 | 10 13 | 22 19 | 23 37 | 06 21 | 23 13 | 26 15 | 20 55 | 03 31 | 09 34 | 17 08 |
| 20 | 20 38 | 12 27 | 19 36 | 20 52 | 28 37 | 10 15 | 22 19 | 23 37 | 06 21 | 23 14 | 26 17 | 20 46 | 03 25 | 09 37 | 17 09 |
| 21 | 20 26 | 15 25 | 19 47 | 21 00 | 28 38 | 10 17 | 22 18 | 23 37 | 06 21 | 23 14 | 26 19 | 20 36 | 03 20 | 09 41 | 17 09 |
| 22 | 20 15 | 17 29 | 19 58 | 21 08 | 28 38 | 10 18 | 22 17 | 23 37 | 06 21 | 23 15 | 26 20 | 20 27 | 03 14 | 09 45 | 17 09 |
| 23 | 20 03 | 18 31 | 20 09 | 21 15 | 28 38 | 10 21 | 22 16 | 23 37 | 06 21 | 23 15 | 26 22 | 20 17 | 03 08 | 09 50 | 17 10 |
| 24 | 19 50 | 18 29 | 20 20 | 21 22 | 28 38 | 10 23 | 22 16 | 23 37 | 06 21 | 23 16 | 26 24 | 20 07 | 03 02 | 09 54 | 17 10 |
| 25 | 19 37 | 17 27 | 20 30 | 21 29 | 28 38 | 10 25 | 22 15 | 23 37 | 06 21 | 23 16 | 26 26 | 19 58 | 02 56 | 09 59 | 17 10 |
| 26 | 19 24 | 15 31 | 20 40 | 21 34 | 28 37 | 10 27 | 22 14 | 23 37 | 06 21 | 23 17 | 26 27 | 19 48 | 02 50 | 10 04 | 17 10 |
| 27 | 19 11 | 12 53 | 20 48 | 21 40 | 28 37 | 10 29 | 22 14 | 23 36 | 06 21 | 23 17 | 26 29 | 19 38 | 02 44 | 10 09 | 17 11 |
| 28 | 18 57 | 09 41 | 20 56 | 21 45 | 28 36 | 10 32 | 22 13 | 23 36 | 06 21 | 23 18 | 26 31 | 19 28 | 02 38 | 10 14 | 17 11 |
| 29 | 18 43 | 06 08 | 21 02 | 21 49 | 28 36 | 10 34 | 22 12 | 23 36 | 06 21 | 23 18 | 26 32 | 19 18 | 02 32 | 10 19 | 17 11 |
| 30 | 18 28 | 02 24 | 21 07 | 21 52 | 28 35 | 10 36 | 22 12 | 23 36 | 06 21 | 23 19 | 26 34 | 19 08 | 02 26 | 10 25 | 17 11 |
| 31 | 18 14 | -01 24 | 21 10 | 21 55 | 28 34 | 10 39 | 22 11 | 23 36 | 06 21 | 23 19 | 26 36 | 18 58 | 02 20 | 10 30 | 17 12 |

Lunar Phases -- 4 ◐ 17:13   12 ○ 09:30   19 ◑ 04:08   26 ● 08:14   Sun enters ♌ 7/22 11:54

# Aug. 33 — Longitudes of Main Planets - August 2033 — 0:00 E.T.

| D | S.T. | ☉ | ☽ | ☽ 12:00 | ☿ | ♀ | ♂ | ♃ | ♄ | ♅ | ♆ | ♇ | ☊ |
|---|---|---|---|---|---|---|---|---|---|---|---|---|---|
| 1 | 20:39:40 | 09♌05 06 | 12♎34 | 18♎27 | 20♋50 | 01♋30 | 29♐48℞ | 05♓19℞ | 14♋33 | 04♋03 | 20♈06℞ | 15♒44℞ | 15♎32 |
| 2 | 20:43:37 | 10 02 30 | 24 21 | 00♏16 | 22 21 | 02 40 | 29 48D | 05 13 | 14 40 | 04 06 | 20 06 | 15 43 | 15 29 |
| 3 | 20:47:33 | 10 59 56 | 06♏13 | 12 11 | 23 55 | 03 49 | 29 48 | 05 06 | 14 47 | 04 09 | 20 05 | 15 41 | 15 26 |
| 4 | 20:51:30 | 11 57 22 | 18 13 | 24 19 | 25 34 | 04 59 | 29 50 | 05 00 | 14 55 | 04 12 | 20 05 | 15 40 | 15 23 |
| 5 | 20:55:27 | 12 54 48 | 00♐29 | 06♐44 | 27 17 | 06 09 | 29 52 | 04 53 | 15 02 | 04 15 | 20 05 | 15 39 | 15 20 |
| 6 | 20:59:23 | 13 52 16 | 13 04 | 19 30 | 29 03 | 07 19 | 29 56 | 04 46 | 15 09 | 04 18 | 20 04 | 15 37 | 15 16 |
| 7 | 21:03:20 | 14 49 44 | 26 03 | 02♑41 | 00♌53 | 08 29 | 00 00 | 04 40 | 15 16 | 04 21 | 20 04 | 15 36 | 15 13 |
| 8 | 21:07:16 | 15 47 12 | 09♑27 | 16 18 | 02 45 | 09 40 | 00♑05 | 04 33 | 15 23 | 04 24 | 20 03 | 15 35 | 15 10 |
| 9 | 21:11:13 | 16 44 42 | 23 16 | 00♒20 | 04 40 | 10 50 | 00 11 | 04 25 | 15 30 | 04 27 | 20 03 | 15 33 | 15 07 |
| 10 | 21:15:09 | 17 42 13 | 07♒29 | 14 42 | 06 37 | 12 00 | 00 17 | 04 18 | 15 38 | 04 30 | 20 02 | 15 32 | 15 04 |
| 11 | 21:19:06 | 18 39 44 | 21 59 | 29 19 | 08 36 | 13 11 | 00 24 | 04 11 | 15 45 | 04 33 | 20 02 | 15 31 | 15 01 |
| 12 | 21:23:02 | 19 37 17 | 06♓41 | 14♓04 | 10 36 | 14 21 | 00 33 | 04 04 | 15 51 | 04 35 | 20 01 | 15 29 | 14 57 |
| 13 | 21:26:59 | 20 34 51 | 21 27 | 28 50 | 12 37 | 15 32 | 00 41 | 03 56 | 15 58 | 04 38 | 20 00 | 15 28 | 14 54 |
| 14 | 21:30:56 | 21 32 27 | 06♈10 | 13♈28 | 14 40 | 16 43 | 00 51 | 03 49 | 16 05 | 04 41 | 20 00 | 15 27 | 14 51 |
| 15 | 21:34:52 | 22 30 03 | 20 44 | 27 56 | 16 42 | 17 54 | 01 02 | 03 41 | 16 12 | 04 43 | 19 59 | 15 25 | 14 48 |
| 16 | 21:38:49 | 23 27 42 | 05♉05 | 12♉09 | 18 44 | 19 05 | 01 13 | 03 34 | 16 19 | 04 46 | 19 58 | 15 24 | 14 45 |
| 17 | 21:42:45 | 24 25 21 | 19 10 | 26 07 | 20 47 | 20 16 | 01 25 | 03 26 | 16 26 | 04 49 | 19 58 | 15 22 | 14 41 |
| 18 | 21:46:42 | 25 23 03 | 03♊00 | 09♊49 | 22 49 | 21 27 | 01 37 | 03 18 | 16 32 | 04 51 | 19 57 | 15 21 | 14 38 |
| 19 | 21:50:38 | 26 20 46 | 16 34 | 23 16 | 24 50 | 22 38 | 01 50 | 03 10 | 16 39 | 04 54 | 19 56 | 15 20 | 14 35 |
| 20 | 21:54:35 | 27 18 31 | 29 54 | 06♋28 | 26 51 | 23 49 | 02 04 | 03 03 | 16 46 | 04 56 | 19 55 | 15 19 | 14 32 |
| 21 | 21:58:31 | 28 16 17 | 12♋59 | 19 27 | 28 51 | 25 00 | 02 19 | 02 55 | 16 52 | 04 59 | 19 54 | 15 17 | 14 29 |
| 22 | 22:02:28 | 29 14 05 | 25 51 | 02♌12 | 00♍50 | 26 12 | 02 34 | 02 47 | 16 59 | 05 01 | 19 53 | 15 16 | 14 26 |
| 23 | 22:06:25 | 00♍11 55 | 08♌30 | 14 45 | 02 47 | 27 23 | 02 50 | 02 39 | 17 05 | 05 04 | 19 52 | 15 15 | 14 22 |
| 24 | 22:10:21 | 01 09 46 | 20 57 | 27 06 | 04 44 | 28 35 | 03 07 | 02 31 | 17 11 | 05 06 | 19 52 | 15 13 | 14 19 |
| 25 | 22:14:18 | 02 07 38 | 03♍13 | 09♍16 | 06 39 | 29 47 | 03 24 | 02 23 | 17 18 | 05 08 | 19 51 | 15 12 | 14 16 |
| 26 | 22:18:14 | 03 05 32 | 15 18 | 21 17 | 08 34 | 00♌58 | 03 42 | 02 15 | 17 24 | 05 11 | 19 50 | 15 11 | 14 13 |
| 27 | 22:22:11 | 04 03 27 | 27 14 | 03♎10 | 10 27 | 02 10 | 04 01 | 02 07 | 17 30 | 05 13 | 19 48 | 15 09 | 14 10 |
| 28 | 22:26:07 | 05 01 24 | 09♎04 | 14 58 | 12 18 | 03 22 | 04 20 | 02 00 | 17 36 | 05 15 | 19 47 | 15 08 | 14 07 |
| 29 | 22:30:04 | 05 59 22 | 20 51 | 26 44 | 14 08 | 04 34 | 04 40 | 01 52 | 17 42 | 05 17 | 19 46 | 15 07 | 14 03 |
| 30 | 22:34:00 | 06 57 22 | 02♏38 | 08♏32 | 15 57 | 05 46 | 05 00 | 01 44 | 17 48 | 05 19 | 19 45 | 15 06 | 14 00 |
| 31 | 22:37:57 | 07 55 23 | 14 29 | 20 27 | 17 45 | 06 58 | 05 21 | 01 36 | 17 54 | 05 22 | 19 44 | 15 04 | 13 57 |

## 0:00 E.T. — Longitudes of the Major Asteroids and Chiron

| D | ⚳ | ⚴ | ⚵ | ⚶ | ⚷ |
|---|---|---|---|---|---|
| 1 | 19♐21℞ | 03♏56 | 11♎06 | 23♓32℞ | 00♊30 |
| 2 | 19 19 | 04 11 | 11 22 | 23 28 | 00 33 |
| 3 | 19 17 | 04 27 | 11 38 | 23 23 | 00 35 |
| 4 | 19 16 | 04 42 | 11 54 | 23 18 | 00 37 |
| 5 | 19 15 | 04 58 | 12 11 | 23 13 | 00 39 |
| 6 | 19 15 | 05 14 | 12 27 | 23 07 | 00 40 |
| 7 | 19 15D | 05 30 | 12 44 | 23 00 | 00 42 |
| 8 | 19 15 | 05 46 | 13 01 | 22 53 | 00 44 |
| 9 | 19 16 | 06 03 | 13 17 | 22 46 | 00 46 |
| 10 | 19 17 | 06 19 | 13 34 | 22 38 | 00 47 |
| 11 | 19 18 | 06 36 | 13 51 | 22 30 | 00 49 |
| 12 | 19 20 | 06 53 | 14 08 | 22 21 | 00 51 |
| 13 | 19 22 | 07 11 | 14 26 | 22 12 | 00 52 |
| 14 | 19 24 | 07 28 | 14 43 | 22 03 | 00 54 |
| 15 | 19 27 | 07 46 | 15 00 | 21 53 | 00 55 |
| 16 | 19 30 | 08 04 | 15 18 | 21 43 | 00 56 |
| 17 | 19 33 | 08 22 | 15 35 | 21 32 | 00 57 |
| 18 | 19 37 | 08 40 | 15 53 | 21 21 | 00 59 |
| 19 | 19 41 | 08 58 | 16 11 | 21 09 | 01 00 |
| 20 | 19 45 | 09 16 | 16 29 | 20 58 | 01 01 |
| 21 | 19 50 | 09 35 | 16 46 | 20 46 | 01 02 |
| 22 | 19 55 | 09 54 | 17 04 | 20 33 | 01 03 |
| 23 | 20 00 | 10 13 | 17 22 | 20 20 | 01 04 |
| 24 | 20 06 | 10 32 | 17 41 | 20 07 | 01 05 |
| 25 | 20 12 | 10 51 | 17 59 | 19 54 | 01 05 |
| 26 | 20 18 | 11 11 | 18 17 | 19 40 | 01 06 |
| 27 | 20 25 | 11 30 | 18 35 | 19 26 | 01 07 |
| 28 | 20 32 | 11 50 | 18 54 | 19 12 | 01 07 |
| 29 | 20 39 | 12 10 | 19 12 | 18 58 | 01 08 |
| 30 | 20 47 | 12 30 | 19 31 | 18 44 | 01 08 |
| 31 | 20 54 | 12 50 | 19 50 | 18 29 | 01 09 |

## Lunar Data

| Last Asp. | | Ingress | | |
|---|---|---|---|---|
| 2 | 11:03 | 2 | ♏ | 11:28 |
| 4 | 16:46 | 4 | ♐ | 23:04 |
| 6 | 13:02 | 7 | ♑ | 07:10 |
| 8 | 18:28 | 9 | ♒ | 11:27 |
| 10 | 20:47 | 11 | ♓ | 13:06 |
| 12 | 15:01 | 13 | ♈ | 13:55 |
| 15 | 03:09 | 15 | ♉ | 15:28 |
| 17 | 09:44 | 17 | ♊ | 18:45 |
| 19 | 18:57 | 20 | ♋ | 00:12 |
| 22 | 00:44 | 22 | ♌ | 07:50 |
| 23 | 21:53 | 24 | ♍ | 17:41 |
| 26 | 04:15 | 27 | ♎ | 05:35 |
| 28 | 21:49 | 29 | ♏ | 18:39 |

## 0:00 E.T. — Declinations

| D | ☉ | ☽ | ☿ | ♀ | ♂ | ♃ | ♄ | ♅ | ♆ | ♇ | ⚳ | ⚴ | ⚵ | ⚶ | ⚷ |
|---|---|---|---|---|---|---|---|---|---|---|---|---|---|---|---|
| 1 | +17 59 | -05 06 | +21 12 | +21 58 | -28 33 | -10 41 | +22 10 | +23 36 | +06 20 | -23 20 | -26 37 | +18 48 | +02 13 | -10 36 | +17 12 |
| 2 | 17 43 | 08 36 | 21 11 | 22 00 | 28 32 | 10 44 | 22 09 | 23 36 | 06 20 | 23 20 | 26 39 | 18 38 | 02 07 | 10 42 | 17 12 |
| 3 | 17 28 | 11 47 | 21 09 | 22 01 | 28 31 | 10 46 | 22 09 | 23 36 | 06 20 | 23 21 | 26 40 | 18 28 | 02 01 | 10 49 | 17 12 |
| 4 | 17 12 | 14 30 | 21 04 | 22 02 | 28 30 | 10 49 | 22 08 | 23 36 | 06 20 | 23 21 | 26 42 | 18 18 | 01 54 | 10 55 | 17 12 |
| 5 | 16 56 | 16 38 | 20 56 | 22 02 | 28 29 | 10 52 | 22 07 | 23 36 | 06 20 | 23 22 | 26 44 | 18 08 | 01 48 | 11 02 | 17 12 |
| 6 | 16 40 | 18 02 | 20 46 | 22 02 | 28 28 | 10 54 | 22 06 | 23 36 | 06 19 | 23 22 | 26 45 | 17 58 | 01 42 | 11 08 | 17 12 |
| 7 | 16 23 | 18 32 | 20 34 | 22 01 | 28 26 | 10 57 | 22 06 | 23 36 | 06 19 | 23 23 | 26 47 | 17 48 | 01 35 | 11 15 | 17 13 |
| 8 | 16 06 | 18 02 | 20 19 | 21 59 | 28 25 | 11 00 | 22 05 | 23 35 | 06 19 | 23 23 | 26 48 | 17 38 | 01 29 | 11 22 | 17 13 |
| 9 | 15 49 | 16 28 | 20 01 | 21 57 | 28 24 | 11 02 | 22 04 | 23 35 | 06 19 | 23 24 | 26 50 | 17 28 | 01 23 | 11 29 | 17 13 |
| 10 | 15 31 | 13 53 | 19 40 | 21 54 | 28 22 | 11 05 | 22 03 | 23 35 | 06 19 | 23 24 | 26 51 | 17 18 | 01 16 | 11 37 | 17 13 |
| 11 | 15 14 | 10 23 | 19 17 | 21 51 | 28 21 | 11 08 | 22 03 | 23 35 | 06 18 | 23 25 | 26 53 | 17 08 | 01 10 | 11 44 | 17 13 |
| 12 | 14 56 | 06 12 | 18 52 | 21 47 | 28 19 | 11 11 | 22 02 | 23 35 | 06 18 | 23 25 | 26 55 | 16 58 | 01 03 | 11 52 | 17 13 |
| 13 | 14 38 | 01 37 | 18 24 | 21 42 | 28 17 | 11 14 | 22 01 | 23 35 | 06 18 | 23 26 | 26 56 | 16 48 | 00 57 | 11 59 | 17 13 |
| 14 | 14 19 | +03 03 | 17 54 | 21 37 | 28 16 | 11 17 | 22 00 | 23 35 | 06 17 | 23 26 | 26 58 | 16 38 | 00 50 | 12 07 | 17 13 |
| 15 | 14 01 | 07 29 | 17 21 | 21 31 | 28 14 | 11 19 | 22 00 | 23 35 | 06 17 | 23 26 | 26 59 | 16 28 | 00 43 | 12 15 | 17 13 |
| 16 | 13 42 | 11 25 | 16 47 | 21 25 | 28 12 | 11 22 | 21 59 | 23 35 | 06 17 | 23 27 | 27 01 | 16 18 | 00 37 | 12 23 | 17 13 |
| 17 | 13 23 | 14 36 | 16 11 | 21 18 | 28 10 | 11 25 | 21 58 | 23 35 | 06 16 | 23 27 | 27 02 | 16 08 | 00 30 | 12 31 | 17 13 |
| 18 | 13 03 | 16 54 | 15 33 | 21 10 | 28 08 | 11 28 | 21 57 | 23 35 | 06 16 | 23 28 | 27 04 | 15 58 | 00 24 | 12 39 | 17 13 |
| 19 | 12 44 | 18 11 | 14 54 | 21 02 | 28 06 | 11 31 | 21 57 | 23 35 | 06 16 | 23 28 | 27 06 | 15 48 | 00 17 | 12 47 | 17 13 |
| 20 | 12 24 | 18 26 | 14 13 | 20 53 | 28 04 | 11 34 | 21 56 | 23 35 | 06 15 | 23 29 | 27 07 | 15 38 | 00 10 | 12 55 | 17 13 |
| 21 | 12 04 | 17 41 | 13 31 | 20 44 | 28 02 | 11 37 | 21 55 | 23 34 | 06 15 | 23 29 | 27 09 | 15 28 | 00 04 | 13 03 | 17 13 |
| 22 | 11 44 | 16 02 | 12 48 | 20 34 | 28 00 | 11 40 | 21 54 | 23 34 | 06 15 | 23 29 | 27 10 | 15 19 | -00 03 | 13 12 | 17 13 |
| 23 | 11 24 | 13 39 | 12 05 | 20 23 | 27 58 | 11 43 | 21 54 | 23 34 | 06 14 | 23 30 | 27 12 | 15 09 | 00 10 | 13 20 | 17 12 |
| 24 | 11 03 | 10 40 | 11 20 | 20 12 | 27 55 | 11 46 | 21 53 | 23 34 | 06 14 | 23 30 | 27 13 | 14 59 | 00 16 | 13 28 | 17 12 |
| 25 | 10 43 | 07 15 | 10 35 | 20 01 | 27 53 | 11 49 | 21 52 | 23 34 | 06 13 | 23 31 | 27 15 | 14 49 | 00 23 | 13 37 | 17 12 |
| 26 | 10 22 | 03 36 | 09 50 | 19 48 | 27 50 | 11 52 | 21 51 | 23 34 | 06 13 | 23 31 | 27 16 | 14 39 | 00 30 | 13 45 | 17 12 |
| 27 | 10 01 | -00 10 | 09 04 | 19 35 | 27 48 | 11 55 | 21 51 | 23 34 | 06 13 | 23 31 | 27 18 | 14 30 | 00 36 | 13 53 | 17 12 |
| 28 | 09 40 | 03 53 | 08 18 | 19 22 | 27 45 | 11 58 | 21 50 | 23 34 | 06 12 | 23 32 | 27 20 | 14 20 | 00 43 | 14 02 | 17 12 |
| 29 | 09 19 | 07 26 | 07 31 | 19 08 | 27 42 | 12 00 | 21 49 | 23 34 | 06 12 | 23 32 | 27 21 | 14 10 | 00 50 | 14 10 | 17 11 |
| 30 | 08 57 | 10 42 | 06 45 | 18 54 | 27 40 | 12 03 | 21 48 | 23 34 | 06 11 | 23 33 | 27 23 | 14 01 | 00 57 | 14 18 | 17 11 |
| 31 | 08 36 | 13 32 | 05 58 | 18 39 | 27 37 | 12 06 | 21 48 | 23 34 | 06 11 | 23 33 | 27 24 | 13 51 | 01 03 | 14 26 | 17 11 |

Lunar Phases -- 3 ◐ 10:27 10 ○ 18:09 17 ◑ 09:44 24 ● 21:41 Sun enters ♍ 8/22 19:03

## 0:00 E.T. Longitudes of Main Planets - September 2033

| D | S.T. | ☉ | ☽ | ☽ 12:00 | ☿ | ♀ | ♂ | ♃ | ♄ | ♅ | ♆ | ♇ | ☊ |
|---|---|---|---|---|---|---|---|---|---|---|---|---|---|
| 1 | 22:41:54 | 08♍53 25 | 26♏29 | 02♐34 | 19♍32 | 08♌10 | 05♑43 | 01♓28℞ | 18♋00 | 05♋24 | 19♈43℞ | 15♒03℞ | 13♎54 |
| 2 | 22:45:50 | 09 51 29 | 08♐43 | 14 56 | 21 17 | 09 22 | 06 05 | 01 20 | 18 06 | 05 26 | 19 42 | 15 02 | 13 51 |
| 3 | 22:49:47 | 10 49 34 | 21 15 | 27 40 | 23 01 | 10 34 | 06 28 | 01 13 | 18 12 | 05 28 | 19 41 | 15 01 | 13 47 |
| 4 | 22:53:43 | 11 47 40 | 04♑11 | 10♑49 | 24 43 | 11 47 | 06 51 | 01 05 | 18 18 | 05 29 | 19 39 | 15 00 | 13 44 |
| 5 | 22:57:40 | 12 45 48 | 17 33 | 24 25 | 26 25 | 12 59 | 07 14 | 00 58 | 18 23 | 05 31 | 19 38 | 14 58 | 13 41 |
| 6 | 23:01:36 | 13 43 58 | 01♒23 | 08♒28 | 28 05 | 14 12 | 07 39 | 00 50 | 18 29 | 05 33 | 19 37 | 14 57 | 13 38 |
| 7 | 23:05:33 | 14 42 09 | 15 40 | 22 57 | 29 44 | 15 24 | 08 03 | 00 43 | 18 34 | 05 35 | 19 36 | 14 56 | 13 35 |
| 8 | 23:09:29 | 15 40 21 | 00♓19 | 07♓46 | 01♎22 | 16 37 | 08 28 | 00 35 | 18 40 | 05 37 | 19 34 | 14 55 | 13 32 |
| 9 | 23:13:26 | 16 38 35 | 15 15 | 22 47 | 02 59 | 17 49 | 08 54 | 00 28 | 18 45 | 05 38 | 19 33 | 14 54 | 13 28 |
| 10 | 23:17:23 | 17 36 51 | 00♈20 | 07♈53 | 04 34 | 19 02 | 09 20 | 00 21 | 18 50 | 05 40 | 19 32 | 14 53 | 13 25 |
| 11 | 23:21:19 | 18 35 08 | 15 24 | 22 53 | 06 09 | 20 15 | 09 46 | 00 14 | 18 56 | 05 42 | 19 30 | 14 52 | 13 22 |
| 12 | 23:25:16 | 19 33 28 | 00♉19 | 07♉40 | 07 42 | 21 28 | 10 13 | 00 07 | 19 01 | 05 43 | 19 29 | 14 51 | 13 19 |
| 13 | 23:29:12 | 20 31 50 | 14 58 | 22 10 | 09 14 | 22 41 | 10 41 | 00♓00 | 19 06 | 05 45 | 19 27 | 14 50 | 13 16 |
| 14 | 23:33:09 | 21 30 13 | 29 16 | 06♊18 | 10 45 | 23 54 | 11 08 | 29 53 | 19 11 | 05 46 | 19 26 | 14 49 | 13 13 |
| 15 | 23:37:05 | 22 28 39 | 13♊13 | 20 03 | 12 15 | 25 07 | 11 36 | 29 46 | 19 16 | 05 47 | 19 25 | 14 48 | 13 09 |
| 16 | 23:41:02 | 23 27 08 | 26 47 | 03♋26 | 13 44 | 26 20 | 12 05 | 29 39 | 19 20 | 05 49 | 19 23 | 14 47 | 13 06 |
| 17 | 23:44:58 | 24 25 38 | 10♋00 | 16 30 | 15 12 | 27 33 | 12 34 | 29 33 | 19 25 | 05 50 | 19 22 | 14 46 | 13 03 |
| 18 | 23:48:55 | 25 24 11 | 22 54 | 29 15 | 16 38 | 28 46 | 13 03 | 29 27 | 19 30 | 05 51 | 19 20 | 14 45 | 13 00 |
| 19 | 23:52:52 | 26 22 45 | 05♌32 | 11♌45 | 18 04 | 29 59 | 13 33 | 29 20 | 19 34 | 05 53 | 19 19 | 14 44 | 12 57 |
| 20 | 23:56:48 | 27 21 22 | 17 55 | 24 03 | 19 28 | 01♍13 | 14 03 | 29 14 | 19 39 | 05 54 | 19 17 | 14 43 | 12 53 |
| 21 | 0:00:45 | 28 20 01 | 00♍07 | 06♍10 | 20 51 | 02 26 | 14 33 | 29 08 | 19 43 | 05 55 | 19 16 | 14 42 | 12 50 |
| 22 | 0:04:41 | 29 18 42 | 12 10 | 18 08 | 22 13 | 03 40 | 15 04 | 29 02 | 19 48 | 05 56 | 19 14 | 14 41 | 12 47 |
| 23 | 0:08:38 | 00♎17 24 | 24 05 | 00♎01 | 23 33 | 04 53 | 15 35 | 28 57 | 19 52 | 05 57 | 19 13 | 14 40 | 12 44 |
| 24 | 0:12:34 | 01 16 09 | 05♎56 | 11 50 | 24 52 | 06 07 | 16 07 | 28 51 | 19 56 | 05 58 | 19 11 | 14 39 | 12 41 |
| 25 | 0:16:31 | 02 14 56 | 17 43 | 23 36 | 26 10 | 07 20 | 16 38 | 28 46 | 20 00 | 05 59 | 19 09 | 14 38 | 12 38 |
| 26 | 0:20:27 | 03 13 45 | 29 30 | 05♏24 | 27 26 | 08 34 | 17 10 | 28 41 | 20 04 | 06 00 | 19 08 | 14 38 | 12 34 |
| 27 | 0:24:24 | 04 12 35 | 11♏18 | 17 14 | 28 41 | 09 48 | 17 43 | 28 35 | 20 08 | 06 00 | 19 06 | 14 37 | 12 31 |
| 28 | 0:28:21 | 05 11 28 | 23 12 | 29 12 | 29 55 | 11 02 | 18 16 | 28 31 | 20 12 | 06 01 | 19 05 | 14 36 | 12 28 |
| 29 | 0:32:17 | 06 10 22 | 05♐14 | 11♐19 | 01♏06 | 12 15 | 18 49 | 28 26 | 20 15 | 06 02 | 19 03 | 14 35 | 12 25 |
| 30 | 0:36:14 | 07 09 18 | 17 28 | 23 42 | 02 16 | 13 29 | 19 22 | 28 21 | 20 19 | 06 03 | 19 01 | 14 35 | 12 22 |

## 0:00 E.T. Longitudes of the Major Asteroids and Chiron

| D | ⚳ | ⚴ | ⚵ | ⚶ | ⚷ | D | ⚳ | ⚴ | ⚵ | ⚶ | ⚷ |
|---|---|---|---|---|---|---|---|---|---|---|---|
| 1 | 21♐02 | 13♏10 | 20♎08 | 18♓14℞ | 01♊09 | 16 | 23 35 | 18 27 | 24 56 | 14 29 | 01 06 |
| 2 | 21 11 | 13 30 | 20 27 | 17 59 | 01 09 | 17 | 23 47 | 18 49 | 25 15 | 14 15 | 01 06 |
| 3 | 21 19 | 13 51 | 20 46 | 17 44 | 01 09 | 18 | 24 00 | 19 11 | 25 35 | 14 00 | 01 05 |
| 4 | 21 28 | 14 11 | 21 05 | 17 29 | 01 10 | 19 | 24 12 | 19 33 | 25 55 | 13 46 | 01 04 |
| 5 | 21 37 | 14 32 | 21 24 | 17 14 | 01 10 | 20 | 24 25 | 19 55 | 26 14 | 13 33 | 01 03 |
| 6 | 21 47 | 14 53 | 21 43 | 16 59 | 01 10℞ | 21 | 24 38 | 20 18 | 26 34 | 13 19 | 01 02 |
| 7 | 21 57 | 15 14 | 22 02 | 16 44 | 01 10 | 22 | 24 51 | 20 40 | 26 54 | 13 06 | 01 01 |
| 8 | 22 07 | 15 35 | 22 21 | 16 29 | 01 09 | 23 | 25 05 | 21 02 | 27 14 | 12 53 | 01 00 |
| 9 | 22 17 | 15 56 | 22 40 | 16 13 | 01 09 | 24 | 25 19 | 21 25 | 27 34 | 12 40 | 00 59 |
| 10 | 22 27 | 16 17 | 22 59 | 15 58 | 01 09 | 25 | 25 32 | 21 48 | 27 54 | 12 28 | 00 58 |
| 11 | 22 38 | 16 38 | 23 19 | 15 43 | 01 09 | 26 | 25 46 | 22 11 | 28 14 | 12 16 | 00 57 |
| 12 | 22 49 | 17 00 | 23 38 | 15 28 | 01 08 | 27 | 26 01 | 22 33 | 28 34 | 12 04 | 00 55 |
| 13 | 23 00 | 17 21 | 23 57 | 15 13 | 01 08 | 28 | 26 15 | 22 56 | 28 54 | 11 53 | 00 54 |
| 14 | 23 12 | 17 43 | 24 17 | 14 58 | 01 07 | 29 | 26 30 | 23 19 | 29 14 | 11 42 | 00 53 |
| 15 | 23 23 | 18 05 | 24 36 | 14 43 | 01 07 | 30 | 26 45 | 23 42 | 29 34 | 11 31 | 00 51 |

## Lunar Data

| Last Asp. | | Ingress | | |
|---|---|---|---|---|
| 31 | 07:45 | 1 | ♐ | 06:58 |
| 3 | 03:49 | 3 | ♑ | 16:19 |
| 5 | 17:35 | 5 | ♒ | 21:38 |
| 7 | 06:29 | 7 | ♓ | 23:29 |
| 9 | 05:36 | 9 | ♈ | 23:28 |
| 11 | 08:27 | 11 | ♉ | 23:30 |
| 14 | 01:01 | 14 | ♊ | 01:14 |
| 16 | 05:07 | 16 | ♋ | 05:47 |
| 18 | 05:06 | 18 | ♌ | 13:26 |
| 20 | 22:04 | 20 | ♍ | 23:46 |
| 22 | 15:25 | 23 | ♎ | 11:58 |
| 25 | 22:21 | 26 | ♏ | 01:02 |
| 28 | 10:33 | 28 | ♐ | 13:36 |
| 30 | 20:47 | | | |

## 0:00 E.T. Declinations

| D | ☉ | ☽ | ☿ | ♀ | ♂ | ♃ | ♄ | ♅ | ♆ | ♇ | ⚳ | ⚴ | ⚵ | ⚶ | ⚷ |
|---|---|---|---|---|---|---|---|---|---|---|---|---|---|---|---|
| 1 | +08 14 | -15 50 | +05 11 | +18 23 | -27 34 | -12 09 | +21 47 | +23 34 | +06 10 | -23 33 | -27 26 | +13 41 | -01 10 | -14 34 | +17 11 |
| 2 | 07 52 | 17 27 | 04 24 | 18 07 | 27 31 | 12 12 | 21 46 | 23 34 | 06 10 | 23 34 | 27 27 | 13 32 | 01 17 | 14 42 | 17 11 |
| 3 | 07 30 | 18 17 | 03 38 | 17 50 | 27 28 | 12 15 | 21 46 | 23 34 | 06 09 | 23 34 | 27 29 | 13 22 | 01 24 | 14 50 | 17 10 |
| 4 | 07 08 | 18 12 | 02 51 | 17 33 | 27 24 | 12 17 | 21 45 | 23 34 | 06 09 | 23 34 | 27 30 | 13 13 | 01 30 | 14 58 | 17 10 |
| 5 | 06 46 | 17 07 | 02 05 | 17 16 | 27 21 | 12 20 | 21 44 | 23 33 | 06 08 | 23 35 | 27 32 | 13 04 | 01 37 | 15 06 | 17 10 |
| 6 | 06 24 | 15 01 | 01 19 | 16 58 | 27 17 | 12 23 | 21 43 | 23 33 | 06 08 | 23 35 | 27 33 | 12 54 | 01 44 | 15 14 | 17 09 |
| 7 | 06 01 | 11 57 | 00 34 | 16 39 | 27 14 | 12 25 | 21 43 | 23 33 | 06 07 | 23 35 | 27 35 | 12 45 | 01 51 | 15 21 | 17 09 |
| 8 | 05 39 | 08 04 | -00 12 | 16 20 | 27 10 | 12 28 | 21 42 | 23 33 | 06 07 | 23 36 | 27 36 | 12 36 | 01 57 | 15 28 | 17 09 |
| 9 | 05 16 | 03 36 | 00 57 | 16 00 | 27 06 | 12 31 | 21 41 | 23 33 | 06 06 | 23 36 | 27 38 | 12 26 | 02 04 | 15 36 | 17 09 |
| 10 | 04 54 | +01 08 | 01 42 | 15 40 | 27 02 | 12 33 | 21 41 | 23 33 | 06 06 | 23 36 | 27 39 | 12 17 | 02 11 | 15 43 | 17 08 |
| 11 | 04 31 | 05 48 | 02 26 | 15 20 | 26 58 | 12 36 | 21 40 | 23 33 | 06 05 | 23 36 | 27 40 | 12 08 | 02 17 | 15 50 | 17 08 |
| 12 | 04 08 | 10 03 | 03 10 | 14 59 | 26 54 | 12 38 | 21 39 | 23 33 | 06 05 | 23 37 | 27 42 | 11 59 | 02 24 | 15 56 | 17 07 |
| 13 | 03 45 | 13 36 | 03 53 | 14 38 | 26 50 | 12 41 | 21 39 | 23 33 | 06 04 | 23 37 | 27 43 | 11 50 | 02 31 | 16 03 | 17 07 |
| 14 | 03 22 | 16 13 | 04 36 | 14 16 | 26 45 | 12 43 | 21 38 | 23 33 | 06 03 | 23 37 | 27 45 | 11 41 | 02 37 | 16 09 | 17 07 |
| 15 | 02 59 | 17 48 | 05 18 | 13 54 | 26 41 | 12 45 | 21 37 | 23 33 | 06 03 | 23 38 | 27 46 | 11 32 | 02 44 | 16 15 | 17 06 |
| 16 | 02 36 | 18 19 | 06 00 | 13 31 | 26 36 | 12 48 | 21 37 | 23 33 | 06 02 | 23 38 | 27 47 | 11 23 | 02 51 | 16 21 | 17 06 |
| 17 | 02 13 | 17 48 | 06 41 | 13 08 | 26 31 | 12 50 | 21 36 | 23 33 | 06 02 | 23 38 | 27 49 | 11 14 | 02 57 | 16 27 | 17 05 |
| 18 | 01 50 | 16 23 | 07 22 | 12 45 | 26 26 | 12 52 | 21 36 | 23 33 | 06 01 | 23 38 | 27 50 | 11 06 | 03 04 | 16 33 | 17 05 |
| 19 | 01 26 | 14 11 | 08 02 | 12 22 | 26 21 | 12 54 | 21 35 | 23 33 | 06 01 | 23 38 | 27 51 | 10 57 | 03 11 | 16 38 | 17 05 |
| 20 | 01 03 | 11 22 | 08 41 | 11 58 | 26 16 | 12 56 | 21 34 | 23 33 | 06 00 | 23 39 | 27 52 | 10 48 | 03 17 | 16 43 | 17 04 |
| 21 | 00 40 | 08 07 | 09 19 | 11 33 | 26 10 | 12 58 | 21 34 | 23 33 | 05 59 | 23 39 | 27 54 | 10 40 | 03 24 | 16 48 | 17 04 |
| 22 | 00 16 | 04 33 | 09 57 | 11 08 | 26 05 | 13 00 | 21 33 | 23 33 | 05 59 | 23 39 | 27 55 | 10 31 | 03 31 | 16 53 | 17 03 |
| 23 | -00 07 | 00 50 | 10 34 | 10 43 | 25 59 | 13 02 | 21 33 | 23 33 | 05 58 | 23 39 | 27 56 | 10 23 | 03 37 | 16 57 | 17 03 |
| 24 | 00 30 | -02 53 | 11 11 | 10 18 | 25 53 | 13 04 | 21 32 | 23 33 | 05 58 | 23 39 | 27 57 | 10 14 | 03 44 | 17 02 | 17 02 |
| 25 | 00 54 | 06 29 | 11 46 | 09 52 | 25 47 | 13 06 | 21 32 | 23 33 | 05 57 | 23 40 | 27 58 | 10 06 | 03 50 | 17 06 | 17 02 |
| 26 | 01 17 | 09 49 | 12 21 | 09 27 | 25 41 | 13 08 | 21 31 | 23 33 | 05 56 | 23 40 | 27 59 | 09 58 | 03 57 | 17 09 | 17 01 |
| 27 | 01 40 | 12 46 | 12 55 | 09 00 | 25 35 | 13 09 | 21 31 | 23 33 | 05 56 | 23 40 | 28 01 | 09 50 | 04 03 | 17 13 | 17 01 |
| 28 | 02 04 | 15 12 | 13 27 | 08 34 | 25 28 | 13 11 | 21 30 | 23 33 | 05 55 | 23 40 | 28 02 | 09 42 | 04 10 | 17 16 | 17 00 |
| 29 | 02 27 | 17 00 | 13 59 | 08 07 | 25 21 | 13 13 | 21 30 | 23 33 | 05 54 | 23 40 | 28 03 | 09 34 | 04 16 | 17 19 | 16 59 |
| 30 | 02 50 | 18 03 | 14 30 | 07 40 | 25 14 | 13 14 | 21 29 | 23 33 | 05 54 | 23 40 | 28 04 | 09 26 | 04 23 | 17 22 | 16 59 |

Lunar Phases -- 2 ◐ 02:25 9 ○ 02:22 15 ◑ 17:35 23 ● 13:41 Sun enters ♎ 9/22 16:53

# Oct. 33 — Longitudes of Main Planets - October 2033 — 0:00 E.T.

| D | S.T. | ☉ | ☽ | ☽ 12:00 | ☿ | ♀ | ♂ | ♃ | ♄ | ♅ | ♆ | ♇ | ☊ |
|---|---|---|---|---|---|---|---|---|---|---|---|---|---|
| 1 | 0:40:10 | 08♎08 16 | 29♐59 | 06♑22 | 03♏24 | 14♍43 | 19♑55 | 28♒17℞ | 20♋22 | 06♋03 | 19♈00℞ | 14♒34℞ | 12♎19 |
| 2 | 0:44:07 | 09 07 16 | 12♑50 | 19 24 | 04 30 | 15 57 | 20 29 | 28 13 | 20 26 | 06 04 | 18 58 | 14 33 | 12 15 |
| 3 | 0:48:03 | 10 06 17 | 26 05 | 02♒52 | 05 34 | 17 11 | 21 03 | 28 09 | 20 29 | 06 04 | 18 56 | 14 33 | 12 12 |
| 4 | 0:52:00 | 11 05 20 | 09♒46 | 16 47 | 06 36 | 18 25 | 21 38 | 28 05 | 20 32 | 06 05 | 18 55 | 14 32 | 12 09 |
| 5 | 0:55:56 | 12 04 25 | 23 54 | 01♓08 | 07 35 | 19 39 | 22 13 | 28 01 | 20 35 | 06 05 | 18 53 | 14 31 | 12 06 |
| 6 | 0:59:53 | 13 03 31 | 08♓27 | 15 52 | 08 31 | 20 53 | 22 47 | 27 57 | 20 38 | 06 05 | 18 51 | 14 31 | 12 03 |
| 7 | 1:03:50 | 14 02 40 | 23 22 | 00♈55 | 09 24 | 22 08 | 23 23 | 27 54 | 20 41 | 06 06 | 18 50 | 14 30 | 11 59 |
| 8 | 1:07:46 | 15 01 50 | 08♈31 | 16 07 | 10 14 | 23 22 | 23 58 | 27 51 | 20 44 | 06 06 | 18 48 | 14 30 | 11 56 |
| 9 | 1:11:43 | 16 01 02 | 23 44 | 01♉20 | 11 00 | 24 36 | 24 34 | 27 48 | 20 47 | 06 06 | 18 46 | 14 29 | 11 53 |
| 10 | 1:15:39 | 17 00 16 | 08♉54 | 16 24 | 11 43 | 25 50 | 25 09 | 27 45 | 20 49 | 06 06 | 18 45 | 14 29 | 11 50 |
| 11 | 1:19:36 | 17 59 33 | 23 50 | 01♊10 | 12 21 | 27 05 | 25 45 | 27 43 | 20 52 | 06 06 | 18 43 | 14 28 | 11 47 |
| 12 | 1:23:32 | 18 58 52 | 08♊24 | 15 33 | 12 55 | 28 19 | 26 22 | 27 40 | 20 54 | 06 06℞ | 18 41 | 14 28 | 11 44 |
| 13 | 1:27:29 | 19 58 13 | 22 34 | 29 29 | 13 23 | 29 33 | 26 58 | 27 38 | 20 57 | 06 06 | 18 40 | 14 27 | 11 40 |
| 14 | 1:31:25 | 20 57 36 | 06♋16 | 12♋58 | 13 46 | 00♎48 | 27 35 | 27 36 | 20 59 | 06 06 | 18 38 | 14 27 | 11 37 |
| 15 | 1:35:22 | 21 57 02 | 19 32 | 26 01 | 14 03 | 02 02 | 28 12 | 27 35 | 21 01 | 06 06 | 18 36 | 14 27 | 11 34 |
| 16 | 1:39:19 | 22 56 30 | 02♌24 | 08♌43 | 14 13 | 03 17 | 28 49 | 27 33 | 21 03 | 06 06 | 18 35 | 14 26 | 11 31 |
| 17 | 1:43:15 | 23 56 00 | 14 56 | 21 05 | 14 16℞ | 04 32 | 29 26 | 27 32 | 21 05 | 06 05 | 18 33 | 14 26 | 11 28 |
| 18 | 1:47:12 | 24 55 33 | 27 11 | 03♍14 | 14 12 | 05 46 | 00♒03 | 27 30 | 21 07 | 06 05 | 18 31 | 14 26 | 11 24 |
| 19 | 1:51:08 | 25 55 08 | 09♍14 | 15 12 | 13 59 | 07 01 | 00 41 | 27 29 | 21 08 | 06 05 | 18 30 | 14 25 | 11 21 |
| 20 | 1:55:05 | 26 54 45 | 21 08 | 27 03 | 13 38 | 08 16 | 01 19 | 27 29 | 21 10 | 06 04 | 18 28 | 14 25 | 11 18 |
| 21 | 1:59:01 | 27 54 24 | 02♎57 | 08♎50 | 13 08 | 09 30 | 01 57 | 27 28 | 21 11 | 06 04 | 18 26 | 14 25 | 11 15 |
| 22 | 2:02:58 | 28 54 05 | 14 44 | 20 37 | 12 30 | 10 45 | 02 35 | 27 28 | 21 12 | 06 03 | 18 25 | 14 25 | 11 12 |
| 23 | 2:06:54 | 29 53 48 | 26 31 | 02♏26 | 11 42 | 12 00 | 03 13 | 27 28 | 21 14 | 06 03 | 18 23 | 14 25 | 11 09 |
| 24 | 2:10:51 | 00♏53 34 | 08♏21 | 14 18 | 10 47 | 13 15 | 03 52 | 27 28D | 21 15 | 06 02 | 18 22 | 14 25 | 11 05 |
| 25 | 2:14:48 | 01 53 21 | 20 16 | 26 16 | 09 44 | 14 29 | 04 30 | 27 28 | 21 16 | 06 01 | 18 20 | 14 24 | 11 02 |
| 26 | 2:18:44 | 02 53 10 | 02♐18 | 08♐22 | 08 35 | 15 44 | 05 09 | 27 28 | 21 17 | 06 01 | 18 18 | 14 24 | 10 59 |
| 27 | 2:22:41 | 03 53 01 | 14 28 | 20 37 | 07 22 | 16 59 | 05 48 | 27 29 | 21 17 | 06 00 | 18 17 | 14 24 | 10 56 |
| 28 | 2:26:37 | 04 52 54 | 26 49 | 03♑05 | 06 06 | 18 14 | 06 27 | 27 30 | 21 18 | 05 59 | 18 15 | 14 24D | 10 53 |
| 29 | 2:30:34 | 05 52 49 | 09♑24 | 15 47 | 04 49 | 19 29 | 07 06 | 27 31 | 21 19 | 05 58 | 18 14 | 14 24 | 10 50 |
| 30 | 2:34:30 | 06 52 45 | 22 15 | 28 47 | 03 34 | 20 44 | 07 46 | 27 32 | 21 19 | 05 57 | 18 12 | 14 24 | 10 46 |
| 31 | 2:38:27 | 07 52 43 | 05♒24 | 12♒07 | 02 24 | 21 59 | 08 25 | 27 34 | 21 19 | 05 56 | 18 10 | 14 25 | 10 43 |

## 0:00 E.T. — Longitudes of the Major Asteroids and Chiron — Lunar Data

| D | ⚳ | ⚴ | ⚵ | ⚶ | ⚷ | D | ⚳ | ⚴ | ⚵ | ⚶ | ⚷ | Last Asp. | Ingress |
|---|---|---|---|---|---|---|---|---|---|---|---|---|---|
| 1 | 27♐00 | 24♏05 | 29♎54 | 11♓21℞ | 00♊50℞ | 17 | 01 23 | 00♐24 | 05 19 | 09 36 | 00 18 | 30 20:47 | 1 ♑ 00:01 |
| 2 | 27 15 | 24 29 | 00♏14 | 11 11 | 00 48 | 18 | 01 41 | 00 48 | 05 40 | 09 33 | 00 15 | 2 14:35 | 3 ♒ 06:57 |
| 3 | 27 30 | 24 52 | 00 34 | 11 02 | 00 46 | 19 | 01 59 | 01 12 | 06 00 | 09 31 | 00 13 | 5 06:49 | 5 ♓ 10:08 |
| 4 | 27 46 | 25 15 | 00 54 | 10 53 | 00 45 | 20 | 02 17 | 01 36 | 06 21 | 09 29 | 00 10 | 7 00:01 | 7 ♈ 10:33 |
| 5 | 28 02 | 25 39 | 01 15 | 10 44 | 00 43 | 21 | 02 35 | 02 01 | 06 41 | 09 28 | 00 08 | 9 06:23 | 9 ♉ 09:53 |
| 6 | 28 18 | 26 02 | 01 35 | 10 36 | 00 41 | 22 | 02 53 | 02 25 | 07 02 | 09 27 | 00 05 | 11 06:19 | 11 ♊ 10:05 |
| 7 | 28 34 | 26 26 | 01 55 | 10 28 | 00 39 | 23 | 03 12 | 02 49 | 07 22 | 09 27 | 00 03 | 13 08:46 | 13 ♋ 12:55 |
| 8 | 28 50 | 26 49 | 02 16 | 10 21 | 00 37 | 24 | 03 30 | 03 14 | 07 43 | 09 27D | 00♊00 | 15 16:53 | 15 ♌ 19:27 |
| 9 | 29 06 | 27 13 | 02 36 | 10 14 | 00 35 | 25 | 03 49 | 03 38 | 08 04 | 09 27 | 29 57 | 18 00:38 | 18 ♍ 05:35 |
| 10 | 29 23 | 27 36 | 02 56 | 10 08 | 00 33 | 26 | 04 08 | 04 02 | 08 24 | 09 28 | 29 54 | 20 00:04 | 20 ♎ 18:00 |
| 11 | 29 40 | 28 00 | 03 17 | 10 02 | 00 31 | 27 | 04 27 | 04 27 | 08 45 | 09 30 | 29 52 | 23 01:55 | 23 ♏ 07:04 |
| 12 | 29 57 | 28 24 | 03 37 | 09 56 | 00 29 | 28 | 04 46 | 04 51 | 09 05 | 09 31 | 29 49 | 25 14:24 | 25 ♐ 19:26 |
| 13 | 00♑14 | 28 48 | 03 57 | 09 51 | 00 27 | 29 | 05 05 | 05 16 | 09 26 | 09 34 | 29 46 | 28 01:18 | 28 ♑ 06:06 |
| 14 | 00 31 | 29 12 | 04 18 | 09 47 | 00 25 | 30 | 05 24 | 05 41 | 09 46 | 09 36 | 29 43 | 29 22:16 | 30 ♒ 14:13 |
| 15 | 00 48 | 29 36 | 04 38 | 09 43 | 00 22 | 31 | 05 44 | 06 05 | 10 07 | 09 40 | 29 40 | | |
| 16 | 01 06 | 00 00 | 04 59 | 09 39 | 00 20 | | | | | | | | |

## 0:00 E.T. — Declinations

| D | ☉ | ☽ | ☿ | ♀ | ♂ | ♃ | ♄ | ♅ | ♆ | ♇ | ⚳ | ⚴ | ⚵ | ⚶ | ⚷ |
|---|---|---|---|---|---|---|---|---|---|---|---|---|---|---|---|
| 1 | -03 14 | -18 15 | -15 00 | +07 13 | -25 07 | -13 16 | +21 29 | +23 33 | +05 53 | -23 40 | -28 05 | +09 18 | -04 29 | -17 25 | +16 58 |
| 2 | 03 37 | 17 32 | 15 28 | 06 46 | 25 00 | 13 17 | 21 28 | 23 33 | 05 53 | 23 41 | 28 06 | 09 10 | 04 35 | 17 27 | 16 58 |
| 3 | 04 00 | 15 52 | 15 56 | 06 18 | 24 53 | 13 18 | 21 28 | 23 33 | 05 52 | 23 41 | 28 07 | 09 02 | 04 42 | 17 29 | 16 57 |
| 4 | 04 23 | 13 16 | 16 22 | 05 50 | 24 45 | 13 20 | 21 27 | 23 33 | 05 51 | 23 41 | 28 07 | 08 54 | 04 48 | 17 31 | 16 57 |
| 5 | 04 46 | 09 49 | 16 46 | 05 22 | 24 38 | 13 21 | 21 27 | 23 33 | 05 51 | 23 41 | 28 08 | 08 47 | 04 54 | 17 32 | 16 56 |
| 6 | 05 09 | 05 40 | 17 09 | 04 54 | 24 30 | 13 22 | 21 26 | 23 33 | 05 50 | 23 41 | 28 09 | 08 39 | 05 01 | 17 33 | 16 55 |
| 7 | 05 32 | 01 03 | 17 31 | 04 26 | 24 22 | 13 23 | 21 26 | 23 33 | 05 49 | 23 41 | 28 10 | 08 32 | 05 07 | 17 34 | 16 55 |
| 8 | 05 55 | +03 41 | 17 51 | 03 57 | 24 14 | 13 24 | 21 26 | 23 33 | 05 49 | 23 41 | 28 11 | 08 24 | 05 13 | 17 35 | 16 54 |
| 9 | 06 18 | 08 14 | 18 09 | 03 29 | 24 05 | 13 25 | 21 25 | 23 33 | 05 48 | 23 41 | 28 11 | 08 17 | 05 19 | 17 36 | 16 53 |
| 10 | 06 41 | 12 12 | 18 26 | 03 00 | 23 57 | 13 26 | 21 25 | 23 33 | 05 47 | 23 41 | 28 12 | 08 10 | 05 26 | 17 36 | 16 53 |
| 11 | 07 03 | 15 19 | 18 40 | 02 31 | 23 48 | 13 26 | 21 25 | 23 33 | 05 47 | 23 41 | 28 13 | 08 03 | 05 32 | 17 36 | 16 52 |
| 12 | 07 26 | 17 21 | 18 52 | 02 02 | 23 39 | 13 27 | 21 24 | 23 33 | 05 46 | 23 41 | 28 13 | 07 56 | 05 38 | 17 36 | 16 51 |
| 13 | 07 48 | 18 15 | 19 02 | 01 33 | 23 30 | 13 28 | 21 24 | 23 33 | 05 46 | 23 41 | 28 14 | 07 49 | 05 44 | 17 36 | 16 51 |
| 14 | 08 11 | 18 01 | 19 09 | 01 04 | 23 21 | 13 28 | 21 24 | 23 33 | 05 45 | 23 41 | 28 14 | 07 42 | 05 50 | 17 35 | 16 50 |
| 15 | 08 33 | 16 49 | 19 13 | 00 35 | 23 11 | 13 29 | 21 23 | 23 33 | 05 44 | 23 41 | 28 15 | 07 35 | 05 56 | 17 34 | 16 49 |
| 16 | 08 55 | 14 46 | 19 15 | 00 05 | 23 02 | 13 29 | 21 23 | 23 33 | 05 44 | 23 41 | 28 15 | 07 28 | 06 02 | 17 33 | 16 49 |
| 17 | 09 17 | 12 05 | 19 12 | -00 24 | 22 52 | 13 29 | 21 23 | 23 33 | 05 43 | 23 41 | 28 15 | 07 21 | 06 08 | 17 32 | 16 48 |
| 18 | 09 39 | 08 55 | 19 07 | 00 53 | 22 42 | 13 30 | 21 23 | 23 33 | 05 42 | 23 41 | 28 16 | 07 15 | 06 14 | 17 30 | 16 47 |
| 19 | 10 01 | 05 26 | 18 58 | 01 23 | 22 32 | 13 30 | 21 23 | 23 33 | 05 42 | 23 41 | 28 16 | 07 08 | 06 20 | 17 28 | 16 46 |
| 20 | 10 22 | 01 46 | 18 44 | 01 52 | 22 22 | 13 30 | 21 22 | 23 33 | 05 41 | 23 41 | 28 16 | 07 02 | 06 26 | 17 27 | 16 46 |
| 21 | 10 44 | -01 57 | 18 26 | 02 21 | 22 11 | 13 30 | 21 22 | 23 33 | 05 41 | 23 41 | 28 16 | 06 55 | 06 31 | 17 24 | 16 45 |
| 22 | 11 05 | 05 35 | 18 04 | 02 51 | 22 00 | 13 30 | 21 22 | 23 33 | 05 40 | 23 41 | 28 17 | 06 49 | 06 37 | 17 22 | 16 44 |
| 23 | 11 26 | 09 01 | 17 38 | 03 20 | 21 50 | 13 30 | 21 22 | 23 33 | 05 39 | 23 41 | 28 17 | 06 43 | 06 43 | 17 19 | 16 43 |
| 24 | 11 47 | 12 05 | 17 07 | 03 49 | 21 39 | 13 30 | 21 22 | 23 33 | 05 39 | 23 41 | 28 17 | 06 37 | 06 49 | 17 17 | 16 43 |
| 25 | 12 08 | 14 41 | 16 32 | 04 19 | 21 28 | 13 30 | 21 22 | 23 33 | 05 38 | 23 41 | 28 17 | 06 31 | 06 54 | 17 14 | 16 42 |
| 26 | 12 28 | 16 39 | 15 53 | 04 48 | 21 16 | 13 29 | 21 22 | 23 33 | 05 37 | 23 40 | 28 17 | 06 25 | 07 00 | 17 11 | 16 41 |
| 27 | 12 49 | 17 54 | 15 11 | 05 17 | 21 05 | 13 29 | 21 22 | 23 33 | 05 37 | 23 40 | 28 17 | 06 19 | 07 05 | 17 07 | 16 40 |
| 28 | 13 09 | 18 20 | 14 27 | 05 46 | 20 53 | 13 28 | 21 21 | 23 33 | 05 36 | 23 40 | 28 16 | 06 13 | 07 11 | 17 04 | 16 40 |
| 29 | 13 29 | 17 52 | 13 42 | 06 14 | 20 41 | 13 28 | 21 21 | 23 34 | 05 36 | 23 40 | 28 16 | 06 08 | 07 16 | 17 00 | 16 39 |
| 30 | 13 48 | 16 30 | 12 57 | 06 43 | 20 29 | 13 27 | 21 21 | 23 34 | 05 35 | 23 40 | 28 16 | 06 02 | 07 22 | 16 56 | 16 38 |
| 31 | 14 08 | 14 15 | 12 14 | 07 12 | 20 17 | 13 27 | 21 21 | 23 34 | 05 35 | 23 40 | 28 16 | 05 57 | 07 27 | 16 52 | 16 37 |

Lunar Phases -- 1 ◐ 16:34   8 Ⓔ 10:59   15 ◑ 04:49   23 ● 07:30   31 ◐ 04:48   Sun enters ♏ 10/23 02:29

## 0:00 E.T. Longitudes of Main Planets - November 2033

| D | S.T. | ☉ | ☽ | ☽ 12:00 | ☿ | ♀ | ♂ | ♃ | ♄ | ♅ | ♆ | ♇ | ☊ |
|---|---|---|---|---|---|---|---|---|---|---|---|---|---|
| 1 | 2:42:23 | 08♏52 42 | 18♒55 | 25♒49 | 01♏20℞ | 23♎14 | 09♒05 | 27♒35 | 21♋20 | 05♋55℞ | 18♈09℞ | 14♒25 | 10♎40 |
| 2 | 2:46:20 | 09 52 43 | 02♓49 | 09♓55 | 00 24 | 24 29 | 09 45 | 27 37 | 21 20 | 05 54 | 18 07 | 14 25 | 10 37 |
| 3 | 2:50:17 | 10 52 45 | 17 06 | 24 23 | 29♎39 | 25 44 | 10 24 | 27 39 | 21 20℞ | 05 53 | 18 06 | 14 25 | 10 34 |
| 4 | 2:54:13 | 11 52 49 | 01♈44 | 09♈11 | 29 04 | 26 59 | 11 04 | 27 41 | 21 19 | 05 52 | 18 04 | 14 25 | 10 30 |
| 5 | 2:58:10 | 12 52 55 | 16 40 | 24 13 | 28 40 | 28 14 | 11 45 | 27 44 | 21 19 | 05 51 | 18 03 | 14 25 | 10 27 |
| 6 | 3:02:06 | 13 53 02 | 01♉46 | 09♉21 | 28 29 | 29 29 | 12 25 | 27 47 | 21 19 | 05 49 | 18 01 | 14 26 | 10 24 |
| 7 | 3:06:03 | 14 53 11 | 16 55 | 24 26 | 28 28D | 00♏45 | 13 05 | 27 49 | 21 18 | 05 48 | 18 00 | 14 26 | 10 21 |
| 8 | 3:09:59 | 15 53 22 | 01♊55 | 09♊20 | 28 39 | 02 00 | 13 46 | 27 52 | 21 18 | 05 47 | 17 58 | 14 26 | 10 18 |
| 9 | 3:13:56 | 16 53 35 | 16 39 | 23 52 | 29 00 | 03 15 | 14 26 | 27 56 | 21 17 | 05 45 | 17 57 | 14 26 | 10 15 |
| 10 | 3:17:52 | 17 53 50 | 00♋59 | 07♋59 | 29 30 | 04 30 | 15 07 | 27 59 | 21 16 | 05 44 | 17 56 | 14 27 | 10 11 |
| 11 | 3:21:49 | 18 54 07 | 14 51 | 21 37 | 00♏10 | 05 45 | 15 47 | 28 03 | 21 15 | 05 42 | 17 54 | 14 27 | 10 08 |
| 12 | 3:25:46 | 19 54 26 | 28 15 | 04♌46 | 00 56 | 07 00 | 16 28 | 28 07 | 21 14 | 05 41 | 17 53 | 14 28 | 10 05 |
| 13 | 3:29:42 | 20 54 46 | 11♌12 | 17 31 | 01 50 | 08 16 | 17 09 | 28 10 | 21 13 | 05 39 | 17 52 | 14 28 | 10 02 |
| 14 | 3:33:39 | 21 55 09 | 23 44 | 29 53 | 02 50 | 09 31 | 17 50 | 28 15 | 21 12 | 05 38 | 17 50 | 14 28 | 09 59 |
| 15 | 3:37:35 | 22 55 33 | 05♍58 | 11♍59 | 03 55 | 10 46 | 18 31 | 28 19 | 21 11 | 05 36 | 17 49 | 14 29 | 09 56 |
| 16 | 3:41:32 | 23 55 59 | 17 58 | 23 54 | 05 05 | 12 02 | 19 12 | 28 24 | 21 09 | 05 34 | 17 48 | 14 29 | 09 52 |
| 17 | 3:45:28 | 24 56 28 | 29 48 | 05♎42 | 06 19 | 13 17 | 19 54 | 28 28 | 21 08 | 05 32 | 17 46 | 14 30 | 09 49 |
| 18 | 3:49:25 | 25 56 58 | 11♎35 | 17 28 | 07 36 | 14 32 | 20 35 | 28 33 | 21 06 | 05 31 | 17 45 | 14 31 | 09 46 |
| 19 | 3:53:21 | 26 57 29 | 23 21 | 29 16 | 08 56 | 15 48 | 21 16 | 28 38 | 21 04 | 05 29 | 17 44 | 14 31 | 09 43 |
| 20 | 3:57:18 | 27 58 03 | 05♏11 | 11♏09 | 10 18 | 17 03 | 21 58 | 28 44 | 21 02 | 05 27 | 17 43 | 14 32 | 09 40 |
| 21 | 4:01:15 | 28 58 38 | 17 08 | 23 09 | 11 42 | 18 18 | 22 39 | 28 49 | 21 00 | 05 25 | 17 42 | 14 32 | 09 36 |
| 22 | 4:05:11 | 29 59 14 | 29 13 | 05♐19 | 13 08 | 19 34 | 23 21 | 28 55 | 20 58 | 05 23 | 17 40 | 14 33 | 09 33 |
| 23 | 4:09:08 | 00♐59 52 | 11♐27 | 17 38 | 14 36 | 20 49 | 24 03 | 29 01 | 20 56 | 05 21 | 17 39 | 14 34 | 09 30 |
| 24 | 4:13:04 | 02 00 32 | 23 52 | 00♑09 | 16 04 | 22 04 | 24 44 | 29 07 | 20 54 | 05 19 | 17 38 | 14 35 | 09 27 |
| 25 | 4:17:01 | 03 01 13 | 06♑29 | 12 51 | 17 34 | 23 20 | 25 26 | 29 13 | 20 51 | 05 17 | 17 37 | 14 35 | 09 24 |
| 26 | 4:20:57 | 04 01 55 | 19 17 | 25 46 | 19 04 | 24 35 | 26 08 | 29 19 | 20 49 | 05 15 | 17 36 | 14 36 | 09 21 |
| 27 | 4:24:54 | 05 02 38 | 02♒18 | 08♒53 | 20 35 | 25 51 | 26 50 | 29 26 | 20 46 | 05 13 | 17 35 | 14 37 | 09 17 |
| 28 | 4:28:50 | 06 03 22 | 15 32 | 22 14 | 22 06 | 27 06 | 27 32 | 29 32 | 20 43 | 05 11 | 17 34 | 14 38 | 09 14 |
| 29 | 4:32:47 | 07 04 07 | 29 00 | 05♓50 | 23 38 | 28 22 | 28 14 | 29 39 | 20 41 | 05 09 | 17 33 | 14 39 | 09 11 |
| 30 | 4:36:44 | 08 04 53 | 12♓44 | 19 43 | 25 11 | 29 37 | 28 56 | 29 46 | 20 38 | 05 07 | 17 32 | 14 39 | 09 08 |

## 0:00 E.T. Longitudes of the Major Asteroids and Chiron

| D | ⚳ | ⚴ | ⚵ | ⚶ | ⚷ | D | ⚳ | ⚴ | ⚵ | ⚶ | ⚷ |
|---|---|---|---|---|---|---|---|---|---|---|---|
| 1 | 06♑03 | 06♐30 | 10♏28 | 09♓43 | 29♉37℞ | 16 | 11 08 | 12 43 | 15 36 | 11 26 | 28 51 |
| 2 | 06 23 | 06 55 | 10 48 | 09 47 | 29 34 | 17 | 11 29 | 13 08 | 15 56 | 11 36 | 28 48 |
| 3 | 06 43 | 07 19 | 11 09 | 09 52 | 29 31 | 18 | 11 50 | 13 33 | 16 17 | 11 46 | 28 44 |
| 4 | 07 03 | 07 44 | 11 29 | 09 57 | 29 28 | 19 | 12 12 | 13 58 | 16 37 | 11 57 | 28 41 |
| 5 | 07 23 | 08 09 | 11 50 | 10 02 | 29 25 | 20 | 12 33 | 14 23 | 16 58 | 12 08 | 28 38 |
| 6 | 07 43 | 08 34 | 12 11 | 10 08 | 29 22 | 21 | 12 54 | 14 48 | 17 18 | 12 19 | 28 35 |
| 7 | 08 03 | 08 58 | 12 31 | 10 14 | 29 19 | 22 | 13 16 | 15 13 | 17 38 | 12 30 | 28 32 |
| 8 | 08 23 | 09 23 | 12 52 | 10 20 | 29 16 | 23 | 13 37 | 15 38 | 17 59 | 12 42 | 28 28 |
| 9 | 08 43 | 09 48 | 13 12 | 10 27 | 29 13 | 24 | 13 59 | 16 03 | 18 19 | 12 54 | 28 25 |
| 10 | 09 04 | 10 13 | 13 33 | 10 35 | 29 10 | 25 | 14 20 | 16 28 | 18 39 | 13 07 | 28 22 |
| 11 | 09 24 | 10 38 | 13 53 | 10 42 | 29 07 | 26 | 14 42 | 16 53 | 18 59 | 13 20 | 28 19 |
| 12 | 09 45 | 11 03 | 14 14 | 10 50 | 29 04 | 27 | 15 04 | 17 19 | 19 20 | 13 33 | 28 15 |
| 13 | 10 06 | 11 28 | 14 34 | 10 59 | 29 00 | 28 | 15 26 | 17 44 | 19 40 | 13 46 | 28 12 |
| 14 | 10 26 | 11 53 | 14 55 | 11 08 | 28 57 | 29 | 15 48 | 18 09 | 20 00 | 14 00 | 28 09 |
| 15 | 10 47 | 12 18 | 15 15 | 11 17 | 28 54 | 30 | 16 10 | 18 34 | 20 20 | 14 14 | 28 06 |

## Lunar Data

| Last Asp. | | Ingress | | |
|---|---|---|---|---|
| 1 | 15:04 | 1 | ♓ | 19:11 |
| 3 | 06:59 | 3 | ♈ | 21:10 |
| 5 | 20:03 | 5 | ♉ | 21:11 |
| 7 | 17:29 | 7 | ♊ | 20:55 |
| 9 | 21:24 | 9 | ♋ | 22:20 |
| 11 | 11:21 | 12 | ♌ | 03:12 |
| 14 | 08:50 | 14 | ♍ | 12:13 |
| 16 | 13:12 | 17 | ♎ | 00:24 |
| 19 | 10:49 | 19 | ♏ | 13:30 |
| 21 | 23:24 | 22 | ♐ | 01:34 |
| 24 | 10:05 | 24 | ♑ | 11:42 |
| 26 | 10:53 | 26 | ♒ | 19:48 |
| 29 | 01:09 | 29 | ♓ | 01:46 |

## 0:00 E.T. Declinations

| D | ☉ | ☽ | ☿ | ♀ | ♂ | ♃ | ♄ | ♅ | ♆ | ♇ | ⚳ | ⚴ | ⚵ | ⚶ | ⚷ |
|---|---|---|---|---|---|---|---|---|---|---|---|---|---|---|---|
| 1 | -14 27 | -11 10 | -11 33 | -07 40 | -20 05 | -13 26 | +21 21 | +23 34 | +05 34 | -23 40 | -28 15 | +05 51 | -07 33 | -16 48 | +16 36 |
| 2 | 14 46 | 07 22 | 10 57 | 08 09 | 19 52 | 13 25 | 21 22 | 23 34 | 05 33 | 23 39 | 28 15 | 05 46 | 07 38 | 16 43 | 16 36 |
| 3 | 15 05 | 03 04 | 10 24 | 08 37 | 19 40 | 13 24 | 21 22 | 23 34 | 05 33 | 23 39 | 28 14 | 05 41 | 07 43 | 16 39 | 16 35 |
| 4 | 15 24 | +01 33 | 09 57 | 09 05 | 19 27 | 13 23 | 21 22 | 23 34 | 05 32 | 23 39 | 28 14 | 05 36 | 07 48 | 16 34 | 16 34 |
| 5 | 15 42 | 06 09 | 09 36 | 09 32 | 19 14 | 13 22 | 21 22 | 23 34 | 05 32 | 23 39 | 28 13 | 05 31 | 07 54 | 16 29 | 16 33 |
| 6 | 16 00 | 10 25 | 09 20 | 10 00 | 19 01 | 13 21 | 21 22 | 23 34 | 05 31 | 23 39 | 28 13 | 05 26 | 07 59 | 16 24 | 16 32 |
| 7 | 16 18 | 14 01 | 09 11 | 10 27 | 18 48 | 13 20 | 21 22 | 23 34 | 05 31 | 23 38 | 28 12 | 05 21 | 08 04 | 16 19 | 16 32 |
| 8 | 16 35 | 16 38 | 09 07 | 10 54 | 18 34 | 13 19 | 21 22 | 23 34 | 05 30 | 23 38 | 28 11 | 05 17 | 08 09 | 16 13 | 16 31 |
| 9 | 16 53 | 18 05 | 09 08 | 11 21 | 18 21 | 13 18 | 21 22 | 23 34 | 05 30 | 23 38 | 28 10 | 05 12 | 08 14 | 16 08 | 16 30 |
| 10 | 17 10 | 18 20 | 09 14 | 11 48 | 18 07 | 13 16 | 21 22 | 23 34 | 05 29 | 23 38 | 28 09 | 05 07 | 08 19 | 16 02 | 16 29 |
| 11 | 17 26 | 17 27 | 09 24 | 12 14 | 17 53 | 13 15 | 21 23 | 23 34 | 05 29 | 23 37 | 28 08 | 05 03 | 08 24 | 15 56 | 16 28 |
| 12 | 17 43 | 15 38 | 09 38 | 12 40 | 17 39 | 13 13 | 21 23 | 23 35 | 05 28 | 23 37 | 28 07 | 04 59 | 08 28 | 15 51 | 16 28 |
| 13 | 17 59 | 13 04 | 09 56 | 13 05 | 17 25 | 13 12 | 21 23 | 23 35 | 05 28 | 23 37 | 28 06 | 04 54 | 08 33 | 15 44 | 16 27 |
| 14 | 18 14 | 09 58 | 10 17 | 13 31 | 17 11 | 13 10 | 21 23 | 23 35 | 05 27 | 23 37 | 28 05 | 04 50 | 08 38 | 15 38 | 16 26 |
| 15 | 18 30 | 06 30 | 10 40 | 13 56 | 16 56 | 13 09 | 21 24 | 23 35 | 05 27 | 23 36 | 28 04 | 04 46 | 08 42 | 15 32 | 16 25 |
| 16 | 18 45 | 02 51 | 11 05 | 14 20 | 16 42 | 13 07 | 21 24 | 23 35 | 05 26 | 23 36 | 28 03 | 04 42 | 08 47 | 15 25 | 16 24 |
| 17 | 19 00 | -00 53 | 11 32 | 14 45 | 16 27 | 13 05 | 21 24 | 23 35 | 05 26 | 23 36 | 28 02 | 04 39 | 08 52 | 15 19 | 16 24 |
| 18 | 19 14 | 04 34 | 12 00 | 15 09 | 16 12 | 13 03 | 21 25 | 23 35 | 05 25 | 23 36 | 28 00 | 04 35 | 08 56 | 15 12 | 16 23 |
| 19 | 19 28 | 08 05 | 12 30 | 15 32 | 15 58 | 13 01 | 21 25 | 23 35 | 05 25 | 23 35 | 27 59 | 04 31 | 09 01 | 15 05 | 16 22 |
| 20 | 19 42 | 11 17 | 13 00 | 15 55 | 15 42 | 12 59 | 21 25 | 23 35 | 05 24 | 23 35 | 27 57 | 04 28 | 09 05 | 14 58 | 16 21 |
| 21 | 19 55 | 14 04 | 13 31 | 16 18 | 15 27 | 12 57 | 21 26 | 23 35 | 05 24 | 23 35 | 27 56 | 04 24 | 09 09 | 14 51 | 16 20 |
| 22 | 20 08 | 16 15 | 14 02 | 16 41 | 15 12 | 12 55 | 21 26 | 23 35 | 05 24 | 23 34 | 27 54 | 04 21 | 09 14 | 14 44 | 16 20 |
| 23 | 20 21 | 17 45 | 14 33 | 17 02 | 14 57 | 12 53 | 21 26 | 23 36 | 05 23 | 23 34 | 27 52 | 04 18 | 09 18 | 14 37 | 16 19 |
| 24 | 20 33 | 18 25 | 15 05 | 17 24 | 14 41 | 12 51 | 21 27 | 23 36 | 05 23 | 23 34 | 27 51 | 04 15 | 09 22 | 14 30 | 16 18 |
| 25 | 20 45 | 18 12 | 15 36 | 17 45 | 14 25 | 12 48 | 21 27 | 23 36 | 05 23 | 23 33 | 27 49 | 04 12 | 09 26 | 14 22 | 16 17 |
| 26 | 20 57 | 17 03 | 16 07 | 18 05 | 14 10 | 12 46 | 21 28 | 23 36 | 05 22 | 23 33 | 27 47 | 04 09 | 09 30 | 14 14 | 16 17 |
| 27 | 21 08 | 15 01 | 16 38 | 18 25 | 13 54 | 12 44 | 21 28 | 23 36 | 05 22 | 23 33 | 27 45 | 04 06 | 09 34 | 14 07 | 16 16 |
| 28 | 21 19 | 12 11 | 17 09 | 18 45 | 13 38 | 12 41 | 21 29 | 23 36 | 05 21 | 23 32 | 27 43 | 04 03 | 09 38 | 13 59 | 16 15 |
| 29 | 21 29 | 08 39 | 17 38 | 19 04 | 13 22 | 12 39 | 21 29 | 23 36 | 05 21 | 23 32 | 27 41 | 04 00 | 09 42 | 13 51 | 16 14 |
| 30 | 21 39 | 04 35 | 18 08 | 19 22 | 13 06 | 12 36 | 21 30 | 23 36 | 05 21 | 23 31 | 27 39 | 03 58 | 09 45 | 13 43 | 16 14 |

Lunar Phases -- 6 ○ 20:33 13 ◑ 20:10 22 ● 01:40 29 ◐ 15:17 Sun enters ♐ 11/22 00:18

## Longitudes of Main Planets - December 2033

0:00 E.T.

| D | S.T. | ☉ | ☽ | ☽ 12:00 | ☿ | ♀ | ♂ | ♃ | ♄ | ♅ | ♆ | ♇ | ☊ |
|---|---|---|---|---|---|---|---|---|---|---|---|---|---|
| 1 | 4:40:40 | 09♐05 40 | 26♓46 | 03♈52 | 26♏43 | 00♐52 | 29♒39 | 29♒53 | 20♋35℞ | 05♋04℞ | 17♈31℞ | 14♒40 | 09♎05 |
| 2 | 4:44:37 | 10 06 28 | 11♈03 | 18 18 | 28 16 | 02 08 | 00♓21 | 00♓00 | 20 32 | 05 02 | 17 30 | 14 41 | 09 02 |
| 3 | 4:48:33 | 11 07 17 | 25 36 | 02♉57 | 29 49 | 03 23 | 01 03 | 00 08 | 20 28 | 05 00 | 17 30 | 14 42 | 08 58 |
| 4 | 4:52:30 | 12 08 07 | 10♉21 | 17 45 | 01♐22 | 04 39 | 01 45 | 00 16 | 20 25 | 04 57 | 17 29 | 14 43 | 08 55 |
| 5 | 4:56:26 | 13 08 58 | 25 10 | 02♊34 | 02 55 | 05 54 | 02 28 | 00 23 | 20 22 | 04 55 | 17 28 | 14 44 | 08 52 |
| 6 | 5:00:23 | 14 09 49 | 09♊57 | 17 17 | 04 28 | 07 10 | 03 10 | 00 31 | 20 18 | 04 53 | 17 27 | 14 45 | 08 49 |
| 7 | 5:04:19 | 15 10 42 | 24 34 | 01♋46 | 06 02 | 08 25 | 03 52 | 00 39 | 20 15 | 04 50 | 17 26 | 14 46 | 08 46 |
| 8 | 5:08:16 | 16 11 36 | 08♋52 | 15 53 | 07 35 | 09 41 | 04 35 | 00 47 | 20 11 | 04 48 | 17 26 | 14 47 | 08 42 |
| 9 | 5:12:13 | 17 12 31 | 22 47 | 29 34 | 09 08 | 10 56 | 05 17 | 00 56 | 20 08 | 04 46 | 17 25 | ·14 49 | 08 39 |
| 10 | 5:16:09 | 18 13 27 | 06♌15 | 12♌49 | 10 42 | 12 12 | 06 00 | 01 04 | 20 04 | 04 43 | 17 24 | 14 50 | 08 36 |
| 11 | 5:20:06 | 19 14 24 | 19 16 | 25 37 | 12 15 | 13 27 | 06 42 | 01 13 | 20 00 | 04 41 | 17 24 | 14 51 | 08 33 |
| 12 | 5:24:02 | 20 15 23 | 01♍53 | 08♍03 | 13 49 | 14 43 | 07 25 | 01 22 | 19 56 | 04 38 | 17 23 | 14 52 | 08 30 |
| 13 | 5:27:59 | 21 16 22 | 14 09 | 20 11 | 15 23 | 15 58 | 08 08 | 01 31 | 19 52 | 04 36 | 17 23 | 14 53 | 08 27 |
| 14 | 5:31:55 | 22 17 22 | 26 10 | 02♎06 | 16 56 | 17 14 | 08 50 | 01 40 | 19 48 | 04 33 | 17 22 | 14 54 | 08 23 |
| 15 | 5:35:52 | 23 18 24 | 08♎01 | 13 55 | 18 30 | 18 29 | 09 33 | 01 49 | 19 44 | 04 31 | 17 22 | 14 56 | 08 20 |
| 16 | 5:39:48 | 24 19 26 | 19 48 | 25 41 | 20 04 | 19 45 | 10 16 | 01 58 | 19 40 | 04 28 | 17 21 | 14 57 | 08 17 |
| 17 | 5:43:45 | 25 20 30 | 01♏36 | 07♏31 | 21 38 | 21 00 | 10 58 | 02 08 | 19 35 | 04 26 | 17 21 | 14 58 | 08 14 |
| 18 | 5:47:42 | 26 21 34 | 13 29 | 19 29 | 23 12 | 22 16 | 11 41 | 02 17 | 19 31 | 04 23 | 17 21 | 14 59 | 08 11 |
| 19 | 5:51:38 | 27 22 39 | 25 32 | 01♐38 | 24 47 | 23 31 | 12 24 | 02 27 | 19 27 | 04 21 | 17 20 | 15 01 | 08 08 |
| 20 | 5:55:35 | 28 23 45 | 07♐47 | 14 00 | 26 21 | 24 47 | 13 06 | 02 37 | 19 22 | 04 18 | 17 20 | 15 02 | 08 04 |
| 21 | 5:59:31 | 29 24 52 | 20 16 | 26 36 | 27 56 | 26 02 | 13 49 | 02 47 | 19 18 | 04 16 | 17 20 | 15 03 | 08 01 |
| 22 | 6:03:28 | 00♑25 59 | 02♑59 | 09♑26 | 29 31 | 27 18 | 14 32 | 02 57 | 19 13 | 04 13 | 17 19 | 15 05 | 07 58 |
| 23 | 6:07:24 | 01 27 07 | 15 57 | 22 30 | 01♑06 | 28 33 | 15 15 | 03 07 | 19 09 | 04 10 | 17 19 | 15 06 | 07 55 |
| 24 | 6:11:21 | 02 28 15 | 29 07 | 05♒46 | 02 41 | 29 49 | 15 58 | 03 17 | 19 04 | 04 08 | 17 19 | 15 08 | 07 52 |
| 25 | 6:15:17 | 03 29 23 | 12♒28 | 19 12 | 04 16 | 01♑04 | 16 41 | 03 28 | 19 00 | 04 05 | 17 19 | 15 09 | 07 48 |
| 26 | 6:19:14 | 04 30 32 | 25 58 | 02♓47 | 05 52 | 02 20 | 17 24 | 03 38 | 18 55 | 04 03 | 17 19 | 15 10 | 07 45 |
| 27 | 6:23:11 | 05 31 40 | 09♓38 | 16 31 | 07 28 | 03 35 | 18 06 | 03 49 | 18 50 | 04 00 | 17 19 | 15 12 | 07 42 |
| 28 | 6:27:07 | 06 32 49 | 23 26 | 00♈23 | 09 04 | 04 51 | 18 49 | 04 00 | 18 45 | 03 57 | 17 19 | 15 13 | 07 39 |
| 29 | 6:31:04 | 07 33 57 | 07♈22 | 14 24 | 10 40 | 06 06 | 19 32 | 04 11 | 18 41 | 03 55 | 17 19D | 15 15 | 07 36 |
| 30 | 6:35:00 | 08 35 06 | 21 27 | 28 33 | 12 17 | 07 22 | 20 15 | 04 22 | 18 36 | 03 52 | 17 19 | 15 16 | 07 33 |
| 31 | 6:38:57 | 09 36 14 | 05♉40 | 12♉49 | 13 54 | 08 38 | 20 58 | 04 33 | 18 31 | 03 50 | 17 19 | 15 18 | 07 29 |

## Longitudes of the Major Asteroids and Chiron

0:00 E.T.

| D | ⚳ | ⚴ | ⚵ | ⚶ | ⚷ |
|---|---|---|---|---|---|
| 1 | 16♑32 | 18♐59 | 20♏40 | 14♓28 | 28♉03℞ |
| 2 | 16 54 | 19 24 | 21 00 | 14 42 | 28 00 |
| 3 | 17 16 | 19 49 | 21 20 | 14 57 | 27 56 |
| 4 | 17 38 | 20 14 | 21 40 | 15 12 | 27 53 |
| 5 | 18 01 | 20 39 | 22 00 | 15 28 | 27 50 |
| 6 | 18 23 | 21 04 | 22 20 | 15 43 | 27 47 |
| 7 | 18 45 | 21 30 | 22 40 | 15 59 | 27 44 |
| 8 | 19 08 | 21 55 | 23 00 | 16 15 | 27 41 |
| 9 | 19 30 | 22 20 | 23 20 | 16 31 | 27 38 |
| 10 | 19 53 | 22 45 | 23 40 | 16 48 | 27 35 |
| 11 | 20 16 | 23 10 | 23 59 | 17 04 | 27 32 |
| 12 | 20 38 | 23 35 | 24 19 | 17 21 | 27 29 |
| 13 | 21 01 | 24 00 | 24 39 | 17 39 | 27 26 |
| 14 | 21 24 | 24 25 | 24 58 | 17 56 | 27 23 |
| 15 | 21 46 | 24 50 | 25 18 | 18 14 | 27 21 |
| 16 | 22 09 | 25 15 | 25 37 | 18 31 | 27 18 |
| 17 | 22 32 | 25 40 | 25 57 | 18 49 | 27 15 |
| 18 | 22 55 | 26 05 | 26 16 | 19 08 | 27 12 |
| 19 | 23 18 | 26 30 | 26 35 | 19 26 | 27 10 |
| 20 | 23 41 | 26 55 | 26 54 | 19 45 | 27 07 |
| 21 | 24 04 | 27 19 | 27 14 | 20 04 | 27 04 |
| 22 | 24 27 | 27 44 | 27 33 | 20 23 | 27 02 |
| 23 | 24 50 | 28 09 | 27 52 | 20 42 | 26 59 |
| 24 | 25 14 | 28 34 | 28 11 | 21 01 | 26 57 |
| 25 | 25 37 | 28 59 | 28 30 | 21 21 | 26 54 |
| 26 | 26 00 | 29 24 | 28 49 | 21 40 | 26 52 |
| 27 | 26 23 | 29 48 | 29 07 | 22 00 | 26 50 |
| 28 | 26 47 | 00♑13 | 29 26 | 22 20 | 26 47 |
| 29 | 27 10 | 00 38 | 29 45 | 22 41 | 26 45 |
| 30 | 27 33 | 01 02 | 00♐03 | 23 01 | 26 43 |
| 31 | 27 57 | 01 27 | 00 22 | 23 22 | 26 41 |

## Lunar Data

| Last Asp. | | Ingress | | |
|---|---|---|---|---|
| 30 | 23:55 | 1 | ♈ | 05:29 |
| 2 | 15:36 | 3 | ♉ | 07:11 |
| 4 | 16:15 | 5 | ♊ | 07:50 |
| 6 | 12:16 | 7 | ♋ | 09:03 |
| 8 | 19:23 | 9 | ♌ | 12:46 |
| 10 | 23:57 | 11 | ♍ | 20:23 |
| 13 | 15:29 | 14 | ♎ | 07:44 |
| 16 | 10:06 | 16 | ♏ | 20:46 |
| 18 | 11:60 | 19 | ♐ | 08:48 |
| 21 | 16:33 | 21 | ♑ | 18:24 |
| 23 | 05:50 | 24 | ♒ | 01:37 |
| 25 | 08:39 | 26 | ♓ | 07:06 |
| 27 | 15:56 | 28 | ♈ | 11:20 |
| 29 | 19:10 | 30 | ♉ | 14:27 |

## Declinations

0:00 E.T.

| D | ☉ | ☽ | ☿ | ♀ | ♂ | ♃ | ♄ | ♅ | ♆ | ♇ | ⚳ | ⚴ | ⚵ | ⚶ | ⚷ |
|---|---|---|---|---|---|---|---|---|---|---|---|---|---|---|---|
| 1 | -21 48 | -00 11 | -18 36 | -19 40 | -12 49 | -12 33 | +21 30 | +23 36 | +05 21 | -23 31 | -27 37 | +03 56 | -09 49 | -13 35 | +16 13 |
| 2 | 21 58 | +04 19 | 19 04 | 19 58 | 12 33 | 12 31 | 21 31 | 23 36 | 05 20 | 23 31 | 27 35 | 03 53 | 09 53 | 13 27 | 16 12 |
| 3 | 22 06 | 08 39 | 19 31 | 20 14 | 12 16 | 12 28 | 21 31 | 23 37 | 05 20 | 23 30 | 27 32 | 03 51 | 09 56 | 13 19 | 16 11 |
| 4 | 22 14 | 12 30 | 19 58 | 20 31 | 12 00 | 12 25 | 21 32 | 23 37 | 05 20 | 23 30 | 27 30 | 03 49 | 10 00 | 13 10 | 16 11 |
| 5 | 22 22 | 15 34 | 20 23 | 20 46 | 11 43 | 12 22 | 21 33 | 23 37 | 05 19 | 23 29 | 27 27 | 03 47 | 10 03 | 13 02 | 16 10 |
| 6 | 22 30 | 17 36 | 20 48 | 21 01 | 11 26 | 12 19 | 21 33 | 23 37 | 05 19 | 23 29 | 27 25 | 03 45 | 10 07 | 12 53 | 16 09 |
| 7 | 22 37 | 18 27 | 21 11 | 21 16 | 11 10 | 12 16 | 21 34 | 23 37 | 05 19 | 23 29 | 27 22 | 03 43 | 10 10 | 12 45 | 16 09 |
| 8 | 22 43 | 18 06 | 21 34 | 21 30 | 10 53 | 12 13 | 21 34 | 23 37 | 05 19 | 23 28 | 27 20 | 03 42 | 10 13 | 12 36 | 16 08 |
| 9 | 22 49 | 16 39 | 21 55 | 21 43 | 10 36 | 12 10 | 21 35 | 23 37 | 05 18 | 23 28 | 27 17 | 03 40 | 10 17 | 12 27 | 16 07 |
| 10 | 22 55 | 14 20 | 22 16 | 21 55 | 10 19 | 12 07 | 21 36 | 23 37 | 05 18 | 23 27 | 27 14 | 03 39 | 10 20 | 12 18 | 16 06 |
| 11 | 23 00 | 11 21 | 22 35 | 22 07 | 10 02 | 12 04 | 21 36 | 23 37 | 05 18 | 23 27 | 27 11 | 03 37 | 10 23 | 12 09 | 16 06 |
| 12 | 23 04 | 07 55 | 22 54 | 22 19 | 09 44 | 12 00 | 21 37 | 23 38 | 05 18 | 23 26 | 27 09 | 03 36 | 10 26 | 12 00 | 16 05 |
| 13 | 23 09 | 04 15 | 23 11 | 22 29 | 09 27 | 11 57 | 21 38 | 23 38 | 05 18 | 23 26 | 27 06 | 03 35 | 10 29 | 11 51 | 16 05 |
| 14 | 23 12 | 00 28 | 23 27 | 22 39 | 09 10 | 11 54 | 21 38 | 23 38 | 05 18 | 23 25 | 27 03 | 03 34 | 10 32 | 11 42 | 16 04 |
| 15 | 23 16 | -03 17 | 23 42 | 22 48 | 08 52 | 11 50 | 21 39 | 23 38 | 05 17 | 23 25 | 27 00 | 03 33 | 10 34 | 11 33 | 16 03 |
| 16 | 23 19 | 06 53 | 23 55 | 22 57 | 08 35 | 11 47 | 21 40 | 23 38 | 05 17 | 23 25 | 26 56 | 03 32 | 10 37 | 11 24 | 16 03 |
| 17 | 23 21 | 10 13 | 24 08 | 23 05 | 08 17 | 11 43 | 21 40 | 23 38 | 05 17 | 23 24 | 26 53 | 03 31 | 10 40 | 11 15 | 16 02 |
| 18 | 23 23 | 13 10 | 24 19 | 23 12 | 08 00 | 11 40 | 21 41 | 23 38 | 05 17 | 23 24 | 26 50 | 03 31 | 10 42 | 11 05 | 16 02 |
| 19 | 23 24 | 15 35 | 24 29 | 23 18 | 07 42 | 11 36 | 21 42 | 23 38 | 05 17 | 23 23 | 26 47 | 03 30 | 10 45 | 10 56 | 16 01 |
| 20 | 23 25 | 17 21 | 24 37 | 23 24 | 07 25 | 11 33 | 21 42 | 23 38 | 05 17 | 23 23 | 26 43 | 03 30 | 10 47 | 10 46 | 16 00 |
| 21 | 23 26 | 18 20 | 24 45 | 23 29 | 07 07 | 11 29 | 21 43 | 23 38 | 05 17 | 23 22 | 26 40 | 03 30 | 10 50 | 10 37 | 16 00 |
| 22 | 23 26 | 18 25 | 24 51 | 23 33 | 06 49 | 11 25 | 21 44 | 23 38 | 05 17 | 23 22 | 26 36 | 03 29 | 10 52 | 10 27 | 15 59 |
| 23 | 23 25 | 17 33 | 24 55 | 23 37 | 06 31 | 11 21 | 21 45 | 23 39 | 05 17 | 23 21 | 26 33 | 03 29 | 10 54 | 10 17 | 15 59 |
| 24 | 23 25 | 15 45 | 24 59 | 23 40 | 06 13 | 11 17 | 21 45 | 23 39 | 05 17 | 23 21 | 26 29 | 03 29 | 10 56 | 10 08 | 15 58 |
| 25 | 23 23 | 13 06 | 25 00 | 23 42 | 05 55 | 11 14 | 21 46 | 23 39 | 05 17 | 23 20 | 26 25 | 03 30 | 10 58 | 09 58 | 15 58 |
| 26 | 23 21 | 09 43 | 25 01 | 23 43 | 05 38 | 11 10 | 21 47 | 23 39 | 05 17 | 23 20 | 26 22 | 03 30 | 11 00 | 09 48 | 15 57 |
| 27 | 23 19 | 05 46 | 25 00 | 23 44 | 05 20 | 11 06 | 21 48 | 23 39 | 05 17 | 23 19 | 26 18 | 03 30 | 11 02 | 09 38 | 15 57 |
| 28 | 23 16 | 01 29 | 24 57 | 23 44 | 05 02 | 11 02 | 21 48 | 23 39 | 05 17 | 23 19 | 26 14 | 03 31 | 11 04 | 09 28 | 15 56 |
| 29 | 23 13 | +02 56 | 24 53 | 23 43 | 04 44 | 10 58 | 21 49 | 23 39 | 05 17 | 23 18 | 26 10 | 03 31 | 11 06 | 09 18 | 15 56 |
| 30 | 23 09 | 07 14 | 24 48 | 23 41 | 04 26 | 10 53 | 21 50 | 23 39 | 05 17 | 23 18 | 26 06 | 03 32 | 11 07 | 09 08 | 15 56 |
| 31 | 23 05 | 11 10 | 24 41 | 23 39 | 04 07 | 10 49 | 21 51 | 23 39 | 05 17 | 23 17 | 26 02 | 03 33 | 11 09 | 08 58 | 15 55 |

Lunar Phases -- 6 ○ 07:23 13 ◑ 15:30 21 ● 18:48 29 ◐ 00:22 Sun enters ♑ 12/21 13:48

## 0:00 E.T. Longitudes of Main Planets - January 2034 **Jan. 34**

| D | S.T. | ☉ | ☽ | ☽ 12:00 | ☿ | ♀ | ♂ | ♃ | ♄ | ♅ | ♆ | ♇ | ☊ |
|---|---|---|---|---|---|---|---|---|---|---|---|---|---|
| 1 | 6:42:53 | 10♑37 22 | 19♉59 | 27♉10 | 15♑31 | 09♑53 | 21♓41 | 04♓44 | 18♋26℞ | 03♋47℞ | 17♈19 | 15♒19 | 07♎26 |
| 2 | 6:46:50 | 11 38 30 | 04♊22 | 11♊33 | 17 09 | 11 08 | 22 24 | 04 55 | 18 21 | 03 45 | 17 19 | 15 21 | 07 23 |
| 3 | 6:50:46 | 12 39 39 | 18 42 | 25 51 | 18 47 | 12 24 | 23 07 | 05 07 | 18 16 | 03 42 | 17 19 | 15 23 | 07 20 |
| 4 | 6:54:43 | 13 40 47 | 02♋56 | 09♋59 | 20 25 | 13 39 | 23 50 | 05 18 | 18 11 | 03 40 | 17 20 | 15 24 | 07 17 |
| 5 | 6:58:40 | 14 41 54 | 16 57 | 23 51 | 22 03 | 14 55 | 24 33 | 05 30 | 18 06 | 03 37 | 17 20 | 15 26 | 07 13 |
| 6 | 7:02:36 | 15 43 02 | 00♌40 | 07♌23 | 23 42 | 16 10 | 25 15 | 05 42 | 18 01 | 03 35 | 17 20 | 15 27 | 07 10 |
| 7 | 7:06:33 | 16 44 10 | 14 01 | 20 34 | 25 21 | 17 26 | 25 58 | 05 53 | 17 56 | 03 32 | 17 20 | 15 29 | 07 07 |
| 8 | 7:10:29 | 17 45 18 | 27 00 | 03♍21 | 27 00 | 18 41 | 26 41 | 06 05 | 17 51 | 03 30 | 17 21 | 15 31 | 07 04 |
| 9 | 7:14:26 | 18 46 26 | 09♍37 | 15 49 | 28 39 | 19 57 | 27 24 | 06 17 | 17 46 | 03 27 | 17 21 | 15 32 | 07 01 |
| 10 | 7:18:22 | 19 47 34 | 21 55 | 27 58 | 00♒18 | 21 12 | 28 07 | 06 29 | 17 42 | 03 25 | 17 22 | 15 34 | 06 58 |
| 11 | 7:22:19 | 20 48 41 | 03♎58 | 09♎56 | 01 57 | 22 28 | 28 50 | 06 41 | 17 37 | 03 22 | 17 22 | 15 36 | 06 54 |
| 12 | 7:26:15 | 21 49 49 | 15 51 | 21 45 | 03 36 | 23 43 | 29 33 | 06 54 | 17 32 | 03 20 | 17 23 | 15 37 | 06 51 |
| 13 | 7:30:12 | 22 50 57 | 27 39 | 03♏33 | 05 15 | 24 59 | 00♈16 | 07 06 | 17 27 | 03 17 | 17 23 | 15 39 | 06 48 |
| 14 | 7:34:09 | 23 52 05 | 09♏28 | 15 25 | 06 54 | 26 14 | 00 58 | 07 18 | 17 22 | 03 15 | 17 24 | 15 41 | 06 45 |
| 15 | 7:38:05 | 24 53 12 | 21 23 | 27 25 | 08 32 | 27 30 | 01 41 | 07 31 | 17 17 | 03 13 | 17 24 | 15 42 | 06 42 |
| 16 | 7:42:02 | 25 54 20 | 03♐30 | 09♐39 | 10 09 | 28 45 | 02 24 | 07 43 | 17 12 | 03 10 | 17 25 | 15 44 | 06 39 |
| 17 | 7:45:58 | 26 55 27 | 15 52 | 22 09 | 11 46 | 00♒01 | 03 07 | 07 56 | 17 07 | 03 08 | 17 25 | 15 46 | 06 35 |
| 18 | 7:49:55 | 27 56 34 | 28 31 | 04♑58 | 13 21 | 01 16 | 03 50 | 08 09 | 17 02 | 03 06 | 17 26 | 15 48 | 06 32 |
| 19 | 7:53:51 | 28 57 40 | 11♑29 | 18 05 | 14 55 | 02 31 | 04 33 | 08 22 | 16 57 | 03 03 | 17 27 | 15 49 | 06 29 |
| 20 | 7:57:48 | 29 58 47 | 24 46 | 01♒31 | 16 27 | 03 47 | 05 15 | 08 34 | 16 53 | 03 01 | 17 28 | 15 51 | 06 26 |
| 21 | 8:01:44 | 00♒59 52 | 08♒19 | 15 11 | 17 56 | 05 02 | 05 58 | 08 47 | 16 48 | 02 59 | 17 28 | 15 53 | 06 23 |
| 22 | 8:05:41 | 02 00 57 | 22 06 | 29 03 | 19 23 | 06 18 | 06 41 | 09 00 | 16 43 | 02 57 | 17 29 | 15 55 | 06 19 |
| 23 | 8:09:38 | 03 02 01 | 06♓03 | 13♓04 | 20 47 | 07 33 | 07 24 | 09 13 | 16 39 | 02 55 | 17 30 | 15 56 | 06 16 |
| 24 | 8:13:34 | 04 03 04 | 20 06 | 27 09 | 22 07 | 08 48 | 08 06 | 09 26 | 16 34 | 02 53 | 17 31 | 15 58 | 06 13 |
| 25 | 8:17:31 | 05 04 06 | 04♈12 | 11♈16 | 23 22 | 10 04 | 08 49 | 09 40 | 16 29 | 02 50 | 17 32 | 16 00 | 06 10 |
| 26 | 8:21:27 | 06 05 07 | 18 19 | 25 23 | 24 32 | 11 19 | 09 32 | 09 53 | 16 25 | 02 48 | 17 33 | 16 02 | 06 07 |
| 27 | 8:25:24 | 07 06 07 | 02♉26 | 09♉29 | 25 36 | 12 35 | 10 15 | 10 06 | 16 20 | 02 46 | 17 34 | 16 04 | 06 04 |
| 28 | 8:29:20 | 08 07 06 | 16 32 | 23 34 | 26 32 | 13 50 | 10 57 | 10 20 | 16 16 | 02 44 | 17 35 | 16 05 | 06 00 |
| 29 | 8:33:17 | 09 08 03 | 00♊35 | 07♊35 | 27 22 | 15 05 | 11 40 | 10 33 | 16 12 | 02 42 | 17 36 | 16 07 | 05 57 |
| 30 | 8:37:13 | 10 09 00 | 14 34 | 21 32 | 28 02 | 16 21 | 12 23 | 10 46 | 16 07 | 02 41 | 17 37 | 16 09 | 05 54 |
| 31 | 8:41:10 | 11 09 55 | 28 28 | 05♋21 | 28 34 | 17 36 | 13 05 | 11 00 | 16 03 | 02 39 | 17 38 | 16 11 | 05 51 |

## 0:00 E.T. Longitudes of the Major Asteroids and Chiron

| D | ⚳ | ⚴ | ⚵ | ⚶ | ⚷ |
|---|---|---|---|---|---|
| 1 | 28♑20 | 01♑52 | 00♐40 | 23♓42 | 26♉39℞ |
| 2 | 28 43 | 02 16 | 00 59 | 24 03 | 26 37 |
| 3 | 29 07 | 02 41 | 01 17 | 24 24 | 26 35 |
| 4 | 29 30 | 03 05 | 01 35 | 24 45 | 26 33 |
| 5 | 29 54 | 03 30 | 01 53 | 25 07 | 26 31 |
| 6 | 00♒17 | 03 54 | 02 11 | 25 28 | 26 29 |
| 7 | 00 41 | 04 19 | 02 29 | 25 50 | 26 27 |
| 8 | 01 04 | 04 43 | 02 47 | 26 11 | 26 26 |
| 9 | 01 28 | 05 07 | 03 05 | 26 33 | 26 24 |
| 10 | 01 51 | 05 31 | 03 23 | 26 55 | 26 22 |
| 11 | 02 15 | 05 56 | 03 40 | 27 17 | 26 21 |
| 12 | 02 39 | 06 20 | 03 58 | 27 40 | 26 19 |
| 13 | 03 02 | 06 44 | 04 15 | 28 02 | 26 18 |
| 14 | 03 26 | 07 08 | 04 32 | 28 24 | 26 17 |
| 15 | 03 49 | 07 32 | 04 49 | 28 47 | 26 15 |
| 16 | 04 13 | 07 56 | 05 07 | 29 10 | 26 14 |
| 17 | 04 37 | 08 20 | 05 23 | 29 32 | 26 13 |
| 18 | 05 01 | 08 44 | 05 40 | 29 55 | 26 12 |
| 19 | 05 24 | 09 08 | 05 57 | 00♈18 | 26 11 |
| 20 | 05 48 | 09 32 | 06 14 | 00 42 | 26 10 |
| 21 | 06 12 | 09 55 | 06 30 | 01 05 | 26 09 |
| 22 | 06 35 | 10 19 | 06 47 | 01 28 | 26 08 |
| 23 | 06 59 | 10 43 | 07 03 | 01 52 | 26 07 |
| 24 | 07 23 | 11 06 | 07 19 | 02 15 | 26 06 |
| 25 | 07 46 | 11 30 | 07 35 | 02 39 | 26 06 |
| 26 | 08 10 | 11 53 | 07 51 | 03 03 | 26 05 |
| 27 | 08 34 | 12 16 | 08 07 | 03 26 | 26 05 |
| 28 | 08 58 | 12 40 | 08 23 | 03 50 | 26 04 |
| 29 | 09 21 | 13 03 | 08 38 | 04 14 | 26 04 |
| 30 | 09 45 | 13 26 | 08 54 | 04 38 | 26 04 |
| 31 | 10 09 | 13 49 | 09 09 | 05 02 | 26 03 |

## Lunar Data

| Last Asp. | | Ingress | | |
|---|---|---|---|---|
| 1 | 02:59 | 1 | ♊ | 16:43 |
| 3 | 07:47 | 3 | ♋ | 19:01 |
| 5 | 13:57 | 5 | ♌ | 22:50 |
| 7 | 06:04 | 8 | ♍ | 05:39 |
| 10 | 13:04 | 10 | ♎ | 16:03 |
| 12 | 17:55 | 13 | ♏ | 04:47 |
| 15 | 13:33 | 15 | ♐ | 17:06 |
| 17 | 03:00 | 18 | ♑ | 02:47 |
| 19 | 10:51 | 20 | ♒ | 09:20 |
| 21 | 18:46 | 22 | ♓ | 13:37 |
| 23 | 18:01 | 24 | ♈ | 16:52 |
| 26 | 11:26 | 26 | ♉ | 19:51 |
| 28 | 18:10 | 28 | ♊ | 23:00 |
| 31 | 00:11 | 31 | ♋ | 02:41 |

## 0:00 E.T. Declinations

| D | ☉ | ☽ | ☿ | ♀ | ♂ | ♃ | ♄ | ♅ | ♆ | ♇ | ⚳ | ⚴ | ⚵ | ⚶ | ⚷ |
|---|---|---|---|---|---|---|---|---|---|---|---|---|---|---|---|
| 1 | -23 00 | +14 27 | -24 33 | -23 36 | -03 49 | -10 45 | +21 51 | +23 39 | +05 17 | -23 17 | -25 58 | +03 33 | -11 11 | -08 48 | +15 55 |
| 2 | 22 55 | 16 52 | 24 23 | 23 32 | 03 31 | 10 41 | 21 52 | 23 39 | 05 17 | 23 16 | 25 54 | 03 34 | 11 12 | 08 37 | 15 54 |
| 3 | 22 50 | 18 13 | 24 11 | 23 28 | 03 13 | 10 37 | 21 53 | 23 40 | 05 17 | 23 16 | 25 50 | 03 35 | 11 13 | 08 27 | 15 54 |
| 4 | 22 44 | 18 24 | 23 58 | 23 23 | 02 55 | 10 32 | 21 54 | 23 40 | 05 18 | 23 15 | 25 45 | 03 37 | 11 15 | 08 17 | 15 54 |
| 5 | 22 37 | 17 28 | 23 44 | 23 17 | 02 37 | 10 28 | 21 54 | 23 40 | 05 18 | 23 15 | 25 41 | 03 38 | 11 16 | 08 07 | 15 53 |
| 6 | 22 30 | 15 32 | 23 27 | 23 10 | 02 19 | 10 24 | 21 55 | 23 40 | 05 18 | 23 14 | 25 37 | 03 39 | 11 17 | 07 56 | 15 53 |
| 7 | 22 23 | 12 48 | 23 10 | 23 03 | 02 01 | 10 19 | 21 56 | 23 40 | 05 18 | 23 13 | 25 32 | 03 41 | 11 18 | 07 46 | 15 53 |
| 8 | 22 15 | 09 31 | 22 51 | 22 55 | 01 43 | 10 15 | 21 57 | 23 40 | 05 18 | 23 13 | 25 28 | 03 42 | 11 19 | 07 36 | 15 52 |
| 9 | 22 07 | 05 52 | 22 30 | 22 46 | 01 24 | 10 10 | 21 58 | 23 40 | 05 18 | 23 12 | 25 23 | 03 44 | 11 20 | 07 25 | 15 52 |
| 10 | 21 58 | 02 04 | 22 07 | 22 36 | 01 06 | 10 06 | 21 58 | 23 40 | 05 19 | 23 12 | 25 19 | 03 46 | 11 21 | 07 15 | 15 52 |
| 11 | 21 49 | -01 45 | 21 44 | 22 26 | 00 48 | 10 01 | 21 59 | 23 40 | 05 19 | 23 11 | 25 14 | 03 48 | 11 22 | 07 04 | 15 52 |
| 12 | 21 40 | 05 26 | 21 18 | 22 15 | 00 30 | 09 56 | 22 00 | 23 40 | 05 19 | 23 11 | 25 09 | 03 50 | 11 23 | 06 53 | 15 51 |
| 13 | 21 30 | 08 53 | 20 51 | 22 04 | 00 12 | 09 52 | 22 01 | 23 40 | 05 19 | 23 10 | 25 04 | 03 52 | 11 23 | 06 43 | 15 51 |
| 14 | 21 19 | 11 59 | 20 23 | 21 51 | +00 06 | 09 47 | 22 01 | 23 40 | 05 20 | 23 10 | 25 00 | 03 54 | 11 24 | 06 32 | 15 51 |
| 15 | 21 09 | 14 37 | 19 54 | 21 39 | 00 24 | 09 42 | 22 02 | 23 40 | 05 20 | 23 09 | 24 55 | 03 56 | 11 24 | 06 22 | 15 51 |
| 16 | 20 58 | 16 39 | 19 23 | 21 25 | 00 42 | 09 38 | 22 03 | 23 40 | 05 20 | 23 09 | 24 50 | 03 59 | 11 25 | 06 11 | 15 51 |
| 17 | 20 46 | 17 58 | 18 51 | 21 11 | 01 00 | 09 33 | 22 03 | 23 40 | 05 20 | 23 08 | 24 45 | 04 01 | 11 25 | 06 00 | 15 50 |
| 18 | 20 34 | 18 25 | 18 17 | 20 56 | 01 18 | 09 28 | 22 04 | 23 41 | 05 21 | 23 08 | 24 40 | 04 04 | 11 25 | 05 49 | 15 50 |
| 19 | 20 22 | 17 56 | 17 43 | 20 41 | 01 36 | 09 23 | 22 05 | 23 41 | 05 21 | 23 07 | 24 35 | 04 06 | 11 25 | 05 39 | 15 50 |
| 20 | 20 09 | 16 29 | 17 08 | 20 25 | 01 54 | 09 18 | 22 06 | 23 41 | 05 21 | 23 07 | 24 30 | 04 09 | 11 25 | 05 28 | 15 50 |
| 21 | 19 56 | 14 06 | 16 32 | 20 08 | 02 12 | 09 13 | 22 06 | 23 41 | 05 22 | 23 06 | 24 25 | 04 12 | 11 25 | 05 17 | 15 50 |
| 22 | 19 42 | 10 53 | 15 56 | 19 51 | 02 30 | 09 09 | 22 07 | 23 41 | 05 22 | 23 06 | 24 19 | 04 15 | 11 25 | 05 06 | 15 50 |
| 23 | 19 28 | 07 01 | 15 19 | 19 33 | 02 48 | 09 04 | 22 08 | 23 41 | 05 23 | 23 05 | 24 14 | 04 18 | 11 25 | 04 55 | 15 50 |
| 24 | 19 14 | 02 44 | 14 43 | 19 15 | 03 06 | 08 59 | 22 08 | 23 41 | 05 23 | 23 04 | 24 09 | 04 21 | 11 25 | 04 45 | 15 50 |
| 25 | 19 00 | +01 42 | 14 06 | 18 56 | 03 24 | 08 54 | 22 09 | 23 41 | 05 23 | 23 04 | 24 03 | 04 25 | 11 25 | 04 34 | 15 50 |
| 26 | 18 45 | 06 04 | 13 31 | 18 36 | 03 41 | 08 49 | 22 10 | 23 41 | 05 24 | 23 03 | 23 58 | 04 28 | 11 24 | 04 23 | 15 50 |
| 27 | 18 29 | 10 05 | 12 56 | 18 16 | 03 59 | 08 43 | 22 10 | 23 41 | 05 24 | 23 03 | 23 53 | 04 31 | 11 24 | 04 12 | 15 50 |
| 28 | 18 14 | 13 30 | 12 23 | 17 56 | 04 17 | 08 38 | 22 11 | 23 41 | 05 25 | 23 02 | 23 47 | 04 35 | 11 23 | 04 01 | 15 50 |
| 29 | 17 58 | 16 07 | 11 51 | 17 35 | 04 34 | 08 33 | 22 12 | 23 41 | 05 25 | 23 02 | 23 42 | 04 39 | 11 23 | 03 50 | 15 50 |
| 30 | 17 42 | 17 46 | 11 22 | 17 13 | 04 52 | 08 28 | 22 12 | 23 41 | 05 26 | 23 01 | 23 36 | 04 42 | 11 22 | 03 39 | 15 50 |
| 31 | 17 25 | 18 21 | 10 55 | 16 51 | 05 09 | 08 23 | 22 13 | 23 41 | 05 26 | 23 01 | 23 31 | 04 46 | 11 21 | 03 28 | 15 50 |

Lunar Phases -- 4 ○ 19:48 12 ◑ 13:18 20 ● 10:03 27 ◐ 08:33 Sun enters ♒ 1/20 00:29

## Longitudes of Main Planets — February 2034 — 0:00 E.T.

| D | S.T. | ☉ | ☽ | ☽ 12:00 | ☿ | ♀ | ♂ | ♃ | ♄ | ♅ | ♆ | ♇ | ☊ |
|---|---|---|---|---|---|---|---|---|---|---|---|---|---|
| 1 | 8:45:07 | 12♒10 49 | 12♋13 | 19♋01 | 28♒55 | 18♒51 | 13♈48 | 11♓14 | 15♋59℞ | 02♋37℞ | 17♈39 | 16♒13 | 05♎48 |
| 2 | 8:49:03 | 13 11 42 | 25 46 | 02♌28 | 29 06 | 20 06 | 14 30 | 11 27 | 15 55 | 02 35 | 17 41 | 16 14 | 05 45 |
| 3 | 8:53:00 | 14 12 34 | 09♌06 | 15 40 | 29 05℞ | 21 22 | 15 13 | 11 41 | 15 51 | 02 33 | 17 42 | 16 16 | 05 41 |
| 4 | 8:56:56 | 15 13 24 | 22 10 | 28 36 | 28 54 | 22 37 | 15 56 | 11 55 | 15 47 | 02 32 | 17 43 | 16 18 | 05 38 |
| 5 | 9:00:53 | 16 14 14 | 04♍57 | 11♍14 | 28 31 | 23 52 | 16 38 | 12 08 | 15 43 | 02 30 | 17 44 | 16 20 | 05 35 |
| 6 | 9:04:49 | 17 15 02 | 17 27 | 23 36 | 27 58 | 25 07 | 17 21 | 12 22 | 15 39 | 02 28 | 17 46 | 16 22 | 05 32 |
| 7 | 9:08:46 | 18 15 50 | 29 41 | 05♎44 | 27 15 | 26 23 | 18 03 | 12 36 | 15 35 | 02 27 | 17 47 | 16 23 | 05 29 |
| 8 | 9:12:42 | 19 16 36 | 11♎43 | 17 41 | 26 23 | 27 38 | 18 45 | 12 50 | 15 31 | 02 25 | 17 48 | 16 25 | 05 25 |
| 9 | 9:16:39 | 20 17 21 | 23 37 | 29 31 | 25 24 | 28 53 | 19 28 | 13 04 | 15 28 | 02 24 | 17 50 | 16 27 | 05 22 |
| 10 | 9:20:36 | 21 18 05 | 05♏26 | 11♏20 | 24 19 | 00♓08 | 20 10 | 13 18 | 15 24 | 02 22 | 17 51 | 16 29 | 05 19 |
| 11 | 9:24:32 | 22 18 49 | 17 15 | 23 12 | 23 11 | 01 23 | 20 53 | 13 32 | 15 21 | 02 21 | 17 53 | 16 31 | 05 16 |
| 12 | 9:28:29 | 23 19 31 | 29 11 | 05♐12 | 22 00 | 02 38 | 21 35 | 13 46 | 15 17 | 02 19 | 17 54 | 16 33 | 05 13 |
| 13 | 9:32:25 | 24 20 12 | 11♐17 | 17 26 | 20 50 | 03 54 | 22 17 | 14 00 | 15 14 | 02 18 | 17 56 | 16 34 | 05 10 |
| 14 | 9:36:22 | 25 20 52 | 23 39 | 29 58 | 19 41 | 05 09 | 22 59 | 14 14 | 15 11 | 02 17 | 17 57 | 16 36 | 05 06 |
| 15 | 9:40:18 | 26 21 31 | 06♑21 | 12♑51 | 18 36 | 06 24 | 23 42 | 14 28 | 15 08 | 02 16 | 17 59 | 16 38 | 05 03 |
| 16 | 9:44:15 | 27 22 09 | 19 26 | 26 06 | 17 36 | 07 39 | 24 24 | 14 42 | 15 05 | 02 14 | 18 00 | 16 40 | 05 00 |
| 17 | 9:48:11 | 28 22 45 | 02♒53 | 09♒45 | 16 41 | 08 54 | 25 06 | 14 57 | 15 02 | 02 13 | 18 02 | 16 42 | 04 57 |
| 18 | 9:52:08 | 29 23 20 | 16 42 | 23 44 | 15 54 | 10 09 | 25 48 | 15 11 | 14 59 | 02 12 | 18 03 | 16 43 | 04 54 |
| 19 | 9:56:05 | 00♓23 54 | 00♓51 | 08♓00 | 15 13 | 11 24 | 26 31 | 15 25 | 14 56 | 02 11 | 18 05 | 16 45 | 04 51 |
| 20 | 10:00:01 | 01 24 26 | 15 13 | 22 28 | 14 41 | 12 39 | 27 13 | 15 39 | 14 54 | 02 10 | 18 07 | 16 47 | 04 47 |
| 21 | 10:03:58 | 02 24 56 | 29 44 | 07♈01 | 14 16 | 13 54 | 27 55 | 15 54 | 14 51 | 02 09 | 18 08 | 16 49 | 04 44 |
| 22 | 10:07:54 | 03 25 24 | 14♈18 | 21 33 | 13 58 | 15 09 | 28 37 | 16 08 | 14 49 | 02 08 | 18 10 | 16 50 | 04 41 |
| 23 | 10:11:51 | 04 25 51 | 28 48 | 06♉01 | 13 48 | 16 24 | 29 19 | 16 23 | 14 46 | 02 08 | 18 12 | 16 52 | 04 38 |
| 24 | 10:15:47 | 05 26 16 | 13♉12 | 20 20 | 13 45D | 17 39 | 00♉01 | 16 37 | 14 44 | 02 07 | 18 14 | 16 54 | 04 35 |
| 25 | 10:19:44 | 06 26 39 | 27 25 | 04♊28 | 13 48 | 18 54 | 00 43 | 16 51 | 14 42 | 02 06 | 18 15 | 16 56 | 04 31 |
| 26 | 10:23:40 | 07 27 00 | 11♊27 | 18 23 | 13 58 | 20 09 | 01 25 | 17 06 | 14 40 | 02 05 | 18 17 | 16 57 | 04 28 |
| 27 | 10:27:37 | 08 27 19 | 25 15 | 02♋05 | 14 14 | 21 23 | 02 07 | 17 20 | 14 38 | 02 05 | 18 19 | 16 59 | 04 25 |
| 28 | 10:31:34 | 09 27 36 | 08♋51 | 15 33 | 14 36 | 22 38 | 02 49 | 17 35 | 14 36 | 02 04 | 18 21 | 17 01 | 04 22 |

## 0:00 E.T. — Longitudes of the Major Asteroids and Chiron — Lunar Data

| D | ⚳ | ⚴ | ⚵ | ⚶ | ⚷ | D | ⚳ | ⚴ | ⚵ | ⚶ | ⚷ | Last Asp. | Ingress |
|---|---|---|---|---|---|---|---|---|---|---|---|---|---|
| 1 | 10♒32 | 14♑12 | 09♐24 | 05♈27 | 26♉03℞ | 15 | 16 03 | 19 27 | 12 40 | 11 13 | 26 08 | 1 09:37 | 2 ♌ 07:34 |
| 2 | 10 56 | 14 35 | 09 39 | 05 51 | 26 03 | 16 | 16 27 | 19 49 | 12 53 | 11 39 | 26 09 | 4 12:15 | 4 ♍ 14:38 |
| 3 | 11 20 | 14 58 | 09 54 | 06 15 | 26 03 | 17 | 16 50 | 20 11 | 13 05 | 12 04 | 26 09 | 5 20:32 | 7 ♎ 00:37 |
| 4 | 11 43 | 15 21 | 10 09 | 06 40 | 26 03D | 18 | 17 13 | 20 32 | 13 18 | 12 29 | 26 10 | 9 11:58 | 9 ♏ 12:58 |
| 5 | 12 07 | 15 44 | 10 23 | 07 04 | 26 03 | 19 | 17 37 | 20 54 | 13 30 | 12 55 | 26 11 | 11 11:10 | 12 ♐ 01:39 |
| 6 | 12 31 | 16 06 | 10 38 | 07 29 | 26 03 | 20 | 18 00 | 21 15 | 13 42 | 13 20 | 26 13 | 14 03:31 | 14 ♑ 12:04 |
| 7 | 12 54 | 16 29 | 10 52 | 07 54 | 26 04 | 21 | 18 24 | 21 37 | 13 54 | 13 46 | 26 14 | 16 09:27 | 16 ♒ 18:55 |
| 8 | 13 18 | 16 52 | 11 06 | 08 18 | 26 04 | 22 | 18 47 | 21 58 | 14 06 | 14 11 | 26 15 | 18 16:18 | 18 ♓ 22:35 |
| 9 | 13 42 | 17 14 | 11 20 | 08 43 | 26 04 | 23 | 19 10 | 22 19 | 14 17 | 14 37 | 26 16 | 20 00:44 | 21 ♈ 00:26 |
| 10 | 14 05 | 17 36 | 11 34 | 09 08 | 26 05 | 24 | 19 34 | 22 40 | 14 28 | 15 03 | 26 18 | 23 00:54 | 23 ♉ 01:59 |
| 11 | 14 29 | 17 59 | 11 47 | 09 33 | 26 05 | 25 | 19 57 | 23 01 | 14 39 | 15 28 | 26 19 | 24 08:11 | 25 ♊ 04:23 |
| 12 | 14 52 | 18 21 | 12 01 | 09 58 | 26 06 | 26 | 20 20 | 23 22 | 14 50 | 15 54 | 26 20 | 26 16:34 | 27 ♋ 08:20 |
| 13 | 15 16 | 18 43 | 12 14 | 10 23 | 26 06 | 27 | 20 44 | 23 43 | 15 01 | 16 20 | 26 22 | | |
| 14 | 15 39 | 19 05 | 12 27 | 10 48 | 26 07 | 28 | 21 07 | 24 04 | 15 11 | 16 46 | 26 24 | | |

## 0:00 E.T. — Declinations

| D | ☉ | ☽ | ☿ | ♀ | ♂ | ♃ | ♄ | ♅ | ♆ | ♇ | ⚳ | ⚴ | ⚵ | ⚶ | ⚷ |
|---|---|---|---|---|---|---|---|---|---|---|---|---|---|---|---|
| 1 | -17 08 | +17 50 | -10 32 | -16 29 | +05 27 | -08 18 | +22 14 | +23 41 | +05 26 | -23 00 | -23 25 | +04 50 | -11 20 | -03 17 | +15 50 |
| 2 | 16 51 | 16 19 | 10 12 | 16 06 | 05 44 | 08 12 | 22 14 | 23 41 | 05 27 | 23 00 | 23 19 | 04 54 | 11 19 | 03 06 | 15 50 |
| 3 | 16 34 | 13 56 | 09 55 | 15 42 | 06 01 | 08 07 | 22 15 | 23 41 | 05 27 | 22 59 | 23 14 | 04 58 | 11 18 | 02 55 | 15 50 |
| 4 | 16 16 | 10 53 | 09 44 | 15 18 | 06 19 | 08 02 | 22 15 | 23 41 | 05 28 | 22 59 | 23 08 | 05 03 | 11 17 | 02 44 | 15 51 |
| 5 | 15 58 | 07 23 | 09 36 | 14 54 | 06 36 | 07 57 | 22 16 | 23 41 | 05 29 | 22 58 | 23 02 | 05 07 | 11 16 | 02 33 | 15 51 |
| 6 | 15 40 | 03 37 | 09 33 | 14 30 | 06 53 | 07 51 | 22 17 | 23 41 | 05 29 | 22 58 | 22 56 | 05 11 | 11 15 | 02 22 | 15 51 |
| 7 | 15 21 | -00 13 | 09 35 | 14 05 | 07 10 | 07 46 | 22 17 | 23 41 | 05 30 | 22 57 | 22 50 | 05 16 | 11 13 | 02 11 | 15 51 |
| 8 | 15 02 | 03 58 | 09 41 | 13 39 | 07 27 | 07 41 | 22 18 | 23 41 | 05 30 | 22 57 | 22 45 | 05 20 | 11 12 | 02 00 | 15 51 |
| 9 | 14 43 | 07 31 | 09 51 | 13 13 | 07 44 | 07 35 | 22 18 | 23 41 | 05 31 | 22 56 | 22 39 | 05 25 | 11 11 | 01 49 | 15 51 |
| 10 | 14 24 | 10 45 | 10 05 | 12 47 | 08 01 | 07 30 | 22 19 | 23 41 | 05 31 | 22 56 | 22 33 | 05 30 | 11 09 | 01 38 | 15 52 |
| 11 | 14 04 | 13 33 | 10 21 | 12 21 | 08 17 | 07 25 | 22 19 | 23 41 | 05 32 | 22 55 | 22 27 | 05 34 | 11 07 | 01 27 | 15 52 |
| 12 | 13 44 | 15 47 | 10 41 | 11 54 | 08 34 | 07 19 | 22 20 | 23 41 | 05 32 | 22 55 | 22 21 | 05 39 | 11 06 | 01 16 | 15 52 |
| 13 | 13 24 | 17 22 | 11 02 | 11 27 | 08 51 | 07 14 | 22 20 | 23 41 | 05 34 | 22 54 | 22 15 | 05 44 | 11 04 | 01 05 | 15 53 |
| 14 | 13 04 | 18 11 | 11 25 | 10 59 | 09 07 | 07 08 | 22 21 | 23 42 | 05 34 | 22 54 | 22 09 | 05 49 | 11 02 | 00 54 | 15 53 |
| 15 | 12 44 | 18 06 | 11 48 | 10 32 | 09 24 | 07 03 | 22 21 | 23 42 | 05 34 | 22 53 | 22 03 | 05 55 | 11 00 | 00 43 | 15 53 |
| 16 | 12 23 | 17 05 | 12 11 | 10 04 | 09 40 | 06 57 | 22 22 | 23 42 | 05 35 | 22 53 | 21 57 | 06 00 | 10 58 | 00 32 | 15 53 |
| 17 | 12 02 | 15 06 | 12 34 | 09 35 | 09 56 | 06 52 | 22 22 | 23 42 | 05 36 | 22 52 | 21 50 | 06 05 | 10 56 | 00 21 | 15 54 |
| 18 | 11 41 | 12 13 | 12 57 | 09 07 | 10 12 | 06 46 | 22 23 | 23 42 | 05 36 | 22 52 | 21 44 | 06 11 | 10 54 | 00 10 | 15 54 |
| 19 | 11 20 | 08 33 | 13 18 | 08 38 | 10 28 | 06 41 | 22 23 | 23 42 | 05 37 | 22 52 | 21 38 | 06 16 | 10 52 | +00 01 | 15 55 |
| 20 | 10 58 | 04 20 | 13 38 | 08 09 | 10 44 | 06 35 | 22 24 | 23 42 | 05 38 | 22 51 | 21 32 | 06 22 | 10 49 | 00 12 | 15 55 |
| 21 | 10 37 | +00 11 | 13 57 | 07 40 | 11 00 | 06 30 | 22 24 | 23 42 | 05 38 | 22 51 | 21 26 | 06 27 | 10 47 | 00 23 | 15 55 |
| 22 | 10 15 | 04 42 | 14 13 | 07 10 | 11 16 | 06 24 | 22 24 | 23 42 | 05 39 | 22 50 | 21 19 | 06 33 | 10 44 | 00 34 | 15 56 |
| 23 | 09 53 | 08 56 | 14 29 | 06 41 | 11 32 | 06 18 | 22 25 | 23 42 | 05 40 | 22 50 | 21 13 | 06 39 | 10 42 | 00 45 | 15 56 |
| 24 | 09 31 | 12 35 | 14 42 | 06 11 | 11 47 | 06 13 | 22 25 | 23 42 | 05 40 | 22 49 | 21 07 | 06 45 | 10 39 | 00 56 | 15 57 |
| 25 | 09 09 | 15 26 | 14 54 | 05 41 | 12 03 | 06 07 | 22 25 | 23 42 | 05 41 | 22 49 | 21 01 | 06 51 | 10 37 | 01 07 | 15 57 |
| 26 | 08 46 | 17 19 | 15 03 | 05 11 | 12 18 | 06 02 | 22 26 | 23 42 | 05 42 | 22 49 | 20 54 | 06 57 | 10 34 | 01 18 | 15 58 |
| 27 | 08 24 | 18 10 | 15 11 | 04 41 | 12 33 | 05 56 | 22 26 | 23 42 | 05 42 | 22 48 | 20 48 | 07 03 | 10 31 | 01 29 | 15 58 |
| 28 | 08 01 | 17 56 | 15 18 | 04 10 | 12 48 | 05 50 | 22 26 | 23 42 | 05 43 | 22 48 | 20 42 | 07 09 | 10 28 | 01 40 | 15 59 |

Lunar Phases -- 3 ○ 10:06   11 ◑ 11:10   18 ● 23:12   25 ◐ 16:35      Sun enters ♓ 2/18 14:32

# 0:00 E.T. Longitudes of Main Planets - March 2034 **Mar. 34**

| D | S.T. | ☉ | ☽ | ☽ 12:00 | ☿ | ♀ | ♂ | ♃ | ♄ | ♅ | ♆ | ♇ | ☊ |
|---|---|---|---|---|---|---|---|---|---|---|---|---|---|
| 1 | 10:35:30 | 10♓27 51 | 22♋12 | 28♋48 | 15♒03 | 23♓53 | 03♉31 | 17♓49 | 14♋34℞ | 02♋04℞ | 18♈23 | 17♒02 | 04♎19 |
| 2 | 10:39:27 | 11 28 04 | 05♌21 | 11♌50 | 15 34 | 25 08 | 04 13 | 18 04 | 14 33 | 02 03 | 18 25 | 17 04 | 04 16 |
| 3 | 10:43:23 | 12 28 16 | 18 16 | 24 38 | 16 11 | 26 23 | 04 54 | 18 18 | 14 31 | 02 03 | 18 27 | 17 06 | 04 12 |
| 4 | 10:47:20 | 13 28 25 | 00♍57 | 07♍13 | 16 51 | 27 37 | 05 36 | 18 33 | 14 30 | 02 02 | 18 28 | 17 07 | 04 09 |
| 5 | 10:51:16 | 14 28 32 | 13 26 | 19 36 | 17 35 | 28 52 | 06 18 | 18 47 | 14 29 | 02 02 | 18 30 | 17 09 | 04 06 |
| 6 | 10:55:13 | 15 28 37 | 25 43 | 01♎48 | 18 23 | 00♈07 | 07 00 | 19 02 | 14 27 | 02 02 | 18 32 | 17 11 | 04 03 |
| 7 | 10:59:09 | 16 28 41 | 07♎50 | 13 50 | 19 15 | 01 21 | 07 41 | 19 16 | 14 26 | 02 02 | 18 34 | 17 12 | 04 00 |
| 8 | 11:03:06 | 17 28 43 | 19 47 | 25 44 | 20 09 | 02 36 | 08 23 | 19 31 | 14 25 | 02 01 | 18 36 | 17 14 | 03 57 |
| 9 | 11:07:03 | 18 28 43 | 01♏39 | 07♏34 | 21 07 | 03 50 | 09 05 | 19 45 | 14 24 | 02 01 | 18 38 | 17 16 | 03 53 |
| 10 | 11:10:59 | 19 28 41 | 13 28 | 19 23 | 22 07 | 05 05 | 09 46 | 20 00 | 14 24 | 02 01 | 18 40 | 17 17 | 03 50 |
| 11 | 11:14:56 | 20 28 38 | 25 18 | 01♐15 | 23 10 | 06 20 | 10 28 | 20 14 | 14 23 | 02 01D | 18 42 | 17 19 | 03 47 |
| 12 | 11:18:52 | 21 28 33 | 07♐13 | 13 14 | 24 15 | 07 34 | 11 09 | 20 29 | 14 23 | 02 01 | 18 44 | 17 20 | 03 44 |
| 13 | 11:22:49 | 22 28 27 | 19 19 | 25 26 | 25 22 | 08 49 | 11 51 | 20 43 | 14 22 | 02 02 | 18 47 | 17 22 | 03 41 |
| 14 | 11:26:45 | 23 28 19 | 01♑38 | 07♑55 | 26 32 | 10 03 | 12 32 | 20 58 | 14 22 | 02 02 | 18 49 | 17 23 | 03 37 |
| 15 | 11:30:42 | 24 28 09 | 14 17 | 20 45 | 27 44 | 11 17 | 13 14 | 21 12 | 14 22 | 02 02 | 18 51 | 17 25 | 03 34 |
| 16 | 11:34:38 | 25 27 57 | 27 18 | 03♒59 | 28 57 | 12 32 | 13 55 | 21 27 | 14 22 | 02 02 | 18 53 | 17 26 | 03 31 |
| 17 | 11:38:35 | 26 27 44 | 10♒45 | 17 38 | 00♓13 | 13 46 | 14 36 | 21 41 | 14 22D | 02 03 | 18 55 | 17 28 | 03 28 |
| 18 | 11:42:31 | 27 27 29 | 24 38 | 01♓43 | 01 30 | 15 01 | 15 18 | 21 56 | 14 22 | 02 03 | 18 57 | 17 29 | 03 25 |
| 19 | 11:46:28 | 28 27 12 | 08♓55 | 16 11 | 02 49 | 16 15 | 15 59 | 22 10 | 14 22 | 02 03 | 18 59 | 17 31 | 03 22 |
| 20 | 11:50:25 | 29 26 53 | 23 32 | 00♈57 | 04 10 | 17 29 | 16 40 | 22 25 | 14 23 | 02 04 | 19 01 | 17 32 | 03 18 |
| 21 | 11:54:21 | 00♈26 33 | 08♈24 | 15 53 | 05 33 | 18 43 | 17 21 | 22 39 | 14 23 | 02 04 | 19 04 | 17 34 | 03 15 |
| 22 | 11:58:18 | 01 26 10 | 23 23 | 00♉52 | 06 56 | 19 58 | 18 03 | 22 54 | 14 24 | 02 05 | 19 06 | 17 35 | 03 12 |
| 23 | 12:02:14 | 02 25 45 | 08♉19 | 15 44 | 08 22 | 21 12 | 18 44 | 23 08 | 14 24 | 02 06 | 19 08 | 17 37 | 03 09 |
| 24 | 12:06:11 | 03 25 18 | 23 06 | 00♊25 | 09 49 | 22 26 | 19 25 | 23 22 | 14 25 | 02 06 | 19 10 | 17 38 | 03 06 |
| 25 | 12:10:07 | 04 24 48 | 07♊38 | 14 47 | 11 17 | 23 40 | 20 06 | 23 37 | 14 26 | 02 07 | 19 12 | 17 39 | 03 02 |
| 26 | 12:14:04 | 05 24 17 | 21 51 | 28 49 | 12 47 | 24 54 | 20 47 | 23 51 | 14 27 | 02 08 | 19 15 | 17 41 | 02 59 |
| 27 | 12:18:00 | 06 23 43 | 05♋42 | 12♋29 | 14 18 | 26 08 | 21 28 | 24 06 | 14 28 | 02 09 | 19 17 | 17 42 | 02 56 |
| 28 | 12:21:57 | 07 23 07 | 19 11 | 25 49 | 15 51 | 27 22 | 22 09 | 24 20 | 14 30 | 02 10 | 19 19 | 17 43 | 02 53 |
| 29 | 12:25:54 | 08 22 28 | 02♌21 | 08♌49 | 17 25 | 28 36 | 22 50 | 24 34 | 14 31 | 02 11 | 19 21 | 17 44 | 02 50 |
| 30 | 12:29:50 | 09 21 47 | 15 13 | 21 33 | 19 01 | 29 50 | 23 31 | 24 49 | 14 32 | 02 12 | 19 23 | 17 46 | 02 47 |
| 31 | 12:33:47 | 10 21 04 | 27 49 | 04♍02 | 20 37 | 01♉04 | 24 12 | 25 03 | 14 34 | 02 13 | 19 26 | 17 47 | 02 43 |

## 0:00 E.T. Longitudes of the Major Asteroids and Chiron

| D | ⚳ | ⚴ | ⚵ | ⚶ | ⚷ | D | ⚳ | ⚴ | ⚵ | ⚶ | ⚷ |
|---|---|---|---|---|---|---|---|---|---|---|---|
| 1 | 21♒30 | 24♑24 | 15♐21 | 17♈12 | 26♉25 | 17 | 27 36 | 29 36 | 17 33 | 24 10 | 27 00 |
| 2 | 21 53 | 24 44 | 15 31 | 17 37 | 26 27 | 18 | 27 58 | 29 54 | 17 39 | 24 36 | 27 02 |
| 3 | 22 16 | 25 05 | 15 41 | 18 03 | 26 29 | 19 | 28 21 | 00♒13 | 17 44 | 25 03 | 27 05 |
| 4 | 22 39 | 25 25 | 15 51 | 18 29 | 26 31 | 20 | 28 43 | 00 31 | 17 50 | 25 29 | 27 08 |
| 5 | 23 02 | 25 45 | 16 00 | 18 55 | 26 33 | 21 | 29 05 | 00 49 | 17 55 | 25 56 | 27 11 |
| 6 | 23 25 | 26 05 | 16 09 | 19 21 | 26 34 | 22 | 29 28 | 01 06 | 18 00 | 26 22 | 27 14 |
| 7 | 23 48 | 26 25 | 16 18 | 19 47 | 26 37 | 23 | 29 50 | 01 24 | 18 05 | 26 49 | 27 16 |
| 8 | 24 11 | 26 45 | 16 26 | 20 14 | 26 39 | 24 | 00♓12 | 01 41 | 18 09 | 27 15 | 27 19 |
| 9 | 24 34 | 27 04 | 16 35 | 20 40 | 26 41 | 25 | 00 34 | 01 59 | 18 13 | 27 42 | 27 22 |
| 10 | 24 57 | 27 24 | 16 43 | 21 06 | 26 43 | 26 | 00 56 | 02 16 | 18 17 | 28 08 | 27 25 |
| 11 | 25 20 | 27 43 | 16 51 | 21 32 | 26 45 | 27 | 01 18 | 02 33 | 18 20 | 28 35 | 27 28 |
| 12 | 25 42 | 28 02 | 16 58 | 21 58 | 26 47 | 28 | 01 40 | 02 49 | 18 24 | 29 01 | 27 32 |
| 13 | 26 05 | 28 21 | 17 06 | 22 25 | 26 50 | 29 | 02 02 | 03 06 | 18 26 | 29 28 | 27 35 |
| 14 | 26 28 | 28 40 | 17 13 | 22 51 | 26 52 | 30 | 02 24 | 03 22 | 18 29 | 29 55 | 27 38 |
| 15 | 26 50 | 28 59 | 17 20 | 23 17 | 26 55 | 31 | 02 45 | 03 39 | 18 31 | 00♉21 | 27 41 |
| 16 | 27 13 | 29 18 | 17 26 | 23 44 | 26 57 | | | | | | |

## Lunar Data

| Last Asp. | | Ingress | | |
|---|---|---|---|---|
| 1 | 03:22 | 1 | ♌ | 14:11 |
| 3 | 00:21 | 3 | ♍ | 22:11 |
| 5 | 10:37 | 6 | ♎ | 08:27 |
| 8 | 00:48 | 8 | ♏ | 20:39 |
| 10 | 19:14 | 11 | ♐ | 09:29 |
| 13 | 13:05 | 13 | ♑ | 20:50 |
| 15 | 20:23 | 16 | ♒ | 04:52 |
| 17 | 14:15 | 18 | ♓ | 09:06 |
| 20 | 10:16 | 20 | ♈ | 10:28 |
| 21 | 18:02 | 22 | ♉ | 10:37 |
| 24 | 00:27 | 24 | ♊ | 11:20 |
| 26 | 05:46 | 26 | ♋ | 14:03 |
| 28 | 16:24 | 28 | ♌ | 19:40 |
| 30 | 16:41 | 31 | ♍ | 04:13 |

## 0:00 E.T. Declinations

| D | ☉ | ☽ | ☿ | ♀ | ♂ | ♃ | ♄ | ♅ | ♆ | ♇ | ⚳ | ⚴ | ⚵ | ⚶ | ⚷ |
|---|---|---|---|---|---|---|---|---|---|---|---|---|---|---|---|
| 1 | -07 39 | +16 43 | -15 22 | -03 40 | +13 03 | -05 45 | +22 27 | +23 42 | +05 44 | -22 47 | -20 35 | +07 15 | -10 25 | +01 51 | +15 59 |
| 2 | 07 16 | 14 37 | 15 25 | 03 09 | 13 18 | 05 39 | 22 27 | 23 42 | 05 45 | 22 47 | 20 29 | 07 22 | 10 22 | 02 02 | 16 00 |
| 3 | 06 53 | 11 50 | 15 26 | 02 39 | 13 33 | 05 33 | 22 27 | 23 42 | 05 45 | 22 47 | 20 22 | 07 28 | 10 19 | 02 13 | 16 00 |
| 4 | 06 30 | 08 31 | 15 25 | 02 08 | 13 47 | 05 28 | 22 27 | 23 42 | 05 46 | 22 46 | 20 16 | 07 34 | 10 16 | 02 23 | 16 01 |
| 5 | 06 07 | 04 53 | 15 22 | 01 37 | 14 02 | 05 22 | 22 28 | 23 42 | 05 47 | 22 46 | 20 10 | 07 41 | 10 13 | 02 34 | 16 01 |
| 6 | 05 43 | 01 05 | 15 18 | 01 06 | 14 16 | 05 16 | 22 28 | 23 42 | 05 48 | 22 46 | 20 03 | 07 47 | 10 09 | 02 45 | 16 02 |
| 7 | 05 20 | -02 41 | 15 13 | 00 36 | 14 31 | 05 11 | 22 28 | 23 42 | 05 48 | 22 45 | 19 57 | 07 54 | 10 06 | 02 56 | 16 02 |
| 8 | 04 57 | 06 19 | 15 05 | 00 05 | 14 45 | 05 05 | 22 28 | 23 42 | 05 49 | 22 45 | 19 50 | 08 01 | 10 03 | 03 07 | 16 03 |
| 9 | 04 33 | 09 40 | 14 57 | +00 26 | 14 59 | 04 59 | 22 29 | 23 42 | 05 50 | 22 44 | 19 44 | 08 08 | 09 59 | 03 17 | 16 04 |
| 10 | 04 10 | 12 36 | 14 46 | 00 57 | 15 13 | 04 54 | 22 29 | 23 42 | 05 51 | 22 44 | 19 38 | 08 14 | 09 56 | 03 28 | 16 04 |
| 11 | 03 46 | 15 01 | 14 35 | 01 28 | 15 26 | 04 48 | 22 29 | 23 42 | 05 52 | 22 44 | 19 31 | 08 21 | 09 52 | 03 39 | 16 05 |
| 12 | 03 23 | 16 48 | 14 21 | 01 59 | 15 40 | 04 42 | 22 29 | 23 42 | 05 52 | 22 43 | 19 25 | 08 28 | 09 48 | 03 49 | 16 05 |
| 13 | 02 59 | 17 53 | 14 06 | 02 30 | 15 53 | 04 37 | 22 29 | 23 42 | 05 53 | 22 43 | 19 18 | 08 35 | 09 45 | 04 00 | 16 06 |
| 14 | 02 35 | 18 08 | 13 50 | 03 01 | 16 07 | 04 31 | 22 29 | 23 42 | 05 54 | 22 43 | 19 12 | 08 42 | 09 41 | 04 11 | 16 07 |
| 15 | 02 12 | 17 30 | 13 33 | 03 31 | 16 20 | 04 25 | 22 30 | 23 42 | 05 55 | 22 43 | 19 05 | 08 50 | 09 37 | 04 21 | 16 07 |
| 16 | 01 48 | 15 57 | 13 14 | 04 02 | 16 33 | 04 20 | 22 30 | 23 42 | 05 56 | 22 42 | 18 59 | 08 57 | 09 33 | 04 32 | 16 08 |
| 17 | 01 24 | 13 30 | 12 53 | 04 33 | 16 46 | 04 14 | 22 30 | 23 42 | 05 56 | 22 42 | 18 52 | 09 04 | 09 29 | 04 42 | 16 09 |
| 18 | 01 01 | 10 12 | 12 32 | 05 03 | 16 58 | 04 08 | 22 30 | 23 42 | 05 57 | 22 42 | 18 46 | 09 11 | 09 25 | 04 53 | 16 10 |
| 19 | 00 37 | 06 13 | 12 09 | 05 34 | 17 11 | 04 03 | 22 30 | 23 42 | 05 58 | 22 41 | 18 39 | 09 19 | 09 21 | 05 03 | 16 10 |
| 20 | 00 13 | 01 46 | 11 44 | 06 04 | 17 23 | 03 57 | 22 30 | 23 42 | 05 59 | 22 41 | 18 33 | 09 26 | 09 17 | 05 14 | 16 11 |
| 21 | +00 11 | +02 52 | 11 19 | 06 34 | 17 36 | 03 51 | 22 30 | 23 42 | 06 00 | 22 41 | 18 27 | 09 34 | 09 13 | 05 24 | 16 12 |
| 22 | 00 34 | 07 21 | 10 52 | 07 04 | 17 48 | 03 46 | 22 30 | 23 42 | 06 01 | 22 41 | 18 20 | 09 41 | 09 09 | 05 35 | 16 12 |
| 23 | 00 58 | 11 22 | 10 23 | 07 34 | 18 00 | 03 40 | 22 30 | 23 42 | 06 01 | 22 40 | 18 14 | 09 49 | 09 04 | 05 45 | 16 13 |
| 24 | 01 22 | 14 36 | 09 54 | 08 03 | 18 12 | 03 34 | 22 30 | 23 42 | 06 02 | 22 40 | 18 07 | 09 56 | 09 00 | 05 55 | 16 14 |
| 25 | 01 45 | 16 51 | 09 23 | 08 33 | 18 23 | 03 29 | 22 30 | 23 41 | 06 03 | 22 40 | 18 01 | 10 04 | 08 56 | 06 05 | 16 15 |
| 26 | 02 09 | 18 00 | 08 51 | 09 02 | 18 35 | 03 23 | 22 30 | 23 41 | 06 04 | 22 40 | 17 55 | 10 12 | 08 51 | 06 16 | 16 15 |
| 27 | 02 32 | 18 02 | 08 18 | 09 31 | 18 46 | 03 17 | 22 30 | 23 41 | 06 05 | 22 39 | 17 48 | 10 19 | 08 47 | 06 26 | 16 16 |
| 28 | 02 56 | 17 01 | 07 44 | 10 00 | 18 57 | 03 12 | 22 30 | 23 41 | 06 06 | 22 39 | 17 42 | 10 27 | 08 42 | 06 36 | 16 17 |
| 29 | 03 19 | 15 08 | 07 09 | 10 29 | 19 08 | 03 06 | 22 30 | 23 41 | 06 07 | 22 39 | 17 36 | 10 35 | 08 38 | 06 46 | 16 18 |
| 30 | 03 43 | 12 31 | 06 32 | 10 57 | 19 19 | 03 01 | 22 30 | 23 41 | 06 07 | 22 39 | 17 29 | 10 43 | 08 33 | 06 56 | 16 19 |
| 31 | 04 06 | 09 22 | 05 54 | 11 25 | 19 30 | 02 55 | 22 30 | 23 41 | 06 08 | 22 39 | 17 23 | 10 51 | 08 28 | 07 06 | 16 19 |

Lunar Phases -- 5 ○ 02:11 13 ◑ 06:46 20 ● 10:16 27 ◐ 01:20 Sun enters ♈ 3/20 13:19

**Apr. 34** — **Longitudes of Main Planets - April 2034** — **0:00 E.T.**

| D | S.T. | ☉ | ☽ | ☽ 12:00 | ☿ | ♀ | ♂ | ♃ | ♄ | ♅ | ♆ | ♇ | ☊ |
|---|---|---|---|---|---|---|---|---|---|---|---|---|---|
| 1 | 12:37:43 | 11♈20 18 | 10♍12 | 16♍19 | 22♓16 | 02♉18 | 24♉53 | 25♓17 | 14♋36 | 02♋14 | 19♈28 | 17♒48 | 02♎40 |
| 2 | 12:41:40 | 12 19 31 | 22 24 | 28 27 | 23 55 | 03 32 | 25 34 | 25 31 | 14 38 | 02 15 | 19 30 | 17 49 | 02 37 |
| 3 | 12:45:36 | 13 18 41 | 04♎28 | 10♎27 | 25 36 | 04 45 | 26 15 | 25 45 | 14 39 | 02 16 | 19 32 | 17 51 | 02 34 |
| 4 | 12:49:33 | 14 17 49 | 16 25 | 22 22 | 27 19 | 05 59 | 26 55 | 26 00 | 14 42 | 02 18 | 19 35 | 17 52 | 02 31 |
| 5 | 12:53:29 | 15 16 55 | 28 18 | 04♏13 | 29 03 | 07 13 | 27 36 | 26 14 | 14 44 | 02 19 | 19 37 | 17 53 | 02 28 |
| 6 | 12:57:26 | 16 15 59 | 10♏08 | 16 02 | 00♈48 | 08 27 | 28 17 | 26 28 | 14 46 | 02 20 | 19 39 | 17 54 | 02 24 |
| 7 | 13:01:23 | 17 15 01 | 21 57 | 27 53 | 02 35 | 09 40 | 28 58 | 26 42 | 14 48 | 02 22 | 19 41 | 17 55 | 02 21 |
| 8 | 13:05:19 | 18 14 01 | 03♐49 | 09♐47 | 04 23 | 10 54 | 29 38 | 26 56 | 14 51 | 02 23 | 19 44 | 17 56 | 02 18 |
| 9 | 13:09:16 | 19 13 00 | 15 46 | 21 48 | 06 13 | 12 07 | 00♊19 | 27 10 | 14 53 | 02 25 | 19 46 | 17 57 | 02 15 |
| 10 | 13:13:12 | 20 11 57 | 27 52 | 04♑00 | 08 04 | 13 21 | 00 59 | 27 24 | 14 56 | 02 26 | 19 48 | 17 58 | 02 12 |
| 11 | 13:17:09 | 21 10 52 | 10♑11 | 16 26 | 09 57 | 14 34 | 01 40 | 27 38 | 14 59 | 02 28 | 19 51 | 17 59 | 02 08 |
| 12 | 13:21:05 | 22 09 45 | 22 46 | 29 11 | 11 51 | 15 48 | 02 21 | 27 52 | 15 01 | 02 30 | 19 53 | 18 00 | 02 05 |
| 13 | 13:25:02 | 23 08 36 | 05♒41 | 12♒18 | 13 47 | 17 01 | 03 01 | 28 05 | 15 04 | 02 31 | 19 55 | 18 01 | 02 02 |
| 14 | 13:28:58 | 24 07 26 | 19 01 | 25 50 | 15 44 | 18 14 | 03 41 | 28 19 | 15 07 | 02 33 | 19 57 | 18 02 | 01 59 |
| 15 | 13:32:55 | 25 06 14 | 02♓46 | 09♓49 | 17 42 | 19 28 | 04 22 | 28 33 | 15 11 | 02 35 | 20 00 | 18 03 | 01 56 |
| 16 | 13:36:52 | 26 05 00 | 16 58 | 24 14 | 19 42 | 20 41 | 05 02 | 28 47 | 15 14 | 02 37 | 20 02 | 18 04 | 01 53 |
| 17 | 13:40:48 | 27 03 45 | 01♈35 | 09♈02 | 21 44 | 21 54 | 05 43 | 29 00 | 15 17 | 02 39 | 20 04 | 18 05 | 01 49 |
| 18 | 13:44:45 | 28 02 28 | 16 33 | 24 07 | 23 46 | 23 07 | 06 23 | 29 14 | 15 21 | 02 41 | 20 06 | 18 05 | 01 46 |
| 19 | 13:48:41 | 29 01 09 | 01♉43 | 09♉20 | 25 50 | 24 21 | 07 03 | 29 28 | 15 24 | 02 43 | 20 09 | 18 06 | 01 43 |
| 20 | 13:52:38 | 29 59 47 | 16 56 | 24 31 | 27 55 | 25 34 | 07 44 | 29 41 | 15 28 | 02 45 | 20 11 | 18 07 | 01 40 |
| 21 | 13:56:34 | 00♉58 24 | 02♊03 | 09♊31 | 00♉01 | 26 47 | 08 24 | 29 55 | 15 31 | 02 47 | 20 13 | 18 08 | 01 37 |
| 22 | 14:00:31 | 01 56 59 | 16 53 | 24 11 | 02 08 | 28 00 | 09 04 | 00♈08 | 15 35 | 02 49 | 20 15 | 18 08 | 01 34 |
| 23 | 14:04:27 | 02 55 32 | 01♋21 | 08♋25 | 04 16 | 29 13 | 09 44 | 00 21 | 15 39 | 02 51 | 20 18 | 18 09 | 01 30 |
| 24 | 14:08:24 | 03 54 03 | 15 23 | 22 13 | 06 24 | 00♊26 | 10 24 | 00 35 | 15 43 | 02 53 | 20 20 | 18 10 | 01 27 |
| 25 | 14:12:21 | 04 52 31 | 28 57 | 05♌34 | 08 32 | 01 39 | 11 05 | 00 48 | 15 47 | 02 55 | 20 22 | 18 10 | 01 24 |
| 26 | 14:16:17 | 05 50 57 | 12♌05 | 18 30 | 10 40 | 02 51 | 11 45 | 01 01 | 15 51 | 02 58 | 20 24 | 18 11 | 01 21 |
| 27 | 14:20:14 | 06 49 21 | 24 51 | 01♍06 | 12 48 | 04 04 | 12 25 | 01 14 | 15 56 | 03 00 | 20 26 | 18 12 | 01 18 |
| 28 | 14:24:10 | 07 47 43 | 07♍17 | 13 25 | 14 56 | 05 17 | 13 05 | 01 27 | 16 00 | 03 02 | 20 29 | 18 12 | 01 14 |
| 29 | 14:28:07 | 08 46 03 | 19 30 | 25 31 | 17 03 | 06 30 | 13 45 | 01 40 | 16 04 | 03 05 | 20 31 | 18 13 | 01 11 |
| 30 | 14:32:03 | 09 44 21 | 01♎31 | 07♎29 | 19 08 | 07 42 | 14 25 | 01 53 | 16 09 | 03 07 | 20 33 | 18 13 | 01 08 |

**0:00 E.T.** — **Longitudes of the Major Asteroids and Chiron**

| D | ⚳ | ⚴ | ⚵ | ⚶ | ⚷ | D | ⚳ | ⚴ | ⚵ | ⚶ | ⚷ |
|---|---|---|---|---|---|---|---|---|---|---|---|
| 1 | 03♓07 | 03♒55 | 18♐33 | 00♉48 | 27♉44 | 16 | 08 23 | 07 32 | 18 24 | 07 28 | 28 38 |
| 2 | 03 29 | 04 11 | 18 35 | 01 14 | 27 48 | 17 | 08 44 | 07 45 | 18 20 | 07 55 | 28 42 |
| 3 | 03 50 | 04 26 | 18 36 | 01 41 | 27 51 | 18 | 09 04 | 07 58 | 18 17 | 08 21 | 28 46 |
| 4 | 04 12 | 04 42 | 18 37 | 02 08 | 27 55 | 19 | 09 25 | 08 10 | 18 13 | 08 48 | 28 50 |
| 5 | 04 33 | 04 57 | 18 38 | 02 34 | 27 58 | 20 | 09 45 | 08 22 | 18 09 | 09 15 | 28 54 |
| 6 | 04 54 | 05 12 | 18 38 | 03 01 | 28 02 | 21 | 10 05 | 08 34 | 18 04 | 09 42 | 28 58 |
| 7 | 05 16 | 05 27 | 18 38℞ | 03 28 | 28 05 | 22 | 10 25 | 08 46 | 17 59 | 10 08 | 29 02 |
| 8 | 05 37 | 05 42 | 18 38 | 03 54 | 28 09 | 23 | 10 45 | 08 57 | 17 54 | 10 35 | 29 06 |
| 9 | 05 58 | 05 57 | 18 37 | 04 21 | 28 12 | 24 | 11 05 | 09 08 | 17 48 | 11 02 | 29 10 |
| 10 | 06 19 | 06 11 | 18 36 | 04 48 | 28 16 | 25 | 11 24 | 09 19 | 17 42 | 11 28 | 29 14 |
| 11 | 06 40 | 06 25 | 18 35 | 05 14 | 28 20 | 26 | 11 44 | 09 30 | 17 36 | 11 55 | 29 18 |
| 12 | 07 01 | 06 39 | 18 33 | 05 41 | 28 23 | 27 | 12 03 | 09 40 | 17 29 | 12 22 | 29 22 |
| 13 | 07 22 | 06 53 | 18 31 | 06 08 | 28 27 | 28 | 12 23 | 09 50 | 17 22 | 12 48 | 29 27 |
| 14 | 07 42 | 07 06 | 18 29 | 06 35 | 28 31 | 29 | 12 42 | 10 00 | 17 15 | 13 15 | 29 31 |
| 15 | 08 03 | 07 19 | 18 27 | 07 01 | 28 35 | 30 | 13 01 | 10 09 | 17 08 | 13 42 | 29 35 |

**Lunar Data**

| Last Asp. | | Ingress | | |
|---|---|---|---|---|
| 2 | 06:38 | 2 | ♎ | 15:05 |
| 4 | 06:23 | 5 | ♏ | 03:27 |
| 7 | 15:02 | 7 | ♐ | 16:17 |
| 9 | 23:03 | 10 | ♑ | 04:11 |
| 12 | 09:43 | 12 | ♒ | 13:31 |
| 14 | 09:42 | 14 | ♓ | 19:14 |
| 16 | 19:44 | 16 | ♈ | 21:25 |
| 18 | 19:27 | 18 | ♉ | 21:18 |
| 20 | 20:32 | 20 | ♊ | 20:44 |
| 22 | 05:32 | 22 | ♋ | 21:43 |
| 24 | 08:42 | 25 | ♌ | 01:54 |
| 26 | 15:37 | 27 | ♍ | 09:53 |
| 28 | 18:08 | 29 | ♎ | 20:57 |

**0:00 E.T.** — **Declinations**

| D | ☉ | ☽ | ☿ | ♀ | ♂ | ♃ | ♄ | ♅ | ♆ | ♇ | ⚳ | ⚴ | ⚵ | ⚶ | ⚷ |
|---|---|---|---|---|---|---|---|---|---|---|---|---|---|---|---|
| 1 | +04 29 | +05 50 | -05 15 | +11 53 | +19 40 | -02 49 | +22 30 | +23 41 | +06 09 | -22 39 | -17 17 | +10 59 | -08 24 | +07 16 | +16 20 |
| 2 | 04 52 | 02 07 | 04 35 | 12 21 | 19 51 | 02 44 | 22 30 | 23 41 | 06 10 | 22 38 | 17 10 | 11 06 | 08 19 | 07 26 | 16 21 |
| 3 | 05 15 | -01 39 | 03 54 | 12 48 | 20 01 | 02 38 | 22 30 | 23 41 | 06 11 | 22 38 | 17 04 | 11 14 | 08 14 | 07 36 | 16 22 |
| 4 | 05 38 | 05 19 | 03 12 | 13 15 | 20 11 | 02 33 | 22 30 | 23 41 | 06 12 | 22 38 | 16 58 | 11 22 | 08 09 | 07 46 | 16 23 |
| 5 | 06 01 | 08 45 | 02 29 | 13 42 | 20 21 | 02 27 | 22 30 | 23 41 | 06 12 | 22 38 | 16 52 | 11 31 | 08 05 | 07 56 | 16 23 |
| 6 | 06 24 | 11 49 | 01 45 | 14 08 | 20 30 | 02 22 | 22 30 | 23 41 | 06 13 | 22 38 | 16 46 | 11 39 | 08 00 | 08 06 | 16 24 |
| 7 | 06 46 | 14 24 | 01 00 | 14 34 | 20 40 | 02 16 | 22 29 | 23 41 | 06 14 | 22 38 | 16 39 | 11 47 | 07 55 | 08 15 | 16 25 |
| 8 | 07 09 | 16 23 | 00 13 | 15 00 | 20 49 | 02 11 | 22 29 | 23 41 | 06 15 | 22 38 | 16 33 | 11 55 | 07 50 | 08 25 | 16 26 |
| 9 | 07 31 | 17 40 | +00 34 | 15 25 | 20 58 | 02 05 | 22 29 | 23 41 | 06 16 | 22 38 | 16 27 | 12 03 | 07 45 | 08 35 | 16 27 |
| 10 | 07 54 | 18 10 | 01 22 | 15 50 | 21 07 | 02 00 | 22 29 | 23 41 | 06 17 | 22 37 | 16 21 | 12 11 | 07 40 | 08 44 | 16 28 |
| 11 | 08 16 | 17 50 | 02 11 | 16 14 | 21 16 | 01 54 | 22 29 | 23 41 | 06 18 | 22 37 | 16 15 | 12 19 | 07 35 | 08 54 | 16 28 |
| 12 | 08 38 | 16 38 | 03 00 | 16 38 | 21 24 | 01 49 | 22 28 | 23 41 | 06 18 | 22 37 | 16 09 | 12 28 | 07 30 | 09 03 | 16 29 |
| 13 | 09 00 | 14 33 | 03 51 | 17 02 | 21 33 | 01 43 | 22 28 | 23 41 | 06 19 | 22 37 | 16 03 | 12 36 | 07 25 | 09 13 | 16 30 |
| 14 | 09 21 | 11 39 | 04 42 | 17 25 | 21 41 | 01 38 | 22 28 | 23 41 | 06 20 | 22 37 | 15 57 | 12 44 | 07 20 | 09 22 | 16 31 |
| 15 | 09 43 | 08 01 | 05 34 | 17 48 | 21 49 | 01 33 | 22 28 | 23 41 | 06 21 | 22 37 | 15 51 | 12 52 | 07 15 | 09 32 | 16 32 |
| 16 | 10 04 | 03 49 | 06 26 | 18 10 | 21 57 | 01 27 | 22 27 | 23 41 | 06 22 | 22 37 | 15 45 | 13 00 | 07 10 | 09 41 | 16 33 |
| 17 | 10 25 | +00 44 | 07 19 | 18 32 | 22 04 | 01 22 | 22 27 | 23 41 | 06 23 | 22 37 | 15 40 | 13 09 | 07 05 | 09 50 | 16 34 |
| 18 | 10 46 | 05 21 | 08 12 | 18 53 | 22 12 | 01 17 | 22 27 | 23 41 | 06 23 | 22 37 | 15 34 | 13 17 | 07 00 | 09 59 | 16 34 |
| 19 | 11 07 | 09 41 | 09 06 | 19 14 | 22 19 | 01 11 | 22 27 | 23 41 | 06 24 | 22 37 | 15 28 | 13 25 | 06 55 | 10 09 | 16 35 |
| 20 | 11 28 | 13 23 | 09 59 | 19 35 | 22 26 | 01 06 | 22 26 | 23 41 | 06 25 | 22 37 | 15 22 | 13 34 | 06 50 | 10 18 | 16 36 |
| 21 | 11 49 | 16 09 | 10 53 | 19 55 | 22 33 | 01 01 | 22 26 | 23 41 | 06 26 | 22 37 | 15 17 | 13 42 | 06 45 | 10 27 | 16 37 |
| 22 | 12 09 | 17 47 | 11 46 | 20 14 | 22 39 | 00 56 | 22 26 | 23 41 | 06 27 | 22 37 | 15 11 | 13 50 | 06 40 | 10 36 | 16 38 |
| 23 | 12 29 | 18 13 | 12 39 | 20 33 | 22 46 | 00 50 | 22 25 | 23 41 | 06 28 | 22 37 | 15 05 | 13 58 | 06 35 | 10 45 | 16 39 |
| 24 | 12 49 | 17 29 | 13 32 | 20 51 | 22 52 | 00 45 | 22 25 | 23 40 | 06 28 | 22 37 | 15 00 | 14 07 | 06 30 | 10 54 | 16 40 |
| 25 | 13 09 | 15 47 | 14 23 | 21 09 | 22 58 | 00 40 | 22 25 | 23 40 | 06 29 | 22 37 | 14 54 | 14 15 | 06 25 | 11 02 | 16 41 |
| 26 | 13 28 | 13 17 | 15 14 | 21 26 | 23 04 | 00 35 | 22 24 | 23 40 | 06 30 | 22 37 | 14 49 | 14 23 | 06 20 | 11 11 | 16 41 |
| 27 | 13 47 | 10 13 | 16 04 | 21 42 | 23 10 | 00 30 | 22 24 | 23 40 | 06 31 | 22 37 | 14 44 | 14 31 | 06 15 | 11 20 | 16 42 |
| 28 | 14 06 | 06 45 | 16 52 | 21 58 | 23 15 | 00 25 | 22 23 | 23 40 | 06 32 | 22 37 | 14 38 | 14 39 | 06 10 | 11 28 | 16 43 |
| 29 | 14 25 | 03 04 | 17 39 | 22 14 | 23 21 | 00 20 | 22 23 | 23 40 | 06 33 | 22 37 | 14 33 | 14 48 | 06 05 | 11 37 | 16 44 |
| 30 | 14 44 | -00 42 | 18 24 | 22 29 | 23 26 | 00 15 | 22 23 | 23 40 | 06 33 | 22 37 | 14 28 | 14 56 | 06 00 | 11 46 | 16 45 |

Lunar Phases -- 3 Ⓔ 19:20 11 ◑ 22:47 18 ● 19:27 25 ◐ 11:36 Sun enters ♉ 4/20 00:05

## 0:00 E.T. Longitudes of Main Planets - May 2034 **May 34**

| D | S.T. | ☉ | ☽ | ☽ 12:00 | ☿ | ♀ | ♂ | ♃ | ♄ | ♅ | ♆ | ♇ | ☊ |
|---|---|---|---|---|---|---|---|---|---|---|---|---|---|
| 1 | 14:36:00 | 10♉42 36 | 13♎26 | 19♎21 | 21♉12 | 08♊55 | 15♊05 | 02♈06 | 16♋14 | 03♋10 | 20♈35 | 18♒14 | 01♎05 |
| 2 | 14:39:56 | 11 40 50 | 25 16 | 01♏11 | 23 14 | 10 07 | 15 45 | 02 19 | 16 18 | 03 12 | 20 37 | 18 14 | 01 02 |
| 3 | 14:43:53 | 12 39 03 | 07♏06 | 13 00 | 25 15 | 11 20 | 16 24 | 02 32 | 16 23 | 03 15 | 20 39 | 18 15 | 00 59 |
| 4 | 14:47:50 | 13 37 13 | 18 56 | 24 52 | 27 12 | 12 32 | 17 04 | 02 44 | 16 28 | 03 17 | 20 42 | 18 15 | 00 55 |
| 5 | 14:51:46 | 14 35 22 | 00♐48 | 06♐46 | 29 08 | 13 45 | 17 44 | 02 57 | 16 33 | 03 20 | 20 44 | 18 16 | 00 52 |
| 6 | 14:55:43 | 15 33 29 | 12 45 | 18 46 | 01♊00 | 14 57 | 18 24 | 03 10 | 16 38 | 03 23 | 20 46 | 18 16 | 00 49 |
| 7 | 14:59:39 | 16 31 34 | 24 48 | 00♑53 | 02 50 | 16 09 | 19 04 | 03 22 | 16 43 | 03 25 | 20 48 | 18 16 | 00 46 |
| 8 | 15:03:36 | 17 29 38 | 07♑00 | 13 09 | 04 36 | 17 22 | 19 43 | 03 34 | 16 48 | 03 28 | 20 50 | 18 17 | 00 43 |
| 9 | 15:07:32 | 18 27 41 | 19 22 | 25 38 | 06 19 | 18 34 | 20 23 | 03 47 | 16 53 | 03 31 | 20 52 | 18 17 | 00 40 |
| 10 | 15:11:29 | 19 25 42 | 01♒58 | 08♒22 | 07 59 | 19 46 | 21 03 | 03 59 | 16 58 | 03 34 | 20 54 | 18 17 | 00 36 |
| 11 | 15:15:25 | 20 23 42 | 14 51 | 21 25 | 09 35 | 20 58 | 21 42 | 04 11 | 17 04 | 03 36 | 20 56 | 18 17 | 00 33 |
| 12 | 15:19:22 | 21 21 41 | 28 04 | 04♓49 | 11 08 | 22 10 | 22 22 | 04 23 | 17 09 | 03 39 | 20 58 | 18 18 | 00 30 |
| 13 | 15:23:19 | 22 19 38 | 11♓40 | 18 37 | 12 37 | 23 22 | 23 02 | 04 35 | 17 15 | 03 42 | 21 00 | 18 18 | 00 27 |
| 14 | 15:27:15 | 23 17 34 | 25 41 | 02♈51 | 14 02 | 24 34 | 23 41 | 04 47 | 17 20 | 03 45 | 21 02 | 18 18 | 00 24 |
| 15 | 15:31:12 | 24 15 29 | 10♈07 | 17 28 | 15 24 | 25 46 | 24 21 | 04 59 | 17 26 | 03 48 | 21 04 | 18 18 | 00 20 |
| 16 | 15:35:08 | 25 13 22 | 24 55 | 02♉26 | 16 42 | 26 57 | 25 00 | 05 11 | 17 32 | 03 51 | 21 06 | 18 18 | 00 17 |
| 17 | 15:39:05 | 26 11 14 | 10♉00 | 17 37 | 17 55 | 28 09 | 25 40 | 05 22 | 17 37 | 03 54 | 21 08 | 18 18 | 00 14 |
| 18 | 15:43:01 | 27 09 05 | 25 14 | 02♊51 | 19 05 | 29 21 | 26 19 | 05 34 | 17 43 | 03 57 | 21 10 | 18 18 | 00 11 |
| 19 | 15:46:58 | 28 06 55 | 10♊25 | 17 57 | 20 11 | 00♋33 | 26 59 | 05 46 | 17 49 | 04 00 | 21 12 | 18 18℞ | 00 08 |
| 20 | 15:50:54 | 29 04 43 | 25 25 | 02♋47 | 21 13 | 01 44 | 27 38 | 05 57 | 17 55 | 04 03 | 21 14 | 18 18 | 00 05 |
| 21 | 15:54:51 | 00♊02 29 | 10♋02 | 17 11 | 22 10 | 02 56 | 28 18 | 06 08 | 18 01 | 04 06 | 21 16 | 18 18 | 00 01 |
| 22 | 15:58:48 | 01 00 14 | 24 13 | 01♌08 | 23 04 | 04 07 | 28 57 | 06 20 | 18 07 | 04 09 | 21 18 | 18 18 | 29♍58 |
| 23 | 16:02:44 | 01 57 57 | 07♌55 | 14 34 | 23 53 | 05 18 | 29 36 | 06 31 | 18 13 | 04 12 | 21 19 | 18 18 | 29 55 |
| 24 | 16:06:41 | 02 55 39 | 21 07 | 27 34 | 24 38 | 06 30 | 00♋16 | 06 42 | 18 20 | 04 16 | 21 21 | 18 18 | 29 52 |
| 25 | 16:10:37 | 03 53 19 | 03♍54 | 10♍09 | 25 18 | 07 41 | 00 55 | 06 53 | 18 26 | 04 19 | 21 23 | 18 18 | 29 49 |
| 26 | 16:14:34 | 04 50 58 | 16 19 | 22 25 | 25 54 | 08 52 | 01 34 | 07 03 | 18 32 | 04 22 | 21 25 | 18 18 | 29 46 |
| 27 | 16:18:30 | 05 48 35 | 28 28 | 04♎28 | 26 25 | 10 03 | 02 13 | 07 14 | 18 39 | 04 25 | 21 27 | 18 17 | 29 42 |
| 28 | 16:22:27 | 06 46 10 | 10♎25 | 16 21 | 26 52 | 11 14 | 02 53 | 07 25 | 18 45 | 04 29 | 21 28 | 18 17 | 29 39 |
| 29 | 16:26:23 | 07 43 45 | 22 16 | 28 10 | 27 14 | 12 25 | 03 32 | 07 35 | 18 51 | 04 32 | 21 30 | 18 17 | 29 36 |
| 30 | 16:30:20 | 08 41 17 | 04♏05 | 09♏59 | 27 31 | 13 36 | 04 11 | 07 46 | 18 58 | 04 35 | 21 32 | 18 17 | 29 33 |
| 31 | 16:34:17 | 09 38 49 | 15 54 | 21 50 | 27 44 | 14 47 | 04 50 | 07 56 | 19 05 | 04 39 | 21 33 | 18 16 | 29 30 |

## 0:00 E.T. Longitudes of the Major Asteroids and Chiron

| D | ⚳ | ⚴ | ⚵ | ⚶ | ⚷ |
|---|---|---|---|---|---|
| 1 | 13♓20 | 10♒18 | 17♐00℞ | 14♉08 | 29♉39 |
| 2 | 13 39 | 10 27 | 16 52 | 14 35 | 29 43 |
| 3 | 13 58 | 10 36 | 16 43 | 15 02 | 29 48 |
| 4 | 14 17 | 10 45 | 16 35 | 15 28 | 29 52 |
| 5 | 14 35 | 10 53 | 16 26 | 15 55 | 29 56 |
| 6 | 14 54 | 11 00 | 16 16 | 16 22 | 00♊00 |
| 7 | 15 12 | 11 08 | 16 07 | 16 48 | 00 05 |
| 8 | 15 31 | 11 15 | 15 57 | 17 15 | 00 09 |
| 9 | 15 49 | 11 22 | 15 47 | 17 41 | 00 13 |
| 10 | 16 07 | 11 29 | 15 37 | 18 08 | 00 18 |
| 11 | 16 25 | 11 35 | 15 26 | 18 34 | 00 22 |
| 12 | 16 42 | 11 41 | 15 15 | 19 01 | 00 26 |
| 13 | 17 00 | 11 46 | 15 04 | 19 27 | 00 31 |
| 14 | 17 17 | 11 52 | 14 53 | 19 54 | 00 35 |
| 15 | 17 35 | 11 57 | 14 41 | 20 20 | 00 40 |
| 16 | 17 52 | 12 01 | 14 30 | 20 47 | 00 44 |
| 17 | 18 09 | 12 06 | 14 18 | 21 13 | 00 48 |
| 18 | 18 26 | 12 10 | 14 06 | 21 40 | 00 53 |
| 19 | 18 43 | 12 13 | 13 53 | 22 06 | 00 57 |
| 20 | 18 59 | 12 16 | 13 41 | 22 33 | 01 02 |
| 21 | 19 16 | 12 19 | 13 28 | 22 59 | 01 06 |
| 22 | 19 32 | 12 22 | 13 16 | 23 25 | 01 10 |
| 23 | 19 48 | 12 24 | 13 03 | 23 52 | 01 15 |
| 24 | 20 04 | 12 26 | 12 50 | 24 18 | 01 19 |
| 25 | 20 20 | 12 27 | 12 37 | 24 44 | 01 24 |
| 26 | 20 36 | 12 28 | 12 23 | 25 11 | 01 28 |
| 27 | 20 51 | 12 29 | 12 10 | 25 37 | 01 32 |
| 28 | 21 07 | 12 29 | 11 57 | 26 03 | 01 37 |
| 29 | 21 22 | 12 29℞ | 11 43 | 26 29 | 01 41 |
| 30 | 21 37 | 12 29 | 11 30 | 26 56 | 01 46 |
| 31 | 21 52 | 12 28 | 11 16 | 27 22 | 01 50 |

## Lunar Data

| Last Asp. | | Ingress | | |
|---|---|---|---|---|
| 1 | 14:32 | 2 | ♏ | 09:36 |
| 4 | 19:59 | 4 | ♐ | 22:23 |
| 6 | 16:01 | 7 | ♑ | 10:16 |
| 9 | 02:53 | 9 | ♒ | 20:17 |
| 11 | 13:12 | 12 | ♓ | 03:28 |
| 13 | 21:56 | 14 | ♈ | 07:15 |
| 16 | 03:33 | 16 | ♉ | 08:07 |
| 18 | 03:14 | 18 | ♊ | 07:31 |
| 20 | 03:47 | 20 | ♋ | 07:28 |
| 21 | 18:58 | 22 | ♌ | 10:02 |
| 24 | 06:53 | 24 | ♍ | 16:36 |
| 26 | 19:45 | 27 | ♎ | 03:04 |
| 29 | 10:21 | 29 | ♏ | 15:43 |

## 0:00 E.T. Declinations

| D | ☉ | ☽ | ☿ | ♀ | ♂ | ♃ | ♄ | ♅ | ♆ | ♇ | ⚳ | ⚴ | ⚵ | ⚶ | ⚷ |
|---|---|---|---|---|---|---|---|---|---|---|---|---|---|---|---|
| 1 | +15 02 | -04 24 | +19 07 | +22 43 | +23 31 | -00 10 | +22 22 | +23 40 | +06 34 | -22 38 | -14 23 | +15 04 | -05 56 | +11 54 | +16 46 |
| 2 | 15 20 | 07 54 | 19 48 | 22 56 | 23 35 | 00 05 | 22 22 | 23 40 | 06 35 | 22 38 | 14 18 | 15 12 | 05 51 | 12 02 | 16 47 |
| 3 | 15 38 | 11 06 | 20 27 | 23 09 | 23 40 | +00 00 | 22 21 | 23 40 | 06 36 | 22 38 | 14 12 | 15 20 | 05 46 | 12 11 | 16 48 |
| 4 | 15 55 | 13 51 | 21 04 | 23 21 | 23 44 | 00 05 | 22 21 | 23 40 | 06 36 | 22 38 | 14 07 | 15 28 | 05 41 | 12 19 | 16 48 |
| 5 | 16 13 | 16 01 | 21 38 | 23 33 | 23 48 | 00 10 | 22 20 | 23 40 | 06 37 | 22 38 | 14 02 | 15 36 | 05 37 | 12 27 | 16 49 |
| 6 | 16 30 | 17 31 | 22 09 | 23 44 | 23 52 | 00 15 | 22 20 | 23 40 | 06 38 | 22 38 | 13 58 | 15 44 | 05 32 | 12 35 | 16 50 |
| 7 | 16 46 | 18 14 | 22 38 | 23 54 | 23 56 | 00 20 | 22 19 | 23 40 | 06 39 | 22 38 | 13 53 | 15 52 | 05 27 | 12 44 | 16 51 |
| 8 | 17 03 | 18 08 | 23 05 | 24 04 | 23 59 | 00 24 | 22 19 | 23 40 | 06 39 | 22 39 | 13 48 | 16 00 | 05 23 | 12 52 | 16 52 |
| 9 | 17 19 | 17 11 | 23 29 | 24 13 | 24 02 | 00 29 | 22 18 | 23 40 | 06 40 | 22 39 | 13 43 | 16 08 | 05 18 | 12 59 | 16 53 |
| 10 | 17 35 | 15 23 | 23 51 | 24 21 | 24 06 | 00 34 | 22 17 | 23 39 | 06 41 | 22 39 | 13 39 | 16 15 | 05 14 | 13 07 | 16 54 |
| 11 | 17 50 | 12 47 | 24 10 | 24 29 | 24 08 | 00 39 | 22 17 | 23 39 | 06 42 | 22 39 | 13 34 | 16 23 | 05 10 | 13 15 | 16 54 |
| 12 | 18 06 | 09 28 | 24 26 | 24 36 | 24 11 | 00 43 | 22 16 | 23 39 | 06 42 | 22 39 | 13 30 | 16 31 | 05 05 | 13 23 | 16 55 |
| 13 | 18 21 | 05 33 | 24 41 | 24 42 | 24 14 | 00 48 | 22 16 | 23 39 | 06 43 | 22 39 | 13 25 | 16 38 | 05 01 | 13 31 | 16 56 |
| 14 | 18 35 | 01 13 | 24 53 | 24 47 | 24 16 | 00 52 | 22 15 | 23 39 | 06 44 | 22 40 | 13 21 | 16 46 | 04 57 | 13 38 | 16 57 |
| 15 | 18 50 | +03 19 | 25 03 | 24 52 | 24 18 | 00 57 | 22 14 | 23 39 | 06 45 | 22 40 | 13 17 | 16 53 | 04 53 | 13 46 | 16 58 |
| 16 | 19 04 | 07 46 | 25 11 | 24 56 | 24 20 | 01 01 | 22 14 | 23 39 | 06 45 | 22 40 | 13 12 | 17 01 | 04 49 | 13 53 | 16 59 |
| 17 | 19 18 | 11 48 | 25 17 | 24 59 | 24 21 | 01 06 | 22 13 | 23 39 | 06 46 | 22 40 | 13 08 | 17 08 | 04 45 | 14 01 | 16 59 |
| 18 | 19 31 | 15 04 | 25 21 | 25 02 | 24 23 | 01 10 | 22 12 | 23 39 | 06 47 | 22 41 | 13 04 | 17 15 | 04 41 | 14 08 | 17 00 |
| 19 | 19 44 | 17 18 | 25 23 | 25 04 | 24 24 | 01 15 | 22 12 | 23 39 | 06 47 | 22 41 | 13 00 | 17 22 | 04 37 | 14 15 | 17 01 |
| 20 | 19 57 | 18 18 | 25 23 | 25 05 | 24 25 | 01 19 | 22 11 | 23 39 | 06 48 | 22 41 | 12 56 | 17 29 | 04 34 | 14 23 | 17 02 |
| 21 | 20 09 | 18 03 | 25 22 | 25 06 | 24 26 | 01 23 | 22 10 | 23 38 | 06 49 | 22 41 | 12 52 | 17 36 | 04 30 | 14 30 | 17 03 |
| 22 | 20 21 | 16 39 | 25 19 | 25 06 | 24 27 | 01 28 | 22 10 | 23 38 | 06 49 | 22 42 | 12 49 | 17 43 | 04 27 | 14 37 | 17 04 |
| 23 | 20 33 | 14 21 | 25 15 | 25 05 | 24 27 | 01 32 | 22 09 | 23 38 | 06 50 | 22 42 | 12 45 | 17 50 | 04 23 | 14 44 | 17 04 |
| 24 | 20 44 | 11 22 | 25 09 | 25 03 | 24 27 | 01 36 | 22 08 | 23 38 | 06 51 | 22 42 | 12 42 | 17 57 | 04 20 | 14 51 | 17 05 |
| 25 | 20 55 | 07 55 | 25 02 | 25 01 | 24 28 | 01 40 | 22 07 | 23 38 | 06 51 | 22 43 | 12 38 | 18 03 | 04 17 | 14 58 | 17 06 |
| 26 | 21 06 | 04 13 | 24 53 | 24 58 | 24 27 | 01 44 | 22 07 | 23 38 | 06 52 | 22 43 | 12 35 | 18 10 | 04 14 | 15 04 | 17 07 |
| 27 | 21 16 | 00 25 | 24 44 | 24 54 | 24 27 | 01 48 | 22 06 | 23 38 | 06 53 | 22 43 | 12 31 | 18 16 | 04 11 | 15 11 | 17 07 |
| 28 | 21 26 | -03 21 | 24 33 | 24 50 | 24 26 | 01 52 | 22 05 | 23 38 | 06 53 | 22 44 | 12 28 | 18 22 | 04 08 | 15 18 | 17 08 |
| 29 | 21 36 | 06 57 | 24 21 | 24 45 | 24 26 | 01 56 | 22 04 | 23 38 | 06 54 | 22 44 | 12 25 | 18 29 | 04 06 | 15 24 | 17 09 |
| 30 | 21 45 | 10 15 | 24 08 | 24 39 | 24 25 | 02 00 | 22 03 | 23 38 | 06 54 | 22 44 | 12 22 | 18 35 | 04 03 | 15 31 | 17 10 |
| 31 | 21 53 | 13 09 | 23 55 | 24 32 | 24 24 | 02 04 | 22 03 | 23 37 | 06 55 | 22 45 | 12 19 | 18 40 | 04 00 | 15 37 | 17 11 |

Lunar Phases -- 3 ○ 12:17 11 ◑ 10:57 18 ● 03:14 24 ◐ 23:59 Sun enters ♊ 5/20 22:58

# June 34 — Longitudes of Main Planets - June 2034 — 0:00 E.T.

| D | S.T. | ☉ | ☽ | ☽ 12:00 | ☿ | ♀ | ♂ | ♃ | ♄ | ♅ | ♆ | ♇ | ☊ |
|---|---|---|---|---|---|---|---|---|---|---|---|---|---|
| 1 | 16:38:13 | 10♊36 20 | 27♏47 | 03♐45 | 27♊52 | 15♋58 | 05♋29 | 08♈06 | 19♋11 | 04♋42 | 21♈35 | 18♒16℞ | 29♍26 |
| 2 | 16:42:10 | 11 33 49 | 09♐45 | 15 47 | 27 55 | 17 08 | 06 08 | 08 16 | 19 18 | 04 45 | 21 37 | 18 16 | 29 23 |
| 3 | 16:46:06 | 12 31 17 | 21 51 | 27 56 | 27 54℞ | 18 19 | 06 47 | 08 26 | 19 25 | 04 49 | 21 38 | 18 15 | 29 20 |
| 4 | 16:50:03 | 13 28 45 | 04♑04 | 10♑15 | 27 48 | 19 30 | 07 27 | 08 36 | 19 31 | 04 52 | 21 40 | 18 15 | 29 17 |
| 5 | 16:53:59 | 14 26 11 | 16 27 | 22 42 | 27 38 | 20 40 | 08 06 | 08 46 | 19 38 | 04 55 | 21 41 | 18 15 | 29 14 |
| 6 | 16:57:56 | 15 23 37 | 29 00 | 05♒21 | 27 24 | 21 50 | 08 45 | 08 55 | 19 45 | 04 59 | 21 43 | 18 14 | 29 11 |
| 7 | 17:01:52 | 16 21 02 | 11♒45 | 18 12 | 27 06 | 23 01 | 09 24 | 09 05 | 19 52 | 05 02 | 21 44 | 18 14 | 29 07 |
| 8 | 17:05:49 | 17 18 26 | 24 43 | 01♓17 | 26 45 | 24 11 | 10 03 | 09 14 | 19 59 | 05 06 | 21 46 | 18 13 | 29 04 |
| 9 | 17:09:46 | 18 15 50 | 07♓56 | 14 40 | 26 20 | 25 21 | 10 41 | 09 24 | 20 06 | 05 09 | 21 47 | 18 13 | 29 01 |
| 10 | 17:13:42 | 19 13 13 | 21 28 | 28 21 | 25 52 | 26 31 | 11 20 | 09 33 | 20 13 | 05 13 | 21 49 | 18 12 | 28 58 |
| 11 | 17:17:39 | 20 10 35 | 05♈20 | 12♈23 | 25 23 | 27 41 | 11 59 | 09 42 | 20 20 | 05 16 | 21 50 | 18 12 | 28 55 |
| 12 | 17:21:35 | 21 07 57 | 19 32 | 26 46 | 24 51 | 28 51 | 12 38 | 09 51 | 20 27 | 05 20 | 21 51 | 18 11 | 28 51 |
| 13 | 17:25:32 | 22 05 19 | 04♉05 | 11♉27 | 24 18 | 00♌00 | 13 17 | 09 59 | 20 34 | 05 23 | 21 53 | 18 10 | 28 48 |
| 14 | 17:29:28 | 23 02 40 | 18 53 | 26 22 | 23 44 | 01 10 | 13 56 | 10 08 | 20 41 | 05 27 | 21 54 | 18 10 | 28 45 |
| 15 | 17:33:25 | 24 00 01 | 03♊52 | 11♊23 | 23 11 | 02 20 | 14 35 | 10 16 | 20 49 | 05 30 | 21 55 | 18 09 | 28 42 |
| 16 | 17:37:21 | 24 57 21 | 18 52 | 26 20 | 22 37 | 03 29 | 15 14 | 10 25 | 20 56 | 05 34 | 21 57 | 18 08 | 28 39 |
| 17 | 17:41:18 | 25 54 41 | 03♋44 | 11♋04 | 22 05 | 04 39 | 15 52 | 10 33 | 21 03 | 05 38 | 21 58 | 18 08 | 28 36 |
| 18 | 17:45:15 | 26 52 00 | 18 19 | 25 28 | 21 34 | 05 48 | 16 31 | 10 41 | 21 11 | 05 41 | 21 59 | 18 07 | 28 32 |
| 19 | 17:49:11 | 27 49 18 | 02♌31 | 09♌26 | 21 05 | 06 57 | 17 10 | 10 49 | 21 18 | 05 45 | 22 00 | 18 06 | 28 29 |
| 20 | 17:53:08 | 28 46 36 | 16 14 | 22 56 | 20 39 | 08 06 | 17 49 | 10 57 | 21 25 | 05 48 | 22 01 | 18 06 | 28 26 |
| 21 | 17:57:04 | 29 43 52 | 29 30 | 05♍58 | 20 16 | 09 15 | 18 27 | 11 05 | 21 33 | 05 52 | 22 03 | 18 05 | 28 23 |
| 22 | 18:01:01 | 00♋41 08 | 12♍20 | 18 36 | 19 56 | 10 24 | 19 06 | 11 12 | 21 40 | 05 55 | 22 04 | 18 04 | 28 20 |
| 23 | 18:04:57 | 01 38 24 | 24 47 | 00♎54 | 19 40 | 11 33 | 19 45 | 11 19 | 21 48 | 05 59 | 22 05 | 18 03 | 28 17 |
| 24 | 18:08:54 | 02 35 38 | 06♎57 | 12 57 | 19 28 | 12 42 | 20 24 | 11 27 | 21 55 | 06 03 | 22 06 | 18 02 | 28 13 |
| 25 | 18:12:50 | 03 32 52 | 18 55 | 24 51 | 19 20 | 13 50 | 21 02 | 11 34 | 22 03 | 06 06 | 22 07 | 18 01 | 28 10 |
| 26 | 18:16:47 | 04 30 06 | 00♏46 | 06♏41 | 19 17 | 14 59 | 21 41 | 11 41 | 22 10 | 06 10 | 22 08 | 18 01 | 28 07 |
| 27 | 18:20:44 | 05 27 19 | 12 35 | 18 31 | 19 18D | 16 07 | 22 19 | 11 47 | 22 18 | 06 13 | 22 09 | 18 00 | 28 04 |
| 28 | 18:24:40 | 06 24 31 | 24 27 | 00♐25 | 19 24 | 17 15 | 22 58 | 11 54 | 22 25 | 06 17 | 22 10 | 17 59 | 28 01 |
| 29 | 18:28:37 | 07 21 43 | 06♐24 | 12 26 | 19 35 | 18 23 | 23 37 | 12 01 | 22 33 | 06 21 | 22 10 | 17 58 | 27 57 |
| 30 | 18:32:33 | 08 18 55 | 18 30 | 24 37 | 19 51 | 19 31 | 24 15 | 12 07 | 22 40 | 06 24 | 22 11 | 17 57 | 27 54 |

## 0:00 E.T. — Longitudes of the Major Asteroids and Chiron

| D | ⚳ | ⚴ | ⚵ | ⚶ | ⚷ |
|---|---|---|---|---|---|
| 1 | 22♓06 | 12♒27℞ | 11♐03℞ | 27♉48 | 01♊54 |
| 2 | 22 21 | 12 25 | 10 49 | 28 14 | 01 59 |
| 3 | 22 35 | 12 23 | 10 36 | 28 40 | 02 03 |
| 4 | 22 49 | 12 21 | 10 22 | 29 06 | 02 08 |
| 5 | 23 03 | 12 18 | 10 09 | 29 32 | 02 12 |
| 6 | 23 17 | 12 15 | 09 55 | 29 58 | 02 16 |
| 7 | 23 30 | 12 12 | 09 42 | 00♊24 | 02 21 |
| 8 | 23 44 | 12 08 | 09 28 | 00 50 | 02 25 |
| 9 | 23 57 | 12 03 | 09 15 | 01 16 | 02 29 |
| 10 | 24 10 | 11 59 | 09 02 | 01 42 | 02 34 |
| 11 | 24 22 | 11 54 | 08 48 | 02 08 | 02 38 |
| 12 | 24 35 | 11 48 | 08 35 | 02 34 | 02 42 |
| 13 | 24 47 | 11 42 | 08 23 | 03 00 | 02 46 |
| 14 | 24 59 | 11 36 | 08 10 | 03 25 | 02 51 |
| 15 | 25 11 | 11 29 | 07 57 | 03 51 | 02 55 |
| 16 | 25 23 | 11 22 | 07 45 | 04 17 | 02 59 |
| 17 | 25 34 | 11 15 | 07 32 | 04 42 | 03 03 |
| 18 | 25 45 | 11 07 | 07 20 | 05 08 | 03 07 |
| 19 | 25 56 | 10 59 | 07 08 | 05 34 | 03 11 |
| 20 | 26 07 | 10 50 | 06 56 | 05 59 | 03 16 |
| 21 | 26 17 | 10 41 | 06 45 | 06 25 | 03 20 |
| 22 | 26 27 | 10 32 | 06 33 | 06 50 | 03 24 |
| 23 | 26 37 | 10 22 | 06 22 | 07 16 | 03 28 |
| 24 | 26 47 | 10 12 | 06 11 | 07 41 | 03 32 |
| 25 | 26 56 | 10 02 | 06 01 | 08 07 | 03 36 |
| 26 | 27 05 | 09 51 | 05 50 | 08 32 | 03 40 |
| 27 | 27 14 | 09 40 | 05 40 | 08 57 | 03 44 |
| 28 | 27 23 | 09 29 | 05 30 | 09 22 | 03 48 |
| 29 | 27 31 | 09 17 | 05 20 | 09 48 | 03 52 |
| 30 | 27 39 | 09 05 | 05 11 | 10 13 | 03 55 |

## Lunar Data

| Last Asp. | | Ingress | | |
|---|---|---|---|---|
| 31 | 06:30 | 1 | ♐ | 04:28 |
| 3 | 11:50 | 3 | ♑ | 16:02 |
| 5 | 10:05 | 6 | ♒ | 01:54 |
| 8 | 03:37 | 8 | ♓ | 09:39 |
| 10 | 09:37 | 10 | ♈ | 14:50 |
| 12 | 16:45 | 12 | ♉ | 17:19 |
| 14 | 02:55 | 14 | ♊ | 17:49 |
| 16 | 10:27 | 16 | ♋ | 17:56 |
| 18 | 06:08 | 18 | ♌ | 19:42 |
| 21 | 00:28 | 21 | ♍ | 00:55 |
| 22 | 18:07 | 23 | ♎ | 10:13 |
| 25 | 06:28 | 25 | ♏ | 22:26 |
| 27 | 20:50 | 28 | ♐ | 11:10 |
| 30 | 07:15 | | | |

## 0:00 E.T. — Declinations

| D | ☉ | ☽ | ☿ | ♀ | ♂ | ♃ | ♄ | ♅ | ♆ | ♇ | ⚳ | ⚴ | ⚵ | ⚶ | ⚷ |
|---|---|---|---|---|---|---|---|---|---|---|---|---|---|---|---|
| 1 | +22 02 | -15 32 | +23 40 | +24 25 | +24 22 | +02 08 | +22 02 | +23 37 | +06 55 | -22 45 | -12 16 | +18 46 | -03 58 | +15 44 | +17 11 |
| 2 | 22 10 | 17 15 | 23 25 | 24 17 | 24 21 | 02 12 | 22 01 | 23 37 | 06 56 | 22 45 | 12 13 | 18 52 | 03 56 | 15 50 | 17 12 |
| 3 | 22 17 | 18 13 | 23 09 | 24 09 | 24 19 | 02 15 | 22 00 | 23 37 | 06 57 | 22 46 | 12 11 | 18 57 | 03 54 | 15 56 | 17 13 |
| 4 | 22 25 | 18 22 | 22 53 | 24 00 | 24 17 | 02 19 | 21 59 | 23 37 | 06 57 | 22 46 | 12 08 | 19 02 | 03 52 | 16 02 | 17 14 |
| 5 | 22 31 | 17 39 | 22 36 | 23 50 | 24 15 | 02 23 | 21 58 | 23 37 | 06 58 | 22 46 | 12 06 | 19 08 | 03 50 | 16 08 | 17 14 |
| 6 | 22 38 | 16 04 | 22 18 | 23 39 | 24 13 | 02 26 | 21 57 | 23 37 | 06 58 | 22 47 | 12 03 | 19 13 | 03 48 | 16 14 | 17 15 |
| 7 | 22 44 | 13 41 | 22 01 | 23 28 | 24 10 | 02 30 | 21 56 | 23 37 | 06 59 | 22 47 | 12 01 | 19 17 | 03 47 | 16 20 | 17 16 |
| 8 | 22 50 | 10 34 | 21 43 | 23 17 | 24 08 | 02 33 | 21 56 | 23 36 | 06 59 | 22 48 | 11 59 | 19 22 | 03 45 | 16 26 | 17 16 |
| 9 | 22 55 | 06 53 | 21 25 | 23 04 | 24 05 | 02 37 | 21 55 | 23 36 | 07 00 | 22 48 | 11 57 | 19 27 | 03 44 | 16 32 | 17 17 |
| 10 | 23 00 | 02 45 | 21 07 | 22 51 | 24 02 | 02 40 | 21 54 | 23 36 | 07 00 | 22 48 | 11 55 | 19 31 | 03 43 | 16 37 | 17 18 |
| 11 | 23 04 | +01 38 | 20 50 | 22 38 | 23 58 | 02 43 | 21 53 | 23 36 | 07 01 | 22 49 | 11 53 | 19 35 | 03 42 | 16 43 | 17 18 |
| 12 | 23 08 | 06 02 | 20 33 | 22 24 | 23 55 | 02 47 | 21 52 | 23 36 | 07 01 | 22 49 | 11 52 | 19 39 | 03 41 | 16 48 | 17 19 |
| 13 | 23 12 | 10 10 | 20 16 | 22 09 | 23 51 | 02 50 | 21 51 | 23 36 | 07 02 | 22 50 | 11 50 | 19 43 | 03 40 | 16 54 | 17 20 |
| 14 | 23 15 | 13 44 | 20 00 | 21 54 | 23 47 | 02 53 | 21 50 | 23 36 | 07 02 | 22 50 | 11 49 | 19 46 | 03 39 | 16 59 | 17 20 |
| 15 | 23 18 | 16 27 | 19 45 | 21 38 | 23 43 | 02 56 | 21 49 | 23 35 | 07 02 | 22 50 | 11 47 | 19 50 | 03 39 | 17 04 | 17 21 |
| 16 | 23 20 | 18 03 | 19 31 | 21 21 | 23 39 | 02 59 | 21 48 | 23 35 | 07 03 | 22 51 | 11 46 | 19 53 | 03 38 | 17 10 | 17 22 |
| 17 | 23 22 | 18 23 | 19 19 | 21 04 | 23 35 | 03 02 | 21 47 | 23 35 | 07 03 | 22 51 | 11 45 | 19 56 | 03 38 | 17 15 | 17 22 |
| 18 | 23 24 | 17 30 | 19 07 | 20 47 | 23 30 | 03 05 | 21 46 | 23 35 | 07 04 | 22 52 | 11 44 | 19 59 | 03 38 | 17 20 | 17 23 |
| 19 | 23 25 | 15 33 | 18 57 | 20 29 | 23 26 | 03 08 | 21 45 | 23 35 | 07 04 | 22 52 | 11 43 | 20 01 | 03 38 | 17 25 | 17 24 |
| 20 | 23 26 | 12 45 | 18 48 | 20 10 | 23 21 | 03 11 | 21 44 | 23 35 | 07 04 | 22 53 | 11 42 | 20 04 | 03 38 | 17 30 | 17 24 |
| 21 | 23 26 | 09 23 | 18 41 | 19 51 | 23 16 | 03 14 | 21 42 | 23 35 | 07 05 | 22 53 | 11 42 | 20 06 | 03 38 | 17 34 | 17 25 |
| 22 | 23 26 | 05 40 | 18 36 | 19 32 | 23 10 | 03 16 | 21 41 | 23 34 | 07 05 | 22 54 | 11 41 | 20 08 | 03 39 | 17 39 | 17 25 |
| 23 | 23 25 | 01 48 | 18 32 | 19 12 | 23 05 | 03 19 | 21 40 | 23 34 | 07 06 | 22 54 | 11 41 | 20 10 | 03 39 | 17 44 | 17 26 |
| 24 | 23 24 | -02 03 | 18 29 | 18 52 | 22 59 | 03 22 | 21 39 | 23 34 | 07 06 | 22 55 | 11 40 | 20 11 | 03 40 | 17 48 | 17 26 |
| 25 | 23 23 | 05 45 | 18 29 | 18 31 | 22 53 | 03 24 | 21 38 | 23 34 | 07 06 | 22 55 | 11 40 | 20 12 | 03 41 | 17 53 | 17 27 |
| 26 | 23 21 | 09 11 | 18 30 | 18 09 | 22 47 | 03 27 | 21 37 | 23 34 | 07 06 | 22 56 | 11 40 | 20 13 | 03 42 | 17 57 | 17 28 |
| 27 | 23 19 | 12 14 | 18 33 | 17 48 | 22 41 | 03 29 | 21 36 | 23 34 | 07 07 | 22 56 | 11 40 | 20 14 | 03 43 | 18 02 | 17 28 |
| 28 | 23 17 | 14 48 | 18 37 | 17 26 | 22 35 | 03 31 | 21 35 | 23 34 | 07 07 | 22 57 | 11 41 | 20 14 | 03 44 | 18 06 | 17 29 |
| 29 | 23 14 | 16 46 | 18 43 | 17 03 | 22 29 | 03 34 | 21 33 | 23 33 | 07 07 | 22 57 | 11 41 | 20 15 | 03 45 | 18 10 | 17 29 |
| 30 | 23 10 | 18 00 | 18 50 | 16 40 | 22 22 | 03 36 | 21 32 | 23 33 | 07 08 | 22 58 | 11 42 | 20 15 | 03 47 | 18 14 | 17 30 |

Lunar Phases -- 2 ○ 03:55 9 ◑ 19:45 16 ● 10:27 23 ◐ 14:36 Sun enters ♋ 6/21 06:45

## 0:00 E.T. Longitudes of Main Planets - July 2034

| D | S.T. | ☉ | ☽ | ☽ 12:00 | ☿ | ♀ | ♂ | ♃ | ♄ | ♅ | ♆ | ♇ | ☊ |
|---|---|---|---|---|---|---|---|---|---|---|---|---|---|
| 1 | 18:36:30 | 09♋16 07 | 00♑47 | 06♑59 | 20♊11 | 20♌39 | 24♋54 | 12♈13 | 22♋48 | 06♋28 | 22♈12 | 17♒56℞ | 27♍51 |
| 2 | 18:40:26 | 10 13 18 | 13 14 | 19 32 | 20 36 | 21 47 | 25 32 | 12 19 | 22 56 | 06 31 | 22 13 | 17 55 | 27 48 |
| 3 | 18:44:23 | 11 10 29 | 25 52 | 02♒16 | 21 07 | 22 54 | 26 11 | 12 25 | 23 03 | 06 35 | 22 14 | 17 54 | 27 45 |
| 4 | 18:48:19 | 12 07 40 | 08♒42 | 15 11 | 21 42 | 24 01 | 26 49 | 12 30 | 23 11 | 06 39 | 22 14 | 17 53 | 27 42 |
| 5 | 18:52:16 | 13 04 51 | 21 43 | 28 18 | 22 21 | 25 09 | 27 28 | 12 36 | 23 19 | 06 42 | 22 15 | 17 52 | 27 38 |
| 6 | 18:56:13 | 14 02 03 | 04♓56 | 11♓37 | 23 06 | 26 16 | 28 06 | 12 41 | 23 26 | 06 46 | 22 16 | 17 51 | 27 35 |
| 7 | 19:00:09 | 14 59 14 | 18 20 | 25 07 | 23 55 | 27 23 | 28 45 | 12 46 | 23 34 | 06 49 | 22 16 | 17 50 | 27 32 |
| 8 | 19:04:06 | 15 56 26 | 01♈58 | 08♈51 | 24 49 | 28 30 | 29 23 | 12 51 | 23 42 | 06 53 | 22 17 | 17 49 | 27 29 |
| 9 | 19:08:02 | 16 53 39 | 15 48 | 22 49 | 25 47 | 29 36 | 00♌02 | 12 56 | 23 50 | 06 57 | 22 18 | 17 47 | 27 26 |
| 10 | 19:11:59 | 17 50 51 | 29 53 | 07♉01 | 26 50 | 00♍43 | 00 40 | 13 01 | 23 57 | 07 00 | 22 18 | 17 46 | 27 23 |
| 11 | 19:15:55 | 18 48 04 | 14♉11 | 21 25 | 27 57 | 01 49 | 01 19 | 13 05 | 24 05 | 07 04 | 22 19 | 17 45 | 27 19 |
| 12 | 19:19:52 | 19 45 18 | 28 41 | 05♊58 | 29 09 | 02 55 | 01 57 | 13 10 | 24 13 | 07 07 | 22 19 | 17 44 | 27 16 |
| 13 | 19:23:48 | 20 42 32 | 13♊17 | 20 36 | 00♋25 | 04 01 | 02 36 | 13 14 | 24 21 | 07 11 | 22 20 | 17 43 | 27 13 |
| 14 | 19:27:45 | 21 39 47 | 27 54 | 05♋11 | 01 45 | 05 07 | 03 14 | 13 18 | 24 28 | 07 14 | 22 20 | 17 42 | 27 10 |
| 15 | 19:31:42 | 22 37 02 | 12♋26 | 19 37 | 03 10 | 06 13 | 03 52 | 13 21 | 24 36 | 07 18 | 22 20 | 17 40 | 27 07 |
| 16 | 19:35:38 | 23 34 17 | 26 44 | 03♌46 | 04 38 | 07 18 | 04 31 | 13 25 | 24 44 | 07 21 | 22 21 | 17 39 | 27 03 |
| 17 | 19:39:35 | 24 31 33 | 10♌43 | 17 35 | 06 10 | 08 23 | 05 09 | 13 28 | 24 52 | 07 25 | 22 21 | 17 38 | 27 00 |
| 18 | 19:43:31 | 25 28 49 | 24 20 | 00♍59 | 07 47 | 09 29 | 05 47 | 13 32 | 25 00 | 07 28 | 22 21 | 17 37 | 26 57 |
| 19 | 19:47:28 | 26 26 05 | 07♍32 | 14 00 | 09 27 | 10 33 | 06 26 | 13 35 | 25 07 | 07 32 | 22 21 | 17 36 | 26 54 |
| 20 | 19:51:24 | 27 23 21 | 20 21 | 26 38 | 11 10 | 11 38 | 07 04 | 13 38 | 25 15 | 07 35 | 22 22 | 17 34 | 26 51 |
| 21 | 19:55:21 | 28 20 38 | 02♎50 | 08♎57 | 12 57 | 12 43 | 07 43 | 13 40 | 25 23 | 07 39 | 22 22 | 17 33 | 26 48 |
| 22 | 19:59:17 | 29 17 55 | 15 01 | 21 02 | 14 48 | 13 47 | 08 21 | 13 43 | 25 31 | 07 42 | 22 22 | 17 32 | 26 44 |
| 23 | 20:03:14 | 00♌15 12 | 27 01 | 02♏58 | 16 41 | 14 51 | 08 59 | 13 45 | 25 38 | 07 45 | 22 22 | 17 31 | 26 41 |
| 24 | 20:07:11 | 01 12 29 | 08♏53 | 14 49 | 18 37 | 15 55 | 09 37 | 13 47 | 25 46 | 07 49 | 22 22 | 17 29 | 26 38 |
| 25 | 20:11:07 | 02 09 47 | 20 44 | 26 41 | 20 35 | 16 58 | 10 16 | 13 49 | 25 54 | 07 52 | 22 22 | 17 28 | 26 35 |
| 26 | 20:15:04 | 03 07 05 | 02♐39 | 08♐38 | 22 35 | 18 02 | 10 54 | 13 51 | 26 02 | 07 56 | 22 22℞ | 17 27 | 26 32 |
| 27 | 20:19:00 | 04 04 24 | 14 40 | 20 45 | 24 37 | 19 05 | 11 32 | 13 52 | 26 09 | 07 59 | 22 22 | 17 25 | 26 29 |
| 28 | 20:22:57 | 05 01 43 | 26 53 | 03♑04 | 26 41 | 20 08 | 12 11 | 13 53 | 26 17 | 08 02 | 22 22 | 17 24 | 26 25 |
| 29 | 20:26:53 | 05 59 03 | 09♑18 | 15 36 | 28 46 | 21 10 | 12 49 | 13 54 | 26 25 | 08 06 | 22 22 | 17 23 | 26 22 |
| 30 | 20:30:50 | 06 56 23 | 21 59 | 28 24 | 00♌51 | 22 12 | 13 27 | 13 55 | 26 33 | 08 09 | 22 22 | 17 21 | 26 19 |
| 31 | 20:34:46 | 07 53 44 | 04♒54 | 11♒27 | 02 57 | 23 14 | 14 05 | 13 56 | 26 40 | 08 12 | 22 22 | 17 20 | 26 16 |

## 0:00 E.T. Longitudes of the Major Asteroids and Chiron

| D | ⚳ | ⚴ | ⚵ | ⚶ | ⚷ |
|---|---|---|---|---|---|
| 1 | 27♓47 | 08♒52℞ | 05♐02℞ | 10♊38 | 03♊59 |
| 2 | 27 55 | 08 40 | 04 53 | 11 03 | 04 03 |
| 3 | 28 02 | 08 27 | 04 45 | 11 28 | 04 07 |
| 4 | 28 09 | 08 14 | 04 37 | 11 53 | 04 11 |
| 5 | 28 15 | 08 00 | 04 29 | 12 18 | 04 14 |
| 6 | 28 22 | 07 46 | 04 21 | 12 43 | 04 18 |
| 7 | 28 28 | 07 32 | 04 14 | 13 08 | 04 22 |
| 8 | 28 34 | 07 18 | 04 07 | 13 32 | 04 25 |
| 9 | 28 39 | 07 04 | 04 00 | 13 57 | 04 29 |
| 10 | 28 44 | 06 49 | 03 54 | 14 22 | 04 32 |
| 11 | 28 49 | 06 34 | 03 48 | 14 46 | 04 36 |
| 12 | 28 54 | 06 19 | 03 42 | 15 11 | 04 39 |
| 13 | 28 58 | 06 04 | 03 36 | 15 36 | 04 43 |
| 14 | 29 02 | 05 48 | 03 31 | 16 00 | 04 46 |
| 15 | 29 05 | 05 33 | 03 27 | 16 25 | 04 49 |
| 16 | 29 08 | 05 17 | 03 22 | 16 49 | 04 53 |
| 17 | 29 11 | 05 01 | 03 18 | 17 13 | 04 56 |
| 18 | 29 14 | 04 45 | 03 14 | 17 37 | 04 59 |
| 19 | 29 16 | 04 29 | 03 11 | 18 02 | 05 02 |
| 20 | 29 18 | 04 13 | 03 08 | 18 26 | 05 06 |
| 21 | 29 19 | 03 57 | 03 05 | 18 50 | 05 09 |
| 22 | 29 21 | 03 41 | 03 03 | 19 14 | 05 12 |
| 23 | 29 21 | 03 25 | 03 01 | 19 38 | 05 15 |
| 24 | 29 22 | 03 09 | 02 59 | 20 02 | 05 18 |
| 25 | 29 22℞ | 02 52 | 02 58 | 20 25 | 05 21 |
| 26 | 29 22 | 02 36 | 02 57 | 20 49 | 05 24 |
| 27 | 29 21 | 02 20 | 02 56 | 21 13 | 05 26 |
| 28 | 29 20 | 02 04 | 02 56 | 21 36 | 05 29 |
| 29 | 29 19 | 01 48 | 02 56D | 22 00 | 05 32 |
| 30 | 29 17 | 01 32 | 02 56 | 22 23 | 05 35 |
| 31 | 29 15 | 01 16 | 02 56 | 22 47 | 05 37 |

## Lunar Data

| Last Asp. | | Ingress | | |
|---|---|---|---|---|
| 3 | 00:37 | 3 | ♒ | 07:46 |
| 5 | 06:50 | 5 | ♓ | 15:05 |
| 7 | 19:17 | 7 | ♈ | 20:34 |
| 9 | 18:24 | 10 | ♉ | 00:11 |
| 11 | 16:34 | 12 | ♊ | 02:11 |
| 13 | 14:51 | 14 | ♋ | 03:27 |
| 15 | 20:35 | 16 | ♌ | 05:33 |
| 17 | 20:28 | 18 | ♍ | 10:13 |
| 20 | 14:35 | 20 | ♎ | 18:31 |
| 22 | 21:13 | 23 | ♏ | 06:01 |
| 25 | 10:32 | 25 | ♐ | 18:41 |
| 27 | 15:11 | 28 | ♑ | 06:04 |
| 30 | 08:37 | 30 | ♒ | 14:57 |

## 0:00 E.T. Declinations

| D | ☉ | ☽ | ☿ | ♀ | ♂ | ♃ | ♄ | ♅ | ♆ | ♇ | ⚳ | ⚴ | ⚵ | ⚶ | ⚷ |
|---|---|---|---|---|---|---|---|---|---|---|---|---|---|---|---|
| 1 | +23 07 | -18 26 | +18 58 | +16 17 | +22 15 | +03 38 | +21 31 | +23 33 | +07 08 | -22 58 | -11 42 | +20 14 | -03 48 | +18 18 | +17 30 |
| 2 | 23 02 | 17 59 | 19 07 | 15 53 | 22 08 | 03 40 | 21 30 | 23 33 | 07 08 | 22 59 | 11 43 | 20 14 | 03 50 | 18 22 | 17 31 |
| 3 | 22 58 | 16 39 | 19 18 | 15 29 | 22 01 | 03 42 | 21 29 | 23 33 | 07 08 | 22 59 | 11 44 | 20 13 | 03 52 | 18 26 | 17 31 |
| 4 | 22 53 | 14 28 | 19 30 | 15 05 | 21 54 | 03 44 | 21 28 | 23 33 | 07 09 | 23 00 | 11 45 | 20 12 | 03 54 | 18 30 | 17 32 |
| 5 | 22 47 | 11 32 | 19 42 | 14 40 | 21 46 | 03 46 | 21 26 | 23 32 | 07 09 | 23 00 | 11 46 | 20 11 | 03 56 | 18 34 | 17 32 |
| 6 | 22 42 | 07 58 | 19 55 | 14 15 | 21 39 | 03 48 | 21 25 | 23 32 | 07 09 | 23 01 | 11 47 | 20 09 | 03 58 | 18 37 | 17 32 |
| 7 | 22 35 | 03 57 | 20 08 | 13 50 | 21 31 | 03 50 | 21 24 | 23 32 | 07 09 | 23 01 | 11 49 | 20 08 | 04 00 | 18 41 | 17 33 |
| 8 | 22 29 | +00 20 | 20 22 | 13 24 | 21 23 | 03 51 | 21 23 | 23 32 | 07 09 | 23 02 | 11 50 | 20 05 | 04 02 | 18 44 | 17 33 |
| 9 | 22 22 | 04 40 | 20 36 | 12 58 | 21 15 | 03 53 | 21 21 | 23 32 | 07 09 | 23 02 | 11 52 | 20 03 | 04 05 | 18 48 | 17 34 |
| 10 | 22 15 | 08 49 | 20 51 | 12 32 | 21 07 | 03 54 | 21 20 | 23 31 | 07 10 | 23 03 | 11 54 | 20 01 | 04 08 | 18 51 | 17 34 |
| 11 | 22 07 | 12 30 | 21 05 | 12 06 | 20 58 | 03 56 | 21 19 | 23 31 | 07 10 | 23 03 | 11 56 | 19 58 | 04 10 | 18 54 | 17 35 |
| 12 | 21 59 | 15 29 | 21 19 | 11 39 | 20 50 | 03 57 | 21 18 | 23 31 | 07 10 | 23 04 | 11 58 | 19 55 | 04 13 | 18 57 | 17 35 |
| 13 | 21 50 | 17 30 | 21 32 | 11 12 | 20 41 | 03 59 | 21 16 | 23 31 | 07 10 | 23 04 | 12 00 | 19 51 | 04 16 | 19 00 | 17 35 |
| 14 | 21 41 | 18 22 | 21 45 | 10 45 | 20 32 | 04 00 | 21 15 | 23 31 | 07 10 | 23 05 | 12 03 | 19 47 | 04 19 | 19 03 | 17 36 |
| 15 | 21 32 | 18 01 | 21 57 | 10 18 | 20 23 | 04 01 | 21 14 | 23 31 | 07 10 | 23 05 | 12 05 | 19 43 | 04 22 | 19 06 | 17 36 |
| 16 | 21 23 | 16 32 | 22 07 | 09 50 | 20 14 | 04 02 | 21 12 | 23 30 | 07 10 | 23 06 | 12 08 | 19 39 | 04 25 | 19 09 | 17 36 |
| 17 | 21 13 | 14 05 | 22 17 | 09 22 | 20 05 | 04 03 | 21 11 | 23 30 | 07 10 | 23 06 | 12 11 | 19 35 | 04 29 | 19 12 | 17 37 |
| 18 | 21 02 | 10 55 | 22 25 | 08 54 | 19 56 | 04 04 | 21 10 | 23 30 | 07 10 | 23 07 | 12 14 | 19 30 | 04 32 | 19 15 | 17 37 |
| 19 | 20 52 | 07 17 | 22 32 | 08 26 | 19 46 | 04 05 | 21 09 | 23 30 | 07 10 | 23 08 | 12 17 | 19 25 | 04 35 | 19 17 | 17 37 |
| 20 | 20 41 | 03 24 | 22 37 | 07 58 | 19 37 | 04 06 | 21 07 | 23 30 | 07 10 | 23 08 | 12 20 | 19 20 | 04 39 | 19 20 | 17 38 |
| 21 | 20 29 | -00 31 | 22 40 | 07 30 | 19 27 | 04 07 | 21 06 | 23 29 | 07 10 | 23 09 | 12 23 | 19 14 | 04 43 | 19 22 | 17 38 |
| 22 | 20 17 | 04 20 | 22 40 | 07 01 | 19 17 | 04 07 | 21 05 | 23 29 | 07 10 | 23 09 | 12 27 | 19 08 | 04 46 | 19 25 | 17 38 |
| 23 | 20 05 | 07 54 | 22 39 | 06 33 | 19 07 | 04 08 | 21 03 | 23 29 | 07 10 | 23 10 | 12 31 | 19 02 | 04 50 | 19 27 | 17 38 |
| 24 | 19 53 | 11 07 | 22 35 | 06 04 | 18 57 | 04 09 | 21 02 | 23 29 | 07 10 | 23 10 | 12 34 | 18 56 | 04 54 | 19 29 | 17 39 |
| 25 | 19 40 | 13 52 | 22 28 | 05 35 | 18 46 | 04 09 | 21 00 | 23 29 | 07 10 | 23 11 | 12 38 | 18 49 | 04 58 | 19 31 | 17 39 |
| 26 | 19 27 | 16 03 | 22 19 | 05 06 | 18 36 | 04 09 | 20 59 | 23 29 | 07 10 | 23 11 | 12 42 | 18 43 | 05 02 | 19 33 | 17 39 |
| 27 | 19 14 | 17 33 | 22 07 | 04 37 | 18 25 | 04 10 | 20 58 | 23 28 | 07 10 | 23 12 | 12 47 | 18 36 | 05 06 | 19 36 | 17 39 |
| 28 | 19 00 | 18 17 | 21 52 | 04 08 | 18 15 | 04 10 | 20 56 | 23 28 | 07 10 | 23 12 | 12 51 | 18 28 | 05 10 | 19 37 | 17 39 |
| 29 | 18 46 | 18 10 | 21 35 | 03 39 | 18 04 | 04 10 | 20 55 | 23 28 | 07 10 | 23 13 | 12 55 | 18 21 | 05 15 | 19 39 | 17 40 |
| 30 | 18 32 | 17 08 | 21 15 | 03 10 | 17 53 | 04 10 | 20 54 | 23 28 | 07 10 | 23 13 | 13 00 | 18 13 | 05 19 | 19 41 | 17 40 |
| 31 | 18 17 | 15 13 | 20 53 | 02 40 | 17 42 | 04 10 | 20 52 | 23 28 | 07 10 | 23 14 | 13 04 | 18 05 | 05 23 | 19 43 | 17 40 |

Lunar Phases -- 1 ○ 17:46   9 ◑ 02:00   15 ● 18:16   23 ◐ 07:06   31 ○ 05:56   Sun enters ♌ 7/22 17:38

# Aug. 34 — Longitudes of Main Planets - August 2034 — 0:00 E.T.

| D | S.T. | ☉ | ☽ | ☽ 12:00 | ☿ | ♀ | ♂ | ♃ | ♄ | ♅ | ♆ | ♇ | ☊ |
|---|---|---|---|---|---|---|---|---|---|---|---|---|---|
| 1 | 20:38:43 | 08♌51 06 | 18♒04 | 24♒44 | 05♌03 | 24♍16 | 14♌44 | 13♈57 | 26♋48 | 08♋15 | 22♈22℞ | 17♒19℞ | 26♍13 |
| 2 | 20:42:40 | 09 48 28 | 01♓27 | 08♓13 | 07 09 | 25 18 | 15 22 | 13 57 | 26 56 | 08 18 | 22 21 | 17 17 | 26 09 |
| 3 | 20:46:36 | 10 45 52 | 15 02 | 21 53 | 09 15 | 26 19 | 16 00 | 13 57 | 27 03 | 08 22 | 22 21 | 17 16 | 26 06 |
| 4 | 20:50:33 | 11 43 16 | 28 47 | 05♈43 | 11 20 | 27 20 | 16 38 | 13 57℞ | 27 11 | 08 25 | 22 21 | 17 15 | 26 03 |
| 5 | 20:54:29 | 12 40 42 | 12♈41 | 19 40 | 13 24 | 28 20 | 17 16 | 13 57 | 27 19 | 08 28 | 22 21 | 17 13 | 26 00 |
| 6 | 20:58:26 | 13 38 09 | 26 42 | 03♉45 | 15 27 | 29 20 | 17 55 | 13 56 | 27 26 | 08 31 | 22 20 | 17 12 | 25 57 |
| 7 | 21:02:22 | 14 35 37 | 10♉49 | 17 55 | 17 30 | 00♎20 | 18 33 | 13 56 | 27 34 | 08 34 | 22 20 | 17 11 | 25 54 |
| 8 | 21:06:19 | 15 33 07 | 25 01 | 02♊08 | 19 31 | 01 20 | 19 11 | 13 55 | 27 41 | 08 37 | 22 20 | 17 09 | 25 50 |
| 9 | 21:10:15 | 16 30 38 | 09♊16 | 16 23 | 21 31 | 02 19 | 19 49 | 13 54 | 27 49 | 08 40 | 22 19 | 17 08 | 25 47 |
| 10 | 21:14:12 | 17 28 10 | 23 31 | 00♋37 | 23 29 | 03 17 | 20 28 | 13 52 | 27 56 | 08 43 | 22 19 | 17 07 | 25 44 |
| 11 | 21:18:09 | 18 25 44 | 07♋42 | 14 45 | 25 26 | 04 16 | 21 06 | 13 51 | 28 04 | 08 46 | 22 18 | 17 05 | 25 41 |
| 12 | 21:22:05 | 19 23 19 | 21 46 | 28 44 | 27 22 | 05 14 | 21 44 | 13 49 | 28 11 | 08 49 | 22 18 | 17 04 | 25 38 |
| 13 | 21:26:02 | 20 20 55 | 05♌39 | 12♌30 | 29 16 | 06 11 | 22 22 | 13 47 | 28 19 | 08 52 | 22 17 | 17 03 | 25 35 |
| 14 | 21:29:58 | 21 18 33 | 19 17 | 25 59 | 01♍09 | 07 09 | 23 00 | 13 45 | 28 26 | 08 55 | 22 16 | 17 01 | 25 31 |
| 15 | 21:33:55 | 22 16 11 | 02♍36 | 09♍09 | 03 00 | 08 05 | 23 39 | 13 43 | 28 33 | 08 58 | 22 16 | 17 00 | 25 28 |
| 16 | 21:37:51 | 23 13 51 | 15 37 | 22 01 | 04 50 | 09 02 | 24 17 | 13 41 | 28 41 | 09 01 | 22 15 | 16 59 | 25 25 |
| 17 | 21:41:48 | 24 11 32 | 28 19 | 04♎34 | 06 39 | 09 57 | 24 55 | 13 38 | 28 48 | 09 04 | 22 14 | 16 57 | 25 22 |
| 18 | 21:45:44 | 25 09 14 | 10♎44 | 16 51 | 08 26 | 10 53 | 25 33 | 13 35 | 28 55 | 09 06 | 22 14 | 16 56 | 25 19 |
| 19 | 21:49:41 | 26 06 57 | 22 55 | 28 56 | 10 11 | 11 48 | 26 11 | 13 32 | 29 03 | 09 09 | 22 13 | 16 55 | 25 15 |
| 20 | 21:53:38 | 27 04 41 | 04♏55 | 10♏52 | 11 55 | 12 42 | 26 50 | 13 29 | 29 10 | 09 12 | 22 12 | 16 53 | 25 12 |
| 21 | 21:57:34 | 28 02 27 | 16 48 | 22 44 | 13 38 | 13 36 | 27 28 | 13 26 | 29 17 | 09 14 | 22 11 | 16 52 | 25 09 |
| 22 | 22:01:31 | 29 00 13 | 28 40 | 04♐37 | 15 19 | 14 29 | 28 06 | 13 22 | 29 24 | 09 17 | 22 11 | 16 51 | 25 06 |
| 23 | 22:05:27 | 29 58 01 | 10♐35 | 16 35 | 16 59 | 15 22 | 28 44 | 13 18 | 29 31 | 09 20 | 22 10 | 16 49 | 25 03 |
| 24 | 22:09:24 | 00♍55 50 | 22 38 | 28 44 | 18 37 | 16 14 | 29 22 | 13 14 | 29 38 | 09 22 | 22 09 | 16 48 | 25 00 |
| 25 | 22:13:20 | 01 53 40 | 04♑53 | 11♑06 | 20 15 | 17 05 | 00♍00 | 13 10 | 29 45 | 09 25 | 22 08 | 16 47 | 24 56 |
| 26 | 22:17:17 | 02 51 32 | 17 23 | 23 46 | 21 50 | 17 56 | 00 39 | 13 06 | 29 52 | 09 27 | 22 07 | 16 45 | 24 53 |
| 27 | 22:21:13 | 03 49 24 | 00♒12 | 06♒44 | 23 25 | 18 46 | 01 17 | 13 02 | 29 59 | 09 30 | 22 06 | 16 44 | 24 50 |
| 28 | 22:25:10 | 04 47 18 | 13 21 | 20 02 | 24 58 | 19 35 | 01 55 | 12 57 | 00♌06 | 09 32 | 22 05 | 16 43 | 24 47 |
| 29 | 22:29:07 | 05 45 14 | 26 48 | 03♓39 | 26 29 | 20 24 | 02 33 | 12 52 | 00 13 | 09 34 | 22 04 | 16 42 | 24 44 |
| 30 | 22:33:03 | 06 43 10 | 10♓34 | 17 32 | 28 00 | 21 12 | 03 11 | 12 47 | 00 20 | 09 37 | 22 03 | 16 40 | 24 40 |
| 31 | 22:37:00 | 07 41 09 | 24 34 | 01♈39 | 29 29 | 21 59 | 03 49 | 12 42 | 00 26 | 09 39 | 22 02 | 16 39 | 24 37 |

## 0:00 E.T. — Longitudes of the Major Asteroids and Chiron

| D | ⚳ | ⚴ | ⚵ | ⚶ | ⚷ | D | ⚳ | ⚴ | ⚵ | ⚶ | ⚷ |
|---|---|---|---|---|---|---|---|---|---|---|---|
| 1 | 29♓13℞ | 01♒00℞ | 02♐57 | 23♊10 | 05♊40 | 17 | 27 46 | 27 14 | 03 54 | 29 12 | 06 14 |
| 2 | 29 10 | 00 45 | 02 59 | 23 33 | 05 42 | 18 | 27 38 | 27 02 | 04 00 | 29 34 | 06 15 |
| 3 | 29 07 | 00 29 | 03 00 | 23 57 | 05 45 | 19 | 27 29 | 26 51 | 04 06 | 29 56 | 06 17 |
| 4 | 29 03 | 00 14 | 03 02 | 24 20 | 05 47 | 20 | 27 21 | 26 39 | 04 13 | 00♋17 | 06 18 |
| 5 | 29 00 | 29♑59 | 03 04 | 24 43 | 05 49 | 21 | 27 11 | 26 28 | 04 19 | 00 39 | 06 20 |
| 6 | 28 56 | 29 44 | 03 07 | 25 06 | 05 52 | 22 | 27 02 | 26 18 | 04 27 | 01 00 | 06 21 |
| 7 | 28 51 | 29 29 | 03 09 | 25 28 | 05 54 | 23 | 26 52 | 26 07 | 04 34 | 01 21 | 06 22 |
| 8 | 28 46 | 29 15 | 03 12 | 25 51 | 05 56 | 24 | 26 42 | 25 57 | 04 42 | 01 43 | 06 24 |
| 9 | 28 41 | 29 00 | 03 16 | 26 14 | 05 58 | 25 | 26 32 | 25 48 | 04 49 | 02 04 | 06 25 |
| 10 | 28 35 | 28 46 | 03 20 | 26 36 | 06 00 | 26 | 26 21 | 25 38 | 04 58 | 02 25 | 06 26 |
| 11 | 28 29 | 28 32 | 03 24 | 26 59 | 06 03 | 27 | 26 10 | 25 30 | 05 06 | 02 46 | 06 27 |
| 12 | 28 23 | 28 18 | 03 28 | 27 21 | 06 05 | 28 | 25 59 | 25 21 | 05 15 | 03 06 | 06 28 |
| 13 | 28 16 | 28 05 | 03 32 | 27 44 | 06 06 | 29 | 25 48 | 25 13 | 05 23 | 03 27 | 06 29 |
| 14 | 28 09 | 27 52 | 03 37 | 28 06 | 06 08 | 30 | 25 36 | 25 05 | 05 33 | 03 47 | 06 30 |
| 15 | 28 02 | 27 39 | 03 42 | 28 28 | 06 10 | 31 | 25 24 | 24 58 | 05 42 | 04 08 | 06 31 |
| 16 | 27 54 | 27 26 | 03 48 | 28 50 | 06 12 | | | | | | |

## Lunar Data

| Last Asp. | | Ingress | | |
|---|---|---|---|---|
| 1 | 07:44 | 1 | ♓ | 21:25 |
| 3 | 21:16 | 4 | ♈ | 02:06 |
| 6 | 01:16 | 6 | ♉ | 05:38 |
| 8 | 04:33 | 8 | ♊ | 08:24 |
| 9 | 23:57 | 10 | ♋ | 10:58 |
| 12 | 11:09 | 12 | ♌ | 14:11 |
| 14 | 06:60 | 14 | ♍ | 19:16 |
| 17 | 00:56 | 17 | ♎ | 03:13 |
| 19 | 12:21 | 19 | ♏ | 14:08 |
| 22 | 01:30 | 22 | ♐ | 02:42 |
| 24 | 13:59 | 24 | ♑ | 14:30 |
| 26 | 23:35 | 26 | ♒ | 23:37 |
| 28 | 15:38 | 29 | ♓ | 05:37 |
| 29 | 22:21 | 31 | ♈ | 09:13 |

## 0:00 E.T. — Declinations

| D | ☉ | ☽ | ☿ | ♀ | ♂ | ♃ | ♄ | ♅ | ♆ | ♇ | ⚳ | ⚴ | ⚵ | ⚶ | ⚷ |
|---|---|---|---|---|---|---|---|---|---|---|---|---|---|---|---|
| 1 | +18 02 | -12 29 | +20 28 | +02 11 | +17 31 | +04 10 | +20 51 | +23 27 | +07 10 | -23 14 | -13 09 | +17 57 | -05 28 | +19 45 | +17 40 |
| 2 | 17 47 | 09 04 | 20 01 | 01 42 | 17 19 | 04 10 | 20 49 | 23 27 | 07 10 | 23 15 | 13 14 | 17 48 | 05 32 | 19 46 | 17 40 |
| 3 | 17 32 | 05 06 | 19 32 | 01 13 | 17 08 | 04 10 | 20 48 | 23 27 | 07 09 | 23 15 | 13 19 | 17 40 | 05 37 | 19 48 | 17 40 |
| 4 | 17 16 | 00 50 | 19 00 | 00 43 | 16 57 | 04 10 | 20 47 | 23 27 | 07 09 | 23 16 | 13 24 | 17 31 | 05 41 | 19 49 | 17 41 |
| 5 | 17 00 | +03 31 | 18 27 | 00 14 | 16 45 | 04 09 | 20 45 | 23 27 | 07 09 | 23 16 | 13 30 | 17 22 | 05 46 | 19 51 | 17 41 |
| 6 | 16 44 | 07 43 | 17 52 | -00 15 | 16 33 | 04 09 | 20 44 | 23 27 | 07 09 | 23 17 | 13 35 | 17 13 | 05 51 | 19 52 | 17 41 |
| 7 | 16 27 | 11 30 | 17 16 | 00 44 | 16 21 | 04 08 | 20 43 | 23 26 | 07 09 | 23 17 | 13 40 | 17 03 | 05 56 | 19 53 | 17 41 |
| 8 | 16 10 | 14 38 | 16 38 | 01 13 | 16 09 | 04 08 | 20 41 | 23 26 | 07 09 | 23 18 | 13 46 | 16 54 | 06 00 | 19 54 | 17 41 |
| 9 | 15 53 | 16 53 | 15 59 | 01 43 | 15 57 | 04 07 | 20 40 | 23 26 | 07 08 | 23 18 | 13 52 | 16 44 | 06 05 | 19 56 | 17 41 |
| 10 | 15 36 | 18 06 | 15 19 | 02 12 | 15 45 | 04 06 | 20 38 | 23 26 | 07 08 | 23 19 | 13 57 | 16 34 | 06 10 | 19 57 | 17 41 |
| 11 | 15 18 | 18 11 | 14 38 | 02 40 | 15 33 | 04 05 | 20 37 | 23 26 | 07 08 | 23 19 | 14 03 | 16 24 | 06 15 | 19 58 | 17 41 |
| 12 | 15 00 | 17 08 | 13 57 | 03 09 | 15 21 | 04 05 | 20 35 | 23 25 | 07 08 | 23 20 | 14 09 | 16 13 | 06 20 | 19 59 | 17 41 |
| 13 | 14 42 | 15 04 | 13 14 | 03 38 | 15 08 | 04 04 | 20 34 | 23 25 | 07 07 | 23 20 | 14 15 | 16 03 | 06 25 | 19 59 | 17 41 |
| 14 | 14 24 | 12 12 | 12 31 | 04 07 | 14 56 | 04 03 | 20 33 | 23 25 | 07 07 | 23 21 | 14 21 | 15 52 | 06 30 | 20 00 | 17 41 |
| 15 | 14 05 | 08 45 | 11 47 | 04 35 | 14 43 | 04 01 | 20 31 | 23 25 | 07 07 | 23 21 | 14 27 | 15 41 | 06 35 | 20 01 | 17 41 |
| 16 | 13 46 | 04 57 | 11 03 | 05 04 | 14 30 | 04 00 | 20 30 | 23 25 | 07 06 | 23 22 | 14 33 | 15 31 | 06 40 | 20 02 | 17 41 |
| 17 | 13 27 | 01 01 | 10 19 | 05 32 | 14 17 | 03 59 | 20 28 | 23 25 | 07 06 | 23 22 | 14 40 | 15 20 | 06 45 | 20 02 | 17 41 |
| 18 | 13 08 | -02 52 | 09 34 | 06 00 | 14 05 | 03 58 | 20 27 | 23 24 | 07 06 | 23 23 | 14 46 | 15 08 | 06 50 | 20 03 | 17 41 |
| 19 | 12 49 | 06 34 | 08 49 | 06 28 | 13 52 | 03 56 | 20 26 | 23 24 | 07 06 | 23 23 | 14 52 | 14 57 | 06 55 | 20 03 | 17 41 |
| 20 | 12 29 | 09 55 | 08 04 | 06 55 | 13 38 | 03 55 | 20 24 | 23 24 | 07 05 | 23 24 | 14 59 | 14 46 | 07 01 | 20 04 | 17 41 |
| 21 | 12 09 | 12 51 | 07 19 | 07 23 | 13 25 | 03 53 | 20 23 | 23 24 | 07 05 | 23 24 | 15 05 | 14 34 | 07 06 | 20 04 | 17 41 |
| 22 | 11 49 | 15 14 | 06 34 | 07 50 | 13 12 | 03 52 | 20 21 | 23 24 | 07 05 | 23 24 | 15 12 | 14 23 | 07 11 | 20 05 | 17 41 |
| 23 | 11 29 | 16 59 | 05 49 | 08 17 | 12 59 | 03 50 | 20 20 | 23 24 | 07 04 | 23 25 | 15 18 | 14 11 | 07 16 | 20 05 | 17 41 |
| 24 | 11 08 | 18 00 | 05 04 | 08 44 | 12 45 | 03 48 | 20 19 | 23 23 | 07 04 | 23 25 | 15 25 | 13 59 | 07 21 | 20 05 | 17 40 |
| 25 | 10 48 | 18 12 | 04 20 | 09 11 | 12 32 | 03 46 | 20 17 | 23 23 | 07 03 | 23 26 | 15 31 | 13 47 | 07 27 | 20 05 | 17 40 |
| 26 | 10 27 | 17 31 | 03 35 | 09 37 | 12 18 | 03 44 | 20 16 | 23 23 | 07 03 | 23 26 | 15 38 | 13 35 | 07 32 | 20 06 | 17 40 |
| 27 | 10 06 | 15 57 | 02 51 | 10 04 | 12 05 | 03 43 | 20 15 | 23 23 | 07 03 | 23 26 | 15 44 | 13 23 | 07 37 | 20 06 | 17 40 |
| 28 | 09 45 | 13 32 | 02 07 | 10 29 | 11 51 | 03 41 | 20 13 | 23 23 | 07 02 | 23 27 | 15 51 | 13 11 | 07 43 | 20 06 | 17 40 |
| 29 | 09 24 | 10 19 | 01 24 | 10 55 | 11 37 | 03 38 | 20 12 | 23 23 | 07 02 | 23 27 | 15 57 | 12 59 | 07 48 | 20 06 | 17 40 |
| 30 | 09 03 | 06 29 | 00 40 | 11 20 | 11 23 | 03 36 | 20 10 | 23 23 | 07 01 | 23 28 | 16 04 | 12 47 | 07 53 | 20 06 | 17 39 |
| 31 | 08 41 | 02 13 | -00 03 | 11 45 | 11 09 | 03 34 | 20 09 | 23 22 | 07 01 | 23 28 | 16 10 | 12 35 | 07 58 | 20 06 | 17 39 |

Lunar Phases -- 7 ◑ 06:52 14 ● 03:54 22 ◐ 00:44 29 Ⓔ 16:51 Sun enters ♍ 8/23 00:49

## 0:00 E.T. Longitudes of Main Planets - September 2034 

| D | S.T. | ☉ | ☽ | ☽ 12:00 | ☿ | ♀ | ♂ | ♃ | ♄ | ♅ | ♆ | ♇ | ☊ |
|---|---|---|---|---|---|---|---|---|---|---|---|---|---|
| 1 | 22:40:56 | 08♍39 09 | 08♈46 | 15♈55 | 00♎56 | 22♎45 | 04♍28 | 12♈37℞ | 00♌33 | 09♋41 | 22♈01℞ | 16♒38℞ | 24♍34 |
| 2 | 22:44:53 | 09 37 11 | 23 05 | 00♉16 | 02 22 | 23 31 | 05 06 | 12 31 | 00 40 | 09 44 | 22 00 | 16 37 | 24 31 |
| 3 | 22:48:49 | 10 35 15 | 07♉27 | 14 37 | 03 47 | 24 15 | 05 44 | 12 26 | 00 46 | 09 46 | 21 59 | 16 35 | 24 28 |
| 4 | 22:52:46 | 11 33 21 | 21 48 | 28 57 | 05 10 | 24 59 | 06 22 | 12 20 | 00 53 | 09 48 | 21 57 | 16 34 | 24 25 |
| 5 | 22:56:42 | 12 31 28 | 06♊04 | 13♊10 | 06 32 | 25 41 | 07 00 | 12 14 | 01 00 | 09 50 | 21 56 | 16 33 | 24 21 |
| 6 | 23:00:39 | 13 29 38 | 20 14 | 27 16 | 07 53 | 26 23 | 07 39 | 12 08 | 01 06 | 09 52 | 21 55 | 16 32 | 24 18 |
| 7 | 23:04:36 | 14 27 50 | 04♋15 | 11♋12 | 09 12 | 27 04 | 08 17 | 12 02 | 01 12 | 09 54 | 21 54 | 16 31 | 24 15 |
| 8 | 23:08:32 | 15 26 04 | 18 06 | 24 57 | 10 29 | 27 44 | 08 55 | 11 55 | 01 19 | 09 56 | 21 53 | 16 30 | 24 12 |
| 9 | 23:12:29 | 16 24 20 | 01♌44 | 08♌29 | 11 45 | 28 22 | 09 33 | 11 49 | 01 25 | 09 58 | 21 51 | 16 28 | 24 09 |
| 10 | 23:16:25 | 17 22 38 | 15 10 | 21 48 | 12 59 | 29 00 | 10 11 | 11 42 | 01 31 | 10 00 | 21 50 | 16 27 | 24 06 |
| 11 | 23:20:22 | 18 20 58 | 28 22 | 04♍53 | 14 11 | 29 36 | 10 50 | 11 36 | 01 37 | 10 02 | 21 49 | 16 26 | 24 02 |
| 12 | 23:24:18 | 19 19 19 | 11♍20 | 17 44 | 15 22 | 00♏11 | 11 28 | 11 29 | 01 44 | 10 03 | 21 47 | 16 25 | 23 59 |
| 13 | 23:28:15 | 20 17 43 | 24 04 | 00♎20 | 16 30 | 00 45 | 12 06 | 11 22 | 01 50 | 10 05 | 21 46 | 16 24 | 23 56 |
| 14 | 23:32:11 | 21 16 08 | 06♎34 | 12 44 | 17 37 | 01 17 | 12 44 | 11 15 | 01 56 | 10 07 | 21 45 | 16 23 | 23 53 |
| 15 | 23:36:08 | 22 14 35 | 18 51 | 24 55 | 18 41 | 01 48 | 13 23 | 11 08 | 02 01 | 10 08 | 21 43 | 16 22 | 23 50 |
| 16 | 23:40:05 | 23 13 04 | 00♏57 | 06♏57 | 19 43 | 02 18 | 14 01 | 11 00 | 02 07 | 10 10 | 21 42 | 16 21 | 23 46 |
| 17 | 23:44:01 | 24 11 34 | 12 55 | 18 51 | 20 43 | 02 46 | 14 39 | 10 53 | 02 13 | 10 11 | 21 40 | 16 20 | 23 43 |
| 18 | 23:47:58 | 25 10 07 | 24 47 | 00♐43 | 21 40 | 03 13 | 15 17 | 10 46 | 02 19 | 10 13 | 21 39 | 16 19 | 23 40 |
| 19 | 23:51:54 | 26 08 40 | 06♐38 | 12 35 | 22 34 | 03 37 | 15 56 | 10 38 | 02 25 | 10 14 | 21 38 | 16 18 | 23 37 |
| 20 | 23:55:51 | 27 07 16 | 18 32 | 24 32 | 23 25 | 04 01 | 16 34 | 10 30 | 02 30 | 10 16 | 21 36 | 16 17 | 23 34 |
| 21 | 23:59:47 | 28 05 53 | 00♑34 | 06♑39 | 24 13 | 04 22 | 17 12 | 10 23 | 02 36 | 10 17 | 21 35 | 16 16 | 23 31 |
| 22 | 0:03:44 | 29 04 32 | 12 47 | 18 59 | 24 57 | 04 42 | 17 50 | 10 15 | 02 41 | 10 18 | 21 33 | 16 15 | 23 27 |
| 23 | 0:07:40 | 00♎03 13 | 25 16 | 01♒38 | 25 38 | 05 00 | 18 29 | 10 07 | 02 46 | 10 20 | 21 32 | 16 14 | 23 24 |
| 24 | 0:11:37 | 01 01 55 | 08♒06 | 14 39 | 26 14 | 05 16 | 19 07 | 09 59 | 02 52 | 10 21 | 21 30 | 16 13 | 23 21 |
| 25 | 0:15:34 | 02 00 39 | 21 18 | 28 04 | 26 46 | 05 29 | 19 45 | 09 52 | 02 57 | 10 22 | 21 28 | 16 12 | 23 18 |
| 26 | 0:19:30 | 02 59 25 | 04♓55 | 11♓52 | 27 14 | 05 41 | 20 23 | 09 44 | 03 02 | 10 23 | 21 27 | 16 12 | 23 15 |
| 27 | 0:23:27 | 03 58 13 | 18 55 | 26 04 | 27 36 | 05 51 | 21 02 | 09 36 | 03 07 | 10 24 | 21 25 | 16 11 | 23 12 |
| 28 | 0:27:23 | 04 57 02 | 03♈17 | 10♈34 | 27 52 | 05 59 | 21 40 | 09 28 | 03 12 | 10 25 | 21 24 | 16 10 | 23 08 |
| 29 | 0:31:20 | 05 55 54 | 17 54 | 25 16 | 28 03 | 06 04 | 22 18 | 09 20 | 03 17 | 10 26 | 21 22 | 16 09 | 23 05 |
| 30 | 0:35:16 | 06 54 47 | 02♉41 | 10♉05 | 28 07 | 06 07 | 22 57 | 09 12 | 03 22 | 10 27 | 21 20 | 16 08 | 23 02 |

## 0:00 E.T. Longitudes of the Major Asteroids and Chiron

| D | ⚳ | ⚴ | ⚵ | ⚶ | ⚷ | D | ⚳ | ⚴ | ⚵ | ⚶ | ⚷ |
|---|---|---|---|---|---|---|---|---|---|---|---|
| 1 | 25♓12℞ | 24♑50℞ | 05♐52 | 04♋28 | 06♊31 | 16 | 21 57 | 23 49 | 08 42 | 09 15 | 06 35 |
| 2 | 25 00 | 24 44 | 06 01 | 04 48 | 06 32 | 17 | 21 43 | 23 48 | 08 55 | 09 32 | 06 35 |
| 3 | 24 48 | 24 37 | 06 11 | 05 08 | 06 33 | 18 | 21 30 | 23 47 | 09 08 | 09 50 | 06 34 |
| 4 | 24 35 | 24 31 | 06 22 | 05 28 | 06 33 | 19 | 21 17 | 23 46 | 09 21 | 10 08 | 06 34 |
| 5 | 24 23 | 24 26 | 06 32 | 05 48 | 06 34 | 20 | 21 03 | 23 46D | 09 35 | 10 25 | 06 33 |
| 6 | 24 10 | 24 21 | 06 43 | 06 07 | 06 34 | 21 | 20 50 | 23 47 | 09 49 | 10 42 | 06 33 |
| 7 | 23 57 | 24 16 | 06 54 | 06 27 | 06 35 | 22 | 20 37 | 23 47 | 10 02 | 10 59 | 06 32 |
| 8 | 23 44 | 24 11 | 07 05 | 06 46 | 06 35 | 23 | 20 24 | 23 48 | 10 17 | 11 16 | 06 31 |
| 9 | 23 31 | 24 07 | 07 16 | 07 05 | 06 35 | 24 | 20 11 | 23 50 | 10 31 | 11 32 | 06 31 |
| 10 | 23 17 | 24 03 | 07 28 | 07 24 | 06 35 | 25 | 19 58 | 23 51 | 10 45 | 11 49 | 06 30 |
| 11 | 23 04 | 24 00 | 07 40 | 07 43 | 06 35 | 26 | 19 46 | 23 53 | 11 00 | 12 05 | 06 29 |
| 12 | 22 51 | 23 57 | 07 52 | 08 02 | 06 35℞ | 27 | 19 33 | 23 56 | 11 14 | 12 21 | 06 28 |
| 13 | 22 37 | 23 54 | 08 04 | 08 20 | 06 35 | 28 | 19 21 | 23 58 | 11 29 | 12 36 | 06 27 |
| 14 | 22 24 | 23 52 | 08 16 | 08 38 | 06 35 | 29 | 19 09 | 24 01 | 11 44 | 12 52 | 06 26 |
| 15 | 22 10 | 23 50 | 08 29 | 08 57 | 06 35 | 30 | 18 57 | 24 04 | 12 00 | 13 07 | 06 25 |

## Lunar Data

| Last Asp. | | Ingress | | |
|---|---|---|---|---|
| 2 | 00:45 | 2 | ♉ | 11:34 |
| 3 | 15:16 | 4 | ♊ | 13:47 |
| 6 | 11:02 | 6 | ♋ | 16:41 |
| 8 | 17:45 | 8 | ♌ | 20:55 |
| 11 | 02:22 | 11 | ♍ | 02:59 |
| 12 | 16:15 | 13 | ♎ | 11:21 |
| 15 | 05:40 | 15 | ♏ | 22:07 |
| 18 | 00:50 | 18 | ♐ | 10:33 |
| 20 | 18:40 | 20 | ♑ | 22:53 |
| 23 | 00:42 | 23 | ♒ | 08:55 |
| 25 | 10:04 | 25 | ♓ | 15:25 |
| 27 | 03:43 | 27 | ♈ | 18:34 |
| 29 | 16:36 | 29 | ♉ | 19:40 |

## 0:00 E.T. Declinations

| D | ☉ | ☽ | ☿ | ♀ | ♂ | ♃ | ♄ | ♅ | ♆ | ♇ | ⚳ | ⚴ | ⚵ | ⚶ | ⚷ |
|---|---|---|---|---|---|---|---|---|---|---|---|---|---|---|---|
| 1 | +08 19 | +02 14 | -00 45 | -12 10 | +10 55 | +03 32 | +20 08 | +23 22 | +07 00 | -23 28 | -16 17 | +12 23 | -08 04 | +20 05 | +17 39 |
| 2 | 07 58 | 06 35 | 01 27 | 12 34 | 10 41 | 03 30 | 20 06 | 23 22 | 07 00 | 23 29 | 16 23 | 12 11 | 08 09 | 20 05 | 17 39 |
| 3 | 07 36 | 10 33 | 02 08 | 12 58 | 10 27 | 03 27 | 20 05 | 23 22 | 07 00 | 23 29 | 16 30 | 11 58 | 08 14 | 20 05 | 17 39 |
| 4 | 07 14 | 13 53 | 02 49 | 13 22 | 10 13 | 03 25 | 20 04 | 23 22 | 06 59 | 23 29 | 16 36 | 11 46 | 08 20 | 20 05 | 17 38 |
| 5 | 06 52 | 16 22 | 03 29 | 13 45 | 09 59 | 03 22 | 20 02 | 23 22 | 06 59 | 23 30 | 16 42 | 11 34 | 08 25 | 20 05 | 17 38 |
| 6 | 06 29 | 17 49 | 04 09 | 14 08 | 09 44 | 03 20 | 20 01 | 23 22 | 06 58 | 23 30 | 16 48 | 11 21 | 08 30 | 20 04 | 17 38 |
| 7 | 06 07 | 18 10 | 04 48 | 14 30 | 09 30 | 03 17 | 20 00 | 23 21 | 06 58 | 23 30 | 16 54 | 11 09 | 08 36 | 20 04 | 17 37 |
| 8 | 05 44 | 17 26 | 05 26 | 14 52 | 09 16 | 03 15 | 19 59 | 23 21 | 06 57 | 23 31 | 17 00 | 10 57 | 08 41 | 20 03 | 17 37 |
| 9 | 05 22 | 15 42 | 06 04 | 15 14 | 09 01 | 03 12 | 19 57 | 23 21 | 06 57 | 23 31 | 17 06 | 10 45 | 08 46 | 20 03 | 17 37 |
| 10 | 04 59 | 13 07 | 06 41 | 15 35 | 08 47 | 03 09 | 19 56 | 23 21 | 06 56 | 23 31 | 17 12 | 10 32 | 08 51 | 20 02 | 17 37 |
| 11 | 04 36 | 09 54 | 07 17 | 15 55 | 08 32 | 03 06 | 19 55 | 23 21 | 06 56 | 23 32 | 17 18 | 10 20 | 08 57 | 20 02 | 17 36 |
| 12 | 04 14 | 06 15 | 07 52 | 16 15 | 08 17 | 03 04 | 19 53 | 23 21 | 06 55 | 23 32 | 17 24 | 10 08 | 09 02 | 20 01 | 17 36 |
| 13 | 03 51 | 02 22 | 08 26 | 16 35 | 08 03 | 03 01 | 19 52 | 23 21 | 06 55 | 23 32 | 17 29 | 09 56 | 09 07 | 20 01 | 17 36 |
| 14 | 03 28 | -01 32 | 08 59 | 16 54 | 07 48 | 02 58 | 19 51 | 23 21 | 06 54 | 23 33 | 17 34 | 09 43 | 09 12 | 20 00 | 17 35 |
| 15 | 03 05 | 05 19 | 09 31 | 17 12 | 07 33 | 02 55 | 19 50 | 23 21 | 06 53 | 23 33 | 17 40 | 09 31 | 09 18 | 20 00 | 17 35 |
| 16 | 02 42 | 08 48 | 10 02 | 17 30 | 07 18 | 02 52 | 19 49 | 23 20 | 06 53 | 23 33 | 17 45 | 09 19 | 09 23 | 19 59 | 17 34 |
| 17 | 02 18 | 11 54 | 10 32 | 17 47 | 07 03 | 02 49 | 19 47 | 23 20 | 06 52 | 23 33 | 17 50 | 09 07 | 09 28 | 19 58 | 17 34 |
| 18 | 01 55 | 14 28 | 11 00 | 18 04 | 06 48 | 02 46 | 19 46 | 23 20 | 06 52 | 23 34 | 17 55 | 08 55 | 09 33 | 19 58 | 17 34 |
| 19 | 01 32 | 16 26 | 11 27 | 18 20 | 06 33 | 02 43 | 19 45 | 23 20 | 06 51 | 23 34 | 17 59 | 08 43 | 09 38 | 19 57 | 17 33 |
| 20 | 01 09 | 17 42 | 11 53 | 18 35 | 06 19 | 02 40 | 19 44 | 23 20 | 06 51 | 23 34 | 18 04 | 08 31 | 09 43 | 19 56 | 17 33 |
| 21 | 00 45 | 18 11 | 12 17 | 18 50 | 06 03 | 02 37 | 19 43 | 23 20 | 06 50 | 23 34 | 18 08 | 08 20 | 09 48 | 19 56 | 17 32 |
| 22 | 00 22 | 17 50 | 12 39 | 19 03 | 05 48 | 02 34 | 19 41 | 23 20 | 06 49 | 23 34 | 18 12 | 08 08 | 09 53 | 19 55 | 17 32 |
| 23 | -00 01 | 16 38 | 13 00 | 19 16 | 05 33 | 02 31 | 19 40 | 23 20 | 06 49 | 23 35 | 18 16 | 07 56 | 09 58 | 19 54 | 17 31 |
| 24 | 00 25 | 14 34 | 13 18 | 19 28 | 05 18 | 02 28 | 19 39 | 23 20 | 06 48 | 23 35 | 18 20 | 07 45 | 10 03 | 19 53 | 17 31 |
| 25 | 00 48 | 11 41 | 13 34 | 19 39 | 05 03 | 02 24 | 19 38 | 23 20 | 06 48 | 23 35 | 18 24 | 07 33 | 10 08 | 19 52 | 17 31 |
| 26 | 01 11 | 08 06 | 13 48 | 19 50 | 04 48 | 02 21 | 19 37 | 23 20 | 06 47 | 23 35 | 18 27 | 07 22 | 10 13 | 19 52 | 17 30 |
| 27 | 01 35 | 03 57 | 13 59 | 19 59 | 04 33 | 02 18 | 19 36 | 23 20 | 06 46 | 23 35 | 18 31 | 07 11 | 10 18 | 19 51 | 17 30 |
| 28 | 01 58 | +00 31 | 14 08 | 20 07 | 04 17 | 02 15 | 19 35 | 23 20 | 06 46 | 23 36 | 18 34 | 06 59 | 10 23 | 19 50 | 17 29 |
| 29 | 02 21 | 05 02 | 14 13 | 20 15 | 04 02 | 02 12 | 19 34 | 23 20 | 06 45 | 23 36 | 18 37 | 06 48 | 10 28 | 19 49 | 17 29 |
| 30 | 02 45 | 09 18 | 14 16 | 20 21 | 03 47 | 02 09 | 19 33 | 23 19 | 06 45 | 23 36 | 18 39 | 06 37 | 10 33 | 19 48 | 17 28 |

Lunar Phases -- 5 ◑ 11:43 12 ● 16:15 20 ◐ 18:41 28 Ⓔ 02:58 Sun enters ♎ 9/22 22:41

## Longitudes of Main Planets - October 2034

0:00 E.T.

| D | S.T. | ☉ | ☽ | ☽ 12:00 | ☿ | ♀ | ♂ | ♃ | ♄ | ♅ | ♆ | ♇ | ☊ |
|---|---|---|---|---|---|---|---|---|---|---|---|---|---|
| 1 | 0:39:13 | 07♎53 43 | 17♉29 | 24♉52 | 28♎04℞ | 06♏08℞ | 23♍35 | 09♈04℞ | 03♌27 | 10♋28 | 21♈19℞ | 16♒08℞ | 22♍59 |
| 2 | 0:43:09 | 08 52 41 | 02♊13 | 09♊31 | 27 55 | 06 06 | 24 13 | 08 56 | 03 31 | 10 29 | 21 17 | 16 07 | 22 56 |
| 3 | 0:47:06 | 09 51 42 | 16 45 | 23 55 | 27 37 | 06 02 | 24 52 | 08 47 | 03 36 | 10 29 | 21 16 | 16 06 | 22 52 |
| 4 | 0:51:03 | 10 50 44 | 01♋01 | 08♋03 | 27 12 | 05 56 | 25 30 | 08 39 | 03 41 | 10 30 | 21 14 | 16 06 | 22 49 |
| 5 | 0:54:59 | 11 49 49 | 15 00 | 21 52 | 26 40 | 05 47 | 26 08 | 08 31 | 03 45 | 10 31 | 21 12 | 16 05 | 22 46 |
| 6 | 0:58:56 | 12 48 57 | 28 39 | 05♌22 | 25 59 | 05 36 | 26 47 | 08 23 | 03 49 | 10 31 | 21 11 | 16 04 | 22 43 |
| 7 | 1:02:52 | 13 48 06 | 12♌01 | 18 35 | 25 11 | 05 22 | 27 25 | 08 15 | 03 54 | 10 32 | 21 09 | 16 04 | 22 40 |
| 8 | 1:06:49 | 14 47 18 | 25 06 | 01♍32 | 24 16 | 05 07 | 28 04 | 08 07 | 03 58 | 10 32 | 21 07 | 16 03 | 22 37 |
| 9 | 1:10:45 | 15 46 33 | 07♍56 | 14 15 | 23 15 | 04 48 | 28 42 | 07 59 | 04 02 | 10 33 | 21 06 | 16 03 | 22 33 |
| 10 | 1:14:42 | 16 45 49 | 20 32 | 26 46 | 22 09 | 04 28 | 29 20 | 07 52 | 04 06 | 10 33 | 21 04 | 16 02 | 22 30 |
| 11 | 1:18:38 | 17 45 07 | 02♎58 | 09♎07 | 21 00 | 04 05 | 29 59 | 07 44 | 04 10 | 10 34 | 21 02 | 16 02 | 22 27 |
| 12 | 1:22:35 | 18 44 28 | 15 13 | 21 18 | 19 48 | 03 41 | 00♎37 | 07 36 | 04 14 | 10 34 | 21 01 | 16 01 | 22 24 |
| 13 | 1:26:32 | 19 43 51 | 27 20 | 03♏21 | 18 36 | 03 14 | 01 16 | 07 28 | 04 17 | 10 34 | 20 59 | 16 01 | 22 21 |
| 14 | 1:30:28 | 20 43 15 | 09♏20 | 15 18 | 17 27 | 02 46 | 01 54 | 07 21 | 04 21 | 10 34 | 20 57 | 16 00 | 22 18 |
| 15 | 1:34:25 | 21 42 42 | 21 15 | 27 10 | 16 21 | 02 15 | 02 33 | 07 13 | 04 24 | 10 34 | 20 56 | 16 00 | 22 14 |
| 16 | 1:38:21 | 22 42 10 | 03♐06 | 09♐01 | 15 22 | 01 44 | 03 11 | 07 06 | 04 28 | 10 34 | 20 54 | 15 59 | 22 11 |
| 17 | 1:42:18 | 23 41 41 | 14 56 | 20 52 | 14 30 | 01 10 | 03 49 | 06 58 | 04 31 | 10 34℞ | 20 52 | 15 59 | 22 08 |
| 18 | 1:46:14 | 24 41 13 | 26 49 | 02♑48 | 13 47 | 00 36 | 04 28 | 06 51 | 04 34 | 10 34 | 20 51 | 15 59 | 22 05 |
| 19 | 1:50:11 | 25 40 47 | 08♑49 | 14 52 | 13 15 | 00 01 | 05 06 | 06 44 | 04 38 | 10 34 | 20 49 | 15 58 | 22 02 |
| 20 | 1:54:07 | 26 40 23 | 20 58 | 27 08 | 12 53 | 29♎25 | 05 45 | 06 36 | 04 41 | 10 34 | 20 47 | 15 58 | 21 58 |
| 21 | 1:58:04 | 27 40 01 | 03♒23 | 09♒42 | 12 43 | 28 49 | 06 23 | 06 29 | 04 44 | 10 34 | 20 46 | 15 58 | 21 55 |
| 22 | 2:02:01 | 28 39 40 | 16 06 | 22 37 | 12 43D | 28 12 | 07 02 | 06 23 | 04 46 | 10 33 | 20 44 | 15 58 | 21 52 |
| 23 | 2:05:57 | 29 39 21 | 29 14 | 05♓58 | 12 55 | 27 35 | 07 40 | 06 16 | 04 49 | 10 33 | 20 42 | 15 58 | 21 49 |
| 24 | 2:09:54 | 00♏39 03 | 12♓48 | 19 46 | 13 17 | 26 59 | 08 19 | 06 09 | 04 52 | 10 33 | 20 41 | 15 57 | 21 46 |
| 25 | 2:13:50 | 01 38 48 | 26 50 | 04♈01 | 13 49 | 26 23 | 08 58 | 06 03 | 04 54 | 10 32 | 20 39 | 15 57 | 21 43 |
| 26 | 2:17:47 | 02 38 34 | 11♈19 | 18 42 | 14 30 | 25 48 | 09 36 | 05 56 | 04 57 | 10 32 | 20 37 | 15 57 | 21 39 |
| 27 | 2:21:43 | 03 38 22 | 26 11 | 03♉43 | 15 19 | 25 13 | 10 15 | 05 50 | 04 59 | 10 31 | 20 36 | 15 57 | 21 36 |
| 28 | 2:25:40 | 04 38 12 | 11♉17 | 18 53 | 16 16 | 24 40 | 10 53 | 05 44 | 05 01 | 10 31 | 20 34 | 15 57 | 21 33 |
| 29 | 2:29:36 | 05 38 04 | 26 30 | 04♊05 | 17 19 | 24 09 | 11 32 | 05 38 | 05 03 | 10 30 | 20 33 | 15 57 | 21 30 |
| 30 | 2:33:33 | 06 37 58 | 11♊37 | 19 06 | 18 27 | 23 39 | 12 10 | 05 32 | 05 05 | 10 29 | 20 31 | 15 57D | 21 27 |
| 31 | 2:37:30 | 07 37 54 | 26 31 | 03♋50 | 19 41 | 23 11 | 12 49 | 05 26 | 05 07 | 10 29 | 20 29 | 15 57 | 21 24 |

## Longitudes of the Major Asteroids and Chiron

0:00 E.T.

| D | ⚳ | ⚴ | ⚵ | ⚶ | ⚷ | D | ⚳ | ⚴ | ⚵ | ⚶ | ⚷ |
|---|---|---|---|---|---|---|---|---|---|---|---|
| 1 | 18♓45℞ | 24♑08 | 12♐15 | 13♋22 | 06♊24℞ | 17 | 16 14 | 25 45 | 16 41 | 16 50 | 05 56 |
| 2 | 18 34 | 24 12 | 12 31 | 13 37 | 06 22 | 18 | 16 07 | 25 54 | 16 58 | 17 01 | 05 54 |
| 3 | 18 22 | 24 16 | 12 46 | 13 52 | 06 21 | 19 | 16 00 | 26 02 | 17 16 | 17 11 | 05 52 |
| 4 | 18 11 | 24 21 | 13 02 | 14 06 | 06 20 | 20 | 15 54 | 26 11 | 17 34 | 17 21 | 05 49 |
| 5 | 18 01 | 24 25 | 13 18 | 14 20 | 06 18 | 21 | 15 49 | 26 20 | 17 52 | 17 31 | 05 47 |
| 6 | 17 50 | 24 31 | 13 34 | 14 34 | 06 17 | 22 | 15 43 | 26 30 | 18 10 | 17 40 | 05 45 |
| 7 | 17 40 | 24 36 | 13 50 | 14 48 | 06 15 | 23 | 15 38 | 26 39 | 18 29 | 17 49 | 05 42 |
| 8 | 17 30 | 24 42 | 14 07 | 15 01 | 06 13 | 24 | 15 34 | 26 49 | 18 47 | 17 58 | 05 40 |
| 9 | 17 20 | 24 48 | 14 23 | 15 15 | 06 12 | 25 | 15 30 | 26 59 | 19 05 | 18 07 | 05 37 |
| 10 | 17 11 | 24 54 | 14 40 | 15 27 | 06 10 | 26 | 15 26 | 27 09 | 19 24 | 18 15 | 05 35 |
| 11 | 17 01 | 25 00 | 14 57 | 15 40 | 06 08 | 27 | 15 22 | 27 20 | 19 43 | 18 22 | 05 32 |
| 12 | 16 53 | 25 07 | 15 14 | 15 52 | 06 06 | 28 | 15 19 | 27 31 | 20 02 | 18 30 | 05 29 |
| 13 | 16 44 | 25 14 | 15 31 | 16 05 | 06 04 | 29 | 15 16 | 27 41 | 20 21 | 18 37 | 05 27 |
| 14 | 16 36 | 25 22 | 15 48 | 16 16 | 06 02 | 30 | 15 14 | 27 53 | 20 40 | 18 44 | 05 24 |
| 15 | 16 28 | 25 29 | 16 05 | 16 28 | 06 00 | 31 | 15 12 | 28 04 | 20 59 | 18 50 | 05 21 |
| 16 | 16 21 | 25 37 | 16 23 | 16 39 | 05 58 | | | | | | |

## Lunar Data

| Last Asp. | | Ingress | | |
|---|---|---|---|---|
| 1 | 10:21 | 1 | ♊ | 20:23 |
| 3 | 17:44 | 3 | ♋ | 22:16 |
| 5 | 20:30 | 6 | ♌ | 02:24 |
| 7 | 22:35 | 8 | ♍ | 09:08 |
| 10 | 17:54 | 10 | ♎ | 18:15 |
| 12 | 11:25 | 13 | ♏ | 05:19 |
| 14 | 13:25 | 15 | ♐ | 17:44 |
| 17 | 19:18 | 18 | ♑ | 06:23 |
| 20 | 15:38 | 20 | ♒ | 17:31 |
| 23 | 00:49 | 23 | ♓ | 01:23 |
| 23 | 20:04 | 25 | ♈ | 05:18 |
| 26 | 22:32 | 27 | ♉ | 06:06 |
| 28 | 07:22 | 29 | ♊ | 05:33 |
| 30 | 18:45 | 31 | ♋ | 05:42 |

## Declinations

0:00 E.T.

| D | ☉ | ☽ | ☿ | ♀ | ♂ | ♃ | ♄ | ♅ | ♆ | ♇ | ⚳ | ⚴ | ⚵ | ⚶ | ⚷ |
|---|---|---|---|---|---|---|---|---|---|---|---|---|---|---|---|
| 1 | -03 08 | +12 58 | -14 14 | -20 26 | +03 31 | +02 05 | +19 32 | +23 19 | +06 44 | -23 36 | -18 42 | +06 26 | -10 37 | +19 48 | +17 28 |
| 2 | 03 31 | 15 48 | 14 09 | 20 30 | 03 16 | 02 02 | 19 31 | 23 19 | 06 43 | 23 36 | 18 44 | 06 15 | 10 42 | 19 47 | 17 27 |
| 3 | 03 54 | 17 34 | 14 00 | 20 33 | 03 01 | 01 59 | 19 30 | 23 19 | 06 43 | 23 36 | 18 46 | 06 04 | 10 47 | 19 46 | 17 26 |
| 4 | 04 17 | 18 12 | 13 47 | 20 34 | 02 45 | 01 56 | 19 29 | 23 19 | 06 42 | 23 36 | 18 48 | 05 54 | 10 51 | 19 45 | 17 26 |
| 5 | 04 41 | 17 43 | 13 29 | 20 34 | 02 30 | 01 53 | 19 28 | 23 19 | 06 41 | 23 36 | 18 50 | 05 43 | 10 56 | 19 45 | 17 25 |
| 6 | 05 04 | 16 11 | 13 07 | 20 33 | 02 15 | 01 50 | 19 27 | 23 19 | 06 41 | 23 36 | 18 52 | 05 33 | 11 01 | 19 44 | 17 25 |
| 7 | 05 27 | 13 48 | 12 41 | 20 31 | 01 59 | 01 47 | 19 26 | 23 19 | 06 40 | 23 36 | 18 53 | 05 22 | 11 05 | 19 43 | 17 24 |
| 8 | 05 50 | 10 46 | 12 10 | 20 27 | 01 44 | 01 43 | 19 25 | 23 19 | 06 40 | 23 37 | 18 54 | 05 12 | 11 10 | 19 42 | 17 24 |
| 9 | 06 12 | 07 15 | 11 35 | 20 21 | 01 28 | 01 40 | 19 24 | 23 19 | 06 39 | 23 37 | 18 55 | 05 02 | 11 14 | 19 42 | 17 23 |
| 10 | 06 35 | 03 28 | 10 56 | 20 14 | 01 13 | 01 37 | 19 24 | 23 19 | 06 38 | 23 37 | 18 56 | 04 52 | 11 19 | 19 41 | 17 22 |
| 11 | 06 58 | -00 25 | 10 14 | 20 06 | 00 57 | 01 34 | 19 23 | 23 19 | 06 38 | 23 37 | 18 56 | 04 42 | 11 23 | 19 40 | 17 22 |
| 12 | 07 20 | 04 14 | 09 30 | 19 56 | 00 42 | 01 31 | 19 22 | 23 19 | 06 37 | 23 37 | 18 56 | 04 32 | 11 27 | 19 40 | 17 21 |
| 13 | 07 43 | 07 49 | 08 45 | 19 45 | 00 26 | 01 28 | 19 21 | 23 19 | 06 36 | 23 37 | 18 57 | 04 22 | 11 32 | 19 39 | 17 21 |
| 14 | 08 05 | 11 04 | 08 00 | 19 33 | 00 11 | 01 25 | 19 21 | 23 19 | 06 36 | 23 37 | 18 56 | 04 13 | 11 36 | 19 38 | 17 20 |
| 15 | 08 28 | 13 49 | 07 16 | 19 19 | -00 04 | 01 23 | 19 20 | 23 19 | 06 35 | 23 37 | 18 56 | 04 03 | 11 40 | 19 38 | 17 19 |
| 16 | 08 50 | 15 59 | 06 34 | 19 03 | 00 20 | 01 20 | 19 19 | 23 19 | 06 35 | 23 37 | 18 56 | 03 54 | 11 44 | 19 37 | 17 19 |
| 17 | 09 12 | 17 28 | 05 55 | 18 46 | 00 35 | 01 17 | 19 18 | 23 19 | 06 34 | 23 37 | 18 55 | 03 45 | 11 48 | 19 37 | 17 18 |
| 18 | 09 34 | 18 12 | 05 20 | 18 28 | 00 51 | 01 14 | 19 18 | 23 19 | 06 33 | 23 37 | 18 54 | 03 36 | 11 52 | 19 36 | 17 17 |
| 19 | 09 55 | 18 08 | 04 51 | 18 09 | 01 06 | 01 11 | 19 17 | 23 19 | 06 33 | 23 37 | 18 53 | 03 27 | 11 56 | 19 36 | 17 17 |
| 20 | 10 17 | 17 14 | 04 27 | 17 49 | 01 22 | 01 09 | 19 16 | 23 19 | 06 32 | 23 37 | 18 51 | 03 18 | 12 00 | 19 36 | 17 16 |
| 21 | 10 38 | 15 31 | 04 08 | 17 28 | 01 37 | 01 06 | 19 16 | 23 19 | 06 31 | 23 37 | 18 50 | 03 09 | 12 04 | 19 35 | 17 15 |
| 22 | 11 00 | 12 59 | 03 55 | 17 05 | 01 53 | 01 03 | 19 15 | 23 20 | 06 31 | 23 36 | 18 48 | 03 01 | 12 08 | 19 35 | 17 15 |
| 23 | 11 21 | 09 44 | 03 48 | 16 42 | 02 08 | 01 01 | 19 15 | 23 20 | 06 30 | 23 36 | 18 46 | 02 52 | 12 12 | 19 35 | 17 14 |
| 24 | 11 42 | 05 52 | 03 47 | 16 19 | 02 23 | 00 58 | 19 14 | 23 20 | 06 30 | 23 36 | 18 44 | 02 44 | 12 15 | 19 34 | 17 13 |
| 25 | 12 03 | 01 32 | 03 51 | 15 55 | 02 39 | 00 56 | 19 14 | 23 20 | 06 29 | 23 36 | 18 42 | 02 36 | 12 19 | 19 34 | 17 13 |
| 26 | 12 23 | +03 01 | 04 00 | 15 31 | 02 54 | 00 54 | 19 13 | 23 20 | 06 28 | 23 36 | 18 39 | 02 28 | 12 23 | 19 34 | 17 12 |
| 27 | 12 44 | 07 29 | 04 13 | 15 06 | 03 09 | 00 51 | 19 13 | 23 20 | 06 28 | 23 36 | 18 37 | 02 20 | 12 26 | 19 34 | 17 11 |
| 28 | 13 04 | 11 34 | 04 31 | 14 41 | 03 25 | 00 49 | 19 12 | 23 20 | 06 27 | 23 36 | 18 34 | 02 12 | 12 30 | 19 34 | 17 11 |
| 29 | 13 24 | 14 53 | 04 51 | 14 17 | 03 40 | 00 47 | 19 12 | 23 20 | 06 27 | 23 36 | 18 31 | 02 04 | 12 33 | 19 34 | 17 10 |
| 30 | 13 44 | 17 11 | 05 16 | 13 53 | 03 55 | 00 45 | 19 12 | 23 20 | 06 26 | 23 36 | 18 28 | 01 57 | 12 36 | 19 34 | 17 09 |
| 31 | 14 03 | 18 15 | 05 42 | 13 29 | 04 11 | 00 43 | 19 11 | 23 20 | 06 25 | 23 35 | 18 24 | 01 49 | 12 40 | 19 35 | 17 08 |

Lunar Phases -- 4 ◑ 18:06  12 ● 07:34  20 ◐ 12:04  27 ○ 12:44  Sun enters ♏ 10/23 08:18

## 0:00 E.T. Longitudes of Main Planets - November 2034 **Nov. 34**

| D | S.T. | ☉ | ☽ | ☽ 12:00 | ☿ | ♀ | ♂ | ♃ | ♄ | ♅ | ♆ | ♇ | ☊ |
|---|---|---|---|---|---|---|---|---|---|---|---|---|---|
| 1 | 2:41:26 | 08♏37 52 | 11♋03 | 18♋09 | 20♎59 | 22♎44℞ | 13♎28 | 05♈21℞ | 05♌09 | 10♋28℞ | 20♈28℞ | 15♒57 | 21♍20 |
| 2 | 2:45:23 | 09 37 53 | 25 09 | 02♌03 | 22 20 | 22 20 | 14 06 | 05 15 | 05 11 | 10 27 | 20 26 | 15 57 | 21 17 |
| 3 | 2:49:19 | 10 37 55 | 08♌50 | 15 31 | 23 45 | 21 58 | 14 45 | 05 10 | 05 12 | 10 26 | 20 25 | 15 57 | 21 14 |
| 4 | 2:53:16 | 11 38 00 | 22 06 | 28 35 | 25 12 | 21 38 | 15 24 | 05 05 | 05 14 | 10 25 | 20 23 | 15 57 | 21 11 |
| 5 | 2:57:12 | 12 38 07 | 05♍00 | 11♍20 | 26 41 | 21 21 | 16 02 | 05 00 | 05 15 | 10 24 | 20 22 | 15 57 | 21 08 |
| 6 | 3:01:09 | 13 38 16 | 17 36 | 23 49 | 28 12 | 21 06 | 16 41 | 04 56 | 05 16 | 10 23 | 20 20 | 15 58 | 21 04 |
| 7 | 3:05:05 | 14 38 27 | 29 58 | 06♎05 | 29 44 | 20 54 | 17 20 | 04 51 | 05 17 | 10 22 | 20 19 | 15 58 | 21 01 |
| 8 | 3:09:02 | 15 38 40 | 12♎09 | 18 12 | 01♏17 | 20 44 | 17 58 | 04 47 | 05 18 | 10 21 | 20 17 | 15 58 | 20 58 |
| 9 | 3:12:59 | 16 38 55 | 24 13 | 00♏12 | 02 52 | 20 36 | 18 37 | 04 43 | 05 19 | 10 20 | 20 16 | 15 58 | 20 55 |
| 10 | 3:16:55 | 17 39 11 | 06♏10 | 12 08 | 04 27 | 20 31 | 19 16 | 04 39 | 05 20 | 10 19 | 20 14 | 15 59 | 20 52 |
| 11 | 3:20:52 | 18 39 30 | 18 04 | 24 01 | 06 02 | 20 28 | 19 54 | 04 35 | 05 21 | 10 17 | 20 13 | 15 59 | 20 49 |
| 12 | 3:24:48 | 19 39 50 | 29 56 | 05♐52 | 07 38 | 20 28D | 20 33 | 04 31 | 05 21 | 10 16 | 20 11 | 15 59 | 20 45 |
| 13 | 3:28:45 | 20 40 12 | 11♐48 | 17 44 | 09 14 | 20 30 | 21 12 | 04 28 | 05 22 | 10 15 | 20 10 | 16 00 | 20 42 |
| 14 | 3:32:41 | 21 40 36 | 23 40 | 29 37 | 10 50 | 20 35 | 21 51 | 04 25 | 05 22 | 10 13 | 20 09 | 16 00 | 20 39 |
| 15 | 3:36:38 | 22 41 01 | 05♑35 | 11♑34 | 12 27 | 20 42 | 22 30 | 04 22 | 05 22 | 10 12 | 20 07 | 16 01 | 20 36 |
| 16 | 3:40:34 | 23 41 27 | 17 35 | 23 39 | 14 03 | 20 51 | 23 08 | 04 19 | 05 22 | 10 10 | 20 06 | 16 01 | 20 33 |
| 17 | 3:44:31 | 24 41 55 | 29 44 | 05♒53 | 15 40 | 21 02 | 23 47 | 04 16 | 05 22℞ | 10 09 | 20 05 | 16 02 | 20 29 |
| 18 | 3:48:28 | 25 42 24 | 12♒06 | 18 22 | 17 16 | 21 16 | 24 26 | 04 14 | 05 22 | 10 07 | 20 03 | 16 02 | 20 26 |
| 19 | 3:52:24 | 26 42 55 | 24 43 | 01♓10 | 18 52 | 21 31 | 25 05 | 04 12 | 05 22 | 10 05 | 20 02 | 16 03 | 20 23 |
| 20 | 3:56:21 | 27 43 27 | 07♓42 | 14 21 | 20 28 | 21 49 | 25 44 | 04 10 | 05 22 | 10 04 | 20 01 | 16 03 | 20 20 |
| 21 | 4:00:17 | 28 44 00 | 21 07 | 27 59 | 22 04 | 22 09 | 26 22 | 04 08 | 05 21 | 10 02 | 19 59 | 16 04 | 20 17 |
| 22 | 4:04:14 | 29 44 34 | 04♈59 | 12♈06 | 23 39 | 22 30 | 27 01 | 04 06 | 05 21 | 10 00 | 19 58 | 16 04 | 20 14 |
| 23 | 4:08:10 | 00♐45 09 | 19 20 | 26 41 | 25 15 | 22 54 | 27 40 | 04 05 | 05 20 | 09 58 | 19 57 | 16 05 | 20 10 |
| 24 | 4:12:07 | 01 45 46 | 04♉09 | 11♉41 | 26 50 | 23 19 | 28 19 | 04 04 | 05 19 | 09 57 | 19 56 | 16 06 | 20 07 |
| 25 | 4:16:03 | 02 46 24 | 19 18 | 26 58 | 28 25 | 23 46 | 28 58 | 04 03 | 05 18 | 09 55 | 19 55 | 16 06 | 20 04 |
| 26 | 4:20:00 | 03 47 03 | 04♊39 | 12♊20 | 00♐01 | 24 14 | 29 37 | 04 02 | 05 17 | 09 53 | 19 54 | 16 07 | 20 01 |
| 27 | 4:23:57 | 04 47 44 | 20 00 | 27 37 | 01 35 | 24 45 | 00♏16 | 04 02 | 05 16 | 09 51 | 19 53 | 16 08 | 19 58 |
| 28 | 4:27:53 | 05 48 26 | 05♋10 | 12♋37 | 03 10 | 25 16 | 00 55 | 04 01 | 05 15 | 09 49 | 19 52 | 16 09 | 19 55 |
| 29 | 4:31:50 | 06 49 09 | 19 58 | 27 12 | 04 45 | 25 50 | 01 34 | 04 01 | 05 14 | 09 47 | 19 51 | 16 10 | 19 51 |
| 30 | 4:35:46 | 07 49 54 | 04♌18 | 11♌17 | 06 19 | 26 25 | 02 13 | 04 01D | 05 12 | 09 45 | 19 50 | 16 10 | 19 48 |

## 0:00 E.T. Longitudes of the Major Asteroids and Chiron

| D | ⚳ | ⚴ | ⚵ | ⚶ | ⚷ | D | ⚳ | ⚴ | ⚵ | ⚶ | ⚷ |
|---|---|---|---|---|---|---|---|---|---|---|---|
| 1 | 15♓11℞ | 28♑15 | 21♐18 | 18♋56 | 05♊18℞ | 16 | 15 31 | 01 30 | 26 17 | 19 38℞ | 04 32 |
| 2 | 15 09 | 28 27 | 21 37 | 19 02 | 05 15 | 17 | 15 35 | 01 44 | 26 38 | 19 37 | 04 29 |
| 3 | 15 08 | 28 39 | 21 57 | 19 07 | 05 12 | 18 | 15 40 | 01 59 | 26 58 | 19 36 | 04 26 |
| 4 | 15 08 | 28 51 | 22 16 | 19 12 | 05 10 | 19 | 15 45 | 02 13 | 27 19 | 19 35 | 04 22 |
| 5 | 15 08D | 29 03 | 22 36 | 19 16 | 05 07 | 20 | 15 50 | 02 28 | 27 40 | 19 33 | 04 19 |
| 6 | 15 08 | 29 16 | 22 55 | 19 20 | 05 04 | 21 | 15 55 | 02 43 | 28 01 | 19 30 | 04 16 |
| 7 | 15 09 | 29 28 | 23 15 | 19 24 | 05 01 | 22 | 16 01 | 02 58 | 28 22 | 19 28 | 04 13 |
| 8 | 15 10 | 29 41 | 23 35 | 19 27 | 04 57 | 23 | 16 08 | 03 13 | 28 43 | 19 24 | 04 09 |
| 9 | 15 11 | 29 54 | 23 55 | 19 30 | 04 54 | 24 | 16 14 | 03 28 | 29 04 | 19 21 | 04 06 |
| 10 | 15 13 | 00♒07 | 24 15 | 19 32 | 04 51 | 25 | 16 21 | 03 44 | 29 25 | 19 17 | 04 03 |
| 11 | 15 15 | 00 21 | 24 35 | 19 34 | 04 48 | 26 | 16 28 | 03 59 | 29 46 | 19 12 | 03 59 |
| 12 | 15 17 | 00 34 | 24 55 | 19 36 | 04 45 | 27 | 16 36 | 04 15 | 00♑07 | 19 07 | 03 56 |
| 13 | 15 20 | 00 48 | 25 16 | 19 37 | 04 42 | 28 | 16 43 | 04 31 | 00 29 | 19 02 | 03 53 |
| 14 | 15 23 | 01 02 | 25 36 | 19 38 | 04 39 | 29 | 16 52 | 04 47 | 00 50 | 18 56 | 03 49 |
| 15 | 15 27 | 01 16 | 25 57 | 19 38 | 04 35 | 30 | 17 00 | 05 03 | 01 12 | 18 49 | 03 46 |

## Lunar Data

| Last Asp. | | Ingress | | |
|---|---|---|---|---|
| 1 | 19:17 | 2 | ♌ | 08:25 |
| 4 | 06:26 | 4 | ♍ | 14:38 |
| 5 | 15:44 | 7 | ♎ | 00:04 |
| 8 | 16:52 | 9 | ♏ | 11:36 |
| 11 | 01:17 | 12 | ♐ | 00:07 |
| 13 | 20:07 | 14 | ♑ | 12:46 |
| 16 | 13:11 | 17 | ♒ | 00:31 |
| 19 | 04:02 | 19 | ♓ | 09:50 |
| 21 | 14:20 | 21 | ♈ | 15:28 |
| 23 | 14:12 | 23 | ♉ | 17:21 |
| 25 | 15:56 | 25 | ♊ | 16:45 |
| 27 | 07:44 | 27 | ♋ | 15:47 |
| 29 | 10:08 | 29 | ♌ | 16:43 |

## 0:00 E.T. Declinations

| D | ☉ | ☽ | ☿ | ♀ | ♂ | ♃ | ♄ | ♅ | ♆ | ♇ | ⚳ | ⚴ | ⚵ | ⚶ | ⚷ |
|---|---|---|---|---|---|---|---|---|---|---|---|---|---|---|---|
| 1 | -14 22 | +18 06 | -06 12 | -13 05 | -04 26 | +00 41 | +19 11 | +23 20 | +06 25 | -23 35 | -18 21 | +01 42 | -12 43 | +19 35 | +17 08 |
| 2 | 14 42 | 16 49 | 06 43 | 12 42 | 04 41 | 00 39 | 19 11 | 23 20 | 06 24 | 23 35 | 18 17 | 01 35 | 12 46 | 19 35 | 17 07 |
| 3 | 15 00 | 14 35 | 07 15 | 12 20 | 04 56 | 00 37 | 19 10 | 23 20 | 06 24 | 23 35 | 18 13 | 01 28 | 12 49 | 19 36 | 17 06 |
| 4 | 15 19 | 11 39 | 07 49 | 11 59 | 05 11 | 00 35 | 19 10 | 23 20 | 06 23 | 23 35 | 18 09 | 01 21 | 12 52 | 19 36 | 17 06 |
| 5 | 15 38 | 08 12 | 08 24 | 11 38 | 05 27 | 00 33 | 19 10 | 23 21 | 06 23 | 23 35 | 18 05 | 01 14 | 12 55 | 19 37 | 17 05 |
| 6 | 15 56 | 04 28 | 09 00 | 11 19 | 05 42 | 00 32 | 19 10 | 23 21 | 06 22 | 23 34 | 18 01 | 01 07 | 12 58 | 19 37 | 17 04 |
| 7 | 16 14 | 00 36 | 09 37 | 11 00 | 05 57 | 00 30 | 19 10 | 23 21 | 06 21 | 23 34 | 17 56 | 01 01 | 13 01 | 19 38 | 17 03 |
| 8 | 16 31 | -03 14 | 10 14 | 10 42 | 06 12 | 00 29 | 19 10 | 23 21 | 06 21 | 23 34 | 17 52 | 00 54 | 13 04 | 19 39 | 17 03 |
| 9 | 16 48 | 06 54 | 10 51 | 10 26 | 06 27 | 00 27 | 19 09 | 23 21 | 06 20 | 23 34 | 17 47 | 00 48 | 13 07 | 19 40 | 17 02 |
| 10 | 17 06 | 10 16 | 11 28 | 10 11 | 06 42 | 00 26 | 19 09 | 23 21 | 06 20 | 23 33 | 17 42 | 00 42 | 13 10 | 19 41 | 17 01 |
| 11 | 17 22 | 13 11 | 12 05 | 09 56 | 06 57 | 00 25 | 19 09 | 23 21 | 06 19 | 23 33 | 17 37 | 00 36 | 13 12 | 19 42 | 17 00 |
| 12 | 17 39 | 15 33 | 12 41 | 09 43 | 07 11 | 00 23 | 19 09 | 23 21 | 06 19 | 23 33 | 17 32 | 00 30 | 13 15 | 19 43 | 17 00 |
| 13 | 17 55 | 17 16 | 13 18 | 09 32 | 07 26 | 00 22 | 19 09 | 23 22 | 06 18 | 23 33 | 17 27 | 00 24 | 13 17 | 19 44 | 16 59 |
| 14 | 18 11 | 18 14 | 13 54 | 09 21 | 07 41 | 00 21 | 19 09 | 23 22 | 06 18 | 23 32 | 17 21 | 00 18 | 13 20 | 19 45 | 16 58 |
| 15 | 18 26 | 18 25 | 14 30 | 09 11 | 07 56 | 00 20 | 19 09 | 23 22 | 06 17 | 23 32 | 17 16 | 00 13 | 13 22 | 19 47 | 16 58 |
| 16 | 18 41 | 17 46 | 15 05 | 09 03 | 08 10 | 00 19 | 19 10 | 23 22 | 06 17 | 23 32 | 17 10 | 00 08 | 13 24 | 19 48 | 16 57 |
| 17 | 18 56 | 16 18 | 15 39 | 08 56 | 08 25 | 00 19 | 19 10 | 23 22 | 06 16 | 23 32 | 17 04 | 00 02 | 13 26 | 19 50 | 16 56 |
| 18 | 19 11 | 14 04 | 16 13 | 08 49 | 08 39 | 00 18 | 19 10 | 23 22 | 06 16 | 23 31 | 16 58 | -00 03 | 13 29 | 19 51 | 16 55 |
| 19 | 19 25 | 11 07 | 16 46 | 08 44 | 08 54 | 00 17 | 19 10 | 23 22 | 06 16 | 23 31 | 16 52 | 00 08 | 13 31 | 19 53 | 16 55 |
| 20 | 19 39 | 07 33 | 17 19 | 08 40 | 09 08 | 00 17 | 19 10 | 23 23 | 06 15 | 23 31 | 16 46 | 00 13 | 13 33 | 19 55 | 16 54 |
| 21 | 19 52 | 03 30 | 17 51 | 08 37 | 09 23 | 00 16 | 19 10 | 23 23 | 06 15 | 23 30 | 16 39 | 00 17 | 13 35 | 19 57 | 16 53 |
| 22 | 20 05 | +00 53 | 18 21 | 08 35 | 09 37 | 00 16 | 19 11 | 23 23 | 06 14 | 23 30 | 16 33 | 00 22 | 13 37 | 19 59 | 16 53 |
| 23 | 20 18 | 05 22 | 18 51 | 08 34 | 09 51 | 00 16 | 19 11 | 23 23 | 06 14 | 23 30 | 16 27 | 00 27 | 13 38 | 20 01 | 16 52 |
| 24 | 20 30 | 09 40 | 19 20 | 08 34 | 10 05 | 00 15 | 19 11 | 23 23 | 06 13 | 23 29 | 16 20 | 00 31 | 13 40 | 20 03 | 16 51 |
| 25 | 20 42 | 13 26 | 19 49 | 08 35 | 10 20 | 00 15 | 19 12 | 23 23 | 06 13 | 23 29 | 16 13 | 00 35 | 13 42 | 20 06 | 16 50 |
| 26 | 20 54 | 16 19 | 20 16 | 08 37 | 10 34 | 00 15 | 19 12 | 23 23 | 06 13 | 23 29 | 16 06 | 00 39 | 13 43 | 20 08 | 16 50 |
| 27 | 21 05 | 18 03 | 20 42 | 08 40 | 10 48 | 00 15 | 19 12 | 23 24 | 06 12 | 23 28 | 15 59 | 00 43 | 13 45 | 20 11 | 16 49 |
| 28 | 21 16 | 18 29 | 21 07 | 08 43 | 11 01 | 00 15 | 19 13 | 23 24 | 06 12 | 23 28 | 15 52 | 00 47 | 13 46 | 20 13 | 16 48 |
| 29 | 21 27 | 17 37 | 21 31 | 08 48 | 11 15 | 00 16 | 19 13 | 23 24 | 06 12 | 23 28 | 15 45 | 00 51 | 13 48 | 20 16 | 16 48 |
| 30 | 21 37 | 15 39 | 21 54 | 08 53 | 11 29 | 00 16 | 19 14 | 23 24 | 06 11 | 23 27 | 15 38 | 00 55 | 13 49 | 20 19 | 16 47 |

Lunar Phases -- 3 ◑ 03:28  11 ● 01:18  19 ◐ 04:03  25 ○ 22:33  Sun enters ♐ 11/22 06:07

# Longitudes of Main Planets - December 2034

0:00 E.T.

| D | S.T. | ☉ | ☽ | ☽ 12:00 | ☿ | ♀ | ♂ | ♃ | ♄ | ♅ | ♆ | ♇ | ☊ |
|---|---|---|---|---|---|---|---|---|---|---|---|---|---|
| 1 | 4:39:43 | 08♐50 41 | 18♌09 | 24♌53 | 07♐54 | 27♎01 | 02♏52 | 04♈02 | 05♌11℞ | 09♋43℞ | 19♈49℞ | 16♒11 | 19♍45 |
| 2 | 4:43:39 | 09 51 29 | 01♍29 | 08♍00 | 09 28 | 27 38 | 03 30 | 04 02 | 05 09 | 09 41 | 19 48 | 16 12 | 19 42 |
| 3 | 4:47:36 | 10 52 18 | 14 24 | 20 43 | 11 02 | 28 17 | 04 09 | 04 03 | 05 07 | 09 38 | 19 47 | 16 13 | 19 39 |
| 4 | 4:51:32 | 11 53 09 | 26 57 | 03♎07 | 12 37 | 28 57 | 04 48 | 04 04 | 05 05 | 09 36 | 19 46 | 16 14 | 19 35 |
| 5 | 4:55:29 | 12 54 01 | 09♎13 | 15 16 | 14 11 | 29 39 | 05 28 | 04 05 | 05 03 | 09 34 | 19 45 | 16 15 | 19 32 |
| 6 | 4:59:26 | 13 54 55 | 21 17 | 27 16 | 15 45 | 00♏21 | 06 07 | 04 06 | 05 01 | 09 32 | 19 44 | 16 16 | 19 29 |
| 7 | 5:03:22 | 14 55 49 | 03♏13 | 09♏10 | 17 19 | 01 05 | 06 46 | 04 08 | 04 59 | 09 30 | 19 43 | 16 17 | 19 26 |
| 8 | 5:07:19 | 15 56 45 | 15 06 | 21 01 | 18 53 | 01 49 | 07 25 | 04 09 | 04 57 | 09 27 | 19 43 | 16 18 | 19 23 |
| 9 | 5:11:15 | 16 57 43 | 26 56 | 02♐52 | 20 27 | 02 35 | 08 04 | 04 11 | 04 54 | 09 25 | 19 42 | 16 19 | 19 20 |
| 10 | 5:15:12 | 17 58 41 | 08♐48 | 14 44 | 22 02 | 03 22 | 08 43 | 04 14 | 04 52 | 09 23 | 19 41 | 16 20 | 19 16 |
| 11 | 5:19:08 | 18 59 40 | 20 42 | 26 40 | 23 36 | 04 09 | 09 22 | 04 16 | 04 49 | 09 20 | 19 40 | 16 21 | 19 13 |
| 12 | 5:23:05 | 20 00 40 | 02♑39 | 08♑39 | 25 10 | 04 58 | 10 01 | 04 18 | 04 47 | 09 18 | 19 40 | 16 22 | 19 10 |
| 13 | 5:27:01 | 21 01 41 | 14 41 | 20 44 | 26 45 | 05 47 | 10 40 | 04 21 | 04 44 | 09 15 | 19 39 | 16 23 | 19 07 |
| 14 | 5:30:58 | 22 02 43 | 26 48 | 02♒55 | 28 19 | 06 37 | 11 19 | 04 24 | 04 41 | 09 13 | 19 39 | 16 25 | 19 04 |
| 15 | 5:34:55 | 23 03 45 | 09♒04 | 15 15 | 29 54 | 07 28 | 11 58 | 04 27 | 04 38 | 09 11 | 19 38 | 16 26 | 19 01 |
| 16 | 5:38:51 | 24 04 48 | 21 30 | 27 47 | 01♑28 | 08 20 | 12 37 | 04 31 | 04 35 | 09 08 | 19 37 | 16 27 | 18 57 |
| 17 | 5:42:48 | 25 05 51 | 04♓09 | 10♓34 | 03 03 | 09 12 | 13 17 | 04 34 | 04 32 | 09 06 | 19 37 | 16 28 | 18 54 |
| 18 | 5:46:44 | 26 06 55 | 17 05 | 23 40 | 04 38 | 10 05 | 13 56 | 04 38 | 04 29 | 09 03 | 19 37 | 16 29 | 18 51 |
| 19 | 5:50:41 | 27 07 59 | 00♈21 | 07♈08 | 06 13 | 10 59 | 14 35 | 04 42 | 04 25 | 09 01 | 19 36 | 16 31 | 18 48 |
| 20 | 5:54:37 | 28 09 03 | 14 02 | 21 01 | 07 47 | 11 53 | 15 14 | 04 46 | 04 22 | 08 58 | 19 36 | 16 32 | 18 45 |
| 21 | 5:58:34 | 29 10 08 | 28 08 | 05♉21 | 09 22 | 12 49 | 15 53 | 04 50 | 04 18 | 08 56 | 19 35 | 16 33 | 18 41 |
| 22 | 6:02:30 | 00♑11 12 | 12♉40 | 20 04 | 10 57 | 13 44 | 16 32 | 04 55 | 04 15 | 08 53 | 19 35 | 16 35 | 18 38 |
| 23 | 6:06:27 | 01 12 18 | 27 34 | 05♊07 | 12 32 | 14 41 | 17 12 | 05 00 | 04 11 | 08 50 | 19 35 | 16 36 | 18 35 |
| 24 | 6:10:24 | 02 13 23 | 12♊43 | 20 20 | 14 07 | 15 37 | 17 51 | 05 04 | 04 07 | 08 48 | 19 35 | 16 37 | 18 32 |
| 25 | 6:14:20 | 03 14 29 | 27 58 | 05♋34 | 15 42 | 16 35 | 18 30 | 05 10 | 04 04 | 08 45 | 19 34 | 16 39 | 18 29 |
| 26 | 6:18:17 | 04 15 35 | 13♋07 | 20 36 | 17 16 | 17 33 | 19 09 | 05 15 | 04 00 | 08 43 | 19 34 | 16 40 | 18 26 |
| 27 | 6:22:13 | 05 16 41 | 28 00 | 05♌17 | 18 51 | 18 31 | 19 49 | 05 20 | 03 56 | 08 40 | 19 34 | 16 42 | 18 22 |
| 28 | 6:26:10 | 06 17 48 | 12♌28 | 19 32 | 20 25 | 19 30 | 20 28 | 05 26 | 03 52 | 08 38 | 19 34 | 16 43 | 18 19 |
| 29 | 6:30:06 | 07 18 56 | 26 28 | 03♍16 | 21 58 | 20 30 | 21 07 | 05 32 | 03 48 | 08 35 | 19 34 | 16 44 | 18 16 |
| 30 | 6:34:03 | 08 20 04 | 09♍58 | 16 32 | 23 31 | 21 30 | 21 46 | 05 38 | 03 43 | 08 32 | 19 34 | 16 46 | 18 13 |
| 31 | 6:37:59 | 09 21 12 | 22 59 | 29 21 | 25 03 | 22 30 | 22 26 | 05 44 | 03 39 | 08 30 | 19 34D | 16 47 | 18 10 |

## Longitudes of the Major Asteroids and Chiron

0:00 E.T.

| D | ⚳ | ⚴ | ⚵ | ⚶ | ⚷ |
|---|---|---|---|---|---|
| 1 | 17♓09 | 05♒19 | 01♑33 | 18♋42℞ | 03♊43℞ |
| 2 | 17 18 | 05 35 | 01 55 | 18 35 | 03 39 |
| 3 | 17 27 | 05 51 | 02 16 | 18 28 | 03 36 |
| 4 | 17 36 | 06 08 | 02 38 | 18 19 | 03 33 |
| 5 | 17 46 | 06 24 | 03 00 | 18 11 | 03 29 |
| 6 | 17 56 | 06 41 | 03 22 | 18 02 | 03 26 |
| 7 | 18 07 | 06 58 | 03 43 | 17 52 | 03 23 |
| 8 | 18 17 | 07 15 | 04 05 | 17 43 | 03 20 |
| 9 | 18 28 | 07 32 | 04 27 | 17 32 | 03 16 |
| 10 | 18 40 | 07 49 | 04 49 | 17 22 | 03 13 |
| 11 | 18 51 | 08 06 | 05 11 | 17 11 | 03 10 |
| 12 | 19 03 | 08 23 | 05 33 | 17 00 | 03 07 |
| 13 | 19 15 | 08 41 | 05 56 | 16 48 | 03 04 |
| 14 | 19 27 | 08 58 | 06 18 | 16 36 | 03 01 |
| 15 | 19 39 | 09 16 | 06 40 | 16 23 | 02 58 |
| 16 | 19 52 | 09 33 | 07 02 | 16 11 | 02 55 |
| 17 | 20 05 | 09 51 | 07 25 | 15 58 | 02 52 |
| 18 | 20 18 | 10 09 | 07 47 | 15 44 | 02 49 |
| 19 | 20 31 | 10 27 | 08 09 | 15 31 | 02 46 |
| 20 | 20 45 | 10 45 | 08 32 | 15 17 | 02 43 |
| 21 | 20 59 | 11 03 | 08 54 | 15 03 | 02 40 |
| 22 | 21 13 | 11 21 | 09 17 | 14 48 | 02 37 |
| 23 | 21 27 | 11 39 | 09 39 | 14 34 | 02 34 |
| 24 | 21 42 | 11 57 | 10 02 | 14 19 | 02 31 |
| 25 | 21 56 | 12 16 | 10 24 | 14 04 | 02 29 |
| 26 | 22 11 | 12 34 | 10 47 | 13 48 | 02 26 |
| 27 | 22 26 | 12 53 | 11 10 | 13 33 | 02 23 |
| 28 | 22 41 | 13 11 | 11 32 | 13 18 | 02 21 |
| 29 | 22 57 | 13 30 | 11 55 | 13 02 | 02 18 |
| 30 | 23 12 | 13 48 | 12 18 | 12 46 | 02 15 |
| 31 | 23 28 | 14 07 | 12 41 | 12 31 | 02 13 |

## Lunar Data

| Last Asp. | | Ingress | | |
|---|---|---|---|---|
| 1 | 16:38 | 1 | ♍ | 21:17 |
| 2 | 16:48 | 4 | ♎ | 05:55 |
| 5 | 20:54 | 6 | ♏ | 17:30 |
| 8 | 02:27 | 9 | ♐ | 06:12 |
| 11 | 06:44 | 11 | ♑ | 18:42 |
| 13 | 09:52 | 14 | ♒ | 06:17 |
| 16 | 05:23 | 16 | ♓ | 16:12 |
| 18 | 17:46 | 18 | ♈ | 23:22 |
| 21 | 01:52 | 21 | ♉ | 03:07 |
| 22 | 06:35 | 23 | ♊ | 03:53 |
| 24 | 10:48 | 25 | ♋ | 03:13 |
| 26 | 10:21 | 27 | ♌ | 03:17 |
| 28 | 14:17 | 29 | ♍ | 06:13 |
| 31 | 04:24 | 31 | ♎ | 13:15 |

## Declinations

0:00 E.T.

| D | ☉ | ☽ | ☿ | ♀ | ♂ | ♃ | ♄ | ♅ | ♆ | ♇ | ⚳ | ⚴ | ⚵ | ⚶ | ⚷ |
|---|---|---|---|---|---|---|---|---|---|---|---|---|---|---|---|
| 1 | -21 46 | +12 50 | -22 16 | -08 59 | -11 43 | +00 16 | +19 14 | +23 24 | +06 11 | -23 27 | -15 31 | -00 58 | -13 50 | +20 22 | +16 46 |
| 2 | 21 55 | 09 25 | 22 37 | 09 05 | 11 56 | 00 17 | 19 15 | 23 24 | 06 11 | 23 26 | 15 23 | 01 01 | 13 51 | 20 24 | 16 46 |
| 3 | 22 04 | 05 40 | 22 57 | 09 12 | 12 10 | 00 17 | 19 15 | 23 25 | 06 10 | 23 26 | 15 16 | 01 05 | 13 52 | 20 28 | 16 45 |
| 4 | 22 12 | 01 45 | 23 16 | 09 20 | 12 23 | 00 18 | 19 16 | 23 25 | 06 10 | 23 26 | 15 08 | 01 08 | 13 53 | 20 31 | 16 44 |
| 5 | 22 20 | -02 09 | 23 33 | 09 29 | 12 37 | 00 19 | 19 17 | 23 25 | 06 10 | 23 25 | 15 00 | 01 11 | 13 54 | 20 34 | 16 44 |
| 6 | 22 28 | 05 53 | 23 50 | 09 38 | 12 50 | 00 20 | 19 17 | 23 25 | 06 09 | 23 25 | 14 53 | 01 14 | 13 55 | 20 37 | 16 43 |
| 7 | 22 35 | 09 21 | 24 05 | 09 47 | 13 03 | 00 20 | 19 18 | 23 25 | 06 09 | 23 24 | 14 45 | 01 17 | 13 56 | 20 41 | 16 42 |
| 8 | 22 41 | 12 26 | 24 18 | 09 57 | 13 16 | 00 21 | 19 19 | 23 26 | 06 09 | 23 24 | 14 37 | 01 19 | 13 56 | 20 44 | 16 42 |
| 9 | 22 48 | 14 59 | 24 31 | 10 08 | 13 29 | 00 22 | 19 19 | 23 26 | 06 09 | 23 23 | 14 29 | 01 22 | 13 57 | 20 48 | 16 41 |
| 10 | 22 53 | 16 55 | 24 42 | 10 19 | 13 42 | 00 24 | 19 20 | 23 26 | 06 08 | 23 23 | 14 21 | 01 24 | 13 58 | 20 51 | 16 40 |
| 11 | 22 59 | 18 08 | 24 52 | 10 31 | 13 55 | 00 25 | 19 21 | 23 26 | 06 08 | 23 23 | 14 13 | 01 27 | 13 58 | 20 55 | 16 40 |
| 12 | 23 03 | 18 34 | 25 01 | 10 42 | 14 08 | 00 26 | 19 21 | 23 26 | 06 08 | 23 22 | 14 04 | 01 29 | 13 58 | 20 59 | 16 39 |
| 13 | 23 08 | 18 09 | 25 08 | 10 55 | 14 20 | 00 27 | 19 22 | 23 26 | 06 08 | 23 22 | 13 56 | 01 31 | 13 59 | 21 02 | 16 39 |
| 14 | 23 12 | 16 56 | 25 14 | 11 07 | 14 33 | 00 29 | 19 23 | 23 27 | 06 08 | 23 21 | 13 48 | 01 33 | 13 59 | 21 06 | 16 38 |
| 15 | 23 15 | 14 55 | 25 18 | 11 20 | 14 45 | 00 30 | 19 24 | 23 27 | 06 08 | 23 21 | 13 39 | 01 35 | 13 59 | 21 10 | 16 37 |
| 16 | 23 18 | 12 11 | 25 21 | 11 33 | 14 58 | 00 32 | 19 25 | 23 27 | 06 07 | 23 20 | 13 31 | 01 37 | 13 59 | 21 14 | 16 37 |
| 17 | 23 20 | 08 50 | 25 23 | 11 47 | 15 10 | 00 34 | 19 26 | 23 27 | 06 07 | 23 20 | 13 22 | 01 39 | 13 59 | 21 18 | 16 36 |
| 18 | 23 22 | 05 00 | 25 23 | 12 01 | 15 22 | 00 35 | 19 27 | 23 27 | 06 07 | 23 19 | 13 14 | 01 40 | 13 59 | 21 22 | 16 36 |
| 19 | 23 24 | 00 50 | 25 21 | 12 14 | 15 34 | 00 37 | 19 27 | 23 28 | 06 07 | 23 19 | 13 05 | 01 42 | 13 59 | 21 26 | 16 35 |
| 20 | 23 25 | +03 31 | 25 19 | 12 29 | 15 46 | 00 39 | 19 28 | 23 28 | 06 07 | 23 18 | 12 56 | 01 43 | 13 59 | 21 30 | 16 35 |
| 21 | 23 26 | 07 47 | 25 14 | 12 43 | 15 58 | 00 41 | 19 29 | 23 28 | 06 07 | 23 18 | 12 47 | 01 44 | 13 58 | 21 34 | 16 34 |
| 22 | 23 26 | 11 44 | 25 09 | 12 57 | 16 09 | 00 43 | 19 30 | 23 28 | 06 07 | 23 17 | 12 38 | 01 45 | 13 58 | 21 39 | 16 34 |
| 23 | 23 26 | 15 02 | 25 01 | 13 12 | 16 21 | 00 45 | 19 31 | 23 28 | 06 07 | 23 17 | 12 30 | 01 46 | 13 57 | 21 43 | 16 33 |
| 24 | 23 25 | 17 22 | 24 52 | 13 27 | 16 32 | 00 47 | 19 32 | 23 28 | 06 07 | 23 16 | 12 21 | 01 47 | 13 57 | 21 47 | 16 33 |
| 25 | 23 24 | 18 29 | 24 42 | 13 41 | 16 44 | 00 50 | 19 33 | 23 29 | 06 07 | 23 16 | 12 12 | 01 48 | 13 56 | 21 51 | 16 32 |
| 26 | 23 22 | 18 17 | 24 30 | 13 56 | 16 55 | 00 52 | 19 34 | 23 29 | 06 07 | 23 15 | 12 02 | 01 49 | 13 55 | 21 56 | 16 32 |
| 27 | 23 20 | 16 49 | 24 17 | 14 11 | 17 06 | 00 54 | 19 35 | 23 29 | 06 07 | 23 15 | 11 53 | 01 50 | 13 55 | 22 00 | 16 31 |
| 28 | 23 17 | 14 18 | 24 02 | 14 26 | 17 17 | 00 57 | 19 37 | 23 29 | 06 07 | 23 14 | 11 44 | 01 50 | 13 54 | 22 04 | 16 31 |
| 29 | 23 14 | 11 01 | 23 45 | 14 41 | 17 28 | 00 59 | 19 38 | 23 29 | 06 07 | 23 14 | 11 35 | 01 51 | 13 53 | 22 08 | 16 31 |
| 30 | 23 10 | 07 15 | 23 27 | 14 56 | 17 39 | 01 02 | 19 39 | 23 30 | 06 07 | 23 13 | 11 26 | 01 51 | 13 52 | 22 13 | 16 30 |
| 31 | 23 06 | 03 16 | 23 08 | 15 11 | 17 49 | 01 05 | 19 40 | 23 30 | 06 07 | 23 13 | 11 16 | 01 51 | 13 51 | 22 17 | 16 30 |

Lunar Phases -- 2 ◑ 16:48 10 ● 20:16 18 ◐ 17:46 25 ○ 08:56 Sun enters ♑ 12/21 19:36

## 0:00 E.T. Longitudes of Main Planets - January 2035

| D | S.T. | ☉ | ☽ | ☽ 12:00 | ☿ | ♀ | ♂ | ♃ | ♄ | ♅ | ♆ | ♇ | ☊ |
|---|---|---|---|---|---|---|---|---|---|---|---|---|---|
| 1 | 6:41:56 | 10♑22 21 | 05♎37 | 11♎48 | 26♑34 | 23♏31 | 23♏05 | 05♈50 | 03♌35℞ | 08♋27℞ | 19♈34 | 16♒49 | 18♍07 |
| 2 | 6:45:53 | 11 23 30 | 17 55 | 23 59 | 28 04 | 24 32 | 23 44 | 05 56 | 03 31 | 08 25 | 19 34 | 16 50 | 18 03 |
| 3 | 6:49:49 | 12 24 39 | 00 00 | 05♏58 | 29 33 | 25 34 | 24 24 | 06 03 | 03 26 | 08 22 | 19 34 | 16 52 | 18 00 |
| 4 | 6:53:46 | 13 25 49 | 11♏55 | 17 50 | 00♒59 | 26 36 | 25 03 | 06 10 | 03 22 | 08 19 | 19 34 | 16 53 | 17 57 |
| 5 | 6:57:42 | 14 26 59 | 23 45 | 29 40 | 02 24 | 27 38 | 25 42 | 06 17 | 03 17 | 08 17 | 19 34 | 16 55 | 17 54 |
| 6 | 7:01:39 | 15 28 09 | 05♐36 | 11♐32 | 03 46 | 28 41 | 26 22 | 06 24 | 03 13 | 08 14 | 19 34 | 16 57 | 17 51 |
| 7 | 7:05:35 | 16 29 19 | 17 29 | 23 27 | 05 05 | 29 44 | 27 01 | 06 31 | 03 08 | 08 12 | 19 35 | 16 58 | 17 47 |
| 8 | 7:09:32 | 17 30 30 | 29 27 | 05♑28 | 06 20 | 00♐48 | 27 40 | 06 39 | 03 03 | 08 09 | 19 35 | 17 00 | 17 44 |
| 9 | 7:13:28 | 18 31 40 | 11♑31 | 17 36 | 07 32 | 01 51 | 28 20 | 06 46 | 02 59 | 08 07 | 19 35 | 17 01 | 17 41 |
| 10 | 7:17:25 | 19 32 50 | 23 43 | 29 53 | 08 38 | 02 55 | 28 59 | 06 54 | 02 54 | 08 04 | 19 36 | 17 03 | 17 38 |
| 11 | 7:21:22 | 20 34 00 | 06♒04 | 12♒18 | 09 38 | 04 00 | 29 39 | 07 02 | 02 49 | 08 02 | 19 36 | 17 05 | 17 35 |
| 12 | 7:25:18 | 21 35 10 | 18 34 | 24 53 | 10 33 | 05 04 | 00♐18 | 07 10 | 02 45 | 07 59 | 19 36 | 17 06 | 17 32 |
| 13 | 7:29:15 | 22 36 19 | 01♓14 | 07♓38 | 11 19 | 06 09 | 00 57 | 07 18 | 02 40 | 07 57 | 19 37 | 17 08 | 17 28 |
| 14 | 7:33:11 | 23 37 27 | 14 06 | 20 36 | 11 58 | 07 14 | 01 37 | 07 27 | 02 35 | 07 54 | 19 37 | 17 10 | 17 25 |
| 15 | 7:37:08 | 24 38 35 | 27 11 | 03♈49 | 12 27 | 08 20 | 02 16 | 07 35 | 02 30 | 07 52 | 19 38 | 17 11 | 17 22 |
| 16 | 7:41:04 | 25 39 42 | 10♈31 | 17 17 | 12 47 | 09 25 | 02 56 | 07 44 | 02 25 | 07 49 | 19 38 | 17 13 | 17 19 |
| 17 | 7:45:01 | 26 40 49 | 24 08 | 01♉04 | 12 56 | 10 31 | 03 35 | 07 53 | 02 20 | 07 47 | 19 39 | 17 15 | 17 16 |
| 18 | 7:48:57 | 27 41 55 | 08♉04 | 15 09 | 12 53℞ | 11 37 | 04 15 | 08 01 | 02 15 | 07 44 | 19 40 | 17 16 | 17 13 |
| 19 | 7:52:54 | 28 43 00 | 22 19 | 29 33 | 12 39 | 12 44 | 04 54 | 08 11 | 02 10 | 07 42 | 19 40 | 17 18 | 17 09 |
| 20 | 7:56:51 | 29 44 04 | 06♊51 | 14♊12 | 12 13 | 13 50 | 05 33 | 08 20 | 02 05 | 07 40 | 19 41 | 17 20 | 17 06 |
| 21 | 8:00:47 | 00♒45 07 | 21 35 | 29 00 | 11 36 | 14 57 | 06 13 | 08 29 | 02 01 | 07 37 | 19 42 | 17 22 | 17 03 |
| 22 | 8:04:44 | 01 46 10 | 06♋26 | 13♋51 | 10 48 | 16 04 | 06 52 | 08 39 | 01 56 | 07 35 | 19 42 | 17 23 | 17 00 |
| 23 | 8:08:40 | 02 47 11 | 21 15 | 28 36 | 09 51 | 17 11 | 07 32 | 08 48 | 01 51 | 07 33 | 19 43 | 17 25 | 16 57 |
| 24 | 8:12:37 | 03 48 12 | 05♌53 | 13♌06 | 08 45 | 18 18 | 08 11 | 08 58 | 01 46 | 07 31 | 19 44 | 17 27 | 16 53 |
| 25 | 8:16:33 | 04 49 12 | 20 14 | 27 16 | 07 34 | 19 26 | 08 51 | 09 08 | 01 41 | 07 28 | 19 45 | 17 29 | 16 50 |
| 26 | 8:20:30 | 05 50 12 | 04♍12 | 11♍02 | 06 19 | 20 34 | 09 30 | 09 18 | 01 36 | 07 26 | 19 46 | 17 30 | 16 47 |
| 27 | 8:24:26 | 06 51 11 | 17 45 | 24 22 | 05 03 | 21 41 | 10 10 | 09 28 | 01 31 | 07 24 | 19 47 | 17 32 | 16 44 |
| 28 | 8:28:23 | 07 52 09 | 00♎52 | 07♎17 | 03 48 | 22 50 | 10 49 | 09 38 | 01 26 | 07 22 | 19 48 | 17 34 | 16 41 |
| 29 | 8:32:20 | 08 53 06 | 13 36 | 19 50 | 02 35 | 23 58 | 11 29 | 09 48 | 01 21 | 07 20 | 19 49 | 17 36 | 16 38 |
| 30 | 8:36:16 | 09 54 03 | 26 00 | 02♏06 | 01 27 | 25 06 | 12 08 | 09 59 | 01 16 | 07 18 | 19 50 | 17 38 | 16 34 |
| 31 | 8:40:13 | 10 54 59 | 08♏08 | 14 08 | 00 26 | 26 15 | 12 48 | 10 09 | 01 12 | 07 16 | 19 51 | 17 39 | 16 31 |

## 0:00 E.T. Longitudes of the Major Asteroids and Chiron

| D | ⚳ | ⚴ | ⚵ | ⚶ | ⚷ | D | ⚳ | ⚴ | ⚵ | ⚶ | ⚷ |
|---|---|---|---|---|---|---|---|---|---|---|---|
| 1 | 23♓44 | 14♒26 | 13♑03 | 12♋15℞ | 02♊11℞ | 17 | 28 23 | 19 33 | 19 11 | 08 09 | 01 39 |
| 2 | 24 00 | 14 45 | 13 26 | 11 59 | 02 08 | 18 | 28 42 | 19 53 | 19 34 | 07 55 | 01 37 |
| 3 | 24 17 | 15 04 | 13 49 | 11 43 | 02 06 | 19 | 29 01 | 20 12 | 19 57 | 07 42 | 01 36 |
| 4 | 24 33 | 15 23 | 14 12 | 11 27 | 02 04 | 20 | 29 20 | 20 32 | 20 20 | 07 29 | 01 35 |
| 5 | 24 50 | 15 42 | 14 35 | 11 11 | 02 01 | 21 | 29 39 | 20 52 | 20 43 | 07 16 | 01 33 |
| 6 | 25 07 | 16 01 | 14 58 | 10 55 | 01 59 | 22 | 29 58 | 21 11 | 21 06 | 07 03 | 01 32 |
| 7 | 25 24 | 16 20 | 15 21 | 10 39 | 01 57 | 23 | 00♈17 | 21 31 | 21 30 | 06 51 | 01 31 |
| 8 | 25 41 | 16 39 | 15 44 | 10 24 | 01 55 | 24 | 00 37 | 21 51 | 21 53 | 06 39 | 01 30 |
| 9 | 25 59 | 16 58 | 16 07 | 10 08 | 01 53 | 25 | 00 56 | 22 11 | 22 16 | 06 27 | 01 29 |
| 10 | 26 16 | 17 17 | 16 30 | 09 53 | 01 51 | 26 | 01 16 | 22 30 | 22 39 | 06 16 | 01 28 |
| 11 | 26 34 | 17 37 | 16 53 | 09 37 | 01 49 | 27 | 01 36 | 22 50 | 23 02 | 06 05 | 01 27 |
| 12 | 26 52 | 17 56 | 17 16 | 09 22 | 01 47 | 28 | 01 56 | 23 10 | 23 25 | 05 55 | 01 26 |
| 13 | 27 10 | 18 15 | 17 39 | 09 07 | 01 45 | 29 | 02 16 | 23 30 | 23 48 | 05 45 | 01 26 |
| 14 | 27 28 | 18 35 | 18 02 | 08 52 | 01 44 | 30 | 02 36 | 23 50 | 24 11 | 05 35 | 01 25 |
| 15 | 27 46 | 18 54 | 18 25 | 08 38 | 01 42 | 31 | 02 56 | 24 10 | 24 35 | 05 26 | 01 24 |
| 16 | 28 05 | 19 14 | 18 48 | 08 23 | 01 40 | | | | | | |

## Lunar Data

| Last Asp. | | Ingress | | |
|---|---|---|---|---|
| 2 | 22:59 | 3 | ♏ | 00:01 |
| 5 | 08:38 | 5 | ♐ | 12:40 |
| 7 | 04:14 | 8 | ♑ | 01:07 |
| 10 | 10:50 | 10 | ♒ | 12:14 |
| 12 | 01:59 | 12 | ♓ | 21:40 |
| 14 | 18:60 | 15 | ♈ | 05:07 |
| 17 | 04:46 | 17 | ♉ | 10:10 |
| 19 | 11:25 | 19 | ♊ | 12:44 |
| 20 | 20:55 | 21 | ♋ | 13:36 |
| 22 | 21:31 | 23 | ♌ | 14:18 |
| 24 | 23:10 | 25 | ♍ | 16:42 |
| 27 | 07:48 | 27 | ♎ | 22:23 |
| 29 | 22:05 | 30 | ♏ | 07:52 |

## 0:00 E.T. Declinations

| D | ☉ | ☽ | ☿ | ♀ | ♂ | ♃ | ♄ | ♅ | ♆ | ♇ | ⚳ | ⚴ | ⚵ | ⚶ | ⚷ |
|---|---|---|---|---|---|---|---|---|---|---|---|---|---|---|---|
| 1 | -23 02 | -00 45 | -22 47 | -15 25 | -18 00 | +01 07 | +19 41 | +23 30 | +06 07 | -23 12 | -11 07 | -01 51 | -13 49 | +22 21 | +16 29 |
| 2 | 22 57 | 04 37 | 22 25 | 15 40 | 18 10 | 01 10 | 19 42 | 23 30 | 06 07 | 23 12 | 10 58 | 01 51 | 13 48 | 22 25 | 16 29 |
| 3 | 22 51 | 08 14 | 22 02 | 15 55 | 18 20 | 01 13 | 19 43 | 23 30 | 06 07 | 23 11 | 10 48 | 01 51 | 13 47 | 22 30 | 16 29 |
| 4 | 22 45 | 11 27 | 21 38 | 16 09 | 18 30 | 01 16 | 19 44 | 23 30 | 06 07 | 23 11 | 10 39 | 01 51 | 13 45 | 22 34 | 16 28 |
| 5 | 22 39 | 14 12 | 21 12 | 16 23 | 18 40 | 01 19 | 19 46 | 23 31 | 06 07 | 23 10 | 10 29 | 01 51 | 13 44 | 22 38 | 16 28 |
| 6 | 22 32 | 16 21 | 20 46 | 16 38 | 18 50 | 01 22 | 19 47 | 23 31 | 06 07 | 23 09 | 10 19 | 01 51 | 13 42 | 22 42 | 16 28 |
| 7 | 22 25 | 17 49 | 20 18 | 16 52 | 18 59 | 01 25 | 19 48 | 23 31 | 06 07 | 23 09 | 10 10 | 01 50 | 13 41 | 22 46 | 16 27 |
| 8 | 22 17 | 18 30 | 19 51 | 17 05 | 19 09 | 01 28 | 19 49 | 23 31 | 06 08 | 23 08 | 10 00 | 01 50 | 13 39 | 22 50 | 16 27 |
| 9 | 22 09 | 18 22 | 19 23 | 17 19 | 19 18 | 01 32 | 19 50 | 23 31 | 06 08 | 23 08 | 09 50 | 01 49 | 13 37 | 22 54 | 16 27 |
| 10 | 22 00 | 17 23 | 18 54 | 17 32 | 19 28 | 01 35 | 19 51 | 23 31 | 06 08 | 23 07 | 09 41 | 01 49 | 13 35 | 22 58 | 16 27 |
| 11 | 21 51 | 15 35 | 18 26 | 17 46 | 19 37 | 01 38 | 19 53 | 23 32 | 06 08 | 23 07 | 09 31 | 01 48 | 13 33 | 23 02 | 16 26 |
| 12 | 21 42 | 13 02 | 17 59 | 17 58 | 19 46 | 01 42 | 19 54 | 23 32 | 06 08 | 23 06 | 09 21 | 01 47 | 13 31 | 23 06 | 16 26 |
| 13 | 21 32 | 09 50 | 17 32 | 18 11 | 19 54 | 01 45 | 19 55 | 23 32 | 06 09 | 23 06 | 09 11 | 01 46 | 13 29 | 23 10 | 16 26 |
| 14 | 21 22 | 06 08 | 17 06 | 18 23 | 20 03 | 01 49 | 19 56 | 23 32 | 06 09 | 23 05 | 09 01 | 01 45 | 13 27 | 23 14 | 16 26 |
| 15 | 21 11 | 02 04 | 16 42 | 18 35 | 20 11 | 01 52 | 19 58 | 23 32 | 06 09 | 23 05 | 08 51 | 01 44 | 13 25 | 23 17 | 16 26 |
| 16 | 21 00 | +02 10 | 16 20 | 18 47 | 20 20 | 01 56 | 19 59 | 23 32 | 06 09 | 23 04 | 08 42 | 01 43 | 13 22 | 23 21 | 16 25 |
| 17 | 20 49 | 06 23 | 16 01 | 18 58 | 20 28 | 01 59 | 20 00 | 23 32 | 06 10 | 23 04 | 08 32 | 01 42 | 13 20 | 23 25 | 16 25 |
| 18 | 20 37 | 10 20 | 15 44 | 19 09 | 20 36 | 02 03 | 20 01 | 23 33 | 06 10 | 23 03 | 08 22 | 01 40 | 13 18 | 23 28 | 16 25 |
| 19 | 20 25 | 13 47 | 15 30 | 19 20 | 20 44 | 02 07 | 20 02 | 23 33 | 06 10 | 23 02 | 08 12 | 01 39 | 13 15 | 23 32 | 16 25 |
| 20 | 20 12 | 16 26 | 15 20 | 19 30 | 20 51 | 02 11 | 20 04 | 23 33 | 06 10 | 23 02 | 08 02 | 01 37 | 13 12 | 23 35 | 16 25 |
| 21 | 19 59 | 18 04 | 15 13 | 19 40 | 20 59 | 02 15 | 20 05 | 23 33 | 06 11 | 23 01 | 07 52 | 01 36 | 13 10 | 23 39 | 16 25 |
| 22 | 19 46 | 18 29 | 15 09 | 19 50 | 21 06 | 02 19 | 20 06 | 23 33 | 06 11 | 23 01 | 07 41 | 01 34 | 13 07 | 23 42 | 16 25 |
| 23 | 19 32 | 17 38 | 15 09 | 19 59 | 21 13 | 02 23 | 20 07 | 23 33 | 06 11 | 23 00 | 07 31 | 01 32 | 13 04 | 23 45 | 16 25 |
| 24 | 19 18 | 15 38 | 15 13 | 20 07 | 21 20 | 02 27 | 20 08 | 23 33 | 06 12 | 23 00 | 07 21 | 01 31 | 13 01 | 23 49 | 16 25 |
| 25 | 19 03 | 12 40 | 15 19 | 20 15 | 21 27 | 02 31 | 20 10 | 23 34 | 06 12 | 22 59 | 07 11 | 01 29 | 12 58 | 23 52 | 16 24 |
| 26 | 18 48 | 09 03 | 15 28 | 20 23 | 21 34 | 02 35 | 20 11 | 23 34 | 06 12 | 22 59 | 07 01 | 01 27 | 12 55 | 23 55 | 16 24 |
| 27 | 18 33 | 05 04 | 15 38 | 20 30 | 21 40 | 02 39 | 20 12 | 23 34 | 06 13 | 22 58 | 06 51 | 01 25 | 12 52 | 23 58 | 16 24 |
| 28 | 18 18 | 00 57 | 15 51 | 20 37 | 21 47 | 02 43 | 20 13 | 23 34 | 06 13 | 22 58 | 06 40 | 01 23 | 12 49 | 24 01 | 16 24 |
| 29 | 18 02 | -03 04 | 16 05 | 20 43 | 21 53 | 02 47 | 20 14 | 23 34 | 06 14 | 22 57 | 06 30 | 01 20 | 12 46 | 24 04 | 16 24 |
| 30 | 17 46 | 06 51 | 16 20 | 20 49 | 21 59 | 02 52 | 20 16 | 23 34 | 06 14 | 22 56 | 06 20 | 01 18 | 12 42 | 24 07 | 16 25 |
| 31 | 17 29 | 10 16 | 16 35 | 20 55 | 22 05 | 02 56 | 20 17 | 23 34 | 06 15 | 22 56 | 06 10 | 01 16 | 12 39 | 24 10 | 16 25 |

Lunar Phases -- 1 ◑ 10:02 9 ● 15:04 17 ◐ 04:47 23 ○ 20:18 31 ◑ 06:04 Sun enters ♒ 1/20 06:16

## Longitudes of Main Planets - February 2035

0:00 E.T.

| D | S.T. | ☉ | ☽ | ☽ 12:00 | ☿ | ♀ | ♂ | ♃ | ♄ | ♅ | ♆ | ♇ | ☊ |
|---|---|---|---|---|---|---|---|---|---|---|---|---|---|
| 1 | 8:44:09 | 11♒55 54 | 20♏06 | 26♏03 | 29♑32℞ | 27♐23 | 13♐27 | 10♈20 | 01♌07℞ | 07♋14℞ | 19♈52 | 17♒41 | 16♍28 |
| 2 | 8:48:06 | 12 56 49 | 01♐59 | 07♐54 | 28 45 | 28 32 | 14 07 | 10 31 | 01 02 | 07 12 | 19 53 | 17 43 | 16 25 |
| 3 | 8:52:02 | 13 57 43 | 13 50 | 19 47 | 28 08 | 29 41 | 14 47 | 10 42 | 00 57 | 07 10 | 19 54 | 17 45 | 16 22 |
| 4 | 8:55:59 | 14 58 36 | 25 45 | 01♑45 | 27 39 | 00♑50 | 15 26 | 10 53 | 00 52 | 07 08 | 19 55 | 17 47 | 16 18 |
| 5 | 8:59:55 | 15 59 28 | 07♑47 | 13 51 | 27 18 | 02 00 | 16 06 | 11 04 | 00 48 | 07 06 | 19 56 | 17 48 | 16 15 |
| 6 | 9:03:52 | 17 00 20 | 19 58 | 26 08 | 27 06 | 03 09 | 16 45 | 11 15 | 00 43 | 07 04 | 19 57 | 17 50 | 16 12 |
| 7 | 9:07:49 | 18 01 10 | 02♒21 | 08♒37 | 27 02 | 04 19 | 17 25 | 11 26 | 00 38 | 07 02 | 19 59 | 17 52 | 16 09 |
| 8 | 9:11:45 | 19 01 59 | 14 56 | 21 19 | 27 05D | 05 28 | 18 04 | 11 38 | 00 34 | 07 01 | 20 00 | 17 54 | 16 06 |
| 9 | 9:15:42 | 20 02 47 | 27 45 | 04♓14 | 27 15 | 06 38 | 18 44 | 11 49 | 00 29 | 06 59 | 20 01 | 17 56 | 16 03 |
| 10 | 9:19:38 | 21 03 33 | 10♓46 | 17 22 | 27 32 | 07 48 | 19 24 | 12 01 | 00 25 | 06 57 | 20 03 | 17 57 | 15 59 |
| 11 | 9:23:35 | 22 04 18 | 24 00 | 00♈42 | 27 55 | 08 58 | 20 03 | 12 12 | 00 20 | 06 56 | 20 04 | 17 59 | 15 56 |
| 12 | 9:27:31 | 23 05 02 | 07♈26 | 14 14 | 28 23 | 10 08 | 20 43 | 12 24 | 00 16 | 06 54 | 20 05 | 18 01 | 15 53 |
| 13 | 9:31:28 | 24 05 44 | 21 04 | 27 57 | 28 57 | 11 18 | 21 22 | 12 36 | 00 12 | 06 53 | 20 07 | 18 03 | 15 50 |
| 14 | 9:35:24 | 25 06 24 | 04♉53 | 11♉51 | 29 35 | 12 28 | 22 02 | 12 48 | 00 08 | 06 51 | 20 08 | 18 05 | 15 47 |
| 15 | 9:39:21 | 26 07 03 | 18 52 | 25 55 | 00♒17 | 13 38 | 22 41 | 13 00 | 00 03 | 06 50 | 20 10 | 18 06 | 15 44 |
| 16 | 9:43:18 | 27 07 40 | 03♊00 | 10♊07 | 01 04 | 14 49 | 23 21 | 13 12 | 29♋59 | 06 48 | 20 11 | 18 08 | 15 40 |
| 17 | 9:47:14 | 28 08 15 | 17 16 | 24 26 | 01 54 | 15 59 | 24 01 | 13 24 | 29 55 | 06 47 | 20 13 | 18 10 | 15 37 |
| 18 | 9:51:11 | 29 08 49 | 01♋36 | 08♋47 | 02 47 | 17 10 | 24 40 | 13 37 | 29 51 | 06 46 | 20 14 | 18 12 | 15 34 |
| 19 | 9:55:07 | 00♓09 20 | 15 58 | 23 08 | 03 44 | 18 20 | 25 20 | 13 49 | 29 47 | 06 44 | 20 16 | 18 14 | 15 31 |
| 20 | 9:59:04 | 01 09 50 | 00♌17 | 07♌23 | 04 43 | 19 31 | 25 59 | 14 01 | 29 43 | 06 43 | 20 18 | 18 15 | 15 28 |
| 21 | 10:03:00 | 02 10 19 | 14 27 | 21 28 | 05 45 | 20 42 | 26 39 | 14 14 | 29 40 | 06 42 | 20 19 | 18 17 | 15 24 |
| 22 | 10:06:57 | 03 10 45 | 28 26 | 05♍19 | 06 49 | 21 53 | 27 18 | 14 27 | 29 36 | 06 41 | 20 21 | 18 19 | 15 21 |
| 23 | 10:10:53 | 04 11 10 | 12♍08 | 18 52 | 07 56 | 23 04 | 27 58 | 14 39 | 29 32 | 06 40 | 20 23 | 18 21 | 15 18 |
| 24 | 10:14:50 | 05 11 33 | 25 31 | 02♎05 | 09 05 | 24 15 | 28 38 | 14 52 | 29 29 | 06 39 | 20 24 | 18 22 | 15 15 |
| 25 | 10:18:47 | 06 11 55 | 08♎34 | 14 58 | 10 16 | 25 26 | 29 17 | 15 05 | 29 25 | 06 38 | 20 26 | 18 24 | 15 12 |
| 26 | 10:22:43 | 07 12 15 | 21 18 | 27 33 | 11 29 | 26 37 | 29 57 | 15 18 | 29 22 | 06 37 | 20 28 | 18 26 | 15 09 |
| 27 | 10:26:40 | 08 12 34 | 03♏44 | 09♏51 | 12 43 | 27 48 | 00♑36 | 15 31 | 29 19 | 06 36 | 20 30 | 18 27 | 15 05 |
| 28 | 10:30:36 | 09 12 51 | 15 56 | 21 57 | 13 59 | 28 59 | 01 16 | 15 44 | 29 15 | 06 35 | 20 31 | 18 29 | 15 02 |

0:00 E.T.

## Longitudes of the Major Asteroids and Chiron

## Lunar Data

| D | ⚳ | ⚴ | ⚵ | ⚶ | ⚷ | D | ⚳ | ⚴ | ⚵ | ⚶ | ⚷ | Last Asp. | | Ingress | | |
|---|---|---|---|---|---|---|---|---|---|---|---|---|---|---|---|---|
| 1 | 03♈17 | 24♒30 | 24♑58 | 05♋17℞ | 01♊24℞ | 15 | 08 12 | 29 10 | 00♒21 | 04 00 | 01 24 | 1 | 17:52 | 1 | ♐ | 20:00 |
| 2 | 03 37 | 24 49 | 25 21 | 05 08 | 01 23 | 16 | 08 34 | 29 30 | 00 44 | 03 58 | 01 24 | 3 | 12:15 | 4 | ♑ | 08:31 |
| 3 | 03 58 | 25 09 | 25 44 | 05 00 | 01 23 | 17 | 08 55 | 29 50 | 01 06 | 03 56 | 01 25 | 6 | 13:47 | 6 | ♒ | 19:29 |
| 4 | 04 18 | 25 29 | 26 07 | 04 53 | 01 23 | 18 | 09 17 | 00♓10 | 01 29 | 03 55 | 01 25 | 8 | 09:33 | 9 | ♓ | 04:11 |
| 5 | 04 39 | 25 49 | 26 30 | 04 46 | 01 22 | 19 | 09 39 | 00 30 | 01 52 | 03 54 | 01 26 | 11 | 07:16 | 11 | ♈ | 10:45 |
| 6 | 05 00 | 26 09 | 26 53 | 04 39 | 01 22 | 20 | 10 01 | 00 50 | 02 15 | 03 54 | 01 27 | 13 | 14:22 | 13 | ♉ | 15:34 |
| 7 | 05 21 | 26 29 | 27 16 | 04 33 | 01 22 | 21 | 10 23 | 01 10 | 02 38 | 03 54D | 01 28 | 15 | 13:18 | 15 | ♊ | 18:56 |
| 8 | 05 42 | 26 49 | 27 39 | 04 27 | 01 22 | 22 | 10 45 | 01 30 | 03 01 | 03 55 | 01 29 | 17 | 19:35 | 17 | ♋ | 21:19 |
| 9 | 06 03 | 27 09 | 28 02 | 04 22 | 01 22D | 23 | 11 08 | 01 50 | 03 24 | 03 56 | 01 30 | 19 | 23:04 | 19 | ♌ | 23:32 |
| 10 | 06 24 | 27 29 | 28 26 | 04 17 | 01 22 | 24 | 11 30 | 02 10 | 03 46 | 03 58 | 01 31 | 21 | 21:58 | 22 | ♍ | 02:44 |
| 11 | 06 46 | 27 49 | 28 49 | 04 13 | 01 22 | 25 | 11 52 | 02 30 | 04 09 | 03 59 | 01 32 | 24 | 07:12 | 24 | ♎ | 08:11 |
| 12 | 07 07 | 28 09 | 29 12 | 04 09 | 01 22 | 26 | 12 15 | 02 50 | 04 32 | 04 02 | 01 33 | 26 | 15:27 | 26 | ♏ | 16:45 |
| 13 | 07 29 | 28 29 | 29 35 | 04 05 | 01 23 | 27 | 12 37 | 03 10 | 04 55 | 04 05 | 01 34 | | | | | |
| 14 | 07 50 | 28 49 | 29 58 | 04 02 | 01 23 | 28 | 13 00 | 03 30 | 05 17 | 04 08 | 01 36 | | | | | |

0:00 E.T.

## Declinations

| D | ☉ | ☽ | ☿ | ♀ | ♂ | ♃ | ♄ | ♅ | ♆ | ♇ | ⚳ | ⚴ | ⚵ | ⚶ | ⚷ |
|---|---|---|---|---|---|---|---|---|---|---|---|---|---|---|---|
| 1 | -17 12 | -13 13 | -16 50 | -20 59 | -22 10 | +03 00 | +20 18 | +23 34 | +06 15 | -22 55 | -05 59 | -01 14 | -12 35 | +24 12 | +16 25 |
| 2 | 16 55 | 15 35 | 17 05 | 21 04 | 22 16 | 03 05 | 20 19 | 23 34 | 06 15 | 22 55 | 05 49 | 01 11 | 12 32 | 24 15 | 16 25 |
| 3 | 16 38 | 17 17 | 17 20 | 21 07 | 22 21 | 03 09 | 20 20 | 23 35 | 06 16 | 22 54 | 05 39 | 01 09 | 12 28 | 24 18 | 16 25 |
| 4 | 16 20 | 18 15 | 17 34 | 21 11 | 22 26 | 03 14 | 20 21 | 23 35 | 06 16 | 22 54 | 05 28 | 01 06 | 12 24 | 24 20 | 16 25 |
| 5 | 16 02 | 18 25 | 17 47 | 21 13 | 22 31 | 03 18 | 20 22 | 23 35 | 06 17 | 22 53 | 05 18 | 01 04 | 12 21 | 24 23 | 16 25 |
| 6 | 15 44 | 17 44 | 17 59 | 21 15 | 22 36 | 03 23 | 20 23 | 23 35 | 06 17 | 22 53 | 05 08 | 01 01 | 12 17 | 24 25 | 16 25 |
| 7 | 15 26 | 16 12 | 18 11 | 21 17 | 22 41 | 03 27 | 20 25 | 23 35 | 06 18 | 22 52 | 04 57 | 00 58 | 12 13 | 24 28 | 16 25 |
| 8 | 15 07 | 13 52 | 18 22 | 21 18 | 22 45 | 03 32 | 20 26 | 23 35 | 06 18 | 22 52 | 04 47 | 00 55 | 12 09 | 24 30 | 16 26 |
| 9 | 14 48 | 10 50 | 18 31 | 21 18 | 22 49 | 03 37 | 20 27 | 23 35 | 06 19 | 22 51 | 04 37 | 00 53 | 12 05 | 24 33 | 16 26 |
| 10 | 14 28 | 07 12 | 18 39 | 21 18 | 22 53 | 03 41 | 20 28 | 23 35 | 06 20 | 22 51 | 04 26 | 00 50 | 12 01 | 24 35 | 16 26 |
| 11 | 14 09 | 03 10 | 18 47 | 21 18 | 22 57 | 03 46 | 20 29 | 23 35 | 06 20 | 22 50 | 04 16 | 00 47 | 11 57 | 24 37 | 16 26 |
| 12 | 13 49 | +01 04 | 18 53 | 21 16 | 23 01 | 03 51 | 20 30 | 23 35 | 06 21 | 22 50 | 04 05 | 00 44 | 11 53 | 24 39 | 16 26 |
| 13 | 13 29 | 05 19 | 18 57 | 21 14 | 23 04 | 03 55 | 20 31 | 23 35 | 06 21 | 22 49 | 03 55 | 00 41 | 11 48 | 24 42 | 16 27 |
| 14 | 13 09 | 09 20 | 19 01 | 21 12 | 23 08 | 04 00 | 20 32 | 23 36 | 06 22 | 22 49 | 03 45 | 00 37 | 11 44 | 24 44 | 16 27 |
| 15 | 12 49 | 12 52 | 19 03 | 21 09 | 23 11 | 04 05 | 20 33 | 23 36 | 06 22 | 22 48 | 03 34 | 00 34 | 11 40 | 24 46 | 16 27 |
| 16 | 12 28 | 15 42 | 19 04 | 21 05 | 23 14 | 04 10 | 20 34 | 23 36 | 06 23 | 22 48 | 03 24 | 00 31 | 11 35 | 24 48 | 16 27 |
| 17 | 12 07 | 17 35 | 19 04 | 21 01 | 23 17 | 04 15 | 20 35 | 23 36 | 06 24 | 22 47 | 03 13 | 00 28 | 11 31 | 24 50 | 16 28 |
| 18 | 11 46 | 18 23 | 19 03 | 20 56 | 23 19 | 04 20 | 20 36 | 23 36 | 06 24 | 22 47 | 03 03 | 00 24 | 11 26 | 24 52 | 16 28 |
| 19 | 11 25 | 18 01 | 19 00 | 20 51 | 23 22 | 04 25 | 20 36 | 23 36 | 06 25 | 22 46 | 02 52 | 00 21 | 11 22 | 24 54 | 16 28 |
| 20 | 11 03 | 16 29 | 18 56 | 20 45 | 23 24 | 04 30 | 20 37 | 23 36 | 06 26 | 22 46 | 02 42 | 00 18 | 11 17 | 24 55 | 16 29 |
| 21 | 10 42 | 13 57 | 18 51 | 20 38 | 23 26 | 04 35 | 20 38 | 23 36 | 06 26 | 22 45 | 02 32 | 00 14 | 11 12 | 24 57 | 16 29 |
| 22 | 10 20 | 10 39 | 18 44 | 20 31 | 23 28 | 04 40 | 20 39 | 23 36 | 06 27 | 22 45 | 02 21 | 00 11 | 11 07 | 24 59 | 16 30 |
| 23 | 09 58 | 06 48 | 18 36 | 20 23 | 23 29 | 04 45 | 20 40 | 23 36 | 06 28 | 22 45 | 02 11 | 00 07 | 11 03 | 25 01 | 16 30 |
| 24 | 09 36 | 02 43 | 18 27 | 20 15 | 23 31 | 04 50 | 20 41 | 23 36 | 06 28 | 22 44 | 02 00 | 00 04 | 10 58 | 25 02 | 16 30 |
| 25 | 09 14 | -01 25 | 18 16 | 20 06 | 23 32 | 04 55 | 20 42 | 23 36 | 06 29 | 22 44 | 01 50 | +00 00 | 10 53 | 25 04 | 16 31 |
| 26 | 08 52 | 05 22 | 18 04 | 19 57 | 23 33 | 05 00 | 20 42 | 23 36 | 06 30 | 22 43 | 01 39 | 00 04 | 10 48 | 25 06 | 16 31 |
| 27 | 08 29 | 08 59 | 17 51 | 19 47 | 23 34 | 05 05 | 20 43 | 23 36 | 06 30 | 22 43 | 01 29 | 00 07 | 10 43 | 25 07 | 16 32 |
| 28 | 08 07 | 12 09 | 17 36 | 19 36 | 23 35 | 05 10 | 20 44 | 23 36 | 06 31 | 22 42 | 01 19 | 00 11 | 10 38 | 25 09 | 16 32 |

Lunar Phases -- 8 ● 08:23 15 ◐ 13:18 22 Ⓔ 08:55 Sun enters ♓ 2/18 20:18

## 0:00 E.T. Longitudes of Main Planets - March 2035

| D | S.T. | ☉ | ☽ | ☽ 12:00 | ☿ | ♀ | ♂ | ♃ | ♄ | ♅ | ♆ | ♇ | ☊ |
|---|---|---|---|---|---|---|---|---|---|---|---|---|---|
| 1 | 10:34:33 | 10♓13 07 | 27♏56 | 03♐54 | 15♒17 | 00♒11 | 01♑55 | 15♈57 | 29♋12℞ | 06♋34℞ | 20♈33 | 18♒31 | 14♍59 |
| 2 | 10:38:29 | 11 13 21 | 09♐51 | 15 47 | 16 36 | 01 22 | 02 35 | 16 10 | 29 09 | 06 34 | 20 35 | 18 33 | 14 56 |
| 3 | 10:42:26 | 12 13 34 | 21 43 | 27 41 | 17 57 | 02 34 | 03 15 | 16 23 | 29 06 | 06 33 | 20 37 | 18 34 | 14 53 |
| 4 | 10:46:22 | 13 13 46 | 03♑39 | 09♑40 | 19 20 | 03 45 | 03 54 | 16 36 | 29 04 | 06 32 | 20 39 | 18 36 | 14 50 |
| 5 | 10:50:19 | 14 13 55 | 15 42 | 21 48 | 20 43 | 04 57 | 04 34 | 16 50 | 29 01 | 06 32 | 20 41 | 18 38 | 14 46 |
| 6 | 10:54:16 | 15 14 04 | 27 57 | 04♒09 | 22 08 | 06 08 | 05 13 | 17 03 | 28 58 | 06 31 | 20 43 | 18 39 | 14 43 |
| 7 | 10:58:12 | 16 14 10 | 10♒26 | 16 47 | 23 34 | 07 20 | 05 53 | 17 16 | 28 56 | 06 31 | 20 44 | 18 41 | 14 40 |
| 8 | 11:02:09 | 17 14 15 | 23 12 | 29 42 | 25 02 | 08 32 | 06 32 | 17 30 | 28 53 | 06 30 | 20 46 | 18 43 | 14 37 |
| 9 | 11:06:05 | 18 14 18 | 06♓17 | 12♓56 | 26 31 | 09 44 | 07 12 | 17 43 | 28 51 | 06 30 | 20 48 | 18 44 | 14 34 |
| 10 | 11:10:02 | 19 14 19 | 19 40 | 26 28 | 28 01 | 10 55 | 07 52 | 17 57 | 28 48 | 06 30 | 20 50 | 18 46 | 14 30 |
| 11 | 11:13:58 | 20 14 19 | 03♈20 | 10♈15 | 29 32 | 12 07 | 08 31 | 18 11 | 28 46 | 06 30 | 20 52 | 18 47 | 14 27 |
| 12 | 11:17:55 | 21 14 16 | 17 14 | 24 15 | 01♓04 | 13 19 | 09 11 | 18 24 | 28 44 | 06 29 | 20 54 | 18 49 | 14 24 |
| 13 | 11:21:51 | 22 14 11 | 01♉19 | 08♉25 | 02 38 | 14 31 | 09 50 | 18 38 | 28 42 | 06 29 | 20 56 | 18 50 | 14 21 |
| 14 | 11:25:48 | 23 14 04 | 15 32 | 22 40 | 04 13 | 15 43 | 10 30 | 18 52 | 28 40 | 06 29 | 20 58 | 18 52 | 14 18 |
| 15 | 11:29:45 | 24 13 55 | 29 48 | 06♊56 | 05 49 | 16 55 | 11 09 | 19 06 | 28 39 | 06 29D | 21 01 | 18 54 | 14 15 |
| 16 | 11:33:41 | 25 13 44 | 14♊04 | 21 11 | 07 26 | 18 07 | 11 48 | 19 19 | 28 37 | 06 29 | 21 03 | 18 55 | 14 11 |
| 17 | 11:37:38 | 26 13 31 | 28 17 | 05♋21 | 09 05 | 19 19 | 12 28 | 19 33 | 28 36 | 06 29 | 21 05 | 18 57 | 14 08 |
| 18 | 11:41:34 | 27 13 15 | 12♋24 | 19 25 | 10 44 | 20 31 | 13 07 | 19 47 | 28 34 | 06 29 | 21 07 | 18 58 | 14 05 |
| 19 | 11:45:31 | 28 12 57 | 26 25 | 03♌22 | 12 25 | 21 43 | 13 47 | 20 01 | 28 33 | 06 30 | 21 09 | 19 00 | 14 02 |
| 20 | 11:49:27 | 29 12 37 | 10♌16 | 17 08 | 14 07 | 22 56 | 14 26 | 20 15 | 28 32 | 06 30 | 21 11 | 19 01 | 13 59 |
| 21 | 11:53:24 | 00♈12 14 | 23 58 | 00♍44 | 15 50 | 24 08 | 15 06 | 20 29 | 28 30 | 06 30 | 21 13 | 19 02 | 13 56 |
| 22 | 11:57:20 | 01 11 50 | 07♍28 | 14 08 | 17 35 | 25 20 | 15 45 | 20 43 | 28 29 | 06 31 | 21 15 | 19 04 | 13 52 |
| 23 | 12:01:17 | 02 11 23 | 20 45 | 27 19 | 19 21 | 26 32 | 16 24 | 20 57 | 28 29 | 06 31 | 21 17 | 19 05 | 13 49 |
| 24 | 12:05:14 | 03 10 54 | 03♎49 | 10♎16 | 21 08 | 27 45 | 17 04 | 21 11 | 28 28 | 06 31 | 21 20 | 19 07 | 13 46 |
| 25 | 12:09:10 | 04 10 22 | 16 39 | 22 58 | 22 56 | 28 57 | 17 43 | 21 25 | 28 27 | 06 32 | 21 22 | 19 08 | 13 43 |
| 26 | 12:13:07 | 05 09 49 | 29 14 | 05♏27 | 24 46 | 00♓09 | 18 22 | 21 40 | 28 27 | 06 32 | 21 24 | 19 09 | 13 40 |
| 27 | 12:17:03 | 06 09 15 | 11♏36 | 17 43 | 26 37 | 01 22 | 19 02 | 21 54 | 28 26 | 06 33 | 21 26 | 19 11 | 13 36 |
| 28 | 12:21:00 | 07 08 38 | 23 47 | 29 48 | 28 29 | 02 34 | 19 41 | 22 08 | 28 26 | 06 34 | 21 28 | 19 12 | 13 33 |
| 29 | 12:24:56 | 08 07 59 | 05♐47 | 11♐45 | 00♈23 | 03 46 | 20 20 | 22 22 | 28 26 | 06 34 | 21 31 | 19 13 | 13 30 |
| 30 | 12:28:53 | 09 07 19 | 17 42 | 23 39 | 02 17 | 04 59 | 21 00 | 22 37 | 28 25 | 06 35 | 21 33 | 19 15 | 13 27 |
| 31 | 12:32:49 | 10 06 37 | 29 35 | 05♑32 | 04 14 | 06 11 | 21 39 | 22 51 | 28 25D | 06 36 | 21 35 | 19 16 | 13 24 |

## 0:00 E.T. Longitudes of the Major Asteroids and Chiron

| D | ⚳ | ⚴ | ⚵ | ⚶ | ⚷ | D | ⚳ | ⚴ | ⚵ | ⚶ | ⚷ |
|---|---|---|---|---|---|---|---|---|---|---|---|
| 1 | 13♈22 | 03♓50 | 05♒40 | 04♋11 | 01♊37 | 17 | 19 31 | 09 06 | 11 37 | 06 02 | 02 08 |
| 2 | 13 45 | 04 09 | 06 02 | 04 15 | 01 38 | 18 | 19 54 | 09 26 | 11 59 | 06 12 | 02 10 |
| 3 | 14 08 | 04 29 | 06 25 | 04 20 | 01 40 | 19 | 20 18 | 09 45 | 12 20 | 06 23 | 02 13 |
| 4 | 14 30 | 04 49 | 06 47 | 04 25 | 01 42 | 20 | 20 41 | 10 05 | 12 42 | 06 33 | 02 15 |
| 5 | 14 53 | 05 09 | 07 10 | 04 30 | 01 43 | 21 | 21 05 | 10 24 | 13 04 | 06 44 | 02 18 |
| 6 | 15 16 | 05 29 | 07 32 | 04 36 | 01 45 | 22 | 21 28 | 10 44 | 13 26 | 06 55 | 02 21 |
| 7 | 15 39 | 05 49 | 07 55 | 04 42 | 01 47 | 23 | 21 52 | 11 03 | 13 47 | 07 07 | 02 23 |
| 8 | 16 02 | 06 09 | 08 17 | 04 48 | 01 49 | 24 | 22 15 | 11 22 | 14 09 | 07 19 | 02 26 |
| 9 | 16 25 | 06 29 | 08 40 | 04 55 | 01 50 | 25 | 22 39 | 11 42 | 14 30 | 07 31 | 02 29 |
| 10 | 16 48 | 06 48 | 09 02 | 05 02 | 01 52 | 26 | 23 03 | 12 01 | 14 52 | 07 43 | 02 32 |
| 11 | 17 11 | 07 08 | 09 24 | 05 10 | 01 54 | 27 | 23 27 | 12 20 | 15 13 | 07 56 | 02 35 |
| 12 | 17 34 | 07 28 | 09 46 | 05 17 | 01 57 | 28 | 23 50 | 12 39 | 15 35 | 08 09 | 02 38 |
| 13 | 17 58 | 07 48 | 10 09 | 05 26 | 01 59 | 29 | 24 14 | 12 58 | 15 56 | 08 22 | 02 41 |
| 14 | 18 21 | 08 07 | 10 31 | 05 34 | 02 01 | 30 | 24 38 | 13 18 | 16 17 | 08 36 | 02 44 |
| 15 | 18 44 | 08 27 | 10 53 | 05 43 | 02 03 | 31 | 25 02 | 13 37 | 16 38 | 08 50 | 02 47 |
| 16 | 19 08 | 08 47 | 11 15 | 05 53 | 02 06 | | | | | | |

## Lunar Data

| Last Asp. | | Ingress | | |
|---|---|---|---|---|
| 1 | 02:32 | 1 | ♐ | 04:09 |
| 2 | 21:45 | 3 | ♑ | 16:40 |
| 6 | 01:58 | 6 | ♒ | 03:59 |
| 8 | 03:49 | 8 | ♓ | 12:32 |
| 10 | 16:04 | 10 | ♈ | 18:11 |
| 12 | 19:34 | 12 | ♉ | 21:46 |
| 14 | 22:04 | 15 | ♊ | 00:21 |
| 16 | 20:16 | 17 | ♋ | 02:55 |
| 19 | 03:41 | 19 | ♌ | 06:12 |
| 21 | 00:20 | 21 | ♍ | 10:41 |
| 23 | 14:08 | 23 | ♎ | 16:57 |
| 25 | 22:29 | 26 | ♏ | 01:28 |
| 28 | 11:07 | 28 | ♐ | 12:24 |
| 30 | 10:07 | 31 | ♑ | 00:51 |

## 0:00 E.T. Declinations

| D | ☉ | ☽ | ☿ | ♀ | ♂ | ♃ | ♄ | ♅ | ♆ | ♇ | ⚳ | ⚴ | ⚵ | ⚶ | ⚷ |
|---|---|---|---|---|---|---|---|---|---|---|---|---|---|---|---|
| 1 | -07 44 | -14 45 | -17 21 | -19 25 | -23 35 | +05 15 | +20 45 | +23 36 | +06 32 | -22 42 | -01 08 | +00 15 | -10 32 | +25 10 | +16 32 |
| 2 | 07 21 | 16 42 | 17 04 | 19 13 | 23 35 | 05 20 | 20 45 | 23 36 | 06 32 | 22 42 | 00 58 | 00 19 | 10 27 | 25 12 | 16 33 |
| 3 | 06 58 | 17 56 | 16 45 | 19 01 | 23 36 | 05 26 | 20 46 | 23 36 | 06 33 | 22 41 | 00 47 | 00 23 | 10 22 | 25 13 | 16 33 |
| 4 | 06 35 | 18 23 | 16 25 | 18 48 | 23 36 | 05 31 | 20 47 | 23 36 | 06 34 | 22 41 | 00 37 | 00 27 | 10 17 | 25 15 | 16 34 |
| 5 | 06 12 | 18 01 | 16 05 | 18 35 | 23 35 | 05 36 | 20 47 | 23 36 | 06 35 | 22 40 | 00 27 | 00 30 | 10 11 | 25 16 | 16 34 |
| 6 | 05 49 | 16 48 | 15 42 | 18 21 | 23 35 | 05 41 | 20 48 | 23 36 | 06 35 | 22 40 | 00 16 | 00 34 | 10 06 | 25 17 | 16 35 |
| 7 | 05 26 | 14 45 | 15 19 | 18 07 | 23 34 | 05 46 | 20 48 | 23 36 | 06 36 | 22 40 | 00 06 | 00 38 | 10 00 | 25 18 | 16 35 |
| 8 | 05 02 | 11 57 | 14 54 | 17 52 | 23 33 | 05 52 | 20 49 | 23 36 | 06 37 | 22 39 | +00 04 | 00 42 | 09 55 | 25 20 | 16 36 |
| 9 | 04 39 | 08 30 | 14 28 | 17 36 | 23 32 | 05 57 | 20 50 | 23 36 | 06 38 | 22 39 | 00 15 | 00 46 | 09 49 | 25 21 | 16 36 |
| 10 | 04 15 | 04 31 | 14 01 | 17 20 | 23 31 | 06 02 | 20 50 | 23 36 | 06 38 | 22 39 | 00 25 | 00 51 | 09 44 | 25 22 | 16 37 |
| 11 | 03 52 | 00 14 | 13 32 | 17 04 | 23 30 | 06 07 | 20 51 | 23 36 | 06 39 | 22 38 | 00 35 | 00 55 | 09 38 | 25 23 | 16 38 |
| 12 | 03 28 | +04 08 | 13 02 | 16 47 | 23 28 | 06 13 | 20 51 | 23 36 | 06 40 | 22 38 | 00 46 | 00 59 | 09 33 | 25 24 | 16 38 |
| 13 | 03 05 | 08 19 | 12 31 | 16 30 | 23 27 | 06 18 | 20 51 | 23 36 | 06 41 | 22 38 | 00 56 | 01 03 | 09 27 | 25 25 | 16 39 |
| 14 | 02 41 | 12 04 | 11 59 | 16 12 | 23 25 | 06 23 | 20 52 | 23 36 | 06 41 | 22 37 | 01 06 | 01 07 | 09 21 | 25 26 | 16 39 |
| 15 | 02 17 | 15 07 | 11 25 | 15 54 | 23 23 | 06 29 | 20 52 | 23 36 | 06 42 | 22 37 | 01 16 | 01 11 | 09 15 | 25 27 | 16 40 |
| 16 | 01 54 | 17 14 | 10 51 | 15 35 | 23 21 | 06 34 | 20 53 | 23 36 | 06 43 | 22 37 | 01 27 | 01 16 | 09 10 | 25 28 | 16 41 |
| 17 | 01 30 | 18 18 | 10 15 | 15 16 | 23 18 | 06 39 | 20 53 | 23 36 | 06 44 | 22 36 | 01 37 | 01 20 | 09 04 | 25 28 | 16 41 |
| 18 | 01 06 | 18 12 | 09 38 | 14 56 | 23 15 | 06 45 | 20 53 | 23 36 | 06 45 | 22 36 | 01 47 | 01 24 | 08 58 | 25 29 | 16 42 |
| 19 | 00 43 | 17 00 | 08 59 | 14 36 | 23 13 | 06 50 | 20 54 | 23 36 | 06 45 | 22 36 | 01 57 | 01 28 | 08 52 | 25 30 | 16 42 |
| 20 | 00 19 | 14 48 | 08 20 | 14 16 | 23 10 | 06 55 | 20 54 | 23 36 | 06 46 | 22 35 | 02 07 | 01 33 | 08 46 | 25 31 | 16 43 |
| 21 | +00 05 | 11 47 | 07 39 | 13 55 | 23 07 | 07 01 | 20 54 | 23 36 | 06 47 | 22 35 | 02 18 | 01 37 | 08 40 | 25 31 | 16 44 |
| 22 | 00 29 | 08 10 | 06 57 | 13 33 | 23 03 | 07 06 | 20 55 | 23 36 | 06 48 | 22 35 | 02 28 | 01 41 | 08 34 | 25 32 | 16 44 |
| 23 | 00 52 | 04 11 | 06 14 | 13 12 | 23 00 | 07 11 | 20 55 | 23 36 | 06 49 | 22 35 | 02 38 | 01 46 | 08 28 | 25 32 | 16 45 |
| 24 | 01 16 | 00 05 | 05 30 | 12 50 | 22 56 | 07 17 | 20 55 | 23 36 | 06 50 | 22 34 | 02 48 | 01 50 | 08 22 | 25 33 | 16 46 |
| 25 | 01 39 | -03 57 | 04 45 | 12 27 | 22 52 | 07 22 | 20 55 | 23 36 | 06 50 | 22 34 | 02 58 | 01 54 | 08 16 | 25 33 | 16 46 |
| 26 | 02 03 | 07 44 | 03 59 | 12 05 | 22 48 | 07 27 | 20 55 | 23 36 | 06 51 | 22 34 | 03 08 | 01 59 | 08 10 | 25 34 | 16 47 |
| 27 | 02 27 | 11 07 | 03 11 | 11 42 | 22 44 | 07 33 | 20 55 | 23 36 | 06 52 | 22 34 | 03 18 | 02 03 | 08 03 | 25 34 | 16 48 |
| 28 | 02 50 | 13 58 | 02 23 | 11 18 | 22 40 | 07 38 | 20 56 | 23 36 | 06 53 | 22 33 | 03 28 | 02 07 | 07 57 | 25 34 | 16 49 |
| 29 | 03 14 | 16 10 | 01 33 | 10 55 | 22 35 | 07 43 | 20 56 | 23 36 | 06 54 | 22 33 | 03 38 | 02 12 | 07 51 | 25 34 | 16 49 |
| 30 | 03 37 | 17 40 | 00 43 | 10 31 | 22 31 | 07 49 | 20 56 | 23 36 | 06 55 | 22 33 | 03 48 | 02 16 | 07 45 | 25 35 | 16 50 |
| 31 | 04 00 | 18 23 | +00 08 | 10 06 | 22 26 | 07 54 | 20 56 | 23 36 | 06 55 | 22 33 | 03 58 | 02 21 | 07 38 | 25 35 | 16 51 |

Lunar Phases -- 2 ◑ 03:02 9 ● 23:11 16 ◐ 20:16 23 Ⓔ 22:43 31 ◑ 23:08 Sun enters ♈ 3/20 19:04

| D | S.T. | ☉ | ☽ | ☽ 12:00 | ☿ | ♀ | ♂ | ♃ | ♄ | ♅ | ♆ | ♇ | ☊ |
|---|---|---|---|---|---|---|---|---|---|---|---|---|---|
| 1 | 12:36:46 | 11♈05 53 | 11♑30 | 17♑30 | 06♈11 | 07♓24 | 22♑18 | 23♈05 | 28♋26 | 06♋37 | 21♈37 | 19♒17 | 13♍21 |
| 2 | 12:40:43 | 12 05 07 | 23 32 | 29 38 | 08 10 | 08 36 | 22 57 | 23 20 | 28 26 | 06 38 | 21 40 | 19 18 | 13 17 |
| 3 | 12:44:39 | 13 04 20 | 05♒45 | 11♒58 | 10 10 | 09 49 | 23 37 | 23 34 | 28 26 | 06 39 | 21 42 | 19 20 | 13 14 |
| 4 | 12:48:36 | 14 03 30 | 18 15 | 24 38 | 12 11 | 11 01 | 24 16 | 23 48 | 28 27 | 06 40 | 21 44 | 19 21 | 13 11 |
| 5 | 12:52:32 | 15 02 39 | 01♓06 | 07♓39 | 14 13 | 12 14 | 24 55 | 24 03 | 28 27 | 06 41 | 21 46 | 19 22 | 13 08 |
| 6 | 12:56:29 | 16 01 46 | 14 19 | 21 04 | 16 16 | 13 27 | 25 34 | 24 17 | 28 28 | 06 42 | 21 49 | 19 23 | 13 05 |
| 7 | 13:00:25 | 17 00 51 | 27 56 | 04♈53 | 18 20 | 14 39 | 26 13 | 24 31 | 28 29 | 06 43 | 21 51 | 19 24 | 13 02 |
| 8 | 13:04:22 | 17 59 54 | 11♈56 | 19 03 | 20 24 | 15 52 | 26 52 | 24 46 | 28 29 | 06 45 | 21 53 | 19 25 | 12 58 |
| 9 | 13:08:18 | 18 58 56 | 26 15 | 03♉31 | 22 29 | 17 05 | 27 31 | 25 00 | 28 30 | 06 46 | 21 55 | 19 26 | 12 55 |
| 10 | 13:12:15 | 19 57 55 | 10♉49 | 18 09 | 24 35 | 18 17 | 28 10 | 25 15 | 28 31 | 06 47 | 21 58 | 19 27 | 12 52 |
| 11 | 13:16:12 | 20 56 52 | 25 30 | 02♊51 | 26 40 | 19 30 | 28 49 | 25 29 | 28 33 | 06 49 | 22 00 | 19 28 | 12 49 |
| 12 | 13:20:08 | 21 55 47 | 10♊12 | 17 30 | 28 45 | 20 43 | 29 28 | 25 44 | 28 34 | 06 50 | 22 02 | 19 29 | 12 46 |
| 13 | 13:24:05 | 22 54 40 | 24 46 | 01♋59 | 00♉50 | 21 55 | 00♒07 | 25 58 | 28 35 | 06 52 | 22 04 | 19 30 | 12 42 |
| 14 | 13:28:01 | 23 53 30 | 09♋09 | 16 15 | 02 54 | 23 08 | 00 46 | 26 12 | 28 37 | 06 53 | 22 07 | 19 31 | 12 39 |
| 15 | 13:31:58 | 24 52 18 | 23 17 | 00♌15 | 04 56 | 24 21 | 01 25 | 26 27 | 28 39 | 06 55 | 22 09 | 19 32 | 12 36 |
| 16 | 13:35:54 | 25 51 04 | 07♌09 | 13 58 | 06 58 | 25 34 | 02 04 | 26 41 | 28 40 | 06 56 | 22 11 | 19 33 | 12 33 |
| 17 | 13:39:51 | 26 49 47 | 20 44 | 27 26 | 08 57 | 26 46 | 02 42 | 26 56 | 28 42 | 06 58 | 22 14 | 19 34 | 12 30 |
| 18 | 13:43:47 | 27 48 29 | 04♍05 | 10♍40 | 10 54 | 27 59 | 03 21 | 27 10 | 28 44 | 07 00 | 22 16 | 19 35 | 12 27 |
| 19 | 13:47:44 | 28 47 08 | 17 11 | 23 40 | 12 49 | 29 12 | 04 00 | 27 25 | 28 46 | 07 02 | 22 18 | 19 36 | 12 23 |
| 20 | 13:51:41 | 29 45 45 | 00♎06 | 06♎29 | 14 41 | 00♈25 | 04 38 | 27 39 | 28 48 | 07 03 | 22 20 | 19 37 | 12 20 |
| 21 | 13:55:37 | 00♉44 19 | 12 49 | 19 06 | 16 30 | 01 37 | 05 17 | 27 54 | 28 51 | 07 05 | 22 23 | 19 37 | 12 17 |
| 22 | 13:59:34 | 01 42 52 | 25 21 | 01♏33 | 18 15 | 02 50 | 05 55 | 28 08 | 28 53 | 07 07 | 22 25 | 19 38 | 12 14 |
| 23 | 14:03:30 | 02 41 23 | 07♏43 | 13 51 | 19 57 | 04 03 | 06 34 | 28 22 | 28 55 | 07 09 | 22 27 | 19 39 | 12 11 |
| 24 | 14:07:27 | 03 39 52 | 19 56 | 26 00 | 21 35 | 05 16 | 07 12 | 28 37 | 28 58 | 07 11 | 22 29 | 19 40 | 12 07 |
| 25 | 14:11:23 | 04 38 19 | 02♐01 | 08♐01 | 23 10 | 06 29 | 07 51 | 28 51 | 29 01 | 07 13 | 22 31 | 19 40 | 12 04 |
| 26 | 14:15:20 | 05 36 45 | 13 59 | 19 56 | 24 39 | 07 42 | 08 29 | 29 06 | 29 03 | 07 15 | 22 34 | 19 41 | 12 01 |
| 27 | 14:19:16 | 06 35 09 | 25 52 | 01♑48 | 26 05 | 08 54 | 09 07 | 29 20 | 29 06 | 07 17 | 22 36 | 19 42 | 11 58 |
| 28 | 14:23:13 | 07 33 31 | 07♑44 | 13 40 | 27 26 | 10 07 | 09 46 | 29 34 | 29 09 | 07 20 | 22 38 | 19 42 | 11 55 |
| 29 | 14:27:10 | 08 31 51 | 19 38 | 25 36 | 28 43 | 11 20 | 10 24 | 29 49 | 29 12 | 07 22 | 22 40 | 19 43 | 11 52 |
| 30 | 14:31:06 | 09 30 10 | 01♒37 | 07♒41 | 29 55 | 12 33 | 11 02 | 00♉03 | 29 15 | 07 24 | 22 43 | 19 43 | 11 48 |

## 0:00 E.T.  Longitudes of the Major Asteroids and Chiron  Lunar Data

| D | ⚳ | ⚴ | ⚵ | ⚶ | ⚷ | D | ⚳ | ⚴ | ⚵ | ⚶ | ⚷ | Last Asp. | Ingress |
|---|---|---|---|---|---|---|---|---|---|---|---|---|---|
| 1 | 25♈25 | 13♓56 | 16♒59 | 09♋04 | 02♊50 | 16 | 01 25 | 18 34 | 22 05 | 13 04 | 03 43 | 2 09:41 | 2 ♒ 12:46 |
| 2 | 25 49 | 14 15 | 17 20 | 09 18 | 02 54 | 17 | 01 50 | 18 52 | 22 25 | 13 22 | 03 47 | 4 10:39 | 4 ♓ 21:59 |
| 3 | 26 13 | 14 33 | 17 41 | 09 33 | 02 57 | 18 | 02 14 | 19 11 | 22 45 | 13 40 | 03 51 | 7 00:57 | 7 ♈ 03:35 |
| 4 | 26 37 | 14 52 | 18 02 | 09 48 | 03 00 | 19 | 02 38 | 19 28 | 23 04 | 13 58 | 03 55 | 9 03:44 | 9 ♉ 06:12 |
| 5 | 27 01 | 15 11 | 18 23 | 10 03 | 03 04 | 20 | 03 02 | 19 46 | 23 24 | 14 17 | 03 59 | 11 05:40 | 11 ♊ 07:20 |
| 6 | 27 25 | 15 30 | 18 43 | 10 18 | 03 07 | 21 | 03 26 | 20 04 | 23 43 | 14 35 | 04 03 | 13 02:01 | 13 ♋ 08:41 |
| 7 | 27 49 | 15 49 | 19 04 | 10 34 | 03 10 | 22 | 03 50 | 20 22 | 24 02 | 14 54 | 04 07 | 15 09:15 | 15 ♌ 11:34 |
| 8 | 28 13 | 16 07 | 19 24 | 10 50 | 03 14 | 23 | 04 14 | 20 40 | 24 21 | 15 13 | 04 11 | 17 11:46 | 17 ♍ 16:37 |
| 9 | 28 37 | 16 26 | 19 45 | 11 06 | 03 17 | 24 | 04 38 | 20 57 | 24 40 | 15 32 | 04 15 | 19 21:35 | 19 ♎ 23:49 |
| 10 | 29 01 | 16 44 | 20 05 | 11 22 | 03 21 | 25 | 05 03 | 21 15 | 24 59 | 15 51 | 04 19 | 22 06:51 | 22 ♏ 08:59 |
| 11 | 29 25 | 17 03 | 20 26 | 11 39 | 03 25 | 26 | 05 27 | 21 32 | 25 18 | 16 11 | 04 23 | 24 17:59 | 24 ♐ 19:59 |
| 12 | 29 49 | 17 21 | 20 46 | 11 55 | 03 28 | 27 | 05 51 | 21 50 | 25 36 | 16 30 | 04 27 | 27 07:09 | 27 ♑ 08:21 |
| 13 | 00♉13 | 17 40 | 21 06 | 12 12 | 03 32 | 28 | 06 15 | 22 07 | 25 55 | 16 50 | 04 32 | 29 20:14 | 29 ♒ 20:46 |
| 14 | 00 37 | 17 58 | 21 26 | 12 29 | 03 36 | 29 | 06 39 | 22 24 | 26 13 | 17 10 | 04 36 | | |
| 15 | 01 01 | 18 16 | 21 46 | 12 47 | 03 40 | 30 | 07 04 | 22 41 | 26 31 | 17 30 | 04 40 | | |

## 0:00 E.T.  Declinations

| D | ☉ | ☽ | ☿ | ♀ | ♂ | ♃ | ♄ | ♅ | ♆ | ♇ | ⚳ | ⚴ | ⚵ | ⚶ | ⚷ |
|---|---|---|---|---|---|---|---|---|---|---|---|---|---|---|---|
| 1 | +04 23 | -18 18 | +01 01 | -09 42 | -22 21 | +08 00 | +20 56 | +23 36 | +06 56 | -22 33 | +04 08 | +02 25 | -07 32 | +25 35 | +16 51 |
| 2 | 04 47 | 17 23 | 01 54 | 09 17 | 22 16 | 08 05 | 20 56 | 23 36 | 06 57 | 22 32 | 04 17 | 02 29 | 07 26 | 25 35 | 16 52 |
| 3 | 05 10 | 15 40 | 02 47 | 08 52 | 22 10 | 08 10 | 20 56 | 23 36 | 06 58 | 22 32 | 04 27 | 02 34 | 07 20 | 25 35 | 16 53 |
| 4 | 05 33 | 13 10 | 03 42 | 08 26 | 22 05 | 08 16 | 20 56 | 23 36 | 06 59 | 22 32 | 04 37 | 02 38 | 07 13 | 25 34 | 16 54 |
| 5 | 05 55 | 09 58 | 04 37 | 08 01 | 21 59 | 08 21 | 20 56 | 23 36 | 07 00 | 22 32 | 04 47 | 02 43 | 07 07 | 25 34 | 16 54 |
| 6 | 06 18 | 06 10 | 05 32 | 07 35 | 21 54 | 08 26 | 20 56 | 23 36 | 07 00 | 22 32 | 04 57 | 02 47 | 07 00 | 25 34 | 16 55 |
| 7 | 06 41 | 01 57 | 06 28 | 07 09 | 21 48 | 08 32 | 20 56 | 23 35 | 07 01 | 22 32 | 05 06 | 02 51 | 06 54 | 25 34 | 16 56 |
| 8 | 07 03 | +02 29 | 07 24 | 06 42 | 21 42 | 08 37 | 20 55 | 23 35 | 07 02 | 22 32 | 05 16 | 02 56 | 06 48 | 25 33 | 16 57 |
| 9 | 07 26 | 06 53 | 08 20 | 06 16 | 21 35 | 08 42 | 20 55 | 23 35 | 07 03 | 22 31 | 05 26 | 03 00 | 06 41 | 25 33 | 16 57 |
| 10 | 07 48 | 10 57 | 09 15 | 05 49 | 21 29 | 08 47 | 20 55 | 23 35 | 07 04 | 22 31 | 05 35 | 03 05 | 06 35 | 25 32 | 16 58 |
| 11 | 08 10 | 14 22 | 10 11 | 05 22 | 21 23 | 08 53 | 20 55 | 23 35 | 07 05 | 22 31 | 05 45 | 03 09 | 06 28 | 25 32 | 16 59 |
| 12 | 08 32 | 16 52 | 11 06 | 04 55 | 21 16 | 08 58 | 20 54 | 23 35 | 07 05 | 22 31 | 05 54 | 03 13 | 06 22 | 25 31 | 17 00 |
| 13 | 08 54 | 18 15 | 12 00 | 04 28 | 21 09 | 09 03 | 20 54 | 23 35 | 07 06 | 22 31 | 06 04 | 03 18 | 06 15 | 25 31 | 17 00 |
| 14 | 09 16 | 18 27 | 12 53 | 04 01 | 21 02 | 09 09 | 20 54 | 23 35 | 07 07 | 22 31 | 06 13 | 03 22 | 06 09 | 25 30 | 17 01 |
| 15 | 09 38 | 17 29 | 13 45 | 03 33 | 20 55 | 09 14 | 20 54 | 23 35 | 07 08 | 22 31 | 06 23 | 03 26 | 06 03 | 25 29 | 17 02 |
| 16 | 09 59 | 15 29 | 14 36 | 03 06 | 20 48 | 09 19 | 20 53 | 23 35 | 07 09 | 22 31 | 06 32 | 03 31 | 05 56 | 25 28 | 17 03 |
| 17 | 10 20 | 12 39 | 15 25 | 02 38 | 20 41 | 09 24 | 20 53 | 23 35 | 07 10 | 22 31 | 06 42 | 03 35 | 05 50 | 25 27 | 17 04 |
| 18 | 10 41 | 09 11 | 16 12 | 02 10 | 20 33 | 09 30 | 20 52 | 23 35 | 07 10 | 22 31 | 06 51 | 03 39 | 05 43 | 25 26 | 17 04 |
| 19 | 11 02 | 05 20 | 16 58 | 01 42 | 20 26 | 09 35 | 20 52 | 23 34 | 07 11 | 22 31 | 07 00 | 03 44 | 05 37 | 25 25 | 17 05 |
| 20 | 11 23 | 01 17 | 17 41 | 01 14 | 20 18 | 09 40 | 20 52 | 23 34 | 07 12 | 22 31 | 07 10 | 03 48 | 05 30 | 25 24 | 17 06 |
| 21 | 11 44 | -02 45 | 18 22 | 00 46 | 20 09 | 09 45 | 20 52 | 23 34 | 07 13 | 22 31 | 07 19 | 03 52 | 05 24 | 25 23 | 17 07 |
| 22 | 12 04 | 06 38 | 19 01 | 00 18 | 20 02 | 09 50 | 20 51 | 23 34 | 07 14 | 22 31 | 07 28 | 03 56 | 05 17 | 25 22 | 17 08 |
| 23 | 12 24 | 10 09 | 19 37 | +00 10 | 19 54 | 09 55 | 20 51 | 23 34 | 07 15 | 22 31 | 07 37 | 04 00 | 05 11 | 25 20 | 17 08 |
| 24 | 12 44 | 13 12 | 20 11 | 00 38 | 19 46 | 10 01 | 20 50 | 23 34 | 07 15 | 22 31 | 07 46 | 04 05 | 05 04 | 25 19 | 17 09 |
| 25 | 13 04 | 15 39 | 20 43 | 01 06 | 19 38 | 10 06 | 20 50 | 23 34 | 07 16 | 22 31 | 07 55 | 04 09 | 04 58 | 25 16 | 17 10 |
| 26 | 13 23 | 17 25 | 21 11 | 01 34 | 19 30 | 10 11 | 20 49 | 23 34 | 07 17 | 22 31 | 08 04 | 04 13 | 04 52 | 25 16 | 17 11 |
| 27 | 13 43 | 18 24 | 21 38 | 02 02 | 19 21 | 10 16 | 20 49 | 23 34 | 07 18 | 22 31 | 08 13 | 04 17 | 04 45 | 25 14 | 17 11 |
| 28 | 14 02 | 18 35 | 22 01 | 02 30 | 19 13 | 10 21 | 20 48 | 23 33 | 07 19 | 22 31 | 08 22 | 04 21 | 04 39 | 25 12 | 17 12 |
| 29 | 14 21 | 17 57 | 22 23 | 02 59 | 19 04 | 10 26 | 20 47 | 23 33 | 07 19 | 22 31 | 08 31 | 04 25 | 04 32 | 25 10 | 17 13 |
| 30 | 14 39 | 16 31 | 22 41 | 03 27 | 18 55 | 10 31 | 20 47 | 23 33 | 07 20 | 22 31 | 08 40 | 04 29 | 04 26 | 25 09 | 17 14 |

Lunar Phases -- 8 ● 10:59   15 ◐ 02:56   22 ○ 13:22   30 ◑ 16:55      Sun enters ♉ 4/20 05:50

## 0:00 E.T. Longitudes of Main Planets - May 2035 — May 35

| D | S.T. | ☉ | ☽ | ☽ 12:00 | ☿ | ♀ | ♂ | ♃ | ♄ | ♅ | ♆ | ♇ | ☊ |
|---|---|---|---|---|---|---|---|---|---|---|---|---|---|
| 1 | 14:35:03 | 10♉28 28 | 13♒48 | 20♒00 | 01♊02 | 13♈46 | 11♒40 | 00♉17 | 29♋19 | 07♋26 | 22♈45 | 19♒44 | 11♍45 |
| 2 | 14:38:59 | 11 26 44 | 26 15 | 02♓37 | 02 05 | 14 59 | 12 18 | 00 32 | 29 22 | 07 29 | 22 47 | 19 44 | 11 42 |
| 3 | 14:42:56 | 12 24 58 | 09♓03 | 15 37 | 03 02 | 16 12 | 12 56 | 00 46 | 29 26 | 07 31 | 22 49 | 19 45 | 11 39 |
| 4 | 14:46:52 | 13 23 11 | 22 16 | 29 03 | 03 55 | 17 25 | 13 34 | 01 00 | 29 29 | 07 33 | 22 51 | 19 45 | 11 36 |
| 5 | 14:50:49 | 14 21 22 | 05♈57 | 12♈58 | 04 42 | 18 38 | 14 12 | 01 14 | 29 33 | 07 36 | 22 53 | 19 46 | 11 33 |
| 6 | 14:54:45 | 15 19 32 | 20 06 | 27 20 | 05 25 | 19 51 | 14 50 | 01 29 | 29 36 | 07 38 | 22 56 | 19 46 | 11 29 |
| 7 | 14:58:42 | 16 17 41 | 04♉40 | 12♉04 | 06 02 | 21 03 | 15 27 | 01 43 | 29 40 | 07 41 | 22 58 | 19 47 | 11 26 |
| 8 | 15:02:39 | 17 15 48 | 19 33 | 27 05 | 06 35 | 22 16 | 16 05 | 01 57 | 29 44 | 07 43 | 23 00 | 19 47 | 11 23 |
| 9 | 15:06:35 | 18 13 53 | 04♊38 | 12♊11 | 07 02 | 23 29 | 16 42 | 02 11 | 29 48 | 07 46 | 23 02 | 19 47 | 11 20 |
| 10 | 15:10:32 | 19 11 56 | 19 43 | 27 13 | 07 23 | 24 42 | 17 20 | 02 25 | 29 52 | 07 49 | 23 04 | 19 48 | 11 17 |
| 11 | 15:14:28 | 20 09 58 | 04♋39 | 12♋01 | 07 40 | 25 55 | 17 57 | 02 39 | 29 56 | 07 51 | 23 06 | 19 48 | 11 13 |
| 12 | 15:18:25 | 21 07 58 | 19 19 | 26 31 | 07 52 | 27 08 | 18 34 | 02 53 | 00♌01 | 07 54 | 23 08 | 19 48 | 11 10 |
| 13 | 15:22:21 | 22 05 56 | 03♌37 | 10♌37 | 07 58 | 28 21 | 19 12 | 03 07 | 00 05 | 07 57 | 23 10 | 19 48 | 11 07 |
| 14 | 15:26:18 | 23 03 52 | 17 31 | 24 20 | 07 59℞ | 29 34 | 19 49 | 03 21 | 00 09 | 08 00 | 23 12 | 19 48 | 11 04 |
| 15 | 15:30:14 | 24 01 46 | 01♍03 | 07♍41 | 07 56 | 00♉47 | 20 26 | 03 35 | 00 14 | 08 02 | 23 14 | 19 49 | 11 01 |
| 16 | 15:34:11 | 24 59 39 | 14 14 | 20 43 | 07 48 | 02 00 | 21 03 | 03 49 | 00 18 | 08 05 | 23 16 | 19 49 | 10 58 |
| 17 | 15:38:08 | 25 57 29 | 27 08 | 03♎29 | 07 35 | 03 13 | 21 39 | 04 03 | 00 23 | 08 08 | 23 18 | 19 49 | 10 54 |
| 18 | 15:42:04 | 26 55 18 | 09♎46 | 16 01 | 07 18 | 04 26 | 22 16 | 04 17 | 00 28 | 08 11 | 23 20 | 19 49 | 10 51 |
| 19 | 15:46:01 | 27 53 06 | 22 13 | 28 23 | 06 58 | 05 39 | 22 53 | 04 31 | 00 33 | 08 14 | 23 22 | 19 49 | 10 48 |
| 20 | 15:49:57 | 28 50 51 | 04♏30 | 10♏36 | 06 33 | 06 52 | 23 29 | 04 45 | 00 38 | 08 17 | 23 24 | 19 49 | 10 45 |
| 21 | 15:53:54 | 29 48 36 | 16 40 | 22 43 | 06 06 | 08 05 | 24 05 | 04 58 | 00 42 | 08 20 | 23 26 | 19 49℞ | 10 42 |
| 22 | 15:57:50 | 00♊46 18 | 28 43 | 04♐43 | 05 36 | 09 18 | 24 42 | 05 12 | 00 48 | 08 23 | 23 28 | 19 49 | 10 39 |
| 23 | 16:01:47 | 01 44 00 | 10♐42 | 16 39 | 05 05 | 10 31 | 25 18 | 05 26 | 00 53 | 08 26 | 23 30 | 19 49 | 10 35 |
| 24 | 16:05:43 | 02 41 40 | 22 36 | 28 32 | 04 32 | 11 44 | 25 54 | 05 39 | 00 58 | 08 29 | 23 32 | 19 49 | 10 32 |
| 25 | 16:09:40 | 03 39 19 | 04♑28 | 10♑24 | 03 58 | 12 57 | 26 30 | 05 53 | 01 03 | 08 32 | 23 33 | 19 49 | 10 29 |
| 26 | 16:13:37 | 04 36 57 | 16 19 | 22 16 | 03 23 | 14 10 | 27 06 | 06 06 | 01 08 | 08 35 | 23 35 | 19 49 | 10 26 |
| 27 | 16:17:33 | 05 34 34 | 28 13 | 04♒12 | 02 49 | 15 24 | 27 41 | 06 20 | 01 14 | 08 38 | 23 37 | 19 49 | 10 23 |
| 28 | 16:21:30 | 06 32 10 | 10♒13 | 16 17 | 02 16 | 16 37 | 28 17 | 06 33 | 01 19 | 08 42 | 23 39 | 19 48 | 10 19 |
| 29 | 16:25:26 | 07 29 45 | 22 23 | 28 33 | 01 45 | 17 50 | 28 52 | 06 47 | 01 25 | 08 45 | 23 41 | 19 48 | 10 16 |
| 30 | 16:29:23 | 08 27 19 | 04♓48 | 11♓07 | 01 15 | 19 03 | 29 28 | 07 00 | 01 30 | 08 48 | 23 42 | 19 48 | 10 13 |
| 31 | 16:33:19 | 09 24 52 | 17 32 | 24 03 | 00 48 | 20 16 | 00♓03 | 07 13 | 01 36 | 08 51 | 23 44 | 19 48 | 10 10 |

## 0:00 E.T. Longitudes of the Major Asteroids and Chiron

| D | ⚳ | ⚴ | ⚵ | ⚶ | ⚷ | D | ⚳ | ⚴ | ⚵ | ⚶ | ⚷ |
|---|---|---|---|---|---|---|---|---|---|---|---|
| 1 | 07♉28 | 22♓58 | 26♒49 | 17♋50 | 04♊44 | 17 | 13 54 | 27 18 | 01 19 | 23 34 | 05 55 |
| 2 | 07 52 | 23 15 | 27 07 | 18 11 | 04 49 | 18 | 14 18 | 27 33 | 01 35 | 23 56 | 06 00 |
| 3 | 08 16 | 23 32 | 27 25 | 18 31 | 04 53 | 19 | 14 42 | 27 48 | 01 50 | 24 19 | 06 04 |
| 4 | 08 40 | 23 49 | 27 43 | 18 52 | 04 57 | 20 | 15 06 | 28 03 | 02 05 | 24 42 | 06 09 |
| 5 | 09 04 | 24 05 | 28 00 | 19 13 | 05 02 | 21 | 15 30 | 28 18 | 02 20 | 25 05 | 06 14 |
| 6 | 09 29 | 24 22 | 28 18 | 19 34 | 05 06 | 22 | 15 54 | 28 33 | 02 35 | 25 28 | 06 18 |
| 7 | 09 53 | 24 38 | 28 35 | 19 55 | 05 10 | 23 | 16 18 | 28 48 | 02 49 | 25 51 | 06 23 |
| 8 | 10 17 | 24 55 | 28 52 | 20 16 | 05 15 | 24 | 16 42 | 29 02 | 03 04 | 26 14 | 06 27 |
| 9 | 10 41 | 25 11 | 29 09 | 20 38 | 05 19 | 25 | 17 06 | 29 17 | 03 18 | 26 37 | 06 32 |
| 10 | 11 05 | 25 27 | 29 26 | 20 59 | 05 24 | 26 | 17 30 | 29 31 | 03 32 | 27 01 | 06 37 |
| 11 | 11 29 | 25 43 | 29 43 | 21 21 | 05 28 | 27 | 17 54 | 29 45 | 03 46 | 27 24 | 06 41 |
| 12 | 11 54 | 25 59 | 29 59 | 21 43 | 05 33 | 28 | 18 18 | 29 59 | 03 59 | 27 48 | 06 46 |
| 13 | 12 18 | 26 15 | 00♓16 | 22 05 | 05 37 | 29 | 18 42 | 00♈13 | 04 13 | 28 12 | 06 50 |
| 14 | 12 42 | 26 31 | 00 32 | 22 27 | 05 42 | 30 | 19 06 | 00 27 | 04 26 | 28 36 | 06 55 |
| 15 | 13 06 | 26 47 | 00 48 | 22 49 | 05 46 | 31 | 19 29 | 00 40 | 04 39 | 29 00 | 07 00 |
| 16 | 13 30 | 27 02 | 01 04 | 23 11 | 05 51 | | | | | | |

## Lunar Data

| Last Asp. | | Ingress | | |
|---|---|---|---|---|
| 1 | 17:20 | 2 | ♓ | 07:05 |
| 4 | 12:48 | 4 | ♈ | 13:39 |
| 6 | 15:48 | 6 | ♉ | 16:23 |
| 8 | 16:18 | 8 | ♊ | 16:39 |
| 10 | 08:42 | 10 | ♋ | 16:30 |
| 12 | 14:16 | 12 | ♌ | 17:53 |
| 14 | 10:30 | 14 | ♍ | 22:07 |
| 16 | 21:37 | 17 | ♎ | 05:25 |
| 19 | 02:14 | 19 | ♏ | 15:10 |
| 21 | 15:32 | 22 | ♐ | 02:33 |
| 24 | 07:01 | 24 | ♑ | 14:58 |
| 26 | 14:42 | 27 | ♒ | 03:34 |
| 29 | 13:14 | 29 | ♓ | 14:47 |
| 31 | 05:34 | 31 | ♈ | 22:46 |

## 0:00 E.T. Declinations

| D | ☉ | ☽ | ☿ | ♀ | ♂ | ♃ | ♄ | ♅ | ♆ | ♇ | ⚳ | ⚴ | ⚵ | ⚶ | ⚷ |
|---|---|---|---|---|---|---|---|---|---|---|---|---|---|---|---|
| 1 | +14 58 | -14 18 | +22 58 | +03 55 | -18 46 | +10 36 | +20 46 | +23 33 | +07 21 | -22 31 | +08 49 | +04 33 | -04 20 | +25 07 | +17 14 |
| 2 | 15 16 | 11 24 | 23 11 | 04 23 | 18 37 | 10 41 | 20 46 | 23 33 | 07 22 | 22 31 | 08 58 | 04 37 | 04 13 | 25 05 | 17 15 |
| 3 | 15 34 | 07 52 | 23 23 | 04 51 | 18 28 | 10 46 | 20 45 | 23 33 | 07 23 | 22 31 | 09 06 | 04 41 | 04 07 | 25 03 | 17 16 |
| 4 | 15 51 | 03 50 | 23 32 | 05 18 | 18 19 | 10 51 | 20 44 | 23 33 | 07 23 | 22 32 | 09 15 | 04 45 | 04 01 | 25 00 | 17 17 |
| 5 | 16 08 | +00 31 | 23 39 | 05 46 | 18 10 | 10 56 | 20 43 | 23 32 | 07 24 | 22 32 | 09 24 | 04 49 | 03 54 | 24 58 | 17 18 |
| 6 | 16 26 | 05 00 | 23 43 | 06 14 | 18 01 | 11 01 | 20 43 | 23 32 | 07 25 | 22 32 | 09 32 | 04 52 | 03 48 | 24 56 | 17 18 |
| 7 | 16 42 | 09 18 | 23 46 | 06 41 | 17 51 | 11 06 | 20 42 | 23 32 | 07 26 | 22 32 | 09 41 | 04 56 | 03 42 | 24 53 | 17 19 |
| 8 | 16 59 | 13 08 | 23 46 | 07 09 | 17 42 | 11 11 | 20 41 | 23 32 | 07 26 | 22 32 | 09 49 | 05 00 | 03 36 | 24 51 | 17 20 |
| 9 | 17 15 | 16 08 | 23 44 | 07 36 | 17 32 | 11 15 | 20 40 | 23 32 | 07 27 | 22 32 | 09 58 | 05 03 | 03 30 | 24 48 | 17 21 |
| 10 | 17 31 | 18 03 | 23 41 | 08 03 | 17 23 | 11 20 | 20 40 | 23 32 | 07 28 | 22 32 | 10 06 | 05 07 | 03 24 | 24 46 | 17 21 |
| 11 | 17 47 | 18 42 | 23 35 | 08 30 | 17 13 | 11 25 | 20 39 | 23 32 | 07 29 | 22 33 | 10 14 | 05 11 | 03 18 | 24 43 | 17 22 |
| 12 | 18 02 | 18 04 | 23 27 | 08 57 | 17 03 | 11 30 | 20 38 | 23 31 | 07 29 | 22 33 | 10 23 | 05 14 | 03 12 | 24 40 | 17 23 |
| 13 | 18 17 | 16 18 | 23 17 | 09 23 | 16 53 | 11 35 | 20 37 | 23 31 | 07 30 | 22 33 | 10 31 | 05 18 | 03 06 | 24 37 | 17 24 |
| 14 | 18 32 | 13 36 | 23 05 | 09 50 | 16 44 | 11 39 | 20 36 | 23 31 | 07 31 | 22 33 | 10 39 | 05 21 | 03 00 | 24 34 | 17 24 |
| 15 | 18 46 | 10 13 | 22 52 | 10 16 | 16 34 | 11 44 | 20 35 | 23 31 | 07 32 | 22 33 | 10 47 | 05 24 | 02 54 | 24 31 | 17 25 |
| 16 | 19 01 | 06 24 | 22 37 | 10 42 | 16 24 | 11 49 | 20 34 | 23 31 | 07 32 | 22 34 | 10 55 | 05 28 | 02 48 | 24 28 | 17 26 |
| 17 | 19 14 | 02 22 | 22 20 | 11 07 | 16 14 | 11 53 | 20 33 | 23 30 | 07 33 | 22 34 | 11 03 | 05 31 | 02 42 | 24 25 | 17 27 |
| 18 | 19 28 | -01 41 | 22 02 | 11 33 | 16 04 | 11 58 | 20 32 | 23 30 | 07 34 | 22 34 | 11 11 | 05 34 | 02 36 | 24 22 | 17 27 |
| 19 | 19 41 | 05 36 | 21 42 | 11 58 | 15 54 | 12 03 | 20 31 | 23 30 | 07 34 | 22 34 | 11 19 | 05 37 | 02 30 | 24 18 | 17 28 |
| 20 | 19 54 | 09 14 | 21 22 | 12 23 | 15 44 | 12 07 | 20 30 | 23 30 | 07 35 | 22 35 | 11 27 | 05 40 | 02 25 | 24 15 | 17 29 |
| 21 | 20 06 | 12 27 | 21 00 | 12 48 | 15 33 | 12 12 | 20 29 | 23 30 | 07 36 | 22 35 | 11 35 | 05 43 | 02 19 | 24 11 | 17 30 |
| 22 | 20 18 | 15 06 | 20 38 | 13 12 | 15 23 | 12 16 | 20 28 | 23 30 | 07 36 | 22 35 | 11 43 | 05 46 | 02 14 | 24 08 | 17 30 |
| 23 | 20 30 | 17 06 | 20 15 | 13 36 | 15 13 | 12 21 | 20 27 | 23 29 | 07 37 | 22 35 | 11 51 | 05 49 | 02 08 | 24 04 | 17 31 |
| 24 | 20 42 | 18 21 | 19 52 | 14 00 | 15 03 | 12 25 | 20 26 | 23 29 | 07 38 | 22 36 | 11 58 | 05 52 | 02 03 | 24 00 | 17 32 |
| 25 | 20 53 | 18 47 | 19 28 | 14 23 | 14 53 | 12 30 | 20 25 | 23 29 | 07 38 | 22 36 | 12 06 | 05 55 | 01 57 | 23 56 | 17 32 |
| 26 | 21 03 | 18 25 | 19 05 | 14 46 | 14 42 | 12 34 | 20 24 | 23 29 | 07 39 | 22 36 | 12 13 | 05 57 | 01 52 | 23 52 | 17 33 |
| 27 | 21 14 | 17 13 | 18 43 | 15 09 | 14 32 | 12 38 | 20 23 | 23 29 | 07 40 | 22 37 | 12 21 | 06 00 | 01 47 | 23 48 | 17 34 |
| 28 | 21 24 | 15 16 | 18 21 | 15 32 | 14 22 | 12 43 | 20 21 | 23 28 | 07 40 | 22 37 | 12 28 | 06 02 | 01 42 | 23 44 | 17 34 |
| 29 | 21 33 | 12 36 | 18 00 | 15 54 | 14 11 | 12 47 | 20 20 | 23 28 | 07 41 | 22 37 | 12 36 | 06 05 | 01 36 | 23 40 | 17 35 |
| 30 | 21 42 | 09 19 | 17 40 | 16 15 | 14 01 | 12 51 | 20 19 | 23 28 | 07 41 | 22 38 | 12 43 | 06 07 | 01 31 | 23 36 | 17 36 |
| 31 | 21 51 | 05 32 | 17 22 | 16 36 | 13 51 | 12 56 | 20 18 | 23 28 | 07 42 | 22 38 | 12 50 | 06 10 | 01 26 | 23 31 | 17 36 |

Lunar Phases -- 7 ● 20:05 14 ◐ 10:30 22 ○ 04:27 30 ◑ 07:32 Sun enters ♊ 5/21 04:45

# Longitudes of Main Planets - June 2035

0:00 E.T.

| D | S.T. | ☉ | ☽ | ☽ 12:00 | ☿ | ♀ | ♂ | ♃ | ♄ | ♅ | ♆ | ♇ | ☊ |
|---|---|---|---|---|---|---|---|---|---|---|---|---|---|
| 1 | 16:37:16 | 10♊22 24 | 00♈41 | 07♈25 | 00♊24℞ | 21♉29 | 00♓38 | 07♉27 | 01♌42 | 08♋54 | 23♈46 | 19♒48℞ | 10♍07 |
| 2 | 16:41:12 | 11 19 56 | 14 17 | 21 16 | 00 04 | 22 42 | 01 12 | 07 40 | 01 48 | 08 58 | 23 47 | 19 47 | 10 04 |
| 3 | 16:45:09 | 12 17 26 | 28 23 | 05♉37 | 29♉46 | 23 55 | 01 47 | 07 53 | 01 54 | 09 01 | 23 49 | 19 47 | 10 00 |
| 4 | 16:49:06 | 13 14 56 | 12♉58 | 20 24 | 29 33 | 25 08 | 02 22 | 08 06 | 02 00 | 09 04 | 23 51 | 19 47 | 09 57 |
| 5 | 16:53:02 | 14 12 26 | 27 56 | 05♊31 | 29 24 | 26 22 | 02 56 | 08 19 | 02 06 | 09 08 | 23 52 | 19 46 | 09 54 |
| 6 | 16:56:59 | 15 09 54 | 13♊09 | 20 49 | 29 19 | 27 35 | 03 30 | 08 32 | 02 12 | 09 11 | 23 54 | 19 46 | 09 51 |
| 7 | 17:00:55 | 16 07 21 | 28 27 | 06♋05 | 29 19D | 28 48 | 04 04 | 08 45 | 02 18 | 09 15 | 23 56 | 19 45 | 09 48 |
| 8 | 17:04:52 | 17 04 48 | 13♋39 | 21 09 | 29 22 | 00♊01 | 04 38 | 08 57 | 02 24 | 09 18 | 23 57 | 19 45 | 09 45 |
| 9 | 17:08:48 | 18 02 13 | 28 33 | 05♌52 | 29 31 | 01 14 | 05 11 | 09 10 | 02 30 | 09 21 | 23 59 | 19 44 | 09 41 |
| 10 | 17:12:45 | 18 59 37 | 13♌05 | 20 10 | 29 44 | 02 28 | 05 45 | 09 23 | 02 36 | 09 25 | 24 00 | 19 44 | 09 38 |
| 11 | 17:16:41 | 19 57 01 | 27 09 | 04♍00 | 00♊01 | 03 41 | 06 18 | 09 35 | 02 43 | 09 28 | 24 02 | 19 43 | 09 35 |
| 12 | 17:20:38 | 20 54 23 | 10♍45 | 17 24 | 00 23 | 04 54 | 06 51 | 09 48 | 02 49 | 09 32 | 24 03 | 19 43 | 09 32 |
| 13 | 17:24:35 | 21 51 44 | 23 57 | 00♎24 | 00 49 | 06 07 | 07 23 | 10 00 | 02 56 | 09 35 | 24 04 | 19 42 | 09 29 |
| 14 | 17:28:31 | 22 49 04 | 06♎47 | 13 05 | 01 20 | 07 20 | 07 56 | 10 13 | 03 02 | 09 39 | 24 06 | 19 42 | 09 25 |
| 15 | 17:32:28 | 23 46 23 | 19 19 | 25 30 | 01 55 | 08 34 | 08 28 | 10 25 | 03 09 | 09 42 | 24 07 | 19 41 | 09 22 |
| 16 | 17:36:24 | 24 43 41 | 01♏37 | 07♏42 | 02 34 | 09 47 | 09 00 | 10 37 | 03 15 | 09 46 | 24 08 | 19 41 | 09 19 |
| 17 | 17:40:21 | 25 40 58 | 13 46 | 19 47 | 03 17 | 11 00 | 09 32 | 10 50 | 03 22 | 09 49 | 24 10 | 19 40 | 09 16 |
| 18 | 17:44:17 | 26 38 15 | 25 47 | 01♐45 | 04 04 | 12 13 | 10 04 | 11 02 | 03 29 | 09 53 | 24 11 | 19 39 | 09 13 |
| 19 | 17:48:14 | 27 35 31 | 07♐43 | 13 40 | 04 56 | 13 27 | 10 35 | 11 14 | 03 35 | 09 56 | 24 12 | 19 38 | 09 10 |
| 20 | 17:52:10 | 28 32 46 | 19 37 | 25 33 | 05 51 | 14 40 | 11 06 | 11 26 | 03 42 | 10 00 | 24 14 | 19 38 | 09 06 |
| 21 | 17:56:07 | 29 30 01 | 01♑29 | 07♑25 | 06 50 | 15 53 | 11 37 | 11 37 | 03 49 | 10 03 | 24 15 | 19 37 | 09 03 |
| 22 | 18:00:04 | 00♋27 15 | 13 21 | 19 18 | 07 53 | 17 07 | 12 08 | 11 49 | 03 56 | 10 07 | 24 16 | 19 36 | 09 00 |
| 23 | 18:04:00 | 01 24 29 | 25 16 | 01♒14 | 08 59 | 18 20 | 12 38 | 12 01 | 04 03 | 10 11 | 24 17 | 19 35 | 08 57 |
| 24 | 18:07:57 | 02 21 42 | 07♒14 | 13 15 | 10 09 | 19 33 | 13 08 | 12 13 | 04 10 | 10 14 | 24 18 | 19 35 | 08 54 |
| 25 | 18:11:53 | 03 18 56 | 19 18 | 25 24 | 11 23 | 20 47 | 13 38 | 12 24 | 04 17 | 10 18 | 24 19 | 19 34 | 08 51 |
| 26 | 18:15:50 | 04 16 09 | 01♓32 | 07♓44 | 12 41 | 22 00 | 14 07 | 12 36 | 04 24 | 10 21 | 24 20 | 19 33 | 08 47 |
| 27 | 18:19:46 | 05 13 22 | 13 59 | 20 19 | 14 02 | 23 13 | 14 36 | 12 47 | 04 31 | 10 25 | 24 21 | 19 32 | 08 44 |
| 28 | 18:23:43 | 06 10 35 | 26 44 | 03♈14 | 15 26 | 24 27 | 15 05 | 12 58 | 04 38 | 10 29 | 24 22 | 19 31 | 08 41 |
| 29 | 18:27:39 | 07 07 48 | 09♈50 | 16 32 | 16 54 | 25 40 | 15 34 | 13 09 | 04 45 | 10 32 | 24 23 | 19 30 | 08 38 |
| 30 | 18:31:36 | 08 05 01 | 23 21 | 00♉16 | 18 25 | 26 54 | 16 02 | 13 20 | 04 52 | 10 36 | 24 24 | 19 29 | 08 35 |

## Longitudes of the Major Asteroids and Chiron

0:00 E.T.

| D | ⚳ | ⚴ | ⚵ | ⚶ | ⚷ | D | ⚳ | ⚴ | ⚵ | ⚶ | ⚷ |
|---|---|---|---|---|---|---|---|---|---|---|---|
| 1 | 19♉53 | 00♈54 | 04♓51 | 29♋24 | 07♊04 | 16 | 25 47 | 03 56 | 07 31 | 05 35 | 08 13 |
| 2 | 20 17 | 01 07 | 05 04 | 29 48 | 07 09 | 17 | 26 11 | 04 07 | 07 40 | 06 00 | 08 17 |
| 3 | 20 41 | 01 20 | 05 16 | 00♌12 | 07 13 | 18 | 26 34 | 04 17 | 07 48 | 06 26 | 08 22 |
| 4 | 21 05 | 01 33 | 05 28 | 00 36 | 07 18 | 19 | 26 57 | 04 28 | 07 56 | 06 51 | 08 26 |
| 5 | 21 28 | 01 46 | 05 40 | 01 01 | 07 23 | 20 | 27 20 | 04 38 | 08 03 | 07 17 | 08 30 |
| 6 | 21 52 | 01 59 | 05 51 | 01 25 | 07 27 | 21 | 27 44 | 04 48 | 08 10 | 07 42 | 08 35 |
| 7 | 22 16 | 02 11 | 06 02 | 01 50 | 07 32 | 22 | 28 07 | 04 57 | 08 17 | 08 08 | 08 39 |
| 8 | 22 39 | 02 24 | 06 13 | 02 15 | 07 36 | 23 | 28 30 | 05 07 | 08 24 | 08 34 | 08 44 |
| 9 | 23 03 | 02 36 | 06 24 | 02 39 | 07 41 | 24 | 28 53 | 05 16 | 08 30 | 09 00 | 08 48 |
| 10 | 23 26 | 02 48 | 06 34 | 03 04 | 07 45 | 25 | 29 16 | 05 25 | 08 36 | 09 26 | 08 52 |
| 11 | 23 50 | 03 00 | 06 45 | 03 29 | 07 50 | 26 | 29 39 | 05 34 | 08 42 | 09 52 | 08 57 |
| 12 | 24 14 | 03 11 | 06 54 | 03 54 | 07 55 | 27 | 00♊02 | 05 43 | 08 47 | 10 18 | 09 01 |
| 13 | 24 37 | 03 23 | 07 04 | 04 19 | 07 59 | 28 | 00 25 | 05 51 | 08 52 | 10 44 | 09 05 |
| 14 | 25 00 | 03 34 | 07 13 | 04 44 | 08 04 | 29 | 00 47 | 06 00 | 08 56 | 11 10 | 09 09 |
| 15 | 25 24 | 03 45 | 07 22 | 05 10 | 08 08 | 30 | 01 10 | 06 08 | 09 01 | 11 36 | 09 14 |

## Lunar Data

| Last Asp. | | Ingress | | |
|---|---|---|---|---|
| 2 | 16:18 | 3 | ♉ | 02:41 |
| 5 | 02:19 | 5 | ♊ | 03:17 |
| 6 | 16:52 | 7 | ♋ | 02:26 |
| 9 | 01:35 | 9 | ♌ | 02:21 |
| 10 | 18:37 | 11 | ♍ | 04:58 |
| 12 | 19:52 | 13 | ♎ | 11:15 |
| 15 | 09:23 | 15 | ♏ | 20:49 |
| 17 | 11:46 | 18 | ♐ | 08:29 |
| 20 | 19:39 | 20 | ♑ | 21:00 |
| 22 | 22:02 | 23 | ♒ | 09:31 |
| 25 | 09:54 | 25 | ♓ | 21:00 |
| 27 | 19:17 | 28 | ♈ | 06:03 |
| 30 | 06:46 | 30 | ♉ | 11:32 |

## Declinations

0:00 E.T.

| D | ☉ | ☽ | ☿ | ♀ | ♂ | ♃ | ♄ | ♅ | ♆ | ♇ | ⚳ | ⚴ | ⚵ | ⚶ | ⚷ |
|---|---|---|---|---|---|---|---|---|---|---|---|---|---|---|---|
| 1 | +22 00 | -01 22 | +17 05 | +16 57 | -13 40 | +13 00 | +20 17 | +23 27 | +07 43 | -22 38 | +12 58 | +06 12 | -01 22 | +23 27 | +17 37 |
| 2 | 22 08 | +03 01 | 16 51 | 17 18 | 13 30 | 13 04 | 20 15 | 23 27 | 07 43 | 22 39 | 13 05 | 06 14 | 01 17 | 23 22 | 17 38 |
| 3 | 22 16 | 07 23 | 16 38 | 17 38 | 13 20 | 13 08 | 20 14 | 23 27 | 07 44 | 22 39 | 13 12 | 06 16 | 01 12 | 23 18 | 17 38 |
| 4 | 22 23 | 11 27 | 16 27 | 17 57 | 13 10 | 13 12 | 20 13 | 23 27 | 07 44 | 22 39 | 13 19 | 06 18 | 01 07 | 23 13 | 17 39 |
| 5 | 22 30 | 14 55 | 16 18 | 18 16 | 12 59 | 13 17 | 20 12 | 23 27 | 07 45 | 22 40 | 13 26 | 06 20 | 01 03 | 23 08 | 17 40 |
| 6 | 22 36 | 17 25 | 16 11 | 18 35 | 12 49 | 13 21 | 20 10 | 23 26 | 07 45 | 22 40 | 13 33 | 06 22 | 00 59 | 23 03 | 17 40 |
| 7 | 22 43 | 18 41 | 16 06 | 18 53 | 12 39 | 13 25 | 20 09 | 23 26 | 07 46 | 22 41 | 13 40 | 06 23 | 00 54 | 22 58 | 17 41 |
| 8 | 22 48 | 18 37 | 16 04 | 19 11 | 12 29 | 13 29 | 20 08 | 23 26 | 07 46 | 22 41 | 13 47 | 06 25 | 00 50 | 22 53 | 17 42 |
| 9 | 22 54 | 17 15 | 16 03 | 19 28 | 12 19 | 13 33 | 20 06 | 23 26 | 07 47 | 22 41 | 13 53 | 06 27 | 00 46 | 22 48 | 17 42 |
| 10 | 22 59 | 14 47 | 16 04 | 19 44 | 12 08 | 13 37 | 20 05 | 23 25 | 07 47 | 22 42 | 14 00 | 06 28 | 00 42 | 22 43 | 17 43 |
| 11 | 23 03 | 11 30 | 16 08 | 20 00 | 11 58 | 13 41 | 20 03 | 23 25 | 07 48 | 22 42 | 14 07 | 06 29 | 00 38 | 22 38 | 17 43 |
| 12 | 23 07 | 07 41 | 16 13 | 20 16 | 11 48 | 13 44 | 20 02 | 23 25 | 07 48 | 22 43 | 14 13 | 06 31 | 00 34 | 22 33 | 17 44 |
| 13 | 23 11 | 03 37 | 16 20 | 20 31 | 11 38 | 13 48 | 20 01 | 23 25 | 07 49 | 22 43 | 14 20 | 06 32 | 00 30 | 22 27 | 17 44 |
| 14 | 23 14 | -00 31 | 16 29 | 20 45 | 11 29 | 13 52 | 19 59 | 23 24 | 07 49 | 22 43 | 14 26 | 06 33 | 00 27 | 22 22 | 17 45 |
| 15 | 23 17 | 04 31 | 16 40 | 20 59 | 11 19 | 13 56 | 19 58 | 23 24 | 07 50 | 22 44 | 14 33 | 06 34 | 00 23 | 22 16 | 17 46 |
| 16 | 23 20 | 08 16 | 16 52 | 21 13 | 11 09 | 14 00 | 19 56 | 23 24 | 07 50 | 22 44 | 14 39 | 06 34 | 00 20 | 22 10 | 17 46 |
| 17 | 23 22 | 11 36 | 17 05 | 21 25 | 10 59 | 14 03 | 19 55 | 23 24 | 07 51 | 22 45 | 14 45 | 06 35 | 00 17 | 22 05 | 17 47 |
| 18 | 23 23 | 14 26 | 17 20 | 21 38 | 10 50 | 14 07 | 19 53 | 23 23 | 07 51 | 22 45 | 14 52 | 06 36 | 00 14 | 21 59 | 17 47 |
| 19 | 23 25 | 16 38 | 17 36 | 21 49 | 10 40 | 14 11 | 19 52 | 23 23 | 07 52 | 22 46 | 14 58 | 06 36 | 00 11 | 21 53 | 17 48 |
| 20 | 23 25 | 18 07 | 17 53 | 22 00 | 10 30 | 14 14 | 19 50 | 23 23 | 07 52 | 22 46 | 15 04 | 06 37 | 00 08 | 21 47 | 17 48 |
| 21 | 23 26 | 18 49 | 18 11 | 22 10 | 10 21 | 14 18 | 19 49 | 23 23 | 07 52 | 22 47 | 15 10 | 06 37 | 00 05 | 21 41 | 17 49 |
| 22 | 23 26 | 18 41 | 18 30 | 22 20 | 10 12 | 14 21 | 19 47 | 23 22 | 07 53 | 22 47 | 15 16 | 06 37 | 00 02 | 21 35 | 17 49 |
| 23 | 23 25 | 17 44 | 18 49 | 22 29 | 10 02 | 14 25 | 19 45 | 23 22 | 07 53 | 22 48 | 15 22 | 06 37 | 00 00 | 21 28 | 17 50 |
| 24 | 23 25 | 16 00 | 19 09 | 22 38 | 09 53 | 14 28 | 19 44 | 23 22 | 07 53 | 22 48 | 15 28 | 06 37 | +00 02 | 21 22 | 17 50 |
| 25 | 23 23 | 13 32 | 19 29 | 22 46 | 09 44 | 14 32 | 19 42 | 23 22 | 07 54 | 22 49 | 15 33 | 06 36 | 00 04 | 21 16 | 17 51 |
| 26 | 23 22 | 10 27 | 19 50 | 22 53 | 09 35 | 14 35 | 19 41 | 23 21 | 07 54 | 22 49 | 15 39 | 06 36 | 00 06 | 21 09 | 17 51 |
| 27 | 23 20 | 06 51 | 20 11 | 22 59 | 09 26 | 14 38 | 19 39 | 23 21 | 07 54 | 22 50 | 15 45 | 06 36 | 00 08 | 21 03 | 17 52 |
| 28 | 23 17 | 02 52 | 20 31 | 23 05 | 09 18 | 14 42 | 19 37 | 23 21 | 07 55 | 22 50 | 15 51 | 06 35 | 00 10 | 20 56 | 17 52 |
| 29 | 23 14 | +01 22 | 20 52 | 23 10 | 09 09 | 14 45 | 19 36 | 23 20 | 07 55 | 22 51 | 15 56 | 06 34 | 00 11 | 20 49 | 17 52 |
| 30 | 23 11 | 05 39 | 21 12 | 23 15 | 09 01 | 14 48 | 19 34 | 23 20 | 07 55 | 22 51 | 16 02 | 06 33 | 00 13 | 20 43 | 17 53 |

Lunar Phases -- 6 ● 03:22 12 ◐ 19:51 20 ○ 19:39 28 ◑ 18:44 Sun enters ♋ 6/21 12:34

## 0:00 E.T. Longitudes of Main Planets - July 2035 **July 35**

| D | S.T. | ☉ | ☽ | ☽ 12:00 | ☿ | ♀ | ♂ | ♃ | ♄ | ♅ | ♆ | ♇ | ☊ |
|---|---|---|---|---|---|---|---|---|---|---|---|---|---|
| 1 | 18:35:33 | 09♋02 14 | 07♉18 | 14♉28 | 20♊00 | 28♊07 | 16♓30 | 13♉31 | 04♌59 | 10♋39 | 24♈25 | 19♒28℞ | 08♍31 |
| 2 | 18:39:29 | 09 59 27 | 21 43 | 29 05 | 21 38 | 29 20 | 16 57 | 13 42 | 05 07 | 10 43 | 24 26 | 19 28 | 08 28 |
| 3 | 18:43:26 | 10 56 41 | 06♊32 | 14♊04 | 23 19 | 00♋34 | 17 24 | 13 53 | 05 14 | 10 47 | 24 27 | 19 27 | 08 25 |
| 4 | 18:47:22 | 11 53 54 | 21 39 | 29 16 | 25 04 | 01 47 | 17 51 | 14 04 | 05 21 | 10 50 | 24 28 | 19 26 | 08 22 |
| 5 | 18:51:19 | 12 51 08 | 06♋54 | 14♋31 | 26 51 | 03 01 | 18 17 | 14 14 | 05 29 | 10 54 | 24 28 | 19 25 | 08 19 |
| 6 | 18:55:15 | 13 48 22 | 22 06 | 29 38 | 28 42 | 04 15 | 18 43 | 14 25 | 05 36 | 10 58 | 24 29 | 19 24 | 08 16 |
| 7 | 18:59:12 | 14 45 35 | 07♌05 | 14♌27 | 00♋35 | 05 28 | 19 09 | 14 35 | 05 43 | 11 01 | 24 30 | 19 22 | 08 12 |
| 8 | 19:03:08 | 15 42 49 | 21 44 | 28 53 | 02 31 | 06 42 | 19 34 | 14 45 | 05 51 | 11 05 | 24 31 | 19 21 | 08 09 |
| 9 | 19:07:05 | 16 40 02 | 05♍56 | 12♍51 | 04 30 | 07 55 | 19 58 | 14 55 | 05 58 | 11 08 | 24 31 | 19 20 | 08 06 |
| 10 | 19:11:02 | 17 37 15 | 19 40 | 26 22 | 06 30 | 09 09 | 20 23 | 15 05 | 06 06 | 11 12 | 24 32 | 19 19 | 08 03 |
| 11 | 19:14:58 | 18 34 28 | 02♎57 | 09♎27 | 08 33 | 10 22 | 20 46 | 15 15 | 06 13 | 11 16 | 24 32 | 19 18 | 08 00 |
| 12 | 19:18:55 | 19 31 41 | 15 50 | 22 09 | 10 38 | 11 36 | 21 10 | 15 25 | 06 21 | 11 19 | 24 33 | 19 17 | 07 56 |
| 13 | 19:22:51 | 20 28 54 | 28 23 | 04♏33 | 12 44 | 12 50 | 21 33 | 15 35 | 06 28 | 11 23 | 24 33 | 19 16 | 07 53 |
| 14 | 19:26:48 | 21 26 07 | 10♏40 | 16 44 | 14 51 | 14 03 | 21 55 | 15 44 | 06 36 | 11 26 | 24 34 | 19 15 | 07 50 |
| 15 | 19:30:44 | 22 23 19 | 22 45 | 28 44 | 16 59 | 15 17 | 22 17 | 15 54 | 06 43 | 11 30 | 24 34 | 19 14 | 07 47 |
| 16 | 19:34:41 | 23 20 32 | 04♐42 | 10♐39 | 19 07 | 16 31 | 22 38 | 16 03 | 06 51 | 11 33 | 24 35 | 19 12 | 07 44 |
| 17 | 19:38:37 | 24 17 45 | 16 35 | 22 31 | 21 16 | 17 44 | 22 59 | 16 12 | 06 58 | 11 37 | 24 35 | 19 11 | 07 41 |
| 18 | 19:42:34 | 25 14 59 | 28 27 | 04♑23 | 23 25 | 18 58 | 23 20 | 16 22 | 07 06 | 11 41 | 24 36 | 19 10 | 07 37 |
| 19 | 19:46:31 | 26 12 12 | 10♑20 | 16 18 | 25 33 | 20 12 | 23 39 | 16 31 | 07 14 | 11 44 | 24 36 | 19 09 | 07 34 |
| 20 | 19:50:27 | 27 09 26 | 22 16 | 28 16 | 27 41 | 21 25 | 23 59 | 16 39 | 07 21 | 11 48 | 24 36 | 19 08 | 07 31 |
| 21 | 19:54:24 | 28 06 41 | 04♒17 | 10♒19 | 29 49 | 22 39 | 24 17 | 16 48 | 07 29 | 11 51 | 24 36 | 19 06 | 07 28 |
| 22 | 19:58:20 | 29 03 55 | 16 24 | 22 30 | 01♌55 | 23 53 | 24 36 | 16 57 | 07 37 | 11 55 | 24 37 | 19 05 | 07 25 |
| 23 | 20:02:17 | 00♌01 11 | 28 39 | 04♓50 | 04 00 | 25 07 | 24 53 | 17 05 | 07 44 | 11 58 | 24 37 | 19 04 | 07 22 |
| 24 | 20:06:13 | 00 58 27 | 11♓04 | 17 21 | 06 04 | 26 21 | 25 10 | 17 13 | 07 52 | 12 02 | 24 37 | 19 03 | 07 18 |
| 25 | 20:10:10 | 01 55 44 | 23 41 | 00♈06 | 08 07 | 27 34 | 25 27 | 17 22 | 08 00 | 12 05 | 24 37 | 19 01 | 07 15 |
| 26 | 20:14:06 | 02 53 01 | 06♈34 | 13 06 | 10 08 | 28 48 | 25 42 | 17 30 | 08 07 | 12 09 | 24 37 | 19 00 | 07 12 |
| 27 | 20:18:03 | 03 50 20 | 19 44 | 26 26 | 12 08 | 00♌02 | 25 58 | 17 38 | 08 15 | 12 12 | 24 37 | 18 59 | 07 09 |
| 28 | 20:22:00 | 04 47 39 | 03♉14 | 10♉07 | 14 06 | 01 16 | 26 12 | 17 45 | 08 23 | 12 15 | 24 37 | 18 58 | 07 06 |
| 29 | 20:25:56 | 05 45 00 | 17 05 | 24 09 | 16 03 | 02 30 | 26 26 | 17 53 | 08 31 | 12 19 | 24 37℞ | 18 56 | 07 02 |
| 30 | 20:29:53 | 06 42 21 | 01♊18 | 08♊33 | 17 58 | 03 44 | 26 39 | 18 01 | 08 38 | 12 22 | 24 37 | 18 55 | 06 59 |
| 31 | 20:33:49 | 07 39 44 | 15 51 | 23 14 | 19 51 | 04 58 | 26 51 | 18 08 | 08 46 | 12 26 | 24 37 | 18 54 | 06 56 |

## 0:00 E.T. Longitudes of the Major Asteroids and Chiron

| D | ⚳ | ⚴ | ⚵ | ⚶ | ⚷ |
|---|---|---|---|---|---|
| 1 | 01♊33 | 06♈15 | 09♓04 | 12♌03 | 09♊18 |
| 2 | 01 56 | 06 23 | 09 08 | 12 29 | 09 22 |
| 3 | 02 18 | 06 30 | 09 11 | 12 56 | 09 26 |
| 4 | 02 41 | 06 37 | 09 14 | 13 22 | 09 30 |
| 5 | 03 03 | 06 44 | 09 16 | 13 49 | 09 34 |
| 6 | 03 26 | 06 50 | 09 18 | 14 15 | 09 38 |
| 7 | 03 48 | 06 56 | 09 20 | 14 42 | 09 42 |
| 8 | 04 11 | 07 02 | 09 21 | 15 09 | 09 46 |
| 9 | 04 33 | 07 08 | 09 22 | 15 36 | 09 50 |
| 10 | 04 55 | 07 13 | 09 22 | 16 02 | 09 54 |
| 11 | 05 18 | 07 18 | 09 22℞ | 16 29 | 09 58 |
| 12 | 05 40 | 07 23 | 09 22 | 16 56 | 10 02 |
| 13 | 06 02 | 07 28 | 09 21 | 17 23 | 10 06 |
| 14 | 06 24 | 07 32 | 09 20 | 17 50 | 10 10 |
| 15 | 06 46 | 07 36 | 09 18 | 18 17 | 10 13 |
| 16 | 07 07 | 07 40 | 09 16 | 18 45 | 10 17 |
| 17 | 07 29 | 07 43 | 09 13 | 19 12 | 10 21 |
| 18 | 07 51 | 07 46 | 09 10 | 19 39 | 10 24 |
| 19 | 08 13 | 07 49 | 09 07 | 20 06 | 10 28 |
| 20 | 08 34 | 07 51 | 09 03 | 20 34 | 10 32 |
| 21 | 08 56 | 07 54 | 08 59 | 21 01 | 10 35 |
| 22 | 09 17 | 07 55 | 08 55 | 21 29 | 10 39 |
| 23 | 09 39 | 07 57 | 08 50 | 21 56 | 10 42 |
| 24 | 10 00 | 07 58 | 08 45 | 22 24 | 10 45 |
| 25 | 10 21 | 07 59 | 08 39 | 22 51 | 10 49 |
| 26 | 10 42 | 08 00 | 08 33 | 23 19 | 10 52 |
| 27 | 11 03 | 08 00 | 08 26 | 23 46 | 10 55 |
| 28 | 11 24 | 08 00℞ | 08 19 | 24 14 | 10 59 |
| 29 | 11 45 | 07 59 | 08 12 | 24 42 | 11 02 |
| 30 | 12 06 | 07 58 | 08 04 | 25 10 | 11 05 |
| 31 | 12 26 | 07 57 | 07 56 | 25 38 | 11 08 |

## Lunar Data

| Last Asp. | | Ingress | | |
|---|---|---|---|---|
| 1 | 20:17 | 2 | ♊ | 13:28 |
| 4 | 06:05 | 4 | ♋ | 13:09 |
| 6 | 03:48 | 6 | ♌ | 12:36 |
| 8 | 04:39 | 8 | ♍ | 13:53 |
| 10 | 01:18 | 10 | ♎ | 18:36 |
| 12 | 16:37 | 13 | ♏ | 03:08 |
| 14 | 23:13 | 15 | ♐ | 14:32 |
| 17 | 16:11 | 18 | ♑ | 03:08 |
| 20 | 13:11 | 20 | ♒ | 15:28 |
| 22 | 16:08 | 23 | ♓ | 02:38 |
| 25 | 08:04 | 25 | ♈ | 11:49 |
| 27 | 08:46 | 27 | ♉ | 18:19 |
| 29 | 16:05 | 29 | ♊ | 21:49 |
| 31 | 18:06 | | | |

## 0:00 E.T. Declinations

| D | ☉ | ☽ | ☿ | ♀ | ♂ | ♃ | ♄ | ♅ | ♆ | ♇ | ⚳ | ⚴ | ⚵ | ⚶ | ⚷ |
|---|---|---|---|---|---|---|---|---|---|---|---|---|---|---|---|
| 1 | +23 07 | +09 46 | +21 32 | +23 19 | -08 52 | +14 51 | +19 32 | +23 20 | +07 56 | -22 52 | +16 07 | +06 32 | +00 14 | +20 36 | +17 53 |
| 2 | 23 03 | 13 27 | 21 51 | 23 22 | 08 44 | 14 54 | 19 31 | 23 20 | 07 56 | 22 52 | 16 12 | 06 31 | 00 15 | 20 29 | 17 54 |
| 3 | 22 59 | 16 23 | 22 09 | 23 24 | 08 36 | 14 58 | 19 29 | 23 19 | 07 56 | 22 53 | 16 18 | 06 29 | 00 16 | 20 22 | 17 54 |
| 4 | 22 54 | 18 15 | 22 25 | 23 26 | 08 28 | 15 01 | 19 27 | 23 19 | 07 56 | 22 53 | 16 23 | 06 28 | 00 16 | 20 15 | 17 54 |
| 5 | 22 49 | 18 51 | 22 41 | 23 27 | 08 20 | 15 04 | 19 25 | 23 19 | 07 57 | 22 54 | 16 28 | 06 26 | 00 17 | 20 08 | 17 55 |
| 6 | 22 43 | 18 05 | 22 55 | 23 27 | 08 13 | 15 07 | 19 24 | 23 18 | 07 57 | 22 54 | 16 33 | 06 24 | 00 17 | 20 00 | 17 55 |
| 7 | 22 37 | 16 03 | 23 07 | 23 27 | 08 05 | 15 09 | 19 22 | 23 18 | 07 57 | 22 55 | 16 38 | 06 22 | 00 17 | 19 53 | 17 56 |
| 8 | 22 30 | 13 01 | 23 18 | 23 26 | 07 58 | 15 12 | 19 20 | 23 18 | 07 57 | 22 55 | 16 43 | 06 20 | 00 17 | 19 46 | 17 56 |
| 9 | 22 24 | 09 17 | 23 26 | 23 24 | 07 51 | 15 15 | 19 18 | 23 18 | 07 57 | 22 56 | 16 48 | 06 18 | 00 17 | 19 38 | 17 56 |
| 10 | 22 16 | 05 10 | 23 32 | 23 22 | 07 44 | 15 18 | 19 17 | 23 17 | 07 58 | 22 56 | 16 53 | 06 15 | 00 16 | 19 31 | 17 57 |
| 11 | 22 09 | 00 56 | 23 36 | 23 19 | 07 37 | 15 21 | 19 15 | 23 17 | 07 58 | 22 57 | 16 58 | 06 13 | 00 16 | 19 23 | 17 57 |
| 12 | 22 01 | -03 13 | 23 37 | 23 15 | 07 30 | 15 24 | 19 13 | 23 17 | 07 58 | 22 57 | 17 03 | 06 10 | 00 15 | 19 15 | 17 57 |
| 13 | 21 52 | 07 07 | 23 36 | 23 11 | 07 24 | 15 26 | 19 11 | 23 16 | 07 58 | 22 58 | 17 07 | 06 07 | 00 14 | 19 08 | 17 57 |
| 14 | 21 44 | 10 37 | 23 32 | 23 06 | 07 17 | 15 29 | 19 09 | 23 16 | 07 58 | 22 58 | 17 12 | 06 04 | 00 12 | 19 00 | 17 58 |
| 15 | 21 34 | 13 37 | 23 25 | 23 00 | 07 11 | 15 31 | 19 08 | 23 16 | 07 58 | 22 59 | 17 17 | 06 00 | 00 11 | 18 52 | 17 58 |
| 16 | 21 25 | 16 01 | 23 15 | 22 54 | 07 05 | 15 34 | 19 06 | 23 16 | 07 58 | 22 59 | 17 21 | 05 57 | 00 09 | 18 44 | 17 58 |
| 17 | 21 15 | 17 43 | 23 03 | 22 46 | 07 00 | 15 37 | 19 04 | 23 15 | 07 58 | 23 00 | 17 25 | 05 53 | 00 07 | 18 36 | 17 58 |
| 18 | 21 05 | 18 40 | 22 48 | 22 39 | 06 54 | 15 39 | 19 02 | 23 15 | 07 58 | 23 01 | 17 30 | 05 49 | 00 05 | 18 28 | 17 59 |
| 19 | 20 54 | 18 47 | 22 30 | 22 30 | 06 49 | 15 41 | 19 00 | 23 15 | 07 59 | 23 01 | 17 34 | 05 45 | 00 02 | 18 20 | 17 59 |
| 20 | 20 43 | 18 04 | 22 10 | 22 21 | 06 44 | 15 44 | 18 58 | 23 14 | 07 59 | 23 02 | 17 38 | 05 41 | -00 00 | 18 12 | 17 59 |
| 21 | 20 32 | 16 33 | 21 48 | 22 11 | 06 39 | 15 46 | 18 56 | 23 14 | 07 59 | 23 02 | 17 43 | 05 37 | 00 03 | 18 03 | 17 59 |
| 22 | 20 20 | 14 16 | 21 23 | 22 01 | 06 34 | 15 48 | 18 54 | 23 14 | 07 59 | 23 03 | 17 47 | 05 32 | 00 06 | 17 55 | 18 00 |
| 23 | 20 08 | 11 20 | 20 57 | 21 50 | 06 30 | 15 51 | 18 53 | 23 13 | 07 59 | 23 03 | 17 51 | 05 27 | 00 10 | 17 47 | 18 00 |
| 24 | 19 56 | 07 52 | 20 28 | 21 38 | 06 26 | 15 53 | 18 51 | 23 13 | 07 59 | 23 04 | 17 55 | 05 22 | 00 13 | 17 38 | 18 00 |
| 25 | 19 43 | 03 59 | 19 58 | 21 25 | 06 22 | 15 55 | 18 49 | 23 13 | 07 59 | 23 04 | 17 59 | 05 17 | 00 17 | 17 30 | 18 00 |
| 26 | 19 31 | +00 09 | 19 25 | 21 12 | 06 18 | 15 57 | 18 47 | 23 13 | 07 59 | 23 05 | 18 03 | 05 11 | 00 21 | 17 21 | 18 00 |
| 27 | 19 17 | 04 21 | 18 52 | 20 59 | 06 14 | 15 59 | 18 45 | 23 12 | 07 59 | 23 05 | 18 07 | 05 06 | 00 25 | 17 12 | 18 00 |
| 28 | 19 04 | 08 27 | 18 17 | 20 45 | 06 11 | 16 01 | 18 43 | 23 12 | 07 59 | 23 06 | 18 11 | 05 00 | 00 30 | 17 04 | 18 01 |
| 29 | 18 50 | 12 11 | 17 41 | 20 30 | 06 08 | 16 03 | 18 41 | 23 12 | 07 59 | 23 06 | 18 14 | 04 54 | 00 34 | 16 55 | 18 01 |
| 30 | 18 35 | 15 19 | 17 04 | 20 14 | 06 05 | 16 05 | 18 39 | 23 11 | 07 58 | 23 07 | 18 18 | 04 47 | 00 39 | 16 46 | 18 01 |
| 31 | 18 21 | 17 34 | 16 26 | 19 58 | 06 03 | 16 07 | 18 37 | 23 11 | 07 58 | 23 07 | 18 22 | 04 41 | 00 44 | 16 37 | 18 01 |

Lunar Phases -- 5 ● 10:00 12 ◐ 07:34 20 ○ 10:38 28 ◑ 02:57 Sun enters ♌ 7/22 23:30

# Aug. 35 — Longitudes of Main Planets - August 2035 — 0:00 E.T.

| D | S.T. | ☉ | ☽ | ☽ 12:00 | ☿ | ♀ | ♂ | ♃ | ♄ | ♅ | ♆ | ♇ | ☊ |
|---|---|---|---|---|---|---|---|---|---|---|---|---|---|
| 1 | 20:37:46 | 08♌37 08 | 00♋39 | 08♋07 | 21♌43 | 06♌12 | 27♓03 | 18♉15 | 08♌54 | 12♋29 | 24♈37℞ | 18♒52℞ | 06♍53 |
| 2 | 20:41:42 | 09 34 32 | 15 36 | 23 06 | 23 33 | 07 26 | 27 14 | 18 22 | 09 02 | 12 32 | 24 37 | 18 51 | 06 50 |
| 3 | 20:45:39 | 10 31 58 | 00♌34 | 08♌00 | 25 21 | 08 40 | 27 24 | 18 29 | 09 09 | 12 36 | 24 37 | 18 50 | 06 47 |
| 4 | 20:49:35 | 11 29 25 | 15 23 | 22 43 | 27 08 | 09 54 | 27 34 | 18 36 | 09 17 | 12 39 | 24 37 | 18 48 | 06 43 |
| 5 | 20:53:32 | 12 26 52 | 29 57 | 07♍06 | 28 53 | 11 08 | 27 42 | 18 42 | 09 25 | 12 42 | 24 36 | 18 47 | 06 40 |
| 6 | 20:57:29 | 13 24 21 | 14♍09 | 21 06 | 00♍37 | 12 22 | 27 50 | 18 49 | 09 33 | 12 45 | 24 36 | 18 46 | 06 37 |
| 7 | 21:01:25 | 14 21 50 | 27 56 | 04♎40 | 02 18 | 13 36 | 27 57 | 18 55 | 09 40 | 12 49 | 24 36 | 18 44 | 06 34 |
| 8 | 21:05:22 | 15 19 20 | 11♎18 | 17 50 | 03 59 | 14 50 | 28 04 | 19 01 | 09 48 | 12 52 | 24 36 | 18 43 | 06 31 |
| 9 | 21:09:18 | 16 16 50 | 24 16 | 00♏36 | 05 37 | 16 04 | 28 09 | 19 07 | 09 56 | 12 55 | 24 35 | 18 42 | 06 28 |
| 10 | 21:13:15 | 17 14 22 | 06♏52 | 13 04 | 07 14 | 17 18 | 28 14 | 19 13 | 10 03 | 12 58 | 24 35 | 18 40 | 06 24 |
| 11 | 21:17:11 | 18 11 54 | 19 11 | 25 15 | 08 50 | 18 32 | 28 18 | 19 19 | 10 11 | 13 01 | 24 34 | 18 39 | 06 21 |
| 12 | 21:21:08 | 19 09 27 | 01♐17 | 07♐16 | 10 24 | 19 46 | 28 21 | 19 24 | 10 19 | 13 04 | 24 34 | 18 38 | 06 18 |
| 13 | 21:25:04 | 20 07 01 | 13 14 | 19 10 | 11 56 | 21 00 | 28 24 | 19 29 | 10 26 | 13 07 | 24 33 | 18 36 | 06 15 |
| 14 | 21:29:01 | 21 04 36 | 25 06 | 01♑02 | 13 27 | 22 15 | 28 25 | 19 34 | 10 34 | 13 10 | 24 33 | 18 35 | 06 12 |
| 15 | 21:32:58 | 22 02 12 | 06♑59 | 12 56 | 14 56 | 23 29 | 28 26 | 19 39 | 10 42 | 13 13 | 24 32 | 18 34 | 06 08 |
| 16 | 21:36:54 | 22 59 49 | 18 54 | 24 53 | 16 24 | 24 43 | 28 26℞ | 19 44 | 10 49 | 13 16 | 24 32 | 18 32 | 06 05 |
| 17 | 21:40:51 | 23 57 28 | 00♒55 | 06♒58 | 17 49 | 25 57 | 28 25 | 19 49 | 10 57 | 13 19 | 24 31 | 18 31 | 06 02 |
| 18 | 21:44:47 | 24 55 07 | 13 04 | 19 12 | 19 14 | 27 11 | 28 23 | 19 53 | 11 05 | 13 22 | 24 31 | 18 30 | 05 59 |
| 19 | 21:48:44 | 25 52 47 | 25 23 | 01♓37 | 20 36 | 28 25 | 28 21 | 19 57 | 11 12 | 13 25 | 24 30 | 18 28 | 05 56 |
| 20 | 21:52:40 | 26 50 29 | 07♓54 | 14 14 | 21 57 | 29 40 | 28 18 | 20 01 | 11 20 | 13 28 | 24 29 | 18 27 | 05 53 |
| 21 | 21:56:37 | 27 48 12 | 20 37 | 27 03 | 23 16 | 00♍54 | 28 13 | 20 05 | 11 27 | 13 31 | 24 29 | 18 26 | 05 49 |
| 22 | 22:00:33 | 28 45 57 | 03♈33 | 10♈06 | 24 33 | 02 08 | 28 08 | 20 09 | 11 35 | 13 34 | 24 28 | 18 24 | 05 46 |
| 23 | 22:04:30 | 29 43 43 | 16 43 | 23 23 | 25 49 | 03 22 | 28 03 | 20 13 | 11 42 | 13 37 | 24 27 | 18 23 | 05 43 |
| 24 | 22:08:27 | 00♍41 31 | 00♉07 | 06♉54 | 27 02 | 04 37 | 27 56 | 20 16 | 11 50 | 13 39 | 24 26 | 18 22 | 05 40 |
| 25 | 22:12:23 | 01 39 20 | 13 45 | 20 40 | 28 14 | 05 51 | 27 49 | 20 19 | 11 57 | 13 42 | 24 25 | 18 20 | 05 37 |
| 26 | 22:16:20 | 02 37 12 | 27 38 | 04♊40 | 29 24 | 07 05 | 27 41 | 20 22 | 12 05 | 13 45 | 24 24 | 18 19 | 05 34 |
| 27 | 22:20:16 | 03 35 05 | 11♊44 | 18 52 | 00♎31 | 08 20 | 27 32 | 20 25 | 12 12 | 13 47 | 24 24 | 18 18 | 05 30 |
| 28 | 22:24:13 | 04 33 00 | 26 02 | 03♋15 | 01 36 | 09 34 | 27 22 | 20 27 | 12 19 | 13 50 | 24 23 | 18 16 | 05 27 |
| 29 | 22:28:09 | 05 30 57 | 10♋29 | 17 45 | 02 39 | 10 48 | 27 12 | 20 30 | 12 27 | 13 52 | 24 22 | 18 15 | 05 24 |
| 30 | 22:32:06 | 06 28 56 | 25 01 | 02♌18 | 03 39 | 12 03 | 27 01 | 20 32 | 12 34 | 13 55 | 24 21 | 18 14 | 05 21 |
| 31 | 22:36:02 | 07 26 56 | 09♌34 | 16 48 | 04 37 | 13 17 | 26 49 | 20 34 | 12 41 | 13 58 | 24 20 | 18 13 | 05 18 |

## 0:00 E.T. — Longitudes of the Major Asteroids and Chiron

| D | ⚳ | ⚴ | ⚵ | ⚶ | ⚷ | D | ⚳ | ⚴ | ⚵ | ⚶ | ⚷ |
|---|---|---|---|---|---|---|---|---|---|---|---|
| 1 | 12♊47 | 07♈56℞ | 07♓47℞ | 26♌06 | 11♊11 | 17 | 18 03 | 06 42 | 04 44 | 03 37 | 11 52 |
| 2 | 13 08 | 07 54 | 07 38 | 26 33 | 11 14 | 18 | 18 21 | 06 34 | 04 30 | 04 05 | 11 55 |
| 3 | 13 28 | 07 52 | 07 29 | 27 01 | 11 17 | 19 | 18 40 | 06 26 | 04 16 | 04 34 | 11 57 |
| 4 | 13 48 | 07 49 | 07 19 | 27 29 | 11 20 | 20 | 18 58 | 06 18 | 04 02 | 05 03 | 11 59 |
| 5 | 14 09 | 07 46 | 07 09 | 27 57 | 11 23 | 21 | 19 17 | 06 09 | 03 48 | 05 31 | 12 01 |
| 6 | 14 29 | 07 43 | 06 59 | 28 26 | 11 25 | 22 | 19 35 | 06 00 | 03 34 | 06 00 | 12 02 |
| 7 | 14 49 | 07 39 | 06 48 | 28 54 | 11 28 | 23 | 19 53 | 05 50 | 03 19 | 06 28 | 12 04 |
| 8 | 15 09 | 07 35 | 06 37 | 29 22 | 11 31 | 24 | 20 11 | 05 41 | 03 04 | 06 57 | 12 06 |
| 9 | 15 28 | 07 31 | 06 25 | 29 50 | 11 33 | 25 | 20 29 | 05 30 | 02 50 | 07 26 | 12 08 |
| 10 | 15 48 | 07 26 | 06 14 | 00♍18 | 11 36 | 26 | 20 47 | 05 20 | 02 35 | 07 55 | 12 09 |
| 11 | 16 08 | 07 21 | 06 02 | 00 47 | 11 39 | 27 | 21 04 | 05 09 | 02 20 | 08 23 | 12 11 |
| 12 | 16 27 | 07 15 | 05 49 | 01 15 | 11 41 | 28 | 21 21 | 04 58 | 02 05 | 08 52 | 12 12 |
| 13 | 16 46 | 07 09 | 05 37 | 01 43 | 11 43 | 29 | 21 39 | 04 46 | 01 50 | 09 21 | 12 14 |
| 14 | 17 06 | 07 03 | 05 24 | 02 12 | 11 46 | 30 | 21 56 | 04 34 | 01 35 | 09 50 | 12 15 |
| 15 | 17 25 | 06 56 | 05 11 | 02 40 | 11 48 | 31 | 22 13 | 04 22 | 01 20 | 10 19 | 12 17 |
| 16 | 17 44 | 06 49 | 04 58 | 03 08 | 11 50 | | | | | | |

## Lunar Data

| Last Asp. | | Ingress | | |
|---|---|---|---|---|
| 2 | 18:52 | 2 | ♌ | 23:06 |
| 4 | 21:59 | 5 | ♍ | 00:05 |
| 7 | 00:02 | 7 | ♎ | 03:39 |
| 9 | 00:37 | 9 | ♏ | 10:51 |
| 11 | 18:09 | 11 | ♐ | 21:27 |
| 14 | 06:43 | 14 | ♑ | 09:54 |
| 16 | 19:02 | 16 | ♒ | 22:11 |
| 19 | 06:30 | 19 | ♓ | 08:53 |
| 21 | 14:04 | 21 | ♈ | 17:27 |
| 23 | 13:53 | 23 | ♉ | 23:48 |
| 26 | 03:16 | 26 | ♊ | 04:03 |
| 28 | 02:12 | 28 | ♋ | 06:36 |
| 30 | 03:15 | 30 | ♌ | 08:12 |

## 0:00 E.T. — Declinations

| D | ☉ | ☽ | ☿ | ♀ | ♂ | ♃ | ♄ | ♅ | ♆ | ♇ | ⚳ | ⚴ | ⚵ | ⚶ | ⚷ |
|---|---|---|---|---|---|---|---|---|---|---|---|---|---|---|---|
| 1 | +18 06 | +18 42 | +15 47 | +19 42 | -06 01 | +16 09 | +18 35 | +23 11 | +07 58 | -23 08 | +18 25 | +04 34 | -00 50 | +16 28 | +18 01 |
| 2 | 17 51 | 18 33 | 15 07 | 19 25 | 05 59 | 16 11 | 18 33 | 23 10 | 07 58 | 23 09 | 18 29 | 04 27 | 00 56 | 16 19 | 18 01 |
| 3 | 17 36 | 17 05 | 14 27 | 19 07 | 05 57 | 16 12 | 18 31 | 23 10 | 07 58 | 23 09 | 18 32 | 04 20 | 01 01 | 16 10 | 18 01 |
| 4 | 17 20 | 14 30 | 13 46 | 18 49 | 05 55 | 16 14 | 18 29 | 23 10 | 07 58 | 23 10 | 18 36 | 04 13 | 01 08 | 16 01 | 18 01 |
| 5 | 17 04 | 11 01 | 13 04 | 18 30 | 05 54 | 16 16 | 18 27 | 23 10 | 07 58 | 23 10 | 18 39 | 04 05 | 01 14 | 15 52 | 18 01 |
| 6 | 16 48 | 06 58 | 12 23 | 18 11 | 05 53 | 16 17 | 18 25 | 23 09 | 07 58 | 23 11 | 18 42 | 03 58 | 01 21 | 15 43 | 18 01 |
| 7 | 16 31 | 02 40 | 11 41 | 17 51 | 05 53 | 16 19 | 18 23 | 23 09 | 07 58 | 23 11 | 18 46 | 03 50 | 01 27 | 15 33 | 18 01 |
| 8 | 16 14 | -01 38 | 10 59 | 17 31 | 05 52 | 16 20 | 18 21 | 23 09 | 07 57 | 23 12 | 18 49 | 03 41 | 01 34 | 15 24 | 18 01 |
| 9 | 15 57 | 05 43 | 10 16 | 17 10 | 05 52 | 16 22 | 18 19 | 23 08 | 07 57 | 23 12 | 18 52 | 03 33 | 01 42 | 15 15 | 18 01 |
| 10 | 15 40 | 09 26 | 09 34 | 16 49 | 05 52 | 16 23 | 18 17 | 23 08 | 07 57 | 23 13 | 18 55 | 03 24 | 01 49 | 15 05 | 18 01 |
| 11 | 15 22 | 12 39 | 08 51 | 16 27 | 05 53 | 16 25 | 18 15 | 23 08 | 07 57 | 23 13 | 18 58 | 03 15 | 01 57 | 14 56 | 18 01 |
| 12 | 15 04 | 15 16 | 08 09 | 16 05 | 05 53 | 16 26 | 18 13 | 23 08 | 07 57 | 23 14 | 19 01 | 03 06 | 02 05 | 14 46 | 18 01 |
| 13 | 14 46 | 17 12 | 07 27 | 15 42 | 05 54 | 16 27 | 18 11 | 23 07 | 07 56 | 23 14 | 19 04 | 02 57 | 02 13 | 14 37 | 18 01 |
| 14 | 14 28 | 18 23 | 06 45 | 15 19 | 05 55 | 16 28 | 18 09 | 23 07 | 07 56 | 23 15 | 19 07 | 02 47 | 02 21 | 14 27 | 18 01 |
| 15 | 14 10 | 18 46 | 06 03 | 14 56 | 05 57 | 16 30 | 18 07 | 23 07 | 07 56 | 23 15 | 19 10 | 02 38 | 02 30 | 14 17 | 18 01 |
| 16 | 13 51 | 18 19 | 05 21 | 14 32 | 05 58 | 16 31 | 18 05 | 23 06 | 07 56 | 23 16 | 19 13 | 02 28 | 02 38 | 14 08 | 18 01 |
| 17 | 13 32 | 17 02 | 04 40 | 14 08 | 06 00 | 16 32 | 18 03 | 23 06 | 07 55 | 23 16 | 19 15 | 02 17 | 02 47 | 13 58 | 18 01 |
| 18 | 13 13 | 14 58 | 03 58 | 13 43 | 06 02 | 16 33 | 18 01 | 23 06 | 07 55 | 23 16 | 19 18 | 02 07 | 02 56 | 13 48 | 18 01 |
| 19 | 12 53 | 12 11 | 03 18 | 13 18 | 06 05 | 16 34 | 17 59 | 23 06 | 07 55 | 23 17 | 19 21 | 01 56 | 03 06 | 13 38 | 18 01 |
| 20 | 12 34 | 08 49 | 02 38 | 12 52 | 06 07 | 16 35 | 17 57 | 23 05 | 07 54 | 23 17 | 19 24 | 01 45 | 03 15 | 13 28 | 18 01 |
| 21 | 12 14 | 05 00 | 01 58 | 12 27 | 06 10 | 16 36 | 17 55 | 23 05 | 07 54 | 23 18 | 19 26 | 01 34 | 03 25 | 13 18 | 18 01 |
| 22 | 11 54 | 00 53 | 01 19 | 12 01 | 06 13 | 16 36 | 17 54 | 23 05 | 07 54 | 23 18 | 19 29 | 01 23 | 03 34 | 13 08 | 18 01 |
| 23 | 11 34 | +03 20 | 00 40 | 11 34 | 06 16 | 16 37 | 17 52 | 23 05 | 07 53 | 23 19 | 19 31 | 01 12 | 03 44 | 12 58 | 18 00 |
| 24 | 11 13 | 07 28 | 00 02 | 11 08 | 06 20 | 16 38 | 17 50 | 23 04 | 07 53 | 23 19 | 19 34 | 01 00 | 03 54 | 12 48 | 18 00 |
| 25 | 10 53 | 11 16 | -00 35 | 10 40 | 06 23 | 16 38 | 17 48 | 23 04 | 07 53 | 23 20 | 19 36 | 00 48 | 04 04 | 12 38 | 18 00 |
| 26 | 10 32 | 14 31 | 01 11 | 10 13 | 06 27 | 16 39 | 17 46 | 23 04 | 07 52 | 23 20 | 19 39 | 00 36 | 04 14 | 12 28 | 18 00 |
| 27 | 10 11 | 16 59 | 01 47 | 09 46 | 06 31 | 16 40 | 17 44 | 23 04 | 07 52 | 23 20 | 19 41 | 00 24 | 04 25 | 12 18 | 18 00 |
| 28 | 09 50 | 18 26 | 02 22 | 09 18 | 06 35 | 16 40 | 17 42 | 23 03 | 07 52 | 23 21 | 19 43 | 00 11 | 04 35 | 12 07 | 18 00 |
| 29 | 09 29 | 18 42 | 02 55 | 08 50 | 06 40 | 16 41 | 17 40 | 23 03 | 07 51 | 23 21 | 19 46 | -00 02 | 04 45 | 11 57 | 17 59 |
| 30 | 09 08 | 17 45 | 03 28 | 08 21 | 06 44 | 16 41 | 17 38 | 23 03 | 07 51 | 23 22 | 19 48 | 00 14 | 04 56 | 11 47 | 17 59 |
| 31 | 08 46 | 15 38 | 04 00 | 07 53 | 06 49 | 16 41 | 17 36 | 23 03 | 07 50 | 23 22 | 19 50 | 00 27 | 05 07 | 11 36 | 17 59 |

Lunar Phases -- 3 ● 17:13 10 ◐ 21:54 19 Ⓔ 01:01 26 ◑ 09:09 Sun enters ♍ 8/23 06:46

## 0:00 E.T. Longitudes of Main Planets - September 2035

| D | S.T. | ☉ | ☽ | ☽ 12:00 | ☿ | ♀ | ♂ | ♃ | ♄ | ♅ | ♆ | ♇ | ☊ |
|---|---|---|---|---|---|---|---|---|---|---|---|---|---|
| 1 | 22:39:59 | 08♍24 58 | 24♌01 | 01♍11 | 05♎32 | 14♍31 | 26♓37℞ | 20♉36 | 12♌49 | 14♋00 | 24♈19℞ | 18♒11℞ | 05♍14 |
| 2 | 22:43:56 | 09 23 02 | 08♍17 | 15 19 | 06 24 | 15 46 | 26 24 | 20 37 | 12 56 | 14 02 | 24 18 | 18 10 | 05 11 |
| 3 | 22:47:52 | 10 21 08 | 22 17 | 29 10 | 07 13 | 17 00 | 26 11 | 20 39 | 13 03 | 14 05 | 24 17 | 18 09 | 05 08 |
| 4 | 22:51:49 | 11 19 15 | 05♎58 | 12♎41 | 07 59 | 18 15 | 25 57 | 20 40 | 13 10 | 14 07 | 24 16 | 18 08 | 05 05 |
| 5 | 22:55:45 | 12 17 23 | 19 18 | 25 50 | 08 41 | 19 29 | 25 43 | 20 41 | 13 17 | 14 09 | 24 14 | 18 06 | 05 02 |
| 6 | 22:59:42 | 13 15 33 | 02♏16 | 08♏38 | 09 19 | 20 43 | 25 28 | 20 42 | 13 24 | 14 12 | 24 13 | 18 05 | 04 59 |
| 7 | 23:03:38 | 14 13 45 | 14 55 | 21 07 | 09 53 | 21 58 | 25 12 | 20 42 | 13 31 | 14 14 | 24 12 | 18 04 | 04 55 |
| 8 | 23:07:35 | 15 11 58 | 27 15 | 03♐20 | 10 23 | 23 12 | 24 57 | 20 43 | 13 38 | 14 16 | 24 11 | 18 03 | 04 52 |
| 9 | 23:11:31 | 16 10 13 | 09♐23 | 15 22 | 10 48 | 24 27 | 24 41 | 20 43 | 13 45 | 14 18 | 24 10 | 18 02 | 04 49 |
| 10 | 23:15:28 | 17 08 29 | 21 20 | 27 17 | 11 09 | 25 41 | 24 25 | 20 43℞ | 13 52 | 14 20 | 24 08 | 18 01 | 04 46 |
| 11 | 23:19:25 | 18 06 47 | 03♑13 | 09♑09 | 11 24 | 26 56 | 24 08 | 20 43 | 13 59 | 14 22 | 24 07 | 17 59 | 04 43 |
| 12 | 23:23:21 | 19 05 06 | 15 06 | 21 03 | 11 34 | 28 10 | 23 52 | 20 43 | 14 06 | 14 24 | 24 06 | 17 58 | 04 40 |
| 13 | 23:27:18 | 20 03 27 | 27 02 | 03♒04 | 11 37 | 29 25 | 23 35 | 20 42 | 14 13 | 14 26 | 24 05 | 17 57 | 04 36 |
| 14 | 23:31:14 | 21 01 50 | 09♒07 | 15 14 | 11 35℞ | 00♎39 | 23 19 | 20 41 | 14 20 | 14 28 | 24 03 | 17 56 | 04 33 |
| 15 | 23:35:11 | 22 00 14 | 21 24 | 27 38 | 11 26 | 01 53 | 23 02 | 20 40 | 14 26 | 14 30 | 24 02 | 17 55 | 04 30 |
| 16 | 23:39:07 | 22 58 40 | 03♓56 | 10♓18 | 11 10 | 03 08 | 22 45 | 20 39 | 14 33 | 14 32 | 24 00 | 17 54 | 04 27 |
| 17 | 23:43:04 | 23 57 07 | 16 43 | 23 13 | 10 48 | 04 22 | 22 29 | 20 38 | 14 39 | 14 34 | 23 59 | 17 53 | 04 24 |
| 18 | 23:47:00 | 24 55 37 | 29 48 | 06♈26 | 10 18 | 05 37 | 22 12 | 20 36 | 14 46 | 14 35 | 23 58 | 17 52 | 04 20 |
| 19 | 23:50:57 | 25 54 08 | 13♈08 | 19 54 | 09 42 | 06 51 | 21 56 | 20 34 | 14 52 | 14 37 | 23 56 | 17 51 | 04 17 |
| 20 | 23:54:54 | 26 52 41 | 26 43 | 03♉35 | 08 59 | 08 06 | 21 39 | 20 32 | 14 59 | 14 39 | 23 55 | 17 50 | 04 14 |
| 21 | 23:58:50 | 27 51 17 | 10♉31 | 17 28 | 08 10 | 09 20 | 21 24 | 20 30 | 15 05 | 14 40 | 23 53 | 17 49 | 04 11 |
| 22 | 0:02:47 | 28 49 54 | 24 28 | 01♊30 | 07 16 | 10 35 | 21 08 | 20 28 | 15 12 | 14 42 | 23 52 | 17 48 | 04 08 |
| 23 | 0:06:43 | 29 48 34 | 08♊33 | 15 37 | 06 16 | 11 49 | 20 53 | 20 25 | 15 18 | 14 43 | 23 50 | 17 47 | 04 05 |
| 24 | 0:10:40 | 00♎47 17 | 22 42 | 29 48 | 05 14 | 13 04 | 20 38 | 20 22 | 15 24 | 14 45 | 23 49 | 17 46 | 04 01 |
| 25 | 0:14:36 | 01 46 01 | 06♋54 | 14♋00 | 04 08 | 14 18 | 20 23 | 20 19 | 15 30 | 14 46 | 23 47 | 17 45 | 03 58 |
| 26 | 0:18:33 | 02 44 48 | 21 06 | 28 11 | 03 02 | 15 33 | 20 09 | 20 16 | 15 36 | 14 48 | 23 46 | 17 44 | 03 55 |
| 27 | 0:22:29 | 03 43 37 | 05♌15 | 12♌19 | 01 57 | 16 47 | 19 55 | 20 13 | 15 42 | 14 49 | 23 44 | 17 44 | 03 52 |
| 28 | 0:26:26 | 04 42 28 | 19 21 | 26 21 | 00 55 | 18 02 | 19 42 | 20 09 | 15 48 | 14 50 | 23 43 | 17 43 | 03 49 |
| 29 | 0:30:23 | 05 41 22 | 03♍20 | 10♍16 | 29♍56 | 19 16 | 19 30 | 20 06 | 15 54 | 14 51 | 23 41 | 17 42 | 03 45 |
| 30 | 0:34:19 | 06 40 17 | 17 10 | 24 01 | 29 03 | 20 31 | 19 18 | 20 02 | 16 00 | 14 53 | 23 40 | 17 41 | 03 42 |

## 0:00 E.T. Longitudes of the Major Asteroids and Chiron

| D | ⚳ | ⚴ | ⚵ | ⚶ | ⚷ |
|---|---|---|---|---|---|
| 1 | 22♊29 | 04♈10℞ | 01♓05℞ | 10♍48 | 12♊18 |
| 2 | 22 46 | 03 57 | 00 51 | 11 17 | 12 19 |
| 3 | 23 02 | 03 44 | 00 36 | 11 46 | 12 20 |
| 4 | 23 19 | 03 31 | 00 21 | 12 15 | 12 21 |
| 5 | 23 35 | 03 17 | 00 07 | 12 44 | 12 22 |
| 6 | 23 50 | 03 03 | 29♒52 | 13 13 | 12 23 |
| 7 | 24 06 | 02 49 | 29 38 | 13 42 | 12 24 |
| 8 | 24 22 | 02 35 | 29 24 | 14 11 | 12 25 |
| 9 | 24 37 | 02 20 | 29 10 | 14 40 | 12 25 |
| 10 | 24 52 | 02 05 | 28 57 | 15 09 | 12 26 |
| 11 | 25 07 | 01 50 | 28 44 | 15 38 | 12 27 |
| 12 | 25 22 | 01 35 | 28 30 | 16 07 | 12 27 |
| 13 | 25 36 | 01 20 | 28 18 | 16 36 | 12 27 |
| 14 | 25 50 | 01 04 | 28 05 | 17 06 | 12 28 |
| 15 | 26 05 | 00 49 | 27 53 | 17 35 | 12 28 |
| 16 | 26 18 | 00 33 | 27 41 | 18 04 | 12 28 |
| 17 | 26 32 | 00 17 | 27 29 | 18 33 | 12 28 |
| 18 | 26 46 | 00 01 | 27 18 | 19 03 | 12 29 |
| 19 | 26 59 | 29♓45 | 27 07 | 19 32 | 12 29℞ |
| 20 | 27 12 | 29 28 | 26 57 | 20 01 | 12 29 |
| 21 | 27 25 | 29 12 | 26 46 | 20 31 | 12 28 |
| 22 | 27 37 | 28 56 | 26 37 | 21 00 | 12 28 |
| 23 | 27 49 | 28 39 | 26 27 | 21 29 | 12 28 |
| 24 | 28 01 | 28 23 | 26 18 | 21 59 | 12 28 |
| 25 | 28 13 | 28 07 | 26 10 | 22 28 | 12 27 |
| 26 | 28 25 | 27 50 | 26 01 | 22 58 | 12 27 |
| 27 | 28 36 | 27 34 | 25 54 | 23 27 | 12 26 |
| 28 | 28 47 | 27 17 | 25 46 | 23 56 | 12 26 |
| 29 | 28 58 | 27 01 | 25 39 | 24 26 | 12 25 |
| 30 | 29 08 | 26 45 | 25 33 | 24 55 | 12 24 |

## Lunar Data

| Last Asp. | | Ingress | | |
|---|---|---|---|---|
| 1 | 00:30 | 1 | ♍ | 10:02 |
| 3 | 06:40 | 3 | ♎ | 13:27 |
| 5 | 09:03 | 5 | ♏ | 19:45 |
| 7 | 19:34 | 8 | ♐ | 05:24 |
| 10 | 09:48 | 10 | ♑ | 17:30 |
| 13 | 05:16 | 13 | ♒ | 05:55 |
| 15 | 05:03 | 15 | ♓ | 16:31 |
| 17 | 14:25 | 18 | ♈ | 00:22 |
| 19 | 19:05 | 20 | ♉ | 05:44 |
| 22 | 08:00 | 22 | ♊ | 09:26 |
| 24 | 01:52 | 24 | ♋ | 12:20 |
| 26 | 04:31 | 26 | ♌ | 15:05 |
| 28 | 07:27 | 28 | ♍ | 18:16 |
| 30 | 19:45 | | | |

## 0:00 E.T. Declinations

| D | ☉ | ☽ | ☿ | ♀ | ♂ | ♃ | ♄ | ♅ | ♆ | ♇ | ⚳ | ⚴ | ⚵ | ⚶ | ⚷ |
|---|---|---|---|---|---|---|---|---|---|---|---|---|---|---|---|
| 1 | +08 25 | +12 31 | -04 30 | +07 24 | -06 53 | +16 42 | +17 34 | +23 02 | +07 50 | -23 22 | +19 52 | -00 41 | -05 17 | +11 26 | +17 59 |
| 2 | 08 03 | 08 42 | 04 59 | 06 55 | 06 58 | 16 42 | 17 32 | 23 02 | 07 50 | 23 23 | 19 54 | 00 54 | 05 28 | 11 16 | 17 59 |
| 3 | 07 41 | 04 28 | 05 27 | 06 26 | 07 03 | 16 42 | 17 30 | 23 02 | 07 49 | 23 23 | 19 57 | 01 07 | 05 39 | 11 05 | 17 58 |
| 4 | 07 19 | 00 06 | 05 53 | 05 56 | 07 08 | 16 42 | 17 28 | 23 02 | 07 49 | 23 24 | 19 59 | 01 21 | 05 50 | 10 55 | 17 58 |
| 5 | 06 57 | -04 09 | 06 18 | 05 27 | 07 12 | 16 42 | 17 26 | 23 01 | 07 48 | 23 24 | 20 01 | 01 35 | 06 01 | 10 44 | 17 58 |
| 6 | 06 35 | 08 06 | 06 40 | 04 57 | 07 17 | 16 42 | 17 24 | 23 01 | 07 48 | 23 24 | 20 03 | 01 49 | 06 11 | 10 34 | 17 58 |
| 7 | 06 12 | 11 34 | 07 01 | 04 27 | 07 22 | 16 42 | 17 22 | 23 01 | 07 47 | 23 25 | 20 05 | 02 03 | 06 22 | 10 23 | 17 57 |
| 8 | 05 50 | 14 27 | 07 20 | 03 57 | 07 27 | 16 42 | 17 20 | 23 01 | 07 47 | 23 25 | 20 07 | 02 17 | 06 33 | 10 12 | 17 57 |
| 9 | 05 27 | 16 39 | 07 36 | 03 27 | 07 32 | 16 42 | 17 18 | 23 01 | 07 46 | 23 25 | 20 09 | 02 31 | 06 44 | 10 02 | 17 57 |
| 10 | 05 05 | 18 05 | 07 50 | 02 57 | 07 37 | 16 42 | 17 17 | 23 00 | 07 46 | 23 26 | 20 11 | 02 46 | 06 55 | 09 51 | 17 56 |
| 11 | 04 42 | 18 44 | 08 02 | 02 27 | 07 41 | 16 42 | 17 15 | 23 00 | 07 45 | 23 26 | 20 13 | 03 00 | 07 06 | 09 40 | 17 56 |
| 12 | 04 19 | 18 32 | 08 10 | 01 56 | 07 46 | 16 42 | 17 13 | 23 00 | 07 45 | 23 26 | 20 15 | 03 15 | 07 16 | 09 30 | 17 56 |
| 13 | 03 56 | 17 32 | 08 16 | 01 26 | 07 50 | 16 41 | 17 11 | 23 00 | 07 44 | 23 27 | 20 17 | 03 29 | 07 27 | 09 19 | 17 55 |
| 14 | 03 33 | 15 43 | 08 18 | 00 55 | 07 55 | 16 41 | 17 09 | 23 00 | 07 44 | 23 27 | 20 18 | 03 44 | 07 37 | 09 08 | 17 55 |
| 15 | 03 10 | 13 09 | 08 16 | 00 25 | 07 59 | 16 41 | 17 07 | 22 59 | 07 43 | 23 27 | 20 20 | 03 59 | 07 48 | 08 57 | 17 55 |
| 16 | 02 47 | 09 56 | 08 11 | -00 06 | 08 03 | 16 40 | 17 06 | 22 59 | 07 43 | 23 27 | 20 22 | 04 14 | 07 58 | 08 47 | 17 54 |
| 17 | 02 24 | 06 11 | 08 02 | 00 36 | 08 07 | 16 40 | 17 04 | 22 59 | 07 42 | 23 28 | 20 24 | 04 28 | 08 09 | 08 36 | 17 54 |
| 18 | 02 01 | 02 05 | 07 49 | 01 07 | 08 10 | 16 39 | 17 02 | 22 59 | 07 42 | 23 28 | 20 26 | 04 43 | 08 19 | 08 25 | 17 53 |
| 19 | 01 38 | +02 13 | 07 31 | 01 38 | 08 14 | 16 38 | 17 00 | 22 59 | 07 41 | 23 28 | 20 28 | 04 58 | 08 29 | 08 14 | 17 53 |
| 20 | 01 14 | 06 28 | 07 10 | 02 08 | 08 17 | 16 38 | 16 58 | 22 59 | 07 41 | 23 28 | 20 30 | 05 13 | 08 39 | 08 03 | 17 53 |
| 21 | 00 51 | 10 27 | 06 44 | 02 39 | 08 20 | 16 37 | 16 57 | 22 59 | 07 40 | 23 29 | 20 31 | 05 28 | 08 49 | 07 53 | 17 52 |
| 22 | 00 28 | 13 54 | 06 14 | 03 09 | 08 23 | 16 36 | 16 55 | 22 58 | 07 39 | 23 29 | 20 33 | 05 43 | 08 59 | 07 42 | 17 52 |
| 23 | 00 05 | 16 34 | 05 41 | 03 40 | 08 26 | 16 35 | 16 53 | 22 58 | 07 39 | 23 29 | 20 35 | 05 58 | 09 08 | 07 31 | 17 51 |
| 24 | -00 19 | 18 15 | 05 05 | 04 10 | 08 28 | 16 35 | 16 51 | 22 58 | 07 38 | 23 29 | 20 37 | 06 12 | 09 18 | 07 20 | 17 51 |
| 25 | 00 42 | 18 48 | 04 25 | 04 41 | 08 30 | 16 34 | 16 50 | 22 58 | 07 38 | 23 29 | 20 39 | 06 27 | 09 27 | 07 09 | 17 51 |
| 26 | 01 06 | 18 11 | 03 44 | 05 11 | 08 32 | 16 33 | 16 48 | 22 58 | 07 37 | 23 30 | 20 41 | 06 42 | 09 36 | 06 58 | 17 50 |
| 27 | 01 29 | 16 25 | 03 02 | 05 41 | 08 33 | 16 32 | 16 46 | 22 58 | 07 37 | 23 30 | 20 42 | 06 57 | 09 45 | 06 47 | 17 50 |
| 28 | 01 52 | 13 39 | 02 20 | 06 11 | 08 34 | 16 31 | 16 45 | 22 58 | 07 36 | 23 30 | 20 44 | 07 11 | 09 54 | 06 36 | 17 49 |
| 29 | 02 16 | 10 07 | 01 39 | 06 41 | 08 35 | 16 30 | 16 43 | 22 58 | 07 35 | 23 30 | 20 46 | 07 26 | 10 03 | 06 25 | 17 49 |
| 30 | 02 39 | 06 04 | 00 59 | 07 11 | 08 36 | 16 28 | 16 42 | 22 57 | 07 35 | 23 30 | 20 48 | 07 40 | 10 11 | 06 14 | 17 48 |

Lunar Phases -- 2 ● 02:01 9 ◐ 14:48 17 ○ 14:25 24 ◑ 14:41 Sun enters ♎ 9/23 04:40

# Longitudes of Main Planets - October 2035

**0:00 E.T.**

| D | S.T. | ☉ | ☽ | ☽ 12:00 | ☿ | ♀ | ♂ | ♃ | ♄ | ♅ | ♆ | ♇ | ☊ |
|---|---|---|---|---|---|---|---|---|---|---|---|---|---|
| 1 | 0:38:16 | 07♎39 15 | 00♎49 | 07♎34 | 28♍18R | 21♎45 | 19♓07R | 19♉58R | 16♌06 | 14♋54 | 23♈38R | 17♒40R | 03♍39 |
| 2 | 0:42:12 | 08 38 15 | 14 14 | 20 51 | 27 41 | 23 00 | 18 56 | 19 53 | 16 12 | 14 55 | 23 36 | 17 40 | 03 36 |
| 3 | 0:46:09 | 09 37 16 | 27 23 | 03♏51 | 27 13 | 24 15 | 18 46 | 19 49 | 16 17 | 14 56 | 23 35 | 17 39 | 03 33 |
| 4 | 0:50:05 | 10 36 20 | 10♏15 | 16 34 | 26 55 | 25 29 | 18 37 | 19 44 | 16 23 | 14 57 | 23 33 | 17 38 | 03 30 |
| 5 | 0:54:02 | 11 35 26 | 22 50 | 29 02 | 26 47 | 26 44 | 18 28 | 19 39 | 16 28 | 14 58 | 23 32 | 17 38 | 03 26 |
| 6 | 0:57:58 | 12 34 33 | 05♐10 | 11♐14 | 26 51D | 27 58 | 18 20 | 19 34 | 16 34 | 14 58 | 23 30 | 17 37 | 03 23 |
| 7 | 1:01:55 | 13 33 42 | 17 16 | 23 16 | 27 04 | 29 13 | 18 13 | 19 29 | 16 39 | 14 59 | 23 28 | 17 36 | 03 20 |
| 8 | 1:05:52 | 14 32 54 | 29 13 | 05♑09 | 27 28 | 00♏27 | 18 07 | 19 24 | 16 45 | 15 00 | 23 27 | 17 36 | 03 17 |
| 9 | 1:09:48 | 15 32 07 | 11♑05 | 17 00 | 28 01 | 01 42 | 18 02 | 19 18 | 16 50 | 15 01 | 23 25 | 17 35 | 03 14 |
| 10 | 1:13:45 | 16 31 21 | 22 56 | 28 53 | 28 44 | 02 56 | 17 57 | 19 13 | 16 55 | 15 01 | 23 23 | 17 34 | 03 11 |
| 11 | 1:17:41 | 17 30 38 | 04♒52 | 10♒54 | 29 34 | 04 11 | 17 53 | 19 07 | 17 00 | 15 02 | 23 22 | 17 34 | 03 07 |
| 12 | 1:21:38 | 18 29 56 | 16 58 | 23 06 | 00♎33 | 05 25 | 17 50 | 19 01 | 17 05 | 15 02 | 23 20 | 17 33 | 03 04 |
| 13 | 1:25:34 | 19 29 16 | 29 18 | 05♓35 | 01 38 | 06 40 | 17 48 | 18 55 | 17 10 | 15 03 | 23 18 | 17 33 | 03 01 |
| 14 | 1:29:31 | 20 28 38 | 11♓57 | 18 24 | 02 50 | 07 54 | 17 46 | 18 49 | 17 15 | 15 03 | 23 17 | 17 32 | 02 58 |
| 15 | 1:33:27 | 21 28 02 | 24 57 | 01♈35 | 04 07 | 09 09 | 17 45 | 18 42 | 17 20 | 15 04 | 23 15 | 17 32 | 02 55 |
| 16 | 1:37:24 | 22 27 27 | 08♈19 | 15 08 | 05 28 | 10 23 | 17 46D | 18 36 | 17 24 | 15 04 | 23 13 | 17 32 | 02 51 |
| 17 | 1:41:21 | 23 26 55 | 22 03 | 29 02 | 06 53 | 11 38 | 17 47 | 18 29 | 17 29 | 15 04 | 23 12 | 17 31 | 02 48 |
| 18 | 1:45:17 | 24 26 25 | 06♉05 | 13♉12 | 08 22 | 12 52 | 17 48 | 18 22 | 17 33 | 15 04 | 23 10 | 17 31 | 02 45 |
| 19 | 1:49:14 | 25 25 56 | 20 22 | 27 34 | 09 54 | 14 07 | 17 51 | 18 16 | 17 38 | 15 04 | 23 08 | 17 30 | 02 42 |
| 20 | 1:53:10 | 26 25 30 | 04♊47 | 12♊00 | 11 28 | 15 21 | 17 54 | 18 09 | 17 42 | 15 05 | 23 07 | 17 30 | 02 39 |
| 21 | 1:57:07 | 27 25 06 | 19 14 | 26 27 | 13 03 | 16 36 | 17 58 | 18 01 | 17 46 | 15 05 | 23 05 | 17 30 | 02 36 |
| 22 | 2:01:03 | 28 24 45 | 03♋38 | 10♋48 | 14 41 | 17 50 | 18 03 | 17 54 | 17 50 | 15 05R | 23 03 | 17 30 | 02 32 |
| 23 | 2:05:00 | 29 24 26 | 17 55 | 25 01 | 16 19 | 19 05 | 18 08 | 17 47 | 17 55 | 15 05 | 23 02 | 17 29 | 02 29 |
| 24 | 2:08:56 | 00♏24 09 | 02♌03 | 09♌03 | 17 58 | 20 19 | 18 14 | 17 39 | 17 59 | 15 04 | 23 00 | 17 29 | 02 26 |
| 25 | 2:12:53 | 01 23 54 | 16 00 | 22 54 | 19 38 | 21 34 | 18 21 | 17 32 | 18 02 | 15 04 | 22 58 | 17 29 | 02 23 |
| 26 | 2:16:49 | 02 23 42 | 29 46 | 06♍35 | 21 19 | 22 48 | 18 29 | 17 24 | 18 06 | 15 04 | 22 57 | 17 29 | 02 20 |
| 27 | 2:20:46 | 03 23 31 | 13♍21 | 20 05 | 22 59 | 24 03 | 18 38 | 17 17 | 18 10 | 15 04 | 22 55 | 17 29 | 02 17 |
| 28 | 2:24:43 | 04 23 23 | 26 46 | 03♎25 | 24 40 | 25 17 | 18 47 | 17 09 | 18 14 | 15 03 | 22 53 | 17 28 | 02 13 |
| 29 | 2:28:39 | 05 23 17 | 10♎01 | 16 34 | 26 21 | 26 32 | 18 57 | 17 01 | 18 17 | 15 03 | 22 52 | 17 28 | 02 10 |
| 30 | 2:32:36 | 06 23 13 | 23 04 | 29 31 | 28 01 | 27 46 | 19 07 | 16 53 | 18 21 | 15 03 | 22 50 | 17 28 | 02 07 |
| 31 | 2:36:32 | 07 23 11 | 05♏55 | 12♏16 | 29 42 | 29 01 | 19 18 | 16 45 | 18 24 | 15 02 | 22 48 | 17 28 | 02 04 |

## 0:00 E.T. Longitudes of the Major Asteroids and Chiron

| D | ⚳ | ⚴ | ⚵ | ⚶ | ⚷ |
|---|---|---|---|---|---|
| 1 | 29♊18 | 26♓29R | 25♒27R | 25♍25 | 12♊23R |
| 2 | 29 28 | 26 13 | 25 22 | 25 54 | 12 23 |
| 3 | 29 38 | 25 57 | 25 17 | 26 24 | 12 22 |
| 4 | 29 47 | 25 41 | 25 12 | 26 53 | 12 21 |
| 5 | 29 56 | 25 25 | 25 08 | 27 23 | 12 20 |
| 6 | 00♋05 | 25 10 | 25 05 | 27 52 | 12 18 |
| 7 | 00 14 | 24 55 | 25 01 | 28 22 | 12 17 |
| 8 | 00 22 | 24 40 | 24 59 | 28 51 | 12 16 |
| 9 | 00 29 | 24 25 | 24 57 | 29 21 | 12 15 |
| 10 | 00 37 | 24 10 | 24 55 | 29 50 | 12 13 |
| 11 | 00 44 | 23 56 | 24 54 | 00♎20 | 12 12 |
| 12 | 00 51 | 23 41 | 24 53 | 00 50 | 12 10 |
| 13 | 00 58 | 23 28 | 24 53D | 01 19 | 12 09 |
| 14 | 01 04 | 23 14 | 24 53 | 01 49 | 12 07 |
| 15 | 01 10 | 23 01 | 24 54 | 02 18 | 12 05 |
| 16 | 01 15 | 22 47 | 24 55 | 02 48 | 12 03 |
| 17 | 01 20 | 22 35 | 24 57 | 03 17 | 12 02 |
| 18 | 01 25 | 22 22 | 24 59 | 03 47 | 12 00 |
| 19 | 01 29 | 22 10 | 25 02 | 04 17 | 11 58 |
| 20 | 01 34 | 21 58 | 25 05 | 04 46 | 11 56 |
| 21 | 01 37 | 21 47 | 25 09 | 05 16 | 11 54 |
| 22 | 01 41 | 21 36 | 25 13 | 05 45 | 11 52 |
| 23 | 01 44 | 21 25 | 25 17 | 06 15 | 11 49 |
| 24 | 01 46 | 21 14 | 25 22 | 06 44 | 11 47 |
| 25 | 01 49 | 21 04 | 25 28 | 07 14 | 11 45 |
| 26 | 01 50 | 20 55 | 25 33 | 07 43 | 11 43 |
| 27 | 01 52 | 20 45 | 25 40 | 08 13 | 11 40 |
| 28 | 01 53 | 20 36 | 25 46 | 08 43 | 11 38 |
| 29 | 01 54 | 20 28 | 25 54 | 09 12 | 11 35 |
| 30 | 01 54 | 20 20 | 26 01 | 09 42 | 11 33 |
| 31 | 01 54R | 20 12 | 26 09 | 10 11 | 11 30 |

## Lunar Data

| Last Asp. | | Ingress | |
|---|---|---|---|
| 2 | 17:37 | 3 ♏ | 04:50 |
| 5 | 07:39 | 5 ♐ | 13:54 |
| 7 | 20:19 | 8 ♑ | 01:35 |
| 10 | 12:32 | 10 ♒ | 14:14 |
| 12 | 12:25 | 13 ♓ | 01:20 |
| 14 | 12:39 | 15 ♈ | 09:09 |
| 17 | 02:36 | 17 ♉ | 13:39 |
| 18 | 20:31 | 19 ♊ | 16:04 |
| 21 | 14:38 | 21 ♋ | 17:55 |
| 23 | 08:37 | 23 ♌ | 20:30 |
| 25 | 12:05 | 26 ♍ | 00:25 |
| 27 | 21:03 | 28 ♎ | 05:49 |
| 30 | 10:36 | 30 ♏ | 12:54 |

## 0:00 E.T. Declinations

| D | ☉ | ☽ | ☿ | ♀ | ♂ | ♃ | ♄ | ♅ | ♆ | ♇ | ⚳ | ⚴ | ⚵ | ⚶ | ⚷ |
|---|---|---|---|---|---|---|---|---|---|---|---|---|---|---|---|
| 1 | -03 02 | +01 45 | -00 23 | -07 41 | -08 36 | +16 27 | +16 40 | +22 57 | +07 34 | -23 30 | +20 50 | -07 54 | -10 20 | +06 03 | +17 48 |
| 2 | 03 25 | -02 35 | +00 11 | 08 10 | 08 36 | 16 26 | 16 38 | 22 57 | 07 34 | 23 31 | 20 52 | 08 09 | 10 28 | 05 52 | 17 47 |
| 3 | 03 49 | 06 42 | 00 40 | 08 39 | 08 35 | 16 25 | 16 37 | 22 57 | 07 33 | 23 31 | 20 54 | 08 23 | 10 36 | 05 41 | 17 47 |
| 4 | 04 12 | 10 25 | 01 04 | 09 08 | 08 35 | 16 23 | 16 35 | 22 57 | 07 32 | 23 31 | 20 55 | 08 37 | 10 44 | 05 30 | 17 46 |
| 5 | 04 35 | 13 34 | 01 24 | 09 37 | 08 34 | 16 22 | 16 34 | 22 57 | 07 32 | 23 31 | 20 57 | 08 50 | 10 51 | 05 19 | 17 46 |
| 6 | 04 58 | 16 04 | 01 38 | 10 06 | 08 32 | 16 20 | 16 32 | 22 57 | 07 31 | 23 31 | 20 59 | 09 04 | 10 58 | 05 08 | 17 45 |
| 7 | 05 21 | 17 48 | 01 47 | 10 35 | 08 31 | 16 19 | 16 31 | 22 57 | 07 30 | 23 31 | 21 01 | 09 17 | 11 06 | 04 57 | 17 45 |
| 8 | 05 44 | 18 43 | 01 51 | 11 03 | 08 29 | 16 17 | 16 29 | 22 57 | 07 30 | 23 31 | 21 03 | 09 31 | 11 13 | 04 46 | 17 44 |
| 9 | 06 07 | 18 49 | 01 49 | 11 31 | 08 26 | 16 16 | 16 28 | 22 57 | 07 29 | 23 31 | 21 05 | 09 44 | 11 19 | 04 35 | 17 44 |
| 10 | 06 30 | 18 05 | 01 43 | 11 58 | 08 24 | 16 14 | 16 26 | 22 57 | 07 29 | 23 31 | 21 07 | 09 57 | 11 26 | 04 24 | 17 43 |
| 11 | 06 52 | 16 33 | 01 32 | 12 26 | 08 21 | 16 13 | 16 25 | 22 57 | 07 28 | 23 31 | 21 09 | 10 10 | 11 32 | 04 13 | 17 43 |
| 12 | 07 15 | 14 15 | 01 16 | 12 53 | 08 17 | 16 11 | 16 24 | 22 57 | 07 27 | 23 31 | 21 11 | 10 22 | 11 39 | 04 02 | 17 42 |
| 13 | 07 37 | 11 16 | 00 56 | 13 20 | 08 14 | 16 09 | 16 22 | 22 57 | 07 27 | 23 31 | 21 13 | 10 35 | 11 45 | 03 51 | 17 41 |
| 14 | 08 00 | 07 41 | 00 33 | 13 46 | 08 10 | 16 07 | 16 21 | 22 57 | 07 26 | 23 31 | 21 15 | 10 47 | 11 50 | 03 40 | 17 41 |
| 15 | 08 22 | 03 39 | 00 07 | 14 13 | 08 06 | 16 06 | 16 20 | 22 57 | 07 26 | 23 31 | 21 18 | 10 59 | 11 56 | 03 30 | 17 40 |
| 16 | 08 44 | +00 40 | -00 22 | 14 38 | 08 01 | 16 04 | 16 18 | 22 57 | 07 25 | 23 31 | 21 20 | 11 10 | 12 01 | 03 19 | 17 40 |
| 17 | 09 06 | 05 04 | 00 54 | 15 04 | 07 57 | 16 02 | 16 17 | 22 57 | 07 24 | 23 31 | 21 22 | 11 22 | 12 06 | 03 08 | 17 39 |
| 18 | 09 28 | 09 17 | 01 28 | 15 29 | 07 52 | 16 00 | 16 16 | 22 57 | 07 24 | 23 31 | 21 24 | 11 33 | 12 11 | 02 57 | 17 39 |
| 19 | 09 50 | 13 03 | 02 04 | 15 54 | 07 46 | 15 58 | 16 15 | 22 57 | 07 23 | 23 31 | 21 27 | 11 44 | 12 16 | 02 46 | 17 38 |
| 20 | 10 12 | 16 04 | 02 41 | 16 18 | 07 41 | 15 56 | 16 14 | 22 57 | 07 22 | 23 31 | 21 29 | 11 55 | 12 21 | 02 35 | 17 37 |
| 21 | 10 33 | 18 05 | 03 20 | 16 42 | 07 35 | 15 54 | 16 12 | 22 57 | 07 22 | 23 31 | 21 31 | 12 06 | 12 25 | 02 24 | 17 37 |
| 22 | 10 54 | 18 57 | 03 59 | 17 05 | 07 29 | 15 52 | 16 11 | 22 57 | 07 21 | 23 31 | 21 34 | 12 16 | 12 29 | 02 13 | 17 36 |
| 23 | 11 16 | 18 36 | 04 39 | 17 29 | 07 22 | 15 50 | 16 10 | 22 57 | 07 21 | 23 31 | 21 36 | 12 26 | 12 33 | 02 02 | 17 36 |
| 24 | 11 37 | 17 04 | 05 20 | 17 51 | 07 16 | 15 48 | 16 09 | 22 57 | 07 20 | 23 31 | 21 39 | 12 36 | 12 36 | 01 52 | 17 35 |
| 25 | 11 57 | 14 33 | 06 01 | 18 13 | 07 09 | 15 46 | 16 08 | 22 57 | 07 19 | 23 31 | 21 41 | 12 45 | 12 40 | 01 41 | 17 34 |
| 26 | 12 18 | 11 13 | 06 43 | 18 35 | 07 02 | 15 44 | 16 07 | 22 57 | 07 19 | 23 31 | 21 44 | 12 55 | 12 43 | 01 30 | 17 34 |
| 27 | 12 39 | 07 19 | 07 24 | 18 56 | 06 54 | 15 42 | 16 06 | 22 57 | 07 18 | 23 31 | 21 46 | 13 04 | 12 46 | 01 19 | 17 33 |
| 28 | 12 59 | 03 07 | 08 06 | 19 17 | 06 47 | 15 40 | 16 05 | 22 57 | 07 18 | 23 31 | 21 49 | 13 13 | 12 49 | 01 09 | 17 32 |
| 29 | 13 19 | -01 12 | 08 47 | 19 37 | 06 39 | 15 37 | 16 04 | 22 57 | 07 17 | 23 30 | 21 52 | 13 21 | 12 52 | 00 58 | 17 32 |
| 30 | 13 39 | 05 23 | 09 29 | 19 57 | 06 31 | 15 35 | 16 03 | 22 57 | 07 16 | 23 30 | 21 54 | 13 30 | 12 54 | 00 47 | 17 31 |
| 31 | 13 58 | 09 16 | 10 10 | 20 16 | 06 23 | 15 33 | 16 02 | 22 57 | 07 16 | 23 30 | 21 57 | 13 38 | 12 56 | 00 37 | 17 31 |

Lunar Phases -- 1 ● 13:08 9 ◐ 09:51 17 ○ 02:37 23 ◑ 20:58 31 ● 02:60 Sun enters ♏ 10/23 14:18

## 0:00 E.T. Longitudes of Main Planets - November 2035 **Nov. 35**

| D | S.T. | ☉ | ☽ | ☽ 12:00 | ☿ | ♀ | ♂ | ♃ | ♄ | ♅ | ♆ | ♇ | ☊ |
|---|---|---|---|---|---|---|---|---|---|---|---|---|---|
| 1 | 2:40:29 | 08♏23 11 | 18♏34 | 24♏49 | 01♏22 | 00♐15 | 19♓30 | 16♉37℞ | 18♌27 | 15♋02℞ | 22♈47℞ | 17♒28 | 02♍01 |
| 2 | 2:44:25 | 09 23 13 | 01♐00 | 07♐08 | 03 02 | 01 30 | 19 43 | 16 29 | 18 30 | 15 01 | 22 45 | 17 28 | 01 57 |
| 3 | 2:48:22 | 10 23 17 | 13 14 | 19 17 | 04 42 | 02 44 | 19 56 | 16 21 | 18 33 | 15 00 | 22 44 | 17 28 | 01 54 |
| 4 | 2:52:18 | 11 23 23 | 25 17 | 01♑15 | 06 21 | 03 59 | 20 10 | 16 13 | 18 36 | 15 00 | 22 42 | 17 28 | 01 51 |
| 5 | 2:56:15 | 12 23 30 | 07♑11 | 13 07 | 08 00 | 05 13 | 20 25 | 16 05 | 18 39 | 14 59 | 22 41 | 17 29 | 01 48 |
| 6 | 3:00:12 | 13 23 38 | 19 01 | 24 55 | 09 39 | 06 27 | 20 40 | 15 57 | 18 42 | 14 58 | 22 39 | 17 29 | 01 45 |
| 7 | 3:04:08 | 14 23 49 | 00♒50 | 06♒46 | 11 17 | 07 42 | 20 55 | 15 49 | 18 44 | 14 57 | 22 37 | 17 29 | 01 42 |
| 8 | 3:08:05 | 15 24 01 | 12 43 | 18 43 | 12 55 | 08 56 | 21 12 | 15 40 | 18 47 | 14 56 | 22 36 | 17 29 | 01 38 |
| 9 | 3:12:01 | 16 24 14 | 24 46 | 00♓53 | 14 32 | 10 11 | 21 29 | 15 32 | 18 49 | 14 55 | 22 34 | 17 29 | 01 35 |
| 10 | 3:15:58 | 17 24 29 | 07♓04 | 13 20 | 16 09 | 11 25 | 21 46 | 15 24 | 18 52 | 14 54 | 22 33 | 17 30 | 01 32 |
| 11 | 3:19:54 | 18 24 45 | 19 42 | 26 11 | 17 46 | 12 40 | 22 04 | 15 16 | 18 54 | 14 53 | 22 31 | 17 30 | 01 29 |
| 12 | 3:23:51 | 19 25 03 | 02♈45 | 09♈27 | 19 22 | 13 54 | 22 22 | 15 08 | 18 56 | 14 52 | 22 30 | 17 30 | 01 26 |
| 13 | 3:27:47 | 20 25 22 | 16 15 | 23 11 | 20 58 | 15 08 | 22 41 | 15 00 | 18 58 | 14 51 | 22 29 | 17 30 | 01 23 |
| 14 | 3:31:44 | 21 25 43 | 00♉13 | 07♉21 | 22 34 | 16 23 | 23 01 | 14 52 | 19 00 | 14 50 | 22 27 | 17 31 | 01 19 |
| 15 | 3:35:41 | 22 26 05 | 14 35 | 21 53 | 24 09 | 17 37 | 23 21 | 14 44 | 19 02 | 14 49 | 22 26 | 17 31 | 01 16 |
| 16 | 3:39:37 | 23 26 29 | 29 16 | 06♊41 | 25 44 | 18 52 | 23 41 | 14 36 | 19 03 | 14 47 | 22 24 | 17 32 | 01 13 |
| 17 | 3:43:34 | 24 26 54 | 14♊08 | 21 36 | 27 19 | 20 06 | 24 02 | 14 28 | 19 05 | 14 46 | 22 23 | 17 32 | 01 10 |
| 18 | 3:47:30 | 25 27 22 | 29 03 | 06♋28 | 28 54 | 21 20 | 24 24 | 14 20 | 19 06 | 14 44 | 22 22 | 17 33 | 01 07 |
| 19 | 3:51:27 | 26 27 51 | 13♋51 | 21 10 | 00♐28 | 22 35 | 24 45 | 14 12 | 19 08 | 14 43 | 22 20 | 17 33 | 01 03 |
| 20 | 3:55:23 | 27 28 22 | 28 25 | 05♌36 | 02 02 | 23 49 | 25 08 | 14 04 | 19 09 | 14 42 | 22 19 | 17 34 | 01 00 |
| 21 | 3:59:20 | 28 28 55 | 12♌43 | 19 44 | 03 36 | 25 03 | 25 30 | 13 57 | 19 10 | 14 40 | 22 18 | 17 34 | 00 57 |
| 22 | 4:03:16 | 29 29 29 | 26 41 | 03♍33 | 05 09 | 26 17 | 25 53 | 13 49 | 19 11 | 14 38 | 22 16 | 17 35 | 00 54 |
| 23 | 4:07:13 | 00♐30 05 | 10♍20 | 17 03 | 06 43 | 27 32 | 26 17 | 13 41 | 19 12 | 14 37 | 22 15 | 17 35 | 00 51 |
| 24 | 4:11:10 | 01 30 43 | 23 42 | 00♎18 | 08 16 | 28 46 | 26 41 | 13 34 | 19 13 | 14 35 | 22 14 | 17 36 | 00 48 |
| 25 | 4:15:06 | 02 31 23 | 06♎50 | 13 18 | 09 49 | 00♑00 | 27 05 | 13 27 | 19 13 | 14 34 | 22 13 | 17 37 | 00 44 |
| 26 | 4:19:03 | 03 32 04 | 19 44 | 26 07 | 11 22 | 01 15 | 27 30 | 13 19 | 19 14 | 14 32 | 22 12 | 17 37 | 00 41 |
| 27 | 4:22:59 | 04 32 47 | 02♏27 | 08♏45 | 12 55 | 02 29 | 27 55 | 13 12 | 19 14 | 14 30 | 22 10 | 17 38 | 00 38 |
| 28 | 4:26:56 | 05 33 31 | 15 00 | 21 12 | 14 28 | 03 43 | 28 20 | 13 05 | 19 15 | 14 28 | 22 09 | 17 39 | 00 35 |
| 29 | 4:30:52 | 06 34 17 | 27 23 | 03♐31 | 16 00 | 04 57 | 28 46 | 12 59 | 19 15 | 14 26 | 22 08 | 17 39 | 00 32 |
| 30 | 4:34:49 | 07 35 04 | 09♐36 | 15 40 | 17 33 | 06 12 | 29 12 | 12 52 | 19 15 | 14 24 | 22 07 | 17 40 | 00 28 |

## 0:00 E.T. Longitudes of the Major Asteroids and Chiron

| D | ⚳ | ⚴ | ⚵ | ⚶ | ⚷ | D | ⚳ | ⚴ | ⚵ | ⚶ | ⚷ |
|---|---|---|---|---|---|---|---|---|---|---|---|
| 1 | 01♋53℞ | 20♓05℞ | 26♒18 | 10♎41 | 11♊27℞ | 16 | 00 57 | 19 03 | 29 13 | 18 02 | 10 43 |
| 2 | 01 52 | 19 58 | 26 27 | 11 10 | 11 25 | 17 | 00 50 | 19 03 | 29 28 | 18 31 | 10 40 |
| 3 | 01 51 | 19 51 | 26 36 | 11 40 | 11 22 | 18 | 00 42 | 19 02 | 29 43 | 19 00 | 10 36 |
| 4 | 01 49 | 19 45 | 26 46 | 12 09 | 11 19 | 19 | 00 35 | 19 02D | 29 58 | 19 30 | 10 33 |
| 5 | 01 47 | 19 39 | 26 56 | 12 39 | 11 16 | 20 | 00 27 | 19 03 | 00♓14 | 19 59 | 10 30 |
| 6 | 01 44 | 19 34 | 27 06 | 13 08 | 11 13 | 21 | 00 18 | 19 03 | 00 30 | 20 28 | 10 26 |
| 7 | 01 42 | 19 29 | 27 17 | 13 38 | 11 11 | 22 | 00 09 | 19 05 | 00 46 | 20 57 | 10 23 |
| 8 | 01 38 | 19 25 | 27 29 | 14 07 | 11 08 | 23 | 00 00 | 19 06 | 01 03 | 21 26 | 10 20 |
| 9 | 01 34 | 19 21 | 27 40 | 14 36 | 11 05 | 24 | 29♊51 | 19 08 | 01 20 | 21 55 | 10 16 |
| 10 | 01 30 | 19 17 | 27 52 | 15 06 | 11 02 | 25 | 29 41 | 19 10 | 01 37 | 22 24 | 10 13 |
| 11 | 01 26 | 19 14 | 28 05 | 15 35 | 10 59 | 26 | 29 31 | 19 13 | 01 54 | 22 53 | 10 10 |
| 12 | 01 21 | 19 11 | 28 18 | 16 05 | 10 55 | 27 | 29 20 | 19 16 | 02 12 | 23 22 | 10 06 |
| 13 | 01 15 | 19 08 | 28 31 | 16 34 | 10 52 | 28 | 29 09 | 19 20 | 02 30 | 23 51 | 10 03 |
| 14 | 01 09 | 19 06 | 28 45 | 17 03 | 10 49 | 29 | 28 58 | 19 23 | 02 49 | 24 20 | 09 59 |
| 15 | 01 03 | 19 05 | 28 59 | 17 33 | 10 46 | 30 | 28 47 | 19 28 | 03 08 | 24 49 | 09 56 |

## Lunar Data

| Last Asp. | | Ingress | | |
|---|---|---|---|---|
| 1 | 01:50 | 1 | ♐ | 22:03 |
| 3 | 18:51 | 4 | ♑ | 09:29 |
| 6 | 07:22 | 6 | ♒ | 22:18 |
| 8 | 19:40 | 9 | ♓ | 10:16 |
| 11 | 04:30 | 11 | ♈ | 18:60 |
| 13 | 10:46 | 13 | ♉ | 23:38 |
| 15 | 17:35 | 16 | ♊ | 01:11 |
| 17 | 16:19 | 18 | ♋ | 01:32 |
| 19 | 22:18 | 20 | ♌ | 02:38 |
| 22 | 05:18 | 22 | ♍ | 05:48 |
| 24 | 10:10 | 24 | ♎ | 11:28 |
| 26 | 04:36 | 26 | ♏ | 19:21 |
| 29 | 02:48 | 29 | ♐ | 05:07 |

## 0:00 E.T. Declinations

| D | ☉ | ☽ | ☿ | ♀ | ♂ | ♃ | ♄ | ♅ | ♆ | ♇ | ⚳ | ⚴ | ⚵ | ⚶ | ⚷ |
|---|---|---|---|---|---|---|---|---|---|---|---|---|---|---|---|
| 1 | -14 18 | -12 39 | -10 50 | -20 34 | -06 14 | +15 31 | +16 02 | +22 57 | +07 15 | -23 30 | +22 00 | -13 46 | -12 58 | +00 26 | +17 30 |
| 2 | 14 37 | 15 25 | 11 30 | 20 52 | 06 06 | 15 29 | 16 01 | 22 57 | 07 15 | 23 30 | 22 03 | 13 53 | 13 00 | 00 15 | 17 29 |
| 3 | 14 56 | 17 28 | 12 10 | 21 10 | 05 57 | 15 26 | 16 00 | 22 58 | 07 14 | 23 30 | 22 06 | 14 01 | 13 02 | 00 05 | 17 29 |
| 4 | 15 15 | 18 42 | 12 49 | 21 26 | 05 48 | 15 24 | 15 59 | 22 58 | 07 13 | 23 30 | 22 09 | 14 08 | 13 03 | -00 06 | 17 28 |
| 5 | 15 33 | 19 05 | 13 27 | 21 43 | 05 39 | 15 22 | 15 59 | 22 58 | 07 13 | 23 29 | 22 12 | 14 14 | 13 04 | 00 16 | 17 27 |
| 6 | 15 51 | 18 39 | 14 05 | 21 58 | 05 29 | 15 20 | 15 58 | 22 58 | 07 12 | 23 29 | 22 15 | 14 21 | 13 06 | 00 27 | 17 27 |
| 7 | 16 09 | 17 23 | 14 42 | 22 13 | 05 19 | 15 17 | 15 57 | 22 58 | 07 12 | 23 29 | 22 18 | 14 27 | 13 06 | 00 37 | 17 26 |
| 8 | 16 27 | 15 21 | 15 18 | 22 28 | 05 10 | 15 15 | 15 57 | 22 58 | 07 11 | 23 29 | 22 21 | 14 33 | 13 07 | 00 48 | 17 25 |
| 9 | 16 44 | 12 38 | 15 53 | 22 41 | 05 00 | 15 13 | 15 56 | 22 58 | 07 11 | 23 29 | 22 24 | 14 39 | 13 07 | 00 58 | 17 25 |
| 10 | 17 01 | 09 18 | 16 28 | 22 54 | 04 49 | 15 10 | 15 56 | 22 58 | 07 10 | 23 28 | 22 27 | 14 45 | 13 08 | 01 08 | 17 24 |
| 11 | 17 18 | 05 28 | 17 02 | 23 07 | 04 39 | 15 08 | 15 55 | 22 59 | 07 10 | 23 28 | 22 31 | 14 50 | 13 08 | 01 19 | 17 23 |
| 12 | 17 35 | 01 15 | 17 35 | 23 19 | 04 29 | 15 06 | 15 55 | 22 59 | 07 09 | 23 28 | 22 34 | 14 55 | 13 08 | 01 29 | 17 23 |
| 13 | 17 51 | +03 09 | 18 07 | 23 30 | 04 18 | 15 04 | 15 54 | 22 59 | 07 09 | 23 28 | 22 37 | 15 00 | 13 07 | 01 39 | 17 22 |
| 14 | 18 07 | 07 33 | 18 39 | 23 40 | 04 07 | 15 01 | 15 54 | 22 59 | 07 08 | 23 27 | 22 41 | 15 05 | 13 07 | 01 49 | 17 22 |
| 15 | 18 22 | 11 38 | 19 09 | 23 50 | 03 56 | 14 59 | 15 53 | 22 59 | 07 08 | 23 27 | 22 44 | 15 09 | 13 06 | 01 59 | 17 21 |
| 16 | 18 38 | 15 06 | 19 38 | 23 59 | 03 45 | 14 57 | 15 53 | 22 59 | 07 07 | 23 27 | 22 47 | 15 13 | 13 05 | 02 09 | 17 20 |
| 17 | 18 53 | 17 38 | 20 07 | 24 07 | 03 34 | 14 55 | 15 53 | 22 59 | 07 07 | 23 26 | 22 51 | 15 17 | 13 04 | 02 20 | 17 20 |
| 18 | 19 07 | 18 59 | 20 34 | 24 14 | 03 23 | 14 53 | 15 52 | 23 00 | 07 06 | 23 26 | 22 54 | 15 21 | 13 03 | 02 30 | 17 19 |
| 19 | 19 21 | 19 02 | 21 01 | 24 21 | 03 11 | 14 51 | 15 52 | 23 00 | 07 06 | 23 26 | 22 58 | 15 24 | 13 02 | 02 39 | 17 18 |
| 20 | 19 35 | 17 49 | 21 26 | 24 27 | 03 00 | 14 48 | 15 52 | 23 00 | 07 05 | 23 26 | 23 02 | 15 27 | 13 00 | 02 49 | 17 18 |
| 21 | 19 49 | 15 28 | 21 50 | 24 33 | 02 48 | 14 46 | 15 52 | 23 00 | 07 05 | 23 25 | 23 05 | 15 30 | 12 58 | 02 59 | 17 17 |
| 22 | 20 02 | 12 16 | 22 13 | 24 37 | 02 36 | 14 44 | 15 52 | 23 00 | 07 04 | 23 25 | 23 09 | 15 33 | 12 56 | 03 09 | 17 16 |
| 23 | 20 15 | 08 27 | 22 36 | 24 41 | 02 24 | 14 42 | 15 51 | 23 01 | 07 04 | 23 25 | 23 13 | 15 36 | 12 54 | 03 19 | 17 16 |
| 24 | 20 27 | 04 17 | 22 57 | 24 44 | 02 12 | 14 40 | 15 51 | 23 01 | 07 04 | 23 24 | 23 16 | 15 38 | 12 52 | 03 28 | 17 15 |
| 25 | 20 40 | -00 00 | 23 16 | 24 47 | 02 00 | 14 38 | 15 51 | 23 01 | 07 03 | 23 24 | 23 20 | 15 40 | 12 49 | 03 38 | 17 15 |
| 26 | 20 51 | 04 13 | 23 35 | 24 48 | 01 47 | 14 36 | 15 51 | 23 01 | 07 03 | 23 23 | 23 24 | 15 42 | 12 47 | 03 48 | 17 14 |
| 27 | 21 03 | 08 10 | 23 52 | 24 49 | 01 35 | 14 34 | 15 51 | 23 01 | 07 02 | 23 23 | 23 27 | 15 44 | 12 44 | 03 57 | 17 13 |
| 28 | 21 13 | 11 43 | 24 09 | 24 49 | 01 23 | 14 32 | 15 51 | 23 02 | 07 02 | 23 23 | 23 31 | 15 46 | 12 41 | 04 07 | 17 13 |
| 29 | 21 24 | 14 42 | 24 24 | 24 49 | 01 10 | 14 30 | 15 52 | 23 02 | 07 02 | 23 22 | 23 35 | 15 47 | 12 38 | 04 16 | 17 12 |
| 30 | 21 34 | 17 01 | 24 38 | 24 47 | 00 57 | 14 29 | 15 52 | 23 02 | 07 01 | 23 22 | 23 39 | 15 48 | 12 35 | 04 26 | 17 11 |

Lunar Phases -- 8 ◐ 05:52 15 ○ 13:50 22 ◑ 05:18 29 ● 19:39 Sun enters ♐ 11/22 12:05

## Longitudes of Main Planets - December 2035

0:00 E.T.

| D | S.T. | ☉ | ☽ | ☽ 12:00 | ☿ | ♀ | ♂ | ♃ | ♄ | ♅ | ♆ | ♇ | ☊ |
|---|---|---|---|---|---|---|---|---|---|---|---|---|---|
| 1 | 4:38:45 | 08♐35 52 | 21♐42 | 27♐41 | 19♐05 | 07♑26 | 29♓38 | 12♉45℞ | 19♌15℞ | 14♋23℞ | 22♈06℞ | 17♒41 | 00♍25 |
| 2 | 4:42:42 | 09 36 42 | 03♑39 | 09♑35 | 20 37 | 08 40 | 00♈05 | 12 39 | 19 15 | 14 21 | 22 05 | 17 42 | 00 22 |
| 3 | 4:46:39 | 10 37 33 | 15 30 | 21 24 | 22 09 | 09 54 | 00 32 | 12 32 | 19 15 | 14 19 | 22 04 | 17 43 | 00 19 |
| 4 | 4:50:35 | 11 38 24 | 27 18 | 03♒12 | 23 41 | 11 08 | 00 59 | 12 26 | 19 14 | 14 17 | 22 03 | 17 44 | 00 16 |
| 5 | 4:54:32 | 12 39 17 | 09♒06 | 15 00 | 25 13 | 12 23 | 01 27 | 12 20 | 19 14 | 14 14 | 22 02 | 17 44 | 00 13 |
| 6 | 4:58:28 | 13 40 10 | 20 57 | 26 55 | 26 45 | 13 37 | 01 55 | 12 14 | 19 13 | 14 12 | 22 01 | 17 45 | 00 09 |
| 7 | 5:02:25 | 14 41 04 | 02♓57 | 09♓02 | 28 16 | 14 51 | 02 23 | 12 08 | 19 13 | 14 10 | 22 00 | 17 46 | 00 06 |
| 8 | 5:06:21 | 15 41 59 | 15 11 | 21 24 | 29 47 | 16 05 | 02 52 | 12 03 | 19 12 | 14 08 | 22 00 | 17 47 | 00 03 |
| 9 | 5:10:18 | 16 42 55 | 27 44 | 04♈09 | 01♑18 | 17 19 | 03 20 | 11 57 | 19 11 | 14 06 | 21 59 | 17 48 | 00♍00 |
| 10 | 5:14:14 | 17 43 51 | 10♈42 | 17 21 | 02 48 | 18 33 | 03 49 | 11 52 | 19 10 | 14 04 | 21 58 | 17 49 | 29 57 |
| 11 | 5:18:11 | 18 44 48 | 24 08 | 01♉02 | 04 18 | 19 47 | 04 19 | 11 47 | 19 09 | 14 01 | 21 57 | 17 50 | 29 54 |
| 12 | 5:22:08 | 19 45 46 | 08♉04 | 15 14 | 05 47 | 21 01 | 04 48 | 11 42 | 19 07 | 13 59 | 21 56 | 17 51 | 29 50 |
| 13 | 5:26:04 | 20 46 44 | 22 30 | 29 53 | 07 16 | 22 15 | 05 18 | 11 37 | 19 06 | 13 57 | 21 56 | 17 53 | 29 47 |
| 14 | 5:30:01 | 21 47 43 | 07♊21 | 14♊53 | 08 44 | 23 29 | 05 48 | 11 33 | 19 05 | 13 55 | 21 55 | 17 54 | 29 44 |
| 15 | 5:33:57 | 22 48 43 | 22 28 | 00♋05 | 10 11 | 24 43 | 06 18 | 11 29 | 19 03 | 13 52 | 21 55 | 17 55 | 29 41 |
| 16 | 5:37:54 | 23 49 43 | 07♋43 | 15 19 | 11 37 | 25 57 | 06 49 | 11 24 | 19 01 | 13 50 | 21 54 | 17 56 | 29 38 |
| 17 | 5:41:50 | 24 50 45 | 22 53 | 00♌23 | 13 01 | 27 11 | 07 19 | 11 20 | 19 00 | 13 47 | 21 53 | 17 57 | 29 34 |
| 18 | 5:45:47 | 25 51 47 | 07♌49 | 15 10 | 14 25 | 28 25 | 07 50 | 11 17 | 18 58 | 13 45 | 21 53 | 17 58 | 29 31 |
| 19 | 5:49:43 | 26 52 50 | 22 25 | 29 34 | 15 46 | 29 38 | 08 21 | 11 13 | 18 56 | 13 43 | 21 52 | 18 00 | 29 28 |
| 20 | 5:53:40 | 27 53 54 | 06♍36 | 13♍33 | 17 05 | 00♒52 | 08 52 | 11 10 | 18 54 | 13 40 | 21 52 | 18 01 | 29 25 |
| 21 | 5:57:37 | 28 54 59 | 20 23 | 27 07 | 18 22 | 02 06 | 09 24 | 11 06 | 18 52 | 13 38 | 21 51 | 18 02 | 29 22 |
| 22 | 6:01:33 | 29 56 04 | 03♎46 | 10♎19 | 19 36 | 03 20 | 09 55 | 11 03 | 18 49 | 13 35 | 21 51 | 18 03 | 29 19 |
| 23 | 6:05:30 | 00♑57 10 | 16 48 | 23 12 | 20 47 | 04 33 | 10 27 | 11 00 | 18 47 | 13 33 | 21 51 | 18 05 | 29 15 |
| 24 | 6:09:26 | 01 58 17 | 29 32 | 05♏49 | 21 53 | 05 47 | 10 59 | 10 58 | 18 44 | 13 30 | 21 50 | 18 06 | 29 12 |
| 25 | 6:13:23 | 02 59 25 | 12♏03 | 18 13 | 22 55 | 07 01 | 11 31 | 10 55 | 18 42 | 13 28 | 21 50 | 18 07 | 29 09 |
| 26 | 6:17:19 | 04 00 34 | 24 21 | 00♐27 | 23 52 | 08 14 | 12 04 | 10 53 | 18 39 | 13 25 | 21 50 | 18 09 | 29 06 |
| 27 | 6:21:16 | 05 01 42 | 06♐31 | 12 33 | 24 43 | 09 28 | 12 36 | 10 51 | 18 36 | 13 22 | 21 49 | 18 10 | 29 03 |
| 28 | 6:25:12 | 06 02 52 | 18 33 | 24 32 | 25 27 | 10 41 | 13 09 | 10 49 | 18 34 | 13 20 | 21 49 | 18 11 | 29 00 |
| 29 | 6:29:09 | 07 04 02 | 00♑29 | 06♑26 | 26 03 | 11 55 | 13 42 | 10 48 | 18 31 | 13 17 | 21 49 | 18 13 | 28 56 |
| 30 | 6:33:06 | 08 05 12 | 12 21 | 18 16 | 26 30 | 13 08 | 14 15 | 10 46 | 18 27 | 13 15 | 21 49 | 18 14 | 28 53 |
| 31 | 6:37:02 | 09 06 22 | 24 11 | 00♒05 | 26 48 | 14 22 | 14 48 | 10 45 | 18 24 | 13 12 | 21 49 | 18 16 | 28 50 |

## 0:00 E.T. Longitudes of the Major Asteroids and Chiron

| D | ⚳ | ⚴ | ⚵ | ⚶ | ⚷ |
|---|---|---|---|---|---|
| 1 | 28♊35℞ | 19♓32 | 03♓27 | 25♎18 | 09♊52℞ |
| 2 | 28 23 | 19 37 | 03 46 | 25 47 | 09 49 |
| 3 | 28 11 | 19 42 | 04 06 | 26 15 | 09 46 |
| 4 | 27 58 | 19 48 | 04 26 | 26 44 | 09 42 |
| 5 | 27 45 | 19 54 | 04 46 | 27 13 | 09 39 |
| 6 | 27 32 | 20 00 | 05 06 | 27 41 | 09 35 |
| 7 | 27 19 | 20 07 | 05 27 | 28 10 | 09 32 |
| 8 | 27 06 | 20 14 | 05 48 | 28 39 | 09 28 |
| 9 | 26 53 | 20 21 | 06 09 | 29 07 | 09 25 |
| 10 | 26 39 | 20 29 | 06 30 | 29 36 | 09 22 |
| 11 | 26 25 | 20 37 | 06 52 | 00♏04 | 09 18 |
| 12 | 26 11 | 20 45 | 07 14 | 00 32 | 09 15 |
| 13 | 25 57 | 20 54 | 07 36 | 01 01 | 09 11 |
| 14 | 25 43 | 21 03 | 07 59 | 01 29 | 09 08 |
| 15 | 25 29 | 21 12 | 08 21 | 01 57 | 09 05 |
| 16 | 25 15 | 21 22 | 08 44 | 02 25 | 09 02 |
| 17 | 25 01 | 21 32 | 09 07 | 02 53 | 08 58 |
| 18 | 24 47 | 21 42 | 09 30 | 03 21 | 08 55 |
| 19 | 24 33 | 21 52 | 09 54 | 03 49 | 08 52 |
| 20 | 24 18 | 22 03 | 10 18 | 04 17 | 08 49 |
| 21 | 24 04 | 22 14 | 10 42 | 04 45 | 08 45 |
| 22 | 23 50 | 22 25 | 11 06 | 05 12 | 08 42 |
| 23 | 23 36 | 22 37 | 11 30 | 05 40 | 08 39 |
| 24 | 23 22 | 22 49 | 11 55 | 06 08 | 08 36 |
| 25 | 23 08 | 23 01 | 12 19 | 06 35 | 08 33 |
| 26 | 22 55 | 23 13 | 12 44 | 07 03 | 08 30 |
| 27 | 22 41 | 23 26 | 13 09 | 07 30 | 08 27 |
| 28 | 22 28 | 23 39 | 13 35 | 07 57 | 08 24 |
| 29 | 22 15 | 23 52 | 14 00 | 08 25 | 08 21 |
| 30 | 22 02 | 24 05 | 14 26 | 08 52 | 08 18 |
| 31 | 21 49 | 24 19 | 14 52 | 09 19 | 08 15 |

## Lunar Data

| Last Asp. | | Ingress | | |
|---|---|---|---|---|
| 1 | 16:32 | 1 | ♑ | 16:39 |
| 3 | 13:20 | 4 | ♒ | 05:30 |
| 6 | 13:20 | 6 | ♓ | 18:09 |
| 8 | 01:57 | 9 | ♈ | 04:16 |
| 10 | 20:10 | 11 | ♉ | 10:13 |
| 12 | 23:33 | 13 | ♊ | 12:12 |
| 15 | 00:34 | 15 | ♋ | 11:52 |
| 17 | 07:29 | 17 | ♌ | 11:23 |
| 19 | 08:04 | 19 | ♍ | 12:45 |
| 21 | 16:30 | 21 | ♎ | 17:11 |
| 23 | 09:27 | 24 | ♏ | 00:53 |
| 25 | 22:58 | 26 | ♐ | 11:06 |
| 28 | 06:33 | 28 | ♑ | 23:01 |
| 31 | 05:26 | | | |

## 0:00 E.T. Declinations

| D | ☉ | ☽ | ☿ | ♀ | ♂ | ♃ | ♄ | ♅ | ♆ | ♇ | ⚳ | ⚴ | ⚵ | ⚶ | ⚷ |
|---|---|---|---|---|---|---|---|---|---|---|---|---|---|---|---|
| 1 | -21 44 | -18 32 | -24 50 | -24 45 | -00 45 | +14 27 | +15 52 | +23 02 | +07 01 | -23 22 | +23 42 | -15 49 | -12 31 | -04 35 | +17 11 |
| 2 | 21 53 | 19 14 | 25 01 | 24 42 | 00 32 | 14 25 | 15 52 | 23 03 | 07 01 | 23 21 | 23 46 | 15 50 | 12 28 | 04 44 | 17 10 |
| 3 | 22 02 | 19 04 | 25 11 | 24 39 | 00 19 | 14 23 | 15 52 | 23 03 | 07 00 | 23 21 | 23 50 | 15 51 | 12 24 | 04 53 | 17 10 |
| 4 | 22 10 | 18 04 | 25 19 | 24 34 | 00 06 | 14 22 | 15 53 | 23 03 | 07 00 | 23 20 | 23 54 | 15 51 | 12 20 | 05 02 | 17 09 |
| 5 | 22 18 | 16 18 | 25 27 | 24 29 | +00 07 | 14 20 | 15 53 | 23 03 | 07 00 | 23 20 | 23 57 | 15 51 | 12 16 | 05 11 | 17 09 |
| 6 | 22 26 | 13 49 | 25 32 | 24 23 | 00 21 | 14 19 | 15 53 | 23 04 | 06 59 | 23 20 | 24 01 | 15 51 | 12 12 | 05 20 | 17 08 |
| 7 | 22 33 | 10 44 | 25 37 | 24 17 | 00 34 | 14 17 | 15 54 | 23 04 | 06 59 | 23 19 | 24 05 | 15 51 | 12 08 | 05 29 | 17 07 |
| 8 | 22 40 | 07 08 | 25 39 | 24 10 | 00 47 | 14 16 | 15 54 | 23 04 | 06 59 | 23 19 | 24 08 | 15 51 | 12 03 | 05 38 | 17 07 |
| 9 | 22 46 | 03 08 | 25 41 | 24 01 | 01 01 | 14 14 | 15 55 | 23 04 | 06 59 | 23 18 | 24 12 | 15 51 | 11 58 | 05 47 | 17 06 |
| 10 | 22 52 | +01 08 | 25 41 | 23 53 | 01 14 | 14 13 | 15 55 | 23 05 | 06 58 | 23 18 | 24 16 | 15 50 | 11 54 | 05 56 | 17 06 |
| 11 | 22 57 | 05 30 | 25 39 | 23 43 | 01 28 | 14 12 | 15 56 | 23 05 | 06 58 | 23 17 | 24 19 | 15 49 | 11 49 | 06 04 | 17 05 |
| 12 | 23 02 | 09 44 | 25 37 | 23 33 | 01 41 | 14 10 | 15 56 | 23 05 | 06 58 | 23 17 | 24 23 | 15 49 | 11 44 | 06 13 | 17 05 |
| 13 | 23 07 | 13 32 | 25 32 | 23 22 | 01 55 | 14 09 | 15 57 | 23 05 | 06 58 | 23 16 | 24 27 | 15 47 | 11 38 | 06 21 | 17 04 |
| 14 | 23 11 | 16 36 | 25 26 | 23 11 | 02 08 | 14 08 | 15 57 | 23 06 | 06 57 | 23 16 | 24 30 | 15 46 | 11 33 | 06 30 | 17 04 |
| 15 | 23 14 | 18 37 | 25 19 | 22 58 | 02 22 | 14 07 | 15 58 | 23 06 | 06 57 | 23 15 | 24 34 | 15 45 | 11 28 | 06 38 | 17 03 |
| 16 | 23 17 | 19 18 | 25 10 | 22 45 | 02 36 | 14 06 | 15 59 | 23 06 | 06 57 | 23 15 | 24 37 | 15 43 | 11 22 | 06 46 | 17 03 |
| 17 | 23 20 | 18 36 | 25 00 | 22 32 | 02 50 | 14 05 | 15 59 | 23 06 | 06 57 | 23 15 | 24 41 | 15 42 | 11 16 | 06 55 | 17 02 |
| 18 | 23 22 | 16 36 | 24 49 | 22 18 | 03 03 | 14 04 | 16 00 | 23 07 | 06 57 | 23 14 | 24 44 | 15 40 | 11 10 | 07 03 | 17 02 |
| 19 | 23 24 | 13 34 | 24 36 | 22 03 | 03 17 | 14 03 | 16 01 | 23 07 | 06 57 | 23 14 | 24 47 | 15 38 | 11 04 | 07 11 | 17 01 |
| 20 | 23 25 | 09 48 | 24 21 | 21 47 | 03 31 | 14 02 | 16 02 | 23 07 | 06 56 | 23 13 | 24 51 | 15 36 | 10 58 | 07 19 | 17 01 |
| 21 | 23 26 | 05 36 | 24 06 | 21 31 | 03 45 | 14 02 | 16 03 | 23 07 | 06 56 | 23 13 | 24 54 | 15 34 | 10 52 | 07 27 | 17 00 |
| 22 | 23 26 | 01 15 | 23 50 | 21 14 | 03 59 | 14 01 | 16 04 | 23 08 | 06 56 | 23 12 | 24 57 | 15 32 | 10 46 | 07 34 | 17 00 |
| 23 | 23 26 | -03 03 | 23 32 | 20 57 | 04 13 | 14 00 | 16 04 | 23 08 | 06 56 | 23 12 | 25 00 | 15 29 | 10 39 | 07 42 | 16 59 |
| 24 | 23 25 | 07 06 | 23 14 | 20 39 | 04 27 | 14 00 | 16 05 | 23 08 | 06 56 | 23 11 | 25 04 | 15 27 | 10 32 | 07 50 | 16 59 |
| 25 | 23 24 | 10 47 | 22 55 | 20 20 | 04 41 | 13 59 | 16 06 | 23 08 | 06 56 | 23 10 | 25 07 | 15 24 | 10 26 | 07 57 | 16 59 |
| 26 | 23 22 | 13 55 | 22 35 | 20 01 | 04 55 | 13 59 | 16 07 | 23 09 | 06 56 | 23 10 | 25 10 | 15 21 | 10 19 | 08 05 | 16 58 |
| 27 | 23 20 | 16 26 | 22 15 | 19 42 | 05 09 | 13 59 | 16 08 | 23 09 | 06 56 | 23 09 | 25 13 | 15 18 | 10 12 | 08 12 | 16 58 |
| 28 | 23 18 | 18 12 | 21 55 | 19 21 | 05 23 | 13 58 | 16 09 | 23 09 | 06 56 | 23 09 | 25 16 | 15 15 | 10 05 | 08 20 | 16 57 |
| 29 | 23 15 | 19 10 | 21 35 | 19 01 | 05 38 | 13 58 | 16 11 | 23 10 | 06 56 | 23 08 | 25 19 | 15 12 | 09 57 | 08 27 | 16 57 |
| 30 | 23 11 | 19 16 | 21 15 | 18 40 | 05 52 | 13 58 | 16 12 | 23 10 | 06 56 | 23 08 | 25 21 | 15 09 | 09 50 | 08 34 | 16 57 |
| 31 | 23 07 | 18 32 | 20 56 | 18 18 | 06 06 | 13 58 | 16 13 | 23 10 | 06 56 | 23 07 | 25 24 | 15 05 | 09 43 | 08 41 | 16 56 |

Lunar Phases -- 8 ◐ 01:06 15 ○ 00:34 21 ◑ 16:30 29 ● 14:32 Sun enters ♑ 12/22 01:33

## 0:00 E.T. Longitudes of Main Planets - January 2036

| D | S.T. | ☉ | ☽ | ☽ 12:00 | ☿ | ♀ | ♂ | ♃ | ♄ | ♅ | ♆ | ♇ | ☊ |
|---|---|---|---|---|---|---|---|---|---|---|---|---|---|
| 1 | 6:40:59 | 10♑07 32 | 05♒59 | 11♒53 | 26♑56 | 15♒35 | 15♈21 | 10♉44℞ | 18♌21℞ | 13♋10℞ | 21♈49℞ | 18♒17 | 28♌47 |
| 2 | 6:44:55 | 11 08 43 | 17 48 | 23 44 | 26 52℞ | 16 48 | 15 54 | 10 43 | 18 18 | 13 07 | 21 49 | 18 19 | 28 44 |
| 3 | 6:48:52 | 12 09 53 | 29 42 | 05♓41 | 26 37 | 18 02 | 16 28 | 10 43 | 18 14 | 13 04 | 21 49D | 18 20 | 28 40 |
| 4 | 6:52:48 | 13 11 03 | 11♓44 | 17 49 | 26 10 | 19 15 | 17 02 | 10 42 | 18 11 | 13 02 | 21 49 | 18 22 | 28 37 |
| 5 | 6:56:45 | 14 12 13 | 23 57 | 00♈10 | 25 31 | 20 28 | 17 35 | 10 42 | 18 07 | 12 59 | 21 49 | 18 23 | 28 34 |
| 6 | 7:00:41 | 15 13 22 | 06♈28 | 12 51 | 24 41 | 21 41 | 18 09 | 10 42D | 18 04 | 12 57 | 21 49 | 18 25 | 28 31 |
| 7 | 7:04:38 | 16 14 31 | 19 20 | 25 55 | 23 41 | 22 54 | 18 43 | 10 43 | 18 00 | 12 54 | 21 49 | 18 26 | 28 28 |
| 8 | 7:08:35 | 17 15 40 | 02♉37 | 09♉26 | 22 32 | 24 07 | 19 18 | 10 43 | 17 56 | 12 51 | 21 49 | 18 28 | 28 25 |
| 9 | 7:12:31 | 18 16 49 | 16 23 | 23 27 | 21 17 | 25 20 | 19 52 | 10 44 | 17 52 | 12 49 | 21 50 | 18 29 | 28 21 |
| 10 | 7:16:28 | 19 17 57 | 00♊38 | 07♊55 | 19 59 | 26 33 | 20 26 | 10 45 | 17 48 | 12 46 | 21 50 | 18 31 | 28 18 |
| 11 | 7:20:24 | 20 19 04 | 15 19 | 22 49 | 18 38 | 27 45 | 21 01 | 10 46 | 17 44 | 12 44 | 21 50 | 18 33 | 28 15 |
| 12 | 7:24:21 | 21 20 11 | 00♋22 | 07♋59 | 17 19 | 28 58 | 21 35 | 10 47 | 17 40 | 12 41 | 21 50 | 18 34 | 28 12 |
| 13 | 7:28:17 | 22 21 18 | 15 38 | 23 17 | 16 03 | 00♓11 | 22 10 | 10 49 | 17 36 | 12 39 | 21 51 | 18 36 | 28 09 |
| 14 | 7:32:14 | 23 22 24 | 00♌56 | 08♌32 | 14 53 | 01 23 | 22 45 | 10 50 | 17 32 | 12 36 | 21 51 | 18 38 | 28 06 |
| 15 | 7:36:10 | 24 23 30 | 16 05 | 23 34 | 13 51 | 02 36 | 23 20 | 10 52 | 17 28 | 12 34 | 21 52 | 18 39 | 28 02 |
| 16 | 7:40:07 | 25 24 36 | 00♍57 | 08♍14 | 12 56 | 03 48 | 23 55 | 10 55 | 17 23 | 12 31 | 21 52 | 18 41 | 27 59 |
| 17 | 7:44:04 | 26 25 41 | 15 25 | 22 29 | 12 11 | 05 01 | 24 30 | 10 57 | 17 19 | 12 29 | 21 53 | 18 43 | 27 56 |
| 18 | 7:48:00 | 27 26 46 | 29 26 | 06♎16 | 11 35 | 06 13 | 25 05 | 10 59 | 17 15 | 12 26 | 21 53 | 18 44 | 27 53 |
| 19 | 7:51:57 | 28 27 51 | 12♎59 | 19 36 | 11 09 | 07 25 | 25 40 | 11 02 | 17 10 | 12 24 | 21 54 | 18 46 | 27 50 |
| 20 | 7:55:53 | 29 28 56 | 26 07 | 02♏33 | 10 53 | 08 37 | 26 16 | 11 05 | 17 06 | 12 21 | 21 54 | 18 48 | 27 46 |
| 21 | 7:59:50 | 00♒30 00 | 08♏53 | 15 09 | 10 45 | 09 49 | 26 51 | 11 08 | 17 01 | 12 19 | 21 55 | 18 49 | 27 43 |
| 22 | 8:03:46 | 01 31 04 | 21 20 | 27 28 | 10 46D | 11 01 | 27 26 | 11 11 | 16 56 | 12 16 | 21 56 | 18 51 | 27 40 |
| 23 | 8:07:43 | 02 32 08 | 03♐33 | 09♐35 | 10 54 | 12 13 | 28 02 | 11 15 | 16 52 | 12 14 | 21 56 | 18 53 | 27 37 |
| 24 | 8:11:39 | 03 33 11 | 15 35 | 21 33 | 11 10 | 13 25 | 28 38 | 11 19 | 16 47 | 12 11 | 21 57 | 18 55 | 27 34 |
| 25 | 8:15:36 | 04 34 14 | 27 30 | 03♑25 | 11 33 | 14 37 | 29 13 | 11 23 | 16 42 | 12 09 | 21 58 | 18 56 | 27 31 |
| 26 | 8:19:33 | 05 35 16 | 09♑20 | 15 15 | 12 02 | 15 48 | 29 49 | 11 27 | 16 38 | 12 07 | 21 59 | 18 58 | 27 27 |
| 27 | 8:23:29 | 06 36 17 | 21 09 | 27 03 | 12 36 | 17 00 | 00♉25 | 11 31 | 16 33 | 12 05 | 21 59 | 19 00 | 27 24 |
| 28 | 8:27:26 | 07 37 18 | 02♒58 | 08♒54 | 13 15 | 18 11 | 01 01 | 11 35 | 16 28 | 12 02 | 22 00 | 19 02 | 27 21 |
| 29 | 8:31:22 | 08 38 17 | 14 50 | 20 47 | 13 59 | 19 22 | 01 37 | 11 40 | 16 23 | 12 00 | 22 01 | 19 03 | 27 18 |
| 30 | 8:35:19 | 09 39 16 | 26 46 | 02♓46 | 14 47 | 20 33 | 02 13 | 11 45 | 16 18 | 11 58 | 22 02 | 19 05 | 27 15 |
| 31 | 8:39:15 | 10 40 14 | 08♓48 | 14 53 | 15 39 | 21 45 | 02 49 | 11 50 | 16 13 | 11 56 | 22 03 | 19 07 | 27 12 |

## 0:00 E.T. Longitudes of the Major Asteroids and Chiron

| D | ⚳ | ⚴ | ⚵ | ⚶ | ⚷ |
|---|---|---|---|---|---|
| 1 | 21♊36℞ | 24♓33 | 15♓18 | 09♏46 | 08♊13℞ |
| 2 | 21 24 | 24 47 | 15 44 | 10 13 | 08 10 |
| 3 | 21 12 | 25 01 | 16 11 | 10 40 | 08 07 |
| 4 | 21 00 | 25 16 | 16 37 | 11 06 | 08 04 |
| 5 | 20 48 | 25 31 | 17 04 | 11 33 | 08 02 |
| 6 | 20 37 | 25 46 | 17 31 | 11 59 | 07 59 |
| 7 | 20 26 | 26 01 | 17 58 | 12 26 | 07 57 |
| 8 | 20 15 | 26 17 | 18 26 | 12 52 | 07 54 |
| 9 | 20 05 | 26 33 | 18 53 | 13 18 | 07 52 |
| 10 | 19 55 | 26 49 | 19 21 | 13 44 | 07 50 |
| 11 | 19 45 | 27 05 | 19 49 | 14 10 | 07 47 |
| 12 | 19 36 | 27 21 | 20 17 | 14 36 | 07 45 |
| 13 | 19 27 | 27 38 | 20 45 | 15 02 | 07 43 |
| 14 | 19 19 | 27 55 | 21 13 | 15 28 | 07 41 |
| 15 | 19 11 | 28 12 | 21 41 | 15 53 | 07 39 |
| 16 | 19 03 | 28 29 | 22 10 | 16 19 | 07 37 |
| 17 | 18 55 | 28 46 | 22 38 | 16 44 | 07 35 |
| 18 | 18 48 | 29 04 | 23 07 | 17 09 | 07 33 |
| 19 | 18 42 | 29 22 | 23 36 | 17 34 | 07 31 |
| 20 | 18 36 | 29 40 | 24 05 | 17 59 | 07 29 |
| 21 | 18 30 | 29 58 | 24 34 | 18 24 | 07 28 |
| 22 | 18 24 | 00♈16 | 25 04 | 18 49 | 07 26 |
| 23 | 18 19 | 00 35 | 25 33 | 19 13 | 07 24 |
| 24 | 18 15 | 00 53 | 26 03 | 19 38 | 07 23 |
| 25 | 18 11 | 01 12 | 26 33 | 20 02 | 07 22 |
| 26 | 18 07 | 01 31 | 27 03 | 20 26 | 07 20 |
| 27 | 18 04 | 01 51 | 27 33 | 20 50 | 07 19 |
| 28 | 18 01 | 02 10 | 28 03 | 21 14 | 07 18 |
| 29 | 17 58 | 02 30 | 28 33 | 21 38 | 07 16 |
| 30 | 17 56 | 02 49 | 29 03 | 22 01 | 07 15 |
| 31 | 17 55 | 03 09 | 29 34 | 22 25 | 07 14 |

## Lunar Data

| Last Asp. | | Ingress | | |
|---|---|---|---|---|
| 2 | 08:07 | 3 | ♓ | 00:36 |
| 5 | 02:51 | 5 | ♈ | 11:40 |
| 7 | 07:20 | 7 | ♉ | 19:20 |
| 9 | 16:34 | 9 | ♊ | 22:57 |
| 11 | 21:35 | 11 | ♋ | 23:25 |
| 13 | 11:17 | 13 | ♌ | 22:32 |
| 15 | 12:06 | 15 | ♍ | 22:27 |
| 17 | 20:18 | 18 | ♎ | 01:00 |
| 20 | 06:48 | 20 | ♏ | 07:14 |
| 21 | 19:09 | 22 | ♐ | 16:59 |
| 25 | 03:41 | 25 | ♑ | 05:04 |
| 27 | 01:42 | 27 | ♒ | 17:58 |
| 29 | 14:30 | 30 | ♓ | 06:28 |

## 0:00 E.T. Declinations

| D | ☉ | ☽ | ☿ | ♀ | ♂ | ♃ | ♄ | ♅ | ♆ | ♇ | ⚳ | ⚴ | ⚵ | ⚶ | ⚷ |
|---|---|---|---|---|---|---|---|---|---|---|---|---|---|---|---|
| 1 | -23 03 | -16 59 | -20 38 | -17 55 | +06 20 | +13 58 | +16 14 | +23 10 | +06 56 | -23 07 | +25 27 | -15 02 | -09 35 | -08 48 | +16 56 |
| 2 | 22 58 | 14 43 | 20 21 | 17 33 | 06 34 | 13 58 | 16 15 | 23 11 | 06 56 | 23 07 | 25 30 | 14 58 | 09 28 | 08 55 | 16 56 |
| 3 | 22 53 | 11 49 | 20 05 | 17 10 | 06 48 | 13 58 | 16 16 | 23 11 | 06 56 | 23 06 | 25 32 | 14 55 | 09 20 | 09 02 | 16 55 |
| 4 | 22 47 | 08 24 | 19 52 | 16 46 | 07 02 | 13 58 | 16 18 | 23 11 | 06 56 | 23 05 | 25 35 | 14 51 | 09 12 | 09 08 | 16 55 |
| 5 | 22 41 | 04 34 | 19 40 | 16 22 | 07 16 | 13 58 | 16 19 | 23 11 | 06 56 | 23 05 | 25 38 | 14 47 | 09 04 | 09 15 | 16 55 |
| 6 | 22 34 | 00 28 | 19 30 | 15 57 | 07 31 | 13 59 | 16 20 | 23 12 | 06 56 | 23 04 | 25 40 | 14 43 | 08 56 | 09 21 | 16 55 |
| 7 | 22 27 | +03 45 | 19 22 | 15 32 | 07 45 | 13 59 | 16 21 | 23 12 | 06 56 | 23 04 | 25 43 | 14 39 | 08 48 | 09 28 | 16 54 |
| 8 | 22 19 | 07 56 | 19 16 | 15 07 | 07 59 | 14 00 | 16 23 | 23 12 | 06 56 | 23 03 | 25 45 | 14 35 | 08 39 | 09 34 | 16 54 |
| 9 | 22 11 | 11 51 | 19 12 | 14 41 | 08 13 | 14 00 | 16 24 | 23 12 | 06 57 | 23 02 | 25 48 | 14 31 | 08 31 | 09 40 | 16 54 |
| 10 | 22 03 | 15 13 | 19 09 | 14 15 | 08 27 | 14 01 | 16 25 | 23 13 | 06 57 | 23 02 | 25 50 | 14 26 | 08 23 | 09 46 | 16 54 |
| 11 | 21 54 | 17 44 | 19 09 | 13 49 | 08 41 | 14 01 | 16 27 | 23 13 | 06 57 | 23 01 | 25 53 | 14 22 | 08 14 | 09 53 | 16 53 |
| 12 | 21 44 | 19 07 | 19 10 | 13 22 | 08 55 | 14 02 | 16 28 | 23 13 | 06 57 | 23 01 | 25 55 | 14 17 | 08 05 | 09 58 | 16 53 |
| 13 | 21 35 | 19 08 | 19 12 | 12 55 | 09 09 | 14 03 | 16 30 | 23 13 | 06 57 | 23 00 | 25 57 | 14 13 | 07 57 | 10 04 | 16 53 |
| 14 | 21 25 | 17 45 | 19 15 | 12 27 | 09 23 | 14 04 | 16 31 | 23 14 | 06 57 | 23 00 | 26 00 | 14 08 | 07 48 | 10 10 | 16 53 |
| 15 | 21 14 | 15 07 | 19 20 | 11 59 | 09 37 | 14 04 | 16 33 | 23 14 | 06 58 | 22 59 | 26 02 | 14 03 | 07 39 | 10 16 | 16 53 |
| 16 | 21 03 | 11 31 | 19 26 | 11 31 | 09 51 | 14 05 | 16 34 | 23 14 | 06 58 | 22 59 | 26 04 | 13 58 | 07 30 | 10 21 | 16 52 |
| 17 | 20 52 | 07 19 | 19 32 | 11 03 | 10 05 | 14 06 | 16 35 | 23 14 | 06 58 | 22 58 | 26 06 | 13 54 | 07 21 | 10 27 | 16 52 |
| 18 | 20 40 | 02 51 | 19 39 | 10 34 | 10 18 | 14 07 | 16 37 | 23 15 | 06 58 | 22 57 | 26 09 | 13 49 | 07 12 | 10 32 | 16 52 |
| 19 | 20 28 | -01 37 | 19 47 | 10 05 | 10 32 | 14 09 | 16 38 | 23 15 | 06 59 | 22 57 | 26 11 | 13 44 | 07 03 | 10 37 | 16 52 |
| 20 | 20 15 | 05 52 | 19 55 | 09 36 | 10 46 | 14 10 | 16 40 | 23 15 | 06 59 | 22 56 | 26 13 | 13 39 | 06 53 | 10 42 | 16 52 |
| 21 | 20 02 | 09 43 | 20 03 | 09 07 | 11 00 | 14 11 | 16 41 | 23 15 | 06 59 | 22 56 | 26 15 | 13 33 | 06 44 | 10 48 | 16 52 |
| 22 | 19 49 | 13 03 | 20 12 | 08 37 | 11 13 | 14 12 | 16 43 | 23 16 | 06 59 | 22 55 | 26 17 | 13 28 | 06 34 | 10 53 | 16 52 |
| 23 | 19 35 | 15 45 | 20 20 | 08 08 | 11 27 | 14 14 | 16 45 | 23 16 | 07 00 | 22 55 | 26 19 | 13 23 | 06 25 | 10 57 | 16 52 |
| 24 | 19 21 | 17 44 | 20 29 | 07 38 | 11 41 | 14 15 | 16 46 | 23 16 | 07 00 | 22 54 | 26 21 | 13 18 | 06 15 | 11 02 | 16 52 |
| 25 | 19 07 | 18 55 | 20 37 | 07 07 | 11 54 | 14 17 | 16 48 | 23 16 | 07 00 | 22 53 | 26 23 | 13 12 | 06 06 | 11 07 | 16 52 |
| 26 | 18 52 | 19 17 | 20 45 | 06 37 | 12 08 | 14 18 | 16 49 | 23 16 | 07 01 | 22 53 | 26 26 | 13 07 | 05 56 | 11 11 | 16 52 |
| 27 | 18 37 | 18 47 | 20 52 | 06 07 | 12 21 | 14 20 | 16 51 | 23 17 | 07 01 | 22 52 | 26 28 | 13 01 | 05 46 | 11 16 | 16 52 |
| 28 | 18 22 | 17 28 | 20 59 | 05 36 | 12 34 | 14 21 | 16 52 | 23 17 | 07 02 | 22 52 | 26 30 | 12 56 | 05 36 | 11 20 | 16 52 |
| 29 | 18 06 | 15 24 | 21 05 | 05 05 | 12 48 | 14 23 | 16 54 | 23 17 | 07 02 | 22 51 | 26 32 | 12 50 | 05 26 | 11 24 | 16 52 |
| 30 | 17 50 | 12 39 | 21 11 | 04 34 | 13 01 | 14 25 | 16 55 | 23 17 | 07 02 | 22 51 | 26 34 | 12 44 | 05 16 | 11 29 | 16 52 |
| 31 | 17 33 | 09 21 | 21 15 | 04 03 | 13 14 | 14 27 | 16 57 | 23 17 | 07 03 | 22 50 | 26 36 | 12 39 | 05 06 | 11 33 | 16 52 |

Lunar Phases -- 6 ◐ 17:49   13 ○ 11:17   20 ◑ 06:48   28 ● 10:19   Sun enters ♒ 1/20 12:13

## Longitudes of Main Planets - February 2036

0:00 E.T.

| D | S.T. | ☉ | ☽ | ☽ 12:00 | ☿ | ♀ | ♂ | ♃ | ♄ | ♅ | ♆ | ♇ | ☊ |
|---|---|---|---|---|---|---|---|---|---|---|---|---|---|
| 1 | 8:43:12 | 11♒41 10 | 20♓59 | 27♓09 | 16♑34 | 22♓55 | 03♉25 | 11♉55 | 16♌09℞ | 11♋53℞ | 22♈04 | 19♒09 | 27♌08 |
| 2 | 8:47:08 | 12 42 06 | 03♈22 | 09♈38 | 17 33 | 24 06 | 04 02 | 12 00 | 16 04 | 11 51 | 22 05 | 19 10 | 27 05 |
| 3 | 8:51:05 | 13 43 00 | 15 58 | 22 23 | 18 34 | 25 17 | 04 38 | 12 06 | 15 59 | 11 49 | 22 06 | 19 12 | 27 02 |
| 4 | 8:55:02 | 14 43 53 | 28 52 | 05♉26 | 19 38 | 26 28 | 05 14 | 12 12 | 15 54 | 11 47 | 22 07 | 19 14 | 26 59 |
| 5 | 8:58:58 | 15 44 44 | 12♉06 | 18 51 | 20 44 | 27 38 | 05 51 | 12 18 | 15 49 | 11 45 | 22 08 | 19 16 | 26 56 |
| 6 | 9:02:55 | 16 45 34 | 25 42 | 02♊39 | 21 52 | 28 48 | 06 27 | 12 24 | 15 44 | 11 43 | 22 10 | 19 18 | 26 52 |
| 7 | 9:06:51 | 17 46 23 | 09♊42 | 16 51 | 23 03 | 29 59 | 07 04 | 12 30 | 15 39 | 11 41 | 22 11 | 19 19 | 26 49 |
| 8 | 9:10:48 | 18 47 10 | 24 05 | 01♋24 | 24 15 | 01♈09 | 07 40 | 12 36 | 15 34 | 11 39 | 22 12 | 19 21 | 26 46 |
| 9 | 9:14:44 | 19 47 56 | 08♋48 | 16 15 | 25 29 | 02 19 | 08 17 | 12 43 | 15 29 | 11 37 | 22 13 | 19 23 | 26 43 |
| 10 | 9:18:41 | 20 48 40 | 23 46 | 01♌18 | 26 44 | 03 28 | 08 53 | 12 50 | 15 25 | 11 35 | 22 14 | 19 25 | 26 40 |
| 11 | 9:22:37 | 21 49 23 | 08♌51 | 16 23 | 28 01 | 04 38 | 09 30 | 12 56 | 15 20 | 11 34 | 22 16 | 19 27 | 26 37 |
| 12 | 9:26:34 | 22 50 04 | 23 54 | 01♍23 | 29 20 | 05 47 | 10 07 | 13 03 | 15 15 | 11 32 | 22 17 | 19 28 | 26 33 |
| 13 | 9:30:31 | 23 50 44 | 08♍47 | 16 07 | 00♒40 | 06 57 | 10 43 | 13 11 | 15 10 | 11 30 | 22 18 | 19 30 | 26 30 |
| 14 | 9:34:27 | 24 51 23 | 23 22 | 00♎31 | 02 01 | 08 06 | 11 20 | 13 18 | 15 05 | 11 28 | 22 20 | 19 32 | 26 27 |
| 15 | 9:38:24 | 25 52 00 | 07♎33 | 14 29 | 03 23 | 09 15 | 11 57 | 13 25 | 15 00 | 11 27 | 22 21 | 19 34 | 26 24 |
| 16 | 9:42:20 | 26 52 36 | 21 18 | 28 00 | 04 47 | 10 24 | 12 34 | 13 33 | 14 56 | 11 25 | 22 23 | 19 35 | 26 21 |
| 17 | 9:46:17 | 27 53 11 | 04♏36 | 11♏05 | 06 12 | 11 32 | 13 11 | 13 41 | 14 51 | 11 24 | 22 24 | 19 37 | 26 17 |
| 18 | 9:50:13 | 28 53 45 | 17 29 | 23 47 | 07 38 | 12 41 | 13 48 | 13 49 | 14 46 | 11 22 | 22 26 | 19 39 | 26 14 |
| 19 | 9:54:10 | 29 54 17 | 00 00 | 06♐09 | 09 05 | 13 49 | 14 24 | 13 57 | 14 42 | 11 21 | 22 27 | 19 41 | 26 11 |
| 20 | 9:58:06 | 00♓54 49 | 12♐14 | 18 15 | 10 32 | 14 57 | 15 01 | 14 05 | 14 37 | 11 19 | 22 29 | 19 43 | 26 08 |
| 21 | 10:02:03 | 01 55 19 | 24 14 | 00♑11 | 12 02 | 16 05 | 15 38 | 14 14 | 14 32 | 11 18 | 22 30 | 19 44 | 26 05 |
| 22 | 10:06:00 | 02 55 48 | 06♑07 | 12 01 | 13 32 | 17 13 | 16 15 | 14 22 | 14 28 | 11 16 | 22 32 | 19 46 | 26 02 |
| 23 | 10:09:56 | 03 56 15 | 17 55 | 23 49 | 15 03 | 18 20 | 16 53 | 14 31 | 14 23 | 11 15 | 22 33 | 19 48 | 25 58 |
| 24 | 10:13:53 | 04 56 41 | 29 43 | 05♒38 | 16 35 | 19 28 | 17 30 | 14 39 | 14 19 | 11 14 | 22 35 | 19 50 | 25 55 |
| 25 | 10:17:49 | 05 57 05 | 11♒35 | 17 32 | 18 08 | 20 35 | 18 07 | 14 48 | 14 15 | 11 13 | 22 37 | 19 51 | 25 52 |
| 26 | 10:21:46 | 06 57 28 | 23 32 | 29 34 | 19 42 | 21 42 | 18 44 | 14 57 | 14 10 | 11 12 | 22 38 | 19 53 | 25 49 |
| 27 | 10:25:42 | 07 57 49 | 05♓38 | 11♓44 | 21 17 | 22 48 | 19 21 | 15 07 | 14 06 | 11 10 | 22 40 | 19 55 | 25 46 |
| 28 | 10:29:39 | 08 58 09 | 17 54 | 24 06 | 22 53 | 23 55 | 19 58 | 15 16 | 14 02 | 11 09 | 22 42 | 19 56 | 25 43 |
| 29 | 10:33:35 | 09 58 27 | 00♈21 | 06♈39 | 24 30 | 25 01 | 20 35 | 15 25 | 13 58 | 11 08 | 22 44 | 19 58 | 25 39 |

0:00 E.T.

## Longitudes of the Major Asteroids and Chiron

| D | ⚳ | ⚴ | ⚵ | ⚶ | ⚷ | D | ⚳ | ⚴ | ⚵ | ⚶ | ⚷ |
|---|---|---|---|---|---|---|---|---|---|---|---|
| 1 | 17♊53℞ | 03♈29 | 00♈04 | 22♏48 | 07♊13℞ | 16 | 18 26 | 08 48 | 07 56 | 28 14 | 07 08 |
| 2 | 17 53 | 03 50 | 00 35 | 23 11 | 07 13 | 17 | 18 31 | 09 11 | 08 28 | 28 34 | 07 08 |
| 3 | 17 52 | 04 10 | 01 06 | 23 34 | 07 12 | 18 | 18 37 | 09 33 | 09 00 | 28 54 | 07 08 |
| 4 | 17 53D | 04 30 | 01 37 | 23 56 | 07 11 | 19 | 18 43 | 09 56 | 09 33 | 29 13 | 07 09 |
| 5 | 17 53 | 04 51 | 02 08 | 24 19 | 07 10 | 20 | 18 49 | 10 18 | 10 05 | 29 33 | 07 09 |
| 6 | 17 54 | 05 12 | 02 39 | 24 41 | 07 10 | 21 | 18 56 | 10 41 | 10 38 | 29 52 | 07 10 |
| 7 | 17 55 | 05 33 | 03 10 | 25 03 | 07 09 | 22 | 19 03 | 11 04 | 11 10 | 00♐11 | 07 10 |
| 8 | 17 57 | 05 54 | 03 41 | 25 25 | 07 09 | 23 | 19 11 | 11 27 | 11 43 | 00 29 | 07 11 |
| 9 | 17 59 | 06 15 | 04 13 | 25 47 | 07 08 | 24 | 19 18 | 11 51 | 12 16 | 00 48 | 07 11 |
| 10 | 18 02 | 06 37 | 04 44 | 26 09 | 07 08 | 25 | 19 27 | 12 14 | 12 49 | 01 06 | 07 12 |
| 11 | 18 05 | 06 58 | 05 16 | 26 30 | 07 08 | 26 | 19 35 | 12 37 | 13 22 | 01 24 | 07 13 |
| 12 | 18 08 | 07 20 | 05 48 | 26 51 | 07 08 | 27 | 19 44 | 13 01 | 13 55 | 01 42 | 07 14 |
| 13 | 18 12 | 07 42 | 06 20 | 27 12 | 07 08 | 28 | 19 53 | 13 25 | 14 28 | 01 59 | 07 15 |
| 14 | 18 16 | 08 04 | 06 52 | 27 33 | 07 08D | 29 | 20 03 | 13 49 | 15 01 | 02 16 | 07 16 |
| 15 | 18 21 | 08 26 | 07 24 | 27 53 | 07 08 | | | | | | |

## Lunar Data

| Last Asp. | | Ingress | | |
|---|---|---|---|---|
| 1 | 04:11 | 1 | ♈ | 17:31 |
| 3 | 11:30 | 4 | ♉ | 02:05 |
| 6 | 05:53 | 6 | ♊ | 07:26 |
| 7 | 20:53 | 8 | ♋ | 09:43 |
| 10 | 05:11 | 10 | ♌ | 09:56 |
| 11 | 22:10 | 12 | ♍ | 09:47 |
| 13 | 07:14 | 14 | ♎ | 11:09 |
| 16 | 10:48 | 16 | ♏ | 15:38 |
| 18 | 23:48 | 19 | ♐ | 00:00 |
| 20 | 20:30 | 21 | ♑ | 11:37 |
| 23 | 09:28 | 24 | ♒ | 00:34 |
| 25 | 22:13 | 26 | ♓ | 12:52 |
| 28 | 04:15 | 28 | ♈ | 23:20 |

0:00 E.T.

## Declinations

| D | ☉ | ☽ | ☿ | ♀ | ♂ | ♃ | ♄ | ♅ | ♆ | ♇ | ⚳ | ⚴ | ⚵ | ⚶ | ⚷ |
|---|---|---|---|---|---|---|---|---|---|---|---|---|---|---|---|
| 1 | -17 17 | -05 37 | -21 19 | -03 32 | +13 27 | +14 28 | +16 59 | +23 18 | +07 03 | -22 50 | +26 38 | -12 33 | -04 56 | -11 37 | +16 52 |
| 2 | 17 00 | 01 36 | 21 22 | 03 01 | 13 40 | 14 30 | 17 00 | 23 18 | 07 04 | 22 49 | 26 40 | 12 27 | 04 46 | 11 40 | 16 52 |
| 3 | 16 42 | +02 33 | 21 24 | 02 30 | 13 53 | 14 32 | 17 02 | 23 18 | 07 04 | 22 49 | 26 42 | 12 21 | 04 36 | 11 44 | 16 52 |
| 4 | 16 25 | 06 40 | 21 25 | 01 58 | 14 06 | 14 34 | 17 03 | 23 18 | 07 04 | 22 48 | 26 44 | 12 15 | 04 26 | 11 48 | 16 52 |
| 5 | 16 07 | 10 34 | 21 24 | 01 27 | 14 19 | 14 36 | 17 05 | 23 18 | 07 05 | 22 47 | 26 46 | 12 09 | 04 15 | 11 51 | 16 52 |
| 6 | 15 49 | 14 02 | 21 23 | 00 56 | 14 31 | 14 38 | 17 06 | 23 19 | 07 05 | 22 47 | 26 48 | 12 03 | 04 05 | 11 55 | 16 52 |
| 7 | 15 30 | 16 49 | 21 21 | 00 24 | 14 44 | 14 40 | 17 08 | 23 19 | 07 06 | 22 46 | 26 50 | 11 57 | 03 55 | 11 58 | 16 53 |
| 8 | 15 11 | 18 38 | 21 17 | +00 07 | 14 57 | 14 43 | 17 09 | 23 19 | 07 06 | 22 46 | 26 52 | 11 51 | 03 44 | 12 01 | 16 53 |
| 9 | 14 52 | 19 15 | 21 13 | 00 38 | 15 09 | 14 45 | 17 11 | 23 19 | 07 07 | 22 45 | 26 54 | 11 45 | 03 34 | 12 04 | 16 53 |
| 10 | 14 33 | 18 33 | 21 07 | 01 10 | 15 22 | 14 47 | 17 13 | 23 19 | 07 07 | 22 45 | 26 56 | 11 39 | 03 23 | 12 08 | 16 53 |
| 11 | 14 14 | 16 31 | 21 00 | 01 41 | 15 34 | 14 50 | 17 14 | 23 19 | 07 08 | 22 44 | 26 58 | 11 33 | 03 13 | 12 10 | 16 53 |
| 12 | 13 54 | 13 21 | 20 52 | 02 13 | 15 46 | 14 52 | 17 16 | 23 19 | 07 08 | 22 44 | 27 00 | 11 26 | 03 02 | 12 13 | 16 53 |
| 13 | 13 34 | 09 21 | 20 42 | 02 44 | 15 58 | 14 54 | 17 17 | 23 20 | 07 09 | 22 43 | 27 02 | 11 20 | 02 51 | 12 16 | 16 54 |
| 14 | 13 14 | 04 52 | 20 32 | 03 15 | 16 10 | 14 57 | 17 19 | 23 20 | 07 10 | 22 43 | 27 04 | 11 14 | 02 41 | 12 19 | 16 54 |
| 15 | 12 54 | 00 14 | 20 20 | 03 46 | 16 22 | 14 59 | 17 20 | 23 20 | 07 10 | 22 42 | 27 06 | 11 08 | 02 30 | 12 21 | 16 54 |
| 16 | 12 33 | -04 16 | 20 06 | 04 17 | 16 34 | 15 02 | 17 22 | 23 20 | 07 11 | 22 42 | 27 09 | 11 01 | 02 19 | 12 24 | 16 54 |
| 17 | 12 12 | 08 24 | 19 52 | 04 48 | 16 46 | 15 04 | 17 23 | 23 20 | 07 11 | 22 41 | 27 11 | 10 55 | 02 09 | 12 26 | 16 55 |
| 18 | 11 51 | 12 01 | 19 36 | 05 19 | 16 57 | 15 07 | 17 24 | 23 20 | 07 12 | 22 41 | 27 13 | 10 49 | 01 58 | 12 28 | 16 55 |
| 19 | 11 30 | 14 58 | 19 19 | 05 50 | 17 09 | 15 10 | 17 26 | 23 20 | 07 12 | 22 40 | 27 15 | 10 42 | 01 47 | 12 30 | 16 55 |
| 20 | 11 09 | 17 12 | 19 01 | 06 20 | 17 20 | 15 12 | 17 27 | 23 21 | 07 13 | 22 40 | 27 17 | 10 36 | 01 36 | 12 32 | 16 56 |
| 21 | 10 47 | 18 38 | 18 41 | 06 51 | 17 32 | 15 15 | 17 29 | 23 21 | 07 14 | 22 39 | 27 19 | 10 29 | 01 25 | 12 34 | 16 56 |
| 22 | 10 26 | 19 14 | 18 20 | 07 21 | 17 43 | 15 18 | 17 30 | 23 21 | 07 14 | 22 39 | 27 21 | 10 23 | 01 14 | 12 36 | 16 56 |
| 23 | 10 04 | 18 59 | 17 58 | 07 51 | 17 54 | 15 20 | 17 31 | 23 21 | 07 15 | 22 38 | 27 23 | 10 17 | 01 04 | 12 38 | 16 57 |
| 24 | 09 42 | 17 54 | 17 35 | 08 21 | 18 05 | 15 23 | 17 33 | 23 21 | 07 16 | 22 38 | 27 25 | 10 10 | 00 53 | 12 40 | 16 57 |
| 25 | 09 20 | 16 01 | 17 10 | 08 51 | 18 16 | 15 26 | 17 34 | 23 21 | 07 16 | 22 38 | 27 27 | 10 04 | 00 42 | 12 41 | 16 57 |
| 26 | 08 57 | 13 26 | 16 44 | 09 21 | 18 26 | 15 29 | 17 35 | 23 21 | 07 17 | 22 37 | 27 29 | 09 57 | 00 31 | 12 43 | 16 58 |
| 27 | 08 35 | 10 15 | 16 17 | 09 50 | 18 37 | 15 32 | 17 37 | 23 21 | 07 18 | 22 37 | 27 31 | 09 51 | 00 20 | 12 44 | 16 58 |
| 28 | 08 12 | 06 35 | 15 48 | 10 19 | 18 48 | 15 35 | 17 38 | 23 21 | 07 18 | 22 36 | 27 33 | 09 44 | 00 09 | 12 45 | 16 58 |
| 29 | 07 50 | 02 35 | 15 18 | 10 48 | 18 58 | 15 38 | 17 39 | 23 21 | 07 19 | 22 36 | 27 35 | 09 38 | +00 02 | 12 46 | 16 59 |

Lunar Phases -- 5 ◐ 07:02 11 Ⓔ 22:10 18 ◑ 23:48 27 ● 05:01 Sun enters ♓ 2/19 02:16

| 0:00 E.T. | Longitudes of Main Planets - March 2036 | Mar. 36 |
|---|---|---|

| D | S.T. | ☉ | ☽ | ☽ 12:00 | ☿ | ♀ | ♂ | ♃ | ♄ | ♅ | ♆ | ♇ | ☊ |
|---|---|---|---|---|---|---|---|---|---|---|---|---|---|
| 1 | 10:37:32 | 10♓58 42 | 13♈00 | 19♈25 | 26♒08 | 26♈07 | 21♉13 | 15♉35 | 13♌53℞ | 11♋07℞ | 22♈45 | 20♒00 | 25♌36 |
| 2 | 10:41:29 | 11 58 56 | 25 53 | 02♉25 | 27 47 | 27 13 | 21 50 | 15 45 | 13 49 | 11 07 | 22 47 | 20 02 | 25 33 |
| 3 | 10:45:25 | 12 59 08 | 09♉00 | 15 39 | 29 27 | 28 18 | 22 27 | 15 54 | 13 45 | 11 06 | 22 49 | 20 03 | 25 30 |
| 4 | 10:49:22 | 13 59 18 | 22 22 | 29 09 | 01♓08 | 29 23 | 23 05 | 16 04 | 13 42 | 11 05 | 22 51 | 20 05 | 25 27 |
| 5 | 10:53:18 | 14 59 26 | 05♊59 | 12♊54 | 02 51 | 00♉28 | 23 42 | 16 14 | 13 38 | 11 04 | 22 53 | 20 07 | 25 23 |
| 6 | 10:57:15 | 15 59 32 | 19 52 | 26 54 | 04 34 | 01 33 | 24 19 | 16 24 | 13 34 | 11 03 | 22 55 | 20 08 | 25 20 |
| 7 | 11:01:11 | 16 59 36 | 03♋59 | 11♋09 | 06 18 | 02 37 | 24 57 | 16 35 | 13 30 | 11 03 | 22 57 | 20 10 | 25 17 |
| 8 | 11:05:08 | 17 59 37 | 18 21 | 25 36 | 08 04 | 03 41 | 25 34 | 16 45 | 13 27 | 11 02 | 22 59 | 20 11 | 25 14 |
| 9 | 11:09:04 | 18 59 37 | 02♌53 | 10♌13 | 09 50 | 04 45 | 26 11 | 16 56 | 13 23 | 11 02 | 23 00 | 20 13 | 25 11 |
| 10 | 11:13:01 | 19 59 34 | 17 33 | 24 53 | 11 38 | 05 48 | 26 49 | 17 06 | 13 20 | 11 01 | 23 02 | 20 15 | 25 08 |
| 11 | 11:16:58 | 20 59 29 | 02♍14 | 09♍33 | 13 27 | 06 51 | 27 26 | 17 17 | 13 16 | 11 01 | 23 04 | 20 16 | 25 04 |
| 12 | 11:20:54 | 21 59 22 | 16 50 | 24 04 | 15 17 | 07 54 | 28 04 | 17 28 | 13 13 | 11 00 | 23 06 | 20 18 | 25 01 |
| 13 | 11:24:51 | 22 59 13 | 01♎14 | 08♎21 | 17 08 | 08 56 | 28 41 | 17 38 | 13 10 | 11 00 | 23 08 | 20 19 | 24 58 |
| 14 | 11:28:47 | 23 59 02 | 15 22 | 22 18 | 19 00 | 09 58 | 29 18 | 17 49 | 13 07 | 11 00 | 23 10 | 20 21 | 24 55 |
| 15 | 11:32:44 | 24 58 49 | 29 08 | 05♏52 | 20 54 | 11 00 | 29 56 | 18 00 | 13 04 | 10 59 | 23 12 | 20 23 | 24 52 |
| 16 | 11:36:40 | 25 58 35 | 12♏30 | 19 02 | 22 48 | 12 01 | 00♊33 | 18 12 | 13 01 | 10 59 | 23 14 | 20 24 | 24 49 |
| 17 | 11:40:37 | 26 58 19 | 25 28 | 01♐48 | 24 44 | 13 02 | 01 11 | 18 23 | 12 58 | 10 59 | 23 17 | 20 26 | 24 45 |
| 18 | 11:44:33 | 27 58 01 | 08♐04 | 14 14 | 26 41 | 14 03 | 01 48 | 18 34 | 12 55 | 10 59 | 23 19 | 20 27 | 24 42 |
| 19 | 11:48:30 | 28 57 41 | 20 21 | 26 24 | 28 38 | 15 03 | 02 26 | 18 46 | 12 53 | 10 59D | 23 21 | 20 29 | 24 39 |
| 20 | 11:52:27 | 29 57 20 | 02♑24 | 08♑21 | 00♈37 | 16 03 | 03 03 | 18 57 | 12 50 | 10 59 | 23 23 | 20 30 | 24 36 |
| 21 | 11:56:23 | 00♈56 57 | 14 17 | 20 11 | 02 36 | 17 02 | 03 41 | 19 09 | 12 48 | 10 59 | 23 25 | 20 31 | 24 33 |
| 22 | 12:00:20 | 01 56 32 | 26 05 | 01♒59 | 04 37 | 18 01 | 04 18 | 19 21 | 12 45 | 10 59 | 23 27 | 20 33 | 24 29 |
| 23 | 12:04:16 | 02 56 05 | 07♒54 | 13 51 | 06 37 | 18 59 | 04 56 | 19 32 | 12 43 | 11 00 | 23 29 | 20 34 | 24 26 |
| 24 | 12:08:13 | 03 55 37 | 19 49 | 25 49 | 08 39 | 19 57 | 05 33 | 19 44 | 12 41 | 11 00 | 23 31 | 20 36 | 24 23 |
| 25 | 12:12:09 | 04 55 06 | 01♓52 | 07♓58 | 10 40 | 20 54 | 06 11 | 19 56 | 12 39 | 11 00 | 23 34 | 20 37 | 24 20 |
| 26 | 12:16:06 | 05 54 34 | 14 07 | 20 21 | 12 42 | 21 51 | 06 48 | 20 08 | 12 37 | 11 01 | 23 36 | 20 38 | 24 17 |
| 27 | 12:20:02 | 06 54 00 | 26 38 | 02♈59 | 14 43 | 22 47 | 07 26 | 20 20 | 12 35 | 11 01 | 23 38 | 20 40 | 24 14 |
| 28 | 12:23:59 | 07 53 24 | 09♈24 | 15 53 | 16 44 | 23 43 | 08 03 | 20 32 | 12 33 | 11 01 | 23 40 | 20 41 | 24 10 |
| 29 | 12:27:56 | 08 52 46 | 22 25 | 29 02 | 18 44 | 24 38 | 08 41 | 20 45 | 12 31 | 11 02 | 23 42 | 20 42 | 24 07 |
| 30 | 12:31:52 | 09 52 05 | 05♉42 | 12♉25 | 20 43 | 25 33 | 09 19 | 20 57 | 12 30 | 11 03 | 23 45 | 20 44 | 24 04 |
| 31 | 12:35:49 | 10 51 23 | 19 12 | 26 01 | 22 41 | 26 27 | 09 56 | 21 09 | 12 28 | 11 03 | 23 47 | 20 45 | 24 01 |

## 0:00 E.T. Longitudes of the Major Asteroids and Chiron

| D | ⚳ | ⚴ | ⚵ | ⚶ | ⚷ | D | ⚳ | ⚴ | ⚵ | ⚶ | ⚷ |
|---|---|---|---|---|---|---|---|---|---|---|---|
| 1 | 20♊13 | 14♈13 | 15♈34 | 02♐33 | 07♊17 | 17 | 23 30 | 20 50 | 24 36 | 06 18 | 07 45 |
| 2 | 20 23 | 14 37 | 16 08 | 02 49 | 07 18 | 18 | 23 45 | 21 16 | 25 10 | 06 29 | 07 47 |
| 3 | 20 33 | 15 01 | 16 41 | 03 05 | 07 20 | 19 | 23 59 | 21 42 | 25 45 | 06 40 | 07 49 |
| 4 | 20 44 | 15 25 | 17 15 | 03 21 | 07 21 | 20 | 24 14 | 22 08 | 26 19 | 06 50 | 07 52 |
| 5 | 20 55 | 15 50 | 17 48 | 03 37 | 07 22 | 21 | 24 30 | 22 34 | 26 54 | 07 00 | 07 54 |
| 6 | 21 06 | 16 14 | 18 22 | 03 52 | 07 24 | 22 | 24 45 | 23 00 | 27 28 | 07 09 | 07 57 |
| 7 | 21 18 | 16 39 | 18 56 | 04 07 | 07 26 | 23 | 25 01 | 23 26 | 28 03 | 07 18 | 07 59 |
| 8 | 21 30 | 17 03 | 19 30 | 04 22 | 07 27 | 24 | 25 17 | 23 52 | 28 38 | 07 27 | 08 02 |
| 9 | 21 42 | 17 28 | 20 03 | 04 36 | 07 29 | 25 | 25 33 | 24 18 | 29 12 | 07 35 | 08 05 |
| 10 | 21 55 | 17 53 | 20 37 | 04 50 | 07 31 | 26 | 25 50 | 24 45 | 29 47 | 07 43 | 08 07 |
| 11 | 22 08 | 18 18 | 21 11 | 05 03 | 07 32 | 27 | 26 06 | 25 11 | 00♉22 | 07 51 | 08 10 |
| 12 | 22 21 | 18 43 | 21 45 | 05 17 | 07 34 | 28 | 26 23 | 25 38 | 00 57 | 07 57 | 08 13 |
| 13 | 22 34 | 19 08 | 22 19 | 05 30 | 07 36 | 29 | 26 40 | 26 05 | 01 32 | 08 04 | 08 16 |
| 14 | 22 48 | 19 34 | 22 53 | 05 42 | 07 38 | 30 | 26 57 | 26 31 | 02 06 | 08 10 | 08 19 |
| 15 | 23 01 | 19 59 | 23 28 | 05 54 | 07 40 | 31 | 27 15 | 26 58 | 02 41 | 08 16 | 08 22 |
| 16 | 23 16 | 20 25 | 24 02 | 06 06 | 07 43 | | | | | | |

## Lunar Data

| Last Asp. | | Ingress | | |
|---|---|---|---|---|
| 2 | 03:60 | 2 | ♉ | 07:34 |
| 4 | 01:19 | 4 | ♊ | 13:30 |
| 6 | 05:14 | 6 | ♋ | 17:16 |
| 8 | 12:29 | 8 | ♌ | 19:15 |
| 10 | 15:49 | 10 | ♍ | 20:21 |
| 12 | 19:31 | 12 | ♎ | 21:55 |
| 14 | 13:34 | 15 | ♏ | 01:33 |
| 17 | 03:05 | 17 | ♐ | 08:34 |
| 19 | 18:40 | 19 | ♑ | 19:12 |
| 21 | 18:37 | 22 | ♒ | 07:57 |
| 24 | 07:27 | 24 | ♓ | 20:19 |
| 26 | 16:05 | 27 | ♈ | 06:23 |
| 29 | 02:20 | 29 | ♉ | 13:45 |
| 31 | 13:37 | | | |

## 0:00 E.T. Declinations

| D | ☉ | ☽ | ☿ | ♀ | ♂ | ♃ | ♄ | ♅ | ♆ | ♇ | ⚳ | ⚴ | ⚵ | ⚶ | ⚷ |
|---|---|---|---|---|---|---|---|---|---|---|---|---|---|---|---|
| 1 | -07 27 | +01 35 | -14 47 | +11 17 | +19 08 | +15 41 | +17 40 | +23 21 | +07 20 | -22 35 | +27 37 | -09 31 | +00 13 | -12 47 | +16 59 |
| 2 | 07 04 | 05 45 | 14 14 | 11 46 | 19 18 | 15 44 | 17 42 | 23 22 | 07 20 | 22 35 | 27 39 | 09 25 | 00 24 | 12 48 | 17 00 |
| 3 | 06 41 | 09 43 | 13 40 | 12 14 | 19 28 | 15 47 | 17 43 | 23 22 | 07 21 | 22 35 | 27 41 | 09 18 | 00 35 | 12 49 | 17 00 |
| 4 | 06 18 | 13 16 | 13 05 | 12 42 | 19 38 | 15 50 | 17 44 | 23 22 | 07 22 | 22 34 | 27 43 | 09 11 | 00 46 | 12 50 | 17 01 |
| 5 | 05 55 | 16 11 | 12 29 | 13 10 | 19 48 | 15 53 | 17 45 | 23 22 | 07 22 | 22 34 | 27 45 | 09 05 | 00 57 | 12 51 | 17 01 |
| 6 | 05 31 | 18 14 | 11 51 | 13 37 | 19 58 | 15 56 | 17 46 | 23 22 | 07 23 | 22 33 | 27 47 | 08 58 | 01 08 | 12 52 | 17 02 |
| 7 | 05 08 | 19 13 | 11 12 | 14 04 | 20 07 | 15 59 | 17 47 | 23 22 | 07 24 | 22 33 | 27 49 | 08 52 | 01 19 | 12 52 | 17 02 |
| 8 | 04 45 | 18 59 | 10 32 | 14 31 | 20 17 | 16 02 | 17 48 | 23 22 | 07 25 | 22 33 | 27 50 | 08 45 | 01 30 | 12 53 | 17 03 |
| 9 | 04 21 | 17 30 | 09 51 | 14 57 | 20 26 | 16 05 | 17 49 | 23 22 | 07 25 | 22 32 | 27 52 | 08 39 | 01 41 | 12 53 | 17 03 |
| 10 | 03 58 | 14 50 | 09 08 | 15 24 | 20 35 | 16 08 | 17 50 | 23 22 | 07 26 | 22 32 | 27 54 | 08 32 | 01 52 | 12 53 | 17 04 |
| 11 | 03 34 | 11 13 | 08 24 | 15 49 | 20 44 | 16 12 | 17 51 | 23 22 | 07 27 | 22 31 | 27 56 | 08 26 | 02 03 | 12 54 | 17 04 |
| 12 | 03 11 | 06 55 | 07 39 | 16 15 | 20 53 | 16 15 | 17 52 | 23 22 | 07 28 | 22 31 | 27 58 | 08 19 | 02 13 | 12 54 | 17 05 |
| 13 | 02 47 | 02 17 | 06 53 | 16 40 | 21 01 | 16 18 | 17 53 | 23 22 | 07 28 | 22 31 | 28 00 | 08 13 | 02 24 | 12 54 | 17 05 |
| 14 | 02 23 | -02 23 | 06 05 | 17 05 | 21 10 | 16 21 | 17 54 | 23 22 | 07 29 | 22 30 | 28 01 | 08 06 | 02 35 | 12 54 | 17 06 |
| 15 | 02 00 | 06 48 | 05 17 | 17 29 | 21 18 | 16 25 | 17 55 | 23 22 | 07 30 | 22 30 | 28 03 | 08 00 | 02 46 | 12 54 | 17 06 |
| 16 | 01 36 | 10 44 | 04 27 | 17 53 | 21 26 | 16 28 | 17 56 | 23 22 | 07 31 | 22 30 | 28 05 | 07 53 | 02 57 | 12 54 | 17 07 |
| 17 | 01 12 | 14 03 | 03 36 | 18 17 | 21 34 | 16 31 | 17 57 | 23 22 | 07 32 | 22 29 | 28 07 | 07 47 | 03 08 | 12 53 | 17 07 |
| 18 | 00 48 | 16 37 | 02 45 | 18 40 | 21 42 | 16 34 | 17 57 | 23 22 | 07 32 | 22 29 | 28 08 | 07 40 | 03 18 | 12 53 | 17 08 |
| 19 | 00 25 | 18 21 | 01 52 | 19 03 | 21 50 | 16 38 | 17 58 | 23 22 | 07 33 | 22 29 | 28 10 | 07 34 | 03 29 | 12 53 | 17 08 |
| 20 | 00 01 | 19 14 | 00 58 | 19 25 | 21 58 | 16 41 | 17 59 | 23 22 | 07 34 | 22 29 | 28 12 | 07 27 | 03 40 | 12 52 | 17 09 |
| 21 | +00 23 | 19 14 | 00 04 | 19 47 | 22 05 | 16 44 | 18 00 | 23 22 | 07 35 | 22 28 | 28 13 | 07 21 | 03 51 | 12 52 | 17 10 |
| 22 | 00 46 | 18 23 | +00 51 | 20 09 | 22 12 | 16 48 | 18 00 | 23 22 | 07 35 | 22 28 | 28 15 | 07 15 | 04 01 | 12 51 | 17 10 |
| 23 | 01 10 | 16 45 | 01 47 | 20 30 | 22 20 | 16 51 | 18 01 | 23 22 | 07 36 | 22 28 | 28 16 | 07 08 | 04 12 | 12 51 | 17 11 |
| 24 | 01 34 | 14 22 | 02 43 | 20 50 | 22 27 | 16 55 | 18 02 | 23 22 | 07 37 | 22 27 | 28 18 | 07 02 | 04 22 | 12 50 | 17 11 |
| 25 | 01 57 | 11 20 | 03 40 | 21 10 | 22 33 | 16 58 | 18 02 | 23 22 | 07 38 | 22 27 | 28 19 | 06 56 | 04 33 | 12 49 | 17 12 |
| 26 | 02 21 | 07 46 | 04 36 | 21 30 | 22 40 | 17 01 | 18 03 | 23 22 | 07 39 | 22 27 | 28 21 | 06 49 | 04 43 | 12 49 | 17 13 |
| 27 | 02 44 | 03 47 | 05 33 | 21 49 | 22 46 | 17 05 | 18 03 | 23 22 | 07 40 | 22 27 | 28 22 | 06 43 | 04 54 | 12 48 | 17 13 |
| 28 | 03 08 | +00 26 | 06 30 | 22 08 | 22 53 | 17 08 | 18 04 | 23 22 | 07 40 | 22 27 | 28 23 | 06 37 | 05 04 | 12 47 | 17 14 |
| 29 | 03 31 | 04 43 | 07 26 | 22 27 | 22 59 | 17 11 | 18 04 | 23 22 | 07 41 | 22 26 | 28 25 | 06 31 | 05 15 | 12 46 | 17 15 |
| 30 | 03 54 | 08 51 | 08 21 | 22 45 | 23 05 | 17 15 | 18 05 | 23 22 | 07 42 | 22 26 | 28 26 | 06 24 | 05 25 | 12 45 | 17 15 |
| 31 | 04 18 | 12 36 | 09 16 | 23 02 | 23 11 | 17 18 | 18 05 | 23 21 | 07 43 | 22 26 | 28 27 | 06 18 | 05 35 | 12 44 | 17 16 |

Lunar Phases -- 5 ◐ 16:50 12 ○ 09:11 19 ◑ 18:40 27 ● 20:58 Sun enters ♈ 3/20 01:05

# Apr. 36 — Longitudes of Main Planets - April 2036 — 0:00 E.T.

| D | S.T. | ☉ | ☽ | ☽ 12:00 | ☿ | ♀ | ♂ | ♃ | ♄ | ♅ | ♆ | ♇ | ☊ |
|---|---|---|---|---|---|---|---|---|---|---|---|---|---|
| 1 | 12:39:45 | 11♈50 38 | 02♊53 | 09♊47 | 24♈36 | 27♉20 | 10♊34 | 21♉22 | 12♌27℞ | 11♋04 | 23♈49 | 20♒46 | 23♌58 |
| 2 | 12:43:42 | 12 49 52 | 16 44 | 23 42 | 26 30 | 28 13 | 11 11 | 21 34 | 12 26 | 11 05 | 23 51 | 20 47 | 23 55 |
| 3 | 12:47:38 | 13 49 02 | 00♋42 | 07♋43 | 28 20 | 29 05 | 11 49 | 21 47 | 12 25 | 11 05 | 23 53 | 20 49 | 23 51 |
| 4 | 12:51:35 | 14 48 11 | 14 46 | 21 50 | 00♉08 | 29 56 | 12 26 | 22 00 | 12 24 | 11 06 | 23 56 | 20 50 | 23 48 |
| 5 | 12:55:31 | 15 47 17 | 28 55 | 06♌00 | 01 52 | 00♊46 | 13 04 | 22 12 | 12 23 | 11 07 | 23 58 | 20 51 | 23 45 |
| 6 | 12:59:28 | 16 46 21 | 13♌07 | 20 14 | 03 33 | 01 36 | 13 42 | 22 25 | 12 22 | 11 08 | 24 00 | 20 52 | 23 42 |
| 7 | 13:03:25 | 17 45 22 | 27 21 | 04♍28 | 05 09 | 02 25 | 14 19 | 22 38 | 12 21 | 11 09 | 24 02 | 20 53 | 23 39 |
| 8 | 13:07:21 | 18 44 21 | 11♍35 | 18 40 | 06 41 | 03 13 | 14 57 | 22 51 | 12 21 | 11 10 | 24 05 | 20 54 | 23 35 |
| 9 | 13:11:18 | 19 43 18 | 25 45 | 02♎47 | 08 08 | 04 01 | 15 34 | 23 04 | 12 20 | 11 11 | 24 07 | 20 55 | 23 32 |
| 10 | 13:15:14 | 20 42 13 | 09♎46 | 16 43 | 09 30 | 04 47 | 16 12 | 23 17 | 12 20 | 11 13 | 24 09 | 20 56 | 23 29 |
| 11 | 13:19:11 | 21 41 06 | 23 36 | 00♏25 | 10 47 | 05 33 | 16 50 | 23 30 | 12 20 | 11 14 | 24 11 | 20 57 | 23 26 |
| 12 | 13:23:07 | 22 39 57 | 07♏09 | 13 49 | 11 58 | 06 17 | 17 27 | 23 43 | 12 19 | 11 15 | 24 14 | 20 58 | 23 23 |
| 13 | 13:27:04 | 23 38 45 | 20 24 | 26 54 | 13 04 | 07 01 | 18 05 | 23 56 | 12 19D | 11 16 | 24 16 | 20 59 | 23 20 |
| 14 | 13:31:00 | 24 37 32 | 03♐19 | 09♐39 | 14 04 | 07 43 | 18 42 | 24 09 | 12 19 | 11 18 | 24 18 | 21 00 | 23 16 |
| 15 | 13:34:57 | 25 36 18 | 15 54 | 22 05 | 14 59 | 08 25 | 19 20 | 24 23 | 12 20 | 11 19 | 24 21 | 21 01 | 23 13 |
| 16 | 13:38:54 | 26 35 01 | 28 12 | 04♑15 | 15 47 | 09 05 | 19 57 | 24 36 | 12 20 | 11 21 | 24 23 | 21 02 | 23 10 |
| 17 | 13:42:50 | 27 33 43 | 10♑16 | 16 13 | 16 30 | 09 44 | 20 35 | 24 49 | 12 20 | 11 22 | 24 25 | 21 03 | 23 07 |
| 18 | 13:46:47 | 28 32 23 | 22 09 | 28 04 | 17 06 | 10 22 | 21 13 | 25 03 | 12 21 | 11 24 | 24 27 | 21 04 | 23 04 |
| 19 | 13:50:43 | 29 31 01 | 03♒59 | 09♒53 | 17 37 | 10 59 | 21 50 | 25 16 | 12 21 | 11 25 | 24 30 | 21 05 | 23 01 |
| 20 | 13:54:40 | 00♉29 38 | 15 48 | 21 45 | 18 01 | 11 34 | 22 28 | 25 29 | 12 22 | 11 27 | 24 32 | 21 06 | 22 57 |
| 21 | 13:58:36 | 01 28 13 | 27 44 | 03♓46 | 18 19 | 12 08 | 23 05 | 25 43 | 12 23 | 11 29 | 24 34 | 21 07 | 22 54 |
| 22 | 14:02:33 | 02 26 46 | 09♓51 | 16 00 | 18 31 | 12 41 | 23 43 | 25 56 | 12 24 | 11 30 | 24 36 | 21 07 | 22 51 |
| 23 | 14:06:29 | 03 25 18 | 22 14 | 28 32 | 18 37 | 13 13 | 24 20 | 26 10 | 12 25 | 11 32 | 24 39 | 21 08 | 22 48 |
| 24 | 14:10:26 | 04 23 47 | 04♈55 | 11♈23 | 18 37℞ | 13 42 | 24 58 | 26 24 | 12 26 | 11 34 | 24 41 | 21 09 | 22 45 |
| 25 | 14:14:23 | 05 22 16 | 17 56 | 24 35 | 18 32 | 14 11 | 25 36 | 26 37 | 12 27 | 11 36 | 24 43 | 21 10 | 22 41 |
| 26 | 14:18:19 | 06 20 42 | 01♉19 | 08♉07 | 18 21 | 14 38 | 26 13 | 26 51 | 12 29 | 11 38 | 24 45 | 21 10 | 22 38 |
| 27 | 14:22:16 | 07 19 07 | 15 00 | 21 56 | 18 06 | 15 03 | 26 51 | 27 05 | 12 30 | 11 40 | 24 48 | 21 11 | 22 35 |
| 28 | 14:26:12 | 08 17 29 | 28 56 | 05♊59 | 17 45 | 15 26 | 27 28 | 27 18 | 12 32 | 11 42 | 24 50 | 21 11 | 22 32 |
| 29 | 14:30:09 | 09 15 50 | 13♊03 | 20 10 | 17 21 | 15 48 | 28 06 | 27 32 | 12 33 | 11 44 | 24 52 | 21 12 | 22 29 |
| 30 | 14:34:05 | 10 14 09 | 27 17 | 04♋24 | 16 52 | 16 07 | 28 44 | 27 46 | 12 35 | 11 46 | 24 54 | 21 13 | 22 26 |

## 0:00 E.T. — Longitudes of the Major Asteroids and Chiron

| D | ⚳ | ⚴ | ⚵ | ⚶ | ⚷ |
|---|---|---|---|---|---|
| 1 | 27♊32 | 27♈25 | 03♉16 | 08♐21 | 08♊25 |
| 2 | 27 50 | 27 52 | 03 52 | 08 26 | 08 28 |
| 3 | 28 08 | 28 20 | 04 27 | 08 30 | 08 32 |
| 4 | 28 27 | 28 47 | 05 02 | 08 33 | 08 35 |
| 5 | 28 45 | 29 14 | 05 37 | 08 37 | 08 38 |
| 6 | 29 03 | 29 41 | 06 12 | 08 40 | 08 41 |
| 7 | 29 22 | 00♉09 | 06 47 | 08 42 | 08 45 |
| 8 | 29 41 | 00 36 | 07 23 | 08 44 | 08 48 |
| 9 | 00♋00 | 01 04 | 07 58 | 08 45 | 08 52 |
| 10 | 00 19 | 01 32 | 08 33 | 08 46 | 08 55 |
| 11 | 00 39 | 02 00 | 09 09 | 08 46 | 08 59 |
| 12 | 00 58 | 02 27 | 09 44 | 08 46℞ | 09 02 |
| 13 | 01 18 | 02 55 | 10 19 | 08 46 | 09 06 |
| 14 | 01 38 | 03 23 | 10 55 | 08 44 | 09 10 |
| 15 | 01 58 | 03 51 | 11 30 | 08 43 | 09 14 |
| 16 | 02 18 | 04 20 | 12 06 | 08 41 | 09 17 |
| 17 | 02 38 | 04 48 | 12 41 | 08 38 | 09 21 |
| 18 | 02 59 | 05 16 | 13 17 | 08 35 | 09 25 |
| 19 | 03 19 | 05 45 | 13 52 | 08 31 | 09 29 |
| 20 | 03 40 | 06 13 | 14 28 | 08 27 | 09 33 |
| 21 | 04 01 | 06 42 | 15 04 | 08 23 | 09 37 |
| 22 | 04 22 | 07 10 | 15 39 | 08 18 | 09 41 |
| 23 | 04 43 | 07 39 | 16 15 | 08 12 | 09 45 |
| 24 | 05 04 | 08 08 | 16 51 | 08 06 | 09 49 |
| 25 | 05 25 | 08 37 | 17 26 | 07 59 | 09 53 |
| 26 | 05 47 | 09 05 | 18 02 | 07 52 | 09 58 |
| 27 | 06 09 | 09 34 | 18 38 | 07 45 | 10 02 |
| 28 | 06 30 | 10 04 | 19 13 | 07 37 | 10 06 |
| 29 | 06 52 | 10 33 | 19 49 | 07 29 | 10 10 |
| 30 | 07 14 | 11 02 | 20 25 | 07 20 | 10 15 |

## Lunar Data

| Last Asp. | | Ingress | | |
|---|---|---|---|---|
| 2 | 19:22 | 2 | ♋ | 22:49 |
| 4 | 15:36 | 5 | ♌ | 01:51 |
| 6 | 18:24 | 7 | ♍ | 04:28 |
| 8 | 19:22 | 9 | ♎ | 07:15 |
| 11 | 01:03 | 11 | ♏ | 11:16 |
| 13 | 06:37 | 13 | ♐ | 17:46 |
| 15 | 20:32 | 16 | ♑ | 03:33 |
| 18 | 14:07 | 18 | ♒ | 15:55 |
| 20 | 19:53 | 21 | ♓ | 04:31 |
| 23 | 07:40 | 23 | ♈ | 14:47 |
| 25 | 14:29 | 25 | ♉ | 21:40 |
| 27 | 21:10 | 28 | ♊ | 01:49 |
| 30 | 02:33 | 30 | ♋ | 04:35 |

## 0:00 E.T. — Declinations

| D | ☉ | ☽ | ☿ | ♀ | ♂ | ♃ | ♄ | ♅ | ♆ | ♇ | ⚳ | ⚴ | ⚵ | ⚶ | ⚷ |
|---|---|---|---|---|---|---|---|---|---|---|---|---|---|---|---|
| 1 | +04 41 | +15 44 | +10 10 | +23 19 | +23 16 | +17 22 | +18 05 | +23 21 | +07 44 | -22 26 | +28 28 | -06 12 | +05 45 | -12 43 | +17 16 |
| 2 | 05 04 | 18 01 | 11 02 | 23 35 | 23 22 | 17 25 | 18 06 | 23 21 | 07 44 | 22 26 | 28 29 | 06 06 | 05 56 | 12 42 | 17 17 |
| 3 | 05 27 | 19 15 | 11 53 | 23 51 | 23 27 | 17 28 | 18 06 | 23 21 | 07 45 | 22 25 | 28 31 | 06 00 | 06 06 | 12 40 | 17 18 |
| 4 | 05 50 | 19 19 | 12 42 | 24 07 | 23 32 | 17 32 | 18 06 | 23 21 | 07 46 | 22 25 | 28 32 | 05 54 | 06 16 | 12 39 | 17 18 |
| 5 | 06 13 | 18 10 | 13 29 | 24 21 | 23 37 | 17 35 | 18 07 | 23 21 | 07 47 | 22 25 | 28 33 | 05 48 | 06 26 | 12 38 | 17 19 |
| 6 | 06 35 | 15 52 | 14 14 | 24 36 | 23 42 | 17 39 | 18 07 | 23 21 | 07 48 | 22 25 | 28 33 | 05 42 | 06 36 | 12 37 | 17 20 |
| 7 | 06 58 | 12 35 | 14 56 | 24 50 | 23 47 | 17 42 | 18 07 | 23 21 | 07 49 | 22 25 | 28 34 | 05 36 | 06 46 | 12 35 | 17 20 |
| 8 | 07 20 | 08 35 | 15 37 | 25 03 | 23 51 | 17 45 | 18 07 | 23 21 | 07 49 | 22 25 | 28 35 | 05 30 | 06 55 | 12 34 | 17 21 |
| 9 | 07 43 | 04 06 | 16 14 | 25 16 | 23 56 | 17 49 | 18 07 | 23 21 | 07 50 | 22 24 | 28 36 | 05 25 | 07 05 | 12 33 | 17 22 |
| 10 | 08 05 | -00 33 | 16 49 | 25 28 | 24 00 | 17 52 | 18 07 | 23 21 | 07 51 | 22 24 | 28 37 | 05 19 | 07 15 | 12 31 | 17 22 |
| 11 | 08 27 | 05 06 | 17 21 | 25 40 | 24 04 | 17 56 | 18 07 | 23 20 | 07 52 | 22 24 | 28 37 | 05 13 | 07 25 | 12 30 | 17 23 |
| 12 | 08 49 | 09 18 | 17 51 | 25 51 | 24 07 | 17 59 | 18 07 | 23 20 | 07 53 | 22 24 | 28 38 | 05 07 | 07 34 | 12 29 | 17 24 |
| 13 | 09 11 | 12 57 | 18 17 | 26 02 | 24 11 | 18 02 | 18 07 | 23 20 | 07 54 | 22 24 | 28 39 | 05 02 | 07 44 | 12 27 | 17 24 |
| 14 | 09 32 | 15 53 | 18 41 | 26 12 | 24 14 | 18 06 | 18 07 | 23 20 | 07 54 | 22 24 | 28 39 | 04 56 | 07 53 | 12 26 | 17 25 |
| 15 | 09 54 | 18 00 | 19 02 | 26 22 | 24 18 | 18 09 | 18 07 | 23 20 | 07 55 | 22 24 | 28 40 | 04 51 | 08 02 | 12 24 | 17 26 |
| 16 | 10 15 | 19 13 | 19 19 | 26 31 | 24 21 | 18 13 | 18 07 | 23 20 | 07 56 | 22 24 | 28 40 | 04 45 | 08 12 | 12 23 | 17 27 |
| 17 | 10 36 | 19 32 | 19 34 | 26 40 | 24 24 | 18 16 | 18 07 | 23 20 | 07 57 | 22 24 | 28 40 | 04 40 | 08 21 | 12 21 | 17 27 |
| 18 | 10 57 | 18 58 | 19 46 | 26 48 | 24 26 | 18 19 | 18 07 | 23 20 | 07 58 | 22 24 | 28 41 | 04 34 | 08 30 | 12 20 | 17 28 |
| 19 | 11 18 | 17 34 | 19 55 | 26 55 | 24 29 | 18 23 | 18 07 | 23 19 | 07 59 | 22 24 | 28 41 | 04 29 | 08 39 | 12 18 | 17 29 |
| 20 | 11 39 | 15 25 | 20 01 | 27 02 | 24 31 | 18 26 | 18 06 | 23 19 | 07 59 | 22 24 | 28 41 | 04 24 | 08 48 | 12 17 | 17 29 |
| 21 | 11 59 | 12 35 | 20 03 | 27 09 | 24 33 | 18 29 | 18 06 | 23 19 | 08 00 | 22 24 | 28 41 | 04 18 | 08 57 | 12 16 | 17 30 |
| 22 | 12 19 | 09 11 | 20 03 | 27 15 | 24 35 | 18 33 | 18 06 | 23 19 | 08 01 | 22 24 | 28 41 | 04 13 | 09 06 | 12 14 | 17 31 |
| 23 | 12 39 | 05 18 | 20 00 | 27 20 | 24 37 | 18 36 | 18 06 | 23 19 | 08 02 | 22 24 | 28 41 | 04 08 | 09 14 | 12 13 | 17 31 |
| 24 | 12 59 | 01 07 | 19 54 | 27 25 | 24 38 | 18 39 | 18 05 | 23 19 | 08 03 | 22 24 | 28 41 | 04 03 | 09 23 | 12 11 | 17 32 |
| 25 | 13 19 | +03 14 | 19 45 | 27 29 | 24 40 | 18 42 | 18 05 | 23 18 | 08 03 | 22 24 | 28 41 | 03 58 | 09 31 | 12 10 | 17 33 |
| 26 | 13 38 | 07 33 | 19 34 | 27 33 | 24 41 | 18 46 | 18 04 | 23 18 | 08 04 | 22 24 | 28 40 | 03 53 | 09 40 | 12 09 | 17 33 |
| 27 | 13 57 | 11 34 | 19 19 | 27 36 | 24 42 | 18 49 | 18 04 | 23 18 | 08 05 | 22 24 | 28 40 | 03 48 | 09 48 | 12 07 | 17 34 |
| 28 | 14 16 | 15 02 | 19 03 | 27 39 | 24 43 | 18 52 | 18 03 | 23 18 | 08 06 | 22 24 | 28 40 | 03 43 | 09 56 | 12 06 | 17 35 |
| 29 | 14 35 | 17 41 | 18 43 | 27 41 | 24 44 | 18 55 | 18 03 | 23 18 | 08 07 | 22 24 | 28 39 | 03 39 | 10 05 | 12 05 | 17 35 |
| 30 | 14 53 | 19 16 | 18 22 | 27 42 | 24 44 | 18 59 | 18 02 | 23 17 | 08 07 | 22 24 | 28 39 | 03 34 | 10 13 | 12 03 | 17 36 |

Lunar Phases -- 4 ◐ 00:05 10 ○ 20:24 18 ◑ 14:07 26 ● 09:34 Sun enters ♉ 4/19 11:52

## 0:00 E.T. Longitudes of Main Planets - May 2036

| D | S.T. | ☉ | ☽ | ☽ 12:00 | ☿ | ♀ | ♂ | ♃ | ♄ | ♅ | ♆ | ♇ | ☊ |
|---|---|---|---|---|---|---|---|---|---|---|---|---|---|
| 1 | 14:38:02 | 11♉12 26 | 11♋32 | 18♋39 | 16♉21℞ | 16♊25 | 29♊21 | 28♉00 | 12♌37 | 11♋48 | 24♈56 | 21♒13 | 22♌22 |
| 2 | 14:41:58 | 12 10 41 | 25 45 | 02♌50 | 15 47 | 16 41 | 29 59 | 28 14 | 12 39 | 11 50 | 24 59 | 21 14 | 22 19 |
| 3 | 14:45:55 | 13 08 54 | 09♌54 | 16 57 | 15 11 | 16 55 | 00♋36 | 28 28 | 12 41 | 11 52 | 25 01 | 21 14 | 22 16 |
| 4 | 14:49:52 | 14 07 05 | 23 59 | 00♍58 | 14 33 | 17 06 | 01 14 | 28 42 | 12 43 | 11 55 | 25 03 | 21 15 | 22 13 |
| 5 | 14:53:48 | 15 05 13 | 07♍57 | 14 54 | 13 55 | 17 16 | 01 51 | 28 55 | 12 46 | 11 57 | 25 05 | 21 15 | 22 10 |
| 6 | 14:57:45 | 16 03 20 | 21 49 | 28 42 | 13 18 | 17 23 | 02 29 | 29 09 | 12 48 | 11 59 | 25 07 | 21 16 | 22 06 |
| 7 | 15:01:41 | 17 01 25 | 05♎34 | 12♎23 | 12 40 | 17 28 | 03 06 | 29 23 | 12 50 | 12 02 | 25 09 | 21 16 | 22 03 |
| 8 | 15:05:38 | 17 59 28 | 19 10 | 25 54 | 12 05 | 17 31 | 03 44 | 29 37 | 12 53 | 12 04 | 25 12 | 21 16 | 22 00 |
| 9 | 15:09:34 | 18 57 29 | 02♏35 | 09♏13 | 11 31 | 17 32℞ | 04 22 | 29 51 | 12 56 | 12 07 | 25 14 | 21 17 | 21 57 |
| 10 | 15:13:31 | 19 55 28 | 15 48 | 22 19 | 11 00 | 17 30 | 04 59 | 00♊05 | 12 58 | 12 09 | 25 16 | 21 17 | 21 54 |
| 11 | 15:17:27 | 20 53 26 | 28 47 | 05♐10 | 10 31 | 17 25 | 05 37 | 00 19 | 13 01 | 12 12 | 25 18 | 21 17 | 21 51 |
| 12 | 15:21:24 | 21 51 22 | 11♐30 | 17 45 | 10 07 | 17 18 | 06 14 | 00 33 | 13 04 | 12 14 | 25 20 | 21 18 | 21 47 |
| 13 | 15:25:21 | 22 49 17 | 23 57 | 00♑05 | 09 45 | 17 09 | 06 52 | 00 47 | 13 07 | 12 17 | 25 22 | 21 18 | 21 44 |
| 14 | 15:29:17 | 23 47 11 | 06♑10 | 12 12 | 09 28 | 16 57 | 07 29 | 01 01 | 13 11 | 12 20 | 25 24 | 21 18 | 21 41 |
| 15 | 15:33:14 | 24 45 03 | 18 11 | 24 08 | 09 15 | 16 43 | 08 07 | 01 16 | 13 14 | 12 22 | 25 26 | 21 18 | 21 38 |
| 16 | 15:37:10 | 25 42 54 | 00♒04 | 05♒58 | 09 07 | 16 27 | 08 44 | 01 30 | 13 17 | 12 25 | 25 28 | 21 18 | 21 35 |
| 17 | 15:41:07 | 26 40 44 | 11 52 | 17 46 | 09 03 | 16 08 | 09 22 | 01 44 | 13 21 | 12 28 | 25 30 | 21 19 | 21 32 |
| 18 | 15:45:03 | 27 38 32 | 23 42 | 29 38 | 09 04D | 15 47 | 09 59 | 01 58 | 13 24 | 12 30 | 25 32 | 21 19 | 21 28 |
| 19 | 15:49:00 | 28 36 19 | 05♓37 | 11♓39 | 09 09 | 15 23 | 10 37 | 02 12 | 13 28 | 12 33 | 25 34 | 21 19 | 21 25 |
| 20 | 15:52:56 | 29 34 05 | 17 45 | 23 55 | 09 19 | 14 58 | 11 14 | 02 26 | 13 32 | 12 36 | 25 36 | 21 19 | 21 22 |
| 21 | 15:56:53 | 00♊31 50 | 00♈10 | 06♈30 | 09 33 | 14 30 | 11 52 | 02 40 | 13 35 | 12 39 | 25 38 | 21 19 | 21 19 |
| 22 | 16:00:50 | 01 29 34 | 12 56 | 19 28 | 09 52 | 14 01 | 12 29 | 02 54 | 13 39 | 12 42 | 25 40 | 21 19℞ | 21 16 |
| 23 | 16:04:46 | 02 27 17 | 26 06 | 02♉50 | 10 15 | 13 30 | 13 07 | 03 08 | 13 43 | 12 45 | 25 42 | 21 19 | 21 12 |
| 24 | 16:08:43 | 03 24 59 | 09♉41 | 16 38 | 10 43 | 12 57 | 13 45 | 03 22 | 13 47 | 12 48 | 25 44 | 21 19 | 21 09 |
| 25 | 16:12:39 | 04 22 39 | 23 40 | 00♊47 | 11 14 | 12 23 | 14 22 | 03 36 | 13 51 | 12 51 | 25 46 | 21 19 | 21 06 |
| 26 | 16:16:36 | 05 20 19 | 07♊58 | 15 13 | 11 50 | 11 48 | 15 00 | 03 51 | 13 56 | 12 54 | 25 48 | 21 19 | 21 03 |
| 27 | 16:20:32 | 06 17 57 | 22 30 | 29 49 | 12 29 | 11 12 | 15 37 | 04 05 | 14 00 | 12 57 | 25 49 | 21 18 | 21 00 |
| 28 | 16:24:29 | 07 15 34 | 07♋09 | 14♋29 | 13 13 | 10 35 | 16 15 | 04 19 | 14 04 | 13 00 | 25 51 | 21 18 | 20 57 |
| 29 | 16:28:25 | 08 13 10 | 21 47 | 29 04 | 14 00 | 09 58 | 16 52 | 04 33 | 14 09 | 13 03 | 25 53 | 21 18 | 20 53 |
| 30 | 16:32:22 | 09 10 44 | 06♌19 | 13♌31 | 14 50 | 09 20 | 17 30 | 04 47 | 14 13 | 13 06 | 25 55 | 21 18 | 20 50 |
| 31 | 16:36:19 | 10 08 17 | 20 40 | 27 46 | 15 44 | 08 43 | 18 07 | 05 01 | 14 18 | 13 09 | 25 57 | 21 18 | 20 47 |

## 0:00 E.T. Longitudes of the Major Asteroids and Chiron

| D | ⚳ | ⚴ | ⚵ | ⚶ | ⚷ | D | ⚳ | ⚴ | ⚵ | ⚶ | ⚷ |
|---|---|---|---|---|---|---|---|---|---|---|---|
| 1 | 07♋36 | 11♉31 | 21♉01 | 07♐10℞ | 10♊19 | 17 | 13 43 | 19 29 | 00♊34 | 03 56 | 11 32 |
| 2 | 07 58 | 12 00 | 21 37 | 07 01 | 10 23 | 18 | 14 07 | 19 59 | 01 10 | 03 42 | 11 36 |
| 3 | 08 21 | 12 30 | 22 12 | 06 51 | 10 28 | 19 | 14 31 | 20 30 | 01 46 | 03 28 | 11 41 |
| 4 | 08 43 | 12 59 | 22 48 | 06 40 | 10 32 | 20 | 14 55 | 21 00 | 02 22 | 03 13 | 11 46 |
| 5 | 09 06 | 13 29 | 23 24 | 06 30 | 10 37 | 21 | 15 19 | 21 31 | 02 57 | 02 59 | 11 51 |
| 6 | 09 28 | 13 59 | 24 00 | 06 18 | 10 41 | 22 | 15 43 | 22 01 | 03 33 | 02 44 | 11 55 |
| 7 | 09 51 | 14 28 | 24 36 | 06 07 | 10 46 | 23 | 16 07 | 22 32 | 04 09 | 02 30 | 12 00 |
| 8 | 10 14 | 14 58 | 25 11 | 05 55 | 10 50 | 24 | 16 31 | 23 03 | 04 45 | 02 15 | 12 05 |
| 9 | 10 37 | 15 28 | 25 47 | 05 43 | 10 55 | 25 | 16 55 | 23 34 | 05 21 | 02 00 | 12 10 |
| 10 | 11 00 | 15 58 | 26 23 | 05 30 | 10 59 | 26 | 17 20 | 24 05 | 05 57 | 01 46 | 12 14 |
| 11 | 11 23 | 16 28 | 26 59 | 05 18 | 11 04 | 27 | 17 44 | 24 36 | 06 32 | 01 31 | 12 19 |
| 12 | 11 46 | 16 58 | 27 35 | 05 05 | 11 08 | 28 | 18 09 | 25 07 | 07 08 | 01 17 | 12 24 |
| 13 | 12 09 | 17 28 | 28 11 | 04 51 | 11 13 | 29 | 18 33 | 25 38 | 07 44 | 01 03 | 12 29 |
| 14 | 12 33 | 17 58 | 28 46 | 04 38 | 11 18 | 30 | 18 58 | 26 09 | 08 20 | 00 48 | 12 34 |
| 15 | 12 56 | 18 28 | 29 22 | 04 24 | 11 22 | 31 | 19 23 | 26 40 | 08 55 | 00 34 | 12 39 |
| 16 | 13 20 | 18 58 | 29 58 | 04 10 | 11 27 | | | | | | |

## Lunar Data

| Last Asp. | | Ingress | | |
|---|---|---|---|---|
| 2 | 04:16 | 2 | ♌ | 07:12 |
| 4 | 08:13 | 4 | ♍ | 10:20 |
| 6 | 13:01 | 6 | ♎ | 14:16 |
| 8 | 10:46 | 8 | ♏ | 19:21 |
| 10 | 10:05 | 11 | ♐ | 02:17 |
| 13 | 02:46 | 13 | ♑ | 11:50 |
| 15 | 14:40 | 15 | ♒ | 23:53 |
| 18 | 08:41 | 18 | ♓ | 12:43 |
| 19 | 18:42 | 20 | ♈ | 23:41 |
| 22 | 23:17 | 23 | ♉ | 06:58 |
| 24 | 19:60 | 25 | ♊ | 10:41 |
| 27 | 05:27 | 27 | ♋ | 12:17 |
| 29 | 06:45 | 29 | ♌ | 13:32 |
| 31 | 08:55 | 31 | ♍ | 15:48 |

## 0:00 E.T. Declinations

| D | ☉ | ☽ | ☿ | ♀ | ♂ | ♃ | ♄ | ♅ | ♆ | ♇ | ⚳ | ⚴ | ⚵ | ⚶ | ⚷ |
|---|---|---|---|---|---|---|---|---|---|---|---|---|---|---|---|
| 1 | +15 11 | +19 38 | +17 59 | +27 43 | +24 44 | +19 02 | +18 02 | +23 17 | +08 08 | -22 24 | +28 38 | -03 29 | +10 21 | -12 02 | +17 37 |
| 2 | 15 29 | 18 45 | 17 34 | 27 43 | 24 45 | 19 05 | 18 01 | 23 17 | 08 09 | 22 24 | 28 37 | 03 25 | 10 28 | 12 01 | 17 37 |
| 3 | 15 47 | 16 42 | 17 08 | 27 43 | 24 44 | 19 08 | 18 01 | 23 17 | 08 10 | 22 24 | 28 37 | 03 20 | 10 36 | 12 00 | 17 38 |
| 4 | 16 04 | 13 39 | 16 41 | 27 42 | 24 44 | 19 11 | 18 00 | 23 17 | 08 11 | 22 24 | 28 36 | 03 16 | 10 44 | 11 59 | 17 39 |
| 5 | 16 21 | 09 50 | 16 13 | 27 41 | 24 44 | 19 14 | 17 59 | 23 16 | 08 11 | 22 25 | 28 35 | 03 11 | 10 51 | 11 58 | 17 39 |
| 6 | 16 38 | 05 31 | 15 45 | 27 38 | 24 43 | 19 18 | 17 59 | 23 16 | 08 12 | 22 25 | 28 34 | 03 07 | 10 59 | 11 57 | 17 40 |
| 7 | 16 55 | 00 57 | 15 18 | 27 36 | 24 42 | 19 21 | 17 58 | 23 16 | 08 13 | 22 25 | 28 33 | 03 03 | 11 06 | 11 56 | 17 41 |
| 8 | 17 11 | -03 36 | 14 50 | 27 32 | 24 41 | 19 24 | 17 57 | 23 16 | 08 14 | 22 25 | 28 32 | 02 59 | 11 14 | 11 55 | 17 41 |
| 9 | 17 27 | 07 56 | 14 24 | 27 28 | 24 40 | 19 27 | 17 56 | 23 16 | 08 14 | 22 25 | 28 31 | 02 55 | 11 21 | 11 54 | 17 42 |
| 10 | 17 43 | 11 48 | 13 58 | 27 23 | 24 39 | 19 30 | 17 56 | 23 15 | 08 15 | 22 25 | 28 29 | 02 51 | 11 28 | 11 54 | 17 43 |
| 11 | 17 58 | 15 02 | 13 34 | 27 17 | 24 37 | 19 33 | 17 55 | 23 15 | 08 16 | 22 26 | 28 28 | 02 47 | 11 35 | 11 53 | 17 43 |
| 12 | 18 14 | 17 29 | 13 12 | 27 11 | 24 36 | 19 36 | 17 54 | 23 15 | 08 17 | 22 26 | 28 26 | 02 43 | 11 41 | 11 53 | 17 44 |
| 13 | 18 28 | 19 04 | 12 52 | 27 04 | 24 34 | 19 39 | 17 53 | 23 15 | 08 17 | 22 26 | 28 25 | 02 39 | 11 48 | 11 52 | 17 45 |
| 14 | 18 43 | 19 44 | 12 33 | 26 56 | 24 32 | 19 42 | 17 52 | 23 14 | 08 18 | 22 26 | 28 23 | 02 36 | 11 55 | 11 52 | 17 45 |
| 15 | 18 57 | 19 29 | 12 17 | 26 47 | 24 29 | 19 45 | 17 51 | 23 14 | 08 19 | 22 26 | 28 22 | 02 32 | 12 01 | 11 51 | 17 46 |
| 16 | 19 11 | 18 22 | 12 03 | 26 37 | 24 27 | 19 48 | 17 50 | 23 14 | 08 19 | 22 27 | 28 20 | 02 29 | 12 07 | 11 51 | 17 47 |
| 17 | 19 24 | 16 28 | 11 52 | 26 27 | 24 24 | 19 51 | 17 49 | 23 14 | 08 20 | 22 27 | 28 18 | 02 25 | 12 14 | 11 51 | 17 47 |
| 18 | 19 38 | 13 51 | 11 43 | 26 15 | 24 22 | 19 54 | 17 48 | 23 13 | 08 21 | 22 27 | 28 16 | 02 22 | 12 20 | 11 51 | 17 48 |
| 19 | 19 51 | 10 39 | 11 36 | 26 03 | 24 19 | 19 57 | 17 47 | 23 13 | 08 21 | 22 27 | 28 14 | 02 19 | 12 26 | 11 51 | 17 48 |
| 20 | 20 03 | 06 57 | 11 32 | 25 50 | 24 15 | 19 59 | 17 46 | 23 13 | 08 22 | 22 27 | 28 12 | 02 15 | 12 32 | 11 51 | 17 49 |
| 21 | 20 15 | 02 52 | 11 30 | 25 36 | 24 12 | 20 02 | 17 45 | 23 12 | 08 23 | 22 28 | 28 10 | 02 12 | 12 37 | 11 51 | 17 50 |
| 22 | 20 27 | +01 26 | 11 31 | 25 22 | 24 09 | 20 05 | 17 44 | 23 12 | 08 23 | 22 28 | 28 08 | 02 09 | 12 43 | 11 52 | 17 50 |
| 23 | 20 39 | 05 48 | 11 34 | 25 06 | 24 05 | 20 08 | 17 42 | 23 12 | 08 24 | 22 28 | 28 06 | 02 06 | 12 49 | 11 52 | 17 51 |
| 24 | 20 50 | 10 01 | 11 39 | 24 50 | 24 01 | 20 11 | 17 41 | 23 12 | 08 25 | 22 29 | 28 03 | 02 04 | 12 54 | 11 53 | 17 51 |
| 25 | 21 01 | 13 49 | 11 46 | 24 33 | 23 57 | 20 13 | 17 40 | 23 11 | 08 25 | 22 29 | 28 01 | 02 01 | 12 59 | 11 53 | 17 52 |
| 26 | 21 11 | 16 54 | 11 55 | 24 16 | 23 53 | 20 16 | 17 39 | 23 11 | 08 26 | 22 29 | 27 58 | 01 58 | 13 04 | 11 54 | 17 52 |
| 27 | 21 21 | 18 59 | 12 06 | 23 58 | 23 49 | 20 19 | 17 37 | 23 11 | 08 27 | 22 29 | 27 56 | 01 56 | 13 09 | 11 55 | 17 53 |
| 28 | 21 31 | 19 49 | 12 19 | 23 39 | 23 44 | 20 21 | 17 36 | 23 10 | 08 27 | 22 30 | 27 53 | 01 53 | 13 14 | 11 56 | 17 54 |
| 29 | 21 40 | 19 20 | 12 33 | 23 20 | 23 39 | 20 24 | 17 35 | 23 10 | 08 28 | 22 30 | 27 50 | 01 51 | 13 19 | 11 57 | 17 54 |
| 30 | 21 49 | 17 33 | 12 50 | 23 00 | 23 34 | 20 27 | 17 34 | 23 10 | 08 29 | 22 30 | 27 47 | 01 49 | 13 24 | 11 58 | 17 55 |
| 31 | 21 58 | 14 41 | 13 07 | 22 40 | 23 29 | 20 29 | 17 32 | 23 09 | 08 29 | 22 31 | 27 44 | 01 47 | 13 28 | 12 00 | 17 55 |

Lunar Phases -- 3 ◐ 05:56 10 ○ 08:11 18 ◑ 08:41 25 ● 19:18 Sun enters ♊ 5/20 10:46

| D | S.T. | ☉ | ☽ | ☽ 12:00 | ☿ | ♀ | ♂ | ♃ | ♄ | ♅ | ♆ | ♇ | ☊ |
|---|---|---|---|---|---|---|---|---|---|---|---|---|---|---|
| 1 | 16:40:15 | 11♊05 49 | 04♍49 | 11♍48 | 16♉42 | 08♊05℞ | 18♋45 | 05♊15 | 14♌23 | 13♋13 | 25♈58 | 21♒17℞ | 20♌44 |
| 2 | 16:44:12 | 12 03 19 | 18 43 | 25 36 | 17 43 | 07 28 | 19 22 | 05 29 | 14 28 | 13 16 | 26 00 | 21 17 | 20 41 |
| 3 | 16:48:08 | 13 00 47 | 02♎25 | 09♎10 | 18 47 | 06 52 | 20 00 | 05 43 | 14 32 | 13 19 | 26 02 | 21 17 | 20 38 |
| 4 | 16:52:05 | 13 58 15 | 15 53 | 22 32 | 19 54 | 06 17 | 20 37 | 05 57 | 14 37 | 13 22 | 26 03 | 21 17 | 20 34 |
| 5 | 16:56:01 | 14 55 41 | 29 08 | 05♏42 | 21 05 | 05 42 | 21 15 | 06 11 | 14 42 | 13 26 | 26 05 | 21 16 | 20 31 |
| 6 | 16:59:58 | 15 53 06 | 12♏12 | 18 39 | 22 18 | 05 09 | 21 52 | 06 25 | 14 48 | 13 29 | 26 07 | 21 16 | 20 28 |
| 7 | 17:03:54 | 16 50 30 | 25 30 | 01♐37 | 23 35 | 04 38 | 22 30 | 06 39 | 14 53 | 13 32 | 26 08 | 21 15 | 20 25 |
| 8 | 17:07:51 | 17 47 54 | 07♐42 | 13 57 | 24 54 | 04 08 | 23 07 | 06 53 | 14 58 | 13 36 | 26 10 | 21 15 | 20 22 |
| 9 | 17:11:48 | 18 45 16 | 20 09 | 26 18 | 26 17 | 03 40 | 23 45 | 07 07 | 15 03 | 13 39 | 26 11 | 21 15 | 20 18 |
| 10 | 17:15:44 | 19 42 37 | 02♑25 | 08♑28 | 27 42 | 03 14 | 24 22 | 07 21 | 15 09 | 13 42 | 26 13 | 21 14 | 20 15 |
| 11 | 17:19:41 | 20 39 58 | 14 29 | 20 20 | 29 11 | 02 51 | 25 00 | 07 35 | 15 14 | 13 46 | 26 14 | 21 14 | 20 12 |
| 12 | 17:23:37 | 21 37 18 | 26 25 | 02♒20 | 00♊42 | 02 29 | 25 37 | 07 49 | 15 20 | 13 49 | 26 16 | 21 13 | 20 09 |
| 13 | 17:27:34 | 22 34 38 | 08♒15 | 14 08 | 02 16 | 02 10 | 26 15 | 08 02 | 15 25 | 13 53 | 26 17 | 21 13 | 20 06 |
| 14 | 17:31:30 | 23 31 57 | 20 02 | 25 56 | 03 52 | 01 53 | 26 52 | 08 16 | 15 31 | 13 56 | 26 19 | 21 12 | 20 03 |
| 15 | 17:35:27 | 24 29 15 | 01♓51 | 07♓48 | 05 32 | 01 38 | 27 30 | 08 30 | 15 37 | 13 59 | 26 20 | 21 11 | 19 59 |
| 16 | 17:39:23 | 25 26 33 | 13 46 | 19 48 | 07 14 | 01 26 | 28 07 | 08 44 | 15 42 | 14 03 | 26 21 | 21 11 | 19 56 |
| 17 | 17:43:20 | 26 23 51 | 25 53 | 02♈03 | 08 59 | 01 16 | 28 45 | 08 58 | 15 48 | 14 06 | 26 23 | 21 10 | 19 53 |
| 18 | 17:47:17 | 27 21 08 | 08♈17 | 14 37 | 10 47 | 01 09 | 29 23 | 09 11 | 15 54 | 14 10 | 26 24 | 21 09 | 19 50 |
| 19 | 17:51:13 | 28 18 25 | 21 03 | 27 35 | 12 38 | 01 04 | 00♌00 | 09 25 | 16 00 | 14 13 | 26 25 | 21 09 | 19 47 |
| 20 | 17:55:10 | 29 15 42 | 04♉14 | 10♉59 | 14 31 | 01 01 | 00 38 | 09 39 | 16 06 | 14 17 | 26 27 | 21 08 | 19 44 |
| 21 | 17:59:06 | 00♋12 59 | 17 52 | 24 51 | 16 26 | 01 01D | 01 15 | 09 52 | 16 12 | 14 21 | 26 28 | 21 07 | 19 40 |
| 22 | 18:03:03 | 01 10 16 | 01♊57 | 09♊09 | 18 24 | 01 03 | 01 53 | 10 06 | 16 18 | 14 24 | 26 29 | 21 07 | 19 37 |
| 23 | 18:06:59 | 02 07 32 | 16 26 | 23 48 | 20 25 | 01 08 | 02 30 | 10 19 | 16 24 | 14 28 | 26 30 | 21 06 | 19 34 |
| 24 | 18:10:56 | 03 04 48 | 01♋14 | 08♋42 | 22 27 | 01 14 | 03 08 | 10 33 | 16 31 | 14 31 | 26 31 | 21 05 | 19 31 |
| 25 | 18:14:52 | 04 02 04 | 16 12 | 23 42 | 24 31 | 01 23 | 03 45 | 10 46 | 16 37 | 14 35 | 26 33 | 21 04 | 19 28 |
| 26 | 18:18:49 | 04 59 19 | 01♌11 | 08♌39 | 26 37 | 01 34 | 04 23 | 11 00 | 16 43 | 14 38 | 26 34 | 21 03 | 19 24 |
| 27 | 18:22:46 | 05 56 34 | 16 04 | 23 25 | 28 45 | 01 47 | 05 00 | 11 13 | 16 50 | 14 42 | 26 35 | 21 03 | 19 21 |
| 28 | 18:26:42 | 06 53 48 | 00♍43 | 07♍56 | 00♋53 | 02 02 | 05 38 | 11 26 | 16 56 | 14 46 | 26 36 | 21 02 | 19 18 |
| 29 | 18:30:39 | 07 51 02 | 15 04 | 22 08 | 03 03 | 02 18 | 06 16 | 11 40 | 17 03 | 14 49 | 26 37 | 21 01 | 19 15 |
| 30 | 18:34:35 | 08 48 15 | 29 06 | 05♎59 | 05 13 | 02 37 | 06 53 | 11 53 | 17 09 | 14 53 | 26 38 | 21 00 | 19 12 |

## 0:00 E.T. — Longitudes of the Major Asteroids and Chiron — Lunar Data

| D | ⚳ | ⚴ | ⚵ | ⚶ | ⚷ | D | ⚳ | ⚴ | ⚵ | ⚶ | ⚷ | Last Asp. | Ingress |
|---|---|---|---|---|---|---|---|---|---|---|---|---|---|
| 1 | 19♋47 | 27♉12 | 09♊31 | 00♐21℞ | 12♊43 | 16 | 26 06 | 05 07 | 18 25 | 27 26 | 13 56 | 2 01:11 | 2 ♎ 19:45 |
| 2 | 20 12 | 27 43 | 10 07 | 00 07 | 12 48 | 17 | 26 32 | 05 40 | 19 01 | 27 17 | 14 01 | 4 18:26 | 5 ♏ 01:34 |
| 3 | 20 37 | 28 14 | 10 43 | 29♏53 | 12 53 | 18 | 26 57 | 06 12 | 19 36 | 27 09 | 14 05 | 6 20:56 | 7 ♐ 09:20 |
| 4 | 21 02 | 28 46 | 11 18 | 29 40 | 12 58 | 19 | 27 23 | 06 44 | 20 11 | 27 01 | 14 10 | 9 11:48 | 9 ♑ 19:15 |
| 5 | 21 27 | 29 17 | 11 54 | 29 27 | 13 03 | 20 | 27 49 | 07 16 | 20 47 | 26 54 | 14 15 | 11 23:41 | 12 ♒ 07:15 |
| 6 | 21 52 | 29 49 | 12 30 | 29 15 | 13 08 | 21 | 28 15 | 07 49 | 21 22 | 26 47 | 14 20 | 14 12:48 | 14 ♓ 20:15 |
| 7 | 22 17 | 00♊20 | 13 05 | 29 02 | 13 12 | 22 | 28 41 | 08 21 | 21 57 | 26 40 | 14 24 | 17 05:53 | 17 ♈ 08:01 |
| 8 | 22 42 | 00 52 | 13 41 | 28 50 | 13 17 | 23 | 29 07 | 08 54 | 22 33 | 26 34 | 14 29 | 19 14:21 | 19 ♉ 16:23 |
| 9 | 23 08 | 01 24 | 14 17 | 28 38 | 13 22 | 24 | 29 33 | 09 26 | 23 08 | 26 28 | 14 34 | 21 05:37 | 21 ♊ 20:43 |
| 10 | 23 33 | 01 56 | 14 52 | 28 27 | 13 27 | 25 | 29 59 | 09 59 | 23 43 | 26 23 | 14 38 | 23 16:24 | 23 ♋ 22:01 |
| 11 | 23 58 | 02 27 | 15 28 | 28 16 | 13 32 | 26 | 00♌25 | 10 32 | 24 18 | 26 19 | 14 43 | 25 16:35 | 25 ♌ 22:06 |
| 12 | 24 24 | 02 59 | 16 03 | 28 05 | 13 37 | 27 | 00 51 | 11 04 | 24 53 | 26 15 | 14 48 | 27 17:12 | 27 ♍ 22:49 |
| 13 | 24 49 | 03 31 | 16 39 | 27 55 | 13 41 | 28 | 01 17 | 11 37 | 25 28 | 26 11 | 14 52 | 28 23:34 | 30 ♎ 01:34 |
| 14 | 25 15 | 04 03 | 17 14 | 27 45 | 13 46 | 29 | 01 43 | 12 10 | 26 03 | 26 08 | 14 57 | | |
| 15 | 25 40 | 04 35 | 17 50 | 27 35 | 13 51 | 30 | 02 10 | 12 42 | 26 38 | 26 05 | 15 01 | | |

## 0:00 E.T. — Declinations

| D | ☉ | ☽ | ☿ | ♀ | ♂ | ♃ | ♄ | ♅ | ♆ | ♇ | ⚳ | ⚴ | ⚵ | ⚶ | ⚷ |
|---|---|---|---|---|---|---|---|---|---|---|---|---|---|---|---|
| 1 | +22 06 | +10 59 | +13 27 | +22 20 | +23 24 | +20 32 | +17 31 | +23 09 | +08 30 | -22 31 | +27 41 | -01 44 | +13 32 | -12 01 | +17 56 |
| 2 | 22 14 | 06 44 | 13 47 | 22 00 | 23 19 | 20 34 | 17 29 | 23 09 | 08 30 | 22 32 | 27 38 | 01 43 | 13 37 | 12 03 | 17 56 |
| 3 | 22 21 | 02 12 | 14 09 | 21 40 | 23 13 | 20 37 | 17 28 | 23 08 | 08 31 | 22 32 | 27 35 | 01 41 | 13 41 | 12 04 | 17 57 |
| 4 | 22 28 | -02 21 | 14 32 | 21 20 | 23 07 | 20 39 | 17 26 | 23 08 | 08 31 | 22 32 | 27 32 | 01 39 | 13 45 | 12 06 | 17 57 |
| 5 | 22 35 | 06 43 | 14 56 | 21 01 | 23 02 | 20 42 | 17 25 | 23 08 | 08 32 | 22 33 | 27 28 | 01 37 | 13 49 | 12 08 | 17 58 |
| 6 | 22 41 | 10 42 | 15 21 | 20 41 | 22 55 | 20 44 | 17 23 | 23 07 | 08 33 | 22 33 | 27 25 | 01 36 | 13 52 | 12 10 | 17 58 |
| 7 | 22 47 | 14 08 | 15 46 | 20 22 | 22 49 | 20 47 | 17 22 | 23 07 | 08 33 | 22 33 | 27 21 | 01 34 | 13 56 | 12 12 | 17 59 |
| 8 | 22 52 | 16 51 | 16 13 | 20 04 | 22 43 | 20 49 | 17 20 | 23 07 | 08 34 | 22 34 | 27 18 | 01 33 | 13 59 | 12 15 | 17 59 |
| 9 | 22 57 | 18 45 | 16 40 | 19 46 | 22 36 | 20 52 | 17 19 | 23 06 | 08 34 | 22 34 | 27 14 | 01 32 | 14 03 | 12 17 | 18 00 |
| 10 | 23 02 | 19 44 | 17 07 | 19 29 | 22 30 | 20 54 | 17 17 | 23 06 | 08 35 | 22 35 | 27 10 | 01 30 | 14 06 | 12 20 | 18 00 |
| 11 | 23 06 | 19 48 | 17 35 | 19 12 | 22 23 | 20 56 | 17 15 | 23 06 | 08 35 | 22 35 | 27 06 | 01 29 | 14 09 | 12 22 | 18 01 |
| 12 | 23 10 | 18 59 | 18 03 | 18 57 | 22 16 | 20 59 | 17 14 | 23 05 | 08 36 | 22 35 | 27 02 | 01 29 | 14 12 | 12 25 | 18 01 |
| 13 | 23 13 | 17 19 | 18 32 | 18 42 | 22 09 | 21 01 | 17 12 | 23 05 | 08 36 | 22 36 | 26 58 | 01 28 | 14 15 | 12 28 | 18 02 |
| 14 | 23 16 | 14 56 | 19 00 | 18 28 | 22 01 | 21 03 | 17 11 | 23 05 | 08 37 | 22 36 | 26 54 | 01 27 | 14 17 | 12 31 | 18 02 |
| 15 | 23 19 | 11 56 | 19 28 | 18 15 | 21 54 | 21 05 | 17 09 | 23 04 | 08 37 | 22 37 | 26 50 | 01 26 | 14 20 | 12 34 | 18 02 |
| 16 | 23 21 | 08 25 | 19 56 | 18 03 | 21 46 | 21 08 | 17 07 | 23 04 | 08 37 | 22 37 | 26 46 | 01 26 | 14 22 | 12 38 | 18 03 |
| 17 | 23 23 | 04 31 | 20 24 | 17 51 | 21 38 | 21 10 | 17 05 | 23 04 | 08 38 | 22 38 | 26 41 | 01 26 | 14 24 | 12 41 | 18 03 |
| 18 | 23 24 | 00 20 | 20 51 | 17 41 | 21 31 | 21 12 | 17 04 | 23 03 | 08 38 | 22 38 | 26 37 | 01 25 | 14 26 | 12 45 | 18 04 |
| 19 | 23 25 | +03 58 | 21 17 | 17 32 | 21 23 | 21 14 | 17 02 | 23 03 | 08 39 | 22 39 | 26 32 | 01 25 | 14 28 | 12 48 | 18 04 |
| 20 | 23 26 | 08 14 | 21 42 | 17 23 | 21 14 | 21 16 | 17 00 | 23 03 | 08 39 | 22 39 | 26 28 | 01 25 | 14 30 | 12 52 | 18 04 |
| 21 | 23 26 | 12 13 | 22 05 | 17 16 | 21 06 | 21 18 | 16 58 | 23 02 | 08 40 | 22 40 | 26 23 | 01 25 | 14 32 | 12 56 | 18 05 |
| 22 | 23 26 | 15 39 | 22 28 | 17 09 | 20 57 | 21 20 | 16 56 | 23 02 | 08 40 | 22 40 | 26 18 | 01 25 | 14 33 | 13 00 | 18 05 |
| 23 | 23 25 | 18 14 | 22 49 | 17 04 | 20 49 | 21 22 | 16 55 | 23 01 | 08 40 | 22 41 | 26 14 | 01 25 | 14 35 | 13 04 | 18 06 |
| 24 | 23 24 | 19 41 | 23 08 | 16 59 | 20 40 | 21 24 | 16 53 | 23 01 | 08 41 | 22 41 | 26 09 | 01 26 | 14 36 | 13 08 | 18 06 |
| 25 | 23 22 | 19 46 | 23 25 | 16 55 | 20 31 | 21 26 | 16 51 | 23 00 | 08 41 | 22 41 | 26 04 | 01 26 | 14 37 | 13 13 | 18 06 |
| 26 | 23 20 | 18 27 | 23 40 | 16 52 | 20 22 | 21 28 | 16 49 | 23 00 | 08 41 | 22 42 | 25 59 | 01 26 | 14 38 | 13 17 | 18 07 |
| 27 | 23 18 | 15 52 | 23 53 | 16 49 | 20 13 | 21 30 | 16 47 | 22 59 | 08 42 | 22 42 | 25 53 | 01 27 | 14 39 | 13 22 | 18 07 |
| 28 | 23 15 | 12 18 | 24 03 | 16 48 | 20 03 | 21 32 | 16 45 | 22 59 | 08 42 | 22 43 | 25 48 | 01 29 | 14 40 | 13 26 | 18 07 |
| 29 | 23 12 | 08 05 | 24 11 | 16 47 | 19 54 | 21 34 | 16 43 | 22 59 | 08 42 | 22 43 | 25 43 | 01 30 | 14 40 | 13 31 | 18 08 |
| 30 | 23 08 | 03 31 | 24 16 | 16 47 | 19 44 | 21 35 | 16 41 | 22 59 | 08 43 | 22 44 | 25 38 | 01 31 | 14 41 | 13 36 | 18 08 |

Lunar Phases -- 1 ◐ 11:36    8 ○ 21:03    17 ◑ 01:04    24 ● 03:11    30 ◐ 18:14     Sun enters ♋ 6/20 18:34

## 0:00 E.T. — Longitudes of Main Planets - July 2036 — July 36

| D | S.T. | ☉ | ☽ | ☽ 12:00 | ☿ | ♀ | ♂ | ♃ | ♄ | ♅ | ♆ | ♇ | ☊ |
|---|---|---|---|---|---|---|---|---|---|---|---|---|---|
| 1 | 18:38:32 | 09♋45 28 | 12♎47 | 19♎30 | 07♋24 | 02♊57 | 07♌31 | 12♊06 | 17♌16 | 14♋56 | 26♈39 | 20♒59℞ | 19♌09 |
| 2 | 18:42:28 | 10 42 40 | 26 09 | 02♏43 | 09 35 | 03 20 | 08 08 | 12 19 | 17 22 | 15 00 | 26 40 | 20 58 | 19 05 |
| 3 | 18:46:25 | 11 39 52 | 09♏13 | 15 39 | 11 46 | 03 43 | 08 46 | 12 33 | 17 29 | 15 04 | 26 41 | 20 57 | 19 02 |
| 4 | 18:50:21 | 12 37 04 | 22 01 | 28 20 | 13 56 | 04 09 | 09 24 | 12 46 | 17 36 | 15 07 | 26 41 | 20 56 | 18 59 |
| 5 | 18:54:18 | 13 34 15 | 04♐36 | 10♐49 | 16 06 | 04 36 | 10 01 | 12 59 | 17 43 | 15 11 | 26 42 | 20 55 | 18 56 |
| 6 | 18:58:15 | 14 31 27 | 16 58 | 23 06 | 18 14 | 05 05 | 10 39 | 13 12 | 17 50 | 15 15 | 26 43 | 20 54 | 18 53 |
| 7 | 19:02:11 | 15 28 38 | 29 10 | 05♑13 | 20 22 | 05 35 | 11 16 | 13 25 | 17 56 | 15 18 | 26 44 | 20 53 | 18 50 |
| 8 | 19:06:08 | 16 25 49 | 11♑14 | 17 12 | 22 28 | 06 06 | 11 54 | 13 37 | 18 03 | 15 22 | 26 45 | 20 52 | 18 46 |
| 9 | 19:10:04 | 17 23 00 | 23 10 | 29 06 | 24 33 | 06 39 | 12 32 | 13 50 | 18 10 | 15 25 | 26 45 | 20 51 | 18 43 |
| 10 | 19:14:01 | 18 20 12 | 05♒00 | 10♒54 | 26 36 | 07 13 | 13 09 | 14 03 | 18 17 | 15 29 | 26 46 | 20 50 | 18 40 |
| 11 | 19:17:57 | 19 17 24 | 16 48 | 22 42 | 28 38 | 07 48 | 13 47 | 14 16 | 18 24 | 15 33 | 26 47 | 20 49 | 18 37 |
| 12 | 19:21:54 | 20 14 36 | 28 35 | 04♓30 | 00♌38 | 08 25 | 14 24 | 14 28 | 18 31 | 15 36 | 26 47 | 20 48 | 18 34 |
| 13 | 19:25:50 | 21 11 48 | 10♓26 | 16 23 | 02 37 | 09 03 | 15 02 | 14 41 | 18 38 | 15 40 | 26 48 | 20 47 | 18 30 |
| 14 | 19:29:47 | 22 09 01 | 22 23 | 28 25 | 04 33 | 09 42 | 15 40 | 14 53 | 18 45 | 15 44 | 26 48 | 20 45 | 18 27 |
| 15 | 19:33:44 | 23 06 14 | 04♈31 | 10♈40 | 06 28 | 10 22 | 16 17 | 15 06 | 18 53 | 15 47 | 26 49 | 20 44 | 18 24 |
| 16 | 19:37:40 | 24 03 28 | 16 54 | 23 13 | 08 21 | 11 03 | 16 55 | 15 18 | 19 00 | 15 51 | 26 49 | 20 43 | 18 21 |
| 17 | 19:41:37 | 25 00 42 | 29 37 | 06♉08 | 10 12 | 11 45 | 17 33 | 15 31 | 19 07 | 15 54 | 26 50 | 20 42 | 18 18 |
| 18 | 19:45:33 | 25 57 57 | 12♉44 | 19 28 | 12 02 | 12 28 | 18 10 | 15 43 | 19 14 | 15 58 | 26 50 | 20 41 | 18 15 |
| 19 | 19:49:30 | 26 55 13 | 26 18 | 03♊15 | 13 49 | 13 12 | 18 48 | 15 55 | 19 22 | 16 02 | 26 50 | 20 40 | 18 11 |
| 20 | 19:53:26 | 27 52 30 | 10♊18 | 17 29 | 15 35 | 13 57 | 19 26 | 16 07 | 19 29 | 16 05 | 26 51 | 20 38 | 18 08 |
| 21 | 19:57:23 | 28 49 47 | 24 45 | 02♋07 | 17 18 | 14 43 | 20 03 | 16 19 | 19 36 | 16 09 | 26 51 | 20 37 | 18 05 |
| 22 | 20:01:19 | 29 47 06 | 09♋34 | 17 05 | 19 00 | 15 29 | 20 41 | 16 31 | 19 44 | 16 12 | 26 51 | 20 36 | 18 02 |
| 23 | 20:05:16 | 00♌44 24 | 24 38 | 02♌13 | 20 40 | 16 17 | 21 19 | 16 43 | 19 51 | 16 16 | 26 52 | 20 35 | 17 59 |
| 24 | 20:09:13 | 01 41 44 | 09♌49 | 17 23 | 22 19 | 17 05 | 21 57 | 16 55 | 19 58 | 16 19 | 26 52 | 20 33 | 17 55 |
| 25 | 20:13:09 | 02 39 04 | 24 56 | 02♍26 | 23 55 | 17 54 | 22 34 | 17 07 | 20 06 | 16 23 | 26 52 | 20 32 | 17 52 |
| 26 | 20:17:06 | 03 36 24 | 09♍52 | 17 13 | 25 30 | 18 43 | 23 12 | 17 18 | 20 13 | 16 27 | 26 52 | 20 31 | 17 49 |
| 27 | 20:21:02 | 04 33 45 | 24 29 | 01♎38 | 27 03 | 19 34 | 23 50 | 17 30 | 20 21 | 16 30 | 26 52 | 20 30 | 17 46 |
| 28 | 20:24:59 | 05 31 06 | 08♎42 | 15 40 | 28 33 | 20 24 | 24 28 | 17 42 | 20 28 | 16 34 | 26 52 | 20 28 | 17 43 |
| 29 | 20:28:55 | 06 28 28 | 22 31 | 29 16 | 00♍03 | 21 16 | 25 06 | 17 53 | 20 36 | 16 37 | 26 52 | 20 27 | 17 40 |
| 30 | 20:32:52 | 07 25 50 | 05♏55 | 12♏29 | 01 30 | 22 08 | 25 43 | 18 04 | 20 43 | 16 40 | 26 52℞ | 20 26 | 17 36 |
| 31 | 20:36:48 | 08 23 12 | 18 57 | 25 20 | 02 55 | 23 01 | 26 21 | 18 16 | 20 51 | 16 44 | 26 52 | 20 25 | 17 33 |

## 0:00 E.T. — Longitudes of the Major Asteroids and Chiron

| D | ⚳ | ⚴ | ⚵ | ⚶ | ⚷ |
|---|---|---|---|---|---|
| 1 | 02♌36 | 13♊15 | 27♊13 | 26♏03℞ | 15♊06 |
| 2 | 03 02 | 13 48 | 27 48 | 26 02 | 15 11 |
| 3 | 03 28 | 14 21 | 28 23 | 26 01 | 15 15 |
| 4 | 03 55 | 14 54 | 28 58 | 26 00 | 15 19 |
| 5 | 04 21 | 15 27 | 29 33 | 26 00D | 15 24 |
| 6 | 04 48 | 16 00 | 00♋08 | 26 00 | 15 28 |
| 7 | 05 14 | 16 33 | 00 42 | 26 01 | 15 33 |
| 8 | 05 41 | 17 06 | 01 17 | 26 02 | 15 37 |
| 9 | 06 07 | 17 39 | 01 52 | 26 04 | 15 42 |
| 10 | 06 34 | 18 13 | 02 26 | 26 06 | 15 46 |
| 11 | 07 00 | 18 46 | 03 01 | 26 09 | 15 50 |
| 12 | 07 27 | 19 19 | 03 35 | 26 12 | 15 54 |
| 13 | 07 54 | 19 53 | 04 10 | 26 16 | 15 59 |
| 14 | 08 20 | 20 26 | 04 44 | 26 20 | 16 03 |
| 15 | 08 47 | 20 59 | 05 19 | 26 25 | 16 07 |
| 16 | 09 14 | 21 33 | 05 53 | 26 30 | 16 11 |
| 17 | 09 41 | 22 06 | 06 27 | 26 35 | 16 15 |
| 18 | 10 07 | 22 40 | 07 02 | 26 41 | 16 19 |
| 19 | 10 34 | 23 13 | 07 36 | 26 48 | 16 23 |
| 20 | 11 01 | 23 47 | 08 10 | 26 55 | 16 27 |
| 21 | 11 28 | 24 20 | 08 44 | 27 02 | 16 31 |
| 22 | 11 55 | 24 54 | 09 18 | 27 10 | 16 35 |
| 23 | 12 22 | 25 28 | 09 52 | 27 18 | 16 39 |
| 24 | 12 49 | 26 01 | 10 26 | 27 26 | 16 43 |
| 25 | 13 16 | 26 35 | 11 00 | 27 35 | 16 47 |
| 26 | 13 43 | 27 09 | 11 34 | 27 45 | 16 50 |
| 27 | 14 10 | 27 42 | 12 07 | 27 54 | 16 54 |
| 28 | 14 37 | 28 16 | 12 41 | 28 04 | 16 58 |
| 29 | 15 04 | 28 50 | 13 15 | 28 15 | 17 01 |
| 30 | 15 31 | 29 24 | 13 48 | 28 26 | 17 05 |
| 31 | 15 58 | 29 57 | 14 22 | 28 37 | 17 09 |

## Lunar Data

| Last Asp. | | Ingress | | |
|---|---|---|---|---|
| 2 | 00:56 | 2 | ♏ | 07:01 |
| 3 | 21:57 | 4 | ♐ | 15:11 |
| 6 | 19:10 | 7 | ♑ | 01:38 |
| 9 | 07:16 | 9 | ♒ | 13:50 |
| 11 | 20:20 | 12 | ♓ | 02:52 |
| 13 | 23:30 | 14 | ♈ | 15:07 |
| 16 | 18:47 | 17 | ♉ | 00:42 |
| 19 | 01:10 | 19 | ♊ | 06:25 |
| 21 | 03:26 | 21 | ♋ | 08:33 |
| 23 | 03:31 | 23 | ♌ | 08:29 |
| 25 | 03:05 | 25 | ♍ | 08:06 |
| 26 | 15:22 | 27 | ♎ | 09:14 |
| 29 | 07:43 | 29 | ♏ | 13:18 |
| 31 | 14:40 | | | |

## 0:00 E.T. — Declinations

| D | ☉ | ☽ | ☿ | ♀ | ♂ | ♃ | ♄ | ♅ | ♆ | ♇ | ⚳ | ⚴ | ⚵ | ⚶ | ⚷ |
|---|---|---|---|---|---|---|---|---|---|---|---|---|---|---|---|
| 1 | +23 04 | -01 07 | +24 18 | +16 47 | +19 35 | +21 37 | +16 39 | +22 58 | +08 43 | -22 45 | +25 32 | -01 32 | +14 41 | -13 41 | +18 08 |
| 2 | 23 00 | 05 35 | 24 17 | 16 48 | 19 25 | 21 39 | 16 37 | 22 58 | 08 43 | 22 45 | 25 27 | 01 33 | 14 41 | 13 46 | 18 08 |
| 3 | 22 55 | 09 41 | 24 14 | 16 50 | 19 15 | 21 41 | 16 35 | 22 57 | 08 43 | 22 46 | 25 21 | 01 35 | 14 41 | 13 51 | 18 09 |
| 4 | 22 50 | 13 16 | 24 08 | 16 52 | 19 05 | 21 42 | 16 33 | 22 57 | 08 44 | 22 46 | 25 15 | 01 36 | 14 41 | 13 56 | 18 09 |
| 5 | 22 44 | 16 10 | 23 59 | 16 55 | 18 54 | 21 44 | 16 31 | 22 57 | 08 44 | 22 47 | 25 10 | 01 38 | 14 41 | 14 02 | 18 09 |
| 6 | 22 38 | 18 18 | 23 47 | 16 58 | 18 44 | 21 46 | 16 29 | 22 56 | 08 44 | 22 47 | 25 04 | 01 40 | 14 41 | 14 07 | 18 09 |
| 7 | 22 32 | 19 33 | 23 33 | 17 02 | 18 33 | 21 47 | 16 27 | 22 56 | 08 44 | 22 48 | 24 58 | 01 42 | 14 40 | 14 12 | 18 10 |
| 8 | 22 25 | 19 54 | 23 16 | 17 06 | 18 23 | 21 49 | 16 25 | 22 55 | 08 45 | 22 48 | 24 52 | 01 44 | 14 40 | 14 18 | 18 10 |
| 9 | 22 18 | 19 20 | 22 57 | 17 10 | 18 12 | 21 51 | 16 23 | 22 55 | 08 45 | 22 49 | 24 46 | 01 46 | 14 39 | 14 24 | 18 10 |
| 10 | 22 11 | 17 56 | 22 36 | 17 15 | 18 01 | 21 52 | 16 20 | 22 55 | 08 45 | 22 49 | 24 40 | 01 49 | 14 38 | 14 29 | 18 10 |
| 11 | 22 03 | 15 46 | 22 13 | 17 20 | 17 50 | 21 54 | 16 18 | 22 54 | 08 45 | 22 50 | 24 34 | 01 51 | 14 37 | 14 35 | 18 10 |
| 12 | 21 54 | 12 56 | 21 48 | 17 25 | 17 39 | 21 55 | 16 16 | 22 54 | 08 45 | 22 50 | 24 27 | 01 54 | 14 36 | 14 41 | 18 11 |
| 13 | 21 46 | 09 34 | 21 22 | 17 31 | 17 28 | 21 57 | 16 14 | 22 53 | 08 45 | 22 51 | 24 21 | 01 56 | 14 35 | 14 47 | 18 11 |
| 14 | 21 37 | 05 48 | 20 53 | 17 37 | 17 16 | 21 58 | 16 12 | 22 53 | 08 46 | 22 51 | 24 15 | 01 59 | 14 33 | 14 53 | 18 11 |
| 15 | 21 27 | 01 45 | 20 23 | 17 43 | 17 05 | 21 59 | 16 10 | 22 53 | 08 46 | 22 52 | 24 08 | 02 02 | 14 32 | 14 59 | 18 11 |
| 16 | 21 18 | +02 27 | 19 52 | 17 49 | 16 53 | 22 01 | 16 07 | 22 52 | 08 46 | 22 53 | 24 02 | 02 05 | 14 30 | 15 05 | 18 11 |
| 17 | 21 07 | 06 38 | 19 20 | 17 55 | 16 42 | 22 02 | 16 05 | 22 52 | 08 46 | 22 53 | 23 55 | 02 08 | 14 28 | 15 11 | 18 11 |
| 18 | 20 57 | 10 39 | 18 47 | 18 02 | 16 30 | 22 03 | 16 03 | 22 51 | 08 46 | 22 54 | 23 48 | 02 11 | 14 27 | 15 18 | 18 12 |
| 19 | 20 46 | 14 16 | 18 12 | 18 08 | 16 18 | 22 05 | 16 01 | 22 51 | 08 46 | 22 54 | 23 42 | 02 15 | 14 24 | 15 24 | 18 12 |
| 20 | 20 35 | 17 12 | 17 37 | 18 15 | 16 06 | 22 06 | 15 58 | 22 51 | 08 46 | 22 55 | 23 35 | 02 18 | 14 22 | 15 30 | 18 12 |
| 21 | 20 23 | 19 09 | 17 01 | 18 22 | 15 54 | 22 07 | 15 56 | 22 50 | 08 46 | 22 55 | 23 28 | 02 22 | 14 20 | 15 37 | 18 12 |
| 22 | 20 11 | 19 53 | 16 25 | 18 28 | 15 42 | 22 09 | 15 54 | 22 50 | 08 46 | 22 56 | 23 21 | 02 26 | 14 18 | 15 43 | 18 12 |
| 23 | 19 59 | 19 12 | 15 48 | 18 35 | 15 29 | 22 10 | 15 52 | 22 49 | 08 46 | 22 56 | 23 14 | 02 30 | 14 15 | 15 50 | 18 12 |
| 24 | 19 47 | 17 08 | 15 10 | 18 41 | 15 17 | 22 11 | 15 49 | 22 49 | 08 46 | 22 57 | 23 07 | 02 34 | 14 13 | 15 56 | 18 12 |
| 25 | 19 34 | 13 53 | 14 32 | 18 48 | 15 05 | 22 12 | 15 47 | 22 48 | 08 46 | 22 57 | 23 00 | 02 38 | 14 10 | 16 03 | 18 12 |
| 26 | 19 21 | 09 46 | 13 54 | 18 54 | 14 52 | 22 13 | 15 45 | 22 48 | 08 46 | 22 58 | 22 53 | 02 42 | 14 07 | 16 10 | 18 12 |
| 27 | 19 07 | 05 09 | 13 15 | 19 01 | 14 39 | 22 14 | 15 42 | 22 48 | 08 46 | 22 59 | 22 45 | 02 47 | 14 04 | 16 16 | 18 12 |
| 28 | 18 53 | 00 22 | 12 37 | 19 07 | 14 26 | 22 15 | 15 40 | 22 47 | 08 46 | 22 59 | 22 38 | 02 51 | 14 01 | 16 23 | 18 12 |
| 29 | 18 39 | -04 17 | 11 58 | 19 13 | 14 14 | 22 16 | 15 38 | 22 47 | 08 46 | 23 00 | 22 31 | 02 56 | 13 58 | 16 30 | 18 12 |
| 30 | 18 25 | 08 35 | 11 19 | 19 19 | 14 01 | 22 17 | 15 35 | 22 46 | 08 46 | 23 00 | 22 23 | 03 01 | 13 54 | 16 36 | 18 12 |
| 31 | 18 10 | 12 22 | 10 40 | 19 24 | 13 48 | 22 18 | 15 33 | 22 46 | 08 46 | 23 01 | 22 16 | 03 06 | 13 51 | 16 43 | 18 12 |

Lunar Phases -- 8 ○ 11:21 16 ◑ 14:41 23 ● 10:18 30 ◐ 02:58 Sun enters ♌ 7/22 05:24

## Longitudes of Main Planets - August 2036

0:00 E.T.

| D | S.T. | ☉ | ☽ | ☽ 12:00 | ☿ | ♀ | ♂ | ♃ | ♄ | ♅ | ♆ | ♇ | ☊ |
|---|---|---|---|---|---|---|---|---|---|---|---|---|---|
| 1 | 20:40:45 | 09♌20 35 | 01♐38 | 07♐53 | 04♍19 | 23♊54 | 26♌59 | 18♊27 | 20♌58 | 16♋47 | 26♈52℞ | 20♒23℞ | 17♌30 |
| 2 | 20:44:42 | 10 17 59 | 14 03 | 20 10 | 05 40 | 24 48 | 27 37 | 18 38 | 21 06 | 16 51 | 26 52 | 20 22 | 17 27 |
| 3 | 20:48:38 | 11 15 24 | 26 15 | 02♑17 | 06 59 | 25 43 | 28 15 | 18 49 | 21 14 | 16 54 | 26 52 | 20 21 | 17 24 |
| 4 | 20:52:35 | 12 12 49 | 08♑16 | 14 14 | 08 17 | 26 37 | 28 53 | 19 00 | 21 21 | 16 58 | 26 52 | 20 19 | 17 21 |
| 5 | 20:56:31 | 13 10 15 | 20 11 | 26 06 | 09 32 | 27 33 | 29 30 | 19 10 | 21 29 | 17 01 | 26 52 | 20 18 | 17 17 |
| 6 | 21:00:28 | 14 07 42 | 02♒00 | 07♒54 | 10 45 | 28 29 | 00♍08 | 19 21 | 21 36 | 17 04 | 26 52 | 20 17 | 17 14 |
| 7 | 21:04:24 | 15 05 10 | 13 48 | 19 42 | 11 56 | 29 25 | 00 46 | 19 32 | 21 44 | 17 08 | 26 51 | 20 15 | 17 11 |
| 8 | 21:08:21 | 16 02 39 | 25 37 | 01♓31 | 13 05 | 00♋22 | 01 24 | 19 42 | 21 52 | 17 11 | 26 51 | 20 14 | 17 08 |
| 9 | 21:12:17 | 17 00 08 | 07♓27 | 13 24 | 14 11 | 01 20 | 02 02 | 19 53 | 21 59 | 17 14 | 26 51 | 20 13 | 17 05 |
| 10 | 21:16:14 | 17 57 39 | 19 23 | 25 24 | 15 15 | 02 17 | 02 40 | 20 03 | 22 07 | 17 17 | 26 51 | 20 11 | 17 01 |
| 11 | 21:20:11 | 18 55 12 | 01♈27 | 07♈32 | 16 16 | 03 16 | 03 18 | 20 13 | 22 15 | 17 21 | 26 50 | 20 10 | 16 58 |
| 12 | 21:24:07 | 19 52 45 | 13 40 | 19 52 | 17 15 | 04 14 | 03 56 | 20 23 | 22 22 | 17 24 | 26 50 | 20 09 | 16 55 |
| 13 | 21:28:04 | 20 50 20 | 26 08 | 02♉27 | 18 11 | 05 13 | 04 34 | 20 33 | 22 30 | 17 27 | 26 49 | 20 07 | 16 52 |
| 14 | 21:32:00 | 21 47 56 | 08♉52 | 15 21 | 19 04 | 06 13 | 05 12 | 20 43 | 22 38 | 17 30 | 26 49 | 20 06 | 16 49 |
| 15 | 21:35:57 | 22 45 34 | 21 56 | 28 36 | 19 53 | 07 12 | 05 50 | 20 53 | 22 45 | 17 33 | 26 48 | 20 05 | 16 46 |
| 16 | 21:39:53 | 23 43 14 | 05♊22 | 12♊15 | 20 40 | 08 13 | 06 28 | 21 03 | 22 53 | 17 36 | 26 48 | 20 03 | 16 42 |
| 17 | 21:43:50 | 24 40 55 | 19 13 | 26 18 | 21 23 | 09 13 | 07 06 | 21 12 | 23 01 | 17 40 | 26 47 | 20 02 | 16 39 |
| 18 | 21:47:46 | 25 38 37 | 03♋28 | 10♋45 | 22 02 | 10 14 | 07 44 | 21 22 | 23 08 | 17 43 | 26 47 | 20 01 | 16 36 |
| 19 | 21:51:43 | 26 36 22 | 18 06 | 25 32 | 22 38 | 11 15 | 08 22 | 21 31 | 23 16 | 17 46 | 26 46 | 19 59 | 16 33 |
| 20 | 21:55:40 | 27 34 07 | 03♌01 | 10♌33 | 23 09 | 12 17 | 09 00 | 21 40 | 23 24 | 17 49 | 26 45 | 19 58 | 16 30 |
| 21 | 21:59:36 | 28 31 55 | 18 07 | 25 42 | 23 36 | 13 18 | 09 38 | 21 49 | 23 31 | 17 52 | 26 45 | 19 57 | 16 27 |
| 22 | 22:03:33 | 29 29 43 | 03♍16 | 10♍48 | 23 58 | 14 21 | 10 16 | 21 58 | 23 39 | 17 55 | 26 44 | 19 55 | 16 23 |
| 23 | 22:07:29 | 00♍27 33 | 18 18 | 25 43 | 24 16 | 15 23 | 10 55 | 22 07 | 23 47 | 17 57 | 26 43 | 19 54 | 16 20 |
| 24 | 22:11:26 | 01 25 24 | 03♎04 | 10♎19 | 24 29 | 16 26 | 11 33 | 22 16 | 23 54 | 18 00 | 26 43 | 19 53 | 16 17 |
| 25 | 22:15:22 | 02 23 17 | 17 28 | 24 31 | 24 36 | 17 29 | 12 11 | 22 25 | 24 02 | 18 03 | 26 42 | 19 51 | 16 14 |
| 26 | 22:19:19 | 03 21 11 | 01♏27 | 08♏16 | 24 38℞ | 18 32 | 12 49 | 22 33 | 24 10 | 18 06 | 26 41 | 19 50 | 16 11 |
| 27 | 22:23:15 | 04 19 06 | 14 58 | 21 33 | 24 34 | 19 35 | 13 27 | 22 41 | 24 17 | 18 09 | 26 40 | 19 49 | 16 07 |
| 28 | 22:27:12 | 05 17 02 | 28 02 | 04♐26 | 24 24 | 20 39 | 14 05 | 22 50 | 24 25 | 18 12 | 26 39 | 19 47 | 16 04 |
| 29 | 22:31:09 | 06 15 00 | 10♐44 | 16 57 | 24 08 | 21 43 | 14 44 | 22 58 | 24 32 | 18 14 | 26 38 | 19 46 | 16 01 |
| 30 | 22:35:05 | 07 12 59 | 23 06 | 29 11 | 23 47 | 22 48 | 15 22 | 23 06 | 24 40 | 18 17 | 26 37 | 19 45 | 15 58 |
| 31 | 22:39:02 | 08 10 59 | 05♑12 | 11♑11 | 23 19 | 23 52 | 16 00 | 23 13 | 24 47 | 18 20 | 26 36 | 19 44 | 15 55 |

0:00 E.T.

## Longitudes of the Major Asteroids and Chiron

| D | ⚳ | ⚴ | ⚵ | ⚶ | ⚷ |
|---|---|---|---|---|---|
| 1 | 16♌25 | 00♋31 | 14♋55 | 28♏49 | 17♊12 |
| 2 | 16 52 | 01 05 | 15 29 | 29 01 | 17 16 |
| 3 | 17 19 | 01 39 | 16 02 | 29 13 | 17 19 |
| 4 | 17 46 | 02 13 | 16 35 | 29 26 | 17 22 |
| 5 | 18 13 | 02 47 | 17 08 | 29 39 | 17 26 |
| 6 | 18 41 | 03 21 | 17 42 | 29 53 | 17 29 |
| 7 | 19 08 | 03 54 | 18 15 | 00♐06 | 17 32 |
| 8 | 19 35 | 04 28 | 18 48 | 00 20 | 17 35 |
| 9 | 20 02 | 05 02 | 19 21 | 00 35 | 17 38 |
| 10 | 20 29 | 05 36 | 19 53 | 00 50 | 17 41 |
| 11 | 20 57 | 06 10 | 20 26 | 01 05 | 17 44 |
| 12 | 21 24 | 06 44 | 20 59 | 01 20 | 17 47 |
| 13 | 21 51 | 07 18 | 21 32 | 01 36 | 17 50 |
| 14 | 22 18 | 07 52 | 22 04 | 01 52 | 17 53 |
| 15 | 22 46 | 08 26 | 22 37 | 02 08 | 17 56 |
| 16 | 23 13 | 09 00 | 23 09 | 02 24 | 17 58 |
| 17 | 23 40 | 09 33 | 23 41 | 02 41 | 18 01 |
| 18 | 24 07 | 10 07 | 24 14 | 02 58 | 18 04 |
| 19 | 24 35 | 10 41 | 24 46 | 03 16 | 18 06 |
| 20 | 25 02 | 11 15 | 25 18 | 03 33 | 18 09 |
| 21 | 25 29 | 11 49 | 25 50 | 03 51 | 18 11 |
| 22 | 25 57 | 12 23 | 26 22 | 04 09 | 18 14 |
| 23 | 26 24 | 12 57 | 26 54 | 04 28 | 18 16 |
| 24 | 26 51 | 13 30 | 27 26 | 04 46 | 18 18 |
| 25 | 27 19 | 14 04 | 27 58 | 05 05 | 18 20 |
| 26 | 27 46 | 14 38 | 28 29 | 05 25 | 18 22 |
| 27 | 28 13 | 15 12 | 29 01 | 05 44 | 18 25 |
| 28 | 28 41 | 15 45 | 29 32 | 06 04 | 18 27 |
| 29 | 29 08 | 16 19 | 00♌04 | 06 24 | 18 28 |
| 30 | 29 35 | 16 53 | 00 35 | 06 44 | 18 30 |
| 31 | 00♍02 | 17 26 | 01 06 | 07 04 | 18 32 |

## Lunar Data

| Last Asp. | | Ingress | | |
|---|---|---|---|---|
| 3 | 04:11 | 3 | ♑ | 07:28 |
| 5 | 13:33 | 5 | ♒ | 19:55 |
| 8 | 02:32 | 8 | ♓ | 08:55 |
| 10 | 01:21 | 10 | ♈ | 21:09 |
| 13 | 01:19 | 13 | ♉ | 07:21 |
| 15 | 01:37 | 15 | ♊ | 14:29 |
| 17 | 12:49 | 17 | ♋ | 18:12 |
| 19 | 13:59 | 19 | ♌ | 19:10 |
| 21 | 17:37 | 21 | ♍ | 18:49 |
| 23 | 09:48 | 23 | ♎ | 18:58 |
| 25 | 15:45 | 25 | ♏ | 21:29 |
| 27 | 17:22 | 28 | ♐ | 03:40 |
| 30 | 06:57 | 30 | ♑ | 13:38 |

0:00 E.T.

## Declinations

| D | ☉ | ☽ | ☿ | ♀ | ♂ | ♃ | ♄ | ♅ | ♆ | ♇ | ⚳ | ⚴ | ⚵ | ⚶ | ⚷ |
|---|---|---|---|---|---|---|---|---|---|---|---|---|---|---|---|
| 1 | +17 55 | -15 28 | +10 02 | +19 30 | +13 34 | +22 19 | +15 31 | +22 46 | +08 46 | -23 01 | +22 08 | -03 11 | +13 47 | -16 50 | +18 12 |
| 2 | 17 39 | 17 48 | 09 23 | 19 35 | 13 21 | 22 20 | 15 28 | 22 45 | 08 46 | 23 02 | 22 01 | 03 16 | 13 43 | 16 57 | 18 12 |
| 3 | 17 24 | 19 16 | 08 45 | 19 40 | 13 08 | 22 21 | 15 26 | 22 45 | 08 46 | 23 02 | 21 53 | 03 21 | 13 40 | 17 04 | 18 12 |
| 4 | 17 08 | 19 52 | 08 08 | 19 45 | 12 54 | 22 22 | 15 23 | 22 44 | 08 46 | 23 03 | 21 45 | 03 26 | 13 36 | 17 11 | 18 12 |
| 5 | 16 52 | 19 33 | 07 30 | 19 50 | 12 41 | 22 23 | 15 21 | 22 44 | 08 46 | 23 03 | 21 38 | 03 32 | 13 32 | 17 17 | 18 12 |
| 6 | 16 35 | 18 22 | 06 53 | 19 54 | 12 27 | 22 24 | 15 19 | 22 44 | 08 46 | 23 04 | 21 30 | 03 37 | 13 28 | 17 24 | 18 12 |
| 7 | 16 18 | 16 23 | 06 17 | 19 58 | 12 14 | 22 25 | 15 16 | 22 43 | 08 45 | 23 04 | 21 22 | 03 43 | 13 23 | 17 31 | 18 12 |
| 8 | 16 01 | 13 43 | 05 41 | 20 01 | 12 00 | 22 26 | 15 14 | 22 43 | 08 45 | 23 05 | 21 14 | 03 49 | 13 19 | 17 38 | 18 12 |
| 9 | 15 44 | 10 29 | 05 06 | 20 05 | 11 46 | 22 27 | 15 11 | 22 42 | 08 45 | 23 05 | 21 06 | 03 55 | 13 15 | 17 45 | 18 12 |
| 10 | 15 27 | 06 48 | 04 31 | 20 08 | 11 32 | 22 27 | 15 09 | 22 42 | 08 45 | 23 06 | 20 58 | 04 01 | 13 10 | 17 52 | 18 12 |
| 11 | 15 09 | 02 49 | 03 58 | 20 10 | 11 18 | 22 28 | 15 06 | 22 42 | 08 45 | 23 06 | 20 50 | 04 07 | 13 05 | 17 59 | 18 12 |
| 12 | 14 51 | +01 19 | 03 25 | 20 12 | 11 04 | 22 29 | 15 04 | 22 41 | 08 45 | 23 07 | 20 42 | 04 14 | 13 01 | 18 06 | 18 12 |
| 13 | 14 33 | 05 28 | 02 53 | 20 14 | 10 50 | 22 30 | 15 02 | 22 41 | 08 44 | 23 07 | 20 34 | 04 20 | 12 56 | 18 13 | 18 11 |
| 14 | 14 14 | 09 29 | 02 22 | 20 16 | 10 36 | 22 30 | 14 59 | 22 40 | 08 44 | 23 08 | 20 26 | 04 27 | 12 51 | 18 20 | 18 11 |
| 15 | 13 55 | 13 09 | 01 53 | 20 17 | 10 22 | 22 31 | 14 57 | 22 40 | 08 44 | 23 08 | 20 17 | 04 33 | 12 46 | 18 26 | 18 11 |
| 16 | 13 37 | 16 15 | 01 25 | 20 18 | 10 08 | 22 32 | 14 54 | 22 40 | 08 44 | 23 09 | 20 09 | 04 40 | 12 41 | 18 33 | 18 11 |
| 17 | 13 17 | 18 31 | 00 58 | 20 18 | 09 53 | 22 32 | 14 52 | 22 39 | 08 43 | 23 09 | 20 01 | 04 47 | 12 35 | 18 40 | 18 11 |
| 18 | 12 58 | 19 44 | 00 33 | 20 18 | 09 39 | 22 33 | 14 49 | 22 39 | 08 43 | 23 10 | 19 52 | 04 54 | 12 30 | 18 47 | 18 11 |
| 19 | 12 39 | 19 40 | 00 09 | 20 17 | 09 24 | 22 33 | 14 47 | 22 38 | 08 43 | 23 10 | 19 44 | 05 01 | 12 25 | 18 54 | 18 10 |
| 20 | 12 19 | 18 13 | -00 13 | 20 16 | 09 10 | 22 34 | 14 44 | 22 38 | 08 43 | 23 11 | 19 36 | 05 08 | 12 19 | 19 01 | 18 10 |
| 21 | 11 59 | 15 29 | 00 33 | 20 14 | 08 55 | 22 35 | 14 42 | 22 38 | 08 42 | 23 11 | 19 27 | 05 16 | 12 14 | 19 07 | 18 10 |
| 22 | 11 39 | 11 41 | 00 50 | 20 12 | 08 40 | 22 35 | 14 40 | 22 37 | 08 42 | 23 12 | 19 18 | 05 23 | 12 08 | 19 14 | 18 10 |
| 23 | 11 18 | 07 09 | 01 06 | 20 10 | 08 26 | 22 36 | 14 37 | 22 37 | 08 42 | 23 12 | 19 10 | 05 31 | 12 02 | 19 21 | 18 10 |
| 24 | 10 58 | 02 16 | 01 19 | 20 07 | 08 11 | 22 36 | 14 35 | 22 37 | 08 41 | 23 13 | 19 01 | 05 39 | 11 56 | 19 28 | 18 09 |
| 25 | 10 37 | -02 37 | 01 29 | 20 04 | 07 56 | 22 37 | 14 32 | 22 36 | 08 41 | 23 13 | 18 53 | 05 46 | 11 50 | 19 34 | 18 09 |
| 26 | 10 16 | 07 12 | 01 37 | 20 00 | 07 41 | 22 37 | 14 30 | 22 36 | 08 41 | 23 13 | 18 44 | 05 54 | 11 44 | 19 41 | 18 09 |
| 27 | 09 55 | 11 17 | 01 41 | 19 55 | 07 26 | 22 38 | 14 27 | 22 36 | 08 40 | 23 14 | 18 35 | 06 02 | 11 38 | 19 48 | 18 09 |
| 28 | 09 34 | 14 40 | 01 43 | 19 51 | 07 11 | 22 38 | 14 25 | 22 35 | 08 40 | 23 14 | 18 27 | 06 10 | 11 32 | 19 54 | 18 09 |
| 29 | 09 13 | 17 16 | 01 41 | 19 45 | 06 56 | 22 38 | 14 22 | 22 35 | 08 40 | 23 15 | 18 18 | 06 19 | 11 26 | 20 01 | 18 08 |
| 30 | 08 52 | 19 00 | 01 36 | 19 39 | 06 41 | 22 39 | 14 20 | 22 34 | 08 39 | 23 15 | 18 09 | 06 27 | 11 20 | 20 07 | 18 08 |
| 31 | 08 30 | 19 49 | 01 26 | 19 33 | 06 26 | 22 39 | 14 18 | 22 34 | 08 39 | 23 16 | 18 00 | 06 35 | 11 13 | 20 14 | 18 08 |

Lunar Phases -- 7 Ⓔ 02:50 15 ◑ 01:37 21 ● 17:36 28 ◐ 14:44 Sun enters ♍ 8/22 12:34

## Longitudes of Main Planets — September 2036 (0:00 E.T.)

| D | S.T. | ☉ | ☽ | ☽ 12:00 | ☿ | ♀ | ♂ | ♃ | ♄ | ♅ | ♆ | ♇ | ☊ |
|---|---|---|---|---|---|---|---|---|---|---|---|---|---|
| 1 | 22:42:58 | 09♍09 01 | 17♑08 | 23♑04 | 22♍45℞ | 24♋57 | 16♍39 | 23♊21 | 24♌55 | 18♋22 | 26♈35℞ | 19♒42℞ | 15♌52 |
| 2 | 22:46:55 | 10 07 04 | 28 58 | 04♒52 | 22 05 | 26 02 | 17 17 | 23 29 | 25 02 | 18 25 | 26 34 | 19 41 | 15 48 |
| 3 | 22:50:51 | 11 05 09 | 10♒45 | 16 39 | 21 20 | 27 07 | 17 55 | 23 36 | 25 10 | 18 27 | 26 33 | 19 40 | 15 45 |
| 4 | 22:54:48 | 12 03 15 | 22 34 | 28 29 | 20 31 | 28 13 | 18 34 | 23 43 | 25 17 | 18 30 | 26 32 | 19 39 | 15 42 |
| 5 | 22:58:44 | 13 01 23 | 04♓26 | 10♓24 | 19 37 | 29 18 | 19 12 | 23 50 | 25 25 | 18 32 | 26 31 | 19 38 | 15 39 |
| 6 | 23:02:41 | 13 59 32 | 16 24 | 22 26 | 18 40 | 00♌24 | 19 50 | 23 57 | 25 32 | 18 35 | 26 30 | 19 36 | 15 36 |
| 7 | 23:06:38 | 14 57 43 | 28 30 | 04♈36 | 17 42 | 01 30 | 20 29 | 24 04 | 25 40 | 18 37 | 26 29 | 19 35 | 15 33 |
| 8 | 23:10:34 | 15 55 56 | 10♈45 | 16 57 | 16 42 | 02 37 | 21 07 | 24 11 | 25 47 | 18 39 | 26 28 | 19 34 | 15 29 |
| 9 | 23:14:31 | 16 54 11 | 23 12 | 29 29 | 15 43 | 03 43 | 21 46 | 24 17 | 25 54 | 18 42 | 26 27 | 19 33 | 15 26 |
| 10 | 23:18:27 | 17 52 27 | 05♉15 | 12♉15 | 14 46 | 04 50 | 22 24 | 24 23 | 26 02 | 18 44 | 26 25 | 19 32 | 15 23 |
| 11 | 23:22:24 | 18 50 46 | 18 43 | 25 15 | 13 52 | 05 57 | 23 03 | 24 30 | 26 09 | 18 46 | 26 24 | 19 31 | 15 20 |
| 12 | 23:26:20 | 19 49 07 | 01♊50 | 08♊31 | 13 03 | 07 04 | 23 41 | 24 36 | 26 16 | 18 48 | 26 23 | 19 29 | 15 17 |
| 13 | 23:30:17 | 20 47 30 | 15 15 | 22 04 | 12 19 | 08 11 | 24 20 | 24 41 | 26 24 | 18 51 | 26 22 | 19 28 | 15 13 |
| 14 | 23:34:13 | 21 45 55 | 28 58 | 05♋56 | 11 42 | 09 19 | 24 58 | 24 47 | 26 31 | 18 53 | 26 20 | 19 27 | 15 10 |
| 15 | 23:38:10 | 22 44 22 | 13♋00 | 20 08 | 11 13 | 10 26 | 25 37 | 24 53 | 26 38 | 18 55 | 26 19 | 19 26 | 15 07 |
| 16 | 23:42:07 | 23 42 52 | 27 20 | 04♌36 | 10 52 | 11 34 | 26 15 | 24 58 | 26 45 | 18 57 | 26 18 | 19 25 | 15 04 |
| 17 | 23:46:03 | 24 41 23 | 11♌56 | 19 19 | 10 41 | 12 42 | 26 54 | 25 03 | 26 52 | 18 59 | 26 16 | 19 24 | 15 01 |
| 18 | 23:50:00 | 25 39 57 | 26 45 | 04♍12 | 10 39D | 13 50 | 27 33 | 25 08 | 26 59 | 19 01 | 26 15 | 19 23 | 14 58 |
| 19 | 23:53:56 | 26 38 33 | 11♍39 | 19 06 | 10 46 | 14 59 | 28 11 | 25 13 | 27 06 | 19 03 | 26 14 | 19 22 | 14 54 |
| 20 | 23:57:53 | 27 37 10 | 26 32 | 03♎55 | 11 03 | 16 07 | 28 50 | 25 18 | 27 13 | 19 04 | 26 12 | 19 21 | 14 51 |
| 21 | 0:01:49 | 28 35 50 | 11♎15 | 18 30 | 11 30 | 17 16 | 29 29 | 25 22 | 27 20 | 19 06 | 26 11 | 19 20 | 14 48 |
| 22 | 0:05:46 | 29 34 32 | 25 40 | 02♏44 | 12 05 | 18 25 | 00♎08 | 25 27 | 27 27 | 19 08 | 26 09 | 19 19 | 14 45 |
| 23 | 0:09:42 | 00♎33 15 | 09♏42 | 16 33 | 12 50 | 19 34 | 00 46 | 25 31 | 27 34 | 19 10 | 26 08 | 19 18 | 14 42 |
| 24 | 0:13:39 | 01 32 00 | 23 18 | 29 56 | 13 42 | 20 43 | 01 25 | 25 35 | 27 41 | 19 11 | 26 06 | 19 17 | 14 39 |
| 25 | 0:17:36 | 02 30 47 | 06♐27 | 12♐52 | 14 42 | 21 52 | 02 04 | 25 38 | 27 48 | 19 13 | 26 05 | 19 16 | 14 35 |
| 26 | 0:21:32 | 03 29 35 | 19 11 | 25 25 | 15 50 | 23 02 | 02 43 | 25 42 | 27 54 | 19 14 | 26 03 | 19 15 | 14 32 |
| 27 | 0:25:29 | 04 28 26 | 01♑34 | 07♑39 | 17 03 | 24 11 | 03 22 | 25 45 | 28 01 | 19 16 | 26 02 | 19 14 | 14 29 |
| 28 | 0:29:25 | 05 27 18 | 13 40 | 19 39 | 18 23 | 25 21 | 04 01 | 25 49 | 28 08 | 19 17 | 26 00 | 19 14 | 14 26 |
| 29 | 0:33:22 | 06 26 12 | 25 35 | 01♒30 | 19 47 | 26 31 | 04 40 | 25 52 | 28 14 | 19 19 | 25 59 | 19 13 | 14 23 |
| 30 | 0:37:18 | 07 25 07 | 07♒23 | 13 17 | 21 16 | 27 41 | 05 18 | 25 55 | 28 21 | 19 20 | 25 57 | 19 12 | 14 19 |

## Longitudes of the Major Asteroids and Chiron (0:00 E.T.) — Lunar Data

| D | ⚳ | ⚴ | ⚵ | ⚶ | ⚷ | D | ⚳ | ⚴ | ⚵ | ⚶ | ⚷ | Last Asp. | Ingress |
|---|---|---|---|---|---|---|---|---|---|---|---|---|---|
| 1 | 00♍30 | 18♋00 | 01♌37 | 07♐24 | 18♊34 | 16 | 07 19 | 26 18 | 09 12 | 12 56 | 18 52 | 1 19:08 | 2 ♒ 02:06 |
| 2 | 00 57 | 18 34 | 02 08 | 07 45 | 18 36 | 17 | 07 46 | 26 51 | 09 41 | 13 19 | 18 52 | 4 08:03 | 4 ♓ 15:04 |
| 3 | 01 24 | 19 07 | 02 39 | 08 06 | 18 37 | 18 | 08 13 | 27 24 | 10 11 | 13 43 | 18 53 | 6 15:10 | 7 ♈ 02:58 |
| 4 | 01 52 | 19 40 | 03 10 | 08 27 | 18 39 | 19 | 08 40 | 27 57 | 10 40 | 14 07 | 18 53 | 9 06:12 | 9 ♉ 12:58 |
| 5 | 02 19 | 20 14 | 03 41 | 08 49 | 18 40 | 20 | 09 07 | 28 29 | 11 09 | 14 31 | 18 54 | 11 13:47 | 11 ♊ 20:40 |
| 6 | 02 46 | 20 47 | 04 11 | 09 10 | 18 42 | 21 | 09 34 | 29 01 | 11 38 | 14 55 | 18 54 | 13 19:43 | 14 ♋ 01:47 |
| 7 | 03 13 | 21 21 | 04 42 | 09 32 | 18 43 | 22 | 10 01 | 29 34 | 12 07 | 15 19 | 18 54 | 15 22:17 | 16 ♌ 04:25 |
| 8 | 03 41 | 21 54 | 05 12 | 09 54 | 18 44 | 23 | 10 28 | 00♌06 | 12 36 | 15 44 | 18 55 | 18 00:24 | 18 ♍ 05:15 |
| 9 | 04 08 | 22 27 | 05 42 | 10 16 | 18 45 | 24 | 10 55 | 00 38 | 13 05 | 16 08 | 18 55 | 20 03:54 | 20 ♎ 05:37 |
| 10 | 04 35 | 23 00 | 06 13 | 10 38 | 18 46 | 25 | 11 22 | 01 10 | 13 33 | 16 33 | 18 55 | 22 03:02 | 22 ♏ 07:20 |
| 11 | 05 02 | 23 34 | 06 43 | 11 01 | 18 48 | 26 | 11 49 | 01 42 | 14 02 | 16 58 | 18 55℞ | 24 07:59 | 24 ♐ 12:08 |
| 12 | 05 30 | 24 07 | 07 13 | 11 23 | 18 48 | 27 | 12 16 | 02 14 | 14 30 | 17 23 | 18 55 | 26 17:01 | 26 ♑ 20:56 |
| 13 | 05 57 | 24 40 | 07 43 | 11 46 | 18 49 | 28 | 12 43 | 02 46 | 14 58 | 17 48 | 18 54 | 29 00:48 | 29 ♒ 08:58 |
| 14 | 06 24 | 25 13 | 08 13 | 12 09 | 18 50 | 29 | 13 10 | 03 18 | 15 26 | 18 13 | 18 54 | | |
| 15 | 06 51 | 25 46 | 08 42 | 12 33 | 18 51 | 30 | 13 37 | 03 49 | 15 54 | 18 39 | 18 54 | | |

## Declinations (0:00 E.T.)

| D | ☉ | ☽ | ☿ | ♀ | ♂ | ♃ | ♄ | ♅ | ♆ | ♇ | ⚳ | ⚴ | ⚵ | ⚶ | ⚷ |
|---|---|---|---|---|---|---|---|---|---|---|---|---|---|---|---|
| 1 | +08 08 | -19 43 | -01 14 | +19 26 | +06 11 | +22 40 | +14 15 | +22 34 | +08 38 | -23 16 | +17 51 | -06 44 | +11 07 | -20 20 | +18 07 |
| 2 | 07 46 | 18 45 | 00 57 | 19 19 | 05 56 | 22 40 | 14 13 | 22 34 | 08 38 | 23 16 | 17 42 | 06 53 | 11 00 | 20 27 | 18 07 |
| 3 | 07 24 | 16 58 | 00 37 | 19 11 | 05 40 | 22 40 | 14 10 | 22 33 | 08 38 | 23 17 | 17 33 | 07 01 | 10 54 | 20 33 | 18 07 |
| 4 | 07 02 | 14 28 | 00 14 | 19 03 | 05 25 | 22 41 | 14 08 | 22 33 | 08 37 | 23 17 | 17 24 | 07 10 | 10 47 | 20 39 | 18 06 |
| 5 | 06 40 | 11 21 | +00 13 | 18 54 | 05 10 | 22 41 | 14 05 | 22 33 | 08 37 | 23 18 | 17 15 | 07 19 | 10 40 | 20 45 | 18 06 |
| 6 | 06 18 | 07 44 | 00 43 | 18 44 | 04 54 | 22 41 | 14 03 | 22 32 | 08 36 | 23 18 | 17 06 | 07 28 | 10 33 | 20 52 | 18 06 |
| 7 | 05 55 | 03 47 | 01 15 | 18 34 | 04 39 | 22 42 | 14 01 | 22 32 | 08 36 | 23 18 | 16 57 | 07 37 | 10 27 | 20 58 | 18 06 |
| 8 | 05 33 | +00 23 | 01 49 | 18 24 | 04 24 | 22 42 | 13 58 | 22 32 | 08 35 | 23 18 | 16 48 | 07 46 | 10 20 | 21 04 | 18 05 |
| 9 | 05 10 | 04 34 | 02 25 | 18 13 | 04 08 | 22 42 | 13 56 | 22 31 | 08 35 | 23 19 | 16 39 | 07 56 | 10 13 | 21 10 | 18 05 |
| 10 | 04 47 | 08 38 | 03 01 | 18 02 | 03 53 | 22 43 | 13 54 | 22 31 | 08 34 | 23 19 | 16 30 | 08 05 | 10 06 | 21 16 | 18 05 |
| 11 | 04 25 | 12 23 | 03 37 | 17 50 | 03 37 | 22 43 | 13 51 | 22 31 | 08 34 | 23 19 | 16 21 | 08 14 | 09 59 | 21 22 | 18 04 |
| 12 | 04 02 | 15 36 | 04 12 | 17 37 | 03 22 | 22 43 | 13 49 | 22 31 | 08 33 | 23 20 | 16 12 | 08 24 | 09 51 | 21 28 | 18 04 |
| 13 | 03 39 | 18 04 | 04 47 | 17 24 | 03 06 | 22 43 | 13 46 | 22 30 | 08 33 | 23 20 | 16 03 | 08 34 | 09 44 | 21 33 | 18 03 |
| 14 | 03 16 | 19 35 | 05 18 | 17 11 | 02 50 | 22 44 | 13 44 | 22 30 | 08 32 | 23 20 | 15 53 | 08 43 | 09 37 | 21 39 | 18 03 |
| 15 | 02 53 | 19 55 | 05 48 | 16 57 | 02 35 | 22 44 | 13 42 | 22 30 | 08 32 | 23 21 | 15 44 | 08 53 | 09 30 | 21 45 | 18 03 |
| 16 | 02 30 | 19 00 | 06 14 | 16 43 | 02 19 | 22 44 | 13 39 | 22 29 | 08 31 | 23 21 | 15 35 | 09 03 | 09 22 | 21 50 | 18 02 |
| 17 | 02 07 | 16 48 | 06 36 | 16 28 | 02 04 | 22 44 | 13 37 | 22 29 | 08 31 | 23 21 | 15 26 | 09 13 | 09 15 | 21 56 | 18 02 |
| 18 | 01 43 | 13 27 | 06 55 | 16 13 | 01 48 | 22 44 | 13 35 | 22 29 | 08 30 | 23 21 | 15 17 | 09 23 | 09 08 | 22 01 | 18 01 |
| 19 | 01 20 | 09 13 | 07 09 | 15 57 | 01 32 | 22 44 | 13 33 | 22 29 | 08 30 | 23 22 | 15 08 | 09 33 | 09 00 | 22 07 | 18 01 |
| 20 | 00 57 | 04 26 | 07 19 | 15 41 | 01 17 | 22 45 | 13 30 | 22 29 | 08 29 | 23 22 | 14 58 | 09 43 | 08 53 | 22 12 | 18 01 |
| 21 | 00 33 | -00 34 | 07 24 | 15 24 | 01 01 | 22 45 | 13 28 | 22 28 | 08 29 | 23 22 | 14 49 | 09 54 | 08 45 | 22 17 | 18 00 |
| 22 | 00 10 | 05 25 | 07 25 | 15 07 | 00 45 | 22 45 | 13 26 | 22 28 | 08 29 | 23 22 | 14 40 | 10 04 | 08 37 | 22 22 | 18 00 |
| 23 | -00 13 | 09 51 | 07 21 | 14 49 | 00 29 | 22 45 | 13 23 | 22 28 | 08 28 | 23 23 | 14 31 | 10 15 | 08 30 | 22 27 | 17 59 |
| 24 | 00 37 | 13 38 | 07 13 | 14 31 | 00 14 | 22 45 | 13 21 | 22 27 | 08 28 | 23 23 | 14 21 | 10 25 | 08 22 | 22 32 | 17 59 |
| 25 | 01 00 | 16 37 | 07 00 | 14 12 | -00 02 | 22 45 | 13 19 | 22 27 | 08 27 | 23 23 | 14 12 | 10 36 | 08 14 | 22 37 | 17 58 |
| 26 | 01 23 | 18 41 | 06 44 | 13 54 | 00 18 | 22 45 | 13 17 | 22 27 | 08 26 | 23 23 | 14 03 | 10 46 | 08 07 | 22 42 | 17 58 |
| 27 | 01 47 | 19 49 | 06 23 | 13 34 | 00 34 | 22 45 | 13 15 | 22 27 | 08 25 | 23 23 | 13 53 | 10 57 | 07 59 | 22 47 | 17 58 |
| 28 | 02 10 | 19 59 | 06 00 | 13 14 | 00 49 | 22 46 | 13 12 | 22 27 | 08 25 | 23 24 | 13 44 | 11 08 | 07 51 | 22 51 | 17 57 |
| 29 | 02 33 | 19 15 | 05 33 | 12 54 | 01 05 | 22 46 | 13 10 | 22 27 | 08 24 | 23 24 | 13 35 | 11 18 | 07 43 | 22 56 | 17 57 |
| 30 | 02 57 | 17 40 | 05 03 | 12 34 | 01 21 | 22 46 | 13 08 | 22 27 | 08 24 | 23 24 | 13 26 | 11 29 | 07 36 | 23 00 | 17 56 |

Lunar Phases -- 5 ○ 18:47   13 ◑ 10:30   20 ● 01:53   27 ◐ 06:14    Sun enters ♎ 9/22 10:25

# Longitudes of Main Planets - October 2036

0:00 E.T.

| D | S.T. | ☉ | ☽ | ☽ 12:00 | ☿ | ♀ | ♂ | ♃ | ♄ | ♅ | ♆ | ♇ | ☊ |
|---|---|---|---|---|---|---|---|---|---|---|---|---|---|
| 1 | 0:41:15 | 08♎24 05 | 19♒11 | 25♒05 | 22♍48 | 28♌51 | 05♎57 | 25♊57 | 28♌27 | 19♋21 | 25♈56℞ | 19♒11℞ | 14♌16 |
| 2 | 0:45:11 | 09 23 04 | 01♓01 | 06♓59 | 24 24 | 00♍01 | 06 36 | 26 00 | 28 34 | 19 23 | 25 54 | 19 10 | 14 13 |
| 3 | 0:49:08 | 10 22 05 | 12 59 | 19 01 | 26 02 | 01 11 | 07 15 | 26 02 | 28 40 | 19 24 | 25 52 | 19 10 | 14 10 |
| 4 | 0:53:05 | 11 21 08 | 25 06 | 01♈14 | 27 42 | 02 22 | 07 54 | 26 04 | 28 47 | 19 25 | 25 51 | 19 09 | 14 07 |
| 5 | 0:57:01 | 12 20 12 | 07♈25 | 13 40 | 29 24 | 03 32 | 08 33 | 26 06 | 28 53 | 19 26 | 25 49 | 19 08 | 14 04 |
| 6 | 1:00:58 | 13 19 19 | 19 57 | 26 18 | 01♎07 | 04 43 | 09 13 | 26 08 | 28 59 | 19 27 | 25 48 | 19 08 | 14 00 |
| 7 | 1:04:54 | 14 18 28 | 02♉42 | 09♉10 | 02 52 | 05 54 | 09 52 | 26 09 | 29 05 | 19 28 | 25 46 | 19 07 | 13 57 |
| 8 | 1:08:51 | 15 17 39 | 15 40 | 22 14 | 04 37 | 07 05 | 10 31 | 26 10 | 29 11 | 19 29 | 25 44 | 19 06 | 13 54 |
| 9 | 1:12:47 | 16 16 53 | 28 50 | 05♊30 | 06 22 | 08 16 | 11 10 | 26 12 | 29 18 | 19 30 | 25 43 | 19 06 | 13 51 |
| 10 | 1:16:44 | 17 16 08 | 12♊12 | 18 57 | 08 08 | 09 27 | 11 49 | 26 12 | 29 24 | 19 31 | 25 41 | 19 05 | 13 48 |
| 11 | 1:20:40 | 18 15 26 | 25 44 | 02♋35 | 09 53 | 10 38 | 12 28 | 26 13 | 29 29 | 19 32 | 25 39 | 19 05 | 13 44 |
| 12 | 1:24:37 | 19 14 46 | 09♋28 | 16 24 | 11 39 | 11 50 | 13 08 | 26 14 | 29 35 | 19 32 | 25 38 | 19 04 | 13 41 |
| 13 | 1:28:34 | 20 14 09 | 23 23 | 00♌25 | 13 24 | 13 01 | 13 47 | 26 14 | 29 41 | 19 33 | 25 36 | 19 03 | 13 38 |
| 14 | 1:32:30 | 21 13 34 | 07♌30 | 14 37 | 15 09 | 14 13 | 14 26 | 26 14℞ | 29 47 | 19 34 | 25 34 | 19 03 | 13 35 |
| 15 | 1:36:27 | 22 13 01 | 21 46 | 28 58 | 16 54 | 15 25 | 15 06 | 26 14 | 29 53 | 19 34 | 25 33 | 19 03 | 13 32 |
| 16 | 1:40:23 | 23 12 30 | 06♍12 | 13♍27 | 18 38 | 16 37 | 15 45 | 26 14 | 29 58 | 19 35 | 25 31 | 19 02 | 13 29 |
| 17 | 1:44:20 | 24 12 02 | 20 42 | 27 58 | 20 22 | 17 49 | 16 24 | 26 13 | 00♍04 | 19 35 | 25 29 | 19 02 | 13 25 |
| 18 | 1:48:16 | 25 11 36 | 05♎13 | 12♎27 | 22 05 | 19 01 | 17 04 | 26 13 | 00 09 | 19 36 | 25 28 | 19 01 | 13 22 |
| 19 | 1:52:13 | 26 11 12 | 19 38 | 26 46 | 23 48 | 20 13 | 17 43 | 26 12 | 00 15 | 19 36 | 25 26 | 19 01 | 13 19 |
| 20 | 1:56:09 | 27 10 50 | 03♏50 | 10♏50 | 25 30 | 21 25 | 18 23 | 26 11 | 00 20 | 19 36 | 25 24 | 19 01 | 13 16 |
| 21 | 2:00:06 | 28 10 30 | 17 44 | 24 33 | 27 11 | 22 37 | 19 02 | 26 09 | 00 25 | 19 37 | 25 23 | 19 00 | 13 13 |
| 22 | 2:04:03 | 29 10 12 | 01♐16 | 07♐53 | 28 52 | 23 50 | 19 42 | 26 08 | 00 30 | 19 37 | 25 21 | 19 00 | 13 10 |
| 23 | 2:07:59 | 00♏09 56 | 14 24 | 20 49 | 00♏32 | 25 02 | 20 21 | 26 06 | 00 36 | 19 37 | 25 19 | 19 00 | 13 06 |
| 24 | 2:11:56 | 01 09 42 | 27 09 | 03♑23 | 02 12 | 26 15 | 21 01 | 26 04 | 00 41 | 19 37 | 25 17 | 18 59 | 13 03 |
| 25 | 2:15:52 | 02 09 29 | 09♑33 | 15 38 | 03 51 | 27 27 | 21 41 | 26 02 | 00 46 | 19 37 | 25 16 | 18 59 | 13 00 |
| 26 | 2:19:49 | 03 09 18 | 21 40 | 27 39 | 05 29 | 28 40 | 22 20 | 26 00 | 00 50 | 19 37℞ | 25 14 | 18 59 | 12 57 |
| 27 | 2:23:45 | 04 09 09 | 03♒35 | 09♒30 | 07 07 | 29 53 | 23 00 | 25 57 | 00 55 | 19 37 | 25 13 | 18 59 | 12 54 |
| 28 | 2:27:42 | 05 09 02 | 15 24 | 21 18 | 08 45 | 01♎06 | 23 40 | 25 55 | 01 00 | 19 37 | 25 11 | 18 59 | 12 50 |
| 29 | 2:31:38 | 06 08 56 | 27 12 | 03♓07 | 10 22 | 02 19 | 24 19 | 25 52 | 01 05 | 19 37 | 25 09 | 18 59 | 12 47 |
| 30 | 2:35:35 | 07 08 51 | 09♓05 | 15 04 | 11 58 | 03 32 | 24 59 | 25 49 | 01 09 | 19 36 | 25 08 | 18 59 | 12 44 |
| 31 | 2:39:32 | 08 08 49 | 21 06 | 27 12 | 13 34 | 04 45 | 25 39 | 25 45 | 01 14 | 19 36 | 25 06 | 18 59 | 12 41 |

## Longitudes of the Major Asteroids and Chiron

0:00 E.T.

| D | ⚳ | ⚴ | ⚵ | ⚶ | ⚷ |
|---|---|---|---|---|---|
| 1 | 14♍04 | 04♌21 | 16♌22 | 19♐04 | 18♊54℞ |
| 2 | 14 31 | 04 52 | 16 49 | 19 30 | 18 53 |
| 3 | 14 58 | 05 23 | 17 17 | 19 56 | 18 53 |
| 4 | 15 25 | 05 55 | 17 44 | 20 21 | 18 52 |
| 5 | 15 51 | 06 26 | 18 11 | 20 47 | 18 51 |
| 6 | 16 18 | 06 56 | 18 39 | 21 14 | 18 51 |
| 7 | 16 45 | 07 27 | 19 06 | 21 40 | 18 50 |
| 8 | 17 11 | 07 58 | 19 32 | 22 06 | 18 49 |
| 9 | 17 38 | 08 28 | 19 59 | 22 33 | 18 48 |
| 10 | 18 05 | 08 59 | 20 25 | 22 59 | 18 47 |
| 11 | 18 31 | 09 29 | 20 52 | 23 26 | 18 46 |
| 12 | 18 58 | 09 59 | 21 18 | 23 52 | 18 45 |
| 13 | 19 24 | 10 29 | 21 44 | 24 19 | 18 44 |
| 14 | 19 51 | 10 58 | 22 10 | 24 46 | 18 42 |
| 15 | 20 17 | 11 28 | 22 36 | 25 13 | 18 41 |
| 16 | 20 44 | 11 57 | 23 01 | 25 41 | 18 39 |
| 17 | 21 10 | 12 27 | 23 27 | 26 08 | 18 38 |
| 18 | 21 36 | 12 56 | 23 52 | 26 35 | 18 36 |
| 19 | 22 02 | 13 25 | 24 17 | 27 03 | 18 35 |
| 20 | 22 29 | 13 53 | 24 42 | 27 30 | 18 33 |
| 21 | 22 55 | 14 22 | 25 07 | 27 58 | 18 31 |
| 22 | 23 21 | 14 50 | 25 31 | 28 25 | 18 29 |
| 23 | 23 47 | 15 18 | 25 55 | 28 53 | 18 27 |
| 24 | 24 13 | 15 46 | 26 20 | 29 21 | 18 25 |
| 25 | 24 39 | 16 14 | 26 44 | 29 49 | 18 23 |
| 26 | 25 05 | 16 42 | 27 07 | 00♑17 | 18 21 |
| 27 | 25 31 | 17 09 | 27 31 | 00 45 | 18 19 |
| 28 | 25 56 | 17 36 | 27 54 | 01 13 | 18 17 |
| 29 | 26 22 | 18 03 | 28 18 | 01 42 | 18 15 |
| 30 | 26 48 | 18 29 | 28 41 | 02 10 | 18 12 |
| 31 | 27 13 | 18 56 | 29 03 | 02 38 | 18 10 |

## Lunar Data

| Last Asp. | | Ingress | | |
|---|---|---|---|---|
| 1 | 21:45 | 1 | ♓ | 21:56 |
| 4 | 05:55 | 4 | ♈ | 09:35 |
| 6 | 17:11 | 6 | ♉ | 18:56 |
| 9 | 00:50 | 9 | ♊ | 02:06 |
| 11 | 06:38 | 11 | ♋ | 07:29 |
| 13 | 03:46 | 13 | ♌ | 11:17 |
| 15 | 13:36 | 15 | ♍ | 13:43 |
| 17 | 09:06 | 17 | ♎ | 15:22 |
| 19 | 11:51 | 19 | ♏ | 17:29 |
| 21 | 09:25 | 21 | ♐ | 21:43 |
| 23 | 22:05 | 24 | ♑ | 05:28 |
| 26 | 15:39 | 26 | ♒ | 16:45 |
| 28 | 21:17 | 29 | ♓ | 05:40 |
| 31 | 09:07 | | | |

## Declinations

0:00 E.T.

| D | ☉ | ☽ | ☿ | ♀ | ♂ | ♃ | ♄ | ♅ | ♆ | ♇ | ⚳ | ⚴ | ⚵ | ⚶ | ⚷ |
|---|---|---|---|---|---|---|---|---|---|---|---|---|---|---|---|
| 1 | -03 20 | -15 20 | +04 30 | +12 13 | -01 37 | +22 46 | +13 06 | +22 26 | +08 23 | -23 24 | +13 16 | -11 40 | +07 28 | -23 05 | +17 56 |
| 2 | 03 43 | 12 21 | 03 55 | 11 52 | 01 53 | 22 46 | 13 04 | 22 26 | 08 22 | 23 24 | 13 07 | 11 51 | 07 20 | 23 09 | 17 55 |
| 3 | 04 06 | 08 50 | 03 19 | 11 30 | 02 08 | 22 46 | 13 02 | 22 26 | 08 22 | 23 24 | 12 58 | 12 02 | 07 12 | 23 13 | 17 55 |
| 4 | 04 29 | 04 55 | 02 40 | 11 08 | 02 24 | 22 46 | 13 00 | 22 26 | 08 21 | 23 24 | 12 49 | 12 13 | 07 04 | 23 17 | 17 54 |
| 5 | 04 52 | 00 44 | 02 00 | 10 46 | 02 40 | 22 46 | 12 58 | 22 26 | 08 21 | 23 25 | 12 39 | 12 24 | 06 56 | 23 21 | 17 54 |
| 6 | 05 15 | +03 33 | 01 18 | 10 23 | 02 56 | 22 46 | 12 56 | 22 26 | 08 20 | 23 25 | 12 30 | 12 35 | 06 48 | 23 25 | 17 53 |
| 7 | 05 38 | 07 45 | 00 36 | 10 00 | 03 11 | 22 46 | 12 54 | 22 26 | 08 19 | 23 25 | 12 21 | 12 47 | 06 40 | 23 29 | 17 53 |
| 8 | 06 01 | 11 40 | -00 07 | 09 37 | 03 27 | 22 46 | 12 52 | 22 26 | 08 19 | 23 25 | 12 12 | 12 58 | 06 32 | 23 33 | 17 52 |
| 9 | 06 24 | 15 05 | 00 51 | 09 13 | 03 43 | 22 46 | 12 50 | 22 25 | 08 18 | 23 25 | 12 02 | 13 09 | 06 25 | 23 36 | 17 52 |
| 10 | 06 47 | 17 47 | 01 35 | 08 49 | 03 58 | 22 46 | 12 48 | 22 25 | 08 18 | 23 25 | 11 53 | 13 21 | 06 17 | 23 40 | 17 51 |
| 11 | 07 09 | 19 32 | 02 20 | 08 25 | 04 14 | 22 46 | 12 46 | 22 25 | 08 17 | 23 25 | 11 44 | 13 32 | 06 09 | 23 43 | 17 51 |
| 12 | 07 32 | 20 10 | 03 05 | 08 00 | 04 30 | 22 46 | 12 44 | 22 25 | 08 16 | 23 25 | 11 35 | 13 43 | 06 01 | 23 47 | 17 50 |
| 13 | 07 54 | 19 35 | 03 50 | 07 35 | 04 45 | 22 46 | 12 42 | 22 25 | 08 16 | 23 25 | 11 26 | 13 55 | 05 53 | 23 50 | 17 50 |
| 14 | 08 17 | 17 46 | 04 34 | 07 10 | 05 01 | 22 46 | 12 40 | 22 25 | 08 15 | 23 25 | 11 16 | 14 06 | 05 45 | 23 53 | 17 49 |
| 15 | 08 39 | 14 50 | 05 19 | 06 45 | 05 16 | 22 46 | 12 38 | 22 25 | 08 15 | 23 25 | 11 07 | 14 18 | 05 37 | 23 56 | 17 49 |
| 16 | 09 01 | 10 58 | 06 04 | 06 19 | 05 32 | 22 46 | 12 37 | 22 25 | 08 14 | 23 25 | 10 58 | 14 29 | 05 29 | 23 59 | 17 48 |
| 17 | 09 23 | 06 25 | 06 48 | 05 54 | 05 47 | 22 46 | 12 35 | 22 25 | 08 13 | 23 25 | 10 49 | 14 41 | 05 21 | 24 01 | 17 47 |
| 18 | 09 45 | 01 31 | 07 32 | 05 28 | 06 03 | 22 46 | 12 33 | 22 25 | 08 13 | 23 25 | 10 40 | 14 52 | 05 13 | 24 04 | 17 47 |
| 19 | 10 06 | -03 26 | 08 15 | 05 01 | 06 18 | 22 46 | 12 31 | 22 25 | 08 12 | 23 25 | 10 31 | 15 04 | 05 05 | 24 07 | 17 46 |
| 20 | 10 28 | 08 08 | 08 58 | 04 35 | 06 34 | 22 46 | 12 30 | 22 25 | 08 12 | 23 25 | 10 22 | 15 15 | 04 57 | 24 09 | 17 46 |
| 21 | 10 49 | 12 18 | 09 41 | 04 08 | 06 49 | 22 46 | 12 28 | 22 25 | 08 11 | 23 25 | 10 13 | 15 27 | 04 50 | 24 11 | 17 45 |
| 22 | 11 11 | 15 42 | 10 22 | 03 42 | 07 04 | 22 46 | 12 26 | 22 25 | 08 10 | 23 25 | 10 04 | 15 39 | 04 42 | 24 14 | 17 45 |
| 23 | 11 32 | 18 13 | 11 04 | 03 15 | 07 20 | 22 46 | 12 25 | 22 25 | 08 10 | 23 25 | 09 55 | 15 50 | 04 34 | 24 16 | 17 44 |
| 24 | 11 52 | 19 45 | 11 44 | 02 48 | 07 35 | 22 46 | 12 23 | 22 25 | 08 09 | 23 25 | 09 46 | 16 02 | 04 26 | 24 18 | 17 44 |
| 25 | 12 13 | 20 16 | 12 24 | 02 20 | 07 50 | 22 46 | 12 21 | 22 25 | 08 09 | 23 25 | 09 37 | 16 13 | 04 18 | 24 20 | 17 43 |
| 26 | 12 34 | 19 50 | 13 04 | 01 53 | 08 05 | 22 46 | 12 20 | 22 25 | 08 08 | 23 24 | 09 28 | 16 25 | 04 11 | 24 21 | 17 43 |
| 27 | 12 54 | 18 30 | 13 42 | 01 26 | 08 20 | 22 46 | 12 18 | 22 25 | 08 07 | 23 24 | 09 20 | 16 37 | 04 03 | 24 23 | 17 42 |
| 28 | 13 14 | 16 23 | 14 20 | 00 58 | 08 36 | 22 46 | 12 17 | 22 25 | 08 07 | 23 24 | 09 11 | 16 48 | 03 55 | 24 25 | 17 41 |
| 29 | 13 34 | 13 34 | 14 57 | 00 31 | 08 51 | 22 46 | 12 15 | 22 25 | 08 06 | 23 24 | 09 02 | 17 00 | 03 48 | 24 26 | 17 41 |
| 30 | 13 54 | 10 12 | 15 34 | 00 03 | 09 05 | 22 46 | 12 14 | 22 25 | 08 06 | 23 24 | 08 53 | 17 11 | 03 40 | 24 27 | 17 40 |
| 31 | 14 13 | 06 22 | 16 09 | -00 25 | 09 20 | 22 46 | 12 12 | 22 25 | 08 05 | 23 24 | 08 45 | 17 23 | 03 33 | 24 29 | 17 40 |

Lunar Phases -- 5 ○ 10:16 12 ◑ 18:11 19 ● 11:51 27 ◐ 01:15 Sun enters ♏ 10/22 20:01

## 0:00 E.T. Longitudes of Main Planets - November 2036 **Nov. 36**

| D | S.T. | ☉ | ☽ | ☽ 12:00 | ☿ | ♀ | ♂ | ♃ | ♄ | ♅ | ♆ | ♇ | ☊ |
|---|---|---|---|---|---|---|---|---|---|---|---|---|---|
| 1 | 2:43:28 | 09♏08 48 | 03♈21 | 09♈35 | 15♏09 | 05♎58 | 26♎19 | 25♊42℞ | 01♍18 | 19♋36℞ | 25♈04℞ | 18♒59℞ | 12♌38 |
| 2 | 2:47:25 | 10 08 49 | 15 52 | 22 14 | 16 44 | 07 11 | 26 59 | 25 38 | 01 22 | 19 35 | 25 03 | 18 59D | 12 35 |
| 3 | 2:51:21 | 11 08 51 | 28 40 | 05♉11 | 18 19 | 08 24 | 27 38 | 25 34 | 01 26 | 19 35 | 25 01 | 18 59 | 12 31 |
| 4 | 2:55:18 | 12 08 56 | 11♉46 | 18 25 | 19 53 | 09 38 | 28 18 | 25 30 | 01 31 | 19 34 | 25 00 | 18 59 | 12 28 |
| 5 | 2:59:14 | 13 09 02 | 25 07 | 01♊53 | 21 26 | 10 51 | 28 58 | 25 26 | 01 35 | 19 34 | 24 58 | 18 59 | 12 25 |
| 6 | 3:03:11 | 14 09 10 | 08♊42 | 15 33 | 23 00 | 12 05 | 29 38 | 25 22 | 01 39 | 19 33 | 24 56 | 18 59 | 12 22 |
| 7 | 3:07:07 | 15 09 20 | 22 27 | 29 22 | 24 33 | 13 18 | 00♏18 | 25 17 | 01 42 | 19 33 | 24 55 | 18 59 | 12 19 |
| 8 | 3:11:04 | 16 09 33 | 06♋19 | 13♋17 | 26 05 | 14 32 | 00 58 | 25 12 | 01 46 | 19 32 | 24 53 | 18 59 | 12 16 |
| 9 | 3:15:01 | 17 09 47 | 20 17 | 27 17 | 27 37 | 15 46 | 01 38 | 25 07 | 01 50 | 19 31 | 24 52 | 18 59 | 12 12 |
| 10 | 3:18:57 | 18 10 03 | 04♌18 | 11♌19 | 29 09 | 16 59 | 02 18 | 25 02 | 01 53 | 19 30 | 24 50 | 19 00 | 12 09 |
| 11 | 3:22:54 | 19 10 21 | 18 21 | 25 24 | 00♐40 | 18 13 | 02 59 | 24 57 | 01 57 | 19 29 | 24 49 | 19 00 | 12 06 |
| 12 | 3:26:50 | 20 10 41 | 02♍27 | 09♍31 | 02 12 | 19 27 | 03 39 | 24 52 | 02 00 | 19 28 | 24 47 | 19 00 | 12 03 |
| 13 | 3:30:47 | 21 11 03 | 16 34 | 23 38 | 03 42 | 20 41 | 04 19 | 24 46 | 02 03 | 19 27 | 24 46 | 19 00 | 12 00 |
| 14 | 3:34:43 | 22 11 27 | 00♎41 | 07♎43 | 05 13 | 21 55 | 04 59 | 24 40 | 02 07 | 19 26 | 24 44 | 19 01 | 11 56 |
| 15 | 3:38:40 | 23 11 53 | 14 45 | 21 45 | 06 43 | 23 09 | 05 39 | 24 34 | 02 10 | 19 25 | 24 43 | 19 01 | 11 53 |
| 16 | 3:42:36 | 24 12 21 | 28 43 | 05♏38 | 08 13 | 24 23 | 06 20 | 24 28 | 02 13 | 19 24 | 24 41 | 19 01 | 11 50 |
| 17 | 3:46:33 | 25 12 50 | 12♏31 | 19 20 | 09 42 | 25 37 | 07 00 | 24 22 | 02 16 | 19 23 | 24 40 | 19 02 | 11 47 |
| 18 | 3:50:30 | 26 13 22 | 26 05 | 02♐46 | 11 11 | 26 51 | 07 40 | 24 16 | 02 18 | 19 22 | 24 39 | 19 02 | 11 44 |
| 19 | 3:54:26 | 27 13 54 | 09♐23 | 15 54 | 12 40 | 28 06 | 08 21 | 24 09 | 02 21 | 19 21 | 24 37 | 19 03 | 11 41 |
| 20 | 3:58:23 | 28 14 29 | 22 21 | 28 43 | 14 08 | 29 20 | 09 01 | 24 03 | 02 24 | 19 19 | 24 36 | 19 03 | 11 37 |
| 21 | 4:02:19 | 29 15 04 | 05♑00 | 11♑13 | 15 35 | 00♏34 | 09 42 | 23 56 | 02 26 | 19 18 | 24 35 | 19 04 | 11 34 |
| 22 | 4:06:16 | 00♐15 41 | 17 21 | 23 26 | 17 03 | 01 48 | 10 22 | 23 49 | 02 29 | 19 17 | 24 33 | 19 04 | 11 31 |
| 23 | 4:10:12 | 01 16 20 | 29 27 | 05♒26 | 18 29 | 03 03 | 11 03 | 23 42 | 02 31 | 19 15 | 24 32 | 19 05 | 11 28 |
| 24 | 4:14:09 | 02 16 59 | 11♒22 | 17 17 | 19 55 | 04 17 | 11 43 | 23 35 | 02 33 | 19 14 | 24 31 | 19 06 | 11 25 |
| 25 | 4:18:05 | 03 17 40 | 23 11 | 29 05 | 21 20 | 05 32 | 12 24 | 23 28 | 02 35 | 19 12 | 24 30 | 19 06 | 11 22 |
| 26 | 4:22:02 | 04 18 21 | 04♓59 | 10♓55 | 22 45 | 06 46 | 13 04 | 23 21 | 02 37 | 19 10 | 24 28 | 19 07 | 11 18 |
| 27 | 4:25:59 | 05 19 04 | 16 52 | 22 52 | 24 08 | 08 01 | 13 45 | 23 13 | 02 39 | 19 09 | 24 27 | 19 08 | 11 15 |
| 28 | 4:29:55 | 06 19 47 | 28 54 | 05♈01 | 25 30 | 09 15 | 14 26 | 23 06 | 02 40 | 19 07 | 24 26 | 19 08 | 11 12 |
| 29 | 4:33:52 | 07 20 32 | 11♈12 | 17 28 | 26 51 | 10 30 | 15 06 | 22 58 | 02 42 | 19 05 | 24 25 | 19 09 | 11 09 |
| 30 | 4:37:48 | 08 21 18 | 23 48 | 00♉14 | 28 11 | 11 44 | 15 47 | 22 50 | 02 44 | 19 04 | 24 24 | 19 10 | 11 06 |

## 0:00 E.T. Longitudes of the Major Asteroids and Chiron

| D | ⚳ | ⚴ | ⚵ | ⚶ | ⚷ | D | ⚳ | ⚴ | ⚵ | ⚶ | ⚷ |
|---|---|---|---|---|---|---|---|---|---|---|---|
| 1 | 27♍39 | 19♌22 | 29♌26 | 03♑07 | 18♊08℞ | 16 | 03 54 | 25 22 | 04 38 | 10 22 | 17 25 |
| 2 | 28 04 | 19 48 | 29 48 | 03 35 | 18 05 | 17 | 04 18 | 25 44 | 04 57 | 10 51 | 17 22 |
| 3 | 28 30 | 20 14 | 00♍10 | 04 04 | 18 03 | 18 | 04 42 | 26 05 | 05 16 | 11 21 | 17 19 |
| 4 | 28 55 | 20 39 | 00 32 | 04 33 | 18 00 | 19 | 05 06 | 26 26 | 05 34 | 11 50 | 17 16 |
| 5 | 29 20 | 21 04 | 00 54 | 05 01 | 17 57 | 20 | 05 31 | 26 47 | 05 52 | 12 20 | 17 12 |
| 6 | 29 46 | 21 29 | 01 16 | 05 30 | 17 55 | 21 | 05 55 | 27 07 | 06 10 | 12 49 | 17 09 |
| 7 | 00♎11 | 21 54 | 01 37 | 05 59 | 17 52 | 22 | 06 18 | 27 27 | 06 27 | 13 19 | 17 06 |
| 8 | 00 36 | 22 18 | 01 58 | 06 28 | 17 49 | 23 | 06 42 | 27 46 | 06 44 | 13 49 | 17 02 |
| 9 | 01 01 | 22 42 | 02 19 | 06 57 | 17 46 | 24 | 07 06 | 28 05 | 07 01 | 14 19 | 16 59 |
| 10 | 01 26 | 23 06 | 02 40 | 07 26 | 17 43 | 25 | 07 29 | 28 24 | 07 18 | 14 49 | 16 56 |
| 11 | 01 51 | 23 30 | 03 00 | 07 55 | 17 40 | 26 | 07 53 | 28 42 | 07 34 | 15 18 | 16 52 |
| 12 | 02 15 | 23 53 | 03 20 | 08 24 | 17 37 | 27 | 08 16 | 29 00 | 07 50 | 15 48 | 16 49 |
| 13 | 02 40 | 24 16 | 03 40 | 08 54 | 17 34 | 28 | 08 40 | 29 17 | 08 06 | 16 18 | 16 45 |
| 14 | 03 05 | 24 38 | 04 00 | 09 23 | 17 31 | 29 | 09 03 | 29 34 | 08 21 | 16 48 | 16 42 |
| 15 | 03 29 | 25 00 | 04 19 | 09 52 | 17 28 | 30 | 09 26 | 29 51 | 08 36 | 17 18 | 16 38 |

## Lunar Data

| Last Asp. | | Ingress | | |
|---|---|---|---|---|
| 2 | 21:58 | 3 | ♉ | 02:27 |
| 4 | 16:34 | 5 | ♊ | 08:40 |
| 7 | 04:54 | 7 | ♋ | 13:06 |
| 9 | 14:08 | 9 | ♌ | 16:39 |
| 11 | 11:10 | 11 | ♍ | 19:50 |
| 13 | 13:51 | 13 | ♎ | 22:51 |
| 15 | 17:05 | 16 | ♏ | 02:14 |
| 18 | 00:16 | 18 | ♐ | 07:01 |
| 20 | 04:13 | 20 | ♑ | 14:27 |
| 22 | 14:12 | 23 | ♒ | 01:05 |
| 25 | 02:39 | 25 | ♓ | 13:52 |
| 27 | 16:24 | 28 | ♈ | 02:09 |
| 30 | 09:06 | 30 | ♉ | 11:33 |

## 0:00 E.T. Declinations

| D | ☉ | ☽ | ☿ | ♀ | ♂ | ♃ | ♄ | ♅ | ♆ | ♇ | ⚳ | ⚴ | ⚵ | ⚶ | ⚷ |
|---|---|---|---|---|---|---|---|---|---|---|---|---|---|---|---|
| 1 | -14 32 | -02 13 | -16 44 | -00 53 | -09 35 | +22 46 | +12 11 | +22 25 | +08 04 | -23 24 | +08 36 | -17 34 | +03 25 | -24 30 | +17 39 |
| 2 | 14 51 | +02 07 | 17 18 | 01 21 | 09 50 | 22 46 | 12 10 | 22 25 | 08 04 | 23 24 | 08 28 | 17 46 | 03 18 | 24 31 | 17 39 |
| 3 | 15 10 | 06 27 | 17 51 | 01 49 | 10 05 | 22 45 | 12 08 | 22 25 | 08 03 | 23 23 | 08 19 | 17 57 | 03 10 | 24 31 | 17 38 |
| 4 | 15 29 | 10 36 | 18 23 | 02 17 | 10 19 | 22 45 | 12 07 | 22 26 | 08 03 | 23 23 | 08 10 | 18 09 | 03 03 | 24 32 | 17 37 |
| 5 | 15 47 | 14 18 | 18 54 | 02 44 | 10 34 | 22 45 | 12 06 | 22 26 | 08 02 | 23 23 | 08 02 | 18 20 | 02 55 | 24 33 | 17 37 |
| 6 | 16 05 | 17 19 | 19 24 | 03 12 | 10 49 | 22 45 | 12 05 | 22 26 | 08 02 | 23 23 | 07 54 | 18 31 | 02 48 | 24 33 | 17 36 |
| 7 | 16 23 | 19 24 | 19 53 | 03 40 | 11 03 | 22 45 | 12 04 | 22 26 | 08 01 | 23 23 | 07 45 | 18 43 | 02 41 | 24 34 | 17 36 |
| 8 | 16 40 | 20 21 | 20 22 | 04 08 | 11 17 | 22 45 | 12 02 | 22 26 | 08 00 | 23 22 | 07 37 | 18 54 | 02 34 | 24 34 | 17 35 |
| 9 | 16 57 | 20 04 | 20 49 | 04 36 | 11 32 | 22 45 | 12 01 | 22 26 | 08 00 | 23 22 | 07 29 | 19 05 | 02 27 | 24 34 | 17 35 |
| 10 | 17 14 | 18 32 | 21 15 | 05 04 | 11 46 | 22 45 | 12 00 | 22 26 | 07 59 | 23 22 | 07 20 | 19 16 | 02 20 | 24 34 | 17 34 |
| 11 | 17 31 | 15 52 | 21 40 | 05 32 | 12 00 | 22 45 | 11 59 | 22 27 | 07 59 | 23 22 | 07 12 | 19 28 | 02 13 | 24 34 | 17 34 |
| 12 | 17 47 | 12 16 | 22 05 | 05 59 | 12 14 | 22 44 | 11 58 | 22 27 | 07 58 | 23 21 | 07 04 | 19 39 | 02 06 | 24 34 | 17 33 |
| 13 | 18 03 | 07 57 | 22 28 | 06 27 | 12 28 | 22 44 | 11 57 | 22 27 | 07 58 | 23 21 | 06 56 | 19 50 | 01 59 | 24 33 | 17 32 |
| 14 | 18 19 | 03 13 | 22 50 | 06 54 | 12 42 | 22 44 | 11 56 | 22 27 | 07 57 | 23 21 | 06 48 | 20 01 | 01 52 | 24 33 | 17 32 |
| 15 | 18 34 | -01 40 | 23 10 | 07 22 | 12 56 | 22 44 | 11 55 | 22 27 | 07 57 | 23 21 | 06 40 | 20 12 | 01 46 | 24 32 | 17 31 |
| 16 | 18 49 | 06 26 | 23 30 | 07 49 | 13 10 | 22 44 | 11 54 | 22 27 | 07 56 | 23 20 | 06 32 | 20 22 | 01 39 | 24 31 | 17 31 |
| 17 | 19 04 | 10 48 | 23 49 | 08 16 | 13 24 | 22 44 | 11 54 | 22 28 | 07 56 | 23 20 | 06 24 | 20 33 | 01 33 | 24 31 | 17 30 |
| 18 | 19 18 | 14 33 | 24 06 | 08 43 | 13 37 | 22 43 | 11 53 | 22 28 | 07 55 | 23 20 | 06 17 | 20 44 | 01 26 | 24 30 | 17 30 |
| 19 | 19 32 | 17 29 | 24 22 | 09 10 | 13 51 | 22 43 | 11 52 | 22 28 | 07 55 | 23 19 | 06 09 | 20 54 | 01 20 | 24 28 | 17 29 |
| 20 | 19 46 | 19 27 | 24 37 | 09 36 | 14 04 | 22 43 | 11 51 | 22 28 | 07 54 | 23 19 | 06 01 | 21 05 | 01 14 | 24 27 | 17 29 |
| 21 | 19 59 | 20 24 | 24 50 | 10 03 | 14 17 | 22 43 | 11 51 | 22 28 | 07 54 | 23 19 | 05 54 | 21 15 | 01 07 | 24 26 | 17 28 |
| 22 | 20 12 | 20 20 | 25 02 | 10 29 | 14 31 | 22 42 | 11 50 | 22 29 | 07 54 | 23 18 | 05 46 | 21 25 | 01 01 | 24 24 | 17 28 |
| 23 | 20 25 | 19 19 | 25 13 | 10 55 | 14 44 | 22 42 | 11 49 | 22 29 | 07 53 | 23 18 | 05 39 | 21 35 | 00 55 | 24 23 | 17 27 |
| 24 | 20 37 | 17 27 | 25 23 | 11 20 | 14 57 | 22 42 | 11 49 | 22 29 | 07 53 | 23 18 | 05 31 | 21 45 | 00 49 | 24 21 | 17 27 |
| 25 | 20 49 | 14 51 | 25 31 | 11 46 | 15 10 | 22 42 | 11 48 | 22 29 | 07 52 | 23 17 | 05 24 | 21 55 | 00 44 | 24 19 | 17 26 |
| 26 | 21 00 | 11 39 | 25 38 | 12 11 | 15 23 | 22 41 | 11 48 | 22 30 | 07 52 | 23 17 | 05 17 | 22 05 | 00 38 | 24 17 | 17 25 |
| 27 | 21 11 | 07 59 | 25 44 | 12 36 | 15 35 | 22 41 | 11 47 | 22 30 | 07 51 | 23 17 | 05 09 | 22 15 | 00 32 | 24 15 | 17 25 |
| 28 | 21 22 | 03 56 | 25 48 | 13 01 | 15 48 | 22 41 | 11 47 | 22 30 | 07 51 | 23 16 | 05 02 | 22 24 | 00 27 | 24 13 | 17 24 |
| 29 | 21 32 | +00 20 | 25 50 | 13 25 | 16 00 | 22 41 | 11 47 | 22 30 | 07 51 | 23 16 | 04 55 | 22 34 | 00 22 | 24 11 | 17 24 |
| 30 | 21 42 | 04 42 | 25 52 | 13 49 | 16 13 | 22 40 | 11 46 | 22 31 | 07 50 | 23 15 | 04 48 | 22 43 | 00 17 | 24 08 | 17 23 |

Lunar Phases -- 4 ○ 00:45 11 ◑ 01:30 18 ● 00:16 25 ◐ 22:29 Sun enters ♐ 11/21 17:47

## Longitudes of Main Planets - December 2036

0:00 E.T.

| D | S.T. | ☉ | ☽ | ☽ 12:00 | ☿ | ♀ | ♂ | ♃ | ♄ | ♅ | ♆ | ♇ | ☊ |
|---|---|---|---|---|---|---|---|---|---|---|---|---|---|
| 1 | 4:41:45 | 09♐22 05 | 06♉46 | 13♉23 | 29♐29 | 12♏59 | 16♏28 | 22♊43℞ | 02♍45 | 19♋02℞ | 24♈23℞ | 19♒10 | 11♌02 |
| 2 | 4:45:41 | 10 22 53 | 20 06 | 26 54 | 00♑45 | 14 14 | 17 09 | 22 35 | 02 46 | 19 00 | 24 22 | 19 11 | 10 59 |
| 3 | 4:49:38 | 11 23 42 | 03♊47 | 10♊44 | 01 59 | 15 28 | 17 50 | 22 27 | 02 48 | 18 58 | 24 21 | 19 12 | 10 56 |
| 4 | 4:53:34 | 12 24 32 | 17 45 | 24 50 | 03 11 | 16 43 | 18 30 | 22 19 | 02 49 | 18 56 | 24 20 | 19 13 | 10 53 |
| 5 | 4:57:31 | 13 25 23 | 01♋57 | 09♋06 | 04 19 | 17 58 | 19 11 | 22 11 | 02 50 | 18 54 | 24 19 | 19 14 | 10 50 |
| 6 | 5:01:28 | 14 26 15 | 16 17 | 23 28 | 05 25 | 19 13 | 19 52 | 22 03 | 02 50 | 18 52 | 24 18 | 19 15 | 10 47 |
| 7 | 5:05:24 | 15 27 09 | 00♌40 | 07♌51 | 06 26 | 20 28 | 20 33 | 21 55 | 02 51 | 18 50 | 24 17 | 19 16 | 10 43 |
| 8 | 5:09:21 | 16 28 04 | 15 01 | 22 09 | 07 24 | 21 42 | 21 14 | 21 47 | 02 52 | 18 48 | 24 16 | 19 17 | 10 40 |
| 9 | 5:13:17 | 17 29 00 | 29 17 | 06♍22 | 08 16 | 22 57 | 21 55 | 21 39 | 02 52 | 18 46 | 24 15 | 19 18 | 10 37 |
| 10 | 5:17:14 | 18 29 57 | 13♍26 | 20 27 | 09 03 | 24 12 | 22 36 | 21 31 | 02 53 | 18 44 | 24 14 | 19 19 | 10 34 |
| 11 | 5:21:10 | 19 30 56 | 27 27 | 04♎24 | 09 43 | 25 27 | 23 17 | 21 23 | 02 53 | 18 42 | 24 13 | 19 20 | 10 31 |
| 12 | 5:25:07 | 20 31 55 | 11♎19 | 18 12 | 10 16 | 26 42 | 23 59 | 21 14 | 02 53 | 18 40 | 24 13 | 19 21 | 10 28 |
| 13 | 5:29:03 | 21 32 56 | 25 02 | 01♏50 | 10 41 | 27 57 | 24 40 | 21 06 | 02 53 | 18 38 | 24 12 | 19 22 | 10 24 |
| 14 | 5:33:00 | 22 33 58 | 08♏35 | 15 17 | 10 57 | 29 12 | 25 21 | 20 58 | 02 53℞ | 18 35 | 24 11 | 19 23 | 10 21 |
| 15 | 5:36:57 | 23 35 00 | 21 56 | 28 32 | 11 03 | 00♐27 | 26 02 | 20 50 | 02 53 | 18 33 | 24 10 | 19 24 | 10 18 |
| 16 | 5:40:53 | 24 36 04 | 05♐05 | 11♐35 | 10 58℞ | 01 42 | 26 43 | 20 42 | 02 53 | 18 31 | 24 10 | 19 25 | 10 15 |
| 17 | 5:44:50 | 25 37 09 | 18 01 | 24 23 | 10 43 | 02 57 | 27 25 | 20 34 | 02 52 | 18 29 | 24 09 | 19 26 | 10 12 |
| 18 | 5:48:46 | 26 38 14 | 00♑42 | 06♑57 | 10 15 | 04 12 | 28 06 | 20 26 | 02 52 | 18 26 | 24 09 | 19 27 | 10 08 |
| 19 | 5:52:43 | 27 39 20 | 13 09 | 19 17 | 09 36 | 05 27 | 28 47 | 20 17 | 02 51 | 18 24 | 24 08 | 19 29 | 10 05 |
| 20 | 5:56:39 | 28 40 26 | 25 22 | 01♒24 | 08 46 | 06 42 | 29 29 | 20 09 | 02 51 | 18 21 | 24 08 | 19 30 | 10 02 |
| 21 | 6:00:36 | 29 41 33 | 07♒24 | 13 21 | 07 46 | 07 57 | 00♐10 | 20 01 | 02 50 | 18 19 | 24 07 | 19 31 | 09 59 |
| 22 | 6:04:32 | 00♑42 40 | 19 17 | 25 11 | 06 36 | 09 12 | 00 52 | 19 54 | 02 49 | 18 17 | 24 07 | 19 32 | 09 56 |
| 23 | 6:08:29 | 01 43 47 | 01♓05 | 06♓58 | 05 20 | 10 28 | 01 33 | 19 46 | 02 48 | 18 14 | 24 06 | 19 34 | 09 53 |
| 24 | 6:12:26 | 02 44 55 | 12 52 | 18 47 | 03 59 | 11 43 | 02 15 | 19 38 | 02 47 | 18 12 | 24 06 | 19 35 | 09 49 |
| 25 | 6:16:22 | 03 46 02 | 24 44 | 00♈43 | 02 37 | 12 58 | 02 56 | 19 30 | 02 45 | 18 09 | 24 05 | 19 36 | 09 46 |
| 26 | 6:20:19 | 04 47 10 | 06♈45 | 12 50 | 01 15 | 14 13 | 03 38 | 19 23 | 02 44 | 18 07 | 24 05 | 19 38 | 09 43 |
| 27 | 6:24:15 | 05 48 18 | 19 00 | 25 14 | 29♐57 | 15 28 | 04 20 | 19 15 | 02 43 | 18 04 | 24 05 | 19 39 | 09 40 |
| 28 | 6:28:12 | 06 49 26 | 01♉34 | 08♉00 | 28 45 | 16 43 | 05 01 | 19 08 | 02 41 | 18 02 | 24 05 | 19 40 | 09 37 |
| 29 | 6:32:08 | 07 50 33 | 14 32 | 21 10 | 27 41 | 17 58 | 05 43 | 19 00 | 02 39 | 17 59 | 24 04 | 19 42 | 09 33 |
| 30 | 6:36:05 | 08 51 41 | 27 54 | 04♊45 | 26 46 | 19 14 | 06 25 | 18 53 | 02 37 | 17 57 | 24 04 | 19 43 | 09 30 |
| 31 | 6:40:01 | 09 52 49 | 11♊43 | 18 46 | 26 01 | 20 29 | 07 06 | 18 46 | 02 36 | 17 54 | 24 04 | 19 45 | 09 27 |

0:00 E.T.

## Longitudes of the Major Asteroids and Chiron

| D | ⚳ | ⚴ | ⚵ | ⚶ | ⚷ | D | ⚳ | ⚴ | ⚵ | ⚶ | ⚷ |
|---|---|---|---|---|---|---|---|---|---|---|---|
| 1 | 09♎49 | 00♍07 | 08♍51 | 17♑48 | 16♊35℞ | 17 | 15 38 | 03 19 | 11 59 | 25 54 | 15 38 |
| 2 | 10 11 | 00 23 | 09 05 | 18 18 | 16 31 | 18 | 15 58 | 03 26 | 12 07 | 26 24 | 15 34 |
| 3 | 10 34 | 00 38 | 09 19 | 18 49 | 16 28 | 19 | 16 19 | 03 33 | 12 15 | 26 55 | 15 31 |
| 4 | 10 57 | 00 53 | 09 33 | 19 19 | 16 24 | 20 | 16 39 | 03 39 | 12 23 | 27 25 | 15 28 |
| 5 | 11 19 | 01 07 | 09 47 | 19 49 | 16 21 | 21 | 16 59 | 03 45 | 12 30 | 27 56 | 15 24 |
| 6 | 11 41 | 01 21 | 10 00 | 20 19 | 16 17 | 22 | 17 19 | 03 50 | 12 37 | 28 27 | 15 21 |
| 7 | 12 04 | 01 34 | 10 12 | 20 49 | 16 13 | 23 | 17 39 | 03 54 | 12 43 | 28 57 | 15 17 |
| 8 | 12 26 | 01 47 | 10 25 | 21 20 | 16 10 | 24 | 17 58 | 03 58 | 12 49 | 29 28 | 15 14 |
| 9 | 12 48 | 01 59 | 10 37 | 21 50 | 16 06 | 25 | 18 18 | 04 01 | 12 55 | 29 59 | 15 11 |
| 10 | 13 09 | 02 11 | 10 48 | 22 20 | 16 03 | 26 | 18 37 | 04 04 | 13 00 | 00♒29 | 15 07 |
| 11 | 13 31 | 02 23 | 10 59 | 22 51 | 15 59 | 27 | 18 56 | 04 06 | 13 04 | 01 00 | 15 04 |
| 12 | 13 53 | 02 33 | 11 10 | 23 21 | 15 56 | 28 | 19 14 | 04 07 | 13 09 | 01 31 | 15 01 |
| 13 | 14 14 | 02 44 | 11 21 | 23 52 | 15 52 | 29 | 19 33 | 04 07 | 13 12 | 02 01 | 14 57 |
| 14 | 14 35 | 02 53 | 11 31 | 24 22 | 15 49 | 30 | 19 51 | 04 07℞ | 13 16 | 02 32 | 14 54 |
| 15 | 14 56 | 03 03 | 11 41 | 24 52 | 15 45 | 31 | 20 10 | 04 06 | 13 18 | 03 03 | 14 51 |
| 16 | 15 17 | 03 11 | 11 50 | 25 23 | 15 41 | | | | | | |

## Lunar Data

| Last Asp. | | Ingress | | |
|---|---|---|---|---|
| 1 | 22:23 | 2 | ♊ | 17:26 |
| 4 | 11:08 | 4 | ♋ | 20:43 |
| 6 | 13:22 | 6 | ♌ | 22:54 |
| 8 | 15:32 | 9 | ♍ | 01:13 |
| 10 | 20:14 | 11 | ♎ | 04:24 |
| 12 | 22:32 | 13 | ♏ | 08:46 |
| 15 | 07:51 | 15 | ♐ | 14:40 |
| 17 | 15:36 | 17 | ♑ | 22:40 |
| 20 | 08:40 | 20 | ♒ | 09:12 |
| 22 | 09:48 | 22 | ♓ | 21:48 |
| 24 | 13:34 | 25 | ♈ | 10:35 |
| 27 | 19:08 | 27 | ♉ | 21:02 |
| 29 | 09:23 | 30 | ♊ | 03:41 |

0:00 E.T.

## Declinations

| D | ☉ | ☽ | ☿ | ♀ | ♂ | ♃ | ♄ | ♅ | ♆ | ♇ | ⚳ | ⚴ | ⚵ | ⚶ | ⚷ |
|---|---|---|---|---|---|---|---|---|---|---|---|---|---|---|---|
| 1 | -21 51 | +08 59 | -25 52 | -14 13 | -16 25 | +22 40 | +11 46 | +22 31 | +07 50 | -23 15 | +04 41 | -22 52 | +00 11 | -24 05 | +17 23 |
| 2 | 22 00 | 12 57 | 25 50 | 14 36 | 16 37 | 22 40 | 11 46 | 22 31 | 07 50 | 23 15 | 04 35 | 23 01 | 00 06 | 24 03 | 17 23 |
| 3 | 22 08 | 16 21 | 25 47 | 14 59 | 16 49 | 22 39 | 11 45 | 22 31 | 07 49 | 23 14 | 04 28 | 23 10 | 00 02 | 24 00 | 17 22 |
| 4 | 22 17 | 18 53 | 25 43 | 15 22 | 17 01 | 22 39 | 11 45 | 22 32 | 07 49 | 23 14 | 04 21 | 23 18 | -00 03 | 23 57 | 17 22 |
| 5 | 22 24 | 20 19 | 25 37 | 15 44 | 17 13 | 22 39 | 11 45 | 22 32 | 07 49 | 23 13 | 04 15 | 23 27 | 00 08 | 23 54 | 17 21 |
| 6 | 22 32 | 20 27 | 25 30 | 16 06 | 17 24 | 22 38 | 11 45 | 22 32 | 07 48 | 23 13 | 04 08 | 23 35 | 00 12 | 23 51 | 17 21 |
| 7 | 22 38 | 19 15 | 25 22 | 16 27 | 17 36 | 22 38 | 11 45 | 22 33 | 07 48 | 23 13 | 04 02 | 23 43 | 00 16 | 23 47 | 17 20 |
| 8 | 22 45 | 16 49 | 25 12 | 16 48 | 17 47 | 22 38 | 11 45 | 22 33 | 07 48 | 23 12 | 03 55 | 23 51 | 00 21 | 23 44 | 17 20 |
| 9 | 22 51 | 13 23 | 25 02 | 17 09 | 17 58 | 22 37 | 11 45 | 22 33 | 07 48 | 23 12 | 03 49 | 23 59 | 00 25 | 23 41 | 17 19 |
| 10 | 22 56 | 09 11 | 24 50 | 17 29 | 18 09 | 22 37 | 11 45 | 22 34 | 07 47 | 23 11 | 03 43 | 24 06 | 00 28 | 23 37 | 17 19 |
| 11 | 23 01 | 04 32 | 24 37 | 17 49 | 18 20 | 22 36 | 11 45 | 22 34 | 07 47 | 23 11 | 03 37 | 24 13 | 00 32 | 23 33 | 17 18 |
| 12 | 23 06 | -00 18 | 24 24 | 18 08 | 18 31 | 22 36 | 11 45 | 22 34 | 07 47 | 23 10 | 03 31 | 24 20 | 00 36 | 23 29 | 17 18 |
| 13 | 23 10 | 05 03 | 24 10 | 18 27 | 18 42 | 22 36 | 11 46 | 22 35 | 07 47 | 23 10 | 03 25 | 24 27 | 00 39 | 23 25 | 17 18 |
| 14 | 23 13 | 09 29 | 23 55 | 18 45 | 18 52 | 22 35 | 11 46 | 22 35 | 07 46 | 23 09 | 03 19 | 24 34 | 00 42 | 23 21 | 17 17 |
| 15 | 23 17 | 13 24 | 23 39 | 19 03 | 19 02 | 22 35 | 11 46 | 22 35 | 07 46 | 23 09 | 03 14 | 24 40 | 00 45 | 23 17 | 17 17 |
| 16 | 23 19 | 16 36 | 23 23 | 19 20 | 19 13 | 22 34 | 11 46 | 22 36 | 07 46 | 23 08 | 03 08 | 24 46 | 00 48 | 23 13 | 17 16 |
| 17 | 23 22 | 18 55 | 23 07 | 19 37 | 19 23 | 22 34 | 11 47 | 22 36 | 07 46 | 23 08 | 03 02 | 24 52 | 00 51 | 23 08 | 17 16 |
| 18 | 23 23 | 20 16 | 22 51 | 19 53 | 19 33 | 22 33 | 11 47 | 22 36 | 07 46 | 23 07 | 02 57 | 24 57 | 00 54 | 23 03 | 17 16 |
| 19 | 23 25 | 20 35 | 22 34 | 20 08 | 19 42 | 22 33 | 11 48 | 22 37 | 07 45 | 23 07 | 02 52 | 25 02 | 00 56 | 22 59 | 17 15 |
| 20 | 23 26 | 19 54 | 22 18 | 20 23 | 19 52 | 22 33 | 11 48 | 22 37 | 07 45 | 23 06 | 02 47 | 25 07 | 00 58 | 22 54 | 17 15 |
| 21 | 23 26 | 18 20 | 22 02 | 20 38 | 20 01 | 22 32 | 11 49 | 22 37 | 07 45 | 23 06 | 02 41 | 25 12 | 01 00 | 22 49 | 17 15 |
| 22 | 23 26 | 15 58 | 21 46 | 20 52 | 20 10 | 22 32 | 11 49 | 22 38 | 07 45 | 23 05 | 02 36 | 25 16 | 01 02 | 22 44 | 17 14 |
| 23 | 23 25 | 12 58 | 21 30 | 21 05 | 20 20 | 22 31 | 11 50 | 22 38 | 07 45 | 23 05 | 02 32 | 25 20 | 01 04 | 22 39 | 17 14 |
| 24 | 23 24 | 09 27 | 21 16 | 21 18 | 20 28 | 22 31 | 11 50 | 22 38 | 07 45 | 23 04 | 02 27 | 25 24 | 01 05 | 22 34 | 17 14 |
| 25 | 23 23 | 05 34 | 21 02 | 21 30 | 20 37 | 22 30 | 11 51 | 22 39 | 07 45 | 23 04 | 02 22 | 25 27 | 01 06 | 22 28 | 17 13 |
| 26 | 23 21 | 01 24 | 20 49 | 21 41 | 20 46 | 22 30 | 11 52 | 22 39 | 07 45 | 23 03 | 02 17 | 25 30 | 01 07 | 22 23 | 17 13 |
| 27 | 23 18 | +02 53 | 20 38 | 21 52 | 20 54 | 22 30 | 11 52 | 22 39 | 07 45 | 23 03 | 02 13 | 25 33 | 01 08 | 22 17 | 17 13 |
| 28 | 23 15 | 07 09 | 20 29 | 22 02 | 21 02 | 22 29 | 11 53 | 22 40 | 07 45 | 23 02 | 02 09 | 25 35 | 01 09 | 22 12 | 17 12 |
| 29 | 23 12 | 11 14 | 20 21 | 22 11 | 21 10 | 22 29 | 11 54 | 22 40 | 07 45 | 23 02 | 02 04 | 25 37 | 01 09 | 22 06 | 17 12 |
| 30 | 23 08 | 14 53 | 20 16 | 22 20 | 21 18 | 22 28 | 11 55 | 22 40 | 07 45 | 23 01 | 02 00 | 25 38 | 01 09 | 22 00 | 17 12 |
| 31 | 23 04 | 17 52 | 20 13 | 22 28 | 21 26 | 22 28 | 11 56 | 22 41 | 07 45 | 23 01 | 01 56 | 25 40 | 01 09 | 21 54 | 17 12 |

Lunar Phases -- 3 ○ 14:10 10 ◑ 09:20 17 ● 15:36 25 ◐ 19:46 Sun enters ♑ 12/21 07:15

# 0:00 E.T. Longitudes of Main Planets - January 2037 **Jan. 37**

| D | S.T. | ☉ | ☽ | ☽ 12:00 | ☿ | ♀ | ♂ | ♃ | ♄ | ♅ | ♆ | ♇ | ☊ |
|---|---|---|---|---|---|---|---|---|---|---|---|---|---|
| 1 | 6:43:58 | 10♑53 57 | 25♊55 | 03♋08 | 25♐27℞ | 21♐44 | 07♐48 | 18♊39℞ | 02♍34℞ | 17♋51℞ | 24♈04℞ | 19♒46 | 09♌24 |
| 2 | 6:47:55 | 11 55 05 | 10♋26 | 17 47 | 25 03 | 22 59 | 08 30 | 18 32 | 02 31 | 17 49 | 24 04 | 19 47 | 09 21 |
| 3 | 6:51:51 | 12 56 13 | 25 11 | 02♌36 | 24 49 | 24 14 | 09 12 | 18 25 | 02 29 | 17 46 | 24 04 | 19 49 | 09 18 |
| 4 | 6:55:48 | 13 57 21 | 10♌01 | 17 26 | 24 45D | 25 30 | 09 54 | 18 18 | 02 27 | 17 44 | 24 04D | 19 50 | 09 14 |
| 5 | 6:59:44 | 14 58 29 | 24 49 | 02♍10 | 24 50 | 26 45 | 10 36 | 18 12 | 02 25 | 17 41 | 24 04 | 19 52 | 09 11 |
| 6 | 7:03:41 | 15 59 37 | 09♍29 | 16 44 | 25 03 | 28 00 | 11 18 | 18 05 | 02 22 | 17 39 | 24 04 | 19 53 | 09 08 |
| 7 | 7:07:37 | 17 00 45 | 23 56 | 01♎03 | 25 24 | 29 15 | 12 00 | 17 59 | 02 19 | 17 36 | 24 04 | 19 55 | 09 05 |
| 8 | 7:11:34 | 18 01 54 | 08♎06 | 15 04 | 25 51 | 00♑30 | 12 42 | 17 53 | 02 17 | 17 33 | 24 04 | 19 57 | 09 02 |
| 9 | 7:15:30 | 19 03 02 | 21 58 | 28 47 | 26 25 | 01 46 | 13 24 | 17 47 | 02 14 | 17 31 | 24 04 | 19 58 | 08 59 |
| 10 | 7:19:27 | 20 04 11 | 05♏32 | 12♏13 | 27 05 | 03 01 | 14 06 | 17 41 | 02 11 | 17 28 | 24 04 | 20 00 | 08 55 |
| 11 | 7:23:24 | 21 05 20 | 18 50 | 25 22 | 27 50 | 04 16 | 14 48 | 17 35 | 02 08 | 17 26 | 24 05 | 20 01 | 08 52 |
| 12 | 7:27:20 | 22 06 29 | 01♐51 | 08♐16 | 28 39 | 05 31 | 15 30 | 17 30 | 02 05 | 17 23 | 24 05 | 20 03 | 08 49 |
| 13 | 7:31:17 | 23 07 37 | 14 38 | 20 57 | 29 32 | 06 47 | 16 12 | 17 25 | 02 02 | 17 20 | 24 05 | 20 04 | 08 46 |
| 14 | 7:35:13 | 24 08 46 | 27 12 | 03♑24 | 00♑29 | 08 02 | 16 55 | 17 19 | 01 59 | 17 18 | 24 06 | 20 06 | 08 43 |
| 15 | 7:39:10 | 25 09 54 | 09♑34 | 15 41 | 01 29 | 09 17 | 17 37 | 17 14 | 01 55 | 17 15 | 24 06 | 20 08 | 08 39 |
| 16 | 7:43:06 | 26 11 02 | 21 46 | 27 48 | 02 32 | 10 32 | 18 19 | 17 09 | 01 52 | 17 13 | 24 06 | 20 09 | 08 36 |
| 17 | 7:47:03 | 27 12 10 | 03♒48 | 09♒47 | 03 38 | 11 48 | 19 01 | 17 05 | 01 48 | 17 10 | 24 07 | 20 11 | 08 33 |
| 18 | 7:50:59 | 28 13 16 | 15 44 | 21 39 | 04 46 | 13 03 | 19 44 | 17 00 | 01 45 | 17 08 | 24 07 | 20 13 | 08 30 |
| 19 | 7:54:56 | 29 14 23 | 27 34 | 03♓28 | 05 56 | 14 18 | 20 26 | 16 56 | 01 41 | 17 05 | 24 08 | 20 14 | 08 27 |
| 20 | 7:58:53 | 00♒15 28 | 09♓21 | 15 15 | 07 09 | 15 34 | 21 09 | 16 52 | 01 38 | 17 03 | 24 08 | 20 16 | 08 24 |
| 21 | 8:02:49 | 01 16 33 | 21 09 | 27 04 | 08 23 | 16 49 | 21 51 | 16 48 | 01 34 | 17 00 | 24 09 | 20 18 | 08 20 |
| 22 | 8:06:46 | 02 17 37 | 03♈01 | 09♈00 | 09 38 | 18 04 | 22 34 | 16 44 | 01 30 | 16 58 | 24 10 | 20 19 | 08 17 |
| 23 | 8:10:42 | 03 18 39 | 15 01 | 21 05 | 10 55 | 19 19 | 23 16 | 16 41 | 01 26 | 16 55 | 24 10 | 20 21 | 08 14 |
| 24 | 8:14:39 | 04 19 41 | 27 14 | 03♉26 | 12 14 | 20 35 | 23 59 | 16 37 | 01 22 | 16 53 | 24 11 | 20 23 | 08 11 |
| 25 | 8:18:35 | 05 20 42 | 09♉43 | 16 05 | 13 33 | 21 50 | 24 41 | 16 34 | 01 18 | 16 50 | 24 12 | 20 25 | 08 08 |
| 26 | 8:22:32 | 06 21 42 | 22 34 | 29 08 | 14 54 | 23 05 | 25 24 | 16 31 | 01 14 | 16 48 | 24 12 | 20 26 | 08 05 |
| 27 | 8:26:28 | 07 22 41 | 05♊49 | 12♊37 | 16 16 | 24 20 | 26 06 | 16 28 | 01 10 | 16 45 | 24 13 | 20 28 | 08 01 |
| 28 | 8:30:25 | 08 23 39 | 19 31 | 26 33 | 17 39 | 25 35 | 26 49 | 16 26 | 01 05 | 16 43 | 24 14 | 20 30 | 07 58 |
| 29 | 8:34:22 | 09 24 35 | 03♋41 | 10♋56 | 19 03 | 26 51 | 27 32 | 16 23 | 01 01 | 16 41 | 24 15 | 20 32 | 07 55 |
| 30 | 8:38:18 | 10 25 30 | 18 16 | 25 41 | 20 28 | 28 06 | 28 15 | 16 21 | 00 57 | 16 38 | 24 16 | 20 33 | 07 52 |
| 31 | 8:42:15 | 11 26 25 | 03♌11 | 10♌43 | 21 54 | 29 21 | 28 57 | 16 19 | 00 52 | 16 36 | 24 17 | 20 35 | 07 49 |

## 0:00 E.T. Longitudes of the Major Asteroids and Chiron — Lunar Data

| D | ⚳ | ⚴ | ⚵ | ⚶ | ⚷ | D | ⚳ | ⚴ | ⚵ | ⚶ | ⚷ | Last Asp. | Ingress |
|---|---|---|---|---|---|---|---|---|---|---|---|---|---|
| 1 | 20♎28 | 04♍05℞ | 13♍21 | 03♒34 | 14♊48℞ | 17 | 24 44 | 02 10 | 12 53 | 11 47 | 14 04 | 31 23:15 | 1 ♋ 06:48 |
| 2 | 20 45 | 04 03 | 13 22 | 04 04 | 14 45 | 18 | 24 58 | 01 57 | 12 47 | 12 18 | 14 02 | 2 22:12 | 3 ♌ 07:48 |
| 3 | 21 03 | 04 00 | 13 24 | 04 35 | 14 42 | 19 | 25 12 | 01 44 | 12 41 | 12 49 | 14 00 | 5 03:26 | 5 ♍ 08:27 |
| 4 | 21 20 | 03 56 | 13 25 | 05 06 | 14 39 | 20 | 25 25 | 01 30 | 12 34 | 13 19 | 13 58 | 7 09:50 | 7 ♎ 10:14 |
| 5 | 21 37 | 03 52 | 13 25 | 05 37 | 14 36 | 21 | 25 38 | 01 15 | 12 27 | 13 50 | 13 56 | 9 08:12 | 9 ♏ 14:09 |
| 6 | 21 54 | 03 47 | 13 25℞ | 06 08 | 14 33 | 22 | 25 51 | 01 00 | 12 19 | 14 21 | 13 54 | 11 04:29 | 11 ♐ 20:34 |
| 7 | 22 11 | 03 42 | 13 25 | 06 38 | 14 30 | 23 | 26 03 | 00 45 | 12 11 | 14 52 | 13 52 | 13 18:02 | 14 ♑ 05:24 |
| 8 | 22 27 | 03 35 | 13 24 | 07 09 | 14 27 | 24 | 26 15 | 00 29 | 12 03 | 15 23 | 13 50 | 16 09:36 | 16 ♒ 16:23 |
| 9 | 22 44 | 03 29 | 13 22 | 07 40 | 14 25 | 25 | 26 27 | 00 12 | 11 54 | 15 54 | 13 48 | 18 17:01 | 19 ♓ 04:57 |
| 10 | 23 00 | 03 21 | 13 20 | 08 11 | 14 22 | 26 | 26 38 | 29♌55 | 11 44 | 16 24 | 13 46 | 21 01:30 | 21 ♈ 17:55 |
| 11 | 23 15 | 03 13 | 13 18 | 08 42 | 14 19 | 27 | 26 50 | 29 38 | 11 34 | 16 55 | 13 45 | 23 18:03 | 24 ♉ 05:23 |
| 12 | 23 31 | 03 04 | 13 15 | 09 13 | 14 17 | 28 | 27 00 | 29 20 | 11 24 | 17 26 | 13 43 | 26 01:04 | 26 ♊ 13:34 |
| 13 | 23 46 | 02 54 | 13 11 | 09 44 | 14 14 | 29 | 27 11 | 29 02 | 11 14 | 17 57 | 13 41 | 28 13:06 | 28 ♋ 17:49 |
| 14 | 24 01 | 02 44 | 13 07 | 10 14 | 14 12 | 30 | 27 21 | 28 44 | 11 03 | 18 28 | 13 40 | 30 17:20 | 30 ♌ 18:55 |
| 15 | 24 16 | 02 33 | 13 03 | 10 45 | 14 09 | 31 | 27 31 | 28 25 | 10 51 | 18 58 | 13 39 | | |
| 16 | 24 30 | 02 22 | 12 58 | 11 16 | 14 07 | | | | | | | | |

## 0:00 E.T. Declinations

| D | ☉ | ☽ | ☿ | ♀ | ♂ | ♃ | ♄ | ♅ | ♆ | ♇ | ⚳ | ⚴ | ⚵ | ⚶ | ⚷ |
|---|---|---|---|---|---|---|---|---|---|---|---|---|---|---|---|
| 1 | -22 59 | +19 51 | -20 12 | -22 36 | -21 33 | +22 27 | +11 57 | +22 41 | +07 45 | -23 00 | +01 52 | -25 40 | -01 09 | -21 48 | +17 11 |
| 2 | 22 54 | 20 36 | 20 13 | 22 43 | 21 41 | 22 27 | 11 58 | 22 41 | 07 45 | 22 59 | 01 48 | 25 40 | 01 09 | 21 42 | 17 11 |
| 3 | 22 48 | 19 56 | 20 16 | 22 49 | 21 48 | 22 27 | 11 59 | 22 42 | 07 45 | 22 59 | 01 45 | 25 40 | 01 08 | 21 36 | 17 11 |
| 4 | 22 42 | 17 54 | 20 21 | 22 54 | 21 55 | 22 26 | 12 00 | 22 42 | 07 45 | 22 58 | 01 41 | 25 40 | 01 07 | 21 29 | 17 11 |
| 5 | 22 36 | 14 41 | 20 27 | 22 59 | 22 02 | 22 26 | 12 01 | 22 43 | 07 45 | 22 58 | 01 38 | 25 39 | 01 06 | 21 23 | 17 10 |
| 6 | 22 28 | 10 33 | 20 34 | 23 03 | 22 08 | 22 25 | 12 02 | 22 43 | 07 45 | 22 57 | 01 34 | 25 37 | 01 05 | 21 16 | 17 10 |
| 7 | 22 21 | 05 53 | 20 42 | 23 06 | 22 14 | 22 25 | 12 03 | 22 43 | 07 45 | 22 57 | 01 31 | 25 35 | 01 03 | 21 10 | 17 10 |
| 8 | 22 13 | 00 59 | 20 51 | 23 09 | 22 21 | 22 25 | 12 04 | 22 44 | 07 45 | 22 56 | 01 28 | 25 33 | 01 01 | 21 03 | 17 10 |
| 9 | 22 05 | -03 51 | 21 00 | 23 11 | 22 26 | 22 24 | 12 05 | 22 44 | 07 45 | 22 56 | 01 25 | 25 30 | 00 59 | 20 56 | 17 10 |
| 10 | 21 56 | 08 24 | 21 10 | 23 12 | 22 32 | 22 24 | 12 07 | 22 44 | 07 45 | 22 55 | 01 22 | 25 27 | 00 57 | 20 49 | 17 09 |
| 11 | 21 47 | 12 26 | 21 20 | 23 13 | 22 38 | 22 24 | 12 08 | 22 45 | 07 45 | 22 54 | 01 19 | 25 23 | 00 54 | 20 42 | 17 09 |
| 12 | 21 37 | 15 48 | 21 30 | 23 12 | 22 43 | 22 23 | 12 09 | 22 45 | 07 46 | 22 54 | 01 17 | 25 18 | 00 51 | 20 35 | 17 09 |
| 13 | 21 27 | 18 20 | 21 40 | 23 11 | 22 48 | 22 23 | 12 10 | 22 45 | 07 46 | 22 53 | 01 14 | 25 13 | 00 48 | 20 28 | 17 09 |
| 14 | 21 17 | 19 57 | 21 49 | 23 10 | 22 53 | 22 23 | 12 12 | 22 46 | 07 46 | 22 53 | 01 12 | 25 08 | 00 45 | 20 20 | 17 09 |
| 15 | 21 06 | 20 35 | 21 58 | 23 07 | 22 58 | 22 23 | 12 13 | 22 46 | 07 46 | 22 52 | 01 10 | 25 02 | 00 42 | 20 13 | 17 09 |
| 16 | 20 54 | 20 13 | 22 07 | 23 04 | 23 02 | 22 22 | 12 15 | 22 46 | 07 46 | 22 52 | 01 07 | 24 55 | 00 38 | 20 06 | 17 09 |
| 17 | 20 43 | 18 56 | 22 15 | 23 00 | 23 07 | 22 22 | 12 16 | 22 47 | 07 46 | 22 51 | 01 05 | 24 48 | 00 34 | 19 58 | 17 09 |
| 18 | 20 31 | 16 48 | 22 22 | 22 56 | 23 11 | 22 22 | 12 17 | 22 47 | 07 47 | 22 50 | 01 04 | 24 41 | 00 30 | 19 50 | 17 09 |
| 19 | 20 18 | 13 59 | 22 28 | 22 51 | 23 15 | 22 22 | 12 19 | 22 47 | 07 47 | 22 50 | 01 02 | 24 32 | 00 25 | 19 43 | 17 09 |
| 20 | 20 05 | 10 37 | 22 34 | 22 45 | 23 18 | 22 21 | 12 20 | 22 48 | 07 47 | 22 49 | 01 00 | 24 24 | 00 20 | 19 35 | 17 09 |
| 21 | 19 52 | 06 51 | 22 39 | 22 38 | 23 22 | 22 21 | 12 22 | 22 48 | 07 47 | 22 49 | 00 59 | 24 14 | 00 15 | 19 27 | 17 09 |
| 22 | 19 39 | 02 47 | 22 42 | 22 31 | 23 25 | 22 21 | 12 24 | 22 48 | 07 48 | 22 48 | 00 57 | 24 04 | 00 10 | 19 19 | 17 09 |
| 23 | 19 25 | +01 24 | 22 45 | 22 23 | 23 28 | 22 21 | 12 25 | 22 49 | 07 48 | 22 48 | 00 56 | 23 54 | 00 04 | 19 11 | 17 09 |
| 24 | 19 10 | 05 37 | 22 47 | 22 14 | 23 31 | 22 21 | 12 27 | 22 49 | 07 48 | 22 47 | 00 55 | 23 43 | +00 01 | 19 03 | 17 09 |
| 25 | 18 56 | 09 41 | 22 47 | 22 05 | 23 33 | 22 21 | 12 28 | 22 49 | 07 49 | 22 46 | 00 54 | 23 31 | 00 07 | 18 55 | 17 09 |
| 26 | 18 41 | 13 26 | 22 47 | 21 55 | 23 36 | 22 20 | 12 30 | 22 49 | 07 49 | 22 46 | 00 53 | 23 19 | 00 13 | 18 47 | 17 09 |
| 27 | 18 25 | 16 39 | 22 45 | 21 44 | 23 38 | 22 20 | 12 32 | 22 50 | 07 49 | 22 45 | 00 53 | 23 06 | 00 20 | 18 38 | 17 09 |
| 28 | 18 10 | 19 04 | 22 42 | 21 33 | 23 40 | 22 20 | 12 33 | 22 50 | 07 50 | 22 45 | 00 52 | 22 52 | 00 27 | 18 30 | 17 09 |
| 29 | 17 54 | 20 24 | 22 38 | 21 21 | 23 41 | 22 20 | 12 35 | 22 50 | 07 50 | 22 44 | 00 52 | 22 38 | 00 33 | 18 21 | 17 09 |
| 30 | 17 37 | 20 25 | 22 33 | 21 08 | 23 43 | 22 20 | 12 37 | 22 51 | 07 50 | 22 44 | 00 51 | 22 23 | 00 41 | 18 13 | 17 09 |
| 31 | 17 21 | 19 01 | 22 27 | 20 55 | 23 44 | 22 20 | 12 38 | 22 51 | 07 51 | 22 43 | 00 51 | 22 08 | 00 48 | 18 04 | 17 09 |

Lunar Phases -- 2 ○ 02:36 8 ◑ 18:30 16 ● 09:36 24 ◐ 14:56 31 Ⓔ 14:05 Sun enters ♒ 1/19 17:55

## Longitudes of Main Planets - February 2037

0:00 E.T.

| D | S.T. | ☉ | ☽ | ☽ 12:00 | ☿ | ♀ | ♂ | ♃ | ♄ | ♅ | ♆ | ♇ | ☊ |
|---|---|---|---|---|---|---|---|---|---|---|---|---|---|
| 1 | 8:46:11 | 12♒27 18 | 18♌18 | 25♌53 | 23♑21 | 00♒36 | 29♐40 | 16♊17℞ | 00♍48℞ | 16♋34℞ | 24♈18 | 20♒37 | 07♌45 |
| 2 | 8:50:08 | 13 28 10 | 03♍28 | 11♍02 | 24 49 | 01 52 | 00♑23 | 16 16 | 00 43 | 16 31 | 24 19 | 20 39 | 07 42 |
| 3 | 8:54:04 | 14 29 01 | 18 32 | 26 00 | 26 17 | 03 07 | 01 06 | 16 14 | 00 39 | 16 29 | 24 20 | 20 40 | 07 39 |
| 4 | 8:58:01 | 15 29 52 | 03♎22 | 10♎39 | 27 47 | 04 22 | 01 49 | 16 13 | 00 34 | 16 27 | 24 21 | 20 42 | 07 36 |
| 5 | 9:01:57 | 16 30 41 | 17 51 | 24 56 | 29 17 | 05 37 | 02 32 | 16 12 | 00 30 | 16 25 | 24 22 | 20 44 | 07 33 |
| 6 | 9:05:54 | 17 31 29 | 01♏55 | 08♏48 | 00♒48 | 06 52 | 03 15 | 16 11 | 00 25 | 16 23 | 24 23 | 20 46 | 07 30 |
| 7 | 9:09:51 | 18 32 17 | 15 34 | 22 15 | 02 19 | 08 08 | 03 58 | 16 11 | 00 20 | 16 21 | 24 24 | 20 48 | 07 26 |
| 8 | 9:13:47 | 19 33 04 | 28 49 | 05♐18 | 03 52 | 09 23 | 04 41 | 16 10 | 00 16 | 16 19 | 24 25 | 20 49 | 07 23 |
| 9 | 9:17:44 | 20 33 50 | 11♐42 | 18 01 | 05 25 | 10 38 | 05 24 | 16 10 | 00 11 | 16 17 | 24 26 | 20 51 | 07 20 |
| 10 | 9:21:40 | 21 34 34 | 24 17 | 00♑28 | 06 59 | 11 53 | 06 07 | 16 10D | 00 06 | 16 15 | 24 28 | 20 53 | 07 17 |
| 11 | 9:25:37 | 22 35 18 | 06♑36 | 12 41 | 08 34 | 13 08 | 06 50 | 16 11 | 00 01 | 16 13 | 24 29 | 20 55 | 07 14 |
| 12 | 9:29:33 | 23 36 01 | 18 44 | 24 44 | 10 10 | 14 23 | 07 33 | 16 11 | 29♌57 | 16 11 | 24 30 | 20 56 | 07 11 |
| 13 | 9:33:30 | 24 36 42 | 00♒43 | 06♒40 | 11 47 | 15 39 | 08 16 | 16 12 | 29 52 | 16 09 | 24 31 | 20 58 | 07 07 |
| 14 | 9:37:26 | 25 37 22 | 12 36 | 18 31 | 13 24 | 16 54 | 08 59 | 16 13 | 29 47 | 16 07 | 24 33 | 21 00 | 07 04 |
| 15 | 9:41:23 | 26 38 01 | 24 25 | 00♓19 | 15 02 | 18 09 | 09 43 | 16 14 | 29 42 | 16 05 | 24 34 | 21 02 | 07 01 |
| 16 | 9:45:20 | 27 38 38 | 06♓13 | 12 07 | 16 42 | 19 24 | 10 26 | 16 15 | 29 37 | 16 03 | 24 36 | 21 04 | 06 58 |
| 17 | 9:49:16 | 28 39 14 | 18 02 | 23 57 | 18 22 | 20 39 | 11 09 | 16 16 | 29 32 | 16 02 | 24 37 | 21 05 | 06 55 |
| 18 | 9:53:13 | 29 39 48 | 29 53 | 05♈51 | 20 02 | 21 54 | 11 52 | 16 18 | 29 27 | 16 00 | 24 38 | 21 07 | 06 51 |
| 19 | 9:57:09 | 00♓40 20 | 11♈50 | 17 51 | 21 44 | 23 09 | 12 36 | 16 20 | 29 23 | 15 58 | 24 40 | 21 09 | 06 48 |
| 20 | 10:01:06 | 01 40 51 | 23 54 | 29 59 | 23 27 | 24 24 | 13 19 | 16 22 | 29 18 | 15 57 | 24 41 | 21 11 | 06 45 |
| 21 | 10:05:02 | 02 41 20 | 06♉08 | 12♉20 | 25 11 | 25 40 | 14 02 | 16 24 | 29 13 | 15 55 | 24 43 | 21 12 | 06 42 |
| 22 | 10:08:59 | 03 41 47 | 18 36 | 24 56 | 26 55 | 26 55 | 14 46 | 16 26 | 29 08 | 15 54 | 24 44 | 21 14 | 06 39 |
| 23 | 10:12:55 | 04 42 12 | 01♊22 | 07♊52 | 28 41 | 28 10 | 15 29 | 16 29 | 29 03 | 15 52 | 24 46 | 21 16 | 06 36 |
| 24 | 10:16:52 | 05 42 35 | 14 28 | 21 11 | 00♓27 | 29 25 | 16 13 | 16 32 | 28 58 | 15 51 | 24 48 | 21 18 | 06 32 |
| 25 | 10:20:49 | 06 42 57 | 27 59 | 04♋54 | 02 15 | 00♓40 | 16 56 | 16 35 | 28 54 | 15 49 | 24 49 | 21 19 | 06 29 |
| 26 | 10:24:45 | 07 43 16 | 11♋56 | 19 04 | 04 03 | 01 55 | 17 40 | 16 38 | 28 49 | 15 48 | 24 51 | 21 21 | 06 26 |
| 27 | 10:28:42 | 08 43 34 | 26 19 | 03♌40 | 05 52 | 03 10 | 18 23 | 16 42 | 28 44 | 15 47 | 24 53 | 21 23 | 06 23 |
| 28 | 10:32:38 | 09 43 49 | 11♌06 | 18 37 | 07 43 | 04 25 | 19 07 | 16 45 | 28 39 | 15 46 | 24 54 | 21 24 | 06 20 |

0:00 E.T.

## Longitudes of the Major Asteroids and Chiron

| D | ⚳ | ⚴ | ⚵ | ⚶ | ⚷ | D | ⚳ | ⚴ | ⚵ | ⚶ | ⚷ |
|---|---|---|---|---|---|---|---|---|---|---|---|
| 1 | 27♎41 | 28♌06℞ | 10♍40℞ | 19♒29 | 13♊37℞ | 15 | 29 16 | 23 23 | 07 27 | 26 38 | 13 26 |
| 2 | 27 50 | 27 46 | 10 28 | 20 00 | 13 36 | 16 | 29 20 | 23 03 | 07 11 | 27 09 | 13 26 |
| 3 | 27 59 | 27 27 | 10 15 | 20 31 | 13 35 | 17 | 29 23 | 22 44 | 06 56 | 27 39 | 13 26 |
| 4 | 28 07 | 27 07 | 10 03 | 21 01 | 13 34 | 18 | 29 26 | 22 24 | 06 41 | 28 10 | 13 26 |
| 5 | 28 15 | 26 47 | 09 50 | 21 32 | 13 33 | 19 | 29 29 | 22 05 | 06 25 | 28 40 | 13 26D |
| 6 | 28 23 | 26 27 | 09 36 | 22 03 | 13 32 | 20 | 29 31 | 21 46 | 06 10 | 29 11 | 13 26 |
| 7 | 28 30 | 26 06 | 09 23 | 22 33 | 13 31 | 21 | 29 33 | 21 27 | 05 54 | 29 41 | 13 26 |
| 8 | 28 37 | 25 46 | 09 09 | 23 04 | 13 30 | 22 | 29 34 | 21 09 | 05 38 | 00♓11 | 13 26 |
| 9 | 28 44 | 25 25 | 08 55 | 23 35 | 13 29 | 23 | 29 35 | 20 51 | 05 23 | 00 42 | 13 26 |
| 10 | 28 50 | 25 05 | 08 41 | 24 05 | 13 28 | 24 | 29 36 | 20 34 | 05 08 | 01 12 | 13 27 |
| 11 | 28 56 | 24 44 | 08 26 | 24 36 | 13 28 | 25 | 29 36℞ | 20 17 | 04 52 | 01 42 | 13 27 |
| 12 | 29 02 | 24 24 | 08 12 | 25 06 | 13 27 | 26 | 29 36 | 20 00 | 04 37 | 02 13 | 13 28 |
| 13 | 29 07 | 24 04 | 07 57 | 25 37 | 13 27 | 27 | 29 35 | 19 44 | 04 22 | 02 43 | 13 28 |
| 14 | 29 11 | 23 43 | 07 42 | 26 08 | 13 26 | 28 | 29 34 | 19 28 | 04 07 | 03 13 | 13 29 |

## Lunar Data

| Last Asp. | | Ingress | | |
|---|---|---|---|---|
| 1 | 09:30 | 1 | ♍ | 18:30 |
| 3 | 13:52 | 3 | ♎ | 18:30 |
| 5 | 11:02 | 5 | ♏ | 20:41 |
| 7 | 09:24 | 8 | ♐ | 02:10 |
| 10 | 00:21 | 10 | ♑ | 11:06 |
| 12 | 11:34 | 12 | ♒ | 22:35 |
| 15 | 10:40 | 15 | ♓ | 11:21 |
| 16 | 20:25 | 18 | ♈ | 00:13 |
| 20 | 10:34 | 20 | ♉ | 12:02 |
| 22 | 19:44 | 22 | ♊ | 21:28 |
| 25 | 01:35 | 25 | ♋ | 03:30 |
| 26 | 21:37 | 27 | ♌ | 06:02 |

0:00 E.T.

## Declinations

| D | ☉ | ☽ | ☿ | ♀ | ♂ | ♃ | ♄ | ♅ | ♆ | ♇ | ⚳ | ⚴ | ⚵ | ⚶ | ⚷ |
|---|---|---|---|---|---|---|---|---|---|---|---|---|---|---|---|
| 1 | -17 04 | +16 15 | -22 19 | -20 41 | -23 45 | +22 20 | +12 40 | +22 51 | +07 51 | -22 42 | +00 51 | -21 52 | +00 55 | -17 56 | +17 09 |
| 2 | 16 46 | 12 22 | 22 10 | 20 27 | 23 46 | 22 20 | 12 42 | 22 51 | 07 52 | 22 42 | 00 51 | 21 36 | 01 03 | 17 47 | 17 09 |
| 3 | 16 29 | 07 42 | 22 00 | 20 11 | 23 46 | 22 20 | 12 44 | 22 52 | 07 52 | 22 41 | 00 51 | 21 19 | 01 11 | 17 38 | 17 09 |
| 4 | 16 11 | 02 40 | 21 48 | 19 56 | 23 47 | 22 20 | 12 45 | 22 52 | 07 52 | 22 41 | 00 52 | 21 02 | 01 19 | 17 29 | 17 09 |
| 5 | 15 53 | -02 24 | 21 35 | 19 40 | 23 47 | 22 21 | 12 47 | 22 52 | 07 53 | 22 40 | 00 52 | 20 44 | 01 28 | 17 20 | 17 10 |
| 6 | 15 35 | 07 12 | 21 21 | 19 23 | 23 47 | 22 21 | 12 49 | 22 53 | 07 53 | 22 40 | 00 53 | 20 25 | 01 36 | 17 12 | 17 10 |
| 7 | 15 16 | 11 29 | 21 06 | 19 05 | 23 46 | 22 21 | 12 51 | 22 53 | 07 54 | 22 39 | 00 54 | 20 06 | 01 45 | 17 03 | 17 10 |
| 8 | 14 57 | 15 04 | 20 49 | 18 47 | 23 46 | 22 21 | 12 52 | 22 53 | 07 54 | 22 39 | 00 55 | 19 46 | 01 54 | 16 53 | 17 10 |
| 9 | 14 38 | 17 49 | 20 31 | 18 29 | 23 45 | 22 21 | 12 54 | 22 53 | 07 55 | 22 38 | 00 56 | 19 26 | 02 03 | 16 44 | 17 10 |
| 10 | 14 19 | 19 39 | 20 11 | 18 10 | 23 44 | 22 21 | 12 56 | 22 53 | 07 55 | 22 38 | 00 57 | 19 05 | 02 12 | 16 35 | 17 10 |
| 11 | 13 59 | 20 31 | 19 50 | 17 50 | 23 42 | 22 22 | 12 58 | 22 54 | 07 56 | 22 37 | 00 58 | 18 44 | 02 21 | 16 26 | 17 11 |
| 12 | 13 39 | 20 24 | 19 28 | 17 30 | 23 41 | 22 22 | 13 00 | 22 54 | 07 56 | 22 37 | 01 00 | 18 23 | 02 31 | 16 17 | 17 11 |
| 13 | 13 19 | 19 20 | 19 05 | 17 09 | 23 39 | 22 22 | 13 01 | 22 54 | 07 57 | 22 36 | 01 01 | 18 01 | 02 40 | 16 07 | 17 11 |
| 14 | 12 59 | 17 26 | 18 40 | 16 48 | 23 37 | 22 22 | 13 03 | 22 54 | 07 57 | 22 35 | 01 03 | 17 38 | 02 50 | 15 58 | 17 11 |
| 15 | 12 38 | 14 47 | 18 13 | 16 27 | 23 35 | 22 23 | 13 05 | 22 55 | 07 58 | 22 35 | 01 05 | 17 15 | 03 00 | 15 48 | 17 12 |
| 16 | 12 17 | 11 33 | 17 46 | 16 05 | 23 32 | 22 23 | 13 07 | 22 55 | 07 58 | 22 34 | 01 06 | 16 52 | 03 10 | 15 39 | 17 12 |
| 17 | 11 56 | 07 51 | 17 17 | 15 42 | 23 30 | 22 23 | 13 09 | 22 55 | 07 59 | 22 34 | 01 09 | 16 28 | 03 20 | 15 29 | 17 12 |
| 18 | 11 35 | 03 50 | 16 46 | 15 19 | 23 27 | 22 24 | 13 10 | 22 55 | 08 00 | 22 33 | 01 11 | 16 04 | 03 30 | 15 20 | 17 12 |
| 19 | 11 14 | +00 20 | 16 15 | 14 56 | 23 23 | 22 24 | 13 12 | 22 55 | 08 00 | 22 33 | 01 13 | 15 40 | 03 40 | 15 10 | 17 13 |
| 20 | 10 52 | 04 32 | 15 42 | 14 32 | 23 20 | 22 24 | 13 14 | 22 56 | 08 01 | 22 32 | 01 15 | 15 15 | 03 50 | 15 01 | 17 13 |
| 21 | 10 31 | 08 37 | 15 07 | 14 08 | 23 16 | 22 25 | 13 16 | 22 56 | 08 01 | 22 32 | 01 18 | 14 50 | 04 01 | 14 51 | 17 13 |
| 22 | 10 09 | 12 24 | 14 31 | 13 44 | 23 13 | 22 25 | 13 17 | 22 56 | 08 02 | 22 31 | 01 21 | 14 25 | 04 11 | 14 41 | 17 14 |
| 23 | 09 47 | 15 43 | 13 54 | 13 19 | 23 09 | 22 26 | 13 19 | 22 56 | 08 03 | 22 31 | 01 23 | 13 59 | 04 21 | 14 31 | 17 14 |
| 24 | 09 25 | 18 21 | 13 16 | 12 54 | 23 04 | 22 26 | 13 21 | 22 56 | 08 03 | 22 31 | 01 26 | 13 34 | 04 32 | 14 22 | 17 14 |
| 25 | 09 03 | 20 04 | 12 36 | 12 28 | 23 00 | 22 27 | 13 23 | 22 56 | 08 04 | 22 30 | 01 29 | 13 08 | 04 42 | 14 12 | 17 15 |
| 26 | 08 40 | 20 38 | 11 54 | 12 02 | 22 55 | 22 27 | 13 24 | 22 57 | 08 04 | 22 30 | 01 32 | 12 41 | 04 53 | 14 02 | 17 15 |
| 27 | 08 18 | 19 52 | 11 12 | 11 36 | 22 50 | 22 28 | 13 26 | 22 57 | 08 05 | 22 29 | 01 35 | 12 15 | 05 03 | 13 52 | 17 15 |
| 28 | 07 55 | 17 44 | 10 28 | 11 09 | 22 45 | 22 28 | 13 28 | 22 57 | 08 06 | 22 29 | 01 39 | 11 49 | 05 13 | 13 42 | 17 16 |

Lunar Phases -- 7 ◑ 05:45 15 ● 04:55 23 ◐ 06:42 Sun enters ♓ 2/18 08:00

## Longitudes of Main Planets - March 2037



| D | S.T. | ☉ | ☽ | ☽ 12:00 | ☿ | ♀ | ♂ | ♃ | ♄ | ♅ | ♆ | ♇ | ☊ |
|---|---|---|---|---|---|---|---|---|---|---|---|---|---|
| 1 | 10:36:35 | 10♓44 03 | 26♌11 | 03♍48 | 09♓34 | 05♓40 | 19♑50 | 16♊49 | 28♌35℞ | 15♋44℞ | 24♈56 | 21♒26 | 06♌17 |
| 2 | 10:40:31 | 11 44 15 | 11♍27 | 19 05 | 11 26 | 06 55 | 20 34 | 16 53 | 28 30 | 15 43 | 24 58 | 21 28 | 06 13 |
| 3 | 10:44:28 | 12 44 24 | 26 42 | 04♎17 | 13 19 | 08 10 | 21 18 | 16 57 | 28 25 | 15 42 | 25 00 | 21 29 | 06 10 |
| 4 | 10:48:24 | 13 44 33 | 11♎47 | 19 13 | 15 13 | 09 25 | 22 01 | 17 01 | 28 21 | 15 41 | 25 01 | 21 31 | 06 07 |
| 5 | 10:52:21 | 14 44 39 | 26 33 | 03♏46 | 17 08 | 10 40 | 22 45 | 17 06 | 28 16 | 15 40 | 25 03 | 21 33 | 06 04 |
| 6 | 10:56:18 | 15 44 44 | 10♏52 | 17 51 | 19 04 | 11 54 | 23 29 | 17 10 | 28 12 | 15 39 | 25 05 | 21 34 | 06 01 |
| 7 | 11:00:14 | 16 44 47 | 24 43 | 01♐27 | 21 00 | 13 09 | 24 13 | 17 15 | 28 07 | 15 38 | 25 07 | 21 36 | 05 57 |
| 8 | 11:04:11 | 17 44 49 | 08♐04 | 14 34 | 22 56 | 14 24 | 24 56 | 17 20 | 28 03 | 15 37 | 25 09 | 21 38 | 05 54 |
| 9 | 11:08:07 | 18 44 49 | 20 59 | 27 17 | 24 53 | 15 39 | 25 40 | 17 25 | 27 58 | 15 37 | 25 11 | 21 39 | 05 51 |
| 10 | 11:12:04 | 19 44 48 | 03♑31 | 09♑40 | 26 51 | 16 54 | 26 24 | 17 31 | 27 54 | 15 36 | 25 13 | 21 41 | 05 48 |
| 11 | 11:16:00 | 20 44 45 | 15 45 | 21 47 | 28 48 | 18 09 | 27 08 | 17 36 | 27 50 | 15 35 | 25 14 | 21 43 | 05 45 |
| 12 | 11:19:57 | 21 44 40 | 27 46 | 03♒43 | 00♈45 | 19 24 | 27 52 | 17 42 | 27 46 | 15 35 | 25 16 | 21 44 | 05 42 |
| 13 | 11:23:53 | 22 44 34 | 09♒38 | 15 32 | 02 41 | 20 39 | 28 36 | 17 48 | 27 41 | 15 34 | 25 18 | 21 46 | 05 38 |
| 14 | 11:27:50 | 23 44 26 | 21 26 | 27 19 | 04 37 | 21 53 | 29 20 | 17 54 | 27 37 | 15 33 | 25 20 | 21 47 | 05 35 |
| 15 | 11:31:47 | 24 44 16 | 03♓13 | 09♓07 | 06 31 | 23 08 | 00♒04 | 18 00 | 27 33 | 15 33 | 25 22 | 21 49 | 05 32 |
| 16 | 11:35:43 | 25 44 04 | 15 01 | 20 57 | 08 24 | 24 23 | 00 47 | 18 06 | 27 29 | 15 33 | 25 24 | 21 50 | 05 29 |
| 17 | 11:39:40 | 26 43 50 | 26 54 | 02♈52 | 10 15 | 25 38 | 01 31 | 18 13 | 27 25 | 15 32 | 25 26 | 21 52 | 05 26 |
| 18 | 11:43:36 | 27 43 34 | 08♈52 | 14 54 | 12 03 | 26 53 | 02 15 | 18 19 | 27 21 | 15 32 | 25 28 | 21 53 | 05 22 |
| 19 | 11:47:33 | 28 43 16 | 20 58 | 27 03 | 13 49 | 28 07 | 02 59 | 18 26 | 27 18 | 15 32 | 25 31 | 21 55 | 05 19 |
| 20 | 11:51:29 | 29 42 56 | 03♉11 | 09♉22 | 15 31 | 29 22 | 03 44 | 18 33 | 27 14 | 15 31 | 25 33 | 21 56 | 05 16 |
| 21 | 11:55:26 | 00♈42 34 | 15 35 | 21 51 | 17 10 | 00♈37 | 04 28 | 18 40 | 27 10 | 15 31 | 25 35 | 21 58 | 05 13 |
| 22 | 11:59:22 | 01 42 10 | 28 10 | 04♊33 | 18 44 | 01 51 | 05 12 | 18 47 | 27 07 | 15 31 | 25 37 | 21 59 | 05 10 |
| 23 | 12:03:19 | 02 41 44 | 10♊59 | 17 29 | 20 13 | 03 06 | 05 56 | 18 55 | 27 03 | 15 31 | 25 39 | 22 01 | 05 07 |
| 24 | 12:07:16 | 03 41 15 | 24 04 | 00♋43 | 21 38 | 04 21 | 06 40 | 19 02 | 27 00 | 15 31D | 25 41 | 22 02 | 05 03 |
| 25 | 12:11:12 | 04 40 44 | 07♋27 | 14 17 | 22 57 | 05 35 | 07 24 | 19 10 | 26 56 | 15 31 | 25 43 | 22 04 | 05 00 |
| 26 | 12:15:09 | 05 40 11 | 21 12 | 28 13 | 24 10 | 06 50 | 08 08 | 19 18 | 26 53 | 15 31 | 25 45 | 22 05 | 04 57 |
| 27 | 12:19:05 | 06 39 35 | 05♌20 | 12♌32 | 25 17 | 08 05 | 08 52 | 19 25 | 26 50 | 15 31 | 25 47 | 22 06 | 04 54 |
| 28 | 12:23:02 | 07 38 57 | 19 49 | 27 11 | 26 17 | 09 19 | 09 36 | 19 34 | 26 47 | 15 32 | 25 50 | 22 08 | 04 51 |
| 29 | 12:26:58 | 08 38 16 | 04♍38 | 12♍08 | 27 11 | 10 34 | 10 21 | 19 42 | 26 44 | 15 32 | 25 52 | 22 09 | 04 48 |
| 30 | 12:30:55 | 09 37 34 | 19 40 | 27 14 | 27 57 | 11 48 | 11 05 | 19 50 | 26 41 | 15 32 | 25 54 | 22 10 | 04 44 |
| 31 | 12:34:51 | 10 36 49 | 04♎47 | 12♎20 | 28 37 | 13 03 | 11 49 | 19 59 | 26 38 | 15 33 | 25 56 | 22 12 | 04 41 |

0:00 E.T.

## Longitudes of the Major Asteroids and Chiron

| D | ⚳ | ⚴ | ⚵ | ⚶ | ⚷ | D | ⚳ | ⚴ | ⚵ | ⚶ | ⚷ |
|---|---|---|---|---|---|---|---|---|---|---|---|
| 1 | 29♎32℞ | 19♌12℞ | 03♍52℞ | 03♓43 | 13♊30 | 17 | 28 10 | 16 20 | 00 24 | 11 42 | 13 52 |
| 2 | 29 30 | 18 58 | 03 37 | 04 14 | 13 30 | 18 | 28 01 | 16 14 | 00 14 | 12 12 | 13 54 |
| 3 | 29 28 | 18 43 | 03 22 | 04 44 | 13 31 | 19 | 27 52 | 16 09 | 00 04 | 12 42 | 13 56 |
| 4 | 29 25 | 18 29 | 03 08 | 05 14 | 13 32 | 20 | 27 43 | 16 04 | 29♌54 | 13 11 | 13 58 |
| 5 | 29 22 | 18 16 | 02 54 | 05 44 | 13 33 | 21 | 27 34 | 16 00 | 29 45 | 13 41 | 14 00 |
| 6 | 29 18 | 18 03 | 02 40 | 06 14 | 13 35 | 22 | 27 24 | 15 56 | 29 36 | 14 10 | 14 02 |
| 7 | 29 14 | 17 51 | 02 26 | 06 44 | 13 36 | 23 | 27 13 | 15 53 | 29 27 | 14 40 | 14 05 |
| 8 | 29 09 | 17 40 | 02 12 | 07 14 | 13 37 | 24 | 27 03 | 15 51 | 29 19 | 15 09 | 14 07 |
| 9 | 29 04 | 17 28 | 01 59 | 07 44 | 13 38 | 25 | 26 52 | 15 49 | 29 12 | 15 38 | 14 09 |
| 10 | 28 59 | 17 18 | 01 46 | 08 14 | 13 40 | 26 | 26 41 | 15 47 | 29 04 | 16 08 | 14 12 |
| 11 | 28 53 | 17 08 | 01 33 | 08 44 | 13 41 | 27 | 26 30 | 15 46 | 28 58 | 16 37 | 14 15 |
| 12 | 28 47 | 16 58 | 01 21 | 09 14 | 13 43 | 28 | 26 18 | 15 46 | 28 51 | 17 06 | 14 17 |
| 13 | 28 40 | 16 50 | 01 09 | 09 43 | 13 44 | 29 | 26 06 | 15 46D | 28 45 | 17 35 | 14 20 |
| 14 | 28 33 | 16 41 | 00 57 | 10 13 | 13 46 | 30 | 25 54 | 15 47 | 28 40 | 18 04 | 14 23 |
| 15 | 28 26 | 16 34 | 00 46 | 10 43 | 13 48 | 31 | 25 42 | 15 48 | 28 34 | 18 33 | 14 26 |
| 16 | 28 18 | 16 27 | 00 35 | 11 13 | 13 50 | | | | | | |

## Lunar Data

| Last Asp. | | Ingress | | |
|---|---|---|---|---|
| 1 | 03:45 | 1 | ♍ | 06:01 |
| 2 | 15:03 | 3 | ♎ | 05:13 |
| 5 | 02:51 | 5 | ♏ | 05:43 |
| 7 | 06:01 | 7 | ♐ | 09:25 |
| 9 | 13:14 | 9 | ♑ | 17:13 |
| 12 | 00:13 | 12 | ♒ | 04:30 |
| 14 | 12:32 | 14 | ♓ | 17:27 |
| 16 | 23:37 | 17 | ♈ | 06:14 |
| 19 | 12:24 | 19 | ♉ | 17:46 |
| 21 | 22:01 | 22 | ♊ | 03:27 |
| 24 | 05:17 | 24 | ♋ | 10:43 |
| 26 | 07:49 | 26 | ♌ | 15:01 |
| 28 | 11:18 | 28 | ♍ | 16:33 |
| 30 | 00:16 | 30 | ♎ | 16:24 |

0:00 E.T.

## Declinations

| D | ☉ | ☽ | ☿ | ♀ | ♂ | ♃ | ♄ | ♅ | ♆ | ♇ | ⚳ | ⚴ | ⚵ | ⚶ | ⚷ |
|---|---|---|---|---|---|---|---|---|---|---|---|---|---|---|---|
| 1 | -07 32 | +14 21 | -09 43 | -10 43 | -22 39 | +22 29 | +13 30 | +22 57 | +08 06 | -22 28 | +01 42 | -11 22 | +05 24 | -13 32 | +17 16 |
| 2 | 07 10 | 09 57 | 08 56 | 10 15 | 22 34 | 22 29 | 13 31 | 22 57 | 08 07 | 22 28 | 01 46 | 10 56 | 05 34 | 13 22 | 17 17 |
| 3 | 06 47 | 04 55 | 08 09 | 09 48 | 22 28 | 22 30 | 13 33 | 22 57 | 08 08 | 22 27 | 01 49 | 10 29 | 05 44 | 13 12 | 17 17 |
| 4 | 06 24 | -00 21 | 07 20 | 09 20 | 22 22 | 22 30 | 13 34 | 22 57 | 08 08 | 22 27 | 01 53 | 10 02 | 05 55 | 13 02 | 17 17 |
| 5 | 06 00 | 05 29 | 06 30 | 08 52 | 22 15 | 22 31 | 13 36 | 22 57 | 08 09 | 22 27 | 01 56 | 09 35 | 06 05 | 12 52 | 17 18 |
| 6 | 05 37 | 10 10 | 05 39 | 08 24 | 22 09 | 22 32 | 13 38 | 22 57 | 08 10 | 22 26 | 02 00 | 09 09 | 06 15 | 12 42 | 17 18 |
| 7 | 05 14 | 14 08 | 04 47 | 07 56 | 22 02 | 22 32 | 13 39 | 22 58 | 08 11 | 22 26 | 02 04 | 08 42 | 06 25 | 12 32 | 17 19 |
| 8 | 04 50 | 17 15 | 03 54 | 07 27 | 21 55 | 22 33 | 13 41 | 22 58 | 08 11 | 22 25 | 02 08 | 08 15 | 06 35 | 12 21 | 17 19 |
| 9 | 04 27 | 19 23 | 03 00 | 06 59 | 21 48 | 22 34 | 13 42 | 22 58 | 08 12 | 22 25 | 02 12 | 07 49 | 06 45 | 12 11 | 17 20 |
| 10 | 04 04 | 20 30 | 02 06 | 06 30 | 21 41 | 22 34 | 13 44 | 22 58 | 08 13 | 22 25 | 02 16 | 07 22 | 06 55 | 12 01 | 17 20 |
| 11 | 03 40 | 20 37 | 01 11 | 06 00 | 21 33 | 22 35 | 13 45 | 22 58 | 08 13 | 22 24 | 02 20 | 06 56 | 07 04 | 11 51 | 17 21 |
| 12 | 03 16 | 19 46 | 00 16 | 05 31 | 21 25 | 22 36 | 13 47 | 22 58 | 08 14 | 22 24 | 02 25 | 06 29 | 07 14 | 11 41 | 17 21 |
| 13 | 02 53 | 18 02 | +00 40 | 05 02 | 21 17 | 22 36 | 13 48 | 22 58 | 08 15 | 22 23 | 02 29 | 06 03 | 07 23 | 11 30 | 17 22 |
| 14 | 02 29 | 15 33 | 01 36 | 04 32 | 21 09 | 22 37 | 13 50 | 22 58 | 08 16 | 22 23 | 02 33 | 05 37 | 07 33 | 11 20 | 17 22 |
| 15 | 02 05 | 12 26 | 02 31 | 04 02 | 21 01 | 22 38 | 13 51 | 22 58 | 08 16 | 22 23 | 02 37 | 05 11 | 07 42 | 11 10 | 17 22 |
| 16 | 01 42 | 08 48 | 03 27 | 03 32 | 20 52 | 22 38 | 13 53 | 22 58 | 08 17 | 22 22 | 02 42 | 04 46 | 07 51 | 11 00 | 17 23 |
| 17 | 01 18 | 04 50 | 04 21 | 03 03 | 20 43 | 22 39 | 13 54 | 22 58 | 08 18 | 22 22 | 02 46 | 04 20 | 08 00 | 10 49 | 17 23 |
| 18 | 00 54 | 00 38 | 05 15 | 02 33 | 20 34 | 22 40 | 13 55 | 22 58 | 08 19 | 22 22 | 02 51 | 03 55 | 08 08 | 10 39 | 17 24 |
| 19 | 00 31 | +03 38 | 06 08 | 02 02 | 20 25 | 22 41 | 13 56 | 22 58 | 08 19 | 22 21 | 02 55 | 03 30 | 08 17 | 10 29 | 17 25 |
| 20 | 00 07 | 07 47 | 06 59 | 01 32 | 20 16 | 22 41 | 13 58 | 22 58 | 08 20 | 22 21 | 03 00 | 03 05 | 08 25 | 10 19 | 17 25 |
| 21 | +00 17 | 11 41 | 07 48 | 01 02 | 20 06 | 22 42 | 13 59 | 22 58 | 08 21 | 22 21 | 03 04 | 02 40 | 08 34 | 10 08 | 17 26 |
| 22 | 00 41 | 15 08 | 08 36 | 00 32 | 19 56 | 22 43 | 14 00 | 22 58 | 08 22 | 22 21 | 03 08 | 02 16 | 08 42 | 09 58 | 17 26 |
| 23 | 01 04 | 17 56 | 09 21 | 00 02 | 19 46 | 22 44 | 14 01 | 22 58 | 08 23 | 22 20 | 03 13 | 01 52 | 08 50 | 09 48 | 17 27 |
| 24 | 01 28 | 19 53 | 10 05 | +00 29 | 19 36 | 22 44 | 14 02 | 22 58 | 08 23 | 22 20 | 03 17 | 01 28 | 08 57 | 09 37 | 17 27 |
| 25 | 01 52 | 20 46 | 10 45 | 00 59 | 19 26 | 22 45 | 14 04 | 22 58 | 08 24 | 22 20 | 03 22 | 01 05 | 09 05 | 09 27 | 17 28 |
| 26 | 02 15 | 20 28 | 11 23 | 01 29 | 19 15 | 22 46 | 14 05 | 22 58 | 08 25 | 22 19 | 03 26 | 00 42 | 09 12 | 09 17 | 17 28 |
| 27 | 02 39 | 18 52 | 11 57 | 02 00 | 19 05 | 22 47 | 14 06 | 22 58 | 08 26 | 22 19 | 03 30 | 00 19 | 09 20 | 09 06 | 17 29 |
| 28 | 03 02 | 16 01 | 12 29 | 02 30 | 18 54 | 22 48 | 14 07 | 22 58 | 08 26 | 22 19 | 03 35 | +00 03 | 09 27 | 08 56 | 17 29 |
| 29 | 03 25 | 12 05 | 12 57 | 03 00 | 18 43 | 22 48 | 14 08 | 22 58 | 08 27 | 22 19 | 03 39 | 00 25 | 09 34 | 08 46 | 17 30 |
| 30 | 03 49 | 07 19 | 13 22 | 03 30 | 18 31 | 22 49 | 14 09 | 22 58 | 08 28 | 22 19 | 03 43 | 00 47 | 09 40 | 08 36 | 17 30 |
| 31 | 04 12 | 02 05 | 13 43 | 04 00 | 18 20 | 22 50 | 14 10 | 22 58 | 08 29 | 22 18 | 03 47 | 01 09 | 09 47 | 08 25 | 17 31 |

Lunar Phases -- 2 ○ 00:29  8 ◑ 19:26  16 ● 23:38  24 ◐ 18:41  31 ○ 09:55  Sun enters ♈ 3/20 06:52

## Longitudes of Main Planets - April 2037

0:00 E.T.

| D | S.T. | ☉ | ☽ | ☽ 12:00 | ☿ | ♀ | ♂ | ♃ | ♄ | ♅ | ♆ | ♇ | ☊ |
|---|---|---|---|---|---|---|---|---|---|---|---|---|---|
| 1 | 12:38:48 | 11♈36 02 | 19♎50 | 27♎16 | 29♈09 | 14♈17 | 12♒33 | 20♊07 | 26♌36℞ | 15♋33 | 25♈58 | 22♒13 | 04♌38 |
| 2 | 12:42:45 | 12 35 13 | 04♏38 | 11♏54 | 29 34 | 15 32 | 13 17 | 20 16 | 26 33 | 15 34 | 26 01 | 22 14 | 04 35 |
| 3 | 12:46:41 | 13 34 23 | 19 04 | 26 06 | 29 52 | 16 46 | 14 02 | 20 25 | 26 30 | 15 34 | 26 03 | 22 15 | 04 32 |
| 4 | 12:50:38 | 14 33 30 | 03♐01 | 09♐49 | 00♉03 | 18 01 | 14 46 | 20 34 | 26 28 | 15 35 | 26 05 | 22 17 | 04 28 |
| 5 | 12:54:34 | 15 32 36 | 16 30 | 23 04 | 00 06 | 19 15 | 15 30 | 20 43 | 26 26 | 15 35 | 26 07 | 22 18 | 04 25 |
| 6 | 12:58:31 | 16 31 40 | 29 30 | 05♑51 | 00 03℞ | 20 29 | 16 14 | 20 52 | 26 23 | 15 36 | 26 10 | 22 19 | 04 22 |
| 7 | 13:02:27 | 17 30 42 | 12♑06 | 18 16 | 29♈53 | 21 44 | 16 59 | 21 01 | 26 21 | 15 37 | 26 12 | 22 20 | 04 19 |
| 8 | 13:06:24 | 18 29 42 | 24 22 | 00♒23 | 29 36 | 22 58 | 17 43 | 21 11 | 26 19 | 15 38 | 26 14 | 22 21 | 04 16 |
| 9 | 13:10:20 | 19 28 41 | 06♒22 | 12 19 | 29 14 | 24 13 | 18 27 | 21 20 | 26 17 | 15 39 | 26 16 | 22 22 | 04 13 |
| 10 | 13:14:17 | 20 27 38 | 18 14 | 24 08 | 28 47 | 25 27 | 19 12 | 21 30 | 26 15 | 15 39 | 26 19 | 22 23 | 04 09 |
| 11 | 13:18:14 | 21 26 33 | 00♓01 | 05♓55 | 28 15 | 26 41 | 19 56 | 21 40 | 26 14 | 15 40 | 26 21 | 22 24 | 04 06 |
| 12 | 13:22:10 | 22 25 26 | 11 49 | 17 44 | 27 39 | 27 56 | 20 40 | 21 49 | 26 12 | 15 41 | 26 23 | 22 25 | 04 03 |
| 13 | 13:26:07 | 23 24 18 | 23 40 | 29 39 | 27 00 | 29 10 | 21 25 | 21 59 | 26 10 | 15 42 | 26 25 | 22 27 | 04 00 |
| 14 | 13:30:03 | 24 23 07 | 05♈39 | 11♈41 | 26 18 | 00♉24 | 22 09 | 22 09 | 26 09 | 15 44 | 26 28 | 22 28 | 03 57 |
| 15 | 13:34:00 | 25 21 55 | 17 46 | 23 54 | 25 35 | 01 38 | 22 54 | 22 20 | 26 08 | 15 45 | 26 30 | 22 28 | 03 54 |
| 16 | 13:37:56 | 26 20 41 | 00♉04 | 06♉17 | 24 50 | 02 53 | 23 38 | 22 30 | 26 06 | 15 46 | 26 32 | 22 29 | 03 50 |
| 17 | 13:41:53 | 27 19 24 | 12 32 | 18 51 | 24 06 | 04 07 | 24 22 | 22 40 | 26 05 | 15 47 | 26 34 | 22 30 | 03 47 |
| 18 | 13:45:49 | 28 18 06 | 25 12 | 01♊35 | 23 23 | 05 21 | 25 07 | 22 51 | 26 04 | 15 49 | 26 37 | 22 31 | 03 44 |
| 19 | 13:49:46 | 29 16 46 | 08♊02 | 14 32 | 22 41 | 06 35 | 25 51 | 23 01 | 26 03 | 15 50 | 26 39 | 22 32 | 03 41 |
| 20 | 13:53:43 | 00♉15 24 | 21 04 | 27 39 | 22 02 | 07 49 | 26 35 | 23 12 | 26 02 | 15 51 | 26 41 | 22 33 | 03 38 |
| 21 | 13:57:39 | 01 13 59 | 04♋18 | 11♋00 | 21 26 | 09 03 | 27 20 | 23 23 | 26 02 | 15 53 | 26 43 | 22 34 | 03 34 |
| 22 | 14:01:36 | 02 12 33 | 17 45 | 24 35 | 20 53 | 10 18 | 28 04 | 23 34 | 26 01 | 15 54 | 26 46 | 22 35 | 03 31 |
| 23 | 14:05:32 | 03 11 04 | 01♌28 | 08♌25 | 20 24 | 11 32 | 28 48 | 23 45 | 26 01 | 15 56 | 26 48 | 22 35 | 03 28 |
| 24 | 14:09:29 | 04 09 33 | 15 26 | 22 31 | 19 59 | 12 46 | 29 33 | 23 56 | 26 00 | 15 58 | 26 50 | 22 36 | 03 25 |
| 25 | 14:13:25 | 05 08 00 | 29 40 | 06♍52 | 19 39 | 14 00 | 00♓17 | 24 07 | 26 00 | 15 59 | 26 52 | 22 37 | 03 22 |
| 26 | 14:17:22 | 06 06 24 | 14♍08 | 21 27 | 19 23 | 15 14 | 01 01 | 24 18 | 26 00 | 16 01 | 26 55 | 22 38 | 03 19 |
| 27 | 14:21:18 | 07 04 47 | 28 48 | 06♎11 | 19 13 | 16 28 | 01 46 | 24 29 | 26 00 | 16 03 | 26 57 | 22 38 | 03 15 |
| 28 | 14:25:15 | 08 03 07 | 13♎34 | 20 56 | 19 07 | 17 42 | 02 30 | 24 40 | 26 00D | 16 05 | 26 59 | 22 39 | 03 12 |
| 29 | 14:29:12 | 09 01 26 | 28 17 | 05♏36 | 19 06D | 18 56 | 03 14 | 24 52 | 26 00 | 16 06 | 27 01 | 22 40 | 03 09 |
| 30 | 14:33:08 | 09 59 42 | 12♏51 | 20 02 | 19 10 | 20 10 | 03 59 | 25 03 | 26 00 | 16 08 | 27 04 | 22 40 | 03 06 |

## Longitudes of the Major Asteroids and Chiron

0:00 E.T.

| D | ⚳ | ⚴ | ⚵ | ⚶ | ⚷ | D | ⚳ | ⚴ | ⚵ | ⚶ | ⚷ |
|---|---|---|---|---|---|---|---|---|---|---|---|
| 1 | 25♎29℞ | 15♌50 | 28♌30℞ | 19♓02 | 14♊28 | 16 | 22 08 | 17 11 | 28 07 | 26 12 | 15 18 |
| 2 | 25 16 | 15 52 | 28 25 | 19 31 | 14 31 | 17 | 21 54 | 17 20 | 28 09 | 26 40 | 15 22 |
| 3 | 25 03 | 15 55 | 28 21 | 20 00 | 14 34 | 18 | 21 41 | 17 29 | 28 11 | 27 08 | 15 26 |
| 4 | 24 50 | 15 58 | 28 18 | 20 29 | 14 37 | 19 | 21 27 | 17 39 | 28 13 | 27 36 | 15 30 |
| 5 | 24 37 | 16 02 | 28 15 | 20 58 | 14 41 | 20 | 21 14 | 17 48 | 28 16 | 28 04 | 15 34 |
| 6 | 24 24 | 16 06 | 28 12 | 21 27 | 14 44 | 21 | 21 01 | 17 59 | 28 19 | 28 32 | 15 38 |
| 7 | 24 10 | 16 10 | 28 10 | 21 56 | 14 47 | 22 | 20 48 | 18 09 | 28 23 | 29 00 | 15 42 |
| 8 | 23 57 | 16 15 | 28 08 | 22 24 | 14 50 | 23 | 20 35 | 18 20 | 28 27 | 29 28 | 15 46 |
| 9 | 23 43 | 16 21 | 28 06 | 22 53 | 14 54 | 24 | 20 23 | 18 31 | 28 31 | 29 55 | 15 50 |
| 10 | 23 30 | 16 27 | 28 05 | 23 21 | 14 57 | 25 | 20 10 | 18 43 | 28 35 | 00♈23 | 15 54 |
| 11 | 23 16 | 16 33 | 28 05 | 23 50 | 15 00 | 26 | 19 58 | 18 55 | 28 40 | 00 51 | 15 58 |
| 12 | 23 02 | 16 40 | 28 04 | 24 18 | 15 04 | 27 | 19 46 | 19 07 | 28 46 | 01 18 | 16 02 |
| 13 | 22 49 | 16 47 | 28 05D | 24 47 | 15 08 | 28 | 19 34 | 19 20 | 28 51 | 01 46 | 16 07 |
| 14 | 22 35 | 16 55 | 28 05 | 25 15 | 15 11 | 29 | 19 23 | 19 32 | 28 57 | 02 13 | 16 11 |
| 15 | 22 21 | 17 03 | 28 06 | 25 43 | 15 15 | 30 | 19 12 | 19 46 | 29 03 | 02 40 | 16 15 |

## Lunar Data

| Last Asp. | | Ingress | | |
|---|---|---|---|---|
| 1 | 15:31 | 1 | ♏ | 16:26 |
| 3 | 12:40 | 3 | ♐ | 18:44 |
| 5 | 18:12 | 6 | ♑ | 00:56 |
| 8 | 10:09 | 8 | ♒ | 11:13 |
| 10 | 20:34 | 10 | ♓ | 23:58 |
| 12 | 20:34 | 13 | ♈ | 12:43 |
| 15 | 17:07 | 15 | ♉ | 23:52 |
| 18 | 01:38 | 18 | ♊ | 09:01 |
| 20 | 10:39 | 20 | ♋ | 16:15 |
| 22 | 15:52 | 22 | ♌ | 21:28 |
| 24 | 19:19 | 25 | ♍ | 00:34 |
| 26 | 16:52 | 27 | ♎ | 01:57 |
| 28 | 21:55 | 29 | ♏ | 02:48 |

## Declinations

0:00 E.T.

| D | ☉ | ☽ | ☿ | ♀ | ♂ | ♃ | ♄ | ♅ | ♆ | ♇ | ⚳ | ⚴ | ⚵ | ⚶ | ⚷ |
|---|---|---|---|---|---|---|---|---|---|---|---|---|---|---|---|
| 1 | +04 35 | -03 15 | +14 00 | +04 30 | -18 08 | +22 51 | +14 10 | +22 58 | +08 30 | -22 18 | +03 51 | +01 30 | +09 53 | -08 15 | +17 32 |
| 2 | 04 58 | 08 18 | 14 14 | 05 00 | 17 57 | 22 52 | 14 11 | 22 58 | 08 31 | 22 18 | 03 55 | 01 51 | 09 59 | 08 05 | 17 32 |
| 3 | 05 21 | 12 45 | 14 24 | 05 30 | 17 45 | 22 52 | 14 12 | 22 58 | 08 31 | 22 18 | 03 59 | 02 11 | 10 05 | 07 55 | 17 33 |
| 4 | 05 44 | 16 22 | 14 30 | 05 59 | 17 33 | 22 53 | 14 13 | 22 58 | 08 32 | 22 18 | 04 03 | 02 31 | 10 11 | 07 44 | 17 33 |
| 5 | 06 07 | 18 58 | 14 33 | 06 29 | 17 20 | 22 54 | 14 14 | 22 57 | 08 33 | 22 17 | 04 07 | 02 51 | 10 16 | 07 34 | 17 34 |
| 6 | 06 30 | 20 29 | 14 31 | 06 58 | 17 08 | 22 55 | 14 14 | 22 57 | 08 34 | 22 17 | 04 11 | 03 10 | 10 22 | 07 24 | 17 34 |
| 7 | 06 52 | 20 55 | 14 26 | 07 27 | 16 56 | 22 55 | 14 15 | 22 57 | 08 35 | 22 17 | 04 14 | 03 29 | 10 27 | 07 14 | 17 35 |
| 8 | 07 15 | 20 19 | 14 17 | 07 57 | 16 43 | 22 56 | 14 16 | 22 57 | 08 35 | 22 17 | 04 18 | 03 48 | 10 32 | 07 03 | 17 36 |
| 9 | 07 37 | 18 47 | 14 04 | 08 25 | 16 30 | 22 57 | 14 16 | 22 57 | 08 36 | 22 17 | 04 21 | 04 06 | 10 37 | 06 53 | 17 36 |
| 10 | 07 59 | 16 28 | 13 48 | 08 54 | 16 17 | 22 58 | 14 17 | 22 57 | 08 37 | 22 17 | 04 24 | 04 24 | 10 41 | 06 43 | 17 37 |
| 11 | 08 22 | 13 28 | 13 29 | 09 23 | 16 04 | 22 58 | 14 17 | 22 57 | 08 38 | 22 16 | 04 27 | 04 42 | 10 46 | 06 33 | 17 37 |
| 12 | 08 44 | 09 56 | 13 07 | 09 51 | 15 51 | 22 59 | 14 18 | 22 57 | 08 39 | 22 16 | 04 30 | 04 59 | 10 50 | 06 23 | 17 38 |
| 13 | 09 05 | 06 00 | 12 43 | 10 19 | 15 37 | 23 00 | 14 18 | 22 57 | 08 39 | 22 16 | 04 33 | 05 16 | 10 54 | 06 13 | 17 39 |
| 14 | 09 27 | 01 47 | 12 16 | 10 47 | 15 24 | 23 01 | 14 19 | 22 56 | 08 40 | 22 16 | 04 36 | 05 32 | 10 58 | 06 03 | 17 39 |
| 15 | 09 49 | +02 32 | 11 48 | 11 14 | 15 10 | 23 01 | 14 19 | 22 56 | 08 41 | 22 16 | 04 38 | 05 48 | 11 02 | 05 53 | 17 40 |
| 16 | 10 10 | 06 49 | 11 18 | 11 42 | 14 56 | 23 02 | 14 20 | 22 56 | 08 42 | 22 16 | 04 41 | 06 04 | 11 05 | 05 43 | 17 40 |
| 17 | 10 31 | 10 53 | 10 48 | 12 09 | 14 42 | 23 03 | 14 20 | 22 56 | 08 43 | 22 16 | 04 43 | 06 20 | 11 08 | 05 33 | 17 41 |
| 18 | 10 52 | 14 32 | 10 17 | 12 35 | 14 28 | 23 04 | 14 20 | 22 56 | 08 44 | 22 16 | 04 45 | 06 35 | 11 12 | 05 23 | 17 41 |
| 19 | 11 13 | 17 34 | 09 46 | 13 02 | 14 14 | 23 04 | 14 20 | 22 56 | 08 44 | 22 16 | 04 47 | 06 49 | 11 15 | 05 13 | 17 42 |
| 20 | 11 34 | 19 45 | 09 16 | 13 28 | 14 00 | 23 05 | 14 21 | 22 55 | 08 45 | 22 16 | 04 48 | 07 04 | 11 17 | 05 03 | 17 43 |
| 21 | 11 54 | 20 55 | 08 47 | 13 54 | 13 45 | 23 06 | 14 21 | 22 55 | 08 46 | 22 16 | 04 50 | 07 18 | 11 20 | 04 53 | 17 43 |
| 22 | 12 14 | 20 55 | 08 19 | 14 19 | 13 31 | 23 06 | 14 21 | 22 55 | 08 47 | 22 16 | 04 51 | 07 32 | 11 22 | 04 43 | 17 44 |
| 23 | 12 34 | 19 40 | 07 52 | 14 44 | 13 16 | 23 07 | 14 21 | 22 55 | 08 48 | 22 16 | 04 53 | 07 45 | 11 25 | 04 33 | 17 44 |
| 24 | 12 54 | 17 13 | 07 28 | 15 09 | 13 02 | 23 08 | 14 21 | 22 55 | 08 48 | 22 16 | 04 54 | 07 58 | 11 27 | 04 24 | 17 45 |
| 25 | 13 14 | 13 41 | 07 05 | 15 33 | 12 47 | 23 08 | 14 21 | 22 54 | 08 49 | 22 16 | 04 54 | 08 11 | 11 29 | 04 14 | 17 45 |
| 26 | 13 33 | 09 17 | 06 45 | 15 57 | 12 32 | 23 09 | 14 21 | 22 54 | 08 50 | 22 16 | 04 55 | 08 23 | 11 30 | 04 04 | 17 46 |
| 27 | 13 52 | 04 17 | 06 28 | 16 20 | 12 17 | 23 09 | 14 21 | 22 54 | 08 51 | 22 16 | 04 55 | 08 35 | 11 32 | 03 55 | 17 47 |
| 28 | 14 11 | -00 59 | 06 13 | 16 44 | 12 02 | 23 10 | 14 21 | 22 54 | 08 52 | 22 16 | 04 56 | 08 47 | 11 34 | 03 45 | 17 47 |
| 29 | 14 30 | 06 12 | 06 00 | 17 06 | 11 46 | 23 11 | 14 21 | 22 53 | 08 52 | 22 16 | 04 56 | 08 58 | 11 35 | 03 35 | 17 48 |
| 30 | 14 49 | 10 59 | 05 50 | 17 29 | 11 31 | 23 11 | 14 21 | 22 53 | 08 53 | 22 16 | 04 56 | 09 09 | 11 36 | 03 26 | 17 48 |

Lunar Phases -- 7 ◑ 11:27 15 ● 16:09 23 ◐ 03:13 29 ○ 18:55 Sun enters ♉ 4/19 17:42

## 0:00 E.T. Longitudes of Main Planets - May 2037

| D | S.T. | ☉ | ☽ | ☽ 12:00 | ☿ | ♀ | ♂ | ♃ | ♄ | ♅ | ♆ | ♇ | ☊ |
|---|---|---|---|---|---|---|---|---|---|---|---|---|---|
| 1 | 14:37:05 | 10♉57 57 | 27♏07 | 04♐07 | 19♈19 | 21♉24 | 04♓43 | 25♊15 | 26♌00 | 16♋10 | 27♈06 | 22♒41 | 03♌03 |
| 2 | 14:41:01 | 11 56 10 | 11♐01 | 17 48 | 19 33 | 22 37 | 05 27 | 25 27 | 26 01 | 16 12 | 27 08 | 22 41 | 03 00 |
| 3 | 14:44:58 | 12 54 22 | 24 29 | 01♑03 | 19 51 | 23 51 | 06 12 | 25 38 | 26 01 | 16 14 | 27 10 | 22 42 | 02 56 |
| 4 | 14:48:54 | 13 52 32 | 07♑31 | 13 53 | 20 14 | 25 05 | 06 56 | 25 50 | 26 02 | 16 16 | 27 12 | 22 43 | 02 53 |
| 5 | 14:52:51 | 14 50 41 | 20 09 | 26 21 | 20 41 | 26 19 | 07 40 | 26 02 | 26 03 | 16 18 | 27 15 | 22 43 | 02 50 |
| 6 | 14:56:47 | 15 48 48 | 02♒28 | 08♒31 | 21 12 | 27 33 | 08 24 | 26 14 | 26 04 | 16 21 | 27 17 | 22 43 | 02 47 |
| 7 | 15:00:44 | 16 46 54 | 14 31 | 20 29 | 21 47 | 28 47 | 09 09 | 26 26 | 26 05 | 16 23 | 27 19 | 22 44 | 02 44 |
| 8 | 15:04:41 | 17 44 59 | 26 24 | 02♓19 | 22 27 | 00♊00 | 09 53 | 26 38 | 26 06 | 16 25 | 27 21 | 22 44 | 02 40 |
| 9 | 15:08:37 | 18 43 02 | 08♓14 | 14 08 | 23 10 | 01 14 | 10 37 | 26 50 | 26 07 | 16 27 | 27 23 | 22 45 | 02 37 |
| 10 | 15:12:34 | 19 41 03 | 20 04 | 26 00 | 23 56 | 02 28 | 11 21 | 27 02 | 26 08 | 16 30 | 27 25 | 22 45 | 02 34 |
| 11 | 15:16:30 | 20 39 03 | 01♈59 | 08♈00 | 24 46 | 03 42 | 12 06 | 27 15 | 26 10 | 16 32 | 27 28 | 22 45 | 02 31 |
| 12 | 15:20:27 | 21 37 02 | 14 04 | 20 10 | 25 39 | 04 55 | 12 50 | 27 27 | 26 11 | 16 34 | 27 30 | 22 46 | 02 28 |
| 13 | 15:24:23 | 22 35 00 | 26 20 | 02♉33 | 26 36 | 06 09 | 13 34 | 27 39 | 26 13 | 16 37 | 27 32 | 22 46 | 02 25 |
| 14 | 15:28:20 | 23 32 56 | 08♉50 | 15 10 | 27 36 | 07 23 | 14 18 | 27 52 | 26 15 | 16 39 | 27 34 | 22 46 | 02 21 |
| 15 | 15:32:16 | 24 30 50 | 21 34 | 28 02 | 28 38 | 08 36 | 15 02 | 28 04 | 26 16 | 16 42 | 27 36 | 22 47 | 02 18 |
| 16 | 15:36:13 | 25 28 44 | 04♊32 | 11♊07 | 29 44 | 09 50 | 15 46 | 28 17 | 26 18 | 16 44 | 27 38 | 22 47 | 02 15 |
| 17 | 15:40:10 | 26 26 35 | 17 44 | 24 24 | 00♉52 | 11 04 | 16 30 | 28 29 | 26 20 | 16 47 | 27 40 | 22 47 | 02 12 |
| 18 | 15:44:06 | 27 24 26 | 01♋07 | 07♋52 | 02 03 | 12 17 | 17 14 | 28 42 | 26 22 | 16 50 | 27 42 | 22 47 | 02 09 |
| 19 | 15:48:03 | 28 22 14 | 14 40 | 21 30 | 03 17 | 13 31 | 17 58 | 28 55 | 26 25 | 16 52 | 27 44 | 22 47 | 02 06 |
| 20 | 15:51:59 | 29 20 01 | 28 23 | 05♌17 | 04 33 | 14 44 | 18 42 | 29 07 | 26 27 | 16 55 | 27 46 | 22 47 | 02 02 |
| 21 | 15:55:56 | 00♊17 47 | 12♌14 | 19 13 | 05 52 | 15 58 | 19 26 | 29 20 | 26 29 | 16 58 | 27 48 | 22 47 | 01 59 |
| 22 | 15:59:52 | 01 15 30 | 26 15 | 03♍18 | 07 14 | 17 11 | 20 10 | 29 33 | 26 32 | 17 00 | 27 50 | 22 47 | 01 56 |
| 23 | 16:03:49 | 02 13 12 | 10♍23 | 17 29 | 08 38 | 18 25 | 20 54 | 29 46 | 26 35 | 17 03 | 27 52 | 22 47 | 01 53 |
| 24 | 16:07:45 | 03 10 53 | 24 38 | 01♎47 | 10 04 | 19 38 | 21 37 | 29 59 | 26 37 | 17 06 | 27 54 | 22 47℞ | 01 50 |
| 25 | 16:11:42 | 04 08 32 | 08♎57 | 16 07 | 11 33 | 20 52 | 22 21 | 00♋12 | 26 40 | 17 09 | 27 56 | 22 47 | 01 46 |
| 26 | 16:15:39 | 05 06 09 | 23 18 | 00♏27 | 13 04 | 22 05 | 23 05 | 00 25 | 26 43 | 17 12 | 27 58 | 22 47 | 01 43 |
| 27 | 16:19:35 | 06 03 45 | 07♏35 | 14 40 | 14 38 | 23 19 | 23 49 | 00 38 | 26 46 | 17 15 | 28 00 | 22 47 | 01 40 |
| 28 | 16:23:32 | 07 01 20 | 21 43 | 28 42 | 16 14 | 24 32 | 24 32 | 00 51 | 26 49 | 17 18 | 28 02 | 22 47 | 01 37 |
| 29 | 16:27:28 | 07 58 53 | 05♐37 | 12♐28 | 17 52 | 25 45 | 25 16 | 01 04 | 26 52 | 17 21 | 28 03 | 22 47 | 01 34 |
| 30 | 16:31:25 | 08 56 25 | 19 14 | 25 55 | 19 33 | 26 59 | 25 59 | 01 17 | 26 56 | 17 24 | 28 05 | 22 47 | 01 31 |
| 31 | 16:35:21 | 09 53 57 | 02♑31 | 09♑01 | 21 16 | 28 12 | 26 43 | 01 30 | 26 59 | 17 27 | 28 07 | 22 47 | 01 27 |

## 0:00 E.T. Longitudes of the Major Asteroids and Chiron

| D | ⚳ | ⚴ | ⚵ | ⚶ | ⚷ |
|---|---|---|---|---|---|
| 1 | 19♎01℞ | 19♌59 | 29♌10 | 03♈08 | 16♊19 |
| 2 | 18 50 | 20 13 | 29 17 | 03 35 | 16 24 |
| 3 | 18 40 | 20 27 | 29 24 | 04 02 | 16 28 |
| 4 | 18 30 | 20 41 | 29 31 | 04 29 | 16 33 |
| 5 | 18 20 | 20 55 | 29 39 | 04 56 | 16 37 |
| 6 | 18 11 | 21 10 | 29 47 | 05 23 | 16 42 |
| 7 | 18 02 | 21 25 | 29 55 | 05 50 | 16 46 |
| 8 | 17 53 | 21 40 | 00♍04 | 06 17 | 16 51 |
| 9 | 17 45 | 21 56 | 00 13 | 06 43 | 16 55 |
| 10 | 17 37 | 22 11 | 00 22 | 07 10 | 17 00 |
| 11 | 17 29 | 22 27 | 00 31 | 07 36 | 17 05 |
| 12 | 17 22 | 22 43 | 00 41 | 08 03 | 17 09 |
| 13 | 17 15 | 23 00 | 00 51 | 08 29 | 17 14 |
| 14 | 17 08 | 23 16 | 01 01 | 08 55 | 17 19 |
| 15 | 17 02 | 23 33 | 01 11 | 09 22 | 17 24 |
| 16 | 16 56 | 23 50 | 01 22 | 09 48 | 17 28 |
| 17 | 16 51 | 24 07 | 01 33 | 10 14 | 17 33 |
| 18 | 16 46 | 24 25 | 01 44 | 10 40 | 17 38 |
| 19 | 16 41 | 24 42 | 01 56 | 11 05 | 17 43 |
| 20 | 16 37 | 25 00 | 02 07 | 11 31 | 17 48 |
| 21 | 16 33 | 25 18 | 02 19 | 11 57 | 17 53 |
| 22 | 16 30 | 25 36 | 02 31 | 12 22 | 17 58 |
| 23 | 16 27 | 25 55 | 02 43 | 12 48 | 18 03 |
| 24 | 16 24 | 26 13 | 02 56 | 13 13 | 18 08 |
| 25 | 16 22 | 26 32 | 03 09 | 13 39 | 18 13 |
| 26 | 16 21 | 26 51 | 03 22 | 14 04 | 18 18 |
| 27 | 16 19 | 27 10 | 03 35 | 14 29 | 18 23 |
| 28 | 16 18 | 27 29 | 03 48 | 14 54 | 18 28 |
| 29 | 16 18 | 27 48 | 04 01 | 15 19 | 18 33 |
| 30 | 16 17D | 28 08 | 04 15 | 15 43 | 18 38 |
| 31 | 16 18 | 28 28 | 04 29 | 16 08 | 18 43 |

## Lunar Data

| Last Asp. | | Ingress | | |
|---|---|---|---|---|
| 30 | 22:06 | 1 | ♐ | 04:55 |
| 3 | 04:55 | 3 | ♑ | 10:04 |
| 5 | 13:48 | 5 | ♒ | 19:10 |
| 8 | 01:55 | 8 | ♓ | 07:17 |
| 10 | 14:19 | 10 | ♈ | 20:01 |
| 13 | 02:36 | 13 | ♉ | 07:05 |
| 15 | 08:46 | 15 | ♊ | 15:39 |
| 17 | 19:38 | 17 | ♋ | 22:01 |
| 20 | 01:47 | 20 | ♌ | 02:49 |
| 22 | 05:43 | 22 | ♍ | 06:24 |
| 23 | 18:41 | 24 | ♎ | 09:01 |
| 26 | 07:51 | 26 | ♏ | 11:15 |
| 28 | 08:47 | 28 | ♐ | 14:14 |
| 30 | 15:58 | 30 | ♑ | 19:25 |

## 0:00 E.T. Declinations

| D | ☉ | ☽ | ☿ | ♀ | ♂ | ♃ | ♄ | ♅ | ♆ | ♇ | ⚳ | ⚴ | ⚵ | ⚶ | ⚷ |
|---|---|---|---|---|---|---|---|---|---|---|---|---|---|---|---|
| 1 | +15 07 | -15 04 | +05 43 | +17 50 | -11 16 | +23 12 | +14 20 | +22 53 | +08 54 | -22 16 | +04 55 | +09 20 | +11 37 | -03 16 | +17 49 |
| 2 | 15 25 | 18 12 | 05 38 | 18 12 | 11 00 | 23 12 | 14 20 | 22 53 | 08 55 | 22 16 | 04 55 | 09 30 | 11 38 | 03 07 | 17 49 |
| 3 | 15 43 | 20 14 | 05 36 | 18 33 | 10 45 | 23 13 | 14 20 | 22 52 | 08 55 | 22 16 | 04 54 | 09 40 | 11 38 | 02 57 | 17 50 |
| 4 | 16 00 | 21 07 | 05 36 | 18 53 | 10 29 | 23 13 | 14 19 | 22 52 | 08 56 | 22 16 | 04 53 | 09 50 | 11 39 | 02 48 | 17 50 |
| 5 | 16 17 | 20 53 | 05 38 | 19 13 | 10 13 | 23 14 | 14 19 | 22 52 | 08 57 | 22 16 | 04 52 | 09 59 | 11 39 | 02 39 | 17 51 |
| 6 | 16 34 | 19 39 | 05 43 | 19 32 | 09 57 | 23 14 | 14 19 | 22 52 | 08 58 | 22 17 | 04 51 | 10 09 | 11 39 | 02 29 | 17 52 |
| 7 | 16 51 | 17 31 | 05 50 | 19 51 | 09 42 | 23 15 | 14 18 | 22 51 | 08 59 | 22 17 | 04 50 | 10 18 | 11 40 | 02 20 | 17 52 |
| 8 | 17 07 | 14 41 | 05 59 | 20 09 | 09 26 | 23 15 | 14 18 | 22 51 | 08 59 | 22 17 | 04 48 | 10 26 | 11 39 | 02 11 | 17 53 |
| 9 | 17 23 | 11 16 | 06 11 | 20 27 | 09 10 | 23 15 | 14 17 | 22 51 | 09 00 | 22 17 | 04 46 | 10 35 | 11 39 | 02 02 | 17 53 |
| 10 | 17 39 | 07 24 | 06 24 | 20 44 | 08 54 | 23 16 | 14 17 | 22 51 | 09 01 | 22 17 | 04 44 | 10 43 | 11 39 | 01 53 | 17 54 |
| 11 | 17 55 | 03 14 | 06 39 | 21 01 | 08 37 | 23 16 | 14 16 | 22 50 | 09 02 | 22 17 | 04 42 | 10 50 | 11 38 | 01 44 | 17 54 |
| 12 | 18 10 | +01 07 | 06 56 | 21 17 | 08 21 | 23 17 | 14 16 | 22 50 | 09 02 | 22 18 | 04 40 | 10 58 | 11 38 | 01 35 | 17 55 |
| 13 | 18 25 | 05 29 | 07 15 | 21 32 | 08 05 | 23 17 | 14 15 | 22 50 | 09 03 | 22 18 | 04 37 | 11 05 | 11 37 | 01 26 | 17 55 |
| 14 | 18 39 | 09 42 | 07 35 | 21 47 | 07 49 | 23 17 | 14 14 | 22 49 | 09 04 | 22 18 | 04 34 | 11 12 | 11 36 | 01 17 | 17 56 |
| 15 | 18 54 | 13 35 | 07 57 | 22 02 | 07 32 | 23 17 | 14 14 | 22 49 | 09 04 | 22 18 | 04 31 | 11 19 | 11 35 | 01 08 | 17 56 |
| 16 | 19 08 | 16 54 | 08 20 | 22 15 | 07 16 | 23 18 | 14 13 | 22 49 | 09 05 | 22 18 | 04 28 | 11 25 | 11 34 | 00 59 | 17 57 |
| 17 | 19 21 | 19 25 | 08 45 | 22 28 | 07 00 | 23 18 | 14 12 | 22 48 | 09 06 | 22 19 | 04 25 | 11 31 | 11 33 | 00 51 | 17 57 |
| 18 | 19 35 | 20 55 | 09 11 | 22 41 | 06 43 | 23 18 | 14 11 | 22 48 | 09 07 | 22 19 | 04 21 | 11 37 | 11 31 | 00 42 | 17 58 |
| 19 | 19 48 | 21 14 | 09 38 | 22 52 | 06 27 | 23 18 | 14 10 | 22 48 | 09 07 | 22 19 | 04 18 | 11 43 | 11 30 | 00 33 | 17 58 |
| 20 | 20 00 | 20 17 | 10 06 | 23 04 | 06 10 | 23 19 | 14 10 | 22 47 | 09 08 | 22 19 | 04 14 | 11 48 | 11 28 | 00 25 | 17 59 |
| 21 | 20 12 | 18 07 | 10 36 | 23 14 | 05 54 | 23 19 | 14 09 | 22 47 | 09 09 | 22 19 | 04 10 | 11 54 | 11 26 | 00 16 | 17 59 |
| 22 | 20 24 | 14 51 | 11 06 | 23 24 | 05 37 | 23 19 | 14 08 | 22 47 | 09 09 | 22 20 | 04 06 | 11 59 | 11 24 | 00 08 | 17 59 |
| 23 | 20 36 | 10 42 | 11 37 | 23 33 | 05 20 | 23 19 | 14 07 | 22 46 | 09 10 | 22 20 | 04 02 | 12 03 | 11 22 | +00 00 | 18 00 |
| 24 | 20 47 | 05 56 | 12 09 | 23 41 | 05 04 | 23 19 | 14 06 | 22 46 | 09 11 | 22 20 | 03 57 | 12 08 | 11 20 | 00 09 | 18 00 |
| 25 | 20 58 | 00 49 | 12 42 | 23 49 | 04 47 | 23 19 | 14 05 | 22 45 | 09 11 | 22 21 | 03 53 | 12 12 | 11 18 | 00 17 | 18 01 |
| 26 | 21 09 | -04 21 | 13 16 | 23 56 | 04 31 | 23 19 | 14 04 | 22 45 | 09 12 | 22 21 | 03 48 | 12 16 | 11 16 | 00 25 | 18 01 |
| 27 | 21 19 | 09 15 | 13 50 | 24 02 | 04 14 | 23 20 | 14 02 | 22 45 | 09 12 | 22 21 | 03 43 | 12 20 | 11 13 | 00 33 | 18 02 |
| 28 | 21 29 | 13 36 | 14 25 | 24 08 | 03 57 | 23 20 | 14 01 | 22 44 | 09 13 | 22 21 | 03 38 | 12 24 | 11 11 | 00 41 | 18 02 |
| 29 | 21 38 | 17 09 | 15 00 | 24 13 | 03 41 | 23 20 | 14 00 | 22 44 | 09 14 | 22 22 | 03 33 | 12 27 | 11 08 | 00 49 | 18 02 |
| 30 | 21 47 | 19 40 | 15 35 | 24 17 | 03 24 | 23 20 | 13 59 | 22 44 | 09 14 | 22 22 | 03 27 | 12 30 | 11 05 | 00 57 | 18 03 |
| 31 | 21 56 | 21 03 | 16 11 | 24 21 | 03 07 | 23 20 | 13 58 | 22 43 | 09 15 | 22 22 | 03 22 | 12 33 | 11 02 | 01 05 | 18 03 |

Lunar Phases -- 7 ◑ 04:57 15 ● 05:56 22 ◐ 09:10 29 ○ 04:25 Sun enters ♊ 5/20 16:37

## Longitudes of Main Planets - June 2037

0:00 E.T.

| D | S.T. | ☉ | ☽ | ☽ 12:00 | ☿ | ♀ | ♂ | ♃ | ♄ | ♅ | ♆ | ♇ | ☊ |
|---|---|---|---|---|---|---|---|---|---|---|---|---|---|
| 1 | 16:39:18 | 10♊51 27 | 15♑26 | 21♑46 | 23♉02 | 29♊25 | 27♓26 | 01♋43 | 27♌02 | 17♋30 | 28♈09 | 22♒46℞ | 01♌24 |
| 2 | 16:43:14 | 11 48 56 | 28 02 | 04♒13 | 24 49 | 00♋38 | 28 10 | 01 57 | 27 06 | 17 33 | 28 11 | 22 46 | 01 21 |
| 3 | 16:47:11 | 12 46 25 | 10♒20 | 16 23 | 26 39 | 01 52 | 28 53 | 02 10 | 27 10 | 17 36 | 28 12 | 22 46 | 01 18 |
| 4 | 16:51:07 | 13 43 53 | 22 24 | 28 23 | 28 32 | 03 05 | 29 36 | 02 23 | 27 13 | 17 39 | 28 14 | 22 46 | 01 15 |
| 5 | 16:55:04 | 14 41 20 | 04♓19 | 10♓15 | 00♊27 | 04 18 | 00♈20 | 02 37 | 27 17 | 17 42 | 28 16 | 22 45 | 01 11 |
| 6 | 16:59:01 | 15 38 46 | 16 10 | 22 06 | 02 24 | 05 31 | 01 03 | 02 50 | 27 21 | 17 46 | 28 17 | 22 45 | 01 08 |
| 7 | 17:02:57 | 16 36 12 | 28 02 | 04♈00 | 04 23 | 06 45 | 01 46 | 03 03 | 27 25 | 17 49 | 28 19 | 22 45 | 01 05 |
| 8 | 17:06:54 | 17 33 37 | 10♈00 | 16 03 | 06 24 | 07 58 | 02 29 | 03 17 | 27 29 | 17 52 | 28 21 | 22 44 | 01 02 |
| 9 | 17:10:50 | 18 31 01 | 22 08 | 28 18 | 08 27 | 09 11 | 03 12 | 03 30 | 27 33 | 17 55 | 28 22 | 22 44 | 00 59 |
| 10 | 17:14:47 | 19 28 25 | 04♉31 | 10♉48 | 10 32 | 10 24 | 03 55 | 03 44 | 27 37 | 17 59 | 28 24 | 22 43 | 00 56 |
| 11 | 17:18:43 | 20 25 48 | 17 09 | 23 36 | 12 38 | 11 37 | 04 38 | 03 57 | 27 42 | 18 02 | 28 25 | 22 43 | 00 52 |
| 12 | 17:22:40 | 21 23 11 | 00♊06 | 06♊42 | 14 46 | 12 50 | 05 21 | 04 11 | 27 46 | 18 05 | 28 27 | 22 43 | 00 49 |
| 13 | 17:26:36 | 22 20 33 | 13 21 | 20 06 | 16 56 | 14 03 | 06 04 | 04 24 | 27 51 | 18 09 | 28 29 | 22 42 | 00 46 |
| 14 | 17:30:33 | 23 17 54 | 26 54 | 03♋45 | 19 06 | 15 16 | 06 47 | 04 38 | 27 55 | 18 12 | 28 30 | 22 42 | 00 43 |
| 15 | 17:34:30 | 24 15 15 | 10♋40 | 17 38 | 21 17 | 16 29 | 07 29 | 04 51 | 28 00 | 18 15 | 28 32 | 22 41 | 00 40 |
| 16 | 17:38:26 | 25 12 35 | 24 39 | 01♌41 | 23 29 | 17 42 | 08 12 | 05 05 | 28 04 | 18 19 | 28 33 | 22 40 | 00 37 |
| 17 | 17:42:23 | 26 09 54 | 08♌46 | 15 51 | 25 41 | 18 55 | 08 54 | 05 18 | 28 09 | 18 22 | 28 34 | 22 40 | 00 33 |
| 18 | 17:46:19 | 27 07 13 | 22 57 | 00♍04 | 27 53 | 20 08 | 09 37 | 05 32 | 28 14 | 18 26 | 28 36 | 22 39 | 00 30 |
| 19 | 17:50:16 | 28 04 31 | 07♍12 | 14 19 | 00♋04 | 21 21 | 10 19 | 05 45 | 28 19 | 18 29 | 28 37 | 22 39 | 00 27 |
| 20 | 17:54:12 | 29 01 47 | 21 25 | 28 32 | 02 15 | 22 34 | 11 01 | 05 59 | 28 24 | 18 33 | 28 38 | 22 38 | 00 24 |
| 21 | 17:58:09 | 29 59 03 | 05♎37 | 12♎41 | 04 26 | 23 47 | 11 43 | 06 13 | 28 29 | 18 36 | 28 40 | 22 37 | 00 21 |
| 22 | 18:02:05 | 00♋56 18 | 19 44 | 26 46 | 06 35 | 25 00 | 12 25 | 06 26 | 28 34 | 18 40 | 28 41 | 22 37 | 00 17 |
| 23 | 18:06:02 | 01 53 33 | 03♏45 | 10♏42 | 08 43 | 26 12 | 13 07 | 06 40 | 28 39 | 18 43 | 28 42 | 22 36 | 00 14 |
| 24 | 18:09:59 | 02 50 47 | 17 37 | 24 29 | 10 49 | 27 25 | 13 49 | 06 54 | 28 45 | 18 47 | 28 44 | 22 35 | 00 11 |
| 25 | 18:13:55 | 03 48 00 | 01♐18 | 08♐04 | 12 54 | 28 38 | 14 31 | 07 07 | 28 50 | 18 50 | 28 45 | 22 34 | 00 08 |
| 26 | 18:17:52 | 04 45 13 | 14 46 | 21 25 | 14 57 | 29 51 | 15 13 | 07 21 | 28 56 | 18 54 | 28 46 | 22 33 | 00 05 |
| 27 | 18:21:48 | 05 42 25 | 28 00 | 04♑31 | 16 59 | 01♌03 | 15 54 | 07 34 | 29 01 | 18 57 | 28 47 | 22 33 | 00 02 |
| 28 | 18:25:45 | 06 39 38 | 10♑57 | 17 20 | 18 58 | 02 16 | 16 36 | 07 48 | 29 07 | 19 01 | 28 48 | 22 32 | 29♋58 |
| 29 | 18:29:41 | 07 36 50 | 23 39 | 29 54 | 20 56 | 03 28 | 17 17 | 08 02 | 29 12 | 19 04 | 28 49 | 22 31 | 29 55 |
| 30 | 18:33:38 | 08 34 01 | 06♒05 | 12♒13 | 22 51 | 04 41 | 17 59 | 08 15 | 29 18 | 19 08 | 28 50 | 22 30 | 29 52 |

0:00 E.T.

## Longitudes of the Major Asteroids and Chiron

| D | ⚳ | ⚴ | ⚵ | ⚶ | ⚷ |
|---|---|---|---|---|---|
| 1 | 16♎18 | 28♌47 | 04♍43 | 16♈33 | 18♊48 |
| 2 | 16 19 | 29 07 | 04 57 | 16 57 | 18 53 |
| 3 | 16 21 | 29 27 | 05 12 | 17 21 | 18 58 |
| 4 | 16 22 | 29 48 | 05 26 | 17 46 | 19 03 |
| 5 | 16 25 | 00♍08 | 05 41 | 18 10 | 19 08 |
| 6 | 16 27 | 00 28 | 05 56 | 18 34 | 19 13 |
| 7 | 16 30 | 00 49 | 06 11 | 18 58 | 19 18 |
| 8 | 16 33 | 01 10 | 06 26 | 19 21 | 19 23 |
| 9 | 16 37 | 01 31 | 06 42 | 19 45 | 19 28 |
| 10 | 16 41 | 01 52 | 06 57 | 20 09 | 19 34 |
| 11 | 16 45 | 02 13 | 07 13 | 20 32 | 19 39 |
| 12 | 16 50 | 02 34 | 07 29 | 20 55 | 19 44 |
| 13 | 16 55 | 02 55 | 07 45 | 21 19 | 19 49 |
| 14 | 17 00 | 03 17 | 08 01 | 21 42 | 19 54 |
| 15 | 17 06 | 03 38 | 08 17 | 22 05 | 19 59 |
| 16 | 17 12 | 04 00 | 08 33 | 22 27 | 20 04 |
| 17 | 17 19 | 04 22 | 08 50 | 22 50 | 20 09 |
| 18 | 17 26 | 04 44 | 09 07 | 23 12 | 20 14 |
| 19 | 17 33 | 05 06 | 09 23 | 23 35 | 20 20 |
| 20 | 17 40 | 05 28 | 09 40 | 23 57 | 20 25 |
| 21 | 17 48 | 05 50 | 09 57 | 24 19 | 20 30 |
| 22 | 17 56 | 06 13 | 10 14 | 24 41 | 20 35 |
| 23 | 18 04 | 06 35 | 10 32 | 25 03 | 20 40 |
| 24 | 18 13 | 06 57 | 10 49 | 25 24 | 20 45 |
| 25 | 18 22 | 07 20 | 11 07 | 25 46 | 20 50 |
| 26 | 18 31 | 07 43 | 11 24 | 26 07 | 20 55 |
| 27 | 18 41 | 08 05 | 11 42 | 26 28 | 21 00 |
| 28 | 18 51 | 08 28 | 12 00 | 26 50 | 21 05 |
| 29 | 19 01 | 08 51 | 12 18 | 27 10 | 21 10 |
| 30 | 19 12 | 09 14 | 12 36 | 27 31 | 21 15 |

## Lunar Data

| Last Asp. | | Ingress | | |
|---|---|---|---|---|
| 2 | 00:17 | 2 | ♒ | 03:49 |
| 4 | 14:40 | 4 | ♓ | 15:16 |
| 6 | 03:14 | 7 | ♈ | 03:57 |
| 9 | 12:11 | 9 | ♉ | 15:18 |
| 11 | 19:41 | 11 | ♊ | 23:48 |
| 14 | 02:49 | 14 | ♋ | 05:27 |
| 16 | 06:40 | 16 | ♌ | 09:08 |
| 18 | 09:49 | 18 | ♍ | 11:53 |
| 20 | 13:47 | 20 | ♎ | 14:29 |
| 22 | 15:19 | 22 | ♏ | 17:34 |
| 24 | 19:37 | 24 | ♐ | 21:42 |
| 27 | 01:53 | 27 | ♑ | 03:41 |
| 29 | 09:56 | 29 | ♒ | 12:12 |

0:00 E.T.

## Declinations

| D | ☉ | ☽ | ☿ | ♀ | ♂ | ♃ | ♄ | ♅ | ♆ | ♇ | ⚳ | ⚴ | ⚵ | ⚶ | ⚷ |
|---|---|---|---|---|---|---|---|---|---|---|---|---|---|---|---|
| 1 | +22 04 | -21 16 | +16 46 | +24 24 | -02 51 | +23 19 | +13 56 | +22 43 | +09 16 | -22 23 | +03 16 | +12 36 | +10 59 | +01 12 | +18 04 |
| 2 | 22 12 | 20 24 | 17 22 | 24 26 | 02 34 | 23 19 | 13 55 | 22 42 | 09 16 | 22 23 | 03 10 | 12 39 | 10 56 | 01 20 | 18 04 |
| 3 | 22 19 | 18 34 | 17 57 | 24 27 | 02 17 | 23 19 | 13 54 | 22 42 | 09 17 | 22 24 | 03 04 | 12 41 | 10 53 | 01 28 | 18 04 |
| 4 | 22 27 | 15 55 | 18 33 | 24 28 | 02 01 | 23 19 | 13 52 | 22 41 | 09 17 | 22 24 | 02 58 | 12 43 | 10 50 | 01 35 | 18 05 |
| 5 | 22 33 | 12 39 | 19 07 | 24 28 | 01 44 | 23 19 | 13 51 | 22 41 | 09 18 | 22 24 | 02 52 | 12 45 | 10 46 | 01 42 | 18 05 |
| 6 | 22 40 | 08 54 | 19 41 | 24 27 | 01 27 | 23 19 | 13 50 | 22 41 | 09 18 | 22 25 | 02 46 | 12 47 | 10 43 | 01 50 | 18 05 |
| 7 | 22 46 | 04 49 | 20 14 | 24 25 | 01 11 | 23 19 | 13 48 | 22 40 | 09 19 | 22 25 | 02 40 | 12 49 | 10 39 | 01 57 | 18 06 |
| 8 | 22 51 | 00 31 | 20 46 | 24 23 | 00 54 | 23 18 | 13 47 | 22 40 | 09 20 | 22 25 | 02 33 | 12 50 | 10 36 | 02 04 | 18 06 |
| 9 | 22 56 | +03 52 | 21 17 | 24 20 | 00 38 | 23 18 | 13 45 | 22 39 | 09 20 | 22 26 | 02 27 | 12 51 | 10 32 | 02 11 | 18 06 |
| 10 | 23 01 | 08 10 | 21 47 | 24 17 | 00 21 | 23 18 | 13 44 | 22 39 | 09 21 | 22 26 | 02 20 | 12 53 | 10 28 | 02 18 | 18 07 |
| 11 | 23 05 | 12 14 | 22 15 | 24 12 | 00 05 | 23 18 | 13 42 | 22 38 | 09 21 | 22 27 | 02 13 | 12 53 | 10 24 | 02 25 | 18 07 |
| 12 | 23 09 | 15 49 | 22 41 | 24 07 | +00 12 | 23 17 | 13 41 | 22 38 | 09 22 | 22 27 | 02 06 | 12 54 | 10 20 | 02 32 | 18 07 |
| 13 | 23 13 | 18 42 | 23 05 | 24 01 | 00 28 | 23 17 | 13 39 | 22 38 | 09 22 | 22 27 | 01 59 | 12 55 | 10 16 | 02 39 | 18 08 |
| 14 | 23 16 | 20 37 | 23 27 | 23 55 | 00 44 | 23 17 | 13 37 | 22 37 | 09 23 | 22 28 | 01 52 | 12 55 | 10 12 | 02 46 | 18 08 |
| 15 | 23 18 | 21 22 | 23 47 | 23 48 | 01 01 | 23 16 | 13 36 | 22 37 | 09 23 | 22 28 | 01 45 | 12 56 | 10 08 | 02 52 | 18 08 |
| 16 | 23 21 | 20 47 | 24 04 | 23 40 | 01 17 | 23 16 | 13 34 | 22 36 | 09 23 | 22 29 | 01 37 | 12 56 | 10 03 | 02 59 | 18 08 |
| 17 | 23 23 | 18 54 | 24 18 | 23 31 | 01 33 | 23 15 | 13 32 | 22 36 | 09 24 | 22 29 | 01 30 | 12 56 | 09 59 | 03 05 | 18 09 |
| 18 | 23 24 | 15 51 | 24 30 | 23 22 | 01 49 | 23 15 | 13 30 | 22 35 | 09 24 | 22 30 | 01 22 | 12 55 | 09 55 | 03 12 | 18 09 |
| 19 | 23 25 | 11 51 | 24 39 | 23 12 | 02 06 | 23 14 | 13 29 | 22 35 | 09 25 | 22 30 | 01 15 | 12 55 | 09 50 | 03 18 | 18 09 |
| 20 | 23 26 | 07 12 | 24 45 | 23 02 | 02 22 | 23 14 | 13 27 | 22 34 | 09 25 | 22 31 | 01 07 | 12 55 | 09 45 | 03 24 | 18 09 |
| 21 | 23 26 | 02 10 | 24 49 | 22 51 | 02 38 | 23 13 | 13 25 | 22 34 | 09 26 | 22 31 | 00 59 | 12 54 | 09 41 | 03 30 | 18 10 |
| 22 | 23 26 | -02 57 | 24 49 | 22 39 | 02 54 | 23 13 | 13 23 | 22 33 | 09 26 | 22 32 | 00 51 | 12 53 | 09 36 | 03 36 | 18 10 |
| 23 | 23 25 | 07 52 | 24 47 | 22 26 | 03 09 | 23 12 | 13 21 | 22 33 | 09 26 | 22 32 | 00 43 | 12 52 | 09 31 | 03 42 | 18 10 |
| 24 | 23 24 | 12 19 | 24 42 | 22 13 | 03 25 | 23 12 | 13 19 | 22 32 | 09 27 | 22 33 | 00 35 | 12 51 | 09 26 | 03 48 | 18 10 |
| 25 | 23 23 | 16 05 | 24 35 | 21 59 | 03 41 | 23 11 | 13 17 | 22 32 | 09 27 | 22 33 | 00 27 | 12 50 | 09 21 | 03 54 | 18 10 |
| 26 | 23 21 | 18 56 | 24 25 | 21 45 | 03 57 | 23 10 | 13 15 | 22 31 | 09 28 | 22 34 | 00 19 | 12 49 | 09 16 | 04 00 | 18 11 |
| 27 | 23 19 | 20 43 | 24 13 | 21 30 | 04 12 | 23 10 | 13 14 | 22 31 | 09 28 | 22 34 | 00 11 | 12 47 | 09 11 | 04 05 | 18 11 |
| 28 | 23 16 | 21 22 | 23 58 | 21 14 | 04 28 | 23 09 | 13 12 | 22 30 | 09 28 | 22 35 | 00 02 | 12 46 | 09 06 | 04 11 | 18 11 |
| 29 | 23 13 | 20 54 | 23 41 | 20 58 | 04 43 | 23 08 | 13 10 | 22 30 | 09 29 | 22 35 | -00 06 | 12 44 | 09 00 | 04 16 | 18 11 |
| 30 | 23 09 | 19 23 | 23 23 | 20 41 | 04 59 | 23 08 | 13 07 | 22 29 | 09 29 | 22 36 | 00 14 | 12 42 | 08 55 | 04 21 | 18 11 |

Lunar Phases -- 5 ◑ 22:50  13 ● 17:11  20 ◐ 13:47  27 ○ 15:21  Sun enters ♋ 6/21 00:24

## 0:00 E.T. Longitudes of Main Planets - July 2037 **July 37**

| D | S.T. | ☉ | ☽ | ☽ 12:00 | ☿ | ♀ | ♂ | ♃ | ♄ | ♅ | ♆ | ♇ | ☊ |
|---|---|---|---|---|---|---|---|---|---|---|---|---|---|
| 1 | 18:37:34 | 09♋31 13 | 18♒18 | 24♒21 | 26♋45 | 05♌54 | 18♈40 | 08♋29 | 29♌24 | 19♋12 | 28♈51 | 22♒29℞ | 29♋49 |
| 2 | 18:41:31 | 10 28 25 | 00♓21 | 06♓19 | 26 36 | 07 06 | 19 21 | 08 43 | 29 29 | 19 15 | 28 52 | 22 28 | 29 46 |
| 3 | 18:45:28 | 11 25 37 | 12 16 | 18 11 | 28 26 | 08 19 | 20 02 | 08 56 | 29 35 | 19 19 | 28 53 | 22 27 | 29 43 |
| 4 | 18:49:24 | 12 22 49 | 24 07 | 00♈03 | 00♌13 | 09 31 | 20 43 | 09 10 | 29 41 | 19 23 | 28 54 | 22 26 | 29 39 |
| 5 | 18:53:21 | 13 20 01 | 05♈59 | 11 58 | 01 58 | 10 44 | 21 24 | 09 24 | 29 47 | 19 26 | 28 55 | 22 26 | 29 36 |
| 6 | 18:57:17 | 14 17 13 | 17 58 | 24 00 | 03 42 | 11 56 | 22 04 | 09 37 | 29 53 | 19 30 | 28 56 | 22 25 | 29 33 |
| 7 | 19:01:14 | 15 14 26 | 00♉06 | 06♉16 | 05 23 | 13 08 | 22 45 | 09 51 | 29 59 | 19 33 | 28 57 | 22 24 | 29 30 |
| 8 | 19:05:10 | 16 11 39 | 12 30 | 18 48 | 07 02 | 14 21 | 23 25 | 10 04 | 00♍06 | 19 37 | 28 58 | 22 23 | 29 27 |
| 9 | 19:09:07 | 17 08 53 | 25 11 | 01♊40 | 08 39 | 15 33 | 24 06 | 10 18 | 00 12 | 19 41 | 28 58 | 22 22 | 29 23 |
| 10 | 19:13:03 | 18 06 06 | 08♊14 | 14 54 | 10 14 | 16 46 | 24 46 | 10 32 | 00 18 | 19 44 | 28 59 | 22 20 | 29 20 |
| 11 | 19:17:00 | 19 03 21 | 21 39 | 28 30 | 11 46 | 17 58 | 25 26 | 10 45 | 00 24 | 19 48 | 29 00 | 22 19 | 29 17 |
| 12 | 19:20:57 | 20 00 35 | 05♋26 | 12♋27 | 13 17 | 19 10 | 26 06 | 10 59 | 00 31 | 19 52 | 29 01 | 22 18 | 29 14 |
| 13 | 19:24:53 | 20 57 50 | 19 33 | 26 42 | 14 45 | 20 22 | 26 46 | 11 12 | 00 37 | 19 55 | 29 01 | 22 17 | 29 11 |
| 14 | 19:28:50 | 21 55 05 | 03♌55 | 11♌11 | 16 12 | 21 34 | 27 25 | 11 26 | 00 44 | 19 59 | 29 02 | 22 16 | 29 08 |
| 15 | 19:32:46 | 22 52 20 | 18 29 | 25 47 | 17 36 | 22 47 | 28 05 | 11 39 | 00 50 | 20 03 | 29 02 | 22 15 | 29 04 |
| 16 | 19:36:43 | 23 49 36 | 03♍06 | 10♍25 | 18 58 | 23 59 | 28 44 | 11 53 | 00 57 | 20 06 | 29 03 | 22 14 | 29 01 |
| 17 | 19:40:39 | 24 46 51 | 17 43 | 24 59 | 20 17 | 25 11 | 29 23 | 12 06 | 01 03 | 20 10 | 29 04 | 22 13 | 28 58 |
| 18 | 19:44:36 | 25 44 07 | 02♎12 | 09♎23 | 21 35 | 26 23 | 00♉02 | 12 20 | 01 10 | 20 14 | 29 04 | 22 12 | 28 55 |
| 19 | 19:48:32 | 26 41 23 | 16 31 | 23 36 | 22 50 | 27 35 | 00 41 | 12 33 | 01 17 | 20 17 | 29 04 | 22 10 | 28 52 |
| 20 | 19:52:29 | 27 38 38 | 00♏37 | 07♏34 | 24 02 | 28 47 | 01 20 | 12 46 | 01 23 | 20 21 | 29 05 | 22 09 | 28 49 |
| 21 | 19:56:26 | 28 35 55 | 14 27 | 21 16 | 25 12 | 29 59 | 01 58 | 13 00 | 01 30 | 20 24 | 29 05 | 22 08 | 28 45 |
| 22 | 20:00:22 | 29 33 11 | 28 02 | 04♐43 | 26 20 | 01♍11 | 02 36 | 13 13 | 01 37 | 20 28 | 29 06 | 22 07 | 28 42 |
| 23 | 20:04:19 | 00♌30 27 | 11♐21 | 17 55 | 27 25 | 02 23 | 03 15 | 13 26 | 01 44 | 20 32 | 29 06 | 22 06 | 28 39 |
| 24 | 20:08:15 | 01 27 44 | 24 26 | 00♑53 | 28 27 | 03 34 | 03 53 | 13 40 | 01 51 | 20 35 | 29 06 | 22 04 | 28 36 |
| 25 | 20:12:12 | 02 25 02 | 07♑16 | 13 36 | 29 26 | 04 46 | 04 30 | 13 53 | 01 58 | 20 39 | 29 07 | 22 03 | 28 33 |
| 26 | 20:16:08 | 03 22 20 | 19 53 | 26 07 | 00♍23 | 05 58 | 05 08 | 14 06 | 02 05 | 20 42 | 29 07 | 22 02 | 28 29 |
| 27 | 20:20:05 | 04 19 38 | 02♒18 | 08♒27 | 01 16 | 07 09 | 05 46 | 14 19 | 02 12 | 20 46 | 29 07 | 22 01 | 28 26 |
| 28 | 20:24:01 | 05 16 57 | 14 33 | 20 36 | 02 06 | 08 21 | 06 23 | 14 32 | 02 19 | 20 50 | 29 07 | 21 59 | 28 23 |
| 29 | 20:27:58 | 06 14 17 | 26 38 | 02♓37 | 02 53 | 09 33 | 07 00 | 14 46 | 02 26 | 20 53 | 29 07 | 21 58 | 28 20 |
| 30 | 20:31:55 | 07 11 38 | 08♓36 | 14 32 | 03 36 | 10 44 | 07 37 | 14 59 | 02 33 | 20 57 | 29 07 | 21 57 | 28 17 |
| 31 | 20:35:51 | 08 09 00 | 20 28 | 26 24 | 04 16 | 11 56 | 08 14 | 15 12 | 02 40 | 21 00 | 29 07 | 21 56 | 28 14 |

## 0:00 E.T. Longitudes of the Major Asteroids and Chiron

| D | ⚳ | ⚴ | ⚵ | ⚶ | ⚷ |
|---|---|---|---|---|---|
| 1 | 19♎22 | 09♍37 | 12♍54 | 27♈52 | 21♊20 |
| 2 | 19 33 | 10 01 | 13 12 | 28 12 | 21 25 |
| 3 | 19 45 | 10 24 | 13 31 | 28 32 | 21 30 |
| 4 | 19 56 | 10 47 | 13 49 | 28 52 | 21 35 |
| 5 | 20 08 | 11 10 | 14 07 | 29 12 | 21 40 |
| 6 | 20 20 | 11 34 | 14 26 | 29 32 | 21 44 |
| 7 | 20 32 | 11 58 | 14 45 | 29 51 | 21 49 |
| 8 | 20 45 | 12 21 | 15 04 | 00♉11 | 21 54 |
| 9 | 20 58 | 12 45 | 15 22 | 00 30 | 21 59 |
| 10 | 21 11 | 13 09 | 15 41 | 00 49 | 22 04 |
| 11 | 21 24 | 13 32 | 16 00 | 01 07 | 22 08 |
| 12 | 21 37 | 13 56 | 16 20 | 01 26 | 22 13 |
| 13 | 21 51 | 14 20 | 16 39 | 01 44 | 22 18 |
| 14 | 22 05 | 14 44 | 16 58 | 02 03 | 22 23 |
| 15 | 22 19 | 15 08 | 17 17 | 02 20 | 22 27 |
| 16 | 22 34 | 15 33 | 17 37 | 02 38 | 22 32 |
| 17 | 22 48 | 15 57 | 17 56 | 02 56 | 22 36 |
| 18 | 23 03 | 16 21 | 18 16 | 03 13 | 22 41 |
| 19 | 23 18 | 16 45 | 18 36 | 03 30 | 22 45 |
| 20 | 23 33 | 17 10 | 18 55 | 03 47 | 22 50 |
| 21 | 23 49 | 17 34 | 19 15 | 04 03 | 22 54 |
| 22 | 24 04 | 17 59 | 19 35 | 04 20 | 22 59 |
| 23 | 24 20 | 18 23 | 19 55 | 04 36 | 23 03 |
| 24 | 24 36 | 18 48 | 20 15 | 04 52 | 23 08 |
| 25 | 24 53 | 19 13 | 20 35 | 05 08 | 23 12 |
| 26 | 25 09 | 19 37 | 20 55 | 05 23 | 23 16 |
| 27 | 25 25 | 20 02 | 21 15 | 05 38 | 23 21 |
| 28 | 25 42 | 20 27 | 21 35 | 05 53 | 23 25 |
| 29 | 25 59 | 20 52 | 21 56 | 06 08 | 23 29 |
| 30 | 26 16 | 21 17 | 22 16 | 06 22 | 23 33 |
| 31 | 26 33 | 21 42 | 22 36 | 06 36 | 23 37 |

## Lunar Data

| Last Asp. | | Ingress | | |
|---|---|---|---|---|
| 1 | 22:17 | 1 | ♓ | 23:19 |
| 3 | 14:21 | 4 | ♈ | 11:54 |
| 6 | 23:46 | 6 | ♉ | 23:48 |
| 8 | 18:43 | 9 | ♊ | 08:56 |
| 11 | 12:53 | 11 | ♋ | 14:36 |
| 13 | 15:52 | 13 | ♌ | 17:29 |
| 15 | 17:21 | 15 | ♍ | 18:54 |
| 17 | 12:30 | 17 | ♎ | 20:20 |
| 19 | 21:23 | 19 | ♏ | 22:57 |
| 22 | 02:56 | 22 | ♐ | 03:31 |
| 24 | 08:42 | 24 | ♑ | 10:22 |
| 26 | 17:48 | 26 | ♒ | 19:31 |
| 29 | 04:59 | 29 | ♓ | 06:45 |
| 31 | 01:05 | | | |

## 0:00 E.T. Declinations

| D | ☉ | ☽ | ☿ | ♀ | ♂ | ♃ | ♄ | ♅ | ♆ | ♇ | ⚳ | ⚴ | ⚵ | ⚶ | ⚷ |
|---|---|---|---|---|---|---|---|---|---|---|---|---|---|---|---|
| 1 | +23 05 | -17 00 | +23 02 | +20 24 | +05 14 | +23 07 | +13 05 | +22 29 | +09 29 | -22 36 | -00 23 | +12 40 | +08 50 | +04 26 | +18 11 |
| 2 | 23 01 | 13 55 | 22 40 | 20 06 | 05 29 | 23 06 | 13 03 | 22 28 | 09 30 | 22 37 | 00 31 | 12 38 | 08 44 | 04 31 | 18 11 |
| 3 | 22 56 | 10 18 | 22 17 | 19 48 | 05 44 | 23 05 | 13 01 | 22 28 | 09 30 | 22 37 | 00 40 | 12 36 | 08 39 | 04 36 | 18 12 |
| 4 | 22 51 | 06 19 | 21 52 | 19 29 | 05 59 | 23 04 | 12 59 | 22 27 | 09 30 | 22 38 | 00 49 | 12 34 | 08 33 | 04 41 | 18 12 |
| 5 | 22 46 | 02 05 | 21 25 | 19 09 | 06 14 | 23 04 | 12 57 | 22 27 | 09 30 | 22 38 | 00 57 | 12 32 | 08 27 | 04 46 | 18 12 |
| 6 | 22 40 | +02 15 | 20 58 | 18 49 | 06 29 | 23 03 | 12 55 | 22 26 | 09 31 | 22 39 | 01 06 | 12 29 | 08 22 | 04 51 | 18 12 |
| 7 | 22 34 | 06 34 | 20 29 | 18 29 | 06 44 | 23 02 | 12 53 | 22 26 | 09 31 | 22 39 | 01 15 | 12 26 | 08 16 | 04 55 | 18 12 |
| 8 | 22 27 | 10 42 | 20 00 | 18 08 | 06 58 | 23 01 | 12 50 | 22 25 | 09 31 | 22 40 | 01 24 | 12 24 | 08 10 | 05 00 | 18 12 |
| 9 | 22 20 | 14 28 | 19 29 | 17 47 | 07 13 | 23 00 | 12 48 | 22 25 | 09 31 | 22 40 | 01 33 | 12 21 | 08 04 | 05 04 | 18 12 |
| 10 | 22 13 | 17 38 | 18 58 | 17 25 | 07 27 | 22 59 | 12 46 | 22 24 | 09 32 | 22 41 | 01 42 | 12 18 | 07 58 | 05 08 | 18 12 |
| 11 | 22 05 | 19 59 | 18 26 | 17 02 | 07 42 | 22 58 | 12 44 | 22 24 | 09 32 | 22 41 | 01 51 | 12 15 | 07 53 | 05 12 | 18 12 |
| 12 | 21 57 | 21 13 | 17 54 | 16 39 | 07 56 | 22 57 | 12 41 | 22 23 | 09 32 | 22 42 | 02 00 | 12 12 | 07 47 | 05 17 | 18 12 |
| 13 | 21 48 | 21 10 | 17 21 | 16 16 | 08 10 | 22 56 | 12 39 | 22 23 | 09 32 | 22 43 | 02 09 | 12 09 | 07 40 | 05 20 | 18 12 |
| 14 | 21 39 | 19 43 | 16 48 | 15 52 | 08 24 | 22 55 | 12 37 | 22 22 | 09 32 | 22 43 | 02 18 | 12 06 | 07 34 | 05 24 | 18 12 |
| 15 | 21 30 | 16 59 | 16 15 | 15 28 | 08 38 | 22 54 | 12 34 | 22 22 | 09 32 | 22 44 | 02 27 | 12 02 | 07 28 | 05 28 | 18 12 |
| 16 | 21 20 | 13 08 | 15 41 | 15 04 | 08 52 | 22 53 | 12 32 | 22 21 | 09 33 | 22 44 | 02 37 | 11 59 | 07 22 | 05 32 | 18 12 |
| 17 | 21 10 | 08 31 | 15 07 | 14 39 | 09 05 | 22 52 | 12 30 | 22 21 | 09 33 | 22 45 | 02 46 | 11 55 | 07 16 | 05 35 | 18 12 |
| 18 | 21 00 | 03 28 | 14 34 | 14 14 | 09 19 | 22 50 | 12 27 | 22 20 | 09 33 | 22 45 | 02 55 | 11 52 | 07 10 | 05 38 | 18 12 |
| 19 | 20 49 | -01 43 | 14 00 | 13 48 | 09 32 | 22 49 | 12 25 | 22 20 | 09 33 | 22 46 | 03 04 | 11 48 | 07 03 | 05 42 | 18 12 |
| 20 | 20 38 | 06 44 | 13 26 | 13 22 | 09 45 | 22 48 | 12 22 | 22 19 | 09 33 | 22 46 | 03 14 | 11 44 | 06 57 | 05 45 | 18 12 |
| 21 | 20 26 | 11 18 | 12 53 | 12 56 | 09 58 | 22 47 | 12 20 | 22 18 | 09 33 | 22 47 | 03 23 | 11 40 | 06 50 | 05 48 | 18 12 |
| 22 | 20 14 | 15 13 | 12 20 | 12 30 | 10 11 | 22 46 | 12 18 | 22 18 | 09 33 | 22 47 | 03 33 | 11 36 | 06 44 | 05 51 | 18 12 |
| 23 | 20 02 | 18 16 | 11 48 | 12 03 | 10 24 | 22 44 | 12 15 | 22 17 | 09 33 | 22 48 | 03 42 | 11 32 | 06 38 | 05 54 | 18 12 |
| 24 | 19 50 | 20 20 | 11 16 | 11 35 | 10 37 | 22 43 | 12 13 | 22 17 | 09 33 | 22 49 | 03 51 | 11 28 | 06 31 | 05 56 | 18 12 |
| 25 | 19 37 | 21 17 | 10 44 | 11 08 | 10 50 | 22 42 | 12 10 | 22 16 | 09 33 | 22 49 | 04 01 | 11 24 | 06 24 | 05 59 | 18 12 |
| 26 | 19 24 | 21 09 | 10 13 | 10 40 | 11 02 | 22 41 | 12 08 | 22 16 | 09 33 | 22 50 | 04 10 | 11 20 | 06 18 | 06 01 | 18 12 |
| 27 | 19 10 | 19 57 | 09 43 | 10 12 | 11 15 | 22 39 | 12 05 | 22 15 | 09 33 | 22 50 | 04 20 | 11 16 | 06 11 | 06 04 | 18 11 |
| 28 | 18 57 | 17 50 | 09 14 | 09 44 | 11 27 | 22 38 | 12 03 | 22 15 | 09 33 | 22 51 | 04 29 | 11 11 | 06 05 | 06 06 | 18 11 |
| 29 | 18 43 | 14 57 | 08 46 | 09 15 | 11 39 | 22 37 | 12 00 | 22 14 | 09 33 | 22 51 | 04 39 | 11 07 | 05 58 | 06 08 | 18 11 |
| 30 | 18 28 | 11 29 | 08 19 | 08 47 | 11 51 | 22 35 | 11 57 | 22 14 | 09 33 | 22 52 | 04 49 | 11 02 | 05 51 | 06 10 | 18 11 |
| 31 | 18 13 | 07 35 | 07 53 | 08 18 | 12 03 | 22 34 | 11 55 | 22 13 | 09 33 | 22 52 | 04 58 | 10 58 | 05 44 | 06 12 | 18 11 |

Lunar Phases -- 5 ◑ 16:02 13 ● 02:33 19 ◐ 18:32 27 Ⓔ 04:16 Sun enters ♌ 7/22 11:14

**Aug. 37** | Longitudes of Main Planets - August 2037 | 0:00 E.T.

| D | S.T. | ☉ | ☽ | ☽ 12:00 | ☿ | ♀ | ♂ | ♃ | ♄ | ♅ | ♆ | ♇ | ☊ |
|---|---|---|---|---|---|---|---|---|---|---|---|---|---|
| 1 | 20:39:48 | 09♌06 22 | 02♈19 | 08♈15 | 04♍52 | 13♍07 | 08♉50 | 15♋25 | 02♍47 | 21♋04 | 29♈08 | 21♒54℞ | 28♋10 |
| 2 | 20:43:44 | 10 03 46 | 14 12 | 20 09 | 05 23 | 14 18 | 09 27 | 15 38 | 02 54 | 21 07 | 29 08℞ | 21 53 | 28 07 |
| 3 | 20:47:41 | 11 01 10 | 26 09 | 02♉11 | 05 51 | 15 30 | 10 03 | 15 51 | 03 01 | 21 11 | 29 08 | 21 52 | 28 04 |
| 4 | 20:51:37 | 11 58 36 | 08♉16 | 14 25 | 06 14 | 16 41 | 10 38 | 16 03 | 03 09 | 21 14 | 29 07 | 21 50 | 28 01 |
| 5 | 20:55:34 | 12 56 03 | 20 37 | 26 54 | 06 33 | 17 52 | 11 14 | 16 16 | 03 16 | 21 18 | 29 07 | 21 49 | 27 58 |
| 6 | 20:59:30 | 13 53 32 | 03♊16 | 09♊44 | 06 47 | 19 03 | 11 50 | 16 29 | 03 23 | 21 21 | 29 07 | 21 48 | 27 55 |
| 7 | 21:03:27 | 14 51 02 | 16 17 | 22 57 | 06 56 | 20 15 | 12 25 | 16 42 | 03 31 | 21 25 | 29 07 | 21 46 | 27 51 |
| 8 | 21:07:24 | 15 48 32 | 29 43 | 06♋36 | 06 59 | 21 26 | 13 00 | 16 55 | 03 38 | 21 28 | 29 07 | 21 45 | 27 48 |
| 9 | 21:11:20 | 16 46 05 | 13♋35 | 20 40 | 06 58℞ | 22 37 | 13 34 | 17 07 | 03 45 | 21 31 | 29 07 | 21 44 | 27 45 |
| 10 | 21:15:17 | 17 43 38 | 27 51 | 05♌08 | 06 51 | 23 48 | 14 09 | 17 20 | 03 53 | 21 35 | 29 06 | 21 43 | 27 42 |
| 11 | 21:19:13 | 18 41 13 | 12♌29 | 19 55 | 06 39 | 24 59 | 14 43 | 17 32 | 04 00 | 21 38 | 29 06 | 21 41 | 27 39 |
| 12 | 21:23:10 | 19 38 48 | 27 23 | 04♍53 | 06 22 | 26 10 | 15 17 | 17 45 | 04 08 | 21 41 | 29 06 | 21 40 | 27 35 |
| 13 | 21:27:06 | 20 36 25 | 12♍25 | 19 55 | 05 59 | 27 20 | 15 51 | 17 57 | 04 15 | 21 45 | 29 05 | 21 39 | 27 32 |
| 14 | 21:31:03 | 21 34 03 | 27 25 | 04♎52 | 05 31 | 28 31 | 16 24 | 18 10 | 04 23 | 21 48 | 29 05 | 21 37 | 27 29 |
| 15 | 21:34:59 | 22 31 42 | 12♎15 | 19 35 | 04 57 | 29 42 | 16 57 | 18 22 | 04 30 | 21 51 | 29 05 | 21 36 | 27 26 |
| 16 | 21:38:56 | 23 29 22 | 26 49 | 03♏59 | 04 19 | 00♎53 | 17 30 | 18 34 | 04 38 | 21 55 | 29 04 | 21 35 | 27 23 |
| 17 | 21:42:53 | 24 27 03 | 11♏02 | 18 00 | 03 37 | 02 03 | 18 02 | 18 47 | 04 45 | 21 58 | 29 04 | 21 33 | 27 20 |
| 18 | 21:46:49 | 25 24 44 | 24 53 | 01♐39 | 02 52 | 03 14 | 18 35 | 18 59 | 04 53 | 22 01 | 29 03 | 21 32 | 27 16 |
| 19 | 21:50:46 | 26 22 27 | 08♐20 | 14 56 | 02 03 | 04 24 | 19 07 | 19 11 | 05 00 | 22 04 | 29 03 | 21 31 | 27 13 |
| 20 | 21:54:42 | 27 20 11 | 21 27 | 27 53 | 01 12 | 05 35 | 19 38 | 19 23 | 05 08 | 22 07 | 29 02 | 21 29 | 27 10 |
| 21 | 21:58:39 | 28 17 56 | 04♑15 | 10♑33 | 00 20 | 06 45 | 20 10 | 19 35 | 05 15 | 22 10 | 29 01 | 21 28 | 27 07 |
| 22 | 22:02:35 | 29 15 42 | 16 48 | 23 00 | 29♌27 | 07 55 | 20 40 | 19 47 | 05 23 | 22 14 | 29 01 | 21 27 | 27 04 |
| 23 | 22:06:32 | 00♍13 30 | 29 08 | 05♒15 | 28 35 | 09 05 | 21 11 | 19 59 | 05 30 | 22 17 | 29 00 | 21 25 | 27 00 |
| 24 | 22:10:28 | 01 11 19 | 11♒19 | 17 21 | 27 45 | 10 15 | 21 41 | 20 11 | 05 38 | 22 20 | 28 59 | 21 24 | 26 57 |
| 25 | 22:14:25 | 02 09 09 | 23 22 | 29 21 | 26 58 | 11 26 | 22 11 | 20 22 | 05 46 | 22 23 | 28 59 | 21 23 | 26 54 |
| 26 | 22:18:22 | 03 07 00 | 05♓19 | 11♓16 | 26 15 | 12 35 | 22 41 | 20 34 | 05 53 | 22 26 | 28 58 | 21 21 | 26 51 |
| 27 | 22:22:18 | 04 04 53 | 17 13 | 23 08 | 25 37 | 13 45 | 23 10 | 20 45 | 06 01 | 22 29 | 28 57 | 21 20 | 26 48 |
| 28 | 22:26:15 | 05 02 47 | 29 04 | 05♈00 | 25 05 | 14 55 | 23 39 | 20 57 | 06 08 | 22 32 | 28 56 | 21 19 | 26 45 |
| 29 | 22:30:11 | 06 00 43 | 10♈55 | 16 52 | 24 39 | 16 05 | 24 08 | 21 08 | 06 16 | 22 34 | 28 56 | 21 17 | 26 41 |
| 30 | 22:34:08 | 06 58 41 | 22 49 | 28 47 | 24 20 | 17 15 | 24 36 | 21 20 | 06 23 | 22 37 | 28 55 | 21 16 | 26 38 |
| 31 | 22:38:04 | 07 56 41 | 04♉47 | 10♉49 | 24 10 | 18 24 | 25 04 | 21 31 | 06 31 | 22 40 | 28 54 | 21 15 | 26 35 |

**0:00 E.T.** | Longitudes of the Major Asteroids and Chiron

| D | ⚳ | ⚴ | ⚵ | ⚶ | ⚷ | D | ⚳ | ⚴ | ⚵ | ⚶ | ⚷ |
|---|---|---|---|---|---|---|---|---|---|---|---|
| 1 | 26♎51 | 22♍07 | 22♍57 | 06♉50 | 23♊41 | 17 | 01 50 | 28 53 | 28 30 | 09 51 | 24 40 |
| 2 | 27 08 | 22 32 | 23 17 | 07 04 | 23 45 | 18 | 02 10 | 29 18 | 28 51 | 10 00 | 24 43 |
| 3 | 27 26 | 22 57 | 23 38 | 07 17 | 23 49 | 19 | 02 30 | 29 44 | 29 12 | 10 08 | 24 46 |
| 4 | 27 44 | 23 22 | 23 58 | 07 30 | 23 53 | 20 | 02 50 | 00♎10 | 29 33 | 10 15 | 24 49 |
| 5 | 28 02 | 23 47 | 24 19 | 07 43 | 23 57 | 21 | 03 10 | 00 36 | 29 55 | 10 23 | 24 52 |
| 6 | 28 20 | 24 12 | 24 40 | 07 55 | 24 01 | 22 | 03 30 | 01 02 | 00♎16 | 10 30 | 24 55 |
| 7 | 28 39 | 24 38 | 25 00 | 08 07 | 24 05 | 23 | 03 51 | 01 27 | 00 37 | 10 37 | 24 58 |
| 8 | 28 57 | 25 03 | 25 21 | 08 19 | 24 08 | 24 | 04 11 | 01 53 | 00 59 | 10 43 | 25 01 |
| 9 | 29 16 | 25 28 | 25 42 | 08 31 | 24 12 | 25 | 04 32 | 02 19 | 01 20 | 10 49 | 25 04 |
| 10 | 29 35 | 25 54 | 26 03 | 08 42 | 24 16 | 26 | 04 53 | 02 45 | 01 41 | 10 54 | 25 07 |
| 11 | 29 54 | 26 19 | 26 24 | 08 53 | 24 19 | 27 | 05 14 | 03 11 | 02 03 | 10 59 | 25 09 |
| 12 | 00♏13 | 26 45 | 26 45 | 09 03 | 24 23 | 28 | 05 35 | 03 37 | 02 24 | 11 04 | 25 12 |
| 13 | 00 32 | 27 10 | 27 06 | 09 14 | 24 26 | 29 | 05 56 | 04 03 | 02 46 | 11 09 | 25 15 |
| 14 | 00 51 | 27 36 | 27 27 | 09 23 | 24 30 | 30 | 06 17 | 04 29 | 03 07 | 11 12 | 25 17 |
| 15 | 01 11 | 28 01 | 27 48 | 09 33 | 24 33 | 31 | 06 38 | 04 55 | 03 29 | 11 16 | 25 20 |
| 16 | 01 30 | 28 27 | 28 09 | 09 42 | 24 36 | | | | | | |

**Lunar Data**

| Last Asp. | | Ingress | | |
|---|---|---|---|---|
| 3 | 05:55 | 3 | ♉ | 07:40 |
| 5 | 02:18 | 5 | ♊ | 17:51 |
| 7 | 22:56 | 8 | ♋ | 00:30 |
| 10 | 02:04 | 10 | ♌ | 03:33 |
| 12 | 02:44 | 12 | ♍ | 04:11 |
| 14 | 01:56 | 14 | ♎ | 04:10 |
| 16 | 03:45 | 16 | ♏ | 05:19 |
| 18 | 01:01 | 18 | ♐ | 09:04 |
| 20 | 14:09 | 20 | ♑ | 15:59 |
| 22 | 23:44 | 23 | ♒ | 01:41 |
| 25 | 11:14 | 25 | ♓ | 13:18 |
| 27 | 12:35 | 28 | ♈ | 01:53 |
| 30 | 12:14 | 30 | ♉ | 14:26 |

**0:00 E.T.** | Declinations

| D | ☉ | ☽ | ☿ | ♀ | ♂ | ♃ | ♄ | ♅ | ♆ | ♇ | ⚳ | ⚴ | ⚵ | ⚶ | ⚷ |
|---|---|---|---|---|---|---|---|---|---|---|---|---|---|---|---|
| 1 | +17 58 | -03 24 | +07 28 | +07 49 | +12 14 | +22 33 | +11 52 | +22 13 | +09 33 | -22 53 | -05 08 | +10 53 | +05 38 | +06 14 | +18 11 |
| 2 | 17 43 | +00 53 | 07 05 | 07 19 | 12 26 | 22 31 | 11 50 | 22 12 | 09 33 | 22 54 | 05 17 | 10 49 | 05 31 | 06 16 | 18 11 |
| 3 | 17 28 | 05 11 | 06 43 | 06 50 | 12 37 | 22 30 | 11 47 | 22 12 | 09 33 | 22 54 | 05 27 | 10 44 | 05 24 | 06 17 | 18 10 |
| 4 | 17 12 | 09 20 | 06 23 | 06 20 | 12 49 | 22 28 | 11 44 | 22 11 | 09 33 | 22 55 | 05 37 | 10 39 | 05 17 | 06 18 | 18 10 |
| 5 | 16 56 | 13 11 | 06 05 | 05 50 | 13 00 | 22 27 | 11 42 | 22 11 | 09 33 | 22 55 | 05 46 | 10 34 | 05 10 | 06 20 | 18 10 |
| 6 | 16 39 | 16 32 | 05 49 | 05 20 | 13 11 | 22 26 | 11 39 | 22 10 | 09 33 | 22 56 | 05 56 | 10 30 | 05 03 | 06 21 | 18 10 |
| 7 | 16 23 | 19 11 | 05 36 | 04 50 | 13 22 | 22 24 | 11 37 | 22 09 | 09 33 | 22 56 | 06 06 | 10 25 | 04 56 | 06 22 | 18 10 |
| 8 | 16 06 | 20 52 | 05 24 | 04 20 | 13 32 | 22 23 | 11 34 | 22 09 | 09 33 | 22 57 | 06 15 | 10 20 | 04 49 | 06 23 | 18 10 |
| 9 | 15 48 | 21 22 | 05 15 | 03 49 | 13 43 | 22 21 | 11 31 | 22 08 | 09 32 | 22 57 | 06 25 | 10 15 | 04 42 | 06 24 | 18 09 |
| 10 | 15 31 | 20 30 | 05 08 | 03 19 | 13 53 | 22 20 | 11 29 | 22 08 | 09 32 | 22 58 | 06 35 | 10 10 | 04 35 | 06 24 | 18 09 |
| 11 | 15 13 | 18 15 | 05 04 | 02 48 | 14 04 | 22 18 | 11 26 | 22 07 | 09 32 | 22 58 | 06 44 | 10 05 | 04 28 | 06 25 | 18 09 |
| 12 | 14 55 | 14 44 | 05 03 | 02 18 | 14 14 | 22 17 | 11 23 | 22 07 | 09 32 | 22 59 | 06 54 | 10 00 | 04 21 | 06 25 | 18 09 |
| 13 | 14 37 | 10 15 | 05 05 | 01 47 | 14 24 | 22 15 | 11 21 | 22 06 | 09 32 | 22 59 | 07 04 | 09 54 | 04 14 | 06 26 | 18 08 |
| 14 | 14 19 | 05 08 | 05 10 | 01 16 | 14 33 | 22 13 | 11 18 | 22 06 | 09 32 | 23 00 | 07 13 | 09 49 | 04 07 | 06 26 | 18 08 |
| 15 | 14 00 | -00 13 | 05 18 | 00 45 | 14 43 | 22 12 | 11 15 | 22 05 | 09 31 | 23 00 | 07 23 | 09 44 | 04 00 | 06 26 | 18 08 |
| 16 | 13 41 | 05 27 | 05 29 | 00 14 | 14 53 | 22 10 | 11 12 | 22 05 | 09 31 | 23 01 | 07 33 | 09 39 | 03 53 | 06 26 | 18 08 |
| 17 | 13 22 | 10 16 | 05 43 | -00 16 | 15 02 | 22 09 | 11 10 | 22 04 | 09 31 | 23 01 | 07 42 | 09 33 | 03 46 | 06 25 | 18 07 |
| 18 | 13 03 | 14 25 | 06 00 | 00 47 | 15 11 | 22 07 | 11 07 | 22 04 | 09 31 | 23 02 | 07 52 | 09 28 | 03 38 | 06 25 | 18 07 |
| 19 | 12 43 | 17 43 | 06 19 | 01 18 | 15 20 | 22 06 | 11 04 | 22 03 | 09 31 | 23 02 | 08 02 | 09 23 | 03 31 | 06 25 | 18 07 |
| 20 | 12 24 | 20 00 | 06 41 | 01 49 | 15 29 | 22 04 | 11 02 | 22 03 | 09 30 | 23 03 | 08 11 | 09 17 | 03 24 | 06 24 | 18 06 |
| 21 | 12 04 | 21 12 | 07 05 | 02 20 | 15 38 | 22 02 | 10 59 | 22 02 | 09 30 | 23 03 | 08 21 | 09 12 | 03 17 | 06 23 | 18 06 |
| 22 | 11 44 | 21 18 | 07 31 | 02 51 | 15 47 | 22 01 | 10 56 | 22 02 | 09 30 | 23 04 | 08 31 | 09 07 | 03 10 | 06 23 | 18 06 |
| 23 | 11 23 | 20 22 | 07 58 | 03 22 | 15 55 | 21 59 | 10 53 | 22 01 | 09 29 | 23 04 | 08 40 | 09 01 | 03 02 | 06 22 | 18 05 |
| 24 | 11 03 | 18 29 | 08 26 | 03 52 | 16 03 | 21 57 | 10 51 | 22 01 | 09 29 | 23 05 | 08 50 | 08 56 | 02 55 | 06 20 | 18 05 |
| 25 | 10 42 | 15 47 | 08 54 | 04 23 | 16 12 | 21 56 | 10 48 | 22 01 | 09 29 | 23 05 | 09 00 | 08 50 | 02 48 | 06 19 | 18 05 |
| 26 | 10 22 | 12 27 | 09 22 | 04 54 | 16 20 | 21 54 | 10 45 | 22 00 | 09 29 | 23 05 | 09 09 | 08 45 | 02 41 | 06 18 | 18 04 |
| 27 | 10 01 | 08 38 | 09 50 | 05 24 | 16 27 | 21 53 | 10 42 | 22 00 | 09 28 | 23 06 | 09 19 | 08 39 | 02 33 | 06 16 | 18 04 |
| 28 | 09 39 | 04 30 | 10 16 | 05 55 | 16 35 | 21 51 | 10 40 | 21 59 | 09 28 | 23 06 | 09 28 | 08 34 | 02 26 | 06 15 | 18 04 |
| 29 | 09 18 | 00 13 | 10 42 | 06 25 | 16 43 | 21 49 | 10 37 | 21 59 | 09 28 | 23 07 | 09 38 | 08 28 | 02 19 | 06 13 | 18 03 |
| 30 | 08 57 | +04 06 | 11 05 | 06 55 | 16 50 | 21 48 | 10 34 | 21 58 | 09 27 | 23 07 | 09 48 | 08 23 | 02 11 | 06 11 | 18 03 |
| 31 | 08 35 | 08 17 | 11 26 | 07 25 | 16 58 | 21 46 | 10 31 | 21 58 | 09 27 | 23 08 | 09 57 | 08 17 | 02 04 | 06 09 | 18 03 |

Lunar Phases -- 4 ◑ 07:52 11 ● 10:43 18 ◐ 01:01 25 ○ 19:11 Sun enters ♍ 8/22 18:24

# 0:00 E.T. Longitudes of Main Planets - September 2037 Sep. 37

| D | S.T. | ☉ | ☽ | ☽12:00 | ☿ | ♀ | ♂ | ♃ | ♄ | ♅ | ♆ | ♇ | ☊ |
|---|---|---|---|---|---|---|---|---|---|---|---|---|---|
| 1 | 22:42:01 | 08♍54 42 | 16♉54 | 23♉01 | 24♌07 | 19♎34 | 25♉31 | 21♋42 | 06♍39 | 22♋43 | 28♈53℞ | 21♒14℞ | 26♋32 |
| 2 | 22:45:57 | 09 52 46 | 29 13 | 05♊28 | 24 12 | 20 43 | 25 58 | 21 53 | 06 46 | 22 46 | 28 52 | 21 12 | 26 29 |
| 3 | 22:49:54 | 10 50 51 | 11♊47 | 18 12 | 24 26 | 21 52 | 26 25 | 22 04 | 06 54 | 22 48 | 28 51 | 21 11 | 26 26 |
| 4 | 22:53:51 | 11 48 58 | 24 43 | 01♋19 | 24 49 | 23 02 | 26 51 | 22 15 | 07 01 | 22 51 | 28 50 | 21 10 | 26 22 |
| 5 | 22:57:47 | 12 47 08 | 08♋02 | 14 52 | 25 20 | 24 11 | 27 17 | 22 26 | 07 09 | 22 54 | 28 49 | 21 09 | 26 19 |
| 6 | 23:01:44 | 13 45 19 | 21 48 | 28 52 | 25 59 | 25 20 | 27 42 | 22 37 | 07 17 | 22 56 | 28 48 | 21 07 | 26 16 |
| 7 | 23:05:40 | 14 43 32 | 06♌02 | 13♌19 | 26 47 | 26 29 | 28 07 | 22 47 | 07 24 | 22 59 | 28 47 | 21 06 | 26 13 |
| 8 | 23:09:37 | 15 41 47 | 20 42 | 28 10 | 27 42 | 27 38 | 28 31 | 22 58 | 07 32 | 23 02 | 28 46 | 21 05 | 26 10 |
| 9 | 23:13:33 | 16 40 04 | 05♍43 | 13♍19 | 28 44 | 28 47 | 28 55 | 23 09 | 07 39 | 23 04 | 28 45 | 21 04 | 26 06 |
| 10 | 23:17:30 | 17 38 23 | 20 57 | 28 36 | 29 53 | 29 55 | 29 18 | 23 19 | 07 47 | 23 07 | 28 43 | 21 03 | 26 03 |
| 11 | 23:21:26 | 18 36 43 | 06♎14 | 13♎49 | 01♍08 | 01♏04 | 29 41 | 23 29 | 07 54 | 23 09 | 28 42 | 21 02 | 26 00 |
| 12 | 23:25:23 | 19 35 06 | 21 22 | 28 50 | 02 30 | 02 12 | 00♊03 | 23 39 | 08 02 | 23 11 | 28 41 | 21 00 | 25 57 |
| 13 | 23:29:20 | 20 33 29 | 06♏12 | 13♏28 | 03 56 | 03 21 | 00 25 | 23 49 | 08 09 | 23 14 | 28 40 | 20 59 | 25 54 |
| 14 | 23:33:16 | 21 31 55 | 20 38 | 27 40 | 05 27 | 04 29 | 00 46 | 23 59 | 08 17 | 23 16 | 28 39 | 20 58 | 25 51 |
| 15 | 23:37:13 | 22 30 22 | 04♐35 | 11♐24 | 07 02 | 05 37 | 01 07 | 24 09 | 08 24 | 23 18 | 28 37 | 20 57 | 25 47 |
| 16 | 23:41:09 | 23 28 51 | 18 05 | 24 40 | 08 41 | 06 45 | 01 27 | 24 19 | 08 32 | 23 21 | 28 36 | 20 56 | 25 44 |
| 17 | 23:45:06 | 24 27 21 | 01♑08 | 07♑32 | 10 23 | 07 53 | 01 47 | 24 29 | 08 39 | 23 23 | 28 35 | 20 55 | 25 41 |
| 18 | 23:49:02 | 25 25 53 | 13 50 | 20 04 | 12 07 | 09 01 | 02 06 | 24 38 | 08 47 | 23 25 | 28 33 | 20 54 | 25 38 |
| 19 | 23:52:59 | 26 24 27 | 26 14 | 02♒20 | 13 53 | 10 09 | 02 24 | 24 48 | 08 54 | 23 27 | 28 32 | 20 53 | 25 35 |
| 20 | 23:56:55 | 27 23 02 | 08♒24 | 14 26 | 15 41 | 11 17 | 02 42 | 24 57 | 09 01 | 23 29 | 28 31 | 20 52 | 25 32 |
| 21 | 0:00:52 | 28 21 39 | 20 25 | 26 23 | 17 30 | 12 24 | 02 59 | 25 06 | 09 09 | 23 31 | 28 29 | 20 51 | 25 28 |
| 22 | 0:04:49 | 29 20 17 | 02♓20 | 08♓16 | 19 20 | 13 31 | 03 16 | 25 15 | 09 16 | 23 33 | 28 28 | 20 50 | 25 25 |
| 23 | 0:08:45 | 00♎18 58 | 14 12 | 20 08 | 21 10 | 14 38 | 03 32 | 25 24 | 09 23 | 23 35 | 28 26 | 20 49 | 25 22 |
| 24 | 0:12:42 | 01 17 40 | 26 03 | 01♈59 | 23 01 | 15 46 | 03 47 | 25 33 | 09 30 | 23 37 | 28 25 | 20 48 | 25 19 |
| 25 | 0:16:38 | 02 16 24 | 07♈56 | 13 52 | 24 52 | 16 52 | 04 02 | 25 42 | 09 38 | 23 39 | 28 24 | 20 47 | 25 16 |
| 26 | 0:20:35 | 03 15 11 | 19 50 | 25 49 | 26 43 | 17 59 | 04 15 | 25 51 | 09 45 | 23 40 | 28 22 | 20 46 | 25 12 |
| 27 | 0:24:31 | 04 13 59 | 01♉48 | 07♉49 | 28 33 | 19 06 | 04 29 | 25 59 | 09 52 | 23 42 | 28 21 | 20 45 | 25 09 |
| 28 | 0:28:28 | 05 12 50 | 13 52 | 19 56 | 00♎23 | 20 12 | 04 41 | 26 08 | 09 59 | 23 44 | 28 19 | 20 44 | 25 06 |
| 29 | 0:32:24 | 06 11 42 | 26 03 | 02♊12 | 02 12 | 21 18 | 04 53 | 26 16 | 10 06 | 23 46 | 28 18 | 20 43 | 25 03 |
| 30 | 0:36:21 | 07 10 37 | 08♊24 | 14 40 | 04 01 | 22 25 | 05 04 | 26 24 | 10 13 | 23 47 | 28 16 | 20 43 | 25 00 |

## 0:00 E.T. Longitudes of the Major Asteroids and Chiron

| D | ⚳ | ⚴ | ⚵ | ⚶ | ⚷ |
|---|---|---|---|---|---|
| 1 | 06♏59 | 05♎21 | 03♎50 | 11♉19 | 25♊22 |
| 2 | 07 21 | 05 48 | 04 12 | 11 22 | 25 24 |
| 3 | 07 42 | 06 14 | 04 33 | 11 24 | 25 27 |
| 4 | 08 04 | 06 40 | 04 55 | 11 26 | 25 29 |
| 5 | 08 26 | 07 06 | 05 16 | 11 27 | 25 31 |
| 6 | 08 48 | 07 32 | 05 38 | 11 28 | 25 33 |
| 7 | 09 09 | 07 59 | 06 00 | 11 29 | 25 35 |
| 8 | 09 31 | 08 25 | 06 21 | 11 29℞ | 25 37 |
| 9 | 09 53 | 08 51 | 06 43 | 11 28 | 25 39 |
| 10 | 10 16 | 09 18 | 07 05 | 11 27 | 25 40 |
| 11 | 10 38 | 09 44 | 07 26 | 11 26 | 25 42 |
| 12 | 11 00 | 10 10 | 07 48 | 11 24 | 25 44 |
| 13 | 11 23 | 10 37 | 08 10 | 11 22 | 25 45 |
| 14 | 11 45 | 11 03 | 08 31 | 11 19 | 25 47 |
| 15 | 12 08 | 11 30 | 08 53 | 11 16 | 25 48 |
| 16 | 12 30 | 11 56 | 09 15 | 11 13 | 25 50 |
| 17 | 12 53 | 12 22 | 09 37 | 11 09 | 25 51 |
| 18 | 13 16 | 12 49 | 09 58 | 11 04 | 25 52 |
| 19 | 13 39 | 13 15 | 10 20 | 10 59 | 25 53 |
| 20 | 14 01 | 13 42 | 10 42 | 10 54 | 25 54 |
| 21 | 14 24 | 14 08 | 11 04 | 10 48 | 25 55 |
| 22 | 14 47 | 14 35 | 11 25 | 10 42 | 25 56 |
| 23 | 15 10 | 15 02 | 11 47 | 10 35 | 25 57 |
| 24 | 15 34 | 15 28 | 12 09 | 10 28 | 25 58 |
| 25 | 15 57 | 15 55 | 12 31 | 10 20 | 25 58 |
| 26 | 16 20 | 16 21 | 12 52 | 10 12 | 25 59 |
| 27 | 16 43 | 16 48 | 13 14 | 10 04 | 26 00 |
| 28 | 17 07 | 17 14 | 13 36 | 09 55 | 26 00 |
| 29 | 17 30 | 17 41 | 13 58 | 09 46 | 26 00 |
| 30 | 17 54 | 18 08 | 14 19 | 09 36 | 26 01 |

## Lunar Data

| Last Asp. | | Ingress | | |
|---|---|---|---|---|
| 1 | 17:30 | 2 | ♊ | 01:31 |
| 4 | 07:30 | 4 | ♋ | 09:37 |
| 6 | 11:52 | 6 | ♌ | 13:55 |
| 8 | 12:55 | 8 | ♍ | 14:55 |
| 10 | 13:27 | 10 | ♎ | 14:12 |
| 12 | 11:45 | 12 | ♏ | 13:54 |
| 14 | 05:47 | 14 | ♐ | 16:01 |
| 16 | 19:15 | 16 | ♑ | 21:53 |
| 19 | 04:31 | 19 | ♒ | 07:24 |
| 21 | 16:12 | 21 | ♓ | 19:17 |
| 23 | 22:58 | 24 | ♈ | 07:59 |
| 26 | 17:05 | 26 | ♉ | 20:23 |
| 29 | 00:25 | 29 | ♊ | 07:43 |

## 0:00 E.T. Declinations

| D | ☉ | ☽ | ☿ | ♀ | ♂ | ♃ | ♄ | ♅ | ♆ | ♇ | ⚳ | ⚴ | ⚵ | ⚶ | ⚷ |
|---|---|---|---|---|---|---|---|---|---|---|---|---|---|---|---|
| 1 | +08 14 | +12 12 | +11 45 | -07 55 | +17 05 | +21 44 | +10 29 | +21 57 | +09 26 | -23 08 | -10 07 | +08 12 | +01 57 | +06 07 | +18 02 |
| 2 | 07 52 | 15 40 | 12 01 | 08 25 | 17 12 | 21 43 | 10 26 | 21 57 | 09 26 | 23 08 | 10 16 | 08 06 | 01 50 | 06 05 | 18 02 |
| 3 | 07 30 | 18 30 | 12 14 | 08 55 | 17 19 | 21 41 | 10 23 | 21 56 | 09 26 | 23 09 | 10 26 | 08 01 | 01 42 | 06 03 | 18 01 |
| 4 | 07 08 | 20 30 | 12 23 | 09 24 | 17 25 | 21 39 | 10 20 | 21 56 | 09 25 | 23 09 | 10 35 | 07 55 | 01 35 | 06 00 | 18 01 |
| 5 | 06 46 | 21 26 | 12 29 | 09 54 | 17 32 | 21 38 | 10 18 | 21 56 | 09 25 | 23 10 | 10 44 | 07 49 | 01 28 | 05 58 | 18 01 |
| 6 | 06 23 | 21 07 | 12 32 | 10 23 | 17 39 | 21 36 | 10 15 | 21 55 | 09 24 | 23 10 | 10 54 | 07 44 | 01 20 | 05 55 | 18 00 |
| 7 | 06 01 | 19 28 | 12 31 | 10 52 | 17 45 | 21 34 | 10 12 | 21 55 | 09 24 | 23 10 | 11 03 | 07 38 | 01 13 | 05 52 | 18 00 |
| 8 | 05 38 | 16 28 | 12 26 | 11 20 | 17 51 | 21 33 | 10 09 | 21 54 | 09 24 | 23 11 | 11 13 | 07 33 | 01 06 | 05 49 | 17 59 |
| 9 | 05 16 | 12 20 | 12 18 | 11 49 | 17 57 | 21 31 | 10 07 | 21 54 | 09 23 | 23 11 | 11 22 | 07 27 | 00 58 | 05 46 | 17 59 |
| 10 | 04 53 | 07 21 | 12 06 | 12 17 | 18 03 | 21 29 | 10 04 | 21 54 | 09 23 | 23 11 | 11 31 | 07 21 | 00 51 | 05 43 | 17 59 |
| 11 | 04 30 | 01 54 | 11 50 | 12 45 | 18 09 | 21 28 | 10 01 | 21 53 | 09 22 | 23 12 | 11 41 | 07 16 | 00 44 | 05 40 | 17 58 |
| 12 | 04 07 | -03 37 | 11 32 | 13 13 | 18 15 | 21 26 | 09 58 | 21 53 | 09 22 | 23 12 | 11 50 | 07 10 | 00 37 | 05 36 | 17 58 |
| 13 | 03 44 | 08 49 | 11 09 | 13 40 | 18 20 | 21 25 | 09 56 | 21 53 | 09 21 | 23 12 | 11 59 | 07 05 | 00 29 | 05 33 | 17 57 |
| 14 | 03 21 | 13 23 | 10 44 | 14 08 | 18 26 | 21 23 | 09 53 | 21 52 | 09 21 | 23 13 | 12 08 | 06 59 | 00 22 | 05 29 | 17 57 |
| 15 | 02 58 | 17 03 | 10 16 | 14 34 | 18 31 | 21 21 | 09 50 | 21 52 | 09 20 | 23 13 | 12 17 | 06 54 | 00 15 | 05 26 | 17 56 |
| 16 | 02 35 | 19 41 | 09 45 | 15 01 | 18 36 | 21 20 | 09 48 | 21 51 | 09 20 | 23 13 | 12 27 | 06 48 | 00 07 | 05 22 | 17 56 |
| 17 | 02 12 | 21 11 | 09 11 | 15 27 | 18 41 | 21 18 | 09 45 | 21 51 | 09 19 | 23 14 | 12 36 | 06 43 | 00 00 | 05 18 | 17 55 |
| 18 | 01 49 | 21 32 | 08 36 | 15 53 | 18 46 | 21 17 | 09 42 | 21 51 | 09 19 | 23 14 | 12 45 | 06 37 | -00 07 | 05 14 | 17 55 |
| 19 | 01 26 | 20 48 | 07 58 | 16 19 | 18 51 | 21 15 | 09 39 | 21 50 | 09 18 | 23 14 | 12 54 | 06 32 | 00 14 | 05 10 | 17 54 |
| 20 | 01 02 | 19 07 | 07 18 | 16 44 | 18 56 | 21 13 | 09 37 | 21 50 | 09 18 | 23 14 | 13 03 | 06 26 | 00 22 | 05 06 | 17 54 |
| 21 | 00 39 | 16 35 | 06 37 | 17 09 | 19 00 | 21 12 | 09 34 | 21 50 | 09 17 | 23 15 | 13 12 | 06 21 | 00 29 | 05 02 | 17 54 |
| 22 | 00 16 | 13 22 | 05 55 | 17 34 | 19 05 | 21 10 | 09 31 | 21 49 | 09 17 | 23 15 | 13 21 | 06 15 | 00 36 | 04 57 | 17 53 |
| 23 | -00 08 | 09 38 | 05 11 | 17 58 | 19 09 | 21 09 | 09 29 | 21 49 | 09 16 | 23 15 | 13 30 | 06 10 | 00 43 | 04 53 | 17 53 |
| 24 | 00 31 | 05 33 | 04 27 | 18 22 | 19 13 | 21 07 | 09 26 | 21 49 | 09 16 | 23 15 | 13 39 | 06 05 | 00 50 | 04 48 | 17 52 |
| 25 | 00 54 | 01 14 | 03 42 | 18 45 | 19 18 | 21 06 | 09 24 | 21 49 | 09 15 | 23 15 | 13 47 | 05 59 | 00 57 | 04 44 | 17 52 |
| 26 | 01 18 | +03 08 | 02 56 | 19 08 | 19 22 | 21 04 | 09 21 | 21 48 | 09 15 | 23 16 | 13 56 | 05 54 | 01 05 | 04 39 | 17 51 |
| 27 | 01 41 | 07 24 | 02 10 | 19 31 | 19 26 | 21 03 | 09 18 | 21 48 | 09 14 | 23 16 | 14 05 | 05 49 | 01 12 | 04 35 | 17 51 |
| 28 | 02 04 | 11 25 | 01 23 | 19 53 | 19 29 | 21 01 | 09 16 | 21 48 | 09 14 | 23 16 | 14 14 | 05 43 | 01 19 | 04 30 | 17 50 |
| 29 | 02 28 | 15 02 | 00 36 | 20 15 | 19 33 | 21 00 | 09 13 | 21 48 | 09 13 | 23 16 | 14 22 | 05 38 | 01 26 | 04 25 | 17 50 |
| 30 | 02 51 | 18 02 | -00 10 | 20 36 | 19 37 | 20 59 | 09 11 | 21 47 | 09 12 | 23 16 | 14 31 | 05 33 | 01 33 | 04 20 | 17 49 |

Lunar Phases -- 2 ◑ 22:04 9 ● 18:27 16 ◐ 10:37 24 ○ 11:33 Sun enters ♎ 9/22 16:15

## Longitudes of Main Planets - October 2037

0:00 E.T.

| D | S.T. | ☉ | ☽ | ☽ 12:00 | ☿ | ♀ | ♂ | ♃ | ♄ | ♅ | ♆ | ♇ | ☊ |
|---|---|---|---|---|---|---|---|---|---|---|---|---|---|
| 1 | 0:40:18 | 08♎09 34 | 20♊59 | 27♊22 | 05♎49 | 23♏31 | 05♊15 | 26♋32 | 10♍20 | 23♋49 | 28♈15℞ | 20♒42℞ | 24♋57 |
| 2 | 0:44:14 | 09 08 34 | 03♋50 | 10♋24 | 07 37 | 24 36 | 05 24 | 26 40 | 10 27 | 23 50 | 28 13 | 20 41 | 24 53 |
| 3 | 0:48:11 | 10 07 36 | 17 03 | 23 48 | 09 23 | 25 42 | 05 33 | 26 48 | 10 34 | 23 52 | 28 11 | 20 40 | 24 50 |
| 4 | 0:52:07 | 11 06 40 | 00♌39 | 07♌37 | 11 09 | 26 47 | 05 41 | 26 55 | 10 41 | 23 53 | 28 10 | 20 39 | 24 47 |
| 5 | 0:56:04 | 12 05 46 | 14 42 | 21 53 | 12 55 | 27 53 | 05 48 | 27 03 | 10 48 | 23 54 | 28 08 | 20 39 | 24 44 |
| 6 | 1:00:00 | 13 04 55 | 29 11 | 06♍35 | 14 39 | 28 58 | 05 55 | 27 10 | 10 55 | 23 56 | 28 07 | 20 38 | 24 41 |
| 7 | 1:03:57 | 14 04 06 | 14♍03 | 21 37 | 16 22 | 00♐03 | 06 00 | 27 17 | 11 02 | 23 57 | 28 05 | 20 37 | 24 38 |
| 8 | 1:07:53 | 15 03 19 | 29 13 | 06♎51 | 18 05 | 01 07 | 06 05 | 27 24 | 11 09 | 23 58 | 28 03 | 20 37 | 24 34 |
| 9 | 1:11:50 | 16 02 34 | 14♎30 | 22 08 | 19 47 | 02 12 | 06 09 | 27 31 | 11 15 | 23 59 | 28 02 | 20 36 | 24 31 |
| 10 | 1:15:47 | 17 01 51 | 29 43 | 07♏15 | 21 28 | 03 16 | 06 12 | 27 38 | 11 22 | 24 00 | 28 00 | 20 35 | 24 28 |
| 11 | 1:19:43 | 18 01 11 | 14♏42 | 22 02 | 23 09 | 04 20 | 06 14 | 27 44 | 11 29 | 24 01 | 27 58 | 20 35 | 24 25 |
| 12 | 1:23:40 | 19 00 32 | 29 17 | 06♐24 | 24 49 | 05 24 | 06 15 | 27 51 | 11 35 | 24 02 | 27 57 | 20 34 | 24 22 |
| 13 | 1:27:36 | 19 59 55 | 13♐23 | 20 15 | 26 27 | 06 27 | 06 16 | 27 57 | 11 42 | 24 03 | 27 55 | 20 34 | 24 18 |
| 14 | 1:31:33 | 20 59 20 | 27 00 | 03♑37 | 28 06 | 07 31 | 06 15℞ | 28 03 | 11 48 | 24 04 | 27 53 | 20 33 | 24 15 |
| 15 | 1:35:29 | 21 58 46 | 10♑07 | 16 32 | 29 43 | 08 34 | 06 14 | 28 09 | 11 55 | 24 05 | 27 52 | 20 32 | 24 12 |
| 16 | 1:39:26 | 22 58 15 | 22 50 | 29 04 | 01♏20 | 09 36 | 06 12 | 28 15 | 12 01 | 24 06 | 27 50 | 20 32 | 24 09 |
| 17 | 1:43:22 | 23 57 45 | 05♒13 | 11♒18 | 02 56 | 10 39 | 06 09 | 28 20 | 12 07 | 24 07 | 27 48 | 20 32 | 24 06 |
| 18 | 1:47:19 | 24 57 17 | 17 20 | 23 20 | 04 32 | 11 41 | 06 05 | 28 26 | 12 14 | 24 07 | 27 47 | 20 31 | 24 03 |
| 19 | 1:51:16 | 25 56 50 | 29 17 | 05♓14 | 06 07 | 12 43 | 06 00 | 28 31 | 12 20 | 24 08 | 27 45 | 20 31 | 23 59 |
| 20 | 1:55:12 | 26 56 25 | 11♓09 | 17 04 | 07 41 | 13 44 | 05 54 | 28 36 | 12 26 | 24 09 | 27 43 | 20 30 | 23 56 |
| 21 | 1:59:09 | 27 56 03 | 22 59 | 28 55 | 09 14 | 14 46 | 05 47 | 28 41 | 12 32 | 24 09 | 27 42 | 20 30 | 23 53 |
| 22 | 2:03:05 | 28 55 41 | 04♈51 | 10♈48 | 10 47 | 15 47 | 05 40 | 28 46 | 12 38 | 24 10 | 27 40 | 20 30 | 23 50 |
| 23 | 2:07:02 | 29 55 22 | 16 46 | 22 46 | 12 20 | 16 47 | 05 31 | 28 51 | 12 44 | 24 10 | 27 38 | 20 29 | 23 47 |
| 24 | 2:10:58 | 00♏55 05 | 28 47 | 04♉50 | 13 52 | 17 47 | 05 22 | 28 55 | 12 50 | 24 10 | 27 37 | 20 29 | 23 44 |
| 25 | 2:14:55 | 01 54 50 | 10♉54 | 17 00 | 15 23 | 18 47 | 05 12 | 29 00 | 12 56 | 24 11 | 27 35 | 20 29 | 23 40 |
| 26 | 2:18:51 | 02 54 37 | 23 08 | 29 18 | 16 54 | 19 47 | 05 01 | 29 04 | 13 02 | 24 11 | 27 33 | 20 29 | 23 37 |
| 27 | 2:22:48 | 03 54 25 | 05♊31 | 11♊45 | 18 24 | 20 46 | 04 49 | 29 08 | 13 08 | 24 11 | 27 32 | 20 28 | 23 34 |
| 28 | 2:26:45 | 04 54 16 | 18 02 | 24 22 | 19 53 | 21 44 | 04 36 | 29 11 | 13 13 | 24 11 | 27 30 | 20 28 | 23 31 |
| 29 | 2:30:41 | 05 54 10 | 00♋45 | 07♋12 | 21 23 | 22 43 | 04 23 | 29 15 | 13 19 | 24 11 | 27 28 | 20 28 | 23 28 |
| 30 | 2:34:38 | 06 54 05 | 13 42 | 20 16 | 22 51 | 23 40 | 04 08 | 29 18 | 13 24 | 24 11℞ | 27 27 | 20 28 | 23 24 |
| 31 | 2:38:34 | 07 54 02 | 26 54 | 03♌37 | 24 19 | 24 38 | 03 53 | 29 22 | 13 30 | 24 11 | 27 25 | 20 28 | 23 21 |

0:00 E.T.

## Longitudes of the Major Asteroids and Chiron

| D | ⚳ | ⚴ | ⚵ | ⚶ | ⚷ | D | ⚳ | ⚴ | ⚵ | ⚶ | ⚷ |
|---|---|---|---|---|---|---|---|---|---|---|---|
| 1 | 18♏17 | 18♎34 | 14♎41 | 09♉26℞ | 26♊01 | 17 | 24 41 | 25 41 | 20 28 | 06 00 | 25 54 |
| 2 | 18 41 | 19 01 | 15 03 | 09 16 | 26 01 | 18 | 25 05 | 26 08 | 20 50 | 05 44 | 25 53 |
| 3 | 19 05 | 19 28 | 15 25 | 09 05 | 26 01 | 19 | 25 30 | 26 35 | 21 11 | 05 29 | 25 52 |
| 4 | 19 28 | 19 54 | 15 46 | 08 54 | 26 01℞ | 20 | 25 54 | 27 02 | 21 33 | 05 14 | 25 51 |
| 5 | 19 52 | 20 21 | 16 08 | 08 42 | 26 01 | 21 | 26 18 | 27 28 | 21 54 | 04 59 | 25 50 |
| 6 | 20 16 | 20 48 | 16 30 | 08 30 | 26 01 | 22 | 26 43 | 27 55 | 22 16 | 04 43 | 25 48 |
| 7 | 20 40 | 21 14 | 16 52 | 08 18 | 26 01 | 23 | 27 07 | 28 22 | 22 37 | 04 28 | 25 47 |
| 8 | 21 04 | 21 41 | 17 13 | 08 05 | 26 00 | 24 | 27 32 | 28 48 | 22 59 | 04 12 | 25 45 |
| 9 | 21 28 | 22 08 | 17 35 | 07 52 | 26 00 | 25 | 27 56 | 29 15 | 23 20 | 03 56 | 25 44 |
| 10 | 21 52 | 22 34 | 17 57 | 07 39 | 26 00 | 26 | 28 21 | 29 42 | 23 41 | 03 41 | 25 42 |
| 11 | 22 16 | 23 01 | 18 18 | 07 26 | 25 59 | 27 | 28 46 | 00♏08 | 24 03 | 03 25 | 25 40 |
| 12 | 22 40 | 23 28 | 18 40 | 07 12 | 25 58 | 28 | 29 10 | 00 35 | 24 24 | 03 09 | 25 39 |
| 13 | 23 04 | 23 55 | 19 02 | 06 58 | 25 58 | 29 | 29 35 | 01 02 | 24 45 | 02 54 | 25 37 |
| 14 | 23 28 | 24 21 | 19 23 | 06 44 | 25 57 | 30 | 00 00 | 01 28 | 25 07 | 02 38 | 25 35 |
| 15 | 23 52 | 24 48 | 19 45 | 06 29 | 25 56 | 31 | 00♐24 | 01 55 | 25 28 | 02 23 | 25 33 |
| 16 | 24 17 | 25 15 | 20 07 | 06 14 | 25 55 | | | | | | |

## Lunar Data

| Last Asp. | | Ingress | | |
|---|---|---|---|---|
| 1 | 13:36 | 1 | ♋ | 16:54 |
| 3 | 19:41 | 3 | ♌ | 22:52 |
| 5 | 23:36 | 6 | ♍ | 01:20 |
| 7 | 21:07 | 8 | ♎ | 01:14 |
| 9 | 21:17 | 10 | ♏ | 00:27 |
| 11 | 21:36 | 12 | ♐ | 01:12 |
| 14 | 02:15 | 14 | ♑ | 05:26 |
| 16 | 10:31 | 16 | ♒ | 13:50 |
| 18 | 20:55 | 19 | ♓ | 01:26 |
| 21 | 11:37 | 21 | ♈ | 14:12 |
| 24 | 00:17 | 24 | ♉ | 02:25 |
| 26 | 11:35 | 26 | ♊ | 13:21 |
| 28 | 17:51 | 28 | ♋ | 22:35 |
| 31 | 04:26 | 31 | ♌ | 05:33 |

0:00 E.T.

## Declinations

| D | ☉ | ☽ | ☿ | ♀ | ♂ | ♃ | ♄ | ♅ | ♆ | ♇ | ⚳ | ⚴ | ⚵ | ⚶ | ⚷ |
|---|---|---|---|---|---|---|---|---|---|---|---|---|---|---|---|
| 1 | -03 14 | +20 15 | -00 57 | -20 57 | +19 40 | +20 57 | +09 08 | +21 47 | +09 12 | -23 17 | -14 40 | +05 28 | -01 40 | +04 15 | +17 49 |
| 2 | 03 37 | 21 30 | 01 44 | 21 17 | 19 44 | 20 56 | 09 06 | 21 47 | 09 11 | 23 17 | 14 48 | 05 22 | 01 47 | 04 10 | 17 48 |
| 3 | 04 01 | 21 36 | 02 31 | 21 37 | 19 47 | 20 54 | 09 03 | 21 47 | 09 11 | 23 17 | 14 57 | 05 17 | 01 54 | 04 06 | 17 48 |
| 4 | 04 24 | 20 26 | 03 17 | 21 56 | 19 50 | 20 53 | 09 01 | 21 46 | 09 10 | 23 17 | 15 05 | 05 12 | 02 01 | 04 01 | 17 47 |
| 5 | 04 47 | 18 00 | 04 03 | 22 15 | 19 53 | 20 52 | 08 58 | 21 46 | 09 10 | 23 17 | 15 14 | 05 07 | 02 08 | 03 56 | 17 47 |
| 6 | 05 10 | 14 22 | 04 49 | 22 33 | 19 56 | 20 50 | 08 56 | 21 46 | 09 09 | 23 17 | 15 22 | 05 02 | 02 15 | 03 51 | 17 46 |
| 7 | 05 33 | 09 45 | 05 34 | 22 51 | 19 59 | 20 49 | 08 53 | 21 46 | 09 08 | 23 17 | 15 30 | 04 57 | 02 22 | 03 45 | 17 46 |
| 8 | 05 56 | 04 27 | 06 19 | 23 09 | 20 02 | 20 48 | 08 51 | 21 46 | 09 08 | 23 17 | 15 39 | 04 52 | 02 29 | 03 40 | 17 45 |
| 9 | 06 19 | -01 10 | 07 04 | 23 26 | 20 05 | 20 47 | 08 48 | 21 45 | 09 07 | 23 17 | 15 47 | 04 47 | 02 35 | 03 35 | 17 44 |
| 10 | 06 41 | 06 42 | 07 48 | 23 42 | 20 07 | 20 46 | 08 46 | 21 45 | 09 07 | 23 18 | 15 55 | 04 43 | 02 42 | 03 30 | 17 44 |
| 11 | 07 04 | 11 44 | 08 31 | 23 58 | 20 10 | 20 44 | 08 44 | 21 45 | 09 06 | 23 18 | 16 03 | 04 38 | 02 49 | 03 25 | 17 43 |
| 12 | 07 27 | 15 57 | 09 14 | 24 13 | 20 12 | 20 43 | 08 41 | 21 45 | 09 05 | 23 18 | 16 11 | 04 33 | 02 56 | 03 20 | 17 43 |
| 13 | 07 49 | 19 07 | 09 56 | 24 27 | 20 15 | 20 42 | 08 39 | 21 45 | 09 05 | 23 18 | 16 19 | 04 28 | 03 02 | 03 15 | 17 42 |
| 14 | 08 11 | 21 04 | 10 38 | 24 42 | 20 17 | 20 41 | 08 36 | 21 45 | 09 04 | 23 18 | 16 27 | 04 24 | 03 09 | 03 10 | 17 42 |
| 15 | 08 34 | 21 48 | 11 19 | 24 55 | 20 19 | 20 40 | 08 34 | 21 45 | 09 04 | 23 18 | 16 35 | 04 19 | 03 16 | 03 05 | 17 41 |
| 16 | 08 56 | 21 22 | 11 59 | 25 08 | 20 21 | 20 39 | 08 32 | 21 45 | 09 03 | 23 18 | 16 43 | 04 15 | 03 22 | 03 00 | 17 41 |
| 17 | 09 18 | 19 52 | 12 38 | 25 21 | 20 23 | 20 38 | 08 30 | 21 44 | 09 02 | 23 18 | 16 51 | 04 10 | 03 29 | 02 56 | 17 40 |
| 18 | 09 40 | 17 30 | 13 17 | 25 32 | 20 25 | 20 37 | 08 27 | 21 44 | 09 02 | 23 18 | 16 58 | 04 06 | 03 36 | 02 51 | 17 40 |
| 19 | 10 01 | 14 25 | 13 56 | 25 44 | 20 26 | 20 36 | 08 25 | 21 44 | 09 01 | 23 18 | 17 06 | 04 01 | 03 42 | 02 46 | 17 39 |
| 20 | 10 23 | 10 46 | 14 33 | 25 54 | 20 28 | 20 35 | 08 23 | 21 44 | 09 01 | 23 18 | 17 14 | 03 57 | 03 49 | 02 42 | 17 39 |
| 21 | 10 44 | 06 43 | 15 10 | 26 04 | 20 29 | 20 34 | 08 21 | 21 44 | 09 00 | 23 18 | 17 21 | 03 53 | 03 55 | 02 37 | 17 38 |
| 22 | 11 05 | 02 24 | 15 45 | 26 14 | 20 31 | 20 33 | 08 19 | 21 44 | 08 59 | 23 18 | 17 29 | 03 48 | 04 02 | 02 33 | 17 38 |
| 23 | 11 27 | +02 01 | 16 20 | 26 23 | 20 32 | 20 33 | 08 17 | 21 44 | 08 59 | 23 18 | 17 36 | 03 44 | 04 08 | 02 28 | 17 37 |
| 24 | 11 47 | 06 23 | 16 54 | 26 31 | 20 33 | 20 32 | 08 14 | 21 44 | 08 58 | 23 17 | 17 44 | 03 40 | 04 14 | 02 24 | 17 37 |
| 25 | 12 08 | 10 34 | 17 28 | 26 38 | 20 34 | 20 31 | 08 12 | 21 44 | 08 58 | 23 17 | 17 51 | 03 36 | 04 21 | 02 20 | 17 36 |
| 26 | 12 29 | 14 21 | 18 00 | 26 46 | 20 35 | 20 30 | 08 10 | 21 44 | 08 57 | 23 17 | 17 59 | 03 32 | 04 27 | 02 16 | 17 36 |
| 27 | 12 49 | 17 35 | 18 32 | 26 52 | 20 36 | 20 30 | 08 08 | 21 44 | 08 56 | 23 17 | 18 06 | 03 28 | 04 33 | 02 12 | 17 35 |
| 28 | 13 09 | 20 02 | 19 02 | 26 58 | 20 36 | 20 29 | 08 06 | 21 44 | 08 56 | 23 17 | 18 13 | 03 25 | 04 39 | 02 08 | 17 35 |
| 29 | 13 29 | 21 33 | 19 32 | 27 03 | 20 37 | 20 29 | 08 04 | 21 44 | 08 55 | 23 17 | 18 20 | 03 21 | 04 45 | 02 04 | 17 34 |
| 30 | 13 49 | 21 57 | 20 01 | 27 08 | 20 37 | 20 28 | 08 02 | 21 44 | 08 55 | 23 17 | 18 27 | 03 17 | 04 52 | 02 00 | 17 34 |
| 31 | 14 08 | 21 09 | 20 28 | 27 12 | 20 37 | 20 27 | 08 00 | 21 44 | 08 54 | 23 17 | 18 34 | 03 13 | 04 58 | 01 57 | 17 33 |

Lunar Phases -- 2 ◑ 10:30 9 ● 02:36 16 ◐ 00:17 24 ○ 04:38 31 ◑ 21:08 Sun enters ♏ 10/23 01:52

# 0:00 E.T. Longitudes of Main Planets - November 2037 Nov. 37

| D | S.T. | ☉ | ☽ | ☽ 12:00 | ☿ | ♀ | ♂ | ♃ | ♄ | ♅ | ♆ | ♇ | ☊ |
|---|---|---|---|---|---|---|---|---|---|---|---|---|---|
| 1 | 2:42:31 | 08♏54 02 | 10♌25 | 17♌18 | 25♏46 | 25♐35 | 03♊38℞ | 29♋25 | 13♍35 | 24♋11℞ | 27♈23℞ | 20♒28℞ | 23♋18 |
| 2 | 2:46:27 | 09 54 04 | 24 17 | 01♍21 | 27 13 | 26 31 | 03 21 | 29 27 | 13 41 | 24 11 | 27 22 | 20 28 | 23 15 |
| 3 | 2:50:24 | 10 54 08 | 08♍31 | 15 45 | 28 39 | 27 27 | 03 04 | 29 30 | 13 46 | 24 11 | 27 20 | 20 28D | 23 12 |
| 4 | 2:54:20 | 11 54 14 | 23 05 | 00♎28 | 00♐05 | 28 22 | 02 46 | 29 33 | 13 51 | 24 11 | 27 19 | 20 28 | 23 09 |
| 5 | 2:58:17 | 12 54 22 | 07♎55 | 15 24 | 01 29 | 29 17 | 02 28 | 29 35 | 13 56 | 24 10 | 27 17 | 20 28 | 23 05 |
| 6 | 3:02:14 | 13 54 32 | 22 55 | 00♏26 | 02 53 | 00♑11 | 02 09 | 29 37 | 14 01 | 24 10 | 27 15 | 20 28 | 23 02 |
| 7 | 3:06:10 | 14 54 44 | 07♏55 | 15 22 | 04 17 | 01 05 | 01 49 | 29 39 | 14 06 | 24 10 | 27 14 | 20 28 | 22 59 |
| 8 | 3:10:07 | 15 54 58 | 22 46 | 00♐05 | 05 39 | 01 58 | 01 29 | 29 41 | 14 11 | 24 09 | 27 12 | 20 28 | 22 56 |
| 9 | 3:14:03 | 16 55 13 | 07♐19 | 14 26 | 07 00 | 02 50 | 01 09 | 29 42 | 14 16 | 24 09 | 27 11 | 20 28 | 22 53 |
| 10 | 3:18:00 | 17 55 31 | 21 27 | 28 21 | 08 21 | 03 42 | 00 48 | 29 43 | 14 20 | 24 08 | 27 09 | 20 28 | 22 49 |
| 11 | 3:21:56 | 18 55 50 | 05♑07 | 11♑47 | 09 40 | 04 33 | 00 27 | 29 44 | 14 25 | 24 07 | 27 07 | 20 29 | 22 46 |
| 12 | 3:25:53 | 19 56 10 | 18 20 | 24 47 | 10 58 | 05 23 | 00 05 | 29 45 | 14 30 | 24 07 | 27 06 | 20 29 | 22 43 |
| 13 | 3:29:49 | 20 56 32 | 01♒08 | 07♒23 | 12 14 | 06 13 | 29♉43 | 29 46 | 14 34 | 24 06 | 27 04 | 20 29 | 22 40 |
| 14 | 3:33:46 | 21 56 55 | 13 34 | 19 40 | 13 29 | 07 02 | 29 22 | 29 47 | 14 38 | 24 05 | 27 03 | 20 29 | 22 37 |
| 15 | 3:37:43 | 22 57 20 | 25 43 | 01♓44 | 14 42 | 07 49 | 28 59 | 29 47 | 14 43 | 24 04 | 27 01 | 20 30 | 22 34 |
| 16 | 3:41:39 | 23 57 46 | 07♓42 | 13 38 | 15 53 | 08 36 | 28 37 | 29 47 | 14 47 | 24 04 | 27 00 | 20 30 | 22 30 |
| 17 | 3:45:36 | 24 58 13 | 19 34 | 25 29 | 17 02 | 09 23 | 28 15 | 29 47℞ | 14 51 | 24 03 | 26 59 | 20 30 | 22 27 |
| 18 | 3:49:32 | 25 58 42 | 01♈25 | 07♈21 | 18 08 | 10 08 | 27 53 | 29 47 | 14 55 | 24 02 | 26 57 | 20 31 | 22 24 |
| 19 | 3:53:29 | 26 59 12 | 13 18 | 19 17 | 19 12 | 10 52 | 27 31 | 29 46 | 14 59 | 24 01 | 26 56 | 20 31 | 22 21 |
| 20 | 3:57:25 | 27 59 43 | 25 17 | 01♉20 | 20 12 | 11 35 | 27 09 | 29 46 | 15 03 | 24 00 | 26 54 | 20 32 | 22 18 |
| 21 | 4:01:22 | 29 00 15 | 07♉25 | 13 32 | 21 08 | 12 17 | 26 47 | 29 45 | 15 07 | 23 58 | 26 53 | 20 32 | 22 15 |
| 22 | 4:05:18 | 00♐00 49 | 19 42 | 25 55 | 22 00 | 12 58 | 26 25 | 29 44 | 15 10 | 23 57 | 26 52 | 20 33 | 22 11 |
| 23 | 4:09:15 | 01 01 25 | 02♊10 | 08♊29 | 22 48 | 13 38 | 26 04 | 29 42 | 15 14 | 23 56 | 26 50 | 20 33 | 22 08 |
| 24 | 4:13:12 | 02 02 02 | 14 50 | 21 13 | 23 30 | 14 17 | 25 43 | 29 41 | 15 17 | 23 55 | 26 49 | 20 34 | 22 05 |
| 25 | 4:17:08 | 03 02 40 | 27 40 | 04♋09 | 24 05 | 14 54 | 25 22 | 29 39 | 15 21 | 23 53 | 26 48 | 20 34 | 22 02 |
| 26 | 4:21:05 | 04 03 20 | 10♋41 | 17 16 | 24 35 | 15 30 | 25 02 | 29 37 | 15 24 | 23 52 | 26 46 | 20 35 | 21 59 |
| 27 | 4:25:01 | 05 04 02 | 23 54 | 00♌35 | 24 56 | 16 05 | 24 42 | 29 35 | 15 27 | 23 51 | 26 45 | 20 35 | 21 55 |
| 28 | 4:28:58 | 06 04 45 | 07♌19 | 14 06 | 25 09 | 16 38 | 24 23 | 29 33 | 15 30 | 23 49 | 26 44 | 20 36 | 21 52 |
| 29 | 4:32:54 | 07 05 29 | 20 56 | 27 50 | 25 13℞ | 17 10 | 24 04 | 29 31 | 15 33 | 23 48 | 26 43 | 20 37 | 21 49 |
| 30 | 4:36:51 | 08 06 15 | 04♍47 | 11♍48 | 25 08 | 17 40 | 23 46 | 29 28 | 15 36 | 23 46 | 26 42 | 20 37 | 21 46 |

## 0:00 E.T. Longitudes of the Major Asteroids and Chiron

| D | ⚳ | ⚴ | ⚵ | ⚶ | ⚷ | D | ⚳ | ⚴ | ⚵ | ⚶ | ⚷ |
|---|---|---|---|---|---|---|---|---|---|---|---|
| 1 | 00♐49 | 02♏22 | 25♎49 | 02♉08℞ | 25♊31℞ | 16 | 07 03 | 09 00 | 01 02 | 28 43 | 24 53 |
| 2 | 01 14 | 02 48 | 26 10 | 01 52 | 25 29 | 17 | 07 28 | 09 26 | 01 23 | 28 32 | 24 50 |
| 3 | 01 39 | 03 15 | 26 31 | 01 37 | 25 26 | 18 | 07 53 | 09 52 | 01 43 | 28 21 | 24 47 |
| 4 | 02 03 | 03 42 | 26 52 | 01 23 | 25 24 | 19 | 08 18 | 10 19 | 02 04 | 28 10 | 24 44 |
| 5 | 02 28 | 04 08 | 27 14 | 01 08 | 25 22 | 20 | 08 43 | 10 45 | 02 24 | 28 00 | 24 40 |
| 6 | 02 53 | 04 35 | 27 35 | 00 53 | 25 20 | 21 | 09 08 | 11 11 | 02 45 | 27 50 | 24 37 |
| 7 | 03 18 | 05 01 | 27 56 | 00 39 | 25 17 | 22 | 09 33 | 11 38 | 03 05 | 27 41 | 24 34 |
| 8 | 03 43 | 05 28 | 28 17 | 00 25 | 25 15 | 23 | 09 58 | 12 04 | 03 25 | 27 32 | 24 31 |
| 9 | 04 08 | 05 54 | 28 37 | 00 11 | 25 12 | 24 | 10 23 | 12 30 | 03 45 | 27 24 | 24 28 |
| 10 | 04 33 | 06 21 | 28 58 | 29♈58 | 25 09 | 25 | 10 48 | 12 56 | 04 05 | 27 16 | 24 24 |
| 11 | 04 58 | 06 47 | 29 19 | 29 44 | 25 07 | 26 | 11 13 | 13 22 | 04 25 | 27 08 | 24 21 |
| 12 | 05 23 | 07 14 | 29 40 | 29 31 | 25 04 | 27 | 11 38 | 13 48 | 04 45 | 27 01 | 24 18 |
| 13 | 05 48 | 07 40 | 00♏01 | 29 19 | 25 01 | 28 | 12 03 | 14 14 | 05 05 | 26 54 | 24 14 |
| 14 | 06 13 | 08 07 | 00 21 | 29 06 | 24 58 | 29 | 12 28 | 14 40 | 05 25 | 26 48 | 24 11 |
| 15 | 06 38 | 08 33 | 00 42 | 28 54 | 24 56 | 30 | 12 53 | 15 06 | 05 45 | 26 42 | 24 07 |

## Lunar Data

| Last Asp. | | Ingress | | |
|---|---|---|---|---|
| 2 | 05:34 | 2 | ♍ | 09:43 |
| 4 | 10:31 | 4 | ♎ | 11:14 |
| 6 | 10:44 | 6 | ♏ | 11:19 |
| 8 | 11:21 | 8 | ♐ | 11:52 |
| 10 | 09:54 | 10 | ♑ | 14:55 |
| 12 | 21:25 | 12 | ♒ | 21:51 |
| 15 | 06:20 | 15 | ♓ | 08:33 |
| 17 | 20:42 | 17 | ♈ | 21:09 |
| 20 | 08:52 | 20 | ♉ | 09:22 |
| 22 | 19:17 | 22 | ♊ | 19:50 |
| 24 | 22:23 | 25 | ♋ | 04:19 |
| 27 | 10:11 | 27 | ♌ | 10:57 |
| 29 | 10:02 | 29 | ♍ | 15:44 |

## 0:00 E.T. Declinations

| D | ☉ | ☽ | ☿ | ♀ | ♂ | ♃ | ♄ | ♅ | ♆ | ♇ | ⚳ | ⚴ | ⚵ | ⚶ | ⚷ |
|---|---|---|---|---|---|---|---|---|---|---|---|---|---|---|---|
| 1 | -14 28 | +19 07 | -20 55 | -27 15 | +20 38 | +20 27 | +07 59 | +21 44 | +08 53 | -23 17 | -18 41 | +03 10 | -05 04 | +01 54 | +17 33 |
| 2 | 14 47 | 15 56 | 21 21 | 27 18 | 20 37 | 20 27 | 07 57 | 21 44 | 08 53 | 23 16 | 18 48 | 03 06 | 05 10 | 01 50 | 17 32 |
| 3 | 15 06 | 11 44 | 21 45 | 27 21 | 20 37 | 20 26 | 07 55 | 21 44 | 08 52 | 23 16 | 18 55 | 03 03 | 05 16 | 01 47 | 17 32 |
| 4 | 15 24 | 06 47 | 22 09 | 27 22 | 20 37 | 20 26 | 07 53 | 21 44 | 08 52 | 23 16 | 19 01 | 03 00 | 05 21 | 01 45 | 17 31 |
| 5 | 15 43 | 01 21 | 22 31 | 27 24 | 20 36 | 20 25 | 07 51 | 21 44 | 08 51 | 23 16 | 19 08 | 02 56 | 05 27 | 01 42 | 17 31 |
| 6 | 16 01 | -04 14 | 22 53 | 27 24 | 20 36 | 20 25 | 07 49 | 21 45 | 08 51 | 23 16 | 19 15 | 02 53 | 05 33 | 01 39 | 17 30 |
| 7 | 16 18 | 09 33 | 23 13 | 27 24 | 20 35 | 20 25 | 07 48 | 21 45 | 08 50 | 23 16 | 19 21 | 02 50 | 05 39 | 01 37 | 17 30 |
| 8 | 16 36 | 14 16 | 23 32 | 27 24 | 20 34 | 20 25 | 07 46 | 21 45 | 08 50 | 23 15 | 19 28 | 02 47 | 05 45 | 01 35 | 17 29 |
| 9 | 16 53 | 18 02 | 23 50 | 27 23 | 20 33 | 20 25 | 07 44 | 21 45 | 08 49 | 23 15 | 19 34 | 02 44 | 05 50 | 01 33 | 17 29 |
| 10 | 17 10 | 20 37 | 24 06 | 27 21 | 20 32 | 20 24 | 07 43 | 21 45 | 08 48 | 23 15 | 19 40 | 02 41 | 05 56 | 01 31 | 17 28 |
| 11 | 17 27 | 21 54 | 24 22 | 27 19 | 20 31 | 20 24 | 07 41 | 21 45 | 08 48 | 23 15 | 19 47 | 02 39 | 06 01 | 01 29 | 17 28 |
| 12 | 17 43 | 21 54 | 24 35 | 27 16 | 20 29 | 20 24 | 07 40 | 21 45 | 08 47 | 23 14 | 19 53 | 02 36 | 06 07 | 01 28 | 17 27 |
| 13 | 17 59 | 20 44 | 24 48 | 27 13 | 20 28 | 20 24 | 07 38 | 21 45 | 08 47 | 23 14 | 19 59 | 02 33 | 06 12 | 01 26 | 17 27 |
| 14 | 18 15 | 18 35 | 24 59 | 27 10 | 20 26 | 20 24 | 07 37 | 21 46 | 08 46 | 23 14 | 20 05 | 02 31 | 06 18 | 01 25 | 17 26 |
| 15 | 18 30 | 15 39 | 25 09 | 27 06 | 20 25 | 20 24 | 07 35 | 21 46 | 08 46 | 23 14 | 20 11 | 02 28 | 06 23 | 01 24 | 17 26 |
| 16 | 18 46 | 12 06 | 25 18 | 27 01 | 20 23 | 20 25 | 07 34 | 21 46 | 08 45 | 23 13 | 20 17 | 02 26 | 06 28 | 01 23 | 17 25 |
| 17 | 19 00 | 08 07 | 25 25 | 26 56 | 20 21 | 20 25 | 07 32 | 21 46 | 08 45 | 23 13 | 20 23 | 02 24 | 06 33 | 01 23 | 17 25 |
| 18 | 19 15 | 03 50 | 25 31 | 26 51 | 20 19 | 20 25 | 07 31 | 21 46 | 08 44 | 23 13 | 20 29 | 02 22 | 06 39 | 01 22 | 17 25 |
| 19 | 19 29 | +00 36 | 25 35 | 26 45 | 20 17 | 20 25 | 07 30 | 21 47 | 08 44 | 23 12 | 20 34 | 02 20 | 06 44 | 01 22 | 17 24 |
| 20 | 19 43 | 05 03 | 25 37 | 26 38 | 20 15 | 20 26 | 07 28 | 21 47 | 08 43 | 23 12 | 20 40 | 02 18 | 06 49 | 01 22 | 17 24 |
| 21 | 19 56 | 09 22 | 25 38 | 26 32 | 20 13 | 20 26 | 07 27 | 21 47 | 08 43 | 23 12 | 20 46 | 02 16 | 06 54 | 01 22 | 17 23 |
| 22 | 20 09 | 13 21 | 25 38 | 26 25 | 20 11 | 20 26 | 07 26 | 21 47 | 08 42 | 23 11 | 20 51 | 02 14 | 06 59 | 01 23 | 17 23 |
| 23 | 20 22 | 16 50 | 25 36 | 26 17 | 20 08 | 20 27 | 07 25 | 21 48 | 08 42 | 23 11 | 20 56 | 02 12 | 07 03 | 01 23 | 17 22 |
| 24 | 20 34 | 19 36 | 25 32 | 26 09 | 20 06 | 20 27 | 07 24 | 21 48 | 08 42 | 23 11 | 21 02 | 02 11 | 07 08 | 01 24 | 17 22 |
| 25 | 20 46 | 21 25 | 25 27 | 26 01 | 20 04 | 20 28 | 07 23 | 21 48 | 08 41 | 23 10 | 21 07 | 02 09 | 07 13 | 01 25 | 17 22 |
| 26 | 20 57 | 22 08 | 25 20 | 25 53 | 20 02 | 20 28 | 07 22 | 21 48 | 08 41 | 23 10 | 21 12 | 02 08 | 07 18 | 01 26 | 17 21 |
| 27 | 21 08 | 21 38 | 25 11 | 25 44 | 20 00 | 20 29 | 07 21 | 21 49 | 08 40 | 23 10 | 21 17 | 02 06 | 07 22 | 01 27 | 17 21 |
| 28 | 21 19 | 19 54 | 25 01 | 25 35 | 19 57 | 20 30 | 07 20 | 21 49 | 08 40 | 23 09 | 21 22 | 02 05 | 07 27 | 01 29 | 17 20 |
| 29 | 21 29 | 17 00 | 24 49 | 25 25 | 19 55 | 20 30 | 07 19 | 21 49 | 08 40 | 23 09 | 21 27 | 02 04 | 07 31 | 01 30 | 17 20 |
| 30 | 21 39 | 13 07 | 24 35 | 25 15 | 19 53 | 20 31 | 07 18 | 21 49 | 08 39 | 23 08 | 21 32 | 02 03 | 07 36 | 01 32 | 17 20 |

Lunar Phases -- 7 ● 12:04 14 ◐ 18:00 22 ○ 21:36 30 ◑ 06:08 Sun enters ♐ 11/21 23:40

## Longitudes of Main Planets - December 2037

0:00 E.T.

| D | S.T. | ☉ | ☽ | ☽ 12:00 | ☿ | ♀ | ♂ | ♃ | ♄ | ♅ | ♆ | ♇ | ☊ |
|---|---|---|---|---|---|---|---|---|---|---|---|---|---|
| 1 | 4:40:47 | 09♐07 03 | 18♍52 | 25♍59 | 24♐51℞ | 18♑09 | 23♉28℞ | 29♋25℞ | 15♍39 | 23♋44℞ | 26♈40℞ | 20♒38 | 21♋43 |
| 2 | 4:44:44 | 10 07 52 | 03♎09 | 10♎21 | 24 24 | 18 36 | 23 11 | 29 22 | 15 42 | 23 43 | 26 39 | 20 39 | 21 40 |
| 3 | 4:48:41 | 11 08 43 | 17 36 | 24 52 | 23 45 | 19 02 | 22 54 | 29 19 | 15 44 | 23 41 | 26 38 | 20 40 | 21 36 |
| 4 | 4:52:37 | 12 09 34 | 02♏09 | 09♏26 | 22 56 | 19 25 | 22 39 | 29 15 | 15 47 | 23 39 | 26 37 | 20 41 | 21 33 |
| 5 | 4:56:34 | 13 10 28 | 16 42 | 23 57 | 21 56 | 19 47 | 22 24 | 29 12 | 15 49 | 23 38 | 26 36 | 20 41 | 21 30 |
| 6 | 5:00:30 | 14 11 22 | 01♐09 | 08♐18 | 20 48 | 20 07 | 22 09 | 29 08 | 15 52 | 23 36 | 26 35 | 20 42 | 21 27 |
| 7 | 5:04:27 | 15 12 18 | 15 23 | 22 24 | 19 32 | 20 25 | 21 56 | 29 04 | 15 54 | 23 34 | 26 34 | 20 43 | 21 24 |
| 8 | 5:08:23 | 16 13 15 | 29 20 | 06♑10 | 18 11 | 20 41 | 21 43 | 29 00 | 15 56 | 23 32 | 26 33 | 20 44 | 21 21 |
| 9 | 5:12:20 | 17 14 13 | 12♑54 | 19 33 | 16 49 | 20 55 | 21 31 | 28 56 | 15 58 | 23 30 | 26 32 | 20 45 | 21 17 |
| 10 | 5:16:16 | 18 15 11 | 26 06 | 02♒33 | 15 26 | 21 07 | 21 19 | 28 51 | 16 00 | 23 28 | 26 31 | 20 46 | 21 14 |
| 11 | 5:20:13 | 19 16 10 | 08♒55 | 15 12 | 14 07 | 21 16 | 21 09 | 28 46 | 16 01 | 23 26 | 26 30 | 20 47 | 21 11 |
| 12 | 5:24:10 | 20 17 10 | 21 24 | 27 32 | 12 54 | 21 23 | 20 59 | 28 41 | 16 03 | 23 24 | 26 30 | 20 48 | 21 08 |
| 13 | 5:28:06 | 21 18 10 | 03♓37 | 09♓39 | 11 49 | 21 28 | 20 50 | 28 36 | 16 05 | 23 22 | 26 29 | 20 49 | 21 05 |
| 14 | 5:32:03 | 22 19 11 | 15 38 | 21 36 | 10 53 | 21 31 | 20 42 | 28 31 | 16 06 | 23 20 | 26 28 | 20 50 | 21 01 |
| 15 | 5:35:59 | 23 20 13 | 27 32 | 03♈28 | 10 08 | 21 31℞ | 20 35 | 28 26 | 16 07 | 23 18 | 26 27 | 20 51 | 20 58 |
| 16 | 5:39:56 | 24 21 15 | 09♈24 | 15 21 | 09 34 | 21 29 | 20 29 | 28 20 | 16 09 | 23 16 | 26 26 | 20 52 | 20 55 |
| 17 | 5:43:52 | 25 22 17 | 21 19 | 27 18 | 09 11 | 21 24 | 20 23 | 28 15 | 16 10 | 23 14 | 26 26 | 20 53 | 20 52 |
| 18 | 5:47:49 | 26 23 20 | 03♉20 | 09♉24 | 08 59 | 21 16 | 20 19 | 28 09 | 16 11 | 23 11 | 26 25 | 20 54 | 20 49 |
| 19 | 5:51:45 | 27 24 23 | 15 32 | 21 43 | 08 57D | 21 06 | 20 15 | 28 03 | 16 12 | 23 09 | 26 24 | 20 55 | 20 46 |
| 20 | 5:55:42 | 28 25 26 | 27 57 | 04♊15 | 09 05 | 20 54 | 20 12 | 27 57 | 16 12 | 23 07 | 26 24 | 20 57 | 20 42 |
| 21 | 5:59:39 | 29 26 31 | 10♊37 | 17 03 | 09 22 | 20 39 | 20 10 | 27 51 | 16 13 | 23 05 | 26 23 | 20 58 | 20 39 |
| 22 | 6:03:35 | 00♑27 35 | 23 34 | 00♋07 | 09 46 | 20 22 | 20 08 | 27 44 | 16 14 | 23 02 | 26 23 | 20 59 | 20 36 |
| 23 | 6:07:32 | 01 28 40 | 06♋45 | 13 27 | 10 19 | 20 02 | 20 08 | 27 38 | 16 14 | 23 00 | 26 22 | 21 00 | 20 33 |
| 24 | 6:11:28 | 02 29 46 | 20 11 | 26 59 | 10 57 | 19 40 | 20 08D | 27 31 | 16 14 | 22 58 | 26 22 | 21 02 | 20 30 |
| 25 | 6:15:25 | 03 30 52 | 03♌50 | 10♌44 | 11 42 | 19 16 | 20 09 | 27 24 | 16 15 | 22 55 | 26 21 | 21 03 | 20 27 |
| 26 | 6:19:21 | 04 31 58 | 17 40 | 24 38 | 12 31 | 18 49 | 20 11 | 27 18 | 16 15 | 22 53 | 26 21 | 21 04 | 20 23 |
| 27 | 6:23:18 | 05 33 05 | 01♍38 | 08♍40 | 13 26 | 18 21 | 20 13 | 27 11 | 16 15℞ | 22 50 | 26 21 | 21 05 | 20 20 |
| 28 | 6:27:14 | 06 34 13 | 15 42 | 22 46 | 14 24 | 17 51 | 20 16 | 27 03 | 16 15 | 22 48 | 26 20 | 21 07 | 20 17 |
| 29 | 6:31:11 | 07 35 21 | 29 51 | 06♎57 | 15 26 | 17 20 | 20 20 | 26 56 | 16 14 | 22 45 | 26 20 | 21 08 | 20 14 |
| 30 | 6:35:08 | 08 36 29 | 14♎02 | 21 08 | 16 31 | 16 47 | 20 25 | 26 49 | 16 14 | 22 43 | 26 20 | 21 10 | 20 11 |
| 31 | 6:39:04 | 09 37 38 | 28 14 | 05♏19 | 17 39 | 16 12 | 20 30 | 26 42 | 16 14 | 22 40 | 26 19 | 21 11 | 20 07 |

## Longitudes of the Major Asteroids and Chiron

0:00 E.T.

| D | ⚳ | ⚴ | ⚵ | ⚶ | ⚷ |
|---|---|---|---|---|---|
| 1 | 13♐18 | 15♏32 | 06♏04 | 26♈36℞ | 24♊04℞ |
| 2 | 13 43 | 15 58 | 06 24 | 26 31 | 24 00 |
| 3 | 14 09 | 16 24 | 06 44 | 26 27 | 23 57 |
| 4 | 14 34 | 16 50 | 07 03 | 26 23 | 23 53 |
| 5 | 14 59 | 17 16 | 07 22 | 26 19 | 23 49 |
| 6 | 15 24 | 17 42 | 07 42 | 26 16 | 23 46 |
| 7 | 15 49 | 18 07 | 08 01 | 26 13 | 23 42 |
| 8 | 16 14 | 18 33 | 08 20 | 26 11 | 23 39 |
| 9 | 16 39 | 18 59 | 08 39 | 26 09 | 23 35 |
| 10 | 17 04 | 19 24 | 08 58 | 26 08 | 23 31 |
| 11 | 17 29 | 19 50 | 09 17 | 26 07 | 23 28 |
| 12 | 17 54 | 20 15 | 09 36 | 26 06 | 23 24 |
| 13 | 18 19 | 20 41 | 09 55 | 26 06D | 23 20 |
| 14 | 18 44 | 21 06 | 10 13 | 26 07 | 23 16 |
| 15 | 19 09 | 21 31 | 10 32 | 26 07 | 23 13 |
| 16 | 19 34 | 21 57 | 10 50 | 26 09 | 23 09 |
| 17 | 19 59 | 22 22 | 11 09 | 26 10 | 23 05 |
| 18 | 20 24 | 22 47 | 11 27 | 26 13 | 23 02 |
| 19 | 20 48 | 23 12 | 11 45 | 26 15 | 22 58 |
| 20 | 21 13 | 23 37 | 12 03 | 26 18 | 22 54 |
| 21 | 21 38 | 24 02 | 12 21 | 26 22 | 22 51 |
| 22 | 22 03 | 24 27 | 12 39 | 26 25 | 22 47 |
| 23 | 22 28 | 24 52 | 12 57 | 26 30 | 22 43 |
| 24 | 22 53 | 25 17 | 13 14 | 26 34 | 22 40 |
| 25 | 23 17 | 25 42 | 13 32 | 26 39 | 22 36 |
| 26 | 23 42 | 26 06 | 13 49 | 26 45 | 22 32 |
| 27 | 24 07 | 26 31 | 14 07 | 26 50 | 22 29 |
| 28 | 24 31 | 26 55 | 14 24 | 26 57 | 22 25 |
| 29 | 24 56 | 27 20 | 14 41 | 27 03 | 22 22 |
| 30 | 25 21 | 27 44 | 14 58 | 27 10 | 22 18 |
| 31 | 25 45 | 28 09 | 15 15 | 27 17 | 22 15 |

## Lunar Data

| Last Asp. | | Ingress | | |
|---|---|---|---|---|
| 1 | 17:42 | 1 | ♎ | 18:44 |
| 3 | 19:15 | 3 | ♏ | 20:27 |
| 5 | 20:38 | 5 | ♐ | 22:04 |
| 7 | 19:11 | 8 | ♑ | 01:11 |
| 10 | 05:05 | 10 | ♒ | 07:15 |
| 12 | 09:56 | 12 | ♓ | 16:51 |
| 15 | 01:48 | 15 | ♈ | 04:59 |
| 17 | 13:46 | 17 | ♉ | 17:23 |
| 19 | 23:59 | 20 | ♊ | 03:55 |
| 22 | 05:10 | 22 | ♋ | 11:46 |
| 24 | 12:49 | 24 | ♌ | 17:17 |
| 26 | 14:56 | 26 | ♍ | 21:12 |
| 28 | 19:06 | 29 | ♎ | 00:15 |
| 30 | 21:25 | 31 | ♏ | 03:00 |

## Declinations

0:00 E.T.

| D | ☉ | ☽ | ☿ | ♀ | ♂ | ♃ | ♄ | ♅ | ♆ | ♇ | ⚳ | ⚴ | ⚵ | ⚶ | ⚷ |
|---|---|---|---|---|---|---|---|---|---|---|---|---|---|---|---|
| 1 | -21 49 | +08 28 | -24 19 | -25 05 | +19 51 | +20 32 | +07 17 | +21 50 | +08 39 | -23 08 | -21 37 | +02 02 | -07 40 | +01 34 | +17 19 |
| 2 | 21 58 | 03 17 | 24 01 | 24 55 | 19 49 | 20 32 | 07 16 | 21 50 | 08 38 | 23 08 | 21 42 | 02 02 | 07 44 | 01 36 | 17 19 |
| 3 | 22 06 | -02 08 | 23 41 | 24 45 | 19 47 | 20 33 | 07 15 | 21 50 | 08 38 | 23 07 | 21 46 | 02 01 | 07 48 | 01 39 | 17 18 |
| 4 | 22 15 | 07 28 | 23 20 | 24 34 | 19 45 | 20 34 | 07 15 | 21 51 | 08 38 | 23 07 | 21 51 | 02 00 | 07 53 | 01 41 | 17 18 |
| 5 | 22 22 | 12 23 | 22 57 | 24 23 | 19 43 | 20 35 | 07 14 | 21 51 | 08 37 | 23 06 | 21 56 | 02 00 | 07 57 | 01 44 | 17 18 |
| 6 | 22 30 | 16 34 | 22 32 | 24 12 | 19 42 | 20 36 | 07 13 | 21 51 | 08 37 | 23 06 | 22 00 | 02 00 | 08 01 | 01 47 | 17 17 |
| 7 | 22 37 | 19 42 | 22 06 | 24 01 | 19 40 | 20 37 | 07 13 | 21 52 | 08 37 | 23 06 | 22 04 | 01 59 | 08 05 | 01 50 | 17 17 |
| 8 | 22 43 | 21 36 | 21 40 | 23 50 | 19 39 | 20 38 | 07 12 | 21 52 | 08 36 | 23 05 | 22 09 | 01 59 | 08 08 | 01 53 | 17 17 |
| 9 | 22 49 | 22 11 | 21 13 | 23 39 | 19 37 | 20 39 | 07 12 | 21 52 | 08 36 | 23 05 | 22 13 | 01 59 | 08 12 | 01 56 | 17 16 |
| 10 | 22 55 | 21 29 | 20 48 | 23 27 | 19 36 | 20 40 | 07 11 | 21 53 | 08 36 | 23 04 | 22 17 | 01 59 | 08 16 | 02 00 | 17 16 |
| 11 | 23 00 | 19 40 | 20 23 | 23 15 | 19 35 | 20 41 | 07 11 | 21 53 | 08 36 | 23 04 | 22 21 | 02 00 | 08 20 | 02 04 | 17 16 |
| 12 | 23 05 | 16 57 | 20 01 | 23 04 | 19 34 | 20 42 | 07 10 | 21 53 | 08 35 | 23 03 | 22 25 | 02 00 | 08 23 | 02 07 | 17 16 |
| 13 | 23 09 | 13 33 | 19 42 | 22 52 | 19 33 | 20 44 | 07 10 | 21 54 | 08 35 | 23 03 | 22 29 | 02 00 | 08 27 | 02 11 | 17 15 |
| 14 | 23 13 | 09 39 | 19 25 | 22 40 | 19 33 | 20 45 | 07 10 | 21 54 | 08 35 | 23 02 | 22 33 | 02 01 | 08 30 | 02 16 | 17 15 |
| 15 | 23 16 | 05 25 | 19 13 | 22 28 | 19 32 | 20 46 | 07 09 | 21 55 | 08 35 | 23 02 | 22 37 | 02 02 | 08 33 | 02 20 | 17 15 |
| 16 | 23 19 | 01 00 | 19 03 | 22 16 | 19 32 | 20 47 | 07 09 | 21 55 | 08 34 | 23 01 | 22 40 | 02 02 | 08 37 | 02 24 | 17 14 |
| 17 | 23 21 | +03 27 | 18 58 | 22 04 | 19 32 | 20 49 | 07 09 | 21 55 | 08 34 | 23 01 | 22 44 | 02 03 | 08 40 | 02 29 | 17 14 |
| 18 | 23 23 | 07 50 | 18 55 | 21 52 | 19 32 | 20 50 | 07 09 | 21 56 | 08 34 | 23 00 | 22 47 | 02 04 | 08 43 | 02 34 | 17 14 |
| 19 | 23 24 | 11 58 | 18 56 | 21 40 | 19 32 | 20 51 | 07 09 | 21 56 | 08 34 | 23 00 | 22 51 | 02 06 | 08 46 | 02 38 | 17 14 |
| 20 | 23 25 | 15 41 | 19 00 | 21 28 | 19 32 | 20 53 | 07 09 | 21 57 | 08 34 | 22 59 | 22 54 | 02 07 | 08 49 | 02 43 | 17 13 |
| 21 | 23 26 | 18 45 | 19 06 | 21 16 | 19 33 | 20 54 | 07 09 | 21 57 | 08 33 | 22 59 | 22 57 | 02 08 | 08 52 | 02 49 | 17 13 |
| 22 | 23 26 | 20 58 | 19 14 | 21 04 | 19 34 | 20 56 | 07 09 | 21 57 | 08 33 | 22 58 | 23 01 | 02 10 | 08 55 | 02 54 | 17 13 |
| 23 | 23 26 | 22 05 | 19 24 | 20 52 | 19 34 | 20 57 | 07 09 | 21 58 | 08 33 | 22 58 | 23 04 | 02 11 | 08 57 | 02 59 | 17 13 |
| 24 | 23 25 | 21 58 | 19 36 | 20 40 | 19 35 | 20 59 | 07 09 | 21 58 | 08 33 | 22 57 | 23 07 | 02 13 | 09 00 | 03 05 | 17 13 |
| 25 | 23 23 | 20 33 | 19 49 | 20 28 | 19 37 | 21 00 | 07 09 | 21 59 | 08 33 | 22 57 | 23 10 | 02 15 | 09 03 | 03 10 | 17 12 |
| 26 | 23 21 | 17 54 | 20 02 | 20 16 | 19 38 | 21 02 | 07 09 | 21 59 | 08 33 | 22 56 | 23 13 | 02 17 | 09 05 | 03 16 | 17 12 |
| 27 | 23 19 | 14 11 | 20 16 | 20 04 | 19 40 | 21 03 | 07 09 | 21 59 | 08 33 | 22 56 | 23 16 | 02 19 | 09 08 | 03 22 | 17 12 |
| 28 | 23 16 | 09 40 | 20 31 | 19 53 | 19 41 | 21 05 | 07 10 | 22 00 | 08 33 | 22 55 | 23 18 | 02 22 | 09 10 | 03 28 | 17 12 |
| 29 | 23 13 | 04 37 | 20 46 | 19 41 | 19 43 | 21 06 | 07 10 | 22 00 | 08 33 | 22 55 | 23 21 | 02 24 | 09 12 | 03 34 | 17 12 |
| 30 | 23 09 | -00 41 | 21 01 | 19 30 | 19 45 | 21 08 | 07 10 | 22 01 | 08 33 | 22 54 | 23 24 | 02 26 | 09 14 | 03 40 | 17 11 |
| 31 | 23 05 | 05 58 | 21 16 | 19 19 | 19 47 | 21 09 | 07 11 | 22 01 | 08 33 | 22 53 | 23 26 | 02 29 | 09 16 | 03 46 | 17 11 |

Lunar Phases -- 6 ● 23:40 14 ◐ 14:43 22 Ⓔ 13:40 29 ◑ 14:06 Sun enters ♑ 12/21 13:10

| D | S.T. | ☉ | ☽ | ☽ 12:00 | ☿ | ♀ | ♂ | ♃ | ♄ | ♅ | ♆ | ♇ | ☊ |
|---|---|---|---|---|---|---|---|---|---|---|---|---|---|
| 1 | 6:43:01 | 10♑38 48 | 12♏23 | 19♏26 | 18♐49 | 15♑37℞ | 20♉36 | 26♋34℞ | 16♍13℞ | 22♋38℞ | 26♈19℞ | 21♒12 | 20♋04 |
| 2 | 6:46:57 | 11 39 58 | 26 27 | 03♐26 | 20 01 | 15 01 | 20 43 | 26 27 | 16 12 | 22 35 | 26 19 | 21 14 | 20 01 |
| 3 | 6:50:54 | 12 41 08 | 10♐23 | 17 18 | 21 16 | 14 25 | 20 51 | 26 19 | 16 12 | 22 33 | 26 19 | 21 15 | 19 58 |
| 4 | 6:54:50 | 13 42 19 | 24 09 | 00♑57 | 22 32 | 13 48 | 20 59 | 26 11 | 16 11 | 22 30 | 26 19 | 21 17 | 19 55 |
| 5 | 6:58:47 | 14 43 30 | 07♑41 | 14 22 | 23 49 | 13 12 | 21 08 | 26 03 | 16 10 | 22 28 | 26 19 | 21 18 | 19 52 |
| 6 | 7:02:43 | 15 44 40 | 20 58 | 27 30 | 25 09 | 12 35 | 21 17 | 25 56 | 16 09 | 22 25 | 26 19 | 21 20 | 19 48 |
| 7 | 7:06:40 | 16 45 51 | 03♒58 | 10♒22 | 26 29 | 12 00 | 21 27 | 25 48 | 16 07 | 22 23 | 26 19D | 21 21 | 19 45 |
| 8 | 7:10:37 | 17 47 01 | 16 41 | 22 57 | 27 50 | 11 25 | 21 38 | 25 40 | 16 06 | 22 20 | 26 19 | 21 23 | 19 42 |
| 9 | 7:14:33 | 18 48 11 | 29 08 | 05♓16 | 29 13 | 10 50 | 21 49 | 25 32 | 16 05 | 22 17 | 26 19 | 21 24 | 19 39 |
| 10 | 7:18:30 | 19 49 21 | 11♓21 | 17 24 | 00♑36 | 10 18 | 22 01 | 25 24 | 16 03 | 22 15 | 26 19 | 21 26 | 19 36 |
| 11 | 7:22:26 | 20 50 30 | 23 24 | 29 22 | 02 01 | 09 46 | 22 14 | 25 16 | 16 01 | 22 12 | 26 19 | 21 27 | 19 33 |
| 12 | 7:26:23 | 21 51 38 | 05♈19 | 11♈15 | 03 26 | 09 16 | 22 27 | 25 08 | 16 00 | 22 10 | 26 19 | 21 29 | 19 29 |
| 13 | 7:30:19 | 22 52 46 | 17 11 | 23 07 | 04 52 | 08 48 | 22 40 | 25 00 | 15 58 | 22 07 | 26 20 | 21 30 | 19 26 |
| 14 | 7:34:16 | 23 53 54 | 29 05 | 05♉04 | 06 19 | 08 22 | 22 54 | 24 52 | 15 56 | 22 04 | 26 20 | 21 32 | 19 23 |
| 15 | 7:38:12 | 24 55 00 | 11♉05 | 17 09 | 07 46 | 07 58 | 23 09 | 24 43 | 15 54 | 22 02 | 26 20 | 21 34 | 19 20 |
| 16 | 7:42:09 | 25 56 07 | 23 17 | 29 28 | 09 14 | 07 36 | 23 24 | 24 35 | 15 52 | 21 59 | 26 20 | 21 35 | 19 17 |
| 17 | 7:46:06 | 26 57 12 | 05♊44 | 12♊04 | 10 43 | 07 17 | 23 40 | 24 27 | 15 49 | 21 56 | 26 21 | 21 37 | 19 13 |
| 18 | 7:50:02 | 27 58 17 | 18 29 | 24 59 | 12 12 | 07 00 | 23 56 | 24 19 | 15 47 | 21 54 | 26 21 | 21 38 | 19 10 |
| 19 | 7:53:59 | 28 59 21 | 01♋35 | 08♋16 | 13 42 | 06 45 | 24 13 | 24 11 | 15 45 | 21 51 | 26 22 | 21 40 | 19 07 |
| 20 | 7:57:55 | 00♒00 24 | 15 03 | 21 54 | 15 12 | 06 33 | 24 30 | 24 03 | 15 42 | 21 49 | 26 22 | 21 42 | 19 04 |
| 21 | 8:01:52 | 01 01 27 | 28 51 | 05♌52 | 16 44 | 06 23 | 24 48 | 23 55 | 15 39 | 21 46 | 26 23 | 21 43 | 19 01 |
| 22 | 8:05:48 | 02 02 29 | 12♌57 | 20 06 | 18 15 | 06 16 | 25 06 | 23 47 | 15 37 | 21 44 | 26 23 | 21 45 | 18 58 |
| 23 | 8:09:45 | 03 03 30 | 27 17 | 04♍30 | 19 48 | 06 11 | 25 24 | 23 39 | 15 34 | 21 41 | 26 24 | 21 47 | 18 54 |
| 24 | 8:13:41 | 04 04 31 | 11♍45 | 19 00 | 21 21 | 06 09 | 25 43 | 23 32 | 15 31 | 21 39 | 26 24 | 21 48 | 18 51 |
| 25 | 8:17:38 | 05 05 31 | 26 16 | 03♎30 | 22 54 | 06 09D | 26 03 | 23 24 | 15 28 | 21 36 | 26 25 | 21 50 | 18 48 |
| 26 | 8:21:35 | 06 06 31 | 10♎43 | 17 54 | 24 28 | 06 11 | 26 22 | 23 16 | 15 25 | 21 34 | 26 26 | 21 52 | 18 45 |
| 27 | 8:25:31 | 07 07 30 | 25 03 | 02♏09 | 26 03 | 06 16 | 26 42 | 23 08 | 15 22 | 21 31 | 26 26 | 21 54 | 18 42 |
| 28 | 8:29:28 | 08 08 28 | 09♏13 | 16 13 | 27 38 | 06 24 | 27 03 | 23 01 | 15 19 | 21 29 | 26 27 | 21 55 | 18 38 |
| 29 | 8:33:24 | 09 09 26 | 23 10 | 00♐04 | 29 14 | 06 33 | 27 24 | 22 53 | 15 15 | 21 26 | 26 28 | 21 57 | 18 35 |
| 30 | 8:37:21 | 10 10 24 | 06♐55 | 13 42 | 00♒51 | 06 45 | 27 45 | 22 46 | 15 12 | 21 24 | 26 29 | 21 59 | 18 32 |
| 31 | 8:41:17 | 11 11 21 | 20 26 | 27 07 | 02 28 | 06 59 | 28 06 | 22 39 | 15 08 | 21 21 | 26 29 | 22 01 | 18 29 |

## 0:00 E.T. Longitudes of the Major Asteroids and Chiron

| D | ⚳ | ⚴ | ⚵ | ⚶ | ⚷ |
|---|---|---|---|---|---|
| 1 | 26♐10 | 28♏33 | 15♏32 | 27♈25 | 22♊11℞ |
| 2 | 26 34 | 28 57 | 15 48 | 27 33 | 22 08 |
| 3 | 26 59 | 29 21 | 16 05 | 27 41 | 22 04 |
| 4 | 27 23 | 29 45 | 16 21 | 27 50 | 22 01 |
| 5 | 27 48 | 00♐09 | 16 37 | 27 59 | 21 57 |
| 6 | 28 12 | 00 33 | 16 53 | 28 09 | 21 54 |
| 7 | 28 37 | 00 57 | 17 09 | 28 18 | 21 51 |
| 8 | 29 01 | 01 20 | 17 25 | 28 28 | 21 48 |
| 9 | 29 25 | 01 44 | 17 41 | 28 39 | 21 44 |
| 10 | 29 50 | 02 07 | 17 56 | 28 49 | 21 41 |
| 11 | 00♑14 | 02 31 | 18 11 | 29 00 | 21 38 |
| 12 | 00 38 | 02 54 | 18 27 | 29 12 | 21 35 |
| 13 | 01 02 | 03 17 | 18 42 | 29 23 | 21 32 |
| 14 | 01 26 | 03 40 | 18 56 | 29 35 | 21 29 |
| 15 | 01 50 | 04 03 | 19 11 | 29 47 | 21 26 |
| 16 | 02 14 | 04 26 | 19 26 | 00 00 | 21 23 |
| 17 | 02 38 | 04 49 | 19 40 | 00♉13 | 21 21 |
| 18 | 03 02 | 05 11 | 19 54 | 00 26 | 21 18 |
| 19 | 03 26 | 05 34 | 20 08 | 00 39 | 21 15 |
| 20 | 03 50 | 05 56 | 20 22 | 00 53 | 21 12 |
| 21 | 04 14 | 06 19 | 20 36 | 01 06 | 21 10 |
| 22 | 04 37 | 06 41 | 20 50 | 01 21 | 21 07 |
| 23 | 05 01 | 07 03 | 21 03 | 01 35 | 21 05 |
| 24 | 05 25 | 07 25 | 21 16 | 01 49 | 21 02 |
| 25 | 05 48 | 07 47 | 21 29 | 02 04 | 21 00 |
| 26 | 06 12 | 08 08 | 21 42 | 02 19 | 20 58 |
| 27 | 06 35 | 08 30 | 21 55 | 02 35 | 20 56 |
| 28 | 06 58 | 08 52 | 22 07 | 02 50 | 20 53 |
| 29 | 07 22 | 09 13 | 22 19 | 03 06 | 20 51 |
| 30 | 07 45 | 09 34 | 22 31 | 03 22 | 20 49 |
| 31 | 08 08 | 09 55 | 22 43 | 03 38 | 20 47 |

## Lunar Data

| Last Asp. | | Ingress | | |
|---|---|---|---|---|
| 1 | 23:59 | 2 | ♐ | 06:05 |
| 4 | 03:48 | 4 | ♑ | 10:19 |
| 6 | 09:48 | 6 | ♒ | 16:37 |
| 9 | 00:11 | 9 | ♓ | 01:41 |
| 11 | 03:42 | 11 | ♈ | 13:17 |
| 13 | 18:28 | 14 | ♉ | 01:51 |
| 16 | 05:37 | 16 | ♊ | 13:01 |
| 18 | 14:30 | 18 | ♋ | 21:08 |
| 20 | 19:44 | 21 | ♌ | 01:58 |
| 22 | 22:31 | 23 | ♍ | 04:31 |
| 24 | 23:38 | 25 | ♎ | 06:12 |
| 27 | 02:20 | 27 | ♏ | 08:21 |
| 29 | 07:32 | 29 | ♐ | 11:53 |
| 31 | 10:54 | | | |

## 0:00 E.T. Declinations

| D | ☉ | ☽ | ☿ | ♀ | ♂ | ♃ | ♄ | ♅ | ♆ | ♇ | ⚳ | ⚴ | ⚵ | ⚶ | ⚷ |
|---|---|---|---|---|---|---|---|---|---|---|---|---|---|---|---|
| 1 | -23 00 | -10 54 | -21 31 | -19 08 | +19 49 | +21 11 | +07 11 | +22 02 | +08 33 | -22 53 | -23 29 | +02 32 | -09 18 | +03 52 | +17 11 |
| 2 | 22 55 | 15 14 | 21 45 | 18 57 | 19 52 | 21 12 | 07 12 | 22 02 | 08 33 | 22 52 | 23 31 | 02 35 | 09 20 | 03 59 | 17 11 |
| 3 | 22 50 | 18 41 | 21 59 | 18 46 | 19 54 | 21 14 | 07 12 | 22 02 | 08 33 | 22 52 | 23 33 | 02 38 | 09 22 | 04 05 | 17 11 |
| 4 | 22 44 | 21 02 | 22 12 | 18 36 | 19 57 | 21 16 | 07 13 | 22 03 | 08 33 | 22 51 | 23 36 | 02 41 | 09 24 | 04 12 | 17 11 |
| 5 | 22 37 | 22 07 | 22 24 | 18 26 | 20 00 | 21 17 | 07 14 | 22 03 | 08 33 | 22 51 | 23 38 | 02 44 | 09 25 | 04 19 | 17 11 |
| 6 | 22 30 | 21 55 | 22 36 | 18 17 | 20 03 | 21 19 | 07 14 | 22 04 | 08 33 | 22 50 | 23 40 | 02 48 | 09 27 | 04 25 | 17 11 |
| 7 | 22 23 | 20 32 | 22 47 | 18 08 | 20 06 | 21 20 | 07 15 | 22 04 | 08 33 | 22 49 | 23 42 | 02 51 | 09 28 | 04 32 | 17 11 |
| 8 | 22 15 | 18 08 | 22 57 | 17 59 | 20 09 | 21 22 | 07 16 | 22 05 | 08 33 | 22 49 | 23 44 | 02 55 | 09 30 | 04 39 | 17 11 |
| 9 | 22 07 | 14 56 | 23 06 | 17 50 | 20 12 | 21 24 | 07 16 | 22 05 | 08 33 | 22 48 | 23 46 | 02 59 | 09 31 | 04 46 | 17 10 |
| 10 | 21 58 | 11 09 | 23 14 | 17 42 | 20 16 | 21 25 | 07 17 | 22 06 | 08 33 | 22 48 | 23 48 | 03 03 | 09 32 | 04 53 | 17 10 |
| 11 | 21 49 | 06 59 | 23 21 | 17 35 | 20 19 | 21 27 | 07 18 | 22 06 | 08 33 | 22 47 | 23 49 | 03 07 | 09 33 | 05 00 | 17 10 |
| 12 | 21 40 | 02 36 | 23 27 | 17 28 | 20 23 | 21 29 | 07 19 | 22 06 | 08 33 | 22 47 | 23 51 | 03 11 | 09 34 | 05 08 | 17 10 |
| 13 | 21 30 | +01 52 | 23 32 | 17 22 | 20 27 | 21 30 | 07 20 | 22 07 | 08 33 | 22 46 | 23 53 | 03 16 | 09 35 | 05 15 | 17 10 |
| 14 | 21 19 | 06 16 | 23 36 | 17 16 | 20 31 | 21 32 | 07 21 | 22 07 | 08 33 | 22 45 | 23 54 | 03 20 | 09 36 | 05 22 | 17 10 |
| 15 | 21 08 | 10 28 | 23 38 | 17 11 | 20 35 | 21 33 | 07 22 | 22 08 | 08 34 | 22 45 | 23 56 | 03 25 | 09 37 | 05 30 | 17 10 |
| 16 | 20 57 | 14 19 | 23 39 | 17 06 | 20 39 | 21 35 | 07 23 | 22 08 | 08 34 | 22 44 | 23 57 | 03 30 | 09 37 | 05 37 | 17 10 |
| 17 | 20 46 | 17 38 | 23 40 | 17 02 | 20 43 | 21 36 | 07 24 | 22 09 | 08 34 | 22 44 | 23 58 | 03 35 | 09 38 | 05 45 | 17 10 |
| 18 | 20 34 | 20 12 | 23 39 | 16 58 | 20 47 | 21 38 | 07 25 | 22 09 | 08 34 | 22 43 | 24 00 | 03 40 | 09 38 | 05 52 | 17 10 |
| 19 | 20 21 | 21 47 | 23 36 | 16 55 | 20 51 | 21 40 | 07 27 | 22 09 | 08 34 | 22 42 | 24 01 | 03 45 | 09 39 | 06 00 | 17 10 |
| 20 | 20 09 | 22 10 | 23 33 | 16 52 | 20 56 | 21 41 | 07 28 | 22 10 | 08 35 | 22 42 | 24 02 | 03 50 | 09 39 | 06 08 | 17 10 |
| 21 | 19 56 | 21 13 | 23 28 | 16 50 | 21 00 | 21 43 | 07 29 | 22 10 | 08 35 | 22 41 | 24 03 | 03 56 | 09 39 | 06 16 | 17 11 |
| 22 | 19 42 | 18 56 | 23 22 | 16 49 | 21 05 | 21 44 | 07 30 | 22 11 | 08 35 | 22 41 | 24 04 | 04 01 | 09 39 | 06 23 | 17 11 |
| 23 | 19 28 | 15 26 | 23 14 | 16 48 | 21 09 | 21 46 | 07 32 | 22 11 | 08 35 | 22 40 | 24 05 | 04 07 | 09 39 | 06 31 | 17 11 |
| 24 | 19 14 | 11 00 | 23 05 | 16 47 | 21 14 | 21 47 | 07 33 | 22 11 | 08 36 | 22 40 | 24 06 | 04 13 | 09 39 | 06 39 | 17 11 |
| 25 | 18 59 | 05 55 | 22 55 | 16 47 | 21 18 | 21 48 | 07 34 | 22 12 | 08 36 | 22 39 | 24 07 | 04 19 | 09 39 | 06 47 | 17 11 |
| 26 | 18 44 | 00 33 | 22 43 | 16 47 | 21 23 | 21 50 | 07 36 | 22 12 | 08 36 | 22 38 | 24 07 | 04 25 | 09 39 | 06 55 | 17 11 |
| 27 | 18 29 | -04 49 | 22 30 | 16 47 | 21 28 | 21 51 | 07 37 | 22 13 | 08 36 | 22 38 | 24 08 | 04 32 | 09 38 | 07 03 | 17 11 |
| 28 | 18 14 | 09 52 | 22 16 | 16 48 | 21 33 | 21 53 | 07 39 | 22 13 | 08 37 | 22 37 | 24 09 | 04 38 | 09 38 | 07 11 | 17 11 |
| 29 | 17 58 | 14 19 | 22 00 | 16 49 | 21 37 | 21 54 | 07 40 | 22 13 | 08 37 | 22 37 | 24 09 | 04 45 | 09 37 | 07 19 | 17 11 |
| 30 | 17 41 | 17 56 | 21 43 | 16 51 | 21 42 | 21 55 | 07 42 | 22 14 | 08 37 | 22 36 | 24 10 | 04 51 | 09 36 | 07 27 | 17 12 |
| 31 | 17 25 | 20 32 | 21 24 | 16 52 | 21 47 | 21 57 | 07 43 | 22 14 | 08 38 | 22 36 | 24 10 | 04 58 | 09 36 | 07 36 | 17 12 |

Lunar Phases -- 5 ● 13:43 ☌ 13 ◐ 12:35 21 Ⓔ 04:01 27 ◑ 22:02 Sun enters ♒ 1/19 23:50

**Feb. 38** — Longitudes of Main Planets - February 2038 — 0:00 E.T.

| D | S.T. | ☉ | ☽ | ☽ 12:00 | ☿ | ♀ | ♂ | ♃ | ♄ | ♅ | ♆ | ♇ | ☊ |
|---|---|---|---|---|---|---|---|---|---|---|---|---|---|
| 1 | 8:45:14 | 12♒12 17 | 03♑44 | 10♑19 | 04♒06 | 07♑15 | 28♉28 | 22♋31℞ | 15♍05℞ | 21♋19℞ | 26♈30 | 22♒02 | 18♋26 |
| 2 | 8:49:10 | 13 13 12 | 16 50 | 23 18 | 05 45 | 07 33 | 28 51 | 22 24 | 15 01 | 21 16 | 26 31 | 22 04 | 18 23 |
| 3 | 8:53:07 | 14 14 06 | 29 43 | 06♒06 | 07 24 | 07 53 | 29 13 | 22 17 | 14 57 | 21 14 | 26 32 | 22 06 | 18 19 |
| 4 | 8:57:04 | 15 15 00 | 12♒25 | 18 41 | 09 04 | 08 15 | 29 36 | 22 10 | 14 54 | 21 12 | 26 33 | 22 08 | 18 16 |
| 5 | 9:01:00 | 16 15 52 | 24 55 | 01♓05 | 10 45 | 08 39 | 29 59 | 22 03 | 14 50 | 21 09 | 26 34 | 22 09 | 18 13 |
| 6 | 9:04:57 | 17 16 43 | 07♓13 | 13 19 | 12 27 | 09 05 | 00♊23 | 21 57 | 14 46 | 21 07 | 26 35 | 22 11 | 18 10 |
| 7 | 9:08:53 | 18 17 32 | 19 22 | 25 23 | 14 09 | 09 32 | 00 47 | 21 50 | 14 42 | 21 05 | 26 36 | 22 13 | 18 07 |
| 8 | 9:12:50 | 19 18 20 | 01♈22 | 07♈20 | 15 52 | 10 01 | 01 11 | 21 44 | 14 38 | 21 03 | 26 37 | 22 15 | 18 04 |
| 9 | 9:16:46 | 20 19 07 | 13 17 | 19 13 | 17 36 | 10 31 | 01 36 | 21 37 | 14 34 | 21 01 | 26 38 | 22 16 | 18 00 |
| 10 | 9:20:43 | 21 19 52 | 25 08 | 01♉04 | 19 21 | 11 03 | 02 00 | 21 31 | 14 29 | 20 58 | 26 40 | 22 18 | 17 57 |
| 11 | 9:24:39 | 22 20 36 | 07♉01 | 12 59 | 21 07 | 11 36 | 02 25 | 21 25 | 14 25 | 20 56 | 26 41 | 22 20 | 17 54 |
| 12 | 9:28:36 | 23 21 18 | 18 58 | 25 01 | 22 53 | 12 11 | 02 51 | 21 19 | 14 21 | 20 54 | 26 42 | 22 22 | 17 51 |
| 13 | 9:32:33 | 24 21 59 | 01♊06 | 07♊15 | 24 40 | 12 47 | 03 16 | 21 14 | 14 17 | 20 52 | 26 43 | 22 23 | 17 48 |
| 14 | 9:36:29 | 25 22 38 | 13 29 | 19 48 | 26 28 | 13 25 | 03 42 | 21 08 | 14 12 | 20 50 | 26 44 | 22 25 | 17 44 |
| 15 | 9:40:26 | 26 23 16 | 26 12 | 02♋41 | 28 17 | 14 03 | 04 08 | 21 03 | 14 08 | 20 48 | 26 46 | 22 27 | 17 41 |
| 16 | 9:44:22 | 27 23 51 | 09♋18 | 16 00 | 00♓06 | 14 43 | 04 34 | 20 57 | 14 03 | 20 46 | 26 47 | 22 29 | 17 38 |
| 17 | 9:48:19 | 28 24 25 | 22 50 | 29 46 | 01 56 | 15 24 | 05 01 | 20 52 | 13 59 | 20 44 | 26 48 | 22 31 | 17 35 |
| 18 | 9:52:15 | 29 24 58 | 06♌49 | 13♌58 | 03 47 | 16 06 | 05 27 | 20 47 | 13 54 | 20 42 | 26 50 | 22 32 | 17 32 |
| 19 | 9:56:12 | 00♓25 28 | 21 13 | 28 32 | 05 38 | 16 49 | 05 54 | 20 43 | 13 50 | 20 41 | 26 51 | 22 34 | 17 29 |
| 20 | 10:00:08 | 01 25 57 | 05♍56 | 13♍23 | 07 29 | 17 33 | 06 21 | 20 38 | 13 45 | 20 39 | 26 53 | 22 36 | 17 25 |
| 21 | 10:04:05 | 02 26 25 | 20 52 | 28 22 | 09 21 | 18 18 | 06 49 | 20 34 | 13 40 | 20 37 | 26 54 | 22 38 | 17 22 |
| 22 | 10:08:02 | 03 26 51 | 05♎51 | 13♎19 | 11 14 | 19 04 | 07 16 | 20 29 | 13 36 | 20 35 | 26 56 | 22 39 | 17 19 |
| 23 | 10:11:58 | 04 27 15 | 20 45 | 28 07 | 13 06 | 19 51 | 07 44 | 20 25 | 13 31 | 20 34 | 26 57 | 22 41 | 17 16 |
| 24 | 10:15:55 | 05 27 38 | 05♏25 | 12♏38 | 14 58 | 20 39 | 08 12 | 20 21 | 13 26 | 20 32 | 26 59 | 22 43 | 17 13 |
| 25 | 10:19:51 | 06 28 00 | 19 46 | 26 49 | 16 50 | 21 28 | 08 40 | 20 18 | 13 22 | 20 30 | 27 00 | 22 44 | 17 10 |
| 26 | 10:23:48 | 07 28 21 | 03♐46 | 10♐38 | 18 41 | 22 17 | 09 08 | 20 14 | 13 17 | 20 29 | 27 02 | 22 46 | 17 06 |
| 27 | 10:27:44 | 08 28 40 | 17 25 | 24 07 | 20 31 | 23 08 | 09 37 | 20 11 | 13 12 | 20 27 | 27 03 | 22 48 | 17 03 |
| 28 | 10:31:41 | 09 28 57 | 00♑44 | 07♑16 | 22 20 | 23 59 | 10 06 | 20 08 | 13 07 | 20 26 | 27 05 | 22 50 | 17 00 |

0:00 E.T. — Longitudes of the Major Asteroids and Chiron

| D | ⚳ | ⚴ | ⚵ | ⚶ | ⚷ |
|---|---|---|---|---|---|
| 1 | 08♑31 | 10♐16 | 22♏55 | 03♉54 | 20♊46℞ |
| 2 | 08 54 | 10 37 | 23 06 | 04 11 | 20 44 |
| 3 | 09 17 | 10 57 | 23 17 | 04 28 | 20 42 |
| 4 | 09 40 | 11 18 | 23 28 | 04 45 | 20 40 |
| 5 | 10 03 | 11 38 | 23 39 | 05 02 | 20 39 |
| 6 | 10 26 | 11 58 | 23 50 | 05 19 | 20 37 |
| 7 | 10 49 | 12 18 | 24 00 | 05 37 | 20 36 |
| 8 | 11 11 | 12 38 | 24 10 | 05 55 | 20 34 |
| 9 | 11 34 | 12 58 | 24 20 | 06 13 | 20 33 |
| 10 | 11 56 | 13 17 | 24 30 | 06 31 | 20 32 |
| 11 | 12 19 | 13 37 | 24 39 | 06 49 | 20 31 |
| 12 | 12 41 | 13 56 | 24 48 | 07 08 | 20 30 |
| 13 | 13 03 | 14 15 | 24 57 | 07 27 | 20 29 |
| 14 | 13 26 | 14 34 | 25 06 | 07 45 | 20 28 |

| D | ⚳ | ⚴ | ⚵ | ⚶ | ⚷ |
|---|---|---|---|---|---|
| 15 | 13 48 | 14 52 | 25 14 | 08 04 | 20 27 |
| 16 | 14 10 | 15 11 | 25 22 | 08 24 | 20 26 |
| 17 | 14 32 | 15 29 | 25 30 | 08 43 | 20 25 |
| 18 | 14 53 | 15 47 | 25 38 | 09 02 | 20 25 |
| 19 | 15 15 | 16 05 | 25 45 | 09 22 | 20 24 |
| 20 | 15 37 | 16 23 | 25 52 | 09 42 | 20 24 |
| 21 | 15 58 | 16 40 | 25 59 | 10 02 | 20 24 |
| 22 | 16 20 | 16 57 | 26 06 | 10 22 | 20 23 |
| 23 | 16 41 | 17 14 | 26 12 | 10 42 | 20 23 |
| 24 | 17 03 | 17 31 | 26 18 | 11 02 | 20 23 |
| 25 | 17 24 | 17 48 | 26 24 | 11 23 | 20 23D |
| 26 | 17 45 | 18 04 | 26 29 | 11 43 | 20 23 |
| 27 | 18 06 | 18 20 | 26 34 | 12 04 | 20 23 |
| 28 | 18 27 | 18 36 | 26 39 | 12 25 | 20 23 |

Lunar Data

| Last Asp. | Ingress |
|---|---|
| 2 23:02 | 3 ♒ 00:31 |
| 5 03:13 | 5 ♓ 09:53 |
| 7 04:52 | 7 ♈ 21:15 |
| 10 03:05 | 10 ♉ 09:51 |
| 12 09:31 | 12 ♊ 21:50 |
| 15 04:30 | 15 ♋ 07:03 |
| 17 06:55 | 17 ♌ 12:24 |
| 19 09:16 | 19 ♍ 14:23 |
| 20 23:36 | 21 ♎ 14:37 |
| 23 10:07 | 23 ♏ 15:06 |
| 25 05:03 | 25 ♐ 17:28 |
| 27 17:22 | 27 ♑ 22:40 |

0:00 E.T. — Declinations

| D | ☉ | ☽ | ☿ | ♀ | ♂ | ♃ | ♄ | ♅ | ♆ | ♇ | ⚳ | ⚴ | ⚵ | ⚶ | ⚷ |
|---|---|---|---|---|---|---|---|---|---|---|---|---|---|---|---|
| 1 | -17 08 | -21 57 | -21 04 | -16 54 | +21 52 | +21 58 | +07 45 | +22 15 | +08 38 | -22 35 | -24 11 | +05 05 | -09 35 | +07 44 | +17 12 |
| 2 | 16 51 | 22 07 | 20 43 | 16 56 | 21 57 | 21 59 | 07 46 | 22 15 | 08 39 | 22 34 | 24 11 | 05 12 | 09 34 | 07 52 | 17 12 |
| 3 | 16 33 | 21 06 | 20 20 | 16 59 | 22 02 | 22 00 | 07 48 | 22 15 | 08 39 | 22 34 | 24 12 | 05 19 | 09 33 | 08 00 | 17 12 |
| 4 | 16 16 | 19 02 | 19 56 | 17 01 | 22 06 | 22 02 | 07 49 | 22 16 | 08 39 | 22 33 | 24 12 | 05 27 | 09 32 | 08 09 | 17 12 |
| 5 | 15 57 | 16 04 | 19 30 | 17 03 | 22 11 | 22 03 | 07 51 | 22 16 | 08 40 | 22 33 | 24 12 | 05 34 | 09 30 | 08 17 | 17 13 |
| 6 | 15 39 | 12 27 | 19 03 | 17 06 | 22 16 | 22 04 | 07 53 | 22 16 | 08 40 | 22 32 | 24 12 | 05 42 | 09 29 | 08 25 | 17 13 |
| 7 | 15 21 | 08 21 | 18 34 | 17 08 | 22 21 | 22 05 | 07 55 | 22 17 | 08 41 | 22 32 | 24 12 | 05 50 | 09 28 | 08 33 | 17 13 |
| 8 | 15 02 | 04 00 | 18 04 | 17 11 | 22 26 | 22 06 | 07 56 | 22 17 | 08 41 | 22 31 | 24 12 | 05 58 | 09 26 | 08 42 | 17 13 |
| 9 | 14 43 | +00 28 | 17 32 | 17 13 | 22 31 | 22 07 | 07 58 | 22 17 | 08 42 | 22 31 | 24 12 | 06 06 | 09 24 | 08 50 | 17 13 |
| 10 | 14 23 | 04 54 | 16 59 | 17 16 | 22 36 | 22 08 | 08 00 | 22 18 | 08 42 | 22 30 | 24 12 | 06 14 | 09 23 | 08 59 | 17 14 |
| 11 | 14 04 | 09 10 | 16 25 | 17 18 | 22 41 | 22 09 | 08 02 | 22 18 | 08 42 | 22 29 | 24 12 | 06 22 | 09 21 | 09 07 | 17 14 |
| 12 | 13 44 | 13 07 | 15 49 | 17 20 | 22 45 | 22 10 | 08 03 | 22 18 | 08 43 | 22 29 | 24 12 | 06 31 | 09 19 | 09 15 | 17 14 |
| 13 | 13 24 | 16 35 | 15 12 | 17 22 | 22 50 | 22 11 | 08 05 | 22 19 | 08 43 | 22 28 | 24 12 | 06 39 | 09 17 | 09 24 | 17 14 |
| 14 | 13 04 | 19 24 | 14 33 | 17 24 | 22 55 | 22 12 | 08 07 | 22 19 | 08 44 | 22 28 | 24 12 | 06 48 | 09 15 | 09 32 | 17 15 |
| 15 | 12 43 | 21 21 | 13 53 | 17 26 | 23 00 | 22 13 | 08 09 | 22 19 | 08 44 | 22 27 | 24 11 | 06 57 | 09 12 | 09 41 | 17 15 |
| 16 | 12 22 | 22 13 | 13 11 | 17 28 | 23 04 | 22 14 | 08 11 | 22 19 | 08 45 | 22 27 | 24 11 | 07 06 | 09 10 | 09 49 | 17 15 |
| 17 | 12 02 | 21 50 | 12 28 | 17 29 | 23 09 | 22 15 | 08 13 | 22 20 | 08 45 | 22 26 | 24 11 | 07 15 | 09 07 | 09 58 | 17 16 |
| 18 | 11 40 | 20 06 | 11 44 | 17 30 | 23 14 | 22 16 | 08 14 | 22 20 | 08 46 | 22 26 | 24 10 | 07 24 | 09 05 | 10 06 | 17 16 |
| 19 | 11 19 | 17 02 | 10 59 | 17 31 | 23 18 | 22 17 | 08 16 | 22 20 | 08 47 | 22 25 | 24 10 | 07 34 | 09 02 | 10 14 | 17 16 |
| 20 | 10 58 | 12 50 | 10 12 | 17 32 | 23 23 | 22 17 | 08 18 | 22 21 | 08 47 | 22 25 | 24 10 | 07 43 | 09 00 | 10 23 | 17 17 |
| 21 | 10 36 | 07 48 | 09 24 | 17 32 | 23 27 | 22 18 | 08 20 | 22 21 | 08 48 | 22 24 | 24 09 | 07 53 | 08 57 | 10 31 | 17 17 |
| 22 | 10 14 | 02 16 | 08 35 | 17 32 | 23 32 | 22 19 | 08 22 | 22 21 | 08 48 | 22 24 | 24 09 | 08 02 | 08 54 | 10 40 | 17 17 |
| 23 | 09 52 | -03 20 | 07 46 | 17 32 | 23 36 | 22 19 | 08 24 | 22 21 | 08 49 | 22 23 | 24 08 | 08 12 | 08 51 | 10 48 | 17 18 |
| 24 | 09 30 | 08 41 | 06 55 | 17 31 | 23 40 | 22 20 | 08 26 | 22 22 | 08 49 | 22 23 | 24 08 | 08 22 | 08 48 | 10 56 | 17 18 |
| 25 | 09 08 | 13 27 | 06 03 | 17 30 | 23 45 | 22 21 | 08 28 | 22 22 | 08 50 | 22 22 | 24 07 | 08 32 | 08 44 | 11 05 | 17 18 |
| 26 | 08 46 | 17 21 | 05 11 | 17 29 | 23 49 | 22 21 | 08 30 | 22 22 | 08 51 | 22 22 | 24 06 | 08 42 | 08 41 | 11 13 | 17 19 |
| 27 | 08 23 | 20 12 | 04 19 | 17 27 | 23 53 | 22 22 | 08 32 | 22 22 | 08 51 | 22 21 | 24 06 | 08 53 | 08 38 | 11 22 | 17 19 |
| 28 | 08 01 | 21 52 | 03 26 | 17 25 | 23 57 | 22 22 | 08 34 | 22 22 | 08 52 | 22 21 | 24 05 | 09 03 | 08 34 | 11 30 | 17 19 |

Lunar Phases -- 4 ● 05:54 12 ◐ 09:31 19 ○ 16:11 26 ◑ 06:57 Sun enters ♓ 2/18 13:54

## 0:00 E.T. Longitudes of Main Planets - March 2038

| D | S.T. | ☉ | ☽ | ☽ 12:00 | ☿ | ♀ | ♂ | ♃ | ♄ | ♅ | ♆ | ♇ | ☊ |
|---|---|---|---|---|---|---|---|---|---|---|---|---|---|
| 1 | 10:35:37 | 10♓29 14 | 13♑45 | 20♑09 | 24♓08 | 24♑50 | 10♊34 | 20♋05℞ | 13♍03℞ | 20♋24℞ | 27♈07 | 22♒51 | 16♋57 |
| 2 | 10:39:34 | 11 29 28 | 26 31 | 02♒49 | 25 53 | 25 43 | 11 03 | 20 02 | 12 58 | 20 23 | 27 08 | 22 53 | 16 54 |
| 3 | 10:43:31 | 12 29 42 | 09♒05 | 15 17 | 27 36 | 26 36 | 11 33 | 19 59 | 12 53 | 20 22 | 27 10 | 22 55 | 16 50 |
| 4 | 10:47:27 | 13 29 53 | 21 28 | 27 36 | 29 16 | 27 30 | 12 02 | 19 57 | 12 48 | 20 20 | 27 12 | 22 56 | 16 47 |
| 5 | 10:51:24 | 14 30 03 | 03♓43 | 09♓47 | 00♈52 | 28 24 | 12 31 | 19 55 | 12 43 | 20 19 | 27 14 | 22 58 | 16 44 |
| 6 | 10:55:20 | 15 30 11 | 15 50 | 21 52 | 02 24 | 29 19 | 13 01 | 19 53 | 12 39 | 20 18 | 27 15 | 23 00 | 16 41 |
| 7 | 10:59:17 | 16 30 17 | 27 52 | 03♈50 | 03 51 | 00♒14 | 13 31 | 19 51 | 12 34 | 20 17 | 27 17 | 23 01 | 16 38 |
| 8 | 11:03:13 | 17 30 21 | 09♈48 | 15 45 | 05 13 | 01 10 | 14 01 | 19 49 | 12 29 | 20 16 | 27 19 | 23 03 | 16 35 |
| 9 | 11:07:10 | 18 30 23 | 21 40 | 27 36 | 06 29 | 02 06 | 14 31 | 19 48 | 12 24 | 20 15 | 27 21 | 23 05 | 16 31 |
| 10 | 11:11:06 | 19 30 23 | 03♉31 | 09♉27 | 07 39 | 03 03 | 15 01 | 19 47 | 12 19 | 20 14 | 27 23 | 23 06 | 16 28 |
| 11 | 11:15:03 | 20 30 21 | 15 23 | 21 21 | 08 42 | 04 01 | 15 32 | 19 45 | 12 15 | 20 13 | 27 25 | 23 08 | 16 25 |
| 12 | 11:19:00 | 21 30 17 | 27 20 | 03♊21 | 09 38 | 04 59 | 16 02 | 19 45 | 12 10 | 20 12 | 27 27 | 23 09 | 16 22 |
| 13 | 11:22:56 | 22 30 11 | 09♊25 | 15 32 | 10 26 | 05 57 | 16 33 | 19 44 | 12 05 | 20 11 | 27 28 | 23 11 | 16 19 |
| 14 | 11:26:53 | 23 30 03 | 21 44 | 27 59 | 11 06 | 06 56 | 17 04 | 19 44 | 12 01 | 20 10 | 27 30 | 23 13 | 16 16 |
| 15 | 11:30:49 | 24 29 53 | 04♋20 | 10♋47 | 11 37 | 07 55 | 17 34 | 19 43 | 11 56 | 20 10 | 27 32 | 23 14 | 16 12 |
| 16 | 11:34:46 | 25 29 40 | 17 20 | 24 00 | 12 01 | 08 54 | 18 06 | 19 43D | 11 51 | 20 09 | 27 34 | 23 16 | 16 09 |
| 17 | 11:38:42 | 26 29 25 | 00♌47 | 07♌41 | 12 16 | 09 54 | 18 37 | 19 43 | 11 47 | 20 08 | 27 36 | 23 17 | 16 06 |
| 18 | 11:42:39 | 27 29 08 | 14 43 | 21 53 | 12 22 | 10 54 | 19 08 | 19 44 | 11 42 | 20 08 | 27 38 | 23 19 | 16 03 |
| 19 | 11:46:35 | 28 28 48 | 29 09 | 06♍32 | 12 20℞ | 11 55 | 19 39 | 19 44 | 11 38 | 20 07 | 27 40 | 23 20 | 16 00 |
| 20 | 11:50:32 | 29 28 26 | 14♍01 | 21 34 | 12 10 | 12 56 | 20 11 | 19 45 | 11 33 | 20 07 | 27 42 | 23 22 | 15 56 |
| 21 | 11:54:29 | 00♈28 03 | 29 10 | 06♎49 | 11 52 | 13 57 | 20 42 | 19 46 | 11 29 | 20 06 | 27 44 | 23 23 | 15 53 |
| 22 | 11:58:25 | 01 27 37 | 14♎28 | 22 07 | 11 27 | 14 59 | 21 14 | 19 47 | 11 25 | 20 06 | 27 46 | 23 25 | 15 50 |
| 23 | 12:02:22 | 02 27 09 | 29 43 | 07♏16 | 10 55 | 16 01 | 21 46 | 19 48 | 11 20 | 20 06 | 27 49 | 23 26 | 15 47 |
| 24 | 12:06:18 | 03 26 40 | 14♏44 | 22 06 | 10 18 | 17 03 | 22 18 | 19 50 | 11 16 | 20 05 | 27 51 | 23 28 | 15 44 |
| 25 | 12:10:15 | 04 26 08 | 29 22 | 06♐32 | 09 36 | 18 06 | 22 50 | 19 52 | 11 12 | 20 05 | 27 53 | 23 29 | 15 41 |
| 26 | 12:14:11 | 05 25 35 | 13♐35 | 20 31 | 08 49 | 19 09 | 23 22 | 19 53 | 11 08 | 20 05 | 27 55 | 23 30 | 15 37 |
| 27 | 12:18:08 | 06 25 00 | 27 20 | 04♑02 | 08 00 | 20 12 | 23 54 | 19 55 | 11 03 | 20 05 | 27 57 | 23 32 | 15 34 |
| 28 | 12:22:04 | 07 24 24 | 10♑39 | 17 09 | 07 09 | 21 15 | 24 26 | 19 58 | 10 59 | 20 05 | 27 59 | 23 33 | 15 31 |
| 29 | 12:26:01 | 08 23 46 | 23 35 | 29 55 | 06 17 | 22 19 | 24 58 | 20 00 | 10 55 | 20 05D | 28 01 | 23 35 | 15 28 |
| 30 | 12:29:58 | 09 23 06 | 06♒12 | 12♒25 | 05 26 | 23 23 | 25 31 | 20 03 | 10 51 | 20 05 | 28 03 | 23 36 | 15 25 |
| 31 | 12:33:54 | 10 22 24 | 18 35 | 24 42 | 04 36 | 24 27 | 26 03 | 20 05 | 10 48 | 20 05 | 28 06 | 23 37 | 15 22 |

## 0:00 E.T. Longitudes of the Major Asteroids and Chiron

| D | ⚳ | ⚴ | ⚵ | ⚶ | ⚷ | D | ⚳ | ⚴ | ⚵ | ⚶ | ⚷ |
|---|---|---|---|---|---|---|---|---|---|---|---|
| 1 | 18♑48 | 18♐52 | 26♏44 | 12♉46 | 20♊24 | 17 | 24 04 | 22 28 | 27 14 | 18 37 | 20 39 |
| 2 | 19 08 | 19 07 | 26 48 | 13 07 | 20 24 | 18 | 24 23 | 22 39 | 27 13 | 19 00 | 20 40 |
| 3 | 19 29 | 19 23 | 26 52 | 13 28 | 20 24 | 19 | 24 42 | 22 49 | 27 12 | 19 22 | 20 42 |
| 4 | 19 49 | 19 38 | 26 56 | 13 50 | 20 25 | 20 | 25 00 | 23 00 | 27 10 | 19 45 | 20 44 |
| 5 | 20 10 | 19 52 | 26 59 | 14 11 | 20 25 | 21 | 25 19 | 23 10 | 27 09 | 20 08 | 20 46 |
| 6 | 20 30 | 20 07 | 27 02 | 14 33 | 20 26 | 22 | 25 37 | 23 20 | 27 06 | 20 31 | 20 47 |
| 7 | 20 50 | 20 21 | 27 05 | 14 54 | 20 27 | 23 | 25 55 | 23 29 | 27 04 | 20 55 | 20 49 |
| 8 | 21 10 | 20 35 | 27 07 | 15 16 | 20 28 | 24 | 26 13 | 23 38 | 27 01 | 21 18 | 20 51 |
| 9 | 21 30 | 20 49 | 27 09 | 15 38 | 20 29 | 25 | 26 30 | 23 47 | 26 58 | 21 41 | 20 54 |
| 10 | 21 50 | 21 02 | 27 11 | 16 00 | 20 30 | 26 | 26 48 | 23 55 | 26 54 | 22 05 | 20 56 |
| 11 | 22 09 | 21 15 | 27 12 | 16 22 | 20 31 | 27 | 27 05 | 24 03 | 26 50 | 22 28 | 20 58 |
| 12 | 22 29 | 21 28 | 27 13 | 16 44 | 20 32 | 28 | 27 22 | 24 11 | 26 46 | 22 52 | 21 00 |
| 13 | 22 48 | 21 41 | 27 14 | 17 07 | 20 33 | 29 | 27 40 | 24 18 | 26 41 | 23 15 | 21 03 |
| 14 | 23 08 | 21 53 | 27 15 | 17 29 | 20 34 | 30 | 27 56 | 24 25 | 26 37 | 23 39 | 21 05 |
| 15 | 23 27 | 22 05 | 27 15℞ | 17 52 | 20 36 | 31 | 28 13 | 24 31 | 26 31 | 24 03 | 21 08 |
| 16 | 23 46 | 22 16 | 27 15 | 18 14 | 20 37 | | | | | | |

## Lunar Data

| Last Asp. | | Ingress | | |
|---|---|---|---|---|
| 2 | 01:12 | 2 | ♒ | 06:38 |
| 4 | 11:14 | 4 | ♓ | 16:42 |
| 6 | 08:52 | 7 | ♈ | 04:17 |
| 9 | 11:31 | 9 | ♉ | 16:52 |
| 11 | 15:37 | 12 | ♊ | 05:19 |
| 14 | 11:07 | 14 | ♋ | 15:49 |
| 16 | 18:23 | 16 | ♌ | 22:38 |
| 18 | 21:34 | 19 | ♍ | 01:23 |
| 20 | 10:10 | 21 | ♎ | 01:18 |
| 22 | 20:59 | 23 | ♏ | 00:27 |
| 24 | 14:15 | 25 | ♐ | 01:03 |
| 27 | 01:07 | 27 | ♑ | 04:45 |
| 29 | 08:25 | 29 | ♒ | 12:09 |
| 31 | 18:46 | | | |

## 0:00 E.T. Declinations

| D | ☉ | ☽ | ☿ | ♀ | ♂ | ♃ | ♄ | ♅ | ♆ | ♇ | ⚳ | ⚴ | ⚵ | ⚶ | ⚷ |
|---|---|---|---|---|---|---|---|---|---|---|---|---|---|---|---|
| 1 | -07 38 | -22 18 | -02 33 | -17 22 | +24 01 | +22 23 | +08 35 | +22 23 | +08 53 | -22 20 | -24 04 | +09 14 | -08 31 | +11 38 | +17 20 |
| 2 | 07 15 | 21 33 | 01 41 | 17 19 | 24 05 | 22 23 | 08 37 | 22 23 | 08 53 | 22 20 | 24 04 | 09 24 | 08 27 | 11 47 | 17 20 |
| 3 | 06 52 | 19 43 | 00 49 | 17 16 | 24 08 | 22 24 | 08 39 | 22 23 | 08 54 | 22 19 | 24 03 | 09 35 | 08 23 | 11 55 | 17 21 |
| 4 | 06 29 | 16 59 | +00 03 | 17 12 | 24 12 | 22 24 | 08 41 | 22 23 | 08 54 | 22 19 | 24 02 | 09 46 | 08 19 | 12 03 | 17 21 |
| 5 | 06 06 | 13 31 | 00 53 | 17 08 | 24 16 | 22 25 | 08 43 | 22 23 | 08 55 | 22 19 | 24 01 | 09 57 | 08 15 | 12 12 | 17 21 |
| 6 | 05 43 | 09 32 | 01 42 | 17 03 | 24 19 | 22 25 | 08 45 | 22 24 | 08 56 | 22 18 | 24 01 | 10 08 | 08 11 | 12 20 | 17 22 |
| 7 | 05 20 | 05 13 | 02 29 | 16 58 | 24 23 | 22 25 | 08 47 | 22 24 | 08 57 | 22 18 | 24 00 | 10 19 | 08 07 | 12 28 | 17 22 |
| 8 | 04 56 | 00 43 | 03 14 | 16 53 | 24 26 | 22 25 | 08 49 | 22 24 | 08 57 | 22 17 | 23 59 | 10 31 | 08 03 | 12 36 | 17 23 |
| 9 | 04 33 | +03 46 | 03 57 | 16 47 | 24 29 | 22 26 | 08 51 | 22 24 | 08 58 | 22 17 | 23 58 | 10 42 | 07 59 | 12 45 | 17 23 |
| 10 | 04 09 | 08 07 | 04 37 | 16 40 | 24 32 | 22 26 | 08 53 | 22 24 | 08 59 | 22 17 | 23 57 | 10 54 | 07 54 | 12 53 | 17 24 |
| 11 | 03 46 | 12 10 | 05 14 | 16 33 | 24 36 | 22 26 | 08 54 | 22 24 | 08 59 | 22 16 | 23 56 | 11 05 | 07 50 | 13 01 | 17 24 |
| 12 | 03 22 | 15 47 | 05 48 | 16 26 | 24 39 | 22 26 | 08 56 | 22 24 | 09 00 | 22 16 | 23 56 | 11 17 | 07 45 | 13 09 | 17 24 |
| 13 | 02 58 | 18 47 | 06 19 | 16 18 | 24 41 | 22 26 | 08 58 | 22 24 | 09 01 | 22 15 | 23 55 | 11 29 | 07 41 | 13 17 | 17 25 |
| 14 | 02 35 | 21 00 | 06 45 | 16 10 | 24 44 | 22 26 | 09 00 | 22 25 | 09 01 | 22 15 | 23 54 | 11 41 | 07 36 | 13 25 | 17 25 |
| 15 | 02 11 | 22 15 | 07 08 | 16 01 | 24 47 | 22 27 | 09 02 | 22 25 | 09 02 | 22 15 | 23 53 | 11 53 | 07 31 | 13 33 | 17 26 |
| 16 | 01 47 | 22 20 | 07 27 | 15 52 | 24 49 | 22 27 | 09 03 | 22 25 | 09 03 | 22 14 | 23 52 | 12 05 | 07 26 | 13 41 | 17 26 |
| 17 | 01 24 | 21 09 | 07 41 | 15 42 | 24 52 | 22 27 | 09 05 | 22 25 | 09 04 | 22 14 | 23 51 | 12 17 | 07 21 | 13 49 | 17 27 |
| 18 | 01 00 | 18 40 | 07 51 | 15 32 | 24 54 | 22 27 | 09 07 | 22 25 | 09 04 | 22 14 | 23 50 | 12 29 | 07 16 | 13 57 | 17 27 |
| 19 | 00 36 | 14 57 | 07 56 | 15 22 | 24 56 | 22 27 | 09 09 | 22 25 | 09 05 | 22 13 | 23 49 | 12 41 | 07 11 | 14 05 | 17 28 |
| 20 | 00 13 | 10 12 | 07 57 | 15 10 | 24 58 | 22 26 | 09 10 | 22 25 | 09 06 | 22 13 | 23 49 | 12 54 | 07 06 | 14 13 | 17 28 |
| 21 | +00 11 | 04 43 | 07 53 | 14 59 | 25 00 | 22 26 | 09 12 | 22 25 | 09 07 | 22 13 | 23 48 | 13 06 | 07 01 | 14 21 | 17 29 |
| 22 | 00 35 | -01 05 | 07 45 | 14 47 | 25 02 | 22 26 | 09 14 | 22 25 | 09 07 | 22 12 | 23 47 | 13 18 | 06 55 | 14 29 | 17 29 |
| 23 | 00 59 | 06 48 | 07 32 | 14 34 | 25 04 | 22 26 | 09 15 | 22 25 | 09 08 | 22 12 | 23 46 | 13 31 | 06 50 | 14 37 | 17 30 |
| 24 | 01 22 | 12 02 | 07 16 | 14 22 | 25 05 | 22 26 | 09 17 | 22 25 | 09 09 | 22 12 | 23 45 | 13 44 | 06 44 | 14 44 | 17 30 |
| 25 | 01 46 | 16 26 | 06 56 | 14 08 | 25 07 | 22 26 | 09 18 | 22 25 | 09 10 | 22 11 | 23 44 | 13 56 | 06 39 | 14 52 | 17 31 |
| 26 | 02 09 | 19 45 | 06 33 | 13 54 | 25 08 | 22 25 | 09 20 | 22 25 | 09 10 | 22 11 | 23 44 | 14 09 | 06 33 | 15 00 | 17 31 |
| 27 | 02 33 | 21 48 | 06 06 | 13 40 | 25 09 | 22 25 | 09 22 | 22 25 | 09 11 | 22 11 | 23 43 | 14 22 | 06 28 | 15 07 | 17 32 |
| 28 | 02 56 | 22 33 | 05 38 | 13 25 | 25 11 | 22 25 | 09 23 | 22 25 | 09 12 | 22 11 | 23 42 | 14 35 | 06 22 | 15 15 | 17 32 |
| 29 | 03 20 | 22 02 | 05 08 | 13 10 | 25 11 | 22 24 | 09 25 | 22 25 | 09 13 | 22 10 | 23 41 | 14 47 | 06 16 | 15 22 | 17 33 |
| 30 | 03 43 | 20 25 | 04 37 | 12 55 | 25 12 | 22 24 | 09 26 | 22 25 | 09 14 | 22 10 | 23 41 | 15 00 | 06 10 | 15 30 | 17 33 |
| 31 | 04 06 | 17 50 | 04 05 | 12 39 | 25 13 | 22 24 | 09 27 | 22 25 | 09 14 | 22 10 | 23 40 | 15 13 | 06 05 | 15 37 | 17 33 |

Lunar Phases -- 5 ● 23:16 14 ◐ 03:43 21 ○ 02:11 27 ◑ 17:37 Sun enters ♈ 3/20 12:42

# Apr. 38 — Longitudes of Main Planets - April 2038 — 0:00 E.T.

| D | S.T. | ☉ | ☽ | ☽ 12:00 | ☿ | ♀ | ♂ | ♃ | ♄ | ♅ | ♆ | ♇ | ☊ |
|---|---|---|---|---|---|---|---|---|---|---|---|---|---|
| 1 | 12:37:51 | 11♈21 40 | 00♓46 | 06♓49 | 03♈48℞ | 25♒31 | 26♊36 | 20♋08 | 10♍44℞ | 20♋05 | 28♈08 | 23♒38 | 15♋18 |
| 2 | 12:41:47 | 12 20 55 | 12 50 | 18 50 | 03 03 | 26 36 | 27 09 | 20 12 | 10 40 | 20 06 | 28 10 | 23 40 | 15 15 |
| 3 | 12:45:44 | 13 20 07 | 24 49 | 00♈46 | 02 21 | 27 41 | 27 41 | 20 15 | 10 36 | 20 06 | 28 12 | 23 41 | 15 12 |
| 4 | 12:49:40 | 14 19 18 | 06♈43 | 12 40 | 01 44 | 28 46 | 28 14 | 20 18 | 10 33 | 20 06 | 28 14 | 23 42 | 15 09 |
| 5 | 12:53:37 | 15 18 26 | 18 36 | 24 32 | 01 12 | 29 51 | 28 47 | 20 22 | 10 29 | 20 07 | 28 17 | 23 43 | 15 06 |
| 6 | 12:57:33 | 16 17 32 | 00♉28 | 06♉24 | 00 45 | 00♓56 | 29 20 | 20 26 | 10 26 | 20 07 | 28 19 | 23 45 | 15 02 |
| 7 | 13:01:30 | 17 16 37 | 12 20 | 18 17 | 00 23 | 02 02 | 29 53 | 20 30 | 10 22 | 20 08 | 28 21 | 23 46 | 14 59 |
| 8 | 13:05:27 | 18 15 39 | 24 15 | 00♊14 | 00 07 | 03 07 | 00♋26 | 20 34 | 10 19 | 20 08 | 28 23 | 23 47 | 14 56 |
| 9 | 13:09:23 | 19 14 39 | 06♊14 | 12 17 | 29♓56 | 04 13 | 01 00 | 20 39 | 10 16 | 20 09 | 28 26 | 23 48 | 14 53 |
| 10 | 13:13:20 | 20 13 37 | 18 22 | 24 29 | 29 50 | 05 19 | 01 33 | 20 43 | 10 13 | 20 09 | 28 28 | 23 49 | 14 50 |
| 11 | 13:17:16 | 21 12 33 | 00♋40 | 06♋55 | 29 50D | 06 26 | 02 06 | 20 48 | 10 10 | 20 10 | 28 30 | 23 50 | 14 47 |
| 12 | 13:21:13 | 22 11 27 | 13 15 | 19 40 | 29 55 | 07 32 | 02 40 | 20 53 | 10 07 | 20 11 | 28 32 | 23 51 | 14 43 |
| 13 | 13:25:09 | 23 10 18 | 26 10 | 02♌46 | 00♈06 | 08 39 | 03 13 | 20 58 | 10 04 | 20 12 | 28 35 | 23 52 | 14 40 |
| 14 | 13:29:06 | 24 09 07 | 09♌29 | 16 20 | 00 21 | 09 45 | 03 47 | 21 03 | 10 01 | 20 13 | 28 37 | 23 54 | 14 37 |
| 15 | 13:33:02 | 25 07 53 | 23 17 | 00♍22 | 00 41 | 10 52 | 04 20 | 21 08 | 09 59 | 20 14 | 28 39 | 23 55 | 14 34 |
| 16 | 13:36:59 | 26 06 38 | 07♍33 | 14 52 | 01 06 | 11 59 | 04 54 | 21 14 | 09 56 | 20 15 | 28 41 | 23 55 | 14 31 |
| 17 | 13:40:56 | 27 05 20 | 22 17 | 29 48 | 01 35 | 13 06 | 05 28 | 21 20 | 09 54 | 20 16 | 28 44 | 23 56 | 14 27 |
| 18 | 13:44:52 | 28 04 00 | 07♎23 | 15♎01 | 02 08 | 14 14 | 06 01 | 21 25 | 09 51 | 20 17 | 28 46 | 23 57 | 14 24 |
| 19 | 13:48:49 | 29 02 37 | 22 41 | 00♏22 | 02 46 | 15 21 | 06 35 | 21 31 | 09 49 | 20 18 | 28 48 | 23 58 | 14 21 |
| 20 | 13:52:45 | 00♉01 13 | 08♏01 | 15 38 | 03 27 | 16 28 | 07 09 | 21 37 | 09 47 | 20 19 | 28 50 | 23 59 | 14 18 |
| 21 | 13:56:42 | 00 59 47 | 23 11 | 00♐39 | 04 12 | 17 36 | 07 43 | 21 44 | 09 44 | 20 20 | 28 53 | 24 00 | 14 15 |
| 22 | 14:00:38 | 01 58 20 | 08♐01 | 15 17 | 05 00 | 18 44 | 08 17 | 21 50 | 09 42 | 20 21 | 28 55 | 24 01 | 14 12 |
| 23 | 14:04:35 | 02 56 50 | 22 26 | 29 27 | 05 52 | 19 52 | 08 51 | 21 57 | 09 41 | 20 23 | 28 57 | 24 02 | 14 08 |
| 24 | 14:08:31 | 03 55 19 | 06♑21 | 13♑07 | 06 46 | 21 00 | 09 25 | 22 03 | 09 39 | 20 24 | 28 59 | 24 03 | 14 05 |
| 25 | 14:12:28 | 04 53 47 | 19 47 | 26 20 | 07 44 | 22 08 | 10 00 | 22 10 | 09 37 | 20 26 | 29 02 | 24 03 | 14 02 |
| 26 | 14:16:25 | 05 52 13 | 02♒47 | 09♒09 | 08 45 | 23 16 | 10 34 | 22 17 | 09 35 | 20 27 | 29 04 | 24 04 | 13 59 |
| 27 | 14:20:21 | 06 50 37 | 15 25 | 21 38 | 09 49 | 24 25 | 11 08 | 22 24 | 09 34 | 20 29 | 29 06 | 24 05 | 13 56 |
| 28 | 14:24:18 | 07 48 59 | 27 46 | 03♓51 | 10 55 | 25 33 | 11 42 | 22 32 | 09 32 | 20 30 | 29 08 | 24 06 | 13 53 |
| 29 | 14:28:14 | 08 47 20 | 09♓54 | 15 54 | 12 04 | 26 42 | 12 17 | 22 39 | 09 31 | 20 32 | 29 11 | 24 06 | 13 49 |
| 30 | 14:32:11 | 09 45 40 | 21 53 | 27 50 | 13 15 | 27 50 | 12 51 | 22 47 | 09 30 | 20 33 | 29 13 | 24 07 | 13 46 |

## 0:00 E.T. — Longitudes of the Major Asteroids and Chiron

| D | ⚳ | ⚴ | ⚵ | ⚶ | ⚷ | D | ⚳ | ⚴ | ⚵ | ⚶ | ⚷ |
|---|---|---|---|---|---|---|---|---|---|---|---|
| 1 | 28♑30 | 24♐38 | 26♏26℞ | 24♉26 | 21♊10 | 16 | 02 16 | 25 20 | 24 24 | 00 31 | 21 57 |
| 2 | 28 46 | 24 43 | 26 20 | 24 50 | 21 13 | 17 | 02 30 | 25 19 | 24 14 | 00 55 | 22 01 |
| 3 | 29 02 | 24 49 | 26 14 | 25 14 | 21 16 | 18 | 02 43 | 25 18 | 24 03 | 01 20 | 22 05 |
| 4 | 29 18 | 24 54 | 26 07 | 25 38 | 21 19 | 19 | 02 56 | 25 16 | 23 52 | 01 45 | 22 08 |
| 5 | 29 34 | 24 58 | 26 00 | 26 02 | 21 22 | 20 | 03 09 | 25 14 | 23 41 | 02 10 | 22 12 |
| 6 | 29 50 | 25 02 | 25 53 | 26 26 | 21 25 | 21 | 03 21 | 25 11 | 23 30 | 02 35 | 22 16 |
| 7 | 00♒05 | 25 06 | 25 45 | 26 51 | 21 28 | 22 | 03 34 | 25 08 | 23 19 | 03 00 | 22 20 |
| 8 | 00 21 | 25 09 | 25 38 | 27 15 | 21 31 | 23 | 03 46 | 25 05 | 23 07 | 03 24 | 22 24 |
| 9 | 00 36 | 25 12 | 25 29 | 27 39 | 21 34 | 24 | 03 58 | 25 01 | 22 55 | 03 49 | 22 28 |
| 10 | 00 51 | 25 14 | 25 21 | 28 04 | 21 37 | 25 | 04 09 | 24 56 | 22 43 | 04 14 | 22 32 |
| 11 | 01 06 | 25 16 | 25 12 | 28 28 | 21 40 | 26 | 04 21 | 24 52 | 22 30 | 04 40 | 22 36 |
| 12 | 01 20 | 25 18 | 25 03 | 28 52 | 21 44 | 27 | 04 32 | 24 46 | 22 18 | 05 05 | 22 40 |
| 13 | 01 34 | 25 19 | 24 54 | 29 17 | 21 47 | 28 | 04 43 | 24 40 | 22 05 | 05 30 | 22 44 |
| 14 | 01 48 | 25 20 | 24 44 | 29 42 | 21 50 | 29 | 04 53 | 24 34 | 21 53 | 05 55 | 22 48 |
| 15 | 02 02 | 25 20℞ | 24 34 | 00♊06 | 21 54 | 30 | 05 04 | 24 27 | 21 40 | 06 20 | 22 53 |

## Lunar Data

| Last Asp. | | Ingress | | |
|---|---|---|---|---|
| 3 | 06:04 | 3 | ♈ | 10:27 |
| 5 | 21:36 | 5 | ♉ | 23:04 |
| 7 | 23:04 | 8 | ♊ | 11:32 |
| 10 | 22:23 | 10 | ♋ | 22:42 |
| 13 | 04:25 | 13 | ♌ | 06:59 |
| 15 | 09:09 | 15 | ♍ | 11:24 |
| 16 | 22:27 | 17 | ♎ | 12:19 |
| 19 | 10:37 | 19 | ♏ | 11:26 |
| 21 | 01:19 | 21 | ♐ | 10:57 |
| 23 | 11:11 | 23 | ♑ | 12:58 |
| 25 | 17:02 | 25 | ♒ | 18:48 |
| 28 | 02:43 | 28 | ♓ | 04:23 |
| 30 | 13:17 | | | |

## 0:00 E.T. — Declinations

| D | ☉ | ☽ | ☿ | ♀ | ♂ | ♃ | ♄ | ♅ | ♆ | ♇ | ⚳ | ⚴ | ⚵ | ⚶ | ⚷ |
|---|---|---|---|---|---|---|---|---|---|---|---|---|---|---|---|
| 1 | +04 30 | -14 31 | +03 33 | -12 22 | +25 14 | +22 23 | +09 29 | +22 25 | +09 15 | -22 10 | -23 39 | +15 26 | -05 59 | +15 45 | +17 34 |
| 2 | 04 53 | 10 37 | 03 01 | 12 06 | 25 14 | 22 23 | 09 30 | 22 25 | 09 16 | 22 09 | 23 39 | 15 39 | 05 53 | 15 52 | 17 34 |
| 3 | 05 16 | 06 21 | 02 31 | 11 48 | 25 14 | 22 22 | 09 32 | 22 25 | 09 17 | 22 09 | 23 38 | 15 52 | 05 47 | 15 59 | 17 35 |
| 4 | 05 39 | 01 52 | 02 02 | 11 31 | 25 14 | 22 22 | 09 33 | 22 25 | 09 18 | 22 09 | 23 38 | 16 05 | 05 41 | 16 06 | 17 35 |
| 5 | 06 02 | +02 41 | 01 34 | 11 13 | 25 14 | 22 21 | 09 34 | 22 25 | 09 18 | 22 09 | 23 37 | 16 18 | 05 35 | 16 14 | 17 36 |
| 6 | 06 24 | 07 08 | 01 08 | 10 54 | 25 14 | 22 21 | 09 35 | 22 25 | 09 19 | 22 09 | 23 37 | 16 31 | 05 29 | 16 21 | 17 36 |
| 7 | 06 47 | 11 20 | 00 45 | 10 36 | 25 14 | 22 20 | 09 37 | 22 25 | 09 20 | 22 09 | 23 36 | 16 44 | 05 23 | 16 28 | 17 37 |
| 8 | 07 10 | 15 06 | 00 24 | 10 17 | 25 14 | 22 20 | 09 38 | 22 24 | 09 21 | 22 08 | 23 36 | 16 57 | 05 16 | 16 35 | 17 37 |
| 9 | 07 32 | 18 18 | 00 05 | 09 57 | 25 13 | 22 19 | 09 39 | 22 24 | 09 21 | 22 08 | 23 35 | 17 10 | 05 10 | 16 42 | 17 38 |
| 10 | 07 54 | 20 45 | -00 11 | 09 38 | 25 12 | 22 18 | 09 40 | 22 24 | 09 22 | 22 08 | 23 35 | 17 23 | 05 04 | 16 49 | 17 38 |
| 11 | 08 16 | 22 16 | 00 24 | 09 17 | 25 12 | 22 18 | 09 41 | 22 24 | 09 23 | 22 08 | 23 35 | 17 36 | 04 58 | 16 56 | 17 39 |
| 12 | 08 38 | 22 42 | 00 35 | 08 57 | 25 11 | 22 17 | 09 42 | 22 24 | 09 24 | 22 08 | 23 35 | 17 49 | 04 52 | 17 02 | 17 39 |
| 13 | 09 00 | 21 57 | 00 43 | 08 36 | 25 09 | 22 16 | 09 43 | 22 24 | 09 25 | 22 08 | 23 34 | 18 02 | 04 46 | 17 09 | 17 40 |
| 14 | 09 22 | 19 58 | 00 49 | 08 15 | 25 08 | 22 15 | 09 44 | 22 24 | 09 26 | 22 08 | 23 34 | 18 15 | 04 39 | 17 16 | 17 40 |
| 15 | 09 43 | 16 46 | 00 52 | 07 54 | 25 07 | 22 14 | 09 45 | 22 24 | 09 26 | 22 07 | 23 34 | 18 28 | 04 33 | 17 22 | 17 41 |
| 16 | 10 05 | 12 29 | 00 52 | 07 32 | 25 05 | 22 14 | 09 46 | 22 23 | 09 27 | 22 07 | 23 34 | 18 40 | 04 27 | 17 29 | 17 41 |
| 17 | 10 26 | 07 21 | 00 51 | 07 10 | 25 03 | 22 13 | 09 47 | 22 23 | 09 28 | 22 07 | 23 34 | 18 53 | 04 21 | 17 36 | 17 42 |
| 18 | 10 47 | 01 39 | 00 47 | 06 48 | 25 02 | 22 12 | 09 47 | 22 23 | 09 29 | 22 07 | 23 34 | 19 06 | 04 15 | 17 42 | 17 42 |
| 19 | 11 08 | -04 13 | 00 40 | 06 26 | 25 00 | 22 11 | 09 48 | 22 23 | 09 30 | 22 07 | 23 35 | 19 18 | 04 09 | 17 48 | 17 43 |
| 20 | 11 29 | 09 51 | 00 32 | 06 03 | 24 57 | 22 10 | 09 49 | 22 23 | 09 30 | 22 07 | 23 35 | 19 31 | 04 03 | 17 55 | 17 43 |
| 21 | 11 49 | 14 50 | 00 21 | 05 40 | 24 55 | 22 09 | 09 50 | 22 22 | 09 31 | 22 07 | 23 35 | 19 43 | 03 56 | 18 01 | 17 44 |
| 22 | 12 09 | 18 47 | 00 09 | 05 17 | 24 53 | 22 08 | 09 50 | 22 22 | 09 32 | 22 07 | 23 35 | 19 55 | 03 50 | 18 07 | 17 44 |
| 23 | 12 29 | 21 27 | +00 06 | 04 53 | 24 50 | 22 07 | 09 51 | 22 22 | 09 33 | 22 07 | 23 36 | 20 08 | 03 44 | 18 13 | 17 45 |
| 24 | 12 49 | 22 42 | 00 22 | 04 30 | 24 47 | 22 06 | 09 51 | 22 22 | 09 33 | 22 07 | 23 36 | 20 20 | 03 38 | 18 19 | 17 45 |
| 25 | 13 09 | 22 35 | 00 40 | 04 06 | 24 44 | 22 05 | 09 52 | 22 22 | 09 34 | 22 07 | 23 37 | 20 32 | 03 32 | 18 25 | 17 45 |
| 26 | 13 29 | 21 13 | 01 00 | 03 42 | 24 41 | 22 04 | 09 53 | 22 21 | 09 35 | 22 07 | 23 38 | 20 44 | 03 27 | 18 31 | 17 46 |
| 27 | 13 48 | 18 49 | 01 21 | 03 18 | 24 38 | 22 03 | 09 53 | 22 21 | 09 36 | 22 07 | 23 38 | 20 56 | 03 21 | 18 37 | 17 46 |
| 28 | 14 07 | 15 36 | 01 44 | 02 53 | 24 35 | 22 01 | 09 53 | 22 21 | 09 37 | 22 07 | 23 39 | 21 07 | 03 15 | 18 43 | 17 47 |
| 29 | 14 26 | 11 47 | 02 08 | 02 29 | 24 31 | 22 00 | 09 54 | 22 21 | 09 37 | 22 07 | 23 40 | 21 19 | 03 09 | 18 49 | 17 47 |
| 30 | 14 44 | 07 34 | 02 34 | 02 04 | 24 28 | 21 59 | 09 54 | 22 20 | 09 38 | 22 07 | 23 41 | 21 30 | 03 04 | 18 54 | 17 48 |

Lunar Phases -- 4 ● 16:44 12 ◐ 18:03 19 ○ 10:37 26 ◑ 06:17 Sun enters ♉ 4/19 23:30

## 0:00 E.T. Longitudes of Main Planets - May 2038 **May 38**

| D | S.T. | ☉ | ☽ | ☽ 12:00 | ☿ | ♀ | ♂ | ♃ | ♄ | ♅ | ♆ | ♇ | ☊ |
|---|---|---|---|---|---|---|---|---|---|---|---|---|---|
| 1 | 14:36:07 | 10♉43 58 | 03♈46 | 09♈42 | 14♈29 | 28♓59 | 13♋26 | 22♋54 | 09♍29℞ | 20♋35 | 29♈15 | 24♒08 | 13♋43 |
| 2 | 14:40:04 | 11 42 14 | 15 38 | 21 34 | 15 45 | 00♈08 | 14 00 | 23 02 | 09 28 | 20 37 | 29 17 | 24 08 | 13 40 |
| 3 | 14:44:00 | 12 40 28 | 27 29 | 03♉26 | 17 03 | 01 17 | 14 35 | 23 10 | 09 27 | 20 39 | 29 20 | 24 09 | 13 37 |
| 4 | 14:47:57 | 13 38 41 | 09♉23 | 15 21 | 18 24 | 02 26 | 15 09 | 23 18 | 09 26 | 20 41 | 29 22 | 24 09 | 13 33 |
| 5 | 14:51:54 | 14 36 52 | 21 19 | 27 19 | 19 46 | 03 35 | 15 44 | 23 26 | 09 25 | 20 43 | 29 24 | 24 10 | 13 30 |
| 6 | 14:55:50 | 15 35 02 | 03♊21 | 09♊24 | 21 11 | 04 44 | 16 19 | 23 35 | 09 25 | 20 45 | 29 26 | 24 10 | 13 27 |
| 7 | 14:59:47 | 16 33 10 | 15 28 | 21 35 | 22 38 | 05 53 | 16 53 | 23 43 | 09 24 | 20 47 | 29 28 | 24 11 | 13 24 |
| 8 | 15:03:43 | 17 31 16 | 27 45 | 03♋56 | 24 07 | 07 02 | 17 28 | 23 52 | 09 24 | 20 49 | 29 31 | 24 11 | 13 21 |
| 9 | 15:07:40 | 18 29 20 | 10♋11 | 16 30 | 25 39 | 08 12 | 18 03 | 24 00 | 09 23 | 20 51 | 29 33 | 24 12 | 13 18 |
| 10 | 15:11:36 | 19 27 23 | 22 52 | 29 19 | 27 12 | 09 21 | 18 38 | 24 09 | 09 23 | 20 53 | 29 35 | 24 12 | 13 14 |
| 11 | 15:15:33 | 20 25 23 | 05♌50 | 12♌26 | 28 47 | 10 31 | 19 13 | 24 18 | 09 23 | 20 55 | 29 37 | 24 12 | 13 11 |
| 12 | 15:19:29 | 21 23 22 | 19 08 | 25 55 | 00♉24 | 11 40 | 19 48 | 24 27 | 09 23D | 20 57 | 29 39 | 24 13 | 13 08 |
| 13 | 15:23:26 | 22 21 18 | 02♍49 | 09♍48 | 02 04 | 12 50 | 20 23 | 24 36 | 09 23 | 20 59 | 29 41 | 24 13 | 13 05 |
| 14 | 15:27:23 | 23 19 13 | 16 54 | 24 06 | 03 45 | 14 00 | 20 58 | 24 45 | 09 24 | 21 02 | 29 44 | 24 13 | 13 02 |
| 15 | 15:31:19 | 24 17 06 | 01♎23 | 08♎45 | 05 28 | 15 09 | 21 33 | 24 55 | 09 24 | 21 04 | 29 46 | 24 14 | 12 59 |
| 16 | 15:35:16 | 25 14 58 | 16 12 | 23 42 | 07 14 | 16 19 | 22 08 | 25 04 | 09 24 | 21 06 | 29 48 | 24 14 | 12 55 |
| 17 | 15:39:12 | 26 12 47 | 01♏15 | 08♏48 | 09 01 | 17 29 | 22 43 | 25 14 | 09 25 | 21 09 | 29 50 | 24 14 | 12 52 |
| 18 | 15:43:09 | 27 10 35 | 16 22 | 23 54 | 10 50 | 18 39 | 23 18 | 25 23 | 09 25 | 21 11 | 29 52 | 24 14 | 12 49 |
| 19 | 15:47:05 | 28 08 22 | 01♐24 | 08♐50 | 12 42 | 19 49 | 23 53 | 25 33 | 09 26 | 21 14 | 29 54 | 24 15 | 12 46 |
| 20 | 15:51:02 | 29 06 07 | 16 12 | 23 28 | 14 35 | 20 59 | 24 29 | 25 43 | 09 27 | 21 16 | 29 56 | 24 15 | 12 43 |
| 21 | 15:54:58 | 00♊03 51 | 00♑38 | 07♑41 | 16 31 | 22 09 | 25 04 | 25 53 | 09 28 | 21 19 | 29 58 | 24 15 | 12 39 |
| 22 | 15:58:55 | 01 01 34 | 14 38 | 21 28 | 18 28 | 23 19 | 25 39 | 26 03 | 09 29 | 21 21 | 00♉00 | 24 15 | 12 36 |
| 23 | 16:02:52 | 01 59 16 | 28 11 | 04♒47 | 20 27 | 24 30 | 26 14 | 26 13 | 09 30 | 21 24 | 00 02 | 24 15 | 12 33 |
| 24 | 16:06:48 | 02 56 56 | 11♒17 | 17 42 | 22 29 | 25 40 | 26 50 | 26 23 | 09 32 | 21 27 | 00 04 | 24 15 | 12 30 |
| 25 | 16:10:45 | 03 54 36 | 24 00 | 00♓15 | 24 32 | 26 50 | 27 25 | 26 33 | 09 33 | 21 29 | 00 06 | 24 15℞ | 12 27 |
| 26 | 16:14:41 | 04 52 15 | 06♓24 | 12 30 | 26 36 | 28 01 | 28 01 | 26 44 | 09 34 | 21 32 | 00 08 | 24 15 | 12 24 |
| 27 | 16:18:38 | 05 49 52 | 18 33 | 24 34 | 28 43 | 29 11 | 28 36 | 26 54 | 09 36 | 21 35 | 00 10 | 24 15 | 12 20 |
| 28 | 16:22:34 | 06 47 29 | 00♈32 | 06♈30 | 00♊51 | 00♉22 | 29 12 | 27 05 | 09 38 | 21 38 | 00 12 | 24 15 | 12 17 |
| 29 | 16:26:31 | 07 45 04 | 12 26 | 18 21 | 03 00 | 01 32 | 29 47 | 27 15 | 09 39 | 21 41 | 00 14 | 24 15 | 12 14 |
| 30 | 16:30:27 | 08 42 39 | 24 17 | 00♉13 | 05 10 | 02 43 | 00♌23 | 27 26 | 09 41 | 21 44 | 00 16 | 24 15 | 12 11 |
| 31 | 16:34:24 | 09 40 13 | 06♉10 | 12 07 | 07 21 | 03 54 | 00 58 | 27 37 | 09 43 | 21 46 | 00 17 | 24 15 | 12 08 |

## 0:00 E.T. Longitudes of the Major Asteroids and Chiron

| D | ⚳ | ⚴ | ⚵ | ⚶ | ⚷ | D | ⚳ | ⚴ | ⚵ | ⚶ | ⚷ |
|---|---|---|---|---|---|---|---|---|---|---|---|
| 1 | 05♒14 | 24♐20℞ | 21♏27℞ | 06♊45 | 22♊57 | 17 | 07 17 | 21 23 | 17 52 | 13 33 | 24 11 |
| 2 | 05 24 | 24 12 | 21 14 | 07 11 | 23 01 | 18 | 07 22 | 21 08 | 17 38 | 13 59 | 24 16 |
| 3 | 05 33 | 24 04 | 21 00 | 07 36 | 23 06 | 19 | 07 27 | 20 53 | 17 25 | 14 24 | 24 21 |
| 4 | 05 43 | 23 55 | 20 47 | 08 01 | 23 10 | 20 | 07 32 | 20 38 | 17 12 | 14 50 | 24 26 |
| 5 | 05 52 | 23 46 | 20 34 | 08 27 | 23 15 | 21 | 07 36 | 20 23 | 16 59 | 15 16 | 24 31 |
| 6 | 06 00 | 23 36 | 20 20 | 08 52 | 23 19 | 22 | 07 40 | 20 07 | 16 47 | 15 42 | 24 36 |
| 7 | 06 09 | 23 26 | 20 07 | 09 17 | 23 24 | 23 | 07 43 | 19 51 | 16 34 | 16 07 | 24 41 |
| 8 | 06 17 | 23 16 | 19 53 | 09 43 | 23 28 | 24 | 07 46 | 19 35 | 16 21 | 16 33 | 24 46 |
| 9 | 06 25 | 23 05 | 19 39 | 10 08 | 23 33 | 25 | 07 49 | 19 19 | 16 09 | 16 59 | 24 51 |
| 10 | 06 32 | 22 53 | 19 26 | 10 34 | 23 38 | 26 | 07 52 | 19 02 | 15 57 | 17 25 | 24 57 |
| 11 | 06 40 | 22 42 | 19 12 | 10 59 | 23 42 | 27 | 07 54 | 18 45 | 15 45 | 17 51 | 25 02 |
| 12 | 06 47 | 22 29 | 18 59 | 11 25 | 23 47 | 28 | 07 55 | 18 28 | 15 33 | 18 16 | 25 07 |
| 13 | 06 53 | 22 17 | 18 45 | 11 51 | 23 52 | 29 | 07 57 | 18 11 | 15 22 | 18 42 | 25 12 |
| 14 | 07 00 | 22 04 | 18 32 | 12 16 | 23 57 | 30 | 07 58 | 17 53 | 15 10 | 19 08 | 25 17 |
| 15 | 07 06 | 21 50 | 18 18 | 12 42 | 24 01 | 31 | 07 59 | 17 36 | 14 59 | 19 34 | 25 23 |
| 16 | 07 12 | 21 37 | 18 05 | 13 07 | 24 06 | | | | | | |

## Lunar Data

| Last Asp. | | Ingress | |
|---|---|---|---|
| 3 | 03:43 | 3 ♉ | 05:04 |
| 5 | 05:41 | 5 ♊ | 17:20 |
| 8 | 03:26 | 8 ♋ | 04:23 |
| 10 | 12:32 | 10 ♌ | 13:16 |
| 12 | 18:34 | 12 ♍ | 19:07 |
| 14 | 13:14 | 14 ♎ | 21:44 |
| 16 | 21:45 | 16 ♏ | 22:02 |
| 18 | 18:25 | 18 ♐ | 21:45 |
| 20 | 22:53 | 20 ♑ | 22:56 |
| 22 | 20:26 | 23 ♒ | 03:18 |
| 25 | 05:60 | 25 ♓ | 11:32 |
| 27 | 21:09 | 27 ♈ | 22:55 |
| 30 | 06:28 | 30 ♉ | 11:34 |

## 0:00 E.T. Declinations

| D | ☉ | ☽ | ☿ | ♀ | ♂ | ♃ | ♄ | ♅ | ♆ | ♇ | ⚳ | ⚴ | ⚵ | ⚶ | ⚷ |
|---|---|---|---|---|---|---|---|---|---|---|---|---|---|---|---|
| 1 | +15 02 | -03 05 | +03 01 | -01 39 | +24 24 | +21 58 | +09 54 | +22 20 | +09 39 | -22 07 | -23 42 | +21 42 | -02 58 | +19 00 | +17 48 |
| 2 | 15 20 | +01 30 | 03 30 | 01 14 | 24 20 | 21 56 | 09 55 | 22 20 | 09 40 | 22 07 | 23 43 | 21 53 | 02 53 | 19 05 | 17 48 |
| 3 | 15 38 | 06 01 | 04 00 | 00 49 | 24 16 | 21 55 | 09 55 | 22 19 | 09 40 | 22 07 | 23 44 | 22 04 | 02 47 | 19 11 | 17 49 |
| 4 | 15 56 | 10 21 | 04 31 | 00 24 | 24 11 | 21 54 | 09 55 | 22 19 | 09 41 | 22 07 | 23 46 | 22 14 | 02 42 | 19 16 | 17 49 |
| 5 | 16 13 | 14 18 | 05 03 | +00 01 | 24 07 | 21 52 | 09 55 | 22 19 | 09 42 | 22 08 | 23 47 | 22 25 | 02 36 | 19 22 | 17 50 |
| 6 | 16 30 | 17 43 | 05 36 | 00 27 | 24 02 | 21 51 | 09 55 | 22 18 | 09 43 | 22 08 | 23 48 | 22 35 | 02 31 | 19 27 | 17 50 |
| 7 | 16 47 | 20 24 | 06 10 | 00 52 | 23 58 | 21 50 | 09 55 | 22 18 | 09 44 | 22 08 | 23 50 | 22 46 | 02 26 | 19 32 | 17 51 |
| 8 | 17 03 | 22 12 | 06 46 | 01 17 | 23 53 | 21 48 | 09 55 | 22 18 | 09 44 | 22 08 | 23 52 | 22 56 | 02 21 | 19 37 | 17 51 |
| 9 | 17 20 | 22 56 | 07 22 | 01 43 | 23 48 | 21 47 | 09 55 | 22 17 | 09 45 | 22 08 | 23 53 | 23 06 | 02 16 | 19 42 | 17 51 |
| 10 | 17 35 | 22 30 | 07 59 | 02 09 | 23 43 | 21 45 | 09 55 | 22 17 | 09 46 | 22 08 | 23 55 | 23 15 | 02 12 | 19 47 | 17 52 |
| 11 | 17 51 | 20 52 | 08 37 | 02 34 | 23 37 | 21 44 | 09 55 | 22 17 | 09 47 | 22 08 | 23 57 | 23 25 | 02 07 | 19 52 | 17 52 |
| 12 | 18 06 | 18 04 | 09 16 | 03 00 | 23 32 | 21 42 | 09 55 | 22 16 | 09 47 | 22 09 | 23 59 | 23 34 | 02 02 | 19 57 | 17 52 |
| 13 | 18 21 | 14 12 | 09 55 | 03 26 | 23 26 | 21 40 | 09 55 | 22 16 | 09 48 | 22 09 | 24 02 | 23 43 | 01 58 | 20 01 | 17 53 |
| 14 | 18 36 | 09 28 | 10 35 | 03 51 | 23 21 | 21 39 | 09 55 | 22 16 | 09 49 | 22 09 | 24 04 | 23 51 | 01 54 | 20 06 | 17 53 |
| 15 | 18 50 | 04 05 | 11 16 | 04 17 | 23 15 | 21 37 | 09 54 | 22 15 | 09 49 | 22 09 | 24 06 | 24 00 | 01 49 | 20 10 | 17 53 |
| 16 | 19 04 | -01 39 | 11 57 | 04 43 | 23 09 | 21 35 | 09 54 | 22 15 | 09 50 | 22 09 | 24 09 | 24 08 | 01 45 | 20 15 | 17 54 |
| 17 | 19 18 | 07 23 | 12 38 | 05 08 | 23 02 | 21 34 | 09 54 | 22 15 | 09 51 | 22 09 | 24 11 | 24 16 | 01 41 | 20 19 | 17 54 |
| 18 | 19 31 | 12 42 | 13 20 | 05 34 | 22 56 | 21 32 | 09 53 | 22 14 | 09 52 | 22 10 | 24 14 | 24 24 | 01 38 | 20 24 | 17 54 |
| 19 | 19 44 | 17 13 | 14 02 | 05 59 | 22 50 | 21 30 | 09 53 | 22 14 | 09 52 | 22 10 | 24 17 | 24 31 | 01 34 | 20 28 | 17 55 |
| 20 | 19 57 | 20 34 | 14 44 | 06 25 | 22 43 | 21 28 | 09 52 | 22 13 | 09 53 | 22 10 | 24 20 | 24 38 | 01 30 | 20 32 | 17 55 |
| 21 | 20 10 | 22 30 | 15 26 | 06 50 | 22 36 | 21 27 | 09 52 | 22 13 | 09 54 | 22 10 | 24 23 | 24 45 | 01 27 | 20 36 | 17 55 |
| 22 | 20 22 | 22 58 | 16 08 | 07 16 | 22 29 | 21 25 | 09 51 | 22 13 | 09 54 | 22 11 | 24 26 | 24 52 | 01 24 | 20 40 | 17 56 |
| 23 | 20 33 | 22 02 | 16 49 | 07 41 | 22 22 | 21 23 | 09 51 | 22 12 | 09 55 | 22 11 | 24 29 | 24 58 | 01 21 | 20 44 | 17 56 |
| 24 | 20 45 | 19 54 | 17 30 | 08 06 | 22 15 | 21 21 | 09 50 | 22 12 | 09 56 | 22 11 | 24 32 | 25 04 | 01 18 | 20 48 | 17 56 |
| 25 | 20 56 | 16 52 | 18 11 | 08 31 | 22 08 | 21 19 | 09 49 | 22 11 | 09 56 | 22 11 | 24 36 | 25 10 | 01 15 | 20 52 | 17 56 |
| 26 | 21 06 | 13 08 | 18 50 | 08 56 | 22 00 | 21 17 | 09 49 | 22 11 | 09 57 | 22 12 | 24 39 | 25 16 | 01 12 | 20 55 | 17 57 |
| 27 | 21 16 | 08 56 | 19 29 | 09 20 | 21 53 | 21 15 | 09 48 | 22 10 | 09 58 | 22 12 | 24 43 | 25 21 | 01 09 | 20 59 | 17 57 |
| 28 | 21 26 | 04 28 | 20 07 | 09 45 | 21 45 | 21 13 | 09 47 | 22 10 | 09 58 | 22 12 | 24 47 | 25 26 | 01 07 | 21 02 | 17 57 |
| 29 | 21 36 | +00 08 | 20 43 | 10 09 | 21 37 | 21 11 | 09 46 | 22 09 | 09 59 | 22 13 | 24 51 | 25 30 | 01 05 | 21 06 | 17 57 |
| 30 | 21 45 | 04 43 | 21 18 | 10 34 | 21 29 | 21 09 | 09 46 | 22 09 | 09 59 | 22 13 | 24 55 | 25 35 | 01 03 | 21 09 | 17 58 |
| 31 | 21 54 | 09 08 | 21 51 | 10 58 | 21 21 | 21 07 | 09 45 | 22 09 | 10 00 | 22 13 | 24 59 | 25 39 | 01 01 | 21 12 | 17 58 |

Lunar Phases -- 4 ● 09:21 12 ◐ 04:19 18 ○ 18:25 25 ◑ 20:45 Sun enters ♊ 5/20 22:24

## Longitudes of Main Planets - June 2038

0:00 E.T.

| D | S.T. | ☉ | ☽ | ☽ 12:00 | ☿ | ♀ | ♂ | ♃ | ♄ | ♅ | ♆ | ♇ | ☊ |
|---|---|---|---|---|---|---|---|---|---|---|---|---|---|
| 1 | 16:38:21 | 10♊37 46 | 18♉07 | 24♉07 | 09♊32 | 05♉04 | 01♌34 | 27♋48 | 09♍45 | 21♋49 | 00♉19 | 24♒14℞ | 12♋05 |
| 2 | 16:42:17 | 11 35 18 | 00♊10 | 06♊14 | 11 44 | 06 15 | 02 10 | 27 59 | 09 48 | 21 52 | 00 21 | 24 14 | 12 01 |
| 3 | 16:46:14 | 12 32 49 | 12 21 | 18 30 | 13 56 | 07 26 | 02 45 | 28 10 | 09 50 | 21 55 | 00 23 | 24 14 | 11 58 |
| 4 | 16:50:10 | 13 30 19 | 24 41 | 00♋56 | 16 08 | 08 37 | 03 21 | 28 21 | 09 52 | 21 58 | 00 25 | 24 14 | 11 55 |
| 5 | 16:54:07 | 14 27 48 | 07♋13 | 13 32 | 18 20 | 09 48 | 03 57 | 28 32 | 09 55 | 22 01 | 00 26 | 24 13 | 11 52 |
| 6 | 16:58:03 | 15 25 16 | 19 56 | 26 22 | 20 31 | 10 59 | 04 33 | 28 43 | 09 57 | 22 04 | 00 28 | 24 13 | 11 49 |
| 7 | 17:02:00 | 16 22 43 | 02♌52 | 09♌25 | 22 40 | 12 10 | 05 09 | 28 55 | 10 00 | 22 08 | 00 30 | 24 13 | 11 45 |
| 8 | 17:05:56 | 17 20 09 | 16 02 | 22 43 | 24 49 | 13 21 | 05 44 | 29 06 | 10 03 | 22 11 | 00 31 | 24 13 | 11 42 |
| 9 | 17:09:53 | 18 17 33 | 29 28 | 06♍18 | 26 56 | 14 32 | 06 20 | 29 18 | 10 05 | 22 14 | 00 33 | 24 12 | 11 39 |
| 10 | 17:13:50 | 19 14 57 | 13♍11 | 20 09 | 29 02 | 15 43 | 06 56 | 29 29 | 10 08 | 22 17 | 00 35 | 24 12 | 11 36 |
| 11 | 17:17:46 | 20 12 19 | 27 12 | 04♎18 | 01♋06 | 16 54 | 07 32 | 29 41 | 10 11 | 22 20 | 00 36 | 24 11 | 11 33 |
| 12 | 17:21:43 | 21 09 40 | 11♎28 | 18 41 | 03 08 | 18 05 | 08 08 | 29 52 | 10 15 | 22 24 | 00 38 | 24 11 | 11 30 |
| 13 | 17:25:39 | 22 07 00 | 25 58 | 03♏17 | 05 07 | 19 16 | 08 44 | 00♌04 | 10 18 | 22 27 | 00 40 | 24 10 | 11 26 |
| 14 | 17:29:36 | 23 04 20 | 10♏37 | 17 59 | 07 05 | 20 27 | 09 20 | 00 16 | 10 21 | 22 30 | 00 41 | 24 10 | 11 23 |
| 15 | 17:33:32 | 24 01 38 | 25 21 | 02♐42 | 09 01 | 21 39 | 09 56 | 00 28 | 10 25 | 22 33 | 00 43 | 24 09 | 11 20 |
| 16 | 17:37:29 | 24 58 56 | 10♐01 | 17 18 | 10 54 | 22 50 | 10 32 | 00 40 | 10 28 | 22 37 | 00 44 | 24 09 | 11 17 |
| 17 | 17:41:25 | 25 56 13 | 24 31 | 01♑41 | 12 45 | 24 01 | 11 09 | 00 52 | 10 32 | 22 40 | 00 46 | 24 08 | 11 14 |
| 18 | 17:45:22 | 26 53 29 | 08♑46 | 15 46 | 14 33 | 25 13 | 11 45 | 01 04 | 10 35 | 22 43 | 00 47 | 24 08 | 11 11 |
| 19 | 17:49:19 | 27 50 45 | 22 40 | 29 29 | 16 20 | 26 24 | 12 21 | 01 16 | 10 39 | 22 47 | 00 49 | 24 07 | 11 07 |
| 20 | 17:53:15 | 28 48 00 | 06♒11 | 12♒48 | 18 04 | 27 35 | 12 57 | 01 28 | 10 43 | 22 50 | 00 50 | 24 07 | 11 04 |
| 21 | 17:57:12 | 29 45 16 | 19 20 | 25 45 | 19 45 | 28 47 | 13 33 | 01 40 | 10 47 | 22 54 | 00 51 | 24 06 | 11 01 |
| 22 | 18:01:08 | 00♋42 30 | 02♓06 | 08♓22 | 21 24 | 29 59 | 14 10 | 01 52 | 10 51 | 22 57 | 00 53 | 24 05 | 10 58 |
| 23 | 18:05:05 | 01 39 45 | 14 33 | 20 41 | 23 01 | 01♊10 | 14 46 | 02 05 | 10 55 | 23 01 | 00 54 | 24 05 | 10 55 |
| 24 | 18:09:01 | 02 36 59 | 26 45 | 02♈47 | 24 35 | 02 22 | 15 22 | 02 17 | 10 59 | 23 04 | 00 55 | 24 04 | 10 51 |
| 25 | 18:12:58 | 03 34 14 | 08♈46 | 14 44 | 26 07 | 03 33 | 15 59 | 02 29 | 11 03 | 23 08 | 00 57 | 24 03 | 10 48 |
| 26 | 18:16:54 | 04 31 28 | 20 41 | 26 37 | 27 37 | 04 45 | 16 35 | 02 42 | 11 08 | 23 11 | 00 58 | 24 02 | 10 45 |
| 27 | 18:20:51 | 05 28 42 | 02♉33 | 08♉30 | 29 03 | 05 57 | 17 11 | 02 54 | 11 12 | 23 15 | 00 59 | 24 02 | 10 42 |
| 28 | 18:24:48 | 06 25 56 | 14 27 | 20 27 | 00♌28 | 07 09 | 17 48 | 03 07 | 11 16 | 23 18 | 01 00 | 24 01 | 10 39 |
| 29 | 18:28:44 | 07 23 11 | 26 28 | 02♊32 | 01 50 | 08 20 | 18 24 | 03 19 | 11 21 | 23 22 | 01 01 | 24 00 | 10 36 |
| 30 | 18:32:41 | 08 20 25 | 08♊38 | 14 47 | 03 09 | 09 32 | 19 01 | 03 32 | 11 26 | 23 25 | 01 03 | 23 59 | 10 32 |

## Longitudes of the Major Asteroids and Chiron

0:00 E.T.

| D | ⚳ | ⚴ | ⚵ | ⚶ | ⚷ | D | ⚳ | ⚴ | ⚵ | ⚶ | ⚷ |
|---|---|---|---|---|---|---|---|---|---|---|---|
| 1 | 07♒59 | 17♐18℞ | 14♏48℞ | 20♊00 | 25♊28 | 16 | 07 21 | 12 55 | 12 37 | 26 29 | 26 48 |
| 2 | 07 59℞ | 17 01 | 14 38 | 20 26 | 25 33 | 17 | 07 16 | 12 38 | 12 30 | 26 55 | 26 54 |
| 3 | 07 59 | 16 43 | 14 27 | 20 52 | 25 39 | 18 | 07 10 | 12 22 | 12 24 | 27 21 | 26 59 |
| 4 | 07 58 | 16 25 | 14 17 | 21 18 | 25 44 | 19 | 07 04 | 12 06 | 12 19 | 27 47 | 27 05 |
| 5 | 07 57 | 16 07 | 14 07 | 21 44 | 25 49 | 20 | 06 57 | 11 50 | 12 13 | 28 13 | 27 10 |
| 6 | 07 55 | 15 49 | 13 57 | 22 10 | 25 55 | 21 | 06 51 | 11 34 | 12 08 | 28 39 | 27 16 |
| 7 | 07 54 | 15 31 | 13 48 | 22 36 | 26 00 | 22 | 06 44 | 11 19 | 12 03 | 29 06 | 27 21 |
| 8 | 07 51 | 15 14 | 13 39 | 23 02 | 26 05 | 23 | 06 36 | 11 04 | 11 59 | 29 32 | 27 26 |
| 9 | 07 49 | 14 56 | 13 30 | 23 28 | 26 11 | 24 | 06 28 | 10 49 | 11 55 | 29 58 | 27 32 |
| 10 | 07 46 | 14 38 | 13 22 | 23 54 | 26 16 | 25 | 06 20 | 10 35 | 11 51 | 00♋24 | 27 37 |
| 11 | 07 43 | 14 21 | 13 13 | 24 19 | 26 21 | 26 | 06 12 | 10 21 | 11 47 | 00 50 | 27 43 |
| 12 | 07 39 | 14 03 | 13 05 | 24 45 | 26 27 | 27 | 06 03 | 10 07 | 11 44 | 01 16 | 27 48 |
| 13 | 07 35 | 13 46 | 12 58 | 25 11 | 26 32 | 28 | 05 54 | 09 54 | 11 41 | 01 42 | 27 53 |
| 14 | 07 31 | 13 29 | 12 50 | 25 37 | 26 38 | 29 | 05 45 | 09 41 | 11 39 | 02 08 | 27 59 |
| 15 | 07 26 | 13 12 | 12 43 | 26 03 | 26 43 | 30 | 05 35 | 09 29 | 11 36 | 02 34 | 28 04 |

### Lunar Data

| Last Asp. | | Ingress | | |
|---|---|---|---|---|
| 1 | 19:36 | 1 | ♊ | 23:41 |
| 3 | 23:07 | 4 | ♋ | 10:13 |
| 6 | 16:37 | 6 | ♌ | 18:44 |
| 8 | 18:41 | 9 | ♍ | 00:56 |
| 11 | 04:16 | 11 | ♎ | 04:45 |
| 12 | 21:03 | 13 | ♏ | 06:38 |
| 14 | 22:04 | 15 | ♐ | 07:36 |
| 17 | 02:32 | 17 | ♑ | 09:10 |
| 19 | 07:12 | 19 | ♒ | 12:56 |
| 21 | 19:33 | 21 | ♓ | 20:01 |
| 23 | 19:05 | 24 | ♈ | 06:27 |
| 26 | 15:58 | 26 | ♉ | 18:51 |
| 28 | 19:06 | 29 | ♊ | 07:00 |

## Declinations

0:00 E.T.

| D | ☉ | ☽ | ☿ | ♀ | ♂ | ♃ | ♄ | ♅ | ♆ | ♇ | ⚳ | ⚴ | ⚵ | ⚶ | ⚷ |
|---|---|---|---|---|---|---|---|---|---|---|---|---|---|---|---|
| 1 | +22 02 | +13 15 | +22 21 | +11 21 | +21 13 | +21 05 | +09 44 | +22 08 | +10 01 | -22 14 | -25 03 | +25 42 | -00 59 | +21 16 | +17 58 |
| 2 | 22 10 | 16 53 | 22 50 | 11 45 | 21 04 | 21 03 | 09 43 | 22 08 | 10 01 | 22 14 | 25 08 | 25 45 | 00 57 | 21 19 | 17 58 |
| 3 | 22 18 | 19 49 | 23 17 | 12 08 | 20 56 | 21 00 | 09 42 | 22 07 | 10 02 | 22 14 | 25 12 | 25 48 | 00 56 | 21 22 | 17 58 |
| 4 | 22 25 | 21 54 | 23 41 | 12 32 | 20 47 | 20 58 | 09 41 | 22 07 | 10 02 | 22 15 | 25 17 | 25 51 | 00 54 | 21 25 | 17 59 |
| 5 | 22 32 | 22 56 | 24 02 | 12 55 | 20 38 | 20 56 | 09 40 | 22 06 | 10 03 | 22 15 | 25 21 | 25 53 | 00 53 | 21 27 | 17 59 |
| 6 | 22 38 | 22 49 | 24 21 | 13 17 | 20 29 | 20 54 | 09 39 | 22 06 | 10 04 | 22 15 | 25 26 | 25 55 | 00 52 | 21 30 | 17 59 |
| 7 | 22 44 | 21 28 | 24 37 | 13 40 | 20 20 | 20 51 | 09 37 | 22 05 | 10 04 | 22 16 | 25 31 | 25 57 | 00 51 | 21 33 | 17 59 |
| 8 | 22 50 | 18 57 | 24 50 | 14 02 | 20 11 | 20 49 | 09 36 | 22 05 | 10 05 | 22 16 | 25 36 | 25 59 | 00 50 | 21 35 | 17 59 |
| 9 | 22 55 | 15 22 | 25 00 | 14 24 | 20 01 | 20 47 | 09 35 | 22 04 | 10 05 | 22 17 | 25 41 | 26 00 | 00 50 | 21 38 | 17 59 |
| 10 | 23 00 | 10 55 | 25 08 | 14 45 | 19 52 | 20 44 | 09 34 | 22 04 | 10 06 | 22 17 | 25 47 | 26 00 | 00 49 | 21 40 | 18 00 |
| 11 | 23 04 | 05 48 | 25 13 | 15 06 | 19 42 | 20 42 | 09 33 | 22 03 | 10 06 | 22 17 | 25 52 | 26 01 | 00 49 | 21 43 | 18 00 |
| 12 | 23 08 | 00 18 | 25 15 | 15 27 | 19 33 | 20 40 | 09 31 | 22 02 | 10 07 | 22 18 | 25 57 | 26 01 | 00 49 | 21 45 | 18 00 |
| 13 | 23 12 | -05 18 | 25 14 | 15 48 | 19 23 | 20 37 | 09 30 | 22 02 | 10 07 | 22 18 | 26 03 | 26 00 | 00 49 | 21 47 | 18 00 |
| 14 | 23 15 | 10 41 | 25 12 | 16 08 | 19 13 | 20 35 | 09 28 | 22 01 | 10 08 | 22 19 | 26 08 | 26 00 | 00 49 | 21 49 | 18 00 |
| 15 | 23 18 | 15 29 | 25 06 | 16 28 | 19 03 | 20 32 | 09 27 | 22 01 | 10 08 | 22 19 | 26 14 | 25 59 | 00 49 | 21 51 | 18 00 |
| 16 | 23 20 | 19 19 | 24 59 | 16 47 | 18 53 | 20 30 | 09 26 | 22 00 | 10 09 | 22 20 | 26 20 | 25 58 | 00 50 | 21 53 | 18 00 |
| 17 | 23 22 | 21 53 | 24 49 | 17 06 | 18 42 | 20 27 | 09 24 | 22 00 | 10 09 | 22 20 | 26 26 | 25 56 | 00 50 | 21 55 | 18 00 |
| 18 | 23 24 | 23 00 | 24 38 | 17 25 | 18 32 | 20 24 | 09 23 | 21 59 | 10 10 | 22 20 | 26 32 | 25 54 | 00 51 | 21 57 | 18 00 |
| 19 | 23 25 | 22 38 | 24 25 | 17 43 | 18 21 | 20 22 | 09 21 | 21 59 | 10 10 | 22 21 | 26 38 | 25 52 | 00 52 | 21 58 | 18 00 |
| 20 | 23 26 | 20 57 | 24 09 | 18 01 | 18 11 | 20 19 | 09 19 | 21 58 | 10 11 | 22 21 | 26 44 | 25 50 | 00 53 | 22 00 | 18 00 |
| 21 | 23 26 | 18 11 | 23 53 | 18 18 | 18 00 | 20 17 | 09 18 | 21 57 | 10 11 | 22 22 | 26 50 | 25 47 | 00 54 | 22 01 | 18 00 |
| 22 | 23 26 | 14 36 | 23 35 | 18 35 | 17 49 | 20 14 | 09 16 | 21 57 | 10 11 | 22 22 | 26 56 | 25 44 | 00 55 | 22 03 | 18 00 |
| 23 | 23 25 | 10 28 | 23 15 | 18 52 | 17 38 | 20 11 | 09 15 | 21 56 | 10 12 | 22 23 | 27 02 | 25 40 | 00 56 | 22 04 | 18 00 |
| 24 | 23 24 | 06 00 | 22 54 | 19 08 | 17 27 | 20 08 | 09 13 | 21 56 | 10 12 | 22 23 | 27 09 | 25 37 | 00 58 | 22 05 | 18 00 |
| 25 | 23 23 | 01 23 | 22 32 | 19 23 | 17 16 | 20 06 | 09 11 | 21 55 | 10 13 | 22 24 | 27 15 | 25 33 | 00 59 | 22 06 | 18 00 |
| 26 | 23 21 | +03 15 | 22 09 | 19 39 | 17 04 | 20 03 | 09 09 | 21 55 | 10 13 | 22 24 | 27 21 | 25 29 | 01 01 | 22 07 | 18 00 |
| 27 | 23 19 | 07 45 | 21 45 | 19 53 | 16 53 | 20 00 | 09 08 | 21 54 | 10 13 | 22 25 | 27 28 | 25 24 | 01 03 | 22 08 | 18 00 |
| 28 | 23 17 | 11 59 | 21 21 | 20 07 | 16 41 | 19 57 | 09 06 | 21 53 | 10 14 | 22 25 | 27 34 | 25 19 | 01 05 | 22 09 | 18 00 |
| 29 | 23 14 | 15 48 | 20 55 | 20 21 | 16 29 | 19 54 | 09 04 | 21 53 | 10 14 | 22 26 | 27 41 | 25 14 | 01 07 | 22 10 | 18 00 |
| 30 | 23 10 | 18 59 | 20 29 | 20 34 | 16 18 | 19 51 | 09 02 | 21 52 | 10 14 | 22 26 | 27 47 | 25 09 | 01 09 | 22 11 | 18 00 |

Lunar Phases -- 3 ● 00:25 10 ◐ 11:12 17 Ⓔ 02:32 24 ◑ 12:41 Sun enters ♋ 6/21 06:11

## 0:00 E.T. Longitudes of Main Planets - July 2038



| D | S.T. | ☉ | ☽ | ☽ 12:00 | ☿ | ♀ | ♂ | ♃ | ♄ | ♅ | ♆ | ♇ | ☊ |
|---|---|---|---|---|---|---|---|---|---|---|---|---|---|
| 1 | 18:36:37 | 09♋17 39 | 20♊59 | 27♊15 | 04♌26 | 10♊44 | 19♌37 | 03♌44 | 11♍30 | 23♋29 | 01♉04 | 23♒58℞ | 10♋29 |
| 2 | 18:40:34 | 10 14 53 | 03♋34 | 09♋57 | 05 40 | 11 56 | 20 14 | 03 57 | 11 35 | 23 32 | 01 05 | 23 58 | 10 26 |
| 3 | 18:44:30 | 11 12 07 | 16 24 | 22 54 | 06 51 | 13 08 | 20 50 | 04 10 | 11 40 | 23 36 | 01 06 | 23 57 | 10 23 |
| 4 | 18:48:27 | 12 09 21 | 29 28 | 06♌06 | 08 00 | 14 20 | 21 27 | 04 23 | 11 45 | 23 40 | 01 07 | 23 56 | 10 20 |
| 5 | 18:52:23 | 13 06 35 | 12♌47 | 19 32 | 09 05 | 15 32 | 22 04 | 04 35 | 11 50 | 23 43 | 01 08 | 23 55 | 10 16 |
| 6 | 18:56:20 | 14 03 48 | 26 20 | 03♍11 | 10 08 | 16 44 | 22 40 | 04 48 | 11 55 | 23 47 | 01 09 | 23 54 | 10 13 |
| 7 | 19:00:17 | 15 01 02 | 10♍05 | 17 01 | 11 08 | 17 56 | 23 17 | 05 01 | 12 00 | 23 50 | 01 10 | 23 53 | 10 10 |
| 8 | 19:04:13 | 15 58 15 | 24 01 | 01♎02 | 12 04 | 19 08 | 23 54 | 05 14 | 12 05 | 23 54 | 01 10 | 23 52 | 10 07 |
| 9 | 19:08:10 | 16 55 28 | 08♎05 | 15 11 | 12 57 | 20 21 | 24 31 | 05 27 | 12 11 | 23 58 | 01 11 | 23 51 | 10 04 |
| 10 | 19:12:06 | 17 52 40 | 22 17 | 29 25 | 13 47 | 21 33 | 25 07 | 05 40 | 12 16 | 24 01 | 01 12 | 23 50 | 10 01 |
| 11 | 19:16:03 | 18 49 53 | 06♏34 | 13♏43 | 14 34 | 22 45 | 25 44 | 05 53 | 12 21 | 24 05 | 01 13 | 23 49 | 09 57 |
| 12 | 19:19:59 | 19 47 06 | 20 52 | 28 01 | 15 16 | 23 57 | 26 21 | 06 06 | 12 27 | 24 09 | 01 14 | 23 48 | 09 54 |
| 13 | 19:23:56 | 20 44 18 | 05♐10 | 12♐17 | 15 55 | 25 10 | 26 58 | 06 19 | 12 32 | 24 12 | 01 14 | 23 47 | 09 51 |
| 14 | 19:27:52 | 21 41 31 | 19 23 | 26 26 | 16 31 | 26 22 | 27 35 | 06 32 | 12 38 | 24 16 | 01 15 | 23 46 | 09 48 |
| 15 | 19:31:49 | 22 38 43 | 03♑27 | 10♑25 | 17 02 | 27 34 | 28 12 | 06 45 | 12 44 | 24 20 | 01 16 | 23 45 | 09 45 |
| 16 | 19:35:46 | 23 35 56 | 17 19 | 24 10 | 17 28 | 28 47 | 28 49 | 06 58 | 12 49 | 24 23 | 01 16 | 23 44 | 09 42 |
| 17 | 19:39:42 | 24 33 09 | 00♒57 | 07♒39 | 17 51 | 29 59 | 29 26 | 07 11 | 12 55 | 24 27 | 01 17 | 23 42 | 09 38 |
| 18 | 19:43:39 | 25 30 23 | 14 17 | 20 50 | 18 09 | 01♋12 | 00♍03 | 07 24 | 13 01 | 24 31 | 01 18 | 23 41 | 09 35 |
| 19 | 19:47:35 | 26 27 37 | 27 19 | 03♓43 | 18 22 | 02 24 | 00 40 | 07 37 | 13 07 | 24 34 | 01 18 | 23 40 | 09 32 |
| 20 | 19:51:32 | 27 24 51 | 10♓03 | 16 18 | 18 31 | 03 37 | 01 17 | 07 50 | 13 13 | 24 38 | 01 19 | 23 39 | 09 29 |
| 21 | 19:55:28 | 28 22 06 | 22 30 | 28 37 | 18 35 | 04 49 | 01 54 | 08 03 | 13 19 | 24 42 | 01 19 | 23 38 | 09 26 |
| 22 | 19:59:25 | 29 19 22 | 04♈42 | 10♈44 | 18 34℞ | 06 02 | 02 31 | 08 17 | 13 25 | 24 45 | 01 20 | 23 37 | 09 22 |
| 23 | 20:03:21 | 00♌16 39 | 16 44 | 22 42 | 18 28 | 07 15 | 03 08 | 08 30 | 13 31 | 24 49 | 01 20 | 23 35 | 09 19 |
| 24 | 20:07:18 | 01 13 56 | 28 39 | 04♉35 | 18 17 | 08 27 | 03 46 | 08 43 | 13 37 | 24 52 | 01 20 | 23 34 | 09 16 |
| 25 | 20:11:15 | 02 11 14 | 10♉31 | 16 28 | 18 01 | 09 40 | 04 23 | 08 56 | 13 43 | 24 56 | 01 21 | 23 33 | 09 13 |
| 26 | 20:15:11 | 03 08 33 | 22 26 | 28 26 | 17 41 | 10 53 | 05 00 | 09 09 | 13 50 | 25 00 | 01 21 | 23 32 | 09 10 |
| 27 | 20:19:08 | 04 05 54 | 04♊29 | 10♊34 | 17 16 | 12 06 | 05 37 | 09 23 | 13 56 | 25 03 | 01 21 | 23 31 | 09 07 |
| 28 | 20:23:04 | 05 03 15 | 16 42 | 22 55 | 16 46 | 13 19 | 06 15 | 09 36 | 14 02 | 25 07 | 01 22 | 23 29 | 09 03 |
| 29 | 20:27:01 | 06 00 37 | 29 11 | 05♋32 | 16 13 | 14 31 | 06 52 | 09 49 | 14 09 | 25 11 | 01 22 | 23 28 | 09 00 |
| 30 | 20:30:57 | 06 57 59 | 11♋58 | 18 29 | 15 36 | 15 44 | 07 29 | 10 02 | 14 15 | 25 14 | 01 22 | 23 27 | 08 57 |
| 31 | 20:34:54 | 07 55 23 | 25 05 | 01♌45 | 14 56 | 16 57 | 08 07 | 10 16 | 14 22 | 25 18 | 01 22 | 23 26 | 08 54 |

## 0:00 E.T. Longitudes of the Major Asteroids and Chiron

| D | ⚳ | ⚴ | ⚵ | ⚶ | ⚷ |
|---|---|---|---|---|---|
| 1 | 05♒26℞ | 09♐16℞ | 11♏34℞ | 03♋00 | 28♊10 |
| 2 | 05 15 | 09 05 | 11 33 | 03 26 | 28 15 |
| 3 | 05 05 | 08 53 | 11 32 | 03 52 | 28 20 |
| 4 | 04 54 | 08 42 | 11 31 | 04 18 | 28 26 |
| 5 | 04 44 | 08 32 | 11 30 | 04 44 | 28 31 |
| 6 | 04 32 | 08 22 | 11 30 | 05 10 | 28 36 |
| 7 | 04 21 | 08 12 | 11 30D | 05 35 | 28 42 |
| 8 | 04 10 | 08 03 | 11 30 | 06 01 | 28 47 |
| 9 | 03 58 | 07 54 | 11 31 | 06 27 | 28 52 |
| 10 | 03 46 | 07 46 | 11 32 | 06 53 | 28 57 |
| 11 | 03 34 | 07 38 | 11 33 | 07 19 | 29 03 |
| 12 | 03 21 | 07 31 | 11 35 | 07 45 | 29 08 |
| 13 | 03 09 | 07 24 | 11 37 | 08 11 | 29 13 |
| 14 | 02 56 | 07 17 | 11 39 | 08 37 | 29 18 |
| 15 | 02 44 | 07 11 | 11 42 | 09 03 | 29 23 |
| 16 | 02 31 | 07 05 | 11 44 | 09 29 | 29 29 |
| 17 | 02 18 | 07 00 | 11 47 | 09 55 | 29 34 |
| 18 | 02 05 | 06 55 | 11 51 | 10 20 | 29 39 |
| 19 | 01 52 | 06 51 | 11 55 | 10 46 | 29 44 |
| 20 | 01 39 | 06 47 | 11 59 | 11 12 | 29 49 |
| 21 | 01 26 | 06 44 | 12 03 | 11 38 | 29 54 |
| 22 | 01 13 | 06 41 | 12 07 | 12 04 | 29 59 |
| 23 | 00 59 | 06 38 | 12 12 | 12 29 | 00♋04 |
| 24 | 00 46 | 06 36 | 12 17 | 12 55 | 00 09 |
| 25 | 00 33 | 06 35 | 12 22 | 13 21 | 00 14 |
| 26 | 00 20 | 06 33 | 12 28 | 13 47 | 00 19 |
| 27 | 00 07 | 06 33 | 12 34 | 14 12 | 00 23 |
| 28 | 29♑54 | 06 32 | 12 40 | 14 38 | 00 28 |
| 29 | 29 40 | 06 32D | 12 46 | 15 04 | 00 33 |
| 30 | 29 28 | 06 33 | 12 53 | 15 29 | 00 38 |
| 31 | 29 15 | 06 34 | 13 00 | 15 55 | 00 42 |

## Lunar Data

| Last Asp. | | Ingress | | |
|---|---|---|---|---|
| 1 | 05:43 | 1 | ♋ | 17:14 |
| 3 | 13:20 | 4 | ♌ | 00:58 |
| 5 | 19:43 | 6 | ♍ | 06:26 |
| 7 | 23:49 | 8 | ♎ | 10:14 |
| 10 | 04:60 | 10 | ♏ | 12:59 |
| 12 | 09:36 | 12 | ♐ | 15:19 |
| 14 | 14:36 | 14 | ♑ | 18:05 |
| 16 | 12:26 | 16 | ♒ | 22:19 |
| 18 | 17:14 | 19 | ♓ | 05:01 |
| 21 | 12:28 | 21 | ♈ | 14:43 |
| 23 | 16:21 | 24 | ♉ | 02:44 |
| 26 | 05:09 | 26 | ♊ | 15:07 |
| 28 | 13:05 | 29 | ♋ | 01:32 |
| 31 | 00:24 | 31 | ♌ | 08:51 |

## 0:00 E.T. Declinations

| D | ☉ | ☽ | ☿ | ♀ | ♂ | ♃ | ♄ | ♅ | ♆ | ♇ | ⚳ | ⚴ | ⚵ | ⚶ | ⚷ |
|---|---|---|---|---|---|---|---|---|---|---|---|---|---|---|---|
| 1 | +23 06 | +21 22 | +20 03 | +20 47 | +16 06 | +19 49 | +09 00 | +21 52 | +10 15 | -22 27 | -27 54 | +25 03 | -01 12 | +22 11 | +18 00 |
| 2 | 23 02 | 22 45 | 19 36 | 20 59 | 15 54 | 19 46 | 08 58 | 21 51 | 10 15 | 22 27 | 28 00 | 24 57 | 01 14 | 22 12 | 18 00 |
| 3 | 22 58 | 22 59 | 19 09 | 21 10 | 15 42 | 19 43 | 08 56 | 21 50 | 10 15 | 22 28 | 28 07 | 24 51 | 01 17 | 22 12 | 18 00 |
| 4 | 22 53 | 21 57 | 18 42 | 21 21 | 15 30 | 19 40 | 08 54 | 21 50 | 10 16 | 22 28 | 28 14 | 24 45 | 01 19 | 22 13 | 18 00 |
| 5 | 22 47 | 19 41 | 18 15 | 21 31 | 15 17 | 19 37 | 08 52 | 21 49 | 10 16 | 22 29 | 28 20 | 24 38 | 01 22 | 22 13 | 18 00 |
| 6 | 22 41 | 16 18 | 17 47 | 21 41 | 15 05 | 19 34 | 08 50 | 21 48 | 10 16 | 22 29 | 28 27 | 24 32 | 01 25 | 22 13 | 18 00 |
| 7 | 22 35 | 12 00 | 17 20 | 21 50 | 14 52 | 19 31 | 08 48 | 21 48 | 10 16 | 22 30 | 28 33 | 24 25 | 01 28 | 22 13 | 17 59 |
| 8 | 22 29 | 07 02 | 16 53 | 21 59 | 14 40 | 19 28 | 08 46 | 21 47 | 10 17 | 22 31 | 28 40 | 24 17 | 01 31 | 22 13 | 17 59 |
| 9 | 22 22 | 01 38 | 16 26 | 22 07 | 14 27 | 19 24 | 08 44 | 21 47 | 10 17 | 22 31 | 28 46 | 24 10 | 01 34 | 22 13 | 17 59 |
| 10 | 22 14 | -03 53 | 16 00 | 22 14 | 14 14 | 19 21 | 08 42 | 21 46 | 10 17 | 22 32 | 28 53 | 24 02 | 01 38 | 22 13 | 17 59 |
| 11 | 22 07 | 09 14 | 15 34 | 22 21 | 14 02 | 19 18 | 08 40 | 21 45 | 10 17 | 22 32 | 28 59 | 23 54 | 01 41 | 22 13 | 17 59 |
| 12 | 21 59 | 14 06 | 15 09 | 22 27 | 13 49 | 19 15 | 08 37 | 21 45 | 10 18 | 22 33 | 29 05 | 23 46 | 01 45 | 22 13 | 17 59 |
| 13 | 21 50 | 18 10 | 14 45 | 22 32 | 13 36 | 19 12 | 08 35 | 21 44 | 10 18 | 22 33 | 29 12 | 23 38 | 01 48 | 22 12 | 17 58 |
| 14 | 21 41 | 21 07 | 14 21 | 22 37 | 13 23 | 19 09 | 08 33 | 21 43 | 10 18 | 22 34 | 29 18 | 23 29 | 01 52 | 22 12 | 17 58 |
| 15 | 21 32 | 22 45 | 13 59 | 22 42 | 13 09 | 19 05 | 08 31 | 21 43 | 10 18 | 22 34 | 29 24 | 23 20 | 01 56 | 22 11 | 17 58 |
| 16 | 21 22 | 22 57 | 13 37 | 22 45 | 12 56 | 19 02 | 08 28 | 21 42 | 10 18 | 22 35 | 29 30 | 23 12 | 01 59 | 22 11 | 17 58 |
| 17 | 21 12 | 21 45 | 13 17 | 22 48 | 12 43 | 18 59 | 08 26 | 21 41 | 10 19 | 22 35 | 29 36 | 23 03 | 02 03 | 22 10 | 17 58 |
| 18 | 21 02 | 19 21 | 12 58 | 22 50 | 12 29 | 18 56 | 08 24 | 21 41 | 10 19 | 22 36 | 29 42 | 22 53 | 02 07 | 22 09 | 17 57 |
| 19 | 20 51 | 16 01 | 12 40 | 22 52 | 12 16 | 18 52 | 08 21 | 21 40 | 10 19 | 22 37 | 29 48 | 22 44 | 02 11 | 22 08 | 17 57 |
| 20 | 20 40 | 12 00 | 12 24 | 22 53 | 12 02 | 18 49 | 08 19 | 21 40 | 10 19 | 22 37 | 29 54 | 22 35 | 02 15 | 22 08 | 17 57 |
| 21 | 20 29 | 07 34 | 12 10 | 22 54 | 11 48 | 18 46 | 08 17 | 21 39 | 10 19 | 22 38 | 30 00 | 22 25 | 02 20 | 22 07 | 17 57 |
| 22 | 20 17 | 02 56 | 11 58 | 22 53 | 11 35 | 18 42 | 08 14 | 21 38 | 10 19 | 22 38 | 30 05 | 22 15 | 02 24 | 22 05 | 17 56 |
| 23 | 20 05 | +01 45 | 11 47 | 22 52 | 11 21 | 18 39 | 08 12 | 21 38 | 10 19 | 22 39 | 30 11 | 22 05 | 02 28 | 22 04 | 17 56 |
| 24 | 19 53 | 06 20 | 11 39 | 22 51 | 11 07 | 18 36 | 08 09 | 21 37 | 10 19 | 22 39 | 30 16 | 21 55 | 02 33 | 22 03 | 17 56 |
| 25 | 19 40 | 10 40 | 11 32 | 22 48 | 10 53 | 18 32 | 08 07 | 21 36 | 10 19 | 22 40 | 30 21 | 21 45 | 02 37 | 22 02 | 17 56 |
| 26 | 19 27 | 14 37 | 11 28 | 22 46 | 10 39 | 18 29 | 08 05 | 21 36 | 10 19 | 22 40 | 30 26 | 21 35 | 02 42 | 22 00 | 17 55 |
| 27 | 19 14 | 18 01 | 11 26 | 22 42 | 10 25 | 18 25 | 08 02 | 21 35 | 10 19 | 22 41 | 30 31 | 21 24 | 02 46 | 21 59 | 17 55 |
| 28 | 19 00 | 20 41 | 11 26 | 22 38 | 10 11 | 18 22 | 07 59 | 21 34 | 10 19 | 22 42 | 30 36 | 21 14 | 02 51 | 21 57 | 17 55 |
| 29 | 18 46 | 22 25 | 11 29 | 22 33 | 09 56 | 18 18 | 07 57 | 21 34 | 10 19 | 22 42 | 30 41 | 21 03 | 02 56 | 21 56 | 17 54 |
| 30 | 18 32 | 23 03 | 11 34 | 22 27 | 09 42 | 18 15 | 07 54 | 21 33 | 10 19 | 22 43 | 30 46 | 20 53 | 03 00 | 21 54 | 17 54 |
| 31 | 18 17 | 22 26 | 11 41 | 22 21 | 09 28 | 18 11 | 07 52 | 21 32 | 10 19 | 22 43 | 30 50 | 20 42 | 03 05 | 21 52 | 17 54 |

Lunar Phases -- 2 ● 13:33 ☄ 9 ◐ 16:02 16 Ⓔ 11:49 24 ◑ 05:41 Sun enters ♌ 7/22 17:02

## Aug. 38 — Longitudes of Main Planets - August 2038 — 0:00 E.T.

| D | S.T. | ☉ | ☽ | ☽ 12:00 | ☿ | ♀ | ♂ | ♃ | ♄ | ♅ | ♆ | ♇ | ☊ |
|---|---|---|---|---|---|---|---|---|---|---|---|---|---|
| 1 | 20:38:50 | 08♌52 48 | 08♌31 | 15♌21 | 14♌13℞ | 18♋10 | 08♍44 | 10♌29 | 14♍28 | 25♋21 | 01♉22 | 23♒24℞ | 08♋51 |
| 2 | 20:42:47 | 09 50 13 | 22 15 | 29 14 | 13 29 | 19 24 | 09 22 | 10 42 | 14 35 | 25 25 | 01 22 | 23 23 | 08 48 |
| 3 | 20:46:44 | 10 47 39 | 06♍15 | 13♍20 | 12 43 | 20 37 | 09 59 | 10 55 | 14 42 | 25 29 | 01 23 | 23 22 | 08 44 |
| 4 | 20:50:40 | 11 45 06 | 20 26 | 27 35 | 11 58 | 21 50 | 10 37 | 11 09 | 14 48 | 25 32 | 01 23℞ | 23 20 | 08 41 |
| 5 | 20:54:37 | 12 42 34 | 04♎44 | 11♎54 | 11 13 | 23 03 | 11 15 | 11 22 | 14 55 | 25 36 | 01 23 | 23 19 | 08 38 |
| 6 | 20:58:33 | 13 40 02 | 19 04 | 26 13 | 10 29 | 24 16 | 11 52 | 11 35 | 15 02 | 25 39 | 01 22 | 23 18 | 08 35 |
| 7 | 21:02:30 | 14 37 31 | 03♏22 | 10♏29 | 09 48 | 25 29 | 12 30 | 11 48 | 15 09 | 25 43 | 01 22 | 23 17 | 08 32 |
| 8 | 21:06:26 | 15 35 01 | 17 35 | 24 39 | 09 10 | 26 43 | 13 07 | 12 02 | 15 16 | 25 46 | 01 22 | 23 15 | 08 28 |
| 9 | 21:10:23 | 16 32 31 | 01♐41 | 08♐40 | 08 35 | 27 56 | 13 45 | 12 15 | 15 22 | 25 50 | 01 22 | 23 14 | 08 25 |
| 10 | 21:14:19 | 17 30 03 | 15 38 | 22 33 | 08 05 | 29 09 | 14 23 | 12 28 | 15 29 | 25 53 | 01 22 | 23 13 | 08 22 |
| 11 | 21:18:16 | 18 27 35 | 29 26 | 06♑17 | 07 41 | 00♌23 | 15 01 | 12 41 | 15 36 | 25 57 | 01 22 | 23 11 | 08 19 |
| 12 | 21:22:13 | 19 25 08 | 13♑04 | 19 49 | 07 22 | 01 36 | 15 39 | 12 54 | 15 43 | 26 00 | 01 22 | 23 10 | 08 16 |
| 13 | 21:26:09 | 20 22 42 | 26 31 | 03♒11 | 07 09 | 02 49 | 16 16 | 13 08 | 15 50 | 26 04 | 01 21 | 23 09 | 08 13 |
| 14 | 21:30:06 | 21 20 17 | 09♒47 | 16 19 | 07 03 | 04 03 | 16 54 | 13 21 | 15 57 | 26 07 | 01 21 | 23 07 | 08 09 |
| 15 | 21:34:02 | 22 17 53 | 22 49 | 29 15 | 07 04D | 05 16 | 17 32 | 13 34 | 16 05 | 26 10 | 01 21 | 23 06 | 08 06 |
| 16 | 21:37:59 | 23 15 30 | 05♓37 | 11♓56 | 07 12 | 06 30 | 18 10 | 13 47 | 16 12 | 26 14 | 01 20 | 23 05 | 08 03 |
| 17 | 21:41:55 | 24 13 09 | 18 12 | 24 24 | 07 28 | 07 44 | 18 48 | 14 00 | 16 19 | 26 17 | 01 20 | 23 03 | 08 00 |
| 18 | 21:45:52 | 25 10 49 | 00♈33 | 06♈39 | 07 50 | 08 57 | 19 26 | 14 13 | 16 26 | 26 20 | 01 19 | 23 02 | 07 57 |
| 19 | 21:49:48 | 26 08 30 | 12 43 | 18 44 | 08 21 | 10 11 | 20 04 | 14 26 | 16 33 | 26 24 | 01 19 | 23 01 | 07 54 |
| 20 | 21:53:45 | 27 06 13 | 24 43 | 00♉40 | 08 58 | 11 25 | 20 42 | 14 40 | 16 40 | 26 27 | 01 18 | 22 59 | 07 50 |
| 21 | 21:57:42 | 28 03 58 | 06♉36 | 12 32 | 09 42 | 12 38 | 21 20 | 14 53 | 16 48 | 26 30 | 01 18 | 22 58 | 07 47 |
| 22 | 22:01:38 | 29 01 44 | 18 27 | 24 24 | 10 34 | 13 52 | 21 58 | 15 06 | 16 55 | 26 34 | 01 17 | 22 57 | 07 44 |
| 23 | 22:05:35 | 29 59 32 | 00♊21 | 06♊20 | 11 33 | 15 06 | 22 37 | 15 19 | 17 02 | 26 37 | 01 17 | 22 55 | 07 41 |
| 24 | 22:09:31 | 00♍57 21 | 12 22 | 18 27 | 12 38 | 16 20 | 23 15 | 15 32 | 17 09 | 26 40 | 01 16 | 22 54 | 07 38 |
| 25 | 22:13:28 | 01 55 12 | 24 35 | 00♋48 | 13 49 | 17 34 | 23 53 | 15 45 | 17 17 | 26 43 | 01 16 | 22 53 | 07 34 |
| 26 | 22:17:24 | 02 53 05 | 07♋06 | 13 30 | 15 06 | 18 48 | 24 31 | 15 58 | 17 24 | 26 46 | 01 15 | 22 51 | 07 31 |
| 27 | 22:21:21 | 03 51 00 | 19 59 | 26 34 | 16 29 | 20 01 | 25 10 | 16 11 | 17 32 | 26 49 | 01 14 | 22 50 | 07 28 |
| 28 | 22:25:17 | 04 48 57 | 03♌16 | 10♌03 | 17 58 | 21 15 | 25 48 | 16 23 | 17 39 | 26 52 | 01 13 | 22 49 | 07 25 |
| 29 | 22:29:14 | 05 46 55 | 16 57 | 23 57 | 19 30 | 22 29 | 26 26 | 16 36 | 17 46 | 26 55 | 01 13 | 22 48 | 07 22 |
| 30 | 22:33:11 | 06 44 54 | 01♍03 | 08♍13 | 21 08 | 23 44 | 27 05 | 16 49 | 17 54 | 26 58 | 01 12 | 22 46 | 07 19 |
| 31 | 22:37:07 | 07 42 56 | 15 28 | 22 46 | 22 49 | 24 58 | 27 43 | 17 02 | 18 01 | 27 01 | 01 11 | 22 45 | 07 15 |

## 0:00 E.T. — Longitudes of the Major Asteroids and Chiron

| D | ⚳ | ⚴ | ⚵ | ⚶ | ⚷ |
|---|---|---|---|---|---|
| 1 | 29♑02℞ | 06♐35 | 13♏07 | 16♋21 | 00♋47 |
| 2 | 28 49 | 06 37 | 13 15 | 16 46 | 00 52 |
| 3 | 28 37 | 06 39 | 13 22 | 17 12 | 00 56 |
| 4 | 28 24 | 06 41 | 13 30 | 17 37 | 01 01 |
| 5 | 28 12 | 06 44 | 13 38 | 18 03 | 01 05 |
| 6 | 28 00 | 06 47 | 13 47 | 18 28 | 01 10 |
| 7 | 27 48 | 06 51 | 13 55 | 18 54 | 01 14 |
| 8 | 27 37 | 06 55 | 14 04 | 19 19 | 01 19 |
| 9 | 27 25 | 06 59 | 14 13 | 19 44 | 01 23 |
| 10 | 27 14 | 07 04 | 14 22 | 20 10 | 01 27 |
| 11 | 27 03 | 07 09 | 14 32 | 20 35 | 01 32 |
| 12 | 26 52 | 07 15 | 14 42 | 21 01 | 01 36 |
| 13 | 26 42 | 07 20 | 14 52 | 21 26 | 01 40 |
| 14 | 26 32 | 07 27 | 15 02 | 21 51 | 01 44 |
| 15 | 26 22 | 07 33 | 15 12 | 22 16 | 01 48 |
| 16 | 26 12 | 07 40 | 15 23 | 22 41 | 01 52 |
| 17 | 26 02 | 07 47 | 15 33 | 23 07 | 01 56 |
| 18 | 25 53 | 07 54 | 15 44 | 23 32 | 02 00 |
| 19 | 25 44 | 08 02 | 15 55 | 23 57 | 02 04 |
| 20 | 25 36 | 08 10 | 16 07 | 24 22 | 02 08 |
| 21 | 25 28 | 08 19 | 16 18 | 24 47 | 02 11 |
| 22 | 25 20 | 08 27 | 16 30 | 25 12 | 02 15 |
| 23 | 25 12 | 08 36 | 16 42 | 25 37 | 02 19 |
| 24 | 25 05 | 08 46 | 16 54 | 26 02 | 02 22 |
| 25 | 24 58 | 08 55 | 17 06 | 26 27 | 02 26 |
| 26 | 24 51 | 09 05 | 17 19 | 26 51 | 02 29 |
| 27 | 24 45 | 09 15 | 17 31 | 27 16 | 02 33 |
| 28 | 24 39 | 09 26 | 17 44 | 27 41 | 02 36 |
| 29 | 24 34 | 09 36 | 17 57 | 28 06 | 02 40 |
| 30 | 24 28 | 09 47 | 18 10 | 28 30 | 02 43 |
| 31 | 24 23 | 09 59 | 18 23 | 28 55 | 02 46 |

## Lunar Data

| Last Asp. | Ingress |
|---|---|
| 2 01:57 | 2 ♍ 13:19 |
| 4 08:37 | 4 ♎ 16:04 |
| 6 11:06 | 6 ♏ 18:21 |
| 8 16:60 | 8 ♐ 21:08 |
| 10 13:07 | 11 ♑ 00:59 |
| 12 23:10 | 13 ♒ 06:16 |
| 15 00:32 | 15 ♓ 13:25 |
| 17 15:44 | 17 ♈ 22:55 |
| 20 05:14 | 20 ♉ 10:39 |
| 22 23:13 | 22 ♊ 23:18 |
| 24 22:33 | 25 ♋ 10:27 |
| 27 12:30 | 27 ♌ 18:10 |
| 29 10:25 | 29 ♍ 22:14 |
| 31 21:01 | |

## 0:00 E.T. — Declinations

| D | ☉ | ☽ | ☿ | ♀ | ♂ | ♃ | ♄ | ♅ | ♆ | ♇ | ⚳ | ⚴ | ⚵ | ⚶ | ⚷ |
|---|---|---|---|---|---|---|---|---|---|---|---|---|---|---|---|
| 1 | +18 02 | +20 31 | +11 50 | +22 14 | +09 13 | +18 08 | +07 49 | +21 32 | +10 19 | -22 44 | -30 54 | +20 31 | -03 10 | +21 50 | +17 53 |
| 2 | 17 47 | 17 24 | 12 01 | 22 07 | 08 59 | 18 04 | 07 47 | 21 31 | 10 19 | 22 44 | 30 58 | 20 20 | 03 15 | 21 48 | 17 53 |
| 3 | 17 31 | 13 14 | 12 14 | 21 58 | 08 44 | 18 01 | 07 44 | 21 31 | 10 19 | 22 45 | 31 02 | 20 09 | 03 20 | 21 46 | 17 53 |
| 4 | 17 16 | 08 17 | 12 29 | 21 50 | 08 29 | 17 57 | 07 41 | 21 30 | 10 19 | 22 45 | 31 06 | 19 58 | 03 25 | 21 44 | 17 52 |
| 5 | 16 59 | 02 52 | 12 45 | 21 40 | 08 15 | 17 54 | 07 39 | 21 29 | 10 19 | 22 46 | 31 10 | 19 47 | 03 30 | 21 42 | 17 52 |
| 6 | 16 43 | -02 43 | 13 02 | 21 30 | 08 00 | 17 50 | 07 36 | 21 29 | 10 19 | 22 47 | 31 14 | 19 36 | 03 35 | 21 40 | 17 51 |
| 7 | 16 27 | 08 09 | 13 21 | 21 19 | 07 45 | 17 47 | 07 33 | 21 28 | 10 19 | 22 47 | 31 17 | 19 24 | 03 40 | 21 38 | 17 51 |
| 8 | 16 10 | 13 07 | 13 39 | 21 08 | 07 30 | 17 43 | 07 31 | 21 27 | 10 19 | 22 48 | 31 20 | 19 13 | 03 45 | 21 35 | 17 51 |
| 9 | 15 53 | 17 20 | 13 59 | 20 56 | 07 15 | 17 39 | 07 28 | 21 27 | 10 19 | 22 48 | 31 24 | 19 02 | 03 51 | 21 33 | 17 50 |
| 10 | 15 35 | 20 32 | 14 18 | 20 44 | 07 00 | 17 36 | 07 25 | 21 26 | 10 19 | 22 49 | 31 26 | 18 50 | 03 56 | 21 31 | 17 50 |
| 11 | 15 17 | 22 29 | 14 37 | 20 31 | 06 45 | 17 32 | 07 23 | 21 25 | 10 19 | 22 49 | 31 29 | 18 39 | 04 01 | 21 28 | 17 49 |
| 12 | 15 00 | 23 05 | 14 56 | 20 17 | 06 30 | 17 28 | 07 20 | 21 25 | 10 19 | 22 50 | 31 32 | 18 27 | 04 07 | 21 25 | 17 49 |
| 13 | 14 41 | 22 18 | 15 14 | 20 03 | 06 15 | 17 25 | 07 17 | 21 24 | 10 18 | 22 50 | 31 34 | 18 16 | 04 12 | 21 23 | 17 48 |
| 14 | 14 23 | 20 17 | 15 31 | 19 48 | 06 00 | 17 21 | 07 14 | 21 24 | 10 18 | 22 51 | 31 37 | 18 04 | 04 17 | 21 20 | 17 48 |
| 15 | 14 05 | 17 14 | 15 47 | 19 32 | 05 45 | 17 17 | 07 11 | 21 23 | 10 18 | 22 51 | 31 39 | 17 53 | 04 23 | 21 17 | 17 48 |
| 16 | 13 46 | 13 24 | 16 02 | 19 16 | 05 29 | 17 14 | 07 09 | 21 22 | 10 18 | 22 52 | 31 41 | 17 41 | 04 28 | 21 14 | 17 47 |
| 17 | 13 27 | 09 04 | 16 15 | 19 00 | 05 14 | 17 10 | 07 06 | 21 22 | 10 18 | 22 52 | 31 43 | 17 30 | 04 34 | 21 11 | 17 47 |
| 18 | 13 08 | 04 26 | 16 26 | 18 43 | 04 59 | 17 06 | 07 03 | 21 21 | 10 18 | 22 53 | 31 45 | 17 18 | 04 39 | 21 09 | 17 46 |
| 19 | 12 48 | +00 18 | 16 35 | 18 25 | 04 43 | 17 03 | 07 00 | 21 20 | 10 17 | 22 53 | 31 46 | 17 07 | 04 45 | 21 05 | 17 46 |
| 20 | 12 28 | 04 58 | 16 42 | 18 07 | 04 28 | 16 59 | 06 57 | 21 20 | 10 17 | 22 54 | 31 48 | 16 55 | 04 50 | 21 02 | 17 45 |
| 21 | 12 09 | 09 25 | 16 46 | 17 48 | 04 13 | 16 55 | 06 55 | 21 19 | 10 17 | 22 54 | 31 49 | 16 43 | 04 56 | 20 59 | 17 45 |
| 22 | 11 49 | 13 30 | 16 48 | 17 29 | 03 57 | 16 51 | 06 52 | 21 19 | 10 17 | 22 55 | 31 50 | 16 32 | 05 01 | 20 56 | 17 44 |
| 23 | 11 28 | 17 05 | 16 48 | 17 09 | 03 42 | 16 48 | 06 49 | 21 18 | 10 16 | 22 55 | 31 51 | 16 20 | 05 07 | 20 53 | 17 44 |
| 24 | 11 08 | 19 59 | 16 44 | 16 49 | 03 26 | 16 44 | 06 46 | 21 18 | 10 16 | 22 56 | 31 52 | 16 09 | 05 13 | 20 49 | 17 43 |
| 25 | 10 47 | 22 02 | 16 38 | 16 28 | 03 10 | 16 40 | 06 43 | 21 17 | 10 16 | 22 56 | 31 53 | 15 57 | 05 18 | 20 46 | 17 43 |
| 26 | 10 27 | 23 04 | 16 29 | 16 07 | 02 55 | 16 36 | 06 40 | 21 16 | 10 16 | 22 57 | 31 54 | 15 46 | 05 24 | 20 43 | 17 42 |
| 27 | 10 06 | 22 55 | 16 17 | 15 46 | 02 39 | 16 33 | 06 37 | 21 16 | 10 15 | 22 57 | 31 54 | 15 34 | 05 29 | 20 39 | 17 42 |
| 28 | 09 45 | 21 28 | 16 02 | 15 24 | 02 24 | 16 29 | 06 35 | 21 15 | 10 15 | 22 58 | 31 54 | 15 23 | 05 35 | 20 36 | 17 41 |
| 29 | 09 23 | 18 45 | 15 43 | 15 01 | 02 08 | 16 25 | 06 32 | 21 15 | 10 15 | 22 58 | 31 55 | 15 11 | 05 41 | 20 32 | 17 41 |
| 30 | 09 02 | 14 51 | 15 22 | 14 38 | 01 52 | 16 21 | 06 29 | 21 14 | 10 14 | 22 58 | 31 55 | 15 00 | 05 46 | 20 28 | 17 40 |
| 31 | 08 40 | 10 01 | 14 58 | 14 15 | 01 36 | 16 18 | 06 26 | 21 14 | 10 14 | 22 59 | 31 55 | 14 48 | 05 52 | 20 25 | 17 39 |

Lunar Phases -- 1 ● 00:41 7 ◐ 20:23 14 ○ 22:58 22 ◑ 23:13 30 ● 10:14 Sun enters ♍ 8/23 00:12

# 0:00 E.T. Longitudes of Main Planets - September 2038 **Sep. 38**

| D | S.T. | ☉ | ☽ | ☽ 12:00 | ☿ | ♀ | ♂ | ♃ | ♄ | ♅ | ♆ | ♇ | ☊ |
|---|---|---|---|---|---|---|---|---|---|---|---|---|---|
| 1 | 22:41:04 | 08♍40 58 | 00♎07 | 07♎28 | 24♌33 | 26♌12 | 28♍22 | 17♌15 | 18♍09 | 27♋04 | 01♉10℞ | 22♒44℞ | 07♋12 |
| 2 | 22:45:00 | 09 39 03 | 14 51 | 22 13 | 26 20 | 27 26 | 29 00 | 17 27 | 18 16 | 27 07 | 01 09 | 22 42 | 07 09 |
| 3 | 22:48:57 | 10 37 09 | 29 33 | 06♏51 | 28 10 | 28 40 | 29 39 | 17 40 | 18 24 | 27 10 | 01 08 | 22 41 | 07 06 |
| 4 | 22:52:53 | 11 35 16 | 14♏06 | 21 18 | 00♍01 | 29 54 | 00♎18 | 17 53 | 18 31 | 27 13 | 01 07 | 22 40 | 07 03 |
| 5 | 22:56:50 | 12 33 24 | 28 27 | 05♐31 | 01 54 | 01♍08 | 00 56 | 18 05 | 18 39 | 27 16 | 01 06 | 22 39 | 07 00 |
| 6 | 23:00:46 | 13 31 35 | 12♐31 | 19 27 | 03 49 | 02 23 | 01 35 | 18 18 | 18 46 | 27 19 | 01 05 | 22 38 | 06 56 |
| 7 | 23:04:43 | 14 29 46 | 26 19 | 03♑07 | 05 44 | 03 37 | 02 14 | 18 30 | 18 54 | 27 22 | 01 04 | 22 36 | 06 53 |
| 8 | 23:08:40 | 15 27 59 | 09♑52 | 16 33 | 07 39 | 04 51 | 02 52 | 18 43 | 19 01 | 27 24 | 01 03 | 22 35 | 06 50 |
| 9 | 23:12:36 | 16 26 13 | 23 10 | 29 44 | 09 35 | 06 06 | 03 31 | 18 55 | 19 09 | 27 27 | 01 02 | 22 34 | 06 47 |
| 10 | 23:16:33 | 17 24 29 | 06♒15 | 12♒44 | 11 30 | 07 20 | 04 10 | 19 08 | 19 16 | 27 30 | 01 01 | 22 33 | 06 44 |
| 11 | 23:20:29 | 18 22 47 | 19 09 | 25 32 | 13 26 | 08 34 | 04 49 | 19 20 | 19 24 | 27 32 | 01 00 | 22 32 | 06 40 |
| 12 | 23:24:26 | 19 21 06 | 01♓52 | 08♓09 | 15 21 | 09 49 | 05 28 | 19 32 | 19 31 | 27 35 | 00 59 | 22 30 | 06 37 |
| 13 | 23:28:22 | 20 19 27 | 14 24 | 20 37 | 17 15 | 11 03 | 06 07 | 19 45 | 19 39 | 27 37 | 00 58 | 22 29 | 06 34 |
| 14 | 23:32:19 | 21 17 50 | 26 46 | 02♈54 | 19 09 | 12 18 | 06 46 | 19 57 | 19 46 | 27 40 | 00 57 | 22 28 | 06 31 |
| 15 | 23:36:15 | 22 16 14 | 08♈59 | 15 01 | 21 02 | 13 32 | 07 25 | 20 09 | 19 54 | 27 42 | 00 55 | 22 27 | 06 28 |
| 16 | 23:40:12 | 23 14 40 | 21 02 | 27 01 | 22 54 | 14 47 | 08 04 | 20 21 | 20 01 | 27 45 | 00 54 | 22 26 | 06 25 |
| 17 | 23:44:09 | 24 13 09 | 02♉58 | 08♉54 | 24 45 | 16 01 | 08 43 | 20 33 | 20 09 | 27 47 | 00 53 | 22 25 | 06 21 |
| 18 | 23:48:05 | 25 11 39 | 14 49 | 20 43 | 26 35 | 17 16 | 09 22 | 20 45 | 20 16 | 27 50 | 00 52 | 22 24 | 06 18 |
| 19 | 23:52:02 | 26 10 12 | 26 38 | 02♊33 | 28 25 | 18 30 | 10 01 | 20 57 | 20 24 | 27 52 | 00 50 | 22 23 | 06 15 |
| 20 | 23:55:58 | 27 08 47 | 08♊30 | 14 28 | 00♎13 | 19 45 | 10 40 | 21 09 | 20 31 | 27 54 | 00 49 | 22 22 | 06 12 |
| 21 | 23:59:55 | 28 07 24 | 20 28 | 26 31 | 02 00 | 21 00 | 11 20 | 21 21 | 20 39 | 27 57 | 00 48 | 22 21 | 06 09 |
| 22 | 0:03:51 | 29 06 03 | 02♋39 | 08♋50 | 03 47 | 22 14 | 11 59 | 21 32 | 20 46 | 27 59 | 00 46 | 22 20 | 06 05 |
| 23 | 0:07:48 | 00♎04 44 | 15 07 | 21 29 | 05 32 | 23 29 | 12 38 | 21 44 | 20 54 | 28 01 | 00 45 | 22 19 | 06 02 |
| 24 | 0:11:44 | 01 03 28 | 27 57 | 04♌33 | 07 17 | 24 44 | 13 18 | 21 56 | 21 01 | 28 03 | 00 44 | 22 18 | 05 59 |
| 25 | 0:15:41 | 02 02 14 | 11♌15 | 18 04 | 09 00 | 25 58 | 13 57 | 22 07 | 21 09 | 28 05 | 00 42 | 22 17 | 05 56 |
| 26 | 0:19:38 | 03 01 02 | 25 01 | 02♍05 | 10 42 | 27 13 | 14 36 | 22 19 | 21 16 | 28 07 | 00 41 | 22 16 | 05 53 |
| 27 | 0:23:34 | 03 59 52 | 09♍16 | 16 33 | 12 24 | 28 28 | 15 16 | 22 30 | 21 23 | 28 09 | 00 39 | 22 15 | 05 50 |
| 28 | 0:27:31 | 04 58 44 | 23 56 | 01♎24 | 14 04 | 29 43 | 15 56 | 22 42 | 21 31 | 28 11 | 00 38 | 22 14 | 05 46 |
| 29 | 0:31:27 | 05 57 38 | 08♎54 | 16 27 | 15 44 | 00♎57 | 16 35 | 22 53 | 21 38 | 28 13 | 00 36 | 22 13 | 05 43 |
| 30 | 0:35:24 | 06 56 35 | 24 01 | 01♏34 | 17 23 | 02 12 | 17 15 | 23 04 | 21 46 | 28 15 | 00 35 | 22 12 | 05 40 |

## 0:00 E.T. Longitudes of the Major Asteroids and Chiron

| D | ⚳ | ⚴ | ⚵ | ⚶ | ⚷ |
|---|---|---|---|---|---|
| 1 | 24♑19℞ | 10♐10 | 18♏37 | 29♋19 | 02♋49 |
| 2 | 24 15 | 10 22 | 18 50 | 29 44 | 02 52 |
| 3 | 24 11 | 10 34 | 19 04 | 00♌08 | 02 55 |
| 4 | 24 08 | 10 46 | 19 18 | 00 33 | 02 58 |
| 5 | 24 04 | 10 58 | 19 32 | 00 57 | 03 01 |
| 6 | 24 02 | 11 11 | 19 46 | 01 21 | 03 04 |
| 7 | 23 59 | 11 24 | 20 01 | 01 46 | 03 07 |
| 8 | 23 57 | 11 37 | 20 15 | 02 10 | 03 09 |
| 9 | 23 56 | 11 50 | 20 30 | 02 34 | 03 12 |
| 10 | 23 55 | 12 04 | 20 45 | 02 58 | 03 14 |
| 11 | 23 54 | 12 18 | 21 00 | 03 22 | 03 17 |
| 12 | 23 53 | 12 32 | 21 15 | 03 46 | 03 19 |
| 13 | 23 53D | 12 46 | 21 30 | 04 10 | 03 22 |
| 14 | 23 53 | 13 00 | 21 45 | 04 34 | 03 24 |
| 15 | 23 54 | 13 15 | 22 01 | 04 57 | 03 26 |
| 16 | 23 55 | 13 30 | 22 16 | 05 21 | 03 28 |
| 17 | 23 56 | 13 45 | 22 32 | 05 45 | 03 30 |
| 18 | 23 57 | 14 00 | 22 48 | 06 08 | 03 32 |
| 19 | 23 59 | 14 15 | 23 04 | 06 32 | 03 34 |
| 20 | 24 02 | 14 31 | 23 20 | 06 55 | 03 36 |
| 21 | 24 04 | 14 46 | 23 36 | 07 18 | 03 38 |
| 22 | 24 07 | 15 02 | 23 53 | 07 42 | 03 39 |
| 23 | 24 11 | 15 18 | 24 09 | 08 05 | 03 41 |
| 24 | 24 14 | 15 35 | 24 26 | 08 28 | 03 42 |
| 25 | 24 18 | 15 51 | 24 42 | 08 51 | 03 44 |
| 26 | 24 22 | 16 08 | 24 59 | 09 14 | 03 45 |
| 27 | 24 27 | 16 24 | 25 16 | 09 37 | 03 46 |
| 28 | 24 32 | 16 41 | 25 33 | 10 00 | 03 48 |
| 29 | 24 37 | 16 58 | 25 50 | 10 22 | 03 49 |
| 30 | 24 43 | 17 15 | 26 08 | 10 45 | 03 50 |

## Lunar Data

| Last Asp. | | Ingress | |
|---|---|---|---|
| 2 | 22:25 | 3 ♏ | 00:44 |
| 4 | 22:01 | 5 ♐ | 02:38 |
| 6 | 17:30 | 7 ♑ | 06:29 |
| 9 | 07:50 | 9 ♒ | 12:29 |
| 11 | 06:20 | 11 ♓ | 20:27 |
| 14 | 01:46 | 14 ♈ | 06:19 |
| 16 | 13:32 | 16 ♉ | 18:01 |
| 19 | 04:16 | 19 ♊ | 06:50 |
| 21 | 16:28 | 21 ♋ | 18:50 |
| 24 | 00:10 | 24 ♌ | 03:44 |
| 25 | 19:17 | 26 ♍ | 08:28 |
| 28 | 06:52 | 28 ♎ | 09:46 |
| 30 | 06:44 | 30 ♏ | 09:30 |

## 0:00 E.T. Declinations

| D | ☉ | ☽ | ☿ | ♀ | ♂ | ♃ | ♄ | ♅ | ♆ | ♇ | ⚳ | ⚴ | ⚵ | ⚶ | ⚷ |
|---|---|---|---|---|---|---|---|---|---|---|---|---|---|---|---|
| 1 | +08 19 | +04 33 | +14 32 | +13 52 | +01 21 | +16 14 | +06 23 | +21 13 | +10 14 | -22 59 | -31 54 | +14 37 | -05 58 | +20 21 | +17 39 |
| 2 | 07 57 | -01 12 | 14 02 | 13 27 | 01 05 | 16 10 | 06 20 | 21 12 | 10 13 | 23 00 | 31 54 | 14 26 | 06 03 | 20 17 | 17 38 |
| 3 | 07 35 | 06 53 | 13 30 | 13 03 | 00 49 | 16 06 | 06 17 | 21 12 | 10 13 | 23 00 | 31 54 | 14 15 | 06 09 | 20 13 | 17 38 |
| 4 | 07 13 | 12 09 | 12 56 | 12 38 | 00 33 | 16 02 | 06 14 | 21 11 | 10 13 | 23 00 | 31 53 | 14 03 | 06 15 | 20 10 | 17 37 |
| 5 | 06 51 | 16 39 | 12 20 | 12 13 | 00 17 | 15 59 | 06 11 | 21 11 | 10 12 | 23 01 | 31 53 | 13 52 | 06 20 | 20 06 | 17 37 |
| 6 | 06 29 | 20 07 | 11 42 | 11 48 | 00 02 | 15 55 | 06 09 | 21 10 | 10 12 | 23 01 | 31 52 | 13 41 | 06 26 | 20 02 | 17 36 |
| 7 | 06 06 | 22 21 | 11 02 | 11 22 | -00 14 | 15 51 | 06 06 | 21 10 | 10 11 | 23 02 | 31 51 | 13 30 | 06 32 | 19 58 | 17 36 |
| 8 | 05 44 | 23 13 | 10 21 | 10 56 | 00 30 | 15 47 | 06 03 | 21 09 | 10 11 | 23 02 | 31 50 | 13 19 | 06 38 | 19 54 | 17 35 |
| 9 | 05 21 | 22 45 | 09 38 | 10 29 | 00 46 | 15 44 | 06 00 | 21 09 | 10 11 | 23 02 | 31 49 | 13 08 | 06 43 | 19 50 | 17 34 |
| 10 | 04 58 | 21 01 | 08 54 | 10 03 | 01 02 | 15 40 | 05 57 | 21 08 | 10 10 | 23 03 | 31 48 | 12 57 | 06 49 | 19 46 | 17 34 |
| 11 | 04 36 | 18 14 | 08 10 | 09 36 | 01 18 | 15 36 | 05 54 | 21 08 | 10 10 | 23 03 | 31 47 | 12 46 | 06 55 | 19 41 | 17 33 |
| 12 | 04 13 | 14 37 | 07 24 | 09 08 | 01 34 | 15 32 | 05 51 | 21 07 | 10 09 | 23 03 | 31 45 | 12 35 | 07 00 | 19 37 | 17 33 |
| 13 | 03 50 | 10 23 | 06 38 | 08 41 | 01 49 | 15 29 | 05 48 | 21 07 | 10 09 | 23 04 | 31 44 | 12 24 | 07 06 | 19 33 | 17 32 |
| 14 | 03 27 | 05 48 | 05 51 | 08 13 | 02 05 | 15 25 | 05 45 | 21 06 | 10 08 | 23 04 | 31 42 | 12 14 | 07 11 | 19 29 | 17 32 |
| 15 | 03 04 | 01 03 | 05 04 | 07 45 | 02 21 | 15 21 | 05 42 | 21 06 | 10 08 | 23 04 | 31 41 | 12 03 | 07 17 | 19 25 | 17 31 |
| 16 | 02 41 | +03 42 | 04 17 | 07 17 | 02 37 | 15 18 | 05 39 | 21 05 | 10 07 | 23 05 | 31 39 | 11 53 | 07 23 | 19 20 | 17 30 |
| 17 | 02 18 | 08 16 | 03 30 | 06 48 | 02 53 | 15 14 | 05 37 | 21 05 | 10 07 | 23 05 | 31 37 | 11 42 | 07 28 | 19 16 | 17 30 |
| 18 | 01 55 | 12 30 | 02 42 | 06 20 | 03 09 | 15 10 | 05 34 | 21 05 | 10 06 | 23 05 | 31 35 | 11 32 | 07 34 | 19 12 | 17 29 |
| 19 | 01 31 | 16 15 | 01 54 | 05 51 | 03 25 | 15 06 | 05 31 | 21 04 | 10 06 | 23 06 | 31 33 | 11 21 | 07 39 | 19 07 | 17 29 |
| 20 | 01 08 | 19 22 | 01 07 | 05 22 | 03 41 | 15 03 | 05 28 | 21 04 | 10 06 | 23 06 | 31 31 | 11 11 | 07 45 | 19 03 | 17 28 |
| 21 | 00 45 | 21 42 | 00 19 | 04 53 | 03 56 | 14 59 | 05 25 | 21 03 | 10 05 | 23 06 | 31 29 | 11 01 | 07 50 | 18 58 | 17 27 |
| 22 | 00 21 | 23 04 | -00 28 | 04 23 | 04 12 | 14 56 | 05 22 | 21 03 | 10 05 | 23 06 | 31 27 | 10 51 | 07 56 | 18 54 | 17 27 |
| 23 | -00 02 | 23 20 | 01 15 | 03 54 | 04 28 | 14 52 | 05 19 | 21 02 | 10 04 | 23 07 | 31 25 | 10 41 | 08 01 | 18 50 | 17 26 |
| 24 | 00 25 | 22 23 | 02 02 | 03 24 | 04 44 | 14 48 | 05 16 | 21 02 | 10 03 | 23 07 | 31 22 | 10 31 | 08 07 | 18 45 | 17 26 |
| 25 | 00 49 | 20 10 | 02 48 | 02 55 | 05 00 | 14 45 | 05 13 | 21 02 | 10 03 | 23 07 | 31 20 | 10 21 | 08 12 | 18 41 | 17 25 |
| 26 | 01 12 | 16 44 | 03 34 | 02 25 | 05 15 | 14 41 | 05 11 | 21 01 | 10 02 | 23 07 | 31 17 | 10 11 | 08 18 | 18 36 | 17 24 |
| 27 | 01 35 | 12 14 | 04 20 | 01 55 | 05 31 | 14 37 | 05 08 | 21 01 | 10 02 | 23 07 | 31 15 | 10 01 | 08 23 | 18 32 | 17 24 |
| 28 | 01 59 | 06 54 | 05 05 | 01 25 | 05 47 | 14 34 | 05 05 | 21 01 | 10 01 | 23 08 | 31 12 | 09 51 | 08 29 | 18 27 | 17 23 |
| 29 | 02 22 | 01 04 | 05 49 | 00 55 | 06 02 | 14 30 | 05 02 | 21 00 | 10 01 | 23 08 | 31 09 | 09 42 | 08 34 | 18 22 | 17 23 |
| 30 | 02 45 | -04 54 | 06 34 | 00 25 | 06 18 | 14 27 | 04 59 | 21 00 | 10 00 | 23 08 | 31 06 | 09 32 | 08 39 | 18 18 | 17 22 |

Lunar Phases -- 6 ◐ 01:52 13 ○ 12:26 21 ◑ 16:28 28 ● 18:59 Sun enters ♎ 9/22 22:04

# Oct. 38 — Longitudes of Main Planets - October 2038 — 0:00 E.T.

| D | S.T. | ☉ | ☽ | ☽ 12:00 | ☿ | ♀ | ♂ | ♃ | ♄ | ♅ | ♆ | ♇ | ☊ |
|---|---|---|---|---|---|---|---|---|---|---|---|---|---|
| 1 | 0:39:20 | 07♎55 33 | 09♏06 | 16♏35 | 19♎01 | 03♎27 | 17♎54 | 23♌15 | 21♍53 | 28♋17 | 00♉33℞ | 22♒11℞ | 05♋37 |
| 2 | 0:43:17 | 08 54 33 | 24 00 | 01♐21 | 20 38 | 04 42 | 18 34 | 23 26 | 22 00 | 28 18 | 00 32 | 22 10 | 05 34 |
| 3 | 0:47:13 | 09 53 35 | 08♐36 | 15 46 | 22 14 | 05 57 | 19 14 | 23 37 | 22 07 | 28 20 | 00 30 | 22 10 | 05 31 |
| 4 | 0:51:10 | 10 52 39 | 22 50 | 29 48 | 23 49 | 07 12 | 19 54 | 23 48 | 22 15 | 28 22 | 00 29 | 22 09 | 05 27 |
| 5 | 0:55:07 | 11 51 44 | 06♑40 | 13♑27 | 25 24 | 08 27 | 20 34 | 23 59 | 22 22 | 28 23 | 00 27 | 22 08 | 05 24 |
| 6 | 0:59:03 | 12 50 51 | 20 09 | 26 46 | 26 57 | 09 42 | 21 13 | 24 10 | 22 29 | 28 25 | 00 26 | 22 07 | 05 21 |
| 7 | 1:03:00 | 13 50 00 | 03♒18 | 09♒46 | 28 30 | 10 57 | 21 53 | 24 20 | 22 36 | 28 26 | 00 24 | 22 06 | 05 18 |
| 8 | 1:06:56 | 14 49 11 | 16 10 | 22 31 | 00♏02 | 12 11 | 22 33 | 24 31 | 22 44 | 28 28 | 00 22 | 22 06 | 05 15 |
| 9 | 1:10:53 | 15 48 23 | 28 48 | 05♓03 | 01 33 | 13 26 | 23 13 | 24 41 | 22 51 | 28 29 | 00 21 | 22 05 | 05 11 |
| 10 | 1:14:49 | 16 47 37 | 11♓15 | 17 25 | 03 04 | 14 41 | 23 53 | 24 51 | 22 58 | 28 31 | 00 19 | 22 04 | 05 08 |
| 11 | 1:18:46 | 17 46 53 | 23 33 | 29 39 | 04 34 | 15 56 | 24 33 | 25 02 | 23 05 | 28 32 | 00 18 | 22 04 | 05 05 |
| 12 | 1:22:42 | 18 46 11 | 05♈42 | 11♈45 | 06 03 | 17 11 | 25 14 | 25 12 | 23 12 | 28 33 | 00 16 | 22 03 | 05 02 |
| 13 | 1:26:39 | 19 45 31 | 17 45 | 23 44 | 07 31 | 18 26 | 25 54 | 25 22 | 23 19 | 28 34 | 00 14 | 22 03 | 04 59 |
| 14 | 1:30:36 | 20 44 53 | 29 42 | 05♉39 | 08 58 | 19 41 | 26 34 | 25 32 | 23 26 | 28 35 | 00 13 | 22 02 | 04 56 |
| 15 | 1:34:32 | 21 44 17 | 11♉34 | 17 29 | 10 25 | 20 56 | 27 14 | 25 42 | 23 33 | 28 37 | 00 11 | 22 01 | 04 52 |
| 16 | 1:38:29 | 22 43 43 | 23 24 | 29 18 | 11 50 | 22 11 | 27 54 | 25 52 | 23 40 | 28 38 | 00 09 | 22 01 | 04 49 |
| 17 | 1:42:25 | 23 43 12 | 05♊13 | 11♊08 | 13 15 | 23 27 | 28 35 | 26 01 | 23 47 | 28 39 | 00 08 | 22 00 | 04 46 |
| 18 | 1:46:22 | 24 42 42 | 17 04 | 23 02 | 14 39 | 24 42 | 29 15 | 26 11 | 23 54 | 28 40 | 00 06 | 22 00 | 04 43 |
| 19 | 1:50:18 | 25 42 15 | 29 03 | 05♋05 | 16 03 | 25 57 | 29 56 | 26 20 | 24 00 | 28 40 | 00 04 | 22 00 | 04 40 |
| 20 | 1:54:15 | 26 41 50 | 11♋12 | 17 22 | 17 25 | 27 12 | 00♏36 | 26 30 | 24 07 | 28 41 | 00 03 | 21 59 | 04 37 |
| 21 | 1:58:11 | 27 41 28 | 23 37 | 29 57 | 18 46 | 28 27 | 01 17 | 26 39 | 24 14 | 28 42 | 00 01 | 21 59 | 04 33 |
| 22 | 2:02:08 | 28 41 07 | 06♌23 | 12♌55 | 20 06 | 29 42 | 01 57 | 26 48 | 24 20 | 28 43 | 29♈59 | 21 58 | 04 30 |
| 23 | 2:06:05 | 29 40 49 | 19 34 | 26 21 | 21 25 | 00♏57 | 02 38 | 26 57 | 24 27 | 28 44 | 29 58 | 21 58 | 04 27 |
| 24 | 2:10:01 | 00♏40 33 | 03♍15 | 10♍16 | 22 43 | 02 12 | 03 18 | 27 06 | 24 34 | 28 44 | 29 56 | 21 58 | 04 24 |
| 25 | 2:13:58 | 01 40 20 | 17 25 | 24 41 | 24 00 | 03 27 | 03 59 | 27 15 | 24 40 | 28 45 | 29 54 | 21 57 | 04 21 |
| 26 | 2:17:54 | 02 40 08 | 02♎04 | 09♎32 | 25 15 | 04 43 | 04 40 | 27 24 | 24 47 | 28 45 | 29 52 | 21 57 | 04 17 |
| 27 | 2:21:51 | 03 39 59 | 17 05 | 24 42 | 26 29 | 05 58 | 05 21 | 27 32 | 24 53 | 28 46 | 29 51 | 21 57 | 04 14 |
| 28 | 2:25:47 | 04 39 51 | 02♏20 | 10♏00 | 27 41 | 07 13 | 06 01 | 27 41 | 25 00 | 28 46 | 29 49 | 21 57 | 04 11 |
| 29 | 2:29:44 | 05 39 46 | 17 38 | 25 15 | 28 52 | 08 28 | 06 42 | 27 49 | 25 06 | 28 46 | 29 47 | 21 56 | 04 08 |
| 30 | 2:33:40 | 06 39 43 | 02♐48 | 10♐17 | 00♐00 | 09 43 | 07 23 | 27 57 | 25 12 | 28 47 | 29 46 | 21 56 | 04 05 |
| 31 | 2:37:37 | 07 39 41 | 17 41 | 24 58 | 01 06 | 10 59 | 08 04 | 28 05 | 25 18 | 28 47 | 29 44 | 21 56 | 04 02 |

## 0:00 E.T. — Longitudes of the Major Asteroids and Chiron

| D | ⚳ | ⚴ | ⚵ | ⚶ | ⚷ |
|---|---|---|---|---|---|
| 1 | 24♑49 | 17♐33 | 26♏25 | 11♌07 | 03♋51 |
| 2 | 24 55 | 17 50 | 26 42 | 11 30 | 03 52 |
| 3 | 25 02 | 18 08 | 27 00 | 11 52 | 03 53 |
| 4 | 25 08 | 18 25 | 27 18 | 12 14 | 03 53 |
| 5 | 25 16 | 18 43 | 27 35 | 12 37 | 03 54 |
| 6 | 25 23 | 19 01 | 27 53 | 12 59 | 03 55 |
| 7 | 25 31 | 19 19 | 28 11 | 13 21 | 03 55 |
| 8 | 25 39 | 19 38 | 28 29 | 13 42 | 03 55 |
| 9 | 25 47 | 19 56 | 28 47 | 14 04 | 03 56 |
| 10 | 25 56 | 20 14 | 29 05 | 14 26 | 03 56 |
| 11 | 26 05 | 20 33 | 29 24 | 14 47 | 03 56 |
| 12 | 26 14 | 20 52 | 29 42 | 15 09 | 03 56 |
| 13 | 26 23 | 21 11 | 00♐00 | 15 30 | 03 56℞ |
| 14 | 26 33 | 21 30 | 00 19 | 15 51 | 03 56 |
| 15 | 26 43 | 21 49 | 00 37 | 16 12 | 03 56 |
| 16 | 26 53 | 22 08 | 00 56 | 16 33 | 03 56 |
| 17 | 27 03 | 22 27 | 01 15 | 16 54 | 03 56 |
| 18 | 27 14 | 22 46 | 01 34 | 17 14 | 03 55 |
| 19 | 27 25 | 23 06 | 01 53 | 17 35 | 03 55 |
| 20 | 27 36 | 23 25 | 02 12 | 17 55 | 03 54 |
| 21 | 27 48 | 23 45 | 02 31 | 18 16 | 03 53 |
| 22 | 27 59 | 24 05 | 02 50 | 18 36 | 03 53 |
| 23 | 28 11 | 24 25 | 03 09 | 18 56 | 03 52 |
| 24 | 28 23 | 24 45 | 03 28 | 19 15 | 03 51 |
| 25 | 28 36 | 25 05 | 03 47 | 19 35 | 03 50 |
| 26 | 28 48 | 25 25 | 04 07 | 19 55 | 03 49 |
| 27 | 29 01 | 25 45 | 04 26 | 20 14 | 03 48 |
| 28 | 29 14 | 26 05 | 04 46 | 20 33 | 03 47 |
| 29 | 29 28 | 26 26 | 05 05 | 20 52 | 03 46 |
| 30 | 29 41 | 26 46 | 05 25 | 21 11 | 03 44 |
| 31 | 29 55 | 27 07 | 05 45 | 21 30 | 03 43 |

## Lunar Data

| Last Asp. | | Ingress | | |
|---|---|---|---|---|
| 2 | 07:02 | 2 | ♐ | 09:48 |
| 4 | 01:55 | 4 | ♑ | 12:21 |
| 6 | 15:03 | 6 | ♒ | 17:56 |
| 8 | 16:01 | 9 | ♓ | 02:17 |
| 11 | 09:49 | 11 | ♈ | 12:42 |
| 13 | 21:46 | 14 | ♉ | 00:37 |
| 16 | 10:39 | 16 | ♊ | 13:25 |
| 19 | 01:52 | 19 | ♋ | 01:54 |
| 21 | 10:11 | 21 | ♌ | 12:06 |
| 23 | 18:16 | 23 | ♍ | 18:23 |
| 25 | 18:38 | 25 | ♎ | 20:40 |
| 27 | 20:03 | 27 | ♏ | 20:20 |
| 29 | 19:11 | 29 | ♐ | 19:32 |
| 31 | 19:54 | | | |

## 0:00 E.T. — Declinations

| D | ☉ | ☽ | ☿ | ♀ | ♂ | ♃ | ♄ | ♅ | ♆ | ♇ | ⚳ | ⚴ | ⚵ | ⚶ | ⚷ |
|---|---|---|---|---|---|---|---|---|---|---|---|---|---|---|---|
| 1 | -03 09 | -10 34 | -07 17 | -00 05 | -06 34 | +14 23 | +04 57 | +21 00 | +10 00 | -23 08 | -31 04 | +09 23 | -08 45 | +18 13 | +17 21 |
| 2 | 03 32 | 15 33 | 08 00 | 00 35 | 06 49 | 14 20 | 04 54 | 20 59 | 09 59 | 23 08 | 31 01 | 09 14 | 08 50 | 18 09 | 17 21 |
| 3 | 03 55 | 19 30 | 08 43 | 01 05 | 07 05 | 14 16 | 04 51 | 20 59 | 09 59 | 23 09 | 30 58 | 09 04 | 08 55 | 18 04 | 17 20 |
| 4 | 04 18 | 22 10 | 09 25 | 01 35 | 07 20 | 14 13 | 04 48 | 20 59 | 09 58 | 23 09 | 30 55 | 08 55 | 09 00 | 18 00 | 17 20 |
| 5 | 04 41 | 23 24 | 10 06 | 02 06 | 07 36 | 14 09 | 04 45 | 20 58 | 09 57 | 23 09 | 30 52 | 08 46 | 09 06 | 17 55 | 17 19 |
| 6 | 05 04 | 23 13 | 10 47 | 02 36 | 07 51 | 14 06 | 04 43 | 20 58 | 09 57 | 23 09 | 30 48 | 08 37 | 09 11 | 17 51 | 17 19 |
| 7 | 05 27 | 21 44 | 11 27 | 03 06 | 08 07 | 14 03 | 04 40 | 20 58 | 09 56 | 23 09 | 30 45 | 08 28 | 09 16 | 17 46 | 17 18 |
| 8 | 05 50 | 19 08 | 12 06 | 03 36 | 08 22 | 13 59 | 04 37 | 20 57 | 09 56 | 23 09 | 30 42 | 08 20 | 09 21 | 17 41 | 17 17 |
| 9 | 06 13 | 15 41 | 12 44 | 04 06 | 08 37 | 13 56 | 04 34 | 20 57 | 09 55 | 23 09 | 30 38 | 08 11 | 09 26 | 17 37 | 17 17 |
| 10 | 06 36 | 11 35 | 13 22 | 04 36 | 08 53 | 13 53 | 04 32 | 20 57 | 09 55 | 23 09 | 30 35 | 08 02 | 09 31 | 17 32 | 17 16 |
| 11 | 06 59 | 07 04 | 13 59 | 05 06 | 09 08 | 13 49 | 04 29 | 20 57 | 09 54 | 23 09 | 30 31 | 07 54 | 09 36 | 17 28 | 17 16 |
| 12 | 07 21 | 02 20 | 14 36 | 05 35 | 09 23 | 13 46 | 04 26 | 20 57 | 09 53 | 23 09 | 30 28 | 07 45 | 09 41 | 17 23 | 17 15 |
| 13 | 07 44 | +02 28 | 15 11 | 06 05 | 09 38 | 13 43 | 04 24 | 20 56 | 09 53 | 23 09 | 30 24 | 07 37 | 09 46 | 17 19 | 17 14 |
| 14 | 08 06 | 07 08 | 15 46 | 06 34 | 09 53 | 13 40 | 04 21 | 20 56 | 09 52 | 23 10 | 30 21 | 07 29 | 09 51 | 17 14 | 17 14 |
| 15 | 08 28 | 11 31 | 16 20 | 07 04 | 10 08 | 13 37 | 04 18 | 20 56 | 09 52 | 23 10 | 30 17 | 07 21 | 09 56 | 17 10 | 17 13 |
| 16 | 08 50 | 15 27 | 16 53 | 07 33 | 10 23 | 13 33 | 04 16 | 20 56 | 09 51 | 23 10 | 30 13 | 07 13 | 10 00 | 17 05 | 17 13 |
| 17 | 09 12 | 18 48 | 17 25 | 08 02 | 10 38 | 13 30 | 04 13 | 20 56 | 09 51 | 23 10 | 30 09 | 07 05 | 10 05 | 17 01 | 17 12 |
| 18 | 09 34 | 21 23 | 17 56 | 08 31 | 10 53 | 13 27 | 04 11 | 20 55 | 09 50 | 23 10 | 30 06 | 06 57 | 10 10 | 16 56 | 17 12 |
| 19 | 09 56 | 23 02 | 18 27 | 08 59 | 11 08 | 13 24 | 04 08 | 20 55 | 09 49 | 23 10 | 30 02 | 06 49 | 10 14 | 16 52 | 17 11 |
| 20 | 10 18 | 23 39 | 18 56 | 09 28 | 11 22 | 13 21 | 04 06 | 20 55 | 09 49 | 23 10 | 29 58 | 06 42 | 10 19 | 16 48 | 17 11 |
| 21 | 10 39 | 23 06 | 19 24 | 09 56 | 11 37 | 13 18 | 04 03 | 20 55 | 09 48 | 23 10 | 29 54 | 06 34 | 10 24 | 16 43 | 17 10 |
| 22 | 11 00 | 21 21 | 19 52 | 10 24 | 11 51 | 13 15 | 04 01 | 20 55 | 09 48 | 23 09 | 29 49 | 06 27 | 10 28 | 16 39 | 17 10 |
| 23 | 11 21 | 18 25 | 20 18 | 10 52 | 12 06 | 13 12 | 03 58 | 20 55 | 09 47 | 23 09 | 29 45 | 06 19 | 10 33 | 16 35 | 17 09 |
| 24 | 11 42 | 14 24 | 20 43 | 11 20 | 12 20 | 13 09 | 03 56 | 20 55 | 09 46 | 23 09 | 29 41 | 06 12 | 10 37 | 16 30 | 17 08 |
| 25 | 12 03 | 09 28 | 21 07 | 11 47 | 12 35 | 13 07 | 03 53 | 20 55 | 09 46 | 23 09 | 29 37 | 06 05 | 10 42 | 16 26 | 17 08 |
| 26 | 12 24 | 03 50 | 21 30 | 12 14 | 12 49 | 13 04 | 03 51 | 20 55 | 09 45 | 23 09 | 29 32 | 05 58 | 10 46 | 16 22 | 17 07 |
| 27 | 12 44 | -02 10 | 21 52 | 12 41 | 13 03 | 13 01 | 03 48 | 20 55 | 09 45 | 23 09 | 29 28 | 05 51 | 10 50 | 16 18 | 17 07 |
| 28 | 13 04 | 08 07 | 22 12 | 13 07 | 13 17 | 12 58 | 03 46 | 20 54 | 09 44 | 23 09 | 29 24 | 05 44 | 10 54 | 16 14 | 17 06 |
| 29 | 13 24 | 13 37 | 22 32 | 13 33 | 13 31 | 12 56 | 03 44 | 20 54 | 09 43 | 23 09 | 29 19 | 05 38 | 10 59 | 16 10 | 17 06 |
| 30 | 13 44 | 18 13 | 22 49 | 13 59 | 13 45 | 12 53 | 03 41 | 20 54 | 09 43 | 23 09 | 29 15 | 05 31 | 11 03 | 16 06 | 17 05 |
| 31 | 14 04 | 21 33 | 23 06 | 14 24 | 13 59 | 12 50 | 03 39 | 20 54 | 09 42 | 23 09 | 29 10 | 05 25 | 11 07 | 16 02 | 17 05 |

Lunar Phases -- 5 ◐ 09:53 13 ○ 04:23 21 ◑ 08:24 28 ● 03:54 Sun enters ♏ 10/23 07:42

## 0:00 E.T. Longitudes of Main Planets - November 2038 **Nov. 38**

| D | S.T. | ☉ | ☽ | ☽ 12:00 | ☿ | ♀ | ♂ | ♃ | ♄ | ♅ | ♆ | ♇ | ☊ |
|---|---|---|---|---|---|---|---|---|---|---|---|---|---|
| 1 | 2:41:34 | 08♏39 41 | 02♑09 | 09♑14 | 02♐10 | 12♏14 | 08♏45 | 28♌13 | 25♍25 | 28♋47 | 29♈42℞ | 21♒56℞ | 03♋58 |
| 2 | 2:45:30 | 09 39 43 | 16 11 | 23 02 | 03 11 | 13 29 | 09 26 | 28 21 | 25 31 | 28 47 | 29 41 | 21 56 | 03 55 |
| 3 | 2:49:27 | 10 39 46 | 29 47 | 06♒25 | 04 09 | 14 44 | 10 07 | 28 28 | 25 37 | 28 47 | 29 39 | 21 56 | 03 52 |
| 4 | 2:53:23 | 11 39 51 | 12♒57 | 19 25 | 05 04 | 15 59 | 10 49 | 28 36 | 25 43 | 28 47℞ | 29 38 | 21 56 | 03 49 |
| 5 | 2:57:20 | 12 39 57 | 25 47 | 02♓05 | 05 55 | 17 15 | 11 30 | 28 43 | 25 49 | 28 47 | 29 36 | 21 56D | 03 46 |
| 6 | 3:01:16 | 13 40 05 | 08♓19 | 14 29 | 06 42 | 18 30 | 12 11 | 28 51 | 25 55 | 28 47 | 29 34 | 21 56 | 03 43 |
| 7 | 3:05:13 | 14 40 15 | 20 37 | 26 42 | 07 24 | 19 45 | 12 52 | 28 58 | 26 00 | 28 47 | 29 33 | 21 56 | 03 39 |
| 8 | 3:09:09 | 15 40 26 | 02♈45 | 08♈46 | 08 01 | 21 00 | 13 34 | 29 05 | 26 06 | 28 47 | 29 31 | 21 56 | 03 36 |
| 9 | 3:13:06 | 16 40 38 | 14 45 | 20 43 | 08 32 | 22 15 | 14 15 | 29 11 | 26 12 | 28 47 | 29 29 | 21 56 | 03 33 |
| 10 | 3:17:03 | 17 40 52 | 26 40 | 02♉36 | 08 56 | 23 31 | 14 56 | 29 18 | 26 17 | 28 46 | 29 28 | 21 56 | 03 30 |
| 11 | 3:20:59 | 18 41 08 | 08♉32 | 14 28 | 09 14 | 24 46 | 15 38 | 29 25 | 26 23 | 28 46 | 29 26 | 21 56 | 03 27 |
| 12 | 3:24:56 | 19 41 25 | 20 23 | 26 18 | 09 23 | 26 01 | 16 19 | 29 31 | 26 29 | 28 46 | 29 25 | 21 56 | 03 23 |
| 13 | 3:28:52 | 20 41 45 | 02♊14 | 08♊10 | 09 24℞ | 27 16 | 17 01 | 29 37 | 26 34 | 28 45 | 29 23 | 21 57 | 03 20 |
| 14 | 3:32:49 | 21 42 06 | 14 06 | 20 04 | 09 16 | 28 32 | 17 42 | 29 43 | 26 39 | 28 45 | 29 22 | 21 57 | 03 17 |
| 15 | 3:36:45 | 22 42 29 | 26 03 | 02♋04 | 08 58 | 29 47 | 18 24 | 29 49 | 26 45 | 28 44 | 29 20 | 21 57 | 03 14 |
| 16 | 3:40:42 | 23 42 53 | 08♋07 | 14 13 | 08 30 | 01♐02 | 19 06 | 29 55 | 26 50 | 28 43 | 29 19 | 21 57 | 03 11 |
| 17 | 3:44:38 | 24 43 19 | 20 21 | 26 33 | 07 52 | 02 17 | 19 48 | 00♍01 | 26 55 | 28 43 | 29 17 | 21 58 | 03 08 |
| 18 | 3:48:35 | 25 43 48 | 02♌49 | 09♌09 | 07 03 | 03 32 | 20 29 | 00 06 | 27 00 | 28 42 | 29 16 | 21 58 | 03 04 |
| 19 | 3:52:32 | 26 44 18 | 15 34 | 22 04 | 06 05 | 04 48 | 21 11 | 00 11 | 27 05 | 28 41 | 29 14 | 21 58 | 03 01 |
| 20 | 3:56:28 | 27 44 49 | 28 41 | 05♍23 | 04 58 | 06 03 | 21 53 | 00 16 | 27 10 | 28 40 | 29 13 | 21 59 | 02 58 |
| 21 | 4:00:25 | 28 45 23 | 12♍12 | 19 08 | 03 45 | 07 18 | 22 35 | 00 21 | 27 15 | 28 40 | 29 11 | 21 59 | 02 55 |
| 22 | 4:04:21 | 29 45 58 | 26 10 | 03♎19 | 02 26 | 08 34 | 23 17 | 00 26 | 27 20 | 28 39 | 29 10 | 22 00 | 02 52 |
| 23 | 4:08:18 | 00♐46 35 | 10♎34 | 17 56 | 01 04 | 09 49 | 23 59 | 00 31 | 27 24 | 28 38 | 29 09 | 22 00 | 02 49 |
| 24 | 4:12:14 | 01 47 14 | 25 22 | 02♏53 | 29♏43 | 11 04 | 24 41 | 00 35 | 27 29 | 28 37 | 29 07 | 22 01 | 02 45 |
| 25 | 4:16:11 | 02 47 54 | 10♏26 | 18 02 | 28 24 | 12 19 | 25 23 | 00 40 | 27 33 | 28 35 | 29 06 | 22 01 | 02 42 |
| 26 | 4:20:07 | 03 48 36 | 25 39 | 03♐15 | 27 11 | 13 35 | 26 05 | 00 44 | 27 38 | 28 34 | 29 05 | 22 02 | 02 39 |
| 27 | 4:24:04 | 04 49 20 | 10♐50 | 18 21 | 26 05 | 14 50 | 26 47 | 00 48 | 27 42 | 28 33 | 29 03 | 22 02 | 02 36 |
| 28 | 4:28:01 | 05 50 05 | 25 48 | 03♑11 | 25 09 | 16 05 | 27 30 | 00 51 | 27 46 | 28 32 | 29 02 | 22 03 | 02 33 |
| 29 | 4:31:57 | 06 50 51 | 10♑27 | 17 38 | 24 24 | 17 20 | 28 12 | 00 55 | 27 51 | 28 31 | 29 01 | 22 04 | 02 29 |
| 30 | 4:35:54 | 07 51 38 | 24 41 | 01♒38 | 23 49 | 18 36 | 28 54 | 00 58 | 27 55 | 28 29 | 28 59 | 22 04 | 02 26 |

## 0:00 E.T. Longitudes of the Major Asteroids and Chiron — Lunar Data

| D | ⚳ | ⚴ | ⚵ | ⚶ | ⚷ | D | ⚳ | ⚴ | ⚵ | ⚶ | ⚷ | Last Asp. | Ingress |
|---|---|---|---|---|---|---|---|---|---|---|---|---|---|
| 1 | 00♒09 | 27♐27 | 06♐05 | 21♌48 | 03♋41℞ | 16 | 04 00 | 02 45 | 11 07 | 26 04 | 03 10 | 2 23:47 | 3 ♒ 00:24 |
| 2 | 00 23 | 27 48 | 06 24 | 22 07 | 03 40 | 17 | 04 17 | 03 06 | 11 28 | 26 19 | 03 07 | 5 07:15 | 5 ♓ 08:02 |
| 3 | 00 37 | 28 09 | 06 44 | 22 25 | 03 38 | 18 | 04 34 | 03 28 | 11 48 | 26 34 | 03 05 | 7 16:08 | 7 ♈ 18:33 |
| 4 | 00 52 | 28 30 | 07 04 | 22 43 | 03 36 | 19 | 04 51 | 03 50 | 12 09 | 26 49 | 03 02 | 10 05:38 | 10 ♉ 06:44 |
| 5 | 01 06 | 28 51 | 07 24 | 23 01 | 03 34 | 20 | 05 08 | 04 11 | 12 30 | 27 04 | 02 59 | 12 18:41 | 12 ♊ 19:30 |
| 6 | 01 21 | 29 12 | 07 44 | 23 18 | 03 33 | 21 | 05 26 | 04 33 | 12 50 | 27 18 | 02 56 | 15 07:35 | 15 ♋ 07:52 |
| 7 | 01 36 | 29 33 | 08 04 | 23 36 | 03 31 | 22 | 05 43 | 04 55 | 13 11 | 27 32 | 02 53 | 17 17:13 | 17 ♌ 18:38 |
| 8 | 01 52 | 29 54 | 08 24 | 23 53 | 03 29 | 23 | 06 01 | 05 17 | 13 32 | 27 46 | 02 50 | 20 00:58 | 20 ♍ 02:23 |
| 9 | 02 07 | 00♑15 | 08 45 | 24 10 | 03 27 | 24 | 06 19 | 05 39 | 13 52 | 27 59 | 02 47 | 22 04:10 | 22 ♎ 06:27 |
| 10 | 02 23 | 00 36 | 09 05 | 24 27 | 03 24 | 25 | 06 37 | 06 01 | 14 13 | 28 13 | 02 44 | 24 05:60 | 24 ♏ 07:25 |
| 11 | 02 39 | 00 57 | 09 25 | 24 44 | 03 22 | 26 | 06 55 | 06 23 | 14 34 | 28 26 | 02 41 | 26 04:36 | 26 ♐ 06:52 |
| 12 | 02 54 | 01 19 | 09 45 | 25 00 | 03 20 | 27 | 07 13 | 06 45 | 14 55 | 28 38 | 02 38 | 28 05:14 | 28 ♑ 06:48 |
| 13 | 03 11 | 01 40 | 10 06 | 25 16 | 03 17 | 28 | 07 32 | 07 07 | 15 16 | 28 51 | 02 35 | 30 07:39 | 30 ♒ 09:10 |
| 14 | 03 27 | 02 02 | 10 26 | 25 32 | 03 15 | 29 | 07 50 | 07 29 | 15 37 | 29 03 | 02 32 | | |
| 15 | 03 43 | 02 23 | 10 47 | 25 48 | 03 13 | 30 | 08 09 | 07 51 | 15 58 | 29 15 | 02 28 | | |

## 0:00 E.T. Declinations

| D | ☉ | ☽ | ☿ | ♀ | ♂ | ♃ | ♄ | ♅ | ♆ | ♇ | ⚳ | ⚴ | ⚵ | ⚶ | ⚷ |
|---|---|---|---|---|---|---|---|---|---|---|---|---|---|---|---|
| 1 | -14 23 | -23 23 | -23 21 | -14 49 | -14 13 | +12 48 | +03 37 | +20 54 | +09 42 | -23 09 | -29 05 | +05 18 | -11 11 | +15 58 | +17 04 |
| 2 | 14 42 | 23 40 | 23 35 | 15 14 | 14 26 | 12 45 | 03 34 | 20 54 | 09 41 | 23 08 | 29 01 | 05 12 | 11 15 | 15 54 | 17 04 |
| 3 | 15 01 | 22 30 | 23 47 | 15 38 | 14 40 | 12 43 | 03 32 | 20 54 | 09 41 | 23 08 | 28 56 | 05 06 | 11 19 | 15 50 | 17 03 |
| 4 | 15 20 | 20 07 | 23 57 | 16 02 | 14 53 | 12 40 | 03 30 | 20 54 | 09 40 | 23 08 | 28 51 | 05 00 | 11 23 | 15 47 | 17 03 |
| 5 | 15 38 | 16 48 | 24 06 | 16 26 | 15 06 | 12 38 | 03 28 | 20 54 | 09 39 | 23 08 | 28 46 | 04 54 | 11 27 | 15 43 | 17 03 |
| 6 | 15 56 | 12 47 | 24 13 | 16 49 | 15 20 | 12 36 | 03 26 | 20 55 | 09 39 | 23 08 | 28 42 | 04 48 | 11 31 | 15 40 | 17 02 |
| 7 | 16 14 | 08 20 | 24 18 | 17 11 | 15 33 | 12 34 | 03 23 | 20 55 | 09 38 | 23 08 | 28 37 | 04 42 | 11 34 | 15 36 | 17 02 |
| 8 | 16 32 | 03 37 | 24 21 | 17 33 | 15 46 | 12 31 | 03 21 | 20 55 | 09 38 | 23 07 | 28 32 | 04 37 | 11 38 | 15 33 | 17 01 |
| 9 | 16 49 | +01 12 | 24 21 | 17 55 | 15 59 | 12 29 | 03 19 | 20 55 | 09 37 | 23 07 | 28 27 | 04 31 | 11 42 | 15 29 | 17 01 |
| 10 | 17 06 | 05 56 | 24 20 | 18 16 | 16 11 | 12 27 | 03 17 | 20 55 | 09 37 | 23 07 | 28 21 | 04 26 | 11 45 | 15 26 | 17 00 |
| 11 | 17 23 | 10 26 | 24 16 | 18 37 | 16 24 | 12 25 | 03 15 | 20 55 | 09 36 | 23 07 | 28 16 | 04 21 | 11 49 | 15 23 | 17 00 |
| 12 | 17 39 | 14 33 | 24 10 | 18 57 | 16 37 | 12 23 | 03 13 | 20 55 | 09 36 | 23 06 | 28 11 | 04 15 | 11 52 | 15 20 | 16 59 |
| 13 | 17 55 | 18 06 | 24 01 | 19 17 | 16 49 | 12 21 | 03 11 | 20 55 | 09 35 | 23 06 | 28 06 | 04 10 | 11 56 | 15 16 | 16 59 |
| 14 | 18 11 | 20 56 | 23 49 | 19 36 | 17 01 | 12 19 | 03 09 | 20 55 | 09 35 | 23 06 | 28 01 | 04 05 | 11 59 | 15 13 | 16 59 |
| 15 | 18 27 | 22 52 | 23 34 | 19 55 | 17 13 | 12 17 | 03 07 | 20 55 | 09 34 | 23 06 | 27 55 | 04 00 | 12 02 | 15 11 | 16 58 |
| 16 | 18 42 | 23 47 | 23 16 | 20 13 | 17 25 | 12 15 | 03 05 | 20 56 | 09 34 | 23 05 | 27 50 | 03 56 | 12 05 | 15 08 | 16 58 |
| 17 | 18 57 | 23 33 | 22 54 | 20 30 | 17 37 | 12 14 | 03 04 | 20 56 | 09 33 | 23 05 | 27 44 | 03 51 | 12 09 | 15 05 | 16 58 |
| 18 | 19 11 | 22 10 | 22 29 | 20 47 | 17 49 | 12 12 | 03 02 | 20 56 | 09 33 | 23 05 | 27 39 | 03 46 | 12 12 | 15 02 | 16 57 |
| 19 | 19 25 | 19 37 | 22 01 | 21 04 | 18 01 | 12 10 | 03 00 | 20 56 | 09 32 | 23 04 | 27 33 | 03 42 | 12 15 | 15 00 | 16 57 |
| 20 | 19 39 | 16 02 | 21 30 | 21 19 | 18 12 | 12 09 | 02 58 | 20 56 | 09 32 | 23 04 | 27 28 | 03 38 | 12 18 | 14 57 | 16 56 |
| 21 | 19 53 | 11 31 | 20 57 | 21 34 | 18 23 | 12 07 | 02 57 | 20 57 | 09 31 | 23 04 | 27 22 | 03 33 | 12 21 | 14 55 | 16 56 |
| 22 | 20 06 | 06 17 | 20 21 | 21 49 | 18 35 | 12 06 | 02 55 | 20 57 | 09 31 | 23 04 | 27 16 | 03 29 | 12 24 | 14 53 | 16 56 |
| 23 | 20 19 | 00 33 | 19 45 | 22 03 | 18 46 | 12 04 | 02 53 | 20 57 | 09 30 | 23 03 | 27 11 | 03 25 | 12 26 | 14 51 | 16 55 |
| 24 | 20 31 | -05 22 | 19 09 | 22 16 | 18 57 | 12 03 | 02 52 | 20 57 | 09 30 | 23 03 | 27 05 | 03 22 | 12 29 | 14 49 | 16 55 |
| 25 | 20 43 | 11 05 | 18 33 | 22 29 | 19 07 | 12 02 | 02 50 | 20 58 | 09 29 | 23 02 | 26 59 | 03 18 | 12 32 | 14 47 | 16 55 |
| 26 | 20 54 | 16 12 | 18 00 | 22 41 | 19 18 | 12 00 | 02 49 | 20 58 | 09 29 | 23 02 | 26 53 | 03 14 | 12 34 | 14 45 | 16 55 |
| 27 | 21 06 | 20 15 | 17 30 | 22 52 | 19 28 | 11 59 | 02 47 | 20 58 | 09 28 | 23 02 | 26 47 | 03 11 | 12 37 | 14 44 | 16 54 |
| 28 | 21 16 | 22 52 | 17 04 | 23 02 | 19 39 | 11 58 | 02 46 | 20 58 | 09 28 | 23 01 | 26 41 | 03 07 | 12 39 | 14 42 | 16 54 |
| 29 | 21 27 | 23 51 | 16 42 | 23 12 | 19 49 | 11 57 | 02 44 | 20 59 | 09 28 | 23 01 | 26 35 | 03 04 | 12 42 | 14 41 | 16 54 |
| 30 | 21 37 | 23 14 | 16 25 | 23 21 | 19 59 | 11 56 | 02 43 | 20 59 | 09 27 | 23 01 | 26 29 | 03 00 | 12 44 | 14 39 | 16 53 |

Lunar Phases -- 3 ◐ 21:25 11 ○ 22:28 19 ◑ 22:11 26 ● 13:48 Sun enters ♐ 11/22 05:33

## Dec. 38 — Longitudes of Main Planets - December 2038 — 0:00 E.T.

| D | S.T. | ☉ | ☽ | ☽ 12:00 | ☿ | ♀ | ♂ | ♃ | ♄ | ♅ | ♆ | ♇ | ☊ |
|---|---|---|---|---|---|---|---|---|---|---|---|---|---|
| 1 | 4:39:50 | 08♐52 26 | 08♒28 | 15♒11 | 23♏27℞ | 19♐51 | 29♏37 | 01♍01 | 27♍59 | 28♋28℞ | 28♈58℞ | 22♒05 | 02♋23 |
| 2 | 4:43:47 | 09 53 15 | 21 47 | 28 18 | 23 16 | 21 06 | 00♐19 | 01 04 | 28 03 | 28 26 | 28 57 | 22 06 | 02 20 |
| 3 | 4:47:43 | 10 54 04 | 04♓42 | 11♓02 | 23 15D | 22 22 | 01 02 | 01 07 | 28 06 | 28 25 | 28 56 | 22 06 | 02 17 |
| 4 | 4:51:40 | 11 54 55 | 17 16 | 23 27 | 23 25 | 23 37 | 01 44 | 01 10 | 28 10 | 28 23 | 28 55 | 22 07 | 02 14 |
| 5 | 4:55:36 | 12 55 47 | 29 33 | 05♈37 | 23 45 | 24 52 | 02 27 | 01 12 | 28 14 | 28 22 | 28 54 | 22 08 | 02 10 |
| 6 | 4:59:33 | 13 56 39 | 11♈37 | 17 36 | 24 13 | 26 07 | 03 09 | 01 15 | 28 17 | 28 20 | 28 53 | 22 09 | 02 07 |
| 7 | 5:03:30 | 14 57 32 | 23 33 | 29 29 | 24 49 | 27 23 | 03 52 | 01 17 | 28 21 | 28 19 | 28 51 | 22 10 | 02 04 |
| 8 | 5:07:26 | 15 58 26 | 05♉25 | 11♉19 | 25 32 | 28 38 | 04 35 | 01 19 | 28 24 | 28 17 | 28 50 | 22 10 | 02 01 |
| 9 | 5:11:23 | 16 59 21 | 17 14 | 23 10 | 26 20 | 29 53 | 05 17 | 01 20 | 28 27 | 28 15 | 28 49 | 22 11 | 01 58 |
| 10 | 5:15:19 | 18 00 16 | 29 05 | 05♊02 | 27 15 | 01♑08 | 06 00 | 01 22 | 28 31 | 28 13 | 28 48 | 22 12 | 01 54 |
| 11 | 5:19:16 | 19 01 13 | 11♊00 | 17 00 | 28 14 | 02 23 | 06 43 | 01 23 | 28 34 | 28 12 | 28 48 | 22 13 | 01 51 |
| 12 | 5:23:12 | 20 02 10 | 23 01 | 29 04 | 29 17 | 03 39 | 07 26 | 01 24 | 28 37 | 28 10 | 28 47 | 22 14 | 01 48 |
| 13 | 5:27:09 | 21 03 08 | 05♋09 | 11♋16 | 00♐23 | 04 54 | 08 09 | 01 25 | 28 39 | 28 08 | 28 46 | 22 15 | 01 45 |
| 14 | 5:31:05 | 22 04 08 | 17 25 | 23 38 | 01 33 | 06 09 | 08 52 | 01 26 | 28 42 | 28 06 | 28 45 | 22 16 | 01 42 |
| 15 | 5:35:02 | 23 05 08 | 29 53 | 06♌11 | 02 46 | 07 24 | 09 35 | 01 27 | 28 45 | 28 04 | 28 44 | 22 17 | 01 39 |
| 16 | 5:38:59 | 24 06 09 | 12♌33 | 18 58 | 04 01 | 08 40 | 10 18 | 01 27 | 28 47 | 28 02 | 28 43 | 22 18 | 01 35 |
| 17 | 5:42:55 | 25 07 10 | 25 27 | 02♍01 | 05 18 | 09 55 | 11 01 | 01 27 | 28 50 | 28 00 | 28 42 | 22 19 | 01 32 |
| 18 | 5:46:52 | 26 08 13 | 08♍38 | 15 21 | 06 36 | 11 10 | 11 44 | 01 27℞ | 28 52 | 27 58 | 28 42 | 22 20 | 01 29 |
| 19 | 5:50:48 | 27 09 17 | 22 08 | 29 00 | 07 57 | 12 25 | 12 27 | 01 27 | 28 55 | 27 56 | 28 41 | 22 21 | 01 26 |
| 20 | 5:54:45 | 28 10 21 | 05♎56 | 12♎58 | 09 18 | 13 40 | 13 11 | 01 26 | 28 57 | 27 54 | 28 40 | 22 23 | 01 23 |
| 21 | 5:58:41 | 29 11 27 | 20 04 | 27 15 | 10 41 | 14 56 | 13 54 | 01 26 | 28 59 | 27 52 | 28 40 | 22 24 | 01 20 |
| 22 | 6:02:38 | 00♑12 33 | 04♏31 | 11♏49 | 12 05 | 16 11 | 14 37 | 01 25 | 29 01 | 27 49 | 28 39 | 22 25 | 01 16 |
| 23 | 6:06:34 | 01 13 40 | 19 11 | 26 36 | 13 30 | 17 26 | 15 21 | 01 24 | 29 03 | 27 47 | 28 38 | 22 26 | 01 13 |
| 24 | 6:10:31 | 02 14 48 | 04♐01 | 11♐28 | 14 56 | 18 41 | 16 04 | 01 23 | 29 04 | 27 45 | 28 38 | 22 27 | 01 10 |
| 25 | 6:14:28 | 03 15 57 | 18 54 | 26 19 | 16 22 | 19 56 | 16 48 | 01 21 | 29 06 | 27 43 | 28 37 | 22 29 | 01 07 |
| 26 | 6:18:24 | 04 17 06 | 03♑41 | 11♑00 | 17 49 | 21 12 | 17 31 | 01 20 | 29 08 | 27 40 | 28 37 | 22 30 | 01 04 |
| 27 | 6:22:21 | 05 18 15 | 18 15 | 25 26 | 19 17 | 22 27 | 18 15 | 01 18 | 29 09 | 27 38 | 28 36 | 22 31 | 01 00 |
| 28 | 6:26:17 | 06 19 25 | 02♒31 | 09♒30 | 20 45 | 23 42 | 18 58 | 01 16 | 29 10 | 27 36 | 28 36 | 22 32 | 00 57 |
| 29 | 6:30:14 | 07 20 34 | 16 23 | 23 10 | 22 14 | 24 57 | 19 42 | 01 14 | 29 11 | 27 33 | 28 36 | 22 34 | 00 54 |
| 30 | 6:34:10 | 08 21 44 | 29 50 | 06♓24 | 23 43 | 26 12 | 20 26 | 01 12 | 29 13 | 27 31 | 28 35 | 22 35 | 00 51 |
| 31 | 6:38:07 | 09 22 54 | 12♓52 | 19 15 | 25 13 | 27 27 | 21 10 | 01 09 | 29 14 | 27 28 | 28 35 | 22 36 | 00 48 |

## 0:00 E.T. — Longitudes of the Major Asteroids and Chiron

| D | ⚳ | ⚴ | ⚵ | ⚶ | ⚷ |
|---|---|---|---|---|---|
| 1 | 08♒28 | 08♑13 | 16♐19 | 29♌26 | 02♋25℞ |
| 2 | 08 46 | 08 36 | 16 40 | 29 37 | 02 21 |
| 3 | 09 06 | 08 58 | 17 01 | 29 48 | 02 18 |
| 4 | 09 25 | 09 20 | 17 22 | 29 59 | 02 15 |
| 5 | 09 44 | 09 42 | 17 43 | 00♍09 | 02 11 |
| 6 | 10 03 | 10 05 | 18 04 | 00 19 | 02 07 |
| 7 | 10 23 | 10 27 | 18 25 | 00 29 | 02 04 |
| 8 | 10 42 | 10 49 | 18 46 | 00 38 | 02 00 |
| 9 | 11 02 | 11 12 | 19 07 | 00 47 | 01 57 |
| 10 | 11 22 | 11 34 | 19 29 | 00 55 | 01 53 |
| 11 | 11 42 | 11 57 | 19 50 | 01 04 | 01 49 |
| 12 | 12 02 | 12 19 | 20 11 | 01 12 | 01 46 |
| 13 | 12 22 | 12 41 | 20 32 | 01 19 | 01 42 |
| 14 | 12 42 | 13 04 | 20 53 | 01 26 | 01 38 |
| 15 | 13 03 | 13 26 | 21 14 | 01 33 | 01 34 |
| 16 | 13 23 | 13 49 | 21 36 | 01 39 | 01 30 |
| 17 | 13 44 | 14 11 | 21 57 | 01 45 | 01 27 |
| 18 | 14 04 | 14 34 | 22 18 | 01 51 | 01 23 |
| 19 | 14 25 | 14 56 | 22 39 | 01 56 | 01 19 |
| 20 | 14 46 | 15 19 | 23 01 | 02 01 | 01 15 |
| 21 | 15 07 | 15 42 | 23 22 | 02 05 | 01 11 |
| 22 | 15 28 | 16 04 | 23 43 | 02 09 | 01 07 |
| 23 | 15 49 | 16 27 | 24 04 | 02 12 | 01 03 |
| 24 | 16 10 | 16 49 | 24 26 | 02 15 | 01 00 |
| 25 | 16 31 | 17 12 | 24 47 | 02 18 | 00 56 |
| 26 | 16 52 | 17 34 | 25 08 | 02 20 | 00 52 |
| 27 | 17 14 | 17 57 | 25 29 | 02 22 | 00 48 |
| 28 | 17 35 | 18 20 | 25 51 | 02 23 | 00 44 |
| 29 | 17 57 | 18 42 | 26 12 | 02 24 | 00 40 |
| 30 | 18 18 | 19 05 | 26 33 | 02 25 | 00 37 |
| 31 | 18 40 | 19 27 | 26 54 | 02 24℞ | 00 33 |

## Lunar Data

| Last Asp. | | Ingress | | |
|---|---|---|---|---|
| 2 | 13:12 | 2 | ♓ | 15:10 |
| 4 | 21:40 | 5 | ♈ | 00:53 |
| 7 | 10:43 | 7 | ♉ | 13:02 |
| 9 | 22:49 | 10 | ♊ | 01:50 |
| 12 | 11:25 | 12 | ♋ | 13:51 |
| 14 | 21:49 | 15 | ♌ | 00:13 |
| 17 | 05:57 | 17 | ♍ | 08:20 |
| 19 | 11:53 | 19 | ♎ | 13:45 |
| 21 | 16:22 | 21 | ♏ | 16:33 |
| 23 | 15:60 | 23 | ♐ | 17:30 |
| 25 | 16:34 | 25 | ♑ | 17:60 |
| 27 | 18:19 | 27 | ♒ | 19:43 |
| 29 | 21:45 | 30 | ♓ | 00:18 |

## 0:00 E.T. — Declinations

| D | ☉ | ☽ | ☿ | ♀ | ♂ | ♃ | ♄ | ♅ | ♆ | ♇ | ⚳ | ⚴ | ⚵ | ⚶ | ⚷ |
|---|---|---|---|---|---|---|---|---|---|---|---|---|---|---|---|
| 1 | -21 47 | -21 13 | -16 13 | -23 30 | -20 08 | +11 55 | +02 41 | +20 59 | +09 27 | -23 00 | -26 23 | +02 57 | -12 46 | +14 38 | +16 53 |
| 2 | 21 56 | 18 05 | 16 06 | 23 38 | 20 18 | 11 54 | 02 40 | 21 00 | 09 26 | 23 00 | 26 16 | 02 54 | 12 49 | 14 37 | 16 53 |
| 3 | 22 04 | 14 10 | 16 02 | 23 45 | 20 27 | 11 54 | 02 39 | 21 00 | 09 26 | 22 59 | 26 10 | 02 51 | 12 51 | 14 36 | 16 53 |
| 4 | 22 13 | 09 44 | 16 04 | 23 51 | 20 37 | 11 53 | 02 37 | 21 00 | 09 26 | 22 59 | 26 04 | 02 49 | 12 53 | 14 36 | 16 52 |
| 5 | 22 21 | 05 00 | 16 08 | 23 57 | 20 46 | 11 52 | 02 36 | 21 01 | 09 25 | 22 59 | 25 57 | 02 46 | 12 55 | 14 35 | 16 52 |
| 6 | 22 28 | 00 10 | 16 16 | 24 01 | 20 55 | 11 52 | 02 35 | 21 01 | 09 25 | 22 58 | 25 51 | 02 43 | 12 57 | 14 35 | 16 52 |
| 7 | 22 35 | +04 37 | 16 27 | 24 06 | 21 03 | 11 51 | 02 34 | 21 01 | 09 25 | 22 58 | 25 45 | 02 41 | 12 59 | 14 34 | 16 52 |
| 8 | 22 42 | 09 12 | 16 41 | 24 09 | 21 12 | 11 51 | 02 33 | 21 02 | 09 24 | 22 57 | 25 38 | 02 39 | 13 00 | 14 34 | 16 52 |
| 9 | 22 48 | 13 28 | 16 56 | 24 12 | 21 20 | 11 50 | 02 32 | 21 02 | 09 24 | 22 57 | 25 31 | 02 36 | 13 02 | 14 34 | 16 51 |
| 10 | 22 54 | 17 13 | 17 14 | 24 13 | 21 28 | 11 50 | 02 31 | 21 02 | 09 24 | 22 56 | 25 25 | 02 34 | 13 04 | 14 34 | 16 51 |
| 11 | 22 59 | 20 17 | 17 32 | 24 15 | 21 36 | 11 50 | 02 30 | 21 03 | 09 23 | 22 56 | 25 18 | 02 32 | 13 05 | 14 35 | 16 51 |
| 12 | 23 04 | 22 30 | 17 52 | 24 15 | 21 44 | 11 50 | 02 29 | 21 03 | 09 23 | 22 55 | 25 11 | 02 30 | 13 07 | 14 35 | 16 51 |
| 13 | 23 08 | 23 42 | 18 12 | 24 15 | 21 51 | 11 49 | 02 28 | 21 04 | 09 23 | 22 55 | 25 05 | 02 28 | 13 08 | 14 36 | 16 51 |
| 14 | 23 12 | 23 46 | 18 33 | 24 13 | 21 59 | 11 49 | 02 27 | 21 04 | 09 23 | 22 54 | 24 58 | 02 27 | 13 10 | 14 37 | 16 51 |
| 15 | 23 15 | 22 40 | 18 54 | 24 12 | 22 06 | 11 49 | 02 26 | 21 05 | 09 22 | 22 54 | 24 51 | 02 25 | 13 11 | 14 37 | 16 50 |
| 16 | 23 18 | 20 24 | 19 15 | 24 09 | 22 13 | 11 50 | 02 26 | 21 05 | 09 22 | 22 53 | 24 44 | 02 23 | 13 12 | 14 39 | 16 50 |
| 17 | 23 21 | 17 05 | 19 37 | 24 06 | 22 20 | 11 50 | 02 25 | 21 05 | 09 22 | 22 53 | 24 37 | 02 22 | 13 13 | 14 40 | 16 50 |
| 18 | 23 23 | 12 52 | 19 58 | 24 02 | 22 26 | 11 50 | 02 24 | 21 06 | 09 22 | 22 52 | 24 30 | 02 21 | 13 15 | 14 41 | 16 50 |
| 19 | 23 24 | 07 55 | 20 18 | 23 57 | 22 33 | 11 50 | 02 23 | 21 06 | 09 22 | 22 52 | 24 23 | 02 19 | 13 16 | 14 43 | 16 50 |
| 20 | 23 25 | 02 29 | 20 39 | 23 51 | 22 39 | 11 51 | 02 23 | 21 07 | 09 21 | 22 51 | 24 16 | 02 18 | 13 17 | 14 45 | 16 50 |
| 21 | 23 26 | -03 12 | 20 59 | 23 45 | 22 45 | 11 51 | 02 22 | 21 07 | 09 21 | 22 51 | 24 09 | 02 17 | 13 17 | 14 47 | 16 50 |
| 22 | 23 26 | 08 51 | 21 18 | 23 38 | 22 50 | 11 52 | 02 22 | 21 08 | 09 21 | 22 50 | 24 02 | 02 16 | 13 18 | 14 49 | 16 50 |
| 23 | 23 26 | 14 06 | 21 36 | 23 30 | 22 56 | 11 52 | 02 21 | 21 08 | 09 21 | 22 50 | 23 55 | 02 16 | 13 19 | 14 51 | 16 50 |
| 24 | 23 25 | 18 34 | 21 54 | 23 22 | 23 01 | 11 53 | 02 21 | 21 09 | 09 21 | 22 49 | 23 47 | 02 15 | 13 20 | 14 54 | 16 50 |
| 25 | 23 24 | 21 51 | 22 11 | 23 12 | 23 06 | 11 54 | 02 20 | 21 09 | 09 21 | 22 49 | 23 40 | 02 14 | 13 20 | 14 57 | 16 50 |
| 26 | 23 22 | 23 37 | 22 27 | 23 03 | 23 11 | 11 55 | 02 20 | 21 10 | 09 20 | 22 48 | 23 33 | 02 14 | 13 21 | 15 00 | 16 50 |
| 27 | 23 20 | 23 44 | 22 42 | 22 52 | 23 15 | 11 55 | 02 20 | 21 10 | 09 20 | 22 48 | 23 25 | 02 14 | 13 21 | 15 03 | 16 50 |
| 28 | 23 17 | 22 17 | 22 56 | 22 41 | 23 20 | 11 56 | 02 20 | 21 10 | 09 20 | 22 47 | 23 18 | 02 13 | 13 22 | 15 06 | 16 50 |
| 29 | 23 14 | 19 30 | 23 09 | 22 29 | 23 24 | 11 57 | 02 19 | 21 11 | 09 20 | 22 47 | 23 10 | 02 13 | 13 22 | 15 10 | 16 50 |
| 30 | 23 10 | 15 45 | 23 21 | 22 16 | 23 28 | 11 58 | 02 19 | 21 11 | 09 20 | 22 46 | 23 03 | 02 13 | 13 22 | 15 13 | 16 50 |
| 31 | 23 06 | 11 22 | 23 32 | 22 03 | 23 32 | 12 00 | 02 19 | 21 12 | 09 20 | 22 45 | 22 55 | 02 13 | 13 22 | 15 17 | 16 50 |

Lunar Phases -- 3 ◐ 12:47 11 Ⓔ 17:32 19 ◑ 09:30 26 ● 01:03 Sun enters ♑ 12/21 19:04

## 0:00 E.T. Longitudes of Main Planets - January 2039 

| D | S.T. | ☉ | ☽ | ☽ 12:00 | ☿ | ♀ | ♂ | ♃ | ♄ | ♅ | ♆ | ♇ | ☊ |
|---|---|---|---|---|---|---|---|---|---|---|---|---|---|
| 1 | 6:42:03 | 10♑24 03 | 25♓32 | 01♈44 | 26♐43 | 28♑42 | 21♐53 | 01♍06℞ | 29♍14 | 27♋26℞ | 28♈35℞ | 22♒38 | 00♋45 |
| 2 | 6:46:00 | 11 25 12 | 07♈52 | 13 57 | 28 13 | 29 58 | 22 37 | 01 03 | 29 15 | 27 23 | 28 34 | 22 39 | 00 41 |
| 3 | 6:49:57 | 12 26 21 | 19 58 | 25 57 | 29 44 | 01♒13 | 23 21 | 01 00 | 29 16 | 27 21 | 28 34 | 22 40 | 00 38 |
| 4 | 6:53:53 | 13 27 30 | 01♉54 | 07♉49 | 01♑16 | 02 28 | 24 05 | 00 57 | 29 16 | 27 18 | 28 34 | 22 42 | 00 35 |
| 5 | 6:57:50 | 14 28 39 | 13 44 | 19 38 | 02 47 | 03 43 | 24 49 | 00 53 | 29 17 | 27 16 | 28 34 | 22 43 | 00 32 |
| 6 | 7:01:46 | 15 29 47 | 25 33 | 01♊29 | 04 19 | 04 58 | 25 33 | 00 50 | 29 17 | 27 13 | 28 34 | 22 45 | 00 29 |
| 7 | 7:05:43 | 16 30 56 | 07♊26 | 13 24 | 05 52 | 06 13 | 26 17 | 00 46 | 29 17 | 27 11 | 28 34 | 22 46 | 00 26 |
| 8 | 7:09:39 | 17 32 03 | 19 25 | 25 29 | 07 25 | 07 28 | 27 01 | 00 42 | 29 17 | 27 08 | 28 34 | 22 48 | 00 22 |
| 9 | 7:13:36 | 18 33 11 | 01♋35 | 07♋44 | 08 58 | 08 43 | 27 45 | 00 38 | 29 17℞ | 27 06 | 28 34D | 22 49 | 00 19 |
| 10 | 7:17:32 | 19 34 19 | 13 56 | 20 11 | 10 32 | 09 58 | 28 29 | 00 33 | 29 17 | 27 03 | 28 34 | 22 51 | 00 16 |
| 11 | 7:21:29 | 20 35 26 | 26 30 | 02♌53 | 12 06 | 11 13 | 29 13 | 00 29 | 29 17 | 27 01 | 28 34 | 22 52 | 00 13 |
| 12 | 7:25:26 | 21 36 33 | 09♌18 | 15 48 | 13 40 | 12 28 | 29 58 | 00 24 | 29 17 | 26 58 | 28 34 | 22 54 | 00 10 |
| 13 | 7:29:22 | 22 37 40 | 22 20 | 28 56 | 15 15 | 13 43 | 00♑42 | 00 19 | 29 16 | 26 55 | 28 34 | 22 55 | 00 06 |
| 14 | 7:33:19 | 23 38 46 | 05♍36 | 12♍18 | 16 50 | 14 58 | 01 26 | 00 14 | 29 16 | 26 53 | 28 34 | 22 57 | 00 03 |
| 15 | 7:37:15 | 24 39 52 | 19 04 | 25 52 | 18 26 | 16 13 | 02 11 | 00 09 | 29 15 | 26 50 | 28 34 | 22 58 | 00 00 |
| 16 | 7:41:12 | 25 40 58 | 02♎44 | 09♎38 | 20 03 | 17 27 | 02 55 | 00 03 | 29 14 | 26 48 | 28 35 | 23 00 | 29♊57 |
| 17 | 7:45:08 | 26 42 04 | 16 35 | 23 34 | 21 39 | 18 42 | 03 40 | 29♌58 | 29 14 | 26 45 | 28 35 | 23 02 | 29 54 |
| 18 | 7:49:05 | 27 43 10 | 00♏36 | 07♏40 | 23 17 | 19 57 | 04 24 | 29 52 | 29 13 | 26 42 | 28 35 | 23 03 | 29 51 |
| 19 | 7:53:01 | 28 44 16 | 14 46 | 21 54 | 24 55 | 21 12 | 05 09 | 29 46 | 29 11 | 26 40 | 28 35 | 23 05 | 29 47 |
| 20 | 7:56:58 | 29 45 21 | 29 03 | 06♐14 | 26 33 | 22 27 | 05 53 | 29 40 | 29 10 | 26 37 | 28 36 | 23 07 | 29 44 |
| 21 | 8:00:54 | 00♒46 26 | 13♐26 | 20 38 | 28 12 | 23 42 | 06 38 | 29 34 | 29 09 | 26 34 | 28 36 | 23 08 | 29 41 |
| 22 | 8:04:51 | 01 47 31 | 27 50 | 05♑01 | 29 52 | 24 56 | 07 22 | 29 28 | 29 08 | 26 32 | 28 37 | 23 10 | 29 38 |
| 23 | 8:08:48 | 02 48 35 | 12♑11 | 19 19 | 01♒32 | 26 11 | 08 07 | 29 22 | 29 06 | 26 29 | 28 37 | 23 12 | 29 35 |
| 24 | 8:12:44 | 03 49 39 | 26 25 | 03♒27 | 03 12 | 27 26 | 08 52 | 29 15 | 29 04 | 26 27 | 28 38 | 23 13 | 29 32 |
| 25 | 8:16:41 | 04 50 42 | 10♒26 | 17 21 | 04 54 | 28 40 | 09 37 | 29 09 | 29 03 | 26 24 | 28 38 | 23 15 | 29 28 |
| 26 | 8:20:37 | 05 51 44 | 24 11 | 00♓56 | 06 36 | 29 55 | 10 21 | 29 02 | 29 01 | 26 22 | 28 39 | 23 17 | 29 25 |
| 27 | 8:24:34 | 06 52 46 | 07♓35 | 14 09 | 08 18 | 01♓10 | 11 06 | 28 55 | 28 59 | 26 19 | 28 39 | 23 18 | 29 22 |
| 28 | 8:28:30 | 07 53 46 | 20 38 | 27 02 | 10 01 | 02 24 | 11 51 | 28 48 | 28 57 | 26 16 | 28 40 | 23 20 | 29 19 |
| 29 | 8:32:27 | 08 54 45 | 03♈21 | 09♈34 | 11 45 | 03 39 | 12 36 | 28 41 | 28 55 | 26 14 | 28 41 | 23 22 | 29 16 |
| 30 | 8:36:23 | 09 55 43 | 15 44 | 21 49 | 13 29 | 04 54 | 13 21 | 28 34 | 28 53 | 26 11 | 28 42 | 23 23 | 29 12 |
| 31 | 8:40:20 | 10 56 39 | 27 52 | 03♉51 | 15 14 | 06 08 | 14 06 | 28 27 | 28 50 | 26 09 | 28 42 | 23 25 | 29 09 |

## 0:00 E.T. Longitudes of the Major Asteroids and Chiron

| D | ⚳ | ⚴ | ⚵ | ⚶ | ⚷ |
|---|---|---|---|---|---|
| 1 | 19♒02 | 19♑50 | 27♐16 | 02♍24℞ | 00♋29℞ |
| 2 | 19 23 | 20 13 | 27 37 | 02 23 | 00 25 |
| 3 | 19 45 | 20 35 | 27 58 | 02 22 | 00 21 |
| 4 | 20 07 | 20 58 | 28 19 | 02 20 | 00 18 |
| 5 | 20 29 | 21 20 | 28 40 | 02 17 | 00 14 |
| 6 | 20 51 | 21 43 | 29 01 | 02 14 | 00 10 |
| 7 | 21 13 | 22 05 | 29 23 | 02 11 | 00 06 |
| 8 | 21 36 | 22 28 | 29 44 | 02 07 | 00 03 |
| 9 | 21 58 | 22 50 | 00♑05 | 02 03 | 29♊59 |
| 10 | 22 20 | 23 13 | 00 26 | 01 58 | 29 56 |
| 11 | 22 43 | 23 35 | 00 47 | 01 53 | 29 52 |
| 12 | 23 05 | 23 58 | 01 08 | 01 48 | 29 49 |
| 13 | 23 27 | 24 20 | 01 29 | 01 42 | 29 45 |
| 14 | 23 50 | 24 42 | 01 50 | 01 35 | 29 42 |
| 15 | 24 12 | 25 05 | 02 11 | 01 28 | 29 38 |
| 16 | 24 35 | 25 27 | 02 32 | 01 21 | 29 35 |
| 17 | 24 58 | 25 50 | 02 53 | 01 13 | 29 32 |
| 18 | 25 20 | 26 12 | 03 14 | 01 04 | 29 28 |
| 19 | 25 43 | 26 34 | 03 35 | 00 55 | 29 25 |
| 20 | 26 06 | 26 57 | 03 55 | 00 46 | 29 22 |
| 21 | 26 29 | 27 19 | 04 16 | 00 36 | 29 19 |
| 22 | 26 52 | 27 41 | 04 37 | 00 26 | 29 16 |
| 23 | 27 15 | 28 03 | 04 58 | 00 16 | 29 13 |
| 24 | 27 38 | 28 25 | 05 18 | 00 05 | 29 10 |
| 25 | 28 01 | 28 48 | 05 39 | 29♌54 | 29 07 |
| 26 | 28 24 | 29 10 | 06 00 | 29 42 | 29 04 |
| 27 | 28 47 | 29 32 | 06 20 | 29 30 | 29 01 |
| 28 | 29 10 | 29 54 | 06 41 | 29 17 | 28 58 |
| 29 | 29 33 | 00♒16 | 07 01 | 29 05 | 28 56 |
| 30 | 29 56 | 00 38 | 07 22 | 28 52 | 28 53 |
| 31 | 00♓19 | 01 00 | 07 42 | 28 38 | 28 51 |

### Lunar Data

| Last Asp. | | Ingress | | |
|---|---|---|---|---|
| 1 | 07:10 | 1 | ♈ | 08:38 |
| 3 | 17:17 | 3 | ♉ | 20:11 |
| 6 | 07:34 | 6 | ♊ | 09:01 |
| 8 | 19:31 | 8 | ♋ | 20:54 |
| 11 | 05:15 | 11 | ♌ | 06:36 |
| 13 | 11:20 | 13 | ♍ | 13:55 |
| 15 | 17:55 | 15 | ♎ | 19:14 |
| 17 | 22:46 | 17 | ♏ | 22:59 |
| 20 | 01:15 | 20 | ♐ | 01:35 |
| 22 | 02:43 | 22 | ♑ | 03:37 |
| 24 | 04:31 | 24 | ♒ | 06:06 |
| 26 | 08:33 | 26 | ♓ | 10:21 |
| 28 | 15:35 | 28 | ♈ | 17:38 |
| 31 | 01:41 | 31 | ♉ | 04:17 |

## 0:00 E.T. Declinations

| D | ☉ | ☽ | ☿ | ♀ | ♂ | ♃ | ♄ | ♅ | ♆ | ♇ | ⚳ | ⚴ | ⚵ | ⚶ | ⚷ |
|---|---|---|---|---|---|---|---|---|---|---|---|---|---|---|---|
| 1 | -23 02 | -06 36 | -23 42 | -21 49 | -23 35 | +12 01 | +02 19 | +21 12 | +09 20 | -22 45 | -22 48 | +02 13 | -13 22 | +15 21 | +16 50 |
| 2 | 22 57 | 01 42 | 23 51 | 21 34 | 23 38 | 12 02 | 02 19 | 21 13 | 09 20 | 22 44 | 22 40 | 02 13 | 13 22 | 15 25 | 16 50 |
| 3 | 22 51 | +03 10 | 23 58 | 21 19 | 23 41 | 12 03 | 02 19 | 21 13 | 09 20 | 22 44 | 22 33 | 02 14 | 13 22 | 15 30 | 16 50 |
| 4 | 22 45 | 07 51 | 24 05 | 21 03 | 23 44 | 12 05 | 02 19 | 21 14 | 09 20 | 22 43 | 22 25 | 02 14 | 13 22 | 15 34 | 16 50 |
| 5 | 22 39 | 12 14 | 24 10 | 20 46 | 23 46 | 12 06 | 02 19 | 21 14 | 09 20 | 22 43 | 22 17 | 02 15 | 13 22 | 15 39 | 16 50 |
| 6 | 22 32 | 16 09 | 24 13 | 20 29 | 23 48 | 12 08 | 02 19 | 21 15 | 09 20 | 22 42 | 22 09 | 02 15 | 13 22 | 15 44 | 16 50 |
| 7 | 22 25 | 19 26 | 24 16 | 20 12 | 23 50 | 12 09 | 02 19 | 21 15 | 09 20 | 22 41 | 22 01 | 02 16 | 13 21 | 15 49 | 16 50 |
| 8 | 22 17 | 21 56 | 24 17 | 19 53 | 23 52 | 12 11 | 02 20 | 21 16 | 09 20 | 22 41 | 21 54 | 02 17 | 13 21 | 15 55 | 16 50 |
| 9 | 22 09 | 23 27 | 24 17 | 19 34 | 23 54 | 12 13 | 02 20 | 21 17 | 09 20 | 22 40 | 21 46 | 02 18 | 13 21 | 16 00 | 16 50 |
| 10 | 22 00 | 23 52 | 24 15 | 19 15 | 23 55 | 12 15 | 02 20 | 21 17 | 09 20 | 22 40 | 21 38 | 02 19 | 13 20 | 16 06 | 16 50 |
| 11 | 21 51 | 23 04 | 24 13 | 18 55 | 23 56 | 12 16 | 02 20 | 21 18 | 09 20 | 22 39 | 21 30 | 02 20 | 13 19 | 16 12 | 16 50 |
| 12 | 21 42 | 21 03 | 24 08 | 18 35 | 23 57 | 12 18 | 02 21 | 21 18 | 09 20 | 22 38 | 21 22 | 02 21 | 13 19 | 16 18 | 16 50 |
| 13 | 21 32 | 17 56 | 24 03 | 18 13 | 23 57 | 12 20 | 02 21 | 21 19 | 09 20 | 22 38 | 21 14 | 02 22 | 13 18 | 16 24 | 16 51 |
| 14 | 21 22 | 13 51 | 23 56 | 17 52 | 23 58 | 12 22 | 02 22 | 21 19 | 09 20 | 22 37 | 21 06 | 02 23 | 13 17 | 16 31 | 16 51 |
| 15 | 21 11 | 09 03 | 23 47 | 17 30 | 23 58 | 12 24 | 02 22 | 21 20 | 09 21 | 22 37 | 20 57 | 02 25 | 13 16 | 16 37 | 16 51 |
| 16 | 21 00 | 03 43 | 23 38 | 17 07 | 23 57 | 12 26 | 02 23 | 21 20 | 09 21 | 22 36 | 20 49 | 02 26 | 13 15 | 16 44 | 16 51 |
| 17 | 20 49 | -01 51 | 23 26 | 16 44 | 23 57 | 12 29 | 02 23 | 21 21 | 09 21 | 22 36 | 20 41 | 02 28 | 13 14 | 16 51 | 16 51 |
| 18 | 20 37 | 07 24 | 23 14 | 16 21 | 23 56 | 12 31 | 02 24 | 21 21 | 09 21 | 22 35 | 20 33 | 02 30 | 13 13 | 16 58 | 16 51 |
| 19 | 20 25 | 12 39 | 22 59 | 15 57 | 23 55 | 12 33 | 02 25 | 21 22 | 09 21 | 22 34 | 20 25 | 02 31 | 13 12 | 17 05 | 16 52 |
| 20 | 20 12 | 17 14 | 22 44 | 15 33 | 23 54 | 12 35 | 02 25 | 21 22 | 09 21 | 22 34 | 20 16 | 02 33 | 13 10 | 17 12 | 16 52 |
| 21 | 19 59 | 20 50 | 22 27 | 15 08 | 23 52 | 12 38 | 02 26 | 21 23 | 09 22 | 22 33 | 20 08 | 02 35 | 13 09 | 17 20 | 16 52 |
| 22 | 19 45 | 23 08 | 22 08 | 14 43 | 23 51 | 12 40 | 02 27 | 21 23 | 09 22 | 22 33 | 20 00 | 02 37 | 13 08 | 17 27 | 16 52 |
| 23 | 19 32 | 23 53 | 21 48 | 14 17 | 23 49 | 12 42 | 02 28 | 21 24 | 09 22 | 22 32 | 19 51 | 02 40 | 13 06 | 17 35 | 16 52 |
| 24 | 19 17 | 23 04 | 21 26 | 13 51 | 23 46 | 12 45 | 02 29 | 21 24 | 09 22 | 22 31 | 19 43 | 02 42 | 13 05 | 17 43 | 16 53 |
| 25 | 19 03 | 20 49 | 21 03 | 13 25 | 23 44 | 12 47 | 02 30 | 21 25 | 09 23 | 22 31 | 19 35 | 02 44 | 13 03 | 17 51 | 16 53 |
| 26 | 18 48 | 17 23 | 20 38 | 12 58 | 23 41 | 12 50 | 02 31 | 21 25 | 09 23 | 22 30 | 19 26 | 02 46 | 13 01 | 17 59 | 16 53 |
| 27 | 18 33 | 13 09 | 20 12 | 12 31 | 23 38 | 12 52 | 02 32 | 21 26 | 09 23 | 22 30 | 19 18 | 02 49 | 13 00 | 18 07 | 16 53 |
| 28 | 18 17 | 08 24 | 19 44 | 12 04 | 23 35 | 12 55 | 02 33 | 21 26 | 09 23 | 22 29 | 19 09 | 02 52 | 12 58 | 18 15 | 16 54 |
| 29 | 18 02 | 03 25 | 19 15 | 11 36 | 23 31 | 12 58 | 02 34 | 21 27 | 09 24 | 22 28 | 19 01 | 02 54 | 12 56 | 18 23 | 16 54 |
| 30 | 17 45 | +01 34 | 18 44 | 11 08 | 23 28 | 13 00 | 02 35 | 21 27 | 09 24 | 22 28 | 18 52 | 02 57 | 12 54 | 18 31 | 16 54 |
| 31 | 17 29 | 06 25 | 18 12 | 10 40 | 23 24 | 13 03 | 02 36 | 21 28 | 09 24 | 22 27 | 18 43 | 03 00 | 12 52 | 18 40 | 16 54 |

Lunar Phases -- 2 ◐ 07:38 10 Ⓔ 11:47 17 ◑ 18:43 24 ● 13:37 Sun enters ♒ 1/20 05:45

## Longitudes of Main Planets – February 2039 — 0:00 E.T.

| D | S.T. | ☉ | ☽ | ☽ 12:00 | ☿ | ♀ | ♂ | ♃ | ♄ | ♅ | ♆ | ♇ | ☊ |
|---|------|---|---|---------|---|---|---|---|---|---|---|---|---|
| 1 | 8:44:17 | 11♒57 35 | 09♉48 | 15♉44 | 17♒00 | 07♓23 | 14♑51 | 28♌20℞ | 28♍48℞ | 26♋06℞ | 28♈43 | 23♒27 | 29♊06 |
| 2 | 8:48:13 | 12 58 29 | 21 38 | 27 33 | 18 45 | 08 37 | 15 36 | 28 12 | 28 45 | 26 04 | 28 44 | 23 29 | 29 03 |
| 3 | 8:52:10 | 13 59 22 | 03♊28 | 09♊24 | 20 32 | 09 51 | 16 21 | 28 05 | 28 43 | 26 01 | 28 45 | 23 30 | 29 00 |
| 4 | 8:56:06 | 15 00 14 | 15 21 | 21 21 | 22 18 | 11 06 | 17 06 | 27 57 | 28 40 | 25 59 | 28 46 | 23 32 | 28 57 |
| 5 | 9:00:03 | 16 01 04 | 27 24 | 03♋29 | 24 05 | 12 20 | 17 52 | 27 50 | 28 37 | 25 57 | 28 47 | 23 34 | 28 53 |
| 6 | 9:03:59 | 17 01 53 | 09♋39 | 15 53 | 25 52 | 13 35 | 18 37 | 27 42 | 28 34 | 25 54 | 28 47 | 23 36 | 28 50 |
| 7 | 9:07:56 | 18 02 41 | 22 11 | 28 34 | 27 40 | 14 49 | 19 22 | 27 34 | 28 32 | 25 52 | 28 48 | 23 37 | 28 47 |
| 8 | 9:11:52 | 19 03 27 | 05♌02 | 11♌34 | 29 27 | 16 03 | 20 07 | 27 26 | 28 28 | 25 49 | 28 49 | 23 39 | 28 44 |
| 9 | 9:15:49 | 20 04 13 | 18 11 | 24 53 | 01♓13 | 17 17 | 20 52 | 27 19 | 28 25 | 25 47 | 28 50 | 23 41 | 28 41 |
| 10 | 9:19:46 | 21 04 56 | 01♍38 | 08♍28 | 03 00 | 18 31 | 21 38 | 27 11 | 28 22 | 25 45 | 28 52 | 23 43 | 28 37 |
| 11 | 9:23:42 | 22 05 39 | 15 21 | 22 17 | 04 45 | 19 45 | 22 23 | 27 03 | 28 19 | 25 43 | 28 53 | 23 44 | 28 34 |
| 12 | 9:27:39 | 23 06 20 | 29 16 | 06♎17 | 06 30 | 21 00 | 23 09 | 26 55 | 28 16 | 25 40 | 28 54 | 23 46 | 28 31 |
| 13 | 9:31:35 | 24 07 00 | 13♎19 | 20 22 | 08 13 | 22 14 | 23 54 | 26 47 | 28 12 | 25 38 | 28 55 | 23 48 | 28 28 |
| 14 | 9:35:32 | 25 07 39 | 27 26 | 04♏31 | 09 54 | 23 28 | 24 39 | 26 39 | 28 09 | 25 36 | 28 56 | 23 50 | 28 25 |
| 15 | 9:39:28 | 26 08 17 | 11♏35 | 18 39 | 11 33 | 24 41 | 25 25 | 26 31 | 28 05 | 25 34 | 28 57 | 23 51 | 28 22 |
| 16 | 9:43:25 | 27 08 54 | 25 43 | 02♐46 | 13 09 | 25 55 | 26 10 | 26 23 | 28 01 | 25 32 | 28 59 | 23 53 | 28 18 |
| 17 | 9:47:21 | 28 09 29 | 09♐49 | 16 51 | 14 42 | 27 09 | 26 56 | 26 15 | 27 58 | 25 30 | 29 00 | 23 55 | 28 15 |
| 18 | 9:51:18 | 29 10 04 | 23 51 | 00♑51 | 16 11 | 28 23 | 27 42 | 26 08 | 27 54 | 25 28 | 29 01 | 23 57 | 28 12 |
| 19 | 9:55:15 | 00♓10 37 | 07♑50 | 14 47 | 17 36 | 29 37 | 28 27 | 26 00 | 27 50 | 25 26 | 29 03 | 23 58 | 28 09 |
| 20 | 9:59:11 | 01 11 09 | 21 43 | 28 37 | 18 55 | 00♈51 | 29 13 | 25 52 | 27 46 | 25 24 | 29 04 | 24 00 | 28 06 |
| 21 | 10:03:08 | 02 11 40 | 05♒30 | 12♒19 | 20 09 | 02 04 | 29 58 | 25 44 | 27 42 | 25 22 | 29 05 | 24 02 | 28 03 |
| 22 | 10:07:04 | 03 12 09 | 19 06 | 25 50 | 21 16 | 03 18 | 00♒44 | 25 36 | 27 38 | 25 20 | 29 07 | 24 05 | 27 59 |
| 23 | 10:11:01 | 04 12 37 | 02♓31 | 09♓08 | 22 16 | 04 31 | 01 30 | 25 28 | 27 34 | 25 18 | 29 08 | 24 05 | 27 56 |
| 24 | 10:14:57 | 05 13 03 | 15 41 | 22 10 | 23 08 | 05 45 | 02 16 | 25 20 | 27 30 | 25 16 | 29 10 | 24 07 | 27 53 |
| 25 | 10:18:54 | 06 13 27 | 28 35 | 04♈55 | 23 52 | 06 58 | 03 01 | 25 13 | 27 25 | 25 14 | 29 11 | 24 09 | 27 50 |
| 26 | 10:22:50 | 07 13 50 | 11♈12 | 17 24 | 24 27 | 08 12 | 03 47 | 25 05 | 27 21 | 25 12 | 29 13 | 24 10 | 27 47 |
| 27 | 10:26:47 | 08 14 10 | 23 33 | 29 38 | 24 53 | 09 25 | 04 33 | 24 58 | 27 17 | 25 11 | 29 14 | 24 12 | 27 43 |
| 28 | 10:30:44 | 09 14 29 | 05♉39 | 11♉39 | 25 09 | 10 38 | 05 19 | 24 50 | 27 12 | 25 09 | 29 16 | 24 14 | 27 40 |

## Longitudes of the Major Asteroids and Chiron — 0:00 E.T.

| D | ⚳ | ⚴ | ⚵ | ⚶ | ⚷ | D | ⚳ | ⚴ | ⚵ | ⚶ | ⚷ |
|---|---|---|---|---|---|---|---|---|---|---|---|
| 1 | 00♓43 | 01♒22 | 08♑02 | 28♌25℞ | 28♊48℞ | 15 | 06 10 | 06 24 | 12 42 | 24 52 | 28 21 |
| 2 | 01 06 | 01 44 | 08 23 | 28 11 | 28 46 | 16 | 06 34 | 06 45 | 13 01 | 24 36 | 28 20 |
| 3 | 01 29 | 02 06 | 08 43 | 27 56 | 28 43 | 17 | 06 57 | 07 06 | 13 21 | 24 20 | 28 18 |
| 4 | 01 52 | 02 27 | 09 03 | 27 42 | 28 41 | 18 | 07 21 | 07 27 | 13 40 | 24 04 | 28 17 |
| 5 | 02 16 | 02 49 | 09 23 | 27 27 | 28 39 | 19 | 07 45 | 07 49 | 14 00 | 23 49 | 28 16 |
| 6 | 02 39 | 03 11 | 09 44 | 27 12 | 28 37 | 20 | 08 08 | 08 10 | 14 19 | 23 33 | 28 15 |
| 7 | 03 03 | 03 32 | 10 04 | 26 57 | 28 35 | 21 | 08 32 | 08 30 | 14 38 | 23 17 | 28 14 |
| 8 | 03 26 | 03 54 | 10 24 | 26 42 | 28 33 | 22 | 08 55 | 08 51 | 14 57 | 23 02 | 28 13 |
| 9 | 03 49 | 04 16 | 10 44 | 26 27 | 28 31 | 23 | 09 19 | 09 12 | 15 16 | 22 46 | 28 12 |
| 10 | 04 13 | 04 37 | 11 03 | 26 11 | 28 29 | 24 | 09 43 | 09 33 | 15 35 | 22 31 | 28 11 |
| 11 | 04 36 | 04 59 | 11 23 | 25 55 | 28 27 | 25 | 10 06 | 09 54 | 15 54 | 22 16 | 28 11 |
| 12 | 05 00 | 05 20 | 11 43 | 25 40 | 28 26 | 26 | 10 30 | 10 14 | 16 12 | 22 01 | 28 10 |
| 13 | 05 23 | 05 41 | 12 03 | 25 24 | 28 24 | 27 | 10 54 | 10 35 | 16 31 | 21 47 | 28 10 |
| 14 | 05 47 | 06 03 | 12 22 | 25 08 | 28 22 | 28 | 11 17 | 10 55 | 16 50 | 21 32 | 28 09 |

### Lunar Data

| Last Asp. | Ingress |
|-----------|---------|
| 2 14:24 | 2 ♊ 16:59 |
| 5 02:44 | 5 ♋ 05:09 |
| 7 12:28 | 7 ♌ 14:40 |
| 9 19:04 | 9 ♍ 21:06 |
| 11 22:17 | 12 ♎ 01:15 |
| 14 02:33 | 14 ♏ 04:21 |
| 16 03:54 | 16 ♐ 07:17 |
| 18 09:49 | 18 ♑ 10:32 |
| 20 13:48 | 20 ♒ 14:24 |
| 22 17:54 | 22 ♓ 19:28 |
| 24 21:50 | 25 ♈ 02:41 |
| 27 11:16 | 27 ♉ 12:45 |

## Declinations — 0:00 E.T.

| D | ☉ | ☽ | ☿ | ♀ | ♂ | ♃ | ♄ | ♅ | ♆ | ♇ | ⚳ | ⚴ | ⚵ | ⚶ | ⚷ |
|---|---|---|---|---|---|---|---|---|---|---|---|---|---|---|---|
| 1 | -17 12 | +10 57 | -17 38 | -10 11 | -23 19 | +13 06 | +02 37 | +21 28 | +09 25 | -22 27 | -18 35 | +03 03 | -12 50 | +18 48 | +16 55 |
| 2 | 16 55 | 15 02 | 17 03 | 09 43 | 23 15 | 13 08 | 02 38 | 21 28 | 09 25 | 22 26 | 18 26 | 03 06 | 12 48 | 18 56 | 16 55 |
| 3 | 16 38 | 18 32 | 16 26 | 09 13 | 23 10 | 13 11 | 02 40 | 21 29 | 09 25 | 22 25 | 18 18 | 03 09 | 12 45 | 19 05 | 16 55 |
| 4 | 16 20 | 21 17 | 15 48 | 08 44 | 23 05 | 13 14 | 02 41 | 21 29 | 09 26 | 22 25 | 18 09 | 03 12 | 12 43 | 19 13 | 16 55 |
| 5 | 16 02 | 23 08 | 15 09 | 08 15 | 23 00 | 13 17 | 02 42 | 21 30 | 09 26 | 22 24 | 18 00 | 03 15 | 12 41 | 19 22 | 16 56 |
| 6 | 15 44 | 23 55 | 14 28 | 07 45 | 22 54 | 13 19 | 02 44 | 21 30 | 09 26 | 22 24 | 17 51 | 03 18 | 12 38 | 19 30 | 16 56 |
| 7 | 15 25 | 23 30 | 13 46 | 07 15 | 22 49 | 13 22 | 02 45 | 21 31 | 09 27 | 22 23 | 17 43 | 03 22 | 12 36 | 19 38 | 16 57 |
| 8 | 15 06 | 21 51 | 13 03 | 06 45 | 22 43 | 13 25 | 02 46 | 21 31 | 09 27 | 22 23 | 17 34 | 03 25 | 12 33 | 19 47 | 16 57 |
| 9 | 14 47 | 19 00 | 12 19 | 06 15 | 22 36 | 13 28 | 02 48 | 21 32 | 09 28 | 22 22 | 17 25 | 03 29 | 12 31 | 19 55 | 16 57 |
| 10 | 14 28 | 15 05 | 11 34 | 05 44 | 22 30 | 13 31 | 02 49 | 21 32 | 09 28 | 22 22 | 17 16 | 03 32 | 12 28 | 20 03 | 16 57 |
| 11 | 14 09 | 10 19 | 10 47 | 05 14 | 22 23 | 13 33 | 02 51 | 21 32 | 09 29 | 22 21 | 17 08 | 03 36 | 12 25 | 20 12 | 16 58 |
| 12 | 13 49 | 04 58 | 10 01 | 04 43 | 22 16 | 13 36 | 02 52 | 21 33 | 09 29 | 22 20 | 16 59 | 03 39 | 12 22 | 20 20 | 16 58 |
| 13 | 13 29 | -00 41 | 09 13 | 04 12 | 22 09 | 13 39 | 02 54 | 21 33 | 09 29 | 22 20 | 16 50 | 03 43 | 12 19 | 20 28 | 16 59 |
| 14 | 13 09 | 06 21 | 08 26 | 03 41 | 22 02 | 13 42 | 02 56 | 21 34 | 09 30 | 22 19 | 16 41 | 03 47 | 12 17 | 20 36 | 16 59 |
| 15 | 12 48 | 11 42 | 07 38 | 03 10 | 21 54 | 13 45 | 02 57 | 21 34 | 09 30 | 22 18 | 16 32 | 03 51 | 12 14 | 20 44 | 16 59 |
| 16 | 12 28 | 16 25 | 06 50 | 02 39 | 21 46 | 13 47 | 02 59 | 21 34 | 09 31 | 22 18 | 16 23 | 03 55 | 12 10 | 20 52 | 17 00 |
| 17 | 12 07 | 20 13 | 06 03 | 02 08 | 21 38 | 13 50 | 03 00 | 21 35 | 09 31 | 22 18 | 16 14 | 03 59 | 12 07 | 20 59 | 17 00 |
| 18 | 11 46 | 22 47 | 05 16 | 01 36 | 21 29 | 13 53 | 03 02 | 21 35 | 09 32 | 22 17 | 16 06 | 04 03 | 12 04 | 21 07 | 17 00 |
| 19 | 11 24 | 23 57 | 04 31 | 01 05 | 21 21 | 13 56 | 03 04 | 21 35 | 09 32 | 22 17 | 15 57 | 04 07 | 12 01 | 21 14 | 17 01 |
| 20 | 11 03 | 23 35 | 03 47 | 00 34 | 21 12 | 13 59 | 03 06 | 21 36 | 09 33 | 22 16 | 15 48 | 04 12 | 11 58 | 21 22 | 17 01 |
| 21 | 10 41 | 21 48 | 03 04 | 00 02 | 21 03 | 14 01 | 03 07 | 21 36 | 09 33 | 22 16 | 15 39 | 04 16 | 11 54 | 21 29 | 17 02 |
| 22 | 10 20 | 18 46 | 02 24 | +00 29 | 20 54 | 14 04 | 03 09 | 21 37 | 09 34 | 22 15 | 15 30 | 04 20 | 11 51 | 21 36 | 17 02 |
| 23 | 09 58 | 14 47 | 01 47 | 01 01 | 20 44 | 14 07 | 03 11 | 21 37 | 09 35 | 22 14 | 15 21 | 04 25 | 11 47 | 21 43 | 17 02 |
| 24 | 09 36 | 10 10 | 01 12 | 01 32 | 20 34 | 14 09 | 03 13 | 21 37 | 09 35 | 22 14 | 15 12 | 04 29 | 11 44 | 21 49 | 17 03 |
| 25 | 09 14 | 05 11 | 00 41 | 02 03 | 20 25 | 14 12 | 03 14 | 21 38 | 09 36 | 22 14 | 15 03 | 04 34 | 11 40 | 21 56 | 17 03 |
| 26 | 08 51 | 00 06 | 00 14 | 02 35 | 20 14 | 14 15 | 03 16 | 21 38 | 09 36 | 22 13 | 14 54 | 04 38 | 11 37 | 22 02 | 17 04 |
| 27 | 08 29 | +04 54 | +00 10 | 03 06 | 20 04 | 14 17 | 03 18 | 21 38 | 09 37 | 22 13 | 14 45 | 04 43 | 11 33 | 22 08 | 17 04 |
| 28 | 08 06 | 09 37 | 00 29 | 03 37 | 19 53 | 14 20 | 03 20 | 21 38 | 09 37 | 22 12 | 14 36 | 04 48 | 11 29 | 22 14 | 17 04 |

Lunar Phases --   1 ◐ 04:46    9 ○ 03:41    16 ◑ 02:37    23 ● 03:19    Sun enters ♓ 2/18 19:47

## 0:00 E.T. Longitudes of Main Planets - March 2039 **Mar. 39**

| D | S.T. | ☉ | ☽ | ☽ 12:00 | ☿ | ♀ | ♂ | ♃ | ♄ | ♅ | ♆ | ♇ | ☊ |
|---|---|---|---|---|---|---|---|---|---|---|---|---|---|
| 1 | 10:34:40 | 10♓14 46 | 17♉36 | 23♉31 | 25♓16 | 11♈52 | 06♒05 | 24♌43℞ | 27♍08℞ | 25♋07℞ | 29♈17 | 24♒16 | 27♊37 |
| 2 | 10:38:37 | 11 15 01 | 29 25 | 05♊19 | 25 13℞ | 13 05 | 06 51 | 24 35 | 27 04 | 25 06 | 29 19 | 24 17 | 27 34 |
| 3 | 10:42:33 | 12 15 13 | 11♊14 | 17 09 | 25 00 | 14 18 | 07 37 | 24 28 | 26 59 | 25 04 | 29 21 | 24 19 | 27 31 |
| 4 | 10:46:30 | 13 15 24 | 23 06 | 29 06 | 24 38 | 15 31 | 08 22 | 24 21 | 26 55 | 25 03 | 29 22 | 24 21 | 27 28 |
| 5 | 10:50:26 | 14 15 33 | 05♋09 | 11♋15 | 24 08 | 16 44 | 09 08 | 24 14 | 26 50 | 25 01 | 29 24 | 24 22 | 27 24 |
| 6 | 10:54:23 | 15 15 40 | 17 26 | 23 42 | 23 30 | 17 57 | 09 54 | 24 07 | 26 46 | 25 00 | 29 26 | 24 24 | 27 21 |
| 7 | 10:58:19 | 16 15 44 | 00♌03 | 06♌29 | 22 46 | 19 10 | 10 40 | 24 00 | 26 41 | 24 59 | 29 28 | 24 26 | 27 18 |
| 8 | 11:02:16 | 17 15 47 | 13 02 | 19 41 | 21 55 | 20 23 | 11 26 | 23 53 | 26 36 | 24 57 | 29 29 | 24 27 | 27 15 |
| 9 | 11:06:13 | 18 15 47 | 26 26 | 03♍16 | 21 01 | 21 35 | 12 12 | 23 46 | 26 32 | 24 56 | 29 31 | 24 29 | 27 12 |
| 10 | 11:10:09 | 19 15 46 | 10♍13 | 17 14 | 20 03 | 22 48 | 12 58 | 23 40 | 26 27 | 24 55 | 29 33 | 24 31 | 27 09 |
| 11 | 11:14:06 | 20 15 42 | 24 20 | 01♎30 | 19 03 | 24 00 | 13 45 | 23 33 | 26 22 | 24 54 | 29 35 | 24 32 | 27 05 |
| 12 | 11:18:02 | 21 15 37 | 08♎43 | 15 58 | 18 04 | 25 13 | 14 31 | 23 27 | 26 18 | 24 52 | 29 37 | 24 34 | 27 02 |
| 13 | 11:21:59 | 22 15 29 | 23 14 | 00♏31 | 17 05 | 26 25 | 15 17 | 23 21 | 26 13 | 24 51 | 29 39 | 24 35 | 26 59 |
| 14 | 11:25:55 | 23 15 20 | 07♏47 | 15 02 | 16 09 | 27 38 | 16 03 | 23 15 | 26 08 | 24 50 | 29 40 | 24 37 | 26 56 |
| 15 | 11:29:52 | 24 15 10 | 22 15 | 29 27 | 15 16 | 28 50 | 16 49 | 23 09 | 26 03 | 24 49 | 29 42 | 24 39 | 26 53 |
| 16 | 11:33:48 | 25 14 57 | 06♐36 | 13♐41 | 14 27 | 00♉02 | 17 35 | 23 03 | 25 59 | 24 48 | 29 44 | 24 40 | 26 49 |
| 17 | 11:37:45 | 26 14 43 | 20 45 | 27 45 | 13 43 | 01 14 | 18 21 | 22 57 | 25 54 | 24 48 | 29 46 | 24 42 | 26 46 |
| 18 | 11:41:42 | 27 14 28 | 04♑42 | 11♑36 | 13 05 | 02 26 | 19 08 | 22 52 | 25 49 | 24 47 | 29 48 | 24 43 | 26 43 |
| 19 | 11:45:38 | 28 14 10 | 18 27 | 25 15 | 12 32 | 03 38 | 19 54 | 22 46 | 25 44 | 24 46 | 29 50 | 24 45 | 26 40 |
| 20 | 11:49:35 | 29 13 51 | 02♒01 | 08♒44 | 12 06 | 04 50 | 20 40 | 22 41 | 25 40 | 24 45 | 29 52 | 24 46 | 26 37 |
| 21 | 11:53:31 | 00♈13 31 | 15 24 | 22 02 | 11 46 | 06 02 | 21 26 | 22 36 | 25 35 | 24 45 | 29 54 | 24 48 | 26 34 |
| 22 | 11:57:28 | 01 13 08 | 28 36 | 05♓08 | 11 32 | 07 14 | 22 12 | 22 31 | 25 30 | 24 44 | 29 56 | 24 49 | 26 30 |
| 23 | 12:01:24 | 02 12 44 | 11♓38 | 18 04 | 11 24 | 08 25 | 22 59 | 22 27 | 25 26 | 24 43 | 29 58 | 24 51 | 26 27 |
| 24 | 12:05:21 | 03 12 17 | 24 27 | 00♈48 | 11 22D | 09 37 | 23 45 | 22 22 | 25 21 | 24 43 | 00♉00 | 24 52 | 26 24 |
| 25 | 12:09:17 | 04 11 49 | 07♈05 | 13 19 | 11 26 | 10 48 | 24 31 | 22 18 | 25 16 | 24 42 | 00 02 | 24 54 | 26 21 |
| 26 | 12:13:14 | 05 11 18 | 19 29 | 25 37 | 11 36 | 11 59 | 25 18 | 22 13 | 25 12 | 24 42 | 00 04 | 24 55 | 26 18 |
| 27 | 12:17:11 | 06 10 46 | 01♉42 | 07♉44 | 11 51 | 13 11 | 26 04 | 22 09 | 25 07 | 24 42 | 00 07 | 24 56 | 26 15 |
| 28 | 12:21:07 | 07 10 11 | 13 44 | 19 41 | 12 11 | 14 22 | 26 50 | 22 05 | 25 02 | 24 41 | 00 09 | 24 58 | 26 11 |
| 29 | 12:25:04 | 08 09 34 | 25 37 | 01♊31 | 12 36 | 15 33 | 27 36 | 22 02 | 24 58 | 24 41 | 00 11 | 24 59 | 26 08 |
| 30 | 12:29:00 | 09 08 55 | 07♊25 | 13 19 | 13 05 | 16 44 | 28 23 | 21 58 | 24 53 | 24 41 | 00 13 | 25 00 | 26 05 |
| 31 | 12:32:57 | 10 08 14 | 19 12 | 25 07 | 13 39 | 17 55 | 29 09 | 21 55 | 24 49 | 24 41 | 00 15 | 25 02 | 26 02 |

## 0:00 E.T. Longitudes of the Major Asteroids and Chiron

| D | ⚳ | ⚴ | ⚵ | ⚶ | ⚷ |
|---|---|---|---|---|---|
| 1 | 11♓41 | 11♒16 | 17♑08 | 21♌18℞ | 28♊09℞ |
| 2 | 12 05 | 11 36 | 17 26 | 21 05 | 28 09 |
| 3 | 12 28 | 11 56 | 17 45 | 20 51 | 28 09 |
| 4 | 12 52 | 12 16 | 18 03 | 20 38 | 28 09 |
| 5 | 13 15 | 12 36 | 18 21 | 20 25 | 28 09D |
| 6 | 13 39 | 12 57 | 18 39 | 20 12 | 28 09 |
| 7 | 14 03 | 13 16 | 18 57 | 20 00 | 28 09 |
| 8 | 14 26 | 13 36 | 19 15 | 19 48 | 28 09 |
| 9 | 14 50 | 13 56 | 19 32 | 19 37 | 28 09 |
| 10 | 15 14 | 14 16 | 19 50 | 19 26 | 28 10 |
| 11 | 15 37 | 14 35 | 20 08 | 19 15 | 28 10 |
| 12 | 16 01 | 14 55 | 20 25 | 19 05 | 28 11 |
| 13 | 16 24 | 15 14 | 20 42 | 18 55 | 28 12 |
| 14 | 16 48 | 15 34 | 20 59 | 18 46 | 28 13 |
| 15 | 17 12 | 15 53 | 21 16 | 18 37 | 28 13 |
| 16 | 17 35 | 16 12 | 21 33 | 18 28 | 28 14 |
| 17 | 17 59 | 16 31 | 21 50 | 18 20 | 28 15 |
| 18 | 18 22 | 16 50 | 22 07 | 18 12 | 28 16 |
| 19 | 18 46 | 17 09 | 22 23 | 18 05 | 28 18 |
| 20 | 19 09 | 17 28 | 22 40 | 17 59 | 28 19 |
| 21 | 19 33 | 17 47 | 22 56 | 17 52 | 28 20 |
| 22 | 19 56 | 18 05 | 23 12 | 17 47 | 28 22 |
| 23 | 20 20 | 18 24 | 23 28 | 17 41 | 28 23 |
| 24 | 20 43 | 18 42 | 23 44 | 17 36 | 28 25 |
| 25 | 21 07 | 19 01 | 24 00 | 17 32 | 28 27 |
| 26 | 21 30 | 19 19 | 24 15 | 17 28 | 28 28 |
| 27 | 21 53 | 19 37 | 24 31 | 17 25 | 28 30 |
| 28 | 22 17 | 19 55 | 24 46 | 17 22 | 28 32 |
| 29 | 22 40 | 20 13 | 25 01 | 17 20 | 28 34 |
| 30 | 23 03 | 20 31 | 25 16 | 17 18 | 28 36 |
| 31 | 23 27 | 20 48 | 25 31 | 17 16 | 28 38 |

## Lunar Data

| Last Asp. | | Ingress | | |
|---|---|---|---|---|
| 1 | 19:14 | 2 | ♊ | 01:11 |
| 4 | 12:35 | 4 | ♋ | 13:48 |
| 6 | 22:54 | 6 | ♌ | 23:55 |
| 9 | 05:27 | 9 | ♍ | 06:17 |
| 11 | 03:23 | 11 | ♎ | 09:29 |
| 13 | 10:35 | 13 | ♏ | 11:09 |
| 15 | 06:18 | 15 | ♐ | 12:56 |
| 17 | 15:32 | 17 | ♑ | 15:53 |
| 19 | 20:11 | 19 | ♒ | 20:25 |
| 22 | 02:27 | 22 | ♓ | 02:33 |
| 24 | 01:40 | 24 | ♈ | 10:30 |
| 26 | 12:07 | 26 | ♉ | 20:38 |
| 29 | 04:19 | 29 | ♊ | 08:54 |
| 31 | 21:33 | 31 | ♋ | 21:52 |

## 0:00 E.T. Declinations

| D | ☉ | ☽ | ☿ | ♀ | ♂ | ♃ | ♄ | ♅ | ♆ | ♇ | ⚳ | ⚴ | ⚵ | ⚶ | ⚷ |
|---|---|---|---|---|---|---|---|---|---|---|---|---|---|---|---|
| 1 | -07 43 | +13 55 | +00 43 | +04 08 | -19 43 | +14 22 | +03 22 | +21 39 | +09 38 | -22 12 | -14 27 | +04 53 | -11 26 | +22 20 | +17 05 |
| 2 | 07 21 | 17 39 | 00 53 | 04 39 | 19 32 | 14 25 | 03 24 | 21 39 | 09 39 | 22 11 | 14 18 | 04 57 | 11 22 | 22 25 | 17 05 |
| 3 | 06 58 | 20 40 | 00 57 | 05 10 | 19 20 | 14 27 | 03 26 | 21 39 | 09 39 | 22 11 | 14 09 | 05 02 | 11 18 | 22 31 | 17 06 |
| 4 | 06 35 | 22 49 | 00 57 | 05 41 | 19 09 | 14 30 | 03 28 | 21 39 | 09 40 | 22 10 | 14 00 | 05 07 | 11 14 | 22 36 | 17 06 |
| 5 | 06 12 | 23 58 | 00 52 | 06 12 | 18 58 | 14 32 | 03 29 | 21 40 | 09 41 | 22 10 | 13 51 | 05 12 | 11 10 | 22 41 | 17 07 |
| 6 | 05 48 | 23 58 | 00 42 | 06 43 | 18 46 | 14 34 | 03 31 | 21 40 | 09 41 | 22 09 | 13 42 | 05 17 | 11 06 | 22 45 | 17 07 |
| 7 | 05 25 | 22 45 | 00 28 | 07 13 | 18 34 | 14 37 | 03 33 | 21 40 | 09 42 | 22 09 | 13 33 | 05 23 | 11 02 | 22 50 | 17 08 |
| 8 | 05 02 | 20 19 | 00 10 | 07 43 | 18 22 | 14 39 | 03 35 | 21 40 | 09 42 | 22 09 | 13 24 | 05 28 | 10 58 | 22 54 | 17 08 |
| 9 | 04 38 | 16 44 | -00 12 | 08 13 | 18 09 | 14 41 | 03 37 | 21 41 | 09 43 | 22 08 | 13 15 | 05 33 | 10 54 | 22 58 | 17 08 |
| 10 | 04 15 | 12 10 | 00 37 | 08 43 | 17 57 | 14 43 | 03 39 | 21 41 | 09 44 | 22 08 | 13 06 | 05 38 | 10 50 | 23 02 | 17 09 |
| 11 | 03 51 | 06 50 | 01 04 | 09 13 | 17 44 | 14 45 | 03 41 | 21 41 | 09 45 | 22 07 | 12 57 | 05 43 | 10 45 | 23 05 | 17 09 |
| 12 | 03 28 | 01 03 | 01 33 | 09 43 | 17 31 | 14 47 | 03 43 | 21 41 | 09 45 | 22 07 | 12 48 | 05 49 | 10 41 | 23 09 | 17 10 |
| 13 | 03 04 | -04 51 | 02 04 | 10 12 | 17 18 | 14 49 | 03 45 | 21 41 | 09 46 | 22 06 | 12 39 | 05 54 | 10 37 | 23 12 | 17 10 |
| 14 | 02 41 | 10 31 | 02 34 | 10 41 | 17 05 | 14 51 | 03 47 | 21 42 | 09 47 | 22 06 | 12 30 | 06 00 | 10 32 | 23 15 | 17 11 |
| 15 | 02 17 | 15 34 | 03 05 | 11 10 | 16 51 | 14 53 | 03 49 | 21 42 | 09 47 | 22 06 | 12 21 | 06 05 | 10 28 | 23 17 | 17 11 |
| 16 | 01 53 | 19 42 | 03 35 | 11 38 | 16 38 | 14 55 | 03 51 | 21 42 | 09 48 | 22 05 | 12 12 | 06 11 | 10 24 | 23 20 | 17 12 |
| 17 | 01 30 | 22 36 | 04 04 | 12 07 | 16 24 | 14 57 | 03 53 | 21 42 | 09 49 | 22 05 | 12 03 | 06 16 | 10 19 | 23 22 | 17 12 |
| 18 | 01 06 | 24 03 | 04 32 | 12 35 | 16 10 | 14 59 | 03 55 | 21 42 | 09 49 | 22 05 | 11 54 | 06 22 | 10 15 | 23 24 | 17 13 |
| 19 | 00 42 | 24 01 | 04 58 | 13 03 | 15 56 | 15 00 | 03 57 | 21 42 | 09 50 | 22 04 | 11 45 | 06 27 | 10 10 | 23 26 | 17 13 |
| 20 | 00 18 | 22 33 | 05 22 | 13 30 | 15 42 | 15 02 | 03 58 | 21 42 | 09 51 | 22 04 | 11 36 | 06 33 | 10 06 | 23 28 | 17 13 |
| 21 | +00 05 | 19 50 | 05 43 | 13 57 | 15 27 | 15 04 | 04 00 | 21 42 | 09 52 | 22 04 | 11 27 | 06 39 | 10 01 | 23 29 | 17 14 |
| 22 | 00 29 | 16 07 | 06 03 | 14 24 | 15 13 | 15 05 | 04 02 | 21 43 | 09 52 | 22 03 | 11 18 | 06 44 | 09 56 | 23 30 | 17 14 |
| 23 | 00 53 | 11 41 | 06 20 | 14 51 | 14 58 | 15 07 | 04 04 | 21 43 | 09 53 | 22 03 | 11 09 | 06 50 | 09 52 | 23 31 | 17 15 |
| 24 | 01 16 | 06 47 | 06 34 | 15 17 | 14 43 | 15 08 | 04 06 | 21 43 | 09 54 | 22 03 | 11 00 | 06 56 | 09 47 | 23 32 | 17 15 |
| 25 | 01 40 | 01 42 | 06 46 | 15 42 | 14 28 | 15 10 | 04 08 | 21 43 | 09 55 | 22 02 | 10 52 | 07 02 | 09 42 | 23 33 | 17 16 |
| 26 | 02 04 | +03 23 | 06 55 | 16 08 | 14 13 | 15 11 | 04 10 | 21 43 | 09 55 | 22 02 | 10 43 | 07 08 | 09 37 | 23 33 | 17 16 |
| 27 | 02 27 | 08 16 | 07 02 | 16 33 | 13 58 | 15 12 | 04 12 | 21 43 | 09 56 | 22 02 | 10 34 | 07 14 | 09 33 | 23 33 | 17 17 |
| 28 | 02 51 | 12 46 | 07 07 | 16 58 | 13 42 | 15 13 | 04 13 | 21 43 | 09 57 | 22 01 | 10 25 | 07 20 | 09 28 | 23 33 | 17 17 |
| 29 | 03 14 | 16 45 | 07 09 | 17 22 | 13 27 | 15 14 | 04 15 | 21 43 | 09 58 | 22 01 | 10 16 | 07 26 | 09 23 | 23 33 | 17 18 |
| 30 | 03 38 | 20 02 | 07 09 | 17 46 | 13 11 | 15 15 | 04 17 | 21 43 | 09 58 | 22 01 | 10 07 | 07 32 | 09 18 | 23 32 | 17 18 |
| 31 | 04 01 | 22 29 | 07 07 | 18 09 | 12 55 | 15 16 | 04 19 | 21 43 | 09 59 | 22 01 | 09 59 | 07 38 | 09 13 | 23 32 | 17 18 |

Lunar Phases -- 3 ◐ 02:16 10 ○ 16:36 17 ◑ 10:09 24 ● 18:01 Sun enters ♈ 3/20 18:34

## Longitudes of Main Planets - April 2039

0:00 E.T.

| D | S.T. | ☉ | ☽ | ☽ 12:00 | ☿ | ♀ | ♂ | ♃ | ♄ | ♅ | ♆ | ♇ | ☊ |
|---|---|---|---|---|---|---|---|---|---|---|---|---|---|
| 1 | 12:36:53 | 11♈07 30 | 01♋04 | 07♋02 | 14♓17 | 19♉06 | 29♒55 | 21♌52℞ | 24♍44℞ | 24♋41℞ | 00♉17 | 25♒03 | 25♊59 |
| 2 | 12:40:50 | 12 06 44 | 13 04 | 19 10 | 14 58 | 20 16 | 00♓42 | 21 49 | 24 40 | 24 41D | 00 19 | 25 04 | 25 55 |
| 3 | 12:44:46 | 13 05 56 | 25 20 | 01♌35 | 15 44 | 21 27 | 01 28 | 21 46 | 24 35 | 24 41 | 00 22 | 25 06 | 25 52 |
| 4 | 12:48:43 | 14 05 05 | 07♌55 | 14 22 | 16 33 | 22 37 | 02 14 | 21 43 | 24 31 | 24 41 | 00 24 | 25 07 | 25 49 |
| 5 | 12:52:40 | 15 04 13 | 20 55 | 27 36 | 17 25 | 23 48 | 03 01 | 21 41 | 24 27 | 24 41 | 00 26 | 25 08 | 25 46 |
| 6 | 12:56:36 | 16 03 17 | 04♍23 | 11♍17 | 18 20 | 24 58 | 03 47 | 21 39 | 24 23 | 24 41 | 00 28 | 25 09 | 25 43 |
| 7 | 13:00:33 | 17 02 20 | 18 18 | 25 26 | 19 18 | 26 08 | 04 33 | 21 36 | 24 18 | 24 41 | 00 30 | 25 11 | 25 40 |
| 8 | 13:04:29 | 18 01 20 | 02♎39 | 09♎57 | 20 19 | 27 18 | 05 20 | 21 35 | 24 14 | 24 42 | 00 33 | 25 12 | 25 36 |
| 9 | 13:08:26 | 19 00 18 | 17 20 | 24 46 | 21 22 | 28 28 | 06 06 | 21 33 | 24 10 | 24 42 | 00 35 | 25 13 | 25 33 |
| 10 | 13:12:22 | 19 59 15 | 02♏14 | 09♏42 | 22 29 | 29 37 | 06 52 | 21 31 | 24 06 | 24 42 | 00 37 | 25 14 | 25 30 |
| 11 | 13:16:19 | 20 58 09 | 17 11 | 24 38 | 23 37 | 00♊47 | 07 39 | 21 30 | 24 02 | 24 43 | 00 39 | 25 15 | 25 27 |
| 12 | 13:20:15 | 21 57 02 | 02♐03 | 09♐25 | 24 48 | 01 57 | 08 25 | 21 29 | 23 58 | 24 43 | 00 42 | 25 16 | 25 24 |
| 13 | 13:24:12 | 22 55 52 | 16 44 | 23 58 | 26 01 | 03 06 | 09 11 | 21 28 | 23 54 | 24 44 | 00 44 | 25 17 | 25 21 |
| 14 | 13:28:09 | 23 54 41 | 01♑07 | 08♑12 | 27 16 | 04 15 | 09 57 | 21 27 | 23 51 | 24 45 | 00 46 | 25 18 | 25 17 |
| 15 | 13:32:05 | 24 53 29 | 15 12 | 22 07 | 28 34 | 05 24 | 10 44 | 21 27 | 23 47 | 24 45 | 00 48 | 25 20 | 25 14 |
| 16 | 13:36:02 | 25 52 14 | 28 58 | 05♒44 | 29 53 | 06 33 | 11 30 | 21 26 | 23 43 | 24 46 | 00 51 | 25 21 | 25 11 |
| 17 | 13:39:58 | 26 50 58 | 12♒25 | 19 02 | 01♈15 | 07 42 | 12 16 | 21 26 | 23 40 | 24 47 | 00 53 | 25 22 | 25 08 |
| 18 | 13:43:55 | 27 49 41 | 25 36 | 02♓05 | 02 38 | 08 51 | 13 03 | 21 26D | 23 36 | 24 48 | 00 55 | 25 23 | 25 05 |
| 19 | 13:47:51 | 28 48 21 | 08♓32 | 14 55 | 04 03 | 09 59 | 13 49 | 21 26 | 23 33 | 24 48 | 00 57 | 25 23 | 25 01 |
| 20 | 13:51:48 | 29 47 00 | 21 14 | 27 31 | 05 30 | 11 08 | 14 35 | 21 26 | 23 29 | 24 49 | 01 00 | 25 24 | 24 58 |
| 21 | 13:55:44 | 00♉45 37 | 03♈45 | 09♈57 | 06 59 | 12 16 | 15 21 | 21 27 | 23 26 | 24 50 | 01 02 | 25 25 | 24 55 |
| 22 | 13:59:41 | 01 44 12 | 16 06 | 22 12 | 08 30 | 13 24 | 16 08 | 21 28 | 23 23 | 24 51 | 01 04 | 25 26 | 24 52 |
| 23 | 14:03:38 | 02 42 46 | 28 16 | 04♉18 | 10 02 | 14 32 | 16 54 | 21 29 | 23 20 | 24 52 | 01 06 | 25 27 | 24 49 |
| 24 | 14:07:34 | 03 41 17 | 10♉18 | 16 17 | 11 36 | 15 40 | 17 40 | 21 30 | 23 17 | 24 54 | 01 09 | 25 28 | 24 46 |
| 25 | 14:11:31 | 04 39 47 | 22 13 | 28 08 | 13 12 | 16 47 | 18 26 | 21 31 | 23 14 | 24 55 | 01 11 | 25 29 | 24 42 |
| 26 | 14:15:27 | 05 38 14 | 04♊03 | 09♊56 | 14 50 | 17 55 | 19 13 | 21 32 | 23 11 | 24 56 | 01 13 | 25 29 | 24 39 |
| 27 | 14:19:24 | 06 36 40 | 15 49 | 21 43 | 16 29 | 19 02 | 19 59 | 21 34 | 23 08 | 24 57 | 01 15 | 25 30 | 24 36 |
| 28 | 14:23:20 | 07 35 04 | 27 37 | 03♋32 | 18 11 | 20 09 | 20 45 | 21 36 | 23 05 | 24 59 | 01 18 | 25 31 | 24 33 |
| 29 | 14:27:17 | 08 33 26 | 09♋28 | 15 27 | 19 54 | 21 16 | 21 31 | 21 38 | 23 03 | 25 00 | 01 20 | 25 32 | 24 30 |
| 30 | 14:31:13 | 09 31 45 | 21 29 | 27 34 | 21 38 | 22 23 | 22 17 | 21 40 | 23 00 | 25 02 | 01 22 | 25 32 | 24 26 |

## Longitudes of the Major Asteroids and Chiron

0:00 E.T.

| D | ⚳ | ⚴ | ⚵ | ⚶ | ⚷ | D | ⚳ | ⚴ | ⚵ | ⚶ | ⚷ |
|---|---|---|---|---|---|---|---|---|---|---|---|
| 1 | 23♓50 | 21♒06 | 25♑46 | 17♌15℞ | 28♊41 | 16 | 29 35 | 25 13 | 29 05 | 17 56 | 29 23 |
| 2 | 24 13 | 21 23 | 26 00 | 17 15 | 28 43 | 17 | 29 58 | 25 28 | 29 17 | 18 03 | 29 26 |
| 3 | 24 36 | 21 40 | 26 15 | 17 15D | 28 45 | 18 | 00♈21 | 25 44 | 29 28 | 18 09 | 29 29 |
| 4 | 25 00 | 21 57 | 26 29 | 17 15 | 28 48 | 19 | 00 43 | 25 59 | 29 40 | 18 16 | 29 33 |
| 5 | 25 23 | 22 14 | 26 43 | 17 16 | 28 50 | 20 | 01 06 | 26 14 | 29 51 | 18 24 | 29 37 |
| 6 | 25 46 | 22 31 | 26 57 | 17 18 | 28 53 | 21 | 01 28 | 26 28 | 00♒02 | 18 31 | 29 40 |
| 7 | 26 09 | 22 48 | 27 10 | 17 20 | 28 55 | 22 | 01 51 | 26 43 | 00 12 | 18 40 | 29 44 |
| 8 | 26 32 | 23 05 | 27 24 | 17 22 | 28 58 | 23 | 02 13 | 26 57 | 00 23 | 18 48 | 29 48 |
| 9 | 26 55 | 23 21 | 27 37 | 17 25 | 29 01 | 24 | 02 36 | 27 12 | 00 33 | 18 57 | 29 51 |
| 10 | 27 18 | 23 38 | 27 50 | 17 28 | 29 04 | 25 | 02 58 | 27 26 | 00 43 | 19 07 | 29 55 |
| 11 | 27 41 | 23 54 | 28 03 | 17 31 | 29 07 | 26 | 03 21 | 27 40 | 00 53 | 19 16 | 29 59 |
| 12 | 28 04 | 24 10 | 28 16 | 17 36 | 29 10 | 27 | 03 43 | 27 53 | 01 02 | 19 27 | 00♋03 |
| 13 | 28 27 | 24 26 | 28 28 | 17 40 | 29 13 | 28 | 04 05 | 28 07 | 01 12 | 19 37 | 00 07 |
| 14 | 28 50 | 24 42 | 28 41 | 17 45 | 29 16 | 29 | 04 27 | 28 20 | 01 21 | 19 48 | 00 11 |
| 15 | 29 12 | 24 57 | 28 53 | 17 50 | 29 19 | 30 | 04 49 | 28 34 | 01 29 | 19 59 | 00 15 |

## Lunar Data

| Last Asp. | | Ingress | | |
|---|---|---|---|---|
| 2 | 22:44 | 3 | ♌ | 08:59 |
| 5 | 07:37 | 5 | ♍ | 16:17 |
| 7 | 14:20 | 7 | ♎ | 19:37 |
| 9 | 12:45 | 9 | ♏ | 20:25 |
| 11 | 13:01 | 11 | ♐ | 20:40 |
| 13 | 16:54 | 13 | ♑ | 22:06 |
| 16 | 01:49 | 16 | ♒ | 01:50 |
| 18 | 04:27 | 18 | ♓ | 08:08 |
| 20 | 06:51 | 20 | ♈ | 16:46 |
| 22 | 18:24 | 23 | ♉ | 03:26 |
| 25 | 06:36 | 25 | ♊ | 15:46 |
| 27 | 19:44 | 28 | ♋ | 04:51 |
| 30 | 07:01 | 30 | ♌ | 16:46 |

## Declinations

0:00 E.T.

| D | ☉ | ☽ | ☿ | ♀ | ♂ | ♃ | ♄ | ♅ | ♆ | ♇ | ⚳ | ⚴ | ⚵ | ⚶ | ⚷ |
|---|---|---|---|---|---|---|---|---|---|---|---|---|---|---|---|
| 1 | +04 24 | +23 58 | -07 03 | +18 32 | -12 39 | +15 17 | +04 20 | +21 43 | +10 00 | -22 00 | -09 50 | +07 44 | -09 08 | +23 31 | +17 19 |
| 2 | 04 47 | 24 22 | 06 57 | 18 54 | 12 23 | 15 18 | 04 22 | 21 43 | 10 01 | 22 00 | 09 41 | 07 50 | 09 03 | 23 30 | 17 19 |
| 3 | 05 10 | 23 36 | 06 48 | 19 16 | 12 07 | 15 19 | 04 24 | 21 43 | 10 01 | 22 00 | 09 32 | 07 56 | 08 59 | 23 29 | 17 20 |
| 4 | 05 33 | 21 37 | 06 38 | 19 38 | 11 51 | 15 20 | 04 26 | 21 43 | 10 02 | 22 00 | 09 24 | 08 02 | 08 54 | 23 27 | 17 20 |
| 5 | 05 56 | 18 30 | 06 26 | 19 59 | 11 35 | 15 21 | 04 27 | 21 43 | 10 03 | 22 00 | 09 15 | 08 08 | 08 49 | 23 26 | 17 21 |
| 6 | 06 19 | 14 19 | 06 12 | 20 20 | 11 18 | 15 21 | 04 29 | 21 43 | 10 04 | 21 59 | 09 06 | 08 14 | 08 44 | 23 24 | 17 21 |
| 7 | 06 42 | 09 14 | 05 56 | 20 40 | 11 02 | 15 22 | 04 30 | 21 43 | 10 04 | 21 59 | 08 58 | 08 20 | 08 39 | 23 22 | 17 21 |
| 8 | 07 04 | 03 32 | 05 39 | 20 59 | 10 45 | 15 22 | 04 32 | 21 43 | 10 05 | 21 59 | 08 49 | 08 26 | 08 34 | 23 20 | 17 22 |
| 9 | 07 26 | -02 30 | 05 20 | 21 18 | 10 28 | 15 23 | 04 34 | 21 43 | 10 06 | 21 59 | 08 41 | 08 33 | 08 29 | 23 18 | 17 22 |
| 10 | 07 49 | 08 30 | 04 59 | 21 37 | 10 11 | 15 23 | 04 35 | 21 42 | 10 07 | 21 59 | 08 32 | 08 39 | 08 24 | 23 16 | 17 23 |
| 11 | 08 11 | 14 02 | 04 37 | 21 55 | 09 54 | 15 23 | 04 37 | 21 42 | 10 08 | 21 59 | 08 24 | 08 45 | 08 19 | 23 13 | 17 23 |
| 12 | 08 33 | 18 43 | 04 13 | 22 12 | 09 37 | 15 24 | 04 38 | 21 42 | 10 08 | 21 58 | 08 15 | 08 51 | 08 14 | 23 11 | 17 23 |
| 13 | 08 55 | 22 09 | 03 48 | 22 29 | 09 20 | 15 24 | 04 40 | 21 42 | 10 09 | 21 58 | 08 07 | 08 57 | 08 09 | 23 08 | 17 24 |
| 14 | 09 17 | 24 05 | 03 22 | 22 45 | 09 03 | 15 24 | 04 41 | 21 42 | 10 10 | 21 58 | 07 58 | 09 04 | 08 04 | 23 05 | 17 24 |
| 15 | 09 38 | 24 25 | 02 54 | 23 01 | 08 46 | 15 24 | 04 42 | 21 42 | 10 11 | 21 58 | 07 50 | 09 10 | 07 58 | 23 02 | 17 25 |
| 16 | 10 00 | 23 14 | 02 25 | 23 16 | 08 29 | 15 24 | 04 44 | 21 42 | 10 12 | 21 58 | 07 41 | 09 16 | 07 53 | 22 58 | 17 25 |
| 17 | 10 21 | 20 45 | 01 54 | 23 31 | 08 11 | 15 24 | 04 45 | 21 42 | 10 12 | 21 58 | 07 33 | 09 22 | 07 48 | 22 55 | 17 25 |
| 18 | 10 42 | 17 13 | 01 23 | 23 44 | 07 54 | 15 24 | 04 46 | 21 41 | 10 13 | 21 58 | 07 25 | 09 29 | 07 43 | 22 51 | 17 26 |
| 19 | 11 03 | 12 56 | 00 50 | 23 58 | 07 36 | 15 24 | 04 48 | 21 41 | 10 14 | 21 58 | 07 16 | 09 35 | 07 38 | 22 48 | 17 26 |
| 20 | 11 24 | 08 09 | 00 16 | 24 10 | 07 18 | 15 24 | 04 49 | 21 41 | 10 15 | 21 58 | 07 08 | 09 41 | 07 33 | 22 44 | 17 27 |
| 21 | 11 44 | 03 07 | +00 19 | 24 23 | 07 01 | 15 23 | 04 50 | 21 41 | 10 15 | 21 58 | 07 00 | 09 47 | 07 28 | 22 40 | 17 27 |
| 22 | 12 05 | +01 59 | 00 56 | 24 34 | 06 43 | 15 23 | 04 51 | 21 41 | 10 16 | 21 58 | 06 52 | 09 54 | 07 23 | 22 36 | 17 27 |
| 23 | 12 25 | 06 57 | 01 33 | 24 45 | 06 25 | 15 23 | 04 52 | 21 40 | 10 17 | 21 57 | 06 44 | 10 00 | 07 18 | 22 31 | 17 28 |
| 24 | 12 45 | 11 36 | 02 11 | 24 55 | 06 07 | 15 22 | 04 53 | 21 40 | 10 18 | 21 57 | 06 36 | 10 06 | 07 13 | 22 27 | 17 28 |
| 25 | 13 04 | 15 47 | 02 50 | 25 05 | 05 50 | 15 22 | 04 54 | 21 40 | 10 19 | 21 57 | 06 28 | 10 12 | 07 08 | 22 23 | 17 28 |
| 26 | 13 24 | 19 19 | 03 31 | 25 14 | 05 32 | 15 21 | 04 55 | 21 40 | 10 19 | 21 57 | 06 20 | 10 18 | 07 03 | 22 18 | 17 29 |
| 27 | 13 43 | 22 04 | 04 12 | 25 22 | 05 14 | 15 20 | 04 56 | 21 39 | 10 20 | 21 57 | 06 12 | 10 25 | 06 59 | 22 13 | 17 29 |
| 28 | 14 02 | 23 51 | 04 54 | 25 30 | 04 56 | 15 20 | 04 57 | 21 39 | 10 21 | 21 57 | 06 04 | 10 31 | 06 54 | 22 08 | 17 29 |
| 29 | 14 21 | 24 35 | 05 36 | 25 37 | 04 38 | 15 19 | 04 58 | 21 39 | 10 22 | 21 57 | 05 56 | 10 37 | 06 49 | 22 03 | 17 29 |
| 30 | 14 40 | 24 11 | 06 20 | 25 43 | 04 20 | 15 18 | 04 59 | 21 39 | 10 22 | 21 58 | 05 48 | 10 43 | 06 44 | 21 58 | 17 30 |

Lunar Phases -- 1 ◐ 21:56 9 ○ 02:54 15 ◑ 18:08 23 ● 09:36 Sun enters ♉ 4/20 05:19

# 0:00 E.T. Longitudes of Main Planets - May 2039 **May 39**

| D | S.T. | ☉ | ☽ | ☽ 12:00 | ☿ | ♀ | ♂ | ♃ | ♄ | ♅ | ♆ | ♇ | ☊ |
|---|---|---|---|---|---|---|---|---|---|---|---|---|---|
| 1 | 14:35:10 | 10♉30 03 | 03♌43 | 09♌57 | 23♈25 | 23♊29 | 23♓03 | 21♌43 | 22♍58℞ | 25♋03 | 01♉24 | 25♒33 | 24♊23 |
| 2 | 14:39:07 | 11 28 19 | 16 16 | 22 41 | 25 13 | 24 36 | 23 49 | 21 45 | 22 55 | 25 05 | 01 27 | 25 34 | 24 20 |
| 3 | 14:43:03 | 12 26 32 | 29 13 | 05♍51 | 27 03 | 25 42 | 24 35 | 21 48 | 22 53 | 25 06 | 01 29 | 25 34 | 24 17 |
| 4 | 14:47:00 | 13 24 44 | 12♍36 | 19 28 | 28 55 | 26 48 | 25 21 | 21 51 | 22 51 | 25 08 | 01 31 | 25 35 | 24 14 |
| 5 | 14:50:56 | 14 22 53 | 26 28 | 03♎35 | 00♉48 | 27 53 | 26 07 | 21 54 | 22 49 | 25 09 | 01 33 | 25 36 | 24 11 |
| 6 | 14:54:53 | 15 21 00 | 10♎48 | 18 07 | 02 44 | 28 59 | 26 53 | 21 57 | 22 47 | 25 11 | 01 36 | 25 36 | 24 07 |
| 7 | 14:58:49 | 16 19 06 | 25 32 | 03♏02 | 04 41 | 00♋04 | 27 39 | 22 00 | 22 45 | 25 13 | 01 38 | 25 37 | 24 04 |
| 8 | 15:02:46 | 17 17 10 | 10♏34 | 18 09 | 06 40 | 01 09 | 28 25 | 22 04 | 22 43 | 25 15 | 01 40 | 25 37 | 24 01 |
| 9 | 15:06:42 | 18 15 12 | 25 45 | 03♐20 | 08 40 | 02 14 | 29 11 | 22 08 | 22 42 | 25 17 | 01 42 | 25 38 | 23 58 |
| 10 | 15:10:39 | 19 13 13 | 10♐54 | 18 26 | 10 42 | 03 19 | 29 57 | 22 12 | 22 40 | 25 19 | 01 44 | 25 38 | 23 55 |
| 11 | 15:14:36 | 20 11 12 | 25 54 | 03♑17 | 12 46 | 04 23 | 00♈43 | 22 16 | 22 38 | 25 21 | 01 47 | 25 38 | 23 52 |
| 12 | 15:18:32 | 21 09 10 | 10♑35 | 17 48 | 14 51 | 05 27 | 01 29 | 22 20 | 22 37 | 25 23 | 01 49 | 25 39 | 23 48 |
| 13 | 15:22:29 | 22 07 06 | 24 54 | 01♒55 | 16 58 | 06 31 | 02 15 | 22 24 | 22 36 | 25 25 | 01 51 | 25 39 | 23 45 |
| 14 | 15:26:25 | 23 05 02 | 08♒50 | 15 38 | 19 06 | 07 34 | 03 00 | 22 29 | 22 35 | 25 27 | 01 53 | 25 40 | 23 42 |
| 15 | 15:30:22 | 24 02 56 | 22 21 | 28 58 | 21 15 | 08 38 | 03 46 | 22 34 | 22 34 | 25 29 | 01 55 | 25 40 | 23 39 |
| 16 | 15:34:18 | 25 00 48 | 05♓30 | 11♓57 | 23 25 | 09 41 | 04 32 | 22 38 | 22 33 | 25 31 | 01 57 | 25 40 | 23 36 |
| 17 | 15:38:15 | 25 58 40 | 18 19 | 24 37 | 25 35 | 10 44 | 05 18 | 22 44 | 22 32 | 25 33 | 01 59 | 25 40 | 23 32 |
| 18 | 15:42:11 | 26 56 30 | 00♈52 | 07♈03 | 27 47 | 11 46 | 06 03 | 22 49 | 22 31 | 25 35 | 02 01 | 25 41 | 23 29 |
| 19 | 15:46:08 | 27 54 19 | 13 11 | 19 16 | 29 58 | 12 48 | 06 49 | 22 54 | 22 30 | 25 38 | 02 04 | 25 41 | 23 26 |
| 20 | 15:50:05 | 28 52 07 | 25 19 | 01♉19 | 02♊09 | 13 50 | 07 34 | 23 00 | 22 30 | 25 40 | 02 06 | 25 41 | 23 23 |
| 21 | 15:54:01 | 29 49 53 | 07♉18 | 13 15 | 04 20 | 14 52 | 08 20 | 23 05 | 22 29 | 25 43 | 02 08 | 25 41 | 23 20 |
| 22 | 15:57:58 | 00♊47 39 | 19 11 | 25 06 | 06 31 | 15 53 | 09 06 | 23 11 | 22 29 | 25 45 | 02 10 | 25 41 | 23 17 |
| 23 | 16:01:54 | 01 45 23 | 01♊01 | 06♊54 | 08 40 | 16 54 | 09 51 | 23 17 | 22 28 | 25 47 | 02 12 | 25 41 | 23 13 |
| 24 | 16:05:51 | 02 43 06 | 12 48 | 18 41 | 10 48 | 17 54 | 10 36 | 23 23 | 22 28 | 25 50 | 02 14 | 25 42 | 23 10 |
| 25 | 16:09:47 | 03 40 47 | 24 35 | 00♋30 | 12 55 | 18 54 | 11 22 | 23 29 | 22 28 | 25 52 | 02 16 | 25 42 | 23 07 |
| 26 | 16:13:44 | 04 38 27 | 06♋26 | 12 23 | 15 01 | 19 54 | 12 07 | 23 36 | 22 28D | 25 55 | 02 18 | 25 42 | 23 04 |
| 27 | 16:17:40 | 05 36 06 | 18 22 | 24 23 | 17 04 | 20 54 | 12 53 | 23 42 | 22 28 | 25 58 | 02 20 | 25 42℞ | 23 01 |
| 28 | 16:21:37 | 06 33 43 | 00♌27 | 06♌34 | 19 06 | 21 53 | 13 38 | 23 49 | 22 29 | 26 00 | 02 22 | 25 42 | 22 58 |
| 29 | 16:25:34 | 07 31 19 | 12 44 | 18 59 | 21 05 | 22 51 | 14 23 | 23 56 | 22 29 | 26 03 | 02 24 | 25 42 | 22 54 |
| 30 | 16:29:30 | 08 28 54 | 25 18 | 01♍43 | 23 02 | 23 49 | 15 08 | 24 02 | 22 29 | 26 06 | 02 26 | 25 41 | 22 51 |
| 31 | 16:33:27 | 09 26 27 | 08♍13 | 14 48 | 24 56 | 24 47 | 15 53 | 24 09 | 22 30 | 26 08 | 02 27 | 25 41 | 22 48 |

## 0:00 E.T. Longitudes of the Major Asteroids and Chiron

| D | ⚳ | ⚴ | ⚵ | ⚶ | ⚷ | D | ⚳ | ⚴ | ⚵ | ⚶ | ⚷ |
|---|---|---|---|---|---|---|---|---|---|---|---|
| 1 | 05♈11 | 28♒47 | 01♒38 | 20♌11 | 00♋20 | 17 | 10 56 | 01 48 | 03 16 | 23 57 | 01 33 |
| 2 | 05 33 | 28 59 | 01 46 | 20 22 | 00 24 | 18 | 11 17 | 01 57 | 03 20 | 24 14 | 01 38 |
| 3 | 05 55 | 29 12 | 01 54 | 20 35 | 00 28 | 19 | 11 38 | 02 07 | 03 23 | 24 31 | 01 43 |
| 4 | 06 17 | 29 25 | 02 02 | 20 47 | 00 32 | 20 | 11 58 | 02 16 | 03 26 | 24 48 | 01 48 |
| 5 | 06 39 | 29 37 | 02 09 | 21 00 | 00 37 | 21 | 12 19 | 02 24 | 03 28 | 25 05 | 01 53 |
| 6 | 07 01 | 29 49 | 02 16 | 21 13 | 00 41 | 22 | 12 40 | 02 33 | 03 31 | 25 23 | 01 59 |
| 7 | 07 22 | 00♓01 | 02 23 | 21 27 | 00 46 | 23 | 13 00 | 02 41 | 03 33 | 25 40 | 02 04 |
| 8 | 07 44 | 00 12 | 02 30 | 21 40 | 00 50 | 24 | 13 21 | 02 49 | 03 34 | 25 58 | 02 09 |
| 9 | 08 06 | 00 24 | 02 36 | 21 55 | 00 55 | 25 | 13 41 | 02 57 | 03 36 | 26 17 | 02 14 |
| 10 | 08 27 | 00 35 | 02 42 | 22 09 | 01 00 | 26 | 14 01 | 03 04 | 03 36 | 26 35 | 02 19 |
| 11 | 08 49 | 00 46 | 02 48 | 22 24 | 01 04 | 27 | 14 22 | 03 12 | 03 37 | 26 54 | 02 25 |
| 12 | 09 10 | 00 57 | 02 53 | 22 38 | 01 09 | 28 | 14 42 | 03 19 | 03 37 | 27 13 | 02 30 |
| 13 | 09 31 | 01 08 | 02 59 | 22 54 | 01 14 | 29 | 15 02 | 03 25 | 03 37℞ | 27 32 | 02 35 |
| 14 | 09 52 | 01 18 | 03 03 | 23 09 | 01 19 | 30 | 15 22 | 03 32 | 03 37 | 27 51 | 02 41 |
| 15 | 10 14 | 01 28 | 03 08 | 23 25 | 01 23 | 31 | 15 41 | 03 38 | 03 36 | 28 11 | 02 46 |
| 16 | 10 35 | 01 38 | 03 12 | 23 41 | 01 28 | | | | | | |

## Lunar Data

| Last Asp. | | Ingress | |
|---|---|---|---|
| 2 | 19:23 | 3 ♍ | 01:26 |
| 5 | 02:37 | 5 ♎ | 05:59 |
| 7 | 00:07 | 7 ♏ | 07:10 |
| 9 | 05:43 | 9 ♐ | 06:43 |
| 10 | 23:36 | 11 ♑ | 06:39 |
| 13 | 00:52 | 13 ♒ | 08:42 |
| 15 | 05:60 | 15 ♓ | 13:53 |
| 17 | 16:47 | 17 ♈ | 22:20 |
| 20 | 00:45 | 20 ♉ | 09:22 |
| 22 | 13:21 | 22 ♊ | 21:57 |
| 25 | 02:14 | 25 ♋ | 10:59 |
| 27 | 15:11 | 27 ♌ | 23:07 |
| 30 | 00:43 | 30 ♍ | 08:48 |

## 0:00 E.T. Declinations

| D | ☉ | ☽ | ☿ | ♀ | ♂ | ♃ | ♄ | ♅ | ♆ | ♇ | ⚳ | ⚴ | ⚵ | ⚶ | ⚷ |
|---|---|---|---|---|---|---|---|---|---|---|---|---|---|---|---|
| 1 | +14 58 | +22 37 | +07 04 | +25 49 | -04 02 | +15 17 | +05 00 | +21 38 | +10 23 | -21 58 | -05 40 | +10 49 | -06 39 | +21 53 | +17 30 |
| 2 | 15 16 | 19 56 | 07 49 | 25 54 | 03 44 | 15 16 | 05 01 | 21 38 | 10 24 | 21 58 | 05 32 | 10 55 | 06 34 | 21 47 | 17 30 |
| 3 | 15 34 | 16 12 | 08 35 | 25 58 | 03 25 | 15 15 | 05 02 | 21 38 | 10 25 | 21 58 | 05 24 | 11 02 | 06 30 | 21 42 | 17 31 |
| 4 | 15 52 | 11 32 | 09 21 | 26 02 | 03 07 | 15 14 | 05 02 | 21 37 | 10 26 | 21 58 | 05 17 | 11 08 | 06 25 | 21 36 | 17 31 |
| 5 | 16 09 | 06 09 | 10 07 | 26 05 | 02 49 | 15 13 | 05 03 | 21 37 | 10 26 | 21 58 | 05 09 | 11 14 | 06 20 | 21 31 | 17 31 |
| 6 | 16 26 | 00 15 | 10 54 | 26 07 | 02 31 | 15 12 | 05 04 | 21 37 | 10 27 | 21 58 | 05 02 | 11 20 | 06 16 | 21 25 | 17 31 |
| 7 | 16 43 | -05 49 | 11 41 | 26 09 | 02 13 | 15 11 | 05 04 | 21 36 | 10 28 | 21 58 | 04 54 | 11 26 | 06 11 | 21 19 | 17 32 |
| 8 | 16 59 | 11 42 | 12 29 | 26 10 | 01 55 | 15 09 | 05 05 | 21 36 | 10 29 | 21 58 | 04 46 | 11 32 | 06 06 | 21 13 | 17 32 |
| 9 | 17 16 | 16 55 | 13 16 | 26 10 | 01 37 | 15 08 | 05 05 | 21 36 | 10 29 | 21 58 | 04 39 | 11 38 | 06 02 | 21 07 | 17 32 |
| 10 | 17 32 | 21 03 | 14 03 | 26 10 | 01 18 | 15 07 | 05 06 | 21 35 | 10 30 | 21 58 | 04 32 | 11 43 | 05 57 | 21 01 | 17 32 |
| 11 | 17 47 | 23 42 | 14 50 | 26 10 | 01 00 | 15 05 | 05 06 | 21 35 | 10 31 | 21 59 | 04 24 | 11 49 | 05 53 | 20 54 | 17 33 |
| 12 | 18 03 | 24 39 | 15 37 | 26 08 | 00 42 | 15 04 | 05 06 | 21 35 | 10 31 | 21 59 | 04 17 | 11 55 | 05 49 | 20 48 | 17 33 |
| 13 | 18 18 | 23 55 | 16 23 | 26 06 | 00 24 | 15 02 | 05 07 | 21 34 | 10 32 | 21 59 | 04 10 | 12 01 | 05 44 | 20 41 | 17 33 |
| 14 | 18 32 | 21 43 | 17 09 | 26 03 | 00 06 | 15 01 | 05 07 | 21 34 | 10 33 | 21 59 | 04 02 | 12 07 | 05 40 | 20 35 | 17 33 |
| 15 | 18 47 | 18 20 | 17 53 | 26 00 | +00 12 | 14 59 | 05 07 | 21 33 | 10 34 | 21 59 | 03 55 | 12 12 | 05 36 | 20 28 | 17 33 |
| 16 | 19 01 | 14 09 | 18 37 | 25 56 | 00 30 | 14 57 | 05 08 | 21 33 | 10 34 | 21 59 | 03 48 | 12 18 | 05 32 | 20 21 | 17 33 |
| 17 | 19 15 | 09 25 | 19 19 | 25 52 | 00 48 | 14 55 | 05 08 | 21 32 | 10 35 | 22 00 | 03 41 | 12 24 | 05 27 | 20 14 | 17 34 |
| 18 | 19 28 | 04 24 | 19 59 | 25 47 | 01 07 | 14 54 | 05 08 | 21 32 | 10 36 | 22 00 | 03 34 | 12 29 | 05 23 | 20 07 | 17 34 |
| 19 | 19 41 | +00 42 | 20 38 | 25 41 | 01 25 | 14 52 | 05 08 | 21 32 | 10 36 | 22 00 | 03 27 | 12 35 | 05 20 | 20 00 | 17 34 |
| 20 | 19 54 | 05 42 | 21 15 | 25 35 | 01 43 | 14 50 | 05 08 | 21 31 | 10 37 | 22 00 | 03 20 | 12 40 | 05 16 | 19 53 | 17 34 |
| 21 | 20 07 | 10 27 | 21 50 | 25 28 | 02 01 | 14 48 | 05 08 | 21 31 | 10 38 | 22 00 | 03 13 | 12 46 | 05 12 | 19 45 | 17 34 |
| 22 | 20 19 | 14 46 | 22 23 | 25 20 | 02 18 | 14 46 | 05 08 | 21 30 | 10 38 | 22 01 | 03 07 | 12 51 | 05 08 | 19 38 | 17 34 |
| 23 | 20 31 | 18 30 | 22 53 | 25 12 | 02 36 | 14 44 | 05 08 | 21 30 | 10 39 | 22 01 | 03 00 | 12 56 | 05 04 | 19 31 | 17 34 |
| 24 | 20 42 | 21 29 | 23 21 | 25 04 | 02 54 | 14 42 | 05 08 | 21 29 | 10 40 | 22 01 | 02 53 | 13 01 | 05 01 | 19 23 | 17 34 |
| 25 | 20 53 | 23 34 | 23 46 | 24 55 | 03 12 | 14 39 | 05 08 | 21 29 | 10 40 | 22 01 | 02 47 | 13 07 | 04 57 | 19 15 | 17 34 |
| 26 | 21 04 | 24 35 | 24 08 | 24 46 | 03 30 | 14 37 | 05 07 | 21 28 | 10 41 | 22 02 | 02 40 | 13 12 | 04 54 | 19 07 | 17 35 |
| 27 | 21 14 | 24 30 | 24 28 | 24 35 | 03 47 | 14 35 | 05 07 | 21 28 | 10 42 | 22 02 | 02 34 | 13 17 | 04 51 | 19 00 | 17 35 |
| 28 | 21 24 | 23 16 | 24 45 | 24 25 | 04 05 | 14 33 | 05 07 | 21 27 | 10 42 | 22 02 | 02 27 | 13 22 | 04 47 | 18 52 | 17 35 |
| 29 | 21 34 | 20 54 | 25 00 | 24 14 | 04 23 | 14 30 | 05 07 | 21 27 | 10 43 | 22 03 | 02 21 | 13 26 | 04 44 | 18 44 | 17 35 |
| 30 | 21 43 | 17 32 | 25 11 | 24 03 | 04 40 | 14 28 | 05 06 | 21 26 | 10 44 | 22 03 | 02 15 | 13 31 | 04 41 | 18 36 | 17 35 |
| 31 | 21 52 | 13 15 | 25 21 | 23 51 | 04 58 | 14 26 | 05 06 | 21 26 | 10 44 | 22 03 | 02 09 | 13 36 | 04 38 | 18 27 | 17 35 |

Lunar Phases -- 1 ◐ 14:09 8 ○ 11:21 15 ◑ 03:18 23 ● 01:39 31 ◐ 02:26 Sun enters ♊ 5/21 04:12

## June 39 — Longitudes of Main Planets - June 2039 — 0:00 E.T.

| D | S.T. | ☉ | ☽ | ☽ 12:00 | ☿ | ♀ | ♂ | ♃ | ♄ | ♅ | ♆ | ♇ | ☊ |
|---|---|---|---|---|---|---|---|---|---|---|---|---|---|
| 1 | 16:37:23 | 10♊23 59 | 21♍30 | 28♍19 | 26♊48 | 25♋44 | 16♈38 | 24♌17 | 22♍31 | 26♋11 | 02♉29 | 25♒41℞ | 22♊45 |
| 2 | 16:41:20 | 11 21 29 | 05♎14 | 12♎16 | 28 37 | 26 41 | 17 23 | 24 24 | 22 31 | 26 14 | 02 31 | 25 41 | 22 42 |
| 3 | 16:45:16 | 12 18 58 | 19 24 | 26 38 | 00♋24 | 27 38 | 18 08 | 24 31 | 22 32 | 26 17 | 02 33 | 25 41 | 22 38 |
| 4 | 16:49:13 | 13 16 26 | 03♏59 | 11♏24 | 02 08 | 28 34 | 18 53 | 24 39 | 22 33 | 26 20 | 02 35 | 25 41 | 22 35 |
| 5 | 16:53:09 | 14 13 52 | 18 53 | 26 26 | 03 49 | 29 29 | 19 38 | 24 47 | 22 34 | 26 23 | 02 37 | 25 41 | 22 32 |
| 6 | 16:57:06 | 15 11 18 | 04♐01 | 11♐37 | 05 28 | 00♌24 | 20 23 | 24 54 | 22 35 | 26 26 | 02 39 | 25 40 | 22 29 |
| 7 | 17:01:03 | 16 08 42 | 19 13 | 26 48 | 07 03 | 01 18 | 21 08 | 25 02 | 22 37 | 26 29 | 02 40 | 25 40 | 22 26 |
| 8 | 17:04:59 | 17 06 06 | 04♑20 | 11♑49 | 08 36 | 02 12 | 21 52 | 25 10 | 22 38 | 26 32 | 02 42 | 25 40 | 22 23 |
| 9 | 17:08:56 | 18 03 29 | 19 13 | 26 32 | 10 06 | 03 05 | 22 37 | 25 19 | 22 40 | 26 35 | 02 44 | 25 39 | 22 19 |
| 10 | 17:12:52 | 19 00 51 | 03♒45 | 10♒51 | 11 33 | 03 57 | 23 22 | 25 27 | 22 41 | 26 38 | 02 45 | 25 39 | 22 16 |
| 11 | 17:16:49 | 19 58 13 | 17 51 | 24 45 | 12 57 | 04 49 | 24 06 | 25 35 | 22 43 | 26 41 | 02 47 | 25 39 | 22 13 |
| 12 | 17:20:45 | 20 55 34 | 01♓32 | 08♓12 | 14 18 | 05 40 | 24 51 | 25 44 | 22 45 | 26 44 | 02 49 | 25 38 | 22 10 |
| 13 | 17:24:42 | 21 52 55 | 14 46 | 21 14 | 15 37 | 06 31 | 25 35 | 25 52 | 22 46 | 26 47 | 02 50 | 25 38 | 22 07 |
| 14 | 17:28:38 | 22 50 15 | 27 36 | 03♈53 | 16 52 | 07 20 | 26 20 | 26 01 | 22 48 | 26 50 | 02 52 | 25 37 | 22 04 |
| 15 | 17:32:35 | 23 47 34 | 10♈06 | 16 15 | 18 04 | 08 10 | 27 04 | 26 10 | 22 50 | 26 53 | 02 54 | 25 37 | 22 00 |
| 16 | 17:36:32 | 24 44 54 | 22 20 | 28 22 | 19 13 | 08 58 | 27 48 | 26 19 | 22 53 | 26 57 | 02 55 | 25 36 | 21 57 |
| 17 | 17:40:28 | 25 42 13 | 04♉21 | 10♉19 | 20 19 | 09 45 | 28 33 | 26 28 | 22 55 | 27 00 | 02 57 | 25 36 | 21 54 |
| 18 | 17:44:25 | 26 39 31 | 16 14 | 22 09 | 21 21 | 10 32 | 29 17 | 26 37 | 22 57 | 27 03 | 02 58 | 25 35 | 21 51 |
| 19 | 17:48:21 | 27 36 49 | 28 03 | 03♊56 | 22 21 | 11 18 | 00♉01 | 26 46 | 23 00 | 27 06 | 03 00 | 25 35 | 21 48 |
| 20 | 17:52:18 | 28 34 07 | 09♊50 | 15 44 | 23 17 | 12 03 | 00 45 | 26 56 | 23 02 | 27 10 | 03 01 | 25 34 | 21 44 |
| 21 | 17:56:14 | 29 31 24 | 21 38 | 27 33 | 24 09 | 12 47 | 01 29 | 27 05 | 23 05 | 27 13 | 03 03 | 25 34 | 21 41 |
| 22 | 18:00:11 | 00♋28 41 | 03♋30 | 09♋28 | 24 57 | 13 31 | 02 13 | 27 15 | 23 08 | 27 16 | 03 04 | 25 33 | 21 38 |
| 23 | 18:04:07 | 01 25 58 | 15 28 | 21 29 | 25 42 | 14 13 | 02 57 | 27 24 | 23 10 | 27 20 | 03 05 | 25 32 | 21 35 |
| 24 | 18:08:04 | 02 23 14 | 27 33 | 03♌40 | 26 23 | 14 54 | 03 40 | 27 34 | 23 13 | 27 23 | 03 07 | 25 32 | 21 32 |
| 25 | 18:12:01 | 03 20 29 | 09♌49 | 16 01 | 27 01 | 15 34 | 04 24 | 27 44 | 23 16 | 27 27 | 03 08 | 25 31 | 21 29 |
| 26 | 18:15:57 | 04 17 44 | 22 16 | 28 35 | 27 34 | 16 14 | 05 08 | 27 54 | 23 19 | 27 30 | 03 10 | 25 30 | 21 25 |
| 27 | 18:19:54 | 05 14 59 | 04♍58 | 11♍25 | 28 03 | 16 52 | 05 51 | 28 04 | 23 23 | 27 34 | 03 11 | 25 30 | 21 22 |
| 28 | 18:23:50 | 06 12 13 | 17 57 | 24 33 | 28 27 | 17 28 | 06 35 | 28 14 | 23 26 | 27 37 | 03 12 | 25 29 | 21 19 |
| 29 | 18:27:47 | 07 09 26 | 01♎14 | 08♎00 | 28 47 | 18 04 | 07 18 | 28 24 | 23 29 | 27 41 | 03 13 | 25 28 | 21 16 |
| 30 | 18:31:43 | 08 06 39 | 14 51 | 21 48 | 29 03 | 18 38 | 08 01 | 28 35 | 23 33 | 27 44 | 03 14 | 25 27 | 21 13 |

## 0:00 E.T. — Longitudes of the Major Asteroids and Chiron

| D | ⚳ | ⚴ | ⚵ | ⚶ | ⚷ |
|---|---|---|---|---|---|
| 1 | 16♈01 | 03♓44 | 03♒35℞ | 28♌31 | 02♋52 |
| 2 | 16 21 | 03 49 | 03 33 | 28 51 | 02 57 |
| 3 | 16 40 | 03 54 | 03 31 | 29 11 | 03 03 |
| 4 | 17 00 | 03 59 | 03 29 | 29 31 | 03 08 |
| 5 | 17 19 | 04 04 | 03 26 | 29 52 | 03 14 |
| 6 | 17 38 | 04 09 | 03 23 | 00♍13 | 03 19 |
| 7 | 17 57 | 04 13 | 03 20 | 00 34 | 03 25 |
| 8 | 18 16 | 04 16 | 03 16 | 00 55 | 03 30 |
| 9 | 18 35 | 04 20 | 03 12 | 01 16 | 03 36 |
| 10 | 18 54 | 04 23 | 03 08 | 01 37 | 03 41 |
| 11 | 19 13 | 04 26 | 03 03 | 01 59 | 03 47 |
| 12 | 19 31 | 04 29 | 02 58 | 02 21 | 03 53 |
| 13 | 19 50 | 04 31 | 02 52 | 02 43 | 03 58 |
| 14 | 20 08 | 04 33 | 02 46 | 03 05 | 04 04 |
| 15 | 20 26 | 04 34 | 02 40 | 03 27 | 04 10 |
| 16 | 20 44 | 04 36 | 02 33 | 03 50 | 04 16 |
| 17 | 21 02 | 04 37 | 02 26 | 04 12 | 04 21 |
| 18 | 21 20 | 04 37 | 02 19 | 04 35 | 04 27 |
| 19 | 21 38 | 04 37 | 02 12 | 04 58 | 04 33 |
| 20 | 21 55 | 04 37℞ | 02 04 | 05 21 | 04 39 |
| 21 | 22 13 | 04 37 | 01 55 | 05 44 | 04 44 |
| 22 | 22 30 | 04 36 | 01 46 | 06 08 | 04 50 |
| 23 | 22 47 | 04 35 | 01 37 | 06 31 | 04 56 |
| 24 | 23 04 | 04 34 | 01 28 | 06 55 | 05 02 |
| 25 | 23 21 | 04 32 | 01 18 | 07 19 | 05 07 |
| 26 | 23 38 | 04 30 | 01 09 | 07 43 | 05 13 |
| 27 | 23 54 | 04 27 | 00 58 | 08 07 | 05 19 |
| 28 | 24 11 | 04 24 | 00 48 | 08 31 | 05 25 |
| 29 | 24 27 | 04 21 | 00 37 | 08 55 | 05 31 |
| 30 | 24 43 | 04 18 | 00 26 | 09 20 | 05 36 |

## Lunar Data

| Last Asp. | Ingress |
|---|---|
| 1 10:47 | 1 ♎ 14:56 |
| 3 14:33 | 3 ♏ 17:31 |
| 5 11:57 | 5 ♐ 17:39 |
| 7 10:12 | 7 ♑ 17:06 |
| 9 12:08 | 9 ♒ 17:45 |
| 11 13:37 | 11 ♓ 21:17 |
| 13 22:33 | 14 ♈ 04:34 |
| 16 11:36 | 16 ♉ 15:16 |
| 18 22:05 | 19 ♊ 03:58 |
| 21 11:12 | 21 ♋ 16:56 |
| 23 23:40 | 24 ♌ 04:49 |
| 26 10:50 | 26 ♍ 14:40 |
| 28 19:32 | 28 ♎ 21:48 |
| 1 00:42 | |

## 0:00 E.T. — Declinations

| D | ☉ | ☽ | ☿ | ♀ | ♂ | ♃ | ♄ | ♅ | ♆ | ♇ | ⚳ | ⚴ | ⚵ | ⚶ | ⚷ |
|---|---|---|---|---|---|---|---|---|---|---|---|---|---|---|---|
| 1 | +22 00 | +08 13 | +25 27 | +23 38 | +05 15 | +14 23 | +05 05 | +21 25 | +10 45 | -22 04 | -02 02 | +13 40 | -04 35 | +18 19 | +17 35 |
| 2 | 22 08 | 02 39 | 25 32 | 23 25 | 05 32 | 14 21 | 05 05 | 21 25 | 10 45 | 22 04 | 01 56 | 13 45 | 04 33 | 18 11 | 17 35 |
| 3 | 22 16 | -03 14 | 25 34 | 23 12 | 05 49 | 14 18 | 05 04 | 21 24 | 10 46 | 22 04 | 01 50 | 13 49 | 04 30 | 18 02 | 17 35 |
| 4 | 22 23 | 09 08 | 25 33 | 22 59 | 06 07 | 14 15 | 05 04 | 21 24 | 10 47 | 22 05 | 01 44 | 13 54 | 04 28 | 17 54 | 17 35 |
| 5 | 22 30 | 14 39 | 25 31 | 22 45 | 06 24 | 14 13 | 05 03 | 21 23 | 10 47 | 22 05 | 01 39 | 13 58 | 04 25 | 17 45 | 17 35 |
| 6 | 22 37 | 19 20 | 25 27 | 22 30 | 06 41 | 14 10 | 05 03 | 21 22 | 10 48 | 22 05 | 01 33 | 14 02 | 04 23 | 17 36 | 17 35 |
| 7 | 22 43 | 22 44 | 25 21 | 22 15 | 06 58 | 14 07 | 05 02 | 21 22 | 10 48 | 22 06 | 01 27 | 14 06 | 04 21 | 17 28 | 17 34 |
| 8 | 22 49 | 24 30 | 25 13 | 22 00 | 07 14 | 14 04 | 05 01 | 21 21 | 10 49 | 22 06 | 01 21 | 14 10 | 04 19 | 17 19 | 17 34 |
| 9 | 22 54 | 24 27 | 25 04 | 21 45 | 07 31 | 14 02 | 05 00 | 21 21 | 10 49 | 22 07 | 01 16 | 14 14 | 04 17 | 17 10 | 17 34 |
| 10 | 22 59 | 22 44 | 24 53 | 21 29 | 07 48 | 13 59 | 05 00 | 21 20 | 10 50 | 22 07 | 01 10 | 14 18 | 04 15 | 17 01 | 17 34 |
| 11 | 23 03 | 19 39 | 24 40 | 21 13 | 08 04 | 13 56 | 04 59 | 21 19 | 10 51 | 22 07 | 01 05 | 14 21 | 04 13 | 16 52 | 17 34 |
| 12 | 23 07 | 15 34 | 24 27 | 20 57 | 08 21 | 13 53 | 04 58 | 21 19 | 10 51 | 22 08 | 00 59 | 14 25 | 04 12 | 16 43 | 17 34 |
| 13 | 23 11 | 10 51 | 24 12 | 20 40 | 08 37 | 13 50 | 04 57 | 21 18 | 10 52 | 22 08 | 00 54 | 14 28 | 04 10 | 16 34 | 17 34 |
| 14 | 23 14 | 05 47 | 23 56 | 20 24 | 08 54 | 13 47 | 04 56 | 21 18 | 10 52 | 22 09 | 00 49 | 14 31 | 04 09 | 16 24 | 17 34 |
| 15 | 23 17 | 00 38 | 23 39 | 20 06 | 09 10 | 13 44 | 04 55 | 21 17 | 10 53 | 22 09 | 00 44 | 14 34 | 04 08 | 16 15 | 17 34 |
| 16 | 23 20 | +04 26 | 23 22 | 19 49 | 09 26 | 13 40 | 04 54 | 21 16 | 10 53 | 22 09 | 00 39 | 14 37 | 04 07 | 16 05 | 17 33 |
| 17 | 23 22 | 09 17 | 23 04 | 19 32 | 09 42 | 13 37 | 04 53 | 21 16 | 10 54 | 22 10 | 00 34 | 14 40 | 04 06 | 15 56 | 17 33 |
| 18 | 23 24 | 13 43 | 22 45 | 19 14 | 09 58 | 13 34 | 04 52 | 21 15 | 10 54 | 22 10 | 00 29 | 14 43 | 04 06 | 15 46 | 17 33 |
| 19 | 23 25 | 17 37 | 22 25 | 18 56 | 10 14 | 13 31 | 04 51 | 21 14 | 10 54 | 22 11 | 00 24 | 14 45 | 04 05 | 15 37 | 17 33 |
| 20 | 23 26 | 20 49 | 22 05 | 18 38 | 10 29 | 13 28 | 04 50 | 21 14 | 10 55 | 22 11 | 00 19 | 14 48 | 04 05 | 15 27 | 17 33 |
| 21 | 23 26 | 23 08 | 21 45 | 18 20 | 10 45 | 13 24 | 04 48 | 21 13 | 10 55 | 22 12 | 00 15 | 14 50 | 04 04 | 15 17 | 17 33 |
| 22 | 23 26 | 24 26 | 21 25 | 18 02 | 11 00 | 13 21 | 04 47 | 21 12 | 10 56 | 22 12 | 00 10 | 14 52 | 04 04 | 15 07 | 17 32 |
| 23 | 23 26 | 24 37 | 21 04 | 17 44 | 11 15 | 13 18 | 04 46 | 21 12 | 10 56 | 22 13 | 00 05 | 14 54 | 04 04 | 14 58 | 17 32 |
| 24 | 23 25 | 23 39 | 20 44 | 17 25 | 11 31 | 13 14 | 04 44 | 21 11 | 10 57 | 22 13 | 00 01 | 14 56 | 04 04 | 14 48 | 17 32 |
| 25 | 23 24 | 21 33 | 20 24 | 17 07 | 11 46 | 13 11 | 04 43 | 21 10 | 10 57 | 22 14 | +00 03 | 14 58 | 04 05 | 14 38 | 17 32 |
| 26 | 23 22 | 18 25 | 20 03 | 16 48 | 12 01 | 13 07 | 04 42 | 21 10 | 10 57 | 22 14 | 00 08 | 14 59 | 04 05 | 14 27 | 17 31 |
| 27 | 23 20 | 14 23 | 19 44 | 16 30 | 12 15 | 13 04 | 04 40 | 21 09 | 10 58 | 22 15 | 00 12 | 15 00 | 04 06 | 14 17 | 17 31 |
| 28 | 23 17 | 09 36 | 19 24 | 16 11 | 12 30 | 13 00 | 04 39 | 21 08 | 10 58 | 22 15 | 00 16 | 15 01 | 04 07 | 14 07 | 17 31 |
| 29 | 23 14 | 04 17 | 19 05 | 15 53 | 12 44 | 12 56 | 04 37 | 21 08 | 10 59 | 22 16 | 00 20 | 15 02 | 04 08 | 13 57 | 17 30 |
| 30 | 23 11 | -01 22 | 18 47 | 15 35 | 12 59 | 12 53 | 04 36 | 21 07 | 10 59 | 22 16 | 00 24 | 15 03 | 04 09 | 13 46 | 17 30 |

Lunar Phases -- 6 Ⓔ 18:49  13 ◑ 14:18  21 ● 17:23  29 ◐ 11:18    Sun enters ♋ 6/21 11:59

## 0:00 E.T. Longitudes of Main Planets - July 2039

| D | S.T. | ☉ | ☽ | ☽ 12:00 | ☿ | ♀ | ♂ | ♃ | ♄ | ♅ | ♆ | ♇ | ☊ |
|---|---|---|---|---|---|---|---|---|---|---|---|---|---|
| 1 | 18:35:40 | 09♋03 51 | 28♎50 | 05♏57 | 29♋14 | 19♌11 | 08♉45 | 28♌45 | 23♍36 | 27♋48 | 03♉16 | 25♒26℞ | 21♊10 |
| 2 | 18:39:36 | 10 01 03 | 13♏09 | 20 26 | 29 21 | 19 43 | 09 28 | 28 55 | 23 40 | 27 51 | 03 17 | 25 26 | 21 06 |
| 3 | 18:43:33 | 10 58 15 | 27 47 | 05♐11 | 29 23℞ | 20 13 | 10 11 | 29 06 | 23 43 | 27 55 | 03 18 | 25 25 | 21 03 |
| 4 | 18:47:30 | 11 55 26 | 12♐39 | 20 08 | 29 20 | 20 41 | 10 54 | 29 17 | 23 47 | 27 58 | 03 19 | 25 24 | 21 00 |
| 5 | 18:51:26 | 12 52 37 | 27 38 | 05♑08 | 29 13 | 21 09 | 11 37 | 29 27 | 23 51 | 28 02 | 03 20 | 25 23 | 20 57 |
| 6 | 18:55:23 | 13 49 48 | 12♑37 | 20 04 | 29 01 | 21 34 | 12 20 | 29 38 | 23 55 | 28 05 | 03 21 | 25 22 | 20 54 |
| 7 | 18:59:19 | 14 46 59 | 27 28 | 04♒47 | 28 44 | 21 58 | 13 02 | 29 49 | 23 59 | 28 09 | 03 22 | 25 21 | 20 50 |
| 8 | 19:03:16 | 15 44 10 | 12♒02 | 19 11 | 28 24 | 22 20 | 13 45 | 00 00 | 24 03 | 28 13 | 03 23 | 25 20 | 20 47 |
| 9 | 19:07:12 | 16 41 21 | 26 14 | 03♓11 | 28 00 | 22 40 | 14 28 | 00♍11 | 24 07 | 28 16 | 03 24 | 25 19 | 20 44 |
| 10 | 19:11:09 | 17 38 33 | 10♓00 | 16 44 | 27 31 | 22 59 | 15 10 | 00 22 | 24 12 | 28 20 | 03 25 | 25 18 | 20 41 |
| 11 | 19:15:05 | 18 35 45 | 23 20 | 29 50 | 27 00 | 23 16 | 15 53 | 00 33 | 24 16 | 28 23 | 03 26 | 25 17 | 20 38 |
| 12 | 19:19:02 | 19 32 57 | 06♈14 | 12♈33 | 26 26 | 23 30 | 16 35 | 00 44 | 24 20 | 28 27 | 03 27 | 25 16 | 20 35 |
| 13 | 19:22:59 | 20 30 10 | 18 46 | 24 55 | 25 50 | 23 43 | 17 17 | 00 55 | 24 25 | 28 31 | 03 27 | 25 15 | 20 31 |
| 14 | 19:26:55 | 21 27 23 | 01♉00 | 07♉01 | 25 12 | 23 54 | 17 59 | 01 07 | 24 30 | 28 34 | 03 28 | 25 14 | 20 28 |
| 15 | 19:30:52 | 22 24 37 | 12 59 | 18 56 | 24 33 | 24 02 | 18 42 | 01 18 | 24 34 | 28 38 | 03 29 | 25 13 | 20 25 |
| 16 | 19:34:48 | 23 21 51 | 24 51 | 00♊45 | 23 53 | 24 09 | 19 24 | 01 30 | 24 39 | 28 42 | 03 30 | 25 12 | 20 22 |
| 17 | 19:38:45 | 24 19 06 | 06♊38 | 12 31 | 23 14 | 24 13 | 20 05 | 01 41 | 24 44 | 28 45 | 03 30 | 25 11 | 20 19 |
| 18 | 19:42:41 | 25 16 22 | 18 26 | 24 21 | 22 36 | 24 15 | 20 47 | 01 53 | 24 49 | 28 49 | 03 31 | 25 10 | 20 15 |
| 19 | 19:46:38 | 26 13 38 | 00♋17 | 06♋16 | 21 59 | 24 15℞ | 21 29 | 02 04 | 24 54 | 28 53 | 03 32 | 25 09 | 20 12 |
| 20 | 19:50:34 | 27 10 55 | 12 16 | 18 19 | 21 24 | 24 12 | 22 11 | 02 16 | 24 59 | 28 56 | 03 32 | 25 08 | 20 09 |
| 21 | 19:54:31 | 28 08 12 | 24 24 | 00♌33 | 20 53 | 24 07 | 22 52 | 02 28 | 25 04 | 29 00 | 03 33 | 25 07 | 20 06 |
| 22 | 19:58:28 | 29 05 29 | 06♌44 | 12 58 | 20 25 | 23 59 | 23 34 | 02 40 | 25 09 | 29 04 | 03 33 | 25 05 | 20 03 |
| 23 | 20:02:24 | 00♌02 47 | 19 16 | 25 36 | 20 01 | 23 50 | 24 15 | 02 51 | 25 14 | 29 07 | 03 34 | 25 04 | 20 00 |
| 24 | 20:06:21 | 01 00 06 | 02♍00 | 08♍28 | 19 42 | 23 38 | 24 56 | 03 03 | 25 19 | 29 11 | 03 34 | 25 03 | 19 56 |
| 25 | 20:10:17 | 01 57 25 | 14 58 | 21 32 | 19 27 | 23 23 | 25 37 | 03 15 | 25 25 | 29 15 | 03 35 | 25 02 | 19 53 |
| 26 | 20:14:14 | 02 54 44 | 28 10 | 04♎51 | 19 18 | 23 06 | 26 18 | 03 27 | 25 30 | 29 18 | 03 35 | 25 01 | 19 50 |
| 27 | 20:18:10 | 03 52 04 | 11♎35 | 18 23 | 19 14 | 22 47 | 26 59 | 03 39 | 25 36 | 29 22 | 03 36 | 25 00 | 19 47 |
| 28 | 20:22:07 | 04 49 24 | 25 14 | 02♏09 | 19 17D | 22 26 | 27 40 | 03 51 | 25 41 | 29 26 | 03 36 | 24 58 | 19 44 |
| 29 | 20:26:03 | 05 46 45 | 09♏07 | 16 09 | 19 25 | 22 02 | 28 21 | 04 04 | 25 47 | 29 29 | 03 36 | 24 57 | 19 41 |
| 30 | 20:30:00 | 06 44 06 | 23 14 | 00♐22 | 19 39 | 21 36 | 29 01 | 04 16 | 25 52 | 29 33 | 03 36 | 24 56 | 19 37 |
| 31 | 20:33:57 | 07 41 27 | 07♐33 | 14 47 | 19 59 | 21 09 | 29 42 | 04 28 | 25 58 | 29 37 | 03 37 | 24 55 | 19 34 |

## 0:00 E.T. Longitudes of the Major Asteroids and Chiron

| D | ⚳ | ⚴ | ⚵ | ⚶ | ⚷ |
|---|---|---|---|---|---|
| 1 | 24♈59 | 04♓14℞ | 00♒14℞ | 09♍44 | 05♋42 |
| 2 | 25 15 | 04 09 | 00 03 | 10 09 | 05 48 |
| 3 | 25 31 | 04 05 | 29♑51 | 10 34 | 05 54 |
| 4 | 25 46 | 04 00 | 29 39 | 10 59 | 06 00 |
| 5 | 26 01 | 03 54 | 29 26 | 11 24 | 06 05 |
| 6 | 26 16 | 03 49 | 29 14 | 11 49 | 06 11 |
| 7 | 26 31 | 03 43 | 29 01 | 12 15 | 06 17 |
| 8 | 26 46 | 03 36 | 28 48 | 12 40 | 06 23 |
| 9 | 27 01 | 03 30 | 28 35 | 13 06 | 06 29 |
| 10 | 27 15 | 03 22 | 28 21 | 13 31 | 06 34 |
| 11 | 27 29 | 03 15 | 28 08 | 13 57 | 06 40 |
| 12 | 27 43 | 03 07 | 27 54 | 14 23 | 06 46 |
| 13 | 27 57 | 02 59 | 27 40 | 14 49 | 06 51 |
| 14 | 28 11 | 02 51 | 27 26 | 15 15 | 06 57 |
| 15 | 28 24 | 02 42 | 27 12 | 15 41 | 07 03 |
| 16 | 28 37 | 02 33 | 26 58 | 16 07 | 07 09 |
| 17 | 28 50 | 02 23 | 26 44 | 16 34 | 07 14 |
| 18 | 29 03 | 02 13 | 26 30 | 17 00 | 07 20 |
| 19 | 29 16 | 02 03 | 26 15 | 17 27 | 07 25 |
| 20 | 29 28 | 01 53 | 26 01 | 17 53 | 07 31 |
| 21 | 29 40 | 01 42 | 25 47 | 18 20 | 07 37 |
| 22 | 29 52 | 01 31 | 25 32 | 18 47 | 07 42 |
| 23 | 00♉04 | 01 20 | 25 18 | 19 14 | 07 48 |
| 24 | 00 16 | 01 08 | 25 04 | 19 41 | 07 53 |
| 25 | 00 27 | 00 56 | 24 49 | 20 08 | 07 59 |
| 26 | 00 38 | 00 44 | 24 35 | 20 35 | 08 04 |
| 27 | 00 48 | 00 32 | 24 21 | 21 03 | 08 10 |
| 28 | 00 59 | 00 19 | 24 07 | 21 30 | 08 15 |
| 29 | 01 09 | 00 06 | 23 53 | 21 58 | 08 21 |
| 30 | 01 19 | 29♒53 | 23 39 | 22 25 | 08 26 |
| 31 | 01 29 | 29 39 | 23 25 | 22 53 | 08 31 |

## Lunar Data

| Last Asp. | | Ingress | |
|---|---|---|---|
| 1 | 00:42 | 1 ♏ | 01:59 |
| 3 | 02:36 | 3 ♐ | 03:36 |
| 5 | 02:57 | 5 ♑ | 03:47 |
| 7 | 02:03 | 7 ♒ | 04:09 |
| 8 | 22:26 | 9 ♓ | 06:29 |
| 11 | 09:22 | 11 ♈ | 12:19 |
| 13 | 19:11 | 13 ♉ | 22:02 |
| 16 | 07:52 | 16 ♊ | 10:29 |
| 18 | 13:38 | 18 ♋ | 23:25 |
| 21 | 09:02 | 21 ♌ | 10:56 |
| 23 | 10:58 | 23 ♍ | 20:15 |
| 26 | 02:04 | 26 ♎ | 03:18 |
| 28 | 07:20 | 28 ♏ | 08:17 |
| 30 | 10:41 | 30 ♐ | 11:23 |

## 0:00 E.T. Declinations

| D | ☉ | ☽ | ☿ | ♀ | ♂ | ♃ | ♄ | ♅ | ♆ | ♇ | ⚳ | ⚴ | ⚵ | ⚶ | ⚷ |
|---|---|---|---|---|---|---|---|---|---|---|---|---|---|---|---|
| 1 | +23 07 | -07 06 | +18 30 | +15 16 | +13 13 | +12 49 | +04 34 | +21 06 | +10 59 | -22 17 | +00 27 | +15 04 | -04 10 | +13 36 | +17 30 |
| 2 | 23 03 | 12 38 | 18 13 | 14 58 | 13 27 | 12 45 | 04 33 | 21 06 | 11 00 | 22 17 | 00 31 | 15 04 | 04 12 | 13 26 | 17 29 |
| 3 | 22 59 | 17 33 | 17 57 | 14 40 | 13 41 | 12 42 | 04 31 | 21 05 | 11 00 | 22 18 | 00 35 | 15 04 | 04 14 | 13 15 | 17 29 |
| 4 | 22 54 | 21 28 | 17 42 | 14 22 | 13 55 | 12 38 | 04 29 | 21 04 | 11 00 | 22 18 | 00 38 | 15 04 | 04 15 | 13 04 | 17 29 |
| 5 | 22 49 | 23 56 | 17 29 | 14 04 | 14 09 | 12 34 | 04 28 | 21 03 | 11 01 | 22 19 | 00 42 | 15 04 | 04 17 | 12 54 | 17 28 |
| 6 | 22 43 | 24 41 | 17 16 | 13 47 | 14 22 | 12 30 | 04 26 | 21 02 | 11 01 | 22 19 | 00 45 | 15 04 | 04 20 | 12 43 | 17 28 |
| 7 | 22 37 | 23 39 | 17 05 | 13 29 | 14 36 | 12 26 | 04 24 | 21 02 | 11 01 | 22 20 | 00 49 | 15 03 | 04 22 | 12 32 | 17 28 |
| 8 | 22 30 | 21 03 | 16 55 | 13 12 | 14 49 | 12 23 | 04 22 | 21 01 | 11 01 | 22 20 | 00 52 | 15 03 | 04 24 | 12 22 | 17 27 |
| 9 | 22 24 | 17 13 | 16 47 | 12 56 | 15 02 | 12 19 | 04 21 | 21 01 | 11 02 | 22 21 | 00 55 | 15 02 | 04 27 | 12 11 | 17 27 |
| 10 | 22 16 | 12 34 | 16 40 | 12 39 | 15 15 | 12 15 | 04 19 | 21 00 | 11 02 | 22 21 | 00 58 | 15 00 | 04 30 | 12 00 | 17 26 |
| 11 | 22 09 | 07 27 | 16 35 | 12 23 | 15 28 | 12 11 | 04 17 | 20 59 | 11 02 | 22 22 | 01 01 | 14 59 | 04 33 | 11 49 | 17 26 |
| 12 | 22 01 | 02 11 | 16 31 | 12 07 | 15 40 | 12 07 | 04 15 | 20 58 | 11 02 | 22 23 | 01 03 | 14 57 | 04 36 | 11 38 | 17 26 |
| 13 | 21 52 | +03 02 | 16 29 | 11 52 | 15 53 | 12 03 | 04 13 | 20 58 | 11 03 | 22 23 | 01 06 | 14 56 | 04 39 | 11 27 | 17 25 |
| 14 | 21 43 | 08 00 | 16 28 | 11 37 | 16 05 | 11 59 | 04 11 | 20 57 | 11 03 | 22 24 | 01 09 | 14 53 | 04 42 | 11 16 | 17 25 |
| 15 | 21 34 | 12 36 | 16 29 | 11 22 | 16 17 | 11 54 | 04 09 | 20 56 | 11 03 | 22 24 | 01 11 | 14 51 | 04 46 | 11 04 | 17 24 |
| 16 | 21 25 | 16 40 | 16 31 | 11 08 | 16 29 | 11 50 | 04 07 | 20 55 | 11 03 | 22 25 | 01 14 | 14 49 | 04 50 | 10 53 | 17 24 |
| 17 | 21 15 | 20 04 | 16 35 | 10 55 | 16 41 | 11 46 | 04 05 | 20 55 | 11 03 | 22 25 | 01 16 | 14 46 | 04 54 | 10 42 | 17 23 |
| 18 | 21 05 | 22 38 | 16 40 | 10 41 | 16 52 | 11 42 | 04 03 | 20 54 | 11 04 | 22 26 | 01 18 | 14 43 | 04 58 | 10 31 | 17 23 |
| 19 | 20 54 | 24 12 | 16 46 | 10 29 | 17 04 | 11 38 | 04 01 | 20 53 | 11 04 | 22 26 | 01 20 | 14 40 | 05 02 | 10 19 | 17 22 |
| 20 | 20 43 | 24 41 | 16 53 | 10 17 | 17 15 | 11 34 | 03 59 | 20 52 | 11 04 | 22 27 | 01 22 | 14 36 | 05 06 | 10 08 | 17 22 |
| 21 | 20 32 | 24 00 | 17 02 | 10 06 | 17 26 | 11 29 | 03 56 | 20 52 | 11 04 | 22 28 | 01 24 | 14 33 | 05 11 | 09 57 | 17 21 |
| 22 | 20 20 | 22 08 | 17 11 | 09 55 | 17 37 | 11 25 | 03 54 | 20 51 | 11 04 | 22 28 | 01 26 | 14 29 | 05 15 | 09 45 | 17 21 |
| 23 | 20 08 | 19 12 | 17 21 | 09 46 | 17 48 | 11 21 | 03 52 | 20 50 | 11 04 | 22 29 | 01 28 | 14 25 | 05 20 | 09 34 | 17 20 |
| 24 | 19 56 | 15 18 | 17 32 | 09 36 | 17 59 | 11 16 | 03 50 | 20 49 | 11 04 | 22 29 | 01 30 | 14 20 | 05 25 | 09 22 | 17 20 |
| 25 | 19 43 | 10 39 | 17 44 | 09 28 | 18 09 | 11 12 | 03 48 | 20 49 | 11 04 | 22 30 | 01 31 | 14 15 | 05 30 | 09 10 | 17 19 |
| 26 | 19 30 | 05 26 | 17 56 | 09 20 | 18 19 | 11 08 | 03 45 | 20 48 | 11 05 | 22 30 | 01 32 | 14 11 | 05 35 | 08 59 | 17 19 |
| 27 | 19 17 | -00 07 | 18 08 | 09 14 | 18 30 | 11 03 | 03 43 | 20 47 | 11 05 | 22 31 | 01 34 | 14 05 | 05 40 | 08 47 | 17 18 |
| 28 | 19 03 | 05 46 | 18 20 | 09 08 | 18 39 | 10 59 | 03 41 | 20 46 | 11 05 | 22 32 | 01 35 | 14 00 | 05 45 | 08 35 | 17 17 |
| 29 | 18 49 | 11 15 | 18 32 | 09 02 | 18 49 | 10 54 | 03 38 | 20 46 | 11 05 | 22 32 | 01 36 | 13 54 | 05 51 | 08 24 | 17 17 |
| 30 | 18 35 | 16 14 | 18 44 | 08 58 | 18 59 | 10 50 | 03 36 | 20 45 | 11 05 | 22 33 | 01 37 | 13 49 | 05 56 | 08 12 | 17 16 |
| 31 | 18 21 | 20 22 | 18 56 | 08 54 | 19 08 | 10 45 | 03 34 | 20 44 | 11 05 | 22 33 | 01 38 | 13 43 | 06 02 | 08 00 | 17 16 |

Lunar Phases -- 6 ○ 02:05 13 ◑ 03:39 21 ● 07:55 28 ◐ 17:51 Sun enters ♌ 7/22 22:50

**Aug. 39** — Longitudes of Main Planets - August 2039 — 0:00 E.T.

| D | S.T. | ☉ | ☽ | ☽ 12:00 | ☿ | ♀ | ♂ | ♃ | ♄ | ♅ | ♆ | ♇ | ☊ |
|---|---|---|---|---|---|---|---|---|---|---|---|---|---|
| 1 | 20:37:53 | 08♌38 49 | 22♐04 | 29♐22 | 20♋26 | 20♌39℞ | 00♊22 | 04♍40 | 26♍04 | 29♋40 | 03♉37 | 24♒53℞ | 19♊31 |
| 2 | 20:41:50 | 09 36 12 | 06♑41 | 14♑01 | 20 59 | 20 08 | 01 02 | 04 53 | 26 10 | 29 44 | 03 37 | 24 52 | 19 28 |
| 3 | 20:45:46 | 10 33 36 | 21 20 | 28 38 | 21 38 | 19 35 | 01 42 | 05 05 | 26 16 | 29 48 | 03 37 | 24 51 | 19 25 |
| 4 | 20:49:43 | 11 31 00 | 05♒55 | 13♒08 | 22 23 | 19 01 | 02 22 | 05 17 | 26 22 | 29 51 | 03 37 | 24 50 | 19 21 |
| 5 | 20:53:39 | 12 28 25 | 20 18 | 27 23 | 23 14 | 18 26 | 03 02 | 05 30 | 26 28 | 29 55 | 03 37 | 24 48 | 19 18 |
| 6 | 20:57:36 | 13 25 51 | 04♓24 | 11♓19 | 24 12 | 17 50 | 03 42 | 05 42 | 26 34 | 29 58 | 03 37 | 24 47 | 19 15 |
| 7 | 21:01:32 | 14 23 18 | 18 08 | 24 51 | 25 15 | 17 13 | 04 21 | 05 55 | 26 40 | 00♌02 | 03 37℞ | 24 46 | 19 12 |
| 8 | 21:05:29 | 15 20 46 | 01♈27 | 07♈58 | 26 24 | 16 36 | 05 01 | 06 07 | 26 46 | 00 06 | 03 37 | 24 44 | 19 09 |
| 9 | 21:09:26 | 16 18 15 | 14 23 | 20 42 | 27 38 | 15 59 | 05 40 | 06 20 | 26 52 | 00 09 | 03 37 | 24 43 | 19 06 |
| 10 | 21:13:22 | 17 15 46 | 26 56 | 03♉05 | 28 58 | 15 21 | 06 20 | 06 33 | 26 58 | 00 13 | 03 37 | 24 42 | 19 02 |
| 11 | 21:17:19 | 18 13 18 | 09♉11 | 15 12 | 00♌23 | 14 44 | 06 59 | 06 45 | 27 05 | 00 16 | 03 37 | 24 40 | 18 59 |
| 12 | 21:21:15 | 19 10 51 | 21 11 | 27 08 | 01 53 | 14 08 | 07 38 | 06 58 | 27 11 | 00 20 | 03 37 | 24 39 | 18 56 |
| 13 | 21:25:12 | 20 08 26 | 03♊02 | 08♊56 | 03 27 | 13 32 | 08 17 | 07 11 | 27 17 | 00 23 | 03 37 | 24 38 | 18 53 |
| 14 | 21:29:08 | 21 06 02 | 14 50 | 20 44 | 05 06 | 12 57 | 08 55 | 07 23 | 27 24 | 00 27 | 03 37 | 24 37 | 18 50 |
| 15 | 21:33:05 | 22 03 40 | 26 40 | 02♋36 | 06 48 | 12 23 | 09 34 | 07 36 | 27 30 | 00 30 | 03 36 | 24 35 | 18 47 |
| 16 | 21:37:01 | 23 01 19 | 08♋35 | 14 37 | 08 34 | 11 51 | 10 13 | 07 49 | 27 37 | 00 34 | 03 36 | 24 34 | 18 43 |
| 17 | 21:40:58 | 23 59 00 | 20 41 | 26 49 | 10 23 | 11 20 | 10 51 | 08 02 | 27 44 | 00 37 | 03 36 | 24 33 | 18 40 |
| 18 | 21:44:55 | 24 56 42 | 03♌01 | 09♌16 | 12 15 | 10 51 | 11 29 | 08 15 | 27 50 | 00 41 | 03 35 | 24 31 | 18 37 |
| 19 | 21:48:51 | 25 54 25 | 15 36 | 21 59 | 14 09 | 10 24 | 12 07 | 08 27 | 27 57 | 00 44 | 03 35 | 24 30 | 18 34 |
| 20 | 21:52:48 | 26 52 10 | 28 26 | 04♍58 | 16 06 | 09 59 | 12 45 | 08 40 | 28 04 | 00 48 | 03 35 | 24 29 | 18 31 |
| 21 | 21:56:44 | 27 49 56 | 11♍33 | 18 11 | 18 03 | 09 35 | 13 23 | 08 53 | 28 10 | 00 51 | 03 34 | 24 27 | 18 27 |
| 22 | 22:00:41 | 28 47 43 | 24 53 | 01♎38 | 20 02 | 09 14 | 14 00 | 09 06 | 28 17 | 00 54 | 03 34 | 24 26 | 18 24 |
| 23 | 22:04:37 | 29 45 32 | 08♎26 | 15 16 | 22 02 | 08 56 | 14 38 | 09 19 | 28 24 | 00 58 | 03 33 | 24 25 | 18 21 |
| 24 | 22:08:34 | 00♍43 22 | 22 08 | 29 03 | 24 02 | 08 39 | 15 15 | 09 32 | 28 31 | 01 01 | 03 33 | 24 23 | 18 18 |
| 25 | 22:12:30 | 01 41 13 | 05♏59 | 12♏57 | 26 02 | 08 25 | 15 52 | 09 45 | 28 38 | 01 04 | 03 32 | 24 22 | 18 15 |
| 26 | 22:16:27 | 02 39 05 | 19 57 | 26 58 | 28 02 | 08 14 | 16 29 | 09 58 | 28 45 | 01 08 | 03 31 | 24 21 | 18 12 |
| 27 | 22:20:24 | 03 36 59 | 04♐00 | 11♐04 | 00♍02 | 08 04 | 17 06 | 10 11 | 28 52 | 01 11 | 03 31 | 24 19 | 18 08 |
| 28 | 22:24:20 | 04 34 53 | 18 08 | 25 14 | 02 01 | 07 57 | 17 43 | 10 24 | 28 59 | 01 14 | 03 30 | 24 18 | 18 05 |
| 29 | 22:28:17 | 05 32 49 | 02♑21 | 09♑28 | 04 00 | 07 53 | 18 19 | 10 37 | 29 06 | 01 17 | 03 29 | 24 17 | 18 02 |
| 30 | 22:32:13 | 06 30 47 | 16 35 | 23 42 | 05 58 | 07 51 | 18 55 | 10 50 | 29 13 | 01 20 | 03 29 | 24 16 | 17 59 |
| 31 | 22:36:10 | 07 28 45 | 00♒49 | 07♒55 | 07 55 | 07 51D | 19 32 | 11 03 | 29 20 | 01 24 | 03 28 | 24 14 | 17 56 |

0:00 E.T. — Longitudes of the Major Asteroids and Chiron

| D | ⚳ | ⚴ | ⚵ | ⚶ | ⚷ | D | ⚳ | ⚴ | ⚵ | ⚶ | ⚷ |
|---|---|---|---|---|---|---|---|---|---|---|---|
| 1 | 01♉38 | 29♒26℞ | 23♑12℞ | 23♍21 | 08♋37 | 17 | 03 32 | 25 28 | 20 05 | 00 55 | 09 57 |
| 2 | 01 48 | 29 12 | 22 59 | 23 48 | 08 42 | 18 | 03 36 | 25 12 | 19 56 | 01 24 | 10 02 |
| 3 | 01 57 | 28 58 | 22 45 | 24 16 | 08 47 | 19 | 03 41 | 24 57 | 19 47 | 01 53 | 10 06 |
| 4 | 02 05 | 28 44 | 22 32 | 24 44 | 08 52 | 20 | 03 44 | 24 42 | 19 39 | 02 22 | 10 11 |
| 5 | 02 14 | 28 29 | 22 20 | 25 12 | 08 58 | 21 | 03 48 | 24 26 | 19 31 | 02 51 | 10 16 |
| 6 | 02 22 | 28 15 | 22 07 | 25 40 | 09 03 | 22 | 03 51 | 24 11 | 19 23 | 03 20 | 10 20 |
| 7 | 02 30 | 28 00 | 21 55 | 26 09 | 09 08 | 23 | 03 54 | 23 55 | 19 15 | 03 49 | 10 24 |
| 8 | 02 37 | 27 45 | 21 42 | 26 37 | 09 13 | 24 | 03 56 | 23 40 | 19 08 | 04 19 | 10 29 |
| 9 | 02 45 | 27 31 | 21 30 | 27 05 | 09 18 | 25 | 03 58 | 23 25 | 19 02 | 04 48 | 10 33 |
| 10 | 02 52 | 27 15 | 21 19 | 27 34 | 09 23 | 26 | 04 00 | 23 10 | 18 55 | 05 18 | 10 38 |
| 11 | 02 58 | 27 00 | 21 07 | 28 02 | 09 28 | 27 | 04 02 | 22 55 | 18 49 | 05 47 | 10 42 |
| 12 | 03 05 | 26 45 | 20 56 | 28 31 | 09 33 | 28 | 04 03 | 22 40 | 18 44 | 06 17 | 10 46 |
| 13 | 03 11 | 26 30 | 20 46 | 28 59 | 09 38 | 29 | 04 03 | 22 26 | 18 39 | 06 46 | 10 50 |
| 14 | 03 17 | 26 14 | 20 35 | 29 28 | 09 43 | 30 | 04 04 | 22 11 | 18 34 | 07 16 | 10 54 |
| 15 | 03 22 | 25 59 | 20 25 | 29 57 | 09 48 | 31 | 04 04℞ | 21 57 | 18 30 | 07 46 | 10 58 |
| 16 | 03 27 | 25 43 | 20 15 | 00♎26 | 09 52 | | | | | | |

Lunar Data

| Last Asp. | | Ingress | | |
|---|---|---|---|---|
| 1 | 06:38 | 1 | ♑ | 13:03 |
| 3 | 13:58 | 3 | ♒ | 14:14 |
| 5 | 07:36 | 5 | ♓ | 16:27 |
| 7 | 15:24 | 7 | ♈ | 21:21 |
| 10 | 04:27 | 10 | ♉ | 05:57 |
| 12 | 12:14 | 12 | ♊ | 17:50 |
| 15 | 01:44 | 15 | ♋ | 06:45 |
| 17 | 13:53 | 17 | ♌ | 18:10 |
| 19 | 20:51 | 20 | ♍ | 02:53 |
| 22 | 06:06 | 22 | ♎ | 09:06 |
| 24 | 03:54 | 24 | ♏ | 13:39 |
| 26 | 16:07 | 26 | ♐ | 17:11 |
| 28 | 18:28 | 28 | ♑ | 20:03 |
| 30 | 21:28 | 30 | ♒ | 22:37 |

0:00 E.T. — Declinations

| D | ☉ | ☽ | ☿ | ♀ | ♂ | ♃ | ♄ | ♅ | ♆ | ♇ | ⚳ | ⚴ | ⚵ | ⚶ | ⚷ |
|---|---|---|---|---|---|---|---|---|---|---|---|---|---|---|---|
| 1 | +18 06 | -23 17 | +19 07 | +08 52 | +19 17 | +10 41 | +03 31 | +20 43 | +11 05 | -22 34 | +01 39 | +13 36 | -06 08 | +07 48 | +17 15 |
| 2 | 17 51 | 24 39 | 19 18 | 08 50 | 19 26 | 10 36 | 03 29 | 20 43 | 11 05 | 22 34 | 01 39 | 13 30 | 06 14 | 07 36 | 17 14 |
| 3 | 17 35 | 24 18 | 19 27 | 08 49 | 19 35 | 10 32 | 03 26 | 20 42 | 11 05 | 22 35 | 01 40 | 13 23 | 06 19 | 07 24 | 17 14 |
| 4 | 17 19 | 22 18 | 19 36 | 08 49 | 19 44 | 10 27 | 03 24 | 20 41 | 11 05 | 22 35 | 01 40 | 13 16 | 06 25 | 07 12 | 17 13 |
| 5 | 17 03 | 18 53 | 19 43 | 08 49 | 19 52 | 10 23 | 03 21 | 20 40 | 11 05 | 22 36 | 01 41 | 13 08 | 06 32 | 07 00 | 17 12 |
| 6 | 16 47 | 14 27 | 19 49 | 08 51 | 20 01 | 10 18 | 03 19 | 20 40 | 11 05 | 22 37 | 01 41 | 13 01 | 06 38 | 06 48 | 17 12 |
| 7 | 16 31 | 09 23 | 19 53 | 08 53 | 20 09 | 10 14 | 03 16 | 20 39 | 11 05 | 22 37 | 01 41 | 12 53 | 06 44 | 06 36 | 17 11 |
| 8 | 16 14 | 04 01 | 19 55 | 08 56 | 20 17 | 10 09 | 03 14 | 20 38 | 11 05 | 22 38 | 01 41 | 12 45 | 06 50 | 06 24 | 17 10 |
| 9 | 15 57 | +01 22 | 19 56 | 08 59 | 20 25 | 10 04 | 03 11 | 20 37 | 11 04 | 22 38 | 01 41 | 12 37 | 06 57 | 06 12 | 17 10 |
| 10 | 15 39 | 06 33 | 19 54 | 09 03 | 20 32 | 10 00 | 03 09 | 20 37 | 11 04 | 22 39 | 01 41 | 12 29 | 07 03 | 06 00 | 17 09 |
| 11 | 15 22 | 11 21 | 19 50 | 09 08 | 20 40 | 09 55 | 03 06 | 20 36 | 11 04 | 22 39 | 01 41 | 12 20 | 07 10 | 05 48 | 17 08 |
| 12 | 15 04 | 15 39 | 19 44 | 09 14 | 20 47 | 09 50 | 03 04 | 20 35 | 11 04 | 22 40 | 01 40 | 12 11 | 07 16 | 05 36 | 17 08 |
| 13 | 14 46 | 19 16 | 19 35 | 09 19 | 20 54 | 09 45 | 03 01 | 20 34 | 11 04 | 22 40 | 01 40 | 12 02 | 07 23 | 05 24 | 17 07 |
| 14 | 14 28 | 22 05 | 19 23 | 09 26 | 21 01 | 09 41 | 02 58 | 20 34 | 11 04 | 22 41 | 01 39 | 11 53 | 07 29 | 05 11 | 17 06 |
| 15 | 14 09 | 23 58 | 19 09 | 09 32 | 21 08 | 09 36 | 02 56 | 20 33 | 11 04 | 22 41 | 01 38 | 11 44 | 07 36 | 04 59 | 17 06 |
| 16 | 13 50 | 24 46 | 18 52 | 09 39 | 21 14 | 09 31 | 02 53 | 20 32 | 11 04 | 22 42 | 01 37 | 11 34 | 07 43 | 04 47 | 17 05 |
| 17 | 13 31 | 24 24 | 18 32 | 09 47 | 21 21 | 09 26 | 02 50 | 20 31 | 11 03 | 22 42 | 01 37 | 11 24 | 07 49 | 04 35 | 17 04 |
| 18 | 13 12 | 22 51 | 18 10 | 09 54 | 21 27 | 09 22 | 02 47 | 20 31 | 11 03 | 22 43 | 01 36 | 11 14 | 07 56 | 04 22 | 17 03 |
| 19 | 12 53 | 20 09 | 17 45 | 10 02 | 21 33 | 09 17 | 02 45 | 20 30 | 11 03 | 22 43 | 01 34 | 11 04 | 08 03 | 04 10 | 17 03 |
| 20 | 12 33 | 16 25 | 17 17 | 10 10 | 21 39 | 09 12 | 02 42 | 20 29 | 11 03 | 22 44 | 01 33 | 10 53 | 08 10 | 03 58 | 17 02 |
| 21 | 12 13 | 11 51 | 16 47 | 10 18 | 21 44 | 09 07 | 02 39 | 20 29 | 11 03 | 22 44 | 01 32 | 10 43 | 08 17 | 03 45 | 17 01 |
| 22 | 11 53 | 06 38 | 16 15 | 10 25 | 21 50 | 09 02 | 02 37 | 20 28 | 11 02 | 22 45 | 01 30 | 10 32 | 08 23 | 03 33 | 17 00 |
| 23 | 11 33 | 01 02 | 15 41 | 10 33 | 21 55 | 08 58 | 02 34 | 20 27 | 11 02 | 22 45 | 01 29 | 10 21 | 08 30 | 03 21 | 17 00 |
| 24 | 11 13 | -04 41 | 15 05 | 10 41 | 22 00 | 08 53 | 02 31 | 20 26 | 11 02 | 22 46 | 01 27 | 10 10 | 08 37 | 03 08 | 16 59 |
| 25 | 10 52 | 10 15 | 14 27 | 10 49 | 22 05 | 08 48 | 02 28 | 20 26 | 11 02 | 22 46 | 01 25 | 09 59 | 08 44 | 02 56 | 16 58 |
| 26 | 10 32 | 15 21 | 13 47 | 10 57 | 22 10 | 08 43 | 02 25 | 20 25 | 11 02 | 22 47 | 01 23 | 09 48 | 08 51 | 02 44 | 16 57 |
| 27 | 10 11 | 19 40 | 13 06 | 11 05 | 22 15 | 08 38 | 02 23 | 20 24 | 11 01 | 22 47 | 01 21 | 09 36 | 08 57 | 02 31 | 16 57 |
| 28 | 09 50 | 22 50 | 12 24 | 11 12 | 22 19 | 08 33 | 02 20 | 20 24 | 11 01 | 22 48 | 01 19 | 09 25 | 09 04 | 02 19 | 16 56 |
| 29 | 09 29 | 24 35 | 11 41 | 11 19 | 22 24 | 08 28 | 02 17 | 20 23 | 11 01 | 22 48 | 01 17 | 09 13 | 09 11 | 02 06 | 16 55 |
| 30 | 09 07 | 24 44 | 10 57 | 11 26 | 22 28 | 08 23 | 02 14 | 20 22 | 11 00 | 22 49 | 01 15 | 09 01 | 09 18 | 01 54 | 16 54 |
| 31 | 08 46 | 23 16 | 10 12 | 11 33 | 22 32 | 08 19 | 02 11 | 20 22 | 11 00 | 22 49 | 01 12 | 08 49 | 09 24 | 01 41 | 16 53 |

Lunar Phases -- 4 ○ 09:58 11 ◑ 19:37 19 ● 20:52 26 ◐ 23:18 Sun enters ♍ 8/23 06:00

# 0:00 E.T. Longitudes of Main Planets - September 2039 

| D | S.T. | ☉ | ☽ | ☽ 12:00 | ☿ | ♀ | ♂ | ♃ | ♄ | ♅ | ♆ | ♇ | ☊ |
|---|---|---|---|---|---|---|---|---|---|---|---|---|---|
| 1 | 22:40:06 | 08♍26 45 | 14♒59 | 22♒01 | 09♍51 | 07♌53 | 20♊08 | 11♍16 | 29♍27 | 01♌27 | 03♉27℞ | 24♒13℞ | 17♊53 |
| 2 | 22:44:03 | 09 24 47 | 29 01 | 05♓57 | 11 45 | 07 58 | 20 43 | 11 29 | 29 34 | 01 30 | 03 26 | 24 12 | 17 49 |
| 3 | 22:47:59 | 10 22 50 | 12♓49 | 19 37 | 13 39 | 08 05 | 21 19 | 11 42 | 29 41 | 01 33 | 03 26 | 24 10 | 17 46 |
| 4 | 22:51:56 | 11 20 54 | 26 20 | 02♈58 | 15 32 | 08 14 | 21 54 | 11 55 | 29 48 | 01 36 | 03 25 | 24 09 | 17 43 |
| 5 | 22:55:53 | 12 19 01 | 09♈31 | 15 59 | 17 23 | 08 26 | 22 30 | 12 08 | 29 55 | 01 39 | 03 24 | 24 08 | 17 40 |
| 6 | 22:59:49 | 13 17 09 | 22 21 | 28 39 | 19 14 | 08 39 | 23 05 | 12 21 | 00♎03 | 01 42 | 03 23 | 24 07 | 17 37 |
| 7 | 23:03:46 | 14 15 19 | 04♉52 | 11♉01 | 21 03 | 08 54 | 23 40 | 12 34 | 00 10 | 01 45 | 03 22 | 24 05 | 17 33 |
| 8 | 23:07:42 | 15 13 31 | 17 05 | 23 07 | 22 51 | 09 12 | 24 14 | 12 47 | 00 17 | 01 48 | 03 21 | 24 04 | 17 30 |
| 9 | 23:11:39 | 16 11 45 | 29 06 | 05♊02 | 24 38 | 09 31 | 24 49 | 13 00 | 00 24 | 01 51 | 03 20 | 24 03 | 17 27 |
| 10 | 23:15:35 | 17 10 01 | 10♊57 | 16 51 | 26 23 | 09 52 | 25 23 | 13 13 | 00 32 | 01 53 | 03 19 | 24 02 | 17 24 |
| 11 | 23:19:32 | 18 08 20 | 22 45 | 28 40 | 28 08 | 10 15 | 25 57 | 13 26 | 00 39 | 01 56 | 03 18 | 24 01 | 17 21 |
| 12 | 23:23:28 | 19 06 40 | 04♋35 | 10♋33 | 29 51 | 10 40 | 26 31 | 13 39 | 00 46 | 01 59 | 03 17 | 23 59 | 17 18 |
| 13 | 23:27:25 | 20 05 02 | 16 33 | 22 37 | 01♎33 | 11 06 | 27 05 | 13 52 | 00 54 | 02 02 | 03 16 | 23 58 | 17 14 |
| 14 | 23:31:22 | 21 03 27 | 28 44 | 04♌55 | 03 14 | 11 34 | 27 38 | 14 05 | 01 01 | 02 05 | 03 15 | 23 57 | 17 11 |
| 15 | 23:35:18 | 22 01 53 | 11♌11 | 17 32 | 04 54 | 12 04 | 28 12 | 14 18 | 01 08 | 02 07 | 03 13 | 23 56 | 17 08 |
| 16 | 23:39:15 | 23 00 22 | 23 57 | 00♍28 | 06 33 | 12 35 | 28 45 | 14 31 | 01 16 | 02 10 | 03 12 | 23 55 | 17 05 |
| 17 | 23:43:11 | 23 58 52 | 07♍04 | 13 45 | 08 11 | 13 07 | 29 17 | 14 44 | 01 23 | 02 13 | 03 11 | 23 54 | 17 02 |
| 18 | 23:47:08 | 24 57 24 | 20 31 | 27 21 | 09 48 | 13 41 | 29 50 | 14 57 | 01 31 | 02 15 | 03 10 | 23 53 | 16 59 |
| 19 | 23:51:04 | 25 55 59 | 04♎16 | 11♎13 | 11 23 | 14 16 | 00♋22 | 15 10 | 01 38 | 02 18 | 03 09 | 23 52 | 16 55 |
| 20 | 23:55:01 | 26 54 35 | 18 14 | 25 17 | 12 58 | 14 53 | 00 54 | 15 23 | 01 45 | 02 20 | 03 07 | 23 50 | 16 52 |
| 21 | 23:58:57 | 27 53 13 | 02♏21 | 09♏27 | 14 32 | 15 31 | 01 26 | 15 35 | 01 53 | 02 23 | 03 06 | 23 49 | 16 49 |
| 22 | 0:02:54 | 28 51 53 | 16 34 | 23 41 | 16 04 | 16 09 | 01 58 | 15 48 | 02 00 | 02 25 | 03 05 | 23 48 | 16 46 |
| 23 | 0:06:51 | 29 50 34 | 00♐47 | 07♐54 | 17 36 | 16 49 | 02 29 | 16 01 | 02 08 | 02 27 | 03 03 | 23 47 | 16 43 |
| 24 | 0:10:47 | 00♎49 18 | 14 59 | 22 04 | 19 07 | 17 31 | 03 00 | 16 14 | 02 15 | 02 30 | 03 02 | 23 46 | 16 39 |
| 25 | 0:14:44 | 01 48 03 | 29 07 | 06♑10 | 20 37 | 18 13 | 03 31 | 16 27 | 02 23 | 02 32 | 03 01 | 23 45 | 16 36 |
| 26 | 0:18:40 | 02 46 50 | 13♑11 | 20 11 | 22 05 | 18 56 | 04 01 | 16 40 | 02 30 | 02 34 | 02 59 | 23 44 | 16 33 |
| 27 | 0:22:37 | 03 45 38 | 27 10 | 04♒07 | 23 33 | 19 40 | 04 32 | 16 52 | 02 38 | 02 36 | 02 58 | 23 43 | 16 30 |
| 28 | 0:26:33 | 04 44 28 | 11♒03 | 17 56 | 25 00 | 20 25 | 05 02 | 17 05 | 02 45 | 02 39 | 02 56 | 23 43 | 16 27 |
| 29 | 0:30:30 | 05 43 20 | 24 48 | 01♓37 | 26 25 | 21 11 | 05 31 | 17 18 | 02 52 | 02 41 | 02 55 | 23 42 | 16 24 |
| 30 | 0:34:26 | 06 42 13 | 08♓23 | 15 07 | 27 50 | 21 58 | 06 01 | 17 30 | 03 00 | 02 43 | 02 53 | 23 41 | 16 20 |

## 0:00 E.T. Longitudes of the Major Asteroids and Chiron

| D | ⚳ | ⚴ | ⚵ | ⚶ | ⚷ | D | ⚳ | ⚴ | ⚵ | ⚶ | ⚷ |
|---|---|---|---|---|---|---|---|---|---|---|---|
| 1 | 04♉03℞ | 21♒43℞ | 18♑26℞ | 08♎16 | 11♋02 | 16 | 03 13 | 18 39 | 18 14 | 15 48 | 11 54 |
| 2 | 04 02 | 21 29 | 18 22 | 08 45 | 11 06 | 17 | 03 06 | 18 29 | 18 16 | 16 19 | 11 57 |
| 3 | 04 01 | 21 15 | 18 19 | 09 15 | 11 10 | 18 | 03 00 | 18 19 | 18 19 | 16 50 | 12 00 |
| 4 | 04 00 | 21 02 | 18 16 | 09 45 | 11 14 | 19 | 02 53 | 18 10 | 18 22 | 17 20 | 12 03 |
| 5 | 03 58 | 20 48 | 18 14 | 10 15 | 11 17 | 20 | 02 45 | 18 01 | 18 25 | 17 51 | 12 05 |
| 6 | 03 56 | 20 35 | 18 12 | 10 45 | 11 21 | 21 | 02 37 | 17 52 | 18 29 | 18 22 | 12 08 |
| 7 | 03 53 | 20 22 | 18 10 | 11 15 | 11 25 | 22 | 02 29 | 17 44 | 18 34 | 18 53 | 12 11 |
| 8 | 03 50 | 20 10 | 18 09 | 11 45 | 11 28 | 23 | 02 21 | 17 36 | 18 38 | 19 23 | 12 13 |
| 9 | 03 47 | 19 57 | 18 08 | 12 16 | 11 32 | 24 | 02 12 | 17 28 | 18 43 | 19 54 | 12 16 |
| 10 | 03 43 | 19 45 | 18 08 | 12 46 | 11 35 | 25 | 02 03 | 17 21 | 18 48 | 20 25 | 12 18 |
| 11 | 03 39 | 19 33 | 18 08D | 13 16 | 11 38 | 26 | 01 54 | 17 14 | 18 54 | 20 56 | 12 20 |
| 12 | 03 34 | 19 22 | 18 08 | 13 47 | 11 42 | 27 | 01 44 | 17 07 | 19 00 | 21 27 | 12 22 |
| 13 | 03 29 | 19 11 | 18 09 | 14 17 | 11 45 | 28 | 01 34 | 17 01 | 19 07 | 21 58 | 12 25 |
| 14 | 03 24 | 19 00 | 18 10 | 14 47 | 11 48 | 29 | 01 24 | 16 55 | 19 13 | 22 29 | 12 27 |
| 15 | 03 19 | 18 49 | 18 12 | 15 18 | 11 51 | 30 | 01 13 | 16 49 | 19 21 | 23 00 | 12 29 |

## Lunar Data

| Last Asp. | | Ingress | | |
|---|---|---|---|---|
| 1 | 15:44 | 2 | ♓ | 01:43 |
| 4 | 06:19 | 4 | ♈ | 06:37 |
| 6 | 03:20 | 6 | ♉ | 14:36 |
| 8 | 13:53 | 9 | ♊ | 01:50 |
| 11 | 12:47 | 11 | ♋ | 14:43 |
| 13 | 07:37 | 14 | ♌ | 02:28 |
| 16 | 09:13 | 16 | ♍ | 11:08 |
| 18 | 08:24 | 18 | ♎ | 16:37 |
| 20 | 09:33 | 20 | ♏ | 20:00 |
| 22 | 22:17 | 22 | ♐ | 22:40 |
| 24 | 14:53 | 25 | ♑ | 01:29 |
| 26 | 17:03 | 27 | ♒ | 04:53 |
| 29 | 03:12 | 29 | ♓ | 09:10 |

## 0:00 E.T. Declinations

| D | ☉ | ☽ | ☿ | ♀ | ♂ | ♃ | ♄ | ♅ | ♆ | ♇ | ⚳ | ⚴ | ⚵ | ⚶ | ⚷ |
|---|---|---|---|---|---|---|---|---|---|---|---|---|---|---|---|
| 1 | +08 24 | -20 20 | +09 26 | +11 39 | +22 36 | +08 14 | +02 08 | +20 21 | +11 00 | -22 50 | +01 10 | +08 37 | -09 31 | +01 29 | +16 53 |
| 2 | 08 02 | 16 15 | 08 40 | 11 46 | 22 39 | 08 09 | 02 05 | 20 20 | 10 59 | 22 50 | 01 07 | 08 25 | 09 38 | 01 17 | 16 52 |
| 3 | 07 40 | 11 21 | 07 54 | 11 51 | 22 43 | 08 04 | 02 03 | 20 20 | 10 59 | 22 50 | 01 05 | 08 13 | 09 44 | 01 04 | 16 51 |
| 4 | 07 18 | 06 01 | 07 07 | 11 57 | 22 46 | 07 59 | 02 00 | 20 19 | 10 59 | 22 51 | 01 02 | 08 01 | 09 51 | 00 52 | 16 50 |
| 5 | 06 56 | 00 31 | 06 20 | 12 02 | 22 49 | 07 54 | 01 57 | 20 18 | 10 58 | 22 51 | 00 59 | 07 49 | 09 57 | 00 39 | 16 49 |
| 6 | 06 34 | +04 51 | 05 33 | 12 06 | 22 52 | 07 49 | 01 54 | 20 18 | 10 58 | 22 52 | 00 56 | 07 36 | 10 04 | 00 27 | 16 49 |
| 7 | 06 12 | 09 55 | 04 45 | 12 11 | 22 55 | 07 44 | 01 51 | 20 17 | 10 58 | 22 52 | 00 53 | 07 24 | 10 10 | 00 14 | 16 48 |
| 8 | 05 49 | 14 29 | 03 58 | 12 15 | 22 58 | 07 39 | 01 48 | 20 16 | 10 57 | 22 52 | 00 50 | 07 12 | 10 17 | 00 02 | 16 47 |
| 9 | 05 27 | 18 23 | 03 11 | 12 18 | 23 01 | 07 34 | 01 45 | 20 16 | 10 57 | 22 53 | 00 47 | 06 59 | 10 23 | -00 11 | 16 46 |
| 10 | 05 04 | 21 30 | 02 24 | 12 21 | 23 03 | 07 29 | 01 42 | 20 15 | 10 57 | 22 53 | 00 44 | 06 47 | 10 30 | 00 23 | 16 45 |
| 11 | 04 41 | 23 42 | 01 37 | 12 23 | 23 05 | 07 24 | 01 39 | 20 15 | 10 56 | 22 53 | 00 41 | 06 34 | 10 36 | 00 35 | 16 45 |
| 12 | 04 19 | 24 50 | 00 50 | 12 25 | 23 08 | 07 19 | 01 36 | 20 14 | 10 56 | 22 54 | 00 37 | 06 22 | 10 42 | 00 48 | 16 44 |
| 13 | 03 56 | 24 51 | 00 03 | 12 27 | 23 10 | 07 14 | 01 34 | 20 13 | 10 55 | 22 54 | 00 34 | 06 09 | 10 48 | 01 00 | 16 43 |
| 14 | 03 33 | 23 40 | -00 43 | 12 28 | 23 12 | 07 09 | 01 31 | 20 13 | 10 55 | 22 55 | 00 30 | 05 56 | 10 54 | 01 13 | 16 42 |
| 15 | 03 10 | 21 19 | 01 29 | 12 29 | 23 14 | 07 04 | 01 28 | 20 12 | 10 54 | 22 55 | 00 27 | 05 44 | 11 00 | 01 25 | 16 41 |
| 16 | 02 47 | 17 53 | 02 14 | 12 29 | 23 15 | 07 00 | 01 25 | 20 12 | 10 54 | 22 55 | 00 23 | 05 31 | 11 06 | 01 37 | 16 41 |
| 17 | 02 23 | 13 30 | 02 59 | 12 28 | 23 17 | 06 55 | 01 22 | 20 11 | 10 54 | 22 55 | 00 19 | 05 19 | 11 12 | 01 50 | 16 40 |
| 18 | 02 00 | 08 21 | 03 44 | 12 27 | 23 18 | 06 50 | 01 19 | 20 11 | 10 53 | 22 56 | 00 16 | 05 06 | 11 18 | 02 02 | 16 39 |
| 19 | 01 37 | 02 42 | 04 28 | 12 26 | 23 20 | 06 45 | 01 16 | 20 10 | 10 53 | 22 56 | 00 12 | 04 54 | 11 24 | 02 14 | 16 38 |
| 20 | 01 14 | -03 12 | 05 12 | 12 24 | 23 21 | 06 40 | 01 13 | 20 09 | 10 52 | 22 56 | 00 08 | 04 41 | 11 29 | 02 27 | 16 37 |
| 21 | 00 50 | 09 01 | 05 55 | 12 21 | 23 22 | 06 35 | 01 10 | 20 09 | 10 52 | 22 57 | 00 04 | 04 29 | 11 35 | 02 39 | 16 37 |
| 22 | 00 27 | 14 24 | 06 38 | 12 18 | 23 23 | 06 30 | 01 07 | 20 08 | 10 51 | 22 57 | 00 00 | 04 17 | 11 40 | 02 51 | 16 36 |
| 23 | 00 04 | 19 00 | 07 20 | 12 15 | 23 24 | 06 25 | 01 04 | 20 08 | 10 51 | 22 57 | -00 04 | 04 04 | 11 46 | 03 04 | 16 35 |
| 24 | -00 20 | 22 30 | 08 01 | 12 11 | 23 24 | 06 20 | 01 01 | 20 07 | 10 50 | 22 57 | 00 08 | 03 52 | 11 51 | 03 16 | 16 34 |
| 25 | 00 43 | 24 35 | 08 42 | 12 06 | 23 25 | 06 15 | 00 58 | 20 07 | 10 50 | 22 58 | 00 12 | 03 40 | 11 57 | 03 28 | 16 33 |
| 26 | 01 06 | 25 05 | 09 22 | 12 01 | 23 26 | 06 10 | 00 55 | 20 06 | 10 49 | 22 58 | 00 16 | 03 28 | 12 02 | 03 40 | 16 33 |
| 27 | 01 30 | 23 59 | 10 02 | 11 55 | 23 26 | 06 05 | 00 53 | 20 06 | 10 49 | 22 58 | 00 20 | 03 16 | 12 07 | 03 53 | 16 32 |
| 28 | 01 53 | 21 26 | 10 41 | 11 49 | 23 27 | 06 01 | 00 50 | 20 06 | 10 48 | 22 58 | 00 24 | 03 04 | 12 12 | 04 05 | 16 31 |
| 29 | 02 16 | 17 41 | 11 19 | 11 42 | 23 27 | 05 56 | 00 47 | 20 05 | 10 48 | 22 59 | 00 28 | 02 52 | 12 17 | 04 17 | 16 30 |
| 30 | 02 40 | 13 03 | 11 56 | 11 35 | 23 27 | 05 51 | 00 44 | 20 05 | 10 47 | 22 59 | 00 32 | 02 40 | 12 22 | 04 29 | 16 30 |

Lunar Phases -- 2 ○ 19:25 10 ◑ 13:47 18 ● 08:24 25 ◐ 04:54 Sun enters ♎ 9/23 03:51

## Longitudes of Main Planets - October 2039

0:00 E.T.

| D | S.T. | ☉ | ☽ | ☽ 12:00 | ☿ | ♀ | ♂ | ♃ | ♄ | ♅ | ♆ | ♇ | ☊ |
|---|---|---|---|---|---|---|---|---|---|---|---|---|---|
| 1 | 0:38:23 | 07♎41 08 | 21♓47 | 28♓24 | 29♎13 | 22♌46 | 06♋30 | 17♍43 | 03♎07 | 02♌45 | 02♉52℞ | 23♒40℞ | 16♊17 |
| 2 | 0:42:20 | 08 40 06 | 04♈57 | 11♈27 | 00♏36 | 23 35 | 06 59 | 17 56 | 03 15 | 02 47 | 02 51 | 23 39 | 16 14 |
| 3 | 0:46:16 | 09 39 05 | 17 52 | 24 14 | 01 57 | 24 24 | 07 27 | 18 08 | 03 22 | 02 49 | 02 49 | 23 38 | 16 11 |
| 4 | 0:50:13 | 10 38 06 | 00♉31 | 06♉44 | 03 17 | 25 15 | 07 55 | 18 21 | 03 29 | 02 51 | 02 47 | 23 37 | 16 08 |
| 5 | 0:54:09 | 11 37 10 | 12 54 | 19 00 | 04 36 | 26 06 | 08 23 | 18 33 | 03 37 | 02 52 | 02 46 | 23 36 | 16 04 |
| 6 | 0:58:06 | 12 36 15 | 25 02 | 01♊02 | 05 54 | 26 58 | 08 51 | 18 46 | 03 44 | 02 54 | 02 44 | 23 36 | 16 01 |
| 7 | 1:02:02 | 13 35 23 | 07♊00 | 12 56 | 07 10 | 27 50 | 09 18 | 18 58 | 03 52 | 02 56 | 02 43 | 23 35 | 15 58 |
| 8 | 1:05:59 | 14 34 33 | 18 50 | 24 44 | 08 25 | 28 43 | 09 45 | 19 10 | 03 59 | 02 58 | 02 41 | 23 34 | 15 55 |
| 9 | 1:09:55 | 15 33 46 | 00♋37 | 06♋32 | 09 38 | 29 37 | 10 12 | 19 23 | 04 06 | 02 59 | 02 40 | 23 33 | 15 52 |
| 10 | 1:13:52 | 16 33 01 | 12 27 | 18 25 | 10 50 | 00♍31 | 10 38 | 19 35 | 04 14 | 03 01 | 02 38 | 23 33 | 15 49 |
| 11 | 1:17:49 | 17 32 18 | 24 25 | 00♌28 | 12 00 | 01 26 | 11 04 | 19 47 | 04 21 | 03 03 | 02 36 | 23 32 | 15 45 |
| 12 | 1:21:45 | 18 31 37 | 06♌35 | 12 47 | 13 08 | 02 22 | 11 29 | 19 59 | 04 28 | 03 04 | 02 35 | 23 31 | 15 42 |
| 13 | 1:25:42 | 19 30 59 | 19 04 | 25 26 | 14 14 | 03 18 | 11 55 | 20 12 | 04 36 | 03 06 | 02 33 | 23 31 | 15 39 |
| 14 | 1:29:38 | 20 30 23 | 01♍54 | 08♍29 | 15 18 | 04 15 | 12 19 | 20 24 | 04 43 | 03 07 | 02 32 | 23 30 | 15 36 |
| 15 | 1:33:35 | 21 29 49 | 15 09 | 21 56 | 16 19 | 05 12 | 12 44 | 20 36 | 04 50 | 03 08 | 02 30 | 23 30 | 15 33 |
| 16 | 1:37:31 | 22 29 17 | 28 48 | 05♎47 | 17 18 | 06 10 | 13 08 | 20 48 | 04 57 | 03 10 | 02 28 | 23 29 | 15 30 |
| 17 | 1:41:28 | 23 28 48 | 12♎50 | 19 59 | 18 14 | 07 08 | 13 31 | 21 00 | 05 05 | 03 11 | 02 27 | 23 28 | 15 26 |
| 18 | 1:45:24 | 24 28 20 | 27 11 | 04♏26 | 19 06 | 08 07 | 13 54 | 21 12 | 05 12 | 03 12 | 02 25 | 23 28 | 15 23 |
| 19 | 1:49:21 | 25 27 55 | 11♏44 | 19 03 | 19 56 | 09 07 | 14 17 | 21 23 | 05 19 | 03 13 | 02 23 | 23 27 | 15 20 |
| 20 | 1:53:18 | 26 27 31 | 26 23 | 03♐42 | 20 41 | 10 06 | 14 39 | 21 35 | 05 26 | 03 14 | 02 22 | 23 27 | 15 17 |
| 21 | 1:57:14 | 27 27 10 | 11♐00 | 18 17 | 21 22 | 11 06 | 15 01 | 21 47 | 05 33 | 03 15 | 02 20 | 23 27 | 15 14 |
| 22 | 2:01:11 | 28 26 50 | 25 32 | 02♑44 | 21 59 | 12 07 | 15 23 | 21 59 | 05 40 | 03 16 | 02 18 | 23 26 | 15 10 |
| 23 | 2:05:07 | 29 26 32 | 09♑53 | 16 59 | 22 30 | 13 08 | 15 44 | 22 10 | 05 47 | 03 17 | 02 17 | 23 26 | 15 07 |
| 24 | 2:09:04 | 00♏26 16 | 24 01 | 01♒01 | 22 56 | 14 09 | 16 04 | 22 22 | 05 54 | 03 18 | 02 15 | 23 25 | 15 04 |
| 25 | 2:13:00 | 01 26 01 | 07♒56 | 14 48 | 23 15 | 15 11 | 16 24 | 22 33 | 06 01 | 03 19 | 02 13 | 23 25 | 15 01 |
| 26 | 2:16:57 | 02 25 48 | 21 37 | 28 22 | 23 28 | 16 13 | 16 43 | 22 45 | 06 08 | 03 20 | 02 12 | 23 25 | 14 58 |
| 27 | 2:20:53 | 03 25 37 | 05♓04 | 11♓43 | 23 33 | 17 15 | 17 02 | 22 56 | 06 15 | 03 21 | 02 10 | 23 24 | 14 55 |
| 28 | 2:24:50 | 04 25 27 | 18 18 | 24 50 | 23 30℞ | 18 18 | 17 21 | 23 07 | 06 22 | 03 21 | 02 08 | 23 24 | 14 51 |
| 29 | 2:28:47 | 05 25 19 | 01♈18 | 07♈44 | 23 19 | 19 21 | 17 39 | 23 18 | 06 29 | 03 22 | 02 06 | 23 24 | 14 48 |
| 30 | 2:32:43 | 06 25 13 | 14 06 | 20 25 | 22 59 | 20 25 | 17 56 | 23 29 | 06 36 | 03 22 | 02 05 | 23 24 | 14 45 |
| 31 | 2:36:40 | 07 25 08 | 26 41 | 02♉54 | 22 29 | 21 29 | 18 13 | 23 41 | 06 42 | 03 23 | 02 03 | 23 24 | 14 42 |

## Longitudes of the Major Asteroids and Chiron

0:00 E.T.

| D | ⚳ | ⚴ | ⚵ | ⚶ | ⚷ | D | ⚳ | ⚴ | ⚵ | ⚶ | ⚷ |
|---|---|---|---|---|---|---|---|---|---|---|---|
| 1 | 01♉02℞ | 16♒44℞ | 19♑28 | 23♎31 | 12♋30 | 17 | 27 41 | 16 09 | 22 11 | 01 54 | 12 49 |
| 2 | 00 51 | 16 39 | 19 36 | 24 03 | 12 32 | 18 | 27 27 | 16 09 | 22 23 | 02 25 | 12 50 |
| 3 | 00 40 | 16 35 | 19 44 | 24 34 | 12 34 | 19 | 27 13 | 16 10 | 22 36 | 02 57 | 12 50 |
| 4 | 00 28 | 16 31 | 19 52 | 25 05 | 12 36 | 20 | 26 59 | 16 12 | 22 49 | 03 29 | 12 50 |
| 5 | 00 16 | 16 27 | 20 01 | 25 36 | 12 37 | 21 | 26 46 | 16 14 | 23 03 | 04 00 | 12 51 |
| 6 | 00 04 | 16 23 | 20 10 | 26 08 | 12 39 | 22 | 26 32 | 16 16 | 23 17 | 04 32 | 12 51 |
| 7 | 29♈52 | 16 20 | 20 20 | 26 39 | 12 40 | 23 | 26 18 | 16 18 | 23 31 | 05 04 | 12 51℞ |
| 8 | 29 40 | 16 18 | 20 29 | 27 10 | 12 41 | 24 | 26 04 | 16 21 | 23 45 | 05 36 | 12 51 |
| 9 | 29 27 | 16 15 | 20 39 | 27 42 | 12 43 | 25 | 25 51 | 16 24 | 24 00 | 06 08 | 12 51 |
| 10 | 29 14 | 16 13 | 20 50 | 28 13 | 12 44 | 26 | 25 37 | 16 27 | 24 14 | 06 39 | 12 50 |
| 11 | 29 01 | 16 12 | 21 00 | 28 44 | 12 45 | 27 | 25 24 | 16 31 | 24 29 | 07 11 | 12 50 |
| 12 | 28 48 | 16 10 | 21 11 | 29 16 | 12 46 | 28 | 25 10 | 16 34 | 24 45 | 07 43 | 12 50 |
| 13 | 28 35 | 16 09 | 21 23 | 29 47 | 12 47 | 29 | 24 57 | 16 39 | 25 00 | 08 15 | 12 49 |
| 14 | 28 21 | 16 09 | 21 34 | 00♏19 | 12 47 | 30 | 24 44 | 16 43 | 25 16 | 08 47 | 12 49 |
| 15 | 28 08 | 16 08 | 21 46 | 00 51 | 12 48 | 31 | 24 31 | 16 48 | 25 32 | 09 19 | 12 48 |
| 16 | 27 54 | 16 08D | 21 58 | 01 22 | 12 49 | | | | | | |

## Lunar Data

| Last Asp. | | Ingress | | |
|---|---|---|---|---|
| 30 | 16:33 | 1 | ♈ | 14:55 |
| 3 | 13:13 | 3 | ♉ | 23:01 |
| 6 | 04:08 | 6 | ♊ | 09:55 |
| 8 | 21:47 | 8 | ♋ | 22:44 |
| 10 | 14:36 | 11 | ♌ | 11:04 |
| 13 | 08:23 | 13 | ♍ | 20:29 |
| 15 | 09:48 | 16 | ♎ | 02:04 |
| 17 | 19:10 | 18 | ♏ | 04:40 |
| 19 | 19:13 | 20 | ♐ | 05:56 |
| 22 | 05:13 | 22 | ♑ | 07:26 |
| 23 | 22:04 | 24 | ♒ | 10:16 |
| 26 | 03:18 | 26 | ♓ | 14:55 |
| 28 | 09:27 | 28 | ♈ | 21:34 |
| 30 | 17:41 | 31 | ♉ | 06:23 |

## Declinations

0:00 E.T.

| D | ☉ | ☽ | ☿ | ♀ | ♂ | ♃ | ♄ | ♅ | ♆ | ♇ | ⚳ | ⚴ | ⚵ | ⚶ | ⚷ |
|---|---|---|---|---|---|---|---|---|---|---|---|---|---|---|---|
| 1 | -03 03 | -07 52 | -12 33 | +11 28 | +23 27 | +05 46 | +00 41 | +20 04 | +10 47 | -22 59 | -00 36 | +02 29 | -12 27 | -04 41 | +16 29 |
| 2 | 03 26 | 02 24 | 13 09 | 11 19 | 23 27 | 05 41 | 00 38 | 20 04 | 10 46 | 22 59 | 00 40 | 02 17 | 12 31 | 04 53 | 16 28 |
| 3 | 03 49 | +03 05 | 13 44 | 11 11 | 23 28 | 05 36 | 00 35 | 20 03 | 10 46 | 22 59 | 00 44 | 02 06 | 12 36 | 05 05 | 16 27 |
| 4 | 04 13 | 08 19 | 14 18 | 11 01 | 23 27 | 05 32 | 00 32 | 20 03 | 10 45 | 22 59 | 00 48 | 01 54 | 12 40 | 05 17 | 16 27 |
| 5 | 04 36 | 13 08 | 14 52 | 10 52 | 23 27 | 05 27 | 00 29 | 20 03 | 10 45 | 23 00 | 00 52 | 01 43 | 12 45 | 05 29 | 16 26 |
| 6 | 04 59 | 17 21 | 15 24 | 10 41 | 23 27 | 05 22 | 00 26 | 20 02 | 10 44 | 23 00 | 00 56 | 01 32 | 12 49 | 05 41 | 16 25 |
| 7 | 05 22 | 20 48 | 15 56 | 10 30 | 23 27 | 05 17 | 00 24 | 20 02 | 10 43 | 23 00 | 01 00 | 01 21 | 12 53 | 05 53 | 16 24 |
| 8 | 05 45 | 23 20 | 16 26 | 10 19 | 23 27 | 05 12 | 00 21 | 20 01 | 10 43 | 23 00 | 01 04 | 01 10 | 12 58 | 06 05 | 16 24 |
| 9 | 06 08 | 24 50 | 16 56 | 10 07 | 23 26 | 05 08 | 00 18 | 20 01 | 10 42 | 23 00 | 01 08 | 00 59 | 13 02 | 06 16 | 16 23 |
| 10 | 06 30 | 25 14 | 17 24 | 09 55 | 23 26 | 05 03 | 00 15 | 20 01 | 10 42 | 23 00 | 01 12 | 00 49 | 13 06 | 06 28 | 16 22 |
| 11 | 06 53 | 24 27 | 17 51 | 09 42 | 23 26 | 04 58 | 00 12 | 20 00 | 10 41 | 23 00 | 01 16 | 00 38 | 13 09 | 06 40 | 16 21 |
| 12 | 07 16 | 22 31 | 18 18 | 09 29 | 23 25 | 04 54 | 00 09 | 20 00 | 10 41 | 23 00 | 01 19 | 00 28 | 13 13 | 06 52 | 16 21 |
| 13 | 07 38 | 19 29 | 18 42 | 09 15 | 23 25 | 04 49 | 00 07 | 20 00 | 10 40 | 23 00 | 01 23 | 00 18 | 13 17 | 07 03 | 16 20 |
| 14 | 08 00 | 15 27 | 19 06 | 09 01 | 23 24 | 04 44 | 00 04 | 20 00 | 10 40 | 23 00 | 01 26 | 00 07 | 13 20 | 07 15 | 16 19 |
| 15 | 08 23 | 10 34 | 19 28 | 08 47 | 23 24 | 04 40 | 00 01 | 19 59 | 10 39 | 23 00 | 01 30 | -00 03 | 13 24 | 07 26 | 16 19 |
| 16 | 08 45 | 05 01 | 19 49 | 08 32 | 23 24 | 04 35 | -00 02 | 19 59 | 10 38 | 23 00 | 01 33 | 00 13 | 13 27 | 07 38 | 16 18 |
| 17 | 09 07 | -00 56 | 20 08 | 08 16 | 23 23 | 04 30 | 00 05 | 19 59 | 10 38 | 23 01 | 01 37 | 00 22 | 13 31 | 07 49 | 16 17 |
| 18 | 09 29 | 06 58 | 20 26 | 08 00 | 23 23 | 04 26 | 00 07 | 19 58 | 10 37 | 23 01 | 01 40 | 00 32 | 13 34 | 08 01 | 16 17 |
| 19 | 09 51 | 12 44 | 20 42 | 07 44 | 23 22 | 04 21 | 00 10 | 19 58 | 10 37 | 23 01 | 01 43 | 00 41 | 13 37 | 08 12 | 16 16 |
| 20 | 10 12 | 17 50 | 20 56 | 07 27 | 23 22 | 04 17 | 00 13 | 19 58 | 10 36 | 23 01 | 01 46 | 00 51 | 13 40 | 08 24 | 16 15 |
| 21 | 10 34 | 21 50 | 21 08 | 07 10 | 23 21 | 04 12 | 00 15 | 19 58 | 10 35 | 23 01 | 01 49 | 01 00 | 13 43 | 08 35 | 16 15 |
| 22 | 10 55 | 24 25 | 21 18 | 06 52 | 23 21 | 04 08 | 00 18 | 19 58 | 10 35 | 23 00 | 01 52 | 01 09 | 13 45 | 08 46 | 16 14 |
| 23 | 11 16 | 25 20 | 21 26 | 06 34 | 23 20 | 04 03 | 00 21 | 19 57 | 10 34 | 23 00 | 01 54 | 01 18 | 13 48 | 08 57 | 16 13 |
| 24 | 11 37 | 24 36 | 21 31 | 06 16 | 23 20 | 03 59 | 00 24 | 19 57 | 10 34 | 23 00 | 01 57 | 01 26 | 13 51 | 09 08 | 16 13 |
| 25 | 11 58 | 22 20 | 21 33 | 05 57 | 23 19 | 03 55 | 00 26 | 19 57 | 10 33 | 23 00 | 02 00 | 01 35 | 13 53 | 09 19 | 16 12 |
| 26 | 12 19 | 18 50 | 21 33 | 05 38 | 23 19 | 03 50 | 00 29 | 19 57 | 10 33 | 23 00 | 02 02 | 01 43 | 13 55 | 09 30 | 16 11 |
| 27 | 12 39 | 14 24 | 21 30 | 05 19 | 23 19 | 03 46 | 00 31 | 19 57 | 10 32 | 23 00 | 02 04 | 01 52 | 13 58 | 09 41 | 16 11 |
| 28 | 13 00 | 09 22 | 21 23 | 04 59 | 23 19 | 03 42 | 00 34 | 19 57 | 10 31 | 23 00 | 02 06 | 02 00 | 14 00 | 09 52 | 16 10 |
| 29 | 13 20 | 04 00 | 21 12 | 04 39 | 23 18 | 03 37 | 00 37 | 19 57 | 10 31 | 23 00 | 02 08 | 02 08 | 14 02 | 10 03 | 16 10 |
| 30 | 13 39 | +01 27 | 20 58 | 04 19 | 23 18 | 03 33 | 00 39 | 19 57 | 10 30 | 23 00 | 02 10 | 02 15 | 14 04 | 10 14 | 16 09 |
| 31 | 13 59 | 06 46 | 20 40 | 03 58 | 23 18 | 03 29 | 00 42 | 19 56 | 10 30 | 23 00 | 02 11 | 02 23 | 14 05 | 10 25 | 16 09 |

Lunar Phases -- 2 ○ 07:24 10 ◑ 09:00 17 ● 19:10 24 ◐ 11:52 31 ○ 22:37 Sun enters ♏ 10/23 13:27

## 0:00 E.T. Longitudes of Main Planets - November 2039 Nov. 39

| D | S.T. | ☉ | ☽ | ☽ 12:00 | ☿ | ♀ | ♂ | ♃ | ♄ | ♅ | ♆ | ♇ | ☊ |
|---|---|---|---|---|---|---|---|---|---|---|---|---|---|
| 1 | 2:40:36 | 08♏25 06 | 09♉04 | 15♉11 | 21♏50℞ | 22♍33 | 18♋30 | 23♍51 | 06♎49 | 03♌23 | 02♉01℞ | 23♒23℞ | 14♊39 |
| 2 | 2:44:33 | 09 25 05 | 21 15 | 27 17 | 21 02 | 23 37 | 18 45 | 24 02 | 06 56 | 03 24 | 02 00 | 23 23 | 14 36 |
| 3 | 2:48:29 | 10 25 06 | 03♊17 | 09♊14 | 20 05 | 24 42 | 19 01 | 24 13 | 07 02 | 03 24 | 01 58 | 23 23 | 14 32 |
| 4 | 2:52:26 | 11 25 10 | 15 10 | 21 05 | 19 00 | 25 47 | 19 15 | 24 24 | 07 09 | 03 24 | 01 56 | 23 23 | 14 29 |
| 5 | 2:56:22 | 12 25 15 | 26 58 | 02♋52 | 17 49 | 26 53 | 19 29 | 24 35 | 07 16 | 03 25 | 01 55 | 23 23 | 14 26 |
| 6 | 3:00:19 | 13 25 22 | 08♋45 | 14 39 | 16 33 | 27 58 | 19 43 | 24 45 | 07 22 | 03 25 | 01 53 | 23 23 | 14 23 |
| 7 | 3:04:16 | 14 25 32 | 20 34 | 26 31 | 15 15 | 29 04 | 19 55 | 24 56 | 07 29 | 03 25 | 01 52 | 23 23D | 14 20 |
| 8 | 3:08:12 | 15 25 43 | 02♌31 | 08♌33 | 13 56 | 00♎10 | 20 08 | 25 06 | 07 35 | 03 25 | 01 50 | 23 23 | 14 16 |
| 9 | 3:12:09 | 16 25 56 | 14 39 | 20 49 | 12 39 | 01 17 | 20 19 | 25 16 | 07 41 | 03 25℞ | 01 48 | 23 23 | 14 13 |
| 10 | 3:16:05 | 17 26 12 | 27 05 | 03♍25 | 11 28 | 02 23 | 20 30 | 25 26 | 07 48 | 03 25 | 01 47 | 23 23 | 14 10 |
| 11 | 3:20:02 | 18 26 29 | 09♍52 | 16 24 | 10 23 | 03 30 | 20 40 | 25 37 | 07 54 | 03 25 | 01 45 | 23 23 | 14 07 |
| 12 | 3:23:58 | 19 26 48 | 23 03 | 29 50 | 09 28 | 04 38 | 20 50 | 25 47 | 08 00 | 03 25 | 01 43 | 23 23 | 14 04 |
| 13 | 3:27:55 | 20 27 10 | 06♎42 | 13♎42 | 08 42 | 05 45 | 20 58 | 25 57 | 08 06 | 03 25 | 01 42 | 23 23 | 14 01 |
| 14 | 3:31:51 | 21 27 33 | 20 48 | 28 01 | 08 08 | 06 53 | 21 07 | 26 06 | 08 12 | 03 24 | 01 40 | 23 24 | 13 57 |
| 15 | 3:35:48 | 22 27 58 | 05♏18 | 12♏41 | 07 46 | 08 00 | 21 14 | 26 16 | 08 18 | 03 24 | 01 39 | 23 24 | 13 54 |
| 16 | 3:39:45 | 23 28 25 | 20 07 | 27 36 | 07 35 | 09 08 | 21 20 | 26 26 | 08 24 | 03 24 | 01 37 | 23 24 | 13 51 |
| 17 | 3:43:41 | 24 28 53 | 05♐06 | 12♐38 | 07 36D | 10 17 | 21 26 | 26 35 | 08 30 | 03 23 | 01 36 | 23 24 | 13 48 |
| 18 | 3:47:38 | 25 29 23 | 20 08 | 27 38 | 07 47 | 11 25 | 21 31 | 26 45 | 08 36 | 03 23 | 01 34 | 23 25 | 13 45 |
| 19 | 3:51:34 | 26 29 55 | 05♑04 | 12♑28 | 08 08 | 12 34 | 21 36 | 26 54 | 08 42 | 03 22 | 01 33 | 23 25 | 13 42 |
| 20 | 3:55:31 | 27 30 28 | 19 47 | 27 02 | 08 39 | 13 42 | 21 39 | 27 03 | 08 48 | 03 22 | 01 31 | 23 25 | 13 38 |
| 21 | 3:59:27 | 28 31 02 | 04♒12 | 11♒16 | 09 18 | 14 51 | 21 42 | 27 12 | 08 54 | 03 21 | 01 30 | 23 26 | 13 35 |
| 22 | 4:03:24 | 29 31 37 | 18 15 | 25 09 | 10 04 | 16 00 | 21 44 | 27 21 | 08 59 | 03 20 | 01 28 | 23 26 | 13 32 |
| 23 | 4:07:20 | 00♐32 14 | 01♓57 | 08♓40 | 10 56 | 17 10 | 21 45 | 27 30 | 09 05 | 03 20 | 01 27 | 23 27 | 13 29 |
| 24 | 4:11:17 | 01 32 51 | 15 18 | 21 50 | 11 55 | 18 19 | 21 45℞ | 27 39 | 09 10 | 03 19 | 01 25 | 23 27 | 13 26 |
| 25 | 4:15:14 | 02 33 30 | 28 19 | 04♈43 | 12 58 | 19 29 | 21 45 | 27 47 | 09 16 | 03 18 | 01 24 | 23 27 | 13 22 |
| 26 | 4:19:10 | 03 34 10 | 11♈03 | 17 20 | 14 06 | 20 38 | 21 43 | 27 56 | 09 21 | 03 17 | 01 23 | 23 28 | 13 19 |
| 27 | 4:23:07 | 04 34 51 | 23 33 | 29 43 | 15 17 | 21 48 | 21 41 | 28 04 | 09 26 | 03 16 | 01 21 | 23 29 | 13 16 |
| 28 | 4:27:03 | 05 35 33 | 05♉51 | 11♉56 | 16 32 | 22 58 | 21 38 | 28 13 | 09 31 | 03 15 | 01 20 | 23 29 | 13 13 |
| 29 | 4:31:00 | 06 36 16 | 17 59 | 23 59 | 17 49 | 24 08 | 21 34 | 28 21 | 09 37 | 03 14 | 01 19 | 23 30 | 13 10 |
| 30 | 4:34:56 | 07 37 00 | 29 58 | 05♊56 | 19 09 | 25 19 | 21 30 | 28 29 | 09 42 | 03 13 | 01 17 | 23 30 | 13 07 |

## 0:00 E.T. Longitudes of the Major Asteroids and Chiron

| D | ⚳ | ⚴ | ⚵ | ⚶ | ⚷ | D | ⚳ | ⚴ | ⚵ | ⚶ | ⚷ |
|---|---|---|---|---|---|---|---|---|---|---|---|
| 1 | 24♈18℞ | 16♒53 | 25♑48 | 09♏51 | 12♋47℞ | 16 | 21 33 | 18 42 | 00♒17 | 17 51 | 12 26 |
| 2 | 24 05 | 16 58 | 26 05 | 10 23 | 12 46 | 17 | 21 24 | 18 51 | 00 37 | 18 24 | 12 24 |
| 3 | 23 53 | 17 04 | 26 21 | 10 55 | 12 45 | 18 | 21 16 | 19 00 | 00 56 | 18 56 | 12 22 |
| 4 | 23 41 | 17 10 | 26 38 | 11 27 | 12 44 | 19 | 21 08 | 19 10 | 01 16 | 19 28 | 12 20 |
| 5 | 23 29 | 17 16 | 26 55 | 11 59 | 12 43 | 20 | 21 00 | 19 20 | 01 36 | 20 00 | 12 17 |
| 6 | 23 17 | 17 23 | 27 13 | 12 31 | 12 42 | 21 | 20 53 | 19 30 | 01 57 | 20 32 | 12 15 |
| 7 | 23 05 | 17 29 | 27 30 | 13 03 | 12 41 | 22 | 20 46 | 19 40 | 02 17 | 21 04 | 12 13 |
| 8 | 22 54 | 17 36 | 27 48 | 13 35 | 12 40 | 23 | 20 40 | 19 51 | 02 38 | 21 36 | 12 10 |
| 9 | 22 43 | 17 44 | 28 06 | 14 07 | 12 38 | 24 | 20 33 | 20 02 | 02 59 | 22 09 | 12 08 |
| 10 | 22 32 | 17 51 | 28 24 | 14 39 | 12 37 | 25 | 20 28 | 20 13 | 03 20 | 22 41 | 12 05 |
| 11 | 22 21 | 17 59 | 28 42 | 15 11 | 12 35 | 26 | 20 22 | 20 24 | 03 41 | 23 13 | 12 02 |
| 12 | 22 11 | 18 07 | 29 01 | 15 43 | 12 33 | 27 | 20 17 | 20 35 | 04 02 | 23 45 | 11 59 |
| 13 | 22 01 | 18 15 | 29 20 | 16 15 | 12 32 | 28 | 20 13 | 20 47 | 04 23 | 24 17 | 11 57 |
| 14 | 21 51 | 18 24 | 29 39 | 16 47 | 12 30 | 29 | 20 08 | 20 59 | 04 45 | 24 49 | 11 54 |
| 15 | 21 42 | 18 33 | 29 58 | 17 19 | 12 28 | 30 | 20 04 | 21 11 | 05 07 | 25 22 | 11 51 |

## Lunar Data

| Last Asp. | | Ingress | | |
|---|---|---|---|---|
| 2 | 05:37 | 2 | ♊ | 17:26 |
| 4 | 23:47 | 5 | ♋ | 06:10 |
| 7 | 18:51 | 7 | ♌ | 18:59 |
| 9 | 16:56 | 10 | ♍ | 05:33 |
| 12 | 04:54 | 12 | ♎ | 12:18 |
| 14 | 04:20 | 14 | ♏ | 15:17 |
| 16 | 10:14 | 16 | ♐ | 15:51 |
| 18 | 10:42 | 18 | ♑ | 15:49 |
| 20 | 13:46 | 20 | ♒ | 16:58 |
| 22 | 09:01 | 22 | ♓ | 20:33 |
| 24 | 23:01 | 25 | ♈ | 03:09 |
| 26 | 23:51 | 27 | ♉ | 12:32 |
| 29 | 20:58 | 30 | ♊ | 00:03 |

## 0:00 E.T. Declinations

| D | ☉ | ☽ | ☿ | ♀ | ♂ | ♃ | ♄ | ♅ | ♆ | ♇ | ⚳ | ⚴ | ⚵ | ⚶ | ⚷ |
|---|---|---|---|---|---|---|---|---|---|---|---|---|---|---|---|
| 1 | -14 18 | +11 44 | -20 17 | +03 37 | +23 18 | +03 25 | -00 44 | +19 56 | +10 29 | -23 00 | -02 13 | -02 31 | -14 07 | -10 35 | +16 08 |
| 2 | 14 38 | 16 11 | 19 51 | 03 16 | 23 18 | 03 20 | 00 47 | 19 56 | 10 29 | 23 00 | 02 14 | 02 38 | 14 09 | 10 46 | 16 08 |
| 3 | 14 57 | 19 55 | 19 20 | 02 54 | 23 19 | 03 16 | 00 49 | 19 56 | 10 28 | 22 59 | 02 15 | 02 45 | 14 10 | 10 56 | 16 07 |
| 4 | 15 15 | 22 47 | 18 45 | 02 33 | 23 19 | 03 12 | 00 52 | 19 56 | 10 27 | 22 59 | 02 16 | 02 52 | 14 12 | 11 07 | 16 07 |
| 5 | 15 34 | 24 39 | 18 07 | 02 11 | 23 19 | 03 08 | 00 54 | 19 56 | 10 27 | 22 59 | 02 17 | 02 59 | 14 13 | 11 17 | 16 06 |
| 6 | 15 52 | 25 24 | 17 27 | 01 48 | 23 19 | 03 04 | 00 57 | 19 56 | 10 26 | 22 59 | 02 18 | 03 06 | 14 14 | 11 27 | 16 06 |
| 7 | 16 10 | 25 01 | 16 44 | 01 26 | 23 20 | 03 00 | 00 59 | 19 56 | 10 26 | 22 59 | 02 18 | 03 13 | 14 15 | 11 38 | 16 05 |
| 8 | 16 27 | 23 28 | 16 01 | 01 03 | 23 21 | 02 56 | 01 01 | 19 56 | 10 25 | 22 58 | 02 19 | 03 19 | 14 16 | 11 48 | 16 05 |
| 9 | 16 45 | 20 50 | 15 19 | 00 40 | 23 21 | 02 52 | 01 04 | 19 56 | 10 25 | 22 58 | 02 19 | 03 25 | 14 17 | 11 58 | 16 04 |
| 10 | 17 02 | 17 13 | 14 38 | 00 17 | 23 22 | 02 48 | 01 06 | 19 56 | 10 24 | 22 58 | 02 19 | 03 31 | 14 18 | 12 08 | 16 04 |
| 11 | 17 19 | 12 43 | 14 01 | -00 07 | 23 23 | 02 44 | 01 08 | 19 56 | 10 24 | 22 58 | 02 19 | 03 37 | 14 18 | 12 18 | 16 03 |
| 12 | 17 35 | 07 30 | 13 27 | 00 30 | 23 24 | 02 41 | 01 11 | 19 56 | 10 23 | 22 58 | 02 18 | 03 43 | 14 19 | 12 28 | 16 03 |
| 13 | 17 52 | 01 46 | 12 58 | 00 54 | 23 25 | 02 37 | 01 13 | 19 57 | 10 23 | 22 57 | 02 18 | 03 49 | 14 19 | 12 37 | 16 02 |
| 14 | 18 07 | -04 16 | 12 35 | 01 18 | 23 27 | 02 33 | 01 15 | 19 57 | 10 22 | 22 57 | 02 17 | 03 55 | 14 19 | 12 47 | 16 02 |
| 15 | 18 23 | 10 15 | 12 17 | 01 42 | 23 28 | 02 29 | 01 17 | 19 57 | 10 22 | 22 57 | 02 17 | 04 00 | 14 20 | 12 57 | 16 02 |
| 16 | 18 38 | 15 47 | 12 04 | 02 06 | 23 30 | 02 26 | 01 20 | 19 57 | 10 21 | 22 57 | 02 16 | 04 05 | 14 20 | 13 06 | 16 01 |
| 17 | 18 53 | 20 26 | 11 57 | 02 30 | 23 32 | 02 22 | 01 22 | 19 57 | 10 20 | 22 56 | 02 14 | 04 10 | 14 20 | 13 16 | 16 01 |
| 18 | 19 08 | 23 43 | 11 56 | 02 54 | 23 33 | 02 19 | 01 24 | 19 57 | 10 20 | 22 56 | 02 13 | 04 15 | 14 20 | 13 25 | 16 01 |
| 19 | 19 22 | 25 19 | 11 59 | 03 19 | 23 35 | 02 15 | 01 26 | 19 57 | 10 20 | 22 56 | 02 12 | 04 20 | 14 19 | 13 34 | 16 00 |
| 20 | 19 36 | 25 06 | 12 06 | 03 43 | 23 38 | 02 12 | 01 28 | 19 57 | 10 19 | 22 55 | 02 10 | 04 25 | 14 19 | 13 44 | 16 00 |
| 21 | 19 50 | 23 12 | 12 17 | 04 08 | 23 40 | 02 08 | 01 30 | 19 58 | 10 19 | 22 55 | 02 08 | 04 29 | 14 18 | 13 53 | 16 00 |
| 22 | 20 03 | 19 55 | 12 32 | 04 32 | 23 42 | 02 05 | 01 32 | 19 58 | 10 18 | 22 55 | 02 06 | 04 34 | 14 18 | 14 02 | 15 59 |
| 23 | 20 16 | 15 37 | 12 49 | 04 57 | 23 45 | 02 01 | 01 34 | 19 58 | 10 18 | 22 54 | 02 04 | 04 38 | 14 17 | 14 11 | 15 59 |
| 24 | 20 28 | 10 40 | 13 09 | 05 21 | 23 48 | 01 58 | 01 36 | 19 58 | 10 17 | 22 54 | 02 02 | 04 42 | 14 16 | 14 20 | 15 59 |
| 25 | 20 40 | 05 21 | 13 31 | 05 46 | 23 51 | 01 55 | 01 38 | 19 58 | 10 17 | 22 54 | 01 59 | 04 46 | 14 16 | 14 28 | 15 59 |
| 26 | 20 52 | +00 04 | 13 55 | 06 11 | 23 54 | 01 52 | 01 40 | 19 59 | 10 16 | 22 53 | 01 56 | 04 50 | 14 14 | 14 37 | 15 58 |
| 27 | 21 03 | 05 24 | 14 20 | 06 35 | 23 57 | 01 49 | 01 42 | 19 59 | 10 16 | 22 53 | 01 54 | 04 54 | 14 13 | 14 46 | 15 58 |
| 28 | 21 14 | 10 27 | 14 46 | 07 00 | 24 00 | 01 46 | 01 44 | 19 59 | 10 15 | 22 53 | 01 51 | 04 57 | 14 12 | 14 54 | 15 58 |
| 29 | 21 24 | 15 02 | 15 12 | 07 24 | 24 04 | 01 43 | 01 46 | 20 00 | 10 15 | 22 52 | 01 47 | 05 01 | 14 11 | 15 03 | 15 58 |
| 30 | 21 35 | 18 58 | 15 40 | 07 49 | 24 07 | 01 40 | 01 47 | 20 00 | 10 15 | 22 52 | 01 44 | 05 04 | 14 09 | 15 11 | 15 58 |

Lunar Phases -- 9 ◑ 03:47 16 ● 05:47 22 ◐ 21:18 30 Ⓔ 16:51 ☋ Sun enters ♐ 11/22 11:14

## Longitudes of Main Planets - December 2039

0:00 E.T.

| D | S.T. | ☉ | ☽ | ☽ 12:00 | ☿ | ♀ | ♂ | ♃ | ♄ | ♅ | ♆ | ♇ | ☊ |
|---|---|---|---|---|---|---|---|---|---|---|---|---|---|
| 1 | 4:38:53 | 08♐37 46 | 11♊52 | 17♊47 | 20♏31 | 26♎29 | 21♋24℞ | 28♍37 | 09♎47 | 03♌12℞ | 01♉16℞ | 23♒31 | 13♊03 |
| 2 | 4:42:49 | 09 38 33 | 23 41 | 29 35 | 21 54 | 27 40 | 21 18 | 28 44 | 09 52 | 03 11 | 01 15 | 23 32 | 13 00 |
| 3 | 4:46:46 | 10 39 21 | 05♋29 | 11♋23 | 23 19 | 28 51 | 21 10 | 28 52 | 09 56 | 03 09 | 01 14 | 23 32 | 12 57 |
| 4 | 4:50:43 | 11 40 11 | 17 17 | 23 12 | 24 45 | 00♏02 | 21 02 | 28 59 | 10 01 | 03 08 | 01 12 | 23 33 | 12 54 |
| 5 | 4:54:39 | 12 41 02 | 29 09 | 05♌07 | 26 12 | 01 13 | 20 53 | 29 07 | 10 06 | 03 07 | 01 11 | 23 34 | 12 51 |
| 6 | 4:58:36 | 13 41 54 | 11♌07 | 17 10 | 27 40 | 02 24 | 20 43 | 29 14 | 10 11 | 03 05 | 01 10 | 23 34 | 12 48 |
| 7 | 5:02:32 | 14 42 47 | 23 16 | 29 25 | 29 08 | 03 35 | 20 33 | 29 21 | 10 15 | 03 04 | 01 09 | 23 35 | 12 44 |
| 8 | 5:06:29 | 15 43 41 | 05♍39 | 11♍57 | 00♐38 | 04 46 | 20 21 | 29 28 | 10 19 | 03 03 | 01 08 | 23 36 | 12 41 |
| 9 | 5:10:25 | 16 44 37 | 18 20 | 24 49 | 02 07 | 05 58 | 20 09 | 29 35 | 10 24 | 03 01 | 01 07 | 23 37 | 12 38 |
| 10 | 5:14:22 | 17 45 34 | 01♎24 | 08♎05 | 03 38 | 07 09 | 19 55 | 29 41 | 10 28 | 02 59 | 01 06 | 23 38 | 12 35 |
| 11 | 5:18:18 | 18 46 32 | 14 53 | 21 48 | 05 08 | 08 21 | 19 41 | 29 48 | 10 32 | 02 58 | 01 05 | 23 39 | 12 32 |
| 12 | 5:22:15 | 19 47 32 | 28 50 | 05♏58 | 06 39 | 09 33 | 19 27 | 29 54 | 10 36 | 02 56 | 01 04 | 23 40 | 12 28 |
| 13 | 5:26:12 | 20 48 32 | 13♏12 | 20 33 | 08 11 | 10 45 | 19 11 | 00♎00 | 10 40 | 02 54 | 01 03 | 23 40 | 12 25 |
| 14 | 5:30:08 | 21 49 34 | 27 59 | 05♐29 | 09 42 | 11 57 | 18 55 | 00 07 | 10 44 | 02 53 | 01 02 | 23 41 | 12 22 |
| 15 | 5:34:05 | 22 50 37 | 13♐03 | 20 39 | 11 14 | 13 09 | 18 38 | 00 12 | 10 48 | 02 51 | 01 01 | 23 42 | 12 19 |
| 16 | 5:38:01 | 23 51 40 | 28 17 | 05♑54 | 12 46 | 14 21 | 18 20 | 00 18 | 10 52 | 02 49 | 01 00 | 23 43 | 12 16 |
| 17 | 5:41:58 | 24 52 45 | 13♑29 | 21 03 | 14 18 | 15 33 | 18 01 | 00 24 | 10 56 | 02 47 | 00 59 | 23 44 | 12 13 |
| 18 | 5:45:54 | 25 53 49 | 28 32 | 05♒57 | 15 50 | 16 45 | 17 42 | 00 29 | 10 59 | 02 45 | 00 58 | 23 45 | 12 09 |
| 19 | 5:49:51 | 26 54 54 | 13♒16 | 20 29 | 17 23 | 17 58 | 17 23 | 00 34 | 11 03 | 02 43 | 00 58 | 23 47 | 12 06 |
| 20 | 5:53:47 | 27 56 00 | 27 36 | 04♓36 | 18 56 | 19 10 | 17 02 | 00 39 | 11 06 | 02 41 | 00 57 | 23 48 | 12 03 |
| 21 | 5:57:44 | 28 57 06 | 11♓29 | 18 15 | 20 29 | 20 23 | 16 42 | 00 44 | 11 09 | 02 39 | 00 56 | 23 49 | 12 00 |
| 22 | 6:01:41 | 29 58 12 | 24 54 | 01♈27 | 22 02 | 21 35 | 16 20 | 00 49 | 11 13 | 02 37 | 00 55 | 23 50 | 11 57 |
| 23 | 6:05:37 | 00♑59 18 | 07♈55 | 14 16 | 23 35 | 22 48 | 15 58 | 00 54 | 11 16 | 02 35 | 00 55 | 23 51 | 11 53 |
| 24 | 6:09:34 | 02 00 24 | 20 33 | 26 45 | 25 08 | 24 01 | 15 36 | 00 58 | 11 19 | 02 33 | 00 54 | 23 52 | 11 50 |
| 25 | 6:13:30 | 03 01 31 | 02♉54 | 08♉59 | 26 42 | 25 13 | 15 14 | 01 02 | 11 22 | 02 31 | 00 54 | 23 53 | 11 47 |
| 26 | 6:17:27 | 04 02 38 | 15 01 | 21 01 | 28 16 | 26 26 | 14 51 | 01 07 | 11 24 | 02 29 | 00 53 | 23 55 | 11 44 |
| 27 | 6:21:23 | 05 03 44 | 26 58 | 02♊55 | 29 50 | 27 39 | 14 28 | 01 10 | 11 27 | 02 27 | 00 52 | 23 56 | 11 41 |
| 28 | 6:25:20 | 06 04 52 | 08♊50 | 14 44 | 01♑24 | 28 52 | 14 04 | 01 14 | 11 30 | 02 24 | 00 52 | 23 57 | 11 38 |
| 29 | 6:29:16 | 07 05 59 | 20 38 | 26 32 | 02 59 | 00♐05 | 13 41 | 01 18 | 11 32 | 02 22 | 00 51 | 23 58 | 11 34 |
| 30 | 6:33:13 | 08 07 06 | 02♋26 | 08♋20 | 04 33 | 01 18 | 13 17 | 01 21 | 11 35 | 02 20 | 00 51 | 24 00 | 11 31 |
| 31 | 6:37:10 | 09 08 14 | 14 15 | 20 11 | 06 09 | 02 31 | 12 53 | 01 24 | 11 37 | 02 18 | 00 51 | 24 01 | 11 28 |

## Longitudes of the Major Asteroids and Chiron

0:00 E.T.

| D | ⚳ | ⚴ | ⚵ | ⚶ | ⚷ |
|---|---|---|---|---|---|
| 1 | 20♈01℞ | 21♒23 | 05♒28 | 25♏54 | 11♋48℞ |
| 2 | 19 58 | 21 35 | 05 51 | 26 26 | 11 45 |
| 3 | 19 55 | 21 48 | 06 13 | 26 58 | 11 42 |
| 4 | 19 53 | 22 01 | 06 35 | 27 30 | 11 38 |
| 5 | 19 51 | 22 14 | 06 57 | 28 02 | 11 35 |
| 6 | 19 49 | 22 27 | 07 20 | 28 34 | 11 32 |
| 7 | 19 48 | 22 40 | 07 43 | 29 07 | 11 28 |
| 8 | 19 48 | 22 53 | 08 06 | 29 39 | 11 25 |
| 9 | 19 47 | 23 07 | 08 29 | 00♐11 | 11 22 |
| 10 | 19 47D | 23 21 | 08 52 | 00 43 | 11 18 |
| 11 | 19 48 | 23 34 | 09 15 | 01 15 | 11 15 |
| 12 | 19 49 | 23 48 | 09 39 | 01 47 | 11 11 |
| 13 | 19 50 | 24 03 | 10 02 | 02 19 | 11 07 |
| 14 | 19 51 | 24 17 | 10 26 | 02 51 | 11 04 |
| 15 | 19 53 | 24 32 | 10 50 | 03 23 | 11 00 |
| 16 | 19 56 | 24 46 | 11 14 | 03 55 | 10 56 |

| D | ⚳ | ⚴ | ⚵ | ⚶ | ⚷ |
|---|---|---|---|---|---|
| 17 | 19 58 | 25 01 | 11 38 | 04 28 | 10 53 |
| 18 | 20 01 | 25 16 | 12 02 | 05 00 | 10 49 |
| 19 | 20 05 | 25 31 | 12 26 | 05 32 | 10 45 |
| 20 | 20 09 | 25 46 | 12 51 | 06 04 | 10 41 |
| 21 | 20 13 | 26 02 | 13 15 | 06 36 | 10 37 |
| 22 | 20 17 | 26 17 | 13 40 | 07 07 | 10 33 |
| 23 | 20 22 | 26 33 | 14 05 | 07 39 | 10 29 |
| 24 | 20 28 | 26 49 | 14 30 | 08 11 | 10 25 |
| 25 | 20 33 | 27 05 | 14 55 | 08 43 | 10 21 |
| 26 | 20 39 | 27 21 | 15 20 | 09 15 | 10 17 |
| 27 | 20 45 | 27 37 | 15 45 | 09 47 | 10 13 |
| 28 | 20 52 | 27 53 | 16 11 | 10 19 | 10 09 |
| 29 | 20 59 | 28 09 | 16 36 | 10 51 | 10 05 |
| 30 | 21 06 | 28 26 | 17 02 | 11 22 | 10 01 |
| 31 | 21 14 | 28 42 | 17 27 | 11 54 | 09 57 |

### Lunar Data

| Last Asp. | | Ingress | | |
|---|---|---|---|---|
| 2 | 10:23 | 2 | ♋ | 12:50 |
| 4 | 23:56 | 5 | ♌ | 01:43 |
| 7 | 13:01 | 7 | ♍ | 13:07 |
| 9 | 20:52 | 9 | ♎ | 21:27 |
| 11 | 15:11 | 12 | ♏ | 01:59 |
| 13 | 17:05 | 14 | ♐ | 03:14 |
| 15 | 16:50 | 16 | ♑ | 02:43 |
| 17 | 07:03 | 18 | ♒ | 02:22 |
| 20 | 00:37 | 20 | ♓ | 04:06 |
| 21 | 18:06 | 22 | ♈ | 09:19 |
| 24 | 10:08 | 24 | ♉ | 18:19 |
| 27 | 01:32 | 27 | ♊ | 06:07 |
| 29 | 06:49 | 29 | ♋ | 19:04 |

## Declinations

0:00 E.T.

| D | ☉ | ☽ | ☿ | ♀ | ♂ | ♃ | ♄ | ♅ | ♆ | ♇ | ⚳ | ⚴ | ⚵ | ⚶ | ⚷ |
|---|---|---|---|---|---|---|---|---|---|---|---|---|---|---|---|
| 1 | -21 44 | +22 06 | -16 07 | -08 13 | +24 11 | +01 37 | -01 49 | +20 00 | +10 14 | -22 51 | -01 41 | -05 07 | -14 08 | -15 19 | +15 57 |
| 2 | 21 54 | 24 16 | 16 35 | 08 38 | 24 15 | 01 34 | 01 51 | 20 00 | 10 14 | 22 51 | 01 37 | 05 10 | 14 06 | 15 27 | 15 57 |
| 3 | 22 02 | 25 21 | 17 03 | 09 02 | 24 19 | 01 31 | 01 52 | 20 01 | 10 13 | 22 51 | 01 33 | 05 13 | 14 04 | 15 35 | 15 57 |
| 4 | 22 11 | 25 17 | 17 31 | 09 26 | 24 23 | 01 28 | 01 54 | 20 01 | 10 13 | 22 50 | 01 29 | 05 16 | 14 02 | 15 43 | 15 57 |
| 5 | 22 19 | 24 04 | 17 58 | 09 50 | 24 28 | 01 25 | 01 56 | 20 01 | 10 13 | 22 50 | 01 25 | 05 19 | 14 00 | 15 51 | 15 57 |
| 6 | 22 26 | 21 46 | 18 25 | 10 14 | 24 32 | 01 23 | 01 57 | 20 02 | 10 12 | 22 49 | 01 21 | 05 21 | 13 58 | 15 59 | 15 57 |
| 7 | 22 34 | 18 28 | 18 52 | 10 38 | 24 37 | 01 20 | 01 59 | 20 02 | 10 12 | 22 49 | 01 17 | 05 24 | 13 56 | 16 06 | 15 57 |
| 8 | 22 40 | 14 19 | 19 18 | 11 01 | 24 41 | 01 18 | 02 00 | 20 03 | 10 12 | 22 48 | 01 12 | 05 26 | 13 54 | 16 14 | 15 57 |
| 9 | 22 46 | 09 28 | 19 43 | 11 25 | 24 46 | 01 15 | 02 02 | 20 03 | 10 11 | 22 48 | 01 08 | 05 28 | 13 51 | 16 21 | 15 56 |
| 10 | 22 52 | 04 03 | 20 08 | 11 48 | 24 51 | 01 13 | 02 03 | 20 03 | 10 11 | 22 48 | 01 03 | 05 30 | 13 49 | 16 29 | 15 56 |
| 11 | 22 58 | -01 43 | 20 31 | 12 11 | 24 56 | 01 10 | 02 05 | 20 04 | 10 11 | 22 47 | 00 58 | 05 32 | 13 46 | 16 36 | 15 56 |
| 12 | 23 03 | 07 36 | 20 55 | 12 34 | 25 01 | 01 08 | 02 06 | 20 04 | 10 10 | 22 47 | 00 53 | 05 34 | 13 43 | 16 43 | 15 56 |
| 13 | 23 07 | 13 17 | 21 17 | 12 56 | 25 06 | 01 06 | 02 08 | 20 05 | 10 10 | 22 46 | 00 48 | 05 35 | 13 41 | 16 50 | 15 56 |
| 14 | 23 11 | 18 22 | 21 38 | 13 19 | 25 11 | 01 04 | 02 09 | 20 05 | 10 10 | 22 46 | 00 43 | 05 37 | 13 38 | 16 57 | 15 56 |
| 15 | 23 14 | 22 22 | 21 58 | 13 41 | 25 16 | 01 02 | 02 10 | 20 05 | 10 09 | 22 45 | 00 37 | 05 38 | 13 35 | 17 04 | 15 56 |
| 16 | 23 18 | 24 49 | 22 17 | 14 03 | 25 21 | 00 59 | 02 11 | 20 06 | 10 09 | 22 45 | 00 32 | 05 40 | 13 31 | 17 11 | 15 56 |
| 17 | 23 20 | 25 25 | 22 36 | 14 24 | 25 26 | 00 57 | 02 13 | 20 06 | 10 09 | 22 44 | 00 26 | 05 41 | 13 28 | 17 17 | 15 56 |
| 18 | 23 22 | 24 09 | 22 53 | 14 45 | 25 31 | 00 56 | 02 14 | 20 07 | 10 09 | 22 44 | 00 21 | 05 42 | 13 25 | 17 24 | 15 56 |
| 19 | 23 24 | 21 14 | 23 09 | 15 06 | 25 36 | 00 54 | 02 15 | 20 07 | 10 09 | 22 43 | 00 15 | 05 43 | 13 21 | 17 30 | 15 56 |
| 20 | 23 25 | 17 05 | 23 24 | 15 27 | 25 41 | 00 52 | 02 16 | 20 08 | 10 08 | 22 43 | 00 09 | 05 44 | 13 18 | 17 36 | 15 56 |
| 21 | 23 26 | 12 08 | 23 38 | 15 47 | 25 46 | 00 50 | 02 17 | 20 08 | 10 08 | 22 42 | 00 03 | 05 45 | 13 14 | 17 43 | 15 57 |
| 22 | 23 26 | 06 46 | 23 50 | 16 07 | 25 51 | 00 49 | 02 18 | 20 09 | 10 08 | 22 42 | +00 04 | 05 45 | 13 10 | 17 49 | 15 57 |
| 23 | 23 26 | 01 16 | 24 02 | 16 27 | 25 56 | 00 47 | 02 19 | 20 09 | 10 08 | 22 41 | 00 10 | 05 46 | 13 06 | 17 55 | 15 57 |
| 24 | 23 25 | +04 09 | 24 12 | 16 46 | 26 01 | 00 45 | 02 20 | 20 10 | 10 08 | 22 40 | 00 16 | 05 46 | 13 02 | 18 00 | 15 57 |
| 25 | 23 24 | 09 17 | 24 21 | 17 05 | 26 06 | 00 44 | 02 21 | 20 10 | 10 07 | 22 40 | 00 23 | 05 47 | 12 58 | 18 06 | 15 57 |
| 26 | 23 22 | 13 58 | 24 28 | 17 23 | 26 10 | 00 43 | 02 22 | 20 11 | 10 07 | 22 39 | 00 29 | 05 47 | 12 54 | 18 12 | 15 57 |
| 27 | 23 20 | 18 04 | 24 34 | 17 41 | 26 15 | 00 41 | 02 22 | 20 11 | 10 07 | 22 39 | 00 36 | 05 47 | 12 50 | 18 17 | 15 57 |
| 28 | 23 18 | 21 23 | 24 39 | 17 58 | 26 19 | 00 40 | 02 23 | 20 12 | 10 07 | 22 38 | 00 43 | 05 47 | 12 45 | 18 23 | 15 57 |
| 29 | 23 15 | 23 48 | 24 43 | 18 15 | 26 24 | 00 39 | 02 24 | 20 12 | 10 07 | 22 38 | 00 50 | 05 47 | 12 41 | 18 28 | 15 58 |
| 30 | 23 11 | 25 10 | 24 45 | 18 32 | 26 28 | 00 38 | 02 25 | 20 13 | 10 07 | 22 37 | 00 57 | 05 47 | 12 36 | 18 33 | 15 58 |
| 31 | 23 07 | 25 23 | 24 46 | 18 48 | 26 32 | 00 37 | 02 25 | 20 13 | 10 07 | 22 37 | 01 04 | 05 46 | 12 32 | 18 38 | 15 58 |

Lunar Phases -- 8 ◑ 20:46  15 ● 16:33  22 ◐ 10:03  30 ○ 12:39  Sun enters ♑ 12/22 00:42

## 0:00 E.T. Longitudes of Main Planets - January 2040

| D | S.T. | ☉ | ☽ | ☽ 12:00 | ☿ | ♀ | ♂ | ♃ | ♄ | ♅ | ♆ | ♇ | ☊ |
|---|---|---|---|---|---|---|---|---|---|---|---|---|---|
| 1 | 6:41:06 | 10♑09 22 | 26♋09 | 02♌07 | 07♑44 | 03♐44 | 12♋29℞ | 01♎27 | 11♎39 | 02♌15℞ | 00♉50℞ | 24♒02 | 11♊25 |
| 2 | 6:45:03 | 11 10 30 | 08♌07 | 14 09 | 09 20 | 04 58 | 12 05 | 01 30 | 11 41 | 02 13 | 00 50 | 24 04 | 11 22 |
| 3 | 6:48:59 | 12 11 38 | 20 13 | 26 20 | 10 56 | 06 11 | 11 42 | 01 33 | 11 43 | 02 10 | 00 50 | 24 05 | 11 19 |
| 4 | 6:52:56 | 13 12 46 | 02♍29 | 08♍41 | 12 32 | 07 24 | 11 18 | 01 35 | 11 45 | 02 08 | 00 49 | 24 06 | 11 15 |
| 5 | 6:56:52 | 14 13 55 | 14 56 | 21 15 | 14 09 | 08 38 | 10 54 | 01 38 | 11 47 | 02 06 | 00 49 | 24 08 | 11 12 |
| 6 | 7:00:49 | 15 15 03 | 27 38 | 04♎05 | 15 46 | 09 51 | 10 31 | 01 40 | 11 49 | 02 03 | 00 49 | 24 09 | 11 09 |
| 7 | 7:04:45 | 16 16 12 | 10♎37 | 17 14 | 17 23 | 11 05 | 10 08 | 01 42 | 11 50 | 02 01 | 00 49 | 24 11 | 11 06 |
| 8 | 7:08:42 | 17 17 22 | 23 57 | 00♏45 | 19 01 | 12 18 | 09 45 | 01 43 | 11 52 | 01 58 | 00 49 | 24 12 | 11 03 |
| 9 | 7:12:39 | 18 18 31 | 07♏39 | 14 39 | 20 40 | 13 32 | 09 22 | 01 45 | 11 53 | 01 56 | 00 49 | 24 14 | 10 59 |
| 10 | 7:16:35 | 19 19 41 | 21 45 | 28 58 | 22 18 | 14 45 | 09 00 | 01 46 | 11 54 | 01 53 | 00 48 | 24 15 | 10 56 |
| 11 | 7:20:32 | 20 20 50 | 06♐15 | 13♐38 | 23 57 | 15 59 | 08 38 | 01 47 | 11 56 | 01 51 | 00 48 | 24 17 | 10 53 |
| 12 | 7:24:28 | 21 22 00 | 21 06 | 28 37 | 25 37 | 17 13 | 08 17 | 01 48 | 11 57 | 01 48 | 00 48D | 24 18 | 10 50 |
| 13 | 7:28:25 | 22 23 09 | 06♑11 | 13♑47 | 27 17 | 18 27 | 07 56 | 01 49 | 11 58 | 01 45 | 00 49 | 24 20 | 10 47 |
| 14 | 7:32:21 | 23 24 19 | 21 22 | 28 57 | 28 57 | 19 40 | 07 36 | 01 50 | 11 58 | 01 43 | 00 49 | 24 21 | 10 44 |
| 15 | 7:36:18 | 24 25 28 | 06♒30 | 13♒59 | 00♒38 | 20 54 | 07 16 | 01 50 | 11 59 | 01 40 | 00 49 | 24 23 | 10 40 |
| 16 | 7:40:14 | 25 26 36 | 21 24 | 28 43 | 02 19 | 22 08 | 06 57 | 01 50 | 12 00 | 01 38 | 00 49 | 24 24 | 10 37 |
| 17 | 7:44:11 | 26 27 44 | 05♓56 | 13♓02 | 04 00 | 23 22 | 06 38 | 01 50℞ | 12 00 | 01 35 | 00 49 | 24 26 | 10 34 |
| 18 | 7:48:08 | 27 28 51 | 20 01 | 26 52 | 05 42 | 24 36 | 06 21 | 01 50 | 12 01 | 01 32 | 00 49 | 24 27 | 10 31 |
| 19 | 7:52:04 | 28 29 57 | 03♈36 | 10♈13 | 07 24 | 25 50 | 06 03 | 01 50 | 12 01 | 01 30 | 00 50 | 24 29 | 10 28 |
| 20 | 7:56:01 | 29 31 03 | 16 43 | 23 06 | 09 06 | 27 03 | 05 47 | 01 49 | 12 01 | 01 27 | 00 50 | 24 31 | 10 25 |
| 21 | 7:59:57 | 00♒32 07 | 29 24 | 05♉37 | 10 48 | 28 17 | 05 31 | 01 49 | 12 01 | 01 25 | 00 50 | 24 32 | 10 21 |
| 22 | 8:03:54 | 01 33 11 | 11♉44 | 17 48 | 12 30 | 29 31 | 05 16 | 01 48 | 12 01℞ | 01 22 | 00 50 | 24 34 | 10 18 |
| 23 | 8:07:50 | 02 34 14 | 23 49 | 29 46 | 14 11 | 00♑45 | 05 02 | 01 46 | 12 01 | 01 19 | 00 51 | 24 35 | 10 15 |
| 24 | 8:11:47 | 03 35 15 | 05♊42 | 11♊37 | 15 53 | 01 59 | 04 49 | 01 45 | 12 01 | 01 17 | 00 51 | 24 37 | 10 12 |
| 25 | 8:15:43 | 04 36 16 | 17 30 | 23 23 | 17 34 | 03 13 | 04 36 | 01 44 | 12 01 | 01 14 | 00 52 | 24 39 | 10 09 |
| 26 | 8:19:40 | 05 37 16 | 29 16 | 05♋10 | 19 14 | 04 27 | 04 24 | 01 42 | 12 00 | 01 12 | 00 52 | 24 40 | 10 05 |
| 27 | 8:23:37 | 06 38 15 | 11♋05 | 17 01 | 20 54 | 05 41 | 04 13 | 01 40 | 11 59 | 01 09 | 00 53 | 24 42 | 10 02 |
| 28 | 8:27:33 | 07 39 14 | 22 59 | 28 59 | 22 32 | 06 56 | 04 03 | 01 38 | 11 59 | 01 06 | 00 53 | 24 44 | 09 59 |
| 29 | 8:31:30 | 08 40 11 | 05♌00 | 11♌04 | 24 08 | 08 10 | 03 53 | 01 36 | 11 58 | 01 04 | 00 54 | 24 45 | 09 56 |
| 30 | 8:35:26 | 09 41 07 | 17 10 | 23 19 | 25 43 | 09 24 | 03 45 | 01 33 | 11 57 | 01 01 | 00 55 | 24 47 | 09 53 |
| 31 | 8:39:23 | 10 42 02 | 29 30 | 05♍43 | 27 15 | 10 38 | 03 37 | 01 31 | 11 56 | 00 59 | 00 55 | 24 49 | 09 50 |

## 0:00 E.T. Longitudes of the Major Asteroids and Chiron

| D | ⚳ | ⚴ | ⚵ | ⚶ | ⚷ |
|---|---|---|---|---|---|
| 1 | 21♈22 | 28♒59 | 17♒53 | 12♐26 | 09♋53℞ |
| 2 | 21 30 | 29 16 | 18 19 | 12 58 | 09 49 |
| 3 | 21 39 | 29 33 | 18 45 | 13 29 | 09 45 |
| 4 | 21 47 | 29 50 | 19 11 | 14 01 | 09 41 |
| 5 | 21 57 | 00♓07 | 19 37 | 14 32 | 09 37 |
| 6 | 22 06 | 00 24 | 20 03 | 15 04 | 09 33 |
| 7 | 22 16 | 00 41 | 20 30 | 15 36 | 09 29 |
| 8 | 22 26 | 00 59 | 20 56 | 16 07 | 09 25 |
| 9 | 22 36 | 01 16 | 21 23 | 16 39 | 09 21 |
| 10 | 22 47 | 01 34 | 21 49 | 17 10 | 09 17 |
| 11 | 22 57 | 01 52 | 22 16 | 17 42 | 09 13 |
| 12 | 23 09 | 02 10 | 22 43 | 18 13 | 09 09 |
| 13 | 23 20 | 02 27 | 23 10 | 18 44 | 09 05 |
| 14 | 23 32 | 02 45 | 23 37 | 19 16 | 09 02 |
| 15 | 23 44 | 03 03 | 24 04 | 19 47 | 08 58 |
| 16 | 23 56 | 03 22 | 24 31 | 20 18 | 08 54 |
| 17 | 24 08 | 03 40 | 24 59 | 20 49 | 08 50 |
| 18 | 24 21 | 03 58 | 25 26 | 21 20 | 08 46 |
| 19 | 24 34 | 04 17 | 25 53 | 21 52 | 08 43 |
| 20 | 24 47 | 04 35 | 26 21 | 22 23 | 08 39 |
| 21 | 25 01 | 04 54 | 26 48 | 22 54 | 08 35 |
| 22 | 25 14 | 05 12 | 27 16 | 23 25 | 08 32 |
| 23 | 25 28 | 05 31 | 27 44 | 23 56 | 08 28 |
| 24 | 25 42 | 05 50 | 28 12 | 24 26 | 08 24 |
| 25 | 25 57 | 06 08 | 28 40 | 24 57 | 08 21 |
| 26 | 26 11 | 06 27 | 29 08 | 25 28 | 08 17 |
| 27 | 26 26 | 06 46 | 29 36 | 25 59 | 08 14 |
| 28 | 26 41 | 07 05 | 00♓04 | 26 29 | 08 11 |
| 29 | 26 56 | 07 24 | 00 32 | 27 00 | 08 07 |
| 30 | 27 12 | 07 44 | 01 00 | 27 31 | 08 04 |
| 31 | 27 27 | 08 03 | 01 28 | 28 01 | 08 01 |

## Lunar Data

| Last Asp. | | Ingress | | |
|---|---|---|---|---|
| 30 | 21:19 | 1 | ♌ | 07:45 |
| 3 | 07:37 | 3 | ♍ | 19:10 |
| 4 | 22:32 | 6 | ♎ | 04:25 |
| 8 | 00:27 | 8 | ♏ | 10:41 |
| 10 | 04:11 | 10 | ♐ | 13:43 |
| 12 | 05:08 | 12 | ♑ | 14:12 |
| 14 | 13:29 | 14 | ♒ | 13:39 |
| 16 | 04:55 | 16 | ♓ | 14:07 |
| 18 | 14:09 | 18 | ♈ | 17:33 |
| 20 | 21:38 | 21 | ♉ | 01:09 |
| 23 | 01:34 | 23 | ♊ | 12:27 |
| 25 | 14:36 | 26 | ♋ | 01:29 |
| 27 | 01:50 | 28 | ♌ | 14:03 |
| 30 | 19:03 | 31 | ♍ | 00:59 |

## 0:00 E.T. Declinations

| D | ☉ | ☽ | ☿ | ♀ | ♂ | ♃ | ♄ | ♅ | ♆ | ♇ | ⚳ | ⚴ | ⚵ | ⚶ | ⚷ |
|---|---|---|---|---|---|---|---|---|---|---|---|---|---|---|---|
| 1 | -23 03 | +24 26 | -24 46 | -19 04 | +26 35 | +00 36 | -02 26 | +20 14 | +10 07 | -22 36 | +01 11 | -05 46 | -12 27 | -18 43 | +15 58 |
| 2 | 22 58 | 22 23 | 24 44 | 19 19 | 26 39 | 00 35 | 02 26 | 20 15 | 10 07 | 22 35 | 01 18 | 05 45 | 12 22 | 18 48 | 15 58 |
| 3 | 22 53 | 19 18 | 24 41 | 19 34 | 26 42 | 00 34 | 02 27 | 20 15 | 10 07 | 22 35 | 01 25 | 05 45 | 12 17 | 18 52 | 15 59 |
| 4 | 22 47 | 15 22 | 24 36 | 19 48 | 26 46 | 00 33 | 02 27 | 20 16 | 10 06 | 22 34 | 01 33 | 05 44 | 12 12 | 18 57 | 15 59 |
| 5 | 22 40 | 10 44 | 24 30 | 20 02 | 26 49 | 00 33 | 02 28 | 20 16 | 10 06 | 22 34 | 01 40 | 05 44 | 12 07 | 19 01 | 15 59 |
| 6 | 22 34 | 05 33 | 24 22 | 20 15 | 26 51 | 00 32 | 02 28 | 20 17 | 10 06 | 22 33 | 01 48 | 05 43 | 12 02 | 19 06 | 15 59 |
| 7 | 22 27 | 00 02 | 24 13 | 20 27 | 26 54 | 00 32 | 02 29 | 20 17 | 10 06 | 22 33 | 01 55 | 05 42 | 11 56 | 19 10 | 16 00 |
| 8 | 22 19 | -05 39 | 24 02 | 20 39 | 26 57 | 00 31 | 02 29 | 20 18 | 10 06 | 22 32 | 02 03 | 05 41 | 11 51 | 19 14 | 16 00 |
| 9 | 22 11 | 11 14 | 23 50 | 20 51 | 26 59 | 00 31 | 02 29 | 20 19 | 10 06 | 22 31 | 02 11 | 05 40 | 11 45 | 19 18 | 16 00 |
| 10 | 22 03 | 16 25 | 23 36 | 21 02 | 27 01 | 00 31 | 02 29 | 20 19 | 10 06 | 22 31 | 02 18 | 05 38 | 11 40 | 19 22 | 16 01 |
| 11 | 21 54 | 20 48 | 23 21 | 21 12 | 27 03 | 00 30 | 02 30 | 20 20 | 10 07 | 22 30 | 02 26 | 05 37 | 11 34 | 19 26 | 16 01 |
| 12 | 21 44 | 23 55 | 23 04 | 21 22 | 27 05 | 00 30 | 02 30 | 20 20 | 10 07 | 22 30 | 02 34 | 05 36 | 11 28 | 19 30 | 16 01 |
| 13 | 21 35 | 25 23 | 22 46 | 21 31 | 27 06 | 00 30 | 02 30 | 20 21 | 10 07 | 22 29 | 02 42 | 05 34 | 11 22 | 19 33 | 16 02 |
| 14 | 21 24 | 24 57 | 22 26 | 21 39 | 27 08 | 00 30 | 02 30 | 20 21 | 10 07 | 22 28 | 02 50 | 05 33 | 11 16 | 19 37 | 16 02 |
| 15 | 21 14 | 22 42 | 22 04 | 21 47 | 27 09 | 00 30 | 02 30 | 20 22 | 10 07 | 22 28 | 02 58 | 05 31 | 11 10 | 19 40 | 16 02 |
| 16 | 21 03 | 18 55 | 21 41 | 21 55 | 27 10 | 00 30 | 02 30 | 20 23 | 10 07 | 22 27 | 03 06 | 05 30 | 11 04 | 19 43 | 16 03 |
| 17 | 20 51 | 14 05 | 21 17 | 22 01 | 27 11 | 00 31 | 02 30 | 20 23 | 10 07 | 22 27 | 03 15 | 05 28 | 10 58 | 19 46 | 16 03 |
| 18 | 20 40 | 08 38 | 20 51 | 22 07 | 27 11 | 00 31 | 02 30 | 20 24 | 10 07 | 22 26 | 03 23 | 05 26 | 10 51 | 19 49 | 16 03 |
| 19 | 20 27 | 02 58 | 20 23 | 22 13 | 27 12 | 00 31 | 02 30 | 20 24 | 10 07 | 22 25 | 03 31 | 05 24 | 10 45 | 19 52 | 16 04 |
| 20 | 20 15 | +02 39 | 19 54 | 22 17 | 27 12 | 00 32 | 02 29 | 20 25 | 10 08 | 22 25 | 03 40 | 05 22 | 10 38 | 19 55 | 16 04 |
| 21 | 20 02 | 08 00 | 19 23 | 22 21 | 27 12 | 00 32 | 02 29 | 20 26 | 10 08 | 22 24 | 03 48 | 05 20 | 10 32 | 19 57 | 16 05 |
| 22 | 19 49 | 12 53 | 18 51 | 22 25 | 27 12 | 00 33 | 02 29 | 20 26 | 10 08 | 22 24 | 03 56 | 05 18 | 10 25 | 20 00 | 16 05 |
| 23 | 19 35 | 17 10 | 18 18 | 22 27 | 27 12 | 00 34 | 02 29 | 20 27 | 10 08 | 22 23 | 04 05 | 05 16 | 10 19 | 20 02 | 16 05 |
| 24 | 19 21 | 20 42 | 17 43 | 22 30 | 27 12 | 00 35 | 02 28 | 20 27 | 10 08 | 22 22 | 04 13 | 05 13 | 10 12 | 20 05 | 16 06 |
| 25 | 19 06 | 23 21 | 17 07 | 22 31 | 27 12 | 00 35 | 02 28 | 20 28 | 10 08 | 22 22 | 04 22 | 05 11 | 10 05 | 20 07 | 16 06 |
| 26 | 18 52 | 24 58 | 16 30 | 22 32 | 27 12 | 00 36 | 02 27 | 20 28 | 10 09 | 22 21 | 04 31 | 05 09 | 09 58 | 20 09 | 16 07 |
| 27 | 18 37 | 25 28 | 15 52 | 22 32 | 27 11 | 00 37 | 02 27 | 20 29 | 10 09 | 22 21 | 04 39 | 05 06 | 09 51 | 20 11 | 16 07 |
| 28 | 18 21 | 24 48 | 15 13 | 22 31 | 27 11 | 00 38 | 02 26 | 20 30 | 10 09 | 22 20 | 04 48 | 05 04 | 09 44 | 20 13 | 16 08 |
| 29 | 18 05 | 22 59 | 14 33 | 22 30 | 27 10 | 00 40 | 02 26 | 20 30 | 10 09 | 22 19 | 04 57 | 05 01 | 09 36 | 20 14 | 16 08 |
| 30 | 17 49 | 20 06 | 13 52 | 22 28 | 27 09 | 00 41 | 02 25 | 20 31 | 10 10 | 22 19 | 05 06 | 04 59 | 09 29 | 20 16 | 16 08 |
| 31 | 17 33 | 16 17 | 13 11 | 22 25 | 27 08 | 00 42 | 02 25 | 20 31 | 10 10 | 22 18 | 05 14 | 04 56 | 09 22 | 20 18 | 16 09 |

Lunar Phases -- 7 ◑ 11:07 14 ● 03:26 21 ◐ 02:22 29 ○ 07:56 Sun enters ♒ 1/20 11:23

## Longitudes of Main Planets - February 2040

0:00 E.T.

| D | S.T. | ☉ | ☽ | ☽ 12:00 | ☿ | ♀ | ♂ | ♃ | ♄ | ♅ | ♆ | ♇ | ☊ |
|---|---|---|---|---|---|---|---|---|---|---|---|---|---|
| 1 | 8:43:19 | 11♒42 56 | 11♍59 | 18♍18 | 28♒44 | 11♑52 | 03♋30℞ | 01♎28℞ | 11♎55℞ | 00♌56℞ | 00♉56 | 24♒50 | 09♊46 |
| 2 | 8:47:16 | 12 43 50 | 24 40 | 01♎05 | 00♓09 | 13 06 | 03 23 | 01 25 | 11 54 | 00 54 | 00 57 | 24 52 | 09 43 |
| 3 | 8:51:12 | 13 44 42 | 07♎33 | 14 03 | 01 31 | 14 20 | 03 18 | 01 21 | 11 53 | 00 51 | 00 57 | 24 54 | 09 40 |
| 4 | 8:55:09 | 14 45 34 | 20 38 | 27 16 | 02 47 | 15 35 | 03 13 | 01 18 | 11 51 | 00 48 | 00 58 | 24 56 | 09 37 |
| 5 | 8:59:06 | 15 46 25 | 03♏57 | 10♏43 | 03 58 | 16 49 | 03 09 | 01 15 | 11 50 | 00 46 | 00 59 | 24 57 | 09 34 |
| 6 | 9:03:02 | 16 47 15 | 17 33 | 24 27 | 05 03 | 18 03 | 03 06 | 01 11 | 11 48 | 00 43 | 01 00 | 24 59 | 09 31 |
| 7 | 9:06:59 | 17 48 05 | 01♐26 | 08♐30 | 06 00 | 19 17 | 03 04 | 01 07 | 11 46 | 00 41 | 01 01 | 25 01 | 09 27 |
| 8 | 9:10:55 | 18 48 53 | 15 38 | 22 50 | 06 50 | 20 32 | 03 03 | 01 03 | 11 44 | 00 38 | 01 02 | 25 03 | 09 24 |
| 9 | 9:14:52 | 19 49 41 | 00♑07 | 07♑27 | 07 31 | 21 46 | 03 02 | 00 59 | 11 43 | 00 36 | 01 03 | 25 04 | 09 21 |
| 10 | 9:18:48 | 20 50 27 | 14 50 | 22 15 | 08 03 | 23 00 | 03 02D | 00 54 | 11 41 | 00 34 | 01 04 | 25 06 | 09 18 |
| 11 | 9:22:45 | 21 51 13 | 29 42 | 07♒09 | 08 24 | 24 14 | 03 03 | 00 50 | 11 38 | 00 31 | 01 05 | 25 08 | 09 15 |
| 12 | 9:26:41 | 22 51 57 | 14♒35 | 21 59 | 08 36 | 25 29 | 03 04 | 00 45 | 11 36 | 00 29 | 01 06 | 25 10 | 09 11 |
| 13 | 9:30:38 | 23 52 40 | 29 20 | 06♓37 | 08 36℞ | 26 43 | 03 06 | 00 40 | 11 34 | 00 27 | 01 07 | 25 11 | 09 08 |
| 14 | 9:34:35 | 24 53 21 | 13♓49 | 20 56 | 08 26 | 27 57 | 03 09 | 00 35 | 11 32 | 00 24 | 01 08 | 25 13 | 09 05 |
| 15 | 9:38:31 | 25 54 01 | 27 56 | 04♈49 | 08 06 | 29 12 | 03 13 | 00 30 | 11 29 | 00 22 | 01 09 | 25 15 | 09 02 |
| 16 | 9:42:28 | 26 54 40 | 11♈35 | 18 15 | 07 35 | 00♒26 | 03 17 | 00 24 | 11 26 | 00 20 | 01 10 | 25 17 | 08 59 |
| 17 | 9:46:24 | 27 55 16 | 24 47 | 01♉13 | 06 56 | 01 40 | 03 22 | 00 19 | 11 24 | 00 17 | 01 12 | 25 18 | 08 56 |
| 18 | 9:50:21 | 28 55 51 | 07♉33 | 13 48 | 06 08 | 02 55 | 03 28 | 00 13 | 11 21 | 00 15 | 01 13 | 25 20 | 08 52 |
| 19 | 9:54:17 | 29 56 24 | 19 57 | 26 02 | 05 12 | 04 09 | 03 35 | 00 07 | 11 18 | 00 13 | 01 14 | 25 22 | 08 49 |
| 20 | 9:58:14 | 00♓56 56 | 02♊03 | 08♊02 | 04 12 | 05 23 | 03 42 | 00 01 | 11 15 | 00 11 | 01 15 | 25 24 | 08 46 |
| 21 | 10:02:10 | 01 57 25 | 13 58 | 19 53 | 03 07 | 06 38 | 03 49 | 29♍55 | 11 12 | 00 09 | 01 17 | 25 25 | 08 43 |
| 22 | 10:06:07 | 02 57 53 | 25 46 | 01♋40 | 02 01 | 07 52 | 03 58 | 29 49 | 11 09 | 00 07 | 01 18 | 25 27 | 08 40 |
| 23 | 10:10:04 | 03 58 19 | 07♋34 | 13 28 | 00 54 | 09 06 | 04 07 | 29 43 | 11 06 | 00 05 | 01 19 | 25 29 | 08 37 |
| 24 | 10:14:00 | 04 58 43 | 19 25 | 25 23 | 29♒48 | 10 21 | 04 16 | 29 36 | 11 03 | 00 03 | 01 21 | 25 30 | 08 33 |
| 25 | 10:17:57 | 05 59 06 | 01♌24 | 07♌27 | 28 45 | 11 35 | 04 26 | 29 30 | 10 59 | 00 01 | 01 22 | 25 32 | 08 30 |
| 26 | 10:21:53 | 06 59 26 | 13 33 | 19 42 | 27 47 | 12 49 | 04 37 | 29 23 | 10 56 | 29♋59 | 01 24 | 25 34 | 08 27 |
| 27 | 10:25:50 | 07 59 45 | 25 55 | 02♍11 | 26 53 | 14 04 | 04 48 | 29 17 | 10 52 | 29 57 | 01 25 | 25 36 | 08 24 |
| 28 | 10:29:46 | 09 00 02 | 08♍30 | 14 53 | 26 05 | 15 18 | 05 00 | 29 10 | 10 49 | 29 55 | 01 27 | 25 37 | 08 21 |
| 29 | 10:33:43 | 10 00 17 | 21 19 | 27 48 | 25 24 | 16 32 | 05 12 | 29 03 | 10 45 | 29 53 | 01 28 | 25 39 | 08 17 |

## Longitudes of the Major Asteroids and Chiron

0:00 E.T.

| D | ⚳ | ⚴ | ⚵ | ⚶ | ⚷ | D | ⚳ | ⚴ | ⚵ | ⚶ | ⚷ |
|---|---|---|---|---|---|---|---|---|---|---|---|
| 1 | 27♈43 | 08♓22 | 01♓57 | 28♐31 | 07♋58℞ | 16 | 02 02 | 13 17 | 09 11 | 06 01 | 07 19 |
| 2 | 27 59 | 08 41 | 02 25 | 29 02 | 07 55 | 17 | 02 20 | 13 37 | 09 40 | 06 30 | 07 17 |
| 3 | 28 15 | 09 01 | 02 54 | 29 32 | 07 52 | 18 | 02 39 | 13 57 | 10 10 | 06 59 | 07 15 |
| 4 | 28 32 | 09 20 | 03 22 | 00♑02 | 07 49 | 19 | 02 58 | 14 18 | 10 39 | 07 29 | 07 13 |
| 5 | 28 48 | 09 40 | 03 51 | 00 33 | 07 46 | 20 | 03 17 | 14 38 | 11 09 | 07 58 | 07 11 |
| 6 | 29 05 | 09 59 | 04 20 | 01 03 | 07 43 | 21 | 03 36 | 14 58 | 11 39 | 08 27 | 07 10 |
| 7 | 29 22 | 10 19 | 04 49 | 01 33 | 07 40 | 22 | 03 55 | 15 18 | 12 08 | 08 56 | 07 08 |
| 8 | 29 39 | 10 38 | 05 18 | 02 03 | 07 38 | 23 | 04 15 | 15 38 | 12 38 | 09 25 | 07 06 |
| 9 | 29 56 | 10 58 | 05 46 | 02 33 | 07 35 | 24 | 04 34 | 15 59 | 13 08 | 09 53 | 07 05 |
| 10 | 00♉14 | 11 18 | 06 15 | 03 03 | 07 33 | 25 | 04 54 | 16 19 | 13 38 | 10 22 | 07 04 |
| 11 | 00 31 | 11 38 | 06 45 | 03 33 | 07 30 | 26 | 05 14 | 16 39 | 14 08 | 10 51 | 07 02 |
| 12 | 00 49 | 11 58 | 07 14 | 04 02 | 07 28 | 27 | 05 33 | 17 00 | 14 38 | 11 19 | 07 01 |
| 13 | 01 07 | 12 17 | 07 43 | 04 32 | 07 25 | 28 | 05 53 | 17 20 | 15 08 | 11 48 | 07 00 |
| 14 | 01 25 | 12 37 | 08 12 | 05 02 | 07 23 | 29 | 06 14 | 17 41 | 15 38 | 12 16 | 06 59 |
| 15 | 01 43 | 12 57 | 08 41 | 05 31 | 07 21 | | | | | | |

## Lunar Data

| Last Asp. | | Ingress | | |
|---|---|---|---|---|
| 31 | 23:44 | 2 | ♎ | 09:59 |
| 4 | 07:48 | 4 | ♏ | 16:55 |
| 6 | 12:56 | 6 | ♐ | 21:32 |
| 8 | 15:41 | 8 | ♑ | 23:49 |
| 10 | 14:25 | 11 | ♒ | 00:29 |
| 12 | 17:13 | 13 | ♓ | 01:05 |
| 15 | 02:25 | 15 | ♈ | 03:36 |
| 17 | 06:19 | 17 | ♉ | 09:43 |
| 19 | 10:42 | 19 | ♊ | 19:53 |
| 22 | 08:10 | 22 | ♋ | 08:37 |
| 24 | 20:16 | 24 | ♌ | 21:13 |
| 27 | 01:44 | 27 | ♍ | 07:50 |
| 29 | 15:48 | | | |

## Declinations

0:00 E.T.

| D | ☉ | ☽ | ☿ | ♀ | ♂ | ♃ | ♄ | ♅ | ♆ | ♇ | ⚳ | ⚴ | ⚵ | ⚶ | ⚷ |
|---|---|---|---|---|---|---|---|---|---|---|---|---|---|---|---|
| 1 | -17 16 | +11 44 | -12 30 | -22 22 | +27 08 | +00 44 | -02 24 | +20 32 | +10 10 | -22 18 | +05 23 | -04 53 | -09 14 | -20 19 | +16 09 |
| 2 | 16 59 | 06 38 | 11 49 | 22 18 | 27 07 | 00 45 | 02 23 | 20 32 | 10 11 | 22 17 | 05 32 | 04 50 | 09 07 | 20 20 | 16 10 |
| 3 | 16 42 | 01 10 | 11 08 | 22 13 | 27 06 | 00 46 | 02 22 | 20 33 | 10 11 | 22 16 | 05 41 | 04 47 | 08 59 | 20 22 | 16 10 |
| 4 | 16 24 | -04 27 | 10 29 | 22 08 | 27 05 | 00 48 | 02 22 | 20 34 | 10 11 | 22 16 | 05 50 | 04 44 | 08 52 | 20 23 | 16 11 |
| 5 | 16 06 | 09 59 | 09 50 | 22 02 | 27 03 | 00 50 | 02 21 | 20 34 | 10 12 | 22 15 | 05 59 | 04 41 | 08 44 | 20 24 | 16 11 |
| 6 | 15 48 | 15 09 | 09 12 | 21 55 | 27 02 | 00 51 | 02 20 | 20 35 | 10 12 | 22 15 | 06 08 | 04 38 | 08 36 | 20 25 | 16 12 |
| 7 | 15 30 | 19 39 | 08 37 | 21 48 | 27 01 | 00 53 | 02 19 | 20 35 | 10 12 | 22 14 | 06 17 | 04 35 | 08 28 | 20 25 | 16 12 |
| 8 | 15 11 | 23 07 | 08 04 | 21 40 | 27 00 | 00 55 | 02 18 | 20 36 | 10 13 | 22 13 | 06 26 | 04 32 | 08 21 | 20 26 | 16 13 |
| 9 | 14 52 | 25 08 | 07 34 | 21 32 | 26 59 | 00 57 | 02 17 | 20 36 | 10 13 | 22 13 | 06 35 | 04 29 | 08 13 | 20 27 | 16 13 |
| 10 | 14 33 | 25 27 | 07 06 | 21 22 | 26 57 | 00 59 | 02 16 | 20 37 | 10 13 | 22 12 | 06 44 | 04 26 | 08 05 | 20 27 | 16 14 |
| 11 | 14 13 | 23 57 | 06 43 | 21 13 | 26 56 | 01 01 | 02 15 | 20 37 | 10 14 | 22 12 | 06 53 | 04 22 | 07 56 | 20 27 | 16 14 |
| 12 | 13 54 | 20 48 | 06 24 | 21 02 | 26 54 | 01 03 | 02 14 | 20 38 | 10 14 | 22 11 | 07 02 | 04 19 | 07 48 | 20 28 | 16 15 |
| 13 | 13 34 | 16 20 | 06 09 | 20 51 | 26 53 | 01 05 | 02 13 | 20 38 | 10 15 | 22 11 | 07 11 | 04 16 | 07 40 | 20 28 | 16 15 |
| 14 | 13 13 | 10 59 | 05 58 | 20 39 | 26 52 | 01 07 | 02 12 | 20 39 | 10 15 | 22 10 | 07 20 | 04 12 | 07 32 | 20 28 | 16 16 |
| 15 | 12 53 | 05 12 | 05 53 | 20 27 | 26 50 | 01 10 | 02 10 | 20 39 | 10 16 | 22 10 | 07 29 | 04 09 | 07 23 | 20 28 | 16 16 |
| 16 | 12 32 | +00 39 | 05 52 | 20 14 | 26 49 | 01 12 | 02 09 | 20 40 | 10 16 | 22 09 | 07 38 | 04 05 | 07 15 | 20 28 | 16 17 |
| 17 | 12 12 | 06 18 | 05 56 | 20 00 | 26 47 | 01 14 | 02 08 | 20 40 | 10 17 | 22 08 | 07 47 | 04 02 | 07 07 | 20 28 | 16 17 |
| 18 | 11 51 | 11 31 | 06 04 | 19 46 | 26 46 | 01 17 | 02 07 | 20 41 | 10 17 | 22 08 | 07 56 | 03 58 | 06 58 | 20 27 | 16 18 |
| 19 | 11 29 | 16 07 | 06 17 | 19 31 | 26 44 | 01 19 | 02 05 | 20 41 | 10 17 | 22 07 | 08 05 | 03 54 | 06 50 | 20 27 | 16 19 |
| 20 | 11 08 | 19 57 | 06 34 | 19 16 | 26 42 | 01 22 | 02 04 | 20 42 | 10 18 | 22 07 | 08 14 | 03 51 | 06 41 | 20 27 | 16 19 |
| 21 | 10 47 | 22 53 | 06 54 | 19 00 | 26 41 | 01 24 | 02 03 | 20 42 | 10 19 | 22 06 | 08 24 | 03 47 | 06 32 | 20 26 | 16 20 |
| 22 | 10 25 | 24 49 | 07 17 | 18 44 | 26 39 | 01 27 | 02 01 | 20 42 | 10 19 | 22 06 | 08 33 | 03 43 | 06 24 | 20 25 | 16 20 |
| 23 | 10 03 | 25 37 | 07 41 | 18 27 | 26 37 | 01 30 | 02 00 | 20 43 | 10 20 | 22 05 | 08 42 | 03 40 | 06 15 | 20 25 | 16 21 |
| 24 | 09 41 | 25 15 | 08 07 | 18 09 | 26 36 | 01 32 | 01 58 | 20 43 | 10 20 | 22 05 | 08 51 | 03 36 | 06 06 | 20 24 | 16 21 |
| 25 | 09 19 | 23 44 | 08 34 | 17 51 | 26 34 | 01 35 | 01 57 | 20 44 | 10 21 | 22 04 | 09 00 | 03 32 | 05 57 | 20 23 | 16 22 |
| 26 | 08 57 | 21 05 | 09 01 | 17 33 | 26 32 | 01 38 | 01 55 | 20 44 | 10 21 | 22 04 | 09 09 | 03 28 | 05 48 | 20 22 | 16 22 |
| 27 | 08 34 | 17 28 | 09 28 | 17 14 | 26 30 | 01 41 | 01 54 | 20 44 | 10 22 | 22 03 | 09 18 | 03 24 | 05 39 | 20 21 | 16 23 |
| 28 | 08 12 | 13 00 | 09 54 | 16 54 | 26 28 | 01 44 | 01 52 | 20 45 | 10 22 | 22 03 | 09 27 | 03 20 | 05 30 | 20 20 | 16 23 |
| 29 | 07 49 | 07 55 | 10 18 | 16 34 | 26 26 | 01 47 | 01 51 | 20 45 | 10 23 | 22 02 | 09 37 | 03 16 | 05 21 | 20 18 | 16 24 |

Lunar Phases -- 5 ◑ 22:34 12 ● 14:26 19 ◐ 21:35 28 ○ 01:01 Sun enters ♓ 2/19 01:25

## 0:00 E.T. — Longitudes of Main Planets - March 2040 — Mar. 40

| D | S.T. | ☉ | ☽ | ☽ 12:00 | ☿ | ♀ | ♂ | ♃ | ♄ | ♅ | ♆ | ♇ | ☊ |
|---|---|---|---|---|---|---|---|---|---|---|---|---|---|
| 1 | 10:37:39 | 11 ♓ 00 30 | 04 ♎ 20 | 10 ♎ 55 | 24 ♒ 49 ℞ | 17 ♒ 47 | 05 ♋ 25 | 28 ♍ 56 ℞ | 10 ♎ 42 ℞ | 29 ♋ 51 ℞ | 01 ♉ 30 | 25 ♒ 41 | 08 ♊ 14 |
| 2 | 10:41:36 | 12 00 42 | 17 33 | 24 13 | 24 22 | 19 01 | 05 38 | 28 49 | 10 38 | 29 49 | 01 32 | 25 42 | 08 11 |
| 3 | 10:45:33 | 13 00 52 | 00 ♏ 56 | 07 ♏ 41 | 24 02 | 20 15 | 05 52 | 28 41 | 10 34 | 29 48 | 01 33 | 25 44 | 08 08 |
| 4 | 10:49:29 | 14 01 01 | 14 28 | 21 18 | 23 49 | 21 30 | 06 07 | 28 34 | 10 30 | 29 46 | 01 35 | 25 46 | 08 05 |
| 5 | 10:53:26 | 15 01 08 | 28 11 | 05 ♐ 06 | 23 42 | 22 44 | 06 21 | 28 27 | 10 26 | 29 44 | 01 36 | 25 47 | 08 02 |
| 6 | 10:57:22 | 16 01 13 | 12 ♐ 03 | 19 03 | 23 42 D | 23 58 | 06 37 | 28 19 | 10 22 | 29 43 | 01 38 | 25 49 | 07 58 |
| 7 | 11:01:19 | 17 01 17 | 26 06 | 03 ♑ 11 | 23 49 | 25 13 | 06 52 | 28 12 | 10 18 | 29 41 | 01 40 | 25 51 | 07 55 |
| 8 | 11:05:15 | 18 01 20 | 10 ♑ 18 | 17 28 | 24 01 | 26 27 | 07 09 | 28 04 | 10 14 | 29 40 | 01 42 | 25 52 | 07 52 |
| 9 | 11:09:12 | 19 01 21 | 24 39 | 01 ♒ 52 | 24 19 | 27 42 | 07 25 | 27 57 | 10 10 | 29 38 | 01 43 | 25 54 | 07 49 |
| 10 | 11:13:08 | 20 01 20 | 09 ♒ 05 | 16 19 | 24 42 | 28 56 | 07 42 | 27 49 | 10 06 | 29 37 | 01 45 | 25 56 | 07 46 |
| 11 | 11:17:05 | 21 01 18 | 23 32 | 00 ♓ 44 | 25 10 | 00 ♓ 10 | 08 00 | 27 41 | 10 01 | 29 36 | 01 47 | 25 57 | 07 42 |
| 12 | 11:21:02 | 22 01 14 | 07 ♓ 53 | 15 00 | 25 43 | 01 25 | 08 18 | 27 34 | 09 57 | 29 34 | 01 49 | 25 59 | 07 39 |
| 13 | 11:24:58 | 23 01 07 | 22 03 | 29 02 | 26 20 | 02 39 | 08 36 | 27 26 | 09 53 | 29 33 | 01 51 | 26 00 | 07 36 |
| 14 | 11:28:55 | 24 00 59 | 05 ♈ 55 | 12 ♈ 44 | 27 02 | 03 53 | 08 55 | 27 18 | 09 48 | 29 32 | 01 52 | 26 02 | 07 33 |
| 15 | 11:32:51 | 25 00 49 | 19 27 | 26 08 | 27 46 | 05 08 | 09 14 | 27 10 | 09 44 | 29 31 | 01 54 | 26 04 | 07 30 |
| 16 | 11:36:48 | 26 00 37 | 02 ♉ 35 | 09 ♉ 00 | 28 35 | 06 22 | 09 33 | 27 03 | 09 39 | 29 30 | 01 56 | 26 05 | 07 27 |
| 17 | 11:40:44 | 27 00 23 | 15 21 | 21 36 | 29 27 | 07 36 | 09 53 | 26 55 | 09 35 | 29 29 | 01 58 | 26 07 | 07 23 |
| 18 | 11:44:41 | 28 00 06 | 27 46 | 03 ♊ 52 | 00 ♓ 21 | 08 51 | 10 13 | 26 47 | 09 30 | 29 27 | 02 00 | 26 08 | 07 20 |
| 19 | 11:48:37 | 28 59 47 | 09 ♊ 54 | 15 54 | 01 19 | 10 05 | 10 34 | 26 39 | 09 26 | 29 27 | 02 02 | 26 10 | 07 17 |
| 20 | 11:52:34 | 29 59 27 | 21 51 | 27 47 | 02 20 | 11 19 | 10 55 | 26 31 | 09 21 | 29 26 | 02 04 | 26 11 | 07 14 |
| 21 | 11:56:31 | 00 ♈ 59 03 | 03 ♋ 41 | 09 ♋ 36 | 03 23 | 12 34 | 11 16 | 26 24 | 09 17 | 29 25 | 02 06 | 26 13 | 07 11 |
| 22 | 12:00:27 | 01 58 38 | 15 30 | 21 26 | 04 28 | 13 48 | 11 37 | 26 16 | 09 12 | 29 24 | 02 08 | 26 14 | 07 08 |
| 23 | 12:04:24 | 02 58 10 | 27 24 | 03 ♌ 23 | 05 36 | 15 02 | 11 59 | 26 08 | 09 07 | 29 23 | 02 10 | 26 16 | 07 04 |
| 24 | 12:08:20 | 03 57 40 | 09 ♌ 26 | 15 32 | 06 46 | 16 16 | 12 21 | 26 00 | 09 03 | 29 22 | 02 12 | 26 17 | 07 01 |
| 25 | 12:12:17 | 04 57 08 | 21 41 | 27 54 | 07 58 | 17 31 | 12 44 | 25 53 | 08 58 | 29 22 | 02 14 | 26 19 | 06 58 |
| 26 | 12:16:13 | 05 56 33 | 04 ♍ 12 | 10 ♍ 34 | 09 13 | 18 45 | 13 06 | 25 45 | 08 53 | 29 21 | 02 16 | 26 20 | 06 55 |
| 27 | 12:20:10 | 06 55 57 | 17 00 | 23 31 | 10 29 | 19 59 | 13 29 | 25 38 | 08 49 | 29 21 | 02 18 | 26 21 | 06 52 |
| 28 | 12:24:06 | 07 55 18 | 00 ♎ 06 | 06 ♎ 45 | 11 47 | 21 13 | 13 53 | 25 30 | 08 44 | 29 20 | 02 20 | 26 23 | 06 48 |
| 29 | 12:28:03 | 08 54 37 | 13 28 | 20 15 | 13 07 | 22 28 | 14 16 | 25 23 | 08 39 | 29 20 | 02 22 | 26 24 | 06 45 |
| 30 | 12:32:00 | 09 53 54 | 27 05 | 03 ♏ 58 | 14 28 | 23 42 | 14 40 | 25 15 | 08 35 | 29 19 | 02 25 | 26 26 | 06 42 |
| 31 | 12:35:56 | 10 53 09 | 10 ♏ 53 | 17 50 | 15 52 | 24 56 | 15 04 | 25 08 | 08 30 | 29 19 | 02 27 | 26 27 | 06 39 |

## 0:00 E.T. — Longitudes of the Major Asteroids and Chiron — Lunar Data

| D | ♀ Ceres | ♀ Pallas | ⚶ Juno | ⚵ Vesta | ⚷ Chiron | D | Ceres | Pallas | Juno | Vesta | Chiron | Last Asp. | Ingress |
|---|---|---|---|---|---|---|---|---|---|---|---|---|---|
| 1 | 06 ♉ 34 | 18 ♓ 01 | 16 ♓ 08 | 12 ♑ 44 | 06 ♋ 58 ℞ | 17 | 12 12 | 23 31 | 24 16 | 20 01 | 06 55 | 2 21:59 | 2 ♏ 22:21 |
| 2 | 06 54 | 18 22 | 16 38 | 13 12 | 06 57 | 18 | 12 34 | 23 52 | 24 47 | 20 27 | 06 55 | 5 02:43 | 5 ♐ 03:10 |
| 3 | 07 15 | 18 42 | 17 08 | 13 40 | 06 56 | 19 | 12 56 | 24 13 | 25 18 | 20 54 | 06 56 | 7 03:32 | 7 ♑ 06:37 |
| 4 | 07 35 | 19 03 | 17 39 | 14 08 | 06 56 | 20 | 13 19 | 24 33 | 25 49 | 21 20 | 06 57 | 9 08:17 | 9 ♒ 08:54 |
| 5 | 07 56 | 19 23 | 18 09 | 14 36 | 06 55 | 21 | 13 41 | 24 54 | 26 20 | 21 46 | 06 58 | 11 04:03 | 11 ♓ 10:47 |
| 6 | 08 17 | 19 44 | 18 39 | 15 04 | 06 55 | 22 | 14 03 | 25 15 | 26 51 | 22 11 | 06 58 | 13 12:54 | 13 ♈ 13:41 |
| 7 | 08 38 | 20 04 | 19 10 | 15 31 | 06 54 | 23 | 14 25 | 25 36 | 27 22 | 22 37 | 06 59 | 15 18:18 | 15 ♉ 19:14 |
| 8 | 08 59 | 20 25 | 19 40 | 15 59 | 06 54 | 24 | 14 48 | 25 57 | 27 53 | 23 02 | 07 01 | 18 03:19 | 18 ♊ 04:23 |
| 9 | 09 20 | 20 46 | 20 11 | 16 26 | 06 54 | 25 | 15 10 | 26 17 | 28 24 | 23 28 | 07 02 | 20 09:21 | 20 ♋ 16:31 |
| 10 | 09 41 | 21 06 | 20 41 | 16 54 | 06 53 | 26 | 15 33 | 26 38 | 28 56 | 23 53 | 07 03 | 23 03:59 | 23 ♌ 05:13 |
| 11 | 10 02 | 21 27 | 21 12 | 17 21 | 06 53 | 27 | 15 56 | 26 59 | 29 27 | 24 18 | 07 04 | 25 08:57 | 25 ♍ 16:00 |
| 12 | 10 24 | 21 48 | 21 42 | 17 48 | 06 53 D | 28 | 16 18 | 27 20 | 29 58 | 24 43 | 07 06 | 27 22:37 | 27 ♎ 23:49 |
| 13 | 10 45 | 22 08 | 22 13 | 18 15 | 06 53 | 29 | 16 41 | 27 40 | 00 ♈ 29 | 25 07 | 07 07 | 30 03:55 | 30 ♏ 05:06 |
| 14 | 11 07 | 22 29 | 22 44 | 18 42 | 06 54 | 30 | 17 04 | 28 01 | 01 01 | 25 32 | 07 09 | | |
| 15 | 11 29 | 22 50 | 23 15 | 19 08 | 06 54 | 31 | 17 27 | 28 22 | 01 32 | 25 56 | 07 11 | | |
| 16 | 11 51 | 23 10 | 23 45 | 19 35 | 06 54 | | | | | | | | |

## 0:00 E.T. — Declinations

| D | ☉ | ☽ | ☿ | ♀ | ♂ | ♃ | ♄ | ♅ | ♆ | ♇ | Ceres | Pallas | Juno | Vesta | Chiron |
|---|---|---|---|---|---|---|---|---|---|---|---|---|---|---|---|
| 1 | -07 26 | +02 23 | -10 41 | -16 14 | +26 25 | +01 49 | -01 49 | +20 46 | +10 23 | -22 02 | +09 46 | -03 12 | -05 12 | -20 17 | +16 25 |
| 2 | 07 03 | -03 19 | 11 03 | 15 53 | 26 23 | 01 52 | 01 47 | 20 46 | 10 24 | 22 01 | 09 55 | 03 08 | 05 03 | 20 16 | 16 25 |
| 3 | 06 40 | 08 59 | 11 22 | 15 32 | 26 21 | 01 55 | 01 46 | 20 46 | 10 25 | 22 01 | 10 04 | 03 04 | 04 54 | 20 14 | 16 26 |
| 4 | 06 17 | 14 17 | 11 39 | 15 10 | 26 18 | 01 58 | 01 44 | 20 47 | 10 25 | 22 00 | 10 13 | 03 00 | 04 45 | 20 13 | 16 26 |
| 5 | 05 54 | 18 57 | 11 55 | 14 48 | 26 16 | 02 01 | 01 42 | 20 47 | 10 26 | 22 00 | 10 22 | 02 56 | 04 35 | 20 11 | 16 27 |
| 6 | 05 31 | 22 38 | 12 08 | 14 25 | 26 14 | 02 04 | 01 41 | 20 47 | 10 26 | 21 59 | 10 31 | 02 52 | 04 26 | 20 10 | 16 27 |
| 7 | 05 07 | 24 59 | 12 19 | 14 02 | 26 12 | 02 08 | 01 39 | 20 48 | 10 27 | 21 59 | 10 40 | 02 48 | 04 17 | 20 08 | 16 28 |
| 8 | 04 44 | 25 46 | 12 27 | 13 39 | 26 10 | 02 11 | 01 37 | 20 48 | 10 28 | 21 59 | 10 49 | 02 44 | 04 07 | 20 06 | 16 28 |
| 9 | 04 21 | 24 50 | 12 34 | 13 15 | 26 08 | 02 14 | 01 35 | 20 48 | 10 28 | 21 58 | 10 58 | 02 40 | 03 58 | 20 04 | 16 29 |
| 10 | 03 57 | 22 15 | 12 39 | 12 51 | 26 05 | 02 17 | 01 34 | 20 48 | 10 29 | 21 58 | 11 07 | 02 36 | 03 49 | 20 02 | 16 29 |
| 11 | 03 34 | 18 17 | 12 42 | 12 26 | 26 03 | 02 20 | 01 32 | 20 49 | 10 30 | 21 57 | 11 16 | 02 31 | 03 39 | 20 00 | 16 30 |
| 12 | 03 10 | 13 16 | 12 42 | 12 01 | 26 00 | 02 23 | 01 30 | 20 49 | 10 30 | 21 57 | 11 25 | 02 27 | 03 30 | 19 58 | 16 30 |
| 13 | 02 46 | 07 36 | 12 41 | 11 36 | 25 58 | 02 26 | 01 28 | 20 49 | 10 31 | 21 56 | 11 34 | 02 23 | 03 20 | 19 56 | 16 31 |
| 14 | 02 23 | 01 41 | 12 38 | 11 11 | 25 55 | 02 29 | 01 26 | 20 49 | 10 32 | 21 56 | 11 43 | 02 19 | 03 11 | 19 54 | 16 31 |
| 15 | 01 59 | +04 12 | 12 33 | 10 45 | 25 53 | 02 33 | 01 25 | 20 50 | 10 32 | 21 56 | 11 52 | 02 15 | 03 01 | 19 52 | 16 32 |
| 16 | 01 35 | 09 44 | 12 27 | 10 19 | 25 50 | 02 36 | 01 23 | 20 50 | 10 33 | 21 55 | 12 01 | 02 10 | 02 52 | 19 50 | 16 32 |
| 17 | 01 11 | 14 42 | 12 18 | 09 53 | 25 47 | 02 39 | 01 21 | 20 50 | 10 34 | 21 55 | 12 10 | 02 06 | 02 42 | 19 47 | 16 33 |
| 18 | 00 48 | 18 56 | 12 08 | 09 26 | 25 44 | 02 42 | 01 19 | 20 50 | 10 34 | 21 55 | 12 19 | 02 02 | 02 32 | 19 45 | 16 33 |
| 19 | 00 24 | 22 16 | 11 56 | 08 59 | 25 42 | 02 45 | 01 17 | 20 50 | 10 35 | 21 54 | 12 27 | 01 58 | 02 23 | 19 43 | 16 34 |
| 20 | 00 00 | 24 34 | 11 43 | 08 32 | 25 39 | 02 48 | 01 15 | 20 51 | 10 36 | 21 54 | 12 36 | 01 53 | 02 13 | 19 40 | 16 34 |
| 21 | +00 23 | 25 45 | 11 28 | 08 05 | 25 36 | 02 51 | 01 13 | 20 51 | 10 37 | 21 53 | 12 45 | 01 49 | 02 03 | 19 38 | 16 35 |
| 22 | 00 47 | 25 45 | 11 12 | 07 37 | 25 32 | 02 54 | 01 11 | 20 51 | 10 37 | 21 53 | 12 54 | 01 45 | 01 54 | 19 35 | 16 35 |
| 23 | 01 11 | 24 34 | 10 54 | 07 09 | 25 29 | 02 57 | 01 08 | 20 51 | 10 38 | 21 53 | 13 02 | 01 41 | 01 44 | 19 33 | 16 36 |
| 24 | 01 34 | 22 16 | 10 34 | 06 42 | 25 26 | 03 00 | 01 08 | 20 51 | 10 39 | 21 52 | 13 11 | 01 36 | 01 34 | 19 30 | 16 36 |
| 25 | 01 58 | 18 56 | 10 14 | 06 13 | 25 23 | 03 03 | 01 06 | 20 51 | 10 39 | 21 52 | 13 20 | 01 32 | 01 25 | 19 27 | 16 37 |
| 26 | 02 22 | 14 41 | 09 51 | 05 45 | 25 20 | 03 06 | 01 04 | 20 51 | 10 40 | 21 52 | 13 28 | 01 28 | 01 15 | 19 25 | 16 37 |
| 27 | 02 45 | 09 42 | 09 28 | 05 17 | 25 16 | 03 09 | 01 02 | 20 52 | 10 41 | 21 52 | 13 37 | 01 24 | 01 05 | 19 22 | 16 38 |
| 28 | 03 09 | 04 12 | 09 03 | 04 48 | 25 12 | 03 12 | 01 00 | 20 52 | 10 42 | 21 51 | 13 46 | 01 19 | 00 55 | 19 19 | 16 38 |
| 29 | 03 32 | -01 38 | 08 38 | 04 19 | 25 08 | 03 15 | 00 58 | 20 52 | 10 42 | 21 51 | 13 54 | 01 15 | 00 46 | 19 17 | 16 39 |
| 30 | 03 55 | 07 30 | 08 09 | 03 50 | 25 05 | 03 18 | 00 56 | 20 52 | 10 43 | 21 51 | 14 03 | 01 11 | 00 36 | 19 14 | 16 39 |
| 31 | 04 18 | 13 06 | 07 40 | 03 21 | 25 01 | 03 21 | 00 55 | 20 52 | 10 44 | 21 50 | 14 11 | 01 07 | 00 26 | 19 11 | 16 40 |

Lunar Phases -- 6 ◗ 07:20   13 ● 01:47   20 ◖ 18:00   28 ○ 15:13     Sun enters ♈ 3/20 00:14

| D | S.T. | ☉ | ☽ | ☽ 12:00 | ☿ | ♀ | ♂ | ♃ | ♄ | ♅ | ♆ | ♇ | ☊ |
|---|---|---|---|---|---|---|---|---|---|---|---|---|---|
| 1 | 12:39:53 | 11♈52 22 | 24♏49 | 01♐50 | 17♓17 | 26♓10 | 15♋29 | 25♍01 ℞ | 08♎25 ℞ | 29♋19 ℞ | 02♉29 | 26♒28 | 06♊36 |
| 2 | 12:43:49 | 12 51 33 | 08♐51 | 15 54 | 18 43 | 27 25 | 15 53 | 24 54 | 08 21 | 29 18 | 02 31 | 26 29 | 06 33 |
| 3 | 12:47:46 | 13 50 43 | 22 57 | 00♑01 | 20 11 | 28 39 | 16 18 | 24 47 | 08 16 | 29 18 | 02 33 | 26 31 | 06 29 |
| 4 | 12:51:42 | 14 49 51 | 07♑05 | 14 09 | 21 41 | 29 53 | 16 43 | 24 40 | 08 11 | 29 18 | 02 35 | 26 32 | 06 26 |
| 5 | 12:55:39 | 15 48 57 | 21 14 | 28 18 | 23 12 | 01♈07 | 17 08 | 24 33 | 08 07 | 29 18 | 02 37 | 26 33 | 06 23 |
| 6 | 12:59:35 | 16 48 02 | 05♒22 | 12♒25 | 24 45 | 02 21 | 17 34 | 24 26 | 08 02 | 29 18 D | 02 40 | 26 35 | 06 20 |
| 7 | 13:03:32 | 17 47 05 | 19 28 | 26 29 | 26 20 | 03 36 | 18 00 | 24 19 | 07 58 | 29 18 | 02 42 | 26 36 | 06 17 |
| 8 | 13:07:29 | 18 46 06 | 03♓29 | 10♓27 | 27 56 | 04 50 | 18 26 | 24 13 | 07 53 | 29 18 | 02 44 | 26 37 | 06 14 |
| 9 | 13:11:25 | 19 45 05 | 17 22 | 24 15 | 29 33 | 06 04 | 18 52 | 24 06 | 07 48 | 29 18 | 02 46 | 26 38 | 06 10 |
| 10 | 13:15:22 | 20 44 02 | 01♈04 | 07♈50 | 01♈12 | 07 18 | 19 18 | 24 00 | 07 44 | 29 18 | 02 48 | 26 39 | 06 07 |
| 11 | 13:19:18 | 21 42 57 | 14 32 | 21 14 | 02 52 | 08 32 | 19 45 | 23 54 | 07 39 | 29 19 | 02 51 | 26 40 | 06 04 |
| 12 | 13:23:15 | 22 41 50 | 27 44 | 04♉14 | 04 34 | 09 46 | 20 12 | 23 48 | 07 35 | 29 19 | 02 53 | 26 41 | 06 01 |
| 13 | 13:27:11 | 23 40 42 | 10♉39 | 16 59 | 06 18 | 11 00 | 20 39 | 23 42 | 07 31 | 29 19 | 02 55 | 26 43 | 05 58 |
| 14 | 13:31:08 | 24 39 31 | 23 16 | 29 28 | 08 03 | 12 15 | 21 06 | 23 36 | 07 26 | 29 20 | 02 57 | 26 44 | 05 54 |
| 15 | 13:35:04 | 25 38 18 | 05♊36 | 11♊36 | 09 50 | 13 29 | 21 33 | 23 30 | 07 22 | 29 20 | 03 00 | 26 45 | 05 51 |
| 16 | 13:39:01 | 26 37 03 | 17 43 | 23 43 | 11 38 | 14 43 | 22 01 | 23 25 | 07 18 | 29 21 | 03 02 | 26 46 | 05 48 |
| 17 | 13:42:58 | 27 35 46 | 29 40 | 05♋36 | 13 28 | 15 57 | 22 29 | 23 19 | 07 13 | 29 21 | 03 04 | 26 47 | 05 45 |
| 18 | 13:46:54 | 28 34 27 | 11♋31 | 17 26 | 15 19 | 17 11 | 22 57 | 23 14 | 07 09 | 29 22 | 03 06 | 26 48 | 05 42 |
| 19 | 13:50:51 | 29 33 05 | 23 18 | 29 18 | 17 12 | 18 25 | 23 25 | 23 09 | 07 05 | 29 23 | 03 09 | 26 49 | 05 38 |
| 20 | 13:54:47 | 00♉31 42 | 05♌15 | 11♌16 | 19 06 | 19 39 | 23 53 | 23 04 | 07 01 | 29 23 | 03 11 | 26 50 | 05 35 |
| 21 | 13:58:44 | 01 30 16 | 17 18 | 23 25 | 21 02 | 20 53 | 24 22 | 22 59 | 06 57 | 29 24 | 03 13 | 26 51 | 05 32 |
| 22 | 14:02:40 | 02 28 48 | 29 35 | 05♍50 | 23 00 | 22 07 | 24 50 | 22 54 | 06 53 | 29 25 | 03 15 | 26 51 | 05 29 |
| 23 | 14:06:37 | 03 27 17 | 12♍09 | 18 34 | 24 59 | 23 21 | 25 19 | 22 50 | 06 49 | 29 26 | 03 18 | 26 52 | 05 26 |
| 24 | 14:10:33 | 04 25 45 | 25 04 | 01♎39 | 27 00 | 24 35 | 25 48 | 22 45 | 06 45 | 29 27 | 03 20 | 26 53 | 05 23 |
| 25 | 14:14:30 | 05 24 10 | 08♎20 | 15 06 | 29 02 | 25 49 | 26 17 | 22 41 | 06 41 | 29 28 | 03 22 | 26 54 | 05 20 |
| 26 | 14:18:27 | 06 22 34 | 21 57 | 28 53 | 01♉05 | 27 03 | 26 46 | 22 37 | 06 37 | 29 29 | 03 25 | 26 55 | 05 16 |
| 27 | 14:22:23 | 07 20 56 | 05♏54 | 12♏54 | 03 10 | 28 17 | 27 16 | 22 33 | 06 34 | 29 30 | 03 27 | 26 56 | 05 13 |
| 28 | 14:26:20 | 08 19 15 | 20 06 | 27 17 | 05 16 | 29 31 | 27 45 | 22 30 | 06 30 | 29 31 | 03 29 | 26 56 | 05 10 |
| 29 | 14:30:16 | 09 17 34 | 04♐29 | 11♐43 | 07 23 | 00♉45 | 28 15 | 22 26 | 06 27 | 29 32 | 03 31 | 26 57 | 05 07 |
| 30 | 14:34:13 | 10 15 50 | 18 58 | 26 13 | 09 31 | 01 59 | 28 45 | 22 23 | 06 23 | 29 34 | 03 34 | 26 58 | 05 04 |

## 0:00 E.T.   Longitudes of the Major Asteroids and Chiron   | Lunar Data

| D | ⚳ | ⚴ | ⚵ | ⚶ | ⚷ | D | ⚳ | ⚴ | ⚵ | ⚶ | ⚷ |
|---|---|---|---|---|---|---|---|---|---|---|---|
| 1 | 17♉50 | 28♓43 | 02♈04 | 26♑21 | 07♋12 | 16 | 23 42 | 03 54 | 09 59 | 02 03 | 07 49 |
| 2 | 18 13 | 29 04 | 02 35 | 26 45 | 07 14 | 17 | 24 06 | 04 14 | 10 31 | 02 24 | 07 52 |
| 3 | 18 36 | 29 24 | 03 07 | 27 09 | 07 16 | 18 | 24 30 | 04 35 | 11 03 | 02 45 | 07 55 |
| 4 | 18 59 | 29 45 | 03 38 | 27 32 | 07 18 | 19 | 24 54 | 04 56 | 11 35 | 03 06 | 07 58 |
| 5 | 19 23 | 00♈06 | 04 10 | 27 56 | 07 20 | 20 | 25 18 | 05 16 | 12 07 | 03 26 | 08 02 |
| 6 | 19 46 | 00 27 | 04 41 | 28 19 | 07 23 | 21 | 25 42 | 05 37 | 12 39 | 03 46 | 08 05 |
| 7 | 20 09 | 00 47 | 05 13 | 28 43 | 07 25 | 22 | 26 06 | 05 57 | 13 11 | 04 06 | 08 08 |
| 8 | 20 33 | 01 08 | 05 45 | 29 06 | 07 27 | 23 | 26 30 | 06 18 | 13 43 | 04 26 | 08 12 |
| 9 | 20 56 | 01 29 | 06 16 | 29 28 | 07 30 | 24 | 26 54 | 06 38 | 14 15 | 04 46 | 08 15 |
| 10 | 21 20 | 01 50 | 06 48 | 29 51 | 07 32 | 25 | 27 18 | 06 59 | 14 47 | 05 05 | 08 19 |
| 11 | 21 43 | 02 10 | 07 20 | 00♒14 | 07 35 | 26 | 27 43 | 07 19 | 15 20 | 05 24 | 08 23 |
| 12 | 22 07 | 02 31 | 07 52 | 00 36 | 07 37 | 27 | 28 07 | 07 40 | 15 52 | 05 43 | 08 26 |
| 13 | 22 31 | 02 52 | 08 23 | 00 58 | 07 40 | 28 | 28 31 | 08 00 | 16 24 | 06 02 | 08 30 |
| 14 | 22 54 | 03 12 | 08 55 | 01 20 | 07 43 | 29 | 28 55 | 08 20 | 16 56 | 06 20 | 08 34 |
| 15 | 23 18 | 03 33 | 09 27 | 01 41 | 07 46 | 30 | 29 20 | 08 41 | 17 28 | 06 38 | 08 38 |

**Lunar Data**

| Last Asp. | Ingress |
|---|---|
| 1 07:42 | 1 ♐ 08:52 |
| 3 10:36 | 3 ♑ 11:58 |
| 5 13:42 | 5 ♒ 14:53 |
| 7 12:13 | 7 ♓ 18:02 |
| 9 20:54 | 9 ♈ 22:07 |
| 12 02:54 | 12 ♉ 04:10 |
| 14 11:44 | 14 ♊ 13:02 |
| 16 19:27 | 17 ♋ 00:40 |
| 19 12:11 | 19 ♌ 13:26 |
| 21 18:42 | 22 ♍ 00:48 |
| 24 08:01 | 24 ♎ 09:00 |
| 26 13:02 | 26 ♏ 13:54 |
| 28 15:45 | 28 ♐ 16:32 |
| 30 13:15 | 30 ♑ 18:16 |

## 0:00 E.T.   Declinations

| D | ☉ | ☽ | ☿ | ♀ | ♂ | ♃ | ♄ | ♅ | ♆ | ♇ | ⚳ | ⚴ | ⚵ | ⚶ | ⚷ |
|---|---|---|---|---|---|---|---|---|---|---|---|---|---|---|---|
| 1 | +04 42 | -18 06 | -07 10 | -02 52 | +24 57 | +03 24 | -00 53 | +20 52 | +10 45 | -21 50 | +14 19 | -01 03 | -00 16 | -19 09 | +16 40 |
| 2 | 05 05 | 22 07 | 06 38 | 02 23 | 24 53 | 03 27 | 00 51 | 20 52 | 10 45 | 21 50 | 14 28 | 00 58 | 00 07 | 19 06 | 16 40 |
| 3 | 05 28 | 24 50 | 06 06 | 01 54 | 24 49 | 03 29 | 00 49 | 20 52 | 10 46 | 21 50 | 14 36 | 00 54 | +00 03 | 19 03 | 16 41 |
| 4 | 05 51 | 25 59 | 05 32 | 01 25 | 24 44 | 03 32 | 00 47 | 20 52 | 10 47 | 21 50 | 14 45 | 00 50 | 00 13 | 19 00 | 16 41 |
| 5 | 06 13 | 25 26 | 04 57 | 00 55 | 24 40 | 03 35 | 00 45 | 20 52 | 10 48 | 21 49 | 14 53 | 00 46 | 00 23 | 18 57 | 16 42 |
| 6 | 06 36 | 23 15 | 04 21 | 00 26 | 24 36 | 03 37 | 00 44 | 20 52 | 10 48 | 21 49 | 15 01 | 00 42 | 00 33 | 18 55 | 16 42 |
| 7 | 06 59 | 19 41 | 03 44 | +00 04 | 24 31 | 03 40 | 00 42 | 20 52 | 10 49 | 21 49 | 15 09 | 00 38 | 00 42 | 18 52 | 16 42 |
| 8 | 07 21 | 15 01 | 03 05 | 00 33 | 24 26 | 03 42 | 00 40 | 20 52 | 10 50 | 21 49 | 15 17 | 00 34 | 00 52 | 18 49 | 16 43 |
| 9 | 07 43 | 09 36 | 02 26 | 01 03 | 24 22 | 03 45 | 00 38 | 20 52 | 10 51 | 21 49 | 15 26 | 00 30 | 01 02 | 18 46 | 16 43 |
| 10 | 08 06 | 03 48 | 01 46 | 01 32 | 24 17 | 03 47 | 00 37 | 20 52 | 10 51 | 21 48 | 15 34 | 00 26 | 01 12 | 18 43 | 16 43 |
| 11 | 08 28 | +02 06 | 01 04 | 02 01 | 24 12 | 03 50 | 00 35 | 20 52 | 10 52 | 21 48 | 15 42 | 00 22 | 01 21 | 18 41 | 16 44 |
| 12 | 08 50 | 07 47 | 00 22 | 02 31 | 24 07 | 03 52 | 00 33 | 20 52 | 10 53 | 21 48 | 15 50 | 00 18 | 01 31 | 18 38 | 16 44 |
| 13 | 09 11 | 13 02 | +00 22 | 03 00 | 24 02 | 03 54 | 00 31 | 20 51 | 10 54 | 21 48 | 15 58 | 00 14 | 01 41 | 18 35 | 16 44 |
| 14 | 09 33 | 17 38 | 01 06 | 03 30 | 23 57 | 03 56 | 00 30 | 20 51 | 10 54 | 21 48 | 16 05 | 00 10 | 01 50 | 18 32 | 16 45 |
| 15 | 09 55 | 21 21 | 01 51 | 03 59 | 23 51 | 03 58 | 00 28 | 20 51 | 10 55 | 21 48 | 16 13 | 00 06 | 02 00 | 18 30 | 16 45 |
| 16 | 10 16 | 24 05 | 02 38 | 04 28 | 23 46 | 04 01 | 00 27 | 20 51 | 10 56 | 21 48 | 16 21 | 00 02 | 02 10 | 18 27 | 16 45 |
| 17 | 10 37 | 25 40 | 03 25 | 04 57 | 23 40 | 04 03 | 00 25 | 20 51 | 10 57 | 21 48 | 16 29 | +00 02 | 02 19 | 18 24 | 16 46 |
| 18 | 10 58 | 26 05 | 04 12 | 05 26 | 23 34 | 04 05 | 00 23 | 20 51 | 10 58 | 21 47 | 16 37 | 00 06 | 02 29 | 18 21 | 16 46 |
| 19 | 11 19 | 25 18 | 05 01 | 05 55 | 23 29 | 04 07 | 00 22 | 20 51 | 10 58 | 21 47 | 16 44 | 00 10 | 02 39 | 18 19 | 16 46 |
| 20 | 11 39 | 23 22 | 05 50 | 06 24 | 23 23 | 04 08 | 00 20 | 20 50 | 10 59 | 21 47 | 16 52 | 00 13 | 02 48 | 18 16 | 16 47 |
| 21 | 12 00 | 20 23 | 06 40 | 06 52 | 23 17 | 04 10 | 00 19 | 20 50 | 11 00 | 21 47 | 16 59 | 00 17 | 02 58 | 18 14 | 16 47 |
| 22 | 12 20 | 16 28 | 07 30 | 07 21 | 23 11 | 04 12 | 00 17 | 20 50 | 11 01 | 21 47 | 17 07 | 00 21 | 03 07 | 18 11 | 16 47 |
| 23 | 12 40 | 11 46 | 08 21 | 07 49 | 23 04 | 04 13 | 00 16 | 20 50 | 11 01 | 21 47 | 17 14 | 00 25 | 03 17 | 18 09 | 16 47 |
| 24 | 13 00 | 06 26 | 09 12 | 08 17 | 22 58 | 04 15 | 00 14 | 20 50 | 11 02 | 21 47 | 17 22 | 00 28 | 03 26 | 18 07 | 16 48 |
| 25 | 13 19 | 00 40 | 10 04 | 08 45 | 22 52 | 04 16 | 00 13 | 20 49 | 11 03 | 21 47 | 17 29 | 00 32 | 03 36 | 18 04 | 16 48 |
| 26 | 13 39 | -05 18 | 10 55 | 09 13 | 22 45 | 04 17 | 00 12 | 20 49 | 11 04 | 21 47 | 17 36 | 00 35 | 03 45 | 18 02 | 16 48 |
| 27 | 13 58 | 11 10 | 11 47 | 09 41 | 22 38 | 04 19 | 00 10 | 20 49 | 11 04 | 21 47 | 17 44 | 00 39 | 03 55 | 18 00 | 16 48 |
| 28 | 14 17 | 16 34 | 12 38 | 10 08 | 22 32 | 04 20 | 00 09 | 20 49 | 11 05 | 21 47 | 17 51 | 00 42 | 04 04 | 17 58 | 16 48 |
| 29 | 14 35 | 21 05 | 13 29 | 10 35 | 22 25 | 04 22 | 00 08 | 20 48 | 11 06 | 21 47 | 17 58 | 00 46 | 04 13 | 17 55 | 16 49 |
| 30 | 14 54 | 24 20 | 14 20 | 11 02 | 22 18 | 04 23 | 00 06 | 20 48 | 11 07 | 21 47 | 18 05 | 00 49 | 04 22 | 17 53 | 16 49 |

Lunar Phases -- 4 ◐ 14:08   11 ● 14:01   19 ◑ 13:39   27 ○ 02:39      Sun enters ♉ 4/19 11:01

## 0:00 E.T. Longitudes of Main Planets - May 2040

| D | S.T. | ☉ | ☽ | ☽ 12:00 | ☿ | ♀ | ♂ | ♃ | ♄ | ♅ | ♆ | ♇ | ☊ |
|---|---|---|---|---|---|---|---|---|---|---|---|---|---|
| 1 | 14:38:09 | 11♉14 05 | 03♑27 | 10♑41 | 11♉40 | 03♉13 | 29♋15 | 22♍20℞ | 06♎20℞ | 29♋35 | 03♉36 | 26♒58 | 05♊00 |
| 2 | 14:42:06 | 12 12 19 | 17 53 | 25 03 | 13 49 | 04 27 | 29 45 | 22 17 | 06 16 | 29 36 | 03 38 | 26 59 | 04 57 |
| 3 | 14:46:02 | 13 10 30 | 02♒11 | 09♒16 | 15 59 | 05 41 | 00♌15 | 22 14 | 06 13 | 29 38 | 03 40 | 27 00 | 04 54 |
| 4 | 14:49:59 | 14 08 41 | 16 19 | 23 19 | 18 09 | 06 55 | 00 45 | 22 11 | 06 10 | 29 39 | 03 43 | 27 00 | 04 51 |
| 5 | 14:53:56 | 15 06 50 | 00♓16 | 07♓09 | 20 18 | 08 09 | 01 16 | 22 09 | 06 07 | 29 41 | 03 45 | 27 01 | 04 48 |
| 6 | 14:57:52 | 16 04 58 | 14 00 | 20 47 | 22 27 | 09 23 | 01 46 | 22 06 | 06 04 | 29 42 | 03 47 | 27 01 | 04 45 |
| 7 | 15:01:49 | 17 03 04 | 27 30 | 04♈11 | 24 35 | 10 37 | 02 17 | 22 04 | 06 01 | 29 44 | 03 49 | 27 02 | 04 41 |
| 8 | 15:05:45 | 18 01 09 | 10♈47 | 17 21 | 26 42 | 11 50 | 02 48 | 22 02 | 05 58 | 29 45 | 03 51 | 27 03 | 04 38 |
| 9 | 15:09:42 | 18 59 12 | 23 50 | 00♉17 | 28 48 | 13 04 | 03 19 | 22 00 | 05 55 | 29 47 | 03 54 | 27 03 | 04 35 |
| 10 | 15:13:38 | 19 57 14 | 06♉39 | 12 59 | 00♊52 | 14 18 | 03 50 | 21 59 | 05 52 | 29 49 | 03 56 | 27 03 | 04 32 |
| 11 | 15:17:35 | 20 55 14 | 19 15 | 25 28 | 02 54 | 15 32 | 04 21 | 21 57 | 05 50 | 29 51 | 03 58 | 27 04 | 04 29 |
| 12 | 15:21:31 | 21 53 13 | 01♊38 | 07♊45 | 04 54 | 16 46 | 04 52 | 21 56 | 05 47 | 29 52 | 04 00 | 27 04 | 04 26 |
| 13 | 15:25:28 | 22 51 10 | 13 49 | 19 51 | 06 52 | 18 00 | 05 24 | 21 55 | 05 45 | 29 54 | 04 02 | 27 05 | 04 22 |
| 14 | 15:29:25 | 23 49 05 | 25 50 | 01♋48 | 08 47 | 19 14 | 05 55 | 21 54 | 05 42 | 29 56 | 04 05 | 27 05 | 04 19 |
| 15 | 15:33:21 | 24 46 59 | 07♋45 | 13 40 | 10 39 | 20 28 | 06 27 | 21 54 | 05 40 | 29 58 | 04 07 | 27 05 | 04 16 |
| 16 | 15:37:18 | 25 44 52 | 19 35 | 25 30 | 12 29 | 21 41 | 06 59 | 21 53 | 05 38 | 00♌00 | 04 09 | 27 06 | 04 13 |
| 17 | 15:41:14 | 26 42 42 | 01♌25 | 07♌21 | 14 15 | 22 55 | 07 30 | 21 53 | 05 36 | 00 02 | 04 11 | 27 06 | 04 10 |
| 18 | 15:45:11 | 27 40 31 | 13 19 | 19 19 | 15 58 | 24 09 | 08 02 | 21 53 | 05 34 | 00 04 | 04 13 | 27 06 | 04 06 |
| 19 | 15:49:07 | 28 38 18 | 25 21 | 01♍27 | 17 39 | 25 23 | 08 34 | 21 53D | 05 32 | 00 06 | 04 15 | 27 06 | 04 03 |
| 20 | 15:53:04 | 29 36 04 | 07♍37 | 13 51 | 19 16 | 26 37 | 09 06 | 21 53 | 05 30 | 00 09 | 04 17 | 27 07 | 04 00 |
| 21 | 15:57:00 | 00♊33 48 | 20 09 | 26 33 | 20 49 | 27 51 | 09 39 | 21 53 | 05 28 | 00 11 | 04 19 | 27 07 | 03 57 |
| 22 | 16:00:57 | 01 31 30 | 03♎03 | 09♎38 | 22 20 | 29 04 | 10 11 | 21 54 | 05 27 | 00 13 | 04 21 | 27 07 | 03 54 |
| 23 | 16:04:54 | 02 29 10 | 16 20 | 23 08 | 23 47 | 00♊18 | 10 43 | 21 55 | 05 25 | 00 15 | 04 23 | 27 07 | 03 51 |
| 24 | 16:08:50 | 03 26 50 | 00♏02 | 07♏03 | 25 10 | 01 32 | 11 16 | 21 56 | 05 24 | 00 18 | 04 26 | 27 07 | 03 47 |
| 25 | 16:12:47 | 04 24 27 | 14 09 | 21 21 | 26 30 | 02 46 | 11 48 | 21 57 | 05 23 | 00 20 | 04 28 | 27 07 | 03 44 |
| 26 | 16:16:43 | 05 22 04 | 28 37 | 05♐58 | 27 47 | 03 59 | 12 21 | 21 58 | 05 21 | 00 23 | 04 30 | 27 07 | 03 41 |
| 27 | 16:20:40 | 06 19 39 | 13♐21 | 20 47 | 29 00 | 05 13 | 12 54 | 22 00 | 05 20 | 00 25 | 04 32 | 27 07 | 03 38 |
| 28 | 16:24:36 | 07 17 13 | 28 15 | 05♑42 | 00♋09 | 06 27 | 13 27 | 22 01 | 05 19 | 00 28 | 04 34 | 27 07℞ | 03 35 |
| 29 | 16:28:33 | 08 14 46 | 13♑09 | 20 35 | 01 15 | 07 41 | 14 00 | 22 03 | 05 18 | 00 30 | 04 35 | 27 07 | 03 31 |
| 30 | 16:32:29 | 09 12 18 | 27 58 | 05♒18 | 02 17 | 08 54 | 14 33 | 22 05 | 05 17 | 00 33 | 04 37 | 27 07 | 03 28 |
| 31 | 16:36:26 | 10 09 50 | 12♒34 | 19 45 | 03 15 | 10 08 | 15 06 | 22 07 | 05 17 | 00 35 | 04 39 | 27 07 | 03 25 |

## 0:00 E.T. Longitudes of the Major Asteroids and Chiron

| D | ⚳ | ⚴ | ⚵ | ⚶ | ⚷ |
|---|---|---|---|---|---|
| 1 | 29♉44 | 09♈01 | 18♈01 | 06♒56 | 08♋42 |
| 2 | 00♊09 | 09 21 | 18 33 | 07 14 | 08 46 |
| 3 | 00 33 | 09 42 | 19 05 | 07 31 | 08 50 |
| 4 | 00 58 | 10 02 | 19 38 | 07 48 | 08 55 |
| 5 | 01 22 | 10 22 | 20 10 | 08 04 | 08 59 |
| 6 | 01 47 | 10 42 | 20 42 | 08 21 | 09 03 |
| 7 | 02 11 | 11 02 | 21 15 | 08 37 | 09 08 |
| 8 | 02 36 | 11 22 | 21 47 | 08 53 | 09 12 |
| 9 | 03 01 | 11 42 | 22 20 | 09 08 | 09 17 |
| 10 | 03 25 | 12 02 | 22 52 | 09 23 | 09 21 |
| 11 | 03 50 | 12 22 | 23 25 | 09 38 | 09 26 |
| 12 | 04 15 | 12 42 | 23 57 | 09 53 | 09 30 |
| 13 | 04 40 | 13 02 | 24 30 | 10 07 | 09 35 |
| 14 | 05 04 | 13 22 | 25 02 | 10 21 | 09 40 |
| 15 | 05 29 | 13 42 | 25 35 | 10 34 | 09 45 |
| 16 | 05 54 | 14 02 | 26 07 | 10 47 | 09 50 |
| 17 | 06 19 | 14 21 | 26 40 | 11 00 | 09 54 |
| 18 | 06 44 | 14 41 | 27 12 | 11 12 | 09 59 |
| 19 | 07 09 | 15 00 | 27 45 | 11 24 | 10 04 |
| 20 | 07 33 | 15 20 | 28 18 | 11 36 | 10 10 |
| 21 | 07 58 | 15 40 | 28 50 | 11 47 | 10 15 |
| 22 | 08 23 | 15 59 | 29 23 | 11 58 | 10 20 |
| 23 | 08 48 | 16 18 | 29 56 | 12 09 | 10 25 |
| 24 | 09 13 | 16 38 | 00♉28 | 12 19 | 10 30 |
| 25 | 09 38 | 16 57 | 01 01 | 12 29 | 10 36 |
| 26 | 10 03 | 17 16 | 01 34 | 12 38 | 10 41 |
| 27 | 10 28 | 17 35 | 02 06 | 12 47 | 10 46 |
| 28 | 10 53 | 17 55 | 02 39 | 12 56 | 10 52 |
| 29 | 11 18 | 18 14 | 03 12 | 13 04 | 10 57 |
| 30 | 11 43 | 18 33 | 03 45 | 13 12 | 11 03 |
| 31 | 12 08 | 18 52 | 04 17 | 13 19 | 11 08 |

## Lunar Data

| Last Asp. | | Ingress | | |
|---|---|---|---|---|
| 2 | 19:41 | 2 | ♒ | 20:20 |
| 4 | 18:23 | 4 | ♓ | 23:33 |
| 7 | 03:60 | 7 | ♈ | 04:29 |
| 9 | 11:06 | 9 | ♉ | 11:29 |
| 11 | 20:34 | 11 | ♊ | 20:49 |
| 14 | 02:30 | 14 | ♋ | 08:22 |
| 16 | 13:37 | 16 | ♌ | 21:07 |
| 19 | 07:02 | 19 | ♍ | 09:09 |
| 21 | 15:54 | 21 | ♎ | 18:24 |
| 23 | 18:57 | 23 | ♏ | 23:56 |
| 25 | 21:32 | 26 | ♐ | 02:16 |
| 27 | 22:12 | 28 | ♑ | 02:49 |
| 29 | 14:25 | 30 | ♒ | 03:20 |

## 0:00 E.T. Declinations

| D | ☉ | ☽ | ☿ | ♀ | ♂ | ♃ | ♄ | ♅ | ♆ | ♇ | ⚳ | ⚴ | ⚵ | ⚶ | ⚷ |
|---|---|---|---|---|---|---|---|---|---|---|---|---|---|---|---|
| 1 | +15 12 | -25 59 | +15 10 | +11 28 | +22 10 | +04 24 | -00 05 | +20 48 | +11 07 | -21 47 | +18 12 | +00 52 | +04 32 | -17 51 | +16 49 |
| 2 | 15 30 | 25 52 | 16 00 | 11 55 | 22 03 | 04 25 | 00 04 | 20 47 | 11 08 | 21 47 | 18 19 | 00 56 | 04 41 | 17 49 | 16 49 |
| 3 | 15 47 | 24 02 | 16 48 | 12 21 | 21 56 | 04 26 | 00 03 | 20 47 | 11 09 | 21 47 | 18 26 | 00 59 | 04 50 | 17 47 | 16 49 |
| 4 | 16 05 | 20 43 | 17 35 | 12 47 | 21 48 | 04 27 | 00 02 | 20 47 | 11 10 | 21 47 | 18 33 | 01 02 | 04 59 | 17 46 | 16 49 |
| 5 | 16 22 | 16 17 | 18 20 | 13 12 | 21 41 | 04 28 | 00 01 | 20 46 | 11 10 | 21 47 | 18 39 | 01 05 | 05 08 | 17 44 | 16 49 |
| 6 | 16 39 | 11 04 | 19 04 | 13 37 | 21 33 | 04 28 | +00 00 | 20 46 | 11 11 | 21 48 | 18 46 | 01 08 | 05 17 | 17 42 | 16 49 |
| 7 | 16 55 | 05 25 | 19 46 | 14 02 | 21 25 | 04 29 | 00 01 | 20 46 | 11 12 | 21 48 | 18 53 | 01 11 | 05 26 | 17 41 | 16 50 |
| 8 | 17 12 | +00 24 | 20 26 | 14 27 | 21 17 | 04 29 | 00 02 | 20 45 | 11 13 | 21 48 | 18 59 | 01 14 | 05 35 | 17 39 | 16 50 |
| 9 | 17 28 | 06 06 | 21 04 | 14 51 | 21 09 | 04 30 | 00 03 | 20 45 | 11 13 | 21 48 | 19 06 | 01 17 | 05 44 | 17 38 | 16 50 |
| 10 | 17 44 | 11 28 | 21 39 | 15 14 | 21 01 | 04 30 | 00 04 | 20 45 | 11 14 | 21 48 | 19 12 | 01 20 | 05 53 | 17 37 | 16 50 |
| 11 | 17 59 | 16 16 | 22 12 | 15 38 | 20 53 | 04 31 | 00 05 | 20 44 | 11 15 | 21 48 | 19 19 | 01 23 | 06 02 | 17 36 | 16 50 |
| 12 | 18 14 | 20 17 | 22 43 | 16 01 | 20 44 | 04 31 | 00 06 | 20 44 | 11 16 | 21 48 | 19 25 | 01 25 | 06 10 | 17 35 | 16 50 |
| 13 | 18 29 | 23 22 | 23 11 | 16 23 | 20 36 | 04 31 | 00 07 | 20 43 | 11 16 | 21 48 | 19 32 | 01 28 | 06 19 | 17 34 | 16 50 |
| 14 | 18 43 | 25 21 | 23 37 | 16 46 | 20 27 | 04 31 | 00 08 | 20 43 | 11 17 | 21 49 | 19 38 | 01 31 | 06 28 | 17 33 | 16 50 |
| 15 | 18 58 | 26 10 | 23 59 | 17 07 | 20 18 | 04 31 | 00 08 | 20 43 | 11 18 | 21 49 | 19 44 | 01 33 | 06 36 | 17 32 | 16 50 |
| 16 | 19 12 | 25 46 | 24 20 | 17 29 | 20 10 | 04 31 | 00 09 | 20 42 | 11 18 | 21 49 | 19 50 | 01 36 | 06 45 | 17 31 | 16 50 |
| 17 | 19 25 | 24 12 | 24 38 | 17 49 | 20 01 | 04 31 | 00 10 | 20 42 | 11 19 | 21 49 | 19 56 | 01 38 | 06 53 | 17 31 | 16 50 |
| 18 | 19 38 | 21 34 | 24 53 | 18 10 | 19 52 | 04 31 | 00 10 | 20 41 | 11 20 | 21 49 | 20 02 | 01 40 | 07 01 | 17 30 | 16 50 |
| 19 | 19 51 | 17 59 | 25 06 | 18 30 | 19 42 | 04 31 | 00 11 | 20 41 | 11 20 | 21 50 | 20 08 | 01 43 | 07 10 | 17 30 | 16 50 |
| 20 | 20 04 | 13 36 | 25 17 | 18 49 | 19 33 | 04 31 | 00 11 | 20 40 | 11 21 | 21 50 | 20 14 | 01 45 | 07 18 | 17 30 | 16 50 |
| 21 | 20 16 | 08 34 | 25 25 | 19 08 | 19 24 | 04 30 | 00 12 | 20 40 | 11 22 | 21 50 | 20 20 | 01 47 | 07 26 | 17 30 | 16 49 |
| 22 | 20 28 | 03 02 | 25 31 | 19 27 | 19 14 | 04 30 | 00 12 | 20 39 | 11 22 | 21 50 | 20 25 | 01 49 | 07 34 | 17 30 | 16 49 |
| 23 | 20 39 | -02 49 | 25 36 | 19 45 | 19 04 | 04 29 | 00 13 | 20 39 | 11 23 | 21 50 | 20 31 | 01 51 | 07 42 | 17 30 | 16 49 |
| 24 | 20 50 | 08 43 | 25 38 | 20 02 | 18 55 | 04 29 | 00 13 | 20 38 | 11 24 | 21 51 | 20 36 | 01 53 | 07 50 | 17 31 | 16 49 |
| 25 | 21 01 | 14 23 | 25 38 | 20 19 | 18 45 | 04 28 | 00 13 | 20 38 | 11 24 | 21 51 | 20 42 | 01 55 | 07 58 | 17 31 | 16 49 |
| 26 | 21 12 | 19 23 | 25 37 | 20 35 | 18 35 | 04 27 | 00 14 | 20 37 | 11 25 | 21 51 | 20 47 | 01 56 | 08 06 | 17 32 | 16 49 |
| 27 | 21 22 | 23 16 | 25 34 | 20 51 | 18 25 | 04 27 | 00 14 | 20 37 | 11 26 | 21 52 | 20 53 | 01 58 | 08 14 | 17 33 | 16 49 |
| 28 | 21 31 | 25 37 | 25 30 | 21 06 | 18 15 | 04 26 | 00 14 | 20 36 | 11 26 | 21 52 | 20 58 | 01 59 | 08 21 | 17 34 | 16 48 |
| 29 | 21 41 | 26 07 | 25 24 | 21 20 | 18 04 | 04 25 | 00 14 | 20 35 | 11 27 | 21 52 | 21 03 | 02 01 | 08 29 | 17 35 | 16 48 |
| 30 | 21 50 | 24 46 | 25 17 | 21 34 | 17 54 | 04 24 | 00 14 | 20 35 | 11 28 | 21 52 | 21 08 | 02 02 | 08 36 | 17 36 | 16 48 |
| 31 | 21 58 | 21 45 | 25 08 | 21 48 | 17 43 | 04 23 | 00 14 | 20 34 | 11 28 | 21 53 | 21 13 | 02 03 | 08 44 | 17 38 | 16 48 |

Lunar Phases -- 3 ◑ 20:01 11 ● 03:29 19 ◐ 07:02 26 Ⓔ 11:48 Sun enters ♊ 5/20 09:57

## Longitudes of Main Planets - June 2040

0:00 E.T.

| D | S.T. | ☉ | ☽ | ☽ 12:00 | ☿ | ♀ | ♂ | ♃ | ♄ | ♅ | ♆ | ♇ | ☊ |
|---|---|---|---|---|---|---|---|---|---|---|---|---|---|
| 1 | 16:40:23 | 11♊07 20 | 26♒52 | 03♓54 | 04♋10 | 11♊22 | 15♌39 | 22♍10 | 05♎16℞ | 00♌38 | 04♉41 | 27♒07℞ | 03♊22 |
| 2 | 16:44:19 | 12 04 50 | 10♓51 | 17 42 | 05 00 | 12 36 | 16 12 | 22 12 | 05 15 | 00 41 | 04 43 | 27 07 | 03 19 |
| 3 | 16:48:16 | 13 02 19 | 24 29 | 01♈10 | 05 46 | 13 49 | 16 46 | 22 15 | 05 15 | 00 43 | 04 45 | 27 07 | 03 16 |
| 4 | 16:52:12 | 13 59 47 | 07♈47 | 14 19 | 06 29 | 15 03 | 17 19 | 22 18 | 05 15 | 00 46 | 04 47 | 27 07 | 03 12 |
| 5 | 16:56:09 | 14 57 14 | 20 47 | 27 10 | 07 07 | 16 17 | 17 52 | 22 21 | 05 14 | 00 49 | 04 49 | 27 06 | 03 09 |
| 6 | 17:00:05 | 15 54 41 | 03♉30 | 09♉47 | 07 40 | 17 31 | 18 26 | 22 24 | 05 14 | 00 52 | 04 51 | 27 06 | 03 06 |
| 7 | 17:04:02 | 16 52 07 | 16 00 | 22 11 | 08 10 | 18 44 | 19 00 | 22 28 | 05 14D | 00 55 | 04 52 | 27 06 | 03 03 |
| 8 | 17:07:58 | 17 49 32 | 28 18 | 04♊24 | 08 35 | 19 58 | 19 33 | 22 31 | 05 14 | 00 58 | 04 54 | 27 06 | 03 00 |
| 9 | 17:11:55 | 18 46 57 | 10♊27 | 16 28 | 08 56 | 21 12 | 20 07 | 22 35 | 05 15 | 01 00 | 04 56 | 27 05 | 02 57 |
| 10 | 17:15:52 | 19 44 21 | 22 28 | 28 26 | 09 12 | 22 26 | 20 41 | 22 39 | 05 15 | 01 03 | 04 58 | 27 05 | 02 53 |
| 11 | 17:19:48 | 20 41 44 | 04♋23 | 10♋19 | 09 23 | 23 39 | 21 15 | 22 43 | 05 15 | 01 06 | 04 59 | 27 05 | 02 50 |
| 12 | 17:23:45 | 21 39 06 | 16 14 | 22 09 | 09 30 | 24 53 | 21 49 | 22 47 | 05 16 | 01 09 | 05 01 | 27 04 | 02 47 |
| 13 | 17:27:41 | 22 36 28 | 28 03 | 03♌58 | 09 32 | 26 07 | 22 23 | 22 51 | 05 16 | 01 12 | 05 03 | 27 04 | 02 44 |
| 14 | 17:31:38 | 23 33 48 | 09♌54 | 15 51 | 09 30℞ | 27 21 | 22 58 | 22 56 | 05 17 | 01 16 | 05 04 | 27 03 | 02 41 |
| 15 | 17:35:34 | 24 31 08 | 21 49 | 27 49 | 09 24 | 28 34 | 23 32 | 23 01 | 05 18 | 01 19 | 05 06 | 27 03 | 02 37 |
| 16 | 17:39:31 | 25 28 27 | 03♍51 | 09♍56 | 09 13 | 29 48 | 24 06 | 23 05 | 05 19 | 01 22 | 05 08 | 27 03 | 02 34 |
| 17 | 17:43:27 | 26 25 44 | 16 05 | 22 17 | 08 58 | 01♋02 | 24 41 | 23 10 | 05 20 | 01 25 | 05 09 | 27 02 | 02 31 |
| 18 | 17:47:24 | 27 23 01 | 28 34 | 04♎56 | 08 39 | 02 15 | 25 15 | 23 16 | 05 21 | 01 28 | 05 11 | 27 02 | 02 28 |
| 19 | 17:51:21 | 28 20 18 | 11♎23 | 17 56 | 08 16 | 03 29 | 25 50 | 23 21 | 05 22 | 01 31 | 05 12 | 27 01 | 02 25 |
| 20 | 17:55:17 | 29 17 33 | 24 35 | 01♏21 | 07 51 | 04 43 | 26 24 | 23 26 | 05 23 | 01 35 | 05 14 | 27 00 | 02 22 |
| 21 | 17:59:14 | 00♋14 48 | 08♏14 | 15 13 | 07 22 | 05 57 | 26 59 | 23 32 | 05 25 | 01 38 | 05 15 | 27 00 | 02 18 |
| 22 | 18:03:10 | 01 12 02 | 22 19 | 29 31 | 06 51 | 07 10 | 27 34 | 23 38 | 05 26 | 01 41 | 05 17 | 26 59 | 02 15 |
| 23 | 18:07:07 | 02 09 15 | 06♐50 | 14♐13 | 06 18 | 08 24 | 28 08 | 23 43 | 05 28 | 01 44 | 05 18 | 26 59 | 02 12 |
| 24 | 18:11:03 | 03 06 28 | 21 42 | 29 14 | 05 44 | 09 38 | 28 43 | 23 49 | 05 29 | 01 48 | 05 20 | 26 58 | 02 09 |
| 25 | 18:15:00 | 04 03 41 | 06♑49 | 14♑26 | 05 09 | 10 51 | 29 18 | 23 56 | 05 31 | 01 51 | 05 21 | 26 57 | 02 06 |
| 26 | 18:18:56 | 05 00 53 | 22 02 | 29 37 | 04 34 | 12 05 | 29 53 | 24 02 | 05 33 | 01 54 | 05 22 | 26 57 | 02 03 |
| 27 | 18:22:53 | 05 58 05 | 07♒10 | 14♒40 | 03 59 | 13 19 | 00♍28 | 24 08 | 05 35 | 01 58 | 05 24 | 26 56 | 01 59 |
| 28 | 18:26:50 | 06 55 17 | 22 05 | 29 24 | 03 25 | 14 32 | 01 03 | 24 15 | 05 37 | 02 01 | 05 25 | 26 55 | 01 56 |
| 29 | 18:30:46 | 07 52 29 | 06♓38 | 13♓45 | 02 53 | 15 46 | 01 38 | 24 22 | 05 39 | 02 05 | 05 26 | 26 54 | 01 53 |
| 30 | 18:34:43 | 08 49 41 | 20 46 | 27 39 | 02 23 | 17 00 | 02 14 | 24 28 | 05 42 | 02 08 | 05 27 | 26 54 | 01 50 |

0:00 E.T.

## Longitudes of the Major Asteroids and Chiron

| D | ⚳ | ⚴ | ⚵ | ⚶ | ⚷ |
|---|---|---|---|---|---|
| 1 | 12♊33 | 19♈10 | 04♉50 | 13♒26 | 11♋14 |
| 2 | 12 58 | 19 29 | 05 23 | 13 33 | 11 19 |
| 3 | 13 23 | 19 48 | 05 56 | 13 39 | 11 25 |
| 4 | 13 48 | 20 07 | 06 28 | 13 44 | 11 31 |
| 5 | 14 14 | 20 25 | 07 01 | 13 50 | 11 36 |
| 6 | 14 39 | 20 44 | 07 34 | 13 54 | 11 42 |
| 7 | 15 04 | 21 02 | 08 07 | 13 58 | 11 48 |
| 8 | 15 29 | 21 21 | 08 40 | 14 02 | 11 54 |
| 9 | 15 54 | 21 39 | 09 12 | 14 06 | 11 59 |
| 10 | 16 19 | 21 57 | 09 45 | 14 08 | 12 05 |
| 11 | 16 44 | 22 15 | 10 18 | 14 11 | 12 11 |
| 12 | 17 09 | 22 33 | 10 51 | 14 13 | 12 17 |
| 13 | 17 35 | 22 51 | 11 24 | 14 14 | 12 23 |
| 14 | 18 00 | 23 09 | 11 56 | 14 15 | 12 29 |
| 15 | 18 25 | 23 27 | 12 29 | 14 15 | 12 35 |
| 16 | 18 50 | 23 45 | 13 02 | 14 15℞ | 12 41 |
| 17 | 19 15 | 24 02 | 13 35 | 14 15 | 12 47 |
| 18 | 19 40 | 24 20 | 14 08 | 14 14 | 12 53 |
| 19 | 20 05 | 24 37 | 14 40 | 14 12 | 12 59 |
| 20 | 20 31 | 24 55 | 15 13 | 14 10 | 13 05 |
| 21 | 20 56 | 25 12 | 15 46 | 14 08 | 13 11 |
| 22 | 21 21 | 25 29 | 16 18 | 14 05 | 13 17 |
| 23 | 21 46 | 25 46 | 16 51 | 14 01 | 13 23 |
| 24 | 22 11 | 26 03 | 17 24 | 13 57 | 13 29 |
| 25 | 22 36 | 26 20 | 17 57 | 13 53 | 13 35 |
| 26 | 23 01 | 26 37 | 18 29 | 13 48 | 13 42 |
| 27 | 23 26 | 26 53 | 19 02 | 13 43 | 13 48 |
| 28 | 23 51 | 27 10 | 19 35 | 13 37 | 13 54 |
| 29 | 24 17 | 27 26 | 20 07 | 13 30 | 14 00 |
| 30 | 24 42 | 27 42 | 20 40 | 13 24 | 14 06 |

## Lunar Data

| Last Asp. | | Ingress | | |
|---|---|---|---|---|
| 1 | 00:26 | 1 | ♓ | 05:20 |
| 2 | 20:02 | 3 | ♈ | 09:54 |
| 5 | 11:53 | 5 | ♉ | 17:21 |
| 7 | 21:38 | 8 | ♊ | 03:20 |
| 10 | 09:17 | 10 | ♋ | 15:10 |
| 12 | 13:23 | 13 | ♌ | 03:57 |
| 15 | 15:03 | 15 | ♍ | 16:21 |
| 17 | 21:34 | 18 | ♎ | 02:42 |
| 20 | 08:60 | 20 | ♏ | 09:37 |
| 22 | 09:07 | 22 | ♐ | 12:48 |
| 24 | 11:37 | 24 | ♑ | 13:12 |
| 26 | 03:10 | 26 | ♒ | 12:36 |
| 28 | 07:54 | 28 | ♓ | 12:59 |
| 30 | 06:30 | 30 | ♈ | 16:07 |

0:00 E.T.

## Declinations

| D | ☉ | ☽ | ☿ | ♀ | ♂ | ♃ | ♄ | ♅ | ♆ | ♇ | ⚳ | ⚴ | ⚵ | ⚶ | ⚷ |
|---|---|---|---|---|---|---|---|---|---|---|---|---|---|---|---|
| 1 | +22 06 | -17 29 | +24 59 | +22 01 | +17 33 | +04 21 | +00 14 | +20 34 | +11 29 | -21 53 | +21 18 | +02 05 | +08 51 | -17 39 | +16 48 |
| 2 | 22 14 | 12 21 | 24 48 | 22 13 | 17 22 | 04 20 | 00 14 | 20 33 | 11 29 | 21 53 | 21 23 | 02 06 | 08 58 | 17 41 | 16 47 |
| 3 | 22 22 | 06 44 | 24 36 | 22 24 | 17 11 | 04 19 | 00 14 | 20 32 | 11 30 | 21 54 | 21 28 | 02 07 | 09 06 | 17 43 | 16 47 |
| 4 | 22 29 | 00 57 | 24 24 | 22 35 | 17 00 | 04 18 | 00 14 | 20 32 | 11 31 | 21 54 | 21 33 | 02 08 | 09 13 | 17 45 | 16 47 |
| 5 | 22 35 | +04 46 | 24 10 | 22 45 | 16 49 | 04 16 | 00 14 | 20 31 | 11 31 | 21 55 | 21 38 | 02 08 | 09 20 | 17 47 | 16 47 |
| 6 | 22 41 | 10 10 | 23 56 | 22 55 | 16 38 | 04 15 | 00 14 | 20 31 | 11 32 | 21 55 | 21 42 | 02 09 | 09 26 | 17 50 | 16 46 |
| 7 | 22 47 | 15 04 | 23 42 | 23 04 | 16 27 | 04 13 | 00 14 | 20 30 | 11 32 | 21 55 | 21 47 | 02 10 | 09 33 | 17 52 | 16 46 |
| 8 | 22 53 | 19 17 | 23 27 | 23 12 | 16 16 | 04 12 | 00 14 | 20 29 | 11 33 | 21 56 | 21 51 | 02 10 | 09 40 | 17 55 | 16 46 |
| 9 | 22 58 | 22 37 | 23 11 | 23 20 | 16 04 | 04 10 | 00 13 | 20 29 | 11 33 | 21 56 | 21 56 | 02 11 | 09 47 | 17 58 | 16 45 |
| 10 | 23 02 | 24 54 | 22 56 | 23 27 | 15 53 | 04 08 | 00 13 | 20 28 | 11 34 | 21 56 | 22 00 | 02 11 | 09 53 | 18 01 | 16 45 |
| 11 | 23 07 | 26 02 | 22 39 | 23 33 | 15 41 | 04 06 | 00 13 | 20 27 | 11 34 | 21 57 | 22 04 | 02 11 | 10 00 | 18 04 | 16 45 |
| 12 | 23 10 | 25 58 | 22 23 | 23 38 | 15 29 | 04 05 | 00 12 | 20 27 | 11 35 | 21 57 | 22 09 | 02 11 | 10 06 | 18 08 | 16 44 |
| 13 | 23 14 | 24 43 | 22 07 | 23 43 | 15 18 | 04 03 | 00 12 | 20 26 | 11 35 | 21 58 | 22 13 | 02 11 | 10 12 | 18 11 | 16 44 |
| 14 | 23 17 | 22 23 | 21 51 | 23 47 | 15 06 | 04 01 | 00 11 | 20 25 | 11 36 | 21 58 | 22 17 | 02 11 | 10 18 | 18 15 | 16 43 |
| 15 | 23 19 | 19 05 | 21 34 | 23 51 | 14 54 | 03 59 | 00 11 | 20 25 | 11 36 | 21 59 | 22 21 | 02 11 | 10 24 | 18 19 | 16 43 |
| 16 | 23 21 | 14 58 | 21 18 | 23 54 | 14 42 | 03 56 | 00 10 | 20 24 | 11 37 | 21 59 | 22 25 | 02 10 | 10 30 | 18 23 | 16 43 |
| 17 | 23 23 | 10 12 | 21 02 | 23 56 | 14 29 | 03 54 | 00 10 | 20 23 | 11 37 | 21 59 | 22 28 | 02 10 | 10 36 | 18 28 | 16 42 |
| 18 | 23 25 | 04 56 | 20 47 | 23 57 | 14 17 | 03 52 | 00 09 | 20 22 | 11 38 | 22 00 | 22 32 | 02 09 | 10 42 | 18 32 | 16 42 |
| 19 | 23 25 | -00 41 | 20 32 | 23 58 | 14 05 | 03 50 | 00 08 | 20 22 | 11 38 | 22 00 | 22 36 | 02 08 | 10 47 | 18 37 | 16 41 |
| 20 | 23 26 | 06 27 | 20 18 | 23 57 | 13 52 | 03 47 | 00 07 | 20 21 | 11 39 | 22 01 | 22 39 | 02 08 | 10 53 | 18 42 | 16 41 |
| 21 | 23 26 | 12 07 | 20 04 | 23 57 | 13 40 | 03 45 | 00 07 | 20 20 | 11 39 | 22 01 | 22 43 | 02 07 | 10 58 | 18 47 | 16 40 |
| 22 | 23 26 | 17 21 | 19 51 | 23 55 | 13 27 | 03 43 | 00 06 | 20 20 | 11 40 | 22 02 | 22 46 | 02 05 | 11 03 | 18 52 | 16 40 |
| 23 | 23 25 | 21 44 | 19 39 | 23 53 | 13 14 | 03 40 | 00 05 | 20 19 | 11 40 | 22 02 | 22 50 | 02 04 | 11 08 | 18 57 | 16 39 |
| 24 | 23 24 | 24 48 | 19 28 | 23 50 | 13 02 | 03 38 | 00 04 | 20 18 | 11 41 | 22 03 | 22 53 | 02 03 | 11 13 | 19 03 | 16 39 |
| 25 | 23 22 | 26 07 | 19 17 | 23 46 | 12 49 | 03 35 | 00 03 | 20 17 | 11 41 | 22 03 | 22 56 | 02 01 | 11 18 | 19 09 | 16 38 |
| 26 | 23 20 | 25 29 | 19 08 | 23 42 | 12 36 | 03 32 | 00 02 | 20 17 | 11 41 | 22 04 | 22 59 | 02 00 | 11 23 | 19 14 | 16 37 |
| 27 | 23 18 | 22 59 | 19 01 | 23 37 | 12 23 | 03 29 | 00 01 | 20 16 | 11 42 | 22 04 | 23 03 | 01 58 | 11 28 | 19 21 | 16 37 |
| 28 | 23 15 | 18 58 | 18 54 | 23 31 | 12 10 | 03 27 | 00 00 | 20 15 | 11 42 | 22 05 | 23 06 | 01 56 | 11 32 | 19 27 | 16 36 |
| 29 | 23 12 | 13 53 | 18 49 | 23 25 | 11 56 | 03 24 | -00 01 | 20 14 | 11 43 | 22 05 | 23 08 | 01 54 | 11 37 | 19 33 | 16 36 |
| 30 | 23 08 | 08 13 | 18 45 | 23 18 | 11 43 | 03 21 | 00 02 | 20 13 | 11 43 | 22 06 | 23 11 | 01 52 | 11 41 | 19 39 | 16 35 |

Lunar Phases -- 2 ◑ 02:19 9 ● 18:04 17 ◐ 21:34 24 ○ 19:20 Sun enters ♋ 6/20 17:48

## 0:00 E.T. Longitudes of Main Planets - July 2040 **July 40**

| D | S.T. | ☉ | ☽ | ☽ 12:00 | ☿ | ♀ | ♂ | ♃ | ♄ | ♅ | ♆ | ♇ | ☊ |
|---|---|---|---|---|---|---|---|---|---|---|---|---|---|
| 1 | 18:38:39 | 09♋46 53 | 04♈27 | 11♈07 | 01♋56℞ | 18♋13 | 02♍49 | 24♍35 | 05♎44 | 02♌12 | 05♉29 | 26♒53℞ | 01♊47 |
| 2 | 18:42:36 | 10 44 06 | 17 42 | 24 11 | 01 32 | 19 27 | 03 24 | 24 43 | 05 46 | 02 15 | 05 30 | 26 52 | 01 43 |
| 3 | 18:46:32 | 11 41 18 | 00♉34 | 06♉53 | 01 11 | 20 41 | 04 00 | 24 50 | 05 49 | 02 19 | 05 31 | 26 51 | 01 40 |
| 4 | 18:50:29 | 12 38 31 | 13 07 | 19 18 | 00 55 | 21 55 | 04 35 | 24 57 | 05 51 | 02 22 | 05 32 | 26 50 | 01 37 |
| 5 | 18:54:25 | 13 35 44 | 25 25 | 01♊29 | 00 42 | 23 08 | 05 11 | 25 05 | 05 54 | 02 26 | 05 33 | 26 49 | 01 34 |
| 6 | 18:58:22 | 14 32 57 | 07♊31 | 13 31 | 00 35 | 24 22 | 05 46 | 25 12 | 05 57 | 02 29 | 05 34 | 26 49 | 01 31 |
| 7 | 19:02:19 | 15 30 10 | 19 29 | 25 26 | 00 32 | 25 36 | 06 22 | 25 20 | 06 00 | 02 33 | 05 35 | 26 48 | 01 28 |
| 8 | 19:06:15 | 16 27 24 | 01♋22 | 07♋18 | 00 34D | 26 49 | 06 58 | 25 28 | 06 03 | 02 36 | 05 36 | 26 47 | 01 24 |
| 9 | 19:10:12 | 17 24 37 | 13 13 | 19 08 | 00 41 | 28 03 | 07 34 | 25 36 | 06 06 | 02 40 | 05 37 | 26 46 | 01 21 |
| 10 | 19:14:08 | 18 21 51 | 25 02 | 00♌58 | 00 53 | 29 17 | 08 09 | 25 44 | 06 09 | 02 43 | 05 38 | 26 45 | 01 18 |
| 11 | 19:18:05 | 19 19 05 | 06♌53 | 12 50 | 01 10 | 00♌31 | 08 45 | 25 52 | 06 12 | 02 47 | 05 39 | 26 44 | 01 15 |
| 12 | 19:22:01 | 20 16 19 | 18 47 | 24 46 | 01 33 | 01 44 | 09 21 | 26 00 | 06 16 | 02 51 | 05 40 | 26 43 | 01 12 |
| 13 | 19:25:58 | 21 13 33 | 00♍46 | 06♍48 | 02 01 | 02 58 | 09 57 | 26 09 | 06 19 | 02 54 | 05 41 | 26 42 | 01 09 |
| 14 | 19:29:54 | 22 10 48 | 12 52 | 18 58 | 02 34 | 04 12 | 10 33 | 26 17 | 06 23 | 02 58 | 05 42 | 26 41 | 01 05 |
| 15 | 19:33:51 | 23 08 02 | 25 08 | 01♎21 | 03 13 | 05 25 | 11 10 | 26 26 | 06 26 | 03 02 | 05 43 | 26 40 | 01 02 |
| 16 | 19:37:48 | 24 05 16 | 07♎37 | 13 58 | 03 56 | 06 39 | 11 46 | 26 35 | 06 30 | 03 05 | 05 43 | 26 39 | 00 59 |
| 17 | 19:41:44 | 25 02 31 | 20 23 | 26 53 | 04 45 | 07 53 | 12 22 | 26 44 | 06 34 | 03 09 | 05 44 | 26 38 | 00 56 |
| 18 | 19:45:41 | 25 59 45 | 03♏29 | 10♏11 | 05 39 | 09 06 | 12 58 | 26 52 | 06 38 | 03 13 | 05 45 | 26 37 | 00 53 |
| 19 | 19:49:37 | 26 57 00 | 16 59 | 23 54 | 06 38 | 10 20 | 13 35 | 27 02 | 06 42 | 03 16 | 05 46 | 26 36 | 00 49 |
| 20 | 19:53:34 | 27 54 15 | 00♐55 | 08♐04 | 07 42 | 11 34 | 14 11 | 27 11 | 06 46 | 03 20 | 05 46 | 26 34 | 00 46 |
| 21 | 19:57:30 | 28 51 30 | 15 18 | 22 39 | 08 50 | 12 47 | 14 48 | 27 20 | 06 50 | 03 24 | 05 47 | 26 33 | 00 43 |
| 22 | 20:01:27 | 29 48 46 | 00♑05 | 07♑36 | 10 04 | 14 01 | 15 24 | 27 29 | 06 54 | 03 27 | 05 47 | 26 32 | 00 40 |
| 23 | 20:05:23 | 00♌46 02 | 15 11 | 22 49 | 11 22 | 15 15 | 16 01 | 27 39 | 06 58 | 03 31 | 05 48 | 26 31 | 00 37 |
| 24 | 20:09:20 | 01 43 18 | 00♒27 | 08♒06 | 12 45 | 16 28 | 16 37 | 27 48 | 07 02 | 03 35 | 05 48 | 26 30 | 00 34 |
| 25 | 20:13:17 | 02 40 35 | 15 43 | 23 18 | 14 12 | 17 42 | 17 14 | 27 58 | 07 07 | 03 38 | 05 49 | 26 29 | 00 30 |
| 26 | 20:17:13 | 03 37 53 | 00♓48 | 08♓14 | 15 44 | 18 56 | 17 51 | 28 08 | 07 11 | 03 42 | 05 49 | 26 27 | 00 27 |
| 27 | 20:21:10 | 04 35 11 | 15 33 | 22 45 | 17 20 | 20 09 | 18 28 | 28 18 | 07 16 | 03 46 | 05 50 | 26 26 | 00 24 |
| 28 | 20:25:06 | 05 32 31 | 29 50 | 06♈48 | 19 00 | 21 23 | 19 05 | 28 28 | 07 21 | 03 49 | 05 50 | 26 25 | 00 21 |
| 29 | 20:29:03 | 06 29 51 | 13♈38 | 20 21 | 20 43 | 22 37 | 19 42 | 28 38 | 07 25 | 03 53 | 05 51 | 26 24 | 00 18 |
| 30 | 20:32:59 | 07 27 12 | 26 57 | 03♉26 | 22 30 | 23 50 | 20 19 | 28 48 | 07 30 | 03 57 | 05 51 | 26 23 | 00 15 |
| 31 | 20:36:56 | 08 24 34 | 09♉49 | 16 07 | 24 20 | 25 04 | 20 56 | 28 58 | 07 35 | 04 00 | 05 51 | 26 21 | 00 11 |

## 0:00 E.T. Longitudes of the Major Asteroids and Chiron

| D | ⚳ | ⚴ | ⚵ | ⚶ | ⚷ |
|---|---|---|---|---|---|
| 1 | 25♊07 | 27♈58 | 21♉13 | 13♒17℞ | 14♋13 |
| 2 | 25 32 | 28 14 | 21 45 | 13 09 | 14 19 |
| 3 | 25 57 | 28 30 | 22 18 | 13 01 | 14 25 |
| 4 | 26 22 | 28 46 | 22 50 | 12 52 | 14 31 |
| 5 | 26 47 | 29 02 | 23 23 | 12 43 | 14 37 |
| 6 | 27 12 | 29 17 | 23 55 | 12 34 | 14 44 |
| 7 | 27 37 | 29 32 | 24 28 | 12 24 | 14 50 |
| 8 | 28 02 | 29 48 | 25 01 | 12 14 | 14 56 |
| 9 | 28 27 | 00♉03 | 25 33 | 12 03 | 15 02 |
| 10 | 28 52 | 00 18 | 26 05 | 11 52 | 15 09 |
| 11 | 29 17 | 00 32 | 26 38 | 11 41 | 15 15 |
| 12 | 29 42 | 00 47 | 27 10 | 11 29 | 15 21 |
| 13 | 00♋07 | 01 01 | 27 43 | 11 17 | 15 27 |
| 14 | 00 32 | 01 16 | 28 15 | 11 05 | 15 34 |
| 15 | 00 56 | 01 30 | 28 47 | 10 52 | 15 40 |
| 16 | 01 21 | 01 44 | 29 20 | 10 39 | 15 46 |
| 17 | 01 46 | 01 58 | 29 52 | 10 26 | 15 52 |
| 18 | 02 11 | 02 11 | 00♊24 | 10 13 | 15 58 |
| 19 | 02 36 | 02 25 | 00 56 | 09 59 | 16 05 |
| 20 | 03 01 | 02 38 | 01 28 | 09 45 | 16 11 |
| 21 | 03 25 | 02 51 | 02 01 | 09 31 | 16 17 |
| 22 | 03 50 | 03 04 | 02 33 | 09 17 | 16 23 |
| 23 | 04 15 | 03 17 | 03 05 | 09 03 | 16 29 |
| 24 | 04 39 | 03 29 | 03 37 | 08 49 | 16 35 |
| 25 | 05 04 | 03 41 | 04 09 | 08 34 | 16 41 |
| 26 | 05 29 | 03 54 | 04 40 | 08 19 | 16 47 |
| 27 | 05 53 | 04 05 | 05 12 | 08 05 | 16 54 |
| 28 | 06 18 | 04 17 | 05 44 | 07 50 | 17 00 |
| 29 | 06 42 | 04 29 | 06 16 | 07 35 | 17 06 |
| 30 | 07 07 | 04 40 | 06 47 | 07 20 | 17 12 |
| 31 | 07 31 | 04 51 | 07 19 | 07 06 | 17 18 |

### Lunar Data

| Last Asp. | | Ingress | | |
|---|---|---|---|---|
| 2 | 17:01 | 2 | ♉ | 22:56 |
| 5 | 02:47 | 5 | ♊ | 09:03 |
| 7 | 14:43 | 7 | ♋ | 21:13 |
| 10 | 09:35 | 10 | ♌ | 10:03 |
| 12 | 15:53 | 12 | ♍ | 22:28 |
| 15 | 02:33 | 15 | ♎ | 09:25 |
| 17 | 11:30 | 17 | ♏ | 17:41 |
| 19 | 18:29 | 19 | ♐ | 22:26 |
| 21 | 19:47 | 21 | ♑ | 23:52 |
| 23 | 19:48 | 23 | ♒ | 23:17 |
| 25 | 17:03 | 25 | ♓ | 22:42 |
| 27 | 21:38 | 28 | ♈ | 00:17 |
| 29 | 22:58 | 30 | ♉ | 05:38 |

## 0:00 E.T. Declinations

| D | ☉ | ☽ | ☿ | ♀ | ♂ | ♃ | ♄ | ♅ | ♆ | ♇ | ⚳ | ⚴ | ⚵ | ⚶ | ⚷ |
|---|---|---|---|---|---|---|---|---|---|---|---|---|---|---|---|
| 1 | +23 04 | -02 19 | +18 42 | +23 10 | +11 30 | +03 18 | -00 03 | +20 13 | +11 43 | -22 06 | +23 14 | +01 49 | +11 45 | -19 46 | +16 34 |
| 2 | 23 00 | +03 30 | 18 41 | 23 01 | 11 16 | 03 15 | 00 04 | 20 12 | 11 44 | 22 07 | 23 17 | 01 47 | 11 49 | 19 53 | 16 34 |
| 3 | 22 55 | 09 02 | 18 42 | 22 52 | 11 03 | 03 12 | 00 05 | 20 11 | 11 44 | 22 07 | 23 19 | 01 44 | 11 53 | 20 00 | 16 33 |
| 4 | 22 50 | 14 04 | 18 43 | 22 42 | 10 49 | 03 09 | 00 07 | 20 10 | 11 44 | 22 08 | 23 22 | 01 41 | 11 57 | 20 07 | 16 33 |
| 5 | 22 44 | 18 25 | 18 46 | 22 32 | 10 35 | 03 06 | 00 08 | 20 09 | 11 45 | 22 08 | 23 24 | 01 38 | 12 01 | 20 14 | 16 32 |
| 6 | 22 38 | 21 56 | 18 51 | 22 21 | 10 22 | 03 03 | 00 09 | 20 09 | 11 45 | 22 09 | 23 27 | 01 35 | 12 04 | 20 21 | 16 31 |
| 7 | 22 32 | 24 28 | 18 56 | 22 09 | 10 08 | 02 59 | 00 11 | 20 08 | 11 45 | 22 09 | 23 29 | 01 32 | 12 08 | 20 29 | 16 30 |
| 8 | 22 25 | 25 52 | 19 03 | 21 56 | 09 54 | 02 56 | 00 12 | 20 07 | 11 45 | 22 10 | 23 31 | 01 29 | 12 11 | 20 36 | 16 30 |
| 9 | 22 18 | 26 05 | 19 11 | 21 43 | 09 40 | 02 53 | 00 13 | 20 06 | 11 46 | 22 10 | 23 34 | 01 25 | 12 14 | 20 44 | 16 29 |
| 10 | 22 11 | 25 06 | 19 19 | 21 30 | 09 26 | 02 49 | 00 15 | 20 05 | 11 46 | 22 11 | 23 36 | 01 21 | 12 17 | 20 51 | 16 28 |
| 11 | 22 03 | 23 00 | 19 29 | 21 15 | 09 12 | 02 46 | 00 16 | 20 05 | 11 46 | 22 12 | 23 38 | 01 18 | 12 20 | 20 59 | 16 28 |
| 12 | 21 54 | 19 54 | 19 39 | 21 00 | 08 58 | 02 43 | 00 18 | 20 04 | 11 46 | 22 12 | 23 40 | 01 13 | 12 23 | 21 07 | 16 27 |
| 13 | 21 46 | 15 58 | 19 50 | 20 45 | 08 43 | 02 39 | 00 19 | 20 03 | 11 47 | 22 13 | 23 42 | 01 09 | 12 26 | 21 14 | 16 26 |
| 14 | 21 37 | 11 22 | 20 01 | 20 29 | 08 29 | 02 35 | 00 21 | 20 02 | 11 47 | 22 13 | 23 43 | 01 05 | 12 28 | 21 22 | 16 25 |
| 15 | 21 27 | 06 16 | 20 13 | 20 12 | 08 15 | 02 32 | 00 23 | 20 01 | 11 47 | 22 14 | 23 45 | 01 00 | 12 31 | 21 30 | 16 24 |
| 16 | 21 17 | 00 49 | 20 25 | 19 55 | 08 00 | 02 28 | 00 24 | 20 00 | 11 47 | 22 14 | 23 47 | 00 55 | 12 33 | 21 38 | 16 24 |
| 17 | 21 07 | -04 47 | 20 37 | 19 37 | 07 46 | 02 25 | 00 26 | 20 00 | 11 48 | 22 15 | 23 48 | 00 51 | 12 35 | 21 46 | 16 23 |
| 18 | 20 57 | 10 21 | 20 48 | 19 18 | 07 31 | 02 21 | 00 28 | 19 59 | 11 48 | 22 16 | 23 50 | 00 45 | 12 37 | 21 54 | 16 22 |
| 19 | 20 46 | 15 36 | 20 59 | 18 59 | 07 17 | 02 17 | 00 29 | 19 58 | 11 48 | 22 16 | 23 51 | 00 40 | 12 39 | 22 02 | 16 21 |
| 20 | 20 35 | 20 13 | 21 10 | 18 40 | 07 02 | 02 13 | 00 31 | 19 57 | 11 48 | 22 17 | 23 53 | 00 35 | 12 40 | 22 10 | 16 20 |
| 21 | 20 23 | 23 46 | 21 20 | 18 20 | 06 47 | 02 10 | 00 33 | 19 56 | 11 48 | 22 17 | 23 54 | 00 29 | 12 42 | 22 18 | 16 19 |
| 22 | 20 11 | 25 49 | 21 29 | 18 00 | 06 33 | 02 06 | 00 35 | 19 55 | 11 48 | 22 18 | 23 55 | 00 23 | 12 43 | 22 26 | 16 19 |
| 23 | 19 59 | 26 01 | 21 37 | 17 39 | 06 18 | 02 02 | 00 37 | 19 54 | 11 48 | 22 18 | 23 56 | 00 17 | 12 45 | 22 34 | 16 18 |
| 24 | 19 46 | 24 16 | 21 44 | 17 17 | 06 03 | 01 58 | 00 39 | 19 54 | 11 49 | 22 19 | 23 58 | 00 11 | 12 46 | 22 42 | 16 17 |
| 25 | 19 33 | 20 46 | 21 49 | 16 55 | 05 48 | 01 54 | 00 40 | 19 53 | 11 49 | 22 19 | 23 59 | 00 05 | 12 47 | 22 50 | 16 16 |
| 26 | 19 20 | 15 55 | 21 53 | 16 33 | 05 33 | 01 50 | 00 42 | 19 52 | 11 49 | 22 20 | 24 00 | -00 02 | 12 47 | 22 58 | 16 15 |
| 27 | 19 07 | 10 14 | 21 54 | 16 10 | 05 18 | 01 46 | 00 44 | 19 51 | 11 49 | 22 21 | 24 01 | 00 09 | 12 48 | 23 06 | 16 14 |
| 28 | 18 53 | 04 10 | 21 54 | 15 47 | 05 03 | 01 42 | 00 46 | 19 50 | 11 49 | 22 21 | 24 01 | 00 16 | 12 49 | 23 13 | 16 13 |
| 29 | 18 39 | +01 54 | 21 51 | 15 23 | 04 48 | 01 38 | 00 48 | 19 49 | 11 49 | 22 22 | 24 02 | 00 23 | 12 49 | 23 21 | 16 12 |
| 30 | 18 24 | 07 42 | 21 46 | 14 59 | 04 33 | 01 33 | 00 50 | 19 48 | 11 49 | 22 22 | 24 03 | 00 31 | 12 49 | 23 28 | 16 11 |
| 31 | 18 09 | 12 58 | 21 39 | 14 34 | 04 18 | 01 29 | 00 53 | 19 48 | 11 49 | 22 23 | 24 03 | 00 38 | 12 49 | 23 36 | 16 10 |

Lunar Phases -- 1 ◑ 10:19  9 ● 09:16  17 ◐ 09:17  24 ○ 02:07  30 ◑ 21:07  Sun enters ♌ 7/22 04:42

# Aug. 40 — Longitudes of Main Planets - August 2040 — 0:00 E.T.

| D | S.T. | ☉ | ☽ | ☽ 12:00 | ☿ | ♀ | ♂ | ♃ | ♄ | ♅ | ♆ | ♇ | ☊ |
|---|---|---|---|---|---|---|---|---|---|---|---|---|---|
| 1 | 20:40:52 | 09♌21 58 | 22♉20 | 28♉28 | 26♋13 | 26♌18 | 21♍33 | 29♍08 | 07♎40 | 04♌04 | 05♉51 | 26♒20℞ | 00♊08 |
| 2 | 20:44:49 | 10 19 23 | 04♊33 | 10♊34 | 28 09 | 27 31 | 22 10 | 29 19 | 07 45 | 04 08 | 05 52 | 26 19 | 00 05 |
| 3 | 20:48:46 | 11 16 48 | 16 34 | 22 31 | 00♌07 | 28 45 | 22 47 | 29 29 | 07 50 | 04 11 | 05 52 | 26 18 | 00 02 |
| 4 | 20:52:42 | 12 14 15 | 28 27 | 04♋22 | 02 07 | 29 58 | 23 24 | 29 40 | 07 55 | 04 15 | 05 52 | 26 16 | 29♉59 |
| 5 | 20:56:39 | 13 11 44 | 10♋16 | 16 11 | 04 08 | 01♍12 | 24 02 | 29 50 | 08 00 | 04 19 | 05 52 | 26 15 | 29 55 |
| 6 | 21:00:35 | 14 09 13 | 22 05 | 28 00 | 06 11 | 02 26 | 24 39 | 00♎01 | 08 05 | 04 22 | 05 52 | 26 14 | 29 52 |
| 7 | 21:04:32 | 15 06 43 | 03♌56 | 09♌53 | 08 14 | 03 39 | 25 16 | 00 12 | 08 11 | 04 26 | 05 52 | 26 13 | 29 49 |
| 8 | 21:08:28 | 16 04 14 | 15 52 | 21 51 | 10 18 | 04 53 | 25 54 | 00 22 | 08 16 | 04 30 | 05 52℞ | 26 11 | 29 46 |
| 9 | 21:12:25 | 17 01 47 | 27 52 | 03♍55 | 12 23 | 06 06 | 26 31 | 00 33 | 08 22 | 04 33 | 05 52 | 26 10 | 29 43 |
| 10 | 21:16:21 | 17 59 20 | 09♍59 | 16 06 | 14 27 | 07 20 | 27 09 | 00 44 | 08 27 | 04 37 | 05 52 | 26 09 | 29 40 |
| 11 | 21:20:18 | 18 56 54 | 22 15 | 28 25 | 16 30 | 08 34 | 27 47 | 00 55 | 08 33 | 04 41 | 05 52 | 26 07 | 29 36 |
| 12 | 21:24:15 | 19 54 30 | 04♎39 | 10♎55 | 18 34 | 09 47 | 28 24 | 01 07 | 08 38 | 04 44 | 05 52 | 26 06 | 29 33 |
| 13 | 21:28:11 | 20 52 06 | 17 14 | 23 37 | 20 36 | 11 01 | 29 02 | 01 18 | 08 44 | 04 48 | 05 52 | 26 05 | 29 30 |
| 14 | 21:32:08 | 21 49 43 | 00♏04 | 06♏34 | 22 38 | 12 14 | 29 40 | 01 29 | 08 50 | 04 51 | 05 52 | 26 03 | 29 27 |
| 15 | 21:36:04 | 22 47 21 | 13 09 | 19 49 | 24 39 | 13 28 | 00♎18 | 01 40 | 08 56 | 04 55 | 05 51 | 26 02 | 29 24 |
| 16 | 21:40:01 | 23 45 01 | 26 34 | 03♐25 | 26 38 | 14 41 | 00 56 | 01 52 | 09 01 | 04 58 | 05 51 | 26 01 | 29 20 |
| 17 | 21:43:57 | 24 42 41 | 10♐21 | 17 23 | 28 37 | 15 55 | 01 34 | 02 03 | 09 07 | 05 02 | 05 51 | 26 00 | 29 17 |
| 18 | 21:47:54 | 25 40 22 | 24 31 | 01♑45 | 00♍34 | 17 08 | 02 12 | 02 15 | 09 13 | 05 06 | 05 51 | 25 58 | 29 14 |
| 19 | 21:51:50 | 26 38 05 | 09♑04 | 16 28 | 02 30 | 18 22 | 02 50 | 02 26 | 09 19 | 05 09 | 05 50 | 25 57 | 29 11 |
| 20 | 21:55:47 | 27 35 48 | 23 56 | 01♒27 | 04 24 | 19 35 | 03 28 | 02 38 | 09 25 | 05 13 | 05 50 | 25 56 | 29 08 |
| 21 | 21:59:44 | 28 33 33 | 09♒00 | 16 34 | 06 17 | 20 49 | 04 06 | 02 50 | 09 31 | 05 16 | 05 50 | 25 54 | 29 05 |
| 22 | 22:03:40 | 29 31 19 | 24 07 | 01♓39 | 08 09 | 22 02 | 04 45 | 03 01 | 09 38 | 05 19 | 05 49 | 25 53 | 29 01 |
| 23 | 22:07:37 | 00♍29 06 | 09♓08 | 16 33 | 10 00 | 23 16 | 05 23 | 03 13 | 09 44 | 05 23 | 05 49 | 25 52 | 28 58 |
| 24 | 22:11:33 | 01 26 54 | 23 52 | 01♈06 | 11 49 | 24 29 | 06 01 | 03 25 | 09 50 | 05 26 | 05 48 | 25 50 | 28 55 |
| 25 | 22:15:30 | 02 24 45 | 08♈13 | 15 12 | 13 36 | 25 43 | 06 40 | 03 37 | 09 56 | 05 30 | 05 48 | 25 49 | 28 52 |
| 26 | 22:19:26 | 03 22 36 | 22 05 | 28 50 | 15 23 | 26 56 | 07 18 | 03 49 | 10 03 | 05 33 | 05 47 | 25 48 | 28 49 |
| 27 | 22:23:23 | 04 20 30 | 05♉28 | 11♉59 | 17 08 | 28 09 | 07 57 | 04 01 | 10 09 | 05 36 | 05 47 | 25 46 | 28 46 |
| 28 | 22:27:19 | 05 18 25 | 18 24 | 24 43 | 18 51 | 29 23 | 08 35 | 04 13 | 10 16 | 05 40 | 05 46 | 25 45 | 28 42 |
| 29 | 22:31:16 | 06 16 23 | 00♊56 | 07♊05 | 20 34 | 00♎36 | 09 14 | 04 25 | 10 22 | 05 43 | 05 45 | 25 44 | 28 39 |
| 30 | 22:35:12 | 07 14 22 | 13 10 | 19 12 | 22 15 | 01 50 | 09 53 | 04 37 | 10 29 | 05 46 | 05 45 | 25 43 | 28 36 |
| 31 | 22:39:09 | 08 12 23 | 25 11 | 01♋08 | 23 55 | 03 03 | 10 31 | 04 49 | 10 35 | 05 50 | 05 44 | 25 41 | 28 33 |

## 0:00 E.T. — Longitudes of the Major Asteroids and Chiron

| D | ⚳ | ⚴ | ⚵ | ⚶ | ⚷ | D | ⚳ | ⚴ | ⚵ | ⚶ | ⚷ |
|---|---|---|---|---|---|---|---|---|---|---|---|
| 1 | 07♋56 | 05♉02 | 07♊50 | 06♒51℞ | 17♋24 | 17 | 14 22 | 07 20 | 16 06 | 03 18 | 18 56 |
| 2 | 08 20 | 05 12 | 08 22 | 06 36 | 17 30 | 18 | 14 46 | 07 26 | 16 36 | 03 07 | 19 01 |
| 3 | 08 45 | 05 23 | 08 53 | 06 22 | 17 36 | 19 | 15 10 | 07 32 | 17 06 | 02 57 | 19 07 |
| 4 | 09 09 | 05 33 | 09 25 | 06 07 | 17 41 | 20 | 15 33 | 07 37 | 17 36 | 02 47 | 19 12 |
| 5 | 09 33 | 05 43 | 09 56 | 05 53 | 17 47 | 21 | 15 57 | 07 42 | 18 06 | 02 37 | 19 17 |
| 6 | 09 58 | 05 52 | 10 27 | 05 39 | 17 53 | 22 | 16 21 | 07 47 | 18 36 | 02 27 | 19 23 |
| 7 | 10 22 | 06 02 | 10 58 | 05 25 | 17 59 | 23 | 16 44 | 07 52 | 19 06 | 02 18 | 19 28 |
| 8 | 10 46 | 06 11 | 11 30 | 05 11 | 18 05 | 24 | 17 07 | 07 56 | 19 36 | 02 10 | 19 33 |
| 9 | 11 10 | 06 20 | 12 01 | 04 57 | 18 11 | 25 | 17 31 | 08 00 | 20 05 | 02 02 | 19 38 |
| 10 | 11 35 | 06 28 | 12 32 | 04 44 | 18 16 | 26 | 17 54 | 08 03 | 20 35 | 01 54 | 19 43 |
| 11 | 11 59 | 06 36 | 13 02 | 04 31 | 18 22 | 27 | 18 17 | 08 06 | 21 04 | 01 47 | 19 48 |
| 12 | 12 23 | 06 44 | 13 33 | 04 18 | 18 28 | 28 | 18 41 | 08 09 | 21 33 | 01 40 | 19 54 |
| 13 | 12 47 | 06 52 | 14 04 | 04 05 | 18 33 | 29 | 19 04 | 08 11 | 22 02 | 01 33 | 19 59 |
| 14 | 13 11 | 06 59 | 14 34 | 03 53 | 18 39 | 30 | 19 27 | 08 13 | 22 31 | 01 27 | 20 03 |
| 15 | 13 35 | 07 06 | 15 05 | 03 41 | 18 45 | 31 | 19 50 | 08 15 | 23 00 | 01 22 | 20 08 |
| 16 | 13 58 | 07 13 | 15 35 | 03 30 | 18 50 | | | | | | |

## Lunar Data

| Last Asp. | | Ingress | | |
|---|---|---|---|---|
| 1 | 13:31 | 1 | ♊ | 15:01 |
| 4 | 02:30 | 4 | ♋ | 03:09 |
| 6 | 05:29 | 6 | ♌ | 16:02 |
| 8 | 20:37 | 9 | ♍ | 04:14 |
| 11 | 11:20 | 11 | ♎ | 15:03 |
| 13 | 16:34 | 13 | ♏ | 23:53 |
| 16 | 00:08 | 16 | ♐ | 06:02 |
| 18 | 02:24 | 18 | ♑ | 09:06 |
| 19 | 16:25 | 20 | ♒ | 09:42 |
| 22 | 09:11 | 22 | ♓ | 09:22 |
| 24 | 01:07 | 24 | ♈ | 10:10 |
| 26 | 06:34 | 26 | ♉ | 14:06 |
| 28 | 13:59 | 28 | ♊ | 22:11 |
| 31 | 01:01 | 31 | ♋ | 09:43 |

## 0:00 E.T. — Declinations

| D | ☉ | ☽ | ☿ | ♀ | ♂ | ♃ | ♄ | ♅ | ♆ | ♇ | ⚳ | ⚴ | ⚵ | ⚶ | ⚷ |
|---|---|---|---|---|---|---|---|---|---|---|---|---|---|---|---|
| 1 | +17 54 | +17 34 | +21 29 | +14 10 | +04 02 | +01 25 | -00 55 | +19 47 | +11 49 | -22 23 | +24 04 | -00 46 | +12 49 | -23 43 | +16 09 |
| 2 | 17 39 | 21 19 | 21 16 | 13 44 | 03 47 | 01 21 | 00 57 | 19 46 | 11 49 | 22 24 | 24 05 | 00 54 | 12 49 | 23 50 | 16 08 |
| 3 | 17 23 | 24 04 | 21 01 | 13 19 | 03 32 | 01 17 | 00 59 | 19 45 | 11 49 | 22 25 | 24 05 | 01 02 | 12 49 | 23 57 | 16 08 |
| 4 | 17 07 | 25 44 | 20 43 | 12 53 | 03 16 | 01 12 | 01 01 | 19 44 | 11 49 | 22 25 | 24 05 | 01 11 | 12 48 | 24 04 | 16 07 |
| 5 | 16 51 | 26 12 | 20 23 | 12 26 | 03 01 | 01 08 | 01 03 | 19 43 | 11 49 | 22 26 | 24 06 | 01 19 | 12 48 | 24 11 | 16 06 |
| 6 | 16 35 | 25 29 | 20 00 | 12 00 | 02 46 | 01 04 | 01 05 | 19 42 | 11 49 | 22 26 | 24 06 | 01 28 | 12 47 | 24 18 | 16 05 |
| 7 | 16 18 | 23 37 | 19 34 | 11 33 | 02 30 | 00 59 | 01 08 | 19 42 | 11 49 | 22 27 | 24 06 | 01 37 | 12 46 | 24 24 | 16 04 |
| 8 | 16 01 | 20 42 | 19 06 | 11 06 | 02 15 | 00 55 | 01 10 | 19 41 | 11 49 | 22 27 | 24 06 | 01 47 | 12 45 | 24 30 | 16 03 |
| 9 | 15 44 | 16 54 | 18 36 | 10 38 | 01 59 | 00 50 | 01 12 | 19 40 | 11 49 | 22 28 | 24 06 | 01 56 | 12 44 | 24 37 | 16 01 |
| 10 | 15 26 | 12 23 | 18 04 | 10 10 | 01 44 | 00 46 | 01 15 | 19 39 | 11 49 | 22 28 | 24 06 | 02 06 | 12 42 | 24 43 | 16 00 |
| 11 | 15 08 | 07 20 | 17 30 | 09 42 | 01 28 | 00 41 | 01 17 | 19 38 | 11 49 | 22 29 | 24 06 | 02 16 | 12 41 | 24 49 | 15 59 |
| 12 | 14 50 | 01 57 | 16 54 | 09 14 | 01 12 | 00 37 | 01 19 | 19 37 | 11 49 | 22 30 | 24 06 | 02 26 | 12 39 | 24 54 | 15 58 |
| 13 | 14 32 | -03 37 | 16 17 | 08 45 | 00 57 | 00 32 | 01 22 | 19 36 | 11 49 | 22 30 | 24 06 | 02 36 | 12 38 | 25 00 | 15 57 |
| 14 | 14 14 | 09 09 | 15 38 | 08 16 | 00 41 | 00 28 | 01 24 | 19 36 | 11 48 | 22 31 | 24 06 | 02 47 | 12 36 | 25 05 | 15 56 |
| 15 | 13 55 | 14 25 | 14 58 | 07 47 | 00 26 | 00 23 | 01 26 | 19 35 | 11 48 | 22 31 | 24 06 | 02 58 | 12 34 | 25 10 | 15 55 |
| 16 | 13 36 | 19 07 | 14 17 | 07 18 | 00 10 | 00 18 | 01 29 | 19 34 | 11 48 | 22 32 | 24 05 | 03 09 | 12 31 | 25 15 | 15 54 |
| 17 | 13 17 | 22 55 | 13 34 | 06 49 | -00 06 | 00 14 | 01 31 | 19 33 | 11 48 | 22 32 | 24 05 | 03 20 | 12 29 | 25 20 | 15 53 |
| 18 | 12 58 | 25 26 | 12 51 | 06 19 | 00 22 | 00 09 | 01 34 | 19 32 | 11 48 | 22 33 | 24 05 | 03 32 | 12 26 | 25 25 | 15 52 |
| 19 | 12 38 | 26 19 | 12 08 | 05 49 | 00 37 | 00 04 | 01 36 | 19 31 | 11 48 | 22 33 | 24 04 | 03 44 | 12 24 | 25 29 | 15 51 |
| 20 | 12 18 | 25 20 | 11 23 | 05 19 | 00 53 | -00 00 | 01 39 | 19 31 | 11 48 | 22 34 | 24 04 | 03 56 | 12 21 | 25 33 | 15 50 |
| 21 | 11 58 | 22 32 | 10 38 | 04 49 | 01 09 | 00 05 | 01 41 | 19 30 | 11 47 | 22 34 | 24 03 | 04 08 | 12 18 | 25 37 | 15 49 |
| 22 | 11 38 | 18 11 | 09 53 | 04 19 | 01 25 | 00 10 | 01 44 | 19 29 | 11 47 | 22 35 | 24 03 | 04 20 | 12 15 | 25 41 | 15 48 |
| 23 | 11 18 | 12 42 | 09 08 | 03 49 | 01 40 | 00 15 | 01 46 | 19 28 | 11 47 | 22 35 | 24 02 | 04 33 | 12 12 | 25 45 | 15 47 |
| 24 | 10 57 | 06 36 | 08 22 | 03 18 | 01 56 | 00 19 | 01 49 | 19 27 | 11 47 | 22 36 | 24 01 | 04 46 | 12 08 | 25 48 | 15 45 |
| 25 | 10 37 | 00 18 | 07 36 | 02 48 | 02 12 | 00 24 | 01 52 | 19 26 | 11 46 | 22 36 | 24 00 | 04 59 | 12 05 | 25 52 | 15 44 |
| 26 | 10 16 | +05 49 | 06 50 | 02 17 | 02 28 | 00 29 | 01 54 | 19 26 | 11 46 | 22 37 | 24 00 | 05 12 | 12 01 | 25 55 | 15 43 |
| 27 | 09 55 | 11 28 | 06 04 | 01 46 | 02 43 | 00 34 | 01 57 | 19 25 | 11 46 | 22 37 | 23 59 | 05 26 | 11 57 | 25 58 | 15 42 |
| 28 | 09 34 | 16 27 | 05 17 | 01 15 | 02 59 | 00 39 | 01 59 | 19 24 | 11 46 | 22 38 | 23 58 | 05 40 | 11 53 | 26 00 | 15 41 |
| 29 | 09 13 | 20 33 | 04 31 | 00 45 | 03 15 | 00 43 | 02 02 | 19 23 | 11 45 | 22 38 | 23 57 | 05 54 | 11 49 | 26 03 | 15 40 |
| 30 | 08 51 | 23 38 | 03 46 | 00 14 | 03 31 | 00 48 | 02 05 | 19 22 | 11 45 | 22 39 | 23 56 | 06 08 | 11 45 | 26 05 | 15 39 |
| 31 | 08 29 | 25 37 | 03 00 | -00 17 | 03 47 | 00 53 | 02 07 | 19 22 | 11 45 | 22 39 | 23 55 | 06 22 | 11 41 | 26 08 | 15 38 |

Lunar Phases -- 8 ● 00:28 15 ◐ 18:37 22 ○ 09:11 29 ◑ 11:18 Sun enters ♍ 8/22 11:55

## 0:00 E.T. Longitudes of Main Planets - September 2040 **Sep. 40**

| D | S.T. | ☉ | ☽ | ☽ 12:00 | ☿ | ♀ | ♂ | ♃ | ♄ | ♅ | ♆ | ♇ | ☊ |
|---|---|---|---|---|---|---|---|---|---|---|---|---|---|
| 1 | 22:43:06 | 09♍10 26 | 07♋04 | 12♋59 | 25♍33 | 04♎16 | 11♎10 | 05♎02 | 10♎42 | 05♌53 | 05♉43℞ | 25♒40℞ | 28♉30 |
| 2 | 22:47:02 | 10 08 31 | 18 53 | 24 48 | 27 11 | 05 30 | 11 49 | 05 14 | 10 49 | 05 56 | 05 42 | 25 39 | 28 26 |
| 3 | 22:50:59 | 11 06 37 | 00♌44 | 06♌40 | 28 47 | 06 43 | 12 28 | 05 26 | 10 55 | 05 59 | 05 42 | 25 37 | 28 23 |
| 4 | 22:54:55 | 12 04 46 | 12 38 | 18 38 | 00♎22 | 07 56 | 13 07 | 05 39 | 11 02 | 06 02 | 05 41 | 25 36 | 28 20 |
| 5 | 22:58:52 | 13 02 56 | 24 40 | 00♍43 | 01 55 | 09 09 | 13 46 | 05 51 | 11 09 | 06 06 | 05 40 | 25 35 | 28 17 |
| 6 | 23:02:48 | 14 01 08 | 06♍50 | 12 58 | 03 28 | 10 23 | 14 25 | 06 03 | 11 16 | 06 09 | 05 39 | 25 34 | 28 14 |
| 7 | 23:06:45 | 14 59 22 | 19 09 | 25 22 | 04 59 | 11 36 | 15 04 | 06 16 | 11 22 | 06 12 | 05 38 | 25 32 | 28 11 |
| 8 | 23:10:41 | 15 57 37 | 01♎38 | 07♎57 | 06 29 | 12 49 | 15 43 | 06 28 | 11 29 | 06 15 | 05 37 | 25 31 | 28 07 |
| 9 | 23:14:38 | 16 55 54 | 14 18 | 20 42 | 07 57 | 14 03 | 16 23 | 06 41 | 11 36 | 06 18 | 05 36 | 25 30 | 28 04 |
| 10 | 23:18:35 | 17 54 13 | 27 08 | 03♏38 | 09 25 | 15 16 | 17 02 | 06 54 | 11 43 | 06 21 | 05 35 | 25 29 | 28 01 |
| 11 | 23:22:31 | 18 52 34 | 10♏10 | 16 46 | 10 51 | 16 29 | 17 41 | 07 06 | 11 50 | 06 24 | 05 34 | 25 28 | 27 58 |
| 12 | 23:26:28 | 19 50 56 | 23 25 | 00♐07 | 12 16 | 17 42 | 18 21 | 07 19 | 11 57 | 06 27 | 05 33 | 25 26 | 27 55 |
| 13 | 23:30:24 | 20 49 20 | 06♐54 | 13 44 | 13 40 | 18 55 | 19 00 | 07 31 | 12 04 | 06 30 | 05 32 | 25 25 | 27 52 |
| 14 | 23:34:21 | 21 47 45 | 20 38 | 27 37 | 15 02 | 20 08 | 19 40 | 07 44 | 12 11 | 06 32 | 05 31 | 25 24 | 27 48 |
| 15 | 23:38:17 | 22 46 12 | 04♑40 | 11♑47 | 16 23 | 21 22 | 20 19 | 07 57 | 12 18 | 06 35 | 05 30 | 25 23 | 27 45 |
| 16 | 23:42:14 | 23 44 40 | 18 57 | 26 12 | 17 43 | 22 35 | 20 59 | 08 10 | 12 25 | 06 38 | 05 29 | 25 22 | 27 42 |
| 17 | 23:46:10 | 24 43 10 | 03♒29 | 10♒49 | 19 01 | 23 48 | 21 39 | 08 22 | 12 32 | 06 41 | 05 28 | 25 21 | 27 39 |
| 18 | 23:50:07 | 25 41 42 | 18 11 | 25 34 | 20 18 | 25 01 | 22 19 | 08 35 | 12 40 | 06 44 | 05 26 | 25 20 | 27 36 |
| 19 | 23:54:04 | 26 40 15 | 02♓57 | 10♓18 | 21 33 | 26 14 | 22 58 | 08 48 | 12 47 | 06 46 | 05 25 | 25 19 | 27 32 |
| 20 | 23:58:00 | 27 38 51 | 17 38 | 24 55 | 22 47 | 27 27 | 23 38 | 09 01 | 12 54 | 06 49 | 05 24 | 25 17 | 27 29 |
| 21 | 0:01:57 | 28 37 27 | 02♈08 | 09♈16 | 23 59 | 28 40 | 24 18 | 09 14 | 13 01 | 06 52 | 05 23 | 25 16 | 27 26 |
| 22 | 0:05:53 | 29 36 06 | 16 18 | 23 15 | 25 09 | 29 53 | 24 58 | 09 27 | 13 08 | 06 54 | 05 21 | 25 15 | 27 23 |
| 23 | 0:09:50 | 00♎34 47 | 00♉06 | 06♉50 | 26 17 | 01♏06 | 25 38 | 09 39 | 13 16 | 06 57 | 05 20 | 25 14 | 27 20 |
| 24 | 0:13:46 | 01 33 30 | 13 28 | 19 59 | 27 23 | 02 19 | 26 18 | 09 52 | 13 23 | 06 59 | 05 19 | 25 13 | 27 17 |
| 25 | 0:17:43 | 02 32 15 | 26 25 | 02♊45 | 28 27 | 03 32 | 26 58 | 10 05 | 13 30 | 07 02 | 05 17 | 25 12 | 27 13 |
| 26 | 0:21:39 | 03 31 03 | 09♊00 | 15 10 | 29 29 | 04 44 | 27 39 | 10 18 | 13 37 | 07 04 | 05 16 | 25 11 | 27 10 |
| 27 | 0:25:36 | 04 29 53 | 21 17 | 27 20 | 00♏28 | 05 57 | 28 19 | 10 31 | 13 45 | 07 06 | 05 15 | 25 10 | 27 07 |
| 28 | 0:29:33 | 05 28 45 | 03♋20 | 09♋18 | 01 25 | 07 10 | 28 59 | 10 44 | 13 52 | 07 09 | 05 13 | 25 09 | 27 04 |
| 29 | 0:33:29 | 06 27 39 | 15 14 | 21 10 | 02 19 | 08 23 | 29 39 | 10 57 | 13 59 | 07 11 | 05 12 | 25 08 | 27 01 |
| 30 | 0:37:26 | 07 26 36 | 27 05 | 03♌01 | 03 09 | 09 36 | 00♏20 | 11 10 | 14 07 | 07 13 | 05 11 | 25 08 | 26 58 |

## 0:00 E.T. Longitudes of the Major Asteroids and Chiron

| D | ⚳ | ⚴ | ⚵ | ⚶ | ⚷ | D | ⚳ | ⚴ | ⚵ | ⚶ | ⚷ |
|---|---|---|---|---|---|---|---|---|---|---|---|
| 1 | 20♋13 | 08♉16 | 23♊29 | 01♒17℞ | 20♋13 | 16 | 25 48 | 07 42 | 00♋21 | 00 58 | 21 19 |
| 2 | 20 36 | 08 17 | 23 57 | 01 12 | 20 18 | 17 | 26 10 | 07 36 | 00 47 | 01 01 | 21 23 |
| 3 | 20 59 | 08 17 | 24 26 | 01 08 | 20 23 | 18 | 26 31 | 07 30 | 01 13 | 01 04 | 21 27 |
| 4 | 21 21 | 08 17℞ | 24 54 | 01 05 | 20 27 | 19 | 26 53 | 07 23 | 01 39 | 01 07 | 21 30 |
| 5 | 21 44 | 08 16 | 25 22 | 01 01 | 20 32 | 20 | 27 14 | 07 16 | 02 04 | 01 11 | 21 34 |
| 6 | 22 07 | 08 16 | 25 50 | 00 59 | 20 37 | 21 | 27 35 | 07 08 | 02 29 | 01 15 | 21 38 |
| 7 | 22 29 | 08 14 | 26 18 | 00 57 | 20 41 | 22 | 27 56 | 07 00 | 02 54 | 01 20 | 21 41 |
| 8 | 22 52 | 08 12 | 26 46 | 00 55 | 20 46 | 23 | 28 17 | 06 51 | 03 19 | 01 25 | 21 45 |
| 9 | 23 14 | 08 10 | 27 13 | 00 54 | 20 50 | 24 | 28 38 | 06 42 | 03 44 | 01 31 | 21 48 |
| 10 | 23 36 | 08 07 | 27 41 | 00 53 | 20 54 | 25 | 28 59 | 06 33 | 04 08 | 01 37 | 21 52 |
| 11 | 23 58 | 08 04 | 28 08 | 00 53 | 20 59 | 26 | 29 20 | 06 23 | 04 33 | 01 43 | 21 55 |
| 12 | 24 20 | 08 01 | 28 35 | 00 53D | 21 03 | 27 | 29 40 | 06 12 | 04 57 | 01 50 | 21 58 |
| 13 | 24 42 | 07 57 | 29 02 | 00 53 | 21 07 | 28 | 00♌01 | 06 01 | 05 20 | 01 57 | 22 01 |
| 14 | 25 04 | 07 52 | 29 28 | 00 55 | 21 11 | 29 | 00 21 | 05 50 | 05 44 | 02 05 | 22 04 |
| 15 | 25 26 | 07 47 | 29 55 | 00 56 | 21 15 | 30 | 00 41 | 05 38 | 06 07 | 02 13 | 22 07 |

## Lunar Data

| Last Asp. | | Ingress | | |
|---|---|---|---|---|
| 2 | 19:27 | 2 | ♌ | 22:32 |
| 5 | 01:49 | 5 | ♍ | 10:34 |
| 6 | 15:15 | 7 | ♎ | 20:52 |
| 9 | 20:56 | 10 | ♏ | 05:18 |
| 12 | 03:38 | 12 | ♐ | 11:47 |
| 14 | 08:11 | 14 | ♑ | 16:04 |
| 16 | 08:31 | 16 | ♒ | 18:16 |
| 18 | 12:06 | 18 | ♓ | 19:13 |
| 20 | 17:44 | 20 | ♈ | 20:27 |
| 22 | 16:42 | 22 | ♉ | 23:50 |
| 24 | 21:43 | 25 | ♊ | 06:46 |
| 27 | 14:48 | 27 | ♋ | 17:20 |
| 28 | 21:27 | 30 | ♌ | 05:54 |

## 0:00 E.T. Declinations

| D | ☉ | ☽ | ☿ | ♀ | ♂ | ♃ | ♄ | ♅ | ♆ | ♇ | ⚳ | ⚴ | ⚵ | ⚶ | ⚷ |
|---|---|---|---|---|---|---|---|---|---|---|---|---|---|---|---|
| 1 | +08 08 | +26 23 | +02 14 | -00 48 | -04 02 | -00 58 | -02 10 | +19 21 | +11 45 | -22 39 | +23 54 | -06 37 | +11 36 | -26 10 | +15 36 |
| 2 | 07 46 | 25 57 | 01 29 | 01 19 | 04 18 | 01 03 | 02 13 | 19 20 | 11 44 | 22 40 | 23 53 | 06 52 | 11 32 | 26 11 | 15 35 |
| 3 | 07 24 | 24 20 | 00 44 | 01 50 | 04 34 | 01 08 | 02 15 | 19 19 | 11 44 | 22 40 | 23 52 | 07 07 | 11 27 | 26 13 | 15 34 |
| 4 | 07 02 | 21 39 | -00 00 | 02 21 | 04 50 | 01 13 | 02 18 | 19 19 | 11 44 | 22 41 | 23 51 | 07 22 | 11 22 | 26 15 | 15 33 |
| 5 | 06 40 | 18 01 | 00 44 | 02 52 | 05 05 | 01 18 | 02 21 | 19 18 | 11 43 | 22 41 | 23 50 | 07 38 | 11 17 | 26 16 | 15 32 |
| 6 | 06 17 | 13 36 | 01 28 | 03 23 | 05 21 | 01 23 | 02 23 | 19 17 | 11 43 | 22 42 | 23 48 | 07 53 | 11 12 | 26 17 | 15 31 |
| 7 | 05 55 | 08 35 | 02 12 | 03 53 | 05 37 | 01 28 | 02 26 | 19 16 | 11 43 | 22 42 | 23 47 | 08 09 | 11 06 | 26 18 | 15 30 |
| 8 | 05 32 | 03 10 | 02 54 | 04 24 | 05 53 | 01 33 | 02 29 | 19 16 | 11 42 | 22 42 | 23 46 | 08 25 | 11 01 | 26 19 | 15 29 |
| 9 | 05 10 | -02 29 | 03 37 | 04 55 | 06 08 | 01 38 | 02 32 | 19 15 | 11 42 | 22 43 | 23 45 | 08 42 | 10 56 | 26 20 | 15 27 |
| 10 | 04 47 | 08 06 | 04 19 | 05 25 | 06 24 | 01 43 | 02 34 | 19 14 | 11 42 | 22 43 | 23 43 | 08 58 | 10 50 | 26 20 | 15 26 |
| 11 | 04 24 | 13 29 | 05 00 | 05 56 | 06 40 | 01 48 | 02 37 | 19 13 | 11 41 | 22 43 | 23 42 | 09 15 | 10 44 | 26 20 | 15 25 |
| 12 | 04 01 | 18 20 | 05 41 | 06 26 | 06 55 | 01 53 | 02 40 | 19 13 | 11 41 | 22 44 | 23 41 | 09 32 | 10 38 | 26 21 | 15 24 |
| 13 | 03 38 | 22 20 | 06 21 | 06 56 | 07 11 | 01 58 | 02 43 | 19 12 | 11 40 | 22 44 | 23 39 | 09 49 | 10 32 | 26 21 | 15 23 |
| 14 | 03 15 | 25 09 | 07 00 | 07 26 | 07 26 | 02 03 | 02 46 | 19 11 | 11 40 | 22 44 | 23 38 | 10 06 | 10 26 | 26 20 | 15 22 |
| 15 | 02 52 | 26 28 | 07 39 | 07 56 | 07 42 | 02 08 | 02 48 | 19 11 | 11 40 | 22 45 | 23 37 | 10 23 | 10 20 | 26 20 | 15 21 |
| 16 | 02 29 | 26 04 | 08 17 | 08 26 | 07 57 | 02 13 | 02 51 | 19 10 | 11 39 | 22 45 | 23 35 | 10 40 | 10 13 | 26 20 | 15 20 |
| 17 | 02 06 | 23 54 | 08 54 | 08 56 | 08 13 | 02 18 | 02 54 | 19 09 | 11 39 | 22 45 | 23 34 | 10 58 | 10 07 | 26 19 | 15 18 |
| 18 | 01 43 | 20 08 | 09 31 | 09 25 | 08 28 | 02 23 | 02 57 | 19 09 | 11 38 | 22 46 | 23 32 | 11 16 | 10 00 | 26 19 | 15 17 |
| 19 | 01 19 | 15 07 | 10 07 | 09 54 | 08 43 | 02 28 | 03 00 | 19 08 | 11 38 | 22 46 | 23 31 | 11 34 | 09 54 | 26 18 | 15 16 |
| 20 | 00 56 | 09 14 | 10 41 | 10 23 | 08 59 | 02 33 | 03 02 | 19 07 | 11 37 | 22 46 | 23 30 | 11 52 | 09 47 | 26 17 | 15 15 |
| 21 | 00 33 | 02 56 | 11 15 | 10 52 | 09 14 | 02 39 | 03 05 | 19 07 | 11 37 | 22 47 | 23 28 | 12 10 | 09 40 | 26 16 | 15 14 |
| 22 | 00 10 | +03 24 | 11 48 | 11 21 | 09 29 | 02 44 | 03 08 | 19 06 | 11 37 | 22 47 | 23 27 | 12 28 | 09 33 | 26 14 | 15 13 |
| 23 | -00 14 | 09 25 | 12 20 | 11 49 | 09 44 | 02 49 | 03 11 | 19 06 | 11 36 | 22 47 | 23 25 | 12 46 | 09 26 | 26 13 | 15 12 |
| 24 | 00 37 | 14 49 | 12 51 | 12 17 | 10 00 | 02 54 | 03 14 | 19 05 | 11 36 | 22 47 | 23 24 | 13 04 | 09 19 | 26 11 | 15 11 |
| 25 | 01 01 | 19 23 | 13 20 | 12 45 | 10 15 | 02 59 | 03 17 | 19 04 | 11 35 | 22 48 | 23 22 | 13 23 | 09 11 | 26 10 | 15 10 |
| 26 | 01 24 | 22 57 | 13 49 | 13 12 | 10 30 | 03 04 | 03 19 | 19 04 | 11 35 | 22 48 | 23 21 | 13 41 | 09 04 | 26 08 | 15 09 |
| 27 | 01 47 | 25 21 | 14 16 | 13 39 | 10 45 | 03 09 | 03 22 | 19 03 | 11 34 | 22 48 | 23 19 | 14 00 | 08 56 | 26 06 | 15 07 |
| 28 | 02 11 | 26 31 | 14 42 | 14 06 | 11 00 | 03 14 | 03 25 | 19 03 | 11 34 | 22 48 | 23 18 | 14 18 | 08 49 | 26 04 | 15 06 |
| 29 | 02 34 | 26 26 | 15 06 | 14 33 | 11 14 | 03 19 | 03 28 | 19 02 | 11 33 | 22 49 | 23 16 | 14 37 | 08 41 | 26 02 | 15 05 |
| 30 | 02 57 | 25 09 | 15 29 | 14 59 | 11 29 | 03 24 | 03 31 | 19 01 | 11 33 | 22 49 | 23 15 | 14 55 | 08 33 | 26 00 | 15 04 |

Lunar Phases -- 6 ● 15:15 14 ◐ 02:09 20 ○ 17:44 28 ◑ 04:43 Sun enters ♎ 9/22 09:46

## Longitudes of Main Planets - October 2040

0:00 E.T.

| D | S.T. | ⊙ | ☽ | ☽ 12:00 | ☿ | ♀ | ♂ | ♃ | ♄ | ♅ | ♆ | ♇ | ☊ |
|---|---|---|---|---|---|---|---|---|---|---|---|---|---|
| 1 | 0:41:22 | 08♎25 35 | 08♌58 | 14♌56 | 03♏56 | 10♏49 | 01♏00 | 11♎23 | 14♎14 | 07♌16 | 05♉09℞ | 25♒07℞ | 26♉54 |
| 2 | 0:45:19 | 09 24 36 | 20 56 | 26 58 | 04 40 | 12 01 | 01 41 | 11 36 | 14 21 | 07 18 | 05 08 | 25 06 | 26 51 |
| 3 | 0:49:15 | 10 23 39 | 03♍03 | 09♍10 | 05 20 | 13 14 | 02 22 | 11 49 | 14 29 | 07 20 | 05 06 | 25 05 | 26 48 |
| 4 | 0:53:12 | 11 22 44 | 15 21 | 21 35 | 05 55 | 14 27 | 03 02 | 12 02 | 14 36 | 07 22 | 05 05 | 25 04 | 26 45 |
| 5 | 0:57:08 | 12 21 52 | 27 53 | 04♎14 | 06 25 | 15 40 | 03 43 | 12 15 | 14 43 | 07 24 | 05 03 | 25 03 | 26 42 |
| 6 | 1:01:05 | 13 21 02 | 10♎39 | 17 07 | 06 50 | 16 52 | 04 24 | 12 28 | 14 51 | 07 26 | 05 02 | 25 02 | 26 38 |
| 7 | 1:05:02 | 14 20 13 | 23 38 | 00♏12 | 07 10 | 18 05 | 05 05 | 12 41 | 14 58 | 07 28 | 05 00 | 25 02 | 26 35 |
| 8 | 1:08:58 | 15 19 27 | 06♏50 | 13 30 | 07 24 | 19 18 | 05 45 | 12 54 | 15 05 | 07 30 | 04 58 | 25 01 | 26 32 |
| 9 | 1:12:55 | 16 18 43 | 20 14 | 27 00 | 07 31 | 20 30 | 06 26 | 13 07 | 15 13 | 07 32 | 04 57 | 25 00 | 26 29 |
| 10 | 1:16:51 | 17 18 00 | 03♐48 | 10♐40 | 07 31℞ | 21 43 | 07 07 | 13 20 | 15 20 | 07 34 | 04 55 | 25 00 | 26 26 |
| 11 | 1:20:48 | 18 17 20 | 17 33 | 24 29 | 07 23 | 22 55 | 07 49 | 13 33 | 15 27 | 07 35 | 04 54 | 24 59 | 26 23 |
| 12 | 1:24:44 | 19 16 41 | 01♑27 | 08♑28 | 07 08 | 24 08 | 08 30 | 13 46 | 15 35 | 07 37 | 04 52 | 24 58 | 26 19 |
| 13 | 1:28:41 | 20 16 04 | 15 30 | 22 34 | 06 44 | 25 20 | 09 11 | 13 59 | 15 42 | 07 39 | 04 50 | 24 58 | 26 16 |
| 14 | 1:32:37 | 21 15 29 | 29 40 | 06♒48 | 06 13 | 26 33 | 09 52 | 14 12 | 15 49 | 07 40 | 04 49 | 24 57 | 26 13 |
| 15 | 1:36:34 | 22 14 56 | 13♒56 | 21 05 | 05 32 | 27 45 | 10 33 | 14 25 | 15 57 | 07 42 | 04 47 | 24 56 | 26 10 |
| 16 | 1:40:31 | 23 14 24 | 28 15 | 05♓25 | 04 44 | 28 58 | 11 15 | 14 38 | 16 04 | 07 43 | 04 46 | 24 56 | 26 07 |
| 17 | 1:44:27 | 24 13 54 | 12♓33 | 19 41 | 03 48 | 00♐10 | 11 56 | 14 51 | 16 11 | 07 45 | 04 44 | 24 55 | 26 04 |
| 18 | 1:48:24 | 25 13 25 | 26 47 | 03♈50 | 02 45 | 01 22 | 12 38 | 15 04 | 16 19 | 07 46 | 04 42 | 24 55 | 26 00 |
| 19 | 1:52:20 | 26 12 59 | 10♈50 | 17 47 | 01 37 | 02 35 | 13 19 | 15 17 | 16 26 | 07 48 | 04 41 | 24 54 | 25 57 |
| 20 | 1:56:17 | 27 12 34 | 24 39 | 01♉27 | 00 24 | 03 47 | 14 01 | 15 29 | 16 33 | 07 49 | 04 39 | 24 54 | 25 54 |
| 21 | 2:00:13 | 28 12 12 | 08♉11 | 14 49 | 29♎10 | 04 59 | 14 42 | 15 42 | 16 41 | 07 50 | 04 37 | 24 53 | 25 51 |
| 22 | 2:04:10 | 29 11 51 | 21 23 | 27 51 | 27 55 | 06 11 | 15 24 | 15 55 | 16 48 | 07 51 | 04 36 | 24 53 | 25 48 |
| 23 | 2:08:06 | 00♏11 33 | 04♊15 | 10♊34 | 26 43 | 07 23 | 16 06 | 16 08 | 16 55 | 07 53 | 04 34 | 24 52 | 25 44 |
| 24 | 2:12:03 | 01 11 17 | 16 48 | 22 59 | 25 35 | 08 35 | 16 47 | 16 21 | 17 02 | 07 54 | 04 32 | 24 52 | 25 41 |
| 25 | 2:16:00 | 02 11 03 | 29 05 | 05♋09 | 24 33 | 09 48 | 17 29 | 16 33 | 17 10 | 07 55 | 04 31 | 24 52 | 25 38 |
| 26 | 2:19:56 | 03 10 51 | 11♋10 | 17 08 | 23 40 | 11 00 | 18 11 | 16 46 | 17 17 | 07 56 | 04 29 | 24 51 | 25 35 |
| 27 | 2:23:53 | 04 10 41 | 23 06 | 29 02 | 22 56 | 12 12 | 18 53 | 16 59 | 17 24 | 07 57 | 04 27 | 24 51 | 25 32 |
| 28 | 2:27:49 | 05 10 34 | 04♌58 | 10♌54 | 22 24 | 13 24 | 19 35 | 17 12 | 17 31 | 07 58 | 04 26 | 24 51 | 25 29 |
| 29 | 2:31:46 | 06 10 29 | 16 51 | 22 50 | 22 02 | 14 35 | 20 17 | 17 24 | 17 38 | 07 58 | 04 24 | 24 50 | 25 25 |
| 30 | 2:35:42 | 07 10 26 | 28 50 | 04♍53 | 21 52 | 15 47 | 21 00 | 17 37 | 17 45 | 07 59 | 04 22 | 24 50 | 25 22 |
| 31 | 2:39:39 | 08 10 25 | 10♍59 | 17 09 | 21 53D | 16 59 | 21 42 | 17 50 | 17 52 | 08 00 | 04 20 | 24 50 | 25 19 |

## Longitudes of the Major Asteroids and Chiron

0:00 E.T.

| D | ⚳ | ⚴ | ⚵ | ⚶ | ⚷ |
|---|---|---|---|---|---|
| 1 | 01♌02 | 05♉25℞ | 06♋30 | 02♒21 | 22♋10 |
| 2 | 01 21 | 05 13 | 06 52 | 02 30 | 22 13 |
| 3 | 01 41 | 05 00 | 07 15 | 02 39 | 22 16 |
| 4 | 02 01 | 04 46 | 07 37 | 02 48 | 22 18 |
| 5 | 02 21 | 04 32 | 07 59 | 02 58 | 22 21 |
| 6 | 02 40 | 04 17 | 08 20 | 03 09 | 22 23 |
| 7 | 02 59 | 04 03 | 08 42 | 03 19 | 22 26 |
| 8 | 03 18 | 03 47 | 09 02 | 03 30 | 22 28 |
| 9 | 03 37 | 03 32 | 09 23 | 03 42 | 22 30 |
| 10 | 03 56 | 03 16 | 09 43 | 03 53 | 22 32 |
| 11 | 04 15 | 03 00 | 10 03 | 04 05 | 22 34 |
| 12 | 04 33 | 02 43 | 10 23 | 04 18 | 22 36 |
| 13 | 04 52 | 02 26 | 10 42 | 04 30 | 22 38 |
| 14 | 05 10 | 02 09 | 11 01 | 04 43 | 22 40 |
| 15 | 05 28 | 01 52 | 11 20 | 04 57 | 22 42 |
| 16 | 05 46 | 01 34 | 11 38 | 05 10 | 22 43 |
| 17 | 06 03 | 01 16 | 11 56 | 05 24 | 22 45 |
| 18 | 06 21 | 00 58 | 12 14 | 05 38 | 22 46 |
| 19 | 06 38 | 00 40 | 12 31 | 05 53 | 22 48 |
| 20 | 06 55 | 00 21 | 12 48 | 06 08 | 22 49 |
| 21 | 07 12 | 00 02 | 13 04 | 06 23 | 22 50 |
| 22 | 07 29 | 29♈44 | 13 20 | 06 38 | 22 51 |
| 23 | 07 46 | 29 25 | 13 36 | 06 54 | 22 52 |
| 24 | 08 02 | 29 06 | 13 51 | 07 10 | 22 53 |
| 25 | 08 18 | 28 47 | 14 06 | 07 26 | 22 54 |
| 26 | 08 34 | 28 27 | 14 20 | 07 42 | 22 55 |
| 27 | 08 50 | 28 08 | 14 34 | 07 59 | 22 55 |
| 28 | 09 06 | 27 49 | 14 48 | 08 16 | 22 56 |
| 29 | 09 21 | 27 30 | 15 01 | 08 33 | 22 56 |
| 30 | 09 36 | 27 11 | 15 14 | 08 50 | 22 57 |
| 31 | 09 51 | 26 52 | 15 26 | 09 08 | 22 57 |

## Lunar Data

| Last Asp. | | Ingress | | |
|---|---|---|---|---|
| 2 | 08:17 | 2 | ♍ | 18:00 |
| 3 | 22:03 | 5 | ♎ | 04:00 |
| 7 | 02:33 | 7 | ♏ | 11:38 |
| 9 | 08:28 | 9 | ♐ | 17:18 |
| 11 | 12:51 | 11 | ♑ | 21:30 |
| 13 | 18:14 | 14 | ♒ | 00:33 |
| 16 | 01:18 | 16 | ♓ | 02:56 |
| 16 | 22:54 | 18 | ♈ | 05:28 |
| 20 | 09:18 | 20 | ♉ | 09:26 |
| 22 | 06:28 | 22 | ♊ | 16:01 |
| 24 | 15:46 | 25 | ♋ | 01:48 |
| 26 | 23:42 | 27 | ♌ | 13:57 |
| 29 | 16:01 | 30 | ♍ | 02:19 |

## Declinations

0:00 E.T.

| D | ⊙ | ☽ | ☿ | ♀ | ♂ | ♃ | ♄ | ♅ | ♆ | ♇ | ⚳ | ⚴ | ⚵ | ⚶ | ⚷ |
|---|---|---|---|---|---|---|---|---|---|---|---|---|---|---|---|
| 1 | -03 20 | +22 45 | -15 50 | -15 25 | -11 44 | -03 29 | -03 34 | +19 01 | +11 32 | -22 49 | +23 14 | -15 14 | +08 25 | -25 57 | +15 03 |
| 2 | 03 44 | 19 21 | 16 09 | 15 50 | 11 59 | 03 34 | 03 37 | 19 00 | 11 32 | 22 49 | 23 12 | 15 33 | 08 18 | 25 55 | 15 02 |
| 3 | 04 07 | 15 08 | 16 26 | 16 15 | 12 13 | 03 40 | 03 39 | 19 00 | 11 31 | 22 49 | 23 11 | 15 51 | 08 10 | 25 52 | 15 01 |
| 4 | 04 30 | 10 13 | 16 41 | 16 40 | 12 28 | 03 45 | 03 42 | 18 59 | 11 31 | 22 49 | 23 09 | 16 10 | 08 01 | 25 49 | 15 00 |
| 5 | 04 53 | 04 49 | 16 54 | 17 04 | 12 42 | 03 50 | 03 45 | 18 59 | 11 30 | 22 50 | 23 08 | 16 28 | 07 53 | 25 46 | 14 59 |
| 6 | 05 16 | -00 53 | 17 04 | 17 28 | 12 57 | 03 55 | 03 48 | 18 58 | 11 30 | 22 50 | 23 07 | 16 46 | 07 45 | 25 43 | 14 58 |
| 7 | 05 39 | 06 39 | 17 12 | 17 52 | 13 11 | 04 00 | 03 51 | 18 58 | 11 29 | 22 50 | 23 05 | 17 05 | 07 37 | 25 40 | 14 57 |
| 8 | 06 02 | 12 15 | 17 16 | 18 15 | 13 25 | 04 05 | 03 53 | 18 58 | 11 28 | 22 50 | 23 04 | 17 23 | 07 28 | 25 37 | 14 56 |
| 9 | 06 25 | 17 23 | 17 18 | 18 37 | 13 39 | 04 10 | 03 56 | 18 57 | 11 28 | 22 50 | 23 03 | 17 41 | 07 20 | 25 34 | 14 55 |
| 10 | 06 48 | 21 41 | 17 16 | 19 00 | 13 53 | 04 15 | 03 59 | 18 57 | 11 27 | 22 50 | 23 02 | 17 59 | 07 11 | 25 30 | 14 54 |
| 11 | 07 10 | 24 50 | 17 10 | 19 21 | 14 07 | 04 20 | 04 02 | 18 56 | 11 27 | 22 50 | 23 00 | 18 17 | 07 03 | 25 27 | 14 53 |
| 12 | 07 33 | 26 31 | 17 01 | 19 42 | 14 21 | 04 25 | 04 05 | 18 56 | 11 26 | 22 50 | 22 59 | 18 35 | 06 54 | 25 23 | 14 52 |
| 13 | 07 55 | 26 31 | 16 47 | 20 03 | 14 35 | 04 30 | 04 07 | 18 55 | 11 26 | 22 50 | 22 58 | 18 52 | 06 46 | 25 20 | 14 51 |
| 14 | 08 17 | 24 49 | 16 29 | 20 23 | 14 48 | 04 35 | 04 10 | 18 55 | 11 25 | 22 50 | 22 57 | 19 10 | 06 37 | 25 16 | 14 50 |
| 15 | 08 40 | 21 31 | 16 06 | 20 43 | 15 02 | 04 40 | 04 13 | 18 55 | 11 25 | 22 51 | 22 56 | 19 27 | 06 28 | 25 12 | 14 49 |
| 16 | 09 02 | 16 57 | 15 39 | 21 02 | 15 15 | 04 45 | 04 16 | 18 54 | 11 24 | 22 51 | 22 55 | 19 44 | 06 20 | 25 08 | 14 49 |
| 17 | 09 24 | 11 26 | 15 07 | 21 21 | 15 29 | 04 50 | 04 19 | 18 54 | 11 24 | 22 51 | 22 54 | 20 01 | 06 11 | 25 04 | 14 48 |
| 18 | 09 45 | 05 21 | 14 32 | 21 39 | 15 42 | 04 55 | 04 21 | 18 54 | 11 23 | 22 51 | 22 53 | 20 17 | 06 02 | 24 59 | 14 47 |
| 19 | 10 07 | +00 57 | 13 52 | 21 56 | 15 55 | 05 00 | 04 24 | 18 53 | 11 22 | 22 51 | 22 52 | 20 34 | 05 53 | 24 55 | 14 46 |
| 20 | 10 29 | 07 06 | 13 10 | 22 13 | 16 08 | 05 05 | 04 27 | 18 53 | 11 22 | 22 51 | 22 51 | 20 50 | 05 44 | 24 50 | 14 45 |
| 21 | 10 50 | 12 49 | 12 25 | 22 29 | 16 21 | 05 10 | 04 30 | 18 53 | 11 21 | 22 51 | 22 51 | 21 06 | 05 36 | 24 46 | 14 44 |
| 22 | 11 11 | 17 48 | 11 40 | 22 45 | 16 34 | 05 14 | 04 32 | 18 53 | 11 21 | 22 51 | 22 50 | 21 21 | 05 27 | 24 41 | 14 43 |
| 23 | 11 32 | 21 51 | 10 54 | 23 00 | 16 47 | 05 19 | 04 35 | 18 52 | 11 20 | 22 51 | 22 49 | 21 36 | 05 18 | 24 37 | 14 43 |
| 24 | 11 53 | 24 45 | 10 10 | 23 15 | 16 59 | 05 24 | 04 38 | 18 52 | 11 20 | 22 50 | 22 49 | 21 51 | 05 09 | 24 32 | 14 42 |
| 25 | 12 14 | 26 24 | 09 29 | 23 28 | 17 12 | 05 29 | 04 40 | 18 52 | 11 19 | 22 50 | 22 48 | 22 06 | 05 00 | 24 27 | 14 41 |
| 26 | 12 34 | 26 46 | 08 51 | 23 42 | 17 24 | 05 34 | 04 43 | 18 52 | 11 18 | 22 50 | 22 48 | 22 20 | 04 51 | 24 22 | 14 40 |
| 27 | 12 55 | 25 52 | 08 18 | 23 54 | 17 36 | 05 39 | 04 46 | 18 51 | 11 18 | 22 50 | 22 47 | 22 34 | 04 42 | 24 17 | 14 39 |
| 28 | 13 15 | 23 49 | 07 50 | 24 06 | 17 48 | 05 44 | 04 48 | 18 51 | 11 17 | 22 50 | 22 47 | 22 48 | 04 34 | 24 11 | 14 39 |
| 29 | 13 35 | 20 45 | 07 28 | 24 17 | 18 00 | 05 48 | 04 51 | 18 51 | 11 17 | 22 50 | 22 47 | 23 01 | 04 25 | 24 06 | 14 38 |
| 30 | 13 54 | 16 47 | 07 12 | 24 28 | 18 12 | 05 53 | 04 54 | 18 51 | 11 16 | 22 50 | 22 46 | 23 14 | 04 16 | 24 01 | 14 37 |
| 31 | 14 14 | 12 07 | 07 01 | 24 38 | 18 23 | 05 58 | 04 56 | 18 51 | 11 16 | 22 50 | 22 46 | 23 27 | 04 07 | 23 55 | 14 36 |

Lunar Phases -- 6 ● 05:27 13 ◐ 08:42 20 ○ 04:51 28 ◑ 00:28 Sun enters ♏ 10/22 19:22

## 0:00 E.T. Longitudes of Main Planets - November 2040 Nov. 40

| D | S.T. | ☉ | ☽ | ☽ 12:00 | ☿ | ♀ | ♂ | ♃ | ♄ | ♅ | ♆ | ♇ | ☊ |
|---|---|---|---|---|---|---|---|---|---|---|---|---|---|
| 1 | 2:43:35 | 09♏10 26 | 23♍22 | 29♍40 | 22♎06 | 18♐11 | 22♏24 | 18♎02 | 17♎59 | 08♌01 | 04♉19℞ | 24♒50℞ | 25♉16 |
| 2 | 2:47:32 | 10 10 29 | 06♎02 | 12♎28 | 22 28 | 19 23 | 23 06 | 18 15 | 18 06 | 08 01 | 04 17 | 24 50 | 25 13 |
| 3 | 2:51:29 | 11 10 34 | 19 00 | 25 36 | 23 01 | 20 34 | 23 49 | 18 27 | 18 13 | 08 02 | 04 15 | 24 50 | 25 09 |
| 4 | 2:55:25 | 12 10 41 | 02♏16 | 09♏02 | 23 41 | 21 46 | 24 31 | 18 40 | 18 20 | 08 02 | 04 14 | 24 49 | 25 06 |
| 5 | 2:59:22 | 13 10 51 | 15 51 | 22 44 | 24 30 | 22 58 | 25 14 | 18 52 | 18 27 | 08 03 | 04 12 | 24 49 | 25 03 |
| 6 | 3:03:18 | 14 11 02 | 29 41 | 06♐41 | 25 26 | 24 09 | 25 56 | 19 05 | 18 34 | 08 03 | 04 10 | 24 49 | 25 00 |
| 7 | 3:07:15 | 15 11 14 | 13♐43 | 20 48 | 26 28 | 25 21 | 26 39 | 19 17 | 18 41 | 08 03 | 04 09 | 24 49 | 24 57 |
| 8 | 3:11:11 | 16 11 29 | 27 55 | 05♑02 | 27 35 | 26 32 | 27 21 | 19 29 | 18 48 | 08 04 | 04 07 | 24 49D | 24 54 |
| 9 | 3:15:08 | 17 11 45 | 12♑11 | 19 20 | 28 47 | 27 44 | 28 04 | 19 41 | 18 55 | 08 04 | 04 05 | 24 49 | 24 50 |
| 10 | 3:19:04 | 18 12 02 | 26 28 | 03♒37 | 00♏03 | 28 55 | 28 47 | 19 54 | 19 01 | 08 04 | 04 04 | 24 49 | 24 47 |
| 11 | 3:23:01 | 19 12 21 | 10♒44 | 17 50 | 01 23 | 00♑06 | 29 30 | 20 06 | 19 08 | 08 04 | 04 02 | 24 49 | 24 44 |
| 12 | 3:26:58 | 20 12 41 | 24 55 | 01♓58 | 02 45 | 01 17 | 00♐13 | 20 18 | 19 15 | 08 04 | 04 01 | 24 50 | 24 41 |
| 13 | 3:30:54 | 21 13 03 | 08♓59 | 15 58 | 04 09 | 02 29 | 00 56 | 20 30 | 19 22 | 08 04℞ | 03 59 | 24 50 | 24 38 |
| 14 | 3:34:51 | 22 13 26 | 22 55 | 29 50 | 05 36 | 03 40 | 01 39 | 20 42 | 19 28 | 08 04 | 03 57 | 24 50 | 24 35 |
| 15 | 3:38:47 | 23 13 50 | 06♈41 | 13♈30 | 07 04 | 04 51 | 02 22 | 20 54 | 19 35 | 08 04 | 03 56 | 24 50 | 24 31 |
| 16 | 3:42:44 | 24 14 16 | 20 16 | 26 58 | 08 34 | 06 02 | 03 05 | 21 06 | 19 41 | 08 04 | 03 54 | 24 50 | 24 28 |
| 17 | 3:46:40 | 25 14 43 | 03♉37 | 10♉13 | 10 04 | 07 12 | 03 48 | 21 18 | 19 48 | 08 04 | 03 53 | 24 51 | 24 25 |
| 18 | 3:50:37 | 26 15 11 | 16 46 | 23 14 | 11 36 | 08 23 | 04 31 | 21 30 | 19 54 | 08 04 | 03 51 | 24 51 | 24 22 |
| 19 | 3:54:33 | 27 15 41 | 29 40 | 06♊01 | 13 08 | 09 34 | 05 14 | 21 41 | 20 00 | 08 03 | 03 50 | 24 51 | 24 19 |
| 20 | 3:58:30 | 28 16 13 | 12♊19 | 18 34 | 14 41 | 10 44 | 05 58 | 21 53 | 20 07 | 08 03 | 03 48 | 24 51 | 24 15 |
| 21 | 4:02:27 | 29 16 46 | 24 45 | 00♋53 | 16 14 | 11 55 | 06 41 | 22 05 | 20 13 | 08 03 | 03 47 | 24 52 | 24 12 |
| 22 | 4:06:23 | 00♐17 21 | 06♋58 | 13 01 | 17 48 | 13 05 | 07 25 | 22 16 | 20 19 | 08 02 | 03 45 | 24 52 | 24 09 |
| 23 | 4:10:20 | 01 17 58 | 19 02 | 25 00 | 19 22 | 14 16 | 08 08 | 22 28 | 20 25 | 08 02 | 03 44 | 24 53 | 24 06 |
| 24 | 4:14:16 | 02 18 36 | 00♌57 | 06♌54 | 20 56 | 15 26 | 08 52 | 22 39 | 20 32 | 08 01 | 03 42 | 24 53 | 24 03 |
| 25 | 4:18:13 | 03 19 15 | 12 50 | 18 45 | 22 30 | 16 36 | 09 35 | 22 50 | 20 38 | 08 00 | 03 41 | 24 53 | 24 00 |
| 26 | 4:22:09 | 04 19 57 | 24 42 | 00♍40 | 24 05 | 17 46 | 10 19 | 23 02 | 20 44 | 08 00 | 03 40 | 24 54 | 23 56 |
| 27 | 4:26:06 | 05 20 40 | 06♍39 | 12 41 | 25 39 | 18 56 | 11 02 | 23 13 | 20 50 | 07 59 | 03 38 | 24 54 | 23 53 |
| 28 | 4:30:02 | 06 21 24 | 18 46 | 24 55 | 27 13 | 20 06 | 11 46 | 23 24 | 20 56 | 07 58 | 03 37 | 24 55 | 23 50 |
| 29 | 4:33:59 | 07 22 10 | 01♎07 | 07♎24 | 28 48 | 21 16 | 12 30 | 23 35 | 21 01 | 07 57 | 03 35 | 24 56 | 23 47 |
| 30 | 4:37:56 | 08 22 57 | 13 47 | 20 14 | 00♐22 | 22 25 | 13 14 | 23 46 | 21 07 | 07 56 | 03 34 | 24 56 | 23 44 |

## 0:00 E.T. Longitudes of the Major Asteroids and Chiron

| D | ⚳ | ⚴ | ⚵ | ⚶ | ⚷ | D | ⚳ | ⚴ | ⚵ | ⚶ | ⚷ |
|---|---|---|---|---|---|---|---|---|---|---|---|
| 1 | 10♌05 | 26♈33℞ | 15♋38 | 09♒26 | 22♋57 | 16 | 13 14 | 22 18 | 17 31 | 14 20 | 22 49 |
| 2 | 10 20 | 26 14 | 15 49 | 09 44 | 22 57 | 17 | 13 24 | 22 03 | 17 35 | 14 41 | 22 47 |
| 3 | 10 34 | 25 56 | 15 59 | 10 02 | 22 57℞ | 18 | 13 34 | 21 50 | 17 37 | 15 02 | 22 46 |
| 4 | 10 48 | 25 37 | 16 10 | 10 21 | 22 57 | 19 | 13 44 | 21 36 | 17 40 | 15 24 | 22 45 |
| 5 | 11 02 | 25 19 | 16 19 | 10 40 | 22 57 | 20 | 13 53 | 21 23 | 17 41 | 15 45 | 22 43 |
| 6 | 11 15 | 25 01 | 16 29 | 10 59 | 22 57 | 21 | 14 02 | 21 11 | 17 42 | 16 07 | 22 41 |
| 7 | 11 28 | 24 43 | 16 37 | 11 18 | 22 56 | 22 | 14 11 | 20 59 | 17 43 | 16 29 | 22 40 |
| 8 | 11 41 | 24 26 | 16 45 | 11 37 | 22 56 | 23 | 14 19 | 20 48 | 17 42℞ | 16 51 | 22 38 |
| 9 | 11 54 | 24 08 | 16 53 | 11 57 | 22 55 | 24 | 14 27 | 20 37 | 17 42 | 17 13 | 22 36 |
| 10 | 12 06 | 23 52 | 17 00 | 12 17 | 22 55 | 25 | 14 35 | 20 26 | 17 40 | 17 36 | 22 34 |
| 11 | 12 18 | 23 35 | 17 07 | 12 37 | 22 54 | 26 | 14 42 | 20 17 | 17 38 | 17 58 | 22 32 |
| 12 | 12 30 | 23 19 | 17 13 | 12 57 | 22 53 | 27 | 14 49 | 20 07 | 17 36 | 18 21 | 22 30 |
| 13 | 12 41 | 23 03 | 17 18 | 13 18 | 22 52 | 28 | 14 56 | 19 58 | 17 33 | 18 44 | 22 27 |
| 14 | 12 52 | 22 47 | 17 23 | 13 38 | 22 51 | 29 | 15 02 | 19 50 | 17 29 | 19 06 | 22 25 |
| 15 | 13 03 | 22 32 | 17 28 | 13 59 | 22 50 | 30 | 15 08 | 19 43 | 17 25 | 19 30 | 22 23 |

## Lunar Data

| Last Asp. | | Ingress | | |
|---|---|---|---|---|
| 31 | 22:02 | 1 | ♎ | 12:38 |
| 3 | 10:36 | 3 | ♏ | 19:56 |
| 5 | 17:11 | 6 | ♐ | 00:33 |
| 7 | 23:25 | 8 | ♑ | 03:31 |
| 10 | 04:05 | 10 | ♒ | 05:56 |
| 11 | 23:51 | 12 | ♓ | 08:39 |
| 13 | 22:42 | 14 | ♈ | 12:18 |
| 16 | 08:11 | 16 | ♉ | 17:27 |
| 18 | 19:07 | 19 | ♊ | 00:39 |
| 21 | 00:13 | 21 | ♋ | 10:16 |
| 23 | 06:60 | 23 | ♌ | 22:04 |
| 26 | 00:24 | 26 | ♍ | 10:40 |
| 28 | 18:52 | 28 | ♎ | 21:50 |

## 0:00 E.T. Declinations

| D | ☉ | ☽ | ☿ | ♀ | ♂ | ♃ | ♄ | ♅ | ♆ | ♇ | ⚳ | ⚴ | ⚵ | ⚶ | ⚷ |
|---|---|---|---|---|---|---|---|---|---|---|---|---|---|---|---|
| 1 | -14 33 | +06 53 | -06 57 | -24 47 | -18 35 | -06 03 | -04 59 | +18 51 | +11 15 | -22 50 | +22 46 | -23 39 | +03 59 | -23 50 | +14 36 |
| 2 | 14 52 | 01 14 | 06 57 | 24 55 | 18 46 | 06 07 | 05 01 | 18 50 | 11 14 | 22 50 | 22 46 | 23 51 | 03 50 | 23 44 | 14 35 |
| 3 | 15 11 | -04 35 | 07 03 | 25 03 | 18 57 | 06 12 | 05 04 | 18 50 | 11 14 | 22 49 | 22 47 | 24 02 | 03 41 | 23 38 | 14 34 |
| 4 | 15 29 | 10 22 | 07 13 | 25 10 | 19 08 | 06 17 | 05 06 | 18 50 | 11 13 | 22 49 | 22 47 | 24 13 | 03 33 | 23 32 | 14 34 |
| 5 | 15 48 | 15 48 | 07 28 | 25 17 | 19 19 | 06 21 | 05 09 | 18 50 | 11 13 | 22 49 | 22 47 | 24 24 | 03 24 | 23 26 | 14 33 |
| 6 | 16 06 | 20 32 | 07 46 | 25 22 | 19 30 | 06 26 | 05 11 | 18 50 | 11 12 | 22 49 | 22 48 | 24 34 | 03 16 | 23 20 | 14 33 |
| 7 | 16 23 | 24 10 | 08 07 | 25 27 | 19 40 | 06 31 | 05 14 | 18 50 | 11 12 | 22 49 | 22 48 | 24 44 | 03 07 | 23 14 | 14 32 |
| 8 | 16 41 | 26 19 | 08 31 | 25 31 | 19 51 | 06 35 | 05 16 | 18 50 | 11 11 | 22 49 | 22 49 | 24 54 | 02 59 | 23 08 | 14 31 |
| 9 | 16 58 | 26 46 | 08 58 | 25 35 | 20 01 | 06 40 | 05 19 | 18 50 | 11 11 | 22 48 | 22 50 | 25 03 | 02 51 | 23 01 | 14 31 |
| 10 | 17 15 | 25 26 | 09 26 | 25 38 | 20 11 | 06 44 | 05 21 | 18 50 | 11 10 | 22 48 | 22 51 | 25 11 | 02 43 | 22 55 | 14 30 |
| 11 | 17 31 | 22 28 | 09 56 | 25 40 | 20 21 | 06 49 | 05 24 | 18 50 | 11 10 | 22 48 | 22 52 | 25 19 | 02 35 | 22 49 | 14 30 |
| 12 | 17 48 | 18 11 | 10 27 | 25 41 | 20 31 | 06 53 | 05 26 | 18 50 | 11 09 | 22 48 | 22 53 | 25 27 | 02 27 | 22 42 | 14 29 |
| 13 | 18 04 | 12 57 | 10 59 | 25 42 | 20 40 | 06 58 | 05 29 | 18 50 | 11 09 | 22 47 | 22 54 | 25 34 | 02 19 | 22 35 | 14 29 |
| 14 | 18 19 | 07 05 | 11 32 | 25 41 | 20 50 | 07 02 | 05 31 | 18 50 | 11 08 | 22 47 | 22 55 | 25 41 | 02 11 | 22 29 | 14 28 |
| 15 | 18 35 | 00 58 | 12 06 | 25 41 | 20 59 | 07 07 | 05 33 | 18 50 | 11 08 | 22 47 | 22 56 | 25 48 | 02 04 | 22 22 | 14 28 |
| 16 | 18 50 | +05 08 | 12 39 | 25 39 | 21 08 | 07 11 | 05 36 | 18 50 | 11 07 | 22 47 | 22 58 | 25 54 | 01 56 | 22 15 | 14 27 |
| 17 | 19 04 | 10 56 | 13 13 | 25 37 | 21 17 | 07 15 | 05 38 | 18 50 | 11 07 | 22 46 | 23 00 | 25 59 | 01 49 | 22 08 | 14 27 |
| 18 | 19 19 | 16 08 | 13 47 | 25 34 | 21 25 | 07 20 | 05 40 | 18 50 | 11 06 | 22 46 | 23 01 | 26 05 | 01 42 | 22 01 | 14 27 |
| 19 | 19 33 | 20 31 | 14 21 | 25 30 | 21 34 | 07 24 | 05 42 | 18 50 | 11 06 | 22 46 | 23 03 | 26 09 | 01 35 | 21 54 | 14 26 |
| 20 | 19 46 | 23 51 | 14 54 | 25 25 | 21 42 | 07 28 | 05 45 | 18 51 | 11 05 | 22 45 | 23 05 | 26 14 | 01 28 | 21 46 | 14 26 |
| 21 | 20 00 | 25 59 | 15 28 | 25 20 | 21 50 | 07 32 | 05 47 | 18 51 | 11 05 | 22 45 | 23 08 | 26 18 | 01 22 | 21 39 | 14 26 |
| 22 | 20 12 | 26 48 | 16 00 | 25 14 | 21 58 | 07 36 | 05 49 | 18 51 | 11 04 | 22 45 | 23 10 | 26 21 | 01 15 | 21 32 | 14 25 |
| 23 | 20 25 | 26 20 | 16 33 | 25 08 | 22 05 | 07 41 | 05 51 | 18 51 | 11 04 | 22 44 | 23 12 | 26 25 | 01 09 | 21 24 | 14 25 |
| 24 | 20 37 | 24 39 | 17 04 | 25 00 | 22 13 | 07 45 | 05 53 | 18 51 | 11 03 | 22 44 | 23 15 | 26 27 | 01 03 | 21 16 | 14 25 |
| 25 | 20 49 | 21 55 | 17 35 | 24 52 | 22 20 | 07 49 | 05 56 | 18 51 | 11 03 | 22 44 | 23 18 | 26 30 | 00 57 | 21 09 | 14 24 |
| 26 | 21 00 | 18 15 | 18 06 | 24 44 | 22 27 | 07 53 | 05 58 | 18 52 | 11 02 | 22 43 | 23 20 | 26 32 | 00 51 | 21 01 | 14 24 |
| 27 | 21 11 | 13 52 | 18 35 | 24 34 | 22 34 | 07 57 | 06 00 | 18 52 | 11 02 | 22 43 | 23 23 | 26 33 | 00 45 | 20 53 | 14 24 |
| 28 | 21 22 | 08 52 | 19 04 | 24 24 | 22 40 | 08 01 | 06 02 | 18 52 | 11 01 | 22 43 | 23 27 | 26 35 | 00 40 | 20 45 | 14 24 |
| 29 | 21 32 | 03 27 | 19 32 | 24 14 | 22 47 | 08 05 | 06 04 | 18 52 | 11 01 | 22 42 | 23 30 | 26 35 | 00 35 | 20 38 | 14 23 |
| 30 | 21 42 | -02 15 | 19 59 | 24 02 | 22 53 | 08 09 | 06 06 | 18 53 | 11 01 | 22 42 | 23 33 | 26 36 | 00 30 | 20 29 | 14 23 |

Lunar Phases -- 4 ● 18:57 11 ◐ 15:25 18 Ⓔ 19:07 ♪ 26 ◑ 21:09 Sun enters ♐ 11/21 17:08

## Longitudes of Main Planets - December 2040

0:00 E.T.

| D | S.T. | ☉ | ☽ | ☽ 12:00 | ☿ | ♀ | ♂ | ♃ | ♄ | ♅ | ♆ | ♇ | ☊ |
|---|---|---|---|---|---|---|---|---|---|---|---|---|---|
| 1 | 4:41:52 | 09♐23 46 | 26♎48 | 03♏27 | 01♐56 | 23♑35 | 13♐58 | 23♎57 | 21♎13 | 07♌55℞ | 03♉33℞ | 24♒57 | 23♉41 |
| 2 | 4:45:49 | 10 24 36 | 10♏13 | 17 05 | 03 31 | 24 44 | 14 42 | 24 08 | 21 19 | 07 54 | 03 32 | 24 57 | 23 37 |
| 3 | 4:49:45 | 11 25 28 | 24 02 | 01♐05 | 05 05 | 25 53 | 15 26 | 24 18 | 21 24 | 07 53 | 03 30 | 24 58 | 23 34 |
| 4 | 4:53:42 | 12 26 21 | 08♐13 | 15 26 | 06 39 | 27 03 | 16 10 | 24 29 | 21 30 | 07 52 | 03 29 | 24 59 | 23 31 |
| 5 | 4:57:38 | 13 27 15 | 22 42 | 00♑02 | 08 13 | 28 12 | 16 54 | 24 40 | 21 35 | 07 51 | 03 28 | 24 59 | 23 28 |
| 6 | 5:01:35 | 14 28 11 | 07♑23 | 14 46 | 09 47 | 29 21 | 17 38 | 24 50 | 21 41 | 07 50 | 03 27 | 25 00 | 23 25 |
| 7 | 5:05:31 | 15 29 07 | 22 09 | 29 31 | 11 22 | 00♒29 | 18 23 | 25 01 | 21 46 | 07 49 | 03 25 | 25 01 | 23 21 |
| 8 | 5:09:28 | 16 30 03 | 06♒52 | 14♒10 | 12 56 | 01 38 | 19 07 | 25 11 | 21 51 | 07 47 | 03 24 | 25 02 | 23 18 |
| 9 | 5:13:25 | 17 31 01 | 21 25 | 28 37 | 14 30 | 02 46 | 19 51 | 25 21 | 21 56 | 07 46 | 03 23 | 25 03 | 23 15 |
| 10 | 5:17:21 | 18 31 59 | 05♓45 | 12♓49 | 16 04 | 03 55 | 20 36 | 25 31 | 22 02 | 07 45 | 03 22 | 25 03 | 23 12 |
| 11 | 5:21:18 | 19 32 58 | 19 48 | 26 44 | 17 38 | 05 03 | 21 20 | 25 41 | 22 07 | 07 43 | 03 21 | 25 04 | 23 09 |
| 12 | 5:25:14 | 20 33 57 | 03♈34 | 10♈20 | 19 12 | 06 11 | 22 05 | 25 51 | 22 12 | 07 42 | 03 20 | 25 05 | 23 06 |
| 13 | 5:29:11 | 21 34 57 | 17 02 | 23 40 | 20 47 | 07 19 | 22 49 | 26 01 | 22 16 | 07 40 | 03 19 | 25 06 | 23 02 |
| 14 | 5:33:07 | 22 35 57 | 00♉15 | 06♉45 | 22 21 | 08 26 | 23 34 | 26 11 | 22 21 | 07 38 | 03 18 | 25 07 | 22 59 |
| 15 | 5:37:04 | 23 36 58 | 13 13 | 19 37 | 23 56 | 09 34 | 24 18 | 26 20 | 22 26 | 07 37 | 03 17 | 25 08 | 22 56 |
| 16 | 5:41:00 | 24 37 59 | 25 58 | 02♊16 | 25 30 | 10 41 | 25 03 | 26 30 | 22 31 | 07 35 | 03 16 | 25 09 | 22 53 |
| 17 | 5:44:57 | 25 39 01 | 08♊31 | 14 44 | 27 05 | 11 48 | 25 48 | 26 39 | 22 35 | 07 33 | 03 15 | 25 10 | 22 50 |
| 18 | 5:48:54 | 26 40 04 | 20 55 | 27 03 | 28 40 | 12 55 | 26 33 | 26 49 | 22 40 | 07 32 | 03 14 | 25 11 | 22 47 |
| 19 | 5:52:50 | 27 41 07 | 03♋09 | 09♋13 | 00♑15 | 14 01 | 27 17 | 26 58 | 22 44 | 07 30 | 03 14 | 25 12 | 22 43 |
| 20 | 5:56:47 | 28 42 11 | 15 15 | 21 15 | 01 50 | 15 08 | 28 02 | 27 07 | 22 49 | 07 28 | 03 13 | 25 13 | 22 40 |
| 21 | 6:00:43 | 29 43 15 | 27 14 | 03♌12 | 03 25 | 16 14 | 28 47 | 27 16 | 22 53 | 07 26 | 03 12 | 25 14 | 22 37 |
| 22 | 6:04:40 | 00♑44 20 | 09♌09 | 15 04 | 05 01 | 17 20 | 29 32 | 27 25 | 22 57 | 07 24 | 03 11 | 25 15 | 22 34 |
| 23 | 6:08:36 | 01 45 26 | 21 00 | 26 56 | 06 36 | 18 25 | 00♑17 | 27 33 | 23 01 | 07 22 | 03 11 | 25 16 | 22 31 |
| 24 | 6:12:33 | 02 46 32 | 02♍52 | 08♍49 | 08 12 | 19 31 | 01 02 | 27 42 | 23 05 | 07 20 | 03 10 | 25 18 | 22 27 |
| 25 | 6:16:29 | 03 47 39 | 14 47 | 20 48 | 09 48 | 20 36 | 01 47 | 27 51 | 23 09 | 07 18 | 03 09 | 25 19 | 22 24 |
| 26 | 6:20:26 | 04 48 46 | 26 51 | 02♎57 | 11 25 | 21 41 | 02 33 | 27 59 | 23 13 | 07 16 | 03 09 | 25 20 | 22 21 |
| 27 | 6:24:23 | 05 49 54 | 09♎07 | 15 21 | 13 01 | 22 45 | 03 18 | 28 07 | 23 17 | 07 14 | 03 08 | 25 21 | 22 18 |
| 28 | 6:28:19 | 06 51 03 | 21 40 | 28 05 | 14 38 | 23 50 | 04 03 | 28 15 | 23 20 | 07 12 | 03 07 | 25 22 | 22 15 |
| 29 | 6:32:16 | 07 52 12 | 04♏36 | 11♏13 | 16 15 | 24 53 | 04 48 | 28 23 | 23 24 | 07 10 | 03 07 | 25 24 | 22 12 |
| 30 | 6:36:12 | 08 53 22 | 17 58 | 24 49 | 17 52 | 25 57 | 05 34 | 28 31 | 23 28 | 07 08 | 03 06 | 25 25 | 22 08 |
| 31 | 6:40:09 | 09 54 32 | 01♐47 | 08♐53 | 19 29 | 27 01 | 06 19 | 28 39 | 23 31 | 07 06 | 03 06 | 25 26 | 22 05 |

## 0:00 E.T. Longitudes of the Major Asteroids and Chiron

| D | ⚳ | ⚴ | ⚵ | ⚶ | ⚷ |
|---|---|---|---|---|---|
| 1 | 15♌14 | 19♈35℞ | 17♋20℞ | 19♒53 | 22♋20℞ |
| 2 | 15 19 | 19 29 | 17 15 | 20 16 | 22 18 |
| 3 | 15 23 | 19 23 | 17 09 | 20 40 | 22 15 |
| 4 | 15 28 | 19 18 | 17 03 | 21 03 | 22 12 |
| 5 | 15 32 | 19 13 | 16 56 | 21 27 | 22 10 |
| 6 | 15 35 | 19 08 | 16 48 | 21 51 | 22 07 |
| 7 | 15 38 | 19 05 | 16 40 | 22 15 | 22 04 |
| 8 | 15 41 | 19 02 | 16 32 | 22 39 | 22 01 |
| 9 | 15 43 | 18 59 | 16 23 | 23 03 | 21 58 |
| 10 | 15 45 | 18 57 | 16 13 | 23 27 | 21 55 |
| 11 | 15 47 | 18 56 | 16 03 | 23 52 | 21 52 |
| 12 | 15 48 | 18 55 | 15 53 | 24 16 | 21 48 |
| 13 | 15 49 | 18 55 | 15 42 | 24 41 | 21 45 |
| 14 | 15 49 | 18 55D | 15 31 | 25 06 | 21 42 |
| 15 | 15 49℞ | 18 56 | 15 19 | 25 30 | 21 38 |
| 16 | 15 48 | 18 57 | 15 07 | 25 55 | 21 35 |
| 17 | 15 47 | 18 59 | 14 55 | 26 20 | 21 31 |
| 18 | 15 46 | 19 01 | 14 42 | 26 45 | 21 28 |
| 19 | 15 44 | 19 04 | 14 29 | 27 11 | 21 24 |
| 20 | 15 41 | 19 08 | 14 16 | 27 36 | 21 21 |
| 21 | 15 39 | 19 12 | 14 02 | 28 01 | 21 17 |
| 22 | 15 35 | 19 17 | 13 49 | 28 27 | 21 13 |
| 23 | 15 32 | 19 22 | 13 35 | 28 52 | 21 09 |
| 24 | 15 28 | 19 27 | 13 20 | 29 18 | 21 05 |
| 25 | 15 23 | 19 33 | 13 06 | 29 44 | 21 02 |
| 26 | 15 18 | 19 40 | 12 51 | 00♓09 | 20 58 |
| 27 | 15 13 | 19 47 | 12 37 | 00 35 | 20 54 |
| 28 | 15 07 | 19 55 | 12 22 | 01 01 | 20 50 |
| 29 | 15 01 | 20 03 | 12 07 | 01 27 | 20 46 |
| 30 | 14 54 | 20 11 | 11 53 | 01 53 | 20 42 |
| 31 | 14 47 | 20 20 | 11 38 | 02 19 | 20 38 |

## Lunar Data

| Last Asp. | | Ingress | | |
|---|---|---|---|---|
| 30 | 20:37 | 1 | ♏ | 05:47 |
| 3 | 03:28 | 3 | ♐ | 10:10 |
| 5 | 03:46 | 5 | ♑ | 11:57 |
| 7 | 04:43 | 7 | ♒ | 12:48 |
| 9 | 06:37 | 9 | ♓ | 14:19 |
| 11 | 02:47 | 11 | ♈ | 17:44 |
| 13 | 16:28 | 13 | ♉ | 23:33 |
| 15 | 22:28 | 16 | ♊ | 07:41 |
| 18 | 17:26 | 18 | ♋ | 17:48 |
| 21 | 00:03 | 21 | ♌ | 05:33 |
| 23 | 13:26 | 23 | ♍ | 18:13 |
| 24 | 12:27 | 26 | ♎ | 06:13 |
| 28 | 12:26 | 28 | ♏ | 15:33 |
| 30 | 15:07 | 30 | ♐ | 20:56 |

## 0:00 E.T. Declinations

| D | ☉ | ☽ | ☿ | ♀ | ♂ | ♃ | ♄ | ♅ | ♆ | ♇ | ⚳ | ⚴ | ⚵ | ⚶ | ⚷ |
|---|---|---|---|---|---|---|---|---|---|---|---|---|---|---|---|
| 1 | -21 51 | -08 02 | -20 25 | -23 50 | -22 59 | -08 13 | -06 08 | +18 53 | +11 00 | -22 41 | +23 37 | -26 36 | +00 26 | -20 21 | +14 23 |
| 2 | 22 00 | 13 38 | 20 50 | 23 38 | 23 04 | 08 17 | 06 10 | 18 53 | 11 00 | 22 41 | 23 41 | 26 36 | 00 21 | 20 13 | 14 23 |
| 3 | 22 09 | 18 43 | 21 14 | 23 24 | 23 10 | 08 20 | 06 12 | 18 54 | 10 59 | 22 41 | 23 45 | 26 35 | 00 17 | 20 05 | 14 23 |
| 4 | 22 17 | 22 53 | 21 37 | 23 11 | 23 15 | 08 24 | 06 13 | 18 54 | 10 59 | 22 40 | 23 49 | 26 34 | 00 13 | 19 57 | 14 23 |
| 5 | 22 25 | 25 42 | 21 59 | 22 56 | 23 20 | 08 28 | 06 15 | 18 54 | 10 59 | 22 40 | 23 53 | 26 33 | 00 10 | 19 48 | 14 23 |
| 6 | 22 32 | 26 47 | 22 20 | 22 41 | 23 25 | 08 32 | 06 17 | 18 55 | 10 58 | 22 39 | 23 57 | 26 31 | 00 07 | 19 40 | 14 23 |
| 7 | 22 39 | 25 59 | 22 40 | 22 25 | 23 29 | 08 35 | 06 19 | 18 55 | 10 58 | 22 39 | 24 02 | 26 29 | 00 04 | 19 31 | 14 23 |
| 8 | 22 45 | 23 23 | 22 59 | 22 09 | 23 34 | 08 39 | 06 21 | 18 55 | 10 58 | 22 38 | 24 06 | 26 27 | 00 01 | 19 23 | 14 23 |
| 9 | 22 51 | 19 18 | 23 17 | 21 52 | 23 38 | 08 43 | 06 22 | 18 56 | 10 57 | 22 38 | 24 11 | 26 24 | -00 01 | 19 14 | 14 23 |
| 10 | 22 56 | 14 10 | 23 33 | 21 35 | 23 41 | 08 46 | 06 24 | 18 56 | 10 57 | 22 38 | 24 16 | 26 21 | 00 04 | 19 05 | 14 23 |
| 11 | 23 01 | 08 23 | 23 48 | 21 17 | 23 45 | 08 50 | 06 26 | 18 57 | 10 57 | 22 37 | 24 21 | 26 18 | 00 05 | 18 56 | 14 23 |
| 12 | 23 06 | 02 19 | 24 02 | 20 59 | 23 48 | 08 53 | 06 28 | 18 57 | 10 56 | 22 37 | 24 26 | 26 14 | 00 07 | 18 47 | 14 23 |
| 13 | 23 10 | +03 45 | 24 15 | 20 40 | 23 51 | 08 56 | 06 29 | 18 57 | 10 56 | 22 36 | 24 32 | 26 11 | 00 08 | 18 39 | 14 23 |
| 14 | 23 14 | 09 32 | 24 27 | 20 21 | 23 54 | 09 00 | 06 31 | 18 58 | 10 56 | 22 36 | 24 37 | 26 07 | 00 09 | 18 30 | 14 23 |
| 15 | 23 17 | 14 49 | 24 37 | 20 01 | 23 57 | 09 03 | 06 32 | 18 58 | 10 55 | 22 35 | 24 43 | 26 02 | 00 10 | 18 20 | 14 23 |
| 16 | 23 20 | 19 22 | 24 46 | 19 40 | 23 59 | 09 06 | 06 34 | 18 59 | 10 55 | 22 35 | 24 49 | 25 58 | 00 10 | 18 11 | 14 23 |
| 17 | 23 22 | 22 58 | 24 53 | 19 20 | 24 01 | 09 10 | 06 35 | 18 59 | 10 55 | 22 34 | 24 55 | 25 53 | 00 10 | 18 02 | 14 23 |
| 18 | 23 24 | 25 26 | 25 00 | 18 58 | 24 03 | 09 13 | 06 37 | 19 00 | 10 55 | 22 34 | 25 01 | 25 47 | 00 09 | 17 53 | 14 24 |
| 19 | 23 25 | 26 39 | 25 04 | 18 37 | 24 05 | 09 16 | 06 38 | 19 00 | 10 54 | 22 33 | 25 07 | 25 42 | 00 09 | 17 44 | 14 24 |
| 20 | 23 26 | 26 34 | 25 08 | 18 15 | 24 06 | 09 19 | 06 40 | 19 01 | 10 54 | 22 33 | 25 14 | 25 36 | 00 08 | 17 34 | 14 24 |
| 21 | 23 26 | 25 14 | 25 10 | 17 52 | 24 07 | 09 22 | 06 41 | 19 01 | 10 54 | 22 32 | 25 20 | 25 31 | 00 06 | 17 25 | 14 24 |
| 22 | 23 26 | 22 47 | 25 11 | 17 29 | 24 08 | 09 25 | 06 42 | 19 02 | 10 54 | 22 31 | 25 27 | 25 24 | 00 04 | 17 15 | 14 24 |
| 23 | 23 25 | 19 22 | 25 10 | 17 06 | 24 08 | 09 28 | 06 44 | 19 02 | 10 54 | 22 31 | 25 34 | 25 18 | 00 02 | 17 06 | 14 25 |
| 24 | 23 24 | 15 12 | 25 08 | 16 43 | 24 08 | 09 31 | 06 45 | 19 03 | 10 53 | 22 30 | 25 41 | 25 12 | 00 00 | 16 56 | 14 25 |
| 25 | 23 23 | 10 26 | 25 04 | 16 19 | 24 09 | 09 34 | 06 46 | 19 03 | 10 53 | 22 30 | 25 48 | 25 05 | +00 03 | 16 46 | 14 25 |
| 26 | 23 21 | 05 14 | 24 59 | 15 55 | 24 08 | 09 37 | 06 47 | 19 04 | 10 53 | 22 29 | 25 55 | 24 58 | 00 06 | 16 37 | 14 26 |
| 27 | 23 18 | -00 16 | 24 52 | 15 30 | 24 08 | 09 40 | 06 48 | 19 04 | 10 53 | 22 29 | 26 03 | 24 51 | 00 09 | 16 27 | 14 26 |
| 28 | 23 15 | 05 53 | 24 44 | 15 05 | 24 07 | 09 42 | 06 50 | 19 05 | 10 53 | 22 28 | 26 10 | 24 43 | 00 13 | 16 17 | 14 26 |
| 29 | 23 12 | 11 27 | 24 34 | 14 40 | 24 06 | 09 45 | 06 51 | 19 05 | 10 53 | 22 28 | 26 18 | 24 36 | 00 17 | 16 07 | 14 27 |
| 30 | 23 08 | 16 40 | 24 22 | 14 15 | 24 05 | 09 48 | 06 52 | 19 06 | 10 53 | 22 27 | 26 25 | 24 28 | 00 21 | 15 57 | 14 27 |
| 31 | 23 04 | 21 13 | 24 09 | 13 49 | 24 03 | 09 50 | 06 53 | 19 07 | 10 52 | 22 26 | 26 33 | 24 20 | 00 26 | 15 47 | 14 27 |

Lunar Phases -- 4 ● 07:34 10 ◐ 23:31 18 ○ 12:17 26 ◑ 17:04 Sun enters ♑ 12/21 06:35

## 0:00 E.T. Longitudes of Main Planets - January 2041

| D | S.T. | ☉ | ☽ | ☽ 12:00 | ☿ | ♀ | ♂ | ♃ | ♄ | ♅ | ♆ | ♇ | ☊ |
|---|---|---|---|---|---|---|---|---|---|---|---|---|---|
| 1 | 6:44:05 | 10♑55 42 | 16♐05 | 23♐24 | 21♑06 | 28♒04 | 07♑04 | 28♎47 | 23♎34 | 07♌03℞ | 03♉06℞ | 25♒27 | 22♉02 |
| 2 | 6:48:02 | 11 56 53 | 00♑48 | 08♑17 | 22 43 | 29 06 | 07 50 | 28 54 | 23 37 | 07 01 | 03 05 | 25 29 | 21 59 |
| 3 | 6:51:58 | 12 58 04 | 15 49 | 23 24 | 24 21 | 00♓09 | 08 35 | 29 01 | 23 41 | 06 59 | 03 05 | 25 30 | 21 56 |
| 4 | 6:55:55 | 13 59 15 | 00♒59 | 08♒35 | 25 58 | 01 11 | 09 21 | 29 09 | 23 44 | 06 56 | 03 05 | 25 32 | 21 53 |
| 5 | 6:59:52 | 15 00 26 | 16 08 | 23 39 | 27 35 | 02 12 | 10 07 | 29 16 | 23 46 | 06 54 | 03 04 | 25 33 | 21 49 |
| 6 | 7:03:48 | 16 01 36 | 01♓06 | 08♓28 | 29 12 | 03 14 | 10 52 | 29 23 | 23 49 | 06 52 | 03 04 | 25 34 | 21 46 |
| 7 | 7:07:45 | 17 02 46 | 15 45 | 22 56 | 00♒48 | 04 14 | 11 38 | 29 29 | 23 52 | 06 49 | 03 04 | 25 36 | 21 43 |
| 8 | 7:11:41 | 18 03 56 | 00 00 | 06♈57 | 02 24 | 05 15 | 12 24 | 29 36 | 23 55 | 06 47 | 03 04 | 25 37 | 21 40 |
| 9 | 7:15:38 | 19 05 05 | 13♈49 | 20 34 | 03 59 | 06 15 | 13 10 | 29 43 | 23 57 | 06 44 | 03 03 | 25 39 | 21 37 |
| 10 | 7:19:34 | 20 06 13 | 27 13 | 03♉47 | 05 33 | 07 14 | 13 55 | 29 49 | 24 00 | 06 42 | 03 03 | 25 40 | 21 33 |
| 11 | 7:23:31 | 21 07 22 | 10♉16 | 16 40 | 07 06 | 08 13 | 14 41 | 29 55 | 24 02 | 06 39 | 03 03 | 25 41 | 21 30 |
| 12 | 7:27:27 | 22 08 29 | 23 00 | 29 16 | 08 37 | 09 12 | 15 27 | 00♏01 | 24 04 | 06 37 | 03 03 | 25 43 | 21 27 |
| 13 | 7:31:24 | 23 09 36 | 05♊29 | 11♊39 | 10 07 | 10 10 | 16 13 | 00 07 | 24 06 | 06 34 | 03 03D | 25 44 | 21 24 |
| 14 | 7:35:21 | 24 10 43 | 17 47 | 23 53 | 11 34 | 11 07 | 16 59 | 00 13 | 24 08 | 06 32 | 03 03 | 25 46 | 21 21 |
| 15 | 7:39:17 | 25 11 49 | 29 56 | 05♋58 | 12 58 | 12 04 | 17 45 | 00 18 | 24 10 | 06 29 | 03 03 | 25 48 | 21 18 |
| 16 | 7:43:14 | 26 12 54 | 11♋59 | 17 59 | 14 20 | 13 00 | 18 31 | 00 24 | 24 12 | 06 27 | 03 03 | 25 49 | 21 14 |
| 17 | 7:47:10 | 27 13 59 | 23 57 | 29 55 | 15 37 | 13 56 | 19 17 | 00 29 | 24 14 | 06 24 | 03 04 | 25 51 | 21 11 |
| 18 | 7:51:07 | 28 15 03 | 05♌52 | 11♌49 | 16 50 | 14 51 | 20 03 | 00 34 | 24 15 | 06 22 | 03 04 | 25 52 | 21 08 |
| 19 | 7:55:03 | 29 16 07 | 17 45 | 23 41 | 17 58 | 15 45 | 20 49 | 00 39 | 24 17 | 06 19 | 03 04 | 25 54 | 21 05 |
| 20 | 7:59:00 | 00♒17 10 | 29 37 | 05♍34 | 19 00 | 16 39 | 21 35 | 00 44 | 24 18 | 06 16 | 03 04 | 25 55 | 21 02 |
| 21 | 8:02:56 | 01 18 13 | 11♍31 | 17 28 | 19 55 | 17 32 | 22 22 | 00 48 | 24 20 | 06 14 | 03 04 | 25 57 | 20 58 |
| 22 | 8:06:53 | 02 19 15 | 23 27 | 29 28 | 20 42 | 18 24 | 23 08 | 00 53 | 24 21 | 06 11 | 03 05 | 25 59 | 20 55 |
| 23 | 8:10:50 | 03 20 17 | 05♎31 | 11♎36 | 21 21 | 19 16 | 23 54 | 00 57 | 24 22 | 06 09 | 03 05 | 26 00 | 20 52 |
| 24 | 8:14:46 | 04 21 18 | 17 45 | 23 57 | 21 50 | 20 07 | 24 40 | 01 01 | 24 23 | 06 06 | 03 05 | 26 02 | 20 49 |
| 25 | 8:18:43 | 05 22 19 | 00♏13 | 06♏35 | 22 09 | 20 57 | 25 27 | 01 05 | 24 24 | 06 03 | 03 06 | 26 03 | 20 46 |
| 26 | 8:22:39 | 06 23 19 | 13 02 | 19 35 | 22 18 | 21 46 | 26 13 | 01 09 | 24 25 | 06 01 | 03 06 | 26 05 | 20 43 |
| 27 | 8:26:36 | 07 24 19 | 26 14 | 03♐01 | 22 15℞ | 22 34 | 27 00 | 01 12 | 24 25 | 05 58 | 03 07 | 26 07 | 20 39 |
| 28 | 8:30:32 | 08 25 18 | 09♐55 | 16 56 | 22 01 | 23 22 | 27 46 | 01 16 | 24 26 | 05 55 | 03 07 | 26 08 | 20 36 |
| 29 | 8:34:29 | 09 26 17 | 24 04 | 01♑20 | 21 35 | 24 08 | 28 32 | 01 19 | 24 26 | 05 53 | 03 08 | 26 10 | 20 33 |
| 30 | 8:38:25 | 10 27 15 | 08♑43 | 16 12 | 20 59 | 24 54 | 29 19 | 01 22 | 24 27 | 05 50 | 03 08 | 26 12 | 20 30 |
| 31 | 8:42:22 | 11 28 12 | 23 45 | 01♒23 | 20 13 | 25 38 | 00♒06 | 01 25 | 24 27 | 05 48 | 03 09 | 26 13 | 20 27 |

## 0:00 E.T. Longitudes of the Major Asteroids and Chiron

| D | ⚳ | ⚴ | ⚵ | ⚶ | ⚷ |
|---|---|---|---|---|---|
| 1 | 14♌40℞ | 20♈30 | 11♋23℞ | 02♓46 | 20♋33℞ |
| 2 | 14 32 | 20 40 | 11 08 | 03 12 | 20 29 |
| 3 | 14 24 | 20 50 | 10 53 | 03 38 | 20 25 |
| 4 | 14 15 | 21 01 | 10 39 | 04 05 | 20 21 |
| 5 | 14 06 | 21 13 | 10 24 | 04 31 | 20 17 |
| 6 | 13 57 | 21 24 | 10 10 | 04 58 | 20 13 |
| 7 | 13 47 | 21 37 | 09 56 | 05 24 | 20 08 |
| 8 | 13 37 | 21 49 | 09 42 | 05 51 | 20 04 |
| 9 | 13 27 | 22 02 | 09 28 | 06 18 | 20 00 |
| 10 | 13 16 | 22 16 | 09 15 | 06 45 | 19 56 |
| 11 | 13 05 | 22 30 | 09 02 | 07 11 | 19 52 |
| 12 | 12 54 | 22 44 | 08 49 | 07 38 | 19 47 |
| 13 | 12 42 | 22 58 | 08 36 | 08 05 | 19 43 |
| 14 | 12 30 | 23 13 | 08 24 | 08 32 | 19 39 |
| 15 | 12 18 | 23 29 | 08 12 | 08 59 | 19 35 |
| 16 | 12 06 | 23 45 | 08 01 | 09 26 | 19 31 |
| 17 | 11 53 | 24 01 | 07 50 | 09 53 | 19 26 |
| 18 | 11 40 | 24 17 | 07 39 | 10 21 | 19 22 |
| 19 | 11 27 | 24 34 | 07 29 | 10 48 | 19 18 |
| 20 | 11 14 | 24 51 | 07 19 | 11 15 | 19 14 |
| 21 | 11 00 | 25 09 | 07 09 | 11 42 | 19 10 |
| 22 | 10 47 | 25 27 | 07 00 | 12 10 | 19 06 |
| 23 | 10 33 | 25 45 | 06 52 | 12 37 | 19 02 |
| 24 | 10 19 | 26 04 | 06 44 | 13 05 | 18 58 |
| 25 | 10 05 | 26 23 | 06 36 | 13 32 | 18 54 |
| 26 | 09 51 | 26 42 | 06 29 | 14 00 | 18 50 |
| 27 | 09 37 | 27 02 | 06 22 | 14 27 | 18 46 |
| 28 | 09 23 | 27 21 | 06 16 | 14 55 | 18 42 |
| 29 | 09 08 | 27 42 | 06 10 | 15 22 | 18 38 |
| 30 | 08 54 | 28 02 | 06 05 | 15 50 | 18 34 |
| 31 | 08 40 | 28 23 | 06 01 | 16 18 | 18 31 |

## Lunar Data

| Last Asp. | | Ingress | | |
|---|---|---|---|---|
| 1 | 21:04 | 1 | ♑ | 22:43 |
| 3 | 21:04 | 3 | ♒ | 22:26 |
| 5 | 21:11 | 5 | ♓ | 22:13 |
| 7 | 02:19 | 8 | ♈ | 00:01 |
| 10 | 04:46 | 10 | ♉ | 05:04 |
| 12 | 05:12 | 12 | ♊ | 13:24 |
| 14 | 15:46 | 15 | ♋ | 00:08 |
| 17 | 07:13 | 17 | ♌ | 12:10 |
| 19 | 16:30 | 20 | ♍ | 00:46 |
| 21 | 23:18 | 22 | ♎ | 13:04 |
| 24 | 16:02 | 24 | ♏ | 23:34 |
| 27 | 01:25 | 27 | ♐ | 06:41 |
| 29 | 03:29 | 29 | ♑ | 09:48 |
| 31 | 03:07 | 31 | ♒ | 09:50 |

## 0:00 E.T. Declinations

| D | ☉ | ☽ | ☿ | ♀ | ♂ | ♃ | ♄ | ♅ | ♆ | ♇ | ⚳ | ⚴ | ⚵ | ⚶ | ⚷ |
|---|---|---|---|---|---|---|---|---|---|---|---|---|---|---|---|
| 1 | -22 59 | -24 39 | -23 55 | -13 23 | -24 01 | -09 53 | -06 54 | +19 07 | +10 52 | -22 26 | +26 41 | -24 12 | +00 31 | -15 37 | +14 28 |
| 2 | 22 54 | 26 32 | 23 39 | 12 57 | 23 59 | 09 55 | 06 55 | 19 08 | 10 52 | 22 25 | 26 49 | 24 04 | 00 36 | 15 27 | 14 28 |
| 3 | 22 48 | 26 31 | 23 21 | 12 30 | 23 57 | 09 58 | 06 55 | 19 08 | 10 52 | 22 25 | 26 57 | 23 55 | 00 41 | 15 17 | 14 29 |
| 4 | 22 42 | 24 32 | 23 02 | 12 04 | 23 54 | 10 00 | 06 56 | 19 09 | 10 52 | 22 24 | 27 05 | 23 47 | 00 47 | 15 07 | 14 29 |
| 5 | 22 35 | 20 49 | 22 42 | 11 37 | 23 51 | 10 02 | 06 57 | 19 10 | 10 52 | 22 24 | 27 13 | 23 38 | 00 53 | 14 56 | 14 30 |
| 6 | 22 28 | 15 48 | 22 20 | 11 10 | 23 48 | 10 05 | 06 58 | 19 10 | 10 52 | 22 23 | 27 21 | 23 29 | 01 00 | 14 46 | 14 30 |
| 7 | 22 21 | 09 57 | 21 56 | 10 43 | 23 45 | 10 07 | 06 59 | 19 11 | 10 52 | 22 22 | 27 29 | 23 20 | 01 06 | 14 36 | 14 31 |
| 8 | 22 13 | 03 45 | 21 31 | 10 16 | 23 41 | 10 09 | 06 59 | 19 12 | 10 52 | 22 22 | 27 37 | 23 11 | 01 13 | 14 25 | 14 31 |
| 9 | 22 05 | +02 28 | 21 05 | 09 48 | 23 37 | 10 11 | 07 00 | 19 12 | 10 52 | 22 21 | 27 46 | 23 02 | 01 20 | 14 15 | 14 32 |
| 10 | 21 56 | 08 24 | 20 37 | 09 21 | 23 33 | 10 13 | 07 01 | 19 13 | 10 52 | 22 21 | 27 54 | 22 52 | 01 28 | 14 05 | 14 32 |
| 11 | 21 47 | 13 49 | 20 09 | 08 53 | 23 28 | 10 15 | 07 01 | 19 13 | 10 52 | 22 20 | 28 02 | 22 43 | 01 35 | 13 54 | 14 33 |
| 12 | 21 37 | 18 31 | 19 39 | 08 25 | 23 24 | 10 17 | 07 02 | 19 14 | 10 52 | 22 19 | 28 10 | 22 33 | 01 43 | 13 43 | 14 33 |
| 13 | 21 27 | 22 18 | 19 08 | 07 58 | 23 19 | 10 19 | 07 02 | 19 15 | 10 52 | 22 19 | 28 19 | 22 24 | 01 51 | 13 33 | 14 34 |
| 14 | 21 16 | 25 00 | 18 36 | 07 30 | 23 13 | 10 21 | 07 03 | 19 15 | 10 52 | 22 18 | 28 27 | 22 14 | 01 59 | 13 22 | 14 34 |
| 15 | 21 06 | 26 29 | 18 04 | 07 02 | 23 08 | 10 22 | 07 03 | 19 16 | 10 52 | 22 17 | 28 35 | 22 04 | 02 08 | 13 12 | 14 35 |
| 16 | 20 54 | 26 42 | 17 31 | 06 34 | 23 02 | 10 24 | 07 04 | 19 17 | 10 52 | 22 17 | 28 43 | 21 54 | 02 16 | 13 01 | 14 36 |
| 17 | 20 43 | 25 40 | 16 57 | 06 06 | 22 56 | 10 26 | 07 04 | 19 17 | 10 53 | 22 16 | 28 52 | 21 44 | 02 25 | 12 50 | 14 36 |
| 18 | 20 30 | 23 28 | 16 24 | 05 39 | 22 50 | 10 27 | 07 04 | 19 18 | 10 53 | 22 16 | 29 00 | 21 33 | 02 34 | 12 39 | 14 37 |
| 19 | 20 18 | 20 16 | 15 52 | 05 11 | 22 43 | 10 29 | 07 05 | 19 19 | 10 53 | 22 15 | 29 08 | 21 23 | 02 43 | 12 29 | 14 37 |
| 20 | 20 05 | 16 16 | 15 20 | 04 43 | 22 36 | 10 30 | 07 05 | 19 19 | 10 53 | 22 14 | 29 16 | 21 13 | 02 53 | 12 18 | 14 38 |
| 21 | 19 52 | 11 37 | 14 49 | 04 15 | 22 29 | 10 32 | 07 05 | 19 20 | 10 53 | 22 14 | 29 24 | 21 02 | 03 02 | 12 07 | 14 39 |
| 22 | 19 38 | 06 31 | 14 19 | 03 48 | 22 22 | 10 33 | 07 05 | 19 21 | 10 53 | 22 13 | 29 31 | 20 51 | 03 12 | 11 56 | 14 39 |
| 23 | 19 24 | 01 08 | 13 51 | 03 20 | 22 14 | 10 34 | 07 06 | 19 21 | 10 53 | 22 13 | 29 39 | 20 41 | 03 21 | 11 45 | 14 40 |
| 24 | 19 10 | -04 22 | 13 26 | 02 53 | 22 07 | 10 35 | 07 06 | 19 22 | 10 54 | 22 12 | 29 47 | 20 30 | 03 31 | 11 34 | 14 41 |
| 25 | 18 55 | 09 50 | 13 03 | 02 25 | 21 58 | 10 37 | 07 06 | 19 23 | 10 54 | 22 11 | 29 54 | 20 19 | 03 41 | 11 23 | 14 41 |
| 26 | 18 40 | 15 03 | 12 44 | 01 58 | 21 50 | 10 38 | 07 06 | 19 23 | 10 54 | 22 11 | 30 01 | 20 08 | 03 51 | 11 12 | 14 42 |
| 27 | 18 25 | 19 43 | 12 28 | 01 31 | 21 42 | 10 39 | 07 06 | 19 24 | 10 54 | 22 10 | 30 09 | 19 57 | 04 01 | 11 01 | 14 43 |
| 28 | 18 09 | 23 31 | 12 15 | 01 04 | 21 33 | 10 40 | 07 06 | 19 25 | 10 54 | 22 10 | 30 16 | 19 46 | 04 11 | 10 50 | 14 44 |
| 29 | 17 53 | 26 01 | 12 07 | 00 38 | 21 24 | 10 41 | 07 06 | 19 25 | 10 55 | 22 09 | 30 23 | 19 35 | 04 22 | 10 39 | 14 44 |
| 30 | 17 37 | 26 51 | 12 03 | 00 11 | 21 15 | 10 41 | 07 05 | 19 26 | 10 55 | 22 08 | 30 29 | 19 24 | 04 32 | 10 28 | 14 45 |
| 31 | 17 20 | 25 44 | 12 03 | +00 15 | 21 05 | 10 42 | 07 05 | 19 27 | 10 55 | 22 08 | 30 36 | 19 13 | 04 42 | 10 17 | 14 46 |

Lunar Phases -- 2 ● 19:09 9 ◐ 10:07 17 ○ 07:13 25 ◑ 10:34 Sun enters ♒ 1/19 17:15

## Feb. 41 — Longitudes of Main Planets - February 2041 — 0:00 E.T.

| D | S.T. | ☉ | ☽ | ☽ 12:00 | ☿ | ♀ | ♂ | ♃ | ♄ | ♅ | ♆ | ♇ | ☊ |
|---|---|---|---|---|---|---|---|---|---|---|---|---|---|
| 1 | 8:46:19 | 12♒29 08 | 09♒03 | 16♒45 | 19♒17℞ | 26♓22 | 00♒52 | 01♏28 | 24♎27 | 05♌45℞ | 03♉10 | 26♒15 | 20♉24 |
| 2 | 8:50:15 | 13 30 04 | 24 25 | 02♓04 | 18 14 | 27 04 | 01 39 | 01 30 | 24 27℞ | 05 42 | 03 10 | 26 17 | 20 20 |
| 3 | 8:54:12 | 14 30 58 | 09♓40 | 17 11 | 17 06 | 27 45 | 02 25 | 01 32 | 24 27 | 05 40 | 03 11 | 26 19 | 20 17 |
| 4 | 8:58:08 | 15 31 50 | 24 36 | 01♈55 | 15 54 | 28 25 | 03 12 | 01 35 | 24 27 | 05 37 | 03 12 | 26 20 | 20 14 |
| 5 | 9:02:05 | 16 32 42 | 09♈06 | 16 11 | 14 41 | 29 04 | 03 59 | 01 36 | 24 26 | 05 35 | 03 13 | 26 22 | 20 11 |
| 6 | 9:06:01 | 17 33 32 | 23 08 | 29 57 | 13 28 | 29 42 | 04 45 | 01 38 | 24 26 | 05 32 | 03 13 | 26 24 | 20 08 |
| 7 | 9:09:58 | 18 34 20 | 06♉39 | 13♉15 | 12 18 | 00♈18 | 05 32 | 01 40 | 24 25 | 05 30 | 03 14 | 26 25 | 20 04 |
| 8 | 9:13:54 | 19 35 07 | 19 44 | 26 08 | 11 13 | 00 53 | 06 19 | 01 41 | 24 25 | 05 27 | 03 15 | 26 27 | 20 01 |
| 9 | 9:17:51 | 20 35 53 | 02♊26 | 08♊40 | 10 12 | 01 26 | 07 05 | 01 42 | 24 24 | 05 25 | 03 16 | 26 29 | 19 58 |
| 10 | 9:21:48 | 21 36 37 | 14 50 | 20 57 | 09 19 | 01 58 | 07 52 | 01 43 | 24 23 | 05 22 | 03 17 | 26 31 | 19 55 |
| 11 | 9:25:44 | 22 37 19 | 27 01 | 03♋02 | 08 33 | 02 28 | 08 39 | 01 44 | 24 22 | 05 20 | 03 18 | 26 32 | 19 52 |
| 12 | 9:29:41 | 23 38 00 | 09♋02 | 15 01 | 07 55 | 02 57 | 09 26 | 01 45 | 24 21 | 05 17 | 03 19 | 26 34 | 19 49 |
| 13 | 9:33:37 | 24 38 40 | 20 58 | 26 54 | 07 24 | 03 24 | 10 13 | 01 45 | 24 20 | 05 15 | 03 20 | 26 36 | 19 45 |
| 14 | 9:37:34 | 25 39 17 | 02♌51 | 08♌47 | 07 02 | 03 49 | 10 59 | 01 45 | 24 19 | 05 12 | 03 21 | 26 37 | 19 42 |
| 15 | 9:41:30 | 26 39 54 | 14 43 | 20 39 | 06 48 | 04 12 | 11 46 | 01 46℞ | 24 18 | 05 10 | 03 22 | 26 39 | 19 39 |
| 16 | 9:45:27 | 27 40 28 | 26 36 | 02♍33 | 06 41 | 04 33 | 12 33 | 01 45 | 24 16 | 05 08 | 03 23 | 26 41 | 19 36 |
| 17 | 9:49:23 | 28 41 01 | 08♍31 | 14 30 | 06 41D | 04 53 | 13 20 | 01 45 | 24 15 | 05 05 | 03 25 | 26 43 | 19 33 |
| 18 | 9:53:20 | 29 41 33 | 20 30 | 26 30 | 06 49 | 05 10 | 14 07 | 01 45 | 24 13 | 05 03 | 03 26 | 26 44 | 19 30 |
| 19 | 9:57:17 | 00♓42 03 | 02♎33 | 08♎37 | 07 02 | 05 26 | 14 54 | 01 44 | 24 11 | 05 01 | 03 27 | 26 46 | 19 26 |
| 20 | 10:01:13 | 01 42 32 | 14 43 | 20 51 | 07 22 | 05 39 | 15 41 | 01 43 | 24 09 | 04 58 | 03 28 | 26 48 | 19 23 |
| 21 | 10:05:10 | 02 43 00 | 27 02 | 03♏16 | 07 47 | 05 50 | 16 28 | 01 42 | 24 07 | 04 56 | 03 30 | 26 50 | 19 20 |
| 22 | 10:09:06 | 03 43 26 | 09♏34 | 15 55 | 08 17 | 05 59 | 17 15 | 01 41 | 24 05 | 04 54 | 03 31 | 26 51 | 19 17 |
| 23 | 10:13:03 | 04 43 51 | 22 21 | 28 52 | 08 52 | 06 06 | 18 02 | 01 39 | 24 03 | 04 52 | 03 32 | 26 53 | 19 14 |
| 24 | 10:16:59 | 05 44 14 | 05♐29 | 12♐11 | 09 32 | 06 10 | 18 49 | 01 38 | 24 01 | 04 50 | 03 34 | 26 55 | 19 10 |
| 25 | 10:20:56 | 06 44 37 | 19 00 | 25 55 | 10 15 | 06 12 | 19 36 | 01 36 | 23 59 | 04 47 | 03 35 | 26 57 | 19 07 |
| 26 | 10:24:52 | 07 44 58 | 02♑57 | 10♑06 | 11 03 | 06 11℞ | 20 23 | 01 34 | 23 56 | 04 45 | 03 36 | 26 58 | 19 04 |
| 27 | 10:28:49 | 08 45 17 | 17 21 | 24 42 | 11 54 | 06 08 | 21 10 | 01 32 | 23 54 | 04 43 | 03 38 | 27 00 | 19 01 |
| 28 | 10:32:46 | 09 45 35 | 02♒09 | 09♒40 | 12 48 | 06 02 | 21 57 | 01 29 | 23 51 | 04 41 | 03 39 | 27 02 | 18 58 |

## 0:00 E.T. — Longitudes of the Major Asteroids and Chiron

| D | ⚳ | ⚴ | ⚵ | ⚶ | ⚷ | D | ⚳ | ⚴ | ⚵ | ⚶ | ⚷ |
|---|---|---|---|---|---|---|---|---|---|---|---|
| 1 | 08♌26℞ | 28♈44 | 05♋57℞ | 16♓45 | 18♋27℞ | 15 | 05 21 | 04 08 | 05 52 | 23 16 | 17 40 |
| 2 | 08 12 | 29 05 | 05 53 | 17 13 | 18 23 | 16 | 05 10 | 04 33 | 05 56 | 23 44 | 17 37 |
| 3 | 07 58 | 29 27 | 05 50 | 17 41 | 18 19 | 17 | 04 58 | 04 58 | 06 00 | 24 12 | 17 35 |
| 4 | 07 44 | 29 49 | 05 47 | 18 09 | 18 16 | 18 | 04 47 | 05 23 | 06 04 | 24 40 | 17 32 |
| 5 | 07 30 | 00♉11 | 05 45 | 18 36 | 18 12 | 19 | 04 37 | 05 49 | 06 09 | 25 08 | 17 29 |
| 6 | 07 16 | 00 34 | 05 44 | 19 04 | 18 09 | 20 | 04 26 | 06 15 | 06 14 | 25 36 | 17 27 |
| 7 | 07 03 | 00 56 | 05 43 | 19 32 | 18 05 | 21 | 04 16 | 06 41 | 06 20 | 26 04 | 17 24 |
| 8 | 06 49 | 01 19 | 05 42 | 20 00 | 18 02 | 22 | 04 07 | 07 07 | 06 26 | 26 32 | 17 22 |
| 9 | 06 36 | 01 43 | 05 42D | 20 28 | 17 59 | 23 | 03 58 | 07 34 | 06 33 | 27 00 | 17 20 |
| 10 | 06 23 | 02 06 | 05 42 | 20 56 | 17 56 | 24 | 03 49 | 08 00 | 06 40 | 27 28 | 17 17 |
| 11 | 06 10 | 02 30 | 05 43 | 21 24 | 17 52 | 25 | 03 40 | 08 27 | 06 47 | 27 56 | 17 15 |
| 12 | 05 57 | 02 54 | 05 45 | 21 52 | 17 49 | 26 | 03 32 | 08 54 | 06 55 | 28 25 | 17 13 |
| 13 | 05 45 | 03 18 | 05 47 | 22 20 | 17 46 | 27 | 03 24 | 09 22 | 07 03 | 28 53 | 17 11 |
| 14 | 05 33 | 03 43 | 05 49 | 22 48 | 17 43 | 28 | 03 17 | 09 49 | 07 12 | 29 21 | 17 09 |

## Lunar Data

| Last Asp. | | Ingress | | |
|---|---|---|---|---|
| 2 | 02:55 | 2 | ♓ | 08:45 |
| 4 | 06:33 | 4 | ♈ | 08:51 |
| 6 | 05:44 | 6 | ♉ | 12:06 |
| 8 | 12:38 | 8 | ♊ | 19:21 |
| 10 | 23:03 | 11 | ♋ | 05:56 |
| 13 | 06:47 | 13 | ♌ | 18:15 |
| 16 | 02:22 | 16 | ♍ | 06:52 |
| 16 | 13:43 | 18 | ♎ | 18:57 |
| 20 | 23:36 | 21 | ♏ | 05:43 |
| 23 | 08:22 | 23 | ♐ | 14:03 |
| 25 | 13:47 | 25 | ♑ | 18:59 |
| 27 | 10:40 | 27 | ♒ | 20:33 |

## 0:00 E.T. — Declinations

| D | ☉ | ☽ | ☿ | ♀ | ♂ | ♃ | ♄ | ♅ | ♆ | ♇ | ⚳ | ⚴ | ⚵ | ⚶ | ⚷ |
|---|---|---|---|---|---|---|---|---|---|---|---|---|---|---|---|
| 1 | -17 03 | -22 43 | -12 08 | +00 41 | -20 55 | -10 43 | -07 05 | +19 27 | +10 56 | -22 07 | +30 43 | -19 02 | +04 53 | -10 05 | +14 46 |
| 2 | 16 46 | 18 05 | 12 16 | 01 06 | 20 45 | 10 43 | 07 05 | 19 28 | 10 56 | 22 07 | 30 49 | 18 51 | 05 03 | 09 54 | 14 47 |
| 3 | 16 29 | 12 19 | 12 27 | 01 32 | 20 35 | 10 44 | 07 05 | 19 28 | 10 56 | 22 06 | 30 55 | 18 39 | 05 13 | 09 43 | 14 48 |
| 4 | 16 11 | 05 57 | 12 41 | 01 57 | 20 25 | 10 45 | 07 04 | 19 29 | 10 56 | 22 05 | 31 01 | 18 28 | 05 24 | 09 32 | 14 49 |
| 5 | 15 53 | +00 34 | 12 58 | 02 21 | 20 14 | 10 45 | 07 04 | 19 30 | 10 57 | 22 05 | 31 06 | 18 17 | 05 34 | 09 21 | 14 49 |
| 6 | 15 34 | 06 52 | 13 16 | 02 46 | 20 03 | 10 45 | 07 03 | 19 30 | 10 57 | 22 04 | 31 12 | 18 05 | 05 45 | 09 09 | 14 50 |
| 7 | 15 15 | 12 38 | 13 35 | 03 10 | 19 52 | 10 46 | 07 03 | 19 31 | 10 57 | 22 04 | 31 17 | 17 54 | 05 55 | 08 58 | 14 51 |
| 8 | 14 57 | 17 38 | 13 55 | 03 33 | 19 41 | 10 46 | 07 03 | 19 32 | 10 58 | 22 03 | 31 22 | 17 42 | 06 06 | 08 47 | 14 52 |
| 9 | 14 37 | 21 42 | 14 15 | 03 56 | 19 29 | 10 46 | 07 02 | 19 32 | 10 58 | 22 02 | 31 27 | 17 31 | 06 16 | 08 35 | 14 52 |
| 10 | 14 18 | 24 40 | 14 35 | 04 19 | 19 18 | 10 46 | 07 01 | 19 33 | 10 59 | 22 02 | 31 32 | 17 19 | 06 26 | 08 24 | 14 53 |
| 11 | 13 58 | 26 25 | 14 55 | 04 41 | 19 06 | 10 46 | 07 01 | 19 33 | 10 59 | 22 01 | 31 36 | 17 08 | 06 37 | 08 13 | 14 54 |
| 12 | 13 38 | 26 54 | 15 13 | 05 02 | 18 54 | 10 46 | 07 00 | 19 34 | 10 59 | 22 01 | 31 41 | 16 56 | 06 47 | 08 01 | 14 55 |
| 13 | 13 18 | 26 08 | 15 31 | 05 23 | 18 41 | 10 46 | 07 00 | 19 35 | 11 00 | 22 00 | 31 45 | 16 45 | 06 57 | 07 50 | 14 56 |
| 14 | 12 58 | 24 10 | 15 47 | 05 43 | 18 29 | 10 46 | 06 59 | 19 35 | 11 00 | 21 59 | 31 48 | 16 33 | 07 08 | 07 39 | 14 56 |
| 15 | 12 37 | 21 10 | 16 02 | 06 03 | 18 16 | 10 46 | 06 58 | 19 36 | 11 01 | 21 59 | 31 52 | 16 21 | 07 18 | 07 27 | 14 57 |
| 16 | 12 17 | 17 18 | 16 15 | 06 22 | 18 03 | 10 46 | 06 57 | 19 36 | 11 01 | 21 58 | 31 55 | 16 10 | 07 28 | 07 16 | 14 58 |
| 17 | 11 56 | 12 44 | 16 27 | 06 40 | 17 50 | 10 45 | 06 57 | 19 37 | 11 01 | 21 58 | 31 58 | 15 58 | 07 38 | 07 05 | 14 59 |
| 18 | 11 35 | 07 40 | 16 38 | 06 57 | 17 37 | 10 45 | 06 56 | 19 37 | 11 02 | 21 57 | 32 01 | 15 47 | 07 48 | 06 53 | 14 59 |
| 19 | 11 13 | 02 18 | 16 46 | 07 14 | 17 23 | 10 45 | 06 55 | 19 38 | 11 02 | 21 57 | 32 04 | 15 35 | 07 58 | 06 42 | 15 00 |
| 20 | 10 52 | -03 14 | 16 54 | 07 29 | 17 10 | 10 44 | 06 54 | 19 39 | 11 03 | 21 56 | 32 06 | 15 23 | 08 08 | 06 30 | 15 01 |
| 21 | 10 30 | 08 43 | 16 59 | 07 44 | 16 56 | 10 44 | 06 53 | 19 39 | 11 03 | 21 56 | 32 09 | 15 12 | 08 18 | 06 19 | 15 02 |
| 22 | 10 08 | 13 57 | 17 04 | 07 58 | 16 42 | 10 43 | 06 52 | 19 40 | 11 04 | 21 55 | 32 11 | 15 00 | 08 27 | 06 08 | 15 02 |
| 23 | 09 46 | 18 42 | 17 06 | 08 11 | 16 27 | 10 42 | 06 51 | 19 40 | 11 04 | 21 55 | 32 13 | 14 48 | 08 37 | 05 56 | 15 03 |
| 24 | 09 24 | 22 41 | 17 07 | 08 23 | 16 13 | 10 41 | 06 50 | 19 41 | 11 05 | 21 54 | 32 14 | 14 37 | 08 46 | 05 45 | 15 04 |
| 25 | 09 02 | 25 33 | 17 07 | 08 34 | 15 59 | 10 41 | 06 49 | 19 41 | 11 05 | 21 53 | 32 15 | 14 25 | 08 56 | 05 33 | 15 05 |
| 26 | 08 40 | 26 58 | 17 05 | 08 43 | 15 44 | 10 40 | 06 48 | 19 42 | 11 06 | 21 53 | 32 17 | 14 13 | 09 05 | 05 22 | 15 06 |
| 27 | 08 17 | 26 37 | 17 02 | 08 52 | 15 29 | 10 39 | 06 47 | 19 42 | 11 06 | 21 52 | 32 18 | 14 02 | 09 14 | 05 11 | 15 06 |
| 28 | 07 55 | 24 24 | 16 57 | 08 59 | 15 14 | 10 38 | 06 46 | 19 43 | 11 07 | 21 52 | 32 18 | 13 50 | 09 24 | 04 59 | 15 07 |

Lunar Phases -- 1 ● 05:44 7 ◐ 23:41 16 ○ 02:22 24 ◑ 00:30 Sun enters ♓ 2/18 07:19

# 0:00 E.T. Longitudes of Main Planets - March 2041 **Mar. 41**

| D | S.T. | ☉ | ☽ | ☽ 12:00 | ☿ | ♀ | ♂ | ♃ | ♄ | ♅ | ♆ | ♇ | ☊ |
|---|---|---|---|---|---|---|---|---|---|---|---|---|---|
| 1 | 10:36:42 | 10♓45 51 | 17♒14 | 24♒51 | 13♒45 | 05♈54℞ | 22♒44 | 01♏27℞ | 23♎49℞ | 04♌39℞ | 03♉41 | 27♒03 | 18♉55 |
| 2 | 10:40:39 | 11 46 06 | 02♓29 | 10♓06 | 14 44 | 05 44 | 23 31 | 01 24 | 23 46 | 04 37 | 03 42 | 27 05 | 18 51 |
| 3 | 10:44:35 | 12 46 19 | 17 41 | 25 13 | 15 47 | 05 31 | 24 18 | 01 21 | 23 43 | 04 35 | 03 44 | 27 07 | 18 48 |
| 4 | 10:48:32 | 13 46 30 | 02♈40 | 10♈02 | 16 52 | 05 15 | 25 05 | 01 18 | 23 40 | 04 34 | 03 45 | 27 08 | 18 45 |
| 5 | 10:52:28 | 14 46 39 | 17 18 | 24 27 | 17 59 | 04 57 | 25 52 | 01 15 | 23 37 | 04 32 | 03 47 | 27 10 | 18 42 |
| 6 | 10:56:25 | 15 46 46 | 01♉29 | 08♉23 | 19 08 | 04 37 | 26 39 | 01 11 | 23 34 | 04 30 | 03 49 | 27 12 | 18 39 |
| 7 | 11:00:21 | 16 46 52 | 15 10 | 21 50 | 20 19 | 04 15 | 27 27 | 01 08 | 23 31 | 04 28 | 03 50 | 27 13 | 18 36 |
| 8 | 11:04:18 | 17 46 55 | 28 23 | 04♊50 | 21 32 | 03 50 | 28 14 | 01 04 | 23 27 | 04 26 | 03 52 | 27 15 | 18 32 |
| 9 | 11:08:15 | 18 46 56 | 11♊11 | 17 26 | 22 47 | 03 23 | 29 01 | 01 00 | 23 24 | 04 25 | 03 54 | 27 17 | 18 29 |
| 10 | 11:12:11 | 19 46 54 | 23 38 | 29 45 | 24 04 | 02 54 | 29 48 | 00 56 | 23 21 | 04 23 | 03 55 | 27 18 | 18 26 |
| 11 | 11:16:08 | 20 46 51 | 05♋49 | 11♋50 | 25 22 | 02 23 | 00♓35 | 00 51 | 23 17 | 04 22 | 03 57 | 27 20 | 18 23 |
| 12 | 11:20:04 | 21 46 45 | 17 49 | 23 46 | 26 42 | 01 51 | 01 22 | 00 47 | 23 14 | 04 20 | 03 59 | 27 22 | 18 20 |
| 13 | 11:24:01 | 22 46 38 | 29 43 | 05♌38 | 28 04 | 01 17 | 02 09 | 00 42 | 23 10 | 04 19 | 04 01 | 27 23 | 18 16 |
| 14 | 11:27:57 | 23 46 28 | 11♌34 | 17 29 | 29 27 | 00 41 | 02 56 | 00 38 | 23 06 | 04 17 | 04 03 | 27 25 | 18 13 |
| 15 | 11:31:54 | 24 46 16 | 23 26 | 29 23 | 00♓52 | 00 05 | 03 43 | 00 33 | 23 03 | 04 16 | 04 04 | 27 26 | 18 10 |
| 16 | 11:35:50 | 25 46 02 | 05♍21 | 11♍20 | 02 18 | 29♓28 | 04 30 | 00 28 | 22 59 | 04 14 | 04 06 | 27 28 | 18 07 |
| 17 | 11:39:47 | 26 45 45 | 17 21 | 23 23 | 03 45 | 28 51 | 05 18 | 00 22 | 22 55 | 04 13 | 04 08 | 27 29 | 18 04 |
| 18 | 11:43:44 | 27 45 27 | 29 28 | 05♎34 | 05 14 | 28 13 | 06 05 | 00 17 | 22 51 | 04 12 | 04 10 | 27 31 | 18 01 |
| 19 | 11:47:40 | 28 45 07 | 11♎42 | 17 52 | 06 44 | 27 35 | 06 52 | 00 11 | 22 47 | 04 11 | 04 12 | 27 33 | 17 57 |
| 20 | 11:51:37 | 29 44 44 | 24 05 | 00♏20 | 08 15 | 26 58 | 07 39 | 00 06 | 22 43 | 04 09 | 04 14 | 27 34 | 17 54 |
| 21 | 11:55:33 | 00♈44 20 | 06♏38 | 12 59 | 09 48 | 26 20 | 08 26 | 00 00 | 22 39 | 04 08 | 04 16 | 27 36 | 17 51 |
| 22 | 11:59:30 | 01 43 55 | 19 23 | 25 50 | 11 22 | 25 44 | 09 13 | 29♎54 | 22 35 | 04 07 | 04 18 | 27 37 | 17 48 |
| 23 | 12:03:26 | 02 43 27 | 02♐21 | 08♐55 | 12 57 | 25 09 | 10 00 | 29 48 | 22 31 | 04 06 | 04 20 | 27 39 | 17 45 |
| 24 | 12:07:23 | 03 42 58 | 15 34 | 22 18 | 14 34 | 24 35 | 10 47 | 29 42 | 22 27 | 04 05 | 04 22 | 27 40 | 17 42 |
| 25 | 12:11:19 | 04 42 27 | 29 06 | 05♑59 | 16 12 | 24 02 | 11 34 | 29 36 | 22 22 | 04 04 | 04 24 | 27 41 | 17 38 |
| 26 | 12:15:16 | 05 41 54 | 12♑56 | 19 59 | 17 51 | 23 31 | 12 21 | 29 29 | 22 18 | 04 03 | 04 26 | 27 43 | 17 35 |
| 27 | 12:19:13 | 06 41 19 | 27 07 | 04♒19 | 19 32 | 23 01 | 13 08 | 29 23 | 22 14 | 04 03 | 04 28 | 27 44 | 17 32 |
| 28 | 12:23:09 | 07 40 43 | 11♒36 | 18 56 | 21 14 | 22 34 | 13 55 | 29 16 | 22 09 | 04 02 | 04 30 | 27 46 | 17 29 |
| 29 | 12:27:06 | 08 40 05 | 26 19 | 03♓44 | 22 57 | 22 08 | 14 42 | 29 09 | 22 05 | 04 01 | 04 32 | 27 47 | 17 26 |
| 30 | 12:31:02 | 09 39 25 | 11♓10 | 18 37 | 24 42 | 21 45 | 15 29 | 29 03 | 22 00 | 04 01 | 04 34 | 27 48 | 17 22 |
| 31 | 12:34:59 | 10 38 43 | 26 02 | 03♈26 | 26 28 | 21 24 | 16 16 | 28 56 | 21 56 | 04 00 | 04 36 | 27 50 | 17 19 |

## 0:00 E.T. Longitudes of the Major Asteroids and Chiron

| D | ⚳ | ⚴ | ⚵ | ⚶ | ⚷ |
|---|---|---|---|---|---|
| 1 | 03♌10℞ | 10♉17 | 07♋21 | 29♓49 | 17♋08℞ |
| 2 | 03 04 | 10 45 | 07 30 | 00♈17 | 17 06 |
| 3 | 02 58 | 11 13 | 07 40 | 00 45 | 17 04 |
| 4 | 02 52 | 11 41 | 07 50 | 01 14 | 17 03 |
| 5 | 02 47 | 12 10 | 08 01 | 01 42 | 17 01 |
| 6 | 02 42 | 12 38 | 08 12 | 02 10 | 17 00 |
| 7 | 02 38 | 13 07 | 08 23 | 02 38 | 16 59 |
| 8 | 02 34 | 13 36 | 08 35 | 03 06 | 16 57 |
| 9 | 02 30 | 14 05 | 08 47 | 03 34 | 16 56 |
| 10 | 02 27 | 14 34 | 08 59 | 04 03 | 16 55 |
| 11 | 02 25 | 15 04 | 09 11 | 04 31 | 16 54 |
| 12 | 02 23 | 15 33 | 09 24 | 04 59 | 16 53 |
| 13 | 02 21 | 16 03 | 09 38 | 05 27 | 16 53 |
| 14 | 02 20 | 16 33 | 09 51 | 05 55 | 16 52 |
| 15 | 02 19 | 17 03 | 10 05 | 06 23 | 16 52 |
| 16 | 02 18 | 17 33 | 10 19 | 06 52 | 16 51 |
| 17 | 02 18D | 18 03 | 10 34 | 07 20 | 16 51 |
| 18 | 02 19 | 18 34 | 10 48 | 07 48 | 16 50 |
| 19 | 02 20 | 19 05 | 11 03 | 08 16 | 16 50 |
| 20 | 02 21 | 19 35 | 11 19 | 08 44 | 16 50 |
| 21 | 02 23 | 20 06 | 11 34 | 09 12 | 16 50D |
| 22 | 02 25 | 20 37 | 11 50 | 09 40 | 16 50 |
| 23 | 02 27 | 21 08 | 12 06 | 10 08 | 16 51 |
| 24 | 02 30 | 21 40 | 12 22 | 10 36 | 16 51 |
| 25 | 02 34 | 22 11 | 12 39 | 11 05 | 16 51 |
| 26 | 02 37 | 22 43 | 12 56 | 11 33 | 16 52 |
| 27 | 02 42 | 23 14 | 13 13 | 12 01 | 16 52 |
| 28 | 02 46 | 23 46 | 13 30 | 12 29 | 16 53 |
| 29 | 02 51 | 24 18 | 13 47 | 12 57 | 16 54 |
| 30 | 02 56 | 24 50 | 14 05 | 13 25 | 16 55 |
| 31 | 03 02 | 25 22 | 14 23 | 13 53 | 16 56 |

## Lunar Data

| Last Asp. | | Ingress | | |
|---|---|---|---|---|
| 1 | 15:30 | 1 | ♓ | 20:06 |
| 2 | 15:41 | 3 | ♈ | 19:41 |
| 5 | 16:39 | 5 | ♉ | 21:28 |
| 7 | 23:43 | 8 | ♊ | 03:00 |
| 10 | 07:13 | 10 | ♋ | 12:30 |
| 12 | 10:51 | 13 | ♌ | 00:35 |
| 15 | 08:07 | 15 | ♍ | 13:15 |
| 17 | 21:40 | 18 | ♎ | 01:04 |
| 20 | 06:42 | 20 | ♏ | 11:21 |
| 22 | 15:20 | 22 | ♐ | 19:42 |
| 25 | 00:52 | 25 | ♑ | 01:35 |
| 27 | 03:45 | 27 | ♒ | 04:49 |
| 29 | 04:34 | 29 | ♓ | 05:58 |
| 31 | 00:47 | 31 | ♈ | 06:25 |

## 0:00 E.T. Declinations

| D | ☉ | ☽ | ☿ | ♀ | ♂ | ♃ | ♄ | ♅ | ♆ | ♇ | ⚳ | ⚴ | ⚵ | ⚶ | ⚷ |
|---|---|---|---|---|---|---|---|---|---|---|---|---|---|---|---|
| 1 | -07 32 | -20 28 | -16 50 | +09 05 | -14 59 | -10 37 | -06 45 | +19 43 | +11 07 | -21 51 | +32 19 | -13 39 | +09 33 | -04 48 | +15 08 |
| 2 | 07 09 | 15 08 | 16 43 | 09 10 | 14 43 | 10 36 | 06 43 | 19 44 | 11 08 | 21 51 | 32 19 | 13 27 | 09 41 | 04 36 | 15 08 |
| 3 | 06 46 | 08 53 | 16 33 | 09 13 | 14 28 | 10 34 | 06 42 | 19 44 | 11 09 | 21 50 | 32 19 | 13 16 | 09 50 | 04 25 | 15 09 |
| 4 | 06 23 | 02 12 | 16 23 | 09 15 | 14 12 | 10 33 | 06 41 | 19 44 | 11 09 | 21 50 | 32 19 | 13 04 | 09 59 | 04 14 | 15 10 |
| 5 | 06 00 | +04 27 | 16 11 | 09 15 | 13 56 | 10 32 | 06 40 | 19 45 | 11 10 | 21 50 | 32 19 | 12 53 | 10 08 | 04 02 | 15 11 |
| 6 | 05 36 | 10 42 | 15 57 | 09 14 | 13 41 | 10 30 | 06 38 | 19 45 | 11 10 | 21 49 | 32 19 | 12 41 | 10 16 | 03 51 | 15 11 |
| 7 | 05 13 | 16 13 | 15 43 | 09 12 | 13 25 | 10 29 | 06 37 | 19 46 | 11 11 | 21 49 | 32 18 | 12 30 | 10 24 | 03 39 | 15 12 |
| 8 | 04 50 | 20 46 | 15 26 | 09 08 | 13 08 | 10 27 | 06 35 | 19 46 | 11 12 | 21 48 | 32 17 | 12 18 | 10 33 | 03 28 | 15 13 |
| 9 | 04 26 | 24 10 | 15 09 | 09 02 | 12 52 | 10 26 | 06 34 | 19 46 | 11 12 | 21 48 | 32 16 | 12 07 | 10 41 | 03 17 | 15 14 |
| 10 | 04 03 | 26 19 | 14 50 | 08 56 | 12 36 | 10 24 | 06 33 | 19 47 | 11 13 | 21 47 | 32 15 | 11 55 | 10 49 | 03 05 | 15 14 |
| 11 | 03 39 | 27 08 | 14 30 | 08 47 | 12 19 | 10 23 | 06 31 | 19 47 | 11 13 | 21 47 | 32 14 | 11 44 | 10 57 | 02 54 | 15 15 |
| 12 | 03 16 | 26 39 | 14 08 | 08 37 | 12 02 | 10 21 | 06 30 | 19 47 | 11 14 | 21 46 | 32 12 | 11 33 | 11 04 | 02 43 | 15 16 |
| 13 | 02 52 | 24 57 | 13 46 | 08 26 | 11 46 | 10 19 | 06 28 | 19 48 | 11 15 | 21 46 | 32 11 | 11 21 | 11 12 | 02 32 | 15 16 |
| 14 | 02 28 | 22 10 | 13 22 | 08 14 | 11 29 | 10 17 | 06 27 | 19 48 | 11 15 | 21 46 | 32 09 | 11 10 | 11 19 | 02 20 | 15 17 |
| 15 | 02 05 | 18 28 | 12 56 | 08 00 | 11 12 | 10 16 | 06 25 | 19 48 | 11 16 | 21 45 | 32 07 | 10 59 | 11 27 | 02 09 | 15 18 |
| 16 | 01 41 | 14 02 | 12 30 | 07 45 | 10 55 | 10 14 | 06 24 | 19 49 | 11 17 | 21 45 | 32 05 | 10 48 | 11 34 | 01 58 | 15 18 |
| 17 | 01 17 | 09 02 | 12 02 | 07 29 | 10 37 | 10 12 | 06 22 | 19 49 | 11 17 | 21 44 | 32 03 | 10 37 | 11 41 | 01 47 | 15 19 |
| 18 | 00 54 | 03 38 | 11 33 | 07 12 | 10 20 | 10 10 | 06 21 | 19 49 | 11 18 | 21 44 | 32 00 | 10 26 | 11 48 | 01 36 | 15 20 |
| 19 | 00 30 | -01 57 | 11 02 | 06 54 | 10 03 | 10 08 | 06 19 | 19 50 | 11 19 | 21 44 | 31 58 | 10 15 | 11 55 | 01 24 | 15 20 |
| 20 | 00 06 | 07 33 | 10 31 | 06 35 | 09 45 | 10 05 | 06 17 | 19 50 | 11 19 | 21 43 | 31 55 | 10 04 | 12 01 | 01 13 | 15 21 |
| 21 | +00 18 | 12 56 | 09 58 | 06 16 | 09 28 | 10 03 | 06 16 | 19 50 | 11 20 | 21 43 | 31 52 | 09 53 | 12 08 | 01 02 | 15 21 |
| 22 | 00 41 | 17 52 | 09 24 | 05 56 | 09 10 | 10 01 | 06 14 | 19 50 | 11 21 | 21 43 | 31 49 | 09 42 | 12 14 | 00 51 | 15 22 |
| 23 | 01 05 | 22 03 | 08 49 | 05 36 | 08 52 | 09 59 | 06 12 | 19 51 | 11 21 | 21 42 | 31 46 | 09 31 | 12 21 | 00 40 | 15 23 |
| 24 | 01 29 | 25 12 | 08 13 | 05 15 | 08 34 | 09 57 | 06 11 | 19 51 | 11 22 | 21 42 | 31 43 | 09 20 | 12 27 | 00 29 | 15 23 |
| 25 | 01 52 | 26 58 | 07 35 | 04 54 | 08 16 | 09 54 | 06 09 | 19 51 | 11 23 | 21 42 | 31 40 | 09 10 | 12 33 | 00 18 | 15 24 |
| 26 | 02 16 | 27 07 | 06 56 | 04 34 | 07 58 | 09 52 | 06 07 | 19 51 | 11 23 | 21 41 | 31 36 | 08 59 | 12 39 | 00 07 | 15 24 |
| 27 | 02 39 | 25 32 | 06 17 | 04 13 | 07 40 | 09 50 | 06 06 | 19 51 | 11 24 | 21 41 | 31 32 | 08 48 | 12 44 | +00 04 | 15 25 |
| 28 | 03 03 | 22 15 | 05 36 | 03 53 | 07 22 | 09 47 | 06 04 | 19 51 | 11 25 | 21 41 | 31 29 | 08 38 | 12 50 | 00 15 | 15 25 |
| 29 | 03 26 | 17 31 | 04 54 | 03 33 | 07 04 | 09 45 | 06 02 | 19 52 | 11 26 | 21 40 | 31 25 | 08 27 | 12 56 | 00 26 | 15 26 |
| 30 | 03 50 | 11 42 | 04 11 | 03 13 | 06 46 | 09 42 | 06 01 | 19 52 | 11 26 | 21 40 | 31 21 | 08 17 | 13 01 | 00 37 | 15 26 |
| 31 | 04 13 | 05 12 | 03 26 | 02 54 | 06 28 | 09 40 | 05 59 | 19 52 | 11 27 | 21 40 | 31 17 | 08 07 | 13 06 | 00 48 | 15 27 |

Lunar Phases -- 2 ● 15:40 9 ◐ 15:52 17 ○ 20:20 25 ◑ 10:33 Sun enters ♈ 3/20 06:09

# Longitudes of Main Planets - April 2041

0:00 E.T.

| D | S.T. | ☉ | ☽ | ☽ 12:00 | ☿ | ♀ | ♂ | ♃ | ♄ | ♅ | ♆ | ♇ | ☊ |
|---|---|---|---|---|---|---|---|---|---|---|---|---|---|
| 1 | 12:38:55 | 11♈37 59 | 10♈46 | 18♈03 | 28♓15 | 21♓05℞ | 17♓03 | 28♎49℞ | 21♎51℞ | 03♌59℞ | 04♉38 | 27♒51 | 17♉16 |
| 2 | 12:42:52 | 12 37 14 | 25 15 | 02♉22 | 00♈04 | 20 49 | 17 50 | 28 42 | 21 47 | 03 59 | 04 40 | 27 52 | 17 13 |
| 3 | 12:46:48 | 13 36 26 | 09♉23 | 16 17 | 01 54 | 20 35 | 18 37 | 28 35 | 21 42 | 03 58 | 04 42 | 27 54 | 17 10 |
| 4 | 12:50:45 | 14 35 35 | 23 05 | 29 47 | 03 46 | 20 24 | 19 24 | 28 27 | 21 38 | 03 58 | 04 45 | 27 55 | 17 07 |
| 5 | 12:54:42 | 15 34 43 | 06♊23 | 12♊52 | 05 39 | 20 15 | 20 11 | 28 20 | 21 33 | 03 58 | 04 47 | 27 56 | 17 03 |
| 6 | 12:58:38 | 16 33 49 | 19 16 | 25 34 | 07 33 | 20 08 | 20 58 | 28 13 | 21 29 | 03 57 | 04 49 | 27 58 | 17 00 |
| 7 | 13:02:35 | 17 32 52 | 01♋48 | 07♋58 | 09 29 | 20 04 | 21 45 | 28 05 | 21 24 | 03 57 | 04 51 | 27 59 | 16 57 |
| 8 | 13:06:31 | 18 31 53 | 14 03 | 20 06 | 11 26 | 20 03 | 22 32 | 27 58 | 21 19 | 03 57 | 04 53 | 28 00 | 16 54 |
| 9 | 13:10:28 | 19 30 52 | 26 06 | 02♌05 | 13 25 | 20 03D | 23 18 | 27 50 | 21 15 | 03 57 | 04 55 | 28 01 | 16 51 |
| 10 | 13:14:24 | 20 29 48 | 08♌01 | 13 58 | 15 25 | 20 06 | 24 05 | 27 43 | 21 10 | 03 57 | 04 58 | 28 02 | 16 47 |
| 11 | 13:18:21 | 21 28 42 | 19 54 | 25 50 | 17 26 | 20 12 | 24 52 | 27 35 | 21 06 | 03 57D | 05 00 | 28 04 | 16 44 |
| 12 | 13:22:17 | 22 27 34 | 01♍47 | 07♍45 | 19 28 | 20 19 | 25 39 | 27 28 | 21 01 | 03 57 | 05 02 | 28 05 | 16 41 |
| 13 | 13:26:14 | 23 26 24 | 13 45 | 19 46 | 21 32 | 20 29 | 26 25 | 27 20 | 20 56 | 03 57 | 05 04 | 28 06 | 16 38 |
| 14 | 13:30:11 | 24 25 11 | 25 50 | 01♎57 | 23 36 | 20 41 | 27 12 | 27 12 | 20 52 | 03 57 | 05 07 | 28 07 | 16 35 |
| 15 | 13:34:07 | 25 23 56 | 08♎06 | 14 18 | 25 41 | 20 55 | 27 59 | 27 05 | 20 47 | 03 57 | 05 09 | 28 08 | 16 32 |
| 16 | 13:38:04 | 26 22 40 | 20 33 | 26 51 | 27 48 | 21 11 | 28 46 | 26 57 | 20 42 | 03 58 | 05 11 | 28 09 | 16 28 |
| 17 | 13:42:00 | 27 21 21 | 03♏12 | 09♏37 | 29 54 | 21 29 | 29 32 | 26 49 | 20 38 | 03 58 | 05 13 | 28 10 | 16 25 |
| 18 | 13:45:57 | 28 20 00 | 16 05 | 22 36 | 02♉01 | 21 49 | 00♈19 | 26 42 | 20 33 | 03 58 | 05 15 | 28 11 | 16 22 |
| 19 | 13:49:53 | 29 18 38 | 29 11 | 05♐49 | 04 08 | 22 10 | 01 05 | 26 34 | 20 29 | 03 59 | 05 18 | 28 12 | 16 19 |
| 20 | 13:53:50 | 00♉17 14 | 12♐30 | 19 14 | 06 15 | 22 34 | 01 52 | 26 26 | 20 24 | 03 59 | 05 20 | 28 13 | 16 16 |
| 21 | 13:57:46 | 01 15 48 | 26 01 | 02♑52 | 08 22 | 22 59 | 02 38 | 26 19 | 20 20 | 04 00 | 05 22 | 28 14 | 16 13 |
| 22 | 14:01:43 | 02 14 21 | 09♑45 | 16 42 | 10 28 | 23 26 | 03 25 | 26 11 | 20 15 | 04 00 | 05 25 | 28 15 | 16 09 |
| 23 | 14:05:40 | 03 12 52 | 23 41 | 00♒44 | 12 33 | 23 54 | 04 11 | 26 03 | 20 11 | 04 01 | 05 27 | 28 16 | 16 06 |
| 24 | 14:09:36 | 04 11 21 | 07♒48 | 14 55 | 14 36 | 24 24 | 04 58 | 25 56 | 20 06 | 04 01 | 05 29 | 28 17 | 16 03 |
| 25 | 14:13:33 | 05 09 48 | 22 05 | 29 15 | 16 38 | 24 55 | 05 44 | 25 48 | 20 02 | 04 02 | 05 31 | 28 18 | 16 00 |
| 26 | 14:17:29 | 06 08 15 | 06♓27 | 13♓40 | 18 38 | 25 28 | 06 31 | 25 41 | 19 58 | 04 03 | 05 34 | 28 18 | 15 57 |
| 27 | 14:21:26 | 07 06 39 | 20 53 | 28 05 | 20 35 | 26 02 | 07 17 | 25 33 | 19 53 | 04 04 | 05 36 | 28 19 | 15 53 |
| 28 | 14:25:22 | 08 05 02 | 05♈17 | 12♈27 | 22 30 | 26 38 | 08 03 | 25 26 | 19 49 | 04 05 | 05 38 | 28 20 | 15 50 |
| 29 | 14:29:19 | 09 03 23 | 19 34 | 26 39 | 24 22 | 27 15 | 08 50 | 25 19 | 19 45 | 04 06 | 05 40 | 28 21 | 15 47 |
| 30 | 14:33:15 | 10 01 43 | 03♉40 | 10♉38 | 26 11 | 27 52 | 09 36 | 25 11 | 19 41 | 04 07 | 05 43 | 28 22 | 15 44 |

0:00 E.T.

## Longitudes of the Major Asteroids and Chiron

| D | ⚳ | ⚴ | ⚵ | ⚶ | ⚷ |
|---|---|---|---|---|---|
| 1 | 03♌08 | 25♉54 | 14♋41 | 14♈21 | 16♋57 |
| 2 | 03 15 | 26 27 | 14 59 | 14 49 | 16 58 |
| 3 | 03 22 | 26 59 | 15 17 | 15 17 | 16 59 |
| 4 | 03 29 | 27 32 | 15 36 | 15 45 | 17 00 |
| 5 | 03 37 | 28 04 | 15 55 | 16 13 | 17 02 |
| 6 | 03 45 | 28 37 | 16 14 | 16 40 | 17 03 |
| 7 | 03 53 | 29 10 | 16 33 | 17 08 | 17 05 |
| 8 | 04 02 | 29 43 | 16 53 | 17 36 | 17 07 |
| 9 | 04 11 | 00♊16 | 17 12 | 18 04 | 17 08 |
| 10 | 04 20 | 00 49 | 17 32 | 18 32 | 17 10 |
| 11 | 04 30 | 01 22 | 17 52 | 19 00 | 17 12 |
| 12 | 04 40 | 01 56 | 18 12 | 19 27 | 17 14 |
| 13 | 04 50 | 02 29 | 18 32 | 19 55 | 17 16 |
| 14 | 05 01 | 03 03 | 18 52 | 20 23 | 17 19 |
| 15 | 05 12 | 03 36 | 19 13 | 20 51 | 17 21 |

| D | ⚳ | ⚴ | ⚵ | ⚶ | ⚷ |
|---|---|---|---|---|---|
| 16 | 05 23 | 04 10 | 19 33 | 21 18 | 17 23 |
| 17 | 05 34 | 04 44 | 19 54 | 21 46 | 17 26 |
| 18 | 05 46 | 05 18 | 20 15 | 22 14 | 17 28 |
| 19 | 05 59 | 05 51 | 20 36 | 22 41 | 17 31 |
| 20 | 06 11 | 06 25 | 20 57 | 23 09 | 17 34 |
| 21 | 06 24 | 06 59 | 21 18 | 23 36 | 17 37 |
| 22 | 06 37 | 07 34 | 21 40 | 24 04 | 17 40 |
| 23 | 06 50 | 08 08 | 22 01 | 24 31 | 17 43 |
| 24 | 07 04 | 08 42 | 22 23 | 24 59 | 17 46 |
| 25 | 07 17 | 09 16 | 22 45 | 25 26 | 17 49 |
| 26 | 07 32 | 09 51 | 23 07 | 25 54 | 17 52 |
| 27 | 07 46 | 10 25 | 23 29 | 26 21 | 17 55 |
| 28 | 08 00 | 11 00 | 23 51 | 26 49 | 17 59 |
| 29 | 08 15 | 11 34 | 24 13 | 27 16 | 18 02 |
| 30 | 08 30 | 12 09 | 24 35 | 27 43 | 18 06 |

## Lunar Data

| Last Asp. | | Ingress | | |
|---|---|---|---|---|
| 2 | 05:45 | 2 | ♉ | 07:60 |
| 4 | 08:39 | 4 | ♊ | 12:23 |
| 6 | 16:54 | 6 | ♋ | 20:31 |
| 9 | 03:27 | 9 | ♌ | 07:49 |
| 11 | 16:31 | 11 | ♍ | 20:25 |
| 14 | 02:52 | 14 | ♎ | 08:11 |
| 16 | 16:32 | 16 | ♏ | 17:57 |
| 18 | 22:13 | 19 | ♐ | 01:29 |
| 21 | 03:54 | 21 | ♑ | 06:60 |
| 23 | 04:00 | 23 | ♒ | 10:46 |
| 25 | 10:24 | 25 | ♓ | 13:15 |
| 27 | 08:57 | 27 | ♈ | 15:11 |
| 29 | 14:55 | 29 | ♉ | 17:43 |

0:00 E.T.

## Declinations

| D | ☉ | ☽ | ☿ | ♀ | ♂ | ♃ | ♄ | ♅ | ♆ | ♇ | ⚳ | ⚴ | ⚵ | ⚶ | ⚷ |
|---|---|---|---|---|---|---|---|---|---|---|---|---|---|---|---|
| 1 | +04 36 | +01 32 | -02 41 | +02 36 | -06 09 | -09 37 | -05 57 | +19 52 | +11 28 | -21 39 | +31 13 | -07 56 | +13 11 | +00 59 | +15 27 |
| 2 | 04 59 | 08 05 | 01 55 | 02 18 | 05 51 | 09 35 | 05 55 | 19 52 | 11 28 | 21 39 | 31 09 | 07 46 | 13 16 | 01 09 | 15 28 |
| 3 | 05 22 | 14 05 | 01 08 | 02 01 | 05 32 | 09 32 | 05 54 | 19 52 | 11 29 | 21 39 | 31 04 | 07 36 | 13 21 | 01 20 | 15 28 |
| 4 | 05 45 | 19 12 | 00 19 | 01 45 | 05 14 | 09 29 | 05 52 | 19 52 | 11 30 | 21 39 | 31 00 | 07 26 | 13 25 | 01 31 | 15 29 |
| 5 | 06 08 | 23 12 | +00 30 | 01 29 | 04 55 | 09 27 | 05 50 | 19 52 | 11 31 | 21 39 | 30 55 | 07 16 | 13 30 | 01 42 | 15 29 |
| 6 | 06 31 | 25 54 | 01 20 | 01 15 | 04 37 | 09 24 | 05 48 | 19 52 | 11 31 | 21 38 | 30 51 | 07 06 | 13 34 | 01 52 | 15 30 |
| 7 | 06 53 | 27 12 | 02 11 | 01 01 | 04 18 | 09 22 | 05 47 | 19 52 | 11 32 | 21 38 | 30 46 | 06 56 | 13 39 | 02 03 | 15 30 |
| 8 | 07 16 | 27 08 | 03 02 | 00 48 | 04 00 | 09 19 | 05 45 | 19 52 | 11 33 | 21 38 | 30 41 | 06 46 | 13 43 | 02 13 | 15 31 |
| 9 | 07 38 | 25 46 | 03 55 | 00 36 | 03 41 | 09 16 | 05 43 | 19 52 | 11 34 | 21 38 | 30 36 | 06 36 | 13 47 | 02 24 | 15 31 |
| 10 | 08 00 | 23 16 | 04 48 | 00 25 | 03 22 | 09 13 | 05 41 | 19 52 | 11 34 | 21 38 | 30 31 | 06 27 | 13 50 | 02 35 | 15 31 |
| 11 | 08 22 | 19 47 | 05 41 | 00 15 | 03 04 | 09 11 | 05 40 | 19 52 | 11 35 | 21 37 | 30 26 | 06 17 | 13 54 | 02 45 | 15 32 |
| 12 | 08 44 | 15 31 | 06 35 | 00 06 | 02 45 | 09 08 | 05 38 | 19 52 | 11 36 | 21 37 | 30 21 | 06 08 | 13 58 | 02 55 | 15 32 |
| 13 | 09 06 | 10 39 | 07 30 | -00 02 | 02 26 | 09 05 | 05 36 | 19 52 | 11 37 | 21 37 | 30 16 | 05 58 | 14 01 | 03 06 | 15 32 |
| 14 | 09 28 | 05 19 | 08 24 | 00 09 | 02 08 | 09 03 | 05 35 | 19 52 | 11 37 | 21 37 | 30 10 | 05 49 | 14 04 | 03 16 | 15 33 |
| 15 | 09 49 | -00 17 | 09 19 | 00 15 | 01 49 | 09 00 | 05 33 | 19 52 | 11 38 | 21 37 | 30 05 | 05 40 | 14 07 | 03 26 | 15 33 |
| 16 | 10 11 | 05 59 | 10 14 | 00 20 | 01 30 | 08 57 | 05 31 | 19 52 | 11 39 | 21 37 | 29 59 | 05 30 | 14 10 | 03 37 | 15 33 |
| 17 | 10 32 | 11 33 | 11 08 | 00 24 | 01 12 | 08 54 | 05 29 | 19 52 | 11 40 | 21 37 | 29 54 | 05 21 | 14 13 | 03 47 | 15 34 |
| 18 | 10 53 | 16 43 | 12 02 | 00 27 | 00 53 | 08 52 | 05 28 | 19 52 | 11 40 | 21 36 | 29 48 | 05 12 | 14 16 | 03 57 | 15 34 |
| 19 | 11 14 | 21 12 | 12 56 | 00 30 | 00 34 | 08 49 | 05 26 | 19 52 | 11 41 | 21 36 | 29 42 | 05 03 | 14 19 | 04 07 | 15 34 |
| 20 | 11 34 | 24 41 | 13 48 | 00 31 | 00 15 | 08 46 | 05 24 | 19 51 | 11 42 | 21 36 | 29 37 | 04 54 | 14 21 | 04 17 | 15 34 |
| 21 | 11 55 | 26 49 | 14 40 | 00 32 | +00 03 | 08 43 | 05 23 | 19 51 | 11 43 | 21 36 | 29 31 | 04 46 | 14 23 | 04 27 | 15 35 |
| 22 | 12 15 | 27 21 | 15 30 | 00 31 | 00 22 | 08 41 | 05 21 | 19 51 | 11 43 | 21 36 | 29 25 | 04 37 | 14 26 | 04 37 | 15 35 |
| 23 | 12 35 | 26 11 | 16 19 | 00 30 | 00 41 | 08 38 | 05 20 | 19 51 | 11 44 | 21 36 | 29 19 | 04 29 | 14 28 | 04 47 | 15 35 |
| 24 | 12 55 | 23 22 | 17 06 | 00 28 | 00 59 | 08 35 | 05 18 | 19 51 | 11 45 | 21 36 | 29 12 | 04 20 | 14 30 | 04 57 | 15 35 |
| 25 | 13 14 | 19 06 | 17 52 | 00 26 | 01 18 | 08 33 | 05 16 | 19 51 | 11 46 | 21 36 | 29 06 | 04 12 | 14 31 | 05 07 | 15 35 |
| 26 | 13 34 | 13 43 | 18 35 | 00 22 | 01 36 | 08 30 | 05 15 | 19 50 | 11 46 | 21 36 | 29 00 | 04 03 | 14 33 | 05 17 | 15 35 |
| 27 | 13 53 | 07 34 | 19 17 | 00 18 | 01 55 | 08 28 | 05 13 | 19 50 | 11 47 | 21 36 | 28 54 | 03 55 | 14 35 | 05 27 | 15 36 |
| 28 | 14 12 | 01 01 | 19 56 | 00 12 | 02 13 | 08 25 | 05 12 | 19 50 | 11 48 | 21 36 | 28 47 | 03 47 | 14 36 | 05 36 | 15 36 |
| 29 | 14 31 | +05 32 | 20 33 | 00 07 | 02 32 | 08 22 | 05 10 | 19 50 | 11 49 | 21 36 | 28 41 | 03 39 | 14 37 | 05 46 | 15 36 |
| 30 | 14 49 | 11 44 | 21 07 | 00 00 | 02 50 | 08 20 | 05 09 | 19 49 | 11 49 | 21 36 | 28 34 | 03 31 | 14 39 | 05 56 | 15 36 |

Lunar Phases -- 1 ● 01:31 8 ◐ 09:40 16 ○ 12:02 23 ◑ 17:25 30 ● 11:48 ✓ Sun enters ♉ 4/19 16:56

## 0:00 E.T. Longitudes of Main Planets - May 2041 May 41

| D | S.T. | ☉ | ☽ | ☽ 12:00 | ☿ | ♀ | ♂ | ♃ | ♄ | ♅ | ♆ | ♇ | ☊ |
|---|---|---|---|---|---|---|---|---|---|---|---|---|---|
| 1 | 14:37:12 | 11♉00 00 | 17♉31 | 24♉19 | 27♉57 | 28♓31 | 10♈22 | 25♎04℞ | 19♎36℞ | 04♌08 | 05♉45 | 28♒22 | 15♉41 |
| 2 | 14:41:09 | 11 58 17 | 01♊03 | 07♊41 | 29 39 | 29 12 | 11 08 | 24 57 | 19 32 | 04 09 | 05 47 | 28 23 | 15 38 |
| 3 | 14:45:05 | 12 56 31 | 14 15 | 20 43 | 01♊18 | 29 53 | 11 54 | 24 50 | 19 28 | 04 10 | 05 49 | 28 24 | 15 34 |
| 4 | 14:49:02 | 13 54 43 | 27 07 | 03♋26 | 02 53 | 00♈35 | 12 41 | 24 43 | 19 24 | 04 11 | 05 52 | 28 24 | 15 31 |
| 5 | 14:52:58 | 14 52 54 | 09♋40 | 15 51 | 04 24 | 01 18 | 13 27 | 24 36 | 19 20 | 04 12 | 05 54 | 28 25 | 15 28 |
| 6 | 14:56:55 | 15 51 02 | 21 58 | 28 02 | 05 51 | 02 02 | 14 13 | 24 29 | 19 16 | 04 14 | 05 56 | 28 25 | 15 25 |
| 7 | 15:00:51 | 16 49 09 | 04♌03 | 10♌02 | 07 14 | 02 47 | 14 59 | 24 23 | 19 13 | 04 15 | 05 58 | 28 26 | 15 22 |
| 8 | 15:04:48 | 17 47 14 | 16 00 | 21 57 | 08 33 | 03 33 | 15 45 | 24 16 | 19 09 | 04 17 | 06 01 | 28 27 | 15 19 |
| 9 | 15:08:44 | 18 45 16 | 27 53 | 03♍50 | 09 48 | 04 20 | 16 31 | 24 10 | 19 05 | 04 18 | 06 03 | 28 27 | 15 15 |
| 10 | 15:12:41 | 19 43 17 | 09♍47 | 15 46 | 10 59 | 05 07 | 17 16 | 24 03 | 19 01 | 04 19 | 06 05 | 28 28 | 15 12 |
| 11 | 15:16:38 | 20 41 16 | 21 47 | 27 50 | 12 05 | 05 55 | 18 02 | 23 57 | 18 58 | 04 21 | 06 07 | 28 28 | 15 09 |
| 12 | 15:20:34 | 21 39 13 | 03♎56 | 10♎05 | 13 07 | 06 44 | 18 48 | 23 51 | 18 54 | 04 23 | 06 09 | 28 29 | 15 06 |
| 13 | 15:24:31 | 22 37 09 | 16 18 | 22 35 | 14 05 | 07 34 | 19 34 | 23 45 | 18 51 | 04 24 | 06 12 | 28 29 | 15 03 |
| 14 | 15:28:27 | 23 35 02 | 28 55 | 05♏21 | 14 57 | 08 25 | 20 19 | 23 39 | 18 47 | 04 26 | 06 14 | 28 29 | 14 59 |
| 15 | 15:32:24 | 24 32 54 | 11♏50 | 18 24 | 15 46 | 09 16 | 21 05 | 23 33 | 18 44 | 04 28 | 06 16 | 28 30 | 14 56 |
| 16 | 15:36:20 | 25 30 45 | 25 03 | 01♐46 | 16 30 | 10 07 | 21 51 | 23 28 | 18 41 | 04 30 | 06 18 | 28 30 | 14 53 |
| 17 | 15:40:17 | 26 28 34 | 08♐33 | 15 24 | 17 09 | 11 00 | 22 36 | 23 22 | 18 38 | 04 31 | 06 20 | 28 30 | 14 50 |
| 18 | 15:44:13 | 27 26 22 | 22 18 | 29 16 | 17 43 | 11 53 | 23 22 | 23 17 | 18 35 | 04 33 | 06 22 | 28 31 | 14 47 |
| 19 | 15:48:10 | 28 24 09 | 06♑16 | 13♑19 | 18 13 | 12 46 | 24 07 | 23 12 | 18 32 | 04 35 | 06 25 | 28 31 | 14 44 |
| 20 | 15:52:07 | 29 21 54 | 20 23 | 27 29 | 18 37 | 13 40 | 24 53 | 23 07 | 18 29 | 04 37 | 06 27 | 28 31 | 14 40 |
| 21 | 15:56:03 | 00♊19 38 | 04♒36 | 11♒44 | 18 57 | 14 35 | 25 38 | 23 02 | 18 26 | 04 39 | 06 29 | 28 31 | 14 37 |
| 22 | 16:00:00 | 01 17 21 | 18 52 | 25 59 | 19 12 | 15 30 | 26 23 | 22 57 | 18 23 | 04 41 | 06 31 | 28 32 | 14 34 |
| 23 | 16:03:56 | 02 15 03 | 03♓06 | 10♓13 | 19 22 | 16 26 | 27 09 | 22 52 | 18 20 | 04 43 | 06 33 | 28 32 | 14 31 |
| 24 | 16:07:53 | 03 12 44 | 17 18 | 24 22 | 19 28 | 17 22 | 27 54 | 22 48 | 18 18 | 04 45 | 06 35 | 28 32 | 14 28 |
| 25 | 16:11:49 | 04 10 25 | 01♈24 | 08♈24 | 19 29℞ | 18 18 | 28 39 | 22 43 | 18 15 | 04 48 | 06 37 | 28 32 | 14 25 |
| 26 | 16:15:46 | 05 08 04 | 15 23 | 22 19 | 19 25 | 19 15 | 29 24 | 22 39 | 18 13 | 04 50 | 06 39 | 28 32 | 14 21 |
| 27 | 16:19:42 | 06 05 42 | 29 12 | 06♉03 | 19 16 | 20 13 | 00♉09 | 22 35 | 18 10 | 04 52 | 06 41 | 28 32 | 14 18 |
| 28 | 16:23:39 | 07 03 19 | 12♉51 | 19 36 | 19 04 | 21 10 | 00 54 | 22 32 | 18 08 | 04 54 | 06 43 | 28 32 | 14 15 |
| 29 | 16:27:36 | 08 00 55 | 26 18 | 02♊56 | 18 47 | 22 09 | 01 39 | 22 28 | 18 06 | 04 57 | 06 45 | 28 32℞ | 14 12 |
| 30 | 16:31:32 | 08 58 30 | 09♊30 | 16 01 | 18 27 | 23 07 | 02 24 | 22 24 | 18 04 | 04 59 | 06 47 | 28 32 | 14 09 |
| 31 | 16:35:29 | 09 56 04 | 22 28 | 28 52 | 18 04 | 24 06 | 03 09 | 22 21 | 18 02 | 05 02 | 06 49 | 28 32 | 14 05 |

## 0:00 E.T. Longitudes of the Major Asteroids and Chiron

| D | ⚳ | ⚴ | ⚵ | ⚶ | ⚷ |
|---|---|---|---|---|---|
| 1 | 08♌46 | 12♊44 | 24♋58 | 28♈11 | 18♋09 |
| 2 | 09 01 | 13 18 | 25 20 | 28 38 | 18 13 |
| 3 | 09 17 | 13 53 | 25 43 | 29 05 | 18 17 |
| 4 | 09 33 | 14 28 | 26 05 | 29 32 | 18 21 |
| 5 | 09 49 | 15 03 | 26 28 | 29 59 | 18 25 |
| 6 | 10 06 | 15 38 | 26 51 | 00♉26 | 18 29 |
| 7 | 10 23 | 16 13 | 27 14 | 00 53 | 18 33 |
| 8 | 10 40 | 16 48 | 27 37 | 01 21 | 18 37 |
| 9 | 10 57 | 17 23 | 28 00 | 01 48 | 18 41 |
| 10 | 11 14 | 17 58 | 28 23 | 02 14 | 18 45 |
| 11 | 11 32 | 18 33 | 28 46 | 02 41 | 18 50 |
| 12 | 11 49 | 19 09 | 29 10 | 03 08 | 18 54 |
| 13 | 12 07 | 19 44 | 29 33 | 03 35 | 18 59 |
| 14 | 12 25 | 20 19 | 29 57 | 04 02 | 19 03 |
| 15 | 12 44 | 20 54 | 00♌20 | 04 29 | 19 08 |
| 16 | 13 02 | 21 30 | 00 44 | 04 55 | 19 12 |
| 17 | 13 21 | 22 05 | 01 07 | 05 22 | 19 17 |
| 18 | 13 40 | 22 40 | 01 31 | 05 49 | 19 22 |
| 19 | 13 59 | 23 16 | 01 55 | 06 15 | 19 27 |
| 20 | 14 18 | 23 51 | 02 19 | 06 42 | 19 32 |
| 21 | 14 37 | 24 27 | 02 43 | 07 08 | 19 37 |
| 22 | 14 57 | 25 02 | 03 06 | 07 35 | 19 42 |
| 23 | 15 16 | 25 38 | 03 30 | 08 01 | 19 47 |
| 24 | 15 36 | 26 13 | 03 55 | 08 28 | 19 52 |
| 25 | 15 56 | 26 49 | 04 19 | 08 54 | 19 57 |
| 26 | 16 16 | 27 24 | 04 43 | 09 20 | 20 02 |
| 27 | 16 37 | 28 00 | 05 07 | 09 46 | 20 08 |
| 28 | 16 57 | 28 36 | 05 31 | 10 13 | 20 13 |
| 29 | 17 18 | 29 11 | 05 55 | 10 39 | 20 18 |
| 30 | 17 38 | 29 47 | 06 20 | 11 05 | 20 24 |
| 31 | 17 59 | 00♋23 | 06 44 | 11 31 | 20 29 |

## Lunar Data

| Last Asp. | | Ingress | | |
|---|---|---|---|---|
| 1 | 21:09 | 1 | ♊ | 22:08 |
| 4 | 02:27 | 4 | ♋ | 05:28 |
| 6 | 04:56 | 6 | ♌ | 15:55 |
| 9 | 01:08 | 9 | ♍ | 04:16 |
| 10 | 21:38 | 11 | ♎ | 16:16 |
| 13 | 23:11 | 14 | ♏ | 02:01 |
| 16 | 06:11 | 16 | ♐ | 08:51 |
| 18 | 10:43 | 18 | ♑ | 13:16 |
| 20 | 08:01 | 20 | ♒ | 16:14 |
| 22 | 16:17 | 22 | ♓ | 18:46 |
| 24 | 03:42 | 24 | ♈ | 21:37 |
| 26 | 22:50 | 27 | ♉ | 01:24 |
| 29 | 04:03 | 29 | ♊ | 06:42 |
| 31 | 11:23 | 31 | ♋ | 14:09 |

## 0:00 E.T. Declinations

| D | ☉ | ☽ | ☿ | ♀ | ♂ | ♃ | ♄ | ♅ | ♆ | ♇ | ⚳ | ⚴ | ⚵ | ⚶ | ⚷ |
|---|---|---|---|---|---|---|---|---|---|---|---|---|---|---|---|
| 1 | +15 08 | +17 15 | +21 39 | +00 07 | +03 09 | -08 17 | -05 07 | +19 49 | +11 50 | -21 36 | +28 27 | -03 23 | +14 40 | +06 05 | +15 36 |
| 2 | 15 26 | 21 46 | 22 08 | 00 15 | 03 27 | 08 15 | 05 06 | 19 49 | 11 51 | 21 36 | 28 21 | 03 16 | 14 41 | 06 15 | 15 36 |
| 3 | 15 43 | 25 03 | 22 35 | 00 23 | 03 45 | 08 12 | 05 04 | 19 49 | 11 52 | 21 36 | 28 14 | 03 08 | 14 41 | 06 24 | 15 36 |
| 4 | 16 01 | 26 56 | 22 59 | 00 33 | 04 04 | 08 10 | 05 03 | 19 48 | 11 52 | 21 36 | 28 07 | 03 01 | 14 42 | 06 34 | 15 36 |
| 5 | 16 18 | 27 22 | 23 21 | 00 42 | 04 22 | 08 08 | 05 02 | 19 48 | 11 53 | 21 36 | 28 00 | 02 53 | 14 43 | 06 43 | 15 36 |
| 6 | 16 35 | 26 26 | 23 41 | 00 53 | 04 40 | 08 05 | 05 00 | 19 48 | 11 54 | 21 36 | 27 53 | 02 46 | 14 43 | 06 52 | 15 36 |
| 7 | 16 52 | 24 16 | 23 58 | 01 03 | 04 58 | 08 03 | 04 59 | 19 47 | 11 54 | 21 36 | 27 46 | 02 39 | 14 43 | 07 01 | 15 36 |
| 8 | 17 08 | 21 04 | 24 13 | 01 15 | 05 16 | 08 01 | 04 58 | 19 47 | 11 55 | 21 36 | 27 39 | 02 32 | 14 43 | 07 11 | 15 36 |
| 9 | 17 24 | 17 02 | 24 25 | 01 27 | 05 34 | 07 59 | 04 56 | 19 46 | 11 56 | 21 37 | 27 32 | 02 25 | 14 44 | 07 20 | 15 36 |
| 10 | 17 40 | 12 21 | 24 35 | 01 39 | 05 52 | 07 56 | 04 55 | 19 46 | 11 57 | 21 37 | 27 24 | 02 18 | 14 43 | 07 29 | 15 36 |
| 11 | 17 55 | 07 10 | 24 44 | 01 52 | 06 10 | 07 54 | 04 54 | 19 46 | 11 57 | 21 37 | 27 17 | 02 11 | 14 43 | 07 38 | 15 36 |
| 12 | 18 11 | 01 39 | 24 50 | 02 05 | 06 27 | 07 52 | 04 53 | 19 45 | 11 58 | 21 37 | 27 10 | 02 04 | 14 43 | 07 47 | 15 36 |
| 13 | 18 25 | -04 02 | 24 54 | 02 19 | 06 45 | 07 50 | 04 52 | 19 45 | 11 59 | 21 37 | 27 02 | 01 58 | 14 43 | 07 56 | 15 35 |
| 14 | 18 40 | 09 41 | 24 56 | 02 33 | 07 02 | 07 48 | 04 51 | 19 44 | 11 59 | 21 37 | 26 55 | 01 51 | 14 42 | 08 04 | 15 35 |
| 15 | 18 54 | 15 04 | 24 57 | 02 48 | 07 20 | 07 46 | 04 49 | 19 44 | 12 00 | 21 37 | 26 47 | 01 45 | 14 41 | 08 13 | 15 35 |
| 16 | 19 08 | 19 53 | 24 55 | 03 02 | 07 37 | 07 44 | 04 48 | 19 44 | 12 01 | 21 38 | 26 40 | 01 39 | 14 41 | 08 22 | 15 35 |
| 17 | 19 22 | 23 47 | 24 52 | 03 18 | 07 55 | 07 42 | 04 47 | 19 43 | 12 01 | 21 38 | 26 32 | 01 33 | 14 40 | 08 30 | 15 35 |
| 18 | 19 35 | 26 23 | 24 47 | 03 34 | 08 12 | 07 41 | 04 46 | 19 43 | 12 02 | 21 38 | 26 24 | 01 27 | 14 39 | 08 39 | 15 35 |
| 19 | 19 48 | 27 22 | 24 41 | 03 50 | 08 29 | 07 39 | 04 45 | 19 42 | 12 03 | 21 38 | 26 16 | 01 21 | 14 38 | 08 47 | 15 34 |
| 20 | 20 01 | 26 36 | 24 33 | 04 06 | 08 46 | 07 37 | 04 44 | 19 42 | 12 04 | 21 38 | 26 08 | 01 15 | 14 36 | 08 56 | 15 34 |
| 21 | 20 13 | 24 07 | 24 24 | 04 23 | 09 03 | 07 36 | 04 44 | 19 41 | 12 04 | 21 39 | 26 00 | 01 10 | 14 35 | 09 04 | 15 34 |
| 22 | 20 25 | 20 09 | 24 13 | 04 39 | 09 20 | 07 34 | 04 43 | 19 41 | 12 05 | 21 39 | 25 52 | 01 04 | 14 34 | 09 13 | 15 33 |
| 23 | 20 36 | 15 02 | 24 01 | 04 57 | 09 36 | 07 33 | 04 42 | 19 40 | 12 06 | 21 39 | 25 44 | 00 59 | 14 32 | 09 21 | 15 33 |
| 24 | 20 48 | 09 08 | 23 48 | 05 14 | 09 53 | 07 31 | 04 41 | 19 40 | 12 06 | 21 39 | 25 36 | 00 53 | 14 30 | 09 29 | 15 33 |
| 25 | 20 59 | 02 48 | 23 34 | 05 32 | 10 10 | 07 30 | 04 40 | 19 39 | 12 07 | 21 39 | 25 28 | 00 48 | 14 29 | 09 37 | 15 33 |
| 26 | 21 09 | +03 38 | 23 18 | 05 50 | 10 26 | 07 28 | 04 40 | 19 38 | 12 07 | 21 40 | 25 20 | 00 43 | 14 27 | 09 45 | 15 32 |
| 27 | 21 19 | 09 49 | 23 02 | 06 08 | 10 42 | 07 27 | 04 39 | 19 38 | 12 08 | 21 40 | 25 11 | 00 38 | 14 25 | 09 53 | 15 32 |
| 28 | 21 29 | 15 29 | 22 44 | 06 26 | 10 58 | 07 26 | 04 38 | 19 37 | 12 09 | 21 40 | 25 03 | 00 33 | 14 23 | 10 01 | 15 31 |
| 29 | 21 38 | 20 18 | 22 26 | 06 45 | 11 14 | 07 25 | 04 38 | 19 37 | 12 09 | 21 41 | 24 55 | 00 29 | 14 21 | 10 09 | 15 31 |
| 30 | 21 48 | 24 00 | 22 07 | 07 03 | 11 30 | 07 24 | 04 37 | 19 36 | 12 10 | 21 41 | 24 46 | 00 24 | 14 18 | 10 17 | 15 31 |
| 31 | 21 56 | 26 23 | 21 48 | 07 22 | 11 46 | 07 23 | 04 36 | 19 35 | 12 11 | 21 41 | 24 38 | 00 20 | 14 16 | 10 24 | 15 30 |

Lunar Phases -- 8 ◐ 03:55 16 Ⓔ 00:54 22 ◑ 22:27 29 ● 22:57 Sun enters ♊ 5/20 15:50

## Longitudes of Main Planets - June 2041

0:00 E.T.

| D | S.T. | ☉ | ☽ | ☽ 12:00 | ☿ | ♀ | ♂ | ♃ | ♄ | ♅ | ♆ | ♇ | ☊ |
|---|---|---|---|---|---|---|---|---|---|---|---|---|---|
| 1 | 16:39:25 | 10♊53 37 | 05♋11 | 11♋27 | 17♊37℞ | 25♈05 | 03♉54 | 22♎18℞ | 18♎00℞ | 05♌04 | 06♉51 | 28♒32℞ | 14♉02 |
| 2 | 16:43:22 | 11 51 08 | 17 39 | 23 49 | 17 08 | 26 05 | 04 39 | 22 15 | 17 58 | 05 07 | 06 53 | 28 32 | 13 59 |
| 3 | 16:47:18 | 12 48 39 | 29 55 | 05♌58 | 16 37 | 27 05 | 05 23 | 22 12 | 17 57 | 05 09 | 06 55 | 28 32 | 13 56 |
| 4 | 16:51:15 | 13 46 08 | 11♌59 | 17 58 | 16 05 | 28 05 | 06 08 | 22 09 | 17 55 | 05 12 | 06 57 | 28 32 | 13 53 |
| 5 | 16:55:11 | 14 43 36 | 23 55 | 29 52 | 15 32 | 29 06 | 06 53 | 22 07 | 17 53 | 05 14 | 06 59 | 28 32 | 13 50 |
| 6 | 16:59:08 | 15 41 03 | 05♍48 | 11♍44 | 14 58 | 00♉07 | 07 37 | 22 05 | 17 52 | 05 17 | 07 01 | 28 31 | 13 46 |
| 7 | 17:03:05 | 16 38 28 | 17 42 | 23 40 | 14 25 | 01 08 | 08 22 | 22 03 | 17 51 | 05 20 | 07 03 | 28 31 | 13 43 |
| 8 | 17:07:01 | 17 35 53 | 29 40 | 05♎43 | 13 52 | 02 10 | 09 06 | 22 01 | 17 49 | 05 23 | 07 04 | 28 31 | 13 40 |
| 9 | 17:10:58 | 18 33 16 | 11♎50 | 17 59 | 13 21 | 03 11 | 09 50 | 21 59 | 17 48 | 05 25 | 07 06 | 28 31 | 13 37 |
| 10 | 17:14:54 | 19 30 38 | 24 14 | 00♏32 | 12 52 | 04 13 | 10 35 | 21 57 | 17 47 | 05 28 | 07 08 | 28 30 | 13 34 |
| 11 | 17:18:51 | 20 27 59 | 06♏56 | 13 26 | 12 25 | 05 16 | 11 19 | 21 56 | 17 46 | 05 31 | 07 10 | 28 30 | 13 31 |
| 12 | 17:22:47 | 21 25 20 | 20 01 | 26 42 | 12 01 | 06 18 | 12 03 | 21 55 | 17 45 | 05 34 | 07 11 | 28 30 | 13 27 |
| 13 | 17:26:44 | 22 22 39 | 03♐28 | 10♐21 | 11 41 | 07 21 | 12 47 | 21 54 | 17 45 | 05 37 | 07 13 | 28 29 | 13 24 |
| 14 | 17:30:40 | 23 19 58 | 17 19 | 24 22 | 11 24 | 08 24 | 13 31 | 21 53 | 17 44 | 05 40 | 07 15 | 28 29 | 13 21 |
| 15 | 17:34:37 | 24 17 16 | 01♑29 | 08♑40 | 11 11 | 09 27 | 14 15 | 21 52 | 17 43 | 05 43 | 07 17 | 28 29 | 13 18 |
| 16 | 17:38:34 | 25 14 33 | 15 55 | 23 12 | 11 01 | 10 31 | 14 59 | 21 52 | 17 43 | 05 46 | 07 18 | 28 28 | 13 15 |
| 17 | 17:42:30 | 26 11 50 | 00♒30 | 07♒48 | 10 57 | 11 34 | 15 43 | 21 51 | 17 43 | 05 49 | 07 20 | 28 28 | 13 11 |
| 18 | 17:46:27 | 27 09 07 | 15 07 | 22 24 | 10 56D | 12 38 | 16 27 | 21 51 | 17 42 | 05 52 | 07 22 | 28 27 | 13 08 |
| 19 | 17:50:23 | 28 06 23 | 29 40 | 06♓53 | 11 01 | 13 42 | 17 11 | 21 51D | 17 42 | 05 55 | 07 23 | 28 27 | 13 05 |
| 20 | 17:54:20 | 29 03 39 | 14♓04 | 21 11 | 11 09 | 14 47 | 17 55 | 21 51 | 17 42D | 05 58 | 07 25 | 28 26 | 13 02 |
| 21 | 17:58:16 | 00♋00 54 | 28 15 | 05♈16 | 11 23 | 15 51 | 18 38 | 21 52 | 17 42 | 06 01 | 07 26 | 28 26 | 12 59 |
| 22 | 18:02:13 | 00 58 10 | 12♈12 | 19 06 | 11 41 | 16 56 | 19 22 | 21 52 | 17 42 | 06 04 | 07 28 | 28 25 | 12 56 |
| 23 | 18:06:09 | 01 55 25 | 25 55 | 02♉41 | 12 04 | 18 01 | 20 05 | 21 53 | 17 43 | 06 07 | 07 29 | 28 25 | 12 52 |
| 24 | 18:10:06 | 02 52 40 | 09♉24 | 16 03 | 12 31 | 19 06 | 20 49 | 21 54 | 17 43 | 06 11 | 07 31 | 28 24 | 12 49 |
| 25 | 18:14:03 | 03 49 55 | 22 40 | 29 13 | 13 03 | 20 11 | 21 32 | 21 55 | 17 43 | 06 14 | 07 32 | 28 23 | 12 46 |
| 26 | 18:17:59 | 04 47 10 | 05♊43 | 12♊10 | 13 40 | 21 17 | 22 16 | 21 57 | 17 44 | 06 17 | 07 34 | 28 23 | 12 43 |
| 27 | 18:21:56 | 05 44 25 | 18 34 | 24 56 | 14 21 | 22 23 | 22 59 | 21 58 | 17 45 | 06 20 | 07 35 | 28 22 | 12 40 |
| 28 | 18:25:52 | 06 41 40 | 01♋15 | 07♋30 | 15 06 | 23 28 | 23 42 | 22 00 | 17 45 | 06 24 | 07 36 | 28 21 | 12 36 |
| 29 | 18:29:49 | 07 38 55 | 13 44 | 19 54 | 15 56 | 24 34 | 24 25 | 22 01 | 17 46 | 06 27 | 07 38 | 28 21 | 12 33 |
| 30 | 18:33:45 | 08 36 09 | 26 02 | 02♌07 | 16 50 | 25 40 | 25 08 | 22 03 | 17 47 | 06 30 | 07 39 | 28 20 | 12 30 |

0:00 E.T.

## Longitudes of the Major Asteroids and Chiron

| D | ⚳ | ⚴ | ⚵ | ⚶ | ⚷ | D | ⚳ | ⚴ | ⚵ | ⚶ | ⚷ |
|---|---|---|---|---|---|---|---|---|---|---|---|
| 1 | 18♌20 | 00♋58 | 07♌09 | 11♉57 | 20♋35 | 16 | 23 51 | 09 53 | 13 19 | 18 20 | 22 03 |
| 2 | 18 42 | 01 34 | 07 33 | 12 23 | 20 40 | 17 | 24 14 | 10 29 | 13 44 | 18 45 | 22 09 |
| 3 | 19 03 | 02 10 | 07 58 | 12 49 | 20 46 | 18 | 24 37 | 11 05 | 14 09 | 19 10 | 22 15 |
| 4 | 19 24 | 02 45 | 08 22 | 13 15 | 20 52 | 19 | 25 00 | 11 40 | 14 34 | 19 35 | 22 22 |
| 5 | 19 46 | 03 21 | 08 47 | 13 40 | 20 57 | 20 | 25 23 | 12 16 | 14 59 | 20 00 | 22 28 |
| 6 | 20 07 | 03 57 | 09 11 | 14 06 | 21 03 | 21 | 25 46 | 12 51 | 15 24 | 20 25 | 22 34 |
| 7 | 20 29 | 04 32 | 09 36 | 14 32 | 21 09 | 22 | 26 10 | 13 27 | 15 49 | 20 49 | 22 41 |
| 8 | 20 51 | 05 08 | 10 01 | 14 57 | 21 15 | 23 | 26 33 | 14 02 | 16 14 | 21 14 | 22 47 |
| 9 | 21 13 | 05 44 | 10 25 | 15 23 | 21 21 | 24 | 26 57 | 14 38 | 16 39 | 21 39 | 22 53 |
| 10 | 21 35 | 06 19 | 10 50 | 15 48 | 21 27 | 25 | 27 20 | 15 13 | 17 04 | 22 03 | 23 00 |
| 11 | 21 58 | 06 55 | 11 15 | 16 14 | 21 33 | 26 | 27 44 | 15 49 | 17 29 | 22 27 | 23 06 |
| 12 | 22 20 | 07 31 | 11 40 | 16 39 | 21 39 | 27 | 28 08 | 16 24 | 17 54 | 22 52 | 23 13 |
| 13 | 22 43 | 08 06 | 12 04 | 17 04 | 21 45 | 28 | 28 32 | 17 00 | 18 19 | 23 16 | 23 19 |
| 14 | 23 05 | 08 42 | 12 29 | 17 30 | 21 51 | 29 | 28 56 | 17 35 | 18 44 | 23 40 | 23 26 |
| 15 | 23 28 | 09 18 | 12 54 | 17 55 | 21 57 | 30 | 29 20 | 18 11 | 19 10 | 24 04 | 23 32 |

## Lunar Data

| Last Asp. | | Ingress | | |
|---|---|---|---|---|
| 2 | 17:56 | 3 | ♌ | 00:11 |
| 5 | 11:26 | 5 | ♍ | 12:16 |
| 6 | 21:42 | 8 | ♎ | 00:39 |
| 10 | 08:09 | 10 | ♏ | 10:58 |
| 12 | 15:12 | 12 | ♐ | 17:52 |
| 14 | 18:57 | 14 | ♑ | 21:30 |
| 16 | 09:48 | 16 | ♒ | 23:11 |
| 18 | 21:59 | 19 | ♓ | 00:33 |
| 20 | 06:49 | 21 | ♈ | 02:59 |
| 23 | 04:24 | 23 | ♉ | 07:13 |
| 25 | 10:29 | 25 | ♊ | 13:27 |
| 27 | 18:31 | 27 | ♋ | 21:38 |
| 29 | 23:14 | 30 | ♌ | 07:49 |

0:00 E.T.

## Declinations

| D | ☉ | ☽ | ☿ | ♀ | ♂ | ♃ | ♄ | ♅ | ♆ | ♇ | ⚳ | ⚴ | ⚵ | ⚶ | ⚷ |
|---|---|---|---|---|---|---|---|---|---|---|---|---|---|---|---|
| 1 | +22 04 | +27 20 | +21 28 | +07 41 | +12 02 | -07 22 | -04 36 | +19 35 | +12 11 | -21 42 | +24 29 | -00 15 | +14 13 | +10 32 | +15 30 |
| 2 | 22 12 | 26 52 | 21 08 | 08 00 | 12 17 | 07 21 | 04 35 | 19 34 | 12 12 | 21 42 | 24 20 | 00 11 | 14 11 | 10 40 | 15 29 |
| 3 | 22 20 | 25 05 | 20 48 | 08 19 | 12 33 | 07 20 | 04 35 | 19 34 | 12 12 | 21 42 | 24 12 | 00 07 | 14 08 | 10 47 | 15 29 |
| 4 | 22 27 | 22 11 | 20 28 | 08 38 | 12 48 | 07 19 | 04 35 | 19 33 | 12 13 | 21 43 | 24 03 | 00 03 | 14 05 | 10 54 | 15 28 |
| 5 | 22 34 | 18 24 | 20 09 | 08 58 | 13 03 | 07 19 | 04 34 | 19 32 | 12 14 | 21 43 | 23 54 | +00 01 | 14 02 | 11 02 | 15 28 |
| 6 | 22 40 | 13 54 | 19 50 | 09 17 | 13 18 | 07 18 | 04 34 | 19 32 | 12 14 | 21 43 | 23 45 | 00 05 | 13 59 | 11 09 | 15 27 |
| 7 | 22 46 | 08 54 | 19 31 | 09 36 | 13 33 | 07 18 | 04 34 | 19 31 | 12 15 | 21 44 | 23 36 | 00 08 | 13 56 | 11 16 | 15 27 |
| 8 | 22 51 | 03 32 | 19 14 | 09 56 | 13 48 | 07 17 | 04 33 | 19 30 | 12 15 | 21 44 | 23 27 | 00 12 | 13 53 | 11 23 | 15 26 |
| 9 | 22 57 | -02 03 | 18 58 | 10 15 | 14 02 | 07 17 | 04 33 | 19 30 | 12 16 | 21 44 | 23 18 | 00 15 | 13 50 | 11 30 | 15 25 |
| 10 | 23 01 | 07 41 | 18 43 | 10 35 | 14 17 | 07 16 | 04 33 | 19 29 | 12 16 | 21 45 | 23 09 | 00 18 | 13 47 | 11 37 | 15 25 |
| 11 | 23 06 | 13 08 | 18 30 | 10 54 | 14 31 | 07 16 | 04 33 | 19 28 | 12 17 | 21 45 | 23 00 | 00 22 | 13 43 | 11 44 | 15 24 |
| 12 | 23 09 | 18 11 | 18 18 | 11 13 | 14 45 | 07 16 | 04 33 | 19 27 | 12 17 | 21 46 | 22 51 | 00 25 | 13 40 | 11 51 | 15 24 |
| 13 | 23 13 | 22 28 | 18 08 | 11 33 | 14 59 | 07 16 | 04 33 | 19 27 | 12 18 | 21 46 | 22 41 | 00 27 | 13 36 | 11 58 | 15 23 |
| 14 | 23 16 | 25 36 | 18 00 | 11 52 | 15 13 | 07 16 | 04 33 | 19 26 | 12 18 | 21 46 | 22 32 | 00 30 | 13 32 | 12 05 | 15 22 |
| 15 | 23 19 | 27 11 | 17 54 | 12 11 | 15 26 | 07 16 | 04 33 | 19 25 | 12 19 | 21 47 | 22 23 | 00 33 | 13 28 | 12 11 | 15 22 |
| 16 | 23 21 | 26 58 | 17 49 | 12 30 | 15 40 | 07 16 | 04 33 | 19 24 | 12 19 | 21 47 | 22 13 | 00 35 | 13 25 | 12 18 | 15 21 |
| 17 | 23 23 | 24 55 | 17 46 | 12 49 | 15 53 | 07 16 | 04 33 | 19 24 | 12 20 | 21 48 | 22 04 | 00 38 | 13 21 | 12 24 | 15 20 |
| 18 | 23 24 | 21 13 | 17 45 | 13 08 | 16 06 | 07 16 | 04 33 | 19 23 | 12 20 | 21 48 | 21 54 | 00 40 | 13 17 | 12 31 | 15 19 |
| 19 | 23 25 | 16 14 | 17 46 | 13 27 | 16 19 | 07 16 | 04 33 | 19 22 | 12 21 | 21 49 | 21 45 | 00 42 | 13 12 | 12 37 | 15 19 |
| 20 | 23 26 | 10 24 | 17 49 | 13 46 | 16 32 | 07 17 | 04 33 | 19 21 | 12 21 | 21 49 | 21 35 | 00 44 | 13 08 | 12 43 | 15 18 |
| 21 | 23 26 | 04 06 | 17 54 | 14 04 | 16 45 | 07 17 | 04 34 | 19 21 | 12 22 | 21 49 | 21 25 | 00 46 | 13 04 | 12 49 | 15 17 |
| 22 | 23 26 | +02 17 | 18 00 | 14 22 | 16 57 | 07 18 | 04 34 | 19 20 | 12 22 | 21 50 | 21 16 | 00 48 | 12 59 | 12 55 | 15 16 |
| 23 | 23 25 | 08 29 | 18 07 | 14 41 | 17 10 | 07 18 | 04 34 | 19 19 | 12 23 | 21 50 | 21 06 | 00 50 | 12 55 | 13 01 | 15 15 |
| 24 | 23 24 | 14 12 | 18 16 | 14 58 | 17 22 | 07 19 | 04 35 | 19 18 | 12 23 | 21 51 | 20 56 | 00 52 | 12 50 | 13 07 | 15 15 |
| 25 | 23 23 | 19 09 | 18 27 | 15 16 | 17 34 | 07 19 | 04 35 | 19 17 | 12 24 | 21 51 | 20 46 | 00 53 | 12 46 | 13 13 | 15 14 |
| 26 | 23 21 | 23 06 | 18 38 | 15 34 | 17 46 | 07 20 | 04 36 | 19 17 | 12 24 | 21 52 | 20 36 | 00 54 | 12 41 | 13 19 | 15 13 |
| 27 | 23 19 | 25 49 | 18 51 | 15 51 | 17 57 | 07 21 | 04 36 | 19 16 | 12 24 | 21 52 | 20 26 | 00 56 | 12 36 | 13 25 | 15 12 |
| 28 | 23 16 | 27 10 | 19 05 | 16 08 | 18 09 | 07 22 | 04 37 | 19 15 | 12 25 | 21 53 | 20 16 | 00 57 | 12 31 | 13 30 | 15 11 |
| 29 | 23 13 | 27 06 | 19 19 | 16 25 | 18 20 | 07 23 | 04 37 | 19 14 | 12 25 | 21 53 | 20 06 | 00 58 | 12 27 | 13 36 | 15 10 |
| 30 | 23 09 | 25 41 | 19 35 | 16 42 | 18 31 | 07 24 | 04 38 | 19 13 | 12 26 | 21 54 | 19 56 | 00 59 | 12 22 | 13 41 | 15 09 |

Lunar Phases -- 6 ◐ 21:42 14 ○ 10:60 21 ◑ 03:13 28 ● 11:18 Sun enters ♋ 6/20 23:37

## 0:00 E.T. Longitudes of Main Planets - July 2041 **July 41**

| D | S.T. | ☉ | ☽ | ☽ 12:00 | ☿ | ♀ | ♂ | ♃ | ♄ | ♅ | ♆ | ♇ | ☊ |
|---|---|---|---|---|---|---|---|---|---|---|---|---|---|
| 1 | 18:37:42 | 09♋33 23 | 08♌11 | 14♌12 | 17♊49 | 26♉47 | 25♉51 | 22♎06 | 17♎48 | 06♌34 | 07♉40 | 28♒19℞ | 12♉27 |
| 2 | 18:41:38 | 10 30 37 | 20 11 | 26 08 | 18 51 | 27 53 | 26 34 | 22 08 | 17 49 | 06 37 | 07 42 | 28 18 | 12 24 |
| 3 | 18:45:35 | 11 27 50 | 02♍05 | 08♍00 | 19 58 | 29 00 | 27 17 | 22 11 | 17 51 | 06 41 | 07 43 | 28 18 | 12 21 |
| 4 | 18:49:32 | 12 25 03 | 13 56 | 19 51 | 21 08 | 00♊06 | 28 00 | 22 13 | 17 52 | 06 44 | 07 44 | 28 17 | 12 17 |
| 5 | 18:53:28 | 13 22 16 | 25 47 | 01♎45 | 22 23 | 01 13 | 28 43 | 22 16 | 17 53 | 06 47 | 07 45 | 28 16 | 12 14 |
| 6 | 18:57:25 | 14 19 28 | 07♎44 | 13 46 | 23 41 | 02 20 | 29 25 | 22 19 | 17 55 | 06 51 | 07 46 | 28 15 | 12 11 |
| 7 | 19:01:21 | 15 16 41 | 19 51 | 26 00 | 25 04 | 03 27 | 00♊08 | 22 22 | 17 57 | 06 54 | 07 47 | 28 14 | 12 08 |
| 8 | 19:05:18 | 16 13 53 | 02♏13 | 08♏31 | 26 30 | 04 34 | 00 50 | 22 26 | 17 58 | 06 58 | 07 49 | 28 13 | 12 05 |
| 9 | 19:09:14 | 17 11 05 | 14 55 | 21 25 | 28 00 | 05 42 | 01 33 | 22 29 | 18 00 | 07 01 | 07 50 | 28 12 | 12 02 |
| 10 | 19:13:11 | 18 08 17 | 28 02 | 04♐45 | 29 34 | 06 49 | 02 15 | 22 33 | 18 02 | 07 05 | 07 51 | 28 11 | 11 58 |
| 11 | 19:17:07 | 19 05 29 | 11♐35 | 18 32 | 01♋11 | 07 57 | 02 58 | 22 37 | 18 04 | 07 09 | 07 52 | 28 11 | 11 55 |
| 12 | 19:21:04 | 20 02 41 | 25 36 | 02♑47 | 02 52 | 09 04 | 03 40 | 22 41 | 18 06 | 07 12 | 07 53 | 28 10 | 11 52 |
| 13 | 19:25:01 | 20 59 53 | 10♑03 | 17 24 | 04 37 | 10 12 | 04 22 | 22 45 | 18 08 | 07 16 | 07 54 | 28 09 | 11 49 |
| 14 | 19:28:57 | 21 57 05 | 24 50 | 02♒18 | 06 24 | 11 20 | 05 04 | 22 49 | 18 11 | 07 19 | 07 54 | 28 08 | 11 46 |
| 15 | 19:32:54 | 22 54 17 | 09♒49 | 17 20 | 08 15 | 12 28 | 05 46 | 22 54 | 18 13 | 07 23 | 07 55 | 28 07 | 11 42 |
| 16 | 19:36:50 | 23 51 30 | 24 50 | 02♓19 | 10 08 | 13 36 | 06 28 | 22 58 | 18 16 | 07 27 | 07 56 | 28 06 | 11 39 |
| 17 | 19:40:47 | 24 48 43 | 09♓45 | 17 07 | 12 05 | 14 45 | 07 10 | 23 03 | 18 18 | 07 30 | 07 57 | 28 05 | 11 36 |
| 18 | 19:44:43 | 25 45 57 | 24 25 | 01♈38 | 14 03 | 15 53 | 07 52 | 23 08 | 18 21 | 07 34 | 07 58 | 28 03 | 11 33 |
| 19 | 19:48:40 | 26 43 12 | 08♈46 | 15 48 | 16 04 | 17 02 | 08 33 | 23 13 | 18 24 | 07 37 | 07 59 | 28 02 | 11 30 |
| 20 | 19:52:36 | 27 40 27 | 22 45 | 29 37 | 18 07 | 18 10 | 09 15 | 23 19 | 18 26 | 07 41 | 07 59 | 28 01 | 11 27 |
| 21 | 19:56:33 | 28 37 43 | 06♉23 | 13♉04 | 20 11 | 19 19 | 09 57 | 23 24 | 18 29 | 07 45 | 08 00 | 28 00 | 11 23 |
| 22 | 20:00:30 | 29 35 00 | 19 41 | 26 14 | 22 17 | 20 28 | 10 38 | 23 30 | 18 32 | 07 48 | 08 01 | 27 59 | 11 20 |
| 23 | 20:04:26 | 00♌32 18 | 02♊42 | 09♊07 | 24 23 | 21 37 | 11 20 | 23 35 | 18 35 | 07 52 | 08 01 | 27 58 | 11 17 |
| 24 | 20:08:23 | 01 29 36 | 15 29 | 21 47 | 26 30 | 22 46 | 12 01 | 23 41 | 18 39 | 07 56 | 08 02 | 27 57 | 11 14 |
| 25 | 20:12:19 | 02 26 56 | 28 03 | 04♋16 | 28 38 | 23 55 | 12 42 | 23 47 | 18 42 | 07 59 | 08 02 | 27 56 | 11 11 |
| 26 | 20:16:16 | 03 24 16 | 10♋27 | 16 36 | 00♌45 | 25 04 | 13 23 | 23 53 | 18 45 | 08 03 | 08 03 | 27 55 | 11 08 |
| 27 | 20:20:12 | 04 21 37 | 22 42 | 28 47 | 02 52 | 26 14 | 14 04 | 24 00 | 18 49 | 08 07 | 08 03 | 27 53 | 11 04 |
| 28 | 20:24:09 | 05 18 58 | 04♌50 | 10♌51 | 04 59 | 27 23 | 14 45 | 24 06 | 18 52 | 08 11 | 08 04 | 27 52 | 11 01 |
| 29 | 20:28:05 | 06 16 21 | 16 50 | 22 49 | 07 05 | 28 33 | 15 26 | 24 13 | 18 56 | 08 14 | 08 04 | 27 51 | 10 58 |
| 30 | 20:32:02 | 07 13 44 | 28 46 | 04♍42 | 09 10 | 29 42 | 16 07 | 24 19 | 19 00 | 08 18 | 08 05 | 27 50 | 10 55 |
| 31 | 20:35:59 | 08 11 07 | 10♍37 | 16 32 | 11 14 | 00♋52 | 16 48 | 24 26 | 19 03 | 08 22 | 08 05 | 27 49 | 10 52 |

## 0:00 E.T. Longitudes of the Major Asteroids and Chiron

| D | ⚳ | ⚴ | ⚵ | ⚶ | ⚷ |
|---|---|---|---|---|---|
| 1 | 29♌44 | 18♋46 | 19♌35 | 24♉28 | 23♋39 |
| 2 | 00♍09 | 19 21 | 20 00 | 24 52 | 23 45 |
| 3 | 00 33 | 19 57 | 20 25 | 25 16 | 23 52 |
| 4 | 00 57 | 20 32 | 20 50 | 25 40 | 23 58 |
| 5 | 01 22 | 21 07 | 21 16 | 26 04 | 24 05 |
| 6 | 01 46 | 21 43 | 21 41 | 26 27 | 24 12 |
| 7 | 02 11 | 22 18 | 22 06 | 26 51 | 24 18 |
| 8 | 02 36 | 22 53 | 22 31 | 27 14 | 24 25 |
| 9 | 03 00 | 23 28 | 22 56 | 27 38 | 24 31 |
| 10 | 03 25 | 24 03 | 23 22 | 28 01 | 24 38 |
| 11 | 03 50 | 24 38 | 23 47 | 28 24 | 24 45 |
| 12 | 04 15 | 25 13 | 24 12 | 28 47 | 24 51 |
| 13 | 04 40 | 25 48 | 24 37 | 29 10 | 24 58 |
| 14 | 05 05 | 26 23 | 25 03 | 29 33 | 25 05 |
| 15 | 05 30 | 26 58 | 25 28 | 29 56 | 25 12 |
| 16 | 05 56 | 27 33 | 25 53 | 00♊19 | 25 18 |
| 17 | 06 21 | 28 08 | 26 18 | 00 41 | 25 25 |
| 18 | 06 46 | 28 43 | 26 44 | 01 04 | 25 32 |
| 19 | 07 12 | 29 18 | 27 09 | 01 26 | 25 38 |
| 20 | 07 37 | 29 52 | 27 34 | 01 48 | 25 45 |
| 21 | 08 03 | 00♌27 | 27 59 | 02 10 | 25 52 |
| 22 | 08 28 | 01 02 | 28 25 | 02 33 | 25 59 |
| 23 | 08 54 | 01 36 | 28 50 | 02 54 | 26 05 |
| 24 | 09 19 | 02 11 | 29 15 | 03 16 | 26 12 |
| 25 | 09 45 | 02 45 | 29 40 | 03 38 | 26 19 |
| 26 | 10 11 | 03 20 | 00♍06 | 04 00 | 26 25 |
| 27 | 10 37 | 03 54 | 00 31 | 04 21 | 26 32 |
| 28 | 11 03 | 04 29 | 00 56 | 04 42 | 26 39 |
| 29 | 11 29 | 05 03 | 01 21 | 05 04 | 26 46 |
| 30 | 11 54 | 05 37 | 01 46 | 05 25 | 26 52 |
| 31 | 12 21 | 06 11 | 02 12 | 05 46 | 26 59 |

## Lunar Data

| Last Asp. | | Ingress | | |
|---|---|---|---|---|
| 2 | 17:07 | 2 | ♍ | 19:48 |
| 5 | 06:16 | 5 | ♎ | 08:29 |
| 7 | 16:19 | 7 | ♏ | 19:45 |
| 10 | 00:17 | 10 | ♐ | 03:32 |
| 12 | 04:17 | 12 | ♑ | 07:22 |
| 13 | 20:45 | 14 | ♒ | 08:18 |
| 16 | 05:13 | 16 | ♓ | 08:17 |
| 18 | 02:23 | 18 | ♈ | 09:16 |
| 20 | 09:15 | 20 | ♉ | 12:41 |
| 22 | 15:14 | 22 | ♊ | 18:59 |
| 24 | 23:46 | 25 | ♋ | 03:46 |
| 27 | 02:34 | 27 | ♌ | 14:25 |
| 30 | 02:07 | 30 | ♍ | 02:30 |

## 0:00 E.T. Declinations

| D | ☉ | ☽ | ☿ | ♀ | ♂ | ♃ | ♄ | ♅ | ♆ | ♇ | ⚳ | ⚴ | ⚵ | ⚶ | ⚷ |
|---|---|---|---|---|---|---|---|---|---|---|---|---|---|---|---|
| 1 | +23 05 | +23 06 | +19 51 | +16 58 | +18 42 | -07 25 | -04 38 | +19 12 | +12 26 | -21 54 | +19 46 | +00 59 | +12 16 | +13 47 | +15 08 |
| 2 | 23 01 | 19 32 | 20 07 | 17 14 | 18 53 | 07 26 | 04 39 | 19 11 | 12 26 | 21 55 | 19 36 | 01 00 | 12 11 | 13 52 | 15 07 |
| 3 | 22 56 | 15 13 | 20 23 | 17 29 | 19 03 | 07 27 | 04 40 | 19 11 | 12 27 | 21 55 | 19 26 | 01 01 | 12 06 | 13 57 | 15 06 |
| 4 | 22 51 | 10 22 | 20 40 | 17 45 | 19 14 | 07 28 | 04 41 | 19 10 | 12 27 | 21 56 | 19 15 | 01 01 | 12 01 | 14 02 | 15 05 |
| 5 | 22 46 | 05 07 | 20 57 | 18 00 | 19 24 | 07 30 | 04 41 | 19 09 | 12 27 | 21 57 | 19 05 | 01 01 | 11 55 | 14 07 | 15 04 |
| 6 | 22 40 | -00 21 | 21 13 | 18 14 | 19 34 | 07 31 | 04 42 | 19 08 | 12 28 | 21 57 | 18 55 | 01 01 | 11 50 | 14 12 | 15 03 |
| 7 | 22 34 | 05 53 | 21 29 | 18 29 | 19 43 | 07 32 | 04 43 | 19 07 | 12 28 | 21 58 | 18 44 | 01 02 | 11 45 | 14 17 | 15 02 |
| 8 | 22 27 | 11 20 | 21 45 | 18 43 | 19 53 | 07 34 | 04 44 | 19 06 | 12 28 | 21 58 | 18 34 | 01 02 | 11 39 | 14 22 | 15 01 |
| 9 | 22 20 | 16 27 | 21 59 | 18 56 | 20 02 | 07 35 | 04 45 | 19 05 | 12 28 | 21 59 | 18 24 | 01 01 | 11 33 | 14 27 | 15 00 |
| 10 | 22 12 | 20 59 | 22 13 | 19 09 | 20 11 | 07 37 | 04 46 | 19 04 | 12 29 | 21 59 | 18 13 | 01 01 | 11 28 | 14 32 | 14 59 |
| 11 | 22 05 | 24 34 | 22 26 | 19 22 | 20 20 | 07 39 | 04 47 | 19 04 | 12 29 | 22 00 | 18 02 | 01 01 | 11 22 | 14 36 | 14 58 |
| 12 | 21 56 | 26 47 | 22 37 | 19 35 | 20 29 | 07 40 | 04 48 | 19 03 | 12 29 | 22 00 | 17 52 | 01 00 | 11 16 | 14 41 | 14 57 |
| 13 | 21 48 | 27 17 | 22 47 | 19 47 | 20 38 | 07 42 | 04 49 | 19 02 | 12 30 | 22 01 | 17 41 | 01 00 | 11 10 | 14 45 | 14 56 |
| 14 | 21 39 | 25 52 | 22 55 | 19 58 | 20 46 | 07 44 | 04 50 | 19 01 | 12 30 | 22 01 | 17 31 | 00 59 | 11 04 | 14 50 | 14 55 |
| 15 | 21 29 | 22 38 | 23 01 | 20 09 | 20 54 | 07 46 | 04 51 | 19 00 | 12 30 | 22 02 | 17 20 | 00 58 | 10 58 | 14 54 | 14 53 |
| 16 | 21 20 | 17 52 | 23 05 | 20 20 | 21 02 | 07 48 | 04 52 | 18 59 | 12 30 | 22 03 | 17 09 | 00 57 | 10 52 | 14 58 | 14 52 |
| 17 | 21 10 | 12 03 | 23 07 | 20 30 | 21 10 | 07 50 | 04 53 | 18 58 | 12 30 | 22 03 | 16 59 | 00 56 | 10 46 | 15 02 | 14 51 |
| 18 | 20 59 | 05 39 | 23 06 | 20 40 | 21 18 | 07 52 | 04 55 | 18 57 | 12 31 | 22 04 | 16 48 | 00 55 | 10 40 | 15 06 | 14 50 |
| 19 | 20 49 | +00 55 | 23 03 | 20 49 | 21 25 | 07 54 | 04 56 | 18 56 | 12 31 | 22 04 | 16 37 | 00 54 | 10 34 | 15 10 | 14 49 |
| 20 | 20 37 | 07 17 | 22 57 | 20 58 | 21 32 | 07 56 | 04 57 | 18 55 | 12 31 | 22 05 | 16 26 | 00 53 | 10 28 | 15 14 | 14 47 |
| 21 | 20 26 | 13 10 | 22 49 | 21 06 | 21 39 | 07 59 | 04 59 | 18 54 | 12 31 | 22 05 | 16 15 | 00 51 | 10 21 | 15 18 | 14 46 |
| 22 | 20 14 | 18 17 | 22 38 | 21 14 | 21 46 | 08 01 | 05 00 | 18 53 | 12 31 | 22 06 | 16 04 | 00 50 | 10 15 | 15 22 | 14 45 |
| 23 | 20 02 | 22 26 | 22 24 | 21 21 | 21 53 | 08 03 | 05 01 | 18 52 | 12 31 | 22 07 | 15 53 | 00 48 | 10 09 | 15 25 | 14 44 |
| 24 | 19 49 | 25 24 | 22 07 | 21 28 | 21 59 | 08 05 | 05 03 | 18 51 | 12 32 | 22 07 | 15 42 | 00 47 | 10 02 | 15 29 | 14 42 |
| 25 | 19 37 | 27 02 | 21 48 | 21 34 | 22 05 | 08 08 | 05 04 | 18 50 | 12 32 | 22 08 | 15 32 | 00 45 | 09 56 | 15 32 | 14 41 |
| 26 | 19 23 | 27 17 | 21 27 | 21 39 | 22 11 | 08 10 | 05 06 | 18 50 | 12 32 | 22 08 | 15 20 | 00 43 | 09 49 | 15 36 | 14 40 |
| 27 | 19 10 | 26 11 | 21 03 | 21 44 | 22 17 | 08 13 | 05 07 | 18 49 | 12 32 | 22 09 | 15 09 | 00 41 | 09 42 | 15 39 | 14 39 |
| 28 | 18 56 | 23 52 | 20 36 | 21 49 | 22 22 | 08 16 | 05 09 | 18 48 | 12 32 | 22 09 | 14 58 | 00 39 | 09 36 | 15 42 | 14 37 |
| 29 | 18 42 | 20 31 | 20 08 | 21 53 | 22 28 | 08 18 | 05 10 | 18 47 | 12 32 | 22 10 | 14 47 | 00 37 | 09 29 | 15 46 | 14 36 |
| 30 | 18 28 | 16 22 | 19 38 | 21 56 | 22 33 | 08 21 | 05 12 | 18 46 | 12 32 | 22 11 | 14 36 | 00 34 | 09 22 | 15 49 | 14 35 |
| 31 | 18 13 | 11 36 | 19 06 | 21 59 | 22 38 | 08 24 | 05 14 | 18 45 | 12 32 | 22 11 | 14 25 | 00 32 | 09 16 | 15 52 | 14 33 |

Lunar Phases -- 6 ◐ 14:14 13 ○ 19:02 20 ◑ 09:15 28 ● 01:04 Sun enters ♌ 7/22 10:28

## Longitudes of Main Planets - August 2041 — 0:00 E.T.

| D | S.T. | ☉ | ☽ | ☽ 12:00 | ☿ | ♀ | ♂ | ♃ | ♄ | ♅ | ♆ | ♇ | ☊ |
|---|---|---|---|---|---|---|---|---|---|---|---|---|---|
| 1 | 20:39:55 | 09♌08 32 | 22♍26 | 28♍21 | 13♌17 | 02♋02 | 17♊29 | 24♎33 | 19♎07 | 08♌25 | 08♉05 | 27♒47℞ | 10♉48 |
| 2 | 20:43:52 | 10 05 57 | 04♎17 | 10♎14 | 15 18 | 03 12 | 18 09 | 24 40 | 19 11 | 08 29 | 08 06 | 27 46 | 10 45 |
| 3 | 20:47:48 | 11 03 22 | 16 13 | 22 14 | 17 18 | 04 22 | 18 50 | 24 47 | 19 15 | 08 33 | 08 06 | 27 45 | 10 42 |
| 4 | 20:51:45 | 12 00 49 | 28 18 | 04♏25 | 19 17 | 05 32 | 19 30 | 24 55 | 19 19 | 08 36 | 08 06 | 27 44 | 10 39 |
| 5 | 20:55:41 | 12 58 16 | 10♏37 | 16 53 | 21 14 | 06 42 | 20 11 | 25 02 | 19 24 | 08 40 | 08 06 | 27 42 | 10 36 |
| 6 | 20:59:38 | 13 55 43 | 23 16 | 29 44 | 23 10 | 07 52 | 20 51 | 25 10 | 19 28 | 08 44 | 08 07 | 27 41 | 10 33 |
| 7 | 21:03:34 | 14 53 12 | 06♐19 | 13♐00 | 25 05 | 09 02 | 21 31 | 25 18 | 19 32 | 08 48 | 08 07 | 27 40 | 10 29 |
| 8 | 21:07:31 | 15 50 41 | 19 50 | 26 46 | 26 57 | 10 13 | 22 11 | 25 25 | 19 37 | 08 51 | 08 07 | 27 39 | 10 26 |
| 9 | 21:11:28 | 16 48 11 | 03♑50 | 11♑02 | 28 48 | 11 23 | 22 51 | 25 33 | 19 41 | 08 55 | 08 07 | 27 37 | 10 23 |
| 10 | 21:15:24 | 17 45 42 | 18 20 | 25 45 | 00♍38 | 12 34 | 23 31 | 25 41 | 19 46 | 08 59 | 08 07 | 27 36 | 10 20 |
| 11 | 21:19:21 | 18 43 14 | 03♒15 | 10♒49 | 02 26 | 13 45 | 24 11 | 25 50 | 19 50 | 09 02 | 08 07℞ | 27 35 | 10 17 |
| 12 | 21:23:17 | 19 40 47 | 18 26 | 26 04 | 04 13 | 14 55 | 24 51 | 25 58 | 19 55 | 09 06 | 08 07 | 27 33 | 10 14 |
| 13 | 21:27:14 | 20 38 21 | 03♓43 | 11♓20 | 05 58 | 16 06 | 25 31 | 26 06 | 20 00 | 09 10 | 08 07 | 27 32 | 10 10 |
| 14 | 21:31:10 | 21 35 56 | 18 55 | 26 25 | 07 41 | 17 17 | 26 10 | 26 15 | 20 05 | 09 13 | 08 07 | 27 31 | 10 07 |
| 15 | 21:35:07 | 22 33 32 | 03♈51 | 11♈12 | 09 23 | 18 28 | 26 50 | 26 24 | 20 10 | 09 17 | 08 07 | 27 30 | 10 04 |
| 16 | 21:39:03 | 23 31 10 | 18 26 | 25 34 | 11 04 | 19 39 | 27 29 | 26 32 | 20 15 | 09 20 | 08 07 | 27 28 | 10 01 |
| 17 | 21:43:00 | 24 28 49 | 02♉35 | 09♉29 | 12 43 | 20 50 | 28 08 | 26 41 | 20 20 | 09 24 | 08 06 | 27 27 | 09 58 |
| 18 | 21:46:57 | 25 26 30 | 16 17 | 22 59 | 14 20 | 22 01 | 28 48 | 26 50 | 20 25 | 09 28 | 08 06 | 27 26 | 09 54 |
| 19 | 21:50:53 | 26 24 13 | 29 35 | 06♊06 | 15 56 | 23 13 | 29 27 | 26 59 | 20 30 | 09 31 | 08 06 | 27 24 | 09 51 |
| 20 | 21:54:50 | 27 21 58 | 12♊31 | 18 53 | 17 31 | 24 24 | 00♋06 | 27 09 | 20 35 | 09 35 | 08 06 | 27 23 | 09 48 |
| 21 | 21:58:46 | 28 19 44 | 25 10 | 01♋23 | 19 04 | 25 36 | 00 45 | 27 18 | 20 40 | 09 38 | 08 05 | 27 22 | 09 45 |
| 22 | 22:02:43 | 29 17 31 | 07♋34 | 13 42 | 20 36 | 26 47 | 01 24 | 27 27 | 20 46 | 09 42 | 08 05 | 27 20 | 09 42 |
| 23 | 22:06:39 | 00♍15 20 | 19 47 | 25 50 | 22 06 | 27 59 | 02 02 | 27 37 | 20 51 | 09 45 | 08 05 | 27 19 | 09 39 |
| 24 | 22:10:36 | 01 13 11 | 01♌52 | 07♌52 | 23 35 | 29 10 | 02 41 | 27 47 | 20 57 | 09 49 | 08 04 | 27 18 | 09 35 |
| 25 | 22:14:32 | 02 11 04 | 13 51 | 19 48 | 25 03 | 00♌22 | 03 20 | 27 56 | 21 02 | 09 53 | 08 04 | 27 16 | 09 32 |
| 26 | 22:18:29 | 03 08 58 | 25 45 | 01♍41 | 26 29 | 01 34 | 03 58 | 28 06 | 21 08 | 09 56 | 08 03 | 27 15 | 09 29 |
| 27 | 22:22:26 | 04 06 53 | 07♍37 | 13 32 | 27 53 | 02 46 | 04 36 | 28 16 | 21 14 | 09 59 | 08 03 | 27 14 | 09 26 |
| 28 | 22:26:22 | 05 04 50 | 19 27 | 25 22 | 29 16 | 03 58 | 05 15 | 28 26 | 21 19 | 10 03 | 08 02 | 27 13 | 09 23 |
| 29 | 22:30:19 | 06 02 48 | 01♎18 | 07♎14 | 00♎37 | 05 10 | 05 53 | 28 36 | 21 25 | 10 06 | 08 02 | 27 11 | 09 20 |
| 30 | 22:34:15 | 07 00 48 | 13 11 | 19 10 | 01 57 | 06 22 | 06 31 | 28 46 | 21 31 | 10 10 | 08 01 | 27 10 | 09 16 |
| 31 | 22:38:12 | 07 58 49 | 25 10 | 01♏12 | 03 15 | 07 34 | 07 09 | 28 56 | 21 37 | 10 13 | 08 00 | 27 09 | 09 13 |

## 0:00 E.T. Longitudes of the Major Asteroids and Chiron

| D | ⚳ | ⚴ | ⚵ | ⚶ | ⚷ | D | ⚳ | ⚴ | ⚵ | ⚶ | ⚷ |
|---|---|---|---|---|---|---|---|---|---|---|---|
| 1 | 12♍47 | 06♌46 | 02♍37 | 06♊07 | 27♋06 | 17 | 19 49 | 15 45 | 09 19 | 11 21 | 28 50 |
| 2 | 13 13 | 07 20 | 03 02 | 06 27 | 27 12 | 18 | 20 15 | 16 19 | 09 44 | 11 39 | 28 56 |
| 3 | 13 39 | 07 54 | 03 27 | 06 48 | 27 19 | 19 | 20 42 | 16 52 | 10 09 | 11 57 | 29 02 |
| 4 | 14 05 | 08 28 | 03 52 | 07 08 | 27 25 | 20 | 21 09 | 17 25 | 10 34 | 12 15 | 29 09 |
| 5 | 14 31 | 09 02 | 04 18 | 07 29 | 27 32 | 21 | 21 35 | 17 58 | 10 59 | 12 33 | 29 15 |
| 6 | 14 57 | 09 36 | 04 43 | 07 49 | 27 39 | 22 | 22 02 | 18 31 | 11 24 | 12 50 | 29 21 |
| 7 | 15 24 | 10 10 | 05 08 | 08 09 | 27 45 | 23 | 22 29 | 19 04 | 11 48 | 13 08 | 29 27 |
| 8 | 15 50 | 10 44 | 05 33 | 08 29 | 27 52 | 24 | 22 56 | 19 37 | 12 13 | 13 25 | 29 34 |
| 9 | 16 16 | 11 17 | 05 58 | 08 49 | 27 58 | 25 | 23 23 | 20 10 | 12 38 | 13 42 | 29 40 |
| 10 | 16 43 | 11 51 | 06 23 | 09 08 | 28 05 | 26 | 23 50 | 20 43 | 13 03 | 13 59 | 29 46 |
| 11 | 17 09 | 12 25 | 06 48 | 09 28 | 28 11 | 27 | 24 16 | 21 15 | 13 28 | 14 15 | 29 52 |
| 12 | 17 36 | 12 58 | 07 13 | 09 47 | 28 18 | 28 | 24 43 | 21 48 | 13 53 | 14 32 | 29 58 |
| 13 | 18 02 | 13 32 | 07 39 | 10 06 | 28 24 | 29 | 25 10 | 22 20 | 14 18 | 14 48 | 00♌04 |
| 14 | 18 29 | 14 05 | 08 04 | 10 25 | 28 31 | 30 | 25 37 | 22 53 | 14 42 | 15 04 | 00 10 |
| 15 | 18 55 | 14 39 | 08 29 | 10 44 | 28 37 | 31 | 26 04 | 23 25 | 15 07 | 15 20 | 00 15 |
| 16 | 19 22 | 15 12 | 08 54 | 11 02 | 28 44 | | | | | | |

## Lunar Data

| Last Asp. | | Ingress | | |
|---|---|---|---|---|
| 31 | 13:19 | 1 | ♎ | 15:20 |
| 3 | 22:53 | 4 | ♏ | 03:21 |
| 6 | 08:13 | 6 | ♐ | 12:30 |
| 8 | 14:11 | 8 | ♑ | 17:30 |
| 10 | 12:01 | 10 | ♒ | 18:49 |
| 12 | 14:19 | 12 | ♓ | 18:10 |
| 14 | 12:08 | 14 | ♈ | 17:46 |
| 16 | 16:01 | 16 | ♉ | 19:34 |
| 18 | 20:02 | 19 | ♊ | 00:46 |
| 21 | 06:36 | 21 | ♋ | 09:19 |
| 23 | 18:03 | 23 | ♌ | 20:17 |
| 26 | 04:49 | 26 | ♍ | 08:35 |
| 27 | 00:53 | 28 | ♎ | 21:23 |
| 31 | 07:38 | 31 | ♏ | 09:37 |

## 0:00 E.T. Declinations

| D | ☉ | ☽ | ☿ | ♀ | ♂ | ♃ | ♄ | ♅ | ♆ | ♇ | ⚳ | ⚴ | ⚵ | ⚶ | ⚷ |
|---|---|---|---|---|---|---|---|---|---|---|---|---|---|---|---|
| 1 | +17 58 | +06 26 | +18 32 | +22 01 | +22 42 | -08 26 | -05 15 | +18 44 | +12 32 | -22 12 | +14 14 | +00 30 | +09 09 | +15 55 | +14 32 |
| 2 | 17 43 | 01 02 | 17 56 | 22 03 | 22 47 | 08 29 | 05 17 | 18 43 | 12 32 | 22 12 | 14 03 | 00 27 | 09 02 | 15 58 | 14 31 |
| 3 | 17 27 | -04 28 | 17 20 | 22 04 | 22 51 | 08 32 | 05 19 | 18 42 | 12 32 | 22 13 | 13 51 | 00 24 | 08 55 | 16 01 | 14 29 |
| 4 | 17 11 | 09 52 | 16 42 | 22 04 | 22 55 | 08 35 | 05 21 | 18 41 | 12 32 | 22 13 | 13 40 | 00 22 | 08 48 | 16 03 | 14 28 |
| 5 | 16 55 | 15 01 | 16 03 | 22 04 | 22 59 | 08 38 | 05 22 | 18 40 | 12 32 | 22 14 | 13 29 | 00 19 | 08 41 | 16 06 | 14 26 |
| 6 | 16 39 | 19 40 | 15 23 | 22 04 | 23 03 | 08 41 | 05 24 | 18 39 | 12 32 | 22 15 | 13 18 | 00 16 | 08 34 | 16 09 | 14 25 |
| 7 | 16 22 | 23 32 | 14 42 | 22 02 | 23 07 | 08 44 | 05 26 | 18 38 | 12 32 | 22 15 | 13 06 | 00 13 | 08 27 | 16 11 | 14 24 |
| 8 | 16 05 | 26 14 | 14 01 | 22 00 | 23 10 | 08 47 | 05 28 | 18 37 | 12 32 | 22 16 | 12 55 | 00 10 | 08 20 | 16 14 | 14 22 |
| 9 | 15 48 | 27 25 | 13 19 | 21 58 | 23 13 | 08 50 | 05 30 | 18 36 | 12 32 | 22 16 | 12 44 | 00 07 | 08 13 | 16 16 | 14 21 |
| 10 | 15 30 | 26 48 | 12 36 | 21 55 | 23 16 | 08 53 | 05 32 | 18 35 | 12 32 | 22 17 | 12 32 | 00 04 | 08 06 | 16 18 | 14 19 |
| 11 | 15 13 | 24 16 | 11 53 | 21 51 | 23 19 | 08 56 | 05 33 | 18 34 | 12 32 | 22 17 | 12 21 | 00 00 | 07 58 | 16 21 | 14 18 |
| 12 | 14 55 | 20 01 | 11 10 | 21 47 | 23 21 | 08 59 | 05 35 | 18 33 | 12 32 | 22 18 | 12 09 | -00 03 | 07 51 | 16 23 | 14 16 |
| 13 | 14 37 | 14 25 | 10 26 | 21 42 | 23 24 | 09 03 | 05 37 | 18 32 | 12 32 | 22 18 | 11 58 | 00 06 | 07 44 | 16 25 | 14 15 |
| 14 | 14 18 | 07 58 | 09 42 | 21 36 | 23 26 | 09 06 | 05 39 | 18 31 | 12 32 | 22 19 | 11 47 | 00 10 | 07 37 | 16 27 | 14 13 |
| 15 | 14 00 | 01 09 | 08 58 | 21 30 | 23 28 | 09 09 | 05 41 | 18 30 | 12 32 | 22 20 | 11 35 | 00 13 | 07 29 | 16 29 | 14 12 |
| 16 | 13 41 | +05 33 | 08 14 | 21 23 | 23 29 | 09 13 | 05 43 | 18 29 | 12 32 | 22 20 | 11 24 | 00 17 | 07 22 | 16 31 | 14 11 |
| 17 | 13 22 | 11 49 | 07 30 | 21 16 | 23 31 | 09 16 | 05 46 | 18 28 | 12 32 | 22 21 | 11 12 | 00 21 | 07 15 | 16 33 | 14 09 |
| 18 | 13 02 | 17 18 | 06 46 | 21 08 | 23 32 | 09 19 | 05 48 | 18 28 | 12 32 | 22 21 | 11 01 | 00 25 | 07 07 | 16 34 | 14 08 |
| 19 | 12 43 | 21 46 | 06 02 | 21 00 | 23 34 | 09 23 | 05 50 | 18 27 | 12 31 | 22 22 | 10 49 | 00 28 | 07 00 | 16 36 | 14 06 |
| 20 | 12 23 | 25 03 | 05 18 | 20 50 | 23 35 | 09 26 | 05 52 | 18 26 | 12 31 | 22 22 | 10 38 | 00 32 | 06 52 | 16 38 | 14 05 |
| 21 | 12 03 | 26 58 | 04 35 | 20 41 | 23 35 | 09 30 | 05 54 | 18 25 | 12 31 | 22 23 | 10 26 | 00 36 | 06 45 | 16 39 | 14 03 |
| 22 | 11 43 | 27 30 | 03 51 | 20 30 | 23 36 | 09 33 | 05 56 | 18 24 | 12 31 | 22 23 | 10 15 | 00 40 | 06 37 | 16 41 | 14 02 |
| 23 | 11 23 | 26 41 | 03 08 | 20 20 | 23 36 | 09 37 | 05 58 | 18 23 | 12 31 | 22 24 | 10 03 | 00 45 | 06 30 | 16 42 | 14 00 |
| 24 | 11 02 | 24 36 | 02 26 | 20 08 | 23 37 | 09 41 | 06 01 | 18 22 | 12 31 | 22 24 | 09 52 | 00 49 | 06 22 | 16 44 | 13 58 |
| 25 | 10 42 | 21 28 | 01 43 | 19 56 | 23 37 | 09 44 | 06 03 | 18 21 | 12 30 | 22 25 | 09 40 | 00 53 | 06 15 | 16 45 | 13 57 |
| 26 | 10 21 | 17 27 | 01 01 | 19 43 | 23 37 | 09 48 | 06 05 | 18 20 | 12 30 | 22 25 | 09 29 | 00 57 | 06 07 | 16 46 | 13 55 |
| 27 | 10 00 | 12 47 | 00 20 | 19 30 | 23 36 | 09 52 | 06 07 | 18 19 | 12 30 | 22 26 | 09 17 | 01 02 | 06 00 | 16 47 | 13 54 |
| 28 | 09 39 | 07 40 | -00 21 | 19 17 | 23 36 | 09 55 | 06 10 | 18 18 | 12 30 | 22 26 | 09 06 | 01 06 | 05 52 | 16 48 | 13 52 |
| 29 | 09 18 | 02 16 | 01 01 | 19 02 | 23 35 | 09 59 | 06 12 | 18 17 | 12 30 | 22 27 | 08 54 | 01 11 | 05 45 | 16 49 | 13 51 |
| 30 | 08 56 | -03 15 | 01 41 | 18 47 | 23 34 | 10 03 | 06 14 | 18 16 | 12 29 | 22 27 | 08 42 | 01 15 | 05 37 | 16 50 | 13 49 |
| 31 | 08 35 | 08 42 | 02 21 | 18 32 | 23 33 | 10 07 | 06 17 | 18 16 | 12 29 | 22 28 | 08 31 | 01 20 | 05 29 | 16 51 | 13 48 |

Lunar Phases -- 5 ◐ 04:54 12 ○ 02:06 18 ◑ 17:44 26 ● 16:17 Sun enters ♍ 8/22 17:38

# 0:00 E.T. Longitudes of Main Planets - September 2041 Sep. 41

| D | S.T. | ☉ | ☽ | ☽ 12:00 | ☿ | ♀ | ♂ | ♃ | ♄ | ♅ | ♆ | ♇ | ☊ |
|---|---|---|---|---|---|---|---|---|---|---|---|---|---|
| 1 | 22:42:08 | 08♍56 52 | 07♏17 | 13♏25 | 04♎32 | 08♌46 | 07♋47 | 29♎07 | 21♎43 | 10♌17 | 08♉00℞ | 27♒07℞ | 09♉10 |
| 2 | 22:46:05 | 09 54 56 | 19 37 | 25 54 | 05 46 | 09 59 | 08 24 | 29 17 | 21 49 | 10 20 | 07 59 | 27 06 | 09 07 |
| 3 | 22:50:01 | 10 53 02 | 02♐15 | 08♐41 | 06 59 | 11 11 | 09 02 | 29 28 | 21 55 | 10 23 | 07 58 | 27 05 | 09 04 |
| 4 | 22:53:58 | 11 51 09 | 15 14 | 21 53 | 08 10 | 12 24 | 09 39 | 29 38 | 22 01 | 10 26 | 07 58 | 27 04 | 09 00 |
| 5 | 22:57:55 | 12 49 17 | 28 39 | 05♑31 | 09 19 | 13 36 | 10 17 | 29 49 | 22 07 | 10 30 | 07 57 | 27 02 | 08 57 |
| 6 | 23:01:51 | 13 47 27 | 12♑31 | 19 39 | 10 26 | 14 49 | 10 54 | 00 00 | 22 13 | 10 33 | 07 56 | 27 01 | 08 54 |
| 7 | 23:05:48 | 14 45 39 | 26 53 | 04♒13 | 11 31 | 16 01 | 11 31 | 00♏11 | 22 20 | 10 36 | 07 55 | 27 00 | 08 51 |
| 8 | 23:09:44 | 15 43 51 | 11♒40 | 19 11 | 12 33 | 17 14 | 12 08 | 00 22 | 22 26 | 10 39 | 07 54 | 26 59 | 08 48 |
| 9 | 23:13:41 | 16 42 06 | 26 46 | 04♓24 | 13 33 | 18 27 | 12 45 | 00 33 | 22 32 | 10 43 | 07 53 | 26 57 | 08 45 |
| 10 | 23:17:37 | 17 40 22 | 12♓03 | 19 42 | 14 30 | 19 40 | 13 22 | 00 44 | 22 39 | 10 46 | 07 53 | 26 56 | 08 41 |
| 11 | 23:21:34 | 18 38 39 | 27 19 | 04♈54 | 15 25 | 20 52 | 13 59 | 00 55 | 22 45 | 10 49 | 07 52 | 26 55 | 08 38 |
| 12 | 23:25:30 | 19 36 59 | 12♈24 | 19 50 | 16 17 | 22 05 | 14 35 | 01 06 | 22 52 | 10 52 | 07 51 | 26 54 | 08 35 |
| 13 | 23:29:27 | 20 35 20 | 27 10 | 04♉23 | 17 05 | 23 18 | 15 12 | 01 17 | 22 58 | 10 55 | 07 50 | 26 53 | 08 32 |
| 14 | 23:33:24 | 21 33 44 | 11♉29 | 18 29 | 17 50 | 24 31 | 15 48 | 01 29 | 23 05 | 10 58 | 07 49 | 26 51 | 08 29 |
| 15 | 23:37:20 | 22 32 09 | 25 21 | 02♊06 | 18 32 | 25 44 | 16 25 | 01 40 | 23 11 | 11 01 | 07 48 | 26 50 | 08 25 |
| 16 | 23:41:17 | 23 30 37 | 08♊45 | 15 18 | 19 09 | 26 58 | 17 01 | 01 52 | 23 18 | 11 04 | 07 46 | 26 49 | 08 22 |
| 17 | 23:45:13 | 24 29 07 | 21 45 | 28 07 | 19 42 | 28 11 | 17 37 | 02 03 | 23 25 | 11 07 | 07 45 | 26 48 | 08 19 |
| 18 | 23:49:10 | 25 27 39 | 04♋23 | 10♋36 | 20 11 | 29 24 | 18 13 | 02 15 | 23 31 | 11 10 | 07 44 | 26 47 | 08 16 |
| 19 | 23:53:06 | 26 26 14 | 16 45 | 22 50 | 20 35 | 00♍38 | 18 48 | 02 27 | 23 38 | 11 13 | 07 43 | 26 46 | 08 13 |
| 20 | 23:57:03 | 27 24 50 | 28 53 | 04♌54 | 20 53 | 01 51 | 19 24 | 02 38 | 23 45 | 11 16 | 07 42 | 26 45 | 08 10 |
| 21 | 0:00:59 | 28 23 29 | 10♌53 | 16 50 | 21 07 | 03 05 | 20 00 | 02 50 | 23 52 | 11 18 | 07 41 | 26 44 | 08 06 |
| 22 | 0:04:56 | 29 22 10 | 22 47 | 28 42 | 21 14 | 04 18 | 20 35 | 03 02 | 23 58 | 11 21 | 07 39 | 26 43 | 08 03 |
| 23 | 0:08:53 | 00♎20 52 | 04♍38 | 10♍33 | 21 14℞ | 05 32 | 21 10 | 03 14 | 24 05 | 11 24 | 07 38 | 26 41 | 08 00 |
| 24 | 0:12:49 | 01 19 37 | 16 28 | 22 24 | 21 08 | 06 45 | 21 45 | 03 26 | 24 12 | 11 27 | 07 37 | 26 40 | 07 57 |
| 25 | 0:16:46 | 02 18 24 | 28 21 | 04♎18 | 20 55 | 07 59 | 22 20 | 03 38 | 24 19 | 11 29 | 07 36 | 26 39 | 07 54 |
| 26 | 0:20:42 | 03 17 13 | 10♎16 | 16 16 | 20 35 | 09 13 | 22 55 | 03 50 | 24 26 | 11 32 | 07 34 | 26 38 | 07 51 |
| 27 | 0:24:39 | 04 16 04 | 22 17 | 28 20 | 20 08 | 10 26 | 23 30 | 04 02 | 24 33 | 11 35 | 07 33 | 26 37 | 07 47 |
| 28 | 0:28:35 | 05 14 57 | 04♏25 | 10♏32 | 19 33 | 11 40 | 24 04 | 04 14 | 24 40 | 11 37 | 07 32 | 26 36 | 07 44 |
| 29 | 0:32:32 | 06 13 51 | 16 42 | 22 55 | 18 51 | 12 54 | 24 39 | 04 27 | 24 47 | 11 40 | 07 30 | 26 35 | 07 41 |
| 30 | 0:36:28 | 07 12 48 | 29 11 | 05♐30 | 18 01 | 14 08 | 25 13 | 04 39 | 24 54 | 11 42 | 07 29 | 26 35 | 07 38 |

# 0:00 E.T. Longitudes of the Major Asteroids and Chiron

| D | ⚳ | ⚴ | ⚵ | ⚶ | ⚷ | D | ⚳ | ⚴ | ⚵ | ⚶ | ⚷ |
|---|---|---|---|---|---|---|---|---|---|---|---|
| 1 | 26♍31 | 23♌58 | 15♍32 | 15♊35 | 00♌21 | 16 | 03 18 | 01 55 | 21 40 | 18 59 | 01 43 |
| 2 | 26 58 | 24 30 | 15 57 | 15 51 | 00 27 | 17 | 03 46 | 02 26 | 22 04 | 19 11 | 01 48 |
| 3 | 27 25 | 25 02 | 16 21 | 16 06 | 00 33 | 18 | 04 13 | 02 58 | 22 28 | 19 22 | 01 53 |
| 4 | 27 52 | 25 35 | 16 46 | 16 21 | 00 39 | 19 | 04 40 | 03 29 | 22 52 | 19 33 | 01 58 |
| 5 | 28 20 | 26 07 | 17 11 | 16 35 | 00 44 | 20 | 05 07 | 04 00 | 23 17 | 19 44 | 02 03 |
| 6 | 28 47 | 26 39 | 17 35 | 16 50 | 00 50 | 21 | 05 35 | 04 31 | 23 41 | 19 54 | 02 08 |
| 7 | 29 14 | 27 11 | 18 00 | 17 04 | 00 55 | 22 | 06 02 | 05 01 | 24 05 | 20 04 | 02 12 |
| 8 | 29 41 | 27 43 | 18 24 | 17 18 | 01 01 | 23 | 06 29 | 05 32 | 24 29 | 20 14 | 02 17 |
| 9 | 00♎08 | 28 14 | 18 49 | 17 31 | 01 06 | 24 | 06 56 | 06 03 | 24 53 | 20 23 | 02 22 |
| 10 | 00 35 | 28 46 | 19 13 | 17 45 | 01 12 | 25 | 07 24 | 06 34 | 25 17 | 20 32 | 02 26 |
| 11 | 01 02 | 29 18 | 19 38 | 17 58 | 01 17 | 26 | 07 51 | 07 04 | 25 41 | 20 41 | 02 31 |
| 12 | 01 29 | 29 49 | 20 02 | 18 11 | 01 22 | 27 | 08 18 | 07 35 | 26 05 | 20 49 | 02 35 |
| 13 | 01 57 | 00♍21 | 20 27 | 18 23 | 01 28 | 28 | 08 45 | 08 05 | 26 29 | 20 57 | 02 39 |
| 14 | 02 24 | 00 52 | 20 51 | 18 36 | 01 33 | 29 | 09 13 | 08 35 | 26 53 | 21 05 | 02 44 |
| 15 | 02 51 | 01 24 | 21 15 | 18 48 | 01 38 | 30 | 09 40 | 09 06 | 27 16 | 21 12 | 02 48 |

## Lunar Data

| Last Asp. | | Ingress | | |
|---|---|---|---|---|
| 2 | 14:16 | 2 | ♐ | 19:46 |
| 5 | 02:05 | 5 | ♑ | 02:23 |
| 6 | 16:25 | 7 | ♒ | 05:07 |
| 9 | 00:18 | 9 | ♓ | 05:05 |
| 10 | 09:25 | 11 | ♈ | 04:14 |
| 12 | 23:32 | 13 | ♉ | 04:42 |
| 15 | 02:38 | 15 | ♊ | 08:15 |
| 17 | 13:27 | 17 | ♋ | 15:36 |
| 19 | 20:49 | 20 | ♌ | 02:13 |
| 22 | 07:57 | 22 | ♍ | 14:37 |
| 24 | 11:14 | 25 | ♎ | 03:20 |
| 27 | 08:36 | 27 | ♏ | 15:18 |
| 29 | 19:02 | 30 | ♐ | 01:34 |

# 0:00 E.T. Declinations

| D | ☉ | ☽ | ☿ | ♀ | ♂ | ♃ | ♄ | ♅ | ♆ | ♇ | ⚳ | ⚴ | ⚵ | ⚶ | ⚷ |
|---|---|---|---|---|---|---|---|---|---|---|---|---|---|---|---|
| 1 | +08 13 | -13 54 | -02 59 | +18 16 | +23 32 | -10 10 | -06 19 | +18 15 | +12 29 | -22 28 | +08 19 | -01 24 | +05 22 | +16 52 | +13 46 |
| 2 | 07 51 | 18 39 | 03 37 | 18 00 | 23 31 | 10 14 | 06 21 | 18 14 | 12 28 | 22 28 | 08 08 | 01 29 | 05 14 | 16 53 | 13 45 |
| 3 | 07 29 | 22 41 | 04 14 | 17 43 | 23 30 | 10 18 | 06 24 | 18 13 | 12 28 | 22 29 | 07 56 | 01 34 | 05 06 | 16 54 | 13 43 |
| 4 | 07 07 | 25 43 | 04 50 | 17 25 | 23 28 | 10 22 | 06 26 | 18 12 | 12 28 | 22 29 | 07 45 | 01 38 | 04 59 | 16 55 | 13 41 |
| 5 | 06 45 | 27 24 | 05 26 | 17 08 | 23 26 | 10 26 | 06 29 | 18 11 | 12 28 | 22 30 | 07 33 | 01 43 | 04 51 | 16 55 | 13 40 |
| 6 | 06 22 | 27 27 | 06 00 | 16 49 | 23 24 | 10 30 | 06 31 | 18 10 | 12 27 | 22 30 | 07 22 | 01 48 | 04 43 | 16 56 | 13 38 |
| 7 | 06 00 | 25 42 | 06 34 | 16 30 | 23 22 | 10 34 | 06 33 | 18 09 | 12 27 | 22 31 | 07 10 | 01 53 | 04 35 | 16 57 | 13 37 |
| 8 | 05 38 | 22 11 | 07 06 | 16 11 | 23 20 | 10 38 | 06 36 | 18 09 | 12 27 | 22 31 | 06 58 | 01 58 | 04 28 | 16 57 | 13 35 |
| 9 | 05 15 | 17 07 | 07 37 | 15 51 | 23 17 | 10 42 | 06 38 | 18 08 | 12 26 | 22 31 | 06 47 | 02 03 | 04 20 | 16 58 | 13 34 |
| 10 | 04 52 | 10 56 | 08 08 | 15 31 | 23 15 | 10 46 | 06 41 | 18 07 | 12 26 | 22 32 | 06 35 | 02 08 | 04 12 | 16 58 | 13 32 |
| 11 | 04 29 | 04 05 | 08 36 | 15 10 | 23 12 | 10 50 | 06 43 | 18 06 | 12 26 | 22 32 | 06 24 | 02 13 | 04 05 | 16 58 | 13 31 |
| 12 | 04 07 | +02 55 | 09 04 | 14 49 | 23 09 | 10 54 | 06 46 | 18 05 | 12 25 | 22 33 | 06 12 | 02 18 | 03 57 | 16 59 | 13 29 |
| 13 | 03 44 | 09 38 | 09 29 | 14 27 | 23 06 | 10 58 | 06 48 | 18 04 | 12 25 | 22 33 | 06 01 | 02 23 | 03 49 | 16 59 | 13 27 |
| 14 | 03 21 | 15 39 | 09 54 | 14 05 | 23 03 | 11 02 | 06 51 | 18 04 | 12 25 | 22 33 | 05 49 | 02 28 | 03 41 | 16 59 | 13 26 |
| 15 | 02 58 | 20 40 | 10 16 | 13 43 | 23 00 | 11 06 | 06 53 | 18 03 | 12 24 | 22 34 | 05 38 | 02 33 | 03 34 | 17 00 | 13 24 |
| 16 | 02 35 | 24 27 | 10 36 | 13 20 | 22 56 | 11 10 | 06 56 | 18 02 | 12 24 | 22 34 | 05 26 | 02 38 | 03 26 | 17 00 | 13 23 |
| 17 | 02 11 | 26 49 | 10 55 | 12 57 | 22 53 | 11 14 | 06 58 | 18 01 | 12 23 | 22 34 | 05 15 | 02 44 | 03 18 | 17 00 | 13 21 |
| 18 | 01 48 | 27 43 | 11 11 | 12 34 | 22 49 | 11 18 | 07 01 | 18 00 | 12 23 | 22 35 | 05 03 | 02 49 | 03 11 | 17 00 | 13 20 |
| 19 | 01 25 | 27 12 | 11 25 | 12 10 | 22 45 | 11 22 | 07 04 | 18 00 | 12 23 | 22 35 | 04 52 | 02 54 | 03 03 | 17 00 | 13 18 |
| 20 | 01 02 | 25 23 | 11 36 | 11 45 | 22 41 | 11 27 | 07 06 | 17 59 | 12 22 | 22 35 | 04 40 | 02 59 | 02 55 | 17 00 | 13 17 |
| 21 | 00 38 | 22 27 | 11 44 | 11 21 | 22 37 | 11 31 | 07 09 | 17 58 | 12 22 | 22 35 | 04 29 | 03 05 | 02 47 | 17 00 | 13 15 |
| 22 | 00 15 | 18 37 | 11 50 | 10 56 | 22 33 | 11 35 | 07 11 | 17 57 | 12 21 | 22 36 | 04 18 | 03 10 | 02 40 | 17 00 | 13 14 |
| 23 | -00 08 | 14 04 | 11 52 | 10 31 | 22 29 | 11 39 | 07 14 | 17 57 | 12 21 | 22 36 | 04 06 | 03 15 | 02 32 | 17 00 | 13 12 |
| 24 | 00 32 | 09 00 | 11 50 | 10 05 | 22 24 | 11 43 | 07 16 | 17 56 | 12 20 | 22 36 | 03 55 | 03 20 | 02 24 | 17 00 | 13 11 |
| 25 | 00 55 | 03 36 | 11 45 | 09 39 | 22 20 | 11 47 | 07 19 | 17 55 | 12 20 | 22 37 | 03 44 | 03 26 | 02 17 | 17 00 | 13 09 |
| 26 | 01 18 | -01 57 | 11 35 | 09 13 | 22 15 | 11 52 | 07 22 | 17 55 | 12 19 | 22 37 | 03 32 | 03 31 | 02 09 | 16 59 | 13 08 |
| 27 | 01 42 | 07 30 | 11 21 | 08 47 | 22 10 | 11 56 | 07 24 | 17 54 | 12 19 | 22 37 | 03 21 | 03 37 | 02 01 | 16 59 | 13 06 |
| 28 | 02 05 | 12 49 | 11 03 | 08 20 | 22 06 | 12 00 | 07 27 | 17 53 | 12 19 | 22 37 | 03 10 | 03 42 | 01 54 | 16 59 | 13 05 |
| 29 | 02 28 | 17 43 | 10 41 | 07 53 | 22 01 | 12 04 | 07 29 | 17 53 | 12 18 | 22 38 | 02 58 | 03 47 | 01 46 | 16 59 | 13 03 |
| 30 | 02 52 | 21 57 | 10 14 | 07 26 | 21 56 | 12 08 | 07 32 | 17 52 | 12 18 | 22 38 | 02 47 | 03 53 | 01 38 | 16 59 | 13 02 |

Lunar Phases -- 3 ◐ 17:20 10 ○ 09:25 17 ◑ 05:34 25 ● 08:42 Sun enters ♎ 9/22 15:28

# Longitudes of Main Planets - October 2041

0:00 E.T.

| D | S.T. | ☉ | ☽ | ☽ 12:00 | ☿ | ♀ | ♂ | ♃ | ♄ | ♅ | ♆ | ♇ | ☊ |
|---|---|---|---|---|---|---|---|---|---|---|---|---|---|
| 1 | 0:40:25 | 08♎11 46 | 11♐54 | 18♐22 | 17♎06℞ | 15♍22 | 25♋47 | 04♏51 | 25♎01 | 11♌45 | 07♉27℞ | 26♒34℞ | 07♉35 |
| 2 | 0:44:22 | 09 10 47 | 24 56 | 01♑34 | 16 05 | 16 36 | 26 21 | 05 04 | 25 08 | 11 47 | 07 26 | 26 33 | 07 31 |
| 3 | 0:48:18 | 10 09 48 | 08♑18 | 15 07 | 15 00 | 17 50 | 26 55 | 05 16 | 25 15 | 11 49 | 07 25 | 26 32 | 07 28 |
| 4 | 0:52:15 | 11 08 52 | 22 02 | 29 03 | 13 52 | 19 04 | 27 28 | 05 29 | 25 22 | 11 52 | 07 23 | 26 31 | 07 25 |
| 5 | 0:56:11 | 12 07 58 | 06♒10 | 13♒23 | 12 42 | 20 18 | 28 02 | 05 41 | 25 30 | 11 54 | 07 22 | 26 30 | 07 22 |
| 6 | 1:00:08 | 13 07 05 | 20 40 | 28 03 | 11 33 | 21 33 | 28 35 | 05 54 | 25 37 | 11 56 | 07 20 | 26 29 | 07 19 |
| 7 | 1:04:04 | 14 06 13 | 05♓29 | 12♓58 | 10 27 | 22 47 | 29 08 | 06 06 | 25 44 | 11 58 | 07 19 | 26 29 | 07 16 |
| 8 | 1:08:01 | 15 05 24 | 20 29 | 28 01 | 09 25 | 24 01 | 29 41 | 06 19 | 25 51 | 12 00 | 07 17 | 26 28 | 07 12 |
| 9 | 1:11:57 | 16 04 36 | 05♈32 | 13♈03 | 08 28 | 25 15 | 00♌14 | 06 31 | 25 58 | 12 02 | 07 16 | 26 27 | 07 09 |
| 10 | 1:15:54 | 17 03 51 | 20 30 | 27 54 | 07 40 | 26 30 | 00 46 | 06 44 | 26 06 | 12 05 | 07 14 | 26 26 | 07 06 |
| 11 | 1:19:51 | 18 03 07 | 05♉14 | 12♉29 | 07 00 | 27 44 | 01 19 | 06 57 | 26 13 | 12 07 | 07 12 | 26 25 | 07 03 |
| 12 | 1:23:47 | 19 02 26 | 19 37 | 26 40 | 06 30 | 28 59 | 01 51 | 07 10 | 26 20 | 12 08 | 07 11 | 26 25 | 07 00 |
| 13 | 1:27:44 | 20 01 47 | 03♊36 | 10♊25 | 06 11 | 00♎13 | 02 23 | 07 22 | 26 27 | 12 10 | 07 09 | 26 24 | 06 57 |
| 14 | 1:31:40 | 21 01 10 | 17 08 | 23 44 | 06 03 | 01 28 | 02 55 | 07 35 | 26 35 | 12 12 | 07 08 | 26 23 | 06 53 |
| 15 | 1:35:37 | 22 00 36 | 00♋14 | 06♋38 | 06 06D | 02 42 | 03 27 | 07 48 | 26 42 | 12 14 | 07 06 | 26 23 | 06 50 |
| 16 | 1:39:33 | 23 00 04 | 12 57 | 19 11 | 06 19 | 03 57 | 03 58 | 08 01 | 26 49 | 12 16 | 07 04 | 26 22 | 06 47 |
| 17 | 1:43:30 | 23 59 34 | 25 21 | 01♌27 | 06 43 | 05 11 | 04 30 | 08 14 | 26 56 | 12 18 | 07 03 | 26 22 | 06 44 |
| 18 | 1:47:26 | 24 59 06 | 07♌30 | 13 30 | 07 17 | 06 26 | 05 01 | 08 27 | 27 04 | 12 19 | 07 01 | 26 21 | 06 41 |
| 19 | 1:51:23 | 25 58 41 | 19 29 | 25 25 | 07 59 | 07 41 | 05 32 | 08 40 | 27 11 | 12 21 | 07 00 | 26 20 | 06 37 |
| 20 | 1:55:20 | 26 58 18 | 01♍21 | 07♍16 | 08 50 | 08 55 | 06 03 | 08 53 | 27 18 | 12 22 | 06 58 | 26 20 | 06 34 |
| 21 | 1:59:16 | 27 57 57 | 13 11 | 19 07 | 09 49 | 10 10 | 06 33 | 09 06 | 27 26 | 12 24 | 06 56 | 26 19 | 06 31 |
| 22 | 2:03:13 | 28 57 38 | 25 03 | 01♎00 | 10 53 | 11 25 | 07 03 | 09 19 | 27 33 | 12 25 | 06 55 | 26 19 | 06 28 |
| 23 | 2:07:09 | 29 57 21 | 06♎59 | 12 59 | 12 04 | 12 40 | 07 34 | 09 32 | 27 40 | 12 27 | 06 53 | 26 19 | 06 25 |
| 24 | 2:11:06 | 00♏57 07 | 19 02 | 25 07 | 13 20 | 13 55 | 08 03 | 09 45 | 27 47 | 12 28 | 06 51 | 26 18 | 06 22 |
| 25 | 2:15:02 | 01 56 54 | 01♏14 | 07♏24 | 14 39 | 15 09 | 08 33 | 09 58 | 27 55 | 12 30 | 06 50 | 26 18 | 06 18 |
| 26 | 2:18:59 | 02 56 44 | 13 36 | 19 52 | 16 03 | 16 24 | 09 03 | 10 11 | 28 02 | 12 31 | 06 48 | 26 17 | 06 15 |
| 27 | 2:22:55 | 03 56 35 | 26 10 | 02♐32 | 17 30 | 17 39 | 09 32 | 10 24 | 28 09 | 12 32 | 06 46 | 26 17 | 06 12 |
| 28 | 2:26:52 | 04 56 28 | 08♐57 | 15 25 | 18 59 | 18 54 | 10 01 | 10 37 | 28 17 | 12 33 | 06 45 | 26 17 | 06 09 |
| 29 | 2:30:49 | 05 56 24 | 21 57 | 28 32 | 20 31 | 20 09 | 10 29 | 10 50 | 28 24 | 12 34 | 06 43 | 26 16 | 06 06 |
| 30 | 2:34:45 | 06 56 20 | 05♑11 | 11♑54 | 22 04 | 21 24 | 10 58 | 11 04 | 28 31 | 12 35 | 06 41 | 26 16 | 06 03 |
| 31 | 2:38:42 | 07 56 19 | 18 40 | 25 31 | 23 38 | 22 39 | 11 26 | 11 17 | 28 38 | 12 36 | 06 39 | 26 16 | 05 59 |

## 0:00 E.T. Longitudes of the Major Asteroids and Chiron

| D | ⚳ | ⚴ | ⚵ | ⚶ | ⚷ | D | ⚳ | ⚴ | ⚵ | ⚶ | ⚷ |
|---|---|---|---|---|---|---|---|---|---|---|---|
| 1 | 10♎07 | 09♍36 | 27♍40 | 21♊19 | 02♌52 | 17 | 17 23 | 17 26 | 03 54 | 22 18 | 03 47 |
| 2 | 10 35 | 10 06 | 28 04 | 21 25 | 02 56 | 18 | 17 50 | 17 55 | 04 17 | 22 18℞ | 03 50 |
| 3 | 11 02 | 10 36 | 28 27 | 21 32 | 03 00 | 19 | 18 17 | 18 23 | 04 39 | 22 18 | 03 52 |
| 4 | 11 29 | 11 06 | 28 51 | 21 37 | 03 04 | 20 | 18 44 | 18 51 | 05 02 | 22 17 | 03 55 |
| 5 | 11 56 | 11 35 | 29 15 | 21 43 | 03 08 | 21 | 19 11 | 19 20 | 05 25 | 22 16 | 03 57 |
| 6 | 12 24 | 12 05 | 29 38 | 21 48 | 03 11 | 22 | 19 38 | 19 48 | 05 48 | 22 15 | 04 00 |
| 7 | 12 51 | 12 35 | 00♎02 | 21 53 | 03 15 | 23 | 20 05 | 20 16 | 06 10 | 22 13 | 04 02 |
| 8 | 13 18 | 13 04 | 00 25 | 21 57 | 03 18 | 24 | 20 33 | 20 44 | 06 33 | 22 10 | 04 04 |
| 9 | 13 45 | 13 34 | 00 48 | 22 01 | 03 22 | 25 | 21 00 | 21 12 | 06 55 | 22 07 | 04 06 |
| 10 | 14 13 | 14 03 | 01 12 | 22 05 | 03 25 | 26 | 21 27 | 21 40 | 07 18 | 22 04 | 04 09 |
| 11 | 14 40 | 14 32 | 01 35 | 22 08 | 03 29 | 27 | 21 54 | 22 07 | 07 40 | 22 00 | 04 10 |
| 12 | 15 07 | 15 01 | 01 58 | 22 10 | 03 32 | 28 | 22 21 | 22 35 | 08 02 | 21 56 | 04 12 |
| 13 | 15 34 | 15 31 | 02 21 | 22 13 | 03 35 | 29 | 22 47 | 23 03 | 08 25 | 21 51 | 04 14 |
| 14 | 16 01 | 15 59 | 02 45 | 22 15 | 03 38 | 30 | 23 14 | 23 30 | 08 47 | 21 46 | 04 16 |
| 15 | 16 29 | 16 28 | 03 08 | 22 16 | 03 41 | 31 | 23 41 | 23 57 | 09 09 | 21 41 | 04 17 |
| 16 | 16 56 | 16 57 | 03 31 | 22 17 | 03 44 | | | | | | |

## Lunar Data

| Last Asp. | | Ingress | | |
|---|---|---|---|---|
| 2 | 02:56 | 2 | ♑ | 09:11 |
| 4 | 09:41 | 4 | ♒ | 13:36 |
| 6 | 09:28 | 6 | ♓ | 15:10 |
| 8 | 06:09 | 8 | ♈ | 15:10 |
| 10 | 09:36 | 10 | ♉ | 15:25 |
| 12 | 17:33 | 12 | ♊ | 17:45 |
| 14 | 17:24 | 14 | ♋ | 23:34 |
| 17 | 03:09 | 17 | ♌ | 09:08 |
| 19 | 15:44 | 19 | ♍ | 21:16 |
| 20 | 15:33 | 22 | ♎ | 09:59 |
| 24 | 17:26 | 24 | ♏ | 21:35 |
| 27 | 00:12 | 27 | ♐ | 07:14 |
| 29 | 11:51 | 29 | ♑ | 14:39 |
| 31 | 17:36 | | | |

## 0:00 E.T. Declinations

| D | ☉ | ☽ | ☿ | ♀ | ♂ | ♃ | ♄ | ♅ | ♆ | ♇ | ⚳ | ⚴ | ⚵ | ⚶ | ⚷ |
|---|---|---|---|---|---|---|---|---|---|---|---|---|---|---|---|
| 1 | -03 15 | -25 14 | -09 43 | +06 59 | +21 51 | -12 13 | -07 35 | +17 51 | +12 17 | -22 38 | +02 36 | -03 58 | +01 31 | +16 58 | +13 00 |
| 2 | 03 38 | 27 16 | 09 08 | 06 31 | 21 45 | 12 17 | 07 37 | 17 51 | 12 17 | 22 38 | 02 25 | 04 03 | 01 23 | 16 58 | 12 59 |
| 3 | 04 01 | 27 47 | 08 30 | 06 04 | 21 40 | 12 21 | 07 40 | 17 50 | 12 16 | 22 38 | 02 13 | 04 09 | 01 16 | 16 58 | 12 57 |
| 4 | 04 25 | 26 38 | 07 48 | 05 36 | 21 35 | 12 25 | 07 43 | 17 49 | 12 16 | 22 38 | 02 02 | 04 14 | 01 08 | 16 57 | 12 56 |
| 5 | 04 48 | 23 48 | 07 05 | 05 07 | 21 29 | 12 30 | 07 45 | 17 49 | 12 15 | 22 39 | 01 51 | 04 19 | 01 01 | 16 57 | 12 55 |
| 6 | 05 11 | 19 24 | 06 21 | 04 39 | 21 24 | 12 34 | 07 48 | 17 48 | 12 15 | 22 39 | 01 40 | 04 25 | 00 53 | 16 56 | 12 53 |
| 7 | 05 34 | 13 46 | 05 37 | 04 11 | 21 18 | 12 38 | 07 51 | 17 48 | 12 14 | 22 39 | 01 29 | 04 30 | 00 46 | 16 56 | 12 52 |
| 8 | 05 57 | 07 14 | 04 53 | 03 42 | 21 12 | 12 42 | 07 53 | 17 47 | 12 14 | 22 39 | 01 18 | 04 35 | 00 38 | 16 56 | 12 50 |
| 9 | 06 19 | 00 16 | 04 12 | 03 13 | 21 06 | 12 47 | 07 56 | 17 47 | 12 13 | 22 39 | 01 07 | 04 41 | 00 31 | 16 55 | 12 49 |
| 10 | 06 42 | +06 41 | 03 34 | 02 44 | 21 01 | 12 51 | 07 58 | 17 46 | 12 13 | 22 39 | 00 56 | 04 46 | 00 23 | 16 55 | 12 48 |
| 11 | 07 05 | 13 11 | 03 00 | 02 16 | 20 55 | 12 55 | 08 01 | 17 45 | 12 12 | 22 39 | 00 45 | 04 51 | 00 16 | 16 54 | 12 46 |
| 12 | 07 27 | 18 49 | 02 31 | 01 46 | 20 49 | 12 59 | 08 04 | 17 45 | 12 11 | 22 39 | 00 34 | 04 57 | 00 08 | 16 54 | 12 45 |
| 13 | 07 50 | 23 15 | 02 07 | 01 17 | 20 43 | 13 03 | 08 06 | 17 44 | 12 11 | 22 40 | 00 23 | 05 02 | 00 01 | 16 53 | 12 44 |
| 14 | 08 12 | 26 15 | 01 48 | 00 48 | 20 37 | 13 08 | 08 09 | 17 44 | 12 10 | 22 40 | 00 12 | 05 07 | -00 06 | 16 53 | 12 42 |
| 15 | 08 34 | 27 43 | 01 36 | 00 19 | 20 31 | 13 12 | 08 12 | 17 43 | 12 10 | 22 40 | 00 01 | 05 12 | 00 13 | 16 53 | 12 41 |
| 16 | 08 56 | 27 38 | 01 28 | -00 10 | 20 24 | 13 16 | 08 14 | 17 43 | 12 09 | 22 40 | -00 10 | 05 17 | 00 21 | 16 52 | 12 40 |
| 17 | 09 18 | 26 10 | 01 26 | 00 40 | 20 18 | 13 20 | 08 17 | 17 43 | 12 09 | 22 40 | 00 20 | 05 23 | 00 28 | 16 52 | 12 38 |
| 18 | 09 40 | 23 29 | 01 30 | 01 09 | 20 12 | 13 25 | 08 19 | 17 42 | 12 08 | 22 40 | 00 31 | 05 28 | 00 35 | 16 51 | 12 37 |
| 19 | 10 02 | 19 51 | 01 39 | 01 39 | 20 06 | 13 29 | 08 22 | 17 42 | 12 08 | 22 40 | 00 42 | 05 33 | 00 42 | 16 51 | 12 36 |
| 20 | 10 24 | 15 27 | 01 52 | 02 08 | 20 00 | 13 33 | 08 25 | 17 41 | 12 07 | 22 40 | 00 52 | 05 38 | 00 49 | 16 50 | 12 35 |
| 21 | 10 45 | 10 30 | 02 09 | 02 37 | 19 53 | 13 37 | 08 27 | 17 41 | 12 07 | 22 40 | 01 03 | 05 43 | 00 57 | 16 50 | 12 34 |
| 22 | 11 06 | 05 10 | 02 30 | 03 07 | 19 47 | 13 41 | 08 30 | 17 41 | 12 06 | 22 40 | 01 14 | 05 48 | 01 04 | 16 49 | 12 32 |
| 23 | 11 27 | -00 24 | 02 54 | 03 36 | 19 40 | 13 46 | 08 32 | 17 40 | 12 05 | 22 40 | 01 24 | 05 53 | 01 11 | 16 49 | 12 31 |
| 24 | 11 48 | 06 00 | 03 21 | 04 05 | 19 34 | 13 50 | 08 35 | 17 40 | 12 05 | 22 40 | 01 35 | 05 58 | 01 18 | 16 48 | 12 30 |
| 25 | 12 09 | 11 28 | 03 51 | 04 35 | 19 28 | 13 54 | 08 38 | 17 40 | 12 04 | 22 40 | 01 45 | 06 03 | 01 25 | 16 48 | 12 29 |
| 26 | 12 29 | 16 34 | 04 23 | 05 04 | 19 21 | 13 58 | 08 40 | 17 39 | 12 04 | 22 40 | 01 56 | 06 07 | 01 31 | 16 48 | 12 28 |
| 27 | 12 50 | 21 03 | 04 57 | 05 33 | 19 15 | 14 02 | 08 43 | 17 39 | 12 03 | 22 40 | 02 06 | 06 12 | 01 38 | 16 47 | 12 27 |
| 28 | 13 10 | 24 37 | 05 32 | 06 02 | 19 08 | 14 06 | 08 45 | 17 39 | 12 03 | 22 40 | 02 16 | 06 17 | 01 45 | 16 47 | 12 26 |
| 29 | 13 30 | 26 59 | 06 08 | 06 30 | 19 02 | 14 11 | 08 48 | 17 38 | 12 02 | 22 39 | 02 27 | 06 22 | 01 52 | 16 46 | 12 25 |
| 30 | 13 50 | 27 52 | 06 46 | 06 59 | 18 56 | 14 15 | 08 50 | 17 38 | 12 02 | 22 39 | 02 37 | 06 26 | 01 59 | 16 46 | 12 23 |
| 31 | 14 09 | 27 08 | 07 24 | 07 28 | 18 49 | 14 19 | 08 53 | 17 38 | 12 01 | 22 39 | 02 47 | 06 31 | 02 05 | 16 46 | 12 22 |

Lunar Phases -- 3 ◐ 03:34 9 Ⓔ 18:04 16 ◑ 21:06 25 ● 01:32 Sun enters ♏ 10/23 01:04

# 0:00 E.T. Longitudes of Main Planets - November 2041 Nov. 41

| D | S.T. | ☉ | ☽ | ☽ 12:00 | ☿ | ♀ | ♂ | ♃ | ♄ | ♅ | ♆ | ♇ | ☊ |
|---|---|---|---|---|---|---|---|---|---|---|---|---|---|
| 1 | 2:42:38 | 08♏56 19 | 02♒25 | 09♒23 | 25♎14 | 23♎54 | 11♌54 | 11♏30 | 28♎45 | 12♌37 | 06♉38℞ | 26♒16℞ | 05♉56 |
| 2 | 2:46:35 | 09 56 21 | 16 25 | 23 30 | 26 50 | 25 09 | 12 22 | 11 43 | 28 53 | 12 38 | 06 36 | 26 15 | 05 53 |
| 3 | 2:50:31 | 10 56 24 | 00♓38 | 07♓50 | 28 28 | 26 24 | 12 49 | 11 56 | 29 00 | 12 39 | 06 34 | 26 15 | 05 50 |
| 4 | 2:54:28 | 11 56 28 | 15 04 | 22 21 | 00♏05 | 27 40 | 13 16 | 12 09 | 29 07 | 12 40 | 06 33 | 26 15 | 05 47 |
| 5 | 2:58:24 | 12 56 35 | 29 38 | 06♈57 | 01 43 | 28 55 | 13 43 | 12 23 | 29 14 | 12 41 | 06 31 | 26 15 | 05 43 |
| 6 | 3:02:21 | 13 56 42 | 14♈16 | 21 35 | 03 21 | 00♏10 | 14 10 | 12 36 | 29 21 | 12 41 | 06 29 | 26 15 | 05 40 |
| 7 | 3:06:18 | 14 56 52 | 28 52 | 06♉07 | 04 59 | 01 25 | 14 36 | 12 49 | 29 28 | 12 42 | 06 28 | 26 15 | 05 37 |
| 8 | 3:10:14 | 15 57 03 | 13♉19 | 20 28 | 06 37 | 02 40 | 15 02 | 13 02 | 29 36 | 12 42 | 06 26 | 26 15 | 05 34 |
| 9 | 3:14:11 | 16 57 16 | 27 32 | 04♊32 | 08 15 | 03 55 | 15 28 | 13 15 | 29 43 | 12 43 | 06 24 | 26 15D | 05 31 |
| 10 | 3:18:07 | 17 57 31 | 11♊26 | 18 16 | 09 53 | 05 10 | 15 54 | 13 28 | 29 50 | 12 43 | 06 23 | 26 15 | 05 28 |
| 11 | 3:22:04 | 18 57 47 | 24 59 | 01♋37 | 11 31 | 06 26 | 16 19 | 13 41 | 29 57 | 12 44 | 06 21 | 26 15 | 05 24 |
| 12 | 3:26:00 | 19 58 06 | 08♋09 | 14 35 | 13 08 | 07 41 | 16 44 | 13 55 | 00♏04 | 12 44 | 06 19 | 26 15 | 05 21 |
| 13 | 3:29:57 | 20 58 26 | 20 56 | 27 12 | 14 46 | 08 56 | 17 08 | 14 08 | 00 11 | 12 44 | 06 18 | 26 15 | 05 18 |
| 14 | 3:33:53 | 21 58 49 | 03♌24 | 09♌31 | 16 23 | 10 12 | 17 32 | 14 21 | 00 18 | 12 45 | 06 16 | 26 15 | 05 15 |
| 15 | 3:37:50 | 22 59 13 | 15 35 | 21 36 | 17 59 | 11 27 | 17 56 | 14 34 | 00 25 | 12 45 | 06 15 | 26 15 | 05 12 |
| 16 | 3:41:47 | 23 59 39 | 27 35 | 03♍32 | 19 36 | 12 42 | 18 20 | 14 47 | 00 32 | 12 45 | 06 13 | 26 15 | 05 09 |
| 17 | 3:45:43 | 25 00 07 | 09♍27 | 15 22 | 21 12 | 13 57 | 18 43 | 15 00 | 00 38 | 12 45 | 06 11 | 26 16 | 05 05 |
| 18 | 3:49:40 | 26 00 37 | 21 18 | 27 13 | 22 48 | 15 13 | 19 06 | 15 13 | 00 45 | 12 45℞ | 06 10 | 26 16 | 05 02 |
| 19 | 3:53:36 | 27 01 08 | 03♎10 | 09♎09 | 24 24 | 16 28 | 19 28 | 15 26 | 00 52 | 12 45 | 06 08 | 26 16 | 04 59 |
| 20 | 3:57:33 | 28 01 42 | 15 09 | 21 13 | 26 00 | 17 43 | 19 50 | 15 39 | 00 59 | 12 45 | 06 07 | 26 16 | 04 56 |
| 21 | 4:01:29 | 29 02 17 | 27 19 | 03♏29 | 27 35 | 18 59 | 20 12 | 15 52 | 01 06 | 12 45 | 06 05 | 26 17 | 04 53 |
| 22 | 4:05:26 | 00♐02 53 | 09♏42 | 15 59 | 29 10 | 20 14 | 20 33 | 16 05 | 01 12 | 12 45 | 06 04 | 26 17 | 04 49 |
| 23 | 4:09:22 | 01 03 32 | 22 21 | 28 46 | 00♐45 | 21 30 | 20 54 | 16 18 | 01 19 | 12 44 | 06 02 | 26 17 | 04 46 |
| 24 | 4:13:19 | 02 04 11 | 05♐15 | 11♐49 | 02 20 | 22 45 | 21 15 | 16 31 | 01 26 | 12 44 | 06 01 | 26 18 | 04 43 |
| 25 | 4:17:16 | 03 04 53 | 18 26 | 25 07 | 03 55 | 24 01 | 21 35 | 16 44 | 01 32 | 12 44 | 05 59 | 26 18 | 04 40 |
| 26 | 4:21:12 | 04 05 35 | 01♑51 | 08♑39 | 05 29 | 25 16 | 21 55 | 16 57 | 01 39 | 12 43 | 05 58 | 26 19 | 04 37 |
| 27 | 4:25:09 | 05 06 19 | 15 29 | 22 23 | 07 03 | 26 31 | 22 14 | 17 10 | 01 45 | 12 43 | 05 56 | 26 19 | 04 34 |
| 28 | 4:29:05 | 06 07 04 | 29 18 | 06♒16 | 08 38 | 27 47 | 22 33 | 17 23 | 01 52 | 12 42 | 05 55 | 26 20 | 04 30 |
| 29 | 4:33:02 | 07 07 50 | 13♒15 | 20 16 | 10 12 | 29 02 | 22 51 | 17 36 | 01 58 | 12 42 | 05 54 | 26 20 | 04 27 |
| 30 | 4:36:58 | 08 08 36 | 27 19 | 04♓22 | 11 46 | 00♐18 | 23 09 | 17 49 | 02 05 | 12 41 | 05 52 | 26 21 | 04 24 |

## 0:00 E.T. Longitudes of the Major Asteroids and Chiron

| D | ⚳ | ⚴ | ⚵ | ⚶ | ⚷ | D | ⚳ | ⚴ | ⚵ | ⚶ | ⚷ |
|---|---|---|---|---|---|---|---|---|---|---|---|
| 1 | 24♎08 | 24♍24 | 09♎31 | 21♊35℞ | 04♌19 | 16 | 00 47 | 00 57 | 14 51 | 19 15 | 04 29℞ |
| 2 | 24 35 | 24 51 | 09 53 | 21 28 | 04 20 | 17 | 01 14 | 01 22 | 15 12 | 19 02 | 04 29 |
| 3 | 25 02 | 25 18 | 10 15 | 21 21 | 04 21 | 18 | 01 40 | 01 47 | 15 33 | 18 50 | 04 29 |
| 4 | 25 29 | 25 45 | 10 36 | 21 14 | 04 22 | 19 | 02 06 | 02 12 | 15 53 | 18 37 | 04 28 |
| 5 | 25 55 | 26 12 | 10 58 | 21 06 | 04 24 | 20 | 02 33 | 02 37 | 16 13 | 18 23 | 04 28 |
| 6 | 26 22 | 26 38 | 11 20 | 20 58 | 04 25 | 21 | 02 59 | 03 01 | 16 34 | 18 10 | 04 27 |
| 7 | 26 49 | 27 05 | 11 41 | 20 50 | 04 25 | 22 | 03 25 | 03 26 | 16 54 | 17 56 | 04 27 |
| 8 | 27 15 | 27 31 | 12 03 | 20 41 | 04 26 | 23 | 03 51 | 03 50 | 17 14 | 17 42 | 04 26 |
| 9 | 27 42 | 27 57 | 12 24 | 20 31 | 04 27 | 24 | 04 17 | 04 14 | 17 34 | 17 28 | 04 25 |
| 10 | 28 09 | 28 23 | 12 45 | 20 22 | 04 27 | 25 | 04 43 | 04 38 | 17 54 | 17 13 | 04 24 |
| 11 | 28 35 | 28 49 | 13 07 | 20 11 | 04 28 | 26 | 05 09 | 05 02 | 18 14 | 16 58 | 04 23 |
| 12 | 29 02 | 29 15 | 13 28 | 20 01 | 04 28 | 27 | 05 35 | 05 26 | 18 33 | 16 43 | 04 22 |
| 13 | 29 28 | 29 41 | 13 49 | 19 50 | 04 29 | 28 | 06 01 | 05 49 | 18 53 | 16 28 | 04 21 |
| 14 | 29 55 | 00♎06 | 14 10 | 19 39 | 04 29 | 29 | 06 26 | 06 13 | 19 12 | 16 13 | 04 20 |
| 15 | 00♏21 | 00 32 | 14 31 | 19 27 | 04 29 | 30 | 06 52 | 06 36 | 19 31 | 15 57 | 04 18 |

## Lunar Data

| Last Asp. | | Ingress | | |
|---|---|---|---|---|
| 2 | 21:13 | 2 | ♓ | 22:55 |
| 3 | 19:06 | 5 | ♈ | 00:35 |
| 7 | 01:01 | 7 | ♉ | 01:53 |
| 8 | 21:48 | 9 | ♊ | 04:13 |
| 11 | 09:03 | 11 | ♋ | 09:04 |
| 13 | 00:05 | 13 | ♌ | 17:24 |
| 15 | 21:20 | 16 | ♍ | 04:52 |
| 18 | 10:26 | 18 | ♎ | 17:37 |
| 20 | 21:57 | 21 | ♏ | 05:14 |
| 23 | 07:23 | 23 | ♐ | 14:18 |
| 25 | 14:08 | 25 | ♑ | 20:43 |
| 27 | 21:06 | 28 | ♒ | 01:12 |
| 29 | 22:21 | 30 | ♓ | 04:34 |

## 0:00 E.T. Declinations

| D | ☉ | ☽ | ☿ | ♀ | ♂ | ♃ | ♄ | ♅ | ♆ | ♇ | ⚳ | ⚴ | ⚵ | ⚶ | ⚷ |
|---|---|---|---|---|---|---|---|---|---|---|---|---|---|---|---|
| 1 | -14 29 | -24 45 | -08 02 | -07 56 | +18 43 | -14 23 | -08 55 | +17 38 | +12 01 | -22 39 | -02 57 | -06 35 | -02 12 | +16 45 | +12 21 |
| 2 | 14 48 | 20 53 | 08 41 | 08 24 | 18 37 | 14 27 | 08 58 | 17 37 | 12 00 | 22 39 | 03 07 | 06 40 | 02 19 | 16 45 | 12 20 |
| 3 | 15 06 | 15 45 | 09 20 | 08 52 | 18 30 | 14 31 | 09 00 | 17 37 | 11 59 | 22 39 | 03 17 | 06 44 | 02 25 | 16 45 | 12 20 |
| 4 | 15 25 | 09 41 | 09 59 | 09 20 | 18 24 | 14 35 | 09 03 | 17 37 | 11 59 | 22 39 | 03 27 | 06 49 | 02 32 | 16 44 | 12 19 |
| 5 | 15 43 | 03 02 | 10 38 | 09 48 | 18 18 | 14 39 | 09 05 | 17 37 | 11 58 | 22 39 | 03 37 | 06 53 | 02 38 | 16 44 | 12 18 |
| 6 | 16 01 | +03 48 | 11 17 | 10 15 | 18 11 | 14 43 | 09 08 | 17 37 | 11 58 | 22 38 | 03 47 | 06 57 | 02 45 | 16 44 | 12 17 |
| 7 | 16 19 | 10 26 | 11 56 | 10 42 | 18 05 | 14 47 | 09 10 | 17 37 | 11 57 | 22 38 | 03 57 | 07 01 | 02 51 | 16 43 | 12 16 |
| 8 | 16 37 | 16 27 | 12 34 | 11 09 | 17 59 | 14 51 | 09 13 | 17 36 | 11 57 | 22 38 | 04 07 | 07 05 | 02 57 | 16 43 | 12 15 |
| 9 | 16 54 | 21 29 | 13 11 | 11 36 | 17 53 | 14 55 | 09 15 | 17 36 | 11 56 | 22 38 | 04 17 | 07 09 | 03 04 | 16 43 | 12 14 |
| 10 | 17 11 | 25 10 | 13 49 | 12 02 | 17 47 | 14 59 | 09 18 | 17 36 | 11 56 | 22 38 | 04 26 | 07 13 | 03 10 | 16 43 | 12 13 |
| 11 | 17 27 | 27 19 | 14 25 | 12 29 | 17 41 | 15 03 | 09 20 | 17 36 | 11 55 | 22 37 | 04 36 | 07 17 | 03 16 | 16 43 | 12 13 |
| 12 | 17 44 | 27 50 | 15 01 | 12 54 | 17 35 | 15 07 | 09 22 | 17 36 | 11 55 | 22 37 | 04 46 | 07 21 | 03 22 | 16 43 | 12 12 |
| 13 | 18 00 | 26 50 | 15 37 | 13 20 | 17 29 | 15 11 | 09 25 | 17 36 | 11 54 | 22 37 | 04 55 | 07 24 | 03 28 | 16 43 | 12 11 |
| 14 | 18 16 | 24 31 | 16 11 | 13 45 | 17 23 | 15 15 | 09 27 | 17 36 | 11 54 | 22 37 | 05 05 | 07 28 | 03 34 | 16 42 | 12 10 |
| 15 | 18 31 | 21 07 | 16 45 | 14 10 | 17 18 | 15 19 | 09 29 | 17 36 | 11 53 | 22 36 | 05 14 | 07 32 | 03 40 | 16 42 | 12 10 |
| 16 | 18 46 | 16 55 | 17 18 | 14 34 | 17 12 | 15 23 | 09 32 | 17 36 | 11 53 | 22 36 | 05 24 | 07 35 | 03 46 | 16 42 | 12 09 |
| 17 | 19 01 | 12 06 | 17 50 | 14 59 | 17 06 | 15 27 | 09 34 | 17 36 | 11 52 | 22 36 | 05 33 | 07 38 | 03 52 | 16 42 | 12 08 |
| 18 | 19 15 | 06 52 | 18 21 | 15 22 | 17 01 | 15 30 | 09 36 | 17 36 | 11 52 | 22 36 | 05 42 | 07 41 | 03 58 | 16 42 | 12 08 |
| 19 | 19 29 | 01 22 | 18 52 | 15 46 | 16 56 | 15 34 | 09 39 | 17 36 | 11 51 | 22 35 | 05 51 | 07 45 | 04 03 | 16 42 | 12 07 |
| 20 | 19 43 | -04 14 | 19 21 | 16 09 | 16 50 | 15 38 | 09 41 | 17 36 | 11 51 | 22 35 | 06 00 | 07 48 | 04 09 | 16 43 | 12 07 |
| 21 | 19 56 | 09 46 | 19 50 | 16 31 | 16 45 | 15 42 | 09 43 | 17 36 | 11 50 | 22 35 | 06 10 | 07 51 | 04 14 | 16 43 | 12 06 |
| 22 | 20 09 | 15 02 | 20 18 | 16 53 | 16 40 | 15 45 | 09 45 | 17 36 | 11 50 | 22 34 | 06 19 | 07 53 | 04 20 | 16 43 | 12 06 |
| 23 | 20 22 | 19 46 | 20 44 | 17 15 | 16 35 | 15 49 | 09 48 | 17 36 | 11 49 | 22 34 | 06 27 | 07 56 | 04 25 | 16 43 | 12 05 |
| 24 | 20 34 | 23 41 | 21 10 | 17 36 | 16 30 | 15 53 | 09 50 | 17 37 | 11 49 | 22 34 | 06 36 | 07 59 | 04 31 | 16 43 | 12 05 |
| 25 | 20 46 | 26 27 | 21 34 | 17 57 | 16 25 | 15 57 | 09 52 | 17 37 | 11 48 | 22 33 | 06 45 | 08 01 | 04 36 | 16 43 | 12 04 |
| 26 | 20 58 | 27 45 | 21 58 | 18 17 | 16 21 | 16 00 | 09 54 | 17 37 | 11 48 | 22 33 | 06 54 | 08 04 | 04 41 | 16 44 | 12 04 |
| 27 | 21 09 | 27 23 | 22 20 | 18 37 | 16 16 | 16 04 | 09 56 | 17 37 | 11 47 | 22 33 | 07 03 | 08 06 | 04 46 | 16 44 | 12 03 |
| 28 | 21 20 | 25 21 | 22 41 | 18 56 | 16 12 | 16 07 | 09 58 | 17 37 | 11 47 | 22 32 | 07 11 | 08 08 | 04 51 | 16 44 | 12 03 |
| 29 | 21 30 | 21 47 | 23 01 | 19 15 | 16 08 | 16 11 | 10 00 | 17 37 | 11 47 | 22 32 | 07 20 | 08 10 | 04 56 | 16 45 | 12 03 |
| 30 | 21 40 | 16 57 | 23 20 | 19 33 | 16 04 | 16 15 | 10 02 | 17 38 | 11 46 | 22 31 | 07 28 | 08 12 | 05 01 | 16 45 | 12 02 |

Lunar Phases -- 1 ◐ 12:06   8 Ⓔ 04:45 ♪ 15 ◑ 16:08   23 ● 17:38   30 ◐ 19:50   Sun enters ♐ 11/21 22:51

## Longitudes of Main Planets - December 2041

0:00 E.T.

| D | S.T. | ☉ | ☽ | ☽ 12:00 | ☿ | ♀ | ♂ | ♃ | ♄ | ♅ | ♆ | ♇ | ☊ |
|---|---|---|---|---|---|---|---|---|---|---|---|---|---|
| 1 | 4:40:55 | 09♐09 24 | 11♓26 | 18♓31 | 13♐19 | 01♐33 | 23♌26 | 18♏01 | 02♏11 | 12♌40℞ | 05♉51℞ | 26♒21 | 04♉21 |
| 2 | 4:44:51 | 10 10 12 | 25 36 | 02♈42 | 14 53 | 02 49 | 23 43 | 18 14 | 02 17 | 12 39 | 05 50 | 26 22 | 04 18 |
| 3 | 4:48:48 | 11 11 02 | 09♈47 | 16 52 | 16 27 | 04 04 | 23 59 | 18 27 | 02 23 | 12 39 | 05 48 | 26 22 | 04 14 |
| 4 | 4:52:45 | 12 11 52 | 23 57 | 01♉01 | 18 01 | 05 20 | 24 15 | 18 39 | 02 30 | 12 38 | 05 47 | 26 23 | 04 11 |
| 5 | 4:56:41 | 13 12 43 | 08♉04 | 15 05 | 19 34 | 06 35 | 24 31 | 18 52 | 02 36 | 12 37 | 05 46 | 26 24 | 04 08 |
| 6 | 5:00:38 | 14 13 35 | 22 04 | 29 00 | 21 08 | 07 50 | 24 46 | 19 05 | 02 42 | 12 36 | 05 44 | 26 24 | 04 05 |
| 7 | 5:04:34 | 15 14 28 | 05♊54 | 12♊45 | 22 42 | 09 06 | 25 00 | 19 17 | 02 48 | 12 35 | 05 43 | 26 25 | 04 02 |
| 8 | 5:08:31 | 16 15 22 | 19 32 | 26 15 | 24 15 | 10 21 | 25 14 | 19 30 | 02 54 | 12 34 | 05 42 | 26 26 | 03 59 |
| 9 | 5:12:27 | 17 16 17 | 02♋54 | 09♋28 | 25 49 | 11 37 | 25 27 | 19 42 | 03 00 | 12 33 | 05 41 | 26 27 | 03 55 |
| 10 | 5:16:24 | 18 17 13 | 15 57 | 22 23 | 27 22 | 12 52 | 25 40 | 19 54 | 03 06 | 12 32 | 05 40 | 26 27 | 03 52 |
| 11 | 5:20:20 | 19 18 10 | 28 43 | 04♌59 | 28 56 | 14 08 | 25 52 | 20 07 | 03 11 | 12 30 | 05 39 | 26 28 | 03 49 |
| 12 | 5:24:17 | 20 19 08 | 11♌11 | 17 19 | 00♑30 | 15 23 | 26 04 | 20 19 | 03 17 | 12 29 | 05 37 | 26 29 | 03 46 |
| 13 | 5:28:14 | 21 20 07 | 23 23 | 29 24 | 02 03 | 16 39 | 26 15 | 20 31 | 03 23 | 12 28 | 05 36 | 26 30 | 03 43 |
| 14 | 5:32:10 | 22 21 08 | 05♍23 | 11♍20 | 03 37 | 17 54 | 26 25 | 20 44 | 03 29 | 12 26 | 05 35 | 26 31 | 03 40 |
| 15 | 5:36:07 | 23 22 09 | 17 16 | 23 10 | 05 10 | 19 10 | 26 35 | 20 56 | 03 34 | 12 25 | 05 34 | 26 32 | 03 36 |
| 16 | 5:40:03 | 24 23 11 | 29 05 | 05♎01 | 06 43 | 20 25 | 26 44 | 21 08 | 03 40 | 12 24 | 05 33 | 26 33 | 03 33 |
| 17 | 5:44:00 | 25 24 14 | 10♎57 | 16 56 | 08 16 | 21 41 | 26 52 | 21 20 | 03 45 | 12 22 | 05 32 | 26 34 | 03 30 |
| 18 | 5:47:56 | 26 25 18 | 22 57 | 29 01 | 09 49 | 22 56 | 27 00 | 21 32 | 03 50 | 12 21 | 05 31 | 26 35 | 03 27 |
| 19 | 5:51:53 | 27 26 23 | 05♏09 | 11♏21 | 11 22 | 24 12 | 27 07 | 21 44 | 03 56 | 12 19 | 05 30 | 26 36 | 03 24 |
| 20 | 5:55:49 | 28 27 28 | 17 38 | 24 00 | 12 54 | 25 28 | 27 14 | 21 56 | 04 01 | 12 17 | 05 30 | 26 37 | 03 20 |
| 21 | 5:59:46 | 29 28 35 | 00♐28 | 07♐01 | 14 26 | 26 43 | 27 19 | 22 07 | 04 06 | 12 16 | 05 29 | 26 38 | 03 17 |
| 22 | 6:03:43 | 00♑29 42 | 13 39 | 20 23 | 15 58 | 27 59 | 27 24 | 22 19 | 04 11 | 12 14 | 05 28 | 26 39 | 03 14 |
| 23 | 6:07:39 | 01 30 50 | 27 12 | 04♑06 | 17 28 | 29 14 | 27 29 | 22 31 | 04 16 | 12 12 | 05 27 | 26 40 | 03 11 |
| 24 | 6:11:36 | 02 31 58 | 11♑04 | 18 06 | 18 58 | 00♑30 | 27 32 | 22 42 | 04 21 | 12 10 | 05 26 | 26 41 | 03 08 |
| 25 | 6:15:32 | 03 33 07 | 25 11 | 02♒19 | 20 27 | 01 45 | 27 35 | 22 54 | 04 26 | 12 09 | 05 26 | 26 42 | 03 05 |
| 26 | 6:19:29 | 04 34 16 | 09♒29 | 16 40 | 21 55 | 03 01 | 27 37 | 23 05 | 04 31 | 12 07 | 05 25 | 26 43 | 03 01 |
| 27 | 6:23:25 | 05 35 25 | 23 51 | 01♓01 | 23 21 | 04 16 | 27 39 | 23 17 | 04 36 | 12 05 | 05 24 | 26 44 | 02 58 |
| 28 | 6:27:22 | 06 36 34 | 08♓11 | 15 20 | 24 45 | 05 32 | 27 39 | 23 28 | 04 40 | 12 03 | 05 24 | 26 46 | 02 55 |
| 29 | 6:31:18 | 07 37 43 | 22 27 | 29 32 | 26 07 | 06 47 | 27 39℞ | 23 39 | 04 45 | 12 01 | 05 23 | 26 47 | 02 52 |
| 30 | 6:35:15 | 08 38 52 | 06♈36 | 13♈37 | 27 27 | 08 03 | 27 38 | 23 50 | 04 49 | 11 59 | 05 23 | 26 48 | 02 49 |
| 31 | 6:39:12 | 09 40 00 | 20 35 | 27 32 | 28 43 | 09 18 | 27 36 | 24 01 | 04 54 | 11 57 | 05 22 | 26 49 | 02 46 |

## Longitudes of the Major Asteroids and Chiron

0:00 E.T.

| D | ⚳ | ⚴ | ⚵ | ⚶ | ⚷ |
|---|---|---|---|---|---|
| 1 | 07♏18 | 06♎59 | 19♎51 | 15♊42℞ | 04♌17℞ |
| 2 | 07 43 | 07 22 | 20 10 | 15 26 | 04 15 |
| 3 | 08 09 | 07 44 | 20 29 | 15 11 | 04 14 |
| 4 | 08 34 | 08 07 | 20 47 | 14 55 | 04 12 |
| 5 | 09 00 | 08 29 | 21 06 | 14 39 | 04 10 |
| 6 | 09 25 | 08 51 | 21 25 | 14 23 | 04 08 |
| 7 | 09 50 | 09 13 | 21 43 | 14 07 | 04 06 |
| 8 | 10 16 | 09 35 | 22 01 | 13 52 | 04 04 |
| 9 | 10 41 | 09 57 | 22 20 | 13 36 | 04 02 |
| 10 | 11 06 | 10 18 | 22 38 | 13 20 | 04 00 |
| 11 | 11 31 | 10 40 | 22 55 | 13 05 | 03 57 |
| 12 | 11 56 | 11 01 | 23 13 | 12 49 | 03 55 |
| 13 | 12 21 | 11 21 | 23 31 | 12 34 | 03 52 |
| 14 | 12 46 | 11 42 | 23 48 | 12 19 | 03 50 |
| 15 | 13 10 | 12 02 | 24 06 | 12 03 | 03 47 |
| 16 | 13 35 | 12 23 | 24 23 | 11 49 | 03 44 |
| 17 | 14 00 | 12 43 | 24 40 | 11 34 | 03 41 |
| 18 | 14 24 | 13 03 | 24 57 | 11 19 | 03 38 |
| 19 | 14 48 | 13 22 | 25 13 | 11 05 | 03 35 |
| 20 | 15 13 | 13 42 | 25 30 | 10 51 | 03 32 |
| 21 | 15 37 | 14 01 | 25 46 | 10 37 | 03 29 |
| 22 | 16 01 | 14 20 | 26 02 | 10 24 | 03 26 |
| 23 | 16 25 | 14 38 | 26 18 | 10 10 | 03 23 |
| 24 | 16 49 | 14 57 | 26 34 | 09 57 | 03 19 |
| 25 | 17 13 | 15 15 | 26 50 | 09 45 | 03 16 |
| 26 | 17 37 | 15 33 | 27 05 | 09 33 | 03 12 |
| 27 | 18 01 | 15 51 | 27 21 | 09 21 | 03 09 |
| 28 | 18 24 | 16 08 | 27 36 | 09 09 | 03 05 |
| 29 | 18 48 | 16 25 | 27 51 | 08 58 | 03 02 |
| 30 | 19 11 | 16 42 | 28 06 | 08 47 | 02 58 |
| 31 | 19 35 | 16 59 | 28 20 | 08 36 | 02 54 |

## Lunar Data

| Last Asp. | | Ingress | | |
|---|---|---|---|---|
| 1 | 11:20 | 2 | ♈ | 07:26 |
| 4 | 04:08 | 4 | ♉ | 10:16 |
| 6 | 07:30 | 6 | ♊ | 13:43 |
| 8 | 12:21 | 8 | ♋ | 18:46 |
| 10 | 07:30 | 11 | ♌ | 02:27 |
| 13 | 06:12 | 13 | ♍ | 13:11 |
| 15 | 13:34 | 16 | ♎ | 01:51 |
| 18 | 08:07 | 18 | ♏ | 13:56 |
| 20 | 18:09 | 20 | ♐ | 23:09 |
| 23 | 03:55 | 23 | ♑ | 04:54 |
| 24 | 20:04 | 25 | ♒ | 08:06 |
| 27 | 06:22 | 27 | ♓ | 10:17 |
| 29 | 06:51 | 29 | ♈ | 12:47 |
| 31 | 15:25 | 31 | ♉ | 16:16 |

## Declinations

0:00 E.T.

| D | ☉ | ☽ | ☿ | ♀ | ♂ | ♃ | ♄ | ♅ | ♆ | ♇ | ⚳ | ⚴ | ⚵ | ⚶ | ⚷ |
|---|---|---|---|---|---|---|---|---|---|---|---|---|---|---|---|
| 1 | -21 49 | -11 11 | -23 38 | -19 51 | +16 00 | -16 18 | -10 04 | +17 38 | +11 46 | -22 31 | -07 37 | -08 14 | -05 06 | +16 45 | +12 02 |
| 2 | 21 58 | 04 50 | 23 55 | 20 08 | 15 56 | 16 22 | 10 07 | 17 38 | 11 45 | 22 31 | 07 45 | 08 16 | 05 11 | 16 46 | 12 02 |
| 3 | 22 07 | +01 46 | 24 10 | 20 24 | 15 53 | 16 25 | 10 09 | 17 38 | 11 45 | 22 30 | 07 54 | 08 17 | 05 16 | 16 46 | 12 02 |
| 4 | 22 15 | 08 18 | 24 24 | 20 40 | 15 49 | 16 29 | 10 10 | 17 39 | 11 45 | 22 30 | 08 02 | 08 18 | 05 20 | 16 47 | 12 01 |
| 5 | 22 23 | 14 23 | 24 37 | 20 56 | 15 46 | 16 32 | 10 12 | 17 39 | 11 44 | 22 29 | 08 10 | 08 20 | 05 25 | 16 47 | 12 01 |
| 6 | 22 30 | 19 41 | 24 48 | 21 10 | 15 43 | 16 35 | 10 14 | 17 39 | 11 44 | 22 29 | 08 18 | 08 21 | 05 29 | 16 48 | 12 01 |
| 7 | 22 37 | 23 51 | 24 58 | 21 25 | 15 40 | 16 39 | 10 16 | 17 40 | 11 43 | 22 29 | 08 26 | 08 22 | 05 34 | 16 49 | 12 01 |
| 8 | 22 44 | 26 35 | 25 07 | 21 38 | 15 38 | 16 42 | 10 18 | 17 40 | 11 43 | 22 28 | 08 34 | 08 23 | 05 38 | 16 49 | 12 01 |
| 9 | 22 50 | 27 45 | 25 15 | 21 51 | 15 35 | 16 46 | 10 20 | 17 40 | 11 43 | 22 28 | 08 42 | 08 23 | 05 42 | 16 50 | 12 01 |
| 10 | 22 55 | 27 18 | 25 21 | 22 03 | 15 33 | 16 49 | 10 22 | 17 41 | 11 42 | 22 27 | 08 50 | 08 24 | 05 46 | 16 51 | 12 01 |
| 11 | 23 00 | 25 25 | 25 26 | 22 15 | 15 31 | 16 52 | 10 24 | 17 41 | 11 42 | 22 27 | 08 58 | 08 24 | 05 51 | 16 52 | 12 01 |
| 12 | 23 05 | 22 20 | 25 29 | 22 26 | 15 29 | 16 55 | 10 25 | 17 41 | 11 42 | 22 26 | 09 05 | 08 25 | 05 55 | 16 53 | 12 01 |
| 13 | 23 09 | 18 20 | 25 31 | 22 36 | 15 27 | 16 59 | 10 27 | 17 42 | 11 41 | 22 26 | 09 13 | 08 25 | 05 58 | 16 54 | 12 01 |
| 14 | 23 13 | 13 40 | 25 31 | 22 45 | 15 26 | 17 02 | 10 29 | 17 42 | 11 41 | 22 25 | 09 20 | 08 24 | 06 02 | 16 54 | 12 01 |
| 15 | 23 16 | 08 32 | 25 30 | 22 54 | 15 24 | 17 05 | 10 31 | 17 43 | 11 41 | 22 25 | 09 28 | 08 24 | 06 06 | 16 55 | 12 01 |
| 16 | 23 19 | 03 08 | 25 28 | 23 02 | 15 23 | 17 08 | 10 32 | 17 43 | 11 40 | 22 24 | 09 35 | 08 24 | 06 10 | 16 57 | 12 01 |
| 17 | 23 21 | -02 24 | 25 24 | 23 10 | 15 23 | 17 11 | 10 34 | 17 44 | 11 40 | 22 24 | 09 43 | 08 23 | 06 13 | 16 58 | 12 01 |
| 18 | 23 23 | 07 55 | 25 18 | 23 17 | 15 22 | 17 14 | 10 36 | 17 44 | 11 40 | 22 23 | 09 50 | 08 22 | 06 17 | 16 59 | 12 01 |
| 19 | 23 25 | 13 15 | 25 11 | 23 23 | 15 22 | 17 17 | 10 37 | 17 45 | 11 40 | 22 23 | 09 57 | 08 22 | 06 20 | 17 00 | 12 02 |
| 20 | 23 26 | 18 10 | 25 03 | 23 28 | 15 22 | 17 20 | 10 39 | 17 45 | 11 39 | 22 22 | 10 04 | 08 20 | 06 23 | 17 01 | 12 02 |
| 21 | 23 26 | 22 24 | 24 53 | 23 33 | 15 22 | 17 23 | 10 40 | 17 46 | 11 39 | 22 22 | 10 11 | 08 19 | 06 26 | 17 02 | 12 02 |
| 22 | 23 26 | 25 37 | 24 41 | 23 37 | 15 22 | 17 26 | 10 42 | 17 46 | 11 39 | 22 21 | 10 18 | 08 18 | 06 29 | 17 04 | 12 02 |
| 23 | 23 26 | 27 26 | 24 28 | 23 40 | 15 23 | 17 29 | 10 43 | 17 47 | 11 39 | 22 21 | 10 25 | 08 16 | 06 32 | 17 05 | 12 03 |
| 24 | 23 25 | 27 37 | 24 14 | 23 42 | 15 24 | 17 32 | 10 45 | 17 47 | 11 39 | 22 20 | 10 32 | 08 14 | 06 35 | 17 07 | 12 03 |
| 25 | 23 23 | 26 01 | 23 58 | 23 44 | 15 25 | 17 35 | 10 46 | 17 48 | 11 38 | 22 19 | 10 38 | 08 12 | 06 38 | 17 08 | 12 03 |
| 26 | 23 21 | 22 44 | 23 40 | 23 45 | 15 27 | 17 38 | 10 48 | 17 48 | 11 38 | 22 19 | 10 45 | 08 10 | 06 41 | 17 10 | 12 04 |
| 27 | 23 19 | 18 04 | 23 22 | 23 45 | 15 29 | 17 41 | 10 49 | 17 49 | 11 38 | 22 18 | 10 52 | 08 07 | 06 43 | 17 11 | 12 04 |
| 28 | 23 16 | 12 23 | 23 02 | 23 45 | 15 31 | 17 43 | 10 51 | 17 49 | 11 38 | 22 18 | 10 58 | 08 04 | 06 46 | 17 13 | 12 05 |
| 29 | 23 13 | 06 05 | 22 41 | 23 43 | 15 33 | 17 46 | 10 52 | 17 50 | 11 38 | 22 17 | 11 05 | 08 02 | 06 48 | 17 15 | 12 05 |
| 30 | 23 09 | +00 28 | 22 19 | 23 41 | 15 36 | 17 49 | 10 53 | 17 51 | 11 38 | 22 17 | 11 11 | 07 58 | 06 50 | 17 17 | 12 06 |
| 31 | 23 05 | 06 57 | 21 56 | 23 39 | 15 39 | 17 51 | 10 54 | 17 51 | 11 37 | 22 16 | 11 17 | 07 55 | 06 53 | 17 19 | 12 06 |

Lunar Phases -- 7 ○ 17:43 15 ◑ 13:34 23 ● 08:08 30 ◐ 03:47 Sun enters ♑ 12/21 12:20

## 0:00 E.T. Longitudes of Main Planets - January 2042

| D | S.T. | ☉ | ☽ | ☽ 12:00 | ☿ | ♀ | ♂ | ♃ | ♄ | ♅ | ♆ | ♇ | ☊ |
|---|---|---|---|---|---|---|---|---|---|---|---|---|---|
| 1 | 6:43:08 | 10♑41 09 | 04♉27 | 11♉19 | 29♑56 | 10♑34 | 27♌34℞ | 24♏12 | 04♏58 | 11♌55℞ | 05♉21℞ | 26♒51 | 02♉42 |
| 2 | 6:47:05 | 11 42 17 | 18 09 | 24 57 | 01♒05 | 11 49 | 27 30 | 24 23 | 05 02 | 11 52 | 05 21 | 26 52 | 02 39 |
| 3 | 6:51:01 | 12 43 26 | 01♊42 | 08♊26 | 02 09 | 13 05 | 27 26 | 24 34 | 05 06 | 11 50 | 05 21 | 26 53 | 02 36 |
| 4 | 6:54:58 | 13 44 34 | 15 06 | 21 45 | 03 07 | 14 20 | 27 21 | 24 45 | 05 10 | 11 48 | 05 20 | 26 54 | 02 33 |
| 5 | 6:58:54 | 14 45 42 | 28 20 | 04♋53 | 03 59 | 15 36 | 27 16 | 24 56 | 05 14 | 11 46 | 05 20 | 26 56 | 02 30 |
| 6 | 7:02:51 | 15 46 50 | 11♋22 | 17 48 | 04 44 | 16 51 | 27 09 | 25 06 | 05 18 | 11 44 | 05 19 | 26 57 | 02 26 |
| 7 | 7:06:47 | 16 47 57 | 24 11 | 00♌31 | 05 20 | 18 07 | 27 02 | 25 17 | 05 22 | 11 41 | 05 19 | 26 59 | 02 23 |
| 8 | 7:10:44 | 17 49 05 | 06♌47 | 12 59 | 05 48 | 19 22 | 26 53 | 25 27 | 05 26 | 11 39 | 05 19 | 27 00 | 02 20 |
| 9 | 7:14:41 | 18 50 13 | 19 08 | 25 14 | 06 06 | 20 38 | 26 44 | 25 37 | 05 30 | 11 37 | 05 19 | 27 01 | 02 17 |
| 10 | 7:18:37 | 19 51 20 | 01♍17 | 07♍17 | 06 13 | 21 53 | 26 35 | 25 47 | 05 33 | 11 34 | 05 18 | 27 03 | 02 14 |
| 11 | 7:22:34 | 20 52 27 | 13 16 | 19 12 | 06 08℞ | 23 09 | 26 24 | 25 57 | 05 37 | 11 32 | 05 18 | 27 04 | 02 11 |
| 12 | 7:26:30 | 21 53 35 | 25 07 | 01♎01 | 05 52 | 24 24 | 26 12 | 26 07 | 05 40 | 11 29 | 05 18 | 27 06 | 02 07 |
| 13 | 7:30:27 | 22 54 42 | 06♎55 | 12 49 | 05 24 | 25 39 | 26 00 | 26 17 | 05 43 | 11 27 | 05 18 | 27 07 | 02 04 |
| 14 | 7:34:23 | 23 55 49 | 18 45 | 24 42 | 04 45 | 26 55 | 25 47 | 26 27 | 05 46 | 11 25 | 05 18 | 27 09 | 02 01 |
| 15 | 7:38:20 | 24 56 56 | 00♏42 | 06♏45 | 03 54 | 28 10 | 25 33 | 26 37 | 05 50 | 11 22 | 05 18 | 27 10 | 01 58 |
| 16 | 7:42:16 | 25 58 03 | 12 52 | 19 04 | 02 54 | 29 26 | 25 19 | 26 46 | 05 53 | 11 20 | 05 18D | 27 12 | 01 55 |
| 17 | 7:46:13 | 26 59 10 | 25 21 | 01♐44 | 01 47 | 00♒41 | 25 03 | 26 56 | 05 55 | 11 17 | 05 18 | 27 13 | 01 52 |
| 18 | 7:50:10 | 28 00 16 | 08♐13 | 14 48 | 00 33 | 01 57 | 24 47 | 27 05 | 05 58 | 11 15 | 05 18 | 27 15 | 01 48 |
| 19 | 7:54:06 | 29 01 22 | 21 30 | 28 19 | 29♑16 | 03 12 | 24 31 | 27 15 | 06 01 | 11 12 | 05 18 | 27 16 | 01 45 |
| 20 | 7:58:03 | 00♒02 28 | 05♑15 | 12♑17 | 27 58 | 04 28 | 24 13 | 27 24 | 06 04 | 11 10 | 05 18 | 27 18 | 01 42 |
| 21 | 8:01:59 | 01 03 34 | 19 25 | 26 39 | 26 41 | 05 43 | 23 55 | 27 33 | 06 06 | 11 07 | 05 19 | 27 19 | 01 39 |
| 22 | 8:05:56 | 02 04 39 | 03♒56 | 11♒17 | 25 28 | 06 58 | 23 36 | 27 42 | 06 09 | 11 04 | 05 19 | 27 21 | 01 36 |
| 23 | 8:09:52 | 03 05 43 | 18 41 | 26 06 | 24 20 | 08 14 | 23 17 | 27 50 | 06 11 | 11 02 | 05 19 | 27 23 | 01 32 |
| 24 | 8:13:49 | 04 06 46 | 03♓30 | 10♓55 | 23 19 | 09 29 | 22 57 | 27 59 | 06 13 | 10 59 | 05 19 | 27 24 | 01 29 |
| 25 | 8:17:45 | 05 07 48 | 18 17 | 25 37 | 22 25 | 10 45 | 22 36 | 28 08 | 06 15 | 10 57 | 05 20 | 27 26 | 01 26 |
| 26 | 8:21:42 | 06 08 49 | 02♈53 | 10♈06 | 21 41 | 12 00 | 22 15 | 28 16 | 06 17 | 10 54 | 05 20 | 27 27 | 01 23 |
| 27 | 8:25:39 | 07 09 49 | 17 15 | 24 19 | 21 05 | 13 15 | 21 54 | 28 24 | 06 19 | 10 51 | 05 20 | 27 29 | 01 20 |
| 28 | 8:29:35 | 08 10 48 | 01♉19 | 08♉15 | 20 38 | 14 31 | 21 32 | 28 33 | 06 21 | 10 49 | 05 21 | 27 31 | 01 17 |
| 29 | 8:33:32 | 09 11 46 | 15 06 | 21 54 | 20 21 | 15 46 | 21 09 | 28 41 | 06 23 | 10 46 | 05 21 | 27 32 | 01 13 |
| 30 | 8:37:28 | 10 12 43 | 28 37 | 05♊17 | 20 11 | 17 01 | 20 47 | 28 48 | 06 24 | 10 43 | 05 22 | 27 34 | 01 10 |
| 31 | 8:41:25 | 11 13 38 | 11♊54 | 18 27 | 20 10D | 18 16 | 20 24 | 28 56 | 06 26 | 10 41 | 05 22 | 27 36 | 01 07 |

## 0:00 E.T. Longitudes of the Major Asteroids and Chiron

| D | ⚳ | ⚴ | ⚵ | ⚶ | ⚷ |
|---|---|---|---|---|---|
| 1 | 19♏58 | 17♎15 | 28♎35 | 08♊26℞ | 02♌50℞ |
| 2 | 20 21 | 17 31 | 28 49 | 08 17 | 02 46 |
| 3 | 20 44 | 17 47 | 29 03 | 08 08 | 02 42 |
| 4 | 21 07 | 18 03 | 29 17 | 07 59 | 02 38 |
| 5 | 21 30 | 18 18 | 29 30 | 07 50 | 02 34 |
| 6 | 21 52 | 18 33 | 29 44 | 07 42 | 02 30 |
| 7 | 22 15 | 18 48 | 29 57 | 07 35 | 02 26 |
| 8 | 22 37 | 19 02 | 00♏10 | 07 28 | 02 22 |
| 9 | 23 00 | 19 16 | 00 22 | 07 21 | 02 18 |
| 10 | 23 22 | 19 30 | 00 35 | 07 15 | 02 14 |
| 11 | 23 44 | 19 43 | 00 47 | 07 09 | 02 10 |
| 12 | 24 06 | 19 57 | 00 59 | 07 03 | 02 05 |
| 13 | 24 28 | 20 09 | 01 11 | 06 59 | 02 01 |
| 14 | 24 50 | 20 22 | 01 23 | 06 54 | 01 57 |
| 15 | 25 11 | 20 34 | 01 34 | 06 50 | 01 52 |
| 16 | 25 33 | 20 46 | 01 45 | 06 46 | 01 48 |
| 17 | 25 54 | 20 57 | 01 56 | 06 43 | 01 44 |
| 18 | 26 15 | 21 08 | 02 07 | 06 41 | 01 39 |
| 19 | 26 36 | 21 19 | 02 17 | 06 38 | 01 35 |
| 20 | 26 57 | 21 29 | 02 27 | 06 37 | 01 31 |
| 21 | 27 18 | 21 39 | 02 37 | 06 35 | 01 26 |
| 22 | 27 39 | 21 49 | 02 47 | 06 34 | 01 22 |
| 23 | 27 59 | 21 58 | 02 56 | 06 34 | 01 17 |
| 24 | 28 19 | 22 07 | 03 05 | 06 34D | 01 13 |
| 25 | 28 39 | 22 15 | 03 14 | 06 34 | 01 09 |
| 26 | 28 59 | 22 24 | 03 22 | 06 35 | 01 04 |
| 27 | 29 19 | 22 31 | 03 30 | 06 37 | 01 00 |
| 28 | 29 39 | 22 38 | 03 38 | 06 38 | 00 56 |
| 29 | 29 58 | 22 45 | 03 46 | 06 41 | 00 51 |
| 30 | 00♐18 | 22 52 | 03 53 | 06 43 | 00 47 |
| 31 | 00 37 | 22 57 | 04 00 | 06 46 | 00 43 |

## Lunar Data

| Last Asp. | | Ingress | | |
|---|---|---|---|---|
| 2 | 16:27 | 2 | ♊ | 20:58 |
| 4 | 22:03 | 5 | ♋ | 03:03 |
| 7 | 02:05 | 7 | ♌ | 11:02 |
| 9 | 15:34 | 9 | ♍ | 21:27 |
| 12 | 02:05 | 12 | ♎ | 09:56 |
| 14 | 18:22 | 14 | ♏ | 22:36 |
| 17 | 03:32 | 17 | ♐ | 08:46 |
| 19 | 10:11 | 19 | ♑ | 14:55 |
| 21 | 13:38 | 21 | ♒ | 17:32 |
| 23 | 14:58 | 23 | ♓ | 18:19 |
| 25 | 16:18 | 25 | ♈ | 19:14 |
| 27 | 17:27 | 27 | ♉ | 21:44 |
| 30 | 00:20 | 30 | ♊ | 02:28 |

## 0:00 E.T. Declinations

| D | ☉ | ☽ | ☿ | ♀ | ♂ | ♃ | ♄ | ♅ | ♆ | ♇ | ⚳ | ⚴ | ⚵ | ⚶ | ⚷ |
|---|---|---|---|---|---|---|---|---|---|---|---|---|---|---|---|
| 1 | -23 00 | +13 02 | -21 33 | -23 35 | +15 42 | -17 54 | -10 56 | +17 52 | +11 37 | -22 15 | -11 23 | -07 52 | -06 55 | +17 20 | +12 07 |
| 2 | 22 55 | 18 26 | 21 09 | 23 31 | 15 45 | 17 57 | 10 57 | 17 52 | 11 37 | 22 15 | 11 29 | 07 48 | 06 57 | 17 22 | 12 07 |
| 3 | 22 50 | 22 49 | 20 44 | 23 26 | 15 49 | 17 59 | 10 58 | 17 53 | 11 37 | 22 14 | 11 35 | 07 44 | 06 58 | 17 25 | 12 08 |
| 4 | 22 44 | 25 55 | 20 19 | 23 20 | 15 53 | 18 02 | 10 59 | 17 54 | 11 37 | 22 14 | 11 41 | 07 40 | 07 00 | 17 27 | 12 08 |
| 5 | 22 37 | 27 32 | 19 55 | 23 14 | 15 57 | 18 04 | 11 00 | 17 54 | 11 37 | 22 13 | 11 47 | 07 35 | 07 02 | 17 29 | 12 09 |
| 6 | 22 30 | 27 35 | 19 31 | 23 07 | 16 01 | 18 07 | 11 01 | 17 55 | 11 37 | 22 13 | 11 53 | 07 30 | 07 03 | 17 31 | 12 10 |
| 7 | 22 23 | 26 09 | 19 07 | 22 59 | 16 06 | 18 09 | 11 02 | 17 56 | 11 37 | 22 12 | 11 59 | 07 26 | 07 05 | 17 33 | 12 10 |
| 8 | 22 15 | 23 25 | 18 45 | 22 51 | 16 11 | 18 12 | 11 04 | 17 56 | 11 37 | 22 11 | 12 04 | 07 20 | 07 06 | 17 36 | 12 11 |
| 9 | 22 07 | 19 39 | 18 24 | 22 42 | 16 16 | 18 14 | 11 04 | 17 57 | 11 37 | 22 11 | 12 10 | 07 15 | 07 07 | 17 38 | 12 12 |
| 10 | 21 58 | 15 08 | 18 05 | 22 32 | 16 22 | 18 16 | 11 05 | 17 58 | 11 37 | 22 10 | 12 15 | 07 09 | 07 08 | 17 41 | 12 12 |
| 11 | 21 49 | 10 06 | 17 49 | 22 21 | 16 28 | 18 19 | 11 06 | 17 58 | 11 37 | 22 09 | 12 21 | 07 03 | 07 09 | 17 43 | 12 13 |
| 12 | 21 39 | 04 45 | 17 34 | 22 10 | 16 34 | 18 21 | 11 07 | 17 59 | 11 37 | 22 09 | 12 26 | 06 57 | 07 10 | 17 46 | 12 14 |
| 13 | 21 29 | -00 45 | 17 23 | 21 58 | 16 40 | 18 23 | 11 08 | 18 00 | 11 37 | 22 08 | 12 31 | 06 51 | 07 11 | 17 48 | 12 15 |
| 14 | 21 19 | 06 15 | 17 14 | 21 45 | 16 46 | 18 25 | 11 09 | 18 00 | 11 37 | 22 08 | 12 37 | 06 44 | 07 11 | 17 51 | 12 15 |
| 15 | 21 08 | 11 35 | 17 09 | 21 32 | 16 53 | 18 28 | 11 10 | 18 01 | 11 37 | 22 07 | 12 42 | 06 37 | 07 12 | 17 54 | 12 16 |
| 16 | 20 57 | 16 35 | 17 06 | 21 18 | 17 00 | 18 30 | 11 11 | 18 02 | 11 37 | 22 06 | 12 47 | 06 30 | 07 12 | 17 57 | 12 17 |
| 17 | 20 45 | 21 01 | 17 06 | 21 04 | 17 07 | 18 32 | 11 11 | 18 02 | 11 37 | 22 06 | 12 52 | 06 22 | 07 12 | 17 59 | 12 18 |
| 18 | 20 33 | 24 36 | 17 08 | 20 49 | 17 14 | 18 34 | 11 12 | 18 03 | 11 37 | 22 05 | 12 57 | 06 15 | 07 13 | 18 02 | 12 19 |
| 19 | 20 21 | 26 58 | 17 13 | 20 33 | 17 22 | 18 36 | 11 13 | 18 04 | 11 37 | 22 05 | 13 01 | 06 07 | 07 13 | 18 05 | 12 20 |
| 20 | 20 08 | 27 48 | 17 19 | 20 16 | 17 29 | 18 38 | 11 13 | 18 05 | 11 37 | 22 04 | 13 06 | 05 58 | 07 12 | 18 08 | 12 20 |
| 21 | 19 55 | 26 52 | 17 27 | 19 59 | 17 37 | 18 40 | 11 14 | 18 05 | 11 38 | 22 03 | 13 11 | 05 50 | 07 12 | 18 11 | 12 21 |
| 22 | 19 42 | 24 07 | 17 37 | 19 42 | 17 45 | 18 42 | 11 14 | 18 06 | 11 38 | 22 03 | 13 15 | 05 41 | 07 12 | 18 15 | 12 22 |
| 23 | 19 28 | 19 46 | 17 47 | 19 24 | 17 53 | 18 44 | 11 15 | 18 07 | 11 38 | 22 02 | 13 20 | 05 32 | 07 11 | 18 18 | 12 23 |
| 24 | 19 14 | 14 10 | 17 58 | 19 05 | 18 01 | 18 45 | 11 15 | 18 08 | 11 38 | 22 01 | 13 24 | 05 22 | 07 11 | 18 21 | 12 24 |
| 25 | 18 59 | 07 46 | 18 09 | 18 46 | 18 09 | 18 47 | 11 16 | 18 08 | 11 38 | 22 01 | 13 29 | 05 12 | 07 10 | 18 24 | 12 25 |
| 26 | 18 44 | 01 02 | 18 21 | 18 26 | 18 17 | 18 49 | 11 16 | 18 09 | 11 38 | 22 00 | 13 33 | 05 02 | 07 09 | 18 28 | 12 26 |
| 27 | 18 29 | +05 40 | 18 32 | 18 06 | 18 25 | 18 51 | 11 17 | 18 10 | 11 39 | 22 00 | 13 37 | 04 52 | 07 08 | 18 31 | 12 27 |
| 28 | 18 13 | 11 58 | 18 44 | 17 45 | 18 33 | 18 52 | 11 17 | 18 10 | 11 39 | 21 59 | 13 41 | 04 41 | 07 07 | 18 35 | 12 28 |
| 29 | 17 57 | 17 33 | 18 55 | 17 24 | 18 42 | 18 54 | 11 17 | 18 11 | 11 39 | 21 58 | 13 45 | 04 30 | 07 06 | 18 38 | 12 29 |
| 30 | 17 41 | 22 08 | 19 06 | 17 02 | 18 50 | 18 56 | 11 18 | 18 12 | 11 39 | 21 58 | 13 49 | 04 19 | 07 04 | 18 42 | 12 30 |
| 31 | 17 24 | 25 29 | 19 16 | 16 40 | 18 58 | 18 57 | 11 18 | 18 13 | 11 39 | 21 57 | 13 53 | 04 07 | 07 03 | 18 45 | 12 31 |

Lunar Phases -- 6 ○ 08:55 14 ◑ 11:25 21 ● 20:43 28 ◐ 12:50 Sun enters ♒ 1/19 23:02

| D | S.T. | ☉ | ☽ | ☽ 12:00 | ☿ | ♀ | ♂ | ♃ | ♄ | ♅ | ♆ | ♇ | ☊ |
|---|---|---|---|---|---|---|---|---|---|---|---|---|---|
| 1 | 8:45:21 | 12♒14 32 | 24♊58 | 01♋25 | 20♑16 | 19♒32 | 20♌00R | 29♏04 | 06♏27 | 10♌38R | 05♉23 | 27♒37 | 01♉04 |
| 2 | 8:49:18 | 13 15 25 | 07♋50 | 14 12 | 20 30 | 20 47 | 19 37 | 29 11 | 06 28 | 10 36 | 05 24 | 27 39 | 01 01 |
| 3 | 8:53:14 | 14 16 17 | 20 31 | 26 48 | 20 50 | 22 02 | 19 13 | 29 19 | 06 30 | 10 33 | 05 24 | 27 41 | 00 58 |
| 4 | 8:57:11 | 15 17 08 | 03♌02 | 09♌13 | 21 16 | 23 18 | 18 49 | 29 26 | 06 31 | 10 30 | 05 25 | 27 42 | 00 54 |
| 5 | 9:01:08 | 16 17 57 | 15 22 | 21 29 | 21 47 | 24 33 | 18 26 | 29 33 | 06 32 | 10 28 | 05 26 | 27 44 | 00 51 |
| 6 | 9:05:04 | 17 18 45 | 27 33 | 03♍35 | 22 24 | 25 48 | 18 02 | 29 40 | 06 33 | 10 25 | 05 26 | 27 46 | 00 48 |
| 7 | 9:09:01 | 18 19 32 | 09♍35 | 15 33 | 23 05 | 27 03 | 17 38 | 29 47 | 06 33 | 10 23 | 05 27 | 27 47 | 00 45 |
| 8 | 9:12:57 | 19 20 18 | 21 29 | 27 24 | 23 51 | 28 18 | 17 14 | 29 54 | 06 34 | 10 20 | 05 28 | 27 49 | 00 42 |
| 9 | 9:16:54 | 20 21 03 | 03♎18 | 09♎12 | 24 40 | 29 33 | 16 50 | 00♐00 | 06 35 | 10 17 | 05 29 | 27 51 | 00 38 |
| 10 | 9:20:50 | 21 21 46 | 15 05 | 20 59 | 25 32 | 00♓49 | 16 26 | 00 06 | 06 35 | 10 15 | 05 30 | 27 53 | 00 35 |
| 11 | 9:24:47 | 22 22 29 | 26 55 | 02♏51 | 26 28 | 02 04 | 16 02 | 00 13 | 06 36 | 10 12 | 05 30 | 27 54 | 00 32 |
| 12 | 9:28:43 | 23 23 10 | 08♏50 | 14 52 | 27 27 | 03 19 | 15 39 | 00 19 | 06 36 | 10 10 | 05 31 | 27 56 | 00 29 |
| 13 | 9:32:40 | 24 23 51 | 20 58 | 27 08 | 28 29 | 04 34 | 15 16 | 00 25 | 06 36 | 10 07 | 05 32 | 27 58 | 00 26 |
| 14 | 9:36:37 | 25 24 30 | 03♐23 | 09♐44 | 29 33 | 05 49 | 14 53 | 00 30 | 06 36R | 10 05 | 05 33 | 27 59 | 00 23 |
| 15 | 9:40:33 | 26 25 08 | 16 10 | 22 44 | 00♒39 | 07 04 | 14 31 | 00 36 | 06 36 | 10 02 | 05 34 | 28 01 | 00 19 |
| 16 | 9:44:30 | 27 25 46 | 29 25 | 06♑13 | 01 48 | 08 19 | 14 09 | 00 41 | 06 36 | 10 00 | 05 35 | 28 03 | 00 16 |
| 17 | 9:48:26 | 28 26 22 | 13♑08 | 20 11 | 02 58 | 09 34 | 13 47 | 00 47 | 06 35 | 09 57 | 05 37 | 28 05 | 00 13 |
| 18 | 9:52:23 | 29 26 56 | 27 21 | 04♒37 | 04 11 | 10 49 | 13 26 | 00 52 | 06 35 | 09 55 | 05 38 | 28 06 | 00 10 |
| 19 | 9:56:19 | 00♓27 29 | 12♒00 | 19 27 | 05 25 | 12 04 | 13 05 | 00 57 | 06 35 | 09 52 | 05 39 | 28 08 | 00 07 |
| 20 | 10:00:16 | 01 28 01 | 26 58 | 04♓31 | 06 41 | 13 19 | 12 45 | 01 02 | 06 34 | 09 50 | 05 40 | 28 10 | 00 03 |
| 21 | 10:04:12 | 02 28 31 | 12♓06 | 19 41 | 07 58 | 14 34 | 12 26 | 01 06 | 06 33 | 09 48 | 05 41 | 28 12 | 00 00 |
| 22 | 10:08:09 | 03 29 00 | 27 15 | 04♈46 | 09 17 | 15 49 | 12 07 | 01 11 | 06 33 | 09 45 | 05 42 | 28 13 | 29♈57 |
| 23 | 10:12:06 | 04 29 27 | 12♈13 | 19 37 | 10 37 | 17 04 | 11 48 | 01 15 | 06 32 | 09 43 | 05 44 | 28 15 | 29 54 |
| 24 | 10:16:02 | 05 29 52 | 26 55 | 04♉08 | 11 59 | 18 19 | 11 31 | 01 19 | 06 31 | 09 41 | 05 45 | 28 17 | 29 51 |
| 25 | 10:19:59 | 06 30 15 | 11♉15 | 18 17 | 13 22 | 19 34 | 11 14 | 01 23 | 06 30 | 09 38 | 05 46 | 28 18 | 29 48 |
| 26 | 10:23:55 | 07 30 36 | 25 12 | 02♊02 | 14 46 | 20 49 | 10 57 | 01 27 | 06 28 | 09 36 | 05 48 | 28 20 | 29 44 |
| 27 | 10:27:52 | 08 30 55 | 08♊46 | 15 25 | 16 12 | 22 04 | 10 42 | 01 30 | 06 27 | 09 34 | 05 49 | 28 22 | 29 41 |
| 28 | 10:31:48 | 09 31 12 | 21 59 | 28 29 | 17 38 | 23 18 | 10 27 | 01 34 | 06 26 | 09 32 | 05 50 | 28 24 | 29 38 |

## 0:00 E.T. — Longitudes of the Major Asteroids and Chiron

| D | ⚳ | ⚴ | ⚵ | ⚶ | ⚷ | D | ⚳ | ⚴ | ⚵ | ⚶ | ⚷ |
|---|---|---|---|---|---|---|---|---|---|---|---|
| 1 | 00♐56 | 23♎03 | 04♏07 | 06♊50 | 00♌38R | 15 | 05 02 | 23 32 | 05 09 | 08 18 | 29 42 |
| 2 | 01 15 | 23 08 | 04 14 | 06 53 | 00 34 | 16 | 05 18 | 23 30 | 05 11 | 08 27 | 29 38 |
| 3 | 01 33 | 23 13 | 04 20 | 06 58 | 00 30 | 17 | 05 34 | 23 28 | 05 12 | 08 36 | 29 35 |
| 4 | 01 52 | 23 17 | 04 26 | 07 02 | 00 26 | 18 | 05 49 | 23 25 | 05 13 | 08 46 | 29 31 |
| 5 | 02 10 | 23 21 | 04 31 | 07 07 | 00 21 | 19 | 06 05 | 23 22 | 05 14 | 08 56 | 29 28 |
| 6 | 02 28 | 23 24 | 04 36 | 07 13 | 00 17 | 20 | 06 20 | 23 18 | 05 15 | 09 06 | 29 24 |
| 7 | 02 46 | 23 27 | 04 41 | 07 18 | 00 13 | 21 | 06 35 | 23 14 | 05 15R | 09 17 | 29 21 |
| 8 | 03 04 | 23 29 | 04 46 | 07 25 | 00 09 | 22 | 06 49 | 23 10 | 05 15 | 09 28 | 29 17 |
| 9 | 03 21 | 23 31 | 04 50 | 07 31 | 00 05 | 23 | 07 04 | 23 04 | 05 14 | 09 39 | 29 14 |
| 10 | 03 38 | 23 32 | 04 54 | 07 38 | 00 01 | 24 | 07 18 | 22 59 | 05 13 | 09 50 | 29 11 |
| 11 | 03 56 | 23 33 | 04 58 | 07 45 | 29♋57 | 25 | 07 32 | 22 52 | 05 12 | 10 02 | 29 08 |
| 12 | 04 12 | 23 33 | 05 01 | 07 53 | 29 53 | 26 | 07 45 | 22 45 | 05 10 | 10 14 | 29 05 |
| 13 | 04 29 | 23 33R | 05 04 | 08 01 | 29 49 | 27 | 07 59 | 22 38 | 05 08 | 10 27 | 29 02 |
| 14 | 04 46 | 23 33 | 05 06 | 08 09 | 29 46 | 28 | 08 12 | 22 30 | 05 06 | 10 39 | 28 59 |

### Lunar Data

| D | Last Asp. | D | Ingress |
|---|---|---|---|
| 1 | 04:57 | 1 | ♋ 09:22 |
| 3 | 17:00 | 3 | ♌ 18:10 |
| 6 | 04:15 | 6 | ♍ 04:52 |
| 8 | 17:13 | 8 | ♎ 17:16 |
| 11 | 02:01 | 11 | ♏ 06:15 |
| 13 | 15:57 | 13 | ♐ 17:31 |
| 15 | 21:33 | 16 | ♑ 01:02 |
| 16 | 17:14 | 18 | ♒ 04:23 |
| 20 | 01:55 | 20 | ♓ 04:50 |
| 21 | 04:15 | 22 | ♈ 04:24 |
| 24 | 02:15 | 24 | ♉ 05:07 |
| 26 | 05:30 | 26 | ♊ 08:25 |
| 28 | 11:52 | 28 | ♋ 14:50 |

## 0:00 E.T. — Declinations

| D | ☉ | ☽ | ☿ | ♀ | ♂ | ♃ | ♄ | ♅ | ♆ | ♇ | ⚳ | ⚴ | ⚵ | ⚶ | ⚷ |
|---|---|---|---|---|---|---|---|---|---|---|---|---|---|---|---|
| 1 | -17 07 | +27 25 | -19 25 | -16 17 | +19 06 | -18 59 | -11 18 | +18 13 | +11 40 | -21 56 | -13 57 | -03 55 | -07 01 | +18 49 | +12 32 |
| 2 | 16 50 | 27 49 | 19 34 | 15 54 | 19 14 | 19 00 | 11 18 | 18 14 | 11 40 | 21 56 | 14 01 | 03 43 | 06 59 | 18 52 | 12 33 |
| 3 | 16 33 | 26 45 | 19 42 | 15 30 | 19 22 | 19 02 | 11 18 | 18 15 | 11 40 | 21 55 | 14 04 | 03 30 | 06 57 | 18 56 | 12 34 |
| 4 | 16 15 | 24 21 | 19 49 | 15 06 | 19 30 | 19 03 | 11 19 | 18 15 | 11 40 | 21 55 | 14 08 | 03 18 | 06 55 | 19 00 | 12 35 |
| 5 | 15 57 | 20 50 | 19 56 | 14 41 | 19 38 | 19 05 | 11 19 | 18 16 | 11 41 | 21 54 | 14 12 | 03 04 | 06 53 | 19 04 | 12 36 |
| 6 | 15 39 | 16 29 | 20 01 | 14 17 | 19 46 | 19 06 | 11 19 | 18 17 | 11 41 | 21 53 | 14 15 | 02 51 | 06 51 | 19 07 | 12 37 |
| 7 | 15 20 | 11 33 | 20 05 | 13 51 | 19 53 | 19 08 | 11 19 | 18 18 | 11 41 | 21 53 | 14 18 | 02 37 | 06 48 | 19 11 | 12 38 |
| 8 | 15 01 | 06 14 | 20 09 | 13 26 | 20 01 | 19 09 | 11 19 | 18 18 | 11 42 | 21 52 | 14 22 | 02 23 | 06 46 | 19 15 | 12 40 |
| 9 | 14 42 | 00 43 | 20 11 | 13 00 | 20 08 | 19 10 | 11 19 | 18 19 | 11 42 | 21 52 | 14 25 | 02 09 | 06 43 | 19 19 | 12 41 |
| 10 | 14 23 | -04 48 | 20 12 | 12 33 | 20 15 | 19 11 | 11 18 | 18 20 | 11 42 | 21 51 | 14 28 | 01 54 | 06 40 | 19 23 | 12 42 |
| 11 | 14 03 | 10 11 | 20 12 | 12 07 | 20 22 | 19 13 | 11 18 | 18 20 | 11 43 | 21 50 | 14 31 | 01 39 | 06 37 | 19 27 | 12 43 |
| 12 | 13 43 | 15 15 | 20 11 | 11 40 | 20 28 | 19 14 | 11 18 | 18 21 | 11 43 | 21 50 | 14 34 | 01 23 | 06 34 | 19 31 | 12 44 |
| 13 | 13 23 | 19 49 | 20 09 | 11 12 | 20 35 | 19 15 | 11 18 | 18 22 | 11 43 | 21 49 | 14 37 | 01 08 | 06 31 | 19 35 | 12 45 |
| 14 | 13 03 | 23 38 | 20 05 | 10 45 | 20 41 | 19 16 | 11 18 | 18 22 | 11 44 | 21 49 | 14 40 | 00 52 | 06 27 | 19 39 | 12 46 |
| 15 | 12 43 | 26 25 | 20 00 | 10 17 | 20 47 | 19 17 | 11 18 | 18 23 | 11 44 | 21 48 | 14 43 | 00 36 | 06 24 | 19 43 | 12 47 |
| 16 | 12 22 | 27 51 | 19 54 | 09 49 | 20 52 | 19 18 | 11 17 | 18 24 | 11 45 | 21 48 | 14 46 | 00 19 | 06 20 | 19 47 | 12 48 |
| 17 | 12 01 | 27 39 | 19 47 | 09 20 | 20 58 | 19 19 | 11 17 | 18 24 | 11 45 | 21 47 | 14 49 | 00 02 | 06 16 | 19 51 | 12 49 |
| 18 | 11 40 | 25 40 | 19 39 | 08 51 | 21 03 | 19 20 | 11 17 | 18 25 | 11 45 | 21 46 | 14 52 | +00 15 | 06 12 | 19 55 | 12 51 |
| 19 | 11 19 | 21 56 | 19 29 | 08 23 | 21 08 | 19 21 | 11 16 | 18 26 | 11 46 | 21 46 | 14 54 | 00 33 | 06 08 | 19 59 | 12 52 |
| 20 | 10 57 | 16 43 | 19 18 | 07 53 | 21 12 | 19 22 | 11 16 | 18 26 | 11 46 | 21 45 | 14 57 | 00 50 | 06 04 | 20 03 | 12 53 |
| 21 | 10 36 | 10 26 | 19 06 | 07 24 | 21 17 | 19 23 | 11 15 | 18 27 | 11 47 | 21 45 | 14 59 | 01 08 | 05 59 | 20 07 | 12 54 |
| 22 | 10 14 | 03 31 | 18 52 | 06 55 | 21 21 | 19 23 | 11 15 | 18 27 | 11 47 | 21 44 | 15 02 | 01 27 | 05 55 | 20 11 | 12 55 |
| 23 | 09 52 | +03 32 | 18 38 | 06 25 | 21 25 | 19 24 | 11 14 | 18 28 | 11 48 | 21 44 | 15 04 | 01 45 | 05 50 | 20 15 | 12 56 |
| 24 | 09 30 | 10 16 | 18 21 | 05 55 | 21 28 | 19 25 | 11 14 | 18 29 | 11 48 | 21 43 | 15 07 | 02 04 | 05 46 | 20 20 | 12 57 |
| 25 | 09 07 | 16 18 | 18 04 | 05 25 | 21 31 | 19 25 | 11 13 | 18 29 | 11 49 | 21 43 | 15 09 | 02 23 | 05 41 | 20 24 | 12 58 |
| 26 | 08 45 | 21 20 | 17 46 | 04 55 | 21 34 | 19 26 | 11 13 | 18 30 | 11 49 | 21 42 | 15 11 | 02 43 | 05 36 | 20 28 | 12 59 |
| 27 | 08 23 | 25 04 | 17 26 | 04 24 | 21 37 | 19 27 | 11 12 | 18 31 | 11 50 | 21 42 | 15 13 | 03 02 | 05 31 | 20 32 | 13 00 |
| 28 | 08 00 | 27 20 | 17 05 | 03 54 | 21 39 | 19 27 | 11 11 | 18 31 | 11 50 | 21 41 | 15 15 | 03 22 | 05 25 | 20 36 | 13 01 |

Lunar Phases -- 5 ○ 01:59　13 ◑ 07:18　20 ● 07:40　26 ◐ 23:31　Sun enters ♓ 2/18 13:06

## 0:00 E.T. Longitudes of Main Planets - March 2042

| D | S.T. | ☉ | ☽ | ☽ 12:00 | ☿ | ♀ | ♂ | ♃ | ♄ | ♅ | ♆ | ♇ | ☊ |
|---|---|---|---|---|---|---|---|---|---|---|---|---|---|
| 1 | 10:35:45 | 10♓31 28 | 04♋54 | 11♋15 | 19♒06 | 24♓33 | 10♌13℞ | 01♐37 | 06♏24℞ | 09♌30℞ | 05♉52 | 28♒25 | 29♈35 |
| 2 | 10:39:41 | 11 31 41 | 17 33 | 23 48 | 20 35 | 25 48 | 09 59 | 01 40 | 06 23 | 09 27 | 05 53 | 28 27 | 29 32 |
| 3 | 10:43:38 | 12 31 52 | 29 59 | 06♌08 | 22 05 | 27 03 | 09 47 | 01 43 | 06 21 | 09 25 | 05 55 | 28 29 | 29 29 |
| 4 | 10:47:35 | 13 32 01 | 12♌15 | 18 19 | 23 37 | 28 17 | 09 35 | 01 46 | 06 19 | 09 23 | 05 56 | 28 30 | 29 25 |
| 5 | 10:51:31 | 14 32 08 | 24 22 | 00♍23 | 25 09 | 29 32 | 09 24 | 01 48 | 06 17 | 09 21 | 05 58 | 28 32 | 29 22 |
| 6 | 10:55:28 | 15 32 14 | 06♍22 | 12 19 | 26 42 | 00♈47 | 09 14 | 01 50 | 06 15 | 09 19 | 05 59 | 28 34 | 29 19 |
| 7 | 10:59:24 | 16 32 17 | 18 16 | 24 12 | 28 17 | 02 01 | 09 04 | 01 53 | 06 13 | 09 17 | 06 01 | 28 35 | 29 16 |
| 8 | 11:03:21 | 17 32 18 | 00♎06 | 06♎00 | 29 53 | 03 16 | 08 55 | 01 55 | 06 11 | 09 16 | 06 03 | 28 37 | 29 13 |
| 9 | 11:07:17 | 18 32 18 | 11 54 | 17 48 | 01♓30 | 04 30 | 08 47 | 01 56 | 06 09 | 09 14 | 06 04 | 28 39 | 29 09 |
| 10 | 11:11:14 | 19 32 16 | 23 43 | 29 38 | 03 07 | 05 45 | 08 40 | 01 58 | 06 06 | 09 12 | 06 06 | 28 40 | 29 06 |
| 11 | 11:15:10 | 20 32 12 | 05♏34 | 11♏33 | 04 47 | 06 59 | 08 34 | 01 59 | 06 04 | 09 10 | 06 08 | 28 42 | 29 03 |
| 12 | 11:19:07 | 21 32 07 | 17 33 | 23 36 | 06 27 | 08 14 | 08 28 | 02 01 | 06 01 | 09 08 | 06 09 | 28 43 | 29 00 |
| 13 | 11:23:04 | 22 31 59 | 29 42 | 05♐52 | 08 08 | 09 28 | 08 24 | 02 02 | 05 59 | 09 07 | 06 11 | 28 45 | 28 57 |
| 14 | 11:27:00 | 23 31 51 | 12♐06 | 18 26 | 09 51 | 10 43 | 08 20 | 02 03 | 05 56 | 09 05 | 06 13 | 28 47 | 28 54 |
| 15 | 11:30:57 | 24 31 40 | 24 50 | 01♑21 | 11 34 | 11 57 | 08 16 | 02 03 | 05 53 | 09 03 | 06 15 | 28 48 | 28 50 |
| 16 | 11:34:53 | 25 31 28 | 07♑58 | 14 42 | 13 19 | 13 11 | 08 14 | 02 04 | 05 51 | 09 02 | 06 16 | 28 50 | 28 47 |
| 17 | 11:38:50 | 26 31 14 | 21 33 | 28 32 | 15 05 | 14 26 | 08 12 | 02 04 | 05 48 | 09 00 | 06 18 | 28 51 | 28 44 |
| 18 | 11:42:46 | 27 30 59 | 05♒37 | 12♒49 | 16 53 | 15 40 | 08 11 | 02 04 | 05 45 | 08 59 | 06 20 | 28 53 | 28 41 |
| 19 | 11:46:43 | 28 30 42 | 20 07 | 27 32 | 18 41 | 16 54 | 08 11D | 02 04℞ | 05 41 | 08 57 | 06 22 | 28 54 | 28 38 |
| 20 | 11:50:39 | 29 30 22 | 05♓01 | 12♓34 | 20 31 | 18 09 | 08 11 | 02 04 | 05 38 | 08 56 | 06 24 | 28 56 | 28 35 |
| 21 | 11:54:36 | 00♈30 01 | 20 10 | 27 47 | 22 22 | 19 23 | 08 13 | 02 03 | 05 35 | 08 54 | 06 26 | 28 58 | 28 31 |
| 22 | 11:58:33 | 01 29 38 | 05♈25 | 13♈01 | 24 14 | 20 37 | 08 15 | 02 03 | 05 32 | 08 53 | 06 28 | 28 59 | 28 28 |
| 23 | 12:02:29 | 02 29 13 | 20 35 | 28 06 | 26 08 | 21 51 | 08 17 | 02 02 | 05 28 | 08 52 | 06 30 | 29 01 | 28 25 |
| 24 | 12:06:26 | 03 28 46 | 05♉32 | 12♉54 | 28 02 | 23 05 | 08 21 | 02 01 | 05 25 | 08 51 | 06 32 | 29 02 | 28 22 |
| 25 | 12:10:22 | 04 28 17 | 20 09 | 27 18 | 29 58 | 24 19 | 08 25 | 02 00 | 05 21 | 08 50 | 06 33 | 29 03 | 28 19 |
| 26 | 12:14:19 | 05 27 46 | 04♊20 | 11♊16 | 01♈55 | 25 33 | 08 29 | 01 58 | 05 18 | 08 48 | 06 35 | 29 05 | 28 15 |
| 27 | 12:18:15 | 06 27 12 | 18 06 | 24 48 | 03 54 | 26 47 | 08 35 | 01 57 | 05 14 | 08 47 | 06 37 | 29 06 | 28 12 |
| 28 | 12:22:12 | 07 26 36 | 01♋25 | 07♋56 | 05 53 | 28 01 | 08 41 | 01 55 | 05 10 | 08 46 | 06 39 | 29 08 | 28 09 |
| 29 | 12:26:08 | 08 25 58 | 14 21 | 20 42 | 07 53 | 29 15 | 08 47 | 01 53 | 05 07 | 08 45 | 06 42 | 29 09 | 28 06 |
| 30 | 12:30:05 | 09 25 17 | 26 57 | 03♌09 | 09 54 | 00♉29 | 08 55 | 01 51 | 05 03 | 08 44 | 06 44 | 29 11 | 28 03 |
| 31 | 12:34:02 | 10 24 34 | 09♌17 | 15 23 | 11 57 | 01 43 | 09 03 | 01 49 | 04 59 | 08 44 | 06 46 | 29 12 | 28 00 |

## 0:00 E.T. Longitudes of the Major Asteroids and Chiron

| D | ⚳ | ⚴ | ⚵ | ⚶ | ⚷ |
|---|---|---|---|---|---|
| 1 | 08♐25 | 22♎22℞ | 05♏03℞ | 10♊52 | 28♋56℞ |
| 2 | 08 37 | 22 13 | 05 00 | 11 06 | 28 53 |
| 3 | 08 49 | 22 04 | 04 57 | 11 19 | 28 51 |
| 4 | 09 01 | 21 54 | 04 53 | 11 33 | 28 48 |
| 5 | 09 13 | 21 44 | 04 49 | 11 47 | 28 46 |
| 6 | 09 25 | 21 33 | 04 44 | 12 01 | 28 43 |
| 7 | 09 36 | 21 22 | 04 39 | 12 15 | 28 41 |
| 8 | 09 47 | 21 10 | 04 34 | 12 30 | 28 39 |
| 9 | 09 57 | 20 58 | 04 28 | 12 45 | 28 37 |
| 10 | 10 07 | 20 45 | 04 23 | 13 00 | 28 35 |
| 11 | 10 17 | 20 32 | 04 16 | 13 16 | 28 33 |
| 12 | 10 27 | 20 18 | 04 10 | 13 31 | 28 31 |
| 13 | 10 36 | 20 04 | 04 03 | 13 47 | 28 29 |
| 14 | 10 45 | 19 50 | 03 55 | 14 03 | 28 27 |
| 15 | 10 54 | 19 35 | 03 48 | 14 20 | 28 26 |
| 16 | 11 02 | 19 20 | 03 40 | 14 36 | 28 24 |
| 17 | 11 10 | 19 05 | 03 31 | 14 53 | 28 23 |
| 18 | 11 18 | 18 49 | 03 23 | 15 10 | 28 22 |
| 19 | 11 25 | 18 32 | 03 14 | 15 27 | 28 20 |
| 20 | 11 32 | 18 16 | 03 05 | 15 44 | 28 19 |
| 21 | 11 39 | 17 59 | 02 55 | 16 02 | 28 18 |
| 22 | 11 45 | 17 42 | 02 45 | 16 19 | 28 17 |
| 23 | 11 51 | 17 24 | 02 35 | 16 37 | 28 17 |
| 24 | 11 57 | 17 07 | 02 25 | 16 55 | 28 16 |
| 25 | 12 02 | 16 49 | 02 14 | 17 14 | 28 15 |
| 26 | 12 07 | 16 31 | 02 03 | 17 32 | 28 15 |
| 27 | 12 12 | 16 13 | 01 52 | 17 51 | 28 14 |
| 28 | 12 16 | 15 54 | 01 40 | 18 09 | 28 14 |
| 29 | 12 19 | 15 36 | 01 28 | 18 28 | 28 14 |
| 30 | 12 23 | 15 17 | 01 17 | 18 47 | 28 14 |
| 31 | 12 26 | 14 58 | 01 04 | 19 07 | 28 14D |

## Lunar Data

| Last Asp. | | Ingress | | |
|---|---|---|---|---|
| 2 | 17:39 | 3 | ♌ | 00:02 |
| 5 | 08:20 | 5 | ♍ | 11:15 |
| 6 | 20:11 | 7 | ♎ | 23:47 |
| 10 | 10:04 | 10 | ♏ | 12:44 |
| 12 | 22:08 | 13 | ♐ | 00:35 |
| 15 | 07:20 | 15 | ♑ | 09:31 |
| 17 | 09:13 | 17 | ♒ | 14:31 |
| 19 | 14:15 | 19 | ♓ | 15:58 |
| 21 | 03:57 | 21 | ♈ | 15:29 |
| 23 | 13:29 | 23 | ♉ | 15:03 |
| 25 | 15:00 | 25 | ♊ | 16:35 |
| 27 | 19:49 | 27 | ♋ | 21:25 |
| 28 | 12:01 | 30 | ♌ | 05:53 |

## 0:00 E.T. Declinations

| D | ☉ | ☽ | ☿ | ♀ | ♂ | ♃ | ♄ | ♅ | ♆ | ♇ | ⚳ | ⚴ | ⚵ | ⚶ | ⚷ |
|---|---|---|---|---|---|---|---|---|---|---|---|---|---|---|---|
| 1 | -07 37 | +28 04 | -16 42 | -03 23 | +21 41 | -19 28 | -11 11 | +18 32 | +11 51 | -21 40 | -15 17 | +03 42 | -05 20 | +20 40 | +13 02 |
| 2 | 07 14 | 27 17 | 16 18 | 02 53 | 21 43 | 19 28 | 11 10 | 18 32 | 11 51 | 21 40 | 15 19 | 04 02 | 05 14 | 20 44 | 13 04 |
| 3 | 06 51 | 25 10 | 15 53 | 02 22 | 21 45 | 19 29 | 11 09 | 18 33 | 11 52 | 21 39 | 15 21 | 04 23 | 05 09 | 20 48 | 13 05 |
| 4 | 06 28 | 21 53 | 15 27 | 01 51 | 21 46 | 19 29 | 11 08 | 18 33 | 11 52 | 21 39 | 15 23 | 04 43 | 05 03 | 20 53 | 13 06 |
| 5 | 06 05 | 17 44 | 15 00 | 01 20 | 21 47 | 19 30 | 11 08 | 18 34 | 11 53 | 21 38 | 15 25 | 05 04 | 04 57 | 20 57 | 13 07 |
| 6 | 05 42 | 12 54 | 14 31 | 00 50 | 21 48 | 19 30 | 11 07 | 18 34 | 11 53 | 21 38 | 15 27 | 05 25 | 04 51 | 21 01 | 13 08 |
| 7 | 05 19 | 07 39 | 14 01 | 00 19 | 21 48 | 19 30 | 11 06 | 18 35 | 11 54 | 21 38 | 15 29 | 05 46 | 04 45 | 21 05 | 13 09 |
| 8 | 04 55 | 02 08 | 13 30 | +00 12 | 21 48 | 19 30 | 11 05 | 18 35 | 11 54 | 21 37 | 15 31 | 06 07 | 04 39 | 21 09 | 13 10 |
| 9 | 04 32 | -03 26 | 12 57 | 00 43 | 21 48 | 19 31 | 11 04 | 18 36 | 11 55 | 21 37 | 15 32 | 06 29 | 04 33 | 21 13 | 13 11 |
| 10 | 04 08 | 08 54 | 12 23 | 01 14 | 21 48 | 19 31 | 11 03 | 18 36 | 11 56 | 21 36 | 15 34 | 06 50 | 04 26 | 21 17 | 13 12 |
| 11 | 03 45 | 14 05 | 11 48 | 01 45 | 21 48 | 19 31 | 11 02 | 18 37 | 11 56 | 21 36 | 15 36 | 07 12 | 04 20 | 21 21 | 13 13 |
| 12 | 03 21 | 18 48 | 11 12 | 02 16 | 21 47 | 19 31 | 11 01 | 18 37 | 11 57 | 21 35 | 15 37 | 07 33 | 04 13 | 21 25 | 13 14 |
| 13 | 02 58 | 22 49 | 10 34 | 02 47 | 21 46 | 19 31 | 11 00 | 18 38 | 11 57 | 21 35 | 15 39 | 07 55 | 04 07 | 21 29 | 13 15 |
| 14 | 02 34 | 25 53 | 09 56 | 03 18 | 21 45 | 19 31 | 10 59 | 18 38 | 11 58 | 21 34 | 15 40 | 08 17 | 04 00 | 21 33 | 13 16 |
| 15 | 02 10 | 27 44 | 09 16 | 03 48 | 21 44 | 19 31 | 10 58 | 18 38 | 11 59 | 21 34 | 15 42 | 08 39 | 03 53 | 21 37 | 13 16 |
| 16 | 01 47 | 28 07 | 08 35 | 04 19 | 21 42 | 19 31 | 10 57 | 18 39 | 11 59 | 21 34 | 15 43 | 09 01 | 03 46 | 21 40 | 13 17 |
| 17 | 01 23 | 26 50 | 07 52 | 04 50 | 21 41 | 19 31 | 10 56 | 18 39 | 12 00 | 21 33 | 15 45 | 09 22 | 03 39 | 21 44 | 13 18 |
| 18 | 00 59 | 23 52 | 07 09 | 05 20 | 21 39 | 19 31 | 10 54 | 18 40 | 12 01 | 21 33 | 15 46 | 09 44 | 03 32 | 21 48 | 13 19 |
| 19 | 00 36 | 19 20 | 06 24 | 05 50 | 21 37 | 19 31 | 10 53 | 18 40 | 12 01 | 21 32 | 15 47 | 10 06 | 03 25 | 21 52 | 13 20 |
| 20 | 00 12 | 13 31 | 05 38 | 06 21 | 21 34 | 19 31 | 10 52 | 18 40 | 12 02 | 21 32 | 15 49 | 10 28 | 03 18 | 21 56 | 13 21 |
| 21 | +00 12 | 06 47 | 04 51 | 06 51 | 21 32 | 19 31 | 10 51 | 18 41 | 12 03 | 21 32 | 15 50 | 10 49 | 03 10 | 21 59 | 13 22 |
| 22 | 00 36 | +00 22 | 04 03 | 07 21 | 21 29 | 19 30 | 10 50 | 18 41 | 12 03 | 21 31 | 15 51 | 11 11 | 03 03 | 22 03 | 13 23 |
| 23 | 00 59 | 07 30 | 03 14 | 07 50 | 21 26 | 19 30 | 10 48 | 18 41 | 12 04 | 21 31 | 15 52 | 11 32 | 02 55 | 22 07 | 13 23 |
| 24 | 01 23 | 14 06 | 02 24 | 08 20 | 21 23 | 19 30 | 10 47 | 18 42 | 12 04 | 21 31 | 15 54 | 11 54 | 02 48 | 22 10 | 13 24 |
| 25 | 01 47 | 19 46 | 01 33 | 08 49 | 21 20 | 19 30 | 10 46 | 18 42 | 12 05 | 21 30 | 15 55 | 12 15 | 02 40 | 22 14 | 13 25 |
| 26 | 02 10 | 24 09 | 00 41 | 09 18 | 21 16 | 19 29 | 10 44 | 18 42 | 12 06 | 21 30 | 15 56 | 12 36 | 02 33 | 22 17 | 13 26 |
| 27 | 02 34 | 26 59 | +00 12 | 09 47 | 21 13 | 19 29 | 10 43 | 18 42 | 12 07 | 21 30 | 15 57 | 12 57 | 02 25 | 22 21 | 13 27 |
| 28 | 02 57 | 28 10 | 01 06 | 10 16 | 21 09 | 19 28 | 10 42 | 18 43 | 12 07 | 21 29 | 15 58 | 13 17 | 02 18 | 22 24 | 13 27 |
| 29 | 03 21 | 27 46 | 02 00 | 10 45 | 21 05 | 19 28 | 10 40 | 18 43 | 12 08 | 21 29 | 15 59 | 13 38 | 02 10 | 22 28 | 13 28 |
| 30 | 03 44 | 25 55 | 02 55 | 11 13 | 21 01 | 19 27 | 10 39 | 18 43 | 12 09 | 21 29 | 16 00 | 13 58 | 02 02 | 22 31 | 13 29 |
| 31 | 04 07 | 22 53 | 03 51 | 11 41 | 20 57 | 19 27 | 10 37 | 18 43 | 12 09 | 21 28 | 16 01 | 14 18 | 01 55 | 22 34 | 13 29 |

Lunar Phases -- 6 ○ 20:11 14 ◑ 23:23 21 ● 17:24 28 ◐ 12:01 Sun enters ♈ 3/20 11:55

## Apr. 42 — Longitudes of Main Planets - April 2042 — 0:00 E.T.

| D | S.T. | ☉ | ☽ | ☽ 12:00 | ☿ | ♀ | ♂ | ♃ | ♄ | ♅ | ♆ | ♇ | ☊ |
|---|---|---|---|---|---|---|---|---|---|---|---|---|---|
| 1 | 12:37:58 | 11♈23 49 | 21♌25 | 27♌25 | 13♈59 | 02♉57 | 09♌11 | 01♐46R | 04♏55R | 08♌43R | 06♉48 | 29♒13 | 27♈56 |
| 2 | 12:41:55 | 12 23 01 | 03♍23 | 09♍20 | 16 03 | 04 11 | 09 20 | 01 43 | 04 51 | 08 42 | 06 50 | 29 15 | 27 53 |
| 3 | 12:45:51 | 13 22 11 | 15 16 | 21 11 | 18 06 | 05 24 | 09 30 | 01 41 | 04 47 | 08 41 | 06 52 | 29 16 | 27 50 |
| 4 | 12:49:48 | 14 21 19 | 27 05 | 02♎59 | 20 10 | 06 38 | 09 40 | 01 38 | 04 43 | 08 41 | 06 54 | 29 17 | 27 47 |
| 5 | 12:53:44 | 15 20 25 | 08♎53 | 14 48 | 22 14 | 07 52 | 09 51 | 01 34 | 04 39 | 08 40 | 06 56 | 29 19 | 27 44 |
| 6 | 12:57:41 | 16 19 29 | 20 43 | 26 39 | 24 17 | 09 05 | 10 03 | 01 31 | 04 34 | 08 40 | 06 58 | 29 20 | 27 41 |
| 7 | 13:01:37 | 17 18 31 | 02♏36 | 08♏35 | 26 20 | 10 19 | 10 15 | 01 27 | 04 30 | 08 39 | 07 00 | 29 21 | 27 37 |
| 8 | 13:05:34 | 18 17 31 | 14 35 | 20 38 | 28 22 | 11 32 | 10 27 | 01 24 | 04 26 | 08 39 | 07 03 | 29 22 | 27 34 |
| 9 | 13:09:31 | 19 16 29 | 26 42 | 02♐50 | 00♉22 | 12 46 | 10 40 | 01 20 | 04 22 | 08 38 | 07 05 | 29 24 | 27 31 |
| 10 | 13:13:27 | 20 15 25 | 09♐00 | 15 14 | 02 20 | 13 59 | 10 53 | 01 16 | 04 17 | 08 38 | 07 07 | 29 25 | 27 28 |
| 11 | 13:17:24 | 21 14 20 | 21 31 | 27 53 | 04 17 | 15 13 | 11 07 | 01 12 | 04 13 | 08 38 | 07 09 | 29 26 | 27 25 |
| 12 | 13:21:20 | 22 13 12 | 04♑19 | 10♑50 | 06 11 | 16 26 | 11 22 | 01 07 | 04 08 | 08 37 | 07 11 | 29 27 | 27 21 |
| 13 | 13:25:17 | 23 12 03 | 17 26 | 24 07 | 08 02 | 17 39 | 11 37 | 01 03 | 04 04 | 08 37 | 07 13 | 29 28 | 27 18 |
| 14 | 13:29:13 | 24 10 53 | 00♒55 | 07♒48 | 09 50 | 18 53 | 11 52 | 00 58 | 04 00 | 08 37 | 07 16 | 29 29 | 27 15 |
| 15 | 13:33:10 | 25 09 40 | 14 47 | 21 52 | 11 34 | 20 06 | 12 08 | 00 53 | 03 55 | 08 37 | 07 18 | 29 31 | 27 12 |
| 16 | 13:37:06 | 26 08 26 | 29 02 | 06♓18 | 13 15 | 21 19 | 12 24 | 00 48 | 03 51 | 08 37D | 07 20 | 29 32 | 27 09 |
| 17 | 13:41:03 | 27 07 10 | 13♓39 | 21 04 | 14 52 | 22 32 | 12 41 | 00 43 | 03 46 | 08 37 | 07 22 | 29 33 | 27 06 |
| 18 | 13:44:59 | 28 05 53 | 28 33 | 06♈04 | 16 25 | 23 46 | 12 58 | 00 38 | 03 41 | 08 37 | 07 25 | 29 34 | 27 02 |
| 19 | 13:48:56 | 29 04 33 | 13♈36 | 21 09 | 17 53 | 24 59 | 13 15 | 00 32 | 03 37 | 08 37 | 07 27 | 29 35 | 26 59 |
| 20 | 13:52:53 | 00♉03 12 | 28 41 | 06♉11 | 19 17 | 26 12 | 13 33 | 00 27 | 03 32 | 08 37 | 07 29 | 29 36 | 26 56 |
| 21 | 13:56:49 | 01 01 49 | 13♉38 | 21 02 | 20 35 | 27 25 | 13 52 | 00 21 | 03 28 | 08 38 | 07 31 | 29 37 | 26 53 |
| 22 | 14:00:46 | 02 00 24 | 28 20 | 05♊34 | 21 49 | 28 38 | 14 10 | 00 15 | 03 23 | 08 38 | 07 34 | 29 38 | 26 50 |
| 23 | 14:04:42 | 02 58 57 | 12♊41 | 19 41 | 22 58 | 29 51 | 14 30 | 00 09 | 03 19 | 08 38 | 07 36 | 29 39 | 26 46 |
| 24 | 14:08:39 | 03 57 28 | 26 36 | 03♋23 | 24 02 | 01♊03 | 14 49 | 00 03 | 03 14 | 08 39 | 07 38 | 29 39 | 26 43 |
| 25 | 14:12:35 | 04 55 57 | 10♋04 | 16 38 | 25 00 | 02 16 | 15 09 | 29♏57 | 03 10 | 08 39 | 07 40 | 29 40 | 26 40 |
| 26 | 14:16:32 | 05 54 23 | 23 06 | 29 28 | 25 54 | 03 29 | 15 29 | 29 51 | 03 05 | 08 40 | 07 43 | 29 41 | 26 37 |
| 27 | 14:20:28 | 06 52 48 | 05♌46 | 11♌58 | 26 41 | 04 42 | 15 50 | 29 44 | 03 00 | 08 40 | 07 45 | 29 42 | 26 34 |
| 28 | 14:24:25 | 07 51 10 | 18 06 | 24 10 | 27 24 | 05 54 | 16 11 | 29 38 | 02 56 | 08 41 | 07 47 | 29 43 | 26 31 |
| 29 | 14:28:22 | 08 49 31 | 00♍11 | 06♍10 | 28 00 | 07 07 | 16 32 | 29 31 | 02 51 | 08 42 | 07 49 | 29 44 | 26 27 |
| 30 | 14:32:18 | 09 47 49 | 12 07 | 18 02 | 28 32 | 08 20 | 16 54 | 29 24 | 02 47 | 08 42 | 07 52 | 29 44 | 26 24 |

## 0:00 E.T. — Longitudes of the Major Asteroids and Chiron

| D | ⚳ | ⚴ | ⚵ | ⚶ | ⚷ | D | ⚳ | ⚴ | ⚵ | ⚶ | ⚷ |
|---|---|---|---|---|---|---|---|---|---|---|---|
| 1 | 12♐28 | 14♎40R | 00♏52R | 19♊26 | 28♋14 | 16 | 12 21 | 10 05 | 27 31 | 24 34 | 28 27 |
| 2 | 12 31 | 14 21 | 00 40 | 19 46 | 28 14 | 17 | 12 17 | 09 49 | 27 17 | 24 55 | 28 28 |
| 3 | 12 33 | 14 02 | 00 27 | 20 05 | 28 14 | 18 | 12 13 | 09 32 | 27 03 | 25 17 | 28 30 |
| 4 | 12 34 | 13 43 | 00 14 | 20 25 | 28 15 | 19 | 12 09 | 09 16 | 26 49 | 25 39 | 28 32 |
| 5 | 12 35 | 13 24 | 00 01 | 20 45 | 28 15 | 20 | 12 04 | 09 00 | 26 35 | 26 01 | 28 34 |
| 6 | 12 36 | 13 05 | 29♎48 | 21 05 | 28 16 | 21 | 11 59 | 08 44 | 26 21 | 26 23 | 28 36 |
| 7 | 12 36 | 12 47 | 29 35 | 21 25 | 28 16 | 22 | 11 53 | 08 29 | 26 08 | 26 45 | 28 38 |
| 8 | 12 36R | 12 28 | 29 21 | 21 46 | 28 17 | 23 | 11 47 | 08 14 | 25 54 | 27 07 | 28 40 |
| 9 | 12 36 | 12 10 | 29 08 | 22 06 | 28 18 | 24 | 11 41 | 08 00 | 25 40 | 27 29 | 28 43 |
| 10 | 12 35 | 11 51 | 28 54 | 22 27 | 28 19 | 25 | 11 34 | 07 46 | 25 27 | 27 52 | 28 45 |
| 11 | 12 33 | 11 33 | 28 40 | 22 48 | 28 20 | 26 | 11 27 | 07 33 | 25 13 | 28 14 | 28 48 |
| 12 | 12 32 | 11 15 | 28 26 | 23 09 | 28 21 | 27 | 11 20 | 07 19 | 25 00 | 28 37 | 28 50 |
| 13 | 12 30 | 10 57 | 28 13 | 23 30 | 28 22 | 28 | 11 12 | 07 07 | 24 47 | 29 00 | 28 53 |
| 14 | 12 27 | 10 40 | 27 59 | 23 51 | 28 24 | 29 | 11 04 | 06 54 | 24 34 | 29 23 | 28 56 |
| 15 | 12 24 | 10 22 | 27 45 | 24 12 | 28 25 | 30 | 10 55 | 06 43 | 24 21 | 29 45 | 28 59 |

### Lunar Data

| Last Asp. | | Ingress | | |
|---|---|---|---|---|
| 1 | 15:39 | 1 | ♍ | 17:11 |
| 2 | 06:58 | 4 | ♎ | 05:56 |
| 6 | 17:26 | 6 | ♏ | 18:45 |
| 9 | 05:17 | 9 | ♐ | 06:28 |
| 11 | 14:56 | 11 | ♑ | 15:58 |
| 13 | 11:10 | 13 | ♒ | 22:24 |
| 16 | 00:49 | 16 | ♓ | 01:36 |
| 17 | 15:39 | 18 | ♈ | 02:20 |
| 20 | 01:28 | 20 | ♉ | 02:06 |
| 22 | 02:08 | 22 | ♊ | 02:45 |
| 24 | 05:24 | 24 | ♋ | 05:60 |
| 26 | 12:36 | 26 | ♌ | 13:00 |
| 28 | 23:05 | 28 | ♍ | 23:37 |

## 0:00 E.T. — Declinations

| D | ☉ | ☽ | ☿ | ♀ | ♂ | ♃ | ♄ | ♅ | ♆ | ♇ | ⚳ | ⚴ | ⚵ | ⚶ | ⚷ |
|---|---|---|---|---|---|---|---|---|---|---|---|---|---|---|---|
| 1 | +04 30 | +18 54 | +04 47 | +12 09 | +20 53 | -19 26 | -10 36 | +18 43 | +12 10 | -21 28 | -16 02 | +14 38 | -01 47 | +22 38 | +13 30 |
| 2 | 04 54 | 14 13 | 05 43 | 12 36 | 20 48 | 19 26 | 10 35 | 18 44 | 12 11 | 21 28 | 16 04 | 14 57 | 01 39 | 22 41 | 13 31 |
| 3 | 05 17 | 09 02 | 06 40 | 13 03 | 20 43 | 19 25 | 10 33 | 18 44 | 12 11 | 21 27 | 16 05 | 15 16 | 01 31 | 22 44 | 13 31 |
| 4 | 05 40 | 03 34 | 07 36 | 13 30 | 20 39 | 19 24 | 10 32 | 18 44 | 12 12 | 21 27 | 16 06 | 15 35 | 01 24 | 22 47 | 13 32 |
| 5 | 06 02 | -02 01 | 08 32 | 13 57 | 20 34 | 19 23 | 10 30 | 18 44 | 12 13 | 21 27 | 16 07 | 15 54 | 01 16 | 22 50 | 13 33 |
| 6 | 06 25 | 07 34 | 09 28 | 14 23 | 20 29 | 19 23 | 10 29 | 18 44 | 12 14 | 21 27 | 16 07 | 16 12 | 01 08 | 22 53 | 13 33 |
| 7 | 06 48 | 12 52 | 10 23 | 14 49 | 20 23 | 19 22 | 10 27 | 18 44 | 12 14 | 21 27 | 16 08 | 16 30 | 01 01 | 22 56 | 13 34 |
| 8 | 07 10 | 17 45 | 11 17 | 15 14 | 20 18 | 19 21 | 10 26 | 18 44 | 12 15 | 21 26 | 16 09 | 16 47 | 00 53 | 22 59 | 13 34 |
| 9 | 07 33 | 21 59 | 12 10 | 15 39 | 20 13 | 19 20 | 10 24 | 18 44 | 12 16 | 21 26 | 16 10 | 17 04 | 00 46 | 23 02 | 13 35 |
| 10 | 07 55 | 25 18 | 13 02 | 16 04 | 20 07 | 19 19 | 10 23 | 18 44 | 12 16 | 21 26 | 16 11 | 17 21 | 00 38 | 23 05 | 13 35 |
| 11 | 08 17 | 27 29 | 13 53 | 16 28 | 20 01 | 19 18 | 10 21 | 18 45 | 12 17 | 21 26 | 16 12 | 17 38 | 00 31 | 23 07 | 13 36 |
| 12 | 08 39 | 28 15 | 14 41 | 16 52 | 19 55 | 19 17 | 10 20 | 18 45 | 12 18 | 21 26 | 16 13 | 17 54 | 00 23 | 23 10 | 13 36 |
| 13 | 09 01 | 27 29 | 15 28 | 17 15 | 19 49 | 19 16 | 10 18 | 18 45 | 12 19 | 21 25 | 16 14 | 18 09 | 00 16 | 23 13 | 13 37 |
| 14 | 09 23 | 25 06 | 16 13 | 17 38 | 19 43 | 19 15 | 10 17 | 18 45 | 12 19 | 21 25 | 16 15 | 18 25 | 00 09 | 23 15 | 13 37 |
| 15 | 09 44 | 21 13 | 16 55 | 18 01 | 19 37 | 19 14 | 10 15 | 18 45 | 12 20 | 21 25 | 16 16 | 18 40 | 00 02 | 23 18 | 13 38 |
| 16 | 10 06 | 16 01 | 17 36 | 18 23 | 19 30 | 19 13 | 10 14 | 18 45 | 12 21 | 21 25 | 16 17 | 18 54 | +00 06 | 23 20 | 13 38 |
| 17 | 10 27 | 09 47 | 18 13 | 18 45 | 19 24 | 19 12 | 10 12 | 18 45 | 12 22 | 21 25 | 16 18 | 19 08 | 00 13 | 23 23 | 13 38 |
| 18 | 10 48 | 02 54 | 18 49 | 19 06 | 19 17 | 19 11 | 10 10 | 18 44 | 12 22 | 21 25 | 16 19 | 19 22 | 00 20 | 23 25 | 13 39 |
| 19 | 11 09 | +04 14 | 19 21 | 19 26 | 19 10 | 19 10 | 10 09 | 18 44 | 12 23 | 21 25 | 16 19 | 19 35 | 00 26 | 23 27 | 13 39 |
| 20 | 11 29 | 11 09 | 19 51 | 19 46 | 19 03 | 19 09 | 10 07 | 18 44 | 12 24 | 21 24 | 16 20 | 19 48 | 00 33 | 23 29 | 13 39 |
| 21 | 11 50 | 17 23 | 20 19 | 20 06 | 18 56 | 19 08 | 10 06 | 18 44 | 12 24 | 21 24 | 16 21 | 20 00 | 00 40 | 23 31 | 13 40 |
| 22 | 12 10 | 22 29 | 20 43 | 20 25 | 18 49 | 19 06 | 10 04 | 18 44 | 12 25 | 21 24 | 16 22 | 20 12 | 00 46 | 23 33 | 13 40 |
| 23 | 12 30 | 26 05 | 21 05 | 20 44 | 18 42 | 19 05 | 10 03 | 18 44 | 12 26 | 21 24 | 16 23 | 20 23 | 00 53 | 23 35 | 13 40 |
| 24 | 12 50 | 27 58 | 21 25 | 21 02 | 18 34 | 19 04 | 10 01 | 18 44 | 12 27 | 21 24 | 16 24 | 20 34 | 00 59 | 23 37 | 13 40 |
| 25 | 13 10 | 28 06 | 21 42 | 21 19 | 18 27 | 19 02 | 10 00 | 18 44 | 12 27 | 21 24 | 16 25 | 20 45 | 01 05 | 23 39 | 13 41 |
| 26 | 13 29 | 26 40 | 21 56 | 21 36 | 18 19 | 19 01 | 09 58 | 18 44 | 12 28 | 21 24 | 16 26 | 20 55 | 01 11 | 23 41 | 13 41 |
| 27 | 13 49 | 23 53 | 22 08 | 21 52 | 18 11 | 19 00 | 09 57 | 18 43 | 12 29 | 21 24 | 16 27 | 21 05 | 01 17 | 23 43 | 13 41 |
| 28 | 14 08 | 20 06 | 22 17 | 22 08 | 18 04 | 18 58 | 09 55 | 18 43 | 12 30 | 21 24 | 16 28 | 21 14 | 01 23 | 23 44 | 13 41 |
| 29 | 14 26 | 15 32 | 22 23 | 22 23 | 17 56 | 18 57 | 09 54 | 18 43 | 12 30 | 21 24 | 16 29 | 21 23 | 01 29 | 23 46 | 13 41 |
| 30 | 14 45 | 10 28 | 22 27 | 22 38 | 17 47 | 18 55 | 09 52 | 18 43 | 12 31 | 21 24 | 16 30 | 21 32 | 01 34 | 23 47 | 13 41 |

Lunar Phases -- 5 Ⓔ 14:17   13 ◑ 11:10   20 ● 02:21 ✔   27 ◐ 02:21   Sun enters ♉ 4/19 22:41

## 0:00 E.T. Longitudes of Main Planets - May 2042



| D | S.T. | ☉ | ☽ | ☽ 12:00 | ☿ | ♀ | ♂ | ♃ | ♄ | ♅ | ♆ | ♇ | ☊ |
|---|---|---|---|---|---|---|---|---|---|---|---|---|---|
| 1 | 14:36:15 | 10♉46 05 | 23♍56 | 29♍50 | 28♉57 | 09♊32 | 17♌15 | 29♏18℞ | 02♏42℞ | 08♌43 | 07♉54 | 29♒45 | 26♈21 |
| 2 | 14:40:11 | 11 44 19 | 05♎44 | 11♎38 | 29 18 | 10 45 | 17 38 | 29 11 | 02 38 | 08 44 | 07 56 | 29 46 | 26 18 |
| 3 | 14:44:08 | 12 42 31 | 17 33 | 23 29 | 29 32 | 11 57 | 18 00 | 29 04 | 02 33 | 08 45 | 07 58 | 29 47 | 26 15 |
| 4 | 14:48:04 | 13 40 42 | 29 27 | 05♏27 | 29 41 | 13 09 | 18 23 | 28 57 | 02 29 | 08 46 | 08 01 | 29 47 | 26 12 |
| 5 | 14:52:01 | 14 38 50 | 11♏29 | 17 32 | 29 45 | 14 22 | 18 46 | 28 50 | 02 24 | 08 47 | 08 03 | 29 48 | 26 08 |
| 6 | 14:55:57 | 15 36 57 | 23 39 | 29 48 | 29 44℞ | 15 34 | 19 09 | 28 42 | 02 20 | 08 48 | 08 05 | 29 49 | 26 05 |
| 7 | 14:59:54 | 16 35 03 | 06♐00 | 12♐15 | 29 37 | 16 46 | 19 33 | 28 35 | 02 16 | 08 49 | 08 07 | 29 49 | 26 02 |
| 8 | 15:03:51 | 17 33 07 | 18 33 | 24 55 | 29 26 | 17 58 | 19 57 | 28 28 | 02 11 | 08 50 | 08 10 | 29 50 | 25 59 |
| 9 | 15:07:47 | 18 31 09 | 01♑20 | 07♑48 | 29 10 | 19 10 | 20 21 | 28 20 | 02 07 | 08 51 | 08 12 | 29 50 | 25 56 |
| 10 | 15:11:44 | 19 29 10 | 14 20 | 20 56 | 28 50 | 20 22 | 20 46 | 28 13 | 02 03 | 08 53 | 08 14 | 29 51 | 25 52 |
| 11 | 15:15:40 | 20 27 10 | 27 36 | 04♒19 | 28 26 | 21 34 | 21 11 | 28 06 | 01 59 | 08 54 | 08 16 | 29 51 | 25 49 |
| 12 | 15:19:37 | 21 25 08 | 11♒07 | 17 59 | 27 59 | 22 46 | 21 36 | 27 58 | 01 54 | 08 55 | 08 19 | 29 52 | 25 46 |
| 13 | 15:23:33 | 22 23 05 | 24 54 | 01♓54 | 27 29 | 23 58 | 22 01 | 27 50 | 01 50 | 08 57 | 08 21 | 29 52 | 25 43 |
| 14 | 15:27:30 | 23 21 00 | 08♓58 | 16 06 | 26 57 | 25 10 | 22 26 | 27 43 | 01 46 | 08 58 | 08 23 | 29 53 | 25 40 |
| 15 | 15:31:26 | 24 18 55 | 23 17 | 00♈32 | 26 23 | 26 21 | 22 52 | 27 35 | 01 42 | 09 00 | 08 25 | 29 53 | 25 37 |
| 16 | 15:35:23 | 25 16 48 | 07♈49 | 15 09 | 25 48 | 27 33 | 23 18 | 27 28 | 01 38 | 09 01 | 08 27 | 29 54 | 25 33 |
| 17 | 15:39:20 | 26 14 40 | 22 31 | 29 53 | 25 13 | 28 45 | 23 44 | 27 20 | 01 34 | 09 03 | 08 30 | 29 54 | 25 30 |
| 18 | 15:43:16 | 27 12 31 | 07♉15 | 14♉37 | 24 38 | 29 56 | 24 11 | 27 12 | 01 30 | 09 05 | 08 32 | 29 54 | 25 27 |
| 19 | 15:47:13 | 28 10 20 | 21 58 | 29 15 | 24 03 | 01♋08 | 24 37 | 27 05 | 01 26 | 09 06 | 08 34 | 29 55 | 25 24 |
| 20 | 15:51:09 | 29 08 08 | 06♊30 | 13♊40 | 23 30 | 02 19 | 25 04 | 26 57 | 01 23 | 09 08 | 08 36 | 29 55 | 25 21 |
| 21 | 15:55:06 | 00♊05 55 | 20 46 | 27 46 | 22 59 | 03 31 | 25 31 | 26 49 | 01 19 | 09 10 | 08 38 | 29 55 | 25 18 |
| 22 | 15:59:02 | 01 03 40 | 04♋41 | 11♋29 | 22 30 | 04 42 | 25 58 | 26 42 | 01 15 | 09 12 | 08 40 | 29 55 | 25 14 |
| 23 | 16:02:59 | 02 01 24 | 18 11 | 24 47 | 22 04 | 05 53 | 26 26 | 26 34 | 01 12 | 09 14 | 08 42 | 29 56 | 25 11 |
| 24 | 16:06:55 | 02 59 06 | 01♌17 | 07♌42 | 21 42 | 07 04 | 26 54 | 26 27 | 01 08 | 09 15 | 08 45 | 29 56 | 25 08 |
| 25 | 16:10:52 | 03 56 47 | 14 00 | 20 14 | 21 22 | 08 16 | 27 22 | 26 19 | 01 05 | 09 17 | 08 47 | 29 56 | 25 05 |
| 26 | 16:14:49 | 04 54 26 | 26 23 | 02♍28 | 21 07 | 09 27 | 27 50 | 26 12 | 01 01 | 09 19 | 08 49 | 29 56 | 25 02 |
| 27 | 16:18:45 | 05 52 04 | 08♍29 | 14 28 | 20 56 | 10 38 | 28 18 | 26 04 | 00 58 | 09 22 | 08 51 | 29 56 | 24 58 |
| 28 | 16:22:42 | 06 49 40 | 20 25 | 26 20 | 20 49 | 11 48 | 28 47 | 25 57 | 00 55 | 09 24 | 08 53 | 29 56 | 24 55 |
| 29 | 16:26:38 | 07 47 15 | 02♎14 | 08♎08 | 20 47 | 12 59 | 29 15 | 25 49 | 00 51 | 09 26 | 08 55 | 29 56 | 24 52 |
| 30 | 16:30:35 | 08 44 48 | 14 02 | 19 57 | 20 49D | 14 10 | 29 44 | 25 42 | 00 48 | 09 28 | 08 57 | 29 56 | 24 49 |
| 31 | 16:34:31 | 09 42 20 | 25 54 | 01♏53 | 20 55 | 15 21 | 00♍13 | 25 35 | 00 45 | 09 30 | 08 59 | 29 56℞ | 24 46 |

## 0:00 E.T. Longitudes of the Major Asteroids and Chiron

| D | ⚳ | ⚴ | ⚵ | ⚶ | ⚷ |
|---|---|---|---|---|---|
| 1 | 10♐46℞ | 06♎31℞ | 24♎09℞ | 00♋08 | 29♋02 |
| 2 | 10 37 | 06 20 | 23 56 | 00 32 | 29 05 |
| 3 | 10 28 | 06 10 | 23 44 | 00 55 | 29 08 |
| 4 | 10 18 | 06 00 | 23 32 | 01 18 | 29 11 |
| 5 | 10 08 | 05 50 | 23 20 | 01 41 | 29 14 |
| 6 | 09 58 | 05 41 | 23 08 | 02 05 | 29 18 |
| 7 | 09 47 | 05 33 | 22 57 | 02 28 | 29 21 |
| 8 | 09 36 | 05 25 | 22 46 | 02 52 | 29 25 |
| 9 | 09 25 | 05 17 | 22 35 | 03 15 | 29 28 |
| 10 | 09 14 | 05 10 | 22 24 | 03 39 | 29 32 |
| 11 | 09 02 | 05 04 | 22 14 | 04 03 | 29 36 |
| 12 | 08 51 | 04 58 | 22 04 | 04 27 | 29 40 |
| 13 | 08 39 | 04 52 | 21 54 | 04 51 | 29 44 |
| 14 | 08 26 | 04 47 | 21 44 | 05 15 | 29 48 |
| 15 | 08 14 | 04 42 | 21 35 | 05 39 | 29 52 |
| 16 | 08 01 | 04 38 | 21 26 | 06 03 | 29 56 |
| 17 | 07 49 | 04 35 | 21 18 | 06 27 | 00♌01 |
| 18 | 07 36 | 04 31 | 21 09 | 06 52 | 00 05 |
| 19 | 07 23 | 04 29 | 21 01 | 07 16 | 00 09 |
| 20 | 07 10 | 04 26 | 20 53 | 07 41 | 00 14 |
| 21 | 06 57 | 04 25 | 20 46 | 08 05 | 00 18 |
| 22 | 06 43 | 04 23 | 20 39 | 08 30 | 00 23 |
| 23 | 06 30 | 04 23 | 20 32 | 08 54 | 00 28 |
| 24 | 06 17 | 04 22 | 20 26 | 09 19 | 00 33 |
| 25 | 06 03 | 04 23D | 20 19 | 09 44 | 00 37 |
| 26 | 05 50 | 04 23 | 20 14 | 10 09 | 00 42 |
| 27 | 05 36 | 04 24 | 20 08 | 10 34 | 00 47 |
| 28 | 05 23 | 04 26 | 20 03 | 10 59 | 00 52 |
| 29 | 05 10 | 04 28 | 19 58 | 11 24 | 00 58 |
| 30 | 04 56 | 04 30 | 19 54 | 11 49 | 01 03 |
| 31 | 04 43 | 04 33 | 19 50 | 12 14 | 01 08 |

## Lunar Data

| Last Asp. | | Ingress | | |
|---|---|---|---|---|
| 1 | 10:48 | 1 | ♎ | 12:20 |
| 4 | 00:40 | 4 | ♏ | 01:06 |
| 6 | 12:02 | 6 | ♐ | 12:23 |
| 8 | 21:13 | 8 | ♑ | 21:31 |
| 11 | 01:28 | 11 | ♒ | 04:18 |
| 13 | 08:32 | 13 | ♓ | 08:45 |
| 15 | 07:04 | 15 | ♈ | 11:07 |
| 17 | 12:02 | 17 | ♉ | 12:11 |
| 19 | 13:05 | 19 | ♊ | 13:14 |
| 21 | 15:44 | 21 | ♋ | 15:52 |
| 23 | 15:08 | 23 | ♌ | 21:36 |
| 26 | 07:00 | 26 | ♍ | 07:08 |
| 28 | 11:07 | 28 | ♎ | 19:28 |
| 31 | 08:07 | 31 | ♏ | 08:14 |

## 0:00 E.T. Declinations

| D | ☉ | ☽ | ☿ | ♀ | ♂ | ♃ | ♄ | ♅ | ♆ | ♇ | ⚳ | ⚴ | ⚵ | ⚶ | ⚷ |
|---|---|---|---|---|---|---|---|---|---|---|---|---|---|---|---|
| 1 | +15 03 | +05 03 | +22 29 | +22 51 | +17 39 | -18 54 | -09 51 | +18 42 | +12 32 | -21 24 | -16 31 | +21 40 | +01 40 | +23 48 | +13 41 |
| 2 | 15 21 | -00 31 | 22 28 | 23 05 | 17 31 | 18 53 | 09 49 | 18 42 | 12 32 | 21 24 | 16 31 | 21 47 | 01 45 | 23 50 | 13 41 |
| 3 | 15 39 | 06 05 | 22 24 | 23 17 | 17 22 | 18 51 | 09 48 | 18 42 | 12 33 | 21 24 | 16 32 | 21 55 | 01 50 | 23 51 | 13 42 |
| 4 | 15 57 | 11 29 | 22 18 | 23 29 | 17 14 | 18 50 | 09 46 | 18 42 | 12 34 | 21 24 | 16 33 | 22 01 | 01 55 | 23 52 | 13 42 |
| 5 | 16 14 | 16 32 | 22 10 | 23 40 | 17 05 | 18 48 | 09 45 | 18 41 | 12 35 | 21 24 | 16 34 | 22 08 | 01 59 | 23 53 | 13 41 |
| 6 | 16 31 | 20 58 | 22 00 | 23 51 | 16 56 | 18 47 | 09 43 | 18 41 | 12 35 | 21 24 | 16 35 | 22 14 | 02 04 | 23 54 | 13 41 |
| 7 | 16 48 | 24 34 | 21 47 | 24 01 | 16 47 | 18 45 | 09 42 | 18 41 | 12 36 | 21 24 | 16 36 | 22 19 | 02 08 | 23 55 | 13 41 |
| 8 | 17 04 | 27 03 | 21 33 | 24 10 | 16 38 | 18 43 | 09 41 | 18 40 | 12 37 | 21 24 | 16 37 | 22 25 | 02 13 | 23 56 | 13 41 |
| 9 | 17 20 | 28 10 | 21 16 | 24 19 | 16 29 | 18 42 | 09 39 | 18 40 | 12 37 | 21 24 | 16 38 | 22 30 | 02 17 | 23 57 | 13 41 |
| 10 | 17 36 | 27 45 | 20 57 | 24 27 | 16 20 | 18 40 | 09 38 | 18 40 | 12 38 | 21 25 | 16 39 | 22 34 | 02 21 | 23 57 | 13 41 |
| 11 | 17 52 | 25 47 | 20 37 | 24 34 | 16 11 | 18 39 | 09 37 | 18 39 | 12 39 | 21 25 | 16 40 | 22 38 | 02 24 | 23 58 | 13 41 |
| 12 | 18 07 | 22 19 | 20 15 | 24 40 | 16 01 | 18 37 | 09 35 | 18 39 | 12 40 | 21 25 | 16 42 | 22 42 | 02 28 | 23 59 | 13 41 |
| 13 | 18 22 | 17 34 | 19 52 | 24 46 | 15 52 | 18 35 | 09 34 | 18 39 | 12 40 | 21 25 | 16 43 | 22 46 | 02 31 | 23 59 | 13 41 |
| 14 | 18 36 | 11 48 | 19 28 | 24 51 | 15 42 | 18 34 | 09 33 | 18 38 | 12 41 | 21 25 | 16 44 | 22 49 | 02 35 | 23 59 | 13 40 |
| 15 | 18 51 | 05 19 | 19 03 | 24 56 | 15 32 | 18 32 | 09 31 | 18 38 | 12 42 | 21 25 | 16 45 | 22 51 | 02 38 | 24 00 | 13 40 |
| 16 | 19 05 | +01 32 | 18 38 | 25 00 | 15 22 | 18 30 | 09 30 | 18 37 | 12 42 | 21 25 | 16 46 | 22 54 | 02 41 | 24 00 | 13 40 |
| 17 | 19 19 | 08 24 | 18 13 | 25 03 | 15 12 | 18 29 | 09 29 | 18 37 | 12 43 | 21 26 | 16 47 | 22 56 | 02 44 | 24 00 | 13 40 |
| 18 | 19 32 | 14 50 | 17 47 | 25 05 | 15 02 | 18 27 | 09 28 | 18 36 | 12 44 | 21 26 | 16 48 | 22 58 | 02 46 | 24 00 | 13 39 |
| 19 | 19 45 | 20 24 | 17 22 | 25 06 | 14 52 | 18 26 | 09 27 | 18 36 | 12 44 | 21 26 | 16 49 | 22 59 | 02 48 | 24 00 | 13 39 |
| 20 | 19 58 | 24 41 | 16 58 | 25 07 | 14 42 | 18 24 | 09 25 | 18 35 | 12 45 | 21 26 | 16 50 | 23 00 | 02 51 | 24 00 | 13 39 |
| 21 | 20 10 | 27 19 | 16 35 | 25 08 | 14 31 | 18 22 | 09 24 | 18 35 | 12 46 | 21 26 | 16 52 | 23 01 | 02 53 | 24 00 | 13 38 |
| 22 | 20 22 | 28 11 | 16 13 | 25 07 | 14 21 | 18 21 | 09 23 | 18 34 | 12 46 | 21 27 | 16 53 | 23 02 | 02 55 | 23 59 | 13 38 |
| 23 | 20 34 | 27 18 | 15 53 | 25 06 | 14 10 | 18 19 | 09 22 | 18 34 | 12 47 | 21 27 | 16 54 | 23 02 | 02 56 | 23 59 | 13 37 |
| 24 | 20 45 | 24 55 | 15 35 | 25 04 | 13 59 | 18 17 | 09 21 | 18 33 | 12 48 | 21 27 | 16 55 | 23 02 | 02 58 | 23 58 | 13 37 |
| 25 | 20 56 | 21 22 | 15 18 | 25 01 | 13 48 | 18 16 | 09 20 | 18 33 | 12 48 | 21 27 | 16 57 | 23 02 | 02 59 | 23 58 | 13 36 |
| 26 | 21 07 | 16 57 | 15 03 | 24 58 | 13 38 | 18 14 | 09 19 | 18 32 | 12 49 | 21 27 | 16 58 | 23 01 | 03 00 | 23 57 | 13 36 |
| 27 | 21 17 | 11 57 | 14 51 | 24 54 | 13 27 | 18 12 | 09 18 | 18 32 | 12 50 | 21 28 | 16 59 | 23 00 | 03 02 | 23 56 | 13 35 |
| 28 | 21 27 | 06 36 | 14 41 | 24 49 | 13 15 | 18 11 | 09 17 | 18 31 | 12 50 | 21 28 | 17 01 | 22 59 | 03 02 | 23 56 | 13 35 |
| 29 | 21 36 | 01 04 | 14 32 | 24 43 | 13 04 | 18 09 | 09 16 | 18 30 | 12 51 | 21 28 | 17 02 | 22 58 | 03 03 | 23 55 | 13 34 |
| 30 | 21 45 | -04 31 | 14 27 | 24 37 | 12 53 | 18 08 | 09 15 | 18 30 | 12 51 | 21 29 | 17 03 | 22 56 | 03 04 | 23 54 | 13 34 |
| 31 | 21 54 | 09 58 | 14 23 | 24 31 | 12 41 | 18 06 | 09 14 | 18 29 | 12 52 | 21 29 | 17 05 | 22 54 | 03 04 | 23 53 | 13 33 |

Lunar Phases -- 5 Ⓔ 06:50 12 ◑ 19:19 19 ● 10:56 26 ◐ 18:19 Sun enters ♉ 5/20 21:32

| D | S.T. | ☉ | ☽ | ☽ 12:00 | ☿ | ♀ | ♂ | ♃ | ♄ | ♅ | ♆ | ♇ | ☊ |
|---|---|---|---|---|---|---|---|---|---|---|---|---|---|
| 1 | 16:38:28 | 10♊39 51 | 07♏54 | 13♏57 | 21♉06 | 16♋31 | 00♍42 | 25♏28℞ | 00♏42℞ | 09♌33 | 09♉01 | 29♒56℞ | 24♈43 |
| 2 | 16:42:24 | 11 37 20 | 20 04 | 26 14 | 21 21 | 17 42 | 01 12 | 25 20 | 00 39 | 09 35 | 09 03 | 29 56 | 24 39 |
| 3 | 16:46:21 | 12 34 49 | 02♐28 | 08♐45 | 21 41 | 18 52 | 01 41 | 25 13 | 00 37 | 09 37 | 09 05 | 29 56 | 24 36 |
| 4 | 16:50:18 | 13 32 16 | 15 06 | 21 31 | 22 05 | 20 02 | 02 11 | 25 06 | 00 34 | 09 40 | 09 07 | 29 56 | 24 33 |
| 5 | 16:54:14 | 14 29 43 | 27 59 | 04♑31 | 22 34 | 21 13 | 02 41 | 25 00 | 00 31 | 09 42 | 09 09 | 29 56 | 24 30 |
| 6 | 16:58:11 | 15 27 08 | 11♑07 | 17 46 | 23 07 | 22 23 | 03 11 | 24 53 | 00 29 | 09 45 | 09 11 | 29 56 | 24 27 |
| 7 | 17:02:07 | 16 24 33 | 24 29 | 01♒14 | 23 43 | 23 33 | 03 41 | 24 46 | 00 26 | 09 47 | 09 13 | 29 56 | 24 24 |
| 8 | 17:06:04 | 17 21 57 | 08♒02 | 14 53 | 24 24 | 24 43 | 04 11 | 24 40 | 00 24 | 09 50 | 09 14 | 29 56 | 24 20 |
| 9 | 17:10:00 | 18 19 20 | 21 46 | 28 41 | 25 09 | 25 53 | 04 42 | 24 33 | 00 21 | 09 52 | 09 16 | 29 55 | 24 17 |
| 10 | 17:13:57 | 19 16 43 | 05♓39 | 12♓39 | 25 58 | 27 03 | 05 13 | 24 27 | 00 19 | 09 55 | 09 18 | 29 55 | 24 14 |
| 11 | 17:17:53 | 20 14 05 | 19 40 | 26 44 | 26 50 | 28 12 | 05 43 | 24 20 | 00 17 | 09 57 | 09 20 | 29 55 | 24 11 |
| 12 | 17:21:50 | 21 11 27 | 03♈49 | 10♈56 | 27 46 | 29 22 | 06 14 | 24 14 | 00 15 | 10 00 | 09 22 | 29 55 | 24 08 |
| 13 | 17:25:47 | 22 08 48 | 18 04 | 25 13 | 28 46 | 00♌32 | 06 45 | 24 08 | 00 13 | 10 03 | 09 24 | 29 54 | 24 04 |
| 14 | 17:29:43 | 23 06 09 | 02♉22 | 09♉32 | 29 49 | 01 41 | 07 17 | 24 02 | 00 11 | 10 06 | 09 25 | 29 54 | 24 01 |
| 15 | 17:33:40 | 24 03 30 | 16 43 | 23 52 | 00♊56 | 02 51 | 07 48 | 23 56 | 00 09 | 10 09 | 09 27 | 29 53 | 23 58 |
| 16 | 17:37:36 | 25 00 50 | 01♊00 | 08♊07 | 02 06 | 04 00 | 08 19 | 23 51 | 00 08 | 10 11 | 09 29 | 29 53 | 23 55 |
| 17 | 17:41:33 | 25 58 10 | 15 11 | 22 13 | 03 20 | 05 09 | 08 51 | 23 45 | 00 06 | 10 14 | 09 30 | 29 53 | 23 52 |
| 18 | 17:45:29 | 26 55 29 | 29 10 | 06♋04 | 04 36 | 06 18 | 09 23 | 23 40 | 00 04 | 10 17 | 09 32 | 29 52 | 23 49 |
| 19 | 17:49:26 | 27 52 47 | 12♋53 | 19 37 | 05 56 | 07 27 | 09 55 | 23 35 | 00 03 | 10 20 | 09 34 | 29 52 | 23 45 |
| 20 | 17:53:22 | 28 50 05 | 26 16 | 02♌50 | 07 20 | 08 36 | 10 27 | 23 29 | 00 02 | 10 23 | 09 35 | 29 51 | 23 42 |
| 21 | 17:57:19 | 29 47 23 | 09♌18 | 15 41 | 08 46 | 09 45 | 10 59 | 23 25 | 00 01 | 10 26 | 09 37 | 29 51 | 23 39 |
| 22 | 18:01:16 | 00♋44 39 | 21 59 | 28 13 | 10 16 | 10 53 | 11 31 | 23 20 | 29♎59 | 10 29 | 09 39 | 29 50 | 23 36 |
| 23 | 18:05:12 | 01 41 55 | 04♍21 | 10♍26 | 11 49 | 12 02 | 12 04 | 23 15 | 29 58 | 10 32 | 09 40 | 29 50 | 23 33 |
| 24 | 18:09:09 | 02 39 10 | 16 28 | 22 27 | 13 25 | 13 10 | 12 36 | 23 10 | 29 57 | 10 35 | 09 42 | 29 49 | 23 30 |
| 25 | 18:13:05 | 03 36 25 | 28 23 | 04♎19 | 15 04 | 14 18 | 13 09 | 23 06 | 29 57 | 10 38 | 09 43 | 29 49 | 23 26 |
| 26 | 18:17:02 | 04 33 39 | 10♎13 | 16 07 | 16 46 | 15 27 | 13 42 | 23 02 | 29 56 | 10 41 | 09 45 | 29 48 | 23 23 |
| 27 | 18:20:58 | 05 30 52 | 22 02 | 27 58 | 18 31 | 16 35 | 14 15 | 22 58 | 29 56 | 10 45 | 09 46 | 29 47 | 23 20 |
| 28 | 18:24:55 | 06 28 05 | 03♏56 | 09♏56 | 20 19 | 17 43 | 14 48 | 22 54 | 29 55 | 10 48 | 09 48 | 29 47 | 23 17 |
| 29 | 18:28:51 | 07 25 18 | 15 59 | 22 06 | 22 10 | 18 50 | 15 21 | 22 50 | 29 54 | 10 51 | 09 49 | 29 46 | 23 14 |
| 30 | 18:32:48 | 08 22 30 | 28 17 | 04♐32 | 24 03 | 19 58 | 15 54 | 22 47 | 29 54 | 10 54 | 09 50 | 29 45 | 23 10 |

| D | ⚳ | ⚴ | ⚵ | ⚶ | ⚷ | D | ⚳ | ⚴ | ⚵ | ⚶ | ⚷ | Last Asp. | Ingress |
|---|---|---|---|---|---|---|---|---|---|---|---|---|---|
| 1 | 04♐30℞ | 04♎36 | 19♎46℞ | 12♋39 | 01♌13 | 16 | 01 31 | 06 11 | 19 28 | 19 02 | 02 40 | 2  19:09 | 2 ♐ 19:16 |
| 2 | 04 17 | 04 40 | 19 42 | 13 04 | 01 19 | 17 | 01 20 | 06 20 | 19 30 | 19 28 | 02 46 | 5  03:35 | 5 ♑ 03:42 |
| 3 | 04 04 | 04 44 | 19 39 | 13 29 | 01 24 | 18 | 01 11 | 06 30 | 19 32 | 19 54 | 02 52 | 7  00:31 | 7 ♒ 09:49 |
| 4 | 03 51 | 04 48 | 19 37 | 13 55 | 01 30 | 19 | 01 01 | 06 39 | 19 34 | 20 20 | 02 58 | 9  14:07 | 9 ♓ 14:16 |
| 5 | 03 38 | 04 53 | 19 34 | 14 20 | 01 35 | 20 | 00 52 | 06 50 | 19 36 | 20 46 | 03 05 | 11  15:48 | 11 ♈ 17:32 |
| 6 | 03 26 | 04 58 | 19 32 | 14 46 | 01 41 | 21 | 00 43 | 07 00 | 19 39 | 21 12 | 03 11 | 13  19:51 | 13 ♉ 20:02 |
| 7 | 03 13 | 05 04 | 19 30 | 15 11 | 01 46 | 22 | 00 34 | 07 11 | 19 42 | 21 38 | 03 17 | 15  22:07 | 15 ♊ 22:18 |
| 8 | 03 01 | 05 10 | 19 29 | 15 37 | 01 52 | 23 | 00 26 | 07 22 | 19 45 | 22 05 | 03 24 | 18  01:12 | 18 ♋ 01:26 |
| 9 | 02 49 | 05 16 | 19 27 | 16 02 | 01 58 | 24 | 00 18 | 07 33 | 19 48 | 22 31 | 03 30 | 19  18:60 | 20 ♌ 06:48 |
| 10 | 02 37 | 05 23 | 19 27 | 16 28 | 02 04 | 25 | 00 10 | 07 45 | 19 52 | 22 57 | 03 37 | 22  15:27 | 22 ♍ 15:29 |
| 11 | 02 25 | 05 30 | 19 26 | 16 53 | 02 10 | 26 | 00 03 | 07 57 | 19 56 | 23 23 | 03 43 | 24  13:23 | 25 ♎ 03:15 |
| 12 | 02 14 | 05 38 | 19 26 | 17 19 | 02 16 | 27 | 29♏56 | 08 09 | 20 01 | 23 50 | 03 50 | 27  15:55 | 27 ♏ 16:06 |
| 13 | 02 03 | 05 45 | 19 26D | 17 45 | 02 21 | 28 | 29 49 | 08 22 | 20 05 | 24 16 | 03 57 | 30  02:50 | 30 ♐ 03:18 |
| 14 | 01 52 | 05 54 | 19 27 | 18 11 | 02 28 | 29 | 29 43 | 08 35 | 20 10 | 24 42 | 04 03 | | |
| 15 | 01 41 | 06 02 | 19 27 | 18 36 | 02 34 | 30 | 29 37 | 08 48 | 20 15 | 25 09 | 04 10 | | |

| D | ☉ | ☽ | ☿ | ♀ | ♂ | ♃ | ♄ | ♅ | ♆ | ♇ | ⚳ | ⚴ | ⚵ | ⚶ | ⚷ |
|---|---|---|---|---|---|---|---|---|---|---|---|---|---|---|---|
| 1 | +22 03 | -15 07 | +14 22 | +24 23 | +12 30 | -18 05 | -09 13 | +18 29 | +12 53 | -21 29 | -17 06 | +22 52 | +03 04 | +23 51 | +13 32 |
| 2 | 22 11 | 19 46 | 14 23 | 24 15 | 12 18 | 18 03 | 09 13 | 18 28 | 12 53 | 21 30 | 17 08 | 22 50 | 03 04 | 23 50 | 13 32 |
| 3 | 22 18 | 23 38 | 14 25 | 24 06 | 12 07 | 18 01 | 09 12 | 18 27 | 12 54 | 21 30 | 17 09 | 22 48 | 03 04 | 23 49 | 13 31 |
| 4 | 22 25 | 26 27 | 14 30 | 23 57 | 11 55 | 18 00 | 09 11 | 18 27 | 12 54 | 21 30 | 17 11 | 22 45 | 03 04 | 23 47 | 13 30 |
| 5 | 22 32 | 27 57 | 14 37 | 23 46 | 11 43 | 17 58 | 09 10 | 18 26 | 12 55 | 21 31 | 17 12 | 22 42 | 03 03 | 23 46 | 13 30 |
| 6 | 22 39 | 27 54 | 14 46 | 23 36 | 11 31 | 17 57 | 09 09 | 18 25 | 12 56 | 21 31 | 17 14 | 22 39 | 03 03 | 23 44 | 13 29 |
| 7 | 22 45 | 26 15 | 14 57 | 23 24 | 11 19 | 17 56 | 09 09 | 18 25 | 12 56 | 21 31 | 17 15 | 22 36 | 03 03 | 23 43 | 13 28 |
| 8 | 22 50 | 23 05 | 15 09 | 23 12 | 11 07 | 17 54 | 09 08 | 18 24 | 12 57 | 21 32 | 17 17 | 22 32 | 03 02 | 23 41 | 13 27 |
| 9 | 22 55 | 18 35 | 15 23 | 23 00 | 10 55 | 17 53 | 09 08 | 18 23 | 12 57 | 21 32 | 17 19 | 22 28 | 03 01 | 23 39 | 13 27 |
| 10 | 23 00 | 13 05 | 15 38 | 22 47 | 10 42 | 17 51 | 09 07 | 18 22 | 12 58 | 21 32 | 17 20 | 22 24 | 03 00 | 23 37 | 13 26 |
| 11 | 23 05 | 06 51 | 15 55 | 22 33 | 10 30 | 17 50 | 09 07 | 18 22 | 12 58 | 21 33 | 17 22 | 22 20 | 02 58 | 23 35 | 13 25 |
| 12 | 23 09 | 00 13 | 16 13 | 22 18 | 10 18 | 17 49 | 09 06 | 18 21 | 12 59 | 21 33 | 17 24 | 22 16 | 02 57 | 23 33 | 13 24 |
| 13 | 23 12 | +06 28 | 16 32 | 22 03 | 10 05 | 17 47 | 09 06 | 18 20 | 12 59 | 21 34 | 17 26 | 22 12 | 02 56 | 23 31 | 13 22 |
| 14 | 23 15 | 12 53 | 16 52 | 21 48 | 09 52 | 17 46 | 09 05 | 18 19 | 13 00 | 21 34 | 17 28 | 22 07 | 02 54 | 23 28 | 13 22 |
| 15 | 23 18 | 18 36 | 17 13 | 21 32 | 09 40 | 17 45 | 09 05 | 18 19 | 13 00 | 21 34 | 17 29 | 22 03 | 02 52 | 23 26 | 13 21 |
| 16 | 23 21 | 23 16 | 17 35 | 21 15 | 09 27 | 17 44 | 09 05 | 18 18 | 13 01 | 21 35 | 17 31 | 21 58 | 02 50 | 23 23 | 13 20 |
| 17 | 23 22 | 26 29 | 17 58 | 20 58 | 09 14 | 17 43 | 09 04 | 18 17 | 13 01 | 21 35 | 17 33 | 21 53 | 02 48 | 23 21 | 13 19 |
| 18 | 23 24 | 28 00 | 18 21 | 20 40 | 09 01 | 17 41 | 09 04 | 18 16 | 13 02 | 21 36 | 17 35 | 21 48 | 02 46 | 23 18 | 13 18 |
| 19 | 23 25 | 27 44 | 18 44 | 20 22 | 08 48 | 17 40 | 09 04 | 18 15 | 13 02 | 21 36 | 17 37 | 21 42 | 02 44 | 23 15 | 13 17 |
| 20 | 23 26 | 25 52 | 19 08 | 20 03 | 08 35 | 17 39 | 09 03 | 18 15 | 13 03 | 21 37 | 17 40 | 21 37 | 02 41 | 23 13 | 13 16 |
| 21 | 23 26 | 22 39 | 19 32 | 19 44 | 08 22 | 17 38 | 09 03 | 18 14 | 13 03 | 21 37 | 17 42 | 21 31 | 02 39 | 23 10 | 13 15 |
| 22 | 23 26 | 18 26 | 19 56 | 19 24 | 08 08 | 17 37 | 09 03 | 18 13 | 13 04 | 21 38 | 17 44 | 21 26 | 02 36 | 23 07 | 13 14 |
| 23 | 23 26 | 13 32 | 20 20 | 19 04 | 07 55 | 17 36 | 09 03 | 18 12 | 13 04 | 21 38 | 17 46 | 21 20 | 02 34 | 23 04 | 13 13 |
| 24 | 23 25 | 08 13 | 20 43 | 18 44 | 07 42 | 17 35 | 09 03 | 18 11 | 13 05 | 21 39 | 17 48 | 21 14 | 02 31 | 23 00 | 13 12 |
| 25 | 23 23 | 02 41 | 21 06 | 18 23 | 07 28 | 17 35 | 09 03 | 18 10 | 13 05 | 21 39 | 17 51 | 21 08 | 02 28 | 22 54 | 13 10 |
| 26 | 23 21 | -02 54 | 21 28 | 18 01 | 07 15 | 17 34 | 09 03 | 18 10 | 13 06 | 21 40 | 17 53 | 21 02 | 02 25 | 22 50 | 13 09 |
| 27 | 23 19 | 08 24 | 21 50 | 17 39 | 07 01 | 17 33 | 09 03 | 18 09 | 13 06 | 21 40 | 17 56 | 20 56 | 02 21 | 22 47 | 13 08 |
| 28 | 23 17 | 13 38 | 22 10 | 17 17 | 06 47 | 17 32 | 09 03 | 18 08 | 13 06 | 21 40 | 17 58 | 20 49 | 02 18 | 22 43 | 13 07 |
| 29 | 23 14 | 18 25 | 22 29 | 16 54 | 06 34 | 17 31 | 09 03 | 18 07 | 13 07 | 21 41 | 18 01 | 20 43 | 02 15 | 22 43 | 13 06 |
| 30 | 23 10 | 22 32 | 22 47 | 16 31 | 06 20 | 17 31 | 09 03 | 18 06 | 13 07 | 21 41 | 18 03 | 20 36 | 02 11 | 22 40 | 13 05 |

Lunar Phases -- 3 ○ 20:50  11 ◐ 01:01  17 ● 19:49  25 ◑ 11:30    Sun enters ♋ 6/21 05:17

## 0:00 E.T. Longitudes of Main Planets - July 2042 **July 42**

| D | S.T. | ☉ | ☽ | ☽ 12:00 | ☿ | ♀ | ♂ | ♃ | ♄ | ♅ | ♆ | ♇ | ☊ |
|---|---|---|---|---|---|---|---|---|---|---|---|---|---|
| 1 | 18:36:45 | 09♋19 42 | 10♐52 | 17♐16 | 26♊00 | 21♌05 | 16♍28 | 22♏43℞ | 29♎54℞ | 10♌58 | 09♉52 | 29♒45℞ | 23♈07 |
| 2 | 18:40:41 | 10 16 53 | 23 46 | 00♑20 | 27 58 | 22 13 | 17 01 | 22 40 | 29 53 | 11 01 | 09 53 | 29 44 | 23 04 |
| 3 | 18:44:38 | 11 14 04 | 06♑59 | 13 43 | 29 59 | 23 20 | 17 35 | 22 37 | 29 53 | 11 04 | 09 54 | 29 43 | 23 01 |
| 4 | 18:48:34 | 12 11 16 | 20 30 | 27 22 | 02♋02 | 24 27 | 18 09 | 22 34 | 29 53D | 11 08 | 09 56 | 29 42 | 22 58 |
| 5 | 18:52:31 | 13 08 27 | 04♒17 | 11♒14 | 04 07 | 25 34 | 18 43 | 22 31 | 29 54 | 11 11 | 09 57 | 29 42 | 22 55 |
| 6 | 18:56:27 | 14 05 38 | 18 15 | 25 17 | 06 13 | 26 41 | 19 17 | 22 29 | 29 54 | 11 14 | 09 58 | 29 41 | 22 51 |
| 7 | 19:00:24 | 15 02 49 | 02♓20 | 09♓24 | 08 20 | 27 47 | 19 51 | 22 27 | 29 54 | 11 18 | 09 59 | 29 40 | 22 48 |
| 8 | 19:04:20 | 16 00 01 | 16 29 | 23 34 | 10 29 | 28 54 | 20 25 | 22 24 | 29 55 | 11 21 | 10 00 | 29 39 | 22 45 |
| 9 | 19:08:17 | 16 57 13 | 00♈39 | 07♈44 | 12 38 | 00 00 | 20 59 | 22 22 | 29 55 | 11 25 | 10 02 | 29 38 | 22 42 |
| 10 | 19:12:14 | 17 54 25 | 14 48 | 21 52 | 14 48 | 01♍06 | 21 33 | 22 21 | 29 56 | 11 28 | 10 03 | 29 37 | 22 39 |
| 11 | 19:16:10 | 18 51 38 | 28 55 | 05♉57 | 16 58 | 02 12 | 22 08 | 22 19 | 29 57 | 11 32 | 10 04 | 29 36 | 22 35 |
| 12 | 19:20:07 | 19 48 51 | 12♉58 | 19 58 | 19 08 | 03 18 | 22 42 | 22 17 | 29 57 | 11 35 | 10 05 | 29 35 | 22 32 |
| 13 | 19:24:03 | 20 46 05 | 26 57 | 03♊55 | 21 17 | 04 23 | 23 17 | 22 16 | 29 58 | 11 39 | 10 06 | 29 34 | 22 29 |
| 14 | 19:28:00 | 21 43 20 | 10♊51 | 17 45 | 23 25 | 05 28 | 23 52 | 22 15 | 29 59 | 11 42 | 10 07 | 29 33 | 22 26 |
| 15 | 19:31:56 | 22 40 35 | 24 37 | 01♋26 | 25 33 | 06 34 | 24 27 | 22 14 | 00♏00 | 11 46 | 10 08 | 29 33 | 22 23 |
| 16 | 19:35:53 | 23 37 50 | 08♋12 | 14 55 | 27 40 | 07 39 | 25 02 | 22 13 | 00 02 | 11 49 | 10 09 | 29 32 | 22 20 |
| 17 | 19:39:49 | 24 35 06 | 21 35 | 28 10 | 29 45 | 08 43 | 25 37 | 22 13 | 00 03 | 11 53 | 10 10 | 29 31 | 22 16 |
| 18 | 19:43:46 | 25 32 22 | 04♌42 | 11♌09 | 01♌50 | 09 48 | 26 12 | 22 12 | 00 04 | 11 56 | 10 11 | 29 29 | 22 13 |
| 19 | 19:47:43 | 26 29 38 | 17 31 | 23 50 | 03 52 | 10 52 | 26 47 | 22 12 | 00 06 | 12 00 | 10 11 | 29 28 | 22 10 |
| 20 | 19:51:39 | 27 26 55 | 00♍04 | 06♍15 | 05 54 | 11 57 | 27 23 | 22 12D | 00 08 | 12 04 | 10 12 | 29 27 | 22 07 |
| 21 | 19:55:36 | 28 24 12 | 12 21 | 18 24 | 07 53 | 13 01 | 27 58 | 22 12 | 00 09 | 12 07 | 10 13 | 29 26 | 22 04 |
| 22 | 19:59:32 | 29 21 29 | 24 25 | 00♎23 | 09 51 | 14 04 | 28 34 | 22 13 | 00 11 | 12 11 | 10 14 | 29 25 | 22 01 |
| 23 | 20:03:29 | 00♌18 47 | 06♎19 | 12 13 | 11 47 | 15 08 | 29 09 | 22 13 | 00 13 | 12 14 | 10 14 | 29 24 | 21 57 |
| 24 | 20:07:25 | 01 16 04 | 18 07 | 24 01 | 13 42 | 16 11 | 29 45 | 22 14 | 00 15 | 12 18 | 10 15 | 29 23 | 21 54 |
| 25 | 20:11:22 | 02 13 23 | 29 56 | 05♏52 | 15 35 | 17 14 | 00♎21 | 22 15 | 00 17 | 12 22 | 10 16 | 29 22 | 21 51 |
| 26 | 20:15:18 | 03 10 41 | 11♏50 | 17 51 | 17 26 | 18 17 | 00 57 | 22 16 | 00 19 | 12 25 | 10 16 | 29 21 | 21 48 |
| 27 | 20:19:15 | 04 08 00 | 23 55 | 00♐03 | 19 15 | 19 19 | 01 33 | 22 17 | 00 22 | 12 29 | 10 17 | 29 20 | 21 45 |
| 28 | 20:23:12 | 05 05 20 | 06♐15 | 12 33 | 21 03 | 20 21 | 02 09 | 22 19 | 00 24 | 12 33 | 10 17 | 29 18 | 21 41 |
| 29 | 20:27:08 | 06 02 40 | 18 56 | 25 25 | 22 49 | 21 23 | 02 45 | 22 20 | 00 26 | 12 37 | 10 18 | 29 17 | 21 38 |
| 30 | 20:31:05 | 07 00 00 | 01♑59 | 08♑40 | 24 33 | 22 25 | 03 22 | 22 22 | 00 29 | 12 40 | 10 18 | 29 16 | 21 35 |
| 31 | 20:35:01 | 07 57 22 | 15 27 | 22 19 | 26 16 | 23 26 | 03 58 | 22 24 | 00 32 | 12 44 | 10 19 | 29 15 | 21 32 |

## 0:00 E.T. Longitudes of the Major Asteroids and Chiron

| D | ⚳ | ⚴ | ⚵ | ⚶ | ⚷ | D | ⚳ | ⚴ | ⚵ | ⚶ | ⚷ |
|---|---|---|---|---|---|---|---|---|---|---|---|
| 1 | 29♏31℞ | 09♎01 | 20♎21 | 25♋35 | 04♌17 | 17 | 28 53 | 13 06 | 22 23 | 02 42 | 06 08 |
| 2 | 29 26 | 09 15 | 20 27 | 26 02 | 04 24 | 18 | 28 54 | 13 23 | 22 32 | 03 09 | 06 15 |
| 3 | 29 21 | 09 28 | 20 33 | 26 28 | 04 30 | 19 | 28 55 | 13 40 | 22 42 | 03 36 | 06 22 |
| 4 | 29 17 | 09 42 | 20 39 | 26 55 | 04 37 | 20 | 28 56 | 13 58 | 22 52 | 04 03 | 06 30 |
| 5 | 29 13 | 09 57 | 20 46 | 27 21 | 04 44 | 21 | 28 58 | 14 15 | 23 02 | 04 30 | 06 37 |
| 6 | 29 09 | 10 11 | 20 52 | 27 48 | 04 51 | 22 | 29 00 | 14 33 | 23 13 | 04 57 | 06 44 |
| 7 | 29 06 | 10 26 | 20 59 | 28 14 | 04 58 | 23 | 29 03 | 14 51 | 23 23 | 05 24 | 06 51 |
| 8 | 29 03 | 10 41 | 21 07 | 28 41 | 05 05 | 24 | 29 06 | 15 09 | 23 34 | 05 51 | 06 58 |
| 9 | 29 00 | 10 56 | 21 14 | 29 08 | 05 12 | 25 | 29 09 | 15 28 | 23 45 | 06 18 | 07 06 |
| 10 | 28 58 | 11 12 | 21 22 | 29 34 | 05 19 | 26 | 29 12 | 15 46 | 23 56 | 06 45 | 07 13 |
| 11 | 28 56 | 11 27 | 21 30 | 00♌01 | 05 26 | 27 | 29 16 | 16 05 | 24 08 | 07 12 | 07 20 |
| 12 | 28 55 | 11 43 | 21 38 | 00 28 | 05 33 | 28 | 29 20 | 16 24 | 24 19 | 07 39 | 07 27 |
| 13 | 28 54 | 11 59 | 21 47 | 00 54 | 05 40 | 29 | 29 25 | 16 43 | 24 31 | 08 06 | 07 35 |
| 14 | 28 53 | 12 16 | 21 55 | 01 21 | 05 47 | 30 | 29 30 | 17 02 | 24 43 | 08 33 | 07 42 |
| 15 | 28 52 | 12 32 | 22 04 | 01 48 | 05 54 | 31 | 29 35 | 17 21 | 24 55 | 09 00 | 07 49 |
| 16 | 28 52D | 12 49 | 22 13 | 02 15 | 06 01 | | | | | | |

## Lunar Data

| Last Asp. | Ingress |
|---|---|
| 2 11:11 | 2 ♑ 11:23 |
| 4 16:24 | 4 ♒ 16:35 |
| 6 19:52 | 6 ♓ 20:02 |
| 8 10:00 | 8 ♈ 22:54 |
| 11 01:46 | 11 ♉ 01:51 |
| 13 04:30 | 13 ♊ 05:14 |
| 15 08:39 | 15 ♋ 09:28 |
| 17 07:41 | 17 ♌ 15:21 |
| 19 22:49 | 19 ♍ 23:52 |
| 22 10:49 | 22 ♎ 11:14 |
| 24 22:51 | 25 ♏ 00:08 |
| 27 10:35 | 27 ♐ 11:54 |
| 29 19:03 | 29 ♑ 20:23 |
| 31 15:03 | 1 ♒ 01:14 |

## 0:00 E.T. Declinations

| D | ☉ | ☽ | ☿ | ♀ | ♂ | ♃ | ♄ | ♅ | ♆ | ♇ | ⚳ | ⚴ | ⚵ | ⚶ | ⚷ |
|---|---|---|---|---|---|---|---|---|---|---|---|---|---|---|---|
| 1 | +23 06 | -25 43 | +23 03 | +16 08 | +06 06 | -17 30 | -09 03 | +18 05 | +13 07 | -21 42 | -18 06 | +20 30 | +02 08 | +22 36 | +13 03 |
| 2 | 23 02 | 27 38 | 23 17 | 15 44 | 05 52 | 17 30 | 09 04 | 18 04 | 13 08 | 21 42 | 18 09 | 20 23 | 02 04 | 22 32 | 13 02 |
| 3 | 22 58 | 28 03 | 23 30 | 15 20 | 05 38 | 17 29 | 09 04 | 18 03 | 13 08 | 21 43 | 18 11 | 20 16 | 02 00 | 22 28 | 13 01 |
| 4 | 22 53 | 26 49 | 23 40 | 14 55 | 05 24 | 17 29 | 09 04 | 18 02 | 13 09 | 21 43 | 18 14 | 20 09 | 01 57 | 22 24 | 12 59 |
| 5 | 22 47 | 23 58 | 23 48 | 14 31 | 05 10 | 17 28 | 09 04 | 18 01 | 13 09 | 21 44 | 18 17 | 20 02 | 01 53 | 22 20 | 12 58 |
| 6 | 22 41 | 19 41 | 23 53 | 14 06 | 04 55 | 17 28 | 09 05 | 18 00 | 13 09 | 21 45 | 18 20 | 19 55 | 01 49 | 22 16 | 12 57 |
| 7 | 22 35 | 14 17 | 23 56 | 13 40 | 04 41 | 17 27 | 09 05 | 17 59 | 13 10 | 21 45 | 18 23 | 19 48 | 01 44 | 22 12 | 12 55 |
| 8 | 22 29 | 08 06 | 23 56 | 13 14 | 04 27 | 17 27 | 09 05 | 17 58 | 13 10 | 21 46 | 18 26 | 19 41 | 01 40 | 22 07 | 12 54 |
| 9 | 22 22 | 01 30 | 23 53 | 12 49 | 04 13 | 17 27 | 09 06 | 17 58 | 13 10 | 21 46 | 18 29 | 19 34 | 01 36 | 22 03 | 12 53 |
| 10 | 22 14 | +05 10 | 23 47 | 12 22 | 03 58 | 17 26 | 09 06 | 17 57 | 13 10 | 21 47 | 18 32 | 19 26 | 01 32 | 21 58 | 12 51 |
| 11 | 22 07 | 11 35 | 23 39 | 11 56 | 03 44 | 17 26 | 09 07 | 17 56 | 13 11 | 21 47 | 18 35 | 19 19 | 01 27 | 21 54 | 12 50 |
| 12 | 21 58 | 17 23 | 23 28 | 11 29 | 03 29 | 17 26 | 09 07 | 17 55 | 13 11 | 21 48 | 18 38 | 19 11 | 01 23 | 21 49 | 12 48 |
| 13 | 21 50 | 22 13 | 23 14 | 11 02 | 03 15 | 17 26 | 09 08 | 17 54 | 13 11 | 21 48 | 18 41 | 19 04 | 01 18 | 21 44 | 12 47 |
| 14 | 21 41 | 25 46 | 22 58 | 10 35 | 03 00 | 17 26 | 09 09 | 17 53 | 13 12 | 21 49 | 18 45 | 18 56 | 01 14 | 21 39 | 12 45 |
| 15 | 21 32 | 27 45 | 22 39 | 10 08 | 02 45 | 17 26 | 09 09 | 17 52 | 13 12 | 21 50 | 18 48 | 18 49 | 01 09 | 21 35 | 12 44 |
| 16 | 21 22 | 28 02 | 22 18 | 09 40 | 02 31 | 17 26 | 09 10 | 17 51 | 13 12 | 21 50 | 18 51 | 18 41 | 01 04 | 21 30 | 12 42 |
| 17 | 21 12 | 26 39 | 21 55 | 09 12 | 02 16 | 17 26 | 09 11 | 17 50 | 13 12 | 21 51 | 18 55 | 18 33 | 00 59 | 21 25 | 12 41 |
| 18 | 21 02 | 23 50 | 21 29 | 08 45 | 02 01 | 17 26 | 09 11 | 17 49 | 13 12 | 21 51 | 18 58 | 18 25 | 00 54 | 21 19 | 12 39 |
| 19 | 20 51 | 19 53 | 21 02 | 08 16 | 01 46 | 17 27 | 09 12 | 17 48 | 13 13 | 21 52 | 19 02 | 18 17 | 00 50 | 21 14 | 12 37 |
| 20 | 20 40 | 15 08 | 20 33 | 07 48 | 01 31 | 17 27 | 09 13 | 17 47 | 13 13 | 21 52 | 19 05 | 18 10 | 00 45 | 21 09 | 12 36 |
| 21 | 20 29 | 09 52 | 20 02 | 07 20 | 01 17 | 17 27 | 09 14 | 17 46 | 13 13 | 21 53 | 19 09 | 18 02 | 00 39 | 21 04 | 12 34 |
| 22 | 20 17 | 04 20 | 19 30 | 06 51 | 01 02 | 17 27 | 09 15 | 17 45 | 13 13 | 21 54 | 19 13 | 17 54 | 00 34 | 20 58 | 12 33 |
| 23 | 20 05 | -01 17 | 18 57 | 06 23 | 00 47 | 17 28 | 09 16 | 17 44 | 13 13 | 21 54 | 19 16 | 17 46 | 00 29 | 20 53 | 12 31 |
| 24 | 19 52 | 06 50 | 18 22 | 05 54 | 00 32 | 17 28 | 09 17 | 17 43 | 13 14 | 21 55 | 19 20 | 17 38 | 00 24 | 20 47 | 12 29 |
| 25 | 19 40 | 12 09 | 17 46 | 05 25 | 00 17 | 17 29 | 09 17 | 17 42 | 13 14 | 21 55 | 19 24 | 17 29 | 00 19 | 20 41 | 12 28 |
| 26 | 19 27 | 17 04 | 17 10 | 04 56 | 00 01 | 17 29 | 09 18 | 17 40 | 13 14 | 21 56 | 19 28 | 17 21 | 00 13 | 20 36 | 12 26 |
| 27 | 19 13 | 21 23 | 16 32 | 04 27 | -00 14 | 17 30 | 09 20 | 17 39 | 13 14 | 21 56 | 19 32 | 17 13 | 00 08 | 20 30 | 12 24 |
| 28 | 19 00 | 24 52 | 15 54 | 03 58 | 00 29 | 17 30 | 09 21 | 17 38 | 13 14 | 21 57 | 19 35 | 17 05 | 00 02 | 20 24 | 12 22 |
| 29 | 18 46 | 27 14 | 15 15 | 03 29 | 00 44 | 17 31 | 09 22 | 17 37 | 13 14 | 21 58 | 19 39 | 16 57 | -00 03 | 20 18 | 12 21 |
| 30 | 18 31 | 28 11 | 14 36 | 03 00 | 00 59 | 17 32 | 09 23 | 17 36 | 13 14 | 21 58 | 19 43 | 16 49 | 00 09 | 20 12 | 12 19 |
| 31 | 18 17 | 27 31 | 13 56 | 02 31 | 01 14 | 17 32 | 09 24 | 17 35 | 13 14 | 21 59 | 19 47 | 16 40 | 00 14 | 20 06 | 12 17 |

Lunar Phases -- 3 ○ 08:11  10 ◑ 05:40  17 ● 05:53  25 ◐ 05:03  Sun enters ♌ 7/22 16:08

## Aug. 42 — Longitudes of Main Planets - August 2042 — 0:00 E.T.

| D | S.T. | ☉ | ☽ | ☽ 12:00 | ☿ | ♀ | ♂ | ♃ | ♄ | ♅ | ♆ | ♇ | ☊ |
|---|---|---|---|---|---|---|---|---|---|---|---|---|---|
| 1 | 20:38:58 | 08♌54 43 | 29♑17 | 06♒19 | 27♌56 | 24♍27 | 04♎35 | 22♏26 | 00♏34 | 12♌48 | 10♉19 | 29♒14℞ | 21♈29 |
| 2 | 20:42:54 | 09 52 06 | 13♒26 | 20 36 | 29 35 | 25 28 | 05 11 | 22 29 | 00 37 | 12 51 | 10 20 | 29 13 | 21 26 |
| 3 | 20:46:51 | 10 49 29 | 27 48 | 05♓03 | 01♍13 | 26 28 | 05 48 | 22 31 | 00 40 | 12 55 | 10 20 | 29 11 | 21 22 |
| 4 | 20:50:47 | 11 46 54 | 12♓19 | 19 35 | 02 49 | 27 28 | 06 25 | 22 34 | 00 43 | 12 59 | 10 20 | 29 10 | 21 19 |
| 5 | 20:54:44 | 12 44 19 | 26 51 | 04♈06 | 04 23 | 28 28 | 07 01 | 22 37 | 00 46 | 13 03 | 10 21 | 29 09 | 21 16 |
| 6 | 20:58:41 | 13 41 46 | 11♈20 | 18 31 | 05 55 | 29 27 | 07 38 | 22 40 | 00 49 | 13 06 | 10 21 | 29 08 | 21 13 |
| 7 | 21:02:37 | 14 39 13 | 25 40 | 02♉46 | 07 26 | 00♎26 | 08 15 | 22 43 | 00 53 | 13 10 | 10 21 | 29 06 | 21 10 |
| 8 | 21:06:34 | 15 36 42 | 09♉50 | 16 51 | 08 55 | 01 25 | 08 52 | 22 46 | 00 56 | 13 14 | 10 21 | 29 05 | 21 07 |
| 9 | 21:10:30 | 16 34 13 | 23 49 | 00♊44 | 10 22 | 02 23 | 09 29 | 22 50 | 00 59 | 13 17 | 10 22 | 29 04 | 21 03 |
| 10 | 21:14:27 | 17 31 45 | 07♊37 | 14 26 | 11 47 | 03 21 | 10 07 | 22 54 | 01 03 | 13 21 | 10 22 | 29 03 | 21 00 |
| 11 | 21:18:23 | 18 29 18 | 21 13 | 27 56 | 13 11 | 04 18 | 10 44 | 22 57 | 01 06 | 13 25 | 10 22 | 29 01 | 20 57 |
| 12 | 21:22:20 | 19 26 53 | 04♋37 | 11♋15 | 14 33 | 05 15 | 11 21 | 23 01 | 01 10 | 13 28 | 10 22 | 29 00 | 20 54 |
| 13 | 21:26:16 | 20 24 29 | 17 49 | 24 21 | 15 53 | 06 11 | 11 59 | 23 06 | 01 14 | 13 32 | 10 22 | 28 59 | 20 51 |
| 14 | 21:30:13 | 21 22 06 | 00♌49 | 07♌14 | 17 11 | 07 07 | 12 37 | 23 10 | 01 18 | 13 36 | 10 22℞ | 28 57 | 20 47 |
| 15 | 21:34:10 | 22 19 45 | 13 36 | 19 54 | 18 28 | 08 03 | 13 14 | 23 15 | 01 22 | 13 40 | 10 22 | 28 56 | 20 44 |
| 16 | 21:38:06 | 23 17 25 | 26 09 | 02♍21 | 19 42 | 08 58 | 13 52 | 23 19 | 01 26 | 13 43 | 10 22 | 28 55 | 20 41 |
| 17 | 21:42:03 | 24 15 06 | 08♍29 | 14 35 | 20 54 | 09 53 | 14 30 | 23 24 | 01 30 | 13 47 | 10 22 | 28 54 | 20 38 |
| 18 | 21:45:59 | 25 12 48 | 20 37 | 26 37 | 22 05 | 10 47 | 15 08 | 23 29 | 01 34 | 13 51 | 10 22 | 28 52 | 20 35 |
| 19 | 21:49:56 | 26 10 32 | 02♎35 | 08♎31 | 23 13 | 11 40 | 15 46 | 23 34 | 01 38 | 13 54 | 10 21 | 28 51 | 20 32 |
| 20 | 21:53:52 | 27 08 16 | 14 26 | 20 20 | 24 18 | 12 33 | 16 24 | 23 40 | 01 42 | 13 58 | 10 21 | 28 50 | 20 28 |
| 21 | 21:57:49 | 28 06 02 | 26 13 | 02♏06 | 25 22 | 13 25 | 17 02 | 23 45 | 01 47 | 14 02 | 10 21 | 28 48 | 20 25 |
| 22 | 22:01:45 | 29 03 49 | 08♏00 | 13 56 | 26 23 | 14 17 | 17 40 | 23 51 | 01 51 | 14 05 | 10 21 | 28 47 | 20 22 |
| 23 | 22:05:42 | 00♍01 37 | 19 53 | 25 54 | 27 21 | 15 08 | 18 19 | 23 56 | 01 56 | 14 09 | 10 20 | 28 46 | 20 19 |
| 24 | 22:09:39 | 00 59 26 | 01♐57 | 08♐05 | 28 16 | 15 59 | 18 57 | 24 02 | 02 00 | 14 12 | 10 20 | 28 44 | 20 16 |
| 25 | 22:13:35 | 01 57 17 | 14 17 | 20 34 | 29 09 | 16 48 | 19 36 | 24 08 | 02 05 | 14 16 | 10 20 | 28 43 | 20 13 |
| 26 | 22:17:32 | 02 55 08 | 26 57 | 03♑26 | 29 58 | 17 37 | 20 14 | 24 15 | 02 10 | 14 20 | 10 19 | 28 42 | 20 09 |
| 27 | 22:21:28 | 03 53 01 | 10♑02 | 16 44 | 00♎44 | 18 26 | 20 53 | 24 21 | 02 15 | 14 23 | 10 19 | 28 41 | 20 06 |
| 28 | 22:25:25 | 04 50 56 | 23 33 | 00♒29 | 01 27 | 19 13 | 21 31 | 24 28 | 02 19 | 14 27 | 10 18 | 28 39 | 20 03 |
| 29 | 22:29:21 | 05 48 51 | 07♒31 | 14 39 | 02 06 | 20 00 | 22 10 | 24 34 | 02 24 | 14 30 | 10 18 | 28 38 | 20 00 |
| 30 | 22:33:18 | 06 46 48 | 21 53 | 29 11 | 02 41 | 20 46 | 22 49 | 24 41 | 02 29 | 14 34 | 10 17 | 28 37 | 19 57 |
| 31 | 22:37:14 | 07 44 47 | 06♓33 | 13♓59 | 03 12 | 21 31 | 23 28 | 24 48 | 02 35 | 14 37 | 10 17 | 28 35 | 19 53 |

## 0:00 E.T. — Longitudes of the Major Asteroids and Chiron

| D | ⚳ | ⚴ | ⚵ | ⚶ | ⚷ | D | ⚳ | ⚴ | ⚵ | ⚶ | ⚷ |
|---|---|---|---|---|---|---|---|---|---|---|---|
| 1 | 29♏41 | 17♎41 | 25♎07 | 09♌27 | 07♌56 | 17 | 01 50 | 23 10 | 28 45 | 16 44 | 09 52 |
| 2 | 29 47 | 18 00 | 25 20 | 09 55 | 08 04 | 18 | 02 01 | 23 32 | 29 00 | 17 11 | 09 59 |
| 3 | 29 53 | 18 20 | 25 32 | 10 22 | 08 11 | 19 | 02 12 | 23 54 | 29 15 | 17 39 | 10 06 |
| 4 | 29 59 | 18 40 | 25 45 | 10 49 | 08 18 | 20 | 02 23 | 24 16 | 29 30 | 18 06 | 10 13 |
| 5 | 00♐06 | 19 00 | 25 58 | 11 16 | 08 25 | 21 | 02 34 | 24 38 | 29 45 | 18 34 | 10 20 |
| 6 | 00 13 | 19 20 | 26 11 | 11 43 | 08 33 | 22 | 02 45 | 25 00 | 00♏00 | 19 01 | 10 27 |
| 7 | 00 21 | 19 40 | 26 24 | 12 11 | 08 40 | 23 | 02 57 | 25 22 | 00 16 | 19 29 | 10 35 |
| 8 | 00 28 | 20 01 | 26 38 | 12 38 | 08 47 | 24 | 03 09 | 25 44 | 00 31 | 19 56 | 10 42 |
| 9 | 00 36 | 20 21 | 26 51 | 13 05 | 08 54 | 25 | 03 21 | 26 06 | 00 47 | 20 23 | 10 49 |
| 10 | 00 45 | 20 42 | 27 05 | 13 33 | 09 02 | 26 | 03 34 | 26 29 | 01 03 | 20 51 | 10 56 |
| 11 | 00 53 | 21 03 | 27 19 | 14 00 | 09 09 | 27 | 03 46 | 26 52 | 01 19 | 21 18 | 11 03 |
| 12 | 01 02 | 21 24 | 27 33 | 14 27 | 09 16 | 28 | 03 59 | 27 14 | 01 35 | 21 46 | 11 09 |
| 13 | 01 11 | 21 45 | 27 47 | 14 55 | 09 23 | 29 | 04 12 | 27 37 | 01 51 | 22 13 | 11 16 |
| 14 | 01 21 | 22 06 | 28 01 | 15 22 | 09 30 | 30 | 04 26 | 28 00 | 02 07 | 22 41 | 11 23 |
| 15 | 01 30 | 22 27 | 28 16 | 15 49 | 09 38 | 31 | 04 39 | 28 23 | 02 24 | 23 08 | 11 30 |
| 16 | 01 40 | 22 49 | 28 30 | 16 17 | 09 45 | | | | | | |

## Lunar Data

| Last Asp. | | Ingress | | |
|---|---|---|---|---|
| 31 | 15:03 | 1 | ♒ | 01:14 |
| 3 | 02:17 | 3 | ♓ | 03:38 |
| 5 | 02:51 | 5 | ♈ | 05:12 |
| 7 | 05:48 | 7 | ♉ | 07:19 |
| 9 | 09:04 | 9 | ♊ | 10:43 |
| 11 | 13:55 | 11 | ♋ | 15:42 |
| 13 | 09:45 | 13 | ♌ | 22:29 |
| 16 | 05:20 | 16 | ♍ | 07:27 |
| 18 | 05:46 | 18 | ♎ | 18:47 |
| 21 | 05:16 | 21 | ♏ | 07:43 |
| 23 | 17:40 | 23 | ♐ | 20:09 |
| 26 | 03:15 | 26 | ♑ | 05:40 |
| 28 | 01:36 | 28 | ♒ | 11:10 |
| 30 | 11:02 | 30 | ♓ | 13:20 |

## 0:00 E.T. — Declinations

| D | ☉ | ☽ | ☿ | ♀ | ♂ | ♃ | ♄ | ♅ | ♆ | ♇ | ⚳ | ⚴ | ⚵ | ⚶ | ⚷ |
|---|---|---|---|---|---|---|---|---|---|---|---|---|---|---|---|
| 1 | +18 02 | -25 10 | +13 15 | +02 02 | -01 30 | -17 33 | -09 25 | +17 34 | +13 14 | -21 59 | -19 51 | +16 32 | -00 20 | +20 00 | +12 15 |
| 2 | 17 46 | 21 14 | 12 35 | 01 33 | 01 45 | 17 34 | 09 26 | 17 33 | 13 14 | 22 00 | 19 55 | 16 24 | 00 25 | 19 54 | 12 14 |
| 3 | 17 31 | 16 00 | 11 54 | 01 04 | 02 00 | 17 35 | 09 28 | 17 32 | 13 15 | 22 00 | 20 00 | 16 16 | 00 31 | 19 47 | 12 12 |
| 4 | 17 15 | 09 49 | 11 13 | 00 35 | 02 15 | 17 36 | 09 29 | 17 31 | 13 15 | 22 01 | 20 04 | 16 07 | 00 37 | 19 41 | 12 10 |
| 5 | 16 59 | 03 06 | 10 32 | 00 06 | 02 31 | 17 37 | 09 30 | 17 30 | 13 15 | 22 02 | 20 08 | 15 59 | 00 42 | 19 35 | 12 08 |
| 6 | 16 43 | +03 45 | 09 51 | -00 23 | 02 46 | 17 38 | 09 32 | 17 29 | 13 15 | 22 02 | 20 12 | 15 51 | 00 48 | 19 28 | 12 06 |
| 7 | 16 26 | 10 22 | 09 10 | 00 52 | 03 01 | 17 39 | 09 33 | 17 28 | 13 15 | 22 03 | 20 16 | 15 42 | 00 54 | 19 22 | 12 05 |
| 8 | 16 09 | 16 23 | 08 29 | 01 21 | 03 17 | 17 40 | 09 34 | 17 27 | 13 15 | 22 03 | 20 20 | 15 34 | 01 00 | 19 15 | 12 03 |
| 9 | 15 52 | 21 27 | 07 49 | 01 50 | 03 32 | 17 41 | 09 36 | 17 26 | 13 15 | 22 04 | 20 25 | 15 26 | 01 06 | 19 08 | 12 01 |
| 10 | 15 35 | 25 16 | 07 08 | 02 19 | 03 47 | 17 42 | 09 37 | 17 25 | 13 15 | 22 04 | 20 29 | 15 17 | 01 12 | 19 02 | 11 59 |
| 11 | 15 17 | 27 35 | 06 28 | 02 48 | 04 03 | 17 43 | 09 39 | 17 24 | 13 15 | 22 05 | 20 33 | 15 09 | 01 18 | 18 55 | 11 57 |
| 12 | 14 59 | 28 15 | 05 48 | 03 16 | 04 18 | 17 45 | 09 40 | 17 23 | 13 15 | 22 06 | 20 38 | 15 00 | 01 24 | 18 48 | 11 55 |
| 13 | 14 41 | 27 17 | 05 08 | 03 45 | 04 34 | 17 46 | 09 42 | 17 22 | 13 15 | 22 06 | 20 42 | 14 52 | 01 30 | 18 41 | 11 53 |
| 14 | 14 23 | 24 50 | 04 29 | 04 13 | 04 49 | 17 47 | 09 43 | 17 21 | 13 14 | 22 07 | 20 46 | 14 44 | 01 36 | 18 34 | 11 51 |
| 15 | 14 04 | 21 11 | 03 51 | 04 41 | 05 04 | 17 49 | 09 45 | 17 19 | 13 14 | 22 07 | 20 51 | 14 35 | 01 42 | 18 27 | 11 49 |
| 16 | 13 45 | 16 38 | 03 12 | 05 09 | 05 20 | 17 50 | 09 46 | 17 18 | 13 14 | 22 08 | 20 55 | 14 27 | 01 48 | 18 20 | 11 47 |
| 17 | 13 26 | 11 29 | 02 35 | 05 37 | 05 35 | 17 51 | 09 48 | 17 17 | 13 14 | 22 08 | 21 00 | 14 19 | 01 54 | 18 13 | 11 45 |
| 18 | 13 07 | 05 58 | 01 58 | 06 05 | 05 50 | 17 53 | 09 50 | 17 16 | 13 14 | 22 09 | 21 04 | 14 10 | 02 00 | 18 05 | 11 43 |
| 19 | 12 47 | 00 19 | 01 22 | 06 33 | 06 06 | 17 54 | 09 51 | 17 15 | 13 14 | 22 09 | 21 09 | 14 02 | 02 06 | 17 58 | 11 42 |
| 20 | 12 28 | -05 18 | 00 47 | 07 00 | 06 21 | 17 56 | 09 53 | 17 14 | 13 14 | 22 10 | 21 13 | 13 54 | 02 12 | 17 51 | 11 40 |
| 21 | 12 08 | 10 43 | 00 12 | 07 27 | 06 36 | 17 57 | 09 55 | 17 13 | 13 14 | 22 10 | 21 18 | 13 45 | 02 18 | 17 43 | 11 38 |
| 22 | 11 48 | 15 46 | -00 21 | 07 54 | 06 52 | 17 59 | 09 56 | 17 12 | 13 14 | 22 11 | 21 22 | 13 37 | 02 24 | 17 36 | 11 36 |
| 23 | 11 28 | 20 16 | 00 53 | 08 21 | 07 07 | 18 01 | 09 58 | 17 11 | 13 13 | 22 11 | 21 27 | 13 29 | 02 31 | 17 29 | 11 34 |
| 24 | 11 07 | 24 00 | 01 25 | 08 48 | 07 22 | 18 02 | 10 00 | 17 10 | 13 13 | 22 12 | 21 31 | 13 20 | 02 37 | 17 21 | 11 32 |
| 25 | 10 47 | 26 43 | 01 55 | 09 14 | 07 38 | 18 04 | 10 02 | 17 09 | 13 13 | 22 12 | 21 36 | 13 12 | 02 43 | 17 13 | 11 30 |
| 26 | 10 26 | 28 11 | 02 23 | 09 40 | 07 53 | 18 06 | 10 03 | 17 08 | 13 13 | 22 13 | 21 40 | 13 04 | 02 49 | 17 06 | 11 28 |
| 27 | 10 05 | 28 08 | 02 51 | 10 06 | 08 08 | 18 08 | 10 05 | 17 07 | 13 13 | 22 13 | 21 45 | 12 55 | 02 55 | 16 58 | 11 26 |
| 28 | 09 44 | 26 27 | 03 16 | 10 31 | 08 23 | 18 09 | 10 07 | 17 06 | 13 13 | 22 14 | 21 49 | 12 47 | 03 02 | 16 50 | 11 24 |
| 29 | 09 23 | 23 06 | 03 41 | 10 56 | 08 38 | 18 11 | 10 09 | 17 05 | 13 12 | 22 14 | 21 54 | 12 39 | 03 08 | 16 43 | 11 21 |
| 30 | 09 01 | 18 18 | 04 03 | 11 21 | 08 54 | 18 13 | 10 11 | 17 04 | 13 12 | 22 15 | 21 58 | 12 31 | 03 14 | 16 35 | 11 19 |
| 31 | 08 40 | 12 19 | 04 23 | 11 46 | 09 09 | 18 15 | 10 13 | 17 03 | 13 12 | 22 15 | 22 03 | 12 23 | 03 20 | 16 27 | 11 17 |

Lunar Phases -- 1 ○ 17:35 8 ◑ 10:36 15 ● 18:02 23 ◐ 21:57 31 ○ 02:04 Sun enters ♍ 8/22 23:20

## 0:00 E.T. Longitudes of Main Planets - September 2042

| D | S.T. | ☉ | ☽ | ☽ 12:00 | ☿ | ♀ | ♂ | ♃ | ♄ | ♅ | ♆ | ♇ | ☊ |
|---|---|---|---|---|---|---|---|---|---|---|---|---|---|
| 1 | 22:41:11 | 08♍42 46 | 21♓26 | 28♓54 | 03♎38 | 22♎15 | 24♎07 | 24♏55 | 02♏40 | 14♌41 | 10♉16℞ | 28♒34℞ | 19♈50 |
| 2 | 22:45:08 | 09 40 48 | 06♈21 | 13♈48 | 03 59 | 22 58 | 24 46 | 25 02 | 02 45 | 14 44 | 10 16 | 28 33 | 19 47 |
| 3 | 22:49:04 | 10 38 51 | 21 12 | 28 34 | 04 16 | 23 41 | 25 25 | 25 10 | 02 50 | 14 48 | 10 15 | 28 32 | 19 44 |
| 4 | 22:53:01 | 11 36 57 | 05♉52 | 13♉06 | 04 27 | 24 22 | 26 05 | 25 17 | 02 55 | 14 51 | 10 14 | 28 30 | 19 41 |
| 5 | 22:56:57 | 12 35 04 | 20 16 | 27 21 | 04 33 | 25 02 | 26 44 | 25 25 | 03 01 | 14 54 | 10 14 | 28 29 | 19 38 |
| 6 | 23:00:54 | 13 33 13 | 04♊21 | 11♊17 | 04 33℞ | 25 41 | 27 23 | 25 32 | 03 06 | 14 58 | 10 13 | 28 28 | 19 34 |
| 7 | 23:04:50 | 14 31 25 | 18 08 | 24 55 | 04 27 | 26 19 | 28 03 | 25 40 | 03 12 | 15 01 | 10 12 | 28 26 | 19 31 |
| 8 | 23:08:47 | 15 29 38 | 01♋36 | 08♋14 | 04 14 | 26 56 | 28 42 | 25 48 | 03 17 | 15 05 | 10 11 | 28 25 | 19 28 |
| 9 | 23:12:43 | 16 27 54 | 14 47 | 21 17 | 03 55 | 27 32 | 29 22 | 25 56 | 03 23 | 15 08 | 10 10 | 28 24 | 19 25 |
| 10 | 23:16:40 | 17 26 11 | 27 42 | 04♌05 | 03 29 | 28 06 | 00♏02 | 26 05 | 03 29 | 15 11 | 10 10 | 28 23 | 19 22 |
| 11 | 23:20:37 | 18 24 31 | 10♌23 | 16 39 | 02 57 | 28 39 | 00 42 | 26 13 | 03 35 | 15 14 | 10 09 | 28 22 | 19 19 |
| 12 | 23:24:33 | 19 22 52 | 22 52 | 29 01 | 02 19 | 29 11 | 01 21 | 26 21 | 03 40 | 15 18 | 10 08 | 28 20 | 19 15 |
| 13 | 23:28:30 | 20 21 16 | 05♍08 | 11♍13 | 01 35 | 29 41 | 02 01 | 26 30 | 03 46 | 15 21 | 10 07 | 28 19 | 19 12 |
| 14 | 23:32:26 | 21 19 41 | 17 15 | 23 15 | 00 45 | 00♏10 | 02 41 | 26 39 | 03 52 | 15 24 | 10 06 | 28 18 | 19 09 |
| 15 | 23:36:23 | 22 18 08 | 29 14 | 05♎10 | 29♍50 | 00 37 | 03 22 | 26 48 | 03 58 | 15 27 | 10 05 | 28 17 | 19 06 |
| 16 | 23:40:19 | 23 16 37 | 11♎06 | 17 00 | 28 51 | 01 03 | 04 02 | 26 56 | 04 04 | 15 30 | 10 04 | 28 16 | 19 03 |
| 17 | 23:44:16 | 24 15 07 | 22 53 | 28 46 | 27 50 | 01 27 | 04 42 | 27 06 | 04 10 | 15 33 | 10 03 | 28 15 | 18 59 |
| 18 | 23:48:12 | 25 13 40 | 04♏39 | 10♏33 | 26 47 | 01 50 | 05 22 | 27 15 | 04 16 | 15 37 | 10 02 | 28 13 | 18 56 |
| 19 | 23:52:09 | 26 12 14 | 16 27 | 22 23 | 25 44 | 02 10 | 06 03 | 27 24 | 04 22 | 15 40 | 10 01 | 28 12 | 18 53 |
| 20 | 23:56:06 | 27 10 50 | 28 21 | 04♐21 | 24 42 | 02 29 | 06 43 | 27 33 | 04 29 | 15 43 | 10 00 | 28 11 | 18 50 |
| 21 | 0:00:02 | 28 09 28 | 10♐24 | 16 31 | 23 43 | 02 46 | 07 24 | 27 43 | 04 35 | 15 46 | 09 58 | 28 10 | 18 47 |
| 22 | 0:03:59 | 29 08 07 | 22 42 | 28 58 | 22 49 | 03 01 | 08 04 | 27 53 | 04 41 | 15 49 | 09 57 | 28 09 | 18 44 |
| 23 | 0:07:55 | 00♎06 48 | 05♑19 | 11♑46 | 22 01 | 03 14 | 08 45 | 28 02 | 04 48 | 15 51 | 09 56 | 28 08 | 18 40 |
| 24 | 0:11:52 | 01 05 31 | 18 19 | 24 58 | 21 19 | 03 25 | 09 26 | 28 12 | 04 54 | 15 54 | 09 55 | 28 07 | 18 37 |
| 25 | 0:15:48 | 02 04 15 | 01♒45 | 08♒38 | 20 46 | 03 34 | 10 07 | 28 22 | 05 00 | 15 57 | 09 54 | 28 06 | 18 34 |
| 26 | 0:19:45 | 03 03 01 | 15 38 | 22 46 | 20 22 | 03 40 | 10 48 | 28 32 | 05 07 | 16 00 | 09 52 | 28 05 | 18 31 |
| 27 | 0:23:41 | 04 01 49 | 29 59 | 07♓19 | 20 08 | 03 45 | 11 29 | 28 42 | 05 13 | 16 03 | 09 51 | 28 04 | 18 28 |
| 28 | 0:27:38 | 05 00 39 | 14♓43 | 22 12 | 20 03D | 03 47 | 12 10 | 28 52 | 05 20 | 16 06 | 09 50 | 28 03 | 18 24 |
| 29 | 0:31:35 | 05 59 30 | 29 44 | 07♈19 | 20 09 | 03 46℞ | 12 51 | 29 03 | 05 26 | 16 08 | 09 49 | 28 02 | 18 21 |
| 30 | 0:35:31 | 06 58 24 | 14♈54 | 22 30 | 20 25 | 03 44 | 13 32 | 29 13 | 05 33 | 16 11 | 09 47 | 28 01 | 18 18 |

## 0:00 E.T. Longitudes of the Major Asteroids and Chiron

| D | ⚳ | ⚴ | ⚵ | ⚶ | ⚷ | D | ⚳ | ⚴ | ⚵ | ⚶ | ⚷ |
|---|---|---|---|---|---|---|---|---|---|---|---|
| 1 | 04♐53 | 28♎46 | 02♏40 | 23♌36 | 11♌37 | 16 | 08 42 | 04 40 | 06 59 | 00♍27 | 13 15 |
| 2 | 05 07 | 29 09 | 02 57 | 24 03 | 11 44 | 17 | 08 58 | 05 04 | 07 17 | 00 55 | 13 21 |
| 3 | 05 21 | 29 32 | 03 13 | 24 30 | 11 51 | 18 | 09 15 | 05 28 | 07 35 | 01 22 | 13 27 |
| 4 | 05 35 | 29 55 | 03 30 | 24 58 | 11 57 | 19 | 09 32 | 05 53 | 07 53 | 01 49 | 13 34 |
| 5 | 05 50 | 00♏18 | 03 47 | 25 25 | 12 04 | 20 | 09 49 | 06 17 | 08 11 | 02 17 | 13 40 |
| 6 | 06 04 | 00 42 | 04 04 | 25 53 | 12 11 | 21 | 10 07 | 06 41 | 08 29 | 02 44 | 13 46 |
| 7 | 06 19 | 01 05 | 04 21 | 26 20 | 12 17 | 22 | 10 24 | 07 06 | 08 48 | 03 12 | 13 52 |
| 8 | 06 34 | 01 29 | 04 38 | 26 48 | 12 24 | 23 | 10 42 | 07 30 | 09 06 | 03 39 | 13 58 |
| 9 | 06 50 | 01 52 | 04 56 | 27 15 | 12 30 | 24 | 10 59 | 07 55 | 09 24 | 04 06 | 14 03 |
| 10 | 07 05 | 02 16 | 05 13 | 27 43 | 12 37 | 25 | 11 17 | 08 20 | 09 43 | 04 34 | 14 09 |
| 11 | 07 21 | 02 40 | 05 30 | 28 10 | 12 43 | 26 | 11 35 | 08 44 | 10 02 | 05 01 | 14 15 |
| 12 | 07 37 | 03 04 | 05 48 | 28 38 | 12 50 | 27 | 11 53 | 09 09 | 10 20 | 05 28 | 14 21 |
| 13 | 07 53 | 03 28 | 06 05 | 29 05 | 12 56 | 28 | 12 12 | 09 34 | 10 39 | 05 55 | 14 26 |
| 14 | 08 09 | 03 52 | 06 23 | 29 32 | 13 03 | 29 | 12 30 | 09 59 | 10 58 | 06 23 | 14 32 |
| 15 | 08 25 | 04 16 | 06 41 | 00 00 | 13 09 | 30 | 12 49 | 10 24 | 11 17 | 06 50 | 14 37 |

## Lunar Data

| Last Asp. | | Ingress | | |
|---|---|---|---|---|
| 1 | 05:39 | 1 | ♈ | 13:47 |
| 3 | 11:56 | 3 | ♉ | 14:22 |
| 5 | 13:55 | 5 | ♊ | 16:32 |
| 7 | 18:31 | 7 | ♋ | 21:07 |
| 10 | 00:46 | 10 | ♌ | 04:19 |
| 12 | 12:51 | 12 | ♍ | 13:55 |
| 15 | 01:08 | 15 | ♎ | 01:33 |
| 17 | 10:54 | 17 | ♏ | 14:30 |
| 19 | 23:40 | 20 | ♐ | 03:19 |
| 22 | 13:22 | 22 | ♑ | 13:58 |
| 24 | 17:58 | 24 | ♒ | 20:56 |
| 26 | 21:51 | 27 | ♓ | 00:01 |
| 28 | 22:53 | 29 | ♈ | 00:25 |
| 30 | 20:44 | | | |

## 0:00 E.T. Declinations

| D | ☉ | ☽ | ☿ | ♀ | ♂ | ♃ | ♄ | ♅ | ♆ | ♇ | ⚳ | ⚴ | ⚵ | ⚶ | ⚷ |
|---|---|---|---|---|---|---|---|---|---|---|---|---|---|---|---|
| 1 | +08 18 | -05 34 | -04 41 | -12 10 | -09 24 | -18 17 | -10 15 | +17 02 | +13 12 | -22 16 | -22 07 | +12 15 | -03 27 | +16 19 | +11 15 |
| 2 | 07 56 | +01 31 | 04 57 | 12 33 | 09 39 | 18 19 | 10 17 | 17 01 | 13 11 | 22 16 | 22 12 | 12 06 | 03 33 | 16 11 | 11 13 |
| 3 | 07 34 | 08 30 | 05 10 | 12 57 | 09 54 | 18 21 | 10 19 | 17 00 | 13 11 | 22 17 | 22 16 | 11 58 | 03 39 | 16 03 | 11 11 |
| 4 | 07 12 | 14 57 | 05 21 | 13 20 | 10 09 | 18 23 | 10 21 | 16 59 | 13 11 | 22 17 | 22 21 | 11 50 | 03 45 | 15 55 | 11 09 |
| 5 | 06 50 | 20 27 | 05 29 | 13 42 | 10 24 | 18 25 | 10 23 | 16 58 | 13 11 | 22 18 | 22 25 | 11 42 | 03 52 | 15 47 | 11 07 |
| 6 | 06 28 | 24 42 | 05 34 | 14 04 | 10 38 | 18 27 | 10 25 | 16 57 | 13 10 | 22 18 | 22 30 | 11 34 | 03 58 | 15 39 | 11 05 |
| 7 | 06 06 | 27 23 | 05 35 | 14 26 | 10 53 | 18 29 | 10 27 | 16 56 | 13 10 | 22 18 | 22 34 | 11 26 | 04 04 | 15 31 | 11 03 |
| 8 | 05 43 | 28 25 | 05 33 | 14 47 | 11 08 | 18 31 | 10 29 | 16 55 | 13 10 | 22 19 | 22 39 | 11 18 | 04 10 | 15 22 | 11 01 |
| 9 | 05 20 | 27 47 | 05 27 | 15 08 | 11 23 | 18 33 | 10 31 | 16 54 | 13 10 | 22 19 | 22 43 | 11 10 | 04 16 | 15 14 | 10 59 |
| 10 | 04 58 | 25 39 | 05 18 | 15 28 | 11 37 | 18 35 | 10 33 | 16 53 | 13 09 | 22 20 | 22 48 | 11 03 | 04 23 | 15 06 | 10 57 |
| 11 | 04 35 | 22 17 | 05 04 | 15 48 | 11 52 | 18 37 | 10 35 | 16 52 | 13 09 | 22 20 | 22 52 | 10 55 | 04 29 | 14 58 | 10 55 |
| 12 | 04 12 | 17 57 | 04 47 | 16 07 | 12 07 | 18 39 | 10 37 | 16 51 | 13 09 | 22 20 | 22 57 | 10 47 | 04 35 | 14 49 | 10 53 |
| 13 | 03 49 | 12 56 | 04 25 | 16 26 | 12 21 | 18 42 | 10 39 | 16 50 | 13 08 | 22 21 | 23 01 | 10 39 | 04 41 | 14 41 | 10 51 |
| 14 | 03 26 | 07 30 | 04 00 | 16 44 | 12 35 | 18 44 | 10 41 | 16 50 | 13 08 | 22 21 | 23 05 | 10 31 | 04 48 | 14 33 | 10 49 |
| 15 | 03 03 | 01 51 | 03 31 | 17 01 | 12 50 | 18 46 | 10 44 | 16 49 | 13 08 | 22 22 | 23 10 | 10 24 | 04 54 | 14 24 | 10 47 |
| 16 | 02 40 | -03 48 | 02 58 | 17 18 | 13 04 | 18 48 | 10 46 | 16 48 | 13 07 | 22 22 | 23 14 | 10 16 | 05 00 | 14 16 | 10 45 |
| 17 | 02 17 | 09 19 | 02 23 | 17 34 | 13 18 | 18 50 | 10 48 | 16 47 | 13 07 | 22 22 | 23 18 | 10 09 | 05 06 | 14 07 | 10 43 |
| 18 | 01 54 | 14 30 | 01 46 | 17 50 | 13 32 | 18 53 | 10 50 | 16 46 | 13 06 | 22 23 | 23 23 | 10 01 | 05 12 | 13 59 | 10 40 |
| 19 | 01 31 | 19 10 | 01 07 | 18 04 | 13 46 | 18 55 | 10 52 | 16 45 | 13 06 | 22 23 | 23 27 | 09 53 | 05 18 | 13 50 | 10 38 |
| 20 | 01 07 | 23 07 | 00 27 | 18 18 | 14 00 | 18 57 | 10 54 | 16 44 | 13 06 | 22 23 | 23 31 | 09 46 | 05 25 | 13 42 | 10 36 |
| 21 | 00 44 | 26 08 | +00 13 | 18 31 | 14 14 | 19 00 | 10 57 | 16 43 | 13 05 | 22 24 | 23 36 | 09 39 | 05 31 | 13 33 | 10 34 |
| 22 | 00 21 | 28 00 | 00 52 | 18 43 | 14 28 | 19 02 | 10 59 | 16 42 | 13 05 | 22 24 | 23 40 | 09 31 | 05 37 | 13 24 | 10 32 |
| 23 | -00 03 | 28 28 | 01 30 | 18 54 | 14 42 | 19 04 | 11 01 | 16 42 | 13 04 | 22 24 | 23 44 | 09 24 | 05 43 | 13 16 | 10 30 |
| 24 | 00 26 | 27 25 | 02 04 | 19 05 | 14 55 | 19 07 | 11 03 | 16 41 | 13 04 | 22 24 | 23 48 | 09 17 | 05 49 | 13 07 | 10 28 |
| 25 | 00 49 | 24 46 | 02 36 | 19 14 | 15 09 | 19 09 | 11 06 | 16 40 | 13 04 | 22 25 | 23 52 | 09 09 | 05 55 | 12 58 | 10 26 |
| 26 | 01 13 | 20 36 | 03 04 | 19 23 | 15 22 | 19 11 | 11 08 | 16 39 | 13 03 | 22 25 | 23 56 | 09 02 | 06 01 | 12 50 | 10 24 |
| 27 | 01 36 | 15 09 | 03 27 | 19 30 | 15 36 | 19 14 | 11 10 | 16 38 | 13 03 | 22 25 | 24 00 | 08 55 | 06 07 | 12 41 | 10 22 |
| 28 | 01 59 | 08 42 | 03 46 | 19 36 | 15 49 | 19 16 | 11 12 | 16 38 | 13 02 | 22 25 | 24 04 | 08 48 | 06 13 | 12 32 | 10 20 |
| 29 | 02 23 | 01 38 | 04 00 | 19 41 | 16 02 | 19 19 | 11 15 | 16 37 | 13 02 | 22 26 | 24 08 | 08 41 | 06 19 | 12 23 | 10 18 |
| 30 | 02 46 | +05 36 | 04 09 | 19 45 | 16 15 | 19 21 | 11 17 | 16 36 | 13 01 | 22 26 | 24 12 | 08 34 | 06 25 | 12 15 | 10 16 |

Lunar Phases -- 6 ◑ 17:10 14 ● 08:51 22 ◐ 13:22 29 Ⓔ 10:36 Sun enters ♎ 9/22 21:13

## Oct. 42 — Longitudes of Main Planets - October 2042 — 0:00 E.T.

| D | S.T. | ☉ | ☽ | ☽ 12:00 | ☿ | ♀ | ♂ | ♃ | ♄ | ♅ | ♆ | ♇ | ☊ |
|---|---|---|---|---|---|---|---|---|---|---|---|---|---|
| 1 | 0:39:28 | 07♎57 19 | 00♉04 | 07♉35 | 20♍51 | 03♏38℞ | 14♏13 | 29♏23 | 05♏40 | 16♌14 | 09♉46℞ | 28♒00℞ | 18♈15 |
| 2 | 0:43:24 | 08 56 17 | 15 03 | 22 27 | 21 26 | 03 31 | 14 55 | 29 34 | 05 46 | 16 16 | 09 44 | 27 59 | 18 12 |
| 3 | 0:47:21 | 09 55 17 | 29 46 | 06♊59 | 22 10 | 03 21 | 15 36 | 29 45 | 05 53 | 16 19 | 09 43 | 27 58 | 18 09 |
| 4 | 0:51:17 | 10 54 19 | 14♊06 | 21 07 | 23 03 | 03 09 | 16 17 | 29 55 | 06 00 | 16 21 | 09 42 | 27 57 | 18 05 |
| 5 | 0:55:14 | 11 53 24 | 28 02 | 04♋50 | 24 03 | 02 54 | 16 59 | 00♐06 | 06 07 | 16 24 | 09 40 | 27 56 | 18 02 |
| 6 | 0:59:10 | 12 52 31 | 11♋32 | 18 09 | 25 10 | 02 37 | 17 41 | 00 17 | 06 13 | 16 26 | 09 39 | 27 55 | 17 59 |
| 7 | 1:03:07 | 13 51 40 | 24 40 | 01♌06 | 26 23 | 02 18 | 18 22 | 00 28 | 06 20 | 16 29 | 09 37 | 27 55 | 17 56 |
| 8 | 1:07:04 | 14 50 52 | 07♌27 | 13 44 | 27 41 | 01 57 | 19 04 | 00 39 | 06 27 | 16 31 | 09 36 | 27 54 | 17 53 |
| 9 | 1:11:00 | 15 50 05 | 19 56 | 26 06 | 29 05 | 01 33 | 19 46 | 00 51 | 06 34 | 16 33 | 09 34 | 27 53 | 17 50 |
| 10 | 1:14:57 | 16 49 21 | 02♍12 | 08♍15 | 00♎32 | 01 07 | 20 28 | 01 02 | 06 41 | 16 36 | 09 33 | 27 52 | 17 46 |
| 11 | 1:18:53 | 17 48 40 | 14 16 | 20 15 | 02 03 | 00 40 | 21 10 | 01 13 | 06 48 | 16 38 | 09 31 | 27 51 | 17 43 |
| 12 | 1:22:50 | 18 48 00 | 26 12 | 02♎08 | 03 36 | 00 10 | 21 52 | 01 25 | 06 55 | 16 40 | 09 30 | 27 51 | 17 40 |
| 13 | 1:26:46 | 19 47 23 | 08♎03 | 13 57 | 05 13 | 29♎39 | 22 34 | 01 36 | 07 02 | 16 42 | 09 28 | 27 50 | 17 37 |
| 14 | 1:30:43 | 20 46 47 | 19 51 | 25 44 | 06 51 | 29 07 | 23 16 | 01 48 | 07 09 | 16 44 | 09 27 | 27 49 | 17 34 |
| 15 | 1:34:39 | 21 46 14 | 01♏38 | 07♏32 | 08 30 | 28 33 | 23 59 | 01 59 | 07 16 | 16 46 | 09 25 | 27 49 | 17 30 |
| 16 | 1:38:36 | 22 45 43 | 13 26 | 19 22 | 10 11 | 27 59 | 24 41 | 02 11 | 07 23 | 16 48 | 09 23 | 27 48 | 17 27 |
| 17 | 1:42:33 | 23 45 14 | 25 18 | 01♐17 | 11 52 | 27 23 | 25 23 | 02 23 | 07 30 | 16 50 | 09 22 | 27 47 | 17 24 |
| 18 | 1:46:29 | 24 44 46 | 07♐17 | 13 19 | 13 34 | 26 47 | 26 06 | 02 35 | 07 37 | 16 52 | 09 20 | 27 47 | 17 21 |
| 19 | 1:50:26 | 25 44 21 | 19 24 | 25 33 | 15 17 | 26 10 | 26 48 | 02 46 | 07 44 | 16 54 | 09 19 | 27 46 | 17 18 |
| 20 | 1:54:22 | 26 43 57 | 01♑44 | 08♑00 | 17 00 | 25 34 | 27 31 | 02 58 | 07 52 | 16 56 | 09 17 | 27 46 | 17 15 |
| 21 | 1:58:19 | 27 43 35 | 14 20 | 20 45 | 18 42 | 24 57 | 28 14 | 03 11 | 07 59 | 16 58 | 09 15 | 27 45 | 17 11 |
| 22 | 2:02:15 | 28 43 15 | 27 15 | 03♒51 | 20 25 | 24 21 | 28 56 | 03 23 | 08 06 | 16 59 | 09 14 | 27 45 | 17 08 |
| 23 | 2:06:12 | 29 42 56 | 10♒33 | 17 21 | 22 08 | 23 45 | 29 39 | 03 35 | 08 13 | 17 01 | 09 12 | 27 44 | 17 05 |
| 24 | 2:10:08 | 00♏42 40 | 24 15 | 01♓16 | 23 50 | 23 11 | 00♐22 | 03 47 | 08 20 | 17 03 | 09 10 | 27 44 | 17 02 |
| 25 | 2:14:05 | 01 42 24 | 08♓23 | 15 36 | 25 32 | 22 37 | 01 05 | 03 59 | 08 27 | 17 04 | 09 09 | 27 43 | 16 59 |
| 26 | 2:18:02 | 02 42 11 | 22 55 | 00♈20 | 27 14 | 22 04 | 01 48 | 04 12 | 08 35 | 17 06 | 09 07 | 27 43 | 16 56 |
| 27 | 2:21:58 | 03 41 59 | 07♈49 | 15 21 | 28 55 | 21 33 | 02 31 | 04 24 | 08 42 | 17 07 | 09 05 | 27 42 | 16 52 |
| 28 | 2:25:55 | 04 41 49 | 22 57 | 00♉33 | 00♏36 | 21 04 | 03 14 | 04 36 | 08 49 | 17 09 | 09 04 | 27 42 | 16 49 |
| 29 | 2:29:51 | 05 41 41 | 08♉10 | 15 46 | 02 16 | 20 37 | 03 57 | 04 49 | 08 56 | 17 10 | 09 02 | 27 42 | 16 46 |
| 30 | 2:33:48 | 06 41 35 | 23 20 | 00♊50 | 03 56 | 20 11 | 04 41 | 05 01 | 09 03 | 17 11 | 09 00 | 27 41 | 16 43 |
| 31 | 2:37:44 | 07 41 31 | 08♊16 | 15 36 | 05 35 | 19 48 | 05 24 | 05 14 | 09 11 | 17 13 | 08 58 | 27 41 | 16 40 |

## 0:00 E.T. — Longitudes of the Major Asteroids and Chiron

| D | ⚳ | ⚴ | ⚵ | ⚶ | ⚷ | D | ⚳ | ⚴ | ⚵ | ⚶ | ⚷ |
|---|---|---|---|---|---|---|---|---|---|---|---|
| 1 | 13♐07 | 10♏49 | 11♏35 | 07♍17 | 14♌43 | 17 | 18 22 | 17 33 | 16 45 | 14 29 | 16 00 |
| 2 | 13 26 | 11 14 | 11 54 | 07 44 | 14 48 | 18 | 18 43 | 17 59 | 17 05 | 14 56 | 16 05 |
| 3 | 13 45 | 11 39 | 12 13 | 08 11 | 14 53 | 19 | 19 04 | 18 25 | 17 25 | 15 23 | 16 09 |
| 4 | 14 04 | 12 04 | 12 33 | 08 39 | 14 59 | 20 | 19 24 | 18 50 | 17 45 | 15 50 | 16 13 |
| 5 | 14 23 | 12 29 | 12 52 | 09 06 | 15 04 | 21 | 19 45 | 19 16 | 18 04 | 16 16 | 16 17 |
| 6 | 14 43 | 12 54 | 13 11 | 09 33 | 15 09 | 22 | 20 06 | 19 42 | 18 24 | 16 43 | 16 21 |
| 7 | 15 02 | 13 19 | 13 30 | 10 00 | 15 14 | 23 | 20 27 | 20 07 | 18 44 | 17 10 | 16 25 |
| 8 | 15 22 | 13 44 | 13 49 | 10 27 | 15 19 | 24 | 20 48 | 20 33 | 19 04 | 17 36 | 16 28 |
| 9 | 15 41 | 14 10 | 14 09 | 10 54 | 15 24 | 25 | 21 09 | 20 59 | 19 24 | 18 03 | 16 32 |
| 10 | 16 01 | 14 35 | 14 28 | 11 21 | 15 29 | 26 | 21 31 | 21 25 | 19 44 | 18 29 | 16 35 |
| 11 | 16 21 | 15 00 | 14 48 | 11 48 | 15 33 | 27 | 21 52 | 21 51 | 20 04 | 18 55 | 16 39 |
| 12 | 16 41 | 15 26 | 15 07 | 12 15 | 15 38 | 28 | 22 14 | 22 16 | 20 24 | 19 22 | 16 42 |
| 13 | 17 01 | 15 51 | 15 27 | 12 42 | 15 43 | 29 | 22 35 | 22 42 | 20 45 | 19 48 | 16 45 |
| 14 | 17 21 | 16 17 | 15 46 | 13 09 | 15 47 | 30 | 22 57 | 23 08 | 21 05 | 20 14 | 16 49 |
| 15 | 17 41 | 16 42 | 16 06 | 13 36 | 15 52 | 31 | 23 18 | 23 34 | 21 25 | 20 41 | 16 52 |
| 16 | 18 02 | 17 08 | 16 25 | 14 03 | 15 56 | | | | | | |

## Lunar Data

| Last Asp. | | Ingress | | |
|---|---|---|---|---|
| 2 | 23:58 | 3 | ♊ | 00:24 |
| 4 | 23:51 | 5 | ♋ | 03:28 |
| 7 | 03:32 | 7 | ♌ | 09:57 |
| 9 | 15:30 | 9 | ♍ | 19:40 |
| 11 | 14:42 | 12 | ♎ | 07:40 |
| 14 | 18:02 | 14 | ♏ | 20:41 |
| 17 | 04:59 | 17 | ♐ | 09:26 |
| 19 | 16:18 | 19 | ♑ | 20:38 |
| 22 | 03:15 | 22 | ♒ | 05:01 |
| 24 | 05:58 | 24 | ♓ | 09:51 |
| 25 | 01:16 | 26 | ♈ | 11:28 |
| 28 | 07:30 | 28 | ♉ | 11:08 |
| 30 | 06:58 | 30 | ♊ | 10:40 |

## 0:00 E.T. — Declinations

| D | ☉ | ☽ | ☿ | ♀ | ♂ | ♃ | ♄ | ♅ | ♆ | ♇ | ⚳ | ⚴ | ⚵ | ⚶ | ⚷ |
|---|---|---|---|---|---|---|---|---|---|---|---|---|---|---|---|
| 1 | -03 09 | +12 32 | +04 12 | -19 48 | -16 28 | -19 23 | -11 19 | +16 35 | +13 01 | -22 26 | -24 16 | +08 27 | -06 31 | +12 06 | +10 14 |
| 2 | 03 33 | 18 39 | 04 11 | 19 49 | 16 41 | 19 26 | 11 22 | 16 34 | 13 00 | 22 26 | 24 20 | 08 20 | 06 37 | 11 57 | 10 12 |
| 3 | 03 56 | 23 33 | 04 05 | 19 49 | 16 54 | 19 28 | 11 24 | 16 34 | 13 00 | 22 27 | 24 24 | 08 14 | 06 42 | 11 48 | 10 10 |
| 4 | 04 19 | 26 52 | 03 55 | 19 48 | 17 06 | 19 31 | 11 26 | 16 33 | 12 59 | 22 27 | 24 28 | 08 07 | 06 48 | 11 39 | 10 08 |
| 5 | 04 42 | 28 24 | 03 40 | 19 45 | 17 19 | 19 33 | 11 29 | 16 32 | 12 59 | 22 27 | 24 31 | 08 00 | 06 54 | 11 31 | 10 07 |
| 6 | 05 05 | 28 11 | 03 21 | 19 41 | 17 31 | 19 36 | 11 31 | 16 32 | 12 59 | 22 27 | 24 35 | 07 54 | 07 00 | 11 22 | 10 05 |
| 7 | 05 28 | 26 22 | 02 58 | 19 35 | 17 43 | 19 38 | 11 33 | 16 31 | 12 58 | 22 27 | 24 39 | 07 47 | 07 06 | 11 13 | 10 03 |
| 8 | 05 51 | 23 14 | 02 32 | 19 28 | 17 55 | 19 40 | 11 36 | 16 30 | 12 58 | 22 27 | 24 43 | 07 40 | 07 11 | 11 04 | 10 01 |
| 9 | 06 14 | 19 06 | 02 04 | 19 19 | 18 07 | 19 43 | 11 38 | 16 30 | 12 57 | 22 27 | 24 46 | 07 34 | 07 17 | 10 55 | 09 59 |
| 10 | 06 37 | 14 14 | 01 32 | 19 09 | 18 19 | 19 45 | 11 40 | 16 29 | 12 57 | 22 28 | 24 50 | 07 28 | 07 23 | 10 46 | 09 57 |
| 11 | 06 59 | 08 54 | 00 58 | 18 58 | 18 31 | 19 48 | 11 43 | 16 28 | 12 56 | 22 28 | 24 53 | 07 21 | 07 28 | 10 37 | 09 55 |
| 12 | 07 22 | 03 19 | 00 22 | 18 45 | 18 42 | 19 50 | 11 45 | 16 28 | 12 56 | 22 28 | 24 57 | 07 15 | 07 34 | 10 29 | 09 53 |
| 13 | 07 44 | -02 21 | -00 16 | 18 31 | 18 54 | 19 53 | 11 47 | 16 27 | 12 55 | 22 28 | 25 00 | 07 09 | 07 39 | 10 20 | 09 52 |
| 14 | 08 07 | 07 55 | 00 55 | 18 15 | 19 05 | 19 55 | 11 50 | 16 26 | 12 55 | 22 28 | 25 03 | 07 03 | 07 45 | 10 11 | 09 50 |
| 15 | 08 29 | 13 13 | 01 35 | 17 58 | 19 16 | 19 58 | 11 52 | 16 26 | 12 54 | 22 28 | 25 07 | 06 57 | 07 51 | 10 02 | 09 48 |
| 16 | 08 51 | 18 03 | 02 16 | 17 40 | 19 27 | 20 00 | 11 54 | 16 25 | 12 53 | 22 28 | 25 10 | 06 51 | 07 56 | 09 53 | 09 46 |
| 17 | 09 13 | 22 12 | 02 58 | 17 21 | 19 38 | 20 03 | 11 57 | 16 25 | 12 53 | 22 28 | 25 13 | 06 45 | 08 01 | 09 44 | 09 44 |
| 18 | 09 35 | 25 29 | 03 40 | 17 00 | 19 49 | 20 05 | 11 59 | 16 24 | 12 52 | 22 28 | 25 16 | 06 39 | 08 07 | 09 35 | 09 43 |
| 19 | 09 57 | 27 39 | 04 23 | 16 39 | 19 59 | 20 07 | 12 01 | 16 24 | 12 52 | 22 28 | 25 20 | 06 34 | 08 12 | 09 27 | 09 41 |
| 20 | 10 18 | 28 30 | 05 06 | 16 17 | 20 09 | 20 10 | 12 04 | 16 23 | 12 51 | 22 28 | 25 23 | 06 28 | 08 17 | 09 18 | 09 39 |
| 21 | 10 40 | 27 55 | 05 49 | 15 54 | 20 20 | 20 12 | 12 06 | 16 23 | 12 51 | 22 28 | 25 26 | 06 22 | 08 23 | 09 09 | 09 37 |
| 22 | 11 01 | 25 49 | 06 32 | 15 30 | 20 30 | 20 15 | 12 08 | 16 22 | 12 50 | 22 28 | 25 29 | 06 17 | 08 28 | 09 00 | 09 36 |
| 23 | 11 22 | 22 17 | 07 15 | 15 06 | 20 39 | 20 17 | 12 11 | 16 22 | 12 50 | 22 28 | 25 32 | 06 11 | 08 33 | 08 51 | 09 34 |
| 24 | 11 43 | 17 27 | 07 58 | 14 42 | 20 49 | 20 20 | 12 13 | 16 21 | 12 49 | 22 28 | 25 34 | 06 06 | 08 38 | 08 43 | 09 32 |
| 25 | 12 04 | 11 33 | 08 41 | 14 17 | 20 58 | 20 22 | 12 15 | 16 21 | 12 49 | 22 28 | 25 37 | 06 01 | 08 43 | 08 34 | 09 31 |
| 26 | 12 25 | 04 52 | 09 23 | 13 53 | 21 08 | 20 24 | 12 18 | 16 20 | 12 48 | 22 28 | 25 40 | 05 56 | 08 49 | 08 25 | 09 29 |
| 27 | 12 45 | +02 15 | 10 04 | 13 29 | 21 17 | 20 27 | 12 20 | 16 20 | 12 48 | 22 28 | 25 43 | 05 51 | 08 54 | 08 16 | 09 28 |
| 28 | 13 05 | 09 21 | 10 45 | 13 05 | 21 26 | 20 29 | 12 22 | 16 20 | 12 47 | 22 28 | 25 45 | 05 46 | 08 59 | 08 08 | 09 26 |
| 29 | 13 25 | 15 57 | 11 26 | 12 41 | 21 34 | 20 32 | 12 25 | 16 19 | 12 47 | 22 28 | 25 48 | 05 41 | 09 03 | 07 59 | 09 25 |
| 30 | 13 45 | 21 33 | 12 06 | 12 18 | 21 43 | 20 34 | 12 27 | 16 19 | 12 46 | 22 28 | 25 50 | 05 36 | 09 08 | 07 50 | 09 23 |
| 31 | 14 04 | 25 41 | 12 46 | 11 55 | 21 51 | 20 36 | 12 29 | 16 18 | 12 45 | 22 28 | 25 53 | 05 31 | 09 13 | 07 42 | 09 21 |

Lunar Phases -- 6 ◑ 02:36  14 ● 02:04  22 ◐ 02:54  28 Ⓔ 19:50  Sun enters ♏ 10/23 06:51

## 0:00 E.T. Longitudes of Main Planets - November 2042 **Nov. 42**

| D | S.T. | ☉ | ☽ | ☽ 12:00 | ☿ | ♀ | ♂ | ♃ | ♄ | ♅ | ♆ | ♇ | ☊ |
|---|---|---|---|---|---|---|---|---|---|---|---|---|---|
| 1 | 2:41:41 | 08♏41 29 | 22♊50 | 29♊58 | 07♏14 | 19♎27℞ | 06♐07 | 05♐27 | 09♏18 | 17♌14 | 08♉57℞ | 27♒41℞ | 16♈36 |
| 2 | 2:45:37 | 09 41 29 | 06♋59 | 13♋52 | 08 53 | 19 08 | 06 51 | 05 39 | 09 25 | 17 15 | 08 55 | 27 40 | 16 33 |
| 3 | 2:49:34 | 10 41 32 | 20 39 | 27 18 | 10 31 | 18 51 | 07 34 | 05 52 | 09 32 | 17 16 | 08 53 | 27 40 | 16 30 |
| 4 | 2:53:31 | 11 41 36 | 03♌51 | 10♌18 | 12 08 | 18 37 | 08 18 | 06 05 | 09 40 | 17 17 | 08 52 | 27 40 | 16 27 |
| 5 | 2:57:27 | 12 41 43 | 16 39 | 22 54 | 13 46 | 18 26 | 09 02 | 06 18 | 09 47 | 17 18 | 08 50 | 27 40 | 16 24 |
| 6 | 3:01:24 | 13 41 52 | 29 05 | 05♍12 | 15 22 | 18 17 | 09 45 | 06 31 | 09 54 | 17 19 | 08 48 | 27 40 | 16 21 |
| 7 | 3:05:20 | 14 42 02 | 11♍15 | 17 15 | 16 59 | 18 10 | 10 29 | 06 43 | 10 01 | 17 20 | 08 47 | 27 40 | 16 17 |
| 8 | 3:09:17 | 15 42 15 | 23 12 | 29 08 | 18 35 | 18 06 | 11 13 | 06 56 | 10 08 | 17 21 | 08 45 | 27 40 | 16 14 |
| 9 | 3:13:13 | 16 42 30 | 05♎03 | 10♎56 | 20 10 | 18 05 | 11 57 | 07 09 | 10 16 | 17 22 | 08 43 | 27 40 | 16 11 |
| 10 | 3:17:10 | 17 42 46 | 16 49 | 22 43 | 21 45 | 18 05D | 12 41 | 07 22 | 10 23 | 17 22 | 08 42 | 27 39 | 16 08 |
| 11 | 3:21:06 | 18 43 05 | 28 36 | 04♏30 | 23 20 | 18 09 | 13 25 | 07 36 | 10 30 | 17 23 | 08 40 | 27 39D | 16 05 |
| 12 | 3:25:03 | 19 43 25 | 10♏25 | 16 22 | 24 55 | 18 14 | 14 09 | 07 49 | 10 37 | 17 24 | 08 38 | 27 40 | 16 02 |
| 13 | 3:29:00 | 20 43 47 | 22 20 | 28 19 | 26 29 | 18 22 | 14 53 | 08 02 | 10 44 | 17 24 | 08 37 | 27 40 | 15 58 |
| 14 | 3:32:56 | 21 44 11 | 04♐21 | 10♐24 | 28 03 | 18 32 | 15 38 | 08 15 | 10 52 | 17 25 | 08 35 | 27 40 | 15 55 |
| 15 | 3:36:53 | 22 44 37 | 16 30 | 22 38 | 29 36 | 18 44 | 16 22 | 08 28 | 10 59 | 17 25 | 08 33 | 27 40 | 15 52 |
| 16 | 3:40:49 | 23 45 04 | 28 49 | 05♑03 | 01♐09 | 18 59 | 17 06 | 08 41 | 11 06 | 17 26 | 08 32 | 27 40 | 15 49 |
| 17 | 3:44:46 | 24 45 32 | 11♑19 | 17 39 | 02 43 | 19 15 | 17 51 | 08 55 | 11 13 | 17 26 | 08 30 | 27 40 | 15 46 |
| 18 | 3:48:42 | 25 46 02 | 24 02 | 00♒29 | 04 15 | 19 34 | 18 35 | 09 08 | 11 20 | 17 26 | 08 29 | 27 40 | 15 42 |
| 19 | 3:52:39 | 26 46 34 | 06♒59 | 13 34 | 05 48 | 19 54 | 19 20 | 09 21 | 11 27 | 17 27 | 08 27 | 27 40 | 15 39 |
| 20 | 3:56:35 | 27 47 06 | 20 14 | 26 58 | 07 20 | 20 17 | 20 04 | 09 34 | 11 34 | 17 27 | 08 25 | 27 41 | 15 36 |
| 21 | 4:00:32 | 28 47 40 | 03♓47 | 10♓41 | 08 52 | 20 41 | 20 49 | 09 48 | 11 41 | 17 27 | 08 24 | 27 41 | 15 33 |
| 22 | 4:04:29 | 29 48 14 | 17 40 | 24 44 | 10 24 | 21 07 | 21 34 | 10 01 | 11 48 | 17 27 | 08 22 | 27 41 | 15 30 |
| 23 | 4:08:25 | 00♐48 50 | 01♈54 | 09♈08 | 11 56 | 21 34 | 22 18 | 10 14 | 11 55 | 17 27℞ | 08 21 | 27 41 | 15 27 |
| 24 | 4:12:22 | 01 49 27 | 16 27 | 23 50 | 13 27 | 22 04 | 23 03 | 10 28 | 12 02 | 17 27 | 08 19 | 27 42 | 15 23 |
| 25 | 4:16:18 | 02 50 06 | 01♉17 | 08♉46 | 14 58 | 22 34 | 23 48 | 10 41 | 12 09 | 17 27 | 08 18 | 27 42 | 15 20 |
| 26 | 4:20:15 | 03 50 45 | 16 16 | 23 47 | 16 29 | 23 07 | 24 33 | 10 55 | 12 16 | 17 27 | 08 16 | 27 43 | 15 17 |
| 27 | 4:24:11 | 04 51 26 | 01♊18 | 08♊46 | 18 00 | 23 41 | 25 18 | 11 08 | 12 23 | 17 26 | 08 15 | 27 43 | 15 14 |
| 28 | 4:28:08 | 05 52 08 | 16 12 | 23 34 | 19 31 | 24 16 | 26 03 | 11 22 | 12 30 | 17 26 | 08 13 | 27 43 | 15 11 |
| 29 | 4:32:04 | 06 52 52 | 00♋50 | 08♋01 | 21 01 | 24 53 | 26 48 | 11 35 | 12 36 | 17 26 | 08 12 | 27 44 | 15 08 |
| 30 | 4:36:01 | 07 53 37 | 15 06 | 22 03 | 22 31 | 25 31 | 27 33 | 11 49 | 12 43 | 17 25 | 08 10 | 27 44 | 15 04 |

## 0:00 E.T. Longitudes of the Major Asteroids and Chiron

| D | ⚳ | ⚴ | ⚵ | ⚶ | ⚷ | D | ⚳ | ⚴ | ⚵ | ⚶ | ⚷ |
|---|---|---|---|---|---|---|---|---|---|---|---|
| 1 | 23♐40 | 24♏00 | 21♏45 | 21♍07 | 16♌55 | 16 | 29 14 | 00 30 | 26 51 | 27 32 | 17 28 |
| 2 | 24 02 | 24 26 | 22 05 | 21 33 | 16 58 | 17 | 29 37 | 00 56 | 27 11 | 27 58 | 17 30 |
| 3 | 24 24 | 24 52 | 22 26 | 21 59 | 17 01 | 18 | 00 00 | 01 22 | 27 32 | 28 23 | 17 31 |
| 4 | 24 46 | 25 18 | 22 46 | 22 25 | 17 03 | 19 | 00♑23 | 01 49 | 27 52 | 28 48 | 17 32 |
| 5 | 25 08 | 25 44 | 23 06 | 22 51 | 17 06 | 20 | 00 46 | 02 15 | 28 12 | 29 13 | 17 33 |
| 6 | 25 30 | 26 10 | 23 26 | 23 17 | 17 08 | 21 | 01 09 | 02 41 | 28 33 | 29 37 | 17 34 |
| 7 | 25 52 | 26 36 | 23 47 | 23 43 | 17 11 | 22 | 01 32 | 03 07 | 28 53 | 00♎02 | 17 35 |
| 8 | 26 14 | 27 02 | 24 07 | 24 09 | 17 13 | 23 | 01 55 | 03 33 | 29 14 | 00 27 | 17 36 |
| 9 | 26 37 | 27 28 | 24 28 | 24 34 | 17 15 | 24 | 02 18 | 03 59 | 29 34 | 00 51 | 17 37 |
| 10 | 26 59 | 27 54 | 24 48 | 25 00 | 17 18 | 25 | 02 41 | 04 25 | 29 55 | 01 16 | 17 37 |
| 11 | 27 21 | 28 20 | 25 08 | 25 26 | 17 20 | 26 | 03 04 | 04 51 | 00♐15 | 01 40 | 17 38 |
| 12 | 27 44 | 28 46 | 25 29 | 25 51 | 17 21 | 27 | 03 27 | 05 17 | 00 36 | 02 04 | 17 38 |
| 13 | 28 06 | 29 12 | 25 49 | 26 17 | 17 23 | 28 | 03 51 | 05 43 | 00 56 | 02 29 | 17 38 |
| 14 | 28 29 | 29 38 | 26 10 | 26 42 | 17 25 | 29 | 04 14 | 06 09 | 01 17 | 02 53 | 17 39 |
| 15 | 28 52 | 00♐04 | 26 30 | 27 07 | 17 27 | 30 | 04 37 | 06 35 | 01 37 | 03 17 | 17 39℞ |

### Lunar Data

| Last Asp. | | Ingress | | |
|---|---|---|---|---|
| 1 | 08:08 | 1 | ♋ | 12:04 |
| 2 | 20:53 | 3 | ♌ | 16:55 |
| 5 | 21:14 | 6 | ♍ | 01:48 |
| 7 | 13:14 | 8 | ♎ | 13:45 |
| 10 | 22:05 | 11 | ♏ | 02:51 |
| 13 | 10:41 | 13 | ♐ | 15:21 |
| 15 | 21:46 | 16 | ♑ | 02:17 |
| 18 | 03:31 | 18 | ♒ | 11:07 |
| 20 | 14:32 | 20 | ♓ | 17:22 |
| 22 | 06:60 | 22 | ♈ | 20:50 |
| 24 | 18:14 | 24 | ♉ | 21:57 |
| 26 | 18:16 | 26 | ♊ | 21:56 |
| 28 | 18:52 | 28 | ♋ | 22:37 |
| 30 | 18:58 | | | |

## 0:00 E.T. Declinations

| D | ☉ | ☽ | ☿ | ♀ | ♂ | ♃ | ♄ | ♅ | ♆ | ♇ | ⚳ | ⚴ | ⚵ | ⚶ | ⚷ |
|---|---|---|---|---|---|---|---|---|---|---|---|---|---|---|---|
| 1 | -14 24 | +28 00 | -13 24 | -11 33 | -21 59 | -20 39 | -12 32 | +16 18 | +12 45 | -22 28 | -25 55 | +05 26 | -09 18 | +07 33 | +09 20 |
| 2 | 14 43 | 28 24 | 14 02 | 11 12 | 22 07 | 20 41 | 12 34 | 16 18 | 12 44 | 22 28 | 25 57 | 05 22 | 09 23 | 07 24 | 09 19 |
| 3 | 15 02 | 27 02 | 14 40 | 10 52 | 22 15 | 20 43 | 12 36 | 16 18 | 12 44 | 22 27 | 26 00 | 05 17 | 09 27 | 07 16 | 09 17 |
| 4 | 15 20 | 24 12 | 15 16 | 10 33 | 22 23 | 20 46 | 12 38 | 16 17 | 12 43 | 22 27 | 26 02 | 05 13 | 09 32 | 07 07 | 09 16 |
| 5 | 15 39 | 20 14 | 15 52 | 10 15 | 22 30 | 20 48 | 12 41 | 16 17 | 12 43 | 22 27 | 26 04 | 05 08 | 09 37 | 06 59 | 09 14 |
| 6 | 15 57 | 15 30 | 16 27 | 09 58 | 22 37 | 20 50 | 12 43 | 16 17 | 12 42 | 22 27 | 26 06 | 05 04 | 09 41 | 06 50 | 09 13 |
| 7 | 16 15 | 10 15 | 17 01 | 09 42 | 22 44 | 20 53 | 12 45 | 16 17 | 12 42 | 22 27 | 26 08 | 05 00 | 09 46 | 06 42 | 09 12 |
| 8 | 16 32 | 04 42 | 17 35 | 09 27 | 22 51 | 20 55 | 12 47 | 16 16 | 12 41 | 22 27 | 26 10 | 04 56 | 09 50 | 06 33 | 09 10 |
| 9 | 16 50 | -00 56 | 18 07 | 09 13 | 22 57 | 20 57 | 12 50 | 16 16 | 12 41 | 22 26 | 26 12 | 04 52 | 09 55 | 06 25 | 09 09 |
| 10 | 17 07 | 06 32 | 18 38 | 09 01 | 23 03 | 20 59 | 12 52 | 16 16 | 12 40 | 22 26 | 26 14 | 04 48 | 09 59 | 06 17 | 09 08 |
| 11 | 17 23 | 11 54 | 19 09 | 08 49 | 23 09 | 21 02 | 12 54 | 16 16 | 12 40 | 22 26 | 26 15 | 04 44 | 10 03 | 06 08 | 09 07 |
| 12 | 17 40 | 16 51 | 19 39 | 08 39 | 23 15 | 21 04 | 12 56 | 16 16 | 12 39 | 22 26 | 26 17 | 04 40 | 10 08 | 06 00 | 09 05 |
| 13 | 17 56 | 21 12 | 20 07 | 08 30 | 23 21 | 21 06 | 12 59 | 16 15 | 12 39 | 22 26 | 26 19 | 04 37 | 10 12 | 05 52 | 09 04 |
| 14 | 18 12 | 24 44 | 20 35 | 08 22 | 23 26 | 21 08 | 13 01 | 16 15 | 12 38 | 22 25 | 26 20 | 04 33 | 10 16 | 05 44 | 09 03 |
| 15 | 18 27 | 27 10 | 21 02 | 08 15 | 23 31 | 21 10 | 13 03 | 16 15 | 12 38 | 22 25 | 26 22 | 04 30 | 10 20 | 05 36 | 09 02 |
| 16 | 18 42 | 28 20 | 21 27 | 08 09 | 23 36 | 21 13 | 13 05 | 16 15 | 12 37 | 22 25 | 26 23 | 04 26 | 10 24 | 05 28 | 09 01 |
| 17 | 18 57 | 28 05 | 21 52 | 08 04 | 23 41 | 21 15 | 13 07 | 16 15 | 12 37 | 22 25 | 26 24 | 04 23 | 10 28 | 05 20 | 09 00 |
| 18 | 19 12 | 26 22 | 22 15 | 08 00 | 23 45 | 21 17 | 13 09 | 16 15 | 12 36 | 22 24 | 26 26 | 04 20 | 10 32 | 05 12 | 08 59 |
| 19 | 19 26 | 23 14 | 22 37 | 07 58 | 23 49 | 21 19 | 13 12 | 16 15 | 12 36 | 22 24 | 26 27 | 04 17 | 10 36 | 05 04 | 08 58 |
| 20 | 19 40 | 18 51 | 22 59 | 07 56 | 23 53 | 21 21 | 13 14 | 16 15 | 12 35 | 22 24 | 26 28 | 04 14 | 10 40 | 04 56 | 08 57 |
| 21 | 19 53 | 13 26 | 23 19 | 07 56 | 23 57 | 21 23 | 13 16 | 16 15 | 12 35 | 22 23 | 26 29 | 04 11 | 10 43 | 04 48 | 08 56 |
| 22 | 20 06 | 07 14 | 23 38 | 07 56 | 24 00 | 21 25 | 13 18 | 16 15 | 12 34 | 22 23 | 26 30 | 04 08 | 10 47 | 04 40 | 08 55 |
| 23 | 20 19 | 00 30 | 23 55 | 07 57 | 24 03 | 21 27 | 13 20 | 16 15 | 12 34 | 22 23 | 26 31 | 04 05 | 10 51 | 04 32 | 08 54 |
| 24 | 20 31 | +06 25 | 24 12 | 07 59 | 24 06 | 21 29 | 13 22 | 16 15 | 12 33 | 22 22 | 26 32 | 04 03 | 10 54 | 04 25 | 08 53 |
| 25 | 20 43 | 13 06 | 24 27 | 08 02 | 24 09 | 21 31 | 13 24 | 16 15 | 12 33 | 22 22 | 26 33 | 04 00 | 10 58 | 04 17 | 08 52 |
| 26 | 20 55 | 19 06 | 24 41 | 08 06 | 24 11 | 21 33 | 13 26 | 16 15 | 12 32 | 22 22 | 26 33 | 03 58 | 11 01 | 04 10 | 08 52 |
| 27 | 21 06 | 23 56 | 24 54 | 08 11 | 24 13 | 21 35 | 13 28 | 16 15 | 12 32 | 22 21 | 26 34 | 03 56 | 11 05 | 04 02 | 08 51 |
| 28 | 21 17 | 27 06 | 25 05 | 08 16 | 24 15 | 21 37 | 13 30 | 16 16 | 12 31 | 22 21 | 26 35 | 03 54 | 11 08 | 03 55 | 08 50 |
| 29 | 21 27 | 28 21 | 25 15 | 08 22 | 24 17 | 21 39 | 13 32 | 16 16 | 12 31 | 22 21 | 26 35 | 03 51 | 11 11 | 03 47 | 08 50 |
| 30 | 21 37 | 27 40 | 25 24 | 08 29 | 24 18 | 21 41 | 13 34 | 16 16 | 12 31 | 22 20 | 26 35 | 03 49 | 11 14 | 03 40 | 08 49 |

Lunar Phases -- 4 ◑ 15:52 12 ● 20:30 20 ◐ 14:33 27 ○ 06:07 Sun enters ♐ 11/22 04:39

## Longitudes of Main Planets - December 2042

0:00 E.T.

| D | S.T. | ☉ | ☽ | ☽ 12:00 | ☿ | ♀ | ♂ | ♃ | ♄ | ♅ | ♆ | ♇ | ☊ |
|---|---|---|---|---|---|---|---|---|---|---|---|---|---|
| 1 | 4:39:58 | 08♐54 24 | 28♋53 | 05♌37 | 24♐00 | 26♎10 | 28♐19 | 12♐02 | 12♏50 | 17♌25℞ | 08♉09℞ | 27♒45 | 15♈01 |
| 2 | 4:43:54 | 09 55 11 | 12♌13 | 18 42 | 25 29 | 26 51 | 29 04 | 12 16 | 12 57 | 17 24 | 08 08 | 27 45 | 14 58 |
| 3 | 4:47:51 | 10 56 01 | 25 06 | 01♍23 | 26 58 | 27 32 | 29 49 | 12 29 | 13 03 | 17 24 | 08 06 | 27 46 | 14 55 |
| 4 | 4:51:47 | 11 56 51 | 07♍35 | 13 42 | 28 26 | 28 15 | 00♑34 | 12 42 | 13 10 | 17 23 | 08 05 | 27 47 | 14 52 |
| 5 | 4:55:44 | 12 57 43 | 19 45 | 25 45 | 29 53 | 28 59 | 01 20 | 12 56 | 13 17 | 17 23 | 08 04 | 27 47 | 14 48 |
| 6 | 4:59:40 | 13 58 37 | 01♎42 | 07♎37 | 01♑20 | 29 44 | 02 05 | 13 10 | 13 23 | 17 22 | 08 02 | 27 48 | 14 45 |
| 7 | 5:03:37 | 14 59 31 | 13 31 | 19 24 | 02 46 | 00♏30 | 02 51 | 13 23 | 13 30 | 17 21 | 08 01 | 27 49 | 14 42 |
| 8 | 5:07:33 | 16 00 27 | 25 17 | 01♏10 | 04 11 | 01 17 | 03 36 | 13 37 | 13 36 | 17 20 | 08 00 | 27 49 | 14 39 |
| 9 | 5:11:30 | 17 01 24 | 07♏05 | 13 00 | 05 34 | 02 05 | 04 22 | 13 50 | 13 43 | 17 20 | 07 59 | 27 50 | 14 36 |
| 10 | 5:15:27 | 18 02 23 | 18 58 | 24 58 | 06 57 | 02 54 | 05 08 | 14 04 | 13 49 | 17 19 | 07 57 | 27 51 | 14 33 |
| 11 | 5:19:23 | 19 03 22 | 01♐00 | 07♐05 | 08 18 | 03 44 | 05 54 | 14 17 | 13 56 | 17 18 | 07 56 | 27 52 | 14 29 |
| 12 | 5:23:20 | 20 04 23 | 13 13 | 19 23 | 09 36 | 04 34 | 06 39 | 14 31 | 14 02 | 17 17 | 07 55 | 27 52 | 14 26 |
| 13 | 5:27:16 | 21 05 24 | 25 37 | 01♑54 | 10 53 | 05 25 | 07 25 | 14 44 | 14 08 | 17 16 | 07 54 | 27 53 | 14 23 |
| 14 | 5:31:13 | 22 06 26 | 08♑13 | 14 36 | 12 08 | 06 17 | 08 11 | 14 57 | 14 14 | 17 14 | 07 53 | 27 54 | 14 20 |
| 15 | 5:35:09 | 23 07 29 | 21 02 | 27 30 | 13 19 | 07 10 | 08 57 | 15 11 | 14 21 | 17 13 | 07 52 | 27 55 | 14 17 |
| 16 | 5:39:06 | 24 08 33 | 04♒02 | 10♒36 | 14 27 | 08 04 | 09 43 | 15 24 | 14 27 | 17 12 | 07 51 | 27 56 | 14 13 |
| 17 | 5:43:02 | 25 09 36 | 17 13 | 23 53 | 15 31 | 08 58 | 10 29 | 15 38 | 14 33 | 17 11 | 07 50 | 27 57 | 14 10 |
| 18 | 5:46:59 | 26 10 41 | 00♓36 | 07♓21 | 16 31 | 09 52 | 11 15 | 15 51 | 14 39 | 17 09 | 07 49 | 27 58 | 14 07 |
| 19 | 5:50:56 | 27 11 45 | 14 10 | 21 02 | 17 25 | 10 48 | 12 01 | 16 05 | 14 45 | 17 08 | 07 48 | 27 59 | 14 04 |
| 20 | 5:54:52 | 28 12 50 | 27 57 | 04♈56 | 18 13 | 11 44 | 12 47 | 16 18 | 14 51 | 17 07 | 07 47 | 28 00 | 14 01 |
| 21 | 5:58:49 | 29 13 56 | 11♈58 | 19 03 | 18 55 | 12 40 | 13 33 | 16 31 | 14 57 | 17 05 | 07 46 | 28 01 | 13 58 |
| 22 | 6:02:45 | 00♑15 01 | 26 12 | 03♉23 | 19 29 | 13 38 | 14 20 | 16 45 | 15 02 | 17 04 | 07 45 | 28 02 | 13 54 |
| 23 | 6:06:42 | 01 16 07 | 10♉37 | 17 53 | 19 54 | 14 35 | 15 06 | 16 58 | 15 08 | 17 02 | 07 44 | 28 03 | 13 51 |
| 24 | 6:10:38 | 02 17 13 | 25 11 | 02♊30 | 20 10 | 15 33 | 15 52 | 17 11 | 15 14 | 17 01 | 07 43 | 28 04 | 13 48 |
| 25 | 6:14:35 | 03 18 19 | 09♊49 | 17 08 | 20 16 | 16 32 | 16 38 | 17 25 | 15 20 | 16 59 | 07 42 | 28 05 | 13 45 |
| 26 | 6:18:31 | 04 19 26 | 24 24 | 01♋38 | 20 11℞ | 17 31 | 17 25 | 17 38 | 15 25 | 16 57 | 07 42 | 28 06 | 13 42 |
| 27 | 6:22:28 | 05 20 32 | 08♋49 | 15 55 | 19 54 | 18 31 | 18 11 | 17 51 | 15 31 | 16 56 | 07 41 | 28 07 | 13 39 |
| 28 | 6:26:25 | 06 21 40 | 22 56 | 29 52 | 19 25 | 19 31 | 18 58 | 18 04 | 15 36 | 16 54 | 07 40 | 28 08 | 13 35 |
| 29 | 6:30:21 | 07 22 47 | 06♌42 | 13♌25 | 18 45 | 20 32 | 19 44 | 18 18 | 15 41 | 16 52 | 07 39 | 28 09 | 13 32 |
| 30 | 6:34:18 | 08 23 55 | 20 02 | 26 33 | 17 53 | 21 33 | 20 31 | 18 31 | 15 47 | 16 50 | 07 39 | 28 11 | 13 29 |
| 31 | 6:38:14 | 09 25 03 | 02♍57 | 09♍16 | 16 52 | 22 34 | 21 17 | 18 44 | 15 52 | 16 48 | 07 38 | 28 12 | 13 26 |

## Longitudes of the Major Asteroids and Chiron

0:00 E.T.

| D | ⚳ | ⚴ | ⚵ | ⚶ | ⚷ |
|---|---|---|---|---|---|
| 1 | 05♑01 | 07♐01 | 01♐58 | 03♎41 | 17♌39℞ |
| 2 | 05 24 | 07 27 | 02 18 | 04 04 | 17 38 |
| 3 | 05 48 | 07 53 | 02 39 | 04 28 | 17 38 |
| 4 | 06 11 | 08 19 | 02 59 | 04 52 | 17 38 |
| 5 | 06 35 | 08 45 | 03 20 | 05 15 | 17 37 |
| 6 | 06 58 | 09 11 | 03 40 | 05 38 | 17 37 |
| 7 | 07 22 | 09 37 | 04 00 | 06 02 | 17 36 |
| 8 | 07 45 | 10 03 | 04 21 | 06 25 | 17 35 |
| 9 | 08 09 | 10 29 | 04 41 | 06 48 | 17 34 |
| 10 | 08 33 | 10 54 | 05 02 | 07 11 | 17 33 |
| 11 | 08 56 | 11 20 | 05 22 | 07 33 | 17 32 |
| 12 | 09 20 | 11 46 | 05 42 | 07 56 | 17 31 |
| 13 | 09 44 | 12 12 | 06 03 | 08 18 | 17 30 |
| 14 | 10 08 | 12 38 | 06 23 | 08 40 | 17 28 |
| 15 | 10 31 | 13 03 | 06 43 | 09 03 | 17 27 |
| 16 | 10 55 | 13 29 | 07 03 | 09 25 | 17 25 |

| D | ⚳ | ⚴ | ⚵ | ⚶ | ⚷ |
|---|---|---|---|---|---|
| 17 | 11 19 | 13 55 | 07 24 | 09 46 | 17 24 |
| 18 | 11 43 | 14 21 | 07 44 | 10 08 | 17 22 |
| 19 | 12 07 | 14 46 | 08 04 | 10 30 | 17 20 |
| 20 | 12 31 | 15 12 | 08 24 | 10 51 | 17 18 |
| 21 | 12 55 | 15 37 | 08 44 | 11 12 | 17 16 |
| 22 | 13 18 | 16 03 | 09 04 | 11 33 | 17 14 |
| 23 | 13 42 | 16 28 | 09 24 | 11 54 | 17 11 |
| 24 | 14 06 | 16 54 | 09 44 | 12 15 | 17 09 |
| 25 | 14 30 | 17 19 | 10 04 | 12 35 | 17 06 |
| 26 | 14 54 | 17 45 | 10 24 | 12 56 | 17 04 |
| 27 | 15 18 | 18 10 | 10 44 | 13 16 | 17 01 |
| 28 | 15 42 | 18 35 | 11 04 | 13 36 | 16 59 |
| 29 | 16 06 | 19 01 | 11 24 | 13 56 | 16 56 |
| 30 | 16 30 | 19 26 | 11 43 | 14 15 | 16 53 |
| 31 | 16 54 | 19 51 | 12 03 | 14 35 | 16 50 |

## Lunar Data

| Last Asp. | | Ingress | | |
|---|---|---|---|---|
| 30 | 18:58 | 1 | ♌ | 01:58 |
| 3 | 05:05 | 3 | ♍ | 09:21 |
| 4 | 11:04 | 5 | ♎ | 20:34 |
| 8 | 05:11 | 8 | ♏ | 09:37 |
| 10 | 17:46 | 10 | ♐ | 22:01 |
| 13 | 04:21 | 13 | ♑ | 08:23 |
| 14 | 11:25 | 15 | ♒ | 16:36 |
| 17 | 19:17 | 17 | ♓ | 22:56 |
| 20 | 00:28 | 20 | ♈ | 03:31 |
| 22 | 03:04 | 22 | ♉ | 06:22 |
| 24 | 04:43 | 24 | ♊ | 07:54 |
| 26 | 06:07 | 26 | ♋ | 09:16 |
| 27 | 18:12 | 28 | ♌ | 12:14 |
| 30 | 15:04 | 30 | ♍ | 18:27 |

## Declinations

0:00 E.T.

| D | ☉ | ☽ | ☿ | ♀ | ♂ | ♃ | ♄ | ♅ | ♆ | ♇ | ⚳ | ⚴ | ⚵ | ⚶ | ⚷ |
|---|---|---|---|---|---|---|---|---|---|---|---|---|---|---|---|
| 1 | -21 47 | +25 16 | -25 31 | -08 36 | -24 19 | -21 43 | -13 36 | +16 16 | +12 30 | -22 20 | -26 36 | +03 48 | -11 18 | +03 33 | +08 48 |
| 2 | 21 56 | 21 33 | 25 37 | 08 44 | 24 20 | 21 45 | 13 38 | 16 16 | 12 30 | 22 19 | 26 36 | 03 46 | 11 21 | 03 26 | 08 48 |
| 3 | 22 05 | 16 55 | 25 42 | 08 53 | 24 21 | 21 46 | 13 40 | 16 16 | 12 29 | 22 19 | 26 36 | 03 44 | 11 24 | 03 19 | 08 47 |
| 4 | 22 13 | 11 42 | 25 45 | 09 02 | 24 21 | 21 48 | 13 42 | 16 17 | 12 29 | 22 19 | 26 36 | 03 43 | 11 27 | 03 12 | 08 47 |
| 5 | 22 21 | 06 10 | 25 47 | 09 12 | 24 21 | 21 50 | 13 44 | 16 17 | 12 29 | 22 18 | 26 37 | 03 41 | 11 30 | 03 05 | 08 46 |
| 6 | 22 28 | 00 31 | 25 47 | 09 23 | 24 21 | 21 52 | 13 46 | 16 17 | 12 28 | 22 18 | 26 37 | 03 40 | 11 32 | 02 58 | 08 46 |
| 7 | 22 35 | -05 06 | 25 46 | 09 34 | 24 20 | 21 54 | 13 47 | 16 17 | 12 28 | 22 17 | 26 36 | 03 38 | 11 35 | 02 51 | 08 45 |
| 8 | 22 42 | 10 31 | 25 43 | 09 45 | 24 19 | 21 55 | 13 49 | 16 18 | 12 27 | 22 17 | 26 36 | 03 37 | 11 38 | 02 44 | 08 45 |
| 9 | 22 48 | 15 35 | 25 39 | 09 57 | 24 18 | 21 57 | 13 51 | 16 18 | 12 27 | 22 16 | 26 36 | 03 36 | 11 40 | 02 38 | 08 45 |
| 10 | 22 54 | 20 06 | 25 34 | 10 09 | 24 17 | 21 59 | 13 53 | 16 18 | 12 27 | 22 16 | 26 36 | 03 35 | 11 43 | 02 31 | 08 44 |
| 11 | 22 59 | 23 52 | 25 27 | 10 21 | 24 15 | 22 00 | 13 55 | 16 19 | 12 26 | 22 16 | 26 35 | 03 34 | 11 45 | 02 25 | 08 44 |
| 12 | 23 04 | 26 36 | 25 19 | 10 34 | 24 13 | 22 02 | 13 56 | 16 19 | 12 26 | 22 15 | 26 35 | 03 34 | 11 48 | 02 18 | 08 44 |
| 13 | 23 08 | 28 06 | 25 10 | 10 48 | 24 11 | 22 04 | 13 58 | 16 19 | 12 26 | 22 15 | 26 34 | 03 33 | 11 50 | 02 12 | 08 44 |
| 14 | 23 12 | 28 10 | 24 59 | 11 01 | 24 09 | 22 05 | 14 00 | 16 20 | 12 25 | 22 14 | 26 34 | 03 33 | 11 53 | 02 06 | 08 43 |
| 15 | 23 15 | 26 45 | 24 47 | 11 15 | 24 06 | 22 07 | 14 02 | 16 20 | 12 25 | 22 14 | 26 33 | 03 32 | 11 55 | 02 00 | 08 43 |
| 16 | 23 18 | 23 53 | 24 34 | 11 29 | 24 03 | 22 08 | 14 03 | 16 20 | 12 25 | 22 13 | 26 33 | 03 32 | 11 57 | 01 54 | 08 43 |
| 17 | 23 21 | 19 44 | 24 19 | 11 43 | 24 00 | 22 10 | 14 05 | 16 21 | 12 25 | 22 13 | 26 32 | 03 32 | 11 59 | 01 48 | 08 43 |
| 18 | 23 23 | 14 34 | 24 04 | 11 58 | 23 56 | 22 11 | 14 07 | 16 21 | 12 24 | 22 12 | 26 31 | 03 32 | 12 01 | 01 42 | 08 43 |
| 19 | 23 24 | 08 37 | 23 48 | 12 12 | 23 53 | 22 13 | 14 08 | 16 22 | 12 24 | 22 12 | 26 30 | 03 32 | 12 03 | 01 36 | 08 43 |
| 20 | 23 25 | 02 10 | 23 31 | 12 27 | 23 49 | 22 14 | 14 10 | 16 22 | 12 24 | 22 11 | 26 29 | 03 32 | 12 05 | 01 31 | 08 43 |
| 21 | 23 26 | +04 30 | 23 14 | 12 42 | 23 44 | 22 16 | 14 11 | 16 23 | 12 24 | 22 10 | 26 28 | 03 32 | 12 07 | 01 25 | 08 43 |
| 22 | 23 26 | 11 02 | 22 57 | 12 57 | 23 40 | 22 17 | 14 13 | 16 23 | 12 23 | 22 10 | 26 27 | 03 32 | 12 08 | 01 20 | 08 43 |
| 23 | 23 26 | 17 06 | 22 39 | 13 12 | 23 35 | 22 18 | 14 15 | 16 24 | 12 23 | 22 09 | 26 25 | 03 33 | 12 10 | 01 14 | 08 44 |
| 24 | 23 25 | 22 14 | 22 22 | 13 28 | 23 30 | 22 20 | 14 16 | 16 24 | 12 23 | 22 09 | 26 24 | 03 33 | 12 12 | 01 09 | 08 44 |
| 25 | 23 24 | 26 00 | 22 05 | 13 43 | 23 24 | 22 21 | 14 18 | 16 25 | 12 23 | 22 08 | 26 23 | 03 34 | 12 13 | 01 04 | 08 44 |
| 26 | 23 22 | 28 02 | 21 48 | 13 58 | 23 19 | 22 22 | 14 19 | 16 25 | 12 22 | 22 08 | 26 21 | 03 35 | 12 15 | 00 59 | 08 44 |
| 27 | 23 20 | 28 07 | 21 33 | 14 14 | 23 13 | 22 24 | 14 21 | 16 26 | 12 22 | 22 07 | 26 20 | 03 36 | 12 16 | 00 54 | 08 45 |
| 28 | 23 17 | 26 22 | 21 18 | 14 29 | 23 07 | 22 25 | 14 22 | 16 26 | 12 22 | 22 07 | 26 18 | 03 37 | 12 17 | 00 49 | 08 45 |
| 29 | 23 14 | 23 04 | 21 04 | 14 44 | 23 00 | 22 26 | 14 23 | 16 27 | 12 22 | 22 06 | 26 17 | 03 38 | 12 19 | 00 45 | 08 45 |
| 30 | 23 10 | 18 38 | 20 52 | 15 00 | 22 53 | 22 27 | 14 25 | 16 28 | 12 22 | 22 05 | 26 15 | 03 39 | 12 20 | 00 40 | 08 46 |
| 31 | 23 06 | 13 29 | 20 40 | 15 15 | 22 47 | 22 28 | 14 26 | 16 28 | 12 22 | 22 05 | 26 13 | 03 40 | 12 21 | 00 36 | 08 46 |

Lunar Phases -- 4 ◑ 09:20 12 ● 14:31 20 ◐ 00:29 26 ○ 17:44 Sun enters ♑ 12/21 18:06

## 0:00 E.T. Longitudes of Main Planets - January 2043

| D | S.T. | ☉ | ☽ | ☽ 12:00 | ☿ | ♀ | ♂ | ♃ | ♄ | ♅ | ♆ | ♇ | ☊ |
|---|---|---|---|---|---|---|---|---|---|---|---|---|---|
| 1 | 6:42:11 | 10♑26 12 | 15♍29 | 21♍38 | 15♑42℞ | 23♏36 | 22♑04 | 18♐57 | 15♏57 | 16♌46℞ | 07♉38℞ | 28♒13 | 13♈23 |
| 2 | 6:46:07 | 11 27 20 | 27 43 | 03♎44 | 14 26 | 24 38 | 22 51 | 19 10 | 16 02 | 16 44 | 07 37 | 28 14 | 13 19 |
| 3 | 6:50:04 | 12 28 30 | 09♎42 | 15 37 | 13 05 | 25 40 | 23 37 | 19 23 | 16 07 | 16 42 | 07 37 | 28 16 | 13 16 |
| 4 | 6:54:00 | 13 29 39 | 21 32 | 27 25 | 11 44 | 26 43 | 24 24 | 19 36 | 16 12 | 16 40 | 07 36 | 28 17 | 13 13 |
| 5 | 6:57:57 | 14 30 49 | 03♏19 | 09♏13 | 10 24 | 27 47 | 25 11 | 19 49 | 16 17 | 16 38 | 07 36 | 28 18 | 13 10 |
| 6 | 7:01:54 | 15 31 59 | 15 08 | 21 06 | 09 08 | 28 50 | 25 57 | 20 02 | 16 22 | 16 36 | 07 35 | 28 19 | 13 07 |
| 7 | 7:05:50 | 16 33 09 | 27 05 | 03♐08 | 07 58 | 29 54 | 26 44 | 20 15 | 16 27 | 16 34 | 07 35 | 28 21 | 13 04 |
| 8 | 7:09:47 | 17 34 19 | 09♐14 | 15 23 | 06 55 | 00♐58 | 27 31 | 20 27 | 16 31 | 16 32 | 07 34 | 28 22 | 13 00 |
| 9 | 7:13:43 | 18 35 30 | 21 36 | 27 53 | 06 02 | 02 03 | 28 18 | 20 40 | 16 36 | 16 30 | 07 34 | 28 23 | 12 57 |
| 10 | 7:17:40 | 19 36 40 | 04♑15 | 10♑40 | 05 18 | 03 07 | 29 05 | 20 53 | 16 41 | 16 27 | 07 34 | 28 25 | 12 54 |
| 11 | 7:21:36 | 20 37 51 | 17 10 | 23 43 | 04 44 | 04 13 | 29 52 | 21 06 | 16 45 | 16 25 | 07 34 | 28 26 | 12 51 |
| 12 | 7:25:33 | 21 39 01 | 00♒20 | 07♒00 | 04 20 | 05 18 | 00♒39 | 21 18 | 16 49 | 16 23 | 07 33 | 28 28 | 12 48 |
| 13 | 7:29:29 | 22 40 10 | 13 44 | 20 30 | 04 06 | 06 23 | 01 26 | 21 31 | 16 54 | 16 21 | 07 33 | 28 29 | 12 45 |
| 14 | 7:33:26 | 23 41 19 | 27 19 | 04♓09 | 04 01 | 07 29 | 02 13 | 21 43 | 16 58 | 16 18 | 07 33 | 28 31 | 12 41 |
| 15 | 7:37:23 | 24 42 28 | 11♓02 | 17 57 | 04 04D | 08 35 | 03 00 | 21 56 | 17 02 | 16 16 | 07 33 | 28 32 | 12 38 |
| 16 | 7:41:19 | 25 43 36 | 24 53 | 01♈50 | 04 16 | 09 41 | 03 47 | 22 08 | 17 06 | 16 13 | 07 33 | 28 34 | 12 35 |
| 17 | 7:45:16 | 26 44 43 | 08♈48 | 15 48 | 04 35 | 10 48 | 04 34 | 22 20 | 17 10 | 16 11 | 07 33 | 28 35 | 12 32 |
| 18 | 7:49:12 | 27 45 49 | 22 49 | 29 51 | 05 00 | 11 55 | 05 21 | 22 33 | 17 14 | 16 09 | 07 33D | 28 37 | 12 29 |
| 19 | 7:53:09 | 28 46 54 | 06♉54 | 13♉58 | 05 32 | 13 01 | 06 08 | 22 45 | 17 18 | 16 06 | 07 33 | 28 38 | 12 25 |
| 20 | 7:57:05 | 29 47 59 | 21 03 | 28 08 | 06 09 | 14 09 | 06 55 | 22 57 | 17 21 | 16 04 | 07 33 | 28 40 | 12 22 |
| 21 | 8:01:02 | 00♒49 03 | 05♊13 | 12♊19 | 06 52 | 15 16 | 07 43 | 23 09 | 17 25 | 16 01 | 07 33 | 28 41 | 12 19 |
| 22 | 8:04:58 | 01 50 06 | 19 24 | 26 28 | 07 38 | 16 23 | 08 30 | 23 21 | 17 28 | 15 59 | 07 33 | 28 43 | 12 16 |
| 23 | 8:08:55 | 02 51 08 | 03♋30 | 10♋31 | 08 29 | 17 31 | 09 17 | 23 33 | 17 32 | 15 56 | 07 33 | 28 44 | 12 13 |
| 24 | 8:12:52 | 03 52 09 | 17 29 | 24 23 | 09 23 | 18 39 | 10 04 | 23 45 | 17 35 | 15 54 | 07 34 | 28 46 | 12 10 |
| 25 | 8:16:48 | 04 53 10 | 01♌14 | 08♌01 | 10 21 | 19 47 | 10 51 | 23 57 | 17 38 | 15 51 | 07 34 | 28 47 | 12 06 |
| 26 | 8:20:45 | 05 54 09 | 14 43 | 21 20 | 11 22 | 20 55 | 11 39 | 24 09 | 17 42 | 15 48 | 07 34 | 28 49 | 12 03 |
| 27 | 8:24:41 | 06 55 08 | 27 53 | 04♍20 | 12 25 | 22 03 | 12 26 | 24 20 | 17 45 | 15 46 | 07 34 | 28 51 | 12 00 |
| 28 | 8:28:38 | 07 56 06 | 10♍42 | 16 59 | 13 31 | 23 12 | 13 13 | 24 32 | 17 48 | 15 43 | 07 35 | 28 52 | 11 57 |
| 29 | 8:32:34 | 08 57 03 | 23 12 | 29 21 | 14 39 | 24 20 | 14 01 | 24 43 | 17 51 | 15 41 | 07 35 | 28 54 | 11 54 |
| 30 | 8:36:31 | 09 58 00 | 05♎26 | 11♎27 | 15 49 | 25 29 | 14 48 | 24 55 | 17 53 | 15 38 | 07 35 | 28 55 | 11 51 |
| 31 | 8:40:27 | 10 58 56 | 17 26 | 23 22 | 17 01 | 26 38 | 15 35 | 25 06 | 17 56 | 15 35 | 07 36 | 28 57 | 11 47 |

## 0:00 E.T. Longitudes of the Major Asteroids and Chiron

| D | ⚳ | ⚴ | ⚵ | ⚶ | ⚷ |
|---|---|---|---|---|---|
| 1 | 17♑18 | 20♐16 | 12♐23 | 14♎54 | 16♌47℞ |
| 2 | 17 42 | 20 41 | 12 42 | 15 13 | 16 44 |
| 3 | 18 06 | 21 06 | 13 02 | 15 32 | 16 41 |
| 4 | 18 30 | 21 31 | 13 22 | 15 50 | 16 37 |
| 5 | 18 55 | 21 56 | 13 41 | 16 08 | 16 34 |
| 6 | 19 19 | 22 21 | 14 00 | 16 27 | 16 30 |
| 7 | 19 43 | 22 46 | 14 20 | 16 44 | 16 27 |
| 8 | 20 07 | 23 11 | 14 39 | 17 02 | 16 23 |
| 9 | 20 31 | 23 36 | 14 58 | 17 20 | 16 20 |
| 10 | 20 55 | 24 00 | 15 18 | 17 37 | 16 16 |
| 11 | 21 19 | 24 25 | 15 37 | 17 54 | 16 12 |
| 12 | 21 43 | 24 50 | 15 56 | 18 10 | 16 08 |
| 13 | 22 07 | 25 14 | 16 15 | 18 27 | 16 04 |
| 14 | 22 31 | 25 39 | 16 34 | 18 43 | 16 01 |
| 15 | 22 55 | 26 03 | 16 53 | 18 59 | 15 57 |
| 16 | 23 19 | 26 27 | 17 12 | 19 14 | 15 52 |
| 17 | 23 43 | 26 52 | 17 31 | 19 30 | 15 48 |
| 18 | 24 07 | 27 16 | 17 49 | 19 45 | 15 44 |
| 19 | 24 31 | 27 40 | 18 08 | 19 59 | 15 40 |
| 20 | 24 55 | 28 04 | 18 26 | 20 14 | 15 36 |
| 21 | 25 19 | 28 28 | 18 45 | 20 28 | 15 32 |
| 22 | 25 43 | 28 52 | 19 03 | 20 42 | 15 27 |
| 23 | 26 07 | 29 16 | 19 22 | 20 55 | 15 23 |
| 24 | 26 31 | 29 40 | 19 40 | 21 08 | 15 19 |
| 25 | 26 54 | 00♑03 | 19 58 | 21 21 | 15 14 |
| 26 | 27 18 | 00 27 | 20 16 | 21 34 | 15 10 |
| 27 | 27 42 | 00 50 | 20 34 | 21 46 | 15 05 |
| 28 | 28 06 | 01 14 | 20 52 | 21 58 | 15 01 |
| 29 | 28 30 | 01 37 | 21 10 | 22 10 | 14 56 |
| 30 | 28 54 | 02 01 | 21 28 | 22 21 | 14 52 |
| 31 | 29 17 | 02 24 | 21 45 | 22 32 | 14 47 |

## Lunar Data

| Last Asp. | | Ingress | |
|---|---|---|---|
| 1 | 17:20 | 2 ♎ | 04:34 |
| 4 | 13:46 | 4 ♏ | 17:15 |
| 7 | 02:31 | 7 ♐ | 05:48 |
| 9 | 12:59 | 9 ♑ | 15:60 |
| 11 | 06:54 | 11 ♒ | 23:24 |
| 14 | 02:07 | 14 ♓ | 04:43 |
| 16 | 01:35 | 16 ♈ | 08:51 |
| 18 | 09:54 | 18 ♉ | 12:15 |
| 20 | 12:55 | 20 ♊ | 15:10 |
| 22 | 15:51 | 22 ♋ | 18:01 |
| 24 | 00:11 | 24 ♌ | 21:49 |
| 27 | 01:47 | 27 ♍ | 03:56 |
| 29 | 03:00 | 29 ♎ | 13:17 |

## 0:00 E.T. Declinations

| D | ☉ | ☽ | ☿ | ♀ | ♂ | ♃ | ♄ | ♅ | ♆ | ♇ | ⚳ | ⚴ | ⚵ | ⚶ | ⚷ |
|---|---|---|---|---|---|---|---|---|---|---|---|---|---|---|---|
| 1 | -23 02 | +07 54 | -20 30 | -15 30 | -22 39 | -22 30 | -14 27 | +16 29 | +12 21 | -22 04 | -26 11 | +03 42 | -12 22 | +00 32 | +08 47 |
| 2 | 22 57 | 02 10 | 20 21 | 15 45 | 22 32 | 22 31 | 14 29 | 16 29 | 12 21 | 22 04 | 26 10 | 03 43 | 12 23 | 00 27 | 08 47 |
| 3 | 22 51 | -03 32 | 20 14 | 16 00 | 22 24 | 22 32 | 14 30 | 16 30 | 12 21 | 22 03 | 26 08 | 03 45 | 12 24 | 00 23 | 08 48 |
| 4 | 22 45 | 09 03 | 20 08 | 16 15 | 22 16 | 22 33 | 14 31 | 16 31 | 12 21 | 22 03 | 26 06 | 03 47 | 12 24 | 00 19 | 08 48 |
| 5 | 22 39 | 14 14 | 20 04 | 16 29 | 22 08 | 22 34 | 14 32 | 16 31 | 12 21 | 22 02 | 26 03 | 03 49 | 12 25 | 00 16 | 08 49 |
| 6 | 22 32 | 18 55 | 20 01 | 16 43 | 21 59 | 22 35 | 14 34 | 16 32 | 12 21 | 22 01 | 26 01 | 03 51 | 12 26 | 00 12 | 08 49 |
| 7 | 22 25 | 22 54 | 19 59 | 16 58 | 21 51 | 22 36 | 14 35 | 16 33 | 12 21 | 22 01 | 25 59 | 03 53 | 12 26 | 00 08 | 08 50 |
| 8 | 22 17 | 25 57 | 19 59 | 17 12 | 21 42 | 22 37 | 14 36 | 16 33 | 12 21 | 22 00 | 25 57 | 03 55 | 12 27 | 00 05 | 08 51 |
| 9 | 22 09 | 27 50 | 20 00 | 17 25 | 21 32 | 22 38 | 14 37 | 16 34 | 12 21 | 22 00 | 25 54 | 03 57 | 12 27 | 00 02 | 08 51 |
| 10 | 22 00 | 28 19 | 20 03 | 17 39 | 21 23 | 22 39 | 14 38 | 16 35 | 12 21 | 21 59 | 25 52 | 04 00 | 12 28 | -00 01 | 08 52 |
| 11 | 21 51 | 27 17 | 20 07 | 17 52 | 21 13 | 22 40 | 14 39 | 16 35 | 12 21 | 21 58 | 25 49 | 04 02 | 12 28 | 00 04 | 08 53 |
| 12 | 21 42 | 24 44 | 20 12 | 18 05 | 21 03 | 22 41 | 14 40 | 16 36 | 12 21 | 21 58 | 25 47 | 04 05 | 12 28 | 00 07 | 08 54 |
| 13 | 21 32 | 20 48 | 20 18 | 18 18 | 20 53 | 22 41 | 14 41 | 16 37 | 12 21 | 21 57 | 25 44 | 04 08 | 12 28 | 00 10 | 08 55 |
| 14 | 21 22 | 15 43 | 20 24 | 18 30 | 20 42 | 22 42 | 14 42 | 16 38 | 12 21 | 21 56 | 25 42 | 04 11 | 12 28 | 00 13 | 08 55 |
| 15 | 21 11 | 09 49 | 20 32 | 18 42 | 20 32 | 22 43 | 14 43 | 16 38 | 12 21 | 21 56 | 25 39 | 04 14 | 12 28 | 00 15 | 08 56 |
| 16 | 21 00 | 03 23 | 20 40 | 18 54 | 20 21 | 22 44 | 14 44 | 16 39 | 12 21 | 21 55 | 25 36 | 04 17 | 12 28 | 00 17 | 08 57 |
| 17 | 20 48 | +03 15 | 20 48 | 19 05 | 20 10 | 22 45 | 14 45 | 16 40 | 12 21 | 21 55 | 25 33 | 04 20 | 12 28 | 00 19 | 08 58 |
| 18 | 20 36 | 09 46 | 20 57 | 19 16 | 19 58 | 22 45 | 14 46 | 16 41 | 12 21 | 21 54 | 25 30 | 04 23 | 12 28 | 00 21 | 08 59 |
| 19 | 20 24 | 15 51 | 21 05 | 19 27 | 19 47 | 22 46 | 14 47 | 16 41 | 12 21 | 21 53 | 25 28 | 04 27 | 12 28 | 00 23 | 09 00 |
| 20 | 20 11 | 21 06 | 21 13 | 19 37 | 19 35 | 22 47 | 14 48 | 16 42 | 12 21 | 21 53 | 25 24 | 04 30 | 12 27 | 00 25 | 09 01 |
| 21 | 19 58 | 25 10 | 21 21 | 19 47 | 19 23 | 22 47 | 14 49 | 16 43 | 12 21 | 21 52 | 25 21 | 04 34 | 12 27 | 00 27 | 09 02 |
| 22 | 19 45 | 27 40 | 21 29 | 19 56 | 19 11 | 22 48 | 14 49 | 16 44 | 12 21 | 21 51 | 25 18 | 04 38 | 12 26 | 00 28 | 09 03 |
| 23 | 19 31 | 28 23 | 21 36 | 20 05 | 18 58 | 22 49 | 14 50 | 16 44 | 12 21 | 21 51 | 25 15 | 04 41 | 12 26 | 00 29 | 09 05 |
| 24 | 19 17 | 27 16 | 21 42 | 20 14 | 18 46 | 22 49 | 14 51 | 16 45 | 12 21 | 21 50 | 25 12 | 04 45 | 12 25 | 00 30 | 09 06 |
| 25 | 19 02 | 24 30 | 21 48 | 20 22 | 18 33 | 22 50 | 14 52 | 16 46 | 12 22 | 21 50 | 25 09 | 04 49 | 12 25 | 00 31 | 09 07 |
| 26 | 18 48 | 20 26 | 21 53 | 20 29 | 18 20 | 22 50 | 14 52 | 16 47 | 12 22 | 21 49 | 25 05 | 04 54 | 12 24 | 00 32 | 09 08 |
| 27 | 18 32 | 15 26 | 21 57 | 20 37 | 18 07 | 22 51 | 14 53 | 16 47 | 12 22 | 21 48 | 25 02 | 04 58 | 12 23 | 00 33 | 09 09 |
| 28 | 18 17 | 09 54 | 22 01 | 20 43 | 17 53 | 22 51 | 14 54 | 16 48 | 12 22 | 21 48 | 24 59 | 05 02 | 12 22 | 00 33 | 09 10 |
| 29 | 18 01 | 04 05 | 22 03 | 20 49 | 17 40 | 22 52 | 14 54 | 16 49 | 12 22 | 21 47 | 24 55 | 05 07 | 12 21 | 00 33 | 09 12 |
| 30 | 17 45 | -01 45 | 22 04 | 20 55 | 17 26 | 22 52 | 14 55 | 16 50 | 12 22 | 21 46 | 24 52 | 05 11 | 12 20 | 00 33 | 09 13 |
| 31 | 17 28 | 07 25 | 22 05 | 21 00 | 17 12 | 22 53 | 14 55 | 16 51 | 12 23 | 21 46 | 24 48 | 05 16 | 12 19 | 00 33 | 09 14 |

Lunar Phases -- 3 ◑ 06:09 11 ● 06:54 18 ◐ 09:06 25 ○ 06:58 Sun enters ♒ 1/20 04:43

## Feb. 43 — Longitudes of Main Planets - February 2043 — 0:00 E.T.

| D | S.T. | ☉ | ☽ | ☽ 12:00 | ☿ | ♀ | ♂ | ♃ | ♄ | ♅ | ♆ | ♇ | ☊ |
|---|---|---|---|---|---|---|---|---|---|---|---|---|---|
| 1 | 8:44:24 | 11♒59 51 | 29♎17 | 05♏12 | 18♑15 | 27♐47 | 16♒22 | 25♐17 | 17♏59 | 15♌33℞ | 07♉36 | 28♒59 | 11♈44 |
| 2 | 8:48:21 | 13 00 45 | 11♏06 | 17 00 | 19 31 | 28 56 | 17 10 | 25 29 | 18 01 | 15 30 | 07 37 | 29 00 | 11 41 |
| 3 | 8:52:17 | 14 01 38 | 22 56 | 28 54 | 20 48 | 00♑06 | 17 57 | 25 40 | 18 04 | 15 28 | 07 37 | 29 02 | 11 38 |
| 4 | 8:56:14 | 15 02 31 | 04♐54 | 10♐58 | 22 06 | 01 15 | 18 45 | 25 51 | 18 06 | 15 25 | 07 38 | 29 04 | 11 35 |
| 5 | 9:00:10 | 16 03 23 | 17 05 | 23 16 | 23 26 | 02 25 | 19 32 | 26 02 | 18 08 | 15 22 | 07 39 | 29 05 | 11 31 |
| 6 | 9:04:07 | 17 04 14 | 29 32 | 05♑53 | 24 47 | 03 34 | 20 19 | 26 13 | 18 10 | 15 20 | 07 39 | 29 07 | 11 28 |
| 7 | 9:08:03 | 18 05 04 | 12♑18 | 18 49 | 26 09 | 04 44 | 21 07 | 26 23 | 18 12 | 15 17 | 07 40 | 29 09 | 11 25 |
| 8 | 9:12:00 | 19 05 53 | 25 26 | 02♒07 | 27 32 | 05 54 | 21 54 | 26 34 | 18 14 | 15 14 | 07 41 | 29 11 | 11 22 |
| 9 | 9:15:56 | 20 06 41 | 08♒53 | 15 44 | 28 56 | 07 04 | 22 42 | 26 45 | 18 16 | 15 12 | 07 41 | 29 12 | 11 19 |
| 10 | 9:19:53 | 21 07 28 | 22 39 | 29 38 | 00♒22 | 08 14 | 23 29 | 26 55 | 18 18 | 15 09 | 07 42 | 29 14 | 11 16 |
| 11 | 9:23:50 | 22 08 13 | 06♓40 | 13♓45 | 01 48 | 09 25 | 24 17 | 27 06 | 18 19 | 15 07 | 07 43 | 29 16 | 11 12 |
| 12 | 9:27:46 | 23 08 57 | 20 51 | 27 59 | 03 15 | 10 35 | 25 04 | 27 16 | 18 21 | 15 04 | 07 44 | 29 17 | 11 09 |
| 13 | 9:31:43 | 24 09 39 | 05♈08 | 12♈17 | 04 44 | 11 45 | 25 51 | 27 26 | 18 22 | 15 01 | 07 45 | 29 19 | 11 06 |
| 14 | 9:35:39 | 25 10 20 | 19 26 | 26 34 | 06 13 | 12 56 | 26 39 | 27 36 | 18 23 | 14 59 | 07 46 | 29 21 | 11 03 |
| 15 | 9:39:36 | 26 10 59 | 03♉42 | 10♉49 | 07 43 | 14 06 | 27 26 | 27 46 | 18 25 | 14 56 | 07 47 | 29 22 | 11 00 |
| 16 | 9:43:32 | 27 11 37 | 17 54 | 24 58 | 09 14 | 15 17 | 28 14 | 27 56 | 18 26 | 14 54 | 07 48 | 29 24 | 10 57 |
| 17 | 9:47:29 | 28 12 12 | 02♊00 | 09♊00 | 10 46 | 16 28 | 29 01 | 28 06 | 18 27 | 14 51 | 07 49 | 29 26 | 10 53 |
| 18 | 9:51:25 | 29 12 46 | 15 59 | 22 55 | 12 19 | 17 39 | 29 49 | 28 15 | 18 27 | 14 49 | 07 50 | 29 28 | 10 50 |
| 19 | 9:55:22 | 00♓13 19 | 29 50 | 06♋41 | 13 53 | 18 49 | 00♓36 | 28 25 | 18 28 | 14 46 | 07 51 | 29 29 | 10 47 |
| 20 | 9:59:19 | 01 13 49 | 13♋31 | 20 18 | 15 28 | 20 00 | 01 24 | 28 34 | 18 29 | 14 44 | 07 52 | 29 31 | 10 44 |
| 21 | 10:03:15 | 02 14 17 | 27 02 | 03♌42 | 17 03 | 21 11 | 02 11 | 28 44 | 18 29 | 14 41 | 07 53 | 29 33 | 10 41 |
| 22 | 10:07:12 | 03 14 44 | 10♌20 | 16 54 | 18 40 | 22 23 | 02 58 | 28 53 | 18 30 | 14 39 | 07 54 | 29 34 | 10 37 |
| 23 | 10:11:08 | 04 15 09 | 23 24 | 29 51 | 20 17 | 23 34 | 03 46 | 29 02 | 18 30 | 14 36 | 07 55 | 29 36 | 10 34 |
| 24 | 10:15:05 | 05 15 32 | 06♍15 | 12♍34 | 21 56 | 24 45 | 04 33 | 29 11 | 18 31 | 14 34 | 07 57 | 29 38 | 10 31 |
| 25 | 10:19:01 | 06 15 54 | 18 50 | 25 02 | 23 35 | 25 56 | 05 21 | 29 20 | 18 31 | 14 31 | 07 58 | 29 40 | 10 28 |
| 26 | 10:22:58 | 07 16 14 | 01♎11 | 07♎16 | 25 16 | 27 08 | 06 08 | 29 29 | 18 31℞ | 14 29 | 07 59 | 29 41 | 10 25 |
| 27 | 10:26:54 | 08 16 32 | 13 19 | 19 19 | 26 57 | 28 19 | 06 55 | 29 37 | 18 31 | 14 27 | 08 00 | 29 43 | 10 22 |
| 28 | 10:30:51 | 09 16 49 | 25 17 | 01♏14 | 28 39 | 29 30 | 07 43 | 29 46 | 18 31 | 14 24 | 08 02 | 29 45 | 10 18 |

## 0:00 E.T. — Longitudes of the Major Asteroids and Chiron

| D | ⚳ | ⚴ | ⚵ | ⚶ | ⚷ | D | ⚳ | ⚴ | ⚵ | ⚶ | ⚷ |
|---|---|---|---|---|---|---|---|---|---|---|---|
| 1 | 29♑41 | 02♑47 | 22♐03 | 22♎42 | 14♌43℞ | 15 | 05 11 | 08 01 | 25 58 | 24 27 | 13 40 |
| 2 | 00♒05 | 03 10 | 22 20 | 22 52 | 14 38 | 16 | 05 34 | 08 22 | 26 14 | 24 32 | 13 35 |
| 3 | 00 29 | 03 33 | 22 38 | 23 02 | 14 34 | 17 | 05 57 | 08 44 | 26 29 | 24 35 | 13 31 |
| 4 | 00 52 | 03 56 | 22 55 | 23 11 | 14 29 | 18 | 06 20 | 09 05 | 26 45 | 24 39 | 13 26 |
| 5 | 01 16 | 04 19 | 23 12 | 23 20 | 14 25 | 19 | 06 43 | 09 27 | 27 01 | 24 42 | 13 22 |
| 6 | 01 39 | 04 41 | 23 29 | 23 29 | 14 20 | 20 | 07 07 | 09 48 | 27 16 | 24 44 | 13 18 |
| 7 | 02 03 | 05 04 | 23 46 | 23 37 | 14 15 | 21 | 07 30 | 10 09 | 27 31 | 24 46 | 13 14 |
| 8 | 02 27 | 05 26 | 24 03 | 23 45 | 14 11 | 22 | 07 53 | 10 30 | 27 46 | 24 48 | 13 10 |
| 9 | 02 50 | 05 49 | 24 20 | 23 52 | 14 06 | 23 | 08 16 | 10 50 | 28 01 | 24 49 | 13 05 |
| 10 | 03 14 | 06 11 | 24 36 | 23 59 | 14 02 | 24 | 08 39 | 11 11 | 28 16 | 24 49 | 13 01 |
| 11 | 03 37 | 06 33 | 24 53 | 24 06 | 13 57 | 25 | 09 01 | 11 32 | 28 31 | 24 49℞ | 12 57 |
| 12 | 04 01 | 06 55 | 25 09 | 24 12 | 13 53 | 26 | 09 24 | 11 52 | 28 45 | 24 49 | 12 53 |
| 13 | 04 24 | 07 17 | 25 26 | 24 17 | 13 48 | 27 | 09 47 | 12 12 | 29 00 | 24 48 | 12 49 |
| 14 | 04 47 | 07 39 | 25 42 | 24 22 | 13 44 | 28 | 10 10 | 12 32 | 29 14 | 24 47 | 12 46 |

## Lunar Data

| Last Asp. | | Ingress | |
|---|---|---|---|
| 31 | 23:22 | 1 ♏ | 01:27 |
| 3 | 12:18 | 3 ♐ | 14:12 |
| 5 | 23:13 | 6 ♑ | 00:54 |
| 8 | 04:14 | 8 ♒ | 08:13 |
| 10 | 11:20 | 10 ♓ | 12:37 |
| 12 | 10:56 | 12 ♈ | 15:23 |
| 14 | 16:42 | 14 ♉ | 17:46 |
| 16 | 19:37 | 16 ♊ | 20:35 |
| 18 | 23:25 | 19 ♋ | 00:18 |
| 20 | 12:36 | 21 ♌ | 05:20 |
| 23 | 11:33 | 23 ♍ | 12:16 |
| 25 | 20:38 | 25 ♎ | 21:42 |
| 28 | 09:28 | | |

## 0:00 E.T. — Declinations

| D | ☉ | ☽ | ☿ | ♀ | ♂ | ♃ | ♄ | ♅ | ♆ | ♇ | ⚳ | ⚴ | ⚵ | ⚶ | ⚷ |
|---|---|---|---|---|---|---|---|---|---|---|---|---|---|---|---|
| 1 | -17 12 | -12 46 | -22 04 | -21 05 | -16 58 | -22 53 | -14 56 | +16 51 | +12 23 | -21 45 | -24 44 | +05 21 | -12 18 | -00 33 | +09 15 |
| 2 | 16 54 | 17 38 | 22 02 | 21 09 | 16 43 | 22 54 | 14 56 | 16 52 | 12 23 | 21 45 | 24 41 | 05 26 | 12 16 | 00 33 | 09 17 |
| 3 | 16 37 | 21 51 | 21 59 | 21 12 | 16 29 | 22 54 | 14 57 | 16 53 | 12 23 | 21 44 | 24 37 | 05 31 | 12 15 | 00 32 | 09 18 |
| 4 | 16 19 | 25 12 | 21 55 | 21 15 | 16 14 | 22 55 | 14 57 | 16 54 | 12 24 | 21 43 | 24 33 | 05 36 | 12 14 | 00 32 | 09 19 |
| 5 | 16 01 | 27 29 | 21 50 | 21 18 | 15 59 | 22 55 | 14 58 | 16 55 | 12 24 | 21 43 | 24 29 | 05 41 | 12 12 | 00 31 | 09 21 |
| 6 | 15 43 | 28 27 | 21 43 | 21 20 | 15 44 | 22 55 | 14 58 | 16 55 | 12 24 | 21 42 | 24 26 | 05 46 | 12 10 | 00 30 | 09 22 |
| 7 | 15 24 | 27 57 | 21 35 | 21 21 | 15 29 | 22 56 | 14 58 | 16 56 | 12 24 | 21 41 | 24 22 | 05 52 | 12 09 | 00 28 | 09 23 |
| 8 | 15 06 | 25 53 | 21 26 | 21 22 | 15 14 | 22 56 | 14 59 | 16 57 | 12 25 | 21 41 | 24 18 | 05 57 | 12 07 | 00 27 | 09 25 |
| 9 | 14 47 | 22 21 | 21 16 | 21 22 | 14 58 | 22 56 | 14 59 | 16 58 | 12 25 | 21 40 | 24 14 | 06 03 | 12 05 | 00 25 | 09 26 |
| 10 | 14 27 | 17 30 | 21 05 | 21 21 | 14 42 | 22 57 | 14 59 | 16 58 | 12 25 | 21 40 | 24 10 | 06 09 | 12 04 | 00 24 | 09 28 |
| 11 | 14 08 | 11 40 | 20 52 | 21 20 | 14 26 | 22 57 | 14 59 | 16 59 | 12 26 | 21 39 | 24 06 | 06 14 | 12 02 | 00 22 | 09 29 |
| 12 | 13 48 | 05 09 | 20 38 | 21 19 | 14 10 | 22 57 | 15 00 | 17 00 | 12 26 | 21 38 | 24 02 | 06 20 | 12 00 | 00 20 | 09 30 |
| 13 | 13 28 | +01 41 | 20 23 | 21 17 | 13 54 | 22 57 | 15 00 | 17 01 | 12 26 | 21 38 | 23 57 | 06 26 | 11 58 | 00 17 | 09 32 |
| 14 | 13 08 | 08 26 | 20 06 | 21 14 | 13 38 | 22 58 | 15 00 | 17 01 | 12 27 | 21 37 | 23 53 | 06 32 | 11 56 | 00 15 | 09 33 |
| 15 | 12 47 | 14 45 | 19 48 | 21 11 | 13 22 | 22 58 | 15 00 | 17 02 | 12 27 | 21 37 | 23 49 | 06 39 | 11 53 | 00 12 | 09 35 |
| 16 | 12 27 | 20 15 | 19 29 | 21 07 | 13 05 | 22 58 | 15 00 | 17 03 | 12 27 | 21 36 | 23 45 | 06 45 | 11 51 | 00 10 | 09 36 |
| 17 | 12 06 | 24 35 | 19 09 | 21 02 | 12 49 | 22 58 | 15 00 | 17 04 | 12 28 | 21 35 | 23 41 | 06 51 | 11 49 | 00 07 | 09 38 |
| 18 | 11 45 | 27 25 | 18 47 | 20 57 | 12 32 | 22 58 | 15 00 | 17 04 | 12 28 | 21 35 | 23 36 | 06 58 | 11 47 | 00 03 | 09 39 |
| 19 | 11 24 | 28 32 | 18 24 | 20 51 | 12 15 | 22 58 | 15 00 | 17 05 | 12 28 | 21 34 | 23 32 | 07 04 | 11 44 | 00 00 | 09 41 |
| 20 | 11 02 | 27 53 | 18 00 | 20 45 | 11 58 | 22 59 | 15 00 | 17 06 | 12 29 | 21 34 | 23 28 | 07 11 | 11 42 | +00 03 | 09 42 |
| 21 | 10 41 | 25 35 | 17 34 | 20 38 | 11 41 | 22 59 | 15 00 | 17 07 | 12 29 | 21 33 | 23 23 | 07 18 | 11 39 | 00 07 | 09 44 |
| 22 | 10 19 | 21 55 | 17 07 | 20 31 | 11 24 | 22 59 | 15 00 | 17 07 | 12 30 | 21 33 | 23 19 | 07 24 | 11 37 | 00 11 | 09 45 |
| 23 | 09 57 | 17 13 | 16 38 | 20 23 | 11 06 | 22 59 | 15 00 | 17 08 | 12 30 | 21 32 | 23 15 | 07 31 | 11 34 | 00 15 | 09 47 |
| 24 | 09 35 | 11 50 | 16 09 | 20 14 | 10 49 | 22 59 | 15 00 | 17 09 | 12 31 | 21 31 | 23 10 | 07 38 | 11 31 | 00 19 | 09 48 |
| 25 | 09 13 | 06 04 | 15 38 | 20 05 | 10 31 | 22 59 | 15 00 | 17 09 | 12 31 | 21 31 | 23 06 | 07 45 | 11 28 | 00 23 | 09 49 |
| 26 | 08 50 | 00 11 | 15 06 | 19 55 | 10 14 | 22 59 | 14 59 | 17 10 | 12 32 | 21 30 | 23 01 | 07 53 | 11 26 | 00 27 | 09 51 |
| 27 | 08 28 | -05 38 | 14 32 | 19 45 | 09 56 | 22 59 | 14 59 | 17 11 | 12 32 | 21 30 | 22 57 | 08 00 | 11 23 | 00 32 | 09 52 |
| 28 | 08 05 | 11 10 | 13 57 | 19 34 | 09 38 | 22 59 | 14 59 | 17 11 | 12 32 | 21 29 | 22 52 | 08 07 | 11 20 | 00 37 | 09 54 |

Lunar Phases -- 2 ◑ 04:16   9 ● 21:09   16 ◐ 17:01   23 ○ 21:59   Sun enters ♓ 2/18 18:43

## 0:00 E.T. Longitudes of Main Planets - March 2043 

| D | S.T. | ☉ | ☽ | ☽ 12:00 | ☿ | ♀ | ♂ | ♃ | ♄ | ♅ | ♆ | ♇ | ☊ |
|---|---|---|---|---|---|---|---|---|---|---|---|---|---|
| 1 | 10:34:48 | 10♓17 04 | 07♏09 | 13♏03 | 00♓23 | 00♒42 | 08♓30 | 29♐54 | 18♏30℞ | 14♌22℞ | 08♉03 | 29♒46 | 10♈15 |
| 2 | 10:38:44 | 11 17 18 | 18 58 | 24 53 | 02 07 | 01 54 | 09 17 | 00♑02 | 18 30 | 14 20 | 08 05 | 29 48 | 10 12 |
| 3 | 10:42:41 | 12 17 31 | 00♐48 | 06♐46 | 03 52 | 03 05 | 10 05 | 00 10 | 18 29 | 14 18 | 08 06 | 29 50 | 10 09 |
| 4 | 10:46:37 | 13 17 41 | 12 46 | 18 49 | 05 39 | 04 17 | 10 52 | 00 18 | 18 29 | 14 15 | 08 07 | 29 51 | 10 06 |
| 5 | 10:50:34 | 14 17 51 | 24 56 | 01♑06 | 07 27 | 05 29 | 11 39 | 00 26 | 18 28 | 14 13 | 08 09 | 29 53 | 10 02 |
| 6 | 10:54:30 | 15 17 58 | 07♑22 | 13 42 | 09 15 | 06 40 | 12 27 | 00 34 | 18 27 | 14 11 | 08 10 | 29 55 | 09 59 |
| 7 | 10:58:27 | 16 18 05 | 20 08 | 26 40 | 11 05 | 07 52 | 13 14 | 00 42 | 18 27 | 14 09 | 08 12 | 29 56 | 09 56 |
| 8 | 11:02:23 | 17 18 09 | 03♒18 | 10♒02 | 12 56 | 09 04 | 14 01 | 00 49 | 18 26 | 14 07 | 08 14 | 29 58 | 09 53 |
| 9 | 11:06:20 | 18 18 12 | 16 52 | 23 48 | 14 47 | 10 16 | 14 49 | 00 56 | 18 25 | 14 05 | 08 15 | 00 00 | 09 50 |
| 10 | 11:10:17 | 19 18 13 | 00♓50 | 07♓57 | 16 40 | 11 28 | 15 36 | 01 03 | 18 23 | 14 03 | 08 17 | 00♓01 | 09 47 |
| 11 | 11:14:13 | 20 18 12 | 15 08 | 22 24 | 18 34 | 12 40 | 16 23 | 01 10 | 18 22 | 14 01 | 08 18 | 00 03 | 09 43 |
| 12 | 11:18:10 | 21 18 09 | 29 43 | 07♈04 | 20 29 | 13 52 | 17 10 | 01 17 | 18 21 | 13 59 | 08 20 | 00 05 | 09 40 |
| 13 | 11:22:06 | 22 18 05 | 14♈26 | 21 49 | 22 25 | 15 04 | 17 57 | 01 24 | 18 19 | 13 57 | 08 22 | 00 06 | 09 37 |
| 14 | 11:26:03 | 23 17 58 | 29 12 | 06♉33 | 24 22 | 16 16 | 18 45 | 01 30 | 18 18 | 13 55 | 08 23 | 00 08 | 09 34 |
| 15 | 11:29:59 | 24 17 49 | 13♉53 | 21 10 | 26 20 | 17 29 | 19 32 | 01 37 | 18 16 | 13 53 | 08 25 | 00 09 | 09 31 |
| 16 | 11:33:56 | 25 17 38 | 28 24 | 05♊35 | 28 18 | 18 41 | 20 19 | 01 43 | 18 14 | 13 51 | 08 27 | 00 11 | 09 28 |
| 17 | 11:37:52 | 26 17 25 | 12♊41 | 19 44 | 00♈17 | 19 53 | 21 06 | 01 49 | 18 12 | 13 50 | 08 29 | 00 13 | 09 24 |
| 18 | 11:41:49 | 27 17 10 | 26 43 | 03♋37 | 02 16 | 21 05 | 21 53 | 01 55 | 18 11 | 13 48 | 08 30 | 00 14 | 09 21 |
| 19 | 11:45:46 | 28 16 52 | 10♋27 | 17 12 | 04 16 | 22 17 | 22 40 | 02 01 | 18 08 | 13 46 | 08 32 | 00 16 | 09 18 |
| 20 | 11:49:42 | 29 16 32 | 23 54 | 00♌31 | 06 16 | 23 30 | 23 27 | 02 07 | 18 06 | 13 45 | 08 34 | 00 17 | 09 15 |
| 21 | 11:53:39 | 00♈16 10 | 07♌05 | 13 35 | 08 15 | 24 42 | 24 14 | 02 12 | 18 04 | 13 43 | 08 36 | 00 19 | 09 12 |
| 22 | 11:57:35 | 01 15 45 | 20 01 | 26 23 | 10 15 | 25 54 | 25 01 | 02 17 | 18 02 | 13 42 | 08 38 | 00 20 | 09 08 |
| 23 | 12:01:32 | 02 15 18 | 02♍43 | 08♍59 | 12 13 | 27 07 | 25 48 | 02 22 | 17 59 | 13 40 | 08 40 | 00 22 | 09 05 |
| 24 | 12:05:28 | 03 14 49 | 15 12 | 21 22 | 14 11 | 28 19 | 26 35 | 02 27 | 17 57 | 13 39 | 08 42 | 00 23 | 09 02 |
| 25 | 12:09:25 | 04 14 18 | 27 30 | 03♎36 | 16 07 | 29 32 | 27 22 | 02 32 | 17 54 | 13 37 | 08 43 | 00 25 | 08 59 |
| 26 | 12:13:21 | 05 13 45 | 09♎39 | 15 40 | 18 01 | 00♓44 | 28 09 | 02 37 | 17 52 | 13 36 | 08 45 | 00 26 | 08 56 |
| 27 | 12:17:18 | 06 13 10 | 21 39 | 27 37 | 19 53 | 01 57 | 28 56 | 02 41 | 17 49 | 13 35 | 08 47 | 00 28 | 08 53 |
| 28 | 12:21:15 | 07 12 32 | 03♏33 | 09♏28 | 21 43 | 03 09 | 29 43 | 02 46 | 17 46 | 13 33 | 08 49 | 00 29 | 08 49 |
| 29 | 12:25:11 | 08 11 53 | 15 23 | 21 18 | 23 29 | 04 22 | 00♈29 | 02 50 | 17 43 | 13 32 | 08 51 | 00 31 | 08 46 |
| 30 | 12:29:08 | 09 11 12 | 27 12 | 03♐08 | 25 12 | 05 34 | 01 16 | 02 54 | 17 40 | 13 31 | 08 53 | 00 32 | 08 43 |
| 31 | 12:33:04 | 10 10 30 | 09♐04 | 15 02 | 26 51 | 06 47 | 02 03 | 02 58 | 17 37 | 13 30 | 08 55 | 00 33 | 08 40 |

## 0:00 E.T. Longitudes of the Major Asteroids and Chiron

| D | ⚳ | ⚴ | ⚵ | ⚶ | ⚷ |
|---|---|---|---|---|---|
| 1 | 10♒32 | 12♑52 | 29♐28 | 24♎45℞ | 12♌42℞ |
| 2 | 10 55 | 13 12 | 29 42 | 24 43 | 12 38 |
| 3 | 11 18 | 13 32 | 29 56 | 24 40 | 12 34 |
| 4 | 11 40 | 13 51 | 00♑09 | 24 36 | 12 31 |
| 5 | 12 03 | 14 11 | 00 23 | 24 33 | 12 27 |
| 6 | 12 25 | 14 30 | 00 36 | 24 28 | 12 24 |
| 7 | 12 47 | 14 49 | 00 49 | 24 23 | 12 20 |
| 8 | 13 10 | 15 08 | 01 02 | 24 18 | 12 17 |
| 9 | 13 32 | 15 27 | 01 15 | 24 12 | 12 14 |
| 10 | 13 54 | 15 45 | 01 27 | 24 06 | 12 11 |
| 11 | 14 16 | 16 04 | 01 40 | 23 59 | 12 07 |
| 12 | 14 38 | 16 22 | 01 52 | 23 52 | 12 04 |
| 13 | 15 00 | 16 40 | 02 04 | 23 44 | 12 01 |
| 14 | 15 22 | 16 58 | 02 16 | 23 36 | 11 59 |
| 15 | 15 44 | 17 16 | 02 27 | 23 27 | 11 56 |
| 16 | 16 06 | 17 33 | 02 39 | 23 18 | 11 53 |
| 17 | 16 27 | 17 51 | 02 50 | 23 09 | 11 51 |
| 18 | 16 49 | 18 08 | 03 01 | 22 59 | 11 48 |
| 19 | 17 11 | 18 25 | 03 12 | 22 49 | 11 46 |
| 20 | 17 32 | 18 41 | 03 22 | 22 38 | 11 43 |
| 21 | 17 53 | 18 58 | 03 33 | 22 27 | 11 41 |
| 22 | 18 15 | 19 14 | 03 43 | 22 15 | 11 39 |
| 23 | 18 36 | 19 31 | 03 53 | 22 04 | 11 37 |
| 24 | 18 57 | 19 47 | 04 02 | 21 51 | 11 35 |
| 25 | 19 18 | 20 02 | 04 12 | 21 39 | 11 33 |
| 26 | 19 39 | 20 18 | 04 21 | 21 26 | 11 31 |
| 27 | 20 00 | 20 33 | 04 30 | 21 13 | 11 30 |
| 28 | 20 21 | 20 49 | 04 39 | 20 59 | 11 28 |
| 29 | 20 42 | 21 03 | 04 48 | 20 46 | 11 27 |
| 30 | 21 02 | 21 18 | 04 56 | 20 32 | 11 25 |
| 31 | 21 23 | 21 33 | 05 04 | 20 18 | 11 24 |

## Lunar Data

| Last Asp. | | Ingress | | |
|---|---|---|---|---|
| 2 | 22:01 | 2 | ♐ | 22:22 |
| 5 | 09:40 | 5 | ♑ | 09:52 |
| 6 | 20:52 | 7 | ♒ | 18:03 |
| 9 | 02:41 | 9 | ♓ | 22:35 |
| 11 | 09:10 | 12 | ♈ | 00:28 |
| 13 | 01:08 | 14 | ♉ | 01:19 |
| 15 | 23:48 | 16 | ♊ | 02:40 |
| 18 | 01:05 | 18 | ♋ | 05:42 |
| 20 | 10:32 | 20 | ♌ | 11:03 |
| 22 | 12:16 | 22 | ♍ | 18:51 |
| 24 | 23:43 | 25 | ♎ | 04:55 |
| 26 | 19:49 | 27 | ♏ | 16:49 |
| 29 | 04:43 | 30 | ♐ | 05:40 |

## 0:00 E.T. Declinations

| D | ☉ | ☽ | ☿ | ♀ | ♂ | ♃ | ♄ | ♅ | ♆ | ♇ | ⚳ | ⚴ | ⚵ | ⚶ | ⚷ |
|---|---|---|---|---|---|---|---|---|---|---|---|---|---|---|---|
| 1 | -07 43 | -16 15 | -13 21 | -19 22 | -09 20 | -22 59 | -14 59 | +17 12 | +12 33 | -21 29 | -22 48 | +08 15 | -11 17 | +00 42 | +09 55 |
| 2 | 07 20 | 20 42 | 12 43 | 19 10 | 09 02 | 22 59 | 14 58 | 17 13 | 12 33 | 21 28 | 22 43 | 08 22 | 11 14 | 00 47 | 09 57 |
| 3 | 06 57 | 24 21 | 12 04 | 18 58 | 08 44 | 22 59 | 14 58 | 17 13 | 12 34 | 21 28 | 22 38 | 08 30 | 11 10 | 00 52 | 09 58 |
| 4 | 06 34 | 27 00 | 11 24 | 18 45 | 08 26 | 22 59 | 14 58 | 17 14 | 12 34 | 21 27 | 22 34 | 08 37 | 11 07 | 00 57 | 10 00 |
| 5 | 06 11 | 28 26 | 10 43 | 18 31 | 08 08 | 22 59 | 14 57 | 17 15 | 12 35 | 21 27 | 22 29 | 08 45 | 11 04 | 01 02 | 10 01 |
| 6 | 05 48 | 28 28 | 10 00 | 18 17 | 07 49 | 22 59 | 14 57 | 17 15 | 12 35 | 21 26 | 22 25 | 08 53 | 11 01 | 01 08 | 10 03 |
| 7 | 05 24 | 27 01 | 09 16 | 18 02 | 07 31 | 22 59 | 14 56 | 17 16 | 12 36 | 21 26 | 22 20 | 09 01 | 10 57 | 01 14 | 10 04 |
| 8 | 05 01 | 24 04 | 08 31 | 17 47 | 07 13 | 22 59 | 14 56 | 17 16 | 12 37 | 21 25 | 22 15 | 09 09 | 10 54 | 01 20 | 10 05 |
| 9 | 04 37 | 19 43 | 07 44 | 17 31 | 06 54 | 22 59 | 14 55 | 17 17 | 12 37 | 21 25 | 22 11 | 09 17 | 10 51 | 01 26 | 10 07 |
| 10 | 04 14 | 14 12 | 06 56 | 17 15 | 06 36 | 22 59 | 14 55 | 17 18 | 12 38 | 21 24 | 22 06 | 09 25 | 10 47 | 01 32 | 10 08 |
| 11 | 03 50 | 07 48 | 06 08 | 16 58 | 06 17 | 22 59 | 14 54 | 17 18 | 12 38 | 21 24 | 22 01 | 09 33 | 10 43 | 01 38 | 10 10 |
| 12 | 03 27 | 00 52 | 05 18 | 16 41 | 05 58 | 22 59 | 14 54 | 17 19 | 12 39 | 21 23 | 21 57 | 09 42 | 10 40 | 01 44 | 10 11 |
| 13 | 03 03 | +06 10 | 04 27 | 16 23 | 05 40 | 22 59 | 14 53 | 17 19 | 12 39 | 21 23 | 21 52 | 09 50 | 10 36 | 01 50 | 10 12 |
| 14 | 02 40 | 12 55 | 03 35 | 16 05 | 05 21 | 22 59 | 14 53 | 17 20 | 12 40 | 21 23 | 21 47 | 09 59 | 10 33 | 01 57 | 10 14 |
| 15 | 02 16 | 18 54 | 02 42 | 15 46 | 05 02 | 22 59 | 14 52 | 17 20 | 12 41 | 21 22 | 21 43 | 10 07 | 10 29 | 02 03 | 10 15 |
| 16 | 01 52 | 23 44 | 01 48 | 15 27 | 04 43 | 22 59 | 14 51 | 17 21 | 12 41 | 21 22 | 21 38 | 10 16 | 10 25 | 02 10 | 10 16 |
| 17 | 01 28 | 27 01 | 00 53 | 15 08 | 04 24 | 22 59 | 14 51 | 17 21 | 12 42 | 21 21 | 21 33 | 10 24 | 10 21 | 02 17 | 10 18 |
| 18 | 01 05 | 28 34 | +00 02 | 14 48 | 04 06 | 22 59 | 14 50 | 17 22 | 12 42 | 21 21 | 21 29 | 10 33 | 10 17 | 02 23 | 10 19 |
| 19 | 00 41 | 28 17 | 00 58 | 14 28 | 03 47 | 22 59 | 14 49 | 17 22 | 12 43 | 21 20 | 21 24 | 10 42 | 10 13 | 02 30 | 10 20 |
| 20 | 00 17 | 26 21 | 01 54 | 14 07 | 03 28 | 22 59 | 14 48 | 17 23 | 12 44 | 21 20 | 21 19 | 10 50 | 10 09 | 02 37 | 10 21 |
| 21 | +00 06 | 23 00 | 02 51 | 13 46 | 03 09 | 22 59 | 14 48 | 17 23 | 12 44 | 21 20 | 21 15 | 10 59 | 10 05 | 02 44 | 10 23 |
| 22 | 00 30 | 18 35 | 03 47 | 13 24 | 02 50 | 22 59 | 14 47 | 17 23 | 12 45 | 21 19 | 21 10 | 11 08 | 10 01 | 02 50 | 10 24 |
| 23 | 00 54 | 13 25 | 04 44 | 13 02 | 02 31 | 22 58 | 14 46 | 17 24 | 12 45 | 21 19 | 21 05 | 11 17 | 09 57 | 02 57 | 10 25 |
| 24 | 01 17 | 07 47 | 05 40 | 12 40 | 02 12 | 22 58 | 14 45 | 17 24 | 12 46 | 21 18 | 21 01 | 11 26 | 09 53 | 03 04 | 10 26 |
| 25 | 01 41 | 01 56 | 06 35 | 12 18 | 01 53 | 22 58 | 14 44 | 17 25 | 12 47 | 21 18 | 20 56 | 11 35 | 09 49 | 03 11 | 10 28 |
| 26 | 02 05 | -03 54 | 07 30 | 11 55 | 01 34 | 22 58 | 14 43 | 17 25 | 12 47 | 21 18 | 20 51 | 11 44 | 09 45 | 03 18 | 10 29 |
| 27 | 02 28 | 09 32 | 08 24 | 11 31 | 01 15 | 22 58 | 14 42 | 17 25 | 12 48 | 21 17 | 20 47 | 11 54 | 09 41 | 03 25 | 10 30 |
| 28 | 02 52 | 14 47 | 09 16 | 11 08 | 00 56 | 22 58 | 14 42 | 17 26 | 12 49 | 21 17 | 20 42 | 12 03 | 09 36 | 03 32 | 10 31 |
| 29 | 03 15 | 19 28 | 10 07 | 10 44 | 00 37 | 22 58 | 14 41 | 17 26 | 12 49 | 21 17 | 20 38 | 12 12 | 09 32 | 03 38 | 10 32 |
| 30 | 03 38 | 23 24 | 10 56 | 10 19 | 00 18 | 22 58 | 14 40 | 17 26 | 12 50 | 21 16 | 20 33 | 12 21 | 09 28 | 03 45 | 10 33 |
| 31 | 04 02 | 26 21 | 11 43 | 09 55 | +00 01 | 22 58 | 14 39 | 17 27 | 12 51 | 21 16 | 20 28 | 12 31 | 09 24 | 03 52 | 10 34 |

Lunar Phases -- 4 ◑ 01:08 11 ● 09:10 18 ◐ 01:04 25 Ⓔ 14:27 Sun enters ♈ 3/20 17:30

## Longitudes of Main Planets - April 2043

0:00 E.T.

| D | S.T. | ☉ | ☽ | ☽ 12:00 | ☿ | ♀ | ♂ | ♃ | ♄ | ♅ | ♆ | ♇ | ☊ |
|---|---|---|---|---|---|---|---|---|---|---|---|---|---|
| 1 | 12:37:01 | 11♈09 45 | 21♐02 | 27♐05 | 28♈26 | 07♓59 | 02♈50 | 03♑01 | 17♏34℞ | 13♌29℞ | 08♉57 | 00♓35 | 08♈37 |
| 2 | 12:40:57 | 12 08 59 | 03♑10 | 09♑20 | 29 57 | 09 12 | 03 36 | 03 05 | 17 31 | 13 28 | 08 59 | 00 36 | 08 34 |
| 3 | 12:44:54 | 13 08 11 | 15 33 | 21 52 | 01♉22 | 10 25 | 04 23 | 03 08 | 17 28 | 13 27 | 09 01 | 00 37 | 08 30 |
| 4 | 12:48:50 | 14 07 21 | 28 15 | 04♒45 | 02 42 | 11 37 | 05 09 | 03 11 | 17 24 | 13 26 | 09 04 | 00 39 | 08 27 |
| 5 | 12:52:47 | 15 06 29 | 11♒20 | 18 02 | 03 57 | 12 50 | 05 56 | 03 14 | 17 21 | 13 25 | 09 06 | 00 40 | 08 24 |
| 6 | 12:56:44 | 16 05 36 | 24 50 | 01♓46 | 05 05 | 14 03 | 06 43 | 03 17 | 17 17 | 13 24 | 09 08 | 00 41 | 08 21 |
| 7 | 13:00:40 | 17 04 41 | 08♓47 | 15 55 | 06 08 | 15 15 | 07 29 | 03 19 | 17 14 | 13 23 | 09 10 | 00 43 | 08 18 |
| 8 | 13:04:37 | 18 03 43 | 23 10 | 00♈29 | 07 05 | 16 28 | 08 16 | 03 22 | 17 10 | 13 23 | 09 12 | 00 44 | 08 14 |
| 9 | 13:08:33 | 19 02 44 | 07♈54 | 15 22 | 07 55 | 17 41 | 09 02 | 03 24 | 17 07 | 13 22 | 09 14 | 00 45 | 08 11 |
| 10 | 13:12:30 | 20 01 43 | 22 53 | 00♉26 | 08 39 | 18 54 | 09 48 | 03 26 | 17 03 | 13 22 | 09 16 | 00 46 | 08 08 |
| 11 | 13:16:26 | 21 00 40 | 08♉00 | 15 33 | 09 17 | 20 06 | 10 35 | 03 28 | 16 59 | 13 21 | 09 18 | 00 48 | 08 05 |
| 12 | 13:20:23 | 21 59 35 | 23 04 | 00♊33 | 09 47 | 21 19 | 11 21 | 03 29 | 16 55 | 13 20 | 09 21 | 00 49 | 08 02 |
| 13 | 13:24:19 | 22 58 28 | 07♊58 | 15 18 | 10 12 | 22 32 | 12 07 | 03 31 | 16 51 | 13 20 | 09 23 | 00 50 | 07 59 |
| 14 | 13:28:16 | 23 57 19 | 22 34 | 29 43 | 10 29 | 23 45 | 12 54 | 03 32 | 16 47 | 13 20 | 09 25 | 00 51 | 07 55 |
| 15 | 13:32:13 | 24 56 07 | 06♋47 | 13♋45 | 10 41 | 24 58 | 13 40 | 03 33 | 16 43 | 13 19 | 09 27 | 00 52 | 07 52 |
| 16 | 13:36:09 | 25 54 53 | 20 36 | 27 21 | 10 45 | 26 10 | 14 26 | 03 34 | 16 39 | 13 19 | 09 29 | 00 53 | 07 49 |
| 17 | 13:40:06 | 26 53 37 | 04♌01 | 10♌35 | 10 44℞ | 27 23 | 15 12 | 03 34 | 16 35 | 13 19 | 09 32 | 00 54 | 07 46 |
| 18 | 13:44:02 | 27 52 19 | 17 03 | 23 27 | 10 36 | 28 36 | 15 58 | 03 35 | 16 31 | 13 19 | 09 34 | 00 56 | 07 43 |
| 19 | 13:47:59 | 28 50 58 | 29 46 | 06♍02 | 10 23 | 29 49 | 16 44 | 03 35 | 16 27 | 13 19 | 09 36 | 00 57 | 07 40 |
| 20 | 13:51:55 | 29 49 35 | 12♍13 | 18 22 | 10 05 | 01♈02 | 17 30 | 03 35 | 16 23 | 13 18 | 09 38 | 00 58 | 07 36 |
| 21 | 13:55:52 | 00♉48 10 | 24 28 | 00♎31 | 09 41 | 02 15 | 18 16 | 03 35℞ | 16 19 | 13 18D | 09 41 | 00 59 | 07 33 |
| 22 | 13:59:48 | 01 46 43 | 06♎32 | 12 32 | 09 14 | 03 28 | 19 02 | 03 35 | 16 14 | 13 18 | 09 43 | 01 00 | 07 30 |
| 23 | 14:03:45 | 02 45 13 | 18 30 | 24 26 | 08 42 | 04 40 | 19 48 | 03 35 | 16 10 | 13 19 | 09 45 | 01 01 | 07 27 |
| 24 | 14:07:42 | 03 43 42 | 00♏22 | 06♏18 | 08 07 | 05 53 | 20 34 | 03 34 | 16 06 | 13 19 | 09 47 | 01 01 | 07 24 |
| 25 | 14:11:38 | 04 42 09 | 12 13 | 18 08 | 07 30 | 07 06 | 21 19 | 03 33 | 16 01 | 13 19 | 09 50 | 01 02 | 07 20 |
| 26 | 14:15:35 | 05 40 34 | 24 03 | 29 58 | 06 51 | 08 19 | 22 05 | 03 32 | 15 57 | 13 19 | 09 52 | 01 03 | 07 17 |
| 27 | 14:19:31 | 06 38 58 | 05♐54 | 11♐51 | 06 11 | 09 32 | 22 51 | 03 31 | 15 52 | 13 19 | 09 54 | 01 04 | 07 14 |
| 28 | 14:23:28 | 07 37 19 | 17 49 | 23 49 | 05 30 | 10 45 | 23 36 | 03 30 | 15 48 | 13 20 | 09 56 | 01 05 | 07 11 |
| 29 | 14:27:24 | 08 35 40 | 29 50 | 05♑54 | 04 50 | 11 58 | 24 22 | 03 28 | 15 44 | 13 20 | 09 59 | 01 06 | 07 08 |
| 30 | 14:31:21 | 09 33 58 | 12♑01 | 18 10 | 04 11 | 13 11 | 25 08 | 03 26 | 15 39 | 13 21 | 10 01 | 01 07 | 07 05 |

0:00 E.T.

## Longitudes of the Major Asteroids and Chiron

| D | ⚳ | ⚴ | ⚵ | ⚶ | ⚷ |
|---|---|---|---|---|---|
| 1 | 21♒43 | 21♑47 | 05♑12 | 20♎03℞ | 11♌23℞ |
| 2 | 22 04 | 22 01 | 05 19 | 19 49 | 11 22 |
| 3 | 22 24 | 22 15 | 05 27 | 19 34 | 11 21 |
| 4 | 22 44 | 22 28 | 05 34 | 19 19 | 11 20 |
| 5 | 23 04 | 22 42 | 05 40 | 19 04 | 11 19 |
| 6 | 23 24 | 22 55 | 05 47 | 18 49 | 11 18 |
| 7 | 23 44 | 23 07 | 05 53 | 18 34 | 11 18 |
| 8 | 24 04 | 23 20 | 05 59 | 18 19 | 11 17 |
| 9 | 24 23 | 23 32 | 06 05 | 18 03 | 11 17 |
| 10 | 24 43 | 23 44 | 06 10 | 17 48 | 11 17 |
| 11 | 25 02 | 23 56 | 06 15 | 17 33 | 11 17 |
| 12 | 25 22 | 24 07 | 06 20 | 17 17 | 11 17D |
| 13 | 25 41 | 24 18 | 06 25 | 17 02 | 11 17 |
| 14 | 26 00 | 24 29 | 06 29 | 16 47 | 11 17 |
| 15 | 26 19 | 24 40 | 06 33 | 16 32 | 11 17 |

| D | ⚳ | ⚴ | ⚵ | ⚶ | ⚷ |
|---|---|---|---|---|---|
| 16 | 26 38 | 24 50 | 06 37 | 16 17 | 11 18 |
| 17 | 26 56 | 25 00 | 06 40 | 16 03 | 11 18 |
| 18 | 27 15 | 25 10 | 06 43 | 15 48 | 11 19 |
| 19 | 27 33 | 25 19 | 06 46 | 15 34 | 11 19 |
| 20 | 27 52 | 25 28 | 06 48 | 15 20 | 11 20 |
| 21 | 28 10 | 25 37 | 06 50 | 15 06 | 11 21 |
| 22 | 28 28 | 25 46 | 06 52 | 14 52 | 11 22 |
| 23 | 28 46 | 25 54 | 06 54 | 14 39 | 11 23 |
| 24 | 29 04 | 26 02 | 06 55 | 14 26 | 11 25 |
| 25 | 29 22 | 26 09 | 06 56 | 14 13 | 11 26 |
| 26 | 29 39 | 26 16 | 06 56 | 14 00 | 11 27 |
| 27 | 29 57 | 26 23 | 06 56 | 13 48 | 11 29 |
| 28 | 00♓14 | 26 30 | 06 56℞ | 13 37 | 11 31 |
| 29 | 00 31 | 26 36 | 06 56 | 13 25 | 11 32 |
| 30 | 00 48 | 26 42 | 06 55 | 13 14 | 11 34 |

## Lunar Data

| Last Asp. | | Ingress | | |
|---|---|---|---|---|
| 1 | 16:47 | 1 | ♑ | 17:46 |
| 3 | 03:37 | 4 | ♒ | 03:14 |
| 5 | 10:44 | 6 | ♓ | 08:58 |
| 7 | 14:07 | 8 | ♈ | 11:12 |
| 9 | 19:08 | 10 | ♉ | 11:19 |
| 11 | 20:58 | 12 | ♊ | 11:07 |
| 14 | 02:30 | 14 | ♋ | 12:28 |
| 16 | 10:52 | 16 | ♌ | 16:45 |
| 18 | 22:06 | 19 | ♍ | 00:26 |
| 20 | 08:04 | 21 | ♎ | 10:59 |
| 23 | 02:48 | 23 | ♏ | 23:15 |
| 25 | 07:41 | 26 | ♐ | 12:04 |
| 28 | 12:23 | 29 | ♑ | 00:19 |

0:00 E.T.

## Declinations

| D | ☉ | ☽ | ☿ | ♀ | ♂ | ♃ | ♄ | ♅ | ♆ | ♇ | ⚳ | ⚴ | ⚵ | ⚶ | ⚷ |
|---|---|---|---|---|---|---|---|---|---|---|---|---|---|---|---|
| 1 | +04 25 | -28 10 | +12 28 | -09 30 | +00 20 | -22 58 | -14 38 | +17 27 | +12 51 | -21 16 | -20 24 | +12 40 | -09 19 | +03 58 | +10 35 |
| 2 | 04 48 | 28 40 | 13 11 | 09 05 | 00 39 | 22 58 | 14 37 | 17 27 | 12 52 | 21 16 | 20 19 | 12 50 | 09 15 | 04 05 | 10 36 |
| 3 | 05 11 | 27 45 | 13 51 | 08 40 | 00 57 | 22 58 | 14 36 | 17 27 | 12 53 | 21 15 | 20 15 | 12 59 | 09 10 | 04 11 | 10 37 |
| 4 | 05 34 | 25 24 | 14 28 | 08 14 | 01 16 | 22 58 | 14 35 | 17 28 | 12 53 | 21 15 | 20 10 | 13 09 | 09 06 | 04 18 | 10 38 |
| 5 | 05 57 | 21 40 | 15 03 | 07 48 | 01 35 | 22 58 | 14 33 | 17 28 | 12 54 | 21 15 | 20 06 | 13 18 | 09 02 | 04 24 | 10 39 |
| 6 | 06 20 | 16 42 | 15 34 | 07 22 | 01 54 | 22 58 | 14 32 | 17 28 | 12 55 | 21 15 | 20 02 | 13 28 | 08 57 | 04 30 | 10 40 |
| 7 | 06 42 | 10 44 | 16 03 | 06 56 | 02 13 | 22 58 | 14 31 | 17 28 | 12 55 | 21 14 | 19 57 | 13 37 | 08 53 | 04 36 | 10 41 |
| 8 | 07 05 | 04 01 | 16 28 | 06 29 | 02 31 | 22 58 | 14 30 | 17 28 | 12 56 | 21 14 | 19 53 | 13 47 | 08 48 | 04 42 | 10 42 |
| 9 | 07 27 | +03 04 | 16 51 | 06 03 | 02 50 | 22 58 | 14 29 | 17 29 | 12 57 | 21 14 | 19 49 | 13 57 | 08 44 | 04 48 | 10 43 |
| 10 | 07 50 | 10 06 | 17 10 | 05 36 | 03 09 | 22 58 | 14 28 | 17 29 | 12 58 | 21 14 | 19 44 | 14 06 | 08 39 | 04 53 | 10 43 |
| 11 | 08 12 | 16 37 | 17 26 | 05 09 | 03 27 | 22 58 | 14 27 | 17 29 | 12 58 | 21 13 | 19 40 | 14 16 | 08 34 | 04 59 | 10 44 |
| 12 | 08 34 | 22 07 | 17 38 | 04 42 | 03 46 | 22 58 | 14 26 | 17 29 | 12 59 | 21 13 | 19 36 | 14 26 | 08 30 | 05 04 | 10 45 |
| 13 | 08 56 | 26 06 | 17 47 | 04 14 | 04 04 | 22 58 | 14 24 | 17 29 | 13 00 | 21 13 | 19 32 | 14 35 | 08 25 | 05 09 | 10 46 |
| 14 | 09 18 | 28 17 | 17 53 | 03 47 | 04 23 | 22 58 | 14 23 | 17 29 | 13 00 | 21 13 | 19 28 | 14 45 | 08 21 | 05 14 | 10 46 |
| 15 | 09 39 | 28 31 | 17 56 | 03 19 | 04 41 | 22 58 | 14 22 | 17 29 | 13 01 | 21 13 | 19 23 | 14 55 | 08 16 | 05 18 | 10 47 |
| 16 | 10 01 | 26 57 | 17 55 | 02 52 | 05 00 | 22 58 | 14 21 | 17 29 | 13 02 | 21 13 | 19 19 | 15 04 | 08 12 | 05 23 | 10 48 |
| 17 | 10 22 | 23 53 | 17 51 | 02 24 | 05 18 | 22 58 | 14 20 | 17 29 | 13 03 | 21 12 | 19 15 | 15 14 | 08 07 | 05 27 | 10 48 |
| 18 | 10 43 | 19 40 | 17 43 | 01 56 | 05 36 | 22 58 | 14 18 | 17 29 | 13 03 | 21 12 | 19 11 | 15 24 | 08 02 | 05 31 | 10 49 |
| 19 | 11 04 | 14 39 | 17 33 | 01 28 | 05 54 | 22 58 | 14 17 | 17 29 | 13 04 | 21 12 | 19 08 | 15 34 | 07 58 | 05 35 | 10 49 |
| 20 | 11 25 | 09 09 | 17 19 | 01 00 | 06 12 | 22 58 | 14 16 | 17 29 | 13 05 | 21 12 | 19 04 | 15 43 | 07 53 | 05 38 | 10 50 |
| 21 | 11 45 | 03 23 | 17 03 | 00 32 | 06 30 | 22 58 | 14 15 | 17 29 | 13 05 | 21 12 | 19 00 | 15 53 | 07 49 | 05 42 | 10 51 |
| 22 | 12 05 | -02 25 | 16 43 | 00 04 | 06 48 | 22 58 | 14 13 | 17 29 | 13 06 | 21 12 | 18 56 | 16 03 | 07 44 | 05 45 | 10 51 |
| 23 | 12 26 | 08 05 | 16 22 | +00 24 | 07 06 | 22 58 | 14 12 | 17 29 | 13 07 | 21 12 | 18 52 | 16 12 | 07 39 | 05 48 | 10 51 |
| 24 | 12 46 | 13 25 | 15 58 | 00 53 | 07 24 | 22 58 | 14 11 | 17 29 | 13 07 | 21 12 | 18 49 | 16 22 | 07 35 | 05 50 | 10 52 |
| 25 | 13 05 | 18 15 | 15 32 | 01 21 | 07 41 | 22 58 | 14 10 | 17 29 | 13 08 | 21 12 | 18 45 | 16 32 | 07 30 | 05 53 | 10 52 |
| 26 | 13 25 | 22 23 | 15 05 | 01 49 | 07 59 | 22 58 | 14 08 | 17 29 | 13 09 | 21 12 | 18 42 | 16 41 | 07 26 | 05 55 | 10 53 |
| 27 | 13 44 | 25 37 | 14 36 | 02 17 | 08 16 | 22 58 | 14 07 | 17 29 | 13 10 | 21 11 | 18 38 | 16 51 | 07 21 | 05 57 | 10 53 |
| 28 | 14 03 | 27 44 | 14 07 | 02 45 | 08 34 | 22 58 | 14 06 | 17 29 | 13 10 | 21 11 | 18 35 | 17 00 | 07 17 | 05 59 | 10 53 |
| 29 | 14 22 | 28 35 | 13 38 | 03 13 | 08 51 | 22 58 | 14 04 | 17 28 | 13 11 | 21 11 | 18 31 | 17 10 | 07 12 | 06 00 | 10 54 |
| 30 | 14 41 | 28 04 | 13 09 | 03 42 | 09 08 | 22 58 | 14 03 | 17 28 | 13 12 | 21 11 | 18 28 | 17 19 | 07 08 | 06 01 | 10 54 |

Lunar Phases -- 2 ◑ 18:58  9 ● 19:08  16 ◐ 10:10  24 ○ 07:24  Sun enters ♉ 4/20 04:16

# 0:00 E.T. Longitudes of Main Planets - May 2043 **May 43**

| D | S.T. | ☉ | ☽ | ☽ 12:00 | ☿ | ♀ | ♂ | ♃ | ♄ | ♅ | ♆ | ♇ | ☊ |
|---|---|---|---|---|---|---|---|---|---|---|---|---|---|
| 1 | 14:35:17 | 10♉32 15 | 24♑24 | 00♒41 | 03♉34℞ | 14♈24 | 25♈53 | 03♑24℞ | 15♏35℞ | 13♌21 | 10♉03 | 01♓07 | 07♈01 |
| 2 | 14:39:14 | 11 30 30 | 07♒03 | 13 30 | 02 59 | 15 37 | 26 38 | 03 22 | 15 30 | 13 22 | 10 05 | 01 08 | 06 58 |
| 3 | 14:43:11 | 12 28 44 | 20 02 | 26 40 | 02 28 | 16 50 | 27 24 | 03 20 | 15 26 | 13 23 | 10 08 | 01 09 | 06 55 |
| 4 | 14:47:07 | 13 26 57 | 03♓24 | 10♓14 | 01 59 | 18 03 | 28 09 | 03 18 | 15 21 | 13 23 | 10 10 | 01 10 | 06 52 |
| 5 | 14:51:04 | 14 25 07 | 17 12 | 24 16 | 01 35 | 19 16 | 28 55 | 03 15 | 15 17 | 13 24 | 10 12 | 01 10 | 06 49 |
| 6 | 14:55:00 | 15 23 17 | 01♈26 | 08♈43 | 01 14 | 20 29 | 29 40 | 03 12 | 15 12 | 13 25 | 10 14 | 01 11 | 06 46 |
| 7 | 14:58:57 | 16 21 25 | 16 05 | 23 33 | 00 58 | 21 42 | 00♉25 | 03 09 | 15 07 | 13 26 | 10 17 | 01 12 | 06 42 |
| 8 | 15:02:53 | 17 19 31 | 01♉05 | 08♉40 | 00 46 | 22 55 | 01 10 | 03 06 | 15 03 | 13 26 | 10 19 | 01 12 | 06 39 |
| 9 | 15:06:50 | 18 17 36 | 16 17 | 23 55 | 00 39 | 24 08 | 01 55 | 03 03 | 14 58 | 13 27 | 10 21 | 01 13 | 06 36 |
| 10 | 15:10:46 | 19 15 40 | 01♊32 | 09♊08 | 00 37 | 25 21 | 02 40 | 02 59 | 14 54 | 13 28 | 10 23 | 01 13 | 06 33 |
| 11 | 15:14:43 | 20 13 42 | 16 40 | 24 08 | 00 39D | 26 34 | 03 25 | 02 55 | 14 49 | 13 29 | 10 26 | 01 14 | 06 30 |
| 12 | 15:18:40 | 21 11 42 | 01♋31 | 08♋48 | 00 46 | 27 47 | 04 10 | 02 51 | 14 45 | 13 31 | 10 28 | 01 15 | 06 26 |
| 13 | 15:22:36 | 22 09 40 | 15 58 | 23 01 | 00 57 | 29 00 | 04 55 | 02 47 | 14 40 | 13 32 | 10 30 | 01 15 | 06 23 |
| 14 | 15:26:33 | 23 07 37 | 29 57 | 06♌45 | 01 13 | 00♉13 | 05 40 | 02 43 | 14 36 | 13 33 | 10 32 | 01 16 | 06 20 |
| 15 | 15:30:29 | 24 05 31 | 13♌26 | 20 01 | 01 34 | 01 26 | 06 25 | 02 39 | 14 32 | 13 34 | 10 35 | 01 16 | 06 17 |
| 16 | 15:34:26 | 25 03 24 | 26 30 | 02♍52 | 01 59 | 02 39 | 07 10 | 02 34 | 14 27 | 13 36 | 10 37 | 01 16 | 06 14 |
| 17 | 15:38:22 | 26 01 15 | 09♍09 | 15 22 | 02 28 | 03 52 | 07 54 | 02 30 | 14 23 | 13 37 | 10 39 | 01 17 | 06 11 |
| 18 | 15:42:19 | 26 59 04 | 21 30 | 27 35 | 03 01 | 05 05 | 08 39 | 02 25 | 14 18 | 13 38 | 10 41 | 01 17 | 06 07 |
| 19 | 15:46:15 | 27 56 52 | 03♎37 | 09♎36 | 03 38 | 06 18 | 09 24 | 02 20 | 14 14 | 13 40 | 10 43 | 01 18 | 06 04 |
| 20 | 15:50:12 | 28 54 38 | 15 34 | 21 30 | 04 19 | 07 31 | 10 08 | 02 15 | 14 10 | 13 41 | 10 45 | 01 18 | 06 01 |
| 21 | 15:54:09 | 29 52 22 | 27 25 | 03♏20 | 05 04 | 08 44 | 10 53 | 02 09 | 14 05 | 13 43 | 10 48 | 01 18 | 05 58 |
| 22 | 15:58:05 | 00♊50 05 | 09♏14 | 15 09 | 05 52 | 09 57 | 11 37 | 02 04 | 14 01 | 13 44 | 10 50 | 01 18 | 05 55 |
| 23 | 16:02:02 | 01 47 46 | 21 03 | 26 59 | 06 44 | 11 10 | 12 22 | 01 58 | 13 57 | 13 46 | 10 52 | 01 19 | 05 51 |
| 24 | 16:05:58 | 02 45 27 | 02♐55 | 08♐53 | 07 39 | 12 23 | 13 06 | 01 53 | 13 53 | 13 48 | 10 54 | 01 19 | 05 48 |
| 25 | 16:09:55 | 03 43 06 | 14 52 | 20 52 | 08 37 | 13 37 | 13 50 | 01 47 | 13 49 | 13 50 | 10 56 | 01 19 | 05 45 |
| 26 | 16:13:51 | 04 40 43 | 26 54 | 02♑57 | 09 39 | 14 50 | 14 34 | 01 41 | 13 45 | 13 51 | 10 58 | 01 19 | 05 42 |
| 27 | 16:17:48 | 05 38 20 | 09♑03 | 15 11 | 10 44 | 16 03 | 15 19 | 01 35 | 13 41 | 13 53 | 11 00 | 01 19 | 05 39 |
| 28 | 16:21:44 | 06 35 55 | 21 21 | 27 34 | 11 51 | 17 16 | 16 03 | 01 29 | 13 37 | 13 55 | 11 03 | 01 20 | 05 36 |
| 29 | 16:25:41 | 07 33 30 | 03♒50 | 10♒10 | 13 02 | 18 29 | 16 47 | 01 22 | 13 33 | 13 57 | 11 05 | 01 20 | 05 32 |
| 30 | 16:29:38 | 08 31 03 | 16 33 | 23 00 | 14 16 | 19 42 | 17 31 | 01 16 | 13 29 | 13 59 | 11 07 | 01 20 | 05 29 |
| 31 | 16:33:34 | 09 28 36 | 29 31 | 06♓07 | 15 32 | 20 55 | 18 15 | 01 10 | 13 25 | 14 01 | 11 09 | 01 20 | 05 26 |

## 0:00 E.T. Longitudes of the Major Asteroids and Chiron — Lunar Data

| D | ⚳ | ⚴ | ⚵ | ⚶ | ⚷ | D | ⚳ | ⚴ | ⚵ | ⚶ | ⚷ | Last Asp. | Ingress |
|---|---|---|---|---|---|---|---|---|---|---|---|---|---|
| 1 | 01♓05 | 26♑47 | 06♑54℞ | 13♎04℞ | 11♌36 | 17 | 05 12 | 27 23 | 05 50 | 11 15 | 12 21 | 1 03:02 | 1 ♒ 10:42 |
| 2 | 01 22 | 26 52 | 06 52 | 12 53 | 11 38 | 18 | 05 26 | 27 22 | 05 43 | 11 12 | 12 24 | 3 14:07 | 3 ♓ 17:58 |
| 3 | 01 38 | 26 57 | 06 51 | 12 43 | 11 40 | 19 | 05 39 | 27 20 | 05 36 | 11 10 | 12 28 | 4 20:43 | 5 ♈ 21:37 |
| 4 | 01 54 | 27 01 | 06 48 | 12 34 | 11 43 | 20 | 05 53 | 27 18 | 05 28 | 11 08 | 12 32 | 7 09:50 | 7 ♉ 22:17 |
| 5 | 02 11 | 27 05 | 06 46 | 12 25 | 11 45 | 21 | 06 06 | 27 16 | 05 21 | 11 07 | 12 36 | 9 03:22 | 9 ♊ 21:34 |
| 6 | 02 27 | 27 09 | 06 43 | 12 17 | 11 47 | 22 | 06 19 | 27 13 | 05 12 | 11 06 | 12 40 | 11 17:21 | 11 ♋ 21:31 |
| 7 | 02 43 | 27 12 | 06 40 | 12 09 | 11 50 | 23 | 06 32 | 27 10 | 05 04 | 11 06D | 12 44 | 13 11:19 | 14 ♌ 00:06 |
| 8 | 02 58 | 27 15 | 06 37 | 12 01 | 11 53 | 24 | 06 45 | 27 06 | 04 55 | 11 07 | 12 48 | 15 21:07 | 16 ♍ 06:35 |
| 9 | 03 14 | 27 18 | 06 33 | 11 54 | 11 55 | 25 | 06 57 | 27 02 | 04 46 | 11 07 | 12 52 | 18 11:45 | 18 ♎ 16:48 |
| 10 | 03 29 | 27 20 | 06 28 | 11 47 | 11 58 | 26 | 07 09 | 26 57 | 04 37 | 11 09 | 12 56 | 19 20:12 | 21 ♏ 05:14 |
| 11 | 03 44 | 27 21 | 06 24 | 11 41 | 12 01 | 27 | 07 21 | 26 52 | 04 27 | 11 10 | 13 01 | 22 09:40 | 23 ♐ 18:06 |
| 12 | 04 00 | 27 23 | 06 19 | 11 35 | 12 04 | 28 | 07 33 | 26 47 | 04 18 | 11 13 | 13 05 | 24 21:55 | 26 ♑ 06:09 |
| 13 | 04 14 | 27 23 | 06 14 | 11 30 | 12 07 | 29 | 07 45 | 26 41 | 04 07 | 11 16 | 13 10 | 27 15:11 | 28 ♒ 16:40 |
| 14 | 04 29 | 27 24 | 06 08 | 11 26 | 12 11 | 30 | 07 56 | 26 35 | 03 57 | 11 19 | 13 14 | 30 06:30 | 31 ♓ 00:53 |
| 15 | 04 43 | 27 24℞ | 06 03 | 11 21 | 12 14 | 31 | 08 07 | 26 28 | 03 46 | 11 22 | 13 19 | | |
| 16 | 04 58 | 27 24 | 05 56 | 11 18 | 12 17 | | | | | | | | |

## 0:00 E.T. Declinations

| D | ☉ | ☽ | ☿ | ♀ | ♂ | ♃ | ♄ | ♅ | ♆ | ♇ | ⚳ | ⚴ | ⚵ | ⚶ | ⚷ |
|---|---|---|---|---|---|---|---|---|---|---|---|---|---|---|---|
| 1 | +14 59 | -26 10 | +12 40 | +04 10 | +09 25 | -22 58 | -14 02 | +17 28 | +13 12 | -21 11 | -18 25 | +17 29 | -07 04 | +06 02 | +10 54 |
| 2 | 15 17 | 22 55 | 12 12 | 04 38 | 09 42 | 22 59 | 14 01 | 17 28 | 13 13 | 21 11 | 18 22 | 17 38 | 06 59 | 06 03 | 10 54 |
| 3 | 15 35 | 18 29 | 11 45 | 05 06 | 09 59 | 22 59 | 13 59 | 17 28 | 13 14 | 21 11 | 18 18 | 17 47 | 06 55 | 06 03 | 10 54 |
| 4 | 15 52 | 13 02 | 11 20 | 05 33 | 10 16 | 22 59 | 13 58 | 17 27 | 13 15 | 21 11 | 18 15 | 17 56 | 06 51 | 06 03 | 10 55 |
| 5 | 16 10 | 06 47 | 10 57 | 06 01 | 10 32 | 22 59 | 13 57 | 17 27 | 13 15 | 21 11 | 18 12 | 18 06 | 06 46 | 06 03 | 10 55 |
| 6 | 16 27 | +00 00 | 10 35 | 06 29 | 10 49 | 22 59 | 13 55 | 17 27 | 13 16 | 21 12 | 18 10 | 18 15 | 06 42 | 06 03 | 10 55 |
| 7 | 16 44 | 06 59 | 10 16 | 06 56 | 11 05 | 22 59 | 13 54 | 17 27 | 13 17 | 21 12 | 18 07 | 18 24 | 06 38 | 06 02 | 10 55 |
| 8 | 17 00 | 13 44 | 09 59 | 07 24 | 11 21 | 22 59 | 13 53 | 17 26 | 13 17 | 21 12 | 18 04 | 18 33 | 06 34 | 06 01 | 10 55 |
| 9 | 17 16 | 19 46 | 09 45 | 07 51 | 11 38 | 22 59 | 13 52 | 17 26 | 13 18 | 21 12 | 18 01 | 18 42 | 06 30 | 06 00 | 10 55 |
| 10 | 17 32 | 24 32 | 09 32 | 08 18 | 11 54 | 23 00 | 13 50 | 17 26 | 13 19 | 21 12 | 17 59 | 18 51 | 06 26 | 05 59 | 10 55 |
| 11 | 17 48 | 27 33 | 09 23 | 08 45 | 12 09 | 23 00 | 13 49 | 17 25 | 13 19 | 21 12 | 17 56 | 18 59 | 06 22 | 05 57 | 10 55 |
| 12 | 18 03 | 28 33 | 09 16 | 09 11 | 12 25 | 23 00 | 13 48 | 17 25 | 13 20 | 21 12 | 17 54 | 19 08 | 06 18 | 05 55 | 10 55 |
| 13 | 18 18 | 27 33 | 09 11 | 09 38 | 12 41 | 23 00 | 13 47 | 17 25 | 13 21 | 21 12 | 17 51 | 19 16 | 06 14 | 05 53 | 10 55 |
| 14 | 18 33 | 24 49 | 09 09 | 10 04 | 12 56 | 23 00 | 13 45 | 17 24 | 13 21 | 21 12 | 17 49 | 19 25 | 06 10 | 05 51 | 10 54 |
| 15 | 18 48 | 20 48 | 09 09 | 10 30 | 13 12 | 23 00 | 13 44 | 17 24 | 13 22 | 21 12 | 17 47 | 19 33 | 06 06 | 05 48 | 10 54 |
| 16 | 19 02 | 15 53 | 09 12 | 10 56 | 13 27 | 23 01 | 13 43 | 17 24 | 13 23 | 21 13 | 17 45 | 19 41 | 06 02 | 05 45 | 10 54 |
| 17 | 19 15 | 10 25 | 09 17 | 11 22 | 13 42 | 23 01 | 13 42 | 17 23 | 13 23 | 21 13 | 17 43 | 19 50 | 05 59 | 05 42 | 10 54 |
| 18 | 19 29 | 04 42 | 09 24 | 11 47 | 13 57 | 23 01 | 13 41 | 17 23 | 13 24 | 21 13 | 17 41 | 19 58 | 05 55 | 05 39 | 10 53 |
| 19 | 19 42 | -01 06 | 09 33 | 12 12 | 14 12 | 23 01 | 13 39 | 17 22 | 13 25 | 21 13 | 17 39 | 20 05 | 05 52 | 05 35 | 10 53 |
| 20 | 19 55 | 06 47 | 09 44 | 12 37 | 14 26 | 23 01 | 13 38 | 17 22 | 13 25 | 21 13 | 17 38 | 20 13 | 05 48 | 05 31 | 10 53 |
| 21 | 20 07 | 12 10 | 09 57 | 13 02 | 14 41 | 23 01 | 13 37 | 17 21 | 13 26 | 21 13 | 17 36 | 20 21 | 05 45 | 05 27 | 10 52 |
| 22 | 20 19 | 17 07 | 10 12 | 13 26 | 14 55 | 23 02 | 13 36 | 17 21 | 13 27 | 21 14 | 17 35 | 20 28 | 05 42 | 05 23 | 10 52 |
| 23 | 20 31 | 21 25 | 10 29 | 13 50 | 15 09 | 23 02 | 13 35 | 17 20 | 13 27 | 21 14 | 17 33 | 20 36 | 05 39 | 05 19 | 10 52 |
| 24 | 20 42 | 24 51 | 10 47 | 14 13 | 15 23 | 23 02 | 13 34 | 17 20 | 13 28 | 21 14 | 17 32 | 20 43 | 05 36 | 05 14 | 10 51 |
| 25 | 20 54 | 27 14 | 11 06 | 14 37 | 15 37 | 23 02 | 13 33 | 17 19 | 13 29 | 21 14 | 17 31 | 20 50 | 05 33 | 05 09 | 10 51 |
| 26 | 21 04 | 28 23 | 11 28 | 15 00 | 15 51 | 23 02 | 13 32 | 17 19 | 13 29 | 21 15 | 17 30 | 20 57 | 05 30 | 05 04 | 10 50 |
| 27 | 21 15 | 28 11 | 11 50 | 15 22 | 16 04 | 23 02 | 13 30 | 17 18 | 13 30 | 21 15 | 17 29 | 21 03 | 05 27 | 04 59 | 10 50 |
| 28 | 21 24 | 26 35 | 12 14 | 15 44 | 16 18 | 23 03 | 13 29 | 17 18 | 13 31 | 21 15 | 17 28 | 21 10 | 05 24 | 04 54 | 10 49 |
| 29 | 21 34 | 23 40 | 12 39 | 16 06 | 16 31 | 23 03 | 13 28 | 17 17 | 13 31 | 21 15 | 17 27 | 21 16 | 05 21 | 04 48 | 10 48 |
| 30 | 21 43 | 19 35 | 13 05 | 16 28 | 16 44 | 23 03 | 13 27 | 17 16 | 13 32 | 21 16 | 17 26 | 21 22 | 05 19 | 04 42 | 10 48 |
| 31 | 21 52 | 14 30 | 13 32 | 16 49 | 16 57 | 23 03 | 13 26 | 17 16 | 13 32 | 21 16 | 17 26 | 21 28 | 05 17 | 04 36 | 10 47 |

Lunar Phases -- 2 ◑ 09:00 9 ● 03:22 15 ◐ 21:06 23 ○ 23:38 31 ◑ 19:26 Sun enters ♊ 5/21 03:10

# June 43 — Longitudes of Main Planets - June 2043 — 0:00 E.T.

| D | S.T. | ☉ | ☽ | ☽ 12:00 | ☿ | ♀ | ♂ | ♃ | ♄ | ♅ | ♆ | ♇ | ☊ |
|---|---|---|---|---|---|---|---|---|---|---|---|---|---|
| 1 | 16:37:31 | 10♊26 08 | 12♓49 | 19♓35 | 16♉51 | 22♉08 | 18♉59 | 01♑03℞ | 13♏21℞ | 14♌03 | 11♉11 | 01♓20 | 05♈23 |
| 2 | 16:41:27 | 11 23 39 | 26 28 | 03♈26 | 18 13 | 23 22 | 19 42 | 00 56 | 13 17 | 14 05 | 11 13 | 01 20℞ | 05 20 |
| 3 | 16:45:24 | 12 21 09 | 10♈30 | 17 40 | 19 38 | 24 35 | 20 26 | 00 49 | 13 14 | 14 07 | 11 15 | 01 20 | 05 17 |
| 4 | 16:49:20 | 13 18 39 | 24 56 | 02♉17 | 21 05 | 25 48 | 21 10 | 00 42 | 13 10 | 14 10 | 11 17 | 01 20 | 05 13 |
| 5 | 16:53:17 | 14 16 07 | 09♉43 | 17 13 | 22 35 | 27 01 | 21 54 | 00 35 | 13 07 | 14 12 | 11 19 | 01 20 | 05 10 |
| 6 | 16:57:13 | 15 13 35 | 24 45 | 02♊20 | 24 07 | 28 14 | 22 37 | 00 28 | 13 03 | 14 14 | 11 21 | 01 20 | 05 07 |
| 7 | 17:01:10 | 16 11 03 | 09♊55 | 17 29 | 25 43 | 29 28 | 23 21 | 00 21 | 13 00 | 14 16 | 11 23 | 01 19 | 05 04 |
| 8 | 17:05:07 | 17 08 29 | 25 02 | 02♋31 | 27 21 | 00♊41 | 24 04 | 00 14 | 12 56 | 14 19 | 11 25 | 01 19 | 05 01 |
| 9 | 17:09:03 | 18 05 55 | 09♋55 | 17 14 | 29 01 | 01 54 | 24 48 | 00 07 | 12 53 | 14 21 | 11 26 | 01 19 | 04 57 |
| 10 | 17:13:00 | 19 03 20 | 24 27 | 01♌33 | 00♊44 | 03 07 | 25 31 | 29♐59 | 12 50 | 14 24 | 11 28 | 01 19 | 04 54 |
| 11 | 17:16:56 | 20 00 43 | 08♌32 | 15 23 | 02 30 | 04 20 | 26 15 | 29 52 | 12 47 | 14 26 | 11 30 | 01 19 | 04 51 |
| 12 | 17:20:53 | 20 58 06 | 22 07 | 28 44 | 04 18 | 05 34 | 26 58 | 29 44 | 12 44 | 14 29 | 11 32 | 01 18 | 04 48 |
| 13 | 17:24:49 | 21 55 27 | 05♍14 | 11♍38 | 06 09 | 06 47 | 27 41 | 29 37 | 12 41 | 14 31 | 11 34 | 01 18 | 04 45 |
| 14 | 17:28:46 | 22 52 48 | 17 56 | 24 09 | 08 02 | 08 00 | 28 24 | 29 29 | 12 38 | 14 34 | 11 36 | 01 18 | 04 42 |
| 15 | 17:32:42 | 23 50 07 | 00♎17 | 06♎22 | 09 57 | 09 13 | 29 07 | 29 22 | 12 35 | 14 36 | 11 37 | 01 17 | 04 38 |
| 16 | 17:36:39 | 24 47 26 | 12 23 | 18 21 | 11 55 | 10 27 | 29 50 | 29 14 | 12 32 | 14 39 | 11 39 | 01 17 | 04 35 |
| 17 | 17:40:36 | 25 44 43 | 24 18 | 00♏13 | 13 55 | 11 40 | 00♊33 | 29 07 | 12 29 | 14 42 | 11 41 | 01 17 | 04 32 |
| 18 | 17:44:32 | 26 42 00 | 06♏08 | 12 02 | 15 57 | 12 53 | 01 16 | 28 59 | 12 27 | 14 45 | 11 43 | 01 16 | 04 29 |
| 19 | 17:48:29 | 27 39 16 | 17 56 | 23 51 | 18 01 | 14 07 | 01 59 | 28 51 | 12 24 | 14 47 | 11 44 | 01 16 | 04 26 |
| 20 | 17:52:25 | 28 36 32 | 29 48 | 05♐45 | 20 07 | 15 20 | 02 42 | 28 44 | 12 22 | 14 50 | 11 46 | 01 16 | 04 23 |
| 21 | 17:56:22 | 29 33 46 | 11♐44 | 17 45 | 22 14 | 16 33 | 03 25 | 28 36 | 12 19 | 14 53 | 11 48 | 01 15 | 04 19 |
| 22 | 18:00:18 | 00♋31 01 | 23 48 | 29 53 | 24 23 | 17 47 | 04 07 | 28 28 | 12 17 | 14 56 | 11 49 | 01 15 | 04 16 |
| 23 | 18:04:15 | 01 28 15 | 06♑00 | 12♑10 | 26 33 | 19 00 | 04 50 | 28 21 | 12 15 | 14 59 | 11 51 | 01 14 | 04 13 |
| 24 | 18:08:11 | 02 25 28 | 18 22 | 24 37 | 28 43 | 20 13 | 05 33 | 28 13 | 12 13 | 15 02 | 11 53 | 01 14 | 04 10 |
| 25 | 18:12:08 | 03 22 41 | 00♒54 | 07♒14 | 00♋55 | 21 27 | 06 15 | 28 05 | 12 11 | 15 05 | 11 54 | 01 13 | 04 07 |
| 26 | 18:16:05 | 04 19 54 | 13 37 | 20 02 | 03 06 | 22 40 | 06 58 | 27 58 | 12 09 | 15 08 | 11 56 | 01 12 | 04 03 |
| 27 | 18:20:01 | 05 17 07 | 26 31 | 03♓02 | 05 17 | 23 54 | 07 40 | 27 50 | 12 07 | 15 11 | 11 57 | 01 12 | 04 00 |
| 28 | 18:23:58 | 06 14 19 | 09♓37 | 16 16 | 07 28 | 25 07 | 08 22 | 27 43 | 12 05 | 15 14 | 11 59 | 01 11 | 03 57 |
| 29 | 18:27:54 | 07 11 32 | 22 58 | 29 45 | 09 39 | 26 20 | 09 05 | 27 35 | 12 04 | 15 17 | 12 00 | 01 11 | 03 54 |
| 30 | 18:31:51 | 08 08 44 | 06♈36 | 13♈31 | 11 49 | 27 34 | 09 47 | 27 28 | 12 02 | 15 20 | 12 02 | 01 10 | 03 51 |

## 0:00 E.T. — Longitudes of the Major Asteroids and Chiron

| D | ⚳ | ⚴ | ⚵ | ⚶ | ⚷ | D | ⚳ | ⚴ | ⚵ | ⚶ | ⚷ |
|---|---|---|---|---|---|---|---|---|---|---|---|
| 1 | 08♓18 | 26♑21℞ | 03♑35℞ | 11♎27 | 13♌24 | 16 | 10 30 | 23 48 | 00 28 | 13 22 | 14 44 |
| 2 | 08 29 | 26 14 | 03 24 | 11 31 | 13 28 | 17 | 10 36 | 23 35 | 00 15 | 13 33 | 14 50 |
| 3 | 08 39 | 26 06 | 03 13 | 11 36 | 13 33 | 18 | 10 42 | 23 21 | 00 01 | 13 44 | 14 56 |
| 4 | 08 49 | 25 58 | 03 01 | 11 42 | 13 38 | 19 | 10 48 | 23 07 | 29♐47 | 13 56 | 15 02 |
| 5 | 08 59 | 25 49 | 02 50 | 11 48 | 13 43 | 20 | 10 54 | 22 53 | 29 34 | 14 08 | 15 08 |
| 6 | 09 09 | 25 40 | 02 37 | 11 54 | 13 49 | 21 | 10 59 | 22 39 | 29 20 | 14 21 | 15 14 |
| 7 | 09 18 | 25 30 | 02 25 | 12 01 | 13 54 | 22 | 11 04 | 22 24 | 29 06 | 14 33 | 15 20 |
| 8 | 09 27 | 25 20 | 02 13 | 12 08 | 13 59 | 23 | 11 09 | 22 10 | 28 52 | 14 47 | 15 26 |
| 9 | 09 36 | 25 10 | 02 00 | 12 16 | 14 04 | 24 | 11 14 | 21 55 | 28 39 | 15 00 | 15 32 |
| 10 | 09 44 | 24 59 | 01 47 | 12 24 | 14 10 | 25 | 11 18 | 21 39 | 28 25 | 15 14 | 15 39 |
| 11 | 09 53 | 24 48 | 01 35 | 12 33 | 14 15 | 26 | 11 21 | 21 24 | 28 11 | 15 28 | 15 45 |
| 12 | 10 01 | 24 37 | 01 22 | 12 42 | 14 21 | 27 | 11 25 | 21 08 | 27 57 | 15 42 | 15 52 |
| 13 | 10 08 | 24 25 | 01 08 | 12 51 | 14 26 | 28 | 11 28 | 20 52 | 27 44 | 15 57 | 15 58 |
| 14 | 10 16 | 24 13 | 00 55 | 13 01 | 14 32 | 29 | 11 31 | 20 36 | 27 30 | 16 12 | 16 05 |
| 15 | 10 23 | 24 00 | 00 42 | 13 11 | 14 38 | 30 | 11 33 | 20 20 | 27 17 | 16 28 | 16 11 |

## Lunar Data

| Last Asp. | | Ingress | | |
|---|---|---|---|---|
| 1 | 18:05 | 2 | ♈ | 06:07 |
| 3 | 06:06 | 4 | ♉ | 08:17 |
| 6 | 06:00 | 6 | ♊ | 08:19 |
| 7 | 10:36 | 8 | ♋ | 07:58 |
| 10 | 01:54 | 10 | ♌ | 09:22 |
| 12 | 13:43 | 12 | ♍ | 14:19 |
| 14 | 22:12 | 14 | ♎ | 23:26 |
| 17 | 09:39 | 17 | ♏ | 11:33 |
| 18 | 17:35 | 20 | ♐ | 00:25 |
| 22 | 09:07 | 22 | ♑ | 12:14 |
| 23 | 12:07 | 24 | ♒ | 22:17 |
| 27 | 02:25 | 27 | ♓ | 06:26 |
| 29 | 08:07 | 29 | ♈ | 12:27 |

## 0:00 E.T. — Declinations

| D | ☉ | ☽ | ☿ | ♀ | ♂ | ♃ | ♄ | ♅ | ♆ | ♇ | ⚳ | ⚴ | ⚵ | ⚶ | ⚷ |
|---|---|---|---|---|---|---|---|---|---|---|---|---|---|---|---|
| 1 | +22 01 | -08 38 | +14 00 | +17 09 | +17 10 | -23 03 | -13 25 | +17 15 | +13 33 | -21 16 | -17 25 | +21 34 | -05 14 | +04 30 | +10 46 |
| 2 | 22 09 | 02 13 | 14 29 | 17 29 | 17 22 | 23 03 | 13 24 | 17 15 | 13 34 | 21 16 | 17 25 | 21 40 | 05 12 | 04 24 | 10 46 |
| 3 | 22 16 | +04 29 | 14 58 | 17 49 | 17 35 | 23 03 | 13 23 | 17 14 | 13 34 | 21 17 | 17 25 | 21 45 | 05 10 | 04 17 | 10 45 |
| 4 | 22 24 | 11 09 | 15 28 | 18 09 | 17 47 | 23 04 | 13 23 | 17 13 | 13 35 | 21 17 | 17 25 | 21 51 | 05 08 | 04 11 | 10 44 |
| 5 | 22 31 | 17 22 | 15 59 | 18 27 | 17 59 | 23 04 | 13 22 | 17 13 | 13 35 | 21 17 | 17 25 | 21 56 | 05 06 | 04 04 | 10 43 |
| 6 | 22 37 | 22 37 | 16 30 | 18 46 | 18 11 | 23 04 | 13 21 | 17 12 | 13 36 | 21 18 | 17 25 | 22 00 | 05 04 | 03 57 | 10 43 |
| 7 | 22 43 | 26 24 | 17 01 | 19 04 | 18 22 | 23 04 | 13 20 | 17 11 | 13 36 | 21 18 | 17 25 | 22 05 | 05 03 | 03 50 | 10 42 |
| 8 | 22 49 | 28 17 | 17 33 | 19 21 | 18 34 | 23 04 | 13 19 | 17 10 | 13 37 | 21 19 | 17 26 | 22 09 | 05 01 | 03 42 | 10 41 |
| 9 | 22 54 | 28 04 | 18 04 | 19 38 | 18 45 | 23 04 | 13 18 | 17 10 | 13 38 | 21 19 | 17 26 | 22 13 | 05 00 | 03 35 | 10 40 |
| 10 | 22 59 | 25 55 | 18 36 | 19 54 | 18 56 | 23 04 | 13 18 | 17 09 | 13 38 | 21 19 | 17 27 | 22 17 | 04 58 | 03 27 | 10 39 |
| 11 | 23 04 | 22 12 | 19 07 | 20 10 | 19 07 | 23 04 | 13 17 | 17 08 | 13 39 | 21 20 | 17 28 | 22 21 | 04 57 | 03 20 | 10 38 |
| 12 | 23 08 | 17 25 | 19 38 | 20 25 | 19 17 | 23 05 | 13 16 | 17 07 | 13 39 | 21 20 | 17 29 | 22 24 | 04 56 | 03 12 | 10 37 |
| 13 | 23 11 | 11 57 | 20 08 | 20 40 | 19 28 | 23 05 | 13 15 | 17 07 | 13 40 | 21 20 | 17 30 | 22 28 | 04 55 | 03 04 | 10 36 |
| 14 | 23 15 | 06 10 | 20 37 | 20 54 | 19 38 | 23 05 | 13 15 | 17 06 | 13 40 | 21 21 | 17 31 | 22 30 | 04 54 | 02 56 | 10 35 |
| 15 | 23 18 | 00 18 | 21 06 | 21 08 | 19 48 | 23 05 | 13 14 | 17 05 | 13 41 | 21 21 | 17 32 | 22 33 | 04 54 | 02 47 | 10 34 |
| 16 | 23 20 | -05 28 | 21 33 | 21 21 | 19 58 | 23 05 | 13 13 | 17 04 | 13 41 | 21 22 | 17 34 | 22 36 | 04 53 | 02 39 | 10 33 |
| 17 | 23 22 | 10 57 | 22 00 | 21 33 | 20 08 | 23 05 | 13 13 | 17 04 | 13 42 | 21 22 | 17 35 | 22 38 | 04 53 | 02 30 | 10 31 |
| 18 | 23 24 | 16 00 | 22 25 | 21 45 | 20 17 | 23 05 | 13 12 | 17 03 | 13 42 | 21 22 | 17 37 | 22 40 | 04 53 | 02 22 | 10 30 |
| 19 | 23 25 | 20 27 | 22 48 | 21 56 | 20 27 | 23 05 | 13 12 | 17 02 | 13 43 | 21 23 | 17 39 | 22 41 | 04 53 | 02 13 | 10 29 |
| 20 | 23 26 | 24 06 | 23 09 | 22 07 | 20 36 | 23 05 | 13 11 | 17 01 | 13 43 | 21 23 | 17 41 | 22 43 | 04 53 | 02 04 | 10 28 |
| 21 | 23 26 | 26 45 | 23 28 | 22 17 | 20 45 | 23 05 | 13 11 | 17 00 | 13 44 | 21 24 | 17 43 | 22 44 | 04 53 | 01 55 | 10 27 |
| 22 | 23 26 | 28 12 | 23 45 | 22 26 | 20 54 | 23 05 | 13 10 | 16 59 | 13 44 | 21 24 | 17 45 | 22 45 | 04 53 | 01 46 | 10 25 |
| 23 | 23 26 | 28 17 | 24 00 | 22 35 | 21 02 | 23 05 | 13 10 | 16 58 | 13 45 | 21 25 | 17 48 | 22 45 | 04 53 | 01 37 | 10 24 |
| 24 | 23 25 | 26 59 | 24 11 | 22 43 | 21 10 | 23 05 | 13 09 | 16 58 | 13 45 | 21 25 | 17 50 | 22 45 | 04 54 | 01 28 | 10 23 |
| 25 | 23 24 | 24 19 | 24 21 | 22 51 | 21 18 | 23 05 | 13 09 | 16 57 | 13 45 | 21 26 | 17 53 | 22 45 | 04 54 | 01 18 | 10 21 |
| 26 | 23 22 | 20 26 | 24 27 | 22 57 | 21 26 | 23 06 | 13 09 | 16 56 | 13 46 | 21 26 | 17 56 | 22 45 | 04 55 | 01 09 | 10 20 |
| 27 | 23 20 | 15 32 | 24 31 | 23 04 | 21 34 | 23 06 | 13 08 | 16 55 | 13 46 | 21 27 | 17 59 | 22 45 | 04 56 | 00 59 | 10 19 |
| 28 | 23 17 | 09 52 | 24 32 | 23 09 | 21 41 | 23 06 | 13 08 | 16 54 | 13 47 | 21 27 | 18 02 | 22 44 | 04 57 | 00 50 | 10 17 |
| 29 | 23 14 | 03 39 | 24 30 | 23 14 | 21 49 | 23 06 | 13 08 | 16 53 | 13 47 | 21 28 | 18 05 | 22 43 | 04 58 | 00 40 | 10 16 |
| 30 | 23 11 | +02 51 | 24 26 | 23 18 | 21 56 | 23 06 | 13 07 | 16 52 | 13 48 | 21 28 | 18 09 | 22 41 | 05 00 | 00 30 | 10 14 |

Lunar Phases -- 7 ● 10:36 14 ◐ 10:20 22 ○ 14:22 30 ◑ 02:54 Sun enters ♋ 6/21 10:60

# 0:00 E.T. — Longitudes of Main Planets - July 2043 — July 43

| D | S.T. | ☉ | ☽ | ☽ 12:00 | ☿ | ♀ | ♂ | ♃ | ♄ | ⛢ | ♆ | ♇ | ☊ |
|---|------|---|---|---------|---|---|---|---|---|---|---|---|---|
| 1 | 18:35:47 | 09♋05 57 | 20♈30 | 27♈35 | 13♊57 | 28♊47 | 10♊29 | 27♐20R | 12♏01R | 15♌23 | 12♉03 | 01♓09R | 03♈48 |
| 2 | 18:39:44 | 10 03 10 | 04♉43 | 11♉56 | 16 05 | 00♋01 | 11 11 | 27 13 | 11 59 | 15 26 | 12 05 | 01 09 | 03 44 |
| 3 | 18:43:40 | 11 00 23 | 19 13 | 26 34 | 18 11 | 01 14 | 11 53 | 27 06 | 11 58 | 15 29 | 12 06 | 01 08 | 03 41 |
| 4 | 18:47:37 | 11 57 36 | 03♊57 | 11♊21 | 20 16 | 02 28 | 12 35 | 26 59 | 11 57 | 15 33 | 12 07 | 01 07 | 03 38 |
| 5 | 18:51:34 | 12 54 50 | 18 47 | 26 13 | 22 19 | 03 41 | 13 17 | 26 51 | 11 56 | 15 36 | 12 09 | 01 06 | 03 35 |
| 6 | 18:55:30 | 13 52 04 | 03♋37 | 11♋00 | 24 20 | 04 55 | 13 59 | 26 44 | 11 55 | 15 39 | 12 10 | 01 06 | 03 32 |
| 7 | 18:59:27 | 14 49 17 | 18 18 | 25 33 | 26 19 | 06 09 | 14 41 | 26 37 | 11 54 | 15 43 | 12 11 | 01 05 | 03 29 |
| 8 | 19:03:23 | 15 46 31 | 02♌42 | 09♌46 | 28 17 | 07 22 | 15 23 | 26 30 | 11 53 | 15 46 | 12 12 | 01 04 | 03 25 |
| 9 | 19:07:20 | 16 43 45 | 16 43 | 23 34 | 00♌13 | 08 36 | 16 04 | 26 24 | 11 52 | 15 49 | 12 14 | 01 03 | 03 22 |
| 10 | 19:11:16 | 17 40 58 | 00♍18 | 06♍55 | 02 07 | 09 49 | 16 46 | 26 17 | 11 52 | 15 53 | 12 15 | 01 02 | 03 19 |
| 11 | 19:15:13 | 18 38 12 | 13 26 | 19 51 | 03 59 | 11 03 | 17 28 | 26 10 | 11 51 | 15 56 | 12 16 | 01 01 | 03 16 |
| 12 | 19:19:09 | 19 35 25 | 26 10 | 02♎24 | 05 49 | 12 17 | 18 09 | 26 04 | 11 51 | 15 59 | 12 17 | 01 00 | 03 13 |
| 13 | 19:23:06 | 20 32 38 | 08♎33 | 14 38 | 07 37 | 13 30 | 18 51 | 25 57 | 11 50 | 16 03 | 12 18 | 01 00 | 03 09 |
| 14 | 19:27:03 | 21 29 52 | 20 40 | 26 39 | 09 23 | 14 44 | 19 32 | 25 51 | 11 50 | 16 06 | 12 19 | 00 59 | 03 06 |
| 15 | 19:30:59 | 22 27 05 | 02♏37 | 08♏32 | 11 08 | 15 58 | 20 13 | 25 45 | 11 50 | 16 10 | 12 20 | 00 58 | 03 03 |
| 16 | 19:34:56 | 23 24 18 | 14 27 | 20 23 | 12 50 | 17 11 | 20 55 | 25 39 | 11 50D | 16 13 | 12 21 | 00 57 | 03 00 |
| 17 | 19:38:52 | 24 21 32 | 26 18 | 02♐14 | 14 30 | 18 25 | 21 36 | 25 33 | 11 50 | 16 17 | 12 22 | 00 56 | 02 57 |
| 18 | 19:42:49 | 25 18 45 | 08♐12 | 14 12 | 16 09 | 19 39 | 22 17 | 25 27 | 11 50 | 16 20 | 12 23 | 00 55 | 02 54 |
| 19 | 19:46:45 | 26 15 59 | 20 14 | 26 19 | 17 45 | 20 53 | 22 58 | 25 22 | 11 51 | 16 24 | 12 24 | 00 54 | 02 50 |
| 20 | 19:50:42 | 27 13 13 | 02♑26 | 08♑37 | 19 20 | 22 06 | 23 39 | 25 16 | 11 51 | 16 27 | 12 25 | 00 53 | 02 47 |
| 21 | 19:54:38 | 28 10 28 | 14 50 | 21 07 | 20 52 | 23 20 | 24 20 | 25 11 | 11 51 | 16 31 | 12 26 | 00 52 | 02 44 |
| 22 | 19:58:35 | 29 07 42 | 27 27 | 03♒50 | 22 23 | 24 34 | 25 01 | 25 05 | 11 52 | 16 35 | 12 27 | 00 51 | 02 41 |
| 23 | 20:02:32 | 00♌04 58 | 10♒16 | 16 46 | 23 52 | 25 48 | 25 42 | 25 00 | 11 53 | 16 38 | 12 27 | 00 49 | 02 38 |
| 24 | 20:06:28 | 01 02 14 | 23 18 | 29 53 | 25 18 | 27 01 | 26 23 | 24 55 | 11 53 | 16 42 | 12 28 | 00 48 | 02 35 |
| 25 | 20:10:25 | 01 59 30 | 06♓31 | 13♓12 | 26 43 | 28 15 | 27 03 | 24 51 | 11 54 | 16 45 | 12 29 | 00 47 | 02 31 |
| 26 | 20:14:21 | 02 56 47 | 19 56 | 26 42 | 28 05 | 29 29 | 27 44 | 24 46 | 11 55 | 16 49 | 12 30 | 00 46 | 02 28 |
| 27 | 20:18:18 | 03 54 05 | 03♈31 | 10♈22 | 29 26 | 00♌43 | 28 25 | 24 41 | 11 56 | 16 53 | 12 30 | 00 45 | 02 25 |
| 28 | 20:22:14 | 04 51 25 | 17 17 | 24 14 | 00♍44 | 01 57 | 29 05 | 24 37 | 11 57 | 16 56 | 12 31 | 00 44 | 02 22 |
| 29 | 20:26:11 | 05 48 45 | 01♉13 | 08♉16 | 02 01 | 03 11 | 29 46 | 24 33 | 11 59 | 17 00 | 12 31 | 00 43 | 02 19 |
| 30 | 20:30:07 | 06 46 06 | 15 21 | 22 28 | 03 15 | 04 25 | 00♋26 | 24 29 | 12 00 | 17 04 | 12 32 | 00 42 | 02 15 |
| 31 | 20:34:04 | 07 43 28 | 29 37 | 06♊48 | 04 26 | 05 39 | 01 06 | 24 25 | 12 01 | 17 07 | 12 33 | 00 40 | 02 12 |

## 0:00 E.T. — Longitudes of the Major Asteroids and Chiron — Lunar Data

| D | ⚷ | ⚴ | ⚵ | ⚶ | ⚳ | D | ⚷ | ⚴ | ⚵ | ⚶ | ⚳ | Last Asp. | Ingress |
|---|---|---|---|---|---|---|---|---|---|---|---|-----------|---------|
| 1 | 11♓35 | 20♑04R | 27♐04R | 16♎44 | 16♌18 | 17 | 11 21 | 15 38 | 23 54 | 21 33 | 18 10 | 1 15:22 | 1 ♉ 16:05 |
| 2 | 11 37 | 19 47 | 26 50 | 17 00 | 16 25 | 18 | 11 17 | 15 22 | 23 44 | 21 53 | 18 18 | 2 22:00 | 3 ♊ 17:36 |
| 3 | 11 38 | 19 31 | 26 37 | 17 16 | 16 31 | 19 | 11 13 | 15 06 | 23 34 | 22 14 | 18 25 | 5 12:56 | 5 ♋ 18:08 |
| 4 | 11 39 | 19 14 | 26 24 | 17 33 | 16 38 | 20 | 11 08 | 14 50 | 23 25 | 22 34 | 18 32 | 7 15:25 | 7 ♌ 19:27 |
| 5 | 11 40 | 18 57 | 26 12 | 17 49 | 16 45 | 21 | 11 03 | 14 34 | 23 16 | 22 55 | 18 40 | 9 16:53 | 9 ♍ 23:28 |
| 6 | 11 40 | 18 40 | 25 59 | 18 07 | 16 52 | 22 | 10 58 | 14 19 | 23 07 | 23 16 | 18 47 | 11 23:48 | 12 ♎ 07:22 |
| 7 | 11 40R | 18 24 | 25 46 | 18 24 | 16 59 | 23 | 10 52 | 14 04 | 22 59 | 23 38 | 18 55 | 14 10:18 | 14 ♏ 18:44 |
| 8 | 11 40 | 18 07 | 25 34 | 18 42 | 17 06 | 24 | 10 46 | 13 49 | 22 50 | 23 59 | 19 02 | 16 19:44 | 17 ♐ 07:29 |
| 9 | 11 39 | 17 50 | 25 22 | 19 00 | 17 13 | 25 | 10 40 | 13 35 | 22 43 | 24 21 | 19 10 | 19 10:02 | 19 ♑ 19:14 |
| 10 | 11 38 | 17 33 | 25 10 | 19 18 | 17 20 | 26 | 10 33 | 13 20 | 22 35 | 24 43 | 19 17 | 22 03:25 | 22 ♒ 04:48 |
| 11 | 11 37 | 17 16 | 24 58 | 19 37 | 17 27 | 27 | 10 26 | 13 06 | 22 28 | 25 05 | 19 25 | 24 05:55 | 24 ♓ 12:12 |
| 12 | 11 35 | 17 00 | 24 47 | 19 55 | 17 34 | 28 | 10 18 | 12 53 | 22 21 | 25 27 | 19 32 | 26 14:33 | 26 ♈ 17:50 |
| 13 | 11 33 | 16 43 | 24 36 | 20 14 | 17 41 | 29 | 10 11 | 12 39 | 22 15 | 25 49 | 19 40 | 28 21:22 | 28 ♉ 21:54 |
| 14 | 11 30 | 16 27 | 24 25 | 20 34 | 17 48 | 30 | 10 03 | 12 26 | 22 09 | 26 12 | 19 48 | 30 02:55 | 31 ♊ 00:38 |
| 15 | 11 28 | 16 10 | 24 14 | 20 53 | 17 56 | 31 | 09 54 | 12 13 | 22 03 | 26 35 | 19 55 | | |
| 16 | 11 24 | 15 54 | 24 04 | 21 13 | 18 03 | | | | | | | | |

## 0:00 E.T. — Declinations

| D | ☉ | ☽ | ☿ | ♀ | ♂ | ♃ | ♄ | ⛢ | ♆ | ♇ | ⚷ | ⚴ | ⚵ | ⚶ | ⚳ |
|---|---|---|---|---|---|---|---|---|---|---|---|---|---|---|---|
| 1 | +23 07 | +09 22 | +24 18 | +23 21 | +22 03 | -23 06 | -13 07 | +16 51 | +13 48 | -21 29 | -18 12 | +22 39 | -05 01 | +00 21 | +10 13 |
| 2 | 23 03 | 15 33 | 24 08 | 23 24 | 22 09 | 23 06 | 13 07 | 16 50 | 13 48 | 21 29 | 18 16 | 22 38 | 05 03 | 00 11 | 10 11 |
| 3 | 22 59 | 20 59 | 23 56 | 23 26 | 22 16 | 23 06 | 13 07 | 16 49 | 13 49 | 21 30 | 18 20 | 22 35 | 05 04 | 00 01 | 10 10 |
| 4 | 22 54 | 25 14 | 23 41 | 23 28 | 22 22 | 23 06 | 13 07 | 16 48 | 13 49 | 21 30 | 18 24 | 22 33 | 05 06 | -00 10 | 10 08 |
| 5 | 22 49 | 27 48 | 23 24 | 23 28 | 22 28 | 23 06 | 13 07 | 16 47 | 13 50 | 21 31 | 18 28 | 22 30 | 05 08 | 00 20 | 10 06 |
| 6 | 22 43 | 28 24 | 23 04 | 23 28 | 22 34 | 23 06 | 13 07 | 16 46 | 13 50 | 21 31 | 18 32 | 22 27 | 05 10 | 00 30 | 10 05 |
| 7 | 22 37 | 26 59 | 22 43 | 23 28 | 22 39 | 23 05 | 13 07 | 16 45 | 13 50 | 21 32 | 18 37 | 22 23 | 05 12 | 00 40 | 10 03 |
| 8 | 22 30 | 23 48 | 22 20 | 23 26 | 22 45 | 23 05 | 13 07 | 16 44 | 13 51 | 21 32 | 18 41 | 22 20 | 05 15 | 00 51 | 10 02 |
| 9 | 22 23 | 19 16 | 21 55 | 23 24 | 22 50 | 23 05 | 13 07 | 16 43 | 13 51 | 21 33 | 18 46 | 22 16 | 05 17 | 01 01 | 10 00 |
| 10 | 22 16 | 13 53 | 21 28 | 23 22 | 22 55 | 23 05 | 13 07 | 16 42 | 13 51 | 21 33 | 18 50 | 22 11 | 05 20 | 01 12 | 09 58 |
| 11 | 22 08 | 08 02 | 21 00 | 23 18 | 22 59 | 23 05 | 13 07 | 16 41 | 13 51 | 21 34 | 18 55 | 22 07 | 05 22 | 01 22 | 09 56 |
| 12 | 22 00 | 02 02 | 20 31 | 23 14 | 23 04 | 23 05 | 13 07 | 16 40 | 13 52 | 21 35 | 19 00 | 22 02 | 05 25 | 01 33 | 09 55 |
| 13 | 21 52 | -03 53 | 20 01 | 23 09 | 23 08 | 23 05 | 13 07 | 16 39 | 13 52 | 21 35 | 19 06 | 21 57 | 05 28 | 01 43 | 09 53 |
| 14 | 21 43 | 09 32 | 19 29 | 23 04 | 23 12 | 23 05 | 13 07 | 16 38 | 13 52 | 21 36 | 19 11 | 21 52 | 05 31 | 01 54 | 09 51 |
| 15 | 21 34 | 14 46 | 18 57 | 22 57 | 23 16 | 23 05 | 13 08 | 16 37 | 13 52 | 21 36 | 19 16 | 21 46 | 05 34 | 02 05 | 09 49 |
| 16 | 21 24 | 19 25 | 18 23 | 22 51 | 23 20 | 23 05 | 13 08 | 16 36 | 13 53 | 21 37 | 19 22 | 21 40 | 05 37 | 02 16 | 09 47 |
| 17 | 21 15 | 23 18 | 17 49 | 22 43 | 23 23 | 23 05 | 13 08 | 16 35 | 13 53 | 21 37 | 19 27 | 21 34 | 05 41 | 02 26 | 09 44 |
| 18 | 21 04 | 26 14 | 17 15 | 22 35 | 23 25 | 23 05 | 13 08 | 16 34 | 13 53 | 21 38 | 19 33 | 21 28 | 05 44 | 02 37 | 09 42 |
| 19 | 20 54 | 28 00 | 16 39 | 22 26 | 23 29 | 23 05 | 13 09 | 16 33 | 13 53 | 21 39 | 19 39 | 21 21 | 05 48 | 02 48 | 09 42 |
| 20 | 20 43 | 28 28 | 16 04 | 22 16 | 23 32 | 23 05 | 13 09 | 16 32 | 13 54 | 21 39 | 19 45 | 21 14 | 05 51 | 02 59 | 09 40 |
| 21 | 20 31 | 27 30 | 15 28 | 22 06 | 23 35 | 23 05 | 13 09 | 16 31 | 13 54 | 21 40 | 19 51 | 21 07 | 05 55 | 03 10 | 09 38 |
| 22 | 20 20 | 25 08 | 14 51 | 21 55 | 23 37 | 23 05 | 13 10 | 16 30 | 13 54 | 21 40 | 19 57 | 21 00 | 05 59 | 03 21 | 09 36 |
| 23 | 20 08 | 21 28 | 14 15 | 21 44 | 23 39 | 23 05 | 13 10 | 16 28 | 13 54 | 21 41 | 20 03 | 20 52 | 06 02 | 03 32 | 09 34 |
| 24 | 19 55 | 16 42 | 13 38 | 21 32 | 23 41 | 23 05 | 13 11 | 16 27 | 13 54 | 21 41 | 20 10 | 20 44 | 06 06 | 03 43 | 09 32 |
| 25 | 19 43 | 11 06 | 13 01 | 21 19 | 23 43 | 23 05 | 13 11 | 16 26 | 13 54 | 21 42 | 20 16 | 20 36 | 06 10 | 03 54 | 09 30 |
| 26 | 19 30 | 04 54 | 12 24 | 21 06 | 23 44 | 23 05 | 13 12 | 16 25 | 13 55 | 21 43 | 20 23 | 20 28 | 06 15 | 04 06 | 09 28 |
| 27 | 19 17 | +01 35 | 11 48 | 20 52 | 23 46 | 23 05 | 13 12 | 16 24 | 13 55 | 21 43 | 20 29 | 20 19 | 06 19 | 04 17 | 09 26 |
| 28 | 19 03 | 08 06 | 11 11 | 20 37 | 23 47 | 23 05 | 13 13 | 16 23 | 13 55 | 21 44 | 20 36 | 20 11 | 06 23 | 04 28 | 09 24 |
| 29 | 18 49 | 14 05 | 10 35 | 20 22 | 23 48 | 23 05 | 13 14 | 16 22 | 13 55 | 21 44 | 20 43 | 20 02 | 06 27 | 04 39 | 09 22 |
| 30 | 18 35 | 19 51 | 09 59 | 20 06 | 23 48 | 23 05 | 13 14 | 16 21 | 13 55 | 21 45 | 20 50 | 19 53 | 06 32 | 04 50 | 09 19 |
| 31 | 18 20 | 24 20 | 09 23 | 19 50 | 23 49 | 23 05 | 13 15 | 16 20 | 13 55 | 21 45 | 20 56 | 19 43 | 06 36 | 05 02 | 09 17 |

Lunar Phases -- 6 ● 17:52   14 ◐ 01:48   22 ○ 03:25   29 ◑ 08:24   Sun enters ♌ 7/22 21:55

# Aug. 43 — Longitudes of Main Planets - August 2043 — 0:00 E.T.

| D | S.T. | ☉ | ☽ | ☽ 12:00 | ☿ | ♀ | ♂ | ♃ | ♄ | ♅ | ♆ | ♇ | ☊ |
|---|---|---|---|---|---|---|---|---|---|---|---|---|---|
| 1 | 20:38:01 | 08♌40 52 | 14♊01 | 21♊14 | 05♍36 | 06♌53 | 01♋47 | 24♐21℞ | 12♏03 | 17♌11 | 12♉33 | 00♓39℞ | 02♈09 |
| 2 | 20:41:57 | 09 38 16 | 28 28 | 05♋41 | 06 43 | 08 07 | 02 27 | 24 18 | 12 05 | 17 15 | 12 34 | 00 38 | 02 06 |
| 3 | 20:45:54 | 10 35 42 | 12♋52 | 20 02 | 07 47 | 09 21 | 03 07 | 24 14 | 12 06 | 17 18 | 12 34 | 00 37 | 02 03 |
| 4 | 20:49:50 | 11 33 08 | 27 09 | 04♌13 | 08 49 | 10 35 | 03 47 | 24 11 | 12 08 | 17 22 | 12 34 | 00 36 | 02 00 |
| 5 | 20:53:47 | 12 30 36 | 11♌13 | 18 08 | 09 48 | 11 49 | 04 27 | 24 08 | 12 10 | 17 26 | 12 35 | 00 35 | 01 56 |
| 6 | 20:57:43 | 13 28 04 | 24 58 | 01♍43 | 10 44 | 13 03 | 05 07 | 24 05 | 12 12 | 17 30 | 12 35 | 00 33 | 01 53 |
| 7 | 21:01:40 | 14 25 34 | 08♍23 | 14 57 | 11 37 | 14 17 | 05 47 | 24 03 | 12 14 | 17 33 | 12 35 | 00 32 | 01 50 |
| 8 | 21:05:36 | 15 23 04 | 21 25 | 27 49 | 12 27 | 15 31 | 06 27 | 24 00 | 12 16 | 17 37 | 12 36 | 00 31 | 01 47 |
| 9 | 21:09:33 | 16 20 35 | 04♎07 | 10♎20 | 13 14 | 16 45 | 07 07 | 23 58 | 12 19 | 17 41 | 12 36 | 00 30 | 01 44 |
| 10 | 21:13:30 | 17 18 06 | 16 30 | 22 35 | 13 58 | 17 59 | 07 47 | 23 56 | 12 21 | 17 44 | 12 36 | 00 28 | 01 40 |
| 11 | 21:17:26 | 18 15 39 | 28 38 | 04♏37 | 14 37 | 19 13 | 08 26 | 23 54 | 12 23 | 17 48 | 12 36 | 00 27 | 01 37 |
| 12 | 21:21:23 | 19 13 13 | 10♏35 | 16 32 | 15 13 | 20 27 | 09 06 | 23 52 | 12 26 | 17 52 | 12 37 | 00 26 | 01 34 |
| 13 | 21:25:19 | 20 10 47 | 22 28 | 28 24 | 15 45 | 21 41 | 09 46 | 23 51 | 12 29 | 17 56 | 12 37 | 00 25 | 01 31 |
| 14 | 21:29:16 | 21 08 23 | 04♐20 | 10♐17 | 16 13 | 22 56 | 10 25 | 23 49 | 12 31 | 17 59 | 12 37 | 00 23 | 01 28 |
| 15 | 21:33:12 | 22 05 59 | 16 16 | 22 18 | 16 36 | 24 10 | 11 05 | 23 48 | 12 34 | 18 03 | 12 37 | 00 22 | 01 25 |
| 16 | 21:37:09 | 23 03 36 | 28 22 | 04♑29 | 16 54 | 25 24 | 11 44 | 23 47 | 12 37 | 18 07 | 12 37℞ | 00 21 | 01 21 |
| 17 | 21:41:05 | 24 01 15 | 10♑39 | 16 54 | 17 08 | 26 38 | 12 23 | 23 46 | 12 40 | 18 11 | 12 37 | 00 19 | 01 18 |
| 18 | 21:45:02 | 24 58 54 | 23 12 | 29 35 | 17 16 | 27 52 | 13 02 | 23 46 | 12 43 | 18 14 | 12 37 | 00 18 | 01 15 |
| 19 | 21:48:59 | 25 56 35 | 06♒01 | 12♒32 | 17 19 | 29 07 | 13 42 | 23 45 | 12 46 | 18 18 | 12 37 | 00 17 | 01 12 |
| 20 | 21:52:55 | 26 54 17 | 19 08 | 25 47 | 17 17℞ | 00♍21 | 14 21 | 23 45 | 12 50 | 18 22 | 12 37 | 00 16 | 01 09 |
| 21 | 21:56:52 | 27 52 00 | 02♓30 | 09♓17 | 17 09 | 01 35 | 15 00 | 23 45D | 12 53 | 18 25 | 12 36 | 00 14 | 01 06 |
| 22 | 22:00:48 | 28 49 44 | 16 07 | 23 00 | 16 55 | 02 49 | 15 39 | 23 45 | 12 56 | 18 29 | 12 36 | 00 13 | 01 02 |
| 23 | 22:04:45 | 29 47 30 | 29 56 | 06♈54 | 16 35 | 04 03 | 16 18 | 23 46 | 13 00 | 18 33 | 12 36 | 00 12 | 00 59 |
| 24 | 22:08:41 | 00♍45 17 | 13♈55 | 20 57 | 16 10 | 05 18 | 16 56 | 23 46 | 13 03 | 18 36 | 12 36 | 00 10 | 00 56 |
| 25 | 22:12:38 | 01 43 07 | 28 00 | 05♉05 | 15 39 | 06 32 | 17 35 | 23 47 | 13 07 | 18 40 | 12 35 | 00 09 | 00 53 |
| 26 | 22:16:34 | 02 40 58 | 12♉10 | 19 16 | 15 02 | 07 46 | 18 14 | 23 48 | 13 11 | 18 44 | 12 35 | 00 08 | 00 50 |
| 27 | 22:20:31 | 03 38 50 | 26 23 | 03♊29 | 14 21 | 09 01 | 18 53 | 23 49 | 13 15 | 18 47 | 12 35 | 00 06 | 00 46 |
| 28 | 22:24:28 | 04 36 45 | 10♊35 | 17 41 | 13 35 | 10 15 | 19 31 | 23 50 | 13 19 | 18 51 | 12 34 | 00 05 | 00 43 |
| 29 | 22:28:24 | 05 34 41 | 24 45 | 01♋49 | 12 45 | 11 29 | 20 10 | 23 51 | 13 23 | 18 55 | 12 34 | 00 04 | 00 40 |
| 30 | 22:32:21 | 06 32 40 | 08♋51 | 15 52 | 11 52 | 12 44 | 20 48 | 23 53 | 13 27 | 18 58 | 12 34 | 00 03 | 00 37 |
| 31 | 22:36:17 | 07 30 40 | 22 51 | 29 47 | 10 57 | 13 58 | 21 26 | 23 55 | 13 31 | 19 02 | 12 33 | 00 01 | 00 34 |

## 0:00 E.T. — Longitudes of the Major Asteroids and Chiron

| D | ⚳ | ⚴ | ⚵ | ⚶ | ⚷ | D | ⚳ | ⚴ | ⚵ | ⚶ | ⚷ |
|---|---|---|---|---|---|---|---|---|---|---|---|
| 1 | 09♓46℞ | 12♑00℞ | 21♐57℞ | 26♎58 | 20♌03 | 17 | 06 52 | 09 29 | 21 17D | 03 28 | 22 07 |
| 2 | 09 37 | 11 48 | 21 52 | 27 21 | 20 11 | 18 | 06 39 | 09 22 | 21 18 | 03 54 | 22 15 |
| 3 | 09 28 | 11 36 | 21 47 | 27 44 | 20 18 | 19 | 06 26 | 09 17 | 21 19 | 04 20 | 22 23 |
| 4 | 09 18 | 11 25 | 21 43 | 28 08 | 20 26 | 20 | 06 13 | 09 11 | 21 20 | 04 45 | 22 31 |
| 5 | 09 08 | 11 13 | 21 39 | 28 32 | 20 34 | 21 | 06 00 | 09 06 | 21 21 | 05 11 | 22 38 |
| 6 | 08 58 | 11 03 | 21 35 | 28 55 | 20 42 | 22 | 05 47 | 09 02 | 21 23 | 05 38 | 22 46 |
| 7 | 08 48 | 10 52 | 21 32 | 29 20 | 20 49 | 23 | 05 34 | 08 57 | 21 25 | 06 04 | 22 54 |
| 8 | 08 37 | 10 42 | 21 29 | 29 44 | 20 57 | 24 | 05 21 | 08 54 | 21 28 | 06 30 | 23 02 |
| 9 | 08 26 | 10 32 | 21 26 | 00♏08 | 21 05 | 25 | 05 08 | 08 50 | 21 31 | 06 57 | 23 10 |
| 10 | 08 15 | 10 23 | 21 24 | 00 33 | 21 13 | 26 | 04 55 | 08 47 | 21 34 | 07 23 | 23 17 |
| 11 | 08 04 | 10 14 | 21 22 | 00 57 | 21 20 | 27 | 04 41 | 08 44 | 21 37 | 07 50 | 23 25 |
| 12 | 07 52 | 10 05 | 21 20 | 01 22 | 21 28 | 28 | 04 28 | 08 42 | 21 41 | 08 17 | 23 33 |
| 13 | 07 40 | 09 57 | 21 19 | 01 47 | 21 36 | 29 | 04 15 | 08 40 | 21 45 | 08 44 | 23 41 |
| 14 | 07 29 | 09 50 | 21 18 | 02 12 | 21 44 | 30 | 04 01 | 08 39 | 21 50 | 09 11 | 23 48 |
| 15 | 07 16 | 09 42 | 21 17 | 02 37 | 21 52 | 31 | 03 48 | 08 38 | 21 55 | 09 38 | 23 56 |
| 16 | 07 04 | 09 35 | 21 17 | 03 03 | 21 59 | | | | | | |

## Lunar Data

| Last Asp. | | Ingress | | |
|---|---|---|---|---|
| 1 | 17:07 | 2 | ♋ | 02:34 |
| 2 | 23:30 | 4 | ♌ | 04:49 |
| 5 | 22:27 | 6 | ♍ | 08:55 |
| 8 | 04:49 | 8 | ♎ | 16:10 |
| 10 | 14:38 | 11 | ♏ | 02:45 |
| 12 | 22:15 | 13 | ♐ | 15:15 |
| 15 | 17:29 | 16 | ♑ | 03:14 |
| 17 | 12:37 | 18 | ♒ | 12:48 |
| 20 | 15:06 | 20 | ♓ | 19:33 |
| 22 | 13:18 | 23 | ♈ | 00:07 |
| 24 | 16:49 | 25 | ♉ | 03:23 |
| 26 | 11:08 | 27 | ♊ | 06:07 |
| 28 | 22:28 | 29 | ♋ | 08:54 |
| 30 | 21:28 | | | |

## 0:00 E.T. — Declinations

| D | ☉ | ☽ | ☿ | ♀ | ♂ | ♃ | ♄ | ♅ | ♆ | ♇ | ⚳ | ⚴ | ⚵ | ⚶ | ⚷ |
|---|---|---|---|---|---|---|---|---|---|---|---|---|---|---|---|
| 1 | +18 05 | +27 20 | +08 48 | +19 33 | +23 49 | -23 05 | -13 16 | +16 18 | +13 55 | -21 46 | -21 03 | +19 34 | -06 41 | -05 13 | +09 15 |
| 2 | 17 50 | 28 32 | 08 13 | 19 16 | 23 49 | 23 05 | 13 16 | 16 17 | 13 55 | 21 47 | 21 10 | 19 24 | 06 45 | 05 24 | 09 13 |
| 3 | 17 35 | 27 47 | 07 39 | 18 58 | 23 49 | 23 05 | 13 17 | 16 16 | 13 56 | 21 47 | 21 17 | 19 15 | 06 50 | 05 35 | 09 11 |
| 4 | 17 19 | 25 13 | 07 06 | 18 39 | 23 49 | 23 05 | 13 18 | 16 15 | 13 56 | 21 48 | 21 24 | 19 05 | 06 55 | 05 47 | 09 08 |
| 5 | 17 03 | 21 09 | 06 33 | 18 20 | 23 48 | 23 05 | 13 19 | 16 14 | 13 56 | 21 48 | 21 31 | 18 54 | 07 00 | 05 58 | 09 06 |
| 6 | 16 47 | 16 00 | 06 02 | 18 01 | 23 48 | 23 05 | 13 20 | 16 13 | 13 56 | 21 49 | 21 39 | 18 44 | 07 04 | 06 09 | 09 04 |
| 7 | 16 30 | 10 13 | 05 31 | 17 40 | 23 47 | 23 05 | 13 21 | 16 12 | 13 56 | 21 50 | 21 46 | 18 34 | 07 09 | 06 21 | 09 02 |
| 8 | 16 13 | 04 08 | 05 01 | 17 20 | 23 46 | 23 05 | 13 21 | 16 11 | 13 56 | 21 50 | 21 53 | 18 23 | 07 14 | 06 32 | 08 59 |
| 9 | 15 56 | -01 57 | 04 33 | 16 59 | 23 44 | 23 05 | 13 22 | 16 09 | 13 56 | 21 51 | 22 00 | 18 12 | 07 19 | 06 43 | 08 57 |
| 10 | 15 39 | 07 49 | 04 05 | 16 37 | 23 43 | 23 05 | 13 23 | 16 08 | 13 56 | 21 51 | 22 07 | 18 02 | 07 24 | 06 55 | 08 55 |
| 11 | 15 21 | 13 17 | 03 39 | 16 15 | 23 41 | 23 05 | 13 24 | 16 07 | 13 56 | 21 52 | 22 14 | 17 51 | 07 29 | 07 06 | 08 53 |
| 12 | 15 03 | 18 10 | 03 15 | 15 53 | 23 39 | 23 05 | 13 25 | 16 06 | 13 56 | 21 52 | 22 21 | 17 40 | 07 34 | 07 17 | 08 50 |
| 13 | 14 45 | 22 20 | 02 52 | 15 30 | 23 37 | 23 05 | 13 26 | 16 05 | 13 56 | 21 53 | 22 28 | 17 28 | 07 39 | 07 29 | 08 48 |
| 14 | 14 27 | 25 35 | 02 31 | 15 07 | 23 35 | 23 06 | 13 27 | 16 04 | 13 56 | 21 54 | 22 35 | 17 17 | 07 44 | 07 40 | 08 45 |
| 15 | 14 08 | 27 43 | 02 13 | 14 43 | 23 32 | 23 06 | 13 29 | 16 03 | 13 56 | 21 54 | 22 42 | 17 06 | 07 50 | 07 51 | 08 43 |
| 16 | 13 50 | 28 36 | 01 56 | 14 19 | 23 30 | 23 06 | 13 30 | 16 01 | 13 56 | 21 55 | 22 49 | 16 54 | 07 55 | 08 03 | 08 41 |
| 17 | 13 31 | 28 05 | 01 41 | 13 54 | 23 27 | 23 06 | 13 31 | 16 00 | 13 56 | 21 55 | 22 56 | 16 43 | 08 00 | 08 14 | 08 38 |
| 18 | 13 12 | 26 08 | 01 29 | 13 29 | 23 24 | 23 06 | 13 32 | 15 59 | 13 56 | 21 56 | 23 03 | 16 31 | 08 05 | 08 25 | 08 36 |
| 19 | 12 52 | 22 50 | 01 19 | 13 04 | 23 21 | 23 06 | 13 33 | 15 58 | 13 55 | 21 56 | 23 09 | 16 19 | 08 11 | 08 36 | 08 34 |
| 20 | 12 33 | 18 19 | 01 13 | 12 39 | 23 17 | 23 06 | 13 34 | 15 57 | 13 55 | 21 57 | 23 16 | 16 08 | 08 16 | 08 48 | 08 31 |
| 21 | 12 13 | 12 49 | 01 09 | 12 13 | 23 14 | 23 06 | 13 36 | 15 56 | 13 55 | 21 57 | 23 23 | 15 56 | 08 21 | 08 59 | 08 29 |
| 22 | 11 53 | 06 37 | 01 08 | 11 46 | 23 10 | 23 07 | 13 37 | 15 55 | 13 55 | 21 58 | 23 29 | 15 44 | 08 26 | 09 10 | 08 26 |
| 23 | 11 33 | 00 01 | 01 11 | 11 20 | 23 06 | 23 07 | 13 38 | 15 54 | 13 55 | 21 58 | 23 35 | 15 32 | 08 32 | 09 21 | 08 24 |
| 24 | 11 12 | +06 40 | 01 16 | 10 53 | 23 02 | 23 07 | 13 39 | 15 52 | 13 55 | 21 59 | 23 42 | 15 20 | 08 37 | 09 33 | 08 21 |
| 25 | 10 52 | 13 04 | 01 26 | 10 26 | 22 58 | 23 07 | 13 41 | 15 51 | 13 55 | 21 59 | 23 48 | 15 08 | 08 42 | 09 44 | 08 19 |
| 26 | 10 31 | 18 51 | 01 38 | 09 58 | 22 54 | 23 07 | 13 42 | 15 50 | 13 55 | 22 00 | 23 54 | 14 56 | 08 48 | 09 55 | 08 16 |
| 27 | 10 10 | 23 35 | 01 54 | 09 30 | 22 49 | 23 08 | 13 43 | 15 49 | 13 54 | 22 00 | 24 00 | 14 44 | 08 53 | 10 06 | 08 14 |
| 28 | 09 49 | 26 55 | 02 13 | 09 02 | 22 44 | 23 08 | 13 45 | 15 48 | 13 54 | 22 01 | 24 05 | 14 32 | 08 59 | 10 17 | 08 11 |
| 29 | 09 28 | 28 33 | 02 36 | 08 34 | 22 39 | 23 08 | 13 46 | 15 47 | 13 54 | 22 01 | 24 11 | 14 20 | 09 04 | 10 28 | 08 09 |
| 30 | 09 07 | 28 18 | 03 01 | 08 06 | 22 34 | 23 08 | 13 48 | 15 46 | 13 54 | 22 02 | 24 17 | 14 07 | 09 09 | 10 39 | 08 06 |
| 31 | 08 45 | 26 15 | 03 29 | 07 37 | 22 29 | 23 08 | 13 49 | 15 45 | 13 54 | 22 02 | 24 22 | 13 55 | 09 15 | 10 50 | 08 04 |

Lunar Phases -- 5 ● 02:24  12 ◐ 18:58  20 ○ 15:06  27 ◑ 13:10  Sun enters ♍ 8/23 05:12

## 0:00 E.T. Longitudes of Main Planets - September 2043 

| D | S.T. | ☉ | ☽ | ☽ 12:00 | ☿ | ♀ | ♂ | ♃ | ♄ | ♅ | ♆ | ♇ | ☊ |
|---|---|---|---|---|---|---|---|---|---|---|---|---|---|
| 1 | 22:40:14 | 08♍28 42 | 06♌40 | 13♌30 | 10♍01℞ | 15♍12 | 22♋05 | 23♐57 | 13♏35 | 19♌05 | 12♉33℞ | 00♓00℞ | 00♈31 |
| 2 | 22:44:10 | 09 26 45 | 20 17 | 27 00 | 09 04 | 16 27 | 22 43 | 23 59 | 13 39 | 19 09 | 12 32 | 29 59 | 00 27 |
| 3 | 22:48:07 | 10 24 51 | 03♍39 | 10♍14 | 08 09 | 17 41 | 23 21 | 24 01 | 13 44 | 19 12 | 12 31 | 29 57 | 00 24 |
| 4 | 22:52:03 | 11 22 58 | 16 45 | 23 12 | 07 17 | 18 56 | 23 59 | 24 04 | 13 48 | 19 16 | 12 31 | 29 56 | 00 21 |
| 5 | 22:56:00 | 12 21 07 | 29 35 | 05♎53 | 06 28 | 20 10 | 24 37 | 24 07 | 13 53 | 19 20 | 12 30 | 29 55 | 00 18 |
| 6 | 22:59:57 | 13 19 17 | 12♎08 | 18 18 | 05 43 | 21 24 | 25 15 | 24 10 | 13 57 | 19 23 | 12 30 | 29 54 | 00 15 |
| 7 | 23:03:53 | 14 17 29 | 24 26 | 00♏30 | 05 05 | 22 39 | 25 53 | 24 13 | 14 02 | 19 26 | 12 29 | 29 52 | 00 12 |
| 8 | 23:07:50 | 15 15 42 | 06♏32 | 12 32 | 04 33 | 23 53 | 26 31 | 24 16 | 14 07 | 19 30 | 12 28 | 29 51 | 00 08 |
| 9 | 23:11:46 | 16 13 57 | 18 29 | 24 26 | 04 09 | 25 08 | 27 09 | 24 19 | 14 12 | 19 33 | 12 27 | 29 50 | 00 05 |
| 10 | 23:15:43 | 17 12 14 | 00♐22 | 06♐18 | 03 53 | 26 22 | 27 46 | 24 23 | 14 16 | 19 37 | 12 27 | 29 49 | 00 02 |
| 11 | 23:19:39 | 18 10 32 | 12 14 | 18 11 | 03 46 | 27 36 | 28 24 | 24 27 | 14 21 | 19 40 | 12 26 | 29 47 | 29♓59 |
| 12 | 23:23:36 | 19 08 51 | 24 10 | 00♑11 | 03 48D | 28 51 | 29 02 | 24 31 | 14 26 | 19 44 | 12 25 | 29 46 | 29 56 |
| 13 | 23:27:32 | 20 07 13 | 06♑15 | 12 23 | 03 59 | 00♎05 | 29 39 | 24 35 | 14 31 | 19 47 | 12 24 | 29 45 | 29 52 |
| 14 | 23:31:29 | 21 05 36 | 18 34 | 24 49 | 04 19 | 01 20 | 00♌16 | 24 39 | 14 37 | 19 50 | 12 23 | 29 44 | 29 49 |
| 15 | 23:35:26 | 22 04 00 | 01♒09 | 07♒34 | 04 48 | 02 34 | 00 54 | 24 44 | 14 42 | 19 54 | 12 22 | 29 43 | 29 46 |
| 16 | 23:39:22 | 23 02 26 | 14 05 | 20 41 | 05 26 | 03 49 | 01 31 | 24 48 | 14 47 | 19 57 | 12 21 | 29 41 | 29 43 |
| 17 | 23:43:19 | 24 00 54 | 27 22 | 04♓08 | 06 13 | 05 03 | 02 08 | 24 53 | 14 52 | 20 00 | 12 20 | 29 40 | 29 40 |
| 18 | 23:47:15 | 24 59 23 | 11♓00 | 17 57 | 07 07 | 06 18 | 02 45 | 24 58 | 14 58 | 20 03 | 12 19 | 29 39 | 29 37 |
| 19 | 23:51:12 | 25 57 54 | 24 59 | 02♈04 | 08 09 | 07 32 | 03 22 | 25 03 | 15 03 | 20 07 | 12 18 | 29 38 | 29 33 |
| 20 | 23:55:08 | 26 56 27 | 09♈13 | 16 25 | 09 18 | 08 46 | 03 59 | 25 08 | 15 09 | 20 10 | 12 17 | 29 37 | 29 30 |
| 21 | 23:59:05 | 27 55 02 | 23 40 | 00♉56 | 10 33 | 10 01 | 04 36 | 25 14 | 15 14 | 20 13 | 12 16 | 29 36 | 29 27 |
| 22 | 0:03:01 | 28 53 40 | 08♉12 | 15 29 | 11 54 | 11 15 | 05 13 | 25 20 | 15 20 | 20 16 | 12 15 | 29 35 | 29 24 |
| 23 | 0:06:58 | 29 52 19 | 22 46 | 00♊01 | 13 19 | 12 30 | 05 49 | 25 25 | 15 26 | 20 19 | 12 14 | 29 34 | 29 21 |
| 24 | 0:10:55 | 00♎51 01 | 07♊14 | 14 25 | 14 50 | 13 44 | 06 26 | 25 31 | 15 31 | 20 22 | 12 13 | 29 32 | 29 18 |
| 25 | 0:14:51 | 01 49 45 | 21 34 | 28 39 | 16 24 | 14 59 | 07 03 | 25 37 | 15 37 | 20 25 | 12 12 | 29 31 | 29 14 |
| 26 | 0:18:48 | 02 48 31 | 05♋42 | 12♋41 | 18 01 | 16 13 | 07 39 | 25 44 | 15 43 | 20 28 | 12 10 | 29 30 | 29 11 |
| 27 | 0:22:44 | 03 47 20 | 19 36 | 26 28 | 19 41 | 17 28 | 08 15 | 25 50 | 15 49 | 20 31 | 12 09 | 29 29 | 29 08 |
| 28 | 0:26:41 | 04 46 10 | 03♌17 | 10♌01 | 21 24 | 18 42 | 08 52 | 25 57 | 15 55 | 20 34 | 12 08 | 29 28 | 29 05 |
| 29 | 0:30:37 | 05 45 04 | 16 42 | 23 20 | 23 08 | 19 57 | 09 28 | 26 03 | 16 01 | 20 37 | 12 07 | 29 27 | 29 02 |
| 30 | 0:34:34 | 06 43 59 | 29 54 | 06♍25 | 24 53 | 21 11 | 10 04 | 26 10 | 16 07 | 20 40 | 12 05 | 29 26 | 28 58 |

## 0:00 E.T. Longitudes of the Major Asteroids and Chiron

| D | ⚳ | ⚴ | ⚵ | ⚶ | ⚷ |
|---|---|---|---|---|---|
| 1 | 03♓35℞ | 08♑37℞ | 22♐00 | 10♏05 | 24♌04 |
| 2 | 03 21 | 08 37 | 22 05 | 10 33 | 24 11 |
| 3 | 03 08 | 08 37D | 22 11 | 11 00 | 24 19 |
| 4 | 02 55 | 08 37 | 22 17 | 11 28 | 24 27 |
| 5 | 02 42 | 08 38 | 22 23 | 11 56 | 24 34 |
| 6 | 02 30 | 08 39 | 22 30 | 12 23 | 24 42 |
| 7 | 02 17 | 08 40 | 22 37 | 12 51 | 24 50 |
| 8 | 02 04 | 08 42 | 22 44 | 13 19 | 24 57 |
| 9 | 01 52 | 08 45 | 22 51 | 13 47 | 25 05 |
| 10 | 01 40 | 08 47 | 22 59 | 14 16 | 25 12 |
| 11 | 01 28 | 08 50 | 23 07 | 14 44 | 25 20 |
| 12 | 01 16 | 08 53 | 23 15 | 15 12 | 25 27 |
| 13 | 01 04 | 08 57 | 23 24 | 15 41 | 25 35 |
| 14 | 00 53 | 09 01 | 23 33 | 16 09 | 25 42 |
| 15 | 00 42 | 09 05 | 23 42 | 16 38 | 25 49 |
| 16 | 00 31 | 09 09 | 23 51 | 17 06 | 25 57 |
| 17 | 00 20 | 09 14 | 24 01 | 17 35 | 26 04 |
| 18 | 00 10 | 09 19 | 24 11 | 18 04 | 26 11 |
| 19 | 00♓00 | 09 25 | 24 21 | 18 33 | 26 19 |
| 20 | 29 50 | 09 31 | 24 31 | 19 02 | 26 26 |
| 21 | 29 40 | 09 37 | 24 42 | 19 31 | 26 33 |
| 22 | 29 31 | 09 43 | 24 53 | 20 00 | 26 40 |
| 23 | 29 22 | 09 50 | 25 04 | 20 30 | 26 47 |
| 24 | 29 13 | 09 57 | 25 15 | 20 59 | 26 54 |
| 25 | 29 05 | 10 04 | 25 27 | 21 28 | 27 01 |
| 26 | 28 56 | 10 11 | 25 39 | 21 58 | 27 08 |
| 27 | 28 49 | 10 19 | 25 51 | 22 27 | 27 15 |
| 28 | 28 41 | 10 27 | 26 03 | 22 57 | 27 22 |
| 29 | 28 34 | 10 36 | 26 16 | 23 26 | 27 29 |
| 30 | 28 27 | 10 44 | 26 29 | 23 56 | 27 36 |

## Lunar Data

| Last Asp. | | Ingress | |
|---|---|---|---|
| 2 | 17:20 | 2 ♍ | 17:24 |
| 4 | 14:11 | 5 ♎ | 00:48 |
| 7 | 10:44 | 7 ♏ | 10:60 |
| 9 | 22:53 | 9 ♐ | 23:16 |
| 12 | 11:09 | 12 ♑ | 11:37 |
| 14 | 05:17 | 14 ♒ | 21:49 |
| 17 | 04:06 | 17 ♓ | 04:41 |
| 19 | 01:48 | 19 ♈ | 08:30 |
| 21 | 09:47 | 21 ♉ | 10:28 |
| 23 | 11:14 | 23 ♊ | 11:59 |
| 25 | 13:27 | 25 ♋ | 14:17 |
| 27 | 00:10 | 27 ♌ | 18:12 |
| 29 | 23:09 | 30 ♍ | 00:11 |

## 0:00 E.T. Declinations

| D | ☉ | ☽ | ☿ | ♀ | ♂ | ♃ | ♄ | ♅ | ♆ | ♇ | ⚳ | ⚴ | ⚵ | ⚶ | ⚷ |
|---|---|---|---|---|---|---|---|---|---|---|---|---|---|---|---|
| 1 | +08 23 | +22 40 | +03 59 | +07 08 | +22 24 | -23 09 | -13 51 | +15 43 | +13 53 | -22 03 | -24 27 | +13 43 | -09 20 | -11 01 | +08 01 |
| 2 | 08 02 | 17 53 | 04 30 | 06 39 | 22 18 | 23 09 | 13 52 | 15 42 | 13 53 | 22 03 | 24 32 | 13 31 | 09 25 | 11 12 | 07 59 |
| 3 | 07 40 | 12 19 | 05 03 | 06 10 | 22 13 | 23 09 | 13 54 | 15 41 | 13 53 | 22 04 | 24 37 | 13 19 | 09 31 | 11 23 | 07 56 |
| 4 | 07 18 | 06 19 | 05 36 | 05 40 | 22 07 | 23 09 | 13 55 | 15 40 | 13 53 | 22 04 | 24 42 | 13 07 | 09 36 | 11 34 | 07 54 |
| 5 | 06 56 | 00 10 | 06 09 | 05 10 | 22 01 | 23 10 | 13 57 | 15 39 | 13 53 | 22 05 | 24 46 | 12 55 | 09 41 | 11 45 | 07 51 |
| 6 | 06 33 | -05 51 | 06 41 | 04 41 | 21 55 | 23 10 | 13 58 | 15 38 | 13 52 | 22 05 | 24 51 | 12 43 | 09 47 | 11 55 | 07 49 |
| 7 | 06 11 | 11 32 | 07 12 | 04 11 | 21 48 | 23 10 | 14 00 | 15 37 | 13 52 | 22 06 | 24 55 | 12 30 | 09 52 | 12 06 | 07 46 |
| 8 | 05 48 | 16 41 | 07 41 | 03 41 | 21 42 | 23 11 | 14 01 | 15 36 | 13 52 | 22 06 | 24 59 | 12 18 | 09 57 | 12 17 | 07 43 |
| 9 | 05 26 | 21 09 | 08 08 | 03 10 | 21 35 | 23 11 | 14 03 | 15 35 | 13 52 | 22 06 | 25 03 | 12 06 | 10 02 | 12 28 | 07 41 |
| 10 | 05 03 | 24 43 | 08 31 | 02 40 | 21 29 | 23 11 | 14 05 | 15 34 | 13 51 | 22 07 | 25 06 | 11 54 | 10 08 | 12 38 | 07 38 |
| 11 | 04 40 | 27 15 | 08 52 | 02 10 | 21 22 | 23 11 | 14 06 | 15 33 | 13 51 | 22 07 | 25 10 | 11 43 | 10 13 | 12 49 | 07 36 |
| 12 | 04 18 | 28 33 | 09 09 | 01 39 | 21 15 | 23 12 | 14 08 | 15 32 | 13 51 | 22 08 | 25 13 | 11 31 | 10 18 | 12 59 | 07 33 |
| 13 | 03 55 | 28 32 | 09 22 | 01 09 | 21 08 | 23 12 | 14 10 | 15 31 | 13 50 | 22 08 | 25 16 | 11 19 | 10 23 | 13 10 | 07 31 |
| 14 | 03 32 | 27 06 | 09 32 | 00 38 | 21 01 | 23 12 | 14 11 | 15 30 | 13 50 | 22 08 | 25 19 | 11 07 | 10 28 | 13 20 | 07 28 |
| 15 | 03 09 | 24 18 | 09 37 | 00 08 | 20 53 | 23 13 | 14 13 | 15 29 | 13 50 | 22 09 | 25 22 | 10 55 | 10 33 | 13 31 | 07 26 |
| 16 | 02 46 | 20 13 | 09 38 | -00 23 | 20 46 | 23 13 | 14 15 | 15 28 | 13 49 | 22 09 | 25 24 | 10 44 | 10 38 | 13 41 | 07 23 |
| 17 | 02 23 | 15 02 | 09 35 | 00 54 | 20 38 | 23 13 | 14 16 | 15 27 | 13 49 | 22 09 | 25 26 | 10 32 | 10 43 | 13 51 | 07 20 |
| 18 | 01 59 | 09 00 | 09 28 | 01 24 | 20 31 | 23 14 | 14 18 | 15 26 | 13 49 | 22 10 | 25 28 | 10 20 | 10 48 | 14 01 | 07 18 |
| 19 | 01 36 | 02 24 | 09 16 | 01 55 | 20 23 | 23 14 | 14 20 | 15 25 | 13 48 | 22 10 | 25 30 | 10 09 | 10 53 | 14 11 | 07 15 |
| 20 | 01 13 | +04 28 | 09 01 | 02 25 | 20 15 | 23 14 | 14 22 | 15 24 | 13 48 | 22 11 | 25 32 | 09 58 | 10 58 | 14 22 | 07 13 |
| 21 | 00 50 | 11 11 | 08 42 | 02 56 | 20 07 | 23 15 | 14 23 | 15 23 | 13 48 | 22 11 | 25 33 | 09 46 | 11 03 | 14 32 | 07 10 |
| 22 | 00 26 | 17 22 | 08 20 | 03 26 | 19 59 | 23 15 | 14 25 | 15 22 | 13 47 | 22 11 | 25 34 | 09 35 | 11 08 | 14 41 | 07 08 |
| 23 | 00 03 | 22 33 | 07 54 | 03 57 | 19 51 | 23 15 | 14 27 | 15 21 | 13 47 | 22 11 | 25 35 | 09 24 | 11 13 | 14 51 | 07 05 |
| 24 | -00 20 | 26 20 | 07 26 | 04 27 | 19 42 | 23 16 | 14 29 | 15 20 | 13 46 | 22 12 | 25 36 | 09 13 | 11 18 | 15 01 | 07 02 |
| 25 | 00 44 | 28 24 | 06 54 | 04 58 | 19 34 | 23 16 | 14 31 | 15 19 | 13 46 | 22 12 | 25 37 | 09 02 | 11 22 | 15 11 | 07 00 |
| 26 | 01 07 | 28 34 | 06 21 | 05 28 | 19 25 | 23 16 | 14 33 | 15 18 | 13 46 | 22 12 | 25 37 | 08 51 | 11 27 | 15 21 | 06 57 |
| 27 | 01 30 | 26 55 | 05 44 | 05 58 | 19 17 | 23 17 | 14 34 | 15 17 | 13 45 | 22 13 | 25 38 | 08 40 | 11 32 | 15 30 | 06 55 |
| 28 | 01 54 | 23 42 | 05 06 | 06 28 | 19 08 | 23 17 | 14 36 | 15 16 | 13 45 | 22 13 | 25 38 | 08 29 | 11 36 | 15 40 | 06 52 |
| 29 | 02 17 | 19 16 | 04 27 | 06 58 | 18 59 | 23 17 | 14 38 | 15 15 | 13 44 | 22 13 | 25 37 | 08 18 | 11 41 | 15 49 | 06 50 |
| 30 | 02 40 | 13 58 | 03 46 | 07 28 | 18 50 | 23 18 | 14 40 | 15 14 | 13 44 | 22 13 | 25 37 | 08 08 | 11 45 | 15 59 | 06 47 |

Lunar Phases -- 3 ● 13:19 11 ◐ 13:02 19 Ⓔ 01:48 25 ◑ 18:42 Sun enters ♎ 9/23 03:09

## Longitudes of Main Planets - October 2043

0:00 E.T.

| D | S.T. | ☉ | ☽ | ☽ 12:00 | ☿ | ♀ | ♂ | ♃ | ♄ | ♅ | ♆ | ♇ | ☊ |
|---|---|---|---|---|---|---|---|---|---|---|---|---|---|
| 1 | 0:38:30 | 07♎42 56 | 12♍52 | 19♍16 | 26♍40 | 22♎26 | 10♌40 | 26♐17 | 16♏13 | 20♌43 | 12♉04℞ | 29♒25℞ | 28♓55 |
| 2 | 0:42:27 | 08 41 56 | 25 37 | 01♎54 | 28 27 | 23 40 | 11 16 | 26 24 | 16 19 | 20 45 | 12 03 | 29 24 | 28 52 |
| 3 | 0:46:24 | 09 40 57 | 08♎09 | 14 21 | 00♎15 | 24 55 | 11 52 | 26 32 | 16 25 | 20 48 | 12 01 | 29 23 | 28 49 |
| 4 | 0:50:20 | 10 40 01 | 20 29 | 26 36 | 02 02 | 26 09 | 12 28 | 26 39 | 16 32 | 20 51 | 12 00 | 29 23 | 28 46 |
| 5 | 0:54:17 | 11 39 07 | 02♏40 | 08♏41 | 03 50 | 27 24 | 13 03 | 26 47 | 16 38 | 20 54 | 11 59 | 29 22 | 28 43 |
| 6 | 0:58:13 | 12 38 14 | 14 41 | 20 39 | 05 38 | 28 38 | 13 39 | 26 54 | 16 44 | 20 56 | 11 57 | 29 21 | 28 39 |
| 7 | 1:02:10 | 13 37 24 | 26 36 | 02♐32 | 07 25 | 29 53 | 14 14 | 27 02 | 16 51 | 20 59 | 11 56 | 29 20 | 28 36 |
| 8 | 1:06:06 | 14 36 35 | 08♐28 | 14 23 | 09 12 | 01♏07 | 14 50 | 27 10 | 16 57 | 21 01 | 11 54 | 29 19 | 28 33 |
| 9 | 1:10:03 | 15 35 49 | 20 19 | 26 15 | 10 59 | 02 22 | 15 25 | 27 18 | 17 03 | 21 04 | 11 53 | 29 18 | 28 30 |
| 10 | 1:13:59 | 16 35 04 | 02♑13 | 08♑13 | 12 45 | 03 36 | 16 00 | 27 26 | 17 10 | 21 06 | 11 51 | 29 17 | 28 27 |
| 11 | 1:17:56 | 17 34 21 | 14 16 | 20 22 | 14 31 | 04 51 | 16 35 | 27 35 | 17 16 | 21 09 | 11 50 | 29 17 | 28 24 |
| 12 | 1:21:53 | 18 33 39 | 26 31 | 02♒44 | 16 15 | 06 05 | 17 10 | 27 43 | 17 23 | 21 11 | 11 48 | 29 16 | 28 20 |
| 13 | 1:25:49 | 19 33 00 | 09♒03 | 15 27 | 18 00 | 07 20 | 17 45 | 27 52 | 17 30 | 21 14 | 11 47 | 29 15 | 28 17 |
| 14 | 1:29:46 | 20 32 22 | 21 56 | 28 32 | 19 43 | 08 34 | 18 20 | 28 01 | 17 36 | 21 16 | 11 45 | 29 14 | 28 14 |
| 15 | 1:33:42 | 21 31 46 | 05♓13 | 12♓02 | 21 26 | 09 49 | 18 55 | 28 10 | 17 43 | 21 18 | 11 44 | 29 14 | 28 11 |
| 16 | 1:37:39 | 22 31 11 | 18 57 | 25 59 | 23 08 | 11 03 | 19 29 | 28 19 | 17 50 | 21 21 | 11 42 | 29 13 | 28 08 |
| 17 | 1:41:35 | 23 30 39 | 03♈06 | 10♈20 | 24 50 | 12 18 | 20 04 | 28 28 | 17 56 | 21 23 | 11 41 | 29 12 | 28 04 |
| 18 | 1:45:32 | 24 30 08 | 17 39 | 25 02 | 26 30 | 13 32 | 20 38 | 28 37 | 18 03 | 21 25 | 11 39 | 29 12 | 28 01 |
| 19 | 1:49:28 | 25 29 40 | 02♉28 | 09♉57 | 28 11 | 14 47 | 21 13 | 28 46 | 18 10 | 21 27 | 11 37 | 29 11 | 27 58 |
| 20 | 1:53:25 | 26 29 14 | 17 27 | 24 58 | 29 50 | 16 01 | 21 47 | 28 56 | 18 17 | 21 29 | 11 36 | 29 10 | 27 55 |
| 21 | 1:57:22 | 27 28 49 | 02♊27 | 09♊55 | 01♏29 | 17 15 | 22 21 | 29 05 | 18 24 | 21 31 | 11 34 | 29 10 | 27 52 |
| 22 | 2:01:18 | 28 28 27 | 17 20 | 24 40 | 03 07 | 18 30 | 22 55 | 29 15 | 18 30 | 21 33 | 11 33 | 29 09 | 27 49 |
| 23 | 2:05:15 | 29 28 08 | 01♋57 | 09♋08 | 04 45 | 19 44 | 23 29 | 29 25 | 18 37 | 21 35 | 11 31 | 29 09 | 27 45 |
| 24 | 2:09:11 | 00♏27 50 | 16 14 | 23 14 | 06 22 | 20 59 | 24 03 | 29 35 | 18 44 | 21 37 | 11 29 | 29 08 | 27 42 |
| 25 | 2:13:08 | 01 27 35 | 00♌09 | 06♌58 | 07 58 | 22 13 | 24 36 | 29 45 | 18 51 | 21 39 | 11 28 | 29 08 | 27 39 |
| 26 | 2:17:04 | 02 27 22 | 13 42 | 20 20 | 09 34 | 23 28 | 25 10 | 29 55 | 18 58 | 21 40 | 11 26 | 29 07 | 27 36 |
| 27 | 2:21:01 | 03 27 12 | 26 54 | 03♍23 | 11 09 | 24 42 | 25 43 | 00♑05 | 19 05 | 21 42 | 11 24 | 29 07 | 27 33 |
| 28 | 2:24:57 | 04 27 03 | 09♍48 | 16 09 | 12 44 | 25 57 | 26 17 | 00 16 | 19 12 | 21 44 | 11 23 | 29 07 | 27 29 |
| 29 | 2:28:54 | 05 26 57 | 22 26 | 28 41 | 14 18 | 27 11 | 26 50 | 00 26 | 19 19 | 21 46 | 11 21 | 29 06 | 27 26 |
| 30 | 2:32:51 | 06 26 53 | 04♎53 | 11♎02 | 15 52 | 28 25 | 27 23 | 00 37 | 19 26 | 21 47 | 11 19 | 29 06 | 27 23 |
| 31 | 2:36:47 | 07 26 51 | 17 08 | 23 13 | 17 26 | 29 40 | 27 56 | 00 47 | 19 33 | 21 49 | 11 18 | 29 05 | 27 20 |

0:00 E.T.

## Longitudes of the Major Asteroids and Chiron

| D | ⚳ | ⚴ | ⚵ | ⚶ | ⚷ | D | ⚳ | ⚴ | ⚵ | ⚶ | ⚷ |
|---|---|---|---|---|---|---|---|---|---|---|---|
| 1 | 28♒21℞ | 10♑53 | 26♐42 | 24♏26 | 27♌43 | 17 | 27 28 | 13 47 | 00 36 | 02 31 | 29 23 |
| 2 | 28 15 | 11 02 | 26 55 | 24 56 | 27 49 | 18 | 27 27 | 13 59 | 00 53 | 03 01 | 29 29 |
| 3 | 28 09 | 11 12 | 27 08 | 25 26 | 27 56 | 19 | 27 27D | 14 12 | 01 09 | 03 32 | 29 35 |
| 4 | 28 04 | 11 21 | 27 22 | 25 56 | 28 03 | 20 | 27 28 | 14 25 | 01 26 | 04 03 | 29 40 |
| 5 | 27 59 | 11 31 | 27 36 | 26 26 | 28 09 | 21 | 27 29 | 14 38 | 01 42 | 04 34 | 29 46 |
| 6 | 27 54 | 11 41 | 27 50 | 26 56 | 28 16 | 22 | 27 30 | 14 52 | 01 59 | 05 05 | 29 51 |
| 7 | 27 50 | 11 51 | 28 04 | 27 26 | 28 22 | 23 | 27 32 | 15 05 | 02 16 | 05 36 | 29 57 |
| 8 | 27 46 | 12 02 | 28 18 | 27 56 | 28 28 | 24 | 27 34 | 15 19 | 02 33 | 06 07 | 00♍02 |
| 9 | 27 42 | 12 13 | 28 33 | 28 27 | 28 35 | 25 | 27 36 | 15 33 | 02 51 | 06 38 | 00 07 |
| 10 | 27 39 | 12 24 | 28 48 | 28 57 | 28 41 | 26 | 27 39 | 15 47 | 03 08 | 07 09 | 00 12 |
| 11 | 27 36 | 12 35 | 29 03 | 29 27 | 28 47 | 27 | 27 42 | 16 01 | 03 26 | 07 40 | 00 18 |
| 12 | 27 34 | 12 46 | 29 18 | 29 58 | 28 53 | 28 | 27 45 | 16 16 | 03 44 | 08 11 | 00 23 |
| 13 | 27 32 | 12 58 | 29 33 | 00♐28 | 29 00 | 29 | 27 49 | 16 30 | 04 02 | 08 43 | 00 28 |
| 14 | 27 30 | 13 10 | 29 49 | 00 59 | 29 06 | 30 | 27 53 | 16 45 | 04 20 | 09 14 | 00 32 |
| 15 | 27 29 | 13 22 | 00♑04 | 01 29 | 29 11 | 31 | 27 57 | 17 00 | 04 38 | 09 45 | 00 37 |
| 16 | 27 28 | 13 34 | 00 20 | 02 00 | 29 17 | | | | | | |

## Lunar Data

| Last Asp. | | Ingress | | |
|---|---|---|---|---|
| 2 | 06:18 | 2 | ♎ | 08:22 |
| 4 | 17:28 | 4 | ♏ | 18:44 |
| 7 | 05:30 | 7 | ♐ | 06:52 |
| 9 | 18:07 | 9 | ♑ | 19:32 |
| 11 | 07:06 | 12 | ♒ | 06:44 |
| 14 | 13:16 | 14 | ♓ | 14:39 |
| 16 | 16:07 | 16 | ♈ | 18:47 |
| 18 | 18:43 | 18 | ♉ | 20:02 |
| 20 | 18:44 | 20 | ♊ | 20:04 |
| 22 | 19:46 | 22 | ♋ | 20:47 |
| 24 | 08:55 | 24 | ♌ | 23:45 |
| 27 | 04:06 | 27 | ♍ | 05:44 |
| 29 | 10:07 | 29 | ♎ | 14:33 |

0:00 E.T.

## Declinations

| D | ☉ | ☽ | ☿ | ♀ | ♂ | ♃ | ♄ | ♅ | ♆ | ♇ | ⚳ | ⚴ | ⚵ | ⚶ | ⚷ |
|---|---|---|---|---|---|---|---|---|---|---|---|---|---|---|---|
| 1 | -03 04 | +08 09 | +03 03 | -07 57 | +18 41 | -23 18 | -14 42 | +15 13 | +13 44 | -22 14 | -25 37 | +07 57 | -11 50 | -16 08 | +06 45 |
| 2 | 03 27 | 02 05 | 02 20 | 08 27 | 18 32 | 23 18 | 14 44 | 15 13 | 13 43 | 22 14 | 25 36 | 07 47 | 11 54 | 16 17 | 06 42 |
| 3 | 03 50 | -03 57 | 01 36 | 08 56 | 18 23 | 23 19 | 14 46 | 15 12 | 13 43 | 22 14 | 25 35 | 07 36 | 11 59 | 16 27 | 06 40 |
| 4 | 04 13 | 09 45 | 00 51 | 09 25 | 18 13 | 23 19 | 14 48 | 15 11 | 13 42 | 22 14 | 25 34 | 07 26 | 12 03 | 16 36 | 06 37 |
| 5 | 04 36 | 15 06 | 00 06 | 09 54 | 18 04 | 23 19 | 14 49 | 15 10 | 13 42 | 22 14 | 25 33 | 07 16 | 12 07 | 16 45 | 06 35 |
| 6 | 05 00 | 19 48 | -00 40 | 10 22 | 17 55 | 23 19 | 14 51 | 15 09 | 13 41 | 22 15 | 25 31 | 07 06 | 12 11 | 16 54 | 06 32 |
| 7 | 05 23 | 23 41 | 01 26 | 10 51 | 17 45 | 23 20 | 14 53 | 15 08 | 13 41 | 22 15 | 25 29 | 06 56 | 12 16 | 17 02 | 06 30 |
| 8 | 05 45 | 26 33 | 02 12 | 11 19 | 17 36 | 23 20 | 14 55 | 15 08 | 13 40 | 22 15 | 25 28 | 06 46 | 12 20 | 17 11 | 06 27 |
| 9 | 06 08 | 28 15 | 02 58 | 11 47 | 17 26 | 23 20 | 14 57 | 15 07 | 13 40 | 22 15 | 25 26 | 06 36 | 12 24 | 17 20 | 06 25 |
| 10 | 06 31 | 28 40 | 03 43 | 12 14 | 17 16 | 23 21 | 14 59 | 15 06 | 13 39 | 22 15 | 25 23 | 06 27 | 12 28 | 17 29 | 06 22 |
| 11 | 06 54 | 27 44 | 04 29 | 12 41 | 17 06 | 23 21 | 15 01 | 15 05 | 13 39 | 22 15 | 25 21 | 06 17 | 12 32 | 17 37 | 06 20 |
| 12 | 07 16 | 25 27 | 05 14 | 13 08 | 16 57 | 23 21 | 15 03 | 15 05 | 13 38 | 22 15 | 25 18 | 06 08 | 12 36 | 17 45 | 06 17 |
| 13 | 07 39 | 21 54 | 05 59 | 13 35 | 16 47 | 23 21 | 15 05 | 15 04 | 13 38 | 22 16 | 25 16 | 05 59 | 12 39 | 17 54 | 06 15 |
| 14 | 08 01 | 17 14 | 06 44 | 14 01 | 16 37 | 23 22 | 15 07 | 15 03 | 13 37 | 22 16 | 25 13 | 05 50 | 12 43 | 18 02 | 06 13 |
| 15 | 08 24 | 11 37 | 07 28 | 14 27 | 16 27 | 23 22 | 15 09 | 15 02 | 13 37 | 22 16 | 25 10 | 05 40 | 12 47 | 18 10 | 06 10 |
| 16 | 08 46 | 05 16 | 08 12 | 14 53 | 16 17 | 23 22 | 15 11 | 15 02 | 13 36 | 22 16 | 25 07 | 05 32 | 12 50 | 18 18 | 06 08 |
| 17 | 09 08 | +01 32 | 08 55 | 15 18 | 16 07 | 23 22 | 15 13 | 15 01 | 13 36 | 22 16 | 25 03 | 05 23 | 12 54 | 18 26 | 06 06 |
| 18 | 09 30 | 08 26 | 09 37 | 15 43 | 15 56 | 23 23 | 15 15 | 15 00 | 13 35 | 22 16 | 25 00 | 05 14 | 12 58 | 18 34 | 06 03 |
| 19 | 09 51 | 15 00 | 10 19 | 16 08 | 15 46 | 23 23 | 15 17 | 15 00 | 13 35 | 22 16 | 24 56 | 05 05 | 13 01 | 18 42 | 06 01 |
| 20 | 10 13 | 20 46 | 11 01 | 16 32 | 15 36 | 23 23 | 15 19 | 14 59 | 13 34 | 22 16 | 24 53 | 04 57 | 13 04 | 18 50 | 05 59 |
| 21 | 10 35 | 25 12 | 11 42 | 16 56 | 15 26 | 23 23 | 15 21 | 14 59 | 13 34 | 22 16 | 24 49 | 04 48 | 13 08 | 18 57 | 05 56 |
| 22 | 10 56 | 27 54 | 12 22 | 17 19 | 15 15 | 23 23 | 15 23 | 14 58 | 13 33 | 22 16 | 24 45 | 04 40 | 13 11 | 19 05 | 05 54 |
| 23 | 11 17 | 28 38 | 13 01 | 17 42 | 15 05 | 23 24 | 15 25 | 14 57 | 13 33 | 22 16 | 24 41 | 04 32 | 13 14 | 19 12 | 05 52 |
| 24 | 11 38 | 27 24 | 13 40 | 18 04 | 14 55 | 23 24 | 15 27 | 14 57 | 13 32 | 22 16 | 24 36 | 04 24 | 13 17 | 19 19 | 05 50 |
| 25 | 11 59 | 24 29 | 14 18 | 18 26 | 14 44 | 23 24 | 15 29 | 14 56 | 13 32 | 22 16 | 24 32 | 04 16 | 13 20 | 19 26 | 05 47 |
| 26 | 12 19 | 20 17 | 14 55 | 18 47 | 14 34 | 23 24 | 15 31 | 14 56 | 13 31 | 22 16 | 24 27 | 04 08 | 13 23 | 19 34 | 05 45 |
| 27 | 12 40 | 15 10 | 15 31 | 19 08 | 14 23 | 23 24 | 15 32 | 14 55 | 13 31 | 22 16 | 24 23 | 04 01 | 13 26 | 19 40 | 05 43 |
| 28 | 13 00 | 09 31 | 16 07 | 19 29 | 14 13 | 23 24 | 15 34 | 14 55 | 13 30 | 22 16 | 24 18 | 03 53 | 13 29 | 19 47 | 05 41 |
| 29 | 13 20 | 03 34 | 16 41 | 19 49 | 14 02 | 23 24 | 15 36 | 14 54 | 13 30 | 22 16 | 24 13 | 03 46 | 13 32 | 19 54 | 05 39 |
| 30 | 13 40 | -02 24 | 17 15 | 20 08 | 13 52 | 23 24 | 15 38 | 14 54 | 13 29 | 22 16 | 24 08 | 03 38 | 13 35 | 20 01 | 05 37 |
| 31 | 14 00 | 08 12 | 17 48 | 20 27 | 13 41 | 23 24 | 15 40 | 14 53 | 13 29 | 22 16 | 24 03 | 03 31 | 13 37 | 20 07 | 05 34 |

Lunar Phases -- 3 ● 03:13 11 ◐ 07:06 18 ○ 11:57 25 ◑ 02:29 Sun enters ♏ 10/23 12:49

## 0:00 E.T. Longitudes of Main Planets - November 2043 **Nov. 43**

| D | S.T. | ☉ | ☽ | ☽ 12:00 | ☿ | ♀ | ♂ | ♃ | ♄ | ♅ | ♆ | ♇ | ☊ |
|---|---|---|---|---|---|---|---|---|---|---|---|---|---|
| 1 | 2:40:44 | 08♏26 50 | 29♎16 | 05♏17 | 18♏58 | 00♐54 | 28♌29 | 00♑58 | 19♏40 | 21♌50 | 11♉16℞ | 29♒05℞ | 27♓17 |
| 2 | 2:44:40 | 09 26 52 | 11♏17 | 17 16 | 20 31 | 02 09 | 29 01 | 01 09 | 19 47 | 21 52 | 11 14 | 29 05 | 27 14 |
| 3 | 2:48:37 | 10 26 56 | 23 13 | 29 10 | 22 03 | 03 23 | 29 34 | 01 20 | 19 55 | 21 53 | 11 13 | 29 05 | 27 10 |
| 4 | 2:52:33 | 11 27 02 | 05♐06 | 11♐01 | 23 34 | 04 38 | 00♍06 | 01 31 | 20 02 | 21 54 | 11 11 | 29 04 | 27 07 |
| 5 | 2:56:30 | 12 27 09 | 16 57 | 22 52 | 25 05 | 05 52 | 00 38 | 01 42 | 20 09 | 21 56 | 11 09 | 29 04 | 27 04 |
| 6 | 3:00:26 | 13 27 18 | 28 48 | 04♑45 | 26 36 | 07 06 | 01 11 | 01 53 | 20 16 | 21 57 | 11 08 | 29 04 | 27 01 |
| 7 | 3:04:23 | 14 27 29 | 10♑43 | 16 42 | 28 06 | 08 21 | 01 43 | 02 05 | 20 23 | 21 58 | 11 06 | 29 04 | 26 58 |
| 8 | 3:08:20 | 15 27 41 | 22 43 | 28 48 | 29 36 | 09 35 | 02 14 | 02 16 | 20 30 | 21 59 | 11 04 | 29 04 | 26 55 |
| 9 | 3:12:16 | 16 27 55 | 04♒55 | 11♒06 | 01♐05 | 10 50 | 02 46 | 02 28 | 20 37 | 22 00 | 11 02 | 29 04 | 26 51 |
| 10 | 3:16:13 | 17 28 10 | 17 21 | 23 42 | 02 34 | 12 04 | 03 18 | 02 39 | 20 45 | 22 01 | 11 01 | 29 04 | 26 48 |
| 11 | 3:20:09 | 18 28 27 | 00♓07 | 06♓39 | 04 03 | 13 18 | 03 49 | 02 51 | 20 52 | 22 02 | 10 59 | 29 03 | 26 45 |
| 12 | 3:24:06 | 19 28 45 | 13 17 | 20 02 | 05 30 | 14 33 | 04 20 | 03 02 | 20 59 | 22 03 | 10 57 | 29 03 | 26 42 |
| 13 | 3:28:02 | 20 29 05 | 26 54 | 03♈53 | 06 58 | 15 47 | 04 51 | 03 14 | 21 06 | 22 04 | 10 56 | 29 03D | 26 39 |
| 14 | 3:31:59 | 21 29 26 | 11♈00 | 18 14 | 08 25 | 17 01 | 05 22 | 03 26 | 21 13 | 22 05 | 10 54 | 29 04 | 26 35 |
| 15 | 3:35:55 | 22 29 48 | 25 34 | 03♉00 | 09 51 | 18 16 | 05 53 | 03 38 | 21 20 | 22 05 | 10 52 | 29 04 | 26 32 |
| 16 | 3:39:52 | 23 30 12 | 10♉32 | 18 07 | 11 17 | 19 30 | 06 24 | 03 50 | 21 28 | 22 06 | 10 51 | 29 04 | 26 29 |
| 17 | 3:43:49 | 24 30 38 | 25 46 | 03♊25 | 12 42 | 20 44 | 06 54 | 04 02 | 21 35 | 22 07 | 10 49 | 29 04 | 26 26 |
| 18 | 3:47:45 | 25 31 05 | 11♊05 | 18 43 | 14 06 | 21 59 | 07 24 | 04 14 | 21 42 | 22 07 | 10 48 | 29 04 | 26 23 |
| 19 | 3:51:42 | 26 31 34 | 26 18 | 03♋50 | 15 29 | 23 13 | 07 54 | 04 27 | 21 49 | 22 08 | 10 46 | 29 04 | 26 20 |
| 20 | 3:55:38 | 27 32 05 | 11♋16 | 18 36 | 16 52 | 24 27 | 08 24 | 04 39 | 21 56 | 22 08 | 10 44 | 29 04 | 26 16 |
| 21 | 3:59:35 | 28 32 37 | 25 49 | 02♌55 | 18 13 | 25 41 | 08 54 | 04 51 | 22 03 | 22 09 | 10 43 | 29 04 | 26 13 |
| 22 | 4:03:31 | 29 33 11 | 09♌55 | 16 47 | 19 33 | 26 56 | 09 24 | 05 04 | 22 11 | 22 09 | 10 41 | 29 05 | 26 10 |
| 23 | 4:07:28 | 00♐33 47 | 23 32 | 00♍10 | 20 52 | 28 10 | 09 53 | 05 16 | 22 18 | 22 09 | 10 40 | 29 05 | 26 07 |
| 24 | 4:11:24 | 01 34 25 | 06♍42 | 13 09 | 22 10 | 29 24 | 10 22 | 05 29 | 22 25 | 22 09 | 10 38 | 29 05 | 26 04 |
| 25 | 4:15:21 | 02 35 04 | 19 30 | 25 46 | 23 25 | 00♑38 | 10 51 | 05 42 | 22 32 | 22 10 | 10 36 | 29 06 | 26 01 |
| 26 | 4:19:17 | 03 35 45 | 01♎59 | 08♎08 | 24 39 | 01 53 | 11 20 | 05 54 | 22 39 | 22 10 | 10 35 | 29 06 | 25 57 |
| 27 | 4:23:14 | 04 36 28 | 14 14 | 20 17 | 25 50 | 03 07 | 11 49 | 06 07 | 22 46 | 22 10 | 10 33 | 29 06 | 25 54 |
| 28 | 4:27:11 | 05 37 12 | 26 19 | 02♏18 | 26 59 | 04 21 | 12 17 | 06 20 | 22 53 | 22 10℞ | 10 32 | 29 07 | 25 51 |
| 29 | 4:31:07 | 06 37 57 | 08♏17 | 14 14 | 28 06 | 05 35 | 12 46 | 06 33 | 23 00 | 22 10 | 10 30 | 29 07 | 25 48 |
| 30 | 4:35:04 | 07 38 44 | 20 11 | 26 07 | 29 08 | 06 49 | 13 13 | 06 46 | 23 07 | 22 10 | 10 29 | 29 08 | 25 45 |

## 0:00 E.T. Longitudes of the Major Asteroids and Chiron

| D | ⚳ | ⚴ | ⚵ | ⚶ | ⚷ | D | ⚳ | ⚴ | ⚵ | ⚶ | ⚷ |
|---|---|---|---|---|---|---|---|---|---|---|---|
| 1 | 28♒02 | 17♑15 | 04♑57 | 10♐16 | 00♍42 | 16 | 29 50 | 21 16 | 09 48 | 18 10 | 01 42 |
| 2 | 28 07 | 17 30 | 05 15 | 10 48 | 00 47 | 17 | 00 00 | 21 33 | 10 09 | 18 42 | 01 45 |
| 3 | 28 12 | 17 45 | 05 34 | 11 19 | 00 51 | 18 | 00♓10 | 21 51 | 10 29 | 19 14 | 01 48 |
| 4 | 28 18 | 18 01 | 05 53 | 11 51 | 00 55 | 19 | 00 20 | 22 08 | 10 50 | 19 46 | 01 51 |
| 5 | 28 24 | 18 16 | 06 12 | 12 22 | 01 00 | 20 | 00 30 | 22 25 | 11 11 | 20 18 | 01 54 |
| 6 | 28 30 | 18 32 | 06 31 | 12 54 | 01 04 | 21 | 00 41 | 22 43 | 11 32 | 20 50 | 01 57 |
| 7 | 28 37 | 18 48 | 06 50 | 13 25 | 01 08 | 22 | 00 52 | 23 00 | 11 52 | 21 22 | 01 59 |
| 8 | 28 44 | 19 04 | 07 09 | 13 57 | 01 12 | 23 | 01 03 | 23 18 | 12 13 | 21 53 | 02 02 |
| 9 | 28 51 | 19 20 | 07 29 | 14 28 | 01 16 | 24 | 01 14 | 23 36 | 12 35 | 22 25 | 02 05 |
| 10 | 28 59 | 19 36 | 07 48 | 15 00 | 01 20 | 25 | 01 26 | 23 54 | 12 56 | 22 57 | 02 07 |
| 11 | 29 07 | 19 53 | 08 08 | 15 32 | 01 24 | 26 | 01 38 | 24 12 | 13 17 | 23 29 | 02 09 |
| 12 | 29 15 | 20 09 | 08 28 | 16 03 | 01 28 | 27 | 01 50 | 24 30 | 13 39 | 24 01 | 02 12 |
| 13 | 29 23 | 20 26 | 08 48 | 16 35 | 01 31 | 28 | 02 03 | 24 48 | 14 00 | 24 33 | 02 14 |
| 14 | 29 32 | 20 43 | 09 08 | 17 07 | 01 35 | 29 | 02 15 | 25 06 | 14 22 | 25 05 | 02 16 |
| 15 | 29 41 | 20 59 | 09 28 | 17 39 | 01 38 | 30 | 02 28 | 25 24 | 14 44 | 25 38 | 02 17 |

## Lunar Data

| Last Asp. | | Ingress | | |
|---|---|---|---|---|
| 31 | 23:38 | 1 | ♏ | 01:27 |
| 3 | 13:25 | 3 | ♐ | 13:41 |
| 6 | 00:32 | 6 | ♑ | 02:25 |
| 7 | 19:32 | 8 | ♒ | 14:22 |
| 10 | 22:02 | 10 | ♓ | 23:46 |
| 12 | 13:47 | 13 | ♈ | 05:21 |
| 15 | 05:39 | 15 | ♉ | 07:10 |
| 17 | 05:10 | 17 | ♊ | 06:38 |
| 19 | 04:24 | 19 | ♋ | 05:53 |
| 21 | 04:56 | 21 | ♌ | 07:02 |
| 23 | 10:02 | 23 | ♍ | 11:42 |
| 25 | 08:18 | 25 | ♎ | 20:09 |
| 28 | 05:36 | 28 | ♏ | 07:23 |
| 30 | 18:06 | | | |

## 0:00 E.T. Declinations

| D | ☉ | ☽ | ☿ | ♀ | ♂ | ♃ | ♄ | ♅ | ♆ | ♇ | ⚳ | ⚴ | ⚵ | ⚶ | ⚷ |
|---|---|---|---|---|---|---|---|---|---|---|---|---|---|---|---|
| 1 | -14 19 | -13 38 | -18 20 | -20 45 | +13 31 | -23 24 | -15 42 | +14 53 | +13 28 | -22 16 | -23 57 | +03 24 | -13 40 | -20 14 | +05 32 |
| 2 | 14 38 | 18 30 | 18 52 | 21 03 | 13 20 | 23 24 | 15 44 | 14 52 | 13 28 | 22 15 | 23 52 | 03 17 | 13 42 | 20 20 | 05 30 |
| 3 | 14 57 | 22 37 | 19 22 | 21 20 | 13 10 | 23 24 | 15 46 | 14 52 | 13 27 | 22 15 | 23 47 | 03 10 | 13 45 | 20 26 | 05 28 |
| 4 | 15 16 | 25 46 | 19 51 | 21 36 | 12 59 | 23 24 | 15 48 | 14 52 | 13 27 | 22 15 | 23 41 | 03 04 | 13 47 | 20 32 | 05 26 |
| 5 | 15 34 | 27 48 | 20 20 | 21 52 | 12 48 | 23 24 | 15 50 | 14 51 | 13 26 | 22 15 | 23 35 | 02 57 | 13 49 | 20 38 | 05 24 |
| 6 | 15 53 | 28 33 | 20 47 | 22 08 | 12 38 | 23 24 | 15 52 | 14 51 | 13 26 | 22 15 | 23 29 | 02 50 | 13 51 | 20 44 | 05 22 |
| 7 | 16 10 | 28 00 | 21 13 | 22 22 | 12 27 | 23 24 | 15 54 | 14 51 | 13 25 | 22 15 | 23 23 | 02 44 | 13 53 | 20 50 | 05 20 |
| 8 | 16 28 | 26 08 | 21 39 | 22 36 | 12 17 | 23 24 | 15 56 | 14 50 | 13 25 | 22 15 | 23 17 | 02 38 | 13 55 | 20 55 | 05 19 |
| 9 | 16 46 | 23 02 | 22 03 | 22 50 | 12 06 | 23 24 | 15 58 | 14 50 | 13 24 | 22 14 | 23 11 | 02 32 | 13 57 | 21 01 | 05 17 |
| 10 | 17 03 | 18 51 | 22 26 | 23 02 | 11 56 | 23 24 | 16 00 | 14 50 | 13 24 | 22 14 | 23 05 | 02 26 | 13 59 | 21 06 | 05 15 |
| 11 | 17 19 | 13 42 | 22 48 | 23 14 | 11 45 | 23 24 | 16 02 | 14 49 | 13 23 | 22 14 | 22 59 | 02 20 | 14 01 | 21 11 | 05 13 |
| 12 | 17 36 | 07 49 | 23 09 | 23 26 | 11 35 | 23 24 | 16 04 | 14 49 | 13 23 | 22 14 | 22 52 | 02 14 | 14 03 | 21 17 | 05 11 |
| 13 | 17 52 | 01 21 | 23 29 | 23 37 | 11 24 | 23 23 | 16 05 | 14 49 | 13 22 | 22 14 | 22 46 | 02 09 | 14 04 | 21 22 | 05 10 |
| 14 | 18 08 | +05 23 | 23 47 | 23 47 | 11 14 | 23 23 | 16 07 | 14 49 | 13 22 | 22 13 | 22 39 | 02 03 | 14 06 | 21 26 | 05 08 |
| 15 | 18 24 | 12 04 | 24 05 | 23 56 | 11 03 | 23 23 | 16 09 | 14 48 | 13 21 | 22 13 | 22 33 | 01 58 | 14 07 | 21 31 | 05 06 |
| 16 | 18 39 | 18 14 | 24 21 | 24 04 | 10 53 | 23 23 | 16 11 | 14 48 | 13 21 | 22 13 | 22 26 | 01 52 | 14 09 | 21 36 | 05 04 |
| 17 | 18 54 | 23 22 | 24 36 | 24 12 | 10 42 | 23 22 | 16 13 | 14 48 | 13 20 | 22 13 | 22 19 | 01 47 | 14 10 | 21 40 | 05 03 |
| 18 | 19 08 | 26 54 | 24 49 | 24 20 | 10 32 | 23 22 | 16 15 | 14 48 | 13 20 | 22 12 | 22 12 | 01 42 | 14 11 | 21 45 | 05 01 |
| 19 | 19 23 | 28 27 | 25 02 | 24 26 | 10 22 | 23 22 | 16 17 | 14 48 | 13 19 | 22 12 | 22 05 | 01 37 | 14 13 | 21 49 | 05 00 |
| 20 | 19 36 | 27 52 | 25 13 | 24 32 | 10 12 | 23 22 | 16 19 | 14 48 | 13 19 | 22 12 | 21 58 | 01 32 | 14 14 | 21 53 | 04 58 |
| 21 | 19 50 | 25 22 | 25 22 | 24 37 | 10 01 | 23 21 | 16 20 | 14 48 | 13 18 | 22 11 | 21 51 | 01 28 | 14 15 | 21 57 | 04 57 |
| 22 | 20 03 | 21 23 | 25 30 | 24 41 | 09 51 | 23 21 | 16 22 | 14 48 | 13 18 | 22 11 | 21 44 | 01 23 | 14 15 | 22 01 | 04 55 |
| 23 | 20 16 | 16 21 | 25 37 | 24 44 | 09 41 | 23 20 | 16 24 | 14 48 | 13 17 | 22 11 | 21 37 | 01 19 | 14 16 | 22 05 | 04 54 |
| 24 | 20 28 | 10 44 | 25 43 | 24 47 | 09 31 | 23 20 | 16 26 | 14 48 | 13 17 | 22 11 | 21 29 | 01 14 | 14 17 | 22 08 | 04 52 |
| 25 | 20 40 | 04 49 | 25 47 | 24 49 | 09 21 | 23 20 | 16 28 | 14 48 | 13 16 | 22 10 | 21 22 | 01 10 | 14 18 | 22 12 | 04 51 |
| 26 | 20 52 | -01 09 | 25 50 | 24 50 | 09 11 | 23 19 | 16 29 | 14 48 | 13 16 | 22 10 | 21 14 | 01 06 | 14 18 | 22 15 | 04 50 |
| 27 | 21 03 | 06 58 | 25 51 | 24 51 | 09 01 | 23 19 | 16 31 | 14 48 | 13 15 | 22 10 | 21 07 | 01 02 | 14 19 | 22 19 | 04 48 |
| 28 | 21 14 | 12 26 | 25 51 | 24 51 | 08 51 | 23 18 | 16 33 | 14 48 | 13 15 | 22 09 | 20 59 | 00 58 | 14 19 | 22 22 | 04 47 |
| 29 | 21 25 | 17 24 | 25 49 | 24 50 | 08 41 | 23 18 | 16 35 | 14 48 | 13 15 | 22 09 | 20 51 | 00 55 | 14 19 | 22 25 | 04 46 |
| 30 | 21 35 | 21 39 | 25 47 | 24 48 | 08 31 | 23 17 | 16 36 | 14 48 | 13 14 | 22 08 | 20 44 | 00 51 | 14 20 | 22 27 | 04 45 |

Lunar Phases -- 1 ● 19:59 10 ◐ 00:14 16 ○ 21:54 23 ◑ 13:47 Sun enters ♐ 11/22 10:37

## Longitudes of Main Planets - December 2043

0:00 E.T.

| D | S.T. | ☉ | ☽ | ☽ 12:00 | ☿ | ♀ | ♂ | ♃ | ♄ | ♅ | ♆ | ♇ | ☊ |
|---|---|---|---|---|---|---|---|---|---|---|---|---|---|
| 1 | 4:39:00 | 08♐39 33 | 02♐03 | 07♐58 | 00♑07 | 08♑04 | 13♍41 | 06♑59 | 23♏14 | 22♌10℞ | 10♉28℞ | 29♒08 | 25♓41 |
| 2 | 4:42:57 | 09 40 23 | 13 54 | 19 50 | 01 02 | 09 18 | 14 09 | 07 12 | 23 21 | 22 09 | 10 26 | 29 09 | 25 38 |
| 3 | 4:46:53 | 10 41 14 | 25 47 | 01♑44 | 01 52 | 10 32 | 14 36 | 07 25 | 23 28 | 22 09 | 10 25 | 29 09 | 25 35 |
| 4 | 4:50:50 | 11 42 06 | 07♑42 | 13 40 | 02 36 | 11 46 | 15 03 | 07 38 | 23 35 | 22 09 | 10 23 | 29 10 | 25 32 |
| 5 | 4:54:46 | 12 42 59 | 19 40 | 25 41 | 03 14 | 13 00 | 15 30 | 07 51 | 23 42 | 22 08 | 10 22 | 29 10 | 25 29 |
| 6 | 4:58:43 | 13 43 53 | 01♒45 | 07♒50 | 03 44 | 14 14 | 15 57 | 08 04 | 23 49 | 22 08 | 10 21 | 29 11 | 25 26 |
| 7 | 5:02:40 | 14 44 47 | 13 58 | 20 09 | 04 07 | 15 28 | 16 23 | 08 17 | 23 56 | 22 07 | 10 19 | 29 11 | 25 22 |
| 8 | 5:06:36 | 15 45 43 | 26 23 | 02♓41 | 04 21 | 16 42 | 16 49 | 08 31 | 24 03 | 22 07 | 10 18 | 29 12 | 25 19 |
| 9 | 5:10:33 | 16 46 39 | 09♓04 | 15 32 | 04 25℞ | 17 56 | 17 15 | 08 44 | 24 10 | 22 06 | 10 17 | 29 13 | 25 16 |
| 10 | 5:14:29 | 17 47 36 | 22 06 | 28 46 | 04 19 | 19 10 | 17 41 | 08 57 | 24 16 | 22 06 | 10 15 | 29 13 | 25 13 |
| 11 | 5:18:26 | 18 48 34 | 05♈32 | 12♈26 | 04 02 | 20 24 | 18 06 | 09 11 | 24 23 | 22 05 | 10 14 | 29 14 | 25 10 |
| 12 | 5:22:22 | 19 49 32 | 19 26 | 26 33 | 03 33 | 21 38 | 18 31 | 09 24 | 24 30 | 22 04 | 10 13 | 29 15 | 25 07 |
| 13 | 5:26:19 | 20 50 31 | 03♉48 | 11♉09 | 02 53 | 22 52 | 18 56 | 09 38 | 24 37 | 22 03 | 10 12 | 29 16 | 25 03 |
| 14 | 5:30:15 | 21 51 30 | 18 36 | 26 08 | 02 02 | 24 06 | 19 20 | 09 51 | 24 43 | 22 02 | 10 11 | 29 16 | 25 00 |
| 15 | 5:34:12 | 22 52 30 | 03♊45 | 11♊24 | 01 00 | 25 20 | 19 45 | 10 05 | 24 50 | 22 02 | 10 09 | 29 17 | 24 57 |
| 16 | 5:38:09 | 23 53 31 | 19 05 | 26 45 | 29♐50 | 26 34 | 20 09 | 10 19 | 24 57 | 22 01 | 10 08 | 29 18 | 24 54 |
| 17 | 5:42:05 | 24 54 33 | 04♋24 | 12♋01 | 28 33 | 27 47 | 20 32 | 10 32 | 25 03 | 22 00 | 10 07 | 29 19 | 24 51 |
| 18 | 5:46:02 | 25 55 35 | 19 32 | 26 59 | 27 12 | 29 01 | 20 55 | 10 46 | 25 10 | 21 58 | 10 06 | 29 20 | 24 47 |
| 19 | 5:49:58 | 26 56 38 | 04♌18 | 11♌31 | 25 49 | 00♒15 | 21 19 | 10 59 | 25 16 | 21 57 | 10 05 | 29 21 | 24 44 |
| 20 | 5:53:55 | 27 57 42 | 18 37 | 25 34 | 24 27 | 01 29 | 21 41 | 11 13 | 25 23 | 21 56 | 10 04 | 29 22 | 24 41 |
| 21 | 5:57:51 | 28 58 46 | 02♍24 | 09♍07 | 23 09 | 02 42 | 22 04 | 11 27 | 25 29 | 21 55 | 10 03 | 29 23 | 24 38 |
| 22 | 6:01:48 | 29 59 52 | 15 42 | 22 11 | 21 57 | 03 56 | 22 26 | 11 41 | 25 35 | 21 54 | 10 02 | 29 24 | 24 35 |
| 23 | 6:05:44 | 01♑00 58 | 28 33 | 04♎50 | 20 53 | 05 09 | 22 47 | 11 54 | 25 42 | 21 52 | 10 01 | 29 25 | 24 32 |
| 24 | 6:09:41 | 02 02 05 | 11♎03 | 17 11 | 19 59 | 06 23 | 23 09 | 12 08 | 25 48 | 21 51 | 10 00 | 29 26 | 24 28 |
| 25 | 6:13:38 | 03 03 12 | 23 15 | 29 17 | 19 16 | 07 36 | 23 30 | 12 22 | 25 54 | 21 50 | 09 59 | 29 27 | 24 25 |
| 26 | 6:17:34 | 04 04 21 | 05♏16 | 11♏14 | 18 43 | 08 50 | 23 50 | 12 36 | 26 00 | 21 48 | 09 58 | 29 28 | 24 22 |
| 27 | 6:21:31 | 05 05 30 | 17 10 | 23 06 | 18 20 | 10 03 | 24 11 | 12 50 | 26 06 | 21 47 | 09 58 | 29 29 | 24 19 |
| 28 | 6:25:27 | 06 06 39 | 29 01 | 04♐56 | 18 09 | 11 17 | 24 31 | 13 04 | 26 13 | 21 45 | 09 57 | 29 30 | 24 16 |
| 29 | 6:29:24 | 07 07 49 | 10♐51 | 16 47 | 18 07D | 12 30 | 24 50 | 13 17 | 26 19 | 21 43 | 09 56 | 29 31 | 24 13 |
| 30 | 6:33:20 | 08 08 59 | 22 44 | 28 42 | 18 14 | 13 44 | 25 09 | 13 31 | 26 25 | 21 42 | 09 55 | 29 32 | 24 09 |
| 31 | 6:37:17 | 09 10 10 | 04♑41 | 10♑41 | 18 30 | 14 57 | 25 28 | 13 45 | 26 31 | 21 40 | 09 55 | 29 34 | 24 06 |

## Longitudes of the Major Asteroids and Chiron

0:00 E.T.

| D | ⚳ | ⚴ | ⚵ | ⚶ | ⚷ | D | ⚳ | ⚴ | ⚵ | ⚶ | ⚷ |
|---|---|---|---|---|---|---|---|---|---|---|---|
| 1 | 02♓41 | 25♑43 | 15♑05 | 26♐10 | 02♍19 | 17 | 06 39 | 00 47 | 21 06 | 04 44 | 02 32℞ |
| 2 | 02 54 | 26 01 | 15 27 | 26 42 | 02 21 | 18 | 06 55 | 01 07 | 21 29 | 05 17 | 02 32 |
| 3 | 03 08 | 26 20 | 15 49 | 27 14 | 02 22 | 19 | 07 12 | 01 26 | 21 52 | 05 49 | 02 32 |
| 4 | 03 22 | 26 39 | 16 11 | 27 46 | 02 24 | 20 | 07 28 | 01 46 | 22 16 | 06 21 | 02 32 |
| 5 | 03 36 | 26 57 | 16 34 | 28 18 | 02 25 | 21 | 07 45 | 02 05 | 22 39 | 06 53 | 02 31 |
| 6 | 03 50 | 27 16 | 16 56 | 28 50 | 02 26 | 22 | 08 02 | 02 25 | 23 02 | 07 25 | 02 31 |
| 7 | 04 04 | 27 35 | 17 18 | 29 22 | 02 27 | 23 | 08 20 | 02 45 | 23 26 | 07 58 | 02 30 |
| 8 | 04 19 | 27 54 | 17 41 | 29 55 | 02 28 | 24 | 08 37 | 03 05 | 23 50 | 08 30 | 02 29 |
| 9 | 04 34 | 28 13 | 18 03 | 00♑27 | 02 29 | 25 | 08 55 | 03 25 | 24 13 | 09 02 | 02 28 |
| 10 | 04 49 | 28 32 | 18 26 | 00 59 | 02 30 | 26 | 09 12 | 03 44 | 24 37 | 09 34 | 02 27 |
| 11 | 05 04 | 28 51 | 18 48 | 01 31 | 02 31 | 27 | 09 30 | 04 04 | 25 01 | 10 06 | 02 26 |
| 12 | 05 19 | 29 10 | 19 11 | 02 03 | 02 31 | 28 | 09 48 | 04 24 | 25 24 | 10 39 | 02 25 |
| 13 | 05 35 | 29 29 | 19 34 | 02 35 | 02 32 | 29 | 10 06 | 04 44 | 25 48 | 11 11 | 02 23 |
| 14 | 05 50 | 29 49 | 19 57 | 03 08 | 02 32 | 30 | 10 25 | 05 04 | 26 12 | 11 43 | 02 22 |
| 15 | 06 06 | 00♒08 | 20 20 | 03 40 | 02 32 | 31 | 10 43 | 05 25 | 26 36 | 12 15 | 02 20 |
| 16 | 06 22 | 00 28 | 20 43 | 04 12 | 02 32 | | | | | | |

## Lunar Data

| Last Asp. | | Ingress | | |
|---|---|---|---|---|
| 3 | 06:48 | 3 | ♑ | 08:31 |
| 5 | 08:07 | 5 | ♒ | 20:33 |
| 8 | 05:23 | 8 | ♓ | 06:54 |
| 10 | 03:58 | 10 | ♈ | 14:12 |
| 12 | 16:30 | 12 | ♉ | 17:44 |
| 14 | 16:58 | 14 | ♊ | 18:06 |
| 16 | 16:00 | 16 | ♋ | 17:05 |
| 18 | 16:44 | 18 | ♌ | 16:56 |
| 20 | 18:40 | 20 | ♍ | 19:45 |
| 22 | 18:33 | 23 | ♎ | 02:45 |
| 25 | 12:21 | 25 | ♏ | 13:26 |
| 28 | 00:60 | 28 | ♐ | 02:00 |
| 30 | 13:43 | 30 | ♑ | 14:37 |

## Declinations

0:00 E.T.

| D | ☉ | ☽ | ☿ | ♀ | ♂ | ♃ | ♄ | ♅ | ♆ | ♇ | ⚳ | ⚴ | ⚵ | ⚶ | ⚷ |
|---|---|---|---|---|---|---|---|---|---|---|---|---|---|---|---|
| 1 | -21 45 | -25 01 | -25 42 | -24 45 | +08 22 | -23 17 | -16 38 | +14 48 | +13 14 | -22 08 | -20 36 | +00 47 | -14 20 | -22 30 | +04 43 |
| 2 | 21 54 | 27 19 | 25 36 | 24 42 | 08 12 | 23 16 | 16 40 | 14 48 | 13 13 | 22 08 | 20 28 | 00 44 | 14 20 | 22 33 | 04 42 |
| 3 | 22 03 | 28 22 | 25 29 | 24 38 | 08 03 | 23 15 | 16 42 | 14 48 | 13 13 | 22 07 | 20 20 | 00 41 | 14 20 | 22 35 | 04 41 |
| 4 | 22 11 | 28 07 | 25 21 | 24 33 | 07 53 | 23 15 | 16 43 | 14 48 | 13 12 | 22 07 | 20 12 | 00 38 | 14 20 | 22 38 | 04 40 |
| 5 | 22 19 | 26 32 | 25 11 | 24 28 | 07 44 | 23 14 | 16 45 | 14 48 | 13 12 | 22 06 | 20 04 | 00 35 | 14 20 | 22 40 | 04 39 |
| 6 | 22 27 | 23 44 | 25 01 | 24 22 | 07 34 | 23 13 | 16 47 | 14 49 | 13 12 | 22 06 | 19 56 | 00 32 | 14 19 | 22 42 | 04 38 |
| 7 | 22 34 | 19 51 | 24 49 | 24 15 | 07 25 | 23 13 | 16 48 | 14 49 | 13 11 | 22 06 | 19 48 | 00 29 | 14 19 | 22 44 | 04 37 |
| 8 | 22 41 | 15 02 | 24 35 | 24 07 | 07 16 | 23 12 | 16 50 | 14 49 | 13 11 | 22 05 | 19 39 | 00 26 | 14 18 | 22 45 | 04 36 |
| 9 | 22 47 | 09 30 | 24 21 | 23 58 | 07 07 | 23 11 | 16 52 | 14 49 | 13 11 | 22 05 | 19 31 | 00 24 | 14 18 | 22 47 | 04 36 |
| 10 | 22 53 | 03 25 | 24 06 | 23 49 | 06 58 | 23 10 | 16 53 | 14 49 | 13 10 | 22 04 | 19 23 | 00 21 | 14 17 | 22 49 | 04 35 |
| 11 | 22 58 | +02 59 | 23 50 | 23 40 | 06 49 | 23 09 | 16 55 | 14 50 | 13 10 | 22 04 | 19 14 | 00 19 | 14 17 | 22 50 | 04 34 |
| 12 | 23 03 | 09 29 | 23 33 | 23 29 | 06 41 | 23 09 | 16 56 | 14 50 | 13 10 | 22 03 | 19 06 | 00 16 | 14 16 | 22 51 | 04 33 |
| 13 | 23 07 | 15 42 | 23 15 | 23 18 | 06 32 | 23 08 | 16 58 | 14 50 | 13 09 | 22 03 | 18 57 | 00 14 | 14 15 | 22 52 | 04 33 |
| 14 | 23 11 | 21 13 | 22 56 | 23 06 | 06 24 | 23 07 | 16 59 | 14 51 | 13 09 | 22 02 | 18 49 | 00 12 | 14 14 | 22 53 | 04 32 |
| 15 | 23 15 | 25 28 | 22 36 | 22 53 | 06 15 | 23 06 | 17 01 | 14 51 | 13 09 | 22 02 | 18 40 | 00 10 | 14 13 | 22 54 | 04 31 |
| 16 | 23 18 | 27 56 | 22 16 | 22 40 | 06 07 | 23 05 | 17 03 | 14 51 | 13 08 | 22 01 | 18 31 | 00 08 | 14 12 | 22 55 | 04 31 |
| 17 | 23 20 | 28 17 | 21 56 | 22 26 | 05 59 | 23 04 | 17 04 | 14 52 | 13 08 | 22 01 | 18 23 | 00 07 | 14 10 | 22 56 | 04 30 |
| 18 | 23 22 | 26 31 | 21 37 | 22 11 | 05 51 | 23 03 | 17 06 | 14 52 | 13 08 | 22 00 | 18 14 | 00 05 | 14 09 | 22 56 | 04 30 |
| 19 | 23 24 | 22 55 | 21 17 | 21 56 | 05 43 | 23 02 | 17 07 | 14 52 | 13 07 | 22 00 | 18 05 | 00 04 | 14 08 | 22 56 | 04 29 |
| 20 | 23 25 | 18 03 | 20 59 | 21 40 | 05 35 | 23 01 | 17 08 | 14 53 | 13 07 | 21 59 | 17 56 | 00 02 | 14 06 | 22 56 | 04 29 |
| 21 | 23 26 | 12 23 | 20 43 | 21 24 | 05 27 | 23 00 | 17 10 | 14 53 | 13 07 | 21 59 | 17 47 | 00 01 | 14 05 | 22 57 | 04 29 |
| 22 | 23 26 | 06 20 | 20 28 | 21 07 | 05 20 | 22 59 | 17 11 | 14 54 | 13 07 | 21 58 | 17 38 | -00 00 | 14 03 | 22 56 | 04 28 |
| 23 | 23 26 | 00 14 | 20 16 | 20 49 | 05 12 | 22 58 | 17 13 | 14 54 | 13 06 | 21 58 | 17 29 | 00 01 | 14 01 | 22 56 | 04 28 |
| 24 | 23 25 | -05 42 | 20 06 | 20 31 | 05 05 | 22 56 | 17 14 | 14 55 | 13 06 | 21 57 | 17 20 | 00 02 | 13 59 | 22 56 | 04 28 |
| 25 | 23 24 | 11 18 | 19 59 | 20 12 | 04 58 | 22 55 | 17 16 | 14 55 | 13 06 | 21 56 | 17 11 | 00 03 | 13 58 | 22 55 | 04 28 |
| 26 | 23 22 | 16 23 | 19 55 | 19 53 | 04 51 | 22 54 | 17 17 | 14 56 | 13 06 | 21 56 | 17 02 | 00 04 | 13 56 | 22 55 | 04 28 |
| 27 | 23 20 | 20 48 | 19 54 | 19 33 | 04 44 | 22 53 | 17 18 | 14 56 | 13 05 | 21 55 | 16 53 | 00 05 | 13 53 | 22 54 | 04 28 |
| 28 | 23 18 | 24 22 | 19 55 | 19 12 | 04 37 | 22 52 | 17 20 | 14 57 | 13 05 | 21 55 | 16 44 | 00 05 | 13 51 | 22 53 | 04 28 |
| 29 | 23 15 | 26 54 | 19 58 | 18 51 | 04 31 | 22 50 | 17 21 | 14 57 | 13 05 | 21 54 | 16 35 | 00 06 | 13 49 | 22 52 | 04 28 |
| 30 | 23 11 | 28 14 | 20 03 | 18 30 | 04 25 | 22 49 | 17 22 | 14 58 | 13 05 | 21 54 | 16 25 | 00 06 | 13 47 | 22 51 | 04 28 |
| 31 | 23 07 | 28 15 | 20 10 | 18 08 | 04 19 | 22 48 | 17 23 | 14 58 | 13 05 | 21 53 | 16 16 | 00 07 | 13 44 | 22 50 | 04 28 |

Lunar Phases -- 1 ● 14:38 9 ◐ 15:29 16 ○ 08:03 23 ◑ 05:06 31 ● 09:49 Sun enters ♑ 12/22 00:03

# 0:00 E.T. Longitudes of Main Planets - January 2044 

| D | S.T. | ☉ | ☽ | ☽ 12:00 | ☿ | ♀ | ♂ | ♃ | ♄ | ♅ | ♆ | ♇ | ☊ |
|---|---|---|---|---|---|---|---|---|---|---|---|---|---|
| 1 | 6:41:13 | 10♑11 21 | 16♑42 | 22♑45 | 18♐53 | 16♒10 | 25♍46 | 13♑59 | 26♏36 | 21♌38℞ | 09♉54℞ | 29♒35 | 24♓03 |
| 2 | 6:45:10 | 11 12 32 | 28 50 | 04♒56 | 19 24 | 17 23 | 26 04 | 14 13 | 26 42 | 21 37 | 09 53 | 29 36 | 24 00 |
| 3 | 6:49:07 | 12 13 42 | 11♒05 | 17 15 | 20 01 | 18 36 | 26 22 | 14 27 | 26 48 | 21 35 | 09 53 | 29 37 | 23 57 |
| 4 | 6:53:03 | 13 14 53 | 23 28 | 29 43 | 20 43 | 19 49 | 26 38 | 14 41 | 26 54 | 21 33 | 09 52 | 29 38 | 23 53 |
| 5 | 6:57:00 | 14 16 04 | 06♓02 | 12♓23 | 21 30 | 21 03 | 26 55 | 14 55 | 26 59 | 21 31 | 09 52 | 29 40 | 23 50 |
| 6 | 7:00:56 | 15 17 14 | 18 48 | 25 18 | 22 22 | 22 15 | 27 11 | 15 09 | 27 05 | 21 29 | 09 51 | 29 41 | 23 47 |
| 7 | 7:04:53 | 16 18 24 | 01♈51 | 08♈29 | 23 18 | 23 28 | 27 27 | 15 23 | 27 10 | 21 27 | 09 51 | 29 42 | 23 44 |
| 8 | 7:08:49 | 17 19 33 | 15 12 | 22 01 | 24 18 | 24 41 | 27 42 | 15 37 | 27 16 | 21 25 | 09 50 | 29 44 | 23 41 |
| 9 | 7:12:46 | 18 20 42 | 28 56 | 05♉56 | 25 20 | 25 54 | 27 56 | 15 51 | 27 21 | 21 23 | 09 50 | 29 45 | 23 38 |
| 10 | 7:16:42 | 19 21 51 | 13♉02 | 20 14 | 26 26 | 27 07 | 28 10 | 16 04 | 27 27 | 21 21 | 09 50 | 29 46 | 23 34 |
| 11 | 7:20:39 | 20 22 59 | 27 31 | 04♊53 | 27 33 | 28 19 | 28 24 | 16 18 | 27 32 | 21 19 | 09 49 | 29 48 | 23 31 |
| 12 | 7:24:36 | 21 24 07 | 12♊19 | 19 49 | 28 44 | 29 32 | 28 37 | 16 32 | 27 37 | 21 17 | 09 49 | 29 49 | 23 28 |
| 13 | 7:28:32 | 22 25 14 | 27 21 | 04♋54 | 29 56 | 00♓44 | 28 50 | 16 46 | 27 42 | 21 15 | 09 49 | 29 50 | 23 25 |
| 14 | 7:32:29 | 23 26 21 | 12♋26 | 19 57 | 01♑10 | 01 57 | 29 02 | 17 00 | 27 47 | 21 12 | 09 48 | 29 52 | 23 22 |
| 15 | 7:36:25 | 24 27 28 | 27 26 | 04♌50 | 02 25 | 03 09 | 29 13 | 17 14 | 27 52 | 21 10 | 09 48 | 29 53 | 23 18 |
| 16 | 7:40:22 | 25 28 34 | 12♌09 | 19 23 | 03 43 | 04 21 | 29 24 | 17 28 | 27 57 | 21 08 | 09 48 | 29 55 | 23 15 |
| 17 | 7:44:18 | 26 29 39 | 26 30 | 03♍31 | 05 01 | 05 34 | 29 35 | 17 42 | 28 02 | 21 06 | 09 48 | 29 56 | 23 12 |
| 18 | 7:48:15 | 27 30 44 | 10♍24 | 17 10 | 06 21 | 06 46 | 29 44 | 17 56 | 28 07 | 21 03 | 09 48 | 29 58 | 23 09 |
| 19 | 7:52:11 | 28 31 49 | 23 50 | 00♎22 | 07 42 | 07 58 | 29 54 | 18 09 | 28 11 | 21 01 | 09 48 | 29 59 | 23 06 |
| 20 | 7:56:08 | 29 32 54 | 06♎48 | 13 09 | 09 04 | 09 10 | 00♎02 | 18 23 | 28 16 | 20 58 | 09 48 | 00♓01 | 23 03 |
| 21 | 8:00:05 | 00♒33 58 | 19 24 | 25 34 | 10 27 | 10 22 | 00 10 | 18 37 | 28 21 | 20 56 | 09 48D | 00 02 | 22 59 |
| 22 | 8:04:01 | 01 35 02 | 01♏40 | 07♏43 | 11 51 | 11 33 | 00 17 | 18 51 | 28 25 | 20 54 | 09 48 | 00 04 | 22 56 |
| 23 | 8:07:58 | 02 36 05 | 13 44 | 19 42 | 13 16 | 12 45 | 00 24 | 19 05 | 28 29 | 20 51 | 09 48 | 00 05 | 22 53 |
| 24 | 8:11:54 | 03 37 08 | 25 38 | 01♐34 | 14 42 | 13 57 | 00 30 | 19 18 | 28 34 | 20 49 | 09 48 | 00 07 | 22 50 |
| 25 | 8:15:51 | 04 38 11 | 07♐29 | 13 24 | 16 09 | 15 08 | 00 35 | 19 32 | 28 38 | 20 46 | 09 48 | 00 08 | 22 47 |
| 26 | 8:19:47 | 05 39 13 | 19 20 | 25 17 | 17 36 | 16 19 | 00 40 | 19 46 | 28 42 | 20 44 | 09 48 | 00 10 | 22 44 |
| 27 | 8:23:44 | 06 40 15 | 01♑15 | 07♑15 | 19 04 | 17 31 | 00 44 | 20 00 | 28 46 | 20 41 | 09 49 | 00 12 | 22 40 |
| 28 | 8:27:40 | 07 41 16 | 13 17 | 19 21 | 20 33 | 18 42 | 00 47 | 20 13 | 28 50 | 20 39 | 09 49 | 00 13 | 22 37 |
| 29 | 8:31:37 | 08 42 16 | 25 27 | 01♒35 | 22 03 | 19 53 | 00 50 | 20 27 | 28 54 | 20 36 | 09 49 | 00 15 | 22 34 |
| 30 | 8:35:34 | 09 43 15 | 07♒46 | 14 00 | 23 33 | 21 04 | 00 52 | 20 40 | 28 58 | 20 34 | 09 49 | 00 16 | 22 31 |
| 31 | 8:39:30 | 10 44 13 | 20 16 | 26 35 | 25 04 | 22 15 | 00 53 | 20 54 | 29 02 | 20 31 | 09 50 | 00 18 | 22 28 |

## 0:00 E.T. Longitudes of the Major Asteroids and Chiron

| D | ⚳ | ⚴ | ⚵ | ⚶ | ⚷ |
|---|---|---|---|---|---|
| 1 | 11♓02 | 05♒45 | 27♑00 | 12♑48 | 02♍19℞ |
| 2 | 11 20 | 06 05 | 27 24 | 13 20 | 02 17 |
| 3 | 11 39 | 06 25 | 27 49 | 13 52 | 02 15 |
| 4 | 11 58 | 06 45 | 28 13 | 14 24 | 02 13 |
| 5 | 12 17 | 07 06 | 28 37 | 14 56 | 02 11 |
| 6 | 12 36 | 07 26 | 29 01 | 15 28 | 02 09 |
| 7 | 12 56 | 07 46 | 29 26 | 16 01 | 02 07 |
| 8 | 13 15 | 08 06 | 29 50 | 16 33 | 02 04 |
| 9 | 13 35 | 08 27 | 00♒15 | 17 05 | 02 02 |
| 10 | 13 54 | 08 47 | 00 39 | 17 37 | 01 59 |
| 11 | 14 14 | 09 07 | 01 04 | 18 09 | 01 56 |
| 12 | 14 34 | 09 28 | 01 28 | 18 41 | 01 54 |
| 13 | 14 54 | 09 48 | 01 53 | 19 13 | 01 51 |
| 14 | 15 14 | 10 09 | 02 18 | 19 45 | 01 48 |
| 15 | 15 34 | 10 29 | 02 42 | 20 17 | 01 45 |
| 16 | 15 54 | 10 50 | 03 07 | 20 49 | 01 42 |
| 17 | 16 15 | 11 10 | 03 32 | 21 21 | 01 39 |
| 18 | 16 35 | 11 31 | 03 57 | 21 53 | 01 35 |
| 19 | 16 56 | 11 51 | 04 21 | 22 25 | 01 32 |
| 20 | 17 17 | 12 12 | 04 46 | 22 57 | 01 29 |
| 21 | 17 37 | 12 32 | 05 11 | 23 29 | 01 25 |
| 22 | 17 58 | 12 53 | 05 36 | 24 01 | 01 22 |
| 23 | 18 19 | 13 13 | 06 01 | 24 33 | 01 18 |
| 24 | 18 40 | 13 34 | 06 26 | 25 05 | 01 14 |
| 25 | 19 01 | 13 54 | 06 52 | 25 36 | 01 10 |
| 26 | 19 23 | 14 15 | 07 17 | 26 08 | 01 07 |
| 27 | 19 44 | 14 35 | 07 42 | 26 40 | 01 03 |
| 28 | 20 05 | 14 56 | 08 07 | 27 12 | 00 59 |
| 29 | 20 27 | 15 17 | 08 32 | 27 44 | 00 55 |
| 30 | 20 48 | 15 37 | 08 57 | 28 15 | 00 50 |
| 31 | 21 10 | 15 58 | 09 23 | 28 47 | 00 46 |

## Lunar Data

| Last Asp. | | Ingress | | |
|---|---|---|---|---|
| 1 | 19:46 | 2 | ♒ | 02:18 |
| 4 | 11:51 | 4 | ♓ | 12:31 |
| 6 | 15:47 | 6 | ♈ | 20:38 |
| 9 | 01:25 | 9 | ♉ | 01:51 |
| 11 | 03:43 | 11 | ♊ | 04:03 |
| 13 | 03:58 | 13 | ♋ | 04:13 |
| 15 | 02:56 | 15 | ♌ | 04:10 |
| 17 | 05:52 | 17 | ♍ | 05:58 |
| 19 | 11:15 | 19 | ♎ | 11:20 |
| 21 | 02:58 | 21 | ♏ | 20:42 |
| 24 | 05:57 | 24 | ♐ | 08:50 |
| 26 | 02:48 | 26 | ♑ | 21:29 |
| 29 | 06:48 | 29 | ♒ | 08:54 |
| 31 | 16:41 | 31 | ♓ | 18:26 |

## 0:00 E.T. Declinations

| D | ☉ | ☽ | ☿ | ♀ | ♂ | ♃ | ♄ | ♅ | ♆ | ♇ | ⚳ | ⚴ | ⚵ | ⚶ | ⚷ |
|---|---|---|---|---|---|---|---|---|---|---|---|---|---|---|---|
| 1 | -23 03 | -26 57 | -20 18 | -17 45 | +04 13 | -22 46 | -17 25 | +14 59 | +13 05 | -21 52 | -16 07 | -00 07 | -13 42 | -22 49 | +04 28 |
| 2 | 22 58 | 24 22 | 20 28 | 17 22 | 04 07 | 22 45 | 17 26 | 15 00 | 13 04 | 21 52 | 15 57 | 00 07 | 13 39 | 22 47 | 04 28 |
| 3 | 22 52 | 20 40 | 20 38 | 16 59 | 04 01 | 22 44 | 17 27 | 15 00 | 13 04 | 21 51 | 15 48 | 00 07 | 13 36 | 22 45 | 04 28 |
| 4 | 22 47 | 16 01 | 20 49 | 16 35 | 03 56 | 22 42 | 17 28 | 15 01 | 13 04 | 21 51 | 15 38 | 00 07 | 13 34 | 22 44 | 04 28 |
| 5 | 22 40 | 10 38 | 21 01 | 16 11 | 03 50 | 22 41 | 17 29 | 15 02 | 13 04 | 21 50 | 15 29 | 00 07 | 13 31 | 22 42 | 04 29 |
| 6 | 22 34 | 04 44 | 21 13 | 15 46 | 03 45 | 22 39 | 17 31 | 15 02 | 13 04 | 21 49 | 15 19 | 00 06 | 13 28 | 22 40 | 04 29 |
| 7 | 22 26 | +01 29 | 21 24 | 15 21 | 03 40 | 22 38 | 17 32 | 15 03 | 13 04 | 21 49 | 15 10 | 00 06 | 13 25 | 22 38 | 04 30 |
| 8 | 22 19 | 07 48 | 21 36 | 14 55 | 03 36 | 22 36 | 17 33 | 15 04 | 13 04 | 21 48 | 15 00 | 00 06 | 13 22 | 22 35 | 04 30 |
| 9 | 22 11 | 13 54 | 21 47 | 14 29 | 03 31 | 22 35 | 17 34 | 15 04 | 13 04 | 21 48 | 14 51 | 00 05 | 13 19 | 22 33 | 04 30 |
| 10 | 22 02 | 19 29 | 21 59 | 14 03 | 03 27 | 22 33 | 17 35 | 15 05 | 13 04 | 21 47 | 14 41 | 00 04 | 13 15 | 22 30 | 04 31 |
| 11 | 21 53 | 24 05 | 22 09 | 13 36 | 03 23 | 22 32 | 17 36 | 15 06 | 13 04 | 21 46 | 14 31 | 00 04 | 13 12 | 22 28 | 04 32 |
| 12 | 21 44 | 27 13 | 22 19 | 13 09 | 03 19 | 22 30 | 17 37 | 15 06 | 13 04 | 21 46 | 14 21 | 00 03 | 13 09 | 22 25 | 04 32 |
| 13 | 21 34 | 28 27 | 22 28 | 12 42 | 03 16 | 22 28 | 17 38 | 15 07 | 13 04 | 21 45 | 14 12 | 00 02 | 13 05 | 22 22 | 04 33 |
| 14 | 21 24 | 27 35 | 22 37 | 12 14 | 03 12 | 22 27 | 17 39 | 15 08 | 13 04 | 21 45 | 14 02 | 00 01 | 13 01 | 22 19 | 04 33 |
| 15 | 21 14 | 24 43 | 22 45 | 11 47 | 03 09 | 22 25 | 17 40 | 15 08 | 13 04 | 21 44 | 13 52 | 00 00 | 12 58 | 22 16 | 04 34 |
| 16 | 21 03 | 20 16 | 22 52 | 11 18 | 03 06 | 22 23 | 17 41 | 15 09 | 13 04 | 21 43 | 13 42 | +00 01 | 12 54 | 22 13 | 04 35 |
| 17 | 20 51 | 14 43 | 22 58 | 10 50 | 03 03 | 22 22 | 17 42 | 15 10 | 13 04 | 21 43 | 13 33 | 00 02 | 12 50 | 22 10 | 04 36 |
| 18 | 20 39 | 08 35 | 23 03 | 10 21 | 03 01 | 22 20 | 17 43 | 15 11 | 13 04 | 21 42 | 13 23 | 00 04 | 12 46 | 22 06 | 04 37 |
| 19 | 20 27 | 02 16 | 23 07 | 09 52 | 02 59 | 22 18 | 17 44 | 15 12 | 13 04 | 21 41 | 13 13 | 00 05 | 12 42 | 22 03 | 04 37 |
| 20 | 20 15 | -03 56 | 23 09 | 09 23 | 02 57 | 22 16 | 17 45 | 15 12 | 13 04 | 21 41 | 13 03 | 00 07 | 12 38 | 21 59 | 04 38 |
| 21 | 20 02 | 09 48 | 23 11 | 08 53 | 02 55 | 22 15 | 17 46 | 15 13 | 13 04 | 21 40 | 12 53 | 00 08 | 12 34 | 21 55 | 04 39 |
| 22 | 19 48 | 15 09 | 23 12 | 08 24 | 02 53 | 22 13 | 17 46 | 15 14 | 13 04 | 21 39 | 12 43 | 00 10 | 12 30 | 21 51 | 04 40 |
| 23 | 19 35 | 19 49 | 23 11 | 07 54 | 02 52 | 22 11 | 17 47 | 15 15 | 13 04 | 21 39 | 12 33 | 00 11 | 12 26 | 21 47 | 04 41 |
| 24 | 19 21 | 23 39 | 23 10 | 07 24 | 02 51 | 22 09 | 17 48 | 15 16 | 13 04 | 21 38 | 12 23 | 00 13 | 12 21 | 21 43 | 04 42 |
| 25 | 19 06 | 26 28 | 23 07 | 06 53 | 02 50 | 22 07 | 17 49 | 15 16 | 13 04 | 21 38 | 12 13 | 00 15 | 12 17 | 21 39 | 04 43 |
| 26 | 18 51 | 28 07 | 23 03 | 06 23 | 02 50 | 22 05 | 17 50 | 15 17 | 13 04 | 21 37 | 12 03 | 00 17 | 12 12 | 21 35 | 04 45 |
| 27 | 18 36 | 28 29 | 22 57 | 05 53 | 02 50 | 22 04 | 17 50 | 15 18 | 13 04 | 21 36 | 11 53 | 00 19 | 12 08 | 21 30 | 04 46 |
| 28 | 18 21 | 27 30 | 22 50 | 05 22 | 02 50 | 22 02 | 17 51 | 15 19 | 13 04 | 21 36 | 11 43 | 00 21 | 12 03 | 21 26 | 04 47 |
| 29 | 18 05 | 25 13 | 22 43 | 04 51 | 02 50 | 22 00 | 17 52 | 15 20 | 13 05 | 21 35 | 11 33 | 00 23 | 11 58 | 21 21 | 04 48 |
| 30 | 17 49 | 21 43 | 22 33 | 04 20 | 02 51 | 21 58 | 17 52 | 15 20 | 13 05 | 21 34 | 11 23 | 00 26 | 11 54 | 21 16 | 04 50 |
| 31 | 17 32 | 17 13 | 22 23 | 03 49 | 02 52 | 21 56 | 17 53 | 15 21 | 13 05 | 21 34 | 11 12 | 00 28 | 11 49 | 21 12 | 04 51 |

Lunar Phases -- 8 ◐ 04:03 14 ○ 18:52 21 ◑ 23:48 30 ● 04:06 Sun enters ♒ 1/20 10:39

## Longitudes of Main Planets - February 2044

0:00 E.T.

| D | S.T. | ☉ | ☽ | ☽ 12:00 | ☿ | ♀ | ♂ | ♃ | ♄ | ♅ | ♆ | ♇ | ☊ |
|---|---|---|---|---|---|---|---|---|---|---|---|---|---|
| 1 | 8:43:27 | 11♒45 10 | 02♓57 | 09♓22 | 26♑36 | 23♓25 | 00♎53℞ | 21♑08 | 29♏05 | 20♌28℞ | 09♉50 | 00♓20 | 22♓24 |
| 2 | 8:47:23 | 12 46 06 | 15 49 | 22 19 | 28 09 | 24 36 | 00 53 | 21 21 | 29 09 | 20 26 | 09 51 | 00 21 | 22 21 |
| 3 | 8:51:20 | 13 47 01 | 28 53 | 05♈29 | 29 42 | 25 46 | 00 51 | 21 34 | 29 12 | 20 23 | 09 51 | 00 23 | 22 18 |
| 4 | 8:55:16 | 14 47 55 | 12♈09 | 18 53 | 01♒16 | 26 57 | 00 50 | 21 48 | 29 16 | 20 21 | 09 52 | 00 25 | 22 15 |
| 5 | 8:59:13 | 15 48 47 | 25 39 | 02♉30 | 02 50 | 28 07 | 00 47 | 22 01 | 29 19 | 20 18 | 09 52 | 00 26 | 22 12 |
| 6 | 9:03:09 | 16 49 38 | 09♉24 | 16 22 | 04 26 | 29 17 | 00 43 | 22 15 | 29 22 | 20 15 | 09 53 | 00 28 | 22 09 |
| 7 | 9:07:06 | 17 50 27 | 23 24 | 00♊29 | 06 02 | 00♈27 | 00 39 | 22 28 | 29 25 | 20 13 | 09 53 | 00 30 | 22 05 |
| 8 | 9:11:03 | 18 51 15 | 07♊37 | 14 49 | 07 39 | 01 37 | 00 34 | 22 41 | 29 28 | 20 10 | 09 54 | 00 31 | 22 02 |
| 9 | 9:14:59 | 19 52 01 | 22 03 | 29 20 | 09 16 | 02 46 | 00 28 | 22 54 | 29 31 | 20 08 | 09 55 | 00 33 | 21 59 |
| 10 | 9:18:56 | 20 52 46 | 06♋38 | 13♋57 | 10 55 | 03 56 | 00 22 | 23 08 | 29 34 | 20 05 | 09 55 | 00 35 | 21 56 |
| 11 | 9:22:52 | 21 53 30 | 21 15 | 28 33 | 12 34 | 05 05 | 00 15 | 23 21 | 29 37 | 20 02 | 09 56 | 00 36 | 21 53 |
| 12 | 9:26:49 | 22 54 12 | 05♌49 | 13♌03 | 14 14 | 06 14 | 00 06 | 23 34 | 29 40 | 20 00 | 09 57 | 00 38 | 21 50 |
| 13 | 9:30:45 | 23 54 52 | 20 13 | 27 19 | 15 55 | 07 23 | 29♍57 | 23 47 | 29 42 | 19 57 | 09 58 | 00 40 | 21 46 |
| 14 | 9:34:42 | 24 55 31 | 04♍20 | 11♍16 | 17 36 | 08 32 | 29 48 | 24 00 | 29 45 | 19 54 | 09 58 | 00 41 | 21 43 |
| 15 | 9:38:38 | 25 56 08 | 18 07 | 24 52 | 19 19 | 09 41 | 29 37 | 24 13 | 29 47 | 19 52 | 09 59 | 00 43 | 21 40 |
| 16 | 9:42:35 | 26 56 45 | 01♎31 | 08♎05 | 21 02 | 10 49 | 29 26 | 24 26 | 29 49 | 19 49 | 10 00 | 00 45 | 21 37 |
| 17 | 9:46:32 | 27 57 19 | 14 32 | 20 55 | 22 46 | 11 58 | 29 14 | 24 38 | 29 51 | 19 47 | 10 01 | 00 46 | 21 34 |
| 18 | 9:50:28 | 28 57 53 | 27 12 | 03♏25 | 24 32 | 13 06 | 29 01 | 24 51 | 29 53 | 19 44 | 10 02 | 00 48 | 21 30 |
| 19 | 9:54:25 | 29 58 25 | 09♏34 | 15 39 | 26 18 | 14 13 | 28 48 | 25 04 | 29 55 | 19 41 | 10 03 | 00 50 | 21 27 |
| 20 | 9:58:21 | 00♓58 57 | 21 41 | 27 41 | 28 05 | 15 21 | 28 34 | 25 16 | 29 57 | 19 39 | 10 04 | 00 52 | 21 24 |
| 21 | 10:02:18 | 01 59 27 | 03♐39 | 09♐35 | 29 52 | 16 29 | 28 19 | 25 29 | 29 59 | 19 36 | 10 05 | 00 53 | 21 21 |
| 22 | 10:06:14 | 02 59 55 | 15 32 | 21 28 | 01♓41 | 17 36 | 28 03 | 25 42 | 00♐01 | 19 34 | 10 06 | 00 55 | 21 18 |
| 23 | 10:10:11 | 04 00 22 | 27 24 | 03♑22 | 03 31 | 18 43 | 27 46 | 25 54 | 00 02 | 19 31 | 10 07 | 00 57 | 21 15 |
| 24 | 10:14:07 | 05 00 48 | 09♑21 | 15 22 | 05 21 | 19 50 | 27 29 | 26 06 | 00 04 | 19 29 | 10 09 | 00 58 | 21 11 |
| 25 | 10:18:04 | 06 01 13 | 21 26 | 27 32 | 07 12 | 20 56 | 27 12 | 26 19 | 00 05 | 19 26 | 10 10 | 01 00 | 21 08 |
| 26 | 10:22:01 | 07 01 36 | 03♒42 | 09♒55 | 09 05 | 22 03 | 26 53 | 26 31 | 00 06 | 19 24 | 10 11 | 01 02 | 21 05 |
| 27 | 10:25:57 | 08 01 57 | 16 12 | 22 32 | 10 57 | 23 09 | 26 34 | 26 43 | 00 08 | 19 21 | 10 12 | 01 03 | 21 02 |
| 28 | 10:29:54 | 09 02 17 | 28 57 | 05♓25 | 12 51 | 24 15 | 26 15 | 26 55 | 00 09 | 19 19 | 10 13 | 01 05 | 20 59 |
| 29 | 10:33:50 | 10 02 35 | 11♓57 | 18 33 | 14 45 | 25 21 | 25 55 | 27 07 | 00 10 | 19 16 | 10 15 | 01 07 | 20 56 |

0:00 E.T.

## Longitudes of the Major Asteroids and Chiron

| D | ⚳ | ⚴ | ⚵ | ⚶ | ⚷ |
|---|---|---|---|---|---|
| 1 | 21♓32 | 16♒18 | 09♒48 | 29♑19 | 00♍42℞ |
| 2 | 21 53 | 16 39 | 10 13 | 29 50 | 00 38 |
| 3 | 22 15 | 16 59 | 10 39 | 00♒22 | 00 34 |
| 4 | 22 37 | 17 20 | 11 04 | 00 54 | 00 29 |
| 5 | 22 59 | 17 40 | 11 30 | 01 25 | 00 25 |
| 6 | 23 21 | 18 01 | 11 55 | 01 57 | 00 20 |
| 7 | 23 43 | 18 21 | 12 20 | 02 28 | 00 16 |
| 8 | 24 06 | 18 42 | 12 46 | 03 00 | 00 11 |
| 9 | 24 28 | 19 02 | 13 11 | 03 31 | 00 07 |
| 10 | 24 50 | 19 23 | 13 37 | 04 02 | 00 02 |
| 11 | 25 12 | 19 43 | 14 03 | 04 34 | 29♌58 |
| 12 | 25 35 | 20 04 | 14 28 | 05 05 | 29 53 |
| 13 | 25 57 | 20 24 | 14 54 | 05 36 | 29 48 |
| 14 | 26 20 | 20 45 | 15 19 | 06 08 | 29 44 |
| 15 | 26 42 | 21 05 | 15 45 | 06 39 | 29 39 |
| 16 | 27 05 | 21 25 | 16 11 | 07 10 | 29 35 |
| 17 | 27 28 | 21 46 | 16 36 | 07 41 | 29 30 |
| 18 | 27 50 | 22 06 | 17 02 | 08 12 | 29 25 |
| 19 | 28 13 | 22 26 | 17 28 | 08 43 | 29 20 |
| 20 | 28 36 | 22 47 | 17 53 | 09 14 | 29 16 |
| 21 | 28 59 | 23 07 | 18 19 | 09 45 | 29 11 |
| 22 | 29 22 | 23 27 | 18 45 | 10 16 | 29 06 |
| 23 | 29 45 | 23 47 | 19 10 | 10 47 | 29 02 |
| 24 | 00♈08 | 24 07 | 19 36 | 11 18 | 28 57 |
| 25 | 00 31 | 24 28 | 20 02 | 11 49 | 28 52 |
| 26 | 00 54 | 24 48 | 20 28 | 12 20 | 28 48 |
| 27 | 01 17 | 25 08 | 20 53 | 12 50 | 28 43 |
| 28 | 01 40 | 25 28 | 21 19 | 13 21 | 28 39 |
| 29 | 02 03 | 25 48 | 21 45 | 13 52 | 28 34 |

## Lunar Data

| Last Asp. | | Ingress | | |
|---|---|---|---|---|
| 3 | 01:41 | 3 | ♈ | 02:02 |
| 4 | 17:28 | 5 | ♉ | 07:38 |
| 7 | 10:15 | 7 | ♊ | 11:11 |
| 8 | 20:49 | 9 | ♋ | 13:06 |
| 11 | 13:48 | 11 | ♌ | 14:23 |
| 13 | 16:07 | 13 | ♍ | 16:34 |
| 15 | 20:54 | 15 | ♎ | 21:15 |
| 18 | 03:41 | 18 | ♏ | 05:23 |
| 20 | 16:37 | 20 | ♐ | 16:40 |
| 23 | 00:44 | 23 | ♑ | 05:14 |
| 25 | 11:03 | 25 | ♒ | 16:48 |
| 27 | 14:23 | 28 | ♓ | 01:58 |

0:00 E.T.

## Declinations

| D | ☉ | ☽ | ☿ | ♀ | ♂ | ♃ | ♄ | ♅ | ♆ | ♇ | ⚳ | ⚴ | ⚵ | ⚶ | ⚷ |
|---|---|---|---|---|---|---|---|---|---|---|---|---|---|---|---|
| 1 | -17 16 | -11 54 | -22 11 | -03 18 | +02 53 | -21 54 | -17 54 | +15 22 | +13 05 | -21 33 | -11 02 | +00 30 | -11 44 | -21 07 | +04 52 |
| 2 | 16 59 | 06 00 | 21 58 | 02 47 | 02 55 | 21 52 | 17 54 | 15 23 | 13 05 | 21 33 | 10 52 | 00 33 | 11 39 | 21 02 | 04 54 |
| 3 | 16 41 | +00 14 | 21 43 | 02 15 | 02 57 | 21 50 | 17 55 | 15 24 | 13 06 | 21 32 | 10 42 | 00 35 | 11 34 | 20 56 | 04 55 |
| 4 | 16 24 | 06 34 | 21 27 | 01 44 | 02 59 | 21 48 | 17 55 | 15 25 | 13 06 | 21 31 | 10 32 | 00 38 | 11 28 | 20 51 | 04 56 |
| 5 | 16 06 | 12 42 | 21 10 | 01 13 | 03 01 | 21 46 | 17 56 | 15 25 | 13 06 | 21 31 | 10 22 | 00 41 | 11 23 | 20 46 | 04 58 |
| 6 | 15 47 | 18 20 | 20 51 | 00 41 | 03 04 | 21 44 | 17 57 | 15 26 | 13 06 | 21 30 | 10 11 | 00 43 | 11 18 | 20 40 | 04 59 |
| 7 | 15 29 | 23 06 | 20 31 | 00 10 | 03 07 | 21 42 | 17 57 | 15 27 | 13 06 | 21 29 | 10 01 | 00 46 | 11 12 | 20 35 | 05 01 |
| 8 | 15 10 | 26 35 | 20 10 | +00 21 | 03 10 | 21 40 | 17 57 | 15 28 | 13 07 | 21 29 | 09 51 | 00 49 | 11 07 | 20 29 | 05 02 |
| 9 | 14 51 | 28 23 | 19 47 | 00 53 | 03 13 | 21 38 | 17 58 | 15 29 | 13 07 | 21 28 | 09 41 | 00 52 | 11 02 | 20 24 | 05 04 |
| 10 | 14 32 | 28 16 | 19 23 | 01 24 | 03 17 | 21 35 | 17 58 | 15 30 | 13 07 | 21 28 | 09 30 | 00 55 | 10 56 | 20 18 | 05 05 |
| 11 | 14 13 | 26 11 | 18 57 | 01 55 | 03 21 | 21 33 | 17 59 | 15 30 | 13 08 | 21 27 | 09 20 | 00 58 | 10 50 | 20 12 | 05 07 |
| 12 | 13 53 | 22 22 | 18 30 | 02 27 | 03 26 | 21 31 | 17 59 | 15 31 | 13 08 | 21 26 | 09 10 | 01 01 | 10 45 | 20 06 | 05 09 |
| 13 | 13 33 | 17 14 | 18 02 | 02 58 | 03 30 | 21 29 | 18 00 | 15 32 | 13 08 | 21 26 | 09 00 | 01 04 | 10 39 | 20 00 | 05 10 |
| 14 | 13 13 | 11 16 | 17 32 | 03 29 | 03 35 | 21 27 | 18 00 | 15 33 | 13 08 | 21 25 | 08 49 | 01 07 | 10 33 | 19 54 | 05 12 |
| 15 | 12 52 | 04 53 | 17 01 | 04 00 | 03 40 | 21 25 | 18 00 | 15 34 | 13 09 | 21 24 | 08 39 | 01 11 | 10 27 | 19 48 | 05 14 |
| 16 | 12 32 | -01 32 | 16 28 | 04 31 | 03 46 | 21 23 | 18 01 | 15 35 | 13 09 | 21 24 | 08 29 | 01 14 | 10 21 | 19 42 | 05 15 |
| 17 | 12 11 | 07 43 | 15 54 | 05 02 | 03 51 | 21 20 | 18 01 | 15 35 | 13 09 | 21 23 | 08 19 | 01 17 | 10 15 | 19 35 | 05 17 |
| 18 | 11 50 | 13 25 | 15 19 | 05 33 | 03 57 | 21 18 | 18 01 | 15 36 | 13 10 | 21 23 | 08 08 | 01 21 | 10 09 | 19 29 | 05 19 |
| 19 | 11 29 | 18 27 | 14 42 | 06 04 | 04 04 | 21 16 | 18 01 | 15 37 | 13 10 | 21 22 | 07 58 | 01 24 | 10 03 | 19 22 | 05 20 |
| 20 | 11 07 | 22 38 | 14 04 | 06 34 | 04 10 | 21 14 | 18 02 | 15 38 | 13 11 | 21 22 | 07 48 | 01 28 | 09 57 | 19 16 | 05 22 |
| 21 | 10 46 | 25 49 | 13 25 | 07 04 | 04 17 | 21 12 | 18 02 | 15 39 | 13 11 | 21 21 | 07 37 | 01 31 | 09 51 | 19 09 | 05 24 |
| 22 | 10 24 | 27 51 | 12 44 | 07 35 | 04 24 | 21 10 | 18 02 | 15 39 | 13 11 | 21 20 | 07 27 | 01 35 | 09 44 | 19 02 | 05 26 |
| 23 | 10 02 | 28 38 | 12 01 | 08 05 | 04 31 | 21 07 | 18 02 | 15 40 | 13 12 | 21 20 | 07 17 | 01 39 | 09 38 | 18 56 | 05 27 |
| 24 | 09 40 | 28 04 | 11 18 | 08 35 | 04 38 | 21 05 | 18 02 | 15 41 | 13 12 | 21 19 | 07 06 | 01 43 | 09 32 | 18 49 | 05 29 |
| 25 | 09 18 | 26 11 | 10 33 | 09 04 | 04 46 | 21 03 | 18 02 | 15 42 | 13 13 | 21 19 | 06 56 | 01 46 | 09 25 | 18 42 | 05 31 |
| 26 | 08 56 | 23 03 | 09 47 | 09 34 | 04 53 | 21 01 | 18 02 | 15 43 | 13 13 | 21 18 | 06 46 | 01 50 | 09 19 | 18 35 | 05 33 |
| 27 | 08 33 | 18 48 | 08 59 | 10 03 | 05 01 | 20 59 | 18 02 | 15 43 | 13 13 | 21 18 | 06 35 | 01 54 | 09 12 | 18 28 | 05 35 |
| 28 | 08 11 | 13 38 | 08 11 | 10 32 | 05 09 | 20 56 | 18 02 | 15 44 | 13 14 | 21 17 | 06 25 | 01 58 | 09 05 | 18 21 | 05 37 |
| 29 | 07 48 | 07 47 | 07 21 | 11 01 | 05 17 | 20 54 | 18 02 | 15 45 | 13 14 | 21 16 | 06 15 | 02 02 | 08 59 | 18 13 | 05 38 |

Lunar Phases -- 6 ◐ 13:47 13 ○ 06:43 20 ◑ 20:21 28 ● 20:14 Sun enters ♓ 2/19 00:37

## 0:00 E.T. Longitudes of Main Planets - March 2044

| D | S.T. | ☉ | ☽ | ☽ 12:00 | ☿ | ♀ | ♂ | ♃ | ♄ | ♅ | ♆ | ♇ | ☊ |
|---|---|---|---|---|---|---|---|---|---|---|---|---|---|
| 1 | 10:37:47 | 11♓02 51 | 25♓12 | 01♈55 | 16♓40 | 26♈26 | 25♍34℞ | 27♑19 | 00♐10 | 19♌14℞ | 10♉16 | 01♓09 | 20♓52 |
| 2 | 10:41:43 | 12 03 06 | 08♈41 | 15 30 | 18 35 | 27 31 | 25 13 | 27 31 | 00 11 | 19 12 | 10 17 | 01 10 | 20 49 |
| 3 | 10:45:40 | 13 03 18 | 22 23 | 29 17 | 20 30 | 28 36 | 24 51 | 27 43 | 00 12 | 19 09 | 10 19 | 01 12 | 20 46 |
| 4 | 10:49:36 | 14 03 29 | 06♉14 | 13♉14 | 22 25 | 29 41 | 24 30 | 27 55 | 00 12 | 19 07 | 10 20 | 01 14 | 20 43 |
| 5 | 10:53:33 | 15 03 37 | 20 15 | 27 18 | 24 20 | 00♉45 | 24 07 | 28 06 | 00 13 | 19 05 | 10 22 | 01 15 | 20 40 |
| 6 | 10:57:30 | 16 03 44 | 04♊22 | 11♊27 | 26 14 | 01 49 | 23 45 | 28 18 | 00 13 | 19 02 | 10 23 | 01 17 | 20 36 |
| 7 | 11:01:26 | 17 03 48 | 18 33 | 25 39 | 28 08 | 02 53 | 23 22 | 28 29 | 00 13 | 19 00 | 10 25 | 01 19 | 20 33 |
| 8 | 11:05:23 | 18 03 50 | 02♋46 | 09♋53 | 00♈01 | 03 56 | 22 59 | 28 41 | 00 14 | 18 58 | 10 26 | 01 20 | 20 30 |
| 9 | 11:09:19 | 19 03 50 | 16 59 | 24 04 | 01 52 | 04 59 | 22 35 | 28 52 | 00 14℞ | 18 56 | 10 28 | 01 22 | 20 27 |
| 10 | 11:13:16 | 20 03 48 | 01♌08 | 08♌11 | 03 41 | 06 02 | 22 12 | 29 03 | 00 14 | 18 54 | 10 29 | 01 23 | 20 24 |
| 11 | 11:17:12 | 21 03 43 | 15 12 | 22 11 | 05 28 | 07 04 | 21 48 | 29 14 | 00 13 | 18 51 | 10 31 | 01 25 | 20 21 |
| 12 | 11:21:09 | 22 03 37 | 29 06 | 05♍59 | 07 12 | 08 06 | 21 25 | 29 25 | 00 13 | 18 49 | 10 32 | 01 27 | 20 17 |
| 13 | 11:25:05 | 23 03 28 | 12♍48 | 19 34 | 08 53 | 09 08 | 21 01 | 29 36 | 00 13 | 18 47 | 10 34 | 01 28 | 20 14 |
| 14 | 11:29:02 | 24 03 17 | 26 16 | 02♎53 | 10 30 | 10 09 | 20 38 | 29 47 | 00 12 | 18 45 | 10 36 | 01 30 | 20 11 |
| 15 | 11:32:59 | 25 03 04 | 09♎27 | 15 56 | 12 03 | 11 10 | 20 14 | 29 58 | 00 12 | 18 43 | 10 37 | 01 32 | 20 08 |
| 16 | 11:36:55 | 26 02 50 | 22 21 | 28 41 | 13 31 | 12 10 | 19 51 | 00♒09 | 00 11 | 18 41 | 10 39 | 01 33 | 20 05 |
| 17 | 11:40:52 | 27 02 33 | 04♏58 | 11♏10 | 14 54 | 13 10 | 19 27 | 00 19 | 00 10 | 18 39 | 10 41 | 01 35 | 20 02 |
| 18 | 11:44:48 | 28 02 15 | 17 19 | 23 25 | 16 11 | 14 10 | 19 04 | 00 30 | 00 09 | 18 38 | 10 43 | 01 36 | 19 58 |
| 19 | 11:48:45 | 29 01 55 | 29 28 | 05♐29 | 17 22 | 15 09 | 18 42 | 00 40 | 00 09 | 18 36 | 10 44 | 01 38 | 19 55 |
| 20 | 11:52:41 | 00♈01 34 | 11♐27 | 17 25 | 18 26 | 16 08 | 18 19 | 00 50 | 00 07 | 18 34 | 10 46 | 01 39 | 19 52 |
| 21 | 11:56:38 | 01 01 10 | 23 21 | 29 18 | 19 23 | 17 06 | 17 57 | 01 00 | 00 06 | 18 32 | 10 48 | 01 41 | 19 49 |
| 22 | 12:00:34 | 02 00 45 | 05♑14 | 11♑12 | 20 14 | 18 04 | 17 35 | 01 10 | 00 05 | 18 31 | 10 50 | 01 42 | 19 46 |
| 23 | 12:04:31 | 03 00 18 | 17 11 | 23 13 | 20 56 | 19 01 | 17 13 | 01 20 | 00 04 | 18 29 | 10 52 | 01 44 | 19 42 |
| 24 | 12:08:28 | 03 59 49 | 29 17 | 05♒24 | 21 32 | 19 58 | 16 52 | 01 30 | 00 02 | 18 27 | 10 54 | 01 45 | 19 39 |
| 25 | 12:12:24 | 04 59 19 | 11♒35 | 17 50 | 21 59 | 20 54 | 16 32 | 01 40 | 00 01 | 18 26 | 10 55 | 01 47 | 19 36 |
| 26 | 12:16:21 | 05 58 46 | 24 09 | 00♓34 | 22 19 | 21 49 | 16 12 | 01 50 | 29♏59 | 18 24 | 10 57 | 01 48 | 19 33 |
| 27 | 12:20:17 | 06 58 12 | 07♓03 | 13 38 | 22 31 | 22 44 | 15 52 | 01 59 | 29 57 | 18 23 | 10 59 | 01 50 | 19 30 |
| 28 | 12:24:14 | 07 57 36 | 20 18 | 27 03 | 22 35 | 23 39 | 15 33 | 02 08 | 29 55 | 18 21 | 11 01 | 01 51 | 19 27 |
| 29 | 12:28:10 | 08 56 58 | 03♈54 | 10♈49 | 22 32℞ | 24 33 | 15 15 | 02 18 | 29 54 | 18 20 | 11 03 | 01 53 | 19 23 |
| 30 | 12:32:07 | 09 56 18 | 17 48 | 24 52 | 22 21 | 25 26 | 14 57 | 02 27 | 29 52 | 18 18 | 11 05 | 01 54 | 19 20 |
| 31 | 12:36:03 | 10 55 35 | 01♉58 | 09♉08 | 22 04 | 26 18 | 14 40 | 02 36 | 29 49 | 18 17 | 11 07 | 01 55 | 19 17 |

## 0:00 E.T. Longitudes of the Major Asteroids and Chiron

| D | ⚳ | ⚴ | ⚵ | ⚶ | ⚷ | D | ⚳ | ⚴ | ⚵ | ⚶ | ⚷ |
|---|---|---|---|---|---|---|---|---|---|---|---|
| 1 | 02♈26 | 26♒08 | 22♒11 | 14♒22 | 28♌30℞ | 17 | 08 42 | 01 21 | 29 04 | 22 24 | 27 23 |
| 2 | 02 50 | 26 28 | 22 37 | 14 53 | 28 25 | 18 | 09 06 | 01 41 | 29 30 | 22 54 | 27 19 |
| 3 | 03 13 | 26 48 | 23 03 | 15 23 | 28 21 | 19 | 09 29 | 02 00 | 29 56 | 23 23 | 27 16 |
| 4 | 03 36 | 27 07 | 23 28 | 15 54 | 28 16 | 20 | 09 53 | 02 19 | 00♓21 | 23 53 | 27 12 |
| 5 | 04 00 | 27 27 | 23 54 | 16 24 | 28 12 | 21 | 10 17 | 02 38 | 00 47 | 24 22 | 27 09 |
| 6 | 04 23 | 27 47 | 24 20 | 16 54 | 28 07 | 22 | 10 41 | 02 57 | 01 13 | 24 52 | 27 05 |
| 7 | 04 47 | 28 07 | 24 46 | 17 25 | 28 03 | 23 | 11 04 | 03 16 | 01 39 | 25 21 | 27 02 |
| 8 | 05 10 | 28 26 | 25 12 | 17 55 | 27 59 | 24 | 11 28 | 03 35 | 02 04 | 25 50 | 26 59 |
| 9 | 05 33 | 28 46 | 25 37 | 18 25 | 27 55 | 25 | 11 52 | 03 53 | 02 30 | 26 20 | 26 56 |
| 10 | 05 57 | 29 06 | 26 03 | 18 55 | 27 50 | 26 | 12 16 | 04 12 | 02 56 | 26 49 | 26 52 |
| 11 | 06 20 | 29 25 | 26 29 | 19 25 | 27 46 | 27 | 12 39 | 04 31 | 03 22 | 27 18 | 26 50 |
| 12 | 06 44 | 29 45 | 26 55 | 19 55 | 27 42 | 28 | 13 03 | 04 49 | 03 47 | 27 47 | 26 47 |
| 13 | 07 08 | 00♓04 | 27 21 | 20 25 | 27 38 | 29 | 13 27 | 05 08 | 04 13 | 28 16 | 26 44 |
| 14 | 07 31 | 00 24 | 27 47 | 20 55 | 27 34 | 30 | 13 51 | 05 26 | 04 39 | 28 45 | 26 41 |
| 15 | 07 55 | 00 43 | 28 12 | 21 25 | 27 30 | 31 | 14 15 | 05 45 | 05 05 | 29 13 | 26 39 |
| 16 | 08 18 | 01 02 | 28 38 | 21 55 | 27 27 | | | | | | |

## Lunar Data

| Last Asp. | | Ingress | | |
|---|---|---|---|---|
| 1 | 03:51 | 1 | ♈ | 08:35 |
| 3 | 11:43 | 3 | ♉ | 13:14 |
| 5 | 13:34 | 5 | ♊ | 16:36 |
| 7 | 18:39 | 7 | ♋ | 19:20 |
| 9 | 20:25 | 9 | ♌ | 22:04 |
| 11 | 06:16 | 12 | ♍ | 01:33 |
| 14 | 06:27 | 14 | ♎ | 06:45 |
| 15 | 17:10 | 16 | ♏ | 14:30 |
| 18 | 23:04 | 19 | ♐ | 01:04 |
| 20 | 15:19 | 21 | ♑ | 13:25 |
| 23 | 07:54 | 24 | ♒ | 01:25 |
| 26 | 10:53 | 26 | ♓ | 10:57 |
| 28 | 17:00 | 28 | ♈ | 17:11 |
| 30 | 07:37 | 30 | ♉ | 20:41 |

## 0:00 E.T. Declinations

| D | ☉ | ☽ | ☿ | ♀ | ♂ | ♃ | ♄ | ♅ | ♆ | ♇ | ⚳ | ⚴ | ⚵ | ⚶ | ⚷ |
|---|---|---|---|---|---|---|---|---|---|---|---|---|---|---|---|
| 1 | -07 25 | -01 29 | -06 30 | +11 30 | +05 26 | -20 52 | -18 02 | +15 46 | +13 15 | -21 16 | -06 05 | +02 06 | -08 52 | -18 06 | +05 40 |
| 2 | 07 02 | +04 59 | 05 39 | 11 58 | 05 34 | 20 50 | 18 02 | 15 46 | 13 15 | 21 15 | 05 54 | 02 10 | 08 45 | 17 59 | 05 42 |
| 3 | 06 39 | 11 19 | 04 46 | 12 26 | 05 42 | 20 47 | 18 02 | 15 47 | 13 16 | 21 15 | 05 44 | 02 14 | 08 39 | 17 52 | 05 44 |
| 4 | 06 16 | 17 11 | 03 53 | 12 54 | 05 51 | 20 45 | 18 02 | 15 48 | 13 16 | 21 14 | 05 34 | 02 18 | 08 32 | 17 44 | 05 46 |
| 5 | 05 53 | 22 13 | 02 59 | 13 21 | 05 59 | 20 43 | 18 02 | 15 48 | 13 17 | 21 14 | 05 23 | 02 23 | 08 25 | 17 37 | 05 48 |
| 6 | 05 30 | 26 00 | 02 04 | 13 49 | 06 08 | 20 41 | 18 02 | 15 49 | 13 17 | 21 13 | 05 13 | 02 27 | 08 18 | 17 29 | 05 49 |
| 7 | 05 06 | 28 12 | 01 10 | 14 16 | 06 17 | 20 39 | 18 02 | 15 50 | 13 18 | 21 13 | 05 03 | 02 31 | 08 11 | 17 22 | 05 51 |
| 8 | 04 43 | 28 34 | 00 15 | 14 42 | 06 25 | 20 36 | 18 02 | 15 51 | 13 18 | 21 12 | 04 53 | 02 35 | 08 04 | 17 14 | 05 53 |
| 9 | 04 20 | 27 03 | +00 40 | 15 09 | 06 34 | 20 34 | 18 02 | 15 51 | 13 19 | 21 12 | 04 42 | 02 40 | 07 57 | 17 07 | 05 55 |
| 10 | 03 56 | 23 48 | 01 34 | 15 34 | 06 43 | 20 32 | 18 02 | 15 52 | 13 19 | 21 11 | 04 32 | 02 44 | 07 50 | 16 59 | 05 57 |
| 11 | 03 33 | 19 11 | 02 27 | 16 00 | 06 51 | 20 30 | 18 01 | 15 53 | 13 20 | 21 11 | 04 22 | 02 48 | 07 42 | 16 51 | 05 59 |
| 12 | 03 09 | 13 35 | 03 20 | 16 25 | 07 00 | 20 28 | 18 01 | 15 53 | 13 20 | 21 10 | 04 12 | 02 53 | 07 35 | 16 43 | 06 00 |
| 13 | 02 45 | 07 23 | 04 12 | 16 50 | 07 08 | 20 26 | 18 01 | 15 54 | 13 21 | 21 10 | 04 02 | 02 57 | 07 28 | 16 36 | 06 02 |
| 14 | 02 22 | 00 59 | 05 02 | 17 15 | 07 16 | 20 23 | 18 01 | 15 54 | 13 22 | 21 10 | 03 51 | 03 02 | 07 21 | 16 28 | 06 04 |
| 15 | 01 58 | -05 20 | 05 50 | 17 39 | 07 24 | 20 21 | 18 00 | 15 55 | 13 22 | 21 09 | 03 41 | 03 06 | 07 13 | 16 20 | 06 06 |
| 16 | 01 34 | 11 18 | 06 37 | 18 03 | 07 32 | 20 19 | 18 00 | 15 56 | 13 23 | 21 09 | 03 31 | 03 11 | 07 06 | 16 12 | 06 08 |
| 17 | 01 11 | 16 40 | 07 21 | 18 26 | 07 40 | 20 17 | 18 00 | 15 56 | 13 23 | 21 08 | 03 21 | 03 15 | 06 59 | 16 04 | 06 09 |
| 18 | 00 47 | 21 15 | 08 02 | 18 49 | 07 48 | 20 15 | 17 59 | 15 57 | 13 24 | 21 08 | 03 11 | 03 20 | 06 51 | 15 56 | 06 11 |
| 19 | 00 23 | 24 51 | 08 41 | 19 12 | 07 56 | 20 13 | 17 59 | 15 57 | 13 24 | 21 07 | 03 01 | 03 25 | 06 44 | 15 48 | 06 13 |
| 20 | +00 01 | 27 19 | 09 16 | 19 34 | 08 03 | 20 11 | 17 59 | 15 58 | 13 25 | 21 07 | 02 51 | 03 29 | 06 36 | 15 40 | 06 15 |
| 21 | 00 24 | 28 32 | 09 49 | 19 56 | 08 10 | 20 09 | 17 58 | 15 58 | 13 26 | 21 07 | 02 41 | 03 34 | 06 29 | 15 32 | 06 16 |
| 22 | 00 48 | 28 25 | 10 18 | 20 17 | 08 17 | 20 07 | 17 58 | 15 59 | 13 26 | 21 06 | 02 31 | 03 39 | 06 21 | 15 24 | 06 18 |
| 23 | 01 12 | 27 00 | 10 43 | 20 38 | 08 24 | 20 05 | 17 57 | 15 59 | 13 27 | 21 06 | 02 20 | 03 43 | 06 14 | 15 16 | 06 20 |
| 24 | 01 35 | 24 19 | 11 05 | 20 58 | 08 30 | 20 02 | 17 57 | 16 00 | 13 27 | 21 05 | 02 10 | 03 48 | 06 06 | 15 08 | 06 21 |
| 25 | 01 59 | 20 29 | 11 22 | 21 18 | 08 36 | 20 00 | 17 56 | 16 00 | 13 28 | 21 05 | 02 00 | 03 53 | 05 58 | 14 59 | 06 23 |
| 26 | 02 22 | 15 40 | 11 36 | 21 38 | 08 42 | 19 58 | 17 56 | 16 01 | 13 29 | 21 05 | 01 50 | 03 58 | 05 51 | 14 51 | 06 25 |
| 27 | 02 46 | 10 03 | 11 45 | 21 57 | 08 48 | 19 56 | 17 55 | 16 01 | 13 29 | 21 04 | 01 41 | 04 02 | 05 43 | 14 43 | 06 26 |
| 28 | 03 09 | 03 50 | 11 51 | 22 15 | 08 53 | 19 55 | 17 55 | 16 02 | 13 30 | 21 04 | 01 31 | 04 07 | 05 35 | 14 35 | 06 28 |
| 29 | 03 33 | +02 41 | 11 52 | 22 34 | 08 58 | 19 53 | 17 54 | 16 02 | 13 31 | 21 04 | 01 21 | 04 12 | 05 28 | 14 27 | 06 29 |
| 30 | 03 56 | 09 14 | 11 49 | 22 51 | 09 03 | 19 51 | 17 54 | 16 02 | 13 31 | 21 03 | 01 11 | 04 17 | 05 20 | 14 18 | 06 31 |
| 31 | 04 19 | 15 26 | 11 42 | 23 08 | 09 07 | 19 49 | 17 53 | 16 03 | 13 32 | 21 03 | 01 01 | 04 22 | 05 12 | 14 10 | 06 32 |

Lunar Phases -- 6 ◐ 21:18 13 Ⓔ 19:42 21 ◑ 16:54 29 ● 09:27 Sun enters ♈ 3/19 23:22

# Apr. 44 — Longitudes of Main Planets - April 2044 — 0:00 E.T.

| D | S.T. | ☉ | ☽ | ☽ 12:00 | ☿ | ♀ | ♂ | ♃ | ♄ | ♅ | ♆ | ♇ | ☊ |
|---|---|---|---|---|---|---|---|---|---|---|---|---|---|
| 1 | 12:40:00 | 11♈54 51 | 16♉19 | 23♉32 | 21♈40℞ | 27♉10 | 14♍24℞ | 02♒45 | 29♏47℞ | 18♌16℞ | 11♉09 | 01♓57 | 19♓14 |
| 2 | 12:43:57 | 12 54 04 | 00♊45 | 07♊59 | 21 11 | 28 01 | 14 08 | 02 53 | 29 45 | 18 15 | 11 11 | 01 58 | 19 11 |
| 3 | 12:47:53 | 13 53 16 | 15 12 | 22 24 | 20 37 | 28 52 | 13 53 | 03 02 | 29 43 | 18 14 | 11 13 | 02 00 | 19 07 |
| 4 | 12:51:50 | 14 52 25 | 29 34 | 06♋42 | 19 58 | 29 41 | 13 39 | 03 10 | 29 40 | 18 12 | 11 15 | 02 01 | 19 04 |
| 5 | 12:55:46 | 15 51 31 | 13♋48 | 20 51 | 19 15 | 00♊30 | 13 26 | 03 19 | 29 38 | 18 11 | 11 17 | 02 02 | 19 01 |
| 6 | 12:59:43 | 16 50 36 | 27 51 | 04♌48 | 18 30 | 01 18 | 13 13 | 03 27 | 29 35 | 18 10 | 11 20 | 02 03 | 18 58 |
| 7 | 13:03:39 | 17 49 37 | 11♌43 | 18 34 | 17 44 | 02 05 | 13 01 | 03 35 | 29 32 | 18 09 | 11 22 | 02 05 | 18 55 |
| 8 | 13:07:36 | 18 48 37 | 25 23 | 02♍08 | 16 56 | 02 51 | 12 50 | 03 43 | 29 30 | 18 08 | 11 24 | 02 06 | 18 52 |
| 9 | 13:11:32 | 19 47 34 | 08♍50 | 15 30 | 16 09 | 03 37 | 12 39 | 03 51 | 29 27 | 18 08 | 11 26 | 02 07 | 18 48 |
| 10 | 13:15:29 | 20 46 29 | 22 06 | 28 39 | 15 23 | 04 21 | 12 30 | 03 59 | 29 24 | 18 07 | 11 28 | 02 09 | 18 45 |
| 11 | 13:19:26 | 21 45 22 | 05♎09 | 11♎37 | 14 39 | 05 04 | 12 21 | 04 06 | 29 21 | 18 06 | 11 30 | 02 10 | 18 42 |
| 12 | 13:23:22 | 22 44 12 | 18 01 | 24 22 | 13 57 | 05 46 | 12 13 | 04 14 | 29 18 | 18 05 | 11 32 | 02 11 | 18 39 |
| 13 | 13:27:19 | 23 43 01 | 00♏40 | 06♏54 | 13 19 | 06 28 | 12 05 | 04 21 | 29 14 | 18 05 | 11 34 | 02 12 | 18 36 |
| 14 | 13:31:15 | 24 41 48 | 13 06 | 19 16 | 12 44 | 07 08 | 11 59 | 04 28 | 29 11 | 18 04 | 11 37 | 02 13 | 18 33 |
| 15 | 13:35:12 | 25 40 33 | 25 22 | 01♐26 | 12 14 | 07 46 | 11 53 | 04 35 | 29 08 | 18 04 | 11 39 | 02 14 | 18 29 |
| 16 | 13:39:08 | 26 39 16 | 07♐28 | 13 28 | 11 48 | 08 24 | 11 48 | 04 42 | 29 05 | 18 03 | 11 41 | 02 15 | 18 26 |
| 17 | 13:43:05 | 27 37 57 | 19 26 | 25 23 | 11 27 | 09 00 | 11 44 | 04 48 | 29 01 | 18 03 | 11 43 | 02 17 | 18 23 |
| 18 | 13:47:01 | 28 36 37 | 01♑20 | 07♑16 | 11 12 | 09 36 | 11 41 | 04 55 | 28 58 | 18 02 | 11 45 | 02 18 | 18 20 |
| 19 | 13:50:58 | 29 35 15 | 13 12 | 19 09 | 11 01 | 10 09 | 11 38 | 05 01 | 28 54 | 18 02 | 11 48 | 02 19 | 18 17 |
| 20 | 13:54:55 | 00♉33 51 | 25 07 | 01♒08 | 10 56 | 10 42 | 11 36 | 05 08 | 28 50 | 18 02 | 11 50 | 02 20 | 18 13 |
| 21 | 13:58:51 | 01 32 25 | 07♒11 | 13 17 | 10 55D | 11 12 | 11 35 | 05 14 | 28 47 | 18 01 | 11 52 | 02 21 | 18 10 |
| 22 | 14:02:48 | 02 30 58 | 19 27 | 25 42 | 11 00 | 11 42 | 11 35D | 05 20 | 28 43 | 18 01 | 11 54 | 02 22 | 18 07 |
| 23 | 14:06:44 | 03 29 29 | 02♓01 | 08♓26 | 11 10 | 12 10 | 11 35 | 05 25 | 28 39 | 18 01 | 11 57 | 02 23 | 18 04 |
| 24 | 14:10:41 | 04 27 58 | 14 57 | 21 34 | 11 24 | 12 36 | 11 36 | 05 31 | 28 35 | 18 01 | 11 59 | 02 24 | 18 01 |
| 25 | 14:14:37 | 05 26 26 | 28 17 | 05♈07 | 11 43 | 13 00 | 11 38 | 05 36 | 28 32 | 18 01D | 12 01 | 02 25 | 17 58 |
| 26 | 14:18:34 | 06 24 52 | 12♈04 | 19 07 | 12 07 | 13 23 | 11 41 | 05 42 | 28 28 | 18 01 | 12 03 | 02 26 | 17 54 |
| 27 | 14:22:30 | 07 23 17 | 26 15 | 03♉29 | 12 35 | 13 44 | 11 44 | 05 47 | 28 24 | 18 01 | 12 06 | 02 26 | 17 51 |
| 28 | 14:26:27 | 08 21 39 | 10♉48 | 18 10 | 13 07 | 14 03 | 11 48 | 05 52 | 28 20 | 18 01 | 12 08 | 02 27 | 17 48 |
| 29 | 14:30:24 | 09 20 00 | 25 35 | 03♊02 | 13 44 | 14 21 | 11 53 | 05 56 | 28 15 | 18 02 | 12 10 | 02 28 | 17 45 |
| 30 | 14:34:20 | 10 18 19 | 10♊29 | 17 55 | 14 24 | 14 36 | 11 58 | 06 01 | 28 11 | 18 02 | 12 12 | 02 29 | 17 42 |

## 0:00 E.T. — Longitudes of the Major Asteroids and Chiron

| D | ⚳ | ⚴ | ⚵ | ⚶ | ⚷ |
|---|---|---|---|---|---|
| 1 | 14♈39 | 06♓03 | 05♓30 | 29♒42 | 26♌36℞ |
| 2 | 15 02 | 06 21 | 05 56 | 00♓11 | 26 34 |
| 3 | 15 26 | 06 39 | 06 22 | 00 39 | 26 31 |
| 4 | 15 50 | 06 58 | 06 47 | 01 08 | 26 29 |
| 5 | 16 14 | 07 16 | 07 13 | 01 36 | 26 27 |
| 6 | 16 38 | 07 33 | 07 38 | 02 04 | 26 25 |
| 7 | 17 02 | 07 51 | 08 04 | 02 32 | 26 23 |
| 8 | 17 26 | 08 09 | 08 29 | 03 01 | 26 21 |
| 9 | 17 49 | 08 27 | 08 55 | 03 29 | 26 19 |
| 10 | 18 13 | 08 44 | 09 20 | 03 57 | 26 18 |
| 11 | 18 37 | 09 02 | 09 46 | 04 24 | 26 16 |
| 12 | 19 01 | 09 19 | 10 11 | 04 52 | 26 15 |
| 13 | 19 25 | 09 37 | 10 37 | 05 20 | 26 13 |
| 14 | 19 49 | 09 54 | 11 02 | 05 48 | 26 12 |
| 15 | 20 12 | 10 11 | 11 27 | 06 15 | 26 11 |
| 16 | 20 36 | 10 28 | 11 53 | 06 43 | 26 10 |
| 17 | 21 00 | 10 45 | 12 18 | 07 10 | 26 09 |
| 18 | 21 24 | 11 02 | 12 43 | 07 37 | 26 08 |
| 19 | 21 48 | 11 19 | 13 09 | 08 04 | 26 08 |
| 20 | 22 12 | 11 35 | 13 34 | 08 31 | 26 07 |
| 21 | 22 35 | 11 52 | 13 59 | 08 58 | 26 07 |
| 22 | 22 59 | 12 08 | 14 24 | 09 25 | 26 06 |
| 23 | 23 23 | 12 25 | 14 49 | 09 52 | 26 06 |
| 24 | 23 47 | 12 41 | 15 14 | 10 19 | 26 06 |
| 25 | 24 10 | 12 57 | 15 39 | 10 45 | 26 06D |
| 26 | 24 34 | 13 13 | 16 04 | 11 12 | 26 06 |
| 27 | 24 58 | 13 29 | 16 29 | 11 38 | 26 06 |
| 28 | 25 21 | 13 45 | 16 54 | 12 04 | 26 07 |
| 29 | 25 45 | 14 00 | 17 19 | 12 30 | 26 07 |
| 30 | 26 09 | 14 16 | 17 44 | 12 56 | 26 08 |

## Lunar Data

| Last Asp. | | Ingress | | |
|---|---|---|---|---|
| 1 | 22:20 | 1 | ♊ | 22:44 |
| 3 | 08:39 | 4 | ♋ | 00:44 |
| 6 | 02:58 | 6 | ♌ | 03:42 |
| 8 | 07:16 | 8 | ♍ | 08:12 |
| 10 | 13:19 | 10 | ♎ | 14:29 |
| 12 | 09:40 | 12 | ♏ | 22:45 |
| 15 | 07:24 | 15 | ♐ | 09:09 |
| 17 | 18:01 | 17 | ♑ | 21:19 |
| 20 | 07:24 | 20 | ♒ | 09:45 |
| 22 | 17:40 | 22 | ♓ | 20:11 |
| 25 | 00:25 | 25 | ♈ | 03:02 |
| 26 | 10:09 | 27 | ♉ | 06:13 |
| 29 | 04:17 | 29 | ♊ | 07:07 |

## 0:00 E.T. — Declinations

| D | ☉ | ☽ | ☿ | ♀ | ♂ | ♃ | ♄ | ♅ | ♆ | ♇ | ⚳ | ⚴ | ⚵ | ⚶ | ⚷ |
|---|---|---|---|---|---|---|---|---|---|---|---|---|---|---|---|
| 1 | +04 43 | +20 53 | +11 31 | +23 25 | +09 11 | -19 47 | -17 53 | +16 03 | +13 32 | -21 03 | -00 51 | +04 26 | -05 04 | -14 02 | +06 34 |
| 2 | 05 06 | 25 08 | 11 17 | 23 41 | 09 15 | 19 45 | 17 52 | 16 03 | 13 33 | 21 03 | 00 41 | 04 31 | 04 56 | 13 54 | 06 35 |
| 3 | 05 29 | 27 48 | 10 58 | 23 57 | 09 19 | 19 43 | 17 51 | 16 04 | 13 34 | 21 02 | 00 31 | 04 36 | 04 49 | 13 45 | 06 37 |
| 4 | 05 52 | 28 36 | 10 37 | 24 12 | 09 22 | 19 41 | 17 51 | 16 04 | 13 34 | 21 02 | 00 22 | 04 41 | 04 41 | 13 37 | 06 38 |
| 5 | 06 14 | 27 29 | 10 13 | 24 27 | 09 25 | 19 40 | 17 50 | 16 04 | 13 35 | 21 02 | 00 12 | 04 46 | 04 33 | 13 29 | 06 40 |
| 6 | 06 37 | 24 39 | 09 46 | 24 41 | 09 27 | 19 38 | 17 49 | 16 05 | 13 36 | 21 01 | 00 02 | 04 51 | 04 25 | 13 20 | 06 41 |
| 7 | 07 00 | 20 24 | 09 17 | 24 54 | 09 30 | 19 36 | 17 49 | 16 05 | 13 36 | 21 01 | +00 08 | 04 56 | 04 17 | 13 12 | 06 42 |
| 8 | 07 22 | 15 07 | 08 47 | 25 07 | 09 32 | 19 34 | 17 48 | 16 05 | 13 37 | 21 01 | 00 17 | 05 01 | 04 09 | 13 04 | 06 44 |
| 9 | 07 44 | 09 12 | 08 16 | 25 20 | 09 33 | 19 33 | 17 47 | 16 05 | 13 38 | 21 01 | 00 27 | 05 05 | 04 01 | 12 56 | 06 45 |
| 10 | 08 07 | 02 58 | 07 45 | 25 32 | 09 34 | 19 31 | 17 46 | 16 06 | 13 38 | 21 00 | 00 36 | 05 10 | 03 53 | 12 47 | 06 46 |
| 11 | 08 29 | -03 18 | 07 13 | 25 44 | 09 35 | 19 29 | 17 46 | 16 06 | 13 39 | 21 00 | 00 46 | 05 15 | 03 45 | 12 39 | 06 47 |
| 12 | 08 51 | 09 19 | 06 42 | 25 55 | 09 36 | 19 28 | 17 45 | 16 06 | 13 40 | 21 00 | 00 56 | 05 20 | 03 37 | 12 31 | 06 49 |
| 13 | 09 12 | 14 52 | 06 12 | 26 05 | 09 37 | 19 26 | 17 44 | 16 06 | 13 40 | 21 00 | 01 05 | 05 25 | 03 29 | 12 22 | 06 50 |
| 14 | 09 34 | 19 43 | 05 43 | 26 15 | 09 37 | 19 25 | 17 43 | 16 06 | 13 41 | 21 00 | 01 15 | 05 30 | 03 21 | 12 14 | 06 51 |
| 15 | 09 55 | 23 40 | 05 16 | 26 24 | 09 36 | 19 23 | 17 43 | 16 06 | 13 42 | 21 00 | 01 24 | 05 35 | 03 13 | 12 06 | 06 52 |
| 16 | 10 17 | 26 32 | 04 51 | 26 33 | 09 36 | 19 22 | 17 42 | 16 07 | 13 43 | 20 59 | 01 33 | 05 39 | 03 05 | 11 58 | 06 53 |
| 17 | 10 38 | 28 10 | 04 28 | 26 41 | 09 35 | 19 20 | 17 41 | 16 07 | 13 43 | 20 59 | 01 43 | 05 44 | 02 57 | 11 50 | 06 54 |
| 18 | 10 59 | 28 29 | 04 07 | 26 49 | 09 34 | 19 19 | 17 40 | 16 07 | 13 44 | 20 59 | 01 52 | 05 49 | 02 50 | 11 41 | 06 55 |
| 19 | 11 20 | 27 29 | 03 49 | 26 56 | 09 32 | 19 17 | 17 39 | 16 07 | 13 45 | 20 59 | 02 01 | 05 54 | 02 42 | 11 33 | 06 56 |
| 20 | 11 40 | 25 14 | 03 34 | 27 03 | 09 31 | 19 16 | 17 38 | 16 07 | 13 45 | 20 59 | 02 11 | 05 59 | 02 34 | 11 25 | 06 57 |
| 21 | 12 00 | 21 50 | 03 21 | 27 09 | 09 29 | 19 15 | 17 38 | 16 07 | 13 46 | 20 59 | 02 20 | 06 04 | 02 26 | 11 17 | 06 58 |
| 22 | 12 21 | 17 27 | 03 10 | 27 15 | 09 27 | 19 13 | 17 37 | 16 07 | 13 47 | 20 59 | 02 29 | 06 08 | 02 18 | 11 09 | 06 59 |
| 23 | 12 41 | 12 12 | 03 02 | 27 20 | 09 24 | 19 12 | 17 36 | 16 07 | 13 47 | 20 59 | 02 38 | 06 13 | 02 10 | 11 01 | 07 00 |
| 24 | 13 00 | 06 19 | 02 57 | 27 24 | 09 21 | 19 11 | 17 35 | 16 07 | 13 48 | 20 58 | 02 47 | 06 18 | 02 02 | 10 53 | 07 01 |
| 25 | 13 20 | +00 03 | 02 55 | 27 28 | 09 18 | 19 10 | 17 34 | 16 07 | 13 49 | 20 58 | 02 57 | 06 23 | 01 54 | 10 45 | 07 01 |
| 26 | 13 39 | 06 35 | 02 55 | 27 31 | 09 15 | 19 09 | 17 33 | 16 07 | 13 49 | 20 58 | 03 06 | 06 27 | 01 46 | 10 37 | 07 02 |
| 27 | 13 59 | 13 00 | 02 57 | 27 34 | 09 12 | 19 08 | 17 32 | 16 07 | 13 50 | 20 58 | 03 15 | 06 32 | 01 38 | 10 29 | 07 03 |
| 28 | 14 17 | 18 52 | 03 01 | 27 36 | 09 08 | 19 07 | 17 31 | 16 07 | 13 51 | 20 58 | 03 24 | 06 37 | 01 30 | 10 21 | 07 03 |
| 29 | 14 36 | 23 42 | 03 08 | 27 37 | 09 04 | 19 06 | 17 30 | 16 07 | 13 51 | 20 58 | 03 33 | 06 41 | 01 22 | 10 13 | 07 04 |
| 30 | 14 55 | 27 01 | 03 17 | 27 38 | 08 59 | 19 05 | 17 29 | 16 06 | 13 52 | 20 58 | 03 41 | 06 46 | 01 14 | 10 05 | 07 05 |

Lunar Phases -- 5 ◐ 03:46 12 ○ 09:40 20 ◑ 11:50 27 ● 19:43 Sun enters ♉ 4/19 10:08

# 0:00 E.T. Longitudes of Main Planets - May 2044 **May 44**

| D | S.T. | ☉ | ☽ | ☽ 12:00 | ☿ | ♀ | ♂ | ♃ | ♄ | ♅ | ♆ | ♇ | ☊ |
|---|---|---|---|---|---|---|---|---|---|---|---|---|---|
| 1 | 14:38:17 | 11♉16 36 | 25♊20 | 02♋42 | 15♈08 | 14♊49 | 12♍04 | 06♒05 | 28♏07℞ | 18♌02 | 12♉15 | 02♓30 | 17♓39 |
| 2 | 14:42:13 | 12 14 52 | 10♋01 | 17 16 | 15 55 | 15 00 | 12 11 | 06 10 | 28 03 | 18 02 | 12 17 | 02 30 | 17 35 |
| 3 | 14:46:10 | 13 13 05 | 24 26 | 01♌32 | 16 46 | 15 09 | 12 18 | 06 14 | 27 59 | 18 03 | 12 19 | 02 31 | 17 32 |
| 4 | 14:50:06 | 14 11 16 | 08♌33 | 15 29 | 17 40 | 15 16 | 12 26 | 06 17 | 27 54 | 18 03 | 12 21 | 02 32 | 17 29 |
| 5 | 14:54:03 | 15 09 25 | 22 20 | 29 06 | 18 37 | 15 20 | 12 35 | 06 21 | 27 50 | 18 04 | 12 24 | 02 33 | 17 26 |
| 6 | 14:57:59 | 16 07 32 | 05♍48 | 12♍25 | 19 37 | 15 22 | 12 44 | 06 25 | 27 46 | 18 04 | 12 26 | 02 33 | 17 23 |
| 7 | 15:01:56 | 17 05 37 | 18 58 | 25 28 | 20 40 | 15 22℞ | 12 54 | 06 28 | 27 41 | 18 05 | 12 28 | 02 34 | 17 19 |
| 8 | 15:05:53 | 18 03 40 | 01♎54 | 08♎17 | 21 45 | 15 19 | 13 04 | 06 31 | 27 37 | 18 06 | 12 30 | 02 35 | 17 16 |
| 9 | 15:09:49 | 19 01 41 | 14 38 | 20 55 | 22 54 | 15 14 | 13 15 | 06 34 | 27 33 | 18 07 | 12 33 | 02 35 | 17 13 |
| 10 | 15:13:46 | 19 59 40 | 27 10 | 03♏22 | 24 05 | 15 07 | 13 27 | 06 37 | 27 28 | 18 07 | 12 35 | 02 36 | 17 10 |
| 11 | 15:17:42 | 20 57 38 | 09♏33 | 15 41 | 25 19 | 14 56 | 13 39 | 06 40 | 27 24 | 18 08 | 12 37 | 02 36 | 17 07 |
| 12 | 15:21:39 | 21 55 34 | 21 47 | 27 52 | 26 35 | 14 44 | 13 52 | 06 42 | 27 19 | 18 09 | 12 39 | 02 37 | 17 04 |
| 13 | 15:25:35 | 22 53 29 | 03♐54 | 09♐55 | 27 54 | 14 29 | 14 05 | 06 44 | 27 15 | 18 10 | 12 42 | 02 37 | 17 00 |
| 14 | 15:29:32 | 23 51 22 | 15 54 | 21 52 | 29 15 | 14 12 | 14 18 | 06 47 | 27 10 | 18 11 | 12 44 | 02 38 | 16 57 |
| 15 | 15:33:28 | 24 49 13 | 27 49 | 03♑45 | 00♉38 | 13 52 | 14 33 | 06 48 | 27 06 | 18 12 | 12 46 | 02 38 | 16 54 |
| 16 | 15:37:25 | 25 47 04 | 09♑41 | 15 37 | 02 04 | 13 30 | 14 47 | 06 50 | 27 01 | 18 13 | 12 48 | 02 39 | 16 51 |
| 17 | 15:41:22 | 26 44 53 | 21 33 | 27 29 | 03 32 | 13 06 | 15 03 | 06 52 | 26 57 | 18 14 | 12 50 | 02 39 | 16 48 |
| 18 | 15:45:18 | 27 42 41 | 03♒27 | 09♒27 | 05 02 | 12 40 | 15 18 | 06 53 | 26 52 | 18 16 | 12 53 | 02 40 | 16 45 |
| 19 | 15:49:15 | 28 40 28 | 15 29 | 21 34 | 06 34 | 12 12 | 15 34 | 06 54 | 26 48 | 18 17 | 12 55 | 02 40 | 16 41 |
| 20 | 15:53:11 | 29 38 13 | 27 43 | 03♓55 | 08 09 | 11 42 | 15 51 | 06 55 | 26 44 | 18 18 | 12 57 | 02 40 | 16 38 |
| 21 | 15:57:08 | 00♊35 57 | 10♓13 | 16 36 | 09 46 | 11 10 | 16 08 | 06 56 | 26 39 | 18 19 | 12 59 | 02 41 | 16 35 |
| 22 | 16:01:04 | 01 33 41 | 23 06 | 29 41 | 11 25 | 10 37 | 16 26 | 06 57 | 26 35 | 18 21 | 13 01 | 02 41 | 16 32 |
| 23 | 16:05:01 | 02 31 23 | 06♈24 | 13♈14 | 13 06 | 10 03 | 16 44 | 06 57 | 26 30 | 18 22 | 13 04 | 02 41 | 16 29 |
| 24 | 16:08:57 | 03 29 04 | 20 11 | 27 16 | 14 50 | 09 27 | 17 02 | 06 57 | 26 26 | 18 24 | 13 06 | 02 41 | 16 25 |
| 25 | 16:12:54 | 04 26 44 | 04♉27 | 11♉46 | 16 36 | 08 51 | 17 21 | 06 57℞ | 26 21 | 18 25 | 13 08 | 02 42 | 16 22 |
| 26 | 16:16:51 | 05 24 24 | 19 10 | 26 39 | 18 23 | 08 14 | 17 40 | 06 57 | 26 17 | 18 27 | 13 10 | 02 42 | 16 19 |
| 27 | 16:20:47 | 06 22 02 | 04♊11 | 11♊47 | 20 14 | 07 36 | 18 00 | 06 57 | 26 12 | 18 29 | 13 12 | 02 42 | 16 16 |
| 28 | 16:24:44 | 07 19 39 | 19 23 | 27 00 | 22 06 | 06 59 | 18 20 | 06 56 | 26 08 | 18 30 | 13 14 | 02 42 | 16 13 |
| 29 | 16:28:40 | 08 17 14 | 04♋35 | 12♋07 | 24 00 | 06 21 | 18 40 | 06 55 | 26 04 | 18 32 | 13 16 | 02 42 | 16 10 |
| 30 | 16:32:37 | 09 14 49 | 19 35 | 26 58 | 25 57 | 05 44 | 19 01 | 06 54 | 25 59 | 18 34 | 13 18 | 02 42 | 16 06 |
| 31 | 16:36:33 | 10 12 22 | 04♌16 | 11♌28 | 27 56 | 05 07 | 19 23 | 06 53 | 25 55 | 18 36 | 13 20 | 02 42 | 16 03 |

## 0:00 E.T. Longitudes of the Major Asteroids and Chiron

| D | ⚳ | ⚴ | ⚵ | ⚶ | ⚷ |
|---|---|---|---|---|---|
| 1 | 26♈32 | 14♓31 | 18♓09 | 13♓22 | 26♌08 |
| 2 | 26 56 | 14 47 | 18 34 | 13 48 | 26 09 |
| 3 | 27 20 | 15 02 | 18 58 | 14 14 | 26 10 |
| 4 | 27 43 | 15 17 | 19 23 | 14 39 | 26 11 |
| 5 | 28 07 | 15 32 | 19 48 | 15 05 | 26 12 |
| 6 | 28 30 | 15 46 | 20 12 | 15 30 | 26 13 |
| 7 | 28 54 | 16 01 | 20 37 | 15 55 | 26 14 |
| 8 | 29 17 | 16 16 | 21 01 | 16 20 | 26 16 |
| 9 | 29 41 | 16 30 | 21 26 | 16 45 | 26 17 |
| 10 | 00♉04 | 16 44 | 21 50 | 17 10 | 26 19 |
| 11 | 00 28 | 16 58 | 22 14 | 17 34 | 26 21 |
| 12 | 00 51 | 17 12 | 22 39 | 17 59 | 26 23 |
| 13 | 01 14 | 17 26 | 23 03 | 18 23 | 26 25 |
| 14 | 01 38 | 17 40 | 23 27 | 18 48 | 26 27 |
| 15 | 02 01 | 17 53 | 23 51 | 19 12 | 26 29 |
| 16 | 02 24 | 18 07 | 24 15 | 19 36 | 26 31 |
| 17 | 02 48 | 18 20 | 24 39 | 20 00 | 26 33 |
| 18 | 03 11 | 18 33 | 25 03 | 20 23 | 26 36 |
| 19 | 03 34 | 18 46 | 25 27 | 20 47 | 26 38 |
| 20 | 03 57 | 18 59 | 25 51 | 21 10 | 26 41 |
| 21 | 04 20 | 19 11 | 26 14 | 21 34 | 26 44 |
| 22 | 04 43 | 19 24 | 26 38 | 21 57 | 26 47 |
| 23 | 05 06 | 19 36 | 27 02 | 22 20 | 26 50 |
| 24 | 05 29 | 19 48 | 27 25 | 22 42 | 26 53 |
| 25 | 05 52 | 20 00 | 27 49 | 23 05 | 26 56 |
| 26 | 06 15 | 20 11 | 28 12 | 23 28 | 26 59 |
| 27 | 06 38 | 20 23 | 28 35 | 23 50 | 27 03 |
| 28 | 07 01 | 20 34 | 28 59 | 24 12 | 27 06 |
| 29 | 07 24 | 20 45 | 29 22 | 24 34 | 27 10 |
| 30 | 07 47 | 20 56 | 29 45 | 24 56 | 27 13 |
| 31 | 08 09 | 21 07 | 00♈08 | 25 17 | 27 17 |

## Lunar Data

| Last Asp. | | Ingress | | |
|---|---|---|---|---|
| 30 | 12:11 | 1 | ♋ | 07:35 |
| 3 | 05:56 | 3 | ♌ | 09:24 |
| 5 | 09:42 | 5 | ♍ | 13:37 |
| 7 | 16:03 | 7 | ♎ | 20:26 |
| 9 | 17:27 | 10 | ♏ | 05:28 |
| 12 | 10:52 | 12 | ♐ | 16:15 |
| 14 | 04:35 | 15 | ♑ | 04:24 |
| 17 | 11:26 | 17 | ♒ | 17:03 |
| 20 | 04:03 | 20 | ♓ | 04:26 |
| 22 | 06:19 | 22 | ♈ | 12:34 |
| 23 | 20:55 | 24 | ♉ | 16:35 |
| 26 | 11:22 | 26 | ♊ | 17:21 |
| 27 | 22:36 | 28 | ♋ | 16:45 |
| 30 | 11:56 | 30 | ♌ | 16:58 |

## 0:00 E.T. Declinations

| D | ☉ | ☽ | ☿ | ♀ | ♂ | ♃ | ♄ | ♅ | ♆ | ♇ | ⚳ | ⚴ | ⚵ | ⚶ | ⚷ |
|---|---|---|---|---|---|---|---|---|---|---|---|---|---|---|---|
| 1 | +15 13 | +28 25 | +03 28 | +27 38 | +08 55 | -19 04 | -17 28 | +16 06 | +13 53 | -20 58 | +03 50 | +06 50 | -01 06 | -09 57 | +07 05 |
| 2 | 15 31 | 27 48 | 03 41 | 27 38 | 08 50 | 19 03 | 17 27 | 16 06 | 13 54 | 20 58 | 03 59 | 06 55 | 00 58 | 09 50 | 07 06 |
| 3 | 15 48 | 25 19 | 03 56 | 27 37 | 08 45 | 19 02 | 17 26 | 16 06 | 13 54 | 20 58 | 04 08 | 06 59 | 00 51 | 09 42 | 07 06 |
| 4 | 16 06 | 21 18 | 04 13 | 27 35 | 08 40 | 19 01 | 17 25 | 16 06 | 13 55 | 20 58 | 04 17 | 07 04 | 00 43 | 09 34 | 07 07 |
| 5 | 16 23 | 16 13 | 04 31 | 27 33 | 08 34 | 19 00 | 17 25 | 16 06 | 13 56 | 20 58 | 04 25 | 07 08 | 00 35 | 09 27 | 07 07 |
| 6 | 16 40 | 10 27 | 04 51 | 27 29 | 08 29 | 19 00 | 17 24 | 16 05 | 13 56 | 20 58 | 04 34 | 07 13 | 00 27 | 09 19 | 07 08 |
| 7 | 16 56 | 04 21 | 05 13 | 27 25 | 08 23 | 18 59 | 17 23 | 16 05 | 13 57 | 20 58 | 04 43 | 07 17 | 00 19 | 09 11 | 07 08 |
| 8 | 17 13 | -01 49 | 05 36 | 27 21 | 08 17 | 18 59 | 17 22 | 16 05 | 13 58 | 20 58 | 04 51 | 07 22 | 00 12 | 09 04 | 07 08 |
| 9 | 17 29 | 07 49 | 06 01 | 27 15 | 08 11 | 18 58 | 17 21 | 16 05 | 13 58 | 20 58 | 05 00 | 07 26 | 00 04 | 08 56 | 07 08 |
| 10 | 17 44 | 13 25 | 06 27 | 27 09 | 08 04 | 18 57 | 17 20 | 16 04 | 13 59 | 20 59 | 05 08 | 07 30 | +00 04 | 08 49 | 07 09 |
| 11 | 18 00 | 18 24 | 06 55 | 27 02 | 07 57 | 18 57 | 17 19 | 16 04 | 14 00 | 20 59 | 05 17 | 07 34 | 00 11 | 08 42 | 07 09 |
| 12 | 18 15 | 22 34 | 07 23 | 26 54 | 07 51 | 18 56 | 17 18 | 16 04 | 14 00 | 20 59 | 05 25 | 07 39 | 00 19 | 08 34 | 07 09 |
| 13 | 18 30 | 25 43 | 07 53 | 26 45 | 07 44 | 18 56 | 17 17 | 16 03 | 14 01 | 20 59 | 05 33 | 07 43 | 00 27 | 08 27 | 07 09 |
| 14 | 18 44 | 27 42 | 08 24 | 26 35 | 07 36 | 18 56 | 17 16 | 16 03 | 14 02 | 20 59 | 05 42 | 07 47 | 00 34 | 08 20 | 07 09 |
| 15 | 18 58 | 28 22 | 08 56 | 26 25 | 07 29 | 18 55 | 17 15 | 16 03 | 14 02 | 20 59 | 05 50 | 07 51 | 00 42 | 08 13 | 07 09 |
| 16 | 19 12 | 27 44 | 09 29 | 26 13 | 07 21 | 18 55 | 17 14 | 16 02 | 14 03 | 20 59 | 05 58 | 07 55 | 00 49 | 08 06 | 07 09 |
| 17 | 19 26 | 25 50 | 10 03 | 26 01 | 07 14 | 18 55 | 17 13 | 16 02 | 14 04 | 20 59 | 06 06 | 07 59 | 00 57 | 07 59 | 07 09 |
| 18 | 19 39 | 22 47 | 10 37 | 25 47 | 07 06 | 18 55 | 17 12 | 16 02 | 14 04 | 21 00 | 06 14 | 08 03 | 01 04 | 07 52 | 07 09 |
| 19 | 19 52 | 18 44 | 11 13 | 25 33 | 06 58 | 18 55 | 17 11 | 16 01 | 14 05 | 21 00 | 06 22 | 08 07 | 01 12 | 07 45 | 07 09 |
| 20 | 20 04 | 13 52 | 11 49 | 25 18 | 06 49 | 18 55 | 17 10 | 16 01 | 14 06 | 21 00 | 06 30 | 08 10 | 01 19 | 07 38 | 07 09 |
| 21 | 20 16 | 08 19 | 12 26 | 25 02 | 06 41 | 18 55 | 17 09 | 16 00 | 14 06 | 21 00 | 06 38 | 08 14 | 01 26 | 07 32 | 07 09 |
| 22 | 20 28 | 02 16 | 13 03 | 24 46 | 06 32 | 18 55 | 17 08 | 16 00 | 14 07 | 21 00 | 06 46 | 08 18 | 01 33 | 07 25 | 07 09 |
| 23 | 20 40 | +04 04 | 13 41 | 24 28 | 06 24 | 18 55 | 17 07 | 15 59 | 14 07 | 21 01 | 06 54 | 08 21 | 01 41 | 07 19 | 07 08 |
| 24 | 20 51 | 10 26 | 14 19 | 24 10 | 06 15 | 18 55 | 17 06 | 15 59 | 14 08 | 21 01 | 07 02 | 08 25 | 01 48 | 07 12 | 07 08 |
| 25 | 21 02 | 16 29 | 14 57 | 23 52 | 06 06 | 18 55 | 17 05 | 15 58 | 14 09 | 21 01 | 07 09 | 08 29 | 01 55 | 07 06 | 07 08 |
| 26 | 21 12 | 21 47 | 15 35 | 23 33 | 05 56 | 18 55 | 17 04 | 15 58 | 14 09 | 21 01 | 07 17 | 08 32 | 02 02 | 06 59 | 07 07 |
| 27 | 21 22 | 25 47 | 16 14 | 23 13 | 05 47 | 18 56 | 17 03 | 15 57 | 14 10 | 21 01 | 07 25 | 08 35 | 02 09 | 06 53 | 07 07 |
| 28 | 21 32 | 28 00 | 16 52 | 22 53 | 05 38 | 18 56 | 17 02 | 15 57 | 14 11 | 21 02 | 07 32 | 08 39 | 02 16 | 06 47 | 07 07 |
| 29 | 21 41 | 28 07 | 17 30 | 22 32 | 05 28 | 18 56 | 17 01 | 15 56 | 14 11 | 21 02 | 07 40 | 08 42 | 02 23 | 06 41 | 07 06 |
| 30 | 21 50 | 26 10 | 18 08 | 22 12 | 05 18 | 18 57 | 17 00 | 15 56 | 14 12 | 21 02 | 07 47 | 08 45 | 02 30 | 06 35 | 07 06 |
| 31 | 21 59 | 22 27 | 18 45 | 21 51 | 05 08 | 18 57 | 17 00 | 15 55 | 14 12 | 21 03 | 07 55 | 08 48 | 02 37 | 06 29 | 07 05 |

Lunar Phases -- 4 ◐ 10:29 12 ○ 00:18 20 ◑ 04:03 27 ● 03:41 Sun enters ♊ 5/20 09:03

## Longitudes of Main Planets - June 2044

0:00 E.T.

| D | S.T. | ☉ | ☽ | ☽ 12:00 | ☿ | ♀ | ♂ | ♃ | ♄ | ♅ | ♆ | ♇ | ☊ |
|---|---|---|---|---|---|---|---|---|---|---|---|---|---|
| 1 | 16:40:30 | 11♊09 54 | 18♌34 | 25♌33 | 29♉56 | 04♊31℞ | 19♍44 | 06♒52℞ | 25♏51℞ | 18♌38 | 13♉23 | 02♓42 | 16♓00 |
| 2 | 16:44:26 | 12 07 24 | 02♍25 | 09♍12 | 01♊59 | 03 56 | 20 06 | 06 50 | 25 47 | 18 40 | 13 25 | 02 42℞ | 15 57 |
| 3 | 16:48:23 | 13 04 53 | 15 52 | 22 27 | 04 03 | 03 22 | 20 28 | 06 49 | 25 42 | 18 42 | 13 27 | 02 42 | 15 54 |
| 4 | 16:52:20 | 14 02 21 | 28 57 | 05♎22 | 06 09 | 02 50 | 20 51 | 06 47 | 25 38 | 18 44 | 13 29 | 02 42 | 15 51 |
| 5 | 16:56:16 | 14 59 47 | 11♎43 | 18 01 | 08 17 | 02 19 | 21 14 | 06 45 | 25 34 | 18 46 | 13 31 | 02 42 | 15 47 |
| 6 | 17:00:13 | 15 57 13 | 24 15 | 00♏26 | 10 26 | 01 50 | 21 37 | 06 43 | 25 30 | 18 48 | 13 33 | 02 42 | 15 44 |
| 7 | 17:04:09 | 16 54 37 | 06♏34 | 12 41 | 12 36 | 01 23 | 22 01 | 06 40 | 25 26 | 18 50 | 13 35 | 02 42 | 15 41 |
| 8 | 17:08:06 | 17 52 00 | 18 45 | 24 47 | 14 47 | 00 58 | 22 25 | 06 38 | 25 22 | 18 52 | 13 37 | 02 42 | 15 38 |
| 9 | 17:12:02 | 18 49 22 | 00♐49 | 06♐49 | 16 58 | 00 34 | 22 49 | 06 35 | 25 18 | 18 54 | 13 38 | 02 42 | 15 35 |
| 10 | 17:15:59 | 19 46 43 | 12 47 | 18 45 | 19 10 | 00 14 | 23 14 | 06 32 | 25 14 | 18 57 | 13 40 | 02 42 | 15 31 |
| 11 | 17:19:55 | 20 44 04 | 24 42 | 00♑39 | 21 23 | 29♉55 | 23 39 | 06 29 | 25 10 | 18 59 | 13 42 | 02 41 | 15 28 |
| 12 | 17:23:52 | 21 41 24 | 06♑35 | 12 31 | 23 34 | 29 39 | 24 04 | 06 25 | 25 07 | 19 01 | 13 44 | 02 41 | 15 25 |
| 13 | 17:27:49 | 22 38 43 | 18 27 | 24 23 | 25 46 | 29 25 | 24 29 | 06 22 | 25 03 | 19 04 | 13 46 | 02 41 | 15 22 |
| 14 | 17:31:45 | 23 36 02 | 00♒19 | 06♒17 | 27 57 | 29 13 | 24 55 | 06 18 | 24 59 | 19 06 | 13 48 | 02 41 | 15 19 |
| 15 | 17:35:42 | 24 33 20 | 12 16 | 18 16 | 00♋07 | 29 04 | 25 21 | 06 14 | 24 56 | 19 09 | 13 50 | 02 40 | 15 16 |
| 16 | 17:39:38 | 25 30 37 | 24 19 | 00♓24 | 02 15 | 28 58 | 25 47 | 06 10 | 24 52 | 19 11 | 13 51 | 02 40 | 15 12 |
| 17 | 17:43:35 | 26 27 54 | 06♓33 | 12 46 | 04 23 | 28 54 | 26 14 | 06 06 | 24 49 | 19 14 | 13 53 | 02 40 | 15 09 |
| 18 | 17:47:31 | 27 25 11 | 19 03 | 25 24 | 06 28 | 28 52 | 26 41 | 06 02 | 24 45 | 19 16 | 13 55 | 02 39 | 15 06 |
| 19 | 17:51:28 | 28 22 27 | 01♈52 | 08♈26 | 08 33 | 28 52D | 27 08 | 05 57 | 24 42 | 19 19 | 13 57 | 02 39 | 15 03 |
| 20 | 17:55:24 | 29 19 44 | 15 06 | 21 53 | 10 35 | 28 55 | 27 35 | 05 52 | 24 39 | 19 22 | 13 58 | 02 38 | 15 00 |
| 21 | 17:59:21 | 00♋17 00 | 28 47 | 05♉49 | 12 35 | 29 00 | 28 03 | 05 48 | 24 35 | 19 24 | 14 00 | 02 38 | 14 56 |
| 22 | 18:03:18 | 01 14 16 | 12♉58 | 20 14 | 14 34 | 29 08 | 28 31 | 05 43 | 24 32 | 19 27 | 14 02 | 02 38 | 14 53 |
| 23 | 18:07:14 | 02 11 32 | 27 36 | 05♊04 | 16 30 | 29 17 | 28 59 | 05 38 | 24 29 | 19 30 | 14 03 | 02 37 | 14 50 |
| 24 | 18:11:11 | 03 08 48 | 12♊37 | 20 13 | 18 24 | 29 29 | 29 27 | 05 32 | 24 26 | 19 33 | 14 05 | 02 37 | 14 47 |
| 25 | 18:15:07 | 04 06 03 | 27 52 | 05♋31 | 20 16 | 29 42 | 29 56 | 05 27 | 24 23 | 19 36 | 14 07 | 02 36 | 14 44 |
| 26 | 18:19:04 | 05 03 18 | 13♋10 | 20 47 | 22 06 | 29 58 | 00♎24 | 05 21 | 24 20 | 19 38 | 14 08 | 02 35 | 14 41 |
| 27 | 18:23:00 | 06 00 33 | 28 20 | 05♌50 | 23 54 | 00♊15 | 00 54 | 05 15 | 24 17 | 19 41 | 14 10 | 02 35 | 14 37 |
| 28 | 18:26:57 | 06 57 48 | 13♌13 | 20 31 | 25 40 | 00 34 | 01 23 | 05 10 | 24 15 | 19 44 | 14 11 | 02 34 | 14 34 |
| 29 | 18:30:53 | 07 55 02 | 27 41 | 04♍45 | 27 23 | 00 55 | 01 52 | 05 04 | 24 12 | 19 47 | 14 13 | 02 34 | 14 31 |
| 30 | 18:34:50 | 08 52 15 | 11♍42 | 18 32 | 29 04 | 01 18 | 02 22 | 04 58 | 24 10 | 19 50 | 14 14 | 02 33 | 14 28 |

0:00 E.T.

## Longitudes of the Major Asteroids and Chiron

| D | ⚳ | ⚴ | ⚵ | ⚶ | ⚷ | D | ⚳ | ⚴ | ⚵ | ⚶ | ⚷ |
|---|---|---|---|---|---|---|---|---|---|---|---|
| 1 | 08♉32 | 21♓18 | 00♈31 | 25♓39 | 27♌21 | 16 | 14 06 | 23 31 | 06 02 | 00 37 | 28 30 |
| 2 | 08 55 | 21 28 | 00 53 | 26 00 | 27 25 | 17 | 14 28 | 23 38 | 06 23 | 00 55 | 28 35 |
| 3 | 09 17 | 21 38 | 01 16 | 26 21 | 27 29 | 18 | 14 50 | 23 44 | 06 44 | 01 13 | 28 40 |
| 4 | 09 40 | 21 48 | 01 39 | 26 42 | 27 33 | 19 | 15 11 | 23 51 | 07 05 | 01 30 | 28 46 |
| 5 | 10 02 | 21 58 | 02 01 | 27 03 | 27 37 | 20 | 15 33 | 23 57 | 07 26 | 01 48 | 28 51 |
| 6 | 10 25 | 22 08 | 02 23 | 27 23 | 27 42 | 21 | 15 55 | 24 03 | 07 46 | 02 05 | 28 57 |
| 7 | 10 47 | 22 17 | 02 46 | 27 43 | 27 46 | 22 | 16 16 | 24 09 | 08 07 | 02 22 | 29 02 |
| 8 | 11 09 | 22 26 | 03 08 | 28 03 | 27 51 | 23 | 16 38 | 24 14 | 08 27 | 02 39 | 29 08 |
| 9 | 11 32 | 22 35 | 03 30 | 28 23 | 27 55 | 24 | 16 59 | 24 20 | 08 48 | 02 55 | 29 14 |
| 10 | 11 54 | 22 44 | 03 52 | 28 43 | 28 00 | 25 | 17 20 | 24 25 | 09 08 | 03 11 | 29 19 |
| 11 | 12 16 | 22 52 | 04 14 | 29 02 | 28 05 | 26 | 17 41 | 24 29 | 09 28 | 03 27 | 29 25 |
| 12 | 12 38 | 23 00 | 04 36 | 29 22 | 28 09 | 27 | 18 03 | 24 34 | 09 47 | 03 43 | 29 31 |
| 13 | 13 00 | 23 08 | 04 57 | 29 41 | 28 14 | 28 | 18 24 | 24 38 | 10 07 | 03 58 | 29 37 |
| 14 | 13 22 | 23 16 | 05 19 | 00 00 | 28 19 | 29 | 18 45 | 24 41 | 10 27 | 04 13 | 29 44 |
| 15 | 13 44 | 23 23 | 05 40 | 00♈18 | 28 24 | 30 | 19 06 | 24 45 | 10 46 | 04 28 | 29 50 |

## Lunar Data

| Last Asp. | | Ingress | | |
|---|---|---|---|---|
| 1 | 12:28 | 1 | ♍ | 19:46 |
| 3 | 17:54 | 4 | ♎ | 01:57 |
| 5 | 13:29 | 6 | ♏ | 11:10 |
| 8 | 13:05 | 8 | ♐ | 22:23 |
| 10 | 21:47 | 11 | ♑ | 10:41 |
| 13 | 21:49 | 13 | ♒ | 23:21 |
| 16 | 09:06 | 16 | ♓ | 11:12 |
| 18 | 18:27 | 18 | ♈ | 20:33 |
| 20 | 07:35 | 21 | ♉ | 02:05 |
| 23 | 02:45 | 23 | ♊ | 03:52 |
| 25 | 03:21 | 25 | ♋ | 03:21 |
| 26 | 17:35 | 27 | ♌ | 02:39 |
| 28 | 18:10 | 29 | ♍ | 03:54 |

0:00 E.T.

## Declinations

| D | ☉ | ☽ | ☿ | ♀ | ♂ | ♃ | ♄ | ♅ | ♆ | ♇ | ⚳ | ⚴ | ⚵ | ⚶ | ⚷ |
|---|---|---|---|---|---|---|---|---|---|---|---|---|---|---|---|
| 1 | +22 07 | +17 29 | +19 21 | +21 31 | +04 58 | -18 58 | -16 59 | +15 54 | +14 13 | -21 03 | +08 02 | +08 51 | +02 43 | -06 23 | +07 04 |
| 2 | 22 15 | 11 44 | 19 57 | 21 10 | 04 48 | 18 58 | 16 58 | 15 54 | 14 14 | 21 03 | 08 09 | 08 54 | 02 50 | 06 18 | 07 04 |
| 3 | 22 22 | 05 35 | 20 32 | 20 50 | 04 38 | 18 59 | 16 57 | 15 53 | 14 14 | 21 03 | 08 17 | 08 57 | 02 56 | 06 12 | 07 03 |
| 4 | 22 29 | -00 37 | 21 05 | 20 30 | 04 27 | 19 00 | 16 56 | 15 52 | 14 15 | 21 04 | 08 24 | 08 59 | 03 03 | 06 07 | 07 03 |
| 5 | 22 36 | 06 38 | 21 36 | 20 11 | 04 17 | 19 00 | 16 55 | 15 52 | 14 15 | 21 04 | 08 31 | 09 02 | 03 09 | 06 01 | 07 02 |
| 6 | 22 42 | 12 17 | 22 07 | 19 52 | 04 06 | 19 01 | 16 54 | 15 51 | 14 16 | 21 04 | 08 38 | 09 05 | 03 16 | 05 56 | 07 01 |
| 7 | 22 48 | 17 22 | 22 35 | 19 34 | 03 55 | 19 02 | 16 54 | 15 50 | 14 16 | 21 05 | 08 45 | 09 07 | 03 22 | 05 51 | 07 00 |
| 8 | 22 53 | 21 41 | 23 01 | 19 16 | 03 44 | 19 03 | 16 53 | 15 50 | 14 17 | 21 05 | 08 52 | 09 09 | 03 28 | 05 46 | 06 59 |
| 9 | 22 58 | 25 02 | 23 25 | 18 59 | 03 33 | 19 04 | 16 52 | 15 49 | 14 17 | 21 06 | 08 59 | 09 12 | 03 35 | 05 41 | 06 58 |
| 10 | 23 03 | 27 16 | 23 46 | 18 43 | 03 22 | 19 05 | 16 51 | 15 48 | 14 18 | 21 06 | 09 06 | 09 14 | 03 41 | 05 36 | 06 58 |
| 11 | 23 07 | 28 15 | 24 05 | 18 28 | 03 11 | 19 06 | 16 51 | 15 47 | 14 19 | 21 06 | 09 12 | 09 16 | 03 47 | 05 31 | 06 57 |
| 12 | 23 11 | 27 55 | 24 21 | 18 14 | 03 00 | 19 07 | 16 50 | 15 47 | 14 19 | 21 07 | 09 19 | 09 18 | 03 53 | 05 26 | 06 56 |
| 13 | 23 14 | 26 17 | 24 35 | 18 01 | 02 48 | 19 08 | 16 49 | 15 46 | 14 20 | 21 07 | 09 26 | 09 20 | 03 59 | 05 22 | 06 55 |
| 14 | 23 17 | 23 30 | 24 45 | 17 48 | 02 37 | 19 09 | 16 48 | 15 45 | 14 20 | 21 07 | 09 32 | 09 22 | 04 04 | 05 17 | 06 54 |
| 15 | 23 19 | 19 41 | 24 53 | 17 37 | 02 25 | 19 10 | 16 48 | 15 44 | 14 21 | 21 08 | 09 39 | 09 23 | 04 10 | 05 13 | 06 53 |
| 16 | 23 22 | 15 03 | 24 58 | 17 27 | 02 13 | 19 11 | 16 47 | 15 43 | 14 21 | 21 08 | 09 45 | 09 25 | 04 16 | 05 09 | 06 51 |
| 17 | 23 23 | 09 44 | 25 01 | 17 17 | 02 01 | 19 12 | 16 46 | 15 43 | 14 22 | 21 09 | 09 52 | 09 26 | 04 21 | 05 04 | 06 50 |
| 18 | 23 25 | 03 57 | 25 00 | 17 09 | 01 50 | 19 14 | 16 46 | 15 42 | 14 22 | 21 09 | 09 58 | 09 28 | 04 27 | 05 00 | 06 49 |
| 19 | 23 26 | +02 08 | 24 57 | 17 01 | 01 37 | 19 15 | 16 45 | 15 41 | 14 23 | 21 10 | 10 05 | 09 29 | 04 32 | 04 57 | 06 48 |
| 20 | 23 26 | 08 20 | 24 52 | 16 54 | 01 25 | 19 16 | 16 44 | 15 40 | 14 23 | 21 10 | 10 11 | 09 30 | 04 37 | 04 53 | 06 47 |
| 21 | 23 26 | 14 21 | 24 44 | 16 49 | 01 13 | 19 18 | 16 44 | 15 39 | 14 23 | 21 10 | 10 17 | 09 31 | 04 42 | 04 49 | 06 45 |
| 22 | 23 26 | 19 50 | 24 33 | 16 44 | 01 01 | 19 19 | 16 43 | 15 38 | 14 24 | 21 11 | 10 23 | 09 32 | 04 47 | 04 46 | 06 44 |
| 23 | 23 25 | 24 19 | 24 21 | 16 40 | 00 48 | 19 21 | 16 43 | 15 37 | 14 24 | 21 11 | 10 29 | 09 33 | 04 52 | 04 42 | 06 43 |
| 24 | 23 24 | 27 18 | 24 06 | 16 37 | 00 36 | 19 22 | 16 42 | 15 37 | 14 25 | 21 12 | 10 35 | 09 33 | 04 57 | 04 39 | 06 41 |
| 25 | 23 22 | 28 18 | 23 50 | 16 35 | 00 23 | 19 24 | 16 42 | 15 36 | 14 25 | 21 12 | 10 41 | 09 34 | 05 02 | 04 36 | 06 40 |
| 26 | 23 20 | 27 09 | 23 31 | 16 33 | 00 11 | 19 25 | 16 41 | 15 35 | 14 26 | 21 13 | 10 47 | 09 34 | 05 06 | 04 33 | 06 38 |
| 27 | 23 18 | 24 00 | 23 11 | 16 32 | -00 02 | 19 27 | 16 41 | 15 34 | 14 26 | 21 13 | 10 53 | 09 34 | 05 11 | 04 30 | 06 37 |
| 28 | 23 15 | 19 17 | 22 50 | 16 32 | 00 15 | 19 28 | 16 40 | 15 33 | 14 26 | 21 14 | 10 59 | 09 34 | 05 15 | 04 28 | 06 35 |
| 29 | 23 12 | 13 33 | 22 27 | 16 33 | 00 28 | 19 30 | 16 40 | 15 32 | 14 27 | 21 14 | 11 04 | 09 34 | 05 19 | 04 25 | 06 34 |
| 30 | 23 08 | 07 18 | 22 03 | 16 34 | 00 41 | 19 32 | 16 39 | 15 31 | 14 27 | 21 15 | 11 10 | 09 34 | 05 24 | 04 23 | 06 32 |

Lunar Phases -- 2 ◐ 18:35 10 ○ 15:17 18 ◑ 17:01 25 ● 10:26 Sun enters ♋ 6/20 16:53

## 0:00 E.T. Longitudes of Main Planets - July 2044

| D | S.T. | ☉ | ☽ | ☽ 12:00 | ☿ | ♀ | ♂ | ♃ | ♄ | ♅ | ♆ | ♇ | ☊ |
|---|---|---|---|---|---|---|---|---|---|---|---|---|---|
| 1 | 18:38:47 | 09♋49 28 | 25♍15 | 01♎52 | 00♌43 | 01♊43 | 02♎52 | 04♒51℞ | 24♏07℞ | 19♌53 | 14♉16 | 02♓32℞ | 14♓25 |
| 2 | 18:42:43 | 10 46 41 | 08♎23 | 14 48 | 02 20 | 02 09 | 03 22 | 04 45 | 24 05 | 19 56 | 14 17 | 02 32 | 14 22 |
| 3 | 18:46:40 | 11 43 53 | 21 08 | 27 24 | 03 54 | 02 36 | 03 52 | 04 38 | 24 02 | 20 00 | 14 19 | 02 31 | 14 18 |
| 4 | 18:50:36 | 12 41 05 | 03♏36 | 09♏44 | 05 26 | 03 05 | 04 23 | 04 32 | 24 00 | 20 03 | 14 20 | 02 30 | 14 15 |
| 5 | 18:54:33 | 13 38 17 | 15 50 | 21 53 | 06 56 | 03 36 | 04 54 | 04 25 | 23 58 | 20 06 | 14 21 | 02 29 | 14 12 |
| 6 | 18:58:29 | 14 35 28 | 27 54 | 03♐53 | 08 24 | 04 08 | 05 25 | 04 18 | 23 56 | 20 09 | 14 23 | 02 29 | 14 09 |
| 7 | 19:02:26 | 15 32 40 | 09♐51 | 15 48 | 09 49 | 04 41 | 05 56 | 04 12 | 23 54 | 20 12 | 14 24 | 02 28 | 14 06 |
| 8 | 19:06:22 | 16 29 51 | 21 45 | 27 41 | 11 12 | 05 16 | 06 27 | 04 05 | 23 52 | 20 15 | 14 25 | 02 27 | 14 02 |
| 9 | 19:10:19 | 17 27 02 | 03♑37 | 09♑33 | 12 33 | 05 52 | 06 58 | 03 58 | 23 50 | 20 19 | 14 27 | 02 26 | 13 59 |
| 10 | 19:14:16 | 18 24 14 | 15 30 | 21 26 | 13 51 | 06 29 | 07 30 | 03 50 | 23 49 | 20 22 | 14 28 | 02 25 | 13 56 |
| 11 | 19:18:12 | 19 21 25 | 27 24 | 03♒22 | 15 07 | 07 07 | 08 02 | 03 43 | 23 47 | 20 25 | 14 29 | 02 25 | 13 53 |
| 12 | 19:22:09 | 20 18 37 | 09♒22 | 15 22 | 16 20 | 07 46 | 08 34 | 03 36 | 23 46 | 20 29 | 14 30 | 02 24 | 13 50 |
| 13 | 19:26:05 | 21 15 49 | 21 24 | 27 29 | 17 31 | 08 26 | 09 06 | 03 29 | 23 44 | 20 32 | 14 31 | 02 23 | 13 47 |
| 14 | 19:30:02 | 22 13 01 | 03♓35 | 09♓44 | 18 39 | 09 08 | 09 39 | 03 21 | 23 43 | 20 35 | 14 33 | 02 22 | 13 43 |
| 15 | 19:33:58 | 23 10 14 | 15 56 | 22 11 | 19 44 | 09 50 | 10 11 | 03 14 | 23 42 | 20 39 | 14 34 | 02 21 | 13 40 |
| 16 | 19:37:55 | 24 07 28 | 28 30 | 04♈54 | 20 47 | 10 33 | 10 44 | 03 06 | 23 41 | 20 42 | 14 35 | 02 20 | 13 37 |
| 17 | 19:41:51 | 25 04 41 | 11♈22 | 17 56 | 21 47 | 11 18 | 11 17 | 02 58 | 23 40 | 20 46 | 14 36 | 02 19 | 13 34 |
| 18 | 19:45:48 | 26 01 56 | 24 35 | 01♉20 | 22 43 | 12 03 | 11 50 | 02 51 | 23 39 | 20 49 | 14 37 | 02 18 | 13 31 |
| 19 | 19:49:45 | 26 59 11 | 08♉11 | 15 08 | 23 37 | 12 49 | 12 23 | 02 43 | 23 38 | 20 53 | 14 38 | 02 17 | 13 28 |
| 20 | 19:53:41 | 27 56 28 | 22 12 | 29 22 | 24 27 | 13 36 | 12 56 | 02 35 | 23 37 | 20 56 | 14 39 | 02 16 | 13 24 |
| 21 | 19:57:38 | 28 53 45 | 06♊38 | 13♊59 | 25 14 | 14 23 | 13 30 | 02 28 | 23 36 | 21 00 | 14 39 | 02 15 | 13 21 |
| 22 | 20:01:34 | 29 51 03 | 21 25 | 28 55 | 25 57 | 15 12 | 14 04 | 02 20 | 23 36 | 21 03 | 14 40 | 02 14 | 13 18 |
| 23 | 20:05:31 | 00♌48 21 | 06♋28 | 14♋02 | 26 37 | 16 01 | 14 38 | 02 12 | 23 35 | 21 07 | 14 41 | 02 13 | 13 15 |
| 24 | 20:09:27 | 01 45 40 | 21 37 | 29 11 | 27 12 | 16 51 | 15 12 | 02 05 | 23 35 | 21 10 | 14 42 | 02 12 | 13 12 |
| 25 | 20:13:24 | 02 43 00 | 06♌43 | 14♌11 | 27 44 | 17 41 | 15 46 | 01 57 | 23 35 | 21 14 | 14 43 | 02 11 | 13 08 |
| 26 | 20:17:20 | 03 40 21 | 21 35 | 28 54 | 28 12 | 18 32 | 16 20 | 01 49 | 23 35 | 21 17 | 14 44 | 02 10 | 13 05 |
| 27 | 20:21:17 | 04 37 42 | 06♍07 | 13♍13 | 28 35 | 19 24 | 16 55 | 01 41 | 23 34 | 21 21 | 14 44 | 02 09 | 13 02 |
| 28 | 20:25:14 | 05 35 03 | 20 13 | 27 06 | 28 54 | 20 16 | 17 29 | 01 33 | 23 34D | 21 25 | 14 45 | 02 08 | 12 59 |
| 29 | 20:29:10 | 06 32 25 | 03♎53 | 10♎32 | 29 08 | 21 09 | 18 04 | 01 26 | 23 35 | 21 28 | 14 46 | 02 06 | 12 56 |
| 30 | 20:33:07 | 07 29 48 | 17 06 | 23 33 | 29 17 | 22 03 | 18 39 | 01 18 | 23 35 | 21 32 | 14 46 | 02 05 | 12 53 |
| 31 | 20:37:03 | 08 27 10 | 29 55 | 06♏12 | 29 22 | 22 57 | 19 14 | 01 10 | 23 35 | 21 36 | 14 47 | 02 04 | 12 49 |

## 0:00 E.T. Longitudes of the Major Asteroids and Chiron

| D | ⚳ | ⚴ | ⚵ | ⚶ | ⚷ | D | ⚳ | ⚴ | ⚵ | ⚶ | ⚷ |
|---|---|---|---|---|---|---|---|---|---|---|---|
| 1 | 19♉26 | 24♓48 | 11♈05 | 04♈42 | 29♌56 | 17 | 24 47 | 24 57 | 15 47 | 07 51 | 01 44 |
| 2 | 19 47 | 24 51 | 11 24 | 04 57 | 00♍02 | 18 | 25 07 | 24 54 | 16 03 | 08 00 | 01 51 |
| 3 | 20 08 | 24 54 | 11 43 | 05 11 | 00 09 | 19 | 25 26 | 24 52 | 16 18 | 08 09 | 01 58 |
| 4 | 20 28 | 24 56 | 12 01 | 05 24 | 00 15 | 20 | 25 45 | 24 49 | 16 34 | 08 17 | 02 06 |
| 5 | 20 49 | 24 58 | 12 20 | 05 37 | 00 22 | 21 | 26 04 | 24 46 | 16 49 | 08 25 | 02 13 |
| 6 | 21 09 | 25 00 | 12 38 | 05 50 | 00 28 | 22 | 26 22 | 24 42 | 17 03 | 08 32 | 02 20 |
| 7 | 21 30 | 25 01 | 12 56 | 06 03 | 00 35 | 23 | 26 41 | 24 38 | 17 18 | 08 39 | 02 28 |
| 8 | 21 50 | 25 02 | 13 14 | 06 15 | 00 41 | 24 | 27 00 | 24 34 | 17 32 | 08 46 | 02 35 |
| 9 | 22 10 | 25 03 | 13 32 | 06 27 | 00 48 | 25 | 27 18 | 24 29 | 17 46 | 08 52 | 02 43 |
| 10 | 22 30 | 25 03 | 13 50 | 06 39 | 00 55 | 26 | 27 36 | 24 24 | 18 00 | 08 57 | 02 50 |
| 11 | 22 50 | 25 03℞ | 14 07 | 06 51 | 01 02 | 27 | 27 54 | 24 18 | 18 14 | 09 03 | 02 58 |
| 12 | 23 10 | 25 03 | 14 24 | 07 02 | 01 09 | 28 | 28 12 | 24 13 | 18 27 | 09 08 | 03 06 |
| 13 | 23 29 | 25 02 | 14 41 | 07 12 | 01 16 | 29 | 28 30 | 24 07 | 18 40 | 09 12 | 03 13 |
| 14 | 23 49 | 25 01 | 14 58 | 07 23 | 01 23 | 30 | 28 48 | 24 00 | 18 52 | 09 16 | 03 21 |
| 15 | 24 09 | 25 00 | 15 14 | 07 33 | 01 30 | 31 | 29 06 | 23 53 | 19 04 | 09 20 | 03 29 |
| 16 | 24 28 | 24 59 | 15 31 | 07 42 | 01 37 | | | | | | |

## Lunar Data

| Last Asp. | Ingress |
|---|---|
| 30 21:58 | 1 ♎ 08:36 |
| 2 21:49 | 3 ♏ 17:02 |
| 5 16:07 | 6 ♐ 04:13 |
| 7 20:58 | 8 ♑ 16:41 |
| 10 16:45 | 11 ♒ 05:14 |
| 13 04:36 | 13 ♓ 16:58 |
| 15 15:01 | 16 ♈ 02:49 |
| 18 02:48 | 18 ♉ 09:39 |
| 20 10:18 | 20 ♊ 13:03 |
| 22 07:36 | 22 ♋ 13:43 |
| 24 03:07 | 24 ♌ 13:18 |
| 26 11:10 | 26 ♍ 13:50 |
| 28 05:49 | 28 ♎ 17:06 |
| 30 22:56 | 31 ♏ 00:09 |

## 0:00 E.T. Declinations

| D | ☉ | ☽ | ☿ | ♀ | ♂ | ♃ | ♄ | ♅ | ♆ | ♇ | ⚳ | ⚴ | ⚵ | ⚶ | ⚷ |
|---|---|---|---|---|---|---|---|---|---|---|---|---|---|---|---|
| 1 | +23 04 | +00 55 | +21 38 | +16 35 | -00 54 | -19 33 | -16 39 | +15 30 | +14 28 | -21 15 | +11 15 | +09 33 | +05 28 | -04 21 | +06 31 |
| 2 | 23 00 | -05 18 | 21 11 | 16 38 | 01 07 | 19 35 | 16 39 | 15 29 | 14 28 | 21 16 | 11 21 | 09 33 | 05 31 | 04 18 | 06 29 |
| 3 | 22 55 | 11 08 | 20 44 | 16 41 | 01 20 | 19 37 | 16 38 | 15 28 | 14 28 | 21 16 | 11 26 | 09 32 | 05 35 | 04 16 | 06 27 |
| 4 | 22 50 | 16 23 | 20 16 | 16 44 | 01 33 | 19 38 | 16 38 | 15 27 | 14 29 | 21 17 | 11 32 | 09 31 | 05 39 | 04 15 | 06 26 |
| 5 | 22 44 | 20 53 | 19 47 | 16 48 | 01 46 | 19 40 | 16 38 | 15 26 | 14 29 | 21 17 | 11 37 | 09 30 | 05 42 | 04 13 | 06 24 |
| 6 | 22 38 | 24 27 | 19 18 | 16 52 | 02 00 | 19 42 | 16 37 | 15 25 | 14 29 | 21 18 | 11 42 | 09 29 | 05 46 | 04 12 | 06 22 |
| 7 | 22 32 | 26 56 | 18 48 | 16 57 | 02 13 | 19 44 | 16 37 | 15 24 | 14 30 | 21 18 | 11 47 | 09 28 | 05 49 | 04 10 | 06 20 |
| 8 | 22 25 | 28 11 | 18 17 | 17 02 | 02 26 | 19 46 | 16 37 | 15 23 | 14 30 | 21 19 | 11 53 | 09 26 | 05 52 | 04 09 | 06 19 |
| 9 | 22 18 | 28 07 | 17 46 | 17 07 | 02 40 | 19 47 | 16 37 | 15 22 | 14 30 | 21 20 | 11 58 | 09 24 | 05 55 | 04 08 | 06 17 |
| 10 | 22 10 | 26 46 | 17 15 | 17 13 | 02 53 | 19 49 | 16 36 | 15 21 | 14 31 | 21 20 | 12 03 | 09 23 | 05 58 | 04 07 | 06 15 |
| 11 | 22 02 | 24 13 | 16 44 | 17 19 | 03 07 | 19 51 | 16 36 | 15 20 | 14 31 | 21 21 | 12 07 | 09 20 | 06 01 | 04 06 | 06 13 |
| 12 | 21 54 | 20 35 | 16 13 | 17 25 | 03 21 | 19 53 | 16 36 | 15 19 | 14 31 | 21 21 | 12 12 | 09 18 | 06 03 | 04 06 | 06 11 |
| 13 | 21 45 | 16 05 | 15 42 | 17 31 | 03 34 | 19 55 | 16 36 | 15 18 | 14 32 | 21 22 | 12 17 | 09 16 | 06 06 | 04 05 | 06 09 |
| 14 | 21 36 | 10 54 | 15 11 | 17 38 | 03 48 | 19 57 | 16 36 | 15 16 | 14 32 | 21 22 | 12 22 | 09 13 | 06 08 | 04 05 | 06 07 |
| 15 | 21 27 | 05 14 | 14 40 | 17 44 | 04 02 | 19 59 | 16 36 | 15 15 | 14 32 | 21 23 | 12 27 | 09 10 | 06 10 | 04 05 | 06 05 |
| 16 | 21 17 | +00 45 | 14 10 | 17 51 | 04 16 | 20 01 | 16 36 | 15 14 | 14 32 | 21 23 | 12 31 | 09 08 | 06 12 | 04 05 | 06 03 |
| 17 | 21 07 | 06 49 | 13 39 | 17 58 | 04 29 | 20 02 | 16 36 | 15 13 | 14 33 | 21 24 | 12 36 | 09 04 | 06 14 | 04 06 | 06 01 |
| 18 | 20 56 | 12 46 | 13 10 | 18 05 | 04 43 | 20 04 | 16 36 | 15 12 | 14 33 | 21 25 | 12 40 | 09 01 | 06 15 | 04 06 | 05 59 |
| 19 | 20 45 | 18 17 | 12 41 | 18 12 | 04 57 | 20 06 | 16 36 | 15 11 | 14 33 | 21 25 | 12 45 | 08 57 | 06 17 | 04 07 | 05 57 |
| 20 | 20 34 | 23 00 | 12 12 | 18 19 | 05 11 | 20 08 | 16 36 | 15 10 | 14 33 | 21 26 | 12 49 | 08 54 | 06 18 | 04 07 | 05 55 |
| 21 | 20 23 | 26 28 | 11 45 | 18 26 | 05 25 | 20 10 | 16 36 | 15 09 | 14 34 | 21 26 | 12 53 | 08 50 | 06 19 | 04 08 | 05 53 |
| 22 | 20 11 | 28 14 | 11 18 | 18 33 | 05 39 | 20 12 | 16 36 | 15 07 | 14 34 | 21 27 | 12 57 | 08 46 | 06 20 | 04 10 | 05 50 |
| 23 | 19 58 | 27 58 | 10 53 | 18 40 | 05 53 | 20 14 | 16 36 | 15 06 | 14 34 | 21 28 | 13 02 | 08 41 | 06 21 | 04 11 | 05 48 |
| 24 | 19 46 | 25 37 | 10 28 | 18 47 | 06 07 | 20 16 | 16 36 | 15 05 | 14 34 | 21 28 | 13 06 | 08 37 | 06 21 | 04 12 | 05 46 |
| 25 | 19 33 | 21 28 | 10 05 | 18 53 | 06 21 | 20 18 | 16 37 | 15 04 | 14 34 | 21 29 | 13 10 | 08 32 | 06 21 | 04 14 | 05 44 |
| 26 | 19 20 | 15 59 | 09 43 | 19 00 | 06 35 | 20 20 | 16 37 | 15 03 | 14 34 | 21 29 | 13 14 | 08 27 | 06 22 | 04 16 | 05 41 |
| 27 | 19 06 | 09 44 | 09 23 | 19 07 | 06 50 | 20 21 | 16 37 | 15 02 | 14 35 | 21 30 | 13 18 | 08 22 | 06 22 | 04 18 | 05 39 |
| 28 | 18 52 | 03 09 | 09 04 | 19 13 | 07 04 | 20 23 | 16 37 | 15 01 | 14 35 | 21 30 | 13 21 | 08 16 | 06 21 | 04 20 | 05 37 |
| 29 | 18 38 | -03 21 | 08 47 | 19 19 | 07 18 | 20 25 | 16 38 | 14 59 | 14 35 | 21 31 | 13 25 | 08 11 | 06 21 | 04 23 | 05 34 |
| 30 | 18 24 | 09 31 | 08 32 | 19 25 | 07 32 | 20 27 | 16 38 | 14 58 | 14 35 | 21 32 | 13 29 | 08 05 | 06 20 | 04 25 | 05 32 |
| 31 | 18 09 | 15 05 | 08 19 | 19 31 | 07 46 | 20 29 | 16 38 | 14 57 | 14 35 | 21 32 | 13 33 | 07 59 | 06 19 | 04 28 | 05 30 |

Lunar Phases -- 2 ◐ 04:50 10 ○ 06:23 18 ◑ 02:48 24 ● 17:12 31 ◐ 17:42 Sun enters ♌ 7/22 03:45

# Aug. 44 — Longitudes of Main Planets - August 2044 — 0:00 E.T.

| D | S.T. | ☉ | ☽ | ☽ 12:00 | ☿ | ♀ | ♂ | ♃ | ♄ | ♅ | ♆ | ♇ | ☊ |
|---|---|---|---|---|---|---|---|---|---|---|---|---|---|
| 1 | 20:41:00 | 09♌24 34 | 12♏25 | 18♏33 | 29♌21℞ | 23♊52 | 19♎49 | 01♒03℞ | 23♏35 | 21♌39 | 14♉47 | 02♓03℞ | 12♓46 |
| 2 | 20:44:56 | 10 21 58 | 24 39 | 00♐41 | 29 15 | 24 47 | 20 25 | 00 55 | 23 36 | 21 43 | 14 48 | 02 02 | 12 43 |
| 3 | 20:48:53 | 11 19 23 | 06♐41 | 12 40 | 29 04 | 25 42 | 21 00 | 00 48 | 23 37 | 21 47 | 14 48 | 02 01 | 12 40 |
| 4 | 20:52:49 | 12 16 49 | 18 37 | 24 33 | 28 47 | 26 38 | 21 36 | 00 40 | 23 37 | 21 50 | 14 49 | 01 59 | 12 37 |
| 5 | 20:56:46 | 13 14 15 | 00♑29 | 06♑25 | 28 26 | 27 35 | 22 12 | 00 33 | 23 38 | 21 54 | 14 49 | 01 58 | 12 34 |
| 6 | 21:00:43 | 14 11 42 | 12 21 | 18 18 | 28 00 | 28 32 | 22 47 | 00 25 | 23 39 | 21 58 | 14 50 | 01 57 | 12 30 |
| 7 | 21:04:39 | 15 09 10 | 24 15 | 00♒14 | 27 28 | 29 29 | 23 24 | 00 18 | 23 40 | 22 01 | 14 50 | 01 56 | 12 27 |
| 8 | 21:08:36 | 16 06 39 | 06♒15 | 12 17 | 26 53 | 00♋27 | 24 00 | 00 11 | 23 41 | 22 05 | 14 50 | 01 54 | 12 24 |
| 9 | 21:12:32 | 17 04 08 | 18 21 | 24 27 | 26 13 | 01 26 | 24 36 | 00 04 | 23 42 | 22 09 | 14 51 | 01 53 | 12 21 |
| 10 | 21:16:29 | 18 01 39 | 00♓36 | 06♓46 | 25 30 | 02 24 | 25 12 | 29♑57 | 23 44 | 22 13 | 14 51 | 01 52 | 12 18 |
| 11 | 21:20:25 | 18 59 11 | 13 00 | 19 16 | 24 44 | 03 23 | 25 49 | 29 50 | 23 45 | 22 16 | 14 51 | 01 51 | 12 14 |
| 12 | 21:24:22 | 19 56 44 | 25 35 | 01♈57 | 23 56 | 04 23 | 26 26 | 29 43 | 23 46 | 22 20 | 14 51 | 01 49 | 12 11 |
| 13 | 21:28:18 | 20 54 19 | 08♈23 | 14 53 | 23 07 | 05 23 | 27 02 | 29 36 | 23 48 | 22 24 | 14 51 | 01 48 | 12 08 |
| 14 | 21:32:15 | 21 51 54 | 21 26 | 28 04 | 22 17 | 06 23 | 27 39 | 29 29 | 23 50 | 22 27 | 14 52 | 01 47 | 12 05 |
| 15 | 21:36:12 | 22 49 32 | 04♉46 | 11♉32 | 21 28 | 07 23 | 28 16 | 29 23 | 23 51 | 22 31 | 14 52 | 01 46 | 12 02 |
| 16 | 21:40:08 | 23 47 11 | 18 23 | 25 18 | 20 41 | 08 24 | 28 53 | 29 16 | 23 53 | 22 35 | 14 52 | 01 44 | 11 59 |
| 17 | 21:44:05 | 24 44 51 | 02♊18 | 09♊23 | 19 56 | 09 26 | 29 31 | 29 10 | 23 55 | 22 39 | 14 52 | 01 43 | 11 55 |
| 18 | 21:48:01 | 25 42 34 | 16 32 | 23 45 | 19 15 | 10 27 | 00♏08 | 29 04 | 23 57 | 22 42 | 14 52℞ | 01 42 | 11 52 |
| 19 | 21:51:58 | 26 40 18 | 01♋01 | 08♋21 | 18 38 | 11 29 | 00 46 | 28 58 | 23 59 | 22 46 | 14 52 | 01 41 | 11 49 |
| 20 | 21:55:54 | 27 38 03 | 15 42 | 23 06 | 18 06 | 12 31 | 01 23 | 28 52 | 24 02 | 22 50 | 14 52 | 01 39 | 11 46 |
| 21 | 21:59:51 | 28 35 50 | 00♌30 | 07♌53 | 17 40 | 13 34 | 02 01 | 28 46 | 24 04 | 22 54 | 14 52 | 01 38 | 11 43 |
| 22 | 22:03:47 | 29 33 38 | 15 16 | 22 36 | 17 20 | 14 37 | 02 39 | 28 40 | 24 06 | 22 57 | 14 51 | 01 37 | 11 40 |
| 23 | 22:07:44 | 00♍31 28 | 29 54 | 07♍07 | 17 07 | 15 40 | 03 17 | 28 35 | 24 09 | 23 01 | 14 51 | 01 35 | 11 36 |
| 24 | 22:11:41 | 01 29 20 | 14♍16 | 21 21 | 17 02 | 16 43 | 03 55 | 28 29 | 24 11 | 23 05 | 14 51 | 01 34 | 11 33 |
| 25 | 22:15:37 | 02 27 12 | 28 19 | 05♎12 | 17 05D | 17 46 | 04 33 | 28 24 | 24 14 | 23 08 | 14 51 | 01 33 | 11 30 |
| 26 | 22:19:34 | 03 25 06 | 11♎59 | 18 40 | 17 15 | 18 50 | 05 12 | 28 19 | 24 17 | 23 12 | 14 51 | 01 32 | 11 27 |
| 27 | 22:23:30 | 04 23 02 | 25 15 | 01♏44 | 17 34 | 19 54 | 05 50 | 28 14 | 24 20 | 23 16 | 14 50 | 01 30 | 11 24 |
| 28 | 22:27:27 | 05 20 58 | 08♏08 | 14 27 | 18 00 | 20 59 | 06 29 | 28 09 | 24 23 | 23 20 | 14 50 | 01 29 | 11 20 |
| 29 | 22:31:23 | 06 18 56 | 20 41 | 26 51 | 18 34 | 22 03 | 07 08 | 28 05 | 24 26 | 23 23 | 14 50 | 01 28 | 11 17 |
| 30 | 22:35:20 | 07 16 56 | 02♐57 | 09♐00 | 19 17 | 23 08 | 07 46 | 28 00 | 24 29 | 23 27 | 14 49 | 01 26 | 11 14 |
| 31 | 22:39:16 | 08 14 56 | 15 00 | 20 59 | 20 06 | 24 13 | 08 25 | 27 56 | 24 32 | 23 31 | 14 49 | 01 25 | 11 11 |

## 0:00 E.T. — Longitudes of the Major Asteroids and Chiron

| D | ⚳ | ⚴ | ⚵ | ⚶ | ⚷ |
|---|---|---|---|---|---|
| 1 | 29♉23 | 23♓46℞ | 19♈16 | 09♈23 | 03♍37 |
| 2 | 29 40 | 23 39 | 19 28 | 09 25 | 03 44 |
| 3 | 29 58 | 23 31 | 19 39 | 09 28 | 03 52 |
| 4 | 00♊15 | 23 23 | 19 50 | 09 30 | 04 00 |
| 5 | 00 31 | 23 14 | 20 01 | 09 31 | 04 08 |
| 6 | 00 48 | 23 05 | 20 11 | 09 32 | 04 16 |
| 7 | 01 05 | 22 56 | 20 21 | 09 32 | 04 24 |
| 8 | 01 21 | 22 47 | 20 31 | 09 32℞ | 04 32 |
| 9 | 01 37 | 22 37 | 20 40 | 09 32 | 04 40 |
| 10 | 01 53 | 22 27 | 20 49 | 09 31 | 04 48 |
| 11 | 02 09 | 22 16 | 20 58 | 09 30 | 04 56 |
| 12 | 02 25 | 22 06 | 21 06 | 09 28 | 05 04 |
| 13 | 02 41 | 21 55 | 21 13 | 09 25 | 05 12 |
| 14 | 02 56 | 21 43 | 21 21 | 09 23 | 05 20 |
| 15 | 03 11 | 21 32 | 21 28 | 09 19 | 05 28 |
| 16 | 03 26 | 21 20 | 21 35 | 09 16 | 05 36 |
| 17 | 03 41 | 21 07 | 21 41 | 09 12 | 05 45 |
| 18 | 03 56 | 20 55 | 21 47 | 09 07 | 05 53 |
| 19 | 04 10 | 20 42 | 21 52 | 09 02 | 06 01 |
| 20 | 04 25 | 20 29 | 21 57 | 08 56 | 06 09 |
| 21 | 04 39 | 20 16 | 22 02 | 08 50 | 06 17 |
| 22 | 04 53 | 20 02 | 22 06 | 08 44 | 06 26 |
| 23 | 05 06 | 19 49 | 22 10 | 08 37 | 06 34 |
| 24 | 05 20 | 19 35 | 22 13 | 08 29 | 06 42 |
| 25 | 05 33 | 19 21 | 22 16 | 08 22 | 06 51 |
| 26 | 05 46 | 19 06 | 22 18 | 08 13 | 06 59 |
| 27 | 05 59 | 18 52 | 22 20 | 08 05 | 07 07 |
| 28 | 06 11 | 18 37 | 22 21 | 07 55 | 07 15 |
| 29 | 06 24 | 18 22 | 22 22 | 07 46 | 07 24 |
| 30 | 06 36 | 18 07 | 22 23 | 07 36 | 07 32 |
| 31 | 06 48 | 17 52 | 22 23℞ | 07 26 | 07 40 |

## Lunar Data

| Last Asp. | | Ingress | | |
|---|---|---|---|---|
| 2 | 09:02 | 2 | ♐ | 10:38 |
| 4 | 19:60 | 4 | ♑ | 23:02 |
| 6 | 22:49 | 7 | ♒ | 11:31 |
| 9 | 14:37 | 9 | ♓ | 22:51 |
| 12 | 07:43 | 12 | ♈ | 08:19 |
| 14 | 14:27 | 14 | ♉ | 15:29 |
| 16 | 18:40 | 16 | ♊ | 20:03 |
| 18 | 16:19 | 18 | ♋ | 22:19 |
| 20 | 21:13 | 20 | ♌ | 23:12 |
| 22 | 14:31 | 23 | ♍ | 00:11 |
| 25 | 00:08 | 25 | ♎ | 02:55 |
| 27 | 05:28 | 27 | ♏ | 08:46 |
| 29 | 14:20 | 29 | ♐ | 18:11 |

## 0:00 E.T. — Declinations

| D | ☉ | ☽ | ☿ | ♀ | ♂ | ♃ | ♄ | ♅ | ♆ | ♇ | ⚳ | ⚴ | ⚵ | ⚶ | ⚷ |
|---|---|---|---|---|---|---|---|---|---|---|---|---|---|---|---|
| 1 | +17 54 | -19 53 | +08 08 | +19 37 | -08 00 | -20 30 | -16 39 | +14 56 | +14 35 | -21 33 | +13 36 | +07 52 | +06 18 | -04 31 | +05 27 |
| 2 | 17 38 | 23 45 | 08 00 | 19 42 | 08 15 | 20 32 | 16 39 | 14 55 | 14 35 | 21 33 | 13 40 | 07 46 | 06 17 | 04 34 | 05 25 |
| 3 | 17 23 | 26 32 | 07 54 | 19 47 | 08 29 | 20 34 | 16 39 | 14 53 | 14 35 | 21 34 | 13 43 | 07 39 | 06 16 | 04 37 | 05 22 |
| 4 | 17 07 | 28 06 | 07 50 | 19 52 | 08 43 | 20 36 | 16 40 | 14 52 | 14 36 | 21 35 | 13 47 | 07 32 | 06 14 | 04 41 | 05 20 |
| 5 | 16 51 | 28 22 | 07 50 | 19 56 | 08 57 | 20 37 | 16 40 | 14 51 | 14 36 | 21 35 | 13 50 | 07 25 | 06 12 | 04 44 | 05 17 |
| 6 | 16 34 | 27 19 | 07 51 | 20 01 | 09 11 | 20 39 | 16 41 | 14 50 | 14 36 | 21 36 | 13 53 | 07 18 | 06 10 | 04 48 | 05 15 |
| 7 | 16 17 | 25 01 | 07 56 | 20 04 | 09 25 | 20 41 | 16 41 | 14 49 | 14 36 | 21 36 | 13 56 | 07 10 | 06 08 | 04 52 | 05 12 |
| 8 | 16 00 | 21 37 | 08 03 | 20 08 | 09 39 | 20 42 | 16 42 | 14 47 | 14 36 | 21 37 | 14 00 | 07 02 | 06 05 | 04 56 | 05 10 |
| 9 | 15 43 | 17 16 | 08 13 | 20 11 | 09 54 | 20 44 | 16 42 | 14 46 | 14 36 | 21 37 | 14 03 | 06 54 | 06 03 | 05 01 | 05 07 |
| 10 | 15 26 | 12 10 | 08 26 | 20 14 | 10 08 | 20 46 | 16 43 | 14 45 | 14 36 | 21 38 | 14 06 | 06 46 | 06 00 | 05 05 | 05 05 |
| 11 | 15 08 | 06 32 | 08 41 | 20 17 | 10 22 | 20 47 | 16 43 | 14 44 | 14 36 | 21 39 | 14 09 | 06 37 | 05 56 | 05 10 | 05 02 |
| 12 | 14 50 | 00 33 | 08 58 | 20 19 | 10 36 | 20 49 | 16 44 | 14 43 | 14 36 | 21 39 | 14 12 | 06 28 | 05 53 | 05 15 | 04 59 |
| 13 | 14 32 | +05 32 | 09 17 | 20 21 | 10 50 | 20 50 | 16 45 | 14 41 | 14 36 | 21 40 | 14 14 | 06 20 | 05 49 | 05 20 | 04 57 |
| 14 | 14 13 | 11 31 | 09 38 | 20 22 | 11 04 | 20 52 | 16 45 | 14 40 | 14 36 | 21 40 | 14 17 | 06 10 | 05 45 | 05 25 | 04 54 |
| 15 | 13 54 | 17 06 | 10 01 | 20 23 | 11 18 | 20 53 | 16 46 | 14 39 | 14 36 | 21 41 | 14 20 | 06 01 | 05 41 | 05 30 | 04 51 |
| 16 | 13 35 | 21 57 | 10 24 | 20 23 | 11 32 | 20 55 | 16 47 | 14 38 | 14 36 | 21 41 | 14 23 | 05 51 | 05 37 | 05 36 | 04 49 |
| 17 | 13 16 | 25 43 | 10 49 | 20 23 | 11 46 | 20 56 | 16 47 | 14 36 | 14 36 | 21 42 | 14 25 | 05 42 | 05 32 | 05 41 | 04 46 |
| 18 | 12 57 | 27 58 | 11 13 | 20 23 | 12 00 | 20 57 | 16 48 | 14 35 | 14 36 | 21 42 | 14 28 | 05 32 | 05 27 | 05 47 | 04 43 |
| 19 | 12 37 | 28 23 | 11 38 | 20 22 | 12 14 | 20 59 | 16 49 | 14 34 | 14 36 | 21 43 | 14 30 | 05 21 | 05 22 | 05 53 | 04 40 |
| 20 | 12 18 | 26 49 | 12 01 | 20 21 | 12 28 | 21 00 | 16 50 | 14 33 | 14 35 | 21 44 | 14 33 | 05 11 | 05 17 | 05 59 | 04 38 |
| 21 | 11 58 | 23 24 | 12 25 | 20 19 | 12 41 | 21 01 | 16 50 | 14 32 | 14 35 | 21 44 | 14 35 | 05 00 | 05 11 | 06 05 | 04 35 |
| 22 | 11 37 | 18 27 | 12 47 | 20 17 | 12 55 | 21 02 | 16 51 | 14 30 | 14 35 | 21 45 | 14 38 | 04 50 | 05 05 | 06 12 | 04 32 |
| 23 | 11 17 | 12 28 | 13 07 | 20 14 | 13 09 | 21 04 | 16 52 | 14 29 | 14 35 | 21 45 | 14 40 | 04 39 | 04 59 | 06 18 | 04 29 |
| 24 | 10 57 | 05 55 | 13 26 | 20 11 | 13 22 | 21 05 | 16 53 | 14 28 | 14 35 | 21 46 | 14 42 | 04 27 | 04 52 | 06 25 | 04 26 |
| 25 | 10 36 | -00 46 | 13 42 | 20 07 | 13 36 | 21 06 | 16 54 | 14 27 | 14 35 | 21 46 | 14 44 | 04 16 | 04 46 | 06 32 | 04 24 |
| 26 | 10 15 | 07 14 | 13 57 | 20 03 | 13 50 | 21 07 | 16 55 | 14 26 | 14 35 | 21 47 | 14 47 | 04 05 | 04 39 | 06 38 | 04 21 |
| 27 | 09 54 | 13 12 | 14 08 | 19 59 | 14 03 | 21 08 | 16 56 | 14 24 | 14 35 | 21 47 | 14 49 | 03 53 | 04 32 | 06 45 | 04 18 |
| 28 | 09 33 | 18 25 | 14 17 | 19 53 | 14 17 | 21 09 | 16 57 | 14 23 | 14 34 | 21 48 | 14 51 | 03 41 | 04 24 | 06 52 | 04 15 |
| 29 | 09 12 | 22 42 | 14 23 | 19 48 | 14 30 | 21 10 | 16 57 | 14 22 | 14 34 | 21 48 | 14 53 | 03 29 | 04 16 | 06 59 | 04 12 |
| 30 | 08 50 | 25 53 | 14 26 | 19 42 | 14 43 | 21 11 | 16 58 | 14 21 | 14 34 | 21 49 | 14 55 | 03 17 | 04 08 | 07 07 | 04 09 |
| 31 | 08 29 | 27 50 | 14 26 | 19 35 | 14 57 | 21 12 | 16 59 | 14 20 | 14 34 | 21 49 | 14 57 | 03 05 | 04 00 | 07 14 | 04 06 |

Lunar Phases -- 8 ○ 21:15 16 ◑ 10:04 23 ● 01:07 ✓ 30 ◐ 09:20 Sun enters ♍ 8/22 10:56

## 0:00 E.T. — Longitudes of Main Planets - September 2044 — Sep. 44

| D | S.T. | ☉ | ☽ | ☽ 12:00 | ☿ | ♀ | ♂ | ♃ | ♄ | ♅ | ♆ | ♇ | ☊ |
|---|---|---|---|---|---|---|---|---|---|---|---|---|---|
| 1 | 22:43:13 | 09♍12 59 | 26♐56 | 02♑52 | 21♌04 | 25♋18 | 09♏04 | 27♑52℞ | 24♏35 | 23♌34 | 14♉48℞ | 01♓24℞ | 11♓08 |
| 2 | 22:47:10 | 10 11 02 | 08♑48 | 14 44 | 22 08 | 26 24 | 09 43 | 27 48 | 24 39 | 23 38 | 14 48 | 01 23 | 11 05 |
| 3 | 22:51:06 | 11 09 07 | 20 41 | 26 39 | 23 18 | 27 30 | 10 23 | 27 44 | 24 42 | 23 41 | 14 47 | 01 21 | 11 01 |
| 4 | 22:55:03 | 12 07 13 | 02♒39 | 08♒40 | 24 35 | 28 35 | 11 02 | 27 40 | 24 46 | 23 45 | 14 47 | 01 20 | 10 58 |
| 5 | 22:58:59 | 13 05 21 | 14 44 | 20 51 | 25 58 | 29 42 | 11 41 | 27 37 | 24 49 | 23 49 | 14 46 | 01 19 | 10 55 |
| 6 | 23:02:56 | 14 03 30 | 27 00 | 03♓13 | 27 26 | 00♌48 | 12 21 | 27 34 | 24 53 | 23 52 | 14 46 | 01 17 | 10 52 |
| 7 | 23:06:52 | 15 01 41 | 09♓28 | 15 48 | 28 58 | 01 54 | 13 01 | 27 31 | 24 57 | 23 56 | 14 45 | 01 16 | 10 49 |
| 8 | 23:10:49 | 15 59 54 | 22 10 | 28 37 | 00♍35 | 03 01 | 13 40 | 27 28 | 25 01 | 23 59 | 14 44 | 01 15 | 10 45 |
| 9 | 23:14:45 | 16 58 08 | 05♈06 | 11♈40 | 02 15 | 04 08 | 14 20 | 27 25 | 25 05 | 24 03 | 14 44 | 01 14 | 10 42 |
| 10 | 23:18:42 | 17 56 25 | 18 17 | 24 57 | 03 58 | 05 15 | 15 00 | 27 22 | 25 09 | 24 06 | 14 43 | 01 12 | 10 39 |
| 11 | 23:22:39 | 18 54 43 | 01♉40 | 08♉27 | 05 44 | 06 22 | 15 40 | 27 20 | 25 13 | 24 10 | 14 42 | 01 11 | 10 36 |
| 12 | 23:26:35 | 19 53 03 | 15 17 | 22 10 | 07 32 | 07 30 | 16 20 | 27 18 | 25 17 | 24 13 | 14 41 | 01 10 | 10 33 |
| 13 | 23:30:32 | 20 51 26 | 29 06 | 06♊04 | 09 22 | 08 38 | 17 00 | 27 16 | 25 21 | 24 17 | 14 40 | 01 09 | 10 30 |
| 14 | 23:34:28 | 21 49 51 | 13♊05 | 20 08 | 11 13 | 09 45 | 17 41 | 27 14 | 25 25 | 24 20 | 14 40 | 01 08 | 10 26 |
| 15 | 23:38:25 | 22 48 18 | 27 13 | 04♋20 | 13 04 | 10 53 | 18 21 | 27 13 | 25 30 | 24 24 | 14 39 | 01 06 | 10 23 |
| 16 | 23:42:21 | 23 46 47 | 11♋28 | 18 37 | 14 57 | 12 02 | 19 02 | 27 11 | 25 34 | 24 27 | 14 38 | 01 05 | 10 20 |
| 17 | 23:46:18 | 24 45 18 | 25 48 | 02♌58 | 16 50 | 13 10 | 19 42 | 27 10 | 25 39 | 24 30 | 14 37 | 01 04 | 10 17 |
| 18 | 23:50:14 | 25 43 51 | 10♌09 | 17 19 | 18 43 | 14 18 | 20 23 | 27 09 | 25 43 | 24 34 | 14 36 | 01 03 | 10 14 |
| 19 | 23:54:11 | 26 42 26 | 24 28 | 01♍35 | 20 35 | 15 27 | 21 04 | 27 08 | 25 48 | 24 37 | 14 35 | 01 02 | 10 11 |
| 20 | 23:58:08 | 27 41 04 | 08♍41 | 15 43 | 22 28 | 16 36 | 21 45 | 27 08 | 25 53 | 24 40 | 14 34 | 01 01 | 10 07 |
| 21 | 0:02:04 | 28 39 43 | 22 43 | 29 39 | 24 20 | 17 45 | 22 26 | 27 07 | 25 58 | 24 44 | 14 33 | 01 00 | 10 04 |
| 22 | 0:06:01 | 29 38 25 | 06♎31 | 13♎18 | 26 11 | 18 54 | 23 07 | 27 07 | 26 03 | 24 47 | 14 32 | 00 58 | 10 01 |
| 23 | 0:09:57 | 00♎37 08 | 20 01 | 26 39 | 28 02 | 20 03 | 23 48 | 27 07D | 26 08 | 24 50 | 14 31 | 00 57 | 09 58 |
| 24 | 0:13:54 | 01 35 53 | 03♏12 | 09♏40 | 29 52 | 21 13 | 24 30 | 27 07 | 26 13 | 24 53 | 14 30 | 00 56 | 09 55 |
| 25 | 0:17:50 | 02 34 40 | 16 04 | 22 23 | 01♎42 | 22 22 | 25 11 | 27 08 | 26 18 | 24 56 | 14 28 | 00 55 | 09 51 |
| 26 | 0:21:47 | 03 33 29 | 28 37 | 04♐47 | 03 30 | 23 32 | 25 53 | 27 08 | 26 23 | 24 59 | 14 27 | 00 54 | 09 48 |
| 27 | 0:25:43 | 04 32 20 | 10♐54 | 16 57 | 05 18 | 24 42 | 26 34 | 27 09 | 26 28 | 25 03 | 14 26 | 00 53 | 09 45 |
| 28 | 0:29:40 | 05 31 12 | 22 58 | 28 57 | 07 05 | 25 52 | 27 16 | 27 10 | 26 33 | 25 06 | 14 25 | 00 52 | 09 42 |
| 29 | 0:33:37 | 06 30 07 | 04♑54 | 10♑50 | 08 51 | 27 02 | 27 58 | 27 11 | 26 39 | 25 09 | 14 24 | 00 51 | 09 39 |
| 30 | 0:37:33 | 07 29 03 | 16 46 | 22 42 | 10 36 | 28 12 | 28 39 | 27 12 | 26 44 | 25 12 | 14 22 | 00 50 | 09 36 |

## 0:00 E.T. — Longitudes of the Major Asteroids and Chiron — Lunar Data

| D | ⚳ | ⚴ | ⚵ | ⚶ | ⚷ | D | ⚳ | ⚴ | ⚵ | ⚶ | ⚷ | Last Asp. | Ingress |
|---|---|---|---|---|---|---|---|---|---|---|---|---|---|
| 1 | 06♊59 | 17♓37℞ | 22♈23℞ | 07♈15℞ | 07♍49 | 16 | 09 22 | 13 44 | 21 19 | 03 57 | 09 53 | 31 17:10 | 1 ♑ 06:11 |
| 2 | 07 11 | 17 22 | 22 22 | 07 04 | 07 57 | 17 | 09 29 | 13 29 | 21 11 | 03 42 | 10 01 | 3 15:04 | 3 ♒ 18:43 |
| 3 | 07 22 | 17 06 | 22 20 | 06 52 | 08 05 | 18 | 09 36 | 13 13 | 21 03 | 03 27 | 10 09 | 6 00:56 | 6 ♓ 05:48 |
| 4 | 07 33 | 16 51 | 22 18 | 06 41 | 08 14 | 19 | 09 43 | 12 58 | 20 54 | 03 12 | 10 17 | 8 09:50 | 8 ♈ 14:34 |
| 5 | 07 43 | 16 35 | 22 16 | 06 29 | 08 22 | 20 | 09 49 | 12 44 | 20 44 | 02 56 | 10 25 | 10 16:17 | 10 ♉ 21:01 |
| 6 | 07 54 | 16 20 | 22 13 | 06 16 | 08 30 | 21 | 09 55 | 12 29 | 20 35 | 02 41 | 10 33 | 12 20:51 | 13 ♊ 01:34 |
| 7 | 08 04 | 16 04 | 22 10 | 06 03 | 08 38 | 22 | 10 01 | 12 14 | 20 25 | 02 25 | 10 41 | 14 19:12 | 15 ♋ 04:42 |
| 8 | 08 13 | 15 48 | 22 06 | 05 50 | 08 47 | 23 | 10 06 | 12 00 | 20 14 | 02 10 | 10 49 | 17 02:18 | 17 ♌ 07:02 |
| 9 | 08 23 | 15 33 | 22 02 | 05 37 | 08 55 | 24 | 10 11 | 11 46 | 20 03 | 01 55 | 10 57 | 19 02:16 | 19 ♍ 09:19 |
| 10 | 08 32 | 15 17 | 21 57 | 05 23 | 09 03 | 25 | 10 15 | 11 32 | 19 52 | 01 39 | 11 06 | 21 11:05 | 21 ♎ 12:37 |
| 11 | 08 41 | 15 01 | 21 52 | 05 09 | 09 11 | 26 | 10 20 | 11 18 | 19 40 | 01 24 | 11 13 | 23 12:51 | 23 ♏ 18:07 |
| 12 | 08 50 | 14 46 | 21 46 | 04 55 | 09 20 | 27 | 10 24 | 11 04 | 19 29 | 01 08 | 11 21 | 25 21:08 | 26 ♐ 02:41 |
| 13 | 08 59 | 14 30 | 21 40 | 04 41 | 09 28 | 28 | 10 27 | 10 51 | 19 16 | 00 53 | 11 29 | 28 06:25 | 28 ♑ 14:07 |
| 14 | 09 07 | 14 15 | 21 34 | 04 26 | 09 36 | 29 | 10 30 | 10 38 | 19 04 | 00 38 | 11 37 | | |
| 15 | 09 15 | 13 59 | 21 26 | 04 12 | 09 44 | 30 | 10 33 | 10 25 | 18 51 | 00 23 | 11 45 | | |

## 0:00 E.T. — Declinations

| D | ☉ | ☽ | ☿ | ♀ | ♂ | ♃ | ♄ | ♅ | ♆ | ♇ | ⚳ | ⚴ | ⚵ | ⚶ | ⚷ |
|---|---|---|---|---|---|---|---|---|---|---|---|---|---|---|---|
| 1 | +08 07 | -28 29 | +14 23 | +19 28 | -15 10 | -21 13 | -17 00 | +14 18 | +14 34 | -21 50 | +14 58 | +02 52 | +03 52 | -07 21 | +04 04 |
| 2 | 07 45 | 27 49 | 14 16 | 19 20 | 15 23 | 21 13 | 17 02 | 14 17 | 14 34 | 21 50 | 15 00 | 02 40 | 03 43 | 07 29 | 04 01 |
| 3 | 07 23 | 25 53 | 14 06 | 19 12 | 15 36 | 21 14 | 17 03 | 14 16 | 14 33 | 21 51 | 15 02 | 02 27 | 03 34 | 07 36 | 03 58 |
| 4 | 07 01 | 22 46 | 13 53 | 19 03 | 15 49 | 21 15 | 17 04 | 14 15 | 14 33 | 21 51 | 15 04 | 02 14 | 03 25 | 07 44 | 03 55 |
| 5 | 06 39 | 18 40 | 13 36 | 18 54 | 16 02 | 21 16 | 17 05 | 14 14 | 14 33 | 21 52 | 15 05 | 02 01 | 03 15 | 07 51 | 03 52 |
| 6 | 06 16 | 13 44 | 13 16 | 18 44 | 16 14 | 21 16 | 17 06 | 14 13 | 14 33 | 21 52 | 15 07 | 01 49 | 03 05 | 07 59 | 03 49 |
| 7 | 05 54 | 08 10 | 12 53 | 18 34 | 16 27 | 21 17 | 17 07 | 14 11 | 14 33 | 21 52 | 15 09 | 01 35 | 02 55 | 08 06 | 03 46 |
| 8 | 05 31 | 02 11 | 12 27 | 18 23 | 16 40 | 21 18 | 17 08 | 14 10 | 14 32 | 21 53 | 15 10 | 01 22 | 02 45 | 08 14 | 03 43 |
| 9 | 05 09 | +04 00 | 11 59 | 18 12 | 16 52 | 21 18 | 17 09 | 14 09 | 14 32 | 21 53 | 15 12 | 01 09 | 02 35 | 08 21 | 03 40 |
| 10 | 04 46 | 10 07 | 11 27 | 18 00 | 17 05 | 21 19 | 17 10 | 14 08 | 14 32 | 21 54 | 15 13 | 00 56 | 02 24 | 08 29 | 03 37 |
| 11 | 04 23 | 15 53 | 10 54 | 17 48 | 17 17 | 21 19 | 17 12 | 14 07 | 14 31 | 21 54 | 15 14 | 00 43 | 02 13 | 08 37 | 03 34 |
| 12 | 04 00 | 20 57 | 10 18 | 17 35 | 17 29 | 21 20 | 17 13 | 14 06 | 14 31 | 21 55 | 15 16 | 00 29 | 02 02 | 08 44 | 03 31 |
| 13 | 03 37 | 24 59 | 09 40 | 17 22 | 17 41 | 21 20 | 17 14 | 14 04 | 14 31 | 21 55 | 15 17 | 00 16 | 01 51 | 08 52 | 03 28 |
| 14 | 03 14 | 27 36 | 09 00 | 17 08 | 17 53 | 21 20 | 17 15 | 14 03 | 14 31 | 21 55 | 15 18 | 00 02 | 01 39 | 08 59 | 03 25 |
| 15 | 02 51 | 28 29 | 08 19 | 16 54 | 18 05 | 21 21 | 17 16 | 14 02 | 14 30 | 21 56 | 15 20 | -00 11 | 01 27 | 09 07 | 03 22 |
| 16 | 02 28 | 27 29 | 07 36 | 16 39 | 18 17 | 21 21 | 17 18 | 14 01 | 14 30 | 21 56 | 15 21 | 00 25 | 01 16 | 09 14 | 03 19 |
| 17 | 02 05 | 24 40 | 06 53 | 16 24 | 18 28 | 21 21 | 17 19 | 14 00 | 14 30 | 21 56 | 15 22 | 00 38 | 01 03 | 09 21 | 03 16 |
| 18 | 01 42 | 20 19 | 06 08 | 16 09 | 18 40 | 21 21 | 17 20 | 13 59 | 14 29 | 21 57 | 15 23 | 00 52 | 00 51 | 09 29 | 03 13 |
| 19 | 01 19 | 14 48 | 05 22 | 15 52 | 18 51 | 21 22 | 17 22 | 13 58 | 14 29 | 21 57 | 15 24 | 01 05 | 00 39 | 09 36 | 03 10 |
| 20 | 00 55 | 08 32 | 04 36 | 15 36 | 19 02 | 21 22 | 17 23 | 13 57 | 14 29 | 21 57 | 15 25 | 01 18 | 00 26 | 09 43 | 03 07 |
| 21 | 00 32 | 01 55 | 03 50 | 15 19 | 19 14 | 21 22 | 17 24 | 13 56 | 14 28 | 21 58 | 15 26 | 01 32 | 00 13 | 09 50 | 03 04 |
| 22 | 00 09 | -04 39 | 03 03 | 15 01 | 19 25 | 21 22 | 17 26 | 13 55 | 14 28 | 21 58 | 15 27 | 01 45 | 00 00 | 09 56 | 03 01 |
| 23 | -00 15 | 10 53 | 02 16 | 14 43 | 19 35 | 21 22 | 17 27 | 13 54 | 14 28 | 21 58 | 15 28 | 01 59 | -00 13 | 10 03 | 02 58 |
| 24 | 00 38 | 16 28 | 01 28 | 14 25 | 19 46 | 21 22 | 17 28 | 13 53 | 14 27 | 21 59 | 15 29 | 02 12 | 00 26 | 10 10 | 02 55 |
| 25 | 01 02 | 21 12 | 00 41 | 14 06 | 19 57 | 21 22 | 17 30 | 13 52 | 14 27 | 21 59 | 15 30 | 02 25 | 00 39 | 10 16 | 02 52 |
| 26 | 01 25 | 24 50 | -00 06 | 13 47 | 20 07 | 21 22 | 17 31 | 13 50 | 14 26 | 21 59 | 15 31 | 02 38 | 00 53 | 10 22 | 02 49 |
| 27 | 01 48 | 27 16 | 00 53 | 13 27 | 20 17 | 21 21 | 17 32 | 13 49 | 14 26 | 22 00 | 15 32 | 02 51 | 01 06 | 10 28 | 02 46 |
| 28 | 02 12 | 28 22 | 01 40 | 13 07 | 20 28 | 21 21 | 17 34 | 13 48 | 14 26 | 22 00 | 15 33 | 03 04 | 01 19 | 10 34 | 02 43 |
| 29 | 02 35 | 28 08 | 02 27 | 12 47 | 20 38 | 21 21 | 17 35 | 13 47 | 14 25 | 22 00 | 15 34 | 03 17 | 01 33 | 10 40 | 02 40 |
| 30 | 02 58 | 26 36 | 03 14 | 12 26 | 20 47 | 21 21 | 17 37 | 13 46 | 14 25 | 22 00 | 15 35 | 03 30 | 01 47 | 10 45 | 02 37 |

Lunar Phases -- 7 Ⓔ 11:26 14 ◑ 15:59 21 ● 11:05 29 ◐ 03:32 Sun enters ♎ 9/22 08:49

## Longitudes of Main Planets - October 2044

0:00 E.T.

| D | S.T. | ☉ | ☽ | ☽ 12:00 | ☿ | ♀ | ♂ | ♃ | ♄ | ♅ | ♆ | ♇ | ☊ |
|---|---|---|---|---|---|---|---|---|---|---|---|---|---|
| 1 | 0:41:30 | 08♎28 00 | 28♑39 | 04♒37 | 12♎20 | 29♌22 | 29♏21 | 27♑14 | 26♏50 | 25♌15 | 14♉21℞ | 00♓49℞ | 09♓32 |
| 2 | 0:45:26 | 09 27 00 | 10♒37 | 16 40 | 14 03 | 00♍33 | 00♐03 | 27 16 | 26 55 | 25 18 | 14 20 | 00 48 | 09 29 |
| 3 | 0:49:23 | 10 26 01 | 22 46 | 28 56 | 15 45 | 01 43 | 00 46 | 27 18 | 27 01 | 25 20 | 14 19 | 00 47 | 09 26 |
| 4 | 0:53:19 | 11 25 04 | 05♓09 | 11♓27 | 17 27 | 02 54 | 01 28 | 27 20 | 27 06 | 25 23 | 14 17 | 00 46 | 09 23 |
| 5 | 0:57:16 | 12 24 09 | 17 49 | 24 16 | 19 08 | 04 05 | 02 10 | 27 22 | 27 12 | 25 26 | 14 16 | 00 45 | 09 20 |
| 6 | 1:01:12 | 13 23 15 | 00♈48 | 07♈25 | 20 47 | 05 16 | 02 52 | 27 24 | 27 18 | 25 29 | 14 14 | 00 44 | 09 17 |
| 7 | 1:05:09 | 14 22 24 | 14 06 | 20 52 | 22 27 | 06 27 | 03 35 | 27 27 | 27 24 | 25 32 | 14 13 | 00 44 | 09 13 |
| 8 | 1:09:06 | 15 21 35 | 27 42 | 04♉36 | 24 05 | 07 38 | 04 17 | 27 30 | 27 29 | 25 35 | 14 12 | 00 43 | 09 10 |
| 9 | 1:13:02 | 16 20 48 | 11♉34 | 18 34 | 25 42 | 08 49 | 05 00 | 27 33 | 27 35 | 25 37 | 14 10 | 00 42 | 09 07 |
| 10 | 1:16:59 | 17 20 03 | 25 37 | 02♊41 | 27 19 | 10 00 | 05 43 | 27 36 | 27 41 | 25 40 | 14 09 | 00 41 | 09 04 |
| 11 | 1:20:55 | 18 19 20 | 09♊47 | 16 54 | 28 55 | 11 12 | 06 25 | 27 40 | 27 47 | 25 43 | 14 07 | 00 40 | 09 01 |
| 12 | 1:24:52 | 19 18 40 | 24 01 | 01♋09 | 00♏30 | 12 24 | 07 08 | 27 43 | 27 53 | 25 45 | 14 06 | 00 40 | 08 57 |
| 13 | 1:28:48 | 20 18 02 | 08♋15 | 15 22 | 02 05 | 13 35 | 07 51 | 27 47 | 27 59 | 25 48 | 14 04 | 00 39 | 08 54 |
| 14 | 1:32:45 | 21 17 26 | 22 27 | 29 31 | 03 39 | 14 47 | 08 34 | 27 51 | 28 06 | 25 50 | 14 03 | 00 38 | 08 51 |
| 15 | 1:36:41 | 22 16 53 | 06♌33 | 13♌34 | 05 12 | 15 59 | 09 17 | 27 55 | 28 12 | 25 53 | 14 01 | 00 37 | 08 48 |
| 16 | 1:40:38 | 23 16 22 | 20 34 | 27 31 | 06 44 | 17 11 | 10 01 | 28 00 | 28 18 | 25 55 | 14 00 | 00 37 | 08 45 |
| 17 | 1:44:35 | 24 15 53 | 04♍27 | 11♍21 | 08 16 | 18 23 | 10 44 | 28 04 | 28 24 | 25 57 | 13 58 | 00 36 | 08 42 |
| 18 | 1:48:31 | 25 15 27 | 18 12 | 25 02 | 09 47 | 19 35 | 11 27 | 28 09 | 28 31 | 26 00 | 13 57 | 00 35 | 08 38 |
| 19 | 1:52:28 | 26 15 03 | 01♎48 | 08♎32 | 11 18 | 20 48 | 12 11 | 28 14 | 28 37 | 26 02 | 13 55 | 00 35 | 08 35 |
| 20 | 1:56:24 | 27 14 40 | 15 13 | 21 51 | 12 48 | 22 00 | 12 54 | 28 19 | 28 43 | 26 04 | 13 53 | 00 34 | 08 32 |
| 21 | 2:00:21 | 28 14 20 | 28 26 | 04♏57 | 14 17 | 23 12 | 13 38 | 28 24 | 28 50 | 26 07 | 13 52 | 00 33 | 08 29 |
| 22 | 2:04:17 | 29 14 02 | 11♏24 | 17 47 | 15 45 | 24 25 | 14 21 | 28 29 | 28 56 | 26 09 | 13 50 | 00 33 | 08 26 |
| 23 | 2:08:14 | 00♏13 46 | 24 07 | 00♐23 | 17 13 | 25 37 | 15 05 | 28 35 | 29 03 | 26 11 | 13 48 | 00 32 | 08 23 |
| 24 | 2:12:10 | 01 13 32 | 06♐35 | 12 44 | 18 41 | 26 50 | 15 49 | 28 41 | 29 10 | 26 13 | 13 47 | 00 32 | 08 19 |
| 25 | 2:16:07 | 02 13 20 | 18 49 | 24 52 | 20 07 | 28 03 | 16 33 | 28 47 | 29 16 | 26 15 | 13 45 | 00 31 | 08 16 |
| 26 | 2:20:04 | 03 13 09 | 00♑52 | 06♑50 | 21 33 | 29 16 | 17 17 | 28 53 | 29 23 | 26 17 | 13 44 | 00 31 | 08 13 |
| 27 | 2:24:00 | 04 13 00 | 12 46 | 18 41 | 22 58 | 00♎29 | 18 01 | 28 59 | 29 29 | 26 19 | 13 42 | 00 30 | 08 10 |
| 28 | 2:27:57 | 05 12 53 | 24 36 | 00♒31 | 24 22 | 01 42 | 18 45 | 29 05 | 29 36 | 26 21 | 13 40 | 00 30 | 08 07 |
| 29 | 2:31:53 | 06 12 47 | 06♒27 | 12 24 | 25 46 | 02 55 | 19 29 | 29 12 | 29 43 | 26 23 | 13 39 | 00 30 | 08 03 |
| 30 | 2:35:50 | 07 12 44 | 18 24 | 24 26 | 27 09 | 04 08 | 20 13 | 29 19 | 29 50 | 26 24 | 13 37 | 00 29 | 08 00 |
| 31 | 2:39:46 | 08 12 41 | 00♓32 | 06♓41 | 28 30 | 05 21 | 20 58 | 29 25 | 29 56 | 26 26 | 13 35 | 00 29 | 07 57 |

## Longitudes of the Major Asteroids and Chiron

0:00 E.T.

| D | ⚳ | ⚴ | ⚵ | ⚶ | ⚷ |
|---|---|---|---|---|---|
| 1 | 10♊36 | 10♓13℞ | 18♈38℞ | 00♈08℞ | 11♍53 |
| 2 | 10 38 | 10 00 | 18 25 | 29♓54 | 12 01 |
| 3 | 10 40 | 09 48 | 18 11 | 29 39 | 12 09 |
| 4 | 10 41 | 09 37 | 17 58 | 29 25 | 12 16 |
| 5 | 10 42 | 09 25 | 17 44 | 29 11 | 12 24 |
| 6 | 10 43 | 09 14 | 17 30 | 28 57 | 12 32 |
| 7 | 10 43 | 09 04 | 17 16 | 28 43 | 12 39 |
| 8 | 10 43℞ | 08 53 | 17 02 | 28 30 | 12 47 |
| 9 | 10 42 | 08 43 | 16 48 | 28 17 | 12 54 |
| 10 | 10 41 | 08 33 | 16 33 | 28 04 | 13 02 |
| 11 | 10 40 | 08 24 | 16 19 | 27 52 | 13 09 |
| 12 | 10 38 | 08 15 | 16 05 | 27 40 | 13 17 |
| 13 | 10 36 | 08 06 | 15 50 | 27 28 | 13 24 |
| 14 | 10 34 | 07 57 | 15 36 | 27 17 | 13 31 |
| 15 | 10 31 | 07 49 | 15 22 | 27 05 | 13 39 |
| 16 | 10 28 | 07 42 | 15 08 | 26 55 | 13 46 |
| 17 | 10 24 | 07 34 | 14 54 | 26 44 | 13 53 |
| 18 | 10 20 | 07 27 | 14 40 | 26 35 | 14 00 |
| 19 | 10 15 | 07 21 | 14 26 | 26 25 | 14 07 |
| 20 | 10 10 | 07 14 | 14 13 | 26 16 | 14 14 |
| 21 | 10 05 | 07 09 | 13 59 | 26 07 | 14 21 |
| 22 | 10 00 | 07 03 | 13 46 | 25 59 | 14 28 |
| 23 | 09 54 | 06 58 | 13 33 | 25 51 | 14 35 |
| 24 | 09 47 | 06 53 | 13 21 | 25 44 | 14 42 |
| 25 | 09 40 | 06 49 | 13 09 | 25 37 | 14 48 |
| 26 | 09 33 | 06 45 | 12 57 | 25 30 | 14 55 |
| 27 | 09 26 | 06 41 | 12 45 | 25 24 | 15 02 |
| 28 | 09 18 | 06 38 | 12 34 | 25 19 | 15 08 |
| 29 | 09 10 | 06 35 | 12 23 | 25 13 | 15 15 |
| 30 | 09 01 | 06 33 | 12 13 | 25 09 | 15 21 |
| 31 | 08 52 | 06 31 | 12 03 | 25 05 | 15 27 |

## Lunar Data

| Last Asp. | | Ingress | | |
|---|---|---|---|---|
| 1 | 01:32 | 1 | ♒ | 02:44 |
| 3 | 08:21 | 3 | ♓ | 14:05 |
| 5 | 17:45 | 5 | ♈ | 22:32 |
| 7 | 23:38 | 8 | ♉ | 04:00 |
| 10 | 03:33 | 10 | ♊ | 07:27 |
| 12 | 02:55 | 12 | ♋ | 10:04 |
| 14 | 09:40 | 14 | ♌ | 12:50 |
| 16 | 13:27 | 16 | ♍ | 16:17 |
| 18 | 18:18 | 18 | ♎ | 20:48 |
| 20 | 23:57 | 21 | ♏ | 02:53 |
| 23 | 09:32 | 23 | ♐ | 11:17 |
| 25 | 20:26 | 25 | ♑ | 22:17 |
| 28 | 10:14 | 28 | ♒ | 10:57 |
| 30 | 22:50 | 30 | ♓ | 22:58 |

## Declinations

0:00 E.T.

| D | ☉ | ☽ | ☿ | ♀ | ♂ | ♃ | ♄ | ♅ | ♆ | ♇ | ⚳ | ⚴ | ⚵ | ⚶ | ⚷ |
|---|---|---|---|---|---|---|---|---|---|---|---|---|---|---|---|
| 1 | -03 21 | -23 53 | -04 00 | +12 05 | -20 57 | -21 20 | -17 38 | +13 46 | +14 24 | -22 01 | +15 35 | -03 42 | -02 00 | -10 51 | +02 34 |
| 2 | 03 45 | 20 07 | 04 45 | 11 43 | 21 07 | 21 20 | 17 39 | 13 45 | 14 24 | 22 01 | 15 36 | 03 55 | 02 14 | 10 56 | 02 31 |
| 3 | 04 08 | 15 28 | 05 31 | 11 21 | 21 16 | 21 20 | 17 41 | 13 44 | 14 24 | 22 01 | 15 37 | 04 07 | 02 27 | 11 01 | 02 28 |
| 4 | 04 31 | 10 07 | 06 16 | 10 59 | 21 25 | 21 19 | 17 42 | 13 43 | 14 23 | 22 01 | 15 38 | 04 20 | 02 41 | 11 06 | 02 25 |
| 5 | 04 54 | 04 14 | 07 00 | 10 36 | 21 34 | 21 19 | 17 44 | 13 42 | 14 23 | 22 01 | 15 38 | 04 32 | 02 54 | 11 10 | 02 22 |
| 6 | 05 17 | +01 57 | 07 44 | 10 13 | 21 43 | 21 18 | 17 45 | 13 41 | 14 22 | 22 02 | 15 39 | 04 44 | 03 08 | 11 14 | 02 19 |
| 7 | 05 40 | 08 11 | 08 27 | 09 50 | 21 51 | 21 18 | 17 47 | 13 40 | 14 22 | 22 02 | 15 40 | 04 56 | 03 21 | 11 19 | 02 16 |
| 8 | 06 03 | 14 11 | 09 10 | 09 27 | 22 00 | 21 17 | 17 48 | 13 39 | 14 21 | 22 02 | 15 40 | 05 08 | 03 34 | 11 22 | 02 13 |
| 9 | 06 26 | 19 36 | 09 52 | 09 03 | 22 08 | 21 17 | 17 50 | 13 38 | 14 21 | 22 02 | 15 41 | 05 19 | 03 48 | 11 26 | 02 10 |
| 10 | 06 48 | 24 01 | 10 33 | 08 38 | 22 16 | 21 16 | 17 51 | 13 37 | 14 21 | 22 02 | 15 41 | 05 31 | 04 01 | 11 30 | 02 07 |
| 11 | 07 11 | 27 02 | 11 14 | 08 14 | 22 24 | 21 15 | 17 53 | 13 36 | 14 20 | 22 02 | 15 42 | 05 42 | 04 14 | 11 33 | 02 04 |
| 12 | 07 33 | 28 20 | 11 54 | 07 49 | 22 32 | 21 14 | 17 54 | 13 36 | 14 20 | 22 02 | 15 43 | 05 53 | 04 27 | 11 36 | 02 01 |
| 13 | 07 56 | 27 45 | 12 33 | 07 24 | 22 39 | 21 14 | 17 56 | 13 35 | 14 19 | 22 03 | 15 43 | 06 04 | 04 39 | 11 38 | 01 59 |
| 14 | 08 18 | 25 22 | 13 12 | 06 59 | 22 46 | 21 13 | 17 57 | 13 34 | 14 19 | 22 03 | 15 44 | 06 15 | 04 52 | 11 41 | 01 56 |
| 15 | 08 40 | 21 26 | 13 50 | 06 33 | 22 53 | 21 12 | 17 59 | 13 33 | 14 18 | 22 03 | 15 44 | 06 25 | 05 04 | 11 43 | 01 53 |
| 16 | 09 02 | 16 18 | 14 27 | 06 08 | 23 00 | 21 11 | 18 00 | 13 32 | 14 18 | 22 03 | 15 45 | 06 36 | 05 16 | 11 45 | 01 50 |
| 17 | 09 24 | 10 23 | 15 04 | 05 42 | 23 07 | 21 10 | 18 02 | 13 32 | 14 17 | 22 03 | 15 45 | 06 46 | 05 28 | 11 47 | 01 47 |
| 18 | 09 46 | 04 01 | 15 39 | 05 15 | 23 13 | 21 09 | 18 03 | 13 31 | 14 17 | 22 03 | 15 46 | 06 56 | 05 40 | 11 49 | 01 44 |
| 19 | 10 08 | -02 27 | 16 14 | 04 49 | 23 19 | 21 08 | 18 05 | 13 30 | 14 16 | 22 03 | 15 46 | 07 06 | 05 51 | 11 50 | 01 41 |
| 20 | 10 29 | 08 42 | 16 48 | 04 22 | 23 25 | 21 07 | 18 06 | 13 29 | 14 16 | 22 03 | 15 47 | 07 15 | 06 02 | 11 51 | 01 39 |
| 21 | 10 51 | 14 29 | 17 21 | 03 56 | 23 31 | 21 06 | 18 08 | 13 29 | 14 15 | 22 03 | 15 47 | 07 25 | 06 13 | 11 52 | 01 36 |
| 22 | 11 12 | 19 30 | 17 54 | 03 29 | 23 37 | 21 05 | 18 09 | 13 28 | 14 15 | 22 03 | 15 48 | 07 34 | 06 24 | 11 52 | 01 33 |
| 23 | 11 33 | 23 33 | 18 25 | 03 02 | 23 42 | 21 04 | 18 11 | 13 27 | 14 14 | 22 03 | 15 48 | 07 43 | 06 34 | 11 53 | 01 30 |
| 24 | 11 54 | 26 25 | 18 55 | 02 34 | 23 47 | 21 03 | 18 12 | 13 27 | 14 14 | 22 03 | 15 49 | 07 52 | 06 44 | 11 53 | 01 27 |
| 25 | 12 15 | 27 59 | 19 25 | 02 07 | 23 52 | 21 02 | 18 14 | 13 26 | 14 13 | 22 03 | 15 49 | 08 01 | 06 54 | 11 53 | 01 25 |
| 26 | 12 35 | 28 11 | 19 53 | 01 40 | 23 57 | 21 00 | 18 15 | 13 25 | 14 13 | 22 03 | 15 50 | 08 09 | 07 04 | 11 52 | 01 22 |
| 27 | 12 55 | 27 05 | 20 21 | 01 12 | 24 01 | 20 59 | 18 17 | 13 25 | 14 12 | 22 03 | 15 50 | 08 18 | 07 13 | 11 52 | 01 19 |
| 28 | 13 16 | 24 45 | 20 47 | 00 44 | 24 05 | 20 58 | 18 18 | 13 24 | 14 12 | 22 03 | 15 51 | 08 26 | 07 22 | 11 51 | 01 16 |
| 29 | 13 35 | 21 21 | 21 13 | 00 17 | 24 09 | 20 56 | 18 20 | 13 23 | 14 11 | 22 03 | 15 51 | 08 34 | 07 30 | 11 50 | 01 14 |
| 30 | 13 55 | 17 04 | 21 37 | -00 11 | 24 13 | 20 55 | 18 21 | 13 23 | 14 11 | 22 03 | 15 52 | 08 41 | 07 38 | 11 48 | 01 11 |
| 31 | 14 15 | 12 02 | 22 01 | 00 39 | 24 16 | 20 53 | 18 23 | 13 22 | 14 10 | 22 03 | 15 52 | 08 49 | 07 46 | 11 47 | 01 09 |

Lunar Phases -- 7 ○ 00:31   13 ◑ 21:54   20 ● 23:38   28 ◐ 23:29   Sun enters ♏ 10/22 18:28

## 0:00 E.T. Longitudes of Main Planets - November 2044 Nov. 44

| D | S.T. | ☉ | ☽ | ☽ 12:00 | ☿ | ♀ | ♂ | ♃ | ♄ | ♅ | ♆ | ♇ | ☊ |
|---|---|---|---|---|---|---|---|---|---|---|---|---|---|
| 1 | 2:43:43 | 09♏12 41 | 12♓56 | 19♓16 | 29♏51 | 06♎34 | 21♐42 | 29♑32 | 00♐03 | 26♌28 | 13♉34℞ | 00♓29℞ | 07♓54 |
| 2 | 2:47:39 | 10 12 41 | 25 41 | 02♈12 | 01♐11 | 07 48 | 22 27 | 29 40 | 00 10 | 26 29 | 13 32 | 00 28 | 07 51 |
| 3 | 2:51:36 | 11 12 44 | 08♈50 | 15 33 | 02 30 | 09 01 | 23 11 | 29 47 | 00 17 | 26 31 | 13 30 | 00 28 | 07 48 |
| 4 | 2:55:33 | 12 12 48 | 22 23 | 29 19 | 03 47 | 10 15 | 23 56 | 29 54 | 00 24 | 26 32 | 13 28 | 00 28 | 07 44 |
| 5 | 2:59:29 | 13 12 55 | 06♉21 | 13♉27 | 05 03 | 11 28 | 24 40 | 00♒02 | 00 31 | 26 34 | 13 27 | 00 28 | 07 41 |
| 6 | 3:03:26 | 14 13 02 | 20 39 | 27 53 | 06 17 | 12 42 | 25 25 | 00 10 | 00 38 | 26 35 | 13 25 | 00 27 | 07 38 |
| 7 | 3:07:22 | 15 13 12 | 05♊11 | 12♊30 | 07 30 | 13 55 | 26 10 | 00 18 | 00 45 | 26 37 | 13 23 | 00 27 | 07 35 |
| 8 | 3:11:19 | 16 13 24 | 19 50 | 27 10 | 08 41 | 15 09 | 26 55 | 00 26 | 00 52 | 26 38 | 13 22 | 00 27 | 07 32 |
| 9 | 3:15:15 | 17 13 38 | 04♋28 | 11♋45 | 09 49 | 16 23 | 27 40 | 00 34 | 00 59 | 26 39 | 13 20 | 00 27 | 07 29 |
| 10 | 3:19:12 | 18 13 54 | 19 00 | 26 12 | 10 56 | 17 37 | 28 25 | 00 42 | 01 06 | 26 41 | 13 18 | 00 27 | 07 25 |
| 11 | 3:23:08 | 19 14 11 | 03♌20 | 10♌25 | 11 59 | 18 51 | 29 10 | 00 51 | 01 13 | 26 42 | 13 17 | 00 27 | 07 22 |
| 12 | 3:27:05 | 20 14 31 | 17 27 | 24 25 | 13 00 | 20 05 | 29 55 | 00 59 | 01 20 | 26 43 | 13 15 | 00 27 | 07 19 |
| 13 | 3:31:02 | 21 14 53 | 01♍19 | 08♍09 | 13 58 | 21 19 | 00♑40 | 01 08 | 01 27 | 26 44 | 13 13 | 00 27D | 07 16 |
| 14 | 3:34:58 | 22 15 16 | 14 56 | 21 40 | 14 51 | 22 33 | 01 25 | 01 17 | 01 34 | 26 45 | 13 12 | 00 27 | 07 13 |
| 15 | 3:38:55 | 23 15 42 | 28 21 | 04♎59 | 15 41 | 23 47 | 02 10 | 01 26 | 01 41 | 26 46 | 13 10 | 00 27 | 07 09 |
| 16 | 3:42:51 | 24 16 09 | 11♎34 | 18 06 | 16 25 | 25 01 | 02 56 | 01 35 | 01 48 | 26 47 | 13 08 | 00 27 | 07 06 |
| 17 | 3:46:48 | 25 16 38 | 24 35 | 01♏02 | 17 04 | 26 15 | 03 41 | 01 45 | 01 55 | 26 48 | 13 07 | 00 27 | 07 03 |
| 18 | 3:50:44 | 26 17 09 | 07♏26 | 13 48 | 17 38 | 27 29 | 04 27 | 01 54 | 02 02 | 26 48 | 13 05 | 00 27 | 07 00 |
| 19 | 3:54:41 | 27 17 41 | 20 07 | 26 22 | 18 04 | 28 44 | 05 12 | 02 03 | 02 09 | 26 49 | 13 03 | 00 27 | 06 57 |
| 20 | 3:58:37 | 28 18 16 | 02♐36 | 08♐46 | 18 23 | 29 58 | 05 58 | 02 13 | 02 16 | 26 50 | 13 02 | 00 27 | 06 54 |
| 21 | 4:02:34 | 29 18 51 | 14 54 | 20 59 | 18 34 | 01♏12 | 06 43 | 02 23 | 02 23 | 26 51 | 13 00 | 00 27 | 06 50 |
| 22 | 4:06:31 | 00♐19 28 | 27 01 | 03♑01 | 18 36℞ | 02 27 | 07 29 | 02 33 | 02 31 | 26 51 | 12 59 | 00 28 | 06 47 |
| 23 | 4:10:27 | 01 20 07 | 09♑00 | 14 56 | 18 28 | 03 41 | 08 15 | 02 43 | 02 38 | 26 52 | 12 57 | 00 28 | 06 44 |
| 24 | 4:14:24 | 02 20 47 | 20 51 | 26 45 | 18 10 | 04 56 | 09 01 | 02 53 | 02 45 | 26 52 | 12 55 | 00 28 | 06 41 |
| 25 | 4:18:20 | 03 21 28 | 02♒39 | 08♒33 | 17 41 | 06 10 | 09 46 | 03 03 | 02 52 | 26 52 | 12 54 | 00 29 | 06 38 |
| 26 | 4:22:17 | 04 22 10 | 14 28 | 20 23 | 17 02 | 07 25 | 10 32 | 03 14 | 02 59 | 26 53 | 12 52 | 00 29 | 06 34 |
| 27 | 4:26:13 | 05 22 53 | 26 21 | 02♓22 | 16 12 | 08 39 | 11 18 | 03 24 | 03 06 | 26 53 | 12 51 | 00 29 | 06 31 |
| 28 | 4:30:10 | 06 23 37 | 08♓26 | 14 34 | 15 12 | 09 54 | 12 04 | 03 35 | 03 13 | 26 53 | 12 49 | 00 30 | 06 28 |
| 29 | 4:34:06 | 07 24 22 | 20 46 | 27 04 | 14 03 | 11 09 | 12 50 | 03 45 | 03 21 | 26 54 | 12 48 | 00 30 | 06 25 |
| 30 | 4:38:03 | 08 25 08 | 03♈28 | 09♈59 | 12 47 | 12 23 | 13 36 | 03 56 | 03 28 | 26 54 | 12 46 | 00 30 | 06 22 |

## 0:00 E.T. Longitudes of the Major Asteroids and Chiron

| D | ⚳ | ⚴ | ⚵ | ⚶ | ⚷ | D | ⚳ | ⚴ | ⚵ | ⚶ | ⚷ |
|---|---|---|---|---|---|---|---|---|---|---|---|
| 1 | 08♊43℞ | 06♓29℞ | 11♈53℞ | 25♓01℞ | 15♍33 | 16 | 05 49 | 06 45 | 10 27 | 24 59 | 16 58 |
| 2 | 08 33 | 06 27 | 11 44 | 24 58 | 15 40 | 17 | 05 36 | 06 49 | 10 26 | 25 03 | 17 03 |
| 3 | 08 23 | 06 26 | 11 35 | 24 55 | 15 46 | 18 | 05 22 | 06 53 | 10 25 | 25 06 | 17 08 |
| 4 | 08 13 | 06 26 | 11 27 | 24 52 | 15 52 | 19 | 05 08 | 06 58 | 10 24 | 25 11 | 17 13 |
| 5 | 08 02 | 06 25 | 11 19 | 24 50 | 15 58 | 20 | 04 55 | 07 03 | 10 25D | 25 15 | 17 18 |
| 6 | 07 51 | 06 26D | 11 12 | 24 49 | 16 04 | 21 | 04 41 | 07 08 | 10 26 | 25 20 | 17 22 |
| 7 | 07 40 | 06 26 | 11 05 | 24 48 | 16 09 | 22 | 04 27 | 07 13 | 10 27 | 25 26 | 17 27 |
| 8 | 07 29 | 06 27 | 10 59 | 24 47 | 16 15 | 23 | 04 13 | 07 19 | 10 29 | 25 32 | 17 31 |
| 9 | 07 17 | 06 28 | 10 53 | 24 47D | 16 21 | 24 | 03 59 | 07 25 | 10 31 | 25 38 | 17 36 |
| 10 | 07 05 | 06 29 | 10 47 | 24 48 | 16 26 | 25 | 03 45 | 07 32 | 10 34 | 25 45 | 17 40 |
| 11 | 06 53 | 06 31 | 10 43 | 24 49 | 16 32 | 26 | 03 31 | 07 38 | 10 38 | 25 52 | 17 44 |
| 12 | 06 41 | 06 33 | 10 38 | 24 50 | 16 37 | 27 | 03 16 | 07 45 | 10 42 | 25 59 | 17 48 |
| 13 | 06 28 | 06 36 | 10 35 | 24 51 | 16 43 | 28 | 03 02 | 07 52 | 10 47 | 26 07 | 17 52 |
| 14 | 06 15 | 06 39 | 10 32 | 24 54 | 16 48 | 29 | 02 48 | 08 00 | 10 52 | 26 15 | 17 56 |
| 15 | 06 02 | 06 42 | 10 29 | 24 56 | 16 53 | 30 | 02 34 | 08 08 | 10 58 | 26 24 | 18 00 |

## Lunar Data

| Last Asp. | | Ingress | |
|---|---|---|---|
| 2 | 07:24 | 2 ♈ | 07:58 |
| 4 | 13:07 | 4 ♉ | 13:10 |
| 6 | 09:52 | 6 ♊ | 15:29 |
| 8 | 12:13 | 8 ♋ | 16:39 |
| 9 | 22:37 | 10 ♌ | 18:23 |
| 12 | 16:01 | 12 ♍ | 21:43 |
| 14 | 14:07 | 15 ♎ | 02:59 |
| 17 | 04:06 | 17 ♏ | 10:04 |
| 19 | 14:59 | 19 ♐ | 18:59 |
| 21 | 23:40 | 22 ♑ | 05:57 |
| 23 | 07:58 | 24 ♒ | 18:36 |
| 27 | 01:04 | 27 ♓ | 07:17 |
| 28 | 12:08 | 29 ♈ | 17:31 |

## 0:00 E.T. Declinations

| D | ☉ | ☽ | ☿ | ♀ | ♂ | ♃ | ♄ | ♅ | ♆ | ♇ | ⚳ | ⚴ | ⚵ | ⚶ | ⚷ |
|---|---|---|---|---|---|---|---|---|---|---|---|---|---|---|---|
| 1 | -14 34 | -06 25 | -22 23 | -01 07 | -24 19 | -20 52 | -18 24 | +13 22 | +14 10 | -22 03 | +15 53 | -08 56 | -07 53 | -11 45 | +01 06 |
| 2 | 14 53 | 00 24 | 22 44 | 01 35 | 24 22 | 20 50 | 18 26 | 13 21 | 14 09 | 22 02 | 15 53 | 09 03 | 08 00 | 11 43 | 01 03 |
| 3 | 15 11 | +05 48 | 23 04 | 02 03 | 24 25 | 20 49 | 18 28 | 13 21 | 14 09 | 22 02 | 15 54 | 09 10 | 08 07 | 11 41 | 01 01 |
| 4 | 15 30 | 11 56 | 23 22 | 02 31 | 24 27 | 20 47 | 18 29 | 13 20 | 14 08 | 22 02 | 15 54 | 09 17 | 08 14 | 11 39 | 00 58 |
| 5 | 15 48 | 17 39 | 23 39 | 02 59 | 24 29 | 20 46 | 18 31 | 13 20 | 14 08 | 22 02 | 15 55 | 09 23 | 08 20 | 11 36 | 00 56 |
| 6 | 16 06 | 22 32 | 23 56 | 03 27 | 24 31 | 20 44 | 18 32 | 13 19 | 14 07 | 22 02 | 15 55 | 09 30 | 08 25 | 11 33 | 00 53 |
| 7 | 16 24 | 26 06 | 24 10 | 03 55 | 24 33 | 20 42 | 18 34 | 13 19 | 14 07 | 22 02 | 15 56 | 09 36 | 08 31 | 11 30 | 00 51 |
| 8 | 16 41 | 27 59 | 24 24 | 04 23 | 24 34 | 20 40 | 18 35 | 13 19 | 14 06 | 22 02 | 15 56 | 09 42 | 08 35 | 11 27 | 00 48 |
| 9 | 16 58 | 27 54 | 24 36 | 04 51 | 24 35 | 20 39 | 18 37 | 13 18 | 14 06 | 22 01 | 15 57 | 09 48 | 08 40 | 11 24 | 00 46 |
| 10 | 17 15 | 25 53 | 24 46 | 05 18 | 24 36 | 20 37 | 18 38 | 13 18 | 14 05 | 22 01 | 15 58 | 09 53 | 08 44 | 11 20 | 00 43 |
| 11 | 17 32 | 22 14 | 24 55 | 05 46 | 24 37 | 20 35 | 18 40 | 13 17 | 14 05 | 22 01 | 15 58 | 09 59 | 08 48 | 11 16 | 00 41 |
| 12 | 17 48 | 17 19 | 25 03 | 06 14 | 24 37 | 20 33 | 18 41 | 13 17 | 14 04 | 22 01 | 15 59 | 10 04 | 08 52 | 11 12 | 00 39 |
| 13 | 18 04 | 11 35 | 25 09 | 06 41 | 24 37 | 20 31 | 18 43 | 13 17 | 14 04 | 22 01 | 15 59 | 10 09 | 08 55 | 11 08 | 00 36 |
| 14 | 18 20 | 05 23 | 25 13 | 07 09 | 24 37 | 20 29 | 18 44 | 13 16 | 14 03 | 22 00 | 16 00 | 10 14 | 08 57 | 11 04 | 00 34 |
| 15 | 18 35 | -00 56 | 25 16 | 07 36 | 24 37 | 20 27 | 18 46 | 13 16 | 14 03 | 22 00 | 16 01 | 10 18 | 09 00 | 11 00 | 00 32 |
| 16 | 18 50 | 07 07 | 25 17 | 08 03 | 24 36 | 20 25 | 18 47 | 13 16 | 14 02 | 22 00 | 16 01 | 10 23 | 09 02 | 10 55 | 00 29 |
| 17 | 19 05 | 12 55 | 25 16 | 08 31 | 24 35 | 20 23 | 18 48 | 13 16 | 14 02 | 22 00 | 16 02 | 10 27 | 09 04 | 10 50 | 00 27 |
| 18 | 19 19 | 18 04 | 25 13 | 08 57 | 24 34 | 20 21 | 18 50 | 13 15 | 14 01 | 21 59 | 16 03 | 10 31 | 09 05 | 10 45 | 00 25 |
| 19 | 19 33 | 22 21 | 25 08 | 09 24 | 24 32 | 20 19 | 18 51 | 13 15 | 14 01 | 21 59 | 16 03 | 10 35 | 09 06 | 10 40 | 00 23 |
| 20 | 19 47 | 25 33 | 25 02 | 09 51 | 24 30 | 20 17 | 18 53 | 13 15 | 14 00 | 21 59 | 16 04 | 10 39 | 09 07 | 10 35 | 00 21 |
| 21 | 20 00 | 27 30 | 24 53 | 10 17 | 24 28 | 20 14 | 18 54 | 13 15 | 14 00 | 21 59 | 16 05 | 10 42 | 09 07 | 10 29 | 00 19 |
| 22 | 20 13 | 28 06 | 24 42 | 10 43 | 24 26 | 20 12 | 18 56 | 13 15 | 14 00 | 21 58 | 16 06 | 10 46 | 09 07 | 10 24 | 00 17 |
| 23 | 20 25 | 27 22 | 24 28 | 11 09 | 24 23 | 20 10 | 18 57 | 13 15 | 13 59 | 21 58 | 16 06 | 10 49 | 09 07 | 10 18 | 00 15 |
| 24 | 20 38 | 25 23 | 24 13 | 11 35 | 24 20 | 20 08 | 18 59 | 13 14 | 13 59 | 21 58 | 16 07 | 10 52 | 09 06 | 10 12 | 00 13 |
| 25 | 20 49 | 22 18 | 23 54 | 12 00 | 24 17 | 20 05 | 19 00 | 13 14 | 13 58 | 21 57 | 16 08 | 10 55 | 09 05 | 10 06 | 00 11 |
| 26 | 21 01 | 18 18 | 23 33 | 12 25 | 24 13 | 20 03 | 19 01 | 13 14 | 13 58 | 21 57 | 16 09 | 10 58 | 09 04 | 10 00 | 00 09 |
| 27 | 21 12 | 13 34 | 23 10 | 12 50 | 24 10 | 20 00 | 19 03 | 13 14 | 13 57 | 21 57 | 16 10 | 11 00 | 09 02 | 09 54 | 00 07 |
| 28 | 21 22 | 08 15 | 22 44 | 13 14 | 24 06 | 19 58 | 19 04 | 13 14 | 13 57 | 21 56 | 16 11 | 11 03 | 09 00 | 09 47 | 00 05 |
| 29 | 21 33 | 02 31 | 22 16 | 13 38 | 24 01 | 19 55 | 19 06 | 13 14 | 13 56 | 21 56 | 16 12 | 11 05 | 08 58 | 09 41 | 00 03 |
| 30 | 21 42 | +03 29 | 21 47 | 14 02 | 23 57 | 19 53 | 19 07 | 13 14 | 13 56 | 21 55 | 16 13 | 11 07 | 08 55 | 09 34 | 00 01 |

Lunar Phases -- 5 ○ 12:28 12 ◑ 05:11 19 ● 14:59 27 ◐ 19:38 Sun enters ♐ 11/21 16:17

## Longitudes of Main Planets - December 2044

0:00 E.T.

| D | S.T. | ☉ | ☽ | ☽ 12:00 | ☿ | ♀ | ♂ | ♃ | ♄ | ♅ | ♆ | ♇ | ☊ |
|---|---|---|---|---|---|---|---|---|---|---|---|---|---|
| 1 | 4:42:00 | 09♐25 55 | 16♈36 | 23♈21 | 11♐27℞ | 13♏38 | 14♑23 | 04♒07 | 03♐35 | 26♌54 | 12♉45℞ | 00♓31 | 06♓19 |
| 2 | 4:45:56 | 10 26 43 | 00♉13 | 07♉13 | 10 04 | 14 53 | 15 09 | 04 18 | 03 42 | 26 54℞ | 12 43 | 00 31 | 06 15 |
| 3 | 4:49:53 | 11 27 32 | 14 19 | 21 32 | 08 42 | 16 08 | 15 55 | 04 29 | 03 49 | 26 54 | 12 42 | 00 32 | 06 12 |
| 4 | 4:53:49 | 12 28 22 | 28 51 | 06♊16 | 07 23 | 17 22 | 16 41 | 04 40 | 03 56 | 26 54 | 12 40 | 00 32 | 06 09 |
| 5 | 4:57:46 | 13 29 13 | 13♊44 | 21 15 | 06 11 | 18 37 | 17 28 | 04 52 | 04 03 | 26 53 | 12 39 | 00 33 | 06 06 |
| 6 | 5:01:42 | 14 30 06 | 28 47 | 06♋20 | 05 06 | 19 52 | 18 14 | 05 03 | 04 10 | 26 53 | 12 38 | 00 34 | 06 03 |
| 7 | 5:05:39 | 15 30 59 | 13♋51 | 21 21 | 04 11 | 21 07 | 19 00 | 05 14 | 04 17 | 26 53 | 12 36 | 00 34 | 06 00 |
| 8 | 5:09:35 | 16 31 54 | 28 47 | 06♌10 | 03 27 | 22 22 | 19 47 | 05 26 | 04 24 | 26 53 | 12 35 | 00 35 | 05 56 |
| 9 | 5:13:32 | 17 32 49 | 13♌27 | 20 40 | 02 54 | 23 37 | 20 33 | 05 38 | 04 31 | 26 52 | 12 34 | 00 35 | 05 53 |
| 10 | 5:17:29 | 18 33 46 | 27 47 | 04♍48 | 02 33 | 24 52 | 21 20 | 05 49 | 04 38 | 26 52 | 12 32 | 00 36 | 05 50 |
| 11 | 5:21:25 | 19 34 44 | 11♍44 | 18 34 | 02 22 | 26 06 | 22 06 | 06 01 | 04 45 | 26 51 | 12 31 | 00 37 | 05 47 |
| 12 | 5:25:22 | 20 35 43 | 25 20 | 02♎00 | 02 23D | 27 21 | 22 53 | 06 13 | 04 52 | 26 51 | 12 30 | 00 38 | 05 44 |
| 13 | 5:29:18 | 21 36 44 | 08♎36 | 15 08 | 02 33 | 28 36 | 23 40 | 06 25 | 04 59 | 26 50 | 12 29 | 00 38 | 05 40 |
| 14 | 5:33:15 | 22 37 45 | 21 36 | 28 00 | 02 52 | 29 51 | 24 26 | 06 37 | 05 06 | 26 49 | 12 27 | 00 39 | 05 37 |
| 15 | 5:37:11 | 23 38 47 | 04♏21 | 10♏39 | 03 19 | 01♐07 | 25 13 | 06 49 | 05 13 | 26 49 | 12 26 | 00 40 | 05 34 |
| 16 | 5:41:08 | 24 39 51 | 16 55 | 23 07 | 03 54 | 02 22 | 26 00 | 07 02 | 05 20 | 26 48 | 12 25 | 00 41 | 05 31 |
| 17 | 5:45:04 | 25 40 55 | 29 18 | 05♐26 | 04 35 | 03 37 | 26 46 | 07 14 | 05 27 | 26 47 | 12 24 | 00 42 | 05 28 |
| 18 | 5:49:01 | 26 42 00 | 11♐32 | 17 36 | 05 22 | 04 52 | 27 33 | 07 26 | 05 34 | 26 46 | 12 23 | 00 42 | 05 25 |
| 19 | 5:52:58 | 27 43 06 | 23 38 | 29 39 | 06 14 | 06 07 | 28 20 | 07 39 | 05 41 | 26 45 | 12 22 | 00 43 | 05 21 |
| 20 | 5:56:54 | 28 44 13 | 05♑37 | 11♑35 | 07 11 | 07 22 | 29 07 | 07 51 | 05 47 | 26 44 | 12 21 | 00 44 | 05 18 |
| 21 | 6:00:51 | 29 45 20 | 17 31 | 23 26 | 08 12 | 08 37 | 29 54 | 08 04 | 05 54 | 26 43 | 12 20 | 00 45 | 05 15 |
| 22 | 6:04:47 | 00♑46 27 | 29 20 | 05♒14 | 09 16 | 09 52 | 00♒41 | 08 17 | 06 01 | 26 42 | 12 19 | 00 46 | 05 12 |
| 23 | 6:08:44 | 01 47 35 | 11♒07 | 17 01 | 10 23 | 11 07 | 01 28 | 08 30 | 06 08 | 26 41 | 12 18 | 00 47 | 05 09 |
| 24 | 6:12:40 | 02 48 43 | 22 55 | 28 51 | 11 34 | 12 23 | 02 15 | 08 42 | 06 14 | 26 40 | 12 17 | 00 48 | 05 06 |
| 25 | 6:16:37 | 03 49 51 | 04♓49 | 10♓49 | 12 46 | 13 38 | 03 02 | 08 55 | 06 21 | 26 39 | 12 16 | 00 49 | 05 02 |
| 26 | 6:20:33 | 04 50 59 | 16 51 | 22 58 | 14 01 | 14 53 | 03 49 | 09 08 | 06 27 | 26 37 | 12 15 | 00 50 | 04 59 |
| 27 | 6:24:30 | 05 52 08 | 29 08 | 05♈24 | 15 17 | 16 08 | 04 36 | 09 21 | 06 34 | 26 36 | 12 14 | 00 51 | 04 56 |
| 28 | 6:28:27 | 06 53 16 | 11♈45 | 18 12 | 16 35 | 17 23 | 05 23 | 09 34 | 06 40 | 26 35 | 12 13 | 00 52 | 04 53 |
| 29 | 6:32:23 | 07 54 24 | 24 46 | 01♉27 | 17 55 | 18 38 | 06 10 | 09 47 | 06 47 | 26 33 | 12 12 | 00 54 | 04 50 |
| 30 | 6:36:20 | 08 55 33 | 08♉16 | 15 12 | 19 15 | 19 54 | 06 57 | 10 01 | 06 53 | 26 32 | 12 12 | 00 55 | 04 46 |
| 31 | 6:40:16 | 09 56 41 | 22 16 | 29 27 | 20 37 | 21 09 | 07 45 | 10 14 | 07 00 | 26 30 | 12 11 | 00 56 | 04 43 |

## Longitudes of the Major Asteroids and Chiron

0:00 E.T.

| D | ⚳ | ⚴ | ⚵ | ⚶ | ⚷ | D | ⚳ | ⚴ | ⚵ | ⚶ | ⚷ |
|---|---|---|---|---|---|---|---|---|---|---|---|
| 1 | 02♊20℞ | 08♓16 | 11♈05 | 26♓33 | 18♍03 | 17 | 29 00 | 11 01 | 13 54 | 29 39 | 18 47 |
| 2 | 02 07 | 08 24 | 11 11 | 26 42 | 18 07 | 18 | 28 50 | 11 13 | 14 09 | 29 53 | 18 49 |
| 3 | 01 53 | 08 33 | 11 19 | 26 52 | 18 10 | 19 | 28 40 | 11 26 | 14 24 | 00♈08 | 18 51 |
| 4 | 01 39 | 08 42 | 11 27 | 27 01 | 18 14 | 20 | 28 30 | 11 38 | 14 39 | 00 22 | 18 52 |
| 5 | 01 26 | 08 51 | 11 35 | 27 12 | 18 17 | 21 | 28 21 | 11 51 | 14 55 | 00 37 | 18 54 |
| 6 | 01 13 | 09 01 | 11 44 | 27 22 | 18 20 | 22 | 28 12 | 12 05 | 15 11 | 00 53 | 18 55 |
| 7 | 01 00 | 09 10 | 11 54 | 27 33 | 18 23 | 23 | 28 03 | 12 18 | 15 27 | 01 08 | 18 56 |
| 8 | 00 47 | 09 20 | 12 04 | 27 45 | 18 26 | 24 | 27 55 | 12 32 | 15 44 | 01 24 | 18 57 |
| 9 | 00 34 | 09 30 | 12 14 | 27 56 | 18 29 | 25 | 27 47 | 12 45 | 16 02 | 01 40 | 18 58 |
| 10 | 00 21 | 09 41 | 12 25 | 28 08 | 18 31 | 26 | 27 39 | 12 59 | 16 19 | 01 56 | 18 59 |
| 11 | 00 09 | 09 52 | 12 36 | 28 20 | 18 34 | 27 | 27 32 | 13 14 | 16 38 | 02 12 | 19 00 |
| 12 | 29♉57 | 10 03 | 12 48 | 28 33 | 18 37 | 28 | 27 25 | 13 28 | 16 56 | 02 29 | 19 01 |
| 13 | 29 45 | 10 14 | 13 00 | 28 45 | 18 39 | 29 | 27 19 | 13 43 | 17 15 | 02 46 | 19 01 |
| 14 | 29 33 | 10 25 | 13 13 | 28 58 | 18 41 | 30 | 27 13 | 13 57 | 17 34 | 03 03 | 19 01 |
| 15 | 29 22 | 10 37 | 13 26 | 29 12 | 18 43 | 31 | 27 07 | 14 12 | 17 54 | 03 20 | 19 02 |
| 16 | 29 11 | 10 49 | 13 40 | 29 25 | 18 45 | | | | | | |

## Lunar Data

| Last Asp. | | Ingress | | |
|---|---|---|---|---|
| 1 | 18:13 | 1 | ♉ | 23:37 |
| 3 | 20:47 | 4 | ♊ | 01:51 |
| 5 | 20:59 | 6 | ♋ | 01:56 |
| 7 | 12:41 | 8 | ♌ | 01:58 |
| 9 | 22:27 | 10 | ♍ | 03:47 |
| 12 | 04:01 | 12 | ♎ | 08:23 |
| 14 | 09:47 | 14 | ♏ | 15:46 |
| 16 | 19:07 | 17 | ♐ | 01:23 |
| 19 | 08:54 | 19 | ♑ | 12:43 |
| 20 | 13:31 | 22 | ♒ | 01:21 |
| 24 | 07:34 | 24 | ♓ | 14:19 |
| 25 | 19:38 | 27 | ♈ | 01:39 |
| 29 | 03:13 | 29 | ♉ | 09:24 |
| 31 | 07:06 | 31 | ♊ | 12:55 |

## Declinations

0:00 E.T.

| D | ☉ | ☽ | ☿ | ♀ | ♂ | ♃ | ♄ | ♅ | ♆ | ♇ | ⚳ | ⚴ | ⚵ | ⚶ | ⚷ |
|---|---|---|---|---|---|---|---|---|---|---|---|---|---|---|---|
| 1 | -21 52 | +09 32 | -21 16 | -14 26 | -23 52 | -19 50 | -19 08 | +13 14 | +13 56 | -21 55 | +16 14 | -11 09 | -08 52 | -09 27 | -00 00 |
| 2 | 22 01 | 15 21 | 20 45 | 14 49 | 23 47 | 19 48 | 19 10 | 13 14 | 13 55 | 21 55 | 16 15 | 11 11 | 08 49 | 09 20 | 00 02 |
| 3 | 22 09 | 20 34 | 20 15 | 15 12 | 23 41 | 19 45 | 19 11 | 13 14 | 13 55 | 21 54 | 16 16 | 11 12 | 08 46 | 09 13 | 00 04 |
| 4 | 22 17 | 24 45 | 19 45 | 15 34 | 23 36 | 19 42 | 19 12 | 13 14 | 13 54 | 21 54 | 16 17 | 11 14 | 08 42 | 09 06 | 00 05 |
| 5 | 22 25 | 27 22 | 19 19 | 15 56 | 23 30 | 19 40 | 19 14 | 13 14 | 13 54 | 21 53 | 16 19 | 11 15 | 08 38 | 08 59 | 00 07 |
| 6 | 22 32 | 28 02 | 18 55 | 16 18 | 23 24 | 19 37 | 19 15 | 13 15 | 13 54 | 21 53 | 16 20 | 11 16 | 08 34 | 08 51 | 00 09 |
| 7 | 22 39 | 26 38 | 18 35 | 16 39 | 23 17 | 19 34 | 19 16 | 13 15 | 13 53 | 21 53 | 16 21 | 11 17 | 08 30 | 08 44 | 00 10 |
| 8 | 22 45 | 23 20 | 18 18 | 17 00 | 23 11 | 19 31 | 19 18 | 13 15 | 13 53 | 21 52 | 16 22 | 11 18 | 08 25 | 08 36 | 00 12 |
| 9 | 22 51 | 18 34 | 18 06 | 17 21 | 23 04 | 19 28 | 19 19 | 13 15 | 13 53 | 21 52 | 16 24 | 11 19 | 08 20 | 08 29 | 00 13 |
| 10 | 22 57 | 12 51 | 17 58 | 17 41 | 22 56 | 19 26 | 19 20 | 13 15 | 13 52 | 21 51 | 16 25 | 11 19 | 08 15 | 08 21 | 00 14 |
| 11 | 23 02 | 06 37 | 17 54 | 18 00 | 22 49 | 19 23 | 19 21 | 13 15 | 13 52 | 21 51 | 16 27 | 11 20 | 08 10 | 08 13 | 00 16 |
| 12 | 23 06 | 00 15 | 17 54 | 18 19 | 22 41 | 19 20 | 19 23 | 13 16 | 13 51 | 21 50 | 16 28 | 11 20 | 08 04 | 08 05 | 00 17 |
| 13 | 23 10 | -05 58 | 17 57 | 18 38 | 22 33 | 19 17 | 19 24 | 13 16 | 13 51 | 21 50 | 16 30 | 11 21 | 07 58 | 07 57 | 00 18 |
| 14 | 23 14 | 11 49 | 18 03 | 18 56 | 22 25 | 19 14 | 19 25 | 13 16 | 13 51 | 21 49 | 16 32 | 11 21 | 07 52 | 07 49 | 00 20 |
| 15 | 23 17 | 17 03 | 18 11 | 19 13 | 22 16 | 19 11 | 19 26 | 13 16 | 13 50 | 21 49 | 16 33 | 11 21 | 07 46 | 07 40 | 00 21 |
| 16 | 23 20 | 21 28 | 18 22 | 19 30 | 22 08 | 19 08 | 19 28 | 13 17 | 13 50 | 21 48 | 16 35 | 11 20 | 07 40 | 07 32 | 00 22 |
| 17 | 23 22 | 24 53 | 18 34 | 19 46 | 21 59 | 19 04 | 19 29 | 13 17 | 13 50 | 21 48 | 16 37 | 11 20 | 07 33 | 07 24 | 00 23 |
| 18 | 23 24 | 27 06 | 18 49 | 20 02 | 21 49 | 19 01 | 19 30 | 13 17 | 13 50 | 21 47 | 16 39 | 11 20 | 07 26 | 07 15 | 00 24 |
| 19 | 23 25 | 28 02 | 19 04 | 20 18 | 21 40 | 18 58 | 19 31 | 13 18 | 13 49 | 21 47 | 16 41 | 11 19 | 07 19 | 07 07 | 00 25 |
| 20 | 23 26 | 27 37 | 19 20 | 20 32 | 21 30 | 18 55 | 19 32 | 13 18 | 13 49 | 21 46 | 16 43 | 11 18 | 07 12 | 06 58 | 00 26 |
| 21 | 23 26 | 25 55 | 19 37 | 20 46 | 21 20 | 18 52 | 19 33 | 13 18 | 13 49 | 21 46 | 16 45 | 11 18 | 07 04 | 06 49 | 00 27 |
| 22 | 23 26 | 23 05 | 19 54 | 21 00 | 21 10 | 18 48 | 19 35 | 13 19 | 13 49 | 21 45 | 16 47 | 11 17 | 06 57 | 06 40 | 00 28 |
| 23 | 23 25 | 19 18 | 20 12 | 21 13 | 20 59 | 18 45 | 19 36 | 13 19 | 13 48 | 21 45 | 16 49 | 11 16 | 06 49 | 06 32 | 00 29 |
| 24 | 23 24 | 14 46 | 20 29 | 21 25 | 20 49 | 18 42 | 19 37 | 13 20 | 13 48 | 21 44 | 16 51 | 11 15 | 06 41 | 06 23 | 00 29 |
| 25 | 23 23 | 09 38 | 20 47 | 21 37 | 20 38 | 18 38 | 19 38 | 13 20 | 13 48 | 21 43 | 16 54 | 11 13 | 06 33 | 06 14 | 00 30 |
| 26 | 23 21 | 04 06 | 21 04 | 21 48 | 20 27 | 18 35 | 19 39 | 13 21 | 13 48 | 21 43 | 16 56 | 11 12 | 06 25 | 06 04 | 00 31 |
| 27 | 23 18 | +01 41 | 21 21 | 21 59 | 20 15 | 18 32 | 19 40 | 13 21 | 13 47 | 21 42 | 16 59 | 11 11 | 06 16 | 05 55 | 00 32 |
| 28 | 23 15 | 07 34 | 21 37 | 22 08 | 20 04 | 18 28 | 19 41 | 13 22 | 13 47 | 21 42 | 17 01 | 11 09 | 06 08 | 05 46 | 00 32 |
| 29 | 23 12 | 13 18 | 21 53 | 22 17 | 19 52 | 18 25 | 19 42 | 13 22 | 13 47 | 21 41 | 17 04 | 11 07 | 05 59 | 05 37 | 00 33 |
| 30 | 23 08 | 18 38 | 22 08 | 22 26 | 19 40 | 18 21 | 19 43 | 13 23 | 13 47 | 21 41 | 17 06 | 11 06 | 05 50 | 05 27 | 00 33 |
| 31 | 23 04 | 23 10 | 22 22 | 22 34 | 19 27 | 18 18 | 19 44 | 13 23 | 13 47 | 21 40 | 17 09 | 11 04 | 05 41 | 05 18 | 00 34 |

Lunar Phases -- 4 ○ 23:35 11 ◑ 14:54 19 ● 08:54 27 ◐ 14:01 Sun enters ♑ 12/21 05:46

# 0:00 E.T. Longitudes of Main Planets - January 2045 **Jan. 45**

| D | S.T. | ☉ | ☽ | ☽ 12:00 | ☿ | ♀ | ♂ | ♃ | ♄ | ♅ | ♆ | ♇ | ☊ |
|---|---|---|---|---|---|---|---|---|---|---|---|---|---|
| 1 | 6:44:13 | 10♑57 49 | 06♊45 | 14♊09 | 22♐00 | 22♐24 | 08♒32 | 10♒27 | 07♐06 | 26♌29℞ | 12♉10℞ | 00♓57 | 04♓40 |
| 2 | 6:48:09 | 11 58 57 | 21 39 | 29 13 | 23 24 | 23 39 | 09 19 | 10 41 | 07 12 | 26 27 | 12 09 | 00 58 | 04 37 |
| 3 | 6:52:06 | 13 00 05 | 06♋50 | 14♋29 | 24 49 | 24 54 | 10 06 | 10 54 | 07 19 | 26 26 | 12 09 | 00 59 | 04 34 |
| 4 | 6:56:02 | 14 01 14 | 22 08 | 29 46 | 26 14 | 26 10 | 10 53 | 11 07 | 07 25 | 26 24 | 12 08 | 01 01 | 04 31 |
| 5 | 6:59:59 | 15 02 22 | 07♌22 | 14♌54 | 27 41 | 27 25 | 11 41 | 11 21 | 07 31 | 26 22 | 12 08 | 01 02 | 04 27 |
| 6 | 7:03:56 | 16 03 30 | 22 22 | 29 44 | 29 08 | 28 40 | 12 28 | 11 35 | 07 37 | 26 20 | 12 07 | 01 03 | 04 24 |
| 7 | 7:07:52 | 17 04 38 | 07♍00 | 14♍10 | 00♑35 | 29 55 | 13 15 | 11 48 | 07 43 | 26 19 | 12 07 | 01 04 | 04 21 |
| 8 | 7:11:49 | 18 05 46 | 21 13 | 28 09 | 02 03 | 01♑11 | 14 03 | 12 02 | 07 49 | 26 17 | 12 06 | 01 06 | 04 18 |
| 9 | 7:15:45 | 19 06 55 | 04♎59 | 11♎43 | 03 32 | 02 26 | 14 50 | 12 15 | 07 55 | 26 15 | 12 06 | 01 07 | 04 15 |
| 10 | 7:19:42 | 20 08 03 | 18 20 | 24 52 | 05 01 | 03 41 | 15 37 | 12 29 | 08 01 | 26 13 | 12 05 | 01 08 | 04 12 |
| 11 | 7:23:38 | 21 09 12 | 01♏19 | 07♏41 | 06 31 | 04 56 | 16 24 | 12 43 | 08 07 | 26 11 | 12 05 | 01 10 | 04 08 |
| 12 | 7:27:35 | 22 10 20 | 13 59 | 20 13 | 08 02 | 06 12 | 17 12 | 12 57 | 08 13 | 26 09 | 12 04 | 01 11 | 04 05 |
| 13 | 7:31:31 | 23 11 29 | 26 23 | 02♐31 | 09 33 | 07 27 | 17 59 | 13 11 | 08 19 | 26 07 | 12 04 | 01 13 | 04 02 |
| 14 | 7:35:28 | 24 12 37 | 08♐35 | 14 38 | 11 04 | 08 42 | 18 47 | 13 25 | 08 24 | 26 05 | 12 04 | 01 14 | 03 59 |
| 15 | 7:39:25 | 25 13 45 | 20 39 | 26 38 | 12 36 | 09 58 | 19 34 | 13 38 | 08 30 | 26 03 | 12 04 | 01 15 | 03 56 |
| 16 | 7:43:21 | 26 14 53 | 02♑35 | 08♑32 | 14 08 | 11 13 | 20 21 | 13 52 | 08 36 | 26 00 | 12 03 | 01 17 | 03 52 |
| 17 | 7:47:18 | 27 16 01 | 14 28 | 20 23 | 15 41 | 12 28 | 21 09 | 14 06 | 08 41 | 25 58 | 12 03 | 01 18 | 03 49 |
| 18 | 7:51:14 | 28 17 08 | 26 17 | 02♒12 | 17 15 | 13 43 | 21 56 | 14 20 | 08 46 | 25 56 | 12 03 | 01 20 | 03 46 |
| 19 | 7:55:11 | 29 18 15 | 08♒06 | 14 01 | 18 48 | 14 59 | 22 44 | 14 34 | 08 52 | 25 54 | 12 03 | 01 21 | 03 43 |
| 20 | 7:59:07 | 00♒19 21 | 19 56 | 25 51 | 20 23 | 16 14 | 23 31 | 14 49 | 08 57 | 25 52 | 12 03 | 01 23 | 03 40 |
| 21 | 8:03:04 | 01 20 26 | 01♓48 | 07♓47 | 21 58 | 17 29 | 24 18 | 15 03 | 09 02 | 25 49 | 12 03 | 01 24 | 03 37 |
| 22 | 8:07:00 | 02 21 30 | 13 47 | 19 50 | 23 34 | 18 45 | 25 06 | 15 17 | 09 08 | 25 47 | 12 03D | 01 26 | 03 33 |
| 23 | 8:10:57 | 03 22 34 | 25 55 | 02♈03 | 25 10 | 20 00 | 25 53 | 15 31 | 09 13 | 25 45 | 12 03 | 01 27 | 03 30 |
| 24 | 8:14:54 | 04 23 37 | 08♈15 | 14 31 | 26 46 | 21 15 | 26 41 | 15 45 | 09 18 | 25 42 | 12 03 | 01 29 | 03 27 |
| 25 | 8:18:50 | 05 24 38 | 20 51 | 27 17 | 28 24 | 22 30 | 27 28 | 15 59 | 09 23 | 25 40 | 12 03 | 01 30 | 03 24 |
| 26 | 8:22:47 | 06 25 39 | 03♉48 | 10♉26 | 00♒02 | 23 46 | 28 15 | 16 13 | 09 28 | 25 37 | 12 03 | 01 32 | 03 21 |
| 27 | 8:26:43 | 07 26 38 | 17 09 | 24 00 | 01 40 | 25 01 | 29 03 | 16 28 | 09 33 | 25 35 | 12 03 | 01 33 | 03 18 |
| 28 | 8:30:40 | 08 27 37 | 00♊57 | 08♊01 | 03 19 | 26 16 | 29 50 | 16 42 | 09 37 | 25 32 | 12 04 | 01 35 | 03 14 |
| 29 | 8:34:36 | 09 28 34 | 15 11 | 22 28 | 04 59 | 27 31 | 00♓38 | 16 56 | 09 42 | 25 30 | 12 04 | 01 37 | 03 11 |
| 30 | 8:38:33 | 10 29 30 | 29 50 | 07♋18 | 06 40 | 28 47 | 01 25 | 17 10 | 09 47 | 25 27 | 12 04 | 01 38 | 03 08 |
| 31 | 8:42:29 | 11 30 25 | 14♋50 | 22 24 | 08 21 | 00♒02 | 02 12 | 17 25 | 09 51 | 25 25 | 12 04 | 01 40 | 03 05 |

## 0:00 E.T. Longitudes of the Major Asteroids and Chiron

| D | ⚳ | ⚴ | ⚵ | ⚶ | ⚷ | D | ⚳ | ⚴ | ⚵ | ⚶ | ⚷ |
|---|---|---|---|---|---|---|---|---|---|---|---|
| 1 | 27♉02℞ | 14♓27 | 18♈13 | 03♈38 | 19♍02 | 17 | 26 35 | 18 52 | 24 12 | 08 42 | 18 49 |
| 2 | 26 57 | 14 43 | 18 34 | 03 55 | 19 02℞ | 18 | 26 36 | 19 09 | 24 37 | 09 03 | 18 47 |
| 3 | 26 53 | 14 58 | 18 54 | 04 13 | 19 02 | 19 | 26 39 | 19 27 | 25 02 | 09 23 | 18 45 |
| 4 | 26 49 | 15 14 | 19 15 | 04 31 | 19 02 | 20 | 26 41 | 19 45 | 25 27 | 09 44 | 18 43 |
| 5 | 26 45 | 15 30 | 19 36 | 04 49 | 19 01 | 21 | 26 44 | 20 04 | 25 53 | 10 05 | 18 41 |
| 6 | 26 42 | 15 46 | 19 58 | 05 08 | 19 01 | 22 | 26 47 | 20 22 | 26 18 | 10 26 | 18 39 |
| 7 | 26 40 | 16 02 | 20 19 | 05 27 | 19 00 | 23 | 26 51 | 20 40 | 26 44 | 10 47 | 18 36 |
| 8 | 26 37 | 16 18 | 20 41 | 05 45 | 19 00 | 24 | 26 55 | 20 59 | 27 10 | 11 09 | 18 34 |
| 9 | 26 35 | 16 34 | 21 04 | 06 04 | 18 59 | 25 | 27 00 | 21 18 | 27 37 | 11 30 | 18 32 |
| 10 | 26 34 | 16 51 | 21 26 | 06 24 | 18 58 | 26 | 27 05 | 21 37 | 28 03 | 11 52 | 18 29 |
| 11 | 26 33 | 17 08 | 21 49 | 06 43 | 18 57 | 27 | 27 10 | 21 56 | 28 30 | 12 13 | 18 26 |
| 12 | 26 32 | 17 25 | 22 12 | 07 02 | 18 56 | 28 | 27 15 | 22 15 | 28 57 | 12 35 | 18 23 |
| 13 | 26 32 | 17 42 | 22 36 | 07 22 | 18 55 | 29 | 27 21 | 22 34 | 29 24 | 12 57 | 18 21 |
| 14 | 26 32D | 17 59 | 23 00 | 07 42 | 18 53 | 30 | 27 28 | 22 53 | 29 51 | 13 19 | 18 18 |
| 15 | 26 32 | 18 16 | 23 24 | 08 02 | 18 52 | 31 | 27 34 | 23 13 | 00♉19 | 13 41 | 18 15 |
| 16 | 26 33 | 18 34 | 23 48 | 08 22 | 18 50 | | | | | | |

## Lunar Data

| Last Asp. | | Ingress | |
|---|---|---|---|
| 2 | 07:37 | 2 ♋ | 13:14 |
| 3 | 10:22 | 4 ♌ | 12:21 |
| 6 | 12:13 | 6 ♍ | 12:26 |
| 7 | 18:15 | 8 ♎ | 15:14 |
| 10 | 14:27 | 10 ♏ | 21:32 |
| 12 | 23:28 | 13 ♐ | 07:04 |
| 15 | 10:48 | 15 ♑ | 18:47 |
| 18 | 04:27 | 18 ♒ | 07:33 |
| 20 | 11:58 | 20 ♓ | 20:21 |
| 22 | 22:18 | 23 ♈ | 08:00 |
| 25 | 16:04 | 25 ♉ | 17:01 |
| 27 | 21:59 | 27 ♊ | 22:22 |
| 29 | 16:54 | 30 ♋ | 00:16 |
| 30 | 19:37 | | |

## 0:00 E.T. Declinations

| D | ☉ | ☽ | ☿ | ♀ | ♂ | ♃ | ♄ | ♅ | ♆ | ♇ | ⚳ | ⚴ | ⚵ | ⚶ | ⚷ |
|---|---|---|---|---|---|---|---|---|---|---|---|---|---|---|---|
| 1 | -22 59 | +26 27 | -22 35 | -22 41 | -19 15 | -18 14 | -19 45 | +13 24 | +13 46 | -21 39 | +17 12 | -11 02 | -05 32 | -05 09 | -00 34 |
| 2 | 22 54 | 28 01 | 22 48 | 22 47 | 19 02 | 18 10 | 19 46 | 13 24 | 13 46 | 21 39 | 17 15 | 11 00 | 05 23 | 04 59 | 00 34 |
| 3 | 22 48 | 27 30 | 23 00 | 22 53 | 18 49 | 18 07 | 19 47 | 13 25 | 13 46 | 21 38 | 17 18 | 10 58 | 05 14 | 04 50 | 00 35 |
| 4 | 22 42 | 24 55 | 23 10 | 22 58 | 18 36 | 18 03 | 19 48 | 13 26 | 13 46 | 21 38 | 17 21 | 10 55 | 05 04 | 04 40 | 00 35 |
| 5 | 22 35 | 20 34 | 23 20 | 23 02 | 18 23 | 17 59 | 19 49 | 13 26 | 13 46 | 21 37 | 17 24 | 10 53 | 04 55 | 04 30 | 00 35 |
| 6 | 22 28 | 14 56 | 23 29 | 23 06 | 18 10 | 17 56 | 19 50 | 13 27 | 13 46 | 21 36 | 17 27 | 10 51 | 04 45 | 04 21 | 00 35 |
| 7 | 22 21 | 08 35 | 23 36 | 23 09 | 17 56 | 17 52 | 19 51 | 13 28 | 13 46 | 21 36 | 17 30 | 10 48 | 04 35 | 04 11 | 00 35 |
| 8 | 22 13 | 01 58 | 23 43 | 23 11 | 17 42 | 17 48 | 19 52 | 13 28 | 13 46 | 21 35 | 17 33 | 10 46 | 04 25 | 04 01 | 00 35 |
| 9 | 22 04 | -04 31 | 23 48 | 23 13 | 17 28 | 17 44 | 19 53 | 13 29 | 13 46 | 21 35 | 17 37 | 10 43 | 04 15 | 03 51 | 00 35 |
| 10 | 21 56 | 10 36 | 23 52 | 23 14 | 17 14 | 17 41 | 19 54 | 13 30 | 13 45 | 21 34 | 17 40 | 10 40 | 04 05 | 03 42 | 00 35 |
| 11 | 21 46 | 16 04 | 23 55 | 23 14 | 16 59 | 17 37 | 19 54 | 13 30 | 13 45 | 21 33 | 17 44 | 10 37 | 03 55 | 03 32 | 00 35 |
| 12 | 21 37 | 20 42 | 23 56 | 23 13 | 16 45 | 17 33 | 19 55 | 13 31 | 13 45 | 21 33 | 17 47 | 10 34 | 03 45 | 03 22 | 00 35 |
| 13 | 21 27 | 24 20 | 23 57 | 23 12 | 16 30 | 17 29 | 19 56 | 13 32 | 13 45 | 21 32 | 17 51 | 10 31 | 03 34 | 03 12 | 00 35 |
| 14 | 21 16 | 26 48 | 23 56 | 23 10 | 16 15 | 17 25 | 19 57 | 13 32 | 13 45 | 21 31 | 17 54 | 10 28 | 03 24 | 03 02 | 00 35 |
| 15 | 21 05 | 28 00 | 23 53 | 23 07 | 16 00 | 17 21 | 19 58 | 13 33 | 13 45 | 21 31 | 17 58 | 10 25 | 03 13 | 02 52 | 00 35 |
| 16 | 20 54 | 27 53 | 23 50 | 23 03 | 15 44 | 17 17 | 19 59 | 13 34 | 13 45 | 21 30 | 18 02 | 10 22 | 03 03 | 02 42 | 00 34 |
| 17 | 20 42 | 26 28 | 23 45 | 22 59 | 15 29 | 17 13 | 19 59 | 13 35 | 13 45 | 21 29 | 18 06 | 10 19 | 02 52 | 02 31 | 00 34 |
| 18 | 20 30 | 23 53 | 23 39 | 22 54 | 15 13 | 17 09 | 20 00 | 13 35 | 13 45 | 21 29 | 18 10 | 10 15 | 02 41 | 02 21 | 00 33 |
| 19 | 20 18 | 20 17 | 23 31 | 22 49 | 14 58 | 17 05 | 20 01 | 13 36 | 13 45 | 21 28 | 18 14 | 10 12 | 02 31 | 02 11 | 00 33 |
| 20 | 20 05 | 15 53 | 23 22 | 22 42 | 14 42 | 17 01 | 20 02 | 13 37 | 13 45 | 21 28 | 18 18 | 10 08 | 02 20 | 02 01 | 00 32 |
| 21 | 19 51 | 10 51 | 23 12 | 22 35 | 14 26 | 16 57 | 20 02 | 13 38 | 13 45 | 21 27 | 18 22 | 10 05 | 02 09 | 01 51 | 00 32 |
| 22 | 19 38 | 05 23 | 23 00 | 22 28 | 14 09 | 16 53 | 20 03 | 13 39 | 13 45 | 21 26 | 18 26 | 10 01 | 01 58 | 01 40 | 00 31 |
| 23 | 19 24 | +00 20 | 22 47 | 22 19 | 13 53 | 16 49 | 20 04 | 13 39 | 13 45 | 21 26 | 18 30 | 09 57 | 01 47 | 01 30 | 00 31 |
| 24 | 19 10 | 06 07 | 22 32 | 22 10 | 13 37 | 16 44 | 20 04 | 13 40 | 13 46 | 21 25 | 18 34 | 09 54 | 01 36 | 01 20 | 00 30 |
| 25 | 18 55 | 11 48 | 22 16 | 22 01 | 13 20 | 16 40 | 20 05 | 13 41 | 13 46 | 21 24 | 18 39 | 09 50 | 01 25 | 01 10 | 00 29 |
| 26 | 18 40 | 17 08 | 21 59 | 21 50 | 13 03 | 16 36 | 20 06 | 13 42 | 13 46 | 21 24 | 18 43 | 09 46 | 01 13 | 00 59 | 00 28 |
| 27 | 18 24 | 21 49 | 21 40 | 21 39 | 12 46 | 16 32 | 20 06 | 13 43 | 13 46 | 21 23 | 18 47 | 09 42 | 01 02 | 00 49 | 00 27 |
| 28 | 18 09 | 25 28 | 21 19 | 21 27 | 12 29 | 16 28 | 20 07 | 13 44 | 13 46 | 21 22 | 18 52 | 09 38 | 00 51 | 00 39 | 00 27 |
| 29 | 17 53 | 27 41 | 20 58 | 21 15 | 12 12 | 16 23 | 20 07 | 13 45 | 13 46 | 21 22 | 18 56 | 09 34 | 00 40 | 00 28 | 00 26 |
| 30 | 17 36 | 28 05 | 20 34 | 21 02 | 11 55 | 16 19 | 20 08 | 13 45 | 13 46 | 21 21 | 19 01 | 09 30 | 00 29 | 00 18 | 00 25 |
| 31 | 17 20 | 26 26 | 20 09 | 20 48 | 11 38 | 16 15 | 20 09 | 13 46 | 13 46 | 21 21 | 19 05 | 09 26 | 00 17 | 00 07 | 00 24 |

Lunar Phases -- 3 ○ 10:22 10 ◑ 03:33 18 ● 04:27 26 ◐ 05:10 Sun enters ♒ 1/19 16:24

# Feb. 45 — Longitudes of Main Planets - February 2045 — 0:00 E.T.

| D | S.T. | ☉ | ☽ | ☽ 12:00 | ☿ | ♀ | ♂ | ♃ | ♄ | ♅ | ♆ | ♇ | ☊ |
|---|---|---|---|---|---|---|---|---|---|---|---|---|---|
| 1 | 8:46:26 | 12♒31 19 | 00♌01 | 07♌38 | 10♒03 | 01♒17 | 03♓00 | 17♒39 | 09♐56 | 25♌22℞ | 12♉05 | 01♓41 | 03♓02 |
| 2 | 8:50:23 | 13 32 11 | 15 15 | 22 49 | 11 45 | 02 32 | 03 47 | 17 53 | 10 00 | 25 20 | 12 05 | 01 43 | 02 58 |
| 3 | 8:54:19 | 14 33 03 | 00♍21 | 07♍48 | 13 29 | 03 48 | 04 34 | 18 08 | 10 05 | 25 17 | 12 06 | 01 45 | 02 55 |
| 4 | 8:58:16 | 15 33 53 | 15 11 | 22 27 | 15 13 | 05 03 | 05 22 | 18 22 | 10 09 | 25 15 | 12 06 | 01 46 | 02 52 |
| 5 | 9:02:12 | 16 34 42 | 29 37 | 06♎41 | 16 57 | 06 18 | 06 09 | 18 36 | 10 13 | 25 12 | 12 06 | 01 48 | 02 49 |
| 6 | 9:06:09 | 17 35 31 | 13♎38 | 20 27 | 18 43 | 07 33 | 06 56 | 18 51 | 10 17 | 25 10 | 12 07 | 01 50 | 02 46 |
| 7 | 9:10:05 | 18 36 18 | 27 10 | 03♏47 | 20 29 | 08 48 | 07 44 | 19 05 | 10 21 | 25 07 | 12 08 | 01 51 | 02 43 |
| 8 | 9:14:02 | 19 37 05 | 10♏17 | 16 41 | 22 16 | 10 04 | 08 31 | 19 19 | 10 25 | 25 04 | 12 08 | 01 53 | 02 39 |
| 9 | 9:17:58 | 20 37 51 | 23 00 | 29 15 | 24 03 | 11 19 | 09 18 | 19 34 | 10 29 | 25 02 | 12 09 | 01 54 | 02 36 |
| 10 | 9:21:55 | 21 38 35 | 05♐25 | 11♐31 | 25 51 | 12 34 | 10 05 | 19 48 | 10 33 | 24 59 | 12 09 | 01 56 | 02 33 |
| 11 | 9:25:52 | 22 39 19 | 17 34 | 23 34 | 27 40 | 13 49 | 10 53 | 20 02 | 10 36 | 24 56 | 12 10 | 01 58 | 02 30 |
| 12 | 9:29:48 | 23 40 02 | 29 32 | 05♑29 | 29 29 | 15 04 | 11 40 | 20 16 | 10 40 | 24 54 | 12 11 | 02 00 | 02 27 |
| 13 | 9:33:45 | 24 40 43 | 11♑24 | 17 18 | 01♓19 | 16 19 | 12 27 | 20 31 | 10 44 | 24 51 | 12 12 | 02 01 | 02 23 |
| 14 | 9:37:41 | 25 41 23 | 23 13 | 29 06 | 03 09 | 17 35 | 13 14 | 20 45 | 10 47 | 24 49 | 12 12 | 02 03 | 02 20 |
| 15 | 9:41:38 | 26 42 02 | 05♒01 | 10♒56 | 04 59 | 18 50 | 14 02 | 20 59 | 10 50 | 24 46 | 12 13 | 02 05 | 02 17 |
| 16 | 9:45:34 | 27 42 40 | 16 51 | 22 48 | 06 49 | 20 05 | 14 49 | 21 14 | 10 54 | 24 43 | 12 14 | 02 06 | 02 14 |
| 17 | 9:49:31 | 28 43 16 | 28 47 | 04♓47 | 08 39 | 21 20 | 15 36 | 21 28 | 10 57 | 24 41 | 12 15 | 02 08 | 02 11 |
| 18 | 9:53:27 | 29 43 51 | 10♓49 | 16 53 | 10 29 | 22 35 | 16 23 | 21 42 | 11 00 | 24 38 | 12 16 | 02 10 | 02 08 |
| 19 | 9:57:24 | 00♓44 24 | 22 59 | 29 08 | 12 18 | 23 50 | 17 10 | 21 57 | 11 03 | 24 35 | 12 17 | 02 11 | 02 04 |
| 20 | 10:01:21 | 01 44 55 | 05♈20 | 11♈34 | 14 06 | 25 05 | 17 57 | 22 11 | 11 06 | 24 33 | 12 18 | 02 13 | 02 01 |
| 21 | 10:05:17 | 02 45 25 | 17 52 | 24 14 | 15 53 | 26 21 | 18 44 | 22 25 | 11 08 | 24 30 | 12 19 | 02 15 | 01 58 |
| 22 | 10:09:14 | 03 45 53 | 00♉39 | 07♉08 | 17 38 | 27 36 | 19 31 | 22 39 | 11 11 | 24 28 | 12 20 | 02 16 | 01 55 |
| 23 | 10:13:10 | 04 46 19 | 13 42 | 20 19 | 19 22 | 28 51 | 20 18 | 22 53 | 11 14 | 24 25 | 12 21 | 02 18 | 01 52 |
| 24 | 10:17:07 | 05 46 43 | 27 02 | 03♊50 | 21 03 | 00♓06 | 21 05 | 23 08 | 11 16 | 24 22 | 12 22 | 02 20 | 01 49 |
| 25 | 10:21:03 | 06 47 05 | 10♊42 | 17 40 | 22 41 | 01 21 | 21 52 | 23 22 | 11 19 | 24 20 | 12 23 | 02 22 | 01 45 |
| 26 | 10:25:00 | 07 47 25 | 24 43 | 01♋50 | 24 15 | 02 36 | 22 39 | 23 36 | 11 21 | 24 17 | 12 24 | 02 23 | 01 42 |
| 27 | 10:28:56 | 08 47 44 | 09♋02 | 16 18 | 25 46 | 03 51 | 23 26 | 23 50 | 11 23 | 24 15 | 12 25 | 02 25 | 01 39 |
| 28 | 10:32:53 | 09 48 00 | 23 39 | 01♌02 | 27 11 | 05 06 | 24 13 | 24 04 | 11 25 | 24 12 | 12 27 | 02 27 | 01 36 |

## 0:00 E.T. — Longitudes of the Major Asteroids and Chiron

| D | ⚳ | ⚴ | ⚵ | ⚶ | ⚷ | D | ⚳ | ⚴ | ⚵ | ⚶ | ⚷ |
|---|---|---|---|---|---|---|---|---|---|---|---|
| 1 | 27♉41 | 23♓32 | 00♉46 | 14♈04 | 18♍11℞ | 15 | 29 54 | 28 17 | 07 30 | 19 26 | 17 19 |
| 2 | 27 49 | 23 52 | 01 14 | 14 26 | 18 08 | 16 | 00♊05 | 28 38 | 08 00 | 19 50 | 17 15 |
| 3 | 27 56 | 24 11 | 01 42 | 14 48 | 18 05 | 17 | 00 17 | 28 59 | 08 30 | 20 13 | 17 10 |
| 4 | 28 04 | 24 31 | 02 10 | 15 11 | 18 01 | 18 | 00 30 | 29 20 | 09 00 | 20 37 | 17 06 |
| 5 | 28 13 | 24 51 | 02 39 | 15 34 | 17 58 | 19 | 00 42 | 29 41 | 09 30 | 21 01 | 17 02 |
| 6 | 28 21 | 25 11 | 03 07 | 15 56 | 17 54 | 20 | 00 55 | 00♈03 | 10 01 | 21 25 | 16 57 |
| 7 | 28 30 | 25 32 | 03 36 | 16 19 | 17 51 | 21 | 01 08 | 00 24 | 10 31 | 21 49 | 16 53 |
| 8 | 28 40 | 25 52 | 04 04 | 16 42 | 17 47 | 22 | 01 21 | 00 46 | 11 02 | 22 13 | 16 48 |
| 9 | 28 49 | 26 12 | 04 33 | 17 05 | 17 43 | 23 | 01 35 | 01 08 | 11 33 | 22 38 | 16 44 |
| 10 | 28 59 | 26 33 | 05 02 | 17 29 | 17 39 | 24 | 01 49 | 01 29 | 12 04 | 23 02 | 16 39 |
| 11 | 29 10 | 26 53 | 05 32 | 17 52 | 17 35 | 25 | 02 03 | 01 51 | 12 35 | 23 26 | 16 35 |
| 12 | 29 20 | 27 14 | 06 01 | 18 15 | 17 31 | 26 | 02 17 | 02 13 | 13 06 | 23 51 | 16 30 |
| 13 | 29 31 | 27 35 | 06 31 | 18 39 | 17 27 | 27 | 02 32 | 02 35 | 13 37 | 24 15 | 16 25 |
| 14 | 29 42 | 27 56 | 07 00 | 19 02 | 17 23 | 28 | 02 47 | 02 57 | 14 08 | 24 40 | 16 21 |

## Lunar Data

| Last Asp. | | Ingress | | |
|---|---|---|---|---|
| 2 | 15:57 | 2 | ♍ | 23:27 |
| 3 | 18:58 | 5 | ♎ | 00:38 |
| 6 | 20:20 | 7 | ♏ | 05:07 |
| 9 | 03:52 | 9 | ♐ | 13:28 |
| 11 | 23:52 | 12 | ♑ | 00:56 |
| 13 | 02:17 | 14 | ♒ | 13:49 |
| 16 | 23:52 | 17 | ♓ | 02:27 |
| 18 | 11:47 | 19 | ♈ | 13:41 |
| 21 | 17:42 | 21 | ♉ | 22:48 |
| 23 | 19:16 | 24 | ♊ | 05:15 |
| 25 | 23:17 | 26 | ♋ | 08:55 |
| 28 | 06:21 | 28 | ♌ | 10:20 |

## 0:00 E.T. — Declinations

| D | ☉ | ☽ | ☿ | ♀ | ♂ | ♃ | ♄ | ♅ | ♆ | ♇ | ⚳ | ⚴ | ⚵ | ⚶ | ⚷ |
|---|---|---|---|---|---|---|---|---|---|---|---|---|---|---|---|
| 1 | -17 03 | +22 52 | -19 43 | -20 34 | -11 20 | -16 11 | -20 09 | +13 47 | +13 47 | -21 20 | +19 10 | -09 21 | -00 06 | +00 03 | -00 23 |
| 2 | 16 45 | 17 42 | 19 15 | 20 19 | 11 03 | 16 06 | 20 10 | 13 48 | 13 47 | 21 19 | 19 15 | 09 17 | +00 05 | 00 14 | 00 21 |
| 3 | 16 28 | 11 29 | 18 46 | 20 04 | 10 45 | 16 02 | 20 10 | 13 49 | 13 47 | 21 19 | 19 19 | 09 13 | 00 17 | 00 24 | 00 20 |
| 4 | 16 10 | 04 43 | 18 16 | 19 48 | 10 27 | 15 58 | 20 11 | 13 50 | 13 47 | 21 18 | 19 24 | 09 08 | 00 28 | 00 34 | 00 19 |
| 5 | 15 52 | -02 07 | 17 43 | 19 31 | 10 10 | 15 53 | 20 11 | 13 51 | 13 47 | 21 17 | 19 29 | 09 04 | 00 40 | 00 45 | 00 18 |
| 6 | 15 34 | 08 37 | 17 10 | 19 14 | 09 52 | 15 49 | 20 12 | 13 51 | 13 48 | 21 17 | 19 34 | 09 00 | 00 51 | 00 55 | 00 17 |
| 7 | 15 15 | 14 31 | 16 35 | 18 56 | 09 34 | 15 44 | 20 12 | 13 52 | 13 48 | 21 16 | 19 39 | 08 55 | 01 02 | 01 06 | 00 15 |
| 8 | 14 56 | 19 34 | 15 58 | 18 38 | 09 16 | 15 40 | 20 13 | 13 53 | 13 48 | 21 15 | 19 43 | 08 51 | 01 14 | 01 16 | 00 14 |
| 9 | 14 37 | 23 34 | 15 20 | 18 19 | 08 57 | 15 36 | 20 13 | 13 54 | 13 48 | 21 15 | 19 48 | 08 46 | 01 25 | 01 27 | 00 12 |
| 10 | 14 17 | 26 23 | 14 41 | 18 00 | 08 39 | 15 31 | 20 13 | 13 55 | 13 49 | 21 14 | 19 53 | 08 41 | 01 37 | 01 37 | 00 11 |
| 11 | 13 58 | 27 55 | 14 00 | 17 40 | 08 21 | 15 27 | 20 14 | 13 56 | 13 49 | 21 14 | 19 58 | 08 37 | 01 48 | 01 48 | 00 10 |
| 12 | 13 38 | 28 07 | 13 18 | 17 19 | 08 02 | 15 22 | 20 14 | 13 57 | 13 49 | 21 13 | 20 03 | 08 32 | 01 59 | 01 58 | 00 08 |
| 13 | 13 18 | 27 01 | 12 34 | 16 59 | 07 44 | 15 18 | 20 15 | 13 58 | 13 49 | 21 12 | 20 08 | 08 27 | 02 11 | 02 09 | 00 07 |
| 14 | 12 57 | 24 42 | 11 50 | 16 37 | 07 25 | 15 13 | 20 15 | 13 59 | 13 50 | 21 12 | 20 13 | 08 23 | 02 22 | 02 19 | 00 05 |
| 15 | 12 37 | 21 20 | 11 04 | 16 15 | 07 07 | 15 09 | 20 15 | 13 59 | 13 50 | 21 11 | 20 18 | 08 18 | 02 34 | 02 30 | 00 03 |
| 16 | 12 16 | 17 05 | 10 17 | 15 53 | 06 48 | 15 04 | 20 16 | 14 00 | 13 50 | 21 11 | 20 23 | 08 13 | 02 45 | 02 40 | 00 02 |
| 17 | 11 55 | 12 10 | 09 29 | 15 30 | 06 29 | 15 00 | 20 16 | 14 01 | 13 51 | 21 10 | 20 29 | 08 08 | 02 56 | 02 51 | 00 00 |
| 18 | 11 34 | 06 45 | 08 40 | 15 07 | 06 11 | 14 55 | 20 16 | 14 02 | 13 51 | 21 09 | 20 34 | 08 03 | 03 08 | 03 01 | +00 02 |
| 19 | 11 13 | 01 02 | 07 50 | 14 44 | 05 52 | 14 51 | 20 16 | 14 03 | 13 51 | 21 09 | 20 39 | 07 58 | 03 19 | 03 12 | 00 03 |
| 20 | 10 51 | +04 48 | 07 00 | 14 20 | 05 33 | 14 46 | 20 17 | 14 04 | 13 52 | 21 08 | 20 44 | 07 53 | 03 30 | 03 22 | 00 05 |
| 21 | 10 29 | 10 32 | 06 09 | 13 55 | 05 14 | 14 42 | 20 17 | 14 05 | 13 52 | 21 08 | 20 49 | 07 48 | 03 41 | 03 32 | 00 07 |
| 22 | 10 08 | 15 56 | 05 18 | 13 31 | 04 55 | 14 37 | 20 17 | 14 06 | 13 52 | 21 07 | 20 54 | 07 44 | 03 52 | 03 43 | 00 09 |
| 23 | 09 46 | 20 45 | 04 27 | 13 06 | 04 36 | 14 33 | 20 17 | 14 06 | 13 53 | 21 06 | 20 59 | 07 39 | 04 04 | 03 53 | 00 11 |
| 24 | 09 23 | 24 38 | 03 37 | 12 40 | 04 17 | 14 28 | 20 18 | 14 07 | 13 53 | 21 06 | 21 05 | 07 33 | 04 15 | 04 04 | 00 12 |
| 25 | 09 01 | 27 14 | 02 47 | 12 14 | 03 58 | 14 23 | 20 18 | 14 08 | 13 54 | 21 05 | 21 10 | 07 28 | 04 26 | 04 14 | 00 14 |
| 26 | 08 39 | 28 12 | 01 57 | 11 48 | 03 39 | 14 19 | 20 18 | 14 09 | 13 54 | 21 05 | 21 15 | 07 23 | 04 37 | 04 24 | 00 16 |
| 27 | 08 16 | 27 20 | 01 09 | 11 22 | 03 20 | 14 14 | 20 18 | 14 10 | 13 54 | 21 04 | 21 20 | 07 18 | 04 48 | 04 35 | 00 18 |
| 28 | 07 54 | 24 36 | 00 22 | 10 55 | 03 01 | 14 10 | 20 18 | 14 11 | 13 55 | 21 04 | 21 26 | 07 13 | 04 59 | 04 45 | 00 20 |

Lunar Phases -- 1 Ⓔ 21:07 8 ◑ 19:04 16 ● 23:52 ✓ 24 ◐ 16:38 Sun enters ♓ 2/18 06:24

# 0:00 E.T. Longitudes of Main Planets - March 2045 **Mar. 45**

| D | S.T. | ☉ | ☽ | ☽ 12:00 | ☿ | ♀ | ♂ | ♃ | ♄ | ♅ | ♆ | ♇ | ☊ |
|---|---|---|---|---|---|---|---|---|---|---|---|---|---|
| 1 | 10:36:50 | 10♓48 14 | 08♌28 | 15♌55 | 28♓32 | 06♓21 | 25♓00 | 24♒18 | 11♐27 | 24♌10℞ | 12♉28 | 02♓28 | 01♓33 |
| 2 | 10:40:46 | 11 48 26 | 23 23 | 00♍50 | 29 46 | 07 36 | 25 47 | 24 32 | 11 29 | 24 07 | 12 29 | 02 30 | 01 29 |
| 3 | 10:44:43 | 12 48 37 | 08♍16 | 15 40 | 00♈54 | 08 51 | 26 33 | 24 46 | 11 31 | 24 05 | 12 31 | 02 32 | 01 26 |
| 4 | 10:48:39 | 13 48 45 | 23 00 | 00♎16 | 01 55 | 10 06 | 27 20 | 25 00 | 11 33 | 24 02 | 12 32 | 02 33 | 01 23 |
| 5 | 10:52:36 | 14 48 52 | 07♎28 | 14 34 | 02 48 | 11 21 | 28 07 | 25 14 | 11 34 | 24 00 | 12 33 | 02 35 | 01 20 |
| 6 | 10:56:32 | 15 48 57 | 21 33 | 28 27 | 03 33 | 12 36 | 28 53 | 25 28 | 11 36 | 23 58 | 12 35 | 02 37 | 01 17 |
| 7 | 11:00:29 | 16 49 00 | 05♏14 | 11♏54 | 04 09 | 13 51 | 29 40 | 25 42 | 11 37 | 23 55 | 12 36 | 02 38 | 01 14 |
| 8 | 11:04:25 | 17 49 02 | 18 29 | 24 57 | 04 37 | 15 05 | 00♈27 | 25 56 | 11 39 | 23 53 | 12 37 | 02 40 | 01 10 |
| 9 | 11:08:22 | 18 49 02 | 01♐19 | 07♐36 | 04 56 | 16 20 | 01 13 | 26 09 | 11 40 | 23 51 | 12 39 | 02 42 | 01 07 |
| 10 | 11:12:19 | 19 49 01 | 13 47 | 19 55 | 05 06 | 17 35 | 02 00 | 26 23 | 11 41 | 23 48 | 12 40 | 02 43 | 01 04 |
| 11 | 11:16:15 | 20 48 58 | 25 59 | 02♑00 | 05 07℞ | 18 50 | 02 46 | 26 37 | 11 42 | 23 46 | 12 42 | 02 45 | 01 01 |
| 12 | 11:20:12 | 21 48 53 | 07♑58 | 13 54 | 05 00 | 20 05 | 03 33 | 26 51 | 11 43 | 23 44 | 12 44 | 02 46 | 00 58 |
| 13 | 11:24:08 | 22 48 47 | 19 49 | 25 43 | 04 43 | 21 20 | 04 19 | 27 04 | 11 44 | 23 42 | 12 45 | 02 48 | 00 55 |
| 14 | 11:28:05 | 23 48 38 | 01♒36 | 07♒31 | 04 19 | 22 35 | 05 06 | 27 18 | 11 45 | 23 39 | 12 47 | 02 50 | 00 51 |
| 15 | 11:32:01 | 24 48 29 | 13 26 | 19 22 | 03 48 | 23 49 | 05 52 | 27 31 | 11 45 | 23 37 | 12 48 | 02 51 | 00 48 |
| 16 | 11:35:58 | 25 48 17 | 25 20 | 01♓20 | 03 10 | 25 04 | 06 38 | 27 45 | 11 46 | 23 35 | 12 50 | 02 53 | 00 45 |
| 17 | 11:39:54 | 26 48 03 | 07♓22 | 13 27 | 02 26 | 26 19 | 07 25 | 27 58 | 11 46 | 23 33 | 12 52 | 02 54 | 00 42 |
| 18 | 11:43:51 | 27 47 48 | 19 35 | 25 47 | 01 38 | 27 34 | 08 11 | 28 12 | 11 47 | 23 31 | 12 53 | 02 56 | 00 39 |
| 19 | 11:47:48 | 28 47 30 | 02♈01 | 08♈19 | 00 46 | 28 49 | 08 57 | 28 25 | 11 47 | 23 29 | 12 55 | 02 58 | 00 35 |
| 20 | 11:51:44 | 29 47 11 | 14 40 | 21 05 | 29♓52 | 00♈03 | 09 43 | 28 38 | 11 47 | 23 27 | 12 57 | 02 59 | 00 32 |
| 21 | 11:55:41 | 00♈46 49 | 27 33 | 04♉05 | 28 57 | 01 18 | 10 30 | 28 52 | 11 47℞ | 23 25 | 12 59 | 03 01 | 00 29 |
| 22 | 11:59:37 | 01 46 26 | 10♉40 | 17 18 | 28 02 | 02 33 | 11 16 | 29 05 | 11 47 | 23 23 | 13 00 | 03 02 | 00 26 |
| 23 | 12:03:34 | 02 46 00 | 24 00 | 00♊44 | 27 08 | 03 47 | 12 02 | 29 18 | 11 47 | 23 21 | 13 02 | 03 04 | 00 23 |
| 24 | 12:07:30 | 03 45 32 | 07♊32 | 14 23 | 26 17 | 05 02 | 12 48 | 29 31 | 11 47 | 23 19 | 13 04 | 03 05 | 00 20 |
| 25 | 12:11:27 | 04 45 02 | 21 17 | 28 14 | 25 28 | 06 17 | 13 34 | 29 44 | 11 46 | 23 18 | 13 06 | 03 07 | 00 16 |
| 26 | 12:15:23 | 05 44 29 | 05♋13 | 12♋15 | 24 44 | 07 31 | 14 20 | 29 57 | 11 46 | 23 16 | 13 08 | 03 08 | 00 13 |
| 27 | 12:19:20 | 06 43 54 | 19 20 | 26 27 | 24 04 | 08 46 | 15 06 | 00♓10 | 11 45 | 23 14 | 13 10 | 03 10 | 00 10 |
| 28 | 12:23:17 | 07 43 17 | 03♌37 | 10♌48 | 23 30 | 10 00 | 15 52 | 00 23 | 11 44 | 23 13 | 13 12 | 03 11 | 00 07 |
| 29 | 12:27:13 | 08 42 37 | 18 01 | 25 15 | 23 00 | 11 15 | 16 37 | 00 36 | 11 44 | 23 11 | 13 13 | 03 13 | 00 04 |
| 30 | 12:31:10 | 09 41 55 | 02♍29 | 09♍43 | 22 37 | 12 30 | 17 23 | 00 48 | 11 43 | 23 09 | 13 15 | 03 14 | 00 01 |
| 31 | 12:35:06 | 10 41 11 | 16 57 | 24 10 | 22 19 | 13 44 | 18 09 | 01 01 | 11 42 | 23 08 | 13 17 | 03 15 | 29♒57 |

## 0:00 E.T. Longitudes of the Major Asteroids and Chiron

| D | ⚳ | ⚴ | ⚵ | ⚶ | ⚷ | D | ⚳ | ⚴ | ⚵ | ⚶ | ⚷ |
|---|---|---|---|---|---|---|---|---|---|---|---|
| 1 | 03♊02 | 03♈19 | 14♉39 | 25♈04 | 16♍16℞ | 17 | 07 30 | 09 23 | 23 11 | 01 45 | 15 00 |
| 2 | 03 17 | 03 41 | 15 11 | 25 29 | 16 11 | 18 | 07 48 | 09 46 | 23 44 | 02 11 | 14 56 |
| 3 | 03 32 | 04 04 | 15 42 | 25 54 | 16 06 | 19 | 08 07 | 10 09 | 24 16 | 02 36 | 14 51 |
| 4 | 03 48 | 04 26 | 16 14 | 26 19 | 16 02 | 20 | 08 25 | 10 33 | 24 49 | 03 02 | 14 47 |
| 5 | 04 04 | 04 48 | 16 45 | 26 43 | 15 57 | 21 | 08 44 | 10 56 | 25 22 | 03 27 | 14 42 |
| 6 | 04 20 | 05 11 | 17 17 | 27 08 | 15 52 | 22 | 09 03 | 11 20 | 25 54 | 03 53 | 14 38 |
| 7 | 04 36 | 05 33 | 17 49 | 27 33 | 15 47 | 23 | 09 22 | 11 43 | 26 27 | 04 19 | 14 33 |
| 8 | 04 53 | 05 56 | 18 21 | 27 58 | 15 43 | 24 | 09 42 | 12 07 | 27 00 | 04 44 | 14 29 |
| 9 | 05 09 | 06 19 | 18 53 | 28 23 | 15 38 | 25 | 10 01 | 12 31 | 27 33 | 05 10 | 14 25 |
| 10 | 05 26 | 06 42 | 19 25 | 28 48 | 15 33 | 26 | 10 21 | 12 54 | 28 06 | 05 36 | 14 20 |
| 11 | 05 43 | 07 04 | 19 57 | 29 14 | 15 28 | 27 | 10 41 | 13 18 | 28 39 | 06 01 | 14 16 |
| 12 | 06 01 | 07 27 | 20 29 | 29 39 | 15 24 | 28 | 11 01 | 13 42 | 29 12 | 06 27 | 14 12 |
| 13 | 06 18 | 07 50 | 21 01 | 00♉04 | 15 19 | 29 | 11 21 | 14 06 | 29 45 | 06 53 | 14 08 |
| 14 | 06 36 | 08 13 | 21 34 | 00 29 | 15 14 | 30 | 11 41 | 14 30 | 00♊18 | 07 19 | 14 04 |
| 15 | 06 54 | 08 36 | 22 06 | 00 55 | 15 10 | 31 | 12 01 | 14 54 | 00 51 | 07 45 | 14 00 |
| 16 | 07 12 | 09 00 | 22 39 | 01 20 | 15 05 | | | | | | |

## Lunar Data

| Last Asp. | | Ingress | | |
|---|---|---|---|---|
| 2 | 01:54 | 2 | ♍ | 10:39 |
| 4 | 07:32 | 4 | ♎ | 11:33 |
| 6 | 06:54 | 6 | ♏ | 14:44 |
| 8 | 14:06 | 8 | ♐ | 21:31 |
| 11 | 01:17 | 11 | ♑ | 08:01 |
| 13 | 06:40 | 13 | ♒ | 20:44 |
| 16 | 04:56 | 16 | ♓ | 09:21 |
| 18 | 17:16 | 18 | ♈ | 20:07 |
| 21 | 02:27 | 21 | ♉ | 04:30 |
| 23 | 09:36 | 23 | ♊ | 10:41 |
| 25 | 14:50 | 25 | ♋ | 15:03 |
| 27 | 07:39 | 27 | ♌ | 17:57 |
| 29 | 08:34 | 29 | ♍ | 19:53 |
| 31 | 08:47 | | | |

## 0:00 E.T. Declinations

| D | ☉ | ☽ | ☿ | ♀ | ♂ | ♃ | ♄ | ♅ | ♆ | ♇ | ⚳ | ⚴ | ⚵ | ⚶ | ⚷ |
|---|---|---|---|---|---|---|---|---|---|---|---|---|---|---|---|
| 1 | -07 31 | +20 11 | +00 22 | -10 28 | -02 42 | -14 05 | -20 18 | +14 11 | +13 55 | -21 03 | +21 31 | -07 08 | +05 10 | +04 55 | +00 22 |
| 2 | 07 08 | 14 28 | 01 05 | 10 01 | 02 23 | 14 01 | 20 19 | 14 12 | 13 56 | 21 02 | 21 36 | 07 03 | 05 21 | 05 06 | 00 24 |
| 3 | 06 45 | 07 55 | 01 45 | 09 33 | 02 04 | 13 56 | 20 19 | 14 13 | 13 56 | 21 02 | 21 41 | 06 58 | 05 31 | 05 16 | 00 26 |
| 4 | 06 22 | 01 01 | 02 22 | 09 05 | 01 45 | 13 51 | 20 19 | 14 14 | 13 57 | 21 01 | 21 46 | 06 53 | 05 42 | 05 26 | 00 28 |
| 5 | 05 59 | -05 47 | 02 56 | 08 37 | 01 26 | 13 47 | 20 19 | 14 15 | 13 57 | 21 01 | 21 52 | 06 48 | 05 53 | 05 37 | 00 30 |
| 6 | 05 36 | 12 08 | 03 27 | 08 09 | 01 07 | 13 42 | 20 19 | 14 15 | 13 57 | 21 00 | 21 57 | 06 42 | 06 04 | 05 47 | 00 32 |
| 7 | 05 12 | 17 42 | 03 54 | 07 40 | 00 48 | 13 38 | 20 19 | 14 16 | 13 58 | 21 00 | 22 02 | 06 37 | 06 14 | 05 57 | 00 34 |
| 8 | 04 49 | 22 15 | 04 16 | 07 12 | 00 29 | 13 33 | 20 19 | 14 17 | 13 58 | 20 59 | 22 07 | 06 32 | 06 25 | 06 07 | 00 36 |
| 9 | 04 25 | 25 35 | 04 34 | 06 43 | 00 10 | 13 29 | 20 19 | 14 18 | 13 59 | 20 59 | 22 12 | 06 27 | 06 35 | 06 17 | 00 38 |
| 10 | 04 02 | 27 34 | 04 48 | 06 14 | +00 09 | 13 24 | 20 19 | 14 19 | 13 59 | 20 58 | 22 17 | 06 22 | 06 46 | 06 27 | 00 41 |
| 11 | 03 38 | 28 11 | 04 57 | 05 44 | 00 28 | 13 19 | 20 19 | 14 19 | 14 00 | 20 58 | 22 22 | 06 17 | 06 56 | 06 38 | 00 43 |
| 12 | 03 15 | 27 27 | 05 02 | 05 15 | 00 47 | 13 15 | 20 19 | 14 20 | 14 00 | 20 57 | 22 28 | 06 11 | 07 06 | 06 48 | 00 45 |
| 13 | 02 51 | 25 28 | 05 01 | 04 45 | 01 06 | 13 10 | 20 19 | 14 21 | 14 01 | 20 57 | 22 33 | 06 06 | 07 16 | 06 58 | 00 47 |
| 14 | 02 27 | 22 23 | 04 56 | 04 16 | 01 25 | 13 06 | 20 19 | 14 21 | 14 01 | 20 56 | 22 38 | 06 01 | 07 26 | 07 08 | 00 49 |
| 15 | 02 04 | 18 23 | 04 47 | 03 46 | 01 44 | 13 01 | 20 19 | 14 22 | 14 02 | 20 56 | 22 43 | 05 56 | 07 37 | 07 18 | 00 51 |
| 16 | 01 40 | 13 38 | 04 33 | 03 16 | 02 03 | 12 57 | 20 19 | 14 23 | 14 03 | 20 56 | 22 48 | 05 51 | 07 46 | 07 28 | 00 53 |
| 17 | 01 16 | 08 20 | 04 15 | 02 46 | 02 22 | 12 52 | 20 19 | 14 23 | 14 03 | 20 55 | 22 53 | 05 46 | 07 56 | 07 38 | 00 55 |
| 18 | 00 53 | 02 39 | 03 53 | 02 16 | 02 41 | 12 48 | 20 19 | 14 24 | 14 04 | 20 55 | 22 58 | 05 40 | 08 06 | 07 47 | 00 57 |
| 19 | 00 29 | +03 13 | 03 28 | 01 46 | 02 59 | 12 43 | 20 19 | 14 25 | 14 04 | 20 54 | 23 03 | 05 35 | 08 16 | 07 57 | 01 00 |
| 20 | 00 05 | 09 04 | 03 01 | 01 15 | 03 18 | 12 39 | 20 19 | 14 25 | 14 05 | 20 54 | 23 08 | 05 30 | 08 26 | 08 07 | 01 02 |
| 21 | +00 19 | 14 38 | 02 32 | 00 45 | 03 37 | 12 34 | 20 18 | 14 26 | 14 05 | 20 53 | 23 13 | 05 25 | 08 35 | 08 17 | 01 04 |
| 22 | 00 42 | 19 38 | 02 01 | 00 15 | 03 55 | 12 30 | 20 18 | 14 27 | 14 06 | 20 53 | 23 18 | 05 20 | 08 45 | 08 27 | 01 06 |
| 23 | 01 06 | 23 46 | 01 30 | +00 15 | 04 14 | 12 25 | 20 18 | 14 27 | 14 06 | 20 53 | 23 22 | 05 15 | 08 54 | 08 36 | 01 08 |
| 24 | 01 30 | 26 40 | 00 58 | 00 46 | 04 32 | 12 21 | 20 18 | 14 28 | 14 07 | 20 52 | 23 27 | 05 10 | 09 03 | 08 46 | 01 10 |
| 25 | 01 53 | 28 02 | 00 26 | 01 16 | 04 51 | 12 16 | 20 18 | 14 28 | 14 08 | 20 52 | 23 32 | 05 05 | 09 13 | 08 56 | 01 12 |
| 26 | 02 17 | 27 40 | -00 05 | 01 46 | 05 09 | 12 12 | 20 18 | 14 29 | 14 08 | 20 51 | 23 37 | 05 00 | 09 22 | 09 05 | 01 14 |
| 27 | 02 40 | 25 30 | 00 34 | 02 17 | 05 27 | 12 07 | 20 17 | 14 29 | 14 09 | 20 51 | 23 41 | 04 54 | 09 31 | 09 15 | 01 16 |
| 28 | 03 04 | 21 42 | 01 02 | 02 47 | 05 46 | 12 03 | 20 17 | 14 30 | 14 09 | 20 51 | 23 46 | 04 49 | 09 40 | 09 24 | 01 18 |
| 29 | 03 27 | 16 35 | 01 28 | 03 17 | 06 04 | 11 59 | 20 17 | 14 30 | 14 10 | 20 50 | 23 51 | 04 44 | 09 49 | 09 34 | 01 20 |
| 30 | 03 51 | 10 30 | 01 52 | 03 47 | 06 22 | 11 54 | 20 17 | 14 31 | 14 11 | 20 50 | 23 55 | 04 39 | 09 57 | 09 43 | 01 22 |
| 31 | 04 14 | 03 52 | 02 13 | 04 17 | 06 40 | 11 50 | 20 16 | 14 31 | 14 11 | 20 50 | 24 00 | 04 34 | 10 06 | 09 53 | 01 24 |

Lunar Phases -- 3 Ⓔ 07:54   10 ◑ 12:51   18 ● 17:16   26 ◐ 00:58   Sun enters ♈ 3/20 05:09

| D | S.T. | ☉ | ☽ | ☽ 12:00 | ☿ | ♀ | ♂ | ♃ | ♄ | ♅ | ♆ | ♇ | ☊ |
|---|---|---|---|---|---|---|---|---|---|---|---|---|---|
| 1 | 12:39:03 | 11♈40 24 | 01♎20 | 08♎28 | 22♓06℞ | 14♈59 | 18♈54 | 01♓14 | 11♐41℞ | 23♌06℞ | 13♉19 | 03♓17 | 29♒54 |
| 2 | 12:42:59 | 12 39 36 | 15 32 | 22 33 | 22 00 | 16 13 | 19 40 | 01 26 | 11 40 | 23 05 | 13 21 | 03 18 | 29 51 |
| 3 | 12:46:56 | 13 38 45 | 29 29 | 06♏20 | 21 59D | 17 27 | 20 26 | 01 39 | 11 38 | 23 04 | 13 23 | 03 20 | 29 48 |
| 4 | 12:50:52 | 14 37 53 | 13♏05 | 19 45 | 22 04 | 18 42 | 21 11 | 01 51 | 11 37 | 23 02 | 13 25 | 03 21 | 29 45 |
| 5 | 12:54:49 | 15 36 58 | 26 20 | 02♐49 | 22 14 | 19 56 | 21 57 | 02 03 | 11 36 | 23 01 | 13 27 | 03 22 | 29 41 |
| 6 | 12:58:46 | 16 36 02 | 09♐12 | 15 30 | 22 29 | 21 11 | 22 42 | 02 16 | 11 34 | 23 00 | 13 29 | 03 24 | 29 38 |
| 7 | 13:02:42 | 17 35 04 | 21 44 | 27 52 | 22 49 | 22 25 | 23 28 | 02 28 | 11 32 | 22 58 | 13 31 | 03 25 | 29 35 |
| 8 | 13:06:39 | 18 34 04 | 03♑57 | 09♑59 | 23 14 | 23 39 | 24 13 | 02 40 | 11 31 | 22 57 | 13 34 | 03 26 | 29 32 |
| 9 | 13:10:35 | 19 33 03 | 15 58 | 21 54 | 23 44 | 24 54 | 24 58 | 02 52 | 11 29 | 22 56 | 13 36 | 03 27 | 29 29 |
| 10 | 13:14:32 | 20 32 00 | 27 49 | 03♒44 | 24 19 | 26 08 | 25 43 | 03 04 | 11 27 | 22 55 | 13 38 | 03 29 | 29 26 |
| 11 | 13:18:28 | 21 30 54 | 09♒38 | 15 33 | 24 55 | 27 22 | 26 29 | 03 16 | 11 25 | 22 54 | 13 40 | 03 30 | 29 22 |
| 12 | 13:22:25 | 22 29 48 | 21 28 | 27 26 | 25 36 | 28 37 | 27 14 | 03 27 | 11 23 | 22 53 | 13 42 | 03 31 | 29 19 |
| 13 | 13:26:21 | 23 28 39 | 03♓26 | 09♓28 | 26 21 | 29 51 | 27 59 | 03 39 | 11 21 | 22 52 | 13 44 | 03 32 | 29 16 |
| 14 | 13:30:18 | 24 27 28 | 15 34 | 21 44 | 27 10 | 01♉05 | 28 44 | 03 51 | 11 18 | 22 51 | 13 46 | 03 33 | 29 13 |
| 15 | 13:34:15 | 25 26 16 | 27 58 | 04♈16 | 28 02 | 02 20 | 29 29 | 04 02 | 11 16 | 22 50 | 13 48 | 03 35 | 29 10 |
| 16 | 13:38:11 | 26 25 02 | 10♈38 | 17 05 | 28 57 | 03 34 | 00♉14 | 04 13 | 11 14 | 22 50 | 13 51 | 03 36 | 29 07 |
| 17 | 13:42:08 | 27 23 46 | 23 36 | 00♉12 | 29 55 | 04 48 | 00 59 | 04 25 | 11 11 | 22 49 | 13 53 | 03 37 | 29 03 |
| 18 | 13:46:04 | 28 22 28 | 06♉52 | 13 36 | 00♈56 | 06 02 | 01 44 | 04 36 | 11 09· | 22 48 | 13 55 | 03 38 | 29 00 |
| 19 | 13:50:01 | 29 21 08 | 20 24 | 27 15 | 01 59 | 07 16 | 02 29 | 04 47 | 11 06 | 22 48 | 13 57 | 03 39 | 28 57 |
| 20 | 13:53:57 | 00♉19 46 | 04♊09 | 11♊05 | 03 05 | 08 30 | 03 14 | 04 58 | 11 03 | 22 47 | 13 59 | 03 40 | 28 54 |
| 21 | 13:57:54 | 01 18 22 | 18 03 | 25 03 | 04 14 | 09 45 | 03 58 | 05 09 | 11 00 | 22 47 | 14 02 | 03 41 | 28 51 |
| 22 | 14:01:50 | 02 16 56 | 02♋04 | 09♋07 | 05 25 | 10 59 | 04 43 | 05 20 | 10 57 | 22 46 | 14 04 | 03 42 | 28 47 |
| 23 | 14:05:47 | 03 15 28 | 16 09 | 23 13 | 06 39 | 12 13 | 05 28 | 05 31 | 10 54 | 22 46 | 14 06 | 03 43 | 28 44 |
| 24 | 14:09:44 | 04 13 57 | 00♌17 | 07♌20 | 07 54 | 13 27 | 06 12 | 05 41 | 10 51 | 22 46 | 14 08 | 03 44 | 28 41 |
| 25 | 14:13:40 | 05 12 25 | 14 24 | 21 28 | 09 12 | 14 41 | 06 57 | 05 52 | 10 48 | 22 45 | 14 10 | 03 45 | 28 38 |
| 26 | 14:17:37 | 06 10 50 | 28 30 | 05♍34 | 10 32 | 15 55 | 07 41 | 06 02 | 10 45 | 22 45 | 14 13 | 03 46 | 28 35 |
| 27 | 14:21:33 | 07 09 13 | 12♍37 | 19 38 | 11 54 | 17 09 | 08 25 | 06 13 | 10 42 | 22 45 | 14 15 | 03 47 | 28 32 |
| 28 | 14:25:30 | 08 07 33 | 26 39 | 03♎38 | 13 18 | 18 23 | 09 10 | 06 23 | 10 38 | 22 45 | 14 17 | 03 48 | 28 28 |
| 29 | 14:29:26 | 09 05 52 | 10♎35 | 17 30 | 14 45 | 19 37 | 09 54 | 06 33 | 10 35 | 22 45 | 14 19 | 03 49 | 28 25 |
| 30 | 14:33:23 | 10 04 09 | 24 23 | 01♏12 | 16 13 | 20 51 | 10 39 | 06 43 | 10 31 | 22 45D | 14 22 | 03 50 | 28 22 |

## 0:00 E.T. — Longitudes of the Major Asteroids and Chiron — Lunar Data

| D | ⚳ | ⚴ | ⚵ | ⚶ | ⚷ | D | ⚳ | ⚴ | ⚵ | ⚶ | ⚷ |
|---|---|---|---|---|---|---|---|---|---|---|---|
| 1 | 12♊22 | 15♈18 | 01♊24 | 08♉11 | 13♍56℞ | 16 | 17 43 | 21 24 | 09 43 | 14 41 | 13 07 |
| 2 | 12 42 | 15 42 | 01 57 | 08 36 | 13 52 | 17 | 18 05 | 21 49 | 10 17 | 15 07 | 13 05 |
| 3 | 13 03 | 16 06 | 02 30 | 09 02 | 13 49 | 18 | 18 28 | 22 14 | 10 50 | 15 34 | 13 02 |
| 4 | 13 24 | 16 30 | 03 04 | 09 28 | 13 45 | 19 | 18 50 | 22 39 | 11 24 | 16 00 | 13 00 |
| 5 | 13 45 | 16 54 | 03 37 | 09 54 | 13 41 | 20 | 19 13 | 23 03 | 11 57 | 16 26 | 12 57 |
| 6 | 14 06 | 17 19 | 04 10 | 10 20 | 13 38 | 21 | 19 35 | 23 28 | 12 31 | 16 52 | 12 55 |
| 7 | 14 27 | 17 43 | 04 43 | 10 46 | 13 34 | 22 | 19 58 | 23 53 | 13 04 | 17 19 | 12 53 |
| 8 | 14 48 | 18 07 | 05 17 | 11 12 | 13 31 | 23 | 20 21 | 24 18 | 13 38 | 17 45 | 12 51 |
| 9 | 15 10 | 18 32 | 05 50 | 11 38 | 13 28 | 24 | 20 44 | 24 43 | 14 11 | 18 11 | 12 49 |
| 10 | 15 31 | 18 56 | 06 23 | 12 04 | 13 24 | 25 | 21 07 | 25 09 | 14 45 | 18 37 | 12 48 |
| 11 | 15 53 | 19 21 | 06 56 | 12 31 | 13 21 | 26 | 21 30 | 25 34 | 15 18 | 19 04 | 12 46 |
| 12 | 16 15 | 19 45 | 07 30 | 12 57 | 13 18 | 27 | 21 53 | 25 59 | 15 52 | 19 30 | 12 44 |
| 13 | 16 37 | 20 10 | 08 03 | 13 23 | 13 15 | 28 | 22 17 | 26 24 | 16 25 | 19 56 | 12 43 |
| 14 | 16 59 | 20 35 | 08 37 | 13 49 | 13 13 | 29 | 22 40 | 26 49 | 16 58 | 20 22 | 12 42 |
| 15 | 17 21 | 20 59 | 09 10 | 14 15 | 13 10 | 30 | 23 03 | 27 15 | 17 32 | 20 49 | 12 40 |

**Lunar Data**

| Last Asp. | Ingress |
|---|---|
| 2 12:54 | 3 ♏ 00:55 |
| 4 17:56 | 5 ♐ 06:47 |
| 7 03:36 | 7 ♑ 16:11 |
| 9 20:10 | 10 ♒ 04:25 |
| 12 16:01 | 12 ♓ 17:09 |
| 15 00:09 | 15 ♈ 03:54 |
| 17 07:28 | 17 ♉ 11:38 |
| 19 04:12 | 19 ♊ 16:48 |
| 21 08:06 | 21 ♋ 20:28 |
| 22 20:29 | 23 ♌ 23:32 |
| 25 14:12 | 26 ♍ 02:31 |
| 27 08:30 | 28 ♎ 05:46 |
| 29 21:08 | 30 ♏ 09:52 |

## 0:00 E.T. — Declinations

| D | ☉ | ☽ | ☿ | ♀ | ♂ | ♃ | ♄ | ♅ | ♆ | ♇ | ⚳ | ⚴ | ⚵ | ⚶ | ⚷ |
|---|---|---|---|---|---|---|---|---|---|---|---|---|---|---|---|
| 1 | +04 37 | -02 55 | -02 32 | +04 47 | +06 58 | -11 46 | -20 16 | +14 32 | +14 12 | -20 49 | +24 04 | -04 30 | +10 14 | +10 02 | +01 26 |
| 2 | 05 00 | 09 27 | 02 49 | 05 17 | 07 16 | 11 41 | 20 16 | 14 32 | 14 13 | 20 49 | 24 09 | 04 25 | 10 23 | 10 11 | 01 28 |
| 3 | 05 23 | 15 23 | 03 03 | 05 47 | 07 33 | 11 37 | 20 16 | 14 33 | 14 13 | 20 49 | 24 13 | 04 20 | 10 31 | 10 21 | 01 30 |
| 4 | 05 46 | 20 26 | 03 14 | 06 16 | 07 51 | 11 33 | 20 15 | 14 33 | 14 14 | 20 49 | 24 18 | 04 15 | 10 39 | 10 30 | 01 32 |
| 5 | 06 09 | 24 19 | 03 23 | 06 46 | 08 09 | 11 29 | 20 15 | 14 34 | 14 14 | 20 48 | 24 22 | 04 10 | 10 48 | 10 39 | 01 34 |
| 6 | 06 31 | 26 52 | 03 29 | 07 15 | 08 26 | 11 24 | 20 15 | 14 34 | 14 15 | 20 48 | 24 26 | 04 05 | 10 56 | 10 48 | 01 36 |
| 7 | 06 54 | 27 59 | 03 33 | 07 44 | 08 43 | 11 20 | 20 14 | 14 34 | 14 16 | 20 48 | 24 30 | 04 00 | 11 04 | 10 57 | 01 38 |
| 8 | 07 17 | 27 41 | 03 34 | 08 13 | 09 01 | 11 16 | 20 14 | 14 35 | 14 16 | 20 47 | 24 35 | 03 56 | 11 11 | 11 06 | 01 40 |
| 9 | 07 39 | 26 05 | 03 33 | 08 42 | 09 18 | 11 12 | 20 14 | 14 35 | 14 17 | 20 47 | 24 39 | 03 51 | 11 19 | 11 15 | 01 42 |
| 10 | 08 01 | 23 20 | 03 30 | 09 11 | 09 35 | 11 08 | 20 13 | 14 35 | 14 18 | 20 47 | 24 43 | 03 46 | 11 27 | 11 24 | 01 44 |
| 11 | 08 23 | 19 37 | 03 24 | 09 39 | 09 52 | 11 03 | 20 13 | 14 36 | 14 18 | 20 47 | 24 47 | 03 42 | 11 34 | 11 33 | 01 45 |
| 12 | 08 45 | 15 07 | 03 16 | 10 07 | 10 09 | 10 59 | 20 13 | 14 36 | 14 19 | 20 47 | 24 51 | 03 37 | 11 41 | 11 42 | 01 47 |
| 13 | 09 07 | 10 01 | 03 07 | 10 35 | 10 26 | 10 55 | 20 12 | 14 36 | 14 20 | 20 46 | 24 55 | 03 32 | 11 49 | 11 51 | 01 49 |
| 14 | 09 29 | 04 28 | 02 55 | 11 03 | 10 42 | 10 51 | 20 12 | 14 36 | 14 20 | 20 46 | 24 59 | 03 28 | 11 56 | 11 59 | 01 51 |
| 15 | 09 50 | +01 21 | 02 41 | 11 30 | 10 59 | 10 47 | 20 11 | 14 37 | 14 21 | 20 46 | 25 02 | 03 23 | 12 03 | 12 08 | 01 52 |
| 16 | 10 12 | 07 14 | 02 26 | 11 57 | 11 15 | 10 43 | 20 11 | 14 37 | 14 22 | 20 46 | 25 06 | 03 19 | 12 10 | 12 17 | 01 54 |
| 17 | 10 33 | 12 57 | 02 09 | 12 24 | 11 32 | 10 39 | 20 10 | 14 37 | 14 22 | 20 46 | 25 10 | 03 14 | 12 16 | 12 25 | 01 55 |
| 18 | 10 54 | 18 12 | 01 50 | 12 51 | 11 48 | 10 35 | 20 10 | 14 37 | 14 24 | 20 45 | 25 13 | 03 10 | 12 23 | 12 34 | 01 57 |
| 19 | 11 15 | 22 40 | 01 29 | 13 17 | 12 04 | 10 31 | 20 09 | 14 37 | 14 24 | 20 45 | 25 17 | 03 06 | 12 30 | 12 42 | 01 59 |
| 20 | 11 35 | 25 56 | 01 07 | 13 43 | 12 20 | 10 28 | 20 09 | 14 38 | 14 24 | 20 45 | 25 21 | 03 01 | 12 36 | 12 51 | 02 00 |
| 21 | 11 56 | 27 42 | 00 44 | 14 08 | 12 35 | 10 24 | 20 09 | 14 38 | 14 26 | 20 45 | 25 24 | 02 57 | 12 42 | 12 59 | 02 02 |
| 22 | 12 16 | 27 43 | 00 20 | 14 34 | 12 51 | 10 20 | 20 08 | 14 38 | 14 26 | 20 45 | 25 27 | 02 53 | 12 49 | 13 07 | 02 03 |
| 23 | 12 36 | 25 56 | +00 08 | 14 59 | 13 07 | 10 16 | 20 08 | 14 38 | 14 26 | 20 45 | 25 31 | 02 49 | 12 55 | 13 15 | 02 05 |
| 24 | 12 56 | 22 32 | 00 36 | 15 23 | 13 22 | 10 13 | 20 07 | 14 38 | 14 27 | 20 45 | 25 34 | 02 45 | 13 00 | 13 24 | 02 06 |
| 25 | 13 15 | 17 47 | 01 05 | 15 47 | 13 37 | 10 09 | 20 06 | 14 38 | 14 28 | 20 45 | 25 37 | 02 41 | 13 06 | 13 32 | 02 07 |
| 26 | 13 35 | 12 05 | 01 36 | 16 11 | 13 52 | 10 05 | 20 06 | 14 38 | 14 28 | 20 44 | 25 40 | 02 37 | 13 12 | 13 40 | 02 09 |
| 27 | 13 54 | 05 46 | 02 07 | 16 34 | 14 07 | 10 02 | 20 06 | 14 38 | 14 29 | 20 44 | 25 43 | 02 33 | 13 17 | 13 48 | 02 10 |
| 28 | 14 13 | -00 47 | 02 40 | 16 57 | 14 22 | 09 58 | 20 05 | 14 38 | 14 30 | 20 44 | 25 46 | 02 29 | 13 23 | 13 55 | 02 11 |
| 29 | 14 32 | 07 15 | 03 14 | 17 20 | 14 37 | 09 54 | 20 05 | 14 38 | 14 30 | 20 44 | 25 49 | 02 25 | 13 28 | 14 03 | 02 12 |
| 30 | 14 50 | 13 18 | 03 49 | 17 42 | 14 51 | 09 51 | 20 04 | 14 38 | 14 31 | 20 44 | 25 52 | 02 21 | 13 33 | 14 11 | 02 13 |

Lunar Phases -- 1 ○ 18:44   9 ◐ 07:54   17 ● 07:28   24 ◑ 07:13   Sun enters ♉ 4/19 15:54

## 0:00 E.T. Longitudes of Main Planets - May 2045

| D | S.T. | ☉ | ☽ | ☽ 12:00 | ☿ | ♀ | ♂ | ♃ | ♄ | ♅ | ♆ | ♇ | ☊ |
|---|---|---|---|---|---|---|---|---|---|---|---|---|---|
| 1 | 14:37:19 | 11♉02 24 | 07♏59 | 14♏41 | 17♈43 | 22♉05 | 11♉23 | 06♓53 | 10♐28℞ | 22♌45 | 14♉24 | 03♓50 | 28♒19 |
| 2 | 14:41:16 | 12 00 37 | 21 20 | 27 54 | 19 15 | 23 18 | 12 07 | 07 02 | 10 24 | 22 45 | 14 26 | 03 51 | 28 16 |
| 3 | 14:45:13 | 12 58 49 | 04♐23 | 10♐48 | 20 49 | 24 32 | 12 51 | 07 12 | 10 21 | 22 45 | 14 28 | 03 52 | 28 12 |
| 4 | 14:49:09 | 13 56 59 | 17 09 | 23 25 | 22 25 | 25 46 | 13 35 | 07 22 | 10 17 | 22 45 | 14 31 | 03 53 | 28 09 |
| 5 | 14:53:06 | 14 55 07 | 29 37 | 05♑45 | 24 02 | 27 00 | 14 19 | 07 31 | 10 13 | 22 45 | 14 33 | 03 53 | 28 06 |
| 6 | 14:57:02 | 15 53 14 | 11♑49 | 17 51 | 25 42 | 28 14 | 15 03 | 07 40 | 10 09 | 22 46 | 14 35 | 03 54 | 28 03 |
| 7 | 15:00:59 | 16 51 19 | 23 49 | 29 46 | 27 23 | 29 27 | 15 47 | 07 49 | 10 06 | 22 46 | 14 38 | 03 55 | 28 00 |
| 8 | 15:04:55 | 17 49 23 | 05♒41 | 11♒35 | 29 07 | 00♊41 | 16 31 | 07 58 | 10 02 | 22 47 | 14 40 | 03 56 | 27 57 |
| 9 | 15:08:52 | 18 47 26 | 17 30 | 23 24 | 00♉52 | 01 55 | 17 15 | 08 07 | 09 58 | 22 47 | 14 42 | 03 56 | 27 53 |
| 10 | 15:12:48 | 19 45 27 | 29 20 | 05♓19 | 02 40 | 03 09 | 17 58 | 08 16 | 09 54 | 22 48 | 14 44 | 03 57 | 27 50 |
| 11 | 15:16:45 | 20 43 27 | 11♓19 | 17 23 | 04 29 | 04 22 | 18 42 | 08 25 | 09 50 | 22 48 | 14 47 | 03 57 | 27 47 |
| 12 | 15:20:42 | 21 41 25 | 23 31 | 29 43 | 06 20 | 05 36 | 19 26 | 08 33 | 09 46 | 22 49 | 14 49 | 03 58 | 27 44 |
| 13 | 15:24:38 | 22 39 22 | 06♈00 | 12♈22 | 08 13 | 06 50 | 20 09 | 08 42 | 09 41 | 22 49 | 14 51 | 03 59 | 27 41 |
| 14 | 15:28:35 | 23 37 18 | 18 50 | 25 23 | 10 08 | 08 03 | 20 53 | 08 50 | 09 37 | 22 50 | 14 53 | 03 59 | 27 38 |
| 15 | 15:32:31 | 24 35 13 | 02♉02 | 08♉47 | 12 05 | 09 17 | 21 36 | 08 58 | 09 33 | 22 51 | 14 55 | 04 00 | 27 34 |
| 16 | 15:36:28 | 25 33 06 | 15 37 | 22 32 | 14 03 | 10 31 | 22 20 | 09 06 | 09 29 | 22 52 | 14 58 | 04 00 | 27 31 |
| 17 | 15:40:24 | 26 30 58 | 29 32 | 06♊35 | 16 04 | 11 44 | 23 03 | 09 14 | 09 24 | 22 53 | 15 00 | 04 00 | 27 28 |
| 18 | 15:44:21 | 27 28 48 | 13♊42 | 20 52 | 18 06 | 12 58 | 23 47 | 09 22 | 09 20 | 22 54 | 15 02 | 04 01 | 27 25 |
| 19 | 15:48:17 | 28 26 37 | 28 03 | 05♋16 | 20 10 | 14 11 | 24 30 | 09 29 | 09 16 | 22 55 | 15 04 | 04 01 | 27 22 |
| 20 | 15:52:14 | 29 24 24 | 12♋28 | 19 41 | 22 15 | 15 25 | 25 13 | 09 37 | 09 12 | 22 56 | 15 07 | 04 02 | 27 18 |
| 21 | 15:56:11 | 00♊22 10 | 26 52 | 04♌03 | 24 22 | 16 38 | 25 56 | 09 44 | 09 07 | 22 57 | 15 09 | 04 02 | 27 15 |
| 22 | 16:00:07 | 01 19 54 | 11♌11 | 18 18 | 26 31 | 17 52 | 26 39 | 09 51 | 09 03 | 22 58 | 15 11 | 04 02 | 27 12 |
| 23 | 16:04:04 | 02 17 36 | 25 22 | 02♍25 | 28 40 | 19 05 | 27 22 | 09 58 | 08 58 | 22 59 | 15 13 | 04 03 | 27 09 |
| 24 | 16:08:00 | 03 15 17 | 09♍25 | 16 23 | 00♊51 | 20 19 | 28 05 | 10 05 | 08 54 | 23 00 | 15 15 | 04 03 | 27 06 |
| 25 | 16:11:57 | 04 12 56 | 23 18 | 00♎11 | 03 02 | 21 32 | 28 48 | 10 11 | 08 50 | 23 02 | 15 18 | 04 03 | 27 03 |
| 26 | 16:15:53 | 05 10 34 | 07♎02 | 13 50 | 05 13 | 22 45 | 29 31 | 10 18 | 08 45 | 23 03 | 15 20 | 04 03 | 26 59 |
| 27 | 16:19:50 | 06 08 10 | 20 35 | 27 19 | 07 25 | 23 59 | 00♊14 | 10 24 | 08 41 | 23 05 | 15 22 | 04 04 | 26 56 |
| 28 | 16:23:46 | 07 05 45 | 03♏59 | 10♏37 | 09 37 | 25 12 | 00 57 | 10 31 | 08 36 | 23 06 | 15 24 | 04 04 | 26 53 |
| 29 | 16:27:43 | 08 03 18 | 17 11 | 23 43 | 11 48 | 26 25 | 01 40 | 10 37 | 08 32 | 23 07 | 15 26 | 04 04 | 26 50 |
| 30 | 16:31:40 | 09 00 50 | 00♐11 | 06♐36 | 13 59 | 27 39 | 02 22 | 10 43 | 08 27 | 23 09 | 15 28 | 04 04 | 26 47 |
| 31 | 16:35:36 | 09 58 21 | 12 57 | 19 15 | 16 09 | 28 52 | 03 05 | 10 48 | 08 23 | 23 11 | 15 30 | 04 04 | 26 44 |

## 0:00 E.T. Longitudes of the Major Asteroids and Chiron

| D | ⚳ | ⚴ | ⚵ | ⚶ | ⚷ |
|---|---|---|---|---|---|
| 1 | 23♊27 | 27♈40 | 18♊05 | 21♉15 | 12♍39℞ |
| 2 | 23 51 | 28 05 | 18 39 | 21 41 | 12 38 |
| 3 | 24 14 | 28 31 | 19 12 | 22 08 | 12 37 |
| 4 | 24 38 | 28 56 | 19 46 | 22 34 | 12 37 |
| 5 | 25 02 | 29 22 | 20 19 | 23 00 | 12 36 |
| 6 | 25 26 | 29 47 | 20 52 | 23 26 | 12 35 |
| 7 | 25 50 | 00♉13 | 21 26 | 23 53 | 12 35 |
| 8 | 26 14 | 00 38 | 21 59 | 24 19 | 12 35 |
| 9 | 26 38 | 01 04 | 22 33 | 24 45 | 12 34 |
| 10 | 27 02 | 01 29 | 23 06 | 25 12 | 12 34 |
| 11 | 27 26 | 01 55 | 23 39 | 25 38 | 12 34D |
| 12 | 27 51 | 02 21 | 24 13 | 26 04 | 12 34 |
| 13 | 28 15 | 02 47 | 24 46 | 26 30 | 12 35 |
| 14 | 28 39 | 03 12 | 25 19 | 26 57 | 12 35 |
| 15 | 29 04 | 03 38 | 25 52 | 27 23 | 12 35 |
| 16 | 29 28 | 04 04 | 26 26 | 27 49 | 12 36 |
| 17 | 29 53 | 04 30 | 26 59 | 28 16 | 12 37 |
| 18 | 00♋18 | 04 56 | 27 32 | 28 42 | 12 37 |
| 19 | 00 42 | 05 22 | 28 05 | 29 08 | 12 38 |
| 20 | 01 07 | 05 48 | 28 39 | 29 34 | 12 39 |
| 21 | 01 32 | 06 14 | 29 12 | 00♊01 | 12 40 |
| 22 | 01 57 | 06 40 | 29 45 | 00 27 | 12 42 |
| 23 | 02 22 | 07 06 | 00♋18 | 00 53 | 12 43 |
| 24 | 02 47 | 07 32 | 00 51 | 01 19 | 12 44 |
| 25 | 03 12 | 07 58 | 01 24 | 01 46 | 12 46 |
| 26 | 03 37 | 08 24 | 01 57 | 02 12 | 12 48 |
| 27 | 04 02 | 08 50 | 02 30 | 02 38 | 12 49 |
| 28 | 04 27 | 09 16 | 03 03 | 03 04 | 12 51 |
| 29 | 04 52 | 09 42 | 03 36 | 03 30 | 12 53 |
| 30 | 05 18 | 10 09 | 04 09 | 03 56 | 12 56 |
| 31 | 05 43 | 10 35 | 04 42 | 04 22 | 12 58 |

## Lunar Data

| Last Asp. | | Ingress | | |
|---|---|---|---|---|
| 2 | 03:59 | 2 | ♐ | 15:53 |
| 4 | 11:34 | 5 | ♑ | 00:45 |
| 7 | 08:25 | 7 | ♒ | 12:29 |
| 9 | 10:45 | 10 | ♓ | 01:20 |
| 11 | 20:08 | 12 | ♈ | 12:33 |
| 14 | 07:22 | 14 | ♉ | 20:21 |
| 16 | 18:28 | 17 | ♊ | 00:48 |
| 18 | 15:25 | 19 | ♋ | 03:15 |
| 20 | 22:22 | 21 | ♌ | 05:14 |
| 23 | 06:38 | 23 | ♍ | 07:53 |
| 25 | 10:07 | 25 | ♎ | 11:41 |
| 27 | 06:39 | 27 | ♏ | 16:50 |
| 29 | 10:56 | 29 | ♐ | 23:40 |

## 0:00 E.T. Declinations

| D | ☉ | ☽ | ☿ | ♀ | ♂ | ♃ | ♄ | ♅ | ♆ | ♇ | ⚳ | ⚴ | ⚵ | ⚶ | ⚷ |
|---|---|---|---|---|---|---|---|---|---|---|---|---|---|---|---|
| 1 | +15 08 | -18 36 | +04 25 | +18 03 | +15 06 | -09 47 | -20 03 | +14 38 | +14 32 | -20 44 | +25 55 | -02 18 | +13 38 | +14 19 | +02 15 |
| 2 | 15 26 | 22 54 | 05 02 | 18 24 | 15 20 | 09 44 | 20 03 | 14 38 | 14 32 | 20 44 | 25 57 | 02 14 | 13 43 | 14 26 | 02 16 |
| 3 | 15 44 | 25 56 | 05 40 | 18 45 | 15 34 | 09 41 | 20 02 | 14 38 | 14 33 | 20 44 | 26 00 | 02 10 | 13 48 | 14 34 | 02 17 |
| 4 | 16 01 | 27 34 | 06 19 | 19 05 | 15 48 | 09 37 | 20 02 | 14 38 | 14 34 | 20 44 | 26 02 | 02 07 | 13 53 | 14 42 | 02 18 |
| 5 | 16 19 | 27 45 | 06 59 | 19 25 | 16 01 | 09 34 | 20 01 | 14 38 | 14 34 | 20 44 | 26 05 | 02 03 | 13 57 | 14 49 | 02 19 |
| 6 | 16 35 | 26 33 | 07 39 | 19 44 | 16 15 | 09 31 | 20 01 | 14 37 | 14 35 | 20 44 | 26 07 | 02 00 | 14 01 | 14 56 | 02 20 |
| 7 | 16 52 | 24 09 | 08 20 | 20 02 | 16 28 | 09 28 | 20 00 | 14 37 | 14 36 | 20 44 | 26 10 | 01 57 | 14 06 | 15 04 | 02 21 |
| 8 | 17 09 | 20 44 | 09 02 | 20 20 | 16 42 | 09 24 | 19 59 | 14 37 | 14 36 | 20 44 | 26 12 | 01 53 | 14 10 | 15 11 | 02 21 |
| 9 | 17 25 | 16 29 | 09 45 | 20 38 | 16 55 | 09 21 | 19 59 | 14 37 | 14 37 | 20 44 | 26 14 | 01 50 | 14 14 | 15 18 | 02 22 |
| 10 | 17 40 | 11 36 | 10 28 | 20 55 | 17 08 | 09 18 | 19 58 | 14 37 | 14 37 | 20 45 | 26 16 | 01 47 | 14 18 | 15 25 | 02 23 |
| 11 | 17 56 | 06 15 | 11 11 | 21 11 | 17 20 | 09 15 | 19 58 | 14 37 | 14 38 | 20 45 | 26 18 | 01 44 | 14 21 | 15 32 | 02 24 |
| 12 | 18 11 | 00 35 | 11 55 | 21 27 | 17 33 | 09 12 | 19 57 | 14 36 | 14 39 | 20 45 | 26 20 | 01 41 | 14 25 | 15 39 | 02 24 |
| 13 | 18 26 | +05 14 | 12 39 | 21 42 | 17 45 | 09 09 | 19 56 | 14 36 | 14 39 | 20 45 | 26 22 | 01 38 | 14 28 | 15 46 | 02 25 |
| 14 | 18 41 | 10 59 | 13 23 | 21 56 | 17 57 | 09 06 | 19 56 | 14 36 | 14 40 | 20 45 | 26 24 | 01 35 | 14 32 | 15 53 | 02 26 |
| 15 | 18 55 | 16 25 | 14 08 | 22 10 | 18 09 | 09 04 | 19 55 | 14 35 | 14 41 | 20 45 | 26 25 | 01 33 | 14 35 | 16 00 | 02 26 |
| 16 | 19 09 | 21 12 | 14 52 | 22 24 | 18 21 | 09 01 | 19 55 | 14 35 | 14 41 | 20 45 | 26 27 | 01 30 | 14 38 | 16 06 | 02 27 |
| 17 | 19 22 | 24 56 | 15 36 | 22 36 | 18 33 | 08 58 | 19 54 | 14 35 | 14 42 | 20 45 | 26 29 | 01 27 | 14 41 | 16 13 | 02 27 |
| 18 | 19 36 | 27 13 | 16 20 | 22 48 | 18 44 | 08 55 | 19 53 | 14 34 | 14 43 | 20 45 | 26 30 | 01 25 | 14 44 | 16 20 | 02 28 |
| 19 | 19 49 | 27 43 | 17 03 | 23 00 | 18 56 | 08 53 | 19 53 | 14 34 | 14 43 | 20 46 | 26 31 | 01 22 | 14 46 | 16 26 | 02 28 |
| 20 | 20 01 | 26 22 | 17 46 | 23 10 | 19 07 | 08 50 | 19 52 | 14 34 | 14 44 | 20 46 | 26 33 | 01 20 | 14 49 | 16 33 | 02 28 |
| 21 | 20 14 | 23 15 | 18 28 | 23 21 | 19 18 | 08 48 | 19 51 | 14 33 | 14 45 | 20 46 | 26 34 | 01 18 | 14 51 | 16 39 | 02 29 |
| 22 | 20 25 | 18 43 | 19 09 | 23 30 | 19 28 | 08 45 | 19 51 | 14 33 | 14 45 | 20 46 | 26 35 | 01 15 | 14 53 | 16 45 | 02 29 |
| 23 | 20 37 | 13 11 | 19 48 | 23 39 | 19 39 | 08 43 | 19 50 | 14 33 | 14 46 | 20 46 | 26 36 | 01 13 | 14 56 | 16 51 | 02 29 |
| 24 | 20 48 | 07 01 | 20 27 | 23 47 | 19 49 | 08 40 | 19 50 | 14 32 | 14 46 | 20 47 | 26 37 | 01 11 | 14 58 | 16 57 | 02 29 |
| 25 | 20 59 | 00 35 | 21 03 | 23 54 | 19 59 | 08 38 | 19 49 | 14 32 | 14 47 | 20 47 | 26 38 | 01 09 | 14 59 | 17 03 | 02 29 |
| 26 | 21 10 | -05 47 | 21 38 | 24 01 | 20 09 | 08 36 | 19 48 | 14 31 | 14 48 | 20 47 | 26 39 | 01 07 | 15 01 | 17 09 | 02 30 |
| 27 | 21 20 | 11 48 | 22 10 | 24 07 | 20 19 | 08 34 | 19 48 | 14 31 | 14 48 | 20 47 | 26 39 | 01 06 | 15 03 | 17 15 | 02 30 |
| 28 | 21 29 | 17 12 | 22 41 | 24 12 | 20 28 | 08 32 | 19 47 | 14 30 | 14 49 | 20 48 | 26 40 | 01 04 | 15 04 | 17 21 | 02 30 |
| 29 | 21 39 | 21 43 | 23 09 | 24 17 | 20 38 | 08 30 | 19 46 | 14 30 | 14 49 | 20 48 | 26 41 | 01 02 | 15 05 | 17 27 | 02 30 |
| 30 | 21 48 | 25 04 | 23 34 | 24 20 | 20 47 | 08 28 | 19 46 | 14 29 | 14 50 | 20 48 | 26 41 | 01 01 | 15 07 | 17 32 | 02 29 |
| 31 | 21 57 | 27 07 | 23 57 | 24 24 | 20 56 | 08 26 | 19 45 | 14 28 | 14 51 | 20 48 | 26 41 | 01 00 | 15 08 | 17 38 | 02 29 |

Lunar Phases -- 1 ○ 05:53 9 ◑ 02:52 16 ● 18:28 23 ◐ 12:40 30 ○ 17:54 Sun enters ♉ 5/20 14:47

## Longitudes of Main Planets - June 2045

0:00 E.T.

| D | S.T. | ☉ | ☽ | ☽ 12:00 | ☿ | ♀ | ♂ | ♃ | ♄ | ♅ | ♆ | ♇ | ☊ |
|---|---|---|---|---|---|---|---|---|---|---|---|---|---|
| 1 | 16:39:33 | 10♊55 51 | 25♐30 | 01♑41 | 18♊18 | 00♋05 | 03♊48 | 10♓54 | 08♐18℞ | 23♌12 | 15♉32 | 04♓04 | 26♒40 |
| 2 | 16:43:29 | 11 53 21 | 07♑48 | 13 53 | 20 26 | 01 18 | 04 30 | 10 59 | 08 14 | 23 14 | 15 34 | 04 04 | 26 37 |
| 3 | 16:47:26 | 12 50 49 | 19 55 | 25 54 | 22 32 | 02 32 | 05 13 | 11 04 | 08 09 | 23 16 | 15 37 | 04 04 | 26 34 |
| 4 | 16:51:22 | 13 48 16 | 01♒51 | 07♒47 | 24 36 | 03 45 | 05 55 | 11 10 | 08 05 | 23 18 | 15 39 | 04 04℞ | 26 31 |
| 5 | 16:55:19 | 14 45 42 | 13 41 | 19 35 | 26 39 | 04 58 | 06 38 | 11 14 | 08 01 | 23 19 | 15 41 | 04 04 | 26 28 |
| 6 | 16:59:15 | 15 43 08 | 25 29 | 01♓23 | 28 39 | 06 11 | 07 20 | 11 19 | 07 56 | 23 21 | 15 43 | 04 04 | 26 24 |
| 7 | 17:03:12 | 16 40 33 | 07♓19 | 13 17 | 00♋37 | 07 24 | 08 02 | 11 24 | 07 52 | 23 23 | 15 45 | 04 04 | 26 21 |
| 8 | 17:07:09 | 17 37 58 | 19 18 | 25 21 | 02 33 | 08 37 | 08 44 | 11 28 | 07 47 | 23 25 | 15 47 | 04 04 | 26 18 |
| 9 | 17:11:05 | 18 35 21 | 01♈29 | 07♈42 | 04 27 | 09 50 | 09 27 | 11 32 | 07 43 | 23 27 | 15 49 | 04 04 | 26 15 |
| 10 | 17:15:02 | 19 32 44 | 13 59 | 20 23 | 06 18 | 11 03 | 10 09 | 11 36 | 07 39 | 23 29 | 15 51 | 04 04 | 26 12 |
| 11 | 17:18:58 | 20 30 07 | 26 52 | 03♉28 | 08 07 | 12 17 | 10 51 | 11 40 | 07 34 | 23 31 | 15 52 | 04 04 | 26 09 |
| 12 | 17:22:55 | 21 27 29 | 10♉10 | 16 59 | 09 53 | 13 30 | 11 33 | 11 44 | 07 30 | 23 34 | 15 54 | 04 03 | 26 05 |
| 13 | 17:26:51 | 22 24 51 | 23 55 | 00♊56 | 11 37 | 14 43 | 12 15 | 11 47 | 07 26 | 23 36 | 15 56 | 04 03 | 26 02 |
| 14 | 17:30:48 | 23 22 12 | 08♊04 | 15 16 | 13 18 | 15 56 | 12 57 | 11 51 | 07 22 | 23 38 | 15 58 | 04 03 | 25 59 |
| 15 | 17:34:44 | 24 19 33 | 22 33 | 29 54 | 14 57 | 17 08 | 13 39 | 11 54 | 07 18 | 23 40 | 16 00 | 04 03 | 25 56 |
| 16 | 17:38:41 | 25 16 53 | 07♋16 | 14♋41 | 16 33 | 18 21 | 14 21 | 11 57 | 07 13 | 23 43 | 16 02 | 04 02 | 25 53 |
| 17 | 17:42:38 | 26 14 12 | 22 05 | 29 30 | 18 06 | 19 34 | 15 02 | 12 00 | 07 09 | 23 45 | 16 04 | 04 02 | 25 50 |
| 18 | 17:46:34 | 27 11 31 | 06♌52 | 14♌13 | 19 37 | 20 47 | 15 44 | 12 02 | 07 05 | 23 47 | 16 06 | 04 02 | 25 46 |
| 19 | 17:50:31 | 28 08 49 | 21 30 | 28 45 | 21 06 | 22 00 | 16 26 | 12 04 | 07 01 | 23 50 | 16 07 | 04 01 | 25 43 |
| 20 | 17:54:27 | 29 06 06 | 05♍55 | 13♍02 | 22 31 | 23 13 | 17 07 | 12 07 | 06 57 | 23 52 | 16 09 | 04 01 | 25 40 |
| 21 | 17:58:24 | 00♋03 22 | 20 04 | 27 03 | 23 54 | 24 26 | 17 49 | 12 09 | 06 53 | 23 55 | 16 11 | 04 01 | 25 37 |
| 22 | 18:02:20 | 01 00 37 | 03♎57 | 10♎47 | 25 14 | 25 38 | 18 31 | 12 11 | 06 50 | 23 57 | 16 13 | 04 00 | 25 34 |
| 23 | 18:06:17 | 01 57 52 | 17 33 | 24 15 | 26 32 | 26 51 | 19 12 | 12 12 | 06 46 | 24 00 | 16 14 | 04 00 | 25 30 |
| 24 | 18:10:13 | 02 55 06 | 00♏53 | 07♏28 | 27 46 | 28 04 | 19 53 | 12 14 | 06 42 | 24 03 | 16 16 | 03 59 | 25 27 |
| 25 | 18:14:10 | 03 52 19 | 13 59 | 20 27 | 28 58 | 29 17 | 20 35 | 12 15 | 06 38 | 24 05 | 16 18 | 03 59 | 25 24 |
| 26 | 18:18:07 | 04 49 32 | 26 52 | 03♐13 | 00♌07 | 00♌29 | 21 16 | 12 16 | 06 35 | 24 08 | 16 19 | 03 58 | 25 21 |
| 27 | 18:22:03 | 05 46 45 | 09♐32 | 15 47 | 01 13 | 01 42 | 21 57 | 12 17 | 06 31 | 24 11 | 16 21 | 03 58 | 25 18 |
| 28 | 18:26:00 | 06 43 57 | 22 00 | 28 10 | 02 16 | 02 54 | 22 39 | 12 17 | 06 27 | 24 14 | 16 23 | 03 57 | 25 15 |
| 29 | 18:29:56 | 07 41 08 | 04♑17 | 10♑21 | 03 15 | 04 07 | 23 20 | 12 18 | 06 24 | 24 16 | 16 24 | 03 57 | 25 11 |
| 30 | 18:33:53 | 08 38 20 | 16 24 | 22 24 | 04 12 | 05 19 | 24 01 | 12 18 | 06 20 | 24 19 | 16 26 | 03 56 | 25 08 |

## Longitudes of the Major Asteroids and Chiron

0:00 E.T.

| D | ⚳ | ⚴ | ⚵ | ⚶ | ⚷ | D | ⚳ | ⚴ | ⚵ | ⚶ | ⚷ |
|---|---|---|---|---|---|---|---|---|---|---|---|
| 1 | 06♋08 | 11♉01 | 05♋15 | 04♊49 | 13♍00 | 16 | 12 34 | 17 38 | 13 25 | 11 18 | 13 48 |
| 2 | 06 34 | 11 27 | 05 48 | 05 15 | 13 03 | 17 | 12 59 | 18 05 | 13 57 | 11 44 | 13 52 |
| 3 | 06 59 | 11 54 | 06 21 | 05 41 | 13 05 | 18 | 13 25 | 18 32 | 14 30 | 12 10 | 13 56 |
| 4 | 07 25 | 12 20 | 06 54 | 06 07 | 13 08 | 19 | 13 52 | 18 58 | 15 02 | 12 36 | 14 00 |
| 5 | 07 50 | 12 47 | 07 26 | 06 33 | 13 11 | 20 | 14 18 | 19 25 | 15 34 | 13 02 | 14 04 |
| 6 | 08 16 | 13 13 | 07 59 | 06 59 | 13 13 | 21 | 14 44 | 19 52 | 16 06 | 13 27 | 14 09 |
| 7 | 08 41 | 13 39 | 08 32 | 07 25 | 13 16 | 22 | 15 10 | 20 18 | 16 39 | 13 53 | 14 13 |
| 8 | 09 07 | 14 06 | 09 04 | 07 51 | 13 19 | 23 | 15 36 | 20 45 | 17 11 | 14 19 | 14 18 |
| 9 | 09 33 | 14 32 | 09 37 | 08 17 | 13 23 | 24 | 16 02 | 21 12 | 17 43 | 14 44 | 14 22 |
| 10 | 09 58 | 14 59 | 10 10 | 08 43 | 13 26 | 25 | 16 28 | 21 39 | 18 15 | 15 10 | 14 27 |
| 11 | 10 24 | 15 25 | 10 42 | 09 09 | 13 29 | 26 | 16 54 | 22 06 | 18 47 | 15 35 | 14 32 |
| 12 | 10 50 | 15 52 | 11 15 | 09 35 | 13 33 | 27 | 17 21 | 22 32 | 19 19 | 16 01 | 14 37 |
| 13 | 11 16 | 16 18 | 11 47 | 10 01 | 13 36 | 28 | 17 47 | 22 59 | 19 51 | 16 27 | 14 42 |
| 14 | 11 42 | 16 45 | 12 20 | 10 27 | 13 40 | 29 | 18 13 | 23 26 | 20 23 | 16 52 | 14 47 |
| 15 | 12 08 | 17 12 | 12 52 | 10 52 | 13 44 | 30 | 18 40 | 23 53 | 20 55 | 17 18 | 14 52 |

## Lunar Data

| Last Asp. | Ingress |
|---|---|
| 31 19:35 | 1 ♑ 08:44 |
| 2 15:24 | 3 ♒ 20:16 |
| 6 07:45 | 6 ♓ 09:11 |
| 7 20:24 | 8 ♈ 21:06 |
| 10 17:49 | 11 ♉ 05:43 |
| 12 23:27 | 13 ♊ 10:24 |
| 15 03:06 | 15 ♋ 12:10 |
| 16 19:34 | 17 ♌ 12:50 |
| 19 11:47 | 19 ♍ 14:05 |
| 21 08:12 | 21 ♎ 17:07 |
| 23 18:22 | 23 ♏ 22:24 |
| 25 18:52 | 26 ♐ 05:55 |
| 28 04:21 | 28 ♑ 15:36 |
| 30 00:04 | |

## Declinations

0:00 E.T.

| D | ☉ | ☽ | ☿ | ♀ | ♂ | ♃ | ♄ | ♅ | ♆ | ♇ | ⚳ | ⚴ | ⚵ | ⚶ | ⚷ |
|---|---|---|---|---|---|---|---|---|---|---|---|---|---|---|---|
| 1 | +22 05 | -27 43 | +24 18 | +24 26 | +21 05 | -08 24 | -19 44 | +14 28 | +14 51 | -20 49 | +26 42 | -00 58 | +15 09 | +17 44 | +02 29 |
| 2 | 22 13 | 26 56 | 24 35 | 24 28 | 21 13 | 08 22 | 19 44 | 14 27 | 14 52 | 20 49 | 26 42 | 00 57 | 15 09 | 17 49 | 02 29 |
| 3 | 22 20 | 24 52 | 24 50 | 24 29 | 21 21 | 08 20 | 19 43 | 14 27 | 14 52 | 20 49 | 26 42 | 00 56 | 15 10 | 17 54 | 02 29 |
| 4 | 22 27 | 21 43 | 25 02 | 24 29 | 21 30 | 08 19 | 19 43 | 14 26 | 14 53 | 20 49 | 26 42 | 00 55 | 15 11 | 18 00 | 02 28 |
| 5 | 22 34 | 17 42 | 25 11 | 24 28 | 21 38 | 08 17 | 19 42 | 14 25 | 14 53 | 20 50 | 26 42 | 00 54 | 15 11 | 18 05 | 02 28 |
| 6 | 22 40 | 13 00 | 25 18 | 24 27 | 21 45 | 08 15 | 19 41 | 14 25 | 14 54 | 20 50 | 26 42 | 00 53 | 15 11 | 18 10 | 02 28 |
| 7 | 22 46 | 07 50 | 25 22 | 24 25 | 21 53 | 08 14 | 19 41 | 14 24 | 14 55 | 20 50 | 26 42 | 00 53 | 15 12 | 18 15 | 02 27 |
| 8 | 22 52 | 02 20 | 25 24 | 24 23 | 22 00 | 08 13 | 19 40 | 14 23 | 14 55 | 20 51 | 26 41 | 00 52 | 15 12 | 18 20 | 02 27 |
| 9 | 22 57 | +03 21 | 25 23 | 24 19 | 22 07 | 08 11 | 19 40 | 14 23 | 14 56 | 20 51 | 26 41 | 00 51 | 15 11 | 18 25 | 02 26 |
| 10 | 23 01 | 09 02 | 25 20 | 24 15 | 22 14 | 08 10 | 19 39 | 14 22 | 14 56 | 20 52 | 26 40 | 00 51 | 15 11 | 18 29 | 02 26 |
| 11 | 23 06 | 14 31 | 25 15 | 24 11 | 22 21 | 08 09 | 19 38 | 14 21 | 14 57 | 20 52 | 26 40 | 00 51 | 15 11 | 18 34 | 02 25 |
| 12 | 23 10 | 19 31 | 25 07 | 24 05 | 22 27 | 08 08 | 19 38 | 14 21 | 14 57 | 20 52 | 26 39 | 00 51 | 15 10 | 18 39 | 02 24 |
| 13 | 23 13 | 23 39 | 24 58 | 23 59 | 22 33 | 08 06 | 19 37 | 14 20 | 14 58 | 20 53 | 26 38 | 00 51 | 15 10 | 18 43 | 02 24 |
| 14 | 23 16 | 26 31 | 24 47 | 23 52 | 22 39 | 08 05 | 19 37 | 14 19 | 14 58 | 20 53 | 26 37 | 00 51 | 15 09 | 18 48 | 02 23 |
| 15 | 23 19 | 27 42 | 24 34 | 23 45 | 22 45 | 08 05 | 19 36 | 14 18 | 14 59 | 20 53 | 26 37 | 00 51 | 15 08 | 18 52 | 02 22 |
| 16 | 23 21 | 26 58 | 24 20 | 23 36 | 22 51 | 08 04 | 19 36 | 14 17 | 14 59 | 20 54 | 26 36 | 00 51 | 15 07 | 18 57 | 02 21 |
| 17 | 23 23 | 24 19 | 24 04 | 23 28 | 22 56 | 08 03 | 19 35 | 14 17 | 15 00 | 20 54 | 26 34 | 00 51 | 15 06 | 19 01 | 02 21 |
| 18 | 23 24 | 20 02 | 23 47 | 23 18 | 23 01 | 08 02 | 19 34 | 14 16 | 15 00 | 20 55 | 26 33 | 00 52 | 15 05 | 19 05 | 02 20 |
| 19 | 23 25 | 14 34 | 23 29 | 23 08 | 23 06 | 08 02 | 19 34 | 14 15 | 15 01 | 20 55 | 26 32 | 00 53 | 15 04 | 19 09 | 02 19 |
| 20 | 23 26 | 08 22 | 23 09 | 22 57 | 23 11 | 08 01 | 19 33 | 14 14 | 15 01 | 20 56 | 26 31 | 00 53 | 15 02 | 19 13 | 02 18 |
| 21 | 23 26 | 01 53 | 22 49 | 22 45 | 23 15 | 08 00 | 19 33 | 14 13 | 15 02 | 20 56 | 26 29 | 00 54 | 15 01 | 19 17 | 02 17 |
| 22 | 23 26 | -04 35 | 22 28 | 22 33 | 23 20 | 08 00 | 19 32 | 14 12 | 15 02 | 20 56 | 26 28 | 00 55 | 14 59 | 19 21 | 02 16 |
| 23 | 23 25 | 10 41 | 22 06 | 22 20 | 23 24 | 08 00 | 19 32 | 14 12 | 15 02 | 20 57 | 26 26 | 00 56 | 14 57 | 19 24 | 02 15 |
| 24 | 23 24 | 16 11 | 21 43 | 22 07 | 23 28 | 07 59 | 19 31 | 14 11 | 15 03 | 20 57 | 26 24 | 00 58 | 14 55 | 19 28 | 02 13 |
| 25 | 23 23 | 20 50 | 21 20 | 21 53 | 23 31 | 07 59 | 19 31 | 14 10 | 15 03 | 20 58 | 26 22 | 00 59 | 14 53 | 19 32 | 02 12 |
| 26 | 23 21 | 24 25 | 20 56 | 21 38 | 23 35 | 07 59 | 19 31 | 14 09 | 15 04 | 20 58 | 26 21 | 01 00 | 14 51 | 19 35 | 02 11 |
| 27 | 23 19 | 26 45 | 20 32 | 21 23 | 23 38 | 07 59 | 19 30 | 14 08 | 15 04 | 20 59 | 26 19 | 01 02 | 14 49 | 19 39 | 02 10 |
| 28 | 23 16 | 27 42 | 20 08 | 21 07 | 23 41 | 07 59 | 19 30 | 14 07 | 15 05 | 20 59 | 26 17 | 01 04 | 14 46 | 19 42 | 02 09 |
| 29 | 23 13 | 27 16 | 19 43 | 20 50 | 23 44 | 07 59 | 19 29 | 14 06 | 15 05 | 21 00 | 26 14 | 01 06 | 14 44 | 19 45 | 02 07 |
| 30 | 23 09 | 25 31 | 19 19 | 20 33 | 23 46 | 07 59 | 19 29 | 14 05 | 15 05 | 21 00 | 26 12 | 01 08 | 14 41 | 19 48 | 02 06 |

Lunar Phases -- 7 ◑ 20:24 15 ● 03:06 21 ◐ 18:30 29 ○ 07:17 Sun enters ♋ 6/20 22:35

## 0:00 E.T. Longitudes of Main Planets - July 2045



| D | S.T. | ☉ | ☽ | ☽ 12:00 | ☿ | ♀ | ♂ | ♃ | ♄ | ♅ | ♆ | ♇ | ☊ |
|---|---|---|---|---|---|---|---|---|---|---|---|---|---|
| 1 | 18:37:49 | 09♋35 32 | 28♑22 | 04♒19 | 05♌05 | 06♌32 | 24♊42 | 12♓18℞ | 06♐17℞ | 24♌22 | 16♉27 | 03♓55℞ | 25♒05 |
| 2 | 18:41:46 | 10 32 43 | 10♒14 | 16 08 | 05 54 | 07 44 | 25 23 | 12 18 | 06 14 | 24 25 | 16 29 | 03 55 | 25 02 |
| 3 | 18:45:42 | 11 29 54 | 22 02 | 27 55 | 06 40 | 08 57 | 26 04 | 12 18 | 06 11 | 24 28 | 16 30 | 03 54 | 24 59 |
| 4 | 18:49:39 | 12 27 06 | 03♓49 | 09♓44 | 07 23 | 10 09 | 26 45 | 12 17 | 06 07 | 24 31 | 16 32 | 03 53 | 24 56 |
| 5 | 18:53:36 | 13 24 17 | 15 39 | 21 37 | 08 01 | 11 22 | 27 26 | 12 17 | 06 04 | 24 34 | 16 33 | 03 53 | 24 52 |
| 6 | 18:57:32 | 14 21 29 | 27 38 | 03♈41 | 08 36 | 12 34 | 28 07 | 12 16 | 06 01 | 24 37 | 16 34 | 03 52 | 24 49 |
| 7 | 19:01:29 | 15 18 41 | 09♈49 | 16 01 | 09 06 | 13 46 | 28 47 | 12 15 | 05 58 | 24 40 | 16 36 | 03 51 | 24 46 |
| 8 | 19:05:25 | 16 15 53 | 22 18 | 28 40 | 09 32 | 14 59 | 29 28 | 12 14 | 05 55 | 24 43 | 16 37 | 03 50 | 24 43 |
| 9 | 19:09:22 | 17 13 06 | 05♉08 | 11♉43 | 09 54 | 16 11 | 00♋09 | 12 12 | 05 53 | 24 46 | 16 39 | 03 50 | 24 40 |
| 10 | 19:13:18 | 18 10 19 | 18 25 | 25 13 | 10 12 | 17 23 | 00 50 | 12 11 | 05 50 | 24 49 | 16 40 | 03 49 | 24 36 |
| 11 | 19:17:15 | 19 07 33 | 02♊09 | 09♊11 | 10 25 | 18 35 | 01 30 | 12 09 | 05 47 | 24 53 | 16 41 | 03 48 | 24 33 |
| 12 | 19:21:11 | 20 04 47 | 16 20 | 23 35 | 10 33 | 19 47 | 02 11 | 12 07 | 05 45 | 24 56 | 16 42 | 03 47 | 24 30 |
| 13 | 19:25:08 | 21 02 02 | 00♋56 | 08♋21 | 10 36 | 21 00 | 02 51 | 12 04 | 05 42 | 24 59 | 16 44 | 03 46 | 24 27 |
| 14 | 19:29:04 | 21 59 17 | 15 50 | 23 21 | 10 35℞ | 22 12 | 03 32 | 12 02 | 05 40 | 25 02 | 16 45 | 03 45 | 24 24 |
| 15 | 19:33:01 | 22 56 32 | 00♌54 | 08♌27 | 10 29 | 23 24 | 04 12 | 11 59 | 05 38 | 25 06 | 16 46 | 03 45 | 24 21 |
| 16 | 19:36:58 | 23 53 47 | 15 59 | 23 29 | 10 18 | 24 36 | 04 53 | 11 57 | 05 35 | 25 09 | 16 47 | 03 44 | 24 17 |
| 17 | 19:40:54 | 24 51 03 | 00♍57 | 08♍20 | 10 03 | 25 48 | 05 33 | 11 54 | 05 33 | 25 12 | 16 48 | 03 43 | 24 14 |
| 18 | 19:44:51 | 25 48 18 | 15 39 | 22 53 | 09 43 | 27 00 | 06 13 | 11 51 | 05 31 | 25 16 | 16 49 | 03 42 | 24 11 |
| 19 | 19:48:47 | 26 45 34 | 00♎02 | 07♎05 | 09 18 | 28 12 | 06 53 | 11 47 | 05 29 | 25 19 | 16 50 | 03 41 | 24 08 |
| 20 | 19:52:44 | 27 42 50 | 14 03 | 20 55 | 08 50 | 29 23 | 07 34 | 11 44 | 05 27 | 25 22 | 16 51 | 03 40 | 24 05 |
| 21 | 19:56:40 | 28 40 07 | 27 41 | 04♏22 | 08 18 | 00♍35 | 08 14 | 11 40 | 05 25 | 25 26 | 16 52 | 03 39 | 24 01 |
| 22 | 20:00:37 | 29 37 23 | 10♏58 | 17 29 | 07 42 | 01 47 | 08 54 | 11 36 | 05 24 | 25 29 | 16 53 | 03 38 | 23 58 |
| 23 | 20:04:33 | 00♌34 40 | 23 55 | 00♐17 | 07 04 | 02 59 | 09 34 | 11 32 | 05 22 | 25 33 | 16 54 | 03 37 | 23 55 |
| 24 | 20:08:30 | 01 31 57 | 06♐35 | 12 50 | 06 24 | 04 10 | 10 14 | 11 28 | 05 21 | 25 36 | 16 55 | 03 36 | 23 52 |
| 25 | 20:12:27 | 02 29 14 | 19 01 | 25 09 | 05 42 | 05 22 | 10 54 | 11 23 | 05 19 | 25 40 | 16 56 | 03 35 | 23 49 |
| 26 | 20:16:23 | 03 26 32 | 01♑15 | 07♑18 | 04 59 | 06 34 | 11 34 | 11 19 | 05 18 | 25 43 | 16 57 | 03 34 | 23 46 |
| 27 | 20:20:20 | 04 23 51 | 13 19 | 19 18 | 04 16 | 07 45 | 12 14 | 11 14 | 05 17 | 25 47 | 16 57 | 03 32 | 23 42 |
| 28 | 20:24:16 | 05 21 10 | 25 16 | 01♒12 | 03 34 | 08 57 | 12 53 | 11 09 | 05 15 | 25 50 | 16 58 | 03 31 | 23 39 |
| 29 | 20:28:13 | 06 18 30 | 07♒07 | 13 02 | 02 53 | 10 08 | 13 33 | 11 04 | 05 14 | 25 54 | 16 59 | 03 30 | 23 36 |
| 30 | 20:32:09 | 07 15 50 | 18 56 | 24 50 | 02 14 | 11 19 | 14 13 | 10 59 | 05 13 | 25 57 | 17 00 | 03 29 | 23 33 |
| 31 | 20:36:06 | 08 13 11 | 00♓43 | 06♓38 | 01 39 | 12 31 | 14 52 | 10 54 | 05 12 | 26 01 | 17 00 | 03 28 | 23 30 |

## 0:00 E.T. Longitudes of the Major Asteroids and Chiron

| D | ⚳ | ⚴ | ⚵ | ⚶ | ⚷ | D | ⚳ | ⚴ | ⚵ | ⚶ | ⚷ |
|---|---|---|---|---|---|---|---|---|---|---|---|
| 1 | 19♋06 | 24♉20 | 21♋27 | 17♊43 | 14♍57 | 17 | 26 10 | 01 31 | 29 50 | 24 26 | 16 32 |
| 2 | 19 32 | 24 47 | 21 59 | 18 08 | 15 02 | 18 | 26 36 | 01 58 | 00♌22 | 24 50 | 16 38 |
| 3 | 19 59 | 25 14 | 22 30 | 18 34 | 15 08 | 19 | 27 03 | 02 25 | 00 53 | 25 15 | 16 45 |
| 4 | 20 25 | 25 40 | 23 02 | 18 59 | 15 13 | 20 | 27 30 | 02 52 | 01 24 | 25 40 | 16 51 |
| 5 | 20 51 | 26 07 | 23 34 | 19 24 | 15 19 | 21 | 27 56 | 03 19 | 01 55 | 26 05 | 16 58 |
| 6 | 21 18 | 26 34 | 24 05 | 19 50 | 15 25 | 22 | 28 23 | 03 46 | 02 25 | 26 29 | 17 05 |
| 7 | 21 44 | 27 01 | 24 37 | 20 15 | 15 30 | 23 | 28 50 | 04 13 | 02 56 | 26 54 | 17 12 |
| 8 | 22 11 | 27 28 | 25 08 | 20 40 | 15 36 | 24 | 29 16 | 04 40 | 03 27 | 27 18 | 17 19 |
| 9 | 22 37 | 27 55 | 25 40 | 21 05 | 15 42 | 25 | 29 43 | 05 07 | 03 58 | 27 43 | 17 26 |
| 10 | 23 04 | 28 22 | 26 11 | 21 31 | 15 48 | 26 | 00♌10 | 05 34 | 04 29 | 28 07 | 17 33 |
| 11 | 23 30 | 28 49 | 26 43 | 21 56 | 15 54 | 27 | 00 36 | 06 01 | 04 59 | 28 32 | 17 40 |
| 12 | 23 57 | 29 16 | 27 14 | 22 21 | 16 00 | 28 | 01 03 | 06 28 | 05 30 | 28 56 | 17 47 |
| 13 | 24 23 | 29 43 | 27 46 | 22 46 | 16 06 | 29 | 01 30 | 06 55 | 06 00 | 29 20 | 17 54 |
| 14 | 24 50 | 00♊10 | 28 17 | 23 11 | 16 13 | 30 | 01 57 | 07 21 | 06 31 | 29 44 | 18 01 |
| 15 | 25 17 | 00 37 | 28 48 | 23 36 | 16 19 | 31 | 02 23 | 07 48 | 07 01 | 00♋09 | 18 09 |
| 16 | 25 43 | 01 04 | 29 19 | 24 01 | 16 25 | | | | | | |

## Lunar Data

| Last Asp. | | Ingress | | |
|---|---|---|---|---|
| 30 | 00:04 | 1 | ♒ | 03:17 |
| 3 | 08:44 | 3 | ♓ | 16:14 |
| 6 | 01:01 | 6 | ♈ | 04:42 |
| 8 | 14:15 | 8 | ♉ | 14:29 |
| 10 | 11:21 | 10 | ♊ | 20:18 |
| 12 | 14:15 | 12 | ♋ | 22:29 |
| 14 | 10:30 | 14 | ♌ | 22:34 |
| 16 | 14:59 | 16 | ♍ | 22:29 |
| 18 | 18:05 | 18 | ♎ | 23:57 |
| 21 | 01:54 | 21 | ♏ | 04:09 |
| 23 | 03:05 | 23 | ♐ | 11:28 |
| 25 | 13:04 | 25 | ♑ | 21:33 |
| 27 | 07:18 | 28 | ♒ | 09:34 |
| 30 | 14:23 | 30 | ♓ | 22:32 |

## 0:00 E.T. Declinations

| D | ☉ | ☽ | ☿ | ♀ | ♂ | ♃ | ♄ | ♅ | ♆ | ♇ | ⚳ | ⚴ | ⚵ | ⚶ | ⚷ |
|---|---|---|---|---|---|---|---|---|---|---|---|---|---|---|---|
| 1 | +23 05 | -22 38 | +18 55 | +20 15 | +23 49 | -08 00 | -19 28 | +14 04 | +15 06 | -21 01 | +26 10 | -01 10 | +14 38 | +19 51 | +02 04 |
| 2 | 23 01 | 18 49 | 18 30 | 19 57 | 23 51 | 08 00 | 19 28 | 14 03 | 15 06 | 21 01 | 26 07 | 01 12 | 14 36 | 19 55 | 02 03 |
| 3 | 22 56 | 14 17 | 18 07 | 19 39 | 23 53 | 08 00 | 19 28 | 14 02 | 15 07 | 21 02 | 26 05 | 01 15 | 14 33 | 19 57 | 02 02 |
| 4 | 22 51 | 09 14 | 17 43 | 19 19 | 23 54 | 08 01 | 19 27 | 14 01 | 15 07 | 21 02 | 26 02 | 01 17 | 14 30 | 20 00 | 02 00 |
| 5 | 22 46 | 03 50 | 17 20 | 19 00 | 23 56 | 08 01 | 19 27 | 14 00 | 15 07 | 21 03 | 26 00 | 01 20 | 14 27 | 20 03 | 01 58 |
| 6 | 22 40 | +01 45 | 16 58 | 18 39 | 23 57 | 08 02 | 19 27 | 13 59 | 15 08 | 21 03 | 25 57 | 01 22 | 14 23 | 20 06 | 01 57 |
| 7 | 22 33 | 07 21 | 16 36 | 18 19 | 23 58 | 08 02 | 19 26 | 13 58 | 15 08 | 21 04 | 25 54 | 01 25 | 14 20 | 20 08 | 01 55 |
| 8 | 22 27 | 12 49 | 16 15 | 17 57 | 23 59 | 08 03 | 19 26 | 13 57 | 15 08 | 21 04 | 25 51 | 01 29 | 14 16 | 20 11 | 01 54 |
| 9 | 22 20 | 17 53 | 15 55 | 17 36 | 24 00 | 08 04 | 19 26 | 13 56 | 15 09 | 21 05 | 25 48 | 01 32 | 14 13 | 20 13 | 01 52 |
| 10 | 22 12 | 22 17 | 15 36 | 17 14 | 24 00 | 08 05 | 19 25 | 13 55 | 15 09 | 21 06 | 25 45 | 01 35 | 14 09 | 20 16 | 01 50 |
| 11 | 22 04 | 25 37 | 15 18 | 16 51 | 24 00 | 08 06 | 19 25 | 13 54 | 15 09 | 21 06 | 25 42 | 01 39 | 14 05 | 20 18 | 01 48 |
| 12 | 21 56 | 27 30 | 15 02 | 16 28 | 24 00 | 08 07 | 19 25 | 13 52 | 15 10 | 21 07 | 25 39 | 01 42 | 14 02 | 20 20 | 01 47 |
| 13 | 21 47 | 27 33 | 14 47 | 16 04 | 24 00 | 08 08 | 19 25 | 13 51 | 15 10 | 21 07 | 25 36 | 01 46 | 13 58 | 20 22 | 01 45 |
| 14 | 21 38 | 25 38 | 14 33 | 15 41 | 24 00 | 08 09 | 19 24 | 13 50 | 15 10 | 21 08 | 25 32 | 01 50 | 13 53 | 20 25 | 01 43 |
| 15 | 21 29 | 21 53 | 14 21 | 15 16 | 23 59 | 08 10 | 19 24 | 13 49 | 15 10 | 21 08 | 25 29 | 01 54 | 13 49 | 20 27 | 01 41 |
| 16 | 21 19 | 16 39 | 14 11 | 14 52 | 23 58 | 08 12 | 19 24 | 13 48 | 15 11 | 21 09 | 25 25 | 01 58 | 13 45 | 20 28 | 01 39 |
| 17 | 21 09 | 10 28 | 14 02 | 14 27 | 23 57 | 08 13 | 19 24 | 13 47 | 15 11 | 21 10 | 25 22 | 02 03 | 13 41 | 20 30 | 01 37 |
| 18 | 20 59 | 03 47 | 13 56 | 14 01 | 23 56 | 08 15 | 19 24 | 13 46 | 15 11 | 21 10 | 25 18 | 02 07 | 13 36 | 20 32 | 01 35 |
| 19 | 20 48 | -02 55 | 13 51 | 13 35 | 23 54 | 08 16 | 19 24 | 13 45 | 15 11 | 21 11 | 25 14 | 02 12 | 13 32 | 20 34 | 01 33 |
| 20 | 20 37 | 09 18 | 13 48 | 13 09 | 23 53 | 08 18 | 19 24 | 13 43 | 15 12 | 21 11 | 25 10 | 02 17 | 13 27 | 20 35 | 01 31 |
| 21 | 20 25 | 15 04 | 13 47 | 12 43 | 23 51 | 08 19 | 19 23 | 13 42 | 15 12 | 21 12 | 25 06 | 02 22 | 13 22 | 20 37 | 01 29 |
| 22 | 20 14 | 19 59 | 13 48 | 12 16 | 23 49 | 08 21 | 19 23 | 13 41 | 15 12 | 21 12 | 25 02 | 02 27 | 13 18 | 20 38 | 01 27 |
| 23 | 20 01 | 23 50 | 13 51 | 11 49 | 23 47 | 08 23 | 19 23 | 13 40 | 15 12 | 21 13 | 24 58 | 02 32 | 13 13 | 20 40 | 01 25 |
| 24 | 19 49 | 26 26 | 13 56 | 11 22 | 23 44 | 08 25 | 19 23 | 13 39 | 15 13 | 21 14 | 24 54 | 02 37 | 13 08 | 20 41 | 01 23 |
| 25 | 19 36 | 27 41 | 14 03 | 10 54 | 23 42 | 08 27 | 19 23 | 13 38 | 15 13 | 21 14 | 24 50 | 02 43 | 13 03 | 20 42 | 01 20 |
| 26 | 19 23 | 27 33 | 14 11 | 10 26 | 23 39 | 08 29 | 19 23 | 13 36 | 15 13 | 21 15 | 24 46 | 02 49 | 12 57 | 20 43 | 01 18 |
| 27 | 19 09 | 26 06 | 14 21 | 09 58 | 23 36 | 08 31 | 19 23 | 13 35 | 15 13 | 21 15 | 24 41 | 02 55 | 12 52 | 20 44 | 01 16 |
| 28 | 18 56 | 23 29 | 14 33 | 09 30 | 23 33 | 08 33 | 19 23 | 13 34 | 15 13 | 21 16 | 24 37 | 03 01 | 12 47 | 20 45 | 01 14 |
| 29 | 18 42 | 19 52 | 14 45 | 09 01 | 23 29 | 08 35 | 19 23 | 13 33 | 15 13 | 21 16 | 24 32 | 03 07 | 12 41 | 20 46 | 01 11 |
| 30 | 18 27 | 15 29 | 14 59 | 08 32 | 23 26 | 08 37 | 19 23 | 13 31 | 15 14 | 21 17 | 24 28 | 03 13 | 12 36 | 20 47 | 01 09 |
| 31 | 18 12 | 10 32 | 15 13 | 08 03 | 23 22 | 08 39 | 19 23 | 13 30 | 15 14 | 21 18 | 24 23 | 03 20 | 12 30 | 20 48 | 01 07 |

Lunar Phases -- 7 ◑ 11:32 14 ● 10:30 21 ◐ 01:54 28 Ⓔ 22:12 Sun enters ♌ 7/22 09:29

**Aug. 45** — Longitudes of Main Planets - August 2045 — 0:00 E.T.

| D | S.T. | ☉ | ☽ | ☽ 12:00 | ☿ | ♀ | ♂ | ♃ | ♄ | ♅ | ♆ | ♇ | ☊ |
|---|---|---|---|---|---|---|---|---|---|---|---|---|---|
| 1 | 20:40:02 | 09♌10 33 | 12♓32 | 18♓29 | 01♌07℞ | 13♍42 | 15♋32 | 10♓48℞ | 05♐12℞ | 26♌05 | 17♉01 | 03♓27℞ | 23♒27 |
| 2 | 20:43:59 | 10 07 56 | 24 26 | 00♈26 | 00 39 | 14 53 | 16 12 | 10 43 | 05 11 | 26 08 | 17 02 | 03 26 | 23 23 |
| 3 | 20:47:56 | 11 05 20 | 06♈28 | 12 33 | 00 16 | 16 05 | 16 51 | 10 37 | 05 10 | 26 12 | 17 02 | 03 25 | 23 20 |
| 4 | 20:51:52 | 12 02 46 | 18 41 | 24 53 | 29♋58 | 17 16 | 17 31 | 10 31 | 05 10 | 26 16 | 17 03 | 03 23 | 23 17 |
| 5 | 20:55:49 | 13 00 12 | 01♉10 | 07♉32 | 29 47 | 18 27 | 18 10 | 10 25 | 05 10 | 26 19 | 17 03 | 03 22 | 23 14 |
| 6 | 20:59:45 | 13 57 40 | 13 58 | 20 31 | 29 41 | 19 38 | 18 50 | 10 19 | 05 09 | 26 23 | 17 04 | 03 21 | 23 11 |
| 7 | 21:03:42 | 14 55 09 | 27 10 | 03♊55 | 29 42D | 20 49 | 19 29 | 10 12 | 05 09 | 26 27 | 17 04 | 03 20 | 23 07 |
| 8 | 21:07:38 | 15 52 39 | 10♊47 | 17 45 | 29 49 | 22 00 | 20 08 | 10 06 | 05 09 | 26 30 | 17 05 | 03 19 | 23 04 |
| 9 | 21:11:35 | 16 50 11 | 24 50 | 02♋02 | 00♌03 | 23 11 | 20 48 | 09 59 | 05 09D | 26 34 | 17 05 | 03 17 | 23 01 |
| 10 | 21:15:31 | 17 47 44 | 09♋19 | 16 42 | 00 24 | 24 21 | 21 27 | 09 53 | 05 09 | 26 38 | 17 05 | 03 16 | 22 58 |
| 11 | 21:19:28 | 18 45 19 | 24 09 | 01♌40 | 00 51 | 25 32 | 22 06 | 09 46 | 05 09 | 26 41 | 17 06 | 03 15 | 22 55 |
| 12 | 21:23:25 | 19 42 54 | 09♌14 | 16 50 | 01 26 | 26 43 | 22 45 | 09 39 | 05 09 | 26 45 | 17 06 | 03 14 | 22 52 |
| 13 | 21:27:21 | 20 40 31 | 24 26 | 02♍01 | 02 07 | 27 54 | 23 24 | 09 32 | 05 10 | 26 49 | 17 06 | 03 12 | 22 48 |
| 14 | 21:31:18 | 21 38 09 | 09♍34 | 17 04 | 02 56 | 29 04 | 24 03 | 09 25 | 05 10 | 26 53 | 17 06 | 03 11 | 22 45 |
| 15 | 21:35:14 | 22 35 48 | 24 30 | 01♎51 | 03 50 | 00♎15 | 24 42 | 09 17 | 05 11 | 26 56 | 17 07 | 03 10 | 22 42 |
| 16 | 21:39:11 | 23 33 28 | 09♎07 | 16 16 | 04 51 | 01 25 | 25 21 | 09 10 | 05 12 | 27 00 | 17 07 | 03 09 | 22 39 |
| 17 | 21:43:07 | 24 31 09 | 23 19 | 00♏16 | 05 59 | 02 36 | 26 00 | 09 03 | 05 12 | 27 04 | 17 07 | 03 07 | 22 36 |
| 18 | 21:47:04 | 25 28 51 | 07♏06 | 13 49 | 07 12 | 03 46 | 26 39 | 08 55 | 05 13 | 27 08 | 17 07 | 03 06 | 22 33 |
| 19 | 21:51:00 | 26 26 34 | 20 26 | 26 57 | 08 31 | 04 56 | 27 18 | 08 48 | 05 14 | 27 11 | 17 07 | 03 05 | 22 29 |
| 20 | 21:54:57 | 27 24 18 | 03♐23 | 09♐43 | 09 55 | 06 07 | 27 57 | 08 40 | 05 15 | 27 15 | 17 07℞ | 03 04 | 22 26 |
| 21 | 21:58:54 | 28 22 03 | 15 58 | 22 09 | 11 24 | 07 17 | 28 36 | 08 33 | 05 16 | 27 19 | 17 07 | 03 02 | 22 23 |
| 22 | 22:02:50 | 29 19 50 | 28 17 | 04♑21 | 12 58 | 08 27 | 29 14 | 08 25 | 05 18 | 27 23 | 17 07 | 03 01 | 22 20 |
| 23 | 22:06:47 | 00♍17 37 | 10♑22 | 16 21 | 14 37 | 09 37 | 29 53 | 08 17 | 05 19 | 27 26 | 17 07 | 03 00 | 22 17 |
| 24 | 22:10:43 | 01 15 26 | 22 19 | 28 14 | 16 19 | 10 47 | 00♌32 | 08 09 | 05 20 | 27 30 | 17 07 | 02 58 | 22 13 |
| 25 | 22:14:40 | 02 13 16 | 04♒09 | 10♒03 | 18 04 | 11 56 | 01 10 | 08 02 | 05 22 | 27 34 | 17 07 | 02 57 | 22 10 |
| 26 | 22:18:36 | 03 11 08 | 15 57 | 21 51 | 19 53 | 13 06 | 01 49 | 07 54 | 05 24 | 27 38 | 17 06 | 02 56 | 22 07 |
| 27 | 22:22:33 | 04 09 01 | 27 45 | 03♓40 | 21 44 | 14 16 | 02 27 | 07 46 | 05 25 | 27 41 | 17 06 | 02 55 | 22 04 |
| 28 | 22:26:29 | 05 06 55 | 09♓35 | 15 32 | 23 37 | 15 25 | 03 06 | 07 38 | 05 27 | 27 45 | 17 06 | 02 53 | 22 01 |
| 29 | 22:30:26 | 06 04 51 | 21 30 | 27 30 | 25 31 | 16 35 | 03 44 | 07 30 | 05 29 | 27 49 | 17 06 | 02 52 | 21 58 |
| 30 | 22:34:23 | 07 02 48 | 03♈32 | 09♈36 | 27 27 | 17 44 | 04 22 | 07 22 | 05 31 | 27 52 | 17 05 | 02 51 | 21 54 |
| 31 | 22:38:19 | 08 00 47 | 15 43 | 21 52 | 29 24 | 18 54 | 05 01 | 07 14 | 05 33 | 27 56 | 17 05 | 02 49 | 21 51 |

0:00 E.T. — Longitudes of the Major Asteroids and Chiron

| D | ⚳ | ⚴ | ⚵ | ⚶ | ⚷ |
|---|---|---|---|---|---|
| 1 | 02♌50 | 08♊15 | 07♌32 | 00♋33 | 18♍16 |
| 2 | 03 17 | 08 42 | 08 02 | 00 57 | 18 23 |
| 3 | 03 44 | 09 09 | 08 32 | 01 21 | 18 31 |
| 4 | 04 10 | 09 36 | 09 03 | 01 45 | 18 38 |
| 5 | 04 37 | 10 03 | 09 33 | 02 09 | 18 46 |
| 6 | 05 04 | 10 30 | 10 03 | 02 32 | 18 54 |
| 7 | 05 31 | 10 56 | 10 33 | 02 56 | 19 01 |
| 8 | 05 57 | 11 23 | 11 03 | 03 20 | 19 09 |
| 9 | 06 24 | 11 50 | 11 33 | 03 44 | 19 17 |
| 10 | 06 51 | 12 17 | 12 03 | 04 07 | 19 25 |
| 11 | 07 18 | 12 43 | 12 33 | 04 31 | 19 32 |
| 12 | 07 44 | 13 10 | 13 03 | 04 54 | 19 40 |
| 13 | 08 11 | 13 37 | 13 32 | 05 17 | 19 48 |
| 14 | 08 38 | 14 03 | 14 02 | 05 41 | 19 56 |
| 15 | 09 05 | 14 30 | 14 32 | 06 04 | 20 04 |
| 16 | 09 31 | 14 56 | 15 01 | 06 27 | 20 12 |

| D | ⚳ | ⚴ | ⚵ | ⚶ | ⚷ |
|---|---|---|---|---|---|
| 17 | 09 58 | 15 23 | 15 31 | 06 50 | 20 20 |
| 18 | 10 25 | 15 49 | 16 00 | 07 13 | 20 28 |
| 19 | 10 51 | 16 16 | 16 30 | 07 36 | 20 36 |
| 20 | 11 18 | 16 42 | 16 59 | 07 59 | 20 45 |
| 21 | 11 45 | 17 08 | 17 28 | 08 22 | 20 53 |
| 22 | 12 11 | 17 35 | 17 57 | 08 44 | 21 01 |
| 23 | 12 38 | 18 01 | 18 27 | 09 07 | 21 09 |
| 24 | 13 05 | 18 27 | 18 56 | 09 29 | 21 18 |
| 25 | 13 31 | 18 53 | 19 25 | 09 52 | 21 26 |
| 26 | 13 58 | 19 19 | 19 54 | 10 14 | 21 34 |
| 27 | 14 25 | 19 45 | 20 23 | 10 36 | 21 43 |
| 28 | 14 51 | 20 11 | 20 51 | 10 59 | 21 51 |
| 29 | 15 18 | 20 37 | 21 20 | 11 21 | 21 59 |
| 30 | 15 44 | 21 02 | 21 49 | 11 43 | 22 08 |
| 31 | 16 11 | 21 28 | 22 17 | 12 04 | 22 16 |

Lunar Data

| Last Asp. | | Ingress | | |
|---|---|---|---|---|
| 1 | 09:04 | 2 | ♈ | 11:08 |
| 4 | 21:23 | 4 | ♉ | 21:47 |
| 7 | 04:32 | 7 | ♊ | 05:04 |
| 9 | 02:54 | 9 | ♋ | 08:38 |
| 11 | 02:24 | 11 | ♌ | 09:20 |
| 13 | 03:48 | 13 | ♍ | 08:49 |
| 15 | 00:21 | 15 | ♎ | 08:58 |
| 17 | 06:29 | 17 | ♏ | 11:32 |
| 19 | 13:19 | 19 | ♐ | 17:41 |
| 22 | 02:15 | 22 | ♑ | 03:24 |
| 23 | 13:31 | 24 | ♒ | 15:34 |
| 26 | 23:53 | 27 | ♓ | 04:35 |
| 28 | 15:09 | 29 | ♈ | 16:58 |
| 31 | 23:51 | | | |

0:00 E.T. — Declinations

| D | ☉ | ☽ | ☿ | ♀ | ♂ | ♃ | ♄ | ♅ | ♆ | ♇ | ⚳ | ⚴ | ⚵ | ⚶ | ⚷ |
|---|---|---|---|---|---|---|---|---|---|---|---|---|---|---|---|
| 1 | +17 57 | -05 12 | +15 28 | +07 34 | +23 18 | -08 42 | -19 23 | +13 29 | +15 14 | -21 18 | +24 19 | -03 26 | +12 25 | +20 49 | +01 04 |
| 2 | 17 42 | +00 20 | 15 44 | 07 05 | 23 14 | 08 44 | 19 24 | 13 28 | 15 14 | 21 19 | 24 14 | 03 33 | 12 19 | 20 49 | 01 02 |
| 3 | 17 27 | 05 55 | 16 00 | 06 35 | 23 09 | 08 47 | 19 24 | 13 27 | 15 14 | 21 19 | 24 09 | 03 40 | 12 13 | 20 50 | 00 59 |
| 4 | 17 11 | 11 22 | 16 16 | 06 05 | 23 05 | 08 49 | 19 24 | 13 25 | 15 14 | 21 20 | 24 04 | 03 47 | 12 08 | 20 50 | 00 57 |
| 5 | 16 55 | 16 29 | 16 31 | 05 35 | 23 00 | 08 51 | 19 24 | 13 24 | 15 14 | 21 21 | 23 59 | 03 55 | 12 02 | 20 51 | 00 54 |
| 6 | 16 38 | 21 01 | 16 46 | 05 05 | 22 55 | 08 54 | 19 24 | 13 23 | 15 14 | 21 21 | 23 54 | 04 02 | 11 56 | 20 51 | 00 52 |
| 7 | 16 21 | 24 39 | 17 01 | 04 35 | 22 50 | 08 57 | 19 24 | 13 22 | 15 14 | 21 22 | 23 49 | 04 10 | 11 50 | 20 52 | 00 49 |
| 8 | 16 04 | 27 02 | 17 15 | 04 05 | 22 45 | 08 59 | 19 24 | 13 20 | 15 14 | 21 22 | 23 44 | 04 18 | 11 43 | 20 52 | 00 47 |
| 9 | 15 47 | 27 49 | 17 28 | 03 34 | 22 40 | 09 02 | 19 25 | 13 19 | 15 14 | 21 23 | 23 38 | 04 26 | 11 37 | 20 52 | 00 44 |
| 10 | 15 30 | 26 45 | 17 40 | 03 04 | 22 34 | 09 05 | 19 25 | 13 18 | 15 14 | 21 24 | 23 33 | 04 34 | 11 31 | 20 52 | 00 41 |
| 11 | 15 12 | 23 47 | 17 50 | 02 33 | 22 28 | 09 07 | 19 25 | 13 16 | 15 14 | 21 24 | 23 28 | 04 42 | 11 25 | 20 52 | 00 39 |
| 12 | 14 54 | 19 09 | 17 59 | 02 02 | 22 22 | 09 10 | 19 25 | 13 15 | 15 15 | 21 25 | 23 22 | 04 50 | 11 18 | 20 52 | 00 36 |
| 13 | 14 36 | 13 14 | 18 06 | 01 32 | 22 16 | 09 13 | 19 26 | 13 14 | 15 15 | 21 25 | 23 17 | 04 59 | 11 12 | 20 52 | 00 33 |
| 14 | 14 17 | 06 34 | 18 12 | 01 01 | 22 10 | 09 16 | 19 26 | 13 13 | 15 15 | 21 26 | 23 11 | 05 08 | 11 05 | 20 52 | 00 31 |
| 15 | 13 59 | -00 22 | 18 15 | 00 30 | 22 04 | 09 19 | 19 26 | 13 11 | 15 15 | 21 26 | 23 06 | 05 17 | 10 59 | 20 52 | 00 28 |
| 16 | 13 40 | 07 08 | 18 16 | -00 01 | 21 57 | 09 22 | 19 27 | 13 10 | 15 15 | 21 27 | 23 00 | 05 26 | 10 52 | 20 52 | 00 25 |
| 17 | 13 21 | 13 21 | 18 15 | 00 32 | 21 50 | 09 25 | 19 27 | 13 09 | 15 14 | 21 27 | 22 54 | 05 35 | 10 45 | 20 51 | 00 22 |
| 18 | 13 02 | 18 42 | 18 11 | 01 03 | 21 44 | 09 28 | 19 28 | 13 07 | 15 14 | 21 28 | 22 49 | 05 45 | 10 39 | 20 51 | 00 20 |
| 19 | 12 42 | 22 57 | 18 04 | 01 34 | 21 37 | 09 30 | 19 28 | 13 06 | 15 14 | 21 29 | 22 43 | 05 54 | 10 32 | 20 50 | 00 17 |
| 20 | 12 22 | 25 56 | 17 55 | 02 04 | 21 29 | 09 33 | 19 28 | 13 05 | 15 14 | 21 29 | 22 37 | 06 04 | 10 25 | 20 50 | 00 14 |
| 21 | 12 02 | 27 33 | 17 43 | 02 35 | 21 22 | 09 36 | 19 29 | 13 04 | 15 14 | 21 30 | 22 31 | 06 14 | 10 18 | 20 49 | 00 11 |
| 22 | 11 42 | 27 45 | 17 28 | 03 06 | 21 15 | 09 39 | 19 29 | 13 02 | 15 14 | 21 30 | 22 25 | 06 24 | 10 11 | 20 49 | 00 08 |
| 23 | 11 22 | 26 36 | 17 10 | 03 37 | 21 07 | 09 43 | 19 30 | 13 01 | 15 14 | 21 31 | 22 19 | 06 34 | 10 04 | 20 48 | 00 05 |
| 24 | 11 02 | 24 15 | 16 50 | 04 08 | 20 59 | 09 46 | 19 30 | 13 00 | 15 14 | 21 31 | 22 13 | 06 45 | 09 57 | 20 47 | 00 02 |
| 25 | 10 41 | 20 52 | 16 27 | 04 38 | 20 51 | 09 49 | 19 31 | 12 59 | 15 14 | 21 32 | 22 07 | 06 55 | 09 50 | 20 47 | -00 01 |
| 26 | 10 20 | 16 40 | 16 01 | 05 09 | 20 43 | 09 52 | 19 31 | 12 57 | 15 14 | 21 32 | 22 01 | 07 06 | 09 43 | 20 46 | 00 03 |
| 27 | 09 59 | 11 50 | 15 32 | 05 39 | 20 35 | 09 55 | 19 32 | 12 56 | 15 14 | 21 33 | 21 55 | 07 17 | 09 36 | 20 45 | 00 06 |
| 28 | 09 38 | 06 34 | 15 01 | 06 10 | 20 27 | 09 58 | 19 32 | 12 55 | 15 14 | 21 33 | 21 48 | 07 28 | 09 28 | 20 44 | 00 09 |
| 29 | 09 17 | 01 02 | 14 28 | 06 40 | 20 18 | 10 01 | 19 33 | 12 53 | 15 13 | 21 34 | 21 42 | 07 39 | 09 21 | 20 43 | 00 12 |
| 30 | 08 55 | +04 34 | 13 52 | 07 10 | 20 09 | 10 04 | 19 33 | 12 52 | 15 13 | 21 34 | 21 36 | 07 51 | 09 14 | 20 42 | 00 15 |
| 31 | 08 34 | 10 04 | 13 15 | 07 40 | 20 01 | 10 07 | 19 34 | 12 51 | 15 13 | 21 35 | 21 29 | 08 02 | 09 06 | 20 41 | 00 18 |

Lunar Phases -- 5 ◑ 23:59 12 ● 17:40 ✓ 19 ◐ 11:56 27 Ⓔ 14:09 Sun enters ♍ 8/22 16:41

## 0:00 E.T. Longitudes of Main Planets - September 2045 Sep. 45

| D | S.T. | ☉ | ☽ | ☽ 12:00 | ☿ | ♀ | ♂ | ♃ | ♄ | ♅ | ♆ | ♇ | ☊ |
|---|---|---|---|---|---|---|---|---|---|---|---|---|---|
| 1 | 22:42:16 | 08♍58 48 | 28♈04 | 04♉20 | 01♍21 | 20♎03 | 05♌39 | 07♓06℞ | 05♐35 | 28♌00 | 17♉05℞ | 02♓48℞ | 21♒48 |
| 2 | 22:46:12 | 09 56 51 | 10♉39 | 17 03 | 03 19 | 21 12 | 06 17 | 06 58 | 05 38 | 28 04 | 17 04 | 02 47 | 21 45 |
| 3 | 22:50:09 | 10 54 56 | 23 30 | 00♊03 | 05 17 | 22 21 | 06 56 | 06 51 | 05 40 | 28 07 | 17 04 | 02 46 | 21 42 |
| 4 | 22:54:05 | 11 53 03 | 06♊40 | 13 22 | 07 14 | 23 30 | 07 34 | 06 43 | 05 42 | 28 11 | 17 03 | 02 44 | 21 39 |
| 5 | 22:58:02 | 12 51 11 | 20 10 | 27 03 | 09 11 | 24 39 | 08 12 | 06 35 | 05 45 | 28 15 | 17 03 | 02 43 | 21 35 |
| 6 | 23:01:58 | 13 49 22 | 04♋02 | 11♋06 | 11 08 | 25 48 | 08 50 | 06 27 | 05 48 | 28 18 | 17 02 | 02 42 | 21 32 |
| 7 | 23:05:55 | 14 47 35 | 18 16 | 25 31 | 13 03 | 26 56 | 09 28 | 06 19 | 05 50 | 28 22 | 17 02 | 02 41 | 21 29 |
| 8 | 23:09:52 | 15 45 50 | 02♌51 | 10♌15 | 14 58 | 28 05 | 10 06 | 06 12 | 05 53 | 28 26 | 17 01 | 02 39 | 21 26 |
| 9 | 23:13:48 | 16 44 06 | 17 43 | 25 13 | 16 53 | 29 14 | 10 44 | 06 04 | 05 56 | 28 29 | 17 00 | 02 38 | 21 23 |
| 10 | 23:17:45 | 17 42 25 | 02♍45 | 10♍17 | 18 46 | 00♏22 | 11 22 | 05 56 | 05 59 | 28 33 | 17 00 | 02 37 | 21 19 |
| 11 | 23:21:41 | 18 40 45 | 17 49 | 25 19 | 20 38 | 01 30 | 12 00 | 05 49 | 06 02 | 28 36 | 16 59 | 02 36 | 21 16 |
| 12 | 23:25:38 | 19 39 07 | 02♎46 | 10♎10 | 22 29 | 02 39 | 12 37 | 05 41 | 06 05 | 28 40 | 16 58 | 02 34 | 21 13 |
| 13 | 23:29:34 | 20 37 31 | 17 28 | 24 42 | 24 19 | 03 47 | 13 15 | 05 34 | 06 09 | 28 43 | 16 58 | 02 33 | 21 10 |
| 14 | 23:33:31 | 21 35 57 | 01♏49 | 08♏49 | 26 08 | 04 55 | 13 53 | 05 27 | 06 12 | 28 47 | 16 57 | 02 32 | 21 07 |
| 15 | 23:37:27 | 22 34 24 | 15 43 | 22 30 | 27 56 | 06 02 | 14 31 | 05 19 | 06 15 | 28 51 | 16 56 | 02 31 | 21 04 |
| 16 | 23:41:24 | 23 32 53 | 29 10 | 05♐43 | 29 43 | 07 10 | 15 08 | 05 12 | 06 19 | 28 54 | 16 55 | 02 29 | 21 00 |
| 17 | 23:45:21 | 24 31 24 | 12♐10 | 18 31 | 01♎28 | 08 18 | 15 46 | 05 05 | 06 23 | 28 57 | 16 54 | 02 28 | 20 57 |
| 18 | 23:49:17 | 25 29 56 | 24 46 | 00♑57 | 03 13 | 09 25 | 16 23 | 04 58 | 06 26 | 29 01 | 16 53 | 02 27 | 20 54 |
| 19 | 23:53:14 | 26 28 30 | 07♑04 | 13 06 | 04 57 | 10 33 | 17 01 | 04 51 | 06 30 | 29 04 | 16 53 | 02 26 | 20 51 |
| 20 | 23:57:10 | 27 27 06 | 19 06 | 25 04 | 06 39 | 11 40 | 17 38 | 04 45 | 06 34 | 29 08 | 16 52 | 02 25 | 20 48 |
| 21 | 0:01:07 | 28 25 43 | 00♒59 | 06♒53 | 08 21 | 12 47 | 18 16 | 04 38 | 06 38 | 29 11 | 16 51 | 02 24 | 20 44 |
| 22 | 0:05:03 | 29 24 22 | 12 47 | 18 40 | 10 01 | 13 54 | 18 53 | 04 31 | 06 42 | 29 15 | 16 50 | 02 23 | 20 41 |
| 23 | 0:09:00 | 00♎23 03 | 24 34 | 00♓29 | 11 41 | 15 01 | 19 30 | 04 25 | 06 46 | 29 18 | 16 49 | 02 21 | 20 38 |
| 24 | 0:12:56 | 01 21 45 | 06♓24 | 12 22 | 13 20 | 16 07 | 20 07 | 04 19 | 06 50 | 29 21 | 16 48 | 02 20 | 20 35 |
| 25 | 0:16:53 | 02 20 29 | 18 21 | 24 22 | 14 57 | 17 14 | 20 45 | 04 13 | 06 54 | 29 25 | 16 46 | 02 19 | 20 32 |
| 26 | 0:20:50 | 03 19 15 | 00♈25 | 06♈31 | 16 34 | 18 20 | 21 22 | 04 07 | 06 58 | 29 28 | 16 45 | 02 18 | 20 29 |
| 27 | 0:24:46 | 04 18 03 | 12 40 | 18 51 | 18 10 | 19 26 | 21 59 | 04 01 | 07 03 | 29 31 | 16 44 | 02 17 | 20 25 |
| 28 | 0:28:43 | 05 16 53 | 25 05 | 01♉22 | 19 44 | 20 32 | 22 36 | 03 55 | 07 07 | 29 34 | 16 43 | 02 16 | 20 22 |
| 29 | 0:32:39 | 06 15 46 | 07♉43 | 14 06 | 21 18 | 21 38 | 23 13 | 03 50 | 07 12 | 29 38 | 16 42 | 02 15 | 20 19 |
| 30 | 0:36:36 | 07 14 40 | 20 32 | 27 02 | 22 51 | 22 44 | 23 50 | 03 44 | 07 16 | 29 41 | 16 41 | 02 14 | 20 16 |

## 0:00 E.T. Longitudes of the Major Asteroids and Chiron

| D | ⚳ | ⚴ | ⚵ | ⚶ | ⚷ | D | ⚳ | ⚴ | ⚵ | ⚶ | ⚷ |
|---|---|---|---|---|---|---|---|---|---|---|---|
| 1 | 16♌37 | 21♊54 | 22♌46 | 12♋26 | 22♍25 | 16 | 23 13 | 28 07 | 29 46 | 17 40 | 24 33 |
| 2 | 17 04 | 22 19 | 23 15 | 12 48 | 22 33 | 17 | 23 39 | 28 31 | 00♍14 | 17 59 | 24 42 |
| 3 | 17 31 | 22 45 | 23 43 | 13 09 | 22 42 | 18 | 24 05 | 28 55 | 00 41 | 18 19 | 24 51 |
| 4 | 17 57 | 23 10 | 24 11 | 13 31 | 22 50 | 19 | 24 31 | 29 19 | 01 08 | 18 39 | 24 59 |
| 5 | 18 23 | 23 36 | 24 40 | 13 52 | 22 59 | 20 | 24 58 | 29 42 | 01 36 | 18 58 | 25 08 |
| 6 | 18 50 | 24 01 | 25 08 | 14 14 | 23 07 | 21 | 25 24 | 00♋06 | 02 03 | 19 18 | 25 17 |
| 7 | 19 16 | 24 26 | 25 36 | 14 35 | 23 16 | 22 | 25 50 | 00 29 | 02 30 | 19 37 | 25 25 |
| 8 | 19 43 | 24 51 | 26 04 | 14 56 | 23 24 | 23 | 26 15 | 00 52 | 02 57 | 19 56 | 25 34 |
| 9 | 20 09 | 25 16 | 26 32 | 15 17 | 23 33 | 24 | 26 41 | 01 15 | 03 24 | 20 15 | 25 43 |
| 10 | 20 36 | 25 41 | 27 00 | 15 37 | 23 42 | 25 | 27 07 | 01 38 | 03 50 | 20 33 | 25 51 |
| 11 | 21 02 | 26 05 | 27 28 | 15 58 | 23 50 | 26 | 27 33 | 02 00 | 04 17 | 20 52 | 26 00 |
| 12 | 21 28 | 26 30 | 27 56 | 16 19 | 23 59 | 27 | 27 59 | 02 23 | 04 44 | 21 10 | 26 08 |
| 13 | 21 54 | 26 54 | 28 24 | 16 39 | 24 08 | 28 | 28 25 | 02 45 | 05 10 | 21 29 | 26 17 |
| 14 | 22 21 | 27 19 | 28 51 | 16 59 | 24 16 | 29 | 28 50 | 03 07 | 05 37 | 21 47 | 26 26 |
| 15 | 22 47 | 27 43 | 29 19 | 17 20 | 24 25 | 30 | 29 16 | 03 29 | 06 03 | 22 05 | 26 34 |

## Lunar Data

| Last Asp. | | Ingress | | |
|---|---|---|---|---|
| 31 | 23:51 | 1 | ♉ | 03:42 |
| 3 | 08:31 | 3 | ♊ | 11:55 |
| 5 | 14:07 | 5 | ♋ | 17:05 |
| 7 | 15:33 | 7 | ♌ | 19:20 |
| 9 | 17:17 | 9 | ♍ | 19:38 |
| 11 | 05:08 | 11 | ♎ | 19:32 |
| 13 | 18:51 | 13 | ♏ | 20:56 |
| 16 | 01:10 | 16 | ♐ | 01:32 |
| 18 | 08:16 | 18 | ♑ | 10:09 |
| 20 | 18:21 | 20 | ♒ | 22:00 |
| 23 | 09:39 | 23 | ♓ | 11:02 |
| 24 | 21:32 | 25 | ♈ | 23:10 |
| 28 | 08:36 | 28 | ♉ | 09:23 |
| 30 | 16:56 | 30 | ♊ | 17:28 |

## 0:00 E.T. Declinations

| D | ☉ | ☽ | ☿ | ♀ | ♂ | ♃ | ♄ | ♅ | ♆ | ♇ | ⚳ | ⚴ | ⚵ | ⚶ | ⚷ |
|---|---|---|---|---|---|---|---|---|---|---|---|---|---|---|---|
| 1 | +08 12 | +15 15 | +12 36 | -08 10 | +19 52 | -10 10 | -19 35 | +12 50 | +15 13 | -21 35 | +21 23 | -08 14 | +08 59 | +20 40 | -00 21 |
| 2 | 07 50 | 19 54 | 11 55 | 08 40 | 19 43 | 10 13 | 19 35 | 12 48 | 15 13 | 21 36 | 21 17 | 08 26 | 08 52 | 20 39 | 00 24 |
| 3 | 07 28 | 23 44 | 11 14 | 09 09 | 19 34 | 10 16 | 19 36 | 12 47 | 15 13 | 21 36 | 21 10 | 08 38 | 08 44 | 20 38 | 00 28 |
| 4 | 07 06 | 26 27 | 10 30 | 09 39 | 19 24 | 10 19 | 19 36 | 12 46 | 15 13 | 21 37 | 21 04 | 08 50 | 08 37 | 20 37 | 00 31 |
| 5 | 06 44 | 27 44 | 09 46 | 10 08 | 19 15 | 10 22 | 19 37 | 12 45 | 15 12 | 21 37 | 20 57 | 09 02 | 08 29 | 20 35 | 00 34 |
| 6 | 06 22 | 27 20 | 09 01 | 10 37 | 19 06 | 10 25 | 19 38 | 12 43 | 15 12 | 21 38 | 20 50 | 09 15 | 08 21 | 20 34 | 00 37 |
| 7 | 05 59 | 25 08 | 08 15 | 11 06 | 18 56 | 10 28 | 19 38 | 12 42 | 15 12 | 21 38 | 20 44 | 09 27 | 08 14 | 20 33 | 00 40 |
| 8 | 05 37 | 21 16 | 07 29 | 11 34 | 18 46 | 10 30 | 19 39 | 12 41 | 15 12 | 21 39 | 20 37 | 09 40 | 08 06 | 20 31 | 00 43 |
| 9 | 05 14 | 15 58 | 06 42 | 12 03 | 18 36 | 10 33 | 19 40 | 12 40 | 15 11 | 21 39 | 20 30 | 09 53 | 07 59 | 20 30 | 00 46 |
| 10 | 04 51 | 09 39 | 05 55 | 12 31 | 18 26 | 10 36 | 19 41 | 12 38 | 15 11 | 21 40 | 20 24 | 10 06 | 07 51 | 20 28 | 00 49 |
| 11 | 04 29 | 02 46 | 05 08 | 12 59 | 18 16 | 10 39 | 19 41 | 12 37 | 15 11 | 21 40 | 20 17 | 10 20 | 07 43 | 20 27 | 00 52 |
| 12 | 04 06 | -04 12 | 04 20 | 13 26 | 18 06 | 10 42 | 19 42 | 12 36 | 15 11 | 21 40 | 20 10 | 10 33 | 07 35 | 20 26 | 00 56 |
| 13 | 03 43 | 10 48 | 03 33 | 13 54 | 17 56 | 10 44 | 19 43 | 12 35 | 15 10 | 21 41 | 20 03 | 10 47 | 07 28 | 20 24 | 00 59 |
| 14 | 03 20 | 16 41 | 02 45 | 14 21 | 17 45 | 10 47 | 19 44 | 12 33 | 15 10 | 21 41 | 19 57 | 11 00 | 07 20 | 20 23 | 01 02 |
| 15 | 02 57 | 21 30 | 01 57 | 14 47 | 17 35 | 10 50 | 19 44 | 12 32 | 15 10 | 21 42 | 19 50 | 11 14 | 07 12 | 20 21 | 01 05 |
| 16 | 02 34 | 25 02 | 01 10 | 15 14 | 17 24 | 10 52 | 19 45 | 12 31 | 15 10 | 21 42 | 19 43 | 11 28 | 07 04 | 20 19 | 01 08 |
| 17 | 02 11 | 27 07 | 00 23 | 15 40 | 17 14 | 10 55 | 19 46 | 12 30 | 15 09 | 21 42 | 19 36 | 11 42 | 06 57 | 20 18 | 01 11 |
| 18 | 01 47 | 27 45 | -00 24 | 16 06 | 17 03 | 10 57 | 19 47 | 12 29 | 15 09 | 21 43 | 19 29 | 11 57 | 06 49 | 20 16 | 01 15 |
| 19 | 01 24 | 26 58 | 01 11 | 16 31 | 16 52 | 11 00 | 19 48 | 12 27 | 15 09 | 21 43 | 19 22 | 12 11 | 06 41 | 20 14 | 01 18 |
| 20 | 01 01 | 24 55 | 01 57 | 16 56 | 16 41 | 11 02 | 19 49 | 12 26 | 15 08 | 21 43 | 19 15 | 12 26 | 06 33 | 20 13 | 01 21 |
| 21 | 00 37 | 21 48 | 02 43 | 17 21 | 16 30 | 11 05 | 19 49 | 12 25 | 15 08 | 21 44 | 19 08 | 12 40 | 06 25 | 20 11 | 01 24 |
| 22 | 00 14 | 17 49 | 03 29 | 17 46 | 16 19 | 11 07 | 19 50 | 12 24 | 15 08 | 21 44 | 19 01 | 12 55 | 06 17 | 20 09 | 01 28 |
| 23 | -00 09 | 13 09 | 04 14 | 18 10 | 16 08 | 11 09 | 19 51 | 12 23 | 15 07 | 21 44 | 18 54 | 13 10 | 06 09 | 20 08 | 01 31 |
| 24 | 00 33 | 07 59 | 04 59 | 18 33 | 15 56 | 11 12 | 19 52 | 12 22 | 15 07 | 21 45 | 18 47 | 13 25 | 06 01 | 20 06 | 01 34 |
| 25 | 00 56 | 02 31 | 05 43 | 18 56 | 15 45 | 11 14 | 19 53 | 12 20 | 15 07 | 21 45 | 18 40 | 13 40 | 05 53 | 20 04 | 01 37 |
| 26 | 01 19 | +03 06 | 06 27 | 19 19 | 15 33 | 11 16 | 19 54 | 12 19 | 15 06 | 21 45 | 18 33 | 13 56 | 05 46 | 20 03 | 01 40 |
| 27 | 01 43 | 08 40 | 07 10 | 19 42 | 15 22 | 11 18 | 19 55 | 12 18 | 15 06 | 21 46 | 18 26 | 14 11 | 05 38 | 20 01 | 01 44 |
| 28 | 02 06 | 13 58 | 07 53 | 20 04 | 15 10 | 11 20 | 19 56 | 12 17 | 15 06 | 21 46 | 18 19 | 14 27 | 05 30 | 19 59 | 01 47 |
| 29 | 02 29 | 18 47 | 08 35 | 20 25 | 14 58 | 11 22 | 19 57 | 12 16 | 15 05 | 21 46 | 18 12 | 14 42 | 05 22 | 19 57 | 01 50 |
| 30 | 02 52 | 22 50 | 09 16 | 20 46 | 14 47 | 11 24 | 19 58 | 12 15 | 15 05 | 21 46 | 18 05 | 14 58 | 05 14 | 19 56 | 01 53 |

Lunar Phases -- 4 ◑ 10:05 11 ● 01:29 18 ◐ 01:31 26 ○ 06:13 Sun enters ♎ 9/22 14:35

## Longitudes of Main Planets - October 2045

0:00 E.T.

| D | S.T. | ☉ | ☽ | ☽ 12:00 | ☿ | ♀ | ♂ | ♃ | ♄ | ♅ | ♆ | ♇ | ☊ |
|---|---|---|---|---|---|---|---|---|---|---|---|---|---|
| 1 | 0:40:32 | 08♎13 37 | 03♊34 | 10♊11 | 24♎24 | 23♏49 | 24♌27 | 03♓39℞ | 07♐21 | 29♌44 | 16♉39℞ | 02♓13℞ | 20♒13 |
| 2 | 0:44:29 | 09 12 36 | 16 50 | 23 34 | 25 55 | 24 54 | 25 04 | 03 34 | 07 26 | 29 47 | 16 38 | 02 12 | 20 10 |
| 3 | 0:48:25 | 10 11 37 | 00♋21 | 07♋11 | 27 25 | 25 59 | 25 41 | 03 29 | 07 31 | 29 50 | 16 37 | 02 11 | 20 06 |
| 4 | 0:52:22 | 11 10 41 | 14 06 | 21 05 | 28 55 | 27 04 | 26 17 | 03 24 | 07 35 | 29 53 | 16 36 | 02 10 | 20 03 |
| 5 | 0:56:19 | 12 09 47 | 28 07 | 05♌14 | 00♏24 | 28 09 | 26 54 | 03 20 | 07 40 | 29 56 | 16 34 | 02 09 | 20 00 |
| 6 | 1:00:15 | 13 08 55 | 12♌24 | 19 38 | 01 51 | 29 13 | 27 31 | 03 15 | 07 45 | 29 59 | 16 33 | 02 08 | 19 57 |
| 7 | 1:04:12 | 14 08 06 | 26 54 | 04♍14 | 03 18 | 00♐18 | 28 07 | 03 11 | 07 50 | 00♍02 | 16 32 | 02 07 | 19 54 |
| 8 | 1:08:08 | 15 07 18 | 11♍35 | 18 57 | 04 44 | 01 22 | 28 44 | 03 07 | 07 56 | 00 05 | 16 30 | 02 07 | 19 50 |
| 9 | 1:12:05 | 16 06 33 | 26 20 | 03♎42 | 06 10 | 02 25 | 29 21 | 03 03 | 08 01 | 00 08 | 16 29 | 02 06 | 19 47 |
| 10 | 1:16:01 | 17 05 50 | 11♎03 | 18 22 | 07 34 | 03 29 | 29 57 | 02 59 | 08 06 | 00 11 | 16 28 | 02 05 | 19 44 |
| 11 | 1:19:58 | 18 05 10 | 25 37 | 02♏48 | 08 57 | 04 32 | 00♍33 | 02 56 | 08 11 | 00 14 | 16 26 | 02 04 | 19 41 |
| 12 | 1:23:54 | 19 04 31 | 09♏53 | 16 54 | 10 19 | 05 35 | 01 10 | 02 53 | 08 17 | 00 16 | 16 25 | 02 03 | 19 38 |
| 13 | 1:27:51 | 20 03 54 | 23 48 | 00♐35 | 11 40 | 06 38 | 01 46 | 02 49 | 08 22 | 00 19 | 16 23 | 02 02 | 19 35 |
| 14 | 1:31:48 | 21 03 19 | 07♐16 | 13 51 | 13 01 | 07 41 | 02 22 | 02 46 | 08 28 | 00 22 | 16 22 | 02 02 | 19 31 |
| 15 | 1:35:44 | 22 02 46 | 20 19 | 26 42 | 14 20 | 08 43 | 02 59 | 02 44 | 08 33 | 00 24 | 16 20 | 02 01 | 19 28 |
| 16 | 1:39:41 | 23 02 15 | 02♑58 | 09♑10 | 15 37 | 09 45 | 03 35 | 02 41 | 08 39 | 00 27 | 16 19 | 02 00 | 19 25 |
| 17 | 1:43:37 | 24 01 45 | 15 17 | 21 20 | 16 54 | 10 47 | 04 11 | 02 39 | 08 45 | 00 30 | 16 17 | 01 59 | 19 22 |
| 18 | 1:47:34 | 25 01 17 | 27 20 | 03♒17 | 18 09 | 11 48 | 04 47 | 02 37 | 08 50 | 00 32 | 16 16 | 01 59 | 19 19 |
| 19 | 1:51:30 | 26 00 51 | 09♒13 | 15 07 | 19 22 | 12 49 | 05 23 | 02 35 | 08 56 | 00 35 | 16 14 | 01 58 | 19 16 |
| 20 | 1:55:27 | 27 00 27 | 21 00 | 26 54 | 20 34 | 13 50 | 05 59 | 02 33 | 09 02 | 00 37 | 16 12 | 01 57 | 19 12 |
| 21 | 1:59:23 | 28 00 04 | 02♓49 | 08♓44 | 21 44 | 14 50 | 06 35 | 02 31 | 09 08 | 00 40 | 16 11 | 01 57 | 19 09 |
| 22 | 2:03:20 | 28 59 43 | 14 42 | 20 42 | 22 53 | 15 50 | 07 11 | 02 30 | 09 14 | 00 42 | 16 09 | 01 56 | 19 06 |
| 23 | 2:07:17 | 29 59 24 | 26 45 | 02♈50 | 23 59 | 16 50 | 07 46 | 02 29 | 09 20 | 00 44 | 16 08 | 01 56 | 19 03 |
| 24 | 2:11:13 | 00♏59 07 | 08♈59 | 15 12 | 25 03 | 17 49 | 08 22 | 02 28 | 09 26 | 00 47 | 16 06 | 01 55 | 19 00 |
| 25 | 2:15:10 | 01 58 51 | 21 28 | 27 48 | 26 04 | 18 48 | 08 58 | 02 27 | 09 32 | 00 49 | 16 04 | 01 55 | 18 56 |
| 26 | 2:19:06 | 02 58 38 | 04♉11 | 10♉39 | 27 03 | 19 46 | 09 33 | 02 27 | 09 38 | 00 51 | 16 03 | 01 54 | 18 53 |
| 27 | 2:23:03 | 03 58 27 | 17 09 | 23 44 | 27 58 | 20 44 | 10 09 | 02 26 | 09 44 | 00 53 | 16 01 | 01 54 | 18 50 |
| 28 | 2:26:59 | 04 58 17 | 00♊21 | 07♊01 | 28 50 | 21 42 | 10 44 | 02 26 | 09 50 | 00 55 | 16 00 | 01 53 | 18 47 |
| 29 | 2:30:56 | 05 58 10 | 13 44 | 20 29 | 29 38 | 22 39 | 11 20 | 02 26D | 09 57 | 00 58 | 15 58 | 01 53 | 18 44 |
| 30 | 2:34:52 | 06 58 05 | 27 17 | 04♋07 | 00♐22 | 23 35 | 11 55 | 02 27 | 10 03 | 01 00 | 15 56 | 01 52 | 18 41 |
| 31 | 2:38:49 | 07 58 02 | 10♋59 | 17 53 | 01 01 | 24 31 | 12 30 | 02 27 | 10 09 | 01 02 | 15 55 | 01 52 | 18 37 |

0:00 E.T.

## Longitudes of the Major Asteroids and Chiron

| D | ⚳ | ⚴ | ⚵ | ⚶ | ⚷ | D | ⚳ | ⚴ | ⚵ | ⚶ | ⚷ |
|---|---|---|---|---|---|---|---|---|---|---|---|
| 1 | 29♌42 | 03♋50 | 06♍29 | 22♋22 | 26♍43 | 17 | 06 24 | 09 02 | 13 17 | 26 40 | 28 57 |
| 2 | 00♍07 | 04 12 | 06 56 | 22 40 | 26 51 | 18 | 06 49 | 09 19 | 13 41 | 26 54 | 29 05 |
| 3 | 00 33 | 04 33 | 07 22 | 22 57 | 27 00 | 19 | 07 13 | 09 35 | 14 06 | 27 08 | 29 14 |
| 4 | 00 58 | 04 54 | 07 48 | 23 15 | 27 08 | 20 | 07 38 | 09 51 | 14 30 | 27 22 | 29 22 |
| 5 | 01 24 | 05 14 | 08 14 | 23 32 | 27 17 | 21 | 08 02 | 10 07 | 14 55 | 27 35 | 29 30 |
| 6 | 01 49 | 05 35 | 08 39 | 23 49 | 27 25 | 22 | 08 27 | 10 23 | 15 19 | 27 49 | 29 38 |
| 7 | 02 14 | 05 55 | 09 05 | 24 05 | 27 34 | 23 | 08 51 | 10 38 | 15 43 | 28 01 | 29 46 |
| 8 | 02 40 | 06 15 | 09 31 | 24 22 | 27 42 | 24 | 09 15 | 10 53 | 16 07 | 28 14 | 29 54 |
| 9 | 03 05 | 06 35 | 09 56 | 24 38 | 27 51 | 25 | 09 39 | 11 07 | 16 30 | 28 27 | 00♎02 |
| 10 | 03 30 | 06 54 | 10 22 | 24 54 | 27 59 | 26 | 10 03 | 11 21 | 16 54 | 28 39 | 00 09 |
| 11 | 03 55 | 07 13 | 10 47 | 25 10 | 28 08 | 27 | 10 27 | 11 34 | 17 18 | 28 51 | 00 17 |
| 12 | 04 20 | 07 32 | 11 12 | 25 25 | 28 16 | 28 | 10 51 | 11 47 | 17 41 | 29 02 | 00 25 |
| 13 | 04 45 | 07 51 | 11 37 | 25 41 | 28 24 | 29 | 11 15 | 12 00 | 18 04 | 29 14 | 00 33 |
| 14 | 05 10 | 08 09 | 12 02 | 25 56 | 28 33 | 30 | 11 38 | 12 12 | 18 28 | 29 25 | 00 40 |
| 15 | 05 35 | 08 27 | 12 27 | 26 11 | 28 41 | 31 | 12 02 | 12 24 | 18 51 | 29 35 | 00 48 |
| 16 | 05 59 | 08 44 | 12 52 | 26 25 | 28 49 | | | | | | |

## Lunar Data

| Last Asp. | | Ingress | | |
|---|---|---|---|---|
| 2 | 23:06 | 2 | ♋ | 23:24 |
| 5 | 00:03 | 5 | ♌ | 03:11 |
| 7 | 02:05 | 7 | ♍ | 05:05 |
| 8 | 08:00 | 9 | ♎ | 05:58 |
| 10 | 10:38 | 11 | ♏ | 07:19 |
| 12 | 11:09 | 13 | ♐ | 10:57 |
| 15 | 03:30 | 15 | ♑ | 18:18 |
| 17 | 18:57 | 18 | ♒ | 05:22 |
| 20 | 13:20 | 20 | ♓ | 18:18 |
| 22 | 17:59 | 23 | ♈ | 06:26 |
| 24 | 18:28 | 25 | ♉ | 16:09 |
| 27 | 21:04 | 27 | ♊ | 23:22 |
| 29 | 16:59 | 30 | ♋ | 04:46 |

0:00 E.T.

## Declinations

| D | ☉ | ☽ | ☿ | ♀ | ♂ | ♃ | ♄ | ♅ | ♆ | ♇ | ⚳ | ⚴ | ⚵ | ⚶ | ⚷ |
|---|---|---|---|---|---|---|---|---|---|---|---|---|---|---|---|
| 1 | -03 16 | +25 48 | -09 57 | -21 07 | +14 35 | -11 26 | -19 58 | +12 14 | +15 05 | -21 47 | +17 58 | -15 14 | +05 06 | +19 54 | -01 57 |
| 2 | 03 39 | 27 25 | 10 37 | 21 27 | 14 23 | 11 27 | 19 59 | 12 13 | 15 04 | 21 47 | 17 51 | 15 30 | 04 58 | 19 52 | 02 00 |
| 3 | 04 02 | 27 27 | 11 17 | 21 47 | 14 11 | 11 29 | 20 00 | 12 12 | 15 04 | 21 47 | 17 44 | 15 46 | 04 50 | 19 50 | 02 03 |
| 4 | 04 25 | 25 48 | 11 56 | 22 06 | 13 59 | 11 31 | 20 01 | 12 11 | 15 03 | 21 47 | 17 37 | 16 02 | 04 42 | 19 49 | 02 06 |
| 5 | 04 48 | 22 33 | 12 34 | 22 25 | 13 47 | 11 32 | 20 02 | 12 10 | 15 03 | 21 48 | 17 30 | 16 19 | 04 34 | 19 47 | 02 10 |
| 6 | 05 11 | 17 52 | 13 11 | 22 43 | 13 35 | 11 34 | 20 03 | 12 09 | 15 03 | 21 48 | 17 23 | 16 35 | 04 26 | 19 45 | 02 13 |
| 7 | 05 34 | 12 06 | 13 48 | 23 00 | 13 22 | 11 35 | 20 04 | 12 08 | 15 02 | 21 48 | 17 15 | 16 51 | 04 18 | 19 44 | 02 16 |
| 8 | 05 57 | 05 36 | 14 24 | 23 18 | 13 10 | 11 36 | 20 05 | 12 07 | 15 02 | 21 48 | 17 08 | 17 08 | 04 11 | 19 42 | 02 19 |
| 9 | 06 20 | -01 13 | 14 59 | 23 34 | 12 58 | 11 38 | 20 06 | 12 06 | 15 01 | 21 48 | 17 01 | 17 25 | 04 03 | 19 40 | 02 22 |
| 10 | 06 43 | 07 57 | 15 33 | 23 50 | 12 45 | 11 39 | 20 07 | 12 05 | 15 01 | 21 48 | 16 54 | 17 41 | 03 55 | 19 39 | 02 26 |
| 11 | 07 06 | 14 10 | 16 06 | 24 06 | 12 33 | 11 40 | 20 08 | 12 04 | 15 00 | 21 49 | 16 47 | 17 58 | 03 47 | 19 37 | 02 29 |
| 12 | 07 28 | 19 30 | 16 39 | 24 21 | 12 20 | 11 41 | 20 09 | 12 03 | 15 00 | 21 49 | 16 40 | 18 15 | 03 39 | 19 36 | 02 32 |
| 13 | 07 51 | 23 38 | 17 10 | 24 35 | 12 08 | 11 42 | 20 10 | 12 02 | 15 00 | 21 49 | 16 33 | 18 32 | 03 31 | 19 34 | 02 35 |
| 14 | 08 13 | 26 20 | 17 41 | 24 49 | 11 55 | 11 43 | 20 11 | 12 01 | 14 59 | 21 49 | 16 26 | 18 49 | 03 23 | 19 32 | 02 39 |
| 15 | 08 35 | 27 30 | 18 10 | 25 03 | 11 43 | 11 44 | 20 12 | 12 00 | 14 59 | 21 49 | 16 19 | 19 06 | 03 16 | 19 31 | 02 42 |
| 16 | 08 57 | 27 10 | 18 39 | 25 16 | 11 30 | 11 45 | 20 13 | 11 59 | 14 58 | 21 49 | 16 12 | 19 23 | 03 08 | 19 30 | 02 45 |
| 17 | 09 19 | 25 30 | 19 06 | 25 28 | 11 17 | 11 45 | 20 14 | 11 58 | 14 58 | 21 49 | 16 05 | 19 40 | 03 00 | 19 28 | 02 48 |
| 18 | 09 41 | 22 40 | 19 33 | 25 39 | 11 04 | 11 46 | 20 15 | 11 57 | 14 57 | 21 49 | 15 59 | 19 57 | 02 53 | 19 27 | 02 51 |
| 19 | 10 03 | 18 55 | 19 58 | 25 50 | 10 52 | 11 46 | 20 16 | 11 56 | 14 57 | 21 49 | 15 52 | 20 14 | 02 45 | 19 25 | 02 54 |
| 20 | 10 24 | 14 28 | 20 22 | 26 01 | 10 39 | 11 47 | 20 17 | 11 56 | 14 56 | 21 49 | 15 45 | 20 31 | 02 37 | 19 24 | 02 58 |
| 21 | 10 46 | 09 28 | 20 45 | 26 11 | 10 26 | 11 47 | 20 19 | 11 55 | 14 56 | 21 49 | 15 38 | 20 48 | 02 30 | 19 23 | 03 01 |
| 22 | 11 07 | 04 06 | 21 07 | 26 20 | 10 13 | 11 48 | 20 20 | 11 54 | 14 55 | 21 49 | 15 31 | 21 05 | 02 22 | 19 22 | 03 04 |
| 23 | 11 28 | +01 27 | 21 28 | 26 29 | 10 00 | 11 48 | 20 21 | 11 53 | 14 55 | 21 49 | 15 24 | 21 22 | 02 14 | 19 21 | 03 07 |
| 24 | 11 49 | 07 03 | 21 47 | 26 37 | 09 47 | 11 48 | 20 22 | 11 52 | 14 54 | 21 49 | 15 18 | 21 40 | 02 07 | 19 19 | 03 10 |
| 25 | 12 10 | 12 28 | 22 04 | 26 44 | 09 34 | 11 48 | 20 23 | 11 52 | 14 54 | 21 49 | 15 11 | 21 57 | 01 59 | 19 18 | 03 13 |
| 26 | 12 30 | 17 28 | 22 20 | 26 51 | 09 21 | 11 48 | 20 24 | 11 51 | 14 54 | 21 49 | 15 04 | 22 14 | 01 52 | 19 17 | 03 16 |
| 27 | 12 50 | 21 46 | 22 35 | 26 58 | 09 08 | 11 48 | 20 25 | 11 50 | 14 53 | 21 49 | 14 58 | 22 31 | 01 45 | 19 16 | 03 19 |
| 28 | 13 11 | 25 02 | 22 47 | 27 04 | 08 55 | 11 48 | 20 26 | 11 49 | 14 53 | 21 49 | 14 51 | 22 48 | 01 37 | 19 16 | 03 22 |
| 29 | 13 31 | 26 59 | 22 58 | 27 09 | 08 42 | 11 48 | 20 27 | 11 49 | 14 52 | 21 49 | 14 44 | 23 05 | 01 30 | 19 15 | 03 25 |
| 30 | 13 50 | 27 22 | 23 08 | 27 13 | 08 29 | 11 48 | 20 28 | 11 48 | 14 52 | 21 49 | 14 38 | 23 22 | 01 22 | 19 14 | 03 28 |
| 31 | 14 10 | 26 05 | 23 15 | 27 17 | 08 16 | 11 47 | 20 29 | 11 47 | 14 51 | 21 49 | 14 31 | 23 39 | 01 15 | 19 13 | 03 31 |

Lunar Phases -- 3 ◑ 18:33 10 ● 10:38 17 ◐ 18:57 25 ○ 21:32 Sun enters ♏ 10/23 00:14

## 0:00 E.T. Longitudes of Main Planets - November 2045

| D | S.T. | ☉ | ☽ | ☽ 12:00 | ☿ | ♀ | ♂ | ♃ | ♄ | ♅ | ♆ | ♇ | ☊ |
|---|---|---|---|---|---|---|---|---|---|---|---|---|---|
| 1 | 2:42:46 | 08♏58 01 | 24♋49 | 01♌47 | 01♐35 | 25♐27 | 13♍05 | 02♓28 | 10♐16 | 01♍03 | 15♉53℞ | 01♓52℞ | 18♒34 |
| 2 | 2:46:42 | 09 58 02 | 08♌47 | 15 49 | 02 03 | 26 22 | 13 41 | 02 29 | 10 22 | 01 05 | 15 51 | 01 51 | 18 31 |
| 3 | 2:50:39 | 10 58 06 | 22 52 | 29 57 | 02 25 | 27 16 | 14 16 | 02 30 | 10 29 | 01 07 | 15 50 | 01 51 | 18 28 |
| 4 | 2:54:35 | 11 58 11 | 07♍04 | 14♍12 | 02 39 | 28 10 | 14 51 | 02 31 | 10 35 | 01 09 | 15 48 | 01 51 | 18 25 |
| 5 | 2:58:32 | 12 58 19 | 21 21 | 28 31 | 02 46 | 29 03 | 15 26 | 02 32 | 10 42 | 01 11 | 15 46 | 01 50 | 18 22 |
| 6 | 3:02:28 | 13 58 28 | 05♎40 | 12♎50 | 02 45℞ | 29 56 | 16 01 | 02 34 | 10 48 | 01 12 | 15 44 | 01 50 | 18 18 |
| 7 | 3:06:25 | 14 58 40 | 19 58 | 27 05 | 02 35 | 00♑48 | 16 35 | 02 36 | 10 55 | 01 14 | 15 43 | 01 50 | 18 15 |
| 8 | 3:10:21 | 15 58 54 | 04♏10 | 11♏11 | 02 15 | 01 39 | 17 10 | 02 38 | 11 02 | 01 16 | 15 41 | 01 50 | 18 12 |
| 9 | 3:14:18 | 16 59 09 | 18 09 | 25 02 | 01 45 | 02 29 | 17 45 | 02 40 | 11 08 | 01 17 | 15 39 | 01 50 | 18 09 |
| 10 | 3:18:15 | 17 59 27 | 01♐51 | 08♐34 | 01 06 | 03 19 | 18 19 | 02 43 | 11 15 | 01 19 | 15 38 | 01 49 | 18 06 |
| 11 | 3:22:11 | 18 59 46 | 15 12 | 21 44 | 00 16 | 04 08 | 18 54 | 02 45 | 11 22 | 01 20 | 15 36 | 01 49 | 18 02 |
| 12 | 3:26:08 | 20 00 06 | 28 11 | 04♑33 | 29♏18 | 04 57 | 19 28 | 02 48 | 11 28 | 01 22 | 15 34 | 01 49 | 17 59 |
| 13 | 3:30:04 | 21 00 28 | 10♑49 | 17 01 | 28 11 | 05 44 | 20 03 | 02 51 | 11 35 | 01 23 | 15 33 | 01 49 | 17 56 |
| 14 | 3:34:01 | 22 00 52 | 23 08 | 29 11 | 26 58 | 06 31 | 20 37 | 02 55 | 11 42 | 01 24 | 15 31 | 01 49 | 17 53 |
| 15 | 3:37:57 | 23 01 17 | 05♒11 | 11♒09 | 25 39 | 07 16 | 21 11 | 02 58 | 11 49 | 01 25 | 15 29 | 01 49D | 17 50 |
| 16 | 3:41:54 | 24 01 43 | 17 05 | 22 59 | 24 19 | 08 01 | 21 45 | 03 02 | 11 56 | 01 27 | 15 28 | 01 49 | 17 47 |
| 17 | 3:45:50 | 25 02 11 | 28 53 | 04♓47 | 22 59 | 08 45 | 22 19 | 03 06 | 12 03 | 01 28 | 15 26 | 01 49 | 17 43 |
| 18 | 3:49:47 | 26 02 39 | 10♓41 | 16 38 | 21 41 | 09 27 | 22 53 | 03 10 | 12 10 | 01 29 | 15 24 | 01 49 | 17 40 |
| 19 | 3:53:44 | 27 03 10 | 22 36 | 28 38 | 20 29 | 10 09 | 23 27 | 03 14 | 12 17 | 01 30 | 15 23 | 01 49 | 17 37 |
| 20 | 3:57:40 | 28 03 41 | 04♈42 | 10♈51 | 19 24 | 10 49 | 24 01 | 03 18 | 12 23 | 01 31 | 15 21 | 01 49 | 17 34 |
| 21 | 4:01:37 | 29 04 14 | 17 03 | 23 20 | 18 29 | 11 28 | 24 35 | 03 23 | 12 30 | 01 32 | 15 19 | 01 50 | 17 31 |
| 22 | 4:05:33 | 00♐04 48 | 29 42 | 06♉09 | 17 45 | 12 06 | 25 08 | 03 28 | 12 37 | 01 32 | 15 18 | 01 50 | 17 28 |
| 23 | 4:09:30 | 01 05 23 | 12♉41 | 19 18 | 17 12 | 12 43 | 25 42 | 03 33 | 12 44 | 01 33 | 15 16 | 01 50 | 17 24 |
| 24 | 4:13:26 | 02 06 00 | 25 59 | 02♊44 | 16 51 | 13 18 | 26 15 | 03 38 | 12 51 | 01 34 | 15 15 | 01 50 | 17 21 |
| 25 | 4:17:23 | 03 06 38 | 09♊34 | 16 27 | 16 41 | 13 52 | 26 49 | 03 43 | 12 58 | 01 35 | 15 13 | 01 50 | 17 18 |
| 26 | 4:21:19 | 04 07 18 | 23 23 | 00♋22 | 16 42D | 14 25 | 27 22 | 03 49 | 13 06 | 01 35 | 15 11 | 01 51 | 17 15 |
| 27 | 4:25:16 | 05 07 59 | 07♋22 | 14 24 | 16 54 | 14 56 | 27 55 | 03 54 | 13 13 | 01 36 | 15 10 | 01 51 | 17 12 |
| 28 | 4:29:13 | 06 08 42 | 21 27 | 28 31 | 17 16 | 15 26 | 28 28 | 04 00 | 13 20 | 01 36 | 15 08 | 01 51 | 17 08 |
| 29 | 4:33:09 | 07 09 26 | 05♌35 | 12♌40 | 17 46 | 15 54 | 29 01 | 04 06 | 13 27 | 01 37 | 15 07 | 01 52 | 17 05 |
| 30 | 4:37:06 | 08 10 11 | 19 44 | 26 47 | 18 24 | 16 20 | 29 34 | 04 12 | 13 34 | 01 37 | 15 05 | 01 52 | 17 02 |

## 0:00 E.T. Longitudes of the Major Asteroids and Chiron

| D | ⚳ | ⚴ | ⚵ | ⚶ | ⚷ |
|---|---|---|---|---|---|
| 1 | 12♍25 | 12♋35 | 19♍14 | 29♋46 | 00♎56 |
| 2 | 12 49 | 12 45 | 19 36 | 29 56 | 01 03 |
| 3 | 13 12 | 12 56 | 19 59 | 00♌06 | 01 11 |
| 4 | 13 35 | 13 05 | 20 22 | 00 15 | 01 18 |
| 5 | 13 58 | 13 14 | 20 44 | 00 24 | 01 26 |
| 6 | 14 21 | 13 23 | 21 06 | 00 33 | 01 33 |
| 7 | 14 44 | 13 31 | 21 28 | 00 41 | 01 40 |
| 8 | 15 07 | 13 38 | 21 50 | 00 50 | 01 47 |
| 9 | 15 29 | 13 45 | 22 12 | 00 57 | 01 54 |
| 10 | 15 52 | 13 51 | 22 34 | 01 05 | 02 02 |
| 11 | 16 14 | 13 57 | 22 55 | 01 12 | 02 09 |
| 12 | 16 37 | 14 02 | 23 17 | 01 19 | 02 16 |
| 13 | 16 59 | 14 07 | 23 38 | 01 25 | 02 22 |
| 14 | 17 21 | 14 10 | 23 59 | 01 31 | 02 29 |
| 15 | 17 43 | 14 13 | 24 20 | 01 36 | 02 36 |
| 16 | 18 04 | 14 16 | 24 40 | 01 42 | 02 43 |
| 17 | 18 26 | 14 18 | 25 01 | 01 46 | 02 49 |
| 18 | 18 48 | 14 19 | 25 21 | 01 51 | 02 56 |
| 19 | 19 09 | 14 20 | 25 42 | 01 55 | 03 02 |
| 20 | 19 30 | 14 19℞ | 26 02 | 01 58 | 03 09 |
| 21 | 19 51 | 14 19 | 26 22 | 02 02 | 03 15 |
| 22 | 20 12 | 14 17 | 26 41 | 02 04 | 03 21 |
| 23 | 20 33 | 14 15 | 27 01 | 02 07 | 03 27 |
| 24 | 20 53 | 14 12 | 27 20 | 02 09 | 03 34 |
| 25 | 21 14 | 14 08 | 27 39 | 02 10 | 03 40 |
| 26 | 21 34 | 14 04 | 27 58 | 02 11 | 03 46 |
| 27 | 21 54 | 13 59 | 28 17 | 02 12 | 03 51 |
| 28 | 22 14 | 13 53 | 28 36 | 02 12 | 03 57 |
| 29 | 22 34 | 13 47 | 28 54 | 02 12℞ | 04 03 |
| 30 | 22 54 | 13 39 | 29 12 | 02 11 | 04 08 |

## Lunar Data

| Last Asp. | | Ingress | |
|---|---|---|---|
| 31 | 08:33 | 1 ♌ | 08:56 |
| 3 | 07:58 | 3 ♍ | 12:05 |
| 5 | 13:45 | 5 ♎ | 14:30 |
| 6 | 08:40 | 7 ♏ | 16:56 |
| 8 | 23:17 | 9 ♐ | 20:44 |
| 11 | 07:05 | 12 ♑ | 03:24 |
| 14 | 06:51 | 14 ♒ | 13:37 |
| 16 | 15:27 | 17 ♓ | 02:17 |
| 19 | 09:41 | 19 ♈ | 14:43 |
| 20 | 15:09 | 22 ♉ | 00:33 |
| 24 | 00:31 | 24 ♊ | 07:09 |
| 26 | 07:08 | 26 ♋ | 11:23 |
| 28 | 12:24 | 28 ♌ | 14:31 |
| 29 | 21:37 | 30 ♍ | 17:27 |

## 0:00 E.T. Declinations

| D | ☉ | ☽ | ☿ | ♀ | ♂ | ♃ | ♄ | ♅ | ♆ | ♇ | ⚳ | ⚴ | ⚵ | ⚶ | ⚷ |
|---|---|---|---|---|---|---|---|---|---|---|---|---|---|---|---|
| 1 | -14 29 | +23 12 | -23 20 | -27 21 | +08 03 | -11 47 | -20 30 | +11 47 | +14 51 | -21 49 | +14 25 | -23 56 | +01 08 | +19 13 | -03 34 |
| 2 | 14 48 | 18 56 | 23 22 | 27 24 | 07 50 | 11 46 | 20 31 | 11 46 | 14 50 | 21 49 | 14 19 | 24 12 | 01 01 | 19 12 | 03 37 |
| 3 | 15 07 | 13 35 | 23 22 | 27 26 | 07 37 | 11 46 | 20 32 | 11 45 | 14 50 | 21 49 | 14 12 | 24 29 | 00 54 | 19 12 | 03 40 |
| 4 | 15 25 | 07 28 | 23 20 | 27 28 | 07 24 | 11 45 | 20 33 | 11 45 | 14 49 | 21 49 | 14 06 | 24 46 | 00 47 | 19 11 | 03 43 |
| 5 | 15 44 | 00 57 | 23 15 | 27 29 | 07 11 | 11 45 | 20 34 | 11 44 | 14 49 | 21 49 | 14 00 | 25 02 | 00 40 | 19 11 | 03 46 |
| 6 | 16 02 | -05 37 | 23 06 | 27 29 | 06 58 | 11 44 | 20 35 | 11 44 | 14 48 | 21 49 | 13 54 | 25 19 | 00 33 | 19 11 | 03 49 |
| 7 | 16 20 | 11 52 | 22 55 | 27 30 | 06 44 | 11 43 | 20 36 | 11 43 | 14 48 | 21 48 | 13 47 | 25 35 | 00 26 | 19 11 | 03 52 |
| 8 | 16 37 | 17 28 | 22 40 | 27 29 | 06 31 | 11 42 | 20 37 | 11 43 | 14 47 | 21 48 | 13 41 | 25 51 | 00 19 | 19 11 | 03 55 |
| 9 | 16 54 | 22 02 | 22 21 | 27 28 | 06 18 | 11 41 | 20 38 | 11 42 | 14 47 | 21 48 | 13 35 | 26 07 | 00 12 | 19 11 | 03 58 |
| 10 | 17 11 | 25 17 | 21 59 | 27 27 | 06 05 | 11 40 | 20 39 | 11 42 | 14 46 | 21 48 | 13 29 | 26 23 | 00 05 | 19 11 | 04 01 |
| 11 | 17 28 | 27 03 | 21 33 | 27 25 | 05 52 | 11 39 | 20 40 | 11 41 | 14 46 | 21 48 | 13 23 | 26 39 | -00 01 | 19 11 | 04 03 |
| 12 | 17 44 | 27 15 | 21 03 | 27 22 | 05 39 | 11 38 | 20 41 | 11 41 | 14 45 | 21 48 | 13 18 | 26 54 | 00 08 | 19 12 | 04 06 |
| 13 | 18 00 | 26 01 | 20 29 | 27 19 | 05 26 | 11 36 | 20 42 | 11 40 | 14 45 | 21 47 | 13 12 | 27 10 | 00 15 | 19 12 | 04 09 |
| 14 | 18 16 | 23 31 | 19 53 | 27 16 | 05 13 | 11 35 | 20 43 | 11 40 | 14 44 | 21 47 | 13 06 | 27 25 | 00 21 | 19 13 | 04 12 |
| 15 | 18 31 | 20 01 | 19 15 | 27 12 | 05 00 | 11 34 | 20 44 | 11 39 | 14 44 | 21 47 | 13 00 | 27 40 | 00 28 | 19 13 | 04 14 |
| 16 | 18 47 | 15 46 | 18 36 | 27 07 | 04 47 | 11 32 | 20 45 | 11 39 | 14 43 | 21 47 | 12 55 | 27 55 | 00 34 | 19 14 | 04 17 |
| 17 | 19 01 | 10 56 | 17 56 | 27 02 | 04 34 | 11 30 | 20 46 | 11 39 | 14 43 | 21 46 | 12 49 | 28 09 | 00 40 | 19 15 | 04 20 |
| 18 | 19 16 | 05 43 | 17 18 | 26 57 | 04 21 | 11 29 | 20 47 | 11 38 | 14 42 | 21 46 | 12 44 | 28 24 | 00 47 | 19 16 | 04 22 |
| 19 | 19 30 | 00 16 | 16 41 | 26 51 | 04 08 | 11 27 | 20 48 | 11 38 | 14 42 | 21 46 | 12 39 | 28 38 | 00 53 | 19 17 | 04 25 |
| 20 | 19 43 | +05 16 | 16 08 | 26 45 | 03 55 | 11 25 | 20 49 | 11 38 | 14 42 | 21 46 | 12 33 | 28 52 | 00 59 | 19 18 | 04 28 |
| 21 | 19 57 | 10 43 | 15 39 | 26 39 | 03 42 | 11 24 | 20 50 | 11 37 | 14 41 | 21 45 | 12 28 | 29 05 | 01 05 | 19 20 | 04 30 |
| 22 | 20 10 | 15 51 | 15 14 | 26 32 | 03 29 | 11 22 | 20 51 | 11 37 | 14 41 | 21 45 | 12 23 | 29 19 | 01 11 | 19 21 | 04 33 |
| 23 | 20 22 | 20 24 | 14 55 | 26 25 | 03 16 | 11 20 | 20 52 | 11 37 | 14 40 | 21 45 | 12 18 | 29 32 | 01 17 | 19 23 | 04 35 |
| 24 | 20 35 | 24 04 | 14 40 | 26 17 | 03 03 | 11 18 | 20 53 | 11 37 | 14 40 | 21 44 | 12 13 | 29 45 | 01 22 | 19 25 | 04 38 |
| 25 | 20 47 | 26 27 | 14 31 | 26 09 | 02 50 | 11 16 | 20 54 | 11 37 | 14 39 | 21 44 | 12 08 | 29 57 | 01 28 | 19 26 | 04 40 |
| 26 | 20 58 | 27 17 | 14 27 | 26 01 | 02 38 | 11 13 | 20 55 | 11 36 | 14 39 | 21 44 | 12 03 | 30 09 | 01 34 | 19 28 | 04 42 |
| 27 | 21 09 | 26 24 | 14 28 | 25 52 | 02 25 | 11 11 | 20 56 | 11 36 | 14 38 | 21 43 | 11 59 | 30 21 | 01 39 | 19 30 | 04 45 |
| 28 | 21 20 | 23 49 | 14 32 | 25 43 | 02 12 | 11 09 | 20 57 | 11 36 | 14 38 | 21 43 | 11 54 | 30 32 | 01 45 | 19 33 | 04 47 |
| 29 | 21 30 | 19 46 | 14 40 | 25 34 | 01 59 | 11 06 | 20 58 | 11 36 | 14 38 | 21 43 | 11 50 | 30 44 | 01 50 | 19 35 | 04 50 |
| 30 | 21 40 | 14 35 | 14 52 | 25 25 | 01 47 | 11 04 | 20 59 | 11 36 | 14 37 | 21 42 | 11 45 | 30 54 | 01 55 | 19 37 | 04 52 |

Lunar Phases -- 2 ◑ 02:11 8 ● 21:50 16 ◐ 15:27 24 ○ 11:45 Sun enters ♐ 11/21 22:06

## Longitudes of Main Planets - December 2045

0:00 E.T.

| D | S.T. | ☉ | ☽ | ☽ 12:00 | ☿ | ♀ | ♂ | ♃ | ♄ | ♅ | ♆ | ♇ | ☊ |
|---|---|---|---|---|---|---|---|---|---|---|---|---|---|
| 1 | 4:41:02 | 09♐10 58 | 03♍51 | 10♍53 | 19♏09 | 16♑44 | 00♎07 | 04♓19 | 13♐41 | 01♍38 | 15♉04℞ | 01♓53 | 16♒59 |
| 2 | 4:44:59 | 10 11 47 | 17 55 | 24 57 | 20 00 | 17 07 | 00 40 | 04 25 | 13 48 | 01 38 | 15 02 | 01 53 | 16 56 |
| 3 | 4:48:55 | 11 12 37 | 01♎57 | 08♎56 | 20 57 | 17 28 | 01 12 | 04 32 | 13 55 | 01 38 | 15 01 | 01 53 | 16 53 |
| 4 | 4:52:52 | 12 13 28 | 15 55 | 22 51 | 21 58 | 17 47 | 01 45 | 04 39 | 14 02 | 01 38 | 14 59 | 01 54 | 16 49 |
| 5 | 4:56:48 | 13 14 21 | 29 46 | 06♏39 | 23 04 | 18 04 | 02 17 | 04 46 | 14 09 | 01 38 | 14 58 | 01 54 | 16 46 |
| 6 | 5:00:45 | 14 15 15 | 13♏30 | 20 18 | 24 13 | 18 19 | 02 49 | 04 53 | 14 16 | 01 39 | 14 56 | 01 55 | 16 43 |
| 7 | 5:04:42 | 15 16 11 | 27 03 | 03♐44 | 25 25 | 18 31 | 03 21 | 05 00 | 14 24 | 01 39℞ | 14 55 | 01 56 | 16 40 |
| 8 | 5:08:38 | 16 17 07 | 10♐22 | 16 56 | 26 40 | 18 42 | 03 54 | 05 08 | 14 31 | 01 38 | 14 54 | 01 56 | 16 37 |
| 9 | 5:12:35 | 17 18 05 | 23 26 | 29 52 | 27 57 | 18 50 | 04 25 | 05 15 | 14 38 | 01 38 | 14 52 | 01 57 | 16 33 |
| 10 | 5:16:31 | 18 19 03 | 06♑13 | 12♑30 | 29 16 | 18 57 | 04 57 | 05 23 | 14 45 | 01 38 | 14 51 | 01 57 | 16 30 |
| 11 | 5:20:28 | 19 20 03 | 18 43 | 24 52 | 00♐37 | 19 00 | 05 29 | 05 31 | 14 52 | 01 38 | 14 49 | 01 58 | 16 27 |
| 12 | 5:24:24 | 20 21 03 | 00♒58 | 07♒00 | 02 00 | 19 02 | 06 00 | 05 39 | 14 59 | 01 38 | 14 48 | 01 59 | 16 24 |
| 13 | 5:28:21 | 21 22 03 | 12 59 | 18 57 | 03 23 | 19 01℞ | 06 32 | 05 48 | 15 06 | 01 37 | 14 47 | 01 59 | 16 21 |
| 14 | 5:32:17 | 22 23 05 | 24 52 | 00♓46 | 04 48 | 18 57 | 07 03 | 05 56 | 15 13 | 01 37 | 14 46 | 02 00 | 16 18 |
| 15 | 5:36:14 | 23 24 06 | 06♓40 | 12 34 | 06 14 | 18 51 | 07 34 | 06 04 | 15 20 | 01 37 | 14 44 | 02 01 | 16 14 |
| 16 | 5:40:11 | 24 25 09 | 18 28 | 24 24 | 07 40 | 18 42 | 08 05 | 06 13 | 15 27 | 01 36 | 14 43 | 02 02 | 16 11 |
| 17 | 5:44:07 | 25 26 11 | 00♈22 | 06♈23 | 09 07 | 18 31 | 08 36 | 06 22 | 15 34 | 01 36 | 14 42 | 02 03 | 16 08 |
| 18 | 5:48:04 | 26 27 14 | 12 28 | 18 36 | 10 35 | 18 18 | 09 07 | 06 31 | 15 41 | 01 35 | 14 41 | 02 03 | 16 05 |
| 19 | 5:52:00 | 27 28 18 | 24 49 | 01♉07 | 12 04 | 18 02 | 09 38 | 06 40 | 15 49 | 01 34 | 14 40 | 02 04 | 16 02 |
| 20 | 5:55:57 | 28 29 22 | 07♉31 | 14 00 | 13 33 | 17 43 | 10 08 | 06 49 | 15 56 | 01 34 | 14 38 | 02 05 | 15 59 |
| 21 | 5:59:53 | 29 30 26 | 20 35 | 27 16 | 15 02 | 17 23 | 10 39 | 06 59 | 16 03 | 01 33 | 14 37 | 02 06 | 15 55 |
| 22 | 6:03:50 | 00♑31 31 | 04♊04 | 10♊57 | 16 32 | 17 00 | 11 09 | 07 08 | 16 09 | 01 32 | 14 36 | 02 07 | 15 52 |
| 23 | 6:07:46 | 01 32 36 | 17 55 | 24 58 | 18 02 | 16 34 | 11 39 | 07 18 | 16 16 | 01 31 | 14 35 | 02 08 | 15 49 |
| 24 | 6:11:43 | 02 33 41 | 02♋06 | 09♋17 | 19 33 | 16 07 | 12 09 | 07 28 | 16 23 | 01 30 | 14 34 | 02 09 | 15 46 |
| 25 | 6:15:40 | 03 34 47 | 16 31 | 23 47 | 21 03 | 15 38 | 12 38 | 07 37 | 16 30 | 01 29 | 14 33 | 02 10 | 15 43 |
| 26 | 6:19:36 | 04 35 53 | 01♌04 | 08♌22 | 22 35 | 15 07 | 13 08 | 07 47 | 16 37 | 01 28 | 14 32 | 02 11 | 15 39 |
| 27 | 6:23:33 | 05 37 00 | 15 40 | 22 56 | 24 06 | 14 35 | 13 37 | 07 58 | 16 44 | 01 27 | 14 31 | 02 12 | 15 36 |
| 28 | 6:27:29 | 06 38 07 | 00♍11 | 07♍24 | 25 38 | 14 01 | 14 07 | 08 08 | 16 51 | 01 26 | 14 30 | 02 13 | 15 33 |
| 29 | 6:31:26 | 07 39 15 | 14 35 | 21 43 | 27 10 | 13 26 | 14 36 | 08 18 | 16 58 | 01 25 | 14 30 | 02 14 | 15 30 |
| 30 | 6:35:22 | 08 40 23 | 28 48 | 05♎50 | 28 42 | 12 51 | 15 05 | 08 29 | 17 05 | 01 24 | 14 29 | 02 15 | 15 27 |
| 31 | 6:39:19 | 09 41 31 | 12♎48 | 19 44 | 00♑15 | 12 15 | 15 34 | 08 39 | 17 11 | 01 22 | 14 28 | 02 16 | 15 24 |

0:00 E.T.

## Longitudes of the Major Asteroids and Chiron

| D | ⚳ | ⚴ | ⚵ | ⚶ | ⚷ | D | ⚳ | ⚴ | ⚵ | ⚶ | ⚷ |
|---|---|---|---|---|---|---|---|---|---|---|---|
| 1 | 23♍13 | 13♋31℞ | 29♍30 | 02♌10℞ | 04♎14 | 17 | 27 58 | 09 55 | 03 48 | 00 51 | 05 30 |
| 2 | 23 33 | 13 23 | 29 48 | 02 09 | 04 19 | 18 | 28 14 | 09 37 | 04 02 | 00 43 | 05 33 |
| 3 | 23 52 | 13 13 | 00♎06 | 02 07 | 04 25 | 19 | 28 30 | 09 18 | 04 16 | 00 33 | 05 37 |
| 4 | 24 11 | 13 03 | 00 23 | 02 04 | 04 30 | 20 | 28 45 | 08 59 | 04 30 | 00 24 | 05 41 |
| 5 | 24 30 | 12 53 | 00 40 | 02 02 | 04 35 | 21 | 29 01 | 08 40 | 04 43 | 00 14 | 05 44 |
| 6 | 24 48 | 12 41 | 00 57 | 01 58 | 04 40 | 22 | 29 15 | 08 21 | 04 56 | 00 04 | 05 48 |
| 7 | 25 06 | 12 29 | 01 14 | 01 54 | 04 45 | 23 | 29 30 | 08 01 | 05 09 | 29♋53 | 05 51 |
| 8 | 25 25 | 12 16 | 01 30 | 01 50 | 04 50 | 24 | 29 45 | 07 41 | 05 21 | 29 42 | 05 55 |
| 9 | 25 43 | 12 03 | 01 47 | 01 45 | 04 55 | 25 | 29 59 | 07 21 | 05 33 | 29 30 | 05 58 |
| 10 | 26 00 | 11 49 | 02 03 | 01 40 | 05 00 | 26 | 00♎13 | 07 01 | 05 45 | 29 18 | 06 01 |
| 11 | 26 18 | 11 34 | 02 19 | 01 35 | 05 04 | 27 | 00 26 | 06 41 | 05 57 | 29 06 | 06 04 |
| 12 | 26 35 | 11 19 | 02 34 | 01 28 | 05 09 | 28 | 00 39 | 06 21 | 06 08 | 28 54 | 06 06 |
| 13 | 26 52 | 11 03 | 02 50 | 01 22 | 05 13 | 29 | 00 52 | 06 01 | 06 19 | 28 41 | 06 09 |
| 14 | 27 09 | 10 47 | 03 05 | 01 15 | 05 17 | 30 | 01 05 | 05 41 | 06 30 | 28 28 | 06 12 |
| 15 | 27 26 | 10 30 | 03 19 | 01 08 | 05 22 | 31 | 01 17 | 05 20 | 06 40 | 28 14 | 06 14 |
| 16 | 27 42 | 10 13 | 03 34 | 01 00 | 05 26 | | | | | | |

## Lunar Data

| Last Asp. | | Ingress | | |
|---|---|---|---|---|
| 2 | 03:48 | 2 | ♎ | 20:39 |
| 4 | 03:18 | 5 | ♏ | 00:24 |
| 6 | 20:49 | 7 | ♐ | 05:17 |
| 8 | 11:43 | 9 | ♑ | 12:16 |
| 11 | 00:34 | 11 | ♒ | 22:06 |
| 13 | 18:30 | 14 | ♓ | 10:26 |
| 16 | 13:10 | 16 | ♈ | 23:15 |
| 19 | 05:31 | 19 | ♉ | 09:53 |
| 20 | 18:20 | 21 | ♊ | 16:51 |
| 23 | 00:14 | 23 | ♋ | 20:29 |
| 24 | 22:35 | 25 | ♌ | 22:14 |
| 27 | 15:34 | 27 | ♍ | 23:41 |
| 29 | 23:49 | 30 | ♎ | 02:03 |

0:00 E.T.

## Declinations

| D | ☉ | ☽ | ☿ | ♀ | ♂ | ♃ | ♄ | ♅ | ♆ | ♇ | ⚳ | ⚴ | ⚵ | ⚶ | ⚷ |
|---|---|---|---|---|---|---|---|---|---|---|---|---|---|---|---|
| 1 | -21 49 | +08 39 | -15 06 | -25 15 | +01 34 | -11 02 | -21 00 | +11 36 | +14 37 | -21 42 | +11 41 | -31 05 | -02 00 | +19 40 | -04 54 |
| 2 | 21 58 | 02 18 | 15 23 | 25 05 | 01 22 | 10 59 | 21 01 | 11 36 | 14 36 | 21 41 | 11 37 | 31 15 | 02 06 | 19 43 | 04 56 |
| 3 | 22 07 | -04 07 | 15 42 | 24 55 | 01 09 | 10 56 | 21 02 | 11 36 | 14 36 | 21 41 | 11 33 | 31 24 | 02 11 | 19 46 | 04 59 |
| 4 | 22 15 | 10 19 | 16 02 | 24 45 | 00 57 | 10 54 | 21 03 | 11 36 | 14 36 | 21 41 | 11 29 | 31 34 | 02 15 | 19 49 | 05 01 |
| 5 | 22 23 | 15 56 | 16 23 | 24 34 | 00 44 | 10 51 | 21 03 | 11 36 | 14 35 | 21 40 | 11 25 | 31 43 | 02 20 | 19 52 | 05 03 |
| 6 | 22 30 | 20 43 | 16 46 | 24 24 | 00 32 | 10 48 | 21 04 | 11 36 | 14 35 | 21 40 | 11 21 | 31 51 | 02 25 | 19 55 | 05 05 |
| 7 | 22 37 | 24 19 | 17 09 | 24 13 | 00 19 | 10 45 | 21 05 | 11 36 | 14 34 | 21 39 | 11 17 | 31 59 | 02 30 | 19 58 | 05 07 |
| 8 | 22 44 | 26 33 | 17 33 | 24 02 | 00 07 | 10 43 | 21 06 | 11 36 | 14 34 | 21 39 | 11 14 | 32 06 | 02 34 | 20 02 | 05 09 |
| 9 | 22 50 | 27 16 | 17 57 | 23 51 | -00 05 | 10 40 | 21 07 | 11 36 | 14 34 | 21 39 | 11 10 | 32 13 | 02 38 | 20 05 | 05 11 |
| 10 | 22 55 | 26 29 | 18 21 | 23 39 | 00 17 | 10 37 | 21 08 | 11 36 | 14 33 | 21 38 | 11 07 | 32 20 | 02 43 | 20 09 | 05 13 |
| 11 | 23 00 | 24 22 | 18 45 | 23 28 | 00 29 | 10 33 | 21 09 | 11 36 | 14 33 | 21 38 | 11 04 | 32 26 | 02 47 | 20 13 | 05 15 |
| 12 | 23 05 | 21 09 | 19 09 | 23 16 | 00 41 | 10 30 | 21 09 | 11 36 | 14 33 | 21 37 | 11 01 | 32 32 | 02 51 | 20 17 | 05 17 |
| 13 | 23 09 | 17 05 | 19 32 | 23 05 | 00 53 | 10 27 | 21 10 | 11 36 | 14 32 | 21 37 | 10 58 | 32 37 | 02 55 | 20 21 | 05 19 |
| 14 | 23 13 | 12 23 | 19 55 | 22 53 | 01 05 | 10 24 | 21 11 | 11 36 | 14 32 | 21 36 | 10 55 | 32 41 | 02 59 | 20 25 | 05 20 |
| 15 | 23 16 | 07 17 | 20 18 | 22 41 | 01 17 | 10 21 | 21 12 | 11 37 | 14 32 | 21 36 | 10 52 | 32 46 | 03 02 | 20 30 | 05 22 |
| 16 | 23 19 | 01 56 | 20 40 | 22 29 | 01 29 | 10 17 | 21 13 | 11 37 | 14 31 | 21 35 | 10 49 | 32 49 | 03 06 | 20 34 | 05 24 |
| 17 | 23 21 | +03 31 | 21 01 | 22 17 | 01 41 | 10 14 | 21 13 | 11 37 | 14 31 | 21 35 | 10 47 | 32 52 | 03 09 | 20 39 | 05 26 |
| 18 | 23 23 | 08 56 | 21 21 | 22 05 | 01 52 | 10 10 | 21 14 | 11 37 | 14 31 | 21 34 | 10 45 | 32 55 | 03 13 | 20 44 | 05 27 |
| 19 | 23 25 | 14 06 | 21 41 | 21 53 | 02 04 | 10 07 | 21 15 | 11 38 | 14 30 | 21 34 | 10 42 | 32 57 | 03 16 | 20 48 | 05 29 |
| 20 | 23 26 | 18 50 | 22 00 | 21 41 | 02 15 | 10 03 | 21 16 | 11 38 | 14 30 | 21 33 | 10 40 | 32 58 | 03 19 | 20 53 | 05 31 |
| 21 | 23 26 | 22 49 | 22 17 | 21 29 | 02 27 | 10 00 | 21 16 | 11 38 | 14 30 | 21 33 | 10 38 | 32 59 | 03 22 | 20 58 | 05 32 |
| 22 | 23 26 | 25 43 | 22 34 | 21 17 | 02 38 | 09 56 | 21 17 | 11 39 | 14 30 | 21 32 | 10 36 | 33 00 | 03 25 | 21 03 | 05 34 |
| 23 | 23 26 | 27 10 | 22 50 | 21 05 | 02 49 | 09 52 | 21 18 | 11 39 | 14 29 | 21 31 | 10 35 | 32 59 | 03 27 | 21 09 | 05 35 |
| 24 | 23 25 | 26 53 | 23 05 | 20 52 | 03 01 | 09 49 | 21 19 | 11 39 | 14 29 | 21 31 | 10 33 | 32 59 | 03 30 | 21 14 | 05 36 |
| 25 | 23 23 | 24 48 | 23 19 | 20 40 | 03 12 | 09 45 | 21 19 | 11 40 | 14 29 | 21 30 | 10 32 | 32 57 | 03 32 | 21 19 | 05 38 |
| 26 | 23 21 | 21 04 | 23 31 | 20 28 | 03 23 | 09 41 | 21 20 | 11 40 | 14 29 | 21 30 | 10 31 | 32 55 | 03 35 | 21 25 | 05 39 |
| 27 | 23 19 | 16 00 | 23 43 | 20 16 | 03 34 | 09 37 | 21 21 | 11 41 | 14 28 | 21 29 | 10 30 | 32 53 | 03 37 | 21 30 | 05 40 |
| 28 | 23 16 | 10 03 | 23 53 | 20 04 | 03 44 | 09 33 | 21 21 | 11 41 | 14 28 | 21 29 | 10 29 | 32 50 | 03 39 | 21 36 | 05 42 |
| 29 | 23 13 | 03 38 | 24 02 | 19 52 | 03 55 | 09 29 | 21 22 | 11 41 | 14 28 | 21 28 | 10 28 | 32 46 | 03 41 | 21 41 | 05 43 |
| 30 | 23 09 | -02 53 | 24 10 | 19 40 | 04 06 | 09 25 | 21 23 | 11 42 | 14 28 | 21 28 | 10 27 | 32 42 | 03 42 | 21 47 | 05 44 |
| 31 | 23 05 | 09 09 | 24 16 | 19 29 | 04 17 | 09 21 | 21 23 | 11 42 | 14 28 | 21 27 | 10 27 | 32 38 | 03 44 | 21 53 | 05 45 |

Lunar Phases -- 1 ◑ 09:48 8 ● 11:43 16 ◐ 13:10 24 ○ 00:51 30 ◑ 18:13 Sun enters ♑ 12/21 11:37

## 0:00 E.T. Longitudes of Main Planets - January 2046

| D | S.T. | ☉ | ☽ | ☽ 12:00 | ☿ | ♀ | ♂ | ♃ | ♄ | ♅ | ♆ | ♇ | ☊ |
|---|---|---|---|---|---|---|---|---|---|---|---|---|---|
| 1 | 6:43:15 | 10♑42 40 | 26♎36 | 03♏24 | 01♑48 | 11♑38℞ | 16♎02 | 08♓50 | 17♐18 | 01♍21℞ | 14♉27℞ | 02♓17 | 15♒20 |
| 2 | 6:47:12 | 11 43 50 | 10♏10 | 16 52 | 03 21 | 11 01 | 16 31 | 09 01 | 17 25 | 01 20 | 14 26 | 02 18 | 15 17 |
| 3 | 6:51:09 | 12 45 00 | 23 31 | 00♐06 | 04 55 | 10 25 | 16 59 | 09 12 | 17 31 | 01 18 | 14 26 | 02 20 | 15 14 |
| 4 | 6:55:05 | 13 46 10 | 06♐39 | 13 08 | 06 29 | 09 49 | 17 27 | 09 23 | 17 38 | 01 17 | 14 25 | 02 21 | 15 11 |
| 5 | 6:59:02 | 14 47 21 | 19 34 | 25 56 | 08 03 | 09 13 | 17 55 | 09 34 | 17 45 | 01 15 | 14 24 | 02 22 | 15 08 |
| 6 | 7:02:58 | 15 48 31 | 02♑15 | 08♑31 | 09 38 | 08 39 | 18 22 | 09 45 | 17 51 | 01 14 | 14 24 | 02 23 | 15 05 |
| 7 | 7:06:55 | 16 49 42 | 14 44 | 20 54 | 11 13 | 08 05 | 18 50 | 09 56 | 17 58 | 01 12 | 14 23 | 02 25 | 15 01 |
| 8 | 7:10:51 | 17 50 52 | 27 01 | 03♒06 | 12 48 | 07 33 | 19 17 | 10 08 | 18 04 | 01 10 | 14 23 | 02 26 | 14 58 |
| 9 | 7:14:48 | 18 52 02 | 09♒07 | 15 07 | 14 24 | 07 03 | 19 44 | 10 19 | 18 11 | 01 09 | 14 22 | 02 27 | 14 55 |
| 10 | 7:18:44 | 19 53 12 | 21 04 | 27 00 | 16 00 | 06 34 | 20 11 | 10 31 | 18 17 | 01 07 | 14 21 | 02 28 | 14 52 |
| 11 | 7:22:41 | 20 54 22 | 02♓55 | 08♓49 | 17 37 | 06 07 | 20 37 | 10 43 | 18 24 | 01 05 | 14 21 | 02 30 | 14 49 |
| 12 | 7:26:38 | 21 55 31 | 14 42 | 20 36 | 19 14 | 05 42 | 21 04 | 10 55 | 18 30 | 01 03 | 14 21 | 02 31 | 14 45 |
| 13 | 7:30:34 | 22 56 39 | 26 30 | 02♈26 | 20 52 | 05 19 | 21 30 | 11 06 | 18 36 | 01 01 | 14 20 | 02 32 | 14 42 |
| 14 | 7:34:31 | 23 57 47 | 08♈23 | 14 23 | 22 30 | 04 58 | 21 56 | 11 18 | 18 43 | 01 00 | 14 20 | 02 34 | 14 39 |
| 15 | 7:38:27 | 24 58 54 | 20 27 | 26 33 | 24 08 | 04 40 | 22 21 | 11 31 | 18 49 | 00 58 | 14 19 | 02 35 | 14 36 |
| 16 | 7:42:24 | 26 00 01 | 02♉44 | 09♉00 | 25 47 | 04 24 | 22 47 | 11 43 | 18 55 | 00 56 | 14 19 | 02 37 | 14 33 |
| 17 | 7:46:20 | 27 01 07 | 15 22 | 21 49 | 27 27 | 04 11 | 23 12 | 11 55 | 19 01 | 00 54 | 14 19 | 02 38 | 14 30 |
| 18 | 7:50:17 | 28 02 12 | 28 22 | 05♊02 | 29 07 | 04 00 | 23 37 | 12 07 | 19 07 | 00 52 | 14 19 | 02 39 | 14 26 |
| 19 | 7:54:13 | 29 03 17 | 11♊49 | 18 43 | 00♒47 | 03 51 | 24 01 | 12 20 | 19 13 | 00 49 | 14 18 | 02 41 | 14 23 |
| 20 | 7:58:10 | 00♒04 20 | 25 43 | 02♋49 | 02 28 | 03 45 | 24 26 | 12 32 | 19 19 | 00 47 | 14 18 | 02 42 | 14 20 |
| 21 | 8:02:07 | 01 05 23 | 10♋01 | 17 19 | 04 10 | 03 41 | 24 50 | 12 45 | 19 25 | 00 45 | 14 18 | 02 44 | 14 17 |
| 22 | 8:06:03 | 02 06 26 | 24 41 | 02♌06 | 05 52 | 03 40D | 25 14 | 12 57 | 19 31 | 00 43 | 14 18 | 02 45 | 14 14 |
| 23 | 8:10:00 | 03 07 27 | 09♌35 | 17 05 | 07 35 | 03 42 | 25 37 | 13 10 | 19 37 | 00 41 | 14 18 | 02 47 | 14 11 |
| 24 | 8:13:56 | 04 08 28 | 24 36 | 02♍06 | 09 18 | 03 45 | 26 00 | 13 23 | 19 42 | 00 39 | 14 18 | 02 48 | 14 07 |
| 25 | 8:17:53 | 05 09 28 | 09♍34 | 17 00 | 11 01 | 03 51 | 26 23 | 13 36 | 19 48 | 00 36 | 14 18D | 02 50 | 14 04 |
| 26 | 8:21:49 | 06 10 27 | 24 23 | 01♎42 | 12 45 | 04 00 | 26 46 | 13 49 | 19 54 | 00 34 | 14 18 | 02 51 | 14 01 |
| 27 | 8:25:46 | 07 11 26 | 08♎56 | 16 05 | 14 29 | 04 10 | 27 08 | 14 02 | 19 59 | 00 32 | 14 18 | 02 53 | 13 58 |
| 28 | 8:29:42 | 08 12 24 | 23 09 | 00♏07 | 16 14 | 04 23 | 27 30 | 14 15 | 20 05 | 00 29 | 14 18 | 02 54 | 13 55 |
| 29 | 8:33:39 | 09 13 22 | 07♏00 | 13 48 | 17 59 | 04 38 | 27 52 | 14 28 | 20 10 | 00 27 | 14 18 | 02 56 | 13 51 |
| 30 | 8:37:36 | 10 14 19 | 20 30 | 27 08 | 19 44 | 04 55 | 28 13 | 14 41 | 20 16 | 00 25 | 14 19 | 02 58 | 13 48 |
| 31 | 8:41:32 | 11 15 16 | 03♐40 | 10♐08 | 21 29 | 05 15 | 28 35 | 14 54 | 20 21 | 00 22 | 14 19 | 02 59 | 13 45 |

## 0:00 E.T. Longitudes of the Major Asteroids and Chiron

| D | ⚳ | ⚴ | ⚵ | ⚶ | ⚷ |
|---|---|---|---|---|---|
| 1 | 01♎30 | 05♋00℞ | 06♎50 | 28♋00℞ | 06♎16 |
| 2 | 01 41 | 04 41 | 07 00 | 27 46 | 06 19 |
| 3 | 01 53 | 04 21 | 07 09 | 27 32 | 06 21 |
| 4 | 02 04 | 04 02 | 07 18 | 27 17 | 06 23 |
| 5 | 02 15 | 03 43 | 07 27 | 27 03 | 06 25 |
| 6 | 02 25 | 03 24 | 07 36 | 26 48 | 06 26 |
| 7 | 02 35 | 03 05 | 07 44 | 26 33 | 06 28 |
| 8 | 02 45 | 02 48 | 07 51 | 26 17 | 06 29 |
| 9 | 02 55 | 02 30 | 07 59 | 26 02 | 06 31 |
| 10 | 03 04 | 02 13 | 08 06 | 25 46 | 06 32 |
| 11 | 03 13 | 01 56 | 08 13 | 25 30 | 06 33 |
| 12 | 03 21 | 01 40 | 08 19 | 25 15 | 06 34 |
| 13 | 03 29 | 01 25 | 08 25 | 24 59 | 06 35 |
| 14 | 03 37 | 01 10 | 08 30 | 24 43 | 06 36 |
| 15 | 03 44 | 00 55 | 08 36 | 24 27 | 06 37 |
| 16 | 03 51 | 00 41 | 08 40 | 24 11 | 06 37 |
| 17 | 03 57 | 00 28 | 08 45 | 23 55 | 06 37 |
| 18 | 04 04 | 00 16 | 08 49 | 23 39 | 06 38 |
| 19 | 04 09 | 00 04 | 08 53 | 23 23 | 06 38 |
| 20 | 04 15 | 29♊52 | 08 56 | 23 08 | 06 38℞ |
| 21 | 04 20 | 29 42 | 08 59 | 22 52 | 06 38 |
| 22 | 04 24 | 29 32 | 09 01 | 22 36 | 06 38 |
| 23 | 04 28 | 29 23 | 09 03 | 22 21 | 06 38 |
| 24 | 04 32 | 29 15 | 09 05 | 22 06 | 06 37 |
| 25 | 04 35 | 29 07 | 09 07 | 21 51 | 06 37 |
| 26 | 04 38 | 29 00 | 09 07 | 21 36 | 06 36 |
| 27 | 04 41 | 28 53 | 09 08 | 21 21 | 06 35 |
| 28 | 04 43 | 28 48 | 09 08℞ | 21 07 | 06 34 |
| 29 | 04 44 | 28 43 | 09 08 | 20 52 | 06 33 |
| 30 | 04 46 | 28 39 | 09 07 | 20 38 | 06 32 |
| 31 | 04 46 | 28 35 | 09 06 | 20 25 | 06 31 |

## Lunar Data

| Last Asp. | | Ingress | | |
|---|---|---|---|---|
| 31 | 07:39 | 1 | ♏ | 05:59 |
| 2 | 07:38 | 3 | ♐ | 11:48 |
| 4 | 20:48 | 5 | ♑ | 19:42 |
| 7 | 08:15 | 8 | ♒ | 05:53 |
| 9 | 22:08 | 10 | ♓ | 18:05 |
| 12 | 16:05 | 13 | ♈ | 07:05 |
| 15 | 09:44 | 15 | ♉ | 18:42 |
| 18 | 01:32 | 18 | ♊ | 02:56 |
| 19 | 21:45 | 20 | ♋ | 07:16 |
| 22 | 00:55 | 22 | ♌ | 08:36 |
| 24 | 02:19 | 24 | ♍ | 08:39 |
| 25 | 16:39 | 26 | ♎ | 09:13 |
| 28 | 07:41 | 28 | ♏ | 11:48 |
| 29 | 22:24 | 30 | ♐ | 17:15 |

## 0:00 E.T. Declinations

| D | ☉ | ☽ | ☿ | ♀ | ♂ | ♃ | ♄ | ♅ | ♆ | ♇ | ⚳ | ⚴ | ⚵ | ⚶ | ⚷ |
|---|---|---|---|---|---|---|---|---|---|---|---|---|---|---|---|
| 1 | -23 00 | -14 53 | -24 22 | -19 18 | -04 27 | -09 17 | -21 24 | +11 43 | +14 27 | -21 26 | +10 26 | -32 32 | -03 45 | +21 58 | -05 46 |
| 2 | 22 55 | 19 47 | 24 26 | 19 06 | 04 37 | 09 13 | 21 25 | 11 43 | 14 27 | 21 26 | 10 26 | 32 27 | 03 47 | 22 04 | 05 47 |
| 3 | 22 49 | 23 37 | 24 28 | 18 56 | 04 48 | 09 08 | 21 25 | 11 44 | 14 27 | 21 25 | 10 26 | 32 20 | 03 48 | 22 10 | 05 48 |
| 4 | 22 43 | 26 09 | 24 30 | 18 45 | 04 58 | 09 04 | 21 26 | 11 45 | 14 27 | 21 25 | 10 26 | 32 13 | 03 49 | 22 16 | 05 49 |
| 5 | 22 37 | 27 15 | 24 30 | 18 35 | 05 08 | 09 00 | 21 26 | 11 45 | 14 27 | 21 24 | 10 26 | 32 06 | 03 49 | 22 22 | 05 50 |
| 6 | 22 30 | 26 53 | 24 29 | 18 25 | 05 18 | 08 55 | 21 27 | 11 46 | 14 27 | 21 23 | 10 27 | 31 58 | 03 50 | 22 28 | 05 50 |
| 7 | 22 23 | 25 09 | 24 26 | 18 16 | 05 28 | 08 51 | 21 28 | 11 46 | 14 26 | 21 23 | 10 27 | 31 49 | 03 50 | 22 34 | 05 51 |
| 8 | 22 15 | 22 14 | 24 22 | 18 07 | 05 38 | 08 47 | 21 28 | 11 47 | 14 26 | 21 22 | 10 28 | 31 40 | 03 51 | 22 40 | 05 52 |
| 9 | 22 06 | 18 23 | 24 16 | 17 59 | 05 48 | 08 42 | 21 29 | 11 48 | 14 26 | 21 21 | 10 29 | 31 30 | 03 51 | 22 45 | 05 53 |
| 10 | 21 58 | 13 50 | 24 09 | 17 51 | 05 57 | 08 38 | 21 29 | 11 48 | 14 26 | 21 21 | 10 30 | 31 20 | 03 51 | 22 51 | 05 53 |
| 11 | 21 49 | 08 49 | 24 01 | 17 44 | 06 07 | 08 33 | 21 30 | 11 49 | 14 26 | 21 20 | 10 31 | 31 09 | 03 51 | 22 57 | 05 54 |
| 12 | 21 39 | 03 31 | 23 51 | 17 37 | 06 16 | 08 29 | 21 30 | 11 50 | 14 26 | 21 20 | 10 33 | 30 58 | 03 50 | 23 03 | 05 54 |
| 13 | 21 29 | +01 54 | 23 40 | 17 31 | 06 25 | 08 24 | 21 31 | 11 50 | 14 26 | 21 19 | 10 34 | 30 46 | 03 50 | 23 09 | 05 55 |
| 14 | 21 19 | 07 17 | 23 27 | 17 26 | 06 34 | 08 19 | 21 31 | 11 51 | 14 26 | 21 18 | 10 36 | 30 34 | 03 49 | 23 15 | 05 55 |
| 15 | 21 08 | 12 28 | 23 12 | 17 21 | 06 43 | 08 15 | 21 32 | 11 52 | 14 26 | 21 18 | 10 38 | 30 22 | 03 48 | 23 20 | 05 56 |
| 16 | 20 57 | 17 17 | 22 57 | 17 17 | 06 52 | 08 10 | 21 32 | 11 52 | 14 26 | 21 17 | 10 40 | 30 08 | 03 47 | 23 26 | 05 56 |
| 17 | 20 45 | 21 29 | 22 39 | 17 13 | 07 01 | 08 05 | 21 33 | 11 53 | 14 26 | 21 16 | 10 42 | 29 55 | 03 46 | 23 32 | 05 56 |
| 18 | 20 33 | 24 46 | 22 20 | 17 10 | 07 10 | 08 00 | 21 33 | 11 54 | 14 26 | 21 16 | 10 45 | 29 41 | 03 44 | 23 37 | 05 56 |
| 19 | 20 21 | 26 49 | 22 00 | 17 07 | 07 18 | 07 55 | 21 34 | 11 55 | 14 26 | 21 15 | 10 47 | 29 26 | 03 43 | 23 43 | 05 57 |
| 20 | 20 08 | 27 17 | 21 38 | 17 05 | 07 27 | 07 51 | 21 34 | 11 55 | 14 26 | 21 14 | 10 50 | 29 11 | 03 41 | 23 48 | 05 57 |
| 21 | 19 55 | 25 59 | 21 15 | 17 03 | 07 35 | 07 46 | 21 35 | 11 56 | 14 26 | 21 14 | 10 53 | 28 56 | 03 39 | 23 53 | 05 57 |
| 22 | 19 41 | 22 53 | 20 50 | 17 02 | 07 43 | 07 41 | 21 35 | 11 57 | 14 26 | 21 13 | 10 56 | 28 40 | 03 37 | 23 59 | 05 57 |
| 23 | 19 27 | 18 13 | 20 23 | 17 01 | 07 51 | 07 36 | 21 36 | 11 58 | 14 26 | 21 13 | 10 59 | 28 24 | 03 34 | 24 04 | 05 57 |
| 24 | 19 13 | 12 22 | 19 55 | 17 01 | 07 59 | 07 31 | 21 36 | 11 59 | 14 26 | 21 12 | 11 02 | 28 07 | 03 32 | 24 09 | 05 57 |
| 25 | 18 59 | 05 50 | 19 26 | 17 01 | 08 07 | 07 26 | 21 36 | 11 59 | 14 26 | 21 11 | 11 06 | 27 50 | 03 29 | 24 14 | 05 57 |
| 26 | 18 44 | -00 57 | 18 55 | 17 02 | 08 15 | 07 21 | 21 37 | 12 00 | 14 26 | 21 11 | 11 10 | 27 33 | 03 26 | 24 19 | 05 56 |
| 27 | 18 28 | 07 32 | 18 22 | 17 03 | 08 22 | 07 16 | 21 37 | 12 01 | 14 26 | 21 10 | 11 13 | 27 15 | 03 23 | 24 24 | 05 56 |
| 28 | 18 13 | 13 36 | 17 48 | 17 04 | 08 30 | 07 11 | 21 37 | 12 02 | 14 26 | 21 09 | 11 17 | 26 57 | 03 20 | 24 28 | 05 56 |
| 29 | 17 57 | 18 49 | 17 13 | 17 05 | 08 37 | 07 06 | 21 38 | 12 03 | 14 26 | 21 09 | 11 22 | 26 39 | 03 16 | 24 33 | 05 55 |
| 30 | 17 40 | 22 56 | 16 36 | 17 07 | 08 44 | 07 00 | 21 38 | 12 04 | 14 27 | 21 08 | 11 26 | 26 20 | 03 13 | 24 37 | 05 55 |
| 31 | 17 24 | 25 46 | 15 58 | 17 09 | 08 51 | 06 55 | 21 38 | 12 05 | 14 27 | 21 07 | 11 30 | 26 01 | 03 09 | 24 42 | 05 55 |

Lunar Phases -- 7 ● 04:25 15 ◐ 09:44 22 Ⓔ 12:53 29 ◑ 04:13 Sun enters ♒ 1/19 22:18

## Longitudes of Main Planets - February 2046

0:00 E.T.

| D | S.T. | ☉ | ☽ | ☽ 12:00 | ☿ | ♀ | ♂ | ♃ | ♄ | ♅ | ♆ | ♇ | ☊ |
|---|---|---|---|---|---|---|---|---|---|---|---|---|---|
| 1 | 8:45:29 | 12♒16 12 | 16♐32 | 22♐52 | 23♒13 | 05♑36 | 28♎55 | 15♓08 | 20♐26 | 00♍20℞ | 14♉19 | 03♓01 | 13♒42 |
| 2 | 8:49:25 | 13 17 07 | 29 08 | 05♑21 | 24 58 | 05 58 | 29 16 | 15 21 | 20 32 | 00 17 | 14 19 | 03 02 | 13 39 |
| 3 | 8:53:22 | 14 18 01 | 11♑31 | 17 38 | 26 42 | 06 23 | 29 36 | 15 34 | 20 37 | 00 15 | 14 20 | 03 04 | 13 36 |
| 4 | 8:57:18 | 15 18 54 | 23 43 | 29 46 | 28 25 | 06 50 | 29 55 | 15 48 | 20 42 | 00 12 | 14 20 | 03 06 | 13 32 |
| 5 | 9:01:15 | 16 19 47 | 05♒47 | 11♒45 | 00♓07 | 07 18 | 00♏14 | 16 02 | 20 47 | 00 10 | 14 20 | 03 07 | 13 29 |
| 6 | 9:05:11 | 17 20 38 | 17 43 | 23 39 | 01 48 | 07 47 | 00 33 | 16 15 | 20 52 | 00 07 | 14 21 | 03 09 | 13 26 |
| 7 | 9:09:08 | 18 21 28 | 29 34 | 05♓29 | 03 27 | 08 19 | 00 52 | 16 29 | 20 57 | 00 05 | 14 21 | 03 10 | 13 23 |
| 8 | 9:13:05 | 19 22 16 | 11♓23 | 17 17 | 05 04 | 08 51 | 01 10 | 16 42 | 21 02 | 00 02 | 14 22 | 03 12 | 13 20 |
| 9 | 9:17:01 | 20 23 04 | 23 11 | 29 05 | 06 39 | 09 25 | 01 27 | 16 56 | 21 06 | 29♌59 | 14 22 | 03 14 | 13 17 |
| 10 | 9:20:58 | 21 23 50 | 05♈01 | 10♈58 | 08 10 | 10 01 | 01 44 | 17 10 | 21 11 | 29 57 | 14 23 | 03 15 | 13 13 |
| 11 | 9:24:54 | 22 24 34 | 16 56 | 22 56 | 09 37 | 10 38 | 02 01 | 17 24 | 21 16 | 29 54 | 14 24 | 03 17 | 13 10 |
| 12 | 9:28:51 | 23 25 17 | 29 00 | 05♉06 | 11 00 | 11 16 | 02 18 | 17 38 | 21 20 | 29 52 | 14 24 | 03 19 | 13 07 |
| 13 | 9:32:47 | 24 25 58 | 11♉16 | 17 30 | 12 17 | 11 55 | 02 33 | 17 52 | 21 24 | 29 49 | 14 25 | 03 20 | 13 04 |
| 14 | 9:36:44 | 25 26 38 | 23 48 | 00♊12 | 13 29 | 12 35 | 02 49 | 18 06 | 21 29 | 29 46 | 14 26 | 03 22 | 13 01 |
| 15 | 9:40:40 | 26 27 16 | 06♊41 | 13 17 | 14 34 | 13 17 | 03 04 | 18 20 | 21 33 | 29 44 | 14 26 | 03 24 | 12 57 |
| 16 | 9:44:37 | 27 27 53 | 19 59 | 26 47 | 15 33 | 14 00 | 03 18 | 18 34 | 21 37 | 29 41 | 14 27 | 03 25 | 12 54 |
| 17 | 9:48:34 | 28 28 27 | 03♋42 | 10♋45 | 16 23 | 14 43 | 03 32 | 18 48 | 21 41 | 29 39 | 14 28 | 03 27 | 12 51 |
| 18 | 9:52:30 | 29 29 00 | 17 54 | 25 09 | 17 04 | 15 28 | 03 46 | 19 02 | 21 46 | 29 36 | 14 29 | 03 29 | 12 48 |
| 19 | 9:56:27 | 00♓29 31 | 02♌30 | 09♌57 | 17 36 | 16 14 | 03 59 | 19 16 | 21 49 | 29 33 | 14 30 | 03 30 | 12 45 |
| 20 | 10:00:23 | 01 30 01 | 17 28 | 25 02 | 17 59 | 17 00 | 04 11 | 19 30 | 21 53 | 29 31 | 14 31 | 03 32 | 12 42 |
| 21 | 10:04:20 | 02 30 29 | 02♍39 | 10♍17 | 18 12 | 17 48 | 04 23 | 19 44 | 21 57 | 29 28 | 14 31 | 03 34 | 12 38 |
| 22 | 10:08:16 | 03 30 55 | 17 54 | 25 30 | 18 14℞ | 18 36 | 04 34 | 19 58 | 22 01 | 29 25 | 14 32 | 03 35 | 12 35 |
| 23 | 10:12:13 | 04 31 19 | 03♎04 | 10♎33 | 18 07 | 19 25 | 04 45 | 20 13 | 22 05 | 29 23 | 14 33 | 03 37 | 12 32 |
| 24 | 10:16:09 | 05 31 43 | 17 57 | 25 16 | 17 49 | 20 15 | 04 55 | 20 27 | 22 08 | 29 20 | 14 34 | 03 39 | 12 29 |
| 25 | 10:20:06 | 06 32 04 | 02♏29 | 09♏35 | 17 22 | 21 06 | 05 05 | 20 41 | 22 12 | 29 17 | 14 36 | 03 41 | 12 26 |
| 26 | 10:24:03 | 07 32 25 | 16 34 | 23 26 | 16 47 | 21 57 | 05 14 | 20 56 | 22 15 | 29 15 | 14 37 | 03 42 | 12 22 |
| 27 | 10:27:59 | 08 32 44 | 00♐11 | 06♐49 | 16 03 | 22 49 | 05 23 | 21 10 | 22 18 | 29 12 | 14 38 | 03 44 | 12 19 |
| 28 | 10:31:56 | 09 33 01 | 13 21 | 19 48 | 15 13 | 23 42 | 05 31 | 21 24 | 22 21 | 29 10 | 14 39 | 03 46 | 12 16 |

## Longitudes of the Major Asteroids and Chiron

0:00 E.T.

| D | ⚳ | ⚴ | ⚵ | ⚶ | ⚷ |
|---|---|---|---|---|---|
| 1 | 04♎47 | 28♊32℞ | 09♎04℞ | 20♋11℞ | 06♎30℞ |
| 2 | 04 47℞ | 28 30 | 09 03 | 19 58 | 06 28 |
| 3 | 04 46 | 28 29 | 09 00 | 19 46 | 06 27 |
| 4 | 04 45 | 28 28 | 08 57 | 19 33 | 06 25 |
| 5 | 04 44 | 28 28D | 08 54 | 19 21 | 06 23 |
| 6 | 04 42 | 28 29 | 08 51 | 19 09 | 06 21 |
| 7 | 04 39 | 28 31 | 08 47 | 18 58 | 06 19 |
| 8 | 04 37 | 28 33 | 08 42 | 18 47 | 06 17 |
| 9 | 04 33 | 28 35 | 08 37 | 18 36 | 06 15 |
| 10 | 04 30 | 28 39 | 08 32 | 18 26 | 06 13 |
| 11 | 04 26 | 28 43 | 08 26 | 18 16 | 06 10 |
| 12 | 04 21 | 28 48 | 08 20 | 18 07 | 06 08 |
| 13 | 04 16 | 28 53 | 08 14 | 17 58 | 06 05 |
| 14 | 04 11 | 28 59 | 08 07 | 17 50 | 06 02 |
| 15 | 04 05 | 29 05 | 08 00 | 17 42 | 05 59 |
| 16 | 03 59 | 29 12 | 07 52 | 17 34 | 05 56 |
| 17 | 03 52 | 29 20 | 07 44 | 17 27 | 05 53 |
| 18 | 03 45 | 29 28 | 07 36 | 17 20 | 05 50 |
| 19 | 03 38 | 29 37 | 07 27 | 17 14 | 05 47 |
| 20 | 03 30 | 29 46 | 07 18 | 17 08 | 05 44 |
| 21 | 03 22 | 29 56 | 07 08 | 17 03 | 05 41 |
| 22 | 03 13 | 00♋06 | 06 58 | 16 58 | 05 37 |
| 23 | 03 04 | 00 17 | 06 48 | 16 54 | 05 34 |
| 24 | 02 55 | 00 29 | 06 38 | 16 50 | 05 30 |
| 25 | 02 45 | 00 40 | 06 27 | 16 46 | 05 26 |
| 26 | 02 35 | 00 53 | 06 16 | 16 43 | 05 23 |
| 27 | 02 25 | 01 05 | 06 04 | 16 41 | 05 19 |
| 28 | 02 14 | 01 19 | 05 53 | 16 38 | 05 15 |

## Lunar Data

| Last Asp. | | Ingress | | |
|---|---|---|---|---|
| 2 | 00:15 | 2 | ♑ | 01:40 |
| 3 | 08:05 | 4 | ♒ | 12:28 |
| 6 | 06:24 | 7 | ♓ | 00:52 |
| 8 | 19:45 | 9 | ♈ | 13:51 |
| 12 | 01:42 | 12 | ♉ | 01:59 |
| 14 | 11:10 | 14 | ♊ | 11:38 |
| 16 | 16:60 | 16 | ♋ | 17:36 |
| 18 | 01:55 | 18 | ♌ | 19:56 |
| 20 | 18:60 | 20 | ♍ | 19:49 |
| 22 | 06:30 | 22 | ♎ | 19:08 |
| 24 | 18:41 | 24 | ♏ | 19:51 |
| 26 | 22:16 | 26 | ♐ | 23:41 |

## Declinations

0:00 E.T.

| D | ☉ | ☽ | ☿ | ♀ | ♂ | ♃ | ♄ | ♅ | ♆ | ♇ | ⚳ | ⚴ | ⚵ | ⚶ | ⚷ |
|---|---|---|---|---|---|---|---|---|---|---|---|---|---|---|---|
| 1 | -17 07 | -27 11 | -15 18 | -17 11 | -08 58 | -06 50 | -21 39 | +12 05 | +14 27 | -21 07 | +11 35 | -25 42 | -03 05 | +24 46 | -05 54 |
| 2 | 16 50 | 27 09 | 14 38 | 17 13 | 09 05 | 06 45 | 21 39 | 12 06 | 14 27 | 21 06 | 11 40 | 25 23 | 03 00 | 24 50 | 05 54 |
| 3 | 16 32 | 25 45 | 13 56 | 17 16 | 09 11 | 06 39 | 21 39 | 12 07 | 14 27 | 21 05 | 11 45 | 25 03 | 02 56 | 24 54 | 05 53 |
| 4 | 16 14 | 23 08 | 13 13 | 17 18 | 09 18 | 06 34 | 21 40 | 12 08 | 14 27 | 21 05 | 11 50 | 24 43 | 02 51 | 24 58 | 05 52 |
| 5 | 15 56 | 19 32 | 12 29 | 17 21 | 09 24 | 06 29 | 21 40 | 12 09 | 14 27 | 21 04 | 11 55 | 24 23 | 02 46 | 25 02 | 05 52 |
| 6 | 15 38 | 15 10 | 11 45 | 17 23 | 09 30 | 06 24 | 21 40 | 12 10 | 14 28 | 21 03 | 12 00 | 24 02 | 02 41 | 25 06 | 05 51 |
| 7 | 15 19 | 10 15 | 11 00 | 17 26 | 09 36 | 06 18 | 21 41 | 12 11 | 14 28 | 21 03 | 12 06 | 23 42 | 02 36 | 25 10 | 05 50 |
| 8 | 15 01 | 05 01 | 10 15 | 17 28 | 09 42 | 06 13 | 21 41 | 12 12 | 14 28 | 21 02 | 12 11 | 23 21 | 02 31 | 25 13 | 05 49 |
| 9 | 14 41 | +00 23 | 09 30 | 17 31 | 09 48 | 06 07 | 21 41 | 12 13 | 14 28 | 21 02 | 12 17 | 23 00 | 02 25 | 25 16 | 05 49 |
| 10 | 14 22 | 05 47 | 08 45 | 17 33 | 09 53 | 06 02 | 21 41 | 12 14 | 14 28 | 21 01 | 12 23 | 22 38 | 02 19 | 25 20 | 05 48 |
| 11 | 14 02 | 11 01 | 08 00 | 17 35 | 09 58 | 05 57 | 21 42 | 12 15 | 14 29 | 21 00 | 12 29 | 22 17 | 02 13 | 25 23 | 05 47 |
| 12 | 13 43 | 15 54 | 07 17 | 17 37 | 10 04 | 05 51 | 21 42 | 12 16 | 14 29 | 21 00 | 12 35 | 21 55 | 02 07 | 25 26 | 05 46 |
| 13 | 13 23 | 20 13 | 06 34 | 17 39 | 10 09 | 05 46 | 21 42 | 12 16 | 14 29 | 20 59 | 12 41 | 21 34 | 02 01 | 25 29 | 05 45 |
| 14 | 13 02 | 23 45 | 05 53 | 17 41 | 10 13 | 05 40 | 21 42 | 12 17 | 14 29 | 20 58 | 12 47 | 21 12 | 01 54 | 25 32 | 05 44 |
| 15 | 12 42 | 26 13 | 05 14 | 17 43 | 10 18 | 05 35 | 21 42 | 12 18 | 14 30 | 20 58 | 12 53 | 20 50 | 01 48 | 25 34 | 05 42 |
| 16 | 12 21 | 27 18 | 04 38 | 17 44 | 10 23 | 05 29 | 21 43 | 12 19 | 14 30 | 20 57 | 13 00 | 20 28 | 01 41 | 25 37 | 05 41 |
| 17 | 12 00 | 26 47 | 04 04 | 17 45 | 10 27 | 05 24 | 21 43 | 12 20 | 14 30 | 20 57 | 13 06 | 20 06 | 01 34 | 25 40 | 05 40 |
| 18 | 11 39 | 24 31 | 03 33 | 17 46 | 10 31 | 05 18 | 21 43 | 12 21 | 14 31 | 20 56 | 13 13 | 19 44 | 01 27 | 25 42 | 05 39 |
| 19 | 11 18 | 20 35 | 03 06 | 17 47 | 10 35 | 05 13 | 21 43 | 12 22 | 14 31 | 20 55 | 13 19 | 19 22 | 01 19 | 25 44 | 05 37 |
| 20 | 10 56 | 15 15 | 02 43 | 17 47 | 10 39 | 05 07 | 21 43 | 12 23 | 14 31 | 20 55 | 13 26 | 19 00 | 01 12 | 25 46 | 05 36 |
| 21 | 10 35 | 08 55 | 02 25 | 17 47 | 10 43 | 05 01 | 21 43 | 12 24 | 14 32 | 20 54 | 13 33 | 18 37 | 01 04 | 25 49 | 05 35 |
| 22 | 10 13 | 02 03 | 02 11 | 17 47 | 10 46 | 04 56 | 21 44 | 12 25 | 14 32 | 20 54 | 13 40 | 18 15 | 00 57 | 25 51 | 05 33 |
| 23 | 09 51 | -04 53 | 02 01 | 17 47 | 10 49 | 04 50 | 21 44 | 12 26 | 14 32 | 20 53 | 13 46 | 17 53 | 00 49 | 25 52 | 05 32 |
| 24 | 09 29 | 11 25 | 01 57 | 17 46 | 10 53 | 04 44 | 21 44 | 12 27 | 14 33 | 20 52 | 13 53 | 17 30 | 00 41 | 25 54 | 05 30 |
| 25 | 09 07 | 17 10 | 01 58 | 17 44 | 10 56 | 04 39 | 21 44 | 12 28 | 14 33 | 20 52 | 14 00 | 17 08 | 00 32 | 25 56 | 05 29 |
| 26 | 08 44 | 21 48 | 02 03 | 17 43 | 10 58 | 04 33 | 21 44 | 12 28 | 14 33 | 20 51 | 14 07 | 16 45 | 00 24 | 25 58 | 05 27 |
| 27 | 08 22 | 25 06 | 02 13 | 17 40 | 11 01 | 04 28 | 21 44 | 12 29 | 14 34 | 20 51 | 14 14 | 16 23 | 00 16 | 25 59 | 05 26 |
| 28 | 07 59 | 26 55 | 02 28 | 17 38 | 11 03 | 04 22 | 21 44 | 12 30 | 14 34 | 20 50 | 14 21 | 16 01 | 00 07 | 26 00 | 05 24 |

Lunar Phases -- 5 ● 23:11 14 ◐ 03:22 20 Ⓔ 23:45 27 ◑ 16:24 Sun enters ♓ 2/18 12:17

## 0:00 E.T. Longitudes of Main Planets - March 2046

| D | S.T. | ☉ | ☽ | ☽ 12:00 | ☿ | ♀ | ♂ | ♃ | ♄ | ♅ | ♆ | ♇ | ☊ |
|---|---|---|---|---|---|---|---|---|---|---|---|---|---|
| 1 | 10:35:52 | 10♓33 18 | 26♐09 | 02♑25 | 14♓18℞ | 24♑35 | 05♏38 | 21♓39 | 22♐25 | 29♌07℞ | 14♉40 | 03♓47 | 12♒13 |
| 2 | 10:39:49 | 11 33 32 | 08♑36 | 14 44 | 13 18 | 25 29 | 05 45 | 21 53 | 22 28 | 29 05 | 14 41 | 03 49 | 12 10 |
| 3 | 10:43:45 | 12 33 46 | 20 49 | 26 51 | 12 16 | 26 24 | 05 51 | 22 08 | 22 30 | 29 02 | 14 42 | 03 51 | 12 07 |
| 4 | 10:47:42 | 13 33 57 | 02♒50 | 08♒48 | 11 13 | 27 19 | 05 56 | 22 22 | 22 33 | 29 00 | 14 44 | 03 52 | 12 03 |
| 5 | 10:51:38 | 14 34 07 | 14 44 | 20 39 | 10 11 | 28 15 | 06 01 | 22 36 | 22 36 | 28 57 | 14 45 | 03 54 | 12 00 |
| 6 | 10:55:35 | 15 34 15 | 26 33 | 02♓27 | 09 11 | 29 11 | 06 05 | 22 51 | 22 39 | 28 54 | 14 46 | 03 56 | 11 57 |
| 7 | 10:59:32 | 16 34 22 | 08♓21 | 14 15 | 08 14 | 00♒08 | 06 08 | 23 05 | 22 41 | 28 52 | 14 48 | 03 57 | 11 54 |
| 8 | 11:03:28 | 17 34 26 | 20 09 | 26 04 | 07 21 | 01 05 | 06 10 | 23 20 | 22 44 | 28 50 | 14 49 | 03 59 | 11 51 |
| 9 | 11:07:25 | 18 34 29 | 02♈00 | 07♈57 | 06 33 | 02 03 | 06 12 | 23 34 | 22 46 | 28 47 | 14 51 | 04 01 | 11 48 |
| 10 | 11:11:21 | 19 34 30 | 13 56 | 19 56 | 05 51 | 03 01 | 06 13 | 23 49 | 22 48 | 28 45 | 14 52 | 04 02 | 11 44 |
| 11 | 11:15:18 | 20 34 29 | 25 57 | 02♉01 | 05 15 | 03 59 | 06 14 | 24 03 | 22 51 | 28 42 | 14 53 | 04 04 | 11 41 |
| 12 | 11:19:14 | 21 34 25 | 08♉07 | 14 16 | 04 45 | 04 58 | 06 14℞ | 24 18 | 22 53 | 28 40 | 14 55 | 04 05 | 11 38 |
| 13 | 11:23:11 | 22 34 20 | 20 28 | 26 43 | 04 22 | 05 58 | 06 13 | 24 32 | 22 55 | 28 38 | 14 56 | 04 07 | 11 35 |
| 14 | 11:27:07 | 23 34 13 | 03♊02 | 09♊25 | 04 06 | 06 58 | 06 11 | 24 47 | 22 57 | 28 35 | 14 58 | 04 09 | 11 32 |
| 15 | 11:31:04 | 24 34 03 | 15 52 | 22 24 | 03 56 | 07 58 | 06 08 | 25 01 | 22 58 | 28 33 | 15 00 | 04 10 | 11 28 |
| 16 | 11:35:01 | 25 33 51 | 29 02 | 05♋45 | 03 52 | 08 58 | 06 05 | 25 16 | 23 00 | 28 31 | 15 01 | 04 12 | 11 25 |
| 17 | 11:38:57 | 26 33 37 | 12♋34 | 19 30 | 03 54D | 09 59 | 06 01 | 25 31 | 23 02 | 28 28 | 15 03 | 04 13 | 11 22 |
| 18 | 11:42:54 | 27 33 21 | 26 31 | 03♌39 | 04 03 | 11 00 | 05 56 | 25 45 | 23 03 | 28 26 | 15 04 | 04 15 | 11 19 |
| 19 | 11:46:50 | 28 33 02 | 10♌53 | 18 13 | 04 17 | 12 02 | 05 51 | 26 00 | 23 05 | 28 24 | 15 06 | 04 17 | 11 16 |
| 20 | 11:50:47 | 29 32 41 | 25 38 | 03♍08 | 04 36 | 13 04 | 05 44 | 26 14 | 23 06 | 28 22 | 15 08 | 04 18 | 11 13 |
| 21 | 11:54:43 | 00♈32 18 | 10♍41 | 18 17 | 05 00 | 14 06 | 05 37 | 26 29 | 23 07 | 28 20 | 15 09 | 04 20 | 11 09 |
| 22 | 11:58:40 | 01 31 52 | 25 55 | 03♎32 | 05 29 | 15 08 | 05 29 | 26 43 | 23 08 | 28 18 | 15 11 | 04 21 | 11 06 |
| 23 | 12:02:36 | 02 31 25 | 11♎08 | 18 41 | 06 02 | 16 11 | 05 21 | 26 58 | 23 09 | 28 16 | 15 13 | 04 23 | 11 03 |
| 24 | 12:06:33 | 03 30 56 | 26 10 | 03♏35 | 06 40 | 17 14 | 05 11 | 27 12 | 23 10 | 28 14 | 15 15 | 04 24 | 11 00 |
| 25 | 12:10:30 | 04 30 24 | 10♏53 | 18 05 | 07 21 | 18 17 | 05 01 | 27 27 | 23 11 | 28 12 | 15 16 | 04 26 | 10 57 |
| 26 | 12:14:26 | 05 29 51 | 25 10 | 02♐07 | 08 06 | 19 21 | 04 50 | 27 41 | 23 12 | 28 10 | 15 18 | 04 27 | 10 54 |
| 27 | 12:18:23 | 06 29 17 | 08♐57 | 15 40 | 08 55 | 20 25 | 04 38 | 27 55 | 23 12 | 28 08 | 15 20 | 04 29 | 10 50 |
| 28 | 12:22:19 | 07 28 40 | 22 15 | 28 44 | 09 47 | 21 29 | 04 26 | 28 10 | 23 13 | 28 06 | 15 22 | 04 30 | 10 47 |
| 29 | 12:26:16 | 08 28 02 | 05♑06 | 11♑22 | 10 42 | 22 33 | 04 13 | 28 24 | 23 13 | 28 04 | 15 24 | 04 32 | 10 44 |
| 30 | 12:30:12 | 09 27 22 | 17 34 | 23 41 | 11 40 | 23 38 | 03 59 | 28 39 | 23 13 | 28 02 | 15 26 | 04 33 | 10 41 |
| 31 | 12:34:09 | 10 26 40 | 29 44 | 05♒44 | 12 41 | 24 42 | 03 44 | 28 53 | 23 14 | 28 01 | 15 28 | 04 35 | 10 38 |

## 0:00 E.T. Longitudes of the Major Asteroids and Chiron

| D | ⚳ | ⚴ | ⚵ | ⚶ | ⚷ |
|---|---|---|---|---|---|
| 1 | 02♎03℞ | 01♋32 | 05♎41℞ | 16♋37℞ | 05♎11℞ |
| 2 | 01 52 | 01 46 | 05 28 | 16 36 | 05 07 |
| 3 | 01 40 | 02 01 | 05 16 | 16 35 | 05 03 |
| 4 | 01 28 | 02 16 | 05 03 | 16 35 | 04 59 |
| 5 | 01 16 | 02 31 | 04 50 | 16 35D | 04 54 |
| 6 | 01 04 | 02 47 | 04 37 | 16 36 | 04 50 |
| 7 | 00 51 | 03 03 | 04 23 | 16 37 | 04 46 |
| 8 | 00 39 | 03 19 | 04 10 | 16 38 | 04 41 |
| 9 | 00 26 | 03 36 | 03 56 | 16 40 | 04 37 |
| 10 | 00 12 | 03 53 | 03 42 | 16 43 | 04 33 |
| 11 | 29♍59 | 04 11 | 03 28 | 16 45 | 04 28 |
| 12 | 29 46 | 04 28 | 03 13 | 16 49 | 04 23 |
| 13 | 29 32 | 04 47 | 02 59 | 16 52 | 04 19 |
| 14 | 29 19 | 05 05 | 02 45 | 16 56 | 04 14 |
| 15 | 29 05 | 05 24 | 02 30 | 17 01 | 04 10 |
| 16 | 28 51 | 05 43 | 02 15 | 17 06 | 04 05 |
| 17 | 28 37 | 06 02 | 02 01 | 17 11 | 04 00 |
| 18 | 28 23 | 06 22 | 01 46 | 17 17 | 03 56 |
| 19 | 28 10 | 06 42 | 01 31 | 17 23 | 03 51 |
| 20 | 27 56 | 07 02 | 01 17 | 17 30 | 03 46 |
| 21 | 27 42 | 07 23 | 01 02 | 17 37 | 03 41 |
| 22 | 27 28 | 07 43 | 00 47 | 17 44 | 03 37 |
| 23 | 27 14 | 08 04 | 00 32 | 17 52 | 03 32 |
| 24 | 27 01 | 08 25 | 00 18 | 18 00 | 03 27 |
| 25 | 26 47 | 08 47 | 00 03 | 18 08 | 03 22 |
| 26 | 26 34 | 09 08 | 29♍49 | 18 17 | 03 18 |
| 27 | 26 20 | 09 30 | 29 34 | 18 26 | 03 13 |
| 28 | 26 07 | 09 52 | 29 20 | 18 36 | 03 08 |
| 29 | 25 54 | 10 15 | 29 06 | 18 45 | 03 03 |
| 30 | 25 42 | 10 37 | 28 52 | 18 55 | 02 59 |
| 31 | 25 29 | 11 00 | 28 38 | 19 06 | 02 54 |

## Lunar Data

| Last Asp. | | Ingress | | |
|---|---|---|---|---|
| 1 | 05:39 | 1 | ♑ | 07:22 |
| 3 | 12:02 | 3 | ♒ | 18:19 |
| 6 | 04:47 | 6 | ♓ | 07:01 |
| 8 | 06:35 | 8 | ♈ | 19:57 |
| 11 | 05:26 | 11 | ♉ | 08:00 |
| 13 | 15:36 | 13 | ♊ | 18:16 |
| 15 | 23:04 | 16 | ♋ | 01:44 |
| 18 | 01:53 | 18 | ♌ | 05:52 |
| 20 | 04:22 | 20 | ♍ | 06:60 |
| 22 | 01:18 | 22 | ♎ | 06:26 |
| 24 | 03:19 | 24 | ♏ | 06:11 |
| 26 | 05:08 | 26 | ♐ | 08:19 |
| 28 | 11:10 | 28 | ♑ | 14:24 |
| 30 | 22:17 | 31 | ♒ | 00:32 |

## 0:00 E.T. Declinations

| D | ☉ | ☽ | ☿ | ♀ | ♂ | ♃ | ♄ | ♅ | ♆ | ♇ | ⚳ | ⚴ | ⚵ | ⚶ | ⚷ |
|---|---|---|---|---|---|---|---|---|---|---|---|---|---|---|---|
| 1 | -07 37 | -27 14 | -02 46 | -17 35 | -11 05 | -04 16 | -21 44 | +12 31 | +14 35 | -20 50 | +14 28 | -15 39 | +00 01 | +26 02 | -05 22 |
| 2 | 07 14 | 26 09 | 03 08 | 17 32 | 11 07 | 04 10 | 21 45 | 12 32 | 14 35 | 20 49 | 14 34 | 15 16 | 00 10 | 26 03 | 05 20 |
| 3 | 06 51 | 23 49 | 03 33 | 17 28 | 11 09 | 04 05 | 21 45 | 12 33 | 14 35 | 20 48 | 14 41 | 14 54 | 00 19 | 26 04 | 05 19 |
| 4 | 06 28 | 20 28 | 04 00 | 17 24 | 11 11 | 03 59 | 21 45 | 12 34 | 14 36 | 20 48 | 14 48 | 14 32 | 00 28 | 26 05 | 05 17 |
| 5 | 06 04 | 16 18 | 04 28 | 17 19 | 11 12 | 03 53 | 21 45 | 12 35 | 14 36 | 20 47 | 14 55 | 14 10 | 00 37 | 26 06 | 05 15 |
| 6 | 05 41 | 11 33 | 04 58 | 17 14 | 11 13 | 03 48 | 21 45 | 12 36 | 14 37 | 20 47 | 15 01 | 13 48 | 00 46 | 26 07 | 05 13 |
| 7 | 05 18 | 06 24 | 05 27 | 17 09 | 11 14 | 03 42 | 21 45 | 12 36 | 14 37 | 20 46 | 15 08 | 13 26 | 00 55 | 26 08 | 05 11 |
| 8 | 04 55 | 01 02 | 05 57 | 17 03 | 11 15 | 03 36 | 21 45 | 12 37 | 14 38 | 20 46 | 15 14 | 13 04 | 01 05 | 26 09 | 05 09 |
| 9 | 04 31 | +04 22 | 06 25 | 16 56 | 11 16 | 03 30 | 21 45 | 12 38 | 14 38 | 20 45 | 15 21 | 12 42 | 01 14 | 26 09 | 05 08 |
| 10 | 04 08 | 09 39 | 06 52 | 16 49 | 11 16 | 03 25 | 21 45 | 12 39 | 14 38 | 20 45 | 15 27 | 12 21 | 01 23 | 26 10 | 05 06 |
| 11 | 03 44 | 14 38 | 07 18 | 16 42 | 11 16 | 03 19 | 21 45 | 12 40 | 14 39 | 20 44 | 15 33 | 11 59 | 01 33 | 26 10 | 05 04 |
| 12 | 03 20 | 19 05 | 07 42 | 16 34 | 11 16 | 03 13 | 21 45 | 12 41 | 14 39 | 20 44 | 15 39 | 11 38 | 01 42 | 26 11 | 05 02 |
| 13 | 02 57 | 22 48 | 08 04 | 16 26 | 11 16 | 03 08 | 21 45 | 12 41 | 14 40 | 20 43 | 15 45 | 11 17 | 01 51 | 26 11 | 05 00 |
| 14 | 02 33 | 25 31 | 08 23 | 16 17 | 11 16 | 03 02 | 21 45 | 12 42 | 14 40 | 20 43 | 15 51 | 10 56 | 02 01 | 26 11 | 04 57 |
| 15 | 02 09 | 27 00 | 08 40 | 16 08 | 11 15 | 02 56 | 21 45 | 12 43 | 14 41 | 20 42 | 15 57 | 10 35 | 02 10 | 26 11 | 04 55 |
| 16 | 01 46 | 27 01 | 08 55 | 15 59 | 11 14 | 02 50 | 21 45 | 12 44 | 14 41 | 20 42 | 16 03 | 10 14 | 02 20 | 26 11 | 04 53 |
| 17 | 01 22 | 25 26 | 09 08 | 15 48 | 11 13 | 02 45 | 21 45 | 12 44 | 14 42 | 20 41 | 16 08 | 09 53 | 02 29 | 26 11 | 04 51 |
| 18 | 00 58 | 22 16 | 09 18 | 15 38 | 11 12 | 02 39 | 21 45 | 12 45 | 14 42 | 20 41 | 16 13 | 09 32 | 02 39 | 26 11 | 04 49 |
| 19 | 00 35 | 17 40 | 09 26 | 15 27 | 11 10 | 02 33 | 21 45 | 12 46 | 14 43 | 20 41 | 16 18 | 09 12 | 02 48 | 26 11 | 04 47 |
| 20 | 00 11 | 11 53 | 09 31 | 15 15 | 11 08 | 02 27 | 21 45 | 12 47 | 14 43 | 20 40 | 16 23 | 08 52 | 02 57 | 26 11 | 04 45 |
| 21 | +00 13 | 05 19 | 09 35 | 15 03 | 11 06 | 02 22 | 21 45 | 12 47 | 14 44 | 20 40 | 16 28 | 08 32 | 03 07 | 26 10 | 04 43 |
| 22 | 00 37 | -01 37 | 09 36 | 14 51 | 11 04 | 02 16 | 21 45 | 12 48 | 14 45 | 20 39 | 16 32 | 08 12 | 03 16 | 26 10 | 04 40 |
| 23 | 01 00 | 08 26 | 09 35 | 14 38 | 11 02 | 02 10 | 21 45 | 12 49 | 14 45 | 20 39 | 16 37 | 07 52 | 03 25 | 26 10 | 04 38 |
| 24 | 01 24 | 14 41 | 09 32 | 14 25 | 10 59 | 02 04 | 21 45 | 12 49 | 14 46 | 20 38 | 16 41 | 07 32 | 03 34 | 26 09 | 04 36 |
| 25 | 01 47 | 19 56 | 09 27 | 14 11 | 10 57 | 01 59 | 21 45 | 12 50 | 14 46 | 20 38 | 16 45 | 07 13 | 03 43 | 26 08 | 04 34 |
| 26 | 02 11 | 23 53 | 09 20 | 13 56 | 10 54 | 01 53 | 21 45 | 12 51 | 14 47 | 20 38 | 16 48 | 06 54 | 03 52 | 26 08 | 04 32 |
| 27 | 02 35 | 26 18 | 09 11 | 13 42 | 10 50 | 01 47 | 21 45 | 12 51 | 14 47 | 20 37 | 16 52 | 06 35 | 04 01 | 26 07 | 04 29 |
| 28 | 02 58 | 27 07 | 09 00 | 13 27 | 10 47 | 01 42 | 21 45 | 12 52 | 14 48 | 20 37 | 16 55 | 06 16 | 04 10 | 26 06 | 04 27 |
| 29 | 03 21 | 26 25 | 08 48 | 13 11 | 10 43 | 01 36 | 21 45 | 12 53 | 14 48 | 20 37 | 16 58 | 05 57 | 04 18 | 26 05 | 04 25 |
| 30 | 03 45 | 24 23 | 08 34 | 12 55 | 10 39 | 01 30 | 21 45 | 12 53 | 14 49 | 20 36 | 17 01 | 05 39 | 04 27 | 26 04 | 04 23 |
| 31 | 04 08 | 21 16 | 08 18 | 12 39 | 10 35 | 01 25 | 21 44 | 12 54 | 14 50 | 20 36 | 17 04 | 05 21 | 04 35 | 26 03 | 04 20 |

Lunar Phases -- 7 ● 18:17  15 ◐ 17:14  22 ○ 09:28  29 ◑ 06:59  Sun enters ♈ 3/20 10:60

# Apr. 46 — Longitudes of Main Planets - April 2046 — 0:00 E.T.

| D | S.T. | ☉ | ☽ | ☽ 12:00 | ☿ | ♀ | ♂ | ♃ | ♄ | ♅ | ♆ | ♇ | ☊ |
|---|---|---|---|---|---|---|---|---|---|---|---|---|---|
| 1 | 12:38:05 | 11♈25 57 | 11♒41 | 17♒37 | 13♓44 | 25♒47 | 03♏29℞ | 29♓07 | 23♐14 | 27♌59℞ | 15♉30 | 04♓36 | 10♒34 |
| 2 | 12:42:02 | 12 25 11 | 23 31 | 29 25 | 14 50 | 26 53 | 03 13 | 29 22 | 23 14℞ | 27 57 | 15 32 | 04 37 | 10 31 |
| 3 | 12:45:59 | 13 24 24 | 05♓18 | 11♓12 | 15 58 | 27 58 | 02 56 | 29 36 | 23 14 | 27 56 | 15 33 | 04 39 | 10 28 |
| 4 | 12:49:55 | 14 23 34 | 17 06 | 23 00 | 17 09 | 29 03 | 02 39 | 29 50 | 23 14 | 27 54 | 15 35 | 04 40 | 10 25 |
| 5 | 12:53:52 | 15 22 43 | 28 57 | 04♈54 | 18 21 | 00♓09 | 02 21 | 00♈05 | 23 13 | 27 53 | 15 37 | 04 41 | 10 22 |
| 6 | 12:57:48 | 16 21 50 | 10♈53 | 16 55 | 19 36 | 01 15 | 02 03 | 00 19 | 23 13 | 27 51 | 15 39 | 04 43 | 10 19 |
| 7 | 13:01:45 | 17 20 55 | 22 58 | 29 03 | 20 53 | 02 21 | 01 44 | 00 33 | 23 12 | 27 50 | 15 41 | 04 44 | 10 15 |
| 8 | 13:05:41 | 18 19 58 | 05♉11 | 11♉21 | 22 12 | 03 27 | 01 24 | 00 47 | 23 12 | 27 48 | 15 44 | 04 45 | 10 12 |
| 9 | 13:09:38 | 19 18 59 | 17 33 | 23 48 | 23 32 | 04 34 | 01 04 | 01 01 | 23 11 | 27 47 | 15 46 | 04 47 | 10 09 |
| 10 | 13:13:34 | 20 17 57 | 00♊06 | 06♊26 | 24 55 | 05 40 | 00 44 | 01 16 | 23 10 | 27 46 | 15 48 | 04 48 | 10 06 |
| 11 | 13:17:31 | 21 16 54 | 12 50 | 19 16 | 26 19 | 06 47 | 00 23 | 01 30 | 23 09 | 27 44 | 15 50 | 04 49 | 10 03 |
| 12 | 13:21:28 | 22 15 48 | 25 46 | 02♋20 | 27 45 | 07 54 | 00 02 | 01 44 | 23 08 | 27 43 | 15 52 | 04 50 | 10 00 |
| 13 | 13:25:24 | 23 14 40 | 08♋58 | 15 40 | 29 13 | 09 01 | 29♎40 | 01 58 | 23 07 | 27 42 | 15 54 | 04 52 | 09 56 |
| 14 | 13:29:21 | 24 13 30 | 22 27 | 29 18 | 00♈43 | 10 08 | 29 18 | 02 12 | 23 06 | 27 41 | 15 56 | 04 53 | 09 53 |
| 15 | 13:33:17 | 25 12 17 | 06♌14 | 13♌15 | 02 14 | 11 15 | 28 56 | 02 26 | 23 05 | 27 40 | 15 58 | 04 54 | 09 50 |
| 16 | 13:37:14 | 26 11 02 | 20 21 | 27 32 | 03 47 | 12 23 | 28 34 | 02 40 | 23 04 | 27 39 | 16 00 | 04 55 | 09 47 |
| 17 | 13:41:10 | 27 09 45 | 04♍48 | 12♍08 | 05 21 | 13 30 | 28 11 | 02 53 | 23 02 | 27 38 | 16 03 | 04 56 | 09 44 |
| 18 | 13:45:07 | 28 08 26 | 19 31 | 26 58 | 06 57 | 14 38 | 27 49 | 03 07 | 23 01 | 27 37 | 16 05 | 04 57 | 09 40 |
| 19 | 13:49:03 | 29 07 04 | 04♎27 | 11♎56 | 08 35 | 15 46 | 27 26 | 03 21 | 22 59 | 27 36 | 16 07 | 04 59 | 09 37 |
| 20 | 13:53:00 | 00♉05 40 | 19 26 | 26 54 | 10 15 | 16 54 | 27 03 | 03 35 | 22 57 | 27 35 | 16 09 | 05 00 | 09 34 |
| 21 | 13:56:57 | 01 04 15 | 04♏19 | 11♏41 | 11 56 | 18 02 | 26 40 | 03 49 | 22 55 | 27 34 | 16 11 | 05 01 | 09 31 |
| 22 | 14:00:53 | 02 02 47 | 18 58 | 26 10 | 13 39 | 19 10 | 26 18 | 04 02 | 22 54 | 27 34 | 16 13 | 05 02 | 09 28 |
| 23 | 14:04:50 | 03 01 18 | 03♐15 | 10♐14 | 15 23 | 20 18 | 25 55 | 04 16 | 22 52 | 27 33 | 16 16 | 05 03 | 09 25 |
| 24 | 14:08:46 | 03 59 47 | 17 05 | 23 50 | 17 09 | 21 26 | 25 33 | 04 29 | 22 49 | 27 32 | 16 18 | 05 04 | 09 21 |
| 25 | 14:12:43 | 04 58 14 | 00♑27 | 06♑58 | 18 57 | 22 35 | 25 10 | 04 43 | 22 47 | 27 32 | 16 20 | 05 05 | 09 18 |
| 26 | 14:16:39 | 05 56 40 | 13 23 | 19 41 | 20 46 | 23 43 | 24 48 | 04 56 | 22 45 | 27 31 | 16 22 | 05 06 | 09 15 |
| 27 | 14:20:36 | 06 55 04 | 25 54 | 02♒02 | 22 38 | 24 52 | 24 26 | 05 10 | 22 43 | 27 31 | 16 25 | 05 07 | 09 12 |
| 28 | 14:24:32 | 07 53 27 | 08♒07 | 14 07 | 24 30 | 26 01 | 24 05 | 05 23 | 22 40 | 27 31 | 16 27 | 05 08 | 09 09 |
| 29 | 14:28:29 | 08 51 48 | 20 05 | 26 02 | 26 25 | 27 09 | 23 44 | 05 36 | 22 38 | 27 30 | 16 29 | 05 09 | 09 06 |
| 30 | 14:32:26 | 09 50 07 | 01♓56 | 07♓50 | 28 21 | 28 18 | 23 23 | 05 50 | 22 35 | 27 30 | 16 31 | 05 09 | 09 02 |

## 0:00 E.T. — Longitudes of the Major Asteroids and Chiron

| D | ⚳ | ⚴ | ⚵ | ⚶ | ⚷ | D | ⚳ | ⚴ | ⚵ | ⚶ | ⚷ |
|---|---|---|---|---|---|---|---|---|---|---|---|
| 1 | 25♍17℞ | 11♋23 | 28♍25℞ | 19♋17 | 02♎49℞ | 16 | 22 45 | 17 25 | 25 29 | 22 35 | 01 43 |
| 2 | 25 04 | 11 46 | 28 11 | 19 28 | 02 44 | 17 | 22 38 | 17 50 | 25 19 | 22 50 | 01 39 |
| 3 | 24 52 | 12 09 | 27 58 | 19 39 | 02 40 | 18 | 22 31 | 18 16 | 25 10 | 23 06 | 01 35 |
| 4 | 24 41 | 12 32 | 27 45 | 19 51 | 02 35 | 19 | 22 25 | 18 41 | 25 02 | 23 22 | 01 31 |
| 5 | 24 29 | 12 56 | 27 32 | 20 03 | 02 31 | 20 | 22 19 | 19 07 | 24 53 | 23 38 | 01 27 |
| 6 | 24 18 | 13 20 | 27 19 | 20 16 | 02 26 | 21 | 22 13 | 19 32 | 24 45 | 23 54 | 01 24 |
| 7 | 24 07 | 13 43 | 27 07 | 20 28 | 02 22 | 22 | 22 08 | 19 58 | 24 37 | 24 11 | 01 20 |
| 8 | 23 57 | 14 08 | 26 55 | 20 41 | 02 17 | 23 | 22 03 | 20 24 | 24 30 | 24 28 | 01 16 |
| 9 | 23 47 | 14 32 | 26 43 | 20 54 | 02 13 | 24 | 21 58 | 20 50 | 24 23 | 24 45 | 01 13 |
| 10 | 23 37 | 14 56 | 26 32 | 21 08 | 02 08 | 25 | 21 54 | 21 16 | 24 17 | 25 02 | 01 10 |
| 11 | 23 27 | 15 21 | 26 20 | 21 22 | 02 04 | 26 | 21 51 | 21 42 | 24 10 | 25 20 | 01 06 |
| 12 | 23 18 | 15 45 | 26 09 | 21 36 | 02 00 | 27 | 21 48 | 22 08 | 24 05 | 25 37 | 01 03 |
| 13 | 23 10 | 16 10 | 25 59 | 21 50 | 01 55 | 28 | 21 45 | 22 35 | 23 59 | 25 55 | 01 00 |
| 14 | 23 01 | 16 35 | 25 48 | 22 05 | 01 51 | 29 | 21 42 | 23 01 | 23 54 | 26 13 | 00 57 |
| 15 | 22 53 | 17 00 | 25 38 | 22 20 | 01 47 | 30 | 21 40 | 23 28 | 23 49 | 26 32 | 00 54 |

## Lunar Data

| Last Asp. | | Ingress | | |
|---|---|---|---|---|
| 2 | 09:00 | 2 | ♓ | 13:12 |
| 4 | 12:26 | 5 | ♈ | 02:08 |
| 7 | 09:34 | 7 | ♉ | 13:52 |
| 9 | 19:34 | 9 | ♊ | 23:49 |
| 12 | 07:35 | 12 | ♋ | 07:44 |
| 14 | 11:42 | 14 | ♌ | 13:14 |
| 16 | 13:21 | 16 | ♍ | 16:05 |
| 18 | 05:37 | 18 | ♎ | 16:52 |
| 20 | 13:06 | 20 | ♏ | 17:01 |
| 22 | 14:21 | 22 | ♐ | 18:29 |
| 24 | 18:41 | 24 | ♑ | 23:10 |
| 26 | 21:47 | 27 | ♒ | 08:00 |
| 29 | 15:17 | 29 | ♓ | 20:04 |

## 0:00 E.T. — Declinations

| D | ☉ | ☽ | ☿ | ♀ | ♂ | ♃ | ♄ | ♅ | ♆ | ♇ | ⚳ | ⚴ | ⚵ | ⚶ | ⚷ |
|---|---|---|---|---|---|---|---|---|---|---|---|---|---|---|---|
| 1 | +04 31 | -17 18 | -08 01 | -12 22 | -10 31 | -01 19 | -21 44 | +12 54 | +14 50 | -20 36 | +17 06 | -05 03 | +04 44 | +26 02 | -04 18 |
| 2 | 04 54 | 12 43 | 07 42 | 12 05 | 10 27 | 01 13 | 21 44 | 12 55 | 14 51 | 20 35 | 17 08 | 04 45 | 04 52 | 26 01 | 04 16 |
| 3 | 05 17 | 07 41 | 07 21 | 11 47 | 10 22 | 01 08 | 21 44 | 12 55 | 14 51 | 20 35 | 17 10 | 04 27 | 05 00 | 26 00 | 04 14 |
| 4 | 05 40 | 02 24 | 06 59 | 11 29 | 10 18 | 01 02 | 21 44 | 12 56 | 14 52 | 20 35 | 17 12 | 04 10 | 05 08 | 25 58 | 04 12 |
| 5 | 06 03 | +02 59 | 06 35 | 11 11 | 10 13 | 00 56 | 21 44 | 12 56 | 14 53 | 20 34 | 17 13 | 03 53 | 05 16 | 25 57 | 04 09 |
| 6 | 06 26 | 08 18 | 06 11 | 10 52 | 10 08 | 00 51 | 21 44 | 12 57 | 14 53 | 20 34 | 17 14 | 03 36 | 05 23 | 25 55 | 04 07 |
| 7 | 06 49 | 13 22 | 05 44 | 10 33 | 10 02 | 00 45 | 21 44 | 12 57 | 14 54 | 20 34 | 17 15 | 03 19 | 05 31 | 25 54 | 04 05 |
| 8 | 07 11 | 17 58 | 05 17 | 10 14 | 09 57 | 00 40 | 21 44 | 12 58 | 14 54 | 20 33 | 17 16 | 03 02 | 05 38 | 25 52 | 04 03 |
| 9 | 07 34 | 21 52 | 04 48 | 09 54 | 09 51 | 00 34 | 21 44 | 12 58 | 14 55 | 20 33 | 17 16 | 02 46 | 05 45 | 25 50 | 04 01 |
| 10 | 07 56 | 24 49 | 04 18 | 09 34 | 09 46 | 00 29 | 21 43 | 12 59 | 14 56 | 20 33 | 17 16 | 02 30 | 05 52 | 25 49 | 03 58 |
| 11 | 08 18 | 26 34 | 03 46 | 09 13 | 09 40 | 00 23 | 21 43 | 12 59 | 14 56 | 20 33 | 17 16 | 02 14 | 05 59 | 25 47 | 03 56 |
| 12 | 08 40 | 26 56 | 03 14 | 08 52 | 09 34 | 00 18 | 21 43 | 12 59 | 14 57 | 20 32 | 17 16 | 01 58 | 06 06 | 25 45 | 03 54 |
| 13 | 09 02 | 25 47 | 02 40 | 08 31 | 09 29 | 00 12 | 21 43 | 13 00 | 14 58 | 20 32 | 17 15 | 01 43 | 06 12 | 25 43 | 03 52 |
| 14 | 09 24 | 23 07 | 02 05 | 08 10 | 09 23 | 00 07 | 21 43 | 13 00 | 14 58 | 20 32 | 17 14 | 01 27 | 06 18 | 25 41 | 03 50 |
| 15 | 09 45 | 19 05 | 01 29 | 07 48 | 09 17 | 00 01 | 21 43 | 13 01 | 14 59 | 20 32 | 17 13 | 01 12 | 06 24 | 25 39 | 03 48 |
| 16 | 10 06 | 13 53 | 00 52 | 07 26 | 09 10 | +00 04 | 21 43 | 13 01 | 14 59 | 20 32 | 17 12 | 00 57 | 06 30 | 25 36 | 03 46 |
| 17 | 10 28 | 07 49 | 00 13 | 07 04 | 09 04 | 00 10 | 21 43 | 13 01 | 15 00 | 20 31 | 17 11 | 00 43 | 06 36 | 25 34 | 03 44 |
| 18 | 10 49 | 01 13 | +00 26 | 06 42 | 08 58 | 00 15 | 21 42 | 13 01 | 15 01 | 20 31 | 17 09 | 00 28 | 06 42 | 25 32 | 03 41 |
| 19 | 11 10 | -05 31 | 01 06 | 06 19 | 08 52 | 00 21 | 21 42 | 13 02 | 15 01 | 20 31 | 17 07 | 00 14 | 06 47 | 25 29 | 03 39 |
| 20 | 11 30 | 11 57 | 01 47 | 05 56 | 08 46 | 00 26 | 21 42 | 13 02 | 15 02 | 20 31 | 17 04 | 00 00 | 06 52 | 25 27 | 03 37 |
| 21 | 11 51 | 17 39 | 02 29 | 05 33 | 08 40 | 00 31 | 21 42 | 13 02 | 15 03 | 20 31 | 17 02 | +00 13 | 06 57 | 25 24 | 03 35 |
| 22 | 12 11 | 22 13 | 03 12 | 05 09 | 08 34 | 00 37 | 21 42 | 13 02 | 15 03 | 20 31 | 16 59 | 00 27 | 07 02 | 25 21 | 03 33 |
| 23 | 12 31 | 25 19 | 03 56 | 04 46 | 08 28 | 00 42 | 21 42 | 13 03 | 15 04 | 20 31 | 16 56 | 00 40 | 07 06 | 25 19 | 03 32 |
| 24 | 12 51 | 26 46 | 04 41 | 04 22 | 08 22 | 00 47 | 21 41 | 13 03 | 15 05 | 20 30 | 16 53 | 00 53 | 07 11 | 25 16 | 03 30 |
| 25 | 13 11 | 26 36 | 05 27 | 03 58 | 08 16 | 00 52 | 21 41 | 13 03 | 15 05 | 20 30 | 16 50 | 01 06 | 07 15 | 25 13 | 03 28 |
| 26 | 13 30 | 24 57 | 06 13 | 03 33 | 08 10 | 00 58 | 21 41 | 13 03 | 15 06 | 20 30 | 16 46 | 01 18 | 07 19 | 25 10 | 03 26 |
| 27 | 13 49 | 22 07 | 07 00 | 03 09 | 08 05 | 01 03 | 21 41 | 13 03 | 15 06 | 20 30 | 16 43 | 01 31 | 07 23 | 25 07 | 03 24 |
| 28 | 14 08 | 18 20 | 07 47 | 02 44 | 07 59 | 01 08 | 21 41 | 13 03 | 15 07 | 20 30 | 16 39 | 01 43 | 07 26 | 25 04 | 03 22 |
| 29 | 14 27 | 13 53 | 08 35 | 02 19 | 07 54 | 01 13 | 21 41 | 13 03 | 15 08 | 20 30 | 16 35 | 01 55 | 07 30 | 25 00 | 03 21 |
| 30 | 14 46 | 08 58 | 09 23 | 01 55 | 07 49 | 01 18 | 21 40 | 13 03 | 15 08 | 20 30 | 16 30 | 02 06 | 07 33 | 24 57 | 03 19 |

Lunar Phases -- 6 ● 11:53 14 ◐ 03:23 20 ○ 18:22 27 ◑ 23:32 Sun enters ♉ 4/19 21:41

| D | S.T. | ☉ | ☽ | ☽ 12:00 | ☿ | ♀ | ♂ | ♃ | ♄ | ♅ | ♆ | ♇ | ☊ |
|---|------|---|---|---------|---|---|---|---|---|---|---|---|---|
| 1 | 14:36:22 | 10♉48 25 | 13♓44 | 19♓38 | 00♉19 | 29♓27 | 23♎03℞ | 06♈03 | 22♐33℞ | 27♌30℞ | 16♉33 | 05♓10 | 08♒59 |
| 2 | 14:40:19 | 11 46 41 | 25 34 | 01♈30 | 02 19 | 00♈36 | 22 43 | 06 16 | 22 30 | 27 30 | 16 36 | 05 11 | 08 56 |
| 3 | 14:44:15 | 12 44 55 | 07♈29 | 13 30 | 04 20 | 01 46 | 22 23 | 06 29 | 22 27 | 27 29 | 16 38 | 05 12 | 08 53 |
| 4 | 14:48:12 | 13 43 08 | 19 33 | 25 39 | 06 22 | 02 55 | 22 04 | 06 42 | 22 24 | 27 29 | 16 40 | 05 13 | 08 50 |
| 5 | 14:52:08 | 14 41 20 | 01♉47 | 07♉59 | 08 27 | 04 04 | 21 46 | 06 55 | 22 21 | 27 29D | 16 42 | 05 13 | 08 46 |
| 6 | 14:56:05 | 15 39 30 | 14 14 | 20 32 | 10 32 | 05 14 | 21 28 | 07 08 | 22 18 | 27 29 | 16 45 | 05 14 | 08 43 |
| 7 | 15:00:01 | 16 37 38 | 26 52 | 03♊16 | 12 39 | 06 23 | 21 11 | 07 21 | 22 15 | 27 29 | 16 47 | 05 15 | 08 40 |
| 8 | 15:03:58 | 17 35 44 | 09♊43 | 16 13 | 14 47 | 07 33 | 20 55 | 07 34 | 22 12 | 27 30 | 16 49 | 05 16 | 08 37 |
| 9 | 15:07:55 | 18 33 49 | 22 45 | 29 20 | 16 56 | 08 42 | 20 39 | 07 46 | 22 08 | 27 30 | 16 52 | 05 16 | 08 34 |
| 10 | 15:11:51 | 19 31 52 | 05♋39 | 12♋39 | 19 06 | 09 52 | 20 24 | 07 59 | 22 05 | 27 30 | 16 54 | 05 17 | 08 31 |
| 11 | 15:15:48 | 20 29 53 | 19 23 | 26 09 | 21 16 | 11 02 | 20 10 | 08 11 | 22 02 | 27 30 | 16 56 | 05 18 | 08 27 |
| 12 | 15:19:44 | 21 27 53 | 02♌59 | 09♌51 | 23 27 | 12 11 | 19 56 | 08 24 | 21 58 | 27 31 | 16 58 | 05 18 | 08 24 |
| 13 | 15:23:41 | 22 25 50 | 16 47 | 23 46 | 25 38 | 13 21 | 19 44 | 08 36 | 21 55 | 27 31 | 17 01 | 05 19 | 08 21 |
| 14 | 15:27:37 | 23 23 45 | 00♍48 | 07♍53 | 27 48 | 14 31 | 19 32 | 08 49 | 21 51 | 27 32 | 17 03 | 05 19 | 08 18 |
| 15 | 15:31:34 | 24 21 39 | 15 01 | 22 12 | 29 58 | 15 41 | 19 20 | 09 01 | 21 48 | 27 32 | 17 05 | 05 20 | 08 15 |
| 16 | 15:35:30 | 25 19 31 | 29 26 | 06♎41 | 02♊08 | 16 51 | 19 10 | 09 13 | 21 44 | 27 33 | 17 07 | 05 20 | 08 11 |
| 17 | 15:39:27 | 26 17 21 | 13♎58 | 21 15 | 04 16 | 18 01 | 19 00 | 09 25 | 21 40 | 27 33 | 17 10 | 05 21 | 08 08 |
| 18 | 15:43:24 | 27 15 09 | 28 32 | 05♏48 | 06 23 | 19 11 | 18 51 | 09 37 | 21 36 | 27 34 | 17 12 | 05 21 | 08 05 |
| 19 | 15:47:20 | 28 12 56 | 13♏03 | 20 14 | 08 28 | 20 22 | 18 43 | 09 49 | 21 33 | 27 35 | 17 14 | 05 22 | 08 02 |
| 20 | 15:51:17 | 29 10 41 | 27 22 | 04♐26 | 10 32 | 21 32 | 18 36 | 10 01 | 21 29 | 27 36 | 17 16 | 05 22 | 07 59 |
| 21 | 15:55:13 | 00♊08 26 | 11♐25 | 18 19 | 12 33 | 22 42 | 18 29 | 10 13 | 21 25 | 27 36 | 17 18 | 05 23 | 07 56 |
| 22 | 15:59:10 | 01 06 08 | 25 06 | 01♑48 | 14 33 | 23 52 | 18 24 | 10 24 | 21 21 | 27 37 | 17 21 | 05 23 | 07 52 |
| 23 | 16:03:06 | 02 03 50 | 08♑24 | 14 54 | 16 30 | 25 03 | 18 19 | 10 36 | 21 17 | 27 38 | 17 23 | 05 24 | 07 49 |
| 24 | 16:07:03 | 03 01 30 | 21 18 | 27 37 | 18 24 | 26 13 | 18 15 | 10 47 | 21 13 | 27 39 | 17 25 | 05 24 | 07 46 |
| 25 | 16:10:59 | 03 59 10 | 03♒51 | 10♒00 | 20 16 | 27 24 | 18 11 | 10 59 | 21 09 | 27 40 | 17 27 | 05 24 | 07 43 |
| 26 | 16:14:56 | 04 56 48 | 16 05 | 22 07 | 22 05 | 28 34 | 18 09 | 11 10 | 21 04 | 27 41 | 17 29 | 05 24 | 07 40 |
| 27 | 16:18:53 | 05 54 25 | 28 06 | 04♓03 | 23 52 | 29 45 | 18 07 | 11 21 | 21 00 | 27 43 | 17 32 | 05 25 | 07 37 |
| 28 | 16:22:49 | 06 52 01 | 09♓59 | 15 54 | 25 35 | 00♉56 | 18 06 | 11 33 | 20 56 | 27 44 | 17 34 | 05 25 | 07 33 |
| 29 | 16:26:46 | 07 49 37 | 21 49 | 27 45 | 27 16 | 02 06 | 18 06D | 11 44 | 20 52 | 27 45 | 17 36 | 05 25 | 07 30 |
| 30 | 16:30:42 | 08 47 11 | 03♈41 | 09♈40 | 28 53 | 03 17 | 18 07 | 11 55 | 20 47 | 27 46 | 17 38 | 05 25 | 07 27 |
| 31 | 16:34:39 | 09 44 44 | 15 40 | 21 44 | 00♋28 | 04 28 | 18 08 | 12 05 | 20 43 | 27 48 | 17 40 | 05 25 | 07 24 |

| D | ⚳ | ⚴ | ⚵ | ⚶ | ⚷ | D | ⚳ | ⚴ | ⚵ | ⚶ | ⚷ | Last Asp. | Ingress |
|---|---|---|---|---|---|---|---|---|---|---|---|-----------|---------|
| 1 | 21♍39℞ | 23♋54 | 23♍45℞ | 26♋50 | 00♎51℞ | 17 | 22 10 | 01 07 | 23 24 | 02 11 | 00 18 | 1 17:49 | 2 ♈ 08:58 |
| 2 | 21 38 | 24 21 | 23 41 | 27 09 | 00 48 | 18 | 22 15 | 01 35 | 23 25 | 02 32 | 00 16 | 4 15:36 | 4 ♉ 20:31 |
| 3 | 21 37 | 24 47 | 23 37 | 27 28 | 00 45 | 19 | 22 21 | 02 03 | 23 27 | 02 54 | 00 15 | 7 01:10 | 7 ♊ 05:52 |
| 4 | 21 37 | 25 14 | 23 34 | 27 47 | 00 43 | 20 | 22 27 | 02 30 | 23 30 | 03 16 | 00 14 | 9 08:39 | 9 ♋ 13:12 |
| 5 | 21 37D | 25 41 | 23 31 | 28 06 | 00 40 | 21 | 22 33 | 02 58 | 23 32 | 03 38 | 00 14 | 11 03:60 | 11 ♌ 18:46 |
| 6 | 21 37 | 26 08 | 23 28 | 28 26 | 00 38 | 22 | 22 40 | 03 25 | 23 35 | 04 00 | 00 13 | 13 18:26 | 13 ♍ 22:38 |
| 7 | 21 38 | 26 35 | 23 26 | 28 45 | 00 35 | 23 | 22 47 | 03 53 | 23 39 | 04 22 | 00 12 | 15 16:42 | 16 ♎ 00:57 |
| 8 | 21 40 | 27 02 | 23 24 | 29 05 | 00 33 | 24 | 22 54 | 04 21 | 23 42 | 04 44 | 00 12 | 17 22:24 | 18 ♏ 02:25 |
| 9 | 21 42 | 27 29 | 23 23 | 29 25 | 00 31 | 25 | 23 02 | 04 49 | 23 46 | 05 06 | 00 11 | 20 03:17 | 20 ♐ 04:27 |
| 10 | 21 44 | 27 56 | 23 22 | 29 45 | 00 29 | 26 | 23 10 | 05 16 | 23 50 | 05 29 | 00 11 | 22 04:30 | 22 ♑ 08:45 |
| 11 | 21 46 | 28 23 | 23 21 | 00♌06 | 00 27 | 27 | 23 18 | 05 44 | 23 55 | 05 52 | 00 11 | 24 10:18 | 24 ♒ 16:35 |
| 12 | 21 49 | 28 51 | 23 20 | 00 26 | 00 26 | 28 | 23 27 | 06 12 | 24 00 | 06 14 | 00 11 | 27 03:41 | 27 ♓ 03:49 |
| 13 | 21 53 | 29 18 | 23 20D | 00 47 | 00 23 | 29 | 23 36 | 06 40 | 24 05 | 06 37 | 00 11D | 29 12:47 | 29 ♈ 16:33 |
| 14 | 21 56 | 29 45 | 23 21 | 01 08 | 00 22 | 30 | 23 46 | 07 08 | 24 10 | 07 00 | 00 11 | | |
| 15 | 22 01 | 00♌13 | 23 21 | 01 29 | 00 20 | 31 | 23 55 | 07 36 | 24 16 | 07 23 | 00 11 | | |
| 16 | 22 05 | 00 40 | 23 22 | 01 50 | 00 19 | | | | | | | | |

| D | ☉ | ☽ | ☿ | ♀ | ♂ | ♃ | ♄ | ♅ | ♆ | ♇ | ⚳ | ⚴ | ⚵ | ⚶ | ⚷ |
|---|---|---|---|---|---|---|---|---|---|---|---|---|---|---|---|
| 1 | +15 04 | -03 45 | +10 12 | -01 30 | -07 43 | +01 24 | -21 40 | +13 03 | +15 09 | -20 30 | +16 26 | +02 18 | +07 36 | +24 54 | -03 17 |
| 2 | 15 22 | +01 35 | 11 01 | 01 04 | 07 38 | 01 29 | 21 40 | 13 03 | 15 10 | 20 30 | 16 21 | 02 29 | 07 39 | 24 50 | 03 15 |
| 3 | 15 40 | 06 54 | 11 51 | 00 39 | 07 34 | 01 34 | 21 40 | 13 03 | 15 10 | 20 30 | 16 16 | 02 40 | 07 42 | 24 47 | 03 14 |
| 4 | 15 57 | 12 01 | 12 40 | 00 14 | 07 29 | 01 39 | 21 40 | 13 03 | 15 11 | 20 30 | 16 11 | 02 51 | 07 44 | 24 43 | 03 12 |
| 5 | 16 15 | 16 45 | 13 29 | +00 12 | 07 25 | 01 44 | 21 39 | 13 03 | 15 12 | 20 30 | 16 06 | 03 02 | 07 47 | 24 39 | 03 11 |
| 6 | 16 32 | 20 51 | 14 18 | 00 37 | 07 21 | 01 49 | 21 39 | 13 03 | 15 12 | 20 30 | 16 00 | 03 12 | 07 49 | 24 36 | 03 09 |
| 7 | 16 48 | 24 04 | 15 06 | 01 03 | 07 17 | 01 54 | 21 39 | 13 03 | 15 13 | 20 30 | 15 55 | 03 22 | 07 51 | 24 32 | 03 08 |
| 8 | 17 05 | 26 07 | 15 54 | 01 29 | 07 13 | 01 59 | 21 39 | 13 03 | 15 14 | 20 30 | 15 49 | 03 32 | 07 53 | 24 28 | 03 06 |
| 9 | 17 21 | 26 47 | 16 41 | 01 54 | 07 10 | 02 03 | 21 39 | 13 03 | 15 14 | 20 30 | 15 43 | 03 42 | 07 54 | 24 24 | 03 05 |
| 10 | 17 37 | 25 57 | 17 28 | 02 20 | 07 06 | 02 08 | 21 38 | 13 03 | 15 15 | 20 30 | 15 37 | 03 51 | 07 56 | 24 20 | 03 03 |
| 11 | 17 52 | 23 36 | 18 13 | 02 46 | 07 03 | 02 13 | 21 38 | 13 03 | 15 15 | 20 30 | 15 30 | 04 00 | 07 57 | 24 15 | 03 02 |
| 12 | 18 08 | 19 53 | 18 56 | 03 12 | 07 01 | 02 18 | 21 37 | 13 03 | 15 16 | 20 30 | 15 24 | 04 09 | 07 58 | 24 11 | 03 01 |
| 13 | 18 22 | 15 02 | 19 38 | 03 37 | 06 58 | 02 23 | 21 37 | 13 03 | 15 17 | 20 30 | 15 17 | 04 18 | 07 59 | 24 07 | 02 59 |
| 14 | 18 37 | 09 19 | 20 19 | 04 03 | 06 56 | 02 27 | 21 37 | 13 02 | 15 17 | 20 30 | 15 11 | 04 27 | 08 00 | 24 02 | 02 58 |
| 15 | 18 51 | 03 03 | 20 57 | 04 29 | 06 54 | 02 32 | 21 37 | 13 02 | 15 18 | 20 31 | 15 04 | 04 35 | 08 00 | 23 58 | 02 57 |
| 16 | 19 05 | -03 25 | 21 33 | 04 55 | 06 53 | 02 37 | 21 37 | 13 02 | 15 19 | 20 31 | 14 57 | 04 44 | 08 01 | 23 53 | 02 56 |
| 17 | 19 19 | 09 46 | 22 07 | 05 20 | 06 52 | 02 41 | 21 36 | 13 01 | 15 19 | 20 31 | 14 50 | 04 52 | 08 01 | 23 48 | 02 55 |
| 18 | 19 33 | 15 36 | 22 39 | 05 46 | 06 51 | 02 46 | 21 36 | 13 01 | 15 20 | 20 31 | 14 42 | 04 59 | 08 01 | 23 44 | 02 54 |
| 19 | 19 46 | 20 31 | 23 08 | 06 12 | 06 50 | 02 50 | 21 36 | 13 01 | 15 20 | 20 31 | 14 35 | 05 07 | 08 01 | 23 39 | 02 53 |
| 20 | 19 58 | 24 10 | 23 34 | 06 37 | 06 49 | 02 55 | 21 36 | 13 01 | 15 21 | 20 31 | 14 28 | 05 14 | 08 01 | 23 34 | 02 52 |
| 21 | 20 11 | 26 16 | 23 58 | 07 03 | 06 49 | 02 59 | 21 35 | 13 00 | 15 22 | 20 31 | 14 20 | 05 22 | 08 00 | 23 29 | 02 51 |
| 22 | 20 23 | 26 42 | 24 19 | 07 28 | 06 49 | 03 04 | 21 35 | 13 00 | 15 22 | 20 32 | 14 12 | 05 29 | 08 00 | 23 24 | 02 50 |
| 23 | 20 34 | 25 34 | 24 38 | 07 53 | 06 50 | 03 08 | 21 35 | 12 59 | 15 23 | 20 32 | 14 04 | 05 35 | 07 59 | 23 19 | 02 49 |
| 24 | 20 46 | 23 04 | 24 54 | 08 18 | 06 51 | 03 13 | 21 35 | 12 59 | 15 23 | 20 32 | 13 56 | 05 42 | 07 58 | 23 13 | 02 48 |
| 25 | 20 56 | 19 31 | 25 07 | 08 43 | 06 51 | 03 17 | 21 34 | 12 59 | 15 24 | 20 32 | 13 48 | 05 48 | 07 57 | 23 08 | 02 47 |
| 26 | 21 07 | 15 12 | 25 18 | 09 08 | 06 52 | 03 21 | 21 34 | 12 59 | 15 25 | 20 32 | 13 40 | 05 55 | 07 56 | 23 03 | 02 47 |
| 27 | 21 17 | 10 22 | 25 27 | 09 33 | 06 54 | 03 25 | 21 34 | 12 58 | 15 25 | 20 33 | 13 32 | 06 01 | 07 55 | 22 57 | 02 46 |
| 28 | 21 27 | 05 33 | 25 33 | 09 56 | 06 56 | 03 30 | 21 34 | 12 58 | 15 26 | 20 33 | 13 23 | 06 07 | 07 53 | 22 52 | 02 45 |
| 29 | 21 37 | +00 06 | 25 37 | 10 22 | 06 58 | 03 34 | 21 33 | 12 57 | 15 26 | 20 33 | 13 15 | 06 12 | 07 52 | 22 46 | 02 45 |
| 30 | 21 46 | 05 24 | 25 38 | 10 46 | 07 00 | 03 38 | 21 33 | 12 57 | 15 27 | 20 33 | 13 06 | 06 18 | 07 50 | 22 40 | 02 44 |
| 31 | 21 54 | 10 34 | 25 38 | 11 10 | 07 03 | 03 42 | 21 33 | 12 56 | 15 28 | 20 34 | 12 58 | 06 23 | 07 49 | 22 35 | 02 44 |

Lunar Phases --　6 ● 02:57　13 ◐ 10:26　20 ○ 03:16　27 ◑ 17:08　Sun enters ♊ 5/20 20:30

## Longitudes of Main Planets

| D | S.T. | ☉ | ☽ | ☽ 12:00 | ☿ | ♀ | ♂ | ♃ | ♄ | ♅ | ♆ | ♇ | ☊ |
|---|---|---|---|---|---|---|---|---|---|---|---|---|---|
| 1 | 16:38:35 | 10 ♊ 42 17 | 27 ♈ 50 | 04 ♉ 00 | 01 ♋ 59 | 05 ♉ 39 | 18 ♎ 11 | 12 ♈ 16 | 20 ♐ 39 ℞ | 27 ♌ 49 | 17 ♉ 42 | 05 ♓ 25 | 07 ♒ 21 |
| 2 | 16:42:32 | 11 39 49 | 10 ♉ 13 | 16 31 | 03 28 | 06 50 | 18 14 | 12 27 | 20 34 | 27 51 | 17 44 | 05 25 | 07 17 |
| 3 | 16:46:28 | 12 37 20 | 22 52 | 29 17 | 04 53 | 08 01 | 18 17 | 12 37 | 20 30 | 27 52 | 17 46 | 05 25 | 07 14 |
| 4 | 16:50:25 | 13 34 50 | 05 ♊ 47 | 12 ♊ 20 | 06 16 | 09 12 | 18 22 | 12 48 | 20 26 | 27 54 | 17 49 | 05 25 | 07 11 |
| 5 | 16:54:22 | 14 32 19 | 18 57 | 25 37 | 07 35 | 10 23 | 18 27 | 12 58 | 20 21 | 27 55 | 17 51 | 05 25 ℞ | 07 08 |
| 6 | 16:58:18 | 15 29 47 | 02 ♋ 21 | 09 ♋ 08 | 08 51 | 11 34 | 18 33 | 13 08 | 20 17 | 27 57 | 17 53 | 05 25 | 07 05 |
| 7 | 17:02:15 | 16 27 14 | 15 57 | 22 49 | 10 03 | 12 45 | 18 39 | 13 18 | 20 12 | 27 59 | 17 55 | 05 25 | 07 02 |
| 8 | 17:06:11 | 17 24 41 | 29 43 | 06 ♌ 40 | 11 13 | 13 56 | 18 47 | 13 28 | 20 08 | 28 00 | 17 57 | 05 25 | 06 58 |
| 9 | 17:10:08 | 18 22 05 | 13 ♌ 38 | 20 38 | 12 18 | 15 07 | 18 55 | 13 38 | 20 04 | 28 02 | 17 59 | 05 25 | 06 55 |
| 10 | 17:14:04 | 19 19 29 | 27 39 | 04 ♍ 42 | 13 21 | 16 18 | 19 04 | 13 48 | 19 59 | 28 04 | 18 01 | 05 25 | 06 52 |
| 11 | 17:18:01 | 20 16 52 | 11 ♍ 46 | 18 50 | 14 20 | 17 30 | 19 13 | 13 58 | 19 55 | 28 06 | 18 03 | 05 25 | 06 49 |
| 12 | 17:21:57 | 21 14 14 | 25 56 | 03 ♎ 02 | 15 15 | 18 41 | 19 23 | 14 07 | 19 50 | 28 08 | 18 05 | 05 25 | 06 46 |
| 13 | 17:25:54 | 22 11 34 | 10 ♎ 09 | 17 15 | 16 07 | 19 52 | 19 34 | 14 16 | 19 46 | 28 10 | 18 07 | 05 25 | 06 43 |
| 14 | 17:29:51 | 23 08 54 | 24 22 | 01 ♏ 27 | 16 55 | 21 03 | 19 45 | 14 26 | 19 41 | 28 12 | 18 09 | 05 25 | 06 39 |
| 15 | 17:33:47 | 24 06 12 | 08 ♏ 31 | 15 34 | 17 39 | 22 15 | 19 57 | 14 35 | 19 37 | 28 14 | 18 11 | 05 24 | 06 36 |
| 16 | 17:37:44 | 25 03 30 | 22 35 | 29 33 | 18 19 | 23 26 | 20 10 | 14 44 | 19 33 | 28 16 | 18 12 | 05 24 | 06 33 |
| 17 | 17:41:40 | 26 00 47 | 06 ♐ 28 | 13 ♐ 19 | 18 55 | 24 38 | 20 23 | 14 53 | 19 28 | 28 18 | 18 14 | 05 24 | 06 30 |
| 18 | 17:45:37 | 26 58 03 | 20 07 | 26 50 | 19 27 | 25 49 | 20 36 | 15 02 | 19 24 | 28 20 | 18 16 | 05 23 | 06 27 |
| 19 | 17:49:33 | 27 55 19 | 03 ♑ 29 | 10 ♑ 03 | 19 55 | 27 01 | 20 51 | 15 10 | 19 19 | 28 23 | 18 18 | 05 23 | 06 23 |
| 20 | 17:53:30 | 28 52 34 | 16 32 | 22 57 | 20 18 | 28 12 | 21 06 | 15 19 | 19 15 | 28 25 | 18 20 | 05 22 | 06 20 |
| 21 | 17:57:26 | 29 49 49 | 29 17 | 05 ♒ 33 | 20 37 | 29 24 | 21 21 | 15 27 | 19 11 | 28 27 | 18 22 | 05 22 | 06 17 |
| 22 | 18:01:23 | 00 ♋ 47 04 | 11 ♒ 45 | 17 53 | 20 51 | 00 ♊ 36 | 21 37 | 15 35 | 19 06 | 28 29 | 18 23 | 05 22 | 06 14 |
| 23 | 18:05:20 | 01 44 18 | 23 58 | 00 00 | 21 01 | 01 47 | 21 54 | 15 43 | 19 02 | 28 32 | 18 25 | 05 22 | 06 11 |
| 24 | 18:09:16 | 02 41 32 | 05 ♓ 59 | 11 ♓ 57 | 21 06 | 02 59 | 22 11 | 15 51 | 18 58 | 28 34 | 18 27 | 05 21 | 06 08 |
| 25 | 18:13:13 | 03 38 45 | 17 53 | 23 49 | 21 06 ℞ | 04 11 | 22 28 | 15 59 | 18 54 | 28 37 | 18 29 | 05 21 | 06 04 |
| 26 | 18:17:09 | 04 35 59 | 29 44 | 05 ♈ 40 | 21 02 | 05 22 | 22 46 | 16 07 | 18 49 | 28 39 | 18 30 | 05 20 | 06 01 |
| 27 | 18:21:06 | 05 33 12 | 11 ♈ 38 | 17 37 | 20 54 | 06 34 | 23 05 | 16 14 | 18 45 | 28 42 | 18 32 | 05 20 | 05 58 |
| 28 | 18:25:02 | 06 30 26 | 23 39 | 29 43 | 20 41 | 07 46 | 23 24 | 16 22 | 18 41 | 28 44 | 18 34 | 05 19 | 05 55 |
| 29 | 18:28:59 | 07 27 40 | 05 ♉ 51 | 12 ♉ 02 | 20 24 | 08 58 | 23 43 | 16 29 | 18 37 | 28 47 | 18 35 | 05 19 | 05 52 |
| 30 | 18:32:55 | 08 24 53 | 18 18 | 24 39 | 20 03 | 10 10 | 24 03 | 16 36 | 18 33 | 28 50 | 18 37 | 05 18 | 05 49 |

## 0:00 E.T. — Longitudes of the Major Asteroids and Chiron    Lunar Data

| D | ⚳ | ⚴ | ⚵ | ⚶ | ⚷ | D | ⚳ | ⚴ | ⚵ | ⚶ | ⚷ |
|---|---|---|---|---|---|---|---|---|---|---|---|
| 1 | 24 ♍ 05 | 08 ♌ 04 | 24 ♍ 22 | 07 ♌ 47 | 00 ♎ 12 | 16 | 27 09 | 15 05 | 26 24 | 13 49 | 00 31 |
| 2 | 24 15 | 08 32 | 24 28 | 08 10 | 00 12 | 17 | 27 23 | 15 33 | 26 34 | 14 14 | 00 33 |
| 3 | 24 26 | 09 00 | 24 35 | 08 34 | 00 13 | 18 | 27 37 | 16 02 | 26 44 | 14 39 | 00 35 |
| 4 | 24 37 | 09 28 | 24 42 | 08 57 | 00 13 | 19 | 27 52 | 16 30 | 26 55 | 15 04 | 00 38 |
| 5 | 24 48 | 09 56 | 24 49 | 09 21 | 00 14 | 20 | 28 07 | 16 58 | 27 05 | 15 29 | 00 40 |
| 6 | 24 59 | 10 24 | 24 56 | 09 45 | 00 15 | 21 | 28 22 | 17 26 | 27 16 | 15 55 | 00 43 |
| 7 | 25 11 | 10 52 | 25 04 | 10 09 | 00 16 | 22 | 28 38 | 17 55 | 27 27 | 16 20 | 00 46 |
| 8 | 25 23 | 11 20 | 25 12 | 10 33 | 00 17 | 23 | 28 53 | 18 23 | 27 38 | 16 46 | 00 48 |
| 9 | 25 35 | 11 48 | 25 20 | 10 57 | 00 19 | 24 | 29 09 | 18 51 | 27 50 | 17 11 | 00 51 |
| 10 | 25 48 | 12 16 | 25 28 | 11 21 | 00 20 | 25 | 29 25 | 19 19 | 28 02 | 17 37 | 00 54 |
| 11 | 26 01 | 12 44 | 25 37 | 11 46 | 00 22 | 26 | 29 41 | 19 48 | 28 14 | 18 03 | 00 58 |
| 12 | 26 14 | 13 12 | 25 46 | 12 10 | 00 23 | 27 | 29 58 | 20 16 | 28 26 | 18 28 | 01 01 |
| 13 | 26 27 | 13 41 | 25 55 | 12 35 | 00 25 | 28 | 00 ♎ 14 | 20 44 | 28 38 | 18 54 | 01 04 |
| 14 | 26 41 | 14 09 | 26 04 | 12 59 | 00 27 | 29 | 00 31 | 21 12 | 28 50 | 19 20 | 01 08 |
| 15 | 26 54 | 14 37 | 26 14 | 13 24 | 00 29 | 30 | 00 48 | 21 41 | 29 03 | 19 46 | 01 11 |

### Lunar Data

| Last Asp. | | Ingress | |
|---|---|---|---|
| 31 | 23:58 | 1 | ♉ 04:13 |
| 3 | 09:22 | 3 | ♊ 13:19 |
| 5 | 16:09 | 5 | ♋ 19:49 |
| 7 | 04:47 | 8 | ♌ 00:29 |
| 10 | 00:42 | 10 | ♍ 04:00 |
| 11 | 15:29 | 12 | ♎ 06:52 |
| 14 | 06:30 | 14 | ♏ 09:33 |
| 16 | 09:49 | 16 | ♐ 12:47 |
| 18 | 14:45 | 18 | ♑ 17:42 |
| 21 | 00:14 | 21 | ♒ 01:21 |
| 23 | 09:07 | 23 | ♓ 12:01 |
| 25 | 06:30 | 26 | ♈ 00:32 |
| 28 | 10:07 | 28 | ♉ 12:33 |
| 30 | 19:54 | | |

## 0:00 E.T. — Declinations

| D | ☉ | ☽ | ☿ | ♀ | ♂ | ♃ | ♄ | ♅ | ♆ | ♇ | ⚳ | ⚴ | ⚵ | ⚶ | ⚷ |
|---|---|---|---|---|---|---|---|---|---|---|---|---|---|---|---|
| 1 | +22 03 | +15 24 | +25 36 | +11 34 | -07 05 | +03 46 | -21 33 | +12 56 | +15 28 | -20 34 | +12 49 | +06 28 | +07 47 | +22 29 | -02 43 |
| 2 | 22 11 | 19 42 | 25 32 | 11 58 | 07 08 | 03 50 | 21 33 | 12 55 | 15 29 | 20 34 | 12 40 | 06 33 | 07 45 | 22 23 | 02 43 |
| 3 | 22 18 | 23 12 | 25 26 | 12 21 | 07 12 | 03 54 | 21 32 | 12 55 | 15 29 | 20 35 | 12 31 | 06 38 | 07 42 | 22 17 | 02 42 |
| 4 | 22 26 | 25 37 | 25 19 | 12 44 | 07 15 | 03 58 | 21 32 | 12 54 | 15 30 | 20 35 | 12 22 | 06 42 | 07 40 | 22 10 | 02 42 |
| 5 | 22 32 | 26 41 | 25 11 | 13 07 | 07 19 | 04 01 | 21 32 | 12 53 | 15 30 | 20 35 | 12 13 | 06 46 | 07 38 | 22 04 | 02 42 |
| 6 | 22 39 | 26 13 | 25 01 | 13 29 | 07 23 | 04 05 | 21 32 | 12 53 | 15 31 | 20 36 | 12 04 | 06 51 | 07 35 | 21 58 | 02 42 |
| 7 | 22 45 | 24 11 | 24 49 | 13 52 | 07 28 | 04 09 | 21 31 | 12 52 | 15 31 | 20 36 | 11 54 | 06 55 | 07 33 | 21 52 | 02 42 |
| 8 | 22 50 | 20 42 | 24 37 | 14 14 | 07 32 | 04 13 | 21 31 | 12 52 | 15 32 | 20 36 | 11 45 | 06 58 | 07 30 | 21 45 | 02 41 |
| 9 | 22 56 | 16 01 | 24 24 | 14 35 | 07 37 | 04 16 | 21 31 | 12 51 | 15 33 | 20 36 | 11 35 | 07 02 | 07 27 | 21 39 | 02 41 |
| 10 | 23 00 | 10 27 | 24 09 | 14 57 | 07 42 | 04 20 | 21 30 | 12 50 | 15 33 | 20 37 | 11 26 | 07 06 | 07 24 | 21 32 | 02 41 |
| 11 | 23 05 | 04 19 | 23 54 | 15 18 | 07 47 | 04 23 | 21 30 | 12 50 | 15 34 | 20 37 | 11 16 | 07 09 | 07 21 | 21 25 | 02 41 |
| 12 | 23 09 | -02 03 | 23 38 | 15 39 | 07 53 | 04 27 | 21 30 | 12 49 | 15 34 | 20 38 | 11 07 | 07 12 | 07 18 | 21 19 | 02 41 |
| 13 | 23 12 | 08 19 | 23 22 | 15 59 | 07 59 | 04 30 | 21 30 | 12 48 | 15 35 | 20 38 | 10 57 | 07 15 | 07 14 | 21 12 | 02 42 |
| 14 | 23 15 | 14 09 | 23 05 | 16 19 | 08 05 | 04 34 | 21 30 | 12 47 | 15 35 | 20 39 | 10 47 | 07 18 | 07 11 | 21 05 | 02 42 |
| 15 | 23 18 | 19 13 | 22 48 | 16 39 | 08 11 | 04 37 | 21 29 | 12 47 | 15 36 | 20 39 | 10 37 | 07 21 | 07 07 | 20 58 | 02 42 |
| 16 | 23 21 | 23 10 | 22 30 | 16 58 | 08 17 | 04 40 | 21 29 | 12 46 | 15 36 | 20 39 | 10 28 | 07 23 | 07 04 | 20 51 | 02 42 |
| 17 | 23 22 | 25 44 | 22 12 | 17 17 | 08 23 | 04 43 | 21 29 | 12 45 | 15 37 | 20 39 | 10 18 | 07 25 | 07 00 | 20 44 | 02 42 |
| 18 | 23 24 | 26 42 | 21 54 | 17 35 | 08 30 | 04 47 | 21 29 | 12 44 | 15 37 | 20 40 | 10 08 | 07 28 | 06 56 | 20 36 | 02 43 |
| 19 | 23 25 | 26 06 | 21 36 | 17 53 | 08 37 | 04 50 | 21 28 | 12 43 | 15 38 | 20 40 | 09 57 | 07 30 | 06 53 | 20 29 | 02 43 |
| 20 | 23 26 | 24 02 | 21 18 | 18 11 | 08 44 | 04 53 | 21 28 | 12 43 | 15 38 | 20 41 | 09 47 | 07 32 | 06 49 | 20 22 | 02 44 |
| 21 | 23 26 | 20 47 | 21 00 | 18 28 | 08 51 | 04 56 | 21 28 | 12 42 | 15 38 | 20 41 | 09 37 | 07 33 | 06 44 | 20 14 | 02 44 |
| 22 | 23 26 | 16 39 | 20 43 | 18 45 | 08 59 | 04 59 | 21 27 | 12 41 | 15 39 | 20 42 | 09 27 | 07 35 | 06 40 | 20 07 | 02 45 |
| 23 | 23 25 | 11 55 | 20 26 | 19 01 | 09 06 | 05 02 | 21 27 | 12 40 | 15 39 | 20 42 | 09 17 | 07 36 | 06 36 | 19 59 | 02 45 |
| 24 | 23 24 | 06 48 | 20 09 | 19 17 | 09 14 | 05 05 | 21 27 | 12 39 | 15 40 | 20 42 | 09 06 | 07 38 | 06 32 | 19 51 | 02 46 |
| 25 | 23 23 | 01 30 | 19 53 | 19 33 | 09 22 | 05 07 | 21 26 | 12 38 | 15 40 | 20 43 | 08 56 | 07 39 | 06 27 | 19 44 | 02 46 |
| 26 | 23 21 | +03 49 | 19 37 | 19 48 | 09 30 | 05 10 | 21 27 | 12 37 | 15 41 | 20 44 | 08 46 | 07 40 | 06 23 | 19 36 | 02 47 |
| 27 | 23 19 | 09 01 | 19 23 | 20 02 | 09 38 | 05 13 | 21 26 | 12 37 | 15 41 | 20 44 | 08 35 | 07 41 | 06 18 | 19 28 | 02 48 |
| 28 | 23 16 | 13 56 | 19 09 | 20 16 | 09 46 | 05 15 | 21 26 | 12 36 | 15 41 | 20 44 | 08 25 | 07 42 | 06 14 | 19 20 | 02 49 |
| 29 | 23 13 | 18 23 | 18 56 | 20 29 | 09 55 | 05 18 | 21 26 | 12 35 | 15 42 | 20 45 | 08 14 | 07 42 | 06 09 | 19 12 | 02 49 |
| 30 | 23 10 | 22 09 | 18 44 | 20 42 | 10 04 | 05 20 | 21 26 | 12 34 | 15 42 | 20 45 | 08 04 | 07 43 | 06 04 | 19 04 | 02 50 |

Lunar Phases -- 4 ● 15:24   11 ◐ 15:29   18 ○ 13:11   26 ◑ 10:41    Sun enters ♋ 6/21 04:16

| D | S.T. | ☉ | ☽ | ☽ 12:00 | ☿ | ♀ | ♂ | ♃ | ♄ | ♅ | ♆ | ♇ | ☊ |
|---|---|---|---|---|---|---|---|---|---|---|---|---|---|
| 1 | 18:36:52 | 09♋22 07 | 01♊04 | 07♊35 | 19♋39℞ | 11♊22 | 24♎24 | 16♈43 | 18♐29℞ | 28♌52 | 18♉39 | 05♓18℞ | 05♒45 |
| 2 | 18:40:49 | 10 19 21 | 14 10 | 20 50 | 19 11 | 12 34 | 24 45 | 16 50 | 18 25 | 28 55 | 18 40 | 05 17 | 05 42 |
| 3 | 18:44:45 | 11 16 35 | 27 36 | 04♋25 | 18 40 | 13 46 | 25 06 | 16 57 | 18 21 | 28 58 | 18 42 | 05 16 | 05 39 |
| 4 | 18:48:42 | 12 13 48 | 11♋20 | 18 18 | 18 07 | 14 58 | 25 28 | 17 03 | 18 17 | 29 01 | 18 43 | 05 16 | 05 36 |
| 5 | 18:52:38 | 13 11 02 | 25 20 | 02♌25 | 17 32 | 16 10 | 25 50 | 17 09 | 18 13 | 29 04 | 18 45 | 05 15 | 05 33 |
| 6 | 18:56:35 | 14 08 16 | 09♌32 | 16 42 | 16 55 | 17 22 | 26 13 | 17 16 | 18 10 | 29 07 | 18 46 | 05 14 | 05 29 |
| 7 | 19:00:31 | 15 05 29 | 23 53 | 01♍04 | 16 18 | 18 35 | 26 36 | 17 22 | 18 06 | 29 09 | 18 48 | 05 14 | 05 26 |
| 8 | 19:04:28 | 16 02 42 | 08♍16 | 15 28 | 15 41 | 19 47 | 26 59 | 17 27 | 18 02 | 29 12 | 18 49 | 05 13 | 05 23 |
| 9 | 19:08:24 | 16 59 55 | 22 39 | 29 49 | 15 04 | 20 59 | 27 23 | 17 33 | 17 59 | 29 15 | 18 50 | 05 12 | 05 20 |
| 10 | 19:12:21 | 17 57 08 | 06♎57 | 14♎04 | 14 28 | 22 11 | 27 47 | 17 39 | 17 55 | 29 18 | 18 52 | 05 11 | 05 17 |
| 11 | 19:16:18 | 18 54 21 | 21 09 | 28 12 | 13 54 | 23 24 | 28 12 | 17 44 | 17 52 | 29 21 | 18 53 | 05 10 | 05 14 |
| 12 | 19:20:14 | 19 51 33 | 05♏12 | 12♏09 | 13 23 | 24 36 | 28 37 | 17 49 | 17 48 | 29 25 | 18 54 | 05 10 | 05 10 |
| 13 | 19:24:11 | 20 48 46 | 19 04 | 25 55 | 12 54 | 25 48 | 29 02 | 17 54 | 17 45 | 29 28 | 18 56 | 05 09 | 05 07 |
| 14 | 19:28:07 | 21 45 59 | 02♐44 | 09♐29 | 12 29 | 27 01 | 29 28 | 17 59 | 17 42 | 29 31 | 18 57 | 05 08 | 05 04 |
| 15 | 19:32:04 | 22 43 11 | 16 11 | 22 49 | 12 08 | 28 13 | 29 54 | 18 04 | 17 38 | 29 34 | 18 58 | 05 07 | 05 01 |
| 16 | 19:36:00 | 23 40 24 | 29 24 | 05♑55 | 11 51 | 29 26 | 00♏21 | 18 08 | 17 35 | 29 37 | 18 59 | 05 06 | 04 58 |
| 17 | 19:39:57 | 24 37 37 | 12♑23 | 18 47 | 11 39 | 00♋38 | 00 47 | 18 12 | 17 32 | 29 40 | 19 01 | 05 05 | 04 55 |
| 18 | 19:43:53 | 25 34 50 | 25 08 | 01♒25 | 11 32 | 01 51 | 01 15 | 18 16 | 17 29 | 29 44 | 19 02 | 05 04 | 04 51 |
| 19 | 19:47:50 | 26 32 04 | 07♒38 | 13 49 | 11 31D | 03 03 | 01 42 | 18 20 | 17 26 | 29 47 | 19 03 | 05 03 | 04 48 |
| 20 | 19:51:47 | 27 29 18 | 19 56 | 26 01 | 11 34 | 04 16 | 02 10 | 18 24 | 17 23 | 29 50 | 19 04 | 05 03 | 04 45 |
| 21 | 19:55:43 | 28 26 32 | 02♓03 | 08♓04 | 11 44 | 05 28 | 02 38 | 18 28 | 17 20 | 29 53 | 19 05 | 05 02 | 04 42 |
| 22 | 19:59:40 | 29 23 48 | 14 02 | 19 59 | 11 59 | 06 41 | 03 06 | 18 31 | 17 18 | 29 57 | 19 06 | 05 01 | 04 39 |
| 23 | 20:03:36 | 00♌21 04 | 25 55 | 01♈51 | 12 19 | 07 54 | 03 35 | 18 34 | 17 15 | 00♍00 | 19 07 | 05 00 | 04 35 |
| 24 | 20:07:33 | 01 18 20 | 07♈46 | 13 42 | 12 46 | 09 07 | 04 04 | 18 37 | 17 12 | 00 04 | 19 08 | 04 59 | 04 32 |
| 25 | 20:11:29 | 02 15 38 | 19 40 | 25 39 | 13 18 | 10 20 | 04 33 | 18 40 | 17 10 | 00 07 | 19 09 | 04 58 | 04 29 |
| 26 | 20:15:26 | 03 12 56 | 01♉40 | 07♉44 | 13 56 | 11 32 | 05 02 | 18 43 | 17 08 | 00 10 | 19 10 | 04 56 | 04 26 |
| 27 | 20:19:22 | 04 10 15 | 13 51 | 20 02 | 14 40 | 12 45 | 05 32 | 18 46 | 17 05 | 00 14 | 19 11 | 04 55 | 04 23 |
| 28 | 20:23:19 | 05 07 36 | 26 18 | 02♊39 | 15 29 | 13 58 | 06 02 | 18 48 | 17 03 | 00 17 | 19 11 | 04 54 | 04 20 |
| 29 | 20:27:16 | 06 04 57 | 09♊04 | 15 36 | 16 25 | 15 11 | 06 33 | 18 50 | 17 01 | 00 21 | 19 12 | 04 53 | 04 16 |
| 30 | 20:31:12 | 07 02 19 | 22 13 | 28 57 | 17 25 | 16 24 | 07 03 | 18 52 | 16 59 | 00 24 | 19 13 | 04 52 | 04 13 |
| 31 | 20:35:09 | 07 59 43 | 05♋46 | 12♋41 | 18 31 | 17 37 | 07 34 | 18 54 | 16 57 | 00 28 | 19 14 | 04 51 | 04 10 |

## 0:00 E.T. Longitudes of the Major Asteroids and Chiron

| D | ⚳ | ⚴ | ⚵ | ⚶ | ⚷ |
|---|---|---|---|---|---|
| 1 | 01♎05 | 22♌09 | 29♍16 | 20♌12 | 01♎15 |
| 2 | 01 23 | 22 37 | 29 29 | 20 39 | 01 19 |
| 3 | 01 40 | 23 06 | 29 42 | 21 05 | 01 22 |
| 4 | 01 58 | 23 34 | 29 55 | 21 31 | 01 26 |
| 5 | 02 16 | 24 02 | 00♎09 | 21 58 | 01 30 |
| 6 | 02 34 | 24 31 | 00 22 | 22 24 | 01 35 |
| 7 | 02 52 | 24 59 | 00 36 | 22 51 | 01 39 |
| 8 | 03 10 | 25 27 | 00 50 | 23 17 | 01 43 |
| 9 | 03 29 | 25 56 | 01 04 | 23 44 | 01 48 |
| 10 | 03 48 | 26 24 | 01 18 | 24 11 | 01 52 |
| 11 | 04 07 | 26 52 | 01 33 | 24 38 | 01 57 |
| 12 | 04 26 | 27 21 | 01 47 | 25 05 | 02 01 |
| 13 | 04 45 | 27 49 | 02 02 | 25 32 | 02 06 |
| 14 | 05 04 | 28 17 | 02 17 | 25 59 | 02 11 |
| 15 | 05 24 | 28 46 | 02 32 | 26 26 | 02 16 |
| 16 | 05 43 | 29 14 | 02 47 | 26 53 | 02 21 |
| 17 | 06 03 | 29 42 | 03 02 | 27 20 | 02 26 |
| 18 | 06 23 | 00♍11 | 03 18 | 27 48 | 02 32 |
| 19 | 06 43 | 00 39 | 03 33 | 28 15 | 02 37 |
| 20 | 07 03 | 01 07 | 03 49 | 28 42 | 02 42 |
| 21 | 07 23 | 01 36 | 04 05 | 29 10 | 02 48 |
| 22 | 07 44 | 02 04 | 04 21 | 29 37 | 02 53 |
| 23 | 08 04 | 02 32 | 04 37 | 00♍05 | 02 59 |
| 24 | 08 25 | 03 01 | 04 53 | 00 33 | 03 05 |
| 25 | 08 45 | 03 29 | 05 09 | 01 00 | 03 11 |
| 26 | 09 06 | 03 57 | 05 25 | 01 28 | 03 17 |
| 27 | 09 27 | 04 25 | 05 42 | 01 56 | 03 22 |
| 28 | 09 48 | 04 54 | 05 58 | 02 24 | 03 29 |
| 29 | 10 10 | 05 22 | 06 15 | 02 52 | 03 35 |
| 30 | 10 31 | 05 50 | 06 32 | 03 20 | 03 41 |
| 31 | 10 52 | 06 19 | 06 49 | 03 48 | 03 47 |

## Lunar Data

| Last Asp. | | Ingress | | |
|---|---|---|---|---|
| 3 | 02:26 | 3 | ♋ | 04:15 |
| 5 | 00:52 | 5 | ♌ | 07:55 |
| 7 | 08:51 | 7 | ♍ | 10:13 |
| 8 | 20:58 | 9 | ♎ | 12:19 |
| 11 | 14:02 | 11 | ♏ | 15:05 |
| 13 | 18:18 | 13 | ♐ | 19:11 |
| 16 | 00:24 | 16 | ♑ | 01:06 |
| 18 | 00:56 | 18 | ♒ | 09:18 |
| 20 | 19:40 | 20 | ♓ | 19:54 |
| 22 | 10:14 | 23 | ♈ | 08:16 |
| 24 | 22:00 | 25 | ♉ | 20:42 |
| 27 | 10:21 | 28 | ♊ | 07:01 |
| 29 | 17:55 | 30 | ♋ | 13:52 |

## 0:00 E.T. Declinations

| D | ☉ | ☽ | ☿ | ♀ | ♂ | ♃ | ♄ | ♅ | ♆ | ♇ | ⚳ | ⚴ | ⚵ | ⚶ | ⚷ |
|---|---|---|---|---|---|---|---|---|---|---|---|---|---|---|---|
| 1 | +23 06 | +24 57 | +18 33 | +20 54 | -10 12 | +05 23 | -21 25 | +12 33 | +15 43 | -20 46 | +07 53 | +07 43 | +05 59 | +18 56 | -02 51 |
| 2 | 23 02 | 26 30 | 18 23 | 21 06 | 10 21 | 05 25 | 21 25 | 12 32 | 15 43 | 20 46 | 07 42 | 07 43 | 05 55 | 18 47 | 02 52 |
| 3 | 22 57 | 26 34 | 18 14 | 21 17 | 10 30 | 05 27 | 21 25 | 12 31 | 15 43 | 20 47 | 07 32 | 07 43 | 05 50 | 18 39 | 02 53 |
| 4 | 22 52 | 25 01 | 18 07 | 21 28 | 10 39 | 05 30 | 21 25 | 12 30 | 15 44 | 20 47 | 07 21 | 07 43 | 05 45 | 18 31 | 02 54 |
| 5 | 22 47 | 21 54 | 18 01 | 21 38 | 10 49 | 05 32 | 21 25 | 12 29 | 15 44 | 20 48 | 07 10 | 07 43 | 05 39 | 18 22 | 02 55 |
| 6 | 22 41 | 17 25 | 17 56 | 21 47 | 10 58 | 05 34 | 21 25 | 12 28 | 15 45 | 20 48 | 06 59 | 07 43 | 05 34 | 18 14 | 02 56 |
| 7 | 22 35 | 11 55 | 17 52 | 21 56 | 11 07 | 05 36 | 21 24 | 12 27 | 15 45 | 20 49 | 06 49 | 07 42 | 05 29 | 18 05 | 02 57 |
| 8 | 22 28 | 05 45 | 17 50 | 22 04 | 11 17 | 05 38 | 21 24 | 12 26 | 15 45 | 20 49 | 06 38 | 07 42 | 05 24 | 17 56 | 02 59 |
| 9 | 22 21 | -00 41 | 17 49 | 22 12 | 11 27 | 05 40 | 21 24 | 12 25 | 15 46 | 20 50 | 06 27 | 07 41 | 05 18 | 17 48 | 03 00 |
| 10 | 22 14 | 07 03 | 17 49 | 22 19 | 11 36 | 05 42 | 21 24 | 12 23 | 15 46 | 20 51 | 06 16 | 07 40 | 05 13 | 17 39 | 03 01 |
| 11 | 22 06 | 13 00 | 17 51 | 22 25 | 11 46 | 05 44 | 21 24 | 12 22 | 15 46 | 20 51 | 06 05 | 07 40 | 05 07 | 17 30 | 03 02 |
| 12 | 21 58 | 18 13 | 17 54 | 22 31 | 11 56 | 05 45 | 21 23 | 12 21 | 15 47 | 20 52 | 05 54 | 07 39 | 05 02 | 17 21 | 03 04 |
| 13 | 21 49 | 22 23 | 17 58 | 22 36 | 12 06 | 05 47 | 21 23 | 12 20 | 15 47 | 20 52 | 05 43 | 07 37 | 04 56 | 17 12 | 03 05 |
| 14 | 21 41 | 25 15 | 18 04 | 22 41 | 12 16 | 05 49 | 21 23 | 12 19 | 15 47 | 20 53 | 05 32 | 07 36 | 04 51 | 17 03 | 03 07 |
| 15 | 21 31 | 26 38 | 18 10 | 22 45 | 12 26 | 05 50 | 21 23 | 12 18 | 15 47 | 20 53 | 05 21 | 07 35 | 04 45 | 16 54 | 03 08 |
| 16 | 21 22 | 26 28 | 18 18 | 22 48 | 12 37 | 05 52 | 21 23 | 12 17 | 15 48 | 20 54 | 05 10 | 07 34 | 04 39 | 16 45 | 03 10 |
| 17 | 21 12 | 24 50 | 18 26 | 22 51 | 12 47 | 05 53 | 21 23 | 12 16 | 15 48 | 20 54 | 04 59 | 07 32 | 04 33 | 16 36 | 03 11 |
| 18 | 21 01 | 21 57 | 18 35 | 22 53 | 12 57 | 05 54 | 21 23 | 12 14 | 15 48 | 20 55 | 04 48 | 07 30 | 04 27 | 16 26 | 03 13 |
| 19 | 20 51 | 18 04 | 18 45 | 22 54 | 13 08 | 05 56 | 21 23 | 12 13 | 15 48 | 20 56 | 04 37 | 07 29 | 04 22 | 16 17 | 03 14 |
| 20 | 20 40 | 13 29 | 18 55 | 22 55 | 13 18 | 05 57 | 21 23 | 12 12 | 15 49 | 20 56 | 04 26 | 07 27 | 04 16 | 16 08 | 03 16 |
| 21 | 20 28 | 08 27 | 19 06 | 22 55 | 13 29 | 05 58 | 21 22 | 12 11 | 15 49 | 20 57 | 04 15 | 07 25 | 04 10 | 15 58 | 03 18 |
| 22 | 20 16 | 03 10 | 19 17 | 22 54 | 13 39 | 05 59 | 21 22 | 12 10 | 15 49 | 20 57 | 04 03 | 07 23 | 04 04 | 15 49 | 03 19 |
| 23 | 20 04 | +02 10 | 19 28 | 22 53 | 13 50 | 06 00 | 21 22 | 12 09 | 15 49 | 20 58 | 03 52 | 07 21 | 03 58 | 15 39 | 03 21 |
| 24 | 19 52 | 07 25 | 19 39 | 22 51 | 14 01 | 06 01 | 21 22 | 12 07 | 15 50 | 20 58 | 03 41 | 07 19 | 03 51 | 15 29 | 03 23 |
| 25 | 19 39 | 12 25 | 19 50 | 22 48 | 14 11 | 06 02 | 21 22 | 12 06 | 15 50 | 20 59 | 03 30 | 07 16 | 03 45 | 15 20 | 03 25 |
| 26 | 19 26 | 17 00 | 20 01 | 22 45 | 14 22 | 06 02 | 21 22 | 12 05 | 15 50 | 21 00 | 03 19 | 07 14 | 03 39 | 15 10 | 03 27 |
| 27 | 19 13 | 20 58 | 20 11 | 22 41 | 14 33 | 06 03 | 21 22 | 12 04 | 15 50 | 21 00 | 03 08 | 07 12 | 03 33 | 15 00 | 03 29 |
| 28 | 18 59 | 24 06 | 20 20 | 22 36 | 14 44 | 06 04 | 21 22 | 12 02 | 15 50 | 21 01 | 02 56 | 07 09 | 03 27 | 14 50 | 03 30 |
| 29 | 18 45 | 26 07 | 20 29 | 22 31 | 14 54 | 06 04 | 21 22 | 12 01 | 15 50 | 21 01 | 02 45 | 07 06 | 03 20 | 14 40 | 03 32 |
| 30 | 18 31 | 26 46 | 20 36 | 22 25 | 15 05 | 06 05 | 21 22 | 12 00 | 15 51 | 21 02 | 02 34 | 07 04 | 03 14 | 14 30 | 03 34 |
| 31 | 18 16 | 25 51 | 20 43 | 22 18 | 15 16 | 06 05 | 21 22 | 11 59 | 15 51 | 21 03 | 02 23 | 07 01 | 03 08 | 14 20 | 03 36 |

Lunar Phases -- 4 ● 01:40 10 ◐ 19:55 18 Ⓔ 00:56 26 ◑ 03:21 Sun enters ♌ 7/22 15:10

# Aug. 46 — Longitudes of Main Planets - August 2046 — 0:00 E.T.

| D | S.T. | ☉ | ☽ | ☽ 12:00 | ☿ | ♀ | ♂ | ♃ | ♄ | ♅ | ♆ | ♇ | ☊ |
|---|---|---|---|---|---|---|---|---|---|---|---|---|---|
| 1 | 20:39:05 | 08♌57 07 | 19♋43 | 26♋49 | 19♋43 | 18♋50 | 08♏06 | 18♈55 | 16♐55℞ | 00♍31 | 19♉15 | 04♓50℞ | 04♒07 |
| 2 | 20:43:02 | 09 54 32 | 04♌00 | 11♌16 | 20 59 | 20 03 | 08 37 | 18 56 | 16 53 | 00 35 | 19 15 | 04 49 | 04 04 |
| 3 | 20:46:58 | 10 51 58 | 18 35 | 25 57 | 22 21 | 21 17 | 09 09 | 18 57 | 16 51 | 00 39 | 19 16 | 04 48 | 04 00 |
| 4 | 20:50:55 | 11 49 25 | 03♍21 | 10♍46 | 23 47 | 22 30 | 09 41 | 18 58 | 16 50 | 00 42 | 19 17 | 04 47 | 03 57 |
| 5 | 20:54:51 | 12 46 52 | 18 11 | 25 34 | 25 18 | 23 43 | 10 13 | 18 59 | 16 48 | 00 46 | 19 17 | 04 45 | 03 54 |
| 6 | 20:58:48 | 13 44 21 | 02♎56 | 10♎16 | 26 54 | 24 56 | 10 45 | 19 00 | 16 47 | 00 49 | 19 18 | 04 44 | 03 51 |
| 7 | 21:02:45 | 14 41 50 | 17 32 | 24 44 | 28 33 | 26 09 | 11 18 | 19 00 | 16 45 | 00 53 | 19 18 | 04 43 | 03 48 |
| 8 | 21:06:41 | 15 39 19 | 01♏53 | 08♏56 | 00♌17 | 27 23 | 11 51 | 19 00 | 16 44 | 00 57 | 19 19 | 04 42 | 03 45 |
| 9 | 21:10:38 | 16 36 50 | 15 55 | 22 50 | 02 04 | 28 36 | 12 24 | 19 00℞ | 16 43 | 01 00 | 19 19 | 04 41 | 03 41 |
| 10 | 21:14:34 | 17 34 21 | 29 39 | 06♐24 | 03 54 | 29 50 | 12 58 | 19 00 | 16 42 | 01 04 | 19 20 | 04 39 | 03 38 |
| 11 | 21:18:31 | 18 31 54 | 13♐05 | 19 41 | 05 47 | 01♌03 | 13 31 | 18 59 | 16 41 | 01 08 | 19 20 | 04 38 | 03 35 |
| 12 | 21:22:27 | 19 29 27 | 26 13 | 02♑41 | 07 42 | 02 16 | 14 05 | 18 59 | 16 40 | 01 11 | 19 20 | 04 37 | 03 32 |
| 13 | 21:26:24 | 20 27 01 | 09♑05 | 15 25 | 09 39 | 03 30 | 14 39 | 18 58 | 16 39 | 01 15 | 19 21 | 04 36 | 03 29 |
| 14 | 21:30:20 | 21 24 36 | 21 43 | 27 57 | 11 38 | 04 43 | 15 13 | 18 57 | 16 38 | 01 19 | 19 21 | 04 34 | 03 26 |
| 15 | 21:34:17 | 22 22 12 | 04♒09 | 10♒18 | 13 38 | 05 57 | 15 48 | 18 56 | 16 38 | 01 22 | 19 21 | 04 33 | 03 22 |
| 16 | 21:38:14 | 23 19 49 | 16 25 | 22 29 | 15 39 | 07 11 | 16 22 | 18 54 | 16 37 | 01 26 | 19 21 | 04 32 | 03 19 |
| 17 | 21:42:10 | 24 17 27 | 28 32 | 04♓32 | 17 41 | 08 24 | 16 57 | 18 52 | 16 37 | 01 30 | 19 22 | 04 31 | 03 16 |
| 18 | 21:46:07 | 25 15 06 | 10♓31 | 16 29 | 19 43 | 09 38 | 17 32 | 18 51 | 16 37 | 01 34 | 19 22 | 04 29 | 03 13 |
| 19 | 21:50:03 | 26 12 47 | 22 26 | 28 22 | 21 44 | 10 52 | 18 08 | 18 49 | 16 36 | 01 37 | 19 22 | 04 28 | 03 10 |
| 20 | 21:54:00 | 27 10 29 | 04♈18 | 10♈13 | 23 46 | 12 05 | 18 43 | 18 46 | 16 36 | 01 41 | 19 22 | 04 27 | 03 06 |
| 21 | 21:57:56 | 28 08 13 | 16 09 | 22 05 | 25 47 | 13 19 | 19 19 | 18 44 | 16 36D | 01 45 | 19 22 | 04 26 | 03 03 |
| 22 | 22:01:53 | 29 05 59 | 28 02 | 04♉01 | 27 48 | 14 33 | 19 55 | 18 41 | 16 36 | 01 49 | 19 22 | 04 24 | 03 00 |
| 23 | 22:05:49 | 00♍03 46 | 10♉01 | 16 05 | 29 48 | 15 47 | 20 31 | 18 39 | 16 36 | 01 52 | 19 22℞ | 04 23 | 02 57 |
| 24 | 22:09:46 | 01 01 35 | 22 11 | 28 21 | 01♍47 | 17 00 | 21 07 | 18 36 | 16 37 | 01 56 | 19 22 | 04 22 | 02 54 |
| 25 | 22:13:43 | 01 59 25 | 04♊34 | 10♊53 | 03 45 | 18 14 | 21 43 | 18 32 | 16 37 | 02 00 | 19 22 | 04 21 | 02 51 |
| 26 | 22:17:39 | 02 57 17 | 17 17 | 23 46 | 05 41 | 19 28 | 22 20 | 18 29 | 16 38 | 02 04 | 19 22 | 04 19 | 02 47 |
| 27 | 22:21:36 | 03 55 11 | 00♋21 | 07♋03 | 07 37 | 20 42 | 22 56 | 18 25 | 16 38 | 02 07 | 19 22 | 04 18 | 02 44 |
| 28 | 22:25:32 | 04 53 07 | 13 52 | 20 47 | 09 31 | 21 56 | 23 33 | 18 22 | 16 39 | 02 11 | 19 22 | 04 17 | 02 41 |
| 29 | 22:29:29 | 05 51 05 | 27 49 | 04♌58 | 11 25 | 23 10 | 24 10 | 18 18 | 16 40 | 02 15 | 19 22 | 04 15 | 02 38 |
| 30 | 22:33:25 | 06 49 04 | 12♌13 | 19 33 | 13 17 | 24 24 | 24 48 | 18 14 | 16 40 | 02 19 | 19 21 | 04 14 | 02 35 |
| 31 | 22:37:22 | 07 47 05 | 26 59 | 04♍29 | 15 07 | 25 39 | 25 25 | 18 09 | 16 41 | 02 22 | 19 21 | 04 13 | 02 32 |

## 0:00 E.T. — Longitudes of the Major Asteroids and Chiron

| D | ⚳ | ⚴ | ⚵ | ⚶ | ⚷ |
|---|---|---|---|---|---|
| 1 | 11♎14 | 06♍47 | 07♎06 | 04♍16 | 03♎53 |
| 2 | 11 36 | 07 15 | 07 23 | 04 44 | 04 00 |
| 3 | 11 57 | 07 43 | 07 40 | 05 12 | 04 06 |
| 4 | 12 19 | 08 12 | 07 57 | 05 40 | 04 13 |
| 5 | 12 41 | 08 40 | 08 15 | 06 09 | 04 20 |
| 6 | 13 03 | 09 08 | 08 32 | 06 37 | 04 26 |
| 7 | 13 25 | 09 36 | 08 50 | 07 05 | 04 33 |
| 8 | 13 48 | 10 05 | 09 07 | 07 34 | 04 40 |
| 9 | 14 10 | 10 33 | 09 25 | 08 02 | 04 47 |
| 10 | 14 32 | 11 01 | 09 43 | 08 31 | 04 54 |
| 11 | 14 55 | 11 29 | 10 01 | 08 59 | 05 01 |
| 12 | 15 17 | 11 58 | 10 19 | 09 28 | 05 08 |
| 13 | 15 40 | 12 26 | 10 37 | 09 57 | 05 15 |
| 14 | 16 03 | 12 54 | 10 55 | 10 25 | 05 22 |
| 15 | 16 26 | 13 22 | 11 13 | 10 54 | 05 29 |
| 16 | 16 49 | 13 50 | 11 32 | 11 23 | 05 37 |
| 17 | 17 12 | 14 18 | 11 50 | 11 52 | 05 44 |
| 18 | 17 35 | 14 47 | 12 09 | 12 21 | 05 51 |
| 19 | 17 58 | 15 15 | 12 27 | 12 50 | 05 59 |
| 20 | 18 21 | 15 43 | 12 46 | 13 19 | 06 06 |
| 21 | 18 44 | 16 11 | 13 04 | 13 48 | 06 14 |
| 22 | 19 08 | 16 39 | 13 23 | 14 17 | 06 21 |
| 23 | 19 31 | 17 07 | 13 42 | 14 46 | 06 29 |
| 24 | 19 55 | 17 35 | 14 01 | 15 15 | 06 37 |
| 25 | 20 18 | 18 04 | 14 20 | 15 44 | 06 45 |
| 26 | 20 42 | 18 32 | 14 39 | 16 13 | 06 52 |
| 27 | 21 06 | 19 00 | 14 58 | 16 42 | 07 00 |
| 28 | 21 29 | 19 28 | 15 17 | 17 12 | 07 08 |
| 29 | 21 53 | 19 56 | 15 36 | 17 41 | 07 16 |
| 30 | 22 17 | 20 24 | 15 56 | 18 10 | 07 24 |
| 31 | 22 41 | 20 52 | 16 15 | 18 40 | 07 32 |

## Lunar Data

| Last Asp. | | Ingress | | |
|---|---|---|---|---|
| 1 | 00:00 | 1 | ♌ | 17:19 |
| 3 | 01:06 | 3 | ♍ | 18:34 |
| 5 | 12:57 | 5 | ♎ | 19:12 |
| 7 | 15:43 | 7 | ♏ | 20:50 |
| 10 | 00:20 | 10 | ♐ | 00:37 |
| 11 | 10:44 | 12 | ♑ | 07:01 |
| 13 | 19:29 | 14 | ♒ | 15:57 |
| 16 | 14:51 | 17 | ♓ | 02:56 |
| 18 | 17:48 | 19 | ♈ | 15:18 |
| 22 | 02:20 | 22 | ♉ | 03:57 |
| 23 | 21:48 | 24 | ♊ | 15:12 |
| 26 | 04:30 | 26 | ♋ | 23:21 |
| 28 | 17:31 | 29 | ♌ | 03:41 |
| 30 | 21:39 | 31 | ♍ | 04:50 |

## 0:00 E.T. — Declinations

| D | ☉ | ☽ | ☿ | ♀ | ♂ | ♃ | ♄ | ♅ | ♆ | ♇ | ⚳ | ⚴ | ⚵ | ⚶ | ⚷ |
|---|---|---|---|---|---|---|---|---|---|---|---|---|---|---|---|
| 1 | +18 01 | +23 20 | +20 48 | +22 11 | -15 27 | +06 05 | -21 22 | +11 57 | +15 51 | -21 03 | +02 11 | +06 58 | +03 01 | +14 10 | -03 38 |
| 2 | 17 46 | 19 18 | 20 51 | 22 03 | 15 38 | 06 06 | 21 22 | 11 56 | 15 51 | 21 04 | 02 00 | 06 55 | 02 55 | 14 00 | 03 41 |
| 3 | 17 30 | 14 02 | 20 52 | 21 55 | 15 49 | 06 06 | 21 22 | 11 55 | 15 51 | 21 04 | 01 49 | 06 52 | 02 48 | 13 50 | 03 43 |
| 4 | 17 14 | 07 54 | 20 52 | 21 45 | 16 00 | 06 06 | 21 22 | 11 54 | 15 51 | 21 05 | 01 38 | 06 49 | 02 42 | 13 40 | 03 45 |
| 5 | 16 58 | 01 19 | 20 49 | 21 36 | 16 10 | 06 06 | 21 22 | 11 52 | 15 51 | 21 06 | 01 26 | 06 46 | 02 35 | 13 29 | 03 47 |
| 6 | 16 42 | -05 18 | 20 44 | 21 25 | 16 21 | 06 06 | 21 22 | 11 51 | 15 52 | 21 06 | 01 15 | 06 43 | 02 29 | 13 19 | 03 49 |
| 7 | 16 25 | 11 32 | 20 37 | 21 14 | 16 32 | 06 06 | 21 22 | 11 50 | 15 52 | 21 07 | 01 04 | 06 39 | 02 22 | 13 09 | 03 51 |
| 8 | 16 08 | 17 04 | 20 27 | 21 03 | 16 43 | 06 05 | 21 22 | 11 48 | 15 52 | 21 07 | 00 52 | 06 36 | 02 16 | 12 58 | 03 54 |
| 9 | 15 51 | 21 33 | 20 15 | 20 50 | 16 54 | 06 05 | 21 22 | 11 47 | 15 52 | 21 08 | 00 41 | 06 33 | 02 09 | 12 48 | 03 56 |
| 10 | 15 34 | 24 44 | 20 00 | 20 37 | 17 05 | 06 05 | 21 22 | 11 46 | 15 52 | 21 08 | 00 30 | 06 29 | 02 02 | 12 37 | 03 58 |
| 11 | 15 16 | 26 28 | 19 42 | 20 24 | 17 15 | 06 04 | 21 23 | 11 44 | 15 52 | 21 09 | 00 19 | 06 26 | 01 56 | 12 27 | 04 01 |
| 12 | 14 58 | 26 39 | 19 22 | 20 10 | 17 26 | 06 04 | 21 23 | 11 43 | 15 52 | 21 10 | 00 07 | 06 22 | 01 49 | 12 16 | 04 03 |
| 13 | 14 40 | 25 23 | 18 59 | 19 55 | 17 37 | 06 03 | 21 23 | 11 42 | 15 52 | 21 10 | -00 04 | 06 18 | 01 42 | 12 05 | 04 06 |
| 14 | 14 22 | 22 50 | 18 33 | 19 40 | 17 47 | 06 03 | 21 23 | 11 41 | 15 52 | 21 11 | 00 15 | 06 15 | 01 36 | 11 55 | 04 08 |
| 15 | 14 03 | 19 15 | 18 05 | 19 24 | 17 58 | 06 02 | 21 23 | 11 39 | 15 52 | 21 11 | 00 27 | 06 11 | 01 29 | 11 44 | 04 10 |
| 16 | 13 44 | 14 53 | 17 35 | 19 08 | 18 09 | 06 01 | 21 23 | 11 38 | 15 52 | 21 12 | 00 38 | 06 07 | 01 22 | 11 33 | 04 13 |
| 17 | 13 25 | 09 59 | 17 02 | 18 51 | 18 19 | 06 00 | 21 23 | 11 37 | 15 52 | 21 13 | 00 49 | 06 03 | 01 15 | 11 22 | 04 15 |
| 18 | 13 06 | 04 46 | 16 28 | 18 34 | 18 30 | 05 59 | 21 24 | 11 35 | 15 52 | 21 13 | 01 00 | 05 59 | 01 09 | 11 12 | 04 18 |
| 19 | 12 47 | +00 35 | 15 52 | 18 16 | 18 40 | 05 58 | 21 24 | 11 34 | 15 52 | 21 14 | 01 12 | 05 55 | 01 02 | 11 01 | 04 20 |
| 20 | 12 27 | 05 52 | 15 14 | 17 57 | 18 50 | 05 57 | 21 24 | 11 33 | 15 52 | 21 14 | 01 23 | 05 51 | 00 55 | 10 50 | 04 23 |
| 21 | 12 07 | 10 56 | 14 34 | 17 38 | 19 01 | 05 56 | 21 24 | 11 31 | 15 52 | 21 15 | 01 34 | 05 47 | 00 48 | 10 39 | 04 26 |
| 22 | 11 47 | 15 37 | 13 53 | 17 19 | 19 11 | 05 55 | 21 24 | 11 30 | 15 52 | 21 15 | 01 45 | 05 43 | 00 41 | 10 28 | 04 28 |
| 23 | 11 27 | 19 45 | 13 11 | 16 59 | 19 21 | 05 54 | 21 25 | 11 28 | 15 52 | 21 16 | 01 56 | 05 39 | 00 34 | 10 17 | 04 31 |
| 24 | 11 06 | 23 07 | 12 28 | 16 38 | 19 31 | 05 52 | 21 25 | 11 27 | 15 52 | 21 16 | 02 08 | 05 35 | 00 28 | 10 06 | 04 34 |
| 25 | 10 46 | 25 29 | 11 45 | 16 17 | 19 41 | 05 51 | 21 25 | 11 26 | 15 52 | 21 17 | 02 19 | 05 31 | 00 21 | 09 55 | 04 36 |
| 26 | 10 25 | 26 38 | 11 00 | 15 56 | 19 51 | 05 49 | 21 25 | 11 24 | 15 52 | 21 17 | 02 30 | 05 26 | 00 14 | 09 44 | 04 39 |
| 27 | 10 04 | 26 21 | 10 15 | 15 34 | 20 01 | 05 48 | 21 26 | 11 23 | 15 51 | 21 18 | 02 41 | 05 22 | 00 07 | 09 32 | 04 42 |
| 28 | 09 43 | 24 32 | 09 29 | 15 12 | 20 10 | 05 46 | 21 26 | 11 22 | 15 51 | 21 18 | 02 52 | 05 18 | 00 00 | 09 21 | 04 44 |
| 29 | 09 22 | 21 10 | 08 43 | 14 49 | 20 20 | 05 44 | 21 26 | 11 20 | 15 51 | 21 19 | 03 03 | 05 13 | -00 07 | 09 10 | 04 47 |
| 30 | 09 00 | 16 26 | 07 56 | 14 26 | 20 30 | 05 43 | 21 26 | 11 19 | 15 51 | 21 20 | 03 14 | 05 09 | 00 14 | 08 59 | 04 50 |
| 31 | 08 39 | 10 37 | 07 10 | 14 03 | 20 39 | 05 41 | 21 27 | 11 18 | 15 51 | 21 20 | 03 25 | 05 05 | 00 21 | 08 48 | 04 53 |

Lunar Phases -- 2 ● 10:27 9 ◐ 01:17 16 ○ 14:51 24 ◑ 18:38 31 ● 18:27 Sun enters ♍ 8/22 22:26

# 0:00 E.T. Longitudes of Main Planets - September 2046 Sep. 46

| D | S.T. | ☉ | ☽ | ☽ 12:00 | ☿ | ♀ | ♂ | ♃ | ♄ | ♅ | ♆ | ♇ | ☊ |
|---|---|---|---|---|---|---|---|---|---|---|---|---|---|
| 1 | 22:41:18 | 08♍45 08 | 12♍02 | 19♍36 | 16♍57 | 26♌53 | 26♏03 | 18♈05℞ | 16♐42 | 02♍26 | 19♉21℞ | 04♓12℞ | 02♒28 |
| 2 | 22:45:15 | 09 43 12 | 27 12 | 04♎47 | 18 45 | 28 07 | 26 40 | 18 00 | 16 44 | 02 30 | 19 20 | 04 10 | 02 25 |
| 3 | 22:49:12 | 10 41 18 | 12♎19 | 19 49 | 20 32 | 29 21 | 27 18 | 17 55 | 16 45 | 02 34 | 19 20 | 04 09 | 02 22 |
| 4 | 22:53:08 | 11 39 25 | 27 15 | 04♏36 | 22 18 | 00♍35 | 27 57 | 17 50 | 16 46 | 02 37 | 19 20 | 04 08 | 02 19 |
| 5 | 22:57:05 | 12 37 34 | 11♏51 | 19 00 | 24 02 | 01 50 | 28 35 | 17 45 | 16 48 | 02 41 | 19 19 | 04 06 | 02 16 |
| 6 | 23:01:01 | 13 35 44 | 26 03 | 02♐59 | 25 45 | 03 04 | 29 13 | 17 40 | 16 49 | 02 45 | 19 19 | 04 05 | 02 12 |
| 7 | 23:04:58 | 14 33 56 | 09♐48 | 16 32 | 27 27 | 04 18 | 29 52 | 17 34 | 16 51 | 02 49 | 19 18 | 04 04 | 02 09 |
| 8 | 23:08:54 | 15 32 09 | 23 09 | 29 41 | 29 08 | 05 32 | 00♐31 | 17 29 | 16 52 | 02 52 | 19 18 | 04 03 | 02 06 |
| 9 | 23:12:51 | 16 30 23 | 06♑08 | 12♑29 | 00♎48 | 06 47 | 01 09 | 17 23 | 16 54 | 02 56 | 19 17 | 04 01 | 02 03 |
| 10 | 23:16:47 | 17 28 39 | 18 47 | 25 01 | 02 26 | 08 01 | 01 48 | 17 17 | 16 56 | 03 00 | 19 17 | 04 00 | 02 00 |
| 11 | 23:20:44 | 18 26 57 | 01♒11 | 07♒18 | 04 04 | 09 16 | 02 28 | 17 11 | 16 58 | 03 03 | 19 16 | 03 59 | 01 57 |
| 12 | 23:24:41 | 19 25 16 | 13 23 | 19 26 | 05 40 | 10 30 | 03 07 | 17 05 | 17 00 | 03 07 | 19 15 | 03 58 | 01 53 |
| 13 | 23:28:37 | 20 23 37 | 25 27 | 01♓26 | 07 15 | 11 44 | 03 46 | 16 59 | 17 02 | 03 11 | 19 15 | 03 57 | 01 50 |
| 14 | 23:32:34 | 21 21 59 | 07♓25 | 13 22 | 08 49 | 12 59 | 04 26 | 16 52 | 17 05 | 03 14 | 19 14 | 03 55 | 01 47 |
| 15 | 23:36:30 | 22 20 24 | 19 18 | 25 15 | 10 22 | 14 13 | 05 06 | 16 45 | 17 07 | 03 18 | 19 13 | 03 54 | 01 44 |
| 16 | 23:40:27 | 23 18 50 | 01♈10 | 07♈06 | 11 54 | 15 28 | 05 45 | 16 39 | 17 09 | 03 21 | 19 13 | 03 53 | 01 41 |
| 17 | 23:44:23 | 24 17 18 | 13 02 | 18 58 | 13 24 | 16 42 | 06 25 | 16 32 | 17 12 | 03 25 | 19 12 | 03 52 | 01 38 |
| 18 | 23:48:20 | 25 15 48 | 24 55 | 00♉52 | 14 54 | 17 57 | 07 06 | 16 25 | 17 15 | 03 28 | 19 11 | 03 50 | 01 34 |
| 19 | 23:52:16 | 26 14 20 | 06♉51 | 12 51 | 16 23 | 19 12 | 07 46 | 16 18 | 17 17 | 03 32 | 19 10 | 03 49 | 01 31 |
| 20 | 23:56:13 | 27 12 54 | 18 52 | 24 56 | 17 50 | 20 26 | 08 26 | 16 11 | 17 20 | 03 36 | 19 09 | 03 48 | 01 28 |
| 21 | 0:00:10 | 28 11 30 | 01♊03 | 07♊12 | 19 16 | 21 41 | 09 07 | 16 04 | 17 23 | 03 39 | 19 08 | 03 47 | 01 25 |
| 22 | 0:04:06 | 29 10 09 | 13 25 | 19 42 | 20 41 | 22 56 | 09 47 | 15 56 | 17 26 | 03 43 | 19 07 | 03 46 | 01 22 |
| 23 | 0:08:03 | 00♎08 50 | 26 03 | 02♋29 | 22 06 | 24 10 | 10 28 | 15 49 | 17 29 | 03 46 | 19 06 | 03 45 | 01 18 |
| 24 | 0:11:59 | 01 07 33 | 09♋01 | 15 39 | 23 28 | 25 25 | 11 09 | 15 41 | 17 32 | 03 49 | 19 05 | 03 44 | 01 15 |
| 25 | 0:15:56 | 02 06 18 | 22 23 | 29 14 | 24 50 | 26 40 | 11 50 | 15 34 | 17 36 | 03 53 | 19 04 | 03 43 | 01 12 |
| 26 | 0:19:52 | 03 05 06 | 06♌12 | 13♌17 | 26 11 | 27 54 | 12 31 | 15 26 | 17 39 | 03 56 | 19 03 | 03 41 | 01 09 |
| 27 | 0:23:49 | 04 03 55 | 20 29 | 27 47 | 27 30 | 29 09 | 13 12 | 15 18 | 17 42 | 04 00 | 19 02 | 03 40 | 01 06 |
| 28 | 0:27:45 | 05 02 47 | 05♍12 | 12♍42 | 28 48 | 00♎24 | 13 54 | 15 10 | 17 46 | 04 03 | 19 01 | 03 39 | 01 03 |
| 29 | 0:31:42 | 06 01 41 | 20 16 | 27 54 | 00♏04 | 01 39 | 14 35 | 15 02 | 17 49 | 04 06 | 19 00 | 03 38 | 00 59 |
| 30 | 0:35:39 | 07 00 37 | 05♎33 | 13♎13 | 01 19 | 02 54 | 15 17 | 14 55 | 17 53 | 04 10 | 18 59 | 03 37 | 00 56 |

## 0:00 E.T. Longitudes of the Major Asteroids and Chiron

| D | ⚳ | ⚴ | ⚵ | ⚶ | ⚷ | D | ⚳ | ⚴ | ⚵ | ⚶ | ⚷ |
|---|---|---|---|---|---|---|---|---|---|---|---|
| 1 | 23♎05 | 21♍20 | 16♎34 | 19♍09 | 07♎40 | 16 | 29 12 | 28 19 | 21 31 | 26 34 | 09 45 |
| 2 | 23 29 | 21 48 | 16 54 | 19 39 | 07 48 | 17 | 29 37 | 28 47 | 21 51 | 27 04 | 09 54 |
| 3 | 23 53 | 22 16 | 17 13 | 20 08 | 07 56 | 18 | 00♏02 | 29 15 | 22 11 | 27 34 | 10 02 |
| 4 | 24 18 | 22 44 | 17 33 | 20 38 | 08 05 | 19 | 00 26 | 29 42 | 22 31 | 28 04 | 10 11 |
| 5 | 24 42 | 23 12 | 17 52 | 21 07 | 08 13 | 20 | 00 51 | 00♎10 | 22 51 | 28 34 | 10 19 |
| 6 | 25 06 | 23 40 | 18 12 | 21 37 | 08 21 | 21 | 01 16 | 00 38 | 23 11 | 29 04 | 10 28 |
| 7 | 25 31 | 24 08 | 18 32 | 22 06 | 08 29 | 22 | 01 41 | 01 06 | 23 32 | 29 34 | 10 37 |
| 8 | 25 55 | 24 36 | 18 51 | 22 36 | 08 38 | 23 | 02 06 | 01 33 | 23 52 | 00♎04 | 10 45 |
| 9 | 26 19 | 25 04 | 19 11 | 23 06 | 08 46 | 24 | 02 32 | 02 01 | 24 12 | 00 34 | 10 54 |
| 10 | 26 44 | 25 32 | 19 31 | 23 35 | 08 54 | 25 | 02 57 | 02 29 | 24 33 | 01 04 | 11 03 |
| 11 | 27 08 | 26 00 | 19 51 | 24 05 | 09 03 | 26 | 03 22 | 02 56 | 24 53 | 01 34 | 11 11 |
| 12 | 27 33 | 26 28 | 20 11 | 24 35 | 09 11 | 27 | 03 47 | 03 24 | 25 14 | 02 04 | 11 20 |
| 13 | 27 58 | 26 55 | 20 31 | 25 05 | 09 20 | 28 | 04 12 | 03 52 | 25 34 | 02 35 | 11 29 |
| 14 | 28 22 | 27 23 | 20 51 | 25 34 | 09 28 | 29 | 04 38 | 04 19 | 25 55 | 03 05 | 11 37 |
| 15 | 28 47 | 27 51 | 21 11 | 26 04 | 09 37 | 30 | 05 03 | 04 47 | 26 15 | 03 35 | 11 46 |

## Lunar Data

| Last Asp. | | Ingress | | |
|---|---|---|---|---|
| 1 | 23:08 | 2 | ♎ | 04:26 |
| 3 | 08:55 | 4 | ♏ | 04:29 |
| 6 | 05:45 | 6 | ♐ | 06:50 |
| 7 | 13:47 | 8 | ♑ | 12:35 |
| 10 | 00:57 | 10 | ♒ | 21:42 |
| 12 | 11:38 | 13 | ♓ | 09:07 |
| 15 | 06:41 | 15 | ♈ | 21:38 |
| 17 | 08:28 | 18 | ♉ | 10:15 |
| 20 | 17:55 | 20 | ♊ | 21:57 |
| 22 | 20:05 | 23 | ♋ | 07:23 |
| 25 | 08:15 | 25 | ♌ | 13:19 |
| 27 | 12:38 | 27 | ♍ | 15:36 |
| 28 | 22:00 | 29 | ♎ | 15:18 |

## 0:00 E.T. Declinations

| D | ☉ | ☽ | ☿ | ♀ | ♂ | ♃ | ♄ | ♅ | ♆ | ♇ | ⚳ | ⚴ | ⚵ | ⚶ | ⚷ |
|---|---|---|---|---|---|---|---|---|---|---|---|---|---|---|---|
| 1 | +08 17 | +04 06 | +06 23 | +13 39 | -20 48 | +05 39 | -21 27 | +11 16 | +15 51 | -21 21 | -03 37 | +05 00 | -00 27 | +08 36 | -04 56 |
| 2 | 07 55 | -02 41 | 05 36 | 13 14 | 20 58 | 05 37 | 21 27 | 11 15 | 15 51 | 21 21 | 03 48 | 04 56 | 00 34 | 08 25 | 04 59 |
| 3 | 07 33 | 09 18 | 04 49 | 12 50 | 21 07 | 05 35 | 21 28 | 11 14 | 15 51 | 21 22 | 03 59 | 04 51 | 00 41 | 08 14 | 05 01 |
| 4 | 07 11 | 15 17 | 04 02 | 12 25 | 21 16 | 05 33 | 21 28 | 11 12 | 15 50 | 21 22 | 04 10 | 04 47 | 00 48 | 08 02 | 05 04 |
| 5 | 06 49 | 20 15 | 03 15 | 11 59 | 21 25 | 05 31 | 21 28 | 11 11 | 15 50 | 21 22 | 04 21 | 04 42 | 00 55 | 07 51 | 05 07 |
| 6 | 06 27 | 23 55 | 02 29 | 11 34 | 21 33 | 05 28 | 21 29 | 11 10 | 15 50 | 21 23 | 04 32 | 04 38 | 01 02 | 07 39 | 05 10 |
| 7 | 06 05 | 26 04 | 01 42 | 11 08 | 21 42 | 05 26 | 21 29 | 11 08 | 15 50 | 21 23 | 04 43 | 04 33 | 01 09 | 07 28 | 05 13 |
| 8 | 05 42 | 26 38 | 00 56 | 10 41 | 21 50 | 05 24 | 21 29 | 11 07 | 15 50 | 21 24 | 04 53 | 04 29 | 01 16 | 07 17 | 05 16 |
| 9 | 05 19 | 25 42 | 00 10 | 10 15 | 21 59 | 05 21 | 21 30 | 11 06 | 15 49 | 21 24 | 05 04 | 04 24 | 01 23 | 07 05 | 05 19 |
| 10 | 04 57 | 23 27 | -00 35 | 09 48 | 22 07 | 05 19 | 21 30 | 11 04 | 15 49 | 21 25 | 05 15 | 04 19 | 01 29 | 06 54 | 05 22 |
| 11 | 04 34 | 20 08 | 01 21 | 09 21 | 22 15 | 05 17 | 21 30 | 11 03 | 15 49 | 21 25 | 05 26 | 04 15 | 01 36 | 06 42 | 05 25 |
| 12 | 04 11 | 15 59 | 02 05 | 08 53 | 22 23 | 05 14 | 21 31 | 11 02 | 15 49 | 21 26 | 05 37 | 04 10 | 01 43 | 06 31 | 05 28 |
| 13 | 03 48 | 11 15 | 02 50 | 08 26 | 22 31 | 05 11 | 21 31 | 11 01 | 15 49 | 21 26 | 05 48 | 04 05 | 01 50 | 06 19 | 05 31 |
| 14 | 03 25 | 06 08 | 03 34 | 07 58 | 22 38 | 05 09 | 21 32 | 10 59 | 15 48 | 21 26 | 05 58 | 04 01 | 01 57 | 06 08 | 05 34 |
| 15 | 03 02 | 00 52 | 04 17 | 07 29 | 22 46 | 05 06 | 21 32 | 10 58 | 15 48 | 21 27 | 06 09 | 03 56 | 02 04 | 05 56 | 05 37 |
| 16 | 02 39 | +04 26 | 05 00 | 07 01 | 22 53 | 05 03 | 21 32 | 10 57 | 15 48 | 21 27 | 06 20 | 03 51 | 02 11 | 05 45 | 05 40 |
| 17 | 02 16 | 09 33 | 05 42 | 06 33 | 23 00 | 05 01 | 21 33 | 10 55 | 15 48 | 21 28 | 06 31 | 03 47 | 02 17 | 05 33 | 05 43 |
| 18 | 01 53 | 14 20 | 06 24 | 06 04 | 23 07 | 04 58 | 21 33 | 10 54 | 15 47 | 21 28 | 06 41 | 03 42 | 02 24 | 05 21 | 05 46 |
| 19 | 01 30 | 18 35 | 07 06 | 05 35 | 23 14 | 04 55 | 21 34 | 10 53 | 15 47 | 21 28 | 06 52 | 03 38 | 02 31 | 05 10 | 05 49 |
| 20 | 01 06 | 22 08 | 07 46 | 05 06 | 23 21 | 04 52 | 21 34 | 10 52 | 15 47 | 21 29 | 07 02 | 03 33 | 02 38 | 04 58 | 05 52 |
| 21 | 00 43 | 24 45 | 08 26 | 04 36 | 23 27 | 04 49 | 21 35 | 10 50 | 15 47 | 21 29 | 07 13 | 03 28 | 02 45 | 04 47 | 05 55 |
| 22 | 00 20 | 26 15 | 09 06 | 04 07 | 23 34 | 04 47 | 21 35 | 10 49 | 15 46 | 21 29 | 07 23 | 03 24 | 02 51 | 04 35 | 05 58 |
| 23 | -00 04 | 26 25 | 09 44 | 03 38 | 23 40 | 04 44 | 21 36 | 10 48 | 15 46 | 21 30 | 07 34 | 03 19 | 02 58 | 04 23 | 06 01 |
| 24 | 00 27 | 25 10 | 10 22 | 03 08 | 23 46 | 04 41 | 21 36 | 10 47 | 15 46 | 21 30 | 07 44 | 03 14 | 03 05 | 04 12 | 06 05 |
| 25 | 00 50 | 22 29 | 11 00 | 02 38 | 23 51 | 04 38 | 21 37 | 10 45 | 15 45 | 21 30 | 07 55 | 03 10 | 03 11 | 04 00 | 06 08 |
| 26 | 01 14 | 18 25 | 11 36 | 02 08 | 23 57 | 04 35 | 21 37 | 10 44 | 15 45 | 21 31 | 08 05 | 03 05 | 03 18 | 03 48 | 06 11 |
| 27 | 01 37 | 13 11 | 12 12 | 01 38 | 24 02 | 04 32 | 21 38 | 10 43 | 15 45 | 21 31 | 08 16 | 03 00 | 03 25 | 03 37 | 06 14 |
| 28 | 02 00 | 07 03 | 12 47 | 01 08 | 24 07 | 04 28 | 21 38 | 10 42 | 15 44 | 21 31 | 08 26 | 02 56 | 03 31 | 03 25 | 06 17 |
| 29 | 02 24 | 00 24 | 13 20 | 00 38 | 24 12 | 04 25 | 21 39 | 10 41 | 15 44 | 21 32 | 08 36 | 02 51 | 03 38 | 03 13 | 06 20 |
| 30 | 02 47 | -06 21 | 13 53 | 00 08 | 24 17 | 04 22 | 21 39 | 10 39 | 15 44 | 21 32 | 08 46 | 02 47 | 03 45 | 03 02 | 06 23 |

Lunar Phases -- 7 ◐ 09:08 15 ○ 06:41 23 ◑ 08:17 30 ● 02:27 Sun enters ♎ 9/22 20:23

| D | S.T. | ☉ | ☽ | ☽ 12:00 | ☿ | ♀ | ♂ | ♃ R | ♄ | ♅ | ♆ R | ♇ R | ☊ |
|---|---|---|---|---|---|---|---|---|---|---|---|---|---|
| 1 | 0:39:35 | 07♎59 36 | 20♎52 | 28♎26 | 02♏32 | 04♎09 | 15♐58 | 14♈47 | 17♐57 | 04♍13 | 18♉58 | 03♓35 | 00♒53 |
| 2 | 0:43:32 | 08 58 36 | 06♏01 | 13♏29 | 03 44 | 05 23 | 16 40 | 14 39 | 18 01 | 04 16 | 18 57 | 03 34 | 00 50 |
| 3 | 0:47:28 | 09 57 38 | 20 51 | 28 06 | 04 54 | 06 38 | 17 22 | 14 31 | 18 05 | 04 20 | 18 55 | 03 33 | 00 47 |
| 4 | 0:51:25 | 10 56 42 | 05♐14 | 12♐15 | 06 02 | 07 53 | 18 04 | 14 23 | 18 09 | 04 23 | 18 54 | 03 33 | 00 44 |
| 5 | 0:55:21 | 11 55 47 | 19 08 | 25 51 | 07 08 | 09 08 | 18 46 | 14 14 | 18 13 | 04 26 | 18 53 | 03 32 | 00 40 |
| 6 | 0:59:18 | 12 54 55 | 02♑33 | 09♑05 | 08 12 | 10 23 | 19 29 | 14 06 | 18 17 | 04 29 | 18 52 | 03 31 | 00 37 |
| 7 | 1:03:14 | 13 54 04 | 15 31 | 21 52 | 09 14 | 11 38 | 20 11 | 13 58 | 18 21 | 04 32 | 18 50 | 03 30 | 00 34 |
| 8 | 1:07:11 | 14 53 15 | 28 07 | 04♒18 | 10 13 | 12 53 | 20 54 | 13 50 | 18 25 | 04 35 | 18 49 | 03 29 | 00 31 |
| 9 | 1:11:08 | 15 52 28 | 10♒25 | 16 29 | 11 09 | 14 08 | 21 36 | 13 42 | 18 30 | 04 38 | 18 48 | 03 29 | 00 28 |
| 10 | 1:15:04 | 16 51 42 | 22 31 | 28 30 | 12 03 | 15 23 | 22 19 | 13 34 | 18 34 | 04 41 | 18 46 | 03 28 | 00 24 |
| 11 | 1:19:01 | 17 50 58 | 04♓27 | 10♓24 | 12 53 | 16 38 | 23 02 | 13 26 | 18 39 | 04 44 | 18 45 | 03 27 | 00 21 |
| 12 | 1:22:57 | 18 50 16 | 16 20 | 22 15 | 13 39 | 17 53 | 23 44 | 13 18 | 18 43 | 04 47 | 18 44 | 03 26 | 00 18 |
| 13 | 1:26:54 | 19 49 36 | 28 11 | 04♈06 | 14 22 | 19 08 | 24 27 | 13 10 | 18 48 | 04 50 | 18 42 | 03 25 | 00 15 |
| 14 | 1:30:50 | 20 48 58 | 10♈02 | 15 59 | 15 00 | 20 23 | 25 10 | 13 02 | 18 53 | 04 53 | 18 41 | 03 24 | 00 12 |
| 15 | 1:34:47 | 21 48 22 | 21 56 | 27 55 | 15 33 | 21 38 | 25 54 | 12 54 | 18 58 | 04 56 | 18 39 | 03 24 | 00 09 |
| 16 | 1:38:43 | 22 47 48 | 03♉54 | 09♉55 | 16 01 | 22 53 | 26 37 | 12 46 | 19 02 | 04 59 | 18 38 | 03 23 | 00 05 |
| 17 | 1:42:40 | 23 47 16 | 15 57 | 22 02 | 16 24 | 24 08 | 27 20 | 12 39 | 19 07 | 05 02 | 18 36 | 03 22 | 00 02 |
| 18 | 1:46:37 | 24 46 46 | 28 07 | 04♊14 | 16 40 | 25 23 | 28 03 | 12 31 | 19 12 | 05 04 | 18 35 | 03 21 | 29♑59 |
| 19 | 1:50:33 | 25 46 19 | 10♊24 | 16 36 | 16 49 | 26 38 | 28 47 | 12 23 | 19 17 | 05 07 | 18 33 | 03 21 | 29 56 |
| 20 | 1:54:30 | 26 45 53 | 22 52 | 29 10 | 16 51R | 27 53 | 29 31 | 12 16 | 19 23 | 05 10 | 18 32 | 03 20 | 29 53 |
| 21 | 1:58:26 | 27 45 30 | 05♋32 | 11♋58 | 16 46 | 29 08 | 00♑14 | 12 08 | 19 28 | 05 12 | 18 30 | 03 19 | 29 49 |
| 22 | 2:02:23 | 28 45 09 | 18 28 | 25 04 | 16 32 | 00♏23 | 00 58 | 12 01 | 19 33 | 05 15 | 18 29 | 03 18 | 29 46 |
| 23 | 2:06:19 | 29 44 51 | 01♌44 | 08♌31 | 16 09 | 01 39 | 01 42 | 11 53 | 19 38 | 05 18 | 18 27 | 03 18 | 29 43 |
| 24 | 2:10:16 | 00♏44 34 | 15 23 | 22 22 | 15 38 | 02 54 | 02 26 | 11 46 | 19 44 | 05 20 | 18 25 | 03 17 | 29 40 |
| 25 | 2:14:12 | 01 44 20 | 29 27 | 06♍38 | 14 58 | 04 09 | 03 10 | 11 39 | 19 49 | 05 23 | 18 24 | 03 17 | 29 37 |
| 26 | 2:18:09 | 02 44 08 | 13♍55 | 21 18 | 14 08 | 05 24 | 03 54 | 11 32 | 19 55 | 05 25 | 18 22 | 03 16 | 29 34 |
| 27 | 2:22:06 | 03 43 59 | 28 45 | 06♎17 | 13 11 | 06 39 | 04 38 | 11 25 | 20 00 | 05 27 | 18 21 | 03 16 | 29 30 |
| 28 | 2:26:02 | 04 43 51 | 13♎51 | 21 27 | 12 07 | 07 54 | 05 22 | 11 18 | 20 06 | 05 30 | 18 19 | 03 15 | 29 27 |
| 29 | 2:29:59 | 05 43 46 | 28 57 | 06♏38 | 10 56 | 09 09 | 06 07 | 11 12 | 20 12 | 05 32 | 18 17 | 03 15 | 29 24 |
| 30 | 2:33:55 | 06 43 42 | 14♏11 | 21 40 | 09 41 | 10 25 | 06 51 | 11 05 | 20 17 | 05 34 | 18 16 | 03 15 | 29 21 |
| 31 | 2:37:52 | 07 43 41 | 29 03 | 06♐22 | 08 24 | 11 40 | 07 36 | 10 59 | 20 23 | 05 37 | 18 14 | 03 14 | 29 18 |

## 0:00 E.T. — Longitudes of the Major Asteroids and Chiron / Lunar Data

| D | ⚳ | ⚴ | ⚵ | ⚶ | ⚷ | D | ⚳ | ⚴ | ⚵ | ⚶ | ⚷ | Last Asp. | Ingress |
|---|---|---|---|---|---|---|---|---|---|---|---|---|---|
| 1 | 05♏28 | 05♎15 | 26♎36 | 04♎05 | 11♎55 | 17 | 12 17 | 12 33 | 02 06 | 12 11 | 14 15 | 30 19:25 | 1 ♏ 14:26 |
| 2 | 05 54 | 05 42 | 26 56 | 04 35 | 12 04 | 18 | 12 42 | 13 00 | 02 27 | 12 41 | 14 23 | 2 20:52 | 3 ♐ 15:10 |
| 3 | 06 19 | 06 10 | 27 17 | 05 06 | 12 12 | 19 | 13 08 | 13 27 | 02 48 | 13 12 | 14 32 | 4 23:20 | 5 ♑ 19:22 |
| 4 | 06 44 | 06 37 | 27 37 | 05 36 | 12 21 | 20 | 13 34 | 13 54 | 03 09 | 13 42 | 14 41 | 7 06:15 | 8 ♒ 03:38 |
| 5 | 07 10 | 07 05 | 27 58 | 06 06 | 12 30 | 21 | 13 59 | 14 21 | 03 29 | 14 13 | 14 49 | 9 23:35 | 10 ♓ 15:01 |
| 6 | 07 35 | 07 32 | 28 18 | 06 37 | 12 39 | 22 | 14 25 | 14 49 | 03 50 | 14 44 | 14 58 | 12 15:59 | 13 ♈ 03:42 |
| 7 | 08 01 | 08 00 | 28 39 | 07 07 | 12 47 | 23 | 14 51 | 15 16 | 04 11 | 15 14 | 15 07 | 15 08:27 | 15 ♉ 16:11 |
| 8 | 08 26 | 08 27 | 29 00 | 07 37 | 12 56 | 24 | 15 17 | 15 43 | 04 32 | 15 45 | 15 15 | 17 05:14 | 18 ♊ 03:42 |
| 9 | 08 52 | 08 55 | 29 20 | 08 08 | 13 05 | 25 | 15 43 | 16 10 | 04 53 | 16 15 | 15 24 | 20 20:09 | 20 ♋ 13:35 |
| 10 | 09 17 | 09 22 | 29 41 | 08 38 | 13 14 | 26 | 16 08 | 16 37 | 05 13 | 16 46 | 15 32 | 22 20:09 | 22 ♌ 20:53 |
| 11 | 09 43 | 09 49 | 00♏02 | 09 08 | 13 22 | 27 | 16 34 | 17 03 | 05 34 | 17 16 | 15 41 | 24 07:32 | 25 ♍ 00:55 |
| 12 | 10 08 | 10 17 | 00 23 | 09 39 | 13 31 | 28 | 17 00 | 17 30 | 05 55 | 17 47 | 15 49 | 26 09:49 | 27 ♎ 01:59 |
| 13 | 10 34 | 10 44 | 00 43 | 10 09 | 13 40 | 29 | 17 26 | 17 57 | 06 16 | 18 17 | 15 58 | 28 09:56 | 29 ♏ 01:30 |
| 14 | 11 00 | 11 11 | 01 04 | 10 40 | 13 49 | 30 | 17 52 | 18 24 | 06 37 | 18 48 | 16 06 | 30 06:32 | 31 ♐ 01:33 |
| 15 | 11 25 | 11 38 | 01 25 | 11 10 | 13 57 | 31 | 18 17 | 18 51 | 06 57 | 19 19 | 16 15 | | |
| 16 | 11 51 | 12 06 | 01 46 | 11 41 | 14 06 | | | | | | | | |

## 0:00 E.T. — Declinations

| D | ☉ | ☽ | ☿ | ♀ | ♂ | ♃ | ♄ | ♅ | ♆ | ♇ | ⚳ | ⚴ | ⚵ | ⚶ | ⚷ |
|---|---|---|---|---|---|---|---|---|---|---|---|---|---|---|---|
| 1 | -03 10 | -12 43 | -14 25 | -00 22 | -24 22 | +04 19 | -21 40 | +10 38 | +15 43 | -21 32 | -08 57 | +02 42 | -03 51 | +02 50 | -06 26 |
| 2 | 03 33 | 18 16 | 14 57 | 00 52 | 24 26 | 04 16 | 21 40 | 10 37 | 15 43 | 21 33 | 09 07 | 02 38 | 03 58 | 02 39 | 06 30 |
| 3 | 03 57 | 22 34 | 15 26 | 01 22 | 24 30 | 04 13 | 21 41 | 10 36 | 15 43 | 21 33 | 09 17 | 02 33 | 04 04 | 02 27 | 06 33 |
| 4 | 04 20 | 25 19 | 15 55 | 01 52 | 24 34 | 04 10 | 21 41 | 10 35 | 15 42 | 21 33 | 09 27 | 02 29 | 04 11 | 02 15 | 06 36 |
| 5 | 04 43 | 26 24 | 16 23 | 02 23 | 24 38 | 04 07 | 21 42 | 10 34 | 15 42 | 21 33 | 09 37 | 02 24 | 04 17 | 02 04 | 06 39 |
| 6 | 05 06 | 25 52 | 16 49 | 02 53 | 24 41 | 04 04 | 21 42 | 10 32 | 15 41 | 21 33 | 09 47 | 02 20 | 04 24 | 01 52 | 06 42 |
| 7 | 05 29 | 23 56 | 17 15 | 03 23 | 24 44 | 04 01 | 21 43 | 10 31 | 15 41 | 21 33 | 09 57 | 02 16 | 04 30 | 01 41 | 06 45 |
| 8 | 05 52 | 20 51 | 17 38 | 03 53 | 24 47 | 03 57 | 21 43 | 10 30 | 15 41 | 21 34 | 10 07 | 02 11 | 04 37 | 01 29 | 06 49 |
| 9 | 06 15 | 16 53 | 18 01 | 04 23 | 24 50 | 03 54 | 21 44 | 10 29 | 15 40 | 21 34 | 10 17 | 02 07 | 04 43 | 01 17 | 06 52 |
| 10 | 06 37 | 12 18 | 18 21 | 04 53 | 24 53 | 03 51 | 21 44 | 10 28 | 15 40 | 21 34 | 10 26 | 02 03 | 04 49 | 01 06 | 06 55 |
| 11 | 07 00 | 07 19 | 18 41 | 05 22 | 24 55 | 03 48 | 21 45 | 10 27 | 15 39 | 21 34 | 10 36 | 01 58 | 04 56 | 00 54 | 06 58 |
| 12 | 07 23 | 02 07 | 18 58 | 05 52 | 24 57 | 03 45 | 21 45 | 10 26 | 15 39 | 21 34 | 10 46 | 01 54 | 05 02 | 00 43 | 07 01 |
| 13 | 07 45 | +03 08 | 19 13 | 06 22 | 24 59 | 03 42 | 21 46 | 10 25 | 15 39 | 21 34 | 10 56 | 01 50 | 05 08 | 00 31 | 07 04 |
| 14 | 08 07 | 08 16 | 19 27 | 06 51 | 25 01 | 03 39 | 21 47 | 10 24 | 15 38 | 21 35 | 11 05 | 01 46 | 05 14 | 00 20 | 07 07 |
| 15 | 08 30 | 13 07 | 19 38 | 07 20 | 25 02 | 03 36 | 21 47 | 10 23 | 15 38 | 21 35 | 11 15 | 01 42 | 05 21 | 00 08 | 07 10 |
| 16 | 08 52 | 17 30 | 19 46 | 07 49 | 25 03 | 03 33 | 21 48 | 10 22 | 15 37 | 21 35 | 11 24 | 01 38 | 05 27 | -00 03 | 07 14 |
| 17 | 09 14 | 21 13 | 19 53 | 08 18 | 25 04 | 03 30 | 21 48 | 10 21 | 15 37 | 21 35 | 11 34 | 01 34 | 05 33 | 00 15 | 07 17 |
| 18 | 09 36 | 24 03 | 19 56 | 08 47 | 25 05 | 03 27 | 21 49 | 10 20 | 15 37 | 21 35 | 11 43 | 01 30 | 05 39 | 00 26 | 07 20 |
| 19 | 09 57 | 25 47 | 19 56 | 09 16 | 25 05 | 03 24 | 21 49 | 10 19 | 15 36 | 21 35 | 11 53 | 01 26 | 05 45 | 00 37 | 07 23 |
| 20 | 10 19 | 26 16 | 19 53 | 09 44 | 25 05 | 03 21 | 21 50 | 10 18 | 15 36 | 21 35 | 12 02 | 01 22 | 05 51 | 00 49 | 07 26 |
| 21 | 10 40 | 25 23 | 19 47 | 10 12 | 25 05 | 03 19 | 21 50 | 10 17 | 15 35 | 21 35 | 12 11 | 01 18 | 05 57 | 01 00 | 07 29 |
| 22 | 11 02 | 23 09 | 19 36 | 10 40 | 25 05 | 03 16 | 21 51 | 10 16 | 15 35 | 21 35 | 12 20 | 01 14 | 06 03 | 01 12 | 07 32 |
| 23 | 11 23 | 19 36 | 19 22 | 11 08 | 25 03 | 03 13 | 21 52 | 10 15 | 15 34 | 21 35 | 12 30 | 01 10 | 06 09 | 01 23 | 07 36 |
| 24 | 11 44 | 14 56 | 19 03 | 11 35 | 25 03 | 03 10 | 21 52 | 10 14 | 15 34 | 21 35 | 12 39 | 01 07 | 06 15 | 01 34 | 07 39 |
| 25 | 12 05 | 09 20 | 18 40 | 12 02 | 25 02 | 03 08 | 21 53 | 10 13 | 15 33 | 21 35 | 12 48 | 01 03 | 06 21 | 01 45 | 07 42 |
| 26 | 12 25 | 03 12 | 18 12 | 12 29 | 25 00 | 03 05 | 21 53 | 10 12 | 15 33 | 21 35 | 12 57 | 01 00 | 06 26 | 01 57 | 07 45 |
| 27 | 12 46 | -03 27 | 17 41 | 12 56 | 24 59 | 03 03 | 21 54 | 10 12 | 15 32 | 21 35 | 13 06 | 00 56 | 06 32 | 02 08 | 07 48 |
| 28 | 13 06 | 09 54 | 17 05 | 13 22 | 24 57 | 03 00 | 21 54 | 10 11 | 15 32 | 21 35 | 13 14 | 00 53 | 06 38 | 02 19 | 07 51 |
| 29 | 13 26 | 15 49 | 16 26 | 13 48 | 24 55 | 02 58 | 21 55 | 10 10 | 15 31 | 21 35 | 13 23 | 00 49 | 06 43 | 02 30 | 07 54 |
| 30 | 13 46 | 20 42 | 15 44 | 14 14 | 24 52 | 02 55 | 21 55 | 10 10 | 15 31 | 21 35 | 13 32 | 00 46 | 06 49 | 02 41 | 07 57 |
| 31 | 14 05 | 24 10 | 15 00 | 14 39 | 24 50 | 02 53 | 21 56 | 10 08 | 15 31 | 21 35 | 13 41 | 00 43 | 06 55 | 02 52 | 08 00 |

Lunar Phases -- 6 ◑ 20:42   14 ○ 23:43   22 ◐ 20:09   29 ● 11:18    Sun enters ♏ 10/23 06:05

| D | S.T. | ☉ | ☽ | ☽ 12:00 | ☿ | ♀ | ♂ | ♃ | ♄ | ♅ | ♆ | ♇ | ☊ |
|---|---|---|---|---|---|---|---|---|---|---|---|---|---|
| 1 | 2:41:48 | 08♏43 41 | 13♐33 | 20♐37 | 07♏07℞ | 12♏55 | 08♑20 | 10♈52℞ | 20♐29 | 05♍39 | 18♉12℞ | 03♓14℞ | 29♑15 |
| 2 | 2:45:45 | 09 43 43 | 27 34 | 04♑24 | 05 53 | 14 10 | 09 05 | 10 46 | 20 35 | 05 41 | 18 11 | 03 13 | 29 11 |
| 3 | 2:49:41 | 10 43 47 | 11♑06 | 17 41 | 04 43 | 15 25 | 09 49 | 10 40 | 20 41 | 05 43 | 18 09 | 03 13 | 29 08 |
| 4 | 2:53:38 | 11 43 52 | 24 09 | 00♒32 | 03 40 | 16 41 | 10 34 | 10 34 | 20 47 | 05 45 | 18 07 | 03 13 | 29 05 |
| 5 | 2:57:35 | 12 43 59 | 06♒48 | 13 00 | 02 47 | 17 56 | 11 19 | 10 29 | 20 53 | 05 47 | 18 06 | 03 12 | 29 02 |
| 6 | 3:01:31 | 13 44 07 | 19 07 | 25 11 | 02 03 | 19 11 | 12 04 | 10 23 | 20 59 | 05 49 | 18 04 | 03 12 | 28 59 |
| 7 | 3:05:28 | 14 44 17 | 01♓12 | 07♓11 | 01 30 | 20 26 | 12 49 | 10 18 | 21 05 | 05 51 | 18 02 | 03 12 | 28 55 |
| 8 | 3:09:24 | 15 44 28 | 13 08 | 19 03 | 01 10 | 21 41 | 13 34 | 10 13 | 21 11 | 05 53 | 18 01 | 03 12 | 28 52 |
| 9 | 3:13:21 | 16 44 41 | 24 59 | 00♈54 | 01 00 | 22 57 | 14 19 | 10 08 | 21 17 | 05 55 | 17 59 | 03 11 | 28 49 |
| 10 | 3:17:17 | 17 44 55 | 06♈49 | 12 45 | 01 02D | 24 12 | 15 04 | 10 03 | 21 24 | 05 56 | 17 57 | 03 11 | 28 46 |
| 11 | 3:21:14 | 18 45 11 | 18 43 | 24 41 | 01 15 | 25 27 | 15 49 | 09 58 | 21 30 | 05 58 | 17 56 | 03 11 | 28 43 |
| 12 | 3:25:10 | 19 45 28 | 00♉41 | 06♉43 | 01 38 | 26 42 | 16 35 | 09 54 | 21 36 | 06 00 | 17 54 | 03 11 | 28 40 |
| 13 | 3:29:07 | 20 45 48 | 12 47 | 18 53 | 02 11 | 27 58 | 17 20 | 09 49 | 21 43 | 06 01 | 17 52 | 03 11 | 28 36 |
| 14 | 3:33:04 | 21 46 08 | 25 01 | 01♊11 | 02 51 | 29 13 | 18 05 | 09 45 | 21 49 | 06 03 | 17 50 | 03 11 | 28 33 |
| 15 | 3:37:00 | 22 46 31 | 07♊23 | 13 38 | 03 39 | 00♐28 | 18 51 | 09 41 | 21 56 | 06 04 | 17 49 | 03 11 | 28 30 |
| 16 | 3:40:57 | 23 46 55 | 19 55 | 26 15 | 04 34 | 01 43 | 19 36 | 09 37 | 22 02 | 06 06 | 17 47 | 03 11 | 28 27 |
| 17 | 3:44:53 | 24 47 21 | 02♋37 | 09♋02 | 05 35 | 02 58 | 20 22 | 09 34 | 22 09 | 06 07 | 17 45 | 03 11D | 28 24 |
| 18 | 3:48:50 | 25 47 49 | 15 29 | 22 00 | 06 40 | 04 14 | 21 08 | 09 30 | 22 15 | 06 08 | 17 44 | 03 11 | 28 21 |
| 19 | 3:52:46 | 26 48 19 | 28 35 | 05♌13 | 07 50 | 05 29 | 21 53 | 09 27 | 22 22 | 06 10 | 17 42 | 03 11 | 28 17 |
| 20 | 3:56:43 | 27 48 50 | 11♌55 | 18 41 | 09 04 | 06 44 | 22 39 | 09 24 | 22 29 | 06 11 | 17 40 | 03 11 | 28 14 |
| 21 | 4:00:39 | 28 49 23 | 25 31 | 02♍26 | 10 21 | 07 59 | 23 25 | 09 21 | 22 35 | 06 12 | 17 39 | 03 11 | 28 11 |
| 22 | 4:04:36 | 29 49 58 | 09♍26 | 16 30 | 11 41 | 09 15 | 24 10 | 09 19 | 22 42 | 06 13 | 17 37 | 03 11 | 28 08 |
| 23 | 4:08:33 | 00♐50 35 | 23 39 | 00♎52 | 13 03 | 10 30 | 24 56 | 09 16 | 22 49 | 06 14 | 17 35 | 03 11 | 28 05 |
| 24 | 4:12:29 | 01 51 13 | 08♎08 | 15 28 | 14 27 | 11 45 | 25 42 | 09 14 | 22 55 | 06 15 | 17 34 | 03 11 | 28 01 |
| 25 | 4:16:26 | 02 51 53 | 22 51 | 00♏15 | 15 53 | 13 00 | 26 28 | 09 12 | 23 02 | 06 16 | 17 32 | 03 12 | 27 58 |
| 26 | 4:20:22 | 03 52 35 | 07♏40 | 15 05 | 17 19 | 14 16 | 27 14 | 09 10 | 23 09 | 06 17 | 17 31 | 03 12 | 27 55 |
| 27 | 4:24:19 | 04 53 18 | 22 28 | 29 49 | 18 48 | 15 31 | 28 00 | 09 09 | 23 16 | 06 18 | 17 29 | 03 12 | 27 52 |
| 28 | 4:28:15 | 05 54 03 | 07♐06 | 14♐20 | 20 17 | 16 46 | 28 46 | 09 08 | 23 23 | 06 19 | 17 27 | 03 12 | 27 49 |
| 29 | 4:32:12 | 06 54 49 | 21 28 | 28 30 | 21 47 | 18 01 | 29 32 | 09 06 | 23 30 | 06 20 | 17 26 | 03 13 | 27 46 |
| 30 | 4:36:08 | 07 55 36 | 05♑26 | 12♑16 | 23 17 | 19 17 | 00♒18 | 09 05 | 23 37 | 06 20 | 17 24 | 03 13 | 27 42 |

## 0:00 E.T. Longitudes of the Major Asteroids and Chiron

| D | ⚳ | ⚴ | ⚵ | ⚶ | ⚷ | D | ⚳ | ⚴ | ⚵ | ⚶ | ⚷ |
|---|---|---|---|---|---|---|---|---|---|---|---|
| 1 | 18♏43 | 19♎18 | 07♏18 | 19♎49 | 16♎23 | 16 | 25 11 | 25 54 | 12 28 | 27 27 | 18 24 |
| 2 | 19 09 | 19 44 | 07 39 | 20 20 | 16 31 | 17 | 25 37 | 26 20 | 12 49 | 27 58 | 18 32 |
| 3 | 19 35 | 20 11 | 08 00 | 20 50 | 16 40 | 18 | 26 02 | 26 46 | 13 09 | 28 28 | 18 40 |
| 4 | 20 01 | 20 38 | 08 20 | 21 21 | 16 48 | 19 | 26 28 | 27 12 | 13 30 | 28 59 | 18 47 |
| 5 | 20 27 | 21 04 | 08 41 | 21 51 | 16 56 | 20 | 26 54 | 27 38 | 13 50 | 29 29 | 18 55 |
| 6 | 20 53 | 21 31 | 09 02 | 22 22 | 17 04 | 21 | 27 20 | 28 04 | 14 10 | 00 00 | 19 03 |
| 7 | 21 18 | 21 57 | 09 22 | 22 53 | 17 13 | 22 | 27 45 | 28 29 | 14 31 | 00♏30 | 19 10 |
| 8 | 21 44 | 22 24 | 09 43 | 23 23 | 17 21 | 23 | 28 11 | 28 55 | 14 51 | 01 01 | 19 17 |
| 9 | 22 10 | 22 50 | 10 04 | 23 54 | 17 29 | 24 | 28 37 | 29 21 | 15 11 | 01 31 | 19 25 |
| 10 | 22 36 | 23 17 | 10 25 | 24 24 | 17 37 | 25 | 29 03 | 29 47 | 15 32 | 02 02 | 19 32 |
| 11 | 23 02 | 23 43 | 10 45 | 24 55 | 17 45 | 26 | 29 28 | 00♏12 | 15 52 | 02 32 | 19 39 |
| 12 | 23 28 | 24 09 | 11 06 | 25 25 | 17 53 | 27 | 29 54 | 00 38 | 16 12 | 03 02 | 19 47 |
| 13 | 23 53 | 24 35 | 11 26 | 25 56 | 18 01 | 28 | 00♐20 | 01 03 | 16 32 | 03 33 | 19 54 |
| 14 | 24 19 | 25 02 | 11 47 | 26 26 | 18 09 | 29 | 00 45 | 01 29 | 16 53 | 04 03 | 20 01 |
| 15 | 24 45 | 25 28 | 12 08 | 26 57 | 18 17 | 30 | 01 11 | 01 54 | 17 13 | 04 33 | 20 08 |

## Lunar Data

| Last Asp. | | Ingress | | |
|---|---|---|---|---|
| 1 | 11:51 | 2 | ♑ | 04:15 |
| 3 | 12:50 | 4 | ♒ | 11:00 |
| 6 | 03:42 | 6 | ♓ | 21:36 |
| 8 | 19:23 | 9 | ♈ | 10:11 |
| 11 | 05:40 | 11 | ♉ | 22:38 |
| 14 | 09:06 | 14 | ♊ | 09:42 |
| 16 | 04:04 | 16 | ♋ | 19:05 |
| 18 | 20:30 | 19 | ♌ | 02:34 |
| 21 | 06:11 | 21 | ♍ | 07:47 |
| 23 | 02:17 | 23 | ♎ | 10:34 |
| 25 | 06:11 | 25 | ♏ | 11:36 |
| 27 | 09:32 | 27 | ♐ | 12:18 |
| 29 | 03:29 | 29 | ♑ | 14:35 |

## 0:00 E.T. Declinations

| D | ☉ | ☽ | ☿ | ♀ | ♂ | ♃ | ♄ | ♅ | ♆ | ♇ | ⚳ | ⚴ | ⚵ | ⚶ | ⚷ |
|---|---|---|---|---|---|---|---|---|---|---|---|---|---|---|---|
| 1 | -14 24 | -25 58 | -14 15 | -15 04 | -24 47 | +02 51 | -21 57 | +10 08 | +15 30 | -21 35 | -13 49 | +00 40 | -07 00 | -03 03 | -08 03 |
| 2 | 14 44 | 26 01 | 13 31 | 15 28 | 24 43 | 02 48 | 21 57 | 10 07 | 15 30 | 21 35 | 13 58 | 00 36 | 07 06 | 03 14 | 08 06 |
| 3 | 15 02 | 24 29 | 12 49 | 15 52 | 24 40 | 02 46 | 21 58 | 10 06 | 15 29 | 21 35 | 14 06 | 00 33 | 07 11 | 03 25 | 08 09 |
| 4 | 15 21 | 21 40 | 12 10 | 16 16 | 24 36 | 02 44 | 21 58 | 10 05 | 15 29 | 21 35 | 14 15 | 00 30 | 07 16 | 03 36 | 08 12 |
| 5 | 15 39 | 17 52 | 11 34 | 16 39 | 24 32 | 02 42 | 21 59 | 10 05 | 15 28 | 21 35 | 14 23 | 00 27 | 07 22 | 03 47 | 08 15 |
| 6 | 15 58 | 13 24 | 11 04 | 17 02 | 24 28 | 02 40 | 21 59 | 10 04 | 15 28 | 21 35 | 14 32 | 00 25 | 07 27 | 03 58 | 08 18 |
| 7 | 16 15 | 08 30 | 10 39 | 17 24 | 24 23 | 02 38 | 22 00 | 10 03 | 15 27 | 21 34 | 14 40 | 00 22 | 07 32 | 04 09 | 08 21 |
| 8 | 16 33 | 03 21 | 10 19 | 17 46 | 24 18 | 02 37 | 22 00 | 10 03 | 15 27 | 21 34 | 14 48 | 00 19 | 07 37 | 04 19 | 08 24 |
| 9 | 16 50 | +01 52 | 10 06 | 18 08 | 24 13 | 02 35 | 22 01 | 10 02 | 15 26 | 21 34 | 14 56 | 00 17 | 07 43 | 04 30 | 08 27 |
| 10 | 17 07 | 07 00 | 09 58 | 18 29 | 24 08 | 02 33 | 22 01 | 10 02 | 15 26 | 21 34 | 15 04 | 00 14 | 07 48 | 04 41 | 08 30 |
| 11 | 17 24 | 11 55 | 09 56 | 18 49 | 24 02 | 02 31 | 22 02 | 10 01 | 15 25 | 21 34 | 15 12 | 00 12 | 07 53 | 04 51 | 08 33 |
| 12 | 17 40 | 16 24 | 09 58 | 19 09 | 23 57 | 02 30 | 22 02 | 10 00 | 15 25 | 21 34 | 15 20 | 00 09 | 07 58 | 05 02 | 08 36 |
| 13 | 17 56 | 20 18 | 10 05 | 19 28 | 23 50 | 02 28 | 22 03 | 10 00 | 15 24 | 21 33 | 15 28 | 00 07 | 08 03 | 05 12 | 08 38 |
| 14 | 18 12 | 23 21 | 10 17 | 19 47 | 23 44 | 02 27 | 22 04 | 09 59 | 15 24 | 21 33 | 15 36 | 00 05 | 08 08 | 05 23 | 08 41 |
| 15 | 18 28 | 25 21 | 10 32 | 20 06 | 23 37 | 02 26 | 22 04 | 09 59 | 15 24 | 21 33 | 15 44 | 00 03 | 08 12 | 05 33 | 08 44 |
| 16 | 18 43 | 26 06 | 10 50 | 20 23 | 23 31 | 02 24 | 22 05 | 09 58 | 15 23 | 21 33 | 15 52 | 00 01 | 08 17 | 05 44 | 08 47 |
| 17 | 18 58 | 25 30 | 11 11 | 20 41 | 23 23 | 02 23 | 22 05 | 09 58 | 15 23 | 21 33 | 15 59 | -00 01 | 08 22 | 05 54 | 08 50 |
| 18 | 19 12 | 23 32 | 11 34 | 20 57 | 23 16 | 02 22 | 22 06 | 09 57 | 15 22 | 21 32 | 16 07 | 00 03 | 08 27 | 06 04 | 08 52 |
| 19 | 19 26 | 20 18 | 11 59 | 21 13 | 23 08 | 02 21 | 22 06 | 09 57 | 15 22 | 21 32 | 16 14 | 00 05 | 08 31 | 06 14 | 08 55 |
| 20 | 19 40 | 15 57 | 12 26 | 21 29 | 23 00 | 02 20 | 22 06 | 09 57 | 15 21 | 21 32 | 16 22 | 00 07 | 08 36 | 06 24 | 08 58 |
| 21 | 19 54 | 10 42 | 12 54 | 21 43 | 22 52 | 02 19 | 22 07 | 09 56 | 15 21 | 21 31 | 16 29 | 00 08 | 08 40 | 06 35 | 09 01 |
| 22 | 20 07 | 04 50 | 13 23 | 21 58 | 22 44 | 02 19 | 22 07 | 09 56 | 15 20 | 21 31 | 16 36 | 00 10 | 08 45 | 06 45 | 09 03 |
| 23 | 20 19 | -01 24 | 13 53 | 22 11 | 22 35 | 02 18 | 22 08 | 09 55 | 15 20 | 21 31 | 16 43 | 00 11 | 08 49 | 06 55 | 09 06 |
| 24 | 20 32 | 07 40 | 14 23 | 22 24 | 22 26 | 02 17 | 22 08 | 09 55 | 15 20 | 21 31 | 16 51 | 00 12 | 08 53 | 07 04 | 09 08 |
| 25 | 20 44 | 13 36 | 14 53 | 22 36 | 22 17 | 02 17 | 22 09 | 09 55 | 15 19 | 21 30 | 16 58 | 00 13 | 08 58 | 07 14 | 09 11 |
| 26 | 20 55 | 18 47 | 15 24 | 22 48 | 22 08 | 02 16 | 22 09 | 09 54 | 15 19 | 21 30 | 17 05 | 00 14 | 09 02 | 07 24 | 09 14 |
| 27 | 21 06 | 22 49 | 15 54 | 22 59 | 21 58 | 02 16 | 22 10 | 09 54 | 15 18 | 21 30 | 17 12 | 00 15 | 09 06 | 07 34 | 09 16 |
| 28 | 21 17 | 25 19 | 16 24 | 23 09 | 21 48 | 02 16 | 22 10 | 09 54 | 15 18 | 21 29 | 17 18 | 00 16 | 09 10 | 07 43 | 09 19 |
| 29 | 21 28 | 26 05 | 16 54 | 23 18 | 21 38 | 02 16 | 22 11 | 09 54 | 15 17 | 21 29 | 17 25 | 00 17 | 09 14 | 07 53 | 09 21 |
| 30 | 21 38 | 25 09 | 17 24 | 23 27 | 21 28 | 02 16 | 22 11 | 09 53 | 15 17 | 21 29 | 17 32 | 00 18 | 09 18 | 08 03 | 09 24 |

Lunar Phases -- 5 ◐ 12:30 13 ○ 17:06 21 ◑ 06:12 27 ● 21:51 Sun enters ♐ 11/22 03:58

# Longitudes of Main Planets - December 2046

0:00 E.T.

| D | S.T. | ☉ | ☽ | ☽ 12:00 | ☿ | ♀ | ♂ | ♃ | ♄ | ♅ | ♆ | ♇ | ☊ |
|---|---|---|---|---|---|---|---|---|---|---|---|---|---|
| 1 | 4:40:05 | 08♐56 24 | 18♑59 | 25♑36 | 24♏48 | 20♐32 | 01♒05 | 09♈05℞ | 23♐44 | 06♍21 | 17♉23℞ | 03♓13 | 27♑39 |
| 2 | 4:44:02 | 09 57 14 | 02♒06 | 08♒31 | 26 19 | 21 47 | 01 51 | 09 04 | 23 51 | 06 22 | 17 21 | 03 14 | 27 36 |
| 3 | 4:47:58 | 10 58 04 | 14 50 | 21 04 | 27 51 | 23 02 | 02 37 | 09 04 | 23 57 | 06 22 | 17 20 | 03 14 | 27 33 |
| 4 | 4:51:55 | 11 58 55 | 27 13 | 03♓19 | 29 23 | 24 18 | 03 23 | 09 04 | 24 04 | 06 23 | 17 18 | 03 15 | 27 30 |
| 5 | 4:55:51 | 12 59 47 | 09♓21 | 15 21 | 00♐56 | 25 33 | 04 10 | 09 04D | 24 11 | 06 23 | 17 17 | 03 15 | 27 27 |
| 6 | 4:59:48 | 14 00 39 | 21 19 | 27 15 | 02 28 | 26 48 | 04 56 | 09 04 | 24 18 | 06 23 | 17 15 | 03 16 | 27 23 |
| 7 | 5:03:44 | 15 01 33 | 03♈11 | 09♈06 | 04 01 | 28 03 | 05 42 | 09 05 | 24 26 | 06 24 | 17 14 | 03 16 | 27 20 |
| 8 | 5:07:41 | 16 02 27 | 15 02 | 20 59 | 05 34 | 29 19 | 06 29 | 09 05 | 24 33 | 06 24 | 17 12 | 03 17 | 27 17 |
| 9 | 5:11:37 | 17 03 22 | 26 58 | 02♉58 | 07 07 | 00♑34 | 07 15 | 09 06 | 24 40 | 06 24 | 17 11 | 03 17 | 27 14 |
| 10 | 5:15:34 | 18 04 18 | 09♉00 | 15 05 | 08 40 | 01 49 | 08 02 | 09 07 | 24 47 | 06 24 | 17 09 | 03 18 | 27 11 |
| 11 | 5:19:31 | 19 05 15 | 21 13 | 27 24 | 10 13 | 03 04 | 08 48 | 09 09 | 24 54 | 06 24 | 17 08 | 03 18 | 27 07 |
| 12 | 5:23:27 | 20 06 12 | 03♊37 | 09♊54 | 11 46 | 04 19 | 09 35 | 09 10 | 25 01 | 06 24℞ | 17 07 | 03 19 | 27 04 |
| 13 | 5:27:24 | 21 07 10 | 16 15 | 22 38 | 13 19 | 05 35 | 10 21 | 09 12 | 25 08 | 06 24 | 17 05 | 03 20 | 27 01 |
| 14 | 5:31:20 | 22 08 09 | 29 05 | 05♋35 | 14 53 | 06 50 | 11 08 | 09 14 | 25 15 | 06 24 | 17 04 | 03 20 | 26 58 |
| 15 | 5:35:17 | 23 09 09 | 12♋08 | 18 44 | 16 26 | 08 05 | 11 54 | 09 16 | 25 22 | 06 24 | 17 03 | 03 21 | 26 55 |
| 16 | 5:39:13 | 24 10 10 | 25 23 | 02♌05 | 18 00 | 09 20 | 12 41 | 09 19 | 25 29 | 06 24 | 17 01 | 03 22 | 26 52 |
| 17 | 5:43:10 | 25 11 11 | 08♌50 | 15 37 | 19 33 | 10 35 | 13 27 | 09 21 | 25 36 | 06 23 | 17 00 | 03 23 | 26 48 |
| 18 | 5:47:06 | 26 12 14 | 22 27 | 29 20 | 21 07 | 11 51 | 14 14 | 09 24 | 25 43 | 06 23 | 16 59 | 03 24 | 26 45 |
| 19 | 5:51:03 | 27 13 17 | 06♍15 | 13♍13 | 22 41 | 13 06 | 15 01 | 09 27 | 25 50 | 06 23 | 16 58 | 03 24 | 26 42 |
| 20 | 5:55:00 | 28 14 21 | 20 13 | 27 15 | 24 15 | 14 21 | 15 47 | 09 30 | 25 58 | 06 22 | 16 57 | 03 25 | 26 39 |
| 21 | 5:58:56 | 29 15 26 | 04♎20 | 11♎26 | 25 49 | 15 36 | 16 34 | 09 33 | 26 05 | 06 22 | 16 55 | 03 26 | 26 36 |
| 22 | 6:02:53 | 00♑16 32 | 18 34 | 25 43 | 27 23 | 16 51 | 17 21 | 09 37 | 26 12 | 06 21 | 16 54 | 03 27 | 26 33 |
| 23 | 6:06:49 | 01 17 38 | 02♏53 | 10♏04 | 28 58 | 18 06 | 18 07 | 09 41 | 26 19 | 06 21 | 16 53 | 03 28 | 26 29 |
| 24 | 6:10:46 | 02 18 46 | 17 15 | 24 24 | 00♑33 | 19 22 | 18 54 | 09 45 | 26 26 | 06 20 | 16 52 | 03 29 | 26 26 |
| 25 | 6:14:42 | 03 19 54 | 01♐33 | 08♐39 | 02 08 | 20 37 | 19 41 | 09 49 | 26 33 | 06 19 | 16 51 | 03 30 | 26 23 |
| 26 | 6:18:39 | 04 21 03 | 15 44 | 22 45 | 03 43 | 21 52 | 20 27 | 09 53 | 26 40 | 06 18 | 16 50 | 03 31 | 26 20 |
| 27 | 6:22:35 | 05 22 12 | 29 42 | 06♑35 | 05 18 | 23 07 | 21 14 | 09 58 | 26 47 | 06 18 | 16 49 | 03 32 | 26 17 |
| 28 | 6:26:32 | 06 23 22 | 13♑24 | 20 08 | 06 54 | 24 22 | 22 01 | 10 02 | 26 54 | 06 17 | 16 48 | 03 33 | 26 13 |
| 29 | 6:30:29 | 07 24 31 | 26 46 | 03♒20 | 08 30 | 25 37 | 22 48 | 10 07 | 27 01 | 06 16 | 16 47 | 03 34 | 26 10 |
| 30 | 6:34:25 | 08 25 41 | 09♒49 | 16 13 | 10 06 | 26 52 | 23 35 | 10 12 | 27 08 | 06 15 | 16 46 | 03 35 | 26 07 |
| 31 | 6:38:22 | 09 26 51 | 22 32 | 28 47 | 11 43 | 28 08 | 24 21 | 10 17 | 27 15 | 06 14 | 16 45 | 03 36 | 26 04 |

0:00 E.T.

## Longitudes of the Major Asteroids and Chiron

| D | ⚳ | ⚴ | ⚵ | ⚶ | ⚷ |
|---|---|---|---|---|---|
| 1 | 01♐37 | 02♏19 | 17♏33 | 05♏04 | 20♎15 |
| 2 | 02 02 | 02 44 | 17 53 | 05 34 | 20 22 |
| 3 | 02 28 | 03 10 | 18 13 | 06 04 | 20 28 |
| 4 | 02 53 | 03 35 | 18 33 | 06 34 | 20 35 |
| 5 | 03 19 | 04 00 | 18 53 | 07 04 | 20 42 |
| 6 | 03 44 | 04 25 | 19 13 | 07 35 | 20 48 |
| 7 | 04 10 | 04 49 | 19 32 | 08 05 | 20 55 |
| 8 | 04 35 | 05 14 | 19 52 | 08 35 | 21 01 |
| 9 | 05 01 | 05 39 | 20 12 | 09 05 | 21 08 |
| 10 | 05 26 | 06 03 | 20 31 | 09 35 | 21 14 |
| 11 | 05 51 | 06 28 | 20 51 | 10 05 | 21 20 |
| 12 | 06 17 | 06 52 | 21 11 | 10 35 | 21 26 |
| 13 | 06 42 | 07 17 | 21 30 | 11 05 | 21 32 |
| 14 | 07 07 | 07 41 | 21 50 | 11 35 | 21 38 |
| 15 | 07 32 | 08 05 | 22 09 | 12 05 | 21 44 |
| 16 | 07 58 | 08 30 | 22 28 | 12 34 | 21 50 |
| 17 | 08 23 | 08 54 | 22 47 | 13 04 | 21 56 |
| 18 | 08 48 | 09 18 | 23 07 | 13 34 | 22 01 |
| 19 | 09 13 | 09 41 | 23 26 | 14 04 | 22 07 |
| 20 | 09 38 | 10 05 | 23 45 | 14 33 | 22 12 |
| 21 | 10 03 | 10 29 | 24 04 | 15 03 | 22 18 |
| 22 | 10 28 | 10 53 | 24 23 | 15 33 | 22 23 |
| 23 | 10 53 | 11 16 | 24 42 | 16 02 | 22 28 |
| 24 | 11 18 | 11 39 | 25 00 | 16 32 | 22 33 |
| 25 | 11 43 | 12 03 | 25 19 | 17 01 | 22 38 |
| 26 | 12 08 | 12 26 | 25 38 | 17 31 | 22 43 |
| 27 | 12 32 | 12 49 | 25 56 | 18 00 | 22 48 |
| 28 | 12 57 | 13 12 | 26 15 | 18 29 | 22 53 |
| 29 | 13 22 | 13 35 | 26 33 | 18 58 | 22 57 |
| 30 | 13 46 | 13 58 | 26 52 | 19 28 | 23 02 |
| 31 | 14 11 | 14 20 | 27 10 | 19 57 | 23 06 |

## Lunar Data

| Last Asp. | | Ingress | | |
|---|---|---|---|---|
| 1 | 11:56 | 1 | ♒ | 20:06 |
| 4 | 04:53 | 4 | ♓ | 05:28 |
| 6 | 12:24 | 6 | ♈ | 17:34 |
| 8 | 19:20 | 9 | ♉ | 06:05 |
| 10 | 16:02 | 11 | ♊ | 17:02 |
| 13 | 16:48 | 14 | ♋ | 01:42 |
| 15 | 08:55 | 16 | ♌ | 08:16 |
| 18 | 07:04 | 18 | ♍ | 13:10 |
| 20 | 14:44 | 20 | ♎ | 16:40 |
| 22 | 16:37 | 22 | ♏ | 19:10 |
| 24 | 03:53 | 24 | ♐ | 21:24 |
| 26 | 18:55 | 27 | ♑ | 00:32 |
| 28 | 21:42 | 29 | ♒ | 05:53 |
| 31 | 09:09 | 31 | ♓ | 14:22 |

0:00 E.T.

## Declinations

| D | ☉ | ☽ | ☿ | ♀ | ♂ | ♃ | ♄ | ♅ | ♆ | ♇ | ⚳ | ⚴ | ⚵ | ⚶ | ⚷ |
|---|---|---|---|---|---|---|---|---|---|---|---|---|---|---|---|
| 1 | -21 47 | -22 44 | -17 53 | -23 35 | -21 17 | +02 16 | -22 11 | +09 53 | +15 17 | -21 28 | -17 39 | -00 18 | -09 22 | -08 12 | -09 26 |
| 2 | 21 56 | 19 10 | 18 21 | 23 42 | 21 07 | 02 16 | 22 12 | 09 53 | 15 16 | 21 28 | 17 45 | 00 19 | 09 26 | 08 21 | 09 29 |
| 3 | 22 05 | 14 48 | 18 49 | 23 49 | 20 56 | 02 16 | 22 12 | 09 53 | 15 16 | 21 27 | 17 52 | 00 19 | 09 29 | 08 31 | 09 31 |
| 4 | 22 13 | 09 55 | 19 16 | 23 55 | 20 44 | 02 16 | 22 13 | 09 53 | 15 15 | 21 27 | 17 58 | 00 19 | 09 33 | 08 40 | 09 34 |
| 5 | 22 21 | 04 47 | 19 43 | 24 00 | 20 33 | 02 16 | 22 13 | 09 53 | 15 15 | 21 27 | 18 04 | 00 19 | 09 37 | 08 49 | 09 36 |
| 6 | 22 29 | +00 27 | 20 08 | 24 05 | 20 21 | 02 17 | 22 13 | 09 53 | 15 15 | 21 26 | 18 11 | 00 19 | 09 40 | 08 58 | 09 38 |
| 7 | 22 36 | 05 38 | 20 33 | 24 08 | 20 09 | 02 17 | 22 14 | 09 53 | 15 14 | 21 26 | 18 17 | 00 19 | 09 44 | 09 07 | 09 41 |
| 8 | 22 42 | 10 36 | 20 57 | 24 11 | 19 57 | 02 18 | 22 14 | 09 53 | 15 14 | 21 25 | 18 23 | 00 19 | 09 47 | 09 16 | 09 43 |
| 9 | 22 48 | 15 12 | 21 20 | 24 14 | 19 45 | 02 18 | 22 14 | 09 53 | 15 13 | 21 25 | 18 29 | 00 18 | 09 51 | 09 25 | 09 45 |
| 10 | 22 54 | 19 15 | 21 42 | 24 15 | 19 32 | 02 19 | 22 15 | 09 52 | 15 13 | 21 24 | 18 35 | 00 18 | 09 54 | 09 34 | 09 47 |
| 11 | 22 59 | 22 34 | 22 03 | 24 16 | 19 20 | 02 20 | 22 15 | 09 53 | 15 13 | 21 24 | 18 41 | 00 17 | 09 57 | 09 43 | 09 49 |
| 12 | 23 04 | 24 53 | 22 23 | 24 16 | 19 07 | 02 21 | 22 16 | 09 53 | 15 12 | 21 23 | 18 47 | 00 16 | 10 00 | 09 51 | 09 52 |
| 13 | 23 08 | 26 00 | 22 41 | 24 15 | 18 54 | 02 22 | 22 16 | 09 53 | 15 12 | 21 23 | 18 52 | 00 15 | 10 03 | 10 00 | 09 54 |
| 14 | 23 12 | 25 45 | 22 59 | 24 13 | 18 40 | 02 23 | 22 16 | 09 53 | 15 12 | 21 22 | 18 58 | 00 14 | 10 06 | 10 09 | 09 56 |
| 15 | 23 15 | 24 05 | 23 16 | 24 11 | 18 27 | 02 24 | 22 16 | 09 53 | 15 11 | 21 22 | 19 04 | 00 13 | 10 09 | 10 17 | 09 58 |
| 16 | 23 18 | 21 04 | 23 31 | 24 08 | 18 13 | 02 25 | 22 17 | 09 53 | 15 11 | 21 22 | 19 09 | 00 12 | 10 12 | 10 25 | 10 00 |
| 17 | 23 21 | 16 53 | 23 45 | 24 04 | 17 59 | 02 26 | 22 17 | 09 53 | 15 11 | 21 21 | 19 15 | 00 10 | 10 15 | 10 34 | 10 02 |
| 18 | 23 23 | 11 46 | 23 58 | 24 00 | 17 45 | 02 28 | 22 17 | 09 53 | 15 10 | 21 21 | 19 20 | 00 09 | 10 18 | 10 42 | 10 04 |
| 19 | 23 24 | 06 02 | 24 10 | 23 55 | 17 31 | 02 29 | 22 18 | 09 53 | 15 10 | 21 20 | 19 25 | 00 07 | 10 20 | 10 50 | 10 06 |
| 20 | 23 25 | -00 03 | 24 20 | 23 49 | 17 17 | 02 31 | 22 18 | 09 54 | 15 10 | 21 19 | 19 31 | 00 05 | 10 23 | 10 58 | 10 08 |
| 21 | 23 26 | 06 12 | 24 30 | 23 42 | 17 02 | 02 32 | 22 18 | 09 54 | 15 10 | 21 19 | 19 36 | 00 03 | 10 25 | 11 06 | 10 10 |
| 22 | 23 26 | 12 05 | 24 37 | 23 35 | 16 47 | 02 34 | 22 18 | 09 54 | 15 09 | 21 18 | 19 41 | 00 01 | 10 28 | 11 14 | 10 11 |
| 23 | 23 26 | 17 21 | 24 44 | 23 26 | 16 32 | 02 36 | 22 19 | 09 54 | 15 09 | 21 18 | 19 46 | +00 01 | 10 30 | 11 21 | 10 13 |
| 24 | 23 25 | 21 38 | 24 49 | 23 18 | 16 17 | 02 37 | 22 19 | 09 55 | 15 09 | 21 17 | 19 51 | 00 04 | 10 32 | 11 29 | 10 15 |
| 25 | 23 24 | 24 36 | 24 53 | 23 08 | 16 02 | 02 39 | 22 19 | 09 55 | 15 09 | 21 17 | 19 55 | 00 06 | 10 35 | 11 37 | 10 17 |
| 26 | 23 22 | 26 00 | 24 56 | 22 58 | 15 46 | 02 41 | 22 19 | 09 55 | 15 08 | 21 16 | 20 00 | 00 09 | 10 37 | 11 44 | 10 18 |
| 27 | 23 20 | 25 42 | 24 57 | 22 47 | 15 31 | 02 43 | 22 20 | 09 56 | 15 08 | 21 16 | 20 05 | 00 12 | 10 39 | 11 52 | 10 20 |
| 28 | 23 17 | 23 50 | 24 57 | 22 35 | 15 15 | 02 45 | 22 20 | 09 56 | 15 08 | 21 15 | 20 10 | 00 15 | 10 41 | 11 59 | 10 22 |
| 29 | 23 14 | 20 40 | 24 55 | 22 23 | 14 59 | 02 48 | 22 20 | 09 56 | 15 08 | 21 14 | 20 14 | 00 18 | 10 43 | 12 06 | 10 23 |
| 30 | 23 10 | 16 30 | 24 52 | 22 10 | 14 43 | 02 50 | 22 20 | 09 57 | 15 07 | 21 14 | 20 19 | 00 21 | 10 45 | 12 13 | 10 25 |
| 31 | 23 06 | 11 43 | 24 47 | 21 56 | 14 27 | 02 52 | 22 20 | 09 57 | 15 07 | 21 13 | 20 23 | 00 24 | 10 46 | 12 20 | 10 26 |

Lunar Phases -- 5 ◐ 07:58 13 ○ 09:57 20 ◑ 14:44 27 ● 10:40 Sun enters ♑ 12/21 17:30

## 0:00 E.T. Longitudes of Main Planets - January 2047 

| D | S.T. | ☉ | ☽ | ☽ 12:00 | ☿ | ♀ | ♂ | ♃ | ♄ | ♅ | ♆ | ♇ | ☊ |
|---|---|---|---|---|---|---|---|---|---|---|---|---|---|
| 1 | 6:42:18 | 10♑28 01 | 04♓57 | 11♓04 | 13♑20 | 29♑23 | 25♒08 | 10♈23 | 27♐22 | 06♍13℞ | 16♉44℞ | 03♓37 | 26♑01 |
| 2 | 6:46:15 | 11 29 11 | 17 08 | 23 09 | 14 57 | 00♒38 | 25 55 | 10 29 | 27 29 | 06 12 | 16 44 | 03 38 | 25 58 |
| 3 | 6:50:11 | 12 30 20 | 29 08 | 05♈05 | 16 35 | 01 53 | 26 42 | 10 34 | 27 36 | 06 10 | 16 43 | 03 39 | 25 54 |
| 4 | 6:54:08 | 13 31 30 | 11♈01 | 16 57 | 18 12 | 03 08 | 27 28 | 10 40 | 27 43 | 06 09 | 16 42 | 03 40 | 25 51 |
| 5 | 6:58:04 | 14 32 39 | 22 54 | 28 51 | 19 50 | 04 23 | 28 15 | 10 46 | 27 50 | 06 08 | 16 41 | 03 42 | 25 48 |
| 6 | 7:02:01 | 15 33 47 | 04♉49 | 10♉50 | 21 29 | 05 38 | 29 02 | 10 53 | 27 57 | 06 07 | 16 41 | 03 43 | 25 45 |
| 7 | 7:05:58 | 16 34 56 | 16 53 | 22 59 | 23 08 | 06 53 | 29 49 | 10 59 | 28 04 | 06 05 | 16 40 | 03 44 | 25 42 |
| 8 | 7:09:54 | 17 36 04 | 29 08 | 05♊22 | 24 47 | 08 08 | 00♓35 | 11 06 | 28 11 | 06 04 | 16 39 | 03 45 | 25 38 |
| 9 | 7:13:51 | 18 37 12 | 11♊39 | 18 01 | 26 26 | 09 23 | 01 22 | 11 13 | 28 17 | 06 02 | 16 39 | 03 46 | 25 35 |
| 10 | 7:17:47 | 19 38 20 | 24 27 | 00♋58 | 28 05 | 10 38 | 02 09 | 11 20 | 28 24 | 06 01 | 16 38 | 03 48 | 25 32 |
| 11 | 7:21:44 | 20 39 27 | 07♋33 | 14 13 | 29 45 | 11 53 | 02 56 | 11 27 | 28 31 | 05 59 | 16 38 | 03 49 | 25 29 |
| 12 | 7:25:40 | 21 40 34 | 20 57 | 27 46 | 01♒25 | 13 08 | 03 42 | 11 34 | 28 38 | 05 58 | 16 37 | 03 50 | 25 26 |
| 13 | 7:29:37 | 22 41 40 | 04♌38 | 11♌34 | 03 05 | 14 23 | 04 29 | 11 42 | 28 44 | 05 56 | 16 37 | 03 52 | 25 23 |
| 14 | 7:33:33 | 23 42 47 | 18 33 | 25 35 | 04 45 | 15 37 | 05 16 | 11 49 | 28 51 | 05 54 | 16 36 | 03 53 | 25 19 |
| 15 | 7:37:30 | 24 43 53 | 02♍39 | 09♍45 | 06 25 | 16 52 | 06 03 | 11 57 | 28 58 | 05 53 | 16 36 | 03 54 | 25 16 |
| 16 | 7:41:27 | 25 44 58 | 16 52 | 23 59 | 08 04 | 18 07 | 06 49 | 12 05 | 29 04 | 05 51 | 16 35 | 03 56 | 25 13 |
| 17 | 7:45:23 | 26 46 04 | 01♎07 | 08♎15 | 09 43 | 19 22 | 07 36 | 12 13 | 29 11 | 05 49 | 16 35 | 03 57 | 25 10 |
| 18 | 7:49:20 | 27 47 09 | 15 23 | 22 30 | 11 22 | 20 37 | 08 23 | 12 21 | 29 17 | 05 47 | 16 35 | 03 58 | 25 07 |
| 19 | 7:53:16 | 28 48 14 | 29 35 | 06♏40 | 13 00 | 21 52 | 09 09 | 12 30 | 29 24 | 05 45 | 16 34 | 04 00 | 25 04 |
| 20 | 7:57:13 | 29 49 19 | 13♏43 | 20 44 | 14 37 | 23 06 | 09 56 | 12 38 | 29 30 | 05 43 | 16 34 | 04 01 | 25 00 |
| 21 | 8:01:09 | 00♒50 24 | 27 43 | 04♐39 | 16 13 | 24 21 | 10 42 | 12 47 | 29 37 | 05 41 | 16 34 | 04 03 | 24 57 |
| 22 | 8:05:06 | 01 51 29 | 11♐34 | 18 26 | 17 47 | 25 36 | 11 29 | 12 55 | 29 43 | 05 39 | 16 34 | 04 04 | 24 54 |
| 23 | 8:09:02 | 02 52 33 | 25 15 | 02♑01 | 19 19 | 26 50 | 12 16 | 13 04 | 29 50 | 05 37 | 16 34 | 04 06 | 24 51 |
| 24 | 8:12:59 | 03 53 36 | 08♑44 | 15 24 | 20 49 | 28 05 | 13 02 | 13 13 | 29 56 | 05 35 | 16 33 | 04 07 | 24 48 |
| 25 | 8:16:56 | 04 54 39 | 22 01 | 28 34 | 22 16 | 29 20 | 13 49 | 13 23 | 00♑02 | 05 33 | 16 33 | 04 09 | 24 44 |
| 26 | 8:20:52 | 05 55 41 | 05♒04 | 11♒30 | 23 39 | 00♓34 | 14 35 | 13 32 | 00 08 | 05 31 | 16 33 | 04 10 | 24 41 |
| 27 | 8:24:49 | 06 56 43 | 17 52 | 24 11 | 24 58 | 01 49 | 15 22 | 13 41 | 00 15 | 05 29 | 16 33D | 04 12 | 24 38 |
| 28 | 8:28:45 | 07 57 43 | 00♓26 | 06♓39 | 26 13 | 03 04 | 16 08 | 13 51 | 00 21 | 05 26 | 16 33 | 04 13 | 24 35 |
| 29 | 8:32:42 | 08 58 42 | 12 47 | 18 53 | 27 22 | 04 18 | 16 55 | 14 01 | 00 27 | 05 24 | 16 33 | 04 15 | 24 32 |
| 30 | 8:36:38 | 09 59 41 | 24 57 | 00♈57 | 28 25 | 05 33 | 17 41 | 14 11 | 00 33 | 05 22 | 16 34 | 04 16 | 24 29 |
| 31 | 8:40:35 | 11 00 38 | 06♈56 | 12 54 | 29 20 | 06 47 | 18 28 | 14 21 | 00 39 | 05 20 | 16 34 | 04 18 | 24 25 |

## 0:00 E.T. Longitudes of the Major Asteroids and Chiron

| D | ⚳ | ⚴ | ⚵ | ⚶ | ⚷ |
|---|---|---|---|---|---|
| 1 | 14♐35 | 14♏43 | 27♏28 | 20♏26 | 23♎10 |
| 2 | 15 00 | 15 05 | 27 46 | 20 55 | 23 15 |
| 3 | 15 24 | 15 28 | 28 04 | 21 24 | 23 19 |
| 4 | 15 49 | 15 50 | 28 22 | 21 53 | 23 23 |
| 5 | 16 13 | 16 12 | 28 40 | 22 21 | 23 27 |
| 6 | 16 37 | 16 34 | 28 57 | 22 50 | 23 30 |
| 7 | 17 01 | 16 55 | 29 15 | 23 19 | 23 34 |
| 8 | 17 26 | 17 17 | 29 32 | 23 48 | 23 38 |
| 9 | 17 50 | 17 39 | 29 50 | 24 16 | 23 41 |
| 10 | 18 14 | 18 00 | 00♐07 | 24 45 | 23 44 |
| 11 | 18 38 | 18 21 | 00 24 | 25 13 | 23 48 |
| 12 | 19 01 | 18 42 | 00 41 | 25 41 | 23 51 |
| 13 | 19 25 | 19 03 | 00 58 | 26 10 | 23 54 |
| 14 | 19 49 | 19 24 | 01 15 | 26 38 | 23 57 |
| 15 | 20 13 | 19 45 | 01 32 | 27 06 | 23 59 |
| 16 | 20 36 | 20 05 | 01 49 | 27 34 | 24 02 |
| 17 | 21 00 | 20 26 | 02 05 | 28 02 | 24 05 |
| 18 | 21 23 | 20 46 | 02 22 | 28 30 | 24 07 |
| 19 | 21 47 | 21 06 | 02 38 | 28 57 | 24 09 |
| 20 | 22 10 | 21 26 | 02 54 | 29 25 | 24 11 |
| 21 | 22 33 | 21 45 | 03 10 | 29 53 | 24 14 |
| 22 | 22 57 | 22 05 | 03 26 | 00♐20 | 24 16 |
| 23 | 23 20 | 22 24 | 03 42 | 00 48 | 24 17 |
| 24 | 23 43 | 22 44 | 03 57 | 01 15 | 24 19 |
| 25 | 24 06 | 23 03 | 04 13 | 01 42 | 24 21 |
| 26 | 24 29 | 23 21 | 04 28 | 02 09 | 24 22 |
| 27 | 24 52 | 23 40 | 04 44 | 02 36 | 24 24 |
| 28 | 25 14 | 23 58 | 04 59 | 03 03 | 24 25 |
| 29 | 25 37 | 24 17 | 05 14 | 03 30 | 24 26 |
| 30 | 25 59 | 24 35 | 05 28 | 03 57 | 24 27 |
| 31 | 26 22 | 24 53 | 05 43 | 04 23 | 24 28 |

## Lunar Data

| Last Asp. | | Ingress | | |
|---|---|---|---|---|
| 2 | 20:54 | 3 | ♈ | 01:45 |
| 5 | 11:34 | 5 | ♉ | 14:19 |
| 7 | 14:12 | 8 | ♊ | 01:40 |
| 10 | 07:22 | 10 | ♋ | 10:14 |
| 12 | 01:22 | 12 | ♌ | 15:55 |
| 14 | 17:41 | 14 | ♍ | 19:30 |
| 16 | 20:43 | 16 | ♎ | 22:07 |
| 18 | 23:40 | 19 | ♏ | 00:42 |
| 20 | 17:39 | 21 | ♐ | 03:57 |
| 23 | 08:10 | 23 | ♑ | 08:25 |
| 24 | 14:05 | 25 | ♒ | 14:39 |
| 27 | 15:01 | 27 | ♓ | 23:09 |
| 29 | 08:40 | 30 | ♈ | 10:05 |

## 0:00 E.T. Declinations

| D | ☉ | ☽ | ☿ | ♀ | ♂ | ♃ | ♄ | ♅ | ♆ | ♇ | ⚳ | ⚴ | ⚵ | ⚶ | ⚷ |
|---|---|---|---|---|---|---|---|---|---|---|---|---|---|---|---|
| 1 | -23 01 | -06 33 | -24 41 | -21 42 | -14 11 | +02 55 | -22 21 | +09 58 | +15 07 | -21 13 | -20 27 | +00 28 | -10 48 | -12 27 | -10 28 |
| 2 | 22 56 | 01 15 | 24 33 | 21 27 | 13 54 | 02 57 | 22 21 | 09 58 | 15 07 | 21 12 | 20 32 | 00 32 | 10 50 | 12 34 | 10 29 |
| 3 | 22 51 | +04 00 | 24 24 | 21 11 | 13 38 | 03 00 | 22 21 | 09 59 | 15 07 | 21 12 | 20 36 | 00 36 | 10 51 | 12 41 | 10 30 |
| 4 | 22 45 | 09 04 | 24 13 | 20 55 | 13 21 | 03 02 | 22 21 | 09 59 | 15 07 | 21 11 | 20 40 | 00 40 | 10 53 | 12 48 | 10 32 |
| 5 | 22 38 | 13 47 | 24 01 | 20 38 | 13 04 | 03 05 | 22 21 | 10 00 | 15 06 | 21 10 | 20 44 | 00 44 | 10 54 | 12 54 | 10 33 |
| 6 | 22 32 | 18 01 | 23 48 | 20 21 | 12 47 | 03 08 | 22 21 | 10 00 | 15 06 | 21 10 | 20 48 | 00 48 | 10 55 | 13 01 | 10 34 |
| 7 | 22 24 | 21 35 | 23 32 | 20 02 | 12 30 | 03 10 | 22 22 | 10 01 | 15 06 | 21 09 | 20 52 | 00 53 | 10 56 | 13 07 | 10 36 |
| 8 | 22 17 | 24 15 | 23 16 | 19 44 | 12 13 | 03 13 | 22 22 | 10 01 | 15 06 | 21 08 | 20 56 | 00 57 | 10 58 | 13 13 | 10 37 |
| 9 | 22 08 | 25 47 | 22 57 | 19 25 | 11 56 | 03 16 | 22 22 | 10 02 | 15 06 | 21 08 | 20 59 | 01 02 | 10 59 | 13 20 | 10 38 |
| 10 | 22 00 | 26 02 | 22 37 | 19 05 | 11 38 | 03 19 | 22 22 | 10 02 | 15 06 | 21 07 | 21 03 | 01 07 | 11 00 | 13 26 | 10 39 |
| 11 | 21 51 | 24 50 | 22 16 | 18 45 | 11 21 | 03 22 | 22 22 | 10 03 | 15 06 | 21 07 | 21 07 | 01 12 | 11 01 | 13 32 | 10 40 |
| 12 | 21 41 | 22 11 | 21 53 | 18 24 | 11 03 | 03 25 | 22 22 | 10 04 | 15 06 | 21 06 | 21 10 | 01 18 | 11 01 | 13 38 | 10 41 |
| 13 | 21 31 | 18 15 | 21 28 | 18 03 | 10 46 | 03 28 | 22 22 | 10 04 | 15 05 | 21 05 | 21 14 | 01 23 | 11 02 | 13 43 | 10 42 |
| 14 | 21 21 | 13 16 | 21 02 | 17 41 | 10 28 | 03 32 | 22 22 | 10 05 | 15 05 | 21 05 | 21 17 | 01 29 | 11 03 | 13 49 | 10 43 |
| 15 | 21 11 | 07 31 | 20 35 | 17 18 | 10 10 | 03 35 | 22 22 | 10 06 | 15 05 | 21 04 | 21 20 | 01 35 | 11 03 | 13 55 | 10 44 |
| 16 | 20 59 | 01 22 | 20 06 | 16 56 | 09 52 | 03 38 | 22 22 | 10 06 | 15 05 | 21 03 | 21 24 | 01 41 | 11 04 | 14 00 | 10 45 |
| 17 | 20 48 | -04 53 | 19 35 | 16 32 | 09 34 | 03 41 | 22 23 | 10 07 | 15 05 | 21 03 | 21 27 | 01 47 | 11 04 | 14 06 | 10 46 |
| 18 | 20 36 | 10 51 | 19 04 | 16 09 | 09 16 | 03 45 | 22 23 | 10 08 | 15 05 | 21 02 | 21 30 | 01 53 | 11 05 | 14 11 | 10 46 |
| 19 | 20 24 | 16 15 | 18 31 | 15 45 | 08 58 | 03 48 | 22 23 | 10 08 | 15 05 | 21 01 | 21 33 | 01 59 | 11 05 | 14 16 | 10 47 |
| 20 | 20 11 | 20 44 | 17 57 | 15 20 | 08 40 | 03 52 | 22 23 | 10 09 | 15 05 | 21 01 | 21 36 | 02 06 | 11 05 | 14 22 | 10 48 |
| 21 | 19 58 | 24 00 | 17 22 | 14 55 | 08 21 | 03 56 | 22 23 | 10 10 | 15 05 | 21 00 | 21 39 | 02 13 | 11 05 | 14 27 | 10 48 |
| 22 | 19 45 | 25 47 | 16 46 | 14 30 | 08 03 | 03 59 | 22 23 | 10 11 | 15 05 | 21 00 | 21 42 | 02 20 | 11 05 | 14 32 | 10 49 |
| 23 | 19 31 | 26 00 | 16 09 | 14 04 | 07 44 | 04 03 | 22 23 | 10 11 | 15 05 | 20 59 | 21 44 | 02 27 | 11 05 | 14 36 | 10 49 |
| 24 | 19 17 | 24 39 | 15 31 | 13 38 | 07 26 | 04 07 | 22 23 | 10 12 | 15 05 | 20 58 | 21 47 | 02 34 | 11 05 | 14 41 | 10 50 |
| 25 | 19 02 | 21 56 | 14 54 | 13 11 | 07 07 | 04 10 | 22 23 | 10 13 | 15 05 | 20 58 | 21 50 | 02 42 | 11 05 | 14 46 | 10 50 |
| 26 | 18 47 | 18 08 | 14 16 | 12 44 | 06 49 | 04 14 | 22 23 | 10 14 | 15 05 | 20 57 | 21 52 | 02 49 | 11 04 | 14 50 | 10 51 |
| 27 | 18 32 | 13 32 | 13 38 | 12 17 | 06 30 | 04 18 | 22 23 | 10 15 | 15 05 | 20 56 | 21 55 | 02 57 | 11 04 | 14 55 | 10 51 |
| 28 | 18 16 | 08 28 | 13 01 | 11 49 | 06 11 | 04 22 | 22 23 | 10 15 | 15 05 | 20 56 | 21 57 | 03 05 | 11 03 | 14 59 | 10 51 |
| 29 | 18 01 | 03 10 | 12 24 | 11 22 | 05 53 | 04 26 | 22 23 | 10 16 | 15 06 | 20 55 | 22 00 | 03 13 | 11 03 | 15 03 | 10 52 |
| 30 | 17 44 | +02 10 | 11 49 | 10 53 | 05 34 | 04 30 | 22 23 | 10 17 | 15 06 | 20 54 | 22 02 | 03 22 | 11 02 | 15 08 | 10 52 |
| 31 | 17 28 | 07 21 | 11 15 | 10 25 | 05 15 | 04 34 | 22 23 | 10 18 | 15 06 | 20 54 | 22 05 | 03 30 | 11 02 | 15 12 | 10 52 |

Lunar Phases -- 4 ◐ 05:32 12 Ⓔ 01:23 18 ◑ 22:34 26 ● 01:45 Sun enters ♒ 1/20 04:12

## Longitudes of Main Planets - February 2047

0:00 E.T.

| D | S.T. | ☉ | ☽ | ☽ 12:00 | ☿ | ♀ | ♂ | ♃ | ♄ | ♅ | ♆ | ♇ | ☊ |
|---|---|---|---|---|---|---|---|---|---|---|---|---|---|
| 1 | 8:44:31 | 12♒01 34 | 18♈50 | 24♈46 | 00♓08 | 08♓02 | 19♓14 | 14♈31 | 00♑45 | 05♍17℞ | 16♉34 | 04♓19 | 24♑22 |
| 2 | 8:48:28 | 13 02 29 | 00♉42 | 06♉39 | 00 47 | 09 16 | 20 01 | 14 41 | 00 51 | 05 15 | 16 34 | 04 21 | 24 19 |
| 3 | 8:52:25 | 14 03 22 | 12 37 | 18 36 | 01 17 | 10 30 | 20 47 | 14 51 | 00 56 | 05 13 | 16 34 | 04 22 | 24 16 |
| 4 | 8:56:21 | 15 04 14 | 24 38 | 00♊43 | 01 36 | 11 45 | 21 33 | 15 02 | 01 02 | 05 10 | 16 35 | 04 24 | 24 13 |
| 5 | 9:00:18 | 16 05 05 | 06♊51 | 13 04 | 01 45 | 12 59 | 22 20 | 15 12 | 01 08 | 05 08 | 16 35 | 04 26 | 24 10 |
| 6 | 9:04:14 | 17 05 55 | 19 21 | 25 43 | 01 42℞ | 14 13 | 23 06 | 15 23 | 01 14 | 05 05 | 16 35 | 04 27 | 24 06 |
| 7 | 9:08:11 | 18 06 43 | 02♋11 | 08♋45 | 01 29 | 15 27 | 23 52 | 15 34 | 01 19 | 05 03 | 16 36 | 04 29 | 24 03 |
| 8 | 9:12:07 | 19 07 29 | 15 24 | 22 10 | 01 05 | 16 42 | 24 38 | 15 45 | 01 25 | 05 00 | 16 36 | 04 30 | 24 00 |
| 9 | 9:16:04 | 20 08 15 | 29 01 | 05♌59 | 00 30 | 17 56 | 25 25 | 15 56 | 01 30 | 04 58 | 16 36 | 04 32 | 23 57 |
| 10 | 9:20:00 | 21 08 59 | 13♌02 | 20 10 | 29♒46 | 19 10 | 26 11 | 16 07 | 01 36 | 04 55 | 16 37 | 04 34 | 23 54 |
| 11 | 9:23:57 | 22 09 41 | 27 22 | 04♍38 | 28 53 | 20 24 | 26 57 | 16 18 | 01 41 | 04 53 | 16 37 | 04 35 | 23 50 |
| 12 | 9:27:54 | 23 10 22 | 11♍57 | 19 18 | 27 54 | 21 38 | 27 43 | 16 29 | 01 46 | 04 50 | 16 38 | 04 37 | 23 47 |
| 13 | 9:31:50 | 24 11 02 | 26 40 | 04♎02 | 26 49 | 22 52 | 28 29 | 16 40 | 01 52 | 04 48 | 16 39 | 04 39 | 23 44 |
| 14 | 9:35:47 | 25 11 41 | 11♎24 | 18 43 | 25 41 | 24 06 | 29 15 | 16 52 | 01 57 | 04 45 | 16 39 | 04 40 | 23 41 |
| 15 | 9:39:43 | 26 12 18 | 26 01 | 03♏15 | 24 31 | 25 20 | 00♈01 | 17 04 | 02 02 | 04 42 | 16 40 | 04 42 | 23 38 |
| 16 | 9:43:40 | 27 12 55 | 10♏26 | 17 32 | 23 22 | 26 33 | 00 47 | 17 15 | 02 07 | 04 40 | 16 41 | 04 44 | 23 35 |
| 17 | 9:47:36 | 28 13 30 | 24 35 | 01♐34 | 22 14 | 27 47 | 01 33 | 17 27 | 02 12 | 04 37 | 16 41 | 04 45 | 23 31 |
| 18 | 9:51:33 | 29 14 04 | 08♐28 | 15 18 | 21 11 | 29 01 | 02 19 | 17 39 | 02 17 | 04 35 | 16 42 | 04 47 | 23 28 |
| 19 | 9:55:29 | 00♓14 37 | 22 04 | 28 46 | 20 12 | 00♈15 | 03 05 | 17 51 | 02 22 | 04 32 | 16 43 | 04 49 | 23 25 |
| 20 | 9:59:26 | 01 15 09 | 05♑24 | 11♑58 | 19 19 | 01 28 | 03 51 | 18 03 | 02 26 | 04 29 | 16 44 | 04 50 | 23 22 |
| 21 | 10:03:23 | 02 15 40 | 18 29 | 24 57 | 18 33 | 02 42 | 04 36 | 18 15 | 02 31 | 04 27 | 16 44 | 04 52 | 23 19 |
| 22 | 10:07:19 | 03 16 09 | 01♒22 | 07♒44 | 17 54 | 03 55 | 05 22 | 18 27 | 02 36 | 04 24 | 16 45 | 04 54 | 23 16 |
| 23 | 10:11:16 | 04 16 37 | 14 03 | 20 19 | 17 22 | 05 09 | 06 08 | 18 39 | 02 40 | 04 22 | 16 46 | 04 55 | 23 12 |
| 24 | 10:15:12 | 05 17 03 | 26 33 | 02♓45 | 16 58 | 06 22 | 06 54 | 18 52 | 02 45 | 04 19 | 16 47 | 04 57 | 23 09 |
| 25 | 10:19:09 | 06 17 27 | 08♓54 | 15 01 | 16 41 | 07 36 | 07 39 | 19 04 | 02 49 | 04 16 | 16 48 | 04 59 | 23 06 |
| 26 | 10:23:05 | 07 17 50 | 21 06 | 27 08 | 16 31 | 08 49 | 08 25 | 19 17 | 02 53 | 04 14 | 16 49 | 05 00 | 23 03 |
| 27 | 10:27:02 | 08 18 11 | 03♈09 | 09♈09 | 16 29D | 10 02 | 09 11 | 19 29 | 02 58 | 04 11 | 16 50 | 05 02 | 23 00 |
| 28 | 10:30:58 | 09 18 30 | 15 06 | 21 03 | 16 33 | 11 15 | 09 56 | 19 42 | 03 02 | 04 08 | 16 51 | 05 04 | 22 56 |

## Longitudes of the Major Asteroids and Chiron

0:00 E.T.

| D | ⚳ | ⚴ | ⚵ | ⚶ | ⚷ | D | ⚳ | ⚴ | ⚵ | ⚶ | ⚷ |
|---|---|---|---|---|---|---|---|---|---|---|---|
| 1 | 26♐44 | 25♏10 | 05♐58 | 04♐50 | 24♎29 | 15 | 01 47 | 28 53 | 09 03 | 10 46 | 24 27 |
| 2 | 27 06 | 25 28 | 06 12 | 05 16 | 24 29 | 16 | 02 07 | 29 07 | 09 15 | 11 11 | 24 26 |
| 3 | 27 29 | 25 45 | 06 26 | 05 42 | 24 30 | 17 | 02 28 | 29 21 | 09 27 | 11 35 | 24 25 |
| 4 | 27 51 | 26 02 | 06 40 | 06 08 | 24 30 | 18 | 02 49 | 29 35 | 09 39 | 11 59 | 24 24 |
| 5 | 28 13 | 26 19 | 06 54 | 06 34 | 24 31 | 19 | 03 09 | 29 48 | 09 50 | 12 23 | 24 22 |
| 6 | 28 34 | 26 35 | 07 08 | 07 00 | 24 31 | 20 | 03 29 | 00♐01 | 10 01 | 12 47 | 24 21 |
| 7 | 28 56 | 26 52 | 07 21 | 07 26 | 24 31℞ | 21 | 03 49 | 00 14 | 10 12 | 13 11 | 24 19 |
| 8 | 29 18 | 27 08 | 07 35 | 07 51 | 24 31 | 22 | 04 10 | 00 26 | 10 23 | 13 34 | 24 18 |
| 9 | 29 39 | 27 23 | 07 48 | 08 17 | 24 30 | 23 | 04 29 | 00 38 | 10 33 | 13 57 | 24 16 |
| 10 | 00♑01 | 27 39 | 08 01 | 08 42 | 24 30 | 24 | 04 49 | 00 50 | 10 43 | 14 21 | 24 14 |
| 11 | 00 22 | 27 54 | 08 14 | 09 07 | 24 30 | 25 | 05 09 | 01 01 | 10 54 | 14 43 | 24 12 |
| 12 | 00 43 | 28 10 | 08 26 | 09 32 | 24 29 | 26 | 05 28 | 01 12 | 11 03 | 15 06 | 24 10 |
| 13 | 01 05 | 28 24 | 08 39 | 09 57 | 24 29 | 27 | 05 48 | 01 23 | 11 13 | 15 29 | 24 07 |
| 14 | 01 26 | 28 39 | 08 51 | 10 22 | 24 28 | 28 | 06 07 | 01 34 | 11 22 | 15 51 | 24 05 |

## Lunar Data

| Last Asp. | | Ingress | | |
|---|---|---|---|---|
| 31 | 15:08 | 1 | ♉ | 22:34 |
| 3 | 17:28 | 4 | ♊ | 10:36 |
| 6 | 07:32 | 6 | ♋ | 19:58 |
| 8 | 17:20 | 9 | ♌ | 01:42 |
| 11 | 02:22 | 11 | ♍ | 04:21 |
| 13 | 03:07 | 13 | ♎ | 05:25 |
| 15 | 00:21 | 15 | ♏ | 06:36 |
| 17 | 06:44 | 17 | ♐ | 09:18 |
| 18 | 20:54 | 19 | ♑ | 14:14 |
| 20 | 23:33 | 21 | ♒ | 21:27 |
| 23 | 08:57 | 24 | ♓ | 06:40 |
| 25 | 15:33 | 26 | ♈ | 17:42 |

## Declinations

0:00 E.T.

| D | ☉ | ☽ | ☿ | ♀ | ♂ | ♃ | ♄ | ♅ | ♆ | ♇ | ⚳ | ⚴ | ⚵ | ⚶ | ⚷ |
|---|---|---|---|---|---|---|---|---|---|---|---|---|---|---|---|
| 1 | -17 11 | +12 13 | -10 44 | -09 56 | -04 56 | +04 38 | -22 23 | +10 19 | +15 06 | -20 53 | -22 07 | +03 39 | -11 01 | -15 16 | -10 52 |
| 2 | 16 54 | 16 37 | 10 15 | 09 27 | 04 37 | 04 42 | 22 23 | 10 20 | 15 06 | 20 52 | 22 09 | 03 48 | 11 00 | 15 20 | 10 52 |
| 3 | 16 36 | 20 24 | 09 48 | 08 58 | 04 18 | 04 46 | 22 23 | 10 21 | 15 06 | 20 52 | 22 11 | 03 57 | 10 59 | 15 23 | 10 52 |
| 4 | 16 19 | 23 22 | 09 26 | 08 29 | 03 59 | 04 51 | 22 23 | 10 22 | 15 06 | 20 51 | 22 13 | 04 06 | 10 58 | 15 27 | 10 52 |
| 5 | 16 01 | 25 19 | 09 06 | 07 59 | 03 40 | 04 55 | 22 23 | 10 22 | 15 06 | 20 50 | 22 15 | 04 15 | 10 57 | 15 31 | 10 52 |
| 6 | 15 42 | 26 05 | 08 52 | 07 29 | 03 21 | 04 59 | 22 22 | 10 23 | 15 06 | 20 50 | 22 17 | 04 25 | 10 55 | 15 34 | 10 52 |
| 7 | 15 24 | 25 28 | 08 41 | 06 59 | 03 02 | 05 04 | 22 22 | 10 24 | 15 07 | 20 49 | 22 19 | 04 35 | 10 54 | 15 38 | 10 52 |
| 8 | 15 05 | 23 26 | 08 35 | 06 29 | 02 43 | 05 08 | 22 22 | 10 25 | 15 07 | 20 48 | 22 21 | 04 44 | 10 53 | 15 41 | 10 52 |
| 9 | 14 46 | 20 00 | 08 34 | 05 59 | 02 24 | 05 12 | 22 22 | 10 26 | 15 07 | 20 48 | 22 23 | 04 55 | 10 51 | 15 44 | 10 52 |
| 10 | 14 27 | 15 21 | 08 37 | 05 28 | 02 05 | 05 17 | 22 22 | 10 27 | 15 07 | 20 47 | 22 25 | 05 05 | 10 50 | 15 47 | 10 51 |
| 11 | 14 07 | 09 45 | 08 45 | 04 57 | 01 46 | 05 21 | 22 22 | 10 28 | 15 07 | 20 47 | 22 26 | 05 15 | 10 48 | 15 50 | 10 51 |
| 12 | 13 47 | 03 33 | 08 56 | 04 27 | 01 27 | 05 26 | 22 22 | 10 29 | 15 08 | 20 46 | 22 28 | 05 26 | 10 47 | 15 53 | 10 51 |
| 13 | 13 27 | -02 53 | 09 12 | 03 56 | 01 08 | 05 30 | 22 22 | 10 30 | 15 08 | 20 45 | 22 30 | 05 36 | 10 45 | 15 56 | 10 50 |
| 14 | 13 07 | 09 10 | 09 30 | 03 25 | 00 49 | 05 35 | 22 22 | 10 31 | 15 08 | 20 45 | 22 31 | 05 47 | 10 43 | 15 59 | 10 50 |
| 15 | 12 47 | 14 53 | 09 51 | 02 54 | 00 30 | 05 39 | 22 22 | 10 32 | 15 08 | 20 44 | 22 33 | 05 58 | 10 41 | 16 01 | 10 49 |
| 16 | 12 26 | 19 42 | 10 13 | 02 22 | 00 11 | 05 44 | 22 22 | 10 33 | 15 09 | 20 43 | 22 34 | 06 10 | 10 39 | 16 04 | 10 49 |
| 17 | 12 05 | 23 18 | 10 37 | 01 51 | +00 07 | 05 49 | 22 22 | 10 34 | 15 09 | 20 43 | 22 36 | 06 21 | 10 37 | 16 07 | 10 48 |
| 18 | 11 44 | 25 26 | 11 02 | 01 20 | 00 26 | 05 53 | 22 22 | 10 35 | 15 09 | 20 42 | 22 37 | 06 33 | 10 35 | 16 09 | 10 47 |
| 19 | 11 23 | 26 01 | 11 26 | 00 48 | 00 45 | 05 58 | 22 21 | 10 36 | 15 09 | 20 42 | 22 38 | 06 44 | 10 33 | 16 11 | 10 47 |
| 20 | 11 02 | 25 04 | 11 50 | 00 17 | 01 04 | 06 03 | 22 21 | 10 37 | 15 10 | 20 41 | 22 40 | 06 56 | 10 30 | 16 13 | 10 46 |
| 21 | 10 40 | 22 44 | 12 13 | +00 14 | 01 23 | 06 08 | 22 21 | 10 38 | 15 10 | 20 40 | 22 41 | 07 08 | 10 28 | 16 16 | 10 45 |
| 22 | 10 18 | 19 17 | 12 35 | 00 46 | 01 42 | 06 12 | 22 21 | 10 39 | 15 10 | 20 40 | 22 42 | 07 20 | 10 25 | 16 18 | 10 44 |
| 23 | 09 56 | 14 59 | 12 56 | 01 17 | 02 01 | 06 17 | 22 21 | 10 40 | 15 11 | 20 39 | 22 44 | 07 33 | 10 23 | 16 20 | 10 43 |
| 24 | 09 34 | 10 06 | 13 15 | 01 49 | 02 19 | 06 22 | 22 21 | 10 41 | 15 11 | 20 39 | 22 45 | 07 45 | 10 20 | 16 22 | 10 43 |
| 25 | 09 12 | 04 54 | 13 32 | 02 20 | 02 38 | 06 27 | 22 21 | 10 41 | 15 11 | 20 38 | 22 46 | 07 58 | 10 17 | 16 23 | 10 42 |
| 26 | 08 50 | +00 25 | 13 47 | 02 51 | 02 57 | 06 32 | 22 21 | 10 42 | 15 12 | 20 37 | 22 47 | 08 11 | 10 15 | 16 25 | 10 41 |
| 27 | 08 27 | 05 39 | 14 01 | 03 23 | 03 15 | 06 37 | 22 21 | 10 43 | 15 12 | 20 37 | 22 48 | 08 24 | 10 12 | 16 27 | 10 40 |
| 28 | 08 05 | 10 37 | 14 12 | 03 54 | 03 34 | 06 41 | 22 20 | 10 44 | 15 12 | 20 36 | 22 49 | 08 37 | 10 09 | 16 28 | 10 39 |

Lunar Phases -- 3 ◐ 03:10 10 ○ 14:41 17 ◑ 06:44 24 ● 18:27 Sun enters ♓ 2/18 18:12

## 0:00 E.T. Longitudes of Main Planets - March 2047

| D | S.T. | ☉ | ☽ | ☽ 12:00 | ☿ | ♀ | ♂ | ♃ | ♄ | ♅ | ♆ | ♇ | ☊ |
|---|---|---|---|---|---|---|---|---|---|---|---|---|---|
| 1 | 10:34:55 | 10♓18 47 | 26♈59 | 02♉55 | 16♒43 | 12♈29 | 10♈42 | 19♈55 | 03♑06 | 04♍06℞ | 16♉52 | 05♓05 | 22♑53 |
| 2 | 10:38:51 | 11 19 03 | 08♉50 | 14 46 | 17 00 | 13 42 | 11 27 | 20 07 | 03 10 | 04 03 | 16 54 | 05 07 | 22 50 |
| 3 | 10:42:48 | 12 19 16 | 20 43 | 26 41 | 17 21 | 14 55 | 12 13 | 20 20 | 03 14 | 04 01 | 16 55 | 05 09 | 22 47 |
| 4 | 10:46:45 | 13 19 28 | 02♊42 | 08♊45 | 17 48 | 16 08 | 12 58 | 20 33 | 03 18 | 03 58 | 16 56 | 05 10 | 22 44 |
| 5 | 10:50:41 | 14 19 37 | 14 51 | 21 01 | 18 20 | 17 21 | 13 43 | 20 46 | 03 21 | 03 55 | 16 57 | 05 12 | 22 41 |
| 6 | 10:54:38 | 15 19 44 | 27 16 | 03♋36 | 18 56 | 18 33 | 14 29 | 20 59 | 03 25 | 03 53 | 16 58 | 05 14 | 22 37 |
| 7 | 10:58:34 | 16 19 50 | 10♋01 | 16 33 | 19 37 | 19 46 | 15 14 | 21 12 | 03 29 | 03 50 | 17 00 | 05 15 | 22 34 |
| 8 | 11:02:31 | 17 19 53 | 23 11 | 29 57 | 20 21 | 20 59 | 15 59 | 21 26 | 03 32 | 03 48 | 17 01 | 05 17 | 22 31 |
| 9 | 11:06:27 | 18 19 54 | 06♌49 | 13♌49 | 21 09 | 22 11 | 16 44 | 21 39 | 03 36 | 03 45 | 17 02 | 05 19 | 22 28 |
| 10 | 11:10:24 | 19 19 52 | 20 56 | 28 09 | 22 00 | 23 24 | 17 29 | 21 52 | 03 39 | 03 43 | 17 04 | 05 20 | 22 25 |
| 11 | 11:14:20 | 20 19 49 | 05♍28 | 12♍53 | 22 54 | 24 36 | 18 14 | 22 05 | 03 42 | 03 40 | 17 05 | 05 22 | 22 22 |
| 12 | 11:18:17 | 21 19 44 | 20 22 | 27 55 | 23 52 | 25 49 | 18 59 | 22 19 | 03 45 | 03 38 | 17 07 | 05 24 | 22 18 |
| 13 | 11:22:14 | 22 19 37 | 05♎29 | 13♎04 | 24 52 | 27 01 | 19 44 | 22 32 | 03 48 | 03 35 | 17 08 | 05 25 | 22 15 |
| 14 | 11:26:10 | 23 19 28 | 20 38 | 28 10 | 25 55 | 28 13 | 20 29 | 22 46 | 03 51 | 03 33 | 17 09 | 05 27 | 22 12 |
| 15 | 11:30:07 | 24 19 17 | 05♏40 | 13♏05 | 27 00 | 29 25 | 21 14 | 22 59 | 03 54 | 03 30 | 17 11 | 05 28 | 22 09 |
| 16 | 11:34:03 | 25 19 04 | 20 25 | 27 39 | 28 07 | 00♉37 | 21 59 | 23 13 | 03 57 | 03 28 | 17 12 | 05 30 | 22 06 |
| 17 | 11:38:00 | 26 18 50 | 04♐48 | 11♐50 | 29 17 | 01 49 | 22 44 | 23 27 | 04 00 | 03 26 | 17 14 | 05 32 | 22 02 |
| 18 | 11:41:56 | 27 18 35 | 18 47 | 25 37 | 00♓29 | 03 01 | 23 29 | 23 40 | 04 02 | 03 23 | 17 16 | 05 33 | 21 59 |
| 19 | 11:45:53 | 28 18 17 | 02♑21 | 09♑00 | 01 42 | 04 13 | 24 13 | 23 54 | 04 05 | 03 21 | 17 17 | 05 35 | 21 56 |
| 20 | 11:49:49 | 29 17 58 | 15 33 | 22 02 | 02 58 | 05 25 | 24 58 | 24 08 | 04 07 | 03 19 | 17 19 | 05 36 | 21 53 |
| 21 | 11:53:46 | 00♈17 37 | 28 26 | 04♒46 | 04 15 | 06 36 | 25 43 | 24 22 | 04 10 | 03 16 | 17 20 | 05 38 | 21 50 |
| 22 | 11:57:43 | 01 17 15 | 11♒03 | 17 17 | 05 35 | 07 48 | 26 27 | 24 35 | 04 12 | 03 14 | 17 22 | 05 39 | 21 47 |
| 23 | 12:01:39 | 02 16 50 | 23 28 | 29 37 | 06 55 | 08 59 | 27 12 | 24 49 | 04 14 | 03 12 | 17 24 | 05 41 | 21 43 |
| 24 | 12:05:36 | 03 16 24 | 05♓43 | 11♓48 | 08 18 | 10 11 | 27 56 | 25 03 | 04 16 | 03 10 | 17 26 | 05 42 | 21 40 |
| 25 | 12:09:32 | 04 15 56 | 17 51 | 23 53 | 09 42 | 11 22 | 28 41 | 25 17 | 04 18 | 03 08 | 17 27 | 05 44 | 21 37 |
| 26 | 12:13:29 | 05 15 25 | 29 53 | 05♈52 | 11 08 | 12 33 | 29 25 | 25 31 | 04 20 | 03 05 | 17 29 | 05 45 | 21 34 |
| 27 | 12:17:25 | 06 14 53 | 11♈50 | 17 47 | 12 35 | 13 44 | 00♉09 | 25 45 | 04 22 | 03 03 | 17 31 | 05 47 | 21 31 |
| 28 | 12:21:22 | 07 14 19 | 23 44 | 29 39 | 14 03 | 14 55 | 00 54 | 25 59 | 04 23 | 03 01 | 17 33 | 05 48 | 21 27 |
| 29 | 12:25:18 | 08 13 42 | 05♉35 | 11♉31 | 15 34 | 16 06 | 01 38 | 26 13 | 04 25 | 02 59 | 17 34 | 05 50 | 21 24 |
| 30 | 12:29:15 | 09 13 04 | 17 26 | 23 23 | 17 05 | 17 17 | 02 22 | 26 27 | 04 27 | 02 57 | 17 36 | 05 51 | 21 21 |
| 31 | 12:33:12 | 10 12 23 | 29 20 | 05♊18 | 18 38 | 18 28 | 03 06 | 26 42 | 04 28 | 02 55 | 17 38 | 05 53 | 21 18 |

## 0:00 E.T. Longitudes of the Major Asteroids and Chiron

| D | ⚳ | ⚴ | ⚵ | ⚶ | ⚷ |
|---|---|---|---|---|---|
| 1 | 06♑26 | 01♐44 | 11♐32 | 16♐13 | 24♎03℞ |
| 2 | 06 45 | 01 54 | 11 40 | 16 35 | 24 00 |
| 3 | 07 04 | 02 03 | 11 49 | 16 57 | 23 58 |
| 4 | 07 22 | 02 12 | 11 58 | 17 19 | 23 55 |
| 5 | 07 41 | 02 21 | 12 06 | 17 40 | 23 52 |
| 6 | 07 59 | 02 29 | 12 14 | 18 01 | 23 49 |
| 7 | 08 17 | 02 37 | 12 21 | 18 22 | 23 46 |
| 8 | 08 35 | 02 45 | 12 29 | 18 43 | 23 43 |
| 9 | 08 53 | 02 52 | 12 36 | 19 03 | 23 40 |
| 10 | 09 11 | 02 59 | 12 43 | 19 23 | 23 37 |
| 11 | 09 28 | 03 05 | 12 50 | 19 43 | 23 33 |
| 12 | 09 46 | 03 11 | 12 56 | 20 03 | 23 30 |
| 13 | 10 03 | 03 17 | 13 02 | 20 22 | 23 26 |
| 14 | 10 20 | 03 22 | 13 08 | 20 42 | 23 23 |
| 15 | 10 37 | 03 27 | 13 13 | 21 01 | 23 19 |
| 16 | 10 54 | 03 31 | 13 19 | 21 20 | 23 16 |
| 17 | 11 10 | 03 36 | 13 24 | 21 38 | 23 12 |
| 18 | 11 26 | 03 39 | 13 28 | 21 56 | 23 08 |
| 19 | 11 42 | 03 42 | 13 33 | 22 14 | 23 04 |
| 20 | 11 58 | 03 45 | 13 37 | 22 32 | 23 00 |
| 21 | 12 14 | 03 47 | 13 41 | 22 49 | 22 56 |
| 22 | 12 29 | 03 49 | 13 44 | 23 06 | 22 52 |
| 23 | 12 45 | 03 50 | 13 48 | 23 23 | 22 48 |
| 24 | 13 00 | 03 51 | 13 51 | 23 40 | 22 43 |
| 25 | 13 15 | 03 52 | 13 53 | 23 56 | 22 39 |
| 26 | 13 29 | 03 52℞ | 13 56 | 24 12 | 22 35 |
| 27 | 13 44 | 03 51 | 13 58 | 24 28 | 22 30 |
| 28 | 13 58 | 03 50 | 13 59 | 24 43 | 22 26 |
| 29 | 14 12 | 03 49 | 14 01 | 24 58 | 22 22 |
| 30 | 14 26 | 03 47 | 14 02 | 25 12 | 22 17 |
| 31 | 14 40 | 03 44 | 14 02 | 25 27 | 22 13 |

## Lunar Data

| Last Asp. | | Ingress | | |
|---|---|---|---|---|
| 28 | 09:26 | 1 | ♉ | 06:06 |
| 2 | 16:59 | 3 | ♊ | 18:37 |
| 5 | 11:43 | 6 | ♋ | 05:12 |
| 7 | 20:46 | 8 | ♌ | 12:06 |
| 10 | 04:30 | 10 | ♍ | 15:03 |
| 12 | 01:38 | 12 | ♎ | 15:19 |
| 14 | 13:08 | 14 | ♏ | 14:55 |
| 16 | 13:54 | 16 | ♐ | 15:55 |
| 18 | 16:12 | 18 | ♑ | 19:48 |
| 20 | 18:34 | 21 | ♒ | 02:57 |
| 23 | 07:44 | 23 | ♓ | 12:46 |
| 24 | 23:13 | 26 | ♈ | 00:15 |
| 28 | 04:40 | 28 | ♉ | 12:42 |
| 30 | 00:20 | 31 | ♊ | 01:20 |

## 0:00 E.T. Declinations

| D | ☉ | ☽ | ☿ | ♀ | ♂ | ♃ | ♄ | ♅ | ♆ | ♇ | ⚳ | ⚴ | ⚵ | ⚶ | ⚷ |
|---|---|---|---|---|---|---|---|---|---|---|---|---|---|---|---|
| 1 | -07 42 | +15 10 | -14 22 | +04 25 | +03 53 | +06 46 | -22 20 | +10 45 | +15 13 | -20 36 | -22 50 | +08 50 | -10 06 | -16 30 | -10 37 |
| 2 | 07 19 | 19 08 | 14 30 | 04 56 | 04 11 | 06 51 | 22 20 | 10 46 | 15 13 | 20 35 | 22 51 | 09 03 | 10 03 | 16 31 | 10 36 |
| 3 | 06 56 | 22 21 | 14 36 | 05 27 | 04 29 | 06 56 | 22 20 | 10 47 | 15 13 | 20 34 | 22 52 | 09 17 | 10 00 | 16 33 | 10 35 |
| 4 | 06 33 | 24 37 | 14 40 | 05 58 | 04 48 | 07 01 | 22 20 | 10 48 | 15 14 | 20 34 | 22 53 | 09 31 | 09 56 | 16 34 | 10 34 |
| 5 | 06 10 | 25 48 | 14 42 | 06 28 | 05 06 | 07 06 | 22 20 | 10 49 | 15 14 | 20 33 | 22 54 | 09 44 | 09 53 | 16 35 | 10 33 |
| 6 | 05 47 | 25 43 | 14 43 | 06 59 | 05 24 | 07 11 | 22 20 | 10 50 | 15 15 | 20 33 | 22 55 | 09 58 | 09 50 | 16 36 | 10 31 |
| 7 | 05 24 | 24 17 | 14 41 | 07 29 | 05 42 | 07 16 | 22 20 | 10 51 | 15 15 | 20 32 | 22 56 | 10 12 | 09 46 | 16 37 | 10 30 |
| 8 | 05 00 | 21 30 | 14 38 | 07 59 | 06 01 | 07 21 | 22 19 | 10 52 | 15 15 | 20 32 | 22 57 | 10 27 | 09 43 | 16 38 | 10 29 |
| 9 | 04 37 | 17 27 | 14 34 | 08 29 | 06 19 | 07 26 | 22 19 | 10 53 | 15 16 | 20 31 | 22 58 | 10 41 | 09 39 | 16 39 | 10 27 |
| 10 | 04 13 | 12 19 | 14 27 | 08 59 | 06 36 | 07 32 | 22 19 | 10 54 | 15 16 | 20 31 | 22 59 | 10 55 | 09 36 | 16 40 | 10 26 |
| 11 | 03 50 | 06 21 | 14 19 | 09 29 | 06 54 | 07 37 | 22 19 | 10 55 | 15 17 | 20 30 | 23 00 | 11 10 | 09 32 | 16 41 | 10 24 |
| 12 | 03 26 | -00 06 | 14 10 | 09 58 | 07 12 | 07 42 | 22 19 | 10 55 | 15 17 | 20 30 | 23 01 | 11 24 | 09 28 | 16 42 | 10 23 |
| 13 | 03 03 | 06 36 | 13 59 | 10 28 | 07 30 | 07 47 | 22 19 | 10 56 | 15 18 | 20 29 | 23 02 | 11 39 | 09 24 | 16 43 | 10 21 |
| 14 | 02 39 | 12 44 | 13 46 | 10 57 | 07 47 | 07 52 | 22 19 | 10 57 | 15 18 | 20 29 | 23 03 | 11 54 | 09 21 | 16 43 | 10 20 |
| 15 | 02 15 | 18 04 | 13 32 | 11 25 | 08 05 | 07 57 | 22 19 | 10 58 | 15 19 | 20 28 | 23 04 | 12 09 | 09 17 | 16 44 | 10 18 |
| 16 | 01 52 | 22 11 | 13 16 | 11 54 | 08 22 | 08 02 | 22 18 | 10 59 | 15 19 | 20 28 | 23 04 | 12 24 | 09 13 | 16 44 | 10 16 |
| 17 | 01 28 | 24 49 | 12 59 | 12 22 | 08 40 | 08 07 | 22 18 | 11 00 | 15 20 | 20 27 | 23 05 | 12 39 | 09 08 | 16 45 | 10 15 |
| 18 | 01 04 | 25 49 | 12 41 | 12 50 | 08 57 | 08 12 | 22 18 | 11 01 | 15 20 | 20 27 | 23 06 | 12 54 | 09 04 | 16 45 | 10 13 |
| 19 | 00 40 | 25 12 | 12 21 | 13 17 | 09 14 | 08 18 | 22 18 | 11 01 | 15 21 | 20 26 | 23 07 | 13 09 | 09 00 | 16 46 | 10 11 |
| 20 | 00 17 | 23 11 | 12 00 | 13 45 | 09 31 | 08 23 | 22 18 | 11 02 | 15 21 | 20 26 | 23 08 | 13 25 | 08 56 | 16 46 | 10 09 |
| 21 | +00 07 | 20 00 | 11 37 | 14 12 | 09 48 | 08 28 | 22 18 | 11 03 | 15 22 | 20 25 | 23 09 | 13 40 | 08 52 | 16 46 | 10 08 |
| 22 | 00 31 | 15 56 | 11 13 | 14 38 | 10 05 | 08 33 | 22 18 | 11 04 | 15 22 | 20 25 | 23 10 | 13 55 | 08 47 | 16 47 | 10 06 |
| 23 | 00 54 | 11 16 | 10 48 | 15 05 | 10 22 | 08 38 | 22 18 | 11 05 | 15 23 | 20 25 | 23 11 | 14 11 | 08 43 | 16 47 | 10 04 |
| 24 | 01 18 | 06 13 | 10 21 | 15 31 | 10 38 | 08 43 | 22 18 | 11 05 | 15 23 | 20 24 | 23 11 | 14 26 | 08 38 | 16 47 | 10 02 |
| 25 | 01 42 | 01 00 | 09 54 | 15 56 | 10 55 | 08 49 | 22 17 | 11 06 | 15 24 | 20 24 | 23 12 | 14 42 | 08 34 | 16 47 | 10 00 |
| 26 | 02 05 | +04 12 | 09 24 | 16 22 | 11 11 | 08 54 | 22 17 | 11 07 | 15 24 | 20 23 | 23 13 | 14 58 | 08 29 | 16 48 | 09 58 |
| 27 | 02 29 | 09 12 | 08 54 | 16 46 | 11 27 | 08 59 | 22 17 | 11 08 | 15 25 | 20 23 | 23 14 | 15 13 | 08 25 | 16 48 | 09 56 |
| 28 | 02 52 | 13 51 | 08 23 | 17 11 | 11 43 | 09 04 | 22 17 | 11 08 | 15 25 | 20 23 | 23 15 | 15 29 | 08 20 | 16 48 | 09 54 |
| 29 | 03 16 | 17 58 | 07 50 | 17 35 | 11 59 | 09 09 | 22 17 | 11 09 | 15 26 | 20 22 | 23 16 | 15 45 | 08 15 | 16 48 | 09 52 |
| 30 | 03 39 | 21 21 | 07 16 | 17 58 | 12 15 | 09 14 | 22 17 | 11 10 | 15 26 | 20 22 | 23 17 | 16 00 | 08 10 | 16 48 | 09 50 |
| 31 | 04 02 | 23 52 | 06 41 | 18 22 | 12 31 | 09 20 | 22 17 | 11 10 | 15 27 | 20 22 | 23 18 | 16 16 | 08 06 | 16 48 | 09 48 |

Lunar Phases -- 4 ◐ 22:53 12 ○ 01:38 18 ◑ 16:12 26 ● 11:46 Sun enters ♈ 3/20 16:55

## Apr. 47 — Longitudes of Main Planets - April 2047 — 0:00 E.T.

| D | S.T. | ☉ | ☽ | ☽ 12:00 | ☿ | ♀ | ♂ | ♃ | ♄ | ♅ | ♆ | ♇ | ☊ |
|---|---|---|---|---|---|---|---|---|---|---|---|---|---|
| 1 | 12:37:08 | 11♈11 40 | 11♊19 | 17♊21 | 20♓13 | 19♉38 | 03♉51 | 26♈56 | 04♑29 | 02♍53℞ | 17♉40 | 05♓54 | 21♑15 |
| 2 | 12:41:05 | 12 10 55 | 23 27 | 29 36 | 21 49 | 20 49 | 04 35 | 27 10 | 04 30 | 02 52 | 17 42 | 05 56 | 21 12 |
| 3 | 12:45:01 | 13 10 08 | 05♋49 | 12♋06 | 23 26 | 21 59 | 05 19 | 27 24 | 04 31 | 02 50 | 17 44 | 05 57 | 21 08 |
| 4 | 12:48:58 | 14 09 18 | 18 29 | 24 57 | 25 05 | 23 09 | 06 03 | 27 38 | 04 32 | 02 48 | 17 46 | 05 58 | 21 05 |
| 5 | 12:52:54 | 15 08 26 | 01♌32 | 08♌14 | 26 45 | 24 19 | 06 47 | 27 53 | 04 33 | 02 46 | 17 48 | 06 00 | 21 02 |
| 6 | 12:56:51 | 16 07 32 | 15 03 | 21 59 | 28 26 | 25 29 | 07 30 | 28 07 | 04 34 | 02 45 | 17 50 | 06 01 | 20 59 |
| 7 | 13:00:47 | 17 06 35 | 29 03 | 06♍15 | 00♈09 | 26 39 | 08 14 | 28 21 | 04 35 | 02 43 | 17 52 | 06 02 | 20 56 |
| 8 | 13:04:44 | 18 05 36 | 13♍33 | 20 58 | 01 54 | 27 49 | 08 58 | 28 36 | 04 35 | 02 41 | 17 54 | 06 04 | 20 53 |
| 9 | 13:08:41 | 19 04 35 | 28 29 | 06♎04 | 03 40 | 28 59 | 09 42 | 28 50 | 04 36 | 02 40 | 17 56 | 06 05 | 20 49 |
| 10 | 13:12:37 | 20 03 31 | 13♎43 | 21 23 | 05 27 | 00♊08 | 10 25 | 29 04 | 04 36 | 02 38 | 17 58 | 06 06 | 20 46 |
| 11 | 13:16:34 | 21 02 26 | 29 04 | 06♏44 | 07 16 | 01 17 | 11 09 | 29 19 | 04 37 | 02 37 | 18 00 | 06 08 | 20 43 |
| 12 | 13:20:30 | 22 01 18 | 14♏21 | 21 54 | 09 07 | 02 27 | 11 53 | 29 33 | 04 37 | 02 35 | 18 02 | 06 09 | 20 40 |
| 13 | 13:24:27 | 23 00 09 | 29 22 | 06♐45 | 10 59 | 03 36 | 12 36 | 29 47 | 04 37 | 02 34 | 18 04 | 06 10 | 20 37 |
| 14 | 13:28:23 | 23 58 58 | 14♐01 | 21 10 | 12 52 | 04 45 | 13 20 | 00♉02 | 04 37℞ | 02 33 | 18 06 | 06 11 | 20 33 |
| 15 | 13:32:20 | 24 57 46 | 28 12 | 05♑06 | 14 47 | 05 54 | 14 03 | 00 16 | 04 37 | 02 31 | 18 08 | 06 13 | 20 30 |
| 16 | 13:36:16 | 25 56 31 | 11♑54 | 18 35 | 16 43 | 07 02 | 14 46 | 00 31 | 04 37 | 02 30 | 18 10 | 06 14 | 20 27 |
| 17 | 13:40:13 | 26 55 15 | 25 09 | 01♒38 | 18 41 | 08 11 | 15 30 | 00 45 | 04 36 | 02 29 | 18 12 | 06 15 | 20 24 |
| 18 | 13:44:10 | 27 53 57 | 08♒01 | 14 19 | 20 41 | 09 19 | 16 13 | 00 59 | 04 36 | 02 28 | 18 15 | 06 16 | 20 21 |
| 19 | 13:48:06 | 28 52 38 | 20 33 | 26 44 | 22 42 | 10 27 | 16 56 | 01 14 | 04 35 | 02 26 | 18 17 | 06 17 | 20 18 |
| 20 | 13:52:03 | 29 51 17 | 02♓51 | 08♓56 | 24 44 | 11 35 | 17 39 | 01 28 | 04 35 | 02 25 | 18 19 | 06 18 | 20 14 |
| 21 | 13:55:59 | 00♉49 54 | 14 58 | 20 58 | 26 47 | 12 43 | 18 23 | 01 43 | 04 34 | 02 24 | 18 21 | 06 19 | 20 11 |
| 22 | 13:59:56 | 01 48 29 | 26 57 | 02♈55 | 28 52 | 13 51 | 19 06 | 01 57 | 04 33 | 02 23 | 18 23 | 06 21 | 20 08 |
| 23 | 14:03:52 | 02 47 03 | 08♈52 | 14 49 | 00♉58 | 14 59 | 19 49 | 02 11 | 04 32 | 02 23 | 18 25 | 06 22 | 20 05 |
| 24 | 14:07:49 | 03 45 34 | 20 45 | 26 41 | 03 04 | 16 06 | 20 32 | 02 26 | 04 31 | 02 22 | 18 28 | 06 23 | 20 02 |
| 25 | 14:11:45 | 04 44 04 | 02♉37 | 08♉33 | 05 12 | 17 13 | 21 15 | 02 40 | 04 30 | 02 21 | 18 30 | 06 24 | 19 59 |
| 26 | 14:15:42 | 05 42 33 | 14 29 | 20 26 | 07 20 | 18 20 | 21 58 | 02 55 | 04 29 | 02 20 | 18 32 | 06 25 | 19 55 |
| 27 | 14:19:39 | 06 40 59 | 26 23 | 02♊22 | 09 29 | 19 27 | 22 40 | 03 09 | 04 28 | 02 19 | 18 34 | 06 26 | 19 52 |
| 28 | 14:23:35 | 07 39 23 | 08♊22 | 14 23 | 11 38 | 20 34 | 23 23 | 03 24 | 04 27 | 02 19 | 18 36 | 06 27 | 19 49 |
| 29 | 14:27:32 | 08 37 46 | 20 26 | 26 31 | 13 46 | 21 41 | 24 06 | 03 38 | 04 25 | 02 18 | 18 39 | 06 27 | 19 46 |
| 30 | 14:31:28 | 09 36 06 | 02♋38 | 08♋49 | 15 54 | 22 47 | 24 49 | 03 52 | 04 24 | 02 18 | 18 41 | 06 28 | 19 43 |

## 0:00 E.T. — Longitudes of the Major Asteroids and Chiron

| D | ⚳ | ⚴ | ⚵ | ⚶ | ⚷ | D | ⚳ | ⚴ | ⚵ | ⚶ | ⚷ |
|---|---|---|---|---|---|---|---|---|---|---|---|
| 1 | 14♑53 | 03♐41℞ | 14♐03 | 25♐41 | 22♎08℞ | 16 | 17 43 | 01 59 | 13 29 | 28 25 | 20 58 |
| 2 | 15 06 | 03 38 | 14 03℞ | 25 54 | 22 03 | 17 | 17 53 | 01 48 | 13 25 | 28 33 | 20 53 |
| 3 | 15 19 | 03 34 | 14 03 | 26 07 | 21 59 | 18 | 18 02 | 01 37 | 13 19 | 28 40 | 20 48 |
| 4 | 15 32 | 03 30 | 14 02 | 26 20 | 21 54 | 19 | 18 10 | 01 26 | 13 14 | 28 47 | 20 44 |
| 5 | 15 44 | 03 25 | 14 01 | 26 33 | 21 49 | 20 | 18 19 | 01 14 | 13 08 | 28 54 | 20 39 |
| 6 | 15 56 | 03 19 | 14 00 | 26 45 | 21 45 | 21 | 18 27 | 01 01 | 13 02 | 29 00 | 20 34 |
| 7 | 16 08 | 03 14 | 13 58 | 26 57 | 21 40 | 22 | 18 34 | 00 48 | 12 55 | 29 05 | 20 30 |
| 8 | 16 20 | 03 07 | 13 56 | 27 08 | 21 35 | 23 | 18 42 | 00 35 | 12 49 | 29 10 | 20 25 |
| 9 | 16 31 | 03 00 | 13 54 | 27 19 | 21 31 | 24 | 18 49 | 00 22 | 12 41 | 29 15 | 20 21 |
| 10 | 16 42 | 02 53 | 13 52 | 27 30 | 21 26 | 25 | 18 56 | 00 07 | 12 34 | 29 19 | 20 16 |
| 11 | 16 53 | 02 45 | 13 49 | 27 40 | 21 21 | 26 | 19 02 | 29♏53 | 12 26 | 29 22 | 20 12 |
| 12 | 17 04 | 02 37 | 13 46 | 27 50 | 21 17 | 27 | 19 09 | 29 38 | 12 18 | 29 26 | 20 08 |
| 13 | 17 14 | 02 28 | 13 42 | 27 59 | 21 12 | 28 | 19 14 | 29 23 | 12 10 | 29 28 | 20 03 |
| 14 | 17 24 | 02 19 | 13 38 | 28 08 | 21 07 | 29 | 19 20 | 29 08 | 12 01 | 29 30 | 19 59 |
| 15 | 17 34 | 02 09 | 13 34 | 28 17 | 21 02 | 30 | 19 25 | 28 52 | 11 52 | 29 32 | 19 55 |

## Lunar Data

| Last Asp. | | Ingress | | |
|---|---|---|---|---|
| 2 | 07:25 | 2 | ♋ | 12:47 |
| 4 | 17:14 | 4 | ♌ | 21:13 |
| 6 | 22:47 | 7 | ♍ | 01:35 |
| 9 | 00:51 | 9 | ♎ | 02:24 |
| 11 | 00:24 | 11 | ♏ | 01:28 |
| 12 | 05:51 | 13 | ♐ | 01:01 |
| 14 | 18:03 | 15 | ♑ | 03:07 |
| 17 | 03:32 | 17 | ♒ | 08:58 |
| 19 | 17:36 | 19 | ♓ | 18:24 |
| 21 | 07:14 | 22 | ♈ | 06:07 |
| 23 | 13:38 | 24 | ♉ | 18:43 |
| 26 | 16:03 | 27 | ♊ | 07:15 |
| 29 | 02:43 | 29 | ♋ | 18:50 |

## 0:00 E.T. — Declinations

| D | ☉ | ☽ | ☿ | ♀ | ♂ | ♃ | ♄ | ♅ | ♆ | ♇ | ⚳ | ⚴ | ⚵ | ⚶ | ⚷ |
|---|---|---|---|---|---|---|---|---|---|---|---|---|---|---|---|
| 1 | +04 26 | +25 20 | -06 05 | +18 44 | +12 47 | +09 25 | -22 17 | +11 11 | +15 27 | -20 21 | -23 19 | +16 32 | -08 01 | -16 48 | -09 46 |
| 2 | 04 49 | 25 37 | 05 27 | 19 07 | 13 02 | 09 30 | 22 17 | 11 12 | 15 28 | 20 21 | 23 20 | 16 47 | 07 56 | 16 48 | 09 44 |
| 3 | 05 12 | 24 39 | 04 49 | 19 28 | 13 18 | 09 35 | 22 17 | 11 12 | 15 29 | 20 21 | 23 22 | 17 03 | 07 51 | 16 48 | 09 42 |
| 4 | 05 35 | 22 24 | 04 09 | 19 50 | 13 33 | 09 40 | 22 17 | 11 13 | 15 29 | 20 20 | 23 23 | 17 18 | 07 46 | 16 48 | 09 40 |
| 5 | 05 58 | 18 56 | 03 29 | 20 11 | 13 48 | 09 46 | 22 17 | 11 14 | 15 30 | 20 20 | 23 24 | 17 34 | 07 41 | 16 47 | 09 38 |
| 6 | 06 20 | 14 22 | 02 47 | 20 31 | 14 03 | 09 51 | 22 17 | 11 14 | 15 30 | 20 20 | 23 25 | 17 49 | 07 36 | 16 47 | 09 36 |
| 7 | 06 43 | 08 54 | 02 04 | 20 51 | 14 18 | 09 56 | 22 16 | 11 15 | 15 31 | 20 19 | 23 26 | 18 05 | 07 31 | 16 47 | 09 34 |
| 8 | 07 06 | 02 47 | 01 20 | 21 10 | 14 32 | 10 01 | 22 16 | 11 15 | 15 31 | 20 19 | 23 28 | 18 20 | 07 26 | 16 47 | 09 32 |
| 9 | 07 28 | -03 39 | 00 36 | 21 29 | 14 47 | 10 06 | 22 16 | 11 16 | 15 32 | 20 19 | 23 29 | 18 35 | 07 21 | 16 47 | 09 30 |
| 10 | 07 50 | 09 59 | +00 10 | 21 47 | 15 01 | 10 11 | 22 16 | 11 16 | 15 33 | 20 18 | 23 31 | 18 50 | 07 16 | 16 47 | 09 28 |
| 11 | 08 13 | 15 46 | 00 57 | 22 05 | 15 16 | 10 16 | 22 16 | 11 17 | 15 33 | 20 18 | 23 32 | 19 06 | 07 10 | 16 47 | 09 26 |
| 12 | 08 35 | 20 30 | 01 44 | 22 22 | 15 30 | 10 21 | 22 16 | 11 17 | 15 34 | 20 18 | 23 33 | 19 21 | 07 05 | 16 47 | 09 23 |
| 13 | 08 56 | 23 48 | 02 33 | 22 39 | 15 44 | 10 27 | 22 16 | 11 18 | 15 34 | 20 18 | 23 35 | 19 35 | 07 00 | 16 47 | 09 21 |
| 14 | 09 18 | 25 25 | 03 22 | 22 55 | 15 57 | 10 32 | 22 16 | 11 18 | 15 35 | 20 18 | 23 37 | 19 50 | 06 55 | 16 47 | 09 19 |
| 15 | 09 40 | 25 18 | 04 12 | 23 10 | 16 11 | 10 37 | 22 16 | 11 19 | 15 36 | 20 17 | 23 38 | 20 05 | 06 50 | 16 47 | 09 17 |
| 16 | 10 01 | 23 37 | 05 02 | 23 25 | 16 24 | 10 42 | 22 16 | 11 19 | 15 36 | 20 17 | 23 40 | 20 19 | 06 45 | 16 47 | 09 15 |
| 17 | 10 22 | 20 39 | 05 54 | 23 39 | 16 38 | 10 47 | 22 16 | 11 20 | 15 37 | 20 17 | 23 42 | 20 34 | 06 39 | 16 47 | 09 13 |
| 18 | 10 43 | 16 45 | 06 45 | 23 53 | 16 51 | 10 52 | 22 16 | 11 20 | 15 37 | 20 17 | 23 43 | 20 48 | 06 34 | 16 47 | 09 11 |
| 19 | 11 04 | 12 12 | 07 38 | 24 06 | 17 04 | 10 57 | 22 16 | 11 20 | 15 38 | 20 17 | 23 45 | 21 02 | 06 29 | 16 47 | 09 09 |
| 20 | 11 25 | 07 15 | 08 30 | 24 18 | 17 17 | 11 02 | 22 16 | 11 21 | 15 39 | 20 16 | 23 47 | 21 16 | 06 24 | 16 47 | 09 06 |
| 21 | 11 46 | 02 07 | 09 23 | 24 30 | 17 29 | 11 07 | 22 16 | 11 21 | 15 39 | 20 16 | 23 49 | 21 29 | 06 18 | 16 47 | 09 04 |
| 22 | 12 06 | +03 02 | 10 16 | 24 41 | 17 42 | 11 12 | 22 16 | 11 21 | 15 40 | 20 16 | 23 51 | 21 43 | 06 13 | 16 47 | 09 02 |
| 23 | 12 26 | 08 02 | 11 09 | 24 52 | 17 54 | 11 17 | 22 16 | 11 22 | 15 40 | 20 16 | 23 53 | 21 56 | 06 08 | 16 48 | 09 00 |
| 24 | 12 46 | 12 44 | 12 02 | 25 02 | 18 06 | 11 22 | 22 16 | 11 22 | 15 41 | 20 16 | 23 55 | 22 09 | 06 03 | 16 48 | 08 58 |
| 25 | 13 06 | 16 56 | 12 55 | 25 11 | 18 18 | 11 27 | 22 16 | 11 22 | 15 42 | 20 16 | 23 58 | 22 22 | 05 58 | 16 48 | 08 56 |
| 26 | 13 25 | 20 30 | 13 47 | 25 20 | 18 30 | 11 32 | 22 16 | 11 22 | 15 42 | 20 16 | 24 00 | 22 35 | 05 52 | 16 48 | 08 54 |
| 27 | 13 45 | 23 12 | 14 38 | 25 28 | 18 41 | 11 37 | 22 16 | 11 23 | 15 43 | 20 15 | 24 02 | 22 47 | 05 47 | 16 49 | 08 52 |
| 28 | 14 04 | 24 54 | 15 29 | 25 35 | 18 53 | 11 42 | 22 16 | 11 23 | 15 44 | 20 15 | 24 05 | 22 59 | 05 42 | 16 49 | 08 50 |
| 29 | 14 23 | 25 27 | 16 18 | 25 42 | 19 04 | 11 47 | 22 16 | 11 23 | 15 44 | 20 15 | 24 07 | 23 11 | 05 37 | 16 50 | 08 48 |
| 30 | 14 41 | 24 46 | 17 06 | 25 48 | 19 15 | 11 52 | 22 16 | 11 23 | 15 45 | 20 15 | 24 10 | 23 23 | 05 32 | 16 50 | 08 46 |

Lunar Phases -- 3 ◐ 15:12   10 ○ 10:37   17 ◑ 03:31   25 ● 04:41   Sun enters ♉ 4/20 03:34

## 0:00 E.T. Longitudes of Main Planets - May 2047 **May 47**

| D | S.T. | ☉ | ☽ | ☽ 12:00 | ☿ | ♀ | ♂ | ♃ | ♄ | ♅ | ♆ | ♇ | ☊ |
|---|---|---|---|---|---|---|---|---|---|---|---|---|---|
| 1 | 14:35:25 | 10♉34 25 | 15♋03 | 21♋21 | 18♉02 | 23♊53 | 25♉31 | 04♉07 | 04♑22℞ | 02♍17℞ | 18♉43 | 06♓29 | 19♑39 |
| 2 | 14:39:21 | 11 32 41 | 27 44 | 04♌12 | 20 09 | 24 59 | 26 14 | 04 21 | 04 20 | 02 17 | 18 45 | 06 30 | 19 36 |
| 3 | 14:43:18 | 12 30 55 | 10♌45 | 17 24 | 22 14 | 26 05 | 26 57 | 04 35 | 04 18 | 02 16 | 18 48 | 06 31 | 19 33 |
| 4 | 14:47:14 | 13 29 08 | 24 09 | 01♍01 | 24 18 | 27 10 | 27 39 | 04 50 | 04 16 | 02 16 | 18 50 | 06 32 | 19 30 |
| 5 | 14:51:11 | 14 27 18 | 08♍00 | 15 06 | 26 20 | 28 16 | 28 22 | 05 04 | 04 14 | 02 16 | 18 52 | 06 33 | 19 27 |
| 6 | 14:55:08 | 15 25 26 | 22 19 | 29 38 | 28 19 | 29 21 | 29 04 | 05 18 | 04 12 | 02 15 | 18 54 | 06 33 | 19 24 |
| 7 | 14:59:04 | 16 23 32 | 07♎03 | 14♎33 | 00♊17 | 00♋25 | 29 46 | 05 33 | 04 10 | 02 15 | 18 57 | 06 34 | 19 20 |
| 8 | 15:03:01 | 17 21 36 | 22 06 | 29 43 | 02 11 | 01 30 | 00♊29 | 05 47 | 04 08 | 02 15 | 18 59 | 06 35 | 19 17 |
| 9 | 15:06:57 | 18 19 39 | 07♏21 | 14♏59 | 04 03 | 02 34 | 01 11 | 06 01 | 04 06 | 02 15 | 19 01 | 06 36 | 19 14 |
| 10 | 15:10:54 | 19 17 40 | 22 36 | 00♐10 | 05 52 | 03 38 | 01 53 | 06 15 | 04 03 | 02 15D | 19 03 | 06 36 | 19 11 |
| 11 | 15:14:50 | 20 15 39 | 07♐41 | 15 06 | 07 38 | 04 42 | 02 35 | 06 29 | 04 01 | 02 15 | 19 06 | 06 37 | 19 08 |
| 12 | 15:18:47 | 21 13 37 | 22 26 | 29 39 | 09 21 | 05 46 | 03 17 | 06 44 | 03 58 | 02 15 | 19 08 | 06 38 | 19 05 |
| 13 | 15:22:43 | 22 11 34 | 06♑45 | 13♑44 | 11 00 | 06 49 | 03 59 | 06 58 | 03 55 | 02 15 | 19 10 | 06 38 | 19 01 |
| 14 | 15:26:40 | 23 09 29 | 20 36 | 27 21 | 12 36 | 07 52 | 04 41 | 07 12 | 03 53 | 02 15 | 19 12 | 06 39 | 18 58 |
| 15 | 15:30:37 | 24 07 23 | 03♒59 | 10♒30 | 14 08 | 08 54 | 05 23 | 07 26 | 03 50 | 02 16 | 19 15 | 06 39 | 18 55 |
| 16 | 15:34:33 | 25 05 15 | 16 56 | 23 16 | 15 37 | 09 57 | 06 05 | 07 40 | 03 47 | 02 16 | 19 17 | 06 40 | 18 52 |
| 17 | 15:38:30 | 26 03 07 | 29 31 | 05♓42 | 17 02 | 10 59 | 06 47 | 07 54 | 03 44 | 02 16 | 19 19 | 06 40 | 18 49 |
| 18 | 15:42:26 | 27 00 57 | 11♓49 | 17 53 | 18 23 | 12 01 | 07 29 | 08 08 | 03 41 | 02 17 | 19 21 | 06 41 | 18 45 |
| 19 | 15:46:23 | 27 58 46 | 23 54 | 29 53 | 19 41 | 13 02 | 08 11 | 08 22 | 03 38 | 02 17 | 19 24 | 06 41 | 18 42 |
| 20 | 15:50:19 | 28 56 34 | 05♈51 | 11♈47 | 20 54 | 14 03 | 08 53 | 08 36 | 03 35 | 02 18 | 19 26 | 06 42 | 18 39 |
| 21 | 15:54:16 | 29 54 20 | 17 43 | 23 39 | 22 04 | 15 04 | 09 34 | 08 50 | 03 31 | 02 18 | 19 28 | 06 42 | 18 36 |
| 22 | 15:58:12 | 00♊52 05 | 29 34 | 05♉30 | 23 10 | 16 04 | 10 16 | 09 04 | 03 28 | 02 19 | 19 30 | 06 43 | 18 33 |
| 23 | 16:02:09 | 01 49 50 | 11♉27 | 17 24 | 24 12 | 17 04 | 10 58 | 09 18 | 03 25 | 02 20 | 19 32 | 06 43 | 18 30 |
| 24 | 16:06:06 | 02 47 33 | 23 22 | 29 22 | 25 10 | 18 04 | 11 39 | 09 31 | 03 21 | 02 20 | 19 35 | 06 43 | 18 26 |
| 25 | 16:10:02 | 03 45 14 | 05♊23 | 11♊26 | 26 04 | 19 04 | 12 21 | 09 45 | 03 18 | 02 21 | 19 37 | 06 44 | 18 23 |
| 26 | 16:13:59 | 04 42 55 | 17 30 | 23 36 | 26 54 | 20 02 | 13 02 | 09 59 | 03 14 | 02 22 | 19 39 | 06 44 | 18 20 |
| 27 | 16:17:55 | 05 40 34 | 29 45 | 05♋56 | 27 39 | 21 01 | 13 44 | 10 12 | 03 11 | 02 23 | 19 41 | 06 44 | 18 17 |
| 28 | 16:21:52 | 06 38 12 | 12♋10 | 18 26 | 28 20 | 21 59 | 14 25 | 10 26 | 03 07 | 02 24 | 19 43 | 06 45 | 18 14 |
| 29 | 16:25:48 | 07 35 49 | 24 46 | 01♌09 | 28 57 | 22 57 | 15 07 | 10 40 | 03 03 | 02 25 | 19 46 | 06 45 | 18 11 |
| 30 | 16:29:45 | 08 33 24 | 07♌36 | 14 08 | 29 29 | 23 54 | 15 48 | 10 53 | 02 59 | 02 26 | 19 48 | 06 45 | 18 07 |
| 31 | 16:33:41 | 09 30 58 | 20 43 | 27 24 | 29 57 | 24 51 | 16 29 | 11 07 | 02 56 | 02 27 | 19 50 | 06 45 | 18 04 |

## 0:00 E.T. Longitudes of the Major Asteroids and Chiron

| D | ⚳ | ⚴ | ⚵ | ⚶ | ⚷ | D | ⚳ | ⚴ | ⚵ | ⚶ | ⚷ |
|---|---|---|---|---|---|---|---|---|---|---|---|
| 1 | 19♑30 | 28♏36℞ | 11♐43℞ | 29♐33 | 19♎50℞ | 17 | 20 01 | 23 53 | 08 43 | 28 46 | 18 52 |
| 2 | 19 34 | 28 19 | 11 33 | 29 34 | 19 46 | 18 | 19 59 | 23 35 | 08 30 | 28 39 | 18 49 |
| 3 | 19 39 | 28 03 | 11 24 | 29 34℞ | 19 42 | 19 | 19 58 | 23 17 | 08 17 | 28 31 | 18 46 |
| 4 | 19 43 | 27 46 | 11 14 | 29 34 | 19 38 | 20 | 19 56 | 22 59 | 08 04 | 28 23 | 18 43 |
| 5 | 19 46 | 27 29 | 11 03 | 29 33 | 19 34 | 21 | 19 54 | 22 41 | 07 51 | 28 15 | 18 40 |
| 6 | 19 49 | 27 11 | 10 53 | 29 32 | 19 30 | 22 | 19 51 | 22 23 | 07 38 | 28 06 | 18 38 |
| 7 | 19 52 | 26 54 | 10 42 | 29 30 | 19 26 | 23 | 19 48 | 22 05 | 07 24 | 27 57 | 18 35 |
| 8 | 19 54 | 26 36 | 10 31 | 29 28 | 19 23 | 24 | 19 45 | 21 48 | 07 11 | 27 47 | 18 33 |
| 9 | 19 57 | 26 18 | 10 20 | 29 25 | 19 19 | 25 | 19 41 | 21 30 | 06 58 | 27 37 | 18 30 |
| 10 | 19 58 | 26 01 | 10 08 | 29 22 | 19 15 | 26 | 19 37 | 21 13 | 06 44 | 27 26 | 18 28 |
| 11 | 20 00 | 25 42 | 09 57 | 29 18 | 19 12 | 27 | 19 32 | 20 56 | 06 31 | 27 16 | 18 26 |
| 12 | 20 01 | 25 24 | 09 45 | 29 14 | 19 08 | 28 | 19 27 | 20 40 | 06 17 | 27 04 | 18 24 |
| 13 | 20 01 | 25 06 | 09 33 | 29 09 | 19 05 | 29 | 19 22 | 20 23 | 06 04 | 26 53 | 18 22 |
| 14 | 20 02 | 24 48 | 09 21 | 29 04 | 19 01 | 30 | 19 17 | 20 07 | 05 50 | 26 41 | 18 20 |
| 15 | 20 02℞ | 24 30 | 09 08 | 28 59 | 18 58 | 31 | 19 11 | 19 52 | 05 36 | 26 29 | 18 18 |
| 16 | 20 01 | 24 11 | 08 56 | 28 52 | 18 55 | | | | | | |

## Lunar Data

| Last Asp. | | Ingress | | |
|---|---|---|---|---|
| 1 | 21:01 | 2 | ♌ | 04:13 |
| 4 | 06:28 | 4 | ♍ | 10:13 |
| 6 | 12:26 | 6 | ♎ | 12:36 |
| 6 | 19:22 | 8 | ♏ | 12:27 |
| 9 | 18:26 | 10 | ♐ | 11:44 |
| 10 | 23:55 | 12 | ♑ | 12:35 |
| 14 | 04:53 | 14 | ♒ | 16:47 |
| 16 | 16:47 | 17 | ♓ | 00:57 |
| 19 | 08:54 | 19 | ♈ | 12:14 |
| 21 | 09:44 | 22 | ♉ | 00:52 |
| 23 | 16:22 | 24 | ♊ | 13:16 |
| 26 | 19:39 | 27 | ♋ | 00:29 |
| 28 | 20:16 | 29 | ♌ | 09:50 |
| 30 | 22:23 | 31 | ♍ | 16:39 |

## 0:00 E.T. Declinations

| D | ☉ | ☽ | ☿ | ♀ | ♂ | ♃ | ♄ | ♅ | ♆ | ♇ | ⚳ | ⚴ | ⚵ | ⚶ | ⚷ |
|---|---|---|---|---|---|---|---|---|---|---|---|---|---|---|---|
| 1 | +14 59 | +22 52 | +17 52 | +25 53 | +19 26 | +11 56 | -22 16 | +11 23 | +15 45 | -20 15 | -24 12 | +23 34 | -05 27 | -16 51 | -08 44 |
| 2 | 15 18 | 19 47 | 18 37 | 25 58 | 19 37 | 12 01 | 22 16 | 11 23 | 15 46 | 20 15 | 24 15 | 23 45 | 05 22 | 16 51 | 08 42 |
| 3 | 15 35 | 15 40 | 19 20 | 26 02 | 19 47 | 12 06 | 22 16 | 11 23 | 15 47 | 20 15 | 24 18 | 23 56 | 05 17 | 16 52 | 08 40 |
| 4 | 15 53 | 10 39 | 20 01 | 26 06 | 19 57 | 12 11 | 22 16 | 11 24 | 15 47 | 20 15 | 24 21 | 24 06 | 05 12 | 16 53 | 08 38 |
| 5 | 16 10 | 04 58 | 20 39 | 26 08 | 20 07 | 12 16 | 22 16 | 11 24 | 15 48 | 20 15 | 24 24 | 24 17 | 05 08 | 16 53 | 08 36 |
| 6 | 16 27 | -01 09 | 21 15 | 26 11 | 20 17 | 12 20 | 22 16 | 11 24 | 15 48 | 20 15 | 24 27 | 24 27 | 05 03 | 16 54 | 08 34 |
| 7 | 16 44 | 07 22 | 21 49 | 26 12 | 20 27 | 12 25 | 22 16 | 11 24 | 15 49 | 20 15 | 24 30 | 24 36 | 04 58 | 16 55 | 08 32 |
| 8 | 17 01 | 13 17 | 22 21 | 26 13 | 20 37 | 12 30 | 22 17 | 11 24 | 15 50 | 20 15 | 24 33 | 24 45 | 04 53 | 16 56 | 08 31 |
| 9 | 17 17 | 18 28 | 22 49 | 26 13 | 20 46 | 12 35 | 22 17 | 11 24 | 15 50 | 20 15 | 24 36 | 24 54 | 04 49 | 16 57 | 08 29 |
| 10 | 17 33 | 22 26 | 23 16 | 26 13 | 20 55 | 12 39 | 22 17 | 11 24 | 15 51 | 20 15 | 24 40 | 25 03 | 04 44 | 16 58 | 08 27 |
| 11 | 17 48 | 24 48 | 23 39 | 26 12 | 21 04 | 12 44 | 22 17 | 11 24 | 15 52 | 20 15 | 24 43 | 25 11 | 04 40 | 17 00 | 08 25 |
| 12 | 18 04 | 25 22 | 24 01 | 26 10 | 21 13 | 12 49 | 22 17 | 11 24 | 15 52 | 20 15 | 24 47 | 25 19 | 04 35 | 17 01 | 08 24 |
| 13 | 18 19 | 24 12 | 24 20 | 26 08 | 21 21 | 12 53 | 22 17 | 11 23 | 15 53 | 20 15 | 24 50 | 25 27 | 04 31 | 17 02 | 08 22 |
| 14 | 18 33 | 21 34 | 24 36 | 26 05 | 21 30 | 12 58 | 22 17 | 11 23 | 15 53 | 20 15 | 24 54 | 25 34 | 04 27 | 17 04 | 08 20 |
| 15 | 18 48 | 17 50 | 24 50 | 26 02 | 21 38 | 13 02 | 22 17 | 11 23 | 15 54 | 20 16 | 24 58 | 25 41 | 04 23 | 17 05 | 08 19 |
| 16 | 19 02 | 13 21 | 25 02 | 25 58 | 21 46 | 13 07 | 22 17 | 11 23 | 15 55 | 20 16 | 25 01 | 25 48 | 04 19 | 17 07 | 08 17 |
| 17 | 19 16 | 08 25 | 25 11 | 25 53 | 21 53 | 13 11 | 22 17 | 11 23 | 15 55 | 20 16 | 25 05 | 25 54 | 04 15 | 17 08 | 08 15 |
| 18 | 19 29 | 03 16 | 25 19 | 25 48 | 22 01 | 13 16 | 22 17 | 11 23 | 15 56 | 20 16 | 25 09 | 26 00 | 04 11 | 17 10 | 08 14 |
| 19 | 19 42 | +01 54 | 25 24 | 25 42 | 22 08 | 13 20 | 22 17 | 11 22 | 15 56 | 20 16 | 25 13 | 26 06 | 04 07 | 17 12 | 08 12 |
| 20 | 19 55 | 06 56 | 25 28 | 25 36 | 22 15 | 13 25 | 22 18 | 11 22 | 15 57 | 20 16 | 25 18 | 26 11 | 04 03 | 17 14 | 08 11 |
| 21 | 20 08 | 11 41 | 25 30 | 25 29 | 22 22 | 13 29 | 22 18 | 11 22 | 15 58 | 20 16 | 25 22 | 26 16 | 04 00 | 17 16 | 08 09 |
| 22 | 20 20 | 15 59 | 25 30 | 25 21 | 22 29 | 13 34 | 22 18 | 11 22 | 15 58 | 20 16 | 25 26 | 26 20 | 03 56 | 17 18 | 08 08 |
| 23 | 20 31 | 19 41 | 25 28 | 25 13 | 22 35 | 13 38 | 22 18 | 11 21 | 15 59 | 20 17 | 25 30 | 26 24 | 03 53 | 17 20 | 08 07 |
| 24 | 20 43 | 22 36 | 25 25 | 25 05 | 22 42 | 13 42 | 22 18 | 11 21 | 15 59 | 20 17 | 25 35 | 26 28 | 03 50 | 17 22 | 08 05 |
| 25 | 20 54 | 24 32 | 25 20 | 24 56 | 22 48 | 13 47 | 22 18 | 11 21 | 16 00 | 20 17 | 25 39 | 26 32 | 03 46 | 17 24 | 08 04 |
| 26 | 21 05 | 25 21 | 25 14 | 24 46 | 22 53 | 13 51 | 22 18 | 11 21 | 16 01 | 20 17 | 25 44 | 26 35 | 03 43 | 17 27 | 08 03 |
| 27 | 21 15 | 24 55 | 25 07 | 24 36 | 22 59 | 13 55 | 22 18 | 11 20 | 16 01 | 20 17 | 25 48 | 26 37 | 03 40 | 17 29 | 08 01 |
| 28 | 21 25 | 23 16 | 24 58 | 24 25 | 23 05 | 14 00 | 22 18 | 11 20 | 16 02 | 20 18 | 25 53 | 26 40 | 03 38 | 17 32 | 08 00 |
| 29 | 21 34 | 20 26 | 24 49 | 24 14 | 23 10 | 14 04 | 22 18 | 11 19 | 16 02 | 20 18 | 25 58 | 26 42 | 03 35 | 17 34 | 07 59 |
| 30 | 21 44 | 16 33 | 24 38 | 24 03 | 23 15 | 14 08 | 22 19 | 11 19 | 16 03 | 20 18 | 26 03 | 26 43 | 03 32 | 17 37 | 07 58 |
| 31 | 21 52 | 11 48 | 24 26 | 23 51 | 23 20 | 14 12 | 22 19 | 11 19 | 16 03 | 20 18 | 26 08 | 26 44 | 03 30 | 17 39 | 07 57 |

Lunar Phases -- 3 ◐ 03:28 9 ○ 18:26 16 ◑ 16:47 24 ● 20:29 Sun enters ♊ 5/21 02:21

# Longitudes of Main Planets - June 2047

0:00 E.T.

| D | S.T. | ☉ | ☽ | ☽ 12:00 | ☿ | ♀ | ♂ | ♃ | ♄ | ♅ | ♆ | ♇ | ☊ |
|---|---|---|---|---|---|---|---|---|---|---|---|---|---|
| 1 | 16:37:38 | 10♊28 30 | 04♍09 | 11♍00 | 00♋20 | 25♋47 | 17♊10 | 11♉20 | 02♑52℞ | 02♍28 | 19♉52 | 06♓45 | 18♑01 |
| 2 | 16:41:35 | 11 26 01 | 17 55 | 24 57 | 00 39 | 26 43 | 17 52 | 11 34 | 02 48 | 02 29 | 19 54 | 06 45 | 17 58 |
| 3 | 16:45:31 | 12 23 31 | 02♎03 | 09♎15 | 00 53 | 27 38 | 18 33 | 11 47 | 02 44 | 02 31 | 19 56 | 06 46 | 17 55 |
| 4 | 16:49:28 | 13 20 59 | 16 31 | 23 51 | 01 02 | 28 32 | 19 14 | 12 00 | 02 40 | 02 32 | 19 59 | 06 46 | 17 51 |
| 5 | 16:53:24 | 14 18 26 | 01♏15 | 08♏42 | 01 07 | 29 27 | 19 55 | 12 13 | 02 36 | 02 33 | 20 01 | 06 46 | 17 48 |
| 6 | 16:57:21 | 15 15 52 | 16 10 | 23 39 | 01 07℞ | 00♌20 | 20 36 | 12 27 | 02 32 | 02 35 | 20 03 | 06 46 | 17 45 |
| 7 | 17:01:17 | 16 13 17 | 01♐07 | 08♐34 | 01 02 | 01 13 | 21 17 | 12 40 | 02 28 | 02 36 | 20 05 | 06 46℞ | 17 42 |
| 8 | 17:05:14 | 17 10 41 | 15 58 | 23 19 | 00 53 | 02 05 | 21 58 | 12 53 | 02 23 | 02 38 | 20 07 | 06 46 | 17 39 |
| 9 | 17:09:10 | 18 08 04 | 00♑35 | 07♑46 | 00 40 | 02 57 | 22 39 | 13 06 | 02 19 | 02 39 | 20 09 | 06 46 | 17 36 |
| 10 | 17:13:07 | 19 05 26 | 14 52 | 21 51 | 00 24 | 03 48 | 23 19 | 13 19 | 02 15 | 02 41 | 20 11 | 06 46 | 17 32 |
| 11 | 17:17:04 | 20 02 47 | 28 44 | 05♒31 | 00 03 | 04 38 | 24 00 | 13 32 | 02 11 | 02 42 | 20 13 | 06 46 | 17 29 |
| 12 | 17:21:00 | 21 00 08 | 12♒11 | 18 45 | 29♊39 | 05 28 | 24 41 | 13 45 | 02 06 | 02 44 | 20 15 | 06 45 | 17 26 |
| 13 | 17:24:57 | 21 57 29 | 25 13 | 01♓35 | 29 12 | 06 17 | 25 22 | 13 57 | 02 02 | 02 46 | 20 17 | 06 45 | 17 23 |
| 14 | 17:28:53 | 22 54 48 | 07♓52 | 14 05 | 28 43 | 07 05 | 26 02 | 14 10 | 01 58 | 02 48 | 20 19 | 06 45 | 17 20 |
| 15 | 17:32:50 | 23 52 08 | 20 14 | 26 19 | 28 12 | 07 52 | 26 43 | 14 23 | 01 53 | 02 49 | 20 21 | 06 45 | 17 16 |
| 16 | 17:36:46 | 24 49 27 | 02♈21 | 08♈21 | 27 39 | 08 39 | 27 23 | 14 35 | 01 49 | 02 51 | 20 23 | 06 45 | 17 13 |
| 17 | 17:40:43 | 25 46 45 | 14 19 | 20 16 | 27 05 | 09 24 | 28 04 | 14 48 | 01 45 | 02 53 | 20 25 | 06 44 | 17 10 |
| 18 | 17:44:39 | 26 44 03 | 26 12 | 02♉08 | 26 31 | 10 09 | 28 45 | 15 00 | 01 40 | 02 55 | 20 27 | 06 44 | 17 07 |
| 19 | 17:48:36 | 27 41 21 | 08♉04 | 14 00 | 25 57 | 10 53 | 29 25 | 15 13 | 01 36 | 02 57 | 20 29 | 06 44 | 17 04 |
| 20 | 17:52:33 | 28 38 39 | 19 58 | 25 57 | 25 24 | 11 36 | 00♋05 | 15 25 | 01 31 | 02 59 | 20 30 | 06 44 | 17 01 |
| 21 | 17:56:29 | 29 35 56 | 01♊59 | 08♊02 | 24 53 | 12 18 | 00 46 | 15 37 | 01 27 | 03 01 | 20 32 | 06 43 | 16 57 |
| 22 | 18:00:26 | 00♋33 13 | 14 07 | 20 15 | 24 23 | 12 59 | 01 26 | 15 49 | 01 23 | 03 03 | 20 34 | 06 43 | 16 54 |
| 23 | 18:04:22 | 01 30 30 | 26 26 | 02♋39 | 23 56 | 13 38 | 02 07 | 16 01 | 01 18 | 03 06 | 20 36 | 06 43 | 16 51 |
| 24 | 18:08:19 | 02 27 46 | 08♋55 | 15 15 | 23 31 | 14 17 | 02 47 | 16 13 | 01 14 | 03 08 | 20 38 | 06 42 | 16 48 |
| 25 | 18:12:15 | 03 25 02 | 21 38 | 28 04 | 23 10 | 14 55 | 03 27 | 16 25 | 01 09 | 03 10 | 20 40 | 06 42 | 16 45 |
| 26 | 18:16:12 | 04 22 17 | 04♌33 | 11♌06 | 22 53 | 15 31 | 04 07 | 16 37 | 01 05 | 03 12 | 20 41 | 06 41 | 16 42 |
| 27 | 18:20:08 | 05 19 32 | 17 43 | 24 22 | 22 39 | 16 06 | 04 48 | 16 49 | 01 00 | 03 15 | 20 43 | 06 41 | 16 38 |
| 28 | 18:24:05 | 06 16 46 | 01♍06 | 07♍52 | 22 30 | 16 40 | 05 28 | 17 01 | 00 56 | 03 17 | 20 45 | 06 40 | 16 35 |
| 29 | 18:28:02 | 07 13 59 | 14 43 | 21 37 | 22 25 | 17 13 | 06 08 | 17 12 | 00 52 | 03 20 | 20 46 | 06 40 | 16 32 |
| 30 | 18:31:58 | 08 11 13 | 28 34 | 05♎35 | 22 25D | 17 44 | 06 48 | 17 24 | 00 47 | 03 22 | 20 48 | 06 39 | 16 29 |

0:00 E.T.

## Longitudes of the Major Asteroids and Chiron

| D | ⚳ | ⚴ | ⚵ | ⚶ | ⚷ | D | ⚳ | ⚴ | ⚵ | ⚶ | ⚷ |
|---|---|---|---|---|---|---|---|---|---|---|---|
| 1 | 19♑05℞ | 19♏36℞ | 05♐23℞ | 26♐16℞ | 18♎17℞ | 16 | 16 52 | 16 30 | 02 13 | 22 47 | 18 05D |
| 2 | 18 58 | 19 21 | 05 10 | 26 03 | 18 15 | 17 | 16 41 | 16 21 | 02 02 | 22 33 | 18 05 |
| 3 | 18 51 | 19 06 | 04 56 | 25 50 | 18 14 | 18 | 16 30 | 16 13 | 01 51 | 22 19 | 18 05 |
| 4 | 18 44 | 18 52 | 04 43 | 25 37 | 18 12 | 19 | 16 19 | 16 05 | 01 40 | 22 04 | 18 05 |
| 5 | 18 36 | 18 38 | 04 30 | 25 24 | 18 11 | 20 | 16 07 | 15 57 | 01 29 | 21 50 | 18 06 |
| 6 | 18 28 | 18 24 | 04 17 | 25 10 | 18 10 | 21 | 15 55 | 15 50 | 01 18 | 21 36 | 18 06 |
| 7 | 18 20 | 18 11 | 04 04 | 24 56 | 18 09 | 22 | 15 43 | 15 43 | 01 08 | 21 22 | 18 07 |
| 8 | 18 11 | 17 58 | 03 51 | 24 42 | 18 08 | 23 | 15 31 | 15 37 | 00 58 | 21 08 | 18 08 |
| 9 | 18 02 | 17 45 | 03 38 | 24 28 | 18 07 | 24 | 15 18 | 15 32 | 00 49 | 20 55 | 18 09 |
| 10 | 17 53 | 17 33 | 03 25 | 24 14 | 18 07 | 25 | 15 06 | 15 26 | 00 39 | 20 41 | 18 10 |
| 11 | 17 44 | 17 22 | 03 13 | 24 00 | 18 06 | 26 | 14 53 | 15 22 | 00 30 | 20 28 | 18 11 |
| 12 | 17 34 | 17 10 | 03 01 | 23 45 | 18 06 | 27 | 14 40 | 15 17 | 00 21 | 20 15 | 18 12 |
| 13 | 17 24 | 17 00 | 02 48 | 23 31 | 18 05 | 28 | 14 27 | 15 14 | 00 13 | 20 03 | 18 13 |
| 14 | 17 14 | 16 49 | 02 36 | 23 16 | 18 05 | 29 | 14 14 | 15 10 | 00 04 | 19 51 | 18 15 |
| 15 | 17 03 | 16 40 | 02 25 | 23 02 | 18 05 | 30 | 14 01 | 15 08 | 29♏56 | 19 39 | 18 16 |

## Lunar Data

| Last Asp. | | Ingress | | |
|---|---|---|---|---|
| 2 | 16:02 | 2 | ♎ | 20:33 |
| 4 | 20:53 | 4 | ♏ | 21:58 |
| 6 | 06:14 | 6 | ♐ | 22:12 |
| 8 | 10:15 | 8 | ♑ | 23:02 |
| 10 | 09:09 | 11 | ♒ | 02:14 |
| 13 | 07:14 | 13 | ♓ | 09:00 |
| 15 | 15:03 | 15 | ♈ | 19:19 |
| 18 | 05:28 | 18 | ♉ | 07:42 |
| 20 | 01:05 | 20 | ♊ | 20:04 |
| 22 | 19:19 | 23 | ♋ | 06:54 |
| 24 | 22:10 | 25 | ♌ | 15:35 |
| 27 | 08:48 | 27 | ♍ | 22:03 |
| 29 | 13:23 | 30 | ♎ | 02:28 |

0:00 E.T.

## Declinations

| D | ☉ | ☽ | ☿ | ♀ | ♂ | ♃ | ♄ | ♅ | ♆ | ♇ | ⚳ | ⚴ | ⚵ | ⚶ | ⚷ |
|---|---|---|---|---|---|---|---|---|---|---|---|---|---|---|---|
| 1 | +22 01 | +06 24 | +24 13 | +23 39 | +23 24 | +14 16 | -22 19 | +11 18 | +16 04 | -20 19 | -26 12 | +26 45 | -03 28 | -17 42 | -07 56 |
| 2 | 22 09 | 00 34 | 24 00 | 23 26 | 23 28 | 14 20 | 22 19 | 11 18 | 16 04 | 20 19 | 26 17 | 26 46 | 03 25 | 17 45 | 07 55 |
| 3 | 22 17 | -05 26 | 23 46 | 23 13 | 23 33 | 14 24 | 22 19 | 11 17 | 16 05 | 20 19 | 26 22 | 26 46 | 03 23 | 17 48 | 07 54 |
| 4 | 22 24 | 11 17 | 23 31 | 22 59 | 23 37 | 14 28 | 22 19 | 11 17 | 16 06 | 20 19 | 26 28 | 26 46 | 03 21 | 17 51 | 07 53 |
| 5 | 22 31 | 16 37 | 23 15 | 22 45 | 23 40 | 14 32 | 22 19 | 11 16 | 16 06 | 20 20 | 26 33 | 26 46 | 03 20 | 17 54 | 07 52 |
| 6 | 22 37 | 20 59 | 22 59 | 22 31 | 23 44 | 14 36 | 22 19 | 11 16 | 16 07 | 20 20 | 26 38 | 26 45 | 03 18 | 17 57 | 07 51 |
| 7 | 22 43 | 23 59 | 22 43 | 22 16 | 23 47 | 14 40 | 22 20 | 11 15 | 16 07 | 20 20 | 26 43 | 26 44 | 03 16 | 18 00 | 07 50 |
| 8 | 22 49 | 25 18 | 22 26 | 22 01 | 23 50 | 14 44 | 22 20 | 11 14 | 16 08 | 20 21 | 26 48 | 26 42 | 03 15 | 18 03 | 07 50 |
| 9 | 22 54 | 24 50 | 22 09 | 21 46 | 23 53 | 14 48 | 22 20 | 11 14 | 16 08 | 20 21 | 26 53 | 26 41 | 03 14 | 18 07 | 07 49 |
| 10 | 22 59 | 22 43 | 21 52 | 21 31 | 23 56 | 14 52 | 22 20 | 11 13 | 16 09 | 20 21 | 26 59 | 26 38 | 03 13 | 18 10 | 07 48 |
| 11 | 23 04 | 19 17 | 21 35 | 21 15 | 23 58 | 14 56 | 22 20 | 11 13 | 16 09 | 20 22 | 27 04 | 26 36 | 03 12 | 18 13 | 07 48 |
| 12 | 23 08 | 14 56 | 21 18 | 20 59 | 24 00 | 14 59 | 22 20 | 11 12 | 16 10 | 20 22 | 27 09 | 26 33 | 03 11 | 18 17 | 07 47 |
| 13 | 23 11 | 10 00 | 21 01 | 20 42 | 24 02 | 15 03 | 22 20 | 11 11 | 16 10 | 20 22 | 27 14 | 26 30 | 03 10 | 18 20 | 07 47 |
| 14 | 23 15 | 04 47 | 20 44 | 20 26 | 24 04 | 15 07 | 22 20 | 11 11 | 16 11 | 20 23 | 27 20 | 26 27 | 03 10 | 18 24 | 07 46 |
| 15 | 23 18 | +00 28 | 20 28 | 20 09 | 24 06 | 15 11 | 22 21 | 11 10 | 16 11 | 20 23 | 27 25 | 26 24 | 03 09 | 18 27 | 07 46 |
| 16 | 23 20 | 05 36 | 20 13 | 19 52 | 24 07 | 15 14 | 22 21 | 11 09 | 16 12 | 20 24 | 27 30 | 26 20 | 03 09 | 18 31 | 07 45 |
| 17 | 23 22 | 10 28 | 19 58 | 19 35 | 24 08 | 15 18 | 22 21 | 11 08 | 16 12 | 20 24 | 27 35 | 26 16 | 03 09 | 18 35 | 07 45 |
| 18 | 23 24 | 14 55 | 19 45 | 19 18 | 24 09 | 15 21 | 22 21 | 11 08 | 16 13 | 20 24 | 27 41 | 26 11 | 03 09 | 18 38 | 07 45 |
| 19 | 23 25 | 18 48 | 19 32 | 19 00 | 24 10 | 15 25 | 22 21 | 11 07 | 16 13 | 20 25 | 27 46 | 26 07 | 03 09 | 18 42 | 07 44 |
| 20 | 23 26 | 21 55 | 19 20 | 18 42 | 24 10 | 15 28 | 22 21 | 11 06 | 16 14 | 20 25 | 27 51 | 26 02 | 03 09 | 18 46 | 07 44 |
| 21 | 23 26 | 24 08 | 19 10 | 18 25 | 24 11 | 15 32 | 22 21 | 11 05 | 16 14 | 20 26 | 27 56 | 25 56 | 03 09 | 18 50 | 07 44 |
| 22 | 23 26 | 25 15 | 19 01 | 18 07 | 24 11 | 15 35 | 22 21 | 11 05 | 16 14 | 20 26 | 28 02 | 25 51 | 03 10 | 18 53 | 07 44 |
| 23 | 23 26 | 25 09 | 18 53 | 17 49 | 24 11 | 15 39 | 22 21 | 11 04 | 16 15 | 20 27 | 28 07 | 25 45 | 03 10 | 18 57 | 07 44 |
| 24 | 23 25 | 23 47 | 18 47 | 17 31 | 24 10 | 15 42 | 22 22 | 11 03 | 16 15 | 20 27 | 28 12 | 25 39 | 03 11 | 19 01 | 07 43 |
| 25 | 23 23 | 21 11 | 18 43 | 17 13 | 24 10 | 15 45 | 22 22 | 11 02 | 16 16 | 20 27 | 28 17 | 25 33 | 03 12 | 19 05 | 07 43 |
| 26 | 23 22 | 17 29 | 18 40 | 16 55 | 24 09 | 15 49 | 22 22 | 11 01 | 16 16 | 20 28 | 28 22 | 25 27 | 03 13 | 19 09 | 07 44 |
| 27 | 23 20 | 12 52 | 18 38 | 16 38 | 24 08 | 15 52 | 22 22 | 11 00 | 16 17 | 20 28 | 28 27 | 25 20 | 03 14 | 19 13 | 07 44 |
| 28 | 23 17 | 07 35 | 18 39 | 16 20 | 24 07 | 15 55 | 22 22 | 10 59 | 16 17 | 20 29 | 28 32 | 25 14 | 03 16 | 19 17 | 07 44 |
| 29 | 23 14 | 01 51 | 18 40 | 16 02 | 24 06 | 15 58 | 22 22 | 10 59 | 16 17 | 20 29 | 28 36 | 25 07 | 03 17 | 19 21 | 07 44 |
| 30 | 23 11 | -04 03 | 18 44 | 15 44 | 24 04 | 16 02 | 22 22 | 10 58 | 16 18 | 20 30 | 28 41 | 24 59 | 03 19 | 19 25 | 07 44 |

Lunar Phases -- 1 ◐ 11:56 8 ○ 02:06 15 ◑ 07:46 23 ● 10:37 30 ◐ 17:38 Sun enters ♋ 6/21 10:05

## 0:00 E.T. Longitudes of Main Planets - July 2047

| D | S.T. | ☉ | ☽ | ☽ 12:00 | ☿ | ♀ | ♂ | ♃ | ♄ | ♅ | ♆ | ♇ | ☊ |
|---|---|---|---|---|---|---|---|---|---|---|---|---|---|
| 1 | 18:35:55 | 09♋08 25 | 12♎38 | 19♎45 | 22♊30 | 18♌14 | 07♋28 | 17♉35 | 00♑43℞ | 03♍25 | 20♉50 | 06♓39℞ | 16♑26 |
| 2 | 18:39:51 | 10 05 38 | 26 54 | 04♏06 | 22 39 | 18 42 | 08 08 | 17 46 | 00 38 | 03 27 | 20 51 | 06 38 | 16 22 |
| 3 | 18:43:48 | 11 02 49 | 11♏19 | 18 34 | 22 54 | 19 08 | 08 48 | 17 58 | 00 34 | 03 30 | 20 53 | 06 38 | 16 19 |
| 4 | 18:47:44 | 12 00 01 | 25 50 | 03♐06 | 23 13 | 19 33 | 09 28 | 18 09 | 00 30 | 03 33 | 20 55 | 06 37 | 16 16 |
| 5 | 18:51:41 | 12 57 12 | 10♐21 | 17 35 | 23 37 | 19 57 | 10 08 | 18 20 | 00 26 | 03 35 | 20 56 | 06 36 | 16 13 |
| 6 | 18:55:37 | 13 54 23 | 24 48 | 01♑57 | 24 07 | 20 18 | 10 47 | 18 31 | 00 21 | 03 38 | 20 58 | 06 36 | 16 10 |
| 7 | 18:59:34 | 14 51 34 | 09♑04 | 16 07 | 24 41 | 20 38 | 11 27 | 18 42 | 00 17 | 03 41 | 20 59 | 06 35 | 16 07 |
| 8 | 19:03:31 | 15 48 45 | 23 05 | 29 59 | 25 20 | 20 56 | 12 07 | 18 52 | 00 13 | 03 43 | 21 01 | 06 34 | 16 03 |
| 9 | 19:07:27 | 16 45 56 | 06♒48 | 13♒31 | 26 04 | 21 12 | 12 47 | 19 03 | 00 09 | 03 46 | 21 02 | 06 34 | 16 00 |
| 10 | 19:11:24 | 17 43 08 | 20 10 | 26 43 | 26 52 | 21 26 | 13 26 | 19 14 | 00 05 | 03 49 | 21 03 | 06 33 | 15 57 |
| 11 | 19:15:20 | 18 40 19 | 03♓11 | 09♓34 | 27 46 | 21 38 | 14 06 | 19 24 | 00 01 | 03 52 | 21 05 | 06 32 | 15 54 |
| 12 | 19:19:17 | 19 37 31 | 15 52 | 22 06 | 28 44 | 21 48 | 14 46 | 19 34 | 29♐56 | 03 55 | 21 06 | 06 31 | 15 51 |
| 13 | 19:23:13 | 20 34 43 | 28 16 | 04♈22 | 29 46 | 21 56 | 15 25 | 19 45 | 29 52 | 03 58 | 21 08 | 06 30 | 15 48 |
| 14 | 19:27:10 | 21 31 56 | 10♈25 | 16 26 | 00♋54 | 22 01 | 16 05 | 19 55 | 29 48 | 04 01 | 21 09 | 06 30 | 15 44 |
| 15 | 19:31:06 | 22 29 09 | 22 24 | 28 21 | 02 05 | 22 05 | 16 44 | 20 05 | 29 45 | 04 04 | 21 10 | 06 29 | 15 41 |
| 16 | 19:35:03 | 23 26 23 | 04♉18 | 10♉14 | 03 22 | 22 06℞ | 17 24 | 20 15 | 29 41 | 04 07 | 21 12 | 06 28 | 15 38 |
| 17 | 19:39:00 | 24 23 37 | 16 11 | 22 08 | 04 42 | 22 05 | 18 03 | 20 25 | 29 37 | 04 10 | 21 13 | 06 27 | 15 35 |
| 18 | 19:42:56 | 25 20 52 | 28 07 | 04♊08 | 06 07 | 22 01 | 18 43 | 20 34 | 29 33 | 04 13 | 21 14 | 06 26 | 15 32 |
| 19 | 19:46:53 | 26 18 08 | 10♊11 | 16 17 | 07 36 | 21 55 | 19 22 | 20 44 | 29 29 | 04 16 | 21 15 | 06 25 | 15 28 |
| 20 | 19:50:49 | 27 15 24 | 22 26 | 28 39 | 09 09 | 21 47 | 20 02 | 20 53 | 29 26 | 04 19 | 21 16 | 06 24 | 15 25 |
| 21 | 19:54:46 | 28 12 41 | 04♋55 | 11♋16 | 10 46 | 21 36 | 20 41 | 21 03 | 29 22 | 04 23 | 21 17 | 06 23 | 15 22 |
| 22 | 19:58:42 | 29 09 58 | 17 41 | 24 09 | 12 27 | 21 23 | 21 20 | 21 12 | 29 19 | 04 26 | 21 19 | 06 22 | 15 19 |
| 23 | 20:02:39 | 00♌07 16 | 00♌43 | 07♌20 | 14 11 | 21 08 | 22 00 | 21 21 | 29 15 | 04 29 | 21 20 | 06 21 | 15 16 |
| 24 | 20:06:35 | 01 04 35 | 14 01 | 20 47 | 15 58 | 20 50 | 22 39 | 21 30 | 29 12 | 04 32 | 21 21 | 06 21 | 15 13 |
| 25 | 20:10:32 | 02 01 54 | 27 36 | 04♍28 | 17 49 | 20 31 | 23 18 | 21 39 | 29 08 | 04 36 | 21 22 | 06 20 | 15 09 |
| 26 | 20:14:29 | 02 59 13 | 11♍23 | 18 21 | 19 43 | 20 08 | 23 57 | 21 47 | 29 05 | 04 39 | 21 23 | 06 18 | 15 06 |
| 27 | 20:18:25 | 03 56 33 | 25 22 | 02♎24 | 21 39 | 19 44 | 24 36 | 21 56 | 29 02 | 04 42 | 21 24 | 06 17 | 15 03 |
| 28 | 20:22:22 | 04 53 53 | 09♎28 | 16 33 | 23 38 | 19 18 | 25 16 | 22 04 | 28 59 | 04 46 | 21 25 | 06 16 | 15 00 |
| 29 | 20:26:18 | 05 51 14 | 23 39 | 00♏46 | 25 39 | 18 50 | 25 55 | 22 13 | 28 55 | 04 49 | 21 25 | 06 15 | 14 57 |
| 30 | 20:30:15 | 06 48 35 | 07♏53 | 14 59 | 27 41 | 18 20 | 26 34 | 22 21 | 28 52 | 04 52 | 21 26 | 06 14 | 14 54 |
| 31 | 20:34:11 | 07 45 57 | 22 06 | 29 12 | 29 45 | 17 48 | 27 13 | 22 29 | 28 49 | 04 56 | 21 27 | 06 13 | 14 50 |

## 0:00 E.T. Longitudes of the Major Asteroids and Chiron

| D | ⚳ | ⚴ | ⚵ | ⚶ | ⚷ |
|---|---|---|---|---|---|
| 1 | 13♑48℞ | 15♏05℞ | 29♏49℞ | 19♐27℞ | 18♎18 |
| 2 | 13 35 | 15 03 | 29 41 | 19 16 | 18 19 |
| 3 | 13 22 | 15 02 | 29 34 | 19 05 | 18 21 |
| 4 | 13 09 | 15 01 | 29 28 | 18 54 | 18 23 |
| 5 | 12 55 | 15 00 | 29 21 | 18 44 | 18 25 |
| 6 | 12 42 | 15 00D | 29 15 | 18 34 | 18 28 |
| 7 | 12 29 | 15 01 | 29 09 | 18 24 | 18 30 |
| 8 | 12 16 | 15 01 | 29 04 | 18 15 | 18 32 |
| 9 | 12 03 | 15 03 | 28 59 | 18 07 | 18 35 |
| 10 | 11 50 | 15 04 | 28 54 | 17 59 | 18 37 |
| 11 | 11 37 | 15 06 | 28 49 | 17 51 | 18 40 |
| 12 | 11 24 | 15 09 | 28 45 | 17 44 | 18 43 |
| 13 | 11 11 | 15 12 | 28 42 | 17 37 | 18 46 |
| 14 | 10 58 | 15 15 | 28 38 | 17 30 | 18 49 |
| 15 | 10 46 | 15 19 | 28 35 | 17 24 | 18 52 |
| 16 | 10 33 | 15 23 | 28 32 | 17 19 | 18 55 |
| 17 | 10 21 | 15 27 | 28 29 | 17 14 | 18 59 |
| 18 | 10 09 | 15 32 | 28 27 | 17 09 | 19 02 |
| 19 | 09 57 | 15 37 | 28 25 | 17 05 | 19 06 |
| 20 | 09 45 | 15 43 | 28 24 | 17 02 | 19 09 |
| 21 | 09 34 | 15 49 | 28 23 | 16 58 | 19 13 |
| 22 | 09 23 | 15 55 | 28 22 | 16 56 | 19 17 |
| 23 | 09 11 | 16 02 | 28 21 | 16 54 | 19 21 |
| 24 | 09 01 | 16 09 | 28 21 | 16 52 | 19 25 |
| 25 | 08 50 | 16 17 | 28 21D | 16 51 | 19 29 |
| 26 | 08 40 | 16 24 | 28 22 | 16 50 | 19 33 |
| 27 | 08 30 | 16 33 | 28 23 | 16 50D | 19 37 |
| 28 | 08 20 | 16 41 | 28 24 | 16 50 | 19 42 |
| 29 | 08 10 | 16 50 | 28 25 | 16 51 | 19 46 |
| 30 | 08 01 | 16 59 | 28 27 | 16 52 | 19 51 |
| 31 | 07 52 | 17 08 | 28 29 | 16 54 | 19 56 |

## Lunar Data

| Last Asp. | | Ingress | | |
|---|---|---|---|---|
| 1 | 16:47 | 2 | ♏ | 05:10 |
| 3 | 15:51 | 4 | ♐ | 06:53 |
| 5 | 22:49 | 6 | ♑ | 08:43 |
| 7 | 20:25 | 8 | ♒ | 12:02 |
| 10 | 13:10 | 10 | ♓ | 18:05 |
| 13 | 03:16 | 13 | ♈ | 03:25 |
| 15 | 14:43 | 15 | ♉ | 15:19 |
| 17 | 17:58 | 18 | ♊ | 03:46 |
| 20 | 13:26 | 20 | ♋ | 14:36 |
| 22 | 07:09 | 22 | ♌ | 22:42 |
| 25 | 02:42 | 25 | ♍ | 04:13 |
| 27 | 06:14 | 27 | ♎ | 07:55 |
| 29 | 08:52 | 29 | ♏ | 10:43 |
| 31 | 09:04 | 31 | ♐ | 13:22 |

## 0:00 E.T. Declinations

| D | ☉ | ☽ | ☿ | ♀ | ♂ | ♃ | ♄ | ♅ | ♆ | ♇ | ⚳ | ⚴ | ⚵ | ⚶ | ⚷ |
|---|---|---|---|---|---|---|---|---|---|---|---|---|---|---|---|
| 1 | +23 07 | -09 51 | +18 48 | +15 27 | +24 02 | +16 05 | -22 22 | +10 57 | +16 18 | -20 30 | -28 46 | +24 52 | -03 20 | -19 29 | -07 44 |
| 2 | 23 03 | 15 12 | 18 54 | 15 09 | 24 00 | 16 08 | 22 23 | 10 56 | 16 19 | 20 31 | 28 51 | 24 44 | 03 22 | 19 33 | 07 45 |
| 3 | 22 58 | 19 45 | 19 02 | 14 52 | 23 58 | 16 11 | 22 23 | 10 55 | 16 19 | 20 31 | 28 55 | 24 37 | 03 24 | 19 37 | 07 45 |
| 4 | 22 54 | 23 09 | 19 10 | 14 35 | 23 56 | 16 14 | 22 23 | 10 54 | 16 19 | 20 32 | 29 00 | 24 29 | 03 26 | 19 42 | 07 45 |
| 5 | 22 48 | 25 03 | 19 20 | 14 18 | 23 53 | 16 17 | 22 23 | 10 53 | 16 20 | 20 32 | 29 04 | 24 21 | 03 28 | 19 46 | 07 46 |
| 6 | 22 42 | 25 14 | 19 30 | 14 01 | 23 51 | 16 20 | 22 23 | 10 52 | 16 20 | 20 33 | 29 08 | 24 12 | 03 31 | 19 50 | 07 46 |
| 7 | 22 36 | 23 46 | 19 42 | 13 45 | 23 48 | 16 23 | 22 23 | 10 51 | 16 20 | 20 33 | 29 12 | 24 04 | 03 33 | 19 54 | 07 47 |
| 8 | 22 30 | 20 49 | 19 54 | 13 29 | 23 45 | 16 25 | 22 23 | 10 50 | 16 21 | 20 34 | 29 17 | 23 55 | 03 35 | 19 58 | 07 47 |
| 9 | 22 23 | 16 45 | 20 06 | 13 13 | 23 41 | 16 28 | 22 23 | 10 49 | 16 21 | 20 34 | 29 21 | 23 47 | 03 38 | 20 02 | 07 48 |
| 10 | 22 16 | 11 56 | 20 20 | 12 57 | 23 38 | 16 31 | 22 24 | 10 48 | 16 21 | 20 35 | 29 25 | 23 38 | 03 41 | 20 07 | 07 48 |
| 11 | 22 08 | 06 43 | 20 33 | 12 42 | 23 34 | 16 34 | 22 24 | 10 47 | 16 22 | 20 36 | 29 28 | 23 29 | 03 43 | 20 11 | 07 49 |
| 12 | 22 00 | 01 21 | 20 46 | 12 28 | 23 30 | 16 36 | 22 24 | 10 45 | 16 22 | 20 36 | 29 32 | 23 20 | 03 46 | 20 15 | 07 50 |
| 13 | 21 52 | +03 56 | 20 59 | 12 13 | 23 26 | 16 39 | 22 24 | 10 44 | 16 22 | 20 37 | 29 36 | 23 11 | 03 49 | 20 19 | 07 51 |
| 14 | 21 43 | 08 57 | 21 13 | 12 00 | 23 22 | 16 42 | 22 24 | 10 43 | 16 23 | 20 37 | 29 39 | 23 01 | 03 52 | 20 24 | 07 51 |
| 15 | 21 34 | 13 35 | 21 25 | 11 46 | 23 17 | 16 44 | 22 24 | 10 42 | 16 23 | 20 38 | 29 43 | 22 52 | 03 56 | 20 28 | 07 52 |
| 16 | 21 24 | 17 40 | 21 37 | 11 33 | 23 13 | 16 47 | 22 24 | 10 41 | 16 23 | 20 38 | 29 46 | 22 42 | 03 59 | 20 32 | 07 53 |
| 17 | 21 14 | 21 03 | 21 48 | 11 21 | 23 08 | 16 49 | 22 24 | 10 40 | 16 24 | 20 39 | 29 49 | 22 33 | 04 02 | 20 37 | 07 54 |
| 18 | 21 04 | 23 33 | 21 59 | 11 10 | 23 03 | 16 52 | 22 24 | 10 39 | 16 24 | 20 39 | 29 53 | 22 23 | 04 06 | 20 41 | 07 55 |
| 19 | 20 53 | 25 02 | 22 08 | 10 59 | 22 57 | 16 54 | 22 25 | 10 38 | 16 24 | 20 40 | 29 56 | 22 13 | 04 09 | 20 45 | 07 56 |
| 20 | 20 42 | 25 20 | 22 15 | 10 48 | 22 52 | 16 57 | 22 25 | 10 36 | 16 24 | 20 41 | 29 59 | 22 03 | 04 13 | 20 50 | 07 57 |
| 21 | 20 31 | 24 22 | 22 21 | 10 38 | 22 47 | 16 59 | 22 25 | 10 35 | 16 25 | 20 41 | 30 01 | 21 53 | 04 17 | 20 54 | 07 58 |
| 22 | 20 19 | 22 07 | 22 26 | 10 29 | 22 41 | 17 01 | 22 25 | 10 34 | 16 25 | 20 42 | 30 04 | 21 43 | 04 21 | 20 58 | 07 59 |
| 23 | 20 07 | 18 41 | 22 28 | 10 21 | 22 35 | 17 03 | 22 25 | 10 33 | 16 25 | 20 42 | 30 07 | 21 33 | 04 24 | 21 03 | 08 00 |
| 24 | 19 55 | 14 15 | 22 28 | 10 13 | 22 29 | 17 06 | 22 25 | 10 32 | 16 25 | 20 43 | 30 09 | 21 22 | 04 28 | 21 07 | 08 01 |
| 25 | 19 42 | 09 01 | 22 26 | 10 06 | 22 23 | 17 08 | 22 25 | 10 30 | 16 25 | 20 44 | 30 12 | 21 12 | 04 32 | 21 12 | 08 03 |
| 26 | 19 29 | 03 17 | 22 22 | 10 00 | 22 16 | 17 10 | 22 25 | 10 29 | 16 26 | 20 44 | 30 14 | 21 01 | 04 37 | 21 16 | 08 04 |
| 27 | 19 16 | -02 40 | 22 15 | 09 55 | 22 10 | 17 12 | 22 26 | 10 28 | 16 26 | 20 45 | 30 16 | 20 51 | 04 41 | 21 20 | 08 05 |
| 28 | 19 02 | 08 33 | 22 05 | 09 50 | 22 03 | 17 14 | 22 26 | 10 27 | 16 26 | 20 45 | 30 18 | 20 41 | 04 45 | 21 25 | 08 06 |
| 29 | 18 48 | 14 01 | 21 53 | 09 46 | 21 56 | 17 16 | 22 26 | 10 25 | 16 26 | 20 46 | 30 20 | 20 30 | 04 49 | 21 29 | 08 08 |
| 30 | 18 34 | 18 44 | 21 38 | 09 44 | 21 49 | 17 18 | 22 26 | 10 24 | 16 26 | 20 46 | 30 22 | 20 19 | 04 54 | 21 33 | 08 09 |
| 31 | 18 19 | 22 23 | 21 20 | 09 41 | 21 42 | 17 20 | 22 26 | 10 23 | 16 27 | 20 47 | 30 24 | 20 09 | 04 58 | 21 38 | 08 11 |

Lunar Phases -- 7 Ⓔ 10:35 15 ◑ 00:11 22 ● 22:50 29 ◐ 22:04 Sun enters ♌ 7/22 20:57

## Longitudes of Main Planets - August 2047

0:00 E.T.

| D | S.T. | ☉ | ☽ | ☽ 12:00 | ☿ | ♀ | ♂ | ♃ | ♄ | ♅ | ♆ | ♇ | ☊ |
|---|---|---|---|---|---|---|---|---|---|---|---|---|---|
| 1 | 20:38:08 | 08♌43 19 | 06♐16 | 13♐20 | 01♌49 | 17♌15℞ | 27♋52 | 22♉37 | 28♐47℞ | 04♍59 | 21♉28 | 06♓12℞ | 14♑47 |
| 2 | 20:42:04 | 09 40 42 | 20 22 | 27 23 | 03 54 | 16 40 | 28 31 | 22 45 | 28 44 | 05 03 | 21 29 | 06 11 | 14 44 |
| 3 | 20:46:01 | 10 38 05 | 04♑21 | 11♑18 | 06 00 | 16 05 | 29 10 | 22 52 | 28 41 | 05 06 | 21 29 | 06 10 | 14 41 |
| 4 | 20:49:58 | 11 35 29 | 18 11 | 25 02 | 08 05 | 15 28 | 29 49 | 23 00 | 28 38 | 05 10 | 21 30 | 06 09 | 14 38 |
| 5 | 20:53:54 | 12 32 54 | 01♒49 | 08♒33 | 10 11 | 14 51 | 00♌28 | 23 07 | 28 36 | 05 13 | 21 31 | 06 08 | 14 34 |
| 6 | 20:57:51 | 13 30 20 | 15 13 | 21 50 | 12 16 | 14 14 | 01 06 | 23 14 | 28 33 | 05 17 | 21 31 | 06 06 | 14 31 |
| 7 | 21:01:47 | 14 27 46 | 28 22 | 04♓51 | 14 20 | 13 37 | 01 45 | 23 21 | 28 31 | 05 20 | 21 32 | 06 05 | 14 28 |
| 8 | 21:05:44 | 15 25 14 | 11♓15 | 17 35 | 16 23 | 12 59 | 02 24 | 23 28 | 28 29 | 05 24 | 21 33 | 06 04 | 14 25 |
| 9 | 21:09:40 | 16 22 43 | 23 51 | 00♈03 | 18 26 | 12 22 | 03 03 | 23 35 | 28 26 | 05 28 | 21 33 | 06 03 | 14 22 |
| 10 | 21:13:37 | 17 20 13 | 06♈12 | 12 18 | 20 27 | 11 46 | 03 42 | 23 41 | 28 24 | 05 31 | 21 34 | 06 02 | 14 19 |
| 11 | 21:17:33 | 18 17 44 | 18 21 | 24 21 | 22 27 | 11 10 | 04 20 | 23 48 | 28 22 | 05 35 | 21 34 | 06 01 | 14 15 |
| 12 | 21:21:30 | 19 15 16 | 00♉20 | 06♉17 | 24 26 | 10 36 | 04 59 | 23 54 | 28 20 | 05 38 | 21 35 | 05 59 | 14 12 |
| 13 | 21:25:27 | 20 12 50 | 12 13 | 18 09 | 26 24 | 10 02 | 05 38 | 24 00 | 28 18 | 05 42 | 21 35 | 05 58 | 14 09 |
| 14 | 21:29:23 | 21 10 26 | 24 05 | 00♊03 | 28 20 | 09 30 | 06 16 | 24 06 | 28 16 | 05 46 | 21 35 | 05 57 | 14 06 |
| 15 | 21:33:20 | 22 08 03 | 06♊01 | 12 02 | 00♍15 | 09 00 | 06 55 | 24 12 | 28 15 | 05 49 | 21 36 | 05 56 | 14 03 |
| 16 | 21:37:16 | 23 05 41 | 18 06 | 24 13 | 02 08 | 08 32 | 07 34 | 24 17 | 28 13 | 05 53 | 21 36 | 05 54 | 14 00 |
| 17 | 21:41:13 | 24 03 21 | 00♋24 | 06♋39 | 04 00 | 08 05 | 08 12 | 24 23 | 28 11 | 05 57 | 21 36 | 05 53 | 13 56 |
| 18 | 21:45:09 | 25 01 03 | 12 59 | 19 25 | 05 51 | 07 40 | 08 51 | 24 28 | 28 10 | 06 01 | 21 37 | 05 52 | 13 53 |
| 19 | 21:49:06 | 25 58 46 | 25 55 | 02♌32 | 07 40 | 07 18 | 09 29 | 24 33 | 28 09 | 06 04 | 21 37 | 05 51 | 13 50 |
| 20 | 21:53:02 | 26 56 30 | 09♌14 | 16 01 | 09 27 | 06 58 | 10 08 | 24 38 | 28 07 | 06 08 | 21 37 | 05 49 | 13 47 |
| 21 | 21:56:59 | 27 54 16 | 22 54 | 29 51 | 11 13 | 06 40 | 10 46 | 24 43 | 28 06 | 06 12 | 21 37 | 05 48 | 13 44 |
| 22 | 22:00:56 | 28 52 03 | 06♍53 | 14♍00 | 12 58 | 06 24 | 11 25 | 24 48 | 28 05 | 06 15 | 21 37 | 05 47 | 13 40 |
| 23 | 22:04:52 | 29 49 51 | 21 09 | 28 21 | 14 42 | 06 11 | 12 03 | 24 52 | 28 04 | 06 19 | 21 37 | 05 46 | 13 37 |
| 24 | 22:08:49 | 00♍47 41 | 05♎35 | 12♎50 | 16 24 | 06 00 | 12 42 | 24 56 | 28 03 | 06 23 | 21 37 | 05 44 | 13 34 |
| 25 | 22:12:45 | 01 45 32 | 20 05 | 27 19 | 18 04 | 05 52 | 13 20 | 25 00 | 28 02 | 06 27 | 21 38℞ | 05 43 | 13 31 |
| 26 | 22:16:42 | 02 43 24 | 04♏32 | 11♏44 | 19 43 | 05 46 | 13 58 | 25 04 | 28 02 | 06 30 | 21 38 | 05 42 | 13 28 |
| 27 | 22:20:38 | 03 41 18 | 18 54 | 26 01 | 21 21 | 05 42 | 14 37 | 25 08 | 28 01 | 06 34 | 21 37 | 05 41 | 13 25 |
| 28 | 22:24:35 | 04 39 13 | 03♐06 | 10♐08 | 22 58 | 05 41 | 15 15 | 25 11 | 28 01 | 06 38 | 21 37 | 05 39 | 13 21 |
| 29 | 22:28:31 | 05 37 09 | 17 06 | 24 02 | 24 33 | 05 41D | 15 53 | 25 15 | 28 00 | 06 42 | 21 37 | 05 38 | 13 18 |
| 30 | 22:32:28 | 06 35 06 | 00♑55 | 07♑45 | 26 07 | 05 45 | 16 32 | 25 18 | 28 00 | 06 45 | 21 37 | 05 37 | 13 15 |
| 31 | 22:36:25 | 07 33 05 | 14 31 | 21 16 | 27 40 | 05 50 | 17 10 | 25 21 | 28 00 | 06 49 | 21 37 | 05 35 | 13 12 |

0:00 E.T.

## Longitudes of the Major Asteroids and Chiron

| D | ⚳ | ⚴ | ⚵ | ⚶ | ⚷ |
|---|---|---|---|---|---|
| 1 | 07♑44℞ | 17♏18 | 28♏31 | 16♐56 | 20♎00 |
| 2 | 07 36 | 17 28 | 28 34 | 16 59 | 20 05 |
| 3 | 07 28 | 17 38 | 28 37 | 17 02 | 20 10 |
| 4 | 07 20 | 17 49 | 28 40 | 17 06 | 20 15 |
| 5 | 07 13 | 18 00 | 28 43 | 17 10 | 20 20 |
| 6 | 07 06 | 18 11 | 28 47 | 17 15 | 20 26 |
| 7 | 06 59 | 18 23 | 28 51 | 17 20 | 20 31 |
| 8 | 06 53 | 18 34 | 28 56 | 17 25 | 20 36 |
| 9 | 06 47 | 18 46 | 29 01 | 17 31 | 20 42 |
| 10 | 06 41 | 18 59 | 29 06 | 17 37 | 20 47 |
| 11 | 06 36 | 19 11 | 29 11 | 17 44 | 20 53 |
| 12 | 06 31 | 19 24 | 29 16 | 17 51 | 20 58 |
| 13 | 06 26 | 19 37 | 29 22 | 17 59 | 21 04 |
| 14 | 06 22 | 19 50 | 29 28 | 18 07 | 21 10 |
| 15 | 06 18 | 20 04 | 29 35 | 18 15 | 21 16 |
| 16 | 06 15 | 20 17 | 29 41 | 18 24 | 21 22 |
| 17 | 06 12 | 20 31 | 29 48 | 18 33 | 21 28 |
| 18 | 06 09 | 20 46 | 29 55 | 18 42 | 21 34 |
| 19 | 06 06 | 21 00 | 00♐03 | 18 52 | 21 40 |
| 20 | 06 04 | 21 15 | 00 10 | 19 03 | 21 47 |
| 21 | 06 03 | 21 30 | 00 18 | 19 14 | 21 53 |
| 22 | 06 01 | 21 45 | 00 26 | 19 25 | 22 00 |
| 23 | 06 00 | 22 00 | 00 35 | 19 36 | 22 06 |
| 24 | 06 00 | 22 16 | 00 44 | 19 48 | 22 13 |
| 25 | 05 59 | 22 31 | 00 52 | 20 00 | 22 19 |
| 26 | 06 00D | 22 47 | 01 02 | 20 13 | 22 26 |
| 27 | 06 00 | 23 03 | 01 11 | 20 25 | 22 33 |
| 28 | 06 01 | 23 20 | 01 21 | 20 39 | 22 39 |
| 29 | 06 02 | 23 36 | 01 30 | 20 52 | 22 46 |
| 30 | 06 04 | 23 53 | 01 41 | 21 06 | 22 53 |
| 31 | 06 05 | 24 10 | 01 51 | 21 20 | 23 00 |

## Lunar Data

| Last Asp. | | Ingress | | |
|---|---|---|---|---|
| 2 | 14:16 | 2 | ♑ | 16:30 |
| 4 | 08:30 | 4 | ♒ | 20:47 |
| 7 | 00:16 | 7 | ♓ | 03:01 |
| 9 | 08:50 | 9 | ♈ | 11:53 |
| 11 | 19:60 | 11 | ♉ | 23:20 |
| 14 | 10:12 | 14 | ♊ | 11:55 |
| 16 | 19:44 | 16 | ♋ | 23:13 |
| 18 | 21:28 | 19 | ♌ | 07:26 |
| 21 | 09:17 | 21 | ♍ | 12:15 |
| 23 | 11:31 | 23 | ♎ | 14:44 |
| 25 | 13:11 | 25 | ♏ | 16:27 |
| 27 | 10:32 | 27 | ♐ | 18:44 |
| 29 | 18:54 | 29 | ♑ | 22:24 |

0:00 E.T.

## Declinations

| D | ☉ | ☽ | ☿ | ♀ | ♂ | ♃ | ♄ | ♅ | ♆ | ♇ | ⚳ | ⚴ | ⚵ | ⚶ | ⚷ |
|---|---|---|---|---|---|---|---|---|---|---|---|---|---|---|---|
| 1 | +18 05 | -24 39 | +21 00 | +09 40 | +21 34 | +17 22 | -22 26 | +10 22 | +16 27 | -20 48 | -30 26 | +19 58 | -05 03 | -21 42 | -08 12 |
| 2 | 17 49 | 25 20 | 20 38 | 09 39 | 21 27 | 17 24 | 22 26 | 10 20 | 16 27 | 20 48 | 30 27 | 19 47 | 05 07 | 21 47 | 08 14 |
| 3 | 17 34 | 24 25 | 20 12 | 09 40 | 21 19 | 17 25 | 22 26 | 10 19 | 16 27 | 20 49 | 30 29 | 19 37 | 05 12 | 21 51 | 08 15 |
| 4 | 17 18 | 21 59 | 19 45 | 09 40 | 21 11 | 17 27 | 22 26 | 10 18 | 16 27 | 20 49 | 30 30 | 19 26 | 05 16 | 21 55 | 08 17 |
| 5 | 17 02 | 18 21 | 19 15 | 09 42 | 21 03 | 17 29 | 22 27 | 10 16 | 16 27 | 20 50 | 30 32 | 19 15 | 05 21 | 22 00 | 08 18 |
| 6 | 16 46 | 13 49 | 18 44 | 09 44 | 20 55 | 17 31 | 22 27 | 10 15 | 16 27 | 20 51 | 30 33 | 19 04 | 05 26 | 22 04 | 08 20 |
| 7 | 16 29 | 08 43 | 18 10 | 09 47 | 20 47 | 17 32 | 22 27 | 10 14 | 16 27 | 20 51 | 30 34 | 18 53 | 05 31 | 22 08 | 08 22 |
| 8 | 16 13 | 03 22 | 17 35 | 09 51 | 20 38 | 17 34 | 22 27 | 10 12 | 16 28 | 20 52 | 30 36 | 18 42 | 05 35 | 22 13 | 08 23 |
| 9 | 15 55 | +02 00 | 16 59 | 09 55 | 20 30 | 17 35 | 22 27 | 10 11 | 16 28 | 20 52 | 30 37 | 18 32 | 05 40 | 22 17 | 08 25 |
| 10 | 15 38 | 07 10 | 16 20 | 10 00 | 20 21 | 17 37 | 22 27 | 10 10 | 16 28 | 20 53 | 30 38 | 18 21 | 05 45 | 22 21 | 08 27 |
| 11 | 15 21 | 11 59 | 15 41 | 10 05 | 20 12 | 17 38 | 22 27 | 10 08 | 16 28 | 20 54 | 30 39 | 18 10 | 05 50 | 22 26 | 08 29 |
| 12 | 15 03 | 16 17 | 15 01 | 10 10 | 20 03 | 17 40 | 22 28 | 10 07 | 16 28 | 20 54 | 30 39 | 17 59 | 05 55 | 22 30 | 08 30 |
| 13 | 14 45 | 19 55 | 14 19 | 10 16 | 19 54 | 17 41 | 22 28 | 10 06 | 16 28 | 20 55 | 30 40 | 17 48 | 06 00 | 22 34 | 08 32 |
| 14 | 14 26 | 22 44 | 13 37 | 10 22 | 19 44 | 17 42 | 22 28 | 10 04 | 16 28 | 20 55 | 30 41 | 17 37 | 06 05 | 22 38 | 08 34 |
| 15 | 14 08 | 24 34 | 12 54 | 10 29 | 19 35 | 17 44 | 22 28 | 10 03 | 16 28 | 20 56 | 30 41 | 17 26 | 06 10 | 22 43 | 08 36 |
| 16 | 13 49 | 25 17 | 12 11 | 10 36 | 19 25 | 17 45 | 22 28 | 10 02 | 16 28 | 20 56 | 30 42 | 17 15 | 06 15 | 22 47 | 08 38 |
| 17 | 13 30 | 24 47 | 11 26 | 10 43 | 19 16 | 17 46 | 22 28 | 10 00 | 16 28 | 20 57 | 30 43 | 17 04 | 06 21 | 22 51 | 08 40 |
| 18 | 13 11 | 23 01 | 10 42 | 10 50 | 19 06 | 17 47 | 22 28 | 09 59 | 16 28 | 20 58 | 30 43 | 16 53 | 06 26 | 22 55 | 08 42 |
| 19 | 12 51 | 20 02 | 09 57 | 10 57 | 18 56 | 17 48 | 22 28 | 09 57 | 16 28 | 20 58 | 30 43 | 16 43 | 06 31 | 22 59 | 08 44 |
| 20 | 12 32 | 15 56 | 09 12 | 11 04 | 18 46 | 17 49 | 22 29 | 09 56 | 16 28 | 20 59 | 30 44 | 16 32 | 06 36 | 23 03 | 08 46 |
| 21 | 12 12 | 10 55 | 08 27 | 11 11 | 18 36 | 17 50 | 22 29 | 09 55 | 16 28 | 20 59 | 30 44 | 16 21 | 06 41 | 23 08 | 08 48 |
| 22 | 11 52 | 05 14 | 07 42 | 11 19 | 18 25 | 17 51 | 22 29 | 09 53 | 16 28 | 21 00 | 30 44 | 16 10 | 06 47 | 23 12 | 08 50 |
| 23 | 11 32 | -00 48 | 06 56 | 11 26 | 18 15 | 17 52 | 22 29 | 09 52 | 16 28 | 21 00 | 30 44 | 15 59 | 06 52 | 23 16 | 08 52 |
| 24 | 11 11 | 06 52 | 06 11 | 11 33 | 18 04 | 17 53 | 22 29 | 09 51 | 16 28 | 21 01 | 30 45 | 15 49 | 06 57 | 23 20 | 08 54 |
| 25 | 10 51 | 12 34 | 05 26 | 11 40 | 17 53 | 17 54 | 22 29 | 09 49 | 16 28 | 21 01 | 30 45 | 15 38 | 07 03 | 23 24 | 08 56 |
| 26 | 10 30 | 17 35 | 04 40 | 11 47 | 17 43 | 17 55 | 22 30 | 09 48 | 16 28 | 21 02 | 30 45 | 15 27 | 07 08 | 23 28 | 08 59 |
| 27 | 10 09 | 21 32 | 03 55 | 11 53 | 17 32 | 17 55 | 22 30 | 09 46 | 16 28 | 21 03 | 30 45 | 15 17 | 07 13 | 23 31 | 09 01 |
| 28 | 09 48 | 24 08 | 03 11 | 12 00 | 17 21 | 17 56 | 22 30 | 09 45 | 16 28 | 21 03 | 30 44 | 15 06 | 07 19 | 23 35 | 09 03 |
| 29 | 09 27 | 25 11 | 02 26 | 12 06 | 17 10 | 17 57 | 22 30 | 09 44 | 16 28 | 21 04 | 30 44 | 14 55 | 07 24 | 23 39 | 09 05 |
| 30 | 09 06 | 24 40 | 01 42 | 12 12 | 16 58 | 17 57 | 22 30 | 09 42 | 16 27 | 21 04 | 30 44 | 14 45 | 07 29 | 23 43 | 09 08 |
| 31 | 08 44 | 22 40 | 00 58 | 12 18 | 16 47 | 17 58 | 22 30 | 09 41 | 16 27 | 21 05 | 30 44 | 14 34 | 07 35 | 23 47 | 09 10 |

Lunar Phases -- 5 ○ 20:40 13 ◑ 17:35 21 ● 09:18 28 ◐ 02:51 Sun enters ♍ 8/23 04:13

## 0:00 E.T. Longitudes of Main Planets - September 2047

| D | S.T. | ☉ | ☽ | ☽ 12:00 | ☿ | ♀ | ♂ | ♃ | ♄ | ♅ | ♆ | ♇ | ☊ |
|---|---|---|---|---|---|---|---|---|---|---|---|---|---|
| 1 | 22:40:21 | 08♍31 05 | 27♑57 | 04♒35 | 29♍11 | 05♌58 | 17♌48 | 25♉23 | 28♐00℞ | 06♍53 | 21♉37℞ | 05♓34℞ | 13♑09 |
| 2 | 22:44:18 | 09 29 06 | 11♒10 | 17 43 | 00♎41 | 06 08 | 18 26 | 25 26 | 27 59D | 06 57 | 21 36 | 05 33 | 13 05 |
| 3 | 22:48:14 | 10 27 09 | 24 13 | 00♓40 | 02 09 | 06 20 | 19 04 | 25 28 | 28 00 | 07 01 | 21 36 | 05 32 | 13 02 |
| 4 | 22:52:11 | 11 25 13 | 07♓03 | 13 24 | 03 37 | 06 34 | 19 42 | 25 30 | 28 00 | 07 04 | 21 36 | 05 30 | 12 59 |
| 5 | 22:56:07 | 12 23 19 | 19 42 | 25 57 | 05 03 | 06 50 | 20 21 | 25 32 | 28 00 | 07 08 | 21 36 | 05 29 | 12 56 |
| 6 | 23:00:04 | 13 21 27 | 02♈08 | 08♈17 | 06 27 | 07 08 | 20 59 | 25 34 | 28 00 | 07 12 | 21 35 | 05 28 | 12 53 |
| 7 | 23:04:00 | 14 19 36 | 14 23 | 20 26 | 07 50 | 07 28 | 21 37 | 25 36 | 28 01 | 07 16 | 21 35 | 05 27 | 12 50 |
| 8 | 23:07:57 | 15 17 47 | 26 27 | 02♉26 | 09 12 | 07 49 | 22 15 | 25 37 | 28 01 | 07 19 | 21 34 | 05 25 | 12 46 |
| 9 | 23:11:54 | 16 16 01 | 08♉24 | 14 20 | 10 32 | 08 13 | 22 53 | 25 38 | 28 02 | 07 23 | 21 34 | 05 24 | 12 43 |
| 10 | 23:15:50 | 17 14 16 | 20 15 | 26 10 | 11 51 | 08 38 | 23 31 | 25 39 | 28 03 | 07 27 | 21 33 | 05 23 | 12 40 |
| 11 | 23:19:47 | 18 12 33 | 02♊05 | 08♊01 | 13 08 | 09 05 | 24 09 | 25 40 | 28 04 | 07 30 | 21 33 | 05 22 | 12 37 |
| 12 | 23:23:43 | 19 10 53 | 13 59 | 19 59 | 14 24 | 09 33 | 24 47 | 25 41 | 28 05 | 07 34 | 21 32 | 05 20 | 12 34 |
| 13 | 23:27:40 | 20 09 15 | 26 01 | 02♋07 | 15 38 | 10 03 | 25 25 | 25 41 | 28 06 | 07 38 | 21 32 | 05 19 | 12 31 |
| 14 | 23:31:36 | 21 07 38 | 08♋18 | 14 33 | 16 50 | 10 35 | 26 03 | 25 41 | 28 07 | 07 42 | 21 31 | 05 18 | 12 27 |
| 15 | 23:35:33 | 22 06 04 | 20 53 | 27 20 | 18 01 | 11 08 | 26 41 | 25 41℞ | 28 08 | 07 45 | 21 30 | 05 17 | 12 24 |
| 16 | 23:39:29 | 23 04 32 | 03♌52 | 10♌31 | 19 09 | 11 42 | 27 18 | 25 41 | 28 09 | 07 49 | 21 30 | 05 15 | 12 21 |
| 17 | 23:43:26 | 24 03 02 | 17 18 | 24 10 | 20 16 | 12 17 | 27 56 | 25 41 | 28 11 | 07 53 | 21 29 | 05 14 | 12 18 |
| 18 | 23:47:23 | 25 01 34 | 01♍10 | 08♍16 | 21 20 | 12 54 | 28 34 | 25 40 | 28 12 | 07 56 | 21 28 | 05 13 | 12 15 |
| 19 | 23:51:19 | 26 00 08 | 15 28 | 22 45 | 22 22 | 13 32 | 29 12 | 25 39 | 28 14 | 08 00 | 21 28 | 05 12 | 12 11 |
| 20 | 23:55:16 | 26 58 43 | 00♎07 | 07♎31 | 23 22 | 14 11 | 29 50 | 25 38 | 28 16 | 08 04 | 21 27 | 05 11 | 12 08 |
| 21 | 23:59:12 | 27 57 21 | 14 58 | 22 26 | 24 19 | 14 52 | 00♍28 | 25 37 | 28 17 | 08 07 | 21 26 | 05 09 | 12 05 |
| 22 | 0:03:09 | 28 56 01 | 29 54 | 07♏20 | 25 13 | 15 33 | 01 05 | 25 36 | 28 19 | 08 11 | 21 25 | 05 08 | 12 02 |
| 23 | 0:07:05 | 29 54 43 | 14♏44 | 22 05 | 26 04 | 16 16 | 01 43 | 25 34 | 28 21 | 08 14 | 21 24 | 05 07 | 11 59 |
| 24 | 0:11:02 | 00♎53 26 | 29 23 | 06♐36 | 26 52 | 16 59 | 02 21 | 25 32 | 28 23 | 08 18 | 21 23 | 05 06 | 11 56 |
| 25 | 0:14:58 | 01 52 11 | 13♐44 | 20 48 | 27 37 | 17 44 | 02 58 | 25 30 | 28 26 | 08 21 | 21 22 | 05 05 | 11 52 |
| 26 | 0:18:55 | 02 50 58 | 27 46 | 04♑40 | 28 17 | 18 29 | 03 36 | 25 28 | 28 28 | 08 25 | 21 21 | 05 04 | 11 49 |
| 27 | 0:22:52 | 03 49 46 | 11♑29 | 18 13 | 28 54 | 19 16 | 04 14 | 25 26 | 28 30 | 08 28 | 21 20 | 05 03 | 11 46 |
| 28 | 0:26:48 | 04 48 36 | 24 54 | 01♒30 | 29 26 | 20 03 | 04 51 | 25 23 | 28 33 | 08 32 | 21 19 | 05 02 | 11 43 |
| 29 | 0:30:45 | 05 47 28 | 08♒02 | 14 31 | 29 53 | 20 51 | 05 29 | 25 20 | 28 35 | 08 35 | 21 18 | 05 01 | 11 40 |
| 30 | 0:34:41 | 06 46 22 | 20 57 | 27 20 | 00♏15 | 21 40 | 06 07 | 25 17 | 28 38 | 08 39 | 21 17 | 04 59 | 11 37 |

## 0:00 E.T. Longitudes of the Major Asteroids and Chiron

| D | ⚳ | ⚴ | ⚵ | ⚶ | ⚷ | D | ⚳ | ⚴ | ⚵ | ⚶ | ⚷ |
|---|---|---|---|---|---|---|---|---|---|---|---|
| 1 | 06♑08 | 24♏27 | 02♐01 | 21♐35 | 23♎07 | 16 | 07 20 | 29 01 | 05 03 | 25 47 | 25 00 |
| 2 | 06 10 | 24 44 | 02 12 | 21 50 | 23 14 | 17 | 07 28 | 29 21 | 05 17 | 26 05 | 25 07 |
| 3 | 06 13 | 25 01 | 02 23 | 22 05 | 23 22 | 18 | 07 35 | 29 40 | 05 30 | 26 25 | 25 15 |
| 4 | 06 16 | 25 19 | 02 34 | 22 20 | 23 29 | 19 | 07 43 | 00♐00 | 05 44 | 26 44 | 25 23 |
| 5 | 06 20 | 25 37 | 02 45 | 22 36 | 23 36 | 20 | 07 51 | 00 20 | 05 58 | 27 03 | 25 31 |
| 6 | 06 24 | 25 55 | 02 57 | 22 52 | 23 44 | 21 | 08 00 | 00 40 | 06 13 | 27 23 | 25 39 |
| 7 | 06 28 | 26 13 | 03 09 | 23 08 | 23 51 | 22 | 08 08 | 01 00 | 06 27 | 27 43 | 25 47 |
| 8 | 06 33 | 26 31 | 03 21 | 23 25 | 23 58 | 23 | 08 17 | 01 20 | 06 42 | 28 03 | 25 55 |
| 9 | 06 37 | 26 49 | 03 33 | 23 42 | 24 06 | 24 | 08 27 | 01 40 | 06 57 | 28 24 | 26 03 |
| 10 | 06 43 | 27 08 | 03 45 | 23 59 | 24 13 | 25 | 08 36 | 02 01 | 07 11 | 28 44 | 26 12 |
| 11 | 06 48 | 27 26 | 03 58 | 24 16 | 24 21 | 26 | 08 46 | 02 21 | 07 27 | 29 05 | 26 20 |
| 12 | 06 54 | 27 45 | 04 10 | 24 34 | 24 29 | 27 | 08 56 | 02 42 | 07 42 | 29 26 | 26 28 |
| 13 | 07 00 | 28 04 | 04 23 | 24 51 | 24 36 | 28 | 09 07 | 03 02 | 07 57 | 29 48 | 26 36 |
| 14 | 07 06 | 28 23 | 04 36 | 25 10 | 24 44 | 29 | 09 17 | 03 23 | 08 13 | 00♑09 | 26 44 |
| 15 | 07 13 | 28 42 | 04 50 | 25 28 | 24 52 | 30 | 09 28 | 03 44 | 08 28 | 00 31 | 26 53 |

## Lunar Data

| Last Asp. | | Ingress | | |
|---|---|---|---|---|
| 1 | 02:31 | 1 | ♒ | 03:42 |
| 3 | 07:02 | 3 | ♓ | 10:46 |
| 5 | 15:59 | 5 | ♈ | 19:51 |
| 8 | 03:09 | 8 | ♉ | 07:06 |
| 10 | 10:59 | 10 | ♊ | 19:46 |
| 13 | 04:06 | 13 | ♋ | 07:50 |
| 15 | 08:58 | 15 | ♌ | 16:56 |
| 17 | 19:21 | 17 | ♍ | 22:00 |
| 19 | 20:59 | 19 | ♎ | 23:49 |
| 21 | 21:28 | 22 | ♏ | 00:10 |
| 23 | 17:41 | 24 | ♐ | 01:02 |
| 26 | 01:13 | 26 | ♑ | 03:52 |
| 28 | 08:33 | 28 | ♒ | 09:16 |
| 30 | 14:30 | 30 | ♓ | 17:02 |

## 0:00 E.T. Declinations

| D | ☉ | ☽ | ☿ | ♀ | ♂ | ♃ | ♄ | ♅ | ♆ | ♇ | ⚳ | ⚴ | ⚵ | ⚶ | ⚷ |
|---|---|---|---|---|---|---|---|---|---|---|---|---|---|---|---|
| 1 | +08 22 | -19 26 | +00 14 | +12 23 | +16 36 | +17 58 | -22 30 | +09 39 | +16 27 | -21 05 | -30 44 | +14 24 | -07 40 | -23 50 | -09 12 |
| 2 | 08 01 | 15 14 | -00 29 | 12 28 | 16 24 | 17 59 | 22 31 | 09 38 | 16 27 | 21 06 | 30 43 | 14 13 | 07 45 | 23 54 | 09 15 |
| 3 | 07 39 | 10 23 | 01 11 | 12 33 | 16 12 | 17 59 | 22 31 | 09 37 | 16 27 | 21 06 | 30 43 | 14 03 | 07 51 | 23 57 | 09 17 |
| 4 | 07 17 | 05 10 | 01 54 | 12 37 | 16 01 | 17 59 | 22 31 | 09 35 | 16 27 | 21 07 | 30 43 | 13 53 | 07 56 | 24 01 | 09 19 |
| 5 | 06 55 | +00 10 | 02 35 | 12 41 | 15 49 | 18 00 | 22 31 | 09 34 | 16 27 | 21 07 | 30 42 | 13 42 | 08 01 | 24 04 | 09 22 |
| 6 | 06 32 | 05 24 | 03 16 | 12 45 | 15 37 | 18 00 | 22 31 | 09 32 | 16 27 | 21 08 | 30 42 | 13 32 | 08 07 | 24 08 | 09 24 |
| 7 | 06 10 | 10 20 | 03 57 | 12 48 | 15 25 | 18 00 | 22 31 | 09 31 | 16 26 | 21 08 | 30 41 | 13 22 | 08 12 | 24 11 | 09 27 |
| 8 | 05 48 | 14 48 | 04 37 | 12 51 | 15 13 | 18 00 | 22 32 | 09 30 | 16 26 | 21 09 | 30 41 | 13 12 | 08 17 | 24 15 | 09 29 |
| 9 | 05 25 | 18 39 | 05 16 | 12 53 | 15 00 | 18 01 | 22 32 | 09 28 | 16 26 | 21 09 | 30 40 | 13 02 | 08 23 | 24 18 | 09 31 |
| 10 | 05 02 | 21 44 | 05 55 | 12 55 | 14 48 | 18 01 | 22 32 | 09 27 | 16 26 | 21 09 | 30 40 | 12 51 | 08 28 | 24 21 | 09 34 |
| 11 | 04 40 | 23 52 | 06 33 | 12 57 | 14 36 | 18 01 | 22 32 | 09 26 | 16 26 | 21 10 | 30 39 | 12 41 | 08 33 | 24 24 | 09 36 |
| 12 | 04 17 | 24 58 | 07 10 | 12 58 | 14 23 | 18 01 | 22 32 | 09 24 | 16 26 | 21 10 | 30 38 | 12 32 | 08 39 | 24 27 | 09 39 |
| 13 | 03 54 | 24 54 | 07 47 | 12 58 | 14 11 | 18 01 | 22 33 | 09 23 | 16 25 | 21 11 | 30 38 | 12 22 | 08 44 | 24 30 | 09 41 |
| 14 | 03 31 | 23 38 | 08 22 | 12 58 | 13 58 | 18 01 | 22 33 | 09 21 | 16 25 | 21 11 | 30 37 | 12 12 | 08 49 | 24 33 | 09 44 |
| 15 | 03 08 | 21 10 | 08 57 | 12 58 | 13 45 | 18 00 | 22 33 | 09 20 | 16 25 | 21 12 | 30 36 | 12 02 | 08 55 | 24 36 | 09 47 |
| 16 | 02 45 | 17 34 | 09 30 | 12 57 | 13 32 | 18 00 | 22 33 | 09 19 | 16 25 | 21 12 | 30 36 | 11 52 | 09 00 | 24 39 | 09 49 |
| 17 | 02 22 | 12 58 | 10 03 | 12 55 | 13 20 | 18 00 | 22 33 | 09 17 | 16 24 | 21 12 | 30 35 | 11 43 | 09 05 | 24 42 | 09 52 |
| 18 | 01 59 | 07 34 | 10 35 | 12 53 | 13 07 | 18 00 | 22 33 | 09 16 | 16 24 | 21 13 | 30 34 | 11 33 | 09 10 | 24 45 | 09 54 |
| 19 | 01 35 | 01 37 | 11 05 | 12 51 | 12 54 | 17 59 | 22 34 | 09 15 | 16 24 | 21 13 | 30 33 | 11 24 | 09 15 | 24 47 | 09 57 |
| 20 | 01 12 | -04 32 | 11 34 | 12 48 | 12 41 | 17 59 | 22 34 | 09 13 | 16 24 | 21 14 | 30 32 | 11 14 | 09 21 | 24 50 | 10 00 |
| 21 | 00 49 | 10 31 | 12 02 | 12 45 | 12 27 | 17 59 | 22 34 | 09 12 | 16 23 | 21 14 | 30 31 | 11 05 | 09 26 | 24 52 | 10 02 |
| 22 | 00 25 | 15 55 | 12 28 | 12 41 | 12 14 | 17 58 | 22 34 | 09 11 | 16 23 | 21 14 | 30 30 | 10 56 | 09 31 | 24 55 | 10 05 |
| 23 | 00 02 | 20 19 | 12 53 | 12 36 | 12 01 | 17 58 | 22 34 | 09 09 | 16 23 | 21 15 | 30 29 | 10 46 | 09 36 | 24 57 | 10 07 |
| 24 | -00 21 | 23 22 | 13 17 | 12 32 | 11 48 | 17 57 | 22 35 | 09 08 | 16 23 | 21 15 | 30 28 | 10 37 | 09 41 | 24 59 | 10 10 |
| 25 | 00 45 | 24 51 | 13 38 | 12 26 | 11 34 | 17 57 | 22 35 | 09 07 | 16 22 | 21 15 | 30 27 | 10 28 | 09 46 | 25 01 | 10 13 |
| 26 | 01 08 | 24 41 | 13 58 | 12 20 | 11 21 | 17 56 | 22 35 | 09 05 | 16 22 | 21 16 | 30 26 | 10 19 | 09 51 | 25 03 | 10 15 |
| 27 | 01 31 | 23 01 | 14 16 | 12 14 | 11 07 | 17 55 | 22 35 | 09 04 | 16 22 | 21 16 | 30 25 | 10 10 | 09 56 | 25 06 | 10 18 |
| 28 | 01 55 | 20 04 | 14 31 | 12 07 | 10 54 | 17 54 | 22 35 | 09 03 | 16 21 | 21 16 | 30 23 | 10 01 | 10 01 | 25 07 | 10 21 |
| 29 | 02 18 | 16 08 | 14 44 | 11 59 | 10 40 | 17 54 | 22 35 | 09 02 | 16 21 | 21 17 | 30 22 | 09 52 | 10 06 | 25 09 | 10 24 |
| 30 | 02 41 | 11 32 | 14 55 | 11 51 | 10 26 | 17 53 | 22 36 | 09 00 | 16 21 | 21 17 | 30 21 | 09 44 | 10 11 | 25 11 | 10 26 |

Lunar Phases -- 4 ○ 08:56 12 ◑ 11:20 19 ● 18:33 26 ◐ 09:30 Sun enters ♎ 9/23 02:10

# Oct. 47 — Longitudes of Main Planets - October 2047 — 0:00 E.T.

| D | S.T. | ☉ | ☽ | ☽ 12:00 | ☿ | ♀ | ♂ | ♃ | ♄ | ♅ | ♆ | ♇ | ☊ |
|---|---|---|---|---|---|---|---|---|---|---|---|---|---|
| 1 | 0:38:38 | 07♎45 17 | 03♓40 | 09♓58 | 00♏31 | 22♌29 | 06♍44 | 25♉14℞ | 28♐41 | 08♍42 | 21♉16℞ | 04♓58℞ | 11♑33 |
| 2 | 0:42:34 | 08 44 14 | 16 13 | 22 26 | 00 41 | 23 20 | 07 22 | 25 11 | 28 44 | 08 46 | 21 15 | 04 57 | 11 30 |
| 3 | 0:46:31 | 09 43 13 | 28 36 | 04♈44 | 00 45 | 24 11 | 07 59 | 25 07 | 28 46 | 08 49 | 21 14 | 04 56 | 11 27 |
| 4 | 0:50:27 | 10 42 14 | 10♈50 | 16 54 | 00 42℞ | 25 03 | 08 37 | 25 03 | 28 50 | 08 52 | 21 13 | 04 55 | 11 24 |
| 5 | 0:54:24 | 11 41 17 | 22 56 | 28 56 | 00 31 | 25 55 | 09 14 | 25 00 | 28 53 | 08 56 | 21 11 | 04 54 | 11 21 |
| 6 | 0:58:21 | 12 40 22 | 04♉54 | 10♉51 | 00 13 | 26 49 | 09 51 | 24 55 | 28 56 | 08 59 | 21 10 | 04 53 | 11 17 |
| 7 | 1:02:17 | 13 39 30 | 16 47 | 22 42 | 29♎47 | 27 43 | 10 29 | 24 51 | 28 59 | 09 02 | 21 09 | 04 53 | 11 14 |
| 8 | 1:06:14 | 14 38 39 | 28 37 | 04♊31 | 29 12 | 28 37 | 11 06 | 24 47 | 29 02 | 09 05 | 21 08 | 04 52 | 11 11 |
| 9 | 1:10:10 | 15 37 51 | 10♊25 | 16 21 | 28 31 | 29 32 | 11 44 | 24 42 | 29 06 | 09 09 | 21 06 | 04 51 | 11 08 |
| 10 | 1:14:07 | 16 37 05 | 22 17 | 28 16 | 27 41 | 00♍28 | 12 21 | 24 37 | 29 09 | 09 12 | 21 05 | 04 50 | 11 05 |
| 11 | 1:18:03 | 17 36 21 | 04♋18 | 10♋22 | 26 44 | 01 24 | 12 58 | 24 32 | 29 13 | 09 15 | 21 04 | 04 49 | 11 02 |
| 12 | 1:22:00 | 18 35 40 | 16 31 | 22 44 | 25 42 | 02 21 | 13 36 | 24 27 | 29 17 | 09 18 | 21 02 | 04 48 | 10 58 |
| 13 | 1:25:56 | 19 35 01 | 29 02 | 05♌27 | 24 34 | 03 19 | 14 13 | 24 22 | 29 20 | 09 21 | 21 01 | 04 47 | 10 55 |
| 14 | 1:29:53 | 20 34 24 | 11♌57 | 18 35 | 23 23 | 04 16 | 14 50 | 24 16 | 29 24 | 09 24 | 21 00 | 04 46 | 10 52 |
| 15 | 1:33:50 | 21 33 50 | 25 20 | 02♍13 | 22 11 | 05 15 | 15 28 | 24 10 | 29 28 | 09 27 | 20 58 | 04 46 | 10 49 |
| 16 | 1:37:46 | 22 33 18 | 09♍13 | 16 20 | 20 59 | 06 14 | 16 05 | 24 05 | 29 32 | 09 30 | 20 57 | 04 45 | 10 46 |
| 17 | 1:41:43 | 23 32 48 | 23 35 | 00♎56 | 19 49 | 07 13 | 16 42 | 23 59 | 29 36 | 09 33 | 20 55 | 04 44 | 10 43 |
| 18 | 1:45:39 | 24 32 20 | 08♎22 | 15 53 | 18 44 | 08 13 | 17 19 | 23 53 | 29 40 | 09 36 | 20 54 | 04 43 | 10 39 |
| 19 | 1:49:36 | 25 31 54 | 23 28 | 01♏05 | 17 45 | 09 13 | 17 56 | 23 46 | 29 45 | 09 39 | 20 52 | 04 42 | 10 36 |
| 20 | 1:53:32 | 26 31 31 | 08♏42 | 16 18 | 16 55 | 10 14 | 18 34 | 23 40 | 29 49 | 09 42 | 20 51 | 04 42 | 10 33 |
| 21 | 1:57:29 | 27 31 09 | 23 53 | 01♐24 | 16 14 | 11 15 | 19 11 | 23 33 | 29 53 | 09 45 | 20 49 | 04 41 | 10 30 |
| 22 | 2:01:25 | 28 30 50 | 08♐51 | 16 13 | 15 43 | 12 16 | 19 48 | 23 27 | 29 58 | 09 48 | 20 48 | 04 40 | 10 27 |
| 23 | 2:05:22 | 29 30 32 | 23 29 | 00♑39 | 15 24 | 13 18 | 20 25 | 23 20 | 00♑02 | 09 51 | 20 46 | 04 40 | 10 23 |
| 24 | 2:09:19 | 00♏30 16 | 07♑43 | 14 40 | 15 16 | 14 20 | 21 02 | 23 13 | 00 07 | 09 53 | 20 45 | 04 39 | 10 20 |
| 25 | 2:13:15 | 01 30 01 | 21 31 | 28 16 | 15 19D | 15 23 | 21 39 | 23 06 | 00 12 | 09 56 | 20 43 | 04 39 | 10 17 |
| 26 | 2:17:12 | 02 29 49 | 04♒56 | 11♒30 | 15 33 | 16 26 | 22 16 | 22 59 | 00 17 | 09 59 | 20 42 | 04 38 | 10 14 |
| 27 | 2:21:08 | 03 29 38 | 17 59 | 24 24 | 15 57 | 17 29 | 22 53 | 22 51 | 00 21 | 10 01 | 20 40 | 04 37 | 10 11 |
| 28 | 2:25:05 | 04 29 28 | 00♓45 | 07♓02 | 16 31 | 18 32 | 23 30 | 22 44 | 00 26 | 10 04 | 20 38 | 04 37 | 10 08 |
| 29 | 2:29:01 | 05 29 20 | 13 16 | 19 27 | 17 13 | 19 36 | 24 07 | 22 37 | 00 31 | 10 06 | 20 37 | 04 36 | 10 04 |
| 30 | 2:32:58 | 06 29 14 | 25 35 | 01♈41 | 18 04 | 20 40 | 24 44 | 22 29 | 00 36 | 10 09 | 20 35 | 04 36 | 10 01 |
| 31 | 2:36:54 | 07 29 10 | 07♈46 | 13 48 | 19 01 | 21 45 | 25 20 | 22 22 | 00 41 | 10 11 | 20 33 | 04 35 | 09 58 |

## 0:00 E.T. — Longitudes of the Major Asteroids and Chiron

| D | ⚳ | ⚴ | ⚵ | ⚶ | ⚷ | D | ⚳ | ⚴ | ⚵ | ⚶ | ⚷ |
|---|---|---|---|---|---|---|---|---|---|---|---|
| 1 | 09♑39 | 04♐05 | 08♐44 | 00♑52 | 27♎01 | 17 | 13 07 | 09 53 | 13 15 | 07 03 | 29 17 |
| 2 | 09 51 | 04 26 | 09 00 | 01 14 | 27 09 | 18 | 13 22 | 10 15 | 13 33 | 07 28 | 29 25 |
| 3 | 10 02 | 04 47 | 09 16 | 01 36 | 27 18 | 19 | 13 37 | 10 38 | 13 51 | 07 52 | 29 34 |
| 4 | 10 14 | 05 09 | 09 32 | 01 59 | 27 26 | 20 | 13 52 | 11 00 | 14 09 | 08 17 | 29 42 |
| 5 | 10 26 | 05 30 | 09 49 | 02 21 | 27 35 | 21 | 14 07 | 11 23 | 14 27 | 08 42 | 29 51 |
| 6 | 10 38 | 05 52 | 10 05 | 02 44 | 27 43 | 22 | 14 23 | 11 45 | 14 46 | 09 07 | 00 00 |
| 7 | 10 51 | 06 13 | 10 22 | 03 07 | 27 51 | 23 | 14 39 | 12 08 | 15 04 | 09 32 | 00♏08 |
| 8 | 11 03 | 06 35 | 10 39 | 03 30 | 28 00 | 24 | 14 54 | 12 31 | 15 23 | 09 57 | 00 17 |
| 9 | 11 16 | 06 56 | 10 56 | 03 53 | 28 08 | 25 | 15 10 | 12 54 | 15 41 | 10 23 | 00 26 |
| 10 | 11 29 | 07 18 | 11 13 | 04 16 | 28 17 | 26 | 15 27 | 13 17 | 16 00 | 10 48 | 00 34 |
| 11 | 11 43 | 07 40 | 11 30 | 04 40 | 28 25 | 27 | 15 43 | 13 40 | 16 19 | 11 14 | 00 43 |
| 12 | 11 56 | 08 02 | 11 47 | 05 03 | 28 34 | 28 | 15 59 | 14 03 | 16 38 | 11 39 | 00 51 |
| 13 | 12 10 | 08 24 | 12 04 | 05 27 | 28 42 | 29 | 16 16 | 14 26 | 16 57 | 12 05 | 01 00 |
| 14 | 12 24 | 08 46 | 12 22 | 05 51 | 28 51 | 30 | 16 33 | 14 49 | 17 16 | 12 31 | 01 08 |
| 15 | 12 38 | 09 08 | 12 39 | 06 15 | 29 00 | 31 | 16 50 | 15 12 | 17 35 | 12 57 | 01 17 |
| 16 | 12 53 | 09 31 | 12 57 | 06 39 | 29 08 | | | | | | |

## Lunar Data

| Last Asp. | | Ingress | |
|---|---|---|---|
| 3 | 00:21 | 3 ♈ | 02:44 |
| 5 | 11:56 | 5 ♉ | 14:08 |
| 8 | 00:01 | 8 ♊ | 02:50 |
| 10 | 13:50 | 10 ♋ | 15:27 |
| 12 | 16:14 | 13 ♌ | 01:48 |
| 15 | 07:16 | 15 ♍ | 08:10 |
| 17 | 09:54 | 17 ♎ | 10:30 |
| 19 | 09:57 | 19 ♏ | 10:18 |
| 20 | 23:29 | 21 ♐ | 09:45 |
| 23 | 10:50 | 23 ♑ | 10:54 |
| 25 | 02:46 | 25 ♒ | 15:06 |
| 27 | 09:01 | 27 ♓ | 22:35 |
| 29 | 22:14 | 30 ♈ | 08:40 |

## 0:00 E.T. — Declinations

| D | ☉ | ☽ | ☿ | ♀ | ♂ | ♃ | ♄ | ♅ | ♆ | ♇ | ⚳ | ⚴ | ⚵ | ⚶ | ⚷ |
|---|---|---|---|---|---|---|---|---|---|---|---|---|---|---|---|
| 1 | -03 05 | -06 30 | -15 03 | +11 43 | +10 12 | +17 52 | -22 36 | +08 59 | +16 20 | -21 17 | -30 19 | +09 35 | -10 16 | -25 13 | -10 29 |
| 2 | 03 28 | 01 17 | 15 07 | 11 34 | 09 59 | 17 51 | 22 36 | 08 58 | 16 20 | 21 17 | 30 18 | 09 27 | 10 21 | 25 14 | 10 32 |
| 3 | 03 51 | +03 54 | 15 09 | 11 24 | 09 45 | 17 50 | 22 36 | 08 57 | 16 20 | 21 18 | 30 17 | 09 18 | 10 25 | 25 16 | 10 34 |
| 4 | 04 14 | 08 53 | 15 07 | 11 14 | 09 31 | 17 49 | 22 36 | 08 55 | 16 19 | 21 18 | 30 15 | 09 10 | 10 30 | 25 17 | 10 37 |
| 5 | 04 37 | 13 27 | 15 01 | 11 04 | 09 17 | 17 48 | 22 37 | 08 54 | 16 19 | 21 18 | 30 14 | 09 01 | 10 35 | 25 19 | 10 40 |
| 6 | 05 00 | 17 28 | 14 51 | 10 53 | 09 03 | 17 47 | 22 37 | 08 53 | 16 19 | 21 18 | 30 12 | 08 53 | 10 40 | 25 20 | 10 43 |
| 7 | 05 23 | 20 44 | 14 37 | 10 41 | 08 49 | 17 46 | 22 37 | 08 52 | 16 18 | 21 19 | 30 11 | 08 45 | 10 44 | 25 21 | 10 45 |
| 8 | 05 46 | 23 08 | 14 18 | 10 29 | 08 35 | 17 45 | 22 37 | 08 50 | 16 18 | 21 19 | 30 09 | 08 37 | 10 49 | 25 22 | 10 48 |
| 9 | 06 09 | 24 31 | 13 55 | 10 17 | 08 21 | 17 43 | 22 37 | 08 49 | 16 18 | 21 19 | 30 08 | 08 29 | 10 54 | 25 23 | 10 51 |
| 10 | 06 32 | 24 47 | 13 27 | 10 04 | 08 07 | 17 42 | 22 37 | 08 48 | 16 17 | 21 19 | 30 06 | 08 21 | 10 58 | 25 24 | 10 54 |
| 11 | 06 55 | 23 55 | 12 55 | 09 50 | 07 53 | 17 41 | 22 38 | 08 47 | 16 17 | 21 19 | 30 04 | 08 13 | 11 03 | 25 25 | 10 56 |
| 12 | 07 17 | 21 54 | 12 19 | 09 36 | 07 38 | 17 40 | 22 38 | 08 46 | 16 16 | 21 20 | 30 03 | 08 05 | 11 07 | 25 25 | 10 59 |
| 13 | 07 40 | 18 47 | 11 39 | 09 22 | 07 24 | 17 38 | 22 38 | 08 45 | 16 16 | 21 20 | 30 01 | 07 58 | 11 11 | 25 26 | 11 02 |
| 14 | 08 02 | 14 40 | 10 57 | 09 07 | 07 10 | 17 37 | 22 38 | 08 43 | 16 16 | 21 20 | 29 59 | 07 50 | 11 16 | 25 27 | 11 05 |
| 15 | 08 24 | 09 43 | 10 12 | 08 52 | 06 56 | 17 35 | 22 38 | 08 42 | 16 15 | 21 20 | 29 57 | 07 43 | 11 20 | 25 27 | 11 07 |
| 16 | 08 46 | 04 07 | 09 27 | 08 36 | 06 41 | 17 34 | 22 38 | 08 41 | 16 15 | 21 20 | 29 55 | 07 35 | 11 24 | 25 27 | 11 10 |
| 17 | 09 08 | -01 52 | 08 42 | 08 20 | 06 27 | 17 32 | 22 39 | 08 40 | 16 15 | 21 20 | 29 53 | 07 28 | 11 29 | 25 27 | 11 13 |
| 18 | 09 30 | 07 56 | 07 58 | 08 04 | 06 13 | 17 31 | 22 39 | 08 39 | 16 14 | 21 20 | 29 51 | 07 21 | 11 33 | 25 27 | 11 16 |
| 19 | 09 52 | 13 39 | 07 16 | 07 47 | 05 58 | 17 29 | 22 39 | 08 38 | 16 14 | 21 20 | 29 49 | 07 14 | 11 37 | 25 27 | 11 18 |
| 20 | 10 14 | 18 34 | 06 39 | 07 30 | 05 44 | 17 28 | 22 39 | 08 37 | 16 13 | 21 20 | 29 47 | 07 07 | 11 41 | 25 27 | 11 21 |
| 21 | 10 35 | 22 14 | 06 05 | 07 12 | 05 29 | 17 26 | 22 39 | 08 36 | 16 13 | 21 20 | 29 45 | 07 00 | 11 45 | 25 27 | 11 24 |
| 22 | 10 57 | 24 19 | 05 37 | 06 54 | 05 15 | 17 24 | 22 39 | 08 35 | 16 12 | 21 21 | 29 43 | 06 53 | 11 49 | 25 27 | 11 27 |
| 23 | 11 18 | 24 40 | 05 15 | 06 35 | 05 00 | 17 23 | 22 39 | 08 34 | 16 12 | 21 21 | 29 41 | 06 46 | 11 53 | 25 26 | 11 29 |
| 24 | 11 39 | 23 21 | 04 58 | 06 17 | 04 46 | 17 21 | 22 40 | 08 33 | 16 12 | 21 21 | 29 39 | 06 40 | 11 57 | 25 26 | 11 32 |
| 25 | 12 00 | 20 39 | 04 47 | 05 57 | 04 31 | 17 19 | 22 40 | 08 32 | 16 11 | 21 21 | 29 36 | 06 33 | 12 01 | 25 25 | 11 35 |
| 26 | 12 20 | 16 54 | 04 41 | 05 38 | 04 17 | 17 17 | 22 40 | 08 31 | 16 11 | 21 21 | 29 34 | 06 27 | 12 04 | 25 24 | 11 38 |
| 27 | 12 41 | 12 25 | 04 42 | 05 18 | 04 03 | 17 15 | 22 40 | 08 30 | 16 10 | 21 21 | 29 32 | 06 20 | 12 08 | 25 24 | 11 40 |
| 28 | 13 01 | 07 30 | 04 47 | 04 58 | 03 48 | 17 14 | 22 40 | 08 29 | 16 10 | 21 21 | 29 29 | 06 14 | 12 12 | 25 23 | 11 43 |
| 29 | 13 21 | 02 22 | 04 57 | 04 37 | 03 33 | 17 12 | 22 40 | 08 28 | 16 09 | 21 21 | 29 27 | 06 08 | 12 15 | 25 22 | 11 46 |
| 30 | 13 41 | +02 46 | 05 12 | 04 16 | 03 19 | 17 10 | 22 40 | 08 27 | 16 09 | 21 21 | 29 24 | 06 02 | 12 19 | 25 20 | 11 49 |
| 31 | 14 00 | 07 43 | 05 30 | 03 55 | 03 04 | 17 08 | 22 40 | 08 26 | 16 09 | 21 21 | 29 22 | 05 56 | 12 23 | 25 19 | 11 51 |

Lunar Phases -- 3 ○ 23:43  12 ◑ 04:23  19 ● 03:29  25 ◐ 19:14   Sun enters ♏ 10/23 11:51

## 0:00 E.T. Longitudes of Main Planets - November 2047

| D | S.T. | ☉ | ☽ | ☽ 12:00 | ☿ | ♀ | ♂ | ♃ | ♄ | ♅ | ♆ | ♇ | ☊ |
|---|---|---|---|---|---|---|---|---|---|---|---|---|---|
| 1 | 2:40:51 | 08♏29 07 | 19♈49 | 25♈48 | 20♎05 | 22♍50 | 25♍57 | 22♉14℞ | 00♑47 | 10♍14 | 20♉32℞ | 04♓35℞ | 09♑55 |
| 2 | 2:44:48 | 09 29 06 | 01♉46 | 07♉43 | 21 15 | 23 55 | 26 34 | 22 06 | 00 52 | 10 16 | 20 30 | 04 35 | 09 52 |
| 3 | 2:48:44 | 10 29 07 | 13 40 | 19 35 | 22 29 | 25 00 | 27 11 | 21 58 | 00 57 | 10 18 | 20 29 | 04 34 | 09 49 |
| 4 | 2:52:41 | 11 29 10 | 25 30 | 01♊25 | 23 47 | 26 06 | 27 48 | 21 50 | 01 02 | 10 21 | 20 27 | 04 34 | 09 45 |
| 5 | 2:56:37 | 12 29 15 | 07♊20 | 13 15 | 25 08 | 27 12 | 28 24 | 21 42 | 01 08 | 10 23 | 20 25 | 04 34 | 09 42 |
| 6 | 3:00:34 | 13 29 22 | 19 10 | 25 07 | 26 33 | 28 18 | 29 01 | 21 34 | 01 13 | 10 25 | 20 24 | 04 33 | 09 39 |
| 7 | 3:04:30 | 14 29 31 | 01♋05 | 07♋05 | 28 00 | 29 24 | 29 38 | 21 26 | 01 19 | 10 27 | 20 22 | 04 33 | 09 36 |
| 8 | 3:08:27 | 15 29 42 | 13 07 | 19 12 | 29 29 | 00♎31 | 00♎15 | 21 18 | 01 24 | 10 29 | 20 20 | 04 33 | 09 33 |
| 9 | 3:12:23 | 16 29 55 | 25 20 | 01♌33 | 00♏59 | 01 38 | 00 51 | 21 10 | 01 30 | 10 31 | 20 18 | 04 32 | 09 29 |
| 10 | 3:16:20 | 17 30 10 | 07♌50 | 14 12 | 02 31 | 02 45 | 01 28 | 21 02 | 01 36 | 10 33 | 20 17 | 04 32 | 09 26 |
| 11 | 3:20:17 | 18 30 27 | 20 40 | 27 14 | 04 04 | 03 52 | 02 04 | 20 54 | 01 41 | 10 35 | 20 15 | 04 32 | 09 23 |
| 12 | 3:24:13 | 19 30 46 | 03♍55 | 10♍44 | 05 37 | 05 00 | 02 41 | 20 46 | 01 47 | 10 37 | 20 13 | 04 32 | 09 20 |
| 13 | 3:28:10 | 20 31 06 | 17 39 | 24 42 | 07 12 | 06 08 | 03 18 | 20 37 | 01 53 | 10 39 | 20 12 | 04 32 | 09 17 |
| 14 | 3:32:06 | 21 31 29 | 01♎51 | 09♎08 | 08 47 | 07 16 | 03 54 | 20 29 | 01 59 | 10 41 | 20 10 | 04 32 | 09 14 |
| 15 | 3:36:03 | 22 31 54 | 16 31 | 24 00 | 10 22 | 08 24 | 04 31 | 20 21 | 02 05 | 10 43 | 20 08 | 04 31 | 09 10 |
| 16 | 3:39:59 | 23 32 21 | 01♏33 | 09♏09 | 11 58 | 09 32 | 05 07 | 20 13 | 02 11 | 10 44 | 20 07 | 04 31 | 09 07 |
| 17 | 3:43:56 | 24 32 49 | 16 48 | 24 27 | 13 33 | 10 41 | 05 43 | 20 05 | 02 17 | 10 46 | 20 05 | 04 31 | 09 04 |
| 18 | 3:47:52 | 25 33 19 | 02♐06 | 09♐42 | 15 09 | 11 50 | 06 20 | 19 57 | 02 23 | 10 48 | 20 03 | 04 31D | 09 01 |
| 19 | 3:51:49 | 26 33 51 | 17 15 | 24 44 | 16 45 | 12 59 | 06 56 | 19 49 | 02 29 | 10 49 | 20 02 | 04 31 | 08 58 |
| 20 | 3:55:46 | 27 34 24 | 02♑07 | 09♑25 | 18 21 | 14 08 | 07 32 | 19 41 | 02 36 | 10 51 | 20 00 | 04 31 | 08 54 |
| 21 | 3:59:42 | 28 34 58 | 16 36 | 23 40 | 19 56 | 15 17 | 08 09 | 19 33 | 02 42 | 10 52 | 19 58 | 04 31 | 08 51 |
| 22 | 4:03:39 | 29 35 34 | 00♒37 | 07♒27 | 21 32 | 16 27 | 08 45 | 19 25 | 02 48 | 10 53 | 19 57 | 04 32 | 08 48 |
| 23 | 4:07:35 | 00♐36 11 | 14 10 | 20 48 | 23 08 | 17 36 | 09 21 | 19 17 | 02 55 | 10 55 | 19 55 | 04 32 | 08 45 |
| 24 | 4:11:32 | 01 36 49 | 27 19 | 03♓44 | 24 43 | 18 46 | 09 57 | 19 09 | 03 01 | 10 56 | 19 53 | 04 32 | 08 42 |
| 25 | 4:15:28 | 02 37 28 | 10♓05 | 16 21 | 26 18 | 19 56 | 10 34 | 19 01 | 03 07 | 10 57 | 19 52 | 04 32 | 08 39 |
| 26 | 4:19:25 | 03 38 08 | 22 33 | 28 41 | 27 53 | 21 06 | 11 10 | 18 54 | 03 14 | 10 58 | 19 50 | 04 32 | 08 35 |
| 27 | 4:23:21 | 04 38 49 | 04♈46 | 10♈49 | 29 28 | 22 16 | 11 46 | 18 46 | 03 20 | 11 00 | 19 48 | 04 32 | 08 32 |
| 28 | 4:27:18 | 05 39 32 | 16 49 | 22 48 | 01♐03 | 23 27 | 12 22 | 18 38 | 03 27 | 11 01 | 19 47 | 04 33 | 08 29 |
| 29 | 4:31:15 | 06 40 15 | 28 45 | 04♉42 | 02 38 | 24 37 | 12 58 | 18 31 | 03 33 | 11 02 | 19 45 | 04 33 | 08 26 |
| 30 | 4:35:11 | 07 41 00 | 10♉37 | 16 33 | 04 13 | 25 48 | 13 34 | 18 24 | 03 40 | 11 03 | 19 44 | 04 33 | 08 23 |

## 0:00 E.T. Longitudes of the Major Asteroids and Chiron

| D | ⚳ | ⚴ | ⚵ | ⚶ | ⚷ |
|---|---|---|---|---|---|
| 1 | 17♑07 | 15♐35 | 17♐55 | 13♑23 | 01♏26 |
| 2 | 17 24 | 15 58 | 18 14 | 13 49 | 01 34 |
| 3 | 17 42 | 16 21 | 18 34 | 14 16 | 01 43 |
| 4 | 17 59 | 16 45 | 18 53 | 14 42 | 01 51 |
| 5 | 18 17 | 17 08 | 19 13 | 15 09 | 02 00 |
| 6 | 18 35 | 17 31 | 19 33 | 15 35 | 02 08 |
| 7 | 18 53 | 17 55 | 19 52 | 16 02 | 02 17 |
| 8 | 19 11 | 18 18 | 20 12 | 16 29 | 02 25 |
| 9 | 19 29 | 18 42 | 20 32 | 16 55 | 02 34 |
| 10 | 19 48 | 19 05 | 20 52 | 17 22 | 02 42 |
| 11 | 20 06 | 19 29 | 21 12 | 17 49 | 02 50 |
| 12 | 20 25 | 19 52 | 21 33 | 18 17 | 02 59 |
| 13 | 20 44 | 20 16 | 21 53 | 18 44 | 03 07 |
| 14 | 21 02 | 20 40 | 22 13 | 19 11 | 03 16 |
| 15 | 21 21 | 21 03 | 22 34 | 19 38 | 03 24 |
| 16 | 21 41 | 21 27 | 22 54 | 20 06 | 03 32 |
| 17 | 22 00 | 21 51 | 23 15 | 20 33 | 03 40 |
| 18 | 22 19 | 22 15 | 23 35 | 21 01 | 03 49 |
| 19 | 22 39 | 22 39 | 23 56 | 21 29 | 03 57 |
| 20 | 22 58 | 23 02 | 24 17 | 21 57 | 04 05 |
| 21 | 23 18 | 23 26 | 24 37 | 22 24 | 04 13 |
| 22 | 23 38 | 23 50 | 24 58 | 22 52 | 04 21 |
| 23 | 23 58 | 24 14 | 25 19 | 23 20 | 04 29 |
| 24 | 24 18 | 24 38 | 25 40 | 23 48 | 04 37 |
| 25 | 24 38 | 25 02 | 26 01 | 24 16 | 04 45 |
| 26 | 24 58 | 25 26 | 26 22 | 24 45 | 04 53 |
| 27 | 25 18 | 25 50 | 26 43 | 25 13 | 05 01 |
| 28 | 25 39 | 26 14 | 27 05 | 25 41 | 05 09 |
| 29 | 25 59 | 26 38 | 27 26 | 26 09 | 05 17 |
| 30 | 26 20 | 27 02 | 27 47 | 26 38 | 05 25 |

## Lunar Data

| Last Asp. | | Ingress | | |
|---|---|---|---|---|
| 1 | 00:37 | 1 | ♉ | 20:26 |
| 4 | 04:54 | 4 | ♊ | 09:08 |
| 6 | 20:56 | 6 | ♋ | 21:50 |
| 8 | 15:57 | 9 | ♌ | 09:02 |
| 11 | 00:25 | 11 | ♍ | 16:58 |
| 13 | 05:17 | 13 | ♎ | 20:54 |
| 14 | 09:40 | 15 | ♏ | 21:33 |
| 17 | 13:00 | 17 | ♐ | 20:42 |
| 18 | 16:38 | 19 | ♑ | 20:32 |
| 21 | 22:06 | 21 | ♒ | 22:56 |
| 23 | 18:32 | 24 | ♓ | 05:00 |
| 26 | 12:00 | 26 | ♈ | 14:35 |
| 28 | 14:45 | 29 | ♉ | 02:31 |

## 0:00 E.T. Declinations

| D | ☉ | ☽ | ☿ | ♀ | ♂ | ♃ | ♄ | ♅ | ♆ | ♇ | ⚳ | ⚴ | ⚵ | ⚶ | ⚷ |
|---|---|---|---|---|---|---|---|---|---|---|---|---|---|---|---|
| 1 | -14 20 | +12 20 | -05 52 | +03 34 | +02 50 | +17 06 | -22 40 | +08 25 | +16 08 | -21 20 | -29 19 | +05 50 | -12 26 | -25 18 | -11 54 |
| 2 | 14 39 | 16 27 | 06 16 | 03 12 | 02 35 | 17 04 | 22 41 | 08 25 | 16 08 | 21 20 | 29 16 | 05 44 | 12 29 | 25 16 | 11 57 |
| 3 | 14 58 | 19 53 | 06 44 | 02 50 | 02 21 | 17 02 | 22 41 | 08 24 | 16 07 | 21 20 | 29 14 | 05 39 | 12 33 | 25 15 | 11 59 |
| 4 | 15 16 | 22 29 | 07 13 | 02 28 | 02 06 | 17 00 | 22 41 | 08 23 | 16 07 | 21 20 | 29 11 | 05 33 | 12 36 | 25 13 | 12 02 |
| 5 | 15 35 | 24 06 | 07 44 | 02 06 | 01 52 | 16 58 | 22 41 | 08 22 | 16 06 | 21 20 | 29 08 | 05 28 | 12 39 | 25 11 | 12 05 |
| 6 | 15 53 | 24 38 | 08 17 | 01 43 | 01 37 | 16 56 | 22 41 | 08 21 | 16 06 | 21 20 | 29 05 | 05 22 | 12 42 | 25 09 | 12 07 |
| 7 | 16 11 | 24 03 | 08 51 | 01 20 | 01 23 | 16 54 | 22 41 | 08 20 | 16 05 | 21 20 | 29 02 | 05 17 | 12 45 | 25 07 | 12 10 |
| 8 | 16 29 | 22 20 | 09 25 | 00 57 | 01 08 | 16 52 | 22 41 | 08 20 | 16 05 | 21 20 | 28 59 | 05 12 | 12 48 | 25 05 | 12 13 |
| 9 | 16 46 | 19 33 | 10 01 | 00 34 | 00 54 | 16 50 | 22 41 | 08 19 | 16 05 | 21 20 | 28 56 | 05 07 | 12 51 | 25 03 | 12 15 |
| 10 | 17 03 | 15 50 | 10 36 | 00 10 | 00 39 | 16 48 | 22 41 | 08 18 | 16 04 | 21 20 | 28 53 | 05 02 | 12 54 | 25 00 | 12 18 |
| 11 | 17 20 | 11 17 | 11 13 | -00 13 | 00 25 | 16 46 | 22 41 | 08 18 | 16 04 | 21 19 | 28 50 | 04 57 | 12 57 | 24 58 | 12 20 |
| 12 | 17 36 | 06 05 | 11 49 | 00 37 | 00 10 | 16 44 | 22 41 | 08 17 | 16 03 | 21 19 | 28 47 | 04 52 | 13 00 | 24 55 | 12 23 |
| 13 | 17 53 | 00 26 | 12 25 | 01 01 | -00 04 | 16 42 | 22 41 | 08 16 | 16 03 | 21 19 | 28 43 | 04 47 | 13 03 | 24 53 | 12 26 |
| 14 | 18 08 | -05 26 | 13 01 | 01 25 | 00 18 | 16 40 | 22 41 | 08 16 | 16 02 | 21 19 | 28 40 | 04 43 | 13 05 | 24 50 | 12 28 |
| 15 | 18 24 | 11 11 | 13 37 | 01 50 | 00 33 | 16 38 | 22 41 | 08 15 | 16 02 | 21 19 | 28 37 | 04 38 | 13 08 | 24 47 | 12 31 |
| 16 | 18 39 | 16 25 | 14 12 | 02 14 | 00 47 | 16 36 | 22 41 | 08 14 | 16 01 | 21 18 | 28 33 | 04 34 | 13 10 | 24 44 | 12 33 |
| 17 | 18 54 | 20 41 | 14 47 | 02 38 | 01 02 | 16 34 | 22 41 | 08 14 | 16 01 | 21 18 | 28 30 | 04 30 | 13 13 | 24 41 | 12 36 |
| 18 | 19 09 | 23 30 | 15 22 | 03 03 | 01 16 | 16 32 | 22 41 | 08 13 | 16 01 | 21 18 | 28 26 | 04 26 | 13 15 | 24 38 | 12 38 |
| 19 | 19 23 | 24 36 | 15 56 | 03 28 | 01 30 | 16 30 | 22 41 | 08 13 | 16 00 | 21 18 | 28 23 | 04 22 | 13 17 | 24 34 | 12 41 |
| 20 | 19 37 | 23 53 | 16 29 | 03 52 | 01 44 | 16 28 | 22 41 | 08 12 | 16 00 | 21 17 | 28 19 | 04 18 | 13 20 | 24 31 | 12 43 |
| 21 | 19 50 | 21 34 | 17 02 | 04 17 | 01 59 | 16 26 | 22 41 | 08 12 | 15 59 | 21 17 | 28 16 | 04 14 | 13 22 | 24 27 | 12 46 |
| 22 | 20 04 | 18 00 | 17 33 | 04 42 | 02 13 | 16 24 | 22 41 | 08 11 | 15 59 | 21 17 | 28 12 | 04 10 | 13 24 | 24 23 | 12 48 |
| 23 | 20 16 | 13 35 | 18 05 | 05 07 | 02 27 | 16 22 | 22 41 | 08 11 | 15 58 | 21 17 | 28 08 | 04 07 | 13 26 | 24 20 | 12 51 |
| 24 | 20 29 | 08 39 | 18 35 | 05 31 | 02 41 | 16 20 | 22 41 | 08 10 | 15 58 | 21 16 | 28 04 | 04 03 | 13 28 | 24 16 | 12 53 |
| 25 | 20 41 | 03 30 | 19 04 | 05 56 | 02 55 | 16 18 | 22 41 | 08 10 | 15 57 | 21 16 | 28 00 | 04 00 | 13 30 | 24 12 | 12 55 |
| 26 | 20 52 | +01 40 | 19 33 | 06 21 | 03 09 | 16 16 | 22 41 | 08 09 | 15 57 | 21 16 | 27 56 | 03 56 | 13 32 | 24 08 | 12 58 |
| 27 | 21 04 | 06 40 | 20 00 | 06 46 | 03 23 | 16 14 | 22 41 | 08 09 | 15 57 | 21 15 | 27 52 | 03 53 | 13 33 | 24 03 | 13 00 |
| 28 | 21 15 | 11 20 | 20 27 | 07 10 | 03 37 | 16 12 | 22 41 | 08 09 | 15 56 | 21 15 | 27 48 | 03 50 | 13 35 | 23 59 | 13 02 |
| 29 | 21 25 | 15 33 | 20 52 | 07 35 | 03 51 | 16 10 | 22 41 | 08 08 | 15 56 | 21 15 | 27 44 | 03 47 | 13 37 | 23 55 | 13 05 |
| 30 | 21 35 | 19 08 | 21 17 | 08 00 | 04 05 | 16 08 | 22 41 | 08 08 | 15 55 | 21 14 | 27 40 | 03 44 | 13 38 | 23 50 | 13 07 |

Lunar Phases -- 2 ○ 16:60 10 ◑ 19:41 17 ● 13:00 24 ◐ 08:42 Sun enters ♐ 11/22 09:40

## Longitudes of Main Planets - December 2047

0:00 E.T.

| D | S.T. | ☉ | ☽ | ☽ 12:00 | ☿ | ♀ | ♂ | ♃ | ♄ | ♅ | ♆ | ♇ | ☊ |
|---|---|---|---|---|---|---|---|---|---|---|---|---|---|
| 1 | 4:39:08 | 08♐41 46 | 22♉28 | 28♉23 | 05♐47 | 26♎58 | 14♎10 | 18♉17℞ | 03♑47 | 11♍04 | 19♉42℞ | 04♓33 | 08♑20 |
| 2 | 4:43:04 | 09 42 33 | 04♊19 | 10♊15 | 07 22 | 28 09 | 14 46 | 18 09 | 03 53 | 11 04 | 19 40 | 04 34 | 08 16 |
| 3 | 4:47:01 | 10 43 21 | 16 11 | 22 09 | 08 56 | 29 20 | 15 21 | 18 02 | 04 00 | 11 05 | 19 39 | 04 34 | 08 13 |
| 4 | 4:50:57 | 11 44 10 | 28 08 | 04♋09 | 10 30 | 00♏31 | 15 57 | 17 56 | 04 07 | 11 06 | 19 37 | 04 35 | 08 10 |
| 5 | 4:54:54 | 12 45 01 | 10♋11 | 16 16 | 12 05 | 01 43 | 16 33 | 17 49 | 04 13 | 11 07 | 19 36 | 04 35 | 08 07 |
| 6 | 4:58:50 | 13 45 52 | 22 22 | 28 32 | 13 39 | 02 54 | 17 09 | 17 42 | 04 20 | 11 07 | 19 34 | 04 35 | 08 04 |
| 7 | 5:02:47 | 14 46 45 | 04♌44 | 11♌00 | 15 13 | 04 05 | 17 44 | 17 36 | 04 27 | 11 08 | 19 33 | 04 36 | 08 00 |
| 8 | 5:06:44 | 15 47 40 | 17 20 | 23 44 | 16 47 | 05 17 | 18 20 | 17 30 | 04 34 | 11 08 | 19 31 | 04 36 | 07 57 |
| 9 | 5:10:40 | 16 48 35 | 00♍13 | 06♍46 | 18 22 | 06 29 | 18 56 | 17 23 | 04 41 | 11 09 | 19 30 | 04 37 | 07 54 |
| 10 | 5:14:37 | 17 49 32 | 13 25 | 20 10 | 19 56 | 07 40 | 19 31 | 17 17 | 04 48 | 11 09 | 19 28 | 04 38 | 07 51 |
| 11 | 5:18:33 | 18 50 29 | 27 00 | 03♎56 | 21 30 | 08 52 | 20 07 | 17 11 | 04 54 | 11 10 | 19 27 | 04 38 | 07 48 |
| 12 | 5:22:30 | 19 51 28 | 10♎59 | 18 07 | 23 04 | 10 04 | 20 42 | 17 06 | 05 01 | 11 10 | 19 25 | 04 39 | 07 45 |
| 13 | 5:26:26 | 20 52 29 | 25 21 | 02♏40 | 24 39 | 11 16 | 21 18 | 17 00 | 05 08 | 11 10 | 19 24 | 04 39 | 07 41 |
| 14 | 5:30:23 | 21 53 30 | 10♏03 | 17 30 | 26 13 | 12 29 | 21 53 | 16 55 | 05 15 | 11 10 | 19 23 | 04 40 | 07 38 |
| 15 | 5:34:19 | 22 54 33 | 25 01 | 02♐33 | 27 48 | 13 41 | 22 29 | 16 49 | 05 22 | 11 10 | 19 21 | 04 41 | 07 35 |
| 16 | 5:38:16 | 23 55 36 | 10♐06 | 17 38 | 29 23 | 14 53 | 23 04 | 16 44 | 05 29 | 11 11 | 19 20 | 04 41 | 07 32 |
| 17 | 5:42:13 | 24 56 40 | 25 09 | 02♑37 | 00♑57 | 16 06 | 23 39 | 16 40 | 05 36 | 11 11℞ | 19 19 | 04 42 | 07 29 |
| 18 | 5:46:09 | 25 57 45 | 10♑01 | 17 21 | 02 32 | 17 18 | 24 14 | 16 35 | 05 43 | 11 11 | 19 17 | 04 43 | 07 26 |
| 19 | 5:50:06 | 26 58 51 | 24 35 | 01♒44 | 04 07 | 18 31 | 24 50 | 16 30 | 05 50 | 11 10 | 19 16 | 04 44 | 07 22 |
| 20 | 5:54:02 | 27 59 56 | 08♒46 | 15 41 | 05 42 | 19 43 | 25 25 | 16 26 | 05 57 | 11 10 | 19 15 | 04 44 | 07 19 |
| 21 | 5:57:59 | 29 01 03 | 22 30 | 29 11 | 07 18 | 20 56 | 26 00 | 16 22 | 06 04 | 11 10 | 19 14 | 04 45 | 07 16 |
| 22 | 6:01:55 | 00♑02 09 | 05♓47 | 12♓16 | 08 53 | 22 09 | 26 35 | 16 18 | 06 12 | 11 10 | 19 12 | 04 46 | 07 13 |
| 23 | 6:05:52 | 01 03 16 | 18 40 | 24 58 | 10 28 | 23 21 | 27 10 | 16 14 | 06 19 | 11 09 | 19 11 | 04 47 | 07 10 |
| 24 | 6:09:48 | 02 04 23 | 01♈11 | 07♈20 | 12 04 | 24 34 | 27 45 | 16 10 | 06 26 | 11 09 | 19 10 | 04 48 | 07 06 |
| 25 | 6:13:45 | 03 05 30 | 13 26 | 19 28 | 13 39 | 25 47 | 28 19 | 16 07 | 06 33 | 11 09 | 19 09 | 04 49 | 07 03 |
| 26 | 6:17:42 | 04 06 37 | 25 27 | 01♉25 | 15 15 | 27 00 | 28 54 | 16 04 | 06 40 | 11 08 | 19 08 | 04 50 | 07 00 |
| 27 | 6:21:38 | 05 07 44 | 07♉21 | 13 16 | 16 50 | 28 13 | 29 29 | 16 01 | 06 47 | 11 08 | 19 07 | 04 51 | 06 57 |
| 28 | 6:25:35 | 06 08 52 | 19 11 | 25 05 | 18 26 | 29 26 | 00♏04 | 15 58 | 06 54 | 11 07 | 19 06 | 04 52 | 06 54 |
| 29 | 6:29:31 | 07 09 59 | 01♊00 | 06♊56 | 20 01 | 00♐40 | 00 38 | 15 55 | 07 01 | 11 06 | 19 05 | 04 53 | 06 51 |
| 30 | 6:33:28 | 08 11 07 | 12 53 | 18 51 | 21 36 | 01 53 | 01 13 | 15 53 | 07 08 | 11 06 | 19 04 | 04 54 | 06 47 |
| 31 | 6:37:24 | 09 12 14 | 24 52 | 00♋54 | 23 10 | 03 06 | 01 47 | 15 51 | 07 15 | 11 05 | 19 03 | 04 55 | 06 44 |

0:00 E.T.

## Longitudes of the Major Asteroids and Chiron

| D | ⚳ | ⚴ | ⚵ | ⚶ | ⚷ | D | ⚳ | ⚴ | ⚵ | ⚶ | ⚷ |
|---|---|---|---|---|---|---|---|---|---|---|---|
| 1 | 26♑40 | 27♐26 | 28♐09 | 27♑06 | 05♏32 | 17 | 02 22 | 03 51 | 03 56 | 04 48 | 07 29 |
| 2 | 27 01 | 27 50 | 28 30 | 27 35 | 05 40 | 18 | 02 44 | 04 15 | 04 18 | 05 17 | 07 36 |
| 3 | 27 22 | 28 14 | 28 51 | 28 03 | 05 48 | 19 | 03 06 | 04 39 | 04 40 | 05 47 | 07 43 |
| 4 | 27 43 | 28 38 | 29 13 | 28 32 | 05 55 | 20 | 03 28 | 05 03 | 05 02 | 06 16 | 07 49 |
| 5 | 28 04 | 29 02 | 29 34 | 29 01 | 06 03 | 21 | 03 50 | 05 27 | 05 25 | 06 45 | 07 56 |
| 6 | 28 25 | 29 26 | 29 56 | 29 29 | 06 10 | 22 | 04 13 | 05 51 | 05 47 | 07 15 | 08 02 |
| 7 | 28 46 | 29 50 | 00♑18 | 29 58 | 06 18 | 23 | 04 35 | 06 15 | 06 09 | 07 44 | 08 09 |
| 8 | 29 08 | 00♑14 | 00 39 | 00♒27 | 06 25 | 24 | 04 57 | 06 39 | 06 31 | 08 14 | 08 15 |
| 9 | 29 29 | 00 38 | 01 01 | 00 56 | 06 32 | 25 | 05 20 | 07 03 | 06 53 | 08 43 | 08 21 |
| 10 | 29 50 | 01 02 | 01 23 | 01 25 | 06 40 | 26 | 05 42 | 07 27 | 07 16 | 09 13 | 08 28 |
| 11 | 00♒12 | 01 26 | 01 45 | 01 54 | 06 47 | 27 | 06 04 | 07 51 | 07 38 | 09 42 | 08 34 |
| 12 | 00 33 | 01 50 | 02 06 | 02 23 | 06 54 | 28 | 06 27 | 08 14 | 08 00 | 10 12 | 08 40 |
| 13 | 00 55 | 02 14 | 02 28 | 02 52 | 07 01 | 29 | 06 50 | 08 38 | 08 22 | 10 41 | 08 46 |
| 14 | 01 17 | 02 38 | 02 50 | 03 21 | 07 08 | 30 | 07 12 | 09 02 | 08 45 | 11 11 | 08 52 |
| 15 | 01 38 | 03 02 | 03 12 | 03 50 | 07 15 | 31 | 07 35 | 09 26 | 09 07 | 11 41 | 08 57 |
| 16 | 02 00 | 03 27 | 03 34 | 04 19 | 07 22 | | | | | | |

## Lunar Data

| Last Asp. | | Ingress | | |
|---|---|---|---|---|
| 30 | 18:24 | 1 | ♊ | 15:17 |
| 2 | 22:14 | 4 | ♋ | 03:43 |
| 5 | 18:31 | 6 | ♌ | 14:51 |
| 8 | 04:06 | 8 | ♍ | 23:37 |
| 10 | 13:06 | 11 | ♎ | 05:12 |
| 12 | 22:42 | 13 | ♏ | 07:39 |
| 14 | 14:59 | 15 | ♐ | 07:57 |
| 16 | 23:40 | 17 | ♑ | 07:48 |
| 19 | 00:26 | 19 | ♒ | 09:05 |
| 21 | 12:40 | 21 | ♓ | 13:28 |
| 23 | 09:53 | 23 | ♈ | 21:42 |
| 26 | 07:17 | 26 | ♉ | 09:09 |
| 27 | 23:50 | 28 | ♊ | 21:58 |
| 29 | 20:24 | 31 | ♋ | 10:13 |

0:00 E.T.

## Declinations

| D | ☉ | ☽ | ☿ | ♀ | ♂ | ♃ | ♄ | ♅ | ♆ | ♇ | ⚳ | ⚴ | ⚵ | ⚶ | ⚷ |
|---|---|---|---|---|---|---|---|---|---|---|---|---|---|---|---|
| 1 | -21 45 | +21 55 | -21 41 | -08 24 | -04 19 | +16 07 | -22 41 | +08 08 | +15 55 | -21 14 | -27 36 | +03 41 | -13 40 | -23 45 | -13 09 |
| 2 | 21 54 | 23 46 | 22 03 | 08 49 | 04 33 | 16 05 | 22 41 | 08 07 | 15 55 | 21 14 | 27 31 | 03 39 | 13 41 | 23 41 | 13 12 |
| 3 | 22 03 | 24 33 | 22 24 | 09 13 | 04 47 | 16 03 | 22 40 | 08 07 | 15 54 | 21 13 | 27 27 | 03 36 | 13 42 | 23 36 | 13 14 |
| 4 | 22 11 | 24 13 | 22 45 | 09 37 | 05 01 | 16 01 | 22 40 | 08 07 | 15 54 | 21 13 | 27 23 | 03 34 | 13 44 | 23 31 | 13 16 |
| 5 | 22 19 | 22 44 | 23 04 | 10 01 | 05 14 | 16 00 | 22 40 | 08 07 | 15 53 | 21 12 | 27 18 | 03 31 | 13 45 | 23 26 | 13 18 |
| 6 | 22 27 | 20 11 | 23 22 | 10 25 | 05 28 | 15 58 | 22 40 | 08 06 | 15 53 | 21 12 | 27 14 | 03 29 | 13 46 | 23 21 | 13 20 |
| 7 | 22 34 | 16 41 | 23 39 | 10 49 | 05 41 | 15 56 | 22 40 | 08 06 | 15 53 | 21 12 | 27 09 | 03 27 | 13 47 | 23 15 | 13 23 |
| 8 | 22 41 | 12 22 | 23 54 | 11 13 | 05 55 | 15 55 | 22 40 | 08 06 | 15 52 | 21 11 | 27 04 | 03 25 | 13 48 | 23 10 | 13 25 |
| 9 | 22 47 | 07 26 | 24 09 | 11 36 | 06 09 | 15 53 | 22 40 | 08 06 | 15 52 | 21 11 | 27 00 | 03 23 | 13 49 | 23 04 | 13 27 |
| 10 | 22 53 | 02 03 | 24 22 | 11 59 | 06 22 | 15 52 | 22 40 | 08 06 | 15 52 | 21 10 | 26 55 | 03 21 | 13 50 | 22 59 | 13 29 |
| 11 | 22 58 | -03 34 | 24 33 | 12 22 | 06 35 | 15 51 | 22 39 | 08 06 | 15 51 | 21 10 | 26 50 | 03 19 | 13 50 | 22 53 | 13 31 |
| 12 | 23 03 | 09 10 | 24 44 | 12 45 | 06 49 | 15 49 | 22 39 | 08 06 | 15 51 | 21 09 | 26 45 | 03 18 | 13 51 | 22 47 | 13 33 |
| 13 | 23 07 | 14 27 | 24 53 | 13 08 | 07 02 | 15 48 | 22 39 | 08 06 | 15 51 | 21 09 | 26 40 | 03 16 | 13 52 | 22 41 | 13 35 |
| 14 | 23 11 | 19 01 | 25 01 | 13 30 | 07 15 | 15 47 | 22 39 | 08 06 | 15 50 | 21 08 | 26 36 | 03 15 | 13 52 | 22 35 | 13 37 |
| 15 | 23 15 | 22 26 | 25 08 | 13 52 | 07 28 | 15 45 | 22 39 | 08 06 | 15 50 | 21 08 | 26 30 | 03 13 | 13 53 | 22 29 | 13 39 |
| 16 | 23 18 | 24 18 | 25 13 | 14 14 | 07 41 | 15 44 | 22 38 | 08 06 | 15 50 | 21 07 | 26 25 | 03 12 | 13 53 | 22 23 | 13 41 |
| 17 | 23 20 | 24 25 | 25 16 | 14 35 | 07 54 | 15 43 | 22 38 | 08 06 | 15 49 | 21 07 | 26 20 | 03 11 | 13 53 | 22 17 | 13 43 |
| 18 | 23 22 | 22 45 | 25 19 | 14 56 | 08 07 | 15 42 | 22 38 | 08 06 | 15 49 | 21 06 | 26 15 | 03 10 | 13 53 | 22 10 | 13 45 |
| 19 | 23 24 | 19 36 | 25 20 | 15 17 | 08 20 | 15 41 | 22 38 | 08 06 | 15 49 | 21 06 | 26 10 | 03 09 | 13 53 | 22 04 | 13 47 |
| 20 | 23 25 | 15 21 | 25 19 | 15 38 | 08 33 | 15 40 | 22 38 | 08 06 | 15 48 | 21 05 | 26 05 | 03 08 | 13 54 | 21 57 | 13 48 |
| 21 | 23 26 | 10 25 | 25 17 | 15 58 | 08 46 | 15 39 | 22 37 | 08 06 | 15 48 | 21 05 | 25 59 | 03 08 | 13 54 | 21 51 | 13 50 |
| 22 | 23 26 | 05 10 | 25 13 | 16 18 | 08 58 | 15 38 | 22 37 | 08 06 | 15 48 | 21 04 | 25 54 | 03 07 | 13 53 | 21 44 | 13 52 |
| 23 | 23 26 | +00 09 | 25 08 | 16 37 | 09 11 | 15 37 | 22 37 | 08 06 | 15 48 | 21 04 | 25 48 | 03 07 | 13 53 | 21 37 | 13 54 |
| 24 | 23 25 | 05 18 | 25 02 | 16 56 | 09 24 | 15 37 | 22 36 | 08 06 | 15 47 | 21 03 | 25 43 | 03 06 | 13 53 | 21 30 | 13 55 |
| 25 | 23 24 | 10 09 | 24 54 | 17 15 | 09 36 | 15 36 | 22 36 | 08 07 | 15 47 | 21 03 | 25 37 | 03 06 | 13 53 | 21 23 | 13 57 |
| 26 | 23 22 | 14 31 | 24 44 | 17 33 | 09 48 | 15 35 | 22 36 | 08 07 | 15 47 | 21 02 | 25 32 | 03 06 | 13 52 | 21 16 | 13 59 |
| 27 | 23 20 | 18 16 | 24 33 | 17 51 | 10 01 | 15 35 | 22 36 | 08 07 | 15 47 | 21 02 | 25 26 | 03 06 | 13 52 | 21 09 | 14 00 |
| 28 | 23 17 | 21 17 | 24 20 | 18 08 | 10 13 | 15 34 | 22 35 | 08 07 | 15 46 | 21 01 | 25 20 | 03 06 | 13 51 | 21 01 | 14 02 |
| 29 | 23 14 | 23 23 | 24 06 | 18 25 | 10 25 | 15 34 | 22 35 | 08 08 | 15 46 | 21 00 | 25 15 | 03 06 | 13 51 | 20 54 | 14 04 |
| 30 | 23 11 | 24 28 | 23 50 | 18 41 | 10 37 | 15 33 | 22 35 | 08 08 | 15 46 | 21 00 | 25 09 | 03 06 | 13 50 | 20 47 | 14 05 |
| 31 | 23 07 | 24 26 | 23 33 | 18 57 | 10 49 | 15 33 | 22 34 | 08 08 | 15 46 | 20 59 | 25 03 | 03 07 | 13 49 | 20 39 | 14 07 |

Lunar Phases -- 2 ○ 11:56 10 ◑ 08:30 16 ● 23:39 24 ◐ 01:52 Sun enters ♑ 12/21 23:09

## 0:00 E.T. Longitudes of Main Planets - January 2048 **Jan. 48**

| D | S.T. | ☉ | ☽ | ☽ 12:00 | ☿ | ♀ | ♂ | ♃ | ♄ | ♅ | ♆ | ♇ | ☊ |
|---|---|---|---|---|---|---|---|---|---|---|---|---|---|
| 1 | 6:41:21 | 10♑13 22 | 06♋58 | 13♋05 | 24♑45 | 04♐19 | 02♏22 | 15♉49℞ | 07♑22 | 11♍04℞ | 19♉02℞ | 04♓56 | 06♑41 |
| 2 | 6:45:17 | 11 14 30 | 19 15 | 25 27 | 26 18 | 05 33 | 02 56 | 15 47 | 07 30 | 11 03 | 19 01 | 04 57 | 06 38 |
| 3 | 6:49:14 | 12 15 38 | 01♌42 | 08♌00 | 27 51 | 06 46 | 03 30 | 15 46 | 07 37 | 11 02 | 19 00 | 04 58 | 06 35 |
| 4 | 6:53:11 | 13 16 46 | 14 22 | 20 46 | 29 22 | 08 00 | 04 05 | 15 44 | 07 44 | 11 01 | 18 59 | 04 59 | 06 32 |
| 5 | 6:57:07 | 14 17 55 | 27 14 | 03♍45 | 00♒53 | 09 13 | 04 39 | 15 43 | 07 51 | 11 00 | 18 59 | 05 00 | 06 28 |
| 6 | 7:01:04 | 15 19 03 | 10♍20 | 16 59 | 02 22 | 10 27 | 05 13 | 15 42 | 07 58 | 10 59 | 18 58 | 05 01 | 06 25 |
| 7 | 7:05:00 | 16 20 12 | 23 41 | 00♎28 | 03 49 | 11 40 | 05 47 | 15 41 | 08 05 | 10 58 | 18 57 | 05 02 | 06 22 |
| 8 | 7:08:57 | 17 21 21 | 07♎18 | 14 12 | 05 14 | 12 54 | 06 21 | 15 41 | 08 12 | 10 57 | 18 56 | 05 04 | 06 19 |
| 9 | 7:12:53 | 18 22 29 | 21 09 | 28 11 | 06 36 | 14 08 | 06 55 | 15 40 | 08 19 | 10 56 | 18 56 | 05 05 | 06 16 |
| 10 | 7:16:50 | 19 23 39 | 05♏16 | 12♏25 | 07 55 | 15 21 | 07 29 | 15 40 | 08 26 | 10 54 | 18 55 | 05 06 | 06 12 |
| 11 | 7:20:46 | 20 24 48 | 19 37 | 26 51 | 09 10 | 16 35 | 08 02 | 15 40D | 08 33 | 10 53 | 18 54 | 05 07 | 06 09 |
| 12 | 7:24:43 | 21 25 57 | 04♐08 | 11♐27 | 10 20 | 17 49 | 08 36 | 15 41 | 08 40 | 10 52 | 18 54 | 05 09 | 06 06 |
| 13 | 7:28:40 | 22 27 07 | 18 47 | 26 07 | 11 26 | 19 03 | 09 10 | 15 41 | 08 47 | 10 50 | 18 53 | 05 10 | 06 03 |
| 14 | 7:32:36 | 23 28 16 | 03♑26 | 10♑45 | 12 26 | 20 17 | 09 43 | 15 42 | 08 54 | 10 49 | 18 53 | 05 11 | 06 00 |
| 15 | 7:36:33 | 24 29 25 | 18 01 | 25 15 | 13 19 | 21 31 | 10 17 | 15 43 | 09 01 | 10 47 | 18 52 | 05 13 | 05 57 |
| 16 | 7:40:29 | 25 30 33 | 02♒25 | 09♒30 | 14 04 | 22 44 | 10 50 | 15 44 | 09 08 | 10 46 | 18 52 | 05 14 | 05 53 |
| 17 | 7:44:26 | 26 31 41 | 16 31 | 23 26 | 14 41 | 23 58 | 11 23 | 15 45 | 09 15 | 10 44 | 18 51 | 05 15 | 05 50 |
| 18 | 7:48:22 | 27 32 49 | 00♓16 | 07♓00 | 15 09 | 25 12 | 11 56 | 15 47 | 09 22 | 10 42 | 18 51 | 05 17 | 05 47 |
| 19 | 7:52:19 | 28 33 55 | 13 38 | 20 10 | 15 26 | 26 26 | 12 29 | 15 49 | 09 28 | 10 41 | 18 50 | 05 18 | 05 44 |
| 20 | 7:56:15 | 29 35 01 | 26 36 | 02♈57 | 15 32 | 27 40 | 13 02 | 15 50 | 09 35 | 10 39 | 18 50 | 05 19 | 05 41 |
| 21 | 8:00:12 | 00♒36 06 | 09♈13 | 15 24 | 15 28℞ | 28 54 | 13 35 | 15 53 | 09 42 | 10 37 | 18 50 | 05 21 | 05 38 |
| 22 | 8:04:09 | 01 37 10 | 21 31 | 27 34 | 15 11 | 00♑08 | 14 08 | 15 55 | 09 49 | 10 35 | 18 50 | 05 22 | 05 34 |
| 23 | 8:08:05 | 02 38 14 | 03♉34 | 09♉32 | 14 43 | 01 22 | 14 41 | 15 58 | 09 56 | 10 33 | 18 49 | 05 24 | 05 31 |
| 24 | 8:12:02 | 03 39 16 | 15 28 | 21 23 | 14 04 | 02 37 | 15 13 | 16 00 | 10 02 | 10 32 | 18 49 | 05 25 | 05 28 |
| 25 | 8:15:58 | 04 40 17 | 27 18 | 03♊12 | 13 14 | 03 51 | 15 46 | 16 03 | 10 09 | 10 30 | 18 49 | 05 27 | 05 25 |
| 26 | 8:19:55 | 05 41 18 | 09♊07 | 15 04 | 12 15 | 05 05 | 16 18 | 16 06 | 10 16 | 10 28 | 18 49 | 05 28 | 05 22 |
| 27 | 8:23:51 | 06 42 17 | 21 02 | 27 03 | 11 09 | 06 19 | 16 51 | 16 10 | 10 22 | 10 26 | 18 49 | 05 29 | 05 18 |
| 28 | 8:27:48 | 07 43 15 | 03♋06 | 09♋12 | 09 58 | 07 33 | 17 23 | 16 13 | 10 29 | 10 24 | 18 49 | 05 31 | 05 15 |
| 29 | 8:31:44 | 08 44 13 | 15 22 | 21 35 | 08 43 | 08 47 | 17 55 | 16 17 | 10 35 | 10 21 | 18 49 | 05 32 | 05 12 |
| 30 | 8:35:41 | 09 45 09 | 27 52 | 04♌13 | 07 28 | 10 01 | 18 27 | 16 21 | 10 42 | 10 19 | 18 49D | 05 34 | 05 09 |
| 31 | 8:39:38 | 10 46 04 | 10♌38 | 17 08 | 06 13 | 11 16 | 18 59 | 16 25 | 10 49 | 10 17 | 18 49 | 05 36 | 05 06 |

## 0:00 E.T. Longitudes of the Major Asteroids and Chiron

| D | ⚳ | ⚴ | ⚵ | ⚶ | ⚷ | D | ⚳ | ⚴ | ⚵ | ⚶ | ⚷ |
|---|---|---|---|---|---|---|---|---|---|---|---|
| 1 | 07♒58 | 09♑50 | 09♑30 | 12♒10 | 09♏03 | 17 | 14 06 | 16 08 | 15 29 | 20 07 | 10 23 |
| 2 | 08 20 | 10 14 | 09 52 | 12 40 | 09 09 | 18 | 14 29 | 16 31 | 15 52 | 20 37 | 10 27 |
| 3 | 08 43 | 10 38 | 10 14 | 13 10 | 09 14 | 19 | 14 53 | 16 54 | 16 14 | 21 07 | 10 31 |
| 4 | 09 06 | 11 01 | 10 37 | 13 39 | 09 20 | 20 | 15 16 | 17 18 | 16 37 | 21 37 | 10 35 |
| 5 | 09 29 | 11 25 | 10 59 | 14 09 | 09 25 | 21 | 15 40 | 17 41 | 17 00 | 22 07 | 10 39 |
| 6 | 09 52 | 11 49 | 11 22 | 14 39 | 09 31 | 22 | 16 03 | 18 04 | 17 22 | 22 37 | 10 43 |
| 7 | 10 15 | 12 13 | 11 44 | 15 09 | 09 36 | 23 | 16 26 | 18 27 | 17 45 | 23 07 | 10 46 |
| 8 | 10 38 | 12 36 | 12 07 | 15 38 | 09 41 | 24 | 16 50 | 18 50 | 18 07 | 23 37 | 10 50 |
| 9 | 11 01 | 13 00 | 12 29 | 16 08 | 09 46 | 25 | 17 13 | 19 13 | 18 30 | 24 07 | 10 53 |
| 10 | 11 24 | 13 23 | 12 52 | 16 38 | 09 51 | 26 | 17 37 | 19 36 | 18 52 | 24 37 | 10 56 |
| 11 | 11 47 | 13 47 | 13 14 | 17 08 | 09 56 | 27 | 18 00 | 19 59 | 19 15 | 25 07 | 11 00 |
| 12 | 12 10 | 14 11 | 13 37 | 17 38 | 10 00 | 28 | 18 24 | 20 22 | 19 37 | 25 37 | 11 03 |
| 13 | 12 33 | 14 34 | 13 59 | 18 08 | 10 05 | 29 | 18 47 | 20 45 | 20 00 | 26 07 | 11 06 |
| 14 | 12 56 | 14 58 | 14 22 | 18 38 | 10 10 | 30 | 19 11 | 21 08 | 20 22 | 26 37 | 11 09 |
| 15 | 13 20 | 15 21 | 14 44 | 19 08 | 10 14 | 31 | 19 34 | 21 30 | 20 44 | 27 07 | 11 12 |
| 16 | 13 43 | 15 44 | 15 07 | 19 37 | 10 18 | | | | | | |

## Lunar Data

| Last Asp. | | Ingress | | |
|---|---|---|---|---|
| 2 | 15:34 | 2 | ♌ | 20:45 |
| 4 | 08:40 | 5 | ♍ | 05:06 |
| 6 | 15:32 | 7 | ♎ | 11:11 |
| 8 | 18:50 | 9 | ♏ | 15:05 |
| 11 | 01:26 | 11 | ♐ | 17:11 |
| 13 | 00:29 | 13 | ♑ | 18:22 |
| 15 | 11:34 | 15 | ♒ | 19:57 |
| 17 | 14:13 | 17 | ♓ | 23:32 |
| 20 | 06:06 | 20 | ♈ | 06:24 |
| 21 | 11:54 | 22 | ♉ | 16:51 |
| 24 | 06:47 | 25 | ♊ | 05:30 |
| 26 | 05:49 | 27 | ♋ | 17:52 |
| 29 | 06:40 | 30 | ♌ | 04:02 |

## 0:00 E.T. Declinations

| D | ☉ | ☽ | ☿ | ♀ | ♂ | ♃ | ♄ | ♅ | ♆ | ♇ | ⚳ | ⚴ | ⚵ | ⚶ | ⚷ |
|---|---|---|---|---|---|---|---|---|---|---|---|---|---|---|---|
| 1 | -23 02 | +23 14 | -23 14 | -19 13 | -11 01 | +15 33 | -22 34 | +08 09 | +15 45 | -20 59 | -24 57 | +03 07 | -13 48 | -20 31 | -14 08 |
| 2 | 22 57 | 20 55 | 22 54 | 19 28 | 11 13 | 15 32 | 22 34 | 08 09 | 15 45 | 20 58 | 24 51 | 03 08 | 13 47 | 20 24 | 14 10 |
| 3 | 22 52 | 17 36 | 22 33 | 19 42 | 11 24 | 15 32 | 22 33 | 08 09 | 15 45 | 20 57 | 24 45 | 03 08 | 13 46 | 20 16 | 14 11 |
| 4 | 22 46 | 13 25 | 22 10 | 19 56 | 11 36 | 15 32 | 22 33 | 08 10 | 15 45 | 20 57 | 24 39 | 03 09 | 13 45 | 20 08 | 14 13 |
| 5 | 22 40 | 08 35 | 21 46 | 20 10 | 11 48 | 15 32 | 22 33 | 08 10 | 15 45 | 20 56 | 24 33 | 03 10 | 13 44 | 20 00 | 14 14 |
| 6 | 22 33 | 03 18 | 21 20 | 20 23 | 11 59 | 15 32 | 22 32 | 08 11 | 15 45 | 20 56 | 24 27 | 03 11 | 13 43 | 19 52 | 14 15 |
| 7 | 22 26 | -02 14 | 20 54 | 20 35 | 12 10 | 15 32 | 22 32 | 08 11 | 15 44 | 20 55 | 24 21 | 03 12 | 13 41 | 19 44 | 14 17 |
| 8 | 22 18 | 07 45 | 20 26 | 20 47 | 12 22 | 15 32 | 22 32 | 08 12 | 15 44 | 20 54 | 24 14 | 03 13 | 13 40 | 19 35 | 14 18 |
| 9 | 22 10 | 13 00 | 19 58 | 20 58 | 12 33 | 15 32 | 22 31 | 08 12 | 15 44 | 20 54 | 24 08 | 03 14 | 13 39 | 19 27 | 14 19 |
| 10 | 22 02 | 17 39 | 19 29 | 21 08 | 12 44 | 15 33 | 22 31 | 08 13 | 15 44 | 20 53 | 24 02 | 03 16 | 13 37 | 19 19 | 14 20 |
| 11 | 21 53 | 21 22 | 19 00 | 21 18 | 12 55 | 15 33 | 22 31 | 08 13 | 15 44 | 20 53 | 23 55 | 03 17 | 13 35 | 19 10 | 14 22 |
| 12 | 21 44 | 23 46 | 18 30 | 21 28 | 13 06 | 15 33 | 22 30 | 08 14 | 15 44 | 20 52 | 23 49 | 03 19 | 13 34 | 19 02 | 14 23 |
| 13 | 21 34 | 24 35 | 18 01 | 21 37 | 13 17 | 15 34 | 22 30 | 08 14 | 15 44 | 20 51 | 23 43 | 03 20 | 13 32 | 18 53 | 14 24 |
| 14 | 21 24 | 23 42 | 17 32 | 21 45 | 13 28 | 15 34 | 22 29 | 08 15 | 15 44 | 20 51 | 23 36 | 03 22 | 13 30 | 18 45 | 14 25 |
| 15 | 21 13 | 21 12 | 17 03 | 21 52 | 13 38 | 15 35 | 22 29 | 08 16 | 15 43 | 20 50 | 23 30 | 03 24 | 13 28 | 18 36 | 14 26 |
| 16 | 21 02 | 17 24 | 16 36 | 21 59 | 13 49 | 15 35 | 22 28 | 08 16 | 15 43 | 20 49 | 23 23 | 03 26 | 13 26 | 18 27 | 14 27 |
| 17 | 20 51 | 12 40 | 16 10 | 22 06 | 13 59 | 15 36 | 22 28 | 08 17 | 15 43 | 20 49 | 23 16 | 03 28 | 13 24 | 18 18 | 14 28 |
| 18 | 20 39 | 07 25 | 15 46 | 22 11 | 14 09 | 15 37 | 22 28 | 08 18 | 15 43 | 20 48 | 23 10 | 03 30 | 13 22 | 18 09 | 14 29 |
| 19 | 20 27 | 01 58 | 15 24 | 22 16 | 14 20 | 15 37 | 22 27 | 08 18 | 15 43 | 20 47 | 23 03 | 03 32 | 13 20 | 18 00 | 14 30 |
| 20 | 20 14 | +03 24 | 15 05 | 22 21 | 14 30 | 15 38 | 22 27 | 08 19 | 15 43 | 20 47 | 22 56 | 03 35 | 13 18 | 17 51 | 14 31 |
| 21 | 20 01 | 08 28 | 14 49 | 22 25 | 14 40 | 15 39 | 22 26 | 08 20 | 15 43 | 20 46 | 22 49 | 03 37 | 13 15 | 17 42 | 14 32 |
| 22 | 19 48 | 13 05 | 14 36 | 22 28 | 14 50 | 15 40 | 22 26 | 08 20 | 15 43 | 20 45 | 22 43 | 03 39 | 13 13 | 17 33 | 14 32 |
| 23 | 19 34 | 17 06 | 14 27 | 22 30 | 15 00 | 15 41 | 22 25 | 08 21 | 15 43 | 20 45 | 22 36 | 03 42 | 13 10 | 17 24 | 14 33 |
| 24 | 19 20 | 20 22 | 14 22 | 22 32 | 15 09 | 15 42 | 22 25 | 08 22 | 15 43 | 20 44 | 22 29 | 03 45 | 13 08 | 17 14 | 14 34 |
| 25 | 19 05 | 22 47 | 14 20 | 22 33 | 15 19 | 15 43 | 22 24 | 08 23 | 15 43 | 20 43 | 22 22 | 03 47 | 13 05 | 17 05 | 14 35 |
| 26 | 18 51 | 24 12 | 14 22 | 22 33 | 15 28 | 15 44 | 22 24 | 08 23 | 15 43 | 20 43 | 22 15 | 03 50 | 13 03 | 16 56 | 14 35 |
| 27 | 18 36 | 24 32 | 14 27 | 22 33 | 15 38 | 15 46 | 22 24 | 08 24 | 15 43 | 20 42 | 22 08 | 03 53 | 13 00 | 16 46 | 14 36 |
| 28 | 18 20 | 23 43 | 14 35 | 22 32 | 15 47 | 15 47 | 22 23 | 08 25 | 15 43 | 20 41 | 22 01 | 03 56 | 12 57 | 16 37 | 14 36 |
| 29 | 18 04 | 21 45 | 14 46 | 22 30 | 15 56 | 15 48 | 22 23 | 08 26 | 15 43 | 20 41 | 21 54 | 03 59 | 12 54 | 16 27 | 14 37 |
| 30 | 17 48 | 18 43 | 14 59 | 22 28 | 16 05 | 15 50 | 22 22 | 08 27 | 15 43 | 20 40 | 21 47 | 04 03 | 12 51 | 16 17 | 14 38 |
| 31 | 17 32 | 14 45 | 15 14 | 22 25 | 16 14 | 15 51 | 22 22 | 08 27 | 15 44 | 20 40 | 21 39 | 04 06 | 12 48 | 16 08 | 14 38 |

Lunar Phases -- 1 Ⓔ 06:58 ☋ 8 ◑ 18:51 15 ● 11:34 22 ◐ 21:57 31 ○ 00:16 Sun enters ♒ 1/20 09:49

# Feb. 48 — Longitudes of Main Planets - February 2048 — 0:00 E.T.

| D | S.T. | ☉ | ☽ | ☽ 12:00 | ☿ | ♀ | ♂ | ♃ | ♄ | ♅ | ♆ | ♇ | ☊ |
|---|---|---|---|---|---|---|---|---|---|---|---|---|---|
| 1 | 8:43:34 | 11♒46 58 | 23♌41 | 00♍17 | 05♒02℞ | 12♑30 | 19♏31 | 16♉29 | 10♑55 | 10♍15℞ | 18♉49 | 05♓37 | 05♑03 |
| 2 | 8:47:31 | 12 47 52 | 06♍58 | 13 42 | 03 56 | 13 44 | 20 02 | 16 34 | 11 01 | 10 13 | 18 49 | 05 39 | 04 59 |
| 3 | 8:51:27 | 13 48 44 | 20 28 | 27 18 | 02 56 | 14 58 | 20 34 | 16 38 | 11 08 | 10 11 | 18 49 | 05 40 | 04 56 |
| 4 | 8:55:24 | 14 49 35 | 04♎11 | 11♎05 | 02 04 | 16 13 | 21 05 | 16 43 | 11 14 | 10 08 | 18 49 | 05 42 | 04 53 |
| 5 | 8:59:20 | 15 50 26 | 18 02 | 25 00 | 01 19 | 17 27 | 21 37 | 16 48 | 11 20 | 10 06 | 18 49 | 05 43 | 04 50 |
| 6 | 9:03:17 | 16 51 16 | 02♏00 | 09♏02 | 00 43 | 18 41 | 22 08 | 16 53 | 11 27 | 10 04 | 18 50 | 05 45 | 04 47 |
| 7 | 9:07:13 | 17 52 05 | 16 04 | 23 08 | 00 15 | 19 55 | 22 39 | 16 59 | 11 33 | 10 01 | 18 50 | 05 47 | 04 43 |
| 8 | 9:11:10 | 18 52 53 | 00♐12 | 07♐17 | 29♑56 | 21 10 | 23 10 | 17 04 | 11 39 | 09 59 | 18 50 | 05 48 | 04 40 |
| 9 | 9:15:07 | 19 53 40 | 14 23 | 21 29 | 29 45 | 22 24 | 23 41 | 17 10 | 11 45 | 09 57 | 18 51 | 05 50 | 04 37 |
| 10 | 9:19:03 | 20 54 26 | 28 35 | 05♑41 | 29 42D | 23 38 | 24 11 | 17 16 | 11 51 | 09 54 | 18 51 | 05 51 | 04 34 |
| 11 | 9:23:00 | 21 55 12 | 12♑46 | 19 50 | 29 46 | 24 53 | 24 42 | 17 22 | 11 57 | 09 52 | 18 52 | 05 53 | 04 31 |
| 12 | 9:26:56 | 22 55 56 | 26 53 | 03♒54 | 29 57 | 26 07 | 25 12 | 17 28 | 12 03 | 09 49 | 18 52 | 05 55 | 04 28 |
| 13 | 9:30:53 | 23 56 39 | 10♒52 | 17 48 | 00♒14 | 27 22 | 25 42 | 17 35 | 12 09 | 09 47 | 18 53 | 05 56 | 04 24 |
| 14 | 9:34:49 | 24 57 20 | 24 40 | 01♓28 | 00 37 | 28 36 | 26 13 | 17 41 | 12 15 | 09 44 | 18 53 | 05 58 | 04 21 |
| 15 | 9:38:46 | 25 58 00 | 08♓13 | 14 52 | 01 06 | 29 50 | 26 42 | 17 48 | 12 21 | 09 42 | 18 54 | 06 00 | 04 18 |
| 16 | 9:42:42 | 26 58 39 | 21 27 | 27 58 | 01 39 | 01♒05 | 27 12 | 17 55 | 12 26 | 09 39 | 18 54 | 06 01 | 04 15 |
| 17 | 9:46:39 | 27 59 16 | 04♈23 | 10♈43 | 02 17 | 02 19 | 27 42 | 18 02 | 12 32 | 09 37 | 18 55 | 06 03 | 04 12 |
| 18 | 9:50:36 | 28 59 51 | 16 59 | 23 10 | 03 00 | 03 33 | 28 11 | 18 09 | 12 38 | 09 34 | 18 56 | 06 04 | 04 09 |
| 19 | 9:54:32 | 00♓00 25 | 29 18 | 05♉22 | 03 46 | 04 48 | 28 41 | 18 16 | 12 43 | 09 31 | 18 56 | 06 06 | 04 05 |
| 20 | 9:58:29 | 01 00 56 | 11♉22 | 17 21 | 04 37 | 06 02 | 29 10 | 18 24 | 12 49 | 09 29 | 18 57 | 06 08 | 04 02 |
| 21 | 10:02:25 | 02 01 27 | 23 17 | 29 12 | 05 30 | 07 17 | 29 39 | 18 31 | 12 54 | 09 26 | 18 58 | 06 09 | 03 59 |
| 22 | 10:06:22 | 03 01 55 | 05♊06 | 11♊01 | 06 26 | 08 31 | 00♐07 | 18 39 | 13 00 | 09 24 | 18 59 | 06 11 | 03 56 |
| 23 | 10:10:18 | 04 02 21 | 16 56 | 22 52 | 07 26 | 09 45 | 00 36 | 18 47 | 13 05 | 09 21 | 18 59 | 06 13 | 03 53 |
| 24 | 10:14:15 | 05 02 46 | 28 51 | 04♋52 | 08 28 | 11 00 | 01 04 | 18 55 | 13 10 | 09 18 | 19 00 | 06 14 | 03 49 |
| 25 | 10:18:11 | 06 03 09 | 10♋57 | 17 05 | 09 32 | 12 14 | 01 33 | 19 03 | 13 15 | 09 16 | 19 01 | 06 16 | 03 46 |
| 26 | 10:22:08 | 07 03 30 | 23 18 | 29 35 | 10 39 | 13 29 | 02 01 | 19 12 | 13 21 | 09 13 | 19 02 | 06 18 | 03 43 |
| 27 | 10:26:05 | 08 03 49 | 05♌58 | 12♌26 | 11 47 | 14 43 | 02 28 | 19 20 | 13 26 | 09 11 | 19 03 | 06 19 | 03 40 |
| 28 | 10:30:01 | 09 04 06 | 18 59 | 25 37 | 12 58 | 15 57 | 02 56 | 19 29 | 13 31 | 09 08 | 19 04 | 06 21 | 03 37 |
| 29 | 10:33:58 | 10 04 21 | 02♍21 | 09♍10 | 14 11 | 17 12 | 03 23 | 19 38 | 13 36 | 09 05 | 19 05 | 06 23 | 03 34 |

## 0:00 E.T. — Longitudes of the Major Asteroids and Chiron — Lunar Data

| D | ⚳ | ⚴ | ⚵ | ⚶ | ⚷ | D | ⚳ | ⚴ | ⚵ | ⚶ | ⚷ | Last Asp. | Ingress |
|---|---|---|---|---|---|---|---|---|---|---|---|---|---|
| 1 | 19♒58 | 21♑53 | 21♑07 | 27♒37 | 11♏14 | 16 | 25 52 | 27 25 | 26 41 | 05 07 | 11 41 | 31 16:04 | 1 ♍ 11:28 |
| 2 | 20 21 | 22 16 | 21 29 | 28 07 | 11 17 | 17 | 26 16 | 27 47 | 27 03 | 05 37 | 11 42 | 3 00:10 | 3 ♎ 16:43 |
| 3 | 20 45 | 22 38 | 21 52 | 28 37 | 11 19 | 18 | 26 39 | 28 09 | 27 25 | 06 06 | 11 42 | 4 22:54 | 5 ♏ 20:34 |
| 4 | 21 09 | 23 01 | 22 14 | 29 07 | 11 22 | 19 | 27 03 | 28 30 | 27 48 | 06 36 | 11 43 | 7 23:33 | 7 ♐ 23:39 |
| 5 | 21 32 | 23 23 | 22 37 | 29 37 | 11 24 | 20 | 27 26 | 28 51 | 28 10 | 07 06 | 11 43 | 9 10:02 | 10 ♑ 02:24 |
| 6 | 21 56 | 23 45 | 22 59 | 00♓07 | 11 26 | 21 | 27 50 | 29 13 | 28 31 | 07 36 | 11 44 | 12 05:19 | 12 ♒ 05:20 |
| 7 | 22 19 | 24 08 | 23 21 | 00 37 | 11 28 | 22 | 28 14 | 29 34 | 28 53 | 08 06 | 11 44 | 14 02:49 | 14 ♓ 09:24 |
| 8 | 22 43 | 24 30 | 23 44 | 01 07 | 11 30 | 23 | 28 37 | 29 55 | 29 15 | 08 36 | 11 44 | 16 11:01 | 16 ♈ 15:48 |
| 9 | 23 07 | 24 52 | 24 06 | 01 37 | 11 32 | 24 | 29 01 | 00♒16 | 29 37 | 09 06 | 11 44℞ | 17 15:35 | 19 ♉ 01:23 |
| 10 | 23 30 | 25 14 | 24 28 | 02 07 | 11 33 | 25 | 29 24 | 00 37 | 29 59 | 09 35 | 11 44 | 21 13:27 | 21 ♊ 13:38 |
| 11 | 23 54 | 25 36 | 24 50 | 02 37 | 11 35 | 26 | 29 48 | 00 58 | 00♒21 | 10 05 | 11 44 | 22 08:41 | 24 ♋ 02:18 |
| 12 | 24 17 | 25 58 | 25 13 | 03 07 | 11 36 | 27 | 00♓11 | 01 19 | 00 42 | 10 35 | 11 43 | 25 16:00 | 26 ♌ 12:46 |
| 13 | 24 41 | 26 20 | 25 35 | 03 37 | 11 37 | 28 | 00 35 | 01 39 | 01 04 | 11 05 | 11 43 | 28 00:55 | 28 ♍ 19:49 |
| 14 | 25 05 | 26 42 | 25 57 | 04 07 | 11 39 | 29 | 00 58 | 02 00 | 01 26 | 11 34 | 11 42 | | |
| 15 | 25 28 | 27 04 | 26 19 | 04 37 | 11 40 | | | | | | | | |

## 0:00 E.T. — Declinations

| D | ☉ | ☽ | ☿ | ♀ | ♂ | ♃ | ♄ | ♅ | ♆ | ♇ | ⚳ | ⚴ | ⚵ | ⚶ | ⚷ |
|---|---|---|---|---|---|---|---|---|---|---|---|---|---|---|---|
| 1 | -17 15 | +10 01 | -15 30 | -22 21 | -16 23 | +15 53 | -22 21 | +08 28 | +15 44 | -20 39 | -21 32 | +04 09 | -12 45 | -15 58 | -14 39 |
| 2 | 16 58 | 04 45 | 15 46 | 22 17 | 16 32 | 15 54 | 22 21 | 08 29 | 15 44 | 20 38 | 21 25 | 04 13 | 12 42 | 15 48 | 14 39 |
| 3 | 16 41 | -00 49 | 16 03 | 22 12 | 16 41 | 15 56 | 22 20 | 08 30 | 15 44 | 20 38 | 21 18 | 04 16 | 12 38 | 15 38 | 14 39 |
| 4 | 16 23 | 06 24 | 16 19 | 22 06 | 16 49 | 15 57 | 22 20 | 08 31 | 15 44 | 20 37 | 21 11 | 04 20 | 12 35 | 15 28 | 14 40 |
| 5 | 16 05 | 11 45 | 16 35 | 22 00 | 16 58 | 15 59 | 22 19 | 08 32 | 15 44 | 20 36 | 21 03 | 04 24 | 12 32 | 15 19 | 14 40 |
| 6 | 15 47 | 16 32 | 16 51 | 21 53 | 17 06 | 16 01 | 22 19 | 08 33 | 15 44 | 20 36 | 20 56 | 04 28 | 12 28 | 15 09 | 14 40 |
| 7 | 15 28 | 20 26 | 17 06 | 21 45 | 17 14 | 16 03 | 22 18 | 08 34 | 15 44 | 20 35 | 20 49 | 04 31 | 12 25 | 14 59 | 14 40 |
| 8 | 15 10 | 23 09 | 17 20 | 21 37 | 17 22 | 16 04 | 22 18 | 08 34 | 15 44 | 20 34 | 20 41 | 04 35 | 12 21 | 14 48 | 14 41 |
| 9 | 14 51 | 24 25 | 17 33 | 21 28 | 17 30 | 16 06 | 22 17 | 08 35 | 15 45 | 20 34 | 20 34 | 04 39 | 12 18 | 14 38 | 14 41 |
| 10 | 14 31 | 24 06 | 17 44 | 21 18 | 17 38 | 16 08 | 22 17 | 08 36 | 15 45 | 20 33 | 20 26 | 04 44 | 12 14 | 14 28 | 14 41 |
| 11 | 14 12 | 22 13 | 17 55 | 21 08 | 17 46 | 16 10 | 22 16 | 08 37 | 15 45 | 20 32 | 20 19 | 04 48 | 12 10 | 14 18 | 14 41 |
| 12 | 13 52 | 18 58 | 18 04 | 20 57 | 17 54 | 16 12 | 22 16 | 08 38 | 15 45 | 20 32 | 20 11 | 04 52 | 12 06 | 14 08 | 14 41 |
| 13 | 13 32 | 14 40 | 18 13 | 20 46 | 18 01 | 16 14 | 22 15 | 08 39 | 15 45 | 20 31 | 20 04 | 04 56 | 12 03 | 13 58 | 14 41 |
| 14 | 13 12 | 09 39 | 18 19 | 20 34 | 18 09 | 16 16 | 22 15 | 08 40 | 15 46 | 20 30 | 19 56 | 05 01 | 11 59 | 13 47 | 14 41 |
| 15 | 12 52 | 04 16 | 18 25 | 20 21 | 18 16 | 16 18 | 22 14 | 08 41 | 15 46 | 20 30 | 19 49 | 05 05 | 11 55 | 13 37 | 14 41 |
| 16 | 12 31 | +01 10 | 18 29 | 20 08 | 18 23 | 16 20 | 22 14 | 08 42 | 15 46 | 20 29 | 19 41 | 05 10 | 11 50 | 13 27 | 14 41 |
| 17 | 12 10 | 06 26 | 18 32 | 19 54 | 18 30 | 16 23 | 22 13 | 08 43 | 15 46 | 20 29 | 19 34 | 05 15 | 11 46 | 13 16 | 14 41 |
| 18 | 11 49 | 11 17 | 18 34 | 19 39 | 18 37 | 16 25 | 22 13 | 08 44 | 15 46 | 20 28 | 19 26 | 05 19 | 11 42 | 13 06 | 14 41 |
| 19 | 11 28 | 15 35 | 18 34 | 19 24 | 18 44 | 16 27 | 22 12 | 08 45 | 15 47 | 20 27 | 19 19 | 05 24 | 11 38 | 12 55 | 14 40 |
| 20 | 11 07 | 19 09 | 18 33 | 19 09 | 18 51 | 16 29 | 22 12 | 08 46 | 15 47 | 20 27 | 19 11 | 05 29 | 11 34 | 12 45 | 14 40 |
| 21 | 10 45 | 21 53 | 18 31 | 18 52 | 18 58 | 16 32 | 22 11 | 08 47 | 15 47 | 20 26 | 19 03 | 05 34 | 11 29 | 12 34 | 14 40 |
| 22 | 10 23 | 23 39 | 18 27 | 18 36 | 19 04 | 16 34 | 22 11 | 08 48 | 15 47 | 20 25 | 18 56 | 05 39 | 11 25 | 12 24 | 14 40 |
| 23 | 10 02 | 24 22 | 18 22 | 18 18 | 19 11 | 16 36 | 22 10 | 08 49 | 15 48 | 20 25 | 18 48 | 05 44 | 11 20 | 12 13 | 14 39 |
| 24 | 09 40 | 23 59 | 18 16 | 18 01 | 19 17 | 16 39 | 22 10 | 08 50 | 15 48 | 20 24 | 18 40 | 05 49 | 11 16 | 12 03 | 14 39 |
| 25 | 09 17 | 22 27 | 18 08 | 17 42 | 19 23 | 16 41 | 22 09 | 08 51 | 15 48 | 20 24 | 18 33 | 05 55 | 11 11 | 11 52 | 14 38 |
| 26 | 08 55 | 19 50 | 17 59 | 17 24 | 19 30 | 16 44 | 22 09 | 08 52 | 15 49 | 20 23 | 18 25 | 06 00 | 11 07 | 11 41 | 14 38 |
| 27 | 08 33 | 16 14 | 17 49 | 17 04 | 19 36 | 16 46 | 22 08 | 08 53 | 15 49 | 20 23 | 18 17 | 06 05 | 11 02 | 11 31 | 14 37 |
| 28 | 08 10 | 11 46 | 17 37 | 16 44 | 19 42 | 16 49 | 22 08 | 08 54 | 15 49 | 20 22 | 18 09 | 06 11 | 10 57 | 11 20 | 14 37 |
| 29 | 07 47 | 06 38 | 17 24 | 16 24 | 19 48 | 16 52 | 22 07 | 08 55 | 15 50 | 20 21 | 18 02 | 06 16 | 10 53 | 11 09 | 14 36 |

Lunar Phases -- 7 ◑ 03:18 14 ● 00:33 21 ◐ 19:24 29 ○ 14:39 Sun enters ♓ 2/18 23:50

## 0:00 E.T. Longitudes of Main Planets - March 2048

| D | S.T. | ☉ | ☽ | ☽ 12:00 | ☿ | ♀ | ♂ | ♃ | ♄ | ♅ | ♆ | ♇ | ☊ |
|---|---|---|---|---|---|---|---|---|---|---|---|---|---|
| 1 | 10:37:54 | 11♓04 34 | 16♍03 | 23♍01 | 15♒25 | 18♒26 | 03♐51 | 19♉47 | 13♑40 | 09♍03℞ | 19♉06 | 06♓24 | 03♑30 |
| 2 | 10:41:51 | 12 04 46 | 00♎02 | 07♎06 | 16 42 | 19 40 | 04 18 | 19 56 | 13 45 | 09 00 | 19 07 | 06 26 | 03 27 |
| 3 | 10:45:47 | 13 04 56 | 14 12 | 21 20 | 18 00 | 20 55 | 04 44 | 20 05 | 13 50 | 08 57 | 19 08 | 06 28 | 03 24 |
| 4 | 10:49:44 | 14 05 04 | 28 29 | 05♏38 | 19 19 | 22 09 | 05 11 | 20 14 | 13 55 | 08 55 | 19 09 | 06 29 | 03 21 |
| 5 | 10:53:40 | 15 05 11 | 12♏47 | 19 55 | 20 40 | 23 24 | 05 37 | 20 23 | 13 59 | 08 52 | 19 11 | 06 31 | 03 18 |
| 6 | 10:57:37 | 16 05 16 | 27 02 | 04♐08 | 22 02 | 24 38 | 06 04 | 20 33 | 14 04 | 08 50 | 19 12 | 06 33 | 03 15 |
| 7 | 11:01:34 | 17 05 20 | 11♐13 | 18 15 | 23 26 | 25 52 | 06 29 | 20 43 | 14 08 | 08 47 | 19 13 | 06 34 | 03 11 |
| 8 | 11:05:30 | 18 05 22 | 25 16 | 02♑16 | 24 51 | 27 07 | 06 55 | 20 52 | 14 13 | 08 44 | 19 14 | 06 36 | 03 08 |
| 9 | 11:09:27 | 19 05 23 | 09♑13 | 16 09 | 26 18 | 28 21 | 07 20 | 21 02 | 14 17 | 08 42 | 19 16 | 06 38 | 03 05 |
| 10 | 11:13:23 | 20 05 22 | 23 02 | 29 54 | 27 45 | 29 36 | 07 46 | 21 12 | 14 21 | 08 39 | 19 17 | 06 39 | 03 02 |
| 11 | 11:17:20 | 21 05 19 | 06♒44 | 13♒31 | 29 14 | 00♓50 | 08 10 | 21 22 | 14 25 | 08 37 | 19 18 | 06 41 | 02 59 |
| 12 | 11:21:16 | 22 05 15 | 20 16 | 26 59 | 00♓45 | 02 04 | 08 35 | 21 33 | 14 29 | 08 34 | 19 20 | 06 43 | 02 55 |
| 13 | 11:25:13 | 23 05 08 | 03♓39 | 10♓16 | 02 16 | 03 19 | 08 59 | 21 43 | 14 33 | 08 32 | 19 21 | 06 44 | 02 52 |
| 14 | 11:29:09 | 24 05 00 | 16 50 | 23 21 | 03 49 | 04 33 | 09 23 | 21 53 | 14 37 | 08 29 | 19 23 | 06 46 | 02 49 |
| 15 | 11:33:06 | 25 04 50 | 29 48 | 06♈11 | 05 23 | 05 48 | 09 47 | 22 04 | 14 41 | 08 27 | 19 24 | 06 47 | 02 46 |
| 16 | 11:37:03 | 26 04 38 | 12♈31 | 18 47 | 06 58 | 07 02 | 10 11 | 22 15 | 14 45 | 08 24 | 19 25 | 06 49 | 02 43 |
| 17 | 11:40:59 | 27 04 24 | 24 59 | 01♉08 | 08 35 | 08 16 | 10 34 | 22 25 | 14 48 | 08 22 | 19 27 | 06 51 | 02 40 |
| 18 | 11:44:56 | 28 04 08 | 07♉13 | 13 16 | 10 12 | 09 31 | 10 57 | 22 36 | 14 52 | 08 19 | 19 29 | 06 52 | 02 36 |
| 19 | 11:48:52 | 29 03 50 | 19 15 | 25 13 | 11 51 | 10 45 | 11 19 | 22 47 | 14 55 | 08 17 | 19 30 | 06 54 | 02 33 |
| 20 | 11:52:49 | 00♈03 29 | 01♊08 | 07♊03 | 13 31 | 11 59 | 11 41 | 22 58 | 14 59 | 08 14 | 19 32 | 06 55 | 02 30 |
| 21 | 11:56:45 | 01 03 07 | 12 57 | 18 51 | 15 13 | 13 14 | 12 03 | 23 09 | 15 02 | 08 12 | 19 33 | 06 57 | 02 27 |
| 22 | 12:00:42 | 02 02 42 | 24 45 | 00♋41 | 16 55 | 14 28 | 12 25 | 23 21 | 15 05 | 08 10 | 19 35 | 06 58 | 02 24 |
| 23 | 12:04:38 | 03 02 15 | 06♋39 | 12 40 | 18 39 | 15 42 | 12 46 | 23 32 | 15 08 | 08 07 | 19 37 | 07 00 | 02 21 |
| 24 | 12:08:35 | 04 01 45 | 18 44 | 24 53 | 20 24 | 16 57 | 13 07 | 23 43 | 15 11 | 08 05 | 19 38 | 07 01 | 02 17 |
| 25 | 12:12:32 | 05 01 14 | 01♌06 | 07♌24 | 22 11 | 18 11 | 13 27 | 23 55 | 15 14 | 08 03 | 19 40 | 07 03 | 02 14 |
| 26 | 12:16:28 | 06 00 40 | 13 48 | 20 19 | 23 59 | 19 25 | 13 47 | 24 06 | 15 17 | 08 01 | 19 42 | 07 04 | 02 11 |
| 27 | 12:20:25 | 07 00 03 | 26 55 | 03♍39 | 25 48 | 20 39 | 14 07 | 24 18 | 15 20 | 07 58 | 19 43 | 07 06 | 02 08 |
| 28 | 12:24:21 | 07 59 25 | 10♍29 | 17 25 | 27 38 | 21 54 | 14 26 | 24 30 | 15 23 | 07 56 | 19 45 | 07 07 | 02 05 |
| 29 | 12:28:18 | 08 58 44 | 24 27 | 01♎35 | 29 30 | 23 08 | 14 45 | 24 42 | 15 25 | 07 54 | 19 47 | 07 09 | 02 01 |
| 30 | 12:32:14 | 09 58 01 | 08♎47 | 16 04 | 01♈23 | 24 22 | 15 04 | 24 54 | 15 28 | 07 52 | 19 49 | 07 10 | 01 58 |
| 31 | 12:36:11 | 10 57 16 | 23 23 | 00♏44 | 03 17 | 25 36 | 15 22 | 25 06 | 15 30 | 07 50 | 19 51 | 07 12 | 01 55 |

## 0:00 E.T. Longitudes of the Major Asteroids and Chiron

| D | ⚳ | ⚴ | ⚵ | ⚶ | ⚷ |
|---|---|---|---|---|---|
| 1 | 01♓22 | 02♒21 | 01♒47 | 12♓04 | 11♏42℞ |
| 2 | 01 45 | 02 41 | 02 09 | 12 34 | 11 41 |
| 3 | 02 09 | 03 01 | 02 30 | 13 03 | 11 40 |
| 4 | 02 32 | 03 22 | 02 52 | 13 33 | 11 39 |
| 5 | 02 55 | 03 42 | 03 13 | 14 03 | 11 38 |
| 6 | 03 19 | 04 02 | 03 35 | 14 32 | 11 37 |
| 7 | 03 42 | 04 22 | 03 56 | 15 02 | 11 36 |
| 8 | 04 05 | 04 41 | 04 17 | 15 31 | 11 34 |
| 9 | 04 29 | 05 01 | 04 38 | 16 01 | 11 33 |
| 10 | 04 52 | 05 21 | 04 59 | 16 30 | 11 31 |
| 11 | 05 15 | 05 40 | 05 21 | 17 00 | 11 29 |
| 12 | 05 39 | 06 00 | 05 42 | 17 29 | 11 27 |
| 13 | 06 02 | 06 19 | 06 02 | 17 59 | 11 25 |
| 14 | 06 25 | 06 38 | 06 23 | 18 28 | 11 23 |
| 15 | 06 48 | 06 57 | 06 44 | 18 58 | 11 21 |
| 16 | 07 11 | 07 16 | 07 05 | 19 27 | 11 19 |
| 17 | 07 34 | 07 35 | 07 26 | 19 56 | 11 16 |
| 18 | 07 57 | 07 53 | 07 46 | 20 26 | 11 14 |
| 19 | 08 20 | 08 12 | 08 07 | 20 55 | 11 11 |
| 20 | 08 43 | 08 30 | 08 27 | 21 24 | 11 09 |
| 21 | 09 06 | 08 49 | 08 48 | 21 53 | 11 06 |
| 22 | 09 29 | 09 07 | 09 08 | 22 22 | 11 03 |
| 23 | 09 52 | 09 25 | 09 28 | 22 52 | 11 00 |
| 24 | 10 15 | 09 43 | 09 48 | 23 21 | 10 57 |
| 25 | 10 38 | 10 01 | 10 09 | 23 50 | 10 54 |
| 26 | 11 01 | 10 18 | 10 29 | 24 19 | 10 51 |
| 27 | 11 23 | 10 36 | 10 48 | 24 48 | 10 48 |
| 28 | 11 46 | 10 53 | 11 08 | 25 17 | 10 44 |
| 29 | 12 09 | 11 10 | 11 28 | 25 46 | 10 41 |
| 30 | 12 31 | 11 27 | 11 48 | 26 14 | 10 38 |
| 31 | 12 54 | 11 44 | 12 07 | 26 43 | 10 34 |

## Lunar Data

| Last Asp. | | Ingress | | |
|---|---|---|---|---|
| 1 | 06:30 | 1 | ♎ | 23:57 |
| 3 | 12:22 | 4 | ♏ | 02:33 |
| 5 | 19:33 | 6 | ♐ | 05:00 |
| 8 | 03:28 | 8 | ♑ | 08:07 |
| 9 | 20:46 | 10 | ♒ | 12:11 |
| 12 | 02:18 | 12 | ♓ | 17:25 |
| 14 | 14:29 | 15 | ♈ | 00:23 |
| 16 | 04:17 | 17 | ♉ | 09:47 |
| 19 | 21:36 | 19 | ♊ | 21:41 |
| 21 | 05:23 | 22 | ♋ | 10:37 |
| 24 | 09:54 | 24 | ♌ | 21:54 |
| 26 | 19:12 | 27 | ♍ | 05:31 |
| 29 | 00:25 | 29 | ♎ | 09:21 |
| 30 | 11:03 | 31 | ♏ | 10:48 |

## 0:00 E.T. Declinations

| D | ☉ | ☽ | ☿ | ♀ | ♂ | ♃ | ♄ | ♅ | ♆ | ♇ | ⚳ | ⚴ | ⚵ | ⚶ | ⚷ |
|---|---|---|---|---|---|---|---|---|---|---|---|---|---|---|---|
| 1 | -07 25 | +01 05 | -17 10 | -16 04 | -19 53 | +16 54 | -22 07 | +08 56 | +15 50 | -20 21 | -17 54 | +06 22 | -10 48 | -10 59 | -14 36 |
| 2 | 07 02 | -04 37 | 16 54 | 15 42 | 19 59 | 16 57 | 22 06 | 08 57 | 15 50 | 20 20 | 17 46 | 06 27 | 10 43 | 10 48 | 14 35 |
| 3 | 06 39 | 10 10 | 16 37 | 15 21 | 20 04 | 16 59 | 22 06 | 08 58 | 15 51 | 20 20 | 17 38 | 06 33 | 10 38 | 10 37 | 14 34 |
| 4 | 06 16 | 15 13 | 16 19 | 14 59 | 20 10 | 17 02 | 22 06 | 08 59 | 15 51 | 20 19 | 17 31 | 06 39 | 10 33 | 10 26 | 14 34 |
| 5 | 05 52 | 19 25 | 15 59 | 14 36 | 20 15 | 17 05 | 22 05 | 09 00 | 15 51 | 20 18 | 17 23 | 06 45 | 10 28 | 10 16 | 14 33 |
| 6 | 05 29 | 22 26 | 15 38 | 14 13 | 20 21 | 17 08 | 22 05 | 09 01 | 15 52 | 20 18 | 17 15 | 06 51 | 10 23 | 10 05 | 14 32 |
| 7 | 05 06 | 24 03 | 15 16 | 13 50 | 20 26 | 17 10 | 22 04 | 09 02 | 15 52 | 20 17 | 17 07 | 06 56 | 10 18 | 09 54 | 14 31 |
| 8 | 04 42 | 24 06 | 14 53 | 13 26 | 20 31 | 17 13 | 22 04 | 09 03 | 15 53 | 20 17 | 16 59 | 07 02 | 10 13 | 09 43 | 14 31 |
| 9 | 04 19 | 22 38 | 14 28 | 13 02 | 20 36 | 17 16 | 22 03 | 09 04 | 15 53 | 20 16 | 16 52 | 07 09 | 10 08 | 09 33 | 14 30 |
| 10 | 03 55 | 19 49 | 14 02 | 12 38 | 20 41 | 17 19 | 22 03 | 09 05 | 15 53 | 20 16 | 16 44 | 07 15 | 10 02 | 09 22 | 14 29 |
| 11 | 03 32 | 15 55 | 13 35 | 12 13 | 20 45 | 17 22 | 22 02 | 09 06 | 15 54 | 20 15 | 16 36 | 07 21 | 09 57 | 09 11 | 14 28 |
| 12 | 03 08 | 11 15 | 13 06 | 11 48 | 20 50 | 17 24 | 22 02 | 09 07 | 15 54 | 20 15 | 16 28 | 07 27 | 09 52 | 09 00 | 14 27 |
| 13 | 02 45 | 06 06 | 12 37 | 11 23 | 20 55 | 17 27 | 22 02 | 09 07 | 15 55 | 20 14 | 16 20 | 07 33 | 09 47 | 08 49 | 14 26 |
| 14 | 02 21 | 00 46 | 12 06 | 10 57 | 20 59 | 17 30 | 22 01 | 09 08 | 15 55 | 20 14 | 16 13 | 07 40 | 09 41 | 08 38 | 14 25 |
| 15 | 01 57 | +04 30 | 11 34 | 10 31 | 21 04 | 17 33 | 22 01 | 09 09 | 15 56 | 20 13 | 16 05 | 07 46 | 09 36 | 08 28 | 14 24 |
| 16 | 01 34 | 09 29 | 11 00 | 10 05 | 21 08 | 17 36 | 22 00 | 09 10 | 15 56 | 20 13 | 15 57 | 07 52 | 09 30 | 08 17 | 14 23 |
| 17 | 01 10 | 13 59 | 10 26 | 09 39 | 21 12 | 17 39 | 22 00 | 09 11 | 15 56 | 20 12 | 15 49 | 07 59 | 09 25 | 08 06 | 14 21 |
| 18 | 00 46 | 17 49 | 09 50 | 09 12 | 21 16 | 17 42 | 22 00 | 09 12 | 15 57 | 20 12 | 15 41 | 08 05 | 09 19 | 07 55 | 14 20 |
| 19 | 00 22 | 20 50 | 09 13 | 08 45 | 21 21 | 17 45 | 21 59 | 09 13 | 15 57 | 20 11 | 15 34 | 08 12 | 09 14 | 07 44 | 14 19 |
| 20 | +00 01 | 22 56 | 08 35 | 08 18 | 21 25 | 17 48 | 21 59 | 09 14 | 15 58 | 20 11 | 15 26 | 08 18 | 09 08 | 07 34 | 14 18 |
| 21 | 00 25 | 23 59 | 07 55 | 07 50 | 21 29 | 17 51 | 21 59 | 09 15 | 15 58 | 20 10 | 15 18 | 08 25 | 09 03 | 07 23 | 14 17 |
| 22 | 00 49 | 23 58 | 07 15 | 07 22 | 21 33 | 17 54 | 21 58 | 09 16 | 15 59 | 20 10 | 15 10 | 08 32 | 08 57 | 07 12 | 14 15 |
| 23 | 01 12 | 22 52 | 06 33 | 06 54 | 21 36 | 17 57 | 21 58 | 09 16 | 15 59 | 20 10 | 15 03 | 08 38 | 08 51 | 07 01 | 14 14 |
| 24 | 01 36 | 20 41 | 05 50 | 06 26 | 21 40 | 18 00 | 21 58 | 09 17 | 16 00 | 20 09 | 14 55 | 08 45 | 08 45 | 06 50 | 14 13 |
| 25 | 02 00 | 17 31 | 05 07 | 05 58 | 21 44 | 18 03 | 21 57 | 09 18 | 16 00 | 20 09 | 14 47 | 08 52 | 08 40 | 06 40 | 14 11 |
| 26 | 02 23 | 13 27 | 04 22 | 05 30 | 21 47 | 18 06 | 21 57 | 09 19 | 16 01 | 20 08 | 14 40 | 08 59 | 08 34 | 06 29 | 14 10 |
| 27 | 02 47 | 08 39 | 03 35 | 05 01 | 21 51 | 18 09 | 21 57 | 09 20 | 16 01 | 20 08 | 14 32 | 09 06 | 08 28 | 06 18 | 14 09 |
| 28 | 03 10 | 03 18 | 02 48 | 04 32 | 21 55 | 18 12 | 21 56 | 09 20 | 16 02 | 20 08 | 14 24 | 09 13 | 08 22 | 06 07 | 14 07 |
| 29 | 03 33 | -02 22 | 02 00 | 04 04 | 21 58 | 18 15 | 21 56 | 09 21 | 16 02 | 20 07 | 14 17 | 09 19 | 08 17 | 05 57 | 14 06 |
| 30 | 03 57 | 08 03 | 01 11 | 03 35 | 22 01 | 18 18 | 21 56 | 09 22 | 16 03 | 20 07 | 14 09 | 09 26 | 08 11 | 05 46 | 14 04 |
| 31 | 04 20 | 13 23 | 00 21 | 03 06 | 22 05 | 18 21 | 21 56 | 09 23 | 16 03 | 20 06 | 14 01 | 09 33 | 08 05 | 05 35 | 14 03 |

Lunar Phases -- 7 ◑ 10:46 14 ● 14:29 22 ◐ 16:05 30 ○ 02:06 Sun enters ♈ 3/19 22:36

## Longitudes of Main Planets - April 2048

0:00 E.T.

| D | S.T. | ☉ | ☽ | ☽ 12:00 | ☿ | ♀ | ♂ | ♃ | ♄ | ♅ | ♆ | ♇ | ☊ |
|---|---|---|---|---|---|---|---|---|---|---|---|---|---|
| 1 | 12:40:07 | 11♈56 29 | 08♏06 | 15♏29 | 05♈13 | 26♓51 | 15♐40 | 25♉18 | 15♑33 | 07♍48℞ | 19♉53 | 07♓13 | 01♑52 |
| 2 | 12:44:04 | 12 55 40 | 22 50 | 00♐10 | 07 10 | 28 05 | 15 57 | 25 30 | 15 35 | 07 46 | 19 54 | 07 15 | 01 49 |
| 3 | 12:48:01 | 13 54 50 | 07♐27 | 14 41 | 09 08 | 29 19 | 16 14 | 25 42 | 15 37 | 07 44 | 19 56 | 07 16 | 01 46 |
| 4 | 12:51:57 | 14 53 58 | 21 52 | 29 00 | 11 08 | 00♈33 | 16 30 | 25 54 | 15 39 | 07 42 | 19 58 | 07 17 | 01 42 |
| 5 | 12:55:54 | 15 53 04 | 06♑03 | 13♑03 | 13 09 | 01 48 | 16 46 | 26 07 | 15 41 | 07 40 | 20 00 | 07 19 | 01 39 |
| 6 | 12:59:50 | 16 52 08 | 19 58 | 26 50 | 15 11 | 03 02 | 17 02 | 26 19 | 15 43 | 07 38 | 20 02 | 07 20 | 01 36 |
| 7 | 13:03:47 | 17 51 11 | 03♒39 | 10♒24 | 17 14 | 04 16 | 17 17 | 26 31 | 15 45 | 07 36 | 20 04 | 07 21 | 01 33 |
| 8 | 13:07:43 | 18 50 11 | 17 05 | 23 43 | 19 17 | 05 30 | 17 31 | 26 44 | 15 46 | 07 35 | 20 06 | 07 23 | 01 30 |
| 9 | 13:11:40 | 19 49 10 | 00♓18 | 06♓50 | 21 22 | 06 44 | 17 45 | 26 57 | 15 48 | 07 33 | 20 08 | 07 24 | 01 27 |
| 10 | 13:15:36 | 20 48 08 | 13 19 | 19 45 | 23 27 | 07 59 | 17 59 | 27 09 | 15 49 | 07 31 | 20 10 | 07 25 | 01 23 |
| 11 | 13:19:33 | 21 47 03 | 26 09 | 02♈29 | 25 33 | 09 13 | 18 12 | 27 22 | 15 51 | 07 29 | 20 12 | 07 27 | 01 20 |
| 12 | 13:23:30 | 22 45 56 | 08♈47 | 15 01 | 27 39 | 10 27 | 18 24 | 27 35 | 15 52 | 07 28 | 20 14 | 07 28 | 01 17 |
| 13 | 13:27:26 | 23 44 48 | 21 13 | 27 22 | 29 45 | 11 41 | 18 36 | 27 48 | 15 53 | 07 26 | 20 16 | 07 29 | 01 14 |
| 14 | 13:31:23 | 24 43 37 | 03♉29 | 09♉32 | 01♉50 | 12 55 | 18 47 | 28 01 | 15 54 | 07 25 | 20 18 | 07 30 | 01 11 |
| 15 | 13:35:19 | 25 42 25 | 15 34 | 21 33 | 03 55 | 14 09 | 18 58 | 28 14 | 15 55 | 07 23 | 20 20 | 07 31 | 01 07 |
| 16 | 13:39:16 | 26 41 10 | 27 30 | 03♊26 | 05 59 | 15 23 | 19 08 | 28 27 | 15 56 | 07 22 | 20 22 | 07 33 | 01 04 |
| 17 | 13:43:12 | 27 39 54 | 09♊20 | 15 14 | 08 02 | 16 38 | 19 17 | 28 40 | 15 57 | 07 20 | 20 24 | 07 34 | 01 01 |
| 18 | 13:47:09 | 28 38 35 | 21 07 | 27 00 | 10 03 | 17 52 | 19 26 | 28 53 | 15 57 | 07 19 | 20 27 | 07 35 | 00 58 |
| 19 | 13:51:05 | 29 37 14 | 02♋55 | 08♋50 | 12 02 | 19 06 | 19 35 | 29 06 | 15 58 | 07 18 | 20 29 | 07 36 | 00 55 |
| 20 | 13:55:02 | 00♉35 51 | 14 48 | 20 48 | 13 59 | 20 20 | 19 42 | 29 19 | 15 58 | 07 16 | 20 31 | 07 37 | 00 52 |
| 21 | 13:58:59 | 01 34 26 | 26 51 | 02♌59 | 15 53 | 21 34 | 19 49 | 29 32 | 15 59 | 07 15 | 20 33 | 07 38 | 00 48 |
| 22 | 14:02:55 | 02 32 59 | 09♌11 | 15 28 | 17 44 | 22 48 | 19 56 | 29 46 | 15 59 | 07 14 | 20 35 | 07 39 | 00 45 |
| 23 | 14:06:52 | 03 31 29 | 21 51 | 28 21 | 19 33 | 24 02 | 20 01 | 29 59 | 15 59 | 07 13 | 20 37 | 07 40 | 00 42 |
| 24 | 14:10:48 | 04 29 57 | 04♍57 | 11♍40 | 21 18 | 25 16 | 20 06 | 00♊12 | 15 59 | 07 12 | 20 39 | 07 42 | 00 39 |
| 25 | 14:14:45 | 05 28 23 | 18 30 | 25 28 | 22 59 | 26 30 | 20 11 | 00 26 | 15 59℞ | 07 11 | 20 42 | 07 43 | 00 36 |
| 26 | 14:18:41 | 06 26 47 | 02♎33 | 09♎44 | 24 36 | 27 44 | 20 14 | 00 39 | 15 59 | 07 10 | 20 44 | 07 44 | 00 32 |
| 27 | 14:22:38 | 07 25 09 | 17 01 | 24 23 | 26 10 | 28 58 | 20 17 | 00 53 | 15 59 | 07 09 | 20 46 | 07 45 | 00 29 |
| 28 | 14:26:34 | 08 23 29 | 01♏50 | 09♏19 | 27 39 | 00♉12 | 20 20 | 01 06 | 15 59 | 07 08 | 20 48 | 07 45 | 00 26 |
| 29 | 14:30:31 | 09 21 48 | 16 51 | 24 24 | 29 04 | 01 26 | 20 21 | 01 20 | 15 58 | 07 07 | 20 50 | 07 46 | 00 23 |
| 30 | 14:34:28 | 10 20 04 | 01♐56 | 09♐27 | 00♊25 | 02 40 | 20 22 | 01 33 | 15 58 | 07 07 | 20 53 | 07 47 | 00 20 |

0:00 E.T.

## Longitudes of the Major Asteroids and Chiron

| D | ⚳ | ⚴ | ⚵ | ⚶ | ⚷ | D | ⚳ | ⚴ | ⚵ | ⚶ | ⚷ |
|---|---|---|---|---|---|---|---|---|---|---|---|
| 1 | 13♓16 | 12♒01 | 12♒27 | 27♓12 | 10♏30℞ | 16 | 18 48 | 15 52 | 17 07 | 04 19 | 09 29 |
| 2 | 13 39 | 12 17 | 12 46 | 27 41 | 10 27 | 17 | 19 09 | 16 06 | 17 25 | 04 48 | 09 25 |
| 3 | 14 01 | 12 34 | 13 06 | 28 10 | 10 23 | 18 | 19 31 | 16 20 | 17 42 | 05 16 | 09 20 |
| 4 | 14 24 | 12 50 | 13 25 | 28 38 | 10 19 | 19 | 19 53 | 16 34 | 18 00 | 05 44 | 09 16 |
| 5 | 14 46 | 13 06 | 13 44 | 29 07 | 10 15 | 20 | 20 14 | 16 47 | 18 17 | 06 12 | 09 11 |
| 6 | 15 08 | 13 22 | 14 03 | 29 36 | 10 11 | 21 | 20 35 | 17 00 | 18 34 | 06 40 | 09 07 |
| 7 | 15 30 | 13 38 | 14 22 | 00♈04 | 10 07 | 22 | 20 57 | 17 13 | 18 52 | 07 08 | 09 02 |
| 8 | 15 53 | 13 54 | 14 41 | 00 33 | 10 03 | 23 | 21 18 | 17 26 | 19 09 | 07 35 | 08 57 |
| 9 | 16 15 | 14 09 | 14 59 | 01 01 | 09 59 | 24 | 21 39 | 17 39 | 19 25 | 08 03 | 08 53 |
| 10 | 16 37 | 14 24 | 15 18 | 01 30 | 09 55 | 25 | 22 00 | 17 51 | 19 42 | 08 31 | 08 48 |
| 11 | 16 59 | 14 40 | 15 36 | 01 58 | 09 51 | 26 | 22 21 | 18 03 | 19 59 | 08 59 | 08 44 |
| 12 | 17 21 | 14 55 | 15 55 | 02 26 | 09 47 | 27 | 22 42 | 18 15 | 20 15 | 09 26 | 08 39 |
| 13 | 17 43 | 15 09 | 16 13 | 02 55 | 09 42 | 28 | 23 03 | 18 27 | 20 31 | 09 54 | 08 34 |
| 14 | 18 04 | 15 24 | 16 31 | 03 23 | 09 38 | 29 | 23 24 | 18 38 | 20 47 | 10 21 | 08 30 |
| 15 | 18 26 | 15 38 | 16 49 | 03 51 | 09 33 | 30 | 23 44 | 18 50 | 21 03 | 10 49 | 08 25 |

## Lunar Data

| Last Asp. | | Ingress | | |
|---|---|---|---|---|
| 2 | 09:23 | 2 | ♐ | 11:44 |
| 3 | 14:51 | 4 | ♑ | 13:43 |
| 6 | 11:15 | 6 | ♒ | 17:33 |
| 8 | 17:46 | 8 | ♓ | 23:27 |
| 11 | 02:21 | 11 | ♈ | 07:17 |
| 13 | 05:21 | 13 | ♉ | 17:10 |
| 16 | 01:56 | 16 | ♊ | 05:03 |
| 18 | 16:43 | 18 | ♋ | 18:05 |
| 21 | 05:22 | 21 | ♌ | 06:11 |
| 23 | 04:29 | 23 | ♍ | 15:01 |
| 25 | 08:46 | 25 | ♎ | 19:42 |
| 27 | 05:22 | 27 | ♏ | 21:04 |
| 29 | 06:22 | 29 | ♐ | 20:55 |

0:00 E.T.

## Declinations

| D | ☉ | ☽ | ☿ | ♀ | ♂ | ♃ | ♄ | ♅ | ♆ | ♇ | ⚳ | ⚴ | ⚵ | ⚶ | ⚷ |
|---|---|---|---|---|---|---|---|---|---|---|---|---|---|---|---|
| 1 | +04 43 | -18 00 | +00 30 | -02 36 | -22 08 | +18 24 | -21 55 | +09 24 | +16 04 | -20 06 | -13 54 | +09 40 | -07 59 | -05 24 | -14 01 |
| 2 | 05 06 | 21 29 | 01 22 | 02 07 | 22 11 | 18 27 | 21 55 | 09 24 | 16 04 | 20 06 | 13 46 | 09 47 | 07 53 | 05 14 | 14 00 |
| 3 | 05 29 | 23 31 | 02 14 | 01 38 | 22 14 | 18 30 | 21 55 | 09 25 | 16 05 | 20 05 | 13 39 | 09 55 | 07 47 | 05 03 | 13 58 |
| 4 | 05 52 | 23 58 | 03 08 | 01 08 | 22 18 | 18 33 | 21 55 | 09 26 | 16 05 | 20 05 | 13 31 | 10 02 | 07 41 | 04 52 | 13 56 |
| 5 | 06 15 | 22 50 | 04 02 | 00 39 | 22 21 | 18 36 | 21 54 | 09 26 | 16 06 | 20 05 | 13 24 | 10 09 | 07 35 | 04 42 | 13 55 |
| 6 | 06 38 | 20 18 | 04 56 | 00 10 | 22 24 | 18 39 | 21 54 | 09 27 | 16 07 | 20 04 | 13 16 | 10 16 | 07 29 | 04 31 | 13 53 |
| 7 | 07 00 | 16 39 | 05 51 | +00 20 | 22 27 | 18 42 | 21 54 | 09 28 | 16 07 | 20 04 | 13 09 | 10 23 | 07 23 | 04 21 | 13 52 |
| 8 | 07 23 | 12 13 | 06 47 | 00 49 | 22 30 | 18 45 | 21 54 | 09 28 | 16 08 | 20 04 | 13 01 | 10 30 | 07 17 | 04 10 | 13 50 |
| 9 | 07 45 | 07 17 | 07 42 | 01 19 | 22 33 | 18 48 | 21 54 | 09 29 | 16 08 | 20 04 | 12 54 | 10 38 | 07 11 | 04 00 | 13 48 |
| 10 | 08 07 | 02 06 | 08 38 | 01 48 | 22 36 | 18 51 | 21 54 | 09 30 | 16 09 | 20 03 | 12 46 | 10 45 | 07 05 | 03 49 | 13 47 |
| 11 | 08 29 | +03 05 | 09 33 | 02 18 | 22 39 | 18 54 | 21 53 | 09 30 | 16 09 | 20 03 | 12 39 | 10 52 | 06 59 | 03 39 | 13 45 |
| 12 | 08 51 | 08 03 | 10 29 | 02 47 | 22 42 | 18 57 | 21 53 | 09 31 | 16 10 | 20 03 | 12 32 | 10 59 | 06 53 | 03 28 | 13 43 |
| 13 | 09 13 | 12 38 | 11 23 | 03 17 | 22 44 | 19 00 | 21 53 | 09 31 | 16 11 | 20 03 | 12 24 | 11 07 | 06 47 | 03 18 | 13 41 |
| 14 | 09 35 | 16 37 | 12 17 | 03 46 | 22 47 | 19 03 | 21 53 | 09 32 | 16 11 | 20 02 | 12 17 | 11 14 | 06 41 | 03 07 | 13 40 |
| 15 | 09 56 | 19 52 | 13 10 | 04 15 | 22 50 | 19 07 | 21 53 | 09 32 | 16 12 | 20 02 | 12 10 | 11 21 | 06 35 | 02 57 | 13 38 |
| 16 | 10 17 | 22 13 | 14 02 | 04 44 | 22 53 | 19 10 | 21 53 | 09 33 | 16 12 | 20 02 | 12 03 | 11 28 | 06 29 | 02 47 | 13 36 |
| 17 | 10 38 | 23 34 | 14 53 | 05 13 | 22 56 | 19 13 | 21 53 | 09 33 | 16 13 | 20 02 | 11 56 | 11 36 | 06 23 | 02 36 | 13 34 |
| 18 | 10 59 | 23 52 | 15 42 | 05 42 | 22 58 | 19 16 | 21 53 | 09 34 | 16 13 | 20 02 | 11 49 | 11 43 | 06 17 | 02 26 | 13 33 |
| 19 | 11 20 | 23 04 | 16 30 | 06 11 | 23 01 | 19 19 | 21 53 | 09 34 | 16 14 | 20 01 | 11 41 | 11 50 | 06 11 | 02 16 | 13 31 |
| 20 | 11 41 | 21 15 | 17 15 | 06 40 | 23 04 | 19 22 | 21 53 | 09 35 | 16 15 | 20 01 | 11 34 | 11 58 | 06 05 | 02 06 | 13 29 |
| 21 | 12 01 | 18 27 | 17 59 | 07 08 | 23 07 | 19 24 | 21 53 | 09 35 | 16 15 | 20 01 | 11 27 | 12 05 | 05 59 | 01 56 | 13 27 |
| 22 | 12 21 | 14 47 | 18 40 | 07 37 | 23 10 | 19 27 | 21 53 | 09 35 | 16 16 | 20 01 | 11 20 | 12 12 | 05 53 | 01 46 | 13 25 |
| 23 | 12 41 | 10 22 | 19 19 | 08 05 | 23 12 | 19 30 | 21 53 | 09 36 | 16 16 | 20 01 | 11 13 | 12 20 | 05 47 | 01 35 | 13 24 |
| 24 | 13 01 | 05 21 | 19 55 | 08 33 | 23 15 | 19 33 | 21 53 | 09 36 | 16 17 | 20 01 | 11 07 | 12 27 | 05 41 | 01 25 | 13 22 |
| 25 | 13 21 | -00 05 | 20 29 | 09 01 | 23 18 | 19 36 | 21 53 | 09 37 | 16 18 | 20 00 | 11 00 | 12 34 | 05 35 | 01 15 | 13 20 |
| 26 | 13 40 | 05 41 | 21 01 | 09 29 | 23 20 | 19 39 | 21 53 | 09 37 | 16 18 | 20 00 | 10 53 | 12 41 | 05 29 | 01 06 | 13 18 |
| 27 | 13 59 | 11 10 | 21 30 | 09 56 | 23 23 | 19 42 | 21 53 | 09 37 | 16 19 | 20 00 | 10 46 | 12 49 | 05 23 | 00 56 | 13 16 |
| 28 | 14 18 | 16 08 | 21 56 | 10 23 | 23 26 | 19 45 | 21 53 | 09 37 | 16 19 | 20 00 | 10 39 | 12 56 | 05 17 | 00 46 | 13 15 |
| 29 | 14 37 | 20 09 | 22 20 | 10 50 | 23 29 | 19 48 | 21 53 | 09 38 | 16 20 | 20 00 | 10 33 | 13 03 | 05 11 | 00 36 | 13 13 |
| 30 | 14 55 | 22 48 | 22 42 | 11 17 | 23 31 | 19 51 | 21 53 | 09 38 | 16 20 | 20 00 | 10 26 | 13 10 | 05 06 | 00 26 | 13 11 |

Lunar Phases -- 5 ◑ 18:12 13 ● 05:21 21 ◐ 10:04 28 ○ 11:14 Sun enters ♉ 4/19 09:19

## 0:00 E.T. Longitudes of Main Planets - May 2048 **May 48**

| D | S.T. | ☉ | ☽ | ☽ 12:00 | ☿ | ♀ | ♂ | ♃ | ♄ | ♅ | ♆ | ♇ | ☊ |
|---|---|---|---|---|---|---|---|---|---|---|---|---|---|
| 1 | 14:38:24 | 11♉18 19 | 16♐55 | 24♐19 | 01♊42 | 03♉54 | 20♐22℞ | 01♊47 | 15♑57℞ | 07♍06℞ | 20♉55 | 07♓48 | 00♑17 |
| 2 | 14:42:21 | 12 16 33 | 01♑40 | 08♑56 | 02 53 | 05 08 | 20 22 | 02 01 | 15 56 | 07 05 | 20 57 | 07 49 | 00 13 |
| 3 | 14:46:17 | 13 14 44 | 16 07 | 23 12 | 04 01 | 06 22 | 20 20 | 02 14 | 15 56 | 07 05 | 20 59 | 07 50 | 00 10 |
| 4 | 14:50:14 | 14 12 55 | 00♒12 | 07♒07 | 05 03 | 07 36 | 20 18 | 02 28 | 15 55 | 07 04 | 21 02 | 07 51 | 00 07 |
| 5 | 14:54:10 | 15 11 04 | 13 56 | 20 40 | 06 01 | 08 50 | 20 15 | 02 42 | 15 54 | 07 04 | 21 04 | 07 52 | 00 04 |
| 6 | 14:58:07 | 16 09 11 | 27 19 | 03♓53 | 06 54 | 10 04 | 20 12 | 02 56 | 15 53 | 07 03 | 21 06 | 07 52 | 00 01 |
| 7 | 15:02:03 | 17 07 17 | 10♓23 | 16 49 | 07 42 | 11 18 | 20 07 | 03 10 | 15 52 | 07 03 | 21 08 | 07 53 | 29♐58 |
| 8 | 15:06:00 | 18 05 22 | 23 11 | 29 30 | 08 25 | 12 31 | 20 02 | 03 23 | 15 50 | 07 02 | 21 11 | 07 54 | 29 54 |
| 9 | 15:09:57 | 19 03 25 | 05♈45 | 11♈58 | 09 03 | 13 45 | 19 56 | 03 37 | 15 49 | 07 02 | 21 13 | 07 55 | 29 51 |
| 10 | 15:13:53 | 20 01 27 | 18 07 | 24 14 | 09 36 | 14 59 | 19 50 | 03 51 | 15 47 | 07 02 | 21 15 | 07 55 | 29 48 |
| 11 | 15:17:50 | 20 59 28 | 00♉19 | 06♉21 | 10 04 | 16 13 | 19 42 | 04 05 | 15 46 | 07 02 | 21 17 | 07 56 | 29 45 |
| 12 | 15:21:46 | 21 57 27 | 12 22 | 18 20 | 10 27 | 17 27 | 19 34 | 04 19 | 15 44 | 07 01 | 21 20 | 07 57 | 29 42 |
| 13 | 15:25:43 | 22 55 24 | 24 18 | 00♊13 | 10 45 | 18 41 | 19 25 | 04 33 | 15 43 | 07 01 | 21 22 | 07 57 | 29 38 |
| 14 | 15:29:39 | 23 53 20 | 06♊08 | 12 02 | 10 57 | 19 55 | 19 15 | 04 47 | 15 41 | 07 01D | 21 24 | 07 58 | 29 35 |
| 15 | 15:33:36 | 24 51 14 | 17 56 | 23 49 | 11 05 | 21 09 | 19 05 | 05 01 | 15 39 | 07 01 | 21 26 | 07 58 | 29 32 |
| 16 | 15:37:32 | 25 49 07 | 29 42 | 05♋36 | 11 08 | 22 23 | 18 54 | 05 15 | 15 37 | 07 01 | 21 29 | 07 59 | 29 29 |
| 17 | 15:41:29 | 26 46 59 | 11♋32 | 17 28 | 11 06℞ | 23 36 | 18 42 | 05 29 | 15 35 | 07 02 | 21 31 | 08 00 | 29 26 |
| 18 | 15:45:26 | 27 44 48 | 23 27 | 29 28 | 10 59 | 24 50 | 18 29 | 05 43 | 15 33 | 07 02 | 21 33 | 08 00 | 29 23 |
| 19 | 15:49:22 | 28 42 36 | 05♌32 | 11♌39 | 10 48 | 26 04 | 18 16 | 05 57 | 15 30 | 07 02 | 21 35 | 08 01 | 29 19 |
| 20 | 15:53:19 | 29 40 22 | 17 51 | 24 08 | 10 32 | 27 18 | 18 02 | 06 11 | 15 28 | 07 02 | 21 38 | 08 01 | 29 16 |
| 21 | 15:57:15 | 00♊38 07 | 00♍29 | 06♍57 | 10 13 | 28 32 | 17 48 | 06 25 | 15 26 | 07 03 | 21 40 | 08 01 | 29 13 |
| 22 | 16:01:12 | 01 35 50 | 13 31 | 20 11 | 09 50 | 29 46 | 17 32 | 06 39 | 15 23 | 07 03 | 21 42 | 08 02 | 29 10 |
| 23 | 16:05:08 | 02 33 31 | 26 59 | 03♎53 | 09 24 | 00♊59 | 17 17 | 06 53 | 15 21 | 07 04 | 21 44 | 08 02 | 29 07 |
| 24 | 16:09:05 | 03 31 11 | 10♎55 | 18 03 | 08 55 | 02 13 | 17 00 | 07 07 | 15 18 | 07 04 | 21 47 | 08 03 | 29 04 |
| 25 | 16:13:01 | 04 28 49 | 25 18 | 02♏38 | 08 24 | 03 27 | 16 44 | 07 21 | 15 15 | 07 05 | 21 49 | 08 03 | 29 00 |
| 26 | 16:16:58 | 05 26 26 | 10♏04 | 17 35 | 07 52 | 04 41 | 16 26 | 07 35 | 15 12 | 07 05 | 21 51 | 08 03 | 28 57 |
| 27 | 16:20:55 | 06 24 02 | 25 08 | 02♐44 | 07 19 | 05 54 | 16 09 | 07 49 | 15 09 | 07 06 | 21 53 | 08 04 | 28 54 |
| 28 | 16:24:51 | 07 21 36 | 10♐21 | 17 57 | 06 45 | 07 08 | 15 51 | 08 03 | 15 07 | 07 07 | 21 55 | 08 04 | 28 51 |
| 29 | 16:28:48 | 08 19 09 | 25 32 | 03♑04 | 06 11 | 08 22 | 15 32 | 08 17 | 15 03 | 07 07 | 21 58 | 08 04 | 28 48 |
| 30 | 16:32:44 | 09 16 41 | 10♑33 | 17 56 | 05 38 | 09 36 | 15 13 | 08 31 | 15 00 | 07 08 | 22 00 | 08 04 | 28 44 |
| 31 | 16:36:41 | 10 14 13 | 25 15 | 02♒28 | 05 06 | 10 49 | 14 54 | 08 45 | 14 57 | 07 09 | 22 02 | 08 04 | 28 41 |

## 0:00 E.T. Longitudes of the Major Asteroids and Chiron

| D | ⚳ | ⚴ | ⚵ | ⚶ | ⚷ |
|---|---|---|---|---|---|
| 1 | 24♓05 | 19♒01 | 21♒19 | 11♈16 | 08♏21℞ |
| 2 | 24 25 | 19 11 | 21 34 | 11 43 | 08 16 |
| 3 | 24 46 | 19 22 | 21 50 | 12 11 | 08 11 |
| 4 | 25 06 | 19 32 | 22 05 | 12 38 | 08 07 |
| 5 | 25 27 | 19 42 | 22 20 | 13 05 | 08 02 |
| 6 | 25 47 | 19 52 | 22 35 | 13 32 | 07 58 |
| 7 | 26 07 | 20 02 | 22 50 | 13 59 | 07 53 |
| 8 | 26 27 | 20 11 | 23 04 | 14 26 | 07 49 |
| 9 | 26 47 | 20 20 | 23 19 | 14 53 | 07 44 |
| 10 | 27 07 | 20 29 | 23 33 | 15 20 | 07 40 |
| 11 | 27 26 | 20 37 | 23 47 | 15 47 | 07 35 |
| 12 | 27 46 | 20 45 | 24 01 | 16 13 | 07 31 |
| 13 | 28 05 | 20 53 | 24 14 | 16 40 | 07 27 |
| 14 | 28 25 | 21 01 | 24 28 | 17 07 | 07 22 |
| 15 | 28 44 | 21 08 | 24 41 | 17 33 | 07 18 |
| 16 | 29 03 | 21 15 | 24 54 | 18 00 | 07 14 |

| D | ⚳ | ⚴ | ⚵ | ⚶ | ⚷ |
|---|---|---|---|---|---|
| 17 | 29 22 | 21 22 | 25 07 | 18 26 | 07 10 |
| 18 | 29 41 | 21 29 | 25 19 | 18 52 | 07 06 |
| 19 | 00♈00 | 21 35 | 25 32 | 19 19 | 07 02 |
| 20 | 00 19 | 21 41 | 25 44 | 19 45 | 06 58 |
| 21 | 00 38 | 21 46 | 25 56 | 20 11 | 06 54 |
| 22 | 00 56 | 21 52 | 26 07 | 20 37 | 06 50 |
| 23 | 01 15 | 21 57 | 26 19 | 21 03 | 06 46 |
| 24 | 01 33 | 22 01 | 26 30 | 21 29 | 06 42 |
| 25 | 01 51 | 22 06 | 26 41 | 21 54 | 06 38 |
| 26 | 02 09 | 22 10 | 26 51 | 22 20 | 06 35 |
| 27 | 02 27 | 22 13 | 27 02 | 22 46 | 06 31 |
| 28 | 02 45 | 22 17 | 27 12 | 23 11 | 06 28 |
| 29 | 03 03 | 22 20 | 27 22 | 23 37 | 06 24 |
| 30 | 03 20 | 22 23 | 27 31 | 24 02 | 06 21 |
| 31 | 03 38 | 22 25 | 27 41 | 24 27 | 06 18 |

### Lunar Data

| Last Asp. | | Ingress | | |
|---|---|---|---|---|
| 1 | 05:36 | 1 | ♑ | 21:16 |
| 3 | 08:16 | 3 | ♒ | 23:39 |
| 5 | 12:45 | 6 | ♓ | 04:53 |
| 7 | 20:11 | 8 | ♈ | 12:58 |
| 10 | 03:19 | 10 | ♉ | 23:23 |
| 12 | 20:59 | 13 | ♊ | 11:33 |
| 15 | 02:19 | 16 | ♋ | 00:36 |
| 18 | 09:20 | 18 | ♌ | 13:04 |
| 20 | 19:55 | 20 | ♍ | 23:04 |
| 22 | 14:44 | 23 | ♎ | 05:16 |
| 24 | 10:04 | 25 | ♏ | 07:42 |
| 26 | 18:50 | 27 | ♐ | 07:41 |
| 28 | 08:30 | 29 | ♑ | 07:06 |
| 30 | 18:41 | 31 | ♒ | 07:53 |

## 0:00 E.T. Declinations

| D | ☉ | ☽ | ☿ | ♀ | ♂ | ♃ | ♄ | ♅ | ♆ | ♇ | ⚳ | ⚴ | ⚵ | ⚶ | ⚷ |
|---|---|---|---|---|---|---|---|---|---|---|---|---|---|---|---|
| 1 | +15 13 | -23 49 | +23 01 | +11 44 | -23 34 | +19 54 | -21 53 | +09 38 | +16 21 | -20 00 | -10 20 | +13 18 | -05 00 | -00 16 | -13 09 |
| 2 | 15 31 | 23 08 | 23 17 | 12 10 | 23 37 | 19 56 | 21 53 | 09 38 | 16 22 | 20 00 | 10 13 | 13 25 | 04 54 | 00 07 | 13 07 |
| 3 | 15 49 | 20 54 | 23 32 | 12 36 | 23 39 | 19 59 | 21 53 | 09 39 | 16 22 | 20 00 | 10 07 | 13 32 | 04 48 | +00 03 | 13 06 |
| 4 | 16 06 | 17 27 | 23 44 | 13 01 | 23 42 | 20 02 | 21 53 | 09 39 | 16 23 | 20 00 | 10 00 | 13 39 | 04 42 | 00 13 | 13 04 |
| 5 | 16 23 | 13 07 | 23 53 | 13 27 | 23 45 | 20 05 | 21 53 | 09 39 | 16 23 | 20 00 | 09 54 | 13 46 | 04 37 | 00 22 | 13 02 |
| 6 | 16 40 | 08 15 | 24 01 | 13 52 | 23 47 | 20 08 | 21 54 | 09 39 | 16 24 | 20 00 | 09 47 | 13 53 | 04 31 | 00 32 | 13 00 |
| 7 | 16 57 | 03 07 | 24 06 | 14 16 | 23 50 | 20 10 | 21 54 | 09 39 | 16 25 | 20 00 | 09 41 | 14 00 | 04 25 | 00 41 | 12 58 |
| 8 | 17 13 | +02 01 | 24 09 | 14 41 | 23 53 | 20 13 | 21 54 | 09 39 | 16 25 | 20 00 | 09 35 | 14 07 | 04 20 | 00 51 | 12 57 |
| 9 | 17 29 | 06 59 | 24 10 | 15 04 | 23 55 | 20 16 | 21 54 | 09 39 | 16 26 | 20 00 | 09 29 | 14 14 | 04 14 | 01 00 | 12 55 |
| 10 | 17 45 | 11 36 | 24 09 | 15 28 | 23 58 | 20 19 | 21 54 | 09 39 | 16 26 | 20 00 | 09 23 | 14 21 | 04 08 | 01 09 | 12 53 |
| 11 | 18 00 | 15 41 | 24 06 | 15 51 | 24 01 | 20 21 | 21 55 | 09 39 | 16 27 | 20 00 | 09 17 | 14 28 | 04 03 | 01 18 | 12 51 |
| 12 | 18 15 | 19 04 | 24 02 | 16 14 | 24 03 | 20 24 | 21 55 | 09 39 | 16 28 | 20 00 | 09 11 | 14 35 | 03 57 | 01 28 | 12 50 |
| 13 | 18 30 | 21 38 | 23 55 | 16 36 | 24 06 | 20 27 | 21 55 | 09 39 | 16 28 | 20 00 | 09 05 | 14 42 | 03 52 | 01 37 | 12 48 |
| 14 | 18 44 | 23 14 | 23 46 | 16 58 | 24 08 | 20 29 | 21 55 | 09 39 | 16 29 | 20 00 | 08 59 | 14 48 | 03 47 | 01 46 | 12 46 |
| 15 | 18 59 | 23 47 | 23 36 | 17 20 | 24 11 | 20 32 | 21 56 | 09 39 | 16 29 | 20 00 | 08 53 | 14 55 | 03 41 | 01 55 | 12 45 |
| 16 | 19 12 | 23 16 | 23 24 | 17 41 | 24 13 | 20 34 | 21 56 | 09 39 | 16 30 | 20 00 | 08 47 | 15 02 | 03 36 | 02 04 | 12 43 |
| 17 | 19 26 | 21 42 | 23 11 | 18 02 | 24 15 | 20 37 | 21 56 | 09 39 | 16 30 | 20 00 | 08 42 | 15 08 | 03 31 | 02 13 | 12 41 |
| 18 | 19 39 | 19 10 | 22 55 | 18 22 | 24 18 | 20 40 | 21 56 | 09 39 | 16 31 | 20 01 | 08 36 | 15 15 | 03 26 | 02 22 | 12 40 |
| 19 | 19 52 | 15 46 | 22 39 | 18 41 | 24 20 | 20 42 | 21 57 | 09 39 | 16 32 | 20 01 | 08 31 | 15 21 | 03 20 | 02 30 | 12 38 |
| 20 | 20 05 | 11 39 | 22 21 | 19 01 | 24 22 | 20 45 | 21 57 | 09 39 | 16 32 | 20 01 | 08 25 | 15 27 | 03 15 | 02 39 | 12 37 |
| 21 | 20 17 | 06 56 | 22 02 | 19 19 | 24 24 | 20 47 | 21 57 | 09 39 | 16 33 | 20 01 | 08 20 | 15 34 | 03 10 | 02 48 | 12 35 |
| 22 | 20 29 | 01 47 | 21 42 | 19 37 | 24 26 | 20 50 | 21 58 | 09 38 | 16 33 | 20 01 | 08 14 | 15 40 | 03 05 | 02 56 | 12 34 |
| 23 | 20 40 | -03 37 | 21 21 | 19 55 | 24 28 | 20 52 | 21 58 | 09 38 | 16 34 | 20 01 | 08 09 | 15 46 | 03 01 | 03 05 | 12 32 |
| 24 | 20 51 | 09 01 | 20 59 | 20 12 | 24 30 | 20 54 | 21 58 | 09 38 | 16 34 | 20 01 | 08 04 | 15 52 | 02 56 | 03 13 | 12 31 |
| 25 | 21 02 | 14 07 | 20 37 | 20 29 | 24 32 | 20 57 | 21 59 | 09 38 | 16 35 | 20 02 | 07 59 | 15 58 | 02 51 | 03 22 | 12 29 |
| 26 | 21 12 | 18 31 | 20 15 | 20 45 | 24 34 | 20 59 | 21 59 | 09 37 | 16 36 | 20 02 | 07 54 | 16 04 | 02 46 | 03 30 | 12 28 |
| 27 | 21 22 | 21 47 | 19 52 | 21 00 | 24 35 | 21 02 | 21 59 | 09 37 | 16 36 | 20 02 | 07 49 | 16 10 | 02 42 | 03 38 | 12 26 |
| 28 | 21 32 | 23 33 | 19 30 | 21 15 | 24 37 | 21 04 | 22 00 | 09 37 | 16 37 | 20 02 | 07 44 | 16 15 | 02 37 | 03 47 | 12 25 |
| 29 | 21 41 | 23 33 | 19 08 | 21 29 | 24 38 | 21 06 | 22 00 | 09 37 | 16 37 | 20 03 | 07 39 | 16 21 | 02 33 | 03 55 | 12 23 |
| 30 | 21 50 | 21 50 | 18 47 | 21 43 | 24 40 | 21 09 | 22 00 | 09 36 | 16 38 | 20 03 | 07 34 | 16 26 | 02 29 | 04 03 | 12 22 |
| 31 | 21 59 | 18 41 | 18 27 | 21 56 | 24 41 | 21 11 | 22 01 | 09 36 | 16 38 | 20 03 | 07 30 | 16 32 | 02 24 | 04 11 | 12 21 |

Lunar Phases -- 5 ◑ 02:24 12 ● 20:60 21 ◐ 00:18 27 ○ 18:59 Sun enters ♉ 5/20 08:09

## Longitudes of Main Planets - June 2048

0:00 E.T.

| D | S.T. | ☉ | ☽ | ☽ 12:00 | ☿ | ♀ | ♂ | ♃ | ♄ | ♅ | ♆ | ♇ | ☊ |
|---|---|---|---|---|---|---|---|---|---|---|---|---|---|
| 1 | 16:40:37 | 11♊11 43 | 09♒34 | 16♒35 | 04♊36℞ | 12♊03 | 14♐34℞ | 08♊59 | 14♑54℞ | 07♍10 | 22♉04 | 08♓05 | 28♐38 |
| 2 | 16:44:34 | 12 09 13 | 23 29 | 00♓16 | 04 08 | 13 17 | 14 15 | 09 13 | 14 51 | 07 11 | 22 06 | 08 05 | 28 35 |
| 3 | 16:48:30 | 13 06 41 | 06♓57 | 13 32 | 03 43 | 14 31 | 13 55 | 09 27 | 14 47 | 07 12 | 22 08 | 08 05 | 28 32 |
| 4 | 16:52:27 | 14 04 09 | 20 02 | 26 27 | 03 21 | 15 44 | 13 35 | 09 41 | 14 44 | 07 13 | 22 11 | 08 05 | 28 29 |
| 5 | 16:56:24 | 15 01 37 | 02♈46 | 09♈01 | 03 03 | 16 58 | 13 14 | 09 55 | 14 40 | 07 14 | 22 13 | 08 05 | 28 25 |
| 6 | 17:00:20 | 15 59 03 | 15 13 | 21 20 | 02 49 | 18 12 | 12 54 | 10 09 | 14 37 | 07 16 | 22 15 | 08 05 | 28 22 |
| 7 | 17:04:17 | 16 56 29 | 27 25 | 03♉27 | 02 38 | 19 26 | 12 34 | 10 23 | 14 33 | 07 17 | 22 17 | 08 05℞ | 28 19 |
| 8 | 17:08:13 | 17 53 54 | 09♉27 | 15 25 | 02 32 | 20 39 | 12 13 | 10 37 | 14 30 | 07 18 | 22 19 | 08 05 | 28 16 |
| 9 | 17:12:10 | 18 51 19 | 21 21 | 27 16 | 02 30D | 21 53 | 11 53 | 10 51 | 14 26 | 07 19 | 22 21 | 08 05 | 28 13 |
| 10 | 17:16:06 | 19 48 43 | 03♊11 | 09♊05 | 02 33 | 23 07 | 11 33 | 11 05 | 14 22 | 07 21 | 22 23 | 08 05 | 28 10 |
| 11 | 17:20:03 | 20 46 06 | 14 58 | 20 52 | 02 40 | 24 21 | 11 13 | 11 19 | 14 18 | 07 22 | 22 25 | 08 05 | 28 06 |
| 12 | 17:23:59 | 21 43 29 | 26 46 | 02♋40 | 02 52 | 25 34 | 10 53 | 11 33 | 14 14 | 07 24 | 22 27 | 08 05 | 28 03 |
| 13 | 17:27:56 | 22 40 51 | 08♋35 | 14 32 | 03 08 | 26 48 | 10 34 | 11 47 | 14 10 | 07 25 | 22 29 | 08 05 | 28 00 |
| 14 | 17:31:53 | 23 38 12 | 20 30 | 26 30 | 03 29 | 28 02 | 10 15 | 12 01 | 14 06 | 07 27 | 22 31 | 08 05 | 27 57 |
| 15 | 17:35:49 | 24 35 32 | 02♌32 | 08♌36 | 03 54 | 29 16 | 09 56 | 12 15 | 14 02 | 07 29 | 22 33 | 08 04 | 27 54 |
| 16 | 17:39:46 | 25 32 51 | 14 44 | 20 55 | 04 23 | 00♋29 | 09 38 | 12 29 | 13 58 | 07 30 | 22 35 | 08 04 | 27 50 |
| 17 | 17:43:42 | 26 30 10 | 27 09 | 03♍27 | 04 57 | 01 43 | 09 20 | 12 43 | 13 54 | 07 32 | 22 37 | 08 04 | 27 47 |
| 18 | 17:47:39 | 27 27 28 | 09♍50 | 16 18 | 05 35 | 02 57 | 09 02 | 12 56 | 13 50 | 07 34 | 22 39 | 08 04 | 27 44 |
| 19 | 17:51:35 | 28 24 45 | 22 51 | 29 29 | 06 18 | 04 10 | 08 45 | 13 10 | 13 46 | 07 36 | 22 41 | 08 03 | 27 41 |
| 20 | 17:55:32 | 29 22 01 | 06♎13 | 13♎04 | 07 04 | 05 24 | 08 29 | 13 24 | 13 42 | 07 37 | 22 43 | 08 03 | 27 38 |
| 21 | 17:59:28 | 00♋19 16 | 20 00 | 27 02 | 07 55 | 06 38 | 08 13 | 13 38 | 13 37 | 07 39 | 22 45 | 08 03 | 27 35 |
| 22 | 18:03:25 | 01 16 31 | 04♏11 | 11♏25 | 08 50 | 07 52 | 07 58 | 13 51 | 13 33 | 07 41 | 22 47 | 08 02 | 27 31 |
| 23 | 18:07:22 | 02 13 44 | 18 44 | 26 08 | 09 48 | 09 05 | 07 43 | 14 05 | 13 29 | 07 43 | 22 48 | 08 02 | 27 28 |
| 24 | 18:11:18 | 03 10 58 | 03♐36 | 11♐08 | 10 50 | 10 19 | 07 29 | 14 19 | 13 25 | 07 45 | 22 50 | 08 02 | 27 25 |
| 25 | 18:15:15 | 04 08 11 | 18 41 | 26 15 | 11 57 | 11 33 | 07 16 | 14 32 | 13 20 | 07 48 | 22 52 | 08 01 | 27 22 |
| 26 | 18:19:11 | 05 05 23 | 03♑49 | 11♑22 | 13 07 | 12 46 | 07 04 | 14 46 | 13 16 | 07 50 | 22 54 | 08 01 | 27 19 |
| 27 | 18:23:08 | 06 02 35 | 18 52 | 26 19 | 14 20 | 14 00 | 06 52 | 14 59 | 13 12 | 07 52 | 22 56 | 08 00 | 27 16 |
| 28 | 18:27:04 | 06 59 47 | 03♒42 | 10♒59 | 15 38 | 15 14 | 06 41 | 15 13 | 13 07 | 07 54 | 22 57 | 08 00 | 27 12 |
| 29 | 18:31:01 | 07 56 59 | 18 10 | 25 15 | 16 59 | 16 27 | 06 31 | 15 26 | 13 03 | 07 56 | 22 59 | 07 59 | 27 09 |
| 30 | 18:34:57 | 08 54 11 | 02♓14 | 09♓05 | 18 24 | 17 41 | 06 21 | 15 40 | 12 58 | 07 59 | 23 01 | 07 59 | 27 06 |

0:00 E.T.

## Longitudes of the Major Asteroids and Chiron

| D | ⚳ | ⚴ | ⚵ | ⚶ | ⚷ |
|---|---|---|---|---|---|
| 1 | 03♈55 | 22♒27 | 27♒50 | 24♈52 | 06♏14℞ |
| 2 | 04 12 | 22 29 | 27 59 | 25 18 | 06 11 |
| 3 | 04 29 | 22 30 | 28 07 | 25 43 | 06 08 |
| 4 | 04 46 | 22 31 | 28 16 | 26 08 | 06 05 |
| 5 | 05 02 | 22 32 | 28 24 | 26 32 | 06 02 |
| 6 | 05 19 | 22 32 | 28 31 | 26 57 | 06 00 |
| 7 | 05 35 | 22 32℞ | 28 39 | 27 22 | 05 57 |
| 8 | 05 52 | 22 32 | 28 46 | 27 46 | 05 54 |
| 9 | 06 08 | 22 31 | 28 52 | 28 11 | 05 52 |
| 10 | 06 24 | 22 30 | 28 59 | 28 35 | 05 49 |
| 11 | 06 39 | 22 28 | 29 05 | 28 59 | 05 47 |
| 12 | 06 55 | 22 26 | 29 11 | 29 24 | 05 45 |
| 13 | 07 11 | 22 24 | 29 16 | 29 48 | 05 43 |
| 14 | 07 26 | 22 21 | 29 22 | 00♉12 | 05 41 |
| 15 | 07 41 | 22 18 | 29 26 | 00 36 | 05 39 |
| 16 | 07 56 | 22 15 | 29 31 | 00 59 | 05 37 |
| 17 | 08 11 | 22 11 | 29 35 | 01 23 | 05 35 |
| 18 | 08 25 | 22 07 | 29 39 | 01 46 | 05 33 |
| 19 | 08 40 | 22 03 | 29 42 | 02 10 | 05 32 |
| 20 | 08 54 | 21 58 | 29 45 | 02 33 | 05 30 |
| 21 | 09 08 | 21 52 | 29 48 | 02 56 | 05 29 |
| 22 | 09 22 | 21 47 | 29 50 | 03 19 | 05 28 |
| 23 | 09 35 | 21 41 | 29 52 | 03 42 | 05 27 |
| 24 | 09 49 | 21 34 | 29 54 | 04 05 | 05 25 |
| 25 | 10 02 | 21 28 | 29 55 | 04 28 | 05 25 |
| 26 | 10 15 | 21 21 | 29 56 | 04 51 | 05 24 |
| 27 | 10 28 | 21 13 | 29 57 | 05 13 | 05 23 |
| 28 | 10 40 | 21 05 | 29 57℞ | 05 35 | 05 22 |
| 29 | 10 53 | 20 57 | 29 57 | 05 58 | 05 22 |
| 30 | 11 05 | 20 49 | 29 56 | 06 20 | 05 21 |

## Lunar Data

| Last Asp. | | Ingress | | |
|---|---|---|---|---|
| 1 | 21:36 | 2 | ♓ | 11:32 |
| 4 | 04:00 | 4 | ♈ | 18:44 |
| 6 | 06:30 | 7 | ♉ | 05:08 |
| 9 | 02:02 | 9 | ♊ | 17:32 |
| 11 | 21:18 | 12 | ♋ | 06:35 |
| 14 | 04:03 | 14 | ♌ | 18:58 |
| 16 | 22:40 | 17 | ♍ | 05:26 |
| 19 | 10:51 | 19 | ♎ | 12:55 |
| 20 | 13:02 | 21 | ♏ | 16:59 |
| 23 | 06:37 | 23 | ♐ | 18:13 |
| 24 | 17:19 | 25 | ♑ | 17:57 |
| 27 | 06:32 | 27 | ♒ | 17:59 |
| 29 | 08:09 | 29 | ♓ | 20:09 |

0:00 E.T.

## Declinations

| D | ☉ | ☽ | ☿ | ♀ | ♂ | ♃ | ♄ | ♅ | ♆ | ♇ | ⚳ | ⚴ | ⚵ | ⚶ | ⚷ |
|---|---|---|---|---|---|---|---|---|---|---|---|---|---|---|---|
| 1 | +22 07 | -14 27 | +18 08 | +22 08 | -24 42 | +21 13 | -22 01 | +09 35 | +16 39 | -20 03 | -07 25 | +16 37 | -02 20 | +04 19 | -12 20 |
| 2 | 22 15 | 09 34 | 17 51 | 22 20 | 24 43 | 21 15 | 22 02 | 09 35 | 16 39 | 20 04 | 07 21 | 16 42 | 02 16 | 04 27 | 12 18 |
| 3 | 22 22 | 04 22 | 17 35 | 22 31 | 24 44 | 21 17 | 22 02 | 09 35 | 16 40 | 20 04 | 07 16 | 16 47 | 02 12 | 04 35 | 12 17 |
| 4 | 22 29 | +00 52 | 17 21 | 22 42 | 24 45 | 21 20 | 22 03 | 09 34 | 16 40 | 20 04 | 07 12 | 16 52 | 02 08 | 04 42 | 12 16 |
| 5 | 22 36 | 05 55 | 17 08 | 22 52 | 24 46 | 21 22 | 22 03 | 09 34 | 16 41 | 20 04 | 07 08 | 16 57 | 02 05 | 04 50 | 12 15 |
| 6 | 22 42 | 10 38 | 16 58 | 23 01 | 24 46 | 21 24 | 22 03 | 09 33 | 16 41 | 20 05 | 07 03 | 17 02 | 02 01 | 04 58 | 12 13 |
| 7 | 22 48 | 14 50 | 16 49 | 23 09 | 24 47 | 21 26 | 22 04 | 09 33 | 16 42 | 20 05 | 06 59 | 17 06 | 01 57 | 05 05 | 12 12 |
| 8 | 22 53 | 18 22 | 16 43 | 23 17 | 24 47 | 21 28 | 22 04 | 09 32 | 16 42 | 20 05 | 06 55 | 17 10 | 01 54 | 05 13 | 12 11 |
| 9 | 22 58 | 21 07 | 16 39 | 23 24 | 24 47 | 21 30 | 22 05 | 09 32 | 16 43 | 20 06 | 06 51 | 17 15 | 01 51 | 05 20 | 12 10 |
| 10 | 23 03 | 22 56 | 16 36 | 23 31 | 24 48 | 21 32 | 22 05 | 09 31 | 16 43 | 20 06 | 06 48 | 17 19 | 01 47 | 05 27 | 12 09 |
| 11 | 23 07 | 23 44 | 16 36 | 23 37 | 24 48 | 21 34 | 22 06 | 09 31 | 16 44 | 20 06 | 06 44 | 17 23 | 01 44 | 05 34 | 12 08 |
| 12 | 23 10 | 23 28 | 16 38 | 23 42 | 24 48 | 21 36 | 22 06 | 09 30 | 16 44 | 20 07 | 06 40 | 17 27 | 01 41 | 05 42 | 12 07 |
| 13 | 23 14 | 22 09 | 16 41 | 23 46 | 24 48 | 21 38 | 22 07 | 09 29 | 16 45 | 20 07 | 06 37 | 17 30 | 01 38 | 05 49 | 12 06 |
| 14 | 23 17 | 19 50 | 16 46 | 23 50 | 24 47 | 21 40 | 22 07 | 09 29 | 16 45 | 20 07 | 06 33 | 17 34 | 01 36 | 05 56 | 12 06 |
| 15 | 23 19 | 16 38 | 16 54 | 23 53 | 24 47 | 21 42 | 22 08 | 09 28 | 16 46 | 20 08 | 06 30 | 17 37 | 01 33 | 06 03 | 12 05 |
| 16 | 23 21 | 12 41 | 17 02 | 23 55 | 24 47 | 21 44 | 22 08 | 09 27 | 16 46 | 20 08 | 06 27 | 17 40 | 01 31 | 06 09 | 12 04 |
| 17 | 23 23 | 08 10 | 17 13 | 23 57 | 24 47 | 21 45 | 22 09 | 09 27 | 16 47 | 20 09 | 06 24 | 17 43 | 01 28 | 06 16 | 12 03 |
| 18 | 23 24 | 03 12 | 17 24 | 23 58 | 24 46 | 21 47 | 22 09 | 09 26 | 16 47 | 20 09 | 06 21 | 17 46 | 01 26 | 06 23 | 12 02 |
| 19 | 23 25 | -02 01 | 17 38 | 23 58 | 24 46 | 21 49 | 22 10 | 09 25 | 16 48 | 20 09 | 06 18 | 17 49 | 01 24 | 06 29 | 12 02 |
| 20 | 23 26 | 07 17 | 17 52 | 23 58 | 24 45 | 21 51 | 22 10 | 09 25 | 16 48 | 20 10 | 06 15 | 17 51 | 01 22 | 06 36 | 12 01 |
| 21 | 23 26 | 12 21 | 18 07 | 23 57 | 24 45 | 21 53 | 22 11 | 09 24 | 16 49 | 20 10 | 06 12 | 17 54 | 01 21 | 06 42 | 12 00 |
| 22 | 23 26 | 16 55 | 18 24 | 23 55 | 24 44 | 21 54 | 22 11 | 09 23 | 16 49 | 20 11 | 06 09 | 17 56 | 01 19 | 06 49 | 12 00 |
| 23 | 23 25 | 20 35 | 18 41 | 23 52 | 24 44 | 21 56 | 22 12 | 09 22 | 16 50 | 20 11 | 06 07 | 17 58 | 01 18 | 06 55 | 11 59 |
| 24 | 23 24 | 22 59 | 18 59 | 23 49 | 24 44 | 21 58 | 22 12 | 09 21 | 16 50 | 20 12 | 06 04 | 17 59 | 01 16 | 07 01 | 11 59 |
| 25 | 23 22 | 23 46 | 19 18 | 23 45 | 24 43 | 21 59 | 22 13 | 09 21 | 16 50 | 20 12 | 06 02 | 18 01 | 01 15 | 07 07 | 11 58 |
| 26 | 23 20 | 22 48 | 19 37 | 23 40 | 24 43 | 22 01 | 22 13 | 09 20 | 16 51 | 20 12 | 06 00 | 18 02 | 01 14 | 07 13 | 11 58 |
| 27 | 23 18 | 20 12 | 19 56 | 23 34 | 24 42 | 22 02 | 22 14 | 09 19 | 16 51 | 20 13 | 05 58 | 18 03 | 01 13 | 07 19 | 11 57 |
| 28 | 23 15 | 16 17 | 20 16 | 23 28 | 24 42 | 22 04 | 22 14 | 09 18 | 16 52 | 20 13 | 05 56 | 18 04 | 01 13 | 07 25 | 11 57 |
| 29 | 23 12 | 11 29 | 20 35 | 23 22 | 24 41 | 22 05 | 22 15 | 09 17 | 16 52 | 20 14 | 05 54 | 18 05 | 01 12 | 07 31 | 11 57 |
| 30 | 23 08 | 06 13 | 20 55 | 23 14 | 24 41 | 22 07 | 22 15 | 09 16 | 16 52 | 20 14 | 05 52 | 18 05 | 01 12 | 07 36 | 11 56 |

Lunar Phases -- 3 ◑ 12:06 11 ● 12:51 19 ◐ 10:51 26 ○ 02:09 Sun enters ♋ 6/20 15:55

## 0:00 E.T. Longitudes of Main Planets - July 2048

| D | S.T. | ☉ | ☽ | ☽ 12:00 | ☿ | ♀ | ♂ | ♃ | ♄ | ♅ | ♆ | ♇ | ☊ |
|---|---|---|---|---|---|---|---|---|---|---|---|---|---|
| 1 | 18:38:54 | 09♋51 23 | 15♓50 | 22♓28 | 19♊52 | 18♋55 | 06♐13℞ | 15♊53 | 12♑54℞ | 08♍01 | 23♉02 | 07♓58℞ | 27♐03 |
| 2 | 18:42:51 | 10 48 35 | 29 00 | 05♈26 | 21 23 | 20 08 | 06 05 | 16 06 | 12 50 | 08 03 | 23 04 | 07 58 | 27 00 |
| 3 | 18:46:47 | 11 45 47 | 11♈46 | 18 01 | 22 59 | 21 22 | 05 58 | 16 20 | 12 45 | 08 06 | 23 06 | 07 57 | 26 56 |
| 4 | 18:50:44 | 12 42 59 | 24 12 | 00♉18 | 24 37 | 22 36 | 05 51 | 16 33 | 12 41 | 08 08 | 23 07 | 07 57 | 26 53 |
| 5 | 18:54:40 | 13 40 12 | 06♉21 | 12 21 | 26 19 | 23 49 | 05 46 | 16 46 | 12 36 | 08 11 | 23 09 | 07 56 | 26 50 |
| 6 | 18:58:37 | 14 37 25 | 18 19 | 24 14 | 28 04 | 25 03 | 05 41 | 16 59 | 12 32 | 08 13 | 23 11 | 07 55 | 26 47 |
| 7 | 19:02:33 | 15 34 38 | 00♊09 | 06♊03 | 29 52 | 26 17 | 05 38 | 17 12 | 12 27 | 08 16 | 23 12 | 07 55 | 26 44 |
| 8 | 19:06:30 | 16 31 51 | 11 56 | 17 49 | 01♋43 | 27 30 | 05 35 | 17 26 | 12 23 | 08 19 | 23 14 | 07 54 | 26 41 |
| 9 | 19:10:26 | 17 29 05 | 23 43 | 29 38 | 03 37 | 28 44 | 05 33 | 17 39 | 12 19 | 08 21 | 23 15 | 07 53 | 26 37 |
| 10 | 19:14:23 | 18 26 19 | 05♋34 | 11♋31 | 05 34 | 29 58 | 05 31 | 17 52 | 12 14 | 08 24 | 23 17 | 07 53 | 26 34 |
| 11 | 19:18:20 | 19 23 33 | 17 30 | 23 32 | 07 33 | 01♌12 | 05 31D | 18 04 | 12 10 | 08 27 | 23 18 | 07 52 | 26 31 |
| 12 | 19:22:16 | 20 20 47 | 29 35 | 05♌41 | 09 34 | 02 25 | 05 31 | 18 17 | 12 05 | 08 30 | 23 19 | 07 51 | 26 28 |
| 13 | 19:26:13 | 21 18 02 | 11♌49 | 18 00 | 11 37 | 03 39 | 05 33 | 18 30 | 12 01 | 08 32 | 23 21 | 07 50 | 26 25 |
| 14 | 19:30:09 | 22 15 16 | 24 14 | 00♍32 | 13 42 | 04 53 | 05 35 | 18 43 | 11 57 | 08 35 | 23 22 | 07 50 | 26 21 |
| 15 | 19:34:06 | 23 12 31 | 06♍52 | 13 16 | 15 48 | 06 06 | 05 38 | 18 56 | 11 52 | 08 38 | 23 24 | 07 49 | 26 18 |
| 16 | 19:38:02 | 24 09 46 | 19 44 | 26 16 | 17 55 | 07 20 | 05 42 | 19 08 | 11 48 | 08 41 | 23 25 | 07 48 | 26 15 |
| 17 | 19:41:59 | 25 07 00 | 02♎51 | 09♎31 | 20 03 | 08 34 | 05 46 | 19 21 | 11 44 | 08 44 | 23 26 | 07 47 | 26 12 |
| 18 | 19:45:55 | 26 04 15 | 16 15 | 23 04 | 22 12 | 09 47 | 05 52 | 19 33 | 11 40 | 08 47 | 23 27 | 07 46 | 26 09 |
| 19 | 19:49:52 | 27 01 31 | 29 57 | 06♏54 | 24 20 | 11 01 | 05 58 | 19 46 | 11 35 | 08 50 | 23 29 | 07 45 | 26 06 |
| 20 | 19:53:49 | 27 58 46 | 13♏56 | 21 03 | 26 29 | 12 15 | 06 05 | 19 58 | 11 31 | 08 53 | 23 30 | 07 44 | 26 02 |
| 21 | 19:57:45 | 28 56 01 | 28 14 | 05♐28 | 28 37 | 13 28 | 06 13 | 20 11 | 11 27 | 08 56 | 23 31 | 07 43 | 25 59 |
| 22 | 20:01:42 | 29 53 17 | 12♐47 | 20 08 | 00♌44 | 14 42 | 06 21 | 20 23 | 11 23 | 08 59 | 23 32 | 07 42 | 25 56 |
| 23 | 20:05:38 | 00♌50 33 | 27 32 | 04♑57 | 02 51 | 15 56 | 06 31 | 20 35 | 11 19 | 09 02 | 23 33 | 07 41 | 25 53 |
| 24 | 20:09:35 | 01 47 50 | 12♑23 | 19 49 | 04 56 | 17 09 | 06 41 | 20 47 | 11 15 | 09 05 | 23 34 | 07 41 | 25 50 |
| 25 | 20:13:31 | 02 45 07 | 27 14 | 04♒37 | 07 01 | 18 23 | 06 52 | 20 59 | 11 11 | 09 09 | 23 35 | 07 40 | 25 47 |
| 26 | 20:17:28 | 03 42 24 | 11♒56 | 19 12 | 09 04 | 19 36 | 07 03 | 21 11 | 11 07 | 09 12 | 23 36 | 07 39 | 25 43 |
| 27 | 20:21:24 | 04 39 43 | 26 23 | 03♓28 | 11 05 | 20 50 | 07 15 | 21 23 | 11 03 | 09 15 | 23 37 | 07 38 | 25 40 |
| 28 | 20:25:21 | 05 37 02 | 10♓28 | 17 21 | 13 06 | 22 04 | 07 28 | 21 35 | 10 59 | 09 18 | 23 38 | 07 36 | 25 37 |
| 29 | 20:29:18 | 06 34 21 | 24 08 | 00♈48 | 15 05 | 23 17 | 07 42 | 21 47 | 10 56 | 09 22 | 23 39 | 07 35 | 25 34 |
| 30 | 20:33:14 | 07 31 42 | 07♈21 | 13 49 | 17 02 | 24 31 | 07 56 | 21 59 | 10 52 | 09 25 | 23 40 | 07 34 | 25 31 |
| 31 | 20:37:11 | 08 29 04 | 20 10 | 26 27 | 18 57 | 25 44 | 08 11 | 22 10 | 10 48 | 09 28 | 23 41 | 07 33 | 25 27 |

## 0:00 E.T. Longitudes of the Major Asteroids and Chiron

| D | ⚳ | ⚴ | ⚵ | ⚶ | ⚷ | D | ⚳ | ⚴ | ⚵ | ⚶ | ⚷ |
|---|---|---|---|---|---|---|---|---|---|---|---|
| 1 | 11♈17 | 20♒40℞ | 29♒55℞ | 06♉42 | 05♏21℞ | 17 | 13 55 | 17 34 | 28 45 | 12 13 | 05 31 |
| 2 | 11 29 | 20 31 | 29 54 | 07 03 | 05 21 | 18 | 14 03 | 17 21 | 28 37 | 12 33 | 05 32 |
| 3 | 11 40 | 20 21 | 29 52 | 07 25 | 05 21 | 19 | 14 10 | 17 06 | 28 29 | 12 52 | 05 34 |
| 4 | 11 51 | 20 11 | 29 50 | 07 47 | 05 21D | 20 | 14 17 | 16 52 | 28 21 | 13 11 | 05 36 |
| 5 | 12 02 | 20 01 | 29 47 | 08 08 | 05 21 | 21 | 14 24 | 16 38 | 28 12 | 13 30 | 05 37 |
| 6 | 12 13 | 19 50 | 29 44 | 08 29 | 05 21 | 22 | 14 31 | 16 23 | 28 03 | 13 48 | 05 39 |
| 7 | 12 24 | 19 40 | 29 41 | 08 51 | 05 21 | 23 | 14 37 | 16 08 | 27 53 | 14 07 | 05 41 |
| 8 | 12 34 | 19 28 | 29 37 | 09 11 | 05 22 | 24 | 14 43 | 15 53 | 27 43 | 14 25 | 05 43 |
| 9 | 12 44 | 19 17 | 29 33 | 09 32 | 05 22 | 25 | 14 48 | 15 38 | 27 33 | 14 43 | 05 46 |
| 10 | 12 54 | 19 05 | 29 28 | 09 53 | 05 23 | 26 | 14 54 | 15 23 | 27 23 | 15 01 | 05 48 |
| 11 | 13 04 | 18 53 | 29 23 | 10 14 | 05 24 | 27 | 14 59 | 15 07 | 27 12 | 15 18 | 05 51 |
| 12 | 13 13 | 18 40 | 29 18 | 10 34 | 05 25 | 28 | 15 03 | 14 52 | 27 01 | 15 36 | 05 53 |
| 13 | 13 22 | 18 28 | 29 12 | 10 54 | 05 26 | 29 | 15 08 | 14 36 | 26 49 | 15 53 | 05 56 |
| 14 | 13 31 | 18 15 | 29 06 | 11 14 | 05 27 | 30 | 15 12 | 14 20 | 26 37 | 16 10 | 05 59 |
| 15 | 13 39 | 18 02 | 28 59 | 11 34 | 05 28 | 31 | 15 15 | 14 05 | 26 25 | 16 27 | 06 01 |
| 16 | 13 47 | 17 48 | 28 52 | 11 54 | 05 29 | | | | | | |

## Lunar Data

| Last Asp. | | Ingress | | |
|---|---|---|---|---|
| 1 | 13:04 | 2 | ♈ | 01:51 |
| 4 | 00:57 | 4 | ♉ | 11:24 |
| 6 | 15:13 | 6 | ♊ | 23:42 |
| 8 | 11:24 | 9 | ♋ | 12:44 |
| 11 | 11:34 | 12 | ♌ | 00:49 |
| 13 | 22:19 | 14 | ♍ | 10:60 |
| 16 | 08:48 | 16 | ♎ | 18:49 |
| 18 | 18:33 | 19 | ♏ | 00:06 |
| 21 | 01:15 | 21 | ♐ | 02:57 |
| 22 | 12:34 | 23 | ♑ | 03:60 |
| 24 | 18:05 | 25 | ♒ | 04:29 |
| 26 | 19:22 | 27 | ♓ | 06:06 |
| 28 | 23:10 | 29 | ♈ | 10:34 |
| 31 | 11:49 | | | |

## 0:00 E.T. Declinations

| D | ☉ | ☽ | ☿ | ♀ | ♂ | ♃ | ♄ | ♅ | ♆ | ♇ | ⚳ | ⚴ | ⚵ | ⚶ | ⚷ |
|---|---|---|---|---|---|---|---|---|---|---|---|---|---|---|---|
| 1 | +23 04 | -00 49 | +21 14 | +23 06 | -24 41 | +22 08 | -22 16 | +09 15 | +16 53 | -20 15 | -05 50 | +18 05 | -01 12 | +07 42 | -11 56 |
| 2 | 23 00 | +04 27 | 21 32 | 22 57 | 24 41 | 22 10 | 22 16 | 09 14 | 16 53 | 20 15 | 05 49 | 18 05 | 01 12 | 07 47 | 11 56 |
| 3 | 22 55 | 09 22 | 21 50 | 22 47 | 24 41 | 22 11 | 22 17 | 09 14 | 16 53 | 20 16 | 05 47 | 18 05 | 01 12 | 07 53 | 11 56 |
| 4 | 22 50 | 13 46 | 22 07 | 22 37 | 24 40 | 22 13 | 22 17 | 09 13 | 16 54 | 20 16 | 05 46 | 18 05 | 01 13 | 07 58 | 11 55 |
| 5 | 22 44 | 17 31 | 22 23 | 22 26 | 24 40 | 22 14 | 22 18 | 09 12 | 16 54 | 20 17 | 05 45 | 18 04 | 01 13 | 08 03 | 11 55 |
| 6 | 22 38 | 20 29 | 22 38 | 22 15 | 24 41 | 22 15 | 22 18 | 09 11 | 16 55 | 20 17 | 05 44 | 18 03 | 01 14 | 08 08 | 11 55 |
| 7 | 22 31 | 22 33 | 22 51 | 22 02 | 24 41 | 22 17 | 22 19 | 09 10 | 16 55 | 20 18 | 05 43 | 18 02 | 01 15 | 08 13 | 11 55 |
| 8 | 22 25 | 23 38 | 23 03 | 21 50 | 24 41 | 22 18 | 22 19 | 09 09 | 16 55 | 20 18 | 05 42 | 18 01 | 01 16 | 08 18 | 11 55 |
| 9 | 22 17 | 23 39 | 23 12 | 21 36 | 24 41 | 22 19 | 22 20 | 09 08 | 16 56 | 20 19 | 05 41 | 17 59 | 01 18 | 08 23 | 11 55 |
| 10 | 22 10 | 22 35 | 23 20 | 21 22 | 24 42 | 22 20 | 22 20 | 09 07 | 16 56 | 20 20 | 05 41 | 17 57 | 01 20 | 08 28 | 11 55 |
| 11 | 22 02 | 20 31 | 23 25 | 21 07 | 24 42 | 22 22 | 22 21 | 09 05 | 16 56 | 20 20 | 05 40 | 17 55 | 01 21 | 08 33 | 11 55 |
| 12 | 21 54 | 17 31 | 23 29 | 20 52 | 24 43 | 22 23 | 22 21 | 09 04 | 16 57 | 20 21 | 05 40 | 17 53 | 01 23 | 08 37 | 11 56 |
| 13 | 21 45 | 13 43 | 23 29 | 20 36 | 24 43 | 22 24 | 22 22 | 09 03 | 16 57 | 20 21 | 05 39 | 17 50 | 01 26 | 08 42 | 11 56 |
| 14 | 21 36 | 09 18 | 23 27 | 20 20 | 24 44 | 22 25 | 22 22 | 09 02 | 16 57 | 20 22 | 05 39 | 17 47 | 01 28 | 08 46 | 11 56 |
| 15 | 21 26 | 04 26 | 23 22 | 20 03 | 24 45 | 22 26 | 22 23 | 09 01 | 16 57 | 20 22 | 05 39 | 17 44 | 01 31 | 08 50 | 11 56 |
| 16 | 21 16 | -00 42 | 23 15 | 19 45 | 24 46 | 22 27 | 22 23 | 09 00 | 16 58 | 20 23 | 05 39 | 17 40 | 01 34 | 08 55 | 11 56 |
| 17 | 21 06 | 05 55 | 23 05 | 19 27 | 24 47 | 22 28 | 22 23 | 08 59 | 16 58 | 20 23 | 05 40 | 17 37 | 01 37 | 08 59 | 11 57 |
| 18 | 20 56 | 10 57 | 22 52 | 19 08 | 24 48 | 22 29 | 22 24 | 08 58 | 16 58 | 20 24 | 05 40 | 17 33 | 01 40 | 09 03 | 11 57 |
| 19 | 20 45 | 15 34 | 22 36 | 18 49 | 24 50 | 22 30 | 22 24 | 08 57 | 16 58 | 20 25 | 05 41 | 17 29 | 01 44 | 09 07 | 11 58 |
| 20 | 20 34 | 19 27 | 22 18 | 18 29 | 24 51 | 22 31 | 22 25 | 08 55 | 16 59 | 20 25 | 05 41 | 17 24 | 01 47 | 09 10 | 11 58 |
| 21 | 20 22 | 22 14 | 21 58 | 18 09 | 24 52 | 22 32 | 22 25 | 08 54 | 16 59 | 20 26 | 05 42 | 17 19 | 01 51 | 09 14 | 11 58 |
| 22 | 20 10 | 23 37 | 21 35 | 17 48 | 24 54 | 22 33 | 22 26 | 08 53 | 16 59 | 20 26 | 05 43 | 17 14 | 01 56 | 09 18 | 11 59 |
| 23 | 19 58 | 23 23 | 21 10 | 17 27 | 24 55 | 22 34 | 22 26 | 08 52 | 16 59 | 20 27 | 05 44 | 17 09 | 02 00 | 09 21 | 11 59 |
| 24 | 19 45 | 21 30 | 20 42 | 17 05 | 24 57 | 22 35 | 22 27 | 08 51 | 17 00 | 20 28 | 05 45 | 17 04 | 02 05 | 09 25 | 12 00 |
| 25 | 19 32 | 18 09 | 20 13 | 16 43 | 24 59 | 22 36 | 22 27 | 08 49 | 17 00 | 20 28 | 05 46 | 16 58 | 02 09 | 09 28 | 12 01 |
| 26 | 19 19 | 13 41 | 19 42 | 16 21 | 25 01 | 22 37 | 22 28 | 08 48 | 17 00 | 20 29 | 05 48 | 16 52 | 02 14 | 09 31 | 12 01 |
| 27 | 19 06 | 08 31 | 19 10 | 15 57 | 25 02 | 22 38 | 22 28 | 08 47 | 17 00 | 20 29 | 05 49 | 16 46 | 02 20 | 09 34 | 12 02 |
| 28 | 18 52 | 03 03 | 18 35 | 15 34 | 25 04 | 22 38 | 22 28 | 08 46 | 17 00 | 20 30 | 05 51 | 16 39 | 02 25 | 09 37 | 12 03 |
| 29 | 18 38 | +02 25 | 18 00 | 15 10 | 25 06 | 22 39 | 22 29 | 08 44 | 17 01 | 20 30 | 05 53 | 16 33 | 02 31 | 09 40 | 12 03 |
| 30 | 18 23 | 07 36 | 17 23 | 14 46 | 25 09 | 22 40 | 22 29 | 08 43 | 17 01 | 20 31 | 05 54 | 16 26 | 02 37 | 09 43 | 12 04 |
| 31 | 18 08 | 12 17 | 16 46 | 14 21 | 25 11 | 22 41 | 22 30 | 08 42 | 17 01 | 20 32 | 05 57 | 16 19 | 02 43 | 09 46 | 12 05 |

Lunar Phases -- 2 ◑ 23:59 11 ● 04:05 18 ◐ 18:33 25 ○ 09:35 Sun enters ♌ 7/22 02:49

## Longitudes of Main Planets - August 2048

0:00 E.T.

| D | S.T. | ☉ | ☽ | ☽ 12:00 | ☿ | ♀ | ♂ | ♃ | ♄ | ♅ | ♆ | ♇ | ☊ |
|---|---|---|---|---|---|---|---|---|---|---|---|---|---|
| 1 | 20:41:07 | 09♌26 27 | 02♉38 | 08♉44 | 20♌51 | 26♌58 | 08♐26 | 22♊22 | 10♑45℞ | 09♍32 | 23♉42 | 07♓32℞ | 25♐24 |
| 2 | 20:45:04 | 10 23 51 | 14 47 | 20 47 | 22 44 | 28 12 | 08 42 | 22 33 | 10 41 | 09 35 | 23 43 | 07 31 | 25 21 |
| 3 | 20:49:00 | 11 21 16 | 26 44 | 02♊40 | 24 35 | 29 25 | 08 59 | 22 45 | 10 37 | 09 38 | 23 44 | 07 30 | 25 18 |
| 4 | 20:52:57 | 12 18 43 | 08♊34 | 14 28 | 26 24 | 00♍39 | 09 17 | 22 56 | 10 34 | 09 42 | 23 44 | 07 29 | 25 15 |
| 5 | 20:56:53 | 13 16 10 | 20 21 | 26 15 | 28 12 | 01 52 | 09 35 | 23 07 | 10 31 | 09 45 | 23 45 | 07 28 | 25 12 |
| 6 | 21:00:50 | 14 13 39 | 02♋11 | 08♋07 | 29 57 | 03 06 | 09 53 | 23 18 | 10 27 | 09 49 | 23 46 | 07 27 | 25 08 |
| 7 | 21:04:47 | 15 11 09 | 14 06 | 20 07 | 01♍42 | 04 19 | 10 12 | 23 29 | 10 24 | 09 52 | 23 46 | 07 25 | 25 05 |
| 8 | 21:08:43 | 16 08 40 | 26 11 | 02♌18 | 03 25 | 05 33 | 10 32 | 23 40 | 10 21 | 09 56 | 23 47 | 07 24 | 25 02 |
| 9 | 21:12:40 | 17 06 12 | 08♌28 | 14 41 | 05 06 | 06 47 | 10 53 | 23 51 | 10 18 | 09 59 | 23 48 | 07 23 | 24 59 |
| 10 | 21:16:36 | 18 03 46 | 20 58 | 27 18 | 06 46 | 08 00 | 11 13 | 24 02 | 10 15 | 10 03 | 23 48 | 07 22 | 24 56 |
| 11 | 21:20:33 | 19 01 20 | 03♍42 | 10♍09 | 08 24 | 09 14 | 11 35 | 24 13 | 10 12 | 10 07 | 23 49 | 07 21 | 24 53 |
| 12 | 21:24:29 | 19 58 55 | 16 40 | 23 13 | 10 00 | 10 27 | 11 57 | 24 23 | 10 09 | 10 10 | 23 49 | 07 20 | 24 49 |
| 13 | 21:28:26 | 20 56 32 | 29 50 | 06♎30 | 11 35 | 11 41 | 12 19 | 24 34 | 10 06 | 10 14 | 23 50 | 07 18 | 24 46 |
| 14 | 21:32:22 | 21 54 09 | 13♎13 | 19 59 | 13 09 | 12 54 | 12 42 | 24 44 | 10 03 | 10 17 | 23 50 | 07 17 | 24 43 |
| 15 | 21:36:19 | 22 51 48 | 26 48 | 03♏39 | 14 41 | 14 08 | 13 06 | 24 54 | 10 01 | 10 21 | 23 51 | 07 16 | 24 40 |
| 16 | 21:40:16 | 23 49 27 | 10♏33 | 17 30 | 16 11 | 15 21 | 13 30 | 25 05 | 09 58 | 10 25 | 23 51 | 07 15 | 24 37 |
| 17 | 21:44:12 | 24 47 07 | 24 29 | 01♐31 | 17 40 | 16 35 | 13 54 | 25 15 | 09 56 | 10 28 | 23 51 | 07 13 | 24 33 |
| 18 | 21:48:09 | 25 44 49 | 08♐35 | 15 42 | 19 07 | 17 48 | 14 19 | 25 25 | 09 53 | 10 32 | 23 52 | 07 12 | 24 30 |
| 19 | 21:52:05 | 26 42 31 | 22 51 | 00♑02 | 20 32 | 19 02 | 14 45 | 25 34 | 09 51 | 10 36 | 23 52 | 07 11 | 24 27 |
| 20 | 21:56:02 | 27 40 15 | 07♑14 | 14 28 | 21 56 | 20 15 | 15 10 | 25 44 | 09 49 | 10 39 | 23 52 | 07 10 | 24 24 |
| 21 | 21:59:58 | 28 37 59 | 21 42 | 28 56 | 23 19 | 21 28 | 15 37 | 25 54 | 09 46 | 10 43 | 23 52 | 07 08 | 24 21 |
| 22 | 22:03:55 | 29 35 45 | 06♒10 | 13♒22 | 24 39 | 22 42 | 16 03 | 26 03 | 09 44 | 10 47 | 23 52 | 07 07 | 24 18 |
| 23 | 22:07:51 | 00♍33 32 | 20 32 | 27 40 | 25 58 | 23 55 | 16 31 | 26 13 | 09 42 | 10 50 | 23 53 | 07 06 | 24 14 |
| 24 | 22:11:48 | 01 31 21 | 04♓44 | 11♓43 | 27 15 | 25 09 | 16 58 | 26 22 | 09 40 | 10 54 | 23 53 | 07 05 | 24 11 |
| 25 | 22:15:45 | 02 29 10 | 18 38 | 25 28 | 28 31 | 26 22 | 17 26 | 26 31 | 09 39 | 10 58 | 23 53 | 07 03 | 24 08 |
| 26 | 22:19:41 | 03 27 02 | 02♈12 | 08♈51 | 29 44 | 27 35 | 17 54 | 26 40 | 09 37 | 11 02 | 23 53 | 07 02 | 24 05 |
| 27 | 22:23:38 | 04 24 55 | 15 23 | 21 50 | 00♎56 | 28 49 | 18 23 | 26 49 | 09 35 | 11 05 | 23 53℞ | 07 01 | 24 02 |
| 28 | 22:27:34 | 05 22 49 | 28 11 | 04♉28 | 02 05 | 00♎02 | 18 52 | 26 58 | 09 34 | 11 09 | 23 53 | 07 00 | 23 59 |
| 29 | 22:31:31 | 06 20 46 | 10♉39 | 16 46 | 03 13 | 01 15 | 19 22 | 27 07 | 09 32 | 11 13 | 23 53 | 06 58 | 23 55 |
| 30 | 22:35:27 | 07 18 44 | 22 49 | 28 49 | 04 18 | 02 28 | 19 51 | 27 15 | 09 31 | 11 17 | 23 53 | 06 57 | 23 52 |
| 31 | 22:39:24 | 08 16 44 | 04♊47 | 10♊42 | 05 21 | 03 42 | 20 21 | 27 24 | 09 30 | 11 20 | 23 53 | 06 56 | 23 49 |

0:00 E.T.

## Longitudes of the Major Asteroids and Chiron

| D | ⚳ | ⚴ | ⚵ | ⚶ | ⚷ | D | ⚳ | ⚴ | ⚵ | ⚶ | ⚷ |
|---|---|---|---|---|---|---|---|---|---|---|---|
| 1 | 15♈19 | 13♒49℞ | 26♒13℞ | 16♉44 | 06♏04 | 17 | 15 25 | 09 42 | 22 29 | 20 37 | 07 05 |
| 2 | 15 22 | 13 33 | 26 00 | 17 00 | 06 07 | 18 | 15 22 | 09 28 | 22 14 | 20 49 | 07 09 |
| 3 | 15 24 | 13 17 | 25 47 | 17 16 | 06 11 | 19 | 15 19 | 09 14 | 21 59 | 21 01 | 07 14 |
| 4 | 15 27 | 13 02 | 25 34 | 17 32 | 06 14 | 20 | 15 16 | 09 00 | 21 44 | 21 13 | 07 19 |
| 5 | 15 29 | 12 46 | 25 21 | 17 48 | 06 17 | 21 | 15 12 | 08 46 | 21 30 | 21 24 | 07 24 |
| 6 | 15 30 | 12 30 | 25 07 | 18 03 | 06 21 | 22 | 15 08 | 08 33 | 21 15 | 21 35 | 07 28 |
| 7 | 15 32 | 12 14 | 24 53 | 18 19 | 06 24 | 23 | 15 04 | 08 20 | 21 00 | 21 46 | 07 33 |
| 8 | 15 33 | 11 59 | 24 39 | 18 34 | 06 28 | 24 | 14 59 | 08 07 | 20 46 | 21 57 | 07 38 |
| 9 | 15 33 | 11 43 | 24 25 | 18 48 | 06 32 | 25 | 14 53 | 07 54 | 20 31 | 22 07 | 07 44 |
| 10 | 15 33 | 11 28 | 24 11 | 19 03 | 06 35 | 26 | 14 48 | 07 42 | 20 17 | 22 17 | 07 49 |
| 11 | 15 33℞ | 11 12 | 23 57 | 19 17 | 06 39 | 27 | 14 42 | 07 29 | 20 03 | 22 26 | 07 54 |
| 12 | 15 33 | 10 57 | 23 42 | 19 31 | 06 43 | 28 | 14 36 | 07 18 | 19 49 | 22 35 | 07 59 |
| 13 | 15 32 | 10 42 | 23 28 | 19 45 | 06 47 | 29 | 14 29 | 07 06 | 19 35 | 22 44 | 08 05 |
| 14 | 15 31 | 10 27 | 23 13 | 19 58 | 06 52 | 30 | 14 22 | 06 55 | 19 22 | 22 53 | 08 10 |
| 15 | 15 29 | 10 12 | 22 58 | 20 11 | 06 56 | 31 | 14 15 | 06 44 | 19 09 | 23 01 | 08 16 |
| 16 | 15 27 | 09 57 | 22 43 | 20 24 | 07 00 | | | | | | |

## Lunar Data

| Last Asp. | | Ingress | | |
|---|---|---|---|---|
| 3 | 06:03 | 3 | ♊ | 06:36 |
| 5 | 18:44 | 5 | ♋ | 19:36 |
| 7 | 19:15 | 8 | ♌ | 07:30 |
| 10 | 05:54 | 10 | ♍ | 17:04 |
| 12 | 14:19 | 13 | ♎ | 00:18 |
| 14 | 20:39 | 15 | ♏ | 05:37 |
| 17 | 00:33 | 17 | ♐ | 09:25 |
| 19 | 06:55 | 19 | ♑ | 11:57 |
| 21 | 03:36 | 21 | ♒ | 13:46 |
| 23 | 09:39 | 23 | ♓ | 15:58 |
| 25 | 19:09 | 25 | ♈ | 20:04 |
| 27 | 21:39 | 28 | ♉ | 03:27 |
| 30 | 02:07 | 30 | ♊ | 14:23 |

0:00 E.T.

## Declinations

| D | ☉ | ☽ | ☿ | ♀ | ♂ | ♃ | ♄ | ♅ | ♆ | ♇ | ⚳ | ⚴ | ⚵ | ⚶ | ⚷ |
|---|---|---|---|---|---|---|---|---|---|---|---|---|---|---|---|
| 1 | +17 53 | +16 20 | +16 07 | +13 56 | -25 13 | +22 41 | -22 30 | +08 41 | +17 01 | -20 32 | -05 59 | +16 11 | -02 49 | +09 49 | -12 06 |
| 2 | 17 38 | 19 35 | 15 27 | 13 30 | 25 15 | 22 42 | 22 30 | 08 39 | 17 01 | 20 33 | 06 01 | 16 04 | 02 55 | 09 51 | 12 07 |
| 3 | 17 22 | 21 57 | 14 47 | 13 05 | 25 17 | 22 43 | 22 31 | 08 38 | 17 01 | 20 33 | 06 03 | 15 56 | 03 02 | 09 54 | 12 08 |
| 4 | 17 06 | 23 20 | 14 06 | 12 38 | 25 20 | 22 43 | 22 31 | 08 37 | 17 02 | 20 34 | 06 06 | 15 48 | 03 09 | 09 56 | 12 09 |
| 5 | 16 50 | 23 40 | 13 25 | 12 12 | 25 22 | 22 44 | 22 32 | 08 35 | 17 02 | 20 35 | 06 09 | 15 39 | 03 16 | 09 58 | 12 10 |
| 6 | 16 33 | 22 56 | 12 43 | 11 45 | 25 24 | 22 44 | 22 32 | 08 34 | 17 02 | 20 35 | 06 11 | 15 31 | 03 23 | 10 00 | 12 11 |
| 7 | 16 17 | 21 10 | 12 01 | 11 18 | 25 27 | 22 45 | 22 32 | 08 33 | 17 02 | 20 36 | 06 14 | 15 22 | 03 31 | 10 02 | 12 12 |
| 8 | 16 00 | 18 25 | 11 18 | 10 51 | 25 29 | 22 46 | 22 33 | 08 31 | 17 02 | 20 36 | 06 17 | 15 13 | 03 38 | 10 04 | 12 13 |
| 9 | 15 42 | 14 50 | 10 35 | 10 23 | 25 31 | 22 46 | 22 33 | 08 30 | 17 02 | 20 37 | 06 21 | 15 04 | 03 46 | 10 06 | 12 14 |
| 10 | 15 25 | 10 33 | 09 53 | 09 55 | 25 34 | 22 47 | 22 33 | 08 29 | 17 02 | 20 38 | 06 24 | 14 54 | 03 54 | 10 08 | 12 15 |
| 11 | 15 07 | 05 45 | 09 10 | 09 27 | 25 36 | 22 47 | 22 34 | 08 27 | 17 02 | 20 38 | 06 27 | 14 45 | 04 02 | 10 10 | 12 16 |
| 12 | 14 49 | 00 38 | 08 27 | 08 58 | 25 39 | 22 48 | 22 34 | 08 26 | 17 02 | 20 39 | 06 31 | 14 35 | 04 10 | 10 11 | 12 17 |
| 13 | 14 31 | -04 36 | 07 44 | 08 29 | 25 41 | 22 48 | 22 34 | 08 25 | 17 02 | 20 39 | 06 34 | 14 25 | 04 18 | 10 12 | 12 18 |
| 14 | 14 12 | 09 42 | 07 01 | 08 01 | 25 43 | 22 48 | 22 35 | 08 23 | 17 02 | 20 40 | 06 38 | 14 15 | 04 27 | 10 14 | 12 20 |
| 15 | 13 53 | 14 24 | 06 18 | 07 31 | 25 46 | 22 49 | 22 35 | 08 22 | 17 02 | 20 41 | 06 42 | 14 05 | 04 35 | 10 15 | 12 21 |
| 16 | 13 35 | 18 26 | 05 36 | 07 02 | 25 48 | 22 49 | 22 35 | 08 20 | 17 03 | 20 41 | 06 46 | 13 54 | 04 44 | 10 16 | 12 22 |
| 17 | 13 15 | 21 28 | 04 54 | 06 32 | 25 50 | 22 50 | 22 36 | 08 19 | 17 03 | 20 42 | 06 50 | 13 44 | 04 53 | 10 17 | 12 24 |
| 18 | 12 56 | 23 13 | 04 12 | 06 03 | 25 53 | 22 50 | 22 36 | 08 18 | 17 03 | 20 42 | 06 54 | 13 33 | 05 02 | 10 18 | 12 25 |
| 19 | 12 36 | 23 30 | 03 30 | 05 33 | 25 55 | 22 50 | 22 36 | 08 16 | 17 03 | 20 43 | 06 59 | 13 22 | 05 11 | 10 19 | 12 26 |
| 20 | 12 17 | 22 13 | 02 49 | 05 03 | 25 57 | 22 51 | 22 36 | 08 15 | 17 03 | 20 43 | 07 03 | 13 11 | 05 20 | 10 20 | 12 28 |
| 21 | 11 57 | 19 29 | 02 09 | 04 33 | 25 59 | 22 51 | 22 37 | 08 13 | 17 03 | 20 44 | 07 07 | 13 00 | 05 29 | 10 20 | 12 29 |
| 22 | 11 37 | 15 32 | 01 28 | 04 02 | 26 01 | 22 51 | 22 37 | 08 12 | 17 03 | 20 45 | 07 12 | 12 49 | 05 39 | 10 21 | 12 31 |
| 23 | 11 16 | 10 42 | 00 49 | 03 32 | 26 03 | 22 52 | 22 37 | 08 11 | 17 03 | 20 45 | 07 17 | 12 37 | 05 48 | 10 21 | 12 32 |
| 24 | 10 56 | 05 22 | 00 09 | 03 01 | 26 05 | 22 52 | 22 38 | 08 09 | 17 02 | 20 46 | 07 21 | 12 26 | 05 58 | 10 22 | 12 34 |
| 25 | 10 35 | +00 08 | -00 29 | 02 31 | 26 07 | 22 52 | 22 38 | 08 08 | 17 02 | 20 46 | 07 26 | 12 14 | 06 07 | 10 22 | 12 35 |
| 26 | 10 14 | 05 28 | 01 07 | 02 00 | 26 09 | 22 53 | 22 38 | 08 06 | 17 02 | 20 47 | 07 31 | 12 02 | 06 17 | 10 22 | 12 37 |
| 27 | 09 53 | 10 25 | 01 44 | 01 29 | 26 11 | 22 53 | 22 38 | 08 05 | 17 02 | 20 47 | 07 36 | 11 51 | 06 26 | 10 22 | 12 38 |
| 28 | 09 32 | 14 46 | 02 20 | 00 59 | 26 12 | 22 53 | 22 39 | 08 03 | 17 02 | 20 48 | 07 41 | 11 39 | 06 36 | 10 22 | 12 40 |
| 29 | 09 11 | 18 22 | 02 56 | 00 28 | 26 14 | 22 53 | 22 39 | 08 02 | 17 02 | 20 48 | 07 46 | 11 27 | 06 45 | 10 22 | 12 41 |
| 30 | 08 49 | 21 04 | 03 30 | -00 03 | 26 16 | 22 53 | 22 39 | 08 01 | 17 02 | 20 49 | 07 52 | 11 15 | 06 55 | 10 21 | 12 43 |
| 31 | 08 28 | 22 47 | 04 04 | 00 34 | 26 17 | 22 54 | 22 39 | 07 59 | 17 02 | 20 49 | 07 57 | 11 03 | 07 05 | 10 21 | 12 45 |

Lunar Phases -- 1 ◑ 14:32 9 ● 18:00 17 ◐ 00:33 23 ○ 18:08 31 ◑ 07:43 Sun enters ♍ 8/22 10:04

## 0:00 E.T. Longitudes of Main Planets - September 2048 **Sep. 48**

| D | S.T. | ☉ | ☽ | ☽ 12:00 | ☿ | ♀ | ♂ | ♃ | ♄ | ♅ | ♆ | ♇ | ☊ |
|---|---|---|---|---|---|---|---|---|---|---|---|---|---|
| 1 | 22:43:20 | 09♍14 47 | 16♊36 | 22♊30 | 06♎21 | 04♎55 | 20♐52 | 27♊32 | 09♑28R | 11♍24 | 23♉52R | 06♓54R | 23♐46 |
| 2 | 22:47:17 | 10 12 51 | 28 24 | 04♋19 | 07 19 | 06 08 | 21 23 | 27 40 | 09 27 | 11 28 | 23 52 | 06 53 | 23 43 |
| 3 | 22:51:14 | 11 10 56 | 10♋16 | 16 14 | 08 14 | 07 22 | 21 54 | 27 48 | 09 26 | 11 32 | 23 52 | 06 52 | 23 39 |
| 4 | 22:55:10 | 12 09 04 | 22 16 | 28 20 | 09 06 | 08 35 | 22 25 | 27 56 | 09 25 | 11 36 | 23 52 | 06 51 | 23 36 |
| 5 | 22:59:07 | 13 07 14 | 04♌28 | 10♌40 | 09 55 | 09 48 | 22 57 | 28 04 | 09 25 | 11 39 | 23 51 | 06 49 | 23 33 |
| 6 | 23:03:03 | 14 05 25 | 16 56 | 23 16 | 10 41 | 11 01 | 23 29 | 28 11 | 09 24 | 11 43 | 23 51 | 06 48 | 23 30 |
| 7 | 23:07:00 | 15 03 39 | 29 41 | 06♍11 | 11 23 | 12 14 | 24 02 | 28 19 | 09 23 | 11 47 | 23 51 | 06 47 | 23 27 |
| 8 | 23:10:56 | 16 01 54 | 12♍45 | 19 23 | 12 01 | 13 28 | 24 35 | 28 26 | 09 23 | 11 51 | 23 50 | 06 46 | 23 24 |
| 9 | 23:14:53 | 17 00 11 | 26 05 | 02♎51 | 12 35 | 14 41 | 25 08 | 28 33 | 09 22 | 11 54 | 23 50 | 06 44 | 23 20 |
| 10 | 23:18:49 | 17 58 30 | 09♎40 | 16 32 | 13 05 | 15 54 | 25 41 | 28 40 | 09 22 | 11 58 | 23 49 | 06 43 | 23 17 |
| 11 | 23:22:46 | 18 56 50 | 23 26 | 00♏23 | 13 31 | 17 07 | 26 15 | 28 47 | 09 22 | 12 02 | 23 49 | 06 42 | 23 14 |
| 12 | 23:26:43 | 19 55 12 | 07♏21 | 14 21 | 13 51 | 18 20 | 26 49 | 28 54 | 09 22 | 12 06 | 23 48 | 06 41 | 23 11 |
| 13 | 23:30:39 | 20 53 36 | 21 21 | 28 23 | 14 06 | 19 33 | 27 23 | 29 00 | 09 22D | 12 09 | 23 48 | 06 39 | 23 08 |
| 14 | 23:34:36 | 21 52 01 | 05♐25 | 12♐28 | 14 15 | 20 46 | 27 57 | 29 07 | 09 22 | 12 13 | 23 47 | 06 38 | 23 05 |
| 15 | 23:38:32 | 22 50 28 | 19 31 | 26 34 | 14 19 | 21 59 | 28 32 | 29 13 | 09 22 | 12 17 | 23 47 | 06 37 | 23 01 |
| 16 | 23:42:29 | 23 48 56 | 03♑37 | 10♑41 | 14 16R | 23 12 | 29 07 | 29 19 | 09 22 | 12 21 | 23 46 | 06 36 | 22 58 |
| 17 | 23:46:25 | 24 47 26 | 17 44 | 24 47 | 14 06 | 24 25 | 29 42 | 29 25 | 09 23 | 12 24 | 23 45 | 06 35 | 22 55 |
| 18 | 23:50:22 | 25 45 58 | 01♒50 | 08♒52 | 13 50 | 25 38 | 00♑18 | 29 31 | 09 23 | 12 28 | 23 45 | 06 33 | 22 52 |
| 19 | 23:54:18 | 26 44 31 | 15 53 | 22 52 | 13 27 | 26 51 | 00 54 | 29 37 | 09 24 | 12 32 | 23 44 | 06 32 | 22 49 |
| 20 | 23:58:15 | 27 43 06 | 29 50 | 06♓45 | 12 57 | 28 04 | 01 30 | 29 42 | 09 24 | 12 35 | 23 43 | 06 31 | 22 45 |
| 21 | 0:02:12 | 28 41 43 | 13♓37 | 20 26 | 12 19 | 29 17 | 02 06 | 29 47 | 09 25 | 12 39 | 23 42 | 06 30 | 22 42 |
| 22 | 0:06:08 | 29 40 21 | 27 11 | 03♈52 | 11 35 | 00♏30 | 02 42 | 29 52 | 09 26 | 12 43 | 23 42 | 06 29 | 22 39 |
| 23 | 0:10:05 | 00♎39 01 | 10♈29 | 17 02 | 10 45 | 01 43 | 03 19 | 29 57 | 09 27 | 12 46 | 23 41 | 06 28 | 22 36 |
| 24 | 0:14:01 | 01 37 44 | 23 29 | 29 52 | 09 49 | 02 56 | 03 56 | 00♋02 | 09 28 | 12 50 | 23 40 | 06 26 | 22 33 |
| 25 | 0:17:58 | 02 36 28 | 06♉10 | 12♉24 | 08 49 | 04 08 | 04 33 | 00 07 | 09 29 | 12 54 | 23 39 | 06 25 | 22 30 |
| 26 | 0:21:54 | 03 35 15 | 18 33 | 24 39 | 07 45 | 05 21 | 05 10 | 00 11 | 09 30 | 12 57 | 23 38 | 06 24 | 22 26 |
| 27 | 0:25:51 | 04 34 04 | 00♊41 | 06♊41 | 06 38 | 06 34 | 05 48 | 00 15 | 09 32 | 13 01 | 23 37 | 06 23 | 22 23 |
| 28 | 0:29:47 | 05 32 55 | 12 38 | 18 33 | 05 31 | 07 47 | 06 25 | 00 20 | 09 33 | 13 04 | 23 36 | 06 22 | 22 20 |
| 29 | 0:33:44 | 06 31 49 | 24 28 | 00♋21 | 04 26 | 08 59 | 07 03 | 00 23 | 09 35 | 13 08 | 23 35 | 06 21 | 22 17 |
| 30 | 0:37:41 | 07 30 44 | 06♋15 | 12 11 | 03 22 | 10 12 | 07 41 | 00 27 | 09 36 | 13 11 | 23 34 | 06 20 | 22 14 |

## 0:00 E.T. Longitudes of the Major Asteroids and Chiron

| D | ⚳ | ⚴ | ⚵ | ⚶ | ⚷ | D | ⚳ | ⚴ | ⚵ | ⚶ | ⚷ |
|---|---|---|---|---|---|---|---|---|---|---|---|
| 1 | 14♈07R | 06♒33R | 18♒56R | 23♉09 | 08♏22 | 16 | 11 36 | 04 34 | 16 15 | 24 20 | 09 55 |
| 2 | 13 59 | 06 23 | 18 43 | 23 16 | 08 27 | 17 | 11 24 | 04 29 | 16 08 | 24 21 | 10 02 |
| 3 | 13 51 | 06 13 | 18 30 | 23 23 | 08 33 | 18 | 11 12 | 04 24 | 16 00 | 24 22 | 10 09 |
| 4 | 13 42 | 06 03 | 18 18 | 23 30 | 08 39 | 19 | 10 59 | 04 20 | 15 53 | 24 23 | 10 16 |
| 5 | 13 33 | 05 54 | 18 06 | 23 36 | 08 45 | 20 | 10 47 | 04 16 | 15 47 | 24 23R | 10 22 |
| 6 | 13 24 | 05 45 | 17 54 | 23 42 | 08 51 | 21 | 10 34 | 04 12 | 15 41 | 24 23 | 10 29 |
| 7 | 13 14 | 05 36 | 17 42 | 23 48 | 08 57 | 22 | 10 21 | 04 09 | 15 36 | 24 22 | 10 36 |
| 8 | 13 05 | 05 28 | 17 31 | 23 53 | 09 04 | 23 | 10 08 | 04 06 | 15 30 | 24 21 | 10 43 |
| 9 | 12 54 | 05 20 | 17 20 | 23 58 | 09 10 | 24 | 09 55 | 04 04 | 15 26 | 24 19 | 10 51 |
| 10 | 12 44 | 05 12 | 17 10 | 24 02 | 09 16 | 25 | 09 41 | 04 01 | 15 21 | 24 17 | 10 58 |
| 11 | 12 33 | 05 05 | 17 00 | 24 06 | 09 22 | 26 | 09 28 | 04 00 | 15 18 | 24 15 | 11 05 |
| 12 | 12 22 | 04 58 | 16 50 | 24 10 | 09 29 | 27 | 09 14 | 03 58 | 15 14 | 24 12 | 11 12 |
| 13 | 12 11 | 04 51 | 16 41 | 24 13 | 09 35 | 28 | 09 01 | 03 57 | 15 11 | 24 08 | 11 19 |
| 14 | 12 00 | 04 45 | 16 32 | 24 15 | 09 42 | 29 | 08 47 | 03 56 | 15 09 | 24 05 | 11 27 |
| 15 | 11 48 | 04 39 | 16 23 | 24 18 | 09 49 | 30 | 08 34 | 03 56 | 15 07 | 24 00 | 11 34 |

## Lunar Data

| Last Asp. | | Ingress | | |
|---|---|---|---|---|
| 1 | 22:29 | 2 | ♋ | 03:14 |
| 4 | 03:10 | 4 | ♌ | 15:16 |
| 6 | 21:25 | 7 | ♍ | 00:35 |
| 9 | 04:26 | 9 | ♎ | 06:58 |
| 11 | 09:20 | 11 | ♏ | 11:21 |
| 13 | 04:10 | 13 | ♐ | 14:46 |
| 15 | 16:38 | 15 | ♑ | 17:50 |
| 17 | 12:54 | 17 | ♒ | 20:52 |
| 19 | 23:47 | 20 | ♓ | 00:18 |
| 22 | 04:50 | 22 | ♈ | 05:02 |
| 23 | 00:27 | 24 | ♉ | 12:16 |
| 26 | 09:59 | 26 | ♊ | 22:38 |
| 28 | 00:54 | 29 | ♋ | 11:16 |

## 0:00 E.T. Declinations

| D | ☉ | ☽ | ☿ | ♀ | ♂ | ♃ | ♄ | ♅ | ♆ | ♇ | ⚳ | ⚴ | ⚵ | ⚶ | ⚷ |
|---|---|---|---|---|---|---|---|---|---|---|---|---|---|---|---|
| 1 | +08 06 | +23 28 | -04 36 | -01 05 | -26 18 | +22 54 | -22 39 | +07 58 | +17 02 | -20 50 | -08 02 | +10 50 | -07 14 | +10 21 | -12 46 |
| 2 | 07 44 | 23 05 | 05 07 | 01 36 | 26 19 | 22 54 | 22 40 | 07 56 | 17 02 | 20 50 | 08 08 | 10 38 | 07 24 | 10 20 | 12 48 |
| 3 | 07 22 | 21 40 | 05 38 | 02 07 | 26 20 | 22 54 | 22 40 | 07 55 | 17 02 | 20 51 | 08 13 | 10 26 | 07 33 | 10 19 | 12 50 |
| 4 | 07 00 | 19 16 | 06 06 | 02 38 | 26 21 | 22 54 | 22 40 | 07 53 | 17 02 | 20 51 | 08 19 | 10 14 | 07 43 | 10 19 | 12 52 |
| 5 | 06 38 | 15 59 | 06 34 | 03 09 | 26 22 | 22 54 | 22 40 | 07 52 | 17 02 | 20 52 | 08 24 | 10 01 | 07 53 | 10 18 | 12 53 |
| 6 | 06 15 | 11 56 | 06 59 | 03 39 | 26 23 | 22 54 | 22 40 | 07 51 | 17 01 | 20 52 | 08 30 | 09 49 | 08 02 | 10 17 | 12 55 |
| 7 | 05 53 | 07 18 | 07 24 | 04 10 | 26 23 | 22 55 | 22 40 | 07 49 | 17 01 | 20 53 | 08 35 | 09 37 | 08 12 | 10 16 | 12 57 |
| 8 | 05 30 | 02 14 | 07 46 | 04 41 | 26 24 | 22 55 | 22 41 | 07 48 | 17 01 | 20 53 | 08 41 | 09 24 | 08 21 | 10 15 | 12 59 |
| 9 | 05 08 | -03 02 | 08 06 | 05 11 | 26 24 | 22 55 | 22 41 | 07 46 | 17 01 | 20 54 | 08 47 | 09 12 | 08 30 | 10 13 | 13 01 |
| 10 | 04 45 | 08 15 | 08 24 | 05 42 | 26 24 | 22 55 | 22 41 | 07 45 | 17 01 | 20 54 | 08 52 | 09 00 | 08 40 | 10 12 | 13 02 |
| 11 | 04 22 | 13 08 | 08 40 | 06 12 | 26 24 | 22 55 | 22 41 | 07 43 | 17 01 | 20 55 | 08 58 | 08 47 | 08 49 | 10 11 | 13 04 |
| 12 | 03 59 | 17 22 | 08 54 | 06 43 | 26 24 | 22 55 | 22 41 | 07 42 | 17 00 | 20 55 | 09 03 | 08 35 | 08 58 | 10 09 | 13 06 |
| 13 | 03 37 | 20 39 | 09 05 | 07 13 | 26 24 | 22 55 | 22 41 | 07 41 | 17 00 | 20 56 | 09 09 | 08 22 | 09 07 | 10 07 | 13 08 |
| 14 | 03 14 | 22 43 | 09 13 | 07 43 | 26 24 | 22 55 | 22 41 | 07 39 | 17 00 | 20 56 | 09 15 | 08 10 | 09 16 | 10 06 | 13 10 |
| 15 | 02 50 | 23 20 | 09 17 | 08 13 | 26 23 | 22 55 | 22 42 | 07 38 | 17 00 | 20 56 | 09 20 | 07 58 | 09 25 | 10 04 | 13 12 |
| 16 | 02 27 | 22 28 | 09 19 | 08 42 | 26 22 | 22 55 | 22 42 | 07 36 | 17 00 | 20 57 | 09 26 | 07 46 | 09 33 | 10 02 | 13 14 |
| 17 | 02 04 | 20 10 | 09 17 | 09 12 | 26 21 | 22 55 | 22 42 | 07 35 | 16 59 | 20 57 | 09 31 | 07 33 | 09 42 | 10 00 | 13 16 |
| 18 | 01 41 | 16 40 | 09 11 | 09 41 | 26 20 | 22 55 | 22 42 | 07 33 | 16 59 | 20 58 | 09 37 | 07 21 | 09 51 | 09 58 | 13 18 |
| 19 | 01 18 | 12 14 | 09 01 | 10 10 | 26 19 | 22 55 | 22 42 | 07 32 | 16 59 | 20 58 | 09 42 | 07 09 | 09 59 | 09 56 | 13 20 |
| 20 | 00 54 | 07 12 | 08 46 | 10 39 | 26 18 | 22 55 | 22 42 | 07 31 | 16 59 | 20 58 | 09 48 | 06 57 | 10 07 | 09 54 | 13 22 |
| 21 | 00 31 | 01 52 | 08 28 | 11 08 | 26 16 | 22 55 | 22 42 | 07 29 | 16 59 | 20 59 | 09 53 | 06 45 | 10 15 | 09 51 | 13 24 |
| 22 | 00 08 | +03 28 | 08 05 | 11 36 | 26 14 | 22 55 | 22 42 | 07 28 | 16 58 | 20 59 | 09 58 | 06 33 | 10 23 | 09 49 | 13 26 |
| 23 | -00 16 | 08 32 | 07 38 | 12 04 | 26 12 | 22 55 | 22 42 | 07 27 | 16 58 | 20 59 | 10 03 | 06 21 | 10 31 | 09 47 | 13 28 |
| 24 | 00 39 | 13 06 | 07 08 | 12 32 | 26 10 | 22 55 | 22 42 | 07 25 | 16 58 | 21 00 | 10 08 | 06 09 | 10 39 | 09 44 | 13 30 |
| 25 | 01 02 | 16 58 | 06 33 | 13 00 | 26 08 | 22 56 | 22 42 | 07 24 | 16 57 | 21 00 | 10 13 | 05 58 | 10 47 | 09 41 | 13 32 |
| 26 | 01 26 | 20 00 | 05 55 | 13 27 | 26 05 | 22 56 | 22 42 | 07 22 | 16 57 | 21 00 | 10 18 | 05 46 | 10 54 | 09 39 | 13 34 |
| 27 | 01 49 | 22 04 | 05 15 | 13 54 | 26 02 | 22 56 | 22 42 | 07 21 | 16 57 | 21 01 | 10 23 | 05 35 | 11 01 | 09 36 | 13 36 |
| 28 | 02 12 | 23 06 | 04 33 | 14 21 | 26 00 | 22 56 | 22 42 | 07 20 | 16 57 | 21 01 | 10 28 | 05 23 | 11 09 | 09 33 | 13 38 |
| 29 | 02 36 | 23 04 | 03 50 | 14 47 | 25 56 | 22 56 | 22 42 | 07 18 | 16 56 | 21 01 | 10 33 | 05 12 | 11 16 | 09 30 | 13 40 |
| 30 | 02 59 | 22 00 | 03 08 | 15 13 | 25 53 | 22 56 | 22 42 | 07 17 | 16 56 | 21 02 | 10 37 | 05 00 | 11 22 | 09 27 | 13 42 |

Lunar Phases -- 8 ● 06:26 15 ◐ 06:05 22 ○ 04:48 30 ◑ 02:47 Sun enters ♎ 9/22 08:02

# Oct. 48 — Longitudes of Main Planets - October 2048 — 0:00 E.T.

| D | S.T. | ☉ | ☽ | ☽ 12:00 | ☿ | ♀ | ♂ | ♃ | ♄ | ♅ | ♆ | ♇ | ☊ |
|---|---|---|---|---|---|---|---|---|---|---|---|---|---|
| 1 | 0:41:37 | 08♎29 42 | 18♋07 | 24♋06 | 02♎24℞ | 11♏25 | 08♑19 | 00♋31 | 09♑38 | 13♍15 | 23♉33℞ | 06♓19℞ | 22♐10 |
| 2 | 0:45:34 | 09 28 43 | 00♌08 | 06♌14 | 01 32 | 12 38 | 08 58 | 00 34 | 09 40 | 13 18 | 23 32 | 06 18 | 22 07 |
| 3 | 0:49:30 | 10 27 45 | 12 23 | 18 38 | 00 47 | 13 50 | 09 36 | 00 37 | 09 42 | 13 22 | 23 31 | 06 17 | 22 04 |
| 4 | 0:53:27 | 11 26 50 | 24 57 | 01♍22 | 00 11 | 15 03 | 10 15 | 00 40 | 09 44 | 13 25 | 23 30 | 06 16 | 22 01 |
| 5 | 0:57:23 | 12 25 57 | 07♍52 | 14 28 | 29♍44 | 16 15 | 10 54 | 00 43 | 09 46 | 13 29 | 23 28 | 06 15 | 21 58 |
| 6 | 1:01:20 | 13 25 06 | 21 10 | 27 57 | 29 28 | 17 28 | 11 33 | 00 46 | 09 48 | 13 32 | 23 27 | 06 14 | 21 55 |
| 7 | 1:05:16 | 14 24 17 | 04♎49 | 11♎46 | 29 22 | 18 40 | 12 12 | 00 48 | 09 51 | 13 36 | 23 26 | 06 13 | 21 51 |
| 8 | 1:09:13 | 15 23 30 | 18 47 | 25 52 | 29 28D | 19 53 | 12 52 | 00 50 | 09 53 | 13 39 | 23 25 | 06 12 | 21 48 |
| 9 | 1:13:09 | 16 22 46 | 02♏59 | 10♏09 | 29 43 | 21 05 | 13 31 | 00 52 | 09 55 | 13 42 | 23 24 | 06 11 | 21 45 |
| 10 | 1:17:06 | 17 22 03 | 17 20 | 24 32 | 00♎09 | 22 18 | 14 11 | 00 54 | 09 58 | 13 46 | 23 22 | 06 10 | 21 42 |
| 11 | 1:21:03 | 18 21 23 | 01♐45 | 08♐56 | 00 44 | 23 30 | 14 51 | 00 56 | 10 01 | 13 49 | 23 21 | 06 09 | 21 39 |
| 12 | 1:24:59 | 19 20 44 | 16 07 | 23 17 | 01 28 | 24 43 | 15 31 | 00 57 | 10 03 | 13 52 | 23 20 | 06 08 | 21 36 |
| 13 | 1:28:56 | 20 20 07 | 00♑25 | 07♑31 | 02 21 | 25 55 | 16 11 | 00 58 | 10 06 | 13 55 | 23 18 | 06 07 | 21 32 |
| 14 | 1:32:52 | 21 19 32 | 14 36 | 21 38 | 03 21 | 27 08 | 16 52 | 00 59 | 10 09 | 13 59 | 23 17 | 06 07 | 21 29 |
| 15 | 1:36:49 | 22 18 58 | 28 38 | 05♒35 | 04 27 | 28 20 | 17 32 | 01 00 | 10 12 | 14 02 | 23 16 | 06 06 | 21 26 |
| 16 | 1:40:45 | 23 18 26 | 12♒30 | 19 23 | 05 39 | 29 32 | 18 13 | 01 01 | 10 15 | 14 05 | 23 14 | 06 05 | 21 23 |
| 17 | 1:44:42 | 24 17 56 | 26 14 | 03♓02 | 06 57 | 00♐44 | 18 54 | 01 01 | 10 19 | 14 08 | 23 13 | 06 04 | 21 20 |
| 18 | 1:48:38 | 25 17 28 | 09♓47 | 16 29 | 08 19 | 01 57 | 19 35 | 01 01 | 10 22 | 14 11 | 23 11 | 06 03 | 21 16 |
| 19 | 1:52:35 | 26 17 01 | 23 09 | 29 45 | 09 44 | 03 09 | 20 16 | 01 02℞ | 10 25 | 14 14 | 23 10 | 06 03 | 21 13 |
| 20 | 1:56:32 | 27 16 36 | 06♈19 | 12♈49 | 11 13 | 04 21 | 20 57 | 01 01 | 10 29 | 14 17 | 23 08 | 06 02 | 21 10 |
| 21 | 2:00:28 | 28 16 13 | 19 15 | 25 38 | 12 45 | 05 33 | 21 38 | 01 01 | 10 32 | 14 20 | 23 07 | 06 01 | 21 07 |
| 22 | 2:04:25 | 29 15 53 | 01♉57 | 08♉13 | 14 18 | 06 45 | 22 20 | 01 00 | 10 36 | 14 23 | 23 05 | 06 01 | 21 04 |
| 23 | 2:08:21 | 00♏15 34 | 14 26 | 20 34 | 15 54 | 07 57 | 23 01 | 01 00 | 10 40 | 14 26 | 23 04 | 06 00 | 21 01 |
| 24 | 2:12:18 | 01 15 17 | 26 40 | 02♊43 | 17 31 | 09 09 | 23 43 | 00 59 | 10 44 | 14 29 | 23 02 | 05 59 | 20 57 |
| 25 | 2:16:14 | 02 15 02 | 08♊43 | 14 41 | 19 09 | 10 21 | 24 24 | 00 58 | 10 47 | 14 32 | 23 01 | 05 59 | 20 54 |
| 26 | 2:20:11 | 03 14 50 | 20 37 | 26 31 | 20 47 | 11 33 | 25 06 | 00 56 | 10 51 | 14 34 | 22 59 | 05 58 | 20 51 |
| 27 | 2:24:07 | 04 14 39 | 02♋25 | 08♋18 | 22 27 | 12 45 | 25 48 | 00 55 | 10 55 | 14 37 | 22 58 | 05 58 | 20 48 |
| 28 | 2:28:04 | 05 14 31 | 14 12 | 20 07 | 24 06 | 13 56 | 26 30 | 00 53 | 11 00 | 14 40 | 22 56 | 05 57 | 20 45 |
| 29 | 2:32:01 | 06 14 25 | 26 03 | 02♌01 | 25 46 | 15 08 | 27 12 | 00 51 | 11 04 | 14 43 | 22 54 | 05 56 | 20 42 |
| 30 | 2:35:57 | 07 14 21 | 08♌03 | 14 07 | 27 26 | 16 20 | 27 54 | 00 49 | 11 08 | 14 45 | 22 53 | 05 56 | 20 38 |
| 31 | 2:39:54 | 08 14 20 | 20 16 | 26 30 | 29 06 | 17 31 | 28 37 | 00 46 | 11 12 | 14 48 | 22 51 | 05 56 | 20 35 |

## 0:00 E.T. — Longitudes of the Major Asteroids and Chiron

| D | ⚳ | ⚴ | ⚵ | ⚶ | ⚷ |
|---|---|---|---|---|---|
| 1 | 08♈20℞ | 03♒56 | 15♒06℞ | 23♉56℞ | 11♏42 |
| 2 | 08 07 | 03 56 | 15 05 | 23 51 | 11 49 |
| 3 | 07 53 | 03 56 | 15 04 | 23 45 | 11 57 |
| 4 | 07 39 | 03 57 | 15 04D | 23 39 | 12 04 |
| 5 | 07 26 | 03 58 | 15 04 | 23 32 | 12 12 |
| 6 | 07 12 | 04 00 | 15 05 | 23 25 | 12 19 |
| 7 | 06 59 | 04 02 | 15 06 | 23 18 | 12 27 |
| 8 | 06 46 | 04 04 | 15 08 | 23 10 | 12 35 |
| 9 | 06 33 | 04 07 | 15 10 | 23 02 | 12 43 |
| 10 | 06 20 | 04 10 | 15 12 | 22 53 | 12 50 |
| 11 | 06 07 | 04 13 | 15 15 | 22 44 | 12 58 |
| 12 | 05 54 | 04 16 | 15 19 | 22 35 | 13 06 |
| 13 | 05 41 | 04 20 | 15 23 | 22 25 | 13 14 |
| 14 | 05 29 | 04 24 | 15 27 | 22 14 | 13 22 |
| 15 | 05 17 | 04 29 | 15 32 | 22 04 | 13 30 |
| 16 | 05 05 | 04 33 | 15 37 | 21 53 | 13 38 |

| D | ⚳ | ⚴ | ⚵ | ⚶ | ⚷ |
|---|---|---|---|---|---|
| 17 | 04 53 | 04 38 | 15 43 | 21 41 | 13 46 |
| 18 | 04 41 | 04 44 | 15 49 | 21 30 | 13 54 |
| 19 | 04 30 | 04 49 | 15 55 | 21 17 | 14 02 |
| 20 | 04 19 | 04 55 | 16 02 | 21 05 | 14 10 |
| 21 | 04 08 | 05 01 | 16 09 | 20 52 | 14 18 |
| 22 | 03 57 | 05 07 | 16 17 | 20 39 | 14 26 |
| 23 | 03 47 | 05 14 | 16 25 | 20 26 | 14 34 |
| 24 | 03 37 | 05 21 | 16 34 | 20 12 | 14 42 |
| 25 | 03 27 | 05 28 | 16 42 | 19 58 | 14 50 |
| 26 | 03 18 | 05 36 | 16 52 | 19 44 | 14 58 |
| 27 | 03 08 | 05 43 | 17 01 | 19 30 | 15 06 |
| 28 | 03 00 | 05 51 | 17 11 | 19 15 | 15 15 |
| 29 | 02 51 | 05 59 | 17 22 | 19 01 | 15 23 |
| 30 | 02 43 | 06 08 | 17 32 | 18 46 | 15 31 |
| 31 | 02 35 | 06 17 | 17 44 | 18 31 | 15 39 |

## Lunar Data

| Last Asp. | | Ingress | |
|---|---|---|---|
| 1 | 10:53 | 1 ♌ | 23:44 |
| 3 | 21:15 | 4 ♍ | 09:27 |
| 6 | 14:32 | 6 ♎ | 15:36 |
| 7 | 17:46 | 8 ♏ | 18:58 |
| 10 | 10:02 | 10 ♐ | 21:06 |
| 12 | 05:48 | 12 ♑ | 23:18 |
| 14 | 23:27 | 15 ♒ | 02:22 |
| 16 | 20:21 | 17 ♓ | 06:39 |
| 19 | 00:02 | 19 ♈ | 12:27 |
| 21 | 18:26 | 21 ♉ | 20:16 |
| 23 | 17:49 | 24 ♊ | 06:36 |
| 26 | 00:25 | 26 ♋ | 19:05 |
| 29 | 02:28 | 29 ♌ | 07:57 |
| 31 | 04:59 | 31 ♍ | 18:40 |

## 0:00 E.T. — Declinations

| D | ☉ | ☽ | ☿ | ♀ | ♂ | ♃ | ♄ | ♅ | ♆ | ♇ | ⚳ | ⚴ | ⚵ | ⚶ | ⚷ |
|---|---|---|---|---|---|---|---|---|---|---|---|---|---|---|---|
| 1 | -03 22 | +19 58 | -02 26 | -15 39 | -25 50 | +22 56 | -22 42 | +07 16 | +16 56 | -21 02 | -10 41 | +04 49 | -11 29 | +09 24 | -13 44 |
| 2 | 03 45 | 17 01 | 01 47 | 16 04 | 25 46 | 22 56 | 22 42 | 07 14 | 16 55 | 21 02 | 10 46 | 04 38 | 11 36 | 09 21 | 13 47 |
| 3 | 04 08 | 13 18 | 01 10 | 16 29 | 25 42 | 22 56 | 22 42 | 07 13 | 16 55 | 21 02 | 10 50 | 04 27 | 11 42 | 09 18 | 13 49 |
| 4 | 04 32 | 08 56 | 00 37 | 16 53 | 25 38 | 22 56 | 22 42 | 07 12 | 16 55 | 21 03 | 10 54 | 04 16 | 11 48 | 09 15 | 13 51 |
| 5 | 04 55 | 04 03 | 00 09 | 17 18 | 25 34 | 22 56 | 22 42 | 07 10 | 16 54 | 21 03 | 10 58 | 04 05 | 11 54 | 09 12 | 13 53 |
| 6 | 05 18 | -01 08 | +00 15 | 17 41 | 25 29 | 22 56 | 22 42 | 07 09 | 16 54 | 21 03 | 11 01 | 03 55 | 12 00 | 09 08 | 13 55 |
| 7 | 05 41 | 06 25 | 00 33 | 18 05 | 25 24 | 22 56 | 22 42 | 07 08 | 16 54 | 21 03 | 11 05 | 03 44 | 12 06 | 09 05 | 13 57 |
| 8 | 06 04 | 11 29 | 00 46 | 18 27 | 25 19 | 22 56 | 22 42 | 07 07 | 16 53 | 21 04 | 11 08 | 03 34 | 12 12 | 09 02 | 13 59 |
| 9 | 06 26 | 16 01 | 00 53 | 18 50 | 25 14 | 22 56 | 22 42 | 07 05 | 16 53 | 21 04 | 11 11 | 03 23 | 12 17 | 08 58 | 14 01 |
| 10 | 06 49 | 19 40 | 00 55 | 19 12 | 25 09 | 22 56 | 22 42 | 07 04 | 16 53 | 21 04 | 11 14 | 03 13 | 12 22 | 08 55 | 14 04 |
| 11 | 07 12 | 22 06 | 00 52 | 19 33 | 25 03 | 22 56 | 22 42 | 07 03 | 16 52 | 21 04 | 11 17 | 03 03 | 12 27 | 08 51 | 14 06 |
| 12 | 07 34 | 23 05 | 00 44 | 19 54 | 24 57 | 22 56 | 22 42 | 07 02 | 16 52 | 21 04 | 11 20 | 02 53 | 12 32 | 08 48 | 14 08 |
| 13 | 07 57 | 22 32 | 00 32 | 20 15 | 24 51 | 22 56 | 22 42 | 07 00 | 16 52 | 21 05 | 11 23 | 02 43 | 12 37 | 08 44 | 14 10 |
| 14 | 08 19 | 20 33 | 00 15 | 20 34 | 24 45 | 22 56 | 22 41 | 06 59 | 16 51 | 21 05 | 11 25 | 02 33 | 12 41 | 08 40 | 14 12 |
| 15 | 08 41 | 17 19 | -00 06 | 20 54 | 24 39 | 22 56 | 22 41 | 06 58 | 16 51 | 21 05 | 11 27 | 02 24 | 12 46 | 08 37 | 14 14 |
| 16 | 09 03 | 13 10 | 00 30 | 21 13 | 24 32 | 22 56 | 22 41 | 06 57 | 16 51 | 21 05 | 11 29 | 02 14 | 12 50 | 08 33 | 14 17 |
| 17 | 09 25 | 08 23 | 00 57 | 21 31 | 24 25 | 22 56 | 22 41 | 06 56 | 16 50 | 21 05 | 11 31 | 02 05 | 12 54 | 08 30 | 14 19 |
| 18 | 09 47 | 03 15 | 01 27 | 21 49 | 24 18 | 22 56 | 22 41 | 06 54 | 16 50 | 21 05 | 11 32 | 01 56 | 12 58 | 08 26 | 14 21 |
| 19 | 10 09 | +01 58 | 02 00 | 22 06 | 24 11 | 22 56 | 22 41 | 06 53 | 16 49 | 21 05 | 11 34 | 01 47 | 13 01 | 08 22 | 14 23 |
| 20 | 10 30 | 07 00 | 02 34 | 22 23 | 24 03 | 22 56 | 22 41 | 06 52 | 16 49 | 21 05 | 11 35 | 01 38 | 13 05 | 08 19 | 14 25 |
| 21 | 10 51 | 11 39 | 03 10 | 22 39 | 23 55 | 22 56 | 22 40 | 06 51 | 16 49 | 21 05 | 11 36 | 01 29 | 13 08 | 08 15 | 14 27 |
| 22 | 11 13 | 15 42 | 03 47 | 22 54 | 23 47 | 22 56 | 22 40 | 06 50 | 16 48 | 21 05 | 11 37 | 01 20 | 13 11 | 08 11 | 14 30 |
| 23 | 11 34 | 18 59 | 04 26 | 23 09 | 23 39 | 22 56 | 22 40 | 06 49 | 16 48 | 21 05 | 11 37 | 01 12 | 13 14 | 08 08 | 14 32 |
| 24 | 11 54 | 21 21 | 05 05 | 23 23 | 23 31 | 22 56 | 22 40 | 06 48 | 16 47 | 21 06 | 11 38 | 01 03 | 13 17 | 08 04 | 14 34 |
| 25 | 12 15 | 22 41 | 05 45 | 23 36 | 23 22 | 22 56 | 22 40 | 06 47 | 16 47 | 21 06 | 11 38 | 00 55 | 13 20 | 08 01 | 14 36 |
| 26 | 12 36 | 22 59 | 06 25 | 23 49 | 23 13 | 22 56 | 22 39 | 06 46 | 16 47 | 21 06 | 11 38 | 00 47 | 13 22 | 07 57 | 14 38 |
| 27 | 12 56 | 22 14 | 07 06 | 24 02 | 23 04 | 22 56 | 22 39 | 06 45 | 16 46 | 21 06 | 11 38 | 00 39 | 13 25 | 07 53 | 14 40 |
| 28 | 13 16 | 20 30 | 07 47 | 24 13 | 22 55 | 22 56 | 22 39 | 06 44 | 16 46 | 21 06 | 11 38 | 00 31 | 13 27 | 07 50 | 14 42 |
| 29 | 13 36 | 17 53 | 08 28 | 24 24 | 22 46 | 22 56 | 22 39 | 06 43 | 16 45 | 21 06 | 11 37 | 00 23 | 13 29 | 07 47 | 14 45 |
| 30 | 13 55 | 14 29 | 09 09 | 24 34 | 22 36 | 22 56 | 22 38 | 06 42 | 16 45 | 21 05 | 11 36 | 00 15 | 13 31 | 07 43 | 14 47 |
| 31 | 14 15 | 10 25 | 09 50 | 24 44 | 22 26 | 22 56 | 22 38 | 06 41 | 16 45 | 21 05 | 11 35 | 00 08 | 13 32 | 07 40 | 14 49 |

Lunar Phases -- 7 ● 17:47 14 ◐ 12:21 21 ○ 18:26 29 ◑ 22:16 Sun enters ♏ 10/22 17:45

## 0:00 E.T. Longitudes of Main Planets - November 2048 

| D | S.T. | ☉ | ☽ | ☽ 12:00 | ☿ | ♀ | ♂ | ♃ | ♄ | ♅ | ♆ | ♇ | ☊ |
|---|---|---|---|---|---|---|---|---|---|---|---|---|---|
| 1 | 2:43:50 | 09♏14 20 | 02♍49 | 09♍14 | 00♏46 | 18♐43 | 29♑19 | 00♋44℞ | 11♑17 | 14♍51 | 22♉50℞ | 05♓55℞ | 20♐32 |
| 2 | 2:47:47 | 10 14 23 | 15 45 | 22 22 | 02 26 | 19 55 | 00♒01 | 00 41 | 11 21 | 14 53 | 22 48 | 05 55 | 20 29 |
| 3 | 2:51:43 | 11 14 27 | 29 06 | 05♎56 | 04 05 | 21 06 | 00 44 | 00 38 | 11 26 | 14 56 | 22 46 | 05 54 | 20 26 |
| 4 | 2:55:40 | 12 14 34 | 12♎53 | 19 56 | 05 45 | 22 18 | 01 27 | 00 35 | 11 31 | 14 58 | 22 45 | 05 54 | 20 22 |
| 5 | 2:59:36 | 13 14 43 | 27 05 | 04♏18 | 07 24 | 23 29 | 02 09 | 00 31 | 11 35 | 15 00 | 22 43 | 05 53 | 20 19 |
| 6 | 3:03:33 | 14 14 53 | 11♏36 | 18 57 | 09 03 | 24 40 | 02 52 | 00 28 | 11 40 | 15 03 | 22 41 | 05 53 | 20 16 |
| 7 | 3:07:30 | 15 15 06 | 26 20 | 03♐45 | 10 41 | 25 52 | 03 35 | 00 24 | 11 45 | 15 05 | 22 40 | 05 53 | 20 13 |
| 8 | 3:11:26 | 16 15 20 | 11♐10 | 18 35 | 12 19 | 27 03 | 04 18 | 00 20 | 11 50 | 15 07 | 22 38 | 05 53 | 20 10 |
| 9 | 3:15:23 | 17 15 36 | 25 59 | 03♑20 | 13 57 | 28 14 | 05 01 | 00 16 | 11 55 | 15 10 | 22 36 | 05 52 | 20 07 |
| 10 | 3:19:19 | 18 15 54 | 10♑39 | 17 54 | 15 34 | 29 25 | 05 44 | 00 12 | 12 00 | 15 12 | 22 35 | 05 52 | 20 03 |
| 11 | 3:23:16 | 19 16 13 | 25 05 | 02♒13 | 17 11 | 00♑36 | 06 28 | 00 07 | 12 05 | 15 14 | 22 33 | 05 52 | 20 00 |
| 12 | 3:27:12 | 20 16 33 | 09♒16 | 16 14 | 18 48 | 01 47 | 07 11 | 00 03 | 12 10 | 15 16 | 22 31 | 05 52 | 19 57 |
| 13 | 3:31:09 | 21 16 55 | 23 08 | 29 58 | 20 24 | 02 58 | 07 54 | 29♊58 | 12 16 | 15 18 | 22 30 | 05 52 | 19 54 |
| 14 | 3:35:05 | 22 17 18 | 06♓44 | 13♓25 | 22 00 | 04 09 | 08 38 | 29 53 | 12 21 | 15 20 | 22 28 | 05 51 | 19 51 |
| 15 | 3:39:02 | 23 17 43 | 20 02 | 26 36 | 23 36 | 05 20 | 09 21 | 29 48 | 12 26 | 15 22 | 22 26 | 05 51 | 19 48 |
| 16 | 3:42:59 | 24 18 08 | 03♈05 | 09♈31 | 25 11 | 06 31 | 10 05 | 29 43 | 12 32 | 15 24 | 22 24 | 05 51 | 19 44 |
| 17 | 3:46:55 | 25 18 35 | 15 54 | 22 13 | 26 46 | 07 41 | 10 48 | 29 37 | 12 37 | 15 26 | 22 23 | 05 51 | 19 41 |
| 18 | 3:50:52 | 26 19 04 | 28 29 | 04♉42 | 28 21 | 08 52 | 11 32 | 29 31 | 12 43 | 15 28 | 22 21 | 05 51 | 19 38 |
| 19 | 3:54:48 | 27 19 34 | 10♉53 | 17 00 | 29 56 | 10 02 | 12 16 | 29 26 | 12 48 | 15 29 | 22 19 | 05 51D | 19 35 |
| 20 | 3:58:45 | 28 20 05 | 23 06 | 29 08 | 01♐30 | 11 13 | 13 00 | 29 20 | 12 54 | 15 31 | 22 18 | 05 51 | 19 32 |
| 21 | 4:02:41 | 29 20 39 | 05♊09 | 11♊08 | 03 04 | 12 23 | 13 43 | 29 14 | 13 00 | 15 33 | 22 16 | 05 51 | 19 28 |
| 22 | 4:06:38 | 00♐21 13 | 17 05 | 23 01 | 04 38 | 13 33 | 14 27 | 29 07 | 13 06 | 15 34 | 22 14 | 05 51 | 19 25 |
| 23 | 4:10:34 | 01 21 49 | 28 55 | 04♋49 | 06 12 | 14 43 | 15 11 | 29 01 | 13 12 | 15 36 | 22 13 | 05 51 | 19 22 |
| 24 | 4:14:31 | 02 22 27 | 10♋43 | 16 36 | 07 46 | 15 53 | 15 55 | 28 54 | 13 17 | 15 38 | 22 11 | 05 51 | 19 19 |
| 25 | 4:18:28 | 03 23 06 | 22 30 | 28 25 | 09 19 | 17 03 | 16 39 | 28 48 | 13 23 | 15 39 | 22 09 | 05 52 | 19 16 |
| 26 | 4:22:24 | 04 23 47 | 04♌21 | 10♌20 | 10 53 | 18 13 | 17 23 | 28 41 | 13 29 | 15 40 | 22 08 | 05 52 | 19 13 |
| 27 | 4:26:21 | 05 24 29 | 16 21 | 22 25 | 12 26 | 19 22 | 18 07 | 28 34 | 13 35 | 15 42 | 22 06 | 05 52 | 19 09 |
| 28 | 4:30:17 | 06 25 13 | 28 32 | 04♍44 | 13 59 | 20 32 | 18 51 | 28 27 | 13 42 | 15 43 | 22 04 | 05 52 | 19 06 |
| 29 | 4:34:14 | 07 25 58 | 11♍01 | 17 23 | 15 32 | 21 41 | 19 35 | 28 20 | 13 48 | 15 44 | 22 03 | 05 52 | 19 03 |
| 30 | 4:38:10 | 08 26 45 | 23 51 | 00♎25 | 17 05 | 22 51 | 20 19 | 28 13 | 13 54 | 15 45 | 22 01 | 05 53 | 19 00 |

## 0:00 E.T. Longitudes of the Major Asteroids and Chiron

| D | ⚳ | ⚴ | ⚵ | ⚶ | ⚷ |
|---|---|---|---|---|---|
| 1 | 02♈28℞ | 06♒25 | 17♒55 | 18♉15℞ | 15♏47 |
| 2 | 02 21 | 06 35 | 18 07 | 18 00 | 15 56 |
| 3 | 02 14 | 06 44 | 18 19 | 17 44 | 16 04 |
| 4 | 02 08 | 06 54 | 18 31 | 17 29 | 16 12 |
| 5 | 02 02 | 07 03 | 18 44 | 17 13 | 16 20 |
| 6 | 01 56 | 07 13 | 18 57 | 16 57 | 16 29 |
| 7 | 01 51 | 07 24 | 19 11 | 16 42 | 16 37 |
| 8 | 01 46 | 07 34 | 19 25 | 16 26 | 16 45 |
| 9 | 01 41 | 07 45 | 19 39 | 16 10 | 16 53 |
| 10 | 01 37 | 07 56 | 19 54 | 15 55 | 17 02 |
| 11 | 01 33 | 08 07 | 20 08 | 15 39 | 17 10 |
| 12 | 01 30 | 08 18 | 20 24 | 15 23 | 17 18 |
| 13 | 01 27 | 08 30 | 20 39 | 15 08 | 17 26 |
| 14 | 01 24 | 08 41 | 20 55 | 14 53 | 17 34 |
| 15 | 01 22 | 08 53 | 21 11 | 14 37 | 17 43 |
| 16 | 01 20 | 09 05 | 21 27 | 14 22 | 17 51 |
| 17 | 01 19 | 09 18 | 21 44 | 14 08 | 17 59 |
| 18 | 01 18 | 09 30 | 22 01 | 13 53 | 18 07 |
| 19 | 01 17 | 09 43 | 22 18 | 13 38 | 18 15 |
| 20 | 01 17 | 09 55 | 22 35 | 13 24 | 18 24 |
| 21 | 01 17D | 10 08 | 22 53 | 13 10 | 18 32 |
| 22 | 01 17 | 10 21 | 23 11 | 12 56 | 18 40 |
| 23 | 01 18 | 10 35 | 23 29 | 12 43 | 18 48 |
| 24 | 01 19 | 10 48 | 23 48 | 12 30 | 18 56 |
| 25 | 01 21 | 11 02 | 24 07 | 12 17 | 19 04 |
| 26 | 01 23 | 11 16 | 24 26 | 12 04 | 19 12 |
| 27 | 01 25 | 11 29 | 24 45 | 11 52 | 19 20 |
| 28 | 01 28 | 11 43 | 25 05 | 11 40 | 19 28 |
| 29 | 01 31 | 11 58 | 25 25 | 11 28 | 19 36 |
| 30 | 01 34 | 12 12 | 25 45 | 11 17 | 19 44 |

## Lunar Data

| Last Asp. | | Ingress | | |
|---|---|---|---|---|
| 2 | 12:45 | 3 | ♎ | 01:35 |
| 4 | 17:26 | 5 | ♏ | 04:52 |
| 6 | 18:03 | 7 | ♐ | 05:56 |
| 9 | 04:00 | 9 | ♑ | 06:33 |
| 10 | 19:46 | 11 | ♒ | 08:16 |
| 13 | 11:55 | 13 | ♓ | 12:03 |
| 15 | 17:48 | 15 | ♈ | 18:17 |
| 18 | 01:59 | 18 | ♉ | 02:55 |
| 20 | 11:21 | 20 | ♊ | 13:43 |
| 23 | 00:11 | 23 | ♋ | 02:11 |
| 24 | 23:18 | 25 | ♌ | 15:12 |
| 27 | 23:50 | 28 | ♍ | 02:51 |
| 30 | 07:56 | | | |

## 0:00 E.T. Declinations

| D | ☉ | ☽ | ☿ | ♀ | ♂ | ♃ | ♄ | ♅ | ♆ | ♇ | ⚳ | ⚴ | ⚵ | ⚶ | ⚷ |
|---|---|---|---|---|---|---|---|---|---|---|---|---|---|---|---|
| 1 | -14 34 | +05 49 | -10 30 | -24 53 | -22 16 | +22 56 | -22 38 | +06 40 | +16 44 | -21 05 | -11 34 | +00 01 | -13 34 | +07 37 | -14 51 |
| 2 | 14 53 | 00 51 | 11 10 | 25 01 | 22 06 | 22 56 | 22 38 | 06 39 | 16 44 | 21 05 | 11 33 | -00 07 | 13 35 | 07 33 | 14 53 |
| 3 | 15 12 | -04 20 | 11 49 | 25 08 | 21 56 | 22 57 | 22 37 | 06 38 | 16 43 | 21 05 | 11 31 | 00 14 | 13 36 | 07 30 | 14 55 |
| 4 | 15 30 | 09 28 | 12 28 | 25 15 | 21 45 | 22 57 | 22 37 | 06 37 | 16 43 | 21 05 | 11 30 | 00 21 | 13 37 | 07 27 | 14 57 |
| 5 | 15 49 | 14 15 | 13 07 | 25 21 | 21 34 | 22 57 | 22 37 | 06 36 | 16 42 | 21 05 | 11 28 | 00 27 | 13 38 | 07 24 | 14 59 |
| 6 | 16 07 | 18 19 | 13 45 | 25 26 | 21 23 | 22 57 | 22 36 | 06 35 | 16 42 | 21 05 | 11 26 | 00 34 | 13 38 | 07 21 | 15 01 |
| 7 | 16 24 | 21 16 | 14 22 | 25 31 | 21 12 | 22 57 | 22 36 | 06 34 | 16 42 | 21 05 | 11 24 | 00 40 | 13 39 | 07 18 | 15 04 |
| 8 | 16 42 | 22 48 | 14 59 | 25 35 | 21 00 | 22 57 | 22 36 | 06 33 | 16 41 | 21 05 | 11 21 | 00 47 | 13 39 | 07 16 | 15 06 |
| 9 | 16 59 | 22 43 | 15 34 | 25 38 | 20 49 | 22 57 | 22 35 | 06 32 | 16 41 | 21 05 | 11 18 | 00 53 | 13 39 | 07 13 | 15 08 |
| 10 | 17 16 | 21 04 | 16 09 | 25 41 | 20 37 | 22 57 | 22 35 | 06 32 | 16 40 | 21 04 | 11 16 | 00 59 | 13 39 | 07 10 | 15 10 |
| 11 | 17 32 | 18 03 | 16 44 | 25 42 | 20 25 | 22 57 | 22 35 | 06 31 | 16 40 | 21 04 | 11 13 | 01 05 | 13 39 | 07 08 | 15 12 |
| 12 | 17 49 | 14 02 | 17 17 | 25 43 | 20 12 | 22 57 | 22 34 | 06 30 | 16 39 | 21 04 | 11 09 | 01 11 | 13 39 | 07 06 | 15 14 |
| 13 | 18 05 | 09 20 | 17 50 | 25 44 | 20 00 | 22 57 | 22 34 | 06 29 | 16 39 | 21 04 | 11 06 | 01 17 | 13 38 | 07 03 | 15 16 |
| 14 | 18 20 | 04 16 | 18 21 | 25 43 | 19 47 | 22 57 | 22 34 | 06 29 | 16 39 | 21 04 | 11 03 | 01 22 | 13 38 | 07 01 | 15 18 |
| 15 | 18 35 | +00 53 | 18 52 | 25 42 | 19 35 | 22 57 | 22 33 | 06 28 | 16 38 | 21 04 | 10 59 | 01 28 | 13 37 | 06 59 | 15 20 |
| 16 | 18 50 | 05 53 | 19 22 | 25 40 | 19 22 | 22 57 | 22 33 | 06 27 | 16 38 | 21 03 | 10 55 | 01 33 | 13 36 | 06 58 | 15 22 |
| 17 | 19 05 | 10 33 | 19 51 | 25 37 | 19 09 | 22 57 | 22 32 | 06 26 | 16 37 | 21 03 | 10 51 | 01 38 | 13 35 | 06 56 | 15 24 |
| 18 | 19 19 | 14 42 | 20 19 | 25 34 | 18 55 | 22 58 | 22 32 | 06 26 | 16 37 | 21 03 | 10 47 | 01 43 | 13 34 | 06 54 | 15 26 |
| 19 | 19 33 | 18 08 | 20 46 | 25 30 | 18 42 | 22 58 | 22 31 | 06 25 | 16 36 | 21 03 | 10 43 | 01 48 | 13 32 | 06 53 | 15 28 |
| 20 | 19 47 | 20 44 | 21 11 | 25 25 | 18 28 | 22 58 | 22 31 | 06 25 | 16 36 | 21 02 | 10 38 | 01 53 | 13 31 | 06 52 | 15 30 |
| 21 | 20 00 | 22 21 | 21 36 | 25 20 | 18 14 | 22 58 | 22 31 | 06 24 | 16 36 | 21 02 | 10 33 | 01 57 | 13 29 | 06 50 | 15 32 |
| 22 | 20 13 | 22 56 | 22 00 | 25 14 | 18 00 | 22 58 | 22 30 | 06 23 | 16 35 | 21 02 | 10 29 | 02 02 | 13 27 | 06 49 | 15 34 |
| 23 | 20 26 | 22 28 | 22 23 | 25 07 | 17 46 | 22 58 | 22 30 | 06 23 | 16 35 | 21 01 | 10 24 | 02 06 | 13 25 | 06 48 | 15 36 |
| 24 | 20 38 | 21 01 | 22 44 | 24 59 | 17 32 | 22 58 | 22 29 | 06 22 | 16 34 | 21 01 | 10 19 | 02 10 | 13 23 | 06 48 | 15 37 |
| 25 | 20 50 | 18 38 | 23 04 | 24 51 | 17 18 | 22 58 | 22 29 | 06 22 | 16 34 | 21 01 | 10 14 | 02 15 | 13 21 | 06 47 | 15 39 |
| 26 | 21 01 | 15 29 | 23 24 | 24 42 | 17 03 | 22 58 | 22 28 | 06 21 | 16 34 | 21 01 | 10 08 | 02 19 | 13 18 | 06 47 | 15 41 |
| 27 | 21 12 | 11 39 | 23 42 | 24 32 | 16 48 | 22 58 | 22 28 | 06 21 | 16 33 | 21 00 | 10 03 | 02 22 | 13 16 | 06 46 | 15 43 |
| 28 | 21 22 | 07 19 | 23 59 | 24 22 | 16 33 | 22 58 | 22 27 | 06 20 | 16 33 | 21 00 | 09 57 | 02 26 | 13 13 | 06 46 | 15 45 |
| 29 | 21 33 | 02 35 | 24 14 | 24 11 | 16 18 | 22 58 | 22 26 | 06 20 | 16 32 | 21 00 | 09 51 | 02 30 | 13 10 | 06 46 | 15 47 |
| 30 | 21 42 | -02 24 | 24 28 | 23 59 | 16 03 | 22 58 | 22 26 | 06 19 | 16 32 | 20 59 | 09 45 | 02 33 | 13 07 | 06 46 | 15 49 |

Lunar Phases -- 6 ● 04:40 12 ◐ 20:30 20 Ⓔ 11:21 28 ◑ 16:35 Sun enters ♐ 11/21 15:36

## Longitudes of Main Planets - December 2048

0:00 E.T.

| D | S.T. | ☉ | ☽ | ☽ 12:00 | ☿ | ♀ | ♂ | ♃ | ♄ | ♅ | ♆ | ♇ | ☊ |
|---|---|---|---|---|---|---|---|---|---|---|---|---|---|
| 1 | 4:42:07 | 09♐27 33 | 07♎05 | 13♎53 | 18♐38 | 24♑00 | 21♒04 | 28♊05℞ | 14♑00 | 15♍47 | 22♉00℞ | 05♓53 | 18♐57 |
| 2 | 4:46:03 | 10 28 23 | 20 47 | 27 49 | 20 10 | 25 09 | 21 48 | 27 58 | 14 06 | 15 48 | 21 58 | 05 53 | 18 54 |
| 3 | 4:50:00 | 11 29 15 | 04♏57 | 12♏11 | 21 43 | 26 18 | 22 32 | 27 51 | 14 13 | 15 49 | 21 56 | 05 54 | 18 50 |
| 4 | 4:53:57 | 12 30 08 | 19 31 | 26 56 | 23 16 | 27 26 | 23 16 | 27 43 | 14 19 | 15 50 | 21 55 | 05 54 | 18 47 |
| 5 | 4:57:53 | 13 31 02 | 04♐25 | 11♐57 | 24 48 | 28 35 | 24 01 | 27 35 | 14 26 | 15 51 | 21 53 | 05 55 | 18 44 |
| 6 | 5:01:50 | 14 31 57 | 19 31 | 27 06 | 26 20 | 29 44 | 24 45 | 27 27 | 14 32 | 15 51 | 21 52 | 05 55 | 18 41 |
| 7 | 5:05:46 | 15 32 53 | 04♑41 | 12♑14 | 27 52 | 00♒52 | 25 30 | 27 20 | 14 39 | 15 52 | 21 50 | 05 55 | 18 38 |
| 8 | 5:09:43 | 16 33 50 | 19 44 | 27 11 | 29 24 | 02 00 | 26 14 | 27 12 | 14 45 | 15 53 | 21 49 | 05 56 | 18 34 |
| 9 | 5:13:39 | 17 34 48 | 04♒33 | 11♒50 | 00♑56 | 03 08 | 26 58 | 27 04 | 14 52 | 15 54 | 21 47 | 05 56 | 18 31 |
| 10 | 5:17:36 | 18 35 46 | 19 01 | 26 07 | 02 28 | 04 16 | 27 43 | 26 56 | 14 58 | 15 54 | 21 46 | 05 57 | 18 28 |
| 11 | 5:21:32 | 19 36 46 | 03♓06 | 09♓59 | 03 59 | 05 24 | 28 27 | 26 48 | 15 05 | 15 55 | 21 44 | 05 57 | 18 25 |
| 12 | 5:25:29 | 20 37 45 | 16 45 | 23 26 | 05 30 | 06 31 | 29 12 | 26 40 | 15 12 | 15 55 | 21 43 | 05 58 | 18 22 |
| 13 | 5:29:26 | 21 38 45 | 00♈01 | 06♈31 | 07 00 | 07 39 | 29 56 | 26 32 | 15 18 | 15 56 | 21 41 | 05 59 | 18 19 |
| 14 | 5:33:22 | 22 39 46 | 12 56 | 19 16 | 08 30 | 08 46 | 00♓41 | 26 23 | 15 25 | 15 56 | 21 40 | 05 59 | 18 15 |
| 15 | 5:37:19 | 23 40 47 | 25 32 | 01♉44 | 09 59 | 09 53 | 01 26 | 26 15 | 15 32 | 15 57 | 21 39 | 06 00 | 18 12 |
| 16 | 5:41:15 | 24 41 49 | 07♉53 | 13 59 | 11 28 | 10 59 | 02 10 | 26 07 | 15 39 | 15 57 | 21 37 | 06 01 | 18 09 |
| 17 | 5:45:12 | 25 42 51 | 20 02 | 26 03 | 12 55 | 12 06 | 02 55 | 25 59 | 15 45 | 15 57 | 21 36 | 06 01 | 18 06 |
| 18 | 5:49:08 | 26 43 54 | 02♊02 | 08♊00 | 14 22 | 13 12 | 03 39 | 25 51 | 15 52 | 15 57 | 21 35 | 06 02 | 18 03 |
| 19 | 5:53:05 | 27 44 57 | 13 56 | 19 51 | 15 47 | 14 18 | 04 24 | 25 43 | 15 59 | 15 57 | 21 33 | 06 03 | 17 59 |
| 20 | 5:57:01 | 28 46 01 | 25 46 | 01♋40 | 17 10 | 15 24 | 05 08 | 25 34 | 16 06 | 15 58 | 21 32 | 06 04 | 17 56 |
| 21 | 6:00:58 | 29 47 06 | 07♋34 | 13 28 | 18 32 | 16 30 | 05 53 | 25 26 | 16 13 | 15 58℞ | 21 31 | 06 04 | 17 53 |
| 22 | 6:04:55 | 00♑48 10 | 19 23 | 25 18 | 19 52 | 17 35 | 06 38 | 25 18 | 16 20 | 15 58 | 21 30 | 06 05 | 17 50 |
| 23 | 6:08:51 | 01 49 16 | 01♌14 | 07♌11 | 21 09 | 18 40 | 07 22 | 25 10 | 16 27 | 15 57 | 21 28 | 06 06 | 17 47 |
| 24 | 6:12:48 | 02 50 22 | 13 10 | 19 10 | 22 23 | 19 45 | 08 07 | 25 02 | 16 34 | 15 57 | 21 27 | 06 07 | 17 44 |
| 25 | 6:16:44 | 03 51 28 | 25 13 | 01♍18 | 23 33 | 20 49 | 08 51 | 24 54 | 16 41 | 15 57 | 21 26 | 06 08 | 17 40 |
| 26 | 6:20:41 | 04 52 36 | 07♍26 | 13 38 | 24 39 | 21 53 | 09 36 | 24 46 | 16 48 | 15 57 | 21 25 | 06 09 | 17 37 |
| 27 | 6:24:37 | 05 53 43 | 19 54 | 26 14 | 25 41 | 22 57 | 10 21 | 24 38 | 16 55 | 15 56 | 21 24 | 06 10 | 17 34 |
| 28 | 6:28:34 | 06 54 51 | 02♎39 | 09♎09 | 26 37 | 24 01 | 11 05 | 24 31 | 17 02 | 15 56 | 21 23 | 06 11 | 17 31 |
| 29 | 6:32:30 | 07 56 00 | 15 45 | 22 27 | 27 27 | 25 04 | 11 50 | 24 23 | 17 09 | 15 56 | 21 22 | 06 12 | 17 28 |
| 30 | 6:36:27 | 08 57 10 | 29 16 | 06♏10 | 28 09 | 26 07 | 12 35 | 24 15 | 17 16 | 15 55 | 21 21 | 06 13 | 17 25 |
| 31 | 6:40:24 | 09 58 19 | 13♏12 | 20 19 | 28 44 | 27 09 | 13 19 | 24 07 | 17 23 | 15 55 | 21 20 | 06 14 | 17 21 |

## Longitudes of the Major Asteroids and Chiron

0:00 E.T.

| D | ⚳ | ⚴ | ⚵ | ⚶ | ⚷ |
|---|---|---|---|---|---|
| 1 | 01♈38 | 12♒27 | 26♒05 | 11♉06℞ | 19♏52 |
| 2 | 01 42 | 12 41 | 26 26 | 10 55 | 20 00 |
| 3 | 01 46 | 12 56 | 26 47 | 10 45 | 20 08 |
| 4 | 01 51 | 13 11 | 27 08 | 10 35 | 20 16 |
| 5 | 01 56 | 13 26 | 27 29 | 10 26 | 20 23 |
| 6 | 02 02 | 13 41 | 27 50 | 10 17 | 20 31 |
| 7 | 02 08 | 13 57 | 28 12 | 10 09 | 20 39 |
| 8 | 02 14 | 14 12 | 28 34 | 10 01 | 20 47 |
| 9 | 02 20 | 14 28 | 28 56 | 09 53 | 20 54 |
| 10 | 02 27 | 14 43 | 29 18 | 09 46 | 21 02 |
| 11 | 02 34 | 14 59 | 29 41 | 09 39 | 21 10 |
| 12 | 02 42 | 15 15 | 00♓04 | 09 33 | 21 17 |
| 13 | 02 50 | 15 31 | 00 27 | 09 27 | 21 25 |
| 14 | 02 58 | 15 47 | 00 50 | 09 21 | 21 32 |
| 15 | 03 06 | 16 04 | 01 13 | 09 16 | 21 40 |
| 16 | 03 15 | 16 20 | 01 37 | 09 12 | 21 47 |
| 17 | 03 24 | 16 36 | 02 00 | 09 08 | 21 54 |
| 18 | 03 33 | 16 53 | 02 24 | 09 04 | 22 02 |
| 19 | 03 43 | 17 10 | 02 48 | 09 01 | 22 09 |
| 20 | 03 52 | 17 27 | 03 12 | 08 58 | 22 16 |
| 21 | 04 03 | 17 43 | 03 37 | 08 56 | 22 23 |
| 22 | 04 13 | 18 00 | 04 02 | 08 54 | 22 30 |
| 23 | 04 24 | 18 18 | 04 26 | 08 53 | 22 37 |
| 24 | 04 35 | 18 35 | 04 51 | 08 52 | 22 44 |
| 25 | 04 46 | 18 52 | 05 16 | 08 51 | 22 51 |
| 26 | 04 57 | 19 09 | 05 42 | 08 51D | 22 58 |
| 27 | 05 09 | 19 27 | 06 07 | 08 52 | 23 05 |
| 28 | 05 21 | 19 44 | 06 33 | 08 53 | 23 12 |
| 29 | 05 33 | 20 02 | 06 58 | 08 54 | 23 18 |
| 30 | 05 46 | 20 20 | 07 24 | 08 55 | 23 25 |
| 31 | 05 59 | 20 37 | 07 51 | 08 58 | 23 32 |

## Lunar Data

| Last Asp. | | Ingress | | |
|---|---|---|---|---|
| 2 | 12:09 | 2 | ♏ | 15:42 |
| 4 | 13:53 | 4 | ♐ | 16:56 |
| 6 | 12:27 | 6 | ♑ | 16:35 |
| 8 | 03:20 | 8 | ♒ | 16:35 |
| 10 | 15:34 | 10 | ♓ | 18:40 |
| 12 | 17:40 | 12 | ♈ | 23:58 |
| 15 | 01:23 | 15 | ♉ | 08:38 |
| 17 | 03:07 | 17 | ♊ | 19:55 |
| 20 | 06:40 | 20 | ♋ | 08:36 |
| 22 | 04:17 | 22 | ♌ | 21:31 |
| 24 | 23:24 | 25 | ♍ | 09:26 |
| 27 | 11:51 | 27 | ♎ | 19:03 |
| 29 | 21:58 | 30 | ♏ | 01:17 |
| 1 | 02:42 | | | |

## Declinations

0:00 E.T.

| D | ☉ | ☽ | ☿ | ♀ | ♂ | ♃ | ♄ | ♅ | ♆ | ♇ | ⚳ | ⚴ | ⚵ | ⚶ | ⚷ |
|---|---|---|---|---|---|---|---|---|---|---|---|---|---|---|---|
| 1 | -21 52 | -07 25 | -24 42 | -23 47 | -15 48 | +22 58 | -22 25 | +06 19 | +16 32 | -20 59 | -09 39 | -02 37 | -13 04 | +06 47 | -15 50 |
| 2 | 22 01 | 12 16 | 24 53 | 23 34 | 15 32 | 22 58 | 22 25 | 06 19 | 16 31 | 20 58 | 09 33 | 02 40 | 13 01 | 06 47 | 15 52 |
| 3 | 22 09 | 16 37 | 25 04 | 23 21 | 15 17 | 22 58 | 22 24 | 06 18 | 16 31 | 20 58 | 09 27 | 02 43 | 12 57 | 06 48 | 15 54 |
| 4 | 22 17 | 20 05 | 25 13 | 23 07 | 15 01 | 22 58 | 22 24 | 06 18 | 16 30 | 20 58 | 09 21 | 02 46 | 12 53 | 06 48 | 15 56 |
| 5 | 22 25 | 22 18 | 25 21 | 22 52 | 14 45 | 22 58 | 22 23 | 06 18 | 16 30 | 20 57 | 09 14 | 02 49 | 12 50 | 06 49 | 15 57 |
| 6 | 22 32 | 22 56 | 25 27 | 22 37 | 14 29 | 22 58 | 22 22 | 06 17 | 16 30 | 20 57 | 09 08 | 02 52 | 12 46 | 06 50 | 15 59 |
| 7 | 22 39 | 21 53 | 25 32 | 22 21 | 14 13 | 22 58 | 22 22 | 06 17 | 16 29 | 20 56 | 09 01 | 02 54 | 12 42 | 06 52 | 16 01 |
| 8 | 22 45 | 19 16 | 25 36 | 22 05 | 13 57 | 22 58 | 22 21 | 06 17 | 16 29 | 20 56 | 08 54 | 02 57 | 12 38 | 06 53 | 16 03 |
| 9 | 22 51 | 15 25 | 25 38 | 21 48 | 13 40 | 22 58 | 22 21 | 06 17 | 16 29 | 20 56 | 08 47 | 02 59 | 12 34 | 06 55 | 16 04 |
| 10 | 22 57 | 10 44 | 25 38 | 21 30 | 13 24 | 22 58 | 22 20 | 06 16 | 16 28 | 20 55 | 08 40 | 03 01 | 12 29 | 06 56 | 16 06 |
| 11 | 23 02 | 05 36 | 25 38 | 21 12 | 13 07 | 22 58 | 22 19 | 06 16 | 16 28 | 20 55 | 08 33 | 03 03 | 12 25 | 06 58 | 16 07 |
| 12 | 23 06 | 00 20 | 25 36 | 20 54 | 12 51 | 22 58 | 22 19 | 06 16 | 16 28 | 20 54 | 08 26 | 03 06 | 12 20 | 07 00 | 16 09 |
| 13 | 23 10 | +04 47 | 25 32 | 20 35 | 12 34 | 22 57 | 22 18 | 06 16 | 16 27 | 20 54 | 08 19 | 03 07 | 12 15 | 07 02 | 16 11 |
| 14 | 23 14 | 09 33 | 25 27 | 20 15 | 12 17 | 22 57 | 22 17 | 06 16 | 16 27 | 20 53 | 08 11 | 03 09 | 12 10 | 07 05 | 16 12 |
| 15 | 23 17 | 13 49 | 25 20 | 19 55 | 12 00 | 22 57 | 22 16 | 06 16 | 16 27 | 20 53 | 08 04 | 03 11 | 12 05 | 07 07 | 16 14 |
| 16 | 23 20 | 17 24 | 25 12 | 19 35 | 11 43 | 22 57 | 22 16 | 06 16 | 16 26 | 20 52 | 07 56 | 03 13 | 12 00 | 07 10 | 16 15 |
| 17 | 23 22 | 20 11 | 25 02 | 19 14 | 11 26 | 22 57 | 22 15 | 06 16 | 16 26 | 20 52 | 07 48 | 03 14 | 11 55 | 07 12 | 16 17 |
| 18 | 23 24 | 22 03 | 24 51 | 18 53 | 11 09 | 22 57 | 22 14 | 06 15 | 16 26 | 20 51 | 07 41 | 03 15 | 11 50 | 07 15 | 16 18 |
| 19 | 23 25 | 22 54 | 24 39 | 18 31 | 10 51 | 22 57 | 22 14 | 06 15 | 16 25 | 20 51 | 07 33 | 03 17 | 11 44 | 07 18 | 16 20 |
| 20 | 23 26 | 22 42 | 24 25 | 18 09 | 10 34 | 22 57 | 22 13 | 06 15 | 16 25 | 20 50 | 07 25 | 03 18 | 11 39 | 07 21 | 16 21 |
| 21 | 23 26 | 21 30 | 24 10 | 17 47 | 10 16 | 22 57 | 22 12 | 06 16 | 16 25 | 20 50 | 07 17 | 03 19 | 11 33 | 07 25 | 16 23 |
| 22 | 23 26 | 19 21 | 23 54 | 17 24 | 09 59 | 22 57 | 22 11 | 06 16 | 16 25 | 20 49 | 07 09 | 03 20 | 11 27 | 07 28 | 16 24 |
| 23 | 23 25 | 16 23 | 23 37 | 17 00 | 09 41 | 22 56 | 22 11 | 06 16 | 16 24 | 20 49 | 07 01 | 03 21 | 11 21 | 07 32 | 16 25 |
| 24 | 23 24 | 12 44 | 23 18 | 16 37 | 09 23 | 22 56 | 22 10 | 06 16 | 16 24 | 20 48 | 06 52 | 03 21 | 11 15 | 07 35 | 16 27 |
| 25 | 23 23 | 08 33 | 22 59 | 16 13 | 09 06 | 22 56 | 22 09 | 06 16 | 16 24 | 20 48 | 06 44 | 03 22 | 11 09 | 07 39 | 16 28 |
| 26 | 23 21 | 03 58 | 22 39 | 15 49 | 08 48 | 22 56 | 22 08 | 06 16 | 16 23 | 20 47 | 06 36 | 03 23 | 11 02 | 07 43 | 16 29 |
| 27 | 23 18 | -00 51 | 22 18 | 15 24 | 08 30 | 22 56 | 22 07 | 06 16 | 16 23 | 20 46 | 06 27 | 03 23 | 10 56 | 07 47 | 16 31 |
| 28 | 23 15 | 05 45 | 21 57 | 14 59 | 08 12 | 22 56 | 22 07 | 06 16 | 16 23 | 20 46 | 06 19 | 03 23 | 10 50 | 07 51 | 16 32 |
| 29 | 23 12 | 10 31 | 21 35 | 14 34 | 07 54 | 22 55 | 22 06 | 06 17 | 16 23 | 20 45 | 06 10 | 03 24 | 10 43 | 07 56 | 16 33 |
| 30 | 23 08 | 14 56 | 21 14 | 14 09 | 07 36 | 22 55 | 22 05 | 06 17 | 16 23 | 20 45 | 06 01 | 03 24 | 10 36 | 08 00 | 16 35 |
| 31 | 23 03 | 18 42 | 20 53 | 13 43 | 07 18 | 22 55 | 22 04 | 06 17 | 16 22 | 20 44 | 05 53 | 03 24 | 10 29 | 08 05 | 16 36 |

Lunar Phases -- 5 ● 15:31 ☌ 12 ◐ 07:31 20 Ⓔ 06:41 28 ◑ 08:33 Sun enters ♑ 12/21 05:04

| D | S.T. | ☉ | ☽ | ☽ 12:00 | ☿ | ♀ | ♂ | ♃ | ♄ | ♅ | ♆ | ♇ | ☊ |
|---|---|---|---|---|---|---|---|---|---|---|---|---|---|
| 1 | 6:44:20 | 10♑59 30 | 27♏33 | 04♐54 | 29♑10 | 28♒12 | 14♓04 | 24♊00R | 17♑30 | 15♍54R | 21♉19R | 06♓15 | 17♐18 |
| 2 | 6:48:17 | 12 00 40 | 12♐19 | 19 49 | 29 26 | 29 13 | 14 48 | 23 53 | 17 37 | 15 53 | 21 18 | 06 16 | 17 15 |
| 3 | 6:52:13 | 13 01 51 | 27 23 | 04♑59 | 29 31R | 00♓15 | 15 33 | 23 45 | 17 44 | 15 53 | 21 17 | 06 17 | 17 12 |
| 4 | 6:56:10 | 14 03 02 | 12♑37 | 20 14 | 29 25 | 01 16 | 16 18 | 23 38 | 17 51 | 15 52 | 21 16 | 06 18 | 17 09 |
| 5 | 7:00:06 | 15 04 13 | 27 51 | 05♒25 | 29 07 | 02 17 | 17 02 | 23 31 | 17 58 | 15 51 | 21 15 | 06 19 | 17 05 |
| 6 | 7:04:03 | 16 05 24 | 12♒55 | 20 20 | 28 37 | 03 17 | 17 47 | 23 24 | 18 05 | 15 50 | 21 14 | 06 20 | 17 02 |
| 7 | 7:07:59 | 17 06 35 | 27 40 | 04♓54 | 27 56 | 04 17 | 18 31 | 23 17 | 18 13 | 15 49 | 21 13 | 06 21 | 16 59 |
| 8 | 7:11:56 | 18 07 45 | 12♓00 | 19 00 | 27 04 | 05 16 | 19 16 | 23 10 | 18 20 | 15 48 | 21 13 | 06 23 | 16 56 |
| 9 | 7:15:53 | 19 08 55 | 25 52 | 02♈37 | 26 02 | 06 15 | 20 00 | 23 04 | 18 27 | 15 47 | 21 12 | 06 24 | 16 53 |
| 10 | 7:19:49 | 20 10 04 | 09♈15 | 15 46 | 24 52 | 07 13 | 20 45 | 22 57 | 18 34 | 15 46 | 21 11 | 06 25 | 16 50 |
| 11 | 7:23:46 | 21 11 12 | 22 11 | 28 31 | 23 36 | 08 11 | 21 29 | 22 51 | 18 41 | 15 45 | 21 10 | 06 26 | 16 46 |
| 12 | 7:27:42 | 22 12 20 | 04♉45 | 10♉55 | 22 17 | 09 08 | 22 14 | 22 44 | 18 48 | 15 44 | 21 10 | 06 27 | 16 43 |
| 13 | 7:31:39 | 23 13 28 | 17 00 | 23 03 | 20 58 | 10 05 | 22 58 | 22 38 | 18 55 | 15 43 | 21 09 | 06 29 | 16 40 |
| 14 | 7:35:35 | 24 14 35 | 29 02 | 05♊00 | 19 40 | 11 01 | 23 43 | 22 32 | 19 02 | 15 41 | 21 09 | 06 30 | 16 37 |
| 15 | 7:39:32 | 25 15 41 | 10♊55 | 16 50 | 18 25 | 11 56 | 24 27 | 22 27 | 19 09 | 15 40 | 21 08 | 06 31 | 16 34 |
| 16 | 7:43:28 | 26 16 47 | 22 43 | 28 37 | 17 17 | 12 51 | 25 12 | 22 21 | 19 17 | 15 39 | 21 08 | 06 33 | 16 31 |
| 17 | 7:47:25 | 27 17 52 | 04♋30 | 10♋24 | 16 16 | 13 45 | 25 56 | 22 16 | 19 24 | 15 37 | 21 07 | 06 34 | 16 27 |
| 18 | 7:51:22 | 28 18 57 | 16 19 | 22 15 | 15 24 | 14 39 | 26 41 | 22 10 | 19 31 | 15 36 | 21 07 | 06 35 | 16 24 |
| 19 | 7:55:18 | 29 20 01 | 28 12 | 04♌10 | 14 41 | 15 32 | 27 25 | 22 05 | 19 38 | 15 34 | 21 06 | 06 37 | 16 21 |
| 20 | 7:59:15 | 00♒21 04 | 10♌10 | 16 12 | 14 07 | 16 24 | 28 09 | 22 00 | 19 45 | 15 33 | 21 06 | 06 38 | 16 18 |
| 21 | 8:03:11 | 01 22 07 | 22 15 | 28 21 | 13 43 | 17 15 | 28 54 | 21 55 | 19 52 | 15 31 | 21 06 | 06 39 | 16 15 |
| 22 | 8:07:08 | 02 23 09 | 04♍29 | 10♍40 | 13 28 | 18 06 | 29 38 | 21 51 | 19 59 | 15 29 | 21 05 | 06 41 | 16 11 |
| 23 | 8:11:04 | 03 24 11 | 16 53 | 23 09 | 13 21 | 18 56 | 00♈22 | 21 46 | 20 06 | 15 28 | 21 05 | 06 42 | 16 08 |
| 24 | 8:15:01 | 04 25 12 | 29 28 | 05♎51 | 13 23D | 19 44 | 01 07 | 21 42 | 20 13 | 15 26 | 21 05 | 06 44 | 16 05 |
| 25 | 8:18:57 | 05 26 12 | 12♎17 | 18 47 | 13 33 | 20 32 | 01 51 | 21 38 | 20 20 | 15 24 | 21 04 | 06 45 | 16 02 |
| 26 | 8:22:54 | 06 27 12 | 25 21 | 02♏00 | 13 49 | 21 19 | 02 35 | 21 34 | 20 27 | 15 22 | 21 04 | 06 47 | 15 59 |
| 27 | 8:26:51 | 07 28 12 | 08♏44 | 15 33 | 14 13 | 22 06 | 03 19 | 21 30 | 20 34 | 15 21 | 21 04 | 06 48 | 15 56 |
| 28 | 8:30:47 | 08 29 11 | 22 27 | 29 27 | 14 42 | 22 51 | 04 03 | 21 27 | 20 41 | 15 19 | 21 04 | 06 50 | 15 52 |
| 29 | 8:34:44 | 09 30 09 | 06♐32 | 13♐42 | 15 17 | 23 35 | 04 47 | 21 24 | 20 47 | 15 17 | 21 04 | 06 51 | 15 49 |
| 30 | 8:38:40 | 10 31 07 | 20 58 | 28 19 | 15 56 | 24 18 | 05 32 | 21 21 | 20 54 | 15 15 | 21 04 | 06 53 | 15 46 |
| 31 | 8:42:37 | 11 32 04 | 05♑43 | 13♑12 | 16 40 | 25 00 | 06 16 | 21 18 | 21 01 | 15 13 | 21 04D | 06 54 | 15 43 |

## 0:00 E.T. Longitudes of the Major Asteroids and Chiron

| D | ⚳ | ⚴ | ⚵ | ⚶ | ⚷ |
|---|---|---|---|---|---|
| 1 | 06♈12 | 20♒55 | 08♓17 | 09♉00 | 23♏38 |
| 2 | 06 25 | 21 13 | 08 43 | 09 03 | 23 45 |
| 3 | 06 38 | 21 31 | 09 10 | 09 06 | 23 51 |
| 4 | 06 52 | 21 49 | 09 37 | 09 10 | 23 57 |
| 5 | 07 06 | 22 08 | 10 03 | 09 14 | 24 03 |
| 6 | 07 20 | 22 26 | 10 30 | 09 19 | 24 10 |
| 7 | 07 34 | 22 44 | 10 58 | 09 24 | 24 16 |
| 8 | 07 49 | 23 02 | 11 25 | 09 29 | 24 22 |
| 9 | 08 04 | 23 21 | 11 52 | 09 35 | 24 28 |
| 10 | 08 18 | 23 39 | 12 20 | 09 41 | 24 34 |
| 11 | 08 34 | 23 58 | 12 48 | 09 48 | 24 39 |
| 12 | 08 49 | 24 17 | 13 16 | 09 55 | 24 45 |
| 13 | 09 05 | 24 35 | 13 44 | 10 02 | 24 51 |
| 14 | 09 20 | 24 54 | 14 12 | 10 09 | 24 56 |
| 15 | 09 36 | 25 13 | 14 40 | 10 17 | 25 02 |
| 16 | 09 52 | 25 32 | 15 08 | 10 26 | 25 07 |
| 17 | 10 09 | 25 51 | 15 37 | 10 34 | 25 13 |
| 18 | 10 25 | 26 10 | 16 05 | 10 43 | 25 18 |
| 19 | 10 42 | 26 29 | 16 34 | 10 53 | 25 23 |
| 20 | 10 59 | 26 48 | 17 03 | 11 02 | 25 28 |
| 21 | 11 16 | 27 07 | 17 32 | 11 12 | 25 33 |
| 22 | 11 33 | 27 26 | 18 01 | 11 23 | 25 38 |
| 23 | 11 50 | 27 45 | 18 30 | 11 33 | 25 43 |
| 24 | 12 08 | 28 04 | 19 00 | 11 44 | 25 48 |
| 25 | 12 25 | 28 24 | 19 29 | 11 55 | 25 52 |
| 26 | 12 43 | 28 43 | 19 58 | 12 07 | 25 57 |
| 27 | 13 01 | 29 02 | 20 28 | 12 19 | 26 01 |
| 28 | 13 19 | 29 22 | 20 58 | 12 31 | 26 06 |
| 29 | 13 38 | 29 41 | 21 28 | 12 43 | 26 10 |
| 30 | 13 56 | 00♓01 | 21 58 | 12 56 | 26 14 |
| 31 | 14 15 | 00 20 | 22 28 | 13 09 | 26 18 |

## Lunar Data

| Last Asp. | | Ingress | | |
|---|---|---|---|---|
| 1 | 02:42 | 1 | ♐ | 04:00 |
| 2 | 18:18 | 3 | ♑ | 04:09 |
| 5 | 01:57 | 5 | ♒ | 03:25 |
| 6 | 16:51 | 7 | ♓ | 03:51 |
| 9 | 00:16 | 9 | ♈ | 07:19 |
| 11 | 02:26 | 11 | ♉ | 14:51 |
| 13 | 13:30 | 14 | ♊ | 01:56 |
| 16 | 05:23 | 16 | ♋ | 14:49 |
| 19 | 02:30 | 19 | ♌ | 03:38 |
| 20 | 23:21 | 21 | ♍ | 15:13 |
| 23 | 09:19 | 24 | ♎ | 00:60 |
| 25 | 17:08 | 26 | ♏ | 08:23 |
| 28 | 00:43 | 28 | ♐ | 12:57 |
| 30 | 05:44 | 30 | ♑ | 14:45 |

## 0:00 E.T. Declinations

| D | ☉ | ☽ | ☿ | ♀ | ♂ | ♃ | ♄ | ♅ | ♆ | ♇ | ⚳ | ⚴ | ⚵ | ⚶ | ⚷ |
|---|---|---|---|---|---|---|---|---|---|---|---|---|---|---|---|
| 1 | -22 59 | -21 26 | -20 33 | -13 17 | -06 59 | +22 55 | -22 03 | +06 17 | +16 22 | -20 44 | -05 44 | -03 24 | -10 22 | +08 09 | -16 37 |
| 2 | 22 53 | 22 49 | 20 13 | 12 51 | 06 41 | 22 55 | 22 03 | 06 18 | 16 22 | 20 43 | 05 35 | 03 24 | 10 15 | 08 14 | 16 38 |
| 3 | 22 48 | 22 35 | 19 55 | 12 25 | 06 23 | 22 55 | 22 02 | 06 18 | 16 22 | 20 42 | 05 26 | 03 23 | 10 08 | 08 19 | 16 39 |
| 4 | 22 41 | 20 42 | 19 39 | 11 58 | 06 05 | 22 54 | 22 01 | 06 18 | 16 22 | 20 42 | 05 17 | 03 23 | 10 01 | 08 24 | 16 40 |
| 5 | 22 35 | 17 19 | 19 24 | 11 32 | 05 46 | 22 54 | 22 00 | 06 19 | 16 21 | 20 41 | 05 08 | 03 23 | 09 54 | 08 29 | 16 41 |
| 6 | 22 28 | 12 50 | 19 11 | 11 05 | 05 28 | 22 54 | 21 59 | 06 19 | 16 21 | 20 41 | 04 59 | 03 22 | 09 46 | 08 34 | 16 43 |
| 7 | 22 20 | 07 41 | 19 01 | 10 38 | 05 09 | 22 54 | 21 58 | 06 19 | 16 21 | 20 40 | 04 50 | 03 21 | 09 39 | 08 39 | 16 44 |
| 8 | 22 12 | 02 15 | 18 52 | 10 11 | 04 51 | 22 54 | 21 57 | 06 20 | 16 21 | 20 39 | 04 41 | 03 21 | 09 31 | 08 45 | 16 45 |
| 9 | 22 04 | +03 07 | 18 46 | 09 44 | 04 32 | 22 54 | 21 56 | 06 20 | 16 21 | 20 39 | 04 32 | 03 20 | 09 23 | 08 50 | 16 46 |
| 10 | 21 55 | 08 09 | 18 42 | 09 16 | 04 14 | 22 53 | 21 56 | 06 21 | 16 21 | 20 38 | 04 23 | 03 19 | 09 15 | 08 56 | 16 47 |
| 11 | 21 46 | 12 39 | 18 40 | 08 49 | 03 55 | 22 53 | 21 55 | 06 21 | 16 21 | 20 37 | 04 13 | 03 18 | 09 08 | 09 01 | 16 48 |
| 12 | 21 36 | 16 29 | 18 40 | 08 22 | 03 37 | 22 53 | 21 54 | 06 22 | 16 20 | 20 37 | 04 04 | 03 17 | 09 00 | 09 07 | 16 48 |
| 13 | 21 26 | 19 30 | 18 42 | 07 54 | 03 18 | 22 53 | 21 53 | 06 22 | 16 20 | 20 36 | 03 55 | 03 16 | 08 51 | 09 13 | 16 49 |
| 14 | 21 16 | 21 37 | 18 45 | 07 27 | 03 00 | 22 53 | 21 52 | 06 23 | 16 20 | 20 35 | 03 45 | 03 15 | 08 43 | 09 18 | 16 50 |
| 15 | 21 05 | 22 44 | 18 50 | 06 59 | 02 41 | 22 53 | 21 51 | 06 23 | 16 20 | 20 35 | 03 36 | 03 14 | 08 35 | 09 24 | 16 51 |
| 16 | 20 53 | 22 49 | 18 55 | 06 31 | 02 23 | 22 52 | 21 50 | 06 24 | 16 20 | 20 34 | 03 26 | 03 12 | 08 27 | 09 30 | 16 52 |
| 17 | 20 42 | 21 54 | 19 02 | 06 04 | 02 04 | 22 52 | 21 49 | 06 24 | 16 20 | 20 34 | 03 17 | 03 11 | 08 18 | 09 36 | 16 53 |
| 18 | 20 30 | 20 00 | 19 09 | 05 36 | 01 45 | 22 52 | 21 48 | 06 25 | 16 20 | 20 33 | 03 07 | 03 09 | 08 10 | 09 43 | 16 54 |
| 19 | 20 17 | 17 15 | 19 17 | 05 09 | 01 27 | 22 52 | 21 47 | 06 26 | 16 20 | 20 32 | 02 58 | 03 08 | 08 01 | 09 49 | 16 54 |
| 20 | 20 04 | 13 46 | 19 26 | 04 41 | 01 08 | 22 52 | 21 46 | 06 26 | 16 20 | 20 32 | 02 48 | 03 06 | 07 52 | 09 55 | 16 55 |
| 21 | 19 51 | 09 42 | 19 34 | 04 14 | 00 50 | 22 52 | 21 45 | 06 27 | 16 20 | 20 31 | 02 38 | 03 04 | 07 44 | 10 01 | 16 56 |
| 22 | 19 37 | 05 12 | 19 43 | 03 47 | 00 31 | 22 52 | 21 44 | 06 28 | 16 20 | 20 30 | 02 29 | 03 02 | 07 35 | 10 08 | 16 56 |
| 23 | 19 23 | 00 27 | 19 52 | 03 20 | 00 13 | 22 52 | 21 43 | 06 28 | 16 20 | 20 30 | 02 19 | 03 01 | 07 26 | 10 14 | 16 57 |
| 24 | 19 09 | -04 24 | 20 01 | 02 53 | +00 06 | 22 52 | 21 42 | 06 29 | 16 20 | 20 29 | 02 09 | 02 59 | 07 17 | 10 21 | 16 58 |
| 25 | 18 54 | 09 08 | 20 10 | 02 26 | 00 24 | 22 52 | 21 41 | 06 30 | 16 20 | 20 28 | 02 00 | 02 57 | 07 08 | 10 27 | 16 58 |
| 26 | 18 39 | 13 34 | 20 19 | 01 59 | 00 43 | 22 51 | 21 40 | 06 30 | 16 20 | 20 28 | 01 50 | 02 54 | 06 59 | 10 34 | 16 59 |
| 27 | 18 24 | 17 27 | 20 27 | 01 33 | 01 01 | 22 51 | 21 39 | 06 31 | 16 20 | 20 27 | 01 40 | 02 52 | 06 50 | 10 41 | 16 59 |
| 28 | 18 08 | 20 28 | 20 34 | 01 07 | 01 20 | 22 51 | 21 39 | 06 32 | 16 20 | 20 26 | 01 30 | 02 50 | 06 40 | 10 47 | 17 00 |
| 29 | 17 52 | 22 20 | 20 41 | 00 41 | 01 38 | 22 51 | 21 38 | 06 33 | 16 20 | 20 26 | 01 20 | 02 48 | 06 31 | 10 54 | 17 00 |
| 30 | 17 36 | 22 47 | 20 47 | 00 15 | 01 56 | 22 51 | 21 37 | 06 34 | 16 20 | 20 25 | 01 10 | 02 45 | 06 22 | 11 01 | 17 01 |
| 31 | 17 19 | 21 41 | 20 53 | +00 11 | 02 15 | 22 51 | 21 36 | 06 34 | 16 20 | 20 24 | 01 00 | 02 43 | 06 12 | 11 08 | 17 01 |

Lunar Phases -- 4 ● 02:26 10 ◐ 21:57 19 ○ 02:30 26 ◑ 21:34 Sun enters ♒ 1/19 15:43

## Longitudes of Main Planets - February 2049

0:00 E.T.

| D | S.T. | ☉ | ☽ | ☽ 12:00 | ☿ | ♀ | ♂ | ♃ | ♄ | ♅ | ♆ | ♇ | ☊ |
|---|---|---|---|---|---|---|---|---|---|---|---|---|---|
| 1 | 8:46:33 | 12♒33 00 | 20♑42 | 28♑15 | 17♑28 | 25♓41 | 07♈00 | 21♊15℞ | 21♑08 | 15♍11℞ | 21♉04 | 06♓56 | 15♐40 |
| 2 | 8:50:30 | 13 33 56 | 05♒48 | 13♒19 | 18 20 | 26 20 | 07 44 | 21 12 | 21 15 | 15 09 | 21 04 | 06 57 | 15 37 |
| 3 | 8:54:26 | 14 34 50 | 20 49 | 28 16 | 19 16 | 26 59 | 08 28 | 21 10 | 21 21 | 15 06 | 21 04 | 06 59 | 15 33 |
| 4 | 8:58:23 | 15 35 43 | 05♓38 | 12♓54 | 20 14 | 27 36 | 09 12 | 21 08 | 21 28 | 15 04 | 21 04 | 07 00 | 15 30 |
| 5 | 9:02:20 | 16 36 35 | 20 05 | 27 08 | 21 15 | 28 11 | 09 56 | 21 06 | 21 35 | 15 02 | 21 04 | 07 02 | 15 27 |
| 6 | 9:06:16 | 17 37 26 | 04♈05 | 10♈54 | 22 19 | 28 46 | 10 40 | 21 04 | 21 42 | 15 00 | 21 05 | 07 03 | 15 24 |
| 7 | 9:10:13 | 18 38 15 | 17 36 | 24 11 | 23 25 | 29 18 | 11 24 | 21 03 | 21 48 | 14 58 | 21 05 | 07 05 | 15 21 |
| 8 | 9:14:09 | 19 39 02 | 00♉39 | 07♉01 | 24 33 | 29 50 | 12 07 | 21 01 | 21 55 | 14 55 | 21 05 | 07 07 | 15 17 |
| 9 | 9:18:06 | 20 39 48 | 13 17 | 19 27 | 25 43 | 00♈19 | 12 51 | 21 00 | 22 01 | 14 53 | 21 05 | 07 08 | 15 14 |
| 10 | 9:22:02 | 21 40 33 | 25 34 | 01♊36 | 26 56 | 00 47 | 13 35 | 20 59 | 22 08 | 14 51 | 21 06 | 07 10 | 15 11 |
| 11 | 9:25:59 | 22 41 16 | 07♊35 | 13 32 | 28 10 | 01 14 | 14 19 | 20 59 | 22 14 | 14 48 | 21 06 | 07 11 | 15 08 |
| 12 | 9:29:55 | 23 41 57 | 19 27 | 25 21 | 29 25 | 01 38 | 15 03 | 20 58 | 22 21 | 14 46 | 21 07 | 07 13 | 15 05 |
| 13 | 9:33:52 | 24 42 37 | 01♋14 | 07♋07 | 00♒42 | 02 01 | 15 46 | 20 58 | 22 27 | 14 44 | 21 07 | 07 15 | 15 02 |
| 14 | 9:37:49 | 25 43 15 | 13 01 | 18 56 | 02 01 | 02 22 | 16 30 | 20 58 | 22 33 | 14 41 | 21 08 | 07 16 | 14 58 |
| 15 | 9:41:45 | 26 43 52 | 24 52 | 00♌50 | 03 20 | 02 41 | 17 14 | 20 58D | 22 40 | 14 39 | 21 08 | 07 18 | 14 55 |
| 16 | 9:45:42 | 27 44 27 | 06♌50 | 12 53 | 04 42 | 02 57 | 17 57 | 20 58 | 22 46 | 14 36 | 21 09 | 07 19 | 14 52 |
| 17 | 9:49:38 | 28 45 00 | 18 58 | 25 06 | 06 04 | 03 12 | 18 41 | 20 59 | 22 52 | 14 34 | 21 09 | 07 21 | 14 49 |
| 18 | 9:53:35 | 29 45 32 | 01♍16 | 07♍30 | 07 28 | 03 24 | 19 24 | 20 59 | 22 58 | 14 31 | 21 10 | 07 23 | 14 46 |
| 19 | 9:57:31 | 00♓46 03 | 13 46 | 20 05 | 08 53 | 03 35 | 20 08 | 21 00 | 23 05 | 14 29 | 21 10 | 07 24 | 14 42 |
| 20 | 10:01:28 | 01 46 31 | 26 27 | 02♎51 | 10 19 | 03 43 | 20 51 | 21 01 | 23 11 | 14 26 | 21 11 | 07 26 | 14 39 |
| 21 | 10:05:24 | 02 46 59 | 09♎19 | 15 49 | 11 46 | 03 48 | 21 35 | 21 03 | 23 17 | 14 24 | 21 12 | 07 28 | 14 36 |
| 22 | 10:09:21 | 03 47 25 | 22 22 | 28 58 | 13 14 | 03 52 | 22 18 | 21 04 | 23 23 | 14 21 | 21 13 | 07 29 | 14 33 |
| 23 | 10:13:18 | 04 47 49 | 05♏37 | 12♏19 | 14 43 | 03 53℞ | 23 01 | 21 06 | 23 29 | 14 19 | 21 13 | 07 31 | 14 30 |
| 24 | 10:17:14 | 05 48 13 | 19 04 | 25 52 | 16 13 | 03 51 | 23 45 | 21 08 | 23 35 | 14 16 | 21 14 | 07 33 | 14 27 |
| 25 | 10:21:11 | 06 48 35 | 02♐44 | 09♐40 | 17 44 | 03 47 | 24 28 | 21 10 | 23 40 | 14 13 | 21 15 | 07 34 | 14 23 |
| 26 | 10:25:07 | 07 48 55 | 16 39 | 23 42 | 19 17 | 03 41 | 25 11 | 21 12 | 23 46 | 14 11 | 21 16 | 07 36 | 14 20 |
| 27 | 10:29:04 | 08 49 14 | 00♑49 | 07♑59 | 20 50 | 03 31 | 25 54 | 21 14 | 23 52 | 14 08 | 21 17 | 07 38 | 14 17 |
| 28 | 10:33:00 | 09 49 32 | 15 12 | 22 29 | 22 25 | 03 20 | 26 37 | 21 17 | 23 58 | 14 06 | 21 18 | 07 39 | 14 14 |

0:00 E.T.

## Longitudes of the Major Asteroids and Chiron

| D | ⚳ | ⚴ | ⚵ | ⚶ | ⚷ | D | ⚳ | ⚴ | ⚵ | ⚶ | ⚷ |
|---|---|---|---|---|---|---|---|---|---|---|---|
| 1 | 14♈33 | 00♓40 | 22♓58 | 13♉22 | 26♏22 | 15 | 19 09 | 05 16 | 00♈11 | 16 53 | 27 07 |
| 2 | 14 52 | 00 59 | 23 28 | 13 35 | 26 26 | 16 | 19 29 | 05 36 | 00 42 | 17 09 | 27 10 |
| 3 | 15 11 | 01 19 | 23 59 | 13 49 | 26 30 | 17 | 19 50 | 05 56 | 01 14 | 17 26 | 27 12 |
| 4 | 15 30 | 01 39 | 24 29 | 14 03 | 26 33 | 18 | 20 11 | 06 16 | 01 45 | 17 43 | 27 14 |
| 5 | 15 50 | 01 58 | 25 00 | 14 17 | 26 37 | 19 | 20 32 | 06 36 | 02 17 | 18 01 | 27 16 |
| 6 | 16 09 | 02 18 | 25 30 | 14 32 | 26 41 | 20 | 20 53 | 06 56 | 02 49 | 18 18 | 27 18 |
| 7 | 16 29 | 02 38 | 26 01 | 14 46 | 26 44 | 21 | 21 14 | 07 16 | 03 21 | 18 36 | 27 20 |
| 8 | 16 48 | 02 57 | 26 32 | 15 01 | 26 47 | 22 | 21 35 | 07 36 | 03 53 | 18 54 | 27 22 |
| 9 | 17 08 | 03 17 | 27 03 | 15 17 | 26 50 | 23 | 21 56 | 07 56 | 04 25 | 19 12 | 27 24 |
| 10 | 17 28 | 03 37 | 27 34 | 15 32 | 26 53 | 24 | 22 17 | 08 16 | 04 57 | 19 30 | 27 25 |
| 11 | 17 48 | 03 57 | 28 05 | 15 48 | 26 56 | 25 | 22 39 | 08 36 | 05 30 | 19 48 | 27 27 |
| 12 | 18 08 | 04 17 | 28 36 | 16 04 | 26 59 | 26 | 23 00 | 08 56 | 06 02 | 20 07 | 27 28 |
| 13 | 18 28 | 04 36 | 29 08 | 16 20 | 27 02 | 27 | 23 22 | 09 16 | 06 35 | 20 25 | 27 30 |
| 14 | 18 48 | 04 56 | 29 39 | 16 36 | 27 05 | 28 | 23 44 | 09 36 | 07 07 | 20 44 | 27 31 |

## Lunar Data

| Last Asp. | | Ingress | | |
|---|---|---|---|---|
| 1 | 08:17 | 1 | ♒ | 14:47 |
| 3 | 00:34 | 3 | ♓ | 14:49 |
| 5 | 14:24 | 5 | ♈ | 16:56 |
| 7 | 11:36 | 7 | ♉ | 22:48 |
| 10 | 03:01 | 10 | ♊ | 08:49 |
| 12 | 09:28 | 12 | ♋ | 21:30 |
| 14 | 19:31 | 15 | ♌ | 10:20 |
| 17 | 20:49 | 17 | ♍ | 21:32 |
| 19 | 17:48 | 20 | ♎ | 06:40 |
| 22 | 01:52 | 22 | ♏ | 13:53 |
| 24 | 08:02 | 24 | ♐ | 19:14 |
| 26 | 15:17 | 26 | ♑ | 22:38 |
| 28 | 19:47 | | | |

0:00 E.T.

## Declinations

| D | ☉ | ☽ | ☿ | ♀ | ♂ | ♃ | ♄ | ♅ | ♆ | ♇ | ⚳ | ⚴ | ⚵ | ⚶ | ⚷ |
|---|---|---|---|---|---|---|---|---|---|---|---|---|---|---|---|
| 1 | -17 02 | -19 02 | -20 57 | +00 36 | +02 33 | +22 51 | -21 35 | +06 35 | +16 20 | -20 24 | -00 50 | -02 41 | -06 03 | +11 15 | -17 02 |
| 2 | 16 45 | 15 06 | 21 01 | 01 01 | 02 51 | 22 51 | 21 34 | 06 36 | 16 20 | 20 23 | 00 41 | 02 38 | 05 53 | 11 22 | 17 02 |
| 3 | 16 27 | 10 13 | 21 04 | 01 25 | 03 09 | 22 51 | 21 33 | 06 37 | 16 20 | 20 22 | 00 31 | 02 35 | 05 44 | 11 28 | 17 02 |
| 4 | 16 09 | 04 48 | 21 06 | 01 50 | 03 28 | 22 51 | 21 32 | 06 38 | 16 20 | 20 22 | 00 21 | 02 33 | 05 34 | 11 35 | 17 03 |
| 5 | 15 51 | +00 44 | 21 06 | 02 13 | 03 46 | 22 51 | 21 31 | 06 39 | 16 20 | 20 21 | 00 11 | 02 30 | 05 24 | 11 42 | 17 03 |
| 6 | 15 33 | 06 04 | 21 06 | 02 37 | 04 04 | 22 51 | 21 30 | 06 39 | 16 21 | 20 20 | 00 01 | 02 27 | 05 14 | 11 49 | 17 03 |
| 7 | 15 14 | 10 55 | 21 05 | 03 00 | 04 22 | 22 52 | 21 29 | 06 40 | 16 21 | 20 20 | +00 09 | 02 24 | 05 05 | 11 57 | 17 04 |
| 8 | 14 55 | 15 06 | 21 02 | 03 22 | 04 40 | 22 52 | 21 28 | 06 41 | 16 21 | 20 19 | 00 19 | 02 21 | 04 55 | 12 04 | 17 04 |
| 9 | 14 36 | 18 28 | 20 59 | 03 44 | 04 58 | 22 52 | 21 27 | 06 42 | 16 21 | 20 18 | 00 30 | 02 19 | 04 45 | 12 11 | 17 04 |
| 10 | 14 17 | 20 54 | 20 54 | 04 05 | 05 16 | 22 52 | 21 26 | 06 43 | 16 21 | 20 18 | 00 40 | 02 16 | 04 35 | 12 18 | 17 04 |
| 11 | 13 57 | 22 20 | 20 48 | 04 26 | 05 33 | 22 52 | 21 25 | 06 44 | 16 21 | 20 17 | 00 50 | 02 12 | 04 25 | 12 25 | 17 04 |
| 12 | 13 37 | 22 44 | 20 41 | 04 46 | 05 51 | 22 52 | 21 24 | 06 45 | 16 21 | 20 16 | 01 00 | 02 09 | 04 15 | 12 32 | 17 04 |
| 13 | 13 17 | 22 07 | 20 32 | 05 06 | 06 09 | 22 52 | 21 23 | 06 46 | 16 22 | 20 16 | 01 10 | 02 06 | 04 05 | 12 39 | 17 05 |
| 14 | 12 57 | 20 31 | 20 22 | 05 25 | 06 26 | 22 52 | 21 22 | 06 47 | 16 22 | 20 15 | 01 20 | 02 03 | 03 54 | 12 47 | 17 05 |
| 15 | 12 36 | 18 02 | 20 12 | 05 43 | 06 44 | 22 53 | 21 21 | 06 48 | 16 22 | 20 14 | 01 30 | 02 00 | 03 44 | 12 54 | 17 05 |
| 16 | 12 15 | 14 46 | 19 59 | 06 00 | 07 01 | 22 53 | 21 20 | 06 49 | 16 22 | 20 14 | 01 40 | 01 57 | 03 34 | 13 01 | 17 05 |
| 17 | 11 54 | 10 52 | 19 46 | 06 17 | 07 19 | 22 53 | 21 19 | 06 50 | 16 22 | 20 13 | 01 50 | 01 53 | 03 24 | 13 08 | 17 05 |
| 18 | 11 33 | 06 28 | 19 31 | 06 32 | 07 36 | 22 53 | 21 18 | 06 51 | 16 23 | 20 13 | 02 00 | 01 50 | 03 14 | 13 15 | 17 05 |
| 19 | 11 12 | 01 45 | 19 15 | 06 47 | 07 53 | 22 53 | 21 17 | 06 52 | 16 23 | 20 12 | 02 10 | 01 46 | 03 03 | 13 23 | 17 04 |
| 20 | 10 50 | -03 06 | 18 58 | 07 01 | 08 10 | 22 54 | 21 16 | 06 53 | 16 23 | 20 11 | 02 20 | 01 43 | 02 53 | 13 30 | 17 04 |
| 21 | 10 29 | 07 53 | 18 40 | 07 14 | 08 27 | 22 54 | 21 15 | 06 54 | 16 23 | 20 11 | 02 31 | 01 39 | 02 42 | 13 37 | 17 04 |
| 22 | 10 07 | 12 24 | 18 20 | 07 26 | 08 44 | 22 54 | 21 14 | 06 55 | 16 24 | 20 10 | 02 41 | 01 36 | 02 32 | 13 44 | 17 04 |
| 23 | 09 45 | 16 23 | 17 59 | 07 36 | 09 01 | 22 55 | 21 13 | 06 56 | 16 24 | 20 09 | 02 51 | 01 32 | 02 22 | 13 52 | 17 04 |
| 24 | 09 23 | 19 35 | 17 37 | 07 46 | 09 18 | 22 55 | 21 12 | 06 57 | 16 24 | 20 09 | 03 01 | 01 29 | 02 11 | 13 59 | 17 04 |
| 25 | 09 01 | 21 43 | 17 13 | 07 54 | 09 34 | 22 55 | 21 11 | 06 58 | 16 24 | 20 08 | 03 11 | 01 25 | 02 01 | 14 06 | 17 04 |
| 26 | 08 38 | 22 35 | 16 48 | 08 01 | 09 51 | 22 55 | 21 10 | 06 59 | 16 25 | 20 08 | 03 21 | 01 21 | 01 50 | 14 13 | 17 03 |
| 27 | 08 16 | 22 01 | 16 22 | 08 07 | 10 07 | 22 56 | 21 09 | 07 00 | 16 25 | 20 07 | 03 31 | 01 18 | 01 39 | 14 21 | 17 03 |
| 28 | 07 53 | 20 01 | 15 54 | 08 12 | 10 24 | 22 56 | 21 09 | 07 01 | 16 25 | 20 06 | 03 41 | 01 14 | 01 29 | 14 28 | 17 03 |

Lunar Phases -- 2 ● 13:17 9 ◐ 15:40 17 ○ 20:49 25 ◑ 07:38 Sun enters ♓ 2/18 05:44

| D | S.T. | ☉ | ☽ | ☽ 12:00 | ☿ | ♀ | ♂ | ♃ | ♄ | ♅ | ♆ | ♇ | ☊ |
|---|---|---|---|---|---|---|---|---|---|---|---|---|---|
| 1 | 10:36:57 | 10 ♓ 49 48 | 29 ♑ 48 | 07 ♒ 08 | 24 ♒ 00 | 03 ♈ 06 ℞ | 27 ♈ 21 | 21 ♊ 20 | 24 ♑ 03 | 14 ♍ 03 ℞ | 21 ♉ 19 | 07 ♓ 41 | 14 ♐ 11 |
| 2 | 10:40:53 | 11 50 03 | 14 ♒ 29 | 06 ♓ 28 | 25 36 | 02 49 | 28 04 | 21 23 | 24 09 | 14 00 | 21 20 | 07 43 | 14 08 |
| 3 | 10:44:50 | 12 50 16 | 29 10 | 13 ♓ 43 | 27 14 | 02 31 | 28 47 | 21 26 | 24 14 | 13 58 | 21 21 | 07 44 | 14 04 |
| 4 | 10:48:47 | 13 50 27 | 13 ♓ 43 | 05 ♈ 02 | 28 52 | 02 09 | 29 30 | 21 30 | 24 20 | 13 55 | 21 22 | 07 46 | 14 01 |
| 5 | 10:52:43 | 14 50 37 | 28 01 | 18 45 | 00 ♓ 32 | 01 46 | 00 ♉ 13 | 21 33 | 24 25 | 13 52 | 21 23 | 07 48 | 13 58 |
| 6 | 10:56:40 | 15 50 44 | 11 ♈ 57 | 25 28 | 02 13 | 01 20 | 00 56 | 21 37 | 24 30 | 13 50 | 21 24 | 07 49 | 13 55 |
| 7 | 11:00:36 | 16 50 50 | 25 28 | 02 ♉ 03 | 03 54 | 00 53 | 01 39 | 21 41 | 24 36 | 13 47 | 21 25 | 07 51 | 13 52 |
| 8 | 11:04:33 | 17 50 53 | 08 ♉ 33 | 14 56 | 05 37 | 00 23 | 02 22 | 21 45 | 24 41 | 13 45 | 21 26 | 07 52 | 13 48 |
| 9 | 11:08:29 | 18 50 55 | 21 13 | 27 26 | 07 21 | 29 ♓ 52 | 03 04 | 21 49 | 24 46 | 13 42 | 21 28 | 07 54 | 13 45 |
| 10 | 11:12:26 | 19 50 54 | 03 ♊ 34 | 09 ♊ 37 | 09 06 | 29 19 | 03 47 | 21 54 | 24 51 | 13 39 | 21 29 | 07 56 | 13 42 |
| 11 | 11:16:22 | 20 50 51 | 15 38 | 21 36 | 10 52 | 28 44 | 04 30 | 21 59 | 24 56 | 13 37 | 21 30 | 07 57 | 13 39 |
| 12 | 11:20:19 | 21 50 46 | 27 31 | 03 ♋ 26 | 12 40 | 28 09 | 05 13 | 22 03 | 25 01 | 13 34 | 21 32 | 07 59 | 13 36 |
| 13 | 11:24:16 | 22 50 39 | 09 ♋ 20 | 15 14 | 14 28 | 27 32 | 05 55 | 22 08 | 25 06 | 13 32 | 21 33 | 08 01 | 13 33 |
| 14 | 11:28:12 | 23 50 30 | 21 09 | 27 05 | 16 18 | 26 55 | 06 38 | 22 14 | 25 11 | 13 29 | 21 34 | 08 02 | 13 29 |
| 15 | 11:32:09 | 24 50 18 | 03 ♌ 03 | 09 ♌ 03 | 18 09 | 26 18 | 07 21 | 22 19 | 25 15 | 13 26 | 21 36 | 08 04 | 13 26 |
| 16 | 11:36:05 | 25 50 04 | 15 06 | 21 13 | 20 01 | 25 40 | 08 03 | 22 25 | 25 20 | 13 24 | 21 37 | 08 05 | 13 23 |
| 17 | 11:40:02 | 26 49 49 | 27 22 | 03 ♍ 36 | 21 54 | 25 02 | 08 46 | 22 30 | 25 25 | 13 21 | 21 38 | 08 07 | 13 20 |
| 18 | 11:43:58 | 27 49 30 | 09 ♍ 37 | 16 14 | 23 48 | 24 25 | 09 28 | 22 36 | 25 29 | 13 19 | 21 40 | 08 09 | 13 17 |
| 19 | 11:47:55 | 28 49 10 | 22 38 | 29 07 | 25 43 | 23 48 | 10 10 | 22 42 | 25 34 | 13 16 | 21 41 | 08 10 | 13 14 |
| 20 | 11:51:51 | 29 48 48 | 05 ♎ 39 | 12 ♎ 14 | 27 40 | 23 12 | 10 53 | 22 48 | 25 38 | 13 14 | 21 43 | 08 12 | 13 10 |
| 21 | 11:55:48 | 00 ♈ 48 24 | 18 53 | 25 34 | 29 38 | 22 37 | 11 35 | 22 55 | 25 42 | 13 11 | 21 45 | 08 13 | 13 07 |
| 22 | 11:59:45 | 01 47 58 | 02 ♏ 05 | 09 ♏ 05 | 01 ♈ 36 | 22 03 | 12 17 | 23 01 | 25 46 | 13 09 | 21 46 | 08 15 | 13 04 |
| 23 | 12:03:41 | 02 47 30 | 15 54 | 22 46 | 03 36 | 21 31 | 13 00 | 23 08 | 25 51 | 13 06 | 21 48 | 08 16 | 13 01 |
| 24 | 12:07:38 | 03 47 00 | 29 39 | 06 ♐ 34 | 05 36 | 21 00 | 13 42 | 23 14 | 25 55 | 13 04 | 21 49 | 08 18 | 12 58 |
| 25 | 12:11:34 | 04 46 29 | 13 ♐ 31 | 20 29 | 07 37 | 20 32 | 14 24 | 23 21 | 25 59 | 13 02 | 21 51 | 08 19 | 12 54 |
| 26 | 12:15:31 | 05 45 56 | 27 29 | 04 ♑ 31 | 09 39 | 20 05 | 15 06 | 23 28 | 26 02 | 12 59 | 21 53 | 08 21 | 12 51 |
| 27 | 12:19:27 | 06 45 21 | 11 ♑ 34 | 18 39 | 11 41 | 19 40 | 15 48 | 23 36 | 26 06 | 12 57 | 21 54 | 08 22 | 12 48 |
| 28 | 12:23:24 | 07 44 45 | 25 45 | 02 ♒ 52 | 13 43 | 19 18 | 16 30 | 23 43 | 26 10 | 12 55 | 21 56 | 08 24 | 12 45 |
| 29 | 12:27:20 | 08 44 07 | 10 ♒ 00 | 17 08 | 15 45 | 18 58 | 17 13 | 23 51 | 26 14 | 12 52 | 21 58 | 08 25 | 12 42 |
| 30 | 12:31:17 | 09 43 26 | 24 16 | 01 ♓ 23 | 17 47 | 18 40 | 17 54 | 23 58 | 26 17 | 12 50 | 22 00 | 08 27 | 12 39 |
| 31 | 12:35:14 | 10 42 44 | 08 ♓ 30 | 15 34 | 19 48 | 18 25 | 18 36 | 24 04 | 26 21 | 12 48 | 22 01 | 08 28 | 12 35 |

## Longitudes of the Major Asteroids and Chiron — 0:00 E.T.     Lunar Data

| D | ⚳ | ⚴ | ⚵ | ⚶ | ⚷ | D | ⚳ | ⚴ | ⚵ | ⚶ | ⚷ | Last Asp. | Ingress |
|---|---|---|---|---|---|---|---|---|---|---|---|---|---|
| 1 | 24 ♈ 05 | 09 ♓ 56 | 07 ♈ 40 | 21 ♉ 03 | 27 ♏ 32 | 17 | 00 ♉ 03 | 15 16 | 16 30 | 26 28 | 27 33 | 28 19:47 | 1 ♒ 00:20 |
| 2 | 24 27 | 10 16 | 08 12 | 21 23 | 27 33 | 18 | 00 26 | 15 36 | 17 04 | 26 49 | 27 32 | 23:20 | 3 ♓ 01:22 |
| 3 | 24 49 | 10 36 | 08 45 | 21 42 | 27 33 | 19 | 00 49 | 15 56 | 17 37 | 27 11 | 27 31 | 4 17:53 | 5 ♈ 03:23 |
| 4 | 25 11 | 10 56 | 09 18 | 22 01 | 27 34 | 20 | 01 12 | 16 15 | 18 11 | 27 32 | 27 30 | 6 22:26 | 7 ♉ 08:15 |
| 5 | 25 33 | 11 16 | 09 51 | 22 21 | 27 35 | 21 | 01 36 | 16 35 | 18 45 | 27 54 | 27 29 | 9 16:02 | 9 ♊ 17:01 |
| 6 | 25 55 | 11 36 | 10 24 | 22 41 | 27 35 | 22 | 01 59 | 16 55 | 19 19 | 28 16 | 27 28 | 12 01:13 | 12 ♋ 05:02 |
| 7 | 26 18 | 11 56 | 10 57 | 23 01 | 27 36 | 23 | 02 22 | 17 15 | 19 53 | 28 38 | 27 27 | 14 11:06 | 14 ♌ 17:52 |
| 8 | 26 40 | 12 16 | 11 30 | 23 21 | 27 36 | 24 | 02 45 | 17 35 | 20 27 | 29 00 | 27 25 | 16 14:27 | 17 ♍ 05:05 |
| 9 | 27 02 | 12 36 | 12 03 | 23 41 | 27 36 | 25 | 03 08 | 17 54 | 21 01 | 29 22 | 27 24 | 19 12:24 | 19 ♎ 13:38 |
| 10 | 27 25 | 12 56 | 12 36 | 24 02 | 27 36 ℞ | 26 | 03 32 | 18 14 | 21 35 | 29 44 | 27 22 | 21 12:18 | 21 ♏ 19:54 |
| 11 | 27 47 | 13 16 | 13 09 | 24 22 | 27 36 | 27 | 03 55 | 18 34 | 22 09 | 00 ♊ 06 | 27 20 | 23 17:28 | 24 ♐ 00:37 |
| 12 | 28 10 | 13 36 | 13 43 | 24 43 | 27 36 | 28 | 04 19 | 18 54 | 22 43 | 00 29 | 27 18 | 25 17:04 | 26 ♑ 04:18 |
| 13 | 28 32 | 13 56 | 14 16 | 25 04 | 27 35 | 29 | 04 42 | 19 13 | 23 17 | 00 51 | 27 16 | 28 00:42 | 28 ♒ 07:10 |
| 14 | 28 55 | 14 16 | 14 49 | 25 24 | 27 35 | 30 | 05 06 | 19 33 | 23 51 | 01 14 | 27 14 | 29 23:30 | 30 ♓ 09:39 |
| 15 | 29 18 | 14 36 | 15 23 | 25 45 | 27 35 | 31 | 05 29 | 19 53 | 24 25 | 01 36 | 27 12 | | |
| 16 | 29 41 | 14 56 | 15 56 | 26 07 | 27 34 | | | | | | | | |

## Declinations — 0:00 E.T.

| D | ☉ | ☽ | ☿ | ♀ | ♂ | ♃ | ♄ | ♅ | ♆ | ♇ | ⚳ | ⚴ | ⚵ | ⚶ | ⚷ |
|---|---|---|---|---|---|---|---|---|---|---|---|---|---|---|---|
| 1 | -07 30 | -16 41 | -15 26 | +08 15 | +10 40 | +22 56 | -21 08 | +07 02 | +16 26 | -20 06 | +03 51 | -01 10 | -01 18 | +14 35 | -17 02 |
| 2 | 07 07 | 12 19 | 14 56 | 08 17 | 10 56 | 22 57 | 21 07 | 07 03 | 16 26 | 20 05 | 04 01 | 01 06 | 01 08 | 14 42 | 17 02 |
| 3 | 06 44 | 07 13 | 14 24 | 08 17 | 11 12 | 22 57 | 21 06 | 07 04 | 16 26 | 20 05 | 04 11 | 01 02 | 00 57 | 14 49 | 17 02 |
| 4 | 06 21 | 01 47 | 13 52 | 08 16 | 11 28 | 22 58 | 21 05 | 07 05 | 16 27 | 20 04 | 04 21 | 00 59 | 00 46 | 14 57 | 17 01 |
| 5 | 05 58 | +03 40 | 13 18 | 08 13 | 11 44 | 22 58 | 21 03 | 07 06 | 16 27 | 20 04 | 04 32 | 00 55 | 00 36 | 15 04 | 17 01 |
| 6 | 05 35 | 08 47 | 12 43 | 08 09 | 12 00 | 22 58 | 21 03 | 07 07 | 16 27 | 20 03 | 04 42 | 00 51 | 00 25 | 15 11 | 17 00 |
| 7 | 05 11 | 13 19 | 12 06 | 08 04 | 12 15 | 22 59 | 21 02 | 07 08 | 16 28 | 20 02 | 04 52 | 00 47 | 00 14 | 15 18 | 17 00 |
| 8 | 04 48 | 17 04 | 11 29 | 07 57 | 12 31 | 22 59 | 21 01 | 07 09 | 16 28 | 20 01 | 05 02 | 00 43 | 00 04 | 15 25 | 16 59 |
| 9 | 04 25 | 19 53 | 10 50 | 07 49 | 12 46 | 23 00 | 21 01 | 07 10 | 16 28 | 20 01 | 05 12 | 00 39 | +00 07 | 15 32 | 16 59 |
| 10 | 04 01 | 21 41 | 10 10 | 07 39 | 13 01 | 23 00 | 21 00 | 07 11 | 16 29 | 20 01 | 05 22 | 00 35 | 00 18 | 15 39 | 16 58 |
| 11 | 03 38 | 22 27 | 09 28 | 07 29 | 13 17 | 23 00 | 20 59 | 07 12 | 16 29 | 20 00 | 05 31 | 00 31 | 00 28 | 15 46 | 16 57 |
| 12 | 03 14 | 22 09 | 08 46 | 07 15 | 13 32 | 23 01 | 20 57 | 07 13 | 16 29 | 19 59 | 05 41 | 00 27 | 00 39 | 15 53 | 16 56 |
| 13 | 02 50 | 20 53 | 08 02 | 07 02 | 13 46 | 23 01 | 20 57 | 07 14 | 16 30 | 19 59 | 05 51 | 00 23 | 00 50 | 16 00 | 16 56 |
| 14 | 02 27 | 18 42 | 07 17 | 06 47 | 14 01 | 23 02 | 20 56 | 07 15 | 16 30 | 19 59 | 06 01 | 00 18 | 01 00 | 16 07 | 16 56 |
| 15 | 02 03 | 15 43 | 06 31 | 06 31 | 14 16 | 23 02 | 20 56 | 07 16 | 16 31 | 19 58 | 06 11 | 00 14 | 01 11 | 16 14 | 16 55 |
| 16 | 01 39 | 12 03 | 05 43 | 06 14 | 14 30 | 23 03 | 20 55 | 07 17 | 16 31 | 19 58 | 06 21 | 00 10 | 01 22 | 16 21 | 16 54 |
| 17 | 01 16 | 07 50 | 04 55 | 05 57 | 14 45 | 23 03 | 20 54 | 07 18 | 16 32 | 19 57 | 06 31 | 00 06 | 01 32 | 16 28 | 16 54 |
| 18 | 00 52 | 03 13 | 04 05 | 05 38 | 14 59 | 23 04 | 20 53 | 07 19 | 16 32 | 19 57 | 06 41 | 00 02 | 01 43 | 16 35 | 16 53 |
| 19 | 00 28 | -01 37 | 03 15 | 05 19 | 15 13 | 23 04 | 20 53 | 07 20 | 16 33 | 19 56 | 06 50 | +00 02 | 01 54 | 16 42 | 16 52 |
| 20 | 00 04 | 06 28 | 02 23 | 05 00 | 15 27 | 23 05 | 20 51 | 07 21 | 16 33 | 19 56 | 07 00 | 00 06 | 02 04 | 16 48 | 16 51 |
| 21 | +00 19 | 11 07 | 01 30 | 04 40 | 15 40 | 23 05 | 20 51 | 07 21 | 16 33 | 19 55 | 07 10 | 00 11 | 02 15 | 16 55 | 16 51 |
| 22 | 00 43 | 15 17 | 00 37 | 04 20 | 15 54 | 23 06 | 20 50 | 07 22 | 16 34 | 19 55 | 07 20 | 00 15 | 02 25 | 17 02 | 16 50 |
| 23 | 01 07 | 18 42 | +00 17 | 04 00 | 16 08 | 23 06 | 20 50 | 07 23 | 16 34 | 19 54 | 07 39 | 00 19 | 02 36 | 17 08 | 16 49 |
| 24 | 01 30 | 21 06 | 01 12 | 03 40 | 16 21 | 23 07 | 20 49 | 07 24 | 16 35 | 19 54 | 07 49 | 00 23 | 02 46 | 17 15 | 16 48 |
| 25 | 01 54 | 22 15 | 02 08 | 03 20 | 16 34 | 23 07 | 20 48 | 07 25 | 16 35 | 19 54 | 07 58 | 00 27 | 02 57 | 17 22 | 16 47 |
| 26 | 02 17 | 22 01 | 03 04 | 03 00 | 16 47 | 23 08 | 20 48 | 07 26 | 16 36 | 19 53 | 08 08 | 00 32 | 03 08 | 17 28 | 16 46 |
| 27 | 02 41 | 20 24 | 04 00 | 02 40 | 17 00 | 23 08 | 20 47 | 07 27 | 16 36 | 19 53 | 08 18 | 00 36 | 03 18 | 17 35 | 16 45 |
| 28 | 03 04 | 17 30 | 04 57 | 02 22 | 17 13 | 23 08 | 20 46 | 07 28 | 16 37 | 19 52 | 08 18 | 00 40 | 03 28 | 17 41 | 16 44 |
| 29 | 03 28 | 13 34 | 05 54 | 02 03 | 17 25 | 23 09 | 20 46 | 07 29 | 16 37 | 19 52 | 08 27 | 00 44 | 03 39 | 17 47 | 16 43 |
| 30 | 03 51 | 08 51 | 06 50 | 01 45 | 17 38 | 23 09 | 20 45 | 07 29 | 16 37 | 19 52 | 08 37 | 00 49 | 03 49 | 17 54 | 16 42 |
| 31 | 04 14 | 03 41 | 07 46 | 01 28 | 17 50 | 23 10 | 20 45 | 07 30 | 16 38 | 19 51 | 08 46 | 00 53 | 04 00 | 18 00 | 16 41 |

Lunar Phases -- 4 ● 00:13    11 ◐ 11:28    19 ○ 12:25    26 ◑ 15:11     Sun enters ♈ 3/20 04:31

## Longitudes of Main Planets - April 2049

0:00 E.T.

| D | S.T. | ☉ | ☽ | ☽ 12:00 | ☿ | ♀ | ♂ | ♃ | ♄ | ♅ | ♆ | ♇ | ☊ |
|---|---|---|---|---|---|---|---|---|---|---|---|---|---|
| 1 | 12:39:10 | 11♈42 01 | 22♓36 | 29♓35 | 21♈48 | 18♓12℞ | 19♉18 | 24♊14 | 26♑24 | 12♍46℞ | 22♉03 | 08♓30 | 12♐32 |
| 2 | 12:43:07 | 12 41 15 | 06♈30 | 13♈21 | 23 47 | 18 02 | 20 00 | 24 22 | 26 27 | 12 43 | 22 05 | 08 31 | 12 29 |
| 3 | 12:47:03 | 13 40 27 | 20 08 | 26 49 | 25 45 | 17 54 | 20 42 | 24 30 | 26 30 | 12 41 | 22 07 | 08 33 | 12 26 |
| 4 | 12:51:00 | 14 39 37 | 03♉26 | 09♉57 | 27 40 | 17 48 | 21 24 | 24 38 | 26 34 | 12 39 | 22 09 | 08 34 | 12 23 |
| 5 | 12:54:56 | 15 38 45 | 16 24 | 22 45 | 29 33 | 17 45 | 22 06 | 24 47 | 26 37 | 12 37 | 22 11 | 08 35 | 12 20 |
| 6 | 12:58:53 | 16 37 51 | 29 01 | 05♊13 | 01♉24 | 17 45D | 22 47 | 24 56 | 26 40 | 12 35 | 22 12 | 08 37 | 12 16 |
| 7 | 13:02:49 | 17 36 55 | 11♊21 | 17 25 | 03 11 | 17 46 | 23 29 | 25 04 | 26 42 | 12 33 | 22 14 | 08 38 | 12 13 |
| 8 | 13:06:46 | 18 35 56 | 23 26 | 29 24 | 04 54 | 17 50 | 24 11 | 25 13 | 26 45 | 12 31 | 22 16 | 08 39 | 12 10 |
| 9 | 13:10:43 | 19 34 56 | 05♋21 | 11♋16 | 06 34 | 17 57 | 24 52 | 25 22 | 26 48 | 12 29 | 22 18 | 08 41 | 12 07 |
| 10 | 13:14:39 | 20 33 53 | 17 11 | 23 06 | 08 10 | 18 05 | 25 34 | 25 31 | 26 50 | 12 27 | 22 20 | 08 42 | 12 04 |
| 11 | 13:18:36 | 21 32 47 | 29 02 | 04♌59 | 09 41 | 18 16 | 26 15 | 25 40 | 26 53 | 12 25 | 22 22 | 08 43 | 12 00 |
| 12 | 13:22:32 | 22 31 40 | 10♌58 | 16 59 | 11 07 | 18 29 | 26 57 | 25 50 | 26 55 | 12 24 | 22 24 | 08 45 | 11 57 |
| 13 | 13:26:29 | 23 30 30 | 23 04 | 29 12 | 12 29 | 18 44 | 27 38 | 25 59 | 26 58 | 12 22 | 22 26 | 08 46 | 11 54 |
| 14 | 13:30:25 | 24 29 18 | 05♍24 | 11♍41 | 13 45 | 19 00 | 28 20 | 26 09 | 27 00 | 12 20 | 22 28 | 08 47 | 11 51 |
| 15 | 13:34:22 | 25 28 04 | 18 02 | 24 28 | 14 56 | 19 19 | 29 01 | 26 18 | 27 02 | 12 18 | 22 30 | 08 48 | 11 48 |
| 16 | 13:38:18 | 26 26 47 | 00♎59 | 07♎34 | 16 02 | 19 40 | 29 42 | 26 28 | 27 04 | 12 17 | 22 32 | 08 50 | 11 45 |
| 17 | 13:42:15 | 27 25 29 | 14 15 | 21 00 | 17 01 | 20 02 | 00♊24 | 26 38 | 27 06 | 12 15 | 22 34 | 08 51 | 11 41 |
| 18 | 13:46:12 | 28 24 08 | 27 49 | 04♏42 | 17 56 | 20 26 | 01 05 | 26 48 | 27 08 | 12 13 | 22 36 | 08 52 | 11 38 |
| 19 | 13:50:08 | 29 22 46 | 11♏39 | 18 39 | 18 44 | 20 52 | 01 46 | 26 58 | 27 10 | 12 12 | 22 39 | 08 53 | 11 35 |
| 20 | 13:54:05 | 00♉21 21 | 25 41 | 02♐45 | 19 27 | 21 20 | 02 27 | 27 08 | 27 11 | 12 10 | 22 41 | 08 54 | 11 32 |
| 21 | 13:58:01 | 01 19 55 | 09♐51 | 16 58 | 20 04 | 21 49 | 03 08 | 27 18 | 27 13 | 12 09 | 22 43 | 08 55 | 11 29 |
| 22 | 14:01:58 | 02 18 28 | 24 05 | 01♑13 | 20 34 | 22 19 | 03 49 | 27 28 | 27 14 | 12 08 | 22 45 | 08 56 | 11 26 |
| 23 | 14:05:54 | 03 16 58 | 08♑21 | 15 28 | 20 59 | 22 51 | 04 30 | 27 39 | 27 16 | 12 06 | 22 47 | 08 57 | 11 22 |
| 24 | 14:09:51 | 04 15 27 | 22 35 | 29 41 | 21 18 | 23 25 | 05 11 | 27 49 | 27 17 | 12 05 | 22 49 | 08 59 | 11 19 |
| 25 | 14:13:47 | 05 13 55 | 06♒46 | 13♒49 | 21 31 | 23 59 | 05 52 | 28 00 | 27 18 | 12 04 | 22 51 | 09 00 | 11 16 |
| 26 | 14:17:44 | 06 12 21 | 20 51 | 27 52 | 21 38 | 24 35 | 06 33 | 28 11 | 27 19 | 12 02 | 22 54 | 09 01 | 11 13 |
| 27 | 14:21:41 | 07 10 45 | 04♓50 | 11♓46 | 21 40℞ | 25 12 | 07 14 | 28 22 | 27 20 | 12 01 | 22 56 | 09 02 | 11 10 |
| 28 | 14:25:37 | 08 09 08 | 18 40 | 25 31 | 21 36 | 25 51 | 07 55 | 28 33 | 27 21 | 12 00 | 22 58 | 09 03 | 11 06 |
| 29 | 14:29:34 | 09 07 29 | 02♈19 | 09♈04 | 21 26 | 26 30 | 08 36 | 28 44 | 27 22 | 11 59 | 23 00 | 09 04 | 11 03 |
| 30 | 14:33:30 | 10 05 48 | 15 46 | 22 24 | 21 12 | 27 11 | 09 17 | 28 55 | 27 22 | 11 58 | 23 02 | 09 05 | 11 00 |

0:00 E.T.

## Longitudes of the Major Asteroids and Chiron

| D | ⚳ | ⚴ | ⚵ | ⚶ | ⚷ | D | ⚳ | ⚴ | ⚵ | ⚶ | ⚷ |
|---|---|---|---|---|---|---|---|---|---|---|---|
| 1 | 05♉53 | 20♓12 | 25♈00 | 01♊59 | 27♏10℞ | 16 | 11 52 | 25 02 | 03 40 | 07 50 | 26 26 |
| 2 | 06 17 | 20 32 | 25 34 | 02 22 | 27 08 | 17 | 12 16 | 25 21 | 04 15 | 08 14 | 26 22 |
| 3 | 06 40 | 20 51 | 26 09 | 02 45 | 27 05 | 18 | 12 40 | 25 40 | 04 50 | 08 38 | 26 19 |
| 4 | 07 04 | 21 11 | 26 43 | 03 08 | 27 03 | 19 | 13 04 | 25 59 | 05 25 | 09 02 | 26 15 |
| 5 | 07 28 | 21 30 | 27 18 | 03 31 | 27 00 | 20 | 13 28 | 26 18 | 06 00 | 09 26 | 26 12 |
| 6 | 07 52 | 21 50 | 27 52 | 03 54 | 26 57 | 21 | 13 53 | 26 36 | 06 35 | 09 50 | 26 08 |
| 7 | 08 15 | 22 09 | 28 27 | 04 17 | 26 55 | 22 | 14 17 | 26 55 | 07 10 | 10 14 | 26 04 |
| 8 | 08 39 | 22 29 | 29 01 | 04 41 | 26 52 | 23 | 14 41 | 27 14 | 07 45 | 10 39 | 26 00 |
| 9 | 09 03 | 22 48 | 29 36 | 05 04 | 26 49 | 24 | 15 05 | 27 33 | 08 20 | 11 03 | 25 56 |
| 10 | 09 27 | 23 07 | 00♉11 | 05 28 | 26 46 | 25 | 15 30 | 27 51 | 08 55 | 11 27 | 25 52 |
| 11 | 09 51 | 23 26 | 00 45 | 05 51 | 26 43 | 26 | 15 54 | 28 10 | 09 30 | 11 52 | 25 48 |
| 12 | 10 15 | 23 46 | 01 20 | 06 15 | 26 39 | 27 | 16 18 | 28 28 | 10 06 | 12 16 | 25 44 |
| 13 | 10 39 | 24 05 | 01 55 | 06 38 | 26 36 | 28 | 16 43 | 28 47 | 10 41 | 12 41 | 25 40 |
| 14 | 11 03 | 24 24 | 02 30 | 07 02 | 26 33 | 29 | 17 07 | 29 05 | 11 16 | 13 06 | 25 36 |
| 15 | 11 27 | 24 43 | 03 05 | 07 26 | 26 29 | 30 | 17 32 | 29 23 | 11 51 | 13 30 | 25 32 |

## Lunar Data

| Last Asp. | | Ingress | | |
|---|---|---|---|---|
| 1 | 06:33 | 1 | ♈ | 12:44 |
| 3 | 11:47 | 3 | ♉ | 17:45 |
| 5 | 19:27 | 6 | ♊ | 01:54 |
| 8 | 03:38 | 8 | ♋ | 13:12 |
| 10 | 19:39 | 11 | ♌ | 01:58 |
| 13 | 09:30 | 13 | ♍ | 13:33 |
| 15 | 21:33 | 15 | ♎ | 22:13 |
| 18 | 01:06 | 18 | ♏ | 03:49 |
| 20 | 02:34 | 20 | ♐ | 07:20 |
| 22 | 05:46 | 22 | ♑ | 09:57 |
| 24 | 07:57 | 24 | ♒ | 12:32 |
| 26 | 12:43 | 26 | ♓ | 15:41 |
| 28 | 17:34 | 28 | ♈ | 19:54 |
| 1 | 00:13 | | | |

0:00 E.T.

## Declinations

| D | ☉ | ☽ | ☿ | ♀ | ♂ | ♃ | ♄ | ♅ | ♆ | ♇ | ⚳ | ⚴ | ⚵ | ⚶ | ⚷ |
|---|---|---|---|---|---|---|---|---|---|---|---|---|---|---|---|
| 1 | +04 38 | +01 38 | +08 42 | +01 12 | +18 02 | +23 10 | -20 44 | +07 31 | +16 38 | -19 51 | +08 56 | +00 57 | +04 10 | +18 06 | -16 40 |
| 2 | 05 01 | 06 47 | 09 37 | 00 56 | 18 14 | 23 11 | 20 43 | 07 32 | 16 39 | 19 51 | 09 05 | 01 01 | 04 20 | 18 12 | 16 39 |
| 3 | 05 24 | 11 31 | 10 31 | 00 41 | 18 26 | 23 11 | 20 43 | 07 33 | 16 39 | 19 50 | 09 15 | 01 05 | 04 30 | 18 19 | 16 38 |
| 4 | 05 47 | 15 34 | 11 23 | 00 27 | 18 37 | 23 12 | 20 42 | 07 33 | 16 40 | 19 50 | 09 24 | 01 10 | 04 41 | 18 25 | 16 37 |
| 5 | 06 09 | 18 45 | 12 14 | 00 14 | 18 49 | 23 12 | 20 42 | 07 34 | 16 41 | 19 50 | 09 33 | 01 14 | 04 51 | 18 31 | 16 36 |
| 6 | 06 32 | 20 56 | 13 04 | 00 01 | 19 00 | 23 13 | 20 41 | 07 35 | 16 41 | 19 49 | 09 43 | 01 18 | 05 01 | 18 37 | 16 35 |
| 7 | 06 55 | 22 04 | 13 52 | -00 10 | 19 11 | 23 13 | 20 41 | 07 36 | 16 42 | 19 49 | 09 52 | 01 22 | 05 11 | 18 43 | 16 34 |
| 8 | 07 17 | 22 07 | 14 37 | 00 20 | 19 22 | 23 14 | 20 40 | 07 37 | 16 42 | 19 49 | 10 01 | 01 26 | 05 21 | 18 49 | 16 33 |
| 9 | 07 40 | 21 10 | 15 20 | 00 30 | 19 32 | 23 14 | 20 40 | 07 37 | 16 43 | 19 48 | 10 10 | 01 31 | 05 31 | 18 54 | 16 32 |
| 10 | 08 02 | 19 17 | 16 01 | 00 38 | 19 43 | 23 15 | 20 39 | 07 38 | 16 43 | 19 48 | 10 19 | 01 35 | 05 41 | 19 00 | 16 30 |
| 11 | 08 24 | 16 34 | 16 40 | 00 46 | 19 53 | 23 15 | 20 39 | 07 39 | 16 44 | 19 48 | 10 28 | 01 39 | 05 51 | 19 06 | 16 29 |
| 12 | 08 46 | 13 10 | 17 16 | 00 53 | 20 03 | 23 15 | 20 39 | 07 39 | 16 44 | 19 47 | 10 38 | 01 43 | 06 01 | 19 12 | 16 28 |
| 13 | 09 08 | 09 11 | 17 49 | 00 58 | 20 13 | 23 16 | 20 38 | 07 40 | 16 45 | 19 47 | 10 47 | 01 47 | 06 11 | 19 17 | 16 27 |
| 14 | 09 29 | 04 46 | 18 19 | 01 03 | 20 23 | 23 16 | 20 38 | 07 41 | 16 45 | 19 47 | 10 56 | 01 51 | 06 20 | 19 23 | 16 26 |
| 15 | 09 51 | 00 02 | 18 47 | 01 07 | 20 33 | 23 17 | 20 38 | 07 41 | 16 46 | 19 47 | 11 05 | 01 55 | 06 30 | 19 28 | 16 24 |
| 16 | 10 12 | -04 48 | 19 12 | 01 10 | 20 42 | 23 17 | 20 37 | 07 42 | 16 46 | 19 47 | 11 13 | 01 59 | 06 40 | 19 34 | 16 23 |
| 17 | 10 33 | 09 32 | 19 34 | 01 12 | 20 52 | 23 17 | 20 37 | 07 42 | 16 47 | 19 46 | 11 22 | 02 03 | 06 49 | 19 39 | 16 22 |
| 18 | 10 54 | 13 56 | 19 53 | 01 13 | 21 01 | 23 18 | 20 37 | 07 43 | 16 47 | 19 46 | 11 31 | 02 07 | 06 59 | 19 44 | 16 20 |
| 19 | 11 15 | 17 39 | 20 09 | 01 14 | 21 10 | 23 18 | 20 36 | 07 44 | 16 48 | 19 46 | 11 40 | 02 11 | 07 08 | 19 50 | 16 19 |
| 20 | 11 36 | 20 24 | 20 23 | 01 13 | 21 18 | 23 18 | 20 36 | 07 44 | 16 49 | 19 46 | 11 49 | 02 15 | 07 18 | 19 55 | 16 18 |
| 21 | 11 56 | 21 55 | 20 33 | 01 12 | 21 27 | 23 19 | 20 36 | 07 45 | 16 49 | 19 46 | 11 57 | 02 19 | 07 27 | 20 00 | 16 17 |
| 22 | 12 16 | 22 01 | 20 41 | 01 09 | 21 35 | 23 19 | 20 36 | 07 45 | 16 50 | 19 45 | 12 06 | 02 23 | 07 36 | 20 05 | 16 15 |
| 23 | 12 36 | 20 41 | 20 46 | 01 06 | 21 43 | 23 19 | 20 35 | 07 46 | 16 50 | 19 45 | 12 15 | 02 27 | 07 45 | 20 10 | 16 14 |
| 24 | 12 56 | 18 03 | 20 48 | 01 03 | 21 51 | 23 20 | 20 35 | 07 46 | 16 51 | 19 45 | 12 23 | 02 31 | 07 55 | 20 15 | 16 13 |
| 25 | 13 16 | 14 21 | 20 47 | 00 58 | 21 59 | 23 20 | 20 35 | 07 46 | 16 51 | 19 45 | 12 32 | 02 34 | 08 04 | 20 20 | 16 11 |
| 26 | 13 35 | 09 52 | 20 43 | 00 53 | 22 06 | 23 20 | 20 35 | 07 47 | 16 52 | 19 45 | 12 40 | 02 38 | 08 13 | 20 24 | 16 10 |
| 27 | 13 54 | 04 54 | 20 37 | 00 47 | 22 14 | 23 21 | 20 35 | 07 47 | 16 53 | 19 45 | 12 49 | 02 42 | 08 21 | 20 29 | 16 08 |
| 28 | 14 13 | +00 15 | 20 28 | 00 40 | 22 21 | 23 21 | 20 35 | 07 48 | 16 53 | 19 45 | 12 57 | 02 46 | 08 30 | 20 34 | 16 07 |
| 29 | 14 32 | 05 20 | 20 16 | 00 33 | 22 28 | 23 21 | 20 35 | 07 48 | 16 54 | 19 45 | 13 05 | 02 49 | 08 39 | 20 38 | 16 06 |
| 30 | 14 50 | 10 05 | 20 02 | 00 25 | 22 34 | 23 21 | 20 35 | 07 48 | 16 54 | 19 44 | 13 14 | 02 53 | 08 48 | 20 43 | 16 04 |

Lunar Phases -- 2 ● 11:40 10 ◐ 07:29 18 ○ 01:06 24 ◑ 21:12 Sun enters ♉ 4/19 15:15

## 0:00 E.T. Longitudes of Main Planets - May 2049

| D | S.T. | ☉ | ☽ | ☽ 12:00 | ☿ | ♀ | ♂ | ♃ | ♄ | ♅ | ♆ | ♇ | ☊ |
|---|---|---|---|---|---|---|---|---|---|---|---|---|---|
| 1 | 14:37:27 | 11♉04 06 | 28♈59 | 05♉29 | 20♉53℞ | 27♓53 | 09♊58 | 29♊06 | 27♑23 | 11♍57℞ | 23♉05 | 09♓05 | 10♐57 |
| 2 | 14:41:23 | 12 02 22 | 11♉56 | 18 19 | 20 30 | 28 35 | 10 38 | 29 17 | 27 23 | 11 56 | 23 07 | 09 06 | 10 54 |
| 3 | 14:45:20 | 13 00 37 | 24 38 | 00♊54 | 20 03 | 29 19 | 11 19 | 29 28 | 27 24 | 11 55 | 23 09 | 09 07 | 10 51 |
| 4 | 14:49:16 | 13 58 49 | 07♊05 | 13 14 | 19 33 | 00♈04 | 12 00 | 29 40 | 27 24 | 11 55 | 23 11 | 09 08 | 10 47 |
| 5 | 14:53:13 | 14 57 00 | 19 19 | 25 21 | 19 00 | 00 49 | 12 40 | 29 51 | 27 24 | 11 54 | 23 13 | 09 09 | 10 44 |
| 6 | 14:57:10 | 15 55 09 | 01♋21 | 07♋19 | 18 25 | 01 35 | 13 21 | 00♋03 | 27 24 | 11 53 | 23 16 | 09 10 | 10 41 |
| 7 | 15:01:06 | 16 53 17 | 13 15 | 19 11 | 17 49 | 02 22 | 14 01 | 00 14 | 27 24℞ | 11 52 | 23 18 | 09 11 | 10 38 |
| 8 | 15:05:03 | 17 51 22 | 25 06 | 01♌01 | 17 12 | 03 10 | 14 42 | 00 26 | 27 24 | 11 52 | 23 20 | 09 11 | 10 35 |
| 9 | 15:08:59 | 18 49 25 | 06♌57 | 12 54 | 16 35 | 03 59 | 15 22 | 00 38 | 27 24 | 11 51 | 23 22 | 09 12 | 10 31 |
| 10 | 15:12:56 | 19 47 27 | 18 53 | 24 54 | 15 58 | 04 48 | 16 03 | 00 50 | 27 24 | 11 51 | 23 25 | 09 13 | 10 28 |
| 11 | 15:16:52 | 20 45 26 | 00♍59 | 07♍07 | 15 23 | 05 38 | 16 43 | 01 02 | 27 23 | 11 50 | 23 27 | 09 13 | 10 25 |
| 12 | 15:20:49 | 21 43 24 | 13 19 | 19 36 | 14 49 | 06 29 | 17 24 | 01 14 | 27 23 | 11 50 | 23 29 | 09 14 | 10 22 |
| 13 | 15:24:45 | 22 41 20 | 25 58 | 02♎26 | 14 18 | 07 20 | 18 04 | 01 26 | 27 22 | 11 49 | 23 31 | 09 15 | 10 19 |
| 14 | 15:28:42 | 23 39 14 | 08♎59 | 15 38 | 13 49 | 08 12 | 18 44 | 01 38 | 27 22 | 11 49 | 23 34 | 09 15 | 10 16 |
| 15 | 15:32:39 | 24 37 07 | 22 22 | 29 13 | 13 24 | 09 05 | 19 24 | 01 50 | 27 21 | 11 49 | 23 36 | 09 16 | 10 12 |
| 16 | 15:36:35 | 25 34 58 | 06♏09 | 13♏10 | 13 02 | 09 58 | 20 05 | 02 02 | 27 20 | 11 49 | 23 38 | 09 17 | 10 09 |
| 17 | 15:40:32 | 26 32 47 | 20 16 | 27 27 | 12 44 | 10 52 | 20 45 | 02 14 | 27 19 | 11 49 | 23 40 | 09 17 | 10 06 |
| 18 | 15:44:28 | 27 30 35 | 04♐41 | 11♐58 | 12 31 | 11 46 | 21 25 | 02 27 | 27 18 | 11 49 | 23 43 | 09 18 | 10 03 |
| 19 | 15:48:25 | 28 28 21 | 19 17 | 26 37 | 12 21 | 12 41 | 22 05 | 02 39 | 27 17 | 11 49 | 23 45 | 09 18 | 10 00 |
| 20 | 15:52:21 | 29 26 07 | 03♑58 | 11♑19 | 12 16 | 13 36 | 22 45 | 02 52 | 27 15 | 11 49D | 23 47 | 09 19 | 09 57 |
| 21 | 15:56:18 | 00♊23 51 | 18 38 | 25 56 | 12 16D | 14 32 | 23 25 | 03 04 | 27 14 | 11 49 | 23 49 | 09 19 | 09 53 |
| 22 | 16:00:14 | 01 21 34 | 03♒12 | 10♒24 | 12 20 | 15 28 | 24 05 | 03 17 | 27 13 | 11 49 | 23 52 | 09 20 | 09 50 |
| 23 | 16:04:11 | 02 19 16 | 17 34 | 24 40 | 12 29 | 16 25 | 24 45 | 03 29 | 27 11 | 11 49 | 23 54 | 09 20 | 09 47 |
| 24 | 16:08:08 | 03 16 56 | 01♓42 | 08♓40 | 12 42 | 17 22 | 25 25 | 03 42 | 27 10 | 11 49 | 23 56 | 09 21 | 09 44 |
| 25 | 16:12:04 | 04 14 36 | 15 34 | 22 24 | 13 00 | 18 20 | 26 05 | 03 54 | 27 08 | 11 49 | 23 58 | 09 21 | 09 41 |
| 26 | 16:16:01 | 05 12 15 | 29 10 | 05♈52 | 13 22 | 19 18 | 26 45 | 04 07 | 27 06 | 11 50 | 24 01 | 09 21 | 09 37 |
| 27 | 16:19:57 | 06 09 53 | 12♈29 | 19 03 | 13 48 | 20 16 | 27 25 | 04 20 | 27 04 | 11 50 | 24 03 | 09 22 | 09 34 |
| 28 | 16:23:54 | 07 07 30 | 25 34 | 02♉00 | 14 19 | 21 15 | 28 05 | 04 33 | 27 02 | 11 51 | 24 05 | 09 22 | 09 31 |
| 29 | 16:27:50 | 08 05 06 | 08♉23 | 14 43 | 14 54 | 22 14 | 28 45 | 04 46 | 27 00 | 11 51 | 24 07 | 09 22 | 09 28 |
| 30 | 16:31:47 | 09 02 41 | 21 00 | 27 13 | 15 32 | 23 14 | 29 24 | 04 59 | 26 58 | 11 52 | 24 09 | 09 22 | 09 25 |
| 31 | 16:35:43 | 10 00 15 | 03♊24 | 09♊32 | 16 15 | 24 14 | 00♋04 | 05 12 | 26 56 | 11 52 | 24 12 | 09 23 | 09 22 |

## 0:00 E.T. Longitudes of the Major Asteroids and Chiron

| D | ⚳ | ⚴ | ⚵ | ⚶ | ⚷ | D | ⚳ | ⚴ | ⚵ | ⚶ | ⚷ |
|---|---|---|---|---|---|---|---|---|---|---|---|
| 1 | 17♉56 | 29♓41 | 12♉27 | 13♊55 | 25♏27℞ | 17 | 24 29 | 04 23 | 21 54 | 20 36 | 24 17 |
| 2 | 18 21 | 00 00 | 13 02 | 14 20 | 25 23 | 18 | 24 53 | 04 40 | 22 30 | 21 01 | 24 12 |
| 3 | 18 45 | 00♈18 | 13 37 | 14 45 | 25 19 | 19 | 25 18 | 04 57 | 23 05 | 21 27 | 24 08 |
| 4 | 19 10 | 00 36 | 14 13 | 15 09 | 25 14 | 20 | 25 42 | 05 14 | 23 41 | 21 52 | 24 03 |
| 5 | 19 34 | 00 54 | 14 48 | 15 34 | 25 10 | 21 | 26 07 | 05 30 | 24 16 | 22 18 | 23 59 |
| 6 | 19 59 | 01 12 | 15 24 | 15 59 | 25 06 | 22 | 26 32 | 05 47 | 24 52 | 22 43 | 23 54 |
| 7 | 20 23 | 01 29 | 15 59 | 16 24 | 25 01 | 23 | 26 56 | 06 03 | 25 27 | 23 09 | 23 50 |
| 8 | 20 48 | 01 47 | 16 35 | 16 49 | 24 57 | 24 | 27 21 | 06 20 | 26 03 | 23 34 | 23 46 |
| 9 | 21 12 | 02 05 | 17 10 | 17 14 | 24 52 | 25 | 27 45 | 06 36 | 26 39 | 24 00 | 23 41 |
| 10 | 21 37 | 02 22 | 17 45 | 17 39 | 24 48 | 26 | 28 10 | 06 52 | 27 14 | 24 26 | 23 37 |
| 11 | 22 01 | 02 40 | 18 21 | 18 05 | 24 43 | 27 | 28 34 | 07 08 | 27 50 | 24 51 | 23 33 |
| 12 | 22 26 | 02 57 | 18 56 | 18 30 | 24 39 | 28 | 28 59 | 07 24 | 28 25 | 25 17 | 23 28 |
| 13 | 22 50 | 03 15 | 19 32 | 18 55 | 24 35 | 29 | 29 24 | 07 40 | 29 01 | 25 43 | 23 24 |
| 14 | 23 15 | 03 32 | 20 07 | 19 20 | 24 30 | 30 | 29 48 | 07 56 | 29 37 | 26 08 | 23 20 |
| 15 | 23 39 | 03 49 | 20 43 | 19 45 | 24 26 | 31 | 00♊13 | 08 12 | 00♊12 | 26 34 | 23 16 |
| 16 | 24 04 | 04 06 | 21 18 | 20 11 | 24 21 | | | | | | |

## Lunar Data

| Last Asp. | | Ingress | | |
|---|---|---|---|---|
| 1 | 00:13 | 1 | ♉ | 01:53 |
| 3 | 09:32 | 3 | ♊ | 10:17 |
| 4 | 10:08 | 5 | ♋ | 21:17 |
| 8 | 04:41 | 8 | ♌ | 09:56 |
| 10 | 09:04 | 10 | ♍ | 22:04 |
| 13 | 02:37 | 13 | ♎ | 07:30 |
| 15 | 08:44 | 15 | ♏ | 13:22 |
| 17 | 11:46 | 17 | ♐ | 16:15 |
| 19 | 04:48 | 19 | ♑ | 17:31 |
| 21 | 14:07 | 21 | ♒ | 18:43 |
| 23 | 12:46 | 23 | ♓ | 21:06 |
| 25 | 20:20 | 26 | ♈ | 01:30 |
| 28 | 04:56 | 28 | ♉ | 08:15 |
| 30 | 11:28 | 30 | ♊ | 17:23 |

## 0:00 E.T. Declinations

| D | ☉ | ☽ | ☿ | ♀ | ♂ | ♃ | ♄ | ♅ | ♆ | ♇ | ⚳ | ⚴ | ⚵ | ⚶ | ⚷ |
|---|---|---|---|---|---|---|---|---|---|---|---|---|---|---|---|
| 1 | +15 09 | +14 17 | +19 45 | -00 16 | +22 41 | +23 21 | -20 35 | +07 49 | +16 55 | -19 44 | +13 22 | +02 56 | +08 56 | +20 47 | -16 03 |
| 2 | 15 27 | 17 43 | 19 26 | 00 07 | 22 47 | 23 22 | 20 35 | 07 49 | 16 55 | 19 44 | 13 30 | 03 00 | 09 05 | 20 51 | 16 02 |
| 3 | 15 44 | 20 13 | 19 05 | +00 03 | 22 53 | 23 22 | 20 35 | 07 49 | 16 56 | 19 44 | 13 38 | 03 03 | 09 13 | 20 56 | 16 00 |
| 4 | 16 02 | 21 42 | 18 42 | 00 13 | 22 59 | 23 22 | 20 35 | 07 50 | 16 56 | 19 44 | 13 46 | 03 07 | 09 21 | 21 00 | 15 59 |
| 5 | 16 19 | 22 06 | 18 18 | 00 24 | 23 05 | 23 22 | 20 35 | 07 50 | 16 57 | 19 44 | 13 54 | 03 10 | 09 30 | 21 04 | 15 57 |
| 6 | 16 36 | 21 28 | 17 53 | 00 35 | 23 11 | 23 22 | 20 35 | 07 50 | 16 58 | 19 44 | 14 02 | 03 14 | 09 38 | 21 08 | 15 56 |
| 7 | 16 53 | 19 51 | 17 26 | 00 47 | 23 16 | 23 22 | 20 35 | 07 50 | 16 58 | 19 44 | 14 10 | 03 17 | 09 46 | 21 12 | 15 55 |
| 8 | 17 09 | 17 24 | 16 59 | 01 00 | 23 21 | 23 22 | 20 35 | 07 51 | 16 59 | 19 44 | 14 18 | 03 20 | 09 54 | 21 16 | 15 53 |
| 9 | 17 25 | 14 14 | 16 32 | 01 13 | 23 26 | 23 22 | 20 35 | 07 51 | 16 59 | 19 44 | 14 26 | 03 24 | 10 02 | 21 20 | 15 52 |
| 10 | 17 41 | 10 28 | 16 05 | 01 26 | 23 31 | 23 22 | 20 35 | 07 51 | 17 00 | 19 44 | 14 34 | 03 27 | 10 10 | 21 23 | 15 51 |
| 11 | 17 56 | 06 15 | 15 38 | 01 40 | 23 35 | 23 22 | 20 35 | 07 51 | 17 00 | 19 44 | 14 42 | 03 30 | 10 17 | 21 27 | 15 49 |
| 12 | 18 11 | 01 42 | 15 12 | 01 54 | 23 40 | 23 22 | 20 35 | 07 51 | 17 01 | 19 44 | 14 49 | 03 33 | 10 25 | 21 31 | 15 48 |
| 13 | 18 26 | -03 02 | 14 47 | 02 09 | 23 44 | 23 22 | 20 36 | 07 51 | 17 02 | 19 44 | 14 57 | 03 36 | 10 32 | 21 34 | 15 46 |
| 14 | 18 41 | 07 46 | 14 23 | 02 24 | 23 48 | 23 22 | 20 36 | 07 51 | 17 02 | 19 44 | 15 04 | 03 39 | 10 40 | 21 37 | 15 45 |
| 15 | 18 55 | 12 17 | 14 02 | 02 39 | 23 51 | 23 22 | 20 36 | 07 51 | 17 03 | 19 44 | 15 12 | 03 42 | 10 47 | 21 41 | 15 44 |
| 16 | 19 09 | 16 18 | 13 41 | 02 55 | 23 55 | 23 22 | 20 36 | 07 51 | 17 03 | 19 45 | 15 19 | 03 44 | 10 54 | 21 44 | 15 42 |
| 17 | 19 23 | 19 28 | 13 23 | 03 11 | 23 58 | 23 22 | 20 37 | 07 51 | 17 04 | 19 45 | 15 27 | 03 47 | 11 01 | 21 47 | 15 41 |
| 18 | 19 36 | 21 29 | 13 07 | 03 28 | 24 01 | 23 22 | 20 37 | 07 51 | 17 04 | 19 45 | 15 34 | 03 50 | 11 08 | 21 50 | 15 40 |
| 19 | 19 49 | 22 05 | 12 54 | 03 45 | 24 04 | 23 22 | 20 37 | 07 51 | 17 05 | 19 45 | 15 41 | 03 53 | 11 15 | 21 53 | 15 38 |
| 20 | 20 01 | 21 10 | 12 43 | 04 02 | 24 07 | 23 22 | 20 37 | 07 51 | 17 05 | 19 45 | 15 49 | 03 55 | 11 22 | 21 56 | 15 37 |
| 21 | 20 14 | 18 49 | 12 34 | 04 19 | 24 09 | 23 22 | 20 38 | 07 51 | 17 06 | 19 45 | 15 56 | 03 58 | 11 29 | 21 59 | 15 36 |
| 22 | 20 26 | 15 17 | 12 27 | 04 37 | 24 11 | 23 21 | 20 38 | 07 51 | 17 07 | 19 45 | 16 03 | 04 00 | 11 35 | 22 02 | 15 34 |
| 23 | 20 37 | 10 53 | 12 23 | 04 54 | 24 13 | 23 21 | 20 38 | 07 51 | 17 07 | 19 45 | 16 10 | 04 02 | 11 42 | 22 04 | 15 33 |
| 24 | 20 48 | 05 58 | 12 21 | 05 13 | 24 15 | 23 21 | 20 39 | 07 51 | 17 08 | 19 46 | 16 17 | 04 05 | 11 48 | 22 07 | 15 32 |
| 25 | 20 59 | 00 50 | 12 21 | 05 31 | 24 17 | 23 21 | 20 39 | 07 51 | 17 08 | 19 46 | 16 24 | 04 07 | 11 54 | 22 10 | 15 30 |
| 26 | 21 10 | +04 14 | 12 24 | 05 49 | 24 18 | 23 20 | 20 40 | 07 51 | 17 09 | 19 46 | 16 31 | 04 09 | 12 00 | 22 12 | 15 29 |
| 27 | 21 20 | 09 01 | 12 29 | 06 08 | 24 19 | 23 20 | 20 40 | 07 50 | 17 09 | 19 46 | 16 37 | 04 11 | 12 06 | 22 14 | 15 28 |
| 28 | 21 30 | 13 17 | 12 36 | 06 27 | 24 20 | 23 20 | 20 41 | 07 50 | 17 10 | 19 46 | 16 44 | 04 13 | 12 12 | 22 17 | 15 27 |
| 29 | 21 39 | 16 53 | 12 45 | 06 46 | 24 21 | 23 19 | 20 41 | 07 50 | 17 10 | 19 47 | 16 51 | 04 15 | 12 18 | 22 19 | 15 25 |
| 30 | 21 48 | 19 37 | 12 55 | 07 05 | 24 22 | 23 19 | 20 42 | 07 50 | 17 11 | 19 47 | 16 57 | 04 17 | 12 23 | 22 21 | 15 24 |
| 31 | 21 57 | 21 22 | 13 08 | 07 24 | 24 22 | 23 19 | 20 42 | 07 49 | 17 11 | 19 47 | 17 04 | 04 19 | 12 29 | 22 23 | 15 23 |

Lunar Phases -- 2 ● 00:12  10 ◐ 01:59  17 Ⓔ 11:15  24 ◑ 02:55  31 ● 14:01  Sun enters ♊ 5/20 14:05

## Longitudes of Main Planets - June 2049

0:00 E.T.

| D | S.T. | ☉ | ☽ | ☽ 12:00 | ☿ | ♀ | ♂ | ♃ | ♄ | ♅ | ♆ | ♇ | ☊ |
|---|---|---|---|---|---|---|---|---|---|---|---|---|---|
| 1 | 16:39:40 | 10♊57 48 | 15♊38 | 21♊41 | 17♉01 | 25♈14 | 00♋44 | 05♋25 | 26♑53℞ | 11♍53 | 24♉14 | 09♓23 | 09♐18 |
| 2 | 16:43:37 | 11 55 20 | 27 42 | 03♋41 | 17 51 | 26 14 | 01 24 | 05 38 | 26 51 | 11 54 | 24 16 | 09 23 | 09 15 |
| 3 | 16:47:33 | 12 52 51 | 09♋39 | 15 35 | 18 44 | 27 15 | 02 03 | 05 51 | 26 48 | 11 54 | 24 18 | 09 23 | 09 12 |
| 4 | 16:51:30 | 13 50 21 | 21 31 | 27 26 | 19 42 | 28 16 | 02 43 | 06 04 | 26 46 | 11 55 | 24 20 | 09 23 | 09 09 |
| 5 | 16:55:26 | 14 47 49 | 03♌20 | 09♌15 | 20 42 | 29 18 | 03 23 | 06 17 | 26 43 | 11 56 | 24 22 | 09 23 | 09 06 |
| 6 | 16:59:23 | 15 45 17 | 15 11 | 21 08 | 21 46 | 00♉19 | 04 02 | 06 30 | 26 40 | 11 57 | 24 25 | 09 23 | 09 03 |
| 7 | 17:03:19 | 16 42 43 | 27 07 | 03♍08 | 22 53 | 01 21 | 04 42 | 06 43 | 26 38 | 11 58 | 24 27 | 09 24 | 08 59 |
| 8 | 17:07:16 | 17 40 08 | 09♍12 | 15 19 | 24 03 | 02 23 | 05 21 | 06 57 | 26 35 | 11 59 | 24 29 | 09 24 | 08 56 |
| 9 | 17:11:12 | 18 37 32 | 21 30 | 27 46 | 25 16 | 03 26 | 06 01 | 07 10 | 26 32 | 12 00 | 24 31 | 09 24℞ | 08 53 |
| 10 | 17:15:09 | 19 34 55 | 04♎06 | 10♎32 | 26 33 | 04 29 | 06 40 | 07 23 | 26 29 | 12 01 | 24 33 | 09 24 | 08 50 |
| 11 | 17:19:06 | 20 32 17 | 17 04 | 23 42 | 27 52 | 05 31 | 07 20 | 07 36 | 26 26 | 12 03 | 24 35 | 09 24 | 08 47 |
| 12 | 17:23:02 | 21 29 38 | 00♏26 | 07♏17 | 29 14 | 06 35 | 07 59 | 07 50 | 26 23 | 12 04 | 24 37 | 09 23 | 08 43 |
| 13 | 17:26:59 | 22 26 57 | 14 14 | 21 18 | 00♊40 | 07 38 | 08 38 | 08 03 | 26 19 | 12 05 | 24 39 | 09 23 | 08 40 |
| 14 | 17:30:55 | 23 24 17 | 28 28 | 05♐43 | 02 08 | 08 42 | 09 18 | 08 16 | 26 16 | 12 06 | 24 41 | 09 23 | 08 37 |
| 15 | 17:34:52 | 24 21 35 | 13♐04 | 20 29 | 03 40 | 09 45 | 09 57 | 08 30 | 26 13 | 12 08 | 24 43 | 09 23 | 08 34 |
| 16 | 17:38:48 | 25 18 52 | 27 58 | 05♑29 | 05 14 | 10 49 | 10 36 | 08 43 | 26 09 | 12 09 | 24 45 | 09 23 | 08 31 |
| 17 | 17:42:45 | 26 16 09 | 13♑01 | 20 33 | 06 51 | 11 54 | 11 16 | 08 57 | 26 06 | 12 11 | 24 47 | 09 23 | 08 28 |
| 18 | 17:46:41 | 27 13 26 | 28 04 | 05♒33 | 08 31 | 12 58 | 11 55 | 09 10 | 26 02 | 12 12 | 24 49 | 09 23 | 08 24 |
| 19 | 17:50:38 | 28 10 42 | 13♒00 | 20 22 | 10 14 | 14 03 | 12 34 | 09 24 | 25 59 | 12 14 | 24 51 | 09 22 | 08 21 |
| 20 | 17:54:35 | 29 07 57 | 27 39 | 04♓52 | 11 59 | 15 07 | 13 13 | 09 37 | 25 55 | 12 15 | 24 53 | 09 22 | 08 18 |
| 21 | 17:58:31 | 00♋05 13 | 11♓59 | 18 59 | 13 48 | 16 12 | 13 53 | 09 51 | 25 51 | 12 17 | 24 55 | 09 22 | 08 15 |
| 22 | 18:02:28 | 01 02 28 | 25 54 | 02♈43 | 15 39 | 17 18 | 14 32 | 10 04 | 25 47 | 12 19 | 24 57 | 09 22 | 08 12 |
| 23 | 18:06:24 | 01 59 43 | 09♈27 | 16 04 | 17 33 | 18 23 | 15 11 | 10 18 | 25 44 | 12 21 | 24 59 | 09 21 | 08 09 |
| 24 | 18:10:21 | 02 56 58 | 22 37 | 29 04 | 19 29 | 19 29 | 15 50 | 10 31 | 25 40 | 12 22 | 25 01 | 09 21 | 08 05 |
| 25 | 18:14:17 | 03 54 13 | 05♉27 | 11♉46 | 21 28 | 20 34 | 16 29 | 10 45 | 25 36 | 12 24 | 25 03 | 09 20 | 08 02 |
| 26 | 18:18:14 | 04 51 28 | 18 01 | 24 12 | 23 28 | 21 40 | 17 08 | 10 58 | 25 32 | 12 26 | 25 04 | 09 20 | 07 59 |
| 27 | 18:22:10 | 05 48 43 | 00♊21 | 06♊27 | 25 31 | 22 46 | 17 47 | 11 12 | 25 28 | 12 28 | 25 06 | 09 20 | 07 56 |
| 28 | 18:26:07 | 06 45 58 | 12 30 | 18 32 | 27 36 | 23 52 | 18 26 | 11 26 | 25 24 | 12 30 | 25 08 | 09 19 | 07 53 |
| 29 | 18:30:04 | 07 43 12 | 24 32 | 00♋30 | 29 43 | 24 59 | 19 05 | 11 39 | 25 20 | 12 32 | 25 10 | 09 19 | 07 49 |
| 30 | 18:34:00 | 08 40 27 | 06♋28 | 12 24 | 01♋50 | 26 05 | 19 44 | 11 53 | 25 15 | 12 34 | 25 12 | 09 18 | 07 46 |

0:00 E.T.

## Longitudes of the Major Asteroids and Chiron

| D | ⚳ | ⚴ | ⚵ | ⚶ | ⚷ |
|---|---|---|---|---|---|
| 1 | 00♊37 | 08♈27 | 00♊48 | 27♊00 | 23♏12℞ |
| 2 | 01 02 | 08 42 | 01 23 | 27 26 | 23 08 |
| 3 | 01 26 | 08 58 | 01 59 | 27 51 | 23 04 |
| 4 | 01 51 | 09 13 | 02 35 | 28 17 | 23 00 |
| 5 | 02 16 | 09 28 | 03 10 | 28 43 | 22 56 |
| 6 | 02 40 | 09 43 | 03 46 | 29 09 | 22 52 |
| 7 | 03 05 | 09 58 | 04 21 | 29 35 | 22 48 |
| 8 | 03 29 | 10 12 | 04 57 | 00♋01 | 22 44 |
| 9 | 03 54 | 10 27 | 05 33 | 00 27 | 22 41 |
| 10 | 04 18 | 10 41 | 06 08 | 00 53 | 22 37 |
| 11 | 04 42 | 10 55 | 06 44 | 01 19 | 22 33 |
| 12 | 05 07 | 11 10 | 07 19 | 01 45 | 22 30 |
| 13 | 05 31 | 11 24 | 07 55 | 02 11 | 22 26 |
| 14 | 05 56 | 11 37 | 08 30 | 02 37 | 22 23 |
| 15 | 06 20 | 11 51 | 09 06 | 03 03 | 22 20 |
| 16 | 06 44 | 12 05 | 09 41 | 03 29 | 22 16 |
| 17 | 07 09 | 12 18 | 10 17 | 03 55 | 22 13 |
| 18 | 07 33 | 12 31 | 10 52 | 04 21 | 22 10 |
| 19 | 07 57 | 12 44 | 11 27 | 04 47 | 22 07 |
| 20 | 08 22 | 12 57 | 12 03 | 05 13 | 22 04 |
| 21 | 08 46 | 13 10 | 12 38 | 05 39 | 22 01 |
| 22 | 09 10 | 13 22 | 13 14 | 06 05 | 21 58 |
| 23 | 09 35 | 13 35 | 13 49 | 06 31 | 21 56 |
| 24 | 09 59 | 13 47 | 14 24 | 06 58 | 21 53 |
| 25 | 10 23 | 13 59 | 15 00 | 07 24 | 21 50 |
| 26 | 10 47 | 14 11 | 15 35 | 07 50 | 21 48 |
| 27 | 11 11 | 14 23 | 16 10 | 08 16 | 21 46 |
| 28 | 11 35 | 14 34 | 16 45 | 08 42 | 21 43 |
| 29 | 12 00 | 14 46 | 17 21 | 09 08 | 21 41 |
| 30 | 12 24 | 14 57 | 17 56 | 09 35 | 21 39 |

## Lunar Data

| Last Asp. | | Ingress | | |
|---|---|---|---|---|
| 1 | 20:50 | 2 | ♋ | 04:37 |
| 4 | 15:01 | 4 | ♌ | 17:13 |
| 6 | 18:38 | 7 | ♍ | 05:45 |
| 9 | 09:36 | 9 | ♎ | 16:15 |
| 11 | 16:49 | 11 | ♏ | 23:14 |
| 13 | 20:21 | 14 | ♐ | 02:33 |
| 15 | 19:28 | 16 | ♑ | 03:16 |
| 17 | 20:46 | 18 | ♒ | 03:05 |
| 20 | 02:37 | 20 | ♓ | 03:53 |
| 21 | 23:48 | 22 | ♈ | 07:12 |
| 24 | 05:37 | 24 | ♉ | 13:45 |
| 26 | 14:30 | 26 | ♊ | 23:19 |
| 27 | 23:60 | 29 | ♋ | 10:59 |

0:00 E.T.

## Declinations

| D | ☉ | ☽ | ☿ | ♀ | ♂ | ♃ | ♄ | ♅ | ♆ | ♇ | ⚳ | ⚴ | ⚵ | ⚶ | ⚷ |
|---|---|---|---|---|---|---|---|---|---|---|---|---|---|---|---|
| 1 | +22 05 | +22 05 | +13 22 | +07 44 | +24 22 | +23 18 | -20 43 | +07 49 | +17 12 | -19 47 | +17 10 | +04 20 | +12 34 | +22 25 | -15 22 |
| 2 | 22 13 | 21 45 | 13 38 | 08 03 | 24 22 | 23 18 | 20 43 | 07 49 | 17 12 | 19 47 | 17 17 | 04 22 | 12 40 | 22 27 | 15 21 |
| 3 | 22 20 | 20 25 | 13 56 | 08 23 | 24 22 | 23 17 | 20 44 | 07 49 | 17 13 | 19 48 | 17 23 | 04 23 | 12 45 | 22 28 | 15 20 |
| 4 | 22 27 | 18 12 | 14 14 | 08 42 | 24 22 | 23 17 | 20 44 | 07 48 | 17 13 | 19 48 | 17 30 | 04 25 | 12 50 | 22 30 | 15 18 |
| 5 | 22 34 | 15 14 | 14 34 | 09 02 | 24 21 | 23 16 | 20 45 | 07 48 | 17 14 | 19 48 | 17 36 | 04 26 | 12 55 | 22 32 | 15 17 |
| 6 | 22 40 | 11 40 | 14 56 | 09 21 | 24 20 | 23 16 | 20 45 | 07 47 | 17 14 | 19 49 | 17 42 | 04 27 | 12 59 | 22 33 | 15 16 |
| 7 | 22 46 | 07 37 | 15 18 | 09 41 | 24 19 | 23 15 | 20 46 | 07 47 | 17 15 | 19 49 | 17 48 | 04 28 | 13 04 | 22 34 | 15 15 |
| 8 | 22 52 | 03 13 | 15 41 | 10 01 | 24 18 | 23 15 | 20 47 | 07 47 | 17 15 | 19 49 | 17 54 | 04 29 | 13 09 | 22 36 | 15 14 |
| 9 | 22 57 | -01 23 | 16 06 | 10 21 | 24 16 | 23 14 | 20 47 | 07 46 | 17 16 | 19 50 | 18 00 | 04 30 | 13 13 | 22 37 | 15 13 |
| 10 | 23 01 | 06 02 | 16 31 | 10 40 | 24 15 | 23 13 | 20 48 | 07 46 | 17 16 | 19 50 | 18 06 | 04 31 | 13 17 | 22 38 | 15 12 |
| 11 | 23 06 | 10 34 | 16 56 | 11 00 | 24 13 | 23 13 | 20 49 | 07 45 | 17 17 | 19 50 | 18 12 | 04 32 | 13 21 | 22 39 | 15 11 |
| 12 | 23 10 | 14 44 | 17 22 | 11 19 | 24 11 | 23 12 | 20 49 | 07 45 | 17 17 | 19 51 | 18 18 | 04 32 | 13 26 | 22 40 | 15 10 |
| 13 | 23 13 | 18 15 | 17 49 | 11 39 | 24 09 | 23 11 | 20 50 | 07 44 | 17 18 | 19 51 | 18 23 | 04 33 | 13 29 | 22 41 | 15 09 |
| 14 | 23 16 | 20 47 | 18 16 | 11 59 | 24 06 | 23 11 | 20 51 | 07 44 | 17 18 | 19 51 | 18 29 | 04 33 | 13 33 | 22 42 | 15 08 |
| 15 | 23 19 | 22 01 | 18 43 | 12 18 | 24 04 | 23 10 | 20 51 | 07 43 | 17 19 | 19 52 | 18 35 | 04 34 | 13 37 | 22 42 | 15 07 |
| 16 | 23 21 | 21 44 | 19 10 | 12 37 | 24 01 | 23 09 | 20 52 | 07 42 | 17 19 | 19 52 | 18 40 | 04 34 | 13 40 | 22 43 | 15 06 |
| 17 | 23 23 | 19 53 | 19 37 | 12 56 | 23 58 | 23 08 | 20 53 | 07 42 | 17 20 | 19 52 | 18 46 | 04 34 | 13 44 | 22 44 | 15 05 |
| 18 | 23 24 | 16 40 | 20 04 | 13 15 | 23 55 | 23 07 | 20 54 | 07 41 | 17 20 | 19 53 | 18 51 | 04 34 | 13 47 | 22 44 | 15 05 |
| 19 | 23 25 | 12 23 | 20 30 | 13 34 | 23 51 | 23 07 | 20 54 | 07 41 | 17 21 | 19 53 | 18 56 | 04 34 | 13 50 | 22 44 | 15 04 |
| 20 | 23 26 | 07 27 | 20 56 | 13 53 | 23 48 | 23 06 | 20 55 | 07 40 | 17 21 | 19 54 | 19 02 | 04 33 | 13 53 | 22 45 | 15 03 |
| 21 | 23 26 | 02 13 | 21 21 | 14 12 | 23 44 | 23 05 | 20 56 | 07 39 | 17 21 | 19 54 | 19 07 | 04 33 | 13 56 | 22 45 | 15 02 |
| 22 | 23 26 | +03 00 | 21 45 | 14 30 | 23 40 | 23 04 | 20 57 | 07 38 | 17 22 | 19 54 | 19 12 | 04 32 | 13 58 | 22 45 | 15 01 |
| 23 | 23 25 | 07 55 | 22 08 | 14 48 | 23 36 | 23 03 | 20 58 | 07 38 | 17 22 | 19 55 | 19 17 | 04 32 | 14 01 | 22 45 | 15 01 |
| 24 | 23 24 | 12 20 | 22 29 | 15 06 | 23 31 | 23 02 | 20 58 | 07 37 | 17 23 | 19 55 | 19 22 | 04 31 | 14 03 | 22 45 | 15 00 |
| 25 | 23 22 | 16 05 | 22 49 | 15 24 | 23 27 | 23 01 | 20 59 | 07 36 | 17 23 | 19 56 | 19 27 | 04 30 | 14 06 | 22 45 | 14 59 |
| 26 | 23 21 | 19 01 | 23 07 | 15 42 | 23 22 | 23 00 | 21 00 | 07 36 | 17 23 | 19 56 | 19 32 | 04 29 | 14 08 | 22 44 | 14 59 |
| 27 | 23 18 | 21 01 | 23 24 | 15 59 | 23 17 | 22 59 | 21 01 | 07 35 | 17 24 | 19 57 | 19 36 | 04 28 | 14 10 | 22 44 | 14 58 |
| 28 | 23 16 | 22 00 | 23 38 | 16 16 | 23 12 | 22 58 | 21 02 | 07 34 | 17 24 | 19 57 | 19 41 | 04 26 | 14 12 | 22 44 | 14 58 |
| 29 | 23 12 | 21 56 | 23 50 | 16 33 | 23 07 | 22 57 | 21 02 | 07 33 | 17 25 | 19 58 | 19 46 | 04 25 | 14 14 | 22 43 | 14 57 |
| 30 | 23 09 | 20 53 | 23 59 | 16 50 | 23 02 | 22 56 | 21 03 | 07 32 | 17 25 | 19 58 | 19 50 | 04 23 | 14 15 | 22 43 | 14 56 |

Lunar Phases -- 8 ◐ 17:58  15 Ⓔ 19:28  22 ◑ 09:42  30 ● 04:52  Sun enters ♋ 6/20 21:49

## 0:00 E.T. Longitudes of Main Planets - July 2049

| D | S.T. | ☉ | ☽ | ☽ 12:00 | ☿ | ♀ | ♂ | ♃ | ♄ | ♅ | ♆ | ♇ | ☊ |
|---|---|---|---|---|---|---|---|---|---|---|---|---|---|
| 1 | 18:37:57 | 09♋37 41 | 18♋20 | 24♋15 | 03♋59 | 27♉12 | 20♋23 | 12♋06 | 25♑11℞ | 12♍36 | 25♉13 | 09♓18℞ | 07♐43 |
| 2 | 18:41:53 | 10 34 55 | 00♌10 | 06♌05 | 06 09 | 28 19 | 21 02 | 12 20 | 25 07 | 12 39 | 25 15 | 09 17 | 07 40 |
| 3 | 18:45:50 | 11 32 09 | 12 00 | 17 56 | 08 19 | 29 25 | 21 41 | 12 34 | 25 03 | 12 41 | 25 17 | 09 17 | 07 37 |
| 4 | 18:49:46 | 12 29 23 | 23 52 | 29 50 | 10 30 | 00♊33 | 22 20 | 12 47 | 24 59 | 12 43 | 25 18 | 09 16 | 07 34 |
| 5 | 18:53:43 | 13 26 36 | 05♍50 | 11♍52 | 12 41 | 01 40 | 22 59 | 13 01 | 24 54 | 12 45 | 25 20 | 09 16 | 07 30 |
| 6 | 18:57:39 | 14 23 49 | 17 56 | 24 03 | 14 51 | 02 47 | 23 38 | 13 14 | 24 50 | 12 48 | 25 22 | 09 15 | 07 27 |
| 7 | 19:01:36 | 15 21 02 | 00♎13 | 06♎27 | 17 01 | 03 54 | 24 17 | 13 28 | 24 46 | 12 50 | 25 23 | 09 14 | 07 24 |
| 8 | 19:05:33 | 16 18 15 | 12 46 | 19 10 | 19 10 | 05 02 | 24 55 | 13 42 | 24 41 | 12 53 | 25 25 | 09 14 | 07 21 |
| 9 | 19:09:29 | 17 15 28 | 25 39 | 02♏13 | 21 18 | 06 09 | 25 34 | 13 55 | 24 37 | 12 55 | 25 26 | 09 13 | 07 18 |
| 10 | 19:13:26 | 18 12 40 | 08♏54 | 15 42 | 23 24 | 07 17 | 26 13 | 14 09 | 24 32 | 12 58 | 25 28 | 09 12 | 07 15 |
| 11 | 19:17:22 | 19 09 52 | 22 36 | 29 37 | 25 30 | 08 25 | 26 52 | 14 22 | 24 28 | 13 00 | 25 29 | 09 12 | 07 11 |
| 12 | 19:21:19 | 20 07 05 | 06♐45 | 13♐59 | 27 34 | 09 33 | 27 31 | 14 36 | 24 24 | 13 03 | 25 31 | 09 11 | 07 08 |
| 13 | 19:25:15 | 21 04 17 | 21 20 | 28 46 | 29 37 | 10 41 | 28 09 | 14 49 | 24 19 | 13 05 | 25 32 | 09 10 | 07 05 |
| 14 | 19:29:12 | 22 01 29 | 06♑17 | 13♑51 | 01♌38 | 11 49 | 28 48 | 15 03 | 24 15 | 13 08 | 25 34 | 09 09 | 07 02 |
| 15 | 19:33:08 | 22 58 42 | 21 29 | 29 07 | 03 37 | 12 58 | 29 27 | 15 16 | 24 10 | 13 11 | 25 35 | 09 08 | 06 59 |
| 16 | 19:37:05 | 23 55 55 | 06♒46 | 14♒23 | 05 34 | 14 06 | 00♌05 | 15 30 | 24 06 | 13 14 | 25 37 | 09 08 | 06 55 |
| 17 | 19:41:02 | 24 53 08 | 21 57 | 29 27 | 07 30 | 15 15 | 00 44 | 15 43 | 24 01 | 13 16 | 25 38 | 09 07 | 06 52 |
| 18 | 19:44:58 | 25 50 22 | 06♓52 | 14♓12 | 09 24 | 16 23 | 01 23 | 15 57 | 23 57 | 13 19 | 25 39 | 09 06 | 06 49 |
| 19 | 19:48:55 | 26 47 36 | 21 25 | 28 31 | 11 16 | 17 32 | 02 01 | 16 10 | 23 53 | 13 22 | 25 41 | 09 05 | 06 46 |
| 20 | 19:52:51 | 27 44 51 | 05♈29 | 12♈21 | 13 06 | 18 41 | 02 40 | 16 24 | 23 48 | 13 25 | 25 42 | 09 04 | 06 43 |
| 21 | 19:56:48 | 28 42 07 | 19 06 | 25 43 | 14 55 | 19 50 | 03 18 | 16 37 | 23 44 | 13 28 | 25 43 | 09 03 | 06 40 |
| 22 | 20:00:44 | 29 39 23 | 02♉15 | 08♉40 | 16 42 | 20 59 | 03 57 | 16 51 | 23 39 | 13 31 | 25 44 | 09 02 | 06 36 |
| 23 | 20:04:41 | 00♌36 41 | 15 01 | 21 16 | 18 26 | 22 08 | 04 36 | 17 04 | 23 35 | 13 34 | 25 46 | 09 02 | 06 33 |
| 24 | 20:08:37 | 01 33 59 | 27 27 | 03♊34 | 20 10 | 23 17 | 05 14 | 17 17 | 23 31 | 13 37 | 25 47 | 09 01 | 06 30 |
| 25 | 20:12:34 | 02 31 18 | 09♊38 | 15 39 | 21 51 | 24 27 | 05 53 | 17 31 | 23 26 | 13 40 | 25 48 | 09 00 | 06 27 |
| 26 | 20:16:31 | 03 28 38 | 21 39 | 27 36 | 23 30 | 25 36 | 06 31 | 17 44 | 23 22 | 13 43 | 25 49 | 08 59 | 06 24 |
| 27 | 20:20:27 | 04 25 59 | 03♋33 | 09♋28 | 25 08 | 26 46 | 07 10 | 17 57 | 23 17 | 13 46 | 25 50 | 08 58 | 06 20 |
| 28 | 20:24:24 | 05 23 20 | 15 23 | 21 18 | 26 44 | 27 56 | 07 48 | 18 11 | 23 13 | 13 49 | 25 51 | 08 57 | 06 17 |
| 29 | 20:28:20 | 06 20 43 | 27 13 | 03♌08 | 28 18 | 29 05 | 08 27 | 18 24 | 23 09 | 13 52 | 25 52 | 08 56 | 06 14 |
| 30 | 20:32:17 | 07 18 06 | 09♌03 | 15 00 | 29 50 | 00♋15 | 09 05 | 18 37 | 23 05 | 13 55 | 25 53 | 08 55 | 06 11 |
| 31 | 20:36:13 | 08 15 30 | 20 57 | 26 55 | 01♍21 | 01 25 | 09 44 | 18 50 | 23 00 | 13 59 | 25 54 | 08 54 | 06 08 |

## 0:00 E.T. Longitudes of the Major Asteroids and Chiron

| D | ⚳ | ⚴ | ⚵ | ⚶ | ⚷ | D | ⚳ | ⚴ | ⚵ | ⚶ | ⚷ |
|---|---|---|---|---|---|---|---|---|---|---|---|
| 1 | 12♊48 | 15♈08 | 18♊31 | 10♋01 | 21♏37℞ | 17 | 19 08 | 17 33 | 27 49 | 17 00 | 21 17 |
| 2 | 13 12 | 15 18 | 19 06 | 10 27 | 21 35 | 18 | 19 31 | 17 40 | 28 24 | 17 27 | 21 17 |
| 3 | 13 36 | 15 29 | 19 41 | 10 53 | 21 33 | 19 | 19 55 | 17 47 | 28 58 | 17 53 | 21 17 |
| 4 | 14 00 | 15 39 | 20 16 | 11 19 | 21 31 | 20 | 20 18 | 17 54 | 29 33 | 18 19 | 21 16 |
| 5 | 14 24 | 15 49 | 20 51 | 11 46 | 21 30 | 21 | 20 41 | 18 00 | 00♋07 | 18 45 | 21 16 |
| 6 | 14 47 | 15 59 | 21 26 | 12 12 | 21 28 | 22 | 21 05 | 18 06 | 00 41 | 19 12 | 21 16D |
| 7 | 15 11 | 16 09 | 22 01 | 12 38 | 21 27 | 23 | 21 28 | 18 12 | 01 16 | 19 38 | 21 17 |
| 8 | 15 35 | 16 19 | 22 36 | 13 04 | 21 25 | 24 | 21 51 | 18 17 | 01 50 | 20 04 | 21 17 |
| 9 | 15 59 | 16 28 | 23 11 | 13 31 | 21 24 | 25 | 22 14 | 18 22 | 02 24 | 20 30 | 21 17 |
| 10 | 16 23 | 16 37 | 23 46 | 13 57 | 21 23 | 26 | 22 37 | 18 27 | 02 59 | 20 56 | 21 18 |
| 11 | 16 46 | 16 46 | 24 21 | 14 23 | 21 22 | 27 | 23 00 | 18 32 | 03 33 | 21 23 | 21 18 |
| 12 | 17 10 | 16 54 | 24 56 | 14 49 | 21 21 | 28 | 23 23 | 18 36 | 04 07 | 21 49 | 21 19 |
| 13 | 17 34 | 17 03 | 25 30 | 15 16 | 21 20 | 29 | 23 46 | 18 40 | 04 41 | 22 15 | 21 20 |
| 14 | 17 57 | 17 11 | 26 05 | 15 42 | 21 19 | 30 | 24 09 | 18 44 | 05 15 | 22 41 | 21 20 |
| 15 | 18 21 | 17 18 | 26 40 | 16 08 | 21 18 | 31 | 24 32 | 18 47 | 05 49 | 23 07 | 21 21 |
| 16 | 18 44 | 17 26 | 27 14 | 16 34 | 21 18 | | | | | | |

### Lunar Data

| Last Asp. | | Ingress | | |
|---|---|---|---|---|
| 1 | 19:51 | 1 | ♌ | 23:41 |
| 4 | 02:54 | 4 | ♍ | 12:19 |
| 6 | 14:36 | 6 | ♎ | 23:34 |
| 8 | 23:51 | 9 | ♏ | 07:58 |
| 11 | 07:40 | 11 | ♐ | 12:39 |
| 12 | 10:29 | 13 | ♑ | 13:59 |
| 15 | 13:04 | 15 | ♒ | 13:23 |
| 17 | 05:53 | 17 | ♓ | 12:53 |
| 19 | 09:44 | 19 | ♈ | 14:33 |
| 21 | 18:50 | 21 | ♉ | 19:51 |
| 23 | 20:45 | 24 | ♊ | 04:60 |
| 26 | 08:50 | 26 | ♋ | 16:50 |
| 28 | 21:16 | 29 | ♌ | 05:39 |
| 31 | 09:59 | 31 | ♍ | 18:11 |

## 0:00 E.T. Declinations

| D | ☉ | ☽ | ☿ | ♀ | ♂ | ♃ | ♄ | ♅ | ♆ | ♇ | ⚳ | ⚴ | ⚵ | ⚶ | ⚷ |
|---|---|---|---|---|---|---|---|---|---|---|---|---|---|---|---|
| 1 | +23 05 | +18 55 | +24 06 | +17 06 | +22 56 | +22 55 | -21 04 | +07 31 | +17 25 | -19 59 | +19 55 | +04 21 | +14 17 | +22 42 | -14 56 |
| 2 | 23 01 | 16 09 | 24 10 | 17 22 | 22 50 | 22 53 | 21 05 | 07 31 | 17 26 | 19 59 | 19 59 | 04 20 | 14 18 | 22 41 | 14 55 |
| 3 | 22 56 | 12 45 | 24 12 | 17 37 | 22 44 | 22 52 | 21 06 | 07 30 | 17 26 | 20 00 | 20 04 | 04 17 | 14 19 | 22 40 | 14 55 |
| 4 | 22 51 | 08 50 | 24 10 | 17 53 | 22 38 | 22 51 | 21 07 | 07 29 | 17 27 | 20 00 | 20 08 | 04 15 | 14 20 | 22 39 | 14 55 |
| 5 | 22 45 | 04 33 | 24 06 | 18 08 | 22 32 | 22 50 | 21 08 | 07 28 | 17 27 | 20 01 | 20 12 | 04 13 | 14 21 | 22 38 | 14 54 |
| 6 | 22 39 | 00 03 | 23 59 | 18 22 | 22 25 | 22 49 | 21 08 | 07 27 | 17 27 | 20 01 | 20 17 | 04 10 | 14 22 | 22 37 | 14 54 |
| 7 | 22 33 | -04 31 | 23 50 | 18 36 | 22 19 | 22 47 | 21 09 | 07 26 | 17 28 | 20 02 | 20 21 | 04 08 | 14 23 | 22 36 | 14 53 |
| 8 | 22 26 | 09 00 | 23 38 | 18 50 | 22 12 | 22 46 | 21 10 | 07 25 | 17 28 | 20 02 | 20 25 | 04 05 | 14 23 | 22 35 | 14 53 |
| 9 | 22 19 | 13 12 | 23 23 | 19 04 | 22 05 | 22 45 | 21 11 | 07 24 | 17 28 | 20 03 | 20 29 | 04 02 | 14 24 | 22 33 | 14 53 |
| 10 | 22 12 | 16 54 | 23 05 | 19 17 | 21 58 | 22 44 | 21 12 | 07 23 | 17 29 | 20 03 | 20 33 | 03 59 | 14 24 | 22 32 | 14 53 |
| 11 | 22 04 | 19 48 | 22 46 | 19 29 | 21 51 | 22 42 | 21 13 | 07 22 | 17 29 | 20 04 | 20 37 | 03 55 | 14 24 | 22 30 | 14 52 |
| 12 | 21 56 | 21 36 | 22 24 | 19 42 | 21 43 | 22 41 | 21 14 | 07 21 | 17 29 | 20 04 | 20 40 | 03 52 | 14 24 | 22 29 | 14 52 |
| 13 | 21 47 | 22 01 | 22 00 | 19 54 | 21 36 | 22 39 | 21 14 | 07 20 | 17 29 | 20 05 | 20 44 | 03 48 | 14 24 | 22 27 | 14 52 |
| 14 | 21 38 | 20 53 | 21 35 | 20 05 | 21 28 | 22 38 | 21 15 | 07 19 | 17 30 | 20 05 | 20 48 | 03 44 | 14 23 | 22 25 | 14 52 |
| 15 | 21 29 | 18 15 | 21 07 | 20 16 | 21 20 | 22 37 | 21 16 | 07 18 | 17 30 | 20 06 | 20 51 | 03 40 | 14 23 | 22 23 | 14 52 |
| 16 | 21 19 | 14 20 | 20 38 | 20 26 | 21 12 | 22 35 | 21 17 | 07 17 | 17 30 | 20 07 | 20 55 | 03 36 | 14 22 | 22 21 | 14 52 |
| 17 | 21 09 | 09 31 | 20 08 | 20 36 | 21 04 | 22 34 | 21 18 | 07 16 | 17 31 | 20 07 | 20 58 | 03 32 | 14 22 | 22 19 | 14 52 |
| 18 | 20 58 | 04 13 | 19 36 | 20 46 | 20 55 | 22 32 | 21 19 | 07 15 | 17 31 | 20 08 | 21 02 | 03 27 | 14 21 | 22 17 | 14 52 |
| 19 | 20 47 | +01 11 | 19 03 | 20 55 | 20 47 | 22 31 | 21 20 | 07 13 | 17 31 | 20 08 | 21 05 | 03 22 | 14 20 | 22 15 | 14 52 |
| 20 | 20 36 | 06 22 | 18 29 | 21 03 | 20 38 | 22 29 | 21 21 | 07 12 | 17 31 | 20 09 | 21 08 | 03 17 | 14 19 | 22 13 | 14 52 |
| 21 | 20 25 | 11 04 | 17 54 | 21 11 | 20 30 | 22 28 | 21 21 | 07 11 | 17 32 | 20 09 | 21 12 | 03 12 | 14 18 | 22 11 | 14 52 |
| 22 | 20 13 | 15 05 | 17 18 | 21 19 | 20 21 | 22 26 | 21 22 | 07 10 | 17 32 | 20 10 | 21 15 | 03 07 | 14 16 | 22 08 | 14 52 |
| 23 | 20 01 | 18 16 | 16 41 | 21 26 | 20 11 | 22 24 | 21 23 | 07 09 | 17 32 | 20 11 | 21 18 | 03 01 | 14 15 | 22 06 | 14 52 |
| 24 | 19 48 | 20 31 | 16 04 | 21 32 | 20 02 | 22 23 | 21 24 | 07 08 | 17 32 | 20 11 | 21 21 | 02 56 | 14 13 | 22 03 | 14 52 |
| 25 | 19 35 | 21 45 | 15 26 | 21 38 | 19 53 | 22 21 | 21 25 | 07 06 | 17 33 | 20 12 | 21 24 | 02 50 | 14 11 | 22 00 | 14 52 |
| 26 | 19 22 | 21 58 | 14 48 | 21 44 | 19 43 | 22 20 | 21 26 | 07 05 | 17 33 | 20 12 | 21 27 | 02 44 | 14 09 | 21 58 | 14 52 |
| 27 | 19 09 | 21 11 | 14 09 | 21 48 | 19 34 | 22 18 | 21 26 | 07 04 | 17 33 | 20 13 | 21 30 | 02 37 | 14 07 | 21 55 | 14 53 |
| 28 | 18 55 | 19 28 | 13 30 | 21 53 | 19 24 | 22 16 | 21 27 | 07 03 | 17 33 | 20 13 | 21 32 | 02 31 | 14 05 | 21 52 | 14 53 |
| 29 | 18 41 | 16 56 | 12 51 | 21 56 | 19 14 | 22 15 | 21 28 | 07 02 | 17 33 | 20 14 | 21 35 | 02 24 | 14 03 | 21 49 | 14 53 |
| 30 | 18 26 | 13 42 | 12 12 | 21 59 | 19 04 | 22 13 | 21 29 | 07 00 | 17 34 | 20 15 | 21 38 | 02 17 | 14 01 | 21 46 | 14 53 |
| 31 | 18 12 | 09 55 | 11 32 | 22 02 | 18 54 | 22 11 | 21 30 | 06 59 | 17 34 | 20 15 | 21 41 | 02 10 | 13 58 | 21 43 | 14 54 |

Lunar Phases -- 8 ◐ 07:11 15 ○ 02:31 21 ◑ 18:50 29 ● 20:08 Sun enters ♌ 7/22 08:38

## Aug. 49 — Longitudes of Main Planets - August 2049 — 0:00 E.T.

| D | S.T. | ☉ | ☽ | ☽ 12:00 | ☿ | ♀ | ♂ | ♃ | ♄ | ♅ | ♆ | ♇ | ☊ |
|---|---|---|---|---|---|---|---|---|---|---|---|---|---|
| 1 | 20:40:10 | 09♌12 54 | 02♍54 | 08♍55 | 02♍50 | 02♋35 | 10♌22 | 19♋03 | 22♑56R | 14♍02 | 25♉55 | 08♓52R | 06♐05 |
| 2 | 20:44:06 | 10 10 20 | 14 58 | 21 03 | 04 17 | 03 45 | 11 01 | 19 16 | 22 52 | 14 05 | 25 56 | 08 51 | 06 01 |
| 3 | 20:48:03 | 11 07 46 | 27 09 | 03♎19 | 05 42 | 04 55 | 11 39 | 19 30 | 22 48 | 14 08 | 25 57 | 08 50 | 05 58 |
| 4 | 20:52:00 | 12 05 12 | 09♎31 | 15 46 | 07 05 | 06 05 | 12 17 | 19 43 | 22 44 | 14 12 | 25 58 | 08 49 | 05 55 |
| 5 | 20:55:56 | 13 02 40 | 22 05 | 28 28 | 08 26 | 07 16 | 12 56 | 19 56 | 22 40 | 14 15 | 25 58 | 08 48 | 05 52 |
| 6 | 20:59:53 | 14 00 08 | 04♏56 | 11♏29 | 09 45 | 08 26 | 13 34 | 20 09 | 22 36 | 14 18 | 25 59 | 08 47 | 05 49 |
| 7 | 21:03:49 | 14 57 37 | 18 06 | 24 50 | 11 03 | 09 37 | 14 12 | 20 21 | 22 32 | 14 22 | 26 00 | 08 46 | 05 46 |
| 8 | 21:07:46 | 15 55 06 | 01♐40 | 08♐36 | 12 18 | 10 47 | 14 51 | 20 34 | 22 28 | 14 25 | 26 01 | 08 45 | 05 42 |
| 9 | 21:11:42 | 16 52 37 | 15 38 | 22 47 | 13 31 | 11 58 | 15 29 | 20 47 | 22 24 | 14 29 | 26 01 | 08 44 | 05 39 |
| 10 | 21:15:39 | 17 50 08 | 00♑02 | 07♑23 | 14 42 | 13 09 | 16 08 | 21 00 | 22 20 | 14 32 | 26 02 | 08 42 | 05 36 |
| 11 | 21:19:35 | 18 47 40 | 14 49 | 22 20 | 15 50 | 14 19 | 16 46 | 21 13 | 22 17 | 14 36 | 26 03 | 08 41 | 05 33 |
| 12 | 21:23:32 | 19 45 13 | 29 54 | 07♒31 | 16 57 | 15 30 | 17 24 | 21 25 | 22 13 | 14 39 | 26 03 | 08 40 | 05 30 |
| 13 | 21:27:29 | 20 42 47 | 15♒09 | 22 46 | 18 01 | 16 41 | 18 02 | 21 38 | 22 09 | 14 43 | 26 04 | 08 39 | 05 26 |
| 14 | 21:31:25 | 21 40 22 | 00♓22 | 07♓55 | 19 02 | 17 52 | 18 41 | 21 51 | 22 06 | 14 46 | 26 04 | 08 38 | 05 23 |
| 15 | 21:35:22 | 22 37 58 | 15 23 | 22 46 | 20 01 | 19 03 | 19 19 | 22 03 | 22 02 | 14 50 | 26 05 | 08 36 | 05 20 |
| 16 | 21:39:18 | 23 35 36 | 00♈03 | 07♈12 | 20 56 | 20 15 | 19 57 | 22 16 | 21 59 | 14 53 | 26 05 | 08 35 | 05 17 |
| 17 | 21:43:15 | 24 33 15 | 14 15 | 21 10 | 21 49 | 21 26 | 20 36 | 22 28 | 21 55 | 14 57 | 26 06 | 08 34 | 05 14 |
| 18 | 21:47:11 | 25 30 55 | 27 57 | 04♉38 | 22 39 | 22 37 | 21 14 | 22 41 | 21 52 | 15 00 | 26 06 | 08 33 | 05 11 |
| 19 | 21:51:08 | 26 28 37 | 11♉11 | 17 37 | 23 26 | 23 49 | 21 52 | 22 53 | 21 49 | 15 04 | 26 06 | 08 32 | 05 07 |
| 20 | 21:55:04 | 27 26 21 | 23 58 | 00♊13 | 24 09 | 25 00 | 22 30 | 23 05 | 21 46 | 15 08 | 26 07 | 08 30 | 05 04 |
| 21 | 21:59:01 | 28 24 07 | 06♊24 | 12 30 | 24 48 | 26 12 | 23 09 | 23 17 | 21 42 | 15 11 | 26 07 | 08 29 | 05 01 |
| 22 | 22:02:58 | 29 21 54 | 18 33 | 24 33 | 25 24 | 27 23 | 23 47 | 23 30 | 21 39 | 15 15 | 26 07 | 08 28 | 04 58 |
| 23 | 22:06:54 | 00♍19 43 | 00♋31 | 06♋27 | 25 55 | 28 35 | 24 25 | 23 42 | 21 36 | 15 19 | 26 07 | 08 27 | 04 55 |
| 24 | 22:10:51 | 01 17 33 | 12 22 | 18 17 | 26 23 | 29 47 | 25 03 | 23 54 | 21 34 | 15 22 | 26 08 | 08 25 | 04 52 |
| 25 | 22:14:47 | 02 15 25 | 24 11 | 00♌06 | 26 45 | 00♌59 | 25 42 | 24 06 | 21 31 | 15 26 | 26 08 | 08 24 | 04 48 |
| 26 | 22:18:44 | 03 13 19 | 06♌01 | 11 57 | 27 03 | 02 11 | 26 20 | 24 18 | 21 28 | 15 30 | 26 08 | 08 23 | 04 45 |
| 27 | 22:22:40 | 04 11 14 | 17 55 | 23 54 | 27 16 | 03 23 | 26 58 | 24 30 | 21 25 | 15 34 | 26 08 | 08 22 | 04 42 |
| 28 | 22:26:37 | 05 09 11 | 29 54 | 05♍57 | 27 23 | 04 35 | 27 36 | 24 41 | 21 23 | 15 37 | 26 08 | 08 20 | 04 39 |
| 29 | 22:30:33 | 06 07 09 | 12♍01 | 18 07 | 27 25R | 05 47 | 28 14 | 24 53 | 21 20 | 15 41 | 26 08R | 08 19 | 04 36 |
| 30 | 22:34:30 | 07 05 09 | 24 15 | 00♎26 | 27 21 | 06 59 | 28 53 | 25 05 | 21 18 | 15 45 | 26 08 | 08 18 | 04 32 |
| 31 | 22:38:27 | 08 03 10 | 06♎38 | 12 53 | 27 11 | 08 12 | 29 31 | 25 16 | 21 15 | 15 48 | 26 08 | 08 16 | 04 29 |

## 0:00 E.T. — Longitudes of the Major Asteroids and Chiron

| D | ⚳ | ⚴ | ⚵ | ⚶ | ⚷ | D | ⚳ | ⚴ | ⚵ | ⚶ | ⚷ |
|---|---|---|---|---|---|---|---|---|---|---|---|
| 1 | 24♊54 | 18♈50 | 06♋23 | 23♋34 | 21♏22 | 17 | 00 49 | 18 51 | 15 16 | 00 30 | 21 53 |
| 2 | 25 17 | 18 53 | 06 56 | 24 00 | 21 24 | 18 | 01 10 | 18 48 | 15 49 | 00 56 | 21 56 |
| 3 | 25 40 | 18 55 | 07 30 | 24 26 | 21 25 | 19 | 01 32 | 18 45 | 16 21 | 01 22 | 21 59 |
| 4 | 26 02 | 18 57 | 08 04 | 24 52 | 21 26 | 20 | 01 53 | 18 41 | 16 54 | 01 48 | 22 02 |
| 5 | 26 25 | 18 59 | 08 37 | 25 18 | 21 28 | 21 | 02 14 | 18 37 | 17 26 | 02 14 | 22 05 |
| 6 | 26 47 | 19 00 | 09 11 | 25 44 | 21 29 | 22 | 02 35 | 18 32 | 17 59 | 02 40 | 22 08 |
| 7 | 27 09 | 19 01 | 09 45 | 26 10 | 21 31 | 23 | 02 56 | 18 27 | 18 31 | 03 05 | 22 11 |
| 8 | 27 32 | 19 02 | 10 18 | 26 36 | 21 33 | 24 | 03 17 | 18 22 | 19 03 | 03 31 | 22 14 |
| 9 | 27 54 | 19 02 | 10 51 | 27 02 | 21 35 | 25 | 03 38 | 18 16 | 19 36 | 03 57 | 22 18 |
| 10 | 28 16 | 19 02R | 11 25 | 27 29 | 21 37 | 26 | 03 59 | 18 10 | 20 08 | 04 23 | 22 21 |
| 11 | 28 38 | 19 02 | 11 58 | 27 55 | 21 39 | 27 | 04 20 | 18 03 | 20 40 | 04 48 | 22 25 |
| 12 | 29 00 | 19 01 | 12 31 | 28 21 | 21 41 | 28 | 04 40 | 17 56 | 21 12 | 05 14 | 22 29 |
| 13 | 29 22 | 19 00 | 13 04 | 28 47 | 21 43 | 29 | 05 01 | 17 49 | 21 43 | 05 40 | 22 32 |
| 14 | 29 44 | 18 58 | 13 37 | 29 13 | 21 45 | 30 | 05 21 | 17 41 | 22 15 | 06 05 | 22 36 |
| 15 | 00♋05 | 18 56 | 14 10 | 29 38 | 21 48 | 31 | 05 41 | 17 33 | 22 47 | 06 31 | 22 40 |
| 16 | 00 27 | 18 54 | 14 43 | 00♌04 | 21 51 | | | | | | |

## Lunar Data

| Last Asp. | | Ingress | | |
|---|---|---|---|---|
| 2 | 21:37 | 3 | ♎ | 05:33 |
| 5 | 01:05 | 5 | ♏ | 14:51 |
| 7 | 14:04 | 7 | ♐ | 21:05 |
| 9 | 02:15 | 9 | ♑ | 23:57 |
| 11 | 17:54 | 12 | ♒ | 00:09 |
| 13 | 17:12 | 13 | ♓ | 23:25 |
| 15 | 17:27 | 15 | ♈ | 23:56 |
| 17 | 19:20 | 18 | ♉ | 03:40 |
| 20 | 07:12 | 20 | ♊ | 11:35 |
| 22 | 14:21 | 22 | ♋ | 22:58 |
| 25 | 05:22 | 25 | ♌ | 11:48 |
| 27 | 19:09 | 28 | ♍ | 00:11 |
| 30 | 05:57 | 30 | ♎ | 11:10 |

## 0:00 E.T. — Declinations

| D | ☉ | ☽ | ☿ | ♀ | ♂ | ♃ | ♄ | ♅ | ♆ | ♇ | ⚳ | ⚴ | ⚵ | ⚶ | ⚷ |
|---|---|---|---|---|---|---|---|---|---|---|---|---|---|---|---|
| 1 | +17 57 | +05 44 | +10 53 | +22 04 | +18 44 | +22 09 | -21 30 | +06 58 | +17 34 | -20 16 | +21 43 | +02 03 | +13 56 | +21 40 | -14 54 |
| 2 | 17 41 | 01 18 | 10 13 | 22 05 | 18 33 | 22 08 | 21 31 | 06 57 | 17 34 | 20 16 | 21 46 | 01 55 | 13 53 | 21 36 | 14 54 |
| 3 | 17 26 | -03 13 | 09 34 | 22 06 | 18 23 | 22 06 | 21 32 | 06 55 | 17 34 | 20 17 | 21 48 | 01 47 | 13 50 | 21 33 | 14 55 |
| 4 | 17 10 | 07 41 | 08 55 | 22 06 | 18 12 | 22 04 | 21 33 | 06 54 | 17 34 | 20 18 | 21 50 | 01 39 | 13 47 | 21 30 | 14 55 |
| 5 | 16 54 | 11 54 | 08 16 | 22 06 | 18 01 | 22 02 | 21 33 | 06 53 | 17 34 | 20 18 | 21 53 | 01 31 | 13 44 | 21 26 | 14 56 |
| 6 | 16 37 | 15 41 | 07 38 | 22 05 | 17 50 | 22 01 | 21 34 | 06 51 | 17 35 | 20 19 | 21 55 | 01 23 | 13 40 | 21 23 | 14 56 |
| 7 | 16 21 | 18 46 | 06 59 | 22 03 | 17 39 | 21 59 | 21 35 | 06 50 | 17 35 | 20 19 | 21 57 | 01 14 | 13 37 | 21 19 | 14 57 |
| 8 | 16 04 | 20 56 | 06 22 | 22 01 | 17 28 | 21 57 | 21 36 | 06 49 | 17 35 | 20 20 | 21 59 | 01 05 | 13 34 | 21 16 | 14 57 |
| 9 | 15 46 | 21 53 | 05 44 | 21 58 | 17 17 | 21 55 | 21 36 | 06 47 | 17 35 | 20 21 | 22 02 | 00 56 | 13 30 | 21 12 | 14 58 |
| 10 | 15 29 | 21 25 | 05 08 | 21 55 | 17 05 | 21 53 | 21 37 | 06 46 | 17 35 | 20 21 | 22 04 | 00 47 | 13 26 | 21 08 | 14 59 |
| 11 | 15 11 | 19 30 | 04 32 | 21 50 | 16 54 | 21 51 | 21 38 | 06 45 | 17 35 | 20 22 | 22 06 | 00 37 | 13 23 | 21 04 | 14 59 |
| 12 | 14 53 | 16 12 | 03 56 | 21 46 | 16 42 | 21 49 | 21 38 | 06 43 | 17 35 | 20 22 | 22 08 | 00 27 | 13 19 | 21 00 | 15 00 |
| 13 | 14 35 | 11 48 | 03 22 | 21 41 | 16 31 | 21 48 | 21 39 | 06 42 | 17 35 | 20 23 | 22 10 | 00 17 | 13 15 | 20 56 | 15 00 |
| 14 | 14 17 | 06 40 | 02 48 | 21 35 | 16 19 | 21 46 | 21 40 | 06 40 | 17 35 | 20 24 | 22 11 | 00 07 | 13 10 | 20 52 | 15 01 |
| 15 | 13 58 | 01 11 | 02 15 | 21 28 | 16 07 | 21 44 | 21 40 | 06 39 | 17 35 | 20 24 | 22 13 | -00 03 | 13 06 | 20 48 | 15 02 |
| 16 | 13 39 | +04 13 | 01 44 | 21 21 | 15 55 | 21 42 | 21 41 | 06 38 | 17 35 | 20 25 | 22 15 | 00 14 | 13 02 | 20 44 | 15 03 |
| 17 | 13 20 | 09 15 | 01 13 | 21 13 | 15 43 | 21 40 | 21 42 | 06 36 | 17 35 | 20 25 | 22 17 | 00 25 | 12 57 | 20 40 | 15 03 |
| 18 | 13 01 | 13 37 | 00 44 | 21 05 | 15 30 | 21 38 | 21 42 | 06 35 | 17 36 | 20 26 | 22 18 | 00 36 | 12 53 | 20 35 | 15 04 |
| 19 | 12 41 | 17 10 | 00 15 | 20 56 | 15 18 | 21 36 | 21 43 | 06 33 | 17 36 | 20 26 | 22 20 | 00 48 | 12 48 | 20 31 | 15 05 |
| 20 | 12 21 | 19 45 | -00 11 | 20 47 | 15 06 | 21 34 | 21 43 | 06 32 | 17 36 | 20 27 | 22 22 | 00 59 | 12 43 | 20 27 | 15 06 |
| 21 | 12 02 | 21 18 | 00 36 | 20 37 | 14 53 | 21 32 | 21 44 | 06 31 | 17 36 | 20 28 | 22 23 | 01 11 | 12 38 | 20 22 | 15 07 |
| 22 | 11 41 | 21 49 | 01 00 | 20 26 | 14 41 | 21 30 | 21 45 | 06 29 | 17 36 | 20 28 | 22 25 | 01 23 | 12 33 | 20 18 | 15 08 |
| 23 | 11 21 | 21 18 | 01 21 | 20 15 | 14 28 | 21 28 | 21 45 | 06 28 | 17 36 | 20 29 | 22 26 | 01 35 | 12 28 | 20 13 | 15 08 |
| 24 | 11 01 | 19 51 | 01 41 | 20 03 | 14 15 | 21 26 | 21 46 | 06 26 | 17 36 | 20 29 | 22 28 | 01 48 | 12 23 | 20 08 | 15 09 |
| 25 | 10 40 | 17 33 | 01 58 | 19 51 | 14 02 | 21 24 | 21 46 | 06 25 | 17 36 | 20 30 | 22 29 | 02 00 | 12 18 | 20 04 | 15 10 |
| 26 | 10 19 | 14 31 | 02 14 | 19 38 | 13 49 | 21 22 | 21 47 | 06 23 | 17 36 | 20 30 | 22 30 | 02 13 | 12 12 | 19 59 | 15 11 |
| 27 | 09 58 | 10 54 | 02 26 | 19 24 | 13 36 | 21 20 | 21 47 | 06 22 | 17 35 | 20 31 | 22 32 | 02 26 | 12 07 | 19 54 | 15 12 |
| 28 | 09 37 | 06 50 | 02 36 | 19 10 | 13 23 | 21 18 | 21 48 | 06 21 | 17 35 | 20 32 | 22 33 | 02 40 | 12 01 | 19 49 | 15 13 |
| 29 | 09 16 | 02 28 | 02 43 | 18 56 | 13 10 | 21 16 | 21 48 | 06 19 | 17 35 | 20 32 | 22 34 | 02 53 | 11 55 | 19 44 | 15 14 |
| 30 | 08 54 | -02 02 | 02 47 | 18 40 | 12 57 | 21 14 | 21 49 | 06 18 | 17 35 | 20 33 | 22 36 | 03 07 | 11 50 | 19 39 | 15 15 |
| 31 | 08 33 | 06 31 | 02 48 | 18 25 | 12 43 | 21 12 | 21 49 | 06 16 | 17 35 | 20 33 | 22 37 | 03 21 | 11 44 | 19 34 | 15 16 |

Lunar Phases -- 6 ◐ 17:53 13 ○ 09:21 20 ◑ 07:12 28 ● 11:20 Sun enters ♍ 8/22 15:49

## 0:00 E.T. Longitudes of Main Planets - September 2049

| D | S.T. | ☉ | ☽ | ☽ 12:00 | ☿ | ♀ | ♂ | ♃ | ♄ | ♅ | ♆ | ♇ | ☊ |
|---|---|---|---|---|---|---|---|---|---|---|---|---|---|
| 1 | 22:42:23 | 09♍01 13 | 19♎11 | 25♎32 | 26♍54℞ | 09♌24 | 00♍09 | 25♋28 | 21♑13℞ | 15♍52 | 26♉08℞ | 08♓15℞ | 04♐26 |
| 2 | 22:46:20 | 09 59 17 | 01♏55 | 08♏22 | 26 32 | 10 36 | 00 47 | 25 39 | 21 11 | 15 56 | 26 08 | 08 14 | 04 23 |
| 3 | 22:50:16 | 10 57 23 | 14 52 | 21 26 | 26 03 | 11 49 | 01 25 | 25 51 | 21 09 | 16 00 | 26 08 | 08 13 | 04 20 |
| 4 | 22:54:13 | 11 55 30 | 28 04 | 04♐47 | 25 29 | 13 01 | 02 03 | 26 02 | 21 07 | 16 04 | 26 07 | 08 11 | 04 17 |
| 5 | 22:58:09 | 12 53 39 | 11♐34 | 18 27 | 24 49 | 14 14 | 02 42 | 26 13 | 21 05 | 16 07 | 26 07 | 08 10 | 04 13 |
| 6 | 23:02:06 | 13 51 49 | 25 24 | 02♑27 | 24 03 | 15 27 | 03 20 | 26 24 | 21 03 | 16 11 | 26 07 | 08 09 | 04 10 |
| 7 | 23:06:02 | 14 50 00 | 09♑35 | 16 48 | 23 12 | 16 39 | 03 58 | 26 35 | 21 01 | 16 15 | 26 07 | 08 08 | 04 07 |
| 8 | 23:09:59 | 15 48 13 | 24 06 | 01♒27 | 22 18 | 17 52 | 04 36 | 26 46 | 21 00 | 16 19 | 26 06 | 08 06 | 04 04 |
| 9 | 23:13:56 | 16 46 27 | 08♒53 | 16 20 | 21 20 | 19 05 | 05 14 | 26 57 | 20 58 | 16 22 | 26 06 | 08 05 | 04 01 |
| 10 | 23:17:52 | 17 44 43 | 23 50 | 01♓20 | 20 20 | 20 18 | 05 52 | 27 08 | 20 57 | 16 26 | 26 06 | 08 04 | 03 58 |
| 11 | 23:21:49 | 18 43 01 | 08♓49 | 16 16 | 19 20 | 21 31 | 06 30 | 27 19 | 20 55 | 16 30 | 26 05 | 08 03 | 03 54 |
| 12 | 23:25:45 | 19 41 20 | 23 40 | 00♈59 | 18 20 | 22 44 | 07 08 | 27 29 | 20 54 | 16 34 | 26 05 | 08 01 | 03 51 |
| 13 | 23:29:42 | 20 39 41 | 08♈14 | 15 23 | 17 22 | 23 57 | 07 47 | 27 40 | 20 53 | 16 37 | 26 04 | 08 00 | 03 48 |
| 14 | 23:33:38 | 21 38 04 | 22 25 | 29 21 | 16 27 | 25 10 | 08 25 | 27 50 | 20 52 | 16 41 | 26 04 | 07 59 | 03 45 |
| 15 | 23:37:35 | 22 36 29 | 06♉09 | 12♉51 | 15 38 | 26 23 | 09 03 | 28 00 | 20 51 | 16 45 | 26 03 | 07 58 | 03 42 |
| 16 | 23:41:31 | 23 34 56 | 19 26 | 25 54 | 14 54 | 27 36 | 09 41 | 28 11 | 20 50 | 16 49 | 26 03 | 07 56 | 03 38 |
| 17 | 23:45:28 | 24 33 25 | 02♊16 | 08♊33 | 14 17 | 28 50 | 10 19 | 28 21 | 20 49 | 16 53 | 26 02 | 07 55 | 03 35 |
| 18 | 23:49:25 | 25 31 57 | 14 45 | 20 52 | 13 49 | 00♍03 | 10 57 | 28 31 | 20 48 | 16 56 | 26 02 | 07 54 | 03 32 |
| 19 | 23:53:21 | 26 30 30 | 26 56 | 02♋57 | 13 29 | 01 17 | 11 35 | 28 41 | 20 48 | 17 00 | 26 01 | 07 53 | 03 29 |
| 20 | 23:57:18 | 27 29 06 | 08♋55 | 14 52 | 13 18 | 02 30 | 12 13 | 28 50 | 20 47 | 17 04 | 26 00 | 07 52 | 03 26 |
| 21 | 0:01:14 | 28 27 44 | 20 47 | 26 42 | 13 17D | 03 44 | 12 51 | 29 00 | 20 47 | 17 08 | 26 00 | 07 50 | 03 23 |
| 22 | 0:05:11 | 29 26 24 | 02♌37 | 08♌33 | 13 26 | 04 57 | 13 30 | 29 10 | 20 47 | 17 11 | 25 59 | 07 49 | 03 19 |
| 23 | 0:09:07 | 00♎25 06 | 14 30 | 20 28 | 13 45 | 06 11 | 14 08 | 29 19 | 20 46 | 17 15 | 25 58 | 07 48 | 03 16 |
| 24 | 0:13:04 | 01 23 50 | 26 28 | 02♍30 | 14 13 | 07 25 | 14 46 | 29 29 | 20 46 | 17 19 | 25 57 | 07 47 | 03 13 |
| 25 | 0:17:00 | 02 22 37 | 08♍34 | 14 41 | 14 50 | 08 38 | 15 24 | 29 38 | 20 46D | 17 22 | 25 56 | 07 46 | 03 10 |
| 26 | 0:20:57 | 03 21 25 | 20 51 | 27 04 | 15 36 | 09 52 | 16 02 | 29 47 | 20 46 | 17 26 | 25 56 | 07 45 | 03 07 |
| 27 | 0:24:54 | 04 20 16 | 03♎19 | 09♎38 | 16 30 | 11 06 | 16 40 | 29 56 | 20 46 | 17 30 | 25 55 | 07 44 | 03 04 |
| 28 | 0:28:50 | 05 19 08 | 15 59 | 22 23 | 17 32 | 12 20 | 17 18 | 00♌05 | 20 47 | 17 33 | 25 54 | 07 42 | 03 00 |
| 29 | 0:32:47 | 06 18 03 | 28 50 | 05♏19 | 18 40 | 13 34 | 17 56 | 00 14 | 20 47 | 17 37 | 25 53 | 07 41 | 02 57 |
| 30 | 0:36:43 | 07 16 59 | 11♏52 | 18 27 | 19 55 | 14 48 | 18 34 | 00 22 | 20 48 | 17 41 | 25 52 | 07 40 | 02 54 |

## 0:00 E.T. Longitudes of the Major Asteroids and Chiron

| D | ⚳ | ⚴ | ⚵ | ⚶ | ⚷ |
|---|---|---|---|---|---|
| 1 | 06♋02 | 17♈25℞ | 23♋18 | 06♌57 | 22♏44 |
| 2 | 06 22 | 17 16 | 23 50 | 07 22 | 22 48 |
| 3 | 06 41 | 17 06 | 24 21 | 07 48 | 22 53 |
| 4 | 07 01 | 16 57 | 24 52 | 08 13 | 22 57 |
| 5 | 07 21 | 16 46 | 25 23 | 08 38 | 23 01 |
| 6 | 07 40 | 16 36 | 25 54 | 09 04 | 23 06 |
| 7 | 08 00 | 16 25 | 26 25 | 09 29 | 23 10 |
| 8 | 08 19 | 16 14 | 26 56 | 09 55 | 23 15 |
| 9 | 08 38 | 16 02 | 27 27 | 10 20 | 23 19 |
| 10 | 08 57 | 15 50 | 27 58 | 10 45 | 23 24 |
| 11 | 09 16 | 15 38 | 28 28 | 11 10 | 23 29 |
| 12 | 09 35 | 15 26 | 28 58 | 11 35 | 23 34 |
| 13 | 09 54 | 15 13 | 29 29 | 12 00 | 23 39 |
| 14 | 10 12 | 14 59 | 29 59 | 12 26 | 23 44 |
| 15 | 10 31 | 14 46 | 00♌29 | 12 51 | 23 49 |
| 16 | 10 49 | 14 32 | 00 59 | 13 16 | 23 54 |
| 17 | 11 07 | 14 18 | 01 29 | 13 41 | 24 00 |
| 18 | 11 25 | 14 03 | 01 58 | 14 05 | 24 05 |
| 19 | 11 42 | 13 48 | 02 28 | 14 30 | 24 11 |
| 20 | 12 00 | 13 33 | 02 57 | 14 55 | 24 16 |
| 21 | 12 17 | 13 18 | 03 27 | 15 20 | 24 22 |
| 22 | 12 35 | 13 02 | 03 56 | 15 45 | 24 27 |
| 23 | 12 52 | 12 47 | 04 25 | 16 09 | 24 33 |
| 24 | 13 09 | 12 31 | 04 54 | 16 34 | 24 39 |
| 25 | 13 25 | 12 14 | 05 23 | 16 58 | 24 45 |
| 26 | 13 42 | 11 58 | 05 51 | 17 23 | 24 50 |
| 27 | 13 58 | 11 41 | 06 20 | 17 47 | 24 56 |
| 28 | 14 15 | 11 25 | 06 48 | 18 12 | 25 02 |
| 29 | 14 30 | 11 08 | 07 16 | 18 36 | 25 09 |
| 30 | 14 46 | 10 51 | 07 44 | 19 00 | 25 15 |

## Lunar Data

| Last Asp. | | Ingress | | |
|---|---|---|---|---|
| 1 | 12:04 | 1 | ♏ | 20:24 |
| 3 | 20:29 | 4 | ♐ | 03:27 |
| 5 | 21:47 | 6 | ♑ | 07:50 |
| 8 | 04:26 | 8 | ♒ | 09:38 |
| 10 | 03:38 | 10 | ♓ | 09:53 |
| 12 | 06:20 | 12 | ♈ | 10:22 |
| 14 | 09:29 | 14 | ♉ | 13:09 |
| 16 | 16:48 | 16 | ♊ | 19:42 |
| 18 | 23:05 | 19 | ♋ | 06:07 |
| 21 | 16:58 | 21 | ♌ | 18:41 |
| 23 | 22:59 | 24 | ♍ | 07:02 |
| 26 | 17:26 | 26 | ♎ | 17:38 |
| 28 | 09:01 | 29 | ♏ | 02:10 |

## 0:00 E.T. Declinations

| D | ☉ | ☽ | ☿ | ♀ | ♂ | ♃ | ♄ | ♅ | ♆ | ♇ | ⚳ | ⚴ | ⚵ | ⚶ | ⚷ |
|---|---|---|---|---|---|---|---|---|---|---|---|---|---|---|---|
| 1 | +08 11 | -10 47 | -02 45 | +18 09 | +12 30 | +21 10 | -21 49 | +06 15 | +17 35 | -20 34 | +22 38 | -03 35 | +11 38 | +19 29 | -15 18 |
| 2 | 07 49 | 14 38 | 02 39 | 17 52 | 12 16 | 21 08 | 21 50 | 06 13 | 17 35 | 20 34 | 22 39 | 03 49 | 11 32 | 19 24 | 15 19 |
| 3 | 07 27 | 17 52 | 02 29 | 17 35 | 12 03 | 21 06 | 21 50 | 06 12 | 17 35 | 20 35 | 22 40 | 04 04 | 11 26 | 19 19 | 15 20 |
| 4 | 07 05 | 20 13 | 02 16 | 17 17 | 11 49 | 21 04 | 21 51 | 06 10 | 17 35 | 20 35 | 22 41 | 04 18 | 11 20 | 19 14 | 15 21 |
| 5 | 06 43 | 21 29 | 01 58 | 16 59 | 11 35 | 21 02 | 21 51 | 06 09 | 17 35 | 20 36 | 22 42 | 04 33 | 11 13 | 19 09 | 15 22 |
| 6 | 06 21 | 21 30 | 01 37 | 16 40 | 11 22 | 21 00 | 21 51 | 06 07 | 17 35 | 20 36 | 22 43 | 04 48 | 11 07 | 19 03 | 15 23 |
| 7 | 05 58 | 20 09 | 01 12 | 16 21 | 11 08 | 20 58 | 21 52 | 06 06 | 17 35 | 20 37 | 22 44 | 05 03 | 11 01 | 18 58 | 15 24 |
| 8 | 05 36 | 17 28 | 00 44 | 16 01 | 10 54 | 20 57 | 21 52 | 06 04 | 17 34 | 20 37 | 22 45 | 05 18 | 10 54 | 18 53 | 15 26 |
| 9 | 05 13 | 13 37 | 00 13 | 15 41 | 10 40 | 20 55 | 21 52 | 06 03 | 17 34 | 20 38 | 22 46 | 05 34 | 10 47 | 18 47 | 15 27 |
| 10 | 04 51 | 08 54 | +00 21 | 15 21 | 10 26 | 20 53 | 21 53 | 06 02 | 17 34 | 20 38 | 22 47 | 05 49 | 10 41 | 18 42 | 15 28 |
| 11 | 04 28 | 03 38 | 00 56 | 15 00 | 10 12 | 20 51 | 21 53 | 06 00 | 17 34 | 20 39 | 22 48 | 06 05 | 10 34 | 18 36 | 15 29 |
| 12 | 04 05 | +01 48 | 01 33 | 14 38 | 09 57 | 20 49 | 21 53 | 05 59 | 17 34 | 20 39 | 22 49 | 06 21 | 10 27 | 18 31 | 15 31 |
| 13 | 03 42 | 07 03 | 02 10 | 14 16 | 09 43 | 20 47 | 21 54 | 05 57 | 17 34 | 20 39 | 22 50 | 06 37 | 10 21 | 18 25 | 15 32 |
| 14 | 03 19 | 11 46 | 02 47 | 13 54 | 09 29 | 20 45 | 21 54 | 05 56 | 17 34 | 20 40 | 22 51 | 06 53 | 10 14 | 18 20 | 15 33 |
| 15 | 02 56 | 15 42 | 03 24 | 13 31 | 09 15 | 20 43 | 21 54 | 05 54 | 17 33 | 20 40 | 22 52 | 07 09 | 10 07 | 18 14 | 15 34 |
| 16 | 02 33 | 18 42 | 03 58 | 13 08 | 09 00 | 20 41 | 21 54 | 05 53 | 17 33 | 20 41 | 22 53 | 07 25 | 10 00 | 18 09 | 15 36 |
| 17 | 02 10 | 20 39 | 04 30 | 12 45 | 08 46 | 20 39 | 21 54 | 05 51 | 17 33 | 20 41 | 22 54 | 07 41 | 09 53 | 18 03 | 15 37 |
| 18 | 01 47 | 21 30 | 05 00 | 12 21 | 08 31 | 20 37 | 21 55 | 05 50 | 17 33 | 20 42 | 22 54 | 07 57 | 09 45 | 17 57 | 15 38 |
| 19 | 01 23 | 21 18 | 05 26 | 11 57 | 08 17 | 20 35 | 21 55 | 05 48 | 17 33 | 20 42 | 22 55 | 08 14 | 09 38 | 17 52 | 15 40 |
| 20 | 01 00 | 20 08 | 05 48 | 11 33 | 08 02 | 20 33 | 21 55 | 05 47 | 17 32 | 20 42 | 22 56 | 08 30 | 09 31 | 17 46 | 15 41 |
| 21 | 00 37 | 18 05 | 06 05 | 11 08 | 07 47 | 20 31 | 21 55 | 05 46 | 17 32 | 20 43 | 22 57 | 08 46 | 09 24 | 17 40 | 15 43 |
| 22 | 00 13 | 15 17 | 06 19 | 10 43 | 07 33 | 20 30 | 21 55 | 05 44 | 17 32 | 20 43 | 22 58 | 09 03 | 09 16 | 17 34 | 15 44 |
| 23 | -00 10 | 11 52 | 06 27 | 10 17 | 07 18 | 20 28 | 21 55 | 05 43 | 17 32 | 20 43 | 22 59 | 09 19 | 09 09 | 17 28 | 15 45 |
| 24 | 00 33 | 07 57 | 06 31 | 09 52 | 07 03 | 20 26 | 21 55 | 05 41 | 17 32 | 20 44 | 23 00 | 09 36 | 09 01 | 17 23 | 15 47 |
| 25 | 00 57 | 03 41 | 06 30 | 09 26 | 06 48 | 20 24 | 21 55 | 05 40 | 17 31 | 20 44 | 23 01 | 09 52 | 08 54 | 17 17 | 15 48 |
| 26 | 01 20 | -00 47 | 06 25 | 08 59 | 06 34 | 20 22 | 21 55 | 05 38 | 17 31 | 20 44 | 23 01 | 10 08 | 08 46 | 17 11 | 15 50 |
| 27 | 01 43 | 05 17 | 06 15 | 08 33 | 06 19 | 20 21 | 21 56 | 05 37 | 17 31 | 20 45 | 23 02 | 10 25 | 08 39 | 17 05 | 15 51 |
| 28 | 02 07 | 09 38 | 06 01 | 08 06 | 06 04 | 20 19 | 21 56 | 05 36 | 17 31 | 20 45 | 23 03 | 10 41 | 08 31 | 16 59 | 15 52 |
| 29 | 02 30 | 13 38 | 05 44 | 07 39 | 05 49 | 20 17 | 21 56 | 05 34 | 17 30 | 20 45 | 23 04 | 10 57 | 08 24 | 16 53 | 15 54 |
| 30 | 02 53 | 17 01 | 05 22 | 07 12 | 05 34 | 20 15 | 21 56 | 05 33 | 17 30 | 20 46 | 23 05 | 11 13 | 08 16 | 16 47 | 15 55 |

Lunar Phases -- 5 ◐ 02:30  11 ○ 17:06  18 ◑ 23:05  27 ● 02:06  Sun enters ♎ 9/22 13:44

## Longitudes of Main Planets - October 2049

0:00 E.T.

| D | S.T. | ☉ | ☽ | ☽ 12:00 | ☿ | ♀ | ♂ | ♃ | ♄ | ♅ | ♆ | ♇ | ☊ |
|---|---|---|---|---|---|---|---|---|---|---|---|---|---|
| 1 | 0:40:40 | 08♎15 58 | 25♏05 | 01♐46 | 21♍15 | 16♍02 | 19♍13 | 00♌31 | 20♑48 | 17♍44 | 25♉51℞ | 07♓39℞ | 02♐51 |
| 2 | 0:44:36 | 09 14 58 | 08♐30 | 15 18 | 22 40 | 17 16 | 19 51 | 00 39 | 20 49 | 17 48 | 25 50 | 07 38 | 02 48 |
| 3 | 0:48:33 | 10 14 00 | 22 08 | 29 02 | 24 09 | 18 30 | 20 29 | 00 48 | 20 50 | 17 51 | 25 49 | 07 37 | 02 44 |
| 4 | 0:52:29 | 11 13 03 | 05♑59 | 12♑59 | 25 42 | 19 44 | 21 07 | 00 56 | 20 51 | 17 55 | 25 48 | 07 36 | 02 41 |
| 5 | 0:56:26 | 12 12 09 | 20 02 | 27 09 | 27 18 | 20 58 | 21 45 | 01 04 | 20 52 | 17 58 | 25 47 | 07 35 | 02 38 |
| 6 | 1:00:23 | 13 11 16 | 04♒18 | 11♒30 | 28 56 | 22 13 | 22 23 | 01 12 | 20 53 | 18 02 | 25 45 | 07 34 | 02 35 |
| 7 | 1:04:19 | 14 10 25 | 18 44 | 26 00 | 00♎36 | 23 27 | 23 01 | 01 20 | 20 54 | 18 05 | 25 44 | 07 33 | 02 32 |
| 8 | 1:08:16 | 15 09 35 | 03♓17 | 10♓34 | 02 18 | 24 41 | 23 39 | 01 27 | 20 55 | 18 09 | 25 43 | 07 32 | 02 29 |
| 9 | 1:12:12 | 16 08 47 | 17 50 | 25 04 | 04 00 | 25 56 | 24 17 | 01 35 | 20 57 | 18 12 | 25 42 | 07 31 | 02 25 |
| 10 | 1:16:09 | 17 08 01 | 02♈17 | 09♈26 | 05 44 | 27 10 | 24 55 | 01 42 | 20 58 | 18 16 | 25 41 | 07 30 | 02 22 |
| 11 | 1:20:05 | 18 07 18 | 16 32 | 23 33 | 07 28 | 28 24 | 25 34 | 01 49 | 21 00 | 18 19 | 25 39 | 07 29 | 02 19 |
| 12 | 1:24:02 | 19 06 36 | 00♉29 | 07♉20 | 09 13 | 29 39 | 26 12 | 01 56 | 21 01 | 18 23 | 25 38 | 07 28 | 02 16 |
| 13 | 1:27:58 | 20 05 56 | 14 05 | 20 45 | 10 58 | 00♎53 | 26 50 | 02 03 | 21 03 | 18 26 | 25 37 | 07 28 | 02 13 |
| 14 | 1:31:55 | 21 05 18 | 27 18 | 03♊46 | 12 43 | 02 08 | 27 28 | 02 10 | 21 05 | 18 29 | 25 36 | 07 27 | 02 09 |
| 15 | 1:35:52 | 22 04 43 | 10♊09 | 16 26 | 14 28 | 03 22 | 28 06 | 02 17 | 21 07 | 18 33 | 25 34 | 07 26 | 02 06 |
| 16 | 1:39:48 | 23 04 10 | 22 39 | 28 47 | 16 12 | 04 37 | 28 44 | 02 23 | 21 09 | 18 36 | 25 33 | 07 25 | 02 03 |
| 17 | 1:43:45 | 24 03 39 | 04♋52 | 10♋54 | 17 56 | 05 52 | 29 22 | 02 30 | 21 11 | 18 39 | 25 31 | 07 24 | 02 00 |
| 18 | 1:47:41 | 25 03 11 | 16 53 | 22 51 | 19 40 | 07 06 | 00♎00 | 02 36 | 21 13 | 18 42 | 25 30 | 07 23 | 01 57 |
| 19 | 1:51:38 | 26 02 45 | 28 47 | 04♌43 | 21 24 | 08 21 | 00 38 | 02 42 | 21 16 | 18 46 | 25 29 | 07 23 | 01 54 |
| 20 | 1:55:34 | 27 02 20 | 10♌39 | 16 35 | 23 07 | 09 36 | 01 17 | 02 48 | 21 18 | 18 49 | 25 27 | 07 22 | 01 50 |
| 21 | 1:59:31 | 28 01 59 | 22 33 | 28 32 | 24 49 | 10 51 | 01 55 | 02 53 | 21 21 | 18 52 | 25 26 | 07 21 | 01 47 |
| 22 | 2:03:27 | 29 01 39 | 04♍34 | 10♍38 | 26 31 | 12 05 | 02 33 | 02 59 | 21 23 | 18 55 | 25 24 | 07 21 | 01 44 |
| 23 | 2:07:24 | 00♏01 22 | 16 46 | 22 56 | 28 12 | 13 20 | 03 11 | 03 04 | 21 26 | 18 58 | 25 23 | 07 20 | 01 41 |
| 24 | 2:11:21 | 01 01 06 | 29 10 | 05♎28 | 29 53 | 14 35 | 03 49 | 03 09 | 21 29 | 19 01 | 25 21 | 07 19 | 01 38 |
| 25 | 2:15:17 | 02 00 53 | 11♎50 | 18 16 | 01♏33 | 15 50 | 04 27 | 03 14 | 21 32 | 19 04 | 25 20 | 07 19 | 01 35 |
| 26 | 2:19:14 | 03 00 42 | 24 46 | 01♏20 | 03 13 | 17 05 | 05 05 | 03 19 | 21 35 | 19 07 | 25 18 | 07 18 | 01 31 |
| 27 | 2:23:10 | 04 00 33 | 07♏58 | 14 39 | 04 52 | 18 20 | 05 43 | 03 24 | 21 38 | 19 10 | 25 17 | 07 17 | 01 28 |
| 28 | 2:27:07 | 05 00 26 | 21 24 | 28 12 | 06 31 | 19 35 | 06 22 | 03 29 | 21 41 | 19 13 | 25 15 | 07 17 | 01 25 |
| 29 | 2:31:03 | 06 00 21 | 05♐02 | 11♐56 | 08 09 | 20 50 | 07 00 | 03 33 | 21 44 | 19 16 | 25 14 | 07 16 | 01 22 |
| 30 | 2:35:00 | 07 00 18 | 18 51 | 25 49 | 09 46 | 22 05 | 07 38 | 03 37 | 21 47 | 19 19 | 25 12 | 07 16 | 01 19 |
| 31 | 2:38:56 | 08 00 17 | 02♑49 | 09♑50 | 11 23 | 23 20 | 08 16 | 03 41 | 21 51 | 19 22 | 25 10 | 07 15 | 01 15 |

0:00 E.T.

## Longitudes of the Major Asteroids and Chiron

| D | ⚳ | ⚴ | ⚵ | ⚶ | ⚷ | D | ⚳ | ⚴ | ⚵ | ⚶ | ⚷ |
|---|---|---|---|---|---|---|---|---|---|---|---|
| 1 | 15♋02 | 10♈34℞ | 08♌12 | 19♌24 | 25♏21 | 17 | 18 41 | 06 00 | 15 17 | 25 41 | 27 07 |
| 2 | 15 17 | 10 16 | 08 40 | 19 48 | 25 27 | 18 | 18 53 | 05 44 | 15 42 | 26 04 | 27 14 |
| 3 | 15 32 | 09 59 | 09 08 | 20 12 | 25 34 | 19 | 19 04 | 05 28 | 16 06 | 26 26 | 27 21 |
| 4 | 15 47 | 09 42 | 09 35 | 20 36 | 25 40 | 20 | 19 16 | 05 12 | 16 31 | 26 49 | 27 29 |
| 5 | 16 02 | 09 25 | 10 02 | 21 00 | 25 46 | 21 | 19 26 | 04 57 | 16 55 | 27 12 | 27 36 |
| 6 | 16 17 | 09 07 | 10 30 | 21 24 | 25 53 | 22 | 19 37 | 04 41 | 17 20 | 27 34 | 27 43 |
| 7 | 16 31 | 08 50 | 10 57 | 21 48 | 25 59 | 23 | 19 47 | 04 26 | 17 44 | 27 56 | 27 50 |
| 8 | 16 45 | 08 33 | 11 23 | 22 11 | 26 06 | 24 | 19 57 | 04 12 | 18 07 | 28 19 | 27 57 |
| 9 | 16 59 | 08 15 | 11 50 | 22 35 | 26 13 | 25 | 20 07 | 03 57 | 18 31 | 28 41 | 28 05 |
| 10 | 17 13 | 07 58 | 12 16 | 22 59 | 26 19 | 26 | 20 16 | 03 43 | 18 54 | 29 03 | 28 12 |
| 11 | 17 26 | 07 41 | 12 43 | 23 22 | 26 26 | 27 | 20 25 | 03 29 | 19 17 | 29 25 | 28 19 |
| 12 | 17 39 | 07 24 | 13 09 | 23 45 | 26 33 | 28 | 20 34 | 03 16 | 19 40 | 29 46 | 28 27 |
| 13 | 17 52 | 07 07 | 13 35 | 24 09 | 26 40 | 29 | 20 42 | 03 03 | 20 03 | 00♍08 | 28 34 |
| 14 | 18 05 | 06 50 | 14 00 | 24 32 | 26 46 | 30 | 20 50 | 02 50 | 20 25 | 00 30 | 28 42 |
| 15 | 18 17 | 06 33 | 14 26 | 24 55 | 26 53 | 31 | 20 58 | 02 38 | 20 48 | 00 51 | 28 49 |
| 16 | 18 30 | 06 17 | 14 51 | 25 18 | 27 00 | | | | | | |

## Lunar Data

| Last Asp. | | Ingress | | |
|---|---|---|---|---|
| 1 | 01:22 | 1 | ♐ | 08:50 |
| 3 | 03:58 | 3 | ♑ | 13:41 |
| 5 | 13:49 | 5 | ♒ | 16:47 |
| 7 | 11:33 | 7 | ♓ | 18:36 |
| 9 | 14:40 | 9 | ♈ | 20:12 |
| 11 | 07:37 | 11 | ♉ | 23:09 |
| 14 | 00:19 | 14 | ♊ | 04:60 |
| 16 | 12:33 | 16 | ♋ | 14:23 |
| 18 | 17:57 | 19 | ♌ | 02:27 |
| 21 | 11:58 | 21 | ♍ | 14:55 |
| 23 | 16:41 | 24 | ♎ | 01:35 |
| 25 | 18:05 | 26 | ♏ | 09:34 |
| 28 | 06:48 | 28 | ♐ | 15:11 |
| 30 | 06:07 | 30 | ♑ | 19:10 |

0:00 E.T.

## Declinations

| D | ☉ | ☽ | ☿ | ♀ | ♂ | ♃ | ♄ | ♅ | ♆ | ♇ | ⚳ | ⚴ | ⚵ | ⚶ | ⚷ |
|---|---|---|---|---|---|---|---|---|---|---|---|---|---|---|---|
| 1 | -03 17 | -19 34 | +04 57 | +06 44 | +05 19 | +20 14 | -21 56 | +05 31 | +17 30 | -20 46 | +23 06 | -11 29 | +08 08 | +16 41 | -15 57 |
| 2 | 03 40 | 21 05 | 04 29 | 06 16 | 05 04 | 20 12 | 21 55 | 05 30 | 17 29 | 20 46 | 23 07 | 11 45 | 08 00 | 16 35 | 15 58 |
| 3 | 04 03 | 21 23 | 03 58 | 05 49 | 04 49 | 20 10 | 21 55 | 05 29 | 17 29 | 20 47 | 23 08 | 12 01 | 07 53 | 16 30 | 16 00 |
| 4 | 04 26 | 20 23 | 03 24 | 05 20 | 04 34 | 20 09 | 21 55 | 05 27 | 17 29 | 20 47 | 23 09 | 12 17 | 07 45 | 16 24 | 16 01 |
| 5 | 04 49 | 18 07 | 02 49 | 04 52 | 04 19 | 20 07 | 21 55 | 05 26 | 17 29 | 20 47 | 23 10 | 12 32 | 07 37 | 16 18 | 16 03 |
| 6 | 05 12 | 14 44 | 02 11 | 04 24 | 04 03 | 20 05 | 21 55 | 05 24 | 17 28 | 20 47 | 23 11 | 12 48 | 07 29 | 16 12 | 16 04 |
| 7 | 05 35 | 10 26 | 01 32 | 03 55 | 03 48 | 20 04 | 21 55 | 05 23 | 17 28 | 20 48 | 23 12 | 13 03 | 07 21 | 16 06 | 16 06 |
| 8 | 05 58 | 05 31 | 00 52 | 03 27 | 03 33 | 20 02 | 21 55 | 05 22 | 17 28 | 20 48 | 23 14 | 13 18 | 07 13 | 16 00 | 16 07 |
| 9 | 06 21 | 00 17 | 00 10 | 02 58 | 03 18 | 20 01 | 21 55 | 05 20 | 17 27 | 20 48 | 23 15 | 13 33 | 07 05 | 15 54 | 16 09 |
| 10 | 06 44 | +04 56 | -00 33 | 02 29 | 03 03 | 19 59 | 21 55 | 05 19 | 17 27 | 20 48 | 23 16 | 13 47 | 06 58 | 15 48 | 16 10 |
| 11 | 07 06 | 09 49 | 01 16 | 02 00 | 02 48 | 19 58 | 21 54 | 05 18 | 17 27 | 20 48 | 23 17 | 14 02 | 06 50 | 15 42 | 16 12 |
| 12 | 07 29 | 14 05 | 02 00 | 01 31 | 02 32 | 19 56 | 21 54 | 05 16 | 17 26 | 20 49 | 23 19 | 14 16 | 06 42 | 15 36 | 16 13 |
| 13 | 07 51 | 17 29 | 02 44 | 01 01 | 02 17 | 19 55 | 21 54 | 05 15 | 17 26 | 20 49 | 23 20 | 14 30 | 06 34 | 15 30 | 16 15 |
| 14 | 08 14 | 19 51 | 03 28 | 00 32 | 02 02 | 19 54 | 21 54 | 05 14 | 17 26 | 20 49 | 23 21 | 14 44 | 06 26 | 15 24 | 16 16 |
| 15 | 08 36 | 21 07 | 04 12 | 00 03 | 01 47 | 19 52 | 21 54 | 05 13 | 17 25 | 20 49 | 23 23 | 14 58 | 06 18 | 15 18 | 16 18 |
| 16 | 08 58 | 21 17 | 04 57 | -00 27 | 01 31 | 19 51 | 21 53 | 05 11 | 17 25 | 20 49 | 23 24 | 15 11 | 06 10 | 15 12 | 16 19 |
| 17 | 09 20 | 20 25 | 05 41 | 00 56 | 01 16 | 19 50 | 21 53 | 05 10 | 17 25 | 20 49 | 23 26 | 15 24 | 06 02 | 15 06 | 16 21 |
| 18 | 09 42 | 18 38 | 06 25 | 01 25 | 01 01 | 19 48 | 21 53 | 05 09 | 17 24 | 20 49 | 23 28 | 15 37 | 05 54 | 15 00 | 16 22 |
| 19 | 10 03 | 16 04 | 07 09 | 01 55 | 00 46 | 19 47 | 21 53 | 05 08 | 17 24 | 20 50 | 23 29 | 15 49 | 05 46 | 14 55 | 16 24 |
| 20 | 10 25 | 12 51 | 07 53 | 02 24 | 00 30 | 19 46 | 21 52 | 05 06 | 17 24 | 20 50 | 23 31 | 16 02 | 05 38 | 14 49 | 16 25 |
| 21 | 10 46 | 09 07 | 08 36 | 02 54 | 00 15 | 19 45 | 21 52 | 05 05 | 17 23 | 20 50 | 23 33 | 16 14 | 05 30 | 14 43 | 16 27 |
| 22 | 11 08 | 05 00 | 09 18 | 03 23 | -00 00 | 19 44 | 21 52 | 05 04 | 17 23 | 20 50 | 23 35 | 16 25 | 05 22 | 14 37 | 16 28 |
| 23 | 11 29 | 00 37 | 10 00 | 03 52 | 00 16 | 19 43 | 21 51 | 05 03 | 17 22 | 20 50 | 23 37 | 16 37 | 05 15 | 14 31 | 16 30 |
| 24 | 11 49 | -03 52 | 10 42 | 04 21 | 00 31 | 19 42 | 21 51 | 05 02 | 17 22 | 20 50 | 23 39 | 16 48 | 05 07 | 14 26 | 16 32 |
| 25 | 12 10 | 08 17 | 11 23 | 04 51 | 00 46 | 19 41 | 21 50 | 05 00 | 17 22 | 20 50 | 23 41 | 16 59 | 04 59 | 14 20 | 16 33 |
| 26 | 12 31 | 12 25 | 12 03 | 05 20 | 01 01 | 19 40 | 21 50 | 04 59 | 17 21 | 20 50 | 23 43 | 17 09 | 04 51 | 14 14 | 16 35 |
| 27 | 12 51 | 16 03 | 12 43 | 05 49 | 01 17 | 19 39 | 21 50 | 04 58 | 17 21 | 20 50 | 23 45 | 17 19 | 04 43 | 14 08 | 16 36 |
| 28 | 13 11 | 18 53 | 13 22 | 06 18 | 01 32 | 19 38 | 21 49 | 04 57 | 17 21 | 20 50 | 23 47 | 17 29 | 04 36 | 14 03 | 16 38 |
| 29 | 13 31 | 20 42 | 14 00 | 06 46 | 01 47 | 19 37 | 21 49 | 04 56 | 17 20 | 20 50 | 23 50 | 17 39 | 04 28 | 13 57 | 16 39 |
| 30 | 13 51 | 21 18 | 14 38 | 07 15 | 02 02 | 19 36 | 21 48 | 04 55 | 17 20 | 20 50 | 23 52 | 17 48 | 04 20 | 13 52 | 16 41 |
| 31 | 14 10 | 20 34 | 15 14 | 07 43 | 02 17 | 19 35 | 21 48 | 04 54 | 17 19 | 20 50 | 23 55 | 17 57 | 04 13 | 13 46 | 16 42 |

Lunar Phases -- 4 ◐ 09:40 11 ○ 02:54 18 ◑ 17:57 26 ● 16:16 Sun enters ♏ 10/22 23:27

## 0:00 E.T. Longitudes of Main Planets - November 2049

| D | S.T. | ☉ | ☽ | ☽ 12:00 | ☿ | ♀ | ♂ | ♃ | ♄ | ♅ | ♆ | ♇ | ☊ |
|---|---|---|---|---|---|---|---|---|---|---|---|---|---|
| 1 | 2:42:53 | 09♏00 17 | 16♑53 | 23♑57 | 13♏00 | 24♎35 | 08♎54 | 03♌45 | 21♑54 | 19♍25 | 25♉09℞ | 07♓15℞ | 01♐12 |
| 2 | 2:46:50 | 10 00 18 | 01♒02 | 08♒07 | 14 36 | 25 50 | 09 32 | 03 49 | 21 58 | 19 27 | 25 07 | 07 14 | 01 09 |
| 3 | 2:50:46 | 11 00 21 | 15 13 | 22 19 | 16 11 | 27 05 | 10 10 | 03 52 | 22 02 | 19 30 | 25 06 | 07 14 | 01 06 |
| 4 | 2:54:43 | 12 00 26 | 29 25 | 06♓31 | 17 46 | 28 20 | 10 49 | 03 55 | 22 05 | 19 33 | 25 04 | 07 13 | 01 03 |
| 5 | 2:58:39 | 13 00 32 | 13♓35 | 20 39 | 19 21 | 29 36 | 11 27 | 03 58 | 22 09 | 19 35 | 25 02 | 07 13 | 01 00 |
| 6 | 3:02:36 | 14 00 40 | 27 41 | 04♈41 | 20 56 | 00♏51 | 12 05 | 04 01 | 22 13 | 19 38 | 25 01 | 07 13 | 00 56 |
| 7 | 3:06:32 | 15 00 49 | 11♈38 | 18 33 | 22 29 | 02 06 | 12 43 | 04 04 | 22 17 | 19 40 | 24 59 | 07 12 | 00 53 |
| 8 | 3:10:29 | 16 01 00 | 25 25 | 02♉14 | 24 03 | 03 21 | 13 21 | 04 07 | 22 21 | 19 43 | 24 57 | 07 12 | 00 50 |
| 9 | 3:14:25 | 17 01 12 | 08♉59 | 15 39 | 25 36 | 04 36 | 13 59 | 04 09 | 22 26 | 19 45 | 24 56 | 07 12 | 00 47 |
| 10 | 3:18:22 | 18 01 27 | 22 16 | 28 48 | 27 09 | 05 51 | 14 37 | 04 11 | 22 30 | 19 48 | 24 54 | 07 11 | 00 44 |
| 11 | 3:22:19 | 19 01 43 | 05♊16 | 11♊40 | 28 41 | 07 07 | 15 16 | 04 13 | 22 34 | 19 50 | 24 52 | 07 11 | 00 41 |
| 12 | 3:26:15 | 20 02 01 | 17 59 | 24 15 | 00♐14 | 08 22 | 15 54 | 04 15 | 22 38 | 19 52 | 24 51 | 07 11 | 00 37 |
| 13 | 3:30:12 | 21 02 20 | 00♋26 | 06♋34 | 01 45 | 09 37 | 16 32 | 04 16 | 22 43 | 19 55 | 24 49 | 07 11 | 00 34 |
| 14 | 3:34:08 | 22 02 42 | 12 39 | 18 41 | 03 17 | 10 52 | 17 10 | 04 18 | 22 48 | 19 57 | 24 47 | 07 10 | 00 31 |
| 15 | 3:38:05 | 23 03 05 | 24 41 | 00♌39 | 04 48 | 12 08 | 17 48 | 04 19 | 22 52 | 19 59 | 24 46 | 07 10 | 00 28 |
| 16 | 3:42:01 | 24 03 31 | 06♌36 | 12 32 | 06 19 | 13 23 | 18 26 | 04 20 | 22 57 | 20 01 | 24 44 | 07 10 | 00 25 |
| 17 | 3:45:58 | 25 03 58 | 18 28 | 24 25 | 07 50 | 14 38 | 19 05 | 04 21 | 23 02 | 20 03 | 24 42 | 07 10 | 00 21 |
| 18 | 3:49:54 | 26 04 27 | 00♍22 | 06♍21 | 09 20 | 15 54 | 19 43 | 04 21 | 23 06 | 20 06 | 24 40 | 07 10 | 00 18 |
| 19 | 3:53:51 | 27 04 57 | 12 23 | 18 27 | 10 50 | 17 09 | 20 21 | 04 22 | 23 11 | 20 08 | 24 39 | 07 10 | 00 15 |
| 20 | 3:57:48 | 28 05 30 | 24 34 | 00♎45 | 12 20 | 18 24 | 20 59 | 04 22 | 23 16 | 20 09 | 24 37 | 07 10 | 00 12 |
| 21 | 4:01:44 | 29 06 04 | 07♎01 | 13 21 | 13 49 | 19 40 | 21 37 | 04 22℞ | 23 21 | 20 11 | 24 35 | 07 10D | 00 09 |
| 22 | 4:05:41 | 00♐06 40 | 19 46 | 26 16 | 15 18 | 20 55 | 22 16 | 04 22 | 23 27 | 20 13 | 24 34 | 07 10 | 00 06 |
| 23 | 4:09:37 | 01 07 18 | 02♏52 | 09♏33 | 16 46 | 22 11 | 22 54 | 04 21 | 23 32 | 20 15 | 24 32 | 07 10 | 00 02 |
| 24 | 4:13:34 | 02 07 57 | 16 19 | 23 10 | 18 14 | 23 26 | 23 32 | 04 21 | 23 37 | 20 17 | 24 30 | 07 10 | 29♏59 |
| 25 | 4:17:30 | 03 08 38 | 00♐07 | 07♐07 | 19 42 | 24 41 | 24 10 | 04 20 | 23 42 | 20 19 | 24 29 | 07 10 | 29 56 |
| 26 | 4:21:27 | 04 09 20 | 14 12 | 21 19 | 21 09 | 25 57 | 24 48 | 04 19 | 23 48 | 20 20 | 24 27 | 07 10 | 29 53 |
| 27 | 4:25:23 | 05 10 04 | 28 30 | 05♑43 | 22 35 | 27 12 | 25 27 | 04 18 | 23 53 | 20 22 | 24 25 | 07 11 | 29 50 |
| 28 | 4:29:20 | 06 10 49 | 12♑57 | 20 11 | 24 01 | 28 28 | 26 05 | 04 16 | 23 59 | 20 23 | 24 24 | 07 11 | 29 47 |
| 29 | 4:33:17 | 07 11 35 | 27 26 | 04♒40 | 25 25 | 29 43 | 26 43 | 04 15 | 24 04 | 20 25 | 24 22 | 07 11 | 29 43 |
| 30 | 4:37:13 | 08 12 22 | 11♒53 | 19 05 | 26 49 | 00♐59 | 27 21 | 04 13 | 24 10 | 20 26 | 24 20 | 07 11 | 29 40 |

## 0:00 E.T. Longitudes of the Major Asteroids and Chiron

| D | ⚳ | ⚴ | ⚵ | ⚶ | ⚷ | D | ⚳ | ⚴ | ⚵ | ⚶ | ⚷ |
|---|---|---|---|---|---|---|---|---|---|---|---|
| 1 | 21♋05 | 02♈26℞ | 21♌10 | 01♍12 | 28♏57 | 16 | 22 13 | 00 16 | 26 07 | 06 15 | 00 51 |
| 2 | 21 12 | 02 14 | 21 31 | 01 33 | 29 04 | 17 | 22 15 | 00 11 | 26 24 | 06 33 | 00 59 |
| 3 | 21 19 | 02 03 | 21 53 | 01 54 | 29 12 | 18 | 22 16 | 00 06 | 26 41 | 06 52 | 01 07 |
| 4 | 21 25 | 01 52 | 22 14 | 02 15 | 29 19 | 19 | 22 16 | 00 02 | 26 58 | 07 11 | 01 14 |
| 5 | 21 31 | 01 42 | 22 35 | 02 36 | 29 27 | 20 | 22 16 | 29♓58 | 27 15 | 07 29 | 01 22 |
| 6 | 21 37 | 01 32 | 22 55 | 02 57 | 29 34 | 21 | 22 16℞ | 29 55 | 27 31 | 07 47 | 01 30 |
| 7 | 21 42 | 01 22 | 23 16 | 03 17 | 29 42 | 22 | 22 16 | 29 52 | 27 47 | 08 05 | 01 38 |
| 8 | 21 47 | 01 13 | 23 36 | 03 37 | 29 50 | 23 | 22 15 | 29 50 | 28 02 | 08 23 | 01 45 |
| 9 | 21 52 | 01 04 | 23 56 | 03 58 | 29 57 | 24 | 22 13 | 29 48 | 28 18 | 08 40 | 01 53 |
| 10 | 21 56 | 00 56 | 24 15 | 04 18 | 00♐05 | 25 | 22 11 | 29 46 | 28 32 | 08 58 | 02 01 |
| 11 | 22 00 | 00 48 | 24 35 | 04 38 | 00 13 | 26 | 22 09 | 29 45 | 28 47 | 09 15 | 02 09 |
| 12 | 22 03 | 00 41 | 24 54 | 04 57 | 00 20 | 27 | 22 06 | 29 45 | 29 01 | 09 32 | 02 16 |
| 13 | 22 06 | 00 34 | 25 12 | 05 17 | 00 28 | 28 | 22 03 | 29 45D | 29 15 | 09 49 | 02 24 |
| 14 | 22 09 | 00 27 | 25 31 | 05 36 | 00 36 | 29 | 22 00 | 29 45 | 29 28 | 10 05 | 02 32 |
| 15 | 22 11 | 00 21 | 25 49 | 05 55 | 00 43 | 30 | 21 56 | 29 46 | 29 41 | 10 21 | 02 40 |

## Lunar Data

| Last Asp. | | Ingress | |
|---|---|---|---|
| 1 | 14:21 | 1 ♒ | 22:15 |
| 3 | 22:00 | 4 ♓ | 00:59 |
| 5 | 19:27 | 6 ♈ | 03:59 |
| 7 | 18:36 | 8 ♉ | 08:04 |
| 10 | 10:09 | 10 ♊ | 14:13 |
| 12 | 03:37 | 12 ♋ | 23:09 |
| 15 | 00:09 | 15 ♌ | 10:41 |
| 17 | 14:33 | 17 ♍ | 23:15 |
| 20 | 07:27 | 20 ♎ | 10:32 |
| 22 | 06:50 | 22 ♏ | 18:48 |
| 24 | 14:17 | 24 ♐ | 23:49 |
| 26 | 18:40 | 27 ♑ | 02:30 |
| 29 | 04:09 | 29 ♒ | 04:15 |

## 0:00 E.T. Declinations

| D | ☉ | ☽ | ☿ | ♀ | ♂ | ♃ | ♄ | ♅ | ♆ | ♇ | ⚳ | ⚴ | ⚵ | ⚶ | ⚷ |
|---|---|---|---|---|---|---|---|---|---|---|---|---|---|---|---|
| 1 | -14 30 | -18 34 | -15 50 | -08 12 | -02 33 | +19 35 | -21 47 | +04 53 | +17 19 | -20 50 | +23 57 | -18 06 | +04 05 | +13 41 | -16 44 |
| 2 | 14 49 | 15 26 | 16 25 | 08 40 | 02 48 | 19 34 | 21 47 | 04 52 | 17 19 | 20 50 | 24 00 | 18 14 | 03 57 | 13 35 | 16 45 |
| 3 | 15 07 | 11 24 | 17 00 | 09 08 | 03 03 | 19 33 | 21 46 | 04 51 | 17 18 | 20 50 | 24 03 | 18 22 | 03 50 | 13 30 | 16 47 |
| 4 | 15 26 | 06 44 | 17 33 | 09 36 | 03 18 | 19 33 | 21 46 | 04 50 | 17 18 | 20 50 | 24 06 | 18 30 | 03 42 | 13 25 | 16 48 |
| 5 | 15 44 | 01 43 | 18 06 | 10 03 | 03 33 | 19 32 | 21 45 | 04 49 | 17 17 | 20 50 | 24 09 | 18 37 | 03 35 | 13 19 | 16 50 |
| 6 | 16 02 | +03 22 | 18 37 | 10 30 | 03 48 | 19 32 | 21 45 | 04 48 | 17 17 | 20 50 | 24 12 | 18 44 | 03 28 | 13 14 | 16 51 |
| 7 | 16 20 | 08 14 | 19 08 | 10 58 | 04 03 | 19 31 | 21 44 | 04 47 | 17 17 | 20 49 | 24 15 | 18 51 | 03 20 | 13 09 | 16 52 |
| 8 | 16 38 | 12 38 | 19 38 | 11 24 | 04 18 | 19 31 | 21 43 | 04 46 | 17 16 | 20 49 | 24 18 | 18 57 | 03 13 | 13 04 | 16 54 |
| 9 | 16 55 | 16 18 | 20 07 | 11 51 | 04 33 | 19 30 | 21 43 | 04 45 | 17 16 | 20 49 | 24 22 | 19 03 | 03 06 | 12 59 | 16 55 |
| 10 | 17 12 | 19 02 | 20 34 | 12 17 | 04 48 | 19 30 | 21 42 | 04 44 | 17 15 | 20 49 | 24 25 | 19 09 | 02 59 | 12 54 | 16 57 |
| 11 | 17 28 | 20 43 | 21 01 | 12 43 | 05 03 | 19 30 | 21 41 | 04 43 | 17 15 | 20 49 | 24 29 | 19 15 | 02 52 | 12 49 | 16 58 |
| 12 | 17 45 | 21 17 | 21 27 | 13 09 | 05 18 | 19 29 | 21 41 | 04 42 | 17 14 | 20 49 | 24 32 | 19 20 | 02 45 | 12 44 | 17 00 |
| 13 | 18 01 | 20 46 | 21 52 | 13 34 | 05 33 | 19 29 | 21 40 | 04 41 | 17 14 | 20 49 | 24 36 | 19 25 | 02 38 | 12 39 | 17 01 |
| 14 | 18 16 | 19 16 | 22 15 | 13 59 | 05 47 | 19 29 | 21 39 | 04 40 | 17 14 | 20 48 | 24 40 | 19 29 | 02 31 | 12 34 | 17 03 |
| 15 | 18 32 | 16 56 | 22 38 | 14 24 | 06 02 | 19 29 | 21 39 | 04 39 | 17 13 | 20 48 | 24 44 | 19 34 | 02 24 | 12 30 | 17 04 |
| 16 | 18 47 | 13 55 | 22 59 | 14 48 | 06 17 | 19 29 | 21 38 | 04 39 | 17 13 | 20 48 | 24 48 | 19 38 | 02 18 | 12 25 | 17 05 |
| 17 | 19 02 | 10 21 | 23 19 | 15 12 | 06 32 | 19 29 | 21 37 | 04 38 | 17 12 | 20 48 | 24 52 | 19 41 | 02 11 | 12 21 | 17 07 |
| 18 | 19 16 | 06 23 | 23 38 | 15 36 | 06 46 | 19 29 | 21 36 | 04 37 | 17 12 | 20 48 | 24 56 | 19 45 | 02 05 | 12 16 | 17 08 |
| 19 | 19 30 | 02 08 | 23 56 | 15 59 | 07 01 | 19 29 | 21 36 | 04 36 | 17 12 | 20 47 | 25 01 | 19 48 | 01 58 | 12 12 | 17 09 |
| 20 | 19 44 | -02 16 | 24 13 | 16 22 | 07 15 | 19 29 | 21 35 | 04 36 | 17 11 | 20 47 | 25 05 | 19 51 | 01 52 | 12 07 | 17 11 |
| 21 | 19 57 | 06 41 | 24 28 | 16 44 | 07 30 | 19 29 | 21 34 | 04 35 | 17 11 | 20 47 | 25 10 | 19 53 | 01 46 | 12 03 | 17 12 |
| 22 | 20 10 | 10 55 | 24 43 | 17 06 | 07 44 | 19 29 | 21 33 | 04 34 | 17 10 | 20 47 | 25 15 | 19 56 | 01 40 | 11 59 | 17 13 |
| 23 | 20 23 | 14 45 | 24 56 | 17 27 | 07 59 | 19 30 | 21 33 | 04 34 | 17 10 | 20 46 | 25 19 | 19 58 | 01 34 | 11 55 | 17 15 |
| 24 | 20 35 | 17 56 | 25 07 | 17 48 | 08 13 | 19 30 | 21 32 | 04 33 | 17 10 | 20 46 | 25 24 | 19 59 | 01 28 | 11 51 | 17 16 |
| 25 | 20 47 | 20 11 | 25 17 | 18 09 | 08 27 | 19 30 | 21 31 | 04 32 | 17 09 | 20 46 | 25 29 | 20 01 | 01 22 | 11 47 | 17 17 |
| 26 | 20 58 | 21 13 | 25 26 | 18 29 | 08 41 | 19 31 | 21 30 | 04 32 | 17 09 | 20 45 | 25 34 | 20 02 | 01 16 | 11 44 | 17 19 |
| 27 | 21 09 | 20 55 | 25 34 | 18 48 | 08 56 | 19 31 | 21 29 | 04 31 | 17 08 | 20 45 | 25 40 | 20 03 | 01 11 | 11 40 | 17 20 |
| 28 | 21 20 | 19 14 | 25 40 | 19 07 | 09 10 | 19 32 | 21 28 | 04 30 | 17 08 | 20 45 | 25 45 | 20 04 | 01 05 | 11 36 | 17 21 |
| 29 | 21 30 | 16 18 | 25 45 | 19 26 | 09 24 | 19 32 | 21 27 | 04 30 | 17 08 | 20 44 | 25 50 | 20 04 | 01 00 | 11 33 | 17 22 |
| 30 | 21 40 | 12 24 | 25 48 | 19 43 | 09 38 | 19 33 | 21 26 | 04 29 | 17 07 | 20 44 | 25 56 | 20 05 | 00 55 | 11 30 | 17 24 |

Lunar Phases -- 2 ◐ 16:20  9 Ⓔ 15:39  17 ◑ 14:34  25 ● 05:37 ☄  Sun enters ♐ 11/21 21:22

## Dec. 49 — Longitudes of Main Planets - December 2049 — 0:00 E.T.

| D | S.T. | ☉ | ☽ | ☽ 12:00 | ☿ | ♀ | ♂ | ♃ | ♄ | ♅ | ♆ | ♇ | ☊ |
|---|---|---|---|---|---|---|---|---|---|---|---|---|---|
| 1 | 4:41:10 | 09♐13 09 | 26♒14 | 03♓20 | 28♐12 | 02♐14 | 27♎59 | 04♌11℞ | 24♑16 | 20♍28 | 24♉19℞ | 07♓11 | 29♏37 |
| 2 | 4:45:06 | 10 13 58 | 10♓24 | 17 25 | 29 33 | 03 30 | 28 38 | 04 09 | 24 21 | 20 29 | 24 17 | 07 12 | 29 34 |
| 3 | 4:49:03 | 11 14 48 | 24 23 | 01♈18 | 00♑54 | 04 45 | 29 16 | 04 07 | 24 27 | 20 30 | 24 16 | 07 12 | 29 31 |
| 4 | 4:52:59 | 12 15 38 | 08♈09 | 14 57 | 02 12 | 06 01 | 29 54 | 04 04 | 24 33 | 20 32 | 24 14 | 07 12 | 29 27 |
| 5 | 4:56:56 | 13 16 29 | 21 42 | 28 23 | 03 28 | 07 16 | 00♏32 | 04 01 | 24 39 | 20 33 | 24 12 | 07 13 | 29 24 |
| 6 | 5:00:52 | 14 17 21 | 05♉02 | 11♉37 | 04 43 | 08 32 | 01 10 | 03 58 | 24 45 | 20 34 | 24 11 | 07 13 | 29 21 |
| 7 | 5:04:49 | 15 18 14 | 18 08 | 24 37 | 05 54 | 09 47 | 01 48 | 03 55 | 24 51 | 20 35 | 24 09 | 07 14 | 29 18 |
| 8 | 5:08:46 | 16 19 08 | 01♊02 | 07♊25 | 07 03 | 11 02 | 02 27 | 03 52 | 24 57 | 20 36 | 24 08 | 07 14 | 29 15 |
| 9 | 5:12:42 | 17 20 03 | 13 44 | 20 00 | 08 08 | 12 18 | 03 05 | 03 48 | 25 03 | 20 37 | 24 06 | 07 14 | 29 12 |
| 10 | 5:16:39 | 18 20 58 | 26 14 | 02♋24 | 09 10 | 13 33 | 03 43 | 03 45 | 25 09 | 20 38 | 24 05 | 07 15 | 29 08 |
| 11 | 5:20:35 | 19 21 55 | 08♋32 | 14 37 | 10 07 | 14 49 | 04 21 | 03 41 | 25 15 | 20 39 | 24 03 | 07 15 | 29 05 |
| 12 | 5:24:32 | 20 22 53 | 20 40 | 26 41 | 10 59 | 16 04 | 04 59 | 03 37 | 25 22 | 20 40 | 24 02 | 07 16 | 29 02 |
| 13 | 5:28:28 | 21 23 51 | 02♌40 | 08♌38 | 11 44 | 17 20 | 05 38 | 03 32 | 25 28 | 20 40 | 24 00 | 07 17 | 28 59 |
| 14 | 5:32:25 | 22 24 51 | 14 34 | 20 30 | 12 24 | 18 35 | 06 16 | 03 28 | 25 34 | 20 41 | 23 59 | 07 17 | 28 56 |
| 15 | 5:36:21 | 23 25 51 | 26 26 | 02♍22 | 12 55 | 19 51 | 06 54 | 03 23 | 25 41 | 20 42 | 23 57 | 07 18 | 28 53 |
| 16 | 5:40:18 | 24 26 53 | 08♍18 | 14 16 | 13 19 | 21 06 | 07 32 | 03 19 | 25 47 | 20 42 | 23 56 | 07 18 | 28 49 |
| 17 | 5:44:15 | 25 27 55 | 20 16 | 26 19 | 13 33 | 22 22 | 08 10 | 03 14 | 25 53 | 20 43 | 23 55 | 07 19 | 28 46 |
| 18 | 5:48:11 | 26 28 59 | 02♎24 | 08♎34 | 13 37℞ | 23 37 | 08 48 | 03 08 | 26 00 | 20 43 | 23 53 | 07 20 | 28 43 |
| 19 | 5:52:08 | 27 30 03 | 14 47 | 21 06 | 13 30 | 24 53 | 09 27 | 03 03 | 26 06 | 20 44 | 23 52 | 07 20 | 28 40 |
| 20 | 5:56:04 | 28 31 08 | 27 29 | 03♏59 | 13 12 | 26 09 | 10 05 | 02 58 | 26 13 | 20 44 | 23 50 | 07 21 | 28 37 |
| 21 | 6:00:01 | 29 32 14 | 10♏35 | 17 17 | 12 42 | 27 24 | 10 43 | 02 52 | 26 20 | 20 44 | 23 49 | 07 22 | 28 33 |
| 22 | 6:03:57 | 00♑33 21 | 24 06 | 01♐02 | 12 00 | 28 40 | 11 21 | 02 46 | 26 26 | 20 45 | 23 48 | 07 23 | 28 30 |
| 23 | 6:07:54 | 01 34 29 | 08♐04 | 15 12 | 11 07 | 29 55 | 11 59 | 02 41 | 26 33 | 20 45 | 23 47 | 07 24 | 28 27 |
| 24 | 6:11:50 | 02 35 37 | 22 26 | 29 44 | 10 05 | 01♑11 | 12 38 | 02 35 | 26 40 | 20 45 | 23 45 | 07 24 | 28 24 |
| 25 | 6:15:47 | 03 36 46 | 07♑07 | 14♑34 | 08 54 | 02 26 | 13 16 | 02 28 | 26 46 | 20 45 | 23 44 | 07 25 | 28 21 |
| 26 | 6:19:44 | 04 37 55 | 22 02 | 29 31 | 07 36 | 03 42 | 13 54 | 02 22 | 26 53 | 20 45℞ | 23 43 | 07 26 | 28 18 |
| 27 | 6:23:40 | 05 39 04 | 07♒01 | 14♒29 | 06 15 | 04 57 | 14 32 | 02 16 | 27 00 | 20 45 | 23 42 | 07 27 | 28 14 |
| 28 | 6:27:37 | 06 40 13 | 21 54 | 29 17 | 04 53 | 06 13 | 15 10 | 02 09 | 27 07 | 20 45 | 23 41 | 07 28 | 28 11 |
| 29 | 6:31:33 | 07 41 22 | 06♓35 | 13♓49 | 03 32 | 07 28 | 15 48 | 02 02 | 27 14 | 20 45 | 23 39 | 07 29 | 28 08 |
| 30 | 6:35:30 | 08 42 32 | 20 58 | 28 02 | 02 16 | 08 44 | 16 27 | 01 55 | 27 21 | 20 45 | 23 38 | 07 30 | 28 05 |
| 31 | 6:39:26 | 09 43 41 | 05♈00 | 11♈52 | 01 06 | 09 59 | 17 05 | 01 49 | 27 28 | 20 44 | 23 37 | 07 31 | 28 02 |

## 0:00 E.T. — Longitudes of the Major Asteroids and Chiron

| D | ⚳ | ⚴ | ⚵ | ⚶ | ⚷ | D | ⚳ | ⚴ | ⚵ | ⚶ | ⚷ |
|---|---|---|---|---|---|---|---|---|---|---|---|
| 1 | 21♋51℞ | 29♓47 | 29♌54 | 10♍37 | 02♐47 | 17 | 19 47 | 01 04 | 02 18 | 14 18 | 04 49 |
| 2 | 21 46 | 29 49 | 00♍06 | 10 53 | 02 55 | 18 | 19 36 | 01 12 | 02 23 | 14 30 | 04 56 |
| 3 | 21 41 | 29 51 | 00 18 | 11 09 | 03 03 | 19 | 19 25 | 01 21 | 02 28 | 14 41 | 05 03 |
| 4 | 21 36 | 29 53 | 00 29 | 11 24 | 03 10 | 20 | 19 13 | 01 29 | 02 32 | 14 51 | 05 11 |
| 5 | 21 29 | 29 56 | 00 40 | 11 39 | 03 18 | 21 | 19 02 | 01 39 | 02 36 | 15 02 | 05 18 |
| 6 | 21 23 | 00 00 | 00 50 | 11 54 | 03 26 | 22 | 18 50 | 01 48 | 02 39 | 15 12 | 05 25 |
| 7 | 21 16 | 00♈04 | 01 01 | 12 08 | 03 33 | 23 | 18 37 | 01 58 | 02 42 | 15 21 | 05 32 |
| 8 | 21 09 | 00 08 | 01 10 | 12 23 | 03 41 | 24 | 18 25 | 02 09 | 02 44 | 15 31 | 05 40 |
| 9 | 21 01 | 00 12 | 01 20 | 12 37 | 03 49 | 25 | 18 12 | 02 19 | 02 46 | 15 40 | 05 47 |
| 10 | 20 53 | 00 18 | 01 29 | 12 50 | 03 56 | 26 | 17 59 | 02 30 | 02 47 | 15 48 | 05 54 |
| 11 | 20 45 | 00 23 | 01 37 | 13 04 | 04 04 | 27 | 17 46 | 02 42 | 02 48 | 15 57 | 06 01 |
| 12 | 20 36 | 00 29 | 01 45 | 13 17 | 04 11 | 28 | 17 32 | 02 53 | 02 49 | 16 04 | 06 08 |
| 13 | 20 27 | 00 35 | 01 53 | 13 30 | 04 19 | 29 | 17 19 | 03 05 | 02 48℞ | 16 12 | 06 15 |
| 14 | 20 17 | 00 42 | 02 00 | 13 42 | 04 26 | 30 | 17 05 | 03 17 | 02 47 | 16 19 | 06 22 |
| 15 | 20 08 | 00 49 | 02 06 | 13 55 | 04 34 | 31 | 16 51 | 03 30 | 02 46 | 16 26 | 06 29 |
| 16 | 19 57 | 00 56 | 02 12 | 14 07 | 04 41 | | | | | | |

## Lunar Data

| Last Asp. | | Ingress | |
|---|---|---|---|
| 1 | 03:40 | 1 ♓ | 06:21 |
| 3 | 00:07 | 3 ♈ | 09:45 |
| 5 | 05:19 | 5 ♉ | 14:54 |
| 7 | 12:32 | 7 ♊ | 22:03 |
| 9 | 13:12 | 10 ♋ | 07:20 |
| 12 | 09:26 | 12 ♌ | 18:39 |
| 14 | 18:60 | 15 ♍ | 07:13 |
| 17 | 11:16 | 17 ♎ | 19:16 |
| 20 | 02:04 | 20 ♏ | 04:39 |
| 22 | 04:06 | 22 ♐ | 10:14 |
| 23 | 21:14 | 24 ♑ | 12:25 |
| 26 | 07:50 | 26 ♒ | 12:46 |
| 28 | 02:52 | 28 ♓ | 13:11 |
| 30 | 10:55 | 30 ♈ | 15:23 |

## 0:00 E.T. — Declinations

| D | ☉ | ☽ | ☿ | ♀ | ♂ | ♃ | ♄ | ♅ | ♆ | ♇ | ⚳ | ⚴ | ⚵ | ⚶ | ⚷ |
|---|---|---|---|---|---|---|---|---|---|---|---|---|---|---|---|
| 1 | -21 50 | -07 48 | -25 50 | -20 01 | -09 52 | +19 34 | -21 25 | +04 29 | +17 07 | -20 44 | +26 01 | -20 05 | +00 50 | +11 27 | -17 25 |
| 2 | 21 59 | 02 51 | 25 51 | 20 18 | 10 05 | 19 34 | 21 24 | 04 28 | 17 07 | 20 43 | 26 07 | 20 05 | 00 45 | 11 23 | 17 26 |
| 3 | 22 07 | +02 12 | 25 50 | 20 34 | 10 19 | 19 35 | 21 24 | 04 28 | 17 06 | 20 43 | 26 13 | 20 04 | 00 40 | 11 20 | 17 27 |
| 4 | 22 15 | 07 04 | 25 48 | 20 49 | 10 33 | 19 36 | 21 23 | 04 27 | 17 06 | 20 43 | 26 18 | 20 03 | 00 36 | 11 18 | 17 29 |
| 5 | 22 23 | 11 30 | 25 44 | 21 04 | 10 47 | 19 37 | 21 22 | 04 27 | 17 05 | 20 42 | 26 24 | 20 03 | 00 32 | 11 15 | 17 30 |
| 6 | 22 30 | 15 19 | 25 39 | 21 19 | 11 00 | 19 38 | 21 21 | 04 27 | 17 05 | 20 42 | 26 30 | 20 02 | 00 27 | 11 12 | 17 31 |
| 7 | 22 37 | 18 17 | 25 33 | 21 33 | 11 14 | 19 38 | 21 20 | 04 26 | 17 05 | 20 41 | 26 36 | 20 00 | 00 23 | 11 10 | 17 32 |
| 8 | 22 44 | 20 17 | 25 25 | 21 46 | 11 27 | 19 39 | 21 19 | 04 26 | 17 04 | 20 41 | 26 42 | 19 59 | 00 19 | 11 07 | 17 33 |
| 9 | 22 50 | 21 13 | 25 16 | 21 58 | 11 40 | 19 40 | 21 17 | 04 25 | 17 04 | 20 41 | 26 49 | 19 57 | 00 15 | 11 05 | 17 34 |
| 10 | 22 55 | 21 04 | 25 06 | 22 10 | 11 54 | 19 41 | 21 16 | 04 25 | 17 04 | 20 40 | 26 55 | 19 55 | 00 12 | 11 03 | 17 35 |
| 11 | 23 00 | 19 54 | 24 55 | 22 21 | 12 07 | 19 43 | 21 15 | 04 25 | 17 03 | 20 40 | 27 01 | 19 53 | 00 08 | 11 01 | 17 36 |
| 12 | 23 05 | 17 50 | 24 43 | 22 32 | 12 20 | 19 44 | 21 14 | 04 25 | 17 03 | 20 39 | 27 07 | 19 51 | 00 05 | 10 59 | 17 38 |
| 13 | 23 09 | 15 01 | 24 30 | 22 42 | 12 33 | 19 45 | 21 13 | 04 24 | 17 03 | 20 39 | 27 14 | 19 48 | 00 02 | 10 58 | 17 39 |
| 14 | 23 13 | 11 37 | 24 16 | 22 51 | 12 46 | 19 46 | 21 12 | 04 24 | 17 02 | 20 38 | 27 20 | 19 46 | -00 01 | 10 56 | 17 40 |
| 15 | 23 16 | 07 47 | 24 01 | 22 59 | 12 59 | 19 47 | 21 11 | 04 24 | 17 02 | 20 38 | 27 27 | 19 43 | 00 03 | 10 55 | 17 41 |
| 16 | 23 19 | 03 39 | 23 45 | 23 07 | 13 11 | 19 49 | 21 10 | 04 24 | 17 02 | 20 37 | 27 33 | 19 40 | 00 06 | 10 53 | 17 42 |
| 17 | 23 21 | -00 40 | 23 30 | 23 14 | 13 24 | 19 50 | 21 09 | 04 24 | 17 01 | 20 37 | 27 40 | 19 37 | 00 08 | 10 52 | 17 43 |
| 18 | 23 23 | 05 01 | 23 14 | 23 21 | 13 37 | 19 51 | 21 08 | 04 23 | 17 01 | 20 36 | 27 46 | 19 34 | 00 10 | 10 51 | 17 44 |
| 19 | 23 24 | 09 15 | 22 58 | 23 26 | 13 49 | 19 53 | 21 06 | 04 23 | 17 01 | 20 36 | 27 53 | 19 30 | 00 12 | 10 50 | 17 45 |
| 20 | 23 25 | 13 12 | 22 42 | 23 31 | 14 01 | 19 54 | 21 05 | 04 23 | 17 01 | 20 35 | 27 59 | 19 27 | 00 14 | 10 50 | 17 46 |
| 21 | 23 26 | 16 39 | 22 26 | 23 36 | 14 14 | 19 56 | 21 04 | 04 23 | 17 00 | 20 35 | 28 06 | 19 23 | 00 15 | 10 49 | 17 47 |
| 22 | 23 26 | 19 19 | 22 10 | 23 39 | 14 26 | 19 57 | 21 03 | 04 23 | 17 00 | 20 34 | 28 12 | 19 19 | 00 17 | 10 49 | 17 47 |
| 23 | 23 25 | 20 55 | 21 55 | 23 42 | 14 38 | 19 59 | 21 02 | 04 23 | 17 00 | 20 34 | 28 19 | 19 15 | 00 18 | 10 49 | 17 48 |
| 24 | 23 24 | 21 13 | 21 40 | 23 44 | 14 50 | 20 00 | 21 00 | 04 23 | 16 59 | 20 33 | 28 25 | 19 11 | 00 19 | 10 49 | 17 49 |
| 25 | 23 23 | 20 06 | 21 26 | 23 45 | 15 02 | 20 02 | 20 59 | 04 23 | 16 59 | 20 33 | 28 32 | 19 06 | 00 19 | 10 49 | 17 50 |
| 26 | 23 21 | 17 35 | 21 12 | 23 46 | 15 14 | 20 03 | 20 58 | 04 23 | 16 59 | 20 32 | 28 38 | 19 02 | 00 19 | 10 50 | 17 51 |
| 27 | 23 19 | 13 53 | 21 00 | 23 45 | 15 25 | 20 05 | 20 57 | 04 23 | 16 59 | 20 31 | 28 44 | 18 57 | 00 20 | 10 50 | 17 52 |
| 28 | 23 16 | 09 21 | 20 48 | 23 45 | 15 37 | 20 07 | 20 55 | 04 23 | 16 58 | 20 31 | 28 51 | 18 52 | 00 19 | 10 51 | 17 53 |
| 29 | 23 12 | 04 19 | 20 38 | 23 43 | 15 48 | 20 08 | 20 54 | 04 23 | 16 58 | 20 30 | 28 57 | 18 48 | 00 19 | 10 52 | 17 53 |
| 30 | 23 09 | +00 51 | 20 30 | 23 41 | 16 00 | 20 10 | 20 53 | 04 23 | 16 58 | 20 30 | 29 03 | 18 43 | 00 18 | 10 53 | 17 54 |
| 31 | 23 04 | 05 51 | 20 23 | 23 37 | 16 11 | 20 12 | 20 52 | 04 24 | 16 58 | 20 29 | 29 09 | 18 38 | 00 18 | 10 54 | 17 55 |

Lunar Phases -- 1 ◐ 23:41  9 Ⓔ 07:29  17 ◑ 11:16  24 ● 17:53  31 ◐ 08:54  Sun enters ♑ 12/21 10:54

## 0:00 E.T. Longitudes of Main Planets - January 2050

| D | S.T. | ☉ | ☽ | ☽ 12:00 | ☿ | ♀ | ♂ | ♃ | ♄ | ♅ | ♆ | ♇ | ☊ |
|---|---|---|---|---|---|---|---|---|---|---|---|---|---|
| 1 | 6:43:23 | 10♑44 50 | 18♈40 | 25♈22 | 00♑04℞ | 11♑15 | 17♏43 | 01♌42℞ | 27♑34 | 20♍44℞ | 23♉36℞ | 07♓32 | 27♏58 |
| 2 | 6:47:19 | 11 45 58 | 02♉00 | 08♉33 | 29♐11 | 12 30 | 18 21 | 01 34 | 27 41 | 20 44 | 23 35 | 07 33 | 27 55 |
| 3 | 6:51:16 | 12 47 07 | 15 02 | 21 27 | 28 28 | 13 46 | 18 59 | 01 27 | 27 48 | 20 43 | 23 34 | 07 34 | 27 52 |
| 4 | 6:55:13 | 13 48 15 | 27 48 | 04♊06 | 27 56 | 15 01 | 19 37 | 01 20 | 27 55 | 20 43 | 23 33 | 07 35 | 27 49 |
| 5 | 6:59:09 | 14 49 24 | 10♊22 | 16 34 | 27 34 | 16 17 | 20 15 | 01 12 | 28 02 | 20 42 | 23 32 | 07 36 | 27 46 |
| 6 | 7:03:06 | 15 50 32 | 22 45 | 28 53 | 27 22 | 17 32 | 20 53 | 01 05 | 28 09 | 20 41 | 23 31 | 07 37 | 27 43 |
| 7 | 7:07:02 | 16 51 40 | 04♋59 | 11♋04 | 27 20D | 18 48 | 21 31 | 00 57 | 28 16 | 20 41 | 23 31 | 07 38 | 27 39 |
| 8 | 7:10:59 | 17 52 47 | 17 07 | 23 08 | 27 26 | 20 03 | 22 10 | 00 50 | 28 24 | 20 40 | 23 30 | 07 39 | 27 36 |
| 9 | 7:14:55 | 18 53 55 | 29 08 | 05♌07 | 27 40 | 21 19 | 22 48 | 00 42 | 28 31 | 20 39 | 23 29 | 07 41 | 27 33 |
| 10 | 7:18:52 | 19 55 02 | 11♌04 | 17 01 | 28 02 | 22 34 | 23 26 | 00 34 | 28 38 | 20 39 | 23 28 | 07 42 | 27 30 |
| 11 | 7:22:48 | 20 56 09 | 22 57 | 28 53 | 28 30 | 23 50 | 24 04 | 00 26 | 28 45 | 20 38 | 23 27 | 07 43 | 27 27 |
| 12 | 7:26:45 | 21 57 17 | 04♍49 | 10♍45 | 29 05 | 25 05 | 24 42 | 00 18 | 28 52 | 20 37 | 23 27 | 07 44 | 27 24 |
| 13 | 7:30:42 | 22 58 23 | 16 41 | 22 39 | 29 45 | 26 20 | 25 20 | 00 10 | 28 59 | 20 36 | 23 26 | 07 45 | 27 20 |
| 14 | 7:34:38 | 23 59 30 | 28 38 | 04♎39 | 00♑30 | 27 36 | 25 58 | 00 02 | 29 06 | 20 35 | 23 25 | 07 47 | 27 17 |
| 15 | 7:38:35 | 25 00 37 | 10♎43 | 16 50 | 01 19 | 28 51 | 26 36 | 29♋54 | 29 13 | 20 34 | 23 25 | 07 48 | 27 14 |
| 16 | 7:42:31 | 26 01 43 | 23 01 | 29 16 | 02 13 | 00♒07 | 27 14 | 29 46 | 29 20 | 20 33 | 23 24 | 07 49 | 27 11 |
| 17 | 7:46:28 | 27 02 50 | 05♏36 | 12♏02 | 03 10 | 01 22 | 27 52 | 29 38 | 29 27 | 20 31 | 23 24 | 07 50 | 27 08 |
| 18 | 7:50:24 | 28 03 56 | 18 34 | 25 13 | 04 10 | 02 38 | 28 30 | 29 30 | 29 35 | 20 30 | 23 23 | 07 52 | 27 04 |
| 19 | 7:54:21 | 29 05 08 | 01♐59 | 08♐52 | 05 13 | 03 53 | 29 08 | 29 22 | 29 42 | 20 29 | 23 22 | 07 53 | 27 01 |
| 20 | 7:58:17 | 00♒06 08 | 15 52 | 23 00 | 06 18 | 05 08 | 29 46 | 29 14 | 29 49 | 20 28 | 23 22 | 07 54 | 26 58 |
| 21 | 8:02:14 | 01 07 13 | 00♑15 | 07♑37 | 07 26 | 06 24 | 00♐24 | 29 06 | 29 56 | 20 26 | 23 22 | 07 56 | 26 55 |
| 22 | 8:06:11 | 02 08 18 | 15 04 | 22 36 | 08 37 | 07 39 | 01 02 | 28 58 | 00♒03 | 20 25 | 23 21 | 07 57 | 26 52 |
| 23 | 8:10:07 | 03 09 22 | 00♒12 | 07♒51 | 09 49 | 08 55 | 01 40 | 28 50 | 00 10 | 20 23 | 23 21 | 07 59 | 26 49 |
| 24 | 8:14:04 | 04 10 26 | 15 30 | 23 09 | 11 02 | 10 10 | 02 18 | 28 42 | 00 17 | 20 22 | 23 20 | 08 00 | 26 45 |
| 25 | 8:18:00 | 05 11 28 | 00♓46 | 08♓20 | 12 18 | 11 25 | 02 56 | 28 34 | 00 25 | 20 20 | 23 20 | 08 01 | 26 42 |
| 26 | 8:21:57 | 06 12 30 | 15 49 | 23 13 | 13 35 | 12 41 | 03 34 | 28 26 | 00 32 | 20 19 | 23 20 | 08 03 | 26 39 |
| 27 | 8:25:53 | 07 13 31 | 00♈31 | 07♈42 | 14 53 | 13 56 | 04 12 | 28 18 | 00 39 | 20 17 | 23 20 | 08 04 | 26 36 |
| 28 | 8:29:50 | 08 14 30 | 14 46 | 21 43 | 16 13 | 15 11 | 04 50 | 28 10 | 00 46 | 20 15 | 23 20 | 08 06 | 26 33 |
| 29 | 8:33:46 | 09 15 29 | 28 33 | 05♉16 | 17 34 | 16 27 | 05 28 | 28 03 | 00 53 | 20 13 | 23 19 | 08 07 | 26 30 |
| 30 | 8:37:43 | 10 16 26 | 11♉53 | 18 24 | 18 55 | 17 42 | 06 06 | 27 55 | 01 00 | 20 12 | 23 19 | 08 09 | 26 26 |
| 31 | 8:41:40 | 11 17 22 | 24 50 | 01♊11 | 20 18 | 18 57 | 06 43 | 27 47 | 01 07 | 20 10 | 23 19 | 08 10 | 26 23 |

## 0:00 E.T. Longitudes of the Major Asteroids and Chiron

| D | ⚳ | ⚴ | ⚵ | ⚶ | ⚷ |
|---|---|---|---|---|---|
| 1 | 16♋37℞ | 03♈43 | 02♍44℞ | 16♍32 | 06♐36 |
| 2 | 16 23 | 03 56 | 02 42 | 16 38 | 06 42 |
| 3 | 16 09 | 04 10 | 02 39 | 16 43 | 06 49 |
| 4 | 15 55 | 04 24 | 02 36 | 16 48 | 06 56 |
| 5 | 15 41 | 04 38 | 02 32 | 16 53 | 07 03 |
| 6 | 15 27 | 04 52 | 02 28 | 16 57 | 07 09 |
| 7 | 15 12 | 05 07 | 02 23 | 17 01 | 07 16 |
| 8 | 14 58 | 05 22 | 02 18 | 17 04 | 07 22 |
| 9 | 14 44 | 05 37 | 02 12 | 17 07 | 07 29 |
| 10 | 14 30 | 05 53 | 02 06 | 17 10 | 07 35 |
| 11 | 14 16 | 06 08 | 01 59 | 17 12 | 07 41 |
| 12 | 14 02 | 06 25 | 01 52 | 17 14 | 07 48 |
| 13 | 13 48 | 06 41 | 01 44 | 17 15 | 07 54 |
| 14 | 13 34 | 06 57 | 01 36 | 17 15 | 08 00 |
| 15 | 13 20 | 07 14 | 01 27 | 17 16℞ | 08 06 |
| 16 | 13 07 | 07 31 | 01 18 | 17 15 | 08 12 |
| 17 | 12 53 | 07 49 | 01 08 | 17 15 | 08 18 |
| 18 | 12 40 | 08 06 | 00 58 | 17 13 | 08 24 |
| 19 | 12 27 | 08 24 | 00 48 | 17 12 | 08 30 |
| 20 | 12 15 | 08 42 | 00 37 | 17 10 | 08 36 |
| 21 | 12 02 | 09 01 | 00 26 | 17 07 | 08 41 |
| 22 | 11 50 | 09 19 | 00 14 | 17 04 | 08 47 |
| 23 | 11 38 | 09 38 | 00 02 | 17 00 | 08 53 |
| 24 | 11 26 | 09 57 | 29♌50 | 16 56 | 08 58 |
| 25 | 11 15 | 10 16 | 29 37 | 16 52 | 09 04 |
| 26 | 11 04 | 10 36 | 29 24 | 16 47 | 09 09 |
| 27 | 10 53 | 10 56 | 29 11 | 16 41 | 09 14 |
| 28 | 10 43 | 11 16 | 28 57 | 16 35 | 09 19 |
| 29 | 10 33 | 11 36 | 28 43 | 16 29 | 09 25 |
| 30 | 10 23 | 11 56 | 28 29 | 16 22 | 09 30 |
| 31 | 10 13 | 12 17 | 28 15 | 16 15 | 09 35 |

## Lunar Data

| Last Asp. | | Ingress | | |
|---|---|---|---|---|
| 1 | 19:11 | 1 | ♉ | 20:22 |
| 4 | 00:14 | 4 | ♊ | 04:11 |
| 6 | 08:58 | 6 | ♋ | 14:11 |
| 8 | 22:45 | 9 | ♌ | 01:45 |
| 11 | 11:47 | 11 | ♍ | 14:16 |
| 14 | 00:57 | 14 | ♎ | 02:44 |
| 16 | 12:49 | 16 | ♏ | 13:23 |
| 18 | 19:56 | 18 | ♐ | 20:30 |
| 20 | 07:43 | 20 | ♑ | 23:35 |
| 22 | 21:51 | 22 | ♒ | 23:40 |
| 24 | 12:18 | 24 | ♓ | 22:47 |
| 26 | 20:23 | 26 | ♈ | 23:10 |
| 28 | 23:08 | 29 | ♉ | 02:35 |
| 31 | 05:31 | 31 | ♊ | 09:46 |

## 0:00 E.T. Declinations

| D | ☉ | ☽ | ☿ | ♀ | ♂ | ♃ | ♄ | ♅ | ♆ | ♇ | ⚳ | ⚴ | ⚵ | ⚶ | ⚷ |
|---|---|---|---|---|---|---|---|---|---|---|---|---|---|---|---|
| 1 | -23 00 | +10 27 | -20 18 | -23 34 | -16 22 | +20 13 | -20 50 | +04 24 | +16 58 | -20 29 | +29 15 | -18 32 | -00 16 | +10 56 | -17 56 |
| 2 | 22 55 | 14 25 | 20 15 | 23 29 | 16 33 | 20 15 | 20 49 | 04 24 | 16 57 | 20 28 | 29 21 | 18 27 | 00 15 | 10 57 | 17 56 |
| 3 | 22 49 | 17 35 | 20 14 | 23 24 | 16 44 | 20 17 | 20 48 | 04 24 | 16 57 | 20 27 | 29 27 | 18 22 | 00 13 | 10 59 | 17 57 |
| 4 | 22 43 | 19 49 | 20 14 | 23 18 | 16 55 | 20 19 | 20 46 | 04 24 | 16 57 | 20 27 | 29 33 | 18 16 | 00 12 | 11 01 | 17 58 |
| 5 | 22 36 | 21 02 | 20 17 | 23 11 | 17 05 | 20 20 | 20 45 | 04 25 | 16 57 | 20 26 | 29 39 | 18 10 | 00 09 | 11 04 | 17 58 |
| 6 | 22 29 | 21 12 | 20 21 | 23 03 | 17 16 | 20 22 | 20 44 | 04 25 | 16 57 | 20 26 | 29 44 | 18 05 | 00 07 | 11 06 | 17 59 |
| 7 | 22 22 | 20 21 | 20 26 | 22 55 | 17 26 | 20 24 | 20 42 | 04 25 | 16 57 | 20 25 | 29 50 | 17 59 | 00 04 | 11 09 | 18 00 |
| 8 | 22 14 | 18 34 | 20 33 | 22 46 | 17 37 | 20 26 | 20 41 | 04 25 | 16 56 | 20 24 | 29 55 | 17 53 | 00 01 | 11 11 | 18 00 |
| 9 | 22 06 | 16 00 | 20 40 | 22 37 | 17 47 | 20 28 | 20 40 | 04 26 | 16 56 | 20 24 | 30 00 | 17 47 | +00 02 | 11 14 | 18 01 |
| 10 | 21 57 | 12 47 | 20 49 | 22 27 | 17 57 | 20 30 | 20 38 | 04 26 | 16 56 | 20 23 | 30 06 | 17 41 | 00 05 | 11 18 | 18 02 |
| 11 | 21 48 | 09 04 | 20 58 | 22 16 | 18 07 | 20 31 | 20 37 | 04 27 | 16 56 | 20 22 | 30 11 | 17 34 | 00 09 | 11 21 | 18 02 |
| 12 | 21 39 | 05 02 | 21 07 | 22 04 | 18 16 | 20 33 | 20 36 | 04 27 | 16 56 | 20 22 | 30 16 | 17 28 | 00 13 | 11 25 | 18 03 |
| 13 | 21 29 | 00 48 | 21 16 | 21 52 | 18 26 | 20 35 | 20 34 | 04 27 | 16 56 | 20 21 | 30 20 | 17 22 | 00 17 | 11 28 | 18 03 |
| 14 | 21 18 | -03 30 | 21 26 | 21 39 | 18 36 | 20 37 | 20 33 | 04 28 | 16 56 | 20 21 | 30 25 | 17 15 | 00 22 | 11 32 | 18 04 |
| 15 | 21 07 | 07 42 | 21 35 | 21 25 | 18 45 | 20 39 | 20 31 | 04 28 | 16 55 | 20 20 | 30 30 | 17 09 | 00 26 | 11 37 | 18 04 |
| 16 | 20 56 | 11 41 | 21 44 | 21 11 | 18 54 | 20 41 | 20 30 | 04 29 | 16 55 | 20 19 | 30 34 | 17 02 | 00 31 | 11 41 | 18 05 |
| 17 | 20 45 | 15 15 | 21 52 | 20 56 | 19 03 | 20 42 | 20 28 | 04 29 | 16 55 | 20 19 | 30 38 | 16 55 | 00 37 | 11 46 | 18 05 |
| 18 | 20 33 | 18 11 | 22 00 | 20 40 | 19 12 | 20 44 | 20 27 | 04 30 | 16 55 | 20 18 | 30 42 | 16 48 | 00 42 | 11 51 | 18 06 |
| 19 | 20 20 | 20 14 | 22 08 | 20 24 | 19 21 | 20 46 | 20 26 | 04 30 | 16 55 | 20 17 | 30 46 | 16 42 | 00 48 | 11 56 | 18 06 |
| 20 | 20 07 | 21 09 | 22 14 | 20 08 | 19 30 | 20 48 | 20 24 | 04 31 | 16 55 | 20 17 | 30 50 | 16 35 | 00 54 | 12 01 | 18 06 |
| 21 | 19 54 | 20 44 | 22 20 | 19 50 | 19 38 | 20 50 | 20 23 | 04 31 | 16 55 | 20 16 | 30 54 | 16 28 | 01 00 | 12 06 | 18 07 |
| 22 | 19 41 | 18 54 | 22 25 | 19 32 | 19 47 | 20 51 | 20 21 | 04 32 | 16 55 | 20 15 | 30 58 | 16 21 | 01 07 | 12 12 | 18 07 |
| 23 | 19 27 | 15 44 | 22 29 | 19 14 | 19 55 | 20 53 | 20 20 | 04 33 | 16 55 | 20 15 | 31 01 | 16 13 | 01 14 | 12 18 | 18 07 |
| 24 | 19 12 | 11 28 | 22 33 | 18 55 | 20 03 | 20 55 | 20 18 | 04 33 | 16 55 | 20 14 | 31 04 | 16 06 | 01 21 | 12 23 | 18 08 |
| 25 | 18 58 | 06 29 | 22 35 | 18 35 | 20 11 | 20 57 | 20 17 | 04 34 | 16 55 | 20 13 | 31 07 | 15 59 | 01 28 | 12 30 | 18 08 |
| 26 | 18 43 | 01 11 | 22 36 | 18 15 | 20 19 | 20 58 | 20 15 | 04 35 | 16 55 | 20 13 | 31 10 | 15 52 | 01 36 | 12 36 | 18 08 |
| 27 | 18 28 | +04 05 | 22 36 | 17 55 | 20 27 | 21 00 | 20 14 | 04 35 | 16 55 | 20 12 | 31 13 | 15 44 | 01 43 | 12 42 | 18 09 |
| 28 | 18 12 | 08 58 | 22 35 | 17 34 | 20 34 | 21 02 | 20 13 | 04 36 | 16 55 | 20 11 | 31 16 | 15 37 | 01 51 | 12 49 | 18 09 |
| 29 | 17 56 | 13 13 | 22 33 | 17 12 | 20 42 | 21 04 | 20 11 | 04 37 | 16 55 | 20 11 | 31 19 | 15 30 | 02 00 | 12 56 | 18 09 |
| 30 | 17 40 | 16 40 | 22 30 | 16 50 | 20 49 | 21 05 | 20 10 | 04 37 | 16 55 | 20 10 | 31 21 | 15 22 | 02 08 | 13 03 | 18 09 |
| 31 | 17 23 | 19 11 | 22 25 | 16 27 | 20 56 | 21 07 | 20 08 | 04 38 | 16 55 | 20 09 | 31 24 | 15 14 | 02 17 | 13 10 | 18 09 |

Lunar Phases -- 8 ○ 01:40 16 ◑ 06:19 23 ● 04:58 29 ◐ 20:49 Sun enters ♒ 1/19 21:36

# Feb. 50 — Longitudes of Main Planets - February 2050 — 0:00 E.T.

| D | S.T. | ☉ | ☽ | ☽ 12:00 | ☿ | ♀ | ♂ | ♃ | ♄ | ♅ | ♆ | ♇ | ☊ |
|---|---|---|---|---|---|---|---|---|---|---|---|---|---|
| 1 | 8:45:36 | 12♒18 17 | 07♊27 | 13♊40 | 21♑42 | 20♒13 | 07♐21 | 27♋40℞ | 01♒14 | 20♍08℞ | 23♉19℞ | 08♓12 | 26♏20 |
| 2 | 8:49:33 | 13 19 10 | 19 50 | 25 56 | 23 07 | 21 28 | 07 59 | 27 32 | 01 21 | 20 06 | 23 19 | 08 13 | 26 17 |
| 3 | 8:53:29 | 14 20 02 | 02♋01 | 08♋03 | 24 33 | 22 43 | 08 37 | 27 25 | 01 28 | 20 04 | 23 19D | 08 15 | 26 14 |
| 4 | 8:57:26 | 15 20 53 | 14 04 | 20 03 | 26 00 | 23 58 | 09 15 | 27 17 | 01 35 | 20 02 | 23 19 | 08 16 | 26 10 |
| 5 | 9:01:22 | 16 21 43 | 26 02 | 02♌00 | 27 28 | 25 14 | 09 52 | 27 10 | 01 42 | 20 00 | 23 19 | 08 18 | 26 07 |
| 6 | 9:05:19 | 17 22 32 | 07♌57 | 13 53 | 28 57 | 26 29 | 10 30 | 27 03 | 01 49 | 19 58 | 23 19 | 08 19 | 26 04 |
| 7 | 9:09:15 | 18 23 19 | 19 50 | 25 46 | 00♒26 | 27 44 | 11 08 | 26 56 | 01 56 | 19 56 | 23 19 | 08 21 | 26 01 |
| 8 | 9:13:12 | 19 24 05 | 01♍43 | 07♍39 | 01 56 | 28 59 | 11 46 | 26 49 | 02 03 | 19 54 | 23 20 | 08 22 | 25 58 |
| 9 | 9:17:09 | 20 24 49 | 13 36 | 19 34 | 03 27 | 00♓14 | 12 23 | 26 42 | 02 10 | 19 52 | 23 20 | 08 24 | 25 55 |
| 10 | 9:21:05 | 21 25 33 | 25 32 | 01♎31 | 04 59 | 01 29 | 13 01 | 26 35 | 02 17 | 19 50 | 23 20 | 08 26 | 25 51 |
| 11 | 9:25:02 | 22 26 15 | 07♎32 | 13 35 | 06 32 | 02 45 | 13 39 | 26 29 | 02 24 | 19 47 | 23 20 | 08 27 | 25 48 |
| 12 | 9:28:58 | 23 26 57 | 19 40 | 25 47 | 08 06 | 04 00 | 14 16 | 26 22 | 02 31 | 19 45 | 23 21 | 08 29 | 25 45 |
| 13 | 9:32:55 | 24 27 37 | 01♏58 | 08♏12 | 09 40 | 05 15 | 14 54 | 26 16 | 02 38 | 19 43 | 23 21 | 08 30 | 25 42 |
| 14 | 9:36:51 | 25 28 16 | 14 31 | 20 54 | 11 16 | 06 30 | 15 32 | 26 10 | 02 44 | 19 41 | 23 22 | 08 32 | 25 39 |
| 15 | 9:40:48 | 26 28 54 | 27 23 | 03♐58 | 12 52 | 07 45 | 16 09 | 26 03 | 02 51 | 19 38 | 23 22 | 08 34 | 25 36 |
| 16 | 9:44:44 | 27 29 31 | 10♐39 | 17 26 | 14 29 | 09 00 | 16 47 | 25 57 | 02 58 | 19 36 | 23 22 | 08 35 | 25 32 |
| 17 | 9:48:41 | 28 30 07 | 24 21 | 01♑23 | 16 07 | 10 15 | 17 24 | 25 52 | 03 05 | 19 34 | 23 23 | 08 37 | 25 29 |
| 18 | 9:52:38 | 29 30 42 | 08♑33 | 15 49 | 17 45 | 11 30 | 18 02 | 25 46 | 03 11 | 19 31 | 23 23 | 08 39 | 25 26 |
| 19 | 9:56:34 | 00♓31 15 | 23 12 | 00♒41 | 19 25 | 12 45 | 18 39 | 25 41 | 03 18 | 19 29 | 23 24 | 08 40 | 25 23 |
| 20 | 10:00:31 | 01 31 47 | 08♒14 | 15 52 | 21 05 | 14 00 | 19 17 | 25 35 | 03 25 | 19 26 | 23 25 | 08 42 | 25 20 |
| 21 | 10:04:27 | 02 32 17 | 23 31 | 01♓12 | 22 47 | 15 15 | 19 54 | 25 30 | 03 31 | 19 24 | 23 25 | 08 43 | 25 16 |
| 22 | 10:08:24 | 03 32 46 | 08♓52 | 16 30 | 24 29 | 16 30 | 20 32 | 25 25 | 03 38 | 19 21 | 23 26 | 08 45 | 25 13 |
| 23 | 10:12:20 | 04 33 13 | 24 05 | 01♈35 | 26 13 | 17 45 | 21 09 | 25 20 | 03 44 | 19 19 | 23 27 | 08 47 | 25 10 |
| 24 | 10:16:17 | 05 33 39 | 08♈59 | 16 17 | 27 57 | 19 00 | 21 46 | 25 15 | 03 51 | 19 16 | 23 27 | 08 48 | 25 07 |
| 25 | 10:20:13 | 06 34 02 | 23 27 | 00♉31 | 29 42 | 20 14 | 22 24 | 25 11 | 03 57 | 19 14 | 23 28 | 08 50 | 25 04 |
| 26 | 10:24:10 | 07 34 24 | 07♉26 | 14 14 | 01♓28 | 21 29 | 23 01 | 25 07 | 04 03 | 19 11 | 23 29 | 08 52 | 25 01 |
| 27 | 10:28:07 | 08 34 44 | 20 55 | 27 29 | 03 16 | 22 44 | 23 38 | 25 02 | 04 10 | 19 09 | 23 30 | 08 53 | 24 57 |
| 28 | 10:32:03 | 09 35 02 | 03♊57 | 10♊19 | 05 04 | 23 59 | 24 15 | 24 59 | 04 16 | 19 06 | 23 31 | 08 55 | 24 54 |

## 0:00 E.T. — Longitudes of the Major Asteroids and Chiron

| D | ⚳ | ⚴ | ⚵ | ⚶ | ⚷ | D | ⚳ | ⚴ | ⚵ | ⚶ | ⚷ |
|---|---|---|---|---|---|---|---|---|---|---|---|
| 1 | 10♋04℞ | 12♈37 | 28♌00℞ | 16♍07℞ | 09♐40 | 15 | 08 41 | 17 48 | 24 25 | 13 34 | 10 39 |
| 2 | 09 56 | 12 58 | 27 45 | 15 58 | 09 44 | 16 | 08 38 | 18 11 | 24 09 | 13 20 | 10 43 |
| 3 | 09 48 | 13 19 | 27 30 | 15 50 | 09 49 | 17 | 08 35 | 18 35 | 23 54 | 13 06 | 10 46 |
| 4 | 09 40 | 13 41 | 27 15 | 15 41 | 09 54 | 18 | 08 33 | 18 59 | 23 39 | 12 52 | 10 50 |
| 5 | 09 32 | 14 02 | 27 00 | 15 31 | 09 58 | 19 | 08 32 | 19 23 | 23 24 | 12 38 | 10 53 |
| 6 | 09 25 | 14 24 | 26 45 | 15 21 | 10 03 | 20 | 08 31 | 19 47 | 23 09 | 12 23 | 10 56 |
| 7 | 09 19 | 14 46 | 26 29 | 15 11 | 10 07 | 21 | 08 30 | 20 11 | 22 54 | 12 08 | 10 59 |
| 8 | 09 12 | 15 08 | 26 14 | 15 00 | 10 11 | 22 | 08 30D | 20 36 | 22 40 | 11 53 | 11 02 |
| 9 | 09 07 | 15 30 | 25 58 | 14 49 | 10 16 | 23 | 08 30 | 21 00 | 22 26 | 11 38 | 11 05 |
| 10 | 09 01 | 15 53 | 25 43 | 14 37 | 10 20 | 24 | 08 31 | 21 25 | 22 12 | 11 23 | 11 08 |
| 11 | 08 56 | 16 15 | 25 27 | 14 25 | 10 24 | 25 | 08 32 | 21 50 | 21 58 | 11 07 | 11 11 |
| 12 | 08 52 | 16 38 | 25 11 | 14 13 | 10 28 | 26 | 08 33 | 22 15 | 21 45 | 10 52 | 11 14 |
| 13 | 08 48 | 17 01 | 24 56 | 14 00 | 10 32 | 27 | 08 35 | 22 41 | 21 32 | 10 36 | 11 16 |
| 14 | 08 44 | 17 24 | 24 40 | 13 47 | 10 36 | 28 | 08 38 | 23 06 | 21 19 | 10 20 | 11 19 |

## Lunar Data

| Last Asp. | | Ingress | | |
|---|---|---|---|---|
| 2 | 03:34 | 2 | ♋ | 20:01 |
| 5 | 03:17 | 5 | ♌ | 07:59 |
| 7 | 17:51 | 7 | ♍ | 20:33 |
| 10 | 02:05 | 10 | ♎ | 08:57 |
| 12 | 13:01 | 12 | ♏ | 20:11 |
| 14 | 22:12 | 15 | ♐ | 04:48 |
| 17 | 07:38 | 17 | ♑ | 09:39 |
| 19 | 03:58 | 19 | ♒ | 10:55 |
| 20 | 23:50 | 21 | ♓ | 10:07 |
| 23 | 01:59 | 23 | ♈ | 09:27 |
| 25 | 02:54 | 25 | ♉ | 11:08 |
| 27 | 07:28 | 27 | ♊ | 16:38 |

## 0:00 E.T. — Declinations

| D | ☉ | ☽ | ☿ | ♀ | ♂ | ♃ | ♄ | ♅ | ♆ | ♇ | ⚳ | ⚴ | ⚵ | ⚶ | ⚷ |
|---|---|---|---|---|---|---|---|---|---|---|---|---|---|---|---|
| 1 | -17 06 | +20 40 | -22 20 | -16 04 | -21 03 | +21 08 | -20 07 | +04 39 | +16 55 | -20 09 | +31 26 | -15 07 | +02 25 | +13 17 | -18 10 |
| 2 | 16 49 | 21 06 | 22 13 | 15 41 | 21 10 | 21 10 | 20 05 | 04 40 | 16 55 | 20 08 | 31 28 | 14 59 | 02 34 | 13 25 | 18 10 |
| 3 | 16 31 | 20 32 | 22 04 | 15 17 | 21 16 | 21 12 | 20 04 | 04 40 | 16 55 | 20 07 | 31 30 | 14 52 | 02 43 | 13 33 | 18 10 |
| 4 | 16 14 | 19 02 | 21 55 | 14 53 | 21 23 | 21 13 | 20 02 | 04 41 | 16 55 | 20 07 | 31 32 | 14 44 | 02 53 | 13 40 | 18 10 |
| 5 | 15 56 | 16 42 | 21 44 | 14 28 | 21 29 | 21 15 | 20 01 | 04 42 | 16 55 | 20 06 | 31 33 | 14 36 | 03 02 | 13 48 | 18 10 |
| 6 | 15 37 | 13 42 | 21 32 | 14 03 | 21 35 | 21 16 | 19 59 | 04 43 | 16 55 | 20 05 | 31 35 | 14 28 | 03 12 | 13 56 | 18 10 |
| 7 | 15 19 | 10 09 | 21 19 | 13 38 | 21 41 | 21 18 | 19 58 | 04 44 | 16 56 | 20 05 | 31 37 | 14 21 | 03 21 | 14 04 | 18 10 |
| 8 | 15 00 | 06 13 | 21 05 | 13 12 | 21 47 | 21 19 | 19 56 | 04 45 | 16 56 | 20 04 | 31 38 | 14 13 | 03 31 | 14 12 | 18 10 |
| 9 | 14 41 | 02 03 | 20 49 | 12 45 | 21 53 | 21 20 | 19 55 | 04 45 | 16 56 | 20 03 | 31 39 | 14 05 | 03 41 | 14 21 | 18 10 |
| 10 | 14 21 | -02 12 | 20 32 | 12 19 | 21 59 | 21 22 | 19 53 | 04 46 | 16 56 | 20 03 | 31 40 | 13 57 | 03 51 | 14 29 | 18 10 |
| 11 | 14 02 | 06 25 | 20 13 | 11 52 | 22 04 | 21 23 | 19 52 | 04 47 | 16 56 | 20 02 | 31 41 | 13 49 | 04 01 | 14 37 | 18 10 |
| 12 | 13 42 | 10 24 | 19 53 | 11 25 | 22 09 | 21 24 | 19 50 | 04 48 | 16 56 | 20 01 | 31 42 | 13 41 | 04 12 | 14 46 | 18 10 |
| 13 | 13 22 | 14 02 | 19 32 | 10 57 | 22 14 | 21 26 | 19 49 | 04 49 | 16 56 | 20 01 | 31 43 | 13 33 | 04 22 | 14 55 | 18 10 |
| 14 | 13 02 | 17 05 | 19 10 | 10 30 | 22 19 | 21 27 | 19 47 | 04 50 | 16 56 | 20 00 | 31 44 | 13 25 | 04 32 | 15 03 | 18 10 |
| 15 | 12 41 | 19 24 | 18 46 | 10 01 | 22 24 | 21 28 | 19 46 | 04 51 | 16 57 | 19 59 | 31 45 | 13 17 | 04 43 | 15 12 | 18 10 |
| 16 | 12 20 | 20 43 | 18 21 | 09 33 | 22 29 | 21 29 | 19 45 | 04 52 | 16 57 | 19 59 | 31 45 | 13 09 | 04 53 | 15 21 | 18 10 |
| 17 | 11 59 | 20 52 | 17 54 | 09 05 | 22 33 | 21 30 | 19 43 | 04 53 | 16 57 | 19 58 | 31 46 | 13 01 | 05 04 | 15 29 | 18 10 |
| 18 | 11 38 | 19 43 | 17 26 | 08 36 | 22 37 | 21 31 | 19 42 | 04 54 | 16 57 | 19 58 | 31 46 | 12 53 | 05 14 | 15 38 | 18 10 |
| 19 | 11 17 | 17 14 | 16 57 | 08 07 | 22 41 | 21 33 | 19 40 | 04 55 | 16 57 | 19 57 | 31 47 | 12 45 | 05 25 | 15 47 | 18 10 |
| 20 | 10 56 | 13 34 | 16 26 | 07 37 | 22 45 | 21 34 | 19 39 | 04 56 | 16 58 | 19 56 | 31 47 | 12 37 | 05 36 | 15 56 | 18 09 |
| 21 | 10 34 | 08 57 | 15 54 | 07 08 | 22 49 | 21 35 | 19 37 | 04 57 | 16 58 | 19 56 | 31 47 | 12 28 | 05 46 | 16 04 | 18 09 |
| 22 | 10 12 | 03 44 | 15 21 | 06 38 | 22 53 | 21 36 | 19 36 | 04 58 | 16 58 | 19 55 | 31 47 | 12 20 | 05 57 | 16 13 | 18 09 |
| 23 | 09 50 | +01 39 | 14 46 | 06 08 | 22 56 | 21 37 | 19 34 | 04 59 | 16 58 | 19 54 | 31 47 | 12 12 | 06 07 | 16 22 | 18 09 |
| 24 | 09 28 | 06 50 | 14 10 | 05 39 | 23 00 | 21 37 | 19 33 | 05 00 | 16 59 | 19 54 | 31 47 | 12 04 | 06 18 | 16 30 | 18 09 |
| 25 | 09 06 | 11 30 | 13 33 | 05 08 | 23 03 | 21 38 | 19 32 | 05 01 | 16 59 | 19 53 | 31 47 | 11 56 | 06 28 | 16 39 | 18 08 |
| 26 | 08 44 | 15 21 | 12 54 | 04 38 | 23 06 | 21 39 | 19 30 | 05 02 | 16 59 | 19 53 | 31 47 | 11 48 | 06 39 | 16 47 | 18 08 |
| 27 | 08 21 | 18 15 | 12 14 | 04 08 | 23 09 | 21 40 | 19 29 | 05 03 | 16 59 | 19 52 | 31 47 | 11 40 | 06 49 | 16 55 | 18 08 |
| 28 | 07 58 | 20 05 | 11 33 | 03 37 | 23 11 | 21 41 | 19 27 | 05 04 | 17 00 | 19 51 | 31 46 | 11 31 | 07 00 | 17 04 | 18 08 |

Lunar Phases -- 6 ○ 20:49 14 ◑ 22:12 21 ● 15:05 28 ◐ 11:31 Sun enters ♓ 2/18 11:37

| D | S.T. | ☉ | ☽ | ☽ 12:00 | ☿ | ♀ | ♂ | ♃ | ♄ | ♅ | ♆ | ♇ | ☊ |
|---|---|---|---|---|---|---|---|---|---|---|---|---|---|
| 1 | 10:36:00 | 10♓35 18 | 16♊36 | 22♊48 | 06♓53 | 25♓14 | 24♐53 | 24♋55℞ | 04♒22 | 19♍04℞ | 23♉32 | 08♓57 | 24♏51 |
| 2 | 10:39:56 | 11 35 32 | 28 57 | 05♋02 | 08 43 | 26 28 | 25 30 | 24 51 | 04 28 | 19 01 | 23 32 | 08 58 | 24 48 |
| 3 | 10:43:53 | 12 35 43 | 11♋04 | 17 04 | 10 35 | 27 43 | 26 07 | 24 48 | 04 35 | 18 58 | 23 33 | 09 00 | 24 45 |
| 4 | 10:47:49 | 13 35 53 | 23 03 | 29 00 | 12 27 | 29 00 | 26 44 | 24 44 | 04 41 | 18 56 | 23 34 | 09 02 | 24 42 |
| 5 | 10:51:46 | 14 36 01 | 04♌56 | 10♌52 | 14 20 | 00♈12 | 27 21 | 24 41 | 04 47 | 18 53 | 23 35 | 09 03 | 24 38 |
| 6 | 10:55:42 | 15 36 07 | 16 48 | 22 43 | 16 14 | 01 27 | 27 58 | 24 39 | 04 53 | 18 51 | 23 36 | 09 05 | 24 35 |
| 7 | 10:59:39 | 16 36 10 | 28 40 | 04♍36 | 18 09 | 02 42 | 28 35 | 24 36 | 04 59 | 18 48 | 23 38 | 09 06 | 24 32 |
| 8 | 11:03:36 | 17 36 12 | 10♍33 | 16 33 | 20 04 | 03 56 | 29 12 | 24 33 | 05 05 | 18 45 | 23 39 | 09 08 | 24 29 |
| 9 | 11:07:32 | 18 36 12 | 22 32 | 28 33 | 22 01 | 05 11 | 29 49 | 24 31 | 05 10 | 18 43 | 23 40 | 09 10 | 24 26 |
| 10 | 11:11:29 | 19 36 10 | 04♎35 | 10♎39 | 23 58 | 06 25 | 00♑26 | 24 29 | 05 16 | 18 40 | 23 41 | 09 11 | 24 22 |
| 11 | 11:15:25 | 20 36 06 | 16 45 | 22 52 | 25 55 | 07 40 | 01 03 | 24 27 | 05 22 | 18 38 | 23 42 | 09 13 | 24 19 |
| 12 | 11:19:22 | 21 36 01 | 29 02 | 05♏05 | 27 53 | 08 54 | 01 39 | 24 25 | 05 28 | 18 35 | 23 43 | 09 15 | 24 16 |
| 13 | 11:23:18 | 22 35 53 | 11♏29 | 17 47 | 29 51 | 10 09 | 02 16 | 24 24 | 05 33 | 18 32 | 23 45 | 09 16 | 24 13 |
| 14 | 11:27:15 | 23 35 44 | 24 09 | 00♐34 | 01♈48 | 11 23 | 02 53 | 24 22 | 05 39 | 18 30 | 23 46 | 09 18 | 24 10 |
| 15 | 11:31:11 | 24 35 34 | 07♐04 | 13 39 | 03 46 | 12 37 | 03 30 | 24 21 | 05 44 | 18 27 | 23 47 | 09 19 | 24 07 |
| 16 | 11:35:08 | 25 35 21 | 20 18 | 27 03 | 05 43 | 13 52 | 04 06 | 24 20 | 05 50 | 18 24 | 23 49 | 09 21 | 24 03 |
| 17 | 11:39:05 | 26 35 07 | 03♑54 | 10♑51 | 07 39 | 15 06 | 04 43 | 24 20 | 05 55 | 18 22 | 23 50 | 09 23 | 24 00 |
| 18 | 11:43:01 | 27 34 52 | 17 54 | 25 02 | 09 33 | 16 20 | 05 19 | 24 19 | 06 01 | 18 19 | 23 51 | 09 24 | 23 57 |
| 19 | 11:46:58 | 28 34 34 | 02♒17 | 09♒36 | 11 26 | 17 34 | 05 56 | 24 19 | 06 06 | 18 17 | 23 53 | 09 26 | 23 54 |
| 20 | 11:50:54 | 29 34 15 | 17 00 | 24 29 | 13 17 | 18 49 | 06 32 | 24 19 | 06 11 | 18 14 | 23 54 | 09 27 | 23 51 |
| 21 | 11:54:51 | 00♈33 54 | 02♓06 | 09♓32 | 15 05 | 20 03 | 07 09 | 24 19D | 06 16 | 18 12 | 23 56 | 09 29 | 23 47 |
| 22 | 11:58:47 | 01 33 31 | 17 06 | 24 38 | 16 50 | 21 17 | 07 45 | 24 19 | 06 21 | 18 09 | 23 57 | 09 30 | 23 44 |
| 23 | 12:02:44 | 02 33 07 | 02♈09 | 09♈36 | 18 32 | 22 31 | 08 21 | 24 19 | 06 26 | 18 07 | 23 59 | 09 32 | 23 41 |
| 24 | 12:06:40 | 03 32 42 | 17 03 | 24 17 | 20 10 | 23 45 | 08 58 | 24 20 | 06 31 | 18 04 | 24 00 | 09 34 | 23 38 |
| 25 | 12:10:37 | 04 32 11 | 01♉28 | 08♉34 | 21 44 | 24 59 | 09 34 | 24 21 | 06 36 | 18 02 | 24 02 | 09 35 | 23 35 |
| 26 | 12:14:34 | 05 31 40 | 15 32 | 22 24 | 23 12 | 26 13 | 10 10 | 24 22 | 06 41 | 17 59 | 24 04 | 09 37 | 23 32 |
| 27 | 12:18:30 | 06 31 07 | 29 08 | 05♊46 | 24 36 | 27 27 | 10 46 | 24 23 | 06 46 | 17 57 | 24 05 | 09 38 | 23 28 |
| 28 | 12:22:27 | 07 30 31 | 12♊18 | 18 43 | 25 54 | 28 41 | 11 22 | 24 24 | 06 50 | 17 54 | 24 07 | 09 40 | 23 25 |
| 29 | 12:26:23 | 08 29 54 | 25 03 | 01♋18 | 27 06 | 29 55 | 11 58 | 24 26 | 06 55 | 17 52 | 24 09 | 09 41 | 23 22 |
| 30 | 12:30:20 | 09 29 13 | 07♋28 | 13 34 | 28 12 | 01♉09 | 12 33 | 24 27 | 06 59 | 17 49 | 24 10 | 09 43 | 23 19 |
| 31 | 12:34:16 | 10 28 31 | 19 37 | 25 38 | 29 12 | 02 23 | 13 09 | 24 29 | 07 04 | 17 47 | 24 12 | 09 44 | 23 16 |

| D | ⚳ | ⚴ | ⚵ | ⚶ | ⚷ |
|---|---|---|---|---|---|
| 1 | 08♋40 | 23♈32 | 21♌06℞ | 10♍04℞ | 11♐21 |
| 2 | 08 44 | 23 57 | 20 54 | 09 49 | 11 23 |
| 3 | 08 47 | 24 23 | 20 42 | 09 33 | 11 25 |
| 4 | 08 51 | 24 49 | 20 31 | 09 17 | 11 27 |
| 5 | 08 55 | 25 15 | 20 20 | 09 01 | 11 29 |
| 6 | 09 00 | 25 41 | 20 09 | 08 46 | 11 31 |
| 7 | 09 05 | 26 08 | 19 59 | 08 30 | 11 33 |
| 8 | 09 11 | 26 34 | 19 49 | 08 15 | 11 34 |
| 9 | 09 17 | 27 01 | 19 39 | 07 59 | 11 36 |
| 10 | 09 23 | 27 28 | 19 30 | 07 44 | 11 37 |
| 11 | 09 30 | 27 55 | 19 21 | 07 29 | 11 39 |
| 12 | 09 37 | 28 22 | 19 13 | 07 14 | 11 40 |
| 13 | 09 44 | 28 49 | 19 05 | 07 00 | 11 41 |
| 14 | 09 52 | 29 16 | 18 58 | 06 45 | 11 42 |
| 15 | 10 00 | 29 44 | 18 50 | 06 31 | 11 43 |
| 16 | 10 09 | 00♉11 | 18 44 | 06 17 | 11 44 |
| 17 | 10 17 | 00 39 | 18 38 | 06 04 | 11 44 |
| 18 | 10 26 | 01 07 | 18 32 | 05 50 | 11 45 |
| 19 | 10 36 | 01 35 | 18 26 | 05 37 | 11 45 |
| 20 | 10 46 | 02 03 | 18 22 | 05 25 | 11 46 |
| 21 | 10 56 | 02 31 | 18 17 | 05 13 | 11 46 |
| 22 | 11 06 | 02 59 | 18 13 | 05 01 | 11 46 |
| 23 | 11 17 | 03 28 | 18 09 | 04 49 | 11 46 |
| 24 | 11 28 | 03 56 | 18 06 | 04 38 | 11 46℞ |
| 25 | 11 40 | 04 25 | 18 04 | 04 27 | 11 46 |
| 26 | 11 51 | 04 54 | 18 01 | 04 17 | 11 46 |
| 27 | 12 03 | 05 22 | 17 59 | 04 07 | 11 45 |
| 28 | 12 16 | 05 51 | 17 58 | 03 57 | 11 45 |
| 29 | 12 28 | 06 20 | 17 57 | 03 48 | 11 44 |
| 30 | 12 41 | 06 50 | 17 57 | 03 40 | 11 44 |
| 31 | 12 54 | 07 19 | 17 56D | 03 32 | 11 43 |

**Lunar Data**

| D | Last Asp. | | Ingress |
|---|---|---|---|
| 1 | 18:36 | 2 | ♋ 02:04 |
| 4 | 13:20 | 4 | ♌ 14:02 |
| 6 | 23:50 | 7 | ♍ 02:42 |
| 9 | 03:56 | 9 | ♎ 14:53 |
| 11 | 15:02 | 12 | ♏ 01:52 |
| 14 | 00:25 | 14 | ♐ 10:56 |
| 16 | 16:09 | 16 | ♑ 17:11 |
| 18 | 17:26 | 18 | ♒ 20:14 |
| 20 | 11:06 | 20 | ♓ 20:49 |
| 22 | 11:30 | 22 | ♈ 20:34 |
| 24 | 12:10 | 24 | ♉ 21:32 |
| 26 | 15:30 | 27 | ♊ 01:33 |
| 29 | 04:20 | 29 | ♋ 09:30 |
| 31 | 20:42 | 31 | ♌ 20:46 |

| D | ☉ | ☽ | ☿ | ♀ | ♂ | ♃ | ♄ | ♅ | ♆ | ♇ | ⚳ | ⚴ | ⚵ | ⚶ | ⚷ |
|---|---|---|---|---|---|---|---|---|---|---|---|---|---|---|---|
| 1 | -07 36 | +20 50 | -10 50 | -03 07 | -23 14 | +21 41 | -19 26 | +05 05 | +17 00 | -19 51 | +31 46 | -11 23 | +07 10 | +17 12 | -18 07 |
| 2 | 07 13 | 20 32 | 10 06 | 02 36 | 23 16 | 21 42 | 19 24 | 05 06 | 17 00 | 19 50 | 31 46 | 11 15 | 07 20 | 17 20 | 18 07 |
| 3 | 06 50 | 19 17 | 09 21 | 02 05 | 23 18 | 21 43 | 19 23 | 05 07 | 17 00 | 19 50 | 31 45 | 11 07 | 07 30 | 17 28 | 18 07 |
| 4 | 06 27 | 17 12 | 08 35 | 01 34 | 23 20 | 21 43 | 19 22 | 05 08 | 17 01 | 19 49 | 31 45 | 10 59 | 07 40 | 17 35 | 18 06 |
| 5 | 06 04 | 14 24 | 07 47 | 01 03 | 23 22 | 21 44 | 19 20 | 05 09 | 17 01 | 19 48 | 31 44 | 10 51 | 07 50 | 17 43 | 18 06 |
| 6 | 05 40 | 11 02 | 06 58 | 00 33 | 23 24 | 21 44 | 19 18 | 05 10 | 17 01 | 19 48 | 31 43 | 10 42 | 07 59 | 17 50 | 18 05 |
| 7 | 05 17 | 07 14 | 06 08 | 00 02 | 23 25 | 21 45 | 19 16 | 05 11 | 17 02 | 19 47 | 31 42 | 10 34 | 08 09 | 17 58 | 18 05 |
| 8 | 04 54 | 03 09 | 05 17 | +00 29 | 23 27 | 21 45 | 19 15 | 05 12 | 17 02 | 19 47 | 31 42 | 10 26 | 08 19 | 18 05 | 18 05 |
| 9 | 04 30 | -01 04 | 04 25 | 01 00 | 23 28 | 21 46 | 19 15 | 05 13 | 17 02 | 19 46 | 31 41 | 10 18 | 08 28 | 18 12 | 18 04 |
| 10 | 04 07 | 05 17 | 03 32 | 01 31 | 23 29 | 21 46 | 19 12 | 05 14 | 17 03 | 19 46 | 31 40 | 10 10 | 08 37 | 18 18 | 18 04 |
| 11 | 03 43 | 09 19 | 02 38 | 02 02 | 23 30 | 21 47 | 19 12 | 05 15 | 17 03 | 19 45 | 31 39 | 10 02 | 08 46 | 18 25 | 18 03 |
| 12 | 03 20 | 13 01 | 01 44 | 02 33 | 23 31 | 21 47 | 19 11 | 05 16 | 17 03 | 19 45 | 31 38 | 09 54 | 08 55 | 18 31 | 18 03 |
| 13 | 02 56 | 16 12 | 00 49 | 03 04 | 23 31 | 21 47 | 19 10 | 05 17 | 17 04 | 19 44 | 31 36 | 09 46 | 09 04 | 18 37 | 18 02 |
| 14 | 02 33 | 18 39 | +00 07 | 03 35 | 23 32 | 21 47 | 19 09 | 05 18 | 17 04 | 19 44 | 31 35 | 09 38 | 09 13 | 18 43 | 18 02 |
| 15 | 02 09 | 20 13 | 01 03 | 04 05 | 23 32 | 21 48 | 19 07 | 05 19 | 17 04 | 19 43 | 31 35 | 09 30 | 09 21 | 18 49 | 18 01 |
| 16 | 01 45 | 20 42 | 01 59 | 04 36 | 23 32 | 21 48 | 19 06 | 05 20 | 17 05 | 19 42 | 31 33 | 09 22 | 09 30 | 18 54 | 18 01 |
| 17 | 01 21 | 20 00 | 02 55 | 05 06 | 23 32 | 21 48 | 19 05 | 05 21 | 17 05 | 19 42 | 31 31 | 09 14 | 09 38 | 19 00 | 18 00 |
| 18 | 00 58 | 18 04 | 03 50 | 05 37 | 23 32 | 21 48 | 19 03 | 05 22 | 17 06 | 19 41 | 31 31 | 09 06 | 09 46 | 19 05 | 17 59 |
| 19 | 00 34 | 14 58 | 04 45 | 06 07 | 23 32 | 21 48 | 19 02 | 05 23 | 17 06 | 19 41 | 31 29 | 08 58 | 09 54 | 19 09 | 17 59 |
| 20 | 00 10 | 10 53 | 05 40 | 06 37 | 23 31 | 21 48 | 19 01 | 05 24 | 17 06 | 19 41 | 31 28 | 08 50 | 10 01 | 19 14 | 17 58 |
| 21 | +00 13 | 06 04 | 06 33 | 07 07 | 23 31 | 21 48 | 19 00 | 05 25 | 17 07 | 19 40 | 31 27 | 08 42 | 10 09 | 19 18 | 17 58 |
| 22 | 00 37 | 00 50 | 07 25 | 07 37 | 23 30 | 21 48 | 18 59 | 05 26 | 17 07 | 19 40 | 31 25 | 08 34 | 10 16 | 19 22 | 17 57 |
| 23 | 01 01 | +04 26 | 08 15 | 08 07 | 23 29 | 21 48 | 18 58 | 05 27 | 17 08 | 19 39 | 31 23 | 08 26 | 10 23 | 19 26 | 17 56 |
| 24 | 01 25 | 09 22 | 09 04 | 08 36 | 23 28 | 21 48 | 18 56 | 05 29 | 17 09 | 19 39 | 31 22 | 08 19 | 10 30 | 19 29 | 17 55 |
| 25 | 01 48 | 13 39 | 09 51 | 09 06 | 23 25 | 21 48 | 18 55 | 05 30 | 17 09 | 19 38 | 31 20 | 08 11 | 10 37 | 19 33 | 17 54 |
| 26 | 02 12 | 17 01 | 10 35 | 09 35 | 23 25 | 21 48 | 18 54 | 05 30 | 17 09 | 19 38 | 31 18 | 08 03 | 10 44 | 19 36 | 17 54 |
| 27 | 02 35 | 19 18 | 11 17 | 10 04 | 23 24 | 21 48 | 18 53 | 05 31 | 17 09 | 19 37 | 31 17 | 07 55 | 10 50 | 19 38 | 17 54 |
| 28 | 02 59 | 20 27 | 11 56 | 10 32 | 23 22 | 21 47 | 18 52 | 05 32 | 17 10 | 19 37 | 31 15 | 07 48 | 10 56 | 19 41 | 17 53 |
| 29 | 03 22 | 20 30 | 12 32 | 11 01 | 23 21 | 21 47 | 18 51 | 05 33 | 17 10 | 19 37 | 31 13 | 07 41 | 11 02 | 19 43 | 17 52 |
| 30 | 03 45 | 19 31 | 13 06 | 11 29 | 23 19 | 21 47 | 18 50 | 05 34 | 17 11 | 19 36 | 31 11 | 07 33 | 11 08 | 19 45 | 17 52 |
| 31 | 04 09 | 17 40 | 13 36 | 11 57 | 23 17 | 21 46 | 18 49 | 05 34 | 17 11 | 19 36 | 31 09 | 07 25 | 11 14 | 19 47 | 17 51 |

Lunar Phases -- 8 ○ 15:25   16 ◑ 10:09   23 ● 00:42   30 ◐ 04:19     Sun enters ♈ 3/20 10:22

## Longitudes of Main Planets - April 2050

0:00 E.T.

| D | S.T. | ☉ | ☽ | ☽ 12:00 | ☿ | ♀ | ♂ | ♃ | ♄ | ♅ | ♆ | ♇ | ☊ |
|---|---|---|---|---|---|---|---|---|---|---|---|---|---|
| 1 | 12:38:13 | 11♈27 46 | 01♌37 | 07♌34 | 00♉05 | 03♉36 | 13♑45 | 24♋32 | 07♒08 | 17♍45℞ | 24♉14 | 09♓45 | 23♏13 |
| 2 | 12:42:09 | 12 26 59 | 13 30 | 19 26 | 00 51 | 04 50 | 14 20 | 24 34 | 07 12 | 17 42 | 24 16 | 09 47 | 23 09 |
| 3 | 12:46:06 | 13 26 10 | 25 21 | 01♍17 | 01 31 | 06 04 | 14 56 | 24 36 | 07 17 | 17 40 | 24 17 | 09 48 | 23 06 |
| 4 | 12:50:03 | 14 25 19 | 07♍14 | 13 13 | 02 03 | 07 17 | 15 31 | 24 39 | 07 21 | 17 38 | 24 19 | 09 50 | 23 03 |
| 5 | 12:53:59 | 15 24 25 | 19 12 | 25 13 | 02 28 | 08 31 | 16 07 | 24 42 | 07 25 | 17 36 | 24 21 | 09 51 | 23 00 |
| 6 | 12:57:56 | 16 23 29 | 01♎17 | 07♎22 | 02 46 | 09 45 | 16 42 | 24 45 | 07 29 | 17 33 | 24 23 | 09 52 | 22 57 |
| 7 | 13:01:52 | 17 22 31 | 13 29 | 19 39 | 02 57 | 10 58 | 17 17 | 24 48 | 07 33 | 17 31 | 24 25 | 09 54 | 22 53 |
| 8 | 13:05:49 | 18 21 31 | 25 52 | 02♏07 | 03 01 | 12 12 | 17 53 | 24 51 | 07 37 | 17 29 | 24 27 | 09 55 | 22 50 |
| 9 | 13:09:45 | 19 20 29 | 08♏25 | 14 45 | 02 58℞ | 13 25 | 18 28 | 24 55 | 07 40 | 17 27 | 24 28 | 09 57 | 22 47 |
| 10 | 13:13:42 | 20 19 25 | 21 09 | 27 36 | 02 49 | 14 38 | 19 03 | 24 59 | 07 44 | 17 25 | 24 30 | 09 58 | 22 44 |
| 11 | 13:17:38 | 21 18 19 | 04♐05 | 10♐39 | 02 34 | 15 52 | 19 38 | 25 03 | 07 47 | 17 23 | 24 32 | 09 59 | 22 41 |
| 12 | 13:21:35 | 22 17 12 | 17 15 | 23 56 | 02 13 | 17 05 | 20 12 | 25 07 | 07 51 | 17 21 | 24 34 | 10 00 | 22 38 |
| 13 | 13:25:32 | 23 16 03 | 00♑40 | 07♑28 | 01 47 | 18 18 | 20 47 | 25 11 | 07 54 | 17 19 | 24 36 | 10 02 | 22 34 |
| 14 | 13:29:28 | 24 14 52 | 14 20 | 21 16 | 01 16 | 19 32 | 21 22 | 25 15 | 07 58 | 17 17 | 24 38 | 10 03 | 22 31 |
| 15 | 13:33:25 | 25 13 39 | 28 16 | 05♒20 | 00 42 | 20 45 | 21 56 | 25 20 | 08 01 | 17 15 | 24 40 | 10 04 | 22 28 |
| 16 | 13:37:21 | 26 12 25 | 12♒27 | 19 39 | 00 04 | 21 58 | 22 31 | 25 25 | 08 04 | 17 13 | 24 42 | 10 05 | 22 25 |
| 17 | 13:41:18 | 27 11 09 | 26 53 | 04♓10 | 29♈23 | 23 11 | 23 05 | 25 30 | 08 07 | 17 11 | 24 44 | 10 07 | 22 22 |
| 18 | 13:45:14 | 28 09 51 | 11♓28 | 18 48 | 28 41 | 24 24 | 23 39 | 25 35 | 08 10 | 17 10 | 24 46 | 10 08 | 22 19 |
| 19 | 13:49:11 | 29 08 32 | 26 08 | 03♈28 | 27 58 | 25 37 | 24 14 | 25 40 | 08 13 | 17 08 | 24 48 | 10 09 | 22 15 |
| 20 | 13:53:07 | 00♉07 10 | 10♈47 | 18 03 | 27 15 | 26 50 | 24 48 | 25 45 | 08 16 | 17 06 | 24 50 | 10 10 | 22 12 |
| 21 | 13:57:04 | 01 05 47 | 25 17 | 02♉27 | 26 32 | 28 03 | 25 21 | 25 51 | 08 18 | 17 04 | 24 53 | 10 11 | 22 09 |
| 22 | 14:01:01 | 02 04 22 | 09♉32 | 16 32 | 25 52 | 29 16 | 25 55 | 25 57 | 08 21 | 17 03 | 24 55 | 10 12 | 22 06 |
| 23 | 14:04:57 | 03 02 56 | 23 28 | 00♊17 | 25 13 | 00♊29 | 26 29 | 26 03 | 08 24 | 17 01 | 24 57 | 10 14 | 22 03 |
| 24 | 14:08:54 | 04 01 27 | 07♊01 | 13 39 | 24 37 | 01 41 | 27 02 | 26 09 | 08 26 | 17 00 | 24 59 | 10 15 | 21 59 |
| 25 | 14:12:50 | 04 59 56 | 20 12 | 26 38 | 24 04 | 02 54 | 27 36 | 26 15 | 08 28 | 16 58 | 25 01 | 10 16 | 21 56 |
| 26 | 14:16:47 | 05 58 23 | 03♋00 | 09♋17 | 23 35 | 04 07 | 28 09 | 26 21 | 08 31 | 16 57 | 25 03 | 10 17 | 21 53 |
| 27 | 14:20:43 | 06 56 48 | 15 29 | 21 37 | 23 10 | 05 19 | 28 42 | 26 28 | 08 33 | 16 55 | 25 05 | 10 18 | 21 50 |
| 28 | 14:24:40 | 07 55 11 | 27 42 | 03♌44 | 22 49 | 06 32 | 29 15 | 26 34 | 08 35 | 16 54 | 25 07 | 10 19 | 21 47 |
| 29 | 14:28:36 | 08 53 32 | 09♌44 | 15 42 | 22 34 | 07 45 | 29 48 | 26 41 | 08 37 | 16 53 | 25 10 | 10 20 | 21 44 |
| 30 | 14:32:33 | 09 51 51 | 21 39 | 27 35 | 22 22 | 08 57 | 00♒21 | 26 48 | 08 39 | 16 51 | 25 12 | 10 21 | 21 40 |

0:00 E.T.

## Longitudes of the Major Asteroids and Chiron

| D | ⚳ | ⚴ | ⚵ | ⚶ | ⚷ | D | ⚳ | ⚴ | ⚵ | ⚶ | ⚷ |
|---|---|---|---|---|---|---|---|---|---|---|---|
| 1 | 13♋08 | 07♉48 | 17♌57 | 03♍24℞ | 11♐42℞ | 16 | 16 59 | 15 21 | 18 48 | 02 26 | 11 18 |
| 2 | 13 21 | 08 18 | 17 57 | 03 17 | 11 41 | 17 | 17 16 | 15 52 | 18 54 | 02 26D | 11 16 |
| 3 | 13 35 | 08 47 | 17 58 | 03 10 | 11 40 | 18 | 17 33 | 16 23 | 19 01 | 02 27 | 11 13 |
| 4 | 13 49 | 09 17 | 18 00 | 03 04 | 11 39 | 19 | 17 51 | 16 55 | 19 08 | 02 28 | 11 11 |
| 5 | 14 04 | 09 47 | 18 02 | 02 58 | 11 38 | 20 | 18 09 | 17 26 | 19 15 | 02 29 | 11 08 |
| 6 | 14 19 | 10 17 | 18 04 | 02 53 | 11 36 | 21 | 18 27 | 17 57 | 19 23 | 02 31 | 11 05 |
| 7 | 14 34 | 10 47 | 18 07 | 02 48 | 11 35 | 22 | 18 45 | 18 29 | 19 30 | 02 34 | 11 03 |
| 8 | 14 49 | 11 17 | 18 10 | 02 43 | 11 33 | 23 | 19 03 | 19 00 | 19 39 | 02 36 | 11 00 |
| 9 | 15 04 | 11 47 | 18 13 | 02 40 | 11 32 | 24 | 19 22 | 19 32 | 19 47 | 02 40 | 10 57 |
| 10 | 15 20 | 12 18 | 18 17 | 02 36 | 11 30 | 25 | 19 40 | 20 04 | 19 56 | 02 44 | 10 54 |
| 11 | 15 36 | 12 48 | 18 21 | 02 33 | 11 28 | 26 | 19 59 | 20 35 | 20 05 | 02 48 | 10 51 |
| 12 | 15 52 | 13 18 | 18 26 | 02 31 | 11 26 | 27 | 20 19 | 21 07 | 20 15 | 02 53 | 10 48 |
| 13 | 16 08 | 13 49 | 18 31 | 02 29 | 11 24 | 28 | 20 38 | 21 39 | 20 24 | 02 58 | 10 44 |
| 14 | 16 25 | 14 20 | 18 36 | 02 28 | 11 22 | 29 | 20 57 | 22 11 | 20 34 | 03 03 | 10 41 |
| 15 | 16 42 | 14 51 | 18 42 | 02 27 | 11 20 | 30 | 21 17 | 22 43 | 20 45 | 03 09 | 10 38 |

## Lunar Data

| Last Asp. | Ingress |
|---|---|
| 2 21:50 | 3 ♍ 09:23 |
| 5 10:60 | 5 ♎ 21:28 |
| 7 22:03 | 8 ♏ 07:57 |
| 10 07:11 | 10 ♐ 16:27 |
| 12 09:46 | 12 ♑ 22:49 |
| 14 18:58 | 15 ♒ 02:58 |
| 17 03:57 | 17 ♓ 05:09 |
| 18 23:13 | 19 ♈ 06:19 |
| 21 02:01 | 21 ♉ 07:54 |
| 23 05:31 | 23 ♊ 11:30 |
| 25 06:55 | 25 ♋ 18:19 |
| 28 03:13 | 28 ♌ 04:34 |
| 30 07:12 | |

0:00 E.T.

## Declinations

| D | ☉ | ☽ | ☿ | ♀ | ♂ | ♃ | ♄ | ♅ | ♆ | ♇ | ⚳ | ⚴ | ⚵ | ⚶ | ⚷ |
|---|---|---|---|---|---|---|---|---|---|---|---|---|---|---|---|
| 1 | +04 32 | +15 04 | +14 03 | +12 24 | -23 15 | +21 46 | -18 48 | +05 35 | +17 12 | -19 35 | +31 07 | -07 18 | +11 19 | +19 48 | -17 50 |
| 2 | 04 55 | 11 52 | 14 26 | 12 51 | 23 12 | 21 46 | 18 47 | 05 36 | 17 12 | 19 35 | 31 05 | 07 10 | 11 25 | 19 49 | 17 49 |
| 3 | 05 18 | 08 13 | 14 46 | 13 18 | 23 10 | 21 45 | 18 46 | 05 37 | 17 13 | 19 35 | 31 03 | 07 03 | 11 30 | 19 50 | 17 49 |
| 4 | 05 41 | 04 14 | 15 02 | 13 45 | 23 07 | 21 45 | 18 45 | 05 38 | 17 13 | 19 34 | 31 00 | 06 55 | 11 35 | 19 51 | 17 48 |
| 5 | 06 04 | 00 04 | 15 15 | 14 11 | 23 05 | 21 44 | 18 44 | 05 39 | 17 14 | 19 34 | 30 58 | 06 48 | 11 40 | 19 51 | 17 47 |
| 6 | 06 27 | -04 09 | 15 24 | 14 37 | 23 02 | 21 44 | 18 43 | 05 40 | 17 14 | 19 34 | 30 56 | 06 41 | 11 44 | 19 52 | 17 46 |
| 7 | 06 49 | 08 15 | 15 30 | 15 03 | 22 59 | 21 43 | 18 42 | 05 40 | 17 15 | 19 33 | 30 54 | 06 33 | 11 49 | 19 52 | 17 45 |
| 8 | 07 12 | 12 03 | 15 31 | 15 28 | 22 56 | 21 42 | 18 41 | 05 41 | 17 15 | 19 33 | 30 51 | 06 26 | 11 53 | 19 52 | 17 45 |
| 9 | 07 34 | 15 23 | 15 29 | 15 53 | 22 53 | 21 42 | 18 41 | 05 42 | 17 16 | 19 33 | 30 49 | 06 19 | 11 57 | 19 51 | 17 44 |
| 10 | 07 56 | 18 02 | 15 24 | 16 17 | 22 50 | 21 41 | 18 40 | 05 43 | 17 16 | 19 32 | 30 46 | 06 12 | 12 01 | 19 50 | 17 43 |
| 11 | 08 18 | 19 48 | 15 14 | 16 42 | 22 47 | 21 40 | 18 39 | 05 44 | 17 17 | 19 32 | 30 43 | 06 05 | 12 05 | 19 49 | 17 42 |
| 12 | 08 40 | 20 31 | 15 02 | 17 05 | 22 43 | 21 40 | 18 38 | 05 44 | 17 17 | 19 32 | 30 41 | 05 58 | 12 09 | 19 48 | 17 41 |
| 13 | 09 02 | 20 05 | 14 46 | 17 28 | 22 40 | 21 39 | 18 37 | 05 45 | 17 18 | 19 32 | 30 38 | 05 51 | 12 12 | 19 47 | 17 40 |
| 14 | 09 24 | 18 29 | 14 27 | 17 51 | 22 36 | 21 38 | 18 37 | 05 46 | 17 18 | 19 31 | 30 35 | 05 44 | 12 15 | 19 45 | 17 40 |
| 15 | 09 45 | 15 46 | 14 05 | 18 13 | 22 32 | 21 37 | 18 36 | 05 47 | 17 19 | 19 31 | 30 32 | 05 37 | 12 18 | 19 44 | 17 39 |
| 16 | 10 07 | 12 05 | 13 41 | 18 35 | 22 28 | 21 36 | 18 35 | 05 47 | 17 19 | 19 31 | 30 30 | 05 31 | 12 21 | 19 42 | 17 38 |
| 17 | 10 28 | 07 39 | 13 14 | 18 57 | 22 24 | 21 35 | 18 35 | 05 48 | 17 20 | 19 31 | 30 27 | 05 24 | 12 24 | 19 39 | 17 37 |
| 18 | 10 49 | 02 43 | 12 46 | 19 18 | 22 20 | 21 35 | 18 34 | 05 49 | 17 20 | 19 30 | 30 24 | 05 17 | 12 26 | 19 37 | 17 36 |
| 19 | 11 10 | +02 24 | 12 17 | 19 38 | 22 16 | 21 34 | 18 33 | 05 49 | 17 21 | 19 30 | 30 20 | 05 11 | 12 29 | 19 34 | 17 35 |
| 20 | 11 31 | 07 23 | 11 47 | 19 58 | 22 12 | 21 33 | 18 33 | 05 50 | 17 21 | 19 30 | 30 17 | 05 04 | 12 31 | 19 31 | 17 34 |
| 21 | 11 51 | 11 53 | 11 16 | 20 17 | 22 08 | 21 31 | 18 32 | 05 51 | 17 22 | 19 30 | 30 14 | 04 58 | 12 33 | 19 28 | 17 33 |
| 22 | 12 11 | 15 39 | 10 46 | 20 36 | 22 03 | 21 30 | 18 31 | 05 51 | 17 22 | 19 30 | 30 11 | 04 51 | 12 35 | 19 25 | 17 32 |
| 23 | 12 31 | 18 24 | 10 16 | 20 54 | 21 59 | 21 29 | 18 31 | 05 52 | 17 23 | 19 29 | 30 07 | 04 45 | 12 37 | 19 22 | 17 31 |
| 24 | 12 51 | 20 02 | 09 47 | 21 12 | 21 54 | 21 28 | 18 30 | 05 52 | 17 23 | 19 29 | 30 04 | 04 39 | 12 39 | 19 18 | 17 31 |
| 25 | 13 11 | 20 29 | 09 19 | 21 29 | 21 50 | 21 27 | 18 30 | 05 53 | 17 24 | 19 29 | 30 01 | 04 33 | 12 40 | 19 14 | 17 30 |
| 26 | 13 30 | 19 52 | 08 53 | 21 46 | 21 45 | 21 26 | 18 29 | 05 53 | 17 24 | 19 29 | 29 57 | 04 26 | 12 41 | 19 10 | 17 29 |
| 27 | 13 50 | 18 16 | 08 29 | 22 02 | 21 40 | 21 25 | 18 29 | 05 54 | 17 25 | 19 29 | 29 53 | 04 20 | 12 42 | 19 06 | 17 28 |
| 28 | 14 09 | 15 52 | 08 06 | 22 17 | 21 36 | 21 23 | 18 29 | 05 54 | 17 25 | 19 29 | 29 50 | 04 14 | 12 43 | 19 02 | 17 27 |
| 29 | 14 27 | 12 49 | 07 46 | 22 32 | 21 31 | 21 22 | 18 28 | 05 55 | 17 26 | 19 29 | 29 46 | 04 08 | 12 44 | 18 58 | 17 26 |
| 30 | 14 46 | 09 17 | 07 29 | 22 46 | 21 26 | 21 21 | 18 28 | 05 55 | 17 27 | 19 28 | 29 42 | 04 03 | 12 45 | 18 53 | 17 25 |

Lunar Phases -- 7 ○ 08:13   14 ◑ 18:25   21 ● 10:27   28 ◐ 22:10   Sun enters ♉ 4/19 21:04

## Longitudes of Main Planets - May 2050

| D | S.T. | ☉ | ☽ | ☽ 12:00 | ☿ | ♀ | ♂ | ♃ | ♄ | ♅ | ♆ | ♇ | ☊ |
|---|---|---|---|---|---|---|---|---|---|---|---|---|---|
| 1 | 14:36:30 | 10♉50 08 | 03♍32 | 09♍28 | 22♈16℞ | 10♊09 | 00♒53 | 26♋55 | 08♒40 | 16♍50℞ | 25♉14 | 10♓22 | 21♏37 |
| 2 | 14:40:26 | 11 48 22 | 15 26 | 21 26 | 22 15D | 11 22 | 01 26 | 27 02 | 08 42 | 16 49 | 25 16 | 10 23 | 21 34 |
| 3 | 14:44:23 | 12 46 35 | 27 27 | 03♎31 | 22 18 | 12 34 | 01 58 | 27 09 | 08 43 | 16 48 | 25 18 | 10 24 | 21 31 |
| 4 | 14:48:19 | 13 44 46 | 09♎37 | 15 46 | 22 26 | 13 46 | 02 30 | 27 17 | 08 45 | 16 47 | 25 21 | 10 24 | 21 28 |
| 5 | 14:52:16 | 14 42 54 | 21 59 | 28 15 | 22 39 | 14 59 | 03 02 | 27 24 | 08 46 | 16 46 | 25 23 | 10 25 | 21 25 |
| 6 | 14:56:12 | 15 41 02 | 04♏35 | 10♏58 | 22 57 | 16 11 | 03 34 | 27 32 | 08 48 | 16 45 | 25 25 | 10 26 | 21 21 |
| 7 | 15:00:09 | 16 39 07 | 17 25 | 23 56 | 23 19 | 17 23 | 04 05 | 27 40 | 08 49 | 16 44 | 25 27 | 10 27 | 21 18 |
| 8 | 15:04:05 | 17 37 11 | 00♐31 | 07♐09 | 23 45 | 18 35 | 04 37 | 27 48 | 08 50 | 16 43 | 25 30 | 10 28 | 21 15 |
| 9 | 15:08:02 | 18 35 13 | 13 51 | 20 36 | 24 15 | 19 47 | 05 08 | 27 56 | 08 51 | 16 42 | 25 32 | 10 29 | 21 12 |
| 10 | 15:11:59 | 19 33 14 | 27 25 | 04♑16 | 24 50 | 20 59 | 05 39 | 28 04 | 08 52 | 16 41 | 25 34 | 10 29 | 21 09 |
| 11 | 15:15:55 | 20 31 13 | 11♑11 | 18 07 | 25 28 | 22 11 | 06 10 | 28 12 | 08 53 | 16 41 | 25 36 | 10 30 | 21 05 |
| 12 | 15:19:52 | 21 29 11 | 25 07 | 02♒08 | 26 11 | 23 22 | 06 41 | 28 21 | 08 53 | 16 40 | 25 39 | 10 31 | 21 02 |
| 13 | 15:23:48 | 22 27 08 | 09♒11 | 16 16 | 26 56 | 24 34 | 07 11 | 28 29 | 08 54 | 16 39 | 25 41 | 10 31 | 20 59 |
| 14 | 15:27:45 | 23 25 03 | 23 22 | 00♓29 | 27 46 | 25 46 | 07 42 | 28 38 | 08 54 | 16 39 | 25 43 | 10 32 | 20 56 |
| 15 | 15:31:41 | 24 22 57 | 07♓37 | 14 45 | 28 39 | 26 57 | 08 12 | 28 47 | 08 55 | 16 38 | 25 45 | 10 33 | 20 53 |
| 16 | 15:35:38 | 25 20 50 | 21 54 | 29 02 | 29 35 | 28 09 | 08 42 | 28 56 | 08 55 | 16 38 | 25 48 | 10 33 | 20 50 |
| 17 | 15:39:34 | 26 18 42 | 06♈09 | 13♈15 | 00♉34 | 29 20 | 09 11 | 29 05 | 08 55 | 16 37 | 25 50 | 10 34 | 20 46 |
| 18 | 15:43:31 | 27 16 32 | 20 19 | 27 21 | 01 36 | 00♋32 | 09 41 | 29 14 | 08 55 | 16 37 | 25 52 | 10 35 | 20 43 |
| 19 | 15:47:28 | 28 14 22 | 04♉21 | 11♉18 | 02 41 | 01 43 | 10 10 | 29 23 | 08 55℞ | 16 37 | 25 54 | 10 35 | 20 40 |
| 20 | 15:51:24 | 29 12 10 | 18 12 | 25 02 | 03 49 | 02 55 | 10 39 | 29 32 | 08 55 | 16 37 | 25 57 | 10 36 | 20 37 |
| 21 | 15:55:21 | 00♊09 57 | 01♊48 | 08♊30 | 05 00 | 04 06 | 11 07 | 29 42 | 08 55 | 16 36 | 25 59 | 10 36 | 20 34 |
| 22 | 15:59:17 | 01 07 42 | 15 08 | 21 41 | 06 14 | 05 17 | 11 36 | 29 51 | 08 55 | 16 36 | 26 01 | 10 37 | 20 31 |
| 23 | 16:03:14 | 02 05 26 | 28 10 | 04♋34 | 07 30 | 06 28 | 12 04 | 00♌01 | 08 55 | 16 36 | 26 03 | 10 37 | 20 27 |
| 24 | 16:07:10 | 03 03 09 | 10♋54 | 17 10 | 08 49 | 07 39 | 12 32 | 00 11 | 08 54 | 16 36 | 26 06 | 10 38 | 20 24 |
| 25 | 16:11:07 | 04 00 50 | 23 22 | 29 31 | 10 10 | 08 50 | 12 59 | 00 20 | 08 53 | 16 36D | 26 08 | 10 38 | 20 21 |
| 26 | 16:15:03 | 04 58 30 | 05♌36 | 11♌38 | 11 34 | 10 01 | 13 27 | 00 30 | 08 53 | 16 36 | 26 10 | 10 38 | 20 18 |
| 27 | 16:19:00 | 05 56 08 | 17 39 | 23 37 | 13 01 | 11 12 | 13 54 | 00 40 | 08 52 | 16 36 | 26 12 | 10 39 | 20 15 |
| 28 | 16:22:56 | 06 53 44 | 29 34 | 05♍31 | 14 30 | 12 23 | 14 20 | 00 51 | 08 51 | 16 36 | 26 14 | 10 39 | 20 11 |
| 29 | 16:26:53 | 07 51 20 | 11♍27 | 17 24 | 16 01 | 13 33 | 14 47 | 01 01 | 08 50 | 16 37 | 26 17 | 10 39 | 20 08 |
| 30 | 16:30:50 | 08 48 53 | 23 22 | 29 22 | 17 35 | 14 44 | 15 13 | 01 11 | 08 49 | 16 37 | 26 19 | 10 40 | 20 05 |
| 31 | 16:34:46 | 09 46 26 | 05♎24 | 11♎29 | 19 11 | 15 54 | 15 39 | 01 21 | 08 48 | 16 37 | 26 21 | 10 40 | 20 02 |

0:00 E.T.

## Longitudes of the Major Asteroids and Chiron

| D | ⚳ | ⚴ | ⚵ | ⚶ | ⚷ |
|---|---|---|---|---|---|
| 1 | 21♋37 | 23♉16 | 20♌55 | 03♍16 | 10♐35℞ |
| 2 | 21 57 | 23 48 | 21 06 | 03 22 | 10 31 |
| 3 | 22 17 | 24 20 | 21 17 | 03 30 | 10 28 |
| 4 | 22 37 | 24 53 | 21 28 | 03 37 | 10 24 |
| 5 | 22 57 | 25 25 | 21 40 | 03 45 | 10 20 |
| 6 | 23 18 | 25 58 | 21 52 | 03 54 | 10 17 |
| 7 | 23 39 | 26 30 | 22 04 | 04 03 | 10 13 |
| 8 | 23 59 | 27 03 | 22 16 | 04 12 | 10 09 |
| 9 | 24 20 | 27 36 | 22 29 | 04 22 | 10 05 |
| 10 | 24 41 | 28 09 | 22 41 | 04 32 | 10 02 |
| 11 | 25 03 | 28 42 | 22 54 | 04 42 | 09 58 |
| 12 | 25 24 | 29 15 | 23 07 | 04 53 | 09 54 |
| 13 | 25 46 | 29 48 | 23 21 | 05 04 | 09 50 |
| 14 | 26 07 | 00♊21 | 23 34 | 05 15 | 09 46 |
| 15 | 26 29 | 00 54 | 23 48 | 05 27 | 09 42 |
| 16 | 26 51 | 01 28 | 24 02 | 05 39 | 09 37 |
| 17 | 27 13 | 02 01 | 24 16 | 05 52 | 09 33 |
| 18 | 27 35 | 02 35 | 24 31 | 06 04 | 09 29 |
| 19 | 27 57 | 03 08 | 24 45 | 06 18 | 09 25 |
| 20 | 28 19 | 03 42 | 25 00 | 06 31 | 09 21 |
| 21 | 28 42 | 04 15 | 25 15 | 06 45 | 09 17 |
| 22 | 29 05 | 04 49 | 25 30 | 06 59 | 09 12 |
| 23 | 29 27 | 05 23 | 25 45 | 07 13 | 09 08 |
| 24 | 29 50 | 05 57 | 26 01 | 07 28 | 09 04 |
| 25 | 00♌13 | 06 31 | 26 17 | 07 43 | 08 59 |
| 26 | 00 36 | 07 05 | 26 32 | 07 58 | 08 55 |
| 27 | 00 59 | 07 39 | 26 48 | 08 14 | 08 51 |
| 28 | 01 22 | 08 13 | 27 05 | 08 30 | 08 47 |
| 29 | 01 46 | 08 47 | 27 21 | 08 46 | 08 42 |
| 30 | 02 09 | 09 21 | 27 37 | 09 02 | 08 38 |
| 31 | 02 33 | 09 55 | 27 54 | 09 19 | 08 34 |

## Lunar Data

| Last Asp. | | Ingress | | |
|---|---|---|---|---|
| 2 | 23:24 | 3 | ♎ | 05:03 |
| 5 | 10:29 | 5 | ♏ | 15:20 |
| 7 | 18:60 | 7 | ♐ | 23:04 |
| 9 | 19:15 | 10 | ♑ | 04:32 |
| 12 | 05:35 | 12 | ♒ | 08:21 |
| 14 | 07:53 | 14 | ♓ | 11:11 |
| 16 | 11:57 | 16 | ♈ | 13:38 |
| 18 | 15:23 | 18 | ♉ | 16:32 |
| 20 | 20:13 | 20 | ♊ | 20:48 |
| 22 | 02:42 | 23 | ♋ | 03:26 |
| 25 | 05:24 | 25 | ♌ | 12:58 |
| 27 | 17:16 | 28 | ♍ | 00:52 |
| 30 | 05:55 | 30 | ♎ | 13:16 |

0:00 E.T.

## Declinations

| D | ☉ | ☽ | ☿ | ♀ | ♂ | ♃ | ♄ | ♅ | ♆ | ♇ | ⚳ | ⚴ | ⚵ | ⚶ | ⚷ |
|---|---|---|---|---|---|---|---|---|---|---|---|---|---|---|---|
| 1 | +15 04 | +05 25 | +07 14 | +22 59 | -21 21 | +21 19 | -18 27 | +05 56 | +17 27 | -19 28 | +29 38 | -03 57 | +12 46 | +18 48 | -17 24 |
| 2 | 15 22 | 01 19 | 07 01 | 23 12 | 21 16 | 21 18 | 18 27 | 05 56 | 17 28 | 19 28 | 29 35 | 03 51 | 12 46 | 18 43 | 17 23 |
| 3 | 15 40 | -02 53 | 06 51 | 23 24 | 21 11 | 21 17 | 18 27 | 05 57 | 17 28 | 19 28 | 29 31 | 03 46 | 12 46 | 18 38 | 17 22 |
| 4 | 15 58 | 07 01 | 06 44 | 23 36 | 21 06 | 21 15 | 18 27 | 05 57 | 17 29 | 19 28 | 29 26 | 03 40 | 12 46 | 18 33 | 17 21 |
| 5 | 16 15 | 10 56 | 06 39 | 23 47 | 21 01 | 21 14 | 18 26 | 05 57 | 17 29 | 19 28 | 29 22 | 03 35 | 12 47 | 18 27 | 17 20 |
| 6 | 16 32 | 14 26 | 06 36 | 23 57 | 20 55 | 21 12 | 18 26 | 05 58 | 17 30 | 19 28 | 29 18 | 03 29 | 12 46 | 18 22 | 17 19 |
| 7 | 16 48 | 17 20 | 06 36 | 24 07 | 20 50 | 21 11 | 18 26 | 05 58 | 17 30 | 19 28 | 29 14 | 03 24 | 12 46 | 18 16 | 17 18 |
| 8 | 17 05 | 19 23 | 06 39 | 24 16 | 20 45 | 21 09 | 18 26 | 05 58 | 17 31 | 19 28 | 29 10 | 03 19 | 12 46 | 18 10 | 17 17 |
| 9 | 17 21 | 20 24 | 06 43 | 24 24 | 20 40 | 21 07 | 18 26 | 05 59 | 17 31 | 19 28 | 29 05 | 03 14 | 12 45 | 18 04 | 17 16 |
| 10 | 17 37 | 20 15 | 06 50 | 24 32 | 20 34 | 21 06 | 18 25 | 05 59 | 17 32 | 19 28 | 29 01 | 03 09 | 12 45 | 17 58 | 17 15 |
| 11 | 17 52 | 18 54 | 06 59 | 24 38 | 20 29 | 21 04 | 18 25 | 05 59 | 17 32 | 19 28 | 28 56 | 03 04 | 12 44 | 17 52 | 17 14 |
| 12 | 18 08 | 16 25 | 07 11 | 24 45 | 20 24 | 21 02 | 18 25 | 05 59 | 17 33 | 19 28 | 28 51 | 02 59 | 12 43 | 17 45 | 17 13 |
| 13 | 18 23 | 12 57 | 07 24 | 24 50 | 20 18 | 21 01 | 18 25 | 05 59 | 17 34 | 19 28 | 28 47 | 02 54 | 12 42 | 17 39 | 17 12 |
| 14 | 18 37 | 08 44 | 07 39 | 24 55 | 20 13 | 20 59 | 18 25 | 06 00 | 17 34 | 19 28 | 28 42 | 02 49 | 12 41 | 17 32 | 17 11 |
| 15 | 18 52 | 04 00 | 07 55 | 24 59 | 20 08 | 20 57 | 18 25 | 06 00 | 17 35 | 19 28 | 28 37 | 02 45 | 12 39 | 17 25 | 17 11 |
| 16 | 19 06 | +00 57 | 08 14 | 25 02 | 20 02 | 20 55 | 18 25 | 06 00 | 17 35 | 19 28 | 28 32 | 02 40 | 12 38 | 17 18 | 17 10 |
| 17 | 19 19 | 05 51 | 08 34 | 25 05 | 19 57 | 20 53 | 18 25 | 06 00 | 17 36 | 19 28 | 28 27 | 02 36 | 12 36 | 17 11 | 17 09 |
| 18 | 19 33 | 10 26 | 08 55 | 25 07 | 19 52 | 20 52 | 18 25 | 06 00 | 17 36 | 19 29 | 28 22 | 02 31 | 12 35 | 17 04 | 17 08 |
| 19 | 19 46 | 14 23 | 09 18 | 25 08 | 19 47 | 20 50 | 18 26 | 06 00 | 17 37 | 19 29 | 28 17 | 02 27 | 12 33 | 16 57 | 17 07 |
| 20 | 19 58 | 17 29 | 09 43 | 25 09 | 19 41 | 20 48 | 18 26 | 06 00 | 17 37 | 19 29 | 28 12 | 02 23 | 12 31 | 16 50 | 17 06 |
| 21 | 20 11 | 19 32 | 10 09 | 25 08 | 19 36 | 20 46 | 18 26 | 06 00 | 17 38 | 19 29 | 28 07 | 02 19 | 12 29 | 16 42 | 17 05 |
| 22 | 20 23 | 20 27 | 10 35 | 25 08 | 19 31 | 20 44 | 18 26 | 06 00 | 17 38 | 19 29 | 28 01 | 02 15 | 12 27 | 16 34 | 17 04 |
| 23 | 20 34 | 20 13 | 11 03 | 25 06 | 19 26 | 20 42 | 18 26 | 06 00 | 17 39 | 19 29 | 27 56 | 02 11 | 12 25 | 16 27 | 17 03 |
| 24 | 20 46 | 18 57 | 11 32 | 25 04 | 19 21 | 20 40 | 18 27 | 06 00 | 17 39 | 19 29 | 27 50 | 02 07 | 12 23 | 16 19 | 17 02 |
| 25 | 20 57 | 16 48 | 12 02 | 25 01 | 19 16 | 20 38 | 18 27 | 06 00 | 17 40 | 19 29 | 27 45 | 02 03 | 12 20 | 16 11 | 17 01 |
| 26 | 21 07 | 13 56 | 12 33 | 24 57 | 19 11 | 20 35 | 18 27 | 06 00 | 17 40 | 19 30 | 27 39 | 02 00 | 12 18 | 16 03 | 17 00 |
| 27 | 21 17 | 10 32 | 13 05 | 24 53 | 19 06 | 20 33 | 18 27 | 06 00 | 17 41 | 19 30 | 27 34 | 01 56 | 12 15 | 15 55 | 16 59 |
| 28 | 21 27 | 06 45 | 13 37 | 24 47 | 19 01 | 20 31 | 18 28 | 06 00 | 17 41 | 19 30 | 27 28 | 01 53 | 12 12 | 15 46 | 16 59 |
| 29 | 21 37 | 02 43 | 14 10 | 24 42 | 18 56 | 20 29 | 18 28 | 06 00 | 17 42 | 19 30 | 27 22 | 01 50 | 12 10 | 15 38 | 16 58 |
| 30 | 21 46 | -01 27 | 14 43 | 24 35 | 18 51 | 20 27 | 18 29 | 06 00 | 17 42 | 19 30 | 27 16 | 01 47 | 12 07 | 15 29 | 16 57 |
| 31 | 21 54 | 05 35 | 15 17 | 24 28 | 18 46 | 20 24 | 18 29 | 06 00 | 17 43 | 19 31 | 27 10 | 01 43 | 12 04 | 15 21 | 16 56 |

Lunar Phases -- 6 Ⓔ 22:27 [illegible] 14 ◑ 00:05 20 ● 20:52 [illegible] 28 ◐ 16:06 Sun enters ♉ 5/20 19:52

## Longitudes of Main Planets - June 2050 — 0:00 E.T.

| D | S.T. | ☉ | ☽ | ☽ 12:00 | ☿ | ♀ | ♂ | ♃ | ♄ | ♅ | ♆ | ♇ | ☊ |
|---|------|---|---|---------|---|---|---|---|---|---|---|---|---|
| 1 | 16:38:43 | 10♊43 57 | 17♎37 | 23♎48 | 20♉50 | 17♋05 | 16♒04 | 01♌32 | 08♒47℞ | 16♍38 | 26♉23 | 10♓40 | 19♏59 |
| 2 | 16:42:39 | 11 41 27 | 00♏04 | 06♏24 | 22 31 | 18 15 | 16 29 | 01 42 | 08 45 | 16 38 | 26 25 | 10 40 | 19 56 |
| 3 | 16:46:36 | 12 38 56 | 12 50 | 19 20 | 24 15 | 19 25 | 16 54 | 01 53 | 08 44 | 16 39 | 26 28 | 10 41 | 19 53 |
| 4 | 16:50:32 | 13 36 23 | 25 55 | 02♐35 | 26 01 | 20 36 | 17 18 | 02 04 | 08 42 | 16 39 | 26 30 | 10 41 | 19 49 |
| 5 | 16:54:29 | 14 33 50 | 09♐20 | 16 10 | 27 49 | 21 46 | 17 42 | 02 15 | 08 41 | 16 40 | 26 32 | 10 41 | 19 46 |
| 6 | 16:58:25 | 15 31 15 | 23 05 | 00♑04 | 29 40 | 22 56 | 18 06 | 02 26 | 08 39 | 16 40 | 26 34 | 10 41 | 19 43 |
| 7 | 17:02:22 | 16 28 40 | 07♑06 | 14 12 | 01♊33 | 24 05 | 18 29 | 02 36 | 08 37 | 16 41 | 26 36 | 10 41 | 19 40 |
| 8 | 17:06:19 | 17 26 04 | 21 19 | 28 29 | 03 28 | 25 15 | 18 52 | 02 48 | 08 35 | 16 42 | 26 38 | 10 41 | 19 36 |
| 9 | 17:10:15 | 18 23 27 | 05♒40 | 12♒52 | 05 26 | 26 25 | 19 15 | 02 59 | 08 34 | 16 43 | 26 41 | 10 41 | 19 33 |
| 10 | 17:14:12 | 19 20 50 | 20 04 | 27 06 | 07 26 | 27 35 | 19 37 | 03 10 | 08 31 | 16 44 | 26 43 | 10 41 | 19 30 |
| 11 | 17:18:08 | 20 18 12 | 04♓25 | 11♓34 | 09 27 | 28 44 | 19 59 | 03 21 | 08 29 | 16 45 | 26 45 | 10 41℞ | 19 27 |
| 12 | 17:22:05 | 21 15 33 | 18 41 | 25 46 | 11 31 | 29 54 | 20 20 | 03 32 | 08 27 | 16 46 | 26 47 | 10 41 | 19 24 |
| 13 | 17:26:01 | 22 12 54 | 02♈48 | 09♈49 | 13 37 | 01♌03 | 20 41 | 03 44 | 08 25 | 16 47 | 26 49 | 10 41 | 19 21 |
| 14 | 17:29:58 | 23 10 15 | 16 46 | 23 42 | 15 44 | 02 12 | 21 01 | 03 55 | 08 22 | 16 48 | 26 51 | 10 41 | 19 17 |
| 15 | 17:33:54 | 24 07 35 | 00♉34 | 07♉24 | 17 52 | 03 21 | 21 21 | 04 07 | 08 20 | 16 49 | 26 53 | 10 41 | 19 14 |
| 16 | 17:37:51 | 25 04 55 | 14 10 | 20 54 | 20 02 | 04 30 | 21 41 | 04 18 | 08 17 | 16 50 | 26 55 | 10 41 | 19 11 |
| 17 | 17:41:48 | 26 02 15 | 27 35 | 04♊13 | 22 13 | 05 39 | 21 59 | 04 30 | 08 15 | 16 51 | 26 57 | 10 41 | 19 08 |
| 18 | 17:45:44 | 26 59 34 | 10♊48 | 17 19 | 24 24 | 06 48 | 22 18 | 04 42 | 08 12 | 16 52 | 26 59 | 10 41 | 19 05 |
| 19 | 17:49:41 | 27 56 52 | 23 47 | 00♋13 | 26 36 | 07 57 | 22 36 | 04 54 | 08 09 | 16 54 | 27 01 | 10 40 | 19 02 |
| 20 | 17:53:37 | 28 54 10 | 06♋34 | 12 53 | 28 48 | 09 05 | 22 53 | 05 05 | 08 06 | 16 55 | 27 03 | 10 40 | 18 58 |
| 21 | 17:57:34 | 29 51 28 | 19 08 | 25 20 | 00♋59 | 10 14 | 23 10 | 05 17 | 08 03 | 16 57 | 27 05 | 10 40 | 18 55 |
| 22 | 18:01:30 | 00♋48 45 | 01♌29 | 07♌36 | 03 11 | 11 22 | 23 26 | 05 29 | 08 00 | 16 58 | 27 07 | 10 40 | 18 52 |
| 23 | 18:05:27 | 01 46 01 | 13 39 | 19 40 | 05 21 | 12 30 | 23 42 | 05 41 | 07 57 | 17 00 | 27 09 | 10 39 | 18 49 |
| 24 | 18:09:23 | 02 43 17 | 25 40 | 01♍37 | 07 31 | 13 39 | 23 57 | 05 53 | 07 54 | 17 01 | 27 11 | 10 39 | 18 46 |
| 25 | 18:13:20 | 03 40 32 | 07♍34 | 13 30 | 09 39 | 14 47 | 24 11 | 06 05 | 07 51 | 17 03 | 27 13 | 10 39 | 18 42 |
| 26 | 18:17:17 | 04 37 47 | 19 26 | 25 22 | 11 46 | 15 54 | 24 25 | 06 18 | 07 48 | 17 04 | 27 15 | 10 38 | 18 39 |
| 27 | 18:21:13 | 05 35 01 | 01♎19 | 07♎18 | 13 52 | 17 02 | 24 39 | 06 30 | 07 44 | 17 06 | 27 17 | 10 38 | 18 36 |
| 28 | 18:25:10 | 06 32 14 | 13 19 | 19 23 | 15 56 | 18 10 | 24 51 | 06 42 | 07 41 | 17 08 | 27 19 | 10 38 | 18 33 |
| 29 | 18:29:06 | 07 29 27 | 25 31 | 01♏43 | 17 59 | 19 17 | 25 03 | 06 54 | 07 37 | 17 10 | 27 20 | 10 37 | 18 30 |
| 30 | 18:33:03 | 08 26 40 | 07♏59 | 14 21 | 19 59 | 20 25 | 25 15 | 07 07 | 07 34 | 17 12 | 27 22 | 10 37 | 18 27 |

## Longitudes of the Major Asteroids and Chiron — 0:00 E.T.

| D | ⚳ | ⚴ | ⚵ | ⚶ | ⚷ | D | ⚳ | ⚴ | ⚵ | ⚶ | ⚷ |
|---|---|---|---|---|---|---|---|---|---|---|---|
| 1 | 02♌56 | 10♊30 | 28♌11 | 09♍36 | 08♐29℞ | 16 | 09 00 | 19 10 | 02 37 | 14 19 | 07 27 |
| 2 | 03 20 | 11 04 | 28 27 | 09 53 | 08 25 | 17 | 09 25 | 19 45 | 02 56 | 14 40 | 07 23 |
| 3 | 03 44 | 11 38 | 28 44 | 10 11 | 08 21 | 18 | 09 50 | 20 20 | 03 14 | 15 01 | 07 19 |
| 4 | 04 07 | 12 13 | 29 02 | 10 28 | 08 16 | 19 | 10 15 | 20 56 | 03 33 | 15 22 | 07 15 |
| 5 | 04 31 | 12 47 | 29 19 | 10 46 | 08 12 | 20 | 10 40 | 21 31 | 03 52 | 15 43 | 07 11 |
| 6 | 04 55 | 13 22 | 29 36 | 11 05 | 08 08 | 21 | 11 05 | 22 06 | 04 11 | 16 04 | 07 07 |
| 7 | 05 20 | 13 56 | 29 54 | 11 23 | 08 04 | 22 | 11 31 | 22 41 | 04 31 | 16 26 | 07 04 |
| 8 | 05 44 | 14 31 | 00♍11 | 11 42 | 07 59 | 23 | 11 56 | 23 17 | 04 50 | 16 48 | 07 00 |
| 9 | 06 08 | 15 06 | 00 29 | 12 01 | 07 55 | 24 | 12 21 | 23 52 | 05 09 | 17 10 | 06 56 |
| 10 | 06 32 | 15 41 | 00 47 | 12 20 | 07 51 | 25 | 12 47 | 24 27 | 05 29 | 17 32 | 06 53 |
| 11 | 06 57 | 16 15 | 01 05 | 12 39 | 07 47 | 26 | 13 12 | 25 03 | 05 48 | 17 54 | 06 49 |
| 12 | 07 21 | 16 50 | 01 23 | 12 59 | 07 43 | 27 | 13 38 | 25 38 | 06 08 | 18 17 | 06 46 |
| 13 | 07 46 | 17 25 | 01 42 | 13 19 | 07 39 | 28 | 14 03 | 26 13 | 06 27 | 18 39 | 06 43 |
| 14 | 08 11 | 18 00 | 02 00 | 13 39 | 07 35 | 29 | 14 29 | 26 49 | 06 47 | 19 02 | 06 39 |
| 15 | 08 35 | 18 35 | 02 18 | 13 59 | 07 31 | 30 | 14 54 | 27 24 | 07 07 | 19 25 | 06 36 |

### Lunar Data

| Last Asp. | Ingress |
|-----------|---------|
| 31 22:51 | 1 ♏ 23:52 |
| 4 01:04 | 4 ♐ 07:22 |
| 5 15:06 | 6 ♑ 11:54 |
| 8 08:56 | 8 ♒ 14:32 |
| 10 11:08 | 10 ♓ 16:36 |
| 12 13:46 | 12 ♈ 19:13 |
| 14 11:55 | 14 ♉ 23:01 |
| 16 22:52 | 17 ♊ 04:22 |
| 19 08:23 | 19 ♋ 11:37 |
| 21 15:27 | 21 ♌ 21:05 |
| 24 03:04 | 24 ♍ 08:44 |
| 26 15:50 | 26 ♎ 21:21 |
| 28 23:05 | 29 ♏ 08:42 |

## Declinations — 0:00 E.T.

| D | ☉ | ☽ | ☿ | ♀ | ♂ | ♃ | ♄ | ♅ | ♆ | ♇ | ⚳ | ⚴ | ⚵ | ⚶ | ⚷ |
|---|---|---|---|---|---|---|---|---|---|---|---|---|---|---|---|
| 1 | +22 03 | -09 34 | +15 51 | +24 20 | -18 42 | +20 22 | -18 29 | +05 59 | +17 43 | -19 31 | +27 04 | -01 40 | +12 00 | +15 12 | -16 55 |
| 2 | 22 11 | 13 14 | 16 26 | 24 12 | 18 37 | 20 20 | 18 30 | 05 59 | 17 44 | 19 31 | 26 58 | 01 38 | 11 57 | 15 03 | 16 54 |
| 3 | 22 18 | 16 23 | 17 00 | 24 03 | 18 33 | 20 17 | 18 30 | 05 59 | 17 44 | 19 31 | 26 52 | 01 35 | 11 54 | 14 55 | 16 53 |
| 4 | 22 26 | 18 46 | 17 35 | 23 53 | 18 28 | 20 15 | 18 31 | 05 59 | 17 45 | 19 32 | 26 46 | 01 32 | 11 50 | 14 46 | 16 53 |
| 5 | 22 32 | 20 12 | 18 09 | 23 42 | 18 24 | 20 13 | 18 31 | 05 58 | 17 45 | 19 32 | 26 39 | 01 30 | 11 47 | 14 37 | 16 52 |
| 6 | 22 39 | 20 27 | 18 43 | 23 31 | 18 20 | 20 10 | 18 32 | 05 58 | 17 46 | 19 32 | 26 33 | 01 27 | 11 43 | 14 28 | 16 51 |
| 7 | 22 45 | 19 28 | 19 17 | 23 20 | 18 16 | 20 08 | 18 33 | 05 58 | 17 46 | 19 32 | 26 26 | 01 25 | 11 40 | 14 18 | 16 50 |
| 8 | 22 50 | 17 15 | 19 50 | 23 07 | 18 12 | 20 05 | 18 33 | 05 57 | 17 47 | 19 33 | 26 20 | 01 22 | 11 36 | 14 09 | 16 49 |
| 9 | 22 55 | 13 57 | 20 22 | 22 55 | 18 08 | 20 03 | 18 34 | 05 57 | 17 47 | 19 33 | 26 13 | 01 20 | 11 32 | 14 00 | 16 49 |
| 10 | 23 00 | 09 50 | 20 53 | 22 41 | 18 05 | 20 00 | 18 34 | 05 57 | 17 48 | 19 33 | 26 07 | 01 18 | 11 28 | 13 50 | 16 48 |
| 11 | 23 05 | 05 10 | 21 23 | 22 27 | 18 01 | 19 57 | 18 35 | 05 56 | 17 48 | 19 34 | 26 00 | 01 16 | 11 24 | 13 41 | 16 47 |
| 12 | 23 09 | 00 15 | 21 51 | 22 12 | 17 58 | 19 55 | 18 36 | 05 56 | 17 49 | 19 34 | 25 53 | 01 14 | 11 20 | 13 31 | 16 46 |
| 13 | 23 12 | +04 40 | 22 18 | 21 57 | 17 54 | 19 52 | 18 37 | 05 56 | 17 49 | 19 34 | 25 46 | 01 13 | 11 16 | 13 21 | 16 46 |
| 14 | 23 15 | 09 16 | 22 44 | 21 41 | 17 51 | 19 49 | 18 37 | 05 55 | 17 50 | 19 35 | 25 39 | 01 10 | 11 12 | 13 12 | 16 45 |
| 15 | 23 18 | 13 20 | 23 07 | 21 25 | 17 48 | 19 47 | 18 38 | 05 55 | 17 50 | 19 35 | 25 32 | 01 10 | 11 07 | 13 02 | 16 44 |
| 16 | 23 20 | 16 38 | 23 28 | 21 08 | 17 45 | 19 44 | 18 39 | 05 54 | 17 50 | 19 35 | 25 25 | 01 08 | 11 03 | 12 52 | 16 43 |
| 17 | 23 22 | 19 00 | 23 47 | 20 51 | 17 42 | 19 41 | 18 40 | 05 54 | 17 51 | 19 36 | 25 18 | 01 07 | 10 58 | 12 42 | 16 43 |
| 18 | 23 24 | 20 16 | 24 03 | 20 33 | 17 40 | 19 39 | 18 40 | 05 53 | 17 51 | 19 36 | 25 11 | 01 06 | 10 54 | 12 32 | 16 42 |
| 19 | 23 25 | 20 26 | 24 17 | 20 14 | 17 38 | 19 36 | 18 41 | 05 52 | 17 52 | 19 37 | 25 03 | 01 05 | 10 49 | 12 22 | 16 42 |
| 20 | 23 26 | 19 32 | 24 28 | 19 55 | 17 36 | 19 33 | 18 42 | 05 52 | 17 52 | 19 37 | 24 56 | 01 04 | 10 44 | 12 12 | 16 41 |
| 21 | 23 26 | 17 42 | 24 36 | 19 36 | 17 34 | 19 30 | 18 43 | 05 51 | 17 53 | 19 37 | 24 48 | 01 03 | 10 39 | 12 01 | 16 40 |
| 22 | 23 25 | 15 03 | 24 42 | 19 16 | 17 32 | 19 27 | 18 44 | 05 51 | 17 53 | 19 38 | 24 41 | 01 01 | 10 35 | 11 51 | 16 40 |
| 23 | 23 25 | 11 49 | 24 44 | 18 56 | 17 31 | 19 24 | 18 45 | 05 50 | 17 53 | 19 38 | 24 33 | 01 01 | 10 30 | 11 40 | 16 39 |
| 24 | 23 24 | 08 08 | 24 44 | 18 35 | 17 30 | 19 21 | 18 46 | 05 49 | 17 54 | 19 39 | 24 26 | 01 01 | 10 25 | 11 30 | 16 39 |
| 25 | 23 23 | 04 04 | 24 41 | 18 14 | 17 28 | 19 18 | 18 47 | 05 49 | 17 54 | 19 39 | 24 18 | 01 00 | 10 19 | 11 19 | 16 38 |
| 26 | 23 21 | 00 04 | 24 35 | 17 52 | 17 27 | 19 15 | 18 48 | 05 48 | 17 55 | 19 40 | 24 10 | 01 00 | 10 14 | 11 09 | 16 37 |
| 27 | 23 19 | -04 04 | 24 27 | 17 30 | 17 27 | 19 12 | 18 49 | 05 47 | 17 55 | 19 40 | 24 03 | 01 00 | 10 09 | 10 58 | 16 37 |
| 28 | 23 16 | 08 05 | 24 16 | 17 08 | 17 26 | 19 09 | 18 50 | 05 47 | 17 55 | 19 40 | 23 55 | 01 00 | 10 04 | 10 47 | 16 36 |
| 29 | 23 13 | 11 50 | 24 03 | 16 45 | 17 26 | 19 06 | 18 51 | 05 46 | 17 56 | 19 41 | 23 47 | 01 00 | 09 58 | 10 37 | 16 36 |
| 30 | 23 10 | 15 10 | 23 48 | 16 22 | 17 26 | 19 03 | 18 52 | 05 45 | 17 56 | 19 41 | 23 39 | 01 00 | 09 53 | 10 26 | 16 35 |

Lunar Phases -- 5 ○ 09:52   12 ◑ 04:41   19 ● 08:23   27 ◐ 09:18       Sun enters ♋ 6/21 03:34

## 0:00 E.T. Longitudes of Main Planets - July 2050

| D | S.T. | ☉ | ☽ | ☽ 12:00 | ☿ | ♀ | ♂ | ♃ | ♄ | ♅ | ♆ | ♇ | ☊ |
|---|---|---|---|---|---|---|---|---|---|---|---|---|---|
| 1 | 18:36:59 | 09♋23 52 | 20♏48 | 27♏21 | 21♋58 | 21♌32 | 25♒26 | 07♌19 | 07♒30℞ | 17♍14 | 27♉24 | 10♓36℞ | 18♏23 |
| 2 | 18:40:56 | 10 21 04 | 04♐01 | 10♐47 | 23 55 | 22 39 | 25 36 | 07 32 | 07 26 | 17 15 | 27 26 | 10 36 | 18 20 |
| 3 | 18:44:52 | 11 18 15 | 17 39 | 24 38 | 25 50 | 23 45 | 25 45 | 07 44 | 07 23 | 17 17 | 27 27 | 10 35 | 18 17 |
| 4 | 18:48:49 | 12 15 27 | 01♑42 | 08♑52 | 27 42 | 24 52 | 25 54 | 07 57 | 07 19 | 17 20 | 27 29 | 10 35 | 18 14 |
| 5 | 18:52:46 | 13 12 38 | 16 07 | 23 25 | 29 33 | 25 59 | 26 02 | 08 09 | 07 15 | 17 22 | 27 31 | 10 34 | 18 11 |
| 6 | 18:56:42 | 14 09 49 | 00♒47 | 08♒10 | 01♌22 | 27 05 | 26 09 | 08 22 | 07 11 | 17 24 | 27 33 | 10 34 | 18 08 |
| 7 | 19:00:39 | 15 07 00 | 15 34 | 22 59 | 03 08 | 28 11 | 26 16 | 08 34 | 07 07 | 17 26 | 27 34 | 10 33 | 18 04 |
| 8 | 19:04:35 | 16 04 12 | 00♓22 | 07♓43 | 04 53 | 29 17 | 26 22 | 08 47 | 07 03 | 17 28 | 27 36 | 10 32 | 18 01 |
| 9 | 19:08:32 | 17 01 24 | 15 01 | 22 17 | 06 36 | 00♍23 | 26 27 | 09 00 | 06 59 | 17 30 | 27 37 | 10 32 | 17 58 |
| 10 | 19:12:28 | 17 58 36 | 29 28 | 06♈35 | 08 16 | 01 29 | 26 32 | 09 12 | 06 55 | 17 33 | 27 39 | 10 31 | 17 55 |
| 11 | 19:16:25 | 18 55 48 | 13♈38 | 20 36 | 09 55 | 02 34 | 26 35 | 09 25 | 06 51 | 17 35 | 27 41 | 10 30 | 17 52 |
| 12 | 19:20:21 | 19 53 01 | 27 30 | 04♉19 | 11 31 | 03 39 | 26 38 | 09 38 | 06 47 | 17 37 | 27 42 | 10 30 | 17 48 |
| 13 | 19:24:18 | 20 50 15 | 11♉04 | 17 46 | 13 05 | 04 45 | 26 40 | 09 51 | 06 43 | 17 40 | 27 44 | 10 29 | 17 45 |
| 14 | 19:28:15 | 21 47 29 | 24 23 | 00♊57 | 14 38 | 05 49 | 26 42 | 10 04 | 06 39 | 17 42 | 27 45 | 10 28 | 17 42 |
| 15 | 19:32:11 | 22 44 44 | 07♊27 | 13 55 | 16 08 | 06 54 | 26 42 | 10 17 | 06 34 | 17 45 | 27 47 | 10 27 | 17 39 |
| 16 | 19:36:08 | 23 41 59 | 20 19 | 26 41 | 17 36 | 07 59 | 26 42℞ | 10 30 | 06 30 | 17 47 | 27 48 | 10 27 | 17 36 |
| 17 | 19:40:04 | 24 39 14 | 03♋00 | 09♋16 | 19 02 | 09 03 | 26 41 | 10 43 | 06 26 | 17 50 | 27 50 | 10 26 | 17 33 |
| 18 | 19:44:01 | 25 36 31 | 15 30 | 21 41 | 20 26 | 10 07 | 26 39 | 10 56 | 06 21 | 17 53 | 27 51 | 10 25 | 17 29 |
| 19 | 19:47:57 | 26 33 47 | 27 50 | 03♌57 | 21 48 | 11 11 | 26 37 | 11 09 | 06 17 | 17 55 | 27 52 | 10 24 | 17 26 |
| 20 | 19:51:54 | 27 31 04 | 10♌01 | 16 04 | 23 07 | 12 14 | 26 34 | 11 22 | 06 13 | 17 58 | 27 54 | 10 23 | 17 23 |
| 21 | 19:55:50 | 28 28 21 | 22 04 | 28 03 | 24 24 | 13 18 | 26 29 | 11 35 | 06 08 | 18 01 | 27 55 | 10 22 | 17 20 |
| 22 | 19:59:47 | 29 25 39 | 04♍01 | 09♍57 | 25 39 | 14 21 | 26 25 | 11 48 | 06 04 | 18 03 | 27 56 | 10 22 | 17 17 |
| 23 | 20:03:44 | 00♌22 57 | 15 52 | 21 47 | 26 52 | 15 24 | 26 19 | 12 01 | 05 59 | 18 06 | 27 58 | 10 21 | 17 14 |
| 24 | 20:07:40 | 01 20 15 | 27 42 | 03♎38 | 28 02 | 16 26 | 26 13 | 12 14 | 05 55 | 18 09 | 27 59 | 10 20 | 17 10 |
| 25 | 20:11:37 | 02 17 34 | 09♎34 | 15 32 | 29 09 | 17 29 | 26 06 | 12 27 | 05 51 | 18 12 | 28 00 | 10 19 | 17 07 |
| 26 | 20:15:33 | 03 14 53 | 21 32 | 27 34 | 00♍14 | 18 31 | 25 58 | 12 40 | 05 46 | 18 15 | 28 01 | 10 18 | 17 04 |
| 27 | 20:19:30 | 04 12 13 | 03♏41 | 09♏51 | 01 17 | 19 33 | 25 49 | 12 53 | 05 42 | 18 18 | 28 02 | 10 17 | 17 01 |
| 28 | 20:23:26 | 05 09 33 | 16 06 | 22 27 | 02 16 | 20 34 | 25 40 | 13 06 | 05 37 | 18 21 | 28 03 | 10 16 | 16 58 |
| 29 | 20:27:23 | 06 06 54 | 28 53 | 05♐26 | 03 13 | 21 35 | 25 31 | 13 20 | 05 33 | 18 24 | 28 05 | 10 15 | 16 54 |
| 30 | 20:31:19 | 07 04 14 | 12♐06 | 18 53 | 04 06 | 22 36 | 25 20 | 13 33 | 05 28 | 18 27 | 28 06 | 10 14 | 16 51 |
| 31 | 20:35:16 | 08 01 36 | 25 47 | 02♑48 | 04 56 | 23 37 | 25 09 | 13 46 | 05 24 | 18 30 | 28 07 | 10 13 | 16 48 |

## 0:00 E.T. Longitudes of the Major Asteroids and Chiron

| D | ⚳ | ⚴ | ⚵ | ⚶ | ⚷ |
|---|---|---|---|---|---|
| 1 | 15♌20 | 28♊00 | 07♍27 | 19♍48 | 06♐33℞ |
| 2 | 15 46 | 28 35 | 07 47 | 20 11 | 06 30 |
| 3 | 16 12 | 29 11 | 08 07 | 20 35 | 06 27 |
| 4 | 16 38 | 29 47 | 08 27 | 20 58 | 06 24 |
| 5 | 17 04 | 00♋22 | 08 48 | 21 22 | 06 21 |
| 6 | 17 30 | 00 58 | 09 08 | 21 46 | 06 18 |
| 7 | 17 56 | 01 34 | 09 28 | 22 10 | 06 15 |
| 8 | 18 22 | 02 09 | 09 49 | 22 34 | 06 12 |
| 9 | 18 48 | 02 45 | 10 09 | 22 59 | 06 10 |
| 10 | 19 14 | 03 21 | 10 30 | 23 23 | 06 07 |
| 11 | 19 40 | 03 56 | 10 50 | 23 48 | 06 05 |
| 12 | 20 07 | 04 32 | 11 11 | 24 12 | 06 03 |
| 13 | 20 33 | 05 08 | 11 32 | 24 37 | 06 00 |
| 14 | 20 59 | 05 43 | 11 52 | 25 02 | 05 58 |
| 15 | 21 26 | 06 19 | 12 13 | 25 27 | 05 56 |
| 16 | 21 52 | 06 55 | 12 34 | 25 53 | 05 54 |
| 17 | 22 19 | 07 31 | 12 55 | 26 18 | 05 52 |
| 18 | 22 45 | 08 06 | 13 16 | 26 43 | 05 50 |
| 19 | 23 12 | 08 42 | 13 37 | 27 09 | 05 48 |
| 20 | 23 38 | 09 18 | 13 58 | 27 35 | 05 47 |
| 21 | 24 05 | 09 54 | 14 20 | 28 01 | 05 45 |
| 22 | 24 32 | 10 30 | 14 41 | 28 27 | 05 43 |
| 23 | 24 58 | 11 05 | 15 02 | 28 53 | 05 42 |
| 24 | 25 25 | 11 41 | 15 23 | 29 19 | 05 41 |
| 25 | 25 52 | 12 17 | 15 45 | 29 45 | 05 39 |
| 26 | 26 19 | 12 53 | 16 06 | 00♎12 | 05 38 |
| 27 | 26 45 | 13 28 | 16 28 | 00 38 | 05 37 |
| 28 | 27 12 | 14 04 | 16 49 | 01 05 | 05 36 |
| 29 | 27 39 | 14 40 | 17 11 | 01 32 | 05 35 |
| 30 | 28 06 | 15 16 | 17 32 | 01 58 | 05 35 |
| 31 | 28 33 | 15 51 | 17 54 | 02 25 | 05 34 |

## Lunar Data

| Last Asp. | | Ingress | | |
|---|---|---|---|---|
| 1 | 12:06 | 1 | ♐ | 16:47 |
| 3 | 14:04 | 3 | ♑ | 21:07 |
| 5 | 18:43 | 5 | ♒ | 22:44 |
| 7 | 22:07 | 7 | ♓ | 23:25 |
| 9 | 20:57 | 10 | ♈ | 00:54 |
| 11 | 22:30 | 12 | ♉ | 04:24 |
| 14 | 06:10 | 14 | ♊ | 10:16 |
| 16 | 12:02 | 16 | ♋ | 18:18 |
| 19 | 00:04 | 19 | ♌ | 04:15 |
| 21 | 11:45 | 21 | ♍ | 15:55 |
| 24 | 00:34 | 24 | ♎ | 04:39 |
| 26 | 08:43 | 26 | ♏ | 16:47 |
| 28 | 22:30 | 29 | ♐ | 02:03 |
| 30 | 22:56 | 31 | ♑ | 07:14 |

## 0:00 E.T. Declinations

| D | ☉ | ☽ | ☿ | ♀ | ♂ | ♃ | ♄ | ♅ | ♆ | ♇ | ⚳ | ⚴ | ⚵ | ⚶ | ⚷ |
|---|---|---|---|---|---|---|---|---|---|---|---|---|---|---|---|
| 1 | +23 06 | -17 52 | +23 31 | +15 58 | -17 26 | +19 00 | -18 53 | +05 44 | +17 57 | -19 42 | +23 31 | -01 01 | +09 48 | +10 15 | -16 35 |
| 2 | 23 02 | 19 42 | 23 11 | 15 34 | 17 27 | 18 57 | 18 54 | 05 44 | 17 57 | 19 42 | 23 23 | 01 01 | 09 42 | 10 04 | 16 35 |
| 3 | 22 57 | 20 28 | 22 50 | 15 10 | 17 27 | 18 54 | 18 55 | 05 43 | 17 57 | 19 43 | 23 14 | 01 01 | 09 36 | 09 53 | 16 34 |
| 4 | 22 52 | 20 00 | 22 27 | 14 46 | 17 28 | 18 50 | 18 56 | 05 42 | 17 58 | 19 43 | 23 06 | 01 02 | 09 31 | 09 42 | 16 34 |
| 5 | 22 47 | 18 14 | 22 02 | 14 21 | 17 29 | 18 47 | 18 57 | 05 41 | 17 58 | 19 44 | 22 58 | 01 03 | 09 25 | 09 31 | 16 33 |
| 6 | 22 41 | 15 16 | 21 37 | 13 56 | 17 31 | 18 44 | 18 58 | 05 40 | 17 58 | 19 44 | 22 49 | 01 04 | 09 19 | 09 20 | 16 33 |
| 7 | 22 34 | 11 19 | 21 09 | 13 30 | 17 32 | 18 41 | 18 59 | 05 39 | 17 59 | 19 45 | 22 41 | 01 05 | 09 13 | 09 08 | 16 33 |
| 8 | 22 28 | 06 40 | 20 41 | 13 05 | 17 34 | 18 37 | 19 00 | 05 38 | 17 59 | 19 45 | 22 33 | 01 06 | 09 08 | 08 57 | 16 32 |
| 9 | 22 21 | 01 40 | 20 11 | 12 39 | 17 36 | 18 34 | 19 01 | 05 37 | 17 59 | 19 46 | 22 24 | 01 07 | 09 02 | 08 46 | 16 32 |
| 10 | 22 13 | +03 21 | 19 41 | 12 12 | 17 39 | 18 31 | 19 03 | 05 37 | 18 00 | 19 46 | 22 15 | 01 08 | 08 56 | 08 34 | 16 32 |
| 11 | 22 06 | 08 06 | 19 10 | 11 46 | 17 41 | 18 27 | 19 04 | 05 36 | 18 00 | 19 47 | 22 07 | 01 09 | 08 50 | 08 23 | 16 32 |
| 12 | 21 58 | 12 19 | 18 38 | 11 19 | 17 44 | 18 24 | 19 05 | 05 35 | 18 00 | 19 48 | 21 58 | 01 11 | 08 44 | 08 11 | 16 31 |
| 13 | 21 49 | 15 49 | 18 05 | 10 52 | 17 47 | 18 21 | 19 06 | 05 34 | 18 01 | 19 48 | 21 49 | 01 13 | 08 37 | 08 00 | 16 31 |
| 14 | 21 40 | 18 24 | 17 32 | 10 25 | 17 51 | 18 17 | 19 07 | 05 33 | 18 01 | 19 49 | 21 40 | 01 14 | 08 31 | 07 48 | 16 31 |
| 15 | 21 31 | 19 57 | 16 58 | 09 58 | 17 54 | 18 14 | 19 08 | 05 32 | 18 01 | 19 49 | 21 32 | 01 16 | 08 25 | 07 37 | 16 31 |
| 16 | 21 21 | 20 26 | 16 24 | 09 30 | 17 58 | 18 10 | 19 09 | 05 31 | 18 01 | 19 50 | 21 23 | 01 18 | 08 19 | 07 25 | 16 31 |
| 17 | 21 11 | 19 52 | 15 50 | 09 02 | 18 02 | 18 07 | 19 11 | 05 30 | 18 02 | 19 50 | 21 14 | 01 20 | 08 12 | 07 13 | 16 30 |
| 18 | 21 01 | 18 20 | 15 15 | 08 34 | 18 06 | 18 03 | 19 12 | 05 29 | 18 02 | 19 51 | 21 05 | 01 22 | 08 06 | 07 02 | 16 30 |
| 19 | 20 50 | 15 58 | 14 41 | 08 06 | 18 11 | 18 00 | 19 13 | 05 27 | 18 02 | 19 51 | 20 56 | 01 25 | 08 00 | 06 50 | 16 30 |
| 20 | 20 39 | 12 56 | 14 06 | 07 38 | 18 15 | 17 56 | 19 14 | 05 26 | 18 02 | 19 52 | 20 46 | 01 27 | 07 53 | 06 38 | 16 30 |
| 21 | 20 28 | 09 24 | 13 32 | 07 10 | 18 20 | 17 53 | 19 15 | 05 25 | 18 03 | 19 53 | 20 37 | 01 30 | 07 47 | 06 26 | 16 30 |
| 22 | 20 16 | 05 32 | 12 57 | 06 42 | 18 25 | 17 49 | 19 17 | 05 24 | 18 03 | 19 53 | 20 28 | 01 32 | 07 40 | 06 14 | 16 30 |
| 23 | 20 04 | 01 29 | 12 23 | 06 13 | 18 30 | 17 46 | 19 18 | 05 23 | 18 03 | 19 54 | 20 19 | 01 35 | 07 33 | 06 03 | 16 30 |
| 24 | 19 51 | -02 38 | 11 49 | 05 44 | 18 36 | 17 42 | 19 19 | 05 22 | 18 03 | 19 54 | 20 09 | 01 38 | 07 27 | 05 51 | 16 30 |
| 25 | 19 39 | 06 39 | 11 15 | 05 16 | 18 41 | 17 38 | 19 20 | 05 21 | 18 04 | 19 55 | 20 00 | 01 41 | 07 20 | 05 39 | 16 30 |
| 26 | 19 25 | 10 26 | 10 42 | 04 47 | 18 47 | 17 35 | 19 21 | 05 20 | 18 04 | 19 55 | 19 51 | 01 44 | 07 14 | 05 27 | 16 30 |
| 27 | 19 12 | 13 52 | 10 10 | 04 18 | 18 53 | 17 31 | 19 22 | 05 18 | 18 04 | 19 56 | 19 41 | 01 47 | 07 07 | 05 15 | 16 30 |
| 28 | 18 58 | 16 46 | 09 38 | 03 49 | 18 59 | 17 27 | 19 24 | 05 17 | 18 04 | 19 57 | 19 32 | 01 50 | 07 00 | 05 02 | 16 30 |
| 29 | 18 44 | 18 55 | 09 07 | 03 20 | 19 05 | 17 24 | 19 25 | 05 16 | 18 04 | 19 57 | 19 22 | 01 54 | 06 53 | 04 50 | 16 30 |
| 30 | 18 30 | 20 09 | 08 36 | 02 51 | 19 11 | 17 20 | 19 26 | 05 15 | 18 05 | 19 58 | 19 13 | 01 57 | 06 46 | 04 38 | 16 30 |
| 31 | 18 15 | 20 14 | 08 07 | 02 22 | 19 17 | 17 16 | 19 27 | 05 14 | 18 05 | 19 58 | 19 03 | 02 01 | 06 40 | 04 26 | 16 30 |

Lunar Phases -- 4 ○ 18:52 11 ◑ 09:47 18 ● 21:18 27 ◐ 01:07 Sun enters ♌ 7/22 14:23

## Longitudes of Main Planets - August 2050

0:00 E.T.

| D | S.T. | ☉ | ☽ | ☽ 12:00 | ☿ | ♀ | ♂ | ♃ | ♄ | ♅ | ♆ | ♇ | ☊ |
|---|---|---|---|---|---|---|---|---|---|---|---|---|---|
| 1 | 20:39:13 | 08♌58 58 | 09♑57 | 17♑12 | 05♍43 | 24♍37 | 24♒58℞ | 13♌59 | 05♒19℞ | 18♍33 | 28♉08 | 10♓12℞ | 16♏45 |
| 2 | 20:43:09 | 09 56 21 | 24 34 | 02♒00 | 06 27 | 25 37 | 24 46 | 14 12 | 05 15 | 18 36 | 28 09 | 10 11 | 16 42 |
| 3 | 20:47:06 | 10 53 44 | 09♒30 | 17 04 | 07 07 | 26 36 | 24 33 | 14 26 | 05 10 | 18 39 | 28 10 | 10 10 | 16 39 |
| 4 | 20:51:02 | 11 51 09 | 24 38 | 02♓14 | 07 43 | 27 35 | 24 20 | 14 39 | 05 06 | 18 43 | 28 10 | 10 09 | 16 35 |
| 5 | 20:54:59 | 12 48 34 | 09♓48 | 17 19 | 08 15 | 28 34 | 24 07 | 14 52 | 05 02 | 18 46 | 28 11 | 10 08 | 16 32 |
| 6 | 20:58:55 | 13 46 00 | 24 47 | 02♈11 | 08 43 | 29 33 | 23 53 | 15 05 | 04 57 | 18 49 | 28 12 | 10 07 | 16 29 |
| 7 | 21:02:52 | 14 43 28 | 09♈30 | 16 43 | 09 06 | 00♎30 | 23 38 | 15 18 | 04 53 | 18 52 | 28 13 | 10 05 | 16 26 |
| 8 | 21:06:48 | 15 40 57 | 23 50 | 00♉52 | 09 25 | 01 28 | 23 24 | 15 32 | 04 49 | 18 56 | 28 14 | 10 04 | 16 23 |
| 9 | 21:10:45 | 16 38 27 | 07♉47 | 14 36 | 09 39 | 02 25 | 23 09 | 15 45 | 04 44 | 18 59 | 28 15 | 10 03 | 16 20 |
| 10 | 21:14:42 | 17 35 58 | 21 19 | 27 58 | 09 49 | 03 22 | 22 53 | 15 58 | 04 40 | 19 02 | 28 15 | 10 02 | 16 16 |
| 11 | 21:18:38 | 18 33 31 | 04♊31 | 11♊00 | 09 53 | 04 18 | 22 38 | 16 11 | 04 36 | 19 06 | 28 16 | 10 01 | 16 13 |
| 12 | 21:22:35 | 19 31 06 | 17 24 | 23 45 | 09 51℞ | 05 14 | 22 22 | 16 24 | 04 31 | 19 09 | 28 17 | 10 00 | 16 10 |
| 13 | 21:26:31 | 20 28 41 | 00♋02 | 06♋17 | 09 45 | 06 09 | 22 06 | 16 38 | 04 27 | 19 12 | 28 17 | 09 58 | 16 07 |
| 14 | 21:30:28 | 21 26 19 | 12 28 | 18 38 | 09 33 | 07 04 | 21 50 | 16 51 | 04 23 | 19 16 | 28 18 | 09 57 | 16 04 |
| 15 | 21:34:24 | 22 23 57 | 24 45 | 00♌50 | 09 15 | 07 58 | 21 35 | 17 04 | 04 19 | 19 19 | 28 18 | 09 56 | 16 00 |
| 16 | 21:38:21 | 23 21 37 | 06♌53 | 12 54 | 08 52 | 08 52 | 21 19 | 17 17 | 04 15 | 19 23 | 28 19 | 09 55 | 15 57 |
| 17 | 21:42:17 | 24 19 18 | 18 55 | 24 53 | 08 23 | 09 45 | 21 03 | 17 30 | 04 11 | 19 26 | 28 19 | 09 54 | 15 54 |
| 18 | 21:46:14 | 25 17 00 | 00♍51 | 06♍48 | 07 50 | 10 38 | 20 47 | 17 44 | 04 07 | 19 30 | 28 20 | 09 53 | 15 51 |
| 19 | 21:50:11 | 26 14 44 | 12 43 | 18 38 | 07 11 | 11 30 | 20 31 | 17 57 | 04 03 | 19 33 | 28 20 | 09 51 | 15 48 |
| 20 | 21:54:07 | 27 12 29 | 24 33 | 00♎28 | 06 28 | 12 21 | 20 16 | 18 10 | 03 59 | 19 37 | 28 21 | 09 50 | 15 45 |
| 21 | 21:58:04 | 28 10 15 | 06♎23 | 12 18 | 05 42 | 13 12 | 20 01 | 18 23 | 03 55 | 19 40 | 28 21 | 09 49 | 15 41 |
| 22 | 22:02:00 | 29 08 02 | 18 15 | 24 13 | 04 52 | 14 02 | 19 46 | 18 36 | 03 51 | 19 44 | 28 22 | 09 48 | 15 38 |
| 23 | 22:05:57 | 00♍05 51 | 00♏13 | 06♏15 | 04 00 | 14 52 | 19 32 | 18 49 | 03 47 | 19 48 | 28 22 | 09 46 | 15 35 |
| 24 | 22:09:53 | 01 03 40 | 12 21 | 18 31 | 03 07 | 15 40 | 19 17 | 19 02 | 03 44 | 19 51 | 28 22 | 09 45 | 15 32 |
| 25 | 22:13:50 | 02 01 31 | 24 44 | 01♐03 | 02 14 | 16 28 | 19 04 | 19 15 | 03 40 | 19 55 | 28 22 | 09 44 | 15 29 |
| 26 | 22:17:46 | 02 59 23 | 07♐28 | 13 58 | 01 21 | 17 16 | 18 51 | 19 28 | 03 36 | 19 58 | 28 23 | 09 43 | 15 25 |
| 27 | 22:21:43 | 03 57 17 | 20 36 | 27 20 | 00 30 | 18 02 | 18 38 | 19 41 | 03 33 | 20 02 | 28 23 | 09 41 | 15 22 |
| 28 | 22:25:40 | 04 55 11 | 04♑12 | 11♑11 | 29♌42 | 18 47 | 18 26 | 19 54 | 03 29 | 20 06 | 28 23 | 09 40 | 15 19 |
| 29 | 22:29:36 | 05 53 07 | 18 17 | 25 31 | 28 58 | 19 32 | 18 14 | 20 07 | 03 26 | 20 10 | 28 23 | 09 39 | 15 16 |
| 30 | 22:33:33 | 06 51 04 | 02♒52 | 10♒19 | 28 20 | 20 16 | 18 03 | 20 20 | 03 23 | 20 13 | 28 23 | 09 38 | 15 13 |
| 31 | 22:37:29 | 07 49 03 | 17 51 | 25 26 | 27 47 | 20 58 | 17 53 | 20 33 | 03 19 | 20 17 | 28 23 | 09 36 | 15 10 |

0:00 E.T.

## Longitudes of the Major Asteroids and Chiron

| D | ⚳ | ⚴ | ⚵ | ⚶ | ⚷ |
|---|---|---|---|---|---|
| 1 | 29♌00 | 16♋27 | 18♍15 | 02♎52 | 05♐33℞ |
| 2 | 29 27 | 17 03 | 18 37 | 03 20 | 05 33 |
| 3 | 29 54 | 17 38 | 18 59 | 03 47 | 05 33 |
| 4 | 00♍21 | 18 14 | 19 21 | 04 14 | 05 32 |
| 5 | 00 48 | 18 50 | 19 42 | 04 41 | 05 32 |
| 6 | 01 15 | 19 25 | 20 04 | 05 09 | 05 32 |
| 7 | 01 43 | 20 01 | 20 26 | 05 37 | 05 32D |
| 8 | 02 10 | 20 36 | 20 48 | 06 04 | 05 32 |
| 9 | 02 37 | 21 12 | 21 10 | 06 32 | 05 32 |
| 10 | 03 04 | 21 47 | 21 32 | 07 00 | 05 33 |
| 11 | 03 31 | 22 23 | 21 54 | 07 28 | 05 33 |
| 12 | 03 59 | 22 58 | 22 15 | 07 56 | 05 34 |
| 13 | 04 26 | 23 34 | 22 37 | 08 24 | 05 34 |
| 14 | 04 53 | 24 09 | 23 00 | 08 52 | 05 35 |
| 15 | 05 20 | 24 44 | 23 22 | 09 21 | 05 36 |
| 16 | 05 48 | 25 20 | 23 44 | 09 49 | 05 36 |
| 17 | 06 15 | 25 55 | 24 06 | 10 17 | 05 37 |
| 18 | 06 42 | 26 30 | 24 28 | 10 46 | 05 39 |
| 19 | 07 10 | 27 06 | 24 50 | 11 15 | 05 40 |
| 20 | 07 37 | 27 41 | 25 12 | 11 43 | 05 41 |
| 21 | 08 05 | 28 16 | 25 34 | 12 12 | 05 42 |
| 22 | 08 32 | 28 51 | 25 57 | 12 41 | 05 44 |
| 23 | 09 00 | 29 26 | 26 19 | 13 10 | 05 45 |
| 24 | 09 27 | 00♌01 | 26 41 | 13 39 | 05 47 |
| 25 | 09 54 | 00 36 | 27 03 | 14 08 | 05 49 |
| 26 | 10 22 | 01 11 | 27 26 | 14 37 | 05 51 |
| 27 | 10 49 | 01 46 | 27 48 | 15 06 | 05 53 |
| 28 | 11 17 | 02 20 | 28 10 | 15 35 | 05 55 |
| 29 | 11 44 | 02 55 | 28 32 | 16 05 | 05 57 |
| 30 | 12 12 | 03 30 | 28 55 | 16 34 | 05 59 |
| 31 | 12 39 | 04 04 | 29 17 | 17 04 | 06 01 |

## Lunar Data

| Last Asp. | | Ingress | | |
|---|---|---|---|---|
| 2 | 05:48 | 2 | ♒ | 08:47 |
| 4 | 05:36 | 4 | ♓ | 08:29 |
| 6 | 08:14 | 6 | ♈ | 08:26 |
| 7 | 23:16 | 8 | ♉ | 10:32 |
| 10 | 12:33 | 10 | ♊ | 15:44 |
| 12 | 09:12 | 12 | ♋ | 23:56 |
| 15 | 07:02 | 15 | ♌ | 10:22 |
| 17 | 18:56 | 17 | ♍ | 22:17 |
| 20 | 07:42 | 20 | ♎ | 11:03 |
| 22 | 02:60 | 22 | ♏ | 23:34 |
| 25 | 06:55 | 25 | ♐ | 10:00 |
| 27 | 16:35 | 27 | ♑ | 16:41 |
| 29 | 16:41 | 29 | ♒ | 19:20 |
| 31 | 16:38 | | | |

0:00 E.T.

## Declinations

| D | ☉ | ☽ | ☿ | ♀ | ♂ | ♃ | ♄ | ♅ | ♆ | ♇ | ⚳ | ⚴ | ⚵ | ⚶ | ⚷ |
|---|---|---|---|---|---|---|---|---|---|---|---|---|---|---|---|
| 1 | +18 00 | -19 04 | +07 38 | +01 53 | -19 24 | +17 13 | -19 28 | +05 12 | +18 05 | -19 59 | +18 53 | -02 04 | +06 33 | +04 14 | -16 31 |
| 2 | 17 45 | 16 39 | 07 11 | 01 24 | 19 30 | 17 09 | 19 29 | 05 11 | 18 05 | 20 00 | 18 43 | 02 08 | 06 26 | 04 02 | 16 31 |
| 3 | 17 30 | 13 04 | 06 45 | 00 55 | 19 36 | 17 05 | 19 31 | 05 10 | 18 05 | 20 00 | 18 34 | 02 12 | 06 19 | 03 50 | 16 31 |
| 4 | 17 14 | 08 37 | 06 20 | 00 26 | 19 42 | 17 01 | 19 32 | 05 09 | 18 05 | 20 01 | 18 24 | 02 16 | 06 12 | 03 37 | 16 31 |
| 5 | 16 58 | 03 37 | 05 57 | -00 02 | 19 49 | 16 57 | 19 33 | 05 07 | 18 06 | 20 01 | 18 14 | 02 20 | 06 05 | 03 25 | 16 31 |
| 6 | 16 41 | +01 33 | 05 35 | 00 31 | 19 55 | 16 54 | 19 34 | 05 06 | 18 06 | 20 02 | 18 04 | 02 24 | 05 58 | 03 13 | 16 32 |
| 7 | 16 25 | 06 32 | 05 16 | 01 00 | 20 01 | 16 50 | 19 35 | 05 05 | 18 06 | 20 03 | 17 54 | 02 29 | 05 51 | 03 00 | 16 32 |
| 8 | 16 08 | 11 02 | 04 58 | 01 29 | 20 07 | 16 46 | 19 36 | 05 03 | 18 06 | 20 03 | 17 44 | 02 33 | 05 44 | 02 48 | 16 32 |
| 9 | 15 51 | 14 48 | 04 42 | 01 57 | 20 14 | 16 42 | 19 37 | 05 02 | 18 06 | 20 04 | 17 34 | 02 37 | 05 36 | 02 36 | 16 32 |
| 10 | 15 33 | 17 39 | 04 28 | 02 26 | 20 20 | 16 38 | 19 39 | 05 01 | 18 06 | 20 04 | 17 24 | 02 42 | 05 29 | 02 23 | 16 33 |
| 11 | 15 16 | 19 29 | 04 17 | 02 54 | 20 25 | 16 34 | 19 40 | 04 59 | 18 06 | 20 05 | 17 14 | 02 47 | 05 22 | 02 11 | 16 33 |
| 12 | 14 58 | 20 15 | 04 08 | 03 23 | 20 31 | 16 31 | 19 41 | 04 58 | 18 06 | 20 06 | 17 04 | 02 51 | 05 15 | 01 59 | 16 33 |
| 13 | 14 39 | 19 57 | 04 02 | 03 51 | 20 37 | 16 27 | 19 42 | 04 57 | 18 06 | 20 06 | 16 54 | 02 56 | 05 08 | 01 46 | 16 34 |
| 14 | 14 21 | 18 41 | 03 59 | 04 19 | 20 42 | 16 23 | 19 43 | 04 55 | 18 07 | 20 07 | 16 44 | 03 01 | 05 01 | 01 34 | 16 34 |
| 15 | 14 02 | 16 35 | 03 59 | 04 47 | 20 47 | 16 19 | 19 44 | 04 54 | 18 07 | 20 07 | 16 34 | 03 06 | 04 53 | 01 21 | 16 35 |
| 16 | 13 44 | 13 46 | 04 02 | 05 15 | 20 52 | 16 15 | 19 45 | 04 53 | 18 07 | 20 08 | 16 24 | 03 11 | 04 46 | 01 09 | 16 35 |
| 17 | 13 25 | 10 24 | 04 07 | 05 42 | 20 57 | 16 11 | 19 46 | 04 51 | 18 07 | 20 09 | 16 13 | 03 17 | 04 39 | 00 56 | 16 35 |
| 18 | 13 05 | 06 40 | 04 16 | 06 10 | 21 02 | 16 07 | 19 47 | 04 50 | 18 07 | 20 09 | 16 03 | 03 22 | 04 31 | 00 44 | 16 36 |
| 19 | 12 46 | 02 41 | 04 28 | 06 37 | 21 06 | 16 03 | 19 48 | 04 48 | 18 07 | 20 10 | 15 53 | 03 27 | 04 24 | 00 32 | 16 36 |
| 20 | 12 26 | -01 23 | 04 44 | 07 04 | 21 10 | 15 59 | 19 49 | 04 47 | 18 07 | 20 10 | 15 42 | 03 33 | 04 17 | 00 19 | 16 37 |
| 21 | 12 06 | 05 24 | 05 02 | 07 31 | 21 13 | 15 55 | 19 50 | 04 46 | 18 07 | 20 11 | 15 32 | 03 38 | 04 09 | 00 07 | 16 37 |
| 22 | 11 46 | 09 14 | 05 22 | 07 58 | 21 17 | 15 51 | 19 51 | 04 44 | 18 07 | 20 11 | 15 22 | 03 44 | 04 02 | -00 06 | 16 38 |
| 23 | 11 26 | 12 43 | 05 46 | 08 24 | 21 20 | 15 47 | 19 52 | 04 43 | 18 07 | 20 12 | 15 11 | 03 50 | 03 55 | 00 18 | 16 38 |
| 24 | 11 06 | 15 43 | 06 11 | 08 50 | 21 23 | 15 43 | 19 53 | 04 41 | 18 07 | 20 13 | 15 01 | 03 55 | 03 47 | 00 31 | 16 39 |
| 25 | 10 45 | 18 04 | 06 38 | 09 16 | 21 25 | 15 39 | 19 54 | 04 40 | 18 07 | 20 13 | 14 50 | 04 01 | 03 40 | 00 43 | 16 40 |
| 26 | 10 24 | 19 36 | 07 07 | 09 41 | 21 27 | 15 35 | 19 55 | 04 38 | 18 07 | 20 14 | 14 40 | 04 07 | 03 33 | 00 56 | 16 40 |
| 27 | 10 03 | 20 07 | 07 36 | 10 07 | 21 29 | 15 31 | 19 56 | 04 37 | 18 07 | 20 14 | 14 30 | 04 13 | 03 25 | 01 08 | 16 41 |
| 28 | 09 42 | 19 30 | 08 06 | 10 32 | 21 31 | 15 27 | 19 56 | 04 35 | 18 07 | 20 15 | 14 19 | 04 19 | 03 18 | 01 21 | 16 41 |
| 29 | 09 21 | 17 41 | 08 35 | 10 56 | 21 32 | 15 23 | 19 57 | 04 34 | 18 07 | 20 15 | 14 09 | 04 26 | 03 10 | 01 33 | 16 42 |
| 30 | 09 00 | 14 41 | 09 04 | 11 20 | 21 33 | 15 19 | 19 58 | 04 33 | 18 07 | 20 16 | 13 58 | 04 32 | 03 03 | 01 46 | 16 43 |
| 31 | 08 38 | 10 41 | 09 31 | 11 44 | 21 33 | 15 15 | 19 59 | 04 31 | 18 07 | 20 16 | 13 47 | 04 38 | 02 55 | 01 58 | 16 43 |

Lunar Phases -- 3 ○ 02:22  9 ◑ 16:50  17 ● 11:49  25 ◐ 14:58  Sun enters ♍ 8/22 21:34

## 0:00 E.T. Longitudes of Main Planets - September 2050

| D | S.T. | ☉ | ☽ | ☽ 12:00 | ☿ | ♀ | ♂ | ♃ | ♄ | ♅ | ♆ | ♇ | ☊ |
|---|---|---|---|---|---|---|---|---|---|---|---|---|---|
| 1 | 22:41:26 | 08♍47 03 | 03♓05 | 10♓44 | 27♌21℞ | 21♎40 | 17♒43℞ | 20♌46 | 03♒16℞ | 20♍21 | 28♉23℞ | 09♓35℞ | 15♏06 |
| 2 | 22:45:22 | 09 45 04 | 18 24 | 26 02 | 27 02 | 22 21 | 17 34 | 20 59 | 03 13 | 20 24 | 28 23 | 09 34 | 15 03 |
| 3 | 22:49:19 | 10 43 08 | 03♈37 | 11♈08 | 26 52 | 23 01 | 17 26 | 21 12 | 03 10 | 20 28 | 28 23 | 09 32 | 15 00 |
| 4 | 22:53:15 | 11 41 13 | 18 34 | 25 54 | 26 49D | 23 39 | 17 18 | 21 24 | 03 07 | 20 32 | 28 23 | 09 31 | 14 57 |
| 5 | 22:57:12 | 12 39 19 | 03♉08 | 10♉14 | 26 55 | 24 17 | 17 11 | 21 37 | 03 04 | 20 36 | 28 23 | 09 30 | 14 54 |
| 6 | 23:01:09 | 13 37 28 | 17 14 | 24 07 | 27 10 | 24 53 | 17 05 | 21 50 | 03 01 | 20 39 | 28 23 | 09 29 | 14 51 |
| 7 | 23:05:05 | 14 35 39 | 00♊54 | 07♊33 | 27 34 | 25 28 | 16 59 | 22 03 | 02 58 | 20 43 | 28 22 | 09 27 | 14 47 |
| 8 | 23:09:02 | 15 33 52 | 14 07 | 20 36 | 28 06 | 26 02 | 16 55 | 22 15 | 02 56 | 20 47 | 28 22 | 09 26 | 14 44 |
| 9 | 23:12:58 | 16 32 07 | 26 59 | 03♋18 | 28 46 | 26 34 | 16 51 | 22 28 | 02 53 | 20 51 | 28 22 | 09 25 | 14 41 |
| 10 | 23:16:55 | 17 30 24 | 09♋32 | 15 43 | 29 35 | 27 05 | 16 47 | 22 40 | 02 50 | 20 54 | 28 22 | 09 24 | 14 38 |
| 11 | 23:20:51 | 18 28 43 | 21 51 | 27 56 | 00♍31 | 27 35 | 16 45 | 22 53 | 02 48 | 20 58 | 28 21 | 09 22 | 14 35 |
| 12 | 23:24:48 | 19 27 04 | 03♌59 | 10♌00 | 01 35 | 28 03 | 16 43 | 23 05 | 02 46 | 21 02 | 28 21 | 09 21 | 14 31 |
| 13 | 23:28:44 | 20 25 27 | 15 59 | 21 57 | 02 45 | 28 29 | 16 43 | 23 18 | 02 43 | 21 06 | 28 21 | 09 20 | 14 28 |
| 14 | 23:32:41 | 21 23 52 | 27 54 | 03♍50 | 04 02 | 28 54 | 16 43D | 23 30 | 02 41 | 21 10 | 28 20 | 09 19 | 14 25 |
| 15 | 23:36:38 | 22 22 19 | 09♍46 | 15 41 | 05 24 | 29 18 | 16 44 | 23 43 | 02 39 | 21 13 | 28 20 | 09 17 | 14 22 |
| 16 | 23:40:34 | 23 20 48 | 21 36 | 27 32 | 06 51 | 29 39 | 16 45 | 23 55 | 02 37 | 21 17 | 28 19 | 09 16 | 14 19 |
| 17 | 23:44:31 | 24 19 18 | 03♎27 | 09♎23 | 08 23 | 29 59 | 16 48 | 24 07 | 02 35 | 21 21 | 28 19 | 09 15 | 14 16 |
| 18 | 23:48:27 | 25 17 51 | 15 20 | 21 18 | 09 59 | 00♏17 | 16 51 | 24 19 | 02 33 | 21 25 | 28 18 | 09 14 | 14 12 |
| 19 | 23:52:24 | 26 16 25 | 27 18 | 03♏18 | 11 38 | 00 33 | 16 55 | 24 32 | 02 31 | 21 28 | 28 18 | 09 13 | 14 09 |
| 20 | 23:56:20 | 27 15 01 | 09♏21 | 15 27 | 13 20 | 00 47 | 17 00 | 24 44 | 02 30 | 21 32 | 28 17 | 09 11 | 14 06 |
| 21 | 0:00:17 | 28 13 39 | 21 35 | 27 46 | 15 04 | 00 59 | 17 06 | 24 56 | 02 28 | 21 36 | 28 16 | 09 10 | 14 03 |
| 22 | 0:04:13 | 29 12 19 | 04♐01 | 10♐21 | 16 50 | 01 09 | 17 12 | 25 08 | 02 27 | 21 40 | 28 16 | 09 09 | 14 00 |
| 23 | 0:08:10 | 00♎11 00 | 16 45 | 23 15 | 18 37 | 01 17 | 17 19 | 25 20 | 02 25 | 21 44 | 28 15 | 09 08 | 13 57 |
| 24 | 0:12:07 | 01 09 43 | 29 50 | 06♑31 | 20 26 | 01 23 | 17 27 | 25 31 | 02 24 | 21 47 | 28 14 | 09 07 | 13 53 |
| 25 | 0:16:03 | 02 08 28 | 13♑19 | 20 14 | 22 15 | 01 26 | 17 36 | 25 43 | 02 23 | 21 51 | 28 14 | 09 06 | 13 50 |
| 26 | 0:20:00 | 03 07 14 | 27 15 | 04♒23 | 24 05 | 01 27℞ | 17 46 | 25 55 | 02 22 | 21 55 | 28 13 | 09 04 | 13 47 |
| 27 | 0:23:56 | 04 06 02 | 11♒37 | 18 57 | 25 55 | 01 26 | 17 56 | 26 07 | 02 21 | 21 58 | 28 12 | 09 03 | 13 44 |
| 28 | 0:27:53 | 05 04 52 | 26 23 | 03♓53 | 27 45 | 01 22 | 18 07 | 26 18 | 02 20 | 22 02 | 28 11 | 09 02 | 13 41 |
| 29 | 0:31:49 | 06 03 43 | 11♓26 | 19 02 | 29 35 | 01 16 | 18 19 | 26 30 | 02 19 | 22 06 | 28 10 | 09 01 | 13 37 |
| 30 | 0:35:46 | 07 02 36 | 26 38 | 04♈15 | 01♎24 | 01 07 | 18 31 | 26 41 | 02 18 | 22 10 | 28 09 | 09 00 | 13 34 |

## 0:00 E.T. Longitudes of the Major Asteroids and Chiron

| D | ⚳ | ⚴ | ⚵ | ⚶ | ⚷ | D | ⚳ | ⚴ | ⚵ | ⚶ | ⚷ |
|---|---|---|---|---|---|---|---|---|---|---|---|
| 1 | 13♍07 | 04♌39 | 29♍39 | 17♎33 | 06♐04 | 16 | 20 00 | 13 09 | 05 15 | 25 03 | 06 50 |
| 2 | 13 34 | 05 13 | 00♎02 | 18 03 | 06 06 | 17 | 20 28 | 13 43 | 05 37 | 25 33 | 06 54 |
| 3 | 14 02 | 05 48 | 00 24 | 18 32 | 06 09 | 18 | 20 55 | 14 16 | 06 00 | 26 04 | 06 58 |
| 4 | 14 30 | 06 22 | 00 46 | 19 02 | 06 11 | 19 | 21 23 | 14 49 | 06 22 | 26 35 | 07 02 |
| 5 | 14 57 | 06 56 | 01 09 | 19 32 | 06 14 | 20 | 21 51 | 15 22 | 06 45 | 27 05 | 07 06 |
| 6 | 15 25 | 07 31 | 01 31 | 20 02 | 06 17 | 21 | 22 18 | 15 55 | 07 07 | 27 36 | 07 10 |
| 7 | 15 52 | 08 05 | 01 54 | 20 31 | 06 20 | 22 | 22 46 | 16 28 | 07 29 | 28 06 | 07 14 |
| 8 | 16 20 | 08 39 | 02 16 | 21 01 | 06 23 | 23 | 23 13 | 17 01 | 07 52 | 28 37 | 07 19 |
| 9 | 16 47 | 09 13 | 02 38 | 21 31 | 06 26 | 24 | 23 41 | 17 34 | 08 14 | 29 08 | 07 23 |
| 10 | 17 15 | 09 47 | 03 01 | 22 01 | 06 29 | 25 | 24 08 | 18 07 | 08 36 | 29 39 | 07 27 |
| 11 | 17 42 | 10 21 | 03 23 | 22 32 | 06 33 | 26 | 24 36 | 18 39 | 08 59 | 00♏10 | 07 32 |
| 12 | 18 10 | 10 55 | 03 45 | 23 02 | 06 36 | 27 | 25 03 | 19 12 | 09 21 | 00 41 | 07 37 |
| 13 | 18 38 | 11 28 | 04 08 | 23 32 | 06 40 | 28 | 25 31 | 19 44 | 09 43 | 01 12 | 07 41 |
| 14 | 19 05 | 12 02 | 04 30 | 24 02 | 06 43 | 29 | 25 58 | 20 17 | 10 06 | 01 43 | 07 46 |
| 15 | 19 33 | 12 36 | 04 53 | 24 33 | 06 47 | 30 | 26 25 | 20 49 | 10 28 | 02 14 | 07 51 |

## Lunar Data

| Last Asp. | | Ingress | | |
|---|---|---|---|---|
| 2 | 15:43 | 2 | ♈ | 18:16 |
| 4 | 13:35 | 4 | ♉ | 18:47 |
| 6 | 19:31 | 6 | ♊ | 22:25 |
| 9 | 03:37 | 9 | ♋ | 05:43 |
| 11 | 12:50 | 11 | ♌ | 16:06 |
| 14 | 02:06 | 14 | ♍ | 04:15 |
| 16 | 13:36 | 16 | ♎ | 17:00 |
| 18 | 18:22 | 19 | ♏ | 05:25 |
| 21 | 13:59 | 21 | ♐ | 16:18 |
| 23 | 16:03 | 24 | ♑ | 00:18 |
| 26 | 01:38 | 26 | ♒ | 04:39 |
| 28 | 02:54 | 28 | ♓ | 05:48 |
| 30 | 02:23 | 30 | ♈ | 05:18 |

## 0:00 E.T. Declinations

| D | ☉ | ☽ | ☿ | ♀ | ♂ | ♃ | ♄ | ♅ | ♆ | ♇ | ⚳ | ⚴ | ⚵ | ⚶ | ⚷ |
|---|---|---|---|---|---|---|---|---|---|---|---|---|---|---|---|
| 1 | +08 16 | -05 55 | +09 57 | -12 08 | -21 33 | +15 11 | -20 00 | +04 30 | +18 07 | -20 17 | +13 37 | -04 45 | +02 48 | -02 11 | -16 44 |
| 2 | 07 55 | 00 45 | 10 21 | 12 31 | 21 33 | 15 07 | 20 00 | 04 28 | 18 07 | 20 17 | 13 26 | 04 51 | 02 41 | 02 23 | 16 45 |
| 3 | 07 33 | +04 26 | 10 43 | 12 54 | 21 32 | 15 03 | 20 01 | 04 27 | 18 07 | 20 18 | 13 16 | 04 58 | 02 33 | 02 35 | 16 45 |
| 4 | 07 11 | 09 16 | 11 01 | 13 16 | 21 32 | 14 59 | 20 02 | 04 25 | 18 07 | 20 19 | 13 05 | 05 04 | 02 26 | 02 48 | 16 46 |
| 5 | 06 48 | 13 25 | 11 17 | 13 38 | 21 30 | 14 55 | 20 03 | 04 24 | 18 06 | 20 19 | 12 54 | 05 11 | 02 18 | 03 00 | 16 47 |
| 6 | 06 26 | 16 39 | 11 29 | 13 59 | 21 29 | 14 51 | 20 03 | 04 22 | 18 06 | 20 20 | 12 44 | 05 18 | 02 11 | 03 13 | 16 48 |
| 7 | 06 04 | 18 50 | 11 38 | 14 20 | 21 27 | 14 47 | 20 04 | 04 21 | 18 06 | 20 20 | 12 33 | 05 25 | 02 03 | 03 25 | 16 48 |
| 8 | 05 41 | 19 54 | 11 43 | 14 41 | 21 25 | 14 43 | 20 05 | 04 19 | 18 06 | 20 21 | 12 22 | 05 31 | 01 56 | 03 37 | 16 49 |
| 9 | 05 19 | 19 53 | 11 44 | 15 00 | 21 22 | 14 39 | 20 05 | 04 18 | 18 06 | 20 21 | 12 12 | 05 38 | 01 48 | 03 50 | 16 50 |
| 10 | 04 56 | 18 52 | 11 42 | 15 20 | 21 20 | 14 35 | 20 06 | 04 16 | 18 06 | 20 21 | 12 01 | 05 45 | 01 41 | 04 02 | 16 51 |
| 11 | 04 33 | 16 59 | 11 36 | 15 39 | 21 16 | 14 31 | 20 07 | 04 15 | 18 06 | 20 22 | 11 50 | 05 52 | 01 33 | 04 14 | 16 52 |
| 12 | 04 10 | 14 22 | 11 26 | 15 57 | 21 13 | 14 27 | 20 07 | 04 13 | 18 06 | 20 22 | 11 40 | 06 00 | 01 26 | 04 27 | 16 52 |
| 13 | 03 48 | 11 11 | 11 13 | 16 14 | 21 09 | 14 23 | 20 08 | 04 12 | 18 06 | 20 23 | 11 29 | 06 07 | 01 19 | 04 39 | 16 53 |
| 14 | 03 25 | 07 34 | 10 55 | 16 31 | 21 05 | 14 19 | 20 08 | 04 10 | 18 05 | 20 23 | 11 18 | 06 14 | 01 11 | 04 51 | 16 54 |
| 15 | 03 02 | 03 41 | 10 35 | 16 47 | 21 01 | 14 15 | 20 09 | 04 09 | 18 05 | 20 24 | 11 08 | 06 21 | 01 04 | 05 03 | 16 55 |
| 16 | 02 38 | -00 20 | 10 11 | 17 03 | 20 56 | 14 11 | 20 09 | 04 07 | 18 05 | 20 24 | 10 57 | 06 28 | 00 56 | 05 16 | 16 56 |
| 17 | 02 15 | 04 21 | 09 44 | 17 17 | 20 51 | 14 07 | 20 10 | 04 06 | 18 05 | 20 25 | 10 46 | 06 36 | 00 49 | 05 28 | 16 57 |
| 18 | 01 52 | 08 12 | 09 14 | 17 31 | 20 46 | 14 04 | 20 10 | 04 04 | 18 05 | 20 25 | 10 35 | 06 43 | 00 41 | 05 40 | 16 57 |
| 19 | 01 29 | 11 46 | 08 42 | 17 44 | 20 41 | 14 00 | 20 11 | 04 03 | 18 05 | 20 25 | 10 25 | 06 51 | 00 34 | 05 52 | 16 58 |
| 20 | 01 06 | 14 52 | 08 07 | 17 57 | 20 35 | 13 56 | 20 11 | 04 01 | 18 04 | 20 26 | 10 14 | 06 58 | 00 27 | 06 04 | 16 59 |
| 21 | 00 42 | 17 21 | 07 30 | 18 08 | 20 29 | 13 52 | 20 11 | 04 00 | 18 04 | 20 26 | 10 03 | 07 06 | 00 19 | 06 16 | 17 00 |
| 22 | 00 19 | 19 04 | 06 52 | 18 18 | 20 23 | 13 48 | 20 12 | 03 58 | 18 04 | 20 27 | 09 53 | 07 13 | 00 12 | 06 28 | 17 01 |
| 23 | -00 04 | 19 52 | 06 11 | 18 28 | 20 17 | 13 44 | 20 12 | 03 57 | 18 04 | 20 27 | 09 42 | 07 21 | 00 05 | 06 40 | 17 02 |
| 24 | 00 28 | 19 37 | 05 30 | 18 36 | 20 10 | 13 40 | 20 12 | 03 55 | 18 04 | 20 27 | 09 31 | 07 29 | -00 03 | 06 52 | 17 03 |
| 25 | 00 51 | 18 16 | 04 47 | 18 43 | 20 03 | 13 36 | 20 13 | 03 54 | 18 03 | 20 28 | 09 21 | 07 36 | 00 10 | 07 04 | 17 04 |
| 26 | 01 14 | 15 48 | 04 03 | 18 50 | 19 56 | 13 32 | 20 13 | 03 53 | 18 03 | 20 28 | 09 10 | 07 44 | 00 17 | 07 16 | 17 05 |
| 27 | 01 38 | 12 19 | 03 18 | 18 55 | 19 48 | 13 29 | 20 13 | 03 51 | 18 03 | 20 28 | 08 59 | 07 52 | 00 25 | 07 28 | 17 06 |
| 28 | 02 01 | 07 59 | 02 32 | 18 58 | 19 41 | 13 25 | 20 13 | 03 50 | 18 03 | 20 29 | 08 49 | 07 59 | 00 32 | 07 40 | 17 07 |
| 29 | 02 24 | 03 05 | 01 46 | 19 01 | 19 33 | 13 21 | 20 14 | 03 48 | 18 02 | 20 29 | 08 38 | 08 07 | 00 39 | 07 51 | 17 07 |
| 30 | 02 48 | +02 04 | 01 00 | 19 02 | 19 25 | 13 17 | 20 14 | 03 47 | 18 02 | 20 29 | 08 27 | 08 15 | 00 46 | 08 03 | 17 08 |

Lunar Phases -- 1 ○ 09:32   8 ◑ 02:52   16 ● 03:51   24 ◐ 02:35   30 ○ 17:33   Sun enters ♎ 9/22 19:30

# Oct. 50 — Longitudes of Main Planets - October 2050 — 0:00 E.T.

| D | S.T. | ☉ | ☽ | ☽ 12:00 | ☿ | ♀ | ♂ | ♃ | ♄ | ♅ | ♆ | ♇ | ☊ |
|---|---|---|---|---|---|---|---|---|---|---|---|---|---|
| 1 | 0:39:42 | 08♎01 31 | 11♈50 | 19♈22 | 03♎13 | 00♏56℞ | 18♒44 | 26♌53 | 02♒18℞ | 22♍13 | 28♉08℞ | 08♓59℞ | 13♏31 |
| 2 | 0:43:39 | 09 00 29 | 26 50 | 04♉13 | 05 02 | 00 43 | 18 58 | 27 04 | 02 17 | 22 17 | 28 07 | 08 58 | 13 28 |
| 3 | 0:47:36 | 09 59 28 | 11♉31 | 18 42 | 06 50 | 00 27 | 19 12 | 27 15 | 02 17 | 22 21 | 28 06 | 08 57 | 13 25 |
| 4 | 0:51:32 | 10 58 30 | 25 47 | 02♊45 | 08 37 | 00 09 | 19 28 | 27 27 | 02 17 | 22 24 | 28 05 | 08 56 | 13 22 |
| 5 | 0:55:29 | 11 57 34 | 09♊36 | 16 20 | 10 24 | 29♎49 | 19 43 | 27 38 | 02 16 | 22 28 | 28 04 | 08 55 | 13 18 |
| 6 | 0:59:25 | 12 56 40 | 22 57 | 29 28 | 12 10 | 29 26 | 19 59 | 27 49 | 02 16 | 22 31 | 28 03 | 08 54 | 13 15 |
| 7 | 1:03:22 | 13 55 48 | 05♋54 | 12♋14 | 13 55 | 29 02 | 20 16 | 28 00 | 02 16D | 22 35 | 28 02 | 08 53 | 13 12 |
| 8 | 1:07:18 | 14 54 59 | 18 29 | 24 40 | 15 39 | 28 35 | 20 34 | 28 11 | 02 16 | 22 39 | 28 01 | 08 52 | 13 09 |
| 9 | 1:11:15 | 15 54 12 | 00♌47 | 06♌51 | 17 23 | 28 07 | 20 52 | 28 21 | 02 17 | 22 42 | 28 00 | 08 51 | 13 06 |
| 10 | 1:15:11 | 16 53 28 | 12 52 | 18 51 | 19 06 | 27 36 | 21 11 | 28 32 | 02 17 | 22 46 | 27 59 | 08 50 | 13 03 |
| 11 | 1:19:08 | 17 52 45 | 24 49 | 00♍45 | 20 48 | 27 05 | 21 30 | 28 43 | 02 17 | 22 49 | 27 58 | 08 49 | 12 59 |
| 12 | 1:23:05 | 18 52 05 | 06♍41 | 12 36 | 22 29 | 26 32 | 21 50 | 28 53 | 02 18 | 22 53 | 27 56 | 08 48 | 12 56 |
| 13 | 1:27:01 | 19 51 27 | 18 31 | 24 26 | 24 10 | 25 57 | 22 10 | 29 04 | 02 18 | 22 56 | 27 55 | 08 47 | 12 53 |
| 14 | 1:30:58 | 20 50 51 | 00♎22 | 06♎19 | 25 50 | 25 22 | 22 31 | 29 14 | 02 19 | 23 00 | 27 54 | 08 46 | 12 50 |
| 15 | 1:34:54 | 21 50 18 | 12 17 | 18 16 | 27 29 | 24 46 | 22 52 | 29 24 | 02 20 | 23 03 | 27 53 | 08 45 | 12 47 |
| 16 | 1:38:51 | 22 49 46 | 24 17 | 00♏20 | 29 07 | 24 10 | 23 14 | 29 35 | 02 21 | 23 07 | 27 51 | 08 44 | 12 43 |
| 17 | 1:42:47 | 23 49 17 | 06♏25 | 12 32 | 00♏45 | 23 33 | 23 36 | 29 45 | 02 22 | 23 10 | 27 50 | 08 44 | 12 40 |
| 18 | 1:46:44 | 24 48 49 | 18 41 | 24 53 | 02 22 | 22 57 | 23 59 | 29 55 | 02 23 | 23 13 | 27 49 | 08 43 | 12 37 |
| 19 | 1:50:40 | 25 48 24 | 01♐08 | 07♐26 | 03 58 | 22 20 | 24 22 | 00♍05 | 02 24 | 23 17 | 27 47 | 08 42 | 12 34 |
| 20 | 1:54:37 | 26 48 00 | 13 47 | 20 12 | 05 34 | 21 44 | 24 46 | 00 14 | 02 25 | 23 20 | 27 46 | 08 41 | 12 31 |
| 21 | 1:58:34 | 27 47 38 | 26 40 | 03♑13 | 07 09 | 21 09 | 25 10 | 00 24 | 02 27 | 23 23 | 27 44 | 08 40 | 12 28 |
| 22 | 2:02:30 | 28 47 18 | 09♑50 | 16 32 | 08 44 | 20 35 | 25 35 | 00 34 | 02 28 | 23 27 | 27 43 | 08 40 | 12 24 |
| 23 | 2:06:27 | 29 46 59 | 23 19 | 00♒11 | 10 18 | 20 02 | 26 00 | 00 43 | 02 30 | 23 30 | 27 42 | 08 39 | 12 21 |
| 24 | 2:10:23 | 00♏46 43 | 07♒07 | 14 09 | 11 51 | 19 30 | 26 26 | 00 53 | 02 32 | 23 33 | 27 40 | 08 38 | 12 18 |
| 25 | 2:14:20 | 01 46 27 | 21 15 | 28 26 | 13 24 | 19 00 | 26 52 | 01 02 | 02 33 | 23 36 | 27 39 | 08 38 | 12 15 |
| 26 | 2:18:16 | 02 46 14 | 05♓41 | 13♓00 | 14 56 | 18 31 | 27 18 | 01 11 | 02 35 | 23 39 | 27 37 | 08 37 | 12 12 |
| 27 | 2:22:13 | 03 46 02 | 20 23 | 27 47 | 16 28 | 18 05 | 27 45 | 01 20 | 02 37 | 23 43 | 27 36 | 08 36 | 12 09 |
| 28 | 2:26:09 | 04 45 52 | 05♈13 | 12♈40 | 17 59 | 17 40 | 28 12 | 01 29 | 02 39 | 23 46 | 27 34 | 08 36 | 12 05 |
| 29 | 2:30:06 | 05 45 44 | 20 06 | 27 31 | 19 30 | 17 17 | 28 39 | 01 38 | 02 42 | 23 49 | 27 33 | 08 35 | 12 02 |
| 30 | 2:34:03 | 06 45 37 | 04♉53 | 12♉12 | 21 00 | 16 57 | 29 07 | 01 46 | 02 44 | 23 52 | 27 31 | 08 35 | 11 59 |
| 31 | 2:37:59 | 07 45 32 | 19 28 | 26 38 | 22 30 | 16 39 | 29 35 | 01 55 | 02 46 | 23 55 | 27 29 | 08 34 | 11 56 |

## 0:00 E.T. — Longitudes of the Major Asteroids and Chiron

| D | ⚳ | ⚴ | ⚵ | ⚶ | ⚷ | D | ⚳ | ⚴ | ⚵ | ⚶ | ⚷ |
|---|---|---|---|---|---|---|---|---|---|---|---|
| 1 | 26♍53 | 21♌21 | 10♎50 | 02♏45 | 07♐56 | 17 | 04 09 | 29 38 | 16 45 | 11 07 | 09 22 |
| 2 | 27 20 | 21 53 | 11 13 | 03 16 | 08 01 | 18 | 04 37 | 00♍08 | 17 06 | 11 39 | 09 28 |
| 3 | 27 48 | 22 25 | 11 35 | 03 47 | 08 06 | 19 | 05 04 | 00 38 | 17 28 | 12 11 | 09 34 |
| 4 | 28 15 | 22 56 | 11 57 | 04 18 | 08 11 | 20 | 05 31 | 01 07 | 17 50 | 12 42 | 09 40 |
| 5 | 28 42 | 23 28 | 12 19 | 04 49 | 08 16 | 21 | 05 58 | 01 37 | 18 12 | 13 14 | 09 46 |
| 6 | 29 10 | 23 59 | 12 42 | 05 21 | 08 21 | 22 | 06 25 | 02 06 | 18 34 | 13 46 | 09 52 |
| 7 | 29 37 | 24 31 | 13 04 | 05 52 | 08 26 | 23 | 06 52 | 02 35 | 18 56 | 14 18 | 09 58 |
| 8 | 00♎05 | 25 02 | 13 26 | 06 23 | 08 31 | 24 | 07 19 | 03 04 | 19 18 | 14 50 | 10 05 |
| 9 | 00 32 | 25 33 | 13 48 | 06 55 | 08 37 | 25 | 07 45 | 03 33 | 19 39 | 15 22 | 10 11 |
| 10 | 00 59 | 26 04 | 14 10 | 07 26 | 08 42 | 26 | 08 12 | 04 02 | 20 01 | 15 54 | 10 17 |
| 11 | 01 26 | 26 35 | 14 32 | 07 58 | 08 48 | 27 | 08 39 | 04 31 | 20 23 | 16 26 | 10 23 |
| 12 | 01 54 | 27 06 | 14 54 | 08 29 | 08 53 | 28 | 09 06 | 04 59 | 20 44 | 16 57 | 10 30 |
| 13 | 02 21 | 27 37 | 15 16 | 09 01 | 08 59 | 29 | 09 32 | 05 27 | 21 06 | 17 29 | 10 36 |
| 14 | 02 48 | 28 07 | 15 39 | 09 32 | 09 05 | 30 | 09 59 | 05 55 | 21 27 | 18 01 | 10 43 |
| 15 | 03 15 | 28 38 | 16 01 | 10 04 | 09 10 | 31 | 10 26 | 06 23 | 21 49 | 18 34 | 10 49 |
| 16 | 03 42 | 29 08 | 16 23 | 10 36 | 09 16 | | | | | | |

## Lunar Data

| Last Asp. | | Ingress | | |
|---|---|---|---|---|
| 2 | 00:23 | 2 | ♉ | 05:07 |
| 4 | 03:57 | 4 | ♊ | 07:15 |
| 6 | 11:35 | 6 | ♋ | 12:59 |
| 8 | 18:57 | 8 | ♌ | 22:28 |
| 11 | 07:59 | 11 | ♍ | 10:28 |
| 13 | 19:00 | 13 | ♎ | 23:15 |
| 16 | 11:05 | 16 | ♏ | 11:20 |
| 18 | 17:36 | 18 | ♐ | 21:50 |
| 21 | 02:14 | 21 | ♑ | 06:07 |
| 23 | 07:39 | 23 | ♒ | 11:42 |
| 25 | 10:40 | 25 | ♓ | 14:36 |
| 27 | 11:40 | 27 | ♈ | 15:35 |
| 29 | 14:18 | 29 | ♉ | 16:02 |
| 31 | 17:34 | 31 | ♊ | 17:41 |

## 0:00 E.T. — Declinations

| D | ☉ | ☽ | ☿ | ♀ | ♂ | ♃ | ♄ | ♅ | ♆ | ♇ | ⚳ | ⚴ | ⚵ | ⚶ | ⚷ |
|---|---|---|---|---|---|---|---|---|---|---|---|---|---|---|---|
| 1 | -03 11 | +07 05 | +00 14 | -19 02 | -19 17 | +13 13 | -20 14 | +03 45 | +18 02 | -20 30 | +08 17 | -08 23 | -00 54 | -08 15 | -17 09 |
| 2 | 03 34 | 11 37 | -00 33 | 19 00 | 19 08 | 13 10 | 20 14 | 03 44 | 18 02 | 20 30 | 08 06 | 08 31 | 01 01 | 08 27 | 17 10 |
| 3 | 03 57 | 15 20 | 01 20 | 18 58 | 19 00 | 13 06 | 20 14 | 03 42 | 18 01 | 20 30 | 07 55 | 08 39 | 01 08 | 08 38 | 17 11 |
| 4 | 04 20 | 17 59 | 02 06 | 18 53 | 18 51 | 13 02 | 20 14 | 03 41 | 18 01 | 20 31 | 07 45 | 08 47 | 01 15 | 08 50 | 17 12 |
| 5 | 04 44 | 19 29 | 02 53 | 18 47 | 18 42 | 12 59 | 20 14 | 03 40 | 18 01 | 20 31 | 07 34 | 08 55 | 01 22 | 09 01 | 17 13 |
| 6 | 05 07 | 19 49 | 03 39 | 18 40 | 18 33 | 12 55 | 20 14 | 03 38 | 18 01 | 20 31 | 07 24 | 09 03 | 01 29 | 09 13 | 17 14 |
| 7 | 05 30 | 19 04 | 04 25 | 18 31 | 18 23 | 12 51 | 20 14 | 03 37 | 18 00 | 20 31 | 07 13 | 09 10 | 01 36 | 09 24 | 17 15 |
| 8 | 05 53 | 17 24 | 05 10 | 18 21 | 18 14 | 12 48 | 20 14 | 03 35 | 18 00 | 20 32 | 07 03 | 09 18 | 01 43 | 09 35 | 17 16 |
| 9 | 06 15 | 14 58 | 05 55 | 18 09 | 18 04 | 12 44 | 20 14 | 03 34 | 18 00 | 20 32 | 06 52 | 09 26 | 01 50 | 09 47 | 17 17 |
| 10 | 06 38 | 11 55 | 06 40 | 17 56 | 17 54 | 12 41 | 20 14 | 03 33 | 18 00 | 20 32 | 06 42 | 09 34 | 01 57 | 09 58 | 17 18 |
| 11 | 07 01 | 08 26 | 07 24 | 17 42 | 17 44 | 12 37 | 20 14 | 03 31 | 17 59 | 20 32 | 06 31 | 09 42 | 02 04 | 10 09 | 17 19 |
| 12 | 07 23 | 04 38 | 08 08 | 17 26 | 17 34 | 12 33 | 20 14 | 03 30 | 17 59 | 20 32 | 06 21 | 09 50 | 02 11 | 10 20 | 17 20 |
| 13 | 07 46 | 00 40 | 08 51 | 17 08 | 17 24 | 12 30 | 20 14 | 03 28 | 17 59 | 20 33 | 06 10 | 09 58 | 02 18 | 10 31 | 17 21 |
| 14 | 08 08 | -03 20 | 09 34 | 16 50 | 17 13 | 12 27 | 20 14 | 03 27 | 17 58 | 20 33 | 06 00 | 10 06 | 02 25 | 10 42 | 17 22 |
| 15 | 08 30 | 07 14 | 10 16 | 16 31 | 17 02 | 12 23 | 20 14 | 03 26 | 17 58 | 20 33 | 05 49 | 10 14 | 02 32 | 10 53 | 17 23 |
| 16 | 08 53 | 10 53 | 10 57 | 16 10 | 16 51 | 12 20 | 20 14 | 03 24 | 17 58 | 20 33 | 05 39 | 10 22 | 02 39 | 11 04 | 17 24 |
| 17 | 09 15 | 14 07 | 11 38 | 15 49 | 16 40 | 12 16 | 20 13 | 03 23 | 17 57 | 20 33 | 05 29 | 10 30 | 02 46 | 11 15 | 17 25 |
| 18 | 09 36 | 16 45 | 12 18 | 15 26 | 16 29 | 12 13 | 20 13 | 03 22 | 17 57 | 20 33 | 05 18 | 10 38 | 02 52 | 11 26 | 17 26 |
| 19 | 09 58 | 18 39 | 12 57 | 15 03 | 16 18 | 12 10 | 20 13 | 03 20 | 17 57 | 20 33 | 05 08 | 10 46 | 02 59 | 11 37 | 17 27 |
| 20 | 10 20 | 19 39 | 13 36 | 14 40 | 16 06 | 12 06 | 20 13 | 03 19 | 17 56 | 20 34 | 04 58 | 10 54 | 03 06 | 11 47 | 17 28 |
| 21 | 10 41 | 19 39 | 14 14 | 14 16 | 15 55 | 12 03 | 20 12 | 03 18 | 17 56 | 20 34 | 04 48 | 11 02 | 03 12 | 11 58 | 17 29 |
| 22 | 11 02 | 18 35 | 14 51 | 13 52 | 15 43 | 12 00 | 20 12 | 03 17 | 17 56 | 20 34 | 04 37 | 11 10 | 03 19 | 12 08 | 17 30 |
| 23 | 11 23 | 16 28 | 15 27 | 13 28 | 15 31 | 11 57 | 20 12 | 03 15 | 17 55 | 20 34 | 04 27 | 11 18 | 03 26 | 12 19 | 17 31 |
| 24 | 11 44 | 13 23 | 16 03 | 13 04 | 15 19 | 11 54 | 20 11 | 03 14 | 17 55 | 20 34 | 04 17 | 11 26 | 03 32 | 12 29 | 17 32 |
| 25 | 12 05 | 09 28 | 16 37 | 12 40 | 15 07 | 11 50 | 20 11 | 03 13 | 17 55 | 20 34 | 04 07 | 11 34 | 03 39 | 12 40 | 17 33 |
| 26 | 12 26 | 04 56 | 17 11 | 12 16 | 14 54 | 11 47 | 20 10 | 03 12 | 17 54 | 20 34 | 03 57 | 11 42 | 03 45 | 12 50 | 17 34 |
| 27 | 12 46 | 00 01 | 17 44 | 11 53 | 14 42 | 11 44 | 20 10 | 03 10 | 17 54 | 20 34 | 03 47 | 11 50 | 03 51 | 13 00 | 17 35 |
| 28 | 13 06 | +04 58 | 18 16 | 11 30 | 14 29 | 11 41 | 20 10 | 03 09 | 17 54 | 20 34 | 03 37 | 11 57 | 03 58 | 13 10 | 17 36 |
| 29 | 13 26 | 09 40 | 18 47 | 11 08 | 14 17 | 11 38 | 20 09 | 03 08 | 17 53 | 20 34 | 03 27 | 12 05 | 04 04 | 13 20 | 17 37 |
| 30 | 13 46 | 13 44 | 19 18 | 10 46 | 14 04 | 11 35 | 20 09 | 03 07 | 17 53 | 20 34 | 03 17 | 12 13 | 04 10 | 13 30 | 17 38 |
| 31 | 14 06 | 16 54 | 19 47 | 10 26 | 13 51 | 11 33 | 20 08 | 03 06 | 17 52 | 20 34 | 03 07 | 12 21 | 04 17 | 13 40 | 17 39 |

Lunar Phases -- 7 ◑ 16:33   15 ● 20:50   23 ◐ 12:12   30 Ⓔ 03:17   Sun enters ♏ 10/23 05:14

## 0:00 E.T. Longitudes of Main Planets - November 2050

| D | S.T. | ☉ | ☽ | ☽ 12:00 | ☿ | ♀ | ♂ | ♃ | ♄ | ♅ | ♆ | ♇ | ☊ |
|---|---|---|---|---|---|---|---|---|---|---|---|---|---|
| 1 | 2:41:56 | 08♏45 30 | 03♊43 | 10♊42 | 23♏59 | 16♎24℞ | 00♓04 | 02♍03 | 02♒49 | 23♍58 | 27♉28℞ | 08♓33℞ | 11♏53 |
| 2 | 2:45:52 | 09 45 29 | 17 35 | 24 22 | 25 28 | 16 11 | 00 33 | 02 12 | 02 51 | 24 01 | 27 26 | 08 33 | 11 49 |
| 3 | 2:49:49 | 10 45 31 | 01♋03 | 07♋37 | 26 56 | 16 00 | 01 02 | 02 20 | 02 54 | 24 04 | 27 25 | 08 32 | 11 46 |
| 4 | 2:53:45 | 11 45 35 | 14 05 | 20 28 | 28 23 | 15 52 | 01 31 | 02 28 | 02 57 | 24 06 | 27 23 | 08 32 | 11 43 |
| 5 | 2:57:42 | 12 45 40 | 26 46 | 02♌59 | 29 50 | 15 46 | 02 01 | 02 36 | 03 00 | 24 09 | 27 21 | 08 32 | 11 40 |
| 6 | 3:01:38 | 13 45 48 | 09♌07 | 15 12 | 01♐16 | 15 43 | 02 31 | 02 44 | 03 03 | 24 12 | 27 20 | 08 31 | 11 37 |
| 7 | 3:05:35 | 14 45 58 | 21 14 | 27 13 | 02 42 | 15 42D | 03 01 | 02 52 | 03 06 | 24 15 | 27 18 | 08 31 | 11 34 |
| 8 | 3:09:32 | 15 46 10 | 03♍11 | 09♍07 | 04 07 | 15 44 | 03 32 | 02 59 | 03 09 | 24 17 | 27 17 | 08 30 | 11 30 |
| 9 | 3:13:28 | 16 46 24 | 15 02 | 20 57 | 05 31 | 15 48 | 04 02 | 03 07 | 03 12 | 24 20 | 27 15 | 08 30 | 11 27 |
| 10 | 3:17:25 | 17 46 40 | 26 52 | 02♎48 | 06 55 | 15 55 | 04 34 | 03 14 | 03 15 | 24 23 | 27 13 | 08 30 | 11 24 |
| 11 | 3:21:21 | 18 46 57 | 08♎45 | 14 44 | 08 17 | 16 04 | 05 05 | 03 21 | 03 19 | 24 25 | 27 12 | 08 30 | 11 21 |
| 12 | 3:25:18 | 19 47 17 | 20 45 | 26 48 | 09 39 | 16 15 | 05 37 | 03 28 | 03 22 | 24 28 | 27 10 | 08 29 | 11 18 |
| 13 | 3:29:14 | 20 47 39 | 02♏54 | 09♏02 | 11 00 | 16 28 | 06 08 | 03 35 | 03 26 | 24 30 | 27 08 | 08 29 | 11 14 |
| 14 | 3:33:11 | 21 48 02 | 15 14 | 21 29 | 12 19 | 16 43 | 06 41 | 03 41 | 03 29 | 24 33 | 27 07 | 08 29 | 11 11 |
| 15 | 3:37:07 | 22 48 27 | 27 47 | 04♐09 | 13 37 | 17 00 | 07 13 | 03 48 | 03 33 | 24 35 | 27 05 | 08 29 | 11 08 |
| 16 | 3:41:04 | 23 48 54 | 10♐34 | 17 02 | 14 54 | 17 20 | 07 45 | 03 54 | 03 37 | 24 38 | 27 03 | 08 28 | 11 05 |
| 17 | 3:45:01 | 24 49 22 | 23 34 | 00♑10 | 16 09 | 17 41 | 08 18 | 04 01 | 03 41 | 24 40 | 27 01 | 08 28 | 11 02 |
| 18 | 3:48:57 | 25 49 52 | 06♑49 | 13 31 | 17 23 | 18 04 | 08 51 | 04 07 | 03 45 | 24 42 | 27 00 | 08 28 | 10 59 |
| 19 | 3:52:54 | 26 50 23 | 20 16 | 27 04 | 18 34 | 18 29 | 09 25 | 04 13 | 03 49 | 24 45 | 26 58 | 08 28 | 10 55 |
| 20 | 3:56:50 | 27 50 56 | 03♒55 | 10♒50 | 19 43 | 18 55 | 09 58 | 04 19 | 03 53 | 24 47 | 26 56 | 08 28 | 10 52 |
| 21 | 4:00:47 | 28 51 29 | 17 47 | 24 46 | 20 50 | 19 24 | 10 32 | 04 24 | 03 57 | 24 49 | 26 55 | 08 28 | 10 49 |
| 22 | 4:04:43 | 29 52 04 | 01♓49 | 08♓53 | 21 53 | 19 54 | 11 06 | 04 30 | 04 01 | 24 51 | 26 53 | 08 28D | 10 46 |
| 23 | 4:08:40 | 00♐52 40 | 16 00 | 23 08 | 22 53 | 20 25 | 11 40 | 04 35 | 04 06 | 24 53 | 26 51 | 08 28 | 10 43 |
| 24 | 4:12:36 | 01 53 17 | 00♈18 | 07♈30 | 23 49 | 20 58 | 12 14 | 04 40 | 04 10 | 24 55 | 26 50 | 08 28 | 10 40 |
| 25 | 4:16:33 | 02 53 55 | 14 42 | 21 54 | 24 41 | 21 33 | 12 48 | 04 45 | 04 15 | 24 57 | 26 48 | 08 28 | 10 36 |
| 26 | 4:20:30 | 03 54 34 | 29 06 | 06♉17 | 25 28 | 22 08 | 13 23 | 04 50 | 04 19 | 24 59 | 26 46 | 08 28 | 10 33 |
| 27 | 4:24:26 | 04 55 15 | 13♉27 | 20 35 | 26 10 | 22 46 | 13 58 | 04 55 | 04 24 | 25 01 | 26 45 | 08 28 | 10 30 |
| 28 | 4:28:23 | 05 55 57 | 27 41 | 04♊43 | 26 45 | 23 24 | 14 32 | 04 59 | 04 29 | 25 03 | 26 43 | 08 28 | 10 27 |
| 29 | 4:32:19 | 06 56 40 | 11♊41 | 18 36 | 27 13 | 24 04 | 15 07 | 05 03 | 04 34 | 25 04 | 26 41 | 08 29 | 10 24 |
| 30 | 4:36:16 | 07 57 24 | 25 25 | 02♋10 | 27 33 | 24 45 | 15 43 | 05 07 | 04 39 | 25 06 | 26 40 | 08 29 | 10 20 |

## 0:00 E.T. Longitudes of the Major Asteroids and Chiron

| D | ⚳ | ⚴ | ⚵ | ⚶ | ⚷ |
|---|---|---|---|---|---|
| 1 | 10♎52 | 06♍51 | 22♎10 | 19♏06 | 10♐56 |
| 2 | 11 19 | 07 19 | 22 32 | 19 38 | 11 02 |
| 3 | 11 45 | 07 46 | 22 53 | 20 10 | 11 09 |
| 4 | 12 12 | 08 13 | 23 14 | 20 42 | 11 16 |
| 5 | 12 38 | 08 40 | 23 36 | 21 14 | 11 22 |
| 6 | 13 05 | 09 07 | 23 57 | 21 46 | 11 29 |
| 7 | 13 31 | 09 34 | 24 18 | 22 18 | 11 36 |
| 8 | 13 57 | 10 00 | 24 39 | 22 51 | 11 43 |
| 9 | 14 24 | 10 27 | 25 00 | 23 23 | 11 49 |
| 10 | 14 50 | 10 53 | 25 21 | 23 55 | 11 56 |
| 11 | 15 16 | 11 19 | 25 42 | 24 27 | 12 03 |
| 12 | 15 42 | 11 44 | 26 03 | 25 00 | 12 10 |
| 13 | 16 08 | 12 10 | 26 24 | 25 32 | 12 17 |
| 14 | 16 34 | 12 35 | 26 45 | 26 04 | 12 24 |
| 15 | 17 00 | 13 00 | 27 06 | 26 36 | 12 31 |

| D | ⚳ | ⚴ | ⚵ | ⚶ | ⚷ |
|---|---|---|---|---|---|
| 16 | 17 26 | 13 25 | 27 27 | 27 09 | 12 38 |
| 17 | 17 52 | 13 49 | 27 47 | 27 41 | 12 45 |
| 18 | 18 17 | 14 14 | 28 08 | 28 13 | 12 52 |
| 19 | 18 43 | 14 38 | 28 28 | 28 46 | 12 59 |
| 20 | 19 09 | 15 02 | 28 49 | 29 18 | 13 06 |
| 21 | 19 34 | 15 25 | 29 09 | 29 50 | 13 13 |
| 22 | 20 00 | 15 49 | 29 30 | 00♐23 | 13 21 |
| 23 | 20 25 | 16 12 | 29 50 | 00 55 | 13 28 |
| 24 | 20 50 | 16 35 | 00♏10 | 01 28 | 13 35 |
| 25 | 21 16 | 16 57 | 00 30 | 02 00 | 13 42 |
| 26 | 21 41 | 17 20 | 00 50 | 02 32 | 13 49 |
| 27 | 22 06 | 17 42 | 01 10 | 03 05 | 13 56 |
| 28 | 22 31 | 18 04 | 01 30 | 03 37 | 14 04 |
| 29 | 22 56 | 18 25 | 01 50 | 04 10 | 14 11 |
| 30 | 23 21 | 18 47 | 02 10 | 04 42 | 14 18 |

## Lunar Data

| Last Asp. | | Ingress | | |
|---|---|---|---|---|
| 2 | 11:24 | 2 | ♋ | 22:07 |
| 5 | 01:08 | 5 | ♌ | 06:14 |
| 7 | 12:08 | 7 | ♍ | 17:35 |
| 10 | 00:43 | 10 | ♎ | 06:21 |
| 11 | 14:52 | 12 | ♏ | 18:19 |
| 14 | 22:40 | 15 | ♐ | 04:11 |
| 17 | 02:00 | 17 | ♑ | 11:42 |
| 19 | 12:31 | 19 | ♒ | 17:09 |
| 21 | 20:26 | 21 | ♓ | 20:55 |
| 23 | 18:11 | 23 | ♈ | 23:29 |
| 25 | 17:37 | 26 | ♉ | 01:30 |
| 27 | 22:22 | 28 | ♊ | 03:57 |
| 30 | 03:51 | 30 | ♋ | 08:08 |

## 0:00 E.T. Declinations

| D | ☉ | ☽ | ☿ | ♀ | ♂ | ♃ | ♄ | ♅ | ♆ | ♇ | ⚳ | ⚴ | ⚵ | ⚶ | ⚷ |
|---|---|---|---|---|---|---|---|---|---|---|---|---|---|---|---|
| 1 | -14 25 | +18 56 | -20 15 | -10 06 | -13 38 | +11 30 | -20 07 | +03 05 | +17 52 | -20 34 | +02 58 | -12 28 | -04 23 | -13 50 | -17 40 |
| 2 | 14 44 | 19 45 | 20 43 | 09 47 | 13 25 | 11 27 | 20 07 | 03 03 | 17 52 | 20 34 | 02 48 | 12 36 | 04 29 | 13 59 | 17 40 |
| 3 | 15 03 | 19 24 | 21 09 | 09 29 | 13 11 | 11 24 | 20 06 | 03 02 | 17 51 | 20 34 | 02 38 | 12 43 | 04 35 | 14 09 | 17 41 |
| 4 | 15 21 | 18 01 | 21 34 | 09 13 | 12 58 | 11 21 | 20 06 | 03 01 | 17 51 | 20 34 | 02 28 | 12 51 | 04 41 | 14 19 | 17 42 |
| 5 | 15 40 | 15 46 | 21 58 | 08 57 | 12 44 | 11 19 | 20 05 | 03 00 | 17 51 | 20 34 | 02 19 | 12 58 | 04 47 | 14 28 | 17 43 |
| 6 | 15 58 | 12 52 | 22 21 | 08 43 | 12 31 | 11 16 | 20 04 | 02 59 | 17 50 | 20 34 | 02 09 | 13 06 | 04 53 | 14 37 | 17 44 |
| 7 | 16 16 | 09 28 | 22 43 | 08 29 | 12 17 | 11 14 | 20 04 | 02 58 | 17 50 | 20 34 | 02 00 | 13 13 | 04 59 | 14 47 | 17 45 |
| 8 | 16 33 | 05 44 | 23 04 | 08 17 | 12 03 | 11 11 | 20 03 | 02 57 | 17 49 | 20 34 | 01 50 | 13 20 | 05 05 | 14 56 | 17 46 |
| 9 | 16 51 | 01 49 | 23 24 | 08 06 | 11 49 | 11 09 | 20 02 | 02 56 | 17 49 | 20 33 | 01 41 | 13 28 | 05 11 | 15 05 | 17 47 |
| 10 | 17 08 | -02 11 | 23 43 | 07 56 | 11 35 | 11 06 | 20 01 | 02 55 | 17 49 | 20 33 | 01 31 | 13 35 | 05 16 | 15 14 | 17 48 |
| 11 | 17 24 | 06 07 | 24 00 | 07 47 | 11 21 | 11 04 | 20 01 | 02 54 | 17 48 | 20 33 | 01 22 | 13 42 | 05 22 | 15 23 | 17 49 |
| 12 | 17 41 | 09 51 | 24 16 | 07 40 | 11 07 | 11 01 | 20 00 | 02 53 | 17 48 | 20 33 | 01 13 | 13 49 | 05 28 | 15 32 | 17 50 |
| 13 | 17 57 | 13 14 | 24 31 | 07 33 | 10 52 | 10 59 | 19 59 | 02 52 | 17 47 | 20 33 | 01 03 | 13 56 | 05 33 | 15 40 | 17 50 |
| 14 | 18 13 | 16 05 | 24 44 | 07 28 | 10 38 | 10 57 | 19 58 | 02 51 | 17 47 | 20 33 | 00 54 | 14 03 | 05 39 | 15 49 | 17 51 |
| 15 | 18 28 | 18 14 | 24 56 | 07 23 | 10 23 | 10 55 | 19 57 | 02 50 | 17 47 | 20 32 | 00 45 | 14 10 | 05 45 | 15 58 | 17 52 |
| 16 | 18 43 | 19 30 | 25 07 | 07 20 | 10 09 | 10 53 | 19 57 | 02 49 | 17 46 | 20 32 | 00 36 | 14 16 | 05 50 | 16 06 | 17 53 |
| 17 | 18 58 | 19 45 | 25 17 | 07 18 | 09 54 | 10 51 | 19 56 | 02 48 | 17 46 | 20 32 | 00 27 | 14 23 | 05 55 | 16 14 | 17 54 |
| 18 | 19 12 | 18 56 | 25 25 | 07 16 | 09 39 | 10 49 | 19 55 | 02 47 | 17 46 | 20 32 | 00 18 | 14 30 | 06 01 | 16 23 | 17 55 |
| 19 | 19 27 | 17 03 | 25 32 | 07 16 | 09 24 | 10 47 | 19 54 | 02 46 | 17 45 | 20 32 | 00 09 | 14 36 | 06 06 | 16 31 | 17 55 |
| 20 | 19 40 | 14 11 | 25 37 | 07 17 | 09 09 | 10 45 | 19 53 | 02 46 | 17 45 | 20 31 | 00 00 | 14 43 | 06 11 | 16 39 | 17 56 |
| 21 | 19 54 | 10 31 | 25 41 | 07 18 | 08 54 | 10 43 | 19 52 | 02 45 | 17 44 | 20 31 | -00 09 | 14 49 | 06 16 | 16 47 | 17 57 |
| 22 | 20 07 | 06 12 | 25 43 | 07 21 | 08 39 | 10 41 | 19 51 | 02 44 | 17 44 | 20 31 | 00 18 | 14 55 | 06 21 | 16 55 | 17 58 |
| 23 | 20 20 | 01 31 | 25 44 | 07 24 | 08 24 | 10 39 | 19 50 | 02 43 | 17 44 | 20 31 | 00 26 | 15 01 | 06 26 | 17 03 | 17 59 |
| 24 | 20 32 | +03 19 | 25 43 | 07 28 | 08 09 | 10 38 | 19 49 | 02 42 | 17 43 | 20 30 | 00 35 | 15 07 | 06 31 | 17 10 | 17 59 |
| 25 | 20 44 | 07 59 | 25 41 | 07 33 | 07 53 | 10 36 | 19 48 | 02 42 | 17 43 | 20 30 | 00 43 | 15 13 | 06 36 | 17 18 | 18 00 |
| 26 | 20 55 | 12 13 | 25 37 | 07 38 | 07 38 | 10 35 | 19 47 | 02 41 | 17 43 | 20 30 | 00 52 | 15 19 | 06 41 | 17 25 | 18 01 |
| 27 | 21 07 | 15 43 | 25 32 | 07 45 | 07 23 | 10 33 | 19 46 | 02 40 | 17 42 | 20 29 | 01 00 | 15 25 | 06 46 | 17 33 | 18 02 |
| 28 | 21 17 | 18 13 | 25 25 | 07 52 | 07 07 | 10 32 | 19 44 | 02 40 | 17 42 | 20 29 | 01 09 | 15 30 | 06 50 | 17 40 | 18 02 |
| 29 | 21 28 | 19 35 | 25 17 | 08 00 | 06 51 | 10 30 | 19 43 | 02 39 | 17 41 | 20 29 | 01 17 | 15 36 | 06 55 | 17 47 | 18 03 |
| 30 | 21 38 | 19 44 | 25 07 | 08 08 | 06 36 | 10 29 | 19 42 | 02 38 | 17 41 | 20 28 | 01 25 | 15 41 | 07 00 | 17 54 | 18 04 |

Lunar Phases -- 6 ◑ 09:58 14 ● 13:43 21 ◐ 20:27 28 ○ 15:11 Sun enters ♐ 11/22 03:09

## Longitudes of Main Planets - December 2050

0:00 E.T.

| D | S.T. | ☉ | ☽ | ☽ 12:00 | ☿ | ♀ | ♂ | ♃ | ♄ | ♅ | ♆ | ♇ | ☊ |
|---|---|---|---|---|---|---|---|---|---|---|---|---|---|
| 1 | 4:40:12 | 08♐58 10 | 08♋50 | 15♋24 | 27♐45 | 25♎27 | 16♓18 | 05♍11 | 04♒44 | 25♍08 | 26♉38℞ | 08♓29 | 10♏17 |
| 2 | 4:44:09 | 09 58 57 | 21 53 | 28 17 | 27 47℞ | 26 10 | 16 53 | 05 15 | 04 49 | 25 09 | 26 36 | 08 29 | 10 14 |
| 3 | 4:48:05 | 10 59 46 | 04♌36 | 10♌50 | 27 39 | 26 55 | 17 29 | 05 19 | 04 54 | 25 11 | 26 35 | 08 30 | 10 11 |
| 4 | 4:52:02 | 12 00 36 | 17 00 | 23 06 | 27 20 | 27 40 | 18 05 | 05 22 | 04 59 | 25 13 | 26 33 | 08 30 | 10 08 |
| 5 | 4:55:59 | 13 01 27 | 29 09 | 05♍09 | 26 50 | 28 26 | 18 41 | 05 25 | 05 04 | 25 14 | 26 31 | 08 30 | 10 05 |
| 6 | 4:59:55 | 14 02 19 | 11♍06 | 17 02 | 26 09 | 29 14 | 19 17 | 05 29 | 05 10 | 25 15 | 26 30 | 08 31 | 10 01 |
| 7 | 5:03:52 | 15 03 13 | 22 58 | 28 52 | 25 17 | 00♏02 | 19 53 | 05 31 | 05 15 | 25 17 | 26 28 | 08 31 | 09 58 |
| 8 | 5:07:48 | 16 04 08 | 04♎48 | 10♎44 | 24 15 | 00 51 | 20 29 | 05 34 | 05 20 | 25 18 | 26 27 | 08 31 | 09 55 |
| 9 | 5:11:45 | 17 05 04 | 16 41 | 22 41 | 23 05 | 01 41 | 21 05 | 05 37 | 05 26 | 25 19 | 26 25 | 08 32 | 09 52 |
| 10 | 5:15:41 | 18 06 02 | 28 44 | 04♏49 | 21 48 | 02 32 | 21 42 | 05 39 | 05 31 | 25 21 | 26 23 | 08 32 | 09 49 |
| 11 | 5:19:38 | 19 07 01 | 10♏59 | 17 12 | 20 26 | 03 23 | 22 18 | 05 41 | 05 37 | 25 22 | 26 22 | 08 33 | 09 46 |
| 12 | 5:23:34 | 20 08 01 | 23 29 | 29 52 | 19 03 | 04 16 | 22 55 | 05 43 | 05 43 | 25 23 | 26 20 | 08 33 | 09 42 |
| 13 | 5:27:31 | 21 09 01 | 06♐19 | 12♐50 | 17 41 | 05 09 | 23 32 | 05 45 | 05 48 | 25 24 | 26 19 | 08 34 | 09 39 |
| 14 | 5:31:28 | 22 10 03 | 19 26 | 26 07 | 16 23 | 06 02 | 24 09 | 05 46 | 05 54 | 25 25 | 26 17 | 08 34 | 09 36 |
| 15 | 5:35:24 | 23 11 06 | 02♑52 | 09♑41 | 15 12 | 06 57 | 24 46 | 05 48 | 06 00 | 25 26 | 26 16 | 08 35 | 09 33 |
| 16 | 5:39:21 | 24 12 09 | 16 34 | 23 30 | 14 09 | 07 52 | 25 23 | 05 49 | 06 06 | 25 27 | 26 14 | 08 35 | 09 30 |
| 17 | 5:43:17 | 25 13 13 | 00♒28 | 07♒29 | 13 16 | 08 47 | 26 00 | 05 50 | 06 12 | 25 27 | 26 13 | 08 36 | 09 26 |
| 18 | 5:47:14 | 26 14 17 | 14 31 | 21 35 | 12 33 | 09 44 | 26 38 | 05 51 | 06 18 | 25 28 | 26 12 | 08 37 | 09 23 |
| 19 | 5:51:10 | 27 15 22 | 28 39 | 05♓44 | 12 01 | 10 40 | 27 15 | 05 51 | 06 24 | 25 29 | 26 10 | 08 37 | 09 20 |
| 20 | 5:55:07 | 28 16 27 | 12♓49 | 19 53 | 11 41 | 11 38 | 27 53 | 05 52 | 06 30 | 25 29 | 26 09 | 08 38 | 09 17 |
| 21 | 5:59:03 | 29 17 33 | 26 58 | 04♈01 | 11 31 | 12 36 | 28 30 | 05 52 | 06 36 | 25 30 | 26 07 | 08 39 | 09 14 |
| 22 | 6:03:00 | 00♑18 38 | 11♈04 | 18 06 | 11 31D | 13 34 | 29 08 | 05 52℞ | 06 43 | 25 31 | 26 06 | 08 40 | 09 11 |
| 23 | 6:06:57 | 01 19 44 | 25 07 | 02♉07 | 11 41 | 14 33 | 29 46 | 05 52 | 06 49 | 25 31 | 26 05 | 08 40 | 09 07 |
| 24 | 6:10:53 | 02 20 50 | 09♉05 | 16 02 | 11 59 | 15 32 | 00♈23 | 05 51 | 06 55 | 25 31 | 26 03 | 08 41 | 09 04 |
| 25 | 6:14:50 | 03 21 56 | 22 58 | 29 52 | 12 25 | 16 32 | 01 01 | 05 51 | 07 02 | 25 32 | 26 02 | 08 42 | 09 01 |
| 26 | 6:18:46 | 04 23 02 | 06♊43 | 13♊33 | 12 58 | 17 32 | 01 39 | 05 50 | 07 08 | 25 32 | 26 01 | 08 43 | 08 58 |
| 27 | 6:22:43 | 05 24 09 | 20 19 | 27 03 | 13 37 | 18 33 | 02 17 | 05 49 | 07 14 | 25 32 | 26 00 | 08 44 | 08 55 |
| 28 | 6:26:39 | 06 25 16 | 03♋44 | 10♋21 | 14 22 | 19 34 | 02 55 | 05 48 | 07 21 | 25 33 | 25 58 | 08 44 | 08 52 |
| 29 | 6:30:36 | 07 26 23 | 16 54 | 23 23 | 15 12 | 20 36 | 03 33 | 05 47 | 07 27 | 25 33 | 25 57 | 08 45 | 08 48 |
| 30 | 6:34:32 | 08 27 30 | 29 48 | 06♌09 | 16 07 | 21 38 | 04 12 | 05 45 | 07 34 | 25 33 | 25 56 | 08 46 | 08 45 |
| 31 | 6:38:29 | 09 28 38 | 12♌26 | 18 39 | 17 05 | 22 40 | 04 50 | 05 43 | 07 41 | 25 33℞ | 25 55 | 08 47 | 08 42 |

0:00 E.T.

## Longitudes of the Major Asteroids and Chiron

| D | ⚳ | ⚴ | ⚵ | ⚶ | ⚷ | D | ⚳ | ⚴ | ⚵ | ⚶ | ⚷ |
|---|---|---|---|---|---|---|---|---|---|---|---|
| 1 | 23♎45 | 19♍08 | 02♏29 | 05♐14 | 14♐25 | 17 | 00♏10 | 24 03 | 07 32 | 13 53 | 16 21 |
| 2 | 24 10 | 19 29 | 02 49 | 05 47 | 14 32 | 18 | 00 33 | 24 19 | 07 50 | 14 26 | 16 28 |
| 3 | 24 35 | 19 49 | 03 08 | 06 19 | 14 40 | 19 | 00 56 | 24 34 | 08 08 | 14 58 | 16 35 |
| 4 | 24 59 | 20 09 | 03 28 | 06 52 | 14 47 | 20 | 01 19 | 24 49 | 08 26 | 15 30 | 16 42 |
| 5 | 25 24 | 20 29 | 03 47 | 07 24 | 14 54 | 21 | 01 42 | 25 03 | 08 44 | 16 03 | 16 49 |
| 6 | 25 48 | 20 49 | 04 06 | 07 57 | 15 01 | 22 | 02 04 | 25 18 | 09 01 | 16 35 | 16 56 |
| 7 | 26 12 | 21 08 | 04 26 | 08 29 | 15 09 | 23 | 02 27 | 25 31 | 09 19 | 17 07 | 17 03 |
| 8 | 26 37 | 21 27 | 04 45 | 09 02 | 15 16 | 24 | 02 49 | 25 44 | 09 36 | 17 40 | 17 10 |
| 9 | 27 01 | 21 46 | 05 04 | 09 34 | 15 23 | 25 | 03 12 | 25 57 | 09 54 | 18 12 | 17 17 |
| 10 | 27 25 | 22 04 | 05 23 | 10 06 | 15 30 | 26 | 03 34 | 26 10 | 10 11 | 18 44 | 17 24 |
| 11 | 27 49 | 22 22 | 05 41 | 10 39 | 15 37 | 27 | 03 56 | 26 22 | 10 28 | 19 16 | 17 31 |
| 12 | 28 12 | 22 40 | 06 00 | 11 11 | 15 45 | 28 | 04 18 | 26 33 | 10 45 | 19 49 | 17 38 |
| 13 | 28 36 | 22 57 | 06 19 | 11 44 | 15 52 | 29 | 04 40 | 26 45 | 11 01 | 20 21 | 17 45 |
| 14 | 29 00 | 23 14 | 06 37 | 12 16 | 15 59 | 30 | 05 01 | 26 55 | 11 18 | 20 53 | 17 52 |
| 15 | 29 23 | 23 31 | 06 56 | 12 48 | 16 06 | 31 | 05 23 | 27 06 | 11 35 | 21 25 | 17 59 |
| 16 | 29 47 | 23 47 | 07 14 | 13 21 | 16 13 | | | | | | |

### Lunar Data

| Last Asp. | | Ingress | | |
|---|---|---|---|---|
| 2 | 08:49 | 2 | ♌ | 15:15 |
| 4 | 22:30 | 5 | ♍ | 01:42 |
| 7 | 07:06 | 7 | ♎ | 14:17 |
| 9 | 11:34 | 10 | ♏ | 02:31 |
| 12 | 05:22 | 12 | ♐ | 12:15 |
| 14 | 10:45 | 14 | ♑ | 18:55 |
| 16 | 16:42 | 16 | ♒ | 23:11 |
| 18 | 21:27 | 19 | ♓ | 02:17 |
| 21 | 04:16 | 21 | ♈ | 05:10 |
| 22 | 00:47 | 23 | ♉ | 08:23 |
| 25 | 05:20 | 25 | ♊ | 12:14 |
| 27 | 09:18 | 27 | ♋ | 17:17 |
| 29 | 16:47 | 30 | ♌ | 00:23 |

0:00 E.T.

## Declinations

| D | ☉ | ☽ | ☿ | ♀ | ♂ | ♃ | ♄ | ♅ | ♆ | ♇ | ⚳ | ⚴ | ⚵ | ⚶ | ⚷ |
|---|---|---|---|---|---|---|---|---|---|---|---|---|---|---|---|
| 1 | -21 47 | +18 45 | -24 56 | -08 17 | -06 20 | +10 28 | -19 41 | +02 38 | +17 41 | -20 28 | -01 33 | -15 46 | -07 04 | -18 01 | -18 04 |
| 2 | 21 56 | 16 48 | 24 43 | 08 26 | 06 04 | 10 27 | 19 40 | 02 37 | 17 40 | 20 28 | 01 42 | 15 51 | 07 09 | 18 08 | 18 05 |
| 3 | 22 05 | 14 04 | 24 28 | 08 37 | 05 48 | 10 26 | 19 39 | 02 36 | 17 40 | 20 27 | 01 50 | 15 56 | 07 13 | 18 14 | 18 06 |
| 4 | 22 13 | 10 47 | 24 12 | 08 47 | 05 33 | 10 25 | 19 37 | 02 36 | 17 40 | 20 27 | 01 58 | 16 01 | 07 17 | 18 21 | 18 06 |
| 5 | 22 21 | 07 06 | 23 54 | 08 58 | 05 17 | 10 24 | 19 36 | 02 35 | 17 39 | 20 27 | 02 06 | 16 06 | 07 22 | 18 27 | 18 07 |
| 6 | 22 29 | 03 12 | 23 34 | 09 10 | 05 01 | 10 23 | 19 35 | 02 35 | 17 39 | 20 26 | 02 13 | 16 10 | 07 26 | 18 34 | 18 08 |
| 7 | 22 36 | -00 47 | 23 13 | 09 22 | 04 45 | 10 22 | 19 34 | 02 34 | 17 39 | 20 26 | 02 21 | 16 14 | 07 30 | 18 40 | 18 08 |
| 8 | 22 42 | 04 45 | 22 50 | 09 34 | 04 29 | 10 21 | 19 32 | 02 34 | 17 38 | 20 25 | 02 29 | 16 19 | 07 34 | 18 46 | 18 09 |
| 9 | 22 48 | 08 34 | 22 27 | 09 47 | 04 12 | 10 20 | 19 31 | 02 33 | 17 38 | 20 25 | 02 36 | 16 23 | 07 38 | 18 52 | 18 10 |
| 10 | 22 54 | 12 05 | 22 02 | 10 00 | 03 56 | 10 20 | 19 30 | 02 33 | 17 38 | 20 25 | 02 44 | 16 26 | 07 42 | 18 58 | 18 10 |
| 11 | 22 59 | 15 08 | 21 38 | 10 14 | 03 40 | 10 19 | 19 28 | 02 33 | 17 37 | 20 24 | 02 51 | 16 30 | 07 45 | 19 04 | 18 11 |
| 12 | 23 04 | 17 34 | 21 13 | 10 28 | 03 24 | 10 19 | 19 27 | 02 32 | 17 37 | 20 24 | 02 59 | 16 34 | 07 49 | 19 10 | 18 11 |
| 13 | 23 08 | 19 11 | 20 50 | 10 42 | 03 08 | 10 18 | 19 25 | 02 32 | 17 37 | 20 23 | 03 06 | 16 37 | 07 53 | 19 15 | 18 12 |
| 14 | 23 12 | 19 49 | 20 28 | 10 56 | 02 51 | 10 18 | 19 24 | 02 31 | 17 36 | 20 23 | 03 13 | 16 40 | 07 56 | 19 21 | 18 12 |
| 15 | 23 15 | 19 21 | 20 08 | 11 11 | 02 35 | 10 18 | 19 23 | 02 31 | 17 36 | 20 22 | 03 20 | 16 43 | 08 00 | 19 26 | 18 13 |
| 16 | 23 18 | 17 45 | 19 51 | 11 26 | 02 19 | 10 18 | 19 21 | 02 31 | 17 36 | 20 22 | 03 28 | 16 46 | 08 03 | 19 31 | 18 13 |
| 17 | 23 21 | 15 06 | 19 38 | 11 41 | 02 02 | 10 18 | 19 20 | 02 31 | 17 35 | 20 21 | 03 35 | 16 49 | 08 06 | 19 36 | 18 14 |
| 18 | 23 23 | 11 34 | 19 27 | 11 56 | 01 46 | 10 18 | 19 18 | 02 30 | 17 35 | 20 21 | 03 41 | 16 51 | 08 10 | 19 41 | 18 14 |
| 19 | 23 24 | 07 21 | 19 20 | 12 11 | 01 29 | 10 18 | 19 17 | 02 30 | 17 35 | 20 20 | 03 48 | 16 53 | 08 13 | 19 46 | 18 15 |
| 20 | 23 25 | 02 44 | 19 16 | 12 27 | 01 13 | 10 18 | 19 15 | 02 30 | 17 34 | 20 20 | 03 55 | 16 55 | 08 16 | 19 51 | 18 15 |
| 21 | 23 26 | +02 03 | 19 15 | 12 42 | 00 57 | 10 18 | 19 14 | 02 30 | 17 34 | 20 19 | 04 02 | 16 57 | 08 19 | 19 55 | 18 16 |
| 22 | 23 26 | 06 43 | 19 17 | 12 58 | 00 40 | 10 18 | 19 12 | 02 29 | 17 34 | 20 19 | 04 08 | 16 58 | 08 22 | 20 00 | 18 16 |
| 23 | 23 25 | 11 00 | 19 22 | 13 14 | 00 24 | 10 18 | 19 11 | 02 29 | 17 34 | 20 18 | 04 15 | 17 00 | 08 25 | 20 04 | 18 16 |
| 24 | 23 25 | 14 39 | 19 28 | 13 29 | 00 07 | 10 19 | 19 09 | 02 29 | 17 33 | 20 18 | 04 21 | 17 01 | 08 27 | 20 08 | 18 17 |
| 25 | 23 23 | 17 26 | 19 37 | 13 45 | +00 09 | 10 19 | 19 08 | 02 29 | 17 33 | 20 17 | 04 28 | 17 02 | 08 30 | 20 12 | 18 17 |
| 26 | 23 21 | 19 12 | 19 47 | 14 01 | 00 26 | 10 20 | 19 06 | 02 29 | 17 33 | 20 17 | 04 34 | 17 02 | 08 33 | 20 16 | 18 18 |
| 27 | 23 19 | 19 49 | 19 59 | 14 17 | 00 42 | 10 20 | 19 04 | 02 29 | 17 33 | 20 16 | 04 40 | 17 02 | 08 35 | 20 20 | 18 18 |
| 28 | 23 16 | 19 17 | 20 11 | 14 32 | 00 59 | 10 21 | 19 03 | 02 29 | 17 32 | 20 16 | 04 46 | 17 03 | 08 37 | 20 24 | 18 18 |
| 29 | 23 13 | 17 44 | 20 24 | 14 48 | 01 15 | 10 22 | 19 01 | 02 29 | 17 32 | 20 15 | 04 52 | 17 02 | 08 40 | 20 28 | 18 19 |
| 30 | 23 10 | 15 18 | 20 38 | 15 04 | 01 32 | 10 23 | 19 00 | 02 29 | 17 32 | 20 14 | 04 58 | 17 02 | 08 42 | 20 31 | 18 19 |
| 31 | 23 06 | 12 12 | 20 52 | 15 19 | 01 48 | 10 23 | 18 58 | 02 29 | 17 32 | 20 14 | 05 04 | 17 01 | 08 44 | 20 34 | 18 19 |

Lunar Phases -- 6 ◑ 06:29 14 ● 05:19 21 ◐ 04:17 28 ○ 05:17 Sun enters ♑ 12/21 16:41

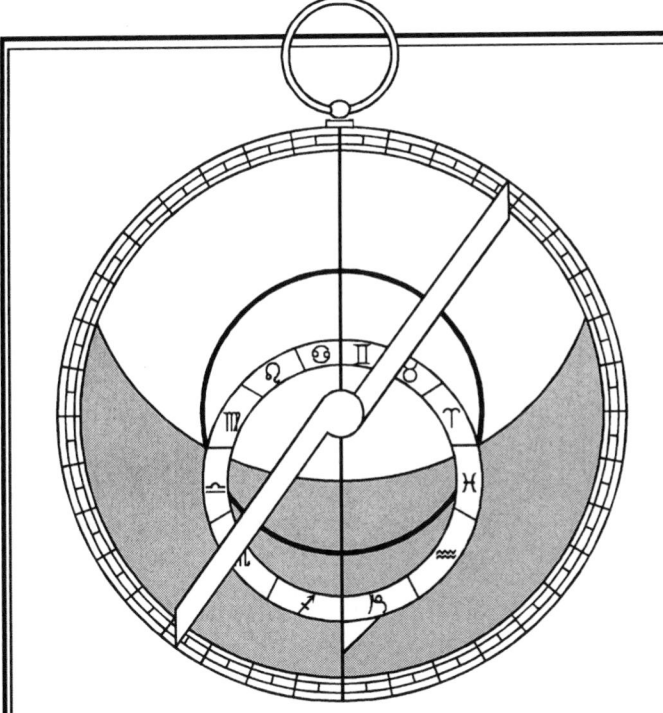

# About ASTROLABE

*The astrolabe was the principal tool used by our astrological forebears from ancient Greece to the 18th century. This elegant instrument was actually an analog computer—a working model of the sky as it appears to turn about the earth each day.*

*We at Astrolabe, Inc. are part of the long tradition of astrological toolmakers. Our goal is to continue their tradition of precision and ingenuity, adding the unique knowledge of today.*

Originally named Astro-Graphics Services, Astrolabe, Inc. was founded in 1979 by a group of astrologers headed by Robert Hand.

Starting with programs for the Radio Shack TRS-80 and the Apple II, over the past seventeen years it has produced astrological and other programs for CP/M-compatible, Commodore, Macintosh and IBM-compatible personal computers. In addition to a large line of other software, since 1993 it has been marketing the first major Windows astrological programs in the English-speaking world.

Currently Astrolabe, Inc. employs twelve people at its headquarters building in Brewster, Massachusetts, on Cape Cod. It has overseas dealers in continental Europe, Great Britain, Australia and elsewhere, and direct-mail customers in countries from Papua, New Guinea to Zimbabwe.

Some highlights of Astrolabe's software history:

• In 1980, with the release of *Astro-Scope,* Astro-Graphics became the first company to produce horoscope-reading programs for microcomputers. Various astrological calculation programs followed, together with a full line of natal, forecast, relationship and numerology delineation programs.

• In 1984, Robert Hand issued his first version of *Nova,* a refinement of astrological calculation programs he had been writing since 1977. This became the centerpiece for the Nova System, a series of interlocking calculation programs which ultimately included *Chartwheels, Timegraphs, Printwheels, Professional Natal Report* and others.

• In 1984 the company also took over distribution of Mark Pottenger's *CCRS Horoscope Program,* a uniquely powerful calculation program specially suited for astrological experiment and research.

• In 1989 the company released the *AstroAnalyst* by Bill Meridian and Robert Hand. This is a powerful, multi-functioned program for determining the effect of astronomical cycles on stock, bond and commodities prices.

• In 1992 it released *Printwheels DTP,* the first astrological program designed specifically for desktop publishing. It has followed this with astrological fonts and other programs that can send images to graphics files for use in drawing, painting, word-processing and page makeup programs. This was followed by *Timegraphs* v. 2.0, and then, in Windows, by *Solar Fire.*

• In 1993 Astrolabe was approached by Esoteric Technologies Pty Ltd of Australia to become the world publisher of its *Solar Fire* and other programs for the Windows operating system. First released in Australia in 1992, *Solar Fire* is a major Windows astrological calculation program. Version 3 was named the "Best Astrological Program of 1995" by *American Astrology* magazine. Currently in Version 4.0, *Solar Fire* can exchange chart files with most other IBM-compatible programs from Astrolabe and other astrological software producers.

• In 1997 Astrolabe released Professional Natal Report for Windows, the first in a series of chart delineation programs for the Windows environment.

## Other Projects

Astrolabe also maintains an astrological calculation service, and it has developed various books and astrological tools. A recognized authority on astrological techniques and calculations, over the years Astrolabe has also given technical assistance to numerous other astrological businesses and software houses. Some notable activities:

- *Valliere's Natural Cycles Almanac,* which Astrolabe published from 1981 to 1990, and which it still retails. This unique yearly reference work gives the times each day when the planets cross the horizon and meridian of localities in the U.S.

- The Astro*Intelligence horoscope analyses by Liz Greene and Robert Hand. In 1989 Astrolabe was named the North American agent for this unusual report series by Astrodienst Zürich AG.

- A custom-written program for the planetary calculations in Jim Maynard's Celestial Influences calendars.

- The horoscope calculations for 26,000 Stardate pendants marketed by American Express. This unusual jewelry product was engraved with the signs of all the planets in a person's horoscope.

- The *ACS PC Atlas,* the premier longitude, latitude and time zone reference for astrologers. Astrolabe worked with Astro Computing Services in the early 1990s, advising on the user interface for the PC version of their well-known reference work.

- The *Astro-Graphics Heliocentric Ephemeris 1981-1990,* and the *Astro-Graphics Sidereal Ephemeris 1981-1985,* both published by Astro-Graphics Services in 1981. These small books filled a need for such specialized ephemerides during the 1980s.

- The *World Ephemeris for the 20th Century,* first published by Para Research and then by Whitford Press. Astrolabe provided the calculations and Robert Hand wrote the Preface.

- *Ephemeriden 1850-2050: Ceres, Pallas, Juno, Vesta, Cheiron, Isis,* published by Astron Verlag, Germany. Astrolabe provided the calculations.

- The Astrolabe Shop on the Internet. Cooperating with InterMedia, Inc., Astrolabe products are showcased on our Web Site with secure transactions . Astrolabe staff members are available to answer on-line questions from our customers about astrological computing and techniques.

- The Astrolabe World Ephemeris, 2001-2050, published by Schiffer, Inc. This unique ephemeris includes daily longitudes and declinations for the planets, chiron and the four major asteroids. It also lists planetary and lunar ingresses as well as lunar phases.

## Non-Commercial Activities

Beyond being a business, Astrolabe is a resource and learning center. Its meeting rooms are used for a variety of astrological classes, as well as the lectures and study groups of the Cape Cod Chapter of the National Council for Geocosmic Research.

Currently Astrolabe lends financial and other support to ISIS (Institute for Stellar Influence Studies), which has produced history-making conferences where astrology meets transpersonal psychology. Astrolabe also provides support to ARHAT, Inc., a long-term effort to make English translations of ancient astrological texts.

# Since 200 A.D., astrologers have depended on the Astrolabe to map the stars. They still do!

ASTROLABE • P.O. BOX 1750 • BREWSTER, MA 02631 USA • 1/800/843-6682
TEL.: 508/896-5081 • FAX: 508/896-5289 • EMAIL: ASTROLABE@ALABE.COM • WEBSITE: WWW.ALABE.COM